Revisaço®

# OAB

## Exame de Ordem

Revisaço®

COORDENAÇÃO
**HENRIQUE CORREIA**
**ROGÉRIO SANCHES CUNHA**

# OAB
## Exame de Ordem

**15ª edição** | Revista atualizada ampliada

**2023**

EDITORA JusPODIVM
www.editorajuspodivm.com.br

EDITORA *Jus*PODIVM
www.editorajuspodivm.com.br

Rua Canuto Saraiva, 131 – Mooca – CEP: 03113-010 – São Paulo – São Paulo
Tel: (11) 3582.5757
• Contato: https://www.editorajuspodivm.com.br/central-de-relacionamento



**Diagramação:** Ana Paula Lopes Corrêa *(aninha_lopescorrea@hotmail.com*

**Capa:** Ana Caquetti

R454 Revisaço - OAB - Mais de 1.600 Questões Comentadas dos Exames Realizados pela FGV / coordenado por Henrique Correia e Rogério Sanches Cunha – 15. ed., rev., atual. e ampl. - São Paulo: Editora JusPodivm, 2023.

1.536 p.
(Coleção Revisaço - Questões Comentadas)

Vários autores
Inclui Bibliografia
ISBN: 978-85-442-4340-4

1. OAB. I. Correia, Henrique. II. Cunha, Rogério Sanches. III. Título.

CDD 340.06081

BIBLIOTECÁRIA RESPONSÁVEL
Ana Carolina Ribeiro Mois – CRB7 – RJ 007348/0

# Apresentação da Coleção Revisaço

**"REVISAÇO"** é a consagrada coleção de questões comentadas da *Editora Juspodivm*.

Com cuidado, pensamos num formato que fosse além dos comentários das questões. Algo que realmente pudesse ajudar o aluno no estudo de concursos ou Exames de Ordem, principalmente na revisão final.

Para isso, estabelecemos a seguinte estrutura **didática**:

- **Questões divididas por matéria e assunto, comentadas assertiva por assertiva, item por item**, demonstrando tanto o que está certo como o que está errado na questão;
- Sempre que possível, há uma "nota do autor" em cada questão trazendo **comentários que vão além do assunto abordado no exercício**.

Ao final das disciplinas apresentamos:

- **Dicas de estudo**, funcionando como verdadeiro resumo da matéria;
- **Súmulas dos Tribunais Superiores**.

A ideia, portanto, é apresentar a **prática do concurso ou Exame da Ordem** (questões), a **doutrina para estudo** (resumos doutrinários) e a **jurisprudência** (súmulas), formando a tríade necessária para uma revisão (verdadeiro REVISAÇO!) rumo ao sucesso na aprovação.

Vários livros compõem a coleção e, para todos, chamamos grandes nomes, professores experientes, profissionais de destaque e especialistas em cada área para que organizassem as obras e comentassem as questões.

Acreditamos que essa coleção será bastante útil aos candidatos de concursos públicos e Exame de Ordem.

**EDITORA JUSPODIVM**

www.editorajuspodivm.com.br

# Sobre os autores

### *ADRIANA MENEZES – DIREITO PREVIDENCIÁRIO*

Procuradora Federal/AGU. Especialista em Direito Previdenciário, Direito Público e em Engenharia Econômica. Bacharel em Direito e em Ciências Econômicas. Professora de Direito Previdenciário nos cursos Estratégia e CERS. Autora de obras jurídicas pela Editora Juspodivm.

### *ALEXANDRE ASSEF MÜLLER – DIREITO TRIBUTÁRIO*

Bacharel em Direito pela Universidade Estadual Paulista – UNESP, Faculdade "Júlio de Mesquita Filho", em 1999. Pós-graduado em Direito Tributário pelo Instituto Brasileiro de Estudos Tributários – IBET (2003). Pós-graduado, com título de MBA em Contabilidade, Auditoria e Planejamento Tributário, pela FUNDACE/USP (2007). Advogado tributarista e sócio diretor do escritório ASSEF MÜLLER ADVOGADOS ASSOCIADOS, desde 2000. Professor de cursos de pós-graduação em matéria tributária junto ao Centro Universitário Estácio de Ribeirão Preto.

E-mail: alexandre@assefmuller.com.br

### *ALEXANDRE SANCHES CUNHA – FILOSOFIA*

Bacharel em Direito pela PUC-Campinas e em Filosofia pela UNICAMP. Especialista em Direito Penal pela PUC-Campinas e em Direitos Humanos pela Universidade de Coimbra. Mestre em Filosofia Antiga pela UNICAMP. Advogado criminal.

### *BRUNO DEL PRETI*

Defensor Público do Estado de São Paulo. Membro-Colaborador do Núcleo Especializado de Cidadania e Direitos Humanos da Defensoria Pública do Estado de São Paulo. Ex-Defensor Público do Estado de Mato Grosso do Sul. Especialista em Direito Público.

### *DAILSON SOARES DE REZENDE – DEONTOLOGIA*

Especialista em Licitações e Contratos Administrativos pelo Centro Universitário UNISEB-COC. Advogado. Sociólogo. Autor de artigos e livros jurídicos pela Editora Juspodivm e Membro do Conselho Regional de Prerrogativas – 6ª Região – OAB – Seção São Paulo.

E-mail: dailson.rezendeadvocacia@gmail.com

### *DANIEL M. TRINDADE – DIREITO EMPRESARIAL*

Professor. Advogado. Ex-Delegado de Polícia do Estado do Rio Grande do Sul. Fundador do App iGabaritei. Especialista em Direito Público pela Universidade Potiguar. Especialista em Segurança Pública pela Academia de Polícia do Estado do Rio Grande do Sul. Membro *honoris causa* do Centro de Estudos de Direito Europeu em Lisboa. Autor e coautor de livros jurídicos.

Facebook: prof.danieltrindade

Instagram: @professordanieltrindade

### *DANILO VIEIRA VILELA – DIREITO FINANCEIRO*

Professor de Direito Econômico do Jusplay. Autor das Sinopses de Direito Financeiro e de Direito Econômico da Juspodivm. Professor efetivo na Universidade do Estado de Minas Gerais (UEMG). Doutor em Direito Político e Econômico pela Universidade Presbiteriana Mackenzie. Mestre em Direito Obrigacional Público e Privado pela Universidade Estadual Paulista (UNESP). Especialista em Direito Processual (UEMG), Especialista em Direito Penal e Processual Penal (UCDB), Especialista em Direito Empresarial e Advocacia Empresarial (Anhanguera-Uniderp) e MBA em Gestão Empresarial (UNESC). Professor em cursos preparatórios para concursos e programas de pós-graduação. Email: dvvilela@hotmail.com/ Instagram: @dvvilela

### *DANILO DA CUNHA SOUSA – DIREITO PROCESSUAL PENAL*

Oficial de Justiça Avaliador Federal (TRF/3). Mestre em Direito pela Unesp Franca. Coautor em diversos livros das coleções *Revisaço* e *Reta Final* da Editora Juspodivm.

### *ÉLISSON MIESSA – DIREITO PROCESSUAL DO TRABALHO*

Procurador do Trabalho. Professor de Processo do Trabalho. Mestre em Direito pela USP-Campus Ribeirão Preto. Autor e Coordenador de diversos livros para concursos públicos pela Editora Juspodivm.

Instagram: @elissonmiessa

Youtube: Élisson Miessa

### *HENRIQUE CORREIA – DIREITO DO TRABALHO*

Procurador do Trabalho. Professor de Direito do Trabalho da Comunidade 100% Trabalhista e da Escola Trabalhista. Autor e Coordenador de diversos livros jurídicos pela Editora Juspodivm. Instagram: @Prof_correia

## LEANDRO BORTOLETO – DIREITO ADMINISTRATIVO

Mestre e bacharel em Direito pela Universidade Estadual Paulista – UNESP. Analista Judiciário (OJAF) na Justiça Federal. Autor e coordenador de livros jurídicos na Editora Juspodivm. Coordenador no curso de especialização em Direito Público da EBJur em Ribeirão Preto. Professor convidado no curso de especialização em Direito Administrativo na USP/FDRP. Professor na especialização em Direito Constitucional e Administrativo no curso Ênfase. Professor nos cursos preparatórios Verbo Jurídico e Complexo de Ensino Renato Saraiva – Cers. Professor no Jus Aulas na Editora Juspodivm. Ex-oficial de Justiça no TJ-SP.

@profbortoleto

## LUCAS DE SOUZA LEHFELD – DIREITO DO CONSUMIDOR

Pós-Doutor pela Universidade de Coimbra (Portugal). Doutor em Direito pela PUC-SP (2006). Mestre em Direito das Obrigações pela UNESP (2001). Graduado em Ciências Contábeis (USP).

## LUCIANO ALVES ROSSATO – DIREITO PROCESSUAL CIVIL E ESTATUTO DA CRIANÇA E DO ADOLESCENTE

Procurador do Estado de São Paulo. Doutor em Direito pela PUC/SP.

Site: www.lucianorossatocursos.com.br

Instagram: @lucianorossato1

## LUÍS FELIPE CIRINO – DIREITO ADMINISTRATIVO

Graduado, Mestre e Doutorando em Direito pela USP. Professor em cursos preparatórios e de pós-graduação em Ribeirão Preto/SP, Campinas/SP, São Paulo/SP e Goiânia/GO. Advogado em Ribeirão Preto/SP.

## PAULO HENRIQUE GONÇALVES PORTELA– DIREITO INTERNACIONAL E DIREITOS HUMANOS

Graduado em Diplomacia pelo Instituto Rio Branco (IRBr) do Ministério das Relações Exteriores (MRE) e em Direito pela Universidade Federal do Ceará (UFC). Mestre em Direito pela Universidade Federal do Ceará (UFC). Diplomata de Carreira (1996-2006). Analista Judiciário do Tribunal de Justiça do Estado do Ceará. Professor de Direito Internacional Público e Privado. Professor de pós-graduação em Direito Internacional Público, Direito Internacional Privado, Direito Internacional do Trabalho, Direito Penal Internacional e Direitos Humanos em cursos de especialização e em cursos preparatórios para concursos públicos.

## PAULO LÉPORE – DIREITO CONSTITUCIONAL, DIREITOS HUMANOS E DIREITO INTERNACIONAL

Coordenador e Professor do Curso Ênfase. Pós-Doutor em Direito pela Universidade Federal de Santa Catarina – UFSC. Doutor em Serviço Social pela Universidade Estadual Paulista – UNESP. Doutorando em Direito pela Universidade de Coimbra – UC. Mestre em Direitos Coletivos e Função Social do Direito pela Universidade de Ribeirão Preto – UNAERP. Coordenador de coleções e autor de diversos livros e artigos jurídicos. Advogado. Coordenador da Comissão de Direitos Infantojuvenis da 12ª Subseção da Ordem dos Advogados do Brasil do Estado de São Paulo – OAB-SP.

www.paulolepore.com.br

## ROGÉRIO SANCHES CUNHA – DIREITO PENAL

Membro do Ministério Público do Estado de São Paulo. Professor da Escola Superior do Ministério Público dos estados de São Paulo, Mato Grosso e Santa Catarina. Coordenador Pedagógico e Professor de Penal e Processo Penal do Curso RSConline. Fundador do site www.meusitejuridico.com.br. Cofundador e coordenador pedagógico do JUSPLAY. Autor de obras jurídicas.

## ROMEU THOMÉ – DIREITO AMBIENTAL

Pós-Doutor em Direito Ambiental pela Université Laval, Canadá. Doutor em Direito Público com ênfase em Direito Ambiental pela PUC/MG. Mestre em Direito Econômico com ênfase em Direito Ambiental pela UFMG. Especialista em Direito Ambiental pela Université de Genève, Suíça. Professor do programa de pós-graduação em Direito Ambiental da Escola Superior Dom Helder Câmara. Professor universitário e de cursos preparatórios para carreiras de Estado. Advogado e Consultor em Direito Ambiental.

Instagram: @romeuthome_direitoambiental/

Website: https://independent.academia.edu/RomeuThome

Currículo Lattes: http://lattes.cnpq.br/2216980940476048

## WELINGTON PEREIRA – DIREITO CIVIL

Mestre em Direito pela Pontifícia Universidade Católica de Minas Gerais. Pós-graduação em Direito civil. Pós-graduação em Direito Notarial e Registral. Professor no Curso de Pós-Graduação no Instituto de Educação Continuada / PUC Minas. Advogado.

# Sumário

# Deontologia

*Dailson Soares de Rezende*

## TABELA DE INCIDÊNCIA DE QUESTÕES

| Distribuição das questões organizada por ordem didática de assuntos | | |
|---|---|---|
| **Assunto** | **Número de Questões** | **Peso** |
| 1. ATIVIDADE DE ADVOCACIA | 12 | 12,00% |
| 2. DOS DIREITOS DO ADVOGADO | 14 | 14,00% |
| 3. DA INSCRIÇÃO NA OAB | 6 | 6,00% |
| 4. DA SOCIEDADE DE ADVOGADOS | 8 | 8,00% |
| 5. DO ADVOGADO EMPREGADO | 3 | 3,00% |
| 6. DOS HONORÁRIOS ADVOCATÍCIOS | 14 | 14,00% |
| 7. DAS INCOMPATIBILIDADES E IMPEDIMENTOS | 4 | 4,00% |
| 8. DA ÉTICA DO ADVOGADO | 12 | 12,00% |
| 9. DAS INFRAÇÕES E SANÇÕES DISCIPLINARES | 9 | 9,00% |
| 10. DA ORDEM DOS ADVOGADOS DO BRASIL | 18 | 18,00% |
| **Total** | **100** | **100%** |

*Dailson Soares de Rezende*

✦ QUESTÕES

## 1. ATIVIDADE DE ADVOCACIA

**01. (FGV – XXXVII Exame OAB)** Teresa, advogada contratada por Carina para representar seus interesses em ação judicial, decide renunciar ao mandato. Em 16/02/2023, Teresa redige notificação de renúncia e a envia por meio de correspondência com aviso de recebimento a Carina, que a recebe em 28/02/2023. No dia seguinte, Carina ajusta com a advogada Fernanda que ela passará a representar seus interesses na ação judicial a partir de então, mas ainda não assina nova procuração. Considerando esse cenário, sobre o cumprimento de prazo processual com vencimento no dia 02/03/2023, assinale a afirmativa correta.

a) Teresa deve cumprir o prazo porque continuará obrigada, durante os dez dias seguintes à notificação de renúncia, a representar Carina, mesmo que tenha sido substituída antes do término desse prazo.

b) Teresa estará desobrigada do cumprimento do prazo, porque Carina foi notificada da renúncia ao mandato em data anterior ao seu vencimento.

c) Fernanda não poderá cumprir o prazo, já que somente poderá postular em juízo fazendo prova do mandato.

d) Fernanda poderá cumprir o prazo, já que, afirmando urgência, poderá atuar sem procuração, obrigando-se a apresentá-la no prazo de quinze dias, prorrogável por igual período.

**COMENTÁRIOS**

✪ **Nota do autor:** a procuração para o foro em geral habilita o advogado a praticar todos os atos judiciais, em qualquer juízo ou instância, salvo os que exijam poderes especiais.

**Alternativa "a".** A representação do advogado renunciante cessa de imediato se for substituído ou findo o prazo de dez dias da notificação do seu constituinte **(Lei nº 8.906/94, art.5º, §3º).**

**Alternativa "b".** O advogado que renunciar ao mandato continuará, durante os dez dias seguintes à notificação da renúncia, a representar o mandante, salvo se for substituído antes do término desse prazo (Lei nº 8.906/94, art.5º, §3º).

**Alternativa "c".** A procuração é o instrumento do mandato, mas havendo urgência é dispensada de imediato, devendo ser juntada no prazo de quinze dias, prorrogável por igual período (Lei nº 8.906/94, art. 5º, §1º).

**Alternativa "d".** O advogado, afirmando urgência, pode atuar sem procuração, obrigando-se a apresentá-la no prazo de quinze dias, prorrogável por igual período (Lei nº 8.906/94, art. 5º, §1º).

**Alternativa correta: letra "d".**

---

**02. (FGV – Exame de Ordem XXXVI – 2022)** O advogado Francisco Campos, acadêmico respeitado no universo jurídico, por solicitação do Presidente da Comissão de Constituição e Justiça da Câmara de Deputados, realizou estudos e sugestões para a alteração de determinado diploma legal.

Sobre a atividade realizada por Francisco Campos, assinale a afirmativa correta.

a) A contribuição de Francisco dá-se como a de qualquer cidadão, não se configurando atividade da advocacia, dentre as elencadas no Estatuto da Advocacia e da OAB.

b) É vedada ao advogado a atividade mencionada junto ao Poder Legislativo.

c) A referida contribuição de Francisco é autorizada apenas se Francisco for titular de mandato eletivo, hipótese em que, no que se refere ao exercício da advocacia, ele estará impedido.

d) Enquanto advogado, é legítimo a Francisco contribuir com a elaboração de normas jurídicas, no âmbito dos Poderes da República.

**COMENTÁRIOS**

✪ **Nota do autor:** são impedidos de exercer a advocacia, os membros do Poder Legislativo, em seus diferentes níveis, contra ou a favor das pessoas jurídicas de direito público, empresas públicas, sociedades de economia mista, fundações públicas, entidades paraestatais ou empresas concessionárias ou permissionárias de serviço público.

**Alternativa "d"** (responde as demais alternativas). O advogado pode contribuir com o processo legislativo e com a elaboração de normas jurídicas, no âmbito dos Poderes da República (Lei nº 8.906/94, art.2º-A)

**Alternativa correta: letra "d".**

---

**03. (FGV- XXXV Exame de Ordem-2022)** Maria, advogada, sente falta de confiança na relação profissional que mantém com Pedro, cliente que representa em ação judicial. Maria externa essa impressão a Pedro, mas as dúvidas existentes não são dissipadas. Maria decide, então, renunciar ao mandato.

Considerando essa situação hipotética, é correto afirmar que o ato de renúncia ao patrocínio

a) excluirá a responsabilidade de Maria por danos eventualmente causados a Pedro após dez dias da notificação, salvo se for substituída antes do término desse prazo.

b) obrigará Maria a depositar em juízo bens, valores e documentos que lhe hajam sido confiados e ainda estejam em seu poder.

c) fará cessar de imediato a responsabilidade profissional de Maria pelo acompanhamento da causa.

d) deverá ser feita sem menção do motivo que a determinou.

**COMENTÁRIOS**

✪ **Nota do autor:** as relações entre advogado e cliente baseiam-se na confiança recíproca. Sentindo o advogado que essa confiança lhe falta, é recomendável que externe ao cliente sua impressão e, não se dissipando as dúvidas existentes, promova, em seguida, o substabelecimento do mandato ou a ele renuncie (CEDOAB, art.10).

**Alternativa "a".** A renúncia ao mandato não exclui responsabilidade por danos eventualmente causados ao cliente ou a terceiros **(CEDOAB, art. 16, §1º).**

**Alternativa "b".** A devolução de bens pode ser feita da forma que optar o advogado, não havendo previsão expressa para depósito em juízo, após conclusão da causa ou desistência da causa, tenha havido, ou não, extinção do mandato **(CEDOAB, art. 12, caput).**

**Alternativa "c". O advogado que renunciar ao mandato continuará, durante os dez dias seguintes à notificação da renúncia, a representar o mandante, salvo se for substituído antes do término desse prazo (Lei nº 8.906/94, art.5º, §3º).**

**Alternativa "d". A renúncia ao patrocínio deve ser feita sem menção do motivo que a determinou (CEDOAB, art. 16, caput).**

---

**04. (FGV- XXXV Exame de Ordem-2022)** João é estagiário de Direito. É vedado a João praticar isoladamente – isto é, sem atuar em conjunto com o advogado ou o defensor público que o supervisiona – o seguinte ato:

a) assinar petições de juntada de documentos a processos judiciais.

b) obter junto aos escrivães e chefes de secretarias certidões de peças de processos em curso.

c) comparecer à prática de atos extrajudiciais, sem autorização ou substabelecimento do advogado.

d) retirar e devolver autos em cartório, assinando a respectiva carga.

**COMENTÁRIOS**

✪ **Nota do autor:** o estagiário inscrito na OAB pode ser censurado, se praticar ato excedente de sua habilitação.

**Alternativa "a".** O estagiário inscrito na OAB pode, isoladamente e sob a responsabilidade do advogado, assinar petições de juntada de documentos a processos judiciais ou administrativos (RGEOAB, art.29, §1º, III).

**Alternativa "b".** O estagiário inscrito na OAB pode, isoladamente e sob a responsabilidade do advogado, obter junto aos escrivães e chefes de secretarias certidões de peças ou autos de processos em curso ou findos (RGEOAB, art.29, §1º, II).

**Alternativa "c".** O estagiário inscrito na OAB pode, isoladamente e sob a responsabilidade do advogado, comparecer para o exercício de atos extrajudiciais, QUANDO receber autorização ou substabelecimento do advogado (RGEOAB, art.29, §2º).

**Alternativa "d".** O estagiário inscrito na OAB pode, isoladamente e sob a responsabilidade do advogado, assinar petições de juntada de documentos a processos judiciais ou administrativos (RGEOAB, art.29, §1º, III).

**Alternativa correta: letra "c".**

---

**05. (FGV- XXXIV Exame de Ordem-2022)** Aline, advogada inscrita na OAB, poderá praticar validamente, durante o período em que estiver cumprindo sanção disciplinar de suspensão, o seguinte ato:

a) impetrar habeas corpus perante o Superior Tribunal de Justiça.

b) visar ato constitutivo de cooperativa, para que seja levado a registro.

c) complementar parecer que elaborara em resposta à consulta jurídica.

d) interpor recurso com pedido de reforma de sentença que lhe foi desfavorável em processo no qual atuava em causa própria.

**COMENTÁRIOS**

✪ **Nota do autor:** a suspensão acarreta ao infrator a interdição do exercício profissional, em todo o território nacional, pelo prazo de trinta dias a doze meses.

**Alternativa "a".** A impetração de habeas corpus, em qualquer instância ou tribunal, não se inclui na atividade privativa de advocacia, logo a situação profissional do advogado suspenso não resulta em sua nulidade (Lei nº 8.906/94, arts.1º, I, §1º, 4º, parágrafo único, e 37, §1º).

**Alternativa "b".** Os atos e contratos constitutivos de pessoas jurídicas, sob pena de nulidade, só podem ser admitidos a registro, nos órgãos competentes, quando visados por advogados sem suspensão (Lei nº 8.906/94, art.1º, §2º).

**Alternativa "c". As atividades de consultoria, assessoria e direção jurídicas, sob pena de nulidade, só podem ser realizados por advogados não suspensos** (Lei nº 8.906/94, art.1º, II).

**Alternativa "d". A postulação a órgão do Poder Judiciário e aos juizados especiais, sob pena de nulidade, só pode ser feita por advogado não suspenso** (Lei nº 8.906/94, art.1º, I).

**Alternativa correta: letra "a".**

---

**06. (FGV- XXXIV Exame de Ordem-2022)** Determinada sociedade de advogados sustenta que os serviços por ela prestados são considerados de notória especialização, para fins de contratação com a Administração Pública.

Sobre tal conceito, nos termos do Estatuto da Advocacia e da OAB, assinale a afirmativa correta.

a) Todas as atividades privativas da advocacia são consideradas como serviços de notória especialização, tratando-se de atributo da atuação técnica do advogado, não extensível à sociedade de advogados.

b) Todas as atividades privativas da advocacia são consideradas como serviços de notória especialização, conceito que se estende à atuação profissional do advogado ou da sociedade de advogados.

c) Apenas exercem serviços de notória especialização o advogado ou a sociedade de advogados cujo trabalho seja possível inferir ser essencial e, indiscutivelmente, o mais adequado à plena satisfação do objeto do contrato.

D) Apenas exercem serviços de notória especialização o advogado cujo trabalho seja possível inferir ser essencial e, indiscutivelmente, o mais adequado à plena satisfação do objeto do contrato, tratando-se de atributo da atuação técnica do advogado, não extensível à sociedade de advogados.

**COMENTÁRIOS**

✪ **Nota do autor:** os serviços profissionais de advogado são, por sua natureza, técnicos e singulares, quando comprovada sua notória especialização.

**Alternativa "c" (responde as demais alternativas). Considera-se notória especialização o <u>profissional OU a sociedade de advogados</u> cujo conceito no campo de sua especialidade, decorrente de desempenho anterior, estudos, experiências, publicações, organização, aparelhamento,**

**equipe técnica ou de outros requisitos relacionados com suas atividades, permita inferir que o seu trabalho é essencial e indiscutivelmente o mais adequado à plena satisfação do objeto do contrato** (Lei nº 8.906/94, art.3º-A, parágrafo único).

**Alternativa correta: letra "c".**

---

**07. (FGV – Exame de Ordem – 2021.2)** Anderson, advogado, decidiu renunciar ao mandato outorgado por Adriana. Nessa hipótese, segundo o Estatuto da Advocacia e da OAB, é correto afirmar que Anderson continuará a representar Adriana por

a) 10 dias, contados da notificação da renúncia, ainda que Adriana constitua novo advogado antes desse prazo.

b) 15 dias, contados da notificação da renúncia, ainda que Adriana constitua novo advogado antes desse prazo.

c) 15 dias, contados da notificação da renúncia, exceto se Adriana constituir novo advogado antes desse prazo.

d) 10 dias, contados da notificação da renúncia, exceto se Adriana constituir novo advogado antes desse prazo.

**COMENTÁRIOS**

✪ **Nota do autor:** O advogado postula, em juízo ou fora dele, fazendo prova do mandato.

**Alternativa "d" (responde as demais alternativas).** O advogado que renunciar ao mandato continuará, durante os dez dias seguintes à notificação da renúncia, a representar o mandante, salvo se for substituído antes do término desse prazo (Lei nº 8.906/94, art. 4º, §3º).

**Alternativa correta: letra "d".**

---

**08. (FGV-Exame de Ordem 2019.2)** Júnior é bacharel em Direito. Formou-se no curso jurídico há seis meses e não prestou, ainda, o Exame de Ordem para sua inscrição como advogado, embora pretenda fazê- lo em breve. Por ora, Júnior é inscrito junto à OAB como estagiário e exerce estágio profissional de advocacia em certo escritório credenciado pela OAB, há um ano. Nesse exercício, poucas semanas atrás, juntamente com o advogado José dos Santos, devidamente inscrito como tal, prestou consultoria jurídica sobre determinado tema, solicitada por um cliente do escritório. Os atos foram assinados por ambos. Todavia, o cliente sentiu-se lesado nessa consultoria, alegando culpa grave na sua elaboração.

Considerando o caso hipotético, bem como a disciplina do Estatuto da Advocacia e da OAB, assinale a opção correta.

a) Júnior não poderia atuar como estagiário e deverá responder em âmbito disciplinar por essa atuação indevida. Já a responsabilidade pelo conteúdo da atuação na atividade de consultoria praticada é de José.

b) Júnior não poderia atuar como estagiário e deverá responder em âmbito disciplinar por essa atuação indevida. Já a responsabilidade pelo conteúdo da atuação na atividade de consultoria praticada é solidária entre Júnior e José.

c) Júnior poderia atuar como estagiário. Já a responsabilidade pelo conteúdo da atuação na atividade de consultoria praticada é solidária entre Júnior e José.

d) Júnior poderia atuar como estagiário. Já a responsabilidade pelo conteúdo da atuação na atividade de consultoria praticada é de José.

**COMENTÁRIOS**

✪ **Nota do autor:** o estágio profissional de advocacia, inclusive para graduados, é requisito necessário à inscrição no quadro de estagiários da OAB e meio adequado de aprendizagem prática.

**Alternativa "d" (responde as demais alternativas).** A consultoria jurídica é atividade privativa de advocacia, que pode ser praticado por estagiário de advocacia, regularmente inscrito na OAB, em conjunto com o advogado e sob a responsabilidade deste. E o estágio profissional tem duração máxima de dois anos e pode ser cumprido por bacharel em Direito que queira se inscrever na OAB (Lei nº 8.906/94, arts.1º, inciso II, 3º, §2º e 9º, §§1º e 4º).

**Alternativa correta: letra "d".**

---

**09. (FGV/OAB/XXX_Exame – 2019)** O advogado Geraldo foi regularmente constituído por certo cliente para defendê-lo em um processo judicial no qual esse cliente é réu. Geraldo ofereceu contestação, e o processo segue atualmente seu trâmite regular, não tendo sido, por ora, designada audiência de instrução e julgamento.

Todavia, por razões insuperáveis que o impedem de continuar exercendo o mandato, Geraldo resolve renunciar. Em 12/02/2019, Geraldo fez a notificação válida da renúncia. Três dias depois da notificação, o mandante constituiu novo advogado, substituindo-o. Todo o ocorrido foi informado nos autos.

Considerando o caso narrado, de acordo com o Estatuto da Advocacia e da OAB, assinale a afirmativa correta.

a) Geraldo continuará a representar o mandante durante os dez dias seguintes à notificação da renúncia.

b) O dever de Geraldo de representar o mandante cessa diante da substituição do advogado, independentemente do decurso de prazo.

c) Geraldo continuará a representar o mandante até que seja proferida e publicada sentença nos autos, ainda que recorrível.

d) Geraldo continuará a representar o mandante até o término da audiência de instrução e julgamento.

**COMENTÁRIOS**

✪ **Nota do autor:** o advogado deve notificar o cliente da renúncia ao mandato, preferencialmente mediante carta com aviso de recepção, comunicando, após o Juízo.

**Alternativa "b" (responde as demais alternativas).** O advogado que renunciar ao mandato continuará, durante os dez dias seguintes à notificação da renúncia, a representar o mandante, salvo se for substituído antes do término desse prazo (Lei nº 8.906/94, art. 5º, §3º).

**Alternativa correta: letra "b".**

---

**10. (FGV – Exame de Ordem/2018.3)** Guilherme é bacharel em Direito, não inscrito na OAB como advogado. Ao se deparar com situações de ilegalidade que ameaçam a liberdade de locomoção de seus amigos César e João, e com situação de abuso de poder que ameaça direito líquido e certo de seu amigo Antônio, Guilherme, valendo-se de seus conhecimentos jurídicos, impetra habeas corpus em favor de César na Justiça Comum Estadual, em 1ª instância; habeas corpus em favor de Antônio, perante o Tribunal de Justiça, em 2ª instância; e mandado de segurança em favor de João, na Justiça Federal, em 1ª instância.

Considerando o que dispõe o Estatuto da OAB acerca da atividade da advocacia, assinale a afirmativa correta.

a) Guilherme pode impetrar habeas corpus em favor de César, mas não pode impetrar habeas corpus em favor de Antônio, nem mandado de segurança em favor de João.

b) Guilherme pode impetrar habeas corpus em favor de César e Antônio, mas não pode impetrar mandado de segurança em favor de João.

c) Guilherme pode impetrar habeas corpus em favor de César e Antônio, e também pode impetrar mandado de segurança em favor de João.

d) Guilherme pode impetrar mandado de segurança em favor de João, mas não pode impetrar habeas corpus em favor de César e Antônio.

**COMENTÁRIOS**

✪ **Nota do autor:** O exercício da atividade de advocacia no território brasileiro e a denominação de advogado são privativos dos inscritos na Ordem dos Advogados do Brasil (OAB).

**Alternativa "a" (responde as demais alternativas).** São atividades privativas de advocacia: I – a postulação a órgão do Poder Judiciário e aos juizados especiais; II – as atividades de consultoria, assessoria e direção jurídicas. Não se inclui na atividade privativa de advocacia a impetração de habeas corpus em qualquer instância ou tribunal. (Estatuto da OAB, Art. 1º, inciso I e II, § 1º).

**Alternativa correta: letra "a".**

**11. (FGV – Exame de Ordem 2018.2)** O advogado José Maria celebrou contrato de mandato, há muitos anos, com o cliente Antônio para defendê-lo extrajudicialmente em certa questão. O instrumento não previu, de forma expressa, o prazo de duração do mandato.

Considerando a hipótese descrita, assinale a afirmativa correta.

a) Ausente previsão de prazo no instrumento, o contrato de mandato extrajudicial é válido e será extinto pelo decurso do prazo de 15 anos, salvo renovação expressa.

b) Ausente previsão de prazo no instrumento, o mandato extrajudicial é válido e não será extinto pelo decurso de qualquer prazo.

c) Ausente previsão de prazo no instrumento, o mandato extrajudicial é anulável e não será extinto pelo decurso de qualquer prazo, mas a anulabilidade pode ser pronunciada por decisão judicial, mediante alegação dos interessados.

d) Ausente previsão de prazo no instrumento, o mandato extrajudicial é válido e será extinto pelo decurso do prazo de 20 anos, salvo renovação expressa.

**COMENTÁRIOS**

✪ **Nota do autor:** Cessa o mandato: I – pela revogação ou pela renúncia; II – pela morte ou interdição de uma das partes; III – pela mudança de estado que inabilite o mandante a conferir os poderes, ou o mandatário para os exercer; IV – pelo término do prazo ou pela conclusão do negócio.

**Alternativa "b" (responde as demais alternativas).** A validade e existência do mandato judicial ou extrajudicial não estão condicionadas ao limitador do tempo, mas sim à conclusão da sua finalidade (presumida em caso de finalização da causa ou arquivamento do processo), salvo se assim for pactuado por escrito (CEDOAB, arts.13 e 18).

**Alternativa correta: letra "b".**

**12. (FGV – Exame de Ordem 2018.1)** O advogado Ícaro dos Santos, regularmente constituído para a defesa judicial de certo cliente, necessitou, para o correto exercício do mandato, que o cliente lhe apresentasse alguns documentos. Após Ícaro solicitar-lhe os documentos diversas vezes, realizando inúmeras tentativas de contato, o cliente manteve-se inerte por prazo superior a três meses.

Considerando o caso narrado, assinale a afirmativa correta.

a) Diante da inércia do cliente, o Código de Ética e Disciplina da OAB dispõe que se presume extinto automaticamente o mandato.

b) Diante da inércia do cliente, o Código de Ética e Disciplina da OAB dispõe que é recomendada a renúncia ao mandato. Ainda de acordo com o diploma, a renúncia ao patrocínio deve ser feita com menção do motivo que a determinou.

c) Diante da inércia do cliente, o Código de Ética e Disciplina da OAB dispõe que é recomendado ao advogado peticionar nos autos, solicitando a intimação pessoal do cliente para apresentação dos documentos. Apenas após o ato, se mantida a inércia, presume-se extinto o mandato.

d) Diante da inércia do cliente, o Código de Ética e Disciplina da OAB dispõe que é recomendada a renúncia ao mandato. Ainda de acordo com o diploma, a renúncia ao patrocínio deve ser feita sem menção do motivo que a determinou.

**COMENTÁRIOS**

✪ **Nota do autor:** O advogado não deve deixar ao abandono ou ao desamparo as causas sob seu patrocínio, sendo RECOMENDÁVEL que, em face de dificuldades insuperáveis ou inércia do cliente quanto a providências que lhe tenham sido solicitadas, renuncie ao mandato.

**Alternativa "d" (responde as demais alternativas).** Considerando a inércia do cliente do advogado Ícaro dos Santos, por não fornecimento do documento de sua responsabilidade mesmo solicitado por diversas vezes, é recomendação ética que o advogado comunique a renúncia ao mandato (sem menção do motivo que a determinou) (CEDOAB, arts.15 e 16).

**Alternativa correta: letra "d".**

## 2. DOS DIREITOS DO ADVOGADO

**13. (FGV – XXXVII Exame OAB)** Pedro, advogado, é investigado criminalmente, em conjunto com Antônio, seu ex-cliente, e Matheus, juiz da comarca, em razão de sua suposta participação em atos fraudulentos que importaram o pagamento de benefícios previdenciários indevidos. No âmbito das investigações, a autoridade judiciária competente determina medida cautelar de busca e apreensão que importa violação do local de trabalho de Pedro. Posteriormente, Pedro é consultado pelo órgão encarregado da investigação criminal acerca de seu interesse na celebração de acordo de colaboração premiada. Sobre essas medidas, assinale a afirmativa correta.

a) É válida a medida de busca e apreensão executada no local de trabalho de Pedro se fundada exclusivamente em declarações de outro colaborador, sem confirmação por outros meios de prova.

b) Em hipótese excepcional, podem ser usados na investigação documentos, mídias e objetos pertencentes a outros clientes de Pedro.

c) Se Pedro efetuar colaboração premiada contra Antônio, tal ato importará em processo disciplinar, que poderá culminar com a aplicação da sanção de exclusão.

d) Se Pedro efetuar colaboração premiada contra Matheus, não estará sujeito às penas relativas ao crime de violação do segredo profissional.

COMENTÁRIOS

✪ **Nota do autor:** estão cobertos pelo sigilo profissional todos os fatos, documentos ou informações obtidas em decorrência do exercício da advocacia.

**Alternativa "a".** É vedada a determinação de busca e apreensão no escritório de advogado se fundada exclusivamente em elementos produzidos em declarações do colaborador sem confirmação por outros meios de prova (Lei nº 8.906/94, art.7º, §6º-B).

**Alternativa "b".** É vedada a utilização dos documentos, das mídias e dos objetos pertencentes a clientes do advogado averiguado, bem como dos demais instrumentos de trabalho que contenham informações sobre clientes. A vedação não abrange clientes do advogado averiguado que estejam sendo formalmente investigados como seus partícipes ou coautores pela prática do mesmo crime que deu causa à quebra da inviolabilidade (Lei nº 8.906/94, art.7º, §§6º e 7º).

**Alternativa "c". Na interpretação literal do art.7º, § 6º-I da Lei nº 8.906/94, esta assertiva está certa, pois, independentemente da motivação, o próprio Estatuto da OAB não considera como JUSTA CAUSA a realização de colaboração premiada por advogado contra seu constituinte atual ou anterior, cuja gravidade resultou na majoração da sanção disciplinar para exclusão, sem prejuízo das penas criminais. A alternativa é errada em decorrência da interpretação sistemática, considerando o uso da colaboração premiada como autodefesa criminal uma JUSTA CAUSA autorizadora para a violação do sigilo profissional (EAOB, art.34, VII; e CEDOAB, art.37), como mencionado pelo STJ no RHC n. 164.616/GO, ao anular colaboração premiada, por não ter ocorrido após existência de investigação criminal contra o advogado colaborador. Em virtude da duplicidade de interpretações, a nosso ver a questão deve ser anulada.**

**Alternativa "d". O uso da colaboração premiada como autodefesa criminal é considerada JUSTA CAUSA autorizadora para a violação do sigilo profissional (EAOB, art.34, VII; e CEDOAB, art.37), como mencionado pelo STJ no RHC n. 164.616/GO, ao anular colaboração premiada, por não ter ocorrido após existência de investigação criminal contra o advogado colaborador.**

**Alternativa correta: letra "d".**

---

**14. (FGV – Exame de Ordem 2021.1)** Maria, advogada, adotou o recém-nascido João. A fim de organizar sua rotina, Maria verifica que tem contestação a apresentar em quinze dias e audiência agendada em quarenta dias, em processos distintos, nos quais figura como única advogada das partes que representa.

Sobre a situação apresentada, assinale a afirmativa correta.

a) Maria, ao comparecer ao fórum para a realização da audiência, terá direito a reserva de vaga na garagem.

b) Maria terá preferência de ordem para a realização da audiência, mediante comprovação de sua condição.

c) Maria terá o prazo para apresentar a contestação interrompido, desde que notifique o cliente por escrito.

d) Maria, ao comparecer ao fórum para a realização da audiência, não deverá ser submetida a detectores de metais e aparelhos de raio X, se estiver acompanhada de João.

COMENTÁRIOS

✪ **Nota do autor:** A suspensão é diferente de interrupção, pois apesar de ambos paralisarem a contagem, este resulta em retomada do prazo total (CPC, art. 113, §2º), enquanto aquele de apenas do residual (CPC, art. 221, *caput*). Este foi o motivo do erro da alternativa "c".

**Alternativa "a".** A reserva de vaga em garagens dos fóruns dos tribunais é direito apenas da advogada gestante, durante seu estado gravídico (Lei nº 8.906/94, artigo 7º-A, inciso I, letra "b").

**Alternativa "b".** Há preferência na ordem das sustentações orais e das audiências a serem realizadas a cada dia, por parte da advogada adotante, mediante comprovação de sua condição e dentro do prazo de 120 (cento e vinte) dias da adoção (Lei nº 8.906/94, artigo 7º-A, inciso III; e CLT, artigo 392).

**Alternativa "c".** SUSPENDE-SE o processo pela concessão de adoção, quando a advogada responsável pelo processo constituir a única patrona da causa. O período de suspensão será de 30 (trinta) dias, contado a partir da concessão da adoção, mediante apresentação de termo judicial que tenha concedido a adoção, desde que haja notificação ao cliente. (CPC, artigo 313, inciso IX e §6º). Aqui, o erro está no uso da palavra interrompido ao invés de suspenso, com conceitos diferentes, conforme destacado na nota do autor acima.

**Alternativa "d".** A não submissão da advogada a detectores de metais e aparelhos de raios X, somente ocorre se estiver gestante, durante o estado gravídico (Lei nº 8.906/94, artigo 7º-A, inciso I, letra "a").

**Alternativa correta: letra "b".**

---

**15. (FGV – Exame de Ordem 2021.1)** O advogado Júnior foi procurado pela família de João, preso em razão da decretação de prisão temporária em certo estabelecimento prisional. Dirigindo-se ao local, Júnior foi informado que João é considerado um preso de alta periculosidade pelo sistema prisional, tendo em vista o cometimento de diversos crimes violentos, inclusive contra um advogado, integração a organização criminosa e descobrimento de um plano de fuga a ser executado pelo mesmo grupo.

Diante de tais circunstâncias, o diretor do estabelecimento conduziu Júnior a uma sala especial, onde poderia conversar com João na presença de um agente prisional destinado a garantir a segurança do próprio Júnior e dos demais. Além disso, foi exigida a apresentação de procuração pelo advogado antes de deixar o estabelecimento prisional.

Considerando o caso narrado, assinale a afirmativa correta.

a) É exigível a apresentação de procuração. Quanto às condições exigidas para a realização da entrevista, por serem devidamente justificadas, não indicam violação de direitos.

b) Não é exigível a apresentação de procuração. Já as condições exigidas para a realização da entrevista violam direitos e implicam o cometimento de fato penalmente típico pelo diretor do estabelecimento.

c) É exigível a apresentação de procuração. Já as condições exigidas para a realização da entrevista indicam violação de direitos, devendo ser combatidas por meio das medidas judiciais cabíveis, tais como a impetração de habeas corpus.

d) Não é exigível a apresentação de procuração. Já as condições exigidas para a realização da entrevista indicam violação de direitos, devendo ser combatidas por meio das medidas judiciais cabíveis, tais como a impetração de habeas corpus, não se tratando de fato tipificado penalmente.

COMENTÁRIOS

✪ **Nota do autor:** são considerados crimes de abuso de autoridade o ato de IMPEDIR, sem justa causa, a entrevista pessoal e reservada do preso com seu advogado (Lei nº 13.869/19, artigo 20), bem como VIOLAR a prerrogativa do advogado, de entrevistar, sem procuração e de forma pessoal e reservada, preso, detido, recolhido ou incomunicável em estabelecimentos civis ou militares (Lei nº 8.906/94, artigo 7º, inciso III).

**Alternativa "b" (responde as demais alternativas).** É pessoal, reservada e sem necessidade de procuração a comunicação entre advogado e cliente preso, detido, recolhido ou incomunicável em estabelecimentos civis ou militares (Lei nº 8.906/94, artigo 7º, inciso III), incorrendo em crime seu violador (Lei nº 8.906/94, artigo 7º-B) ou impedidor sem justo motivo (Lei nº 13.869/19, artigo 20). Exigir procuração JAMAIS pode ser considerada condição plausível ao exercício da prerrogativa em questão e o agente prisional poderia ficar próximo à porta, do lado de for da sala, para o caso de eventual necessidade de intervenção para segurança do advogado.

**Alternativa correta: letra "b".**

---

**16. (FGV – Exame de Ordem 2021.1)** A advogada Clotilde, em manifestação oral em juízo, proferiu algumas palavras sobre o adversário processual de seu cliente. Na ocasião, a pessoa mencionada alegou que teria sido vítima de crime de injúria.

Considerando o disposto no Estatuto da Advocacia e da OAB, é correto afirmar que

a) as palavras proferidas podem constituir crime de injúria, a fim de se tutelar a adequada condução da atividade jurisdicional. Além disso, Clotilde poderá responder disciplinarmente perante a OAB pelos excessos que tiver cometido.

b) a imunidade profissional conferida a Clotilde assegura que as palavras proferidas não constituem injúria, tampouco são passíveis de responsabilização disciplinar perante a OAB, independentemente da alegação de excesso.

c) a imunidade profissional conferida a Clotilde assegura que as palavras proferidas não constituem injúria. Contudo, ela poderá responder disciplinarmente perante a OAB pelos excessos que tiver cometido.

d) as palavras proferidas podem constituir crime de injúria, a fim de se tutelar a adequada condução da atividade jurisdicional. Contudo, não são passíveis de responsabilização disciplinar perante a OAB, independentemente da alegação de excesso.

**COMENTÁRIOS**

✪ **Nota do autor:** a imunidade profissional apenas exclui a tipificação de injúria e difamação nas manifestações profissionais, mas não isenta o advogado do dever ético, dentre os quais de proceder com urbanidade nas suas relações com os colegas de profissão, agentes políticos, autoridades, servidores públicos e terceiros em geral, tratando a todos com respeito e consideração, ao mesmo tempo em que preservará seus direitos e prerrogativas, devendo exigir igual tratamento de todos com quem se relacione.

**Alternativa "c" (responde as demais alternativas).** O advogado tem imunidade profissional, não constituindo injúria e difamação puníveis qualquer manifestação de sua parte, no exercício de sua atividade, em juízo ou fora dele, SEM PREJUÍZO DAS SANÇÕES DISCIPLINARES PERANTE A OAB, PELOS EXCESSOS QUE COMETER. (Código Penal, artigo 142, I).

**Alternativa correta: letra "c".**

---

**17. (FGV-Exame de Ordem 2019.2)** A conduta de um juiz em certa comarca implicou violação a prerrogativas de advogados previstas na Lei nº 8.906/94, demandando representação administrativo-disciplinar em face do magistrado.

Considerando a hipótese narrada, de acordo com o Regulamento Geral do Estatuto da Advocacia e da OAB, assinale a afirmativa correta.

a) É competência dos presidentes do Conselho Federal, do Conselho Seccional ou da Subseção formularem a representação administrativa cabível. Em razão da natureza da autoridade e da providência, o ato não pode ser delegado a outro advogado.

b) É competência apenas dos presidentes do Conselho Federal ou do Conselho Seccional formularem a representação administrativa cabível. Todavia, pode ser designado outro advogado, investido de poderes bastantes, para o ato.

c) É competência apenas do presidente do Conselho Seccional formular a representação administrativa cabível. Em razão da natureza da autoridade e da providência, o ato não pode ser delegado a outro advogado.

d) É competência dos presidentes do Conselho Federal, do Conselho Seccional ou da Subseção formularem a representação administrativa cabível. Todavia, pode ser designado outro advogado, investido de poderes bastantes, para o ato.

**COMENTÁRIOS**

✪ **Nota do autor:** não há hierarquia nem subordinação entre advogados, magistrados e membros do Ministério Público, devendo todos tratar-se com consideração e respeito recíprocos.

**Alternativa "d" (responde as demais alternativas).** Compete ao Presidente do Conselho Federal, do Conselho Seccional ou da Subseção, ao tomar conhecimento de fato que possa causar, ou que já causou, violação de direitos ou prerrogativas da profissão, adotar as providências judiciais e extrajudiciais cabíveis para prevenir ou restaurar o império do Estatuto, em sua plenitude, inclusive mediante representação administrativa. O Presidente pode designar advogado, investido de poderes bastantes, para tal mister (Regulamento Geral do Estatuto da Advocacia e da OAB, art. 15).

**Alternativa correta: letra "d".**

---

**18. (FGV-Exame de Ordem 2019.2)** O advogado João, conselheiro em certo Conselho Seccional da OAB, foi condenado, pelo cometimento de crime de tráfico de influência, a uma pena privativa de liberdade. João respondeu ao processo todo em liberdade, apenas tendo sido decretada a prisão após o trânsito em julgado da sentença condenatória.

Quanto aos direitos de João, considerando o disposto no Estatuto da Advocacia e da OAB, assinale a afirmativa correta.

a) João tem direito à prisão domiciliar em razão de suas atividades profissionais, ou à prisão em sala de Estado Maior, durante todo o cumprimento da pena que se inicia, a critério do juiz competente.

b) João tem direito a ser preso em sala de Estado Maior durante o cumprimento integral da pena que se inicia. Apenas na falta desta, em razão de suas atividades profissionais, terá direito à prisão domiciliar.

c) João não tem direito a ser preso em sala de Estado Maior em nenhum momento do cumprimento da pena que se inicia, nem terá direito, em decorrência de suas atividades profissionais, à prisão domiciliar.

d) João tem direito a ser preso em sala de Estado Maior apenas durante o transcurso de seu mandato como conselheiro, mas não terá direito, em decorrência de suas atividades profissionais, à prisão domiciliar.

COMENTÁRIOS

✪ **Nota do autor:** O Estatuto da Advocacia e a OAB não tem previsão de local especial para advogado preso em virtude de decisão penal condenatória transitada em julgado.

**Alternativa "c" (responde as demais alternativas).** É direito do advogado não ser recolhido preso, ANTES de sentença transitada em julgado, senão em sala de Estado Maior, com instalações e comodidades condignas, e, na sua falta, em prisão domiciliar (Lei nº 8.906/94, art. 7º, inciso V).

**Alternativa correta: letra "c".**

---

**19. (FGV-Exame de Ordem 2019.2)** O advogado X foi preso em flagrante enquanto furtava garrafas de vinho, de valor bastante expressivo, em determinado supermercado. Conduzido à delegacia, foi lavrado o auto de prisão em flagrante, sem a presença de representante da OAB.

Com base no disposto no Estatuto da Advocacia e da OAB, assinale a afirmativa correta.

a) A lavratura do auto de prisão em flagrante foi eivada de nulidade, em razão da ausência de representante da OAB, devendo a prisão ser relaxada.

b) A lavratura do auto de prisão em flagrante não é viciada, desde que haja comunicação expressa à seccional da OAB respectiva.

c) A lavratura do auto de prisão em flagrante foi eivada de nulidade, em razão da ausência de representante da OAB, devendo ser concedida liberdade provisória não cumulada com aplicação de medidas cautelares diversas da prisão.

d) A lavratura do auto de prisão em flagrante não é viciada e independe de comunicação à seccional da OAB respectiva.

COMENTÁRIOS

✪ **Nota do autor:** o advogado somente poderá ser preso em flagrante, por motivo de exercício da profissão, em caso de crime inafiançável, com presença do representante da OAB para a lavratura do respectivo auto.

**Alternativa "b" (responde as demais alternativas).** A presença de representante da OAB, para lavratura do auto de prisão em flagrante, somente é direito do advogado, se for por motivo ligado ao exercício da advocacia. Nos casos diversos, o direito se restringe à comunicação expressa à seccional da OAB (Lei nº 8.906/94, art. 7º, inciso IV).

**Alternativa correta: letra "b".**

---

**20. (FGV/OAB/XXX_Exame – 2019)** Antônio e José são advogados e atuam em matéria trabalhista. Antônio tomou conhecimento de certos fatos relativos à vida pessoal de seu cliente, que respondia a processo considerado de interesse acadêmico. Após o encerramento do feito judicial, Antônio resolveu abordar os fatos que deram origem ao processo em sua dissertação pública de mestrado. Então, a fim de se resguardar, Antônio notificou o cliente, indagando se este solicitava sigilo sobre os fatos pessoais ou se estes podiam ser tratados na aludida dissertação. Tendo obtido resposta favorável do cliente, Antônio abordou o assunto na dissertação.

Por sua vez, o advogado José também soube de fatos pessoais de seu cliente, em razão de sua atuação em outro processo. Entretanto, José foi difamado em público, gravemente, por uma das partes da demanda. Por ser necessário à defesa de sua honra, José divulgou o conteúdo particular de que teve conhecimento.

Considerando os dois casos narrados, assinale a afirmativa correta.

a) Antônio infringiu o disposto no Código de Ética e Disciplina da OAB, violando o dever de sigilo profissional. Por outro lado, José não cometeu infração ética, já que o dever de sigilo profissional cede na situação descrita.

b) Antônio e José infringiram, ambos, o disposto no Código de Ética e Disciplina da OAB, violando seus deveres de sigilo profissional.

c) José infringiu o disposto no Código de Ética e Disciplina da OAB, violando o dever de sigilo profissional. Por outro lado, Antônio não cometeu infração ética, já que o dever de sigilo profissional cede na situação descrita.

d) Antônio e José não cometeram infração ética, já que o dever de sigilo profissional, em ambos os casos, cede nas situações descritas.

COMENTÁRIOS

✪ **Nota do autor:** constitui infração disciplinar violar, sem justa causa, sigilo profissional (Lei nº 8.906/94, art. 34, VII). O Código de Ética e Disciplina da OAB (art. 37) elenca como hipóteses de justa causa, os casos de grave ameaça ao direito à vida e à honra ou que envolvam defesa própria.

**Alternativa "a" (responde as demais alternativas).** O interesse acadêmico não é justa causa para violação do sigilo profissional, sendo irrelevante a autorização do constituinte, por se tratar de dever de ordem pública (CED, art. 36), logo Antônio cometeu infração ética. Já a grave ameaça à honra e a defesa própria são justas causas para quebra do sigilo profissional, logo José não praticou infração ética.

**Alternativa correta: letra "a".**

---

**21. (FGV/OAB/XXX_Exame – 2019)** Em certa situação, uma advogada, inscrita na OAB, foi ofendida em razão do exercício profissional durante a realização de uma audiência judicial. O ocorrido foi amplamente divulgado na mídia, assumindo grande notoriedade e revelando, de modo urgente, a necessidade de desagravo público.

Considerando que o desagravo será promovido pelo Conselho competente, seja pelo órgão com atribuição ou pela Diretoria ad referendum, assinale a afirmativa correta.

a) A atuação se dará apenas mediante provocação, a pedido da ofendida ou de qualquer outra pessoa. É condição para concessão do desagravo a solicitação de informações à pessoa ou autoridade apontada como ofensora.

b) A atuação se dará de ofício ou mediante pedido, o qual deverá ser formulado pela ofendida, seu representante legal ou advogado inscrito na OAB. É condição para concessão do desagravo a solicitação de informações à pessoa ou autoridade apontada como ofensora.

c) A atuação se dará de ofício ou mediante provocação, seja da ofendida ou de qualquer outra pessoa. Não é condição para concessão do desagravo a solicitação de informações à pessoa ou autoridade apontada como ofensora.

d) A atuação se dará de ofício ou mediante pedido, o qual deverá ser formulado pela ofendida, seu representante legal ou advogado inscrito na OAB. Não é condição para concessão do desagravo a solicitação de informações à pessoa ou autoridade apontada como ofensora.

COMENTÁRIOS

✪ **Nota do autor:** o desagravo público, como instrumento de defesa dos direitos e prerrogativas da advocacia, não depende de concordância do ofendido, que não pode dispensá-lo, devendo ser promovido a critério do Conselho.

**Alternativa "c" (responde as demais alternativas).** No procedimento de desagravo público, o contraditório e ampla defesa devem ser possibilitados ao imputado ofensor das prerrogativas de toda a advocacia, de forma prévia (com intimação para possibilitar informações, instrução e posterior decisão) ou diferida (com desagravo imediato e *ad referendum* do Conselho competente e posterior intimação para possibilitar informações) (Regulamento Geral do Estatuto da Advocacia e da OAB, art. 18).

**Alternativa correta: letra "c".**

---

**22. (FGV – Exame de Ordem/2018.3)** O advogado Mário dos Santos, presidente do Conselho Seccional Y da OAB, foi gravemente ofendido em razão do seu cargo, gerando violação a prerrogativas profissionais. O fato obteve grande repercussão no país.

Considerando o caso narrado, de acordo com o Regulamento Geral do Estatuto da Advocacia e da OAB, assinale a afirmativa correta.

a) Compete ao Conselho Seccional Y da OAB promover o desagravo público, ocorrendo a sessão na sede do Conselho Seccional Y.

b) Compete ao Conselho Federal da OAB promover o desagravo público, ocorrendo a sessão na sede do Conselho Federal.

c) Compete ao Conselho Seccional Y da OAB promover o desagravo público, ocorrendo a sessão na sede da subseção do território em que ocorreu a violação a prerrogativas profissionais.

d) Compete ao Conselho Federal da OAB promover o desagravo público, ocorrendo a sessão na sede do Conselho Seccional Y.

**COMENTÁRIOS**

✪ **Nota do autor:** O inscrito na OAB, quando ofendido comprovadamente em razão do exercício profissional ou de cargo ou função da OAB, tem direito ao desagravo público promovido pelo Conselho competente, de ofício, a seu pedido ou de qualquer pessoa.

Compete ao Conselho Federal promover o desagravo público de Conselheiro Federal ou de Presidente de Conselho Seccional, quando ofendidos no exercício das atribuições de seus cargos e ainda quando a ofensa a advogado se revestir de relevância e grave violação às prerrogativas profissionais, com repercussão nacional. O Conselho Federal, observado o procedimento previsto no art. 18 deste Regulamento, indica seus representantes para a sessão pública de desagravo, na sede do Conselho Seccional, salvo no caso de ofensa a Conselheiro Federal. (Regulamento Geral do Estatuto da Advocacia e da OAB, Art. 19, Parágrafo único).

**Alternativa correta: letra "d".**

---

**23. (FGV – Exame de Ordem/2018.3)** A advogada Mariana, gestante, ao ingressar em certo Tribunal de Justiça, foi solicitada a passar por aparelho de raios X e por detector de metais.

Considerando o caso narrado, de acordo com o Estatuto da Advocacia e da OAB, assinale a afirmativa correta.

a) Mariana tem o direito de não ser submetida a aparelho de raios X, embora deva passar pelo detector de metais, independentemente de motivação.

b) Mariana tem o direito de não ser submetida a aparelho de raios X. Quanto ao detector de metais, deverá passar pelo aparelho apenas se evidenciada situação especial de segurança, em ato motivado.

c) Mariana deverá, por medida de segurança, passar pelo aparelho de raios X e pelo detector de metais, a menos que haja contraindicação médica expressa.

d) Mariana tem o direito, independentemente do teor da alegação sobre segurança, de não ser submetida ao detector de metais, nem ao aparelho de raios X.

**COMENTÁRIOS**

✪ **Nota do autor:** Os direitos previstos à advogada gestante ou lactante aplicam-se enquanto perdurar, respectivamente, o estado gravídico ou o período de amamentação.

São direitos da advogada gestante: entrada em tribunais sem ser submetida a detectores de metais e aparelhos de raios X (Estatuto da OAB, Art. 7-A, inciso I, alínea a).

**Alternativa correta: letra "d".**

---

**24. (FGV – Exame de Ordem 2018.2)** O advogado Fred dirigiu-se, em certa ocasião, a uma delegacia de polícia e a um presídio, a fim de entrevistar clientes seus que se encontravam, respectivamente, prestando depoimento e preso. Na mesma data, o advogado Jorge realizou audiências na sede de um juizado especial cível e no interior de certo fórum regional da comarca.

Considerando o disposto no Estatuto da Advocacia e da OAB, assinale a afirmativa correta.

a) É direito de Fred e Jorge a instalação de salas especiais permanentes para os advogados nos seguintes locais visitados: sede do juizado especial cível e fórum regional da comarca. Quanto aos demais, embora seja recomendável a existência de salas especiais, não há dever legal de instalação.

b) É direito de Fred e Jorge a instalação de salas especiais permanentes para os advogados em todos os locais visitados. Quanto aos quatro locais, há dever legal de instalação das salas.

c) É direito de Fred e Jorge a instalação de salas especiais permanentes para os advogados nos seguintes locais visitados: sede do juizado especial cível, fórum regional da comarca e presídio. Quanto à delegacia de polícia, embora seja recomendável a existência de salas especiais, não há dever legal de instalação.

d) É direito de Fred e Jorge a instalação de salas especiais permanentes para os advogados nos seguintes locais visitados: fórum regional da comarca e presídio. Quanto aos demais, embora seja recomendável a existência de salas especiais, não há dever legal de instalação.

**COMENTÁRIOS**

✪ **Nota do autor: o** STF, no julgamento da ADI 1127 DF, afirmou a constitucionalidade das salas especiais permanentes, previstas no §4º do art. 7º da Lei nº 8.906/94, excluindo apenas o controle pela OAB.

**Alternativa "b" (responde as demais alternativas).** O Poder Judiciário e o Poder Executivo DEVEM instalar, em todos os juizados, fóruns, tribunais, delegacias de polícia e presídios, salas especiais permanentes para os advogados, com uso assegurados à OAB (Lei nº 8.906/94, art. 7º, §4º).

**Alternativa correta: letra "b".**

---

**25. (FGV – Exame de Ordem 2018.2)** Rafaela, advogada, atua como árbitra em certa lide. Lena, também regularmente inscrita como advogada perante a OAB, exerce atualmente a função de mediadora. Ambas, no exercício de suas atividades, tomaram conhecimento de fatos relativos às partes envolvidas. Todavia, apenas foi solicitado a Rafaela que guardasse sigilo sobre tais fatos.

Considerando o caso narrado, assinale a afirmativa correta.

a) Apenas Rafaela, no exercício da profissão, submete-se ao dever de guardar sigilo dos fatos de que tomou conhecimento. O dever de sigilo cederá em face de circunstâncias excepcionais que configurem justa causa, como nos casos de grave ameaça aos direitos à vida e à honra, bem como em caso de defesa própria.

b) Apenas Lena, no exercício da profissão, submete-se ao dever de guardar sigilo dos fatos de que tomou conhecimento. O dever de sigilo cederá em face de circunstâncias excepcionais que configurem justa causa, como nos casos de grave ameaça aos direitos à vida e à honra, bem como em caso de defesa própria.

c) Ambas as advogadas, no exercício da profissão, submetem-se ao dever de guardar sigilo dos fatos de que tomaram conhecimento. O dever de sigilo cederá em face de circunstâncias excepcionais que configurem justa causa, como nos casos de grave ameaça aos direitos à vida e à honra, bem como em caso de defesa própria.

d) Apenas Rafaela, no exercício da profissão, submete-se ao dever de guardar sigilo dos fatos de que tomou conhecimento. O dever de sigilo cederá em face de circunstâncias excepcionais que configurem justa causa, como nos casos de grave ameaça aos direitos à vida e à honra. Porém, não se admite a relativização do dever de sigilo para exercício de defesa própria.

**COMENTÁRIOS**

✪ **Nota do autor:** o advogado, quando no exercício profissional e das funções próprias, de mediador, conciliador, árbitro e quaisquer funções desempenhadas na Ordem dos Advogados do Brasil, se submete às regras de sigilo profissional (CEDOAB, arts.35, parágrafo único e 36, §2º).

**Alternativa "c" (responde as demais alternativas).** Como no caso ambas são advogadas no exercício das funções de mediador e arbitro, o sigilo profissional deve ser resguardado, salvo em face de circunstâncias excepcionais que configurem justa causa, como nos casos de grave ameaça ao direito à vida e à honra ou que envolvam defesa própria (CEDOAB, arts.36, §2º e 37).

**Alternativa correta: letra "c".**

---

**26. (FGV – Exame de Ordem 2018.1)** José Carlos Santos, advogado, dirigiu-se ao Ministério Público a fim de tomar apontamentos sobre investigação criminal em andamento, conduzida pelo Parquet, em face de seu cliente, em que foi decretado sigilo. Dias depois, José Carlos foi à delegacia de polícia no intuito de examinar e retirar cópias de autos de certo inquérito policial, em curso, no qual também foi decretado sigilo, instaurado contra outro cliente seu.

Consoante o disposto no Estatuto da Advocacia e da OAB, assinale a afirmativa correta.

a) Em ambos os casos, José Carlos deverá apresentar procuração tanto para tomar apontamentos sobre a investigação em trâmite perante o Ministério Público quanto para examinar e retirar cópias do inquérito policial.

b) Apenas é necessário que José Carlos apresente procuração para tomar apontamentos sobre a investigação em trâmite perante o Ministério Público, não sendo exigível a apresentação de procuração para examinar e retirar cópias do inquérito policial.

c) Apenas é necessário que José Carlos apresente procuração para examinar e retirar cópias do inquérito policial, não sendo exigível a apresentação de procuração para tomar apontamentos sobre a investigação em trâmite perante o Ministério Público.

d) Não é exigível a apresentação de procuração para examinar e retirar cópias do inquérito policial, nem para tomar apontamentos sobre a investigação em trâmite perante o Ministério Público.

**COMENTÁRIOS**

✪ **Nota do autor:** é direito do advogado examinar, em qualquer instituição responsável por conduzir investigação, mesmo sem procuração, autos de flagrante e de investigações de qualquer natureza, findos ou em andamento, ainda que conclusos à autoridade, podendo copiar peças e tomar apontamentos, em meio físico ou digital.

**Alternativa "a" (responde as demais alternativas).** Nos autos sigilosos de investigações de qualquer natureza, deve o advogado apresentar procuração para o exercício dos direitos de examinar, copiar peças e tomar apontamentos (Lei nº 8.906/94, art. 7º, XIV, §10)

**Alternativa correta: letra "a".**

## 3. DA INSCRIÇÃO NA OAB

---

**27. (FGV- XXXV Exame de Ordem-2022)** Antônio, brasileiro, formou-se em Direito em uma renomada Universidade de certo país da América do Sul. Lá, conheceu e casou- se com uma nacional daquele país, Ana, que também se formou em Direito na mencionada universidade.

Já graduados, Ana e Antônio decidiram mudar-se para o Brasil, e exercer a advocacia em Minas Gerais, uma vez que se especializaram em determinado ramo do Direito em que há bastante similitude com o Direito do pais de origem de Ana.

Considerando o caso narrado, assinale a afirmativa correta.

a) É vedado a Ana o exercício da advocacia no Brasil, salvo, a título precatório, como consultora em Direito Internacional, se não cursar novamente a graduação no nosso país. Antônio, em via diversa, poderá inscrever-se como advogado desde que prove seu título de graduação, obtido na universidade estrangeira, que este seja revalidado e que seja aprovado no Exame de Ordem, cumpridos os demais requisitos legais.

b) Tanto Ana quanto Antônio poderão inscrever-se como advogados, desde que provem seus títulos de graduação, obtidos na universidade estrangeira, que estes sejam revalidados e que eles sejam aprovados no Exame de Ordem, cumpridos os demais requisitos legais.

c) É vedado a Ana o exercício da advocacia no Brasil, salvo, a título precatório, como consultora em Direito Internacional, se não cursar novamente a graduação no nosso país. Antônio poderá inscrever-se como advogado desde que prove seu título de graduação, obtido na universidade estrangeira, independentemente de revalidação, e que seja aprovado no Exame de Ordem, cumpridos os demais requisitos legais.

d) É vedado a Ana e a Antônio o exercício da advocacia no Brasil, salvo, a título precatório, como consultores no Direito estrangeiro, se não cursarem novamente a graduação no nosso país.

COMENTÁRIOS

✪ **Nota do autor:** qualquer pessoa – brasileiro ou estrangeiro – pode realizar o exame da OAB e, se aprovado e atender os demais requisitos, se inscrever como advogado no Brasil. Para inscrição como advogado é necessário: I - capacidade civil; II - diploma ou certidão de graduação em direito, obtido em instituição de ensino oficialmente autorizada e credenciada; III - título de eleitor e quitação do serviço militar, se brasileiro; IV - aprovação em Exame de Ordem; V - não exercer atividade incompatível com a advocacia; VI - idoneidade moral; e VII - prestar compromisso perante o conselho.

**Alternativa "b" (responde as demais alternativas).** O estrangeiro OU brasileiro, quando não graduado em direito no Brasil, deve fazer prova do título de graduação, obtido em instituição estrangeira, DEVIDAMENTE REVALIDADO, além de atender aos demais requisitos legais, para ser inscrito como advogado perante a OAB (Lei nº 8.906/94, art.8º, §2º).

**Alternativa correta: letra "b".**

---

**28. (FGV – Exame de Ordem – 2021.2)** Carlos é aluno do primeiro período do curso de Direito. Vinícius é bacharel em Direito, que ainda não realizou o Exame da Ordem. Fernanda é advogada inscrita na OAB. Todos eles são aprovados em concurso público realizado por Tribunal de Justiça para o preenchimento de vagas de Técnico Judiciário.

Após a investidura de Carlos, Vinícius e Fernanda em tal cargo efetivo e, enquanto permanecerem em atividade, é correto afirmar que

a) Carlos não poderá frequentar o estágio ministrado pela instituição de ensino superior em que está matriculado.
b) Vinícius preencherá os requisitos necessários para ser inscrito como advogado na OAB, caso venha a ser aprovado no Exame da Ordem.
c) Fernanda deverá ter sua inscrição na OAB cancelada de ofício ou em virtude de comunicação que pode ser feita por qualquer pessoa.
d) Fernanda deverá ter sua inscrição na OAB suspensa, restaurando-se o número em caso de novo pedido.

COMENTÁRIOS

✪ **Nota do autor:** A advocacia é incompatível, mesmo em causa própria, com ocupantes de cargos ou funções vinculados direta ou indiretamente a qualquer órgão do Poder Judiciário.

**Alternativa "a".** O aluno de curso jurídico que exerça atividade incompatível com a advocacia pode frequentar o estágio ministrado pela respectiva instituição de ensino superior, para fins de aprendizagem, vedada a inscrição na OAB (Lei nº 8.906/94, art. 9º, §3º).

**Alternativa "b".** Faltará o requisito de não exercer atividade incompatível com a advocacia (Lei nº 8.906/94, art. 8º, V).

**Alternativa "c" (responde a alternativa "d").** Cancela-se, , de ofício, pelo conselho competente ou em virtude de comunicação por qualquer pessoa, a inscrição do profissional que passar a exercer, em caráter definitivo, atividade incompatível com a advocacia (Lei nº 8.906/94, art. 11, IV e §1º).

**Alternativa correta: letra "c".**

---

**29. (FGV – Exame de Ordem – 2021.2)** Lia, aluna do oitavo período de uma Faculdade de Direito, obteve de certo escritório de advocacia a proposta de um estágio profissional. Assim, pretende providenciar sua inscrição como estagiária junto à OAB.

Lia deverá requerer sua inscrição como estagiária junto ao Conselho Seccional em cujo território se situa

a) a sede do escritório onde atuará.
b) a sede principal da sua atividade de estagiária de advocacia.
c) o seu domicílio de pessoa física.
d) a Faculdade de Direito em que estuda.

COMENTÁRIOS

✪ **Nota do autor:** O estágio profissional poderá ser cumprido por bacharel em Direito que queira se inscrever na Ordem.

**Alternativa "d" (responde as demais alternativas).** A inscrição do estagiário é feita no Conselho Seccional em cujo território se localize seu curso jurídico (Lei nº 8.906/94, art. 9º, §2º).

**Alternativa correta: letra "d".**

---

**30. (FGV/OAB/XXX_Exame – 2019)** Maria, formada em uma renomada faculdade de Direito, é transexual. Após a aprovação no Exame de Ordem e do cumprimento dos demais requisitos, Maria receberá a carteira de identidade de advogado, relativa à sua inscrição originária. Sobre a hipótese apresentada, de acordo com o disposto na Lei nº 8.906/94 e no Regulamento Geral do Estatuto da Advocacia e da OAB, assinale a afirmativa correta.

a) É admitida a inclusão do nome social de Maria, em seguida ao nome registral, havendo exigência normativa de que este seja o nome pelo qual Maria se identifica e é socialmente reconhecida, mediante mero requerimento formulado pela advogada.
b) É admitida a inclusão do nome social de Maria, desde que, por exigência normativa, este seja o nome pelo qual Maria se identifica e que consta em registro civil de pessoas naturais, originariamente ou por alteração, mediante mero requerimento formulado pela advogada.
c) É admitida a inclusão do nome social de Maria, independentemente de menção ao nome registral, havendo exigência normativa de que este seja o nome pelo qual Maria se identifica, e é socialmente reconhecida, e de que haja prévia aprovação em sessão do Conselho Seccional respectivo.
d) Não há previsão na Lei nº 8.906/94 e no Regulamento Geral do Estatuto da Advocacia e da OAB sobre a inclusão do nome social de Maria na carteira de identidade do advogado, embora tal direito possa advir de interpretação do disposto na Constituição Federal, desde que haja cirurgia prévia de redesignação sexual e posterior alteração do nome registral da advogada para aquele pelo qual ela se identifica e é socialmente reconhecida.

COMENTÁRIOS

✪ **Nota do autor:** o nome social é a designação pela qual a pessoa travesti ou transexual se identifica e é socialmente reconhecida.

**Alternativa "a" (responde as demais alternativas).** Na identificação profissional do advogado, é possível conter o nome social, se assim for requerido pela pessoa travesti ou transexual, nos termos do parágrafo único do art. 33 do Regulamento Geral do Estatuto da Advocacia e da OAB.

**Alternativa correta: letra "a".**

**31. (FGV/OAB/XXX_Exame - 2019)** O advogado Carlos não adimpliu suas obrigações relativas às anuidades devidas à OAB. Assinale a opção que, corretamente, trata das consequências de tal inadimplemento.

a) Carlos deverá quitar o débito em 15 dias contados da notificação para tanto, sob pena de suspensão, independentemente de processo disciplinar. Na terceira suspensão por não pagamento de anuidade, seja a mesma ou anuidades distintas, será cancelada sua inscrição.

b) Carlos deverá quitar o débito no prazo fixado em notificação, sob pena de suspensão mediante processo disciplinar. Após 15 dias de suspensão, caso não realizado o pagamento da mesma anuidade, será cancelada sua inscrição.

c) Carlos deverá quitar o débito em 15 dias contados da notificação para tanto, sob pena de suspensão, mediante processo disciplinar. Na terceira suspensão por não pagamento de anuidades, será cancelada sua inscrição.

d) Carlos deverá quitar o débito em 15 dias contados da notificação para tanto, sob pena de suspensão, independentemente de processo disciplinar. Na segunda suspensão por não pagamento de anuidades distintas, será cancelada sua inscrição, após o transcurso de processo disciplinar.

**COMENTÁRIOS**

✪ **Nota do autor:** aos inscritos na OAB incumbe o pagamento das anuidades, contribuições, multas e preços de serviços fixados pelo Conselho Seccional.

**Alternativa "c" (responde as demais alternativas).** O advogado, regularmente notificado, deve quitar seu débito relativo às anuidades, no prazo de 15 dias da notificação, sob pena de suspensão, aplicada em processo disciplinar. Cancela-se a inscrição quando ocorrer a 3 suspensão, relativa ao não pagamento de anuidades distintas. (Regulamento Geral do Estatuto da Advocacia e da OAB, art. 22).

**Alternativa correta: letra "c".**

**32. (FGV/OAB/XXX_Exame - 2019)** Jailton, advogado, após dez anos de exercício da advocacia, passou a apresentar comportamentos incomuns. Após avaliação médica, ele foi diagnosticado com uma doença mental curável, mediante medicação e tratamento bastante demorado.

Segundo as disposições do Estatuto da Advocacia e da OAB, o caso do advogado Jailton incide em causa de

a) suspensão do exercício profissional.

b) impedimento para o exercício profissional.

c) cancelamento da inscrição profissional.

d) licença do exercício profissional.

**COMENTÁRIOS**

✪ **Nota do autor:** são nulos os atos praticados por advogado impedido – no âmbito do impedimento – suspenso, licenciado ou que passar a exercer atividade incompatível com a advocacia.

**Alternativa "a".** A suspensão é uma sanção disciplinar aplicável nos casos de infrações disciplinares tipificadas ou reincidência (Lei nº 8.906/94, arts.35 e 37).

**Alternativa "b".** O impedimento determina a proibição parcial do exercício da advocacia. São impedidos de exercer a advocacia: I – os servidores da administração direta, indireta e fundacional, contra a Fazenda Pública que os remunere ou à qual seja vinculada a entidade empregadora (salvo docentes de cursos jurídicos); II – os membros do Poder Legislativo, em seus diferentes níveis, contra ou a favor das pessoas jurídicas de direito público, empresas públicas, sociedades de economia mista, fundações públicas, entidades paraestatais ou empresas concessionárias ou permissionárias de serviço público (Lei nº 8.906/94, arts.27 e 30).

**Alternativa "c".** Cancela-se a inscrição do profissional que: I – assim o requerer; II – sofrer penalidade de exclusão; III – falecer; IV – passar a exercer, em caráter definitivo, atividade incompatível com a advocacia; V – perder qualquer um dos requisitos necessários para inscrição (Lei nº 8.906/94, art. 11).

**Alternativa "d".** Licencia-se o profissional que: I – assim o requerer, por motivo justificado; II – passar a exercer, em caráter temporário, atividade incompatível com o exercício da advocacia; III – sofrer doença mental considerada curável (Lei nº 8.906/94, art. 12).

**Alternativa correta: letra "d".**

## 4. DA SOCIEDADE DE ADVOGADOS

**33. (FGV – XXXVII Exame OAB)** O advogado Jefferson pretende associar-se a uma sociedade de advogados, para a prestação de serviços advocatícios e participação nos resultados. Sobre tal possibilidade, assinale a afirmativa correta.

a) É admitido que Jefferson se associe, em tais moldes, a apenas uma sociedade de advogados.

b) A associação de Jefferson a uma sociedade unipessoal de advocacia, com participação nos resultados, não é permitida, pois configuraria a presença de requisitos legais de vínculos empregatícios.

c) É admitido que Jefferson se associe, simultaneamente, a uma sociedade de advogados e a uma sociedade unipessoal de advocacia.

d) A associação de Jefferson a uma sociedade de advogados deve ser em caráter geral, não sendo admitida a restrição à determinada causa.

**COMENTÁRIOS**

✪ **Nota do autor:** a associação para prestação de serviços e participação nos resultados, entre advogado e sociedade, dar-se-á por meio de pactuação de contrato próprio, que poderá ser de caráter geral ou restringir-se a determinada causa ou trabalho e que deverá ser registrado no Conselho Seccional da OAB em cuja base territorial tiver sede a sociedade de advogados que dele tomar parte.

**Alternativa "c" (responde as demais alternativas).** O advogado poderá associar-se a uma ou mais sociedades de advogados ou sociedades unipessoais de advocacia, sem que estejam presentes os requisitos legais de vínculo empregatício, para prestação de serviços e participação nos resultado (Lei nº 8.906/94, art.17-A).

**Alternativa correta: letra "c".**

**34. (FGV – Exame de Ordem XXXVI – 2022)** Recém formadas e inscritas na OAB, as amigas Fernanda e Júlia desejam ingressar no mercado de trabalho. Para tanto, avaliam se devem constituir sociedade unipessoal de advocacia ou atuar em sociedade simples de prestação de serviços de advocacia.

Constituída a sociedade, Fernanda e Júlia deverão observar que

a) a sociedade unipessoal de advocacia adquire personalidade jurídica com o registro aprovado dos seus atos constitutivos no cartório de registro civil de pessoas jurídicas, sujeito a homologação da OAB.

b) as procurações devem ser outorgadas à sociedade de advocacia e indicar individualmente os advogados que dela façam parte.

c) poderão integrar simultaneamente uma sociedade de advogados e uma sociedade unipessoal de advocacia com sede na mesma área territorial do respectivo Conselho Seccional.

d) os advogados integrantes da sociedade não poderão representar em juízo clientes de interesses opostos.

**COMENTÁRIOS**

✪ **Nota do autor:** a sociedade unipessoal de advocacia pode resultar da concentração por um advogado das quotas de uma sociedade de advogados, independentemente das razões que motivaram tal concentração.

**Alternativa "a".** A sociedade de advogados e a sociedade unipessoal de advocacia adquirem personalidade jurídica com o registro aprovado dos seus atos constitutivos no Conselho Seccional da OAB em cuja base territorial tiver sede (Lei nº 8.906/94, art.15, §1º).

**Alternativa "b".** As procurações devem ser outorgadas individualmente AOS advogados E indicar a sociedade de que façam parte (Lei nº 8.906/94, art.15, §3º).

**Alternativa "c".** Nenhum advogado pode integrar mais de uma sociedade de advogados, constituir mais de uma sociedade unipessoal de advocacia, ou integrar, simultaneamente, uma sociedade de advogados e uma sociedade unipessoal de advocacia, com SEDE OU FILIAL NA MESMA ÁREA territorial do respectivo Conselho Seccional (Lei nº 8.906/94, art.15, §4º).

**Alternativa "d".** Os advogados sócios de uma mesma sociedade profissional não podem representar em juízo clientes de interesses opostos (Lei nº 8.906/94, art.15, §6º).

**Alternativa correta: letra "d".**

---

**35. (FGV- XXXV Exame de Ordem-2022)** Antônio, economista sem formação jurídica, e Pedro, advogado, ambos estudiosos da Análise Econômica do Direito, desejam constituir sociedade de advogados que também fornecerá aos seus clientes serviços de consultoria na área econômica.

Ao analisar a possibilidade de registro desse empreendimento, que consideram inovador, Antônio e Pedro concluíram, corretamente, que

a) poderá ser efetivado, já que é permitido o registro, nos cartórios de registro civil de pessoas jurídicas e nas juntas comerciais, de sociedade que inclua, entre outras finalidades, a atividade de advocacia.

b) não poderá ser efetivado, já que somente são admitidas a registro as sociedades de advogados que explorem ciências sociais complementares à advocacia.

c) poderá ser efetivado, desde que a razão social tenha o nome de, pelo menos, um advogado responsável pela sociedade.

d) não poderá ser efetivado, já que não são admitidas a registro as sociedades de advogados que incluam como sócio pessoa não inscrita como advogado ou totalmente proibida de advogar.

**COMENTÁRIOS**

✪ **Nota do autor:** a sociedade de advogados é registrada perante a OAB e não admite sócio com outra profissão, tampouco pode exercer atividades diversas da advocacia.

**Alternativa "a".** É proibido o registro, nos cartórios de registro civil de pessoas jurídicas e nas juntas comerciais, de sociedade que inclua, entre outras finalidades, a atividade de advocacia (Lei nº 8.906/94, art.16, §3º).

**Alternativa "b".** Todas as espécies de sociedades de advogados, que realizem atividades estranhas à advocacia, não são admitidas a registro e nem podem funcionar (Lei nº 8.906/94, art.16, *caput*).

**Alternativa "c".** A razão social deve ter, obrigatoriamente, o nome de, pelo menos, um advogado responsável pela sociedade, mas no caso há outras vedações que impedem o registro da sociedade, como por exemplo sócio não advogado e exercício de atividade estranha à advocacia.

**Alternativa "d".** Todas as espécies de sociedades de advogados, que incluam como sócio ou titular de sociedade unipessoal de advocacia pessoa não inscrita como advogado ou totalmente proibida de advogar, não são admitidas a registro e nem podem funcionar (Lei nº 8.906/94, art.16, *caput*).

**Alternativa correta: letra "d".**

---

**36. (FGV – Exame de Ordem 2021.1)** A sociedade de advogados "A e B Advogados" está sediada no Rio de Janeiro. Entretanto, em razão das circunstâncias de mercado dos seus clientes, verificou que seria necessário ao bom desempenho das suas atividades profissionais constituir uma filial em São Paulo.

No que se refere ao ato de constituição da filial e a atuação dos sócios, assinale a afirmativa correta.

a) O ato de constituição da filial deve ser averbado no registro da sociedade e arquivado no Conselho Seccional de São Paulo, ficando todos seus sócios obrigados à inscrição suplementar junto ao Conselho Seccional de São Paulo.

b) O ato de constituição da filial deve ser averbado no registro da sociedade e arquivado no Conselho Seccional de São Paulo, ficando obrigados à inscrição suplementar junto ao Conselho Seccional de São Paulo apenas aqueles sócios que habitualmente exercerem a profissão naquela localidade, considerando-se habitualidade a intervenção judicial que exceder cinco causas por ano.

c) O ato de constituição da filial deve ser averbado no registro da sociedade e arquivado no Conselho Seccional do Rio de Janeiro, ficando obrigados à inscrição suplementar junto ao Conselho Seccional de São Paulo apenas aqueles sócios que habitualmente exercerem a profissão naquela localidade, considerando-se habitualidade a intervenção judicial que exceder cinco causas por ano.

d) O ato de constituição da filial deve ser averbado no registro da sociedade e arquivado no Conselho Seccional do Rio de Janeiro, ficando todos seus sócios obrigados à inscrição suplementar junto ao Conselho Seccional de São Paulo.

**COMENTÁRIOS**

✪ **Nota do autor:** o Provimento CFOAB 112/2006 (art. 7º, §1º), que dispõe sobre as Sociedades de Advogados, dispensa da inscrição suplementar os sócios de serviço que não venham a exercer a advocacia na respectiva base territorial. Nenhuma das assertivas abaixo constou esta ressalva, o que a nosso ver deu margem para dúvidas e deveria ter sido cancelada, mas foi considerada válida por corresponder à literalidade do §5º do artigo 15 da Lei nº 8.906/94.

**Alternativa "a" (responde as demais alternativas).** O ato de constituição de filial deve ser averbado no registro da sociedade e arquivado no Conselho Seccional onde se instalar, ficando os sócios, inclusive o titular da sociedade unipessoal de advocacia, obrigados à inscrição suplementar (Lei nº 8.906/94, artigo 15, §5º).

**Alternativa correta: letra "a".**

**37. (FGV – Exame de Ordem 2020.1)** Os sócios Antônio, Daniel e Marcos constituíram a sociedade Antônio, Daniel & Marcos Advogados Associados, com sede em São Paulo e filial em Brasília.

Após desentendimentos entre eles, Antônio constitui sociedade unipessoal de advocacia, com sede no Rio de Janeiro. Marcos, por sua vez, retira-se da sociedade Antônio, Daniel & Marcos Advogados Associados.

Sobre a situação apresentada, assinale a afirmativa correta.

a) Daniel não está obrigado a manter inscrição suplementar em Brasília, já que a sociedade Antônio, Daniel & Marcos Advogados Associados tem sede em São Paulo.

b) Antônio deverá retirar-se da Antônio, Daniel & Marcos Advogados Associados, já que não pode integrar, simultaneamente, uma sociedade de advogados e uma sociedade unipessoal de advocacia.

c) Mesmo após Marcos se retirar da sociedade Antônio, Daniel & Marcos Advogados Associados permanece o impedimento para que ele e Antônio representem em juízo clientes com interesses opostos.

d) Caso Antônio também se retire da Antônio, Daniel & Marcos Advogados Associados, a sociedade deverá passar a ser denominada Daniel Sociedade Individual de Advocacia.

COMENTÁRIOS

✪ **Nota do autor:** os advogados podem reunir-se em sociedade simples de prestação de serviços de advocacia ou constituir sociedade unipessoal de advocacia.

**Alternativa "a".** O ato de **constituição de filial** deve ser averbado no registro da sociedade e arquivado no Conselho Seccional onde se instalar, **ficando os sócios, inclusive o titular da sociedade unipessoal de advocacia, obrigados à inscrição suplementar**. (Lei nº 8.906/94, art. 15, §5º).

**Alternativa "b".** Nenhum advogado pode integrar mais de uma sociedade de advogados, constituir mais de uma sociedade unipessoal de advocacia, ou integrar, simultaneamente, uma sociedade de advogados e uma sociedade unipessoal de advocacia, com sede ou filial **NA MESMA ÁREA TERRITORIAL** do respectivo Conselho Seccional. (Lei nº 8.906/94, art. 15, §4º).

**Alternativa "c".** Os advogados **SÓCIOS DE UMA MESMA SOCIEDADE** profissional não podem representar em juízo clientes de interesses opostos. (Lei nº 8.906/94, art. 15, §6º).

**Alternativa "d".** Com a permanência de apenas um advogado, haverá concentração das quotas da sociedade de advogados referida, resultando na transformação para sociedade unipessoal de advocacia (Lei nº 8.906/94, art. 15, §7º). Assim, a denominação da sociedade unipessoal de advocacia deve ser obrigatoriamente formada pelo nome do seu titular, completo ou parcial, com a expressão 'Sociedade Individual de Advocacia'. (Lei nº 8.906/94, art. 16, §4º).

**Alternativa correta: letra "d".**

**38. (FGV-Exame de Ordem 2019.2)** A Sociedade de Advogados X pretende associar-se aos advogados João e Maria, que não a integrariam como sócios, mas teriam participação nos honorários a serem recebidos.

Sobre a pretensão da Sociedade de Advogados X, de acordo com o disposto no Regulamento Geral do Estatuto da Advocacia e da OAB, assinale a afirmativa correta.

a) É autorizada, contudo deve haver formalização em contrato averbado no registro da Sociedade de Advogados. A associação pretendida deverá implicar necessariamente vínculo empregatício.

b) É autorizada, contudo deve haver formalização em contrato averbado no registro da Sociedade de Advogados. A associação pretendida não implicará vínculo empregatício.

c) É autorizada, independentemente de averbação no registro da Sociedade. A associação pretendida não implicará vínculo empregatício.

d) Não é autorizada, pois os advogados João e Maria passariam a integrar a Sociedade X como sócios, mediante alteração no registro da sociedade.

COMENTÁRIOS

✪ **Nota do autor:** por meio do contrato de associação, de natureza civil, o advogado associado e a sociedade de advogados coordenarão entre si o desempenho das funções profissionais e estipularão livremente os critérios para a partilha dos resultados da atividade advocatícia contratada.

**Alternativa "b" (responde as demais alternativas).** A sociedade de advogados pode associar-se com advogados, sem vínculo de emprego, para participação nos resultados. Os contratos referidos neste artigo são averbados no registro da sociedade de advogados (Regulamento Geral do Estatuto da Advocacia e da OAB, art. 39)

**Alternativa correta: letra "b".**

**39. (FGV – Exame de Ordem/2018.3)** Ricardo Silva, Carlos Santos e Raul Azevedo são advogados e constituem a sociedade Silva, Santos e Azevedo Sociedade de Advogados, para exercício conjunto da profissão. A sociedade consolida-se como referência de atuação em determinado ramo do Direito. Anos depois, Carlos Santos falece e seus ex-sócios pretendem manter seu sobrenome na sociedade.

Sobre a manutenção do sobrenome de Carlos Santos na sociedade, de acordo com o Estatuto e com o Regulamento Geral da OAB, assinale a afirmativa correta.

a) É permitida, desde que expressamente autorizada por seus herdeiros.

b) É vedada, pois da razão social não pode constar o nome de advogado falecido.

c) É permitida, desde que prevista tal possibilidade no ato constitutivo da sociedade ou na alteração contratual em vigor.

d) É permitida, independentemente da previsão no ato constitutivo ou na alteração contratual em vigor, ou de autorização dos herdeiros, desde que autorizada pelo Conselho da respectiva Seccional.

COMENTÁRIOS

✪ **Nota do autor:** Não são admitidas a registro nem podem funcionar todas as espécies de sociedades de advogados que apresentem forma ou características de sociedade empresária, que adotem denominação de fantasia, que realizem atividades estranhas à advocacia, que incluam como sócio ou titular de sociedade unipessoal de advocacia pessoa não inscrita como advogado ou totalmente proibida de advogar.

A razão social deve ter, obrigatoriamente, o nome de, pelo menos, um advogado responsável pela sociedade, podendo permanecer o de sócio falecido, desde que prevista tal possibilidade no ato constitutivo. (Estatuto da OAB, Art. 16, § 1º).

**Alternativa correta: letra "c".**

**40. (FGV – Exame de Ordem 2018.2)** O advogado Pasquale integra a sociedade de advogados X, juntamente com três sócios. Todavia, as suas funções na aludida sociedade apenas ocupam parte de sua carga horária semanal disponível. Por isso, a fim de ocupar o tempo livre, o advogado estuda duas propostas: de um lado, pensa em criar, paralelamente, uma sociedade unipessoal de advocacia; de outro, estuda aceitar a oferta, proposta pela sociedade de advogados Y, de integrar seus quadros.

Considerando que todas as pessoas jurídicas mencionadas teriam sede na mesma área territorial de um Conselho Seccional da OAB, assinale a afirmativa correta.

a) É permitido que Pasquale integre simultaneamente a sociedade de advogados X e a sociedade de advogados Y. Todavia, não é autorizado que integre simultaneamente a sociedade de advogados X e a sociedade unipessoal de advocacia.

b) É permitido que Pasquale integre simultaneamente a sociedade de advogados X e a sociedade unipessoal de advocacia. Todavia, não é autorizado que integre simultaneamente a sociedade de advogados X e a sociedade de advogados Y.

c) Não é permitido que Pasquale integre simultaneamente a sociedade de advogados X e a sociedade de advogados Y. Tampouco é autorizado que integre simultaneamente a sociedade de advogados X e a sociedade unipessoal de advocacia.

d) É permitido que Pasquale integre simultaneamente a sociedade de advogados X e a sociedade de advogados Y. Também é autorizado que integre simultaneamente a sociedade de advogados X e a sociedade unipessoal de advocacia.

COMENTÁRIOS

✪ **Nota do autor:** é possível integrar mais de uma sociedade de advogados (coletiva ou unipessoal), desde que nenhuma delas tenha sede ou filial na mesma área territorial do respectivo Conselho Seccional.

**Alternativa "c" (responde as demais alternativas).** Nenhum advogado pode integrar mais de uma sociedade de advogados, constituir mais de uma sociedade unipessoal de advocacia, ou integrar, simultaneamente, uma sociedade de advogados e uma sociedade unipessoal de advocacia, com sede ou filial na mesma área territorial do respectivo Conselho Seccional (Lei nº 8.906/94, art. 15, §4º).

**Alternativa correta: letra "c".**

## 5. DO ADVOGADO EMPREGADO

**41. (FGV – Exame de Ordem XXXVI – 2022)** Hildegardo dos Santos, advogado, é contratado em regime de dedicação exclusiva como empregado da sociedade XPTO Advogados Associados. Em tal condição, Hildegardo atuou no patrocínio dos interesses de cliente da sociedade de advogados que se sagrou vencedor em demanda judicial.

Hildegardo, diante dessa situação, tem dúvidas a respeito do destino dos honorários de sucumbência que perceberá, a serem pagos pela parte vencida na demanda judicial.

Ao consultar a legislação aplicável, ele ficou sabendo que os honorários

a) serão devidos à sociedade empregadora.

b) constituem direito pessoal do advogado empregado.

c) serão devidos à sociedade empregadora, podendo ser partilhados com o advogado empregado, caso estabelecido em acordo coletivo ou convenção coletiva.

d) serão partilhados entre o advogado empregado e a sociedade empregadora, na forma estabelecida em acordo.

COMENTÁRIOS

✪ **Nota do autor: a relação de emprego, na qualidade de advogado, não retira a isenção técnica nem reduz a independência profissional inerentes à advocacia.**

**Alternativa "d" (responde as demais alternativas).** Nas causas em que for parte o empregador, ou pessoa por este representada, os honorários de sucumbência são devidos aos advogados empregados. Os honorários de sucumbência, percebidos por advogado empregado de sociedade de advogados são partilhados entre ele e a empregadora, na forma estabelecida em acordo **(Lei nº 8.906/94, art.21).**

**Alternativa correta: letra "d".**

**42. (FGV – Exame de Ordem/2018.3)** O advogado Sebastião é empregado de certa sociedade limitada, competindo-lhe, entre outras atividades da advocacia, atuar nos processos judiciais em que a pessoa jurídica é parte. Em certa demanda, na qual foram julgados procedentes os pedidos formulados pela sociedade, foram fixados honorários de sucumbência em seu favor.

Considerando o caso narrado e o disposto no Regulamento Geral do Estatuto da Advocacia e da OAB, assinale a afirmativa correta.

a) Os referidos honorários integram a remuneração de Sebastião e serão considerados para efeitos trabalhistas, embora não sejam considerados para efeitos previdenciários.

b) Os referidos honorários integram a remuneração de Sebastião e serão considerados para efeitos trabalhistas e para efeitos previdenciários.

c) Os referidos honorários não integram a remuneração de Sebastião e não serão considerados para efeitos trabalhistas, embora sejam considerados para efeitos previdenciários.

d) Os referidos honorários não integram a remuneração de Sebastião e não serão considerados para efeitos trabalhistas, nem para efeitos previdenciários.

COMENTÁRIOS

✪ **Nota do autor:** Os honorários de sucumbência dos advogados empregados constituem fundo comum, cuja destinação é decidida pelos profissionais integrantes do serviço jurídico da empresa ou por seus representantes.

Os honorários de sucumbência, por decorrerem precipuamente do exercício da advocacia e só acidentalmente da relação de emprego, não integram o salário ou a remuneração, não podendo, assim, ser considerados para efeitos trabalhistas ou previdenciários. (Regulamento Geral do Estatuto da Advocacia e da OAB, Art. 14).

**Alternativa correta: letra "d".**

**43. (FGV – Exame de Ordem 2018.1)** Enzo, regularmente inscrito junto à OAB, foi contratado como empregado de determinada sociedade limitada, a fim de exercer atividades privativas de advogado. Foi celebrado, por escrito, contrato individual de trabalho, o qual estabelece que Enzo se sujeitará a regime de dedicação exclusiva. A jornada de trabalho acordada de Enzo é de oito horas diárias. Frequentemente, porém, é combinado que Enzo não compareça à sede da empresa pela manhã, durante a qual deve ficar, por três horas, "de plantão", ou seja, à disposição do empregador, aguardando ordens. Nesses dias, posteriormente, no período da tarde, dirige-se à sede, a fim de exercer atividades no local, pelo período contínuo de seis horas.

Considerando o caso narrado e a disciplina do Estatuto da Advocacia e da OAB, bem como do seu Regulamento Geral, assinale a afirmativa correta.

a) É vedada a pactuação de dedicação exclusiva. Deverão ser remuneradas como extraordinárias as horas diárias excedentes a quatro horas contínuas, incluindo-se as horas cumpridas por Enzo na sede da empresa, bem como as horas que ele permanece em sede externa, executando tarefas ou meramente aguardando ordens do empregador.

b) É autorizada a pactuação do regime de dedicação exclusiva. Deverão ser remuneradas como extraordinárias as horas que excederem a jornada de oito horas diárias, o que inclui as horas cumpridas por Enzo na sede da empresa ou efetivamente executando atividades externas ordenadas pelo empregador. As horas em que Enzo apenas aguarda as ordens fora da sede são consideradas somente para efeito de compensação de horas.

c) É autorizada a pactuação do regime de dedicação exclusiva. Deverão ser remuneradas como extraordinárias as horas que excederem a jornada de oito horas diárias, o que inclui tanto as horas cumpridas por Enzo na sede da empresa como as horas em que ele permanece em sede externa, executando tarefas ou meramente aguardando ordens do empregador.

d) É autorizada a pactuação do regime de dedicação exclusiva. Deverão ser remuneradas como extraordinárias as horas que excederem a jornada de nove horas diárias, o que inclui as horas cumpridas por Enzo na sede da empresa ou efetivamente executando atividades externas ordenadas pelo empregador. As horas em que Enzo apenas aguarda as ordens fora da sede são consideradas somente para efeito de compensação de horas.

**COMENTÁRIOS**

✪ **Nota do autor:** A jornada de trabalho do advogado empregado, no exercício da profissão, não poderá exceder a duração diária de quatro horas contínuas e a de vinte horas semanais, salvo acordo ou convenção coletiva **ou em caso de dedicação exclusiva.**

**Alternativa "c" (responde as demais alternativas).** É possível regime de dedicação exclusiva para advogado empregado, que deve ser pactuada por contrato individual de trabalho. A jornada diária normal do advogado empregado é de oito horas à disposição do empregador, aguardando ou executando ordens, no seu escritório ou em atividades externas. As horas trabalhadas que excederem à jornada normal são remuneradas por um adicional não inferior a cem por cento sobre o valor da hora normal, mesmo havendo contrato escrito (Lei nº 8.906/94, art. 20, caput e §§1º e 2º; e Regulamento Geral, art. 12).

**Alternativa correta: letra "c".**

## 6. DOS HONORÁRIOS ADVOCATÍCIOS

**44. (FGV – XXXVII Exame OAB)** A advogada Celina celebrou com a cliente Camila um contrato de prestação de serviços advocatícios. Na cláusula X, foi disposto que a extensão do patrocínio é limitada ao primeiro grau de jurisdição. Na cláusula W, foi disposto valor diverso de honorários contratuais para a hipótese de a causa encerrar-se por acordo. Considerando o informado sobre o contrato realizado, de acordo com o Código de Ética e Disciplina da OAB, assinale a afirmativa correta.

a) A cláusula X é vedada, pois não se admite tal limitação de atuação em grau de jurisdição. A cláusula W também é vedada, pois não se admite a previsão de valores diversos de honorários em caso de acordo.

b) O conteúdo da cláusula W, com disposição de valor diverso de honorários contratuais para a hipótese de a causa encerrar-se por acordo pode ser incluído no contrato sem que isso implique ilegalidade. A limitação de atuação em grau de jurisdição prevista na mencionada cláusula X encontra vedação legal.

c) A cláusula X é permitida. Por sua vez, a cláusula W é vedada, pois não se admite a previsão de valores diversos de honorários em caso de acordo.

d) As duas cláusulas narradas não violam a disciplina do citado Código de Ética e Disciplina da OAB.

**COMENTÁRIOS**

✪ **Nota do autor:** é vedada, em qualquer hipótese, a diminuição dos honorários contratados em decorrência da solução do litígio por qualquer mecanismo adequado de solução extrajudicial.

**Alternativa "d" (responde as demais alternativas).** O contrato de prestação de serviços de advocacia não exige forma especial, DEVENDO ESTABELECER, porém, com clareza e precisão, o seu OBJETO, os HONORÁRIOS ajustados, a forma de PAGAMENTO, a EXTENSÃO do patrocínio, esclarecendo se este abrangerá todos os atos do processo OU limitar-se-á a determinado grau de jurisdição, além de dispor sobre a hipótese de a CAUSA ENCERRAR-SE mediante TRANSAÇÃO OU ACORDO (CEDOAB, art. 48, §1º).

**Alternativa correta: letra "d".**

**45. (FGV – Exame de Ordem XXXVI – 2022)** Celso, advogado, foi contratado por Maria, servidora pública, para ajuizar ação com pedido de pagamento de determinada gratificação. O contrato celebrado entre eles prevê que Celso somente receberá honorários caso a demanda seja exitosa, em percentual do proveito econômico obtido por Maria.

Em tal caso, é correto afirmar que

a) os honorários contratuais não poderão incidir sobre o valor das parcelas vincendas da gratificação.

b) os honorários foram pactuados de forma correta, já que, nessa hipótese, deveriam ser necessariamente representados por pecúnia.

c) os honorários não podem ser superiores às vantagens advindas a favor de Maria, exceto se acrescidos aos honorários de sucumbência.

d) os honorários contratuais não poderão incidir sobre o valor das parcelas vencidas da gratificação.

**COMENTÁRIOS**

✪ **Nota do autor:** a cláusula *quota litis* consiste no estabelecimento dos honorários em valor proporcional a um percentual incidente sobre o proveito econômico ganho pelo constituinte na lide.

**Alternativa "a".** Quando o objeto do serviço jurídico versar sobre prestações vencidas e vincendas, os honorários advocatícios poderão incidir sobre o valor de umas e outras, atendidos os requisitos da moderação e da razoabilidade (CEDOAB, art.50, §2º).

**Alternativa "b".** Na hipótese da adoção de cláusula quota litis, os honorários devem ser necessariamente representados por pecúnia, MAS a participação do advogado em bens particulares do cliente só é admitida em caráter excepcional, quando esse, comprovadamente, não tiver condições pecuniárias de satisfazer o débito de honorários e ajustar com o seu patrono, em instrumento contratual, tal forma de pagamento (CEDOAB, art.50, caput e §1º).

**Alternativa "c".** Na hipótese da adoção de cláusula quota litis, os honorários, quando acrescidos dos honorários da sucumbência, não podem ser superiores às vantagens advindas a favor do cliente (CEDOAB, art.50, caput).

**Alternativa "d".** Quando o objeto do serviço jurídico versar sobre prestações vencidas e vincendas, os honorários advocatícios poderão incidir sobre o valor de umas e outras, atendidos os requisitos da moderação e da razoabilidade (CEDOAB, art.50, §2º).

**Alternativa correta: letra "b".**

---

**46. (FGV- XXXV Exame de Ordem-2022)** Em certa comarca, em razão da insuficiência do número de defensores públicos em atuação, o Juiz Caio nomeou o advogado Pedro para defender um réu juridicamente necessitado.

Quanto aos honorários a serem recebidos por Pedro, assinale a afirmativa correta.

a) Pedro apenas terá direito ao recebimento de honorários na hipótese de a parte contrária ser sucumbente, a serem pagos pelo autor.

b) Pedro tem direito a honorários fixados pelo juiz, independentemente de sucumbência, a serem pagos pelo Estado, segundo a tabela organizada pelo Conselho Seccional da OAB.

c) Pedro tem direito a honorários fixados pelo juiz, independentemente de sucumbência, a serem pagos pela Defensoria Pública, segundo a tabela organizada pelo Defensor Público Geral do Estado.

d) Pedro apenas terá direito ao recebimento de honorários na hipótese de a parte contrária ser sucumbente, a serem pagos pela Defensoria Pública.

**COMENTÁRIOS**

✪ **Nota do autor:** a prestação de serviço profissional assegura aos inscritos na OAB o direito aos honorários convencionados, aos fixados por arbitramento judicial e aos de sucumbência.

**Alternativa "b" (responde as demais alternativas).** A prestação de serviço profissional assegura aos inscritos na OAB o direito aos honorários convencionados, aos fixados por arbitramento judicial **E** aos de sucumbência (Lei nº 8.906/94, art.22, *caput*). O advogado, quando indicado para patrocinar causa de juridicamente necessitado, no caso de impossibilidade da Defensoria Pública no local da prestação de serviço, tem direito aos honorários fixados pelo juiz, segundo tabela organizada pelo Conselho Seccional da OAB, e pagos pelo Estado (Lei nº 8.906/94, art.22, §1º).

**Alternativa correta: letra "b".**

---

**47. (FGV- XXXIV Exame de Ordem-2022)** O advogado César foi procurado pelo cliente Vinícius, que pretendia sua atuação defendendo-o em processo judicial. Ambos, então, ajustaram certo valor em honorários, por meio de contrato escrito. Na fase de execução do processo, César recebeu pagamentos de importâncias devidas a Vinícius e pretende realizar a compensação com os créditos de que é titular.

Com base no caso narrado, assinale a afirmativa correta.

a) É admissível a compensação de créditos apenas na hipótese de o contrato de prestação de serviços a autorizar; se for silente o contrato, é vedada, mesmo diante de autorização posterior pelo cliente.

b) É admissível a compensação de créditos somente se o contrato de prestação de serviços a autorizar; caso silente o contrato, é possível a compensação, se houver autorização especial firmada pelo cliente para esse fim.

c) A compensação pretendida apenas será cabível se houver autorização especial firmada pelo cliente para esse fim; no contrato de prestação de serviços não é admitida a inclusão prévia de cláusula autorizativa de compensação de créditos.

d) A compensação de créditos é vedada, não sendo admitida a inclusão prévia de cláusula autorizativa no contrato de prestação de serviços; tampouco, autoriza-se tal compensação, ainda que diante de autorização especial firmada pelo cliente para esse fim.

**COMENTÁRIOS**

✪ **Nota do autor:** a prestação de serviços profissionais por advogado, individualmente ou integrado em sociedades, será contratada, preferentemente, por escrito.

**Alternativa "b" (responde as demais alternativas).** A compensação de créditos, pelo advogado, de importâncias devidas ao cliente, somente será admissível quando o contrato de prestação de serviços a autorizar OU quando houver autorização especial do cliente para esse fim, por este firmada (CEDOAB, art.48, §2º)

**Alternativa correta: letra "b".**

---

**48. (FGV- XXXIV Exame de Ordem-2022)** Leandro, advogado, celebrou contrato com associação de servidores públicos para pleitear em juízo o pagamento de determinada indenização em face do ente público respectivo. O contrato previu que Leandro receberia percentual do valor a que fizesse jus cada servidor que aderisse aos seus termos. O pedido em questão foi julgado procedente em ação coletiva.

Após o trânsito em julgado dessa decisão, Leandro passou a representar em execução individual os interesses de Hugo, servidor substituído em juízo pela associação que optou, expressamente, por adquirir os direitos decorrentes daquele contrato. Em tal caso, o montante destinado a Leandro era inferior ao limite fixado em lei para as obrigações de pequeno valor, mas o mesmo não ocorria com relação ao crédito titularizado por Hugo. Assim, Leandro juntou aos autos, no momento oportuno, o contrato de honorários celebrado com a associação e a opção pelo mesmo firmada por Hugo. Fez, ainda, três requerimentos: o destaque da parcela relativa aos honorários convencionados do valor total devido a Hugo, a expedição de precatório em nome de Hugo e a expedição de requisição de pequeno valor em seu nome.

Considerando essa situação, assinale a afirmativa correta.

a) Apenas o requerimento de expedição do precatório deve ser deferido, já que, por ter atuado em prol de entidade de classe em substituição processual, Leandro somente faz jus aos honorários assistenciais fixados na ação coletiva.

b) Apenas o requerimento de expedição do precatório deve ser deferido, já que, como o contrato de honorários foi celebrado entre Leandro e a associação, as obrigações dele decorrentes não podem ser assumidas por Hugo sem a necessidade de mais formalidades.

c) Apenas o requerimento de expedição de requisição de pequeno valor deve ser indeferido, já que o juiz deve determinar que os honorários contratuais sejam deduzidos do valor devido a Hugo após o pagamento pelo ente público.

d) Todos os requerimentos devem ser deferidos.

COMENTÁRIOS

✪ **Nota do autor:** os honorários advocatícios possuem natureza alimentar e autonomia na forma de recebimento.

**Alternativa "a".** A prestação de serviço profissional assegura aos inscritos na OAB o direito aos honorários convencionados, aos fixados por arbitramento judicial E aos de sucumbência (Lei nº 8.906/94, art.22, *caput*).

**Alternativa "b".** Os honorários convencionados com entidades de classe para atuação em substituição processual poderão prever a faculdade de indicar os beneficiários que, ao optarem por adquirir os direitos, assumirão as obrigações decorrentes do contrato originário a partir do momento em que este foi celebrado, sem a necessidade de mais formalidades (Lei nº 8.906/94, art.22, §7º).

**Alternativa "c". Os honorários incluídos na condenação, por arbitramento ou sucumbência, pertencem ao advogado, tendo este direito autônomo para executar a sentença nesta parte, podendo requerer que o precatório, quando necessário, seja expedido em seu favor** (Lei nº 8.906/94, art.23).

**Alternativa "d". Há autonomia na forma de recebimento dos honorários, com expedição de requisitório individual em prol do advogado, diverso do Precatório do constituinte, além do destaque dos honorários contratuais incidentes sobre os créditos do mandante (Lei nº 8.906/94, arts.22, §§4º e 7º. *"Os honorários advocatícios incluídos na condenação OU destacados do montante principal devido ao credor consubstanciam verba de natureza alimentar cuja satisfação ocorrerá com a expedição de precatório OU requisição de pequeno valor, observada ordem especial restrita aos créditos dessa natureza"* (RE 564132, Relator(a): EROS GRAU, Relator(a) p/ Acórdão: CÁRMEN LÚCIA, Tribunal Pleno, julgado em 30/10/2014, REPERCUSSÃO GERAL - MÉRITO DJe-027 DIVULG 09-02-2015 PUBLIC 10-02-2015 EMENT VOL-02765-01 PP-00001, grifo nosso).**

**Alternativa correta: letra "d".**

---

**49. (FGV – Exame de Ordem – 2021.2)** A entidade de classe X, atuando em substituição processual, obteve, no âmbito de certo processo coletivo, decisão favorável aos membros da categoria. A advogada Cleide patrocinou a demanda, tendo convencionado com a entidade, previamente, certo valor em honorários. Ao final do feito, foram fixados honorários sucumbenciais pelo juiz.

Sobre o caso apresentado, assinale a afirmativa correta.

a) Cleide deverá optar entre os honorários convencionais e os sucumbenciais.
b) Cleide terá direito aos honorários sucumbenciais, sem prejuízo dos honorários convencionais.
c) Cleide só terá direito aos honorários convencionais e não aos sucumbenciais, que competirão à entidade de classe.
d) Cleide terá apenas direito aos honorários convencionais e não aos sucumbenciais, que reverterão ao Fundo de Amparo ao Trabalhador.

COMENTÁRIOS

✪ **Nota do autor:** Os honorários convencionados com entidades de classe para atuação em substituição processual poderão prever a faculdade de indicar os beneficiários que, ao optarem por adquirir os direitos, assumirão as obrigações decorrentes do contrato originário a partir do momento em que este foi celebrado, sem a necessidade de mais formalidades.

**Alternativa "b" (responde as demais alternativas).** A prestação de serviço profissional assegura aos inscritos na OAB o direito aos honorários assistenciais, convencionados, aos fixados por arbitramento judicial e aos de sucumbência (Lei nº 8.906/94, art. 22, *caput* e §7º).

**Alternativa correta: letra "b".**

---

**50. (FGV – Exame de Ordem – 2021.2)** Gabriel, advogado, exerce o patrocínio de Bruno em certo processo administrativo. Todavia, foi necessário o substabelecimento do mandato a Henrique.

Considerando a hipótese apresentada, assinale a afirmativa correta.

a) O substabelecimento do mandato com reserva de poderes a Henrique exigirá inequívoco conhecimento de Bruno.
b) Diante de substabelecimento com reserva de poderes, Henrique deverá ajustar antecipadamente os seus honorários com Bruno.
c) Caso Bruno não aceite a atuação de Henrique, por preferir o trabalho de outro advogado, Gabriel deverá privilegiar a atuação do outro profissional com ele no processo.
d) Diante de substabelecimento com reserva de poderes a Henrique, este não poderá cobrar honorários sem a intervenção de Gabriel.

COMENTÁRIOS

✪ **Nota do autor:** A prestação de serviço profissional assegura aos inscritos na OAB o direito aos honorários convencionados, aos fixados por arbitramento judicial e aos de sucumbência.

**Alternativa "a".** O substabelecimento do mandato, com reserva de poderes, é ato pessoal do advogado da causa, sem exigência de comunicação ou concordância do cliente (Código de Ética e Disciplina da Ordem dos Advogados do Brasil, art. 26, *caput*).

**Alternativa "b".** O SUBSTABELECIDO com reserva de poderes deve ajustar antecipadamente seus honorários com o SUBSTABELECENTE (Código de Ética e Disciplina da Ordem dos Advogados do Brasil, art. 26, §2º).

**Alternativa "c".** O advogado não se sujeita à imposição do cliente que pretenda ver com ele atuando outros advogados, nem fica na contingência de aceitar a indicação de outro profissional para com ele trabalhar no processo (Código de Ética e Disciplina da Ordem dos Advogados do Brasil, art. 24).

**Alternativa "d".** O advogado substabelecido, com reserva de poderes, não pode cobrar honorários sem a intervenção daquele que lhe conferiu o substabelecimento (Lei nº 8.906/94, art. 26). SALVO se entabular contrato de honorários com o cliente (Lei nº 8.906/94, art.26, caput e parágrafo único).

**Alternativa correta: letra "d".**

---

**51. (FGV – Exame de Ordem 2021.1)** Caio procurou o advogado Rodrigo para que este ajuizasse, em favor do primeiro, determinada demanda judicial. Rodrigo, interessado no patrocínio da causa, celebrou com Caio contrato de prestação de serviços advocatícios com adoção de cláusula *quota litis*.

Considerando o contrato celebrado, assinale a afirmativa correta.

a) A adoção da cláusula *quota litis* é vedada pelo Código de Ética e Disciplina da OAB, de modo que o caso deverá ser regido pela disciplina afeta aos contratos silentes sobre os valores devidos a título de honorários contratuais.

b) A adoção da mencionada cláusula é admitida, mas é vedado que os honorários contratados, acrescidos dos honorários da sucumbência, sejam superiores às vantagens advindas por Caio; além disso, não é admitido que os honorários advocatícios incidam sobre o valor de prestações vincendas.

c) A inclusão da cláusula em questão é autorizada, caso em que os honorários contratuais devem ser limitados às vantagens advindas por Caio, excluídos de tal limitação os honorários da sucumbência; além disso, não é admitido que os honorários advocatícios incidam sobre o valor de prestações vincendas.

d) A cláusula *quota litis*, incluída no contrato, é permitida, mas é vedado que os honorários contratados, acrescidos dos honorários da sucumbência, sejam superiores às vantagens advindas por Caio; além disso, admite-se que os honorários advocatícios incidam sobre o valor de prestações vincendas, se estabelecidos com moderação e razoabilidade.

COMENTÁRIOS

✪ **Nota do autor:** é aconselhável sempre observar o que a Tabela de Honorários da OAB fixa como critérios considerados moderados e razoáveis, na base de cálculos de proveito econômico em parcela única ou que englobe prestações vencidas e vincendas. Como exemplo, o item 14 da Tabela da OAB - Seccional São Paulo 2021[1] fixa que *"nas ações em que houver condenação ao pagamento de prestações vencidas e vincendas, a porcentagem será calculada sobre o total vencido, acrescido do valor correspondente a 12 (doze) prestações vincendas, salvo se menor o prazo em que forem devidas".*

**Alternativa "d" (responde as demais alternativas).** É possível a adoção de cláusula *quota litis* em pecúnia ou participação de bens. Se for incidir sobre bens, necessário que seja escrito e o cliente do advogado deve ser comprovadamente sem condições pecuniárias de satisfazer o débito de honorários. Em ambos os casos, os honorários contratuais, acrescidos dos sucumbenciais, não podem superar as vantagens do constituinte. E, se os honorários incidirem sobre prestações vencidas e vincendas, devem observar os critérios de moderação e razoabilidade (Código de Ética e Disciplina da OAB, artigo 50, *caput* e §§1º e 2º).

**Alternativa correta: letra "d".**

---

**52. (FGV – Exame de Ordem 2020.1)** O advogado Fernando foi contratado por Flávio para defendê- lo, extrajudicialmente, tendo em vista a pendência de inquérito civil em face do cliente. O contrato celebrado por ambos foi assinado em 10/03/15, não prevista data de vencimento.

Em 10/03/17, foi concluída a atuação de Fernando, tendo sido homologado o arquivamento do inquérito civil junto ao Conselho Superior do Ministério Público. Em 10/03/18, Fernando notificou extrajudicialmente Flávio, pois este ainda não havia adimplido os valores relativos aos honorários contratuais acordados.

A ação de cobrança de honorários a ser proposta por Fernando prescreve em

a) três anos, contados de 10/03/15.

b) cinco anos, contados de 10/03/17.

c) três anos, contados de 10/03/18.

d) cinco anos, contados de 10/03/15.

1 Disponível em: < https://www.oabsp.org.br/servicos/tabelas/tabela-de-honorarios//>. Acesso em: 24 jun 2021.

COMENTÁRIOS

✪ **Nota do autor:** prescreve em cinco anos a ação de cobrança de honorários de advogado, contado o prazo: I – do vencimento do contrato, se houver; II – do trânsito em julgado da decisão que os fixar; III – da ultimação do serviço extrajudicial; IV – da desistência ou transação; ou V – da renúncia ou revogação do mandato.

**Alternativa "b" (responde as demais alternativas).** Como no caso não há vencimento do contrato, mas apenas ultimação do serviço extrajudicial, a partir de 10/03/2017 começa a correr o prazo prescricional de cinco anos para realização de cobrança dos honorários advocatícios (Lei nº 8.906/94, art. 25, III).

**Alternativa correta: letra "b".**

---

**53. (FGV-Exame de Ordem 2019.1)** Jorge é advogado, atuando no escritório modelo de uma universidade. Em certa ocasião, Jorge é consultado por um cliente, pois este gostaria de esclarecer dúvidas sobre honorários advocatícios. O cliente indaga a Jorge sobre o que seriam os honorários assistenciais.

Considerando o disposto no Estatuto da Advocacia e da OAB, assinale a opção que apresenta a resposta de Jorge.

a) Os honorários assistenciais são aqueles pagos diretamente ao advogado que promove a juntada aos autos do seu contrato de honorários antes de expedir-se o mandado de levantamento ou precatório.

b) Os honorários assistenciais são aqueles devidos ao advogado em periodicidade determinada, pela prestação de serviços advocatícios de forma continuada, nas situações que o cliente venha a ter necessidade, como contrapartida à chamada "advocacia de partido".

c) Os honorários assistenciais são aqueles fixados pelo juiz ao advogado indicado para patrocinar causa de juridicamente necessitado, no caso de impossibilidade da Defensoria Pública no local da prestação do serviço.

d) Os honorários assistenciais são aqueles fixados em ações coletivas propostas por entidades de classe em substituição processual.

COMENTÁRIOS

✪ **Nota do autor:** A prestação de serviço profissional assegura aos inscritos na OAB o direito aos honorários convencionados, aos fixados por arbitramento judicial e aos de sucumbência.

Os honorários assistenciais são os fixados em ações coletivas propostas por entidades de classe em substituição processual, sem prejuízo aos honorários convencionais. (Estatuto OAB, art. 22, § 6º)

**Alternativa correta: letra "d".**

---

**54. (FGV-Exame de Ordem 2019.1)** Eduardo contrata o advogado Marcelo para propor ação condenatória de obrigação de fazer em face de João. São convencionados honorários contratuais, porém o contrato de honorários advocatícios é omisso quanto à forma de pagamento. Proposta a ação, Marcelo cobra de Eduardo o pagamento de metade dos honorários acordados.

De acordo com o Estatuto da OAB, assinale a afirmativa correta.

a) Marcelo pode cobrar de Eduardo metade dos honorários, pois na ausência de estipulação sobre a forma de pagamento, metade dos honorários é devida no início do serviço e metade é devida no final.

b) Marcelo pode cobrar de Eduardo metade dos honorários, pois na ausência de estipulação sobre a forma de pagamento, os honorários são devidos integralmente desde o início do serviço.

c) Marcelo não pode cobrar de Eduardo metade dos honorários, pois na ausência de estipulação sobre a forma de pagamento, os honorários somente são devidos após a decisão de primeira instância.

d) Marcelo não pode cobrar de Eduardo metade dos honorários, pois na ausência de estipulação sobre a forma de pagamento, apenas um terço é devido no início do serviço.

**COMENTÁRIOS**

✪ **Nota do autor:** A prestação de serviço profissional assegura aos inscritos na OAB o direito aos honorários convencionados, aos fixados por arbitramento judicial e aos de sucumbência.

SALVO ESTIPULAÇÃO EM CONTRÁRIO, um terço dos honorários é devido no início do serviço, outro terço até a decisão de primeira instância e o restante no final. (Estatuto da OAB, art. 22, §3º).

**Alternativa correta: letra "d".**

---

**55. (FGV – Exame de Ordem/2018.3)** Gilda, empregada terceirizada contratada pela sociedade empresária XX Ltda. para prestar serviços ao Município ABCD, procura o auxílio de Judite, advogada, para o ajuizamento de reclamação trabalhista em face do empregador e do tomador de serviços.

Considerando a existência de decisão transitada em julgado que condenou os réus, solidariamente, ao pagamento de verbas de natureza trabalhista, assinale a afirmativa correta.

a) Em execução contra o Município ABCD, Judite terá direito autônomo a executar a sentença quanto aos honorários incluídos na condenação por arbitramento ou por sucumbência, podendo requerer que o precatório seja expedido em seu favor.

b) Em caso de falência da sociedade empresária XX Ltda., os honorários arbitrados em favor de Judite serão considerados crédito privilegiado, sendo obrigatória sua habilitação perante o juízo falimentar.

c) Em execução contra o Município ABCD, o juiz deve determinar que os honorários contratuais sejam pagos diretamente a Judite, desde que o contrato de honorários seja anexado aos autos após a expedição do precatório, exceto se Gilda provar que já os pagou.

d) Judite poderá cobrar judicialmente os honorários contratuais devidos por Gilda, devendo renunciar ao mandato se, em sede de sentença, a demanda for julgada procedente.

**COMENTÁRIOS**

✪ **Nota do autor:** A execução dos honorários pode ser promovida nos mesmos autos da ação em que tenha atuado o advogado, se assim lhe convier.

Os honorários incluídos na condenação, por arbitramento ou sucumbência, pertencem ao advogado, tendo este direito autônomo para executar a sentença nesta parte, podendo requerer que o precatório, quando necessário, seja expedido em seu favor. (Estatuto da OAB, Art. 23).

**Alternativa correta: letra "a".**

---

**56. (FGV – Exame de Ordem/2018.3)** O advogado Nelson celebrou, com determinado cliente, contrato de prestação de serviços profissionais de advocacia. No contrato, Nelson inseriu cláusula que dispunha sobre a forma de contratação de profissionais para serviços auxiliares relacionados a transporte e a cópias de processos. Todavia, o pacto não tratava expressamente sobre o pagamento de custas e emolumentos.

Considerando o caso narrado, assinale a afirmativa correta.

a) O contrato celebrado viola o disposto no Código de Ética e Disciplina da OAB, pois é vedada a referência a outras atividades diversas da atuação do advogado, como os serviços auxiliares mencionados. Por sua vez, quanto às custas e aos emolumentos, na ausência de disposição em contrário, presume-se que sejam atendidos pelo cliente.

b) O contrato celebrado viola o disposto no Código de Ética e Disciplina da OAB, pois é vedada a referência a outras atividades diversas da atuação do advogado, como os serviços auxiliares mencionados. Por sua vez, quanto às custas e aos emolumentos, na ausência de disposição em contrário, presume-se que sejam antecipados pelo advogado.

c) O Código de Ética e Disciplina da OAB autoriza que o contrato de prestação de serviços de advocacia disponha sobre a forma de contratação de profissionais para serviços auxiliares. Por sua vez, quanto às custas e aos emolumentos, na ausência de disposição em contrário, presume-se que sejam atendidos pelo cliente.

d) O Código de Ética e Disciplina da OAB autoriza que o contrato de prestação de serviços de advocacia disponha sobre a forma de contratação de profissionais para serviços auxiliares. Por sua vez, quanto às custas e aos emolumentos, na ausência de disposição em contrário, presume-se que sejam antecipados pelo advogado.

**COMENTÁRIOS**

✪ **Nota do autor:** O contrato de prestação de serviços de advocacia não exige forma especial, devendo estabelecer, porém, com clareza e precisão, o seu objeto, os honorários ajustados, a forma de pagamento, a extensão do patrocínio, esclarecendo se este abrangerá todos os atos do processo ou limitar-se-á a determinado grau de jurisdição, além de dispor sobre a hipótese de a causa encerrar-se mediante transação ou acordo.

O contrato de prestação de serviços poderá dispor sobre a forma de contratação de profissionais para serviços auxiliares, bem como sobre o pagamento de custas e emolumentos, os quais, na ausência de disposição em contrário, presumem-se devam ser atendidos pelo cliente. Caso o contrato preveja que o advogado antecipe tais despesas, ser-lhe-á lícito reter o respectivo valor atualizado, no ato de prestação de contas, mediante comprovação documental. (Código de Ética e Disciplina da OAB, Art. 48, §3º).

**Alternativa correta: letra "c".**

---

**57. (FGV – Exame de Ordem 2018.2)** O advogado Fabrício foi contratado por José para seu patrocínio em processo judicial, por meio de instrumento firmado no dia 14/11/2012. No exercício do mandato, Fabrício distribuiu, em 23/11/2012, petição inicial em que José figurava como autor.

No dia 06/11/2013, nos autos do processo, Fabrício foi intimado de sentença, a qual fixou honorários advocatícios sucumbenciais, no valor de dez mil reais, em seu favor. A referida sentença transitou em julgado em 21/11/2013. Considerando que não houve causa de suspensão ou interrupção do prazo prescricional, de acordo com a disciplina do Estatuto da Advocacia e da OAB, assinale a afirmativa correta.

a) A pretensão de cobrança dos honorários sucumbenciais, fixados em favor de Fabrício, prescreve no prazo de cinco anos, a contar de 14/11/2012.

b) A pretensão de cobrança dos honorários sucumbenciais, fixados em favor de Fabrício, prescreve no prazo de cinco anos, a contar de 06/11/2013.

c) A pretensão de cobrança dos honorários sucumbenciais, fixados em favor de Fabrício, prescreve no prazo de cinco anos, a contar de 21/11/2013.

d) A pretensão de cobrança dos honorários sucumbenciais, fixados em favor de Fabrício, é imprescritível, tendo em vista seu caráter alimentar.

COMENTÁRIOS

✪ **Nota do autor:** prescreve em cinco anos a ação de cobrança de honorários de advogado, contado o prazo: I – do vencimento do contrato, se houver; II – do trânsito em julgado da decisão que os fixar; III – da ultimação do serviço extrajudicial; IV – da desistência ou transação; V – da renúncia ou revogação do mandato.

**Alternativa "c" (responde as demais alternativas).** O caso envolve honorários advocatícios fixados em sentença, logo a partir de 21/11/2013 tem o advogado cinco anos para executá-la, sob pena de prescrição (Lei nº 8.906/94, art. 25, II).

**Alternativa correta: letra "c".**

## 7. DAS INCOMPATIBILIDADES E IMPEDIMENTOS

**58. (FGV – XXXVII Exame OAB)** A advogada Maria integra a Comissão de Defesa do Consumidor de certa Seccional da OAB, promovendo debates e a qualificação profissional de colegas sobre temas específicos de Direito do Consumidor. Sobre a atuação de Maria, enquanto integrar a comissão, assinale a afirmativa correta.

a) Maria poderá firmar contrato gratuito de prestação de serviços com entidades da OAB.

b) Maria é impedida de adquirir bens móveis fungíveis de entidades da OAB.

c) Maria poderá alienar bens móveis infungíveis para entidades da OAB.

d) Maria poderá adquirir bens imóveis de entidades da OAB.

COMENTÁRIOS

✪ **Nota do autor:** não há impedimento ao exercício remunerado de atividade de magistério na Escola Nacional de Advocacia – ENA, nas Escolas de Advocacia – ESAs e nas Bancas do Exame de Ordem, observados os princípios da moralidade e da modicidade dos valores estabelecidos a título de remuneração.

**Alternativa "a".** Não poderá o advogado, enquanto exercer cargos ou funções em órgãos da OAB ou representar a classe junto a quaisquer instituições, órgãos ou comissões, públicos ou privados, firmar contrato ONEROSO de prestação de serviços ou fornecimento de produtos com tais entidades **(CEDOAB, art.32).**

**Alternativa "b".** Não poderá o advogado, enquanto exercer cargos ou funções em órgãos da OAB ou representar a classe junto a quaisquer instituições, órgãos ou comissões, públicos ou privados, adquirir ou alienar bens imóveis ou móveis infungíveis de quaisquer órgãos da OAB **(CEDOAB, art.32).**

**Alternativa "c".** Não poderá o advogado, enquanto exercer cargos ou funções em órgãos da OAB ou representar a classe junto a quaisquer instituições, órgãos ou comissões, públicos ou privados, adquirir ou alienar bens móveis infungíveis de quaisquer órgãos da OAB **(CEDOAB, art.32).**

**Alternativa "d".** Não poderá o advogado, enquanto exercer cargos ou funções em órgãos da OAB ou representar a classe junto a quaisquer instituições, órgãos ou comissões, públicos ou privados, adquirir ou alienar bens imóveis de quaisquer órgãos da OAB **(CEDOAB, art.32).**

**Alternativa correta: letra "a".**

**59. (FGV – XXXVII Exame OAB)** Lucas e Leandro são os únicos sócios da sociedade de advogados Lucas & Leandro Advogados. Ocorre que Leandro, que já exerce mandato de vereador, passará a integrar a mesa diretora da Câmara Municipal no próximo biênio. Durante tal período, a sociedade de advogados

a) deverá transformar-se em sociedade unipessoal de advocacia, com a concentração em Lucas das cotas que pertencem a Leandro.

b) deverá averbar, no registro da sociedade, o licenciamento de Leandro para exercer atividade incompatível com a advocacia em caráter temporário, não alterando sua constituição.

c) não poderá funcionar, porque Leandro, um de seus integrantes, estará totalmente proibido de advogar.

d) não poderá ter sede ou filial na mesma área territorial do Conselho Seccional em que Leandro exerce o mandato na mesa diretora da Câmara Municipal.

COMENTÁRIOS

✪ **Nota do autor:** a advocacia é incompatível, mesmo em causa própria, com os membros da Mesa do Poder Legislativo e seus substitutos legais.

**Alternativa "b" (responde as demais alternativas).** O impedimento ou a incompatibilidade em caráter temporário do advogado não o exclui da sociedade de advogados à qual pertença e deve ser averbado no registro da sociedade, proibida, em qualquer hipótese, a exploração de seu nome e de sua imagem em favor da sociedade **(Lei nº 8.906/94, art. 16, §2º).**

**Alternativa correta: letra "b".**

**60. (FGV – Exame de Ordem 2020.1)** A sociedade Antônio, Breno, Caio & Diego Advogados Associados é integrada, exclusivamente, pelos sócios Antônio, Breno, Caio e Diego, todos advogados regularmente inscritos na OAB.

Em um determinado momento, Antônio vem a falecer. Breno passa a exercer mandato de vereador, sem figurar entre os integrantes da Mesa Diretora da Câmara Municipal ou seus substitutos legais. Caio passa a exercer, em caráter temporário, função de direção em empresa concessionária de serviço público.

Considerando esses acontecimentos, assinale a afirmativa correta.

a) O nome de Antônio poderá permanecer na razão social da sociedade após o seu falecimento, ainda que tal possibilidade não esteja prevista em seu ato constitutivo.

b) Breno deverá licenciar-se durante o período em que exercer o mandato de vereador, devendo essa informação ser averbada no registro da sociedade.

c) Caio deverá deixar a sociedade, por ter passado a exercer atividade incompatível com a advocacia.

d) Com o falecimento de Antônio, se Breno e Caio deixarem a sociedade e nenhum outro sócio ingressar nela, Diego poderá continuar suas atividades, caso em que passará a ser titular de sociedade unipessoal de advocacia.

COMENTÁRIOS

✪ **Nota do autor:** os advogados podem reunir-se em sociedade simples de prestação de serviços de advocacia ou constituir sociedade unipessoal de advocacia, na forma disciplinada na Lei nº 8.906/94 e no regulamento geral.

**Alternativa "a".** A razão social deve ter, obrigatoriamente, o nome de, pelo menos, um advogado responsável pela sociedade, podendo permanecer o de sócio falecido, DESDE QUE prevista tal possibilidade no ato constitutivo. (Lei nº 8.906/94, art. 16, §1º).

**Alternativa "b".** Licencia-se o profissional que passar a exercer, em caráter temporário, atividade incompatível com o exercício da advocacia (art. 12, II, da Lei nº 8.906/94). A advocacia é incompatível, mesmo em causa própria, com os membros da Mesa do Poder Legislativo e seus substitutos legais (art. 28, I, da Lei nº 8.906/94). Logo, Breno não precisa solicitar licença para o exercício da advocacia.

**Alternativa "c".** Licencia-se o profissional que passar a exercer, EM CARÁTER TEMPORÁRIO, atividade incompatível com o exercício da advocacia (art. 12, II, da Lei nº 8.906/94). A advocacia é incompatível, mesmo em causa própria, com ocupantes de cargos ou funções de direção em Órgãos da Administração Pública direta ou indireta, em suas fundações e em suas empresas controladas ou concessionárias de serviço público (art. 28, III, da Lei nº 8.906/94). Logo, Caio precisa solicitar licença para o exercício da advocacia.

**Alternativa "d".** Com a permanência de apenas um advogado, haverá concentração das quotas da sociedade de advogados referida, resultando na transformação para sociedade unipessoal de advocacia (Lei nº 8.906/94, art. 15, §7º).

**Alternativa correta: letra "d".**

---

**61. (FGV/OAB/XXX_Exame - 2019)** João Pedro, advogado conhecido no Município Alfa, foi eleito para mandato na Câmara Municipal, na legislatura de 2012 a 2015. Após a posse e o exercício do cargo de vereador em 2012 e 2013, João Pedro licenciou-se do mandato em 2014 e 2015 a convite do Prefeito, para exercer o cargo de Procurador-Geral do Município Alfa.

Diante desses fatos, João Pedro,

a) em 2012 e 2013, poderia exercer a advocacia a favor de entidades paraestatais.
b) em 2012 e 2013, não poderia exercer a advocacia contra empresa concessionária de serviço público estadual.
c) em 2014 e 2015, poderia exercer a advocacia privada, desde que não atuasse contra o Município Alfa ou entidade que lhe seja vinculada.
d) em 2014 e 2015, não poderia exercer a advocacia a favor de autarquia vinculada ao Município Alfa.

COMENTÁRIOS

✪ **Nota do autor:** o impedimento determina a proibição parcial do exercício da advocacia.

**Alternativa "b" (responde as demais alternativas).** Enquanto membro do legislativo (2012 e 2013), João Pedro não poderia advogar apenas contra ou a favor das pessoas jurídicas de direito público, empresas públicas, sociedades de economia mista, fundações públicas, entidades paraestatais ou empresas concessionárias ou permissionárias de serviço público (Lei nº 8.906/94, art. 30, II). E durante o período de investidura como Procurador Geral da Administração Pública direta (2014 e 2015), João Pedro foi exclusivamente legitimado para o exercício da advocacia vinculada à função que exerceu (Lei nº 8.906/94, art. 29).

**Alternativa correta: letra "b".**

## 8. DA ÉTICA DO ADVOGADO

---

**62. (FGV – Exame de Ordem XXXVI – 2022)** O advogado João ajuizou uma lide temerária em favor de seu cliente Flávio. Sobre a responsabilização de João, assinale a afirmativa correta.

a) João será solidariamente responsável com Flávio apenas se provado conluio para lesar a parte contrária.
b) João será solidariamente responsável com Flávio independentemente de prova de conluio para lesar a parte contrária.
c) João será responsável subsidiariamente a Flávio apenas se provado conluio para lesar a parte contrária.
d) Flávio será responsabilizado subsidiariamente a João independentemente de prova de conluio para lesar a parte contrária.

COMENTÁRIOS

✪ **Nota do autor:** o advogado é responsável pelos atos que, no exercício profissional, praticar com dolo ou culpa.

**Alternativa "a" (responde as demais alternativas).** Em caso de lide temerária, o advogado será solidariamente responsável com seu cliente, desde que coligado com este para lesar a parte contrária, o que será apurado em ação própria (EAOAB, art.32, parágrafo único).

**Alternativa correta: letra "a".**

---

**63. (FGV – Exame de Ordem – 2021.2)** Luiz Felipe, advogado, mantém uma coluna semanal em portal na internet destinado ao público jurídico. Para que a conduta de Luiz Felipe esteja de acordo com as normas relativas à publicidade da profissão de advogado, ele poderá

a) debater causa sob o patrocínio de outro advogado.
b) externar posicionamento que induza o leitor a litigar.
c) responder à consulta sobre matéria jurídica de forma esporádica.
d) fazer referência ao seu telefone e e-mail de contato ao final da coluna.

COMENTÁRIOS

✪ **Nota do autor:** A publicidade profissional do advogado tem caráter meramente informativo e deve primar pela discrição e sobriedade, não podendo configurar captação de clientela ou mercantilização da profissão.

**Alternativa "a".** É vedado ao advogado debater, em qualquer meio de comunicação, causa sob o patrocínio de outro advogado (Código de Ética e Disciplina da Ordem dos Advogados do Brasil, art. 42, II).

**Alternativa "b".** As colunas que o advogado mantiver nos meios de comunicação social ou os textos que por meio deles divulgar não deverão induzir o leitor a litigar nem promover, dessa forma, captação de clientela (Código de Ética e Disciplina da Ordem dos Advogados do Brasil, art. 41).

**Alternativa "c".** É vedado ao advogado responder com habitualidade a consulta sobre matéria jurídica, nos meios de comunicação social **(Código de Ética e Disciplina da Ordem dos Advogados do Brasil, art. 42, I).**

**Alternativa "d".** Os meios utilizados para a publicidade profissional hão de ser compatíveis com a diretriz estabelecida no artigo anterior, sendo VEDADO O FORNECIMENTO DE DADOS DE CONTATO, como endereço e telefone, em colunas ou artigos literários, culturais, acadêmicos ou jurídicos, publicados na imprensa, bem assim quando de eventual participação em programas de rádio ou televisão, ou em veiculação de matérias pela internet, SENDO PERMITIDA A REFERÊNCIA A E-MAIL (Código de Ética e Disciplina da Ordem dos Advogados do Brasil, art. 40, V).

**Alternativa correta: letra "c".**

**64. (FGV – Exame de Ordem – 2021.2)** Antônio, residente no Município do Rio de Janeiro, ajuizou em tal foro, assistido pelo advogado Bernardo, ação ordinária em face do Banco Legal, com pedido de pagamento de indenização por danos morais supostamente sofridos por ter sido ofendido por segurança quando tentava ingressar em agência bancária localizada em Niterói.

Ao despachar a petição inicial, o juiz verificou que Antônio ocultou a circunstância de que já havia proposto, perante um dos juizados especiais cíveis da comarca de Niterói, outra ação em face do Banco Legal em razão dos mesmos fatos, na qual o pedido indenizatório foi julgado improcedente, em decisão que já havia transitado em julgado quando ajuizada a ação no Rio de Janeiro.

Em tal situação, caso se comprove que Bernardo agiu de forma coligada com Antônio para lesar o Banco Legal, Bernardo será responsabilizado

a) solidariamente com Antônio, conforme apurado em ação própria.
b) solidariamente com Antônio, conforme apurado nos próprios autos.
c) subsidiariamente com Antônio, conforme apurado em ação própria.
d) subsidiariamente em relação a Antônio, conforme apurado nos próprios autos.

COMENTÁRIOS

✪ **Nota do autor:** O advogado é responsável pelos atos que, no exercício profissional, praticar com dolo ou culpa.

**Alternativa "a" (responde as demais alternativas).** Em caso de lide temerária, o advogado será solidariamente responsável com seu cliente, desde que coligado com este para lesar a parte contrária, o que será apurado em ação própria (Lei nº 8.906/94, art. 32, parágrafo único).

**Alternativa correta: letra "a".**

**65. (FGV – Exame de Ordem – 2021.2)** O renomado advogado José deseja editar, para fins de publicidade, cartões de apresentação de suas atividades profissionais como advogado.

José, especialista em arbitragem e conciliação, já exerceu a função de conciliador junto a órgãos do Poder Judiciário. Além disso, José, atualmente, é conselheiro em certo Conselho Seccional da OAB e é professor aposentado do curso de Direito de certa universidade federal.

Considerando as informações dadas, assinale a afirmativa correta.

a) É vedada menção, nos cartões de apresentação de José, à sua condição de conselheiro do Conselho Seccional, bem como à pregressa atuação de José como conciliador e à de professor universitário.
b) É vedada menção, nos cartões de apresentação de José, à sua condição de conselheiro do Conselho Seccional. Todavia, autoriza-se a referência nos cartões à pregressa atuação de José como conciliador e à atividade de professor universitário.
c) É vedada menção, nos cartões de apresentação de José, à sua pregressa atuação como conciliador. Todavia, autoriza-se a referência nos cartões à condição de conselheiro do Conselho Seccional, bem como, à atividade de professor universitário.
d) É vedada menção, nos cartões de apresentação de José, à sua condição de conselheiro do Conselho Seccional, bem como à pregressa atuação de José como conciliador. Todavia, autoriza-se a referência nos cartões à atividade de professor universitário.

COMENTÁRIOS

✪ **Nota do autor:** Na publicidade profissional que promover ou nos cartões e material de escritório de que se utilizar, o advogado fará constar seu nome, nome social ou o da sociedade de advogados, o número ou os números de inscrição na OAB.

**Alternativa "d" (responde as demais alternativas).** É vedada a inclusão de fotografias pessoais ou de terceiros nos cartões de visitas do advogado, bem como menção a qualquer emprego, cargo ou função ocupado, atual ou pretérito, em qualquer órgão ou instituição, salvo o de professor universitário (Código de Ética e Disciplina da Ordem dos Advogados do Brasil, art. 44, §2º).

**Alternativa correta: letra "d".**

**66. (FGV – Exame de Ordem 2021.1)** O advogado Filipe, em razão de sua notoriedade na atuação em defesa das minorias, foi procurado por representantes de certa pessoa jurídica X, que solicitaram sua atuação *pro bono* em favor da referida pessoa jurídica, em determinados processos judiciais.

De acordo com o Código de Ética e Disciplina da OAB, assinale a opção que apresenta a resposta que deve ser dada por Filipe a tal consulta.

a) É vedada a atuação *pro bono* em favor de pessoas jurídicas, embora seja possível a defesa das pessoas físicas que sejam destinatárias das suas atividades, desde que estas não disponham de recursos para contratação de profissional.
b) É autorizada a atuação *pro bono* em favor de pessoas jurídicas, desde que consideradas instituições sociais e que não se destinem a fins econômicos, e aos seus assistidos, sempre que os beneficiários não dispuserem de recursos para a contratação de profissional.
c) É autorizada a atuação *pro bono* em favor de pessoas jurídicas, mesmo que destinadas a fins econômicos, desde que a atividade advocatícia atenda a motivos considerados socialmente relevantes, independentemente da existência de recursos para contratação de profissional.
d) É autorizada a atuação *pro bono* em favor de pessoas jurídicas, mesmo que destinadas a fins econômicos, desde que a atividade advocatícia se dirija a motivos considerados socialmente relevantes e as pessoas físicas beneficiárias das suas atividades não disponham de recursos para contratação de profissional.

COMENTÁRIOS

✪ **Nota do autor:** os advogados e os integrantes das sociedades de advogados e dos departamentos jurídicos de empresas que desempenharem a advocacia *pro bono*, durante o exercício e até três anos após cessação, estão impedidos de exercer a advocacia remunerada, em qualquer esfera, para a pessoa natural ou jurídica que se utilize de seus serviços *pro bono* (Provimento CFOAB 166/15, art. 4º).

**Alternativa "b" (responde as demais alternativas).** A advocacia *pro bono* consiste na prestação gratuita, eventual e voluntária de serviços jurídicos em favor de instituições sociais sem fins econômicos e aos seus assistidos, sempre que os beneficiários não dispuserem de recursos para a contratação de profissional, bem como em prol de pessoas naturais que, igualmente, não dispuserem de recursos para, sem prejuízo do próprio sustento, contratar advogado. (Código de Ética e Disciplina da OAB, artigo 30, §§1º e 2º).

**Alternativa correta: letra "b".**

---

**67. (FGV – Exame de Ordem 2020.1)** Um escritório de renome internacional considera expandir suas operações, iniciando atividades no Brasil. Preocupados em adaptar seus procedimentos internos para que reflitam os códigos brasileiros de ética profissional, seus dirigentes estrangeiros desejam entender melhor as normas a respeito da relação entre clientes e advogados no país. Sobre esse tema, é correto afirmar que os advogados brasileiros

a) podem, para a adoção de medidas judiciais urgentes e inadiáveis, aceitar procuração de quem já tenha patrono constituído, sem prévio conhecimento deste.
b) deverão considerar sua própria opinião a respeito da culpa do acusado ao assumir defesa criminal.
c) podem funcionar, no mesmo processo, simultaneamente, como patrono e preposto de seu cliente, desde que tenham conhecimento direto dos fatos.
d) podem representar, em juízo, clientes com interesses opostos se não integrarem a mesma sociedade profissional, mas estiverem reunidos em caráter permanente para cooperação recíproca.

**COMENTÁRIOS**

✪ **Nota do autor:** não há causa criminal indigna de defesa, cumprindo ao advogado agir, como defensor, no sentido de que a todos seja concedido tratamento condizente com a dignidade da pessoa humana, sob a égide das garantias constitucionais.

**Alternativa "a".** O advogado não deve aceitar procuração de quem já tenha patrono constituído, sem prévio conhecimento deste, **salvo** por motivo plenamente justificável OU para adoção de medidas judiciais urgentes e inadiáveis. (Código de Ética e Disciplina da OAB, art. 14).

**Alternativa "b".** É direito e dever do advogado assumir a defesa criminal, sem considerar sua própria opinião sobre a culpa do acusado. (Código de Ética e Disciplina da OAB, art. 23, *caput*).

**Alternativa "c".** É defeso ao advogado funcionar no mesmo processo, simultaneamente, como patrono e preposto do empregador ou cliente. (Código de Ética e Disciplina da OAB, art. 14).

**Alternativa "d".** Os advogados integrantes da mesma sociedade profissional, **OU** REUNIDOS EM CARÁTER PERMANENTE PARA COOPERAÇÃO RECÍPROCA, não podem representar, em juízo ou fora dele, clientes com interesses opostos. (Código de Ética e Disciplina da OAB, art. 19).

**Alternativa correta: letra "a".**

---

**68. (FGV – Exame de Ordem 2020.1)** Em certo município, os advogados André e Helena são os únicos especialistas em determinado assunto jurídico. Por isso, André foi convidado a participar de entrevista na imprensa escrita sobre as repercussões de medidas tomadas pelo Poder Executivo local, relacionadas à sua área de especialidade. Durante a entrevista, André convidou os leitores a litigarem em face da Administração Pública, conclamando-os a procurarem advogados especializados para ajuizarem, desde logo, as demandas que considerava tecnicamente cabíveis.

Porém, quando indagado sobre os meios de contato de seu escritório, para os leitores interessados, André disse que, por obrigação ética, não poderia divulgá-los por meio daquele veículo. Por sua vez, a advogada Helena, irresignada com as mesmas medidas tomadas pelo Executivo, procurou um programa de rádio, oferecendo-se para uma reportagem sobre o assunto. No programa, Helena manifestou-se de forma técnica, educativa e geral, evitando sensacionalismo. Considerando as situações acima narradas e o disposto no Código de Ética e Disciplina da OAB, assinale a afirmativa correta.

a) André e Helena agiram de forma ética, observando as normas previstas no Código de Ética e Disciplina da OAB.
b) Nenhum dos dois advogados agiu de forma ética, tendo ambos inobservado as normas previstas no Código de Ética e Disciplina da OAB.
c) Apenas André agiu de forma ética, observando as normas previstas no Código de Ética e Disciplina da OAB.
d) Apenas Helena agiu de forma ética, observando as normas previstas no Código de Ética e Disciplina da OAB.

**COMENTÁRIOS**

✪ **Nota do autor:** as manifestações do advogado na imprensa devem ser ilustrativas, educacionais e instrutivas.

**Alternativa "b" (responde as demais alternativas).** André induziu o leitor a litigar, promovendo, dessa forma, captação de clientela, em violação ao art. 41 do Código de Ética e Disciplina da OAB. Helena também cometeu infração ético-disciplinar, ao insinuar-se para reportagens e declarações públicas (CEDOAB, art. 42, V).

**Alternativa correta: letra "b".**

---

**69. (FGV-Exame de Ordem 2019.2)** Os sócios de certa sociedade de advogados divergiram intensamente quanto à solução de questões relativas a conduta disciplinar, relação com clientes e honorários. Em razão disso, passaram a pesquisar quais as atribuições do Tribunal de Ética e Disciplina, do Conselho Seccional da OAB respectivo, que poderiam ajudar a solver suas dificuldades.

Considerando o caso narrado, bem como os limites de competência do Tribunal de Ética e Disciplina do Conselho Seccional, previstos no Código de Ética e Disciplina da OAB, assinale a afirmativa correta.

a) Não compete ao Tribunal de Ética e Disciplina responder a consultas realizadas em tese por provocação dos advogados, atuando apenas diante de situações concretas.
b) Compete ao Tribunal de Ética e Disciplina atuar como um conciliador em pendências concretas relativas à partilha de honorários entre advogados contratados conjuntamente.
c) Não compete ao Tribunal de Ética e Disciplina ministrar cursos destinados a solver dúvidas usuais dos advogados no que se refere à conduta ética que deles é esperada.
d) Compete ao Tribunal de Ética e Disciplina coordenar as ações do Conselho Seccional respectivo e dos demais Conselhos Seccionais, com o objetivo de reduzir a ocorrência das infrações disciplinares mais frequentes

COMENTÁRIOS

✪ **Nota do autor:** o Tribunal de Ética e Disciplina poderá funcionar dividido em órgãos fracionários, de acordo com seu regimento interno.

**Alternativa "b" (responde as demais alternativas).** Compete aos Tribunais de Ética e Disciplina: I – julgar, em primeiro grau, os processos ético-disciplinares; II – responder a consultas formuladas, em tese, sobre matéria ético-disciplinar; III – exercer as competências que lhe sejam conferidas pelo Regimento Interno da Seccional ou pelo Código de Ética e Disciplina para a instauração, instrução e julgamento de processos ético-disciplinares; IV – suspender, preventivamente, o acusado, em caso de conduta suscetível de acarretar repercussão prejudicial à advocacia, nos termos do Estatuto da Advocacia e da Ordem dos Advogados do Brasil; V – organizar, promover e ministrar cursos, palestras, seminários e outros eventos da mesma natureza acerca da ética profissional do advogado ou estabelecer parcerias com as Escolas de Advocacia, com o mesmo objetivo; VI – atuar como órgão mediador ou conciliador nas questões que envolvam: i) dúvidas e pendências entre advogados; ii) partilha de honorários contratados em conjunto ou decorrentes de substabelecimento, bem como os que resultem de sucumbência, nas mesmas hipóteses; iii) controvérsias surgidas quando da dissolução de sociedade de advogados (Código de Ética e Disciplina da Ordem dos Advogados do Brasil – OAB, artigo 71).

**Alternativa correta: letra "b".**

---

**70. (FGV-Exame de Ordem 2019.1)** Maria Lúcia é parte em um processo judicial que tramita em determinada Vara da Infância e Juventude, sendo defendida, nos autos, pelo advogado Jeremias, integrante da Sociedade de Advogados Y.

No curso da lide, ela recebe a informação de que a criança, cujos interesses são debatidos no feito, encontra-se em proeminente situação de risco, por fato que ocorrera há poucas horas. Ocorre que o advogado Jeremias não se encontra na cidade naquela data. Por isso, Maria Lúcia procura o advogado Paulo, o qual, após analisar a situação, conclui ser necessário postular, imediatamente, medida de busca e apreensão do infante.

Considerando o caso hipotético, assinale a afirmativa correta.

a) Paulo poderá aceitar procuração de Maria Lúcia e postular a busca e apreensão, independentemente de prévio conhecimento de Jeremias ou da Sociedade de Advogados Y.

b) Paulo poderá aceitar procuração de Maria Lúcia e postular a busca e apreensão, apenas após o prévio conhecimento de Jeremias, não sendo suficiente informar à Sociedade de Advogados Y, sob pena de cometimento de infração ética.

c) Paulo poderá aceitar procuração de Maria Lúcia e postular a busca e apreensão, apenas após o prévio conhecimento de Jeremias ou da Sociedade de Advogados Y, sob pena de cometimento de infração ética.

d) Paulo não poderá aceitar procuração de Maria Lúcia e postular a busca e apreensão, mesmo que seja promovido o prévio conhecimento de Jeremias e da Sociedade de Advogados Y, sem antes ocorrer a renúncia ou revogação do mandato, sob pena de cometimento de infração ética.

COMENTÁRIOS

✪ **Nota do autor:** O advogado postula, em juízo ou fora dele, fazendo prova do mandato.

O advogado não deve aceitar procuração de quem já tenha patrono constituído, sem prévio conhecimento deste, SALVO por motivo plenamente justificável ou para adoção de medidas judiciais urgentes e inadiáveis. (Código de Ética e Disciplina da OAB, Art. 14).

**Alternativa correta: letra "a".**

---

**71. (FGV-Exame de Ordem 2019.1)** A advogada Leia Santos confeccionou cartões de visita para sua apresentação e de seu escritório. Nos cartões, constava seu nome, número de inscrição na OAB, bem como o site do escritório na Internet e um QR code para que o cliente possa obter informações sobre o escritório. Já o advogado Lucas Souza elaborou cartões de visita que, além do seu nome e número de inscrição na OAB, apresentam um logotipo discreto e a fotografia do escritório.

Considerando as situações descritas e o disposto no Código de Ética e Disciplina da OAB, assinale a afirmativa correta.

a) Leia e Lucas cometeram infrações éticas, pois inseriram elementos vedados pelo Código de Ética e Disciplina da OAB nos cartões de apresentação.

b) Nenhum dos advogados cometeu infração ética, pois os elementos inseridos por ambos nos cartões de apresentação são autorizados.

c) Apenas Leia cometeu infração ética, pois inseriu elementos vedados pelo Código de Ética e Disciplina da OAB nos cartões de apresentação. Os elementos empregados por Lucas são autorizados.

d) Apenas Lucas cometeu infração ética, pois inseriu elementos vedados pelo Código de Ética e Disciplina da OAB nos cartões de apresentação. Os elementos empregados por Leia são autorizados.

COMENTÁRIOS

✪ **Nota do autor:** A publicidade profissional do advogado tem caráter meramente informativo e deve primar pela discrição e sobriedade, não podendo configurar captação de clientela ou mercantilização da profissão.

Nos cartões de visita, o advogado fará constar seu nome ou o da sociedade de advogados, o número ou os números de inscrição na OAB. É FACULTADO: referir apenas os títulos acadêmicos do advogado e as distinções honoríficas relacionadas à vida profissional, as especialidades a que se dedicar, o endereço, e-mail, site, página eletrônica, QR code, logotipo e a fotografia do escritório, o horário de atendimento e os idiomas em que o cliente poderá ser atendido. É VEDADA: a inclusão de fotografias pessoais ou de terceiros nos cartões de visitas do advogado, bem como menção a qualquer emprego, cargo ou função ocupado, atual ou pretérito, em qualquer órgão ou instituição, salvo o de professor universitário. (CEDOAB, art. 44).

**Alternativa correta: letra "b".**

---

**72. (FGV – Exame de Ordem 2018.2)** Juan e Pablo, ambos advogados, atuaram conjuntamente patrocinando uma demanda trabalhista em favor de certo trabalhador empregado. Tiveram bastante sucesso no exercício dessa função, tendo se valido de teses jurídicas notórias. Em razão disso, após o fim desse processo, duas pessoas jurídicas contrataram, respectivamente, Juan e Pablo, como integrantes de seus departamentos jurídicos, em relação empregatícia.

A sociedade que empregou Juan determinou que ele atue de forma consultiva, emitindo parecer sobre a mesma questão jurídica tratada naquele primeiro processo, embora adotando orientação diversa, desta feita favorável aos empregadores. A pessoa jurídica que emprega Pablo pretende que ele realize sua defesa, em juízo, em processos nos quais ela é ré, sobre a mesma questão, também sustentando o posicionamento favorável aos empregadores.

Considerando o caso narrado, assinale a afirmativa correta.

a) Juan e Pablo podem, de maneira legítima, recusar a atuação consultiva e o patrocínio das demandas judiciais, respectivamente, sem que isso implique violação aos seus deveres profissionais.

b) Apenas Juan pode, de maneira legítima, recusar a atuação consultiva sem que isso implique violação aos seus deveres profissionais.

c) Apenas Pablo pode, de maneira legítima, recusar o patrocínio das demandas judiciais sem que isso implique violação aos seus deveres profissionais.

d) As recusas quanto à atuação consultiva e ao patrocínio das demandas judiciais, por Juan e Pablo, respectivamente, implicam violações aos seus deveres profissionais.

COMENTÁRIOS

✪ **Nota do autor:** o advogado, ainda que vinculado ao cliente ou constituinte, mediante relação empregatícia ou por contrato de prestação permanente de serviços, ou como integrante de departamento jurídico, ou de órgão de assessoria jurídica, público ou privado, deve zelar pela sua liberdade e independência.

**Alternativa "a" (responde as demais alternativas).** É legítima a recusa, pelo advogado, do patrocínio de causa e de manifestação, no âmbito consultivo, de pretensão concernente a direito que também lhe seja aplicável ou contrarie orientação que tenha manifestado anteriormente (CEDOAB, art. 4º, parágrafo único).

**Alternativa correta: letra "a".**

---

**73. (FGV – Exame de Ordem 2018.1)** O advogado Valter instalou, na fachada do seu escritório, um discreto painel luminoso com os dizeres "Advocacia Trabalhista". A sociedade de advogados X contratou a instalação de um sóbrio painel luminoso em um dos pontos de ônibus da cidade, onde constava apenas o nome da sociedade, dos advogados associados e o endereço da sua sede. Já a advogada Helena fixou, em todos os elevadores do prédio comercial onde se situa seu escritório, cartazes pequenos contendo inscrições sobre seu nome, o ramo do Direito em que atua e o andar no qual funciona o escritório.

Considerando as situações descritas e o disposto no Código de Ética e Disciplina da OAB, assinale a afirmativa correta.

a) Apenas Valter e a sociedade de advogados X violaram a disciplina quanto à ética na publicidade profissional.

b) Apenas Helena violou a disciplina quanto à ética na publicidade profissional.

c) Valter, Helena e a sociedade de advogados X violaram a disciplina quanto à ética na publicidade profissional.

d) Apenas a sociedade de advogados X e Helena violaram a disciplina quanto à ética na publicidade profissional.

COMENTÁRIOS

✪ **Nota do autor:** exclusivamente para fins de identificação dos escritórios de advocacia, é permitida a utilização de placas, painéis luminosos e inscrições em suas fachadas, desde que tenham caráter meramente informativo, com discrição e sobriedade, não podendo configurar captação de clientela ou mercantilização da profissão (CEDOAB, arts.39 e 40, parágrafo único).

**Alternativa "d" (responde as demais alternativas).** O único painel luminoso que teve caráter meramente informativo, com discrição e sobriedade, não configurando captação de clientela ou mercantilização da profissão, foi do advogado Valter, sendo que o da sociedade de advogados X violou preceito ético. A advogada Helena não observou a vedação de uso de qualquer meio de publicação com o fim de captação de clientela ou mercantilização da profissão.

**Alternativa correta: letra "d".**

## 9. DAS INFRAÇÕES E SANÇÕES DISCIPLINARES

---

**74. (FGV – XXXVII Exame OAB)** Laura, advogada inscrita na OAB, atua na defesa de Amanda em processo criminal. Pessoalmente convicta da inocência de Amanda, Laura elaborou recurso em que transcreveu seletivamente partes de julgados de tribunais superiores, deturpando o seu teor com o objetivo de iludir o juiz da causa. Verificada tal infração disciplinar, instaura-se o processo administrativo para apurá-la. Laura não é reincidente nem recebeu punição disciplinar anterior. Também não está presente qualquer circunstância agravante. Dadas essas circunstâncias, Laura estará sujeita

a) à interdição do exercício profissional, em todo o território nacional, pelo prazo de trinta dias a doze meses.

b) à censura, que poderá ser convertida em advertência, em ofício reservado, sem registro em seus assentamentos.

c) à multa, variável entre o mínimo correspondente ao valor de uma anuidade e o máximo de seu sêxtuplo.

d) ao impedimento de exercer o mandato profissional.

COMENTÁRIOS

✪ **Nota do autor:** o advogado deve proceder de forma que o torne merecedor de respeito e que contribua para o prestígio da classe e da advocacia.

**Alternativa "b" (responde as demais alternativas).** Constitui infração disciplinar deturpar o teor de julgado, para confundir o adversário ou iludir o juiz da causa **(EAOAB, art. 34, XIV). Se não houver circunstância atenuante ou reincidência em infração disciplinar, poder haver a sanção de censura (EAOAB, arts. 36, inciso I e parágrafo único, e 37, inciso II)**

**Alternativa correta: letra "b".**

---

**75. (FGV – XXXVII Exame OAB)** Foi instaurado processo disciplinar em face do advogado Nino, tendo em vista possível prática de infração disciplinar. No que se refere às notificações de Nino no mencionado feito, assinale a afirmativa correta.

a) A notificação inicial de Nino para apresentação de defesa prévia deverá ser feita pessoalmente, de forma preferencial, admitindo-se a notificação por correspondência com aviso de recebimento apenas em hipóteses excepcionais, previstas no Regulamento Geral do Estatuto da Advocacia e da OAB.

b) Na hipótese de a notificação inicial para apresentação de defesa prévia ser realizada por edital, deve constar do edital apenas o nome completo de Nino, o seu número de inscrição e a menção de que a notificação destina-se à apresentação da defesa prévia no feito disciplinar no prazo legal.

c) As notificações realizadas no referido processo disciplinar que forem feitas através de edital, com exceção da notificação inicial, deverão indicar o nome completo de Nino e o do advogado constituído para sua defesa, salvo na hipótese de atuação em causa própria.

d) Há presunção de recebimento das notificações enviadas por correspondência com aviso de recebimento ao endereço residencial ou ao endereço profissional que constam no cadastro de Nino junto ao Conselho Seccional.

DEONTOLOGIA

COMENTÁRIOS

**Nota do autor:** o processo disciplinar tramita em sigilo, até o seu término, só tendo acesso às suas informações as partes, seus defensores e a autoridade judiciária competente.

**Alternativa "a".** A notificação inicial para a apresentação de defesa prévia ou manifestação em processo administrativo perante a OAB deverá ser feita através de correspondência, com aviso de recebimento, enviada para o endereço profissional ou residencial constante do cadastro do Conselho Seccional **(Regulamento Geral do Estatuto da Advocacia e da OAB, art. 137-D, caput).**

**Alternativa "b".** Quando se tratar de processo disciplinar, a notificação inicial feita através de edital deverá respeitar o sigilo, dele não podendo constar qualquer referência de que se trate de matéria disciplinar, constando apenas o nome completo do advogado, nome social, o seu número de inscrição e a observação de que ele deverá comparecer à sede do Conselho Seccional ou da Subseção para tratar de assunto de seu interesse **(Regulamento Geral do Estatuto da Advocacia e da OAB, art. 137-D, §3º).**

**Alternativa "c". Nas publicações no Diário Eletrônico da OAB, o nome ou o nome social do representado deverão ser substituídos pelas suas respectivas iniciais, indicando-se o nome completo do seu procurador ou os seus, na condição de advogado, quando postular em causa própria (Regulamento Geral do Estatuto da Advocacia e da OAB, art. 137-D, §4º).**

**Alternativa "d". Incumbe ao advogado manter sempre atualizado o seu endereço residencial e profissional no cadastro do Conselho Seccional, PRESUMINDO-SE recebida a correspondência enviada para o endereço nele constante (Regulamento Geral do Estatuto da Advocacia e da OAB, art. 137-D, §1º).**

**Alternativa correta: letra "d".**

---

**76. (FGV – Exame de Ordem XXXVI – 2022)** A advogada Carolina e a estagiária de Direito Beatriz, que com ela atua, com o intuito de promover sua atuação profissional, valeram- se, ambas, de meios de publicidade vedados no Código de Ética e Disciplina da OAB.

Após a verificação da irregularidade, indagaram sobre a possibilidade de celebração de termo de ajustamento de conduta tendo, como objeto, a adequação da publicidade.

Considerando o caso narrado, assinale a afirmativa correta.

a) É admitida a celebração do termo de ajustamento de conduta apenas no âmbito do Conselho Federal da OAB, para fazer cessar a publicidade praticada pela advogada Carolina e pela estagiária Beatriz.

b) É admitida a celebração do termo de ajustamento de conduta, no âmbito do Conselho Federal da OAB ou dos Conselhos Seccionais, para fazer cessar a publicidade praticada pela advogada Carolina, mas é vedado que o termo de ajustamento de conduta abranja a estagiária Beatriz.

c) É vedada pelo Código de Ética e Disciplina da OAB a possibilidade de celebração de termo de ajustamento de conduta no caso narrado, uma vez que se trata de infração ética.

d) É admitida a celebração do termo de ajustamento de conduta no âmbito do Conselho Federal da OAB ou dos Conselhos Seccionais, para fazer cessar a publicidade praticada pela advogada Carolina e também pela estagiária Beatriz.

COMENTÁRIOS

**Nota do autor:** o advogado ou o estagiário interessado obrigar-se-á a cessar a conduta objeto do TAC, reparar o dano eventualmente causado, fazer cessar os efeitos da infração, quando for o caso, bem como a se abster de praticar a mesma conduta no prazo fixado no instrumento correspondente.

**Alternativa "d" (responde as demais alternativas). Será admitida a celebração de termo de ajustamento de conduta no âmbito dos Conselhos Seccionais E do Conselho Federal para fazer cessar a publicidade irregular praticada por advogados E estagiários (CEDOAB, art.47-A, caput).**

**Alternativa correta: letra "d".**

---

**77. (FGV- XXXIV Exame de Ordem-2022)** O advogado Pedro praticou infração disciplinar punível com censura, a qual gerou repercussão bastante negativa à advocacia, uma vez que ganhou grande destaque na mídia nacional. Por sua vez, o advogado Hélio praticou infração disciplinar punível com suspensão, a qual não gerou maiores repercussões públicas, uma vez que não houve divulgação do caso para além dos atores processuais envolvidos.

Considerando a situação hipotética narrada, assinale a afirmativa correta.

a) É admissível a celebração de termo de ajustamento de conduta tanto por Pedro como por Hélio.

b) Não é admissível a celebração de termo de ajustamento de conduta por Pedro nem por Hélio.

c) É admissível a celebração de termo de ajustamento de conduta por Pedro, mas não é admissível a celebração de termo de ajustamento de conduta por Hélio.

d) É admissível a celebração de termo de ajustamento de conduta por Hélio, mas não é admissível a celebração de termo de ajustamento de conduta por Pedro.

COMENTÁRIOS

**Nota do autor:** a celebração do TAC implicará na suspensão condicional do procedimento ou do processo ético-disciplinar instaurado, pelo prazo de 03 (três) anos, após o qual será arquivado definitivamente, sem anotações nos assentos profissionais.

**Alternativa "b" (responde as demais alternativas). O TAC é celebrado entre o Conselho Federal ou os Conselhos Seccionais com advogados ou estagiários inscritos nos quadros da Instituição, aplica-se às hipóteses relativas à PUBLICIDADE IRREGULAR e às INFRAÇÕES DISCIPLINARES PUNÍVEIS COM CENSURA QUE NÃO GEREM REPERCUSSÃO NEGATIVA À ADVOCACIA, SALVO:** i) aos processos ético--disciplinares com condenação transitada em julgado; ii) em prol de advogado ou estagiário que a) já possua condenação transitada em julgado e sem reabilitação por representação ético-disciplinar; ou b) seja acusado da prática de mais de uma infração ético-disciplinar; ou c) seja acusado de conduta que caracteriza violação simultânea de outros dispositivos do Estatuto da Advocacia e da OAB, além daqueles passíveis de TAC; ou d) já beneficiado com o instituto nos 03 (três) anos anteriores à conduta a ser apurada (Provimento CFOAB nº 200/2020).

**Alternativa correta: letra "b".**

---

**78. (FGV – Exame de Ordem 2021.1)** Em janeiro de 2011, Roberto, como advogado, recebeu da parte contrária valores relacionados com o objeto do mandato, sem autorização de seu constituinte. Esse fato foi oficialmente constatado em fevereiro de 2011, quando, imediatamente, se instaurou processo administrativo disciplinar contra ele.

A produção de provas se estendeu até janeiro de 2014. Em março de 2014, o Tribunal de Ética e Disciplina do Conselho Seccional proferiu decisão por meio da qual aplicou-lhe a penalidade cabível. Roberto interpôs recurso perante o Conselho Federal, o qual somente veio a ser julgado em fevereiro de 2017, ocasião em que se confirmou integralmente a decisão proferida.

Sobre os fatos narrados, assinale a afirmativa correta.

a) O Tribunal de Ética e Disciplina do Conselho Seccional deveria ter reconhecido a prescrição da pretensão à punibilidade da infração disciplinar, porque passados mais de três anos entre a data do fato e a prolação de decisão condenatória recorrível.

b) O Tribunal de Ética e Disciplina do Conselho Seccional deveria ter determinado o arquivamento do processo administrativo disciplinar de ofício, porque passados mais de três anos entre sua instauração e a prolação de decisão condenatória recorrível.

c) O Conselho Federal deveria ter reconhecido a prescrição da pretensão à punibilidade da infração disciplinar, porque passados mais de cinco anos entre a data da constatação oficial do fato e a prolação de decisão condenatória irrecorrível.

d) A punição aplicada, após o trânsito em julgado da decisão, deverá constar dos assentamentos de Roberto.

**COMENTÁRIOS**

**Nota do autor:** a prescrição disciplinar da OAB pode ocorrer em duas modalidades: quinquenal - MOROSIDADE por cinco anos, com início da CONSTATAÇÃO OFICIAL, interrupção na instauração do processo disciplinar ou notificação válida do representado e na realização de decisão recorrível de qualquer órgão da OAB - ou trienal - PARALISAÇÃO PROCESSUAL DISCIPLINAR por três anos, que ocorre com a inexistência de qualquer despacho ou julgamento.

**Alternativa "a".** A prescrição – trienal ou quinquenal – não tem como marco inicial a data do fato. A trienal tratada nesta assertiva, pressupõe existência de processo disciplinar instaurado e paralisado, com inércia de despacho ou julgamento pelo lapso temporal de três anos (Lei nº 8.906/94, artigo 43, §1º).

**Alternativa "b".** A prescrição intercorrente somente ocorre se o processo disciplinar ficar paralisado por mais de três anos, PENDENTE DE DESPACHO OU JULGAMENTO (Lei nº 8.906/94, artigo 43, §1º). O erro da assertiva está em considerar marcos fixos, quando podem ocorrer em qualquer momento, desde a instauração se não houve qualquer despacho nos autos.

**Alternativa "c".** Antes da decisão irrecorrível houve interrupção da prescrição quinquenal pela instauração de processo disciplinar ou pela notificação válida feita diretamente ao representado E pela decisão recorrível (Lei nº 8.906/94, artigo 43, §2º, incisos I e II). No caso, não foi ultrapassado cinco anos entre qualquer um dos marcos interruptivos.

**Alternativa "d".** As sanções disciplinares devem constar dos assentamentos do advogado, após o trânsito em julgado da decisão, não podendo ser objeto de publicidade a de censura. (Lei nº 8.906/94, artigo 35, parágrafo único).

**Alternativa correta: ANULADA.**

---

**79. (FGV-Exame de Ordem 2019.2)** Milton, advogado, exerceu fielmente os deveres decorrentes de mandato outorgado para defesa do cliente Tomás, em juízo. Todavia, Tomás deixou, injustificadamente, de efetuar o pagamento dos valores acordados a título de honorários.

Em 08/04/19, após negar-se ao pagamento devido, Tomás solicitou a Milton que agendasse uma reunião para que este esclarecesse, de forma pormenorizada, questões que entendia pertinentes e necessárias sobre o processo. Contudo, Milton informou que não prestaria nenhum tipo de informação judicial sem pagamento, a fim de evitar o aviltamento da atuação profissional.

Em 10/05/19, Tomás solicitou que Milton lhe devolvesse alguns bens móveis que haviam sido confiados ao advogado durante o processo, relativos ao objeto da demanda. Milton também se recusou, pois pretendia alienar os bens para compensar os honorários devidos.

Considerando o caso narrado, assinale a afirmativa correta.

a) Apenas a conduta de Milton praticada em 08/04/19 configura infração ética.

b) Ambas as condutas de Milton, praticadas em 08/04/19 e em 10/05/19, configuram infrações éticas.

c) Nenhuma das condutas de Milton, praticadas em 08/04/19 e em 10/05/19, configura infração ética.

d) Apenas a conduta de Milton praticada em 10/05/19 configura infração ética.

**COMENTÁRIOS**

**Nota do autor:** o dever de prestação de contas e devolução dos bens não está condicionado ao adimplemento das obrigações contratuais do cliente, sendo necessário o uso de meio legal para cobrança dos honorários, sob pena de cometimento de infração ética.

**Alternativa "b" (responde as demais alternativas).** A conclusão ou desistência da causa, tenha havido, ou não, extinção do mandato, obriga o advogado a devolver ao cliente bens, valores e documentos que lhe hajam sido confiados e ainda estejam em seu poder, bem como a prestar-lhe contas, pormenorizadamente, sem prejuízo de esclarecimentos complementares que se mostrem pertinentes e necessários (Código de Ética e Disciplina da OAB, art. 12, *caput*).

**Alternativa correta: letra "b".**

---

**80. (FGV-Exame de Ordem 2019.1)** Gabriel, advogado, teve aplicada contra si penalidade de suspensão, em razão da prática das seguintes condutas: atuar junto a cliente para a realização de ato destinado a fraudar a lei; recusar-se a prestar contas ao cliente de quantias recebidas dele e incidir em erros reiterados que evidenciaram inépcia profissional.

Antes de decorrido o prazo para que pudesse requerer a reabilitação quanto à aplicação dessas sanções e após o trânsito em julgado das decisões administrativas, instaurou-se contra ele, em razão dessas punições prévias, novo processo disciplinar.

Com base no caso narrado, assinale a opção que indica a penalidade disciplinar a ser aplicada.

a) De exclusão, para a qual é necessária a manifestação da maioria absoluta dos membros do Conselho Seccional competente.

b) De suspensão, que o impedirá de exercer o mandato e implicará o cancelamento de sua inscrição na OAB.

c) De exclusão, ficando o pedido de nova inscrição na OAB condicionado à prova de reabilitação.

d) De suspensão, que o impedirá de exercer o mandato e o impedirá de exercer a advocacia em todo o território nacional, pelo prazo de doze a trinta meses.

COMENTÁRIOS

✪ **Nota do autor:** As sanções disciplinares consistem em: I – censura; II – suspensão; III – exclusão; e IV – multa.

Como houve a aplicação, por três vezes, de suspensão, no novo processo disciplinar haverá a sanção de exclusão (Estatuto da Advocacia e da OAB, art. 34, I). Cancela-se a inscrição do profissional que sofrer penalidade de exclusão e o novo pedido de inscrição também deve ser acompanhado de provas de reabilitação (EAOAB, art. 11, II e §3º).

**Alternativa correta: letra "c".**

---

**81. (FGV – Exame de Ordem 2018.2)** Júlio Silva sofreu sanção de censura por infração disciplinar não resultante da prática de crime; Tatiana sofreu sanção de suspensão por infração disciplinar não resultante da prática de crime; e Rodrigo sofreu sanção de suspensão por infração disciplinar resultante da prática de crime ao qual foi condenado. Transcorrido um ano após a aplicação e o cumprimento das sanções, os três pretendem obter a reabilitação, mediante provas efetivas de seu bom comportamento.

De acordo com o EOAB, assinale a afirmativa correta.

a) Júlio e Tatiana fazem jus à reabilitação, que pode ser concedida após um ano mediante provas efetivas de bom comportamento, nos casos de qualquer sanção disciplinar. O pedido de Rodrigo, porém, depende também da reabilitação criminal.

b) Apenas Júlio faz jus à reabilitação, que pode ser concedida após um ano mediante provas efetivas de bom comportamento, somente nos casos de sanção disciplinar de censura.

c) Todos fazem jus à reabilitação, que pode ser concedida após um ano mediante provas efetivas de bom comportamento, nos casos de qualquer sanção disciplinar, independentemente se resultantes da prática de crime, tendo em vista que são esferas distintas de responsabilidade.

d) Ninguém faz jus à reabilitação, que só pode ser concedida após dois anos mediante provas efetivas de bom comportamento, nos casos de sanção disciplinar de censura, e após três anos nos casos de sanção disciplinar de suspensão.

COMENTÁRIOS

✪ **Nota do autor:** a reabilitação do advogado sancionado por infração disciplinar depende do transcurso do tempo após cumprimento da sanção (ou se resultar da prática de crime, depende da reabilitação criminal) e de provas efetivas de bom comportamento.

**Alternativa "a" (responde as demais alternativas).** É permitido ao que tenha sofrido qualquer sanção disciplinar requerer, um ano após seu cumprimento, a reabilitação, em face de provas efetivas de bom comportamento. Quando a sanção disciplinar resultar da prática de crime, o pedido de reabilitação depende também da correspondente reabilitação criminal (Lei nº 8.906/94, art. 41).

**Alternativa correta: letra "a".**

---

**82. (FGV – Exame de Ordem 2018.1)** Carlos praticou infração disciplinar, oficialmente constatada em 09 de fevereiro de 2010. Em 11 de abril de 2013, foi instaurado processo disciplinar para apuração da infração, e Carlos foi notificado em 15 de novembro do mesmo ano. Em 20 de fevereiro de 2015, o processo ficou pendente de julgamento, que só veio a ocorrer em 1° de março de 2018.

De acordo com o Estatuto da OAB, a pretensão à punibilidade da infração disciplinar praticada por Carlos

a) está prescrita, tendo em vista o decurso de mais de três anos entre a constatação oficial da falta e a instauração do processo disciplinar.

b) está prescrita, tendo em vista o decurso de mais de seis meses entre a instauração do processo disciplinar e a notificação de Carlos.

c) está prescrita, tendo em vista o decurso de mais de três anos de paralisação para aguardar julgamento.

d) não está prescrita, tendo em vista que não decorreram cinco anos entre cada uma das etapas de constatação, instauração, notificação e julgamento.

COMENTÁRIOS

✪ **Nota do autor:** o exercício do poder disciplinar da OAB deve ser exercício até o limite temporal da prescrição quinquenal (cinco anos) ou trienal (três anos), conforme marcos iniciais e interruptivos legais. A OAB tem cinco anos para: a) instaurar o procedimento disciplinar desde a constatação oficial do fato; b) enviar notificação válida diretamente ao representado desde a constatação oficial do fato; c) proferir decisão condenatória recorrível por qualquer de seus órgãos julgadores desde a instauração do processo disciplinar ou da notificação válida ao representado. E qualquer despacho ou julgamento tem de ocorrer em até três anos

**Alternativa "c".** No caso, como o processo disciplinar ficou paralisado por mais de três anos, por pendência de julgamento, houve a prescrição da pretensão da punibilidade, devendo ser arquivado de ofício, ou a requerimento da parte interessada, sem prejuízo de serem apuradas as responsabilidades pela paralisação (Lei nº 8.903/94, art. 43, §1º).

**Alternativa correta: letra "c".**

## 10. DA ORDEM DOS ADVOGADOS DO BRASIL

---

**83. (FGV – Exame de Ordem XXXVI – 2022)** A diretoria de certa subseção da OAB emitiu decisão no âmbito de suas atribuições. Irresignados, os interessados desejavam manejar recurso em face de tal decisão.

Sobre a hipótese, assinale a afirmativa correta.

a) A competência privativa para julgar, em grau de recurso, questão decidida pela diretoria da subseção é do Conselho Federal da OAB.

b) A competência privativa para julgar, em grau de recurso, questão decidida pela diretoria da subseção é do Presidente do Conselho Seccional respectivo da OAB.

c) A competência privativa para julgar, em grau de recurso, questão decidida pela diretoria da subseção é do Conselho Seccional respectivo da OAB.

d) A decisão proferida pela diretoria da subseção é irrecorrível.

COMENTÁRIOS

✪ **Nota do autor:** a Subseção pode ser criada pelo Conselho Seccional, que fixa sua área territorial e seus limites de competência e autonomia.

**Alternativa "c" (responde as demais alternativas).** Compete privativamente ao Conselho Seccional da OAB julgar, em grau de recurso, as questões decididas por seu Presidente, por sua diretoria, pelo Tribunal de Ética e Disciplina, pelas diretorias das Subseções e da Caixa de Assistência dos Advogados (Lei nº 8.906/94, art. 58, III).

**Alternativa correta: letra "c".**

**84. (FGV – Exame de Ordem XXXVI – 2022)** O Conselho Seccional X da OAB encontra-se em dificuldades financeiras. Assim, o Conselho Seccional Y pretende socorrê-lo, a fim de preservar a atuação daquele nas defesas dos direitos e prerrogativas dos advogados, por meio da transferência de certos valores em dinheiro e bens móveis, como computadores e impressoras.

Diante do caso hipotético narrado, assinale a afirmativa correta.

a) É vedada a transferência dos bens móveis e dos recursos em dinheiro do Conselho Seccional Y para o Conselho Secccional X.

b) A transferência dos bens móveis e dos recursos em dinheiro é permitida mediante autorização do Conselho Federal da OAB.

c) A transferência dos bens móveis e dos recursos em dinheiro é permitida mediante aprovação por ambos os Conselhos Seccionais.

d) A transferência dos bens móveis é permitida mediante autorização do Conselho Federal da OAB, e a dos recursos em dinheiro, vedada.

**COMENTÁRIOS**

✪ **Nota do autor:** os Conselhos Seccionais, dotados de personalidade jurídica própria, têm jurisdição sobre os respectivos territórios dos Estados-membros, do Distrito Federal e dos Territórios.

**Alternativa "b" (responde as demais alternativas).** Qualquer transferência de bens ou recursos de um Conselho Seccional a outro depende de autorização do Conselho Federal (RGEAOAB, art. 56, §5º).

**Alternativa correta: letra "b".**

**85. (FGV- XXXV Exame de Ordem-2022)** Vitor deseja se candidatar ao Cargo de Conselheiro Seccional da OAB. Ao estudar a legislação aplicável, Vitor concluiu que poderia concorrer ao cargo em questão, ainda que

a) estivesse em atraso com o pagamento da anuidade.

b) exercesse efetivamente a profissão há menos de 3 (três) anos.

c) ocupasse cargo de provimento efetivo em órgão da Administração Pública indireta.

d) tivesse sido condenado por infração disciplinar resultante da prática de crime há mais de um ano, mesmo sem ter obtido a reabilitação criminal.

**COMENTÁRIOS**

✪ **Nota do autor:** o cargo de conselheiro ou de membro de diretoria de órgão da OAB é de exercício gratuito e obrigatório, considerado serviço público relevante, inclusive para fins de disponibilidade e aposentadoria.

**Alternativa "c" (responde as demais alternativas).** O candidato deve comprovar situação regular perante a OAB (o que inclui adimplemento da anuidade), não ocupar cargo exonerável ad nutum (livre preenchimento e exoneração da autoridade competente, diverso cargo de provimento efetivo), não ter sido condenado por infração disciplinar, salvo reabilitação (irrelevante o tempo condenação, desde que haja reabilitação), e exercer efetivamente a profissão há mais de 3 (três) anos, nas eleições para os cargos de Conselheiro Seccional e das Subseções, quando houver, e há mais de 5 (cinco) anos, nas eleições para os demais cargos (Lei nº 8.906/94, art.63, §2º).

**Alternativa correta: letra "c".**

**86. (FGV- XXXV Exame de Ordem-2022)** O advogado Cauã Silva foi presidente de certo Conselho Seccional da OAB, tendo seu mandato se encerrado há mais de uma década. Desde então, embora tenha permanecido como aguerrido defensor das prerrogativas e dos direitos dos advogados, Cauã não mais concorreu a nenhum cargo na OAB.

Considerando a situação hipotética narrada, assinale a afirmativa correta.

a) Cauã, quando cessado seu mandato, deixou de integrar o Conselho Seccional da OAB.

b) Cauã permanece como membro honorário do Conselho Seccional da OAB, mas não tem direito de voto ou de voz nas sessões.

c) Cauã é ainda membro honorário do Conselho Seccional da OAB e o será de forma vitalícia, tendo, contudo, apenas direito de voz nas sessões.

d) Cauã permanece como membro honorário do Conselho Seccional da OAB, a quem são conferidos os direitos a voz e voto nas sessões do Conselho.

**COMENTÁRIOS**

✪ **Nota do autor:** o Conselho Seccional compõe-se de conselheiros em número proporcional ao de seus inscritos, segundo critérios estabelecidos no regulamento geral.

**Alternativa "c" (responde as demais alternativas).** Os ex-presidentes dos Conselhos Seccionais da OAB são membros honorários vitalícios, somente com direito à voz nas sessões respectivas (Lei nº 8.906/94, art.56, §1º).

**Alternativa correta: letra "c".**

**87. (FGV- XXXIV Exame de Ordem-2022)** Beatriz, advogada, oferece representação perante a OAB em razão de Isabela, outra advogada que atua na mesma área e na mesma cidade, ter supostamente praticado atos de captação de causas.

Preocupada com as consequências dessa representação, Isabela decidiu estudar as normas que regem possível processo disciplinar a ser instaurado perante a OAB.

Ao fazê-lo, Isabela concluiu que

a) o processo disciplinar pode ser instaurado de ofício, não dependendo de representação de autoridade ou da pessoa interessada.

b) o processo disciplinar tramita em sigilo até o seu término, permitindo-se o acesso às suas informações somente às partes e a seus defensores por ordem da autoridade judiciária competente.

c) ao representado deve ser assegurado amplo direito de defesa, cabendo ao Tribunal de Ética e Disciplina, por ocasião do julgamento, avaliar a necessidade de defesa oral.

d) se, após a defesa prévia, o relator se manifestar pelo indeferimento liminar da representação, o processo deverá ser levado a julgamento pelo Tribunal de Ética e Disciplina, que poderá determinar seu arquivamento.

**COMENTÁRIOS**

✪ **Nota do autor:** a instauração, de ofício, do processo disciplinar dar-se-á em função do conhecimento do fato, quando obtido por meio de fonte idônea ou em virtude de comunicação da autoridade competente.

**Alternativa "a".** O processo disciplinar instaura-se de ofício ou mediante representação de qualquer autoridade ou pessoa interessada (Lei nº 8.906/94, art.72, caput).

**Alternativa "b".** O processo disciplinar tramita em sigilo, até o seu término, só tendo acesso às suas informações as partes, seus defensores E A autoridade judiciária competente (Lei nº 8.906/94, art.72, §2º).

**Alternativa "c".** Ao representado deve ser assegurado amplo direito de defesa, podendo acompanhar o processo em todos os termos, pessoalmente ou por intermédio de procurador, oferecendo defesa prévia após ser notificado, razões finais após a instrução E defesa oral INCONDICIONADA perante o Tribunal de Ética e Disciplina, por ocasião do julgamento (Lei nº 8.906/94, art.73, §1º).

**Alternativa "d".** Se, após a defesa prévia, o relator se manifestar pelo indeferimento liminar da representação, este deve ser decidido pelo Presidente do Conselho Seccional, para determinar seu arquivamento (Lei nº 8.906/94, art.72, §3º).

**Alternativa correta: letra "a".**

---

**88. (FGV – Exame de Ordem 2021.1)** O advogado Gerson responde a processo disciplinar perante a OAB pela prática de infração prevista na Lei n º 8.906/94. No curso do feito, dá-se a apreciação, pelo órgão julgador, de matéria processual sobre a qual se entendeu cabível decisão de ofício. Não é conferida oportunidade de manifestação sobre tal matéria à defesa de Gerson.

Considerando o caso narrado, assinale a afirmativa correta.

a) Em grau recursal, é vedada decisão com base em fundamento sobre o qual não foi dada oportunidade de manifestação à defesa de Gerson, ainda que se trate de matéria que se deva decidir de ofício. Excepcionam-se, dessa regra, as medidas de urgência previstas na Lei n º 8.906/94. Por sua vez, em primeiro grau, cuidando-se de matéria de ordem pública, passível de decisão de ofício, ou tratando-se de medidas de urgência previstas na Lei n º 8.906/94, autoriza-se a apreciação sem que seja facultada prévia manifestação às partes.

b) Em qualquer grau de julgamento, é vedada decisão com base em fundamento sobre o qual não foi dada oportunidade de manifestação à defesa de Gerson, ainda que se trate de matéria sobre a qual se deva decidir de ofício. Excepcionam-se dessa regra as medidas de urgência previstas na Lei n º 8.906/94.

c) Em grau recursal, é vedada decisão com base em fundamento sobre o qual não foi dada oportunidade de manifestação à defesa de Gerson, ainda que se trate de matéria que se deva decidir de ofício. Tal vedação abrange, inclusive, as medidas de urgência previstas na Lei n º 8.906/94. Por sua vez, em primeiro grau, tratando-se de matéria de ordem pública, passível de decisão de ofício, ou em caso de medidas de urgência, autoriza-se a apreciação sem que seja facultada prévia manifestação às partes.

d) Em qualquer grau de julgamento, é vedada decisão com base em fundamento sobre o qual não foi dada oportunidade de manifestação à defesa de Gerson, ainda que se cuide de matéria sobre a qual se deva decidir de ofício, ou que se trate de medidas de urgência previstas na Lei n º 8.906/94.

**COMENTÁRIOS**

✪ **Nota do autor:** ao Regulamento Geral do Estatuto da Advocacia e da OAB, em 2019, foram inseridos o §6º do artigo 138 e o artigo 144-B, que, respectivamente, determinam a primazia do mérito com aplicação da teoria da causa madura em recursos de processos não éticos disciplinares, bem como a vedação de decisão surpresa.

**Alternativa "b" (responde as demais alternativas).** Não se pode decidir, em grau algum de julgamento, com base em fundamento a respeito do qual não se tenha dado às partes oportunidade de se manifestar anteriormente, ainda que se trate de matéria sobre a qual se deva decidir de ofício, salvo quanto às medidas de urgência previstas no Estatuto (Regulamento Geral do Estatuto da Advocacia e da OAB, artigo 144-B).

**Alternativa correta: letra "b".**

---

**89. (FGV – Exame de Ordem 2020.1)** O advogado João era conselheiro de certo Conselho Seccional da OAB. Todavia, por problemas pessoais, João decidiu renunciar ao mandato. Considerando o caso narrado, assinale a afirmativa correta.

a) Compete ao plenário do Conselho Seccional respectivo declarar extinto o mandato, sendo exigido que previamente ouça João no prazo de dez dias, após notificação deste mediante ofício com aviso de recebimento.

b) Compete à Diretoria do Conselho Seccional respectivo declarar extinto o mandato, independentemente de exigência de prévia notificação para oitiva de João.

c) Compete ao plenário do Conselho Seccional respectivo declarar extinto o mandato, sendo exigido que previamente ouça João no prazo de quinze dias, após notificação pessoal deste.

d) Compete à Segunda Câmara do Conselho Federal da OAB declarar extinto o mandato, independentemente de exigência de prévia notificação para oitiva de João.

**COMENTÁRIOS**

✪ **Nota do autor:** ocorrendo vaga de cargo de diretoria do Conselho Federal ou do Conselho Seccional, inclusive do Presidente, em virtude de perda do mandato, morte ou renúncia, o substituto é eleito pelo Conselho a que se vincule, dentre os seus membros.

**Alternativa "b" (responde as demais alternativas).** Compete à Diretoria dos Conselhos Federal e Seccionais, da Subseção ou da Caixa de Assistência declarar extinto o mandato, mediante oitiva prévia do interessado no prazo de quinze dias, salvo no caso de morte ou renúncia, encaminhando o resultado por ofício ao Presidente do Conselho Seccional (Regulamento Geral do Estatuto da Advocacia e da OAB, art. 54, *caput* e §1º).

**Alternativa correta: letra "b".**

---

**90. (FGV – Exame de Ordem 2020.1)** Os advogados Diego, Willian e Pablo, todos em situação regular perante a OAB, desejam candidatar-se ao cargo de conselheiro de um Conselho Seccional da OAB.

Diego é advogado há dois anos e um dia, sendo sócio de uma sociedade simples de prestação de serviços de advocacia e nunca foi condenado por infração disciplinar. Willian, por sua vez, exerce a advocacia há exatos quatro anos e constituiu sociedade unipessoal de advocacia, por meio da qual advoga atualmente. Willian já foi condenado pela prática de infração disciplinar, tendo obtido reabilitação um ano e três meses após o cumprimento da sanção imposta.

Já Pablo é advogado há cinco anos e um dia e nunca respondeu por prática de qualquer infração disciplinar. Atualmente, Pablo exerce certo cargo em comissão, exonerável ad nutum, cumprindo atividades exclusivas da advocacia.

Considerando as informações acima e o disposto na Lei nº 8.906/94, assinale a afirmativa correta.

a) Apenas Diego e Willian cumprem os requisitos para serem eleitos para o cargo pretendido.

b) Apenas Willian cumpre os requisitos para ser eleito para o cargo pretendido.

c) Apenas Diego e Pablo cumprem os requisitos para serem eleitos para o cargo pretendido.

d) Apenas Pablo cumpre os requisitos para ser eleito para o cargo pretendido.

**COMENTÁRIOS**

✪ **Nota do autor:** a eleição dos membros de todos os órgãos da OAB será realizada na segunda quinzena do mês de novembro, do último ano do mandato, mediante cédula única e votação direta dos advogados regularmente inscritos.

**Alternativa "b" (responde as demais alternativas).** O candidato deve comprovar situação regular perante a OAB, não ocupar cargo exonerável *ad nutum*, não ter sido condenado por infração disciplinar, salvo reabilitação, e exercer efetivamente a profissão há mais de 3 (três) anos, nas eleições para os cargos de Conselheiro Seccional e das Subseções, quando houver, e há mais de 5 (cinco) anos, nas eleições para os demais cargos. (Lei nº 8.906/94, art. 63, §2º). Diego não tem o tempo mínimo de três anos de advocacia, assim não pode ser candidato. Pablo ocupa cargo exonerável *ad nutum*, assim não pode ser candidato. William é o único que preenche todos os requisitos para ser candidato, consistente em situação regular perante a OAB, não ocupação de cargo exonerável *ad nutum*, estar reabilitado de condenação por infração disciplinar e exercer a advocacia há mais de três anos.

**Alternativa correta: letra "b".**

---

**91. (FGV – Exame de Ordem 2020.1)** Havendo indícios de que Sara obteve inscrição na Ordem dos Advogados do Brasil mediante prova falsa, foi instaurado contra ela processo disciplinar.

Sobre o tema, assinale a afirmativa correta.

a) O processo disciplinar contra Sara pode ser instaurado de ofício ou mediante representação, que pode ser anônima.

b) Em caso de revelia de Sara, o processo disciplinar seguirá, independentemente de designação de defensor dativo.

c) O processo disciplinar instaurado contra Sara será, em regra, público.

d) O recurso contra eventual decisão que determine o cancelamento da inscrição de Sara não terá efeito suspensivo.

**COMENTÁRIOS**

✪ **Nota do autor:** a representação deverá conter: I – a identificação do representante, com a sua qualificação civil e endereço; II – a narração dos fatos que a motivam, de forma que permita verificar a existência, em tese, de infração disciplinar; III – os documentos que eventualmente a instruam e a indicação de outras provas a ser produzidas, bem como, se for o caso, o rol de testemunhas, até o máximo de cinco; IV – a assinatura do representante ou a certificação de quem a tomou por termo, na impossibilidade de obtê-la.

**Alternativa "a".** A denúncia anônima não é admitida perante a OAB, sendo considerada fonte inidônea (Código de Ética e Disciplina da OAB, art. 55, §2º).

**Alternativa "b".** Se o representado não for encontrado ou ficar revel, o Presidente do Conselho competente ou, conforme o caso, o do Tribunal de Ética e Disciplina designar-lhe-á defensor dativo (Código de Ética e Disciplina da OAB, art. 59, §2º).

**Alternativa "c".** O processo disciplinar tramita em sigilo, até o seu término, só tendo acesso às suas informações as partes, seus defensores e a autoridade judiciária competente (Lei nº 8.906/94, art. 72, §2º).

**Alternativa "d".** Todos os recursos têm efeito suspensivo, **EXCETO** quando tratarem de eleições (arts. 63 e seguintes), de suspensão preventiva decidida pelo Tribunal de Ética e Disciplina, e de cancelamento da inscrição obtida com falsa prova (Lei nº 8.906/94, art. 77, *caput*).

**Alternativa correta: letra "d".**

---

**92. (FGV-Exame de Ordem 2019.2)** O Conselho Seccional X da OAB proferiu duas decisões, ambas unânimes e definitivas, em dois processos distintos. Acerca da matéria que é objeto do processo 1, há diversos julgados, em sentido diametralmente oposto, proferidos pelo Conselho Seccional Y da OAB. Quanto ao processo 2, há apenas uma decisão contrária, outrora proferida pelo Conselho Federal da OAB. De acordo com a situação narrada, assinale a afirmativa correta.

a) Cabe recurso da decisão proferida no processo 1 ao Conselho Federal da OAB, com fundamento na divergência com as decisões emanadas do Conselho Seccional Y. Também cabe recurso da decisão proferida no processo 2 ao Conselho Federal da OAB, com base na divergência com a decisão anterior do Conselho Federal.

b) Não cabe recurso da decisão proferida no processo 1 ao Conselho Federal da OAB, com fundamento na divergência com as decisões emanadas do Conselho Seccional Y. No entanto, cabe recurso da decisão proferida no processo 2 ao Conselho Federal da OAB, com base na divergência com a decisão anterior do Conselho Federal.

c) Cabe recurso da decisão proferida no processo 1 ao Conselho Federal da OAB, com fundamento na divergência com as decisões emanadas do Conselho Seccional Y. No entanto, não cabe recurso da decisão proferida no processo 2 ao Conselho Federal da OAB, com base na divergência com a decisão anterior do Conselho Federal.

d) Não cabem recursos das decisões proferidas no processo 1 e no processo 2, tendo em vista a definitividade das decisões emanadas do Conselho Seccional.

**COMENTÁRIOS**

✪ **Nota do autor:** todos os recursos perante a OAB têm efeito suspensivo, exceto quando tratarem de eleições, de suspensão preventiva decidida pelo Tribunal de Ética e Disciplina, e de cancelamento da inscrição obtida com falsa prova.

**Alternativa "a" (responde as demais alternativas).** Cabe recurso ao Conselho Federal de todas as decisões definitivas proferidas pelo Conselho Seccional, quando não tenham sido unânimes ou, sendo unânimes, contrariem esta lei, decisão do Conselho Federal ou de outro Conselho Seccional e, ainda, o regulamento geral, o Código de Ética e Disciplina e os Provimentos (Lei nº 8.906/94, art. 75, *caput*).

**Alternativa correta: letra "a".**

---

**93. (FGV-Exame de Ordem 2019.1)** Maria teve processo disciplinar recém-instaurado contra si pelo Conselho Seccional da OAB, no qual está inscrita. No dia seguinte à sua notificação por meio de edital, encontra-se no fórum com Tânia, sua ex-colega de faculdade, que veio comentar com Maria sobre o conteúdo do referido processo.

De acordo com o Estatuto da OAB, Tânia poderia conhecer o conteúdo do processo disciplinar instaurado, em face de Maria,

a) por qualquer meio, dada a natureza pública de sua tramitação.

b) se fosse parte, defensora de parte ou autoridade judiciária competente, dada a natureza sigilosa de sua tramitação.

c) caso tivesse tido acesso à notificação inicial, feita por meio de edital, dada a natureza pública de sua tramitação.

d) em nenhuma hipótese, dada a natureza sigilosa de sua tramitação.

COMENTÁRIOS

✪ **Nota do autor:** O processo disciplinar instaura-se de ofício ou mediante representação de qualquer autoridade ou pessoa interessada.

O processo disciplinar tramita em sigilo, até o seu término, só tendo acesso às suas informações as partes, seus defensores e a autoridade judiciária competente. (Estatuto da Advocacia e da OAB, art. 72, §2º)

**Alternativa correta: letra "b".**

---

**94. (FGV/OAB/XXX_Exame – 2019)** Beatriz, advogada regularmente inscrita na OAB, deseja organizar uma chapa para concorrer à diretoria de Subseção. Ao estudar os pressupostos para a formação da chapa, a realização das eleições e o futuro exercício do cargo, Beatriz concluiu corretamente que

a) a chapa deverá ser integrada por advogados em situação regular junto à OAB, que exerçam cargos em comissão, desde que atuem, efetivamente, na profissão há mais de cinco anos.

b) a eleição será realizada na segunda quinzena do mês de novembro, do último ano do mandato, sendo o comparecimento obrigatório para todos os advogados inscritos na OAB.

c) o mandato é de três anos, iniciando-se em primeiro de fevereiro do ano seguinte ao da eleição.

d) o mandato extingue-se automaticamente, antes do seu término, sempre que o titular faltar, sem motivo justificado, a mais de três reuniões ordinárias.

COMENTÁRIOS

✪ **Nota do autor:** a eleição, na forma e segundo os critérios e procedimentos estabelecidos no regulamento geral, é de comparecimento obrigatório para todos os advogados inscritos na OAB.

**Alternativa "a".** O candidato deve comprovar situação regular perante a OAB, não ocupar cargo exonerável *ad nutum*, não ter sido condenado por infração disciplinar, salvo reabilitação, e exercer efetivamente a profissão há mais de 3 (três) anos, nas eleições para os cargos de Conselheiro Seccional e das Subseções, quando houver, e há mais de 5 (cinco) anos, nas eleições para os demais cargos (Lei nº 8.906/94, art. 63, §2º).

**Alternativa "b".** A eleição dos membros de todos os órgãos da OAB será realizada na segunda quinzena do mês de novembro, do último ano do mandato, mediante cédula única e votação direta dos advogados regularmente inscritos (Lei nº 8.906/94, art. 63, *caput*).

**Alternativa "c".** O mandato em qualquer órgão da OAB é de três anos, iniciando-se em primeiro de janeiro do ano seguinte ao da eleição, salvo o Conselho Federal. Os conselheiros federais eleitos iniciam seus mandatos em primeiro de fevereiro do ano seguinte ao da eleição (Lei nº 8.906/94, art. 65).

**Alternativa "d".** Extingue-se o mandato automaticamente, antes do seu término, quando: I – ocorrer qualquer hipótese de cancelamento de inscrição ou de licenciamento do profissional; II – o titular sofrer condenação disciplinar; III – o titular faltar, sem motivo justificado, A TRÊS REUNIÕES ordinárias consecutivas de cada órgão deliberativo do conselho ou da diretoria da Subseção ou da Caixa de Assistência dos Advogados, não podendo ser reconduzido no mesmo período de mandato (Lei nº 8.906/94, art. 66).

**Alternativa correta: letra "b".**

---

**95. (FGV-Exame de Ordem 2019.1)** Em certo local, pretende-se a aquisição de um imóvel pelo Conselho Seccional respectivo da OAB, para funcionar como centro de apoio em informática aos advogados inscritos. Também se negocia a constituição de hipoteca sobre outro bem imóvel que já integra o patrimônio deste Conselho Seccional.

De acordo com o caso narrado, com fulcro no disposto no Regulamento Geral do Estatuto da Advocacia e da OAB, assinale a afirmativa correta.

a) A aquisição do imóvel dependerá de autorização da maioria dos membros efetivos do Conselho Seccional; já a constituição da hipoteca é decisão que compete à Diretoria do Conselho Seccional.

b) Tanto a aquisição do imóvel como a constituição da hipoteca dependerão de autorização da maioria dos membros efetivos do Conselho Seccional.

c) Tanto a aquisição do imóvel como a constituição da hipoteca são decisões que competem à Diretoria do Conselho Seccional, dispensada autorização dos membros efetivos do Conselho Seccional.

d) A aquisição do imóvel é decisão que compete à Diretoria do Conselho Seccional; já a constituição da hipoteca dependerá de autorização da maioria dos membros efetivos do Conselho Seccional.

COMENTÁRIOS

✪ **Nota do autor:** O patrimônio do Conselho Federal, do Conselho Seccional, da Caixa de Assistência dos Advogados e da Subseção é constituído de bens móveis e imóveis e outros bens e valores que tenham adquirido ou venham a adquirir.

A alienação ou oneração de bens imóveis depende de aprovação do Conselho Federal ou do Conselho Seccional, competindo à Diretoria do órgão decidir pela aquisição de qualquer bem e dispor sobre os bens móveis. A alienação ou oneração de bens imóveis depende de autorização da maioria das delegações, no Conselho Federal, e da maioria dos membros efetivos, no Conselho Seccional. (RGEAOAB, Art. 48)

**Alternativa correta: letra "d".**

---

**96. (FGV-Exame de Ordem 2019.1)** Em certo Estado da Federação X, há notícias fundadas acerca de irregularidades na Caixa de Assistência dos Advogados, em razão de malversação de receitas, gerando hipótese de intervenção.

Considerando a situação hipotética, assinale a afirmativa correta.

a) Quanto à receita destinada à Caixa de Assistência dos Advogados, cabe-lhe metade da receita das anuidades recebidas pelo Conselho Seccional. Diante da notícia de malversação dos valores, a intervenção na Caixa de Assistência dos advogados é atribuição do Conselho Seccional do estado X.

b) Quanto à receita destinada à Caixa de Assistência dos Advogados, não lhe podem ser destinados valores decorrentes das anuidades recebidas pelo Conselho Seccional, mas apenas contribuições específicas. Diante da notícia de malversação dos valores, a intervenção na Caixa de Assistência dos advogados é atribuição do Conselho Federal da OAB.

c) Quanto à receita destinada à Caixa de Assistência dos Advogados, cabe-lhe metade da receita das anuidades recebidas pelo Conselho Seccional. Diante da notícia de malversação dos valores, a intervenção na Caixa de Assistência dos advogados é atribuição do Conselho Federal da OAB.

d) Quanto à receita destinada à Caixa de Assistência dos Advogados, não lhe podem ser destinados valores decorrentes das anuidades recebidas pelo Conselho Seccional, mas apenas contribuições específicas. Diante da notícia de malversação dos valores, a intervenção na Caixa de Assistência dos advogados é atribuição do Conselho Seccional do estado X.

**COMENTÁRIOS**

**Nota do autor:** A Caixa de Assistência dos Advogados, com personalidade jurídica própria, destina-se a prestar assistência aos inscritos no Conselho Seccional a que se vincule.

Cabe à Caixa a metade da receita das anuidades recebidas pelo Conselho Seccional, considerado o valor resultante após as deduções regulamentares obrigatórias. O Conselho Seccional, mediante voto de dois terços de seus membros, pode intervir na Caixa de Assistência dos Advogados, no caso de descumprimento de suas finalidades, designando diretoria provisória, enquanto durar a intervenção. (Estatuto da Advocacia e da OAB, Art. 62, §§5º e 7º).

**Alternativa correta: letra "a".**

**97. (FGV – Exame de Ordem 2018.2)** O Conselho Seccional X pretende criar a subseção Z, que abrange três municípios. Estima-se que, na área territorial pretendida para a subseção Z, haveria cerca de cinquenta advogados profissionalmente domiciliados. O mesmo Conselho Seccional também pretende criar as subseções W e Y, de modo que W abrangeria a região norte e Y abrangeria a região sul de um mesmo município.

Considerando o caso narrado, de acordo com o Estatuto da Advocacia e da OAB, assinale a afirmativa correta.

a) Não é autorizada, pelo Estatuto da Advocacia e da OAB, a criação da subseção Z com a área territorial pretendida. Quanto às subseções W e Y, poderão ser criadas se contarem, cada qual, com um número mínimo de cem advogados nela profissionalmente domiciliados.
b) Não é autorizada, pelo Estatuto da Advocacia e da OAB, a criação da subseção Z, em razão da área territorial pretendida. Quanto às subseções W e Y, poderão ser criadas se contarem, cada qual, com um número mínimo de quinze advogados nela profissionalmente domiciliados.
c) A criação da subseção Z, com a área territorial pretendida, é autorizada pelo Estatuto da Advocacia e da OAB. Da mesma forma, as subseções W e Y poderão ser criadas se contarem, cada qual, com um número mínimo de quinze advogados nelas profissionalmente domiciliados.
d) A criação da subseção Z, com a área territorial pretendida, é autorizada pelo Estatuto da Advocacia e da OAB. Já a criação das subseções W e Y, em razão da área territorial pretendida, não é autorizada pelo Estatuto da Advocacia e da OAB, independentemente do número de advogados nela profissionalmente domiciliados.

**COMENTÁRIOS**

**Nota do autor:** a Subseção pode ser criada pelo Conselho Seccional, que fixa sua área territorial e seus limites de competência e autonomia.

**Alternativa "c" (responde as demais alternativas).** A área territorial da Subseção pode abranger um ou mais municípios, ou parte de município, inclusive da capital do Estado, contando com um mínimo de quinze advogados, nela profissionalmente domiciliados (Lei nº 8.906/94, art. 60, §1º).

**Alternativa correta: letra "c".**

**98. (FGV – Exame de Ordem 2018.1)** Em determinada sessão do Conselho Seccional da OAB do Estado da Bahia, compareceram Arthur, Presidente do Conselho Federal da OAB; Daniel, Conselheiro Federal da OAB, integrante da delegação da Bahia, e Carlos, ex-Presidente do Conselho Seccional da OAB do Estado da Bahia.

De acordo com o Estatuto da OAB, para as deliberações nessa sessão,

a) Arthur tem direito a voz e voto. Daniel e Carlos têm direito somente a voz.
b) Daniel tem direito a voz e voto. Arthur e Carlos têm direito somente a voz.
c) Daniel e Carlos têm direito a voz e voto. Arthur tem direito somente a voz.
d) Arthur, Daniel e Carlos têm direito somente a voz.

**COMENTÁRIOS**

**Nota do autor:** o Conselho Seccional compõe-se de conselheiros em número proporcional ao de seus inscritos, segundo critérios estabelecidos no regulamento geral.

São membros honorários vitalícios os seus ex-presidentes, somente com direito a voz em suas sessões. Quando presentes às sessões do Conselho Seccional, o Presidente do Conselho Federal, os Conselheiros Federais integrantes da respectiva delegação, o Presidente da Caixa de Assistência dos Advogados e os Presidentes das Subseções, têm direito a voz (Estatuto da Advocacia e da OAB, artigo 56, §§1º e 3º).

**Alternativa correta: letra "d".**

**99. (FGV – Exame de Ordem 2018.1)** O Tribunal de Ética e Disciplina de certo Conselho Seccional da OAB decidiu pela suspensão preventiva do advogado Hélio, acusado em processo disciplinar. Hélio, todavia, interpôs o recurso cabível contra tal decisão.

Considerando as regras sobre os recursos em processos que tramitam perante a OAB, bem como a situação descrita, assinale a afirmativa correta.

a) Em regra, os recursos em processos que tramitam perante a OAB têm efeito suspensivo. Assim, no caso narrado, o recurso interposto por Hélio será dotado do aludido efeito.
b) Em regra, os recursos em processos que tramitam perante a OAB não têm efeito suspensivo. Todavia, nesse caso, excepcionalmente, pode ser atribuído o efeito, se demonstrada a probabilidade de provimento ou se, sendo relevante a fundamentação, o recorrente indicar risco de dano grave ou de difícil reparação.
c) Em regra, os recursos em processos que tramitam perante a OAB têm efeito suspensivo. Todavia, o recurso manejado por Hélio se inclui em hipótese excepcional, na qual é vedado o efeito suspensivo.
d) Em regra, os recursos em processos que tramitam perante a OAB não têm efeito suspensivo, não sendo permitida a concessão de tal efeito por decisão da autoridade julgadora. Assim, no caso narrado, o recurso interposto por Hélio não será dotado de efeito suspensivo.

**COMENTÁRIOS**

**Nota do autor:** Cabe recurso ao Conselho Seccional de todas as decisões proferidas por seu Presidente, pelo Tribunal de Ética e Disciplina, ou pela diretoria da Subseção ou da Caixa de Assistência dos Advogados.

**Alternativa "c" (responde as demais alternativas).** Todos os recursos têm efeito suspensivo, exceto quando tratarem de eleições (arts. 63 e seguintes), de suspensão preventiva decidida pelo Tribunal de Ética e Disciplina, e de cancelamento da inscrição obtida com falsa prova (Lei nº 8.906/94, art. 77, *caput*).

**Alternativa correta: letra "c".**

---

**100. (FGV – Exame de Ordem 2018.1)** Lina, cidadã que não exerce a advocacia, deseja endereçar à presidência de certa Subseção da OAB representação pela instauração de processo disciplinar em face de determinado advogado, pelo cometimento de infrações éticas. Assim, ela busca se informar sobre como pode oferecer tal representação e qual a forma adequada para tanto.

De acordo com o disposto no Código de Ética e Disciplina da OAB, Lina poderá oferecer representação pela instauração de processo disciplinar em face do advogado, mas

a) deve endereçá-la ao presidente do respectivo Conselho Seccional, uma vez que receber e processar representações com tal conteúdo não se inclui entre as atribuições das Subseções. A representação poderá ser realizada por escrito ou verbalmente, com ou sem identificação do representante.

b) deve formulá-la ao presidente do Conselho Seccional ou ao presidente da Subseção. A representação poderá ser realizada por escrito ou verbalmente, mas é necessária a identificação do representante, sob pena de não ser considerada fonte idônea.

c) deve endereçá-la ao presidente do respectivo Conselho Seccional, uma vez que não se inclui entre as atribuições das Subseções receber e processar representações com tal conteúdo. A representação deverá ser realizada por escrito, não sendo consideradas fontes idôneas as representações verbais ou sem identificação do representante.

d) deve formulá-la ao presidente do Conselho Seccional ou ao presidente da Subseção. A representação poderá ser realizada por escrito ou verbalmente, com ou sem identificação do representante. Será considerada fonte idônea ainda que oferecida sem a identificação do representante.

**COMENTÁRIOS**

✪ **Nota do autor:** é necessário que o representante ou denunciante seja identificado, para validar a instauração do processo disciplinar contra advogado perante a OAB.

A representação será formulada ao Presidente do Conselho Seccional ou ao Presidente da Subseção, por escrito ou verbalmente, devendo, neste último caso, ser reduzida a termo, sempre com a identificação do representante (qualificação civil e endereço). O processo disciplinar instaura-se de ofício ou mediante representação do interessado. Não se considera fonte idônea a que consistir em denúncia anônima (Código de Ética e Disciplina da OAB, artigos 55, §1º56, caput, 57, I).

**Alternativa correta: letra "b".**

*Dailson Soares de Rezende*

## ✦ RESUMOS NORMATIVOS – LEI Nº 8.906/94 E NORMAS CORRELATAS

### 1. DA ATIVIDADE DE ADVOCACIA – ARTIGOS 1º A 5º DA LEI Nº 8.906/94 E ART.9º DA LEI Nº 9.099/95

A **advocacia** é a atividade privativa do advogado e dos integrantes da Advocacia-Geral da União, da Procuradoria da Fazenda Nacional, da Defensoria Pública e das Procuradorias e Consultorias Jurídicas dos Estados, do Distrito Federal, dos Municípios e das respectivas entidades de administração indireta e fundacional (Lei nº 8.906/94, art.3º).

O estagiário de advocacia, REGULARMENTE INSCRITO na OAB, atua sempre sob responsabilidade do advogado, podendo praticar os seguintes atos:

i – em conjunto com o advogado ou defensor público, os atos privativos da advocacia (Lei nº 8.906/94, art.2º, §2º e Regulamento Geral do Estatuto da Advocacia e da OAB, art.29, *caput*).

ii – isoladamente, retirar e devolver autos em cartório, assinando a respectiva carga, obter junto aos escrivães e chefes de secretarias certidões de peças ou autos de processos em curso ou findos e assinar petições de juntada de documentos a processos judiciais ou administrativos (Regulamento Geral do Estatuto da Advocacia e da OAB, art.29, §1º).

iii – isoladamente E mediante autorização ou substabelecimento do advogado, o exercício de atos extrajudiciais (Regulamento Geral do Estatuto da Advocacia e da OAB, art.29, §2º).

O advogado **NÃO exerce função pública**, mas presta **SERVIÇO PÚBLICO e FUNÇÃO SOCIAL** (Lei nº 8.906/94, art.2º, §1º).

A advocacia NÃO É uma atividade comum.

A advocacia NÃO É uma atividade empresarial.

**NOVIDADE: OS SERVIÇOS PROFISSIONAIS DE ADVOGADO SÃO, POR SUA NATUREZA, TÉCNICOS E SINGULARES, QUANDO COMPROVADA SUA NOTÓRIA ESPECIALIZAÇÃO.** Considera-se notória especialização o profissional ou a sociedade de advogados cujo **CONCEITO NO CAMPO DE SUA ESPECIALIDADE**, decorrente de desempenho anterior, estudos, experiências, publicações, organização, aparelhamento, equipe técnica ou de outros requisitos relacionados com suas atividades, permita inferir que o **SEU TRABALHO É ESSENCIAL E INDISCUTIVELMENTE O MAIS ADEQUADO À PLENA SATISFAÇÃO DO OBJETO DO CONTRATO (Lei nº 8.906/94, art.3º-A)**.

Para o exercício da advocacia, o advogado deve apresentar seu documento de identidade profissional.

Os **documentos de identidade profissional do advogado** são a carteira e o cartão emitidos pela OAB, de uso obrigatório pelos advogados e estagiários inscritos, para o exercício de suas atividades, os quais podem ser emitidos de forma digital. A versão digital do cartão pressupõe a prévia expedição e entrega formal do cartão físico (Resolução CFOAB, art.2º, parágrafo único)

São **privativas de advogado** a **postulação a órgão do Poder Judiciário** bem como as **atividades de consultoria, assessoria e direção jurídicas** (Lei nº 8.906/94, art.1º, *caput* e incisos I e II).

Nos **Juizados Especiais Cíveis**, a assistência de advogado é facultativa em causas de até vinte salários mínimos e obrigatória em ações de valores superiores (art.9º, caput, da Lei nº 9.099/95, declarado constitucional na ADIN 1.127-8).

| JUIZADOS ESPECIAIS CÍVEIS | |
|---|---|
| Causas de até 20 salários mínimos | Causas entre 20 – 40 salários mínimos |
| Participação facultativa de advogado | Participação obrigatória de advogado |

O ***Habeas Corpus*** pode ser impetrado por qualquer pessoa, independentemente da representação por Advogado (Lei nº 8.906/94, art.1º, *§1º*). Privilegia-se ao máximo o direito de ir e vir, cuja supressão pode ser conhecida até de ofício pelo Juiz.

Os **atos e contratos constitutivos de pessoas jurídicas** somente podem ser admitidos a registro quando **visados por advogados**, sob pena de nulidade (Lei nº 8.906/94, art.1º, *§2º*). Para tanto, o advogado deverá verificar se os respectivos instrumentos preenchem os requisitos legais.

▸ **ATENÇÃO:** Não poderá visar atos e contratos o advogado que preste serviço a órgão ou entidade da Administração direta ou indireta, da unidade federativa a que se vincule a Junta Comercial, ou a quaisquer repartições administrativas competentes para o mencionado registro.

No processo administrativo, o advogado contribui com a postulação de decisão favorável ao seu constituinte, e os seus atos constituem múnus público.

O advogado pode contribuir com o processo legislativo e com a elaboração de normas jurídicas, no âmbito dos Poderes da República.

A prática de atos privativos de advogado por não regularmente inscrito na OAB, suspenso, licenciado ou que exerce atividade incompatível com a advocacia resulta em nulidade de pleno direito e sanções civis, penais e administrativas (Lei nº 8.906/94, art.4º).

| ATOS PRIVATIVOS DE ADVOGADO PRATICADOS POR QUEM NÃO É ADVOGADO: NULOS DE PLENO DIREITO! (Lei nº 8.906/94, art.4º) |
|---|

O advogado postula desde que faça prova do mandato. É possível o ajuizamento sem procuração, desde que afirme urgência, devendo apresentá-la no prazo de 15 dias, prorrogável por igual período (Lei nº 8.906/94, art.5º, *caput* e §1º).

A procuração para o foro em geral habilita o advogado para a prática de todos os atos judiciais, salvo os que exijam poderes especiais (Lei nº 8.906/94, art.5º, §2º). Exigem poderes especiais receber citação, confessar, reconhecer a procedência do pedido, transigir, desistir, renunciar ao direito sobre o qual se funda a ação, receber, dar quitação, firmar compromisso, assinar declaração de hipossuficiência econômica, além de outros casos expressamente previstos em normas (CPC, art.105, *caput*).

Se houver renúncia ao mandato, deverá o advogado notificar o constituinte de tal ato, respondendo pelo processo nos próximos dez dias seguintes, **SALVO** se for substituído antes do término do prazo (Lei nº 8.906/94, art.5º, §3º).

## 2. DOS DIREITOS DO ADVOGADO – ARTIGOS 2º, §1º, 6º, 7º, 7º-A, 7º-B, 31, §1º DA LEI Nº 8.906/94

### 2.1. DO CRIME DE VIOLAÇÃO A PRERROGATIVAS TIPIFICADAS – ARTIGO 7º-B DA LEI Nº 8.906/94

É CONSIDERADO CRIME VIOLAR OS DIREITOS OU PRERROGATIVAS DE ADVOGADO, consistente na inviolabilidade profissional, comunicação com clientes, presença de representante da OAB em prisão em flagrante no exercício profissional, punível com detenção, de 2 (dois) a 4 (quatro) anos, e multa.

Nesse sentido:

> *PRERROGATIVAS. VIOLAÇÃO AO SIGILO TELEFÔNICO, TELEMÁTICO, ELETRÔNICO E DE DADOS. É crime contra as prerrogativas da advocacia a violação ao sigilo telefônico, telemático, eletrônico e de dados do advogado, mesmo que seu cliente seja alvo de interceptação de comunicações (Súmula 12/2020, Conselho Pleno do Conselho Federal da OAB, DEOAB, 18/06/2020, p. 01)*

### 2.2. DA INDEPENDÊNCIA DO ADVOGADO ANTE O JUIZ E OS AGENTES PÚBLICOS – ARTIGOS 6º E 31, §1º, DA LEI Nº 8.906/94

NÃO HÁ HIERARQUIA E NEM SUBORDINAÇÃO entre advogados, magistrados e membros do Ministério Público. A CONSIDERAÇÃO E O RESPEITO devem ser recíprocos.

As autoridades e os servidores públicos dos Poderes da República, os serventuários da Justiça e os membros do Ministério Público devem dispensar ao advogado, no exercício da profissão, tratamento compatível com a dignidade da advocacia e condições adequadas a seu desempenho, preservando e resguardando, de ofício, a imagem, a reputação e a integridade do advogado nos termos da Lei nº 8.906/94.

Durante as audiências de instrução e julgamento realizadas no Poder Judiciário, nos procedimentos de jurisdição contenciosa ou voluntária, os advogados do autor e do requerido devem permanecer no mesmo plano topográfico e em posição equidistante em relação ao magistrado que as presidir.

O advogado, no exercício da profissão, deve manter independência em qualquer circunstância. Nenhum receio de desagradar a magistrado ou a qualquer autoridade, nem de incorrer em impopularidade, deve deter o advogado no exercício da profissão (Lei nº 8.906/94, art.31, §1º).

### 2.3. DA INVIOLABILIDADE DO LOCAL E DOS MEIOS DE EXERCÍCIO PROFISSIONAL – ARTIGOS 2º, §3º, 7º, II E §§6º E 7º, DA LEI Nº 8.906/94

O advogado é inviolável por seus atos e manifestações no exercício da advocacia (Lei nº 8.906/94, art.2º, §3º).

VIA DE REGRA, VIGORA A INVIOLABILIDADE do escritório ou do local de trabalho do advogado, bem como de seus instrumentos de trabalho, de sua correspondência escrita, eletrônica, telefônica e telemática, desde que relativas ao exercício da advocacia.

Essa inviolabilidade é relativa, exigindo-se **MANDADO DE BUSCA e APREENSÃO específico e pormenorizado**, a ser cumprido na presença de representante da OAB que i - tem o direito a ser respeitado pelos agentes responsáveis pelo cumprimento do mandado de busca e apreensão, sob pena de abuso de autoridade; ii - o dever de zelar pelo fiel cumprimento do objeto da investigação, bem como de impedir que documentos, mídias e objetos não relacionados à investigação, especialmente de outros processos do mesmo cliente ou de outros clientes que não sejam pertinentes à persecução penal, sejam analisados, fotografados, filmados, retirados ou apreendidos do escritório de advocacia; iii - fará o relatório de descumprimento das prerrogativas, com a inclusão dos nomes dos servidores, levando o conhecimento à autoridade judiciária e o encaminhará à OAB para a elaboração de notícia-crime.

A medida judicial cautelar que importe na violação do escritório ou do local de trabalho do advogado será determinada: i - Em hipótese excepcional; e ii - Desde que exista fundamento em indício, pelo órgão acusatório – os elementos produzidos em declarações do colaborador sem confirmação por outros meios de prova NÃO PODEM SER FUNDAMENTOS OS ÚNICOS INDÍCIOS.

No caso de inviabilidade técnica quanto à segregação da documentação, da mídia ou dos objetos não relacionados à investigação, em razão da sua natureza ou volume, no momento da execução da decisão judicial de apreensão ou de retirada do material, a cadeia de custódia preservará o sigilo do seu conteúdo, assegurada a presença do representante da OAB.

É garantido o direito de acompanhamento por representante da OAB e pelo profissional investigado durante a análise dos documentos e dos dispositivos de armazenamento de informação pertencentes a advogado, apreendidos ou interceptados, em todos os atos, para assegurar o respeito às prerrogativas.

A autoridade responsável informará, com antecedência mínima de 24 (vinte e quatro) horas, à seccional da OAB a data, o horário e o local em que serão analisados os documentos e os equipamentos apreendidos, garantido o direito de acompanhamento, em todos os atos, pelo representante da OAB e pelo profissional investigado.

Em casos de urgência devidamente fundamentada pelo juiz, a análise dos documentos e dos equipamentos apreendidos poderá acontecer em prazo inferior a 24 (vinte e quatro) horas, garantido o direito de acompanhamento, em todos os atos, pelo representante da OAB e pelo profissional investigado.

É vedado ao advogado efetuar colaboração premiada contra quem seja ou tenha sido seu cliente, e a inobservância disso importará em processo disciplinar.

Não é possível apreender documentos de clientes, salvo se estiverem sendo formalmente investigados como partícipes ou coautores pela prática do **MESMO CRIME que deu causa à quebra da inviolabilidade** (Lei nº 8.906/94, art.7º, §§6º e 7º).

- REGRA: INVIOLABILIDADE (relativa).
- MANDADO DE BUSCA E APREENSÃO ESPECÍFICO
- NÃO É POSSÍVEL APREENDER DOCUMENTOS DE CLIENTES, SALVO SE ESTIVEREM SENDO FORMALMENTE INVESTIGADOS.

### 2.4. DA COMUNICAÇÃO COM CLIENTE PRESO – ARTIGO 7º, III, DA LEI Nº 8.906/94

O advogado tem o direito de comunicar-se com seus clientes, pessoal e reservadamente, mesmo sem procuração, quando estes se acharem presos, em estabelecimentos civis ou militares, ainda que considerados incomunicáveis (Lei nº 8.906/94, art.7º, III).

- DIREITO DE COMUNICAÇÃO COM O CLIENTE.
- AINDA QUE O CLIENTE ESTEJA INCOMUNICÁVEL.

### 2.5. DA PRISÃO EM FLAGRANTE DO ADVOGADO – ARTIGO 7º, IV, V E §3º, DA LEI Nº 8.906/94

O advogado somente poderá ser preso em flagrante, por motivo de exercício profissional, em caso de crime inafiançável (Lei nº 8.906/94, art.7º, 3º).

É direito do advogado, se preso ANTES de sentença transitada em julgado, de **ser recolhido em sala de Estado Maior**, com instalações e comodidades condignas, e, na sua falta, em prisão domiciliar (Lei nº 8.906/94, art.7º, V).

**IMPORTANTE:** Para o Supremo, **sala de Estado Maior** é:

1) uma verdadeira sala, e não cela ou cadeia;
2) instalada no Comando das Forças Armadas ou de outras instituições militares;
3) um tipo heterodoxo de prisão, pois destituída de grades ou de portas fechadas pelo lado de fora.

**LEMBRE-SE:** a exigência de reconhecimento pela OAB, com relação à Sala de Estado Maior, foi considerada inconstitucional pelo STF, no julgamento da ADI 1.127-8. Na ocasião, o STF, por maioria, declarou a inconstitucionalidade da expressão "assim reconhecidas pela OAB", contida no inciso V, do art.7º, do EAOAB, vencidos os Senhores Ministros Relator, Eros Grau e Carlos Britto, sob o fundamento de violar prerrogativa indelegável do Estado em administrar os estabelecimentos prisionais e congêneres.

Se **preso em flagrante** por motivo ligado ao exercício da advocacia, **deve ser garantida a presença de representante da OAB**, para a lavratura do auto, sob pena de nulidade. Para os **demais casos**, deverá haver **comunicação à Seccional da OAB** (Lei nº 8.906/94, art.7º, IV).

| Prisão em flagrante de advogado | |
|---|---|
| **Motivo ligado à advocacia** | **Por outro motivo** |
| Direito de ter presença de representante da OAB, para lavratura do auto respectivo, sob pena de nulidade. | Comunicação expressa à seccional da OAB. |

### 2.6. DO DIREITO DE INGRESSO, USO DA PALAVRA ORAL E ESCRITA E RECLAMAÇÃO EM ÓRGÃOS JUDICIÁRIOS E LOCAIS PÚBLICOS – ARTIGO 7º, V, VI, VIII, X, XI E XII, DA LEI Nº 8.906/94

Para o exercício da atividade de advocacia, o advogado tem, também, as seguintes prerrogativas:

a) **ingressar livremente e permanecer em pé ou sentado** (Lei nº 8.906/94, art.7º, VI):

*i – nas salas de sessões dos tribunais, mesmo além dos cancelos que separam a parte reservada aos magistrados;*

*ii – nas salas e dependências de audiências, secretarias, cartórios, ofícios de justiça, serviços notariais e de registro, e, no caso de delegacias e prisões, mesmo fora da hora de expediente e independentemente da presença de seus titulares;*

*iii – em qualquer edifício ou recinto em que funcione repartição judicial ou outro serviço público onde o advogado deva praticar ato ou colher prova ou informação útil ao exercício da atividade profissional, dentro do expediente ou fora dele, e ser atendido, desde que se ache presente qualquer servidor ou empregado;*

*iv – em qualquer assembleia ou reunião de que participe ou possa participar o seu cliente, ou perante a qual este deva comparecer, desde que munido de poderes especiais.*

b) **dirigir-se diretamente a magistrados nas salas e gabinetes de trabalho.** Para tanto, NÃO há necessidade de prévio agendamento, observando-se a ordem de chegada (Lei nº 8.906/94, art.7º, VIII).

c) **USAR DA PALAVRA, PELA ORDEM** (Lei nº 8.906/94, art.7º, X):

*i –* **Forma:** *mediante intervenção pontual e sumária;*

*ii –* **Local:** *qualquer tribunal judicial ou administrativo, órgão de deliberação coletiva da administração pública ou comissão parlamentar de inquérito;*

*iii –* **Finalidades:** *esclarecer equívoco ou dúvida surgida em relação a fatos, a documentos ou a afirmações que influam na decisão.*

d) **RECLAMAR** (Lei nº 8.906/94, art.7º, XI):

*i –* **Forma:** *verbalmente ou por escrito;*

*ii –* **Local:** *juízo, tribunal* OU autoridade*;*

*iii –* **Finalidades:** *contra a inobservância de preceito de lei, regulamento ou regimento.*

e) **FALAR** (Lei nº 8.906/94, art.7º, XII):

*i –* **Forma:** *sentado ou em pé;*

*ii –* **Local:** *juízo, tribunal* ou órgão de deliberação coletiva *da Administração Pública ou do Poder Legislativo;*

*iii –* **Finalidades:** *exercício da advocacia.*

f) **SUSTENTAR ORALMENTE** (Lei nº 8.906/94, art.7º, §2º-B):

*i –* **Forma:** *verbal;*

*ii –* **Local:** *órgão recursal;*

*iii –* **Finalidades:** *realizar a sustentação oral no recurso interposto contra a decisão monocrática de relator que julgar o mérito ou não conhecer dos seguintes recursos ou ações: a - recurso de apelação; b - recurso ordinário; c - recurso especial; d - recurso extraordinário; e - embargos de divergência; f - ação rescisória, mandado de segurança, reclamação, habeas corpus e outras ações de competência originária.*

### 2.7. DO DIREITO A EXAME, VISTAS E RETIRADAS DE AUTOS FÍSICOS E DIGITAIS – ARTIGO 7º, INCISOS XIII, XIV E XV E §§º 1º, 10, 11, 12 E 13, DA LEI Nº 8.906/94

Para o exercício da atividade de advocacia, o advogado tem as prerrogativas de examinar, obter vistas e retirar autos de processos judiciais e administrativos, de acordo com os contornos legais previstos no artigo 7º, incisos XIII, XIV, XV e XVI e §§ 10, 11, 12 e 13, da Lei nº 8.906/94.

| | Examinar, assegurada a obtenção de cópias, com possibilidade de tomar apontamentos – Lei 8.906/94. Art.7º, XIII, XIV, §§10, 11, 12 e 13 | Ter vista ou retirar os autos – Lei 8.906/94. Art.7º, XV e XVI |
|---|---|---|
| **É exigível perante qualquer local?** | NÃO. Somente perante órgão dos Poderes Judiciário e Legislativo, ou da Administração Pública em geral e instituição responsável por conduzir investigação. | Em cartório ou na repartição competente |
| **Necessita de procuração?** | NÃO, salvo se os autos estiverem em sigilo ou segredo de justiça. | Sim, salvo em caso de processos findos sem segredo de justiça. |
| **Que tipo de autos estão inclusos?** | Autos físicos e digitais de processos, de flagrante e de investigações de qualquer natureza, findos ou em andamento. | Autos físicos de processos judiciais ou administrativos de qualquer natureza, SALVO se houver despacho com justificativa de permanência em cartório (documentos originais de difícil restauração ou outra circunstância relevante) ou até o encerramento do processo para o advogado devolver os autos for a do prazo legal e após intimação. |
| **É possível o exercício do direito mesmo se os autos estiverem conclusos à autoridade competente?** | NÃO, salvo para autos de flagrante e de investigações de qualquer natureza | NÃO. |
| **A autoridade por delimitar o acesso do advogado a alguns documentos?** | Para autos de flagrante e de investigações de qualquer natureza, a autoridade competente poderá delimitar o acesso do advogado aos elementos de prova relacionados a diligências em andamento E ainda não documentados nos autos, quando houver risco de comprometimento da eficiência, da eficácia ou da finalidade das diligências. | NÃO. |

Para o Supremo Tribunal Federal, com efeito vinculante em relação aos demais órgãos do Poder Judiciário e à administração pública direta e indireta, nas esferas federal, estadual e municipal, *"é direito do DEFENSOR, NO INTERESSE DO REPRESENTADO, ter acesso amplo aos ELEMENTOS DE PROVA QUE, JÁ DOCUMENTADOS EM PROCEDIMENTO INVESTIGATÓRIO realizado por ÓRGÃO COM COMPETÊNCIA DE POLÍCIA JUDICIÁRIA, digam respeito ao exercício do direito de defesa"* (**Súmula Vinculante nº 14**, DJe nº 26 de 09/02/2009, p. 1. DOU de 09/02/2009, p. 1.)

A violação à prerrogativa do advogado em examinar autos de flagrante e de investigações de qualquer natureza, com intuito de prejudicar o direito de defesa, é considerada **ABUSO DE AUTORIDADE**, com responsabilização criminal e funcional do responsável, sem prejuízo do direito subjetivo do advogado de requerer acesso aos autos ao juiz competente (Lei nº 8.906/94, art.7º, §12).

## 2.8. DO DESAGRAVO PÚBLICO – ARTIGO 7º, XVII, DA LEI Nº 8.906/94 E ARTIGOS 18 E 19 DO REGULAMENTO GERAL DO ESTATUTO DA ADVOCACIA E DA OAB

O desagravo público é um **ATO POLÍTICO INTERNO DA ORDEM DOS ADVOGADOS DO BRASIL**, decidido no prazo máximo de 60 (sessenta) dias, com vistas à reparação de afronta ao advogado ofendido comprovadamente em razão do exercício profissional ou de cargo ou função da OAB (Lei nº 8.906/94. Art;7º, XVII e Regulamento Geral do Estatuto da Advocacia e da OAB, art.18, *caput* e §5º).

Como instrumento político interno de defesa dos direitos e prerrogativas da advocacia, NÃO É POSSÍVEL:

a) A concessão de desagravo público se a ofensa for pessoal, se não estiver relacionada com o exercício profissional ou com as prerrogativas gerais do advogado ou se configurar crítica de caráter doutrinário, político ou religioso (Regulamento Geral do Estatuto da Advocacia e da OAB, art.18, §3ºº).

b) Recurso da decisão concessiva de desagravo público, por parte da pessoa ou autoridade ofensora (SÚMULA CPC-FOAB nº 07/2018, DOU, 07.06.2018, S. 1, p. 129)

c) Obtenção de inscrição como advogado pelo ofensor, por inidoneidade moral baseada na violação grave ou reiterada das prerrogativas da advocacia decorrente do deferimento do desagravo público, declarada mediante decisão que obtenha no mínimo dois terços dos votos de todos os membros do conselho competente, em procedimento que observe os termos do processo disciplinar, com garantia de contraditório e ampla defesa do requerente (Lei nº 8.906/94, art.8º, VI, §3º e Provimento CFOAB nº 179/2018, art.2º).

d) O uso da vontade do ofendido, para instauração de ofício pela OAB ou continuidade e concessão do desagravo (Regulamento Geral do Estatuto da Advocacia e da OAB, art.18, §9º).

O Conselho Federal da OAB, por meio do Provimento nº 179/2018, instituiu o **REGISTRO NACIONAL DE VIOLAÇÕES DE PRERROGATIVAS – RNVP**, composto pelas informações disponíveis no Sistema OAB, tanto no âmbito dos Conselhos Seccionais quanto do Conselho Federal da Ordem dos Advogados do Brasil e consultado pelos Conselhos Seccionais por ocasião da análise dos pedidos de inscrição, visando à possível suscitação de inidoneidade moral baseada na violação grave ou reiterada das prerrogativas da advocacia decorrente do deferimento do desagravo público.

Em caso de urgência E notoriedade, a Diretoria do Conselho competente poderá conceder imediatamente o desagravo, *ad referendum* do órgão competente do Conselho, conforme definido em regimento interno (Regulamento Geral do Estatuto da Advocacia e da OAB, art.18, §1º).

O pedido de desagravo público deve ser endereçado à Diretoria do Conselho Competente, que remeterá o pedido de desagravo ao órgão competente para instrução e decisão, podendo o relator (Regulamento Geral do Estatuto da Advocacia e da OAB, art.18, §§2º e 3º):

> *i* – conhecer e determinar o regular prosseguimento do procedimento, *convencendo-se da existência de prova ou indício de ofensa relacionada ao exercício da profissão ou de cargo da OAB, com* solicitação de informações *da pessoa ou autoridade ofensora, no prazo de 15 (quinze) dias.*
>
> *ii* – propor o arquivamento do pedido *se a ofensa for pessoal, se não estiver relacionada com o exercício profissional ou com as prerrogativas gerais do advogado ou se configurar crítica de caráter doutrinário, político ou religioso.*

Após decurso do prazo de informações e eventual instrução probatória, o relator emite parecer que é submetido ao órgão competente do Conselho, conforme definido em regimento interno (Regulamento Geral do Estatuto da Advocacia e da OAB, art.18, §4º).

A Sessão do Desagravo Público é (Regulamento Geral do Estatuto da Advocacia e da OAB, art.18, §§6º, 7º e 8º):

- Designada em caso de acolhimento do pedido, com ampla divulgação e no prazo máximo de 30 (trinta) dias.
- Feita no local onde a ofensa foi sofrida ou onde se encontre a autoridade ofensora.
- Facultativamente promovida pela diretoria ou conselho da Subseção, com representação do Conselho Seccional, ocorrendo a ofensa no território da Subseção a que se vincule o inscrito.
- Findada com nota, lida pelo presidente, a ser publicada na imprensa, encaminhada ao ofensor e às autoridades, e registrada nos assentamentos do inscrito e no Registro Nacional de Violações de Prerrogativas.

| ATRIBUIÇÃO DO DESAGRAVO PÚBLICO | |
|---|---|
| **CONSELHO SECCIONAL** | **CONSELHO FEDERAL** |
| Advogados | Advogados, se houver relevancia e grave violação às prerrogativas profissionais, com repercussão nacional. |
| | Ofendido for Conselheiro Federal ou Presidente de Conselho Seccional |

## 2.9. DO USO DE SÍMBOLOS PRIVATIVOS DA ADVOCACIA – ARTIGO 7º, XVIII, DA LEI Nº 8.906/94 E PROVIMENTO CFOAB Nº 08/1964

O uso de símbolos da advocacia é privativo do advogado (Lei nº 8.906/94, art.7º, XVIII).

Os símbolos do advogado são a Têmis, a Balança e a Beca (Provimento CFOAB nº 08/1964), com bem resumido na seguinte ementa de parecer do Tribunal de Ética e Disciplina da Ordem dos Advogados do Brasil, Seção de São Paulo:

> *E-3.048/04 – SÍMBOLOS DA ADVOCACIA – A IMAGEM DA JUSTIÇA (TÊMIS), A BALANÇA, A BECA E AS INSÍGNIAS PRIVATIVAS DO ADVOGADO – RAZÕES ESTATUTÁRIAS, ÉTICAS E HISTÓRICAS DITADAS PELA NOBREZA DA ADVOCACIA – INFLUÊNCIA DO INSTITUTO DOS ADVOGADOS BRASILEIROS. Os símbolos do advogado, cujo direito de uso é assegurado pelo inciso XVIII do artigo 7o da Lei nº 8.906/94 e regrado pelo Provimento nº 08/64 do C.F.O.A.B. (influenciado pelo I.A.B.), são representados (i) pela figura mitológica de Têmis – deusa grega que personifica a Justiça -, equilibrada pela balança e imposta pela força da espada; (ii) pela Balança, que representa o mencionado equilíbrio das partes; e (iii) pela Beca, usada pelo profissional do direito como lembrança do seu sacerdócio e respeito ao Judiciário. A presença do crucifixo nas salas de júri e dos advogados é um alerta para o cometimento de um erro judiciário que não deve ser esquecido, enquanto que a figura de Santo Ivo justifica o título de padroeiro dos advogados, pelo conhecimento de Direito que detinha e por sua luta em defesa dos necessitados. O uso de desenhos, logotipos, fotos, ícones, frases bíblicas, orações ou citações célebres, ainda que eventualmente de boa estética, é vedado pelo artigo 31, caput, do Código de Ética, letras "c" e "k" do artigo 4º do Provimento nº 94/00 do CFOAB e artigo 4o da Resolução nº 02/92 do T.E.P. "Mas as insígnias que lhe são privativas devem ser ostentadas com orgulho pelo advogado". V.U., em 21/10/04, do parecer e ementa do Rel. Dr. BENEDITO ÉDISON TRAMA – Rev. Dr. GUILHERME FLORINDO FIGUEIREDO – Presidente Dr. JOÃO TEIXEIRA GRANDE.*

## 2.10. DA RECUSA DE DEPOIMENTO COMO TESTEMUNHA – ARTIGO 7º, XIX, DA LEI Nº 8.906/94 E ARTIGO 38 DO CÓDIGO DE ÉTICA E DISCIPLINA DA OAB

O advogado tem o direito e o dever ético de recusar-se a depor como testemunha em processo no qual funcionou ou deva funcionar, ou sobre fato relacionado com pessoa de quem seja ou foi advogado, mesmo quando autorizado ou solicitado pelo constituinte, bem como sobre fato que constitua sigilo profissional (Lei nº 8.906/94, art.7º, XIX e Código de Ética e Disciplina da OAB, art.38).

Os símbolos do advogado são a Têmis, a Balança e a Beca (Provimento CFOAB nº 08/1964), com bem resumido na seguinte ementa de parecer do Tribunal de Ética e Disciplina da Ordem dos Advogados do Brasil, Seção de São Paulo.

## 2.11. DA RETIRADA DO RECINTO – ARTIGO 7º, XX, DA LEI Nº 8.906/94

Se APÓS trinta minutos do horário designado NÃO comparecer a autoridade que deva presidir o ato judicial, o advogado pode PROTOCOLAR comunicação e RETIRAR-SE do recinto onde esteja aguardando pregão (Lei nº 8.906/94, art.7º, XX).

## 2.12. DO DIREITO DE ASSISTIR AOS CLIENTES INVESTIGADOS DURANTE A APURAÇÃO DE INFRAÇÕES – ARTIGO 7º, XX, DA LEI Nº 8.906/94

É direito do advogado ASSISTIR A SEUS CLIENTES INVESTIGADOS DURANTE A APURAÇÃO DE INFRAÇÕES, sob pena de nulidade absoluta do respectivo interrogatório ou depoimento e, subsequentemente, de todos os elementos investigatórios e probatórios dele decorrentes ou derivados, direta ou indiretamente, podendo, inclusive, no curso da respectiva apuração, APRESENTAR RAZÕES E QUESITOS (Lei nº 8.906/94, art.7º, XX).

## 2.13. DIREITOS E GARANTIAS PARA A ADVOGADA GESTANTE, LACTANTE, ADOTANTE OU QUE DER À LUZ E PARA O ADVOGADO QUE SE TORNAR PAI – ARTIGO 7º-A DA LEI Nº 8.906/94, ARTIGO 313, IX, X E §§6º E 7º DO CÓDIGO DE PROCESSO CIVIL E ARTIGO 392 DA CONSOLIDAÇÃO DAS LEIS TRABALHISTAS

| DIREITOS INCLUÍDOS PELA LEI Nº 13.363/2016 | | | | | |
|---|---|---|---|---|---|
| **DIREITOS** | **ADVOGADA GESTANTE** | **ADVOGADA LACTANTE** | **ADVOGADA ADOTANTE** | **ADVOGADA QUE DER À LUZ** | **ADVOGADO QUE SE TORNAR PAI** |
| **Entrada em tribunais SEM ser submetida a detectores de metais e aparelhos de raios X** | X | | | | |
| **Reserva de vaga em garagens dos fóruns dos tribunais** | X | | | | |
| **Acesso a creche, onde houver, ou a local adequado ao atendimento das necessidades do bebê** | | X | X | X | |
| **Preferência na ordem das sustentações orais e das audiências a serem realizadas a cada dia, mediante comprovação de sua condição** | X | X | X | X | |
| **Suspensão de prazos processuais** | | | X | X | X |

Os direitos previstos à advogada gestante ou lactante aplicam-se enquanto perdurar, respectivamente, o estado gravídico ou o período de amamentação (Lei nº 8.906/94, art.7º-A, §1º).

Os direitos ao acesso a creche, onde houver, ou a local adequado ao atendimento das necessidades do bebê e à preferência na ordem das sustentações orais e das audiências a serem realizadas a cada dia de titularidade da advogada adotante ou que der à luz serão concedidos pelo prazo da licença maternidade de cento e vinte dias (Lei nº 8.906/94, art.7º-A, §2º e CLT, art.392).

A SUSPENSÃO DE PRAZOS PROCESSUAIS se dará pelo prazo de OITO DIAS ao advogado que se tornar pai e pelo prazo de TRINTA DIAS à advogada gestante ou adotante, ambos CONTADOS A PARTIR DA DATA DO PARTO OU DA CONCESSÃO DA ADOÇÃO, mediante apresentação de certidão de nascimento OU documento similar que comprove a realização do parto, ou de termo judicial que tenha concedido a adoção, desde que o advogado ou advogada responsáveis pelo processo forem os únicos patronos da causa E haja notificação por escrito ao cliente (Lei nº 8.906/94, art.7º-A, IV e CPC, artigo 313, IX, X e §§6º e 7º do Código de Processo Civil).

## 3. DA ADVOCACIA PÚBLICA – ARTIGOS 131, 132, 134 E 135 DA CONSTITUIÇÃO FEDERAL, ARTIGO 29 DA LEI Nº 8.906/94 E ARTIGOS 9º E 10 DO REGULAMENTO GERAL DO ESTATUTO DA ADVOCACIA E DA OAB

| | |
|---|---|
| **EXERCEM A ADVOCACIA PÚBLICA OS INTEGRANTES** | Advocacia Geral Da União |
| | Defensorias Públicas (da União e dos estados) |
| | Procuradorias e consultorias jurídicas dos estados, do DF, dos municípios, das autarquias e das fundações públicas |

Exercem a ADVOCACIA PÚBLICA os INTEGRANTES da Advocacia-Geral da União, da Defensoria Pública e das Procuradorias e Consultorias Jurídicas dos Estados, do Distrito Federal, dos Municípios, das autarquias e das fundações públicas, estando OBRIGADOS À INSCRIÇÃO NA OAB, para o exercício de suas atividades (CF/88, arts.131, 132, 134 e 135 e RGEAOAB, art.9º, *caput*).

Pende perante o Supremo Tribunal Federal o julgamento do:

a) Tema 1074 – Exigência de inscrição de Defensor Público nos Quadros da Ordem dos Advogados do Brasil para o exercício de suas funções públicas. Até o pedido de vista dos autos pelo Ministro Dias Toffoli, a maioria votou na seguinte tese vinculante: "É inconstitucional a exigência de inscrição do Defensor Público nos quadros da Ordem dos Advogados do Brasil".

b) ADI 3396 - Extensão a servidores públicos de direitos próprios de advogados empregados em empresa privada (lei n. 8.906/1994, arts. 18 a 21). Até o julgamento dos embargos declaratórios apresentados pela OAB, os direitos próprios dos advogados empregados em empresa privada (lei n. 8.906/94, arts.18 a 21), foram estendidos apenas aos advogados empregados públicos de empresas públicas, sociedades de economia mista e suas subsidiárias não monopolistas (isto é, que se submetam à livre concorrência econômica com empresas privadas), observado o teto remuneratório, quanto à remuneração total (salário mais gratificações, adicionais e honorários) do advogado empregado público de empresa estatal dependente da entidade pública que autorizou sua criação (CF, art. 37, § 9º, na redação dada pela Emenda de n. 19/1998, c/c art. 2º, III, da Lei Complementar n. 101/2000). A tese mencionada não prejudicou situações consolidadas em editais anteriores, ou seja, se o advogado empregado público já foi admitido por meio de concurso cujo edital previa condições diversas daquelas constantes dos arts. 18 a 21 do Estatuto da OAB, prevalece o edital aceito pelo candidato sem impugnação.

NÃO INTEGRAM a Advocacia Pública os ADVOGADOS DE EMPRESAS PÚBLICAS E DE SOCIEDADES DE ECONOMIA MISTAS, por não estarem elencados nos artigos 131, 132, 134 e 135, da Constituição Federal e no art. 9º, do Regulamento Geral do Estatuto da Advocacia e da OAB.

O Supremo Tribunal Federal considera INCONSTITUCIONAL:

a) "a criação DE PROCURADORIAS AUTÁRQUICAS NO ÂMBITO DOS ESTADOS E DO DISTRITO FEDERAL, em razão da violação à unicidade orgânica da advocacia pública estadual" (ADI 5215, Relator(a): ROBERTO BARROSO, Tribunal Pleno, julgado em 28/03/2019, PROCESSO ELETRÔNICO DJe-167 DIVULG 31-07-2019 PUBLIC 01-08-2019).

b) "a atuação de órgãos da Advocacia Pública em prol de empresas públicas e sociedades de economia mista, além de descaracterizar o perfil constitucional atribuído às Procuradorias dos Estados, implicaria favorecimento indevido a entidades que não gozam do regime jurídico de Fazenda Pública, em afronta ao princípio constitucional da isonomia" (ADI 3536, Relator(a): ALEXANDRE DE MORAES, Tribunal Pleno, julgado em 03/10/2019, PROCESSO ELETRÔNICO DJe-264 DIVULG 03-12-2019 PUBLIC 04-12-2019).

c) a delegação da representação judicial e a consultoria jurídica dos Estados e Distrito Federal a órgãos ou funções diversas dos procuradores de carreira (ADI 4137, Relator(a): CÁRMEN LÚCIA, Tribunal Pleno, julgado em 01/08/2018, PROCESSO ELETRÔNICO DJe-033 DIVULG 18-02-2019 PUBLIC 19-02-2019).

d) desconsiderar os honorários percebidos por advogados públicos na somatória do teto remuneratório constitucional estabelecido no art. 37, XI, da Constituição Federal (ADI 6171, Relator(a): ROSA WEBER, Tribunal Pleno, julgado em 26/10/2020, PROCESSO ELETRÔNICO DJe-268 DIVULG 09-11-2020 PUBLIC 10-11-2020).

e) estender às Procuradorias dos Estados os princípios institucionais e as prerrogativas funcionais do Ministério Público e da Defensoria Pública, pois "as atribuições dos procuradores de estado – sujeitos que estão à hierarquia administrativa – não guardam pertinência com as funções conferidas aos membros daquelas outras instituições" (ADI 5029, Relator(a): LUIZ FUX, Tribunal Pleno, julgado em 15/04/2020, PROCESSO ELETRÔNICO DJe-105 DIVULG 29-04-2020 PUBLIC 30-04-2020).

Os integrantes da advocacia pública:

a) são elegíveis e podem integrar qualquer órgão da OAB (RGEAOAB, art.9º, parágrafo único).

b) sujeitam-se ao regime do Estatuto da Advocacia e da OAB, do Regulamento Geral e do Código de Ética e Disciplina da advocacia, inclusive quanto às infrações e sanções disciplinares (RGEAOAB, art.10, parágrafo único).

c) perceberão honorários de sucumbência, nos termos da lei (CPC, art.85, §19). Segundo o STF, "os honorários de sucumbência constituem vantagem de natureza remuneratória por serviços prestados com eficiência no desempenho da função pública" (ADI 6171, Relator(a): ROSA WEBER, Tribunal Pleno, julgado em 26/10/2020, PROCESSO ELETRÔNICO DJe-268 DIVULG 09-11-2020 PUBLIC 10-11-2020).

Os Procuradores GERAIS, Advogados GERAIS, Defensores GERAIS e DIRIGENTES de órgãos jurídicos da Administração Pública direta, indireta e fundacional são exclusivamente legitimados para o exercício da advocacia vinculada à função que exerçam, durante o período da investidura (Lei nº 8.906/94, art.29).

## 4. DA INSCRIÇÃO NA OAB – ARTIGOS 8º A 12 DA LEI Nº 8.906/94 E ARTIGO 26 DO REGULAMENTO GERAL DO ESTATUTO DA ADVOCACIA E DA OAB

São requisitos COMUNS para inscrição na OAB como **advogado** E **estagiário** (Lei nº 8.906/94, art.8º, I, III, V, VI e VII):

*i – capacidade civil e idoneidade moral.*

*ii – título de eleitor e quitação do serviço militar, se brasileiro.*

*iii – não exercer atividade incompatível com a advocacia.*

*iv – prestar compromisso perante o conselho.*

A inscrição como estagiário pode ser solicitada por estudante matriculado nos últimos anos do curso jurídico e bacharel em direito, após admissão em estágio profissional de advocacia, pelo prazo de dois anos e perante o Conselho Seccional em cujo território se localize seu curso jurídico (Lei nº 8.906/94, art.9º, II e §§1º, 2º e 4º).

O estudante de curso jurídico que exerça atividade incompatível com a advocacia pode frequentar o estágio ministrado pela respectiva instituição de ensino superior, para fins de aprendizagem, vedada a inscrição na OAB (Lei nº 8.906/94, art.9º, §3º).

Em caso de pandemia ou em outras situações excepcionais que impossibilitem as atividades presenciais, declaradas pelo poder público, o estágio profissional poderá ser realizado no regime de teletrabalho ou de trabalho a distância em sistema remoto ou não, por qualquer meio telemático, sem configurar vínculo de emprego a adoção de qualquer uma dessas modalidades.

Se houver concessão, pela parte contratante ou conveniada, de equipamentos, sistemas e materiais ou reembolso de despesas de infraestrutura ou instalação, todos destinados a viabilizar a realização da atividade de estágio prevista no § 5º deste artigo, essa informação deverá constar, expressamente, do convênio de estágio e do termo de estágio. (Incluído pela Lei nº 14.365, de 2022)

A inscrição principal como advogado pode ser solicitada por graduado em direito, por instituição de ensino oficialmente autorizada e credenciada, e detentor de aprovação em Exame de Ordem, perante o Conselho Seccional de seu pretendido domicílio profissional (Lei nº 8.906/94, arts.8º, II e IV e 10, *caput*).

Domicílio profissional é a sede principal da atividade de advocacia, prevalecendo, na dúvida, o domicílio da pessoa física do advogado (Lei nº 8.906/94, arts.8º, II e IV e 10, §1º).

O advogado deve solicitar a transferência de sua inscrição principal se efetivamente estabelecer domicílio profissional em outra unidade federativa, bem como requerer sua inscrição suplementar perante TODOS os Conselhos Seccionais em cujos territórios passar a exercer a sexta intervenção judicial anual (Lei nº 8.906/94, art.10, §§2º e 3º e Regulamento Geral do Estatuto da Advocacia e da OAB, art.26).

O vício ou ilegalidade na inscrição principal do advogado ocasiona a suspensão da inscrição suplementar e pedido de transferência, com representação do fato pelo Conselho Seccional ao Conselho Federal (Lei nº 8.906/94, art.10, §4º).

O justo motivo é exigido para solicitação do licenciamento e dispensado para o requerimento de cancelamento da inscrição do profissional perante a OAB (Lei nº 8.906/94, arts.11, I, e 12, I).

Os óbices à continuidade da atividade profissional refletem na situação da inscrição do profissional perante a OAB, conforme a natureza temporal. Se forem definitivos ocasionam o cancelamento da inscrição. Enquanto que os de caráter provisório ensejam o licenciamento perante a OAB.

São considerados óbices de caráter definitivo a penalidade de exclusão, o falecimento, o exercício definitivo de atividade incompatível com a advocacia e a perda de quaisquer dos requisitos necessários à inscrição. Nestes casos, o cancelamento deve ser promovido, de ofício, pelo conselho competente OU em virtude de comunicação por qualquer pessoa (Lei nº 8.906/94, art.11, II, III, IV, V e §1º)

Os óbices provisórios são o exercício provisório de atividade incompatível com a advocacia e a doença mental considerada curável (Lei nº 8.906/94, art.12, II e III).

O licenciamento possibilita a continuidade da inscrição, enquanto que o cancelamento exigirá nova inscrição do profissional, com pedido instruído de provas da capacidade civil, inexistência de atividade incompatível com a advocacia, reabilitação em caso de anterior penalidade de exclusão, bem como a realização de novo compromisso perante o conselho (Lei nº 8.906/94, art.11, §§2º e 3º).

## 5. DA SOCIEDADE DE ADVOGADOS – ARTIGOS 15 A 17 DA LEI Nº 8.906/94 E ARTIGOS 37, 38, 39, 40 E 43 DO REGULAMENTO GERAL DO ESTATUTO DA ADVOCACIA E DA OAB

A **sociedade advocatícia** adquire personalidade jurídica e regularidade cadastral com seu registro no Conselho Seccional da OAB em cuja base territorial tiver sede, tem natureza de sociedade simples, finalidade na prestação de serviços advocatícios, e estrutura organizacional unipessoal ou pluripessoal de advogados (Lei nº 8.906/94, art.15, *caput* e §1º e Regulamento Geral do Estatuto da Advocacia e da OAB, art.37, *caput*).

As sociedades advocatícias unipessoais e pluripessoais podem ABRIR FILIAIS, cujos atos constitutivos devem ser AVERBADOS em seu registro e ARQUIVADOS no Conselho Seccional onde se instalarem, ficando os sócios obrigados à inscrição suplementar (Lei nº 8.906/94, art.15, §5º).

Aplica-se à sociedade de advogados e à sociedade unipessoal de advocacia o Código de Ética e Disciplina, no que couber.

Além da sociedade, o sócio e o titular da sociedade individual de advocacia respondem subsidiária e ilimitadamente pelos danos causados aos clientes por ação ou omissão no exercício da advocacia, sem prejuízo da responsabilidade disciplinar em que possam incorrer.

Nenhum advogado pode integrar mais de uma sociedade de advogados, constituir mais de uma sociedade unipessoal de advocacia, ou integrar, simultaneamente, uma sociedade de advogados e uma sociedade unipessoal de advocacia, com sede ou filial na mesma área territorial do respectivo Conselho Seccional.

A sociedade unipessoal de advocacia pode resultar da concentração por um advogado das quotas de uma sociedade de advogados, independentemente das razões que motivaram tal concentração.

Nas sociedades de advogados, a escolha do sócio-administrador poderá recair sobre advogado que atue como servidor da administração direta, indireta e fundacional, desde que não esteja sujeito ao regime de dedicação exclusiva.

A sociedade de advogados e a sociedade unipessoal de advocacia deverão recolher seus tributos sobre a parcela da receita que efetivamente lhes couber, com a exclusão da receita que for transferida a outros advogados ou a sociedades que atuem em forma de parceria para o atendimento do cliente.

Cabem ao Conselho Federal da OAB a fiscalização, o acompanhamento e a definição de parâmetros e de diretrizes da relação jurídica mantida entre advogados e sociedades de advogados ou entre escritório de advogados sócios e advogado associado, inclusive no que se refere ao cumprimento dos requisitos norteadores da associação sem vínculo empregatício.

Não será admitida a averbação do contrato de associação que contenha, em conjunto, os elementos caracterizadores de relação de emprego previstos na Consolidação das Leis do Trabalho (CLT).

A sociedade de advogados e a sociedade unipessoal de advocacia podem ter como sede, filial ou local de trabalho espaço de uso individual ou compartilhado com outros escritórios de advocacia ou empresas, desde que respeitadas as hipóteses de sigilo profissional.

O impedimento ou a incompatibilidade em caráter temporário do advogado não o exclui da sociedade de advogados à qual pertença e deve ser averbado no registro da sociedade, e proibida, em qualquer hipótese, a exploração de seu nome e de sua imagem em favor da sociedade.

## 6. DO ADVOGADO ASSOCIADO

O advogado poderá associar-se a uma ou mais sociedades de advogados ou sociedades unipessoais de advocacia, sem que estejam presentes os requisitos legais de vínculo empregatício, para prestação de serviços e participação nos resultados, na forma do Regulamento Geral e de Provimentos do Conselho Federal da OAB.

A associação dar-se-á por meio de pactuação de contrato próprio, que poderá ser de caráter geral ou restringir-se a determinada causa ou trabalho E que deverá ser registrado no Conselho Seccional da OAB em cuja base territorial tiver sede a sociedade de advogados que dele tomar parte.

No contrato de associação, o advogado sócio ou associado e a sociedade pactuarão as condições para o desempenho da atividade advocatícia e estipularão livremente os critérios para a partilha dos resultados dela decorrentes, devendo o contrato conter, no mínimo:

I - qualificação das partes, com referência expressa à inscrição no Conselho Seccional da OAB competente;

II - especificação e delimitação do serviço a ser prestado;

III - forma de repartição dos riscos e das receitas entre as partes, vedada a atribuição da totalidade dos riscos ou das receitas exclusivamente a uma delas;

IV - responsabilidade pelo fornecimento de condições materiais e pelo custeio das despesas necessárias à execução dos serviços;

V - prazo de duração do contrato.

## 7. DO ADVOGADO EMPREGADO – ARTIGOS 18 A 21 DA LEI Nº 8.906/94 E ARTIGOS 11, 12 E 14 DO REGULAMENTO GERAL DO ESTATUTO DA ADVOCACIA E DA OAB

A relação de emprego, na qualidade de advogado, não retira a isenção técnica nem reduz a independência profissional inerentes à advocacia.

O advogado empregado não está obrigado à prestação de serviços profissionais de interesse pessoal dos empregadores, fora da relação de emprego.

As atividades do advogado empregado poderão ser realizadas, a critério do empregador, em qualquer um dos seguintes regimes:

I - exclusivamente presencial: modalidade na qual o advogado empregado, desde o início da contratação, realizará o trabalho nas dependências ou locais indicados pelo empregador;

II - não presencial, teletrabalho ou trabalho a distância: modalidade na qual, desde o início da contratação, o trabalho será preponderantemente realizado fora das dependências do empregador, observado que o comparecimento nas dependências de forma não permanente, variável ou para participação em reuniões ou em eventos presenciais não descaracterizará o regime não presencial;

III - misto: modalidade na qual as atividades do advogado poderão ser presenciais, no estabelecimento do contratante ou onde este indicar, ou não presenciais, conforme as condições definidas pelo empregador em seu regulamento empresarial, independentemente de preponderância ou não.

Na vigência da relação de emprego, as partes poderão pactuar, por acordo individual simples, a alteração de um regime para outro.

O salário mínimo profissional do advogado será fixado em sentença normativa, salvo se ajustado em acordo ou convenção coletiva de trabalho.

A jornada de trabalho do advogado empregado, no exercício da profissão, não poderá exceder a duração diária de quatro horas contínuas e a de vinte horas semanais, salvo acordo ou convenção coletiva ou em caso de dedicação exclusiva.

A jornada de trabalho do advogado empregado, quando prestar serviço para empresas, não poderá exceder a duração diária de 8 (oito) horas contínuas e a de 40 (quarenta) horas semanais.

Considera-se como período de trabalho o tempo em que o advogado estiver à disposição do empregador, aguardando ou executando ordens, no seu escritório ou em atividades externas, sendo-lhe reembolsadas as despesas feitas com transporte, hospedagem e alimentação.

As horas trabalhadas que excederem a jornada normal são remuneradas por um adicional não inferior a cem por cento sobre o valor da hora normal, mesmo havendo contrato escrito.

As horas trabalhadas no período das vinte horas de um dia até as cinco horas do dia seguinte são remuneradas como noturnas, acrescidas do adicional de vinte e cinco por cento.

Nas causas em que for parte o empregador, ou pessoa por este representada, os honorários de sucumbência são devidos aos advogados empregados.

Os honorários de sucumbência, percebidos por advogado empregado de sociedade de advogados são partilhados entre ele e a empregadora, na forma estabelecida em acordo.

## 8. DOS HONORÁRIOS ADVOCATÍCIOS – ARTIGOS 22 A 26 DA LEI Nº 8.906/94 E ARTIGOS 48, 49, 50, 51, 52, 53 E 54 DO CÓDIGO DE ÉTICA E DISCIPLINA DA OAB

A prestação de serviço profissional assegura aos inscritos na OAB o direito aos honorários convencionados, aos fixados por arbitramento judicial e aos de sucumbência.

Consideram-se também honorários convencionados aqueles decorrentes da indicação de cliente entre advogados ou sociedade de advogados.

Se acaso não houver ajuste entre as partes, os honorários serão **fixados por arbitramento judicial**, em remuneração compatível com o trabalho e o valor econômico da questão, **observado obrigatoriamente o disposto nos §§ 2º, 3º, 4º, 5º, 6º, 6º-A, 8º, 8º-A, 9º e 10 do art. 85 da Lei nº 13.105, de 16 de março de 2015 (Código de Processo Civil):**

1. **Os honorários serão fixados** entre o mínimo de dez e o máximo de vinte por cento sobre o valor da condenação, do proveito econômico obtido ou, não sendo possível mensurá-lo, sobre o valor atualizado da causa, **atendidos:**

   I - o grau de zelo do profissional;

   II - o lugar de prestação do serviço;

   III - a natureza e a importância da causa;

   IV - o trabalho realizado pelo advogado e o tempo exigido para o seu serviço.

2. **Nas causas em que a Fazenda Pública for parte**, a fixação dos honorários observará os critérios mencionados anteriormente e **os seguintes percentuais**:

   I mínimo de dez e máximo de vinte por cento sobre o valor da condenação ou do proveito econômico obtido até 200 (duzentos) salários-mínimos;

   II - mínimo de oito e máximo de dez por cento sobre o valor da condenação ou do proveito econômico obtido acima de 200 (duzentos) salários-mínimos até 2.000 (dois mil) salários-mínimos;

   III - mínimo de cinco e máximo de oito por cento sobre o valor da condenação ou do proveito econômico obtido acima de 2.000 (dois mil) salários-mínimos até 20.000 (vinte mil) salários-mínimos;

   IV - mínimo de três e máximo de cinco por cento sobre o valor da condenação ou do proveito econômico obtido acima de 20.000 (vinte mil) salários-mínimos até 100.000 (cem mil) salários-mínimos;

   V - mínimo de um e máximo de três por cento sobre o valor da condenação ou do proveito econômico obtido acima de 100.000 (cem mil) salários-mínimos.

Se o advogado fizer juntar aos autos o seu contrato de honorários antes de expedir-se o mandado de levantamento ou precatório, o juiz deve determinar que lhe sejam pagos diretamente, por dedução da quantia a ser recebida pelo constituinte, salvo se este provar que já os pagou.

Fica permitida a dedução de honorários advocatícios contratuais dos valores acrescidos, a título de juros de mora, ao montante repassado aos Estados e aos Municípios na forma de precatórios, como complementação de fundos constitucionais. A dedução não será permitida aos advogados nas causas que decorram da execução de título judicial constituído em ação civil pública ajuizada pelo Ministério Público Federal.

Se o mandato for outorgado por advogado para defesa em processo oriundo de ato ou omissão praticada no exercício profissional, não poderá haver a dedução mencionada no item anterior.

Os honorários pertencem ao advogado, que possui direito autônomo para executar a sentença nesta parte.

A decisão judicial que fixar ou arbitrar honorários e o contrato escrito que os estipular são títulos executivos e constituem crédito privilegiado na falência, concordata, concurso de credores, insolvência civil e liquidação extrajudicial.

A execução dos honorários pode ser promovida nos mesmos autos da ação em que tenha atuado o advogado, se assim lhe convier.

Na hipótese de falecimento ou incapacidade civil do advogado, os honorários de sucumbência, proporcionais ao trabalho realizado, são recebidos por seus sucessores ou representantes legais.

Nos casos judiciais e administrativos, as disposições, as cláusulas, os regulamentos ou as convenções individuais ou coletivas que retirem do sócio o direito ao recebimento dos honorários de sucumbência serão válidos somente após o protocolo de petição que revogue os poderes que lhe foram outorgados ou que noticie a renúncia a eles, e os honorários serão devidos proporcionalmente ao trabalho realizado nos processos.

O acordo feito pelo cliente do advogado e a parte contrária, salvo aquiescência do profissional, não lhe prejudica os honorários, quer os convencionados, quer os concedidos por sentença.

Salvo renúncia expressa do advogado aos honorários pactuados na hipótese de encerramento da relação contratual com o cliente, o advogado mantém o direito aos honorários proporcionais ao trabalho realizado nos processos judiciais e administrativos em que tenha atuado, nos exatos termos do contrato celebrado, inclusive em relação aos eventos de sucesso que porventura venham a ocorrer após o encerramento da relação contratual.

O distrato e a rescisão do contrato de prestação de serviços advocatícios, mesmo que formalmente celebrados, não configuram renúncia expressa aos honorários pactuados. Na ausência do contrato, os honorários advocatícios serão arbitrados

No caso de bloqueio universal do patrimônio do cliente por decisão judicial, garantir-se-á ao advogado a liberação de até 20% (vinte por cento) dos bens bloqueados para fins de recebimento de honorários e reembolso de gastos com a defesa, ressalvadas as causas relacionadas aos crimes previstos Lei de Drogas).

O pedido de desbloqueio de bens será feito em autos apartados, que permanecerão em sigilo, mediante a apresentação do respectivo contrato.

O desbloqueio de bens observará, preferencialmente, a ordem estabelecida no art. 835 da Lei nº 13.105, de 16 de março de 2015 (Código de Processo Civil).

Quando se tratar de dinheiro em espécie, de depósito ou de aplicação em instituição financeira, os valores serão transferidos diretamente para a conta do advogado ou do escritório de advocacia responsável pela defesa.

§ 4º Nos demais casos, o advogado poderá optar pela adjudicação do próprio bem ou por sua venda em hasta pública para satisfação dos honorários devidos, nos termos do art. 879 e seguintes da Lei nº 13.105, de 16 de março de 2015 (Código de Processo Civil).

O valor excedente deverá ser depositado em conta vinculada ao processo judicial.

O prazo de prescrição para a pretensão de cobrança dos honorários é de cinco anos, contando o prazo: (i) do vencimento do contrato; (ii) do trânsito em julgado da decisão que os fixar; (iii) da ultimação do serviço extrajudicial; (iv) da desistência ou transação; (v) da renúncia ou revogação do mandato. No mesmo prazo, prescreve a ação de prestação de contas.

O advogado substabelecido, com reserva de poderes, não pode cobrar honorários sem a intervenção daquele que lhe conferiu o substabelecimento, salvo se possuir contrato celebrado com o cliente.

Teses vinculantes do STF:

1. Impossibilidade de fracionamento dos honorários sucumbenciais em ação coletiva: Os honorários advocatícios constituem crédito único e indivisível, de modo que o fracionamento da execução de honorários advocatícios sucumbenciais fixados em ação coletiva contra a Fazenda Pública, proporcionalmente às execuções individuais de cada beneficiário, viola o § 8º do artigo 100 da Constituição Federal (Tema 1142, RE 1309081 RG, Relator(a): MINISTRO PRESIDENTE, Tribunal Pleno, julgado em 06/05/2021, PROCESSO ELETRÔNICO REPERCUSSÃO GERAL - MÉRITO DJe-117 DIVULG 17-06-2021 PUBLIC 18-06-2021).
2. Recebimento individual por RPV ou Precatório: Os honorários advocatícios incluídos na condenação ou destacados do montante principal devido ao credor consubstanciam verba de natureza alimentar cuja satisfação ocorrerá com a expedição de precatório ou requisição de pequeno valor, observada ordem especial restrita aos créditos dessa natureza. (Tema 18, RE 564132, Relator(a): EROS GRAU, Relator(a) p/ Acórdão: CÁRMEN LÚCIA, Tribunal Pleno, julgado em 30/10/2014, REPERCUSSÃO GERAL - MÉRITO DJe-027 DIVULG 09-02-2015 PUBLIC 10-02-2015 EMENT VOL-02765-01 PP-00001)
3. Direito a honorários advocatícios nas ações que visam obter expurgos inflacionários de FGTS: É inconstitucional o art. 29-C da Lei 8.036/1990, introduzido pelo art. 9º da MP 2.164-41/2001, que veda a condenação em honorários advocatícios nas ações entre o FGTS e os titulares de contas vinculadas, bem como naquelas em que figuram os respectivos representantes ou substitutos processuais. (Tema 116, RE 581160, Relator(a): RICARDO LEWANDOWSKI, Tribunal Pleno, julgado em 20/06/2012, PROCESSO ELETRÔNICO REPERCUSSÃO GERAL - MÉRITO DJe-166 DIVULG 22-08-2012 PUBLIC 23-08-2012)
4. Competência para processar e julgar ações de cobrança de honorários advocatícios arbitrados em favor de advogado dativo: Compete à Justiça comum estadual processar e julgar as ações de cobrança ou os feitos executivos de honorários advocatícios arbitrados em favor de advogado dativo em ações cíveis e criminais. (Tema 305, RE 607520, Relator(a): DIAS TOFFOLI, Tribunal Pleno, julgado em 25/05/2011, REPERCUSSÃO GERAL - MÉRITO DJe-118 DIVULG 20-06-2011 PUBLIC 21-06-2011 EMENT VOL-02548-02 PP-00204 RSJADV jul., 2011, p. 59-65 REVJMG v. 62, n. 197, 2011, p. 433-437)
5. Fixação condicionada em desapropriação: Em sede de Ação de Desapropriação, os honorários sucumbenciais só serão devidos caso haja devido pagamento da indenização aos expropriados (Tema 858, RE 1010819, Relator(a): MARCO AURÉLIO, Relator(a) p/ Acórdão: ALEXANDRE DE MORAES, Tribunal Pleno, julgado em 26/05/2021, PROCESSO ELETRÔNICO REPERCUSSÃO GERAL - MÉRITO DJe-194 DIVULG 28-09-2021 PUBLIC 29-09-2021)

Teses vinculantes do STJ:

1. Impossibilidade da fixação dos honorários por apreciação equitativa: "i) A fixação dos honorários por apreciação equitativa não é permitida quando os valores da condenação, da causa ou o proveito econômico da demanda forem elevados. É obrigatória nesses casos a observância dos percentuais previstos nos §§ 2º ou 3º do artigo 85 do CPC - a depender da presença da Fazenda Pública na lide -, os quais serão subsequentemente calculados sobre o valor: (a) da condenação; ou (b) do proveito econômico obtido; ou (c) do valor atualizado da causa. ii) Apenas se admite arbitramento de honorários por equidade quando, havendo ou não condenação: (a) o proveito econômico obtido pelo vencedor for inestimável ou irrisório; ou (b) o valor da causa for muito baixo". (Tema 1076, REsp n. 1.850.512/SP, relator Ministro Og Fernandes, Corte Especial, julgado em 16/3/2022, DJe de 31/5/2022). "Nas demandas de cunho declaratório, até por inexistir condenação pecuniária que possa servir de base de cálculo, os honorários devem ser fixados com referência no valor da causa ou em montante fixo". (Tema 347, REsp n. 1.155.125/MG, relator Ministro Castro Meira, Primeira Seção, julgado em 10/3/2010, DJe de 6/4/2010.)
2. Base de cálculo dos honorários na ação previdenciária: "O eventual pagamento de benefício previdenciário na via administrativa, seja ele total ou parcial, após a citação válida, não tem o condão de alterar a base de cálculo para os honorários advocatícios fixados na ação de conhecimento, que será composta pela totalidade dos valores devidos". (Tema 1050, REsp n. 1.847.731/RS, rel. Min. , Primeira Seção, julgado em 28/4/2021, DJe de 5/5/2021; REsp n. 1.847.766/SC, rel. Min. , Primeira Seção, julgado em 28/4/2021, DJe de 5/5/2021)
3. Fixação de honorários em exceção de pré-executividade: Observado o princípio da causalidade, é cabível a fixação de honorários advocatícios, em exceção de pré-executividade, quando o sócio é excluído do polo passivo da execução fiscal, que não é extinta. (Tema 961, REsp n. 1.358.837/SP, relatora Ministra Assusete Magalhães, Primeira Seção, julgado em 10/3/2021, DJe de 29/3/2021); "É possível a condenação da Fazenda Pública ao pagamento de honorários advocatícios em decorrência da extinção da Execução Fiscal pelo acolhimento de Exceção de Pré-Executividade". (Tema 421, REsp n. 1.185.036/PE, relator Ministro Herman Benjamin, Primeira Seção, julgado em 8/9/2010, DJe de 1/10/2010.)
4. Preclusão dos honorários no cumprimento de sentença: Ainda que não se trate propriamente de ação autônoma, por compreensão extensiva, incide o enunciado da Súmula 453/STJ quando a parte exequente reitera o pedido formulado na inicial da

execução - a fim de arbitrar os honorários advocatícios sucumbenciais - após o pagamento da execução e o consequente arquivamento do feito. (Tema 506, REsp n. 1.252.412/RN, relator Ministro Arnaldo Esteves Lima, Corte Especial, julgado em 6/11/2013, DJe de 3/2/2014)

5. Recebimento individual por RPV ou Precatório: "Não há impedimento constitucional, ou mesmo legal, para que os honorários advocatícios, quando não excederem ao valor limite, possam ser executados mediante RPV, ainda que o crédito dito 'principal' observe o regime dos precatórios". (Tema 608, REsp n. 1.347.736/RS, relator Ministro Castro Meira, relator para acórdão Ministro Herman Benjamin, Primeira Seção, julgado em 9/10/2013, DJe de 15/4/2014)

6. Fixação de honorários em desistência: "O artigo 6º, § 1º, da Lei nº 11.941, de 2009, só dispensou dos honorários advocatícios o sujeito passivo que desistir de ação judicial em que requeira 'o restabelecimento de sua opção ou a sua reinclusão em outros parcelamentos'. Nas demais hipóteses, à míngua de disposição legal em sentido contrário, aplica-se o artigo 26, caput, do Código de Processo Civil, que determina o pagamento dos honorários advocatícios pela parte que desistiu do feito". (Tema 633, REsp n. 1.353.826/SP, relator Ministro Herman Benjamin, Primeira Seção, julgado em 12/6/2013, DJe de 17/10/2013.); "A condenação, em honorários advocatícios, do contribuinte, que formula pedido de desistência dos embargos à execução fiscal de créditos tributários da Fazenda Nacional, para fins de adesão a programa de parcelamento fiscal, configura inadmissível bis in idem, tendo em vista o encargo estipulado no Decreto-lei 1.025/69". (Tema 400, REsp n. 1.143.320/RS, relator Ministro Luiz Fux, Primeira Seção, julgado em 12/5/2010, DJe de 21/5/2010.)

7. Cessão dos créditos de honorários sucumbenciais em Precatório do constituinte: "Comprovada a validade do ato de cessão dos honorários advocatícios sucumbenciais, realizado por escritura pública, bem como discriminado no precatório o valor devido a título da respectiva verba advocatícia, deve-se reconhecer a legitimidade do cessionário para se habilitar no crédito consignado no precatório". (Tema 2, REsp n. 1.102.473/RS, relatora Ministra Maria Thereza de Assis Moura, Corte Especial, julgado em 16/5/2012, DJe de 27/8/2012).

8. Hipóteses de honorários em cumprimento de sentença: "1.1. São cabíveis honorários advocatícios em fase de cumprimento de sentença, haja ou não impugnação, depois de escoado o prazo para pagamento voluntário a que alude o art. 475-J do CPC, que somente se inicia após a intimação do advogado, com a baixa dos autos e a aposição do "cumpra-se". 1.2. Não são cabíveis honorários advocatícios pela rejeição da impugnação ao cumprimento de sentença. 1.3. Apenas no caso de acolhimento da impugnação, ainda que parcial, serão arbitrados honorários em benefício do executado, com base no art. 20, § 4º, do CPC". (Temas 407, 408, 409 e 410, REsp n. 1.134.186/RS, relator Ministro Luis Felipe Salomão, Corte Especial, julgado em 1/8/2011, DJe de 21/10/2011)

9. Repartição de honorários: "O § 2º do art. 6º da Lei n. 9.469/1997, que obriga à repartição dos honorários advocatícios, é inaplicável a acordos ou transações celebrados em data anterior à sua vigência". (Tema 450, REsp n. 1.218.508/MG, relator Ministro Teori Albino Zavascki, Corte Especial, julgado em 16/3/2011, DJe de 6/5/2011.)

10. Defensoria Pública sem honorários: 1. "Os honorários advocatícios não são devidos à Defensoria Pública quando ela atua contra a pessoa jurídica de direito público à qual pertença" (Súmula 421/STJ). 2. Também não são devidos honorários advocatícios à Defensoria Pública quando ela atua contra pessoa jurídica de direito público que integra a mesma Fazenda Pública". (Tema 433, REsp n. 1.199.715/RJ, relator Ministro Arnaldo Esteves Lima, Corte Especial, julgado em 16/2/2011, DJe de 12/4/2011.)

## 9. DAS INCOMPATIBILIDADES E IMPEDIMENTOS – ARTIGOS 27 A 30 DA LEI Nº 8.906/94

A **incompatibilidade** acarreta na **proibição total** do exercício da advocacia; o **impedimento**, por sua vez, **na proibição parcial do exercício.**

As causas de incompatibilidade persistem ainda que o profissional atue em causa própria.

**Servidor público poderá exercer a advocacia?** Para responder a essa questão, devem ser observadas as seguintes premissas:

- Se o cargo ou a função for vinculada direta ou indiretamente a qualquer órgão do Poder Judiciário: **CAUSA DE INCOMPATIBILIDADE.** MAS, o STF, no julgamento da ADI 1127-8, encerrou conclusão de que a incompatibilidade com o exercício da advocacia **não alcança os juízes eleitorais e seus suplentes**, em face da composição da Justiça eleitoral estabelecida na Constituição.
- Se estritamente para fins de defesa e tutela de direitos pessoais, desde que mediante inscrição especial na OAB, vedada a participação em sociedade de advogados, o advogado por atuar em causa própria. A inscrição especial deverá constar do documento profissional de registro na OAB e não isenta o profissional do pagamento da contribuição anual, de multas e de preços de serviços devidos à OAB, na forma por ela estabelecida, vedada cobrança em valor superior ao exigido para os demais membros inscritos.
- Se ocupa cargo ou função de **direção** em órgão da Administração Direta ou indireta, em suas fundações e em suas empresas controladas ou concessionárias de serviço público: **CAUSA DE INCOMPATIBILIDADE.**
- Se não ocupar FUNÇÃO DE DIREÇÃO, poderá advogar, desde que não contra a Fazenda Pública que os remunere ou à qual seja vinculada a entidade empregadora: **CASO DE IMPEDIMENTO**. Não se incluem os docentes de cursos jurídicos.

**Deputados Federais e Estaduais podem exercer a advocacia?**

- **SIM**, desde que não seja contra ou a favor das pessoas jurídicas de direito público, empresas públicas, sociedades de economia mista, fundações públicas, entidades paraestatais ou empresas concessionárias ou permissionárias de serviço público. **CAUSA DE IMPEDIMENTO.**
- **NÃO**, se o mandatário for **MEMBRO** da Mesa do Poder Legislativo. **CAUSA DE INCOMPATIBILIDADE.**

Gerente de banco poderá exercer a advocacia?

- NÃO, causa de INCOMPATIBILIDADE.

## 10. DA ÉTICA DO ADVOGADO (CUIDADO: DE ACORDO COM O NOVO CÓDIGO DE ÉTICA. REPARE BEM NAS ALTERAÇÕES) – ARTIGOS 31 A 33 DA LEI Nº 8.906/94 E RESOLUÇÃO CFOAB Nº 02/2015

- **IMPORTANTE:** o Conselho Federal da OAB aprovou o Novo Código de Ética e Disciplina da Ordem dos Advogados do Brasil – OAB, por meio da Resolução nº 02/2015 publicada no Diário Oficial da União no dia 04 de novembro de 2015, com vigência, após prorrogação pela Resolução nº 03/2016 do Conselho Federal da OAB, no dia 1º de setembro de 2016.

- As disposições do Novo Código de Ética e Disciplina da OAB obrigam advogados (inclusive no exercício de mediação, conciliação e arbitragem), os órgãos de advocacia pública, os advogados públicos (incluindo aqueles que ocupem posição de chefia e direção jurídica), as sociedades de advogados, os consultores e as sociedades consultoras em direito estrangeiro e os estagiários, no que lhes forem aplicáveis.

→ **PRINCIPAIS MUDANÇAS:** permissão da advocacia *pro bono*, maior regulamentação ética da atividade dos integrantes de cargos, funções e membros da diretoria da OAB, permissão de algumas formas de publicidade antes não previstas, inclusão de formas de recebimento e cobrança de honorários advocatícios e a possibilidade de utilização de processo ético-disciplinar eletrônico.

**LEMBRE-SE:** o advogado, indispensável à administração da Justiça, é defensor do Estado Democrático de Direito, dos direitos humanos e garantias fundamentais, da cidadania, da moralidade, da Justiça e da paz social, cumprindo-lhe exercer o seu ministério em consonância com a sua elevada função pública e com os valores que lhe são inerentes.

| DEVERES ÉTICOS FUNDAMENTAIS DO ADVOGADO |
|---|
| Preservar, em sua conduta, a honra, a nobreza e a dignidade da profissão, zelando pelo caráter de essencialidade e indispensabilidade da advocacia; |
| Atuar com destemor, independência, honestidade, decoro, veracidade, lealdade, dignidade e boa-fé; |
| Velar por sua reputação pessoal e profissional; |
| Empenhar-se, permanentemente, no aperfeiçoamento pessoal e profissional; |
| Contribuir para o aprimoramento das instituições, do Direito e das leis; |
| Estimular, a qualquer tempo, a conciliação e a mediação entre os litigantes, prevenindo, sempre que possível, a instauração de litígios; |
| Desaconselhar lides temerárias, a partir de um juízo preliminar de viabilidade jurídica; |
| Pugnar pela solução dos problemas da cidadania e pela efetivação dos direitos individuais, coletivos e difusos; |
| Adotar conduta consentânea com o papel de elemento indispensável à administração da Justiça; |
| Cumprir os encargos assumidos no âmbito da Ordem dos Advogados do Brasil ou na representação da classe; |
| Zelar pelos valores institucionais da OAB e da advocacia; |
| Ater-se, quando no exercício da função de defensor público, à defesa dos necessitados; |

| DEVERES ÉTICOS FUNDAMENTAIS DO ADVOGADO |
|---|
| ABSTER-SE de:<br>a) utilizar de influência indevida, em seu benefício ou do cliente;<br>b) vincular seu nome a empreendimentos sabidamente escusos;<br>c) emprestar concurso aos que atentem contra a ética, a moral, a honestidade e a dignidade da pessoa humana;<br>d) entender-se diretamente com a parte adversa que tenha patrono constituído, sem o assentimento deste;<br>e) ingressar ou atuar em pleitos administrativos ou judiciais perante autoridades com as quais tenha vínculos negociais ou familiares;<br>f) contratar honorários advocatícios em valores aviltantes. |

O advogado observará, nas suas relações com os colegas de profissão, agentes políticos, autoridades, servidores públicos e terceiros em geral, o dever de urbanidade, tratando a todos com respeito e consideração, ao mesmo tempo em que preservará seus direitos e prerrogativas, devendo exigir igual tratamento de todos com quem se relacione.

→ **ADVOCACIA *PRO BONO*:** oferta GRATUITA, NÃO HABITUAL E VOLUNTÁRIA de serviços jurídicos em favor de instituições sociais sem fins econômicos e aos seus assistidos, de pessoas físicas hipossuficientes, sempre que os beneficiários não dispuserem de recursos para a contratação de profissional E NÃO PODE ser utilizada para fins político-partidários ou eleitorais, nem beneficiar instituições que visem a tais objetivos, ou como instrumento de publicidade para captação de clientela.

O advogado, no exercício de cargos ou funções em órgãos da Ordem dos Advogados do Brasil ou na representação da classe junto a quaisquer instituições, órgãos ou comissões, públicos ou privados:

- Manterá conduta consentânea com as disposições do Código de Ética e Disciplina da OAB e que revele plena lealdade aos interesses, direitos e prerrogativas da classe dos advogados que representa.
- Não poderá firmar contrato oneroso de prestação de serviços ou fornecimento de produtos com tais entidades nem adquirir bens postos à venda por quaisquer órgãos da OAB.
- SALVO EM CAUSA PRÓPRIA, não poderá atuar em processos que tramitem perante a entidade nem oferecer pareceres destinados a instruí-los, SALVO SE for dirigente de Seccional quando atuar, nessa qualidade, como legitimado a recorrer nos processos em trâmite perante os órgãos da OAB.

- Ao submeter seu nome à apreciação do Conselho Federal ou dos Conselhos Seccionais com vistas à inclusão em listas destinadas ao provimento de vagas reservadas à classe nos tribunais, no Conselho Nacional de Justiça, no Conselho Nacional do Ministério Público e em outros colegiados, o candidato assumirá o compromisso de respeitar os direitos e prerrogativas do advogado, não pra-
- ticar nepotismo nem agir em desacordo com a moralidade administrativa e com os princípios do Código de Ética e Disciplina, no exercício de seu mister.

**O advogado tem o dever de guardar sigilo dos fatos de que tome conhecimento no exercício da profissão, que tenha tido conhecimento em virtude de funções desempenhadas na Ordem dos Advogados do Brasil ou tome conhecimento no exercício das funções de mediador, conciliador e árbitro. No entanto, O sigilo profissional cederá em face de circunstâncias excepcionais que**

**configurem justa causa, como nos casos de grave ameaça ao direito à vida e à honra ou que envolvam defesa própria.**

→ **PUBLICIDADE DA ADVOCACIA**: a publicidade profissional do advogado tem caráter meramente informativo e deve primar pela discrição e sobriedade, não podendo configurar captação de clientela ou mercantilização da profissão.

- As colunas que o advogado mantiver nos meios de comunicação social ou os textos que por meio deles divulgar não deverão induzir o leitor a litigar nem promover, dessa forma, captação de clientela.
- O advogado que eventualmente participar de programa de televisão ou de rádio, de entrevista na imprensa, de reportagem televisionada ou veiculada por qualquer outro meio, para manifestação profissional, deve visar a objetivos exclusivamente ilustrativos, educacionais e instrutivos, sem propósito de promoção pessoal ou profissional, vedados pronunciamentos sobre métodos de trabalho usados por seus colegas de profissão.
- São admissíveis como formas de publicidade o patrocínio de eventos ou publicações de caráter científico ou cultural, assim como a divulgação de boletins, por meio físico ou eletrônico, sobre matéria cultural de interesse dos advogados, desde que sua circulação fique adstrita a clientes e a interessados do meio jurídico.
- A telefonia e a internet podem ser utilizadas como veículo de publicidade, inclusive para o envio de mensagens a destinatários certos, desde que estas não impliquem o oferecimento de serviços ou representem forma de captação de clientela.
- **TERMO DE AJUSTAMENTO DE CONDUTA POR PUBLICIDADE PROFISSIONAL (ART. 39 A ART. 47 DO CED) E INFRAÇÕES DISCIPLINARES PUNÍVEIS COM CENSURA (ART. 36 DO EAOAB)**: Será admitida a celebração de termo de ajustamento de conduta no <u>âmbito dos Conselhos Seccionais e do Conselho Federal</u>, tendo como objeto a irregularidade de publicidade profissional (art. 39 a art. 47 do CED) e as infrações disciplinares puníveis com censura (art. 36 do EAOAB), praticada por <u>advogados e estagiários</u> regularmente inscritos, sem condenação transitada em julgado por representação ético-disciplinar, ressalvando-se as hipóteses de reabilitação, e desde que a imputação não caracterize mais de uma infração ético-disciplinar (Código de Ética e Disciplina da OAB, arts. 47-A e 58-A e Provimento CFOAB nº 200/2020).

→ **HONORÁRIOS ADVOCATÍCIOS**: a prestação de serviços profissionais por advogado, individualmente ou integrado em sociedades, será contratada, preferentemente, por escrito.

- A compensação de créditos, pelo advogado, de importâncias devidas ao cliente, somente será admissível quando o contrato de prestação de serviços a autorizar ou quando houver autorização especial do cliente para esse fim, por este firmada.
- O contrato de prestação de serviços poderá dispor sobre a forma de contratação de profissionais para serviços auxiliares, bem como sobre o pagamento de custas e emolumentos, os quais, na ausência de disposição em contrário, presumem-se devam ser atendidos pelo cliente. Caso o contrato preveja que o advogado antecipe tais despesas, ser-lhe-á lícito reter o respectivo valor atualizado, no ato de prestação de contas, mediante comprovação documental.
- Deverá o advogado observar o valor mínimo da Tabela de Honorários instituída pelo respectivo Conselho Seccional onde for realizado o serviço, inclusive aquele referente às diligências, sob pena de caracterizar-se aviltamento de honorários.
- O advogado promoverá, preferentemente, de forma destacada a execução dos honorários contratuais ou sucumbenciais.
- Na hipótese da adoção de <u>**CLÁUSULA *QUOTA LITIS***</u>, os honorários devem ser necessariamente representados por pecúnia e, quando acrescidos dos honorários da sucumbência, não podem ser superiores às vantagens advindas a favor do cliente.
  - A participação do advogado em bens particulares do cliente só é admitida em caráter excepcional, quando esse, comprovadamente, não tiver condições pecuniárias de satisfazer o débito de honorários e ajustar com o seu patrono, em instrumento contratual, tal forma de pagamento.
  - Quando o objeto do serviço jurídico versar sobre prestações vencidas e vincendas, os honorários advocatícios poderão incidir sobre o valor de umas e outras, atendidos os requisitos da moderação e da razoabilidade.
- O crédito por honorários advocatícios, seja do advogado autônomo, seja de sociedade de advogados, não autoriza o saque de duplicatas ou qualquer outro título de crédito de natureza mercantil, podendo, apenas, ser emitida fatura, quando o cliente assim pretender, com fundamento no contrato de prestação de serviços, a qual, porém, não poderá ser levada a protesto.
  - Pode, todavia, ser levado a protesto o cheque ou a nota promissória emitidos pelo cliente em favor do advogado, depois de frustrada a tentativa de recebimento amigável.
- É lícito ao advogado ou à sociedade de advogados empregar, para o recebimento de honorários, sistema de cartão de crédito, mediante credenciamento junto a empresa operadora do ramo.

→ **OS AUTOS DO PROCESSO DISCIPLINAR PODEM TER CARÁTER VIRTUAL, MEDIANTE ADOÇÃO DE PROCESSO ELETRÔNICO.**

- O Conselho Federal da OAB regulamentará em Provimento o processo ético-disciplinar por meio eletrônico.

## 11. DAS INFRAÇÕES E SANÇÕES DISCIPLINARES – ARTIGOS 34 A 43 DA LEI Nº 8.906/94

Infrações Disciplinares estão **TAXATIVAMENTE** elencadas na Lei nº 8.906/94, e DEVEM ser **interpretadas restritivamente e sem analogia**. **Mesmo conceitos indeterminados**, como conduta incompatível, cujas hipóteses são exemplificativas, e NÃO comportam juízos de valor subjetivo, **concretizam-se mediante padrão de conduta nacionalmente consagrado**.

| INFRAÇÕES DISCIPLINARES E RESPECTIVAS PUNIÇÕES | | |
|---|---|---|
| **CENSURA** | **SUSPENSÃO** | **EXCLUSÃO** |
| Exercer a profissão, quando impedido de fazê-lo, ou facilitar, por qualquer meio, o seu exercício aos não inscritos, proibidos ou impedidos. | Prestar concurso a clientes ou a terceiros para realização de ato contrário à lei ou destinado a fraudá-la. | Fazer falsa prova de qualquer dos requisitos para inscrição na OAB. |
| Manter sociedade profissional fora das normas e preceitos legais. | Solicitar ou receber de constituinte qualquer importância para aplicação ilícita ou desonesta. | Tornar-se moralmente inidôneo para o exercício da advocacia. |
| Valer-se de **agenciador de causas**, mediante **participação nos honorários a receber.** | Receber valores, da parte contrária ou de terceiro, relacionados com o objeto do mandato, sem expressa autorização do constituinte. | Praticar crime infamante. |
| **Angariar ou captar causas**, com ou sem a intervenção de terceiros. | Locupletar-se, por qualquer forma, à custa do cliente ou da parte adversa, por si ou interposta pessoa. | Aplicação, por três vezes, de suspensão. |
| Assinar qualquer escrito destinado a processo judicial ou para fim extrajudicial que não tenha feito, ou em que não tenha colaborado. | Recusar-se, injustificadamente, a prestar contas ao cliente de quantias recebidas dele ou de terceiros por conta dele. **OBS.: A SUSPENSÃO PERDURA ATÉ QUE SATISFAÇA INTEGRALMENTE A DÍVIDA, INCLUSIVE COM CORREÇÃO MONETÁRIA.** | |
| Advogar contra literal disposição de lei, presumindo-se a boa-fé quando fundamentado na inconstitucionalidade, na injustiça da lei ou em pronunciamento judicial anterior. | Reter, abusivamente, ou extraviar autos recebidos com vista ou em confiança. | – |
| Violar, sem justa causa, sigilo profissional. | Deixar de pagar as contribuições, multas e preços de serviços devidos à OAB, depois de regularmente notificado a fazê-lo. **OBS.: "É inconstitucional a suspensão realizada por conselho de fiscalização profissional do exercício laboral de seus inscritos por inadimplência de anuidades, pois a medida consiste em sanção política em matéria tributária"** (Tema 732, RE 647885, Relator(a): EDSON FACHIN, Tribunal Pleno, julgado em 27/04/2020, ACÓRDÃO ELETRÔNICO REPERCUSSÃO GERAL - MÉRITO DJe-123 DIVULG 18-05-2020 PUBLIC 19-05-2020) | – |
| Estabelecer entendimento com a parte adversa sem autorização do cliente ou ciência do advogado contrário. | Incidir em erros reiterados que evidenciem **inépcia profissional**. **OBS.: A SUSPENSÃO PERDURA ATÉ QUE PRESTE NOVAS PROVAS DE HABILITAÇÃO.** | – |
| Prejudicar, por culpa grave, interesse confiado ao seu patrocínio. | Manter conduta incompatível com a advocacia (Ex.: prática reiterada de jogo de azar, não autorizado por lei; incontinência pública e escandalosa; ou embriaguez ou toxicomania habituais. | – |
| Acarretar, conscientemente, por ato próprio, a anulação ou a nulidade do processo em que funcione. | Em caso de reincidência em infração disciplinar. | – |
| Abandonar a causa sem justo motivo ou antes de decorridos dez dias da comunicação da renúncia. | – | – |
| Recusar-se a prestar, sem justo motivo, assistência jurídica, quando nomeado em virtude de impossibilidade da Defensoria Pública. | – | – |
| Fazer publicar na imprensa, desnecessária e habitualmente, alegações forenses ou relativas a causas pendentes. | – | – |
| Deturpar o teor de dispositivo de lei, de citação doutrinária ou de julgado, bem como de depoimentos, documentos e alegações da parte contrária, para confundir o adversário ou iludir o juiz da causa. | – | – |
| Fazer, em nome do constituinte, sem autorização escrita deste, imputação a terceiro de fato definido como crime. | – | – |

| INFRAÇÕES DISCIPLINARES E RESPECTIVAS PUNIÇÕES | | |
|---|---|---|
| **CENSURA** | **SUSPENSÃO** | **EXCLUSÃO** |
| Deixar de cumprir, no prazo estabelecido, determinação emanada do órgão ou de autoridade da Ordem, em matéria da competência desta, depois de regularmente notificado. | – | – |
| Praticar, o estagiário, ato excedente de sua habilitação. | – | – |
| Violação a preceito do Código de Ética e Disciplina. | – | – |
| De forma **subsidiária**. | – | – |

- A MULTA é aplicável CUMULATIVAMENTE COM A CENSURA OU SUSPENSÃO, em havendo circunstâncias agravantes, cujo valor:
- **Mínimo:** uma anuidade.
- **Máximo:** dez anuidades.
- A CENSURA PODE SER CONVERTIDA EM ADVERTÊNCIA, em ofício reservado, sem registro nos assentamentos do inscrito, quando PRESENTE CIRCUNSTÂNCIA ATENUANTE.

Na aplicação das sanções disciplinares, são consideradas as seguintes circunstâncias, **DENTRE OUTRAS**:

| ATENUANTES | AGRAVANTES |
|---|---|
| Falta cometida na defesa de prerrogativa profissional. | Reincidência em infração disciplinar. |
| Ausência de punição disciplinar anterior. | Gravidade da culpa. |
| Exercício assíduo e proficiente de mandato ou cargo em qualquer órgão da OAB. | |
| Prestação de relevantes serviços à advocacia ou à causa pública. | |

- QUALQUER SANÇÃO DISCIPLINAR sofrida permite ao infrator requerer sua REABILITAÇÃO, desde que:
- Transcorrido **1 ano de seu cumprimento; E**
- Prove seu **efetivo bom comportamento**; **E**
- Se a **sanção disciplinar resultar da prática de crime**, haja **prévia reabilitação criminal**.

| PRESCRIÇÃO DA PRETENSÃO DISCIPLINAR | | |
|---|---|---|
| **Termo inicial** | **Interrupção** | **Consequências** |
| Da **constatação oficial do fato**, com a instauração do processo disciplinar, transcorrer 5 anos. | Pela **instauração de processo disciplinar** ou pela **notificação válida** feita diretamente ao representado. | A OAB não pode dar continuidade ao processo disciplinar, para punir o infrator. |
| **Despacho ou Julgamento pendente**, de qualquer processo disciplinar, por mais de 3 anos. | Pela **decisão condenatória recorrível** de qualquer órgão julgador da OAB. | Os autos do processo disciplinar serão arquivados de ofício, ou a requerimento da parte interessada, sem prejuízo de serem apuradas as responsabilidades pela paralisação. |

**Sobre o tema, é importante ler as seguintes decisões do Conselho Federal:**

*1 – <u>Ato anulado não é considerado para fins de contagem de interrupção do prazo prescricional</u>: "RECURSO N. 49.0000.2017.000474-3/SCA-PTU. Recte: E.P.M. (Advs: Eliezer Pereira Martins OAB/SP 168735, Dailson Soares Rezende OAB/SP 314481 e outros). Recdo: Reinaldo de Souza Alves. Interessado: Conselho Seccional da OAB/São Paulo. Relator: Conselheiro Federal Oswaldo Pereira Cardoso Filho (MT). EMENTA N. 142/2017/SCAPTU. Recurso ao Conselho Federal. Prescrição da pretensão punitiva. Anulação de atos processuais. Tramitação do feito por lapso temporal superior a cinco anos entre a última causa válida de interrupção do curso da prescrição e nova decisão condenatória. Recurso provido. 1) <u>A jurisprudência deste Conselho Federal tem se mantido firme no sentido de que, anulados os atos processuais, e tramitando o feito por lapso temporal superior a 05 (cinco) anos até a prolação da nova decisão condenatória, a contar da última causa válida de interrupção do curso da prescrição, deve ser declarada extinta a punibilidade, nos termos do artigo 43, caput, da Lei n. 8.906/94</u>. 2) Nos casos dos autos, anulado o feito desde a audiência de instrução, a última causa de interrupção válida passou a ser a decisão de instauração do processo disciplinar. E, tramitando o feito por lapso temporal superior a 05 (cinco) anos entre a declaração de instauração do processo disciplinar e a nova condenação, há de se declarar extinta a punibilidade pela prescrição da pretensão punitiva, nos moldes do art. 43, caput, da Lei n. 8.906/94. 3) Recurso provido, para declarar extinta a punibilidade pela prescrição da pretensão punitiva. Acórdão: Vistos, relatados e discutidos os autos do processo em referência, acordam os membros da Primeira Turma da Segunda Câmara do Conselho Federal da Ordem dos Advogados do Brasil, observado o quorum do art. 92 do Regulamento Geral, por unanimidade, em dar provimento ao recurso, nos termos do voto do Relator. Brasília, 21 de agosto de 2017. Carlos Roberto Siqueira Castro, Presidente. Elton Sadi Fülber, Relator ad hoc. (DOU, S.1, 29.08.2017, p. 64, grifo nosso)".*

*2 – <u>não é possível se usar no mesmo procedimento disciplinar as duas causas interruptivas de prescrição iniciais, mas a que ocorrer primeiro (a instauração de processo disciplinar é marco interruptivo da prescrição destinada à instauração de ofício, enquanto que a notificação válida feita diretamente ao representado é marco interruptivo ao processo disciplinar instaurado por provocação, por exemplo)</u>: "RECURSO N. 49.0000.2017.005793-0/SCA. Recte: E.P.M. (Advs: Eliezer Pereira Martins OAB/SP 168735 e outros). Recdo: J.B.M.J. (Adv: João Bosco Maciel Junior OAB/SP 174887). Interessado: Conselho Seccional da OAB/São Paulo. Relator: Conselheiro Federal Alexandre César Dantas Soccorro*

*(RR). EMENTA N. 012/2018/SCA. Recurso. Art. 89-A, § 3º, do Regulamento Geral do EAOAB. Acórdão não unânime da Segunda Turma da Segunda Câmara. Prescrição da pretensão punitiva. Recurso provido. 1) A interrupção do curso da prescrição da pretensão punitiva, ou prescrição quinquenal, nos termos do inciso I, do § 2º, do art. 43 do Estatuto da Advocacia e da OAB, somente ocorrerá uma única vez, seja pela instauração do processo disciplinar, hipótese em que o processo é instaurado de ofício, ou pela notificação inicial válida, feita ao advogado, na forma do art. 137-D do Regulamento Geral, para apresentar defesa prévia ou qualquer outra manifestação nos autos, sendo considerado como marco interruptivo apenas aquele que verificar primeiro. Precedentes. 2) Assim, decorrendo lapso temporal superior a 05 (cinco) anos entre uma daquelas causas de interrupção do curso da prescrição, vale dizer, ou a notificação válida ou a instauração do processo disciplinar, e a primeira decisão condenatória recorrível proferida por órgão julgador da OAB, ou mesmo tramitando o processo disciplinar a partir de então, por lapso temporal superior a 05 (cinco) anos, sem a prolação de decisão de natureza condenatória, restará fulminada a pretensão punitiva pela prescrição quinquenal. 3) Recurso provido, para declarar extinta a punibilidade pela prescrição da pretensão punitiva. Acórdão: Vistos, relatados e discutidos os autos do processo em referência, acordam os membros da Segunda Câmara do Conselho Federal da Ordem dos Advogados do Brasil, observado o quórum exigido no art. 92 do Regulamento Geral, por unanimidade, em dar provimento ao recurso, nos termos do voto do Relator. Impedido de votar o Representante da OAB/São Paulo. Brasília, 21 de maio de 2018. Ibaneis Rocha Barros Junior, Presidente. Alexandre César Dantas Soccorro, Relator. (DOU, S.1, 24.05.2018, p. 135, grifo nosso)".*

## 12. DA ORDEM DOS ADVOGADOS DO BRASIL – ARTIGOS 44 A 67 DA LEI Nº 8.906/94 E ARTIGOS 44 A 150 DO REGULAMENTO GERAL DO ESTATUTO DA ADVOCACIA E DA OAB

O Estatuto da Advocacia e da OAB dispõe que ela possui as seguintes características, finalidades, peculiaridades e órgãos:

| ORDEM DOS ADVOGADOS DO BRASIL | | |
|---|---|---|
| **Características e peculiaridades** | **Finalidades** | **Órgãos** |
| Serviço público. | Defender a Constituição. | Conselho Federal. |
| Personalidade jurídica. | Defender a ordem jurídica do Estado democrático de direito. | Conselhos Seccionais. |
| Forma federativa. | Defender os direitos humanos. | Subsecções. |
| Não mantém com órgãos da Administração Pública qualquer vínculo funcional ou hierárquico. | Defender a justiça social. | Caixas de Assistência. |
| Uso privativo da sigla OAB. | Pugnar pela boa aplicação das leis. | |
| Goza de imunidade tributária total em relação a seus bens, rendas e serviços. | Pugnar pela rápida administração da justiça. | |
| Os atos conclusivos de seus órgãos devem ser publicados na imprensa oficial ou afixados no fórum, na íntegra ou em resumo, salvo quando reservados ou de administração interna. | Pugnar pelo aperfeiçoamento da cultura e das instituições jurídicas. | |

- O Conselho Federal:

– É dotado de personalidade jurídica própria;

– É sediado na capital da República;

– É Órgão supremo da OAB.

– Compõe-se: I - dos conselheiros federais, integrantes das delegações de cada unidade federativa; II - dos seus ex-presidentes, na qualidade de membros honorários vitalícios; III – dos membros honorários Instituto dos Advogados Brasileiros e a Federação Nacional dos Institutos dos Advogados do Brasil, somente com direito a voz nas sessões do Conselho Federal.

- Os Conselhos Seccionais possuem:

– Personalidade jurídica própria;

– Jurisdição sobre os respectivos territórios dos Estados-membros, do Distrito Federal e dos Territórios.

**IMPORTANTE**: A **fixação da Tabela de honorários** e a **realização do Exame de Ordem** são de competência do **respectivo Conselho Seccional.**

**LEMBRE-SE**: As Subseções são partes autônomas do Conselho Seccional, na forma da Lei nº 8.906/94 e de seu ato constitutivo, MAS quem as cria e fixa sua área territorial e seus limites de competência e autonomia são os respectivos Conselhos Seccionais!

- **As Caixas de Assistência dos Advogados são:**

– Dotadas de personalidade jurídica própria;

– Criadas pelos Conselhos Seccionais, quando estes contarem com mais de mil e quinhentos inscritos.

**LEMBRE-SE**: Cabe à Caixa a **metade da receita das anuidades** recebidas pelo Conselho Seccional, considerado o valor resultante **após as deduções regulamentares obrigatórias.**

- **ELEIÇÃO DOS MEMBROS DE TODOS OS ÓRGÃOS DA OAB:**

i) realizada na segunda quinzena do mês de novembro, do último ano do mandato, mediante cédula única e votação direta dos advogados regularmente inscritos;

ii) na forma e segundo os critérios e procedimentos estabelecidos no regulamento geral;

iii) é de comparecimento obrigatório para todos os advogados inscritos na OAB;

iv) o candidato deve comprovar situação regular perante a OAB, não ocupar cargo exonerável *ad nutum*, não ter sido condenado por infração disciplinar, salvo reabilitação, e exercer efetivamente a profissão há mais de 3 (três) anos, nas eleições para os cargos de Conselheiro Seccional e das Subseções, quando houver, e há mais de 5 (cinco) anos, nas eleições para os demais cargos.

## 13. DO PROCESSO DISCIPLINAR – ARTIGOS 68 A 77 DA LEI Nº 8.906/94, ARTIGOS 55 A 72 DO CÓDIGO DE ÉTICA E DISCIPLINA DA OAB E ARTIGOS 137-D E 144-C DO REGULAMENTO GERAL DO ESTATUTO DA ADVOCACIA E DA OAB

Ao processo disciplinar, salvo disposição em contrário, aplicam-se subsidiariamente as regras da legislação processual penal comum.

Aos outros processos – que não o processo disciplinar – aplicam-se subsidiariamente as regras gerais do procedimento administrativo comum e da legislação processual civil, nessa ordem.

Todos os prazos necessários à manifestação nos processos em geral serão de quinze dias, até para a interposição de recursos. A regra se aplica aos advogados, estagiários e terceiros. Nos casos de publicação pela imprensa oficial, o prazo inicia-se no primeiro dia útil seguinte.

PRAZO PARA MANIFESTAR E RECORRER: 15 dias.

O poder de punir é do Conselho Seccional em cuja base territorial tenha ocorrido a infração, a não ser que cometida perante o Conselho Federal.

| CARACTERÍSTICAS DO PROCESSO DISCIPLINAR: |
|---|
| – cabe ao Tribunal de Ética e Disciplina julgá-lo; |
| – Tribunal de Ética poderá suspender o advogado preventivamente; |
| – instaura-se de ofício ou mediante representação; |
| – tramita em sigilo; |
| – a sua instrução compete ao Relator escolhido; |
| – o relator oferece parecer preliminar; |
| – o prazo para a defesa prévia poderá ser prorrogado, por motivo relevante, a juízo do relator; |
| – permitida a sua revisão, por erro de julgamento ou condenação baseada em falsa prova. |

| Competência do Conselho | |
|---|---|
| **Seccional:** | **Federal:** |
| Os **recursos** contra todas as decisões proferidas por pelo Presidente do próprio Conselho Seccional, pelo Tribunal de Ética e seu presidente, pelo Tribunal de Ética e Disciplina, ou pela diretoria da Subseção ou da Caixa de Assistência dos Advogados, serão julgados pelo **Conselho Seccional.**<br>O Conselho Seccional também julgará recurso contra decisão do Presidente ou da Diretoria da Subseção, mesmo quando houver conselho na Subseção. | Os recursos contra todas as decisões definitivas proferidas pelo Conselho Seccional, quando não tenham sido unânimes ou, sendo unânimes, contrariem esta lei, decisão do Conselho Federal ou de outro Conselho Seccional e, ainda, o regulamento geral, o Código de Ética e Disciplina e os Provimentos. |

**Todos os recursos possuem efeito suspensivo, EXCETO** quando tratarem de eleições, de suspensão preventiva decidida pelo Tribunal de Ética e Disciplina, e de cancelamento da inscrição obtida com falsa prova.

Os recursos serão dirigidos ao **órgão julgador superior competente**, embora interpostos perante a autoridade ou órgão que proferiu a decisão recorrida, ressalvados os embargos declaratórios, que serão dirigidos ao relator da decisão recorrida.

O juízo de admissibilidade é exclusivo do relator do órgão julgador a que se dirige o recurso. Assim, não pode o órgão recorrido rejeitar o seu encaminhamento.

O prazo para a interposição dos recursos é de quinze dias, podendo ser utilizado o *fac-símile* ou similar, devendo o original ser entregue até 10 dias da data da interposição.

O recurso poderá ser protocolado também perante os Conselhos Seccionais e as Subseções, cabendo ao interessado indicar a quem este se dirige.

Se o relator verificar a intempestividade ou ausência dos pressupostos legais para a interposição do recurso, proferirá despacho de indeferimento liminar, devolvendo-se os autos ao órgão recorrido para executar a decisão, sendo cabível recurso voluntário ao órgão julgador.

Reexame necessário: quando a decisão, inclusive dos Conselhos Seccionais, conflitar com orientação de órgão colegiado superior, fica sujeita ao duplo grau de jurisdição.

**NOVIDADE – MODULAÇÃO DOS EFEITOS:** poderá o órgão julgador recursal competente, por maioria de seus membros, restringir os efeitos da decisão OU decidir que esta só tenha eficácia a partir de seu trânsito em julgado ou de outro momento que venha a ser fixado, DESDE que fundamentado em razões de segurança jurídica ou de excepcional interesse social da OAB.

### ✦ SÚMULAS APLICÁVEIS

### ✦ STF

### ATIVIDADE DE ADVOCACIA

- **Súmula Vinculante nº 05 –** A falta de defesa técnica por advogado no processo administrativo disciplinar não ofende a Constituição.
- **Súmula nº 708 –** É nulo o julgamento da apelação se, após a manifestação nos autos da renúncia do único defensor, o réu não foi previamente intimado para constituir outro.
- **Súmula nº 707 –** Constitui nulidade a falta de intimação do denunciado para oferecer contrarrazões ao recurso interposto da rejeição da denúncia, não a suprindo a nomeação de defensor dativo.
- **Súmula nº 705 –** A renúncia do réu ao direito de apelação, manifestada sem a assistência do defensor, não impede o conhecimento da apelação por este interposta.
- **Súmula nº 523 –** No processo penal, a falta da defesa constitui nulidade absoluta, mas a sua deficiência só o anulará se houver prova de prejuízo para o réu.
- **Súmula nº 352 –** Não é nulo o processo penal por falta de nomeação de curador ao réu menor que teve a assistência de defensor dativo.

### DIREITO A EXAME E VISTAS DE PROCESSOS E DOCUMENTOS

- **Súmula Vinculante nº 14 –** É direito do defensor, no interesse do representado, ter acesso amplo aos elementos de prova que, já documentados em procedimento investigatório realizado por órgão com competência de polícia judiciária, digam respeito ao exercício do direito de defesa.

## HONORÁRIOS ADVOCATÍCIOS

- **Súmula Vinculante nº 47** – Os honorários advocatícios incluídos na condenação ou destacados do montante principal devido ao credor consubstanciam verba de natureza alimentar cuja satisfação ocorrerá com a expedição de precatório ou requisição de pequeno valor, observada ordem especial restrita aos créditos dessa natureza.
- **Súmula nº 617** – A base de cálculo dos honorários de advogado em desapropriação é a diferença entre a oferta e a indenização, corrigidas ambas monetariamente.
- **Súmula nº 616** – É permitida a cumulação da multa contratual com os honorários de advogado, após o advento do código de processo civil vigente.
- **Súmula nº 512** – Não cabe condenação em honorários de advogado na ação de mandado de segurança.
- **Súmula nº 472** – A condenação do autor em honorários de advogado, com fundamento no art. 64 do código de processo civil, depende de reconvenção.
- **Súmula nº 450** – São devidos honorários de advogado sempre que vencedor o beneficiário de justiça gratuita.
- **Súmula nº 389** – Salvo limite legal, a fixação de honorários de advogado, em complemento da condenação, depende das circunstâncias da causa, não dando lugar a recurso extraordinário.
- **Súmula nº 378** – Na indenização por desapropriação incluem-se honorários do advogado do expropriado.
- **Súmula nº 257** – São cabíveis honorários de advogado na ação regressiva do segurador contra o causador do dano.
- **Súmula nº 256** – É dispensável pedido expresso para condenação do réu em honorários, com fundamento nos arts. 63 ou 64 do Código de Processo Civil.
- **Súmula nº 234** – São devidos honorários de advogado em ação de acidente do trabalho julgada procedente.
- **Súmula nº 185** – Em processo de reajustamento pecuário, não responde a união pelos honorários do advogado do credor ou do devedor.
- **Súmula nº 115** – Sobre os honorários do advogado contratado pelo inventariante, com a homologação do juiz, não incide o imposto de transmissão *causa mortis*.

## ✦ STJ

## ATIVIDADE DE ADVOCACIA

- **Súmula nº 410** – A prévia intimação pessoal do devedor constitui condição necessária para a cobrança de multa pelo descumprimento de obrigação de fazer ou não fazer.
- **Súmula nº 343** – É obrigatória a presença de advogado em todas as fases do processo administrativo disciplinar.
- **Súmula nº 273** – Intimada a defesa da expedição da carta precatória, torna-se desnecessária intimação da data da audiência no juízo deprecado.
- **Súmula nº 115** – Na instancia especial é inexistente recurso interposto por Advogado sem procuração nos autos.

## HONORÁRIOS ADVOCATÍCIOS

- **Súmula nº 488** – O § 2º do art. 6º da Lei n. 9.469/1997, que obriga à repartição dos honorários advocatícios, é inaplicável a acordos ou transações celebrados em data anterior à sua vigência.
- **Súmula nº 421** – Os honorários advocatícios não são devidos à Defensoria Pública quando ela atua contra a pessoa jurídica de direito público à qual pertença.
- **Súmula nº 345** – São devidos honorários advocatícios pela Fazenda Pública nas execuções individuais de sentença proferida em ações coletivas, ainda que não embargadas.
- **Súmula nº 325** – A remessa oficial devolve ao Tribunal o reexame de todas as parcelas da condenação suportadas pela Fazenda Pública, inclusive dos honorários de advogado.
- **Súmula nº 306** – Os honorários advocatícios devem ser compensados quando houver sucumbência recíproca, assegurado o direito autônomo do advogado à execução do saldo sem excluir a legitimidade da própria parte.
- **Súmula nº 303** – Em embargos de terceiro, quem deu causa à constrição indevida deve arcar com os honorários advocatícios.
- **Súmula nº 201** – Os honorários advocatícios não podem ser fixados em salários-mínimos.
- **Súmula nº 153** – A desistência da execução fiscal, após o oferecimento dos embargos, não exime o exequente dos encargos da sucumbência.
- **Súmula nº 141** – Os honorários de advogado em desapropriação direta são calculados sobre a diferença entre a indenização e a oferta, corrigidas monetariamente.
- **Súmula nº 131** – Nas ações de desapropriação incluem-se no cálculo da verba advocatícia as parcelas relativas aos juros compensatórios e moratórios, devidamente corrigidas.
- **Súmula nº 111** – Os honorários advocatícios, nas ações previdenciárias, não incidem sobre as prestações vencidas após a sentença.
- **Súmula nº 110** – A isenção do pagamento de honorários advocatícios, nas ações acidentarias, é restrita ao segurado.
- **Súmula nº 105** – Na ação de mandado de segurança não se admite condenação em honorários advocatícios.
- **Súmula nº 29** – No pagamento em juízo para elidir falência, são devidos correção monetária, juros e honorários de advogado.
- **Súmula nº 14** – Arbitrados os honorários advocatícios em percentual sobre o valor da causa, a correção monetária incide a partir do respectivo ajuizamento.

# Direito Civil

*Welington Pereira*

## TABELA DE INCIDÊNCIA DE QUESTÕES

| Distribuição das questões organizada por ordem didática de assuntos | | |
|---|---|---|
| **Assunto** | **Número de Questões** | **Peso** |
| 1. LEI DE INTRODUÇÃO ÀS NORMAS DO DIREITO BRASILEIRO | 1 | 0,46% |
| 2. PARTE GERAL | 48 | 22,02% |
| 3. DO DIREITO DAS OBRIGAÇÕES | 25 | 1,38% |
| 4. DOS CONTRATOS | 40 | 18,35% |
| 5. DA RESPONSABILIDADE CIVIL | 15 | 6,88% |
| 6. DIREITO DAS COISAS | 38 | 17,43% |
| 7. DO DIREITO DE FAMÍLIA | 40 | 18,35% |
| 8. DO DIRETO DAS SUCESSÕES | 29 | 13,30% |
| 9. ALIENAÇÃO FIDUCIÁRIA DE COISA IMÓVEL | 1 | 0,46% |
| 10. MARCO CIVIL DA INTERNET – LEI N. 12.965/14 | 1 | 0,46% |
| 11. LEI GERAL DE PROTEÇÃO DE DADOS – LEI Nº 13.709/18 | 2 | 0,92% |
| **Total** | **211** | **100%** |

*Welington Pereira*

## ✦ QUESTÕES

✪ **Nota do Autor:** As questões e seus respectivos gabaritos levam em consideração a legislação vigente à data da PUBLICAÇÃO do edital e da realização da prova. Posteriores alterações legislativas, não justificam alterações na redação do enunciado ou no gabarito da questão.

## 1. LEI DE INTRODUÇÃO ÀS NORMAS DO DIREITO BRASILEIRO

### 1.1. *VACATIO LEGIS*

- LINDB, art. 1º.
- Lei Complementar n.º 95/98, art. 8º.

NOTA DE ATUALIZAÇÃO: A lei n.º 13.655, de 25 de abril de 2018, trouxe profundas mudanças no direito brasileiro ao inserir 10 novos artigos, na LINDB. Foram inseridos os artigos 20 a 30, lembrando que o art. 25 foi vetado, tais dispositivos trazem regras sobre segurança jurídica e eficácia na criação e aplicação do direito público. Nesse sentido, ressalta-se que a interpretação deve ser a de que tais dispositivos regulam temas de direito público, tais como: direito administrativo, financeiro, orçamento e tributário. Portanto, as novas regras previstas nos artigos 20 a 30, da LINDB, não se aplicam aos temas de direito privado.

---

**01. (Exame de Ordem 2011.1 – FGV)** Suponha que tenha sido publicada no Diário Oficial da União, do dia 26 de abril de 2011 (terça-feira), uma lei federal, com o seguinte teor:

> *"Lei GTI, de 25 de abril de 2011.*
>
> *Define o alcance dos direitos da personalidade previstos no Código Civil.*
>
> *O Presidente da República*
>
> *Faço saber que o Congresso Nacional decreta e eu sanciono a seguinte Lei:*
>
> *Art. 1º: Os direitos da personalidade previstos no Código Civil aplicáveis aos nascituros são estendidos aos embriões laboratoriais (in vitro), ainda não implantados no corpo humano.*
>
> *Art. 2º: Esta lei entra em vigor no prazo de 45 dias.*
>
> *Brasília, 25 de abril 2011, 190º da Independência da República e 123º da República."*

Ante a situação hipotética descrita e considerando as regras sobre a forma de contagem do período de vacância e a data em que a lei entrará em vigor, é correto afirmar que a contagem do prazo para entrada em vigor de lei que contenha período de vacância se dá

a) pela exclusão da data de publicação da lei e a inclusão do último dia do prazo, entrando em vigor no dia subsequente à sua consumação integral, que na situação descrita será o dia 13/06/2011.

b) pela inclusão da data de publicação e do último dia do prazo, entrando em vigor no dia subsequente à sua consumação integral, passando a vigorar no dia 10/06/2011.

c) pela inclusão da data de publicação e exclusão do último dia do prazo, entrando em vigor no dia 09/06/2011.

d) pela exclusão da data de publicação e do último dia do prazo, entrando em vigor no dia 11/06/2011.

**COMENTÁRIOS**

✪ **Nota do autor:** Para a resolução correta da questão, o conteúdo do enunciado é dispensável, não merecendo qualquer tipo de interpretação. O que realmente nos interessa do enunciado é a data da publicação da lei.

**Alternativa "a".** A assertiva se equivoca ao afirmar que na regra de contagem de prazo deve-se excluir a data da publicação e incluir o último dia do prazo (art. 8º, §1º da LC nº 95/98), o que acarreta o erro na data apresentada como da sua entrada em vigor.

**Alternativa "b".** Primeiramente é preciso destacar que o termo inicial para a contagem do prazo de *vacatio legis* é a data de sua publicação, conforme o *caput* do art. 8º da LC nº 95/98: "A vigência da lei será indicada de forma expressa e de modo a contemplar prazo razoável para que dela se tenha amplo conhecimento, reservada a cláusula 'entra em vigor na data de sua publicação' para as leis de pequena repercussão." E a forma estabelecida para a contagem deve ser conforme estabelece o § 1º do mesmo dispositivo: "A contagem do prazo para entrada em vigor das leis que estabeleçam período de vacância far-se-á com a **inclusão** da data da publicação e do último dia do prazo, entrando em vigor no dia subsequente à sua consumação integral." (Grifo nosso) Desse modo, devemos incluir o dia da publicação da lei no Diário Oficial da União, dia 26 de abril de 2011 (terça-feira), incluir o último dia do prazo, que seria o dia 9 de junho de 2011, e concluir que a vigência da lei terá início no dia subsequente, ou seja, dia 10 de junho de 2011.

**Alternativa "c".** O erro da questão está no fato de se afirmar que o último dia deve ser excluído, quando na verdade ele deve ser incluído e a vigência da lei começa no dia subsequente (art. 8º, §1º da LC nº 95/98).

**Alternativa "d".** O critério adotado pela assertiva contraria o que dispõe a regra do art. 8º, §1º da LC nº 95/98.

**Alternativa correta: letra "b".**

## 2. PARTE GERAL

### 2.1. DAS PESSOAS NATURAIS

#### 2.1.1. DA PERSONALIDADE E DA CAPACIDADE

- CC, art. 1º a 10.

NOTA DE ATUALIZAÇÃO: A lei n.º13.146 de 06 de junho de 2015, que institui a Lei Brasileira de Inclusão da Pessoa com Deficiencia (Estatuto da Pessoa com Deficiência), alterou substancialmente o sistema das incapacidades. Nesse sentido, estude o tema de acordo com as novas regras introduzidas por essa lei.

**02. (FGV – Exame de Ordem 2016.3)** André possui um transtorno psiquiátrico grave, que demanda uso contínuo de medicamentos, graças aos quais ele leva vida normal. No entanto, em razão do consumo de remédios que se revelaram ineficazes, por causa de um defeito de fabricação naquele lote, André foi acometido de um surto que, ao privá-lo de discernimento, o levou a comprar diversos produtos caros de que não precisava.

Para desfazer os efeitos desses negócios, André deve pleitear

a) a nulidade dos negócios, por incapacidade absoluta decorrente de enfermidade ou deficiência mental.

b) a nulidade dos negócios, por causa transitória impeditiva de expressão da vontade.

c) a anulação do negócio, por causa transitória impeditiva de expressão da vontade.

d) a anulação do negócio, por incapacidade relativa decorrente de enfermidade ou deficiência mental.

COMENTÁRIOS

✪ **Nota do autor:** A questão já está de acordo com a recente atualização do Código Civil, promovida pela lei n. 13. 146 de 2015, denominada de Estatuto da Pessoa com Deficiência.

**Alternativas "a" e "b".** A única hipótese de nulidade absoluta que consta no artigo 3º, diz respeito ao menor de dezesseis anos, o que conduz ao erro das afirmativas.

**Alternativa: "c".** A assertiva está de acordo com a nova redação dada ao inciso III, do Art. 4º, do Código Civil, cujo teor transcrevemos: "São incapazes, relativamente a certos atos ou à maneira de os exercer: "III – aqueles que, por causa transitória ou permanente, não puderem exprimir sua vontade;" Lembrando que a redação desse inciso, corresponde, em parte, ao que dispunha o inciso III, do art. 3º, que fora revogado pela Lei nº 13.146 de 2015 – Estatuto da Pessoa com Deficiência. Outrora essa hipótese seria de nulidade absoluta, pois figurava no art. 3º, do CC, que apresentava tal espécie de nulidade. No entanto, atualmente, a presente hipótese deve ser entendida, como anulável, por constar dentre no artigo 4º, do diploma civil.

**Alternativa: "d".** Com a entrada em vigor da Lei nº. 13.146 de 2015 – Estatuto da Pessoa com Deficiência, não há mais hipóteses de incapacidade, absoluta ou relativa, por deficiência ou enfermidade mental, no Código Civil.

**Alternativa correta: letra "c".**

**03. (FGV – Exame de Ordem 2016.2)** Cristiano, piloto comercial, está casado com Rebeca. Em um dia de forte neblina, ele não consegue controlar o avião que pilotava e a aeronave, com 200 pessoas a bordo, desaparece dos radares da torre de controle pouco antes do tempo previsto para a sua aterrissagem. Depois de vários dias de busca, apenas 10 passageiros foram resgatados, todos em estado crítico. Findas as buscas, como Cristiano não estava no rol de sobreviventes e seu corpo não fora encontrado, Rebeca decide procurar um advogado para saber como deverá proceder a partir de agora.

Com base no relato apresentado, assinale a afirmativa correta.

a) A esposa deverá ingressar com uma demanda judicial pedindo a decretação de ausência de Cristiano, a fim de que o juiz, em um momento posterior do processo, possa declarar a sua morte presumida.

b) A esposa não poderá requerer a declaração de morte presumida de Cristiano, uma vez que apenas o Ministério Público detém legitimidade para tal pedido.

c) A declaração da morte presumida de Cristiano poderá ser requerida independentemente de prévia decretação de ausência, uma vez que esgotadas as buscas e averiguações por parte das autoridades competentes.

d) A sentença que declarar a morte presumida de Cristiano não deverá fixar a data provável de seu falecimento, contando-se, como data da morte, a data da publicação da sentença no meio oficial.

COMENTÁRIOS

**Alternativas incorreta: letra "a".** Conforme exposto no comentário anterior, referente à alternativa correta, na hipótese contemplada pelo enunciado da questão, não é necessária a declaração prévia de ausência para fins de se fixar a morte presumida, por força do que preconiza o art. 7º do CC.

**Alternativa "b".** A alternativa está equivocada, por absoluta falta de amparo normativo. Ademais, considerando-se que a morte de Cristiano ensejará, inexoravelmente, a produção de efeitos na esfera jurídica de sua esposa, é inegável sua legitimidade para postular toda e qualquer medida necessária à declaração de tal situação de fato, na forma do que prescreve o art. 7º do CC.

**Alternativa "c".** A assertiva está correta, porquanto em conformidade ao que preconiza o art. 7º do CC, com a seguinte redação: "Pode ser declarada a morte presumida, sem decretação de ausência: I – se for extremamente provável a morte de quem estava em perigo de vida; II – se alguém, desaparecido em campanha ou feito prisioneiro, não for encontrado até dois anos após o término da guerra. Parágrafo único. A declaração da morte presumida, nesses casos, somente poderá ser requerida depois de esgotadas as buscas e averiguações, devendo a sentença fixar a data provável do falecimento."

**Alternativa "d".** A assertiva está incorreta, por contrariar expressa disposição legal, contemplada pelo parágrafo único, do art. 7º, do CC, com a seguinte redação: ". A declaração da morte presumida, nesses casos, somente poderá ser requerida depois de esgotadas as buscas e averiguações, devendo a sentença fixar a data provável do falecimento."

**Alternativa correta: letra "c".**

**04. (FGV – Exame de Ordem 2015.3)** Fabiana e Mauro são casados pelo regime da separação convencional de bens e possuem dois filhos: Amanda e Pedro, de 19 e 16 anos, respectivamente. Mauro é filho de José, que se encontra com 65 anos. Mauro sofreu um acidente automobilístico e, em razão da violência do acidente, está em estado de coma, impossibilitado de exercer os atos da vida civil, razão pela qual sua interdição tornou-se necessária.

Diante dos fatos narrados, assinale a afirmativa correta.

a) Fabiana, em razão do regime de bens que rege o casamento, não poderá ser nomeada curadora de Mauro.

b) Como Mauro possui ascendente vivo e capaz, este será nomeado seu curador, na forma da lei.

c) A filha de Mauro, por ser maior e capaz, será nomeada sua curadora, na forma da lei.

d) Fabiana será nomeada curadora de Mauro, na forma da lei.

COMENTÁRIOS

**Alternativa "a".** A alternativa está incorreta. O art. 1.775 do CC, que rege a matéria, não faz qualquer ressalva quanto ao regime de bens do casamento, o que conduz ao equívoco da assertiva.

**Alternativa "b".** Ao contrário do disposto na alternativa em apreço, o ascendente vivo de Mauro somente seria nomeado curador na falta de Fabiana, conforme preconiza o art. 1.775, §1º, do CC: "Na falta do cônjuge ou companheiro, é curador legítimo o pai ou a mãe; na falta destes, o descendente que se demonstrar mais apto."

**Alternativa "c".** A alternativa está incorreta, por faltar-lhe a essencial fundamentação legal.

**Alternativa "d".** A assertiva está correta, por força do que preconiza o art. 1.775 do CC, cujo teor ora se transcreve: "O cônjuge ou companheiro, não separado judicialmente ou de fato, é, de direito, curador do outro, quando interdito."

**Alternativa correta: letra "d".**

## 2.1.2. DA EMANCIPAÇÃO

- CC, art. 5º.

**05. (FGV – Exame de Ordem 2020.1)** Márcia, adolescente com 17 anos de idade, sempre demonstrou uma maturidade muito superior à sua faixa etária. Seu maior objetivo profissional é o de tornar-se professora de História e, por isso, decidiu criar um canal em uma plataforma on-line, na qual publica vídeos com aulas por ela própria elaboradas sobre conteúdos históricos. O canal tornou-se um sucesso, atraindo multidões de jovens seguidores e despertando o interesse de vários patrocinadores, que começaram a procurar a jovem, propondo contratos de publicidade. Embora ainda não tenha obtido nenhum lucro com o canal, Márcia está animada com a perspectiva de conseguir custear seus estudos na Faculdade de História se conseguir firmar alguns desses contratos. Para facilitar as atividades da jovem, seus pais decidiram emancipá-la, o que permitirá que celebre negócios com futuros patrocinadores com mais agilidade.

Sobre o ato de emancipação de Márcia por seus pais, assinale a afirmativa correta.

a) Depende de homologação judicial, tendo em vista o alto grau de exposição que a adolescente tem na internet.
b) Não tem requisitos formais específicos, podendo ser concedida por instrumento particular.
c) Deve, necessariamente, ser levado a registro no cartório competente do Registro Civil de Pessoas Naturais.
d) É nulo, pois ela apenas poderia ser emancipada caso já contasse com economia própria, o que ainda não aconteceu.

COMENTÁRIO

**Alternativa "a", "b", "c" e "d".** A história narrada no enunciado é caso típico de emancipação por vontade ou concessão dos pais. Nesse tipo de emancipação, são os pais que concedem ao menor, com 16 anos completos, a capacidade para os atos da vida civil, sendo indispensável qualquer interferência judicial. A única formalidade exigida é que a emancipação concedida pelos pais seja formalizada por instrumento público, no respectivo cartório do Registro Civil de Pessoas Naturais. Assim determina a lei civil, em seu art. 5º, Parágrafo único. Cessará, para os menores, a incapacidade: I – pela concessão dos pais, ou de um deles na falta do outro, mediante instrumento público, independentemente de homologação judicial, ou por sentença do juiz, ouvido o tutor, se o menor tiver dezesseis anos completos;"

**Alternativa correta: letra "c".**

**06. (FGV/OAB/XXX_Exame – 2019)** Alberto, adolescente, obteve autorização de seus pais para casar-se aos dezesseis anos de idade com sua namorada Gabriela. O casal viveu feliz nos primeiros meses de casamento, mas, após certo tempo de convivência, começaram a ter constantes desavenças. Assim, a despeito dos esforços de ambos para que o relacionamento progredisse, os dois se divorciaram pouco mais de um ano após o casamento. Muito frustrado, Alberto decidiu reunir algumas economias e adquiriu um pacote turístico para viajar pelo mundo e tentar esquecer o ocorrido.

Considerando que Alberto tinha dezessete anos quando celebrou o contrato com a agência de turismo e que o fez sem qualquer participação de seus pais, o contrato é

a) válido, pois Alberto é plenamente capaz.
b) nulo, pois Alberto é absolutamente incapaz.
c) anulável, pois Alberto é relativamente incapaz.
d) ineficaz, pois Alberto não pediu a anuência de Gabriela.

COMENTÁRIOS

**Alternativa "a":** o contrato celebrado por Alberto é válido, considerando que a emancipação, em regra, é irrevogável, mesmo depois do divórcio, a sua capacidade civil permanece e, portanto, pode celebrar contrato sem a assistência dos pais. O art. 5º, pár. ún., inc. II do CC: "A menoridade cessa aos dezoito anos completos, quando a pessoa fica habilitada à prática de todos os atos da vida civil. Parágrafo único. Cessará, para os menores, a incapacidade: II – pelo casamento.

**Alternativa "b":** Alberto não seria absolutamente incapaz, ainda que não tivesse obtido a emancipação, pois já conta com mais de 16 anos de idade, e a incapacidade absoluta só atinge quem não completou essa idade. Assim, dispõe o art. 3º, do CC: "São absolutamente incapazes de exercer pessoalmente os atos da vida civil os menores de 16 (dezesseis) anos."

**Alternativa "c":** Alberto não é relativamente incapaz, considerando que obteve a emancipação por meio do casamento, tornou-se capaz para os efeitos civis. A emancipação é irrevogável, ainda que a sua causa deixe de existir, ou seja, mesmo com o divorcio de Alberto, ele continua emancipado.

**Alternativa "d":** Não há qualquer razão legal para que Alberto, necessite da anuência de Gabriela para realizar o contrato em questão.

**Alternativa Correta: letra "a".**

**07. (FGV – Exame de Ordem 2016.2 – Prova reaplicada Salvador-BA)** Pedro, em dezembro de 2011, aos 16 anos, se formou no ensino médio. Em agosto de 2012, ainda com 16 anos, começou estágio voluntário em uma companhia local. Em janeiro de 2013, já com 17 anos, foi morar com sua namorada. Em julho de 2013, ainda com 17 anos, após ter sido aprovado e nomeado em um concurso público, Pedro entrou em exercício no respectivo emprego público.

Tendo por base o disposto no Código Civil, assinale a opção que indica a data em que cessou a incapacidade de Pedro.

a) Dezembro de 2011.
b) Agosto de 2012.
c) Janeiro de 2013.
d) Julho de 2013.

COMENTÁRIOS

**Nota do autor:** A emancipação é uma das hipóteses de cessação da incapacidade, e pode ser entendida como a aquisição da capacidade civil antes de se alcançar a maioridade.

Existem três espécies de emancipação, a voluntária, judicial e a legal.

**Alternativa "a".** A assertiva está incorreta, pois apresenta a data da emancipação como decorrência da formatura do ensino médio. Contudo, a lei determina que a emancipação pode acontecer legalmente, na hipótese de conclusão de curso superior. Vejamos a doutrina legal: "Art. 5º A menoridade cessa aos dezoito anos completos, quando a pessoa fica habilitada à prática de todos os atos da vida civil. Parágrafo único. Cessará, para os menores, a incapacidade: IV – pela colação de grau em curso de ensino superior;"

**Alternativa "b".** A lei exige, para a emancipação legal, que o menor com 16 (dezesseis) anos completos, tenha relação de emprego, que lhe garanta economia própria. A data prevista na alternativa diz respeito ao início do estágio de Pedro, o que não se amolda ao previsto na lei: "Art. 5º A menoridade cessa aos dezoito anos completos, quando a pessoa fica habilitada à prática de todos os atos da vida civil. Parágrafo único. Cessará, para os menores, a incapacidade. V – pelo estabelecimento civil ou comercial, ou pela existência de relação de emprego, desde que, em função deles, o menor com dezesseis anos completos tenha economia própria.".

**Alternativa "c".** Em janeiro de 2013, Pedro vai morar com sua namorada. A alternativa quer sugerir que o estabelecimento de união estável é motivo legal para configurar a emancipação. Contudo, tal premissa está errado, tendo em vista que o rol de hipóteses de emancipação legal é taxativo e traz o casamento, como meio legal de emancipação. Além disso, a jurisprudência não admite que o estabelecimento de união estável seja fato gerador, por si só da emancipação, por considerar que a união estável não exige autorização dos pais para sua configuração.

**Alternativa "d".** A alternativa trata da hipótese de emancipação legal, mais precisamente a hipótese prevista no Código Civil: "Art. 5º A menoridade cessa aos dezoito anos completos, quando a pessoa fica habilitada à prática de todos os atos da vida civil. Parágrafo único. Cessará, para os menores, a incapacidade: III – pelo exercício de emprego público efetivo."

**Alternativa correta: letra "d".**

**08. (FGV – Exame de Ordem 2015.1)** Os tutores de José consideram que o rapaz, aos 16 anos, tem maturidade e discernimento necessários para praticar os atos da vida civil. Por isso, decidem conferir ao rapaz a sua emancipação.

Consultam, para tanto, um advogado, que lhes aconselha corretamente no seguinte sentido:

a) José poderá ser emancipado em procedimento judicial, com a oitiva do tutor sobre as condições do tutelado.

b) José poderá ser emancipado via instrumento público, sendo desnecessária a homologação judicial.

c) José poderá ser emancipado via instrumento público ou particular, sendo necessário procedimento judicial.

d) José poderá ser emancipado por instrumento público, com averbação no registro de pessoas naturais.

**COMENTÁRIOS**

**Alternativa "a".** A alternativa está correta, pois reflete a aplicação do art. 5º, parágrafo único, inciso I, do CC, com a seguinte redação: "A menoridade cessa aos dezoito anos completos, quando a pessoa fica habilitada à prática de todos os atos da vida civil. Parágrafo único. Cessará, para os menores, a incapacidade: I – pela concessão dos pais, ou de um deles na falta do outro, mediante instrumento público, independentemente de homologação judicial, ou por sentença do juiz, ouvido o tutor, se o menor tiver dezesseis anos completos."

**Alternativa "b".** A emancipação por escritura pública, sem a intervenção do Poder Judiciário, somente se faz possível quando concedida pelos pais ou por um deles na falta do outro, conforme dispõe o art. 5º, p.u., I, do CC, transcrito alhures. Em consequência, verifica-se ser imprescindível, na espécie, a intervenção do juiz para que José seja emancipado.

**Alternativa "c".** A assertiva está incorreta, por adulterar o que prescreve o art. 5º, p.u., inciso I, do CC, já transcrito nos parágrafos precedentes.

**Alternativa "d".** Como analisado alhures, a emancipação de José está condicionada à intervenção do Poder Judiciário, em razão do que preceitua o art. 5º, p.u., I, do CC. Por corolário, incorreta a alternativa em apreço.

**Alternativa correta: letra "a".**

### 2.1.3. DA COMORIÊNCIA

- CC, art. 8º.

**09. (FGV – Exame de Ordem 2016.2 – Prova reaplicada Salvador-BA)** Joana e Alcindo, casados sob o regime da comunhão universal de bens, estavam a caminho de uma festa no litoral da Bahia, quando tiveram o carro atingido por um caminhão em alta velocidade. Quando a equipe de socorro chegou ao local, ambos os cônjuges estavam sem vida. Conforme laudo pericial realizado, não foi possível determinar se Joana morreu antes de Alcindo.

Joana, que tinha vinte e cinco anos, deixou apenas um parente vivo, seu irmão Alfredo, enquanto Alcindo, que já tinha cinquenta e nove anos, deixou três familiares vivos, seus primos Guilherme e Jorge, e seu sobrinho, Anderson.

Considerando que nenhum dos cônjuges elaborou testamento, assinale a afirmativa correta.

a) Tendo em vista a morte simultânea dos cônjuges, Alfredo receberá integralmente os bens de Joana, e a herança de Alcindo será dividida, em partes iguais, entre os seus herdeiros necessários, Guilherme, Jorge e Anderson.

b) Entre comorientes não há transmissão de patrimônio mas como Joana e Alcindo eram casados em regime de comunhão universal de bens o patrimônio total do casal será dividido em partes iguais e distribuído entre os herdeiros necessários de ambos, ou seja, Alfredo, Guilherme, Jorge e Anderson.

c) Entre comorientes não há transmissão de patrimônio e a herança de cada um dos falecidos será dividida entre os seus respectivos herdeiros, razão pela qual Alfredo herdará integralmente os bens de Joana, enquanto Anderson herdará os bens de Alcindo.

d) Diante da impossibilidade pericial de determinar qual dos cônjuges morreu primeiro, aplica-se o regime jurídico da comoriência, pelo que se presume, em razão da idade, que a morte de Alcindo tenha ocorrido primeiro.

**COMENTÁRIOS**

✪ **Nota do autor:** a morte simultânea ou comoriência está prevista no art. 8º, do CC, e será aplicada quando concorrerem os seguintes requisitos para a sua configuração: i. os comorientes devem ser herdeiros entre si; ii. o fato deve ocorrer na mesma ocasião, não no mesmo local ou acidente, mas sim ao mesmo tempo; iii. esgotar todos os meios de provas.

**Alternativas "a", "b" e "d".** Aplica-se as alternativas incorretas, o comentário feito sobre a alternativa correta.

**Alternativa "c".** A presente alternativa apresenta comentário correto acerca da aplicação da comoriências e suas consequências. Nesse sentido, aplica-se a comoriência quando duas pessoas herdeiras entre si faleceram, na mesma ocasião, sem que se possa constatar pelos meios de prova cabíveis, qual delas faleceu primeiro. Havendo a comoriência, não há transferência de bens e direitos entre os comorientes. Sendo assim, os bens do casal serão divididos, considerando o regime de casamento (comunhão universal de bens), entre os seus colaterais. Na hipótese narrada no enunciado, os bens de Joana serão herdados integralmente por seu irmão Alfredo. Por outro lado, no caso Alcindo, considerando que há mais herdeiros colaterais (primos e sobrinho), aplica-se a regra de que os mais próximos excluem os mais remotos, salvo o direito de representação concedido aos filhos de irmãos (art. 1.840, do CC). Portanto, a meação de Alcindo, ficará com seu sobrinho que herda por estirpe a sua parte, configurando o herdeiro mais próximo em comparação com seus primos.

**Alternativa correta: letra "c".**

## 2.1.4. DOS DIREITOS DA PERSONALIDADE

- CC, arts. 11 a 21.

---

**10. (FGV – Exame de Ordem 2013.3)** João Marcos, renomado escritor, adota, em suas publicações literárias, o pseudônimo Hilton Carrillo, pelo qual é nacionalmente conhecido. Vítor, editor da Revista "Z", empregou o pseudônimo Hilton Carrillo em vários artigos publicados nesse periódico, de sorte a expô-lo ao ridículo e ao desprezo público.

Em face dessas considerações, assinale a afirmativa correta.

a) A legislação civil, com o intuito de evitar o anonimato, não protege o pseudônimo e, em razão disso, não há de se cogitar em ofensa a direito da personalidade, no caso em exame.

b) A Revista "Z" pode utilizar o referido pseudônimo em uma propaganda comercial, associado a um pequeno trecho da obra do referido escritor sem expô-lo ao ridículo ou ao desprezo público, independente da sua autorização.

c) O uso indevido do pseudônimo sujeita quem comete o abuso às sanções legais pertinentes, como interrupção de sua utilização e perdas e danos.

d) O pseudônimo da pessoa pode ser empregado por outrem em publicações ou representações que a exponham ao desprezo público, quando não há intenção difamatória.

**COMENTÁRIOS**

**Alternativa "a".** A assertiva vai de encontro com o que preceitua a literalidade do art. 19 do CC: "O pseudônimo adotado para atividades lícitas goza da proteção que se dá ao nome."

**Alternativa "b".** O pseudônimo recebe a mesma proteção que se dá ao nome, e este somente poderá ser usado por outrem em propaganda (expressão correta seria publicidade) comercial desde que tenha autorização do seu titular, conforme dita a norma contida no art. 18 do CC: "Sem autorização, não se pode usar o nome alheio em propaganda comercial." Portanto, o uso do pseudônimo por outrem somente será permitido quando houver a devida autorização, em qualquer hipótese.

**Alternativa "c".** A legislação brasileira protege o pseudônimo, quando usado para atividades lícitas, dá mesma forma como o faz com o nome, que é um direito da personalidade. Nesse sentido, o uso indevido do pseudônimo enseja a tutela para o seu titular, além do ressarcimento pelas perdas e danos decorrentes do seu uso inadequado. Vejamos os dispositivos pertinentes a matéria tratada pelo diploma civil: "Art. 17. O nome da pessoa não pode ser empregado por outrem em publicações ou representações que a exponham ao desprezo público, ainda quando não haja intenção difamatória. Art. 19. O pseudônimo adotado para atividades lícitas goza da proteção que se dá ao nome."

**Alternativa "d".** A presente assertiva confronta com a norma prevista no art. 17 do CC: "O nome da pessoa não pode ser empregado por outrem em publicações ou representações que a exponham ao desprezo público, ainda quando não haja intenção difamatória."

**Alternativa correta: letra "c".**

---

**11. (Exame de Ordem 2012.2 – FGV)** A proteção da pessoa é uma tendência marcante do atual direito privado, o que leva alguns autores a conceberem a existência de uma verdadeira cláusula geral de tutela da personalidade. Nesse sentido, uma das mudanças mais celebradas do novo Código Civil foi a introdução de um capítulo próprio sobre os chamados direitos da personalidade. Em relação à disciplina legal dos direitos da personalidade no Código Civil, é correto afirmar que

a) havendo lesão a direito da personalidade, em se tratando de morto, não é mais possível que se reclamem perdas e danos, visto que a morte põe fim à existência da pessoa natural, e os direitos personalíssimos são intransmissíveis.

b) como regra geral, os direitos da personalidade são intransmissíveis e irrenunciáveis, mas o seu exercício poderá sofrer irrestrita limitação voluntária.

c) é permitida a disposição gratuita do próprio corpo, no todo ou em parte, com objetivo altruístico ou científico, para depois da morte, sendo que tal ato de disposição poderá ser revogado a qualquer tempo.

d) em razão de sua maior visibilidade social, a proteção dos direitos da personalidade das celebridades e das chamadas pessoas públicas é mais flexível, sendo permitido utilizar o seu nome para finalidade comercial, ainda que sem prévia autorização.

**COMENTÁRIOS**

✪ **Nota do autor:** O enunciado da questão não tem qualquer relevância para a sua resolução. A banca examinadora exige que a resposta correta seja afirmada com base na disciplina legal dos direitos da personalidade no Código Civil, ou seja, ainda que tivesse somente a parte final do enunciado, ainda assim encontraríamos a resposta correta. Nesse sentido, o candidato deve ficar atento, pois essa observação pode resultar no ganho de tempo, considerando que a interpretação do cabeçalho da questão é dispensável, podendo-se ir direto ao exame das alternativas.

**Alternativa "a".** O fim da personalidade jurídica se dá com a morte (art. 6º do CC). No entanto, o cônjuge supérstite ou qualquer parente em linha reta ou colateral até o quarto grau tem legitimidade para reclamar a tutela jurisdicional sobre os direitos personalíssimos do falecido, conforme estabelece a doutrina do parágrafo único do art. 12 do CC: "Pode-se exigir que cesse a ameaça, ou a lesão, a direito da personalidade, e reclamar perdas e danos, sem prejuízo de outras sanções previstas em lei. Parágrafo único. Em se tratando de morto, terá legitimação para requerer a medida prevista neste artigo o cônjuge sobrevivente, ou qualquer parente em linha reta, ou colateral até o quarto grau."

**Alternativa "b".** Os direitos da personalidade têm como características a intransmissibilidade e irrenunciabilidade, isto é: não podem ser transmitidos para outrem, pois são intrínsecos à própria pessoa que os titulariza, também não são renunciáveis, pois decorrem da essência do sujeito como ser humano, qualidade que não pode ser suplantada. Além disso, o exercício desses direitos não pode sofrer limitações voluntárias, e é nesse ponto que alternativa está incorreta, pois contraria o que expressamente declara o art. 11 do CC: "Com exceção dos casos previstos em lei, os direitos da personalidade são intransmissíveis e irrenunciáveis, não podendo o seu exercício sofrer limitação voluntária."

**Alternativa "c".** A assertiva está de acordo com o que prescreve a norma do art. 14 do CC: "É válida, com objetivo científico, ou altruístico, a disposição gratuita do próprio corpo, no todo ou em parte, para depois da morte." Nesse sentido, com o fim científico ou altruístico é possível a disposição do próprio corpo, no todo ou em parte, mas lembre-se de que essa hipótese tem dois requisitos: 1. a finalidade não econômica (científica ou altruísta); 2. somente poderá ser executada depois da morte do doador.

**Alternativa "d".** O direito ao nome decorre da própria personalidade humana, razão pela qual a sua utilização é privativa do seu titular. No entanto, nada impede que a sua utilização seja feita por um terceiro, a título oneroso ou gratuito, mas sempre mediante concessão do seu titular. Pouco importa se seu titular é pessoa pública ou não, pois a exclusividade do direito ao nome decorre da personalidade e nada tem a ver com as características pessoais ou funcionais do seu titular. Por essa razão, o Código Civil no seu art. 18, destaca que, "sem autorização, não se pode usar o nome alheio em propaganda comercial". Portanto, se equivoca o enunciado quando afirma que é possível flexibilizar o direito ao nome das pessoas públicas, com finalidade comercial sem prévia autorização.

**Alternativa correta: letra "c".**

## 2.1.5. DA AUSÊNCIA

- CC, arts. 22 a 39.

---

**12. (FGV-Exame de Ordem 2019.2)** Gumercindo, 77 anos de idade, vinha sofrendo os efeitos do Mal de Alzheimer, que, embora não atingissem sua saúde física, perturbavam sua memória. Durante uma distração de seu enfermeiro, conseguiu evadir-se da casa em que residia. A despeito dos esforços de seus familiares, ele nunca foi encontrado, e já se passaram nove anos do seu desaparecimento. Agora, seus parentes lidam com as dificuldades relativas à administração e disposição do seu patrimônio.

Assinale a opção que indica o que os parentes devem fazer para receberem a propriedade dos bens de Gumercindo.

a) Somente com a localização do corpo de Gumercindo será possível a decretação de sua morte e a transferência da propriedade dos bens para os herdeiros.

b) Eles devem requerer a declaração de ausência, com nomeação de curador dos bens, e, após um ano, a sucessão provisória; a sucessão definitiva, com transferência da propriedade dos bens, só poderá ocorrer depois de dez anos de passada em julgado a sentença que concede a abertura da sucessão provisória.

c) Eles devem requerer a sucessão definitiva do ausente, pois ele já teria mais de oitenta anos de idade, e as últimas notícias dele datam de mais de cinco anos.

d) Eles devem requerer que seja declarada a morte presumida, sem decretação de ausência, por ele se encontrar desaparecido há mais de dois anos, abrindo- se, assim, a sucessão.

COMENTÁRIOS

**Alternativa "a":** O ordenamento jurídico brasileiro admite hipóteses de morte presumida, ou seja, declaração de morte sem que haja corpo para exame cadavérico. Assim, não é preciso a comprovação da morte real, quando há cadáver para se constatar por exame pericial a paralisação dos órgãos vitais ou a morte cerebral, para que alguém seja declarado morto. O instituto da ausência, quando se permite por decisão judicial a abertura da sucessão definitiva, é uma das hipóteses de morte presumida admitidas pelo ordenamento civil, art. 6º: "A existência da pessoa natural termina com a morte; presume-se esta, quanto aos ausentes, nos casos em que a lei autoriza a abertura de sucessão definitiva."

**Alternativa "b":** O procedimento de ausência, regulado nos arts. 22 a 39, do CC, é composto por três fases distintas: 1º fase – curadoria dos bens do ausente; 2º fase – sucessão provisória; e 3º fase – sucessão definitiva. Contudo, essas fases não devem ser observadas em todas as situações, como propõe a assertiva. Há uma hipótese, em que os interessados poderão pedir a abertura da sucessão definitiva, sem ter que passar pelas fases anteriores. Nesse sentido, é o que preceitua o art. 37, do CC: "Pode-se requerer a sucessão definitiva, também, provando-se que o ausente conta oitenta anos de idade, e que de cinco datam as últimas notícias dele".

**Alternativa "c":** A assertiva corresponde ao que determinada o art. 38, CC: "Pode-se requerer a sucessão definitiva, também, provando-se que o ausente conta oitenta anos de idade, e que de cinco datam as últimas notícias dele".

**Alternativa "d":** O dispõe a assertiva não encontra amparo no Código Civil, no tange as hipóteses de morte presumida sem decretação de ausência. Vejamos as situações previstas no art. 7º: "Pode ser declarada a morte presumida, sem decretação de ausência: I – se for extremamente provável a morte de quem estava em perigo de vida; II – se alguém, desaparecido em campanha ou feito prisioneiro, não for encontrado até dois anos após o término da guerra. Parágrafo único. A declaração da morte presumida, nesses casos, somente poderá ser requerida depois de esgotadas as buscas e averiguações, devendo a sentença fixar a data provável do falecimento.

**Alternativa Correta: letra "c".**

---

**13. (FGV – Exame de Ordem 2013.3)** José, brasileiro, casado no regime da separação absoluta de bens, professor universitário e plenamente capaz para os atos da vida civil, desapareceu de seu domicílio, estando em local incerto e não sabido, não havendo indícios ou notícias das razões de seu desaparecimento, não existindo, também, outorga de poderes a nenhum mandatário, nem feitura de testamento. Vera (esposa) e Cássia (filha de José e Vera, maior e capaz) pretendem a declaração de sua morte presumida, ajuizando ação pertinente, diante do juízo competente.

De acordo com as regras concernentes ao instituto jurídico da morte presumida com declaração de ausência, assinale a opção correta.

a) Na fase de curadoria dos bens do ausente, diante da ausência de representante ou mandatário, o juiz nomeará como sua curadora legítima Cássia, pois apenas na falta de descendentes, tal curadoria caberá ao cônjuge supérstite, casado no regime da separação absoluta de bens.

b) Na fase de sucessão provisória, mesmo que comprovada a qualidade de herdeiras de Vera e Cássia, estas, para se imitirem na posse dos bens do ausente, terão que dar garantias da restituição deles, mediante penhores ou hipotecas equivalentes aos quinhões respectivos.

c) Na fase de sucessão definitiva, regressando José dentro dos dez anos seguintes à abertura da sucessão definitiva, terá ele direito aos bens ainda existentes, no estado em que se encontrarem, mas não aos bens que foram comprados com a venda dos bens que lhe pertenciam.

d) Quanto ao casamento de José e Vera, o Código Civil atual reconhece efeitos pessoais e não apenas patrimoniais ao instituto da ausência, possibilitando que a sociedade conjugal seja dissolvida como decorrência da morte presumida do ausente.

**COMENTÁRIOS**

**Nota do autor:** O instituto da ausência ocorrerá em duas hipóteses, isto é, quando uma pessoa desaparece do seu domicílio sem dela haver notícias, e não deixou procurador para administrar os seus bens (art. 22 do CC). E, também, na hipótese em que a pessoa desaparecida deixou mandatário, mas este não quer ou não possa exercer ou continuar o mandato, ou se os seus poderes foram insuficientes (art. 23 do CC).

**Alternativa "a".** Na fase da curadoria dos bens do ausente (art. 22 a 25 do CC), a administração de seus bens caberá primeiramente ao cônjuge, sempre que não esteja separado judicialmente ou de fato por mais de dois anos antes da declaração da ausência. Somente na falta do cônjuge, é que a curadoria será exercida pelos pais ou descendentes, nessa ordem, do ausente. Nesse sentido, é a redação do art. 25 do CC: "O cônjuge do ausente, sempre que não esteja separado judicialmente, ou de fato por mais de dois anos antes da declaração da ausência, será o seu legítimo curador. § 1° Em falta do cônjuge, a curadoria dos bens do ausente incumbe aos pais ou aos descendentes, nesta ordem, não havendo impedimento que os iniba de exercer o cargo."

**Alternativa "b".** A exigência de garantias para se imitir na posse dos bens do ausente na fase da sucessão provisória (arts. 26 a 36 do CC), não incluem os seus herdeiros necessários, como é o caso de Vera e Cassia. Sendo assim, elas poderão se imitir na posse independentemente de garantia, conforme estabelece o § 2º do art. 30 do CC: "Os ascendentes, os descendentes e o cônjuge, uma vez provada a sua qualidade de herdeiros, poderão, independentemente de garantia, entrar na posse dos bens do ausente."

**Alternativa "c".** Reaparecendo o ausente em até dez anos após a sucessão definitiva, isto é, depois que a propriedade dos bens já tiver sido transferida para seus herdeiros, o ausente terá direito aos bens existentes no estado em que se acharem, os sub-rogados em seu lugar, ou o preço que os herdeiros e demais interessados houverem recebido pelos bens alienados depois daquele tempo, conforme estabelece a norma do art. 39 do CC: "Regressando o ausente nos dez anos seguintes à abertura da sucessão definitiva, ou algum de seus descendentes ou ascendentes, aquele ou estes haverão só os bens existentes no estado em que se acharem, os sub-rogados em seu lugar, ou o preço que os herdeiros e demais interessados houverem recebido pelos bens alienados depois daquele tempo."

**Alternativa "d".** O instituto da ausência está ligado eminentemente ao âmbito patrimonial, tendo em vista que seu objetivo primário é o de administrar os bens do ausente e, posteriormente, dar a devida destinação aos mesmos transmitindo-os aos seus sucessores. Contudo, como acertadamente afirma a assertiva, excepcionalmente o aludido instituto tem efeitos que se manifestam no âmbito pessoal. Nesse sentido, podemos dizer que com a abertura da sucessão definitiva no procedimento de ausência (art. 37 e 38 do CC), ocorrerá a declaração da morte presumida do ausente (art. 6º do CC). Declarando-se a morte presumida com ausência, o Código Civil reconhece que a sociedade conjugal entre o ausente e o seu cônjuge restará dissolvida, como estabelece o § 1º do art. 1.571 do CC: "O casamento válido só se dissolve pela morte de um dos cônjuges ou pelo divórcio, aplicando-se a presunção estabelecida neste Código quanto ao ausente."

**Alternativa correta: letra "d".**

## 2.2. DAS PESSOAS JURÍDICAS

NOTA DE ATUALIZAÇÃO: A lei nº 14.382/22, revogou o inc. VI do art. 44, bem como todo o Título I A - art. 980, ambos do CC. Extinguindo definitivamente do ordenamento jurídico, a pessoa jurídica – Empresa Individual de Responsabilidade Limitada (EIRELI). Essa mesma lei acrescentou ao código, o art. 48-A.

Por sua vez, a lei nº14.195/21, art. 41, declarou que todas as EIRELI, até então existentes seriam transformadas, automaticamente, em Sociedades Limitadas Unipessoais, independente de qualquer alteração no seu ato constitutivo.

A lei nº 13.874 de 20 de setembro de 2019, que instituiu a declaração de direitos de liberdade econômica trouxe relevantes alterações para o tema das pessoas jurídicas, vejamos: incluiu o artigo 49-A, alterou a redação do caput do art. 50, e incluiu cinco novos parágrafos ao dispositivo.

### 2.2.1. DESCONSIDERAÇÃO DA PESSOA JURÍDICA

▸ CC, art. 50.

NOTA DE ATUALIZAÇÃO: O art. 50 recebeu nova redação e novos parágrafos, fique atento as mudanças!

## PARTE GERAL – TEORIA DA DESCONSIDERAÇÃO DA PERSONALIDADE JURÍDICA

**14. (FGV- XXXV Exame de Ordem-2022)** Paulo é pai de Olívia, que tem três anos. Paulo é separado de Letícia, mãe de Olívia, e não detém a guarda da criança. Por sentença judicial, ficou fixado o valor de R$3.000,00 a título de pensão alimentícia em favor de Olívia.

Paulo deixou de pagar a pensão alimentícia nos últimos cinco meses e, ajuizada uma ação de execução contra ele, não foi possível encontrar patrimônio suficiente para fazer frente às obrigações inadimplidas. Entretanto, Paulo é também sócio da sociedade Paulo Compra e Venda de Joias Ltda., sociedade que tem patrimônio considerável.

Diante desse cenário, assinale a afirmativa correta.

a) Tendo em vista a absoluta autonomia da pessoa jurídica em relação aos seus sócios, não é possível, em nenhuma hipótese, que, na ação de execução, Olívia atinja o patrimônio da pessoa jurídica Paulo Compra e Venda de Joias Ltda.

b) É possível a desconsideração inversa da personalidade jurídica, a fim de se atingir o patrimônio da sociedade Paulo Compra e Venda de Joias Ltda., independentemente de restar configurada a situação de abuso da personalidade jurídica.

c) Ainda que se comprove o abuso da personalidade jurídica, a legislação apenas reconhece a hipótese de desconsideração direta da personalidade jurídica, não se admitindo a desconsideração inversa, razão pela qual não é possível que Olívia atinja o patrimônio da sociedade Paulo Compra e Venda de Joias Ltda.

*d) É possível a desconsideração inversa da personalidade jurídica, a fim de que Olívia atinja o patrimônio da sociedade Paulo Compra e Venda de Joias Ltda., caso se considere que Paulo praticou desvio de finalidade ou confusão patrimonial e benefício direto ou indireto.

COMENTÁRIOS

**Nota do autor:** Desconsideração inversa é a possibilidade de se desconsiderar a autonomia patrimonial da sociedade, com o fim de atingir seu patrimônio social, para adimplir obrigação do sócio devedor de obrigação não paga. Contudo, como na hipótese de desconsideração direta, essa medida tem caráter excepcional e exige que certos requisitos legais (art. 50, CC) estejam presentes, caso concreto, para que seja decretado o afastamento da autonomia patrimonial da pessoa jurídica, pelo judiciário (arts. 133 – 137, CPC).

**Alternativa "a".** A pessoa jurídica, em regra, não se confunde com seus sócios, como doutrina o art. 49-A, do CC. Contudo, quando a pessoa jurídica é usada com abuso de personalidade, que se caracteriza pelo desvio de finalidade ou pela confusão patrimonial, a sua personalidade pode ser desconsiderada, com o propósito de que certas e determinadas obrigações sejam estendidas aos bens particulares dos sócios, que se beneficiaram do abuso, direta ou indiretamente (art. 50, CC). Portanto, a assertiva, em comento, está equivocada ao afirmar que, em nenhuma hipótese, a ação de execução, promovida por Olivia, atinjirá o patrimônio da pessoa jurídica Paulo Compra e Venda de Joias Ltda. A redação dos dispositivos citados literalmente, ensinam que:

> "Art. 49-A. A pessoa jurídica não se confunde com os seus sócios, associados, instituidores ou administradores."
>
> "Art. 50. Em caso de abuso da personalidade jurídica, caracterizado pelo desvio de finalidade ou pela confusão patrimonial, pode o juiz, a requerimento da parte, ou do Ministério Público quando lhe couber intervir no processo, desconsiderá-la para que os efeitos de certas e determinadas relações de obrigações sejam estendidos aos bens particulares de administradores ou de sócios da pessoa jurídica beneficiados direta ou indiretamente pelo abuso."

**Alternativa "b".** Para que a desconsideração da personalidade jurídica seja decretada, pelo juiz, em qualquer de suas modalidades, é preciso que os requisitos do art. 50 do CC, estejam presentes, caso contrário, não será possível. Nesse sentido, para que se decrete, especificamente, a desconsideração inversa é preciso que seja caracterizado o abuso de personalidade, caracterizado pelo desvio de finalidade ou abuso patrimonial.

**Alternativa "c".** A assertiva está equivoca, pois há previsão expressa da desconsideração da personalidade inversa, no CPC e no CC:

> Art. 133. O incidente de desconsideração da personalidade jurídica será instaurado a pedido da parte ou do Ministério Público, quando lhe couber intervir no processo. § 1º O pedido de desconsideração da personalidade jurídica observará os pressupostos previstos em lei. § 2º Aplica-se o disposto neste Capítulo à hipótese de desconsideração inversa da personalidade jurídica.
>
> "Art. 50. Em caso de abuso da personalidade jurídica, caracterizado pelo desvio de finalidade ou pela confusão patrimonial, pode o juiz, a requerimento da parte, ou do Ministério Público quando lhe couber intervir no processo, desconsiderá-la para que os efeitos de certas e determinadas relações de obrigações sejam estendidos aos bens particulares de administradores ou de sócios da pessoa jurídica beneficiados direta ou indiretamente pelo abuso." § 3º O disposto no caput e nos §§ 1º e 2º deste artigo também se aplica à extensão das obrigações de sócios ou de administradores à pessoa jurídica."

**Alternativa "d".** A assertiva está de acordo com o que descreve o art. 50, do CC: "Em caso de abuso da personalidade jurídica, caracterizado pelo desvio de finalidade ou pela confusão patrimonial, pode o juiz, a requerimento da parte, ou do Ministério Público quando lhe couber intervir no processo, desconsiderá-la para que os efeitos de certas e determinadas relações de obrigações sejam estendidos aos bens particulares de administradores ou de sócios da pessoa jurídica beneficiados direta ou indiretamente pelo abuso."

**Alternativa correta: letra "d".**

---

**15. (FGV – Exame de Ordem 2014.3)** Paulo foi casado, por muitos anos, no regime da comunhão parcial com Luana, até que um desentendimento deu início a um divórcio litigioso. Temendo que Luana exigisse judicialmente metade do seu vasto patrimônio, Paulo começou a comprar bens com capital próprio em nome de sociedade da qual é sócio e passou os demais também para o nome da sociedade, restando, em seu nome, apenas a casa em que morava com ela.

Acerca do assunto, marque a opção correta.

a) A atitude de Paulo encontra respaldo na legislação, pois a lei faculta a todo cidadão defender sua propriedade, em especial de terceiros de má-fé.

b) É permitido ao juiz afastar os efeitos da personificação da sociedade nos casos de desvio de finalidade ou confusão patrimonial, mas não o contrário, de modo que não há nada que Luana possa fazer para retomar os bens comunicáveis.

c) Sabendo-se que a "teoria da desconsideração da personalidade jurídica" encontra aplicação em outros ramos do direito e da legislação, é correto afirmar que os parâmetros adotados pelo Código Civil constituem a Teoria Menor, que exige menos requisitos.

d) No caso de confusão patrimonial, gerado pela compra de bens com patrimônio particular em nome da sociedade, é possível atingir o patrimônio da sociedade, ao que se dá o nome de "desconsideração inversa ou invertida", de modo a se desconsiderar o negócio jurídico, havendo esses bens como matrimoniais e comunicáveis.

COMENTÁRIOS

**Alternativa "a".** Assertiva incorreta, por absoluta inexistência de fundamento legal.

**Alternativa "b".** Ao reverso do que constou da assertiva em exame, a confusão patrimonial é ato contrário ao Direito, uma vez que pode propiciar a aplicação da *disregard doctrine*, nos moldes do que preconiza o art. 50 do CC. Incorreta, pois, a alternativa em apreço.

**Alternativa "c".** O Código Civil, ao reverso do que constou do enunciado da alternativa em apreço, consagrou a teoria maior da desconsideração da personalidade jurídica, pois o art. 50 do CC exige a demonstração de abuso da personalidade jurídica. Já o CDC consagra, em seu art. 28, §5º, da teoria menor, pois sua incidência exige, unicamente, a ocorrência de mero prejuízo para o consumidor.

**Alternativa "d".** A assertiva está correta. Nos termos do que preconiza o art. 50 do CC, é possível desconsiderar a personalidade jurídica da sociedade, com o fito de atingir o patrimônio pessoal dos sócios, na hipótese de abuso da personalidade jurídica, caracterizado pelo desvio de finalidade ou confusão patrimonial. O caso versado na presente questão é sobremaneira distinto, vez que, na situação hipotética descrita, a personalidade jurídica da pessoa natural é que se consubstancia em um obstáculo à correta apuração do patrimônio a ser partilhado após o divórcio do casal. Sobreleva notar, neste aspecto, que o enunciado deixa clara a circunstância de que Paulo transferiu o seu acervo patrimonial pessoal à sociedade, justamente com o desiderato de frustrar a correta partilha dos bens. Em situações desse jaez, doutrina e jurisprudência reconhecem a possibilidade de aplicação da desconsideração inversa, afastando-se os negócios jurídicos simulados, com o fito de atingir o patrimônio da pessoa jurídica. A esse respeito, é oportuna a colação do teor parcial do acórdão prolatado no REsp 1236916 / RS, em que a 3ª Turma do STJ dispôs: "É possível a desconsideração inversa da personalidade jurídica sempre que o cônjuge ou companheiro empresário valer-se de pessoa jurídica por ele controlada, ou de interposta pessoa física, a fim de subtrair do outro cônjuge ou companheiro direitos oriundos da sociedade afetiva." (DJe 22 out. 2013). De tal sorte, correta a assertiva em apreço.

**Alternativa correta: letra "d".**

## 2.2.2. DAS ASSOCIAÇÕES

▸ CC, arts. 53 a 61.

---

**16. (FGV – XXXVII Exame OAB)** A Associação Atlética de uma renomada instituição de ensino jurídico brasileira, que possui mais de seiscentos associados, publica edital em seu site e, também, nas redes sociais, de convocação para uma Assembleia Geral, a ser realizada por meio eletrônico, trinta dias após a publicação, tendo como pauta a aprovação das contas dos diretores relativas ao exercício financeiro anterior e a alteração do estatuto. Diante da situação narrada, assinale a afirmativa correta.

a) A convocação de Assembleia Geral feita pela Associação Atlética apresenta um vício formal que conduz à nulidade absoluta, haja vista a impossibilidade da realização de Assembleia Geral por meio eletrônico.

b) A realização de Assembleia Geral por meio eletrônico é possível juridicamente, desde que respeitada a participação e a manifestação dos associados, salvo para alteração estatutária, que deverá ser feita por reunião presencial, de modo que o edital da Associação Atlética é nulo, admitindo-se a conversão.

c) A realização de Assembleia Geral por meio eletrônico é válida, desde que garantida a participação e a manifestação dos associados, além do respeito às normas estatutárias, inclusive, para a finalidade de alteração dos estatutos.

d) A realização de Assembleia Geral por meio eletrônico é anulável, por falta de previsão legal, admitindo-se, por conseguinte, a convalidação.

**COMENTÁRIOS**

**Alternativa "a".** A assertiva está equivocada em afirmar que a convocação eletrônica de Assembleia Geral feita por associação de direito privado apresenta vício formal, em razão da impossibilidade de a convocação ser feita por essa modalidade. O art. 48-A, do Código Civil, incluído pela lei nº 14.38, de 2022 permite essa forma de convocação de Assembleia Geral, como pode ser confirmado:

> "Art. 48-A. As pessoas jurídicas de direito privado, sem prejuízo do previsto em legislação especial e em seus atos constitutivos, poderão realizar suas assembleias gerais por meio eletrônico, inclusive para os fins do disposto no art. 59 deste Código, respeitados os direitos previstos de participação e de manifestação. (Incluído pela Lei nº 14.382, de 2022)"

**Alternativa "b".** A primeira parte da assertiva está correta, ao afirmar que Assembleia Geral pode ser convocada por meio eletrônico, desde que respeitada a participação e manifestação dos associados (art. 48-A, CC). Não obstante, incorre em erro ao insurgir contra a parte final do dispositivo citado, que estabelece: "inclusive para os fins do disposto no art. 59 deste Código, respeitados os direitos previstos de participação e de manifestação". O art. 59, II, permite que a assembleia Geral seja convocada para alterar o estatuto, que como vimos poderá ser convocada por meio eletrônico.

**Alternativa "c".** A assertiva corresponde ao que prescreve a norma dos dispositivos que regulam a matéria, vejamos:

> "Art. 48-A. As pessoas jurídicas de direito privado, sem prejuízo do previsto em legislação especial e em seus atos constitutivos, poderão realizar suas assembleias gerais por meio eletrônico, inclusive para os fins do disposto no art. 59 deste Código, respeitados os direitos previstos de participação e de manifestação. (Incluído pela Lei nº 14.382, de 2022)"
>
> "Art. 59. Compete privativamente à assembléia geral: I – destituir os administradores; II – alterar o estatuto."

**Alternativa "d".** O art. 48-A, do Código Civil, incluído pela lei nº 14.38, de 2022 permite a convocação de Assembleia Geral por meio eletrônico.

**Alternativa correta: letra "c".**

---

**17. (FGV – Exame de Ordem XXXVI – 2022)** João Paulo, Thiago, Ana e Tereza, amigos de infância, consultam um advogado sobre a melhor forma de, conjuntamente, desenvolverem atividade com o propósito de auxiliar na educação formal de jovens de uma comunidade da cidade ABC.

Os amigos questionam se deveriam constituir uma pessoa jurídica para tal fim e informam ao advogado que gostariam de participar ativamente da administração e do desenvolvimento das atividades de educação. Além disso, os amigos concordam que a referida pessoa jurídica a ser constituída não deve ter finalidade lucrativa.

Diante do cenário hipotético narrado, o advogado(a) deverá indicar

a) a necessidade de constituição de uma associação e alertar aos amigos que o custeio da referida associação deverá ser arcado por eles, tendo em vista a ausência de finalidade lucrativa.

b) a necessidade de constituição de uma associação que poderá desenvolver atividade econômica, desde que a totalidade dos valores auferidos seja revertida para a própria associação.

c) a constituição de uma fundação, porque é a modalidade mais adequada para que os amigos possam participar ativamente da administração e das atividades de educação.

d) a constituição de uma fundação e alertar aos amigos que o custeio da referida fundação deverá ser arcado por eles, tendo em vista a ausência de finalidade lucrativa e a impossibilidade de aportes financeiros por outras pessoas que não pertencem à fundação.

**COMENTÁRIOS**

**Alternativas "a" e "b".** As assertivas em comento, estão corretas ao afirmar que a pessoa jurídica que deverá ser constituída é uma associação. A característica marcante da associação, é que sua formação se da pela "união de pessoas", com propósitos semelhantes e sem finalidade lucrativa. Contudo, a assertiva "a", se equivoca ao dizer que o custeio da associação, deve ser suportada exclusivamente pelos fundadores. Quando a lei determina que a pessoa jurídica, não pode ter finalidade lucrativa, não significa que sua gestão não possa desenvolver atividade econômica, mas que se a associação obtiver resultados financeiros, eles não podem ser repartidos entre os sócios, mais reinvestido na própria pessoa jurídica. Por tudo isso, concluímos que a assertiva "b", está correta, pois reconhece a necessidade da criação da associação, e que a associação pode desenvolver atividade econômica, "desde que a totalidade dos valores auferidos seja revertida para a própria associação". Nesse sentido, temos o art. 53, do CC: "Constituem-se as associações pela união de pessoas que se organizem para fins não econômicos.". A doutrina, com proposito de explicar a extensão e proposito do dispositivo legal citado, formulou em março de 2013, o Enunciado CJF - 534: "As associações podem desenvolver atividade econômica, desde que não haja finalidade lucrativa". Além do que, o inc. IV, do art. 54, do CC, afirma que o estatuto das associações deve conter, sob pena de nulidade, "as fontes de recurso para sua manutenção."

**Alternativa "c".** A assertiva está incorreta. A fundação tem como principal diferença da associação, o modo de sua instituição, que decorre não da união de pessoas, mas da afetação de um patrimônio específico. A associação precisa da união de pessoas com mesmo proposito, para sua constituição. A fundação é constituída com a destinação de bens livres. Nesse sentido, é o que dispõe o art. 62, do CC: "Para criar uma fundação, o seu instituidor fará, por escritura pública ou testamento, dotação especial de bens livres, especificando o fim a que se destina, e declarando, se quiser, a maneira de administrá-la."

**Alternativa "d".** A presente assertiva equivoca-se ao afirmar que a pessoa jurídica que os amigos devem constituir é uma fundação, pelos argumentados apresentados no comentário anterior. A fundação não pode ter fins lucrativos, mas nada impede que desenvolva atividade econômica, e que o resultado obtido seja reinvestido na própria pessoa jurídica. Por fim, cabe ressaltar que os bens iniciais destinados a constituição da fundação é que devem ser do seu instituidor, posteriormente, com a finalidade de gerar receita para a sua manutenção, a fundação pode receber aportes financeiros de outras pessoas. Vejamos os dispositivos legais que fundamentam o presente comentário:

> "Art. 62. Para criar uma fundação, o seu instituidor fará, por escritura pública ou testamento, dotação especial de bens livres, especificando o fim a que se destina, e declarando, se quiser, a maneira de administrá-la."
>
> "Art. 64. Constituída a fundação por negócio jurídico entre vivos, o instituidor é obrigado a transferir-lhe a propriedade, ou outro direito real, sobre os bens dotados, e, se não o fizer, serão registrados, em nome dela, por mandado judicial."

**Alternativa correta: letra "b".**

## 2.2.3. DAS FUNDAÇÕES

- CC, arts. 62 a 69.

---

**18. (FGV – Exame de Ordem 2016.1)** Júlia, casada com José sob o regime da comunhão universal de bens e mãe de dois filhos, Ana e João, fez testamento no qual destinava metade da parte disponível de seus bens à constituição de uma fundação de amparo a mulheres vítimas de violência obstétrica. Aberta a sucessão, verificou-se que os bens destinados à constituição da fundação eram insuficientes para cumprir a finalidade pretendida por Júlia, que, por sua vez, nada estipulou em seu testamento caso se apresentasse a hipótese de insuficiência de bens.

Diante da situação narrada, assinale a afirmativa correta.

a) A disposição testamentária será nula e os bens serão distribuídos integralmente entre Ana e João.

b) O testamento será nulo e os bens serão integralmente divididos entre José, Ana e João.

c) Os bens de Júlia serão incorporados à outra fundação que tenha propósito igual ou semelhante ao amparo de mulheres vítimas de violência obstétrica.

d) Os bens destinados serão incorporados à outra fundação determinada pelos herdeiros necessários de Júlia, após a aprovação do Ministério Público.

**COMENTÁRIOS**

✪ **Nota do autor:** A lei 13.151, de 28 de julho de 2015, trouxe algumas alterações pontuais no regramento legal que trata das fundações.

**Alternativas** "a", "b" e "d". Todas as assertivas estão incorretas por contrariem o que dispõe o art. 63, do CC: "Quando insuficientes para constituir a fundação, os bens a ela destinados serão, se de outro modo não dispuser o instituidor, incorporados em outra fundação que se proponha a fim igual ou semelhante."

**Alternativa "c".** A assertiva está correta, tendo em vista que está de acordo com o que prescreve o art. 63, do CC: "Quando insuficientes para constituir a fundação, os bens a ela destinados serão, se de outro modo não dispuser o instituidor, incorporados em outra fundação que se proponha a fim igual ou semelhante."

**Alternativa correta: letra "c".**

---

**19. (Exame de Ordem 2012.1 – FGV – prova reaplicada em Duque de Caxias/RJ)** Roberto, por meio de testamento, realiza dotação especial de bens livres para a finalidade de constituir uma fundação com a finalidade de promover assistência a idosos no Município do Rio de Janeiro. Todavia, os bens destinados foram insuficientes para constituir a fundação pretendida pelo instituidor. Em razão de Roberto nada ter disposto sobre o que fazer nessa hipótese, é correto afirmar que

a) os bens dotados deverão ser convertidos em títulos da dívida pública até que, aumentados com os rendimentos, consigam perfazer a finalidade pretendida.

b) os bens destinados à fundação serão, nesse caso, incorporados em outra fundação que se proponha a fim igual ou semelhante.

c) a Defensoria Pública do estado respectivo, responsável por velar pelas fundações, destinará os bens dotados para o fundo assistencial mantido pelo Estado para defesa dos hipossuficientes.

d) os bens serão arrecadados e passarão ao domínio do Município, se localizados na respectiva circunscrição.

**COMENTÁRIOS**

**Alternativa "a".** A hipótese proposta por essa alternativa não está prevista nos artigos que dispõem sobre a fundação no Código Civil (arts. 62 a 69).

**Alternativa "b".** Quando o instituidor deixar bens para a criação de uma fundação, mas estes forem insuficientes para cumprir tal propósito, o destino desses bens será definido pelo próprio instituidor. Caso o instituidor não tenha disposto sobre essa questão, a solução é aquela prevista no art. 63 do CC: "Quando insuficientes para constituir a fundação, os bens a ela destinados serão, se de outro modo não dispuser o instituidor, incorporados em outra fundação que se proponha a fim igual ou semelhante."

**Alternativa "c".** A incumbência de velar pelas fundações não é da Defensoria Pública, mas do Ministério Público, conforme previsto no art. 66 do CC: "Velará pelas fundações o Ministério Público do Estado onde situadas."

**Alternativa "d".** Os bens não serão arrecadados em prol de nenhum município, mas serão "incorporados em outra fundação que se proponha a fim igual ou semelhante." (art. 63 do CC).

**Alternativa correta: letra "b".**

## 2.3. DOS BENS

▸ CC, arts. 79 a 103.

**20. (FGV – Exame de Ordem – 2021.2)** Bruna visitou a mansão neoclássica que André herdara de seu tio e cuja venda estava anunciando. Bruna ficou fascinada com a sala principal, decorada com um piano do século XIX e dois quadros do conhecido pintor Monet, e com os banheiros, ornados com torneiras desenhadas pelos melhores profissionais da época. Diante disso, decidiu comprá-la.

Na ausência de acordo específico entre Bruna e André, por ocasião da transferência da propriedade, Bruna receberá

a) a mansão com os quadros, o piano e as torneiras, pois todos esses bens são classificados como benfeitorias, que seguem o destino do bem principal vendido.

b) apenas a mansão, eis que o princípio da gravitação jurídica não é aplicável aos demais bens citados no caso.

c) a mansão juntamente com as torneiras dos banheiros, consideradas partes integrantes, mas não os quadros e o piano, considerados pertenças.

d) a mansão e os quadros, pois, sendo considerados pertenças, impõe-se a regra de que o acessório deve seguir o destino do principal, mas o piano e as torneiras poderão ser removidos por André antes da transferência.

**COMENTÁRIOS**

**Alternativa "a", "b", "c" e "d":** Um único comentário é suficiente para entender as assertivas. A questão trata do tema bens – mais precisamente sobre as pertenças. Cuidado! Pertenças não é o mesmo que benfeitorias, portanto, não se aplica a elas a teoria da gravitação, que afirma que o acessório segue a sorte do principal. Para não se confundir, entenda que as pertenças são bens que tem utilidade própria, elas não precisam estar acopladas a outros bens, para desempenharem a função para a qual existem. Nesse sentido, o quadro, o piano, em relação a uma casa são considerados pertenças, pois estão permanentemente ligados ao imóvel, sem fazer parte dele, tem vida autônoma. Por outro lado, as benfeitorias encontram sua razão de ser quando integradas permanentemente, a outro bem, razão pela qual passam a fazer parte desse bem é seguem a sorte dele, como o caso das janelas, portas e torneiras de uma casa. Dito isto, vejamos o que dispõe o CC: "Art. 93São pertenças os bens que, não constituindo partes integrantes, se destinam, de modo duradouro, ao uso, ao serviço ou ao aformoseamento de outro." Percebam que o texto legal, não deixa dúvida de que as pertenças não constituem partes integrantes de outro bem, tem vida própria em relação a algum bem que possam estar sendo usados, para aformosear. Podem desempenhar papel parecido com o das benfeitorias, mas estas passam a fazer parte do bem principal, o que não acontece com as pertenças. Nesse sentido, ao adquirir um imóvel, presume-se que todas as suas benfeitoras, acompanham o imóvel – teoria da gravitação. Por outro lado, quando se tratar das pertenças, não há essa presunção, mas ao contrário, presume-se que as pertenças não acompanham o bem no qual elas estão alocadas, somente se houver acordo expresse nesse sentido é que as pertenças irão acompanhar o bem. Nesse sentido, é o que dispõe o texto legal: "Art. 94. Os negócios jurídicos que dizem respeito ao bem principal não abrangem as pertenças, salvo se o contrário resultar da lei, da manifestação de vontade, ou das circunstâncias do caso."

**Alternativa correta: letra "c".**

**21. (FGV – Exame de Ordem 2017.1)** Ricardo realizou diversas obras no imóvel que Cláudia lhe emprestou: reparou um vazamento existente na cozinha; levantou uma divisória na área de serviço para formar um novo cômodo, destinado a servir de despensa; ampliou o número de tomadas disponíveis; e trocou o portão manual da garagem por um eletrônico.

Quando Cláudia pediu o imóvel de volta, Ricardo exigiu o ressarcimento por todas as benfeitorias realizadas, embora sequer a tenha consultado previamente sobre as obras.

Somente pode-se considerar benfeitoria necessária, a justificar o direito ao ressarcimento,

a) o reparo do vazamento na cozinha.

b) a formação de novo cômodo, destinado a servir de despensa, pelo levantamento de divisória na área de serviço.

c) a ampliação do número de tomadas.

d) a troca do portão manual da garagem por um eletrônico.

**COMENTÁRIOS**

**Alternativa "a".** Benfeitorias necessárias são aqueles que visam impedir que a coisa pereça ou se deteriore, ou que tem como objetivo permitir que a coisa mantenha o uso ao qual se destina, conforme determina o §3º, do art. 96. "As benfeitorias podem ser voluptuárias, úteis ou necessárias. São necessárias as que têm por fim conservar o bem ou evitar que se deteriore". Nesse sentido, é possível afirmar que a única benfeitoria necessária realizada por Ricardo foi o reparo do vazamento da cozinha, pois sua finalidade foi impedir o perecimento do imóvel, além de permitir que a casa tenha seu uso normal garantido. A lei civil, determina que o possuidor de boa-fé tem direito a indenização pelas benfeitorias necessárias, conforme consta na norma do art. 1.219, do CC: "O possuidor de boa-fé tem direito à indenização das benfeitorias necessárias e úteis, bem como, quanto às voluptuárias, se não lhe forem pagas, a levantá-las, quando o puder sem detrimento da coisa, e poderá exercer o direito de retenção pelo valor das benfeitorias necessárias e úteis." Cabe ressalta, que as benfeitorias úteis também são passíveis de indenização, contudo a questões trata especificamente das necessárias.

**Alternativas incorretas: letras "b", "c" e "d".** As demais alternativas estão incorretas, pois dizem respeito as outras espécies de benfeitorias, mas a questão quer saber especificamente qual pode ser considerada necessária. Nesse sentido, devem ser consideradas benfeitorias úteis as alternativas "b" e "c", e voluptuária a alternativa "d", nos termos da doutrina do art. 96, §§ 1º e 2º, do CC.

**Alternativa correta: letra "a".**

**22. (FGV – Exame de Ordem 2013.1)** Os vitrais do Mercado Municipal de São de Paulo, durante a reforma feita em 2004, foram retirados para limpeza e restauração da pintura. Considerando a hipótese e as regras sobre bens jurídicos, assinale a afirmativa correta.

a) Os vitrais, enquanto separados do prédio do Mercado Municipal durante as obras, são classificados como bens móveis.

b) Os vitrais retirados na qualidade de material de demolição, considerando que o Mercado Municipal resolva descartar-se deles, serão considerados bens móveis.

c) Os vitrais do Mercado Municipal, considerando que foram feitos por grandes artistas europeus, são classificados como bens fungíveis.

d) Os vitrais retirados para restauração, por sua natureza, são classificados como bens móveis.

**COMENTÁRIOS**

**Alternativa "a".** A assertiva está incorreta, pois, enquanto separados do prédio, os vitrais permanecem ostentando a natureza jurídica de bens imóveis e não móveis, nos exatos moldes preconizados pelo art. 81, II, do CC, cujo teor ora se transcreve: "Não perdem o caráter de imóveis: [...] II – os materiais provisoriamente separados de um prédio, para nele se reempregarem."

**Alternativa "b".** De acordo com o art. 81, II, do CC, os materiais provisoriamente separados de um prédio para nele se reempregarem são considerados bens imóveis. Contudo, no caso em exame, a alternativa indica que os vitrais retirados do Mercado Municipal de São Paulo não serão reincorporados ao prédio, de sorte que, nesta condição, são considerados bens móveis, conforme preconiza a parte final do art. 84 do CC, com a seguinte redação: "Os materiais destinados a alguma construção, enquanto não forem empregados, conservam sua qualidade de móveis; **readquirem essa qualidade os provenientes da demolição de algum prédio.**"

**Alternativa "c".** Considerando que os vitrais foram elaborados por renomados artistas europeus, classificam-se como bens infungíveis, pois não podem ser substituídos, tendo em vista seus atributos e qualidades específicas. De tal sorte, o equívoco da assertiva reside no equivocado enquadramento dos vitrais enquanto bens fungíveis.

**Alternativa "d".** Conforme exposto no comentário à alternativa "a", os vitrais retirados do Mercado Municipal de São Paulo não perdem, por esta circunstância, o seu caráter de bem imóvel, nos termos do art. 81, II, do CC, acima transcrito.

**Alternativa correta: letra "b".**

## 2.4. DOS FATOS JURÍDICOS

**NOTA DE ATUALIZAÇÃO: A lei nº 13.874 de 20 de setembro de 2019, que instituiu a declaração de direitos de liberdade econômica acrescentou os parágrafos 1º e 2º, ao artigo 113.**

---

**23. (FGV – Exame de Ordem 2017.2)** Em ação judicial na qual Paulo é réu, levantou-se controvérsia acerca de seu domicílio, relevante para a determinação do juízo competente. Paulo alega que seu domicílio é a capital do Estado do Rio de Janeiro, mas o autor sustenta que não há provas de manifestação de vontade de Paulo no sentido de fixar seu domicílio naquela cidade.

Sobre o papel da vontade nesse caso, assinale a afirmativa correta.

a) Por se tratar de um fato jurídico em sentido estrito, a vontade de Paulo na fixação de domicílio é irrelevante, uma vez que não é necessário levar em consideração a conduta humana para a determinação dos efeitos jurídicos desse fato.

b) Por se tratar de um ato-fato jurídico, a vontade de Paulo na fixação de domicílio é irrelevante, uma vez que, embora se leve em consideração a conduta humana para a determinação dos efeitos jurídicos, não é exigível manifestação de vontade.

c) Por se tratar de um ato jurídico em sentido estrito, embora os seus efeitos sejam predeterminados pela lei, a vontade de Paulo na fixação de domicílio é relevante, no sentido de verificar a existência de um ânimo de permanecer naquele local.

d) Por se tratar de um negócio jurídico, a vontade de Paulo na fixação de domicílio é relevante, já que é a manifestação de vontade que determina quais efeitos jurídicos o negócio irá produzir.

**COMENTÁRIOS**

**Alternativa "a".** Fatos jurídicos em sentido estrito são os acontecimentos da natureza que independem da atuação humana e, consequentemente, da vontade humana. Portanto, o domicílio é uma criação jurídica, não sendo enquadrado na categoria de fatos naturais.

**Alternativa "b".** Está equivocado, pois o domicílio, como vimos no art. 70, do CC, exige como um de seus elementos a vontade de permanecer em certo local. Desse modo, o domicílio não pode ser um ato-fato jurídico já que para essa categoria a vontade não é levada em consideração.

**Alternativa "c".** A assertiva está correta, o ato jurídico em sentido estrito, também chamado apenas de ato lícito, exige manifestação de vontade, mas no caso não precisa ser qualificada, como a que se exige no negócio jurídico (vontade livre). No entanto, essa vontade não produz efeitos, pois estes decorrem da lei, ela deve ser vista como intenção. Por isso, afirmar que a vontade é relevante para a fixação do domicílio está coreto, pois a própria lei determina que os requisitos do domicílio são a vontade (*animus manend)* e a residência, conforme o art. 70, do CC: Art. "O domicílio da pessoa natural é o lugar onde ela estabelece a sua residência com ânimo definitivo."

**Alternativa "d".** O domicílio não é um negócio jurídico, tendo em vista que os efeitos relativos a esse instituto já estão previamente fixados na lei, art. 70 a 78, do CC. Os efeitos do negócio jurídico são pretendidos pelas partes, sendo resguardados pela lei.

**Alternativa correta: letra "c".**

## 2.5. DO NEGÓCIO JURÍDICO

### 2.5.1. DA CONDIÇÃO, DO TERMO E DO ENCARGO

▸ CC, arts. 121 a 137

---

**24. (FGV-Exame de Ordem 2019.2)** Eva celebrou com sua neta Adriana um negócio jurídico, por meio do qual doava sua casa de praia para a neta caso esta viesse a se casar antes da morte da doadora. O ato foi levado a registro no cartório do Registro de Imóveis da circunscrição do bem. Pouco tempo depois, Adriana tem notícia de que Eva não utilizava a casa de praia há muitos anos e que o imóvel estava completamente abandonado, deteriorando-se a cada dia. Adriana fica preocupada com o risco de ruína completa da casa, mas não tem, por enquanto, nenhuma perspectiva de casar-se.

De acordo com o caso narrado, assinale a afirmativa correta.

a) Adriana pode exigir que Eva autorize a realização de obras urgentes no imóvel, de modo a evitar a ruína da casa.

b) Adriana nada pode fazer para evitar a ruína da casa, pois, nos termos do contrato, é titular de mera expectativa de fato.

c) Adriana pode exigir que Eva lhe transfira desde logo a propriedade da casa, mas perderá esse direito se Eva vier a falecer sem que Adriana tenha se casado.

d) Adriana pode apressar-se para casar antes da morte de Eva, mas, se esta já tiver vendido a casa de praia para uma terceira pessoa ao tempo do casamento, a doação feita para Adriana não produzirá efeito.

**COMENTÁRIOS**

**Alternativa "a":** O negócio jurídico celebrado entre Eva e sua neta Adriana tem seus efeitos suspensos ate que ocorre o implemento da condição estipulada por Eva, que no caso será o casamento de sua neta, antes de sua morte. Nesse sentido, é o que dispõe o art. 125, do CC: "Subordinando-se a eficácia do negócio jurídico à condição suspensiva, enquanto esta se não verificar, não se terá adquirido o direito, a que ele visa." Porquanto, Adriana, titular de um negócio jurídico, cujo efeito está suspenso a espera do implemento de um evento futuro e incerto, não tem direito sobre a casa, objeto do negócio jurídico. Contudo, como titular de um direito eventual, Adriana poderá exigir que sua avó autorize a realização de obras para evitar a ruina do imóvel, conforme preceitua o art. 130, do CC: "Ao titular do direito eventual, nos casos de condição suspensiva ou resolutiva, é permitido praticar os atos destinados a conservá-lo."

**Alternativa "b".** O titular de uma expectativa de direito não exerce o direito propriamente, mas pode praticar atos com o fim de conversar o seu direito eventual, conforme doutrina o art. 130, CC.

**Alternativa "c":** O negócio jurídico feito sob condição suspensiva não se realiza enquanto está não for implementada. Portanto, antes que se case, Adriana não tem direito de exigir a transferência da propriedade da casa (art. 125, CC).

**Alternativa "d":** Eva, ao estipular que a transferência da propriedade da casa de praia só ira se efetivar depois que Adriana se casar, estabelece que a eficácia do negócio está subordinado há um evento futuro e incerto. Contudo, desde que realizou o negócio com sua neta, não poderá fazer novas disposições que envolvam o imóvel, caso as suas consequências sejam incompatíveis com as que vierem a ser geradas com o implemento da condição. Nesse sentido, é a norma contida no art. 126, do CC: "Se alguém dispuser de uma coisa sob condição suspensiva, e, pendente esta, fizer quanto àquelas novas disposições, estas não terão valor, realizada a condição, se com ela forem incompatíveis."

**Alternativa Correta: letra "a".**

---

**25. (Exame de Ordem 2012.1 – FGV)** A condição, o termo e o encargo são considerados elementos acidentais, facultativos ou acessórios do negócio jurídico, e têm o condão de modificar as consequências naturais deles esperadas. A esse respeito, é correto afirmar que

a) se considera condição a cláusula que, derivando da vontade das partes ou de terceiros, subordina o efeito do negócio jurídico a evento futuro e incerto.

b) se for resolutiva a condição, enquanto esta se não realizar, não vigorará o negócio jurídico, não se podendo exercer desde a conclusão deste o direito por ele estabelecido.

c) o termo inicial suspende o exercício, mas não a aquisição do direito e, salvo disposição legal ou convencional em contrário, computam-se os prazos, incluindo o dia do começo e excluindo o do vencimento.

d) se considera não escrito o encargo ilícito ou impossível, salvo se constituir o motivo determinante da liberalidade, caso em que se invalida o negócio jurídico.

**COMENTÁRIOS**

✪ **Nota do autor:** Os elementos acidentais ou facultativos do negócio jurídico recebem essa denominação pelo fato de que sua presença não é obrigatória em um negócio jurídico, ao contrário, ela se dará acidentalmente ou não, mas a sua ausência em nada modifica o negócio jurídico.

**Alternativa "a".** A condição tem como características a voluntariedade exclusiva das partes, ou seja, somente as partes podem decidir sobre a inclusão de uma condição ao negócio jurídico, o que significa que não há condição legal, ou ainda imposta por terceiros. No mesmo sentido, a condição também se caracteriza como um evento futuro e incerto. Essas características são extraídas da norma do art. 121 do CC: "Considera-se condição a cláusula que, derivando exclusivamente da vontade das partes, subordina o efeito do negócio jurídico a evento futuro e incerto." A partir da compreensão das características da condição fica evidente que o enunciado da assertiva está incorreto ao afirmar que um terceiro pode instituir a condição em um negócio jurídico.

**Alternativa "b".** A alternativa em tela está incorreta, tendo em vista que a sua redação adulterou a norma contida no art. 127 do CC, ao incluir as expressões "não" antes das palavras "vigorará" e "podendo" do texto da lei. Essa adulteração alterou completamente o sentido contido na norma, vejamos o texto original: "Se for resolutiva a condição, enquanto esta se não realizar, **vigorará** o negócio jurídico, **podendo** exercer-se desde a conclusão deste o direito por ele estabelecido." (Grifo nosso)

**Alternativa "c".** A primeira parte da redação da alternativa está correta: "o termo inicial suspende o exercício, mas não a aquisição do direito", pois corresponde à literalidade do art. 131 do CC: "O termo inicial suspende o exercício, mas não a aquisição do direito." No entanto, a segunda parte da assertiva altera a ordem do critério estipulada em lei para a contagem de prazo, que segundo a regra deve-se excluir o dia do começo e incluir o dia do final. A assertiva afirma o contrário, ou seja, indica que o dia do começo deve ser incluído e excluído o dia do final, contrariando flagrantemente o que dispõe a regra legal contida no art. 132 do CC: "Salvo disposição legal ou convencional em contrário, computam-se os prazos, **excluído** o dia do começo, e **incluído** o do vencimento." (Grifo nosso)

**Alternativa "d".** O encargo ou modo é a "manifestação de vontade aposta ao negócio jurídico, criando para o onerado uma restrição à vantagem decorrente desse ato." O modo ou encargo deve ser lícito e possível, ou seja, o encargo que se atribui ao outro em um negócio jurídico gratuito (esse elemento acidental só é cabível nos negócios jurídicos gratuitos – doação, promessa de recompensa, instituição de herdeiro) não poderá ser impossível ou ilícito, caso contrário ele será considerado não escrito, salvo quando constituir-se o motivo determinante da liberalidade, como dispõe o art. 137 do CC: "Considera-se não escrito o encargo ilícito ou impossível, salvo se constituir o motivo determinante da liberalidade, caso em que se invalida o negócio jurídico."

**Alternativa correta: letra "d".**

## 2.5.2. DOS DEFEITOS DO NEGÓCIO JURÍDICO

▸ CC, arts. 138 a 165.

CIVIL

**26. (FGV – Exame de Ordem 2020.1)** João, único herdeiro de seu avô Leonardo, recebeu, por ocasião da abertura da sucessão deste último, todos os seus bens, inclusive uma casa repleta de antiguidades. Necessitando de dinheiro para quitar suas dívidas, uma das primeiras providências de João foi alienar uma pintura antiga que sempre estivera exposta na sala da casa, por um valor módico, ao primeiro comprador que encontrou. João, semanas depois, leu nos jornais a notícia de que reaparecera no mercado de arte uma pintura valiosíssima de um célebre artista plástico. Sua surpresa foi enorme ao descobrir que se tratava da pintura que ele alienara, com valor milhares de vezes maior do que o por ela cobrado. Por isso, pretende pleitear a invalidação da alienação. A respeito do caso narrado, assinale a afirmativa correta.

a) O negócio jurídico de alienação da pintura celebrado por João está viciado por lesão e chegou a produzir seus efeitos regulares, no momento de sua celebração.

b) O direito de João a obter a invalidação do negócio jurídico, por erro, de alienação da pintura, não se sujeita a nenhum prazo prescricional

c) A validade do negócio jurídico de alienação da pintura subordina-se necessariamente à prova de que o comprador desejava se aproveitar de sua necessidade de obter dinheiro rapidamente.

d) Se o comprador da pintura oferecer suplemento do preço pago de acordo com o valor de mercado da obra, João poderá optar entre aceitar a oferta ou invalidar o negócio.

**COMENTÁRIOS**

✪ **Nota do autor:** Lesão é o instituto que se caracteriza pela existência de desproporcionalidade entre prestações num negócio jurídico, decorrente da premente necessidade ou da inexperiência. A fundamentação para que o negócio jurídico possa ser anulado, quando eivado de lesão está no princípio da boa-fé objetiva e no princípio da equivalência material e substancial entre as prestações.

**Alternativa "a".** O negócio jurídico celebrado por João, alienação da pintura, está viciado por lesão, que consiste, segundo o art. 157, do CC: "Ocorre a lesão quando uma pessoa, sob premente necessidade, ou por inexperiência, se obriga a prestação manifestamente desproporcional ao valor da prestação oposta." Como a lesão é um defeito que torna o negócio jurídico anulável, em regra, ele produzira seus efeitos regulares até que seja invalidado, conforme determina o art. 171 do CC: "Além dos casos expressamente declarados na lei, é anulável o negócio jurídico: II – por vício resultante de erro, dolo, coação, estado de perigo, lesão ou fraude contra credores."

**Alternativa "b".** O vício que torna o negócio celebrado por João anulável, é o da lesão, tendo em vista que, a avença foi realizada diante da sua premente necessidade financeira e inexperiência acerca do comercio e do valor da obra de arte, requisitos caracterizam a lesão, conforme art. 157, CC. O erro, por sua vez, tem caráter psicológico, pois o sujeito tem uma falsa visão da realidade, realiza o negócio justamente por estar equivocado sobre a natureza do negócio, sobre seu objeto principal ou ainda quanto as suas qualidades essenciais, conforme pontifica o art. 139, CC:"O erro é substancial quando: I – interessa à natureza do negócio, ao objeto principal da declaração, ou a alguma das qualidades a ele essenciais;"

**Alternativa "c".** A assertiva está equivocada, para caracterizar a lesão não se exige o dolo de aproveitamento, como ocorre no estado de perigo. A lesão requer, premente necessidade ou inexperiência e desproporção na prestação oposta.

**Alternativa "d".** O erro da assertiva está na opção dada a João de poder optar entre aceitar a oferta suplementar ou invalidar o negócio. O art. 157, §2º, deixa claro que não há alternativa nessa hipótese e o negócio deve ser mantido, com fundamento no princípio da continuidade do negócio jurídico. Vejamos o texto legal: "§ 2º Não se decretará a anulação do negócio, se for oferecido suplemento suficiente, ou se a parte favorecida concordar com a redução do proveito."

**Alternativa correta: letra "a".**

**27. (FGV – Exame de Ordem 2018.2)** A cidade de Asa Branca foi atingida por uma tempestade de grandes proporções. As ruas ficaram alagadas e a população sofreu com a inundação de suas casas e seus locais de trabalho. Antônio, que tinha uma pequena barcaça, aproveitou a ocasião para realizar o transporte dos moradores pelo triplo do preço que normalmente seria cobrado, tendo em vista a premente necessidade dos moradores de recorrer a esse tipo de transporte.

Nesse caso, em relação ao citado negócio jurídico, ocorreu

a) estado de perigo.

b) dolo.

c) lesão.

d) erro.

**COMENTÁRIOS**

**Alternativa "a".** O estado de perigo ocorre quando alguém realiza negócio jurídico excessivamente oneroso, com o objetivo de salvar uma vida. Pela narrativa do enunciado, não ouve a assunção do negócio com o fim de que uma vida fosse salva, o que descaracteriza a instituto em tela. Vejamos os requisitos legais para caracterização do estado de perigo, prevista no *caput* do art. 156, do CC/02: "Configura-se o estado de perigo quando alguém, premido da necessidade de salvar-se, ou a pessoa de sua família, de grave dano conhecido pela outra parte, assume obrigação excessivamente onerosa."

**Alternativa "b".** Dolo como razão dos negócios jurídicos ocorre quando alguém induz outrem a erro, por meio de manobras ardilosas, com malicia, cujo fim é extrair a vontade da outra pessoa que foi levada ao erro. Assim, o sujeito realiza o negócio jurídico por ter sido enganado, demonstrando que sua vontade foi viciada. Conforme se depreende do enunciado, não ouve dolo por parte de Antônio.

**Alternativa "c".** Lesão, conforme descreve a norma do *caput* do art. 157, do CC/02: Art. 157. "Ocorre a lesão quando uma pessoa, sob premente necessidade, ou por inexperiência, se obriga a prestação manifestamente desproporcional ao valor da prestação oposta." A lesão é a assunção de uma obrigação manifestamente desproporcional em razão da inexperiência ou necessidade. No caso em tela, fica claro que o negócio jurídico realizado por Antônio, cobrando o triplo do preço normal dos moradores, decorreu da premente necessidade dos moradores que dependiam daquele meio de transporte, caracterizando o vício da lesão.

**Alternativa "d".** Erro é a falsa percepção da realidade, a própria pessoa se equivoca sobre algum elemento essencial do negócio jurídico, é um elemento subjetivo. Ao contrário do dolo, o erro não é induzido, ele é espontâneo. Nesse sentido, ver arts. 138 – 144, CC/02.

**Alternativa correta: letra "c".**

**28. (FGV – Exame de Ordem 2017.2)** Em um bazar beneficente, promovido por Júlia, Marta adquiriu um antigo faqueiro, praticamente sem uso. Acreditando que o faqueiro era feito de prata, Marta ofereceu um preço elevado sem nada perguntar sobre o produto. Júlia, acreditando no espírito benevolente de sua vizinha, prontamente aceitou o preço oferecido.

Após dois anos de uso constante, Marta percebeu que os talheres começaram a ficar manchados e a se dobrarem com facilidade. Consultando um especialista, ela descobre que o faqueiro era feito de uma liga metálica barata, de vida útil curta, e que, com o uso reiterado, ele se deterioraria.

De acordo com o caso narrado, assinale a afirmativa correta.

a) A compra e venda firmada entre Marta e Júlia é nula, por conter vício em seu objeto, um dos elementos essenciais do negócio jurídico.

b) O negócio foi plenamente válido, considerando ter restado comprovado que Júlia não tinha qualquer motivo para suspeitar do engano de Marta.

c) O prazo decadencial a ser observado para que Marta pretenda judicialmente o desfazimento do negócio deve ser contado da data de descoberta do vício.

d) De acordo com a disciplina do Código Civil, Júlia poderá evitar que o negócio seja desfeito se oferecer um abatimento no preço de venda proporcional à baixa qualidade do faqueiro.

**COMENTÁRIOS**

**Alternativa "a".** Se o negócio contivesse um vício quanto ao seu objeto, estaríamos diante do vício do erro, mas nesse caso, o negócio seria anulável e não nulo. Nesse sentido, é o que dispõe o art. 138, CC: "São anuláveis os negócios jurídicos, quando as declarações de vontade emanarem de erro substancial que poderia ser percebido por pessoa de diligência normal, em face das circunstâncias do negócio."

**Alternativa "b".** A assertiva está correta, pois no caso não houve nenhum vício do consentimento que pudesse tornar o negócio celebrado anulável. Não pode haver dúvida sobre se Julia praticou dolo por omissão, tendo em vista que nas circunstancias era razoável acreditar que se tratava de um ato de benevolência de Marta, ao pagar valor elevado por um jogo de talher que era vendido num bazar beneficente.

**Alternativa "c".** A assertiva se equivoca quanto ao termo inicial para a contagem do prazo decadencial para pleitear a anulação do negócio jurídico, conforme se constata com a mera leitura do art. 178, II, do CC: "É de quatro anos o prazo de decadência para pleitear-se a anulação do negócio jurídico, contado: II – no de erro, dolo, fraude contra credores, estado de perigo ou lesão, do dia em que se realizou o negócio jurídico;"

**Alternativa "d".** A assertiva está errada, tendo em vista que a solução proposta não se aplica ao erro ou dolo, hipóteses que poderiam ser levantadas diante dos fatos narrados. Contudo, a solução apresentada pela alternativa, diz respeito a vício de lesão, prevista no art. 157, §2º: "Ocorre a lesão quando uma pessoa, sob premente necessidade, ou por inexperiência, se obriga a prestação manifestamente desproporcional ao valor da prestação oposta. § 2º Não se decretará a anulação do negócio, se for oferecido suplemento suficiente, ou se a parte favorecida concordar com a redução do proveito."

**Alternativa correta: letra "b".**

---

**29. (FGV – Exame de Ordem 2016.3)** Durante uma viagem aérea, Eliseu foi acometido de um mal súbito, que demandava atendimento imediato. O piloto dirigiu o avião para o aeroporto mais próximo, mas a aterrissagem não ocorreria a tempo de salvar Eliseu. Um passageiro ofereceu seus conhecimentos médicos para atender Eliseu, mas demandou pagamento bastante superior ao valor de mercado, sob a alegação de que se encontrava de férias. Os termos do passageiro foram prontamente aceitos por Eliseu. Recuperado do mal que o atingiu, para evitar a cobrança dos valores avençados, Eliseu pode pretender a anulação do acordo firmado com o outro passageiro, alegando

a) erro.

b) dolo.

c) coação.

d) estado de perigo.

**COMENTÁRIOS**

**Alternativa incorreta: "a".** Erro, previsto nos arts. 138 a 144, do CC, é a falsa interpretação que a própria pessoa tem da realidade. Nesse sentido, o erro é um equívoco espontâneo que leva o agente a praticar o negócio jurídico por desconhecer a realidade, tal como ela é, tornando sua vontade viciada.

**Alternativa incorreta: "b".** Ocorre o dolo, arts. 145 a 150 do CC, quando a vontade de alguém é extraída com o emprego de malícia. No dolo também há o equívoco, assim como ocorre no erro, contudo, nesse caso o equívoco é espontâneo, no dolo ele é provocado.

**Alternativa incorreta: "c".** Coação, arts. 151 a 155 do CC, é a extorsão da vontade por meio de força física ou moral, o que não tem nenhuma relação com o caso narrado.

**Alternativa correta: "d".** A hipótese narrada é típico caso de estado de perigo, considerado pelo Código Civil, no seu art. 156, quando: "alguém, premido da necessidade de salvar-se, ou a pessoa de sua família, de grave dano conhecido pela outra parte, assume obrigação excessivamente onerosa."

**Alternativa correta: letra "d".**

---

**30. (FGV – Exame de Ordem 2016.2 – Prova reaplicada Salvador-BA)** Bernardo, nascido e criado no interior da Bahia, decide mudar- se para o Rio de Janeiro. Ao chegar ao Rio, procurou um local para morar. José, percebendo o desconhecimento de Bernardo sobre o valor dos aluguéis no Rio de Janeiro, lhe oferece um quarto por R$ 500,00 (quinhentos reais). Pagando com dificuldade o aluguel do quarto, ao conversar com vizinhos, Bernardo descobre que ninguém paga mais do que R$ 200,00 (duzentos reais) por um quarto naquela região. Sentindo-se injustiçado, procura um advogado.

Sobre o caso narrado, com base no Código Civil, assinale a afirmativa correta.

a) O negócio jurídico poderá ser anulado por lesão, se José não concordar com a redução do proveito ou com a oferta de suplemento suficiente.

b) O negócio jurídico será nulo em virtude da ilicitude do objeto.

c) O negócio jurídico poderá ser anulado por coação em razão da indução de Bernardo a erro.

d) O negócio jurídico poderá ser anulado por erro, eis que este foi causa determinante do negócio.

**COMENTÁRIOS**

**Nota do autor:** lesão é um dos vícios do consentimento, cujos requisitos estão presentes no art. 157, do CC. Nesse sentido, para que ocorra a lesão é preciso que o negócio jurídico tenha se realizado por premente necessidade ou por inexperiência, que leve o sujeito a assumir prestação manifestamente desproporcional ao valor da prestação oposta, e normalmente o negócio firmado nessas condições objetiva solver alguma questão de caráter econômico. A lesão acarreta a anulabilidade do negócio jurídico (art. 171, II, do CC).

**Alternativa "a".** A assertiva está correta, tendo em vista que está de acordo com o que prevê a lei civil: "Art. 157. Ocorre a lesão quando uma pessoa, sob premente necessidade, ou por inexperiência, se obriga a prestação manifestamente desproporcional ao valor da prestação oposta. § 2º Não se decretará a anulação do negócio, se for oferecido suplemento suficiente, ou se a parte favorecida concordar com a redução do proveito."

**Alternativa "b".** A lesão acarreta a anulabilidade do negócio jurídico, e não sua nulidade. Nesse sentido, art. 171, II, do CC: Art. 171. "Além dos casos expressamente declarados na lei, é anulável o negócio jurídico: II – por vício resultante de erro, dolo, coação, estado de perigo, lesão ou fraude contra credores."

**Alternativa "c".** Não há dúvida de que o caso em tela trata-se de lesão. Ademais, a coação (art. 151 a 155, do CC), não decorre do erro (art. 138 a 144, do CC).

**Alternativa "d".** A assertiva está equivocada, como foi visto no comentário da alternativa "a", o vício presente no negócio firmado entre Bernardo e José, e o da lesão.

**Alternativa correta: letra "a".**

---

**31. (FGV – Exame de Ordem 2016.1)** Juliana foi avisada que seu filho Marcos sofreu um terrível acidente de carro em uma cidade com poucos recursos no interior do Ceará e que ele está correndo risco de morte devido a um grave traumatismo craniano. Diante dessa notícia, Juliana celebra um contrato de prestação de serviços médicos em valores exorbitantes, muito superiores aos praticados habitualmente, para que a única equipe de médicos especializados da cidade assuma o tratamento de seu filho.

Tendo em vista a hipótese apresentada, assinale a afirmativa correta.

a) O negócio jurídico pode ser anulado por vício de consentimento denominado estado de perigo, no prazo prescricional de quatro anos, a contar da data da celebração do contrato.
b) O negócio jurídico celebrado por Juliana é nulo, por vício resultante de dolo, tendo em vista o fato de que a equipe médica tinha ciência da situação de Marcos e se valeu de tal condição para fixar honorários em valores excessivos.
c) O contrato de prestação de serviços médicos é anulável por vício resultante de estado de perigo, no prazo decadencial de quatro anos, contados da data da celebração do contrato.
d) O contrato celebrado por Juliana é nulo, por vício resultante de lesão, e por tal razão não será suscetível de confirmação e nem convalescerá pelo decurso do tempo.

COMENTÁRIOS

**Alternativa "a".** O prazo não é prescricional, mas decadencial, conforme determina o art. 178, II, do CC: "É de quatro anos o prazo de decadência para pleitear-se a anulação do negócio jurídico, contado: II – no de erro, dolo, fraude contra credores, estado de perigo ou lesão, do dia em que se realizou o negócio jurídico;"

**Alternativa "b".** O dolo caracteriza-se pelo uso malicioso, ardiloso de meios, com o fim de induzir a outra parte a manifestar seu consentimento para a realização do negócio jurídico (arts. 145 a 150, CC). Pelo que se depreende do enunciado, não houve em nenhum momento o uso de estratagemas, por parte da equipe médica, com o objetivo de influenciar maliciosamente a vontade de Juliana. Por sua vez, há outro erro na questão, pois afirma que o dolo é nulo, quando na realidade é caso de anulabilidade (art. 171, CC).

**Alternativa c".** A assertiva foi considerada correta pela banca examinado, pois entenderam que o caso trata-se da hipótese de estado de perigo, que ocorre quando alguém assume obrigação excessivamente onerosa, com o fim de salvar uma vida, previsto no art. 156, do CC. Além disso, está correto afirmar que o prazo de 4 anos para pleitear a anulação do negócio jurídico é decadencial, conforme expressamente o declara o art. 178, do CC. Lembrem-se que, em regra, os prazos prescricionais estão previstos nos artigos 205 e 206, do CC, os demais prazos espalhados pelo Código são decadenciais. Contudo, é preciso fazer uma observação quanto a essa questão, os requisitos exigidos por lei para caracterizar o estado de perigo são: obrigação excessivamente onerosa, salvar uma vida (do próprio contraente, de alguém de sua família ou de terceiro) e o dolo de aproveitamento. Dolo de aproveitamento seria o conhecimento da equipe médica do estado de perigo vivido pela mãe e, em razão do seu desespero para salvar a vida de seu filho, assume a obrigação excessivamente onerosa imposta pela parte contraria. No caso em tela, não foi mencionado que a equipe medica sabia da situação de perigo. No entanto, ainda assim, diante das outras alternativas, pode-se concluir que se trata do instituto do estado de perigo.

**Alternativa "d".** Na lesão, há uma assunção de obrigação excessivamente onerosa, mas por inexperiência ou necessidade de solver questões econômicas, conforme prescreve o art. 157, CC: "Ocorre a lesão quando uma pessoa, sob premente necessidade, ou por inexperiência, se obriga a prestação manifestamente desproporcional ao valor da prestação oposta." O enunciado deixa claro que a razão que levou a assunção da obrigação excessivamente oneroso é a de salvar uma vida, situação típica do estado de perigo. Também se equivoca a assertiva, quando afirma que a lesão é caso de nulidade, quando a lei prescreve que os defeitos do negócio jurídico são anuláveis, conforme determina o art. 171, do CC: "Além dos casos expressamente declarados na lei, é anulável o negócio jurídico: I – por incapacidade relativa do agente; II – por vício resultante de erro, dolo, coação, estado de perigo, lesão ou fraude contra credores."

**Alternativa correta: letra "c".**

---

**32. (Exame de Ordem 2012.3 – FGV)** Em relação aos defeitos dos negócios jurídicos, assinale a afirmativa incorreta.

a) A emissão de vontade livre e consciente, que corresponda efetivamente ao que almeja o agente, é requisito de validade dos negócios jurídicos.
b) O erro acidental é o que recai sobre características secundárias do objeto, não sendo passível de levar à anulação do negócio.
c) A simulação é causa de anulação do negócio, e só poderá ocorrer se a parte prejudicada demonstrar cabalmente ter sido prejudicada por essa prática.
d) O objetivo da ação pauliana é anular o negócio praticado em fraude contra credores.

COMENTÁRIOS

✪ **Nota do autor:** Para responder adequadamente, ou seja, encontrar qual alternativa está incorreta, é preciso saber o que é simulação. Para tanto, podemos compreender a simulação como uma divergência entre a vontade que foi manifestada e o que realmente as partes desejam, isto é, há a manifestação falsa da vontade, com o fim de esconder o que realmente é almejado pelas partes. Nesse sentido, para que ocorra a simulação, em regra, é preciso que exista o acordo entre as duas partes, que manifestam a sua vontade, com o fim de enganar alguém.

**Alternativa "a".** Para que o negócio jurídico seja válido é necessário que alguns elementos estejam presentes. Esses elementos estão previstos no art. 104 do CC. Dentre esses elementos, a vontade livre é, sem dúvida, um dos principais, pois somente terá efeito o negócio jurídico quando houver a manifestação livre e espontânea da vontade. A vontade livre decorre do agente capaz; quando o negócio é feito sem a manifestação livre de vontade, ele poderá ser nulo (art. 166 do CC) ou anulável (art. 171 do CC) dependendo do caso.

**Alternativa "b".** O erro acidental não invalida o negócio jurídico, pois recai sobre elementos de menor importância do negócio e, portanto, não causa efetivo prejuízo para as partes. Nesse sentido, erro acidental é aquele que recai sobre elementos secundários do objeto ou da pessoa, ainda que a sua existência seja conhecida, o negócio seria realizado. O Código Civil exemplifica o erro acidental em duas hipóteses. A primeira diz respeito ao erro de indicação da pessoa ou coisa, o que, segundo o art. 142 do CC, não invalidará o negócio, vejamos: "O erro de indicação da pessoa ou da coisa, a que se referir a declaração de vontade, não viciará o negócio quando, por seu contexto e pelas circunstâncias, se puder identificar a coisa ou pessoa cogitada." A segunda hipótese trata do erro de cálculo, que também não prejudicará a validade do negócio, como determina o art. 143 do CC: "O erro de cálculo apenas autoriza a retificação da declaração de vontade.".

**Alternativa "c" (Lembre-se de que o enunciado pede para identificar a alternativa incorreta.)** Diferentemente dos outros defeitos dos negócios jurídicos (erro, dolo, coação, estado de perigo, lesão ou fraude contra credores) que são anuláveis (art. 171, II, do CC), o legislador agravou as consequências dos negócios feitos com simulação, determinando que em tais circunstâncias ocorrerá a nulidade, conforme estabelece o art. 167, *caput*, do Código Civil: "É nulo o negócio jurídico simulado, mas subsistirá o que se dissimulou, se válido for na substância e na forma." Para que a simulação se configure, é preciso estar presente a intenção deliberada de apresentar uma vontade que contraria o real objetivo do negócio jurídico, o acordo entre as partes (a vítima é sempre um terceiro) e o objetivo de ludibriar, enganar. Como visto, entre os elementos que caracterizam a simulação, não é necessária a demonstração do prejuízo pela parte prejudicada, basta a existência da simulação, ou seja, a divergência entre a vontade manifesta e o que se deseja, não é necessário a existência do dano.

**Alternativa "d".** A ação pauliana ou revocatória tem por fim invalidar o ato praticado com fraude contra credores. É uma espécie de ação pessoal, que se volta contra aqueles que fraudaram o negócio jurídico (art. 161 do CC). O objetivo da ação pauliana ou revocatória é o de anular o negócio praticado em fraude contra credores, conservando o patrimônio do devedor insolvente para a garantia dos credores de boa-fé.

**Alternativa incorreta: letra "c".**

## 2.5.3. DA INVALIDADE DO NEGÓCIO JURÍDICO

▸ CC, arts. 166 a 184.

---

**33. (FGV – XXXVII Exame OAB)** Nicolas, servidor do Tribunal de Justiça do Estado de São Paulo, lotado na 3ª Vara Cível da Comarca da Capital, toma conhecimento de hasta pública a ser realizada sobre valioso bem na vara em que labora. No intuito de colaborar com a rápida solução do processo, visando ao bom andamento da justiça e para saldar a dívida do devedor, decide comprar o bem objeto do litígio, pagando preço compatível com o mercado no âmbito da hasta pública realizada em sua vara. A referida compra e venda, se efetivada, será

a) nula, considerando que Nicolas é servidor na mesma vara em que foi realizada a hasta pública.

b) válida, considerando ter sido realizada por hasta pública, procedimento que, dada a publicidade, convalida eventuais vícios porventura existentes.

c) anulável, podendo ser realizada, mas sujeita à anulação posterior se os interessados se manifestarem.

d) nula, considerando que a hasta pública não poderá recair sobre bem litigioso.

COMENTÁRIOS

**Alternativa "a".** A assertiva está correta. A lei é taxativa quanto a nulidade da compra de bens ou direitos que estejam em litígio, feita por servidor público, e que estejam em tramite no órgão em que estiver lotado ou servindo, ainda que feita em hasta pública. Nesse sentido:

"Art. 497. Sob pena de nulidade, não podem ser comprados, ainda que em hasta pública: III - pelos juízes, secretários de tribunais, arbitradores, peritos e outros serventuários ou auxiliares da justiça, os bens ou direitos sobre que se litigar em tribunal, juízo ou conselho, no lugar onde servirem, ou a que se estender a sua autoridade;"

**Alternativas "b" e "c".** As assertivas contrastam com o que diz a lei (art. 497, III), como visto no comentário anterior.

**Alternativa "d".** O *caput* do art. 497, diz que "sob pena de nulidade, não podem ser comprados, ainda que em hasta pública" e discorre no inc. III, que não podem ser comprados "os bens ou direitos sobre que se litigar em tribunal, juízo ou conselho..." Logo, é possível concluir que não há proibição de alienar bem que esteja em litígio, o que se proíbe é que servidor compre bem em litígio que estejam sendo processados no lugar onde serve, ainda que a compra seja efetuada em hasta pública. A título de esclarecimento, ver o seguinte julgado do STJ: "Na alienação de coisa ou direito litigioso, os efeitos da sentença estendem-se ao adquirente/cessionário, tendo este ingressado ou não no feito, nos termos do art. 42, § 3º, do CPC/1973 (art. 109, § 3º, do CPC/2015)". RECURSO ESPECIAL Nº 1.837.413 - PR (2018/0046908-1)

**Alternativa correta: letra "a".**

---

**34. (FGV – Exame de Ordem/2018.3)** Arnaldo foi procurado por sua irmã Zulmira, que lhe ofereceu R$ 1 milhão para adquirir o apartamento que ele possui na orla da praia. Receoso, no entanto, que João, o locatário que atualmente ocupa o imóvel e por quem Arnaldo nutre profunda antipatia, viesse a cobrir a oferta, exercendo seu direito de preferência, propôs a Zulmira que constasse da escritura o valor de R$ 2 milhões, ainda que a totalidade do preço não fosse totalmente paga.

Realizado nesses termos, o negócio

a) pode ser anulado no prazo decadencial de dois anos, em virtude de dolo.

b) é viciado por erro, que somente pode ser alegado por João.

c) é nulo em virtude de simulação, o que pode ser suscitado por qualquer interessado.

d) é ineficaz, em razão de fraude contra credores, inoponíveis seus efeitos perante João.

COMENTÁRIOS

**Alternativa: letra "a".** A hipótese não é de dolo (arts. 145 a 150, do CC), tendo em vista que no dolo, um agente engana o outro sujeito, subtraindo sua vontade usando de meios ardilosos, convencendo-o a participar do negócio jurídico. No caso, em tela, João não participa do negócio entabulado entre Arnaldo e Zulmira.

**Alternativa: letra "b".** Não é caso de erro (arts. 138 a 144, do CC), pois o erro é um equivoco espontâneo, ou seja, a própria pessoa tem uma falsa impressão da realidade, fazendo com que manifeste a vontade com um fim, mas na realidade, por erro, acaba realizando outro negócio, que não faria se soubesse que estava em erro. A diferença entre erro e dolo, é que o primeiro é um equivoco espontâneo, e no segundo o equivoco é provocado.

**Alternativa: letra "c".** A hipótese aventada pelo enunciado da questão é o vício social da simulação. Nesse tipo de vício, a vítima não participa do negócio jurídico, ou seja, há um negócio feito por terceiros, cujo objetivo é prejudicar a vítima. A simulação torna o negócio jurídico nulo e, por consequência, poderá ser alegado por qualquer interessado. Vejamos o que dispõe o art. 167, *caput* e §1º, inc. II: "É nulo o negócio jurídico simulado, mas subsistirá o que se dissimulou, se válido for na substância e na forma. § 1º Haverá simulação nos negócios jurídicos quando: II – contiverem declaração, confissão, condição ou cláusula não verdadeira;"

**Alternativa: letra "d".** A simples leitura da lei demonstra que não é o caso de fraude contra credores. O art. Art. 158, do CC, ensina o que é o vício social a fraude contra credores: "Os negócios de transmissão gratuita de bens ou remissão de dívida, se os praticar o devedor já insolvente, ou por eles reduzido à insolvência, ainda quando o ignore, poderão ser anulados pelos credores quirografários, como lesivos dos seus direitos."

**Alternativa correta: letra "c".**

---

**35. (FGV – Exame de Ordem 2013.1)** João, credor quirografário de Marcos em R$ 150.000,00, ingressou com Ação Pauliana, com a finalidade de anular ato praticado por Marcos, que o reduziu à insolvência. João alega que Marcos transmitiu gratuitamente para seu filho, por contrato de doação, propriedade rural avaliada em R$ 200.000,00.

Considerando a hipótese acima, assinale a afirmativa correta.

a) Caso o pedido da Ação Pauliana seja julgado procedente e seja anulado o contrato de doação, o benefício da anulação aproveitará somente a João, cabendo aos demais credores, caso existam, ingressarem com ação individual própria.

b) O caso narrado traz hipótese de fraude de execução, que constitui defeito no negócio jurídico por vício de consentimento.

c) Na hipótese de João receber de Marcos, já insolvente, o pagamento da dívida ainda não vencida, ficará João obrigado a repor, em proveito do acervo sobre que se tenha de efetuar o concurso de credores, aquilo que recebeu.

d) João tem o prazo prescricional de dois anos para pleitear a anulação do negócio jurídico fraudulento, contado do dia em que tomar conhecimento da doação feita por Marcos.

**COMENTÁRIOS**

**✪ Nota do autor:** A questão em apreço versa sobre a fraude contra credores, que se caracteriza na hipótese em que o devedor insolvente ou na iminência de se tornar insolvente, pratica negócio jurídico com o objetivo de frustrar a satisfação de seus créditos. Trata-se de vício de consentimento que conduz à anulabilidade do negócio jurídico, nos moldes do art. 171, II, do CC. De acordo com a doutrina, para a configuração da fraude contra credores é necessária, em regra, a presença concomitante de dois elementos distintos, a saber: o *consilium fraudis* (conluio fraudulento) e o *eventus damni* (prejuízo ao credor). Todavia, se o negócio jurídico cuja invalidação se pretende for gratuito (p.ex.: doação) será necessário apenas o *eventus damni* para a decretação de nulidade. O instrumento processual hábil a conduzir à invalidação do negócio jurídico praticado mediante fraude contra credores é a ação pauliana.

**Alternativa "a".** Ao reverso do que constou do enunciado da alternativa, a procedência da ação pauliana produz efeitos não somente em relação ao seu autor, mas aproveita a todos os credores, a teor do que preconiza o art. 165 do CC, cujo teor ora se transcreve: "Anulados os negócios fraudulentos, a vantagem resultante reverterá em proveito do acervo sobre que se tenha de efetuar o concurso de credores."

**Alternativa "b".** Como exposto anteriormente, a questão discute a fraude contra credores e não a fraude contra a execução, o que conduz à incorreção da alternativa em exame.

**Alternativa "c".** A assertiva está correta, porquanto consiste na aplicação do art. 162 do CC, com a seguinte redação: "O credor quirografário, que receber do devedor insolvente o pagamento da dívida ainda não vencida, ficará obrigado a repor, em proveito do acervo sobre que se tenha de efetuar o concurso de credores, aquilo que recebeu."

**Alternativa "d".** A teor do que preconiza o art. 178, II, do CC, é de 4 (quatro) anos o prazo para se postular a anulação do negócio jurídico, na hipótese de fraude contra credores. Trata-se de prazo decadencial e não prescricional, já que a respectiva ação anulatória é desconstitutiva (ou constitutiva negativa). Neste particular, foi adotado pela vigente codificação o critério científico de Agnelo Amorim Filho que relaciona o fenômeno da decadência com as ações constitutivas e desconstitutivas. Neste exato sentido, aliás, são as lições de Flávio Tartuce: "Uma das novidades da codificação vigente consiste no tratamento específico dado à decadência, conceituada como a perda de um direito, em decorrência da ausência do seu exercício. Lembre-se, mais uma vez os critérios de Agnelo Amorim Filho, para quem os prazos decadenciais estão relacionados com direitos potestativos, bem como com aquelas ações que visam a constituir positivamente ou negativamente atos e negócios jurídicos, como no caso da ação anulatória de negócio jurídico" (TARTUCE, Flávio. Manual de Direito Civil – Volume Único. 2ª ed. São Paulo: Método, 2012, p. 276). Portanto, a assertiva, sob qualquer ângulo que se analise, encontra-se equivocada, pois o prazo para se postular a invalidade do negócio jurídico é de 4 (quatro) anos e apresenta natureza jurídica decadencial.

**Alternativa correta: letra "c".**

## 2.6. DOS ATOS ILÍCITOS

▸ CC, arts. 186 a 188.

---

**36. (FGV – Exame de Ordem XXXVI – 2022)** João dirigia seu carro, respeitando todas as regras de trânsito, quando foi surpreendido por uma criança que atravessava a pista. Sendo a única forma de evitar o atropelamento da criança, João desviou seu veículo e acabou por abalroar um outro carro, que estava regularmente estacionado.

Passado o susto e com a criança em segurança, João tomou conhecimento de que o carro com o qual ele havia colidido era dos pais daquela mesma criança. Diante das circunstâncias, João acreditou que não seria responsabilizado pelo dano material causado ao veículo dos pais. No entanto, para sua surpresa, os pais ingressaram com uma ação indenizatória, requerendo o ressarcimento pelos danos materiais.

Diante da situação hipotética narrada, nos termos da legislação civil vigente, assinale a opção correta.

a) João cometeu um ato ilícito e, como consequência, deverá indenizar pelos danos materiais causados, visto inexistir causa excludente de ilicitude da sua conduta.

b) A ação de João é lícita, pois agiu em estado de necessidade, evitando um mal maior e, sendo assim, não deverá indenizar os pais da criança.

c) A ação de João é lícita, pois agiu em estado de necessidade, evitando um mal maior, porém subsiste o seu dever de indenizar os pais da criança.

d) João cometeu um ato ilícito, porém o prejuízo deverá ser suportado pelos pais da criança.

**COMENTÁRIOS**

**Alternativa "a".** A assertiva está errada. O enunciado relava que João "dirigia seu carro, respeitando todas as regras de trânsito". Desse modo, João não cometeu ato ilícito, pois segundo o art. 186, do CC, comete ato ilícito "Aquele que, por ação ou omissão voluntária, negligência ou imprudência, violar direito e causar dano a outrem, ainda que exclusivamente moral." Contrastando, o que afirma o enunciado, sobre o modo como João conduzia seu veículo, com a redação do dispositivo legal, em que o dano indenizável é aquele que deriva de uma ação ou omissão voluntária, negligente ou imprudente, que viola um direito e causa dano a alguém, não há fundamento para afirmar que houve violação do direito dos pais da criança, já que não há ação voluntária, negligente ou imprudente de João, para que requeiram indenização pelo dano causado.

**Alternativa "b".** Assertiva está correta. João agiu da maneira mais adequada possível ao desviar o carro, para não atingir a criança. Seu comportamento é amparado pelo ordenamento jurídico, que não considera ato ilícito aquele que resulta na deterioração ou destruição da coisa alheia, com o fim, de remover perigo iminente (art. 188, II). Desse modo, João evitou o atropelamento de uma criança, que caminhava pela rua, sem a devida assistência dos pais, não praticou ato ilícito sendo descabido o pedido de indenização.

**Alternativa "c".** Assertiva incorreta. O comentário anterior se aplica a essa alternativa.

**Alternativa "d".** Conforme visto nos comentários anteriores, a ação de João não é ilícita, agiu em estado de necessidade, conforme dispõe o art. 188, II, do CC.

**Alternativa correta: letra "b".**

---

**37. (FGV-Exame de Ordem 2019.2)** Márcia transitava pela via pública, tarde da noite, utilizando uma bicicleta que lhe fora emprestada por sua amiga Lúcia. Em certo momento, Márcia ouviu gritos oriundos de uma rua transversal e, ao se aproximar, verificou que um casal discutia violentamente. Ricardo, em estado de fúria e munido de uma faca, desferia uma série de ofensas à sua esposa Janaína e a ameaçava de agressão física.

De modo a impedir a violência iminente, Márcia colidiu com a bicicleta contra Ricardo, o que foi suficiente para derrubá-lo e impedir a agressão, sem que ninguém saísse gravemente ferido. A bicicleta, porém, sofreu uma avaria significativa, de tal modo que o reparo seria mais caro do que adquirir uma nova, de modelo semelhante.

De acordo com o caso narrado, assinale a afirmativa correta.

a) Lúcia não poderá ser indenizada pelo dano material causado à bicicleta.

b) Márcia poderá ser obrigada a indenizar Lúcia pelo dano material causado à bicicleta, mas não terá qualquer direito de regresso.

c) Apenas Ricardo poderá ser obrigado a indenizar Lúcia pelo dano material causado à bicicleta.

d) Márcia poderá ser obrigada a indenizar Lúcia pelo dano material causado à bicicleta e terá direito de regresso em face de Janaína.

**COMENTÁRIOS**

✪ **Nota do autor:** não confundir essa situação com a ideia de que a coisa perece para o dono, conforme previsto no art. 240 do CC: "Se a coisa restituível se deteriorar sem culpa do devedor, recebê-la-á o credor, tal qual se ache, sem direito a indenização; se por culpa do devedor, observar-se-á o disposto no art. 239." Lembre-se que a coisa perece para o dono (*res perit domino*), quando antes da restituição, ela se perde sem culpa daquele que tem obrigação de restituir. Se a perda ocorre com culpa *lato sensu* (culpa *stricto sensu* ou dolo), como é o caso narrado na questão, aplica-se o art. 239 do CC: "Se a coisa se perder por culpa do devedor, responderá este pelo equivalente, mais perdas e danos."

**Alternativa "a":** A ação perpetrada por Marcia é considerada uma excludente de ilicitude. Assim, conforme preceitua o art. 188, inc. II, do CC: Art. "Não constituem atos ilícitos: II – a deterioração ou destruição da coisa alheia, ou a lesão a pessoa, a fim de remover perigo iminente." Nesses casos, mesmo não sendo considerado um ato ilícito, o dono da coisa terá direito a indenização pelo prejuízo sofrido desde que não tenha dado causa ao fato que originou o perigo iminente. Conforme descreve o art. 929. "Se a pessoa lesada, ou o dono da coisa, no caso do inciso II do art. 188, não forem culpados do perigo, assistir-lhes-á direito à indenização do prejuízo que sofreram."

**Alternativa "b":** Marcia não comete ato ilícito, segundo doutrina o art. 188, II, do CC, mas por causar prejuízo, não provocado por Lúcia, terá que indeniza-la. No entanto, por ter praticado o ato em legítima defesa de terceiro, ela terá direito de regresso sobre aquele que foi o causador do perigo e que, em ultima análise, foi o real culpado pelo ato de Marcia que resultado em dano para Lúcia. Essa é a orientação do art. 930: "No caso do inciso II do art. 188, se o perigo ocorrer por culpa de terceiro, contra este terá o autor do dano ação regressiva para haver a importância que tiver ressarcido ao lesado."

**Alternativa "c":** O ato foi praticado por Márcia, em defesa de Janaína, portanto, Ricardo não será responsável pelo dano causado por Márcia. O direito de regresso de Marcia recai sobre Janaina, conforme norma contida no art. 930, do CC.

**Alternativa "d":** A assertiva corresponde ao que prescreve a norma do art. 930, do CC: "No caso do inciso II do art. 188, se o perigo ocorrer por culpa de terceiro, contra este terá o autor do dano ação regressiva para haver a importância que tiver ressarcido ao lesado."

**Alternativa Correta: letra "d".**

---

**38. (FGV – Exame de Ordem/2018.3)** Perpétua e Joaquim resolveram mover ação de indenização por danos morais contra um jornal de grande circulação. Eles argumentam que o jornal, ao noticiar que o filho dos autores da ação fora morto em confronto com policiais militares, em 21/01/2015, publicou o nome completo do menor e sua foto sem a tarja preta nos olhos, o que caracteriza afronta aos artigos 17, 18, 143 e 247 do Estatuto da Criança e do Adolescente. Esses artigos do ECA proíbem a divulgação da imagem e da identidade de menor envolvido em ato infracional.

Diante dos fatos narrados, assinale a afirmativa correta.

a) O jornal agiu com abuso no direito de informar e deve indenizar pelos danos causados.

CIVIL

b) O jornal não incorreu em ilícito, pois pode divulgar a imagem de pessoa suspeita da prática de crime.

c) Restou caracterizado o ilícito, mas, tratando-se de estado de emergência, não há indenização de danos.

d) Não houve abuso do direito ante a absoluta liberdade de expressão do jornal noticiante.

COMENTÁRIOS

**Alternativa: letra "a", "b", "c" e "d".** O art. 20, do CC, determina que a imagem de uma pessoa só poderá ser divulgada sem sua própria autorização, quando há autorização judicial ou seja necessária à administração da justiça ou à manutenção da ordem pública. No mesmo sentido, especificando a pessoa da criança ou adolescente, os arts. 17, 18 e 143 do ECA, determinam que é vedado a divulgação da imagem, a identidade, a divulgação de atos judiciais, policiais e administrativos que digam respeito a crianças e adolescentes a que se atribua autoria de ato infracional. Quando esses direitos são violados, o estatuto especial determina a aplicação da pena prevista no art. 247. O direito à informação, assim como qualquer direito deve ser exercido dentro da razoabilidade e da proporcionalidade. Divulgar dados pessoais e o rosto de crianças e adolescentes em circunstancias que envolvam atos infracionais é abusivo e, flagrantemente, danoso e estigmatizante. Considerando que o abuso de direito (art. 187, do CC), constitui ato ilícito e todo ato ilícito é passível de indenização (art. 927 e seguintes do CC), a demanda proposta pelos pais do menor procede, e o jornal tem o dever de indenizar os danos causados.

**Alternativa correta: letra "a".**

---

**39. (FGV – Exame de Ordem 2013.2)** Pedro, engenheiro elétrico, mora na cidade do Rio de Janeiro e trabalha na Concessionária Iluminação S.A. Ele é viúvo e pai de Bruno, de sete anos de idade, que estuda no colégio particular Amarelinho. Há três meses, Pedro celebrou contrato de financiamento para aquisição de um veículo importado, o que comprometeu bastante seu orçamento e, a partir de então, deixou de arcar com o pagamento das mensalidades escolares de Bruno. Por razões de trabalho, Pedro será transferido para uma cidade serrana, no interior do Estado e solicitou ao estabelecimento de ensino o histórico escolar de seu filho, a fim de transferi-lo para outra escola. Contudo, teve seu pedido negado pelo Colégio Amarelinho, sendo a negativa justificada pelo colégio como consequência da sua inadimplência com o pagamento das mensalidades escolares. Para surpresa de Pedro, na mesma semana da negativa, é informado pela diretora do Colégio Amarelinho que seu filho não mais participaria das atividades recreativas diuturnas do colégio, enquanto Pedro não quitar o débito das mensalidades vencidas e não pagas.

Com base no caso narrado, assinale a afirmativa correta.

a) O Colégio Amarelinho atua no exercício regular do seu direito de cobrança e, portanto, não age com abuso de direito ao reter o histórico escolar de Bruno, haja vista a comprovada e imotivada inadimplência de Pedro.

b) As condutas adotadas pelo Colégio Amarelinho configuram abuso de direito, pois são eticamente reprováveis, mas não configuram atos ilícitos indenizáveis.

c) Tanto a retenção do histórico escolar de Bruno, quanto a negativa de participação do aluno nas atividades recreativas do colégio, configuram atos ilícitos objetivos e abusivos, independente da necessidade de provar a intenção dolosa ou culposa na conduta adotada pela diretora do Colégio Amarelinho.

d) Para existir obrigação de indenizar do Colégio Amarelinho, com fundamento no abuso de direito, é imprescindível a presença de dolo ou culpa, requisito necessário para caracterizar o comportamento abusivo e o ilícito indenizável.

COMENTÁRIOS

✪ **Nota do autor:** O exercício regular de um direito (art. 188, I, do CC), não constitui ato ilícito, que se caracteriza quando ocorrem excessos no seu manejo que desvirtuam os seus fins econômicos e sociais.

**Alternativa "a".** O Colégio Amarelinho não atua no exercício regular de um direito, ao contrário, retendo o documento do aluno e impedindo-o de participar de atividades escolares, ele está abusando do seu direito, extrapolando os limites impostos em lei para a realizar a cobrança do debito e infligindo ao inadimplente situação constrangedora, o que contrasta com o que a lei permite nos arts. 187 do CC e 42 do CDC, vejamos os dois dispositivos respectivamente: "Também comete ato ilícito o titular de um direito que, ao exercê-lo, excede manifestamente os limites impostos pelo seu fim econômico ou social, pela boa-fé ou pelos bons costumes". "Na cobrança de débitos, o consumidor inadimplente não será exposto a ridículo, nem será submetido a qualquer tipo de constrangimento ou ameaça."

**Alternativa "b".** A própria alternativa já afirma que a conduta do Colégio Amarelinho configura abuso de direito, o que constitui ato ilícito, conforme estabelece o art. 187 do CC: : "Também comete ato ilícito o titular de um direito que, ao exercê-lo, excede manifestamente os limites impostos pelo seu fim econômico ou social, pela boa-fé ou pelos bons costumes". Portanto, sendo caracterizado o ato ilícito, a reparação será devida, conforme determina a doutrina do art. 927 do CC: "Aquele que, por ato ilícito (arts. 186 e 187), causar dano a outrem, fica obrigado a repará-lo."

**Alternativa "c".** A presente alternativa está correta, tendo em vista que a retenção do histórico escolar e a negativa de participação do aluno nas atividades recreativas do colégio efetivamente constituem atos ilícitos, que prescindem da constatação de culpa para sua confirmação, art. 187 do CC: "Também comete ato ilícito o titular de um direito que, ao exercê-lo, excede manifestamente os limites impostos pelo seu fim econômico ou social, pela boa-fé ou pelos bons costumes". Outrossim, está caracterizada a forma abusiva utilizada pelo colégio para constranger Pedro a efetuar o pagamento das mensalidades em atraso, posto que o Código de Defesa do Consumidor proíbe qualquer forma de cobrança de débitos que exponha o consumidor inadimplente a qualquer situação de constrangimento ou ameaça, conforme estabelece o art. 42 do Diploma Consumerista, vejamos: "Na cobrança de débitos, o consumidor inadimplente não será exposto a ridículo, nem será submetido a qualquer tipo de constrangimento ou ameaça."

**Alternativa "d".** O ato ilícito caracterizado pelo abuso de direito não requer a presença do elemento volitivo dolo ou culpa, nem a intenção de prejudicar, basta que o direito seja exercido distorcidamente, extrapolando o seu limite econômico e social. Nesse sentido, é a redação do art. 187 do CC: "Também comete ato ilícito o titular de um direito que, ao exercê-lo, excede manifestamente os limites impostos pelo seu fim econômico ou social, pela boa-fé ou pelos bons costumes". Diferentemente do que ocorre no art. 186 do CC, que exige como pressuposto do dano a culpa *lato sensu*, vejamos a redação do dispositivo legal: "Aquele que, por ação ou omissão voluntária, negligência ou imprudência, violar direito e causar dano a outrem, ainda que exclusivamente moral, comete ato ilícito."

**Alternativa correta: letra "c".**

## 2.7. DA PRESCRIÇÃO E DA DECADÊNCIA

▸ CC, arts. 189 a 211.

NOTA DE ATUALIZAÇÃO: A lei nº 14.382/22, deu nova redação ao art. 206-A, que trata da prescrição intercorrente.

**40. (FGV- XXXIV Exame de Ordem-2022)** Jorge foi atropelado por Vitor, em 02/02/2016. Em razão desse evento, Jorge sofreu danos morais, materiais e estéticos, os quais surgiram e foram percebidos por ele imediatamente após o acidente. Tempos depois, em 31/01/2021, Jorge procurou você, como advogado(a), e disse que pretendia ajuizar uma ação de reparação contra Vitor.

Sobre a hipótese apresentada, você deverá informar para Jorge que

a) o prazo prescricional da pretensão de reparação civil extracontratual é de 10 (dez) anos.

b) a pretensão está prescrita, tendo em vista o prazo de 3 (três) anos ao qual se vincula a pretensão de reparação civil extracontratual.

c) a pretensão está prestes a ser fulminada pela prescrição, uma vez que a pretensão de reparação civil extracontratual prescreve em 5 (cinco) anos.

d) houve prescrição apenas da pretensão de demandar a seguradora da qual Vitor é segurado, mas que permanece viável a pretensão de reparação civil extracontratual, por seu prazo de 10 (dez) anos.

**COMENTÁRIOS**

**Alternativa "a".** Assertiva está errada. O prazo prescricional de 10 anos, se aplica as hipóteses de responsabilidade contratual, entendida pelo STJ, como caso que se enquadra na regra geral, estabelecida pelo art. 205, do CC. (EREsp 1.281.594 e EREsp 1.523.744). De outro lado, o caso em tela, é caracterizado como responsabilidade extracontratual, cujo prazo prescricional, de 3 anos, é previsto no "Art. 206. Prescreve: § 3 ºEm três anos: V - a pretensão de reparação civil;" Oportunamente, cabe uma observação, se o contrato versasse sobre relação de consumo, a prescrição poderia ocorrer em 5 anos (art. 27, CDC), mas não é o caso.

**Alternativa "b".** Assertiva está correta, dado que, corresponde ao que prevê a norma contida no inc. V, §3º, do art. 206, do CC: "Art. 206. Prescreve: § 3 ºEm três anos: V - a pretensão de reparação civil;"

**Alternativa "c".** Assertiva contraria o que determina a lei, conforme visto no comentário anterior. Uma ressalva, caso fosse uma relação de consumo, a prescrição poderia ocorrer em 5 anos, conforme art. 27, do CDC, mas não trata dessa hipótese.

**Alternativa "d".** A assertiva apresenta duas situações: 1. A afirmação de que está prescrito, o prazo para demandar a seguradora está correto. Neste caso, a prescrição ocorre em um ano (art. 206, §1º, II). Contudo, não é sobre a prescrição do prazo para demandar a segurado que versa o enunciado da questão; 2. Sobre a segunda afirmação, que a prescrição de reparação civil extracontratual, ocorre em 10 anos, a assertiva está incorreta, conforme demostrado nos comentários anteriores (art. 206, §3º, V).

**Alternativa correta: letra "b".**

**41. (Exame de Ordem 2011.2 – FGV)** O decurso do tempo exerce efeitos sobre as relações jurídicas. Com o propósito de suprir uma deficiência apontada pela doutrina em relação ao Código velho, o novo Código Civil, a exemplo do Código Civil italiano e português, define o que é prescrição e institui disciplina específica para a decadência. Tendo em vista os preceitos do Código Civil a respeito da matéria, assinale a alternativa correta.

a) Se a decadência resultar de convenção entre as partes, o interessado poderá alegá-la, em qualquer grau de jurisdição, mas o juiz não poderá suprir a alegação de quem a aproveite.

b) Se um dos credores solidários constituir judicialmente o devedor em mora, tal iniciativa não aproveitará aos demais quanto à interrupção da prescrição, nem a interrupção produzida em face do principal devedor prejudica o fiador dele.

c) O novo Código Civil optou por conceituar o instituto da prescrição como a extinção da pretensão e estabelece que a prescrição, em razão da sua relevância, pode ser arguida, mesmo entre os cônjuges enquanto casados pelo regime de separação obrigatória de bens.

d) Quando uma ação se originar de fato que deva ser apurado no juízo criminal, não correrá a prescrição até o despacho do juiz que tenha recebido ou rejeitado a denúncia ou a queixa-crime.

**COMENTÁRIOS**

✪ **Nota do autor:** O enunciado da questão não tem qualquer relevância para a sua resolução. A banca examinadora exige que a resposta correta seja afirmada com fundamento no que dispõe o Código Civil sobre os institutos da prescrição e decadência. Nesse sentido, o candidato deve ficar atento, pois essa observação pode resultar no ganho de tempo.

**Alternativa "a".** Decadência convencional é aquela que resulta da vontade das partes, ou seja, diz respeito exclusivamente à vontade das partes, razão que impede o suprimento judicial da alegação ou, ainda, a sua declaração de ofício. A sua alegação pode se dar no processo em qualquer grau de jurisdição, nos termos da norma do art. 211 do CC: "Se a decadência resultar de convenção entre as partes, o interessado poderá alegá-la, em qualquer grau de jurisdição, mas o juiz não poderá suprir a alegação de quem a aproveite."

**Alternativa "b".** Para compreender o erro da assertiva, é preciso considerar que, em regra, a interrupção da prescrição beneficia ou prejudica apenas aquele que a promoveu ou aquele contra quem se voltou, demonstrando que a interrupção tem caráter personalíssimo. No entanto, essa regra geral comporta uma exceção, pois nas hipóteses de obrigações solidárias (ativas e passivas), a promoção da interrupção por um dos credores solidários atingirá todos os outros. O mesmo ocorre com os devedores solidários, quando a interrupção for intentada contra um deles, conforme estabelece o art. 204, §1º, do CC: "A interrupção por um dos credores solidários aproveita aos outros; assim como a interrupção efetuada contra o devedor solidário envolve os demais e seus herdeiros." No mesmo sentido ocorrerá se a interrupção processada atingir o devedor principal, o fiador será prejudicado, considerando o caráter acessório da fiança, nos termos do § 3º do dispositivo citado: "A interrupção produzida contra o principal devedor prejudica o fiador."

**Alternativa "c".** A afirmativa contraria o que dispõe a lei acerca da fruição do prazo prescricional entre cônjuges, pois o Código Civil é expresso sobre a impossibilidade de o prazo prescricional correr nessa hipótese, vejamos: "Art. 197. Não corre a prescrição: I – entre os cônjuges, na constância da sociedade conjugal".

CIVIL

**Alternativa "d".** Na verdade, a prescrição não correrá antes da respectiva sentença criminal definitiva e não até o despacho do juiz que recebeu ou rejeitou a denúncia ou queixa crime, como afirma a assertiva, pois essa não é a determinação do diploma legal civilista: "Art. 200. Quando a ação se originar de fato que deva ser apurado no juízo criminal, não correrá a prescrição antes da respectiva sentença definitiva."

**Alternativa correta: letra "a".**

---

**42. (Exame de Ordem 2010.2 – FGV)** A respeito das diferenças e semelhanças entre prescrição e decadência, no Código Civil, é correto afirmar que:

a) a prescrição acarreta a extinção do direito potestativo, enquanto a decadência gera a extinção do direito subjetivo.

b) os prazos prescricionais podem ser suspensos e interrompidos, enquanto os prazos decadenciais legais não se suspendem ou interrompem, com exceção da hipótese de titular de direito absolutamente incapaz, contra o qual não corre nem prazo prescricional nem prazo decadencial.

c) não se pode renunciar à decadência legal nem à prescrição, mesmo após consumadas.

d) a prescrição é exceção que deve ser alegada pela parte a quem beneficia, enquanto a decadência pode ser declarada de ofício pelo juiz.

COMENTÁRIOS

✪ **Nota do autor:** A questão em apreço aborda a temática pertinente às distinções entre dois institutos do Direito que, em uma análise perfunctória, muito se assemelham, quais sejam, a prescrição e a decadência. Ambos os institutos se fundam na inércia do sujeito dentro de um determinado lapso temporal fixado pela legislação. Todavia, os institutos em exame não se confundem. Enquanto a prescrição determina a perda da pretensão (art. 189, do Código Civil), a decadência tem o condão de extinguir os chamados direitos potestativos.

**Alternativa "a".** A prescrição, ao contrário do que consta do enunciado da alternativa, não extingue os direitos potestativos, mas a pretensão, nos termos do art. 189, do Código Civil. Por outro lado, a decadência é, em verdade, o instituto que tem o condão de extinguir os direitos potestativos e não os direitos subjetivos.

**Alternativa "b".** A assertiva está correta. Os prazos prescricionais, a teor do que preceituam os arts. 197 a 204, do Código Civil, são passíveis de interrupção ou de suspensão. Os mencionados dispositivos legais apresentam diversos atos e circunstâncias que determinam a suspensão ou interrupção do prazo prescricional. Por outro lado, em regra, os prazos decadenciais não se suspendem ou se interrompem, consoante a regra insculpida no art. 207, do Código Civil, com a seguinte redação: "Salvo disposição legal em contrário, não se aplicam à decadência as normas que impedem, suspendem ou interrompem a prescrição." Todavia, os prazos decadenciais não correm em face dos absolutamente incapazes, por força dos arts. 208 e 198, I, do Código Civil.

**Alternativa "c".** A assertiva está incorreta. De acordo com o que preceitua o art. 191, do Código Civil, é lícita a renúncia à prescrição que já estiver consumada. Eis o teor do mencionado dispositivo legal: "A renúncia da prescrição pode ser expressa ou tácita, e só valerá, sendo feita, sem prejuízo de terceiro, depois que a prescrição se consumar; tácita é a renúncia quando se presume de fatos do interessado, incompatíveis com a prescrição."

**Alternativa "d".** Está incorreta. A partir do advento da Lei nº 11.280/2006, que implementou substancial alteração no que concerne à dinâmica do conhecimento judicial da prescrição, restou revogado o art. 194, do Código Civil, o qual dispunha que o magistrado não poderia suprir, *ex officio*, a alegação da prescrição. Por corolário, na atualidade, deve ser aplicado, no tocante ao conhecimento judicial da prescrição, o art. 219, §5º, do CPC (sem corresponde no NCPC), com a seguinte redação: "O juiz pronunciará, de ofício, a prescrição."

**Alternativa correta: letra "b".**

## 2.8. DA PROVA

▸ CC, Arts. 212 a 232.

---

**43. (FGV – Exame de Ordem 2013.2)** O legislador estabeleceu que, salvo se o negócio jurídico impuser forma especial, o fato jurídico poderá ser provado por meio de testemunhas, perícia, confissão, documento e presunção. Partindo do tema meios de provas, e tendo o Código Civil como aporte, assinale a afirmativa correta.

a) Na escritura pública admite-se que, caso o comparecente não saiba escrever, outra pessoa capaz e a seu rogo poderá assiná-la.

b) A confissão é revogável mesmo que não decorra de coação e é anulável se resultante de erro de fato.

c) A prova exclusivamente testemunhal é admitida, sem exceção, qualquer que seja o valor do negócio jurídico.

d) A confissão é pessoal e, portanto, não se admite seja feita por um representante, ainda que respeitados os limites em que este possa vincular o representado.

COMENTÁRIOS

✪ **Nota do autor:** A escritura pública é considerada um instrumento público, sendo um documento cingido de fé pública, o que quer dizer que goza de presunção de veracidade, invertendo-se o ônus da prova diante da sua existência.

**Obs.:** A Lei nº 13. 105, de 2015, Código de Processo Civil, revogou o art. 227 e 229 do Código Civil. No mesmo sentido, foi revogado o art. 228, do CC, pela Lei nº 13.146, de 2015, Estatuto da Pessoa com Deficiência.

**Alternativa "a".** O fato de um dos comparecentes não poder ou não saber escrever não inviabiliza a lavratura da escritura pública, já que é permitido que outrem assine a seu rogo, como dispõe a lei, no § 2º do art. 215 do CC: "A escritura pública, lavrada em notas de tabelião, é documento dotado de fé pública, fazendo prova plena. § 2º Se algum comparecente não puder ou não souber escrever, outra pessoa capaz assinará por ele, a seu rogo." Considerando que a redação da afirmativa está de acordo com o prescreve a lei, é possível confirmar o seu acerto.

**Alternativa "b".** A assertiva está incorreta. A confissão, de acordo com a lei, é irrevogável, ao contrário do que afirma a presente alternativa que a coloca como revogável. Nesse sentido, é a redação do art. 214 do CC: "A confissão é irrevogável, mas pode ser anulada se decorreu de erro de fato ou de coação."

**Alternativa "c".** A prova exclusivamente testemunhal só é admitida, salvo os casos expressos, nos negócios jurídicos cujo valor não ultrapasse o décuplo do maior salário mínimo vigente no pais ao tempo em que foram celebrados. Ademais, qualquer que seja o valor do negócio jurídico, a prova testemunhal é admissível como subsidiária ou complementar da prova por escrito (art. 227 do CC). Portanto, a assertiva vai de encontro com o que estabelece a lei, ao afirmar que a prova exclusivamente testemunhal será admitida, sem exceção, qualquer que seja o valor do negócio jurídico.

**Alternativa "d".** A lei permite que a confissão seja feita por um representante, porém será eficaz nos limites em que este pode vincular o representado, conforme determina a norma do par. ún. do art. 213 do CC: "Não tem eficácia a confissão se provém de quem não é capaz de dispor do direito a que se referem os fatos confessados. Parágrafo único. Se feita a confissão por um representante, somente é eficaz nos limites em que este pode vincular o representado."

**Alternativa correta: letra "a".**

# 3. DO DIREITO DAS OBRIGAÇÕES

## 3.1. DAS MODALIDADES DAS OBRIGAÇÕES

### 3.1.1. DA OBRIGAÇÃO DE DAR COISA CERTA

- CC, arts. 233 a 242.

---

**44. (FGV – Exame de Ordem 2018.1)** Arlindo, proprietário da vaca Malhada, vendeu-a a seu vizinho, Lauro. Celebraram, em 10 de janeiro de 2018, um contrato de compra e venda, pelo qual Arlindo deveria receber do comprador a quantia de R$ 2.500,00, no momento da entrega do animal, agendada para um mês após a celebração do contrato. Nesse interregno, contudo, para surpresa de Arlindo, Malhada pariu dois bezerros.

Sobre os fatos narrados, assinale a afirmativa correta.

a) Os bezerros pertencem a Arlindo.

b) Os bezerros pertencem a Lauro.

c) Um bezerro pertence a Arlindo e o outro, a Lauro.

d) Deverá ser feito um sorteio para definir a quem pertencem os bezerros.

**COMENTÁRIOS**

**Alternativa "a".** A situação apresentada pelo enunciado é solucionada pelo art. 237, do CC/02, e a redação da assertiva em tela corresponde com o que prescreve a lei. Nesse sentido vejamos: "Até a tradição pertence ao devedor a coisa, com os seus melhoramentos e acrescidos, pelos quais poderá exigir aumento no preço; se o credor não anuir, poderá o devedor resolver a obrigação. Parágrafo único. Os frutos percebidos são do devedor, cabendo ao credor os pendentes."

**Alternativas "b", "c" e "d".** Nao correspondem ao que prescreve o art. 237.

**Alternativa correta: letra "a".**

---

**45. (FGV – Exame de Ordem 2017.1)** Antônio, vendedor, celebrou contrato de compra e venda com Joaquim, comprador, no dia 1° de setembro de 2016, cujo objeto era um carro da marca X no valor de R$ 20.000,00, sendo o pagamento efetuado à vista na data de assinatura do contrato. Ficou estabelecido ainda que a entrega do bem seria feita 30 dias depois, em 1° de outubro de 2016, na cidade do Rio de Janeiro, domicílio do vendedor. Contudo, no dia 25 de setembro, uma chuva torrencial inundou diversos bairros da cidade e o carro foi destruído pela enchente, com perda total.

Considerando a descrição dos fatos, Joaquim

a) não faz jus à devolução do pagamento de R$ 20.000,00.

b) terá direito à devolução de 50% do valor, tendo em vista que Antônio, vendedor, não teve culpa.

c) terá direito à devolução de 50% do valor, tendo em vista que Antônio, vendedor, teve culpa.

d) terá direito à devolução de 100% do valor, pois ainda não havia ocorrido a tradição no momento do perecimento do bem.

**COMENTÁRIOS**

**Nota do autor:** O comentário da alternativa correta, contempla todas as outras alternativas.

A obrigação assumida por Antônio classifica-se como de dar coisa certa. Nesse sentido, o artigo 234, do CC, determina que: **Se, no caso do artigo antecedente, a coisa se perder, sem culpa do devedor, antes da tradição, ou pendente a condição suspensiva, fica resolvida a obrigação para ambas as partes; se a perda resultar de culpa do devedor, responderá este pelo equivalente e mais perdas e danos." Portanto, ocorrendo a perda do carro sem culpa de Antônio e antes da tradição, a obrigação se resolve e as partes voltam a situação primitiva** (status quo ante). Na hipótese em tela, o vendedor deverá devolver o valor recebido ao adquirente, em razão da resolução do contrato, suportando o prejuízo (res perit domino), contudo não está obrigado a pagar perdas e danos. Por tudo o que foi comentado, fica evidente o erro das outras alternativas.

**Alternativa correta: letra "d".**

---

**46. (FGV – Exame de Ordem 2016.1)** A peça Liberdade, do famoso escultor Lúcio, foi vendida para a Galeria da Vinci pela importância de R$ 100.000,00 (cem mil reais). Ele se comprometeu a entregar a obra dez dias após o recebimento da quantia estabelecida, que foi paga à vista. A galeria organizou, então, uma grande exposição, na qual a principal atração seria a escultura Liberdade. No dia ajustado, quando dirigia seu carro para fazer a entrega, Lúcio avançou o sinal, colidiu com outro veículo, e a obra foi completamente destruída. O anúncio pela galeria de que a peça não seria mais exposta fez com que diversas pessoas exercessem o direito de restituição dos valores pagos a título de ingresso.

Sobre os fatos narrados, assinale a afirmativa correta.

a) Lúcio deverá entregar outra obra de seu acervo à escolha da Galeria da Vinci, em substituição à escultura Liberdade.

b) A Galeria da Vinci poderá cobrar de Lúcio o equivalente pecuniário da escultura Liberdade mais o prejuízo decorrente da devolução do valor dos ingressos relativos à exposição.

c) Por se tratar de obrigação de fazer infungível, a Galeria da Vinci não poderá mandar executar a prestação às expensas de Lúcio, restando-lhe pleitear perdas e danos.

d) Com o pagamento do preço, transferiu-se a propriedade da escultura para a Galeria da Vinci, razão pela qual ela deve suportar o prejuízo pela perda do bem.

**COMENTÁRIOS**

**Alternativa "a".** Considerando que a obrigação é de dar coisa certa, com o seu perecimento, a obrigação não poderá ser adimplida com a entrega de outra peça, ainda que mais valiosa (art. 313, do CC), mas resolve-se a obrigação com perdas e danos (art. 234, do CC).

**Alternativa "b".** Considerando que o enunciado da questão trata da espécie obrigacional dar coisa certa. Nesse caso, ocorrendo a perda da coisa com culpa do devedor, a Galeria terá o direito de cobrar daquele que, culposamente, perdeu a obra de arte, o equivalente pecuniário da escultura, mais perdas e danos, resultantes da devolução do valor dos ingressos, conforme prescreve o art. 234, do CC: "Se, no caso do artigo antecedente, a coisa se perder, sem culpa do devedor, antes da tradição, ou pendente a condição suspensiva, fica resolvida a obrigação para ambas as partes; se a perda resultar de culpa do devedor, responderá este pelo equivalente e mais perdas e danos."

**Alternativa "c".** A assertiva está incorreta, pois afirma que a obrigação é de fazer, quando na verdade a obrigação é de dar, posto que o enunciado se refere a peça Liberdade, como algo já existente, portanto, a obrigação se perfaz com a entrega de coisa certa.

**Alternativa "d".** Considerando que a peça Liberdade é um bem móvel, a alienação se perfaz com a tradição, como essa ainda não havia ocorrido, a coisa perece para o dono, que ainda será Lúcio.

**Alternativa correta: letra "b".**

### 3.1.2. DAS OBRIGAÇÕES DIVISÍVEIS

▸ CC, arts. 257 a 236.

**47. (FGV – Exame de Ordem 2016.3)** Felipe e Ana, casal de namorados, celebraram contrato de compra e venda com Armando, vendedor, cujo objeto era um carro no valor de R$ 30.000,00, a ser pago em 10 parcelas de R$ 3.000,00, a partir de 1° de agosto de 2016. Em outubro de 2016, Felipe terminou o namoro com Ana. Em novembro, nem Felipe nem Ana realizaram o pagamento da parcela do carro adquirido de Armando. Felipe achava que a responsabilidade era de Ana, pois o carro tinha sido presente pelo seu aniversário. Ana, por sua vez, acreditava que, como Felipe ficou com o carro, não estava mais obrigada a pagar nada, já que ele terminara o relacionamento.

Armando procura seu(sua) advogado(a), que o orienta a cobrar

a) a totalidade da dívida de Ana.
b) a integralidade do débito de Felipe.
c) metade de cada comprador.
d) a dívida de Felipe ou de Ana, pois há solidariedade passiva.

COMENTÁRIOS

**Alternativa "c".** A assertiva está de acordo com o que prescreve o art. 257, do CC: "Havendo mais de um devedor ou mais de um credor em obrigação divisível, esta presume-se dividida em tantas obrigações, iguais e distintas, quantos os credores ou devedores." Considerando que Felipe e Ana, não convencionaram outra forma de divisão da parcela, deve-se aplicar a regra geral, prevista no artigo citado, que tem caráter subsidiário, ou seja, se não há convenção das partes em sentido contrário, aplica-se a divisão igualitária da parcela. Nesse sentido, podemos afirmar que as assertivas "a" e "b", estão incorretas pois se não estipulação em sentido contrário, aplica a regra do art. 257, do CC.

**Alternativa "d".** O enunciado não demonstra em nenhum momento que há solidariedade entre Felipe e Ana. Sendo assim, não é correto afirmar a sua existência, pois segundo o art. 265, do CC: "A solidariedade não se presume; resulta da lei ou da vontade das partes."

**Alternativa correta: letra "c".**

### 3.1.3. DAS OBRIGAÇÕES ALTERNATIVAS

▸ CC, arts. 252 a 256.

**48. (FGV – Exame de Ordem 2016.1)** No dia 2 de agosto de 2014, Teresa celebrou contrato de compra e venda com Carla, com quem se obrigou a entregar 50 computadores ou 50 impressoras, no dia 20 de setembro de 2015. O contrato foi silente sobre quem deveria realizar a escolha do bem a ser entregue.

Sobre os fatos narrados, assinale a afirmativa correta.

a) Trata-se de obrigação facultativa, uma vez que Carla tem a faculdade de escolher qual das prestações entregará a Teresa.
b) Como se trata de obrigação alternativa, Teresa pode se liberar da obrigação entregando 50 computadores ou 50 impressoras, à sua escolha, uma vez que o contrato não atribuiu a escolha ao credor.
c) Se a escolha da prestação a ser entregue cabe a Teresa, ela poderá optar por entregar a Carla 25 computadores e 25 impressoras.
d) Se, por culpa de Teresa, não se puder cumprir nenhuma das prestações, não competindo a Carla a escolha, ficará aquela obrigada a pagar somente os lucros cessantes.

COMENTÁRIOS

✪ **Nota do autor:** Nota-se que o enunciado da questão aborda o tema relativo a obrigação alternativa, também conhecida como disjuntiva. Tal modalidade obrigacional tem por conteúdo duas prestações, das quais uma somente será escolhida para pagamento ao credor e liberação do devedor. Os objetos estão ligados pela disjunção "ou", podendo haver duas ou mais opções. A obrigação se resolve com a prestação de um dos objetos.

**Alternativa "a".** Obrigação facultativa é aquele em que há uma única prestação, mas o devedor, por ato unilateral, terá a faculdade de substituir a prestação original, por prestação diversa, mas predeterminada, exonerando-se da obrigação. Trata-se de obrigação alternativa *sui generis*, tendo em vista que é uma obrigação simples para o credor, que somente poderá exigir o cumprimento da prestação. Por outro lado, permite ao devedor optar entre a prestação do objeto principal ou por outra predeterminada. Nesse sentido, a doutrina considera a obrigação facultativa, como obrigação alternativa sui generis, mas não como obrigação alternativa pura.

**Alternativa "b".** A lei permite que as partes decidam a quem caberá o direito de escolha nas obrigações alternativas, mas caso tal faculdade não seja exercida, a escolha caberá ao devedor, conforme determina a doutrina do art. 252, do CC: "Nas obrigações alternativas, a escolha cabe ao devedor, se outra coisa não se estipulou."

**Alternativa "c".** Na obrigação alternativa o devedor não pode entregar parte em uma prestação e parte em outra, como prescreve a norma contida no §1º, do art. 252, do CC: "Não pode o devedor obrigar o credor a receber parte em uma prestação e parte em outra."

**Alternativa "d".** A assertiva contraria a disciplina do art. 254, do CC: "Se, por culpa do devedor, não se puder cumprir nenhuma das prestações, não competindo ao credor a escolha, ficará aquele obrigado a pagar o valor da que por último se impossibilitou, mais as perdas e danos que o caso determinar."

**Alternativa correta: letra "b".**

**49. (FGV – Exame de Ordem 2015.2)** Gilvan (devedor) contrai empréstimo com Haroldo (credor) para o pagamento com juros do valor do mútuo no montante de R$ 10.000,00. Para facilitar a percepção do crédito, a parte do polo ativo obrigacional ainda facultou, no instrumento contratual firmado, o pagamento do montante no termo avençado ou a entrega do único cavalo da raça manga larga marchador da fazenda, conforme escolha a ser feita pelo devedor.

Ante os fatos narrados, assinale a afirmativa correta.

a) Trata-se de obrigação alternativa.

b) Cuida-se de obrigação de solidariedade em que ambas as prestações são infungíveis.

c) Acaso o animal morra antes da concentração, extingue-se a obrigação.

d) O contrato é eivado de nulidade, eis que a escolha da prestação cabe ao credor.

**COMENTÁRIOS**

**Alternativa "a".** A obrigação ajustada entre Gilvan e Haroldo, é classificada como alternativa. A obrigação alternativa é aquela cuja composição compreende dois ou mais objetos, e cujo cumprimento se dá pela entrega de qualquer deles. Assim, quando Haroldo aceitou receber o valor em dinheiro ou o cavalo, por parte de Gilvan, celebrou uma obrigação alternativa, cuja escolha do objeto deve ser feita pelas partes, mas não havendo ajuste nesse sentido, a lei determina que ela seja feita pelo devedor, com o fim de facilitar o cumprimento da prestação. Vejamos o que lei diz sobre essa modalidade obrigacional: "Art. 252. Nas obrigações alternativas, a escolha cabe ao devedor, se outra coisa não se estipulou."

**Alternativa "b".** Obrigação solidária é aquela em que há vários devedores ou vários credores e todos são devedores ou credores da dívida toda. Sendo assim, não há dúvida de que a questão não trata da solidariedade, tendo em vista que só há dois sujeitos, um no polo ativo e outro no polo passivo.

**Alternativa "c".** Nas obrigações alternativas, o perecimento de uma das prestações, não a extingue, pois, nesse caso, a obrigação recai sobre aquela que subsistiu. Assim, determina o art. 253, do CC: "Se uma das duas prestações não puder ser objeto de obrigação ou se tornada inexequível, subsistirá o débito quanto à outra."

**Alternativa "d".** A escolha cabe as partes, mas a lei, subsidiariamente, diz que se as partes não estipularem de quem será a escolha, está será do devedor. Vejamos, o *caput*, do art. 252, do CC: "Nas obrigações alternativas, a escolha cabe ao devedor, se outra coisa não se estipulou."

**Alternativa correta: letra "a".**

### 3.1.4. DA SOLIDARIEDADE

- CC, arts. 264 a 285.

---

**50. (FGV – Exame de Ordem XXXVI – 2022)** João, Cláudia e Maria celebraram contrato de compra e venda de um carro com Carlos e Paula. Pelo respectivo contrato, Carlos e Paula se comprometeram, como devedores solidários, ao pagamento de R$ 50.000,00. Ficou estabelecido, ainda, solidariedade entre os credores João, Cláudia e Maria.

Diante do enunciado, assinale a afirmativa correta.

a) O pagamento feito por Carlos ou por Paula não extingue a dívida, ainda que parcialmente.

b) Qualquer dos credores tem direito a exigir e a receber de Carlos ou de Paula, parcial ou totalmente, a dívida comum.

c) Impossibilitando-se a prestação por culpa de Carlos, extingue-se a solidariedade, e apenas este responde pelo equivalente.

d) Carlos e Paula só se desonerarão pagando a todos os credores conjuntamente.

**COMENTÁRIOS**

**Alternativa "a".** Assertiva está errada. O pagamento parcial extingue a dívida no montante do que foi pago, mas o restante da dívida, abatido o que foi pago, por um dos devedores, continua sendo totalmente devido, por Carlos e Paula, pois a solidariedade permanece. Assim doutrina a segunda parte do art. 275, do CC: "O credor tem direito a exigir e receber de um ou de alguns dos devedores, parcial ou totalmente, a dívida comum; se o pagamento tiver sido parcial, todos os demais devedores continuam obrigados solidariamente pelo resto."

**Alternativa "b".** A assertiva está correta. Na obrigação solidária, no caso em tela, a solidariedade é ativa e passiva, o crédito é igual para todos os credores, e a dívida é única para os devedores. Por tal razão, qualquer dos credores tem direito de exigir a dívida, parcial ou integral, dos devedores. Vejamos o que dispõe o Código Civil:

> "Art. 267. Cada um dos credores solidários tem direito a exigir do devedor o cumprimento da prestação por inteiro.""
>
> Art. 275. O credor tem direito a exigir e receber de um ou de alguns dos devedores, parcial ou totalmente, a dívida comum; se o pagamento tiver sido parcial, todos os demais devedores continuam obrigados solidariamente pelo resto."

**Alternativa "c".** Assertiva está errada. Na obrigação solidária se a prestação ficar impossibilitada, por culpa de apenas um dos devedores, no caso, Carlos, ele responde exclusivamente pelas perdas e danos, mas o equivalente é devido por ele e Paula (art. 279, CC). Além disso, a impossibilidade da prestação, não extingue a solidariedade (art. 271, CC). Abaixo a transcrição dos dispositivos legais citados:

> "Art. 271. Convertendo-se a prestação em perdas e danos, subsiste, para todos os efeitos, a solidariedade."
>
> "Art. 279. Impossibilitando-se a prestação por culpa de um dos devedores solidários, subsiste para todos o encargo de pagar o equivalente; mas pelas perdas e danos só responde o culpado."

**Alternativa "d".** A assertiva está errada, sua redação contraria o que determina o art. 269, do CC: "O pagamento feito a um dos credores solidários extingue a dívida até o montante do que foi pago."

**Alternativa correta: letra "b".**

---

**51. (FGV – Exame de Ordem 2018.2)** Paula é credora de uma dívida de R$ 900.000,00 assumida solidariamente por Marcos, Vera, Teresa, Mirna, Júlio, Simone, Úrsula, Nestor e Pedro, em razão de mútuo que a todos aproveita.

Antes do vencimento da dívida, Paula exonera Vera e Mirna da solidariedade, por serem amigas de longa data. Dois meses antes da data de vencimento, Júlio, em razão da perda de seu emprego, de onde provinha todo o sustento de sua família, cai em insolvência. Ultrapassada a data de vencimento, Paula decide cobrar a dívida.

Sobre a hipótese apresentada, assinale a afirmativa correta.

a) Vera e Mirna não podem ser exoneradas da solidariedade, eis que o nosso ordenamento jurídico não permite renunciar a solidariedade de somente alguns dos devedores.

b) Se Marcos for cobrado por Paula, deverá efetuar o pagamento integral da dívida e, posteriormente, poderá cobrar dos demais as suas quotas-partes. A parte de Júlio será rateada entre todos os devedores solidários, inclusive Vera e Mirna.

c) Se Simone for cobrada por Paula deverá efetuar o pagamento integral da dívida e, posteriormente, poderá cobrar dos demais as suas quotas-partes, inclusive Júlio.

d) Se Mirna for cobrada por Paula, deverá efetuar o pagamento integral da dívida e, posteriormente, poderá cobrar as quotas-partes dos demais. A parte de Júlio será rateada entre todos os devedores solidários, com exceção de Vera.

**COMENTÁRIOS**

✪ **Nota do autor:** prezado leitor, fique atento quanto ao tema da solidariedade, pois a redação do art. 274, do CC, teve sua redação alterada pela Lei 13.105, de 2015 – Código de Processo Civil.

**Alternativa "a".** A assertiva está errada. Nos termos do art. 282 do CC, é possível a renúncia da solidariedade em favor de um, de alguns ou de todos os devedores solidários.

**Alternativa "b".** A assertiva está correta. A solidariedade passiva se caracteriza pela possibilidade de o credor exigir de um ou de todos os devedores solidários o pagamento integral da dívida. No caso em voga, caso Marcos venha a ser cobrado por Paula deverá efetuar o pagamento da integralidade do débito, na forma da primeira parte do art. 275 do CC, com a seguinte redação: *"O credor tem direito a exigir e receber de um ou de alguns dos devedores, parcial ou totalmente, a dívida comum."* Nesta hipótese, contudo, exsurge para o devedor solidário que efetuou o pagamento da integralidade da dívida, a pretensão de voltar-se contra seus pares para que cada um deles venha a adimplir a sua quota-parte do débito, devendo observar-se, não obstante, as seguintes restrições: (i) a quota parte dos devedores solidários insolventes será repartida igualmente entre os demais devedores solidários (art. 283 do CC) e (ii) no caso de rateio entre os co-devedores solidários, contribuirão também os exonerados da solidariedade pelo credor, pela parte que, na obrigação, incumbia ao insolvente (art. 284 do CC). Todo o exposto corrobora o manifesto acerto da alternativa sob comento.

**Alternativa "c".** Na hipótese de Simone pagar a divida toda, ela terá direito de exigir dos demais as suas quotas- partes. Contudo, como Júlio é insolvente, ele não pagara a sua parte, e o valor relativo a sua quota deverá ser dividia entre todos os demais devedores, incluindo aquelas que foram exoneradas. Nesse sentido, é a doutrina do art. 283, do CC: "O devedor que satisfez a dívida por inteiro tem direito a exigir de cada um dos co-devedores a sua quota, dividindo-se igualmente por todos a do insolvente, se o houver, presumindo-se iguais, no débito, as partes de todos os co-devedores."

**Alternativa "d".** Em conformidade ao comentário à alternativa anterior, considerando que houve a exoneração da solidariedade em relação à Mirna, Paula não pode dela exigir a satisfação da integralidade do débito, circunstância que conduz ao equívoco da alternativa.

**Alternativa correta: letra "b".**

---

**52. (FGV – Exame de Ordem 2016.1)** No dia 2 de agosto de 2014, Teresa celebrou contrato de compra e venda com Carla, com quem se obrigou a entregar 50 computadores ou 50 impressoras, no dia 20 de setembro de 2015. O contrato foi silente sobre quem deveria realizar a escolha do bem a ser entregue.

Sobre os fatos narrados, assinale a afirmativa correta.

a) Trata-se de obrigação facultativa, uma vez que Carla tem a faculdade de escolher qual das prestações entregará a Teresa.

b) Como se trata de obrigação alternativa, Teresa pode se liberar da obrigação entregando 50 computadores ou 50 impressoras, à sua escolha, uma vez que o contrato não atribuiu a escolha ao credor.

c) Se a escolha da prestação a ser entregue cabe a Teresa, ela poderá optar por entregar a Carla 25 computadores e 25 impressoras.

d) Se, por culpa de Teresa, não se puder cumprir nenhuma das prestações, não competindo a Carla a escolha, ficará aquela obrigada a pagar somente os lucros cessantes.

**COMENTÁRIOS**

✪ **Nota do autor:** Nota-se que o enunciado da questão aborda o tema relativo a obrigação alternativa, também conhecida como disjuntiva. Tal modalidade obrigacional tem por conteúdo duas prestações, das quais uma somente será escolhida para pagamento ao credor e liberação do devedor. Os objetos estão ligados pela disjunção "ou", podendo haver duas ou mais opções. A obrigação se resolve com a prestação de um dos objetos.

**Alternativa "a".** Obrigação facultativa é aquele em que há uma única prestação, mas o devedor, por ato unilateral, terá a faculdade de substituir a prestação original, por prestação diversa, mas predeterminada, exonerando-se da obrigação. Trata-se de obrigação alternativa sui generis, tendo em vista que é uma obrigação simples para o credor, que somente poderá exigir o cumprimento da prestação. Por outro lado, permite ao devedor optar entre a prestação do objeto principal ou por outra predeterminada. Nesse sentido, a doutrina considera a obrigação facultativa, como obrigação alternativa sui generis, mas não como obrigação alternativa pura.

**Alternativa "b".** A lei permite que as partes decidam a quem caberá o direito de escolha nas obrigações alternativas, mas caso tal faculdade não seja exercida, a escolha caberá ao devedor, conforme determina a doutrina do art. 252, do CC: "Nas obrigações alternativas, a escolha cabe ao devedor, se outra coisa não se estipulou."

**Alternativa "c".** Na obrigação alternativa o devedor não pode entregar parte em uma prestação e parte em outra, como prescreve a norma contida no §1º, do art. 252, do CC: "Não pode o devedor obrigar o credor a receber parte em uma prestação e parte em outra."

**Alternativa "d".** A assertiva contraria a disciplina do art. 254, do CC: "Se, por culpa do devedor, não se puder cumprir nenhuma das prestações, não competindo ao credor a escolha, ficará aquele obrigado a pagar o valor da que por último se impossibilitou, mais as perdas e danos que o caso determinar."

**Alternativa correta: letra "b".**

---

**53. (FGV – Exame de Ordem 2016.2)** Paulo, João e Pedro, mutuários, contraíram empréstimo com Fernando, mutuante, tornando-se, assim, devedores solidários do valor total de R$ 6.000,00 (seis mil reais). Fernando, muito amigo de Paulo, exonerou-o da solidariedade. João, por sua vez, tornou-se insolvente. No dia do vencimento da dívida, Pedro pagou integralmente o empréstimo.

Considerando a hipótese narrada, assinale a afirmativa correta.

a) Pedro não poderá regredir contra Paulo para que participe do rateio do quinhão de João, pois Fernando o exonerou da solidariedade.

b) Apesar da exoneração da solidariedade, Pedro pode cobrar de Paulo o valor de R$ 3.000,00 (três mil reais).

c) Ao pagar integralmente a dívida, Pedro se sub-roga nos direitos de Fernando, permitindo-se que cobre a integralidade da dívida dos demais devedores.

d) Pedro deveria ter pago a Fernando apenas R$ 2.000,00 (dois mil reais), pois a exoneração da solidariedade em relação a Paulo importa, necessariamente, a exoneração da solidariedade em relação a todos os codevedores.

COMENTÁRIOS

**Alternativa "a".** A assertiva está incorreta, porquanto contraria o que prescreve a norma contida no art. 284 do CC.

**Alternativa "b".** A assertiva está correta. A teor do que preceitua o art. 282 do CC, o credor pode renunciar à solidariedade em favor de um, de alguns ou de todos os devedores. A despeito disso, na hipótese descrita no enunciado da questão, a exoneração da solidariedade em favor de Paulo, não tem o condão de extinguir a solidariedade que existe entre os demais coobrigados, a qual subsiste para todos os efeitos legais, nos exatos moldes do que preconiza o parágrafo único, do já mencionado art. 282 do CC, com a seguinte redação: "Se o credor exonerar da solidariedade um ou mais devedores, subsistirá a dos demais." É indubitável, portanto, que a solidariedade existente entre Pedro e João, não obstante a exoneração de Paulo, persistirá. De mais a mais, é oportuno mencionar que qualquer estipulação levada a efeito entre o credor e um dos devedores solidários não tem o efeito de agravar, em nenhuma medida, a situação dos codevedores, conforme deixa clara a redação do art. 278 do CC, que estabelece: "Qualquer cláusula, condição ou obrigação adicional, estipulada entre um dos devedores solidários e o credor, não poderá agravar a posição dos outros sem consentimento destes." Neste contexto, a exoneração da solidariedade em relação à Paulo não afeta a sua obrigação de pagar, na proporção de 1/3, a dívida contraída junto a Fernando. Por outro lado, considerando-se que João se tornou insolvente e que Pedro efetuou o pagamento da integralidade do débito, incide na espécie a regra insculpida no art. 284 do CC, que dispõe no sentido de que, ainda que exonerados da solidariedade, os devedores respondem pelo quinhão que cabia ao devedor que se tornou insolvente. Neste sentido, é oportuno transcrever a literalidade do art. 284 do CC: "No caso de rateio entre os codevedores, contribuirão também os exonerados da solidariedade pelo credor, pela parte que na obrigação incumbia ao insolvente." Como consequência, Pedro pode exigir de Paulo a importância de R$ 2.000,00 (dois mil reais), referente ao quinhão da dívida que já incumbia a Paulo por força do contrato de mútuo, acrescida de R$ 1.000,00 (hum mil reais), relativa a 50% (cinquenta por cento) do quinhão que incumbia a João, devedor solidário que se tornou insolvente. Em razão do exposto, resta claro o acerto da alternativa ora examinada.

**Alternativa "c".** Ao contrário do que constou da alternativa ora examinada, o devedor solidário que efetua o pagamento da dívida não se sub-roga na integralidade dos direitos do credor, aplicando-se, a tal hipótese, o que preconiza o art. 283 do CC, com a seguinte redação: "O devedor que satisfez a dívida por inteiro tem direito a exigir de cada um dos codevedores a sua quota, dividindo-se igualmente por todos a do insolvente, se o houver, presumido-se iguais, no débito, as partes de todos os codevedores."

**Alternativa "d".** A exoneração da solidariedade, como exposto alhures, não opera seus efeitos em relação ao quinhão dos devedores insolventes, incidindo na espécie, a regra contemplada pelo art. 284 do CC.

**Alternativa correta: letra "b".**

## 3.2. DA TRANSMISSÃO DAS OBRIGAÇÕES

### 3.2.1. DA CESSÃO DE CRÉDITO

▸ CC, arts. 286 a 298

**54. (FGV – Exame de Ordem 2013.3)** Bruno cedeu a Fábio um crédito representado em título, no valor de R$ 20.000,00 (vinte mil reais), que possuía com Caio.

Considerando a hipótese acima e as regras sobre cessão de crédito, assinale a afirmativa correta.

a) Caio não poderá opor a Fábio a exceção de dívida prescrita que, no momento em que veio a ter conhecimento da cessão, tinha contra Bruno, em virtude da preclusão.

b) Caso Fábio tenha cedido o crédito recebido de Bruno a Mário e este, posteriormente, ceda o crédito a Júlio, prevalecerá a cessão de crédito que se completar com a tradição do título cedido.

c) Bruno, ao ceder a Fábio crédito a título oneroso, não ficará responsável pela existência do crédito ao tempo em que cedeu, salvo por expressa garantia.

d) Conforme regra geral disposta no Código Civil, Bruno será obrigado a pagar a Fábio o valor correspondente ao crédito, caso Caio torne-se insolvente.

COMENTÁRIOS

✪ **Nota do autor:** O instituto da cessão de crédito é um negócio jurídico bilateral, caracterizado pela transferência por parte do credor de um crédito, a título oneroso ou gratuito, a um terceiro os seus direitos decorrentes da relação jurídica obrigacional.

**Alternativa "a".** Caio, a partir da notificação da cessão, poderá opor, tanto ao cedente quanto ao cessionário, todas as exceções que forem cabíveis até aquele momento. Contudo, se as exceções a serem opostas forem restritas à pessoa do cedente, elas devem ser alegadas até a notificação. Em relação à prescrição não há nenhum caráter personalíssimo, o que significa que esta pode ser alegada tanto ao cedente quanto ao cessionário, em qualquer tempo, não ficando sujeito a preclusão. Nesse sentido, é a doutrina do art. 294 do CC: "O devedor pode opor ao cessionário as exceções que lhe competirem, bem como as que, no momento em que veio a ter conhecimento da cessão, tinha contra o cedente."

**Alternativa "b".** Existindo diversos cessionários do mesmo crédito prevalecerá o que receber a entrega do título de crédito, isto é, concessionário será aquele que receber o documento original que representa a dívida. Nesse sentido, é a locução legal consubstanciada no art. 291 do CC: "Ocorrendo várias cessões do mesmo crédito, prevalece a que se completar com a tradição do título do crédito cedido."

**Alternativa "c".** A assertiva contraria o que expressamente está previsto no art. 295 do CC: "Na cessão por título oneroso, o cedente, ainda que não se responsabilize, fica responsável ao cessionário pela existência do crédito ao tempo em que lhe cedeu; a mesma responsabilidade lhe cabe nas cessões por título gratuito, se tiver procedido de má-fé."

**Alternativa "d".** A regra geral prevista no Código Civil é no sentido de que o cedente não responde pela solvência do cessionário, contrariando o que se afirma na presente alternativa. Vejamos a regra geral prevista no art. 296 do CC: "Salvo estipulação em contrário, o cedente não responde pela solvência do devedor."

**Alternativa correta: letra "b".**

## 3.3. DO ADIMPLEMENTO E EXTINÇÃO DAS OBRIGAÇÕES

### 3.3.1. DO PAGAMENTO

**55. (FGV – Exame de Ordem 2020.1)** Jacira mora em um apartamento alugado, sendo a locação garantida por fiança

CIVIL

prestada por seu pai, José. Certa vez, Jacira conversava com sua irmã Laura acerca de suas dificuldades financeiras, e declarou que temia não ser capaz de pagar o próximo aluguel do imóvel. Compadecida da situação da irmã, Laura procurou o locador do imóvel e, na data de vencimento do aluguel, pagou, em nome próprio, o valor devido por Jacira, sem oposição desta. Nesse cenário, em relação ao débito do aluguel daquele mês, assinale a afirmativa correta.

a) Laura, como terceira interessada, sub-rogou-se em todos os direitos que o locador tinha em face de Jacira, inclusive a garantia fidejussória.

b) Laura, como terceira não interessada, tem apenas direito de regresso em face de Jacira.

c) Laura, como devedora solidária, sub-rogou-se nos direitos que o locador tinha em face de Jacira, mas não quanto à garantia fidejussória.

d) Laura, tendo realizado mera liberalidade, não tem qualquer direito em face de Jacira.

COMENTÁRIOS

**Alternativa "a".** O fato de Laura ser irmã de Jacira, não a torna interessada na relação jurídica, pois o interesse deve ser visto sob o prisma jurídico, não familiar. Nesse sentido, não é correto afirmar que ela irá sub-rogar-se nos direitos do locador. Nesse sentido, é a redação do art. 305, do CC: "O terceiro não interessado, que paga a dívida em seu próprio nome, tem direito a reembolsar-se do que pagar; mas não se sub-roga nos direitos do credor."

**Alternativa "b".** A assertiva está correta, pois se amolda ao que doutrina o art. 305 do CC: "O terceiro não interessado, que paga a dívida em seu próprio nome, tem direito a reembolsar-se do que pagar; mas não se sub-roga nos direitos do credor."

**Alternativa "c".** Laura não é devedora solidária, pois a solidariedade não se presume, conforme doutrina o art. 265, do CC: A solidariedade não se presume; resulta da lei ou da vontade das partes.

**Alternativa "d".** Na questão em tela não houve liberalidade, pois Laura pagou em seu próprio nome a dívida da irmã. Caso tivesse pago a dívida em nome da irmã, teria ocorrido a doação e não haveria direito ao reembolso.

**Alternativa correta: letra "b".**

## 3.3.2. DA CONSIGNAÇÃO EM PAGAMENTO

- CC, arts. 334 a 345.

**56. (FGV – Exame de Ordem 2012.4)** Tiago celebrou com Ronaldo contrato de compra e venda de dez máquinas de costura importadas da China. Restou acordado que o pagamento se daria em trinta e seis prestações mensais e consecutivas com reajuste a cada doze meses conforme taxa Selic, a ser efetuado no domicílio do credor. O contrato estabeleceu, ainda, a incidência de juros moratórios, no importe de 2% (dois por cento) do valor da parcela em atraso, e cláusula penal, fixada em 10% (dez por cento) do valor do contrato, em caso de inadimplência. Após o pagamento de nove parcelas, Tiago foi surpreendido com a notificação extrajudicial enviada por Ronaldo, em que se comunicava um reajuste de 30% (trinta por cento) sobre o valor da última parcela paga sob o argumento de que ocorreu elevada desvalorização no câmbio. Tiago não concordou com o reajuste e ao tentar efetuar o pagamento da décima parcela com base no valor inicialmente ajustado teve o pagamento recusado por Ronaldo.

Considerando o caso acima e as regras previstas no Código Civil, assinale a afirmativa correta.

a) Caso Tiago consigne o valor da décima parcela por meio de depósito judicial, poderá levantá-lo enquanto Ronaldo não informar o aceite ou não o impugnar, desde que pague todas as despesas.

b) Na hipótese de Tiago consignar judicialmente duas máquinas de costura com a finalidade de afastar a incidência dos encargos moratórios e da cláusula penal, este depósito será apto a liberá-lo da obrigação assumida.

c) O depósito consignatório realizado por Tiago em seu domicílio terá o poder liberatório do vínculo obrigacional, isentando-o do pagamento dos juros moratórios e da cláusula penal.

d) Tiago poderá depositar o valor referente à décima parcela sob o fundamento de injusta recusa, porém não poderá discutir, no âmbito da ação consignatória, a abusividade ou ilegalidade das cláusulas contratuais.

COMENTÁRIOS

**Alternativa "a".** A assertiva está correta, pois a lei permite que o devedor desista da consignação até que o credor se manifeste, mas deverá arcar com todas as consequências de eventual mora ou inadimplemento. Nesse sentido é a doutrina do art. 338 do CC: "Enquanto o credor não declarar que aceita o depósito, ou não o impugnar, poderá o devedor requerer o levantamento, pagando as respectivas despesas, e subsistindo a obrigação para todas as consequências de direito." Por conseguinte, estando a assertiva de acordo com o dispositivo legal, ela deve ser entendida como correta.

**Alternativa "b".** A assertiva está incorreta, pois não é permitido consignar objeto diferente do que foi acordado na obrigação, ou seja, a consignação não permite a alteração das condições para o pagamento no que tange a pessoa de quem deve pagar ou receber, ao objeto, ao lugar e ao tempo. Portanto, não é possível consignar duas máquinas de costura, se o objeto da obrigação é o pagamento em dinheiro da parcela devida, como prescreve o art. 336 do CC: "Para que a consignação tenha força de pagamento, será mister concorram, em relação às pessoas, ao objeto, modo e tempo, todos os requisitos sem os quais não é válido o pagamento."

**Alternativa "c".** Segundo a redação do enunciado da questão, foi ajustado entre as partes que o pagamento das parcelas pactuadas seriam efetuadas no domicílio do credor. A lei determina que o depósito consignatório, para ter poder liberatório, deverá ser realizado no lugar onde o pagamento deve ser efetuado, no caso, no domicílio de Ronaldo (credor), e não de Tiago (devedor). Portanto, caso Tiago realize o depósito consignatório no seu domicílio, não terá poder liberatório, por não corresponder a determinação legal, como pode ser constatado na redação do art. 337 do CC: "O depósito requerer-se-á no lugar do pagamento, cessando, tanto que se efetue, para o depositante, os juros da dívida e os riscos, salvo se for julgado improcedente."

**Alternativa "d".** A jurisprudência admite que eventuais ilegalidades das cláusulas contratuais sejam discutidas, incidentalmente, no procedimento de consignação de pagamento. Por essa razão, a incorreção da assertiva está na afirmação errônea de que a abusividade ou ilegalidade das cláusulas contratuais não podem ser discutidas no âmbito da ação consignatória.

**Alternativa correta: letra "a".**

## 3.3.3. DA DAÇÃO EM PAGAMENTO

- CC, arts. 356 a 359.

**57. (FGV – Exame de Ordem 2012.4 – prova reaplicada em Ipatinga/MG)** José devia a Paulo a quantia de R$ 50 mil reais com vencimento em 05 de dezembro de 2012. Na data do pagamento, José, devido à falta de dinheiro, ofereceu um lote de sua propriedade, de igual valor da dívida, como substituição da prestação originária.

Considerando a hipótese acima, assinale a afirmativa correta.

a) Caso Paulo aceite o lote dado por José como forma de pagamento, ocorrerá extinção da obrigação primitiva pelo adimplemento indireto na modalidade novação real.

b) Se José oferecesse um título de crédito ao invés do lote, essa transferência importaria em pagamento com sub-rogação.

c) Se Paulo for evicto do lote recebido em pagamento, a obrigação primitiva será restabelecida, ficando sem efeito a quitação dada, ressalvados os direitos de terceiros de boa-fé.

d) Caso Paulo aceite o bem imóvel oferecido por José, a transferência do lote poderá ser formalizada por escritura pública ou instrumento particular.

COMENTÁRIOS

**Nota do autor:** O caso proposto no enunciado da questão aborda a matéria atinente à extinção das obrigações pela dação em pagamento, que se configura quando o credor consente em receber prestação diversa da que lhe é devida, nos moldes do art. 356 do CC. Contudo, para assinalar a alternativa correta, o candidato deveria conhecer, ainda, as regras atinentes à evicção. Conforme ensina Caio Mário da Silva Pereira, a evicção é "a perda da coisa por força de sentença judicial que a atribui a outrem, por direito anterior ao contrato aquisitivo" (PEREIRA, Caio Mário. *Instituições de Direito Civil. Volume III.* 11ª ed. Rio de Janeiro: Forense, 2004, p. 135). É importante ressalvar, no particular, que a jurisprudência do STJ admite a configuração evicção quando a perda da coisa resulta de decisão administrativa, consoante acórdão proferido no Recurso Especial n.º 19391/SP, Rel.: Ministro Barros Monteiro. Do conceito acima, extraem-se os três pressupostos da evicção, quais sejam: *i)* perda da coisa; *ii)* decisão judicial ou administrativa (STJ); *iii)* anterioridade do direito do terceiro. Saliente-se, por derradeiro, que o instituto jurídico em apreço se consubstancia em uma garantia legal que permite ao adquirente voltar-se contra o vendedor para reaver o montante que pagou, acrescido das despesas do contrato, custas judiciais e honorários de advogado, nos moldes do art. 450 do CC.

**Alternativa "a".** A alternativa está incorreta, porquanto, como salientado anteriormente, no caso em tela configurou-se a dação em pagamento, que consiste na substituição da prestação originária por outra diversa, com o consentimento do credor (art. 356 do CC). Ressalte-se, por oportuno, que a novação também é uma forma de extinção das obrigações, mas apresenta regramento legal próprio e diverso daquele conferido à dação em pagamento. Neste sentido, remete-se o leitor à análise das regras dos arts. 360 a 367 do CC, que disciplinam a novação.

**Alternativa "b".** Se, no caso concreto, a prestação originária fosse substituída por um título de crédito, tal circunstância não redundaria no pagamento com sub-rogação. Em verdade, a transferência do título de crédito, neste caso, importaria em cessão, nos moldes do art. 358 do CC, com a seguinte redação: "Se for título de crédito a coisa dada em pagamento, a transferência importará em cessão." Sobreleva notar, por derradeiro, que o pagamento com sub-rogação, ao contrário do que pretende fazer crer o examinador, na substituição do credor por um terceiro que paga o débito no lugar do devedor (arts. 346 a 351 do CC).

**Alternativa "c".** Conforme exposto na nota explicativa acima, no caso concreto proposto no enunciado na questão operou-se a extinção da obrigação pela dação em pagamento (arts. 356 a 359 do CC). Isso porque, Paulo consentiu em receber de José prestação diversa daquela que lhe era devida (um lote em substituição à importância de R$ 50.000,00). Neste contexto, aplica-se, na hipótese de evicção, a norma insculpida no art. 359 do CC, devendo ser restabelecida a obrigação originária. Eis o teor do mencionado dispositivo legal: "Se o credor for evicto da coisa recebida em pagamento, restabelecer-se-á a obrigação primitiva, ficando sem efeito a quitação dada, ressalvados os direitos de terceiros."

**Alternativa "d".** De acordo com o art. 108 do CC, a validade dos negócios jurídicos que tenham por objeto direitos reais sobre bens imóveis cujo valor exceda à importância equivalente a 30 (trinta) salários mínimos, encontra-se condicionada à sua formalização através de escritura pública. Considerando que o valor do salário mínimo, por ocasião de realização do Exame de Ordem era de R$ 622,00 (seiscentos e vinte e dois reais), todo e qualquer negócio jurídico que versasse sobre direitos reais sobre imóveis com valor superior a R$ 18.660,00 (30 x R$ 622,00), deveria ser formalizado através de escritura pública. No caso em apreço, o imóvel objeto da dação em pagamento apresenta valor sobremaneira superior a 30 (trinta) salários mínimos – R$ 50.000,00 (cinquenta mil reais) –, o que impõe sua formalização através de escritura pública, sendo inviável a adoção de instrumento particular para tal desiderato, diante da norma do art. 108 do CC.

**Alternativa correta: letra "c".**

### 3.3.4. DA MORA

▸ CC, arts. 394 a 401

**58. (FGV – Exame de Ordem 2018.2)** Lúcio, comodante, celebrou contrato de comodato com Pedro, comodatário, no dia 1° de outubro de 2016, pelo prazo de dois meses. O objeto era um carro da marca Y no valor de R$ 30.000,00. A devolução do bem deveria ser feita na cidade Alfa, domicílio do comodante, em 1° de dezembro de 2016. Pedro, no entanto, não devolveu o bem na data marcada e resolveu viajar com amigos para o litoral até a virada do ano. Em 1° de janeiro de 2017, desabou um violento temporal sobre a cidade Alfa, e Pedro, ao voltar da viagem, encontra o carro destruído.

Com base nos fatos narrados, sobre a posição de Lúcio, assinale a afirmativa correta.

a) Fará jus a perdas e danos, visto que Pedro não devolveu o carro na data prevista.

b) Nada receberá, pois o perecimento se deu em razão de fato fortuito ou de força maior.

c) Não terá direito a perdas e danos, pois cedeu o uso do bem a Pedro.

d) Receberá 50% do valor do bem, pois, por fato inimputável a Pedro, o bem não foi devolvido.

COMENTÁRIOS

**Alternativa "a".** Considerando que Pedro não devolveu o carro na data prevista, ele restou em mora, aplicando-se a situação a norma prevista no art. 399, do CC/02: "O devedor em mora responde pela impossibilidade da prestação, embora essa impossibilidade resulte de caso fortuito ou de força maior, se estes ocorrerem durante o atraso; salvo se provar isenção de culpa, ou que o dano sobreviria ainda quando a obrigação fosse oportunamente desempenhada." Na caso de estar em mora, o devedor responde pelas perdas e danos independente de culpa.

**Alternativas "b", "c" e "d".** Estão incorretas, pois contrariam o que dispõe a norma do art. 399, do CC/02.

**Alternativa correta: letra "a".**

**59. (FGV – Exame de Ordem 2015.1)** Joana deu seu carro a Lúcia, em comodato, pelo prazo de 5 dias, findo o qual Lúcia não devolveu o veículo. Dois dias depois, forte tempestade danificou a lanterna e o para-choque dianteiro do carro de Joana. Inconformada com o ocorrido, Joana exigiu que Lúcia a indenizasse pelos danos causados ao veículo.

Diante do fato narrado, assinale a afirmativa correta.

a) Lúcia incorreu em inadimplemento absoluto, pois não cumpriu sua prestação no termo ajustado, o que inutilizou a prestação para Joana.

b) Lúcia não está em mora, pois Joana não a interpelou, judicial ou extrajudicialmente.

c) Lúcia deve indenizar Joana pelos danos causados ao veículo, salvo se provar que os mesmos ocorreriam ainda que tivesse adimplido sua prestação no termo ajustado.

d) Lúcia não responde pelos danos causados ao veículo, pois foram decorrentes de força maior.

**COMENTÁRIOS**

**Alternativa "a".** Não é caso de inadimplemento absoluto, tendo em vista que o atraso na entrega do bem, não tornou inútil o seu cumprimento para a comodante. Haja vista, que o enunciado demonstra que Joana pede a reparação dos danos que o seu veículo sofreu, demonstrando que tem interesse na entrega da coisa. A diferença entre mora e inadimplemento absoluto, está no fato de que na mora a obrigação não foi cumprida no tempo, modo ou lugar ajustado, mas o cumprimento ainda é possível e interessa ao credor. Por outro lado, haverá inadimplemento absoluto, quando o descumprimento torna a prestação inútil ao credor.

**Alternativa "b".** A interpelação judicial, ou extrajudicial, será necessária nas hipóteses em que não há termo ajustado para o cumprimento da obrigação. Contudo, não é esse o caso da presente questão, o enunciado deixa claro que o comodato seria de 5 (cinco) dias. Portanto, quando há prazo, o devedor será constituído, em mora, de pleno direito, quando descumprir a obrigação. Nesse sentido, é a doutrina do art. 397, do CC: "O inadimplemento da obrigação, positiva e líquida, no seu termo, constitui de pleno direito em mora o devedor. Parágrafo único. Não havendo termo, a mora se constitui mediante interpelação judicial ou extrajudicial."

**Alternativa "c".** Considerando que Lúcia não adimpliu a obrigação no tempo ajustado, restou caracterizado a ocorrência de mora. Nesse caso, ela deve responder por todos os danos que a coisa vier a sofrer, mesmo que resulte de caso fortuito ou força maior. Não será responsabilizada, caso comprove que o dano ocorreria, ainda que adimplisse a prestação no tempo ajustado. Nesse sentido, é o que determina o art. 399, do CC: "O devedor em mora responde pela impossibilidade da prestação, embora essa impossibilidade resulte de caso fortuito ou de força maior, se estes ocorrerem durante o atraso; salvo se provar isenção de culpa, ou que o dano sobreviria ainda quando a obrigação fosse oportunamente desempenhada."

**Alternativa "d".** Ver comentários da alternativa "c".

**Alternativa correta: letra "c".**

**60. (FGV – Exame de Ordem 2013.1)** Luís, produtor de soja, firmou contrato de empréstimo de um trator com seu vizinho João. No contrato, Luis se comprometeu a devolver o trator 10 dias após o término da colheita. Restou ainda acordado um valor para a hipótese de atraso na entrega.

Considerando o caso acima, assinale a afirmativa correta.

a) Caracterizada a mora na devolução do trator, Luiz responderá pelos prejuízos decorrentes de caso fortuito ou de força maior, salvo se comprovar que o dano ocorreria mesmo se houvesse cumprido sua obrigação na forma ajustada.

b) Por se tratar de hipótese de mora pendente, é indispensável a interpelação judicial ou extrajudicial para que João constitua Luis em mora.

c) Luís, ainda que agindo dolosamente, não terá responsabilidade pela conservação do trator na hipótese de João recusar-se a receber o bem na data ajustada.

d) Não caracteriza mora a hipótese de João se recusar a receber o trator na data avençada para não comprometer o espaço físico de seu galpão, vez que é necessária a comprovação de sua culpa e a ausência de justo motivo.

**COMENTÁRIOS**

✪ **Nota do autor:** Na presente questão, o examinador pretende aferir se o candidato tem conhecimentos sobre a mora, instituto pertinente ao Direito das Obrigações, disciplinado entre os arts. 394 e 401 do CC. Nos termos do art. 394 do CC, considera-se em mora o devedor que não cumprir a prestação que lhe incumbir no tempo, lugar e forma que a lei ou o contrato estabelecer.

**Alternativa "a".** A assertiva está correta, porquanto corresponde à aplicação do art. 399 do CC, cuja redação se transcreve: "O devedor em mora responde pela impossibilidade da prestação, embora essa impossibilidade resulte de caso fortuito ou de força maior, se estes ocorrerem durante o atraso; salvo se provar isenção de culpa, ou que o dano sobreviria ainda quando a obrigação fosse oportunamente desempenhada." Em suma, o devedor em mora, em regra, responde pela impossibilidade de cumprimento da obrigação na hipótese de caso fortuito e força maior, somente se eximindo se demonstrar a ausência de culpa para o inadimplemento ou que o prejuízo ocorreria se a prestação fosse realizada no tempo convencionado.

**Alternativa "b".** No caso proposto, incide a norma insculpida no art. 397 do CC, pela qual o inadimplemento da obrigação positiva e liquida, no seu termo, constitui de pleno direito em mora o devedor, dispensando-se, portanto, qualquer notificação ou interpelação judicial.

**Alternativa "c".** A alternativa está equivocada, pois o devedor somente se exime da responsabilidade pela conservação do bem no caso de recusa do credor em receber a prestação devida se estiver isento de dolo. É o que decorre do disposto no art. 400 do CC, com o seguinte teor: "A mora do credor subtrai o **devedor isento de dolo** à responsabilidade pela conservação da coisa, obriga o credor a ressarcir as despesas empregadas em conservá-la, e sujeita-o a recebê-la pela estimação mais favorável ao devedor, se o seu valor oscilar entre o dia estabelecido para o pagamento e o da sua efetivação."

**Alternativa "d".** Caso João, agindo dolosamente, recuse o recebimento do trator na data avençada, restará caracterizada a mora do credor ou mora *accipiendi*, prevista na parte final do art. 394 do CC, com a seguinte redação: "Considera-se em mora o devedor que não efetuar o pagamento e **o credor que não quiser recebê-lo no tempo, lugar e forma que a lei ou a convenção estabelecer.**"

**Alternativa correta: letra "a".**

### 3.3.5. DA CLÁUSULA PENAL

▸ CC, arts. 408 a 416

**61. (FGV – Exame de Ordem 2018.1)** Em 05 de dezembro de 2016, Sérgio, mediante contrato de compra e venda, adquiriu de Fernando um computador seminovo (ano 2014) da marca Massa pelo valor de R$ 5.000,00. O pagamento foi integralizado à vista, no mesmo dia, e foi previsto no contrato que o bem seria entregue em até um mês, devendo Fernando contatar Sérgio, por telefone, para que este buscasse o computador em sua casa. No contrato, também foi prevista multa de R$ 500,00 caso o bem não fosse entregue no prazo combinado. Em 06 de janeiro de 2017, Sérgio, muito ansioso, ligou para Fernando perguntando pelo computador, mas teve como resposta que o atraso na entrega se deu porque a irmã de Fernando, Ana, que iria trazer um computador novo para ele do exterior, tinha perdido o voo e só chegaria após uma semana. Por tal razão, Fernando ainda dependia do computador antigo para trabalhar e não poderia entregá-lo de imediato a Sérgio.

Acerca dos fatos narrados, assinale a afirmativa correta.

a) Sérgio poderá exigir de Fernando a execução específica da obrigação (entrega do bem) ou a cláusula penal de R$ 500,00, não podendo ser cumulada a multa com a obrigação principal.

b) Sérgio poderá exigir de Fernando a execução específica da obrigação (entrega do bem) simultaneamente à multa de R$ 500,00, tendo em vista ser cláusula penal moratória.

c) Sérgio somente poderá exigir de Fernando a execução específica da obrigação (entrega do bem), não a multa, pois o atraso foi por culpa de terceiro (Ana), e não de Fernando.

d) Sérgio somente poderá exigir de Fernando a cláusula penal de R$ 500,00, não a execução específica da obrigação (entrega do bem), que depende de terceiro (Ana).

**COMENTÁRIOS**

**Alternativa "a".** A assertiva está incorreta, tendo em vista que Sérgio e Fernando anexaram ao contrato de compra e venda, cláusula penal moratória, com o objetivo de evitar a mora na entrega do bem. Nesse particular, considerando que Fernando não entregou o computador até a dada firmada no contrato, Sérgio poderá cumular o pedido da multa ao da prestação principal, conforme autoriza o art. 411, do CC/02: "Quando se estipular a cláusula penal para o caso de mora, ou em segurança especial de outra cláusula determinada, terá o credor o arbítrio de exigir a satisfação da pena cominada, juntamente com o desempenho da obrigação principal."

**Alternativa "b".** Considerando o comentário da alternativa "a", podemos afirmar que a assertiva em tela está correta.

**Alternativa "c".** Considerando o comentário da alternativa "a", fica claro que a presente assertiva está incorreta, tendo em vista que o contrato foi firmado diretamente entre Sérgio e Fernando, portanto, a culpa pelo atraso na entrega deve ser imputado exclusivamente a Fernando. Também, fica consignado que, havendo cláusula penal moratória, o art. 411, do CC/02, permite a cumulação dos pedidos de multa e de satisfação da obrigação principal.

**Alternativa "d".** O enunciado da questão deixa claro que a obrigação firmada, consubstanciada, num contrato de compra e venda foi firmada exclusivamente entre Sérgio e Fernando. Portanto, a execução do contrato não dependia do comportamento de um terceiro e, se fosse esse o caso, a solução estaria na norma que regula a promessa de fato de terceiro (arts. 439 – 440, CC/02). Como não é esse o caso, a presente assertiva está errada.

**Alternativa correta: letra "b".**

**62. (FGV – Exame de Ordem 2017.1)** Festas Ltda., compradora, celebrou, após negociações paritárias, contrato de compra e venda com Chocolates S/A, vendedora. O objeto do contrato eram 100 caixas de chocolate, pelo preço total de R$ 1.000,00, a serem entregues no dia 1° de novembro de 2016, data em que se comemorou o aniversário de 50 anos de existência da sociedade. No contrato, estava prevista uma multa de R$ 1.000,00 caso houvesse atraso na entrega. Chocolates S/A, devido ao excesso de encomendas, não conseguiu entregar as caixas na data combinada, mas somente dois dias depois. Festas Ltda., dizendo que a comemoração já havia acontecido, recusou-se a receber e ainda cobrou a multa. Por sua vez, Chocolates S/A não aceitou pagar a multa, afirmando que o atraso de dois dias não justificava sua cobrança e que o produto vendido era o melhor do mercado.

Sobre os fatos narrados, assinale a afirmativa correta.

a) Festas Ltda. tem razão, pois houve o inadimplemento absoluto por perda da utilidade da prestação e a multa é uma cláusula penal compensatória.

b) Chocolates S/A não deve pagar a multa, pois a cláusula penal, quantificada em valor idêntico ao valor da prestação principal, é abusiva.

c) Chocolates S/A adimpliu sua prestação, ainda que dois dias depois, razão pela qual nada deve a título de multa.

d) Festas Ltda. só pode exigir 2% de multa (R$ 20,00), teto da cláusula penal, segundo o Código de Defesa do Consumidor.

**COMENTÁRIOS**

**Alternativa "a".** A assertiva está correta, tendo em vista que houve o inadimplemento absoluto, isto é, ocorre tal modalidade de inadimplemento quando a obrigação não foi cumprida no prazo ajustado e o seu cumprimento posterior não tem utilidade para o credor. Nesse caso, a cláusula penal compensatória está correta, pois essa é a espécie de cláusula penal usada para a hipótese de total inadimplemento da obrigação, inclusive o seu valor está de acordo com o limite legal, que é o valor da obrigação principal. Nesse sentido, preleciona o art. 412, do CC: "O valor da cominação imposta na cláusula penal não pode exceder o da obrigação principal."

**Alternativa "b".** O limite legal para o valor da cláusula penal é o valor da obrigação principal, conforme a norma contido no art. 412, do CC: "O valor da cominação imposta na cláusula penal não pode exceder o da obrigação principal."

**Alternativa "c".** O cumprimento da obrigação, mesmo que dois dias depois, não tem utilidade para o adquirente, razão pela qual ocorre o inadimplemento absoluto, o que por si só justifica a cobrança da multa.

**Alternativa "d".** A multa prevista no enunciado da questão é proveniente de cláusula penal compensatória, ou seja, para o caso de total inadimplemento, cujo limite legal é o valor da obrigação, conforme prevê o art. 412, do CC. Por sua vez, o limite de 2%, previsto no art. 52, §1º, do CDC, diz respeito a hipótese de inadimplemento relativo, onde há apenas atraso na prestação, mas o seu cumprimento continua útil para o credor. Por essa razão, o art. 52, do CDC, prevê tal hipótese, para os contratos que envolvam outorga de crédito ou concessão de financiamento ao consumidor, pois o pagamento da obrigação fora do prazo não deixa de ter utilidade para o credor, que deverá receber o valor devido acrescido de multa de 2%, além de outros encargos.

**Alternativa correta: letra "a".**

**63. (FGV – Exame de Ordem 2015.2)** Carlos Pacheco e Marco Araújo, advogados recém-formados, constituem a sociedade P e A Advogados. Para fornecer e instalar todo o equipamento de informática, a sociedade contrata José Antônio, que, apesar de não realizar essa atividade de forma habitual e profissional, comprometeu-se a adimplir sua obrigação até o dia 20/02/2015, mediante o pagamento do valor de R$ 50.000,00 (cinquenta mil reais) no ato da celebração do contrato. O contrato celebrado é de natureza paritária, não sendo formado por adesão. A cláusula oitava do referido contrato estava assim redigida: "O total inadimplemento deste contrato por qualquer das partes ensejará o pagamento, pelo infrator, do valor de R$ 50.000,00 (cinquenta mil reais)". Não havia, no contrato, qualquer outra cláusula que se referisse ao inadimplemento ou suas consequências. No dia 20/02/2015, José Antônio telefona para Carlos Pacheco e lhe comunica que não vai cumprir o avençado, pois celebrou com outro escritório de advocacia contrato por valor superior, a lhe render maiores lucros.

Sobre os fatos narrados, assinale a afirmativa correta.

a) Diante da recusa de José Antônio a cumprir o contrato, a sociedade poderá persistir na exigência do cumprimento obrigacional ou, alternativamente, satisfazer-se com a pena convencional.

b) A sociedade pode pleitear o pagamento de indenização superior ao montante fixado na cláusula oitava, desde que prove, em juízo, que as perdas e os danos efetivamente sofridos foram superiores àquele valor.

c) A sociedade pode exigir o cumprimento da cláusula oitava, classificada como cláusula penal moratória, juntamente com o desempenho da obrigação principal.

d) Para exigir o pagamento do valor fixado na cláusula oitava, a sociedade deverá provar o prejuízo sofrido.

**COMENTÁRIOS**

**Alternativa "a".** A assertiva está correta, pois tem seu fundamento no art. 410, do CC: "Quando se estipular a cláusula penal para o caso de total inadimplemento da obrigação, esta converter-se-á em alternativa a benefício do credor."

**Alternativa "b".** A sociedade não poderá pleitear o pagamento de indenização superior ao montante fixado na cláusula oitava. Essa possibilidade só seria possível, caso as partes tivessem convencionado a possibilidade de indenização suplementar, o que não ocorreu, conforme o enunciado da questão, que diz "Não havia, no contrato, qualquer outra cláusula que se referisse ao inadimplemento ou suas consequências". Portanto, a assertiva está incorreta em afirmar que a sociedade pode pleitear indenização superior ao montante fixado. O art. 416, do CC, rege o assunto tratado na presente assertiva: Para exigir a pena convencional, não é necessário que o credor alegue prejuízo. "Parágrafo único. Ainda que o prejuízo exceda ao previsto na cláusula penal, não pode o credor exigir indenização suplementar se assim não foi convencionado. Se o tiver sido, a pena vale como mínimo da indenização, competindo ao credor provar o prejuízo excedente."

**Alternativa "c".** Existem duas espécies de cláusula penal, a compensatória e a moratória. A primeira é estipulada para a hipótese de total inadimplemento da obrigação e está regulada no art. 410, do CC; a segunda espécie é destinada para assegurar o cumprimento de uma cláusula especifica do contrato ou para evitar o retardamento na execução da prestação, conforme previsto no art. 411 do CC. Portanto, considerando o que diz o enunciado da questão fica fácil concluir que se trata de cláusula penal compensatória e não moratória, como afirma a presente assertiva. Vejamos a redação dos dispositivos citados: "Art. 410. Quando se estipular a cláusula penal para o caso de total inadimplemento da obrigação, esta converter-se-á em alternativa a benefício do credor.""Art. 411. Quando se estipular a cláusula penal para o caso de mora, ou em segurança especial de outra cláusula determinada, terá o credor o arbítrio de exigir a satisfação da pena cominada, juntamente com o desempenho da obrigação principal."

**Alternativa "d".** A redação da assertiva contraria o que dispõe o *caput* do art. 416, do CC: "Para exigir a pena convencional, não é necessário que o credor alegue prejuízo."

**Alternativa correta: letra "a".**

### 3.3.6. DAS ARRAS OU SINAL

▸ CC, arts. 417 a 420

**64. (FGV – Exame de Ordem – 2021.2)** Valdeir e Max assinaram contrato particular de promessa de compra e venda com direito de arrependimento, no qual Valdeir prometeu vender o apartamento 901 de sua propriedade por R$ 500.000,00 (quinhentos mil reais). Max, por sua vez, se comprometeu a comprar o imóvel e, no mesmo ato de assinatura do contrato, pagou arras penitenciais de R$ 50.000,00 (cinquenta mil reais). A escritura definitiva de compra e venda seria outorgada em 90 (noventa) dias a contar da assinatura da promessa de compra e venda, com o consequente pagamento do saldo do preço. Contudo, 10 (dez) dias antes da assinatura da escritura de compra e venda, Valdeir celebrou escritura definitiva de compra e venda, alienando o imóvel à Ana Lúcia que pagou a importância de R$ 750.000,00 (setecentos e cinquenta mil reais) pelo mesmo imóvel. Max, surpreendido e indignado, procura você, como advogado(a), para defesa de seus interesses.

Sobre a hipótese apresentada, assinale a afirmativa correta.

a) Max poderá exigir de Valdeir a importância paga a título de arras mais o equivalente, com atualização monetária segundo índices oficiais regularmente estabelecidos, juros e honorários de advogado.

b) Por se tratar de arras penitenciais, Max poderá exigir de Valdeir apenas R$ 50.000,00 (cinquenta mil reais), e exigir a reparação pelas perdas e danos que conseguir comprovar.

c) Max poderá exigir de Valdeir até o triplo pago a título de arras penitencias.

d) Max não poderá exigir nada além do que pagou a título de arras penitenciais.

**COMENTÁRIOS**

**Alternativa "a".** Alternativa está correta, está de acordo com o que prescreve o art. 418, do CC: "Se a parte que deu as arras não executar o contrato, poderá a outra tê-lo por desfeito, retendo-as; se a inexecução for de quem recebeu as arras, poderá quem as deu haver o contrato por desfeito, e exigir sua devolução mais o equivalente, com atualização monetária segundo índices oficiais regularmente estabelecidos, juros e honorários de advogado."

**Alternativa "b".** A hipótese da presente assertiva está errada, pois o art. 418, do CC, determina que além do valor das arras, ocorra a correção monetária, juros e honorários do advogado.

**Alternativa "c" e "d".** As assertivas contrariam o que dispõe o art. 418, CC, que regula a matéria.

**Alternativa correta: letra "a".**

**65. (FGV/OAB/XXX_Exame – 2019)** Lucas, interessado na aquisição de um carro seminovo, procurou Leonardo, que revende veículos usados.

Ao final das tratativas, e para garantir que o negócio seria fechado, Lucas pagou a Leonardo um percentual do valor do veículo, a título de sinal. Após a celebração do contrato, porém, Leonardo informou a Lucas que, infelizmente, o carro que haviam negociado já havia sido prometido informalmente para um outro comprador, velho amigo de Leonardo, motivo pelo qual Leonardo não honraria a avença.

Frustrado, diante do inadimplemento de Leonardo, Lucas procurou você, como advogado(a), para orientá-lo.

Nesse caso, assinale a opção que apresenta a orientação dada.a) Leonardo terá de restituir a Lucas o valor pago a título de sinal, com atualização monetária, juros e honorários de advogado, mas não o seu equivalente.

b) Leonardo terá de restituir a Lucas o valor pago a título de sinal, mais o seu equivalente, com atualização monetária, juros e honorários de advogado.

c) Leonardo terá de restituir a Lucas apenas metade do valor pago a título de sinal, pois informou, tão logo quanto possível, que não cumpriria o contrato.

d) Leonardo não terá de restituir a Lucas o valor pago a título de sinal, pois este é computado como início de pagamento, o qual se perde em caso de inadimplemento.

COMENTÁRIOS

**Alternativa "a":** a assertiva vai de encontro ao que estabelece a norma contida no art. 418, segunda parte, do CC: "Se a parte que deu as arras não executar o contrato, poderá a outra tê-lo por desfeito, retendo-as; se a inexecução for de quem recebeu as arras, poderá quem as deu haver o contrato por desfeito, e exigir sua devolução mais o equivalente, com atualização monetária segundo índices oficiais regularmente estabelecidos, juros e honorários de advogado."

**Alternativa "b":** a presente assertiva corresponde ao que prescreve o art. 418, segunda parte do CC: "Se a parte que deu as arras não executar o contrato, poderá a outra tê-lo por desfeito, retendo-as; se a inexecução for de quem recebeu as arras, poderá quem as deu haver o contrato por desfeito, e exigir sua devolução mais o equivalente, com atualização monetária segundo índices oficiais regularmente estabelecidos, juros e honorários de advogado."

**Alternativa "c":** a redação da assertiva destoa do que determina o art. 418, do CC.

**Alternativa "d":** a redação da assertiva destoa do que determina o art. 418, do CC.

**Alternativa Correta: letra "b".**

**66. (FGV – Exame de Ordem 2016.2 – Prova reaplicada Salvador-BA)** Marcos vendeu para Francisco, por instrumento particular, um quadro que pintara anos antes, pelo valor de três mil reais. No momento da celebração do contrato, Francisco entregou a Marcos, a título de arras penitenciais, quinhentos reais. No contrato constou que Marcos entregaria a obra na casa do comprador 30 dias depois da celebração da avença. Todavia, 10 dias antes da data ajustada para a entrega, Francisco telefonou para Marcos e comunicou que desistira do negócio.

Sobre os fatos narrados, assinale a afirmativa correta.

a) Francisco exerceu seu direito potestativo de desfazer a avença, e por isso perderá em favor de Marcos o sinal pago quando da celebração do contrato.

b) Francisco cometeu um ilícito contratual, pelo que Marcos poderá reter o sinal dado pelo comprador no momento da celebração da avença.

c) Marcos poderá pleitear indenização por perdas e danos se provar que seu prejuízo com o desfazimento do negócio foi superior aos R$ 500,00 pagos a título de sinal.

d) As arras penitenciais reforçam o vínculo contratual e impedem o desfazimento do negócio, pelo que Marcos poderá pleitear a execução específica do contrato.

COMENTÁRIOS

✪ **Nota do autor:** sinal ou arras é a quantia ou a coisa dada por um contratante ao outro, com o intuito de confirmar a celebração do contrato, tornando obrigatória a avença (arras confirmatórias). Excepcionalmente, como é o caso do enunciado, as arras tem o propósito de assegurar, aos contratantes, o direito de se arrepender do negócio firmado, servindo as arras como pena convencional, uma sanção contra aquele que exerceu unilateralmente esse direito. (arras penitenciais).

**Alternativa "a".** A assertiva está correta, tendo em vista que apresenta solução correta para o enunciado. No caso em tela, temos a espécie de arras penitenciais, prevista para o caso de uma das partes se arrepender do acordo firmado. Com o direito de arrependimento, o contrato torna-se resolúvel, e aquele que exercer tal direito, que é potestativo, responde pelas perdas e danos prefixados pela lei, isto é, perda do sinal dado ou sua restituição em dobro. Nesse sentido, é a doutrina do art. 420 do CC: "Se no contrato for estipulado o direito de arrependimento para qualquer das partes, as arras ou sinal terão função unicamente indenizatória. Neste caso, quem as deu perdê-las-á em benefício da outra parte; e quem as recebeu devolvê-las-á, mais o equivalente. Em ambos os casos não haverá direito a indenização suplementar."

**Alternativa "b".** Não há ilícito no caso narrado pelo enunciado, o direito de arrependimento é legalmente previsto (art. 420, CC), e seu exercício independente da anuência da outra parte, pois é um direito potestativo.

**Alternativa "c".** Para o recebimento das arras penitenciais, não se exige a prova do efetivo prejuízo. Por sua vez, não é possível a cobrança de perdas e danos, mesmo que a parte inocente tenha sofrido prejuízo maior que o valor do sinal. Nesse sentido, Súmula 412 STF: "No compromisso de compra e venda com cláusula de arrependimento, a devolução do sinal, por quem o deu, ou a sua restituição em dobro, por quem o recebeu, exclui indenização maior, a título de perdas e danos, salvo os juros moratórios e os encargos do processo."

**Alternativa "d".** A assertiva está equivocada, pois a possibilidade de se exigir a execução do contrato ocorre na hipótese das arras confirmatórias, conforme prevê o art. 419, do CC: A parte inocente pode pedir indenização suplementar, se provar maior prejuízo,

**Alternativa correta: letra "a".**

**67. (FGV – Exame de Ordem 2015.3)** Renato é proprietário de um imóvel e o coloca à venda, atraindo o interesse de Mário. Depois de algumas visitas ao imóvel e conversas sobre o seu valor, Renato e Mário, acompanhados de corretor, realizam negócio por preço certo, que deveria ser pago em três parcelas: a primeira, paga naquele ato a título de sinal e princípio de pagamento, mediante recibo que dava o negócio por concluído de forma irretratável; a segunda deveria ser paga em até trinta dias, contra a exibição das certidões negativas do vendedor; a terceira seria paga na data da lavratura da escritura definitiva, em até noventa dias a contar do fechamento do negócio. Antes do pagamento da segunda parcela, Mário celebra, com terceiros, contratos de promessa de locação do imóvel por temporada, recebendo a metade de cada aluguel antecipadamente. Renato, ao tomar conhecimento de que Mário havia celebrado as promessas de locação por temporada, percebeu que o imóvel possuía esse potencial de exploração. Em virtude disso, Renato arrependeu-se do negócio e, antes do vencimento da segunda parcela do preço, notificou o comprador e o corretor, dando o negócio por desfeito.

Com base na hipótese formulada, assinale a afirmativa correta.

a) O vendedor perde o sinal pago para o comprador, porém nada mais lhe pode ser exigido, não sendo devida a comissão do corretor, já que o negócio foi desfeito antes de aperfeiçoar-se.

b) O vendedor perde o sinal pago para o comprador, porém nada mais lhe pode ser exigido pelo comprador. Contudo, é devida a comissão do corretor, não obstante o desfazimento do negócio antes de aperfeiçoar-se.

c) O vendedor perde o sinal pago e o comprador pode exigir uma indenização pelos prejuízos a que a desistência deu causa, se o seu valor superar o do sinal dado, não sendo devida a comissão do corretor, já que o negócio foi desfeito antes de aperfeiçoar-se.

d) O vendedor perde o sinal pago e o comprador pode exigir uma indenização pelos prejuízos a que a desistência deu causa, se o seu valor superar o do sinal dado, sendo devida a comissão do corretor, não obstante o desfazimento do negócio antes de aperfeiçoar-se.

**COMENTÁRIOS**

**Alternativas incorretas: letras "a", "b" e "c".** As assertivas estão incorretas, uma vez que contrariam o disposto nos arts. 418 e 419 do CC, transcritos no comentário precedente.

**Alternativa "d".** A assertiva está correta, porquanto em conformidade com o que dispõem os arts. 418 e 419 do CC: "Art. 418. Se a parte que deu as arras não executar o contrato, poderá a outra tê-lo por desfeito, retendo-as; se a inexecução for de quem recebeu as arras, poderá quem as deu haver o contrato por desfeito, e exigir sua devolução mais o equivalente, com atualização monetária segundo índices oficiais regularmente estabelecidos, juros e honorários de advogado. Art. 419. A parte inocente pode pedir indenização suplementar, se provar maior prejuízo, valendo as arras como taxa mínima. Pode, também, a parte inocente exigir a execução do contrato, com as perdas e danos, valendo as arras como o mínimo da indenização."

**Alternativa correta: letra "d".**

## 4. DOS CONTRATOS

### 4.1. DOS CONTRATOS EM GERAL

▸ CC, arts. 421 a 471.

NOTA DE ATUALIZAÇÃO: A lei nº 13.874 de 20 de setembro de 2019, que instituiu a declaração de direitos de liberdade econômica deu nova redação ao art. 421 e acrescentou parágrafo único, bem como incluiu o art. 421-A.

---

**68. (FGV/OAB/XXX_Exame – 2019)** Vilmar, produtor rural, possui contratos de compra e venda de safra com diversos pequenos proprietários. Com o intuito de adquirir novos insumos, Vilmar procurou Geraldo, no intuito de adquirir sua safra, cuja expectativa de colheita era de cinco toneladas de milho, que, naquele momento, estava sendo plantado em sua fazenda. Como era a primeira vez que Geraldo contratava com Vilmar, ele ficou em dúvida quanto à estipulação do preço do contrato.

Considerando a natureza aleatória do contrato, bem como a dúvida das partes a respeito da estipulação do preço deste, assinale a afirmativa correta.

a) A estipulação do preço do contrato entre Vilmar e Geraldo pode ser deixada ao arbítrio exclusivo de uma das partes.

b) Se Vilmar contratar com Geraldo a compra da colheita de milho, mas, por conta de uma praga inesperada, para cujo evento o agricultor não tiver concorrido com culpa, e este não conseguir colher nenhuma espiga, Vilmar não deverá lhe pagar nada, pois não recebeu o objeto contratado.

c) Se Vilmar contratar com Geraldo a compra das cinco toneladas de milho, tendo sido plantado o exato número de sementes para cumprir tal quantidade, e se, apesar disso, somente forem colhidas três toneladas de milho, em virtude das poucas chuvas, Geraldo não receberá o valor total, em virtude da entrega em menor quantidade.

d) A estipulação do preço do contrato entre Vilmar e Geraldo poderá ser deixada ao arbítrio de terceiro, que, desde logo, prometerem designar.

**COMENTÁRIOS**

**Alternativa "a":** O contrato de compra e venda, cujo preço fica ao arbítrio exclusivo de uma das partes é nulo, pois assim determina o art. 489, do CC: "Nulo é o contrato de compra e venda, quando se deixa ao arbítrio exclusivo de uma das partes a fixação do preço."

**Alternativa "b":** Caso Vilmar contrate com Geraldo a compra da colheita futura de milho, realizaria um contrato aleatório, cujo risco concerne a própria existência da coisa – *emptio spei* (venda de coisa futura). Nessa hipótese, a venda ficará perfeita e acabada haja ou não safra, pois o comprador assumiria o risco da coisa futura não vir a existir. Vejamos a norma contida no art. 458, do CC: "Se o contrato for aleatório, por dizer respeito a coisas ou fatos futuros, cujo risco de não virem a existir um dos contratantes assuma, terá o outro direito de receber integralmente o que lhe foi prometido, desde que de sua parte não tenha havido dolo ou culpa, ainda que nada do avençado venha a existir."

**Alternativa "c":** a assertiva aborda a situação em que há um contrato aleatório, cujo risco diz respeito a quantidade da coisa esperada, e não a sua existência futura, como na alternativa anterior. Essa modalidade de contrato aleatório é denominado de *emptio rei speratae* (venda da esperança com coisa esperada). Esse tipo de contrato aleatório tem como objeto a quantidade, seja maior ou menor do que o esperado. Se não vier a colher nada, o comprador fica liberado do contrato, mas se a coisa existir em qualquer quantidade, ele terá que pagar o preço avençado. Vejamos o que determina o art. 459, do CC: "Se for aleatório, por serem objeto dele coisas futuras, tomando o adquirente a si o risco de virem a existir em qualquer quantidade, terá também direito o alienante a todo o preço, desde que de sua parte não tiver concorrido culpa, ainda que a coisa venha a existir em quantidade inferior à esperada."

**Alternativa "d":** considerando que Geraldo não tinha certeza acerca da estipulação do preço do contrato, eles podem incumbir um terceiro de fixar o seu valor. Assim assevera o art. 485, do CC: "A fixação do preço pode ser deixada ao arbítrio de terceiro, que os contratantes logo designarem ou prometerem designar. Se o terceiro não aceitar a incumbência, ficará sem efeito o contrato, salvo quando acordarem os contratantes designar outra pessoa."

**Alternativa Correta: letra "d".**

**69. (FGV/OAB/XXX_Exame – 2019)** Joana doou a Renata um livro raro de Direito Civil, que constava da coleção de sua falecida avó, Marta. Esta, na condição de testadora, havia destinado a biblioteca como legado, em testamento, para sua neta, Joana (legatária). Renata se ofereceu para visitar a biblioteca, circunstância na qual se encantou com a coleção de clássicos franceses.

Renata, então, ofereceu-se para adquirir, ao preço de R$ 1.000,00 (mil reais), todos os livros da coleção, oportunidade em que foi informada, por Joana, acerca da existência de ação que corria na Vara de Sucessões, movida pelos herdeiros legítimos de Marta. A ação visava impugnar a validade do testamento e, por conseguinte, reconhecer a ineficácia do legado (da biblioteca) recebido por Joana. Mesmo assim, Renata decidiu adquirir a coleção, pagando o respectivo preço.

Diante de tais situações, assinale a afirmativa correta.

a) Quanto aos livros adquiridos pelo contrato de compra e venda, Renata não pode demandar Joana pela evicção, pois sabia que a coisa era litigiosa.
b) Com relação ao livro recebido em doação, Joana responde pela evicção, especialmente porque, na data da avença, Renata não sabia da existência de litígio.
c) A informação prestada por Joana a Renata, acerca da existência de litígio sobre a biblioteca que recebeu em legado, deve ser interpretada como cláusula tácita de reforço da responsabilidade pela evicção.
d) O contrato gratuito firmado entre Renata e Joana classifica-se como contrato de natureza aleatória, pois Marta soube posteriormente do risco da perda do bem pela evicção.

COMENTÁRIOS

**Alternativa "a":** a assertiva corresponde ao que doutrina o art. 457, do CC: "Não pode o adquirente demandar pela evicção, se sabia que a coisa era alheia ou litigiosa."

**Alternativa "b":** segundo o art. 447, do CC, "nos contratos onerosos, o alienante responde pela evicção. Subsiste esta garantia ainda que a aquisição se tenha realizado em hasta pública". Nesse sentido, é possível afirmar que a evicção é regra nos contratos onerosos. No entanto, a assertiva indaga acerca da existência de evicção num contrato de doação pura, em que Joana doa a Renata um livro. Diante dessa situação, é preciso ficar claro que não cabe evicção nos contratos de doação pura, como o celebrado entre as duas personagens da questão. Só há evicção nos contratos de doação modal ou remuneratória. Por essa razão, Joana não responderá pela evicção e Renata não terá essa garantia, ainda que na época da avença ela não soubesse que a coisa era litigiosa.

**Alternativa "c":** a cláusula de reforço da responsabilidade pela evicção não pode ser tácita, deve ser expressa, por determinação legal, conforme impõe o art. 448, do CC: "Podem as partes, por cláusula expressa, reforçar, diminuir ou excluir a responsabilidade pela evicção."

**Alternativa "d":** Marta já estava falecida quando da realização do contrato de doação, firmado entre Joana Renata. Além disso, contrato aleatório, em regra, é um contrato oneroso, nunca gratuito puro.

**Alternativa Correta: letra "a".**

**70. (FGV-Exame de Ordem 2019.1)** Maria decide vender sua mobília para Viviane, sua colega de trabalho. A alienante decidiu desfazer-se de seus móveis porque, após um serviço de dedetização, tomou conhecimento que vários já estavam consumidos internamente por cupins, mas preferiu omitir tal informação de Viviane. Firmado o acordo, 120 dias após a tradição, Viviane descobre o primeiro foco de cupim, pela erupção que se formou em um dos móveis adquiridos.

Poucos dias depois, Viviane, após investigar a fundo a condição de toda a mobília adquirida, descobriu que estava toda infectada. Assim, 25 dias após a descoberta, moveu ação com o objetivo de redibir o negócio, devolvendo os móveis adquiridos, reavendo o preço pago, mais perdas e danos.

Sobre o caso apresentado, assinale a afirmativa correta.

a) A demanda redibitória é tempestiva, porque o vício era oculto e, por sua natureza, só podia ser conhecido mais tarde, iniciando o prazo de 30 (trinta) dias da ciência do vício.
b) Em vez de rejeitar a coisa, redibindo o contrato, deveria a adquirente reclamar abatimento no preço, em sendo o vício sanável.
c) O pedido de perdas e danos não pode prosperar, porque o efeito da sentença redibitória se limita à restituição do preço pago, mais as despesas do contrato.
d) A demanda redibitória é intempestiva, pois quando o vício só puder ser conhecido mais tarde, o prazo de 30 (trinta) dias é contado a partir da ciência, desde que dentro de 90 (noventa) dias da tradição.

COMENTÁRIOS

**Nota do autor:** O vício redibitório é uma garantia ínsita aos contratos comutativos, aplicando-se, também, às doações onerosas (art. 441, p.u., do CC).

**Alternativa "a":** A assertiva está correta. O enunciado da questão nos traz algumas informações relevantes para a interpretação do caso e para a sua adequada solução. São elas: (i) a alienante, Maria, conhecia o vício que maculava a mobília objeto de alienação; (ii) o vício é oculto, não sendo perceptível de imediato; e (iii) a adquirente, Viviane, somente descobriu o vício 120 (cento e vinte) dias após a consumação do negócio jurídico, com a tradição do mobiliário, tendo, nos 25 (vinte e cinco) dias subsequentes, ajuizado a ação visando à redibição do negócio jurídico. As informações aqui referidas conduzem ao acerto da alternativa, em virtude da aplicação do comando contido no art. 445, §1º, do CC, com a seguinte redação: *"Quando o vício, por sua natureza, só puder ser conhecido mais tarde, o prazo contar-se-á do momento em que dele tiver ciência, até o prazo máximo de cento e oitenta dias, em se tratando de bens móveis; e de um ano, para os imóveis."*

**Alternativa "b":** Embora a ordem jurídica permita ao adquirente não redibir o contrato, postulando o abatimento proporcional do preço, esta é uma faculdade atribuída ao adquirente e não uma imposição do ordenamento legal. Neste sentido, confira a redação do art. 442 do CC: *"Em vez de rejeitar a coisa, redibindo o contrato (art. 441), pode o adquirente reclamar abatimento no preço."*

**Alternativa "c":** Considerando que Maria conhecida o defeito que maculava o mobiliário alienado à Viviane, é possível a condenação de Maria ao pagamento de perdas e danos, consoante se infere da literalidade do art. 443 do CC: *"Se o alienante conhecia o vício ou defeito da coisa, restituirá o que recebeu com perdas e danos; se o não conhecia, tão-somente restituirá o valor recebido, mais as despesas do contrato."*

**Alternativa "d":** A assertiva está incorreta, porquanto demonstrou-se, nos comentários à alternativa "a", que a demanda é tempestiva por aplicação do disposto no art. 445, §1º, do CC.

**Alternativa correta: letra "a".**

**71. (FGV – Exame de Ordem/2018.3)** Renata financiou a aquisição de seu veículo em 36 parcelas e vinha pagando pontualmente todas as prestações. Entretanto, a recente perda de seu emprego fez com que não conseguisse manter em dia a dívida, tendo deixado de pagar, justamente, as duas últimas prestações (35ª e 36ª).

O banco que financiou a aquisição, diante do inadimplemento, optou pela resolução do contrato.

Tendo em vista o pagamento das 34 parcelas anteriores, pode-se afirmar que a conduta da instituição financeira viola o princípio da boa-fé, em razão do(a)

a) dever de mitigar os próprios danos.

b) proibição de comportamento contraditório (venire contra factum proprium).

c) adimplemento substancial.

d) dever de informar.

**COMENTÁRIOS**

**Alternativa: letra "a".** O dever de mitigar os próprios prejuízos ou como expressa a doutrina estrangeira *duty to mitigate the loss*, deriva da boa-fé objetiva (art. 422, do CC). Segundo esse princípio, o credor tem o dever de colaborar com o devedor para evitar a ocorrência do dano ou minimizar os seus efeitos, evitando o agravamento do seu prejuízo. Como percebe-se não tem a menor relação com o enunciado da questão.

**Alternativa: letra "b".** O princípio que veda o comportamento contraditório, tem fundamento no princípio da boa-fé objetiva (art. 422, do CC). Segundo esse princípio, é vedado que o agente tenha um comportamento diferente daquele que vinha sendo praticado, surpreendendo a outra parte e causando-lhe prejuízo. Não há qualquer relação com o enunciado.

**Alternativa: letra "c".** A doutrina e jurisprudência (STJ), tem reconhecido que a Teoria do adimplemento substancial é impedimento para à resolução unilateral do contrato. Entende-se que a hipótese de resolução do contrato por inadimplemento deve ser relativizada, quando o contrato for quase que integralmente cumprido. O cumprimento quase integral da avença, restando, portanto, um descumprimento insignificante, demonstra que não seria razoável a extinção do acordo. Sendo o mais correto a sua manutenção e o respeito a sua função social (art. 421, do CC).

**Alternativa: letra "d".** O dever de informar é um dever anexo do contrato, que deriva do princípio da boa-fé objetiva.

**Alternativa correta: letra "c".**

---

**72. (FGV – Exame de Ordem 2017.2)** Paulo, viúvo, tinha dois filhos: Mário e Roberta. Em 2016, Mário, que estava muito endividado, cedeu para seu amigo Francisco a quota-parte da herança a que fará jus quando seu pai falecer, pelo valor de R$ 1.000.000,00 (um milhão de reais), pago à vista.

Paulo falece, sem testamento, em 2017, deixando herança líquida no valor de R$ 3.000.000,00 (três milhões de reais).

Sobre a partilha da herança de Paulo, assinale a afirmativa correta.

a) Francisco não será contemplado na partilha porque a cessão feita por Mário é nula, razão pela qual Mário e Roberta receberão, cada um, R$ 1.500.000,00 (um milhão e quinhentos mil reais).

b) Francisco receberá, por força da partilha, R$ 1.000.000,00 (um milhão de reais), Mário ficará com R$ 500.000,00 (quinhentos mil reais) e Roberta com R$ 1.500.000,00 (um milhão e quinhentos mil reais).

c) Francisco e Roberta receberão, cada um, por força da partilha, R$ 1.500.000,00 (um milhão e quinhentos mil reais) e Mário nada receberá.

d) Francisco receberá, por força da partilha, R$ 1.000.000,00 (um milhão de reais), Roberta ficará com R$ 2.000.000,00 (dois milhões de reais) e Mário nada receberá.

**COMENTÁRIOS**

**Alternativa "a".** A assertiva está correta, pois o negócio feito por Mário e Francisco é nulo, contrariando texto expresso de lei, previsto no art. 426, do CC: "Não pode ser objeto de contrato a herança de pessoa viva." Portanto, a participação de Francisco na partilha não guarda amparo legal, sendo herdeiros somente Mário e Roberto.

**Alternativas incorretas: letra "b", "c" e "d".** Considerando o comentário da alternativa anterior, é possível constatar que todas as demais estão incorretas..

**Alternativa correta: letra "a".**

---

**73. (FGV – Exame de Ordem 2017.2)** Juliana, por meio de contrato de compra e venda, adquiriu de Ricardo, profissional liberal, um carro seminovo (30.000km) da marca Y pelo preço de R$ 24.000,00. Ficou acertado que Ricardo faria a revisão de 30.000km no veículo antes de entregá-lo para Juliana no dia 23 de janeiro de 2017. Ricardo, porém, não realizou a revisão e omitiu tal fato de Juliana, pois acreditava que não haveria qualquer problema, já que, aparentemente, o carro funcionava bem. No dia 23 de fevereiro de 2017, Juliana sofreu acidente em razão de defeito no freio do carro, com a perda total do veículo. A perícia demostrou que a causa do acidente foi falha na conservação do bem, tendo em vista que as pastilhas do freio não tinham sido trocadas na revisão de 30.000km, o que era essencial para a manutenção do carro.

Considerando os fatos, assinale a afirmativa correta.

a) Ricardo não tem nenhuma responsabilidade pelo dano sofrido por Juliana (perda total do carro), tendo em vista que o carro estava aparentemente funcionando bem no momento da tradição.

b) Ricardo deverá ressarcir o valor das pastilhas de freio, nada tendo a ver com o acidente sofrido por Juliana.

c) Ricardo é responsável por todo o dano sofrido por Juliana, com a perda total do carro, tendo em vista que o perecimento do bem foi devido a vício oculto já existente ao tempo da tradição.

d) Ricardo deverá ressarcir o valor da revisão de 30.000km do carro, tendo em vista que ela não foi realizada conforme previsto no contrato.

**COMENTÁRIOS**

**Alternativas incorretas: letra "a", "b" e "d".** O comentário da alternativa anterior demonstra o erra das demais.

**Alternativa "c".** A situação apresentada pelo enunciado é caso típico de vício redibitório, ou seja, vícios ocultos que tornem a coisa imprópria para o uso a que se destina. Nesse sentido, o alienante, Ricardo, tem o dever de garantir para o adquirente, Juliana, o bem que é transferindo. Considerando que Ricardo não fez as revisões e sabia da sua necessidade, deve responder por todos os prejuízos sofridos, mesmo que o carro tenha perecido. Nesse sentido, são as normas contidas nos artigos seguintes: "Art. 443. Se o alienante conhecia o vício ou defeito da coisa, restituirá o que recebeu com perdas e danos; se o não conhecia, tão-somente restituirá o valor recebido, mais as despesas do contrato. Art. 444. A responsabilidade do alienante subsiste ainda que a coisa pereça em poder do alienatário, se perecer por vício oculto, já existente ao tempo da tradição."

**Alternativa correta: letra "c".**

### 4.1.1. DA EXTINÇÃO DOS CONTRATOS

▸ Arts. 472 a 480

#### 4.1.1.1. DA EXCEÇÃO DE CONTRATO NÃO CUMPRIDO

▸ Arts. 476 a 477

**74. (FGV – Exame de Ordem 2018.2)** Jorge, engenheiro e construtor, firma, em seu escritório, contrato de empreitada com Maria, dona da obra. Na avença, foi acordado que Jorge forneceria os materiais da construção e concluiria a obra, nos termos do projeto, no prazo de seis meses. Acordou-se, também, que o pagamento da remuneração seria efetivado em duas parcelas: a primeira, correspondente à metade do preço, a ser depositada no prazo de 30 (trinta) dias da assinatura do contrato; e a segunda, correspondente à outra metade do preço, no ato de entrega da obra concluída.

Maria, cinco dias após a assinatura da avença, toma conhecimento de que sobreveio decisão em processo judicial que determinou a penhora sobre todo o patrimônio de Jorge, reconhecendo que este possui dívida substancial com um credor que acaba de realizar ato de constrição sobre todos os seus bens (em virtude do valor elevado da dívida).

Diante de tal situação, Maria pode

a) recusar o pagamento do preço até que a obra seja concluída ou, pelo menos, até o momento em que o empreiteiro prestar garantia suficiente de que irá realizá-la.

b) resolver o contrato por onerosidade excessiva, haja vista que o fato superveniente e imprevisível tornou o acordo desequilibrado, afetando o sinalagma contratual.

c) exigir o cumprimento imediato da prestação (atividade de construção), em virtude do vencimento antecipado da obrigação de fazer, a cargo do empreiteiro.

d) desistir do contrato, sem qualquer ônus, pelo exercício do direito de arrependimento, garantido em razão da natureza de contrato de consumo.

**COMENTÁRIOS**

**Alternativa "a".** A assertiva é verdadeira e encontra respaldo no art. 477 do CC, com a seguinte redação: *"Se, depois de concluído o contrato, sobrevier a uma das partes contratantes diminuição em seu patrimônio capaz de comprometer ou tornar duvidosa a prestação pela qual se obrigou, pode a outra recusar-se à prestação que lhe incumbe, até que aquela satisfaça a que lhe compete ou dê garantia bastante de satisfazê-la."*

**Alternativa "b".** A assertiva é falsa. A superveniência de constrição judicial no patrimônio do devedor, no caso Jorge, não se constitui em motivo hábil a viabilizar o pedido de resolução contratual por onerosidade excessiva, na forma do art. 478 do CC, tendo em vista que a situação de fato referida pelo enunciado da questão não tem o efeito de retirar o caráter comutativo do contrato, circunstância que desautoriza a aplicação do dispositivo aqui enfocado.

**Alternativa "c".** A alternativa está equivocada. A ocorrência de um evento que afeta materialmente a situação do empreiteiro, à mingua de previsão no instrumento contratual respectivo (que não pode, por razões óbvias ser inferida), não tem o condão de ensejar o vencimento antecipado das obrigações a ele imputadas.

**Alternativa "d".** O direito de arrependimento, contemplado pelo art. 49 do CDC, somente se aplica às contratações que ocorram fora do estabelecimento do fornecedor. Desse modo, considerando-se que o enunciado da questão é expresso em consignar o contrato foi firmado no escritório de Jorge, resta inaplicável a possibilidade de aplicação do instituto consagrado pelo art. 49 do CDC. Equivocada, portanto, a assertiva.

**Alternativa correta: letra "a".**

#### 4.1.1.2. DA RESOLUÇÃO POR ONEROSIDADE EXCESSIVA

▸ CC, arts. 478 a 480.

**75. (Exame de Ordem 2012.3 – FGV)** Utilizando-se das regras afetas ao direito das obrigações, assinale a alternativa correta.

a) Quando o pagamento de boa-fé for efetuado ao credor putativo, somente será inválido se, em seguida, ficar demonstrado que não era credor.

b) Levando em consideração os elementos contidos na lei para o reconhecimento da onerosidade excessiva, é admissível assegurar que a regra se aplica às relações obrigacionais de execução diferida ou continuada.

c) Possui a quitação determinados requisitos que devem ser obrigatoriamente observados, tais como o valor da dívida, o nome do pagador, o tempo e o lugar do adimplemento, além da assinatura da parte credora, exigindo-se também que a forma da quitação seja igual à forma do contrato.

d) O terceiro, interessado ou não, poderá efetuar o pagamento da dívida em seu próprio nome, ficando sempre sub-rogado nos direitos da parte credora.

**COMENTÁRIOS**

✪ **Nota do autor:** A resolução da questão exige o conhecimento da literalidade da norma contida no art. 478 do Código Civil.

**Alternativa "a".** O credor putativo é aquele que se fez passar por credor e, portanto, foi reputado como se fosse o próprio credor. O devedor ao adimplir a sua obrigação imaginando estar cumprindo a prestação ao credor de fato, quando na verdade o fez ao credor putativo, quando realizado com boa-fé, será considerado válido, mesmo que se prove que o pagamento foi efetuado a pessoa errada. Nesse sentido, é a doutrina do art. 309 do CC: "O pagamento feito de boa-fé ao credor putativo é válido, ainda provado depois que não era credor." O brocardo que diz que "quem paga mal paga duas vezes" não se aplica a essa hipótese, pois o credor putativo enganaria a qualquer um que na mesma situação se encontrasse, o que é justificado pela teoria da aparência.

**Alternativa "b".** A onerosidade excessiva ou o princípio da revisão dos contratos permite que o negócio jurídico seja resolvido quando, em razão de um acontecimento extraordinário e imprevisível (p. ex. uma guerra), torne a sua prestação excessivamente onerosa, ao ponto de causar a impossibilidade de seu cumprimento por uma das partes. A constatação da onerosidade excessiva somente se verifica nos contratos de execução diferida ou continuada, que são aqueles, cuja execução ocorre ao longo do tempo, que não se consuma em um único ato. Não poderia ser diferente, somente nos contratos de duração, diferido ou de execução continuada, em que há um interstício entre a sua celebração e o seu total cumprimento é que poderão ocorrer situações extraordinárias e imprevisíveis capazes de proporcionar onerosidade excessiva (ex. contrato de aluguel).

A assertiva está correta ao afirmar que o reconhecimento da onerosidade excessiva se aplica às relações obrigacionais de execução diferida ou continuada, pois segue o que a própria lei determina na norma do art. 478 do CC: "Nos contratos de execução continuada ou diferida, se a prestação de uma das partes se tornar excessivamente onerosa, com extrema vantagem para a outra, em virtude de acontecimentos extraordinários e imprevisíveis, poderá o devedor pedir a resolução do contrato. Os efeitos da sentença que a decretar retroagirão à data da citação."

**Alternativa "c".** A assertiva parafraseou o art. 320 do CC, pois apresenta como requisitos da quitação o valor da dívida, o nome do pagador, o tempo e o lugar do pagamento e a assinatura do credor. Todos esses requisitos realmente são designados pela lei. No entanto, a parte final da assertiva equivoca-se ao afirmar que a quitação deverá ser feita na mesma forma do contrato. Essa regra não é exigida pelo art. 320, ao contrário, esse dispositivo diz que a quitação sempre poderá ser dada por instrumento particular, isto é, não fazendo exigência quanto à similaridade entre a forma da quitação e o contrato. Por fim, a lei determina que os requisitos apresentados na norma do artigo citado não são absolutos, pois a quitação será considerada válida, que eles não estejam presentes, mas desde, que as circunstâncias demonstrem que a dívida foi paga, conforme estabelece o parágrafo único do artigo 320, vejamos: "A quitação, que sempre poderá ser dada por instrumento particular, designará o valor e a espécie da dívida quitada, o nome do devedor, ou quem por este pagou, o tempo e o lugar do pagamento, com a assinatura do credor, ou do seu representante. Parágrafo único. Ainda sem os requisitos estabelecidos neste artigo valerá a quitação, se de seus termos ou das circunstâncias resultar haver sido paga a dívida."

**Alternativa "d".** O terceiro interessado é toda pessoa, excluindo o próprio devedor, cujo interesse decorre de uma relação jurídica e, por sua vez, tem interesse na extinção do débito, pois o seu próprio patrimônio poderá ser invadido para se efetuar o adimplemento da obrigação (p. ex. fiador). Por outro lado, o terceiro não interessado, não está ligado à obrigação por uma relação jurídica, seu interesse decorre de uma relação social, moral, afetiva, mas não jurídica (p. ex. pessoa que paga a dívida de um amigo). Somente poderá sub-rogar-se nos direitos do credor o terceiro interessado, dado o vínculo jurídico que ele tem com a obrigação. O terceiro não interessado que fizer o pagamento em seu próprio nome, e não no nome do devedor, não estará sub-rogado nos direitos do credor, mas será reembolsado por aquilo que pagou, cobrando o que foi pago do devedor que se beneficiou, conforme dispõe o art. 305 do CC: "O terceiro não interessado, que paga a dívida em seu próprio nome, tem direito a reembolsar-se do que pagar; mas não se sub-roga nos direitos do credor".

**Alternativa correta: letra "b".**

## 4.1.2. DAS VÁRIAS ESPÉCIES DE CONTRATO

### 4.1.2.1. DA COMPRA E VENDA

▸ CC, arts. 481 a 532.

**76. (FGV – XXXVII Exame OAB)** Rodrigo e Juliana celebraram contrato de compra e venda com Márcia, visando à aquisição de 20 (vinte) cavalos da raça mangalarga, de propriedade desta última. O contrato possui cláusula prevendo a solidariedade ativa de Rodrigo e Juliana, e que a entrega será feita de uma única vez. Dez dias antes da data pactuada para entrega dos animais, Márcia, culposamente, esqueceu aberta a porta do curral os animais estavam, o que ocasionou a fuga dos equinos. No dia combinado, Márcia dispunha de apenas cinco cavalos, os quais foram oferecidos a Rodrigo e Juliana como parte do pagamento. Acerca do caso apresentado, assinale a afirmativa correta.

a) Por se tratar de obrigação de entrega de coisa a dois credores, a previsão de solidariedade ativa contratual é desnecessária, eis que decorrente de disposição expressa do Código Civil.

b) Rodrigo e Juliana poderão optar por receber os cinco cavalos, com abatimento do preço, ou considerar resolvida a obrigação e, tanto num como noutro caso, exigir indenização das perdas e danos.

c) Caso Rodrigo e Juliana optem pela conversão da obrigação em perdas e danos, a solidariedade não subsistirá.

d) Márcia poderá compelir Rodrigo e Juliana a receberem cinco cavalos, posto se tratar de obrigação divisível.

**COMENTÁRIOS**

**Alternativa "a".** A regra legal sobre solidariedade dispõe que "a solidariedade não se presume; resulta da lei ou da vontade das partes". Nesse sentido, para que haja solidariedade legal, como afirma a assertiva em tela, deve ter lei expressamente determinando que em dada situação ocorrerá solidariedade. Somente pelo fato de ter dois credores na obrigação, não faz com que sejam legalmente solidários. Para que houvesse solidariedade legal, o enunciado deveria demonstrar que cada um dos credores tem direito a dívida toda, o que não está expresso, apenas menciona que existem dois compradores. Em tese, quando há "mais de um devedor ou mais de um credor em obrigação divisível, está presume-se dividida em tantas obrigações, iguais e distintas, quantos os credores e devedores" (art. 257,CC), restando claro que a presunção não é de solidariedade. Por sua vez, não havendo comando legal determinando a solidariedade, somente será possível a sua existência na obrigação, pela vontade das partes, como convencionado entre Rodrigo e Adriana. Vejamos o que a lei doutrina sobre o assunto:

> "Art. 264. Há solidariedade, quando na mesma obrigação concorre mais de um credor, ou mais de um devedor, cada um com direito, ou obrigado, à dívida toda."

> "Art. 265. A solidariedade não se presume; resulta da lei ou da vontade das partes."

**Alternativa "b".** Assertiva está correta. A obrigação de dar coisa certa, quando a coisa se perde em parte, ocorre a deterioração ou perecimento parcial. No caso em tela, a obrigação é de dar coisa certa, ou seja, 20 cavalos, mas, por culpa do devedor, restaram apenas 5. Quando o perecimento parcial ocorrer por culpa do devedor, o credor tem o direito de resolver o obrigação, ou receber a coisa no estado em que se encontra, abatido do seu preço o valor que se perdeu (art. 235, CC). Contudo, em qualquer dos casos que o credor optar, haverá a responsabilidade civil do devedor, em decorrência da sua culpa, e o credor terá direito de exigir perdas e danos (art. 236, CC). Vejamos os dispositivos citados:

> "Art. 235. Deteriorada a coisa, não sendo o devedor culpado, poderá o credor resolver a obrigação, ou aceitar a coisa, abatido de seu preço o valor que perdeu."

> "Art. 236. Sendo culpado o devedor, poderá o credor exigir o equivalente, ou aceitar a coisa no estado em que se acha, com direito a reclamar, em um ou em outro caso, indenização das perdas e danos."

**Alternativa "c".** Mesmo que a obrigação se converta em perdas e danos, a solidariedade subsiste, conforme dispõe o art. 271, do CC: "Convertendo-se a prestação em perdas e danos, subsiste, para todos os efeitos, a solidariedade."

**Alternativa "d".** Em nenhuma hipótese, credor ou devedor são obrigados a receber prestação diversa daquele que foi ajustada na obrigação, ainda que a nova prestação seja mais valiosa, como doutrina o art. 313, do CC: "O credor não é obrigado a receber prestação diversa da que lhe é devida, ainda que mais valiosa."

**Alternativa correta: letra "b".**

---

**77. (FGV- XXXIV Exame de Ordem-2022)** Bento Albuquerque com o intuito de realizar o sonho de passar a aposentadoria na beira da praia, procura Inácio Monteiro, proprietário de uma quadra de lotes a 100 (cem) metros da famosa Praia dos Coqueiros, para comprar um lote sobre o qual seria construída sua sonhada casa de veraneio. Bento mostrou o projeto arquitetônico de sua futura casa na praia a Inácio e ressaltou que o lote para construção do projeto deveria contar com, no mínimo, 420 m2 (quatrocentos e vinte metros quadrados), metragem necessária para construção da piscina, sauna e churrasqueira, além da casa projetada para ter quatro quartos.

Nas tratativas e na escritura de compra e venda do imóvel, restou consignado que o imóvel possui 420 m2 (quatrocentos e vinte metros quadrados) e que o preço certo e ajustado para essa metragem era de R$ 180.000,00 (cento e oitenta mil reais). No entanto, Bento ao levar o arquiteto para medidas de praxe e conhecer o lote sobre o qual o projeto seria construído, foi surpreendido ao ser informado que o imóvel contava apenas com 365m2 (trezentos e sessenta e cinco metros quadrados) e que o projeto idealizado não poderia ser construído naquele lote.

Sobre a hipótese narrada, assinale a afirmativa correta.

a) Bento nada pode fazer em relação a metragem faltante, tendo em vista que era sua obrigação conferi-la antes de adquirir o imóvel.

b) Bento tem o direito de exigir o complemento da área faltante, e, caso não seja possível, tem a faculdade de rescindir o contrato ou pedir pelo abatimento do preço de acordo com a metragem correta do imóvel.

c) Não haverá complemento de área, pois o imóvel foi vendido como coisa certa e discriminada, tendo sido apenas enunciativa a referência às suas dimensões.

d) Presume-se que a referência às dimensões do imóvel é enunciativa, pois a diferença de metragem não chega a 20%, (vinte por cento), logo, deverá ter, prioritariamente, abatimento do preço, mas não a complementação da metragem faltante.

**COMENTÁRIOS**

**Nota do autor:** O contrato de compra e venda, que tenha por objeto bem imóvel terá duas formas de celebração: *ad mensuram* ou por medida de extensão (art. 500, CC), isto é, o preço pago pelo imóvel é definido pela sua medida de extensão, pela quantidade de área adquirida. Nesse caso, o valor do imóvel corresponde a sua real extensão; *ad corpus* ou por corpo certo é a hipótese em que a extensão da área, não é considerada para que o valor seja definido, não há correspondência entre o valor pago e a sua extensão, pois o que importa é o bem, por si só, suas medidas são meramente enunciativas. Não se compra pelas medidas de extensão, mas, especificamente, aquele imóvel. É o que se costuma chamar de "venda com porteira fechada". (art. 500, §3º).

**Alternativa "a".** A presente assertiva está equivocada. Bento, quando demonstrou interesse em comprar o lote de Inácio, deixou claro que seu projeto necessitava de um lote, com área de 420m$^2$. Assim, desde as tratativas preliminares, bem como na conclusão e na execução da avença, os contraentes devem respeitar o princípio da boa-fé. Por isso, quando o acordo foi entabulado, Bento presumiu que a conduta do vendedor, seria pautada pela boa-fé, já que sabia, desde o início da negociação, que o projeto exigia 420m$^2$, para sua execução. Ademais, o comprador não dispõe de conhecimento técnico para aferir, antecipadamente, a extensão do lote. Observe a determinação do Art. 422, do CC: "Os contratantes são obrigados a guardar, assim na conclusão do contrato, como em sua execução, os princípios de probidade e boa-fé."

**Alternativa "b".** Assertiva está correta. O enunciado da questão expressa, textualmente, que o preço do lote foi definido em razão da sua extensão, ou seja, o contrato de compra e venda é *ad mensuram*. Isso quer dizer, que a extensão do imóvel deve corresponder ao que foi acertado no contrato e, não havendo essa correspondência, há três opções para o comprador: exigir o complemento da área, reclamar a resolução do contrato ou abatimento proporcional do preço, conforme, expressamente, determina o art. 500, do CC: "Se, na venda de um imóvel, se estipular o preço por medida de extensão, ou se determinar a respectiva área, e esta não corresponder, em qualquer dos casos, às dimensões dadas, o comprador terá o direito de exigir o complemento da área, e, não sendo isso possível, o de reclamar a resolução do contrato ou abatimento proporcional ao preço."

**Alternativa "c".** O texto apresentado pelo enunciado da questão, deixa claro que a venda é na modalidade *ad mensuram*. O valor do lote é definido em razão da extensão da área. Bento apresenta o projeto da sua futura casa e demonstra a sua necessidade de ter um lote com metragem especifica, e não meramente enunciativa.

**Alternativa "d".** A presente assertiva está errada. A assertiva contradiz o que diz a lei, visto que, nos contratos *ad mensuram,* quando a diferença entre a área adquirida não exceder a "um vigésimo" da área total enunciada, o que equivale a 5%, sua extensão será considerada enunciativa, ou seja, os 20% de diferença, afirmados pela assertiva, não correspondem a realidade disposta no §1º, do art. 500: "Presume-se que a referência às dimensões foi simplesmente enunciativa, quando a diferença encontrada não exceder de um vigésimo da área total enunciada, ressalvado ao comprador o direito de provar que, em tais circunstâncias, não teria realizado o negócio".

**Alternativa correta: letra "b".**

---

**78. (FGV – Exame de Ordem 2020.1)** Antônio, divorciado, proprietário de três imóveis devidamente registrados no RGI, de valores de mercado semelhantes, decidiu transferir onerosamente um de seus bens ao seu filho mais velho, Bruno, que mostrou interesse na aquisição por valor próximo ao de mercado.

No entanto, ao consultar seus dois outros filhos (irmãos do pretendente comprador), um deles, Carlos, opôs-se à venda. Diante disso, bastante chateado com a atitude de Carlos, seu filho que não concordou com a compra e venda do imóvel, decidiu realizar uma doação a favor de Bruno.

Em face do exposto, assinale a afirmativa correta.

a) A compra e venda de ascendente para descendente só pode ser impedida pelos demais descendentes e pelo cônjuge, se a oposição for unânime.

b) Não há, na ordem civil, qualquer impedimento à realização de contrato de compra e venda de pai para filho, motivo pelo qual a oposição feita por Carlos não poderia gerar a anulação do negócio

CIVIL

c) Antônio não poderia, como reação à legítima oposição de Carlos, promover a doação do bem para um de seus filhos (Bruno), sendo tal contrato nulo de pleno direito.

d) É legítima a doação de ascendentes para descendente, independentemente da anuência dos demais, eis que o ato importa antecipação do que lhe cabe na herança.

COMENTÁRIOS

**Alternativa "a".** Assertiva afirma que a compra e venda de ascendente para descendendo só pode ser impedida pelos demais descendentes e pelo cônjuge, se a oposição for unânime. Contudo, essa afirmativa está incorreta, para obstar esse tipo de negócio jurídico basta que um dos descendentes ou o cônjuge não concorde. Nesse sentido, é a orientação do art. 496, do CC: "É anulável a venda de ascendente a descendente, salvo se os outros descendentes e o cônjuge do alienante expressamente houverem consentido."

**Alternativa "b".** Assertiva contradiz a literalidade do art. 496 do diploma civil: "É anulável a venda de ascendente a descendente, salvo se os outros descendentes e o cônjuge do alienante expressamente houverem consentido."

**Alternativa "c".** A reação de Antônio frente a oposição de Carlos é legítima e amparada no ordenamento jurídico, caracterizando a antecipação da herança. Vejamos a permissão legal: "Art. 544. A doação de ascendentes a descendentes, ou de um cônjuge a outro, importa adiantamento do que lhes cabe por herança."

**Alternativa "d".** A assertiva confirma o que descreve o art. 544, do CC: "A doação de ascendentes a descendentes, ou de um cônjuge a outro, importa adiantamento do que lhes cabe por herança."

**Alternativa correta: letra "d".**

---

**79. (FGV – Exame de Ordem 2015.2)** Flávia vendeu para Quitéria seu apartamento e incluiu, no contrato de compra e venda, cláusula pela qual se reservava o direito de recomprá-lo no prazo máximo de 2 (dois) anos. Antes de expirado o referido prazo, Flávia pretendeu exercer seu direito, mas Quitéria se recusou a receber o preço.

Sobre o fato narrado, assinale a afirmativa correta.

a) A cláusula pela qual Flávia se reservava o direito de recomprar o imóvel é ilícita e abusiva, uma vez que Quitéria, ao se tornar proprietária do bem, passa a ter total e irrestrito poder de disposição sobre ele.

b) A cláusula pela qual Flávia se reservava o direito de recomprar o imóvel é válida, mas se torna ineficaz diante da justa recusa de Quitéria em receber o preço devido.

c) A disposição incluída no contrato é uma cláusula de preferência, a impor ao comprador a obrigação de oferecer ao vendedor a coisa, mas somente quando decidir vendê-la.

d) A disposição incluída no contrato é uma cláusula de retrovenda, entendida como o ajuste por meio do qual o vendedor se reserva o direito de resolver o contrato de compra e venda mediante pagamento do preço recebido e das despesas, recuperando a coisa imóvel.

COMENTÁRIOS

**Alternativa "a".** O uso da cláusula especial à compra e venda, chamada de retrovenda, não constitui nenhuma ilicitude ou abusividade. O que ocorre, com o uso dessa cláusula, é que o contrato passa a ter uma condição resolutiva expressa, tendo como consequência o desfazimento da venda e, no caso do seu adimplemento, as partes voltam ao estado anterior. Assim, o implemento ocorrerá, quando o vendedor exercer seu direito de reaver a coisa, restituindo o preço, mais as despesas feitas pelo comprador, dentro do prazo estipulado pelas partes, não ultrapassando o limite legal de três anos. Sendo uma condição resolutiva, o comprador não adquire o direito de propriedade, mas tão somente a posse sobre o bem. Por tão razão, Quitéria, ao aceitar a cláusula, não adquiriu o direito de propriedade sobre a coisa, mas tem apenas a sua posse. Portanto, não há abuso ou ilicitude no comportamento de Flávia. Nesse sentido, é o que dispõe o art. 505, do CC: "O vendedor de coisa imóvel pode reservar-se o direito de recobrá-la no prazo máximo de decadência de três anos, restituindo o preço recebido e reembolsando as despesas do comprador, inclusive as que, durante o período de resgate, se efetuaram com a sua autorização escrita, ou para a realização de benfeitorias necessárias."

**Alternativa "b".** A recusa por parte da compradora de receber o preço devido, não é justo e, portanto, não tem amparo legal. Por essa razão, caso tenha tal comportamento, a lei permite que a vendedora exerça o seu direito de resgate e faça o depósito judicial do valor. Nesse sentido, é a norma do art. 506, do CC: "Se o comprador se recusar a receber as quantias a que faz jus, o vendedor, para exercer o direito de resgate, as depositará judicialmente."

**Alternativa "c".** A cláusula de preferência (arts. 513 a 520, do CC) exige que o comprador, na hipótese de alienar a coisa comprada, dentre de determinado prazo, deverá primeiro oferecê-la ao vendedor. Noutro sentido, é a cláusula de retrovendo, em que o devedor tem o direito de reaver a coisa, mesmo quando o comprador não queira aliena-la. Portanto, não há confusão entre as cláusulas, posto que pretendem situações diversas.

**Alternativa "d".** A assertiva corresponde ao que o Código Civil define como retrovenda: "Art. 505. O vendedor de coisa imóvel pode reservar-se o direito de recobrá-la no prazo máximo de decadência de três anos, restituindo o preço recebido e reembolsando as despesas do comprador, inclusive as que, durante o período de resgate, se efetuaram com a sua autorização escrita, ou para a realização de benfeitorias necessárias."

**Alternativa correta: letra "d".**

---

**80. (FGV – Exame de Ordem 2015.3)** Por meio de contrato verbal, João alugou sua bicicleta a José, que se comprometeu a pagar o aluguel mensal de R$ 100,00 (cem reais), bem como a restituir a coisa alugada ao final do sexto mês de locação. Antes de esgotado o prazo do contrato de locação, João deseja celebrar contrato de compra e venda com Otávio, de modo a transmitir imediatamente a propriedade da bicicleta.

Não obstante a coisa permanecer na posse direta de José, entende-se que

a) o adquirente Otávio, caso venda a bicicleta antes de encerrado o prazo da locação, deve obrigatoriamente depositar o preço em favor do locatário José.

b) João não pode celebrar contrato de compra e venda da bicicleta antes de encerrado o prazo da locação celebrada com José.

c) é possível transmitir imediatamente a propriedade para Otávio, por meio da estipulação, no contrato de compra e venda, da cessão do direito à restituição da coisa em favor de Otávio.

d) é possível transmitir imediatamente a propriedade para Otávio, por meio da estipulação, no contrato de compra e venda, do constituto possessório em favor de Otávio.

COMENTÁRIOS

**Alternativa "a".** A assertiva está incorreta. Inexiste, na ordem jurídica, preceito legal que obrigue Otávio a depositar qualquer quantia em prol de José.

**Alternativa "b".** A alternativa está incorreta. Como analisado alhures, o contrato de compra e venda celebrado na espécie é totalmente válido e produzirá regularmente seus efeitos, desde que observados os preceitos legais que disciplinam a matéria.

**Alternativa "c".** De fato, como acertadamente constou da alternativa ora examinada, inexiste qualquer vedação à celebração do contrato de compra e venda nos moldes pretendidos por João e Otávio. Demais disso, a assertiva está correta, quando menciona expressamente a necessidade de cláusula contratual específica a ser incluída no instrumento de compra e venda, eis que a legislação de regência determina a pactuação de tal preceito para os casos em que não haverá a efetiva tradição da coisa móvel, conforme preconiza o 1.267, parágrafo único, do CC: "Art. 1.267. A propriedade das coisas não se transfere pelos negócios jurídicos antes da tradição. Parágrafo único. Subentende-se a tradição quando o transmitente continua a possuir pelo constituto possessório; **quando cede ao adquirente o direito à restituição da coisa, que se encontra em poder de terceiro**; ou quando o adquirente já está na posse da coisa, por ocasião do negócio jurídico." (grifos acrescidos). Todo o exposto corrobora o acerto da alternativa em exame.

**Alternativa "d".** A alternativa está incorreta. O constituto possessório é uma espécie de tradição ficta que se opera quando o alienante, embora transmita a propriedade ao adquirente, continua a ser o seu possuidor direto. O caso examinado não guarda qualquer relação com o instituto do constituto possessório, o que conduz ao equívoco da alternativa sob enfoque.

**Alternativa correta: letra "c".**

### 4.1.2.2. DO CONTRATO ESTIMATÓRIO

- CC, ARTS. 534 A 537

**81. (FGV – Exame de Ordem 2015.1)** Maria entregou à sociedade empresária JL Veículos Usados um veículo Vectra, ano 2008, de sua propriedade, para ser vendido pelo valor de R$ 18.000,00. Restou acordado que o veículo ficaria exposto na loja pelo prazo máximo de 30 dias.

Considerando a hipótese acima e as regras do contrato estimatório, assinale a afirmativa correta.

a) O veículo pode ser objeto de penhora pelos credores da JL Veículos Usados, mesmo que não pago integralmente o preço.

b) A sociedade empresária JL Veículos Usados suportará a perda ou deterioração do veículo, não se eximindo da obrigação de pagar o preço ajustado, ainda que a restituição se impossibilite sem sua culpa.

c) Ainda que não pago integralmente o preço a Maria, o veículo consignado poderá ser objeto de penhora, caso a sociedade empresária JL Veículos Usados seja acionada judicialmente por seus credores.

d) Maria poderá dispor do veículo enquanto perdurar o contrato estimatório, com fundamento na manutenção da reserva do domínio e da posse indireta da coisa.

COMENTÁRIOS

**Alternativa "a".** A alternativa está errada, pois contraria o disposto no art. 536 do CC: "A coisa consignada não pode ser objeto de penhora ou sequestro pelos credores do consignatário, enquanto não pago integralmente o preço."

**Alternativa "b".** A assertiva está correta, porquanto em conformidade com o que prescreve a legislação de regência. A esse respeito, confira a literalidade do art. 535 do CC: "O consignatário não se exonera da obrigação de pagar o preço, se a restituição da coisa, em sua integridade, se tornar impossível, ainda que por fato a ele não imputável."

**Alternativa "c".** A assertiva está incorreta, porquanto viola o art. 536 já transcrito no comentário precedente.

**Alternativa "d".** A alternativa está incorreta, uma vez que viola o disposto no art. 537 do CC: "O consignante não pode dispor da coisa antes de lhe ser restituída ou de lhe ser comunicada a restituição."

**Alternativa correta: letra "b".**

### 4.1.2.3. DA DOAÇÃO

- CC, arts. 538 a 564.

**82. (FGV – XXXVII Exame OAB)** Waldo é titular de vultoso patrimônio e amigo de infância de Tadeu, que passa por sérias dificuldades econômicas. Frente às adversidades vividas pelo amigo, Waldo entrega as chaves de um imóvel de sua propriedade para Tadeu e diz a ele: "a partir de agora essa casa é de sua propriedade." Sobre a hipótese apresentada, assinale a afirmativa correta.

a) A declaração verbal de Waldo, junto da tradição do imóvel, é suficiente para considerar-se celebrado e realizado um contrato de doação válido e eficaz.

b) Para que a doação de imóvel de Waldo a Tadeu se aperfeiçoe será imprescindível celebrar o contrato por meio de escritura pública, seja qual for o valor do imóvel.

c) Para que Waldo realize a pretendida doação de imóvel a Tadeu de modo válido, será imprescindível celebrar o contrato de forma escrita, seja por meio de escritura pública ou de instrumento particular, a depender do valor do imóvel.

d) Caso Waldo optasse por doar dinheiro para Tadeu adquirir um imóvel, a doação seria válida sem que se fizesse por escritura pública ou instrumento particular, independentemente do valor transferido ao donatário.

COMENTÁRIOS

**Alternativa "a".** A assertiva está errada. A doação verbal somente será valida se versar sobre bens móveis e de pequeno valor (par. ún., art. 541, CC). Por sua vez, direitos reais sobre bens imóveis, são transmitidos somente pelo registro (art. 1.227, CC), e não pela mera entrega ou tradição como, erroneamente, afirma a assertiva. Vejamos o regramento civil sobre o assunto:

> "Art. 541. A doação far-se-á por escritura pública ou instrumento particular. Parágrafo único. A doação verbal será válida, se, versando sobre bens móveis e de pequeno valor, se lhe seguir incontinenti a tradição."
>
> "Art. 1.227. Os direitos reais sobre imóveis constituídos, ou transmitidos por atos entre vivos, só se adquirem com o registro no Cartório de Registro de Imóveis dos referidos títulos (arts. 1.245 a 1.247), salvo os casos expressos neste Código."

**Alternativa "b".** A presente assertiva alega que a doação de bem imóvel ou móvel, pode ser celebrada por escritura pública ou instrumento particular, de acordo com o *caput* do art. 541, do CC: "A doação far-se-á por escritura pública ou instrumento particular." A formalização da doação de bem imóvel, deve ser feita por escritura pública quando o bem, objeto da liberalidade, tiver valor superior a trinta vezes o maior salário mínimo vigente no País, como doutrina o art. 108, CC. Considerando que a alternativa em tela, afirma que independente do valor do bem doado, a validade do negocio jurídico depende de escritura pública, contraria os dispositivos citados e incorre em erro.

**Alternativa "c".** O enunciado da presente alternativa está correto. Para que a doação feita por Waldo tenha validade, o contrato deverá ser formalizado de forma escrita, pois a doação de bens imóveis, independente do valor tem que ser de forma escrita (Art. 541. A doação far-se-á por escritura pública ou instrumento particular.). Por outro lado, o que determinará se a validade do negócio dependerá de instrumento público ou não, será o seu valor, que segundo a lei, "a validade dos negócios jurídicos que visem à constituição, transferência, modificação ou renúncia de direitos reais sobre imóveis de valor superior a trinta vezes o maior salário mínimo no País" deve ser feito por escritura pública. (art. 108, CC)

**Alternativa "d".** Como afirmado nos comentários anteriores, a lei determina que a doação de bem imóvel, independente do valor seja realizada de forma escrita. O instrumento público será exigido somente quando seu valor for superior a 30 vezes o maior salário mínimo vigente no País, se o valor do bem imóvel for menor, poderá ser feito por instrumento particular. No entanto, no caso presente, o objeto da doação é dinheiro, isto é, bem móvel, cuja transferência pode ocorrer pela mera tradição (entrega efetiva do bem). O que torna a assertiva errada é sua afirmação de que a doação de bem móvel (dinheiro) "seria válida sem que se fizesse por escritura pública ou instrumento particular", ou seja, verbal, independente do valor. A lei valida a doação verbal desde que o bem doado seja móvel e de pequeno valor. Nesse caso, o enunciado da questão não informa o valor doado, mas a assertiva erra ao afirmar que a doação de bem móvel de qualquer valor será valida se feita verbalmente, o que contraria o parágrafo único do art. 541, do CC: "A doação verbal será válida, se, versando sobre bens móveis e de pequeno valor, se lhe seguir incontinenti a tradição."

**Alternativa correta: letra "c".**

---

**83. (FGV- XXXIV Exame de Ordem-2022)** Joana e Mário são pais de Ricardo, atualmente com 8 anos, e que se encontra no início de sua vida escolar. Tércio, irmão de Joana, decide doar, ao sobrinho Ricardo, certa quantia em dinheiro.

Para que esta doação seja válida, o contrato

a) deve ser anuído pelo próprio sobrinho, Ricardo.
b) precisa contar com o consentimento de Ricardo, expressado por Joana e Mário.
c) dispensa a aceitação, por ser pura e realizada em favor de absolutamente incapaz.
d) prescinde de consentimento de Ricardo, pois se trata de negócio jurídico unilateral.

**COMENTÁRIOS**

✪ **Nota do autor:** O contrato de doação, como qualquer contrato, é um negócio jurídico bilateral, quanto a formação. O que significa que o seu aperfeiçoamento, exige a manifestação de vontade das duas partes, doador e donatário. Contudo, a manifestação de vontade pode ser expressa, tácita, ficta ou legal. No caso do art. 543, do CC, em que não há necessidade de aceitação dos representantes do menor absolutamente incapaz, quando a doação é pura, entende-se que há aceitação ficta ou legal. Por essa razão e que se entende, que houve duas manifestações de vontade, nesse tipo de negócio, mas de modo diverso do expresso, como ensina, Caio Mario da Silva Pereira: "Na doação pura ao incapaz emerge uma aceitação ficta, legal, que dispensa manifestação de vontade, mas que produz os efeitos de um consentimento efetivo, tal qual se daria se o donatário fosse capaz e emitisse declaração volitiva (Instituições de direito civil – Contratos, vol. III, p. 251)."

**Alternativas "a", "b" e "c".** Não será necessário o consentimento dos pais de Ricardo ou do próprio menor, absolutamente incapaz, por ser a doção pura, ou seja, sem nenhum encargo ou condição. No caso em tela, a lei presume a aceitação ficta ou legal, justamente porque nessa hipótese não há prejuízo para o menor. Nesse sentido, diz o art. 543, do CC: Se o donatário for absolutamente incapaz, dispensa-se a aceitação, desde que se trate de doação pura.

**Alternativa "d".** O contrato de doação, como qualquer contrato, é bilateral. A bilateralidade é a característica essencial da formação do contrato, ou seja, qualquer contrato, incluindo o de doação, somente se forma com a manifestação das vontades das partes, no caso, doador e donatário. Por sua vez, o contrato de doação é unilateral quanto aos efeitos obrigacionais, pois somente o doador tem obrigação de sacrificar seu patrimônio, para que o contrato seja adimplido. O doador é o devedor da obrigação, enquanto o donatário é o credor de um direito subjetivo patrimonial.

**Alternativa correta: letra "c".**

---

**84. (FGV – Exame de Ordem 2021.1)** Leandro decide realizar uma doação com a finalidade exclusiva de remunerar serviços prestados voluntária e espontaneamente por Carmen em sua ONG (Organização Não Governamental). Oferece, então, um pequeno imóvel residencial, avaliado em R$ 100.000,00 (cem mil reais), por instrumento particular, oportunidade na qual o doador fez questão de estipular uma obrigação: Carmen teria que realizar benfeitorias específicas na casa, tais como a troca dos canos enferrujados, da fiação deteriorada, bem como a finalização do acabamento das paredes, com a devida pintura final.

A donatária aceita os termos da doação e assina o documento particular, imitindo-se na posse do bem e dando início às obras. Alguns dias depois, orientada por um vizinho, reúne-se com o doador e decide formalizar a doação pela via de escritura pública, no ofício competente, constando também cláusula de renúncia antecipada do doador a pleitear a revogação da doação por ingratidão.

Dois anos depois, após sérios desentendimentos e ofensas públicas desferidas por Carmen, esta é condenada, em processo cível, a indenizar Leandro ante a prática de ato ilícito, qualificado como injúria grave. Leandro, então, propõe uma ação de revogação da doação.

Diante desse fato, assinale a afirmativa correta.

a) Mesmo diante da prática de injúria grave por parte de Carmen, Leandro não pode pretender revogar a doação, porque houve renúncia expressa no contrato.
b) A doação para Carmen se qualifica como condicional, eis que depende do cumprimento da obrigação de realizar as obras para a sua confirmação.
c) A doação para Carmen não pode ser revogada por ingratidão, porque o ato de liberalidade do doador teve motivação puramente remuneratória.

d) O ordenamento admite que a doação para Carmen fosse realizada por instrumento particular, razão pela qual a realização da escritura pública foi um ato desnecessário.

**COMENTÁRIOS**

**Alternativa "a".** A assertiva está errada, pois contraria norma expressa, que proíbe a renúncia antecipada do direito de revogar a doação por ingratidão do donatário. Nesse sentido, art. 556, do CC: "Não se pode renunciar antecipadamente o direito de revogar a liberalidade por ingratidão do donatário."

**Alternativa "b".** O enunciado declara expressamente que a doação é remuneratória, isto é, aquela que se faz em retribuição aos serviços prestados pelo donatário. Já a doação condicional, é o tipo de negócio que depende para sua eficácia, da realização da condição estipulada (suspensiva), ou perderá a eficácia, caso ocorra a condição estipulada (resolutiva).

**Alternativa "c".** A assertiva está correta, pois vai ao encontro do que determina o diploma civil: "Art. 564. Não se revogam por ingratidão: I - as doações puramente remuneratórias;"

**Alternativa "d".** Assertiva afronta a norma prescrita no art. 108, do CC: "Não dispondo a lei em contrário, a escritura pública é essencial à validade dos negócios jurídicos que visem à constituição, transferência, modificação ou renúncia de direitos reais sobre imóveis de valor superior a trinta vezes o maior salário mínimo vigente no País."

**Alternativa Correta: letra "c".**

---

**85. (FGV – Exame de Ordem 2016.3)** João e Maria casaram-se, no regime de comunhão parcial de bens, em 2004. Contudo, em 2008, João conheceu Vânia e eles passaram a ter um relacionamento amoroso. Separando- se de fato de Maria, João saiu da casa em que morava com Maria e foi viver com Vânia, apesar de continuar casado com Maria.

Em 2016, João, muito feliz em seu novo relacionamento, resolve dar de presente um carro 0 km da marca X para Vânia. Considerando a narrativa apresentada, sobre o contrato de doação celebrado entre João, doador, e Vânia, donatária, assinale a afirmativa correta.

a) É nulo, pois é hipótese de doação de cônjuge adúltero ao seu cúmplice.

b) Poderá ser anulado, desde que Maria pleiteie a anulação até dois anos depois da assinatura do contrato.

c) É plenamente válido, porém João deverá pagar perdas e danos à Maria.

d) É plenamente válido, pois João e Maria já estavam separados de fato no momento da doação.

**COMENTÁRIOS**

**Alternativa "a".** Não é caso de adultério, tendo em vista que João já estava separado de fato.

**Alternativa "b".** A assertiva está equivocada, o prazo decadencial de dois é exigido para o caso de se anular doações feitas quando não há divórcio ou separação de fato, o que não é o caso do enunciado.

**Alternativa "c".** A presente assertiva não tem qualquer respaldo legal, considerando que, em regra, só há perdas e danos, quando se comprava a efetiva lesão.

**Alternativa "d".** A assertiva está correta, tendo em vista que se deve entender por cônjuge adultero, aquele que ainda não divorciou ou não se separou de fato. Nesse sentido, é a doutrina do art. 550, do CC: "A doação do cônjuge adúltero ao seu cúmplice pode ser anulada pelo outro cônjuge, ou por seus herdeiros necessários, até dois anos depois de dissolvida a sociedade conjugal." No entanto, como João já está separado de fato, a sua doação não é vedada pela lei.

**Alternativa correta: letra "d".**

---

**86. (Exame de Ordem 2012.1 – FGV)** Marcelo, brasileiro, solteiro, advogado, sem que tenha qualquer impedimento para doar a casa de campo de sua livre propriedade, resolve fazê-lo, sem quaisquer ônus ou encargos, em benefício de Marina, sua amiga, também absolutamente capaz. Todavia, no âmbito do contrato de doação, Marcelo estipula cláusula de reversão por meio da qual o bem doado deverá se destinar ao patrimônio de Rômulo, irmão de Marcelo, caso Rômulo sobreviva à donatária. A respeito dessa situação, é correto afirmar que



a) diante de expressa previsão legal, não prevalece a cláusula de reversão estipulada em favor de Rômulo.

b) no caso, em razão de o contrato de doação, por ser gratuito, comportar interpretação extensiva, a cláusula de reversão em favor de terceiro é válida.

c) a cláusula em exame não é válida em razão da relação de parentesco entre o doador, Marcelo, e o terceiro beneficiário, Rômulo.

d) diante de expressa previsão legal, a cláusula de reversão pode ser estipulada em favor do próprio doador ou de terceiro beneficiário por aquele designado, caso qualquer deles, nessa ordem, sobreviva ao donatário.

**COMENTÁRIOS**

**Alternativa "a".** Está correta. Nos termos do art. 547, parágrafo único, do Código Civil, não prevalece cláusula de reversão estipulada em favor de terceiro. Desse modo, no caso em apreço, incidem as disposições inseridas no mencionado dispositivo legal, subtraindo qualquer eficácia da cláusula de reversão estipulada em prol de Rômulo. Vejamos o teor do dispositivo mencionado: "O doador pode estipular que os bens doados voltem ao seu patrimônio, se sobreviver ao donatário. Parágrafo único. Não prevalece cláusula de reversão em favor de terceiro."

**Alternativa "b".** Está incorreta. Ao contrário do que constou do enunciado da alternativa, o contrato de doação, por se tratar de um ato de liberalidade, interpreta-se restritivamente e não de forma extensiva. Demais disso, a cláusula de reversão estipulada em prol de Rômulo não pode prevalecer, diante da regra insculpida no art. 547, parágrafo único, do Código Civil, anteriormente citado.

**Alternativa "c".** Está incorreta. A invalidade da cláusula de reversão, no caso em exame, decorre das disposições inseridas no art. 547, parágrafo único, do Código Civil, sendo absolutamente irrelevante, no particular, a relação de parentesco entre doador e o terceiro que pretendia beneficiar.

**Alternativa "d".** Está incorreta. A cláusula de reversão, como exaustivamente exposto nos comentários precedentes, não pode ser estipulada em prol de terceiros, em face do que preceitua o art. 547, parágrafo único, do Código Civil.

**Alternativa correta: letra "a".**

### 4.1.2.4. DA LOCAÇÃO

---

**87. (FGV- XXXV Exame de Ordem-2022)** Carlos alugou um imóvel de sua propriedade a Amanda para fins residenciais pelo prazo de 30 meses. Dez meses após a celebração do contrato de locação, Carlos vendeu o imóvel locado para Patrícia, que denunciou o contrato, concedendo a Amanda o prazo de 90 dias para a desocupação do imóvel.

Diante desse cenário, assinale a afirmativa correta.

a) Carlos não poderia alienar o imóvel a Patrícia, pois ainda estava vigente o prazo de locação.

b) A alienação é possível, mas, se o contrato contiver cláusula de vigência em caso de alienação e estiver averbado junto à matrícula do imóvel, Patrícia deve respeitar o prazo da locação.

c) Não há nenhum óbice à alienação do imóvel por Carlos a Patrícia e, uma vez realizada, o contrato de locação com Amanda é automaticamente desfeito.

d) Carlos tem o direito de vender o imóvel durante o prazo de locação, mas, nessa hipótese, a compradora Patrícia estará necessariamente vinculada ao contrato de locação celebrado anteriormente, devendo cumprir o prazo inicialmente pactuado por Carlos com Amanda.

**COMENTÁRIOS**

✪ **Nota do autor:** A Lei nº 8.245/91, que dispõe sobre locações de imóveis urbanos, deve fazer parte das leis especiais estudadas, para o Exame de Ordem.

**Alternativa "a".** Carlos é proprietário do imóvel, segundo enunciado da questão, o que o torna livre para exercer seus direitos sobre o bem, que inclui a alienação. O fato do imóvel está alugado, não retira do proprietário o seu direito de alienar, mas a venda deverá obedecer às regras legais e contratuais, relativas à continuidade ou não do contrato de locação. Direitos do proprietário, segundo a lei: "Art. 1.228. O proprietário tem a faculdade de usar, gozar e dispor da coisa, e o direito de reavê-la do poder de quem quer que injustamente a possua ou detenha."

**Alternativa "b".** A assertiva está correta, descreve a norma contida no art. 8º, da Lei 8.245/91: "Se o imóvel for alienado durante a locação, o adquirente poderá denunciar o contrato, com o prazo de noventa dias para a desocupação, salvo se a locação for por tempo determinado e o contrato contiver cláusula de vigência em caso de alienação e estiver averbado junto à matrícula do imóvel."

**Alternativa "c" e "D".** As assertivas contrariam o que dispõe o art. 8º, Lei 8.245/91, conforme comentário anterior.

**Alternativa correta: letra "b".**

---

**88. (FGV – Exame de Ordem 2021.1)** Érico é amigo de Astolfo, famoso colecionador de obras de arte. Érico, que está abrindo uma galeria de arte, perguntou se Astolfo aceitaria locar uma das pinturas de seu acervo para ser exibida na grande noite de abertura, como forma de atrair mais visitantes. Astolfo prontamente aceitou a proposta, e ambos celebraram o contrato de locação da obra, tendo Érico se obrigado a restituí-la já no dia seguinte ao da inauguração. O aluguel, fixado em parcela única, foi pago imediatamente na data de celebração do contrato.

A abertura da galeria foi um grande sucesso, e Érico, assoberbado de trabalho nos dias que se seguiram, não providenciou a devolução da obra de arte para Astolfo. Embora a galeria dispusesse de moderna estrutura de segurança, cerca de uma semana após a inauguração, Diego, estudante universitário, invadiu o local e vandalizou todas as obras de arte ali expostas, destruindo por completo a pintura que fora cedida por Astolfo. As câmeras de segurança possibilitaram a pronta identificação do vândalo.

De acordo com o caso narrado, assinale a afirmativa correta.

a) Érico tem o dever de indenizar Astolfo, integralmente, pelos prejuízos sofridos em decorrência da destruição da pintura.

b) Érico não pode ser obrigado a indenizar Astolfo pelos prejuízos decorrentes da destruição da pintura porque Diego, o causador do dano, foi prontamente identificado.

c) Érico não pode ser obrigado a indenizar Astolfo pelos prejuízos decorrentes da destruição da pintura porque adotou todas as medidas de segurança necessárias para proteger a obra de arte.

d) Érico somente estará obrigado a indenizar Astolfo se restar comprovado que colaborou, em alguma medida, para que Diego realizasse os atos de vandalismo.

**COMENTÁRIOS**

✪ **NOTA DO AUTOR:** A questão versa sobre o contrato da locação de coisas. Fique atendo para identificar o assunto tratado na questão, isso facilita a lembrar e a organizar o conhecimento sobre aquele assunto específico. Vejamos como o art. Art. 565, do CC, apresenta esse tipo de contrato: "Na locação de coisas, uma das partes se obriga a ceder à outra, por tempo determinado ou não, o uso e gozo de coisa não fungível, mediante certa retribuição."

**Alternativa "a".** No contrato de locação de coisa, o locatário tem responsabilidade de devolver o bem objeto do contrato, no dia ajustado, sob pena de arcar com perdas e danos e demais prejuízos, que decorram da mora, conforme estatui os arts 575 e 399, do CC. Considerando que Érico, não devolveu a pintura a Astolfo no dia ajustado, fica caracterizado a mora, e os prejuízos que o objeto da locação sofreu, recairá sobre ele. O fato de a galeria contar com adequada estrutura de segurança, não o se exime de indenizar o locatário, alegando caso fortuito, pois o prejuízo ocorreu no período de mora. Nesse sentido, é o que doutrina o texto legal, vejamos: "Art. 575. Se, notificado o locatário, não restituir a coisa, pagará, enquanto a tiver em seu poder, o aluguel que o locador arbitrar, e responderá pelo dano que ela venha a sofrer, embora proveniente de caso fortuito." "Art. 399. O devedor em mora responde pela impossibilidade da prestação, embora essa impossibilidade resulte de caso fortuito ou de força maior, se estes ocorrerem durante o atraso; salvo se provar isenção de culpa, ou que o dano sobreviria ainda quando a obrigação fosse oportunamente desempenhada."

**Alternativas "b", "c" e "d".** As alternativas "b", "c" e "d", estão equivocadas por contrariam frontalmente, o que determina a legislação pertinente sobre o contrato de locação de coisa. Nesse sentido, vejamos o que dispõe a lei: "Art. 575. Se, notificado o locatário, não restituir a coisa, pagará, enquanto a tiver em seu poder, o aluguel que o locador arbitrar, e responderá pelo dano que ela venha a sofrer, embora proveniente de caso fortuito." "Art. 399. O devedor em mora responde pela impossibilidade da prestação, embora essa impossibilidade resulte de caso fortuito ou de força maior, se estes ocorrerem durante o atraso; salvo se provar isenção de culpa, ou que o dano sobreviria ainda quando a obrigação fosse oportunamente desempenhada."

---

**89. (FGV – Exame de Ordem 2017.3)** Caio, locador, celebrou com Marcos, locatário, contrato de locação predial urbana pelo período de 30 meses, sendo o instrumento averbado junto à matrícula do imóvel no RGI. Contudo, após seis meses do início da vigência do contrato, Caio resolveu se mudar para Portugal e colocou o bem à venda, anunciando-o no jornal pelo valor de R$ 500.000,00. Marcos tomou conhecimento do fato pelo anúncio e entrou em contato por telefone com Caio, afirmando estar interessado na aquisição do bem e que estaria disposto a pagar o preço anunciado. Caio, porém, disse que a venda do bem imóvel já tinha sido realizada pelo mesmo preço a Alexandre. Além disso, o adquirente do bem, Alexandre, iria denunciar o contrato de locação e Marcos teria que desocupar o imóvel em 90 dias.

Acerca dos fatos narrados, assinale a afirmativa correta.

a) Marcos, tendo sido preterido na alienação do bem, poderá depositar o preço pago e as demais despesas do ato e haver para si a propriedade do imóvel.

b) Marcos não tem direito de preferência na aquisição do imóvel, pois a locação é por prazo determinado.

c) Marcos somente poderia exercer direito de preferência na aquisição do imóvel se fizesse oferta superior à de Alexandre.

d) Marcos, tendo sido preterido na alienação do bem, poderá reclamar de Alexandre, adquirente, perdas e danos, e poderá permanecer no imóvel durante toda a vigência do contrato, mesmo se Alexandre denunciar o contrato de locação.

COMENTÁRIOS

✪ **Nota do autor:** a questão trata da locação de bem imóvel urbano, cujas hipóteses e procedimentos são regulados pela Lei n. 8.245/91.

**Alternativa "a".** A assertiva está correta, pois concorda com o que prescreve a Lei de Locações acerca do direito de preferência do locatário, na hipótese de alienação do imóvel pelo locador. Vejamos o que prescreve o art. 33, *caput,* da Lei n. 8.245/91: "O locatário preterido no seu direito de preferência poderá reclamar do alienante as perdas e danos ou, depositando o preço e demais despesas do ato de transferência, haver para si o imóvel locado, se o requerer no prazo de seis meses, a contar do registro do ato no cartório de imóveis, desde que o contrato de locação esteja averbado pelo menos trinta dias antes da alienação junto à matrícula do imóvel."

**Alternativa "b".** A assertiva está incorreta, tendo em vista que para o exercício do direito de preferência pelo locatário na aquisição do imóvel, previsto no art. 27, da Lei n. 8.245/91, não há proibição para a hipótese do contrato de locação ser por prazo determinado, como afirma a assertiva, contrariando o doutrina o referido dispositivo: "Art. 27. No caso de venda, promessa de venda, cessão ou promessa de cessão de direitos ou dação em pagamento, o locatário tem preferência para adquirir o imóvel locado, em igualdade de condições com terceiros, devendo o locador dar-lhe conhecimento do negócio mediante notificação judicial, extrajudicial ou outro meio de ciência inequívoca. Parágrafo único. A comunicação deverá conter todas as condições do negócio e, em especial, o preço, a forma de pagamento, a existência de ônus reais, bem como o local e horário em que pode ser examinada a documentação pertinente."

**Alternativa "c".** O erro da assertiva está em afirmar que Marcos somente poderia exercer o direito de preferência na aquisição do imóvel se fizesse oferta superior à de Alexandre. A Lei de Locação, ao contrário, determina que o locatário tem preferência na aquisição do imóvel, em igualdade de condições com terceiros. Nesse sentido, e a redação do art. 27: "No caso de venda, promessa de venda, cessão ou promessa de cessão de direitos ou dação em pagamento, o locatário tem preferência para adquirir o imóvel locado, em igualdade de condições com terceiros, devendo o locador dar-lhe conhecimento do negócio mediante notificação judicial, extrajudicial ou outro meio de ciência inequívoca.

**Alternativa "d".** A assertiva se equivoca quando afirma que Marcos poderá reclamar perdas e danos do adquirente do imóvel, pois o dispositivo da lei regente, que trata do assunto, nada fala sobre essa hipótese: "Art. 8º Se o imóvel for alienado durante a locação, o adquirente poderá denunciar o contrato, com o prazo de noventa dias para a desocupação, salvo se a locação for por tempo determinado e o contrato contiver cláusula de vigência em caso de alienação e estiver averbado junto à matrícula do imóvel."

**Alternativa correta: letra "a".**

**90. (FGV – Exame de Ordem 2015.3)** João Henrique residia com sua companheira Natália em imóvel alugado a ele por Frederico pelo prazo certo de trinta meses, tendo como fiador Waldemar, pai de João Henrique. A união do casal, porém, chegou ao fim, de forma que João Henrique deixou o lar quando faltavam seis meses para o fim do prazo da locação. O locador e o fiador foram comunicados a respeito da saída de João Henrique do imóvel.

Sobre o caso apresentado, assinale a afirmativa correta.

a) Como o locatário era João Henrique, sua saída do imóvel implica a extinção do contrato de locação, podendo Frederico exigir, imediatamente, que Natália o desocupe.

b) Como João Henrique era o locatário, sua saída permite que Natália continue residindo no imóvel apenas até o término do prazo contratual, momento em que o contrato se extingue, sem possibilidade de renovação, salvo nova convenção entre Natália e Frederico.

c) Com a saída do locatário do imóvel, a locação prossegue automaticamente tendo Natália como locatária, porém a fiança prestada por Waldemar caduca, permitindo a Frederico exigir de Natália o oferecimento de nova garantia, sob pena de resolução do contrato.

d) Com a saída do locatário, a locação prossegue com Natália, permitido a Waldemar exonerar-se da fiança em até trinta dias da data em que for cientificado da saída do seu filho do imóvel; ainda assim, a exoneração só produzirá efeitos cento e vinte dias depois de notificado o locador.

COMENTÁRIOS

**Alternativas incorretas: letras "a", "b" e "c".** As alternativas estão incorretas, em razão da inexistência de fundamentação legal hábil a subsidiá-las.

**Alternativa "d".** A assertiva está correta, eis que em conformidade com o que dispõe o art. 12, *caput* e §2º, da Lei n.º 8.245, de 18 de outubro de 1991. A esse respeito, confira o teor do referido dispositivo legal: "Art. 12. Em casos de separação de fato, separação judicial, divórcio ou dissolução da união estável, a locação residencial prosseguirá automaticamente com o cônjuge ou companheiro que permanecer no imóvel. [...] §2º. O fiador poderá exonerar-se das suas responsabilidades no prazo de 30 (trinta) dias contado do recebimento da comunicação oferecida pelo sub-rogado, ficando responsável pelos efeitos da fiança durante 120 (cento e vinte) dias após a notificação ao locador."

**Alternativa correta: letra "d".**

## 4.1.2.5. DO COMODATO

- CC, arts. 579 a 585.

**91. (FGV – Exame de Ordem – 2021.2)** Antônio decide ceder gratuitamente a posse de um de seus imóveis residenciais a Carlos, seu grande amigo que vem passando por dificuldades financeiras, sem fixar prazo para a devolução do bem.

Passados 5 (cinco) anos, Antônio decide notificar Carlos para que se retire do imóvel, após descobrir que estava deteriorado por pura desídia do possuidor, que não estava realizando os atos de conservação necessários. Carlos realiza uma contranotificação, informando que não vai devolver o imóvel, na medida em que ainda necessita dele para sua moradia. Em razão disso, Carlos decide arbitrar o aluguel pelo uso do bem imóvel.

Neste contexto, assinale a afirmativa correta.

a) O contrato firmado é de depósito, motivo pelo qual tem Carlos o dever de guardá-lo e conservá-lo até que Antônio o reclame, sob pena de pagar alugueis.

b) O contrato firmado é de mútuo, que transfere o domínio da coisa emprestada ao mutuário, correndo por conta deste os riscos desde a tradição, sendo indevidos os alugueis.

c) O contrato celebrado é de comodato, sendo o comodatário obrigado a conservar a coisa emprestada e, uma vez constituído em mora, a pagar alugueis.

d) O contrato pactuado é de locação, que se iniciou com a renúncia à cobrança de alugueis pelo locador e, após a notificação, tornou a exigi-los, como é da natureza do contrato.

COMENTÁRIOS

**Alternativa "a".** Assertiva está incorreta. O depósito, em regra, tem como objeto bens móveis, (exceção: doutrina e jurisprudência admitem o depósito de bem imóvel, mas como exceção) , e seu objetivo é o de guarda, não de moradia. Analisando o enunciado, fica claro que o bem é imóvel, e fora cedido para fins de moradia. Nesse sentido, o objetivo principal do contrato de depósito é para guardar o bem, até que o depositante o reclame. Ver o que dispõe a lei: "Art. 627. Pelo contrato de depósito recebe o depositário um objeto móvel, para guardar, até que o depositante o reclame." Ainda que o enunciado mencione o fato de que Carlos, não cuidou do bem, o cuidado ou guarda, não eram o objeto principal do contrato, o que descaracterizaria, por si só a modalidade de depósito.

**Alternativa "b".** Assertiva não está correta. O mutuo é empréstimo de coisa fungível, e o objeto do caso em tela é um imóvel, objeto infungível. Nesse sentido, é a norma do art. 586, CC: "O mútuo é o empréstimo de coisas fungíveis. O mutuário é obrigado a restituir ao mutuante o que dele recebeu em coisa do mesmo gênero, qualidade e quantidade."

**Alternativa "c".** Alternativa está correta. O contrato firmado é o comodato, caracterizado pelo empréstimo gratuito de coisa infungível, cuja objetivo é o uso da coisa, pelo comodatário, de acordo com a finalidade do bem emprestado. Nesse caso, como o objeto é uma casa, o uso é para moradia. No caso, Carlos deveria ter conservado a coisa, mas não que esse seja o objetivo principal do contrato, como seria no depósito, mas é uma obrigação acessória, que decorre pelo uso do bem. Na hipótese do comodatário não conservar a coisa, o contrato pode ser desfeito e deverá pagar aluguel pelo seu uso, ate a efetiva restituição ao comodante. Vejamos o que dipõe a lei civil sobre o tema:

> **Art. 579.** *O comodato é o empréstimo gratuito de coisas não fungíveis. Perfaz-se com a tradição do objeto.*
>
> **Art. 582.** *O comodatário é obrigado a conservar, como se sua própria fora, a coisa emprestada, não podendo usá-la senão de acordo com o contrato ou a natureza dela, sob pena de responder por perdas e danos. O comodatário constituído em mora, além de por ela responder, pagará, até restituí-la, o aluguel da coisa que for arbitrado pelo comodante.*

**Alternativa "d".** Assertiva está errada. O contrato de locação tem como contrapartida, o pagamento de certa retribuição, essa e a essencial do contrato, como dispõe o art. 565, do CC: "Na locação de coisas, uma das partes se obriga a ceder à outra, por tempo determinado ou não, o uso e gozo de coisa não fungível, mediante certa retribuição." Contudo, no caso em tela, o pagamento de retribuição não é da essencial do contrato, visto que o imóvel foi cedido, para Carlos, de forma gratuita, o que é da essência do contrato de comodato. A estipulação do pagamento de aluguel, conforme narrado, é um elemento acidental dessa modalidade de contrato, que decorre da inobservância do comodatário de conservar a coisa.

**Alternativa correta: letra "c".**

---

**92. (Exame de Ordem 2012.2 – FGV)** O policial militar Marco Antônio é proprietário de uma casa de praia, localizada no balneário de Guarapari/ES. Por ocasião de seu exercício profissional na cidade de Vitória/ES, a casa de praia foi emprestada ao seu primo Fabiano, que lá reside com sua família há mais de três anos. Ocorre que, por interesse da administração pública, Marco Antônio foi removido de ofício para a cidade de Guarapari/ES. Diante de tal situação, Marco Antônio decidiu notificar extrajudicialmente o primo para que este desocupe a referida casa no prazo improrrogável de 30 dias. Considerando a situação hipotética, assinale a alternativa correta.

a) O contrato firmado verbalmente entre Marco Antônio e Fabiano é o comodato e a fixação do prazo mínimo de 30 dias para desocupação do imóvel encontra-se expressa em lei.

b) Conforme entendimento pacífico do STJ, a notificação extrajudicial para desocupação de imóvel dado em comodato verbal por prazo indeterminado é imprescindível para a reintegração da posse.

c) A espécie de empréstimo firmado entre Marco Antônio e Fabiano é o mútuo, pois recai sobre bem imóvel inconsumível. Nesta modalidade de contrato, a notificação extrajudicial para a restituição do bem, por si só, coloca o mutuário em mora e obriga-o a pagar aluguel da coisa até sua efetiva devolução.

d) Tratando-se de contrato firmado verbalmente e por prazo indeterminado, Marco Antônio pode colocar fim ao contrato a qualquer momento, sem ter que apresentar motivo, em decorrência da aplicação das regras da chamada denúncia vazia.

COMENTÁRIOS

✪ **Nota do autor:** A questão em tela aborda o instituto do comodato que, segundo Caio Mário da Silva Pereira, "é o empréstimo gratuito de coisas não fungíveis (Código Civil, art. 579), isto é, aquele contrato pelo qual uma pessoa entrega a outra, gratuitamente, coisa não fungível, para que a utilize e depois restitua" (PEREIRA, Caio Mário da Silva. **Instituições de Direito Civil:** Contratos. Atualizador: Regis Fichtner. 11. ed. Rio de Janeiro: Forense, v. III, p. 341). O contrato de comodato não exige forma especial, pode decorrer de ajuste escrito ou verbal, firmado com prazo determinado ou indeterminado.

**Alternativa "a".** A lei não estabelece prazo mínimo para desocupação do imóvel, o que deverá ser fixado pelo comodante quando efetuar a denúncia do comodatário, nas hipóteses em que não há prazo determinado ou quando da finalidade do negócio não presuma tempo necessário para que o contrato alcance a sua finalidade. Isto quer dizer que, no caso em tela, o pedido de reintegração de posse poderá se dar a qualquer momento, pois não há prazo determinado ou presumido pela natureza do negócio.

**Alternativa "b".** Para o STJ, a notificação extrajudicial feita pelo comodante para o comodatário, nos contratos de comodato verbal e por prazo indeterminado, é **suficiente** para sua extinção. A sua suficiência não o torna imprescindível, mas apenas denota que não será necessário tomar nenhuma outra medida complementar. Por outro lado, a notificação extrajudicial não deve ser entendida como a única medida, pois o comodante poderia ter notificado o comodatário judicialmente, medida que também seria suficiente e não seria preciso ocorrer a notificação extrajudicial, pois o ato que é imprescindível é a notificação, sendo suficiente a extrajudicial, como a judicial. Nesse sentido, é o entendimento do STJ: "Dado em comodato o imóvel, mediante contrato verbal sem prazo determinado, é **suficiente** para sua extinção a notificação ao comodatário da pretensão de retomada do bem, sendo prescindível a prova de necessidade imprevista e urgente do bem" (Ag. Reg. no REsp. 1.136.200/PR, 3ª T., Rel. Min. Sidnei Beneti, j. 28.06.2011).

**Alternativa "c".** A questão não trata do contrato de mútuo, que é o empréstimo que uma pessoa (mutuante) faz de determinado bem fungível (consumível) a outra pessoa (mutuário), estando este obrigado a devolver outro objeto do mesmo gênero, quantidade e qualidade, conforme determina o art. 586 do CC: "O mútuo é o empréstimo de coisas fungíveis. O mutuário é obrigado a restituir ao mutuante o que dele recebeu em coisa do mesmo gênero, qualidade e quantidade." O contrato retratado na questão é de comodato, pois o objeto do contrato é um bem imóvel, que por sua natureza é um bem infungível, conforme estabelece o art. 579 do CC: "O comodato é o empréstimo gratuito de coisas não fungíveis. Perfaz-se com a tradição do objeto."

**Alternativa "d".** Considerando o enunciado da questão, é possível concluir que o acordo firmado entre Marco Antônio e Fabiano é um contrato de comodato verbal, sem prazo determinado ou presumido, pois houve o empréstimo verbal de uma casa de praia, sem mencionar o termo final para a restituição do bem, tão pouco esse prazo se presume da finalidade do negócio. Nos contratos por prazo indeterminado, a sua extinção poderá ser feita por ato unilateral, que o legislador denominou de denúncia (art. 473 do CC). A denúncia é o ato pelo qual o comodante interpela ao comodatário sobre a reintegração da posse do imóvel emprestado. Essa denúncia poderá ser cheia ou vazia. Será cheia quando for necessário apresentar os motivos que fundamentam a sua interpelação pela reintegração, e ocorrerá quando o comodato tiver prazo determinado expresso ou quando a sua determinação presumir-se do tempo necessário para o uso concedido (art. 581 do CC). Outro ponto importante sobre o comodato com prazo certo ou presumido é que o comodante também poderá pôr fim ao contrato, desde que exista "necessidade imprevista e urgente, reconhecida pelo juiz, de suspender o uso e gozo da coisa emprestada, antes de findo o prazo convencional, ou o que se determine pelo uso outorgado." (art. 581). Por outro lado, a denúncia vazia ocorrerá sempre que o contrato for por prazo indeterminado (não expresso), ou quando a finalidade do negócio não dependa de prazo razoável para alcançar a finalidade pretendida pelo comodato, ou seja, nesses casos não será necessário apresentar os motivos da extinção do comodato. Nesse sentido, quando Marco Antônio exige o fim do contrato de comodato, ele poderá fazê-lo a qualquer momento, pois o contrato é por prazo indeterminado, sendo dispensável a apresentação de qualquer fundamentação, com base na denúncia vazia, o que acarreta no acerto da alternativa.

**Alternativa correta: letra "d".**

## 4.1.2.6. DO MÚTUO

**93. (FGV – Exame de Ordem 2017.2)** Cássio, mutuante, celebrou contrato de mútuo gratuito com Felipe, mutuário, cujo objeto era a quantia de R$ 5.000,00, em 1° de outubro de 2016, pelo prazo de seis meses. Foi combinado que a entrega do dinheiro seria feita no parque da cidade. No entanto, Felipe, após receber o dinheiro, foi furtado no caminho de casa.

Em 1° de abril de 2017, Cássio telefonou para Felipe para combinar o pagamento da quantia emprestada, mas este respondeu que não seria possível, em razão da perda do bem por fato alheio à sua vontade.

Acerca dos fatos narrados, assinale a afirmativa correta.

a) Cássio tem direito à devolução do dinheiro, ainda que a perda da coisa não tenha sido por culpa do devedor, Felipe.

b) Cássio tem direito à devolução do dinheiro e ao pagamento de juros, ainda que a perda da coisa não tenha sido por culpa do devedor, Felipe.

c) Cássio tem direito somente à devolução de metade do dinheiro, pois a perda da coisa não foi por culpa do devedor, Felipe.

d) Cássio não tem direito à devolução do dinheiro, pois a perda da coisa não foi por culpa do devedor, Felipe.

COMENTÁRIOS

**Alternativa "a".** A assertiva está correta, haja vista que no contrato de mútuo, ocorre a transferência do domínio e o mutuário passa a ser dono da coisa, correndo por sua conta e risco tudo o que vier acontecer com a coisa objeto do mútuo (*res perit domino*). Nesse sentido, mesmo que a perda da coisa tenha decorrido de caso fortuito, Felipe é quem sofre o prejuízo e deve devolver para Cássio o dinheiro emprestado. Vejamos o que diz o art. 587, CC: "Este empréstimo transfere o domínio da coisa emprestada ao mutuário, por cuja conta correm todos os riscos dela desde a tradição."

**Alternativa "b".** No próprio enunciado está descrito que o mútuo celebrado entre Cássio e Felipe é gratuito, razão pela qual não cabe o pagamento de juros. O Código Civil prescreve que os juros serão presumidos na hipótese do mútuo com destinação econômica, conforme dispõe o art. 591: "Destinando-se o mútuo a fins econômicos, presumem-se devidos juros, os quais, sob pena de redução, não poderão exceder a taxa a que se refere o art. 406, permitida a capitalização anual."

**Alternativas incorretas: letras "c" e "d".** Ambas as alternativas contrariam o que prescreve o art. 587, CC.

**Alternativa correta: letra "a".**

## 4.1.2.7. DA EMPREITADA

- CC, arts. 610 a 626.

**94. (FGV – Exame de Ordem 2016.3)** Tiago celebrou contrato de empreitada com a sociedade Obras Já Ltda. para a construção de piscina e duas quadras de esporte em sua casa de campo, pelo preço total de R$ 50.000,00. No contrato ficou estabelecido que a empreiteira seria responsável pelo fornecimento dos materiais necessários à execução da obra.

Durante a obra, ocorreu uma enchente que alagou a região e parte do material a ser usado na obra foi destruída. A empreiteira, em razão disso, entrou em contato com Tiago cobrando um adicional de R$ 10.000,00 para adquirir os novos materiais necessários para terminar a obra.

Diante dos fatos narrados, assinale a afirmativa correta.

a) Tiago não terá que arcar com o adicional de R$ 10.000,00, ainda que a destruição do material não tenha ocorrido por culpa do devedor.

b) Tiago não terá que arcar com o adicional de R$ 10.000,00, porém a empreiteira não está mais obrigada a terminar a obra, tendo em vista a ocorrência de um fato fortuito ou de força maior.

c) Tiago terá que arcar com o adicional de R$ 10.000,00, tendo em vista que a destruição do material não foi causada por um fato fortuito ou de força maior.

d) Tiago terá que arcar com o adicional de R$ 10.000,00 e a empreiteira não está mais obrigada a terminar a obra, ante a ocorrência de um caso fortuito ou de força maior.

COMENTÁRIOS

**Alternativa "a".** A assertiva é precisa em afirmar que Tiago não terá que arcar com nenhum valor adicional, mesmo na hipótese de que a destruição do material não tenha ocorrido por culpa do devedor. A afirmativa está em consonância com o que prescreve o art. 611 do CC: "Quando o empreiteiro fornece os materiais, correm por sua conta os riscos até o momento da entrega da obra, a contento de quem a encomendou, se este não estiver em mora de receber. Mas se estiver, por sua conta correrão os riscos." Nesse sentido, podemos afirmar que as demais alternativas "b", "c" e "d", estão incorretas pois contrariam flagrantemente o que dispõe o texto de lei anteriormente citado.

**Alternativa correta: letra "a".**

### 4.1.2.8. DO MANDATO

▸ CC, arts. 653 a 692.

**95. (FGV – Exame de Ordem 2013.1)** De acordo com o Código Civil, opera-se o mandato quando alguém recebe de outrem poderes para, em nome deste, praticar atos ou administrar interesses. Daniel outorgou a Heron, por instrumento público, poderes especiais e expressos, por prazo indeterminado, para vender sua casa na Rua da Abolição, em Salvador, Bahia. Ocorre que, três dias depois de lavrada e assinada a procuração, em viagem para um congresso realizado no exterior, Daniel sofre um acidente automobilístico e vem a falecer, quando ainda fora do país. Heron, no mesmo dia da morte de Daniel, ignorando o óbito, vende a casa para Fábio, que a compra, estando ambos de boa-fé.

De acordo com a situação narrada, assinale a afirmativa correta.

a) A compra e venda é nula, em razão de ter cessado o mandato automaticamente, com a morte do mandante.

b) A compra e venda é válida, em relação aos contratantes.

c) A compra e venda é inválida, em razão de ter o mandato sido celebrado por prazo indeterminado, quando deveria, no caso, ter termo certo.

d) A compra e venda é anulável pelos herdeiros de Daniel, que podem escolher entre corroborar o negócio realizado em nome do mandante falecido, revogá-lo, ou cobrar indenização do mandatário.

COMENTÁRIOS

**Alternativa "a".** Conforme aduzido no comentário acima, a morte do mandante, de fato, é causa extintiva do contrato de mandato (art. 682, II, do CC). Entretanto, os efeitos da extinção do contrato de mandato não se operam de imediato se o mandatário, ignorando a morte do mandante e estando de boa-fé, celebrar negócio jurídico com terceiro que, também de boa-fé, desconhece a causa extintiva do contrato de mandato (art. 689 do CC). Desse modo, ao reverso do que constou do enunciado da alternativa, inexiste invalidade a ser declarada.

**Alternativa "b".** Com efeito, a morte do mandante é causa que conduz à extinção do contrato de mandato, a teor do que preconiza o art. 682, II, do CC, com a seguinte redação: "Cessa o mandato: [...] II – pela morte ou interdição de uma das partes." Todavia, se o mandatário, em razão do mandato, celebrar negócio jurídico com outrem e ambos os contratantes, de boa-fé, não tiverem conhecimento acerca do falecimento do mandante, a pactuação será válida, eis que se aplica, a tal hipótese, a regra do art. 689 do CC, cujo teor a seguir se transcreve: "São válidos, a respeito dos contratantes de boa-fé, os atos com estes ajustados em nome do mandante pelo mandatário, enquanto este ignorar a morte daquele ou a extinção do mandato, por qualquer outra causa." Esta, aliás, foi a situação retratada no enunciado da questão, eis que Heron e Fábio, imbuídos de boa-fé, celebraram o contrato de compra e venda e ignoravam o falecimento de Daniel (mandante). De tal sorte, o teor da alternativa encontra-se correto, à luz do que preconiza o art. 689 do CC.

**Alternativa "c".** O termo não é da essência do contrato de mandato, sendo juridicamente possível e válida a outorga de procuração com prazo indeterminado. É interessante notar que do art. 654, §1º, do CC, que estabelece os requisitos formais do contrato em exame, não consta a expressão termo ou prazo de vigência, circunstância que corrobora o entendimento ora perfilhado. Senão, veja-se: "O instrumento particular deve conter a indicação do lugar onde foi passado, a qualificação do outorgante e do outorgado, a data e o objetivo da outorga com a designação e a extensão dos poderes conferidos."

**Alternativa "d".** A assertiva encontra-se equivocada, em face da manifesta inexistência de fundamentação legal hábil a subsidiá-la. Repita-se, por oportuno, que, nos termos do art. 689 do CC, a celebração de negócio jurídico pelo mandatário que, de boa-fé, ignora a morte do mandante, é plenamente viável, inexistindo qualquer invalidade a ser decretada.

**Alternativa correta: letra "b".**

### 4.1.2.9. DA CORRETAGEM

▸ CC, arts. 722 a 729

**96. (FGV – Exame de Ordem 2021.1)** Hugo, corretor de imóveis, recebe oferta de contrato, por prazo indeterminado, para intermediar a realização de negócios sobre novo empreendimento imobiliário, cujo lançamento ocorrerá em data próxima, obtendo as seguintes informações: (i) as características gerais do empreendimento, com a descrição da planta, da área e do valor de cada unidade autônoma projetada, em condomínio edilício; (ii) o valor oferecido em remuneração pelos serviços de corretagem correspondente a 4% sobre o valor da venda.

Entusiasmado, Hugo entra em contato com diversos clientes (potenciais compradores), a fim de mediar a celebração de compromissos de compra e venda com o dono do negócio.

Nesse ínterim, consegue marcar uma reunião entre o incorporador (dono do negócio) e seu melhor cliente, sócio de uma grande rede de farmácias, pretendendo adquirir a loja principal do empreendimento. Após a reunião, em que as partes se mostraram interessadas em prosseguir com as negociações, nenhum dos futuros contratantes tornou a responder ao corretor, que não mais atuou nesse empreendimento, ante a sua dispensa. Soube, meses depois, que o negócio havia sido fechado entre o incorporador e o comprador, em negociação direta, ao valor de R$ 5.000.000,00 (cinco milhões de reais).

Diante do exposto, assinale a afirmativa correta.

a) A dispensa do corretor não ilide o dever de pagar a remuneração que lhe era devida, pois o negócio se realizou posteriormente, como fruto de sua mediação.

b) Ainda que tenha iniciado a negociação com a atuação do corretor, uma vez concluído o negócio diretamente entre as partes, nenhuma remuneração será devida.

c) A ausência do corretor na negociação que resultou no acordo de venda evidencia o descumprimento do dever de diligência e prudência, motivo pelo qual perde o direito à remuneração.

d) O corretor tem direito à remuneração parcial e proporcional, pois, apesar de dispensado, iniciou a intermediação, e o negócio ao final se concretizou.

**COMENTÁRIOS**

✪ **NOTA DO AUTOR:** A questão trata do contrato de corretagem, que deve ser entendido como o negócio jurídico pela qual uma pessoa, denominada *corretor*, que não tem vínculo com a outra em razão de mandato ou outra relação de dependência, se obriga a obter para a segunda pessoa, denominada de *comitente*, um ou mais negócios, atuando conforme as instruções recebidas. Grosso modo, sua função é aproximar duas partes, com o fim destas celebrarem um contrato, sendo que não há poderes decisórios ou de representação, por meio dessa espécie de contrato. (Fundamento legal: arts. 722 a 729, CC)

**Alternativas "a", "b", "c" e "d".** É possível, em um único comentário, responder todas as alternativas. A resposta para essa questão está prevista no art. 727, do CC, vejamos o texto legal: "Se, por não haver prazo determinado, o dono do negócio dispensar o corretor, e o negócio se realizar posteriormente, como fruto da sua mediação, a corretagem lhe será devida; igual solução se adotará se o negócio se realizar após a decorrência do prazo contratual, mas por efeito dos trabalhos do corretor." De acordo com a norma contida no dispositivo, percebemos que a alternativa "a" está correta, pois representa exatamente o dispõe a norma legal, acerca da remuneração do corretor. A lei deixa claro, que o percentual relativo ao negócio feito entre as partes citadas, é devido ao corretor, mesmo que ele tenha sido dispensado, antes da concretização do negócio. Istó ocorre pelo fato de que foi por intermédio dos esforços empreendidos pelo corretor, que o negócio efetivamente se concretizou. Por sua vez, as alternativas "b", "c" e "d", confrontam o que dispõe a lei.

**Alternativa Correta: letra "a".**

## 4.1.2.10. DO SEGURO

▸ CC, arts. 757 a 802.

---

**97. (FGV – Exame de Ordem 2012.4 – prova reaplicada em Ipatinga/MG)** A sociedade ABC Engenharia Ltda. firmou contrato de seguro de veículo automotor com a Seguradora Gênesis. Considerando a hipótese em apreço, as regras atinentes ao contrato de seguro e de acordo com o Código Civil, assinale a afirmativa correta.

a) O ordenamento jurídico estabelece que o contrato de seguro prova-se com a exibição da apólice ou do bilhete do seguro, sendo estes os únicos meios admitidos de prova.

b) A apólice ou o bilhete de seguro de veículo automotor deverá ser, necessariamente, nominativa e mencionará os riscos assumidos, o início e o fim de sua validade, o limite da garantia e o prêmio devido.

c) É proibido, em qualquer hipótese, à sociedade ABC Engenharia Ltda., na vigência do contrato de seguro com a Seguradora Gênesis, firmar seguro sobre o mesmo bem e contra o mesmo risco junto a outra seguradora.

d) Sendo nominativa a apólice de seguro firmada entre a empresa ABC Engenharia e a Seguradora Gênesis, a transferência do contrato de seguro a terceiro só produzirá efeito em relação ao segurador mediante aviso escrito assinado pelos cedente e cessionário.

**COMENTÁRIOS**

**Alternativa "a".** O erro da assertiva está no fato de declarar que a prova do contrato de seguro somente se prova com a exibição da apólice ou do bilhete do seguro. Entretanto, a lei não restringe a esses elementos a prova do contrato de seguro, pois segundo o Código Civil é possível prová-lo, na falta desses elementos, por documento comprobatório do pagamento do respectivo prémio, como se constatada na redação do artigo 758: "O contrato de seguro prova-se com a exibição da apólice ou do bilhete do seguro, e, na falta deles, por documento comprobatório do pagamento do respectivo prêmio."

**Alternativa "b".** A assertiva está incorreta, pois ao declarar que o seguro é de bem móvel, deveria ter citado, como elemento constitutivo necessário da apólice, o nome do segurado e do beneficiário. Tais elementos só não serão necessários quando tratar-se de seguro de pessoas. No entanto, como o caso versa sobre seguro de veículo automotor, tais elementos são necessarios, como prescreve a norma do artigo 760 e paragrafo único do Código Civil: "A apólice ou o bilhete de seguro serão nominativos, à ordem ou ao portador, e mencionarão os riscos assumidos, o início e o fim de sua validade, o limite da garantia e o prêmio devido, e, quando for o caso, o nome do segurado e o do beneficiário. Parágrafo único. No seguro de pessoas, a apólice ou o bilhete não podem ser ao portador".

**Alternativa "c".** A assertiva está incorreta por afirmar que é proibido, em qualquer hipótese, na vigência do contrato de seguro com a Segurado Gênesis, firmar seguro sobre o mesmo bem e contra o mesmo risco junto a outra segurada. Contudo, tal proibição não é (i)legal, pelo contrário, o Código Civil permite que esse fato ocorra, como prescreve o artigo 782 do CC: "Art. 782. O segurado que, na vigência do contrato, pretender obter novo seguro sobre o mesmo interesse, e contra o mesmo risco junto a outro segurador, deve previamente comunicar sua intenção por escrito ao primeiro, indicando a soma por que pretende segurar-se, a fim de se comprovar a obediência ao disposto no art. 778."

**Alternativa "d".** A assertiva está correta, pois a sua redação corresponde ao que prescreve o Código Civil: "Art. 785. Salvo disposição em contrário, admite-se a transferência do contrato a terceiro com a alienação ou cessão do interesse segurado. § 1° Se o instrumento contratual é nominativo, a transferência só produz efeitos em relação ao segurador mediante aviso escrito assinado pelo cedente e pelo cessionário." Nesse sentido, a transferência da apólice de seguro firmada entre a empresa ABC Engenharia e a Seguradora Gênesis a terceiro, somente produzirá efeito para com o segurador mediante aviso escrito assinado pelos cedente e cessionário, conforme prescreve a lei.

**Alternativa correta: letra "d".**

## 4.1.2.11. DA FIANÇA

▸ CC, arts. 818 a 839.

---

**98. (FGV – Exame de Ordem 2017.1)** João e Maria, casados e donos de extenso patrimônio, celebraram contrato de fiança em favor de seu filho, Carlos, contrato este acessório a contrato de locação residencial urbana, com duração de 30 meses, celebrado entre Carlos, locatário, e Marcelo, proprietário do apartamento e locador, com vigência a partir de 1° de setembro de 2015. Contudo, em novembro de 2016, Carlos não pagou o aluguel.

Considerando que não houve renúncia a nenhum benefício pelos fiadores, assinale a afirmativa correta.

a) Marcelo poderá cobrar diretamente de João e Maria, fiadores, tendo em vista que eles são devedores solidários do afiançado, Carlos.

b) Marcelo poderá cobrar somente de João, tendo em vista que Maria não é fiadora, mas somente deu a outorga uxória.

c) Marcelo poderá cobrar de Carlos, locatário, mas não dos fiadores, pois não respondem pela dívida do contrato de locação.

d) Marcelo poderá cobrar de João e Maria, fiadores, após tentar cobrar a dívida de Carlos, locatário, tendo em vista que os fiadores são devedores subsidiários.

COMENTÁRIOS

**Alternativa "a".** Uma das hipóteses em que o benefício de ordem não pode ser invocado pelo fiador, é aquela prevista no art. 828, II, *in verbis*: "Não aproveita este benefício ao fiador: II – se obrigou como principal pagador, ou devedor solidário;". Contudo, vale lembrar que a solidariedade não pode ser presumida, mas deriva da lei ou da vontade das partes, segundo determina o art. 265, CC. Portanto, como não há indicação no enunciado de que os fiadores sejam devedores solidários, não é possível presumir tal fato. Por essa razão, a alternativa diz mais do que o próprio enunciado, o que resta comprovado o seu erro.

**Alternativa "b".** O enunciado da questão deixa claro que João e Maria celebraram contrato de fiança e que juntos possuem extenso patrimônio. Por essa afirmação é possível concluir que não houve apenas o consentimento de Maria, outorga uxória, prevista no art. 1.647, III, do CC, mas que ambos se tornaram fiadores. E nesse sentido, os dois tem o dever de garantir a obrigação assumida.

**Alternativa "c".** A presente alternativa contraria a própria essência do contrato de fiança, conforme doutrina o art. 818, do CC: "Pelo contrato de fiança, uma pessoa garante satisfazer ao credor uma obrigação assumida pelo devedor, caso este não a cumpra."

**Alternativa "d".** A assertiva está correta, tendo em vista que nas relações entre o credor e o fiador, este pode fazer valer o benefício de ordem ou de excussão, que consiste no fato de o fiador, poder indicar bens do devedor, livres e desembaraçados e que sejam suficientes para soldar o débito, quando por aquele for demandado. O benefício de ordem deve ser exercido somente até a fase da contestação, e visa evitar a excussão de seus próprios bens, considerando que sua obrigação é acessória e subsidiária. Em resumo, o benefício de ordem é o direito de exigir que primeiro sejam executados os bens do devedor, conforme preceitua o art. 827, do CC: "O fiador demandado pelo pagamento da dívida tem direito a exigir, até a contestação da lide, que sejam primeiro executados os bens do devedor.

Parágrafo único. O fiador que alegar o benefício de ordem, a que se refere este artigo, deve nomear bens do devedor, sitos no mesmo município, livres e desembargados, quantos bastem para solver o débito."

**Alternativa correta: letra "d".**

**99. (FGV – Exame de Ordem 2013.2)** A Lanchonete Mirim celebrou contrato de fornecimento de bebidas com a Distribuidora Céu Azul, ficando ajustada a entrega mensal de 200 latas de refrigerante, com pagamento em 30 dias após a entrega. Para tanto, Luciana, mãe de uma das sócias da lanchonete, sem o conhecimento das sócias da sociedade e de seu marido, celebrou contrato de fiança, por prazo indeterminado, com a distribuidora, a fim de garantir o cumprimento das obrigações assumidas pela lanchonete.

Diante desse quadro, assinale a afirmativa correta.

a) Luciana não carece da autorização do cônjuge para celebrar o contrato de fiança com a sociedade Céu Azul, qualquer que seja o regime de bens.

b) Pode-se estipular a fiança, ainda que sem o consentimento do devedor ou mesmo contra a sua vontade, sendo sempre por escrito e não se admitindo interpretação extensiva.

c) Em caso de dação em pagamento, se a distribuidora vier a perder, por evicção, o bem dado pela lanchonete para pagar o débito, remanesce a obrigação do fiador.

d) Luciana não poderá se exonerar, quando lhe convier, da fiança que tiver assinado, ficando obrigada por todos os efeitos da fiança até a extinção do contrato de fornecimento de bebidas.

COMENTÁRIOS

**Alternativa "a".** A lei civil determina que os cônjuges só podem prestar fiança ou aval com a autorização do outro, exceto quando o regime da separação for absoluto (art. 1.647, III). Portanto, a redação da assertiva contraria o que dispõe a lei. Vejamos a redação do dispositivo legal anteriormente citado: "Art. 1.647. Ressalvado o disposto no art. 1.648, nenhum dos cônjuges pode, sem autorização do outro, exceto no regime da separação absoluta: III – prestar fiança ou aval;"

**Alternativa "b".** A assertiva está correta, haja vista que sua redação corresponde a doutrina dos arts. 820 e 819, ambos do Código Civil: "Pode-se estipular a fiança, ainda que sem consentimento do devedor ou contra a sua vontade." "A fiança dar-se-á por escrito, e não admite interpretação extensiva."

**Alternativa "c".** Na presente hipótese, o fiador não ficará obrigado, pois a sua obrigação estará extinta, conforme preceitua o art. 838, III, do CC: "O fiador, ainda que solidário, ficará desobrigado: III – se o credor, em pagamento da dívida, aceitar amigavelmente do devedor objeto diverso do que este era obrigado a lhe dar, ainda que depois venha a perdê-lo por evicção."

**Alternativa "d".** A assertiva está incorreta, pois contraria o que dispõe o art. 835 do CC: "O fiador poderá exonerar-se da fiança que tiver assinado sem limitação de tempo, sempre que lhe convier, ficando obrigado por todos os efeitos da fiança, durante sessenta dias após a notificação do credor."

**Alternativa correta: letra "b".**

## 4.1.3. DOS ATOS UNILATERAIS

### 4.1.3.1. DA PROMESSA DE RECOMPENSA

▸ CC, arts. 854 a 860.

**100. (Exame de Ordem 2012.2 – FGV)** Mauro, entristecido com a fuga das cadelinhas Lila e Gopi de sua residência, às quais dedicava grande carinho e afeição, promete uma vultosa recompensa para quem eventualmente viesse a encontrá-las. Ocorre que, no mesmo dia em que coloca os avisos públicos da recompensa, ao conversar privadamente com seu vizinho João, afirma que não irá, na realidade, dar a recompensa anunciada, embora assim o tenha prometido. Por coincidência, no dia seguinte, João encontra as cadelinhas passeando tranquilamente em seu quintal e as devolve imediatamente a Mauro. Neste caso, é correto afirmar que

a) a manifestação de vontade no sentido da recompensa subsiste em relação a João ainda que Mauro tenha feito a reserva mental de não querer o que manifestou originariamente.

b) a manifestação de vontade no sentido da recompensa não subsiste em relação a João, pois este tomou conhecimento da alteração da vontade original de Mauro.

c) a manifestação de vontade no sentido da recompensa não mais terá validade em relação a qualquer pessoa, pois ela foi alterada a partir do momento em que foi feita a reserva mental por parte de Mauro.

d) a manifestação de vontade no sentido da recompensa subsiste em relação a toda e qualquer pessoa, pois a reserva mental não tem o condão de modificar a vontade originalmente tornada pública.

**COMENTÁRIOS**

✪ **Nota do autor:** Para resolver a questão será necessária a compreensão de dois assuntos. O primeiro é da promessa de recompensa, que é ato unilateral, considerado fonte de obrigação, cuja regulamentação legal encontra-se nos arts. 854 a 860 do Código Civil. Por esse instituto nasce a obrigação, quando realizada determinada tarefa previamente ajustada. O que vincula os envolvidos não é o simples fato de cumprir o que foi designado, mas a promessa de que a sua realização será recompensada. O segundo assunto é a reserva mental que ocorrerá quando o declarante externaliza a sua vontade, mas sem o propósito de cumpri-la, escondendo mentalmente o seu real desejo. No entanto, o negócio jurídico praticado com reserva mental subsiste (art. 110).

**Alternativa "a".** No momento em que Mauro declarou a João que não iria cumprir o que foi prometido, o negócio perdeu qualquer eficácia para com este, em razão do seu conhecimento. O negócio feito com reserva mental só subsiste para aqueles que dela não tenham conhecimento, conforme o art. 110 do CC: "A manifestação de vontade subsiste ainda que o seu autor haja feito a reserva mental de não querer o que manifestou, salvo se dela o destinatário tinha conhecimento."

**Alternativa "b".** A promessa de recompensa vincula o declarante a partir do momento que ele dá publicidade ao seu anúncio. Conforme o cabeçalho da questão, Mauro coloca avisos públicos da recompensa para aquele que encontrar as cadelinhas; então, a partir desse momento ele se obriga a cumprir o que foi declarado. A recompensa será dada para qualquer um que cumprir o serviço, nesse sentido é a norma do art. 854 do CC: "Aquele que, por anúncios públicos, se comprometer a recompensar, ou gratificar, a quem preencha certa condição, ou desempenhe certo serviço, contrai obrigação de cumprir o prometido." No entanto, a promessa de recompensa poderá ser revogada, mas, para que isso ocorra, será necessário que a revogação aconteça antes da prestação do serviço ou que seja preenchida a condição estipulada e, ainda, deverá dar à revogação a mesma publicidade da promessa de recompensa, conforme o art. 856 do CC: "Antes de prestado o serviço ou preenchida a condição, pode o promitente revogar a promessa, contanto que o faça com a mesma publicidade; se houver assinado prazo à execução da tarefa, entender-se-á que renuncia o arbítrio de retirar, durante ele, a oferta." No caso em tela, a promessa de recompensa feita por Mauro foi revogada quanto a João, pois ele efetivamente tinha conhecimento "da alteração da vontade original de Mauro".

**Alternativa "c".** A manifestação de vontade no sentido de recompensar quem encontrasse as cadelinhas, ainda que feita com a reserva mental de não cumprir o que se prometeu, terá valor e continuará obrigando seu declarante, pois a reserva mental não invalida o negócio. Este só não terá valor caso o destinatário tenha conhecimento de que a recompensa não será cumprida (art. 110 do CC). No caso em comento, Mauro continua vinculado à declaração que publicou, para todos aqueles que tiveram notícia da sua declaração, e deverá cumpri-la, caso alguém venha prestar aquilo que foi proposto. A revogação da recompensa, para ter validade, deverá ser feita nos mesmos moldes da promessa, isto é, deverá ter a mesma publicidade, mas não foi esse o procedimento adotado, pois apenas João foi informado da revogação da recompensa, circunstância que mantém a obrigação válida, conforme determina o art. 856 do CC: "Antes de prestado o serviço ou preenchida a condição, pode o promitente revogar a promessa, contanto que o faça com a mesma publicidade; se houver assinado prazo à execução da tarefa, entender-se-á que renuncia o arbítrio de retirar, durante ele, a oferta."

**Alternativa "d".** A manifestação de vontade só não subsistirá quanto a João, pois esse tinha conhecimento da reserva mental feita por Mauro, eis que, conforme estabelece o Código Civil, a reserva mental somente subsiste para com aquele que dela não tenha conhecimento, contrariando o que preceitua a alternativa. Vejamos o mandamento legal, art. 110 do CC: "A manifestação de vontade subsiste ainda que o seu autor haja feito a reserva mental de não querer o que manifestou, salvo se dela o destinatário tinha conhecimento."

**Alternativa correta: letra "b".**

### 4.1.3.2. DA GESTÃO DE NEGÓCIOS

▸ CC, arts. 861 a 875.

---

**101. (FGV – Exame de Ordem 2013.2)** Diante de chuva forte e inesperada, Márcio constatou a inundação parcial da residência de sua vizinha Bianca, fato este que o levou a contratar serviços de chaveiro, bombeamento d'água e vigilância, de modo a evitar maiores prejuízos materiais até a chegada de Bianca.

Utilizando-se do quadro fático fornecido pelo enunciado, assinale a afirmativa correta.

a) A falta de autorização expressa de Bianca a Márcio para a prática dos atos de preservação dos bens autoriza aquela a exigir reparação civil deste.

b) Bianca não estará obrigada a adimplir os serviços contratados por Márcio, cabendo a este a quitação dos contratados.

c) Se Márcio se fizer substituir por terceiro até a chegada de Bianca, promoverá a cessação de sua responsabilidade transferindo-a ao terceiro substituto.

d) Os atos de solidariedade e espontaneidade de Márcio na proteção dos bens de Bianca são capazes de gerar a responsabilidade desta em reembolsar as despesas necessárias efetivadas, acrescidas de juros legais.

**COMENTÁRIOS**

✪ **Nota do autor:** A gestão de negócios quer dizer que em determinadas situações e sem autorização do interessado, uma pessoa pode se responsabilizar por determinadas obrigações em seu lugar. Tal responsabilidade se fará em nome do interessado e em proveito dele, mesmo sem a existência de qualquer tipo de autorização. O administrador agirá como se fosse um mandatário, mas sem o mandato (art. 861 do CC).

**Alternativa "a".** A falta de autorização expressa não ilide a responsabilidade de Bianca diante dos atos praticados por

CIVIL

Márcio em seu proveito. Isso porque, os atos praticados por ele, correspondem ao interesse presumível de Bianca, visto que diante da inundação parcial da sua residência, dela não se poderiam esperar outras ações diferentes daquelas implementadas por Marcio. Nesse sentido, são as normas contidas, respectivamente, nos arts. 861 e 869 do CC: "Aquele que, sem autorização do interessado, intervém na gestão de negócio alheio, dirigi-lo-á segundo o interesse e a vontade presumível de seu dono, ficando responsável a este e às pessoas com que tratar." "Se o negócio for utilmente administrado, cumprirá ao dono as obrigações contraídas em seu nome, reembolsando ao gestor as despesas necessárias ou úteis que houver feito, com os juros legais, desde o desembolso, respondendo ainda pelos prejuízos que este houver sofrido por causa da gestão."

**Alternativa "b".** A presente afirmativa contraria o que dispõem os arts. 869 e 870 do CC: "Se o negócio for utilmente administrado, cumprirá ao dono as obrigações contraídas em seu nome, reembolsando ao gestor as despesas necessárias ou úteis que houver feito, com os juros legais, desde o desembolso, respondendo ainda pelos prejuízos que este houver sofrido por causa da gestão." "Aplica-se a disposição do artigo antecedente, quando a gestão se proponha a acudir a prejuízos iminentes, ou redunde em proveito do dono do negócio ou da coisa; mas a indenização ao gestor não excederá, em importância, as vantagens obtidas com a gestão."

**Alternativa "c".** Mesmo que Marcio venha transferir sua função a um terceiro, ele continua responsável pelos atos praticados pelo seu substituto, mesmo que as faltas cometidas tenham sido sem culpa deste. Portanto, Marcio pode transferir a função, mas não a responsabilidade, o que demonstra o erro da assertiva, que afirma que ele poderá promover a cessação de sua responsabilidade transferindo-a ao terceiro substituto, contrariando a doutrina do art. 867 do CC: "Se o gestor se fizer substituir por outrem, responderá pelas faltas do substituto, ainda que seja pessoa idônea, sem prejuízo da ação que a ele, ou ao dono do negócio, contra ela possa caber."

**Alternativa "d".** A assertiva está de acordo com os arts. 869 e 870 do CC, ou seja, sendo o negócio adequadamente gerido pelo gestor, o dono do negócio será obrigado a cumprir os negócios realizados em seu nome. Além disso, em virtude da utilidade da gerência do administrador, o dono do negócio fica obrigado a reembolsá-lo das despesas úteis e necessárias que houver promovido. Nesse sentido, são as normas contidas nos artigos respectivamente citados: "Se o negócio for utilmente administrado, cumprirá ao dono as obrigações contraídas em seu nome, reembolsando ao gestor as despesas necessárias ou úteis que houver feito, com os juros legais, desde o desembolso, respondendo ainda pelos prejuízos que este houver sofrido por causa da gestão.(Art. 869 do CC). "Aplica-se a disposição do artigo antecedente, quando a gestão se proponha a acudir a prejuízos iminentes, ou redunde em proveito do dono do negócio ou da coisa; mas a indenização ao gestor não excederá, em importância, as vantagens obtidas com a gestão." (Art. 870 do CC).

**Alternativa correta: letra "d".**

### 4.1.3.3. DO ENRIQUECIMENTO SEM CAUSA

▸ CCL, arts. 884 a 886

**102. (FGV – Exame de Ordem 2016.1)** Joaquim celebrou, por instrumento particular, contrato de mútuo com Ronaldo, pelo qual lhe emprestou R$ 50.000,00 (cinquenta mil reais), a serem pagos 30 dias depois. No dia do vencimento do empréstimo, Ronaldo não adimpliu a prestação. O tempo passou, Joaquim se manteve inerte, e a dívida prescreveu. Inconformado, Joaquim pretende ajuizar ação de enriquecimento sem causa contra Ronaldo.

Sobre os fatos narrados, assinale a afirmativa correta.

a) A ação de enriquecimento sem causa é cabível, uma vez que Ronaldo se enriqueceu indevidamente à custa de Joaquim.

b) Como a ação de enriquecimento sem causa é subsidiária, é cabível seu ajuizamento por não haver, na hipótese, outro meio de recuperar o empréstimo concedido.

c) Não cabe o ajuizamento da ação de enriquecimento sem causa, pois há título jurídico a justificar o enriquecimento de Ronaldo.

d) A pretensão de ressarcimento do enriquecimento sem causa prescreve simultaneamente à pretensão relativa à cobrança do valor mutuado.

COMENTÁRIOS

**Alternativa "a".** A assertiva contraria o que dispõe o art. 885, do CC, conforme comentário da alternativa "a".

**Alternativas incorretas: letra "b".** A assertiva está incorreta por razões obvias, pois se houve prescrição da divida, entende-se que o credor deixou de usar os meios adequados para discuti-la no momento oportuno e, portanto, não se pode falar que a ação de enriquecimento é o único instrumento, ela, em tese, se tornou o único instrumento dada a sua inércia. Nesse caso, não justificaria o seu uso caso tenha ocorrido a prescrição, do contrário as demais ações seriam absorvidas pela ação de enriquecimento sem causa.

**Alternativa "c".** A assertiva está correta, pois a lei apresenta como principal requisito da ação de enriquecimento sem causa, a ausência de motivo jurídico que justifique o enriquecimento (contrato ou lei). Nesse sentido, para que se justifique a ação de enriquecimento sem causa, o proveito auferido deve ser desprovido de qualquer lastro justificador, pois do contrário não há que se falar em ausência de causa. No caso em tela, a inércia de Joaquim, em não cobrar o adimplemento do contrato de mutuo de Ronaldo, resultando na prescrição, é o elemento justificador do enriquecimento de Ronaldo e, portanto, sendo incabível o ajuizamento da pretendida ação. Nesse sentido, é a redação do art. 885, do CC: "A restituição é devida, não só quando não tenha havido causa que justifique o enriquecimento, mas também se esta deixou de existir.

**Alternativas incorretas: letra "d".** A lei prescreve momentos distintos para a prescrição da pretensão por enriquecimento sem causa e por dívidas, no inc. IV, do §3º, e no inc. I, do §5º, ambos do artigo 206, do CC. "Art. 206. Prescreve: § 3º Em três anos: IV – a pretensão de ressarcimento de enriquecimento sem causa; § 5º Em cinco anos: I – a pretensão de cobrança de dívidas líquidas constantes de instrumento público ou particular;"

**Alternativa correta: letra "c".**

## 5. DA RESPONSABILIDADE CIVIL

### 5.1. OBRIGAÇÃO DE INDENIZAR

▸ CC, arts. 927 a 954.

**103. (FGV – XXXVII Exame OAB)** Joana contratou Maria para fotografar a festa infantil de sua filha, Laura. No momento do contrato, Maria exigiu um sinal equivalente a 20% do preço pactuado para o serviço. O restante do preço seria pago após a festa, quando entregues as fotografias do evento. Acontece que Maria não compareceu à festa de Laura, deixando de tirar as fotografias contratadas. Joana contratou, às pressas, outro fotógrafo e conseguiu registrar o evento a seu gosto. Entretanto, teve de pagar valores mais altos ao novo fotógrafo, o que lhe gerou prejuízos de ordem material. Diante desse cenário, considerando-se que os danos de Joana se limitaram aos prejuízos materiais, assinale a afirmativa correta.

a) Joana pode pedir a devolução dos 20% adiantados mais o equivalente, com atualização monetária, juros e honorários de advogado, mas não pode pedir indenização suplementar em nenhuma hipótese.

b) Joana pode pedir apenas a devolução dos 20% adiantados e indenização suplementar, independentemente da prova do prejuízo.

c) Joana pode pedir a devolução dos 20% adiantados mais o equivalente, com atualização monetária, juros e honorários de advogado, e, se provar maior prejuízo, pode pedir indenização suplementar.

d) Joana pode pedir a devolução dos 20%, acrescidos de atualização monetária, juros e honorários de advogado, sendo esse o máximo de indenização possível.

**COMENTÁRIOS**

**Alternativa "a".** A assertiva está errada, tendo em vista que sua parte final dispõe que Joana não pode pedir indenização suplementar em nenhuma hipótese, o que contraria a norma contida no art. 419, CC: "A parte inocente pode pedir indenização suplementar, se provar maior prejuízo, valendo as arras como taxa mínima. Pode, também, a parte inocente exigir a execução do contrato, com as perdas e danos, valendo as arras como o mínimo da indenização."

**Alternativa "b".** A presente assertiva contraria várias regras contidas na legislação civil. A primeira, quando afirma que Joana somente poderá pedir a devolução dos 20%, o que ofende o disposto no art. 418, CC: "Se a parte que deu as arras não executar o contrato, poderá a outra tê-lo por desfeito, retendo-as; se a inexecução for de quem recebeu as arras, poderá quem as deu haver o contrato por desfeito, e exigir sua devolução mais o equivalente, com atualização monetária segundo índices oficiais regularmente estabelecidos, juros e honorários de advogado". Ademais, equivoca-se ao afirmar que a indenização suplementar é possível, independentemente da prova do prejuízo, o que afronta o que determina o art. 419, CC: "A parte inocente pode pedir indenização suplementar, se provar maior prejuízo, valendo as arras como taxa mínima. Pode, também, a parte inocente exigir a execução do contrato, com as perdas e danos, valendo as arras como o mínimo da indenização."

**Alternativa "c".** A assertiva vai ao encontro do que prescreve a legislação regente, que regula a matéria, como visto nos comentários anteriores. Nesse sentido, vejamos a doutrina legal sobre a matéria:

> "Art. 418. Se a parte que deu as arras não executar o contrato, poderá a outra tê-lo por desfeito, retendo-as; se a inexecução for de quem recebeu as arras, poderá quem as deu haver o contrato por desfeito, e exigir sua devolução mais o equivalente, com atualização monetária segundo índices oficiais regularmente estabelecidos, juros e honorários de advogado."
>
> "Art. 419. A parte inocente pode pedir indenização suplementar, se provar maior prejuízo, valendo as arras como taxa mínima. Pode, também, a parte inocente exigir a execução do contrato, com as perdas e danos, valendo as arras como o mínimo da indenização."

**Alternativa "d".** Joana poderá pedir de fato a devolução dos 20%, acrescidos de atualização monetária, juros, honorários de advogado, conforme prevê o art. 418, CC. No entanto, ao contrário do que afirma a assertiva, esse não é o máximo de indenização possível, já que poderá ser exigido indenização suplementar, se provar maior prejuízo, como permite o art. 419, CC.

**Alternativa correta: letra "c".**

---

**104. (FGV – XXXVII Exame OAB)** Henrique, 50 anos, médico dermatologista, recebe em seu consultório Nicola, 70 anos, dentista, para a realização de um procedimento ambulatorial em sua mão. Durante o procedimento, Henrique ministra erroneamente ácido na mão de Nicola, que era alérgico, fato conhecido por Henrique antes do início do procedimento. Henrique imediatamente adota as medidas preventivas necessárias à mitigação do dano, mas Nicola fica com sequelas permanentes na mão, inabilitando-o parcialmente para o exercício da profissão, porque impede que ele realize procedimentos ortodônticos que necessitam do uso de ambas as mãos. A respeito da indenização a que Nicola faz jus, assinale a afirmativa correta.

a) Deve abranger os danos emergentes correspondentes às despesas do tratamento e não abrangerá indenização por lucros cessantes considerando que Nicola ainda pode auferir renda, excluindo o nexo de causalidade entre possíveis danos decorrentes de lucros cessantes e a conduta ilícita de Henrique.

b) Deve abranger as despesas do tratamento, os lucros cessantes até o fim da convalescença e a pensão correspondente à importância do trabalho para que se inabilitou, ou da depreciação que ele sofreu.

c) Caso a hipótese enseje a reparação por danos estéticos, não se poderá cumular a indenização por danos morais, à luz do princípio da reparação integral, considerando que o dano estético já indeniza a violação da integridade física, tutelada pela cláusula geral de tutela da dignidade da pessoa humana.

d) Henrique não pode ser condenado ao pagamento da indenização de lucros cessantes e danos materiais diretos de uma só vez, devendo o pensionamento ser fixado em pagamentos periódicos, tais quais seriam os lucros decorrentes do trabalho de Nicola, sob pena de enriquecimento ilícito.

**COMENTÁRIOS**

**Alternativa "a".** Assertiva está errada, vejamos: em decorrência da imperícia de Henrique, Nicola teve danos emergentes (tratamento médico, remédios etc.), esses deverão ser custeados por Henrique (art. 949, CC). No entanto, ao afirmar que não cabe indenização por lucros cessantes, por considerar que Nicola ainda pode auferir renda, a assertiva contraria o que dispõe o art. 950, do CC: "Se da ofensa resultar defeito pelo qual o ofendido não possa exercer o seu ofício ou profissão, ou se lhe diminua a capacidade de trabalho, a indenização, além das despesas do tratamento e lucros cessantes até ao fim da convalescença, incluirá pensão correspondente à importância do trabalho para que se inabilitou, ou da depreciação que ele sofreu." Por fim, o nexo de causalidade não é excluído por ter Nicola perdido parcialmente sua capacidade de trabalho. O nexo mantém-se, mesmo que o dano seja parcial, razão pela qual a lei determina, no dispositivo citado, que a pensão será correspondente a importância do trabalho para o qual se inabilitou, ou seja, será proporcional ao *quantum* que a lesão diminuiu da capacidade laborativa e de ganho de Nicola.

**Alternativa "b".** A assertiva vai ao encontro do regramento legal sobre a matéria, confirmando o objetivo de indenização integral. Assim, de acordo com a lei, Nicola terá direito ao ressarcimento pelos custos com tratamento, indenização pelos lucros cessantes, e pensão correspondente ao *quantum* que deixará de ganhar, por ter perdido parcialmente a capacidade de exercer seu ofício. Vejamos o regramento legal:

> "Art. 949. No caso de lesão ou outra ofensa à saúde, o ofensor indenizará o ofendido das despesas do tratamento e dos lucros cessantes até ao fim da convalescença, além de algum outro prejuízo que o ofendido prove haver sofrido."

> "Art. 950. Se da ofensa resultar defeito pelo qual o ofendido não possa exercer o seu ofício ou profissão, ou se lhe diminua a capacidade de trabalho, a indenização, além das despesas do tratamento e lucros cessantes até ao fim da convalescença, incluirá pensão correspondente à importância do trabalho para que se inabilitou, ou da depreciação que ele sofreu. Parágrafo único. O prejudicado, se preferir, poderá exigir que a indenização seja arbitrada e paga de uma só vez."

> "Art. 951. O disposto nos arts. 948, 949 e 950 aplica-se ainda no caso de indenização devida por aquele que, no exercício de atividade profissional, por negligência, imprudência ou imperícia, causar a morte do paciente, agravar-lhe o mal, causar-lhe lesão, ou inabilitá-lo para o trabalho."

**Alternativa "c".** A assertiva contraria o que prevê a Súmula 387 do STJ: "É lícita a cumulação das indenizações de dano estético e dano moral."

**Alternativa "d".** A assertiva contraria o que doutrina a norma contida no par. ún. do art. 950, CC: "O prejudicado, se preferir, poderá exigir que a indenização seja arbitrada e paga de uma só vez."

**Alternativa correta: "b".**

---

**105. (FGV – Exame de Ordem XXXVI – 2022)** Henrique, mecânico da oficina Carro Bom, durante a manutenção do veículo de Sofia, deixado aos seus cuidados, arranhou o veículo acidentalmente, causando danos materiais à mesma.

Ciente de que Henrique não tinha muitos bens materiais e que a execução em face de Henrique poderia ser frustrada, Sofia pretende ajuizar ação indenizatória em face da oficina Carro Bom.

A esse respeito, é correto afirmar que Carro Bom responderá

a) pelos danos causados a Sofia, devendo-se perquirir se houve culpa em eligendo pela oficina de um preposto desqualificado.
b) subsidiariamente pelos danos causados por Henrique, caso este não tenha bens suficientes para saldar a execução.
c) objetivamente pelos danos, sendo vedado o regresso em face do mecânico que atuou culposamente, pois a oficina não poderá repassar o risco de seu negócio a terceiros.
d) objetivamente pelos danos, sendo permitido o regresso em face do mecânico que atuou culposamente.

**COMENTÁRIOS**

**Alternativa "a".** A assertiva está errada. A culpa *in eligendo* é aquele que resulta de uma má escolha, feita por alguém elegeu mal um empregado ou um representante, e em decorrência dessa má escolha, um ato ílicito foi pratico, pelo escolhido, que gerou dano a terceiro. Contudo, a despeito da expressão em tela começar com a palavra culpa, seu significado correto deve ser responsabilidade, pois na culpa *in eligendo*, a responsabilidade é objetiva, não há que se apurar a culpa daquele que escolheu mal, sua responsabilidade é independente de culpa (art. 932, III e 933, CC). Desse modo, havendo dano causado pelo preposto ou empregado, não é necessário perquirir se houve culpa *in eligendo*, mas a efetiva reparação do prejuízo. Vejamos a redação do dispositivo legal:

> "Art. 932. São também responsáveis pela reparação civil: III - o empregador ou comitente, por seus empregados, serviçais e prepostos, no exercício do trabalho que lhes competir, ou em razão dele;"

> "Art. 933. As pessoas indicadas nos incisos I a V do artigo antecedente, ainda que não haja culpa de sua parte, responderão pelos atos praticados pelos terceiros ali referidos."

**Alternativa "b".** Assertiva está errada. A oficina Carro Bom é responsável solidariamente pelos danos causados, por Henrique, conforme dispõe o art. 942. "Os bens do responsável pela ofensa ou violação do direito de outrem ficam sujeitos à reparação do dano causado; e, se a ofensa tiver mais de um autor, todos responderão solidariamente pela reparação.

Parágrafo único. São solidariamente responsáveis com os autores os co-autores e as pessoas designadas no art. 932."

**Alternativa "c".** A oficina Caro Bom é responsável por indenizar objetivamente, os danos causados por seu empregado. No entanto, a oficina tem direito de regresso, que consiste em cobrar de Henrique, o que foi pago a Sofia, em decorrência da sua conduta negligente. Assim prescreve o art. Art. 934. "Aquele que ressarcir o dano causado por outrem pode reaver o que houver pago daquele por quem pagou, salvo se o causador do dano for descendente seu, absoluta ou relativamente incapaz."

**Alternativa "d".** A assertiva está correta. Como vimos, nos comentários anteriores, a responsabilidade da oficina Caro Bom é objetiva (art. 933, CC), e terá direito de regresso em face do mecânico que atuou culposamente (art. 934, CC).

**Alternativa correta: letra "d".**

---

**106. (FGV – Exame de Ordem – 2021.2)** Daniel, habilitado e dentro do limite de velocidade, dirigia seu carro na BR 101 quando uma criança atravessou a pista, à sua frente. Daniel, para evitar o atropelamento da criança, saiu de sua faixa de rolamento e colidiu com o carro de Mário, taxista, que estava a serviço e não teve nenhuma culpa no acidente. Daniel se nega ao pagamento de qualquer valor a Mário por alegar que a responsabilidade, em verdade, seria de José, pai da criança.

A respeito da responsabilidade de Daniel pelos danos causados no acidente em análise, assinale a afirmativa correta.

a) Ele não praticou ato ilícito mas, ainda assim, terá que indenizar Mário.
b) Ele praticou ato ilícito ao causar danos a Mario, violando o princípio do *neminem laedere*.
c) Ele não praticou ato ilícito e não terá que indenizar Mario por atuar em estado de necessidade.
d) Ele praticou ato ilícito ao causar danos a Mário e responderá objetivamente pelos danos a que der causa.

**COMENTÁRIOS**

**Alternativa "a".** A assertiva está correta. Daniel não praticou ato ilícito, mas causou dano, a Mário e, neste caso, deverá indeniza-lo. A indenização, é pressuposto do dano, seja ele causado por ato ilícito ou não. No caso em tela, a situação se amolda ao que prescreve o art. 188. Não constituem atos ilícitos: II: "a deterioração ou destruição da coisa alheia, ou a lesão a pessoa, a fim de remover perigo iminente. Contudo, ainda que não proveniente de ato ilícito, o dano ocorreu, ocasionando o dever de indexar, nesse sentido, vejamos o "art. 929. Se a pessoa lesada, ou o dono da coisa, no caso do inciso II do art. 188, não forem culpados do perigo, assistir-lhes-á direito à indenização do prejuízo que sofreram." Assim, mesmo sem pratica ato ilícito,

Daniel deverá indenizar os prejuízos que causou a Mário. Por sua vez, caberá a Daniel agir regressivamente, contra José, pai da criança que foi a causa do acidente. Esse é o mandamento da norma contida no art. 930, do CC: "No caso do inciso II do art. 188, se o perigo ocorrer por culpa de terceiro, contra este terá o autor do dano ação regressiva para haver a importância que tiver ressarcido ao lesado."

**Alternativa "b".** Comete ato ilícito aquele que violar a norma contida nos artigos 186 ou 187, do CC, que assim dispõe: "Art. 186. Aquele que, por ação ou omissão voluntária, negligência ou imprudência, violar direito e causar dano a outrem, ainda que exclusivamente moral, comete ato ilícito." "Art. 187. Também comete ato ilícito o titular de um direito que, ao exercê-lo, excede manifestamente os limites impostos pelo seu fim econômico ou social, pela boa-fé ou pelos bons costumes." Pela simples leitura dos dispositivos, fica evidente que Daniel, não praticou ato ilícto. Por sua vez, a expressão *neminem laedere* é a regra geral de que a ninguém é dado o direito de causa dano a outrem. Como ficou demonstrado, o dano não decorre apenas de ato ilícito, ou seja, não é porque ocorreu o dano que se caracterizou o ato ilícito, mas ocorrendo o dano nasce o dever de indenizar, confirmando a regra geral do *neminem laedere*, mesmo que o dano decorre de um ato lícito.

**Alternativa "c".** Como ficou demonstrado nas alternativas anteriores, não houve ato ilícito, mas ocorreu o dano e, ainda assim, nasce o dever de indenizar, conforme o art. "929. Se a pessoa lesada, ou o dono da coisa, no caso do inciso II do art. 188, nao forem culpados do perigo, assistir-lhes-á direito à indenização do prejuízo que sofreram."

**Alternativa "d".** Conforme as assertivas anteriores, não houve a prática de ato ilícito e, portanto, não seria o caso de responsabilidade objetiva.

**Alternativa correta: letra "a".**

---

**107. (FGV – Exame de Ordem – 2021.2)** Matheus, médico clínico-geral, recebe para atendimento em seu consultório o paciente Victor, mergulhador profissional. Realizando a anamnese, Victor relata que é alérgico à ácido acetilsalicílico.

Desatento, Matheus ministra justamente esta droga a Victor como parte de seu tratamento. Victor tem danos permanentes em razão do agravamento de sua asma pelo uso inadequado do medicamento, tendo que comprar novos medicamentos para seu tratamento e, ainda mais grave, fica impedido de trabalhar nos dois anos seguintes.

A respeito da responsabilidade civil de Matheus, assinale a afirmativa correta.

a) Ele responderá pelo regime objetivo de responsabilidade civil, tendo em vista que a atividade de Matheus é arriscada.

b) Ele deverá indenizar Victor independentemente de culpa, isto é, de imperícia de sua parte, considerando existir relação de consumo.

c) Ele, sendo profissional liberal, terá apurada sua responsabilidade mediante a verificação de culpa, responsabilizando-se unicamente pelos danos diretos verificados no caso.

d) Ele deverá indenizar Victor pelas despesas do tratamento e pelos lucros cessantes até o fim da convalescença, além da pensão correspondente à importância do trabalho para que se inabilitou.

**COMENTÁRIOS**

**Alternativa "a".** Assertiva está errada. Os profissionais liberais respondem pelos atos que proporcionarem dano, desde que tenham agido com culpa. Nesse sentido, art. 951, do CC: "O disposto nos arts. 948, 949 e 950 aplica-se ainda no caso de indenização devida por aquele que, no exercício de atividade profissional, por negligência, imprudência ou imperícia, causar a morte do paciente, agravar-lhe o mal, causar-lhe lesão, ou inabilitá-lo para o trabalho." As hipóteses de responsabilidade objetiva dem estar previstas expressamente na lei.

**Alternativa "b".** O médico é um profissional liberal, nesse caso, conforme expressa disposição legal, a sua relação, em relação ao paciente, é regido pela responsabilidade subjetiva, em que deve ser demonstrado a sua culpa, no resultado dano, conforme expressamente se manifesta o §4º, do CDC: "A responsabilidade pessoal dos profissionais liberais será apurada mediante a verificação de culpa."

**Alternativa "c".** Assertiva contraria o que dispõe, a norma contida no art. 950, do CC: "Se da ofensa resultar defeito pelo qual o ofendido nao possa exercer o seu ofício ou profissão, ou se lhe diminua a capacidade de trabalho, a indenização, além das despesas do tratamento e lucros cessantes até ao fim da convalescença, incluirá pensão correspondente à importância do trabalho para que se inabilitou, ou da depreciação que ele sofreu."

**Alternativa "d".** Assertiva está correta, tendo em vista que corresponde ao que determinada a lei civil: "Art. 950. Se da ofensa resultar defeito pelo qual o ofendido não possa exercer o seu ofício ou profissão, ou se lhe diminua a capacidade de trabalho, a indenização, além das despesas do tratamento e lucros cessantes até ao fim da convalescença, incluirá pensão correspondente à importância do trabalho para que se inabilitou, ou da depreciação que ele sofreu."

**Alternativa correta: letra "d".**

---

**108. (FGV – Exame de Ordem 2021.1)** Carlos, motorista de táxi, estava parado em um cruzamento devido ao sinal vermelho. De repente, de um prédio em péssimo estado de conservação, de propriedade da sociedade empresária XYZ e alugado para a sociedade ABC, caiu um bloco de mármore da fachada e atingiu seu carro.

Sobre o fato narrado, assinale a afirmativa correta.

a) Carlos pode pleitear, da sociedade XYZ, indenização pelos danos sofridos.

b) Carlos pode pleitear indenização pelos danos sofridos apenas da sociedade ABC.

c) A sociedade XYZ pode se eximir de responsabilidade alegando culpa da sociedade ABC.

d) A sociedade ABC pode se eximir de responsabilidade alegando culpa exclusiva da vítima.

**COMENTÁRIOS**

**Alternativa "a".** A assertiva está correta, considerando que a sociedade XYZ é a dona do prédio, Carlos pode exigir indenização, com base na norma prevista no art. 937, do CC: "O dono de edifício ou construção responde pelos danos que resultarem de sua ruína, se esta provier de falta de reparos, cuja necessidade fosse manifesta."

**Alternativa "b".** No caso narrado pelo enunciado, a responsabilidade pela indenização é do dono do imóvel, pois a queda do bloco resultou do estado de ruína ou da falta de reparos evidentes, casos que o art. 937, do CC, atribuem a responsabilidade pela indenização, ao dono do imóvel. Por sua vez, se causa o dano no carro de Carlos, decorresse de algum objeto que caiu do imóvel habitado pela sociedade ABC, ela seria a única responsável pela indenização, mas não é esse o caso apresentado. Vemos o que afirma o Código civil, no art. 938: "Aquele que habitar prédio, ou parte dele, responde pelo dano proveniente das coisas que dele caírem ou forem lançadas em lugar indevido."

**Alternativa "c".** Não há fundamento legal para essa argumentação, tendo em vista que a responsabilidade do dono do imóvel é objetiva, quando aos "danos que resultarem da sua ruína, se esta provier da falta de reparos, cuja necessidade fosse manifesta".(art. 937, CC)

**Alternativa "d".** A responsabilidade não será da sociedade ABC, como visto anteriormente, mas ainda que fosse, não cabe alegar culpa exclusiva da vítima, justamente porque Carlos estava cumprindo uma ordem legal de parar no sinal vermelho, por obvio, ele não poderia ser punido por estar cumprindo ao que a lei determina.

**Alternativa Correta: letra "d".**

---

**109. (FGV – Exame de Ordem/2018.3)** Fernando, 15 anos, mora com seus pais Ana e Aluísio, grandes empresários, titulares de vultoso patrimônio, e utiliza com frequência as redes sociais. Em seu perfil pessoal em certa rede social, realiza vídeos em que comenta a vida privada de seus colegas de escola, ofendendo-os e atribuindo-lhes apelidos constrangedores.

Sobre o caso apresentado, em eventual ação de indenização por danos morais, assinale a afirmativa correta.

a) Será responsável o menor, na forma subjetiva.

b) Apenas será responsável o menor caso este seja titular de patrimônio suficiente, na forma objetiva.

c) Serão responsáveis os pais do menor, na forma subjetiva.

d) Serão responsáveis os pais do menor, caso este não tenha condições de fazê-lo, na forma objetiva.

COMENTÁRIOS

**Alternativa: letra "a" e "b".** A responsabilidade do menor é subsidiária, ou seja, só será responsabilizado, caso os seus responsáveis não dispuserem de meios suficientes. Os responsáveis principais são os pais (art. 932, I, do CC). Contudo, o enunciado deixa claro que os pais tem recursos financeiros para custear a indenização resultante dos danos causados pelo menor. Assim dispõe o art. 928, do CC: O incapaz responde pelos prejuízos que causar, se as pessoas por ele responsáveis não tiverem obrigação de fazê-lo ou não dispuserem de meios suficientes.

**Alternativa: letra "c".** A responsabilidade dos pais do menor é objetiva, por determinação legal. Vejamos o que determina o art. 933. "As pessoas indicadas nos incisos I a V do artigo antecedente, ainda que não haja culpa de sua parte, responderão pelos atos praticados pelos terceiros ali referidos."

**Alternativa: letra "d".** Assertiva corresponde ao que determina o art. 932, I interpretado sistematicamente com o art. 933, ambos do CC.

**Alternativa correta: letra "d".**

---

**110. (FGV – Exame de Ordem 2018.1)** João, empresário individual, é titular de um estabelecimento comercial que funciona em loja alugada em um shopping- center movimentado. No estabelecimento, trabalham o próprio João, como gerente, sua esposa, como caixa, e Márcia, uma funcionária contratada para atuar como vendedora. Certo dia, Miguel, um fornecedor de produtos da loja, quando da entrega de uma encomenda feita por João, foi recebido por Márcia e sentiu-se ofendido por comentários preconceituosos e discriminatórios realizados pela vendedora. Assim, Miguel ingressou com ação indenizatória por danos morais em face de João.

A respeito do caso narrado, assinale a afirmativa correta.

a) João não deve responder pelo dano moral, uma vez que não foi causado direta e imediatamente por conduta sua.

b) João pode responder apenas pelo dano moral, caso reste comprovada sua culpa in vigilando em relação à conduta de Márcia.

c) João pode responder apenas por parte da compensação por danos morais diante da verificação de culpa concorrente de terceiro.

d) João deve responder pelos danos causados, não lhe assistindo alegar culpa exclusiva de terceiro.

COMENTÁRIOS

✪ **Nota do autor:** o comentário se aplica a todas as alternativas.

A despeito de João não ter praticado a conduta que causou dano a Miguel, será responsável pela sua reparação. Isso porque, o dano foi praticado por Márcia, sua funcionário. A hipótese se enquadra naquilo que a doutrina denomina de responsabilidade civil por ato de terceiro; ou seja, alguém que não praticou o ato danoso será obrigado a reparar o dano no lugar daquele que efetivamente o praticou. A responsabilidade de João decorre do poder diretivo que ele tem como empregador. Nesse caso, a responsabilidade de João é objetiva, não restando espaço para se discutir a culpa da sua funcionaria. Nesse sentido, é a doutrina dos artigos transcritos, ambos do CC/02: "Art. 932. São também responsáveis pela reparação civil: III – o empregador ou comitente, por seus empregados, serviçais e prepostos, no exercício do trabalho que lhes competir, ou em razão dele; Art. 933. As pessoas indicadas nos incisos I a V do artigo antecedente, ainda que não haja culpa de sua parte, responderão pelos atos praticados pelos terceiros ali referidos."

Considerando o comentário, é possível afirmar que apenas a alternativa "d" está correta, as demais estão incorretas.

**Alternativa correta: letra "d".**

---

**111. (FGV – Exame de Ordem 2018.1)** Marcos caminhava na rua em frente ao Edifício Roma quando, da janela de um dos apartamentos da frente do edifício, caiu uma torradeira elétrica, que o atingiu quando passava. Marcos sofreu fratura do braço direito, que foi diretamente atingido pelo objeto, e permaneceu seis semanas com o membro imobilizado, impossibilitado de trabalhar, até se recuperar plenamente do acidente.

À luz do caso narrado, assinale a afirmativa correta.

a) O condomínio do Edifício Roma poderá vir a ser responsabilizado pelos danos causados a Marcos, com base na teoria da causalidade alternativa.

b) Marcos apenas poderá cobrar indenização por danos materiais e morais do morador do apartamento do qual caiu o objeto, tendo que comprovar tal fato.

c) Marcos não poderá cobrar nenhuma indenização a título de danos materiais pelo acidente sofrido, pois não permaneceu com nenhuma incapacidade permanente.

d) Caso Marcos consiga identificar de qual janela caiu o objeto, o respectivo morador poderá alegar ausência de culpa ou dolo para se eximir de pagar qualquer indenização a ele.

COMENTÁRIOS

✪ **Nota do autor:** a questão versa sobre o instituto dos *effusis et dejectis*, que era uma ação do direito romano própria para regular a reparação dos danos provocados pelos objetos que caísse ou fossem arremessado do interior de uma habitação.

**Alternativa "a".** Atualmente, o Código Civil trata dos *effusis et dejectis* no art. 938, com a seguinte redação: "Aquele que habitar prédio, ou parte dele, responde pelo dano proveniente das coisas que dele caírem ou forem lançadas em lugar indevido." Fica claro que a responsabilidade no caso é objetiva, ou seja, independe de culpa, e que recai sobre aquele que habita prédio ou parte dele, não exigindo ser proprietário. No entanto, a norma pode encontrar dificuldades de aplicação quando consideramos os condomínios em edifícios, por ser naturalmente mais dificultoso identificar de qual das unidades autônomas deve ser a responsabilidade pelo dano. Diante dessa situação, a jurisprudência, seguindo o mesmo raciocínio do direito romano, entende que a responsabilidade quando não seja possível identificar de qual unidade caíra o objeto que causou o dano, deva ser do próprio condomínio. Portanto, os danos causados ao Marcos poderão ser reparados pelo Condomínio do Edifício Roma, caso não seja possível identificar qual das unidades caiu o objeto que causou o prejuízo.

**Alternativas "b", "c" e "d"**, ficam respondidas no comentário da alternativa "a".

**Alternativa correta: letra "a".**

---

**112. (FGV – Exame de Ordem 2017.1)** André e motorista da transportadora Via Rápida Ltda. Certo dia, enquanto dirigia um ônibus da empresa, se distraiu ao tentar se comunicar com um colega, que dirigia outro coletivo ao seu lado, e precisou fazer uma freada brusca para evitar um acidente. Durante a manobra, Olívia, uma passageira do ônibus, sofreu uma queda no interior do veículo, fraturando o fêmur direito. Além do abalo moral, a passageira teve despesas médicas e permaneceu por semanas sem trabalhar para se recuperar da fratura. Olívia decide, então, ajuizar ação indenizatória pelos danos morais e materiais sofridos.

Em referência ao caso narrado, assinale a afirmativa correta.

a) Olívia deve, primeiramente, ajuizar a ação em face da transportadora, e apenas demandar André se não obtiver a reparação pretendida, pois a responsabilidade do motorista é subsidiária.

b) Olívia pode ajuizar ação em face da transportadora e de André, simultânea ou alternativamente, pois ambos são solidariamente responsáveis.

c) Olívia apenas pode demandar, nesse caso, a transportadora, mas esta terá direito de regresso em face de André, se for condenada ao dever de indenizar.

d) André e a transportadora são solidariamente responsáveis e podem ser demandados diretamente por Olívia, mas aquele que vier a pagar a indenização não terá regresso em face do outro.

**COMENTÁRIOS**

✪ **Nota do autor:** o comentário da alternativa correta abrange todas as demais.

Considerando que o acidente que resultou em diversos danos para Olívia, fratura do fêmur, abalo moral, despesas medicas e ausência do trabalho, foi causado pela conduta negligente de André, no exercício do trabalho, preceitua o art. 932, III, que será responsável pela reparação do dano o seu empregador, ou seja, a transportadora Via Rápida Ltda. Contudo, o parágrafo único do art. 942, determina que são "solidariamente responsáveis com os autores os co-autores e as pessoas designadas no art. 932." Portanto, podemos afirmar que André e a Transportadora são solidariamente responsáveis por todos os prejuízos causados a Olívia. Por último, pode-se afirmar que aquele que pagar pelos danos causados a Olívia terá direito de regresso sobre o outro, conforme estabelece a norma do art. 934, do CC: " Aquele que ressarcir o dano causado por outrem pode reaver o que houver pago daquele por quem pagou, salvo se o causador do dano for descendente seu, absoluta ou relativamente incapaz."

**Alternativa correta: letra "b".**

---

**113. (FGV – Exame de Ordem 2016.3)** Tomás e Vinícius trabalham em uma empresa de assistência técnica de informática. Após diversas reclamações de seu chefe, Adilson, os dois funcionários decidem se vingar dele, criando um perfil falso em seu nome, em uma rede social. Tomás cria o referido perfil, inserindo no sistema os dados pessoais, fotografias e informações diversas sobre Adilson. Vinícius, a seu turno, alimenta o perfil durante duas semanas com postagens ofensivas, até que os dois são descobertos por um terceiro colega, que os denuncia ao chefe. Ofendido, Adilson ajuíza ação indenizatória por danos morais em face de Tomás e Vinícius.

A respeito do caso narrado, assinale a afirmativa correta.

a) Tomás e Vinícius são corresponsáveis pelo dano moral sofrido por Adilson e devem responder solidariamente pelo dever de indenizar.

b) Tomás e Vinícius devem responder pelo dano moral sofrido por Adilson, sendo a obrigação de indenizar, nesse caso, fracionária, diante da pluralidade de causadores do dano.

c) Tomás e Vinícius apenas poderão responder, cada um, por metade do valor fixado a título de indenização, pois cada um poderá alegar a culpa concorrente do outro para limitar sua responsabilidade.

d) Adilson sofreu danos morais distintos: um causado por Tomás e outro por Vinícius, devendo, portanto, receber duas indenizações autônomas

**COMENTÁRIOS**

**Alternativa "a".** A assertiva está correta, considerando que coaduna com o que determina o art. 942, do CC: "Os bens do responsável pela ofensa ou violação do direito de outrem ficam sujeitos à reparação do dano causado; e, se a ofensa tiver mais de um autor, todos responderão solidariamente pela reparação."

**Alternativa "b".** A assertiva está incorreta, pois como determina o artigo 942, do CC, a obrigação de indenizar não será fracionada, mas solidária. Lembrando que nesse caso, a solidariedade decorre da lei.

**Alternativa "c".** A assertiva se equivoca ao afirmar que há culpa concorrente, pois a vítima não contribuiu para o evento danoso.

**Alternativa "d".** Não há danos distintos, mas pluralidades de ofensores que visam e causam o mesmo dado. Portanto, não é possível admitir que o mesmo fato enseje duas condenações distintas.

**Alternativa correta: letra "a".**

---

**114. (FGV – Exame de Ordem 2016.2)** Maria, trabalhadora autônoma, foi atropelada por um ônibus da Viação XYZ S.A. quando atravessava movimentada rua da cidade, sofrendo traumatismo craniano. No caminho do hospital, Maria veio a falecer, deixando o marido, João, e o filho, Daniel, menor impúbere, que dela dependiam economicamente.

Sobre o caso, assinale a afirmativa correta.

a) João não poderá cobrar compensação por danos morais, em nome próprio, da Viação XYZ S.A., porque o dano direto e imediato foi causado exclusivamente a Maria.

b) Ainda que reste comprovado que Maria atravessou a rua fora da faixa e com o sinal de pedestres fechado, tal fato em nada influenciará a responsabilidade da Viação XYZ S.A.

c) João poderá cobrar pensão alimentícia apenas em nome de Daniel, por se tratar de pessoa incapaz.

d) Daniel poderá cobrar pensão alimentícia da Viação XYZ S.A., ainda que não reste comprovado que Maria exercia atividade laborativa, se preenchido o critério da necessidade.

COMENTÁRIOS

**Alternativa "a".** A assertiva está incorreta. Conforme exposto em linhas precedentes a indenização, no caso de morte da vítima, compreende os pensionamento àqueles a quem o morto devia os alimentos, na forma do art. 948, II, do CC.

**Alternativa "b".** A ocorrência de culpa exclusiva da vítima, como é cediço, tem o efeito de ensejar a ruptura do nexo de causalidade entre a ação ou omissão do agente e o prejuízo decorrente do sinistro. Na hipótese tratada no enunciado da questão, caso restasse comprovado que Maria atravessou fora da faixa e com o sinal de pedestres fechado, poder-se-ia firmar a convicção de que restou caracterizada, na espécie, a culpa exclusiva da vítima, afastando o nexo de causalidade e, como consequência, a atribuição de qualquer responsabilidade à Viação XYZ S.A.

**Alternativa "c".** A assertiva está incorreta. Isso porque, ainda que seja incapaz, João é o titular dos alimentos, sendo, pois, dotado da legitimidade *ad causam* para postulá-los em juízo. Neste sentido, deverá ser representado por seu genitor, Daniel, no âmbito da ação judicial a ser eventualmente manejada, conforme prescreve o art. 71 do NCPC, com a seguinte redação: "O incapaz será representado ou assistido por seus pais, por tutor ou por curador, na forma da lei."

**Alternativa "d".** A assertiva está correta. A teor do que prescreve o art. 948, inciso II, do CC, na hipótese de homicídio, a indenização deve compreender, além das despesas relacionadas ao tratamento da vítima e ao luto da família, a prestação de alimentos a quem o morto os devia. A esse respeito, é oportuna a transcrição do teor do dispositivo em referência: "Art. 948. No caso de homicídio, a indenização consiste, sem excluir outras reparações: I – no pagamento das despesas com o tratamento da vítima, seu funeral e o luto da família; II – na prestação de alimentos às pessoas a quem o morto os devia, levando-se em conta a duração provável da vida da vítima." Todo o exposto corrobora o acerto da alternativa ora examinada.

**Alternativa correta: letra "d".**

## 6. DIREITO DAS COISAS

### 6.1. OBRIGAÇÕES *PROPTER REM*

**115. (Exame de Ordem 2010.2 – FGV)** Assinale a alternativa que contemple exclusivamente obrigação *propter rem*:

a) a obrigação de indenizar decorrente da aluvião e aquela decorrente da avulsão.

b) a hipoteca e o dever de pagar as cotas condominiais.

c) o dever que tem o servidor da posse de exercer o desforço possessório e o dever de pagar as cotas condominiais.

d) a obrigação que tem o proprietário de um terreno de indenizar o terceiro que, de boa-fé, erigiu benfeitorias sobre o mesmo.

COMENTÁRIOS

✪ **Nota do autor:** A questão em apreço trata das obrigações *propter rem* que são obrigações próprias da coisa e, portanto, inerentes a ela. Não obstante se aproximarem dos direitos reais e dos direitos patrimoniais, prevalece o entendimento de que se consubstanciam em direitos de natureza especial, pois não se enquadram em nenhuma das categorias de direitos existentes. Sua principal característica, que a aproxima dos direitos reais, é o direito de sequela, pois perseguem a coisa onde quer que ela esteja.

**Alternativa "a".** Tanto a avulsão, quanto a aluvião, são modalidades de acessões naturais, constituindo-se em formas originárias de aquisição da propriedade imobiliária. A aluvião é a forma originária de aquisição da propriedade, pela qual se formam acréscimos de terra em uma área localizada às margens de um rio, seja pelo depósito de terras junto à margem do rio (aluvião própria), seja pelo afastamento das águas do rio (aluvião imprópria). O instituto, que se encontra disciplinado no art. 1.250 do Código Civil, preceitua ser indevida, na aluvião, qualquer espécie de indenização, razão pela qual a alternativa está equivocada. Por outro lado, a avulsão se configura quando, por força natural violenta, uma porção de terras se destaca de um prédio e se junta ao outro. Neste caso, o proprietário do prédio a que se juntou a nova porção de terras adquirirá a propriedade. O instituto jurídico em exame é disciplinado pelo art. 1.251 do Código Civil, que preceitua ser devida uma indenização ao proprietário que perdeu o domínio, se este o exigir em um ano. Trata-se, conforme preleciona Flávio Tartuce, de um direito subjetivo patrimonial (TARTUCE, Flávio. **Manual de Direito Civil – Volume Único**. 2. ed. Rio de Janeiro: Método, 2012, p. 866.) e não de uma obrigação propter rem, conforme constou do enunciado da alternativa. Assim, também sob esta ótica, a assertiva encontra-se incorreta.

**Alternativa "b".** A assertiva está parcialmente incorreta. A hipoteca, a teor do que preceitua o art. 1.225 do Código Civil, é um direito real e não uma obrigação *propter rem*. Por outro lado, a obrigação do pagamento de taxas condominiais é, de fato, uma obrigação própria da coisa, enquadrando-se, por corolário, na definição de obrigação *propter rem*.

**Alternativa "c".** O servidor da posse, também conhecido como detentor ou fâmulo da posse, conserva a posse em nome de outrem, em razão de um vínculo de subordinação (ou dependência), na forma do art. 1.198 do Código Civil (Ex.: caseiro, motorista particular, etc.). Como se sabe, o detentor não pode invocar os interditos possessórios (ações judiciais para a tutela da posse), mas pode se valer do desforço imediato ou da legítima defesa da posse para a defesa da posse que se obrigou a conservar (art. 1.210, §1º, do Código Civil). Verifica-se, portanto, que a obrigação de defender a posse atribuída ao detentor não se consubstancia em obrigação *propter rem*, mas em obrigação derivada de um contrato firmado com o verdadeiro possuidor. É exatamente neste ponto que reside o equívoco da questão. Lado outro, a obrigação de pagar as cotas condominiais, conforme exposto no item precedente, de fato, consiste em obrigação *propter rem*.

**Alternativa "d".** Benfeitorias são bens acessórios que se edificam sobre o principal, com o objetivo de promover sua conservação (necessárias), a melhoria de sua utilidade (úteis) ou o seu simples embelezamento (voluptuárias). Nos termos do art. 1.219 do Código Civil, o possuidor de boa-fé tem o direito de ser indenizado pelas benfeitorias úteis e necessárias e o direito de levantar as voluptuárias, desde que isso se faça sem detrimento da coisa. Trata-se, por óbvio, de obrigação *propter rem*, pois é inerente à própria coisa e irá acompanhá-la onde quer que ela esteja.

**Alternativa correta: letra "d".**

### 6.2. DA POSSE E SUA CLASSIFICAÇÃO

#### 6.2.1. COMPOSSE

▸ CC, art. 1.199.

**116. (Exame de Ordem 2012.2 – FGV)** Acerca do instituto da posse é correto afirmar que

a) o Código Civil estabeleceu um rol taxativo de posses paralelas.

b) é admissível o interdito proibitório para a proteção do direito autoral.

c) fâmulos da posse são aqueles que exercitam atos de posse em nome próprio.

d) a composse é uma situação que se verifica na comunhão pro indiviso, do qual cada possuidor conta com uma fração ideal sobre a posse.

**COMENTÁRIOS**

**Alternativa "a".** As posses paralelas decorrem da classificação da posse quanto à relação pessoa versus coisa. A partir de tal critério, pode-se dizer que a posse é direta, quando há um poder material direto sobre a coisa (Exemplo: comodatário, locatário, etc.) ou indireta, a qual geralmente decorre do direito de propriedade (Exemplo: comodante, locador, etc.). Tal classificação encontra-se consubstanciada no art. 1.197 do Código Civil, com a seguinte redação: "A posse direta, de pessoa que tem a coisa em seu poder, temporariamente, em virtude de direito pessoal, ou real, não anula a indireta, de quem aquela foi havida, podendo o possuidor direto defender a sua posse contra o indireto." O rol constante do mencionado dispositivo legal não é taxativo, mas meramente exemplificativo, razão pela qual a assertiva está incorreta.

**Alternativa "b".** A assertiva contraria o que preconiza a Súmula nº 228 do Superior Tribunal de Justiça, com a seguinte redação: "É inadmissível o interdito proibitório para a proteção do direito autoral."

**Alternativa "c".** Está incorreta. O fâmulo da posse (ou detentor) é aquele que conserva a posse em nome de outrem, por força de um vínculo de subordinação (Exemplo: caseiro). Desse modo, ao contrário do que constou do enunciado da alternativa, não exerce atos possessórios em nome próprio, mas em nome do verdadeiro possuidor.

**Alternativa "d".** A composse é o instituto pelo qual dois ou mais possuidores exercem, concomitantemente, a posse sobre uma coisa indivisa, de sorte que a cada um dos compossuidores é atribuída uma fração ideal da posse. Isso ocorre porque é impossível, no plano concreto, estabelecer sobre qual parte da coisa cada um dos compossuidores exerce a posse, razão em que se verifica a sua comunhão *pro indiviso*.

**Alternativa correta: letra "d".**

## 6.3. DOS EFEITOS DA POSSE

▸ CC, art. 1.210 a 1.222.

**117. (FGV-Exame de Ordem 2019.2)** Em 05/05/2005, Aloísio adquiriu uma casa de 500 m2 registrada em nome de Bruno, que lhe vendeu o imóvel a preço de mercado. A escritura e o registro foram realizados de maneira usual. Em 05/09/2005, o imóvel foi alugado, e Aloísio passou a receber mensalmente o valor de R$ 3.000,00 pela locação, por um período de 6 anos. Em 10/10/2009, Aloísio é citado em uma ação reinvindicatória movida por Elisabeth, que pleiteia a retomada do imóvel e a devolução de todos os valores recebidos por Aloísio a título de locação, desde o momento da sua celebração.

Uma vez que Elisabeth é judicialmente reconhecida como a verdadeira proprietária do imóvel em 10/10/2011, pergunta-se: é correta a pretensão da autora ao recebimento de todos os aluguéis recebidos por Aloísio?

a) Sim. Independentemente da sentença de mérito, a própria contestação automaticamente transforma a posse de Aloísio em posse de má-fé desde o seu nascedouro, razão pela qual todos os valores recebidos pelo possuidor devem ser ressarcidos.

b) Não. Sem a ocorrência de nenhum outro fato, somente após uma sentença favorável ao pedido de Elisabeth, na reivindicatória, é que seus argumentos poderiam ser considerados verdadeiros, o que caracterizaria a transformação da posse de boa-fé em posse de má-fé. Como o possuidor de má-fé tem direito aos frutos, Aloísio não é obrigado a devolver os valores que recebeu pela locação.

c) Não. Sem a ocorrência de nenhum outro fato, e uma vez que Elisabeth foi vitoriosa em seu pleito, a posse de Aloísio passa a ser qualificada como de má-fé desde a sua citação no processo – momento em que Aloísio tomou conhecimento dos fatos ao final reputados como verdadeiros –, exigindo, em tais condições, a devolução dos frutos recebidos entre 10/10/2009 e a data de encerramento do contrato de locação.

d) Não. Apesar de Elisabeth ter obtido o provimento judicial que pretendia, Aloísio não lhe deve qualquer valor, pois, sendo possuidor com justo título, tem, em seu favor, a presunção absoluta de veracidade quanto a sua boa-fé.

**COMENTÁRIOS**

**Alternativa "a":** A boa-fé pode se transformar em má-fé, nesse sentido dispõe o art. 1.202 do CC: "A posse de boa-fé só perde este caráter no caso e desde o momento em que as circunstâncias façam presumir que o possuidor não ignora que possui indevidamente." Nesse sentido, a jurisprudência tem entendido que a citação para a ação reivindicatória é uma hipótese que transforma a boa-fé em má-fé, pois, com o recebimento da cópia da petição inicial, o possuidor tem consciência de que a sua posse é viciada. Portanto, os efeitos da sentença que retroagirão ate a citação, constituindo Aloísio possuidor de má-fé e sujeito as suas consequências desde de a data em que foi citado e não desde o nascedouro da posse como como assevera a assertiva.

**Alternativa "b".** Como dito alhures, a jurisprudência tem entendido que a citação para a ação reivindicatória é fato suficiente para dar ciência ao possuidor de que sua posse é viciada. Nesse sentido, não é preciso esperar a prolação de uma sentença de mérito para que a posse de boa-fé, de Aloísio, se transforme em posse de má-fé e, consequentemente, sofra as consequências decorrentes dessa espécie de posse, desde de a citação para a mencionada ação reivindicatória. Sobre as consequências da posse de má-fé em relação aos frutos, doutrina o art. 1.216, do CC: "O possuidor de má-fé responde por todos os frutos colhidos e percebidos, bem como pelos que, por culpa sua, deixou de perceber, desde o momento em que se constituiu de má-fé; tem direito às despesas da produção e custeio."

**Alternativa "c":** A pretensão da autora está equivocada, considerando que só a partir da transformação da posse de boa-fé, em má-fé, os frutos percebidos por Aloísio devem ser restituídos. No entanto, somente a partir da citação, para a ação reivindicatória, segundo vem reconhecendo a doutrina, é que surgem circunstâncias que façam presumir que o possuidor tem consciência de que sua posse é eivada de vício. Desse modo, o pleito da autora, quanto a devolução dos frutos percebidos, só deve prosperar considerando a data da citação e o fim do contrato de locação. O pedido referente ao período anterior a citação deve ser indeferido pelo órgão julgador. Como fundamento da assertiva, vejamos os seguintes dispositivos do CC:

art. 1.202: "A posse de boa-fé só perde este caráter no caso e desde o momento em que as circunstâncias façam presumir que o possuidor não ignora que possui indevidamente." Art. 1.216, do CC: "O possuidor de má-fé responde por todos os frutos colhidos e percebidos, bem como pelos que, por culpa sua, deixou de perceber, desde o momento em que se constituiu de má-fé; tem direito às despesas da produção e custeio."

**Alternativa "d".** A posse com justo título tem presunção de boa-fé. Contudo, essa presunção não é absoluta, mas relativa, pois admite prova em contrario, como assevera a norma contida no pár. ún. do art. 1.201: "O possuidor com justo título tem por si a presunção de boa-fé, salvo prova em contrário, ou quando a lei expressamente não admite esta presunção."

**Alternativa Correta: letra "c".**

---

**118. (FGV – Exame de Ordem 2017.2)** À vista de todos e sem o emprego de qualquer tipo de violência, o pequeno agricultor Joventino adentra terreno vazio, constrói ali sua moradia e uma pequena horta para seu sustento, mesmo sabendo que o terreno é de propriedade de terceiros. Sem ser incomodado, exerce posse mansa e pacífica por 2 (dois) anos, quando é expulso por um grupo armado comandado por Clodoaldo, proprietário do terreno, que só tomou conhecimento da presença de Joventino no imóvel no dia anterior à retomada.

Diante do exposto, assinale a afirmativa correta.

a) Como não houve emprego de violência, Joventino não pode ser considerado esbulhador.

b) Clodoaldo tem o direito de retomar a posse do bem mediante o uso da força com base no desforço imediato, eis que agiu imediatamente após a ciência do ocorrido.

c) Tendo em vista a ocorrência do esbulho, Joventino deve ajuizar uma ação possessória contra Clodoaldo, no intuito de recuperar a posse que exercia.

d) Na condição de possuidor de boa-fé, Joventino tem direito aos frutos e ao ressarcimento das benfeitorias realizadas durante o período de exercício da posse.

COMENTÁRIOS

**Alternativa "a".** Como mencionado na alternativa anterior, a doutrina salienta que o art. 1.200, do CC, não traz todas as hipóteses de posse viciosa, tendo em vista que também será considerado esbulho a posse daquele que pacificamente, ingressa em terreno alheio, sem procurar ocultar a sua invasão, pratica esbulho a céu aberto.

**Alternativa "b".** A assertiva está errada, tendo em vista que o desforço imediato, previsto art. 1.210, §1°, do CC, faculta ao possuidor que perdeu a posse reagir, logo em seguida à perda, e retomar a coisa. Contudo, não é o caso narrado pelo enunciado, que não diz que Clodoaldo era possuidor do terreno, apenas esclarece que ele era proprietário. Para praticar a autotutela prevista no dispositivo legal mencionado, é fundamental que aquele que emprega o desforço imediato seja possuidor, não basta que seja proprietário. Vejamos a redação do dispositivo: art. 1.210: "O possuidor tem direito a ser mantido na posse em caso de turbação, restituído no de esbulho, e segurado de violência iminente, se tiver justo receio de ser molestado. § 1° O possuidor turbado, ou esbulhado, poderá manter-se ou restituir-se por sua própria força, contanto que o faça logo; os atos de defesa, ou de desforço, não podem ir além do indispensável à manutenção, ou restituição da posse."

**Alternativa "c".** Considerando o enunciado da questão, fica evidente que Joventino tem posse injusta, tendo em vista que a obteve por meio do esbulho. Lembrando que a doutrina argumenta que o art. 1.200, do CC, não traz todas as hipóteses de posse viciosa. Isso porque, apesar de não estar previsto expressamente no dispositivo legal citado, também deve-se considerar viciosa a posse daquele que pacificamente, ingressa em terreno alheio, sem procurar ocultar a sua invasão, pratica esbulho a céu aberto. Além disso, a posse de Joventino é de má fé, pois sabia que o terreno era de terceiros. Noutro giro, o enunciado apresenta Clodoaldo como proprietário do terreno, mas em momento algum é dito que ele seria possuidor. Nesse sentido, fica evidente que o único que detém a posse é Joventino, ainda que seja considerada injusta. Por isso, quando Clodoaldo insurge com violência para tomar-lhe a posse comete esbulho, o que justifica o ajuizamento de uma ação possessória por parte de Joventino, para ter reintegrada a sua posse. Para o ajuizamento de uma ação possessória a condição que se exige é a de possuidor (art. 560, CPC), mesmo que não tenha título ou que a posse seja injusta.

**Alternativa "d".** Ficou demonstrado no comentário da alternativa "c", que a posse de Joventino é de má-fé.

**Alternativa correta: letra "c".**

---

**119. (FGV – Exame de Ordem 2015.1)** Mediante o emprego de violência, Mélvio esbulhou a posse da Fazenda Vila Feliz. A vítima do esbulho, Cassandra, ajuizou ação de reintegração de posse em face de Mélvio após um ano e meio, o que impediu a concessão de medida liminar em seu favor. Passados dois anos desde a invasão, Mélvio teve que trocar o telhado da casa situada na fazenda, pois estava danificado. Passados cinco anos desde a referida obra, a ação de reintegração de posse transitou em julgado e, na ocasião, o telhado colocado por Mélvio já se encontrava severamente danificado. Diante de sua derrota, Mélvio argumentou que faria jus ao direito de retenção pelas benfeitorias erigidas, exigindo que Cassandra o reembolsasse.

A respeito do pleito de Mélvio, assinale a afirmativa correta.

a) Mélvio não faz jus ao direito de retenção por benfeitorias, pois sua posse é de má-fé e as benfeitorias, ainda que necessárias, não devem ser indenizadas, porque não mais existiam quando a ação de reintegração de posse transitou em julgado.

b) Mélvio é possuidor de boa-fé, fazendo jus ao direito de retenção por benfeitorias e devendo ser indenizado por Cassandra com base no valor delas.

c) Mélvio é possuidor de má-fé, não fazendo jus ao direito de retenção por benfeitorias, mas deve ser indenizado por Cassandra com base no valor delas.

d) Mélvio é possuidor de má-fé, fazendo jus ao direito de retenção por benfeitorias e devendo ser indenizado pelo valor atual delas.

COMENTÁRIOS

**Alternativa "a".** A assertiva está correta. A partir de um exame do enunciado da questão, é possível concluir que a posse que Mélvio exerce sobre a coisa é de má-fé e injusta, diante da violência caracterizada na espécie. Neste contexto, é cediço que o possuidor de má-fé teria o direito de ser indenizado pelas benfeitorias necessárias que introduziu no imóvel, por força do que preconiza o art. 1.220 do CC. Entretanto, na hipótese versada no enunciado da questão, o direito à indenização pereceu, tendo em vista que também pereceram as benfeitorias necessárias que o Mélvio introduziu no imóvel. Como corolário lógico, não faz Mélvio jus à indenização respectiva, tendo em vista que os reparos no telhado não reverteram qualquer benefício para Cassandra. Demais disso, nos termos do mesmo art. 1.220 do CC, Mélvio não tem direito de retenção sobre a coisa. Para confirmar o acerto da alternativa ora examinada, é oportuno transcrever o teor do art. 1.220 do CC: "Ao possuidor de má-fé serão ressarcidas somente as benfeitorias necessárias; não lhe assiste o direito de retenção pela importância destas, nem o de levantar as voluptuárias."

**Alternativas "b", "c" e "d".** As alternativas estão incorretas, porquanto dissonantes do que prescreve o art. 1.220 do CC, transcrito quando do comentário à alternativa correta.

**Alternativa correta: letra "a".**

## 6.4. MODOS DERIVADOS DE AQUISIÇÃO DA POSSE

### 6.4.1. CONSTITUTO POSSESSÓRIO

- CC, art. 1.267, parágrafo único.

---

**120. (FGV – Exame de Ordem 2016.2 – Prova reaplicada Salvador-BA)** O apartamento de João é invadido e, entre outras coisas, um paletó é furtado. Três meses depois, João descobre que o seu paletó está sendo usado por Ricardo. Ao ser confrontado, Ricardo esclarece que adquiriu o paletó há um mês de um brechó, que o mantinha exposto no mostruário. Alegou ainda que adquiriu a roupa sem saber que era proveniente de furto. Em prova do alegado, Ricardo exibe documento comprobatório da compra do paletó feita no brechó.

Tendo em vista a situação descrita, assinale a afirmativa correta.

a) Ricardo não é o legítimo proprietário do paletó, pois o adquiriu do brechó, que não era o verdadeiro dono da coisa.

b) Ricardo é o legítimo proprietário do paletó, uma vez que o adquiriu de boa-fé, em estabelecimento comercial, que, nas circunstâncias do caso, aparentava ser o dono da coisa.

c) Ricardo é o legítimo proprietário do paletó, mas deve indenizar João, entregando-lhe soma equivalente ao preço que pagou ao brechó.

d) Ricardo não é o legítimo proprietário do paletó, uma vez que o comprou do brechó apenas dois meses depois do furto sofrido por João.

**COMENTÁRIOS**

A assertiva "b" está correta, considerando que sua redação concorda com o que prescreve o art. 1.268, do CC: "Feita por quem não seja proprietário, a tradição não aliena a propriedade, exceto se a coisa, oferecida ao público, em leilão ou estabelecimento comercial, for transferida em circunstâncias tais que, ao adquirente de boa-fé, como a qualquer pessoa, o alienante se afigurar dono. § 1º Se o adquirente estiver de boa-fé e o alienante adquirir depois a propriedade, considera-se realizada a transferência desde o momento em que ocorreu a tradição. § 2º Não transfere a propriedade a tradição, quando tiver por título um negócio jurídico nulo." As assertivas "a", "c" e "d", estão incorretas, justamente por contrariarem o que doutrina o dispositivo legal citado.

**Alternativa correta: letra "b".**

---

**121. (Exame de Ordem 2010.2 – FGV)** Sobre o constituto possessório, assinale a alternativa correta.

a) Trata-se de modo originário de aquisição da propriedade.

b) Trata-se de modo originário de aquisição da posse.

c) Representa uma tradição ficta.

d) É imprescindível para que se opere a transferência da posse aos herdeiros na sucessão universal.

**COMENTÁRIOS**

**Alternativa "a".** A assertiva está incorreta. As formas originárias de aquisição da propriedade imóvel são: as acessões (naturais e artificiais) e a usucapião. Por outro lado, as formas originárias de aquisição da propriedade móvel são: a ocupação, o achado do tesouro e a usucapião.

**Alternativa "b".** A assertiva está incorreta. Por consistir em uma espécie de tradição ficta (simbólica), o constituto possessório se consubstancia em uma forma de aquisição derivada da posse e não originária, como equivocadamente constou do enunciado da alternativa.

**Alternativa "c".** O constituto possessório é a forma simbólica de tradição (tradição ficta) em que o alienante continua exercendo o poder físico sobre a coisa em nome do adquirente. Trata-se, pois, de uma forma de tradição ficta, pois a entrega da coisa não ocorre no plano fático. O instituto jurídico em apreço encontra-se disciplinado no art. 1.267, parágrafo único, do Código Civil, com a seguinte redação: "Subentende-se a tradição quando o transmitente continua a possuir pelo constituto possessório; quando cede ao adquirente o direito à restituição da coisa, que se encontra em poder de terceiro; ou quando o adquirente já está na posse da coisa, por ocasião do negócio jurídico."

**Alternativa "d".** A transmissão da posse aos herdeiros, na hipótese de sucessão hereditária, opera-se automaticamente, no momento de abertura da sucessão, a teor do que preceitua o art. 1.784, do Código Civil: "Aberta a sucessão, a herança transmite-se, desde logo, aos herdeiros legítimos e testamentários."

**Alternativa correta: letra "c".**

## 6.5. DA PROPRIEDADE

### 6.5.1. DA AQUISIÇÃO DA PROPRIEDADE

---

**122. (FGV – Exame de Ordem 2018.2)** Diante da crise que se abateu sobre seus negócios, Eriberto contrai empréstimo junto ao seu amigo Jorge, no valor de R$ 200.000,00, constituindo, como garantia, hipoteca do seu sítio, com vencimento em 20 anos.

Esgotado o prazo estipulado e diante do não pagamento da dívida, Jorge decide executar a hipoteca, mas vem a saber que o imóvel foi judicialmente declarado usucapido por Jonathan, que o ocupava de forma mansa e pacífica para sua moradia durante o tempo necessário para ser reconhecido como o novo proprietário do bem.

Diante do exposto, assinale a opção correta.

a) Como o objeto da hipoteca não pertence mais a Eriberto, a dívida que ele tinha com Jorge deve ser declarada extinta.

b) Se a hipoteca tiver sido constituída após o início da posse ad usucapionem de Jonathan, o imóvel permanecerá hipotecado mesmo após a usucapião, em respeito ao princípio da ambulatoriedade.

c) Diante da consumação da usucapião, Jorge tem direito de regresso contra Jonathan, haja vista que o bem usucapido era objeto de sua garantia.

d) Sendo a usucapião um modo de aquisição originária da propriedade, Jonathan pode adquirir a propriedade do imóvel livre da hipoteca que Eriberto constituíra em favor de Jorge.

**COMENTÁRIOS**

**Alternativa "a".** A assertiva está equivocada. A extinção da propriedade sobre o bem objeto de hipoteca não tem o

CIVIL

condão de extinguir a dívida contraída por Eriberto junto a Jorge, em razão da manifesta inexistência de previsão legal a esse respeito. Demais disso, a hipoteca é pacto acessório ao contrato de mútuo, de modo que, extinto o contrato de mútuo, extinguir-se-á também a hipoteca, em virtude do princípio da gravitação jurídica, o que não ocorreu na hipótese tratada no enunciado da questão.

**Alternativa "b".** O princípio da ambulatoriedade, cujo conteúdo traduz a ideia de que as obrigações *propter rem* aderem à coisa, não se aplica à hipótese versada no enunciado da questão. Na verdade, a hipoteca não se consubstancia em uma obrigação *propter rem*, direito de natureza *sui generis*, mas em típico direito real, porquanto elencado no rol do art. 1.225 do CC.

**Alternativa "c".** A assertiva está equivocada, porquanto inexiste previsão legal de direito de regresso na hipótese tratada pelo enunciado da questão.

**Alternativa "d".** A assertiva está correta. A usucapião consiste na forma originária de aquisição do direito de propriedade e de outros direitos reais, em virtude do exercício prolongado da posse *ad usucapionem* durante o lapso temporal estabelecido pela legislação de regência. Por se tratar de forma originária de aquisição do domínio, todos os eventuais ônus que recaíam sobre a propriedade deixam de existir em relação ao novo proprietário, de modo que a hipoteca constituída de maneira a assegurar o cumprimento das obrigações de Eriberto no âmbito do contrato de mútuo não prevalecerá.

**Alternativa correta: letra "d".**

## 6.5.1.1. USUCAPIÃO EXTRAORDINÁRIO

▸ CC, art. 1.238

**123. (FGV – Exame de Ordem 2018.1)** Jonas trabalha como caseiro da casa de praia da família Magalhães, exercendo ainda a função de cuidador da matriarca Lena, já com 95 anos. Dez dias após o falecimento de Lena, Jonas tem seu contrato de trabalho extinto pelos herdeiros. Contudo, ele permanece morando na casa, apesar de não manter qualquer outra relação jurídica com os herdeiros, que também já não frequentam mais o imóvel e permanecem incomunicáveis.

Jonas decidiu, por sua própria conta, fazer diversas modificações na casa: alterou a pintura, cobriu a garagem (que passou a alugar para vizinhos) e ampliou a churrasqueira. Ele passou a dormir na suíte principal, assumiu as despesas de água, luz, gás e telefone, e apresentou-se, perante a comunidade, como "o novo proprietário do imóvel". Doze anos após o falecimento de Lena, seu filho Adauto decide retomar o imóvel, mas Jonas se recusa a devolvê-lo.

A partir da hipótese narrada, assinale a afirmativa correta.

a) Jonas não pode usucapir o bem, eis que é possuidor de má-fé.

b) Adauto não tem direito à ação possessória, eis que o imóvel estava abandonado.

c) Jonas não pode ser considerado possuidor, eis que é o caseiro do imóvel.

d) Na hipótese indicada, a má-fé de Jonas não é um empecilho à usucapião.

**COMENTÁRIOS**

✪ **Nota do autor:** não confundir posse de má-fé, com posse injusta. A primeira diz respeito a boa fé subjetiva, ou seja, o possuidor tem conhecimento da ilegitimidade do seu direito. Por sua vez, a posse injusta, é analisada no plano da boa fé objetiva, e será injusta desde que adquirida por meio de violência, clandestinidade ou precariedade.

**Alternativa "a".** A assertiva está errada ao afirmar que Jonas não poderá usucapir o bem em decorrência de ser possuidor de má-fé. A lei autoriza que se adquira a propriedade por meio do usucapião extraordinário, desde que preenchidos os requisitos, independentemente de boa ou má-fé. Nesse sentido, é a norma contida no art. 1.238, do CC/02: "Aquele que, por quinze anos, sem interrupção, nem oposição, possuir como seu um imóvel, adquire-lhe a propriedade, independentemente de título e boa-fé; podendo requerer ao juiz que assim o declare por sentença, a qual servirá de título para o registro no Cartório de Registro de Imóveis."

**Alternativa "b".** A assertiva se equivoca, pois o imóvel não estava abandonado, tendo em vista que estava sob a posse de Jonas.

**Alternativa "c".** Não está correto, considerando que Jonas foi caseira no período em que a proprietária vivia na casa. Com a morte da proprietária cessa a relação de dependência de Jonas, que passa a exercer a posse em nome próprio, agindo como se fosse proprietário do imóvel. Nesse caso, ele deixou de ser detentor, para ser possuidor. Vejamos a norma contido, no art. 1.198, do CC/02: "Considera-se detentor aquele que, achando-se em relação de dependência para com outro, conserva a posse em nome deste e em cumprimento de ordens ou instruções suas."

**Alternativa "d".** Está correta, como já foi visto alhures, o CC/02, não impede a aquisição da propriedade por meio do usucapião, quando a posse seja de má-fé. Nesse sentido, é a norma contida no art. 1.238, do CC/02, conforme visto. Ainda, cabe registrar que Jonas tinha a posse por 12 anos, e o requisito para o usucapião extraordinário, previsto no *caput* do art. 1.238, do CC/02, exige 15 anos de posse. Contudo, o pár. ún. do dispositivo citado, reduz para 10 anos o tempo exigido para a prescrição aquisitiva, quando o imóvel possuído seja único e usado para residência da família. Vejamos a redação legal: "Art. 1.238. Aquele que, por quinze anos, sem interrupção, nem oposição, possuir como seu um imóvel, adquire-lhe a propriedade, independentemente de título e boa-fé; podendo requerer ao juiz que assim o declare por sentença, a qual servirá de título para o registro no Cartório de Registro de Imóveis. Parágrafo único. O prazo estabelecido neste artigo reduzir-se-á a dez anos se o possuidor houver estabelecido no imóvel a sua moradia habitual, ou nele realizado obras ou serviços de caráter produtivo."

**Alternativa correta: letra "d".**

## 6.5.1.2. USUCAPIÃO FAMILIAR

▸ CC, art. 1.240-A.

**124. (FGV – Exame de Ordem 2021.1)** Joel e Simone se casaram em regime de comunhão total de bens em 2010. Em 2015, depois de vários períodos conturbados, Joel abandonou a primeira e única residência de 150 m2, em área urbana, que o casal havia adquirido mediante pagamento à vista, com recursos próprios de ambos, e não dá qualquer notícia sobre seu paradeiro ou intenções futuras.

Em 2018, após Simone ter iniciado um relacionamento com Roberto, Joel reaparece subitamente, notificando sua ex-mulher, que não é proprietária nem possuidora de outro imóvel, de que deseja retomar sua parte no bem, eis que não admitiria que ela passasse a morar com Roberto no apartamento que ele e ela haviam comprado juntos.

Sobre a hipótese narrada, assinale a afirmativa correta.

a) Apesar de ser possuidora de boa-fé, Simone pode se considerar proprietária da totalidade do imóvel, tendo em vista a efetivação da usucapião extraordinária.

b) Uma vez que a permanência de Simone no imóvel é decorrente de um negócio jurídico realizado entre ela e Joel, é correto indicar um desdobramento da posse no caso narrado.

c) Como Joel deixou o imóvel há mais de dois anos, Simone pode alegar usucapião da fração do imóvel originalmente pertencente ao ex-cônjuge.

d) A hipótese de usucapião é impossível, diante do condomínio sobre o imóvel entre Joel e Simone, eis que ambos são proprietários.

COMENTÁRIOS

**NOTA DO AUTOR:** Essa nova modalidade de usucapião – familiar ou familiar por abandono, foi introduzida pela Lei n. 12.424 de 16 de junho de 2011, acrescendo o art. 1240-A, CC: "Aquele que exercer, por 2 (dois) anos ininterruptamente e sem oposição, posse direta, com exclusividade, sobre imóvel urbano de até 250m$^2$ (duzentos e cinquenta metros quadrados) cuja propriedade divida com ex-cônjuge ou ex-companheiro que abandonou o lar, utilizando-o para sua moradia ou de sua família, adquirir-lhe-á o domínio integral, desde que não seja proprietário de outro imóvel urbano ou rural."

**Alternativa "a".** A assertiva não corresponde ao que prescreve a lei civil, pois a usucapião extraordinária, está previsto no art. 1.238 do CC, para sua caracterização exige posse mansa e pacífica por 15 anos, independentemente de justo título ou boa-fé. Esse prazo de 15 anos, pode ser reduzido para 10 anos, caso ocorra o previsto no parágrafo único do dispositivo citado. Por sua vez, a usucapião de que trata o enunciado da questão e a especial urbano por abandono do lar ou familiar, previsto no art. 1.240-A, do CC.

**Alternativa "b".** A assertiva não está correta, tendo em vista que não se trata de desdobramento da posse, que ocorre quando o proprietário do bem, por meio de um negócio jurídico (ex. contrato de locação), transfere o poder de fato (direto) sobre o bem para outra pessoa, mas o proprietário continua sendo possuidor indireto. Nesse caso, a posse que era plena, para o proprietário é desdobrada em posse direta e indireta. Não há dúvida de que o enunciado da questão não trata do desdobramento da posse, acarretando no erro da alternativa, em tela. O enunciado, aborda o tema da usucapião familiar por abandono, previsto no art. 1240-A, CC.

**Alternativa "c".** Assertiva está correta, pois corresponde ao que está previstos na lei civil, cujo resultado é a configuração da usucapião familiar, assentado no art. 1.240-A: "Aquele que exercer, por 2 (dois) anos ininterruptamente e sem oposição, posse direta, com exclusividade, sobre imóvel urbano de até 250m$^2$ (duzentos e cinquenta metros quadrados) cuja propriedade divida com ex-cônjuge ou ex-companheiro que abandonou o lar, utilizando-o para sua moradia ou de sua família, adquirir-lhe-á o domínio integral, desde que não seja proprietário de outro imóvel urbano ou rural."

**Alternativa "d".** A afirmação vai de encontro com o que prescreve o art. 1.240-A, do CC.

**Alternativa Correta: letra "c".**

---

**125. (FGV-Exame de Ordem 2019.1)** Aline manteve união estável com Marcos durante 5 (cinco) anos, época em que adquiriram o apartamento de 80 m$^2$ onde residiam, único bem imóvel no patrimônio de ambos.

Influenciado por tormentosas discussões, Marcos abandonou o apartamento e a cidade, permanecendo Aline sozinha no imóvel, sustentando todas as despesas deste. Após 3 (três) anos sem notícias de seu paradeiro, Marcos retornou à cidade e exigiu sua meação no imóvel.

Sobre o caso concreto, assinale a afirmativa correta.

a) Marcos faz jus à meação do imóvel em eventual dissolução de união estável.

b) Aline poderá residir no imóvel em razão do direito real de habitação.

c) Aline adquiriu o domínio integral, por meio de usucapião, já que Marcos abandonou o imóvel durante 2 (dois) anos.

d) Aline e Marcos são condôminos sobre o bem, o que impede qualquer um deles de adquiri-lo por usucapião.

COMENTÁRIOS

**Alternativa "a":** A assertiva está incorreta. Considerando que Aline exerceu a posse mansa, pacífica e ininterrupta sobre imóvel do casal, dotado de 80m$^2$, durante o período de 3 (três) anos, sobreveio a aquisição imobiliária por usucapião da parcela do imóvel que caberia a Marcos, em razão do disposto no art. 1.240-A do CC.

**Alternativa "b":** A assertiva está equivocada. O direito real de habitação não se aplica à hipótese versada no enunciado da questão, sendo um instituto afeito à sucessão hereditária disciplinado pelo art. 1.831 do CC, com a seguinte redação: *"Ao cônjuge sobrevivente, qualquer que seja o regime de bens, será assegurado, sem prejuízo da participação que lhe caiba na herança, o direito real de habitação relativamente ao imóvel destinado à residência da família, desde que seja o único daquela natureza a inventariar."*

**Alternativa "c":** A assertiva está correta, em virtude do que preconiza o art. 1.240-A do CC, com a seguinte redação: *"Aquele que exercer, por 2 (dois) anos ininterruptamente e sem oposição, posse direta, com exclusividade, sobre imóvel urbano de até 250m$^2$ (duzentos e cinquenta metros quadrados) cuja propriedade divida com ex-cônjuge ou ex-companheiro que abandonou o lar, utilizando-o para sua moradia ou de sua família, adquirir-lhe-á o domínio integral, desde que não seja proprietário de outro imóvel urbano ou rural."*

**Alternativa "d":** Em razão da aplicação do art. 1.240-A à espécie, a alternativa está equivocada.

**Alternativa correta: letra "b".**

---

**126. (Exame de Ordem 2012.3 – FGV)** Em janeiro de 2010, Nádia, unida estavelmente com Rômulo, após dez anos de convivência e sem que houvesse entre eles contrato escrito que disciplinasse as relações entre companheiros, abandona definitivamente o lar. Nos dois anos seguintes, Rômulo, que não é proprietário de outro imóvel urbano ou rural, continuou, ininterruptamente, sem oposição de quem quer que fosse, na posse direta e exclusiva do imóvel urbano com 200 metros quadrados, cuja propriedade dividia com Nádia e que servia de moradia do casal. Em março de 2012, Rômulo – que nunca havia ajuizado ação de usucapião, de qualquer espécie, contra quem quer que fosse - ingressou com ação de usucapião, pretendendo o reconhecimento judicial para adquirir integralmente o domínio do referido imóvel. Diante dessa situação hipotética, assinale a afirmativa correta.

a) A pretensão de aquisição do domínio integral do imóvel por Rômulo é infundada, pois o prazo assinalado pelo Código Civil é de 10 (dez) anos.

b) A pretensão de aquisição do domínio integral do imóvel por Rômulo é infundada, pois a hipótese de abandono do lar, embora possa caracterizar a impossibilidade da comunhão de vida, não autoriza a propositura de ação de usucapião.

c) A pretensão de aquisição do domínio integral do imóvel por Rômulo é infundada, pois tal direito só existe para as situações em que as pessoas foram casadas sob o regime da comunhão universal de bens.

d) A pretensão de aquisição do domínio integral do imóvel por Rômulo preenche todos os requisitos previstos no Código Civil.

**COMENTÁRIOS**

✪ **Nota do autor:** A questão em apreço se refere à mais recente modalidade de usucapião introduzida no Direito Civil brasileiro. Trata-se da usucapião familiar, consagrada no art. 1.240-A, do Código Civil, acrescentada pela Lei nº 12.424, de 16 de junho de 2011.

**Alternativa "a".** A assertiva está incorreta. O prazo consagrado pelo art. 1.240-A, do Código Civil, é de 2 (dois) anos e não de 10 (dez) anos, conforme constou do enunciado da alternativa.

**Alternativa "b".** A assertiva está incorreta, pois, conforme exposto alhures, é possível o manejo de ação de usucapião na hipótese de abandono de lar, conforme autoriza o art. 1.240-A, do Código Civil.

**Alternativa "c".** Ao contrário do que constou da alternativa, o art. 1.240-A, do Código Civil, que disciplina a usucapião familiar, não condiciona a sua incidência à adoção de qualquer regime de casamento. Aliás, como exposto anteriormente, o instituto em apreço aplica-se a qualquer modalidade de entidade familiar, independentemente de regime de bens, conforme entendimento consubstanciado no Enunciado 500, CJF/STJ.

**Alternativa "d".** O instituto da usucapião familiar, como mencionado na nota acima, encontra-se disciplinado no art. 1.240-A, do Código Civil, com a seguinte redação: "Aquele que exercer, por 2 (dois) anos ininterruptamente e sem oposição, posse direta, com exclusividade, sobre imóvel urbano de até 250 m$^2$ (duzentos e cinquenta metros quadrados) cuja propriedade divida com ex-cônjuge ou ex-companheiro que abandonou o lar, utilizando-o para sua moradia ou de sua família, adquirir-lhe-á o domínio integral, desde que não seja proprietário de outro imóvel urbano ou rural." No caso proposto no enunciado da questão, havia união estável entre Nádia e Rômulo, sendo certo que a primeira, em janeiro de 2010, abandonou o lar, que se constituía em imóvel urbano com 200 m$^2$. Nos dois anos subsequentes, Rômulo permaneceu na posse do imóvel. Desse modo, considerando-se que Rômulo não tem outro imóvel urbano ou rural, é possível o ajuizamento da ação de usucapião nos moldes propostos pela alternativa em exame. Ademais, o fato de haver apenas união estável entre Nádia e Rômulo não elide o entendimento ora perfilhado, tendo em vista que o próprio dispositivo legal que disciplina o instituto menciona a expressão "ex-companheiro", fazendo referência à união estável. Por fim, para corroborar tal entendimento, é importante trazer à colação o teor do Enunciado 500, CJF/STJ, com a seguinte redação: "A modalidade de usucapião prevista no art. 1.240-A do Código Civil pressupõe a propriedade comum do casal e compreende todas as formas de família ou entidades familiares, inclusive homoafetivas."

**Alternativa correta: letra "d".**

### 6.5.1.3. DA AQUISIÇÃO PELO REGISTRO DO TÍTULO

▸ CC, art. 1.245 a 1.247.

**127. (FGV – Exame de Ordem XXXVI – 2022)** Márcio vendeu um imóvel residencial, do qual era proprietário, para Sebastião. Animado com esse negócio, o comprador, músico, mencionou ao vendedor sua felicidade, pois passaria a residir em uma casa onde haveria espaço suficiente para colocar um piano. Porém, queixou-se de ainda não ter encontrado o instrumento ideal para comprar.

Neste momento, Márcio comentou que sua filha, Fabiana, trabalhava com instrumentos musicais e estava buscando alguém interessado em adquirir um de seus pianos. Após breve contato com Fabiana, Sebastião foi até a casa dela, analisou o instrumento e gostou muito. Por tais razões, manifestou vontade de comprá-lo.

Após as tratativas mencionadas, Márcio e Sebastião celebraram contrato de compra e venda de imóvel sob a forma de escritura pública lavrada em Cartório de Notas, com posterior pagamento integral do preço, devido ao vendedor, pelo comprador. De outro lado, Sebastião e Fabiana também celebraram contrato particular de compra e venda do piano, com posterior pagamento integral do valor pelo comprador e entrega por Fabiana do bem vendido.

A respeito da situação apresentada, segundo o Código Civil, Sebastião adquiriu a propriedade

a) tanto do imóvel quanto a do piano, pela tradição dos referidos bens.

b) do piano a partir da tradição desse bem, mas a do imóvel foi adquirida no momento em que se lavrou a escritura pública de compra e venda no Cartório de Notas.

c) do piano a partir da tradição desse bem, mas a do imóvel será adquirida mediante registro do título translativo no Registro de Imóveis.

d) tanto do imóvel quanto a do piano, a partir do momento em que assumiu a posse dos referidos bens.

**COMENTÁRIOS**

**Alternativa "a".** A aquisição da propriedade de bem móvel, ocorre com a tradição, que no caso em voga, se caracteriza com a entrega do piano ao comprador (art. 1.267, CC). Por sua vez, a tradição do bem imóvel, somente se aperfeiçoa, com a transferência da titularidade, realizada com o registro no Cartório de Imóveis, em que o nome do novo proprietário, Sebastião, passa a constar na matrícula do respectivo imóvel (art. 1.245, CC). Por isso, a presente assertiva está errada, pois afirma que tanto transferência do bem móvel, quando imóvel se dá pela mera tradição.

**Alternativa "b".** Quando a assertiva afirma que a transferência da propriedade do piano, ocorre a partir da tradição, está correto, confirma o que diz o art. 1.267, CC. Contudo, está errado ao afirmar que a transferência do bem imóvel, se deu com a lavratura da escritura pública de compra e venda, no Cartório de Notas. O registro do contrato de compra e venda, neste cartório, tem caráter declaratório da manifestação de vontade das partes, e torna público o negócio jurídico. A transferência da propriedade, como visto anteriormente, somente opera com o registro no Cartório de Registro de Imóveis (art. 1.245, CC).

**Alternativa "c".** A assertiva está correta. O bem móvel, no caso o piano, tem sua propriedade transferida, com a mera tradição, ou seja, quando Fabiana entrega o piano, para Sebastião. Já a propriedade do bem Imóvel ocorre, como diz a assertiva, com o registro do título translativo no Registro de imóveis. Vejamos os artigos do Código Civil que regulam a matéria: "Art. 1.267. A propriedade das coisas não se transfere pelos negócios jurídicos antes da tradição." "Art. 1.245. Transfere-se entre vivos a propriedade mediante o registro do título translativo no Registro de Imóveis."

**Alternativa "d".** A assertiva está errada. A posse, por si só, não é meio de transferir a propriedade, precisa preencher vários requisitos, que dependerá se o bem é imóvel ou móvel. A assertiva está errada.

**Alternativa correta: letra "c".**

### 6.5.1.4. ACESSÕES ARTIFICIAIS

- CC, art. 1.253 a 1.259.

---

**128. (FGV-Exame de Ordem 2019.1)** Eduarda comprou um terreno não edificado, em um loteamento distante do centro, por R$ 50.000,00 (cinquenta mil reais). Como não tinha a intenção de construir de imediato, ela visitava o local esporadicamente. Em uma dessas ocasiões, Eduarda verificou que Laura, sem qualquer autorização, havia construído uma mansão com 10 quartos, sauna, piscina, cozinha gourmet etc., no seu terreno, em valor estimado em R$ 2.000.000,00 (dois milhões de reais).

Laura, ao ser notificada por Eduarda, antes de qualquer prazo de usucapião, verificou a documentação e percebeu que cometera um erro: construíra sua mansão no lote "A" da quadra "B", quando seu terreno, na verdade, é o lote "B" da quadra "A".

Diante do exposto, assinale a afirmativa correta.

a) Eduarda tem o direito de exigir judicialmente a demolição da mansão construída por Laura, independentemente de qualquer indenização.

b) Laura, apesar de ser possuidora de má-fé, tem direito de ser indenizada pelas benfeitorias necessárias realizadas no imóvel de Eduarda.

c) Laura, como é possuidora de boa-fé, adquire o terreno de Eduarda e a indeniza, uma vez que construiu uma mansão em imóvel inicialmente não edificado.

d) Eduarda, apesar de ser possuidora de boa-fé, adquire o imóvel construído por Laura, tendo em vista a incidência do princípio pelo qual a superfície adere ao solo.

**COMENTÁRIOS**

**Nota do autor:** A questão versa sobre o instituto da aquisição imobiliária por acessão invertida, contemplado pelo art. 1.255, p.u., do CC.

**Alternativa "a":** A assertiva está incorreta. Considerando que Laura é possuidora de boa-fé, por ter edificado em terreno alheio por erro, aplica-se à espécie o disposto no art. 1.255, p.u., do CC, não sendo pertinente o desfazimento de construções e plantações.

**Alternativa "b":** A alternativa está incorreta. Conforme exposto nas linhas precedentes, Laura é possuidora de boa-fé, sendo hipótese de aplicação do art. 1.255, p.u., do CC.

**Alternativa "c":** A alternativa está correta. Nos termos do que preconiza o art. 1.255 do CC, aquele que planta ou edifica, de boa-fé, em terreno alheio, adquire a propriedade sobre o solo, mediante o pagamento de indenização, desde que o valor das construções e plantações exceda consideravelmente o valor do terreno. No caso em comento, considerando que (i) Laura agiu de boa-fé, tendo edificado no terreno de Eduarda, em virtude de erro na análise da documentação pertinente e (ii) o valor das construções supera o valor da terra nua em R$ 1.950.000,00 (um milhão novecentos e cinquenta mil reais), é inegável a incidência do dispositivo aqui mencionado, cujo conteúdo se transcreve a seguir: *"Se a construção ou a plantação exceder consideravelmente o valor do terreno, aquele que, de boa-fé, plantou ou edificou, adquirirá a propriedade do solo, mediante pagamento da indenização fixda judicialmente, se não houver acordo."*

**Alternativa "d":** Consoante exposto no comentário precedente, as disposições insculpidas no art. 1.255, p.u., do CC se constituem em uma exceção à regra geral pela qual o proprietário do terreno adquire as acessões artificiais sobre ele implantadas, sendo pertinente repisar que a aplicação do instituto da aquisição imobiliária por acessão invertida somente se dá mediante o preenchimento de dois requisitos fundamentais, quais sejam, (i) boa-fé de quem edifica e (ii) o valor das construções ou plantações tem que ser consideravelmente maior do que o valor do terreno. Assim, estando preenchidos, na espécie, os dois requisitos alhures mencionados, não se aplica a regra geral de que o proprietário do solo adquire as acessões, o que conduz ao equívoco da alternativa.

**Alternativa correta: letra "c".**

---

**129. (FGV – Exame de Ordem 2012.1)** Diogo, proprietário de um terreno urbano localizado no Município de Vila Formosa, autorizou Rafael, dono de uma transportadora, a utilizar parte desse terreno como garagem. Passados alguns meses de uso, Rafael, sem autorização de Diogo, construiu um galpão coberto com objetivo de proteger sua frota da chuva e do sol. Com o crescimento dos negócios, Rafael ampliou o galpão e ali montou uma oficina para realizar a manutenção dos seus veículos. Verificando uma oportunidade de negócio, Rafael passou a prestar serviços mecânicos a terceiros.

Considerando a situação hipotética e as regras atinentes à acessão artificial, assinale a alternativa correta.

a) Configurará aquisição por acessão invertida se o valor das construções realizadas por Rafael ultrapassar consideravelmente o valor do terreno.

b) Mesmo que Rafael estivesse agindo de má-fé quando da realização da construção no terreno de Diogo, teria direito à indenização das benfeitorias úteis para evitar enriquecimento sem causa deste.

c) A acessão decorrente de construção é forma de aquisição derivada da propriedade.

d) As acessões artificiais podem ser equiparadas às benfeitorias úteis, sobretudo quando representarem instrumento apropriado para conservação do bem principal.

**COMENTÁRIOS**

**Alternativa "a".** A assertiva está correta. Nos termos do que preceitua o art. 1.255, parágrafo único, do Código Civil, aquele que, de boa-fé, construir em terreno alheio poderá adquirir-lhe a propriedade, desde que o valor das construções (forma de acessão artificial) exceda consideravelmente o valor do terreno, mediante indenização. Nesse caso, se não houver acordo quanto ao valor da indenização, ela será fixada judicialmente. Eis o teor do mencionado dispositivo legal: "Se a construção ou a plantação exceder consideravelmente o valor do terreno, aquele que, de boa-fé, plantou ou edificou, adquirirá a propriedade do solo, mediante pagamento da indenização fixada judicialmente, se não houver acordo."

**Alternativa "b".** O possuidor de má-fé somente tem direito de ser indenizado pelas benfeitorias necessárias, as quais representam bens acessórios, introduzidos no principal, com o objetivo de conservá-lo. Por corolário, o possuidor de má-fé não tem direito de ser indenizado pelas benfeitorias úteis, destinadas à melhoria da utilização do bem principal. É o que decorre das disposições inseridas no art. 1.220, do Código Civil, com a seguinte redação: "Ao possuidor de má-fé serão ressarcidas somente as benfeitorias necessárias; não lhe assiste o direito de retenção pela importância destas, nem o de levantar as voluptuárias."

**Alternativa "c".** Ao contrário do que constou do enunciado da alternativa, as construções, enquanto acessões artificiais, se consubstanciam em formas originárias de aquisição da propriedade imobiliária e não derivadas.

**Alternativa "d".** As construções, na condição de acessões artificiais, não se confundem com as benfeitorias úteis. Demais disso, as benfeitorias úteis, ao contrário do que constou do enunciado da questão, não são aquelas destinadas à conservação do bem. Conforme assinalado no comentário da alternativa "b", as benfeitorias úteis são aquelas destinadas à melhoria da utilidade da coisa (Exemplo: Construção de elevador em substituição às escadas existentes em um determinado prédio). Por outro lado, as benfeitorias destinadas à conservação do bem são as chamadas benfeitorias necessárias. Incorreta, portanto, a alternativa.

**Alternativa correta: letra "a".**

### 6.5.2. DOS DIREITOS DE VIZINHANÇA

- CC, art. 1.277 a 1.313.

**130. (FGV – Exame de Ordem 2018.2)** Ronaldo é proprietário de um terreno que se encontra cercado de imóveis edificados e decide vender metade dele para Abílio.

Dois anos após o negócio feito com Abílio, Ronaldo, por dificuldades financeiras, descumpre o que havia sido acordado e constrói uma casa na parte da frente do terreno – sem deixar passagem aberta para Abílio – e a vende para José, que imediatamente passa a habitar o imóvel.

Diante do exposto, assinale a afirmativa correta.

a) Abílio tem direito real de servidão de passagem pelo imóvel de José, mesmo contra a vontade deste, com base na usucapião.

b) A venda realizada por Ronaldo é nula, tendo em vista que José não foi comunicado do direito real de servidão de passagem existente em favor de Abílio.

c) Abílio tem direito a passagem forçada pelo imóvel de José, independentemente de registro, eis que seu imóvel ficou em situação de encravamento após a construção e venda feita por Ronaldo.

d) Como não participou da avença entre Ronaldo e Abílio, José não está obrigado a conceder passagem ao segundo, em função do caráter personalíssimo da obrigação assumida.

**COMENTÁRIOS**

**Alternativas "a" e "b".** As assertivas estão incorretas, tendo em vista que servidão é um direito real na coisa alheia, não é obrigatório e o pagamento de indenização é facultativo. O direito real de servidão proporciona utilidade para o prédio dominante, é constituído para viabilizar o uso pleno do imóvel dominante. No caso em tela, não se trata de servidão de passagem, pois não há faculdade por parte de Abílio, no sentido de usar ou não o imóvel de José, pois ele não tem outro meio de passagem. Também é importante frisar que a servidão de passagem requer registro no Cartório de Registro de Imóveis, para que se constitua, e assim, dar ciência a terceiros adquirentes que não poderão alegar desconhecimento. Vejamos o art. 1.378, do CC/02: "A servidão proporciona utilidade para o prédio dominante, e grava o prédio serviente, que pertence a diverso dono, e constitui-se mediante declaração expressa dos proprietários, ou por testamento, e subseqüente registro no Cartório de Registro de Imóveis."

**Alternativa "c".** A assertiva está correta, pois a situação retratada no enunciado diz respeito a passagem forçada que é direito de vizinhança, que tem seu fundamento na lei, independentemente da vontade ou acordo das partes. Decorre do fato de estar um imóvel encravado, sem acesso a via pública, nascente ou porto, o seu proprietário tem o direito de constranger o vizinho a lhe dar passagem. Nesse sentido, é o que descreve o art. 1.285, do CC/02: "O dono do prédio que não tiver acesso a via pública, nascente ou porto, pode, mediante pagamento de indenização cabal, constranger o vizinho a lhe dar passagem, cujo rumo será judicialmente fixado, se necessário."

**Alternativa "d".** O erro da assertiva está no fato condicionar o direito de passagem forçada a vontade de José. Contudo, tal direito tem fundamento na lei e se evidencia desde que presente a situação fática, ou seja, um imóvel encravado e sem acesso a via público. Alm disso, o direito de vizinhança é uma obrigação *propter rem*, ou seja, decorre da própria coisa.

**Alternativa correta: letra "c".**

**131. (Exame de Ordem 2012.1 – FGV – prova reaplicada em Duque de Caxias/RJ)** Glicério construiu a casa onde reside há oito anos com duas janelas rentes à divisa do terreno. A disposição das janelas na divisa teve como objetivo a iluminação, a ventilação e a vista. Na época, seu vizinho não se opôs à construção. Ocorre que o lote vizinho foi vendido a terceiro, e este levantou um muro rente à parede em que se encontram as janelas. Considerando a situação hipotética e as regras de direitos reais, assinale a alternativa correta.

a) Por ter transcorrido o prazo prescricional de ano e dia da data da abertura das janelas, não poderá mais o proprietário do prédio lindeiro exigir o desfazimento da abertura irregular da janela.

b) Não se aplica o prazo decadencial de ano e dia para demolição e fechamento das janelas abertas irregularmente se o proprietário do prédio lindeiro se manifestou expressamente contrário à feitura da obra na época da construção.

c) Considerando a hipótese de a construção ter sido realizada de maneira irregular e o proprietário do prédio lindeiro ter, no momento da construção, anuído de maneira tácita, mesmo antes de ano e dia serão aplicáveis as regras de servidão de utilidade.

d) O terceiro adquirente do prédio vizinho poderá, a todo tempo, levantar uma edificação no seu prédio; todavia, fica impossibilitado de vedar a claridade e a ventilação da casa do Glicério.

**COMENTÁRIOS**

**Alternativa "a".** A assertiva está incorreta, pois o prazo para se exigir o desfazimento das janelas, contemplado pelo art. 1.302 do Código Civil é decadencial e não prescricional, como constou do enunciado da alternativa. Isso porque o Código Civil de 2002 contemplou os prazos prescricionais exclusivamente em seus arts. 205 e 206, o que conduz ao desacerto da alternativa.

**Alternativa "b".** A teor da jurisprudência do Superior Tribunal de Justiça, se o proprietário do prédio lindeiro não se opuser, no prazo de um ano e um dia, à realização da obra, ficará impossibilitado de postular o seu desfazimento. A esse respeito, destaca-se o acórdão proferido no REsp. 229164 / MA, da lavra do Ministro Eduardo Ribeiro, com o seguinte teor: "Não se opondo o proprietário, no prazo de ano e dia, à abertura de janela sobre seu prédio, ficará impossibilitado de exigir o desfazimento da obra, mas daí não resulta seja obrigado ao recuo de metro e meio ao edificar nos limites de sua propriedade". A *contrario sensu*, se o proprietário do prédio lindeiro se manifestar contrariamente à realização da obra, por ocasião de sua edificação, a ele não se aplicaria o prazo de decadência previsto no art. 1.302 do Código Civil circunstância que conduz ao acerto da alternativa.

**Alternativa "c".** De acordo com a jurisprudência do Superior Tribunal de Justiça, o fato de o proprietário do prédio vizinho ter anuído tacitamente à realização da obra não induz servidão. A esse respeito, colaciona-se o teor do seguinte acórdão: "Não se opondo o proprietário, no prazo de ano e dia, à abertura de janela sobre seu prédio, ficará impossibilitado de exigir o desfazimento da obra, mas dai não resulta em servidão." (STJ. 3ª Turma. REsp 37897 / SP, Rel.: Ministro Eduardo Ribeiro, DJ 01 abr. 1997).

**Alternativa "d".** O Superior Tribunal de Justiça já entendeu que, na hipótese mencionada pela alternativa, não há necessidade de se observar os limites métricos para edificação de muros e janelas, ainda que isso prejudique a claridade do imóvel vizinho. Pelo valor elucidativo e por adequação ao caso concreto em apreço, colaciona-se o seguinte aresto: "Vencido o prazo de ano e dia estipulado no art. 576 do Código Civil, o confinante prejudicado não pode exigir que se desfaça a janela, sacada, terraço ou goteira, mas não fica impedido de construir no seu terreno com distância menor do que metro e meio, ainda que a construção prejudique ou vede a claridade do prédio vizinho." (STJ. 4ª Turma. REsp 34864 / SP, Rel.: Ministro Antonio Torreão Braz, DJ 04 out. 1993).

**Alternativa correta: letra "b".**

---

**132. (Exame de Ordem 2011.1 – FGV)** Acerca da servidão de aqueduto, assinale a alternativa correta.

a) Não se aplicam à servidão de aqueduto as regras pertinentes à passagem de cabos e tubulações.

b) O aqueduto deverá ser construído de maneira que cause o menor prejuízo aos proprietários dos imóveis vizinhos, e a expensas do seu dono, mas a quem não incumbem as despesas de conservação.

c) Se o uso das águas não se destinar à satisfação das exigências primárias, o proprietário do aqueduto não deverá ser indenizado pela retirada das águas supérfluas aos seus interesses de consumo.

d) O proprietário do prédio serviente, ainda que devidamente indenizado pela passagem da servidão do aqueduto, poderá exigir que seja subterrânea a canalização que atravessa áreas edificadas, pátios, jardins ou quintais.

COMENTÁRIOS

**Nota do autor:** Para melhor compreensão do tema, colacionamos o clássico conceito de servidão de aqueduto de Carvalho Santos: "Servidão de aqueduto é a faculdade que tem alguém de conduzir água por prédio alheio, ou de prédio alheio para o seu prédio, em benefício ou utilidade próprios." Esse instituto decorre do direito de vizinhança, sendo, portanto, um direito potestativo, cujo exercício judicial pode ser exercido contra o vizinho em caso de resistência. (CARVALHO SANTOS. **Código Civil brasileiro interpretado.** 3. ed. Rio de Janeiro: Freitas Bastos, 1943. V. VIII, p. 93.)

**Alternativa "a".** O Código Civil expressamente determina que se apliquem ao direito de aqueduto as regras pertinentes à passagem de cabos e tubulações, contrariando o enunciado, reguladas pelos arts. 1.286 e 1.287 do CC, conforme a redação do art. 1.294 do CC: "Aplica-se ao direito de aqueduto o disposto nos arts. 1.286 e 1.287."

**Alternativa "b".** A assertiva altera a redação do §3º do art. 1.293 do CC, quando afirma que "não incumbem as despesas de conservação" ao dono do aqueduto, pois segundo o texto legal acima mencionado, cabe ao dono do aqueduto construí-lo de maneira que cause o menor prejuízo possível aos proprietários dos imóveis vizinhos, como a ele incumbem as despesas relativas a sua conservação. Por oportuno, vejamos a redação literal do dispositivo citado: O aqueduto será construído de maneira que cause o menor prejuízo aos proprietários dos imóveis vizinhos, e a expensas do seu dono, a quem incumbem também as despesas de conservação.

**Alternativa "c".** O direito à servidão de aqueduto tem seu fundamento no fato de que todos devem ter direito a receber as águas que sejam "indispensáveis às primeiras necessidades da vida." Nesse sentido, caso existam águas supérfluas, que sobram, ou seja, que vão além das "primeiras necessidades da vida" do titular do prédio dominante, nascerá para os interessados, proprietários ou possuidores vizinhos o direito de formar-se novo aqueduto para alcançar a sua finalidade. Contudo, ao contrário do que diz a assertiva, o novo aqueduto será oneroso, isto é, o proprietário do prédio serviente deverá ser indenizado, em razão de eventual agravamento de sua situação, bem como o dono do aqueduto original ou primário, na proporção das "despesas que então seriam necessárias para a condução das águas até o ponto de derivação." Para melhor entendimento, a leitura do dispositivo legal é fundamental, razão que justifica a sua transcrição: "Art. 1.296. Havendo no aqueduto águas supérfluas, outros poderão canalizá-las, para os fins previstos no art. 1.293, mediante pagamento de indenização aos proprietários prejudicados e ao dono do aqueduto, de importância equivalente às despesas que entao seriam necessárias para a condução das águas até o ponto de derivação."

**Alternativa "d".** Considerando que é direito potestativo de quem quer que seja construir canais na propriedade vizinha para receber as águas a que tenha direito, indenizando, quando for necessário, o proprietário prejudicado, este poderá exigir que a corrente de água que atravessa sua propriedade seja canalizada, pois assim dispõe o art. 1.293, § 2º, do CC: "É permitido a quem quer que seja, mediante prévia indenização aos proprietários prejudicados, construir canais, através de prédios alheios, para receber as águas a que tenha direito, indispensáveis às primeiras necessidades da vida, e, desde que não cause prejuízo considerável à agricultura e à indústria, bem como para o escoamento de águas supérfluas ou acumuladas, ou a drenagem de terrenos. § 2º: O proprietário prejudicado poderá exigir que seja subterrânea a canalização que atravessa áreas edificadas, pátios, hortas, jardins ou quintais."

**Alternativa correta: letra "d".**

## 6.5.3. DO CONDOMÍNIO GERAL

### 6.5.3.1. DOS DIREITOS E DEVERES DOS CONDÔMINOS

▸ CC, art. 1.318 a 1.322.

---

**133. (FGV – Exame de Ordem 2016.2)** Vítor, Paulo e Márcia são coproprietários, em regime de condomínio pro indiviso, de uma casa, sendo cada um deles titular de parte ideal representativa de um terço (1/3) da coisa comum. Todos usam esporadicamente a casa nos finais de semana. Certo dia, ao visitar a casa,

CIVIL

Márcia descobre um vazamento no encanamento de água. Sem perder tempo, contrata, em nome próprio, uma sociedade empreiteira para a realização da substituição do cano danificado. Pelo serviço, ficou ajustado contratualmente o pagamento de R$ 900,00 (novecentos reais).

Tendo em vista os fatos expostos, assinale a afirmativa correta.

a) A empreiteira pode cobrar a remuneração ajustada contratualmente de qualquer um dos condôminos.

b) A empreiteira pode cobrar a remuneração ajustada contratualmente apenas de Márcia, que, por sua vez, tem direito de regresso contra os demais condôminos.

c) A empreiteira não pode cobrar a remuneração contratualmente ajustada de Márcia ou de qualquer outro condômino, uma vez que o serviço foi contratado sem a prévia aprovação da totalidade dos condôminos.

d) A empreiteira pode cobrar a remuneração ajustada contratualmente apenas de Márcia, que deverá suportar sozinha a despesa, sem direito de regresso contra os demais condôminos, uma vez que contratou a empreiteira sem o prévio consentimento dos demais condôminos.

**COMENTÁRIOS**

✪ **Nota do autor:** A questão em apreço versa sobre o condomínio do tipo *pro indiviso*, em que não é possível identificar, no plano material, a qual dos condôminos pertence cada parcela da coisa, devido ao seu estado de indivisão.

**Alternativa "a".** A assertiva está equivocada. Conforme analisado alhures, os contratos somente produzem, via de regra, uma eficácia *inter partes*. De tal sorte, a empreiteira somente pode cobrar sua remuneração de Márcia, tendo em vista que Vitor e Paulo não participaram da formação da relação contratual que confere supedâneo à cobrança.

**Alternativa "b".** A assertiva está correta. Como é cediço, os contratos, a rigor, somente produzem uma eficácia *inter partes*, já que, por força do princípio da relatividade, somente podem produzir seus efeitos vinculativos em relação aos agentes que participaram de sua formação. Como consequência, a empreiteira contratada para a execução dos reparos no imóvel em condomínio, somente pode cobrar a remuneração ajustada de Márcia, tendo em vista que os demais condôminos, Vitor e Paulo, não participaram da formação do contrato em apreço. Neste contexto, considerando-se que Márcia arcará, individual e exclusivamente, com os custos relacionados aos reparos introduzidos no imóvel de propriedade comum, poderá acionar regressivamente Vitor e Paulo, porquanto, a teor do que preconiza o art. 1.315 do CC, "O condômino é obrigado, na proporção de sua parte, a concorrer para as despesas de conservação ou divisão da coisa, e a suportar os ônus a que estiver sujeita." Para corroborar o entendimento ora perfilhado, é oportuno fazer referência ao art. 1.318 do CC, com a seguinte redação: "As dívidas contraídas por um dos condôminos em proveito da comunhão, e durante ela, obrigam o contratante; mas terá este ação regressiva contra os demais."

**Alternativa "c".** A assertiva está incorreta. A realização das obras em referência, sem a aprovação dos demais condôminos, não tem o condão de ensejar a invalidade do negócio jurídico entabulado entre empreiteira e Márcia. Como corolário, diante da plena validade do liame obrigacional em apreço, a empreiteira, conforme já analisado, poderá exigir sua remuneração de Márcia.

**Alternativa "d".** O teor da alternativa em apreço contraria o que dispõe o art. 1.318 do CC, o que conduz à sua incorreção.

**Alternativa correta: letra "b".**

### 6.5.3.2. DO CONDOMÍNIO EDILÍCIO

▸ CC, art. 1.331 a 1.358-A.

NOTA DE ATUALIZAÇÃO: A lei nº 14.405/22, alterou a redação do art. 1.351, do CC, A lei nº 14309/22, acrescentou ao art. 1.353, os §§ 1º, 2º, 3º, o art. 1.354-A. Por fim, a lei nº 14.382/22, alterou a redação do §2º, do art. 1.358-A.

**134. (FGV – Exame de Ordem XXXVI – 2022)** Otávio é proprietário e residente do apartamento 706, unidade imobiliária do condomínio edilício denominado União II, e é conhecido pelos vizinhos pelas festas realizadas durante a semana, que varam a madrugada.

Na última comemoração, Otávio e seus convivas fizeram uso de entorpecentes e, em trajes incompatíveis com as áreas comuns do prédio, ficaram na escada do edifício cantando até a intervenção do síndico, que acionou a polícia para conter o grupo, que voltou para o apartamento de Otávio.

No dia seguinte, o síndico convocou uma assembleia para avaliar as sanções a serem aplicadas ao condômino antissocial. Ficou decidido, pelo quórum de ¾, a aplicação de multa de cinco vezes o valor da contribuição mensal.

Sobre a hipótese apresentada, assinale a afirmativa correta.

a) A multa aplicada é indevida, pois apesar do comportamento de Otávio, ele é proprietário de unidade imobiliária autônoma, assim como os demais condôminos que deliberaram a multa em seu desfavor.

b) O síndico poderia ter aplicado a multa de até cinco contribuições mensais, sem a convocação da assembleia.

c) A aplicação da multa em face de Otávio é ilegal, pois a sanção deveria ser precedida por ação judicial para sua aplicação.

d) O síndico aplicou corretamente a multa. Caso o comportamento antissocial de Otávio persista, a multa poderá ser majorada para até dez vezes o valor da contribuição mensal do condomínio.

**COMENTÁRIOS**

**Alternativa "a".** A assertiva está errada. O fato de Otávio ser proprietário de unidade imobiliária autônoma, não lhe autoriza a agir de maneira antissocial. Ele deve portar-se com civilidade, caso contrário, estará sujeito a aplicação de multa, conforme determina o *caput* do art. 1.337, do CC: "O condômino, ou possuidor, que não cumpre reiteradamente com os seus deveres perante o condomínio poderá, por deliberação de três quartos dos condôminos restantes, ser constrangido a pagar multa correspondente até ao quíntuplo do valor atribuído à contribuição para as despesas condominiais, conforme a gravidade das faltas e a reiteração, independentemente das perdas e danos que se apurem."

**Alternativa "b".** A aplicação da multa, prevista no enunciado da questão, pelo síndico, deve ser deliberada, por três quartos, no mínimo, dos demais condôminos, em assembleia geral, conforme visto no art. 1.337, *caput:* "O condômino, ou possuidor, que não cumpre reiteradamente com os seus deveres perante o condomínio poderá, por deliberação de três quartos dos condôminos restantes, ser constrangido a pagar multa correspondente até ao quíntuplo do valor atribuído à contribuição para as despesas condominiais, conforme a gravidade das faltas e a reiteração, independentemente das perdas e danos que se apurem."

**Alternativa "c".** A lei autoriza a assembleia geral do condomínio, deliberar sobre a aplicação de multa aos condôminos, que não respeitam as regras e deveres, legais e de convivencia, e atuam, reiteradamente, de maneira antissocial, conforme visto nos comentários anteriores.

**Alternativa "d".** A assertiva está correta, contempla o que prevê o pár. ún. do art. 1.337, do CC: "O condômino ou possuidor que, por seu reiterado comportamento anti-social, gerar incompatibilidade de convivência com os demais condôminos ou possuidores, poderá ser constrangido a pagar multa correspondente ao décuplo do valor atribuído à contribuição para as despesas condominiais, até ulterior deliberação da assembléia."

**Alternativa correta: letra "d".**

---

**135. (Exame de Ordem 2011.2 – FGV)** Durante assembleia realizada em condomínio edilício residencial, que conta com um apartamento por andar, Giovana, nova proprietária do apartamento situado no andar térreo, solicitou explicações sobre a cobrança condominial, por ter verificado que o valor dela cobrado era superior àquele exigido dos demais condôminos. O síndico prontamente esclareceu que a cobrança a ela dirigida é realmente superior à cobrança das demais unidades, tendo em vista que o apartamento de Giovana tem acesso exclusivo, por meio de uma porta situada em sua área de serviço, a um pequeno pátio localizado nos fundos do condomínio, conforme consta nas configurações originais do edifício devidamente registradas. Desse modo, segundo afirmado pelo síndico, podendo Giovana usar o pátio com exclusividade, apesar de constituir área comum do condomínio, caberia a ela arcar com as respectivas despesas de manutenção.

Em relação à situação apresentada, assinale a alternativa correta.

a) Não poderão ser cobradas de Giovana as despesas relativas à manutenção do pátio, tendo em vista que este consiste em área comum do condomínio, e a porta de acesso exclusivo não fora instalada por iniciativa da referida condômina.

b) Poderão ser cobradas de Giovana as despesas relativas à manutenção do pátio, tendo em vista que ela dispõe de seu uso exclusivo, independentemente da frequência com que seja efetivamente exercido.

c) Somente poderão ser cobradas de Giovana as despesas relativas à manutenção do pátio caso seja demonstrado que o uso por ela exercido impõe deterioração excessiva do local.

d) Poderá ser cobrada de Giovana metade das despesas relativas à manutenção do pátio, devendo a outra metade ser repartida entre os demais condôminos, tendo em vista que a instalação da porta na área de serviço não foi de iniciativa da condômina, tampouco da atual administração do condomínio.

**COMENTÁRIOS**

**Alternativa "a".** O art. 1.340 do Código Civil determina que: "As despesas relativas a partes comuns de uso exclusivo de um condômino, ou de alguns deles, incumbem a quem delas se serve." Segundo esse dispositivo, as despesas relativas às partes comuns usadas com exclusividade por um ou alguns condôminos não será dividida entre todo o condomínio, mas será suportada apenas pelos beneficiários da parte exclusiva. Ressalte-se que a norma contida no dispositivo citado é cogente, sobrepondo-se às disposições convencionadas, ou mesmo sobre as decisões de assembleia. Desse modo, se Giovana era a usuária exclusiva da área do pátio, independentemente da sua vontade ou iniciativa, ela será a responsável pelas despesas relativas a sua manutenção.

**Alternativa "b".** O condomínio é responsável pelas despesas comuns, oriundas da manutenção ou beneficiamento das partes comuns do edifício. Por sua vez, os condôminos são responsáveis pelas despesas que decorrem da unidade autônoma de que detentores. No entanto, existem partes específicas no edifício, que apesar de terem caráter comum, somente são utilizadas por um ou alguns condôminos específicos. Nessa hipótese, a lei determina que o custo com a manutenção ou melhoramento dessas áreas seja suportado apenas por aquele que usufrui diretamente dessa parte. Realmente, não seria razoável que houvesse um rateio para o custeio dessas áreas para com aqueles que não usufruem dessas partes, não é por outra razão que o art. 1.340 determina que: "As despesas relativas a partes comuns de uso exclusivo de um condômino, ou de alguns deles, incumbem a quem delas se serve." É importante destacar que essa regra não será afastada sob o argumento de que o condômino não utilizou a área exclusiva, pois ela estava à sua disposição e o não uso se deu pela sua vontade, por problemas ou circunstâncias de caráter pessoal. O contrário ocorreria se a área não pudesse ser usada, situação que justificaria a divisão equânime do condomínio. Por último, frisa-se que a regra contida na norma do dispositivo acima citado tem por fim evitar o enriquecimento sem causa, ou seja, o uso de determinada parte do edifício seria de um condômino, mas o pagamento das despesas seria partilhado por todos, o que contraria a norma contida no art. 884 do CC: "Aquele que, sem justa causa, se enriquecer à custa de outrem será obrigado a restituir o indevidamente auferido, feita a atualização dos valores monetários."

**Alternativa "c".** A assertiva não está correta, pois as despesas são devidas independentemente de eventual caráter excessivo do uso feito por Giovana sobre a área, haja vista que a sua obrigação decorre do fato de que a área é usada exclusivamente por essa condômina, conforme determina o art. 1.340 do CC: "As despesas relativas a partes comuns de uso exclusivo de um condômino, ou de alguns deles, incumbem a quem delas se serve." Isto é, de acordo com a norma do artigo citado, não é o uso, mas sim a exclusividade que impõe a obrigação.

**Alternativa "d".** O Código Civil (art. 1.340) determina que as despesas relativas a áreas comuns, mas com uso exclusivo, seja suportada inteiramente por aquele condômino que detém essa exclusividade. Portanto, a instrução contida na alternativa em tela está desprovida de qualquer amparo legal, razão que acarreta o seu erro.

**Alternativa correta: letra "b".**

### 6.5.3.3. DO CONDOMÍNIO EM MULTIPROPRIEDADE

▸ CC, arts. 1.358 -B a 1.358 – N.

NOTA DA ATUALIZAÇÃO: A lei nº13.777 de 2018 criou o Capítulo VII-A para introduzir no ordenamento civil o instituto do Condomínio em Multipropriedade – incluindo os artigos 1.358-B a 1.358-U.

---

**136. (FGV – Exame de Ordem 2021.1)** Liz e seu marido Hélio adquirem uma fração de tempo em regime de multipropriedade imobiliária no hotel-fazenda Cidade Linda, no estado de Goiás. Pelos termos do negócio, eles têm direito a ocupar uma das unidades do empreendimento durante os meses de dezembro e janeiro, em regime fixo.

No ano seguinte à realização do negócio, as filhas do casal, Samantha e Laura, ficam doentes exatamente em dezembro, o que os impede de viajar. Para contornar a situação, Liz oferece à sua mãe, Alda, o direito de ir para o Cidade Linda no lugar deles.

Ao chegar ao local, porém, Alda é barrada pela administração do hotel, sob o fundamento de que somente a família proprietária poderia ocupar as instalações da unidade.

Você, como advogado(a), deve esclarecer se o ato é legal, assinalando a opção que indica sua orientação.

a) O ato é legal, pois o regime de multipropriedade, ao contrário do condominial, é personalíssimo.

b) O ato é ilegal, pois, como hipótese de condomínio necessário, a multipropriedade admite o uso das unidades por terceiros.

c) O ato é ilegal, pois a possibilidade de cessão da fração de tempo do multiproprietário em comodato é expressamente prevista no Código Civil.

d) O ato é legal, pois o multiproprietário tem apenas o direito de doar ou vender a sua fração de tempo, mas nunca cedê-la em comodato.

COMENTÁRIOS

**NOTA DO AUTOR:** A multipropriedade ocorre quando um bem é dividido entre vários proprietários, todos usam o bem, com exclusividade, durante certo período, por ano, ajustado entre os proprietários, em um sistema de rotatividade. Nas palavras precisas de Gustavo Tepedino, a multipropriedade é uma "relação jurídica que traduz o aproveitamento econômico de uma coisa móvel ou imóvel, em unidades fixas de tempo, visando à utilização exclusive de seu titular, cada qual a seu turno, ao longo das frações temporais que se sucedem" (Multipropriedade imobiliária. SP: Saraiva, 1993).

**Alternativas "a", "b" "c" e "d".** Considerando que todas as assertivas podem ser respondidas confundamente, será feito um único comentário. Prevê o art. 1.358-I, inc. II, os direitos do multiproprietário, sendo um desses direitos, a possibilidade de ceder a sua fração de tempo em locação ou comodato. Diante dessa permissão legal, fica evidente que as assertivas "a", "b" e "d" estão erradas e, por sua vez, a assertiva "C" está correta, pois corresponde ao que prevê a norma do dispositivo citado. Vejmaos a literalidade do dispositivo legal: "Art. 1.358-I. São direitos do multiproprietário, além daqueles previstos no instrumento de instituição e na convenção de condomínio em multipropriedade: (Incluído pela Lei nº 13.777, de 2018) (Vigência) II - ceder a fração de tempo em locação ou comodato;"

**Alternativa Correta: letra "c".**

## 6.5.4. DA SUPERFÍCIE

▸ CC, arts. 1.369 a 1.377.

---

**137. (FGV – Exame de Ordem 2015.2)** Mateus é proprietário de um terreno situado em área rural do estado de Minas Gerais. Por meio de escritura pública levada ao cartório do registro de imóveis, Mateus concede, pelo prazo de vinte anos, em favor de Francisco, direito real de superfície sobre o aludido terreno. A escritura prevê que Francisco deverá ali construir um edifício que servirá de escola para a população local. A escritura ainda prevê que, em contrapartida à concessão da superfície, Francisco deverá pagar a Mateus a quantia de R$ 30.000,00 (trinta mil reais). A escritura também prevê que, em caso de alienação do direito de superfície por Francisco, Mateus terá direito a receber quantia equivalente a 3% do valor da transação.

Nesse caso, é correto afirmar que

a) é nula a concessão de direito de superfície por prazo determinado, haja vista só se admitir, no direito brasileiro, a concessão perpétua.

b) é nula a cláusula que prevê o pagamento de remuneração em contrapartida à concessão do direito de superfície, haja vista ser a concessão ato essencialmente gratuito.

c) é nula a cláusula que estipula em favor de Mateus o pagamento de determinada quantia em caso de alienação do direito de superfície.

d) é nula a cláusula que obriga Francisco a construir um edifício no terreno

COMENTÁRIOS

**Alternativa "a".** Contrariando a redação da assertiva, a lei determina que o direito de superfície deve ter tempo determinado. Vejamos a redação do art. 1.369, do CC: "O proprietário pode conceder a outrem o direito de construir ou de plantar em seu terreno, por tempo determinado, mediante escritura pública devidamente registrada no Cartório de Registro de Imóveis."

**Alternativa "b".** A lei faculta às partes a possibilidade de concessão gratuita ou onerosa do direito de superfície. Portanto, a assertiva está equivocada quando afirma que a concessão é ato essencialmente gratuito. Vejamos a norma contida no art. 1.370, do CC: "A concessão da superfície será gratuita ou onerosa; se onerosa, estipularão as partes se o pagamento será feito de uma só vez, ou parceladamente."

**Alternativa "c".** O superficiário a responsabilidade pelos encargos que recaírem sobre o imóvel. Além disso, o proprietário pode conceder ao superficiário o direito o direito de construir no imóvel. Caso tenha sido ajustado a construção de edifício no imóvel, essa obrigação constitui elemento do contrato e poderá ser exigido o seu cumprimento. Vejamos os artigos 1.368 e 1.371, ambos do CC: "Art. 1.369. O proprietário pode conceder a outrem o direito de construir ou de plantar em seu terreno, por tempo determinado, mediante escritura pública devidamente registrada no Cartório de Registro de Imóveis." "Art. 1.371. O superficiário responderá pelos encargos e tributos que incidirem sobre o imóvel."

**Alternativa "d".** A lei estabelece que não haverá qualquer pagamento ao concedente, em caso de transferência do direito de superfície, vejamos o que diz a lei: "Art. 1.372. O direito de superfície pode transferir-se a terceiros e, por morte do superficiário, aos seus herdeiros. Parágrafo único. Não poderá ser estipulado pelo concedente, a nenhum título, qualquer pagamento pela transferência."

**Alternativa correta: letra "d".**

---

**138. (FGV – Exame de Ordem 2013.3)** Alexandre, pai de Bruno, celebrou contrato com Carlos, o qual lhe concedeu o direito de superfície para realizar construção de um albergue em seu terreno e explorá-lo por 10 anos, mediante o pagamento da quantia de R$ 100.000,00. Passados quatro anos, Alexandre veio a falecer. Diante do negócio jurídico celebrado, assinale a afirmativa INCORRETA.

a) O superficiário pode realizar obra no subsolo, de modo a ampliar sua atividade.

b) O superficiário responde pelos encargos e tributos que incidirem sobre o imóvel.

c) O direito de superfície será transferido a Bruno, em razão da morte de Alexandre.

d) O superficiário terá direito de preferência, caso Carlos decida vender o imóvel.

COMENTÁRIOS

**Nota do autor:** O direito real de superfície se caracteriza quando o proprietário concede a outrem o direito de construir ou plantar em seu terreno, por tempo determinado, mediante Escritura Pública registrada no Cartório de Registro de Imóveis.

**Alternativa "a".** A alternativa em apreço encontra-se incorreta, já que, nos moldes do art. 1.369, parágrafo único, do CC, o direito de superfície não autoriza, em regra, obra no subsolo. Eis a redação do mencionado dispositivo legal: "O direito de superfície não autoriza obra no subsolo, salvo se for inerente ao objeto da concessão." Como o enunciado da questão não diz que obras no subsolo são inerentes ao objeto da concessão, a banca examinadora considerou a alternativa incorreta, por contrariar o preceito acima transcrito.

**Alternativa "b".** A assertiva está correta, por corresponder à literalidade do art. 1.371 do CC, com a seguinte redação: "O superficiário responderá pelos encargos e tributos que incidirem sobre o imóvel."

**Alternativa "c".** Considerando-se que Alexandre faleceu, o direito real de superfície, de fato, será transmitido a Bruno, diante do que preconiza o art. 1.372 do CC: "O direito de superfície pode transferir-se a terceiros e, **por morte do superficiário, aos seus herdeiros**."

**Alternativa "d".** O teor da assertiva se amolda à literalidade do art. 1.373 do CC, cuja redação é a seguinte: ". Em caso de alienação do imóvel ou do direito de superfície, o superficiário ou o proprietário tem direito de preferência, em igualdade de condições." Tal circunstância conduz, portanto, ao seu acerto.

**Alternativa incorreta: letra "a".**

## 6.5.5. DAS SERVIDÕES

▸ CC, arts. 1.378 a 1.389.

---

**139. (FGV – Exame de Ordem 2017.3)** Laurentino constituiu servidão de vista no registro competente, em favor de Januário, assumindo o compromisso de não realizar qualquer ato ou construção que embarace a paisagem de que Januário desfruta em sua janela. Após o falecimento de Laurentino, seu filho Lucrécio decide construir mais dois pavimentos na casa para ali passar a habitar com sua esposa.

Diante do exposto, assinale a afirmativa correta.

a) Januário não pode ajuizar uma ação possessória, eis que a servidão é não aparente.
b) Diante do falecimento de Laurentino, a servidão que havia sido instituída automaticamente se extinguiu.
c) A servidão de vista pode ser considerada aparente quando houver algum tipo de aviso sobre sua existência.
d) Januário pode ajuizar uma ação possessória, provando a existência da servidão com base no título.

COMENTÁRIOS

**Nota do autor:** a questão versa sobre as servidões convencionais, que surgem a partir do ajuste de vontade das partes, por isso não se confunde com as servidões legais, assim chamadas equivocadamente, pois na verdade são direitos de vizinhança.

**Alternativa "a".** Conforme visto no comentário da alternativa anterior, é possível a proteção possessória da servidão não aparente de vista ou paisagem com fundamento da interpretação do art. 1.213, *in fine*, do CC: "O disposto nos artigos antecedentes não se aplica às servidões não aparentes, salvo quando os respectivos títulos provierem do possuidor do prédio serviente, ou daqueles de quem este o houve."

**Alternativa "b".** A servidão devidamente registrada no RGI, tem eficácia real, instituída em favor de um prédio (dominante) sobre outro (serviente). Sendo assim, Lucrécio deverá respeitar a servidão imposta ao imóvel que herdou. Ademais, a servidão tem duração indefinida, quando não foi estabelecido prazo, e perdura perpetuamente enquanto não for extinta por alguma das hipóteses legais previstas nos arts. 1.387 a 1.389, do CC.

CIVIL

**Alternativa "c".** A servidão de vista é, por natureza, uma servidão não aparente, ou seja, que não se revela por obras exteriores, como o caso de não construir além de certa altura ou de não construir em certo local. É definida como uma obrigação de não fazer e, portando, não perde a sua característica com a mera utilização de aviso sobre sua existência.

**Alternativa "d".** A ação possessória é usada a favor do prédio dominante que é molestado ou esbulhado pelo proprietário do prédio serviente. Em regra, só se admite a perturbação nas servidões aparentes (Súmula n. 415 – STF), por considerar que as servidões não aparentes não deixam vestígios e sinais exteriores, não sendo exteriorizadas por sinais materiais. Por outro lado, excepcionalmente, com fundamento na parte final do art. 1.213, do CC, admite-se o uso das ações possessórias para a proteção das servidões não aparente quando titulada. Nessa linha, se o possuidor tem titulação adequada e incontestável sobre a existência da servidão não aparente, o que comprova a posse, terá o direito de ter a questão apreciada pelo judiciário, no juízo possessório. Por tal razão, Januário que tem título comprobatório da existência da servidão poderá ajuizar ação possessório afim de preservar sua servidão.

**Alternativa correta: letra "d".**

## 6.5.6. DO USUFRUTO

▸ CC, art. 1.390 a 1.411.

---

**140. (FGV-Exame de Ordem 2019.2)** Arnaldo institui usufruto de uma casa em favor das irmãs Bruna e Cláudia, que, no intuito de garantir uma fonte de renda, alugam o imóvel. Dois anos depois da constituição do usufruto, Cláudia falece, e Bruna, mesmo sem "cláusula de acrescer" expressamente estipulada, passa a receber integralmente os valores decorrentes da locação.

Um ano após o falecimento de Cláudia, Arnaldo vem a falecer. Seus herdeiros pleiteiam judicialmente uma parcela dos valores integralmente recebidos por Bruna no intervalo entre o falecimento de Cláudia e de Arnaldo e, concomitantemente, a extinção do usufruto em função da morte de seu instituidor.

Diante do exposto, assinale a afirmativa correta.

a) Na ausência da chamada "cláusula de acrescer", parte do usufruto teria se extinguido com a morte de Cláudia, mas o usufruto como um todo não se extingue com a morte de Arnaldo.
b) Bruna tinha direito de receber a integralidade dos aluguéis independentemente de estipulação expressa, tendo em vista o grau de parentesco com Cláudia, mas o usufruto automaticamente se extingue com a morte de Arnaldo.
c) A morte de Arnaldo só extingue a parte do usufruto que caberia a Bruna, mas permanece em vigor no que tange à parte que cabe a Cláudia, legitimando os herdeiros desta a receberem metade dos valores decorrentes da locação, caso esta permaneça em vigor.

d) A morte de Cláudia extingue integralmente o usufruto, pois instituído em caráter simultâneo, razão pela qual os herdeiros de Arnaldo têm direito de receber a integralidade dos valores recebidos por Bruna, após o falecimento de sua irmã.

**COMENTÁRIOS**

✪ **Nota do autor:** cláusula de acrescer é a possibilidade de estipulação expressa, no sentido de que a parte ideal do usufruto que cabe ao usufrutuário falecido, não se consolida nas mãos do nu-proprietário, mas soma-se à parte do usufrutuário sobrevivente, de tal modo que subsiste íntegra até que o último usufrutuário venha falecer.

**Alternativa "a":** A assertiva está correta, considerando que a espécie de usufruto abordada pela questão é do tipo simultâneo, ou seja, quando é constituído em favor de duas ou mais pessoas, ao mesmo tempo. A morte de uma das usufrutuárias extingue o usufruto gradativamente, e não no seu todo, salvo se houver estipulado cláusula de acrescer expressamente, quando a parte que cabia a quem morreu é acrescida ao usufruto que permanece vivo. Por fim, cabe ressaltar que o usufruto se estingue com a morte do usufrutuário e não com a morte do nu-proprietário. Vejamos os dispositivos do CC que fundamentam o acerto da alternativa:

> *Art. 1.411. Constituído o usufruto em favor de duas ou mais pessoas, extinguir-se-á a parte em relação a cada uma das que falecerem, salvo se, por estipulação expressa, o quinhão desses couber ao sobrevivente.*
>
> *Art. 1.410. O usufruto extingue-se, cancelando-se o registro no Cartório de Registro de Imóveis: I – pela renúncia ou morte do usufrutuário;*

**Alternativa "b":** A assertiva está incorreta por afrontar o que determina os arts. 1.410 e 1.411, do CC. Bruna só teria direito de receber a integralidade dos aluguéis se houvesse cláusula de acrescer expressa nesse sentido (art. 1.411), e a morte do nu-proprietário não é causa de extinção do usufruto (art. 1.410)

**Alternativa "c":** A morte de Arnaldo, nu-proprietário, não é causa de extinção do usufruto total ou parcialmente. Com a morte de Cláudia, o usufruto é relativamente desfeito, e a parte que lhe cabia pode ser reivindicado pelos herdeiros de Arnaldo, tendo em vista que não havia cláusula de acrescer em favor de Bruna. Ressalta-se que em relação a Bruna o usufruto permanece inalterado, em regra, ate a sua morte.

**Alternativa "d":** A assertiva está incorreta, no usufruto simultâneo, a morte de um dos usufrutuários só poderá extinguir os direitos daquele que faleceu e não dos sobreviventes. Por tal razão, Bruna permanece como usufrutuária e os herdeiros de Arnaldo podem reivindicar somente os valores que cabiam a Cláudia.

**Alternativa Correta: Letra "a".**

---

**141. (Exame de Ordem 2011.1 – FGV)** Noêmia, proprietária de uma casa litorânea, regularmente constituiu usufruto sobre o aludido imóvel em favor de Luísa, mantendo, contudo, a sua propriedade. Inesperadamente, sobreveio uma severa ressaca marítima, que destruiu por completo o imóvel. Ciente do ocorrido, Noêmia decidiu reconstruir integralmente a casa às suas expensas, tendo em vista que o imóvel não se encontrava segurado.

A respeito da situação narrada, assinale a alternativa correta.

a) O usufruto será mantido em favor de Luísa, tendo em vista que o imóvel não fora destruído por culpa sua.

b) O usufruto será extinto, consolidando-se a propriedade em favor de Noêmia, independentemente do pagamento de indenização a Luísa, tendo em vista que Noêmia arcou com as despesas de reconstrução do imóvel.

c) O usufruto será extinto, consolidando-se a propriedade em favor de Noêmia, desde que esta indenize Luísa em valor equivalente a um ano de aluguel do imóvel.

d) O usufruto será mantido em favor de Luísa, independentemente do pagamento de qualquer quantia por ela, tendo em vista que Noêmia somente poderia ter reconstruído o imóvel mediante autorização expressa de Luísa, por escritura pública ou instrumento particular.

**COMENTÁRIOS**

Nos termos do art. 1.410, IV, do Código Civil, o usufruto se extingue pela destruição da coisa. Outro dado importante a ser levado em consideração refere-se ao fato de que o imóvel não estava segurado e que as despesas para a reconstrução do mesmo couberam à proprietária Noêmia. Isso porque, caso tivesse sido feito um seguro do imóvel e as respectivas prestações houvessem sido quitadas pela usufrutuária Luísa, poder-se-ia sustentar que o usufruto não teria sido extinto, por força do que preconiza o art. 1.408 do Código Civil, cujo teor ora se transcreve: "Se um edifício sujeito a usufruto for destruído sem culpa do proprietário, não será este obrigado a reconstruí-lo, nem o usufruto se restabelecerá, se o proprietário reconstruir à sua custa o prédio; mas se a indenização do seguro for aplicada à reconstrução do prédio, restabelecer-se-á o usufruto." Nesse sentido, à luz do que prescreve o art. 1.408 do CC, estão incorretas as alternativas "a", "c" e "d".

**Alternativa correta: letra "b". (O presente comentário aplica-se a todas as alternativas)**

## 6.5.7. DO PENHOR, DA HIPOTECA E DA ANTICRESE

### 6.5.7.1. DO PENHOR

NOTA DE ATUALIZAÇÃO: A lei 14.179/21, revogou o art. 1.463.

---

**142. (FGV/OAB/XXX_Exame – 2019)** Lucas, um grande industrial do ramo de couro, decidiu ajudar Pablo, seu amigo de infância, na abertura do seu primeiro negócio: uma pequena fábrica de sapatos. Lucas doou 50 prensas para a fábrica, mas Pablo achou pouco e passou a constantemente importunar o amigo com novas solicitações. Após sucessivos e infrutíferos pedidos de empréstimos de toda ordem, a relação entre os dois se desgasta a tal ponto que Pablo, totalmente fora de controle, atenta contra a vida de Lucas. Este, porém, sobrevive ao atentado e decide revogar a doação feita a Pablo. Ocorre que Pablo havia constituído penhor sobre as prensas, doadas por Lucas, para obter um empréstimo junto ao Banco XPTO, mas, para não interromper a produção, manteve as prensas em sua fábrica.

Diante do exposto, assinale a afirmativa correta.

a) Para a constituição válida do penhor, é necessário que as coisas empenhadas estejam em poder do credor. Como isso não ocorreu, o penhor realizado por Pablo é nulo.

b) Tendo em vista que o Banco XPTO figura como terceiro de má-fé, a realização do penhor é causa impeditiva da revogação da doação feita por Lucas.

c) Como causa superveniente da resolução da propriedade de Pablo, a revogação da doação operada por Lucas não interfere no direito de garantia dado ao Banco XPTO.

d) Em razão da tentativa de homicídio, a revogação da doação é automática, razão pela qual os direitos adquiridos pelo Banco XPTO resolvem-se junto com a propriedade de Pablo.

COMENTÁRIOS

**Alternativa "a":** no penhor industrial, as coisas empenhadas continuam em poder do devedor, como determina o pár. ún., do art. 1.431: "No penhor rural, industrial, mercantil e de veículos, as coisas empenhadas continuam em poder do devedor, que as deve guardar e conservar."

**Alternativa "b":** não há qualquer evidência no enunciado que demonstre a má-fé do Banco XPTO.

**Alternativa "c":** os direitos adquiridos por terceiros, não são prejudicados com a revogação da doação por ingratidão (art. 563, do CC), como causa superveniente da resolução da propriedade (art. 1.360, do CC). Vejamos os dispositivos na íntegra: "Art. 563. A revogação por ingratidão não prejudica os direitos adquiridos por terceiros, nem obriga o donatário a restituir os frutos percebidos antes da citação válida; mas sujeita-o a pagar os posteriores, e, quando não possa restituir em espécie as coisas doadas, a indenizá-la pelo meio termo do seu valor." "1.360. Se a propriedade se resolver por outra causa superveniente, o possuidor, que a tiver adquirido por título anterior à sua resolução, será considerado proprietário perfeito, restando à pessoa, em cujo benefício houve a resolução, ação contra aquele cuja propriedade se resolveu para haver a própria coisa ou o seu valor."

**Alternativa "d":** as hipóteses previstas no art. 1.557, do CC, que fundamentam a revogação da doação, devem ser pleiteadas. Nesse sentido, é a doutrina do art. 559, do CC: "A revogação por qualquer desses motivos deverá ser pleiteada dentro de um ano, a contar de quando chegue ao conhecimento do doador o fato que a autorizar, e de ter sido o donatário o seu autor."

**Alternativa Correta: letra "c".**

---

**143. (FGV-Exame de Ordem 2019.1)** Os negócios de Clésio vão de mal a pior, e, em razão disso, ele toma uma decisão difícil: tomar um empréstimo de R$ 50.000,00 (cinquenta mil reais) com Antônia, dando, como garantia de pagamento, o penhor do seu relógio de ouro e diamantes, avaliado em R$ 200.00,00 (duzentos mil reais).

Antônia, por sua vez, exige que, no instrumento de constituição do penhor, conste uma cláusula prevendo que, em caso de não pagamento da dívida, o relógio passará a ser de sua propriedade. Clésio aceita a inserção da cláusula, mas consulta seus serviços, como advogado(a), para saber da validade de tal medida.

Sobre a cláusula proposta por Antônia, assinale a afirmativa correta.

a) É válida, tendo em vista o fato de que as partes podem, no exercício de sua autonomia privada, estipular esse tipo de acordo.

b) É nula, tendo em vista o fato de que o Código Civil brasileiro proíbe o pacto comissório.

c) É válida, uma vez que Clésio como proprietário do bem, não está impedido de realizar o negócio por um preço muito inferior ao de mercado, não se configurando a hipótese como pacto comissório.

d) É válida, ainda que os valores entre o bem dado em garantia e o empréstimo sejam díspares, nada impede sua inserção, eis que não há qualquer vedação ao pacto comissório no direito brasileiro.

COMENTÁRIOS

✪ **Nota do autor:** O penhor é um direito real de garantia caracterizado pela transferência, ao credor, da posse sobre um bem móvel de propriedade do devedor que seja passível de alienação (art. 1.431 do CC).

**Alternativa "a":** A alternativa está equivocada. A autonomia privada, que permite às pessoas autorregular seus interesses, não é uma prerrogativa absoluta, encontrando limites na ordem legal. Consoante se verificará no comentário subsequente, o vigente Código Civil, ao contrário de seu antecessor de 1916, não permite que o credor se torne proprietário da coisa dada em garantia, vedando expressamente o chamado pacto comissório (art. 1.428 do CC).

**Alternativa "b":** Conforme exposto alhures, o art. 1.428 do CC veda o chamado pacto comissório, cominando a consequência da nulidade às disposições que tenham por objetivo atribuir a propriedade sobre a coisa dada em garantia para o credor, na hipótese de inexecução da obrigação imposta ao devedor. A esse respeito, confira a literalidade do art. 1.428 do CC: *"É nula a cláusula que autoriza o credor pignoratício, anticrético ou hipotecário a ficar com o objeto da garantia, se a dívida não for paga no vencimento."*

**Alternativa "c":** A alternativa está incorreta, porquanto, como visto alhures, a disposição inserida no contrato por Antônia é inválida à luz do disposto no art. 1.428 do CC.

**Alternativa "d":** A assertiva está incorreta, em virtude do que preconiza o art. 1.428 do CC.

**Alternativa correta: letra "b".**

---

**144. (FGV – Exame de Ordem 2015.3)** Vitor e Paula celebram entre si, por escritura particular levada a registro em cartório de títulos e documentos, contrato de mútuo por meio do qual Vitor toma emprestada de Paula a quantia de R$ 10.000,00, obrigando-se a restituir o montante no prazo de três meses. Em garantia da dívida, Vitor constitui em favor de Paula, por meio de instrumento particular, direito real de penhor sobre uma joia de que é proprietário. Vencido o prazo estabelecido para o pagamento da dívida, Vitor procura Paula e explica que não dispõe de dinheiro para quitar o débito. Propõe então que, em vez da quantia devida, Paula receba, em pagamento da dívida, a propriedade da coisa empenhada.

Assinale a opção que indica a orientação correta a ser transmitida a Paula.

a) Para ter validade, o acordo sugerido por Vitor deve ser celebrado mediante escritura pública.

b) O acordo sugerido por Vitor não tem validade, uma vez que constitui espécie de pacto proibido pela lei.

c) Para ter validade, o acordo sugerido deve ser homologado em juízo.

d) O acordo sugerido por Vitor é válido, uma vez que constitui espécie de pacto cuja licitude é expressamente reconhecida pela lei.

COMENTÁRIOS

**Alternativa "a".** A escritura pública, ao reverso do que constou da alternativa em apreço, não é da essência do ato, eis que não estão presentes, na espécie, os parâmetros estabelecidos pelo art. 108 do CC, com a seguinte redação: "Não dispondo a lei em contrário, a escritura pública é essencial à validade dos negócios jurídicos que visem à constituição, transferência, modificação ou renúncia de direitos reais sobre imóveis de valor superior a trinta vezes o maior salário mínimo vigente no País."

**Alternativa "b".** Ao contrário da alternativa em apreço, inexiste qualquer vedação ao acordo proposto por Vitor, conforme, aliás, constou do comentário à alternativa correta. Isto posto, equivocada a alternativa em exame.

CIVIL

**Alternativa "c".** Igualmente, não há necessidade de homologação judicial do acordo proposto por Vitor, em razão de manifesta inexistência de dispositivo legal que obrigue à submissão de tal situação ao crivo do Poder Judiciário. Por corolário, incorreta a alternativa sob enfoque.

**Alternativa "d".** Como é cediço, o penhor é um direito real de garantia. O direito real em referência se caracteriza "pela transferência efetiva da posse que, em garantia do débito ao credor ou a quem o represente, faz o devedor, ou alguém por ele, de uma coisa móvel, suscetível de alienação" (art. 1.431 do CC). Na situação hipotética descrita pelo enunciado da questão, ocorrerá a extinção do penhor, nos moldes do art. 1.436, IV, do CC, que preceitua no sentido de que o direito real em exame se extingue quando se confundem as figuras do proprietário e do credor pignoratício. Demais disso, é oportuno notar que implementou-se, na espécie, uma forma especial de adimplemento das obrigações, qual seja, a dação em pagamento, disciplinada no art. 356 do CC, que estabelece: "O credor pode consentir em receber prestação diversa da que lhe é devida." Todo o exposto corrobora o manifesto acerto da alternativa examinada.

**Alternativa correta: letra "d".**

## 6.5.7.2. HIPOTECA

▸ CC, arts. 1.473 a 1.505.

NOTA DE ATUALIZAÇÃO:

Em 28/06/2022, foi publicada a Lei n. 14.382/2022, que dispõe sobre o Sistema Eletrônico dos Registros Públicos (Serp), bem como moderniza e simplifica os procedimentos relativos aos registros públicos de atos e negócios jurídicos. Para atender aos objetivos previstos na lei, o art. 1.494 do Código Civil foi revogado.

**145. (FGV – Exame de Ordem 2017.3)** Quincas adentra terreno vazio e, de forma pública, passa a construir ali a sua moradia. Após o exercício ininterrupto da posse por 17 (dezessete) anos, pleiteia judicialmente o reconhecimento da propriedade do bem pela usucapião. Durante o processo, constatou-se que o imóvel estava hipotecado em favor de Jovelino, para o pagamento de numerários devidos por Adib, proprietário do imóvel.

Com base nos fatos apresentados, assinale a afirmativa correta.

a) A hipoteca existente em benefício de Jovelino prevalece sobre eventual direito de Quincas, tendo em vista o princípio da prioridade no registro.

b) A hipoteca é um impeditivo para o reconhecimento da usucapião, tendo em vista a função social do crédito garantido.

c) Como a usucapião é modo originário de aquisição da propriedade, a hipoteca não é capaz de impedir a sua consumação.

d) Quincas pode adquirir, pela usucapião, o imóvel em questão, porém ficará com o ônus de quitar o débito que a hipoteca garantia.

COMENTÁRIOS

**✪ Nota do autor: O comentário da alternativa correta abrange as incorretas.**

A usucapião é causa originária da propriedade, isto é, não há transmissão de um sujeito para outro. A propriedade surge com o preenchimento dos requisitos exigidos para que ocorre a prescrição aquisitiva, não há transmissão do domínio. Como não há transmissão do direito de propriedade, mas sim o nascimento de um novo direito, por meio da prescrição aquisitiva, esse novo direito não herda quaisquer limitações ou vícios do direito anterior, que no caso de haver usucapião deixa de existir. Considerando que no caso em tela, Quincas já preenchia os requisitos para adquirir a propriedade por meio da usucapião, nasce para ele um novo direito de propriedade, livre de qualquer limitação que gravava o imóvel, no caso a hipoteca, que decorria do direito de propriedade de Jovelino, que deixou de existir. Portanto, a hipoteca não terá qualquer repercussão no direito de Quincas, que nasce pela usucapião, tornando o bem totalmente livre e desembaraçado.

**Alternativa correta: letra "c".**

**146. (FGV – Exame de Ordem 2015.1)** A Companhia GAMA e o Banco RENDA celebraram entre si contrato de mútuo, por meio do qual a companhia recebeu do banco a quantia de R$ 500.000,00 (quinhentos mil reais), obrigando-se a restituí-la, acrescida dos juros convencionados, no prazo de três anos, contados da entrega do numerário. Em garantia do pagamento do débito, a Companhia GAMA constituiu, em favor do Banco RENDA, por meio de escritura pública levada ao cartório do registro de imóveis, direito real de hipoteca sobre determinado imóvel de sua propriedade. A Companhia GAMA, dois meses depois, celebrou outro contrato de mútuo com o Banco BETA, no valor de R$ 200.000,00 (duzentos mil reais), obrigando-se a restituir a quantia, acrescida dos juros convencionados, no prazo de dois anos, contados da entrega do numerário. Em garantia do pagamento do débito, a Companhia GAMA constituiu, em favor do Banco BETA, por meio de escritura pública levada ao cartório do registro de imóveis, uma segunda hipoteca sobre o mesmo imóvel gravado pela hipoteca do Banco RENDA. Chegado o dia do vencimento do mútuo celebrado com o Banco BETA, a Companhia GAMA não reembolsou a quantia devida ao banco, muito embora tivesse bens suficientes para honrar todas as suas dívidas.

Nesse caso, é correto afirmar que

a) o Banco BETA tem direito a promover imediatamente a execução judicial da hipoteca que lhe foi conferida.

b) a hipoteca constituída pela companhia GAMA em favor do Banco BETA é nula, uma vez que o bem objeto da garantia já se encontrava gravado por outra hipoteca.

c) a hipoteca constituída pela GAMA em favor do Banco BETA é nula, uma vez que tal hipoteca garante dívida cujo vencimento é inferior ao da dívida garantida pela primeira hipoteca, constituída em favor do Banco RENDA.

d) o Banco BETA não poderá promover a execução judicial da hipoteca que lhe foi conferida antes de vencida a dívida contraída pela Companhia GAMA junto ao Banco RENDA.

COMENTÁRIOS

**Alternativa "a".** A assertiva contraria o que dispõe o art. 1.477, do CC.

**Alternativa "b".** A lei permite que o imóvel hipotecado, seja constituído em mais de uma hipoteca, mesmo que sejam para credores diferentes. Essa é a permissão contida, no art. 1.476, do CC: "O dono do imóvel hipotecado pode constituir outra hipoteca sobre ele, mediante novo título, em favor do mesmo ou de outro credor."

**Alternativa "c".** A lei, ao permitir que o mesmo imóvel possa ser objeto de mais de uma hipoteca, não faz nenhuma recomendação, quanto aos prazos de seus vencimentos. Nesse sentido, não há nulidade se a segunda hipoteca, tiver prazo menor que a segunda. Vejamos a regra esculpida, no art. 1.476, do CC: "O dono do imóvel hipotecado pode constituir outra hipoteca sobre ele, mediante novo título, em favor do mesmo ou de outro credor."

**Alternativa "d".** A assertiva está correta, pois concorda com o que determina o art. 1.477, do CC: "Salvo o caso de insolvência do devedor, o credor da segunda hipoteca, embora vencida, não poderá executar o imóvel antes de vencida a primeira. Parágrafo único. Não se considera insolvente o devedor por faltar ao pagamento das obrigações garantidas por hipotecas posteriores à primeira."

**Alternativa correta: letra "d".**

---

**147. (FGV – Exame de Ordem 2012.4)** De acordo com as regras atinentes à hipoteca, assinale a afirmativa correta.

a) O Código Civil não admite a divisibilidade da hipoteca em casos de loteamento do imóvel hipotecado.

b) O ordenamento jurídico admite a instituição de nova hipoteca sobre imóvel hipotecado, desde que seja dada em favor do mesmo credor.

c) Segundo o Código Civil, o adquirente de bem hipotecado não pode remir a hipoteca para que seja extinto o gravame pendente sobre o bem sem autorização expressa de todos credores hipotecários.

d) A hipoteca pode ser constituída para garantia de dívida futura ou condicionada, desde que determinado o valor máximo do crédito a ser garantido.

**COMENTÁRIOS**

**Nota do autor:** O instituto abordado nessa questão é o da hipoteca, que pode ser conceituado "como direito real de garantia, em virtude do qual um bem imóvel (exceto navios e aeronaves) remanesce na posse do devedor ou de terceiro, assegurando preferencialmente ao credor o pagamento de uma dívida. Um ou mais bens específicos do patrimônio imobiliário do devedor ou do terceiro garantidor são afetados como caução específica de uma obrigação". (FARIAS, Cristiano Chaves; ROSENLVALD, Nelson. *Curso de Direito Civil:* diretos reais. 8.ed. v. 5. Editora Juspodivm: Salvador, 2012. p. 909.). Para a resolução da questão, primeiramente é preciso saber conceituar o instituto da hipoteca e, principalmente, conhecer a regulamentação legal do instituto, particularmente as suas disposições gerais, que são reguladas nos artigos 1.473 a 1.488 do Código Civil.

**Alternativa incorreta: "a".** A alternativa está incorreta, pois, ao contrário do que afirma, o Código Civil admite a divisibilidade da hipoteca, desde que seja requerido ao juiz, pelo credor, devedor ou os donos, conforme estabelece o art. 1.488 do CC: "Se o imóvel, dado em garantia hipotecária, vier a ser loteado, ou se nele se constituir condomínio edilício, poderá o ônus ser dividido, gravando cada lote ou unidade autônoma, se o requererem ao juiz o credor, o devedor ou os donos, obedecida a proporção entre o valor de cada um deles e o crédito."

**Alternativa incorreta: "b".** A assertiva está incorreta, pois disse menos do que estabelece o Código Civil. Realmente é admitido que o dono do imóvel hipotecado constitua nova hipoteca sobre o mesmo imóvel, mas não é somente em favor do mesmo credor, pode fazê-lo em favor de outro credor, como dispõe a regra normativa do art. 1.476: "O dono do imóvel hipotecado pode constituir outra hipoteca sobre ele, mediante novo título, em favor do mesmo ou de outro credor."

**Alternativa incorreta: "c".** O erro da presente alternativa se encontra na afirmação de que o adquirente do imóvel hipotecado não pode remir a hipoteca para que seja extinto o gravame sem autorização expressa de todos credores hipotecários. A regulamentação legal não exige que os credores hipotecários autorizem expressamente a remição, mas tão somente que o adquirente proceda a citação de todos e proponha importância não inferior ao preço por que o adquiriu. Vejamos a redação do dispositivo legal que regula o tema: "Art. 1.481. Dentro em trinta dias, contados do registro do título aquisitivo, tem o adquirente do imóvel hipotecado o direito de remi-lo, citando os credores hipotecários e propondo importância não inferior ao preço por que o adquiriu."

**Alternativa correta: "d".** A alternativa está correta, pois transcreve para a sua redação o que dispõe o art. 1.487 do Código Civil, vejamos: "A hipoteca pode ser constituída para garantia de dívida futura ou condicionada, desde que determinado o valor máximo do crédito a ser garantido."

**Alternativa correta: letra "d".**

## 6.5.7.3. DA LAJE

▸ CC, arts. 1.510-A a 1.510-E

---

**148. (FGV- XXXV Exame de Ordem-2022)** João da Silva, buscando acomodar os quatro filhos, conforme cada um ia se casando, construiu casas sucessivas em cima de seu imóvel, localizado no Morro Santa Marta, na cidade do Rio de Janeiro. Cada uma das casas é uma unidade distinta da original, construídas como unidades autônomas. Com o casamento de Carlos, seu filho mais novo, ele já havia erguido quatro unidades imobiliárias autônomas, constituídas em matrícula própria, além do pavimento original, onde João reside com sua esposa, Sirlene.

No entanto, pouco tempo depois, João assume que tivera uma filha fora do casamento e resolve construir mais uma casa, em cima do pavimento de Carlos, a fim de que sua filha possa residir com seu marido.

Sobre a hipótese apresentada, assinale a afirmativa correta.

a) João poderá construir nova laje, desde que tal construção não seja feita no subsolo, pois o direito real de laje só abrange a cessão de superfícies superiores em relação à construçao-base.

b) João poderá construir a casa para sua filha, tendo em vista se tratar de direito real de superfície e por ser ele o proprietário da construção-base.

c) João não poderá construir a casa para sua filha, uma vez que o direito real de laje se limita a apenas quatro pavimentos adicionais à construção-base.

d) João só poderá construir a casa para sua filha mediante autorização expressa dos titulares das demais lajes, respeitadas as posturas edilícias e urbanísticas vigentes.

**COMENTÁRIOS**

**Alternativa "a".** A assertiva se equivoca, ao afirmar que João não poderá constituir no subsolo. O direito discutido é o direito real de laje, que contempla o espaço aéreo ou o subsolo do terreno. Nesse sentido, é o que determinada o §1º, do art. 1.510-A, do CC: "Art. 1.510-A. O proprietário de uma construção-base poderá ceder a superfície superior ou inferior de sua construção a fim de que o titular da laje mantenha unidade distinta daquela originalmente construída sobre o solo. § 1 º O direito real de laje contempla o espaço aéreo ou o subsolo de terrenos públicos ou privados, tomados em projeção vertical, como unidade imobiliária autônoma, não contemplando as demais áreas edificadas ou não pertencentes ao proprietário da construção-base."

**Alternativa "b".** A assertiva está errada. O enunciado da questão trata do direito real de laje, que consiste na liberdade de construir, na laje do seu imóvel ou no subsolo. Com a nova construção, surge uma unidade definitiva e distinta daquela originalmente construída no solo (art. 1.510-A, CC). Por outro lado, o direito de superfície concede a um terceiro, o direito de construir ou plantar em terreno alheio, por tempo determinado, o que difere do direito de laje, que não há determinação temporal, para seu exercício. Outra diferença entre os dois institutos, está no fato de que o direito de superfície não autoriza obra no subsolo, algo que não é vedado no direito de laje. Assim é disciplinado o direito de superfície no CC: "Art. 1.369. O proprietário pode conceder a outrem o direito de construir ou de plantar em seu terreno, por tempo determinado, mediante escritura pública devidamente registrada no Cartório de Registro de Imóveis. Parágrafo único. O direito de superfície não autoriza obra no subsolo, salvo se for inerente ao objeto da concessão."

**Alternativa "c".** O direito real de laje, não limita o direito do titular de construir, sobre seu imóvel ou no subsolo de sua propriedade, como afirma a assertiva. A advertência exposta pelo dispositivo que trata da matéria, é no sentido de que sejam respeitadas as posturas edilícias e urbanísticas vigentes. Vejamos o que diz o §6º, do art. 1.510-A, do CC: "§ 6 º O titular da laje poderá ceder a superfície de sua construção para a instituição de um sucessivo direito real de laje, desde que haja autorização expressa dos titulares da construção-base e das demais lajes, respeitadas as posturas edilícias e urbanísticas vigentes."

**Alternativa "d".** A assertiva está correta. João, proprietário da construção base, onde foram edificadas as novas unidades, deverá obter a autorização dos titulares das demais lajes, para poder realizar novas edificações. Essa regra, decorre do fato, de que as edificações feitas sobre o imóvel base, se tornam independentes, tendo inclusive matricula própria, no Cartório de Registro de Imóveis. Desse modo, para construir uma nova casa, para sua filha, terá que ter autorização expressa dos outros titulares, como afirma corretamente a assertiva. A regra que disciplina a matéria está prevista no art. 1.510-A, §6º, do CC: "§ 6 º O titular da laje poderá ceder a superfície de sua construção para a instituição de um sucessivo direito real de laje, desde que haja autorização expressa dos titulares da construção-base e das demais lajes, respeitadas as posturas edilícias e urbanísticas vigentes."

**Alternativa correta: letra "d".**

# 7. DO DIREITO DE FAMÍLIA

## 7.1. DO CASAMENTO

### 7.1.1. DA CAPACIDADE PARA O CASAMENTO

- CC, art. 1.517 a 1.520.

NOTA DE ATUALIZAÇÃO: O art. 1.520 teve sua redação alterada pela lei nº 13.811 de 2019.

**149. (FGV- XXXIV Exame de Ordem-2022)** Júlia, 22 anos, com espectro autista, tem, em razão de sua deficiência, impedimento de longo prazo de natureza mental que pode, em algumas atividades cotidianas, obstruir sua participação plena e efetiva na sociedade em igualdade de condições com as demais pessoas.

Júlia, apaixona-se por Rodrigo, 19 anos, também com espectro autista, com quem quer se casar. Mas Rita, mãe de Júlia, temendo que Júlia não tenha o discernimento adequado para tomar as decisões certas em sua vida, e no intuito de proteger o melhor interesse de sua filha, impede o casamento.

Sobre a hipótese apresentada, assinale a afirmativa correta.

a) Júlia é relativamente incapaz e, assim o sendo, precisará de anuência de sua mãe, Rita, para celebrar o ato, em prol da proteção de sua dignidade.

b) A deficiência não afeta a plena capacidade civil da pessoa para casar-se, de modo que Rita não poderá impedir o casamento de Júlia.

c) Júlia é plenamente capaz em razão de sua idade, mas, em razão da deficiência que a acomete, deverá confirmar sua vontade com o curador que deverá ser instituído.

d) Rita, ainda que esteja atuando no melhor interesse de Júlia, na qualidade de mãe, não pode impedir o casamento podendo, contudo, impor à Júlia, sua curatela

COMENTÁRIOS

**Nota do autor:** A idade núbil ou idade mínima para se casar é adquirida aos 16 anos, quando se tem a capacidade matrimonial. Apesar da pessoa, com 16 anos, ser capaz para o casamento, será necessário obter autorização dos pais ou representantes, caso não sejam emancipados (art. 1.517, CC).

**Alternativa "a".** A assertiva se equivoca ao afirmar que Júlia seja relativamente incapaz, tendo em vista que, a personagem não se enquadra em nenhuma das hipóteses previstas no art. 4º, do CC. Este artigo prevê, como relativamente incapazes, os maiores de 16 e menores de 18 anos, os ébrios habituais e os viciados em tóxicos e os que por causa transitória ou permanente, não puderem expressar sua vontade, e, por fim, os pródigos. Por derradeiro, não se pode considerar que o fato de Julia ter espectro autista a torne incapaz, pois sua deficiente não suprime sua capacidade de exprimir sua vontade. A lei civil permite, expressamente, que pessoas com deficiência mental se casem: Art. 1.550, §2º: "A pessoa com deficiência mental ou intelectual em idade núbia poderá contrair matrimônio, expressando sua vontade diretamente ou por meio de seu responsável ou curador."

**Alternativa "b".** O Estatuto da Pessoa com Deficiência, quando incluiu o §2º, do art. 1.550, autorizando, expressamente, a pessoa com deficiência mental a se casar, partiu do pressuposto que a deficiência mental, por si só, não resulta em incapacidade. Para que qualquer deficiência, mental ou física, torne a pessoa incapaz relativamente, deve se enquadrar na hipótese do inc. III, do art. 4º, isto é, tornar a pessoa impossibilitada de exprimir sua vontade, transitória ou permanentemente. Considerando que o enunciado da questão, não apresenta Júlia, como alguém incapaz de manifestar sua vontade, mas pelo contrário, demonstra que ela expressa seus afetos com clareza, demonstra que é capaz para se casar, sem razão para que sua mãe impeça sua vontade.

**Alternativas "c" e "d".** A curatela somente será imposta a quem seja relativamente incapaz. Conforme comentário anterior e a própria afirmação da assertiva, Julia é capaz o que torna o instituto da curatela inaplicável. Vejamos quem a lei determina que está sujeito a curatela: "Art. 1.767. Estão sujeitos a curatela: I - aqueles que, por causa transitória ou permanente, não puderem exprimir sua vontade; III - os ébrios habituais e os viciados em tóxico; V - os pródigos"

**Alternativa correta: letra "b".**

**150. (Exame de Ordem 2012.1 – FGV)** Rejane, solteira, com 16 anos de idade, órfã de mãe e devidamente autorizada por seu pai, casa-se com Jarbas, filho de sua tia materna, sendo ele solteiro e capaz, com 23 anos de idade.

A respeito do casamento realizado, é correto afirmar que é

a) nulo, tendo em vista o parentesco existente entre Rejane e Jarbas.

b) é anulável, tendo em vista que, por ser órfã de mãe, Rejane deveria obter autorização judicial a fim de suprir o consentimento materno.

c) válido.

d) anulável, tendo em vista o parentesco existente entre Rejane e Jarbas.

**COMENTÁRIOS**

**Nota do autor:** A questão aborda dois temas: 1. a capacidade para o casamento, prevista no art. 1.517 do CC; 2. as hipóteses de impedimentos matrimoniais insculpidas nos incisos do art. 1.521 do CC.

**Alternativa "a".** O parentesco existente entre Rejane e Jarbas não encontra óbice no Código Civil. O diploma civilista impede a união matrimonial entre parentes até o terceiro grau, o que se daria na hipótese de tios e sobrinhos. No entanto, segundo o Decreto-Lei n. 3.200/41, é permitido ao juiz autorizar, excepcionalmente, o casamento entre parentes de terceiro grau, mas os interessados deverao se submeter a exame pré-nupcial que demonstre a inexistência de risco à saúde da eventual prole. Acerca do referido decreto, não houve uma revogação expressa, razão que justificou a criação do Enunciado n. 98 da I Jornada de Direito Civil do Centro de Estudos Judiciários do Conselho da Justiça Federal: "O inc. IV do art. 1.521 do novo Código Civil deve ser interpretado à luz do Decreto-Lei n. 3.200/41, no que se refere à possibilidade de casamento entre colaterais de 3º grau." O matrimônio entre primos, por serem de quarto grau, não é proibido, o que torna válido o casamento entre Rejane e Jarbas. Nesse sentido, temos o art. 1.521 do CC: "Não podem se casar: IV – os irmãos, unilaterais ou bilaterais, e demais colaterais, **até o terceiro grau inclusive**;" (Grifo nosso)

**Alternativa "b".** Não é hipótese de anulação, pois o fato de Rejane ser púbere e órfã não invalida o casamento. O Código Civil estabelece que a idade mínima para contrair núpcias é de 16 (dezesseis) anos, mas desde que haja prévia autorização dos pais ou representantes. No caso em tela, a nubente tem 16 anos e houve a autorização do pai, que na ausência da mãe exerce o pátrio poder com exclusividade, o que dispensa a autorização judicial para suprir o consentimento da mãe, conforme dito no art. 1.631 do CC: "Durante o casamento e a união estável, compete o poder familiar aos pais; na falta ou impedimento de um deles, o outro o exercerá com exclusividade."

**Alternativa "c".** É correto afirmar que o casamento entre Rejane e Jarbas é válido, pois Rejane já alcançou a idade núbil, que é de 16 anos, necessitando apenas da autorização dos seus pais ou representantes para contrair núpcias, conforme estabelece a norma contida no art. 1.517 do CC: "O homem e a mulher com dezesseis anos podem casar, exigindo-se autorização de ambos os pais, ou de seus representantes legais, enquanto não atingida a maioridade civil." Como a nubente é órfã da mãe, bastaria a autorização do seu pai, uma vez que se tornou o único responsável pela filha, art. 1.631 do CC: "Durante o casamento e a união estável, compete o poder familiar aos pais; na falta ou impedimento de um deles, o outro o exercerá com exclusividade." Por outro lado, o fato de os nubentes serem primos, Jarbas é filho da tia materna de Rejane, não enseja nenhum impedimento, visto que o parentesco entre eles é de quarto grau e a lei impede o matrimônio entre parentes até o terceiro grau, conforme a doutrina do inciso IV do art. 1.521 do CC: "Não podem se casar: IV – os irmãos, unilaterais ou bilaterais, e demais colaterais, **até o terceiro grau inclusive**;" (Grifo nosso)

**Alternativa "d".** O Código Civil impede o casamento entre parentes, mas impõe esse obstáculo ao parentesco até o terceiro grau, ou seja, tios e sobrinhos, ressalvada a hipótese prevista no Decreto-Lei n. 3.200/41. Considerando que Rejane e Jarbas são primos, isto é, parentes de quarto grau, não há nada que impeça o matrimônio em decorrência do parentesco. Nesse sentido é a determinação do art. 1.521, IV, do CC: "Não podem se casar: IV – os irmãos, unilaterais ou bilaterais, e demais colaterais, **até o terceiro grau inclusive**;" (Grifo nosso)

**Alternativa correta: letra "c".**

## 7.1.2. DA INVALIDADE DO CASAMENTO

- CC, arts. 1.548 a 1.564.

CIVIL

**Nota do autor:** prezado leitor, fique atento quanto ao tema da invalidade do casamento, pois o inciso I, do art. 1.548 CC, foi revogado e, no mesmo dispositivo, foi acrescentado o § 2º. No art. 1.557, o inc. III, recebeu nova redação, e o inc. IV, foi revogado. Todas as alterações foram promovidas pela Lei 13.146, de 2015 – Estatuto da Pessoa com Deficiência.

---

**151. (Exame de Ordem 2010.3 – FGV)** João foi registrado ao nascer com o gênero masculino. Em 2008, aos 18 anos, fez cirurgia para correção de anomalia genética e teve seu registro retificado para o gênero feminino, conforme sentença judicial. No registro não constou textualmente a indicação de retificação, apenas foi lavrado um novo termo, passando a adotar o nome de Joana. Em julho de 2010, casou-se com Antônio, homem religioso e de família tradicional interiorana, que conheceu em janeiro de 2010, por quem teve uma paixão fulminante e correspondida. Joana omitiu sua história registral por medo de não ser aceita e perdê-lo. Em dezembro de 2010, na noite de Natal, a tia de Joana revela a Antônio a verdade sobre o registro de Joana/João. Antônio, não suportando ter sido enganado, deseja a anulação do casamento.

Conforme a análise da hipótese formulada, é correto afirmar que o casamento de Antônio e Joana

a) só pode ser anulado até 90 dias da sua celebração.

b) poderá ser anulado pela identidade errônea de Joana/João perante Antônio e a insuportabilidade da vida em comum.

c) é inexistente, pois não houve a aceitação adequada, visto que Antônio foi levado ao erro de pessoa, o que tornou insuportável a vida em comum do casal.

d) é nulo; portanto, não há prazo para a sua arguição.

**COMENTÁRIOS**

**Alternativa "a".** O prazo para a anulação do casamento, na hipótese posta na questão, é de 3 (três) anos, nos termos do art. 1.560, III, do Código Civil, com a seguinte redação: "O prazo para ser intentada a ação de anulação do casamento, a contar da data da celebração, é de: [...] IV – quatro anos, se houver coação." Destarte, o erro da alternativa está no prazo.

**Alternativa "b".** A alternativa representa uma aplicação do art. 1.556 do Código Civil, que preconiza ser anulável o casamento se existir vício de vontade decorrente de erro essencial quanto à pessoa de um dos nubentes. No caso em apreço, a questão pertinente ao gênero de Joana, indubitavelmente, se constitui em erro essencial sobre a pessoa capaz de ensejar a anulabilidade do casamento, nos moldes do art. 1.557, incisos I e IV, do Código Civil, com a seguinte redação: "Considera-se erro essencial sobre a pessoa do outro cônjuge: I – o que diz respeito à sua identidade, sua honra e boa fama, sendo esse erro tal que o seu conhecimento ulterior torne insuportável a vida em comum ao cônjuge enganado; [...] IV – a ignorância, anterior ao casamento, de doença mental grave que, por sua natureza, torne insuportável a vida em comum ao cônjuge enganado."

**Alternativa "c".** O erro essencial quanto à pessoa do nubente não conduz à inexistência do casamento. Como exposto nos comentários precedentes, tal irregularidade conduz à anulabilidade do casamento, na forma do art. 1.557, I e IV, do Código Civil.

**Alternativa "d".** A hipótese ventilada pela banca examinadora na questão em apreço é de anulabilidade do casamento e não de sua nulidade. As hipóteses de nulidade do casamento encontram-se arroladas no art. 1.548 do Código Civil, com a seguinte redação: "É nulo o casamento contraído: I – pelo enfermo mental sem o necessário discernimento para os atos da vida civil; II – por infringência de impedimento."

**Alternativa correta: letra "b".**

### 7.1.3. DA PROTEÇÃO DA PESSOA DOS FILHOS

▸ CC, arts. 1.583 a 1.590.

**152. (FGV – Exame de Ordem XXXVI – 2022)** Rodolfo e Marília estão casados desde 2005. Em 2010, nasceu Lorenzo, único filho do casal. No ano de 2020, eles resolveram se divorciar, após um período turbulento de discussões e mútuas relações extraconjugais. A única divergência entre o casal envolvia a guarda do filho, Lorenzo.

Neste sentido, sublinhando-se que o pai e a mãe apresentam condições de exercício de tal função, relacionando-se bem com o filho e conseguindo separar seus problemas conjugais de seus deveres paternos e maternos – à luz do Código Civil, assinale a afirmativa correta.

a) Segundo a lei, o juiz, diante do conflito, deverá aplicar a guarda alternada entre Rodolfo e Marília.

b) Como os pais desejam a guarda do menor e estão aptos a exercer o poder familiar, a lei determina a aplicação da guarda compartilhada, mesmo que não haja acordo entre eles.

c) A lei determina a fixação da guarda compartilhada, mas, tendo em vista cuidar-se de divergência sobre a guarda, ela deve ser atribuída a Rodolfo ou a Marília, mas, diante do conflito, a guarda não deve ser atribuída a eles, em nenhuma hipótese.

d) Caso Rodolfo e Marília não consigam decidir de modo consensual a quem caberá a guarda de Lorenzo, o juiz será obrigado a atribuí-la ou a um genitor ou ao outro, uma vez que inexiste hipótese de guarda compartilhada na lei brasileira.

**COMENTÁRIOS**

**Alternativa "a".** A assertiva está errada. O enunciado da questão menciona que a única divergência do casal, diz respeito ao modelo de guarda do filho. Por sua vez, o enunciado deixa claro que "que o pai e a mãe apresentam condições de exercício de tal função, relacionando-se bem com o filho e conseguindo separar seus problemas conjugais de seus deveres paternos e maternos". O Código Civil determina, que em situações como a narrada pelo enunciado, a guarda compartilhada, é que deve ser decretada pelo juiz , não a guarda alternada, como afirma a assertiva. Vejamos o §2º, do art. 1.584: "Quando não houver acordo entre a mãe e o pai quanto à guarda do filho, encontrando-se ambos os genitores aptos a exercer o poder familiar, será aplicada a guarda compartilhada, salvo se um dos genitores declarar ao magistrado que não deseja a guarda do menor."

**Alternativa "b".** A assertiva está correta. A lei determina que quando não há consenso entre os pais, acerca da guarda dos filhos, mas ambos estejam aptos a exercer o poder familiar, a lei determina que seja aplicada a guarda compartilha, conforme visto no disposto citado, no comentário anterior. (§2º, art. 1.584).

**Alternativa "c".** A assertiva acerta na primeira afirmação, quando sustenta que a guarda compartilhada é definida por lei, como a que deve ser decretada pelo juiz, na hipótese narrada, no enunciado. Contudo, erra ao asseverar que a divergência sobre a guarda, pelos pais, é razão para se aplicar a guarda unilateral. Por fim, afirmar que a guarda não deve ser atribuída a nenhum dos pais, não tem qualquer amparo lógico, muito menos legal.

**Alternativa "d".** Assertiva está errada. A guarda compartilhada está expressamente prevista no Código Civil, a partir do art. 1.583.

**Alternativa correta: letra "b".**

**153. (FGV – Exame de Ordem 2016.3)** Augusto e Raquel casam-se bem jovens, ambos com 22 anos. Um ano depois, nascem os filhos do casal: dois meninos gêmeos. A despeito da ajuda dos avós das crianças, o casamento não resiste à dura rotina de criação dos dois recém-nascidos. Augusto e Raquel separam-se ainda com os filhos em tenra idade, indo as crianças residir com a mãe. Raquel, em pouco tempo, contrai novas núpcias. Augusto, em busca de um melhor emprego, muda-se para uma cidade próxima.

A respeito da guarda dos filhos, com base na hipótese apresentada, assinale a afirmativa correta.

a) A guarda dos filhos de tenra idade será atribuída preferencialmente, de forma unilateral, à mãe.

b) Na guarda compartilhada, o tempo de convívio com os filhos será dividido de forma matemática entre o pai e a mãe.

c) O pai ou a mãe que contrair novas núpcias perderá o direito de ter consigo os filhos.

d) Na guarda compartilhada, a cidade considerada base de moradia dos filhos será a que melhor atender aos interesses dos filhos.

**COMENTÁRIOS**

**Alternativa "a".** A regra, é que a guarda dos filhos seja definida conforme acordarem os pais. Não havendo consenso e ambos sendo aptos a exercer o poder familiar, a lei não apresenta nenhuma preferência pela mãe. Nesse caso, a lei expressa declara que a guarda será compartilhada, conforme prescreve a norma contida no § 2º, do art. 1.584, do CC: "A guarda, unilateral ou compartilhada, poderá ser: § 2º Quando não houver acordo entre a mãe e o pai quanto à guarda do filho, encontrando-se ambos os genitores aptos a exercer o poder familiar, será aplicada a guarda compartilhada, salvo se um dos genitores declarar ao magistrado que não deseja a guarda do menor."

**Alternativa "b".** A assertiva contraria a norma contida no §2º, do art. 1.583 do CC: "A guarda será unilateral ou compartilhada. § 2º Na guarda compartilhada, o tempo de convívio com os filhos deve ser dividido de forma equilibrada com a mãe e com o pai, sempre tendo em vista as condições fáticas e os interesses dos filhos:

**Alternativa "c".** Afirmativa vai de encontro com o que prescreve a norma do artigo 1.588, do CC: "O pai ou a mãe que contrair novas núpcias não perde o direito de ter consigo os filhos, que só lhe poderão ser retirados por mandado judicial, provado que não são tratados convenientemente."

**Alternativa "d".** A assertiva está de acordo com o prescreve o §3º, do art. 1.583, do CC: Art. "A guarda será unilateral ou compartilhada. § 3º Na guarda compartilhada, a cidade considerada base de moradia dos filhos será aquela que melhor atender aos interesses dos filhos."

**Alternativa correta: letra "d".**

## 7.2. DAS RELAÇÕES DE PARENTESCO

### 7.2.1. DO RECONHECIMENTO DOS FILHOS

▸ CC, arts. 1.607 a 1.617.

**154. (FGV – Exame de Ordem 2016.1)** Júlio, casado com Isabela durante 23 anos, com quem teve 3 filhos, durante audiência realizada em ação de divórcio cumulada com partilha de bens proposta por Isabela, reconhece, perante o Juízo de Família, um filho havido de relacionamento extraconjugal. Posteriormente, arrependido, Júlio deseja revogar tal reconhecimento.

Sobre os fatos narrados, assinale a afirmativa correta.

a) O reconhecimento de filho só é válido se for realizado por escritura pública ou testamento.

b) O reconhecimento de filho realizado por Júlio perante o Juízo de Família é ato irrevogável.

c) O reconhecimento de filho em Juízo só tem validade em ação própria com essa finalidade.

d) Júlio só poderia revogar o ato se este tivesse sido realizado por testamento.

**COMENTÁRIOS**

**Alternativas incorretas: "a", "c", "d".** As demais assertivas contrariam o que prescreve o art. 1.609 e seus incisos: "O reconhecimento dos filhos havidos fora do casamento é irrevogável e será feito: I – no registro do nascimento; II – por escritura pública ou escrito particular, a ser arquivado em cartório; III – por testamento, ainda que incidentalmente manifestado; IV – por manifestação direta e expressa perante o juiz, ainda que o reconhecimento não haja sido o objeto único e principal do ato que o contém."

**Alternativa correta: "b".** A assertiva está correta, pois confirma o que prescreve o art. 1.609, IV, do CC: "O reconhecimento dos filhos havidos fora do casamento é irrevogável e será feito: IV – por manifestação direta e expressa perante o juiz, ainda que o reconhecimento não haja sido o objeto único e principal do ato que o contém."

**Alternativa correta: letra "b".**

**155. (Exame de Ordem 2012.2 – FGV)** A respeito da perfilhação é correto dizer que

a) constitui ato formal, de livre vontade, irretratável, incondicional e personalíssimo.

b) se torna perfeita exclusivamente por escritura pública ou instrumento particular.

c) não admite o reconhecimento de filhos já falecidos, quando estes hajam deixado descendentes.

d) em se tratando de filhos maiores, dispensa-se o consentimento destes.

**COMENTÁRIOS**

✪ **Nota do autor:** A questão aborda o tema do reconhecimento dos filhos, consagrado nos arts. 1.607 a 1.617 do Código Civil. O reconhecimento de que trata esses dispositivos diz respeito unicamente aos filhos havidos fora do casamento, pois, no tocante aos que são gerados na constância do casamento, há presunção legal de que os pais são os cônjuges. O reconhecimento dos filhos pode ser feito voluntaria ou forçosamente. A questão apresenta a hipótese de reconhecimento voluntário, que também é chamado de perfilhação (PEREIRA, Caio Mário da Silva. **Instituições de Direito Civil:** direito de família. Atualizadora: Tânia da Silva Pereira. 15. ed. Rio de Janeiro: Forense, v. V, p. 353.); as formas como esse tipo de reconhecimento pode ser realizado estão previstas no art. 1.609 do Código Civil.

**Alternativa "a".** O reconhecimento voluntário dos filhos ou perfilhação é ato formal, pois deve obedecer a uma das formas previstas no art. 1.609 do CC, e deverá constar do Registro de Nascimento. É voluntário, pois não há nenhuma medida coercitiva que obrigue o reconhecimento dos filhos, pelos pais, tanto é assim que o art. 1.607 do CC diz que "O filho havido fora do casamento **pode ser reconhecido pelos pais**, conjunta ou separadamente". Conforme nosso destaque, a lei não obriga o reconhecimento, mas confere a possibilidade para que seja feito voluntariamente. Diferentemente do que ocorre na investigação de paternidade, na qual, havendo a confirmação do vínculo paterno "será lavrado termo de reconhecimento e remetida certidão ao oficial do registro, para a devida averbação" (PEREIRA, Caio Mário da Silva. **Instituições de Direito Civil:** direito de família. Atualizadora: Tânia da Silva Pereira. 15. ed. Rio de Janeiro: Forense, v. V, p. 364.). A perfilhação é ato irretratável, isto é, uma vez praticado não poderá ser revogado, como determina o art. 1.610: "O reconhecimento não pode ser revogado, nem mesmo quando feito em testamento." Outra característica da perfilhação é o seu caráter incondicional, ou seja, o reconhecimento não pode ser sujeito a nenhum elemento acidental, como a condição ou o termo, conforme estabelece o art. 1.613: "São ineficazes a condição e o termo apostos ao ato de reconhecimento do filho." Por fim, é ato personalíssimo, não admite influência externa, constituindo-se em manifestação de vontade exclusiva dos pais.

**Alternativa "b".** As hipóteses de reconhecimento da filiação estão todas previstas no art. 1.609 do Código Civil. A assertiva apresenta apenas as possibilidades previstas no inciso II do dispositivo citado, ou seja, há outras formas previstas nos incisos I, III e IV, o que demonstra o erro da afirmativa, como podemos constatar com a leitura do texto legal: "O reconhecimento dos filhos havidos fora do casamento é irrevogável e será feito: I – no registro do nascimento; II – por escritura pública ou escrito particular, a ser arquivado em cartório; III – por testamento, ainda que incidentalmente manifestado; IV – por manifestação direta e expressa perante o juiz, ainda que o reconhecimento não haja sido o objeto único e principal do ato que o contém.

**Alternativa "c".** O reconhecimento poderá ser feito antes do nascimento do filho, ou mesmo depois do seu falecimento, conforme prescreve o parágrafo único do art. 1.609 do CC: "O reconhecimento pode preceder o nascimento do filho ou ser posterior ao seu falecimento, se ele deixar descendentes."

**Alternativa "d".** O reconhecimento da filiação de filho maior só terá eficácia se houver o consentimento deste. O consentimento poderá ser concomitante ao ato, ou posterior a este. A mesma exigência não se faz quanto ao filho menor. Nesse sentido é a doutrina do art. 1.614 do CC: "O filho maior não pode ser reconhecido sem o seu consentimento, e o menor pode impugnar o reconhecimento, nos quatro anos que se seguirem à maioridade, ou à emancipação."

**Alternativa correta: letra "a".**

### 7.2.2. DO PODER FAMILIAR

▸ CC, arts. 1.630 a 1.638.

**156. (FGV-Exame de Ordem 2019.2)** Asdrúbal praticou feminicídio contra sua esposa Ermingarda, com quem tinha três filhos, dois menores de 18 anos e um maior.

CIVIL

Nesse caso, quanto aos filhos, assinale a afirmativa correta.

a) Asdrúbal terá suspenso o poder familiar sobre os três filhos, por ato de autoridade policial.

b) Asdrúbal perderá o poder familiar sobre os filhos menores, por ato judicial.

c) Asdrúbal terá suspenso o poder familiar sobre os filhos menores, por ato judicial.

d) Asdrúbal perderá o poder familiar sobre os três filhos, por ato de autoridade policial.

COMENTÁRIOS

**Alternativa "a":** no caso em tela, não é hipótese de suspensão do poder familiar, mas sim de sua perda, que ocorre por decisão judicial e somente em relação aos filhos menores. Vejamos o que dispõe o Código Civil: Art. 1.638. Perderá por ato judicial o poder familiar o pai ou a mãe que: Parágrafo único. Perderá também por ato judicial o poder familiar aquele que: I – praticar contra outrem igualmente titular do mesmo poder familiar: a) homicídio, feminicídio ou lesão corporal de natureza grave ou seguida de morte, quando se tratar de crime doloso envolvendo violência doméstica e familiar ou menosprezo ou discriminação à condição de mulher.

**Alternativa "b":** A assertiva corresponde ao que prescreve o Código Civil, ou seja, enquanto menores, os filhos estão sujeitos ao poder familiar (art. 1.630). E que a pratica de feminicídio é hipótese legal de perda do poder familiar, decretada por decisão judicial (art. 1.638, pár. ún., I "a").

**Alternativa "c":** Feminicídio não é hipótese de suspensão do poder familiar, mas de perda (art. 1.638, pár. ún., I "a").

**Alternativa "d":** Feminicídio é hipótese de perda do poder familiar, por decisão judicial, e não de autoridade policial (art. 1.638, pár. ún., I "a").

**Alternativa Correta: letra "b".**

---

**157. (Exame de Ordem 2012.1 – FGV – prova reaplicada em Duque de Caxias/RJ)** A respeito do poder familiar, assinale a alternativa correta.

a) O filho que possua dezesseis anos de idade, ainda que tenha contraído casamento válido, permanece sujeito ao poder familiar de seus pais até que complete dezoito anos de idade.

b) Na constância do casamento entre os pais, havendo falta ou impedimento de um deles, caberá ao outro obter autorização judicial, a fim de exercer com exclusividade o poder familiar sobre os filhos comuns do casal.

c) Exorbita os limites do exercício do poder familiar exigir que os filhos prestem quaisquer serviços aos pais, ainda que sejam considerados próprios para a idade e condição daqueles.

d) Não é autorizado ao novo cônjuge interferir no poder familiar exercido por sua esposa sobre os filhos por ela havidos na constância do primeiro casamento, mesmo em caso de falecimento do pai das crianças.

COMENTÁRIOS

**✪ Nota do autor:** A questão trata do instituto do poder familiar, regulado no Código Civil pelos arts. 1.630 a 1.638. Esse instituto, que outrora era designado de pátrio poder, em que figura como principal guardião dos interesses do filho o pai, foi revisitado após a Constituição da República de 1988, que consagra o princípio da igualmente (art. 5º, I) e, por consequência, altera a forma como os laços familiares eram compreendidos. No novo paradigma introduzido pela Carta de 1988, os pais, e não somente o pai, passaram a exercer, igualitariamente, os direitos e deveres relativos à pessoa e aos bens dos filhos (art. 226, §5º). Caio Mário da Silva Pereira conceitua o poder familiar como: "Complexo de direitos e deveres quanto à pessoa e bens do filho, exercidos pelos pais na mais estreita colaboração, e em igualdade de condições". (PEREIRA, Caio Mário da Silva. **Instituições de Direito Civil:** direito de família. Atualizadora: Tânia da Silva Pereira. 15. ed. Rio de Janeiro: Forense, v. V, p. 421.)

**Alternativa "a".** A análise da questão pressupõe a leitura sistemática do art. 1.635 e do art. 5º, parágrafo único, inciso II, ambos do Código Civil. Primeiramente, o art. 1.636, II, estabelece que: "Extingue-se o poder familiar: II – pela emancipação, nos termos do art. 5º, parágrafo único;" Nesses termos, o poder familiar será extinto quando sobrevier a emancipação, que é a possibilidade de alcançar a capacidade para a prática de atos da vida civil sem a implementação da maioridade. Uma das hipóteses previstas em lei para a cessação da incapacidade por meio da emancipação é o casamento (A lei é explícita ao declarar que a incapacidade cessará, por meio da emancipação, alcançada em virtude do casamento, e não da união estável.), que deverá realizar-se com a autorização dos pais ou de seus representantes legais, além de exigir idade mínima de 16 anos (art. 1.517 do CC). Nesse sentido, com o matrimônio válido cessa para os pais o exercício do poder familiar; mesmo que ocorra a extinção do casamento válido, pelo divórcio, morte etc., permanece a emancipação.

**Alternativa "b".** O poder familiar é exercido por ambos os pais na constância do casamento. Contudo, na falta ou impedimento de um deles, caberá àquele que permanecer no poder familiar a exclusividade do seu exercício, não sendo necessário obter autorização judicial para suprir a ausência do outro. Nesse sentido, dispõe o art. 1.631 do CC: "Durante o casamento e a união estável, compete o poder familiar aos pais; na falta ou impedimento de um deles, o outro o exercerá com exclusividade." Somente será necessário obter autorização judicial quando houver divergência entre os pais sobre o exercício do poder familiar, conforme prescreve o parágrafo único do dispositivo citado, o que acarreta o erro da assertiva: "Divergindo os pais quanto ao exercício do poder familiar, é assegurado a qualquer deles recorrer ao juiz para solução do desacordo."

**Alternativa "c".** O Código Civil permite que, em decorrência do poder familiar, os pais exijam dos filhos obediência, respeito e que prestem serviços. Sobre essa última situação, ou seja, prestar serviços, é preciso esclarecer que os filhos podem exercer atividades remuneradas, mas, ao contrário do que diz a redação da alternativa, não pode ser "quaisquer serviços", é preciso que a atividade desempenhada seja adequada à sua idade e que não seja proibida ou ilegal. A legislação trabalhista permite o trabalho do menor, entre 14 e 16 anos, somente na qualidade de aprendiz. Portanto, não consiste em irregularidade no exercício do poder familiar o fato de exigir que os filhos prestem serviços adequados à sua idade, conforme prescreve o art. 1.634 do CC: "Compete aos pais, quanto à pessoa dos filhos menores: VII – exigir que lhes prestem obediência, respeito e os serviços próprios de sua idade e condição."

**Alternativa "d".** O acerto da afirmativa encontra-se no fato de que a sua redação concorda com o que prescreve a lei, ou seja, segundo o art. 1.636, as novas núpcias ou união estável, contraídas pelo pai ou a mãe, não implica perda do poder familiar, nem possibilita ao novo cônjuge ou companheiro exercer o poder familiar. Isso quer dizer que a nova relação envolve apenas os cônjuges ou companheiros, não havendo reflexos no exercício do poder familiar, cujo exercício dos pais que tiveram filhos na constância do primeiro casamento ou união estável permanece inalterado. Assim, não se transferem ao novo cônjuge ou companheiro os direitos que decorrem da filiação, o que o impede, inclusive, de exercer qualquer interferência na forma de exercer esse poder. Nesse sentido, é clara a doutrina do art. 1.636 do CC: "O pai ou a mãe que contrai novas núpcias, ou estabelece união estável, não perde, quanto aos filhos do relacionamento anterior, os direitos ao poder familiar, exercendo-os sem qualquer interferência do novo cônjuge ou companheiro. Parágrafo único. Igual preceito ao estabelecido neste artigo aplica-se ao pai ou à mãe solteiros que casarem ou estabelecerem união estável."

**Alternativa correta: letra "d".**

## 7.3. DO DIREITO PATRIMONIAL

### 7.3.1. DO REGIME DE BENS ENTRE OS CÔNJUGES

#### 7.3.1.1. DISPOSIÇÕES GERAIS

▸ CC, arts. 1.639 a 1.652.

---

**158. (FGV-Exame de Ordem 2019.1)** Mônica, casada pelo regime da comunhão total de bens, descobre que seu marido, Geraldo, alienou um imóvel pertencente ao patrimônio comum do casal, sem a devida vênia conjugal. A descoberta agrava a crise conjugal entre ambos e acaba conduzindo ao divórcio do casal.

Tempos depois, Mônica ajuíza ação em face de seu ex-marido, objetivando a invalidação da alienação do imóvel.

Sobre o caso narrado, assinale a afirmativa correta.

a) O juiz pode conhecer de ofício do vício decorrente do fato de Mônica não ter anuído com a alienação do bem.

b) O fato de Mônica não ter anuído com a alienação do bem representa um vício que convalesce com o decurso do tempo.

c) O vício decorrente da ausência de vênia conjugal não pode ser sanado pela posterior confirmação do ato por Mônica.

d) Para que a pretensão de Mônica seja acolhida, ela deveria ter observado o prazo prescricional de dois anos, a contar da data do divórcio.

**COMENTÁRIOS**

✪ **Nota do autor:** A questão versa sobre restrições impostas à prática de determinados atos ou negócios jurídicos concernentes ao patrimônio comum do casal, por apenas um dos cônjuges, impondo-se, quanto à prática de tais atos, a necessidade de anuência prévia do outro cônjuge. Com efeito, o art. 1.647 do CC preconiza: *"Ressalvado o disposto no art. 1.648, nenhum dos cônjuges pode, sem autorização do outro, exceto no regime da separação absoluta: I – alienar ou gravar de ônus real os bens imóveis; II – pleitear, como autor ou réu, acerca desses bens ou direitos; III – prestar fiança ou aval; IV – fazer doação, não sendo remuneratória, de bens comuns, ou dos que possam integrar futura meação."* **Atenção:** A necessidade de prévia anuência do cônjuge estabelecida pelo art. 1.647 não se aplica aos casamentos sob o regime da separação absoluta de bens.

**Alternativa "a":** A assertiva está incorreta. Nos termos do art. 1.650 do CC, a declaração de invalidade do negócio jurídico praticado com a inobservância do disposto no art. 1.647 do CC, que, como visto alhures, impõe a necessidade de anuência do cônjuge para a prática de determinados atos concernentes ao patrimônio comum do casal, depende de provocação do cônjuge interessado, não sendo conhecível *ex officio* pelo magistrado. A esse respeito, cumpre trazer à colação o conteúdo do art. 1.650 do CC: *"Art. 1.650. A decretação de invalidade dos atos praticados sem outorga, sem consentimento, ou sem suprimento do juiz, só poderá ser demandada pelo cônjuge a quem cabia concedê-la, ou por seus herdeiros."*

**Alternativa "b":** A assertiva está correta. A alienação de patrimônio comum do casal sem a pertinente outorga conjugal conduz à anulabilidade (ou nulidade relativa) do ato negocial. Neste sentido, considerando que se trata de hipótese de nulidade relativa (e não de nulidade absoluta), o negócio jurídico entabulado por Geraldo junto a terceiros é passível de convalidação pelo decurso do tempo, aplicando-se ao caso aqui enfocado o disposto no art. 1.649 do CC, com a seguinte redação: *"Art. 1.649. A falta de autorização, não suprida pelo juiz, quando necessária (art. 1.647), tornará anulável o ato praticado, podendo o outro cônjuge pleitear-lhe a anulação, até dois anos depois de terminada a sociedade conjugal."*

**Alternativa "c":** A alternativa está incorreta. Nos termos do art. 1.649, p.u., é possível que a aprovação torna válido o ato, desde que seja realizada por instrumento público ou por instrumento particular autenticado.

**Alternativa "d":** A assertiva está equivocada. Considerando que a ação que visa à decretação de invalidade do negócio jurídico se constitui em ação constitutiva negativa (ou desconstitutiva), o prazo para se postular a anulação do negócio jurídico é decadencial e não prescricional. Demais disso, como é cediço, em virtude do que preconiza o princípio da operabilidade que orientou a elaboração do vigente Código Civil, os prazos de prescrição foram concentrados no rol exaustivo dos arts. 205 e 206 do CC, de tal sorte que todos os demais prazos estabelecidos pelo Código Civil são prazos de natureza decadencial.

**Alternativa correta: letra "b".**

---

**159. (FGV-Exame de Ordem 2019.1)** Flora e Carlos pretendem contrair matrimônio. Flora tem 65 anos e, Carlos, 66. Por se tratar de segundas núpcias do futuro casal e já terem filhos oriundos de relacionamentos anteriores, eles não pretendem se tornar herdeiros um do outro e tampouco comunicar seus patrimônios. Diante do desconhecimento dos efeitos sucessórios do casamento, Flora e Carlos buscam aconselhamento jurídico sobre a possibilidade de sua pretensão.

Assinale a opção que indica a resposta correta dada pelo(a) advogado(a) consultado(a).

a) Em razão da idade de Carlos, o regime de bens será o da separação obrigatória, o qual afasta a possibilidade do futuro casal ser herdeiro um do outro.

b) O futuro casal deverá optar pelo regime da separação convencional de bens, que permitirá a exclusão da qualidade de herdeiro de Flora e Carlos.

c) O cônjuge, no ordenamento jurídico brasileiro, sempre será herdeiro necessário, independentemente do regime de bens.

d) O ordenamento brasileiro não oferece alternativa para a pretensão do futuro casal.

**COMENTÁRIOS**

**Há discussão em relação ao gabarito da questão. Levanta-se a hipótese das alternativas "c" e "d" estarem corretas.**

**Alternativa "a":** A alternativa está equivocada, porquanto contraria o disposto no art. 1.641, inciso II, do CC, cujo conteúdo, a seguir reproduzido, impõe o regime de separação de bens quando um dos cônjuges for maior de 70 (setenta) anos, o que não é o caso versado na questão sob comento. Eis o teor do dispositivo mencionado: *"É obrigatório o regime da separação de bens no casamento: [...] II – da pessoa maior de 70 (setenta) anos."*

**Alternativa "b":** A adoção do regime da separação convencional de bens, ao reverso do que a alternativa tenta fazer crer, não tem o efeito de modificar ou atenuar as regras concernentes à sucessão hereditária. De tal sorte, mesmo no regime de separação convencional de bens, o cônjuge não perde o seu *status* de herdeiro, em razão do que preconiza o art. 1.829 do CC, que contempla a ordem de vocação hereditária na sucessão legítima.

**Alternativas "c" e "d":** Embora o gabarito oficial divulgado pela FGV faça referência à alternativa "d" como correta, parece que o conteúdo das alternativas "c" e "d" não se excluem e são complementares. Como consequência, nos parece que, em razão de as duas alternativas aqui comentadas apresentarem conteúdos similares, a questão é passível de anulação. De fato, conforme exposto no comentário à Alternativa "b" acima, no ordenamento jurídico brasileiro o cônjuge sobrevivente é considerado, independentemente do regime aplicável ao casamento, um herdeiro necessário, em virtude do que preceitua o art. 1.829 do CC. Diante disso, considerando não ser possível afastar a ordem de vocação hereditária estabelecida em tal dispositivo legal por meio do regime de casamento, a pretensão do casal não se sustenta à luz do ordenamento jurídico brasileiro, o que conduz, salvo melhor juízo, ao acerto das duas alternativas sob exame.

**Alternativas corretas: letras "c" e "d" (questão passível de anulação)**

---

**160. (FGV – Exame de Ordem 2016.2)** Juliana é sócia de uma sociedade empresária que produz bens que exigem alto investimento, por meio de financiamento significativo. Casada com Mário pelo regime da comunhão universal de bens, desde 1998, e sem filhos, decide o casal alterar o regime de casamento para o de separação de bens, sem prejudicar direitos de terceiros, e com a intenção de evitar a colocação do patrimônio já adquirido em risco.

Sobre a situação narrada, assinale a afirmativa correta.

a) A alteração do regime de bens mediante escritura pública, realizada pelos cônjuges e averbada no Registro Civil, é possível.

b) A alteração do regime de bens, tendo em vista que o casamento foi realizado antes da vigência do Código Civil de 2002, não é possível.

c) A alteração do regime de bens mediante autorização judicial, com pedido motivado de ambos os cônjuges, apurada a procedência das razões invocadas e ressalvados os direitos de terceiros, é possível.

d) Não é possível a alteração para o regime da separação de bens, tão somente para o regime de bens legal, qual seja, o da comunhão parcial de bens.

**COMENTÁRIOS**

**Alternativa "a".** Conforme exposto no comentário precedente, a modificação do regime de casamento pressupõe prévia autorização judicial, não podendo ser realizada exclusivamente pela via administrativa, como equivocamente constou da assertiva sob exame. Desse modo, incorreta a alternativa ora comentada.

**Alternativa "b".** A assertiva está incorreta. Considerando-se que o Código Civil de 2002 revogou expressamente as disposições contidas no vetusto diploma civil, circunstância corroborada pelo que prescreve o art. 2.038 do CC: "A validade dos negócios e demais atos jurídicos, constituídos antes da entrada em vigor deste Código, obedece ao disposto nas leis anteriores, referidas no art. 2.045, mas os seus efeitos, produzidos após a vigência deste Código, aos preceitos dele se subordinam, salvo se houver sido prevista pelas partes determinada forma de execução."

**Alternativa "c".** Na vigência do Código Civil de 1916, não se afigurava possível a modificação do regime de casamento, tendo em vista o que preconizava o seu art. 230. O vigente Código Civil, por seu turno, inovou no tocante à matéria possibilitando a alteração do regime de bens do casamento, desde que tal seja precedida de autorização judicial e inexista, no caso concreto, prejuízo a direito de terceiros. Neste sentido, aliás, preceitua o art. 1.639, §2º, do CC, com a seguinte redação: "É admissível alteração do regime de bens, mediante autorização judicial em pedido motivado de ambos os cônjuges, apurada a procedência das razões invocadas e ressalvados os direitos de terceiros." Todo o exposto, corrobora o acerto da alternativa ora examinada.

**Alternativa "d".** O art. 1.639, §2º, do CC estabelece ser possível a alteração do regime de bens do casamento, mediante prévia autorização judicial, modificação esta que admitida para qualquer uma das modalidades de regime de bens contemplada pelo Código Civil e não apenas para o regime legal. Tal circunstância conduz, como consequência, à incorreção da alternativa.

**Alternativa correta: letra "c".**

## 7.3.1.2. DO PACTO ANTENUPCIAL

- CC, arts. 1.653 a 1.657.

---

**161. (FGV – Exame de Ordem 2017.2)** Arlindo e Berta firmam pacto antenupcial, preenchendo todos os requisitos legais, no qual estabelecem o regime de separação absoluta de bens. No entanto, por motivo de saúde de um dos nubentes, a celebração civil do casamento não ocorreu na data estabelecida. Diante disso, Arlindo e Berta decidem não se casar e passam a conviver maritalmente. Após cinco anos de união estável, Arlindo pretende dissolver a relação familiar e aplicar o pacto antenupcial, com o objetivo de não dividir os bens adquiridos na constância dessa união.

Nessas circunstâncias, o pacto antenupcial é

a) válido e ineficaz.

b) válido e eficaz.

c) inválido e ineficaz.

d) inválido e eficaz.

**COMENTÁRIOS**

A assertiva "a" está correta, corresponde ao que prescreve o art. 1.653, do CC: "É nulo o pacto antenupcial se não for feito por escritura pública, e ineficaz se não lhe seguir o casamento." Todas as demais alternativas estão incorretas por discordarem do que dispõe a lei.

**Alternativa correta: letra "a".**

---

**162. (FGV – Exame de Ordem 2013.2)** A escritura pública, lavrada em notas de tabelião, é documento dotado de fé pública, notadamente no que tange ao fato de o ato de declaração ter sido praticado na presença do tabelião e ter sido feita sua regular anotação em assentos próprios, o que não importa na veracidade quanto ao conteúdo declarado.

A respeito desse tema, assinale a afirmativa correta.

a) Aos cônjuges ou à entidade familiar é vedado destinar parte do seu patrimônio para instituir bem de família por escritura pública, cuja forma legal exige testamento.

b) A escritura pública é essencial para a validade do pacto antenupcial, devendo ser declarado nulo se não atender à forma exigida por lei.

c) A partilha amigável entre herdeiros capazes será feita por termo nos autos do inventário ou por escritura pública, não se admitindo escrito particular, ainda que homologado pelo Juiz.

d) A doação será realizada por meio de escritura pública ou instrumento particular, não tendo validade a doação verbal, tendo em vista ser expressamente vedada pela norma.

**COMENTÁRIOS**

**Nota do autor:** O pacto antenupcial é um ato jurídico, cuja validade exige a presença dos elementos essenciais de validade do negócio jurídico, a saber: agente capaz, objeto lícito e forma prescrita em lei (art. 104). Nesse sentido, é um contrato bilateral, solene, formal, condicional, acessório, cuja realização é feita pela vontade dos nubentes, formalizado por meio de instrumento público, que visa regulamentar relações patrimoniais.

**Alternativa "a".** A instituição do bem de família é permitido aos cônjuges ou à entidade familiar, e pode ser declarada tanto por escritura pública, quanto por testamento, conforme estabelece o art. 1.711 do CC: "Podem os cônjuges, ou a entidade familiar, mediante escritura pública ou testamento, destinar parte de seu patrimônio para instituir bem de família, desde que não ultrapasse um terço do patrimônio líquido existente ao tempo da instituição, mantidas as regras sobre a impenhorabilidade do imóvel residencial estabelecida em lei especial." Como visto, a assertiva está incorreta, pois restringe o estabelecimento do bem de família apenas ao testamento.

**Alternativa "b".** A redação da assertiva está correta, tendo em vista que corresponde exatamente ao que preceitua a regra do art. 1.653 do CC: "É nulo o pacto antenupcial se não for feito por escritura pública, e ineficaz se não lhe seguir o casamento."

**Alternativa "c".** Contradizendo o que se afirma na presente alternativa, a lei, no art. 2.015 do CC, permite que a partilha amigável, seja feita por escritura pública, termo nos autos do inventário e, também, por escrito particular, homologado pelo juiz. Vejamos a redação do dispositivo legal: "Se os herdeiros forem capazes, poderão fazer partilha amigável, por escritura pública, termo nos autos do inventário, ou escrito particular, homologado pelo juiz."

**Alternativa "d".** A lei permite e valida a doação feita verbalmente, desde que verse sobre bens móveis e de pequeno valor, contrariando o que dispõe a redação da presente afirmativa. Nesse sentido, é a norma do art. 541, par. ún. do CC: Art. A doação far-se-á por escritura pública ou instrumento particular. Parágrafo único. A doação verbal será válida, se, versando sobre bens móveis e de pequeno valor, se lhe seguir incontinenti a tradição.

**Alternativa correta: letra "b".**

## 7.3.1.3. DO REGIME DE COMUNHÃO PARCIAL

- CC, arts. 1.658 a 1.666

**163. (FGV – XXXVII Exame OAB)** Pedro e Joana casaram-se pelo regime da comunhão parcial de bens. Na constância do casamento, Pedro herdou ações e comprou um carro, enquanto Joana recebeu de doação um apartamento e ganhou um prêmio de loteria. Com base nessas informações, assinale a opção que indica, em caso de divórcio, os bens que devem ser partilhados.

a) As ações e o apartamento.

b) O carro e o prêmio de loteria.

c) O carro e o apartamento.

d) As ações e o prêmio de loteria.

**COMENTÁRIOS**

**Alternativas "a", "b", "c" e "d".** Vejamos as assertivas conjuntamente. O art. 1.658, prescreve, regrar geral, que no regime da comunhão parcial, os bens que o casal adquirir na constância do casamento serão comunicados, ou seja, são considerados dos dois. Esse dispositivo apresenta regra geral, pois há exceções, isto é, bens que mesmo adquiridos na constância do casamento, no regime da comunhão parcial, não serão partilhados, como previsto no art. 1.659, CC. No caso em tela, vemos que na constância do casamento, Pedro adquiriu um carro e Joana foi contemplada com prêmio da loteria. Esses bens foram adquiridos pelo casal e, portanto, devem ser partilhados, conforme a regra do art. 1.660: "Entram na comunhão: I - os bens adquiridos na constância do casamento por título oneroso, ainda que só em nome de um dos cônjuges; II - os bens adquiridos por fato eventual, com ou sem o concurso de trabalho ou despesa anterior;". Esclarecendo, o inciso I, do artigo citado, deixa claro que o bem adquiridos na constância do casamento, no regime da comunhão parcial serão comuns, quando adquiridos onerosamente, mesmo que esteja apenas em nome de um dos cônjuges, como é o caso do carro adquirido por Pedro; por sua vez, o II, estabelece que os bens adquiridos por fato eventual, como é o caso dos concursos de prognósticos (loterias) fazem parte da comunhão do casal, mesmo que somente Joana feito a aposta. Por fim, exclui-se da comunhão do casal, os bens que cada cônjuge já possuía antes do casamento, e aqueles que lhes foram acrescidos, na constância do casamento, por doação ou sucessão, e os sub-rogados em seu lugar (art. 1.659, I, CC). Nas hipóteses previstas no inciso I, do artigo mencionado, enquadram-se as ações herdadas por Pedro, e o apartamento que Joana recebeu em doação, motivo que não entram na comoção do casal. Diante dos argumentos apresentados a resposta correta é a letra "b".

**Alternativa correta: letra "b".**

**164. (FGV – Exame de Ordem 2020.1)** Aldo e Mariane são casados sob o regime da comunhão parcial de bens, desde setembro de 2013. Em momento anterior ao casamento, Rubens, pai de Mariane, realizou a doação de um imóvel à filha. Desde então, a nova proprietária acumula os valores que lhe foram pagos pelos locatários do imóvel. No ano corrente, alguns desentendimentos fizeram com que Mariane pretendesse se divorciar de Aldo. Para tal finalidade, procurou um advogado, informando que a soma dos aluguéis que lhe foram pagos desde a doação do imóvel totalizava R$ 150.000,00 (cento e cinquenta mil reais), sendo que R$ 50.000,00 (cinquenta mil reais) foram auferidos antes do casamento e o restante, após. Mariane relatou, ainda, que atualmente o imóvel se encontra vazio, sem locatários. Sobre essa situação e diante de eventual divórcio, assinale a afirmativa correta.

a) Quanto aos aluguéis, Aldo tem direito à meação sob o total dos valores.

CIVIL

b) Tendo em vista que o imóvel locado por Mariane é seu bem particular, os aluguéis por ela auferidos não se comunicam com Aldo.

c) Aldo tem direito à meação dos valores recebidos por Mariane, durante o casamento, a título de aluguel.

d) Aldo faz jus à meação tanto sobre a propriedade do imóvel doado a Mariane por Rubens, quanto sobre os valores recebidos a título de aluguel desse imóvel na constância do casamento.

COMENTÁRIOS

**Alternativa "a".** A assertiva não corresponde ao que prescreve a lei, ou seja, Aldo tem direito à meação, mas somente sobre os valores auferidos na constância do casamento e não sobre o total dos valores. Assim determina o inc. I, do art. 1.660, do CC: "Entram na comunhão: I – os bens adquiridos na constância do casamento por título oneroso, ainda que só em nome de um dos cônjuges;"

**Alternativa "b".** A propriedade do imóvel é exclusiva de Mariane, mas os valores decorrentes do aluguel que foram adquiridos na constância do casamento comunicam com Aldo. Vejamos: "Art. 1.660. Entram na comunhão: I – os bens adquiridos na constância do casamento por título oneroso, ainda que só em nome de um dos cônjuges;"

**Alternativa "c".** Afirmativa corresponde ao que legisla o art. 1.660, inc. I: "Entram na comunhão: I – os bens adquiridos na constância do casamento por título oneroso, ainda que só em nome de um dos cônjuges;"

**Alternativa "d".** Aldo não tem direito à meação sobre a propriedade do imóvel, este entrou no patrimônio de Mariana, por doação, antes do casamento, cujo regime é o da comunhão parcial de bens.

**Alternativa correta: letra "c".**

---

**165. (FGV/OAB/XXX_Exame – 2019)** Arnaldo, publicitário, é casado com Silvana, advogada, sob o regime de comunhão parcial de bens. Silvana sempre considerou diversificar sua atividade profissional e pensa em se tornar sócia de uma sociedade empresária do ramo de tecnologia. Para realizar esse investimento, pretende vender um apartamento adquirido antes de seu casamento com Arnaldo; este, mais conservador na área negocial, não concorda com a venda do bem para empreender.

Sobre a situação descrita, assinale a afirmativa correta.

a) Silvana não precisa de autorização de Arnaldo para alienar o apartamento, pois destina-se ao incremento da renda familiar.

b) A autorização de Arnaldo para alienação por Silvana é necessária, por conta do regime da comunhão parcial de bens.

c) Silvana não precisa de autorização de Arnaldo para alienar o apartamento, pois se trata de bem particular.

d) A autorização de Arnaldo para alienação por Silvana é necessária e decorre do casamento, independentemente do regime de bens.

COMENTÁRIOS

**Alternativa "a":** a outorga conjugal é necessária para alienar ou gravar com ônus reais bens imóveis do casal, cujo regime seja o da comunhão parcial de bens. Nesse sentido, é a determinação do inc. I, do art. 1.647, do CC: "Ressalvado o disposto no art. 1.648, nenhum dos cônjuges pode, sem autorização do outro, exceto no regime da separação absoluta: I – alienar ou gravar de ônus real os bens imóveis;"

**Alternativa "b":** assertiva concordo com a norma contida no inc. I, do art. 1.647, do CC: "Ressalvado o disposto no art. 1.648, nenhum dos cônjuges pode, sem autorização do outro, exceto no regime da separação absoluta: I – alienar ou gravar de ônus real os bens imóveis;"

**Alternativa "c":** o art. 1.647, do CC, enumera os atos que os cônjuges não podem praticar sem a autorização do outro, quando casados sob o regime de comunhão universal, comunhão parcial e participação final dos aquestos. A norma é de ordem pública, o que impede os cônjuges de dispensar a outorga um do outro por sua própria vontade. O dispositivo citado não menciona a natureza do bem para se exigir a anuência conjugal, assim a exigência abrange inclusive os bens particulares.

**Alternativa "d":** a autorização é necessária não em decorrência do casamento, mas a depender do regime. Casamentos sob o regime de comunhão universal, comunhão parcial e participação final dos aquestos, necessitam de outorga conjugal para alienar bens imóveis, inclusive os particulares (art. 1.647, do CC). Por outro lado, os casamentos realizados sob o regime de separação de bens, não há exigência de outorga conjugal, para a hipótese de alienação de bens imóveis. Assim ensina os dispositivos do CC: art. 1.687. "Estipulada a separação de bens, estes permanecerão sob a administração exclusiva de cada um dos cônjuges, que os poderá livremente alienar ou gravar de ônus real." E, o *caput* do art. 1.647, do CC: "Ressalvado o disposto no art. 1.648, nenhum dos cônjuges pode, sem autorização do outro, exceto no regime da separação absoluta:

**Alternativa Correta: letra "b".**

---

**166. (FGV – Exame de Ordem 2016.2)** Em maio de 2005, Sérgio e Lúcia casaram-se pelo regime da comunhão parcial de bens. Antes de se casar, ele já era proprietário de dois imóveis. Em 2006, Sérgio alugou seus dois imóveis e os aluguéis auferidos, mês a mês, foram depositados em conta corrente aberta por ele, um mês depois da celebração dos contratos de locação. Em 2010, Sérgio recebeu o prêmio máximo da loteria, em dinheiro, que foi imediatamente aplicado em uma conta poupança aberta por ele naquele momento.

Em 2013, Lúcia e Sérgio se separaram. Lúcia procurou um advogado para saber se tinha direito à partilha do prêmio que Sérgio recebeu na loteria, bem como aos valores oriundos dos aluguéis dos imóveis adquiridos por ele antes do casamento e, mensalmente, depositados na conta corrente de Sérgio.

Com base na hipótese narrada, assinale a afirmativa correta.

a) Ela não tem direito à partilha do prêmio e aos valores depositados na conta corrente de Sérgio, oriundos dos aluguéis de seus imóveis, uma vez que se constituem como bens particulares de Sérgio.

b) Ela tem direito à partilha dos valores depositados na conta corrente de Sérgio, oriundos dos aluguéis de seus imóveis, mas não tem direito à partilha do prêmio obtido na loteria.

c) Ela tem direito à partilha do prêmio, mas não poderá pleitear a partilha dos valores depositados na conta corrente de Sérgio, oriundos dos aluguéis de seus imóveis.

d) Ela tem direito à partilha do prêmio e dos valores depositados na conta corrente de Sérgio, oriundos dos aluguéis dos imóveis de Sérgio, uma vez que ambos constituem-se bens comuns do casal.

COMENTÁRIOS

**Alternativas incorretas: letra "a", "b" e "c".** As alternativas estão equivocadas. Conforme analisado no comentário precedente, Lúcia faz jus ao recebimento do prêmio da loteria e dos aluguéis dos imóveis particulares de Sérgio, em razão do que prescreve o art. 1.660, incisos II e V, do CC.

**Alternativa "d".** A assertiva está correta. De acordo com o que prescreve o art. 1.658 do CC, no "[...] regime de comunhão parcial, comunicam-se os bens que sobrevierem ao casal, na constância do casamento, com as exceções dos artigos seguintes". Ademais, o art. 1.660, inciso II, do CC, estabelece que os bens que sobrevierem a um dos cônjuges, em razão de fato eventual, como é o caso do prêmio de loteria a que se refere o enunciado da questão, integram a comunhão, para todos os efeitos legais e devem ser objeto de partilha, na hipótese de dissolução da sociedade conjugal. Igualmente, o art. 1.660, inciso V, do CC estabelece que os frutos percebidos durante a constância do casamento, ainda que relacionados aos bens particulares de um dos cônjuges, também compõem a comunhão. Como corolário, os aluguéis recebidos em função da locação dos bens imóveis de propriedade exclusiva de Sérgio devem ser objeto de partilha. A esse respeito, confira a literalidade do art. 1.660, incisos II e V, do CC: "Entram na comunhão: [...] II – os bens adquiridos por fato eventual, com ou sem o concurso de trabalho ou despesa anterior;[...] V – os frutos dos bens comuns, ou dos particulares de cada cônjuge, percebidos na constância do casamento, ou pendentes ao tempo de cessar a comunhão".

**Alternativa correta: letra "d".**

---

**167. (FGV – Exame de Ordem 2015.3)** Roberto e Ana casaram-se, em 2005, pelo regime da comunhão parcial de bens. Em 2008, Roberto ganhou na loteria e, com os recursos auferidos, adquiriu um imóvel no Recreio dos Bandeirantes. Em 2014, Roberto foi agraciado com uma casa em Santa Teresa, fruto da herança de sua tia. Em 2015, Roberto e Ana se separaram. Tendo em vista o regime de bens do casamento, assinale a afirmativa correta.

a) Os imóveis situados no Recreio dos Bandeirantes e em Santa Teresa são bens comuns e, por isso, deverão ser partilhados em virtude da separação do casal.

b) Apenas o imóvel situado no Recreio dos Bandeirantes deve ser partilhado, sendo o imóvel situado em Santa Teresa bem particular de Roberto.

c) Apenas o imóvel situado em Santa Teresa deve ser partilhado, sendo o imóvel situado no Recreio dos Bandeirantes excluído da comunhão, por ter sido adquirido com o produto de bem advindo de fato eventual.

d) Nenhum dos dois imóveis deverá ser partilhado, tendo em vista que ambos são bens particulares de Roberto.

**COMENTÁRIOS**

**Alternativa "a".** A assertiva está incorreta, pois, como visto alhures, o imóvel situado em Santa Teresa não é um bem comum do casal, porquanto recebido por Roberto em razão de sucessão hereditária. O referido bem está, portanto, excluído de eventual partilha, em razão do que prescreve o art. 1.659, I, do CC.

**Alternativa "b".** A assertiva está correta. Em primeiro lugar, cumpre salientar que, no regime de comunhão parcial de bens, o acervo patrimonial recebido por um dos cônjuges, em razão de sucessão hereditária não irá compor o patrimônio comum do casal, por força do que preconiza o art. 1.659, I, do CC, cujo teor ora se transcreve: "Excluem-se da comunhão: I – os bens que cada cônjuge possuir ao casar, e os que lhe sobrevierem, na constância do casamento, por doação ou sucessão, e os sub-rogados em seu lugar". Em consequência, o imóvel constituído pela casa em Santa Teresa não será objeto de partilha, posto pertencer exclusivamente à Roberto. Lado outro, a casa adquirida no Recreio dos Bandeirantes é de propriedade comum do casal, posto que adquirido, a título oneroso, na vigência do matrimônio. Assim, em relação ao bem móvel em apreço, aplica-se o que dispõe o art. 1.658 do CC: "No regime de comunhão parcial, comunicam-se os bens que sobrevierem ao casal, na constância do casamento, com as exceções dos artigos seguintes." Pelo exposto, correto o teor da alternativa em apreço.

**Alternativa "c".** A assertiva está incorreta. O imóvel situado no Recreio dos Bandeirantes, como amplamente exposto acima, deve ser objeto de partilha, por força do que preconiza o art. 1.658 do CC. Lado outro, Ana não fará jus a qualquer parcela do imóvel sito no bairro de Santa Teresa, uma vez que este foi recebido por Roberto em razão de sucessão hereditária.

**Alternativa "d".** A alternativa está incorreta, pois, como analisado nos comentários precedentes, somente o imóvel situado em Santa Teresa estará excluído da partilha, ao passo que aquele localizado no Recreio dos Bandeirantes deve ser objeto de partilha, por compor o patrimônio comum do casal.

**Alternativa correta: letra "b".**

### 7.3.1.4. DO REGIME DE COMUNHÃO UNIVERSAL

▸ CC, arts. 1.667 a 1.671.

---

**168. (FGV – Exame de Ordem 2012.4)** José, viúvo, é pai de Mauro e Mário, possuindo um patrimônio de R$ 300.000,00. Casou-se com Roberta, que tinha um patrimônio de R$ 200.000,00, pelo regime da comunhão universal de bens. José e Roberta tiveram dois filhos, Bruno e Breno.

Falecendo Roberta, a divisão do monte seria a seguinte:

a) José recebe R$ 250.000,00 e Mauro, Mário, Bruno e Breno recebem cada um R$ 62.500,00.

b) O monte, no valor total de R$ 500.000,00, deve ser dividido em cinco partes, ou seja, José, Mauro, Mário, Breno e Bruno recebem, cada um, R$ 100.000,00.

c) José recebe R$ 250.000,00 e Bruno e Breno recebem, cada um, a importância de R$ 125.000,00.

d) A herança deve ser dividida em três partes, cabendo a José, Bruno e Breno 1/3 do monte, ou seja, R$ 166.666,66 para cada um.

**COMENTÁRIOS**

✪ **Nota do autor:** A questão trata de uma das modalidades do regime de bens do casamento, que no caso em tela é o regime de comunhão universal, regulado pelos artigos 1.667 a 1.671 do Código Civil. Nesse sentido, é preciso destacar que tal regime conduz à unicidade patrimonial, ou seja, o patrimônio dos cônjuges é constituído pelo bens adquiridos antes e durante a vigência do casamento, excepcionando as hipóteses do artigo 1.668 do Código Civil.

**Alternativa "a".** A alternativa está parcialmente incorreta, pois no que diz respeito ao que José tem direito está correto, realmente ele terá direito a metade do patrimônio do casal, em razão do direito de meação. Por outro lado, não é correto afirmar que Mauro e Mário, filhos exclusivos de José, terão algum direito, pois eles não são herdeiros do *de cujus* e, portanto, não são legitimados a sucedê-la.

**Alternativa "b e d".** Considerando que os erros apresentados pelas alternativas "b" e "d" são os mesmos, optamos em dedicar-lhes um único comentário.

As presentes alternativas estão completamente incorretas, haja vista que desconsideram os preceitos que regulamentam o regime de bens do casamento e as regras relativas a sucessão, conforme foram demonstradas no comentário da alternativa "c".

CIVIL

**Alternativa "c".** A questão versa sobre o regime de bens do casamento, que no caso é o da comunhão universal. Primeiramente, é preciso definir como se constitui o patrimônio do casal, que nesse caso será a soma dos bens de ambos, ou seja, José contribuiu com R$ 300,000,00 e Roberta com R$ 200,000,00, formando um patrimônio de R$500,000,00. Tal regra está esculpida na norma do art. 1.667 do Código Civil. Com o falecimento de Roberta, cabe a José a metade do patrimônio formado por ambos, que nesse caso é a meação. Destaca-se que a meação não se confunde com a herança, aquela é um direito do cônjuge, que nesse caso existe em decorrência do regime de bens do casamento. A herança é a parte que resta depois de retirada a meação. Nesse sentido, no "regime de comunhão universal de bens, o patrimônio do casal é dividido em duas meações. Separa-se, antes da partilha, a do cônjuge sobrevivente. Essa meação não se confunde com a herança, que é a parte deixada pelo *de cujus*. O cônjuge sobrevivo apenas conserva aquilo que já era seu e que estava em condomínio, em seu casal." (GONÇALVES, Carlos Roberto. *Direito Civil:* direito das sucessões. v.7. 6.ed. São Paulo: Saraiva, 2012. p. 206.). Por tudo isso, é possível afirmar que cabe a José, em razão da meação, R$ 250,000,00. Por outro lado, caberá aos filhos do casal, os herdeiros necessários, a outra metade dos bens, que é a legitima (o que é legitima, a herança? Ficou solto), dá qual se forma a herança e que deverá ser dividia em partes iguais para ambos. Assim, Breno e Bruno receberão respectivamente R$ 125,000,00, que corresponde a metade da meação que caberia a sua mãe. Por fim, ressalta-se que os filhos exclusivos de José – Mauro e Mário – não participam da herança de Roberta, pois dela não são herdeiros. Por tudo isso, constatamos que a assertiva está correta, pois corresponde exatamente ao que determina a legislação vigente. Para facilitar a leitura, transcrevemos abaixo o dispositivo do Código Civil que regula o direito dos herdeiros necessários: "Art. 1.846. Pertence aos herdeiros necessários, de pleno direito, a metade dos bens da herança, constituindo a legítima."

**Alternativa correta: letra "c".**

## 7.3.2. DO USUFRUTO E DA ADMINISTRAÇÃO DOS BENS DE FILHOS MENORES

▸ CC, arts. 1.689 a 1.693

**169. (FGV – Exame de Ordem 2015.2)** Angélica concede a Otávia, pelo prazo de vinte anos, direito real de usufruto sobre imóvel de que é proprietária. O direito real é constituído por meio de escritura pública, que é registrada no competente Cartório do Registro de Imóveis. Cinco anos depois da constituição do usufruto, Otávia falece, deixando como única herdeira sua filha Patrícia. Sobre esse caso, assinale a afirmativa correta.

a) Patrícia herda o direito real de usufruto sobre o imóvel.

b) Patrícia adquire somente o direito de uso sobre o imóvel.

c) O direito real de usufruto extingue-se com o falecimento de Otávia.

d) Patrícia deve ingressar em juízo para obter sentença constitutiva do seu direito real de usufruto sobre o imóvel.

**COMENTÁRIOS**

**Nota do autor:** o comentário da assertiva correta, abarca as hipóteses previstas nas outras alternativas.

A morte do usufrutuário, é uma das hipóteses de extinção do usufruto, previstas na lei. Nesse sentido, com a morte de Otávia, não há sucessão do direito de usufruto, mas sim sua extinção, conforme previsto no inciso I, do art. 1.410, do CC: "O usufruto extingue-se, cancelando-se o registro no Cartório de Registro de Imóveis: I – pela renúncia ou morte do usufrutuário;" Nesse sentido, Patrícia, não herda, não adquire o direito de uso ou pode ingressar em juízo para pleitear direitos relativos ao usufruto que se extinguiu, com a morte do usufrutuário, o que demonstra o erro das alternativas "a", "b" e "d".

**Alternativa correta: letra "c".**

**170. (FGV – Exame de Ordem 2013.3)** Tiago, com 17 anos de idade e relativamente incapaz, sob autoridade de seus pais Mário e Fabiana, recebeu, por doação de seu tio, um imóvel localizado na rua Sete de Setembro, com dois pavimentos, contendo três lojas comerciais no primeiro piso e dois apartamentos no segundo piso. Tiago trabalha como cantor nos finais de semana, tendo uma renda mensal de R$ 3.000,00 (três mil reais).

Face aos fatos narrados e considerando as regras de Direito Civil, assinale a opção correta.

a) Mário e Fabiana exercem sobre os bens imóveis de Tiago o direito de usufruto convencional, inerente à relação de parentesco que perdurará até a maioridade civil ou emancipação de Tiago.

b) Mário e Fabiana poderão alienar ou onerar o bem imóvel de Tiago, desde que haja prévia autorização do Ministério Público e seja demonstrado o evidente interesse da prole.

c) Mário e Fabiana não poderão administrar os valores auferidos por Tiago no exercício de atividade de cantor, bem como os bens com tais recursos adquiridos.

d) Mario e Fabiana, entrando em colisão de interesses com Tiago sobre a administração dos bens, facultam ao juiz, de ofício, nomear curador especial.

**COMENTÁRIOS**

**Alternativa "a".** O usufruto é um direito real sobre coisa alheia que permite ao usufrutuário usar e retirar os frutos da coisa. De acordo com o art. 1.689, I, do CC, os pais são usufrutuários dos bens dos filhos menores, durante o exercício do poder familiar. Entretanto, ao reverso do que constou do enunciado da questão, não se trata de usufruto convencional, mas de **usufruto legal**, já que se origina da literalidade do texto do art. 1.689, I, do CC.

**Alternativa "b".** A assertiva está equivocada, porquanto dissonante da redação do art. 1.691 do CC, cujo teor ora se transcreve: "Não podem os pais alienar, ou gravar de ônus real os imóveis dos filhos, nem contrair, em nome deles, obrigações que ultrapassem os limites da simples administração, salvo por necessidade ou evidente interesse da prole, **mediante prévia autorização do juiz.**" Verifica-se, portanto, que, de fato, seria possível a alienação do imóvel, mas a autorização não deveria advir do Ministério Público, mas de um membro do Poder Judiciário.

**Alternativa "c".** A assertiva está correta, uma vez que corresponde à aplicação da regra constante do art. 1.693, II, do CC, com a seguinte redação: "Excluem-se do usufruto e da administração dos pais: [...] II – os valores auferidos pelo filho maior de dezesseis anos, no exercício de atividade profissional e os bens com tais recursos adquiridos."

**Alternativa "d".** A assertiva está incorreta, uma vez que, nos termos do art. 1.692 do CC, havendo colisão de interesses dos filhos com os pais, o juiz pode, **a requerimento destes ou do Ministério Público,** nomear curador especial. Desse modo, verifica-se que o magistrado não pode, *ex officio*, adotar tal providência, o que conduz à incorreção da alternativa ora examinada. Com o fito de corroborar o que expusemos, impõe-se a transcrição da literalidade do dispositivo legal mencionado: "Sempre que no exercício do poder familiar colidir o interesse dos pais com o do filho, **a requerimento deste ou do Ministério Público** o juiz lhe dará curador especial."

**Alternativa correta: letra "c".**

## 7.4. DOS ALIMENTOS

- CC, arts. 1.694 a 1.710.
- Lei n.º 11.804/2008 (Lei de Alimentos Gravídicos).

**171. (FGV – Exame de Ordem – 2021.2)** Antônio, advogado, passou a residir com sua namorada Lorena, em 2012, com objetivo declarado, pelo próprio casal, de constituir uma união estável, ainda que não guarnecida por escritura pública. A partir de então, Antônio começou a participar do cotidiano de Lucas, filho de Lorena, cuja identidade do pai biológico a própria mãe desconhecia. No início de 2018, Antônio procedeu ao reconhecimento voluntário de paternidade socioafetiva de Lucas, com base no Provimento n° 63/2017 CNJ.

Em meados de agosto de 2020, a convivência de Antônio e Lorena chegou ao fim. Diante deste cenário, Antônio comprometeu-se a pagar alimentos para Lucas, que estava com 13 anos de idade, até os 21 anos de idade do filho, no valor de R$ 2.500,00 (dois mil e quinhentos reais), mediante acordo homologado judicialmente. Porém, no final de 2020, Antônio recebeu a notícia de que o escritório de que ele é sócio perdeu um de seus principais clientes, fato cujo impacto financeiro gerou a redução de 30% dos seus rendimentos mensais.

Quando soube de tal notícia, Antônio procurou Lorena, como representante legal de Lucas, para fixar um valor mais baixo de pensão a ser pago, ao menos durante um período, mas ela recusou-se a estabelecer um novo acordo.

Conforme este contexto, assinale a afirmativa correta.

a) A redução do encargo alimentar apenas poderá acontecer caso Lucas, por meio de sua representante legal, Lorena, concorde com ela.

b) Os filhos socioafetivos não tem o direito de pleitear alimentos frente aos seus pais.

c) Diante da mudança de sua situação financeira, Antônio poderá requerer ao juiz a redução do encargo alimentar.

d) Caso eventual pedido de redução do valor pago a título de obrigação alimentar seja procedente, Lucas nunca mais poderá pleitear a majoração do encargo, nem mesmo se a situação financeira de Antônio melhorar.

**COMENTÁRIOS**

**NOTA DO AUTOR:** A questão versa sobre direito de família – alimentos. Sobre o assunto é fundamental ter em mente que os alimentos são definidos levando-se em consideração aspectos objetivos, ou seja, a necessidade de quem pede e a possibilidade de quem os fornece. Diante desse binômio – necessidade/possibilidade, deve-se sempre considerar que os valores definidos para os alimentos levam em conta o momento dos envolvidos. Isso quer dizer que os valores definidos vão permanecer inalterados, caso não ocorra nenhuma mudança nas condições de quem pede ou de quem os dá, aplica-se a essa relação a cláusula *rebus sic stantibus*, que determina que a situação não se altera enquanto permanecerem como estão. Por sua vez, ocorrendo mudanças que justifiquem aumentar ou diminuir os valores dos alimentos, essa mudança pode ser efetuada. Conquanto se diga que os alimentos são definitivos, não é demais dizer que são definitivos enquanto as circunstâncias em que foram definidos não mudarem.

**Alternativa "a".** Os critérios que permitem alterar os valores já definidos para os alimentos, são de ordem objetiva, isto é, a necessidade de quem os recebe, e a possibilidade de quem os dá. A mudança deve estar alicerçada na variação entre esse binômio, e não na vontade subjetiva do alimentando.

**Alternativa "b".** Não há qualquer distinção entre as diversas maneiras em que a filiação pode ser constituída, seja natural, por adoção, socioafetiva, meios artificiais de fecundação. Nesse sentido, é o que dispõe o §6º, do art. 227, da CF: "§ 6º Os filhos, havidos ou não da relação do casamento, ou por adoção, terão os mesmos direitos e qualificações, proibidas quaisquer designações discriminatórias relativas à filiação."

**Alternativa "C".** Assertiva está correta, pois vai ao encontro do que determina a norma do art. 1.699, do CC: "Se, fixados os alimentos, sobrevier mudança na situação financeira de quem os supre, ou na de quem os recebe, poderá o interessado reclamar ao juiz, conforme as circunstâncias, exoneração, redução ou majoração do encargo."

**Alternativa "d".** A mudança do valor dos alimentos pode ser revista quantas vezes as condições dos envolvidos (necessidade/possibilidade), o exigir. Nesse sentido, é o que dispõe o Código Civil: "Art. 1.699. Se, fixados os alimentos, sobrevier mudança na situação financeira de quem os supre, ou na de quem os recebe, poderá o interessado reclamar ao juiz, conforme as circunstâncias, exoneração, redução ou majoração do encargo."

**Alternativa correta: letra "c".**

**172. (FGV – Exame de Ordem 2020.1)** Salomão, solteiro, sem filhos, 65 anos, é filho de Lígia e Célio, que faleceram recentemente e eram divorciados. Ele é irmão de Bernardo, 35 anos, médico bem-sucedido, filho único do segundo casamento de Lígia. Salomão, por circunstâncias sociais, não mantinha contato com Bernardo. Em razão de uma deficiência física, Salomão nunca exerceu atividade laborativa e sempre morou com o pai, Célio, até o falecimento deste. Com frequência, seu primo Marcos, comerciante e grande amigo, o visita.

Com base no caso apresentado, assinale a opção que indica quem tem obrigação de pagar alimento a Salomão.

a) Marcos é obrigado a pagar alimentos a Salomão, no caso de necessidade deste.

b) Por ser irmão unilateral, Bernardo não deve, em hipótese alguma, alimentos a Salomão.

c) Bernardo, no caso de necessidade de Salomão, deve arcar com alimentos.

d) Bernardo e Marcos deverão dividir alimentos, entre ambos, de forma igualitária.

**COMENTÁRIO**

**Alternativa "a", "b", "c" e "d".** O enunciado trata da obrigação de prestar alimentos entre parentes, apresenta dois personagens que devem ser identificados na ordem de parentesco, para entender como o diploma civil resolve a questão. Nesse sentido, Bernardo é irmão unilateral e Marcos que é primo é parente colateral de Salomão. O direito de alimentos deve ser exigido do irmão e não do primo, conforme preceitua o art. 1697 do CC: "Na falta dos ascendentes cabe a obrigação aos descendentes, guardada a ordem de sucessão e, faltando estes, aos irmãos, assim germanos como unilaterais."

**Alternativa correta: letra "c".**

**173. (FGV – Exame de Ordem 2017.3)** João e Carla foram casados por cinco anos, mas, com o passar dos anos, o casamento se desgastou e eles se divorciaram. As três filhas do casal, menores impúberes, ficaram sob a guarda exclusiva da mãe, que trabalha em uma escola como professora, mas que está com os salários atrasados há quatro meses, sem previsão de recebimento. João vinha contribuindo para o sustento das crianças, mas, estranhamente, deixou de fazê-lo no último mês. Carla, ao procurá-lo, foi informada pelos pais de João que ele sofreu um atropelamento e está em estado grave na UTI do Hospital Boa Sorte. Como João é autônomo, não pode contribuir, justificadamente, com o sustento das filhas.

Sobre a possibilidade de os avós participarem do sustento das crianças, assinale a afirmativa correta.

a) Em razão do divórcio, os sogros de Carla são ex-sogros, não são mais parentes, não podendo ser compelidos judicialmente a contribuir com o pagamento de alimentos para o sustento das netas.

b) As filhas podem requerer alimentos avoengos, se comprovada a impossibilidade de Carla e de João garantirem o sustento das filhas.

c) Os alimentos avoengos não podem ser requeridos, porque os avós só podem ser réus em ação de alimentos no caso de falecimento dos responsáveis pelo sustento das filhas.

d) Carla não pode representar as filhas em ação de alimentos avoengos, porque apenas os genitores são responsáveis pelo sustento dos filhos.

COMENTÁRIOS

**Alternativa "a".** A assertiva é incorreta. O sogro e a sogra são parentes em primeiro grau em linha reta por afinidade do genro e da nora. E, segundo o Código Civil, mesmo com o fim do casamento, e aqui se aplica o mesmo à união estável, o parentesco por afinidade não deixa de existir. Assim é a norma do art. 1.595, do CC: "Cada cônjuge ou companheiro é aliado aos parentes do outro pelo vínculo da afinidade. § 1º O parentesco por afinidade limita-se aos ascendentes, aos descendentes e aos irmãos do cônjuge ou companheiro. § 2º Na linha reta, a afinidade não se extingue com a dissolução do casamento ou da união estável."

**Alternativa "b".** A assertiva está correta, pois concorda com o que doutrina a norma do art. 1.698, do CC: "Se o parente, que deve alimentos em primeiro lugar, não estiver em condições de suportar totalmente o encargo, serão chamados a concorrer os de grau imediato; sendo várias as pessoas obrigadas a prestar alimentos, todas devem concorrer na proporção dos respectivos recursos, e, intentada ação contra uma delas, poderão as demais ser chamadas a integrar a lide."

**Alternativa "c".** A assertiva está incorreta, considerando que faz afirmação que não encontra amparo na lei regente, que não impõe como critério para satisfação dos alimentos pelos avós o falecimento dos responsáveis pelo sustento dos filhos. Vejamos o art. 1.698, do CC: Se o parente, que deve alimentos em primeiro lugar, não estiver em condições de suportar totalmente o encargo, serão chamados a concorrer os de grau imediato; sendo várias as pessoas obrigadas a prestar alimentos, todas devem concorrer na proporção dos respectivos recursos, e, intentada ação contra uma delas, poderão as demais ser chamadas a integrar a lide.

**Alternativa "d".** A assertiva está equivocada, pelas razões do art. 1.698, do CC.

**Alternativa correta: letra "b".**

---

**174. (FGV – Exame de Ordem 2016.2 – Prova reaplicada Salvador-BA)** Roberto e Marcela, divorciados, são pais de João. Quando João completou dezoito anos, Roberto, que se encontrava desempregado, de imediato parou de pagar a pensão alimentícia, sem prévia autorização judicial.

Com base na situação descrita, assinale a afirmativa correta.

a) Por estar desempregado, Roberto não é mais obrigado a pagar a pensão alimentícia ao filho maior de idade; logo, o pagamento da pensão pode ser interrompido sem autorização judicial.

b) O implemento da maioridade de João, por si só, faz com que não seja mais necessário o pagamento da pensão alimentícia, independentemente da situação econômica do provedor.

c) O ordenamento jurídico tutela o alimentante de boa-fé; logo, a interrupção do pagamento se dará com o mero fato da maioridade.

d) O cancelamento de pensão alimentícia de filho que atingiu a maioridade está sujeito à decisão judicial, mediante contraditório.

COMENTÁRIOS

A assertiva "d" está correta, pois confirma o que determina a Súmula 358 do STJ: "O cancelamento de pensão alimentícia de filho que atingiu a maioridade está sujeito à decisão judicial, mediante contraditório, ainda que nos próprios autos." Aplica-se a doutrina prevista na Súmula 358, do STJ, as alternativas "a", "b" e "c", evidenciando o erro das alternativas.

**Alternativa correta: letra "d".**

---

**175. (FGV – Exame de Ordem 2015.2)** Maria, solteira, após a morte de seus pais em acidente automobilístico, propõe demanda por alimentos em face de Pedro, seu parente colateral de segundo grau.

Diante dos fatos narrados e considerando as normas de Direito Civil, assinale a opção correta.

a) Como Pedro é parente colateral de Maria, não tem obrigação de prestar alimentos a esta, ainda que haja necessidade por parte dela.

b) Pedro só será obrigado a prestar alimentos caso Maria não possua ascendentes nem descendentes, ou, se os possuir, estes não tiverem condições de prestá-los ou complementá-los.

c) A obrigação de prestar alimentos é solidária entre ascendentes, descendentes e colaterais, em havendo necessidade do alimentando e possibilidade do alimentante.

d) Pedro não tem obrigação de prestar alimentos, pois não é irmão de Maria.

COMENTÁRIOS

**Alternativa "a".** A assertiva contraria o que determina a lei, no art. 1.697, do CC: "Na falta dos ascendentes cabe a obrigação aos descendentes, guardada a ordem de sucessão e, faltando estes, aos irmãos, assim germanos como unilaterais."

**Alternativa "b".** A assertiva está correta, pois concorda com o que prescreve a lei sobre o assunto, vejamos os dispositivos legais, do Código Civil, que tratam do tema: "Art. 1.696. O direito à prestação de alimentos é recíproco entre pais e filhos, e extensivo a todos os ascendentes, recaindo a obrigação nos mais próximos em grau, uns em falta de outros." "Art. 1.697. Na falta dos ascendentes cabe a obrigação aos descendentes, guardada a ordem de sucessão e, faltando estes, aos irmãos, assim germanos como unilaterais."

**Alternativa "c".** A obrigação de prestar alimentos não é solidária, conforme estabelece o art. 1.698, do CC: "Se o parente, que deve alimentos em primeiro lugar, não estiver em condições de suportar totalmente o encargo, serão chamados a concorrer os de grau imediato; sendo várias as pessoas obrigadas a prestar alimentos, todas devem concorrer na proporção dos respectivos recursos, e, intentada ação contra uma delas, poderão as demais ser chamadas a integrar a lide."

**Alternativa "d".** O enunciado da questão informa que Pedro é parente colateral de segundo grau de Maria. Ressalta-se que linha colateral é aquela em que há vínculos de parentesco, que se formam entre pessoas, cuja existência provem de um ancestral comum, razão pela qual costuma-se dizer que provém de um tronco comum e encerra-se até o 4º grau. A contagem dos graus estabelece que o segundo grau é formado pelos irmãos. Desse modo, a assertiva está equivocada ao afirmar que Pedro não é irmão de Maria. Vejamos o dispositivo legal, previsto no Código Civil, que regula a matéria: "Art. 1.592. São parentes em linha colateral ou transversal, até o quarto grau, as pessoas provenientes de um só tronco, sem descenderem uma da outra."

**Alternativa correta: letra "b".**

---

**176. (FGV – Exame de Ordem 2013.2)** Fernanda, mãe da menor Joana, celebrou um acordo na presença do Juiz de Direito para que Arnaldo, pai de Joana, pague, mensalmente, 20% (vinte por cento) de 01 (um) salário mínimo a título de alimentos para a menor. O Juiz homologou por sentença tal acordo, apesar de a necessidade de Joana ser maior do que a verba fixada, pois não existiam condições materiais para a majoração da pensão em face das possibilidades do devedor. Após um mês, Fernanda tomou conhecimento que Arnaldo trocou seu emprego por outro com salário maior e procurou seu advogado para saber da possibilidade de rever o valor dos alimentos fixados em sentença transitada em julgado.

Analisando o caso concreto, assinale a afirmativa correta.

a) Não é possível rever o valor dos alimentos fixados, pois o mesmo já foi decidido em sentença com trânsito em julgado formal.
b) Não é possível rever o valor dos alimentos fixados, pois o mesmo é fruto de acordo celebrado entre as partes e homologado por juiz de direito.
c) É possível rever o valor dos alimentos, pois no caso concreto houve mudança do binômio "necessidade x possibilidade".
d) É possível rever o valor dos alimentos, pois o acordo celebrado entre as partes e homologado pelo juiz de direito está abaixo do limite mínimo de 30% (trinta por cento) de 01 (um) salário mínimo, fixado em lei, como mínimo indispensável que uma pessoa deve receber de alimentos.

**COMENTÁRIOS**

**Alternativas incorretas: letras "a" e "b".** As duas assertivas estão incorretas, a primeira por afirmar que o valor dos alimentos foi decidido em sentença com trânsito em julgado formal, pois tratando-se de uma relação continuada, não ocorre o transito julgado formal, mas somente material. Por outro lado, a segunda assertiva está incorreta pelos mesmos motivos, isto é, o fato do acordo ter sido celebrado entre as partes e homologado por juiz de direito não impede a sua revisão, na medida das alterações ocorridas entre as partes envolvidas. Por sua vez, as duas assertivas contrariam o que dispõe o art. 1.699 do CC: "Se, fixados os alimentos, sobrevier mudança na situação financeira de quem os supre, ou na de quem os recebe, poderá o interessado reclamar ao juiz, conforme as circunstâncias, exoneração, redução ou majoração do encargo."

**Alternativa "c".** A pensão alimentícia é conferida àquele que necessita dos alimentos e provida por aquele que tem possibilidade de prestá-los. Nesse sentido, é uma relação continuada, razão pela qual a sentença que decide acerca da pensão alimentícia não faz coisa julgada material, apenas ocorre a coisa julgada formal. Justamente por ser uma relação continuada e a situação ou o binômio (necessidade/possibilidade) que legitima a pensão pode sofrer alterações o que permite a sua revisão tanto para majorá-la, quando a possibilidade do devedor permitir e o credor dos alimentos necessitar, também pode ser revista com o fim de minorá-la, quando ocorrer alteração no binômio acima que justifique a sua redução. Nesse sentido, é a doutrina contida na norma do art. 1.699 do CC: "Se, fixados os alimentos, sobrevier mudança na situação financeira de quem os supre, ou na de quem os recebe, poderá o interessado reclamar ao juiz, conforme as circunstâncias, exoneração, redução ou majoração do encargo."

**Alternativa "d".** Não existe previsão legal determinando um valor mínimo para se prestar alimentos, o *quantum debeatur* é definido considerando a necessidade do alimentando e a possibilidade de suprir os alimentos do alimentante. Nesse sentido, a assertiva está incorreta, pois tendo em vista que não existe fixação legal determinando um limite mínimo de 30% do salário mínimo, como afirma a alternativa.

**Alternativa correta: letra "c".**

CIVIL

---

**177. (FGV – Exame de Ordem 2012.4)** Henrique e Natália, casados sob o regime de comunhão parcial de bens, decidiram se divorciar após 10 anos de união conjugal. Do relacionamento nasceram Gabriela e Bruno, hoje, com 8 e 6 anos, respectivamente. Enquanto esteve casada, Natália, apesar de ter curso superior completo, ser pessoa jovem e capaz para o trabalho, não exerceu atividade profissional para se dedicar integralmente aos cuidados da casa e dos filhos.

Considerando a hipótese acima e as regras atinentes à prestação de alimentos, assinale a afirmativa correta.

a) Uma vez homologado judicialmente o valor da prestação alimentícia devida por Henrique em favor de seus filhos Gabriela e Bruno, no percentual de um salário mínimo para cada um, ocorrendo a constituição de nova família por parte de Henrique, automaticamente será minorado o valor dos alimentos devido aos filhos do primeiro casamento.
b) Henrique poderá opor a impenhorabilidade de sua única casa, por ser bem de família, na hipótese de ser acionado judicialmente para pagar débito alimentar atual aos seus filhos Gabriela e Bruno.
c) Natália poderá pleitear alimentos transitórios e por prazo razoável, se demonstrar sua dificuldade em ingressar no mercado de trabalho em razão do longo período que permaneceu afastada do desempenho de suas atividades profissionais para se dedicar integralmente aos cuidados do lar.
d) Caso Natália descubra, após dois meses de separação de fato, que espera um filho de Henrique, serão devidos alimentos gravídicos até o nascimento da criança, pois após este fato a obrigação alimentar somente será exigida em ação judicial própria.

**COMENTÁRIOS**

✪ **Nota do autor:** Alimentos transitórios são aqueles fixados em decisão judicial, com caráter resolúvel e temporário, cujo prazo de vigência é definido judicialmente (mediante termo ou encargo). Findando o prazo estabelecido, cessa, automaticamente, o dever de alimentar. Essa modalidade de alimentos não tem previsão legal, mas já está consagrada na doutrina e jurisprudência, sendo que a sua fixação pode ser implementada de ofício pelo juiz, nos procedimentos em que se requereu alimentos definitivos, mas que o magistrado entenda que seja cabível a sua fixação somente por tempo certo.

**Alternativa "a".** A constituição de nova família por parte do devedor de alimentos, não o exonera ou minora, automaticamente, da obrigação, pois segundo o Código Civil, o novo casamento do devedor não extingue, por si só, as obrigações contraídas na sentença de divórcio (art. 1.709). Para que o devedor se exonere, ou seja, minorado a sua prestação, deverá propor ação de exoneração ou revisional de alimentos. Portanto, a assertiva está incorreta, pois afirma que o valor dos alimentos será, automaticamente, minorado com a constituição de nova família. Para facilitar a lei, segue a transcrição do dispositivo legal citado: "Art. 1.709. O novo casamento do cônjuge devedor não extingue a obrigação constante da sentença de divórcio."

**Alternativa "b".** Segundo prescreve o art. 3º, inc. III, da Lei n. 8.009/90, que dispõe sobre a impenhorabilidade do bem de família, o devedor de alimentos, no caso Henrique, não poderá opor a impenhorabilidade de sua única casa contra os credores de pensão alimentícia, que no caso em tela são seus filhos, Gabriela e Bruno. Vejamos a norma legal: "Art. 3º A impenhorabilidade é oponível em qualquer processo de execução civil, fiscal, previdenciária, trabalhista ou de outra natureza, salvo se movido: III -- pelo credor de pensão alimentícia;"

**Alternativa "c".** A alternativa está correta. Atualmente a jurisprudência tem entendido que se o ex-cônjuge, ainda que tenha formação universitária e aptidão laboral, mas tenha se distanciado do mercado de trabalho e de suas atividades profissionais para se dedicar a administração do lar e ao cuidado dos filhos, tem direito aos alimentos. Entretanto, a obrigação de prestar alimentos não será definitiva, mas por prazo certo e determinado, considerando, para sua fixação, o tempo razoável para que o ex-cônjuge possa se restabelecer no mercado de trabalho. Portanto, a assertiva está correta ao afirmar que Natália poderá pleitear alimentos transitórios e por prazo razoável, tendo em vista que a situação apresentada se amolda perfeitamente no entendimento atual da doutrina e jurisprudência, como se percebe no celebre julgado sobre o tema, que devido a sua importância optamos em transcrevê-lo:

> *"[...] estou batizando de alimentos transitórios, que seriam alimentos a serem pagos durante um período fixado nos casos em que, em princípio, não seria de haver alimentos, mas que, emergencialmente, eles se tornam necessários...O fato é que a lei não proíbe que isso ocorra. Em muitos casos é imprescindível. O exemplo mais característico é o de uma moça que se casasse aos 18 anos e se separasse aos 19 anos. Ninguém cogitaria de que ela devesse ter alimentos, porque ela viveria dos 19 aos 90 anos sendo sustentada pelo marido! Claro que ela tem de ir trabalhar para se sustentar. Só que ela não vai conseguir emprego em uma semana, nem em um mês. Haveria de se conceder um prazo, por exemplo, de seis meses, durante o qual o emprego pudesse ser conseguido e os alimentos seriam pagos somente durante esse período....Já me objetaram o seguinte: por que fazer essa construção, o binômio necessidade-recursos não resolveria? Haveria necessidade de pôr um prazo? Por que não simplesmente conceder alimentos e deixar que depois o alimentante reaja? Acontece que aí pode haver – pelo menos em termos de lógica formal – um impasse, porque a mulher pode não arrumar emprego – e exemplo fornecido – ficar quieta. Aí vem o homem com uma ação de exoneração e ela alega não houve mudança de estado algum. Não se alteraram as minhas necessidades, porque não estou empregada. Assim os alimentos começam a se prolongar. Se tomarmos em termos estritamente lógico-formais o binômio necessidade-recursos, a necessidade prosseguiria, e ela nunca iria trabalhar, sempre alegando que precisa." (TJRS – 8a Câm Cível – Ag.Reg. 596028183, 14.03.96)*

**Alternativa "d".** Os alimentos gravídicos, quando fixados pelo juiz, perduram até o nascimento da criança, mas após o nascimento com vida, tais alimentos se convertem, automaticamente, em pensão alimentícia. Nesse sentido, não se faz necessário ação específica para requerer alimentos após o nascimento com vida do menor, razão pela qual a questão está incorreta. O regramento legal que foi contrariado pela redação da assertiva é o artigo 6º, parágrafo único da lei n. 11.804/08, que disciplina o direito aos alimentos gravídicos. Vejamos a sua redação: "Art. 6° Convencido da existência de indícios da paternidade, o juiz fixará alimentos gravídicos que perdurarão até o nascimento da criança, sopesando as necessidades da parte autora e as possibilidades da parte ré. Parágrafo único. Após o nascimento com vida, os alimentos gravídicos ficam convertidos em pensão alimentícia em favor do menor até que uma das partes solicite a sua revisão."

**Alternativa correta: letra "c".**

## 7.5. BEM DE FAMÍLIA

- cc, arts. 1.711 a 1.722.
- Lei n. 8.009/90.

**Nota de atualização: Novo entendimento – súmula 549 STJ:** É válida a penhora de bem de família pertencente a fiador de contrato de locação.

A penhorabilidade de bem de família pertencente a fiador de contrato de locação também se aplica no caso de locação de imóvel comercial. É constitucional a penhora de bem de família pertencente a fiador de contrato de locação, seja residencial, seja comercial. STF. Plenário. RE 1.307.334/SP, Rel. Min. Alexandre de Moraes, julgado em 8/3/2022 (Repercussão Geral – Tema 1127) (Info 1046).

---

**178. (FGV – Exame de Ordem 2016.2 – Prova reaplicada Salvador-BA)** Manoel, em processo judicial, conseguiu impedir que fosse penhorado seu único imóvel, sob a alegação de que este seria bem de família. O exequente, então, pugna pela penhora da vaga de garagem de Manoel.

A esse respeito, assinale a afirmativa correta.

a) A vaga de garagem não é considerada bem de família em nenhuma hipótese; portanto, sempre pode ser penhorada.

b) A vaga de garagem que possui matrícula própria no registro de imóveis não pode ser penhorada, por ser acessória ao bem principal impenhorável.

c) A vaga de garagem só poderá ser penhorada se existir matrícula própria no Registro de Imóveis.

d) A vaga de garagem que não possui matrícula própria no registro de imóveis não constitui bem de família para efeito de penhora.

**COMENTÁRIOS**

**Alternativa "a".** A assertiva está errada. A vaga de garagem será considera bem de família desde que não possua matricula própria. (Súmula 449, STJ).

**Alternativa "b".** Conforme determina a doutrina da Súmula 449 do STJ, a vaga de garagem que possua matricula própria não será revestida pela impenhorabilidade. No entanto, a despeito do que prescreve a súmula, a doutrina tem lançado criticas a sua redação, utilizando-se para tanto o argumento usado pela presente alternativa, ou seja, que a garagem, independentemente de possuir matricula própria não poderia ser penhorada, justamente por ser um acessório do bem principal, que no caso é impenhorável (princípio da gravitação jurídica). No entanto, prevalece o entendimento da súmula, decretando o erro da alternativa e impossibilitando, o manejo de recurso contra o entendimento do gabarito.

**Alternativa "c".** A assertiva está correta, tendo em vista que está em conformidade com o que prescreve a Súmula 499, do

STJ: "A vaga de garagem que possui matrícula própria no registro de imóveis não constitui bem de família para efeito de penhora."

**Alternativa "d".** A assertiva contraria o entendimento que deriva de uma interpretação a *contrario sensu* da Súmula 449, do STJ.

**Alternativa correta: letra "c".**

## 7.6. DA UNIÃO ESTÁVEL

- Constituição da República, art. 226, §3º.
- CC, arts. 1.723 a 1.727.

**179. (FGV – Exame de Ordem 2014.3)** Augusto, viúvo, pai de Gustavo e Fernanda, conheceu Rita e com ela manteve, por dez anos, um relacionamento amoroso contínuo, público, duradouro e com objetivo de constituir família. Nesse período, Augusto não se preocupou em fazer o inventário dos bens adquiridos quando casado e em realizar a partilha entre os herdeiros Gustavo e Fernanda. Em meados de setembro do corrente ano, Augusto resolveu romper o relacionamento com Rita.

Face aos fatos narrados e considerando as regras de Direito Civil, assinale a opção correta.

a) A ausência de partilha dos bens de Augusto com seus herdeiros Gustavo e Fernanda caracteriza causa suspensiva do casamento, o que obsta o reconhecimento da união estável entre Rita e Augusto.

b) Sendo reconhecida a união estável entre Augusto e Rita, aplicar-se-ão à relação patrimonial as regras do regime de comunhão universal de bens, salvo se houver contrato dispondo de forma diversa.

c) Em razão do fim do relacionamento amoroso, Rita poderá pleitear alimentos em desfavor de Augusto, devendo, para tanto, comprovar o binômio necessidade-possibilidade.

d) As dívidas contraídas por Augusto, na constância do relacionamento com Rita, em proveito da entidade familiar, serão suportadas por Rita de forma subsidiária.

**COMENTÁRIOS**

**Alternativa "a".** A ausência de partilha dos bens, de fato, se consubstancia em uma causa suspensiva para o casamento, consoante se infere da redação do art. 1.523, I, do CC. Entretanto, a causa suspensiva em apreço não obsta o reconhecimento da união estável, conforme se extrai da redação do art. 1.723, §2º, do CC: "As causas suspensivas do art. 1.523 não impedirão a caracterização da união estável."

**Alternativa "b".** Ao reverso do que constou da alternativa em exame, na ausência de contrato escrito entre os companheiros, aplica-se à união estável, no que couber, o regime de comunhão parcial de bens, nos moldes do art. 1.725 do CC, com a seguinte redação: "Na união estável, salvo contrato escrito entre os companheiros, aplica-se às relações patrimoniais, no que couber, o regime da comunhão parcial de bens."

**Alternativa "c".** Como é cediço, a legislação brasileira reconhece uma pluralidade de entidades familiares. Dentre as referidas entidades, merece destaque, na questão em apreço, a união estável. O instituto jurídico sob enfoque encontra-se disciplinado entre os arts. 1.723 e 1.727 do CC. Com efeito, preconiza o art. 1.723 da vigente codificação que é "reconhecida como entidade familiar a união estável entre o homem e a mulher, configurada na convivência pública, contínua e duradoura e estabelecida com o objetivo de constituição de família." Em consequência, diante do expresso reconhecimento conferido à união estável pela ordem jurídica pátria, é natural que estejam presentes em relação a ela uma série de direitos e deveres entre os companheiros, inclusive no que se refere à questão atinente às obrigações alimentares. A esse respeito é oportuno fazer referência ao art. 1.694 do CC, que expressamente chancela a possibilidade da existência de obrigações alimentares entre companheiros. Eis o teor do dispositivo legal em apreço: "Podem os parentes, os cônjuges ou companheiros pedir uns aos outros os alimentos de que necessitem para viver de modo compatível com a sua condição social, inclusive para atender às necessidades de sua educação." Diante disso, no caso vertente, a pretensão de Rita no tocante à percepção de alimentos é legítima e encontra respaldo na legislação de regência, desde que ela demonstre a necessidade dos alimentos e a possibilidade de Augusto em prestá-los. Portanto, correta a assertiva ora examinada.

**Alternativa "d".** Conforme exposto no comentário precedente, na ausência de contrato escrito entre os companheiros, aplicam-se à união estável as regras atinentes ao regime de comunhão parcial de bens, disciplinado nos arts. 1.658 a 1.666 do CC. No tocante às dívidas contraídas na constância do casamento (ou da união estável, conforme já anotado), a norma a ser aplicada é aquela insculpida no art. 1.663, §1º, do CC, cujo teor ora se transcreve: "As dívidas contraídas no exercício da administração obrigam os bens comuns e particulares do cônjuge que os administra, e os do outro na razão do proveito que houver auferido." A partir de um exame perfunctório do dispositivo legal ora reproduzido, é possível concluir que, na hipótese concreta relatada no enunciado da questão em comento, Rita não responderá pelas dívidas contraídas de forma subsidiária, mas de forma principal, na razão do proveito que houver auferido. Tal circunstância, por óbvio, conduz ao equívoco da alternativa ora analisada.

**Alternativa correta: letra "c".**

**180. (Exame de Ordem 2011.2 – FGV)** Em relação à união estável, assinale a alternativa correta.

a) Para que fique caracterizada a união estável, é necessário, entre outros requisitos, tempo de convivência mínima de cinco anos, desde que durante esse período a convivência tenha sido pública e duradoura.

b) Quem estiver separado apenas de fato não pode constituir união estável, sendo necessária, antes, a dissolução do anterior vínculo conjugal; nesse caso, haverá simples concubinato.

c) Não há presunção legal de paternidade no caso de filho nascido na constância da união estável.

d) O contrato de união estável é solene, rigorosamente formal e sempre público.

**COMENTÁRIOS**

**Alternativa "a".** Para o Código Civil é exigida, para a caracterização da união estável, a convivência pública, contínua e duradoura, estabelecida com o fim de constituir família. Não é exigido o elemento temporal (mínimo de cinco anos), como afirma o enunciado da alternativa, para a configuração da união estável. Assim é a determinação do art. 1.723, *caput*, do CC: "É reconhecida como entidade familiar a união estável entre o homem e a mulher, configurada na convivência pública, contínua e duradoura e estabelecida com o objetivo de constituição de família."

**Alternativa "b".** A união estável pode ser constituída entre pessoas casadas e que estejam separas de fato, a sua configuração entre pessoas casadas não é considerada causa de impedimento, conforme estabelece o Código Civil no §1º do art. 1.723: "A união estável não se constituirá se ocorrerem os impedimentos do art. 1.521; não se aplicando a incidência do inciso VI no caso de a pessoa casada se achar separada de fato ou judicialmente." Sobre o tema ensina Caio Mário da Silva Pereira: "[...] na hipótese de se comprovar que a pessoa vive um relacionamento consolidado com o novo companheiro, após a separação de fato, mesmo que não tenha sido desfeita a sociedade conjugal, ou mesmo o vincula pelo divórcio ou anulação do casamento, ou, ainda, pela morte do cônjuge." (PEREIRA, Caio Mário da Silva. **Instituições de Direito Civil:** direito de família. Atualizadora: Tânia da Silva Pereira. 15. ed. Rio de Janeiro: Forense, v. V, p. 546.)

**Alternativa "c".** O Código Civil apresenta algumas hipóteses em que a paternidade é presumida. Contudo, para que seja reconhecida a presunção é necessário que os filhos tenham nascido na constância do casamento. A existência reconhecida de união estável não é bastante para que se presuma a paternidade dos filhos nascidos sob a sua égide, por isso o acerto do enunciado. Assim é a regra do art. 1.597 do CC: "Presumem-se concebidos na constância do casamento os filhos: I – nascidos cento e oitenta dias, pelo menos, depois de estabelecida a convivência conjugal; II – nascidos nos trezentos dias subsequentes à dissolução da sociedade conjugal, por morte, separação judicial, nulidade e anulação do casamento; III – havidos por fecundação artificial homóloga, mesmo que falecido o marido; IV – havidos, a qualquer tempo, quando se tratar de embriões excedentários, decorrentes de concepção artificial homóloga;"

**Alternativa "d".** A única exigência formal para a configuração da união estável e alteração do regime parcial de bens é que seja feito por escrito, ou seja, não é necessário contrato solene, rigorosamente formal e público, como afirma a assertiva. No entanto, caso seja a vontade das partes, o contrato poderá ser celebrado por instrumento público ou particular, mas esse critério é facultativo. O art. 1.725 do CC esclarece o tema: "Na união estável, salvo contrato escrito entre os companheiros, aplica-se às relações patrimoniais, no que couber, o regime da comunhão parcial de bens."

**Alternativa correta: letra "c".**

## 7.7. DA TUTELA, DA CURATELA E DA TOMADA DE DECISÃO APOIADA

▸ CC, arts. 1.728 a 1.783-A.

✪ **Nota do autor:** prezado leitor, fique atento quanto a alteração do tema da Tutela e da Curatela, que passou a ser chamado de "Da tutela, da curatela e da tomada de decisão apoiada". Além disso, acrescentou-se o art. 1.783 – A, sob o título "Da tomada de decisão apoiada". Essas alterações foram promovidas pela Lei 13.146, de 2015 – Estatuto da Pessoa com Deficiência. Outrossim, o tema da curatela foi profundamente alterado pelo NCPC, Lei nº 13.105, de 2015.

**181. (FGV – Exame de Ordem/2018.3)** Ana, que sofre de grave doença, possui um filho, Davi, com 11 anos de idade. Ante o falecimento precoce de seu pai, Davi apenas possui Ana como sua representante legal. De forma a prevenir o amparo de Davi em razão de seu eventual falecimento, Ana pretende que, na sua ausência, seu irmão, João, seja o tutor da criança.

Para tanto, Ana, em vida, poderá nomear João por meio de

a) escritura pública de constituição de tutela.
b) testamento ou qualquer outro documento autêntico.
c) ajuizamento de ação de tutela.
d) diretiva antecipada de vontade.

COMENTÁRIOS

**Alternativa: letra "a", "b", "c" e "d".** A lei é taxativa em determinar de quem é o direito e como deve ser nomeado o tutor do menor, vejamos o que prescreve o art. 1.729 e seu pár. ún., do CC: "O direito de nomear tutor compete aos pais, em conjunto. Parágrafo único. A nomeação deve constar de testamento ou de qualquer outro documento autêntico."

**Alternativa correta: letra "b".**

**182. (Exame de Ordem 2012.3 – FGV)** Eduardo e Mônica, casados, tinham um filho menor chamado Renato. Por orientação de um advogado, Eduardo e Mônica, em 2005, fizeram os respectivos testamentos e nomearam Lúcio, irmão mais velho de Eduardo, como tutor do menor para o caso de alguma eventualidade. Pouco antes da nomeação por testamento, Lúcio fora definitivamente condenado pelo crime de dano (art. 163 do Código Penal), mas o casal manteve a nomeação, acreditando no arrependimento de Lúcio, que, desde então, mostrou conduta socialmente adequada. Em 2010, Eduardo e Mônica morreram em um acidente aéreo. Dois anos depois do acidente, pretendendo salvaguardar os interesses do menor colocado sob sua tutela, Lúcio, prevendo manifesta vantagem negocial em virtude do aumento dos preços dos imóveis, decide alienar a terceiros um dos bens imóveis do patrimônio de Renato, depositando, imediatamente, todo o dinheiro obtido na negociação em uma conta de poupança, aberta em nome do menor.

Diante do caso narrado, assinale a afirmativa correta.

a) A nomeação de Lúcio como tutor é inválida em razão de ter sido condenado criminalmente, independentemente do cumprimento da pena, mas a alienação do imóvel é lícita, pois atende ao princípio do melhor interesse do menor.
b) A nomeação de Lúcio como tutor é válida, apesar da condenação criminal, e a alienação do imóvel é lícita, pois atende ao princípio do melhor interesse do menor.
c) A nomeação de Lúcio como tutor é válida, apesar da condenação criminal, mas a alienação do imóvel, sem prévia avaliação e autorização judicial, é ilícita.
d) A nomeação de Lúcio é inválida em razão de ter sido condenado criminalmente, mas a alienação do imóvel é lícita, pois somente bens móveis de alto valor necessitam de prévia avaliação e autorização judicial.

COMENTÁRIOS

**Alternativa "a".** Como exposto no comentário precedente, a condenação de Lúcio pelo crime de dano (art. 163, do Código Penal) não conduz à invalidade de sua nomeação como tutor, tendo em vista a literalidade do art. 1.735, IV, do Código Civil.

**Alternativa "b".** A alienação somente poderia ter se efetivado mediante prévia avaliação e autorização judicial, nos termos do art. 1.750 do Código Civil.

**Alternativa "c".** Não obstante Lúcio tenha sido condenado por crime de dano (art. 163 do Código Penal), sua nomeação como tutor é válida. Isso porque somente não podem ser tutores aqueles que tenham sido condenados pelos crimes de furto, roubo, estelionato, falsidade, contra a família e os costumes, conforme preconiza o art. 1.735, IV, do Código Civil, com a seguinte redação: "Não podem ser tutores e serão exonerados da tutela, caso a exerçam: [...] IV – os condenados por crime de furto, roubo, estelionato, falsidade, contra a família ou os costumes, tenham ou não cumprido pena." Por outro lado, a alienação do imóvel dos menores postos sob tutela somente será válida se houver sido precedida de avaliação e autorização judicial, conforme preconiza o art. 1.750 do Código Civil: "Os imóveis pertencentes aos menores sob tutela somente podem ser vendidos quando houver manifesta vantagem, mediante prévia avaliação judicial e aprovação do juiz."

**Alternativa "d".** A nomeação de Lúcio, como visto anteriormente, é válida, tendo em vista o que preceitua o art. 1.735, IV, do Código Civil. Por outro lado, a alienação do imóvel é ilícita, uma vez que esta somente poderia ocorrer mediante prévia avaliação e autorização judicial.

**Alternativa correta: letra "c".**

---

**183. (FGV- XXXV Exame de Ordem-2022)** Maurício, ator, 23 anos, e Fernanda, atriz, 25 anos, diagnosticados com Síndrome de Down, não curatelados, namoram há 3 anos.

Em 2019, enquanto procuravam uma atividade laborativa em sua área, tanto Maurício quanto Fernanda buscaram, em processos diferentes, a fixação de tomada de decisão apoiada para o auxílio nas decisões relativas à celebração de diversas espécies de contratos, a qual se processou seguindo todos os trâmites adequados deferidos pelo Poder Judiciário. Assim, os pais de Maurício tornaram-se seus apoiadores e os pais de Fernanda, os apoiadores dela.

Em 2021, Fernanda e Maurício assinaram contratos com uma emissora de TV, também assinados por seus respectivos apoiadores. Como precisarão morar próximo à emissora, o casal terá de mudar-se de sua cidade e, por isso, está buscando alugar um apartamento. Nesta conjuntura, Maurício e Fernanda conheceram Miguel, proprietário do imóvel que o casal pretende locar.

Sobre a situação apresentada, conforme a legislação brasileira, assinale a afirmativa correta.

a) Maurício e Fernanda são incapazes em razão do diagnóstico de Síndrome de Down.

b) Maurício e Fernada são capazes por serem pessoas com deficiência apoiadas, ou seja, caso não fossem apoiados, seriam incapazes.

*c) Maurício e Fernanda são capazes, independentemente do apoio, mas Miguel poderá exigir que os apoiadores contra-assinem o contrato de locação, caso ele seja realmente celebrado.

d) Miquel, em razão da capacidade civil de Maurício e de Fernanda, fica proibido de exigir que os apoiadores de ambos contra- assinem o contrato de locação, caso ele seja realmente celebrado.

**COMENTÁRIOS**

**✪ Nota do autor:** O art. 116, da Lei nº 13.146 – Estatuo da Pessoa com Deficiência, introduziu no Código Civil, o instituto da tomada de decisão apoiada, regulado e definido, nos seguintes termos pelo art. 1.783-A: "A tomada de decisão apoiada é o processo pelo qual a pessoa com deficiência elege pelo menos 2 (duas) pessoas idôneas, com as quais mantenha vínculos e que gozem de sua confiança, para prestar-lhe apoio na tomada de decisão sobre atos da vida civil, fornecendo-lhes os elementos e informações necessários para que possa exercer sua capacidade."

**Alternativa "a".** A assertiva está equivocada. A deficiência mental por si só, não é condição de incapacidade jurídica. O Código Civil estabelece, em seu art. 3º, desde a entrada em vigor da Lei 13.146/15, denominada Estatuto da Pessoa com Deficiência, que o absolutamente incapaz é a pessoa menor de 16 anos, acolhendo o critério biológico de incapacidade. Por sua vez, os relativamente incapazes estão descritos nos incisos do art. 4º, como: os maiores de 16 e menores de 18 anos, os ébrios habituais e viciados em tóxico, aqueles que por causa transitória ou permanente, não puderem exprimir sua vontade e, por último, os pródigos. Desse modo, em nenhuma das hipóteses de incapacidade, o portador de Síndrome de Down é por si só, considerado incapaz. Será incapaz, nos termos do art. 4º, o portador de qualquer deficiência física ou mental, desde que, e somente se, em decorrência de tal deficiência, não puderem exprimir sua vontade.

**Alternativa "b".** No caso em tela, Maurício e Fernanda são plenamente capazes, pois como vimos, no comentário anterior, a Síndrome de Down, por si só, não os torna incapazes. Por sua vez, a tomada de decisão apoiada não é instituto capaz de tornar alguém capaz, sua finalidade é proporcionar as pessoas com alguma deficiência, o apoio e orientação de duas ou mais pessoas, para tomada de decisões na vida civil. Nesse sentido, é o *caput* do art. 1.783-A: "A tomada de decisão apoiada é o processo pelo qual a pessoa com deficiência elege pelo menos 2 (duas) pessoas idôneas, com as quais mantenha vínculos e que gozem de sua confiança, para prestar-lhe apoio na tomada de decisão sobre atos da vida civil, fornecendo-lhes os elementos e informações necessários para que possa exercer sua capacidade."

**Alternativa "c".** A assertiva está correta, pois coaduna com o que prescreve o §5º, do art. 1.783-A: "Terceiro com quem a pessoa apoiada mantenha relação negocial pode solicitar que os apoiadores contra-assinem o contrato ou acordo, especificando, por escrito, sua função em relação ao apoiado"

**Alternativa "d".** Assertiva vai de encontro com o que prescreve o §5º, do art. 1.783-A, do CC.

**Alternativa correta: letra "c".**

## 8. DO DIRETO DAS SUCESSÕES

### 8.1. DA SUCESSÃO EM GERAL

#### 8.1.1. DOS EXCLUÍDOS DA SUCESSÃO

▸ CC, arts. 1.814 a 1.818.

---

**184. (FGV – Exame de Ordem 2020.1)** Arnaldo faleceu e deixou os filhos Roberto e Álvaro. No inventário judicial de Arnaldo, Roberto, devedor contumaz na praça, renunciou à herança, em 05/11/2019, conforme declaração nos autos. Considerando que o falecido não deixou testamento e nem dívidas a serem pagas, o valor líquido do monte a ser partilhado era de R$ 100.000,00 (cem mil reais). Bruno é primo de Roberto e também seu credor no valor de R$ 30.000,00 (trinta mil reais). No dia 09/11/2019, Bruno tomou conhecimento da manifestação de renúncia supracitada e, no dia 29/11/2019, procurou um advogado para tomar as medidas cabíveis. Sobre esta situação, assinale a afirmativa correta.

a) Em nenhuma hipótese Bruno poderá contestar a renúncia da herança feita por Roberto.

b) Bruno poderá aceitar a herança em nome de Roberto, desde que o faça no prazo de quarenta dias seguintes ao conhecimento do fato.

c) Bruno poderá, mediante autorização judicial, aceitar a herança em nome de Roberto, recebendo integralmente o quinhão do renunciante.

d) Bruno poderá, mediante autorização judicial, aceitar a herança em nome de Roberto, no limite de seu crédito.

COMENTÁRIOS

**Alternativa "a".** Afirmar que em nenhuma hipótese Bruno poderá contestar a renúncia da herança feita por Roberto, contraria o que dispõe o art. 1.813, do CC: "Quando o herdeiro prejudicar os seus credores, renunciando à herança, poderão eles, com autorização do juiz, aceitá-la em nome do renunciante."

**Alternativa "b".** O prazo para Bruno aceitar a herança em nome de Roberto não é de quarenta, mas 30 dias seguintes ao conhecimento do fato, conforme expressamente determina o § 1º do art. 1.813, do diploma civil: "A habilitação dos credores se fará no prazo de trinta dias seguintes ao conhecimento do fato."

**Alternativa "c".** Bruno poderá aceitar a herança em nome de Roberto, com autorização judicial, mas até o montante do que é devido, como doutrina o §2º, do art. 1.813, do CC: "Pagas as dívidas do renunciante, prevalece a renúncia quanto ao remanescente, que será devolvido aos demais herdeiros."

**Alternativa "d".** Assertiva está correta, pois concorda com o que dispõe o art. 1.813, do CC: "Quando o herdeiro prejudicar os seus credores, renunciando à herança, poderão eles, com autorização do juiz, aceitá-la em nome do renunciante. § 1 º A habilitação dos credores se fará no prazo de trinta dias seguintes ao conhecimento do fato. § 2 º Pagas as dívidas do renunciante, prevalece a renúncia quanto ao remanescente, que será devolvido aos demais herdeiros."

**Alternativa correta: letra "d".**

**185. (FGV – Exame de Ordem 2017.3)** Lúcia, sem ascendentes e sem descendentes, faleceu solteira e não deixou testamento. O pai de Lúcia tinha dois irmãos, que tiveram, cada qual, dois filhos, sendo, portanto, primos dela. Quando do falecimento de Lúcia, seus tios já haviam morrido. Ela deixou ainda um sobrinho, filho de seu único irmão, que também falecera antes dela.

Sobre a sucessão de Lúcia, de acordo com os fatos narrados, assinale a afirmativa correta.

a) O sobrinho concorre com o tio na sucessão de Lúcia, partilhando-se por cabeça.

b) O sobrinho representará seu pai, pré-morto, na sucessão de Lúcia.

c) O filho do tio pré-morto será chamado à sucessão por direito de representação.

d) O sobrinho é o único herdeiro chamado à sucessão e herda por direito próprio.

COMENTÁRIOS

**Alternativa "a".** A assertiva contraria o que dispõe o art. 1.843, do CC.

**Alternativa "b".** Assertiva está incorreta, pois afronta a norma contida no art. 1.852, do CC, que determina que o "direito de representação dá-se na linha reta descendente, mas nunca na ascendente."

**Alternativa "c".** Está incorreta, pois como visto no art. 1.852, do CC, a representação só ocorre na linha reta descentes, nunca na ascendente.

**Alternativa "d".** Considerando que a Lúcia não tem ascendentes e nem descendentes, seu herdeiro seria seu irmão, mas sendo também falecido e tendo deixado filho, este herda por cabeça, já que não concorre com nenhum outro herdeiro. Nesse sentido, é a doutrina do art. 1.843, do CC: "Na falta de irmãos, herdarão os filhos destes e, não os havendo, os tios." Também é salutar, para entendimento da assertiva da alternativa, a leitura do art. 1.829, do CC: "A sucessão legítima defere-se na ordem seguinte: I – aos descendentes, em concorrência com o cônjuge sobrevivente, salvo se casado este com o falecido no regime da comunhão universal, ou no da separação obrigatória de bens (art. 1.640, parágrafo único); ou se, no regime da comunhão parcial, o autor da herança não houver deixado bens particulares; II – aos ascendentes, em concorrência com o cônjuge; III – ao cônjuge sobrevivente; IV – aos colaterais."

**Alternativa correta: letra "d".**

**186. (Exame de Ordem 2012.2 – FGV)** Edgar, solteiro, maior e capaz, faleceu deixando bens, mas sem deixar testamento e contando com dois filhos maiores, capazes e também solteiros, Lúcio e Arthur. Lúcio foi regularmente excluído da sucessão de Edgar, por tê-lo acusado caluniosamente em juízo, conforme apurado na esfera criminal. Sabendo-se que Lúcio possui um filho menor, chamado Miguel, assinale a alternativa correta.

a) O quinhão de Lúcio será acrescido à parte da herança a ser recebida por seu irmão, Arthur, tendo em vista que Lúcio é considerado como se morto fosse antes da abertura da sucessão.

b) O quinhão de Lúcio será herdado por Miguel, seu filho, por representação, tendo em vista que Lúcio é considerado como se morto fosse antes da abertura da sucessão.

c) O quinhão de Lúcio será acrescido à parte da herança a ser recebida por seu irmão, Arthur, tendo em vista que a exclusão do herdeiro produz os mesmos efeitos da renúncia à herança.

d) O quinhão de Lúcio se equipara, para todos os efeitos legais, à herança jacente, ficando sob a guarda e administração de um curador, até a sua entrega ao sucessor devidamente habilitado ou à declaração de sua vacância.

COMENTÁRIOS

✪ **Nota do autor:** A resolução da questão exige o conhecimento dos arts. 1.814 a 1.818 do Código Civil que trata dos excluídos da sucessão. Tal exclusão se dá em razão da indignidade que é "ato ilícito cometido pelo sucessor, a que se comina sanção de exclusão da sucessão em face de determinada herança" (ANTONINI, Mauro. Do direito das sucessões. In: PELUSO, Cezar (Coord.). **Código Civil comentado: doutrina e jurisprudência.** 6. ed. Barueri: Manole, 2012. p. 2.183.). Além disso, será preciso saber o que é herança jacente, cujo conceito encontra-se na redação do art. 1.819 do Código Civil.

**Alternativa "c".** A renúncia à herança (art. 1.806 do CC) apresenta efeito distinto da exclusão da sucessão. Nesta, o excluído ou indigno é considerado como se fosse morto e, dada a pessoalidade da exclusão, os seus herdeiros o sucedem. Naquela, o herdeiro renunciante é considerado como inexistente frente à herança renunciada. O efeito desse ato se reflete nos herdeiros do renunciante, que não terão direito de herdar por representação, pois o renunciante deixou de existir, ou seja, nunca figurou como sucessor.

**Alternativa "b". (O presente comentário se aplica às alternativas "b" e "a")** O art. 1.814 apresenta as hipóteses de exclusão da sucessão por indignidade. Dentre as possibilidades previstas, o inciso II do dispositivo citado diz que: "São excluídos da sucessão os herdeiros ou legatários: II – que houverem acusado caluniosamente em juízo o autor da herança ou incorrerem em crime contra a sua honra, ou de seu cônjuge ou companheiro;" Nesse sentido, Lúcio efetivamente se enquadra na hipótese prevista no inciso citado e, portanto, se tornou indigno de suceder Edgar e foi regularmente excluído da sucessão. O efeito da indignidade é o de considerar o indigno como se fosse morto antes da abertura da sucessão (art. 1.816, 2º parte, CC). Entretanto, é preciso salientar que os efeitos da indignidade são pessoais, não se transferindo para os herdeiros do indigno, o que resulta na manutenção dos seus direitos sucessórios. Desse modo, Lúcio não terá direito à herança, pois não configurará na sucessão por ser tratado como se estivesse morto, mas esse efeito não se estende a seus herdeiros pelo caráter personalíssimo da indignidade, o que mantém Miguel como herdeiro da parte que caberia a seu pai; por ser menor, ele deverá ser representado. Nesse sentido, é o que determina o art. 1.816, 1º parte, do CC: "São pessoais os efeitos da exclusão; os descendentes do herdeiro excluído sucedem, como se ele morto fosse antes da abertura da sucessão." Portanto, o quinhão de Lúcio não será acrescido à parte do seu irmão Arthur, como afirma a alternativa "b", mas será destinada ao seu legítimo herdeiro, como foi demonstrado.

**Alternativa "d".** A herança jacente se configura quando o de cujus morre sem deixar testamento ou herdeiro legítimo notoriamente conhecido, conforme conceituação expressa no art. 1.819 do CC: "Falecendo alguém sem deixar testamento nem herdeiro legítimo notoriamente conhecido, os bens da herança, depois de arrecadados, ficarão sob a guarda e administração de um curador, até a sua entrega ao sucessor devidamente habilitado ou à declaração de sua vacância." Pela simples redação do dispositivo citado, fica claro que o caso apresentado pelo enunciado da questão não se amolda ao que descreve a norma do artigo, o que deflagra a incorreção da alternativa em comento, quando afirma que o "quinhão de Lúcio se equipara, para todos os efeitos legais, à herança jacente."

**Alternativa correta: letra "b".**

## 8.2. SUCESSÃO LEGÍTIMA

### 8.2.1. DA ACEITAÇÃO E RENÚNCIA DA HERANÇA

▸ CC, arts. 1.804 a 1.813

---

**187. (FGV – Exame de Ordem 2015.1)** Márcia era viúva e tinha três filhos: Hugo, Aurora e Fiona. Aurora, divorciada, vivia sozinha e tinha dois filhos, Rui e Júlia. Márcia faleceu e Aurora renunciou à herança da mãe.

Sobre a divisão da herança de Márcia, assinale a afirmativa correta.

a) Diante da renúncia de Aurora, a herança de Márcia deve ser dividida entre Hugo e Fiona, cabendo a cada um metade da herança.

b) Diante da renúncia de Aurora, a herança de Márcia deve ser dividida entre Hugo, Fiona, Rui e Júlia, em partes iguais, cabendo a cada um 1/4 da herança.

c) Diante da renúncia de Aurora, a herança de Márcia deve ser dividida entre Hugo, Fiona, Rui e Júlia, cabendo a Hugo e Fiona 1/3 da herança, e a Rui e Júlia 1/6 da herança para cada um.

d) Aurora não pode renunciar à herança de sua mãe, uma vez que tal faculdade não é admitida quando se tem descendentes de primeiro grau.

**COMENTÁRIOS**

**Alternativa "a".** A assertiva está correta. Como Aurora renunciou à herança, o seu quinhão hereditário será repartido entre os sucessores de mesma classe que, no caso em exame, são Hugo e Fiona. É o que decorre do disposto no art. 1.810 do CC: "Na sucessão legítima, a parte do renunciante acresce à dos outros herdeiros da mesma classe e, sendo ele o único desta, devolve-se aos da subsequente."

**Alternativa "b".** A assertiva está incorreta, por contrariar o que preceitua o art. 1.810 do CC, alhures transcrito.

**Alternativa "c".** Como exposto acima, o art. 1.810 do CC expressamente preconiza no sentido de que o quinhão hereditário do herdeiro renunciante deve ser acrescido aos herdeiros de mesma classe – no caso Hugo e Fiona. É o que basta para concluir pelo desacerto da alternativa em apreço.

**Alternativa "d".** A alternativa está incorreta, por carecer de fundamentação normativa e jurisprudencial.

**Alternativa correta: letra "a".**

### 8.2.2. DA ORDEM DE VOCAÇÃO HEREDITÁRIA

▸ CC, arts. 1.829 a 1.844.

---

**188. (FGV- XXXV Exame de Ordem-2022)** Sônia e Theodoro estavam casados há 7 anos, sobre o regime da comunhão parcial de bens, quando o último veio a óbito. Desde o casamento, o casal residia em uma belíssima cobertura na praia de Copacabana, que Theodoro havia comprado há mais de 20 anos, ou seja, muito antes do casamento.

Após o falecimento de Theodoro, seus filhos do primeiro casamento procuraram Sônia e pediram a ela que entregasse o imóvel, alegando que, como ele não foi adquirido na constância do casamento, a viúva não teria direito sucessório sobre o bem.

Diante do caso narrado, assinale a afirmativa correta.

a) Como Sônia era casada com Theodoro pelo regime da comunhão parcial de bens, ela herda apenas os bens adquiridos na constância do casamento.

b) Como Sônia era casada com Theodoro, ela possui o direito de preferência para alugar o imóvel, em valor de mercado, que será apurado pela média de 3 avaliações diferentes.

c) Os filhos do Theodoro não têm razão, pois, ao cônjuge sobrevivente, é assegurado o direito real de habitação, desde que casado sobre o regime da comunhão parcial de bens, ou comunhão universal de bens, e inexistindo descendentes.

d) Os filhos do Theodoro não têm razão, pois, ao cônjuge sobrevivente, qualquer que seja o regime de bens, será assegurado, sem prejuízo da participação que lhe caiba na herança, o direito real de habitação do imóvel destinado à residência da família, desde que seja o único daquela natureza a inventariar.

**COMENTÁRIOS**

**Nota do autor:** para melhor compreensão do tema – direito real de habitação do cônjuge ou companheiro supérstite, na visão do STJ, leia **"Até que a morte os separe e a moradia permaneça: o direito real de habitação na visão do STJ".** Disponível no site stj.jus.br.

**Alternativa "a".** A assertiva está equivocada, pois ignora o que estabelece o inc. I, do art. 1.829, do CC. Esse dispositivo determina que o cônjuge casado, no regime da comunhão parcial, tem direito aos bens particulares do autor da herança. Portanto, Sônia tem direito aos bens adquiridos na constância do casamento, mas também concorrerá, na sucessão legítima, aos bens particulares do autor da herança. Vejamos a literalidade do dispositivo citado: "Art. 1.829. A sucessão legítima defere-se na ordem seguinte: I - aos descendentes, em concorrência com o cônjuge sobrevivente, salvo se casado este com o falecido no regime da comunhão universal, ou no da separação obrigatória de bens (art. 1.640, parágrafo único); ou se, no regime da comunhão parcial, o autor da herança não houver deixado bens particulares;"

**Alternativa "b".** O proposto pela assertiva não encontra amparo no Código Civil. A sistemática do Código, sobre o tema é outra, pois o art. 1.831, determina que o cônjuge sobrevivente, tem direito real de habitação sobre o imóvel destinado a família. Redação do art. 1.831: "Ao cônjuge sobrevivente, qualquer que seja o regime de bens, será assegurado, sem prejuízo da participação que lhe caiba na herança, o direito real de habitação relativamente ao imóvel destinado à residência da família, desde que seja o único daquela natureza a inventariar."

**Alternativa "c".** A assertiva contraria o dispositivo legal que regula a matéria, ao condicionar o direito real de habitação, ao cônjuge sobrevivente, que tenha casado sob o regime da comunhão parcial ou universal de bens, e a inexistência de descendentes. Nenhuma dessas condicionantes são exigidas por lei, que dispõe sobre o direito real de habitação, do cônjuge supérstite: "Art. 1.831. Ao cônjuge sobrevivente, qualquer que seja o regime de bens, será assegurado, sem prejuízo da participação que lhe caiba na herança, o direito real de habitação relativamente ao imóvel destinado à residência da família, desde que seja o único daquela natureza a inventariar."

**Alternativa "d".** Assertiva está correta, pois traz, na sua redação, a regra consagrada no Código Civil, sobre o direito real de habitação do cônjuge sobrevivente, disciplinado no art. 1.831.

**Alternativa correta: letra "d".**

---

**189. (FGV- XXXIV Exame de Ordem-2022)** Luiz, sem filhos, é casado com Aline sob o regime da comunhão universal. No ano de 2018, Luiz perdeu o pai, Mário. Como seu irmão, Rogério, morava em outra cidade e sua mãe, Catarina, precisava de cuidados diários, Luiz levou-a para morar junto dele e de Aline.

Durante à pandemia de Covid-19, tanto Luiz, quanto Catarina contraíram a doença e foram internados. Ambos não resistiram e no dia 30 de junho, Luiz faleceu, sem deixar testamento. Catarina morreu no dia 15 de agosto, também sem deixar testamento.

Tendo em vista a hipótese apresentada, assinale a afirmativa correta.

a) A herança de Catarina deve dividir-se entre Luiz (seu herdeiro de direito receberá o quinhão) e Rogério.

b) Rogério será herdeiro de Catarina e, na sucessão de Luiz, serão chamadas Aline e Catarina (seu herdeiro, Rogério, receberá o quinhão como parte da herança deixada pela mãe).

c) Aline não será herdeira de Rogério, em razão do casamento reger-se pela comunhão universal de bens.

d) Rogério será herdeiro de Catarina e apenas Aline será herdeira de Luiz.

**COMENTÁRIOS**

**Alternativa "a".** A assertiva está equivocada, como a morte de Luiz é anterior a de sua mãe, ele não deixou herdeiro hábil a representá-lo na linha sucessória, pois sua esposa não entra na linha sucessória, de Catarina.

**Alternativa "b".** Assertiva está correta. A alternativa deve ser respondida em duas etapas: 1. Considerando que Rogério é o único herdeiro vivo de Catarina, ele receberá toda herança deixada por sua mãe, incluindo o quinhão hereditário que receberá de seu filho pré-morto; 2. Luiz faleceu sem deixar filhos, o que faz com que sua esposa e sua mãe herdem seus bens, em concorrência sucessária, conforme preconiza o inc. II, do art. 1.829, do CC: "Art. 1.829. A sucessão legítima defere-se na ordem seguinte: II - aos ascendentes, em concorrência com o cônjuge;"

**Alternativa "c".** Aline não será herdeira de Rogério, por não haver entre eles qualquer vínculo sucessório, mas não como afirma a assertiva, por ser seu regime de casamento o da comunhão universal. Ela é herdeira do seu esposo, e concorre com sua sogra, Catarina, pelo fato de que seu marido não deixou herdeiros, conforme visto no inc. II, do art. 1.829, CC.

**Alternativa "d".** Como vimos nos comentários anteriores, Catarina concorre com Aline, na herança deixada pelo seu filho. Portanto, o erro da assertiva está na afirmação de que somente Aline será herdeira de Luiz.

**Alternativa correta: letra "b".**

---

**190. (FGV – Exame de Ordem 2021.1)** Ao falecer em 2019, Januário deixa duas filhas vivas: Rosana, mãe de Luna, e Helena, mãe de Gabriel. O filho mais velho de Januário, Humberto, falecera em 2016, deixando-lhe dois netos: Lucas e João. Sobre a sucessão de Januário, assinale a afirmativa correta.

a) Lucas, João, Luna, Gabriel e Vinícius são seus herdeiros.

b) Helena, Rosana, Lucas e João são seus herdeiros, cada um herdando uma quota igual da herança deixada por Januário.

c) Apenas Helena e Rosana são suas herdeiras.

d) São seus herdeiros Helena, Rosana e os sobrinhos Lucas e João, que receberão, cada um, metade equivalente ao quinhão de uma das tias.

**COMENTÁRIOS**

**✪ NOTA DO AUTOR:** Nesse tipo de questão, antes de responder as alternativas, é necessário identificar no enunciado quem é herdeiro, e os que não são. Quanto aos que não são herdeiros deve-se verificar se entram de alguma forma na ordem de vocação hereditária. Nesse caso, temos Januário, autor da herança, cujos herdeiros são duas filhas vivas, e dois netos, herdeiros de Humberto, filho falecido de Januário. Considerando que o enunciado não fala nada sobre uma possível viúva, podemos concluir que a herança será dividia entre seus três descendentes, cada um com direito a 1/3. No entanto, como Humberto está morto, seus filhos herdam sua parte, por representação, o que equivale a 1/2 para cada um deles, do que caberia a Humberto.

**Alternativa "a".** Herdeiros de Januário são apenas seus três filhos, Rosana, Helena e Humberto, falecido. Os filhos desse último recebem a herança, que seria destinada ao seu pai se estivesse vivo, portanto, não são herdeiros de Januário. Interessante observar que Vinícius é um elemento novo, pois não aparece no enunciado. Vejamos o fundamento legal:

Sobre a sucessão legítima:

> *Art. 1.829. A sucessão legítima defere-se na ordem seguinte: I - aos descendentes, em concorrência com o cônjuge sobrevivente, salvo se casado este com o falecido no regime da comunhão universal, ou no da separação obrigatória de bens (art. 1.640, parágrafo único); ou se, no regime da comunhão parcial, o autor da herança não houver deixado bens particulares; II - aos ascendentes, em concorrência com o cônjuge; III - ao cônjuge sobrevivente; IV - aos colaterais.*

Sobre o direito de representação:

> *Art. 1.851. Dá-se o direito de representação, quando a lei chama certos parentes do falecido a suceder em todos os direitos, em que ele sucederia, se vivo fosse.*

**Alternativa "b".** Lucas e João não são herdeiros, recebem por representação, a parte da herança que caberia a seu pai Humberto se estive vivo. Nesse sentido, é a norma do art. 1.851, do CC: "Dá-se o direito de representação, quando a lei chama certos parentes do falecido a suceder em todos os direitos, em que ele sucederia, se vivo fosse."

**Alternativa "c".** Assertiva equivoca-se, pois desconsidera como herdeiro o pré-morto Humberto, que deixou herdeiros e estes recebem a parte que lhe caberia por representação.

**Alternativa "d".** Assertiva está correta, Helena e Rosana são herdeiras e recebem sua parte da herança, o que equivale a 1/3, considerando que há também a parte do herdeiro pré-morto Humberto, que deixou herdeiros. Nesse sentido, os herdeiros de Humberto, Lucas e João recebem a metade equivalente ao quinhão das tias, que seria exatamente o que o seu pai recebia se estivesse vivo. A questão está de acordo com a sistemática do diploma civil, encontrando fundamento nos seguintes artigos: "Art. 1.829. A sucessão legítima defere-se na ordem seguinte: I - aos descendentes, em concorrência com o cônjuge sobrevivente, salvo se casado este com o falecido no regime da comunhão universal, ou no da separação obrigatória de bens (art. 1.640, parágrafo único); ou se, no regime da comunhão parcial, o autor da herança não houver deixado bens particulares; II - aos ascendentes, em concorrência com o cônjuge; III - ao cônjuge sobrevivente; IV - aos colaterais."

Sobre o direito de representação:

> *Art. 1.851. Dá-se o direito de representação, quando a lei chama certos parentes do falecido a suceder em todos os direitos, em que ele sucederia, se vivo fosse.*

**Alternativa Correta: letra "d".**

---

**191. (FGV-Exame de Ordem 2019.1)** Matheus, sem filhos, casado com Jane, no regime de comunhão parcial de bens, falece após enfarto fulminante. De seu parentesco em linha reta são ainda vivos Carlos, seu pai, e Irene, sua avó materna.

A partir da situação acima, assinale a opção que indica a sucessão de Matheus.

a) Serão herdeiros Carlos, Irene e Jane, a última em concorrência, atribuído quinhão de 1/3 do patrimônio para cada um deles.

b) Serão herdeiros Carlos e Jane, atribuído quinhão de 2/3 ao pai e de 1/3 à Jane, cônjuge concorrente.

c) Carlos será herdeiro sobre a totalidade dos bens, enquanto Jane apenas herda, em concorrência com este, os bens particulares do falecido.

d) Serão herdeiros Carlos e Jane, esta herdeira concorrente, atribuído quinhão de metade do patrimônio para cada um destes.

**COMENTÁRIOS**

**Alternativa "a":** A assertiva está incorreta. Conforme se infere do art. 1.836, §1º, do CC, Irene não participa da sucessão de Mateus, em virtude de Carlos, pai do *de cujus*, figurar como ascendente de grau mais próximo.

**Alternativa "b":** A alternativa é incorreta, pois, como Jane concorre com apenas um ascendente, a ela caberá metade da herança, em virtude do que preconiza o art. 1.837 do CC.

**Alternativa "c":** O conteúdo da alternativa está equivocado. O art. 1.829, inciso II, do CC, estabelece que os ascendentes sucedem ao *de cujus* em concurso com o cônjuge sobrevivente.

**Alternativa "d":** A assertiva está correta, por aplicação do art. 1.829, inciso II do CC, combinado com o art. 1.836, §1º, do CC, que dispõem, respectivamente, que os ascendentes concorrem com o cônjuge sobrevivente e que, na classe dos ascendentes, o grau mais próximo exclui o mais remoto. Desse modo, resta claro que Carlos, na condição de pai de Mateus, herda o seu patrimônio, em que concorrerá com a cônjuge sobrevivente, Jane. Em adição, considerando que Carlos é um ascendente em grau mais próximo de Mateus, a avó materna de Mateus, Irene, não participa da sucessão. Por fim, considerando a existência de apenas um ascendente, Carlos, à cônjuge sobrevivente, Jane, caberá metade dos bens, por aplicação da parte final do art. 1.837 do CC, com a seguinte redação: *"Concorrendo com ascendente em primeiro grau, ao cônjuge tocará um terço da herança; caber-lhe-á a metade desta se houver um só ascendente, ou se maior for aquele grau."*

**Alternativa correta: letra "d".**

---

**192. (FGV – Exame de Ordem 2018.2)** Lúcio, viúvo, tendo como únicos parentes um sobrinho, Paulo, e um tio, Fernando, fez testamento de acordo com todas as formalidades legais e deixou toda a sua herança ao seu amigo Carlos, que tinha uma filha, Juliana. O herdeiro instituído no ato de última vontade morreu antes do testador. Morto Lúcio, foi aberta a sucessão.

Assinale a opção que indica como será feita a partilha.

a) Juliana receberá todos os bens de Lúcio.

b) Juliana receberá a parte disponível e Paulo, a legítima.

c) Paulo e Fernando receberão, cada um, metade dos bens de Lúcio.

d) Paulo receberá todos os bens de Lúcio.

**COMENTÁRIOS**

**Alternativa "a".** No Direito Civil brasileiro não há direito de representação no âmbito de sucessão testamentária, de modo que falecendo o herdeiro testamentário, o acervo patrimonial do *de cujus* será vertido aos herdeiros legítimos, observada a ordem de vocação hereditária estabelecida pelo CC. Desse modo, considerando a inaplicabilidade do direito de representação na seara da sucessão testamentária, Juliana, em hipótese alguma, receberá os bens de Lúcio, o que conduz ao desacerto da questão.

**Alternativa "b".** Consoante esclarecido no comentário a Alternativa "a", Juliana não tem aptidão para herdar os bens deixados por Lúcio, tendo em vista inexistir previsão de direito de representação em se tratando de sucessão hereditária. Demais disso, não há qualquer previsão a respeito da repartição da herança entre partes disponível e indisponível na hipótese versada no enunciado da questão. Por todo o exposto, a assertiva está equivocada.

**Alternativa "c".** Fernando, na condição de tio de Lúcio, somente poderia herdar, na hipótese de inexistência de filhos dos irmãos de Lúcio, o que não se verificou na hipótese em voga. É o que decorre das disposições inseridas no art. 1.843 do CC, com a seguinte redação: *"Na falta de irmãos, herdarão os filhos destes e, não os havendo, os tios."*

**Alternativa "d".** A assertiva é verdadeira, em virtude do que dispõe o art. 1.843 do CC, já transcrito nos comentários à alternativa precedente.

**Alternativa correta: letra "d".**

---

**193. (FGV – Exame de Ordem 2018.1)** Ana, sem filhos, solteira e cujos pais são pré-mortos, tinha os dois avós paternos e a avó materna vivos, bem como dois irmãos: Bernardo (germano) e Carmem (unilateral). Ana falece sem testamento, deixando herança líquida no valor de R$ 60.000,00 (sessenta mil reais).

De acordo com os fatos narrados, assinale a afirmativa correta.

a) Seus três avós receberão, cada um, R$ 20.000,00 (vinte mil reais), por direito de representação dos pais de Ana, pré- mortos.

b) Seus avós paternos receberão, cada um, R$ 15.000,00 (quinze mil reais) e sua avó materna receberá R$ 30.000,00 (trinta mil reais), por direito próprio.

c) Bernardo receberá R$ 40.000,00 (quarenta mil reais), por ser irmão germano, e Carmem receberá R$ 20.000,00 (vinte mil reais), por ser irmã unilateral.

d) Bernardo e Carmem receberão, cada um, R$ 30.000,00 (trinta mil reais), por direito próprio.

COMENTÁRIOS

**Alternativa "a".** A assertiva contraria o que dispõe o art. 1.836, do CC/02: "Na falta de descendentes, são chamados à sucessão os ascendentes, em concorrência com o cônjuge sobrevivente."

**Alternativa "b".** A assertiva está correta, considerando que a solução apresentada é exatamente aquele prevista no §2º do art. 1.836, do CC/02: "Havendo igualdade em grau e diversidade em linha, os ascendentes da linha paterna herdam a metade, cabendo a outra aos da linha materna."

**Alternativas "c" e "d".** Contrariam o que dispõe o art. 1.836, do CC/02.

**Alternativa correta: letra "b".**

---

**194. (FGV – Exame de Ordem 2017.1)** Clara e Sérgio são casados pelo regime da comunhão parcial de bens. Durante o casamento, o casal adquiriu onerosamente um apartamento e Sérgio herdou um sítio de seu pai. Sérgio morre deixando, além de Clara, Joaquim, filho do casal.

Sobre os direitos de Clara, segundo os fatos narrados, assinale a afirmativa correta.

a) Clara é herdeira do apartamento, em concorrência com Joaquim.

b) Clara é meeira no apartamento e herdeira do sítio, em concorrência com Joaquim.

c) Clara é herdeira do apartamento e do sítio, em concorrência com Joaquim.

d) Clara é meeira no sítio e herdeira do apartamento, em concorrência com Joaquim.

COMENTÁRIOS

✪ **Nota do autor:** o comentário da alternativa correta, compreende as outras alternativas consideradas incorretas.

Em decorrência da morte de Sérgio, Clara tem direito a título de meação a 50% do apartamento do casal, sendo os outros 50%, herança de Joaquin. Por sua vez, o sítio, que é bem exclusivo de Sérgio, será dividido por igual entre Clara e Joaquin, a título de herança, pois ambos serão, quanto a esse bem, herdeiros necessários de Sérgio, herdando por direito próprio o por cabeça. Nesse sentido, é a norma contida no art. 1.829, I, do CC: "A sucessão legítima defere-se na ordem seguinte: I. aos descendentes, em concorrência com o cônjuge sobrevivente, salvo se casado este com o falecido no regime da comunhão universal, ou no da separação obrigatória de bens (art. 1.640, parágrafo único); ou se, no regime da comunhão parcial, o autor da herança não houver deixado bens particulares;"

**Alternativa correta: letra "b".**

---

**195. (FGV – Exame de Ordem 2015.2)** Ester, viúva, tinha duas filhas muito ricas, Marina e Carina. Como as filhas não necessitam de seus bens, Ester deseja beneficiar sua irmã, Ruth, por ocasião de sua morte, destinando-lhe toda a sua herança, bens que vieram de seus pais, também pais de Ruth. Ester o(a) procura como advogado(a), indagando se é possível deixar todos os seus bens para sua irmã. Deseja fazê-lo por meio de testamento público, devidamente lavrado em Cartório de Notas, porque suas filhas estão de acordo com esse seu desejo.

Assinale a opção que indica a orientação correta a ser transmitida a Ester.

a) Em virtude de ter descendentes, Ester não pode dispor de seus bens por testamento.

b) Ester só pode dispor de 1/3 de seu patrimônio em favor de Ruth, cabendo o restante de sua herança às suas filhas Marina e Carina, dividindo-se igualmente o patrimônio.

c) Ester pode dispor de todo o seu patrimônio em favor de Ruth, já que as filhas estão de acordo.

d) Ester pode dispor de 50% de seu patrimônio em favor de Ruth, cabendo os outros 50% necessariamente às suas filhas, Marina e Carina, na proporção de 25% para cada uma.

COMENTÁRIOS

**Alternativa "a".** A lei permite que Esther disponha de metade dos seus bens, mesmo que tenha descendentes. Nesse sentido, é a norma do art. 1.789, do CC: "Havendo herdeiros necessários, o testador só poderá dispor da metade da herança."

**Alternativa "b".** A lei permite que Esther doe, para sua irmã, metade de seus bens, conforme determina o art. 1.789, do CC: "Havendo herdeiros necessários, o testador só poderá dispor da metade da herança."

**Alternativa "c".** Ver comentário anterior.

**Alternativa "d".** Analisando o enunciado da questão, a luz do que determina a lei, podemos concluir que Esther somente poderá doar 50% do seu patrimônio para sua irmã Ruth. Não poderá doar todo o seu patrimônio, pois a lei determina que quando há herdeiros necessários, obrigatoriamente, metade dos bens do *de cujus* devem ser destinados a eles. Nesse sentido, portanto, metade dos bens de Esther ira para suas filhas, cada uma receberá 25%, e a outra metade poderá ser destinado a sua irmã Ruth, por testamento registrado em cartório. Vejamos os dispositivos legais que tratam da matéria, ambos do Código Civil: "Art. 1.789. Havendo herdeiros necessários, o testador só poderá dispor da metade da herança." "Art. 1.845. São herdeiros necessários os descendentes, os ascendentes e o cônjuge. "Art. 1.846. Pertence aos herdeiros necessários, de pleno direito, a metade dos bens da herança, constituindo a legítima."

**Alternativa correta: letra "d".**

---

**196. (Exame de Ordem 2012.3 – FGV)** Com relação ao direito sucessório, assinale a afirmativa correta.

a) O cônjuge sobrevivente, mesmo se constituir nova família, continuará a ter direito real de habitação sobre o imóvel em que residiu com seu finado cônjuge.

b) A exclusão por indignidade pode ocorrer a partir da necessidade de que o herdeiro tenha agido sempre com dolo e por uma conduta comissiva.

c) A deserdação é forma de afastar do processo sucessório tanto o herdeiro legítimo quanto o legatário.

d) Os efeitos da indignidade não retroagem à data da abertura da sucessão, tendo, portanto, efeito *ex nunc*.

COMENTÁRIOS

✪ **Nota do autor:** A assertiva considerada correta pela FGV apresenta um tema controvertido na doutrina, isto é, a continuidade do direito real de habitação sobre imóvel do cônjuge sobrevivente que constituiu nova família. Sobre o tema há duas interpretações possíveis, no entanto, a banca optou por um desses entendimentos e o considerou como correto.

**Alternativa "a".** Na vigência do Código Civil de 1916, a eficácia do direito real de habitação estava subordinada ao estado de viuvez do cônjuge sobrevivente, ou seja, só teria direito de habitar o imóvel em que residiu com o de cujus enquanto não constituísse nova família (art. 1.611, §1º, do Código Civil de 1916). Por sua vez, o Código Civil de 2002 não subordinou esse direito à permanência da situação de viuvez, não existindo qualquer limitação para o exercício desse direito real, podendo ser exercido vitaliciamente, conforme se extrai da norma do art. 1.831 do CC: "Ao cônjuge sobrevivente, qualquer que seja o regime de bens, será assegurado, sem prejuízo da participação que lhe caiba na herança, o direito real de habitação relativamente ao imóvel destinado à residência da família, desde que seja o único daquela natureza a inventariar." Nesse contexto, duas interpretações doutrinárias surgiram em volta desse tema. A primeira corrente entende que o direito real de habitação do cônjuge supérstite só persistirá enquanto ele não constitua nova família, por entender que, com a nova família, desapareceriam as razões que justificam o exercício desse direito, que é amparar o cônjuge sobrevivente. A segunda corrente, por sua vez, argumenta que, se a lei não criou nenhuma condição para o exercício desse direito, isto quer dizer que a sua eficácia não está condicionada à manutenção do estado de viuvez, podendo, até mesmo habitar o imóvel com o novo cônjuge. A despeito dessas duas posições, ficou claro que a banca examinadora filiou-se à segunda corrente, quando considera como correta a assertiva que afirma que o direito real de habitação é mantido, ainda que ocorram mudanças na sua vida afetiva.

**Alternativa "b".** Primeiramente, é preciso ressaltar que a redação da assertiva se mostra imprecisa, dificultando o seu entendimento. Contudo, a despeito da atecnia empregada na sua elaboração, podemos concluir pelo seu erro, haja vista sua afirmação de que a "exclusão por indignidade pode ocorrer a partir da necessidade de que o herdeiro tenha agido sempre com dolo e por uma conduta comissiva". Na verdade, a indignidade não decorre da simples prática de quaisquer atos dolosos ou comissivos, como sugere o enunciado, mas somente daqueles que estão taxativamente previstos na lei, ou seja, que atentem contra a vida, a honra ou a liberdade de testar do *de cujus*, conforme determina o art. 1.814 do CC: "São excluídos da sucessão os herdeiros ou legatários: I – que houverem sido autores, coautores ou partícipes de homicídio doloso, ou tentativa deste, contra a pessoa de cuja sucessão se tratar, seu cônjuge, companheiro, ascendente ou descendente; II – que houverem acusado caluniosamente em juízo o autor da herança ou incorrerem em crime contra a sua honra, ou de seu cônjuge ou companheiro; III – que, por violência ou meios fraudulentos, inibirem ou obstarem o autor da herança de dispor livremente de seus bens por ato de última vontade."

**Alternativa "c".** A deserdação ocorrerá apenas na sucessão testamentária, pois é necessário que o testador expressamente declare a causa que justifica a deserdação, conforme estabelece o art. 1.964 do CC: "Somente com expressa declaração de causa pode a deserdação ser ordenada em testamento." Desse modo, a deserdação poderá afastar do processo sucessório somente o herdeiro necessário, ou seja, aquele a quem a lei garante o direito à legítima (descendentes, ascendentes e cônjuges). Por outro lado, a indignidade poderá ser usada contra todos os sucessores, legítimos, testamentários e, até mesmo, o legatário. Portanto, para afastar do processo sucessório o herdeiro legítimo e o legatário, a forma correta é a indignidade e não a deserdação, como prevê o art. 1.815 do CC: "A exclusão do herdeiro ou legatário, em qualquer desses casos de indignidade, será declarada por sentença."

**Alternativa "d".** A sentença que declara a indignidade terá seus efeitos retroagidos, por determinação legal, para que o indigno seja tratado como se fosse morto (art. 1.816 do CC). Nesse sentido, a retroação irradiará seus efeitos até a abertura da sucessão, sendo, portanto, *ex tunc*, e, consequentemente, o "excluído da sucessão é obrigado a restituir os frutos e rendimentos que dos bens da herança houver percebido, mas tem direito a ser indenizado das despesas com a conservação deles." (parágrafo único, do art. 1.817)

**Alternativa correta: letra "a".**

---

**197. (Exame de Ordem 2012.1 – FGV – prova reaplicada em Duque de Caxias/RJ)** Cristóvão, casado com Carla pelo regime da comunhão universal de bens, tinha três filhos, Ricardo, Ronaldo e Roberto. Ricardo era pai de José e Jorge. José, pai de Marcos e Mateus. Ricardo falece na data de 15/5/2003. Cristóvão, muito triste com a perda do filho, faleceu em 30/1/2004. José faleceu em 17/7/2006.

Sabendo que o valor da herança é de R$ 600.000,00, como ficaria o monte?

a) Roberto e Ronaldo receberiam cada um R$ 300.000,00, pois, como Ricardo faleceu antes de Cristóvão, seus filhos nada receberiam em relação à herança.
b) Roberto e Ronaldo receberiam R$ 200.000,00 cada um, e o filho de Ricardo de nome Jorge receberia os outros R$ 200.000,00.
c) Carla receberia R$ 300.000,00. Roberto e Ronaldo receberiam R$ 100.000,00 cada um. Jorge receberia R$ 50.000,00, e Marcos e Mateus receberiam cada um R$ 25.000,00.
d) A herança seria dividida em quatro partes: Carla, Roberto e Ronaldo receberiam cada um R$ 150.000,00. Os outros R$ 150.000,00 seriam partilhados entre Jorge e os filhos de José, cabendo ao primeiro R$ 75.000,00 e a Marcos e Mateus R$ 37.500,00 para cada um.

**COMENTÁRIOS**

**Alternativa "a".** Conforme exposto no tópico precedente, no caso proposto configurou-se a chamada sucessão por direito de representação na linha reta descendente, cujo efeito se consubstancia na atribuição de quinhões hereditários aos sucessores de Ricardo, filho pré-morto de Cristóvão. De igual modo, por força do mesmo instituto jurídico, os filhos de José, filho pré-morto de Cristóvão, também receberão seus quinhões hereditários, no importe de R$ 25.000,00 (vinte e cinco mil reais) cada um.

**Alternativa "b".** A assertiva está incorreta, pois ignora, por completo, o direito de representação. Isso porque adotar o entendimento consubstanciado na assertiva significaria subtrair de Mateus e Marcos quaisquer valores oriundos da herança, o que não se amolda à legislação de regência.

**Alternativa "c".** Conforme constou do enunciado da questão, Cristóvão e Carla eram casados sob o regime da comunhão universal de bens. Em consequência, Carla, a teor do que preceitua o art. 1.829, I, do Código Civil, não concorre para a herança de Cristóvão. A despeito disso, deve receber sua meação, no importe de R$ 300.000,00 (trezentos mil reais). Por outro lado, os R$ 300.000,00 (trezentos mil reais) remanescentes devem ser divididos entre os descendentes remanescentes, nos termos do próprio art. 1.829, I, do Código Civil, já mencionado. De tal sorte, Ronaldo e Roberto receberão, cada um, a importância de R$ 100.000,00 (cem mil reais), totalizando o montante de R$ 200.000,00 (duzentos mil reais). O valor remanescente, no importe de R$ 100.000,00 (cem mil reais), que caberia ao falecido

CIVIL

Ricardo, deve ser repartido entre Jorge, Marcos e Matheus. Nesta hipótese, configurar-se-á a sucessão por direito de representação na linha reta descendente, nos moldes preconizados pelos arts. 1.851 a 1.856 do Código Civil. Assim, caberá a Jorge a importância de R$ 50.000,00 (cinquenta mil reais), ao passo que, aos filhos do falecido José – Marcos e Mateus – caberá a importância de R$ 25.000,00 (vinte e cinco mil reais) para cada um. Tal divisão decorre do que preconiza o art. 1.855 do Código Civil, com a seguinte redação: "O quinhão do representado partir-se-á por igual entre os representantes."

**Alternativa "d".** A assertiva está incorreta, pois conduz ao equivocado entendimento de que Carla, esposa de Cristóvão, seria sua herdeira, circunstância que não se verifica, por força do regime da comunhão universal de bens que foi adotado. A esse respeito, colaciona-se o teor do art. 1.829, I, do Código Civil: "A sucessão legítima defere-se na ordem seguinte: I – aos descendentes, em concorrência com o cônjuge sobrevivente, salvo se casado este com o falecido no regime da comunhão universal, ou no da separação obrigatória de bens (art. 1.640, parágrafo único); ou se, no regime da comunhão parcial, o autor da herança não houver deixado bens particulares."

**Alternativa correta: letra "c".**

## 8.2.3. DOS HERDEIROS NECESSÁRIOS

▸ CC, arts. 1.845 a 1.850.

---

**198. (FGV- XXXIV Exame de Ordem-2022)** Clóvis, funcionário público aposentado, divorciado, falecido em março de 2020 com 75 anos, era pai de Leonora, 40 anos, e Luciana, 16 anos. Faleceu sem deixar dívidas e sem realizar doações aos seus herdeiros necessários. Titular de um patrimônio razoável, foi vítima de um câncer descoberto no estágio terminal, 6 (seis) meses antes de sua morte. Desde o nascimento de Luciana, sempre foi uma preocupação de Clóvis proporcionar para ela as mesmas oportunidades desfrutadas por Leonora, quais sejam, cursar o ensino superior com auxílio paterno e, assim, conseguir o subsídio necessário para buscar uma carreira de sucesso profissional.

Por este motivo, Clóvis vendeu os 3 (três) imóveis – que compõem 70% do seu patrimônio – de que era proprietário quando Luciana ainda era criança e depositou este dinheiro em conta bancária, juntamente com todas as suas economias, no intuito de deixar, quando de sua morte, somente patrimônio em dinheiro.

No ano de 2019, ao saber de sua doença, Clóvis, em pleno exercício de suas faculdades mentais, elaborou um testamento público, destinando toda a parte disponível de sua herança à Luciana.

Diante de seu falecimento, é possível afirmar que

a) Clóvis não poderia vender seus imóveis ao longo de sua vida, pois lhe era vedado determinar a conversão dos bens da legítima em outros de espécie diversa.

b) caberá à Luciana 75% da herança de Clóvis. Já Leonora receberá 25% da mesma herança.

c) Clóvis perdeu a capacidade de dispor do seu patrimônio por testamento a partir do momento em que descobriu o diagnóstico de câncer.

d) a herança deve ser dividia em partes iguais entre as filhas de Clóvis, ou seja, 50% para Luciana e 50% para Leonora.

**COMENTÁRIOS**

**Alternativa "a".** Primeiramente, deve-se considerar que legítima é a porção dos bens deixados pelo *de cujus*, aos seus herdeiros necessários. A legítima corresponde a metade da herança. Nesse sentido, a assertiva está correta ao dispor que é vedado converter bens da legítima, em espécie diversa (art. 1.848, §1º). Contudo, não se deve perder de vista, que a herança só passa a existir, efetivamente, quando há um *de cujus*, ou seja, quando o autor da herança morre. Por essa razão que o Código Civil estabelece, que não é possível negociar herança de pessoa viva, pois, nesse caso, seus herdeiros presumidos, tem apenas uma expectativa de herdar aquele patrimônio (art. 426). Diante dessa realidade, nada impede que Clóvis possa dispor de seus bens, da forma que melhor lhe aprouver. Citando a literalidade dos dispositivos mencionados:

> "Art. 426. Não pode ser objeto de contrato a herança de pessoa viva."
>
> "Art. 1.848. Salvo se houver justa causa, declarada no testamento, não pode o testador estabelecer cláusula de inalienabilidade, impenhorabilidade, e de incomunicabilidade, sobre os bens da legítima.
>
> § 1 º Não é permitido ao testador estabelecer a conversão dos bens da legítima em outros de espécie diversa."

**Alternativa "b".** A assertiva está correta. A legitima é a parte que a lei reserva aos herdeiros necessários. Seu montante equivale a 50%, do patrimônio deixado pelo *de cujus,* que nesse caso, será divido em partes iguais para todos os descendentes, conforme estabelece o art. 1.846, do CC: "Pertence aos herdeiros necessários, de pleno direito, a metade dos bens da herança, constituindo a legítima". A parte restante do patrimônio, chamada de disponível, ou seja, os outros 50%, o autor da herança pode dispor, por testamento, da forma que aprouver, desde que não contrarie as regras legais, conforme dispõe o §1º, do art. 1.857, do CC: "A legítima dos herdeiros necessários não poderá ser incluída no testamento." Assim, a legitima da herança deixada por Clovis, que equivale a 50%, será dividido para as duas filhas, cabendo 25%, a cada uma. Contudo, os outros 50%, Clóvis deixou unicamente para sua filha Lucina, montante que somado a legitima equivale a 75% da herança de Clóvis.

**Alternativa "c".** O diagnostico de câncer não é causa ou hipótese de incapacidade civil (arts. 3º e 4º, CC). Dessa forma, "toda a pessoa capaz pode dispor, por testamento, da totalidade dos seus bens, ou de parte deles, para depois da morte" (art. 1.857, CC).

**Alternativa "d".** A assertiva está equivoca, em afirmar que a herança deve ser divida em partes iguais. Isso ocorreria, caso o autor da herança, não tivesse disposto, por testamento, de metade do seu patrimônio disponível, para apenas uma de suas filhas.

**Alternativa correta: letra "b".**

---

**199. (FGV – Exame de Ordem 2018.1)** Mário, cego, viúvo, faleceu em 1° de junho de 2017, deixando 2 filhos: Clara, casada com Paulo, e Júlio, solteiro. Em seu testamento público, feito de acordo com as formalidades legais, em 02 de janeiro de 2017, Mário gravou a legítima de Clara com cláusula de incomunicabilidade; além disso, deixou toda a sua parte disponível para Júlio.

Sobre a situação narrada, assinale a afirmativa correta.

a) O testamento é inválido, pois, como Mário é cego, deveria estar regularmente assistido para celebrar o testamento validamente.

b) A cláusula de incomunicabilidade é inválida, pois Mário não declarou a justa causa no testamento, como exigido pela legislação civil.

c) A cláusula que confere a Júlio toda a parte disponível é inválida, pois Mário não pode tratar seus filhos de forma diferente.

d) O testamento é inválido, pois, como Mário é cego, a legislação apenas lhe permite celebrar testamento cerrado.

COMENTÁRIOS

**Alternativa "a".** A assertiva está errada. O instituto da assistência é exigido apenas para os relativamente incapazes, cujas as hipóteses estão taxativamente previstas no art. 4º, do CC/02. E dentre as hipóteses de incapacidade não se encontra o cego. Por sua vez, o testamento do cego para ser valido deve ser público, conforme determina o art. 1.867, do CC/02: "Ao cego só se permite o testamento público, que lhe será lido, em voz alta, duas vezes, uma pelo tabelião ou por seu substituto legal, e a outra por uma das testemunhas, designada pelo testador, fazendo-se de tudo circunstanciada menção no testamento."

**Alternativa "b".** A assertiva está correta, pois corresponde com o que prescreve a norma contida no *caput* do art. 1.848, do CC/02: "Salvo se houver justa causa, declarada no testamento, não pode o testador estabelecer cláusula de inalienabilidade, impenhorabilidade, e de incomunicabilidade, sobre os bens da legítima."

**Alternativa "c".** A assertiva está incorreta, pois o herdeiro necessário, além da legítima, poderá ser contemplado em testamento ou legado, com a metade disponível. Assim dispõe o art. 1.849, do CC/02: "O herdeiro necessário, a quem o testador deixar a sua parte disponível, ou algum legado, não perderá o direito à legítima."

**Alternativa "d".** A assertiva está incorreta, por contraria o que dispõe o art. 1.867, do CC/02.

**Alternativa correta: letra "b".**

---

**200. (FGV – Exame de Ordem 2016.2)** Antônio deseja lavrar um testamento e deixar toda a sua herança para uma instituição de caridade que cuida de animais abandonados. O único parente de Antônio é seu irmão João, com quem almoça todos os domingos. Antônio não possui outros parentes nem cônjuge ou companheiro. Antônio procura você na condição de advogado e indaga se a vontade dele é tutelada pela lei.

Diante da indagação de Antônio, assinale a afirmativa correta.

a) Antônio pode deixar toda a herança para a instituição de caridade, uma vez que seu irmão não é seu herdeiro necessário.

b) Antônio não pode testar em favor da instituição de caridade que cuida de animais, uma vez que a herança cabe inteiramente a parente vivo mais próximo, no caso, seu irmão.

c) Antônio pode deixar por testamento apenas metade da herança para a instituição de caridade, uma vez que a outra metade pertence por lei a seu irmão, a quem deve alimentos.

d) Antônio pode deixar para a instituição de caridade 3/4 de seu patrimônio, uma vez que é preciso garantir no mínimo 1/4 da herança a seu irmão bilateral.

COMENTÁRIOS

**Alternativa "a".** A assertiva está correta. Nos termos do art. 1.845 do CC, apenas os descendentes, os ascendentes e o cônjuge são considerados herdeiros necessários. Como consequência, considerando-se que o irmão de Antônio, José, se enquadra na classe dos colaterais, não resta atendida a norma contida no já mencionado art. 1.845 do CC, circunstância que autoriza Antônio a livremente dispor, por meio de testamento, da integralidade de seu patrimônio, posto que a legítima, correspondente a 50% (cinquenta por cento) do acervo patrimonial de Antônio, somente deve ser observada na hipótese de existirem herdeiros necessários, o que não se verificou na espécie. É o que decorre do disposto no art. 1.846 do CC, com a seguinte redação: "Pertence aos herdeiros necessários, de pleno direito, a metade dos bens da herança, constituindo a legítima."

**Alternativa "b".** Conforme analisado nas linhas precedentes, considerando-se que, na espécie, inexistem herdeiros necessários, Antônio pode dispor livremente de seu patrimônio. Inexiste, portanto, amparo legal a sustentar o contido na alternativa sob exame, cujo conteúdo não se amolda aos preceitos legais de regência. Como corolário, incorreta a alternativa ora examinada.

**Alternativa "c".** A legítima, como exposto anteriormente, somente deve ser observada caso existam herdeiros necessários, o que não se verificou na espécie, porquanto José, irmão de Antônio, está enquadrado na classe dos colaterais. Como consequência, inexiste qualquer restrição legal à disposição integral do patrimônio de Antônio.

**Alternativa "d".** A alterativa está incorreta, por absoluta falta de fundamento normativo a ampará-la.

**Alternativa correta: letra "a".**

## 8.3. SUCESSÃO TESTAMENTÁRIA

▸ CC, arts. 1.857 a 1.990.

---

**201. (FGV- XXXV Exame de Ordem-2022)** Renatinho, conhecido influencer digital, conquistou, ao longo dos anos, muitos seguidores e amealhou vultoso patrimônio. Renatinho é o único filho de Carla e Júlio, que se divorciaram quando Renatinho tinha três anos de idade. Carla nunca concordou com as atividades de influencer digital desenvolvidas pelo filho, pois achava que ele deveria se dedicar aos estudos. Júlio, por outro lado, sempre incentivou bastante o filho e, inclusive, sempre atuou como gestor da carreira e do patrimônio de Renatinho.

Aos 15 de março de 2022, Renatinho completou 16 anos e, na semana seguinte, realizou seu testamento sob a forma pública, sem mencionar tal fato para nenhum dos seus pais. Em maio de 2022, Carla e Júlio, em comum acordo e atendendo ao pedido de Renatinho, emancipam seu único filho. E, para tristeza de todos, em julho de 2022, Renatinho vem a óbito em acidente de carro, que também levou o motorista à morte.

Com a abertura da sucessão, seus pais foram surpreendidos com a existência do testamento e, mais ainda, com o fato de Renatinho ter destinado toda a parte disponível para a constituição de uma fundação.

Diante da situação hipoteticamente narrada, assinale a afirmativa correta.

a) O testamento de Renatinho é válido, pois em que pese a incapacidade civil relativa no momento da sua feitura, a emancipação concedida por seus pais retroage e tem o efeito de convalidar o ato.

b) O testamento de Renatinho é válido em razão dos efeitos da emancipação concedida por seus pais, no entanto, a destinação patrimonial é ineficaz, visto que só podem ser chamadas a suceder na sucessão testamentária pessoas jurídicas já previamente constituídas.

c) O testamento de Renatinho é válido, pois a lei civil assegura aos maiores de 16 anos a possibilidade de testar, bem como a possibilidade de serem chamados a suceder, na sucessão testamentária, as pessoas jurídicas cuja organização for determinada pelo testador sob a forma de fundação.

d) A deixa testamentária para a constituição de uma fundação seria válida, no entanto, em razão de o testamento ter sido realizado quando Renatinho tinha apenas 16 anos e não emancipado, o testamento todo será invalidado.

COMENTÁRIOS

**Alternativa "a".** A emancipação é instituto que antecipa a capacidade civil. As formas de obtenção da emancipação, estão previstas no pár. ún. do art. 5º, do Código Civil. A forma de emancipação, prevista no enunciado da questão é aquela ofertada pelos pais, conforme o inc. I, do dispositivo citado. A emancipação tem eficácia *ex nunc*, não retroage seus efeitos. Dito isto, podemos afirmar que o testamento de Renatinho é válido, mas não por ter retroagido os efeitos da emancipação, e sim por ter autorização legal expressa, que permite a realização de testamento por pessoa maior de 16 anos. Nesse sentido, vejamos os dispositivos que fundamentam o comentário:

> "Art. 5 º A menoridade cessa aos dezoito anos completos, quando a pessoa fica habilitada à prática de todos os atos da vida civil. Parágrafo único. Cessará, para os menores, a incapacidade: I - pela concessão dos pais, ou de um deles na falta do outro, mediante instrumento público, independentemente de homologação judicial, ou por sentença do juiz, ouvido o tutor, se o menor tiver dezesseis anos completos;"

> "Art. 1.860. Além dos incapazes, não podem testar os que, no ato de fazê-lo, não tiverem pleno discernimento. Parágrafo único. Podem testar os maiores de dezesseis anos."

**Alternativa "b".** A assertiva traz duas afirmações: a primeira, diz que o testamento de Renatinho é valido em razão dos efeitos da emancipação concedida pelos pais, está errada. Como vimos a emancipação tem efeitos *ex nunc*, não retroagem para alcançar fatos anteriores; a segunda afirma que, a destinação patrimonial do testamento é ineficaz, por alegar que só podem ser contemplados no testamento, pessoas jurídicas previamente constituídas. Está afirmação está errada, pois Renatinho, ao dispor em testamento, metade dos bens disponível, para a construção de uma fundação, manifesta sua vontade amparado na lei civil, vejamos:

> "Art. 62. Para criar uma fundação, o seu instituidor fará, por escritura pública ou testamento, dotação especial de bens livres, especificando o fim a que se destina, e declarando, se quiser, a maneira de administrá-la."

> "Art. 1.799. Na sucessão testamentária podem ainda ser chamados a suceder: III - as pessoas jurídicas, cuja organização for determinada pelo testador sob a forma de fundação."

**Alternativa "c".** A assertiva está correta, a sua redação corresponde a norma contida nos dispositivos legais que disciplinam a matéria. Conforme já vimos, comentários anteriores, os textos legais abaixo, confirmar o que diz a presente assertiva:

> "Art. 1.860. Além dos incapazes, não podem testar os que, no ato de fazê-lo, não tiverem pleno discernimento. Parágrafo único. Podem testar os maiores de dezesseis anos."

> "Art. 1.799. Na sucessão testamentária podem ainda ser chamados a suceder: III - as pessoas jurídicas, cuja organização for determinada pelo testador sob a forma de fundação."

**Alternativa "d".** Como vimos nos comentários anteriores, a deixa testamentária será valida (art. 1.799, III), mas não está correto afirmar que o testamento será invalidado, em razão de ter sido realizado quando Renatinho tinha apenas 16 anos, pois a lei da essa autorização (art. 1.860, pár. ún.).

**Alternativa correta: letra "c".**

---

**202. (FGV – Exame de Ordem – 2021.2)** Marta, 75 anos, solteira, sem filhos, com todos os ascendentes falecidos, é irmã de Alberto e prima de Donizete. Proprietária de alguns imóveis, Marta procurou um cartório para lavrar testamento público em 2019. Ainda que seu contato com o irmão Alberto fosse ocasional, sendo muito mais próxima de Donizete, optou por dividir sua herança entre ambos.

Contudo, ao longo de 2020, durante a pandemia de Covid-19, Marta passou a residir junto de Donizete e sua família. Enquanto a convivência somente aumentou o afeto e a consideração entre os primos, o contato entre Marta e Alberto tornou-se ainda mais raro. Não por outro motivo, em agosto de 2020, Marta procurou o mesmo cartório e lavrou um novo testamento público, o qual nomeava Donizete como seu único herdeiro.

Em janeiro de 2021, Marta faleceu. Ao tomar conhecimento da disposição de última vontade da irmã, Alberto consulta você, como advogado(a), a respeito da situação.

Com efeito, é correto afirmar que

a) o testamento feito por Marta em agosto de 2020 revoga o testamento feito pela mesma em 2019. Portanto, toda herança de Marta deverá ser transmitida a Donizete.

b) no testamento, Marta deveria deixar ao menos metade de sua herança para Alberto, seu irmão e, assim, herdeiro necessário.

c) Marta apenas poderia afastar o direito à herança de Alberto por meio de deserdação fundada no abandono afetivo.

d) Marta encontrava-se proibida de testar novamente desde o momento em que testou pela primeira vez no ano de 2019, pois o testamento é sempre irrevogável.

COMENTÁRIOS

**Alternativa "a".** A assertiva está correta. Marta pode dispor livremente da totalidade de seus bens, pois ela não tem herdeiros necessários. A legitima, só é garantida aos herdeiros necessários, conforme dispõe o arts. "Art. 1.845. São herdeiros necessários os descendentes, os ascendentes e o cônjuge". "Art. 1.846. Pertence aos herdeiros necessários, de pleno direito, a metade dos bens da herança, constituindo a legítima." Irmão e primos são herdeiros facultativos, razão pela qual Marta pode dispor de seus bens, conforme aprouver. Além disso, o testamento é negócio jurídico feito em vida, para ser cumprido depois da morte. Contudo, enquando o testador estiver vido, ele poderá alterar o seu testamento, nesse sentido: "Art. 1.858. O testamento é ato personalíssimo, podendo ser mudado a qualquer tempo."

**Alternativa "b".** Irmão não é herdeiro necessário, razão pela qual, Marta pode dispor livremente dos seus bens. Vejamos quais são os herdeiros necessários: "Art. 1.845. São herdeiros necessários os descendentes, os ascendentes e o cônjuge"

**Alternativa "c".** A deserdação é instituto que alcança apenas o herdeiros necessários. Vejamos a lei: "Art. 1.961. Os herdeiros necessários podem ser privados de sua legítima, ou deserdados, em todos os casos em que podem ser excluídos da sucessão."

**Alternativa "d".** Assertiva contraria expressa disposição de lei: "Art. 1.858. O testamento é ato personalíssimo, podendo ser mudado a qualquer tempo."

**Alternativa correta: letra "a".**

---

**203. (FGV/OAB/XXX_Exame – 2019)** Juliana, Lorena e Júlia são filhas de Hermes, casado com Dóris. Recentemente, em razão de uma doença degenerativa, Hermes tornou-se paraplégico e começou a exigir cuidados maiores para a manutenção de sua saúde.

Nesse cenário, Dóris e as filhas Juliana e Júlia se revezavam a fim de suprir as necessidades de Hermes, causadas pela enfermidade. Quanto a Lorena, esta deixou de visitar o pai após este perder o movimento das pernas, recusando-se a colaborar com a família, inclusive financeiramente.

Diante desse contexto, Hermes procura você, como advogado(a), para saber quais medidas ele poderá tomar para que, após sua morte, seu patrimônio não seja transmitido a Lorena.

Sobre o caso apresentado, assinale a afirmativa correta.

a) A pretensão de Hermes não poderá ser concretizada segundo o Direito brasileiro, visto que o descendente, herdeiro necessário, não poderá ser privado de sua legítima pelo ascendente, em nenhuma hipótese.

b) Não é necessário que Hermes realize qualquer disposição ainda em vida, pois o abandono pelos descendentes é causa legal de exclusão da sucessão do ascendente, por indignidade.

c) Existe a possibilidade de deserdar o herdeiro necessário por meio de testamento, mas apenas em razão de ofensa física, injúria grave e relações ilicítas com madastra ou padrasto atribuídas ao descendente.

d) É possível que Hermes disponha sobre deserdação de Lorena em testamento, indicando, expressamente, o seu desamparo em momento de grave enfermidade como causa que justifica esse ato.

**COMENTÁRIOS**

✪ **Nota do autor:** ainda que a indignidade e deserdação terem a mesma finalidade, ou seja, excluir da sucessão quem praticou atos condenáveis contra o *de cujus*, não se deve confundir os institutos. Apesar de ambos terem o mesmo fundamento, isto é, a vontade do *de cujus*, há uma diferença crucial na exteriorização da vontade. A indignação decorre da lei, cujas as hipóteses estão previstas com exclusividade no art. 1.814, do CC. A vontade de excluir da herança, quem pratica um dos atos previsto no dispositivo acima é presumida. Por sua vez, na deserdação, é o autor da herança quem pune o responsável, em testamento, pelos atos praticados tanto no art. 1.814, quando no art. 1.962, do CC.

**Alternativa "a":** o Direito brasileiro permite que os herdeiros necessários (descendentes, ascendentes e cônjuge) sejam privados de sua legítima, por meio da deserdação. Nesse sentido, é a norma do art. 1.961, do CC: "Os herdeiros necessários podem ser privados de sua legítima, ou deserdados, em todos os casos em que podem ser excluídos da sucessão." E ainda, "art. 1.964. "Somente com expressa declaração de causa pode a deserdação ser ordenada em testamento."

**Alternativa "b":** a deserdação ocorre, necessariamente, na sucessão testamentária, considerando que depende de testamento, com declaração de vontade expressa do autor da herança, como determina o art. 1.964, do CC: "Somente com expressa declaração de causa pode a deserdação ser ordenada em testamento."

**Alternativa "c":** a assertiva limita as hipóteses previstas para deserdação, pois exclui o inc. IV, do art. 1.962, do CC, que traz a seguinte previsão de deserdação: "desamparo do ascendente em alienação mental ou grave enfermidade."

**Alternativa "d":** assertiva corresponde ao que prevê o inc. IV, do art. 1.962, do CC: "Além das causas mencionadas no art. 1.814, autorizam a deserdação dos descendentes por seus ascendentes: IV – desamparo do ascendente em alienação mental ou grave enfermidade."

**Alternativa Correta: letra "d".**

---

**204. (FGV-Exame de Ordem 2019.2)** Mariana e Maurílio são filhos biológicos de Aldo. Este, por sua vez, nunca escondeu ser mais próximo de seu filho Maurílio, com quem diariamente trabalhava. Quando do falecimento de Aldo, divorciado na época, seus filhos constataram a existência de testamento, que destinou todos os bens do falecido exclusivamente para Maurílio.

Sobre a situação narrada, assinale a afirmativa correta.

a) O testamento de Aldo deverá ser integralmente cumprido, e, por tal razão, todos os bens do autor da herança serão transmitidos a Maurílio.

b) A disposição de última vontade é completamente nula, porque Mariana é herdeira necessária, devendo os bens ser divididos igualmente entre os dois irmãos.

c) Deverá haver redução da disposição testamentária, respeitando se, assim, a legítima de Mariana, herdeira necessária, que corresponde a um quinhão de 50% da totalidade herança.

d) Deverá haver redução da disposição testamentária, respeitando a legítima de Mariana, herdeira necessária, que corresponde a um quinhão de 25% da totalidade da herança.

**COMENTÁRIOS**

**Alternativa "a".** Aldo não pode dispor da integralidade de seus bens para um único herdeiro. Deve respeitar a legitima, que corresponde metade dos bens do espólio, reservado aos seus herdeiros necessários. Assim, Aldo só poderá dispor livremente de 50% do seu patrimônio em testamento, os outros 50%, que constitui a legitima, devem ser divididos entre os herdeiros necessários. Nesse sentido, é o que dispõe o art. 1.846, do CC: "Pertence aos herdeiros necessários, de pleno direito, a metade dos bens da herança, constituindo a legítima."

**Alternativa "b".** A disposição de última vontade não é completamente nula. O direito de dispor de Aldo, deve ser respeitado ate o montante que não ofenda o direito a legitima previsto no art. 1.846, do CC. No caso em tela, basta reduzir as disposições testamentárias até o equivalente exigido pela lei para se preservar a legítima.

**Alternativa "c".** A legítima corresponde a 50% do patrimônio do espolio. Nesse caso, Aldo pode dispor livremente da metade do seu patrimônio, mas a outra metade, considerada legítima, deve ser dividia igualmente entre os seus herdeiros necessários, o que equivale a um percentual de 25%, para cada um dos seus filhos. No final, em decorrência da legítima Mariana herdara 25% do patrimônio e Maurilio terá 25% da legítima, mais 50% em decorrência do testamento.

**Alternativa "d".** Considerando que Aldo não poderá dispor da totalidade do seu patrimônio em testamento, sendo imperioso que respeite a legítima (art. 1.846, CC). Mariana terá direito a metade do que a lei reserva aos herdeiros necessários de maneira obrigatória e constitui patrimônio indisponível. Portanto, Mariana terá direito, independentemente da vontade do seu pai, a 25% da herança. Consequentemente, deverá haver redução da disposição testamentária, com o fim de adequar a vontade expressa no testamento, ao que determina a lei, conforme preceitua o art. 1.967, do CC: "As disposições que excederem a parte disponível reduzir-se-ão aos limites dela, de conformidade com o disposto nos parágrafos seguintes. 1º Em se verificando excederem as disposições testamentárias a porção disponível, serão proporcionalmente reduzidas as quotas do herdeiro ou herdeiros instituídos, até onde baste, e, não bastando, também os legados, na proporção do seu valor."

**Alternativa Correta: letra "d".**

---

**205. (FGV – Exame de Ordem/2018.3)** Em 2010, Juliana, sem herdeiros necessários, lavrou testamento público deixando todos os seus bens para sua prima, Roberta. Em 2016, Juliana realizou inseminação artificial heteróloga e, nove meses depois, nasceu Carolina. Em razão de complicações no parto, Juliana faleceu poucas horas após o procedimento.

Sobre a sucessão de Juliana, assinale a afirmativa correta.

a) Carolina herdará todos os bens de Juliana.

b) Roberta herdará a parte disponível e Carolina, a legítima.

c) Roberta herdará todos os bens de Juliana.

d) A herança de Juliana será declarada jacente.

COMENTÁRIOS

**Alternativas: letras "a", "b", "c" e "d".** A situação proposta pelo enunciado é uma das hipóteses de rompimento do testamento, prevista no art. 1.973, do CC: "Sobrevindo descendente sucessível ao testador, que não o tinha ou não o conhecia quando testou, rompe-se o testamento em todas as suas disposições, se esse descendente sobreviver ao testador."

---

**206. (FGV – Exame de Ordem 2016.1)** Os pais de Raimundo já haviam falecido e, como ele não tinha filhos, seu sobrinho Otávio era seu único parente vivo. Seu melhor amigo era Alfredo.

Em um determinado dia, Raimundo resolveu fazer sozinho uma trilha perigosa pela Floresta dos Urucuns e, ao se perder na mata, acidentou-se gravemente. Ao perceber que podia morrer, redigiu em um papel, datado e assinado por ele, declarando a circunstância excepcional em que se encontrava e que gostaria de deixar toda a sua fortuna para Alfredo. Em razão do acidente, Raimundo veio a falecer, sendo encontrado pelas equipes de resgate quatro dias depois do óbito. Ao seu lado, estava o papel com sua última declaração escrita em vida, que foi recolhido pela equipe de resgate e entregue à Polícia.

Ao saber do ocorrido, Otávio consulta seu advogado para saber se a declaração escrita por Raimundo tinha validade.

Com base na hipótese narrada, assinale a afirmativa correta.

a) O testamento deixado por Raimundo não tem validade em virtude da ausência das formalidades legais para o ato de última vontade, em especial a presença de testemunhas. 1862

b) O testamento deixado por Raimundo tem validade, mas suas disposições terão que ser reduzidas em 50%, pelo fato de Otávio ser herdeiro de Raimundo.

c) O testamento deixado por Raimundo poderá ser confirmado, a critério do juiz, uma vez que a lei admite o testamento particular sem a presença de testemunhas quando o testador estiver em circunstâncias excepcionais.

d) O testamento deixado por Raimundo não tem validade porque a lei só admite o testamento público, lavrado na presença de um tabelião. 1862

COMENTÁRIOS

**Alternativas "a" e "d".** Ambas as assertivas em tela, cometem o mesmo erro, isto é, afirmam que o testamento não é válido por faltar formalidades legais, isto é, testemunhas ou registro. Contudo, o artigo 1.879 e 1.862, III, do CC, estabelecem que o testamento é válido, mesmo sem testemunha, em circunstancias excepcionais, como é o caso, e que o testamento não precisa ser necessariamente público, pois admite o testamento particular. Vejamos a redação dos dispositivos legais: 1.879, do CC: "Em circunstâncias excepcionais declaradas na cédula, o testamento particular de próprio punho e assinado pelo testador, sem testemunhas, poderá ser confirmado, a critério do juiz." "Art. 1.862. São testamentos ordinários: III – o particular."

**Alternativa "b".** Inicialmente a assertiva está correta ao afirmar que o testamento deixado por Raimundo tem validade (art. 1.879, CC). Por outro lado, não é correto dizer que suas disposições terão que ser reduzidas em 50%. A assertiva quer induzir o candidato ao erro, dando a entender que Raimundo só poderia dispor em testamento de metade de seus bens, pois a outra metade seria a legítima, ou seja, destinada aos herdeiros, conforme estabelece o §1º, do art. 1.857, do CC: "Toda pessoa capaz pode dispor, por testamento, da totalidade dos seus bens, ou de parte deles, para depois de sua morte. § 1º A legítima dos herdeiros necessários não poderá ser incluída no testamento." Contudo, segundo a norma do art. 1.845 do mesmo diploma legal, os sobrinhos não são considerados herdeiros necessários, razão que torna a assertiva equivocada, vejamos a norma do artigo: "São herdeiros necessários os descendentes, os ascendentes e o cônjuge."

**Alternativa "c".** A assertiva concorda com o que prescreve a norma do art. 1.879, do CC: "Em circunstâncias excepcionais declaradas na cédula, o testamento particular de próprio punho e assinado pelo testador, sem testemunhas, poderá ser confirmado, a critério do juiz."

**Alternativa correta: letra "c".**

---

**207. (FGV – Exame de Ordem 2014.3)** Mateus não tinha mais parentes, nunca tivera descendentes e jamais havia vivido em união estável ou em matrimônio. Há alguns anos, ele decidiu fazer um testamento e deixar todo o seu patrimônio para seus amigos da vida toda, Marcos e Lucas. Seis meses depois da lavratura do testamento, por força de um exame de DNA, Mateus descobriu que tinha um filho, Alberto, 29 anos, que não conhecia, fruto de um relacionamento fugaz ocorrido no início de sua faculdade. Mateus reconheceu a paternidade de Alberto no Registro Civil e passou a conviver periodicamente com o filho. No mês passado, Mateus faleceu.

Sobre sua sucessão, assinale a afirmativa correta.

a) Todo o patrimônio de Mateus caberá a Alberto.

b) Todo o patrimônio de Mateus caberá a Marcos e Lucas, por força do testamento.

c) Alberto terá direito à legítima, cabendo a Marcos e Lucas a divisão da quota disponível.

d) A herança de Mateus caberá igualmente aos três herdeiros.

COMENTÁRIOS

✪ **Nota do autor:** Todas as assertivas tratam do mesmo assunto e a solução encontra-se no mesmo dispositivo legal. Por essa razão, será feito um único comentário, englobando todas as assertivas.

O art. 1.973 do CC estabelece que: "Sobrevindo descendente sucessível ao testador, que não o tinha ou não o conhecia quando testou, rompe-se o testamento em todas as suas disposições, se esse descendente sobreviver ao testador. "Por sua vez, todas as disposições testamentárias feitas por Mateus aos seus amigos serão rompidas, considerando-se que Alberto se consubstancia em seu único descendente. Nesse caso, Alberto herdará todo o patrimônio de Mateus, enquanto seus amigos não terão parte no seu patrimônio.

**Alternativa correta: letra "a".**

---

**208. (FGV – Exame de Ordem 2013.1)** Rogério, solteiro, maior e capaz, estando acometido por grave enfermidade, descobre que é pai biológico de Mateus, de dez anos de idade, embora não conste a filiação paterna no registro de nascimento. Diante disso, Rogério decide lavrar testamento público, em que reconhece ser pai de Mateus e deixa para este a totalidade de seus bens. Sobrevindo a morte de Rogério, Renato, maior e capaz, até então o único filho reconhecido por Rogério, é surpreendido com as disposições testamentárias e resolve consultar um advogado a respeito da questão.

A partir do fato narrado, assinale a afirmativa correta.

a) Todas as disposições testamentárias são inválidas, tendo em vista que, em seu testamento, Rogério deixou de observar a parte legítima legalmente reconhecida a Renato, o que inquina todo o testamento público, por ser este um ato único.

b) A disposição testamentária que reconhece a paternidade de Mateus é válida, devendo ser incluída a filiação paterna no registro de nascimento; a disposição testamentária relativa aos bens deverá ser reduzida ao limite da parte disponível, razão pela qual Mateus receberá o quinhão equivalente a 75% da herança e Renato o quinhão equivalente a 25% da herança.

c) Todas as disposições testamentárias são inválidas, uma vez que Rogério não poderia reconhecer a paternidade de Mateus em testamento e, ainda, foi desconsiderada a parte legítima de seu filho Renato.

d) A disposição testamentária que reconhece a paternidade de Mateus é válida, devendo ser incluída a filiação paterna no registro de nascimento, é, contudo, inválida a disposição testamentária relativa aos bens, razão pela qual caberá a cada filho herdar metade da herança de Rogério.

COMENTÁRIOS

**Nota do autor:** A questão em exame versa sobre a sucessão testamentária e discute a possibilidade de reconhecimento voluntário da filiação (ou perfilhação) no bojo do próprio testamento. A perfilhação realizada em testamento é válida, como consta do art. 1.609, III, do CC. Ademais, a questão discute a possibilidade de redução testamentária, cujo principal objetivo é a adequação das disposições testamentárias, com o objetivo de conduzir à observância da legítima. O instituto encontra-se disciplinado entre os arts. 1.966 a 1.968 do CC.

**Alternativa "a".** Como exposto no comentário precedente, o fato de a disposição testamentária ter inobservado as regras pertinentes à legítima não inquina de invalidade todo o testamento. Isso porque, o art. 1.967 do CC permite a redução das disposições testamentárias, com o objetivo de conduzir à observância e ao respeito à legítima inerente aos herdeiros necessários. Eis o teor do mencionado dispositivo legal: "As disposições que excederem a parte disponível reduzir-se-ão aos limites dela, de conformidade com o disposto nos parágrafos seguintes". Incorreta, pois, a assertiva em exame.

**Alternativa "b".** Nos termos do art. 1.609, III, do CC, o reconhecimento voluntário dos filhos pode ser feito mediante testamento, de sorte que a disposição testamentária que reconhece a paternidade de Mateus é plenamente válida, conforme acertadamente constou do enunciado da alternativa. Por outro lado, a disposição inserida no testamento, no tocante à distribuição do patrimônio, deve sofrer adequações. Isso porque, o autor da herança, a teor do que preconiza o art. 1.857, §1º, do CC, deve respeitar a legítima dos herdeiros necessários. Por corolário, Rogério não poderia ter atribuído todo o seu patrimônio a Mateus, porquanto somente pode dispor validamente de 50% (cinquenta por cento) de seu acervo patrimonial através do testamento. Contudo, o fato de a disposição testamentária exorbitar os limites impostos pela legislação de regência, tal circunstância não macula integralmente o testamento, aplicando-se, no caso em apreço, as regras pertinentes à redução das disposições testamentárias, nos moldes do art. 1.967 do CC. Desse modo, observando-se as regras insculpidas nos arts. 1.857, §1º e 1.967, ambos do CC, a divisão dos bens de Rogério seria a seguinte: *i)* o montante equivalente a 50% (cinquenta por cento) do patrimônio, correspondente à legítima, deve ser igualmente repartido entre Mateus e Renato, conferindo a cada um 25%; *ii)* o montante remanescente, equivalente a 50% (cinquenta por cento), deve ser vertido exclusivamente a Mateus. Assim, com base em tais considerações, tem-se que 25% do acervo patrimonial de Rogério caberá a Renato, ao passo que 75% do mesmo patrimônio caberá a Mateus (25% da legítima, acrescido de 50% decorrente da disposição testamentária).

**Alternativa "c".** A assertiva está equivocada em todos os sentidos, já que, conforme relatado acima, é possível a perfilhação através de testamento (art. 1.609, III, do CC) e, outrossim, a redução das disposições testamentárias (art. 1.967 do CC). Destarte, inexiste invalidade a ser declarada no caso constante do enunciado da questão.

**Alternativa "d".** A alternativa em exame está parcialmente correta, uma vez que admite a possibilidade de reconhecimento de paternidade no âmbito do testamento (art. 1.609, III, do CC), mas indica que a disposição testamentária que desrespeita a legítima é inválida, ignorando a possibilidade de redução das disposições testamentárias, nos moldes do art. 1.967 do CC. Incorreta, portanto, a alternativa em apreço.

**Alternativa correta: letra "b".**

## 9. ALIENAÇÃO FIDUCIÁRIA DE COISA IMÓVEL

- Lei nº. 9.514/97

Nota de atualização: A lei nº 14.430/22, revogou os arts. 7º a 16, da lei nº9.514/97.

---

**209. (FGV – Exame de Ordem 2014.3)** No regime da Alienação Fiduciária que recai sobre bens imóveis, uma vez consolidada a propriedade em seu nome no Registro de Imóveis, o fiduciário, no prazo de trinta dias, contados da data do referido registro, deverá

a) adjudicar o bem.

b) vender diretamente o bem para terceiros.

c) promover leilão público para a alienação do imóvel; não havendo arremate pelo valor de sua avaliação, realizar um segundo leilão em quinze dias.

d) promover leilão público para a alienação do imóvel; não havendo arremate, o fiduciário adjudicará o bem.

COMENTÁRIOS

**Nota do autor:** A alienação fiduciária sobre bens imóveis é regulada pela Lei n. 9.514/97.

**Alternativa incorreta: "a".** O art. 27 da Lei 9.514/97, estabelece que somente o fiduciário poderá levar o bem a leilão público, mas não poderá adjudicar o bem.

**Alternativa incorreta: "b".** A assertiva contraria expressa disposição legal, pois a norma contida no art. 27 da Lei n. 9.514/97, não permite que o bem seja vendido diretamente, mas somente por meio de leilão.

**Alternativa correta: "c".** A assertiva tem seu fundamento no art. 27, *caput* e §1º, da Lei n. 9.514/97: "Art. 27. Uma vez consolidada a propriedade em seu nome, o fiduciário, no prazo de trinta dias, contados da data do registro de que trata o § 7º do artigo anterior, promoverá público leilão para a alienação do imóvel. § 1º Se, no primeiro público leilão, o maior lance oferecido for inferior ao valor do imóvel, estipulado na forma do inciso VI do art. 24, será realizado o segundo leilão, nos quinze dias seguintes."

**Alternativa incorreta: "d".** O art. 27 da Lei 9.514/97, estabelece que somente o fiduciário poderá levar o bem a leilão público.

**Alternativa correta: letra "c".**

## 10. MARCO CIVIL DA INTERNET – LEI N. 12.965/14

**210. (FGV – Exame de Ordem/2018.3)** Ao visitar a página de Internet de uma rede social, Samuel deparou-se com uma publicação, feita por Rafael, que dirigia uma série de ofensas graves contra ele. Imediatamente, Samuel entrou em contato com o provedor de aplicações responsável pela rede social, solicitando que o conteúdo fosse retirado, mas o provedor quedou-se inerte por três meses, sequer respondendo ao pedido. Decorrido esse tempo, o próprio Rafael optou por retirar, espontaneamente, a publicação. Samuel decidiu, então, ajuizar ação indenizatória por danos morais em face de Rafael e do provedor.

Sobre a hipótese narrada, de acordo com a legislação civil brasileira, assinale a afirmativa correta.

a) Rafael e o provedor podem ser responsabilizados solidariamente pelos danos causados a Samuel enquanto o conteúdo não foi retirado.

b) O provedor não poderá ser obrigado a indenizar Samuel quanto ao fato de não ter retirado o conteúdo, tendo em vista não ter havido determinação judicial para que realizasse a retirada.

c) Rafael não responderá pelo dever de indenizar, pois a difusão do conteúdo lesivo se deu por fato exclusivo de terceiro, isto é, do provedor.

d) Rafael não responderá pelo dever de indenizar, pois o fato de Samuel não ter solicitado diretamente a ele a retirada da publicação configura fato exclusivo da vítima.

COMENTÁRIOS

**Alternativa: letra "a".** A solidariedade não se presume, deriva da lei ou da vontade das partes. Nesse sentido, não havendo previsão lei, não está correto afirmar que haja solidariedade entre Rafael e o provedor de internet. Nesse sentido, é o conteúdo do art. 265, do CC: "A solidariedade não se presume; resulta da lei ou da vontade das partes."

**Alternativa: letra "b".** Assertiva está correta, corresponde ao que preceitua o art. 19, *caput*, da lei n. 12.965/14: "Com o intuito de assegurar a liberdade de expressão e impedir a censura, o provedor de aplicações de internet somente poderá ser responsabilizado civilmente por danos decorrentes de conteúdo gerado por terceiros se, após ordem judicial específica, não tomar as providências para, no âmbito e nos limites técnicos do seu serviço e dentro do prazo assinalado, tornar indisponível o conteúdo apontado como infringente, ressalvadas as disposições legais em contrário."

**Alternativa: letra "c" e "d".** O dever de indenizar decorre de ato ilícito praticado por Rafael, publicação de ofensas dirigidas a pessoa de Samuel. A responsabilização nesse caso é exclusiva de Rafael, o provedor, só será responsabilizado na hipótese do art. 19 da Lei n. 12.965/14. Sobre a exclusiva responsabilidade de Rafael, determina o art. 18, da Lei n. 12.965/14: "O provedor de conexão à internet não será responsabilizado civilmente por danos decorrentes de conteúdo gerado por terceiros"

**Alternativa correta: letra "b".**

## 11. LEI GERAL DE PROTEÇÃO DE DADOS – LEI Nº 13.709/18

**211. (FGV- XXXV Exame de Ordem-2022)** Raquel resolve sair para comemorar sua efetivação como advogada no escritório em que estagiava e se encontra com seus amigos em um bar. Logo ao entrar no local, o garçom a convida para realizar um breve cadastro a fim de lhe fornecer um cartão que a habilitaria a consumir no local.

Ao realizar o cadastro, Raquel se surpreende com as inúmeras informações requeridas pelo garçom, a saber: nome completo, data de nascimento, CPF, identidade, nome dos pais, endereço, e-mail e estado civil.

Inconformada, Raquel se recusa a fornecer os dados, alegando haver clara violação à Lei Geral de Proteção de Dados Pessoais, ao que o garçom responde que, sem o fornecimento de todas as informações, o cartão não seria gerado e, por consequência, ela não poderia consumir no local.

Com base nessas informações, assinale a afirmativa correta.

a) É válida a coleta de tais dados pelo bar, haja vista que foi requerido o consentimento expresso e destacado da consumidora.

b) A coleta de tais dados pelo bar é regular, uma vez que não constituem dados pessoais sensíveis, o que inviabilizaria o seu tratamento.

c) É válida a exigência de tais dados, pois trata-se de política da empresa, no caso do bar, não cabendo à consumidora questionar a forma de utilização dos mesmos.

d) A exigência de tais dados viola o princípio da necessidade, pois os dados requeridos não são proporcionais às finalidades do tratamento de dados relativos ao funcionamento de um bar.

COMENTÁRIOS

✪ **Nota do autor:** A Lei Geral de Proteção de Dados – LGPD, nº 13.709, de 14 de agosto de 2018, deve fazer parte do estudo regular para o Exame de Ordem, devida a sua importância e novidade no ordenamento jurídico.

**Alternativa "a".** A assertiva está incorreta, pois a LGPD, adverte, no §1º, do art. 10, "Quando o tratamento for baseado no legítimo interesse do controlador, somente os dados pessoais estritamente necessários para a finalidade pretendida poderão ser tratados". Fica evidente, no caso em tela, que a quantidade e natureza das informações solicitadas, são desproporcionais para a finalidade pretendida pelo estabelecimento, que se resume ao cadastro de um cartão de consumo, sendo bastante o telefone e CPF, do consumidor.

**Alternativa "b".** O fato de o bar ter solicitado informações, não categorizadas como sensíveis (art. 5º, II, LGPD), não torna a coleta de todos esses dados regular. Como vimos, no comentário anterior, os dados requeridos na hipótese, devem se limitar aqueles necessários para atingir a finalidade pretendida. Ademais, a LGPD estabelece que o tratamento de dados deve respeitar aos princípios da finalidade, necessidade e adequação, conforme prescreve os inc. I, II e III, do art. 6º: "As atividades de tratamento de dados pessoais deverão observar a boa-fé e os seguintes princípios: I - finalidade: realização do tratamento para propósitos legítimos, específicos, explícitos e informados ao titular, sem possibilidade de tratamento posterior de forma incompatível com essas finalidades; II - adequação: compatibilidade do tratamento com as finalidades informadas ao titular, de acordo com o contexto do tratamento; III - necessidade: limitação do tratamento ao mínimo necessário para a realização de suas finalidades, com abrangência dos dados pertinentes, proporcionais e não excessivos em relação às finalidades do tratamento de dados;"

**Alternativa "c".** A assertiva não encontra sustentação na legislação relativa à proteção de dados. Haja vista, os dados solicitados vão muito além do estritamente necessário, para finalidade pretendida, no caso concreto, bem como o tratamento exagerado dos dados, ofendem os princípios da finalidade, adequação e necessidade. Por fim, cabe ressaltar que é direito assegurado ao titular dos dados pessoais, a eliminação de dados desnecessários ou excessivos, conforme o inc. IV, do art. 18: "O titular dos dados pessoais tem direito a obter do controlador, em relação aos dados do titular por ele tratados, a qualquer momento e mediante requisição: IV - anonimização, bloqueio ou eliminação de dados desnecessários, excessivos ou tratados em desconformidade com o disposto nesta Lei;"

**Alternativa "d".** A assertiva está correta, ao afirmar que a exigência de tais dados viola o princípio da necessidade (art. 6º, III). Como vimos, nos comentários anteriores, a LGPD permite a coleta de dados, por parte dos estabelecimentos, mas desde que os dados tratados sejam estritamente necessários para a finalidade do caso concreto. No caso retratado pelo enunciado, fica evidente que o estabelecimento exigiu da consumidora, muitos mais informações do que seria necessário para a confecção de um cartão de consumo.

**Alternativa correta: letra "c".**

# Direito Civil

***Welington Pereira***

## ✦ RESUMOS DOUTRINÁRIOS

### 1. LEI DE INTRODUÇÃO ÀS NORMAS DO DIREITO BRASILEIRO

- *Conceito e generalidades.* A Lei de Introdução às Normas do Direito Brasileiro (LINDB) se constitui em um diploma normativo de superdireito, eis que estabelece normas jurídicas destinadas a disciplinar a vigência e a eficácia das leis em geral. Ademais, a LINDB consagra, em seu bojo, critérios para a solução de conflitos da lei no tempo e no espaço, assim como parâmetros para a interpretação e integração do ordenamento jurídico. Por fim, saliente-se que o diploma legal em apreço também consagra regras atinentes ao Direito Internacional Privado.
- *Vigência da lei no tempo.* A palavra vigência, em sua acepção jurídica, relaciona-se ao lapso temporal compreendido entre o momento em que a norma se torna de observância obrigatória e o momento de sua revogação. De acordo com o art. 1º da LINDB, a lei começa a vigorar em todo o território nacional 45 (quarenta e cinco) dias após a sua publicação no órgão oficial de imprensa, salvo disposição em sentido contrário. O prazo entre a publicação da lei e data de início da vigência é denominado *vacatio legis*. **Atenção:** Saliente-se que, se admitida a obrigatoriedade da legislação brasileira em Estado Estrangeiro, sua vigência se inicia no prazo de 3 (três) meses contados a partir da publicação. **Atenção:** Nos termos do art. 6º da LINDB, a lei terá efeito imediato, respeitados o direito adquirido, o ato jurídico perfeito e a coisa julgada. O dispositivo legal em apreço consagra, portanto, dois princípios distintos, quais sejam: **princípio da aplicação imediata** e o **princípio da irretroatividade das leis. Atenção:** Saliente-se que, se admitida a obrigatoriedade da legislação brasileira em Estado Estrangeiro, sua vigência se inicia no prazo de 3 (três) meses contados a partir da publicação. **Atenção:** Nos termos do art. 6º da LINDB, a lei terá efeito imediato, respeitados o direito adquirido, o ato jurídico perfeito e a coisa julgada. O dispositivo legal em apreço consagra, portanto, dois princípios distintos, quais sejam: **princípio da aplicação imediata** e o **princípio da irretroatividade das leis**. **Atenção**: Nos termos do art. 6º, da Lei n.º 14.010, de 10 de junho de 2020, que dispõe sobre o Regime Jurídico Emergencial e Transitório das relações jurídicas de Direito Privado (RJET), as consequências da pandemia da doença causada pelo novo coronavírus (Sars-Cov-2), no contexto da execução de contratos, não são dotadas de eficácia retroativa. Tal disposição representa, à toda evidência, uma aplicação do princípio da irretroatividade das leis, consagrado no art. 6º da LINDB.
- *Revogação.* A revogação da lei pode ser total (ab-rogação) ou parcial (derrogação). Pode, ainda, ser expressa ou tácita. Dá-se a revogação expressa quando a lei posterior expressamente enunciar tal circunstância. Lado outro, a revogação tácita configura-se quando a lei posterior regular inteiramente a matéria tratada pela lei revogada. De igual forma, ocorre a revogação tácita se a lei posterior for incompatível com o teor da lei revogada. Em síntese:

| REVOGAÇÃO | | |
|---|---|---|
| **Total** | **Expressa** | **Tácita** |
| ab-rogação<br>X<br>Parcial<br>↓<br>derrogação | A lei revogadora enuncia tal circunstância. | A lei revogadora trata integralmente da matéria versada na lei revogada ou é com ela incompatível. |

- *Repristinação.* O efeito repristinatório não é, em regra, admitido no ordenamento jurídico brasileiro. A repristinação se configura quando a lei revogada volta a vigorar em razão de a lei revogadora ter perdido sua vigência. Exemplo: A lei "X" é revogada pela lei "Y". Posteriormente, a lei "Z" revoga a lei "Y", restaurando automaticamente a vigência da lei "X". Contudo, este efeito somente é admitido na ordem jurídica brasileira se houver expressa disposição legal neste sentido, conforme preconiza o art. 2º, §3º, da LINDB.
- *Aplicação e interpretação da norma jurídica.* A hermenêutica jurídica é o ramo do Direito que cuida especificamente da interpretação da norma que consiste na atividade cognitiva destinada a desvelar o **sentido** e o **alcance** da regra do direito a ser aplicada no caso concreto. Existem diversos métodos, desenvolvidos no âmbito da hermenêutica jurídica, com o escopo de permitir ao intérprete atingir o real sentido e alcance da norma objeto de análise. Dentre os métodos em exame destacam-se aqueles sintetizados na tabela abaixo:,

| MÉTODOS DE INTERPRETAÇÃO DA NORMA JURÍDICA |
|---|
| **1) Método gramatical →** Trata-se do método mais simples de interpretação da norma jurídica, pois, ao adotá-lo, o intérprete se limita a observar os aspectos semânticos da norma objeto de exame. |
| **2) Método lógico →** Consiste na utilização de métodos dedutivos ou indutivos de raciocínio lógico. |
| **3) Método sistemático →** Promove a interpretação da norma em consonância ao ordenamento jurídico em que ela está inserida. |
| **4) Método histórico →** O método em apreço, como o próprio nome indica, busca analisar o contexto histórico em que a norma foi produzida com o objetivo de estabelecer o seu real sentido e alcance. |

| MÉTODOS DE INTERPRETAÇÃO DA NORMA JURÍDICA |
|---|
| **5) Método teleológico →** A partir da adoção do método teleológico, o aplicador do direito deve buscar a finalidade da norma jurídica. |
| **Atenção:** Prevalece, na atualidade, o entendimento de que nenhum método se sobrepõe ao outro, devendo o intérprete conjugar a adoção de mais de um método para atingir o verdadeiro sentido e alcance da norma jurídica. |

- *Mecanismos de integração da ordem jurídica.* Como se sabe, a ordem jurídica encontra-se repleta de lacunas normativas, porquanto a atividade legiferante do Estado é incapaz de antever todas as situações passíveis de ocorrência no campo das relações sociais, com o objetivo de discipliná-las. Neste contexto, considerando que o juiz não pode se abster de julgar alegando a lacuna ou obscuridade na lei, é essencial que o sistema jurídico estabeleça mecanismos para o suprimento das mencionadas situações de anomia (ausência de norma). Diante disso, o art. 4º da LINDB consagra os chamados mecanismos de integração, cujo objetivo é o suprimento das lacunas presentes no ordenamento jurídico brasileiro. Portanto, em consonância ao mencionado dispositivo legal, ao se deparar com uma situação de lacuna, o magistrado deve lançar mão da analogia, dos costumes e dos princípios gerais do direito, com a finalidade de supri-las, conforme ilustra o esquema abaixo:

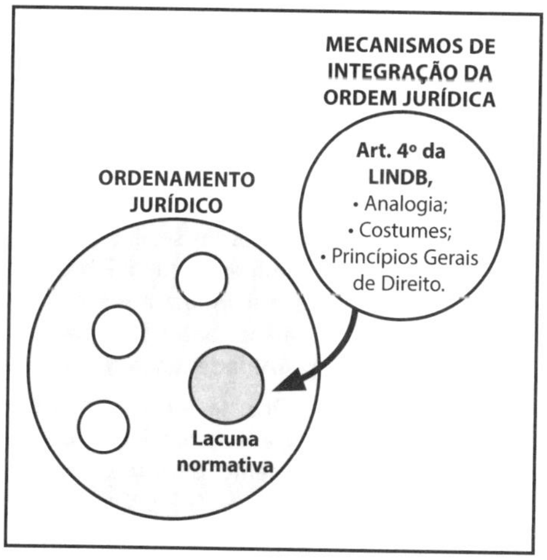


- **Atenção:** Para facilitar a memorização dos mecanismos de integração contemplados pelo art. 4º da LINDB, sugere-se a adoção do método mnemônico ACP:

| | |
|---|---|
| **A** | nalogia |
| **C** | ostumes |
| **P** | rincípios Gerais de Direito. |

- *Analogia.* A analogia, enquanto mecanismo de integração, consiste na aplicação, a determinado caso concreto não disciplinado pela ordem legal, de norma jurídica destinada a regular caso similar. Neste sentido, aliás, são as lições de Carlos Roberto Gonçalves: "Nisso se resume o emprego da analogia, que consiste em aplicar a caso não previsto a norma legal concernente a uma hipótese análoga prevista e, por isso mesmo, tipificada" (GONÇALVES, Carlos Roberto. *Direito Civil Esquematizado. Volume 1.* 2ª ed. São Paulo: Saraiva, 2012, p. 73).

- *Costumes.* Na hipótese de inexistir norma jurídica hábil a disciplinar a situação concreta levada à cognição do magistrado, este pode se valer do costume que consiste na prática reiterada de um determinado comportamento tido, pela sociedade, como de caráter obrigatório. De tal sorte, o conceito de costume é formado por dois elementos distintos, discriminados na fórmula a seguir:

| | |
|---|---|
| **COSTUME =** | prática reiterada<br>+<br>convicção de obrigatoriedade |

- *Princípios gerais de direito.* Princípios são enunciados genéricos que se consubstanciam em meios auxiliares para que o intérprete estabeleça o sentido e o alcance da norma jurídica por ocasião de sua aplicação ou promova o suprimento de lacunas normativas, nas hipóteses de anomia (inexistência de norma que regule o caso concreto). A função integrativa dos princípios encontra-se plasmada, como analisado acima, na norma do art. 4º da LINDB. Assim, caso o juiz se depare com situação não regulada pela ordem legal e não possa recorrer à analogia ou aos costumes, deve se valer dos princípios gerais de direito, a partir do que, nas lições do exímio Caio Mário da Silva Pereira, "o aplicador investiga o pensamento mais alto da cultura jurídica, juntamente com a fixação da orientação geral do ordenamento jurídico, e os traz ao caso concreto." E prossegue o festejado civilista mineiro aduzindo que o aplicador do direito, nesta hipótese, "perquire o pensamento filosófico sobranceiro ao sistema, ou as ideias estruturais do regime, e impõe a regra em que dada espécie se contém implícita no organismo jurídico nacional" (PEREIRA, Caio Mário da Silva. *Instituições de Direito Civil. Volume I.* 21ª ed. Rio de Janeiro: Forense, 2004, p. 74). **Atenção:** Na hipótese de lacuna normativa, o aplicador do direito deve, em primeiro lugar, recorrer à analogia. Caso esta não seja possível, deve lançar mão do costume. Somente, se não for possível a analogia ou a aplicação do costume, é que o magistrado pode se valer dos princípios gerais de direito para suprimento de lacunas. **Cuidado:** Há quem entenda que a **equidade** também é fonte subsidiária do Direito Civil e pode ser utilizada como mecanismo de integração do ordenamento jurídico (TARTUCE, Flávio. *Manual de Direito Civil. Volume Único.* 2ª ed. São Paulo: Método, 2012, p. 24).

- *Conflito das normas jurídicas no tempo.* Como é cediço, a entrada em vigor de uma nova legislação pode, pode ensejar a configuração das chamadas **antinomias** que se configuram quando existem, na ordem jurídica, duas normas válidas em conflito. Com o desiderato de solucionar tais questões, a doutrina desenvolveu três critérios distintos, analisados a seguir:

– *Critério cronológico.* Por força do critério cronológico, a norma posterior deve prevalecer sobre a norma anterior. Trata-se, de acordo com a melhor doutrina, do critério mais frágil dentre os aqui analisados. Exemplo: A lei "X" disciplina determinado caso concreto "Z" da forma "A". Posteriormente, a lei "Y" passa a disciplinar o caso concreto "Z" da forma "B". Neste caso, adotando-se o critério cronológico, o caso concreto "Z" deve ser disciplinado da forma "B", já que a lei "Y" é posterior à lei "X".

– *Critério da especialidade.* Pelo critério da especialidade, a norma especial deve prevalecer sobre a norma geral. Exemplo: O Código Civil, típica lei geral de direito privado, disciplina a teoria geral dos contratos e os contratos em espécie. Contudo, em se tratando de contrato inserido no âmbito de uma relação de consumo (arts. 2º e 3º do CDC), deve ser aplicado o Código de Defesa do Consumidor, tendo em vista que este se consubstancia em uma lei especial. É interessante notar, no particular, que, caso adotado o critério meramente cronológico no caso em análise, chegaríamos ao equivocado entendimento de que o Código Civil deveria ser aplicado, tendo em vista que o Código de Defesa do Consumidor foi editado em 1990 e o Estatuto Civil vigente em 2002.

- *Critério hierárquico.* Adotando-se o critério hierárquico, as normas hierarquicamente superiores devem prevalecer sobre as inferiores. Exemplo: A Constituição da República, que se encontra no ápice da pirâmide normativa brasileira, disciplina a matéria "Z" da forma "A". Posteriormente, a lei "X" passa a disciplinar a matéria "Z" da forma "B". Neste caso, embora a lei "X" seja posterior à Constituição, a matéria "Z" deve continuar a ser disciplinada da forma "A", tendo em vista que o texto constitucional é hierarquicamente superior à lei "X".

• *Lei 13.655/2018.* É importante mencionar, por fim, a superveniência da Lei n.º 13.655, de 25 de abril de 2018 que incluiu na LINDB regras atinentes à segurança jurídica e eficiência na criação e na aplicação do direito público, refletidas nos novéis arts. 20 a 30 do diploma normativo aqui referido. Não obstante, a despeito de tratar eminentemente de questões atinentes ao processo administrativo e judicial, concernentes à aplicação do Direito Público, a norma insculpida no art. 28 da LINDB trata da responsabilidade pessoal do agente público, preceituando que *"o agente público responderá pessoalmente por suas decisões ou opiniões técnicas em caso de dolo ou erro grosseiro."*. A grande inovação do dispositivo legal sob comento, a nosso sentir, consiste na introdução da possibilidade de responsabilização pessoal do agente público na hipótese de erro grosseiro, conceito jurídico indeterminado que encerra a ideia de inobservância dos mais comezinhos deveres de cuidado. Além disso, por se tratar de uma expressão genérica, a norma apresenta a funcionalidade de permitir que o magistrado, quando da análise do caso concreto, avalie se há ou não o enquadramento da conduta do agente público à dicção da norma, ampliando, via de consequência o seu espectro de incidência.

## 2. O CÓDIGO CIVIL DE 2002

• *Generalidades.* O Código Civil de 2002, Lei n.º 10.406, de 10 de janeiro de 2002, é o diploma legal que reúne as normas jurídicas que compõem o Direito Civil que é o Direito Privado por excelência, destinado a disciplinar as relações jurídicas que se estabelecem entre os particulares. É importante que o candidato ao Exame de Ordem conheça as regras inseridas no Código em exame, porquanto muitas das questões de Direito Civil se referem à literalidade do texto legal.

• *Estrutura.* O Código Civil de 2002 apresenta a seguinte estrutura:

- **Parte Geral (arts. 1º a 232 do Código Civil):** A Parte Geral do Código Civil, como o próprio nome indica, apresenta normas de caráter genérico, aplicáveis a todos os ramos do Direito Civil, objeto de disciplina própria na Parte Especial.

- **Parte Especial (arts. 233 a 2.046 do Código Civil):** A Parte Especial do Código Civil compõe-se de seis livros, a saber: Livro I – Direito das Obrigações (arts. 233 a 965 do Código Civil); Livro II – Direito de Empresa (arts. 966 a 1.195 do Código Civil); Livro III – Direito das Coisas (arts. 1.196 a 1.510 do Código Civil); Livro IV – Direito de Família (arts. 1.511 a 1.783 do Código Civil); Livro V – Direito das Sucessões (arts. 1.784 a 2.027 do Código Civil); Livro Complementar (arts. 2.028 a 2.046 do Código Civil).

• *Princípios fundamentais.* O Código Civil de 1916, de acordo com a melhor doutrina, encampou uma visão eminentemente individualista do Direito Civil, não imprimindo aos efeitos jurídicos das relações por ele disciplinadas nenhuma conotação de socialidade ou eticidade. Em verdade, o Código Civil de 1916, cunhado no contexto de um Estado Liberal e influenciado pelo modelo então vigente, não se preocupava com importantes questões no campo das relações jurídicas e ignorava a dignidade da pessoa humana, ulteriormente alçada a princípio fundamental da República Federativa do Brasil pela CR/88 (art. 1º, III, da CR/88). Ademais, o antigo Código Civil, não obstante o brilhantismo de Clóvis Beviláqua (autor de seu anteprojeto), não acompanhou os avanços jurídicos em temas sobremaneira relevantes, demonstrando-se obsoleto e confuso em determinadas matérias. Exemplo disso é o regramento legal pertinente à prescrição e à decadência. O Código Civil de 1916 disciplinava a questão de forma obscura, impondo dificuldades ao aplicador do direito que, ao analisar determinado prazo inserido no Código, não sabia atribuir-lhe a correta natureza jurídica – prescricional ou decadencial. Nesse contexto, o Código Civil de 1916 já há muito não atendia aos anseios da sociedade, sendo certo que, desde a década de 60 do século XX se discutia um projeto de um novo Código, mais consentâneo às necessidades e interesses da coletividade. Em 1972, uma comissão de juristas sob a coordenação de Miguel Reale apresentou o seu Anteprojeto de Código Civil o qual, após longa tramitação no Congresso Nacional, foi aprovado em 2001 e, depois de sancionado pelo Presidente da República, foi publicado em 11 de janeiro de 2002 no Diário Oficial da União, com período de *vacatio legis* de um ano (art. 2.044 do CC). O Código Civil de 2002 rompe com o individualismo que norteava o seu antecessor, porquanto se alicerça, basicamente, sobre três princípios fundamentais. São eles:

- *Princípio da eticidade.* O Código Civil de 2002 insere em sua normatividade a noção de ética que se traduz na imposição às partes de comportamentos orientados pela boa-fé e pela probidade. Tanto é assim que o art. 113 do CC estabelece que "os negócios jurídicos devem ser interpretados pela **boa-fé** e pelos usos e costumes do lugar". Ademais, o art. 422 do CC preconiza que "os contratantes são obrigados a guardar, assim na conclusão do contrato, como em sua execução, os princípios de **probidade e boa-fé.**"

- *Princípio da socialidade.* Diversas normas contempladas pelo Código Civil privilegiam a **coletividade**, ainda que isso se efetive em detrimento de interesses de cunho particular. Portanto, o vigente Código Civil, como adverte Flávio Tartuce, valoriza "a palavra 'nós', em detrimento da palavra 'eu'" (TARTUCE, Flávio. Manual de Direito Civil. Volume Único. 2ª ed. São Paulo: Método, 2012, p. 48). São manifestações do princípio em exame as regras dos arts. 421 e 1.238, §1º, do CC, que consagram, respectivamente, os princípios da função social do contrato e da função social da propriedade.

- *Princípio da operabilidade.* O vigente Código Civil buscou **simplificar** o regramento legal dos institutos do Direito Civil, evitando o emprego de fórmulas confusas que possam conduzir a equívocos em sua aplicação. Ao mesmo tempo, adotou um sistema **cláusulas gerais**, com o objetivo de conferir maior **efetividade** às suas normas, na medida em que os conceitos jurídicos indeterminados que elas encerram serão preenchidos pelo magistrado na análise do caso concreto. Assim, em tese, o magistrado atuará com maior liberdade, não estando adstrito à simples literalidade do texto legal. Dentre outras, podemos citar as seguintes cláusulas gerais consagradas pelo Código Civil: boa-fé (art. 113 do CC); função social do contrato (art. 421 do CC) e função social da propriedade (art. 1.238, §1º, do CC).

| Código Civil de 1916 | Código Civil de 2002 |
|---|---|
| Caráter individualista.<br>Não se ocupava de questões relacionadas ao interesse da coletividade e tampouco se preocupava em impor às partes comportamentos orientados pela eticidade.<br>Apresentava regras confusas que dificultavam sua aplicação. | Orienta-se pelos seguintes princípios:<br>Eticidade (boa-fé e probidade)<br>Socialidade (privilegia a coletividade)<br>Operabilidade (simplicidade e efetividade) |

- *Liberdade Econômica. A Medida Provisória n.º 881, de 30 de abril de 2019. Lei n.º 13.874, de 20 de setembro de 2019.* Não obstante a convicção perfilhada nos tópicos precedentes, no sentido de que o Código Civil continua a estar pautado nos princípios da socialidade e da eticidade (agora com um viés nitidamente diferente, conforme se analisará), consoante exposto no tópico precedente, é importante registrar, para os fins desta obra, que, em 30 de abril de 2019, sobreveio a Medida Provisória n.º 881, cujo objeto consistiu na instituição da Declaração de Direitos de Liberdade Econômica, a par de estabelecer garantias de livre mercado e análise de impacto regulatório. Em linhas gerais, a MP da Liberdade Econômica funda-se em três princípios basilares, enunciados em seu art. 2º, quais sejam, (i) presunção de liberdade no exercício de atividade econômica, (ii) presunção de boa-fé do particular e (iii) intervenção subsidiária, mínima e excepcional do Estado sobre o exercício de atividades econômicas. Com supedâneo em tais princípios, a MP da Liberdade Econômica promoveu, como não poderia deixar de ser, profundas modificações nos conceitos de socialidade, eticidade, função social do contrato, boa-fé objetiva e autonomia privada, retomando, como o próprio epíteto do ato normativo em apreço indica, elementos do Estado Liberal de Direito que, doravante, também passam a nortear a disciplina das relações que se estabelecem entre os particulares. Com efeito, a MP da Liberdade Econômica foi convertida na Lei n.º 13.874, de 20 de setembro de 2019, diploma normativo que, a par de também fundar-se nos princípios alhures indicados (presunção de liberdade, presunção de boa-fé e intervenção mínima do Estado), encontra-se pautada no reconhecimento da vulnerabilidade do particular perante o Estado (art. 2º, IV, da Lei n.º 13.784/2019). Como corolário, verifica-se que, a partir do advento da Lei n.º 13.874/2019, o sistema jurídico brasileiro, com o desiderato precípuo de viabilizar o fomento às atividades econômicas e o desenvolvimento nacional, estabeleceu um regime híbrido no que diz respeito aos efeitos das relações jurídicas disciplinadas pelo Código Civil, visto que, a um só tempo, contempla elementos típicos do Estado Democrático de Direito – essencialmente relacionados a um dirigismo contratual, destinado a mitigar o caráter jurígeno da manifestação de vontade das partes contratantes, em certas situações – e do Estado Liberal de Direito, eis que as alterações introduzidas pela legislação sob comento, em suma, reafirmam a primazia da vontade das partes contratantes e reduzem – não afastam, registre-se – o intervencionismo do Estado nas relações de cunho contratual e empresarial. **Atenção**: O parágrafo único do art. 2º, da Lei n.º 13.874/2019 estabelece que *"regulamento disporá sobre os critérios de aferição para afastamento do inciso IV deste artigo, limitados a questões de má-fé, hipersuficiência ou reincidência"*. Vale dizer, sujeito à edição de regulamento próprio, a cargo do Poder Executivo, é possível afastar-se a presunção de vulnerabilidade do particular diante do Estado, em virtude de ações do particular que caracterizem má-fé ou reincidência ou denotem a sua hipersuficiência, elemento que teria o condão de equiparar o particular ao Estado.

## 3. PARTE GERAL

### 3.1. DAS PESSOAS NATURAIS

- *Início da personalidade jurídica.* De acordo com o art. 2º do CC, a personalidade civil começa do nascimento com vida, mas a lei põe à salvo, desde a concepção, os direitos do nascituro. Existem basicamente três correntes que interpretam o dispositivo legal em apreço, objetivando estabelecer, com segurança, qual o marco inicial da personalidade jurídica. A primeira delas, denominada **natalista**, preconiza que o início da personalidade civil começa do nascimento com vida, de sorte que o nascituro não poderia ser um sujeito de direitos, por ser absolutamente desprovido de personalidade jurídica. A segunda corrente doutrinária, que, em verdade, é uma vertente da teoria natalista, é a chamada teoria da **personalidade condicional**. Para os adeptos de tal corrente, o nascituro seria dotado de uma personalidade condicional, uma vez que sua efetiva aquisição se encontra sujeita à ocorrência de um evento futuro e incerto (condição suspensiva). Por fim, deve ser mencionada a teoria **concepcionista**, para a qual o nascituro seria dotado de personalidade jurídica, porquanto, a teor do que preconiza o próprio art. 2º do CC, o ser que já foi concebido e ainda não nasceu é titular de direitos. É imperioso notar, neste particular, que o Código Civil menciona, expressamente, "os direitos do nascituro".
- *Teoria adotada pelo ordenamento jurídico brasileiro.* Há, na doutrina, controvérsia acerca de qual teoria pertinente ao início da personalidade teria sido adotada pela ordem jurídica. Tal controvérsia também se verifica na jurisprudência, uma vez que inexiste consenso no âmbito dos Tribunais Superiores acerca de qual teoria teria sido adotada pelo Código Civil. O STF, ao julgar a Ação de Descumprimento de Preceito Fundamental n.º 54, ajuizada pela Confederação Nacional dos Trabalhadores na Saúde, entendeu inconstitucional qualquer interpretação que conduza à conclusão de que a interrupção de gravidez de feto anencéfalo se enquadre na tipificação legal do aborto (arts. 124, 126 e 128, I e II, do Código Penal). Ao perfilhar tal entendimento, a Corte Suprema parece ter adotado a **teoria natalista.** Em outro julgado paradigmático – ADI 3510 –, o STF firmou convicção no sentido de constitucionalidade da legislação que autoriza a pesquisa com células-tronco embrionárias, de sorte que também nesta ocasião o entendimento perfilhado pelo Excelso Pretório parece se amoldar à **vertente natalista**. Em sentido contrário, a 3ª Turma do STJ, ao julgar o REsp n.º 2009/0017595-0, concluiu de ser devida a indenização do seguro DPVAT aos pais de nascituro falecido em virtude de acidente automobilístico, sob o argumento de que o ordenamento jurídico confere proteção à vida intrauterina, "desde a concepção, com fundamento no princípio da dignidade da pessoa humana."(STJ. 3ª Turma. REsp n. 2009/0017595-0, Relator para o acórdão: Ministro Paulo de Tarso Sanseverino, DJe 04 fev. 2011). Desse modo, o entendimento do STJ parece ser no sentido de que a ordem jurídica adota a **teoria concepcionista**. Em suma, por se tratar de matéria controvertida na doutrina e na jurisprudência, o candidato deve ficar atento ao enunciado da questão. Se este se referir ao entendimento do STF, sugere-se assinalar a alternativa que reflita a vertente natalista, ao passo que, se

o enunciado exigir conhecimento acerca da jurisprudência do STJ, sugere-se assinalar a assertiva que se refira à corrente concepcionista. Por fim, se o enunciado não se referir expressamente a nenhuma das duas Cortes, a questão será passível de recurso, pois o seu deslinde depende de dissertação do candidato, inviável nas provas objetivas. Em síntese:

| Teoria Natalista | Teoria Concepcionista |
|---|---|
| Personalidade jurídica começa do nascimento com vida. | Personalidade jurídica começa a partir da concepção. |
| Fundamento legal: primeira parte do art. 2º do CC. | Fundamento legal: segunda parte do art. 2º do CC. |
| O STF parece adotar a teoria natalista: ADPF 54 e ADI 3510. | O STJ parece adotar a teoria concepcionista: REsp n.º 2009/0017595-0. |

- *Personalidade jurídica.* É a aptidão genérica para ser titular de direitos e de obrigações na ordem civil. Todas as pessoas naturais são dotadas de personalidade civil.
- *Capacidade de direito.* A capacidade de direito é instituto que se encontra intimamente relacionado com o de personalidade, pois também traduz a ideia de aptidão para ser titular de direitos e obrigações na ordem civil. De acordo com Carlos Roberto Gonçalves, contudo, os institutos não se confundem, porquanto a capacidade poderia ser limitada (GONÇALVES, Carlos Roberto. *Direito Civil Esquematizado*. São Paulo: Saraiva, 2011, p. 98).
- *Capacidade de fato.* A capacidade de fato, por sua vez, é o atributo que permite ao sujeito a prática, por si só, dos atos da vida civil. A capacidade de fato, em razão disso, é também conhecida como capacidade de exercício. Todas as pessoas são dotadas de capacidade de direito, mas nem todas apresentam a chamada capacidade de fato. Isso porque, a ordem jurídica estabelece, em algumas hipóteses específicas, restrições à capacidade de fato ou exercício. Tais situações serão analisadas na dica seguinte. **Atenção:** Neste particular, é importante registrar que, recentemente, a Lei n.º 13.146, de 06 de julho de 2015, promoveu profundas alterações na sistemática atinente à teoria das incapacidades tradicionalmente adotada no Código Civil. O referido diploma normativo, intitulado Estatuto da Pessoa com Deficiência, modificou, sob o fundamento de promover a inclusão social de pessoas acometidas por enfermidades mentais, a redação dos arts. 3º e 4º do vigente Código Civil. Saliente-se, por oportuno, que o Estatuto da Pessoa com Deficiência, contemplou uma *vacatio legis* de 180 (cento e oitenta) dias, contados a partir de sua publicação (art. 127 da Lei n.º 13.146/2015), de modo que apenas entrou em vigor no dia 03 de janeiro de 2016. Por fim e com o objetivo de facilitar a memorização da alteração introduzida pelo Estatuto da Pessoa com Deficiência, sintetizamos as hipóteses de incapacidade absoluta e relativa ora vigentes, nas tabelas a seguir:

| INCAPACIDADES NO CÓDIGO CIVIL DE 2002 | |
|---|---|
| **Incapacidade absoluta (art. 3º do CC)** | **Incapacidade relativa (art. 4º do CC)** |
| • Menores de 16 anos. | • Maiores de dezesseis e menores de dezoito anos;<br>• Ébrios habituais e os viciados em tóxico;<br>• As pessoas que, por causa transitória ou permanente, não puderem exprimir sua vontade;<br>• Os pródigos. |

- *Das incapacidades.* Como visto anteriormente, todas as pessoas apresentam capacidade de direito. Todavia, os incapazes sofrem restrições no tocante à capacidade de fato. O art. 3º do CC estabeleceu, a partir da redação que lhe foi atribuída pela Lei n.º 13.146/2015, uma única hipótese de incapacidade absoluta, ao passo que o art. 4º do mesmo diploma legal arrola as hipóteses de incapacidade relativa.
- *Incapacidade absoluta.* Conforme exposto no tópico precedente, a única hipótese de incapacidade absoluta contemplada pela ordem jurídica brasileira encontra-se arrolada no art. 3º do CC. A incapacidade absoluta, como o próprio nome indica, é a modalidade **mais grave** de incapacidade, pois quando configurada o agente não apresenta qualquer discernimento para a prática dos atos da vida civil. Em consequência, o absolutamente incapaz, para praticar validamente os atos da vida civil, deve ser **representado**. Assim, as consequências da incapacidade absoluta atingem o ato jurídico praticado pelo absolutamente incapaz, sem a interveniência de seu representante legal, de forma mais incisiva, suprimindo integralmente os seus efeitos com eficácia retroativa. Desse modo, a incapacidade absoluta invalida o ato jurídico praticado pelo agente com **efeitos *ex tunc* (retroativos).** Diz-se, portanto, que o ato praticado pelo absolutamente incapaz é **nulo** (nulidade absoluta). É o que decorre das disposições inseridas no art. 166, I, do CC que preconiza serem nulos os negócios jurídicos praticados pelo absolutamente incapaz. Exemplo: Líbero, menor impúbere com 14 anos de idade, adquire, através de um contrato de compra e venda firmado com Cristiano, um imóvel no valor de R$ 100.000,00 (cem mil reais). O contrato será nulo de pleno direito, em face da incapacidade de Líbero (art. 3º do CC), restituindo-se as partes ao estado anterior à celebração da avença. Por se tratar de vício grave, a nulidade decorrente da incapacidade absoluta do agente pode ser invocada por qualquer interessado ou pelo Ministério Público quando lhe couber intervir no feito ou pelo próprio magistrado de ofício, independentemente de provocação da parte (art. 168 do CC). Ademais, o negócio jurídico nulo não é passível de confirmação pelas partes e, tampouco, convalesce pelo decurso do tempo (art. 169 do CC).

| INCAPACIDADE ABSOLUTA |
|---|
| • É a modalidade **mais grave** de incapacidade.<br>• O absolutamente incapaz deve ser **representado**.<br>• O ato praticado pelo absolutamente incapaz é **nulo**.<br>• A declaração de nulidade do ato praticado pelo absolutamente incapaz produz **efeitos *ex tunc* (retroativos).**<br>• A nulidade do negócio jurídico praticado pelo absolutamente incapaz pode ser **declarada de ofício** pelo juiz.<br>• O negócio jurídico praticado por absolutamente incapaz **não pode ser confirmado** pelas partes e **nem convalesce pelo decurso do tempo.** |

- *Hipóteses de incapacidade absoluta (menor impúbere).* São as pessoas com menos de 16 (dezesseis) anos de idade. Nessa hipótese, o legislador estabeleceu um critério essencialmente etário para fixar a incapacidade absoluta do agente. É interessante lembrar que é vedado ao menor de 16 (dezesseis) anos qualquer trabalho, exceto na condição de aprendiz, a partir dos 14 (quatorze) anos (art. 7º, XXXIII, da CR/88). Atenção: Como exposto anteriormente, o Estatuto da Pessoa com Deficiência suprimiu as seguintes hipóteses de incapacidade absoluta, contempladas na redação original do CC: (a) pessoas que, por enfermidade ou deficiência mental, não tiverem o necessário discernimento para a prática dos atos da vida civil; (b) pessoas que, mesmo por causa transitória, não puderem exprimir sua vontade. É interessante notar que, a hipótese mencionada na letra (b) acima foi incluída dentre as causas de incapacidade relativa, conforme se infere da novel redação do art. 4º, inciso III, do CC.

- *Incapacidade relativa.* A incapacidade relativa é modalidade de incapacidade **menos grave**. Nesta hipótese, alguns dos atos praticados pessoalmente pelo relativamente incapaz podem ser considerados válidos, desde que não guardem relação com a causa da incapacidade do agente. Por se tratar de forma menos grave de incapacidade, os relativamente incapazes devem ser **assistidos** e não representados. Ademais, os atos praticados pelo relativamente incapaz, sem a interveniência do respectivo assistente, são **anuláveis** (nulidade relativa), na forma do art. 171, I, do CC. Isso significa que a declaração de invalidade do ato terá **eficácia *ex nunc* (não retroativa)**, pois estes produzem regularmente seus efeitos enquanto não sobrevier decisão judicial (art. 177 do CC). Além disso, os negócios jurídicos celebrados por relativamente incapaz podem ser objeto de confirmação pelas partes, desde que isso não prejudique direito de terceiro. A confirmação das partes pode ser expressa ou, até mesmo tácita, uma vez que o art. 174 do CC preconiza que "é escusada a confirmação expressa, quando o negócio já foi cumprido em parte pelo devedor, ciente do vício que o inquinava." Outrossim, a alegação de incapacidade relativa do agente com o objetivo de ver declarada a invalidade de negócio jurídico não pode ser suprida de ofício pelo magistrado, dependendo de arguição pelos interessados e somente aos que a levantaram aproveita, salvo na hipótese de solidariedade (art. 177 do CC). **Atenção:** Hodiernamente, os Indígenas (índios ou silvícolas, antes da vigência do Estatuto da Pessoa com Deficiência), que eram considerados relativamente incapazes pelo Código Civil de 1916, têm sua capacidade disciplinada por legislação própria, conforme preconiza o parágrafo único, do art. 4º, do CC. O diploma normativo que regulamenta a matéria é a Lei n.º 6.001/73.

| INCAPACIDADE RELATIVA |
|---|
| • É a modalidade **menos grave** de incapacidade. |
| • O relativamente incapaz deve ser **assistido**. |
| • O ato praticado pelo relativamente incapaz é **anulável** (nulidade relativa). |
| • A declaração de invalidade do ato praticado pelo relativamente incapaz produz eficácia ***ex nunc*** (não retroativa). |
| • A declaração de invalidade do ato jurídico **depende de arguição dos interessados**, não podendo ser suprida de ofício pelo juiz. |
| • O negócio jurídico anulável **pode ser confirmado** pelas partes. |

- *Hipóteses de incapacidade relativa.* São hipóteses de incapacidade relativa, de acordo com o art. 4º, do CC:

– *Menores púberes (art. 4º, I, do CC).* Neste caso o Código Civil, a exemplo do que se verificou em relação ao art. 3º, I, do CC, também adotou um critério meramente etário para a fixação da incapacidade. Será relativamente incapaz, portanto, o menor com mais de 16 (dezesseis) e menos de 18 (dezoito) anos. É oportuno salientar que a maioridade civil, na vigência do Código Civil de 1916, somente era atingida a partir dos 21 anos, na forma do art. 6º, I, daquele diploma legal. Muito embora sejam relativamente incapazes, os menores púberes podem praticar alguns atos da vida civil independentemente de assistência. Exemplo: O menor púbere pode se casar, necessitando apenas de autorização dos pais. Percebam que se trata de autorização e não de assistência, na forma do art. 1.517 do CC.

– *Os ébrios habituais, e os viciados em tóxicos e os deficientes mentais com o discernimento reduzido (art. 4º, II, do CC).* Nas hipóteses de incapacidade contempladas pelo art. 4º, II, do CC, há uma redução do discernimento do agente, em razão de dois fatores distintos. O dispositivo mencionado se refere, inicialmente, aos ébrios habituais (viciados em bebidas alcoólicas) e aos toxicômanos (viciados em drogas ilícitas em geral). Todavia, não se deve confundir tais figuras com as pessoas que fazem uso eventual de bebidas alcoólicas ou mesmo de drogas ilícitas, sem que isso atinja necessariamente o seu discernimento. Na verdade, como bem assinala Caio Mário da Silva Pereira, somente os vícios do tóxico e da bebida que atingem o estado de habitualidade e que geram a fraqueza mental estão abarcados pelo art. 4º, II, do CC (PEREIRA, Caio Mário da Silva. Instituições de Direito Civil. Volume I. 21ª ed. Rio de Janeiro: Forense, 2005, p. 284). Em ambos os casos mencionados, é necessário o processo de interdição (arts. 747 e seguintes do CPC/2015). Atenção: O Estatuto da Pessoa com Deficiência suprimiu, deste inciso do art. 4º do CC, a referência às pessoas que, por enfermidade mental, tenham o seu discernimento reduzido.

– *Aqueles que, por causa transitória, não puderem exprimir sua vontade (art. 4º, III, do CC).* Nesta hipótese, o sujeito, em razão de alguma causa permanente ou transitória, não dispõe de meios para manifestar sua vontade. Exemplo: Matheus, após sofrer acidente automobilístico, permanece internado em CTI de Hospital em estado de coma. Obviamente, Matheus não tem como expressar sua vontade, devendo ser, pela novel sistemática introduzida pelo Estatuto da Pessoa com Deficiência, assistido por um curador, nomeado pelo juiz, em regular processo de interdição (arts. 747 e seguintes do CPC/2015). Os pródigos (art. 4º, IV, do CC). O pródigo é a pessoa que, promovendo gastos excessivos, dilapida o seu patrimônio. O exemplo clássico de pródigo é o sujeito viciado em jogos de azar. O reconhecimento dessa modalidade de incapacidade relativa depende, por óbvio, de um regular processo de interdição, no bojo do qual o magistrado deverá nomear um curador para assistir ao pródigo. Atenção: A incapacidade do pródigo atinge, unicamente, atos que envolvam questões de cunho patrimonial, na forma do art. 1.782 do CC: "A interdição do pródigo só o privará de, sem curador, emprestar, transigir, dar quitação, hipotecar, demandar ou ser demandado, e praticar, em geral, os atos que não sejam de mera administração."

- *Emancipação.* A emancipação é um modo de aquisição da capacidade de fato, antes de atingida a idade mínima para tanto. O instituto encontra-se disciplinado no art. 5º do CC. Da interpretação do mencionado dispositivo legal, exsurgem as diversas modalidades de emancipação, sintetizadas no quadro abaixo.

| MODALIDADES DE EMANCIPAÇÃO NO CÓDIGO CIVIL |
|---|
| 1) Voluntária → É aquela concedida pelos pais, ou por um deles na falta do outro, se o menor tiver 16 (dezesseis) anos completos (art. 5º, I, CC). |
| 2) Judicial → É aquela concedida por decisão judicial em favor do menor com 16 (dezesseis) anos completos submetido à tutela. Nesta hipótese, é indispensável a oitiva do tutor (art. 5º, I, do CC). |
| 3) Legal → É aquela oriunda de expressa disposição legal. São elas:<br>• Casamento (art. 5º, II, do CC).<br>• Exercício de emprego público efetivo (art. 5º, III, do CC).<br>• Colação de grau em curso de ensino superior (art. 5º, IV, do CC).<br>• Estabelecimento comercial ou civil, desde que, em função deles, o menor, com 16 (dezesseis) anos completos, tenha economia própria (art. 5º, V, do CC). |

- *Extinção da pessoa natural.* Nos termos do art. 6º do CC, "a existência da pessoa natural termina com a morte; presume-se esta, quanto aos ausentes, nos casos em que a lei autoriza a abertura da sucessão definitiva." O teor do dispositivo transcrito conduz à conclusão de que existem duas modalidades de morte: a **morte real** e a **morte presumida.** A morte real é demonstrada através do atestado de óbito e se configura quando cessam as funções vitais do corpo humano. De acordo com o art. 3º, da Lei n.º 9.434/1997, que dispõe sobre a morte para fins de remoção de órgãos para transplante, exige-se a cessação das funções cerebrais para a configuração do falecimento da pessoa. Por fim, saliente-se que o atestado de óbito, elaborado com base em laudo médico específico, deve ser levado a registro no Cartório de Registro Civil das Pessoas Naturais, na forma do art. 9º, I, do CC. Por outro lado, a morte presumida pode ocorrer **sem declaração de ausência** ou **com declaração de ausência**. As hipóteses de morte presumida sem declaração de ausência encontram-se arroladas no art. 7º do CC. A morte presumida com declaração de ausência precede a terceira fase do procedimento de ausência, denominada de **sucessão definitiva**. **Atenção:** O art. 8º do CC trata do instituto da **comoriência**, pelo qual se dois ou mais indivíduos falecerem na mesma ocasião, não se podendo apurar qual deles morreu primeiro, presumir-se-ão simultaneamente mortos. A regra em apreço somente é relevante se houver direitos sucessórios entre os comorientes.

| EXTINÇÃO DA PESSOA NATURAL |
|---|
| A extinção da pessoa natural se dá com a morte, que pode ser real ou presumida.<br>**Morte real →** Se configura quando cessam as funções cerebrais da pessoa (art. 3º, da Lei n.º 9.434/97). É necessário o registro do atestado de óbito no Cartório de Registro de Pessoas Naturais (art. 9º, I, do CC). |
| **Morte presumida →** Apresenta duas modalidades distintas: 1) Morte presumida sem decretação de ausência (art. 7º do CC). 2) Morte presumida com decretação de ausência (arts. 22 a 39 do CC).<br>**Comoriência →** Quando duas ou mais pessoas morrerem na mesma ocasião, presume-se que faleceram simultaneamente, de sorte que um dos comorientes não sucederá ao outro (art. 8º do CC). |
| ▸ **Atenção:** Como mencionado acima, as hipóteses de morte presumida sem decretação de ausência encontram-se discriminadas no art. 7º do CC. Para facilitar a memorização, traçamos o seguinte esquema:<br>▸ **Cuidado:** Nas hipóteses acima elencadas, a declaração da morte presumida, somente poderá ser requerida depois de esgotadas as buscas e averiguações, devendo a sentença fixar a data provável do falecimento (art. 7º, parágrafo único, do CC). |

- **Ausência**. Ausente é a pessoa que desaparece de seu domicílio, sem deixar notícias ou representante a quem caiba a administração de seus bens (art. 22 do CC). Nesta hipótese, o juiz deve, a requerimento de qualquer interessado ou do Ministério Público, declarar a ausência, nomeando curador para a administração dos bens do ausente. Trata-se da fase denominada **curadoria dos bens do ausente.** Decorrido um ano da arrecadação dos bens do ausente poderão os interessados requerer ao juiz que se abra a **sucessão provisória** (art. 26 do CC). **Cuidado:** O prazo será de três anos se o ausente deixou representante ou procurador. A sentença que determinar a abertura da sucessão provisória somente produzirá efeitos 180 (cento e oitenta) dias depois de publicada (art. 28 do CC). Posteriormente, dez anos depois do trânsito em julgado da sentença que determinou a abertura da sucessão provisória, os interessados poderão requerer a **sucessão definitiva** (art. 37 do CC). **Cuidado:** Nos termos do art. 38 do CC, a sucessão definitiva pode ser requerida se o interessado demonstrar que o ausente conta com oitenta anos de idade e que, de cinco anos datam as últimas notícias dele. O procedimento em apreço pode ser sintetizado no quadro a seguir:

| AUSÊNCIA |
|---|
| **Curadoria dos bens do ausente** |
| (art. 22 do CC) |
| **Sucessão provisória** |
| (art. 26 do CC) |
| **Sucessão definitiva** |
| (art. 37 do CC) |

- *Direitos da personalidade.* São direitos inatos à pessoa e dela indissociáveis. Os direitos da personalidade apresentam as seguintes características: intransmissibilidade, irrenunciabilidade, indisponibilidade, imprescritibilidade, impenhorabilidade e vitaliciedade. **Atenção:** De acordo com o Enunciado n.º 4 CJF/STJ, "o exercício dos direitos da personalidade pode sofrer limitação voluntária, desde que não seja permanente nem geral." **Atenção:** O rol dos direitos da personalidade contemplado pelo Código Civil é meramente exemplificativo, o que não exclui a existência de outros direitos da personalidade espalhados pelo ordenamento jurídico. Neste sentido, cita-se o Enunciado n.º 274 CJF/STJ, com a seguinte redação: "Os direitos da personalidade, **regulados de maneira não exaustiva pelo Código Civil**, são expressões da cláusula geral de tutela da pessoa humana, contida no art. 1º, III, da Constituição Federal". **Cuidado:** A proteção dos direitos da personalidade pode ultrapassar a vida da pessoa, eis que o parágrafo único do art. 12 do CC estabelece ser possível a tutela dos direitos da personalidade do morto, tendo legitimidade para propor a respectiva medida judicial "o cônjuge sobrevivente, ou qualquer parente em linha reta, ou colateral até o quarto grau."
- *Registro público.* No tocante ao registro público, incumbe ao candidato memorizar as seguintes regras, extraídas dos arts. 8º e 9º do CC e sintetizadas no quadro abaixo.

| REGISTRO PÚBLICO | |
|---|---|
| **Registro** | **Averbação** |
| → De acordo com o art. 8º do CC, serão registrados em registro público:<br>1) Os nascimentos, casamentos e óbitos.<br>2) A emancipação por outorga dos pais ou por sentença do juiz.<br>3) A interdição por incapacidade absoluta ou relativa.<br>4) A sentença declaratória de ausência e de morte presumida. | → De acordo com o art. 9º do CC, serão averbados em registro público:<br>1) As sentenças que decretarem a nulidade ou anulação do casamento, o divórcio, a separação judicial e o restabelecimento da sociedade conjugal.<br>2) Os atos judiciais ou extrajudiciais que declararem ou reconhecerem a filiação. |

## 3.2. DAS PESSOAS JURÍDICAS, DESCONSIDERAÇÃO DA PERSONALIDADE

- *Conceito.* Nas lições de Flávio Tartuce, as pessoas jurídicas podem ser definidas como "conjuntos de pessoas ou de bens arrecadados, que adquirem personalidade jurídica própria por uma ficção legal." (TARTUCE, Flávio. Manual de Direito Civil. Vol. único. 2ª ed. São Paulo: Método, 2012, p. 125). Em consequência, constata-se que a pessoa jurídica é dotada de personalidade jurídica própria, distinta da de seus membros. Trata-se do chamado **princípio da autonomia patrimonial**. **Cuidado**: A Lei n.º 13.874/2019 (que trata da Declaração de Direitos de Liberdade Econômica) introduziu o art. 49-A no Código Civil, com a finalidade de conferir ainda mais ênfase ao princípio da autonomia patrimonial. A esse respeito, confira a redação do dispositivo ora mencionado: "Art. 49-A. A pessoa jurídica não se confunde com os seus sócios, associados, instituidores ou administradores. Parágrafo único. A autonomia patrimonial das pessoas jurídicas é um instrumento lícito de alocação e segregação de riscos, estabelecido pela lei com a finalidade de estimular empreendimentos, para geração de empregos, tributo, renda e inovação em benefício de todos." **Atenção:** Nos termos do art. 50 do CC, é possível afastar o princípio da autonomia patrimonial na hipótese de abuso da personalidade jurídica que se caracteriza pelo desvio de finalidade ou pela confusão patrimonial. É o que a doutrina denomina de **desconsideração da personalidade jurídica**, instituto oriundo da *disregard of legal entity doctrine* do direito anglo-americano. A Lei n.º 13.874/2019 também modificou sensivelmente o regramento aplicável à desconsideração da personalidade jurídica, ao descrever, em maior detalhe, os conceitos de desvio de finalidade (art. 50, §1º, do CC) e de confusão patrimonial (art. 50, §2º, do CC). Em síntese, na dicção da atual redação do art. 50 do CC, o desvio de finalidade caracteriza-se pela utilização da pessoa jurídica com o desiderato de lesar credores e para a prática de atos ilícitos de qualquer natureza. Lado outro, o legislador de 2019 caracteriza a confusão patrimonial em razão de (i) cumprimento repetitivo, pela sociedade, de obrigações do sócio ou do administrador (ou vice-versa), (ii) transferência de ativos ou de passivos sem efetivas contraprestações, exceto os de valor proporcionalmente insignificante e (iii) outros atos de descumprimento da autonomia patrimonial). Demais disso, a novel redação do art. 50 do CC estabelece que (i) a mera existência de grupo econômico, sem a presença dos requisitos de que trata o caput deste artigo não autoriza a desconsideração da personalidade jurídica (art. 50, §4º, do CC) e (ii) não constitui desvio de finalidade a mera expansão ou a alteração da finalidade original da atividade econômica específica da pessoa jurídica (art. 50, §5º, do CC). **Cuidado:** O Código Civil de 2002 adotou a **teoria maior** da desconsideração da personalidade jurídica, pois exige, para a sua incidência a demonstração de abuso da personalidade jurídica. Já o Código de Defesa do Consumidor, consagra, em seu art. 28 e §5º, a teoria menor, bastando a existência de mero prejuízo para o consumidor para fundamentar a aplicação da desconsideração da personalidade jurídica. **Atenção:** É oportuno registrar, no tocante à desconsideração da personalidade jurídica, que o CPC/2015 contemplou, de maneira pormenorizada, os procedimentos a serem adotados para que se promova a aplicação da *disregard doctrine*. Assim, o candidato deve ficar atento, pois, sob a ótica processual, o instituto sob enfoque será, doravante, invocado a partir de um incidente específico, disciplinado nos arts. 133 e seguintes do CPC/2015.

Desconsideração inversa da personalidade jurídica. Essa modalidade de desconsideração foi reconhecida, primeiro, pela doutrina, depois aceita pela jurisprudência, mas hoje é consagrada expressamente na lei processual civil: § 2º, do artigo 133 e no art. 50, do CC. Nessa modalidade de desconsideração, o sócio transfere, para a pessoa jurídica que detém o controle, parte consideração do seu patrimônio, com objetivo de lesar seus credores. Diante dessa fraude, a desconsideração inversa, possibilita que seja afastado a autonomia patrimonial da sociedade para atingir o ente coletivo e seu patrimônio social, de modo a responsabilizar a pessoa jurídica por obrigações do sócio controlador" (STJ REsp 1.236.916; REsp 948.117).

- *Natureza jurídica.* Existem, basicamente, duas vertentes que buscam estabelecer a natureza jurídica das pessoas jurídicas. Inicialmente, merecem destaque as chamadas **teorias negativistas**, as quais, como o próprio epíteto indica, negam a existência das pessoas jurídicas. Os negativistas entendiam que as pessoas jurídicas seriam, em verdade, simples patrimônio, negando-lhes a presença de personalidade jurídica própria. Obviamente, tais teorizações não prevaleceram. Por outro lado, as **teorias afirmativistas**, reconhecem a existência de personalidade jurídica às pessoas jurídicas. Dentre as teorias afirmativistas, merecem destaque as seguintes: teoria da ficção, teoria da realidade objetiva e teoria da realidade técnica. **Atenção:** Prevalece hodiernamente o entendimento de que o Código Civil de 2002 adotou a teoria da realidade técnica, na dicção de seu art. 45, com a seguinte redação: "Começa a existência legal das pessoas jurídicas de direito privado com a inscrição do ato constitutivo no respectivo registro, precedida, quando necessário, de autorização ou aprovação do Poder Executivo, averbando-se no registro todas as alterações por que passar o ato constitutivo."
- *Pessoas jurídicas de direito público interno.* As pessoas jurídicas de direito público interno foram arroladas no art. 41 do CC, a partir do qual é possível extrair o seguinte:

| PESSOAS JURÍDICAS DE PÚBLICO INTERNO |
|---|
| 1) União |
| 2) Estados |
| 3) Distrito Federal |
| 4) Municípios |
| 5) Autarquias |
| 6) Associações públicas |
| 7) As demais entidades de caráter público criadas por lei. |
| ▸ **Atenção:** Há quem entenda, com fundamento no art. 41, V, do CC que se a fundação pública for criada por lei, ela gozará de natureza jurídica de direito público. Tratam-se das autarquias fundacionais ou fundações autárquicas. Por outro lado se a fundação pública tiver sua criação autorizada por lei, estar-se-á diante de uma entidade de direito privado, regida predominantemente pelo Código Civil. **Cuidado:** Conforme preconiza o art. 41, parágrafo único, do CC, as pessoas jurídicas de direito público, a que se tenha dado estrutura de direito privado, regem-se, no que couber, quanto ao seu funcionamento, pelas normas do Código Civil. **Atenção:** De acordo com o art. 43 do CC, as pessoas jurídicas de direito público interno são civilmente responsáveis por atos dos seus agentes que nessa qualidade causem danos a terceiros, ressalvado direito regressivo contra os causadores do dano, se houver, por parte destes, culpa ou dolo. De acordo com o art. 37, §6º, da CR/88, trata-se de hipótese de responsabilidade civil objetiva, fundada da **teoria do risco administrativo**. |

- *Pessoas jurídicas de direito público externo.* Nos termos do art. 42 do CC, consideram-se pessoas jurídicas de direito público externo os Estados estrangeiros e todas as pessoas regidas pelo Direito Internacional Público.
- *Pessoas jurídicas de direito privado.* As pessoas jurídicas de direito privado encontram-se discriminadas no rol do art. 44 do CC. De acordo com o mencionado dispositivo, tem-se o seguinte:

| PESSOAS JURÍDICAS DE DIREITO PRIVADO |
|---|
| 1) Associações. |
| 2) Sociedades. |
| 3) Fundações. |
| 4) Organizações religiosas. |
| 5) Partidos políticos. |

**Atenção:** A Lei n.º 14.063, de 23 de setembro de 2020, que dispõe sobre a utilização de assinaturas eletrônicas nas relações entre pessoas jurídicas de direito privado com entes públicos, preconiza, em seu art. 8º, que as assinaturas eletrônicas apostas em atas deliberativas de pessoas jurídicas de direito privado referidas pelo art. 44 do CC, devem ser admitidas pelas pessoas jurídicas de Direito Público e pela

Administração Pública direta e indireta, no âmbito dos Poderes Executivo, Legislativo e Judiciário.

**Atenção**: Nos termos do que dispõe o art. 4º da Lei n.º 14.010/2020, que instituiu o Regime Jurídico Emergencial e Transitório aplicável às relações de Direito Privado (RJET), as associações, as sociedades e as fundações ficaram obrigadas a observar as restrições à realização de reuniões e assembleias presenciais até o dia 30 de outubro de 2020, nos termos das determinações sanitárias das autoridades locais. Igualmente, durante a vigência dos efeitos do RJET, a assembleia geral, inclusive para os fins do art. 59 do CC, pôde ser realizada por meio eletrônico, independentemente de previsão nos atos constitutivos da pessoa jurídica, podendo a manifestação de qualquer um dos participantes se dar eletronicamente por qualquer meio idôneo indicado pelo administrador, asseguradas a identificação do participante, bem como a segurança do voto.

**Atenção:** Em virtude do disposto na Lei 14.382, de 2022, as Empresas Individuais de Responsabilidade Limitada (EIRELI) deixaram de constar do rol do art. 44 do CC.

**Atenção:** De acordo com o art. 48-A do CC, introduzido pela Lei 14.382, de 2022,, estabelece que as pessoas jurídicas de direito privado poderão realizar suas assembleias gerais por meios eletrônicos, inclusive para os fins do disposto no art. 59 do CC, respeitados os direitos de participação e manifestação.

- *Início da personalidade civil da pessoa jurídica.* O início da personalidade civil da pessoa jurídica se dá a partir da inscrição do ato constitutivo no respectivo registro (Junta Comercial – no caso das sociedades empresárias; ou Cartório de Registro Civil das Pessoas Jurídicas – no caso de fundações, associações ou sociedades simples). **Cuidado:** Decai em três anos o direito de anular a constituição das pessoas jurídicas de direito privado, por defeito do ato respectivo, contado o prazo da publicação de sua inscrição no registro (art. 45, parágrafo único, do CC. **Atenção:** O art. 46 do CC estabelece os requisitos essenciais do ato constitutivo, quais sejam: *i)* a denominação, os fins, a sede, o tempo de duração e o fundo social, quando houver; *ii)* o nome e a individualização dos fundadores ou instituidores, e dos diretores; *iii)* o modo por que se administra e representa, ativa e passivamente, judicial e extrajudicialmente; *iv)* se o ato constitutivo é reformável no tocante à administração, e de que modo; *v)* se os membros respondem, ou não, subsidiariamente, pelas obrigações sociais; *vi)* as condições de extinção da pessoa jurídica e o destino do seu patrimônio, nesse caso.
- *Entidades desprovidas de personalidade jurídica.* Existem algumas entidades que não são dotadas de personalidade jurídica, seja em razão da inexistência de registro do ato constitutivo, seja por força de incompatibilidades com o instituto objeto de estudo neste tópico. Para fins didáticos e com o objetivo de facilitar a memorização do leitor, tais entidades encontram-se discriminadas no quadro abaixo:

| **ENTIDADES DESPROVIDAS DE PERSONALIDADE JURÍDICA** | |
|---|---|
| **Pela falta de registro do ato constitutivo** | **Pela natureza da entidade** |
| → Sociedade de fato (art. 986 e seguintes do CC).<br>**Atenção:** No tocante às sociedades de fato, o sócio responde subsidiária e ilimitadamente pelas dívidas sociais (arts. 990 c/c 1.024 do CC). | → Massa falida<br>→ Herança jacente<br>→ Espólio<br>→ Condomínio<br>**Atenção:** Trata-se de enumeração apenas exemplificativa, elaborada com fundamento no art. 75 do CPC/2015. A relação ora estabelecida não exclui, portanto, a existência de outras entidades desprovidas de personalidade jurídica. |

- *Associações.* Nos termos do art. 53 do CC, "constituem-se as associações pela união de pessoas que se organizem para fins não econômicos." O traço mais marcante das associações e que, em última análise, as diferenciam das sociedades é o seu caráter não lucrativo ("**fins não econômicos**"). O estatuto de uma associação, é o seu ato constitutivo e deve, sob pena de nulidade, conter os seguintes requisitos: *i)* a denominação, os fins e a sede da associação; *ii)* os requisitos para a admissão, demissão e exclusão dos associados; *iii)* os direitos e deveres dos associados; *iv)* as fontes de recursos para sua manutenção; *v)* o modo de constituição e de funcionamento dos órgãos deliberativos; *vi)* as condições para a alteração das disposições estatutárias e para a dissolução; *vii)* a forma de gestão administrativa e de aprovação das respectivas contas. É interessante notar que, a rigor, os associados devem ter os mesmos direitos, mas o estatuto pode criar categorias que sejam dotadas de vantagens especiais (art. 55 do CC). Ademais, em regra, a condição de associado é intransmissível. Entretanto, é possível que o estatuto consagre a transmissibilidade de tal condição, conforme preconiza o art. 56 do CC. **Atenção:** No caso de dissolução da associação, o remanescente de seu patrimônio, depois de deduzidas as quotas ou frações dos associados, deverá ser vertido à entidade de fins não econômicos designada no estatuto. Se este for omisso, o mencionado patrimônio deverá ser destinado a instituição municipal, estadual ou federal, de fins idênticos ou semelhantes (art. 61, do CC). **Cuidado:** Nos termos do art. 57 do CC, a exclusão de associado somente é possível se houver justa causa, assim reconhecida em procedimento que assegure direito de defesa e de recurso, nos termos previstos no estatuto. **Atenção:** As associações que desenvolvam atividade futebolística em caráter habitual e profissional poderão requerer inscrição no Registro Público de Empresas Mercantis da respectiva sede, sendo considerada empresária para todos os efeitos, consoante o disposto no art. 971, parágrafo único, do CC, introduzido pela Lei n.º 14.193, de 06 de agosto de 2021.
- *Fundações.* As fundações se consubstanciam em conjuntos de bens arrecadados, aos quais se atribui finalidade específica de caráter moral, religioso, cultural ou de assistência (art. 62 do CC). As fundações, a exemplo de qualquer pessoa jurídica, são dotadas de personalidade jurídica própria e podem ser instituídas através de escritura pública ou testamento.

**Atenção:** A Lei n.º 13.151/2015 introduziu significativas alterações no que se refere ao regramento legal pertinente às Fundações. A primeira modificação digna de nota se refere ao objeto das fundações que, a partir da vigência do referido diploma normativo, se limita a: (i) assistência social; (ii) cultura, defesa e conservação do patrimônio histórico e artístico; (iii) educação; (iv) saúde; (v) segurança alimentar e nutricional; (vi) defesa, preservação e conservação do meio ambiente e promoção do desenvolvimento sustentável; (vii) pesquisa científica, desenvolvimento de tecnologias alternativas, modernização de sistemas de gestão, produção e divulgação de informações e conhecimentos técnicos e científicos; (viii) promoção da ética, da cidadania, de democracia e dos direitos humanos; e (ix) atividades religiosas (ex vi da novel redação do art. 62, parágrafo único, do CC). Ademais, o mencionado diploma normativo, estabeleceu que caso as fundações tenham domicílio do Distrito Federal, estas serão fiscalizadas pelo Ministério Público do Distrito Federal e Territórios e não mais pelo Ministério Público Federal, como se dava na vigência da redação anterior do art. 66, §1º, do CC. Por fim, sobreleva notar que a Lei n.º 13.151/2015, alterou a redação do art. 67, III, do CC, que passou a vigorar com o seguinte teor: "Para que se possa alterar o estatuto da fundação é mister que a reforma: [...] III – seja aprovada pelo órgão do Ministério Público no prazo máximo de 45 (quarenta e cinco) dias, findo o qual ou no caso de o Ministério Público a denegar, poderá o juiz supri-la, a requerimento do interessado."

**Atenção:** Considerando-se o caráter social das fundações, seus administradores encontram-se submetidos à fiscalização do Ministério Público Estadual, na forma do art. 66 do CC. **Atenção:** É possível a alteração do estatuto de uma associação, desde que a reforma proposta atenda aos seguintes requisitos: *i) seja deliberada por dois terços dos competentes para gerir e representar a fundação; ii) não contrarie ou desvirtue o fim da fundação; iii) seja aprovada pelo órgão do Ministério Público, e, caso este a denegue, poderá o juiz supri-la, a requerimento do interessado.* **Cuidado:** Nos termos do art. 69 do CC, tornando-se ilícita, impossível ou inútil a finalidade a que visa a fundação, ou vencido o prazo de sua existência, o órgão do Ministério Público, ou qualquer interessado, lhe promoverá a extinção, incorporando-se o seu patrimônio, salvo disposição em contrário no ato constitutivo, ou no estatuto, em outra fundação, designada pelo juiz, que se proponha a fim igual ou semelhante.

- *Das sociedades.* A sociedade, de acordo com Pablo Stolze Gagliano e Rodolfo Pamplona Filho, é uma "espécie de corporação, dotada de personalidade jurídica própria e instituída por meio de um contrato social, com o precípuo escopo de exercer atividade econômica e partilhar lucros." (GAGLIANO, Pablo Stolze; PAMPLONA FILHO, Rodolfo. *Novo Curso de Direito Civil. Volume 1.* 14ª ed. São Paulo: Saraiva, 2012, p. 257). A partir de tal definição, é possível concluir que o principal traço distintivo entre as sociedades e as demais pessoas jurídicas de direito privado (como, *v.g.*, associações e fundações) é o caráter econômico e lucrativo da atividade que exercem. As sociedades podem ser empresárias ou simples. As sociedades empresárias são aquelas que se enquadram no conceito de empresa estabelecido pelo art. 966 do CC. Saliente-se, neste particular, que o Código Civil de 2002, em feliz inovação, abandona a teoria dos atos de comércio (característica do Código Comercial de 1850) e passa a adotar a teoria da empresa, cuja origem remonta ao Código Civil Italiano de 1942. Lado outro, as sociedades simples são aquelas cuja atividade, embora lucrativa, não se enquadra na definição de empresa estabelecida pelo mencionado art. 966. Como exemplo de sociedade simples, pode-se mencionar uma sociedade formada por profissionais liberais. **Atenção:** As sociedades empresárias devem ter os respectivos atos constitutivos registrados nas Juntas Comerciais, ao passo que as sociedades simples devem, em regra, ser registradas no Cartório de Registro Civil das Pessoas Jurídicas. **Cuidado:** Em se tratando de sociedade de advogados (sociedade simples, portanto), o seu registro deve, por força de expressa disposição legal, ser levado a efeito junto à Ordem dos Advogados do Brasil, nos moldes do art. 15, §1º, da Lei n.º 8.906/94.
- *Organizações religiosas.* A Lei n.º 10.825/2003 modificou a redação original do art. 44 do CC, para fazer constar, no rol das pessoas jurídicas de direito privado, as organizações religiosas. Saliente-se, no particular, que, a partir de então, a ordem jurídica chancela expressamente a liberdade no tocante à criação, estruturação interna e funcionamento das organizações de tal natureza. **Atenção:** Nos termos do art. 44, §1º, do CC, é vedado ao Poder Público negar reconhecimento ou registro dos atos constitutivos às organizações religiosas. **Cuidado:** Nos moldes do Enunciado n.º 143 CJF/STJ, a liberdade atribuída às organizações religiosas **não é absoluta**, sendo possível o controle jurisdicional de seus atos. Eis o teor do mencionado enunciado doutrinário: "A liberdade de funcionamento das organizações religiosas não afasta o controle de legalidade e legitimidade constitucional de seu registro, nem a possibilidade de reexame pelo Judiciário da compatibilidade de seus atos com a lei e com seus estatutos."
- *Partidos políticos.* A inserção dos partidos políticos no âmbito das pessoas jurídicas de direito privado foi também fruto da Lei n.º 10.825/2003. De acordo com o art. 44, §3º, do CC, a organização e funcionamento dos partidos políticos serão regulados por lei especial.
- *Empresa individual de responsabilidade limitada.* A empresa individual de responsabilidade limitada (EIRELI) tratava-se de uma **pessoa jurídica de direito privado *sui generis***, já que, conforme o seu próprio epíteto indica, não se constitui através da conjugação de vontade de vários agentes, mas apenas de uma pessoa natural. Em virtude da possibilidade de criação de sociedades empresárias limitadas unipessoais à luz da legislação vigente, a Lei n.º 14.195, de 26 de agosto de 2021, com o objetivo de tornar menos burocráticas as regras aplicáveis ao Direito Empresarial, extinguiu a figura das EIRELIs, determinando, em seu artigo 41, que as EIRELIs existentes na data de entrada em vigor do referido diploma normativo serão transformadas em sociedades empresárias limitadas unipessoais, independentemente de qualquer alteração de seus respectivos atos constitutivos, em conformidade à regulamentação específica expedida pelo Departamento Nacional de Registro Empresarial e Integração (DREI).
- *Extinção da pessoa jurídica.* A extinção da pessoa jurídica se dá através do instituto chamado dissolução, que pode ser: *i)* convencional, se decorrente da conjugação da vontade dos respectivos integrantes; *ii)* administrativa, se decorrer de ato da Administração pública que, por motivo de interesse público, obste o prosseguimento das atividades da pessoa jurídica; *iii)* judicial, caso se origine de decisão judicial proferida em regular procedimento de dissolução e liquidação de sociedade, disciplinado, curiosamente, pelos arts. 655 a 674 do Código de Processo Civil de 1939.

## 3.3. DO DOMICÍLIO

- *Conceito.* É o local onde a pessoa natural estabelece sua residência com animo definitivo (art. 70 do CC). De tal definição, é possível extrair os seguintes elementos constitutivos do conceito de domicílio:

– *Elemento objetivo* → residência.

– *Elemento subjetivo* → ânimo definitivo (*animus manendi*).

- *Modalidades de domicílio.* Em relação à liberdade de escolha, o domicílio pode ser classificado em necessário (ou legal) ou voluntário. O **domicílio necessário** é aquele que decorre de expressa disposição legal. O **domicílio voluntário**, por seu turno, é aquele que, em princípio, pode ser livremente escolhido pelo agente. Abaixo, encontram-se sintetizadas as regras pertinentes ao domicílio necessário.

| DOMICÍLIO NECESSÁRIO (OU LEGAL) | |
|---|---|
| **1) Do incapaz** | É o domicílio de seu representante ou assistente (art. 76, parágrafo único, do CC). |
| **2) Do servidor público** | É o local onde exerce permanentemente suas funções (art. 76, parágrafo único, do CC). |
| **3) Do militar (exército)** | É o local onde servir (art. 76, parágrafo único, do CC). |
| **4) Do militar (marinha ou aeronáutica)** | É o local da sede do comando a que se encontrar imediatamente subordinado (art. 76, parágrafo único, do CC). |
| **5) Do marítimo** | É o local onde o navio estiver matriculado (art. 76, parágrafo único, do CC). |

CIVIL

| DOMICÍLIO NECESSÁRIO (OU LEGAL) | |
|---|---|
| **6) Do preso** | É o local em que cumprir a sentença (art. 76, parágrafo único, do CC). |
| **7) Do agente diplomático no Brasil que, citado no estrangeiro, alegar extraterritorialidade, sem designar onde tem, no país, o seu domicílio.** | É o Distrito Federal ou o último ponto do território brasileiro onde foi domiciliado (art. 77 do CC). |
| **8) Do cônjuge** | É o domicílio do casal (art. 1.569 do CC). |

- *Foro do contrato.* Nos termos do art. 78 do CC, as partes poderão, no âmbito de contratos escritos, especificar domicílio onde se exercitem e cumpram os direitos e obrigações deles resultantes.
- *Domicílio da pessoa jurídica.* As regras pertinentes ao domicílio das pessoas jurídicas encontram-se disciplinadas no art. 75 do CC e foram, com o objetivo de facilitar a memorização, sintetizadas na tabela a seguir:

| DOMICÍLIO DA PESSOA JURÍDICA |
|---|
| **1) Domicílio da União** → É o Distrito Federal. |
| **2) Domicílio dos Estados e Territórios** → É a respectiva capital. |
| **3) Domicílio do Município** → É o local onde funcione a administração municipal. |
| **4) Das demais pessoas jurídicas** → É o local onde funcionarem as respectivas diretorias e administrações. |

| DOMICÍLIO DA PESSOA JURÍDICA |
|---|
| **Atenção:** |
| * As pessoas jurídicas podem designar, em seus estatutos, domicílio especial, na forma do art. 75, IV, do CC. |
| ** Se a pessoa jurídica tiver diversos estabelecimentos, em locais diferentes, cada um deles será considerado domicílio para os atos nele praticados. |
| *** Se a pessoa jurídica tiver administração no estrangeiro, haver-se-á por domicílio dela, no tocante às obrigações contraídas por cada uma das suas agências, o lugar do estabelecimento, sito no Brasil, a que ela corresponder. |

## 3.4. DOS BENS

- *Conceito.* Nas precisas lições de Pablo Stolze Gagliano e Rodolfo Pamplona Filho, bem jurídico "é a utilidade, física ou imaterial, objeto de uma relação jurídica, seja pessoal, seja real."(GAGLIANO, Pablo Stolze; PAMPLONA FILHO, Rodolfo. *Novo Curso de Direito Civil. Volume 1.* 14ª ed. São Paulo: Saraiva, 2012, p. 302). Exemplo: O apartamento 1701 do Condomínio do Edifício Teixeira de Freitas é objeto do direito de propriedade de Paulo.
- *Classificação dos bens.* Os bens apresentam uma classificação muito importante e recorrente nos exames de ordem e concursos públicos. Tal classificação será, para fins de memorização, sintetizada nas tabelas a seguir.

| BENS CONSIDERADOS EM SI MESMOS (ARTS. 79 A 91 DO CC) | |
|---|---|
| **1) Bens móveis x Bens imóveis** | Bens móveis → São aqueles que podem ser transportados de um local para o outro sem perder sua natureza. Exemplo: a mesa de reunião de um escritório. **Atenção:** Os bens passíveis de movimentação própria, conhecidos como semoventes, enquadram-se na categoria dos bens móveis. |
| | Bens imóveis → São aqueles que não podem ser transportados de um local para o outro sem que isso importe em sua desnaturação. Exemplo: casa situada em um condomínio. |
| **2) Bens fungíveis x Bens infungíveis** | Bens fungíveis → São aqueles que podem ser substituídos por outros da mesma espécie, qualidade e quantidade (art. 85 do CC). Exemplo: café, dinheiro etc. **Cuidado:** Somente bens móveis são fungíveis. |
| | Bens infungíveis → São aqueles que não podem ser substituídos, tendo em vista seus atributos específicos. Exemplo: um livro autografado, uma obra de arte de um pintor famoso etc. |
| **3) Bens consumíveis x Bens inconsumíveis** | Bens consumíveis → São os bens móveis cujo uso importa na sua destruição imediata (art. 86 do CC). Exemplo: gêneros alimentícios em geral. |
| | Bens inconsumíveis → São aqueles que não se deterioram imediatamente através de sua utilização Exemplo: automóvel. |
| **4) Bens divisíveis x Bens indivisíveis** | Bens divisíveis → São aqueles passíveis de fracionamento sem alteração de sua substancia, diminuição considerável de valor ou prejuízo ao uso a que se destinam (art. 87 do CC). |
| | Bens indivisíveis → São aqueles infensos ao fracionamento. |
| **5) Bens singulares x Bens coletivos** | Bens singulares → São singulares os bens que, embora reunidos, se consideram *per si*, independentemente dos demais (art. 89 do CC). |
| | Bens coletivos → São aqueles que, compondo-se de várias coisas singulares, são considerados em conjunto (GAGLIANO, Pablo Stolze; PAMPLONA FILHO, Rodolfo. *Novo Curso de Direito Civil. Volume 1.* 14ª ed. São Paulo: Saraiva, 2012, p. 315). |

| DOS BENS RECIPROCAMENTE CONSIDERADOS (ARTS. 92 A 97 DO CC) | |
|---|---|
| **Bens principais x Bens acessórios** | Bens principais → São aqueles cuja existência prescinde da presença de outros bens. São bens que existem por si próprios. |
| | Bens acessórios → São aqueles que pressupõem a existência do bem principal. Aplicam-se, no tocante aos bens acessórios, o princípio da gravitação jurídica, pelo qual o bem acessório segue a sorte do bem principal. Exemplo: Frutos, Benfeitorias, Pertenças etc. **Atenção:** Nos termos do art. 93 do CC, pertenças são bens acessórios que, não constituindo partes integrantes, se destinam, de modo duradouro, ao uso, ao serviço ou ao aformoseamento de outro. |

| DOS BENS RECIPROCAMENTE CONSIDERADOS (ARTS. 92 A 97 DO CC) | |
|---|---|
| **Bens particulares x Bens públicos** | Bens particulares → São aqueles que pertencem ao domínio privado. |
| | Bens públicos → São aqueles pertencentes ao domínio da União, dos Estados, do Distrito Federal e dos Municípios e das entidades de direito público integrantes da Administração Pública Indireta. **Atenção:** Os bens públicos apresentam uma classificação muito importante analisada a seguir.<br>– Bens de uso comum do povo → São aqueles passíveis de utilização por qualquer integrante da coletividade. Exemplo: praças, ruas, avenidas, praias etc.<br>– Bens de uso especial → São aqueles destinados à utilização por parte do próprio Poder Público para o exercício da função administrativa. Exemplo: Edifício em que funciona a sede de uma<br>Autarquia Federal como o INSS.<br>– Bens dominicais → São aqueles que, muito embora não estejam sendo efetivamente utilizados pelo Poder Público ou pela população em geral, pertencem ao domínio público. Exemplo: terras devolutas e terrenos de marinha. **Atenção:** Os bens dominicais podem ser alienados. |

### 3.4.1. DO BEM DE FAMÍLIA – LEI 14230/21 LIA P. 132

- Atençao: a lei 14.230 de 21, que alteração a lei 8.429, de 1992 (Lei de improbidade administrativa), permite que o bem de família torne-se indisponível, caso seja fruto de vantagem indevida, por parte do réu, como previsto no §14, do art. 16: "É vedada a decretação de indisponibilidade do bem de família do réu, salvo se comprovado que o imóvel seja fruto de vantagem patrimonial indevida, conforme descrito no art. 9º desta Lei."
- **ATENÇÃO.** A Lei Complementar n.º 150/2015 alterou a redação conferida ao art. 3º, da Lei n.º 8.009/90, suprimindo do rol constante do referido dispositivo legal (inciso I), a exceção à impenhorabilidade que dizia respeito aos créditos trabalhistas e previdenciários de trabalhadores da residência. Ademais, a Lei n.º 13.144/2015, alterou a redação do inciso III, do art. 3º, da Lei n.º 8.009/90, que passou a vigorar com a seguinte redação: "A impenhorabilidade é oponível em qualquer processo de execução civil, fiscal, previdenciária, trabalhista ou de outra natureza, salvo se movido: [...] III – pelo credor da pensão alimentícia, resguardados os direitos, sobre o bem, do seu coproprietário que, com o devedor, integre união estável ou conjugal, observadas as hipóteses em que ambos responderão pela dívida."

## 3.5. DO FATO JURÍDICO

- *Conceito e generalidades.* Fato jurídico é todo o acontecimento, natural ou fruto da vontade humana, que enseja repercussões reconhecidas pela ordem jurídica. Trata-se, como se percebe, de um conceito amplo e genérico, abarcando tanto fatos oriundos da ação humana, quanto aqueles decorrentes de eventos naturais, bastando que, em qualquer hipótese, eles tenham o condão de criar, modificar ou extinguir direitos e obrigações na ordem civil.
- *Classificação.* Os fatos jurídicos apresentam uma classificação que varia de autor para autor. De toda sorte, tentamos sintetizar os principais conceitos no organograma abaixo, com o escopo de facilitar a memorização do candidato.

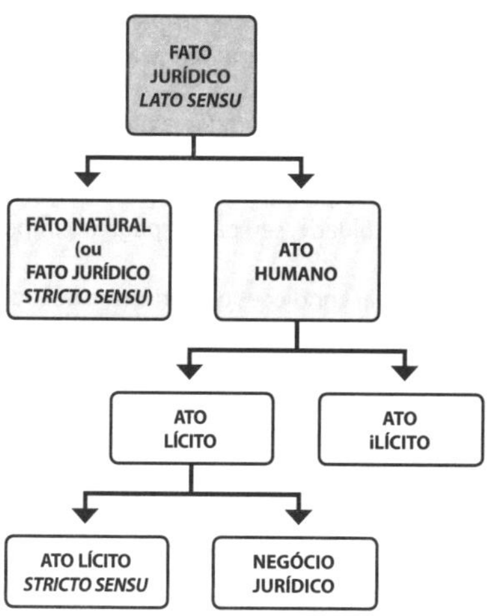


- *Fato natural.* O fato natural, também designado em doutrina como fato jurídico em sentido estrito (GAGLIANO, Pablo Stolze; PAMPLONA FILHO, Rodolfo. *Novo Curso de Direito Civil. Volume 1.* 14ª ed. São Paulo: Saraiva, 2012, p. 341), independe do concurso humano para a sua ocorrência. Exemplo: Em razão de uma forte chuva, uma árvore cai sobre um automóvel, ensejando sua total destruição. Neste caso, estamos diante de um fato que conduz à extinção do direito de propriedade, em razão do perecimento da coisa. Os fatos naturais podem ser ordinários ou extraordinários. Ordinários são aqueles que normalmente acontecem, sendo, por tal razão, previsíveis. Os extraordinários, por seu turno, são imprevisíveis como, por exemplo, o caso fortuito e a força maior.
- *Ato humano.* A ação humana, por óbvio, também pode se revestir de um caráter jurígeno. A ação humana pode ser ilícita, quando praticada mediante a violação de uma norma legal ou contratual preexistente ou lícita, se praticada com a observância dos limites normativamente estabelecidos. Na primeira situação, está-se diante do chamado ato ilícito (art. 186 do CC), um dos principais pressupostos da configuração do instituto da responsabilidade civil, a ser oportunamente analisado. Exemplo: Ao dirigir sob a influência de bebidas alcoólicas voluntariamente ingeridas, Leonardo bate no carro conduzido por Isabela, causando prejuízos quantificados em R$ 2.000,00 (dois mil reais). Nesta hipótese, a par das responsabilidades administrativa e penal, Leonardo estará sujeito à reparação do dano, nos exatos moldes do que preconiza o art. 927 do CC. De tal sorte, é inegável que o ato ilícito gera inúmeras repercussões jurídicas. Ademais, o ato lícito, que se subdivide em ato lícito em sentido estrito e negócio jurídico, também se consubstancia em circunstância ensejadora da produção de efeitos jurídicos. O ato jurídico em sentido estrito se configura pela mera manifestação de vontade, desprovida de conteúdo negocial, mas produtora de efeitos jurídicos previstos pela ordem legal. Exemplo: Marcos estabelece seu domicílio na Avenida Afonso Pena, n.º 48, em Belo Horizonte/MG. Flávio Tartuce, de forma muito lúcida, ainda lembra de outros exemplos, quais sejam: a ocupação de um imóvel, o pagamento de uma obrigação e o reconhecimento de um filho (TARTUCE, Flávio. *Manual de Direito Civil. Volume Único.* 2ª ed. São Paulo: Método, 2012, p. 186). As principais questões atinentes ao negócio jurídico serão analisadas no tópico seguinte, tendo em vista a relevância e complexidade do instituto.

## 3.6. DO NEGÓCIO JURÍDICO

- *Conceito e generalidades.* De acordo com as lições de Caio Mário da Silva Pereira, negócio jurídico pode ser definido como "toda declaração de vontade, emitida de acordo com o ordenamento legal, e geradora de efeitos jurídicos pretendidos."

(PEREIRA, Caio Mário. *Instituições de Direito Civil. Volume I.* 21ª ed. Rio de Janeiro: Forense, 2003, p. 478). A melhor doutrina, com fundamento no escólio do eminente alagoano Francisco Cavalcanti Pontes de Miranda, costuma analisar o instituto do negócio jurídico levando-se em consideração três planos distintos, a seguir analisados (escada ponteana).

- *Plano da existência.* O plano da existência abarca os elementos mínimos de um negócio jurídico. São os chamados pressupostos de existência (ou pressupostos essenciais) do negócio jurídico. Nesta categoria, enquadram-se os seguintes elementos: *i)* agentes; *ii)* objeto; *iii)* forma; *iv)* vontade. Sem a presença de tais pressupostos, o negócio jurídico sequer chega a se formar. Exemplo: Rodrigo, mediante violência física praticada por Eduardo, celebra com este um contrato de compra e venda que tem como objeto o seu automóvel. Nesta hipótese, a vontade inexiste, diante da violência praticada contra Rodrigo por Eduardo. Em síntese:

| PLANO DA EXISTÊNCIA |
|---|
| Abarca os pressupostos de existência do negócio jurídico:<br>Agentes;<br>Objeto;<br>Forma;<br>Vontade. |

- *Plano da validade.* A validade dos negócios jurídicos encontra-se condicionada ao atendimento de pressupostos específicos, arrolados no art. 104 do CC. É importante notar que os pressupostos de validade dos negócios jurídicos, consistem nos pressupostos de existência do negócio jurídico qualificados pela presença de determinados elementos. São eles:

| PLANO DA VALIDADE | |
|---|---|
| **1) Agentes capazes** | A validade do negócio jurídico encontra-se condicionada à capacidade dos agentes. Neste ponto, remete-se o leitor à análise dos arts. 3º e 4º do CC que contemplam, respectivamente, as hipóteses de incapacidade absoluta e relativa. Ademais, cada uma das hipóteses de incapacidade contempladas pela ordem jurídica foi analisada, de forma pormenorizada, nas dicas precedentes.<br>**Atenção:** De acordo com o art. 105 do CC, a incapacidade relativa de uma das partes não pode ser invocada pela outra em benefício próprio, nem aproveita aos cointeressados capazes, salvo se, neste caso, for indivisível o objeto do direito ou da obrigação comum. |
| **2) Objeto lícito, possível, determinado ou determinável** | A licitude do objeto relaciona-se à sua adequação às prescrições legais e morais. Obviamente, um negócio jurídico que tenha por objeto, por exemplo, o tráfico ilícito de entorpecentes, será inválido, diante da manifesta ilicitude do objeto (art. 166, II, do CC). Ademais, deve haver a possibilidade fática e jurídica de execução do objeto do ato negocial, sob pena de invalidade. Exemplo: O negócio jurídico que tem por objeto a aquisição de um terreno no planeta Vênus é nulo de pleno direito (art. 166, II, do CC). **Atenção:** Nos termos do art. 106 do CC, a impossibilidade inicial do objeto não invalida o negócio jurídico se for relativa, ou se cessar antes de realizada a condição a que ele estiver subordinado. Por fim, a validade do negócio jurídico requer que o objeto seja determinado ou, ao menos determinável, como ocorre nas obrigações de dar coisa incerta (arts. 243 e 244 do CC). |
| **3) Forma prescrita ou não defesa em lei** | Forma prescrita em lei é aquela que foi expressamente estabelecida pelo texto legal. Exemplo: Negócios jurídicos que tenham por objeto a constituição de direitos reais sobre bens imóveis, cujo valor supere o montante equivalente a 30 (trinta) salários mínimos, devem ser formalizados através de escritura pública, na forma do art. 108 do CC. Forma não defesa em lei é aquela que não foi proibida pela ordem legal. Em regra, não se exige forma especial para a prática dos negócios jurídicos como, aliás, deixa clara a redação do art. 107 do CC: "A validade da declaração de vontade não dependerá de forma especial, senão quando a lei expressamente a exigir." |
| **4) Vontade livremente manifestada** | Por derradeiro, muito embora este requisito não esteja expressamente previsto no art. 104 do CC, a vontade hábil a tornar válido o negócio jurídico deve ser livre de vícios (sociais e do consentimento). A vontade, quando maculada por algum vício, invalida o negócio jurídico, nos termos dos arts. 166, 167 e 178 do CC, a serem oportunamente analisados. |

- *Plano da eficácia.* O plano da eficácia, como o próprio nome indica, diz respeito à produção dos efeitos do negócio jurídico. Neste plano, estudam-se, portanto, os chamados elementos acidentais do negócio jurídico, quais sejam: a condição, o termo e o encargo. Os principais elementos acidentais do negócio jurídico podem, com o objetivo de facilitar a memorização, ser sintetizados da forma seguinte:

| PLANO DA EFICÁCIA (ELEMENTOS ACIDENTAIS DO NEGÓCIO JURÍDICO) | |
|---|---|
| **Condição** | É o elemento acidental do negócio jurídico que, derivando exclusivamente da vontade das partes, subordina os seus efeitos a evento futuro e incerto (art. 121 do CC). O elemento acidental em comento apresenta uma classificação muito importante. Veja-se:<br>*Condição suspensiva* → É aquela que, enquanto não implementada, obsta a produção dos efeitos do negócio jurídico (art. 125 do CC). Exemplo: Se José for aprovado no Exame de Ordem, seu pai lhe dará um carro.<br>*Condição resolutiva* → É aquelas que, enquanto não implementada, não repercute no negócio jurídico que permanece em vigor (art. 127 do CC). Exemplo: Enquanto Maria estiver na Faculdade, seu pai lhe pagará a importância de R$ 500,00 (quinhentos reais) mensais.<br>**Atenção:** O art. 122 do CC estabelece que às partes é defeso convencionar condições que privarem de todo o efeito o negócio jurídico ou o sujeitarem ao puro arbítrio de uma das partes. A primeira hipótese se refere às chamadas condições perplexas que, em razão da redação que lhe é atribuída, acaba por impedir a efetiva produção dos efeitos do ato negocial. Tais condições, à obviedade, conduzem à invalidade do negócio jurídico em que foram inseridas, na forma do art. 123, III do CC. Por outro lado, a segunda hipótese mencionada acima corresponde às condições puramente potestativas, que subordinam, ao arrepio da boa-fé que deve nortear as relações contratuais, a produção dos efeitos do negócio jurídico à vontade de apenas uma das partes, circunstância que conduz à nulidade do ato negocial. **Cuidado:** As condições simplesmente potestativas não conduzem à invalidade do negócio jurídico. Tais condições, de acordo com a melhor doutrina, embora decorram da vontade de apenas uma das partes envolvidas no ato negocial, complementa-se de elementos extrínsecos a tal vontade, sendo amplamente admitida a sua validade. |

| PLANO DA EFICÁCIA (ELEMENTOS ACIDENTAIS DO NEGÓCIO JURÍDICO) | |
|---|---|
| **Termo** | É o elemento acidental do negócio jurídico que subordina os seus efeitos à ocorrência de evento futuro e certo. O termo comporta a seguinte classificação:<br>*Termo certo* → No termo certo, já se sabe quando o evento ocorrerá. Exemplo:<br>Contrato de prestação de serviços que vigorará até o dia 01 de janeiro de 2013.<br>*Termo incerto* → No termo incerto, as partes sabem que o evento irá acontecer, mas não conseguem precisar a data. Ex.: Carlos poderá utilizar a casa de Maria quando esta falecer. |
| **Encargo (ou modo)** | É o elemento acidental do negócio jurídico, pelo qual se impõe um ônus à parte em contraposição a uma liberalidade realizada pela outra. Exemplo: José faz a doação de uma casa a João, para que nela seja instalado um asilo para os idosos da cidade. |

- *Síntese dos três planos do negócio jurídico.*

| NEGÓCIO JURÍDICO | | |
|---|---|---|
| **Plano da existência** | **Plano da validade** | **Plano da eficácia** |
| • Agente<br>• Objeto<br>• Forma<br>• Vontade | • Agente capaz<br>• Objeto lícito, possível, determinado ou determinável<br>• Forma prescrita ou não defesa em lei<br>• Vontade livremente manifestada. | • Condição<br>• Termo<br>• Encargo |

- *Defeitos do negócio jurídico.* Os defeitos do negócio jurídico serão sintetizados no quadro abaixo, com o escopo de permitir sua memorização.

| DEFEITOS DO NEGÓCIO JURÍDICO | |
|---|---|
| **Vícios do consentimento** | **Vícios sociais** |
| • Erro (arts. 138 a 144 do CC)<br>• Dolo (arts. 145 a 150 do CC)<br>• Coação (arts. 151 a 155 do CC)<br>• Estado de perigo (art. 156 do CC)<br>• Lesão (art. 157 do CC). | • Fraude contra os credores (arts. 158 a 165 do CC).<br>• Simulação (art. 167 do CC). |

- *Erro.* O erro, enquanto vício do consentimento, configura-se quando o agente, por uma falsa percepção da realidade, realiza negócio jurídico que não praticaria caso efetivamente conhecesse as verdadeiras circunstâncias envolvidas no caso concreto. Exemplo: Augusto, com o objetivo de presentear sua noiva, adquire, por R$ 1.500,00, um anel que pensa ser de ouro, mas que, em verdade, é uma bijuteria. Na situação hipotética mencionada, o vendedor deve ter permanecido silente, pois, se concorrer de alguma forma para induzir o erro, sera hipótese de dolo e não de erro. **Atenção:** De acordo com o que preconiza o art. 138 do CC, somente o **erro substancial** tem o condão de tornar o negócio jurídico anulável. Isso significa que o erro acidental, pertinente aos elementos secundários do ato negocial, não enseja a invalidade do negócio jurídico. Ademais, é importante repisar que o simples erro de cálculo também não gera a anulabilidade, mas apenas autoriza a retificação da declaração de vontade. **Cuidado:** Nos moldes do Enunciado n.º 12 CJF/STJ, pouco importa se o erro é escusável ou não, já que o art. 138 do CC adota o princípio da confiança. Assim, ainda que o erro não seja escusável, será possível a declaração de invalidade do ato negocial.
- *Dolo.* De acordo com Flávio Tartuce, o dolo é o "artifício ardiloso empregado para enganar alguém, com intuito de benefício próprio." (TARTUCE, Flávio. *Manual de Direito Civil – Volume Único.* 2ª ed. São Paulo: Método, 2012, p. 221). Desse modo, em se tratando de dolo, o agente é compelido a realizar o negócio jurídico, mediante fraude praticada pela outra parte ou por terceiro. Exemplo: Rafael vende a Isaac um relógio de aço, afirmando que o objeto é de ouro. **Atenção:** O dolo que tem o condão de tornar o negócio jurídico anulável deve ser essencial, pois o dolo acidental, a teor do que preceitua o art. 146 do CC, somente obriga à satisfação das perdas e danos. **Cuidado:** Também é anulável o negócio jurídico no caso de dolo de terceiro, se a parte a quem aproveita dele tivesse ou devesse ter conhecimento (art. 148 do CC).
- *Coação.* Na coação, a prática do negócio jurídico é induzida mediante violência psíquica (*vis compulsiva*), circunstância que vicia a manifestação de vontade do agente e que conduz à anulabilidade do ato negocial realizado. Exemplo: Paulo vende seu automóvel a Luiz, sob a ameaça de que, caso o negócio jurídico não seja celebrado, sua esposa será severamente agredida. **Atenção:** Nos termos do art. 151 do CC, a coação deve incutir no agente fundado temor de dano iminente e considerável à sua pessoa, à sua família ou aos seus bens. É oportuno salientar que, em se tratando de pessoa não pertencente à família do coato, o magistrado deve decidir se houve coação, com base nas circunstâncias inerentes ao caso concreto (art. 151, parágrafo único, do CC). **Cuidado:** De acordo com a doutrina majoritária, a violência física (*vis absoluta*) não é causa de invalidade do negócio jurídico. Nesta hipótese, a violência conduz à total supressão do consentimento, redundando na inexistência do negócio jurídico (plano da existência da escada ponteana).
- *Estado de perigo.* Nos termos do art. 156 do CC, configura-se o estado de perigo quando alguém, objetivando salvar-se ou a pessoa de sua família, de grave dano conhecido pela outra parte, assume obrigação excessivamente onerosa. A caracterização do estado de perigo encontra-se condicionada, portanto, à presença de um elemento de natureza objetiva (prestação excessivamente onerosa) e de um elemento de natureza subjetiva (conhecimento da situação de risco pela outra parte). Exemplo: Roberto adquire um colete salva-vidas pela importância de R$ 15.000,00 (quinze mil reais) para salvar-se de um naufrágio. **Atenção:** Nos termos do art. 156, parágrafo único, do CC, se se tratar de pessoa não pertencente à família do agente, o juiz decidirá segundo as circunstâncias do caso concreto. **Cuidado:** Muito embora a consequência jurídica decorrente da configuração do estado de perigo seja a invalidade, há quem entenda, com fundamento no princípio da conservação, pela aplicabilidade analógica do art. 157, §2º, do CC, ao instituto ora examinado. O mencionado dispositivo legal, próprio do vício da lesão, permite que o negócio jurídico não seja anulado, caso seja oferecido suplemento suficiente, ou se a parte favorecida concordar com a redução do proveito. Esta, aliás, é a conclusão consolidada no Enunciado n.º 148 CJF/STJ, com a seguinte redação: "Ao estado de perigo (art. 156) aplica-se, por analogia, o disposto no §2º do art. 157".

- *Lesão.* Na lesão, o agente assume prestação manifestamente desproporcional ao valor da prestação oposta, agindo sob premente necessidade ou por inexperiência (art. 157 do CC). O instituto da lesão se configura, desse modo, mediante a conjugação de dois elementos distintos. O primeiro deles, de natureza subjetiva, consiste na premente necessidade ou na inexperiência do agente, ao passo que o segundo, de natureza objetiva, se consubstancia na onerosidade excessiva. **Atenção:** O negócio jurídico não será invalidado, caso seja oferecido suplemento suficiente, ou se a parte favorecida concordar com a redução do proveito (art. 157, §2º, do CC).
- *Fraude contra credores.* A fraude contra credores se configura quando o devedor, em estado de insolvência ou na iminência de se tornar insolvente, pratica negócios jurídicos com o intuito de dispor de seu patrimônio para frustrar a satisfação de seus débitos. Para que a fraude contra credores possa ensejar a invalidade do negócio jurídico, é necessária, em regra, a presença de dois elementos distintos, a saber, o *consillium fraudis* (é o conluio fraudulento entre o devedor e o terceiro com quem este negocia) e o *eventus damni* (prejuízo causado ao credor). Contudo, a teor do que preconiza o art. 158 do CC, se o negócio jurídico cuja anulação se pretende for gratuito, será necessária apenas a presença do *eventus damni*, dispensando-se o *consillium fraudis*. **Atenção:** Nos termos do art. 160 do CC, se o adquirente dos bens do devedor insolvente ainda não tiver pago o preço e este for, aproximadamente, o corrente, desobrigar-se-á, depositando-o em juízo, com a citação de todos os interessados. **Cuidado:** A **ação pauliana** é o mecanismo hábil a ensejar a anulação do negócio jurídico decorrente de fraude contra credores. Aliás, a Súmula 195 do STJ deixa clara tal circunstância ao enunciar que nos "embargos de terceiro não se anula ato jurídico, por fraude contra credores".
- *Simulação.* De acordo com o escólio de Carlos Roberto Gonçalves, a simulação "é uma declaração falsa da vontade, visando aparentar negócio diverso do efetivamente desejado" (GONÇALVES, Carlos Roberto. *Direito Civil Esquematizado. Volume 1.* 2ª ed. São Paulo: Saraiva, 2012, p. 366). Desse modo, na simulação há uma divergência entre a vontade interna e aquela que foi manifestada pelos agentes. **Atenção:** A simulação gera a nulidade do negócio jurídico e não a sua anulabilidade, nos termos do art. 167 do CC. **Cuidado:** Conforme preconiza o art. 110 do CC, "a manifestação de vontade subsiste ainda que o seu autor haja feito a reserva mental de não querer o que manifestou, salvo se dela o destinatário tinha conhecimento." Isso significa que, se a outra parte tinha conhecimento da reserva mental do declarante, o negócio será inválido. Lado outro, se a outra parte desconhecia a reserva mental, o negócio será plenamente válido.

## 3.7. TEORIA DAS INVALIDADES DO NEGÓCIO JURÍDICO

- *Generalidades.* A palavra invalidade, em sua acepção jurídica, é um gênero, do qual são espécies a nulidade (ou nulidade absoluta) e a anulabilidade (ou nulidade relativa). A matéria foi disciplinada, no Código Civil, entre os arts. 166 e 184. **Atenção:** Existe, na doutrina, o entendimento de que é possível a configuração do negócio jurídico inexistente, caso o vício que o macule atinja o plano de existência preconizado por Francisco Cavalcanti Pontes de Miranda.
- *Nulidade (ou nulidade absoluta).* A nulidade é a consequência prevista pela ordem jurídica para os atos praticados em desconformidade com a lei, ensejando a supressão dos efeitos pretendidos pelo agente. A nulidade se configura quando inobservados os requisitos de validade do negócio jurídico arrolados no art. 104 do CC, sendo certo que suas respectivas hipóteses encontram-se discriminadas no art. 166 do CC. Exemplo: Marcelo, menor impúbere (menos de 16 anos), aliena sua casa a Hebert, sem que, no ato respectivo, tenha havido a interveniência de seu representante legal. Neste caso, o negócio jurídico será nulo, nos moldes do art. 166, I, do CC. **Atenção:** Não se pode olvidar que o negócio jurídico simulado também é nulo, conforme preconiza o art. 167 do CC. **Cuidado:** A nulidade absoluta pode ser alegada por qualquer interessado ou pelo Ministério Público, quando lhe couber intervir no feito (art. 168 do CC). Ademais, deve ser pronunciada pelo juiz, de ofício, quando conhecer do negócio jurídico ou dos seus efeitos e se encontrar provada (art. 168, p.u., do CC). Saliente-se, ainda, que o negócio jurídico nulo não é susceptível de confirmação, nem convalesce pelo decurso do tempo (art. 169 do CC), de sorte que a ação declaratória é o meio hábil a ensejar o reconhecimento judicial da nulidade (lembre-se de que a ação declaratória não se sujeita a nenhuma espécie de prazo). Por fim, é importante lembrar que a decretação de nulidade do negócio jurídico produz efeitos *ex tunc* (retroativos).
- *Anulabilidade (ou nulidade relativa).* Nas precisas lições de Flávio Tartuce, "a nulidade relativa envolve preceitos de ordem privada, de interesse das partes" (TARTUCE, Flávio. *Manual de Direito Civil – Volume Único.* 2ª ed. São Paulo: Método, 2012, p. 252), circunstância que impõe à questão tratamento diferenciado e menos rigoroso do que aquele conferido à nulidade absoluta. As hipóteses de anulabilidade do negócio jurídico foram arroladas no art. 171 do CC e o seu reconhecimento judicial deve ser feito através de ação anulatória, submetida ao prazo decadencial de 4 (quatro) anos – nas hipóteses do art. 178 do CC – ou de 2 (dois) anos nas demais hipóteses legais (art. 179 do CC). **Atenção:** A anulabilidade não pode ser reconhecida de ofício pelo juiz e convalesce após o decurso do prazo decadencial de 2 (dois) ou 4 (quatro) anos. Ademais, o negócio jurídico anulável, a teor do que dispõe o art. 172 do CC, pode ser confirmado pelas partes, de forma tácita ou expressa. Por derradeiro, saliente-se que a decretação da anulabilidade do negócio jurídico somente produz efeitos *ex nunc* (não retroativos), nos moldes do art. 177 do CC. **Cuidado:** Nos termos do art. 180 do CC, o menor púbere não pode, para eximir-se de uma obrigação, invocar sua idade se dolosamente a ocultou quando inquirido pela outra parte ou, se no ato de obrigar-se, declarou-se maior.

| INVALIDADES DO NEGÓCIO JURÍDICO | |
|---|---|
| **Nulidade** | **Anulabilidade** |
| →Hipóteses: arts. 166 e 167 do CC.<br>→Pode ser judicialmente reconhecida a qualquer tempo, através de ação declaratória. | →Hipóteses: art. 178 do CC.<br>→Pode ser judicialmente reconhecida no prazo decadencial de 2 ou 4 anos, através de ação anulatória. |
| →Pode ser reconhecida por manifestação de qualquer interessado, do Ministério Público ou *ex officio* pelo magistrado.<br>→A declaração de nulidade produz efeitos *ex tunc* (retroativos). | →Somente é reconhecida mediante provocação da parte interessada.<br>→A declaração de anulabilidade do negócio jurídico produz efeitos *ex nunc* (não retroativos). |

## 3.8. DA PRESCRIÇÃO E DA DECADÊNCIA – ALTERAÇÃO ART. 206-A

- *Generalidades.* Prescrição e decadência são institutos jurídicos que se configuram mediante a conjugação do decurso do tempo com a inércia do agente, ensejando a extinção de uma pretensão – no caso da prescrição – ou de um direito potestativo – na hipótese de decadência. Ambos os institutos se fundamentam na segurança jurídica e têm por objetivo impedir que as situações conflituosas se prolonguem no tempo.
- *Prescrição x Decadência.* Na vigência do Código Civil de 1916, existia muita discussão na doutrina no tocante à distinção entre prescrição e decadência, porquanto o mencionado diploma normativo disciplinou a matéria de forma confusa, criando uma série de dificuldades para o intérprete e aplicador do direito. Contudo, a vigente codificação, com fundamento no princípio da operabilidade, simplificou o tratamento legal dispensado aos institutos em apreço, concentrando os prazos de natureza prescricional nos arts. 205 e 206. Por corolário, serão prescricionais os prazos arrolados nos referidos arts. 205 e 206, ao passo que os demais prazos existentes ao longo do Código Civil serão de natureza decadencial. Ademais, como mencionado no tópico precedente, a prescrição extingue a pretensão (art. 189 do CC), ao passo que a decadência extingue o direito potestativo. Por fim, é imperioso salientar que, em regra, os prazos decadenciais não são passíveis de interrupção ou suspensão, ao reverso do que ocorre com os prazos prescricionais que se suspendem ou interrompem na forma dos arts. 197 a 204 do CC. **Atenção:** Conforme preconiza o art. 207 do CC, é possível que as causas que impedem, suspendem ou interrompem o fluxo dos prazos prescricionais se apliquem à decadência, desde que haja disposição expressa neste sentido. **Cuidado:** Tradicionalmente, o magistrado não podia reconhecer de ofício o advento dos efeitos extintivos da prescrição. Contudo, a partir da vigência da Lei n.º 11.280/2006, que revogou o art. 194 do CC, passou a ser possível o pronunciamento *ex officio* da prescrição, na forma do art. 219, §5º, do CPC/73. O CPC/2015, seguindo a mesma linha de raciocínio permite que o magistrado pronuncie *ex officio* a prescrição consumada. Neste sentido, é oportuno mencionar que, a partir da vigência do CPC/2015, o juiz pode, inclusive, julgar liminarmente improcedente o pedido deduzido na exordial, caso constate, de plano, a ocorrência da prescrição. A esse respeito, é oportuno trazer à colação o teor do 332, §1º, do CPC/2015, com a seguinte redação: "Art. 332. [...] § 1º. O juiz também poderá julgar liminarmente improcedente o pedido e verificar, desde logo, a ocorrência de decadência ou de prescrição." **Cuidado:** A decadência, quando fixada em lei, deve ser reconhecida de ofício pelo magistrado, na forma do art. 210 do CC. Todavia, em se tratando de decadência convencional, a parte deve suscitá-la em qualquer grau de jurisdição, mas o juiz não pode suprir a alegação (art. 211 do CC). **Atenção:** Durante a vigência da Lei n.º 14.010/2020, os prazos prescricionais, em matéria de Direito Privado, tiveram o seu fluxo obstado ou suspenso, conforme o caso, em virtude do Regime Jurídico Emergencial e Transitório instituído pela referida normativa, com o fim de mitigar os efeitos decorrentes da pandemia da enfermidade causada pelo novo coronavírus (Sars-Cov-2), conhecida pelo epíteto de *Coronavirus Disease 2019* (Covid-19) (art. 3º, da Lei n.º 14.010/2020). Registre-se, por oportuno, que o impedimento e a suspensão referidos pelo *caput* do art. 3º da Lei n.º 14.010/2020 aplicavam-se, também, aos prazos decadenciais, observados os limites estabelecidos pelo art. 207 do CC.

Em síntese:

| PRESCRIÇÃO X DECADÊNCIA | |
|---|---|
| **Prescrição** | **Decadência** |
| → Extingue a pretensão; | → Extingue o direito potestativo; |
| → Os prazos de prescrição encontram-se discriminados nos arts. 205 e 206 do CC;<br>→ Os prazos prescricionais sujeitam-se à interrupção e suspensão, na forma dos arts. 197 a 204 do CC; | → Os prazos decadenciais encontram-se espalhados ao longo do Código Civil;<br>→ Em regra, os prazos decadenciais não se suspendem e não se interrompem; |
| → A prescrição deve ser reconhecida *ex officio* pelo magistrado (art. 332, § 1º, do CPC/2015). | → A decadência legal deve ser reconhecida *ex officio* pelo magistrado, ao passo que a decadência convencional deve ser suscitada pela parte a quem aproveita. |

- *Prazos de prescrição.* Conforme exposto na dica precedente, os prazos prescricionais foram concentrados nos arts. 205 e 206 do CC. O art. 205 estabelece o prazo da prescrição ordinária – 10 (dez) anos, ao passo que o art. 206 contempla prazos que variam de 1 (um) a 5 (cinco) anos, arrolando suas respectivas hipóteses de incidência. **Atenção:** É muito interessante notar como o princípio da operabilidade influenciou a elaboração do referido art. 206 do CC. O candidato deve perceber que no §1º, o legislador elencou as pretensões que prescrevem em 1 (um) ano; no §2º, aquelas que prescrevem em 2 (dois) anos; no §3º, as pretensões que se extinguem em 3 (três) anos e assim por diante. Com o objetivo de facilitar a memorização, o candidato deve observar a tabela abaixo.

| PRAZOS DE PRESCRIÇÃO | |
|---|---|
| **anos** | → Fundamento legal: art. 206, §1º, do CC.<br>→ Hipóteses:<br>1) A pretensão dos hospedeiros ou fornecedores de víveres destinados a consumo no próprio estabelecimento, para o pagamento da hospedagem ou dos alimentos.<br>2) A pretensão do segurado contra o segurador, ou a deste contra aquele.<br>3) A pretensão dos tabeliães, auxiliares da justiça, serventuários judiciais, árbitros e peritos, pela percepção de emolumentos, custas e honorários.<br>4) a pretensão contra os peritos, pela avaliação dos bens que entraram para a formação do capital de sociedade anônima, contado da publicação da ata da assembleia que aprovar o laudo;<br>5) a pretensão dos credores não pagos contra os sócios ou acionistas e os liquidantes, contado o prazo da publicação da ata de encerramento da liquidação da sociedade. |

| PRAZOS DE PRESCRIÇÃO | |
|---|---|
| anos | → Fundamento legal: art. 206, §2º, do CC.<br>→ Hipótese:<br>1) A pretensão para haver prestações alimentares, a partir da data em que se vencerem. |
| anos | → Fundamento legal: art. 206, §3º, do CC.<br>→ Hipótese:<br>1) A pretensão relativa a aluguéis de prédios urbanos ou rústicos.<br>2) A pretensão para receber prestações vencidas de rendas temporárias ou vitalícias.<br>3) A pretensão para haver juros, dividendos ou quaisquer prestações acessórias, pagáveis, em períodos não maiores de um ano, com capitalização ou sem ela.<br>4) A pretensão de ressarcimento de enriquecimento sem causa. |
| anos | 5) A pretensão de reparação civil.<br>6) A pretensão de restituição dos lucros ou dividendos recebidos de má-fé, correndo o prazo da data em que foi deliberada a distribuição;<br>7) A pretensão contra as pessoas em seguida indicadas por violação da lei ou do estatuto.<br>8) A pretensão para haver o pagamento de título de crédito, a contar do vencimento, ressalvadas as disposições de lei especial.<br>9) A pretensão do beneficiário contra o segurador, e a do terceiro prejudicado, no caso de seguro de responsabilidade civil obrigatório. |
| anos | → Fundamento legal: art. 206, §4º, do CC.<br>→ Hipótese:<br>1) A pretensão relativa à tutela. |
| anos | → Fundamento legal: art. 206, §5º, do CC.<br>→ Hipóteses:<br>1) A pretensão de cobrança de dívidas líquidas constantes de instrumento público ou particular.<br>2) A pretensão dos profissionais liberais em geral, procuradores judiciais, curadores e professores pelos seus honorários, contado o prazo da conclusão dos serviços, da cessação dos respectivos contratos ou mandato.<br>3) A pretensão do vencedor para haver do vencido o que despendeu em juízo. |
| anos | → Fundamento legal: art. 205 do CC.<br>→ Hipóteses:<br>1) Trata-se do prazo de prescrição ordinária, o que significa dizer que a prescrição ocorre em 10 (dez) anos, quando a lei não lhe haja fixado prazo menor. |

- *Prescrição intercorrente. De acordo com o art. 206-A do CC, com redação dada pela Lei n.º 14.382, de 27 de junho de 2022, a prescrição intercorrente (ou prescrição no curso do processo) – que se caracteriza pela inércia de uma das partes em adotar as providências que lhe incumbiriam para o regular andamento de um processo já instaurado (ex vi do art. 921, §4º do CPC/2015) – se sujeita aos mesmos prazos de prescrição aplicáveis à pretensão deduzida pela parte interessada, bem como às causas de impedimento, suspensão e interrupção previstas no Código Civil e também à causa de interrupção contemplada pelo art. 921, §4º-A, do CPC/2015.*

## 3.9. DA PROVA

- *Conceito e generalidades.* Prova é o instrumento hábil a demonstrar a existência de um fato, ato ou negócio jurídico. De acordo com o art. 212 do CC, admitem-se, como meios de prova, a confissão, o documento, a testemunha, a presunção e a perícia. Sobreleva destacar que o rol do mencionado art. 212 do CC é meramente **exemplificativo**, o que autoriza a produção de provas diversas daquelas expressamente contempladas pelo dispositivo legal em apreço.
- *Confissão.* A confissão talvez seja o mais importante e contundente meio de prova. Ela se configura quando a parte admite a verdade de um fato contrário ao seu interesse e favorável ao adversário (art. 348 do CC). **Atenção:** Nos moldes do art. 213 do CC, não tem eficácia a confissão se esta provier de quem não é capaz de dispor do direito a que se referem os fatos confessados. **Cuidado:** Se a confissão provier de um representante legal, ela somente é eficaz nos limites em que este pode vincular o representado (art. 213, parágrafo único, do CC).
- *Documento.* A ordem jurídica atribui ao documento, que pode ser público ou particular, um caráter probante. Documentos públicos são aqueles emanados de autoridade pública, no exercício de suas prerrogativas, ao passo que os documentos particulares, se originam de agentes privados. Exemplo: A certidão expedida pelo servidor do Tribunal Regional do Trabalho da 3ª Região é um documento público. Por outro lado, uma notificação enviada pelo vendedor ao comprador, é um documento particular. **Atenção:** A escritura pública, lavrada em notas de tabelião, é documento dotado de fé pública, fazendo prova plena, conforme preconiza o art. 215 do CC. **Atenção:** O instrumento particular, feito e assinado, ou somente assinado por quem esteja na livre disposição e administração de seus bens, prova as obrigações convencionais de qualquer valor. Entretanto, seus efeitos, bem como os da cessão, somente se operam em relação a terceiros, após a transcrição em registro público. É o que decorre das disposições inseridas no art. 221 do CC.
- *Testemunha.* A prova testemunhal, a exemplo dos demais meios acima mencionados, também se consubstancia em instrumento hábil à demonstração dos fatos, atos ou negócios jurídicos. Contudo, por ser dotada de um grau de

segurança menor, tendo em vista que as pessoas comumente têm impressões diferentes acerca do mesmo fato, o meio de prova em apreço deve ser valorado com cuidado redobrado pelo magistrado, destinatário da prova por excelência. **Atenção:** O art. 228 do CC estabelece as pessoas que não podem ser testemunhas, a saber: *i)* os menores de dezesseis anos; *ii)* o interessado no litígio, o amigo íntimo ou o inimigo capital das partes; e *iii)* os cônjuges, os ascendentes, os descendentes e os colaterais, até o terceiro grau de alguma das partes, por consanguinidade, ou afinidade. **Cuidado:** A Lei nº 13.146, de 06 de julho de 2015 (Estatuto da Pessoa com Deficiência), modificou sobremaneira as disposições inseridas no art. 228 do CC, já que, a partir do advento do diploma legal em apreço, restou suprimida a restrição contemplada pela sistemática anterior, no sentido de que não poderiam depor como testemunhas, os portadores de sofrimento mental que tivessem o seu discernimento reduzido e os cegos e surdos, quando a ciência do fato dependesse dos sentidos que lhes faltavam (hipóteses contempladas nos antigos incisos II e III do art. 228 do CC). A revogação aqui referida, a par de se constituir em modificação salutar introduzida na lei civil, teve o efeito de conferir unicidade às alterações legislativas introduzidas pelo Estatuto da Pessoa com Deficiência.

- *Presunção.* Nas precisas lições de Humberto Theodoro Júnior, através da presunção "pode-se chegar a uma ideia acerca de determinado fato sem que este seja diretamente demonstrado" (THEODORO JÚNIOR, Humberto. **Comentários ao** *Novo Código Civil. Vol. III, tomo II.* 1ª ed. Rio de Janeiro: Forense, 2005, p. 408). A presunção pode decorrer da lei (Exemplo: art. 1.253 do CC – presunção de que as construções e plantações foram feitas pelo proprietário e às suas expensas) ou comuns, que decorrem da experiência do magistrado. **Atenção:** A presunção pode ser absoluta (*iure et de iure*) ou relativa (*iuris tantum*). Em relação às primeiras, não é possível a produção de prova em sentido contrário. Lado outro, em relação às presunções relativas, a parte interessada pode afastá-las, mediante a produção de qualquer meio de prova admitido pela ordem jurídica.
- *Perícia.* A prova pericial é aquela que, a rigor, depende de conhecimentos especializados, razão pela qual o magistrado se vale do auxílio dos peritos, que são profissionais habilitados a suprir a carência da *expertise* por parte do Juízo. Exemplo: No âmbito de um acidente automobilístico o magistrado precisa apurar se a vítima sofreu lesões que conduzem à incapacidade laborativa, com o fito de fixar os lucros cessantes (pensionamento). Nesta hipótese, deve se valer da perícia médica para aferir se há a mencionada incapacidade e qual o seu grau, já que o juiz não é dotado de conhecimentos na área da medicina. **Atenção:** De acordo com o art. 232 do CC, a recusa à perícia médica determinada pelo magistrado poderá suprir a prova que se pretendia obter com o exame. Na mesma linha, é interessante mencionar o teor da Súmula n.º 301 do STJ que preconiza: "Em ação investigatória, a recusa do suposto pai a submeter-se ao exame de DNA induz presunção *juris tantum* de paternidade."

## 4. DAS OBRIGAÇÕES

- *Conceito e elementos.* Obrigação consiste no vínculo jurídico que se estabelece entre credor e devedor, tendo por objeto uma prestação a ser realizada por este em prol daquele. Neste sentido, aliás, são as lições do eminente mestre Caio Mário da Silva Pereira, para quem "obrigação é o vínculo jurídico em virtude do qual uma pessoa pode exigir de outra uma prestação economicamente apreciável" (PEREIRA, Caio Mário da Silva. *Instituições de Direito Civil. Volume II.* 20ª ed. Rio de Janeiro: Forense, 2003, p. 7). A partir das definições acima estabelecidas, é possível extrair os elementos da obrigação, sintetizados no quadro a seguir:

| ELEMENTOS DA OBRIGAÇÃO | | |
|---|---|---|
| **Subjetivo** | **Objetivo** | **Imaterial** |
| → Credor<br>→ Devedor | → Prestação | → Vínculo |

- *Elementos subjetivos da obrigação.* São os sujeitos da relação obrigacional, denominados credor (sujeito ativo) e devedor (sujeito passivo). **Atenção:** Nas relações obrigacionais complexas, os sujeitos são simultânea e reciprocamente devedores e credores. Nestas hipóteses encontra-se presente o chamado sinalagma obrigacional. Exemplo: Contrato de compra e venda.
- *Elemento objetivo da obrigação.* O elemento objetivo da obrigação é a prestação, que pode ser positiva ou negativa. A prestação positiva, como o próprio nome indica, impõe ao devedor uma ação. Desse modo, as obrigações de dar e de fazer têm por objeto uma prestação positiva. Por outro lado, as prestações negativas têm como conteúdo uma abstenção do devedor. Tratam-se das obrigações de não fazer. **Cuidado:** A prestação é o objeto imediato da obrigação, ao passo que a coisa, atividade ou abstenção a ser praticada pelo devedor consistem no objeto mediato da obrigação.
- *Elemento imaterial.* O vínculo jurídico que se estabelece entre credor e devedor é o elemento imaterial ou abstrato da obrigação. Trata-se, de acordo com Carlos Roberto Gonçalves, "do liame existente entre o sujeito ativo e o sujeito passivo e que confere ao primeiro o direito de exigir do segundo o cumprimento da prestação." (GONÇALVES, Carlos Roberto. *Direito Civil Esquematizado. Volume 1.* 2ª ed. São Paulo: Saraiva, 2012, p. 459). O vínculo jurídico em apreço é formado por dois elementos constitutivos distintos, quais sejam, o débito (*Schuld*) e a responsabilidade (*Haftung*). O débito consiste no dever que o devedor tem de cumprir a obrigação, mediante a realização da prestação a ele imposta. A responsabilidade, por seu turno, se consubstancia na possibilidade que o credor tem de exigir do devedor o cumprimento da obrigação na hipótese de inadimplemento. **Atenção:** É possível haver débito sem responsabilidade (*Schuld* sem *Haftung*), nas hipóteses de obrigações naturais. Exemplo: Dívida prescrita. Pode, ainda, haver responsabilidade sem débito (*Haftung* sem *Schuld*), na hipótese em que o fiador é chamado a responder pelo débito do contrato principal.
- *Fontes das obrigações.* A expressão fonte se consubstancia em um vocábulo polissêmico, pois admite uma série de significações passíveis de adoção, a depender do contexto em que é empregado. No que toca especificamente ao tema objeto de análise neste tópico, a expressão "fontes" deve ser interpretada de modo a designar a origem das obrigações. Com efeito, embora não haja uniformidade de tratamento desta questão no âmbito da doutrina, existem ao menos três fontes das obrigações consagradas

pela ordem jurídica brasileira, a saber, (a) a lei, (b) os atos jurídicos negociais e não negociais e (c) os atos ilícitos. Dentre tais fontes das obrigações, especial destaque é conferido aos atos jurídicos negociais, posto que o contrato, principal de suas modalidades, é, nos tempos hodiernos, a mais relevante fonte das obrigações, notadamente devido ao seu amplo caráter de generalidade.

- *Classificação das obrigações.* A classificação das obrigações talvez consista em uma das mais importantes questões inseridas no campo do Direito das Obrigações. Com o objetivo de facilitar o estudo do candidato ao Exame de Ordem, um dos critérios para a classificação das obrigações foi sintetizado nas tabelas a seguir.

| **CLASSIFICAÇÃO DAS OBRIGAÇÕES QUANTO AO OBJETO** | | |
|---|---|---|
| → Obrigação de dar<br>**Atenção:** A obrigação de dar se subdivide em obrigação de dar coisa certa ou obrigação de dar coisa incerta. | → Obrigação de fazer | → Obrigação de não fazer |

- *Obrigação de dar.* A obrigação dar, enquanto modalidade de obrigação positiva, compreende o comportamento de entregar ou restituir uma coisa ao credor. Exemplo: O vendedor, no contrato de compra e venda, assume a obrigação de entregar a coisa mediante o pagamento do preço. A obrigação de dar coisa certa foi disciplinada entre os arts. 233 a 242 do CC, ao passo que as obrigações de dar coisa incerta encontram seu fundamento legal entre os arts. 243 e 246 do CC. **Atenção:** Nas obrigações de dar coisa certa, o credor não é obrigado a receber prestação diversa da que lhe é devida, ainda que mais valiosa, conforme preconiza o art. 313 do CC. **Atenção:** Em se tratando de coisa incerta, esta será indicada, ao menos, pelo gênero e pela quantidade, a teor da regra insculpida no art. 243 do CC.
- *Obrigação de fazer.* A obrigação de fazer também é uma espécie de obrigação positiva, pois sua realização depende de uma ação do devedor. Destarte, a *obligatio faciendi* (obrigação de fazer) compreende a realização de serviços por parte do devedor. Exemplo: Contrato de prestação de serviços. As obrigações de fazer podem ser personalíssimas (ou infungíveis) ou impessoais (ou fungíveis). Nas primeiras, a atividade objeto da relação obrigacional deve ser realizada por uma pessoa certa e determinada, ao passo que, nas últimas, a prestação pode ser efetivada por qualquer pessoa, ainda que diversa da do devedor. **Atenção:** No âmbito das obrigações personalíssimas, se o devedor recusar a prestação a ele imposta, incorrerá na obrigação de indenizar pelas perdas e danos, nos exatos moldes da regra consagrada no art. 247 do CC.
- *Obrigação de não fazer.* A obrigação de não fazer impõe ao devedor uma abstenção, um *non facere*. O inadimplemento das obrigações de não fazer consiste exatamente na prática do ato que o devedor havia se obrigado a não realizar. **Atenção:** Na hipótese de inadimplemento da obrigação de não fazer, o credor pode exigir que o devedor desfaça o que foi realizado, sob pena de desfazer à sua custa, ressarcindo o culpado as perdas e danos, conforme preceitua o art. 251 do CC.

| **CLASSIFICAÇÃO DAS OBRIGAÇÕES QUANTO À POSSIBILIDADE DE FRACIONAMENTO DO OBJETO DA PRESTAÇÃO** | |
|---|---|
| → Divisível | → Indivisível |

- *Obrigação divisível.* A obrigação divisível apresenta uma pluralidade de credores e/ou devedores, de sorte que cada um dos credores somente pode exigir sua quota e, ainda, que cada um dos devedores somente responde pela sua parte respectiva. Neste caso, o objeto da prestação deve também ser divisível. **Atenção:** O art. 257 do CC estabelece uma presunção no tocante às obrigações divisíveis que é comumente verificada em provas de concursos públicos. Eis a redação do mencionado dispositivo legal: "Havendo mais de um devedor ou mais de um credor em obrigação divisível, esta presume-se dividida em tantas obrigações, iguais e distintas, quantos os credores ou devedores."
- *Obrigação indivisível.* De acordo com o art. 258 do CC, a obrigação é indivisível quando a prestação tem por objeto uma coisa ou um fato não suscetíveis de divisão, por sua natureza, por motivo de ordem econômica, ou dada a razão determinante do negócio jurídico. A partir de tal postulado, calcado da dicção do Código Civil, é possível estabelecer a existência de três modalidades de indivisibilidade, sintetizadas no quadro a seguir.

| **ESPÉCIES DE INDIVISIBILIDADE** | | |
|---|---|---|
| **Natural** | **Legal** | **Convencional** |
| É aquela que decorre da natureza do objeto da prestação. Exemplo: obrigação que tem por objeto a venda de uma cabeça de gado. | É aquela que decorre de expressa disposição legal. | É aquela que decorre da manifestação de vontade das partes.<br>**Atenção:** A indivisibilidade convencional também é denominada, por alguns doutrinadores, de indivisibilidade subjetiva. |

- *Indivisibilidade e solidariedade.* Tanto na indivisibilidade quanto na solidariedade, cada devedor é obrigado pela dívida toda, nos moldes do art. 259 do CC, com a seguinte redação: "Se, havendo dois ou mais devedores, a prestação não for divisível, cada um será obrigado pela dívida toda." Contudo, a diferença crucial entre os dois institutos é que, no âmbito da indivisibilidade, a obrigação dos devedores pelo todo pode desaparecer se o objeto da prestação perecer e a obrigação se converter em perdas e danos, nos moldes do art. 263 do CC, que estabelece: "Perde a qualidade de indivisível a obrigação que se resolver em perdas e danos." Na solidariedade, este efeito não se verifica, conforme preconiza o art. 271 do CC, que preconiza: "Convertendo-se a prestação em perdas e danos, subsiste, para todos os efeitos, a solidariedade."
- *Das obrigações solidárias.* Nos termos do art. 264 do CC, configura-se a solidariedade quando na mesma obrigação concorre mais de um credor ou mais de um devedor, cada um com direito, ou obrigação, à dívida toda. **Atenção:** A solidariedade não se presume, pois somente decorre da lei ou da vontade das partes, conforme preconiza o art. 265 do CC. A solidariedade apresenta basicamente duas espécies distintas, sintetizadas no quadro a seguir:

| **ESPÉCIES DE SOLIDARIEDADE** | |
|---|---|
| **Ativa** | **Passiva** |
| A solidariedade ativa se configura quando há pluralidade de credores, com o direito de exigir a dívida por inteiro do devedor. | A solidariedade passiva se caracteriza pela presença de diversos devedores, cada qual obrigado pela dívida inteira. |

**Atenção:** Nos termos do art. 274 do CC, com a redação que lhe atribuiu o CPC/2015, o julgamento contrário a um dos credores solidários não atinge os demais, mas o julgamento favorável aproveita-lhes, sem prejuízo de exceção pessoal que o devedor tenha o direito de invocar em relação qualquer um deles.

- *Do adimplemento das obrigações.* O vocábulo adimplemento, em sua acepção jurídica, é utilizado para designar a extinção do vínculo obrigacional. O pagamento direto é a forma mais usual de adimplemento, contrapondo-se às formas especiais de adimplemento das obrigações.
- *Do pagamento direto.* O pagamento direto é composto de elementos subjetivos e objetivos. Os elementos subjetivos, como o próprio epíteto indica, compreendem, em princípio, os sujeitos da relação obrigacional, ao passo que os elementos objetivos abarcam o objeto e a forma de adimplemento. Ademais, no âmbito do pagamento direto é imperioso analisar o lugar e o tempo do pagamento. As principais regras atinentes ao pagamento direto foram, com o objetivo de propiciar sua memorização, sintetizadas na tabela a seguir.

CIVIL

| **DO PAGAMENTO DIRETO** | |
|---|---|
| **Elementos subjetivos** | **Elementos objetivos** |
| → *Solvens* – Quem deve pagar?<br>1) O próprio devedor (regra geral)<br>2) O terceiro interessado (art. 304 do CC).<br>3) O terceiro não interessado (arts. 304, p.u. e 305 do CC).<br>**Atenção:** O terceiro interessado que efetua o pagamento do débito, sub-roga-se no direito do credor. O terceiro não interessado que efetua o pagamento somente se sub-roga nos direitos do credor se efetuar o pagamento em nome próprio (art. 305 do CC).<br>→ *Accipiens* – Quem deve receber?<br>1) O próprio credor (regra geral).<br>2) O representante do credor (art. 308 do CC).<br>**Atenção:** O pagamento efetuado ao credor putativo (com aparência de credor) pode ser considerado válido, conforme preceitua o art. 309 do CC. Trata-se de evidente aplicação da teoria da aparência | → Objeto – O que e como se deve pagar?<br>Nos termos do art. 313 do CC, o objeto do pagamento é a prestação. **Cuidado:** o credor pode se recusar a receber prestação diversa, ainda que mais valiosa. **Atenção:** Nos termos do art. 315 do CC, as dívidas em dinheiro devem ser pagas em moeda nacional corrente e pelo valor nominal.<br>→ Quitação<br>Nos termos do art. 319 do CC, o devedor que paga tem direito à quitação regular e pode reter o pagamento enquanto não lhe seja dada. **Atenção:** A quitação deve, de acordo com o art. 320 do CC, conter as seguintes informações: o valor e a espécie da dívida quitada, o nome do devedor, ou quem por este pagou, o tempo e o lugar do pagamento, com a assinatura do credor, ou do seu representante. |
| → Onde deve ocorrer o pagamento?<br>1) Em se tratando de **obrigação quesível**, o pagamento deve ocorrer no domicílio do devedor. **Atenção:** Trata-se, conforme preceitua o art. 327 do CC, da regra geral no tocante ao pagamento.<br>2) Em se tratando de **obrigação portável**, o pagamento deve ocorrer no domicílio do credor. **Atenção:** Por se tratar de exceção à regra geral, o caráter portável da obrigação deve estar expresso no instrumento contratual.<br>**Cuidado:** Nos termos do art. 330 do CC, o pagamento reiteradamente feito em outro local, faz presumir renúncia do credor relativamente ao previsto no contrato. O dispositivo legal mencionado se constitui em uma aplicação da *supressio* (ou *Verwirkung*) que, de acordo com Flávio Tartuce, é "a supressão de um direito ou de uma posição jurídica, pelo seu não exercício com o passar dos tempos." (TARTUCE, Flávio. *Manual de Direito Civil. Volume Único.* 2ª ed. São Paulo: Método, 2012, p. 542) | → Quando deve ocorrer o pagamento?<br>A prestação deve ser cumprida no momento do vencimento. Antes do vencimento o credor não pode exigir o adimplemento obrigacional. Em regra, o vencimento é estipulado pelas partes no bojo do instrumento contratual por elas formalizado.<br>**Cuidado:** O art. 330 do CC estabelece que, em determinadas hipóteses, ocorrerá o vencimento antecipado do débito. São elas:<br>1) No caso de falência do devedor, ou de concurso de credores;<br>2) Se os bens, hipotecados ou empenhados, forem penhorados em execução por outro credor;<br>3) se cessarem, ou se se tornarem insuficientes, as garantias do débito, fidejussórias, ou reais, e o devedor, intimado, se negar a reforçá-las. |

- *Formas especiais do adimplemento das obrigações.*

| **CONSIGNAÇÃO EM PAGAMENTO** | |
|---|---|
| **Conceito** | É a possibilidade de o credor adimplir a obrigação por meio de depósito judicial ou extrajudicial. **Atenção:** O objeto da consignação em pagamento sempre será uma obrigação de dar. |
| **Efeitos** | Liberar o devedor do vínculo obrigacional, isentando-o dos riscos, de eventuais juros e da cláusula penal eventualmente convencionada. |

| CONSIGNAÇÃO EM PAGAMENTO | |
|---|---|
| **Hipóteses** | As hipóteses de cabimento da consignação em pagamento encontram-se arroladas no art. 335 do CC. São elas:<br>1) Se o credor não puder, ou, sem justa causa, recusar receber o pagamento, ou dar quitação na devida forma;<br>2) Se o credor não for, nem mandar receber a coisa no lugar, tempo e condição devidos;<br>3) Se o credor for incapaz de receber, for desconhecido, declarado ausente, ou residir em lugar incerto ou de acesso perigoso ou difícil;<br>4) Se ocorrer dúvida sobre quem deva legitimamente receber o objeto do pagamento;<br>5) Se pender litígio sobre o objeto do pagamento. |

| SUB-ROGAÇÃO | |
|---|---|
| **Conceito** | É a substituição do credor por um terceiro que paga o débito no lugar do devedor. |
| **Efeitos** | Os direitos do credor são transmitidos para aquele que paga a dívida. |
| **Espécies** | a) Sub-rogação pessoal → Configura-se quando o terceiro cumpre a prestação em lugar do devedor e passa a ocupar o lugar do credor. Vale dizer, sub-roga-se nos direitos do credor.<br>b) Sub-rogação real → Dá-se quando o objeto da obrigação é substituído por outro, sendo que este sub-roga-se nos ônus e direitos que incidiam sobre o primeiro.<br>c) Sub-rogação legal → Decorre da lei. Não deriva da vontade das partes (credor e devedor).<br>d) Sub-rogação convencional → É aquela que deriva exclusivamente da vontade das partes. **Atenção:** A manifestação de vontade deve ser expressa e inequívoca para evitar dúvidas acerca dos efeitos da sub-rogação. |

| DAÇÃO E M PAGAMENTO | |
|---|---|
| **Conceito** | Configura-se a dação em pagamento quando credor e devedor, através da conjugação de suas vontades, estabelecem a substituição da prestação originária por outra. |
| **Requisitos** | 1) Existência de um débito vencido.<br>2) *Animus solvendi.*<br>3) O objeto oferecido deve ser diferente do objeto originário.<br>4) Consentimento do credor na substituição. |
| **Observação** | O art. 358 do CC preceitua no sentido de que se a coisa entregue em substituição ao objeto originário for um título de crédito, tal importará em cessão. |

| NOVAÇÃO | |
|---|---|
| **Conceito** | A novação se caracteriza quando as partes criam uma nova obrigação com o escopo de substituir e extinguir obrigação precedente. |
| **Requisitos** | 1) Existência de uma obrigação anterior.<br>2) Criação de uma obrigação diversa da obrigação anterior.<br>3) *Animus novandi.* |
| **Observação** | O *animus novandi*, consistente na vontade de substituir a obrigação originária pela nova obrigação é requisito essencial para a configuração da novação. A esse respeito, preceitua o art. 361 do CC que ausente o requisito em apreço, ainda que haja a substituição da obrigação, a segunda obrigação apenas confirma a primeira. |

| COMPENSAÇÃO | |
|---|---|
| **Conceito** | Dá-se a compensação quando as partes são, reciprocamente, credores e devedores. |
| **Requisitos** | 1) Reciprocidade de obrigações.<br>2) Dividas líquidas e vencidas.<br>3) Fungibilidade das prestações das partes. |
| **Observação** | **Atenção:** Nos termos do art. 370 do CC, "embora sejam do mesmo gênero as coisas fungíveis, objeto das duas prestações, não se compensarão, verificando-se que diferem na qualidade, quando especificada no contrato."<br>**Cuidado:** A teor do que prescreve o art. 368 do CC, "Se duas pessoas forem ao mesmo tempo credor e devedor uma da outra, as duas obrigações extinguem-se, até onde se compensarem." |

| CONFUSÃO | |
|---|---|
| **Conceito** | A confusão se caracteriza quando as qualidades de credor e de devedor recaírem, concomitantemente, sobre mesma pessoa. |
| **Requisitos** | 1) As qualidades de devedor e de credor devem se reunir na mesma pessoa. |
| **Observação** | **Atenção:** A confusão, enquanto forma de extinção das obrigações é instituto amplamente diverso daquele analisado no âmbito do Direito das Coisas. Naquele segmento do Direito Civil, a confusão consiste na forma de aquisição da propriedade móvel de líquidos que se misturam (art. 1.272 do CC). |

| REMISSÃO | |
|---|---|
| **Conceito** | A remissão decorre da dispensa, pelo credor, do cumprimento da obrigação que incumbia ao devedor. |

| **Requisitos** | 1) Ânimo de perdoar.<br>2) Aceitação do perdão. |
|---|---|
| **Observação** | **Atenção:** Nos termos do art. 386 do CC, "A devolução voluntária do título da obrigação, quando por escrito particular, prova desoneração do devedor e seus co-obrigados, se o credor for capaz de alienar, e o devedor capaz de adquirir." |

- *Da transmissão das obrigações.* A vigente codificação contempla basicamente duas modalidades de transmissão das obrigações, quais sejam, a cessão de crédito e a assunção de dívida. Saliente-se, no particular, que há quem entenda que, a despeito de inexistir expressa previsão legal, a cessão de contrato é modalidade de transmissão das obrigações, encontrando o seu fundamento no art. 425 do CC, pelo qual é lícito às partes formalizar contratos atípicos, desde que observadas as regras atinentes à teoria geral dos contratos. Em síntese:

| DA TRANSMISSÃO DAS OBRIGAÇÕES | | |
|---|---|---|
| **Cessão de crédito** | **Assunção de dívida** | **Cessão de contrato** |
| → A cessão de crédito é um negócio jurídico bilateral, gratuito ou oneroso, pelo qual o credor transfere o polo ativo da relação obrigacional a outrem.<br>→ Fundamento legal: arts. 286 a 298 do CC.<br>**Atenção:** Nos termos do art. 290 do CC, a cessão do crédito não tem eficácia em relação ao devedor, senão quando a este notificada. Todavia, presume-se a notificação quando o devedor, em escrito público ou particular, se declarou ciente da cessão feita. | → A assunção de dívida (ou cessão de débito) é um negócio jurídico bilateral, através do qual o *solvens*, mediante anuência do credor, transfere o polo passivo da relação obrigacional a outrem.<br>→ Fundamento legal: arts. 299 a 303 do CC.<br>**Atenção:** A teor do que preconiza o art. 302 do CC, o novo devedor não pode opor ao credor as exceções pessoais que competiam ao devedor primitivo. | → Como mencionado anteriormente, inexiste previsão legal no tocante à cessão de contrato. Contudo, tal instituto é amplamente reconhecido pela doutrina. Trata-se, como preleciona Flávio Tartuce, de uma "transferência da inteira posição ativa ou passiva da relação contratual, incluindo o conjunto de direitos e deveres de que é titular uma determinada pessoa." (TARTUCE, Flávio. *Manual de Direito Civil. Volume Único.* 2ª ed. São Paulo: Método, 2012, p. 388) |

- *Da mora.* Conforme assinalado nas dicas precedentes, as obrigações devem ser cumpridas do prazo estipulado pelas partes. A mora consiste, pois, "no retardamento injustificado de algum dos sujeitos da relação obrigacional no tocante à prestação."(PEREIRA, Caio Mário da Silva. *Instituições de Direito Civil. Volume II.* 20ª ed. Rio de Janeiro: Forense, 2003, p. 307). A partir do conceito do eminente jurisconsulto mineiro, pode-se perceber que existem dois tipos de mora, a saber, a mora do devedor (*mora debendi*) e a mora do credor (*mora accipiendi*). As principais regras no tocante às mencionadas modalidades de mora encontram-se sintetizadas na tabela a seguir:

| MORA | |
|---|---|
| **Mora do devedor (*mora debendi*)** | **Mora do credor (*mora accipiendi*)** |
| → Nos termos do art. 394 do CC, a mora do devedor se configura quando este não efetuar o pagamento no tempo, forma e lugar que a lei ou a convenção das partes estabeleça. | → Nos termos do art. 394 do CC, a mora do credor se configura se este não quiser receber o pagamento no tempo, forma e lugar que a lei ou a convenção das partes estabeleça. |
| → Principais efeitos da *mora debendi:*<br>1) O devedor responde pelos prejuízos a que sua mora der causa, mais juros, atualização dos valores monetários segundo índices oficiais regularmente estabelecidos, e honorários de advogado (art. 395 do CC).<br>2) O devedor em mora responde pela impossibilidade da prestação, embora essa impossibilidade resulte de caso fortuito ou de força maior, se estes ocorrerem durante o atraso. Tal regra não se aplica, contudo, se o devedor provar que não laborou em culpa, ou que o dano sobreviria se a obrigação tivesse sido oportunamente cumprida (art. 399 do CC).<br>**Atenção:** O inadimplemento da obrigação, positiva e líquida, no seu termo, constitui de pleno direito em mora o devedor (art. 397 do CC). Entretanto, se não houver termo, a mora se constitui mediante interpelação judicial ou extrajudicial (art. 397, parágrafo único, do CC).<br>**Cuidado:** O art. 401 do CC consagra o instituto da purga da mora, cuja função precípua consiste em impedir a perpetuação dos efeitos da mora acima delineados. O referido dispositivo legal estabelece o seguinte:<br>1) Mora do devedor → Purga-se a mora do devedor, oferecendo este a prestação mais a importância dos prejuízos decorrentes do dia da oferta.<br>2) Mora do credor → Purga-se a mora do credor, oferecendo-se este a receber o pagamento e sujeitando-se aos efeitos da mora até a mesma data. | → Principais efeitos da mora *accipiendi:*<br>1) A mora do credor subtrai o devedor isento de dolo à responsabilidade pela conservação da coisa, obriga o credor a ressarcir as despesas empregadas em conservá-la, e sujeita-o a recebê-la pela estimação mais favorável ao devedor, se o seu valor oscilar entre o dia estabelecido para o pagamento e o da sua efetivação (art. 400 do CC). |

- *Do inadimplemento das obrigações.* Nos termos do art. 389 do CC, não cumprida a obrigação, responde o devedor por perdas e danos, mais juros e atualização monetária segundo índices oficiais regularmente estabelecidos, e honorários de advogado. É oportuno lembrar, ainda, que pelo inadimplemento, respondem todos os bens do devedor, nos moldes do art. 391 do CC. **Atenção:** Existem alguns bens que são impenhoráveis, a exemplo daqueles arrolados no art. 649 do CC e do bem de família, disciplinado pela Lei n.º 8.009/90.

- *Da cláusula penal.* A cláusula penal se consubstancia em uma penalidade acessória atribuída à parte que, culposamente, deixa de cumprir a obrigação ou se constitua em mora (art. 408 do CC). **Atenção:** Se as partes estipularem uma cláusula penal para o inadimplemento integral da obrigação, nasce uma alternativa para o credor que pode exigir o adimplemento ou a incidência da penalidade em exame (art. 410 do CC). **Cuidado:** O valor da cláusula penal não pode exceder o montante da obrigação principal, a teor do que preconiza o art. 412 do CC. Saliente-se, no particular, que o magistrado pode reduzir equitativamente a penalidade se a obrigação principal houver sido parcialmente cumprida ou se o montante da penalidade for manifestamente excessivo, tendo-se em vista a natureza e a finalidade do negócio (art. 413 do CC). Por derradeiro, é importante lembrar, tendo em vista a incidência da matéria em concursos públicos, que a cláusula penal apresenta duas importantes funções, quais sejam: *i)* se consubstanciam em meios de coerção, para instar o devedor ao cumprimento da prestação; *ii)* se prestam a prefixar as perdas e danos, na hipótese de inadimplemento. No tocante à última função mencionada, é pertinente fazer referência à dicção do art. 416 do CC, que dispensa o credor da demonstração do prejuízo para fins de incidência da cláusula penal: "Para exigir a pena convencional, não é necessário que o credor alegue prejuízo." **Atenção:** Considerando-se o caráter acessório da cláusula penal, é razoável admitir que decretada a invalidade, sob qualquer forma, da obrigação principal, a cláusula penal será considerada prejudicada. O vetusto Código Civil de 1916 continha dispositivo expresso a esse respeito, com a seguinte redação: "A nulidade da obrigação importará a da cláusula penal".
- *Das arras ou sinal.* De acordo com Flávio Tartuce, as arras ou sinal correspondem ao "valor dado em dinheiro ou o bem móvel entregue por uma parte à outra, quando do contrato preliminar, visando a trazer a presunção de celebração do contrato definitivo." (TARTUCE, Flávio. *Manual de Direito Civil. Volume Único.* 2ª ed. São Paulo: Método, 2012, p. 412). As arras podem ser confirmatórias, quando o contrato preliminar não contempla cláusula de arrependimento; ou penitenciais, se o instrumento contratual estipular a possibilidade de desistência da celebração do contrato definitivo. A distinção entre as duas modalidades de arras é muito importante, porquanto diverso é o tratamento legal dispensado a cada uma delas, conforme sintetizado no quadro a seguir:

| MODALIDADES DE ARRAS | |
|---|---|
| **Arras confirmatórias** | **Arras penitenciais** |
| → As arras confirmatórias se configuram quando o contrato preliminar **não estabelece cláusula de arrependimento**.<br>→ As regras pertinentes às arras confirmatórias podem ser extraídas do art. 418 do CC:<br>1) Se a parte que deu as arras não executar o contrato, a outra pode considerá-lo desfeito, retendo-as;<br>2) Se a parte que recebeu as arras não executar o contrato, a outra pode considerá-lo desfeito, exigindo o ressarcimento do sinal, mais o equivalente, com atualização monetária segundo índices oficiais regularmente estabelecidos, juros e honorários de advogado. | → As arras penitenciais se configuram quando o contrato preliminar **estabelece cláusula de arrependimento.**<br>→ As regras pertinentes às arras penitenciais podem ser extraídas do art. 420 do CC:<br>1) Se a parte que deu as arras não executar o contrato, perdê-las-á em benefício da outra parte; |
| **Atenção:** A principal diferença entre as arras confirmatórias e as arras penitenciais consiste no fato de que, no tocante às primeiras, é possível que a parte prejudicada postule indenização suplementar, na forma do art. 419 do CC, com a seguinte redação: "A parte inocente pode pedir **indenização suplementar**, se provar maior prejuízo, valendo as arras como taxa mínima." Por outro lado, no tocante às arras penitenciais, o art. 420 do CC, excluiu a possibilidade de exigir eventual indenização suplementar. Este, aliás, é o entendimento há muito firmado no âmbito do Supremo Tribunal Federal, consoante se extrai do teor da Súmula n.º 412 daquele Excelso Sodalício: "No compromisso de compra e venda com cláusula de arrependimento, a devolução do sinal, por quem o deu, ou a sua restituição em dobro, por quem o recebeu, exclui indenização maior a título de perdas e danos, salvo os juros moratórios e os encargos do processo."<br>**Cuidado:** Em ambas as modalidades de arras, se a parte que as recebeu não executar o contrato, fica obrigada a restituir o sinal em dobro, o que se extrai da expressão **"mais o equivalente"**, utilizada tanto no art. 418, quanto no art. 420 do CC. | 2) Se a parte que recebeu as arras não executar o contrato, deverá restituí-las, mais o equivalente. |

## 5. DOS CONTRATOS

### 5.1. TEORIA GERAL

- *Conceito de contrato.* O contrato se constitui em uma fonte de obrigações, podendo ser definido como o negócio jurídico bilateral que tem por objeto criar, modificar ou extinguir direitos de natureza patrimonial.
- *Pressupostos de validade.* Por se tratar de negócio jurídico, a validade do contrato encontra-se condicionada à presença dos requisitos de validade contemplados pelo art. 104, do Código Civil, a saber: a) capacidade das partes; b) objeto lícito, possível, determinado ou determinável; c) forma prescrita ou não defesa em lei. Ademais, os contratos devem ser entabulados através da livre manifestação de vontade das partes, a qual se constitui em um quarto requisito de validade dos negócios jurídicos não previsto expressamente no mencionado art. 104, do Código Civil. Remete-se o leitor, no particular, à análise do instituto do plano de validade do negócio jurídico, tratado, de forma pormenorizada, nas dicas precedentes. Em síntese:

| Pressupostos de validade dos contratos |
|---|
| → Capacidade das partes (art. 104 do CC); |
| → Objeto lícito, possível, determinado ou determinável (art. 104 do CC); |
| → Forma prescrita ou não defesa em lei (art. 104 do CC); |
| → Vontade livremente manifestada. |

- *Princípios*. Na atualidade, os contratos são orientados pelos seguintes princípios:

- *Princípio da autonomia privada*. O princípio da autonomia privada se consubstancia na atribuição de liberdade às partes contratantes. Tal liberdade se manifesta em duas esferas distintas. Em um primeiro momento, a liberdade que se atribui aos agentes é a liberdade de contratar, que se refere à pessoa com quem se pretende estabelecer o vínculo negocial. De outro lado, temos a liberdade contratual que se relaciona ao conteúdo dos negócios jurídicos. Na atualidade, a liberdade contratual encontra limites no princípio da função social dos contratos, a ser oportunamente analisado. Por corolário, não mais se utiliza, em Direito Civil, a expressão autonomia da vontade, eis que esta nos remete ao caráter eminentemente individualista que norteava o Código Civil de 1916, em que a liberdade contratual era praticamente irrestrita. Em síntese:

| Princípio da autonomia privada |
|---|
| Autonomia privada = liberdade de contratar + liberdade contratual |

**Atenção**: Conforme analisado nas linhas precedentes, a Lei n.º 13.874/2019 (Declaração de Direitos de Liberdade Econômica) confere maior relevo à autonomia privada, notadamente em negócios pactuados em relações de caráter empresarial, mitigando o dirigismo do Estado na seara dos contratos particulares. A título exemplificativo, o art. 2º, incisos V e VIII, da Lei n.º 13.874/2019, estabelece que são direitos de toda pessoa natural ou jurídica, essenciais para o desenvolvimento nacional: *"V – gozar de presunção de boa-fé nos atos praticados no exercício de atividade econômica, para os quais as dúvidas de interpretação do direito civil, empresarial, econômico e urbanístico serão resolvidas de forma a preservar a autonomia privada, exceto se houver expressa disposição legal em contrário"* e *"VIII – ter a garantia de que negócios jurídicos empresariais paritários serão objeto de livre estipulação das partes pactuantes, de forma a aplicar todas as regras de direito empresarial apenas de maneira subsidiária ao avençado, exceto normas de ordem pública"*.

- *Princípio da função social dos contratos*. O princípio da função social dos contratos, como analisado no item precedente, traduz a ideia de limitação à atuação da vontade das partes, porquanto o contrato deve objetivar, em última instância, a prevalência do interesse social. O princípio em apreço encontra-se expressamente previsto no art. 421, do Código Civil, com a seguinte redação: "A liberdade contratual será exercida em razão e nos limites da função social do contrato." **Atenção**: A Lei n.º 13.874/2019, além de corrigir a redação do caput do art. 421 do CC que, antes de sua vigência fazia, equivocadamente, referência à "liberdade de contratar" – expressão mais relacionada à pessoa com quem se pretende estabelecer o vínculo negocial do que com o efetivo conteúdo do negócio jurídico – deixa clara a sua intenção em retomar elementos típicos do Estado Liberal de Direito. A esse respeito, o novel parágrafo único do art. 421 do CC, preceitua que *"nas relações contratuais privadas, prevalecerão o princípio da intervenção mínima e da excepcionalidade da revisão contratual"*. Demais disso, o art. 421-A do CC, também introduzido pela Lei n.º 13.874/2019, consagra uma presunção *iuris tantum* de que os contratos empresariais se constituem em vínculos de caráter paritário e simétrico, presunção esta que somente pode ser afastada mediante a presença de elementos concretos que fundamentem o afastamento da presunção. Demais disso, o art. 421-A do CC enuncia que, no âmbito de contratos empresariais, (i) as partes negociantes poderão estabelecer parâmetros objetivos para a interpretação das cláusulas negociais e de seus pressupostos de revisão ou de resolução, (ii) a alocação de riscos definida pelas partes deverá ser respeitada e observada e (iii) a revisão contratual somente ocorrerá de maneira excepcional e limitada. A propósito, convém mencionar que a modificação introduzida pela Lei n.º 13.874/2019 no particular, reflete entendimento doutrinário há muito estabelecido, consoante se infere do Enunciado 21 da I Jornada de Direito Comercial, cujo conteúdo estabelece que nos "contratos empresariais, o dirigismo contratual deve ser mitigado, tendo em vista a simetria natural das relações interempresariais".

- *Princípio da boa-fé objetiva*. Corolário do princípio da eticidade, o princípio da boa-fé objetiva, consagrado no art. 422, do Código Civil, é a expressão genérica que atribui às partes os chamados deveres anexos aos contratos. São exemplos de tais deveres: dever de informação; dever de cuidado; dever de lealdade, etc. Como consequência, o princípio sob enfoque apresenta, sob o ponto de vista prático, diversas repercussões no âmbito das relações de índole contratual, dentre as quais se destacam:

| Repercussão | Descrição |
|---|---|
| **Vedação à prática de comportamento contraditório** (*venire contra factum proprium*) | Diante do dever de lealdade que deflui do princípio da boa-fé objetiva, as partes contratantes devem agir de maneira coerente, sendo-lhes defeso adotar posturas opostas a um comportamento anterior. |
| *Supressio* e *Surrectio* | A *supressio* consiste na supressão de um direito atribuído ao contratante em virtude de seu não exercício em um dado lapso temporal. Vale dizer, uma prerrogativa atribuída à parte como decorrência de um dado contrato deixa de ser exercitável em razão de não ter sido colocada em prática pelo contratante a quem foi atribuída. Isso ocorre porque o não exercício da faculdade enfocada gera na contraparte, com base na confiança proveniente do princípio da boa-fé objetiva, a razoável expectativa de que tal prerrogativa não seria mais exercida. **Atenção:** A *supressio* não se confunde com o instituto da prescrição, que consiste no decurso do tempo com eficácia extintiva das pretensões de direito material em razão de seu não exercício no prazo fixado pela legislação de regência. Para maiores detalhes a respeito da prescrição, remete-se o leitor às dicas concernentes à Parte Geral do Código Civil.<br>A *surrectio*, por seu turno, consiste no surgimento de um direito em virtude da conduta adotada por alguma das partes. Exemplo de aplicação do instituto pode ser extraído do art. 330 do CC, cujo conteúdo é a seguir reproduzido: *"O pagamento reiteradamente feito em outro local faz presumir renúncia do credor relativamente ao previsto no contrato."* |

| | |
|---|---|
| *Tu quoque* | O instituto em apreço se materializa nas situações em que a ação de um dos contratantes surpreende o outro, colocando-o em evidente situação de desvantagem. Como exemplos de aplicação do *tu quoque*, a doutrina usualmente menciona a situação regulada pelo art. 180 do CC, com a seguinte redação: *"O menor, entre dezesseis e dezoito anos, não pode, para eximir-se de uma obrigação, invocar a sua idade se dolosamente a ocultou quando inquirido pela outra parte, ou se, no ato de obrigar-se, declarou-se maior."* |

**Atenção**: No Código Civil de 2002, o princípio da boa-fé objetiva sempre se constituiu em um importante instrumento para a interpretação dos negócios jurídicos, conforme, aliás, deixa clara a redação do caput do art. 113 do CC, *ipsis litteris*: *"Os negócios jurídicos devem ser interpretados conforme a boa-fé e os usos do lugar de sua celebração"*. A Lei n.º 13.874/2019, complementando este conceito e reafirmando o seu objetivo precípuo de conferir maior relevo à vontade das partes contratantes, introduziu os §§1º e 2º ao dispositivo legal aqui sob comento. Eis a redação dos mencionados parágrafos: *"§ 1º A interpretação do negócio jurídico deve lhe atribuir o sentido que: I - for confirmado pelo comportamento das partes posterior à celebração do negócio; II - corresponder aos usos, costumes e práticas do mercado relativas ao tipo de negócio; III - corresponder à boa-fé; IV - for mais benéfico à parte que não redigiu o dispositivo, se identificável; e V - corresponder a qual seria a razoável negociação das partes sobre a questão discutida, inferida das demais disposições do negócio e da racionalidade econômica das partes, consideradas as informações disponíveis no momento de sua celebração. § 2º. As partes poderão livremente pactuar regras de interpretação, de preenchimento de lacunas e de integração dos negócios jurídicos diversas daquelas previstas em lei"*.

- *Princípio da força obrigatória dos contratos.* O princípio em apreço informa que os contratos fazem lei entre as partes, impondo aos contratantes a obrigatoriedade do cumprimento daquilo que foi avençado. Tal princípio é usualmente representado pelo brocardo latino *pacta sunt servanda.* **Atenção:** Ao reverso do que ocorria na vigência do vetusto Código Civil de 1916, marcado por seu viés amplamente liberal, o princípio da força obrigatória, nos tempos hodiernos, não pode mais ser concebido como um princípio absoluto, já que é mitigado pelos princípios da boa-fé objetiva e da função social dos contratos, já mencionados nas linhas precedentes.
- *Princípio da relatividade dos efeitos contratuais.* O princípio da relatividade preconiza que os contratos, em regra, somente produzem efeitos em relação aos agentes que participaram de sua formação. Todavia, não se trata de princípio absoluto, comportando algumas exceções como, por exemplo, aquela contemplada pelo art. 608, do Código Civil.

• *Formação dos contratos.* O estudo acerca da formação dos contratos compreende, a rigor, a análise de quatro fases distintas, a saber: *i)* fase de negociações preliminares (ou puntuação); *ii)* Fase de proposta (ou policitação); *iii)* Fase de contrato preliminar; *iv)* Fase de conclusão do contrato ou contrato definitivo.

- *Fase de negociações preliminares.* Trata-se do momento em que as partes, antes de formalizarem o contrato preliminar ou definitivo, estabelecem as primeiras tratativas a respeito do negócio jurídico que pretendem entabular. A fase de negociações preliminares, de acordo com Flávio Tartuce, é também denominada puntuação, palavra oriunda do vocábulo italiano *puntuazione* – antecontrato, declaração (TARTUCE, Flávio. *Manual de Direito Civil. Volume Único.* 2ª ed. São Paulo: Método, 2012, p. 557). **Atenção:** A fase de negociações preliminares não vincula as partes. Todavia é capaz de ensejar a responsabilidade pré-contratual, por força do princípio da boa-fé objetiva, na forma do Enunciado 25 CJF/STJ, com a seguinte redação: "Art. 422: o art. 422 do Código Civil não inviabiliza a aplicação pelo julgador do princípio da boa-fé nas fases pré-contratual e pós-contratual."
- *Fase de proposta.* A proposta consiste em uma declaração unilateral da vontade de contratar. Contudo, para ensejar a formação do contrato, a proposta deve ser recebida pela outra parte. Saliente-se que, nos termos do art. 427 do CC, a proposta de contrato obriga o proponente à celebração do contrato. **Atenção:** A teor do que preconiza o art. 428 do CC, a proposta deixa de ser obrigatória nas seguintes hipóteses: *i)* se, feita sem prazo a pessoa presente, não foi imediatamente aceita. Considera-se também presente a pessoa que contrata por telefone ou por meio de comunicação semelhante; *ii)* se, feita sem prazo a pessoa ausente, tiver decorrido tempo suficiente para chegar a resposta ao conhecimento do proponente; *iii)* se, feita a pessoa ausente, não tiver sido expedida a resposta dentro do prazo dado; *iv)* se, antes dela, ou simultaneamente, chegar ao conhecimento da outra parte a retratação do proponente. **Cuidado:** A oferta ao público equivale à proposta quando encerra os requisitos essenciais do contrato, exceto se o contrário resultar das circunstâncias fáticas inerentes ao caso concreto (art. 429 do CC).
- *Fase de contrato preliminar.* Nas precisas lições de Caio Mário, contrato preliminar é "aquele por via do qual ambas as partes ou uma delas se comprometem a celebrar mais tarde outro contrato, que será contrato principal"(PEREIRA, Caio Mário. *Instituições de Direito Civil. Volume III.* 11ª ed. Rio de Janeiro: Forense, 2004, p. 81). Trata-se de fase meramente facultativa e sua ocorrência decorre, basicamente, da conveniência e necessidade das partes contratantes. A matéria encontra-se disciplinada entre os arts. 462 e 466 do CC. **Atenção:** De acordo com o art. 462 do CC, O contrato preliminar, exceto quanto à forma, deve conter todos os requisitos essenciais ao contrato a ser celebrado. **Cuidado:** Concluído o contrato preliminar, com a observância dos requisitos de validade do contrato definitivo, e desde que dele não conste cláusula de arrependimento, qualquer das partes terá o direito de exigir a celebração do definitivo, assinando prazo à outra para que o efetive (art. 463 do CC).
- *Fase de conclusão do contrato.* Implementando-se a conjugação das vontades das partes envolvidas, ocorrerá o aperfeiçoamento do contrato, que estará apto a produzir os efeitos jurídicos pretendidos pelos agentes. **Atenção:** É possível vislumbrar a responsabilidade pós-contratual das partes contratantes, por aplicação do princípio da boa-fé objetiva, nos moldes do Enunciado n.º 25 CJF/STJ.

• *Estipulação em favor de terceiro.* Na estipulação em favor de terceiro, o devedor se compromete a uma determinada prestação a um terceiro que não participou da formação do vínculo contratual. No âmbito da figura contratual sob exame, temos as seguintes pessoas: (a) o estipulante que corresponde à pessoa que estabelece a obrigação a ser executada pelo devedor; (b) o promitente (ou devedor) a quem incumbe a execução da prestação; e (c) o beneficiário, terceiro que não compôs o vínculo obrigacional, mas pode exigir do devedor a prestação, ficando, todavia, sujeito às condições e normas do contrato (parágrafo único do art. 436 do CC). **Atenção:** Nos termos do art. 438 do CC, o estipulante pode reservar-se ao direito de substituir o terceiro designado no contrato, independentemente de sua anuência ou do devedor. **Cuidado:** O instituto da estipulação em favor de terceiro, se constitui em evidente mitigação do princípio da relatividade dos efeitos contratuais, já analisado nos tópicos precedentes.

• *Promessa de fato de terceiro.* Na promessa de fato de terceiro, um dos contratantes se compromete a obter a execução de uma determinada prestação de um terceiro, que não integra a relação contratual, ficando responsável pela recomposição das perdas e danos caso o terceiro não cumpra a obrigação, nos termos do art. 436 do CC. Exemplo: Ana promete a Beatriz que Fernanda realizará a pintura da casa de Beatriz. Nesta hipótese, caso Fernanda não cumpra a obrigação prometida, Ana ficará obrigada ao ressarcimento das perdas e danos incorridos por Beatriz. **Atenção**: Nos termos do art. 440 do CC, nenhuma obrigação haverá para quem se comprometer por outrem, se este, depois de ter se obrigado, faltar à prestação. **Cuidado:** A exemplo do que se asseverou quanto à estipulação em favor de terceiro, também a promessa de fato de terceiro corresponde a figura de índole contratual que mitiga o princípio da relatividade.

- *Contrato com pessoa a declarar.* De acordo com o art. 467 do CC, no momento de aperfeiçoamento do contrato, uma das partes pode reservar-se a faculdade de indicar a pessoa que deve adquirir os direitos e assumir as obrigações dele decorrentes. Caso o contrato seja silente a respeito do prazo de indicação da pessoa que irá adquirir direitos e assumir as obrigações dele provenientes, este prazo será de 05 (cinco) dias (art. 468). Trata-se, à toda evidência, de instituto muito semelhante à promessa de fato de terceiro, analisada no tópico precedente. **Atenção:** A aceitação da pessoa nomeada não será eficaz se não se revestir da mesma forma que as partes usaram para o contrato. **Cuidado:** Nos termos do art. 470 do CC, o contrato será eficaz somente entre os contratantes originários caso (a) não houver indicação de pessoa ou se o nomeado se recusar a aceitá-la e (b) se nomeada, a pessoa era insolvente e a outra pessoa o desconhecia no momento da indicação. Ademais, o contrato também só será eficaz em relação aos contratantes originários caso a pessoa a nomear seja incapaz ou insolvente no momento da nomeação (art. 471 do CC).
- *Classificação dos contratos.* A classificação dos contratos é matéria de suma relevância para a plena compreensão do instituto ora examinado. A matéria ganha ainda maior importância quando passarmos à análise da tipologia contratual do Código Civil, já que, com base na classificação ora elaborada, iremos fixar a natureza jurídica de cada um dos contratos previstos pela vigente codificação. Contudo, é prudente mencionar que os critérios de classificação dos contratos apresentam uma substancial variedade no âmbito da doutrina, de sorte que a classificação ora elaborada não exclui a de outros autores, também passíveis de adoção pela banca examinadora. Vejamos, pois, os principais critérios de classificação dos contratos.

**QUANTO AOS DIREITOS E OBRIGAÇÕES DAS PARTES**

1) Unilateral → É aquele que contempla obrigações para apenas uma das partes contratantes. Exemplo: No contrato de doaçao, apenas o doador assume a obrigação de transmitir o domínio sobre a coisa objeto do contrato ao donatário. Ao último, cabe apenas o direito de exigir a transmissão da propriedade sobre o bem, inexistindo qualquer obrigação em relação a ele.

2) Bilateral → É aquele em que há uma reciprocidade de direitos e obrigações entre as partes. Exemplo: No contrato de compra e venda tanto o vendedor, quanto o comprador, assumem obrigações e são dotados de direitos. O vendedor tem a obrigação de transmitir a propriedade sobre a coisa objeto do contrato, ao passo que o comprador se obriga ao pagamento do preço ajustado. Noutro giro, o vendedor tem o direito de receber o preço, ao passo que o comprador tem o direito de exigir a transferência da propriedade sobre o bem objeto do ato negocial. **Atenção:** Os contratos bilaterais são também designados em doutrina como **contratos sinalagmáticos**.

**Cuidado:** Todo contrato é um **negócio jurídico bilateral** ou **plurilateral**, pois para a sua formação é necessária a conjugação de mais de uma vontade. Desse modo, o contrato unilateral é também um negócio jurídico bilateral.

**QUANTO AO SACRIFÍCIO PATRIMONIAL DAS PARTES**

1) Gratuito → É aquele que contempla sacrifício patrimonial apenas para uma das partes contratantes. Exemplo: No âmbito do contrato de comodato (empréstimo gratuito de coisas infungíveis), apenas o comodante sofre um sacrifício patrimonial (empréstimo da coisa), ao passo que ao comodatário cabe uma vantagem (utiliza gratuitamente a coisa).

2) Oneroso → É aquele que envolve sacrifício patrimonial para ambas as partes. Exemplo: No contrato de compra e venda, tanto o comprador, quanto o vendedor, sofrem sacrifícios patrimoniais. O vendedor sofre um desfalque em seu patrimônio, correspondente à transmissão da propriedade sobre um determinado bem, ao passo que o comprador sofre um decréscimo patrimonial correspondente ao preço ajustado.

**Atenção:** Em regra, os contratos onerosos são bilaterais e os gratuitos unilaterais. **Cuidado:** Tal regra não é absoluta, pois o contrato de mútuo feneratício é unilateral e oneroso. O contrato em exame se consubstancia no empréstimo de dinheiro a juros. Neste caso, apenas o mutuário tem a obrigação de restituir a quantia que lhe foi emprestada (contrato unilateral) e há o pagamento de juros (contrato oneroso).

**QUANTO À FORMAÇÃO DO CONTRATO**

1) Consensual → É aquele que se forma pela mera manifestação de vontade das partes contratantes. Exemplo: Contrato de compra e venda.

2) Real → É aquele que somente se aperfeiçoa mediante a entrega da coisa (tradição). Exemplo: Contrato de comodato.

**QUANTO AOS RISCOS**

1) Comutativo → É aquele em que as partes conhecem, no momento de celebração da avença, suas respectivas prestações. Deve, ainda, haver certa equivalência entre as mesmas. Exemplo: Contrato de compra e venda.

2) Aleatório → É aquele em que a prestação de uma das partes não pode ser estabelecida no momento de celebração do contrato, já que ela depende da *alea* contratual. Exemplo: Contrato de seguro.

**QUANTO À TIPICIDADE**

1) Típico → É aquele que encontra expressa previsão na ordem jurídica. Exemplo: O contrato de doação está previsto nos arts. 538 e seguintes do Código Civil.

2) Atípico → É aquele que decorre do princípio da liberdade das formas (art. 425 do CC), sendo fruto do gênio inventivo das partes contratantes. Por tal razão, não encontra previsão expressa na ordem jurídica.

**Atenção:** É lícito às partes estipularem contratos atípicos, mas estas devem observar, para tanto, as regras e princípios atinentes à teoria geral dos contratos.

**QUANTO À POSSIBILIDADE DE MODIFICAÇÃO DO CONTEÚDO PELAS PARTES CONTRATANTES**

1) Paritário → É aquele em que é possível a discussão do conteúdo do ato negocial pelas partes contratantes.

2) Por adesão (ou de adesão) → É aquele em que não há a possibilidade de discussão do conteúdo pelas partes contratantes. O Código de Defesa do Consumidor estabelece, em seu art. 54, que o contrato de adesão "é aquele cujas cláusulas tenham sido aprovadas pela autoridade competente ou estabelecidas unilateralmente

pelo fornecedor de produtos ou serviços, sem que o consumidor possa discutir ou modificar substancialmente seu conteúdo." Assim, ao aderente não é franqueada a modificação das cláusulas contratuais, mas apenas a opção de aderir ou não ao contrato.

**Atenção:** Em razão desse contingenciamento da vontade do aderente, este goza de uma proteção diferenciada. O art. 423 do CC preceitua que se o contrato de adesão contiver cláusulas ambíguas ou contraditórias, dever-se-á adotar a interpretação mais favorável ao aderente. Por outro lado, o art. 424 do CC dispõe no sentido de que nos contratos de adesão, são nulas as cláusulas que estipulem a renúncia antecipada do aderente a direito resultante da natureza do negócio.

| QUANTO À PRESENÇA DE FORMALIDADES |
|---|
| 1) Informal → É aquele que não depende de qualquer formalidade específica. Trata-se da regra geral na sistemática da vigente codificação civil, já que o art. 107 do CC preconiza que "A validade da declaração de vontade não dependerá de forma especial, senão quando a lei expressamente a exigir." |
| 2) Formal → É aquele que exige formalidade genérica. Exemplo: O contrato de fiança deve ser elaborado obrigatoriamente por escrito, nos moldes do art. 819 do CC. |
| 3) Solene → É aquele que exige instrumento público para sua celebração. Exemplo: Contrato de compra e venda sobre bem imóvel de valor superior a 30 (trinta) vezes o maior salário mínimo vigente no país (art. 108 do CC). |

| QUANTO AO MOMENTO DO CUMPRIMENTO |
|---|
| 1) Instantâneo → É aquele que deve ser cumprido imediatamente após o seu aperfeiçoamento. Exemplo: Compra e venda de um automóvel à vista. |
| 2) De execução diferida → É aquele que deve ser cumprido de uma vez só no futuro. Exemplo: Compra e venda de um automóvel, com prazo para pagamento para o dia 15/10/2018. |
| 3) De trato sucessivo → É aquele que deve ser cumprido de forma periódica e sucessiva. Exemplo: Compra e venda de um automóvel, cujo preço fixado deve ser pago em 10 parcelas mensais, iguais e sucessivas de R$ 2.000,00 (dois mil reais). |
| **Atenção:** Os contratos de trato sucessivo ou de execução diferida, sujeitam-se à resolução por onerosidade excessiva, nos moldes do art. 478 do CC. |

| QUANTO À PESSOALIDADE |
|---|
| 1) Pessoal (ou *intuitu personae*) → É aquele que leva em consideração as características inerentes à pessoa do contratante, de sorte que a prestação deve ser cumprida diretamente por esta. Exemplo: Contratação de um violinista famoso para um concerto de música clássica. |
| 2) Impessoal → É aquele em que a pessoa do contratante não importa, podendo a prestação ser realizada por qualquer pessoa. |

- *Da possibilidade de revisão contratual no Código Civil.* O art. 317 do CC autoriza a revisão contratual quando presentes fatos imprevisíveis que conduzam à onerosidade excessiva. Eis a redação do mencionado dispositivo legal: "Quando, por motivos imprevisíveis, sobrevier desproporção manifesta entre o valor da prestação devida e o do momento de sua execução, poderá o juiz corrigi-lo, a pedido da parte, de modo que assegure, quanto possível, o valor real da prestação." Trata-se, por óbvio, de regra que mitiga o princípio da força obrigatória dos contratos, permitindo a adequação e a manutenção do equilíbrio contratual. **Atenção:** Embora haja controvérsia, a doutrina e a jurisprudência majoritariamente entendem que o dispositivo legal em apreço consagra a **teoria da imprevisão**, fundada na cláusula *rebus sic stantibus*. Desse modo, a revisão contratual somente estará autorizada, se o motivo ensejador da onerosidade excessiva for imprevisível. **Atenção**: De acordo com o art. 7º da Lei n.º 14.010/2020, que institui o Regime Jurídico Emergencial e Transitório das relações jurídicas de Direito Privado, durante a vigência de tal regime, não seriam considerados imprevisíveis para os fins do art. 317 do CC, o aumento de inflação, variação cambial, a desvalorização ou a substituição do padrão monetário. As exceções aqui referidas não se aplicavam, contudo, às regras sobre revisão contratual estabelecidas no CDC (art. 7º, §1º, da Lei n.º 14.010/2020), as quais serão mais bem detalhadas a seguir. **Cuidado:** O CDC também permite a revisão contratual por onerosidade excessiva. Contudo, o Diploma Consumerista não exige que o fato ensejador da desproporção seja imprevisível, consoante se infere do teor do art. 6º, V, do CDC: "a modificação das cláusulas contratuais que estabeleçam prestações desproporcionais ou sua revisão em razão de fatos supervenientes que as tornem excessivamente onerosas". Em razão disso, é possível afirmar, com certa segurança, que o CDC afasta a teoria da imprevisão. Em síntese:

| REVISÃO CONTRATUAL POR ONEROSIDADE EXCESSIVA | |
|---|---|
| Código Civil – art. 317 | CDC – art. 6º, V |
| Adota a teoria da imprevisão. | Afasta a teoria da imprevisão. |
| Revisão = fato imprevisível e superveniente + onerosidade excessiva | Revisão = fato superveniente + onerosidade excessiva |

**Cuidado**: Por conferir maior prevalência à autonomia privada dos contratantes e à liberdade contratual, o novel parágrafo único do art. 421 do CC estabelece que a revisão do contrato entre particulares, nos termos da lei, é medida dotada de caráter estritamente excepcional. A modificação, no particular, reflete entendimento doutrinário já consolidado no âmbito do direito empresarial, consoante materializado no Enunciado n.º 25 da I Jornada de Direito Comercial, com a seguinte redação: *"A revisão do contrato por onerosidade excessiva fundada no Código Civil deve levar em conta a natureza do objeto do contrato. Nas relações empresariais, deve-se presumir a sofisticação dos contratos e observar a alocação de riscos por ele acordada".*

**Atenção:** O art. 478 do CC, também calcado na teria da imprevisão, consagra a possibilidade de se postular a resolução dos contratos de trato sucessivo ou de execução diferida, caso a prestação imputada a uma das partes venha a se tornar excessivamente onerosa, como decorrência de eventos supervenientes e imprevisíveis. Não obstante as disposições inseridas no dispositivo legal ora mencionado, firma-se a convicção de que a resolução contratual com fundamento no preceito sob enfoque somente deve ser admitida como medida excepcional, à luz do que preconiza o princípio da conservação dos contratos, corolário do princípio da função social dos contratos, já tratado em tópico próprio. A esse respeito, sobreleva mencionar o que preconizam os Enunciado n.º 22 e 176 CJF, com a seguinte redação:

> *"Enunciado 22 - A função social do contrato, prevista no art. 421 do novo Código Civil, constitui cláusula geral que reforça o princípio de conservação do contrato, assegurando trocas úteis e justas."*

> *"Enunciado 176 - Em atenção ao princípio da conservação dos negócios jurídicos, o art. 478 do Código Civil de 2002 deverá conduzir, sempre que possível, à revisão judicial dos contratos e não à resolução contratual."*

Assim, sempre que se mostrar possível a manutenção do vínculo obrigacional, não se mostra recomendável a sua resolução, podendo o magistrado, nas ações que tenham por objeto a resolução do contrato fundada no art. 478 do CC, *"modificá-lo equitativamente, desde que ouvida a parte autora, respeitada a sua vontade e observado o contraditório."* (Enunciado 367 do CJF), entendimento aderente ao princípio da conservação e ao que prescreve o art. 479 do CC, com a seguinte redação: *"A resolução poderá ser evitada, oferecendo-se o réu a modificar eqüitativamente as condições do contrato."*

**Cuidado:** De acordo com o art. 478 do CC, a sentença proferida em ação judicial que verse sobre a resolução do contrato por onerosidade excessiva, é dotada de uma eficácia retroativa até a data da citação. **Atenção**: O art. 7º da Lei n.º 14.010/2020, que institui o Regime Jurídico Emergencial e Transitório das relações jurídicas de Direito Privado, estabelece textualmente que, durante a vigência de tal regime, não seriam considerados imprevisíveis para os fins dos arts. 478, 479 e 480 do CC, o aumento de inflação, variação cambial, a desvalorização ou a substituição do padrão monetário.

- *Dos vícios redibitórios.* São defeitos ocultos que tornam a coisa objeto de contrato comutativo imprópria para o uso ou lhe diminuem o valor (art. 441 do CC). Configurado o vício redibitório, o prejudicado pode se valer das chamadas ações edilícias, que permitem o abatimento proporcional do preço (ação *quanti minoris*) ou a resolução do contrato, sem prejuízo de eventuais perdas e danos (ação redibitória). **Atenção:** As ações edilícias, de natureza constitutiva negativa, sujeitam-se aos prazos decadenciais previstos no art. 445 do CC, a seguir discriminados:

| PRAZOS DECADENCIAIS DAS AÇÕES EDILÍCIAS |
|---|
| 1) Em se tratando de coisa móvel e quando o vício puder ser percebido de imediato, o prazo decadencial será de 30 (trinta) dias contados a partir da entrega efetiva da coisa, podendo ser reduzido para 15 (quinze) dias, se, por ocasião da celebração do negócio, o adquirente já estava na posse do bem (art. 445, *caput*, do CC).<br>2) Em se tratando de bem imóvel e quando o vício puder ser percebido de imediato, o prazo decadencial será de 1 (um) ano contado a partir da entrega efetiva da coisa, podendo ser reduzido para 6 (seis) meses, se, por ocasião da celebração do negócio, o adquirente já estava na posse do bem (art. 445, *caput*, do CC).<br>3) Em se tratando de coisa móvel e quando o vício só puder ser percebido mais tarde, o prazo decadencial será de 180 (cento e oitenta) dias, contados do momento em que o adquirente tiver ciência do defeito que macula o bem (art. 445, §1º, do CC).<br>4) Em se tratando de coisa imóvel e quando o vício só puder ser percebido mais tarde, o prazo decadencial será de 1 (um) ano, contado a partir do momento em que o adquirente tiver ciência do defeito que macula o bem (art. 445, §1º, do CC).<br>**Atenção:** Em se tratando de venda de animais, os prazos de garantia por vícios ocultos serão os estabelecidos em lei especial, ou, na falta desta, pelos usos locais, aplicando-se o disposto no parágrafo antecedente se não houver regras disciplinando a matéria (art. 445, §2º, do CC). |

- *Da evicção.* A evicção é a perda da coisa em razão de uma decisão judicial posterior à celebração da avença que a atribui a um terceiro. Saliente-se que a evicção somente tem lugar se o contrato for oneroso. Trata-se de uma garantia legal, sendo desnecessária cláusula contratual expressa neste sentido. **Atenção:** Não pode o adquirente demandar pela evicção, se sabia que a coisa era alheia ou litigiosa, conforme preconiza o art. 457 do CC. **Atenção:** A denunciação da lide, modalidade de intervenção de terceiros contemplada pela lei processual civil, se constitui em meio hábil ao exercício das prerrogativas decorrentes da evicção, consoante as disposições inseridas no art. 125, inciso I, do CPC/2015, com a seguinte redação: *"É admissível a denunciação da lide, promovida por qualquer das partes: I - ao alienante imediato, no processo relativo à coisa cujo domínio foi transferido ao denunciante, a fim de que possa exercer os direitos que da evicção lhe resultam [...]".*
- *Da extinção dos contratos.* A extinção dos contratos é matéria tratada entre os arts. 472 e 480 do CC. Em linhas gerais, é possível cogitar de dois grandes grupos de hipóteses ou modalidades de extinção dos vínculos de natureza contratual, quais sejam, a extinção natural (ou normal) ou a extinção anormal.
- *Da extinção natural (ou normal) dos contratos.* O fim esperado de todo contrato é a sua extinção em virtude do adimplemento das obrigações atribuídas às partes, de modo que a verificação do cumprimento das prestações imputadas aos contratantes se constitui na modalidade mais cristalina de extinção do vínculo de natureza contratual. Não obstante, também se enquadram na categoria sob enfoque a extinção do contrato em virtude (i) do implemento de condição resolutiva e (ii) do não implemento de condição suspensiva. Na primeira hipótese, o contrato produzirá regularmente seus efeitos, até a concretização da condição resolutiva, que terá o efeito de extinguir o vínculo obrigacional. Atenção: Nos termos do art. 474 do CC, a cláusula resolutiva expressa opera de pleno direito, ao passo que a tácita depende de interpelação judicial. No segundo caso, por seu turno, o contrato, embora devidamente aperfeiçoado, será extinto antes mesmo de produzir os seus efeitos, em virtude da não implementação de condição suspensiva estabelecida pelos contratantes.
- *Da extinção anormal dos contratos.* A extinção anormal dos contratos se dá, como o próprio epíteto indica, em razão de fatores anteriores, contemporâneos ou posteriores à formação do contrato que obstaculizam a consecução dos objetivos almejados pelos contratantes. Exemplo de extinção anormal dos contratos em razão de fatores anteriores ou contemporâneos à formação do contrato, são as hipóteses de nulidade e anulabilidade do negócio jurídico, já analisadas nos tópicos precedentes. Por outro lado, a extinção anormal dos contratos pode provir de causas supervenientes à formação do contrato, enquadrando-se, nestas hipóteses, (i) a resilição, que pode ser unilateral (denúncia) ou bilateral (distrato) e (ii) a resolução, que decorre da inexecução das obrigações contraídas pelos agentes.
- *Da resilição (modalidades).* A resilição unilateral se opera, em conformidade ao que prescreve o art. 473 do CC, mediante denúncia notificada à outra parte, estritamente nas hipóteses expressa ou implicitamente contempladas pela legislação de regência. A resilição bilateral, por sua vez, advém da conjugação da vontade dos agentes e deve se revestir da mesma forma que o contrato que está a ser resilido, consoante se infere da redação do art. 472 do CC.
- *Da resolução.* A resolução, conforme indicado nas linhas precedentes, se constitui na forma anormal de extinção do vínculo obrigacional, como decorrência da inexecução das obrigações atribuídas aos contratantes. O art. 474 do CC faz referência à chamada cláusula resolutiva que pode ser tácita ou expressa, preconizando que a cláusula resolutiva expressa opera de pleno direito, ao passo que a tácita depende de interpelação judicial. Atenção: A parte prejudicada pelo inadimplemento pode pedir a resolução do contrato, se não preferir exigir-lhe o cumprimento, podendo postular, em qualquer das hipóteses, indenização por perdas e danos. Cuidado: De acordo com parcela da doutrina, o vocábulo rescisão, muitas

vezes invocado como sinônimo de resolução, deve ser lido e entendido como a extinção dos contratos em virtude da caracterização de lesão ou de estado de perigo.

- *Da exceção do contrato não cumprido.* Como é cediço, a expressão exceção, em sua acepção jurídica, é utilizada para designar um meio de defesa atribuído a alguém. No caso do instituto contemplado pelo art. 476 do CC não é diferente. A exceção do contrato não cumprido, comumente designada pela doutrina por meio do emprego da expressão latina exeptio non adimpleti contractus, se constitui em um meio de defesa atribuído à parte contratante que, demandada quanto à inexecução de suas obrigações no âmbito de um contrato bilateral, pode invocar a inexecução da obrigação contraposta, para se eximir dos efeitos do inadimplemento que lhe é imputado. A esse respeito, é oportuna a colação do teor do art. 476 do CC: "Nos contratos bilaterais, nenhum dos contratantes, antes de cumprida a sua obrigação, pode exigir o implemento da do outro." Atenção: Nos termos do art. 477 do CC: "Se, depois de concluído o contrato, sobrevier a uma das partes contratantes diminuição em seu patrimônio capaz de comprometer ou tornar duvidosa a prestação pela qual se obrigou, pode a outra recusar-se à prestação que lhe incumbe, até que aquela satisfaça a que lhe compete ou dê garantia bastante de satisfazê-la."

## 5.2. CONTRATOS EM ESPÉCIE

- *Generalidades.* Nesta segunda parte do tópico pertinente aos contratos, serão analisados os principais tipos de contratos contemplados pelo Direito Civil brasileiro, levando-se em consideração a sua incidência nos Exames de Ordem.
- *Compra e venda.*

| | |
|---|---|
| **Conceito** | É o contrato pelo qual uma das partes (vendedor) se obriga a transferir à outra (comprador) o direito de propriedade sobre determinada coisa, mediante o pagamento do preço (art. 481, do Código Civil) |
| **Especificidades** | No Direito Civil brasileiro, o contrato de compra e venda é dotado apenas de um caráter obrigacional, já que não tem o condão de, por si só, transferir a propriedade sobre a coisa. Isso porque, a transmissão do domínio depende de dois atos ulteriores, quais sejam:<br>a) Tradição, se o objeto do contrato for um bem móvel;<br>b) Registro do título aquisitivo, se o objeto do contrato for um bem imóvel. |
| **Natureza jurídica** | a) Bilateral (ou sinalagmático) → O contrato de compra e venda contempla direitos e obrigações para ambas as partes contratantes.<br>b) Oneroso → A compra e venda impõe sacrifícios patrimoniais para ambas as partes contratantes.<br>c) Comutativo (**em regra**) → Comprador e vendedor já conhecem, por ocasião de celebração do contrato, suas respectivas prestações, havendo certa equivalência entre elas.<br>d) Consensual → Não se perfaz com a entrega da coisa ou com o registro no Cartório de Registro de Imóveis, mas, tão somente, com a manifestação de vontade das partes.<br>e) Típico → Encontra-se expressamente previsto nos arts. 481 a 532 do CC). |
| **Observação** | Se o contrato de compra e venda tiver por objeto um imóvel, cujo preço supere a importância de 30 salários mínimos, deverá ser formalizado através de escritura pública (art. 108 do CC) |

- *Doação:*

| | |
|---|---|
| **Conceito** | É o contrato pelo qual uma pessoa (doador) se obriga, por um ato de liberalidade, a transferir de seu acervo patrimonial, para outrem (donatário), bens ou vantagens (art. 538, CC). |
| **Natureza jurídica** | a) Unilateral → O contrato de doação gera obrigações apenas para uma das partes contratantes.<br>b) Gratuito → Somente o doador sofre um sacrifício patrimonial, cabendo ao donatário unicamente uma vantagem.<br>c) Comutativo → As partes já conhecem, no momento de aperfeiçoamento do negócio, quais são as prestações envolvidas.<br>d) Informal e não solene (**em regra**) → A rigor, não depende de qualquer formalidade ou solenidade específica. Todavia, se se tratar de doação de bem imóvel com valor superior a 30 (trinta) salários mínimos, o contrato será formal e solene, dependendo da lavratura de escritura pública.<br>e) Típico → Encontra-se expressamente previsto nos arts. 538 a 564 do CC. |
| **Observação** | Por se tratar de ato de liberalidade, como exposto anteriormente, a doação poderá ser revogada, desde que configurada alguma das hipóteses contempladas entre os arts. 555 e 564 do CC. |
| **Atenção** | Há quem entenda, na doutrina, que o contrato de doação modal (com encargo) seria bilateral, pois o encargo se constituiria em uma verdadeira contraprestação a ser cumprida pelo donatário. Por outro lado, há quem perfilhe o entendimento de que tal circunstância não retira o caráter unilateral do contrato. Existe, portanto, divergência na doutrina no tocante a essa questão, o que exige cuidado redobrado do candidato no Exame de Ordem, notadamente em questões objetivas. |

- *Locação.*

| | |
|---|---|
| **Conceito** | É o contrato pelo qual uma parte (locador) se obriga a ceder à outra (locatário), por tempo determinado ou não, o uso e o gozo de coisa infungível, mediante o pagamento de certa retribuição (aluguel). |
| **Natureza jurídica** | a) Bilateral → Há, no contrato de locação, reciprocidade de direitos e obrigações entre as partes.<br>b) Oneroso → O contrato de locação envolve sacrifícios patrimoniais para ambas as partes.<br>c) Comutativo → Locador e locatário conhecem, no momento de celebração do contrato, suas respectivas prestações.<br>d) Consensual → O contrato de locação se aperfeiçoa pela simples manifestação de vontade das partes. |

| | |
|---|---|
| **Natureza jurídica** | e) Informal → Não se exige qualquer formalidade específica para o contrato de locação, que pode ser verbal ou escrito.<br>f) De trato sucessivo → As prestações das partes se renovam no tempo.<br>g) Típico → O contrato de locação de coisas encontra-se expressamente disciplinado nos arts. 565 a 578 do CC. |
| **Observação** | O contrato de locação que tem por objeto um imóvel urbano é disciplinado pela Lei n.º 8.245/91 (Lei de Locações), à qual remetemos o leitor. |
| **Atenção** | Durante a vigência do Regime Jurídico Emergencial e Transitório estabelecido pela Lei n.º 14.010/2020, foi vedada a concessão de liminar para desocupação de imóvel urbano nas ações de despejo a que se referem o art. 59, §1º, incisos I, II, V, VII, VIII e IX, da Lei n.º 8.245/91 (art. 9º, da Lei n.º 14.010/2020). Registre-se, por oportuno, que a revisão dos contratos de locação, com fundamento na Lei n.º 8.245/91, não se sujeita às limitações estabelecidas no caput do art. 7º, da Lei n.º 14.010/2020, o que significa dizer que os eventos ali listados, quais sejam, aumento de inflação, variação cambial, desvalorização ou substituição de padrão monetário, podem se constituir, a depender das circunstâncias do caso concreto, em eventos imprevisíveis a embasar a revisão de um contrato de locação de imóveis para fins urbanos, nos termos da Lei n.º 8.245/91. |

- *Comodato.*

| | |
|---|---|
| **Conceito** | É o empréstimo gratuito de coisas infungíveis (art. 579 do CC). |
| **Natureza jurídica** | a) Unilateral → O contrato de comodato gera obrigações apenas para uma das partes contratantes, o comodatário, que deve restituir a coisa ao final do prazo convencionado.<br>b) Gratuito → Apenas uma das partes envolvidas, o comodante, suporta um sacrifício patrimonial.<br>c) Comutativo → As partes conhecem, no momento de celebração do comodato, as prestações envolvidas.<br>d) Real → O contrato de comodato é real, pois somente se aperfeiçoa mediante a entrega da coisa, conforme preconiza o art. 579 do CC.<br>e) Típico → Encontra-se expressamente disciplinado nos arts. 579 a 585 do CC. |
| **Observação** | Nos termos do art. 582 do CC, uma das penalidades que podem aparecer no âmbito do contrato de comodato é o chamado aluguel-pena. Mencionada penalidade é cabível quando o comodatário, devidamente notificado para restituir a coisa, não o faz. Eis o teor do referido dispositivo legal: "O comodatário é obrigado a conservar, como se sua própria fora, a coisa emprestada, não podendo usá-la senão de acordo com o contrato ou a natureza dela, sob pena de responder por perdas e danos. O comodatário constituído em mora, além de por ela responder, pagará, até restituí-la, o aluguel da coisa que for arbitrado pelo comodante." |

- *Mútuo.*

| | |
|---|---|
| **Conceito** | É o empréstimo de coisas móveis e fungíveis (art. 586 do CC). |
| **Natureza jurídica** | a) Unilateral → O contrato de mútuo gera obrigações apenas para uma das partes contratantes, o mutuário, que fica obrigado a restituir, ao final do prazo convencionado, coisa do mesmo gênero, qualidade e quantidade (parte final do art. 586 do CC)<br>b) Gratuito → O contrato de mútuo somente impõe sacrifícios patrimoniais para uma das partes contratantes, o mutuante.<br>c) Comutativo → As partes conhecem, no momento de celebração do mútuo, as prestações envolvidas.<br>d) Real → Somente se aperfeiçoa mediante a entrega da coisa.<br>e) Típico → Encontra-se expressamente disciplinado nos arts. 586 a 592 do CC). |
| **Observação** | O contrato de mútuo enseja a transferência da propriedade sobre a coisa, a teor do que preconiza o art. 587 do CC: "Este empréstimo [o mútuo] transfere o domínio da coisa emprestada ao mutuário, por cuja conta correm todos os riscos dela desde a tradição." |
| **Atenção** | O empréstimo de dinheiro a juros, denominado de mútuo feneratício, é um contrato oneroso, pois, neste caso, ambas as partes sofrerão sacrifícios patrimoniais. Neste particular, é oportuna a transcrição do art. 592 do CC: "Destinando-se o mútuo a fins econômicos, presumem-se devidos juros, os quais, sob pena de redução, não poderão exceder a taxa a que se refere o art. 406, permitida a capitalização anual." |

- *Seguro.*

| | |
|---|---|
| **Conceito** | É o contrato pelo qual "o segurador se obriga, mediante o pagamento de um prêmio, a garantir interesse legítimo do segurado, relativo a pessoa ou coisa, contra riscos predeterminados." (art. 757 do CC). |
| **Natureza jurídica** | a) Bilateral → Há reciprocidade de obrigações no âmbito do contrato de seguro.<br>b) Oneroso → Ambas as partes assumem sacrifícios patrimoniais, sendo certo que o seguro envolve o pagamento da parcela denominada prêmio, que se constitui em uma remuneração paga pelo segurado ao segurador.<br>c) Aleatório → O contrato de seguro é fundado no risco. Vale dizer, na *alea* contratual.<br>d) Consensual → O contrato se aperfeiçoa pela simples manifestação de vontade das partes.<br>e) Por adesão (**em regra**) → Em regra, as cláusulas do contrato de seguro são estipuladas apenas por uma das partes contratantes, o segurador. Inexiste, a rigor, a possibilidade de discussão do conteúdo do contrato.<br>f) Típico → Encontra-se disciplinado nos arts. 757 a 802 do CC. |

| | |
|---|---|
| **Observação** | O contrato de seguro apresenta duas modalidades, quais sejam:<br>→ Seguro de dano (arts. 778 a 788 do CC);<br>→ Seguro de pessoa (arts. 789 a 802 do CC). |
| **Atenção** | O art. 753 do CC, estabelece que não terá direito à indenização o segurado que estiver em mora em relação ao pagamento do prêmio. Todavia, o Enunciado n.º 376 CJF/STJ estabelece que para "efeito do art. 763 do Código Civil, a resolução do contrato [de seguro] depende de prévia interpelação." |

- *Fiança.*

| | |
|---|---|
| **Conceito** | De acordo com o art. 818 do CC, "Pelo contrato de fiança, uma pessoa garante satisfazer ao credor uma obrigação assumida pelo devedor, caso este não a cumpra." Saliente-se que o contrato de fiança é também denominado de caução fidejussória. |
| **Natureza jurídica** | a) Unilateral → No contrato de fiança, apenas o fiador assume uma obrigação, consistente na satisfação de uma obrigação assumida pelo devedor.<br>b) Gratuito → O fiador, em regra, não recebe nenhuma remuneração no âmbito do contrato de fiança. Todavia, a fiança pode ser onerosa, nas hipóteses de fiança bancária, em que a instituição financeira recebe uma remuneração para garantir a satisfação da obrigação assumida pelo devedor.<br>c) Formal → A fiança deve ser feita por escrito (art. 819 do CC).<br>d) Acessório → O contrato de fiança depende da existência de um contrato principal. Se o contrato principal for extinto, por qualquer motivo, também estará extinta a fiança (o acessório segue a sorte do principal).<br>e) Típico → Encontra-se expressamente disciplinado nos arts. 818 a 839 do CC. |
| **Observação** | O contrato de fiança não admite interpretação extensiva, devendo ser interpretado restritivamente. |

## 6. DA RESPONSABILIDADE CIVIL

- *Responsabilidade Civil Contratual x Responsabilidade Civil Extracontratual.* A responsabilidade civil surge quando um agente, infringindo norma contratual ou legal, causa prejuízos a outrem. Dessa sucinta definição, pode-se concluir que existem, em princípio, duas modalidades de responsabilidade civil, quais sejam, a contratual e a extracontratual (ou aquiliana). A responsabilidade civil contratual, todavia, não será objeto de análise no âmbito destas dicas, já que pertine à teoria das obrigações e dos contratos, advindo do inadimplemento (arts. 389 e seguintes do CC). As dicas ora propostas referem-se, pois, à responsabilidade civil extracontratual que se funda precipuamente no ato ilícito (art. 186 do CC). Todavia, não se pode olvidar que a responsabilidade civil extracontratual pode fundar-se, igualmente, no chamado abuso de direito (art. 187 do CC), que se configura quando o titular de um direito, ao exercê-lo, excede os limites impostos pelo seu fim econômico ou social.
- *Elementos da responsabilidade civil.* Os elementos da responsabilidade civil serão expostos no quadro a seguir, com o objetivo de permitir a sua fácil memorização. Ulteriormente, tais elementos serão analisados de forma individualizada. Senão, veja-se:

| ELEMENTOS DA RESPONSABILIDADE CIVIL |
|---|
| 1) Conduta humana voluntária; |
| 2) Dano; |
| 3) Nexo de causalidade; |
| 4) Culpa em sentido amplo. |

- *Conduta humana voluntária.* A conduta humana consiste na ação ou omissão. Para fins de responsabilidade civil, a ação ou a omissão devem ser voluntárias e antijurídicas. **Atenção:** Muito embora a antijuridicidade seja requisito para que a conduta humana possa ensejar a responsabilidade civil, o art. 187 do CC preconiza que também comete ato ilícito o titular de um direito que, ao exercê-lo, excede manifestamente os limites impostos pelo seu fim econômico e social, pela boa-fé ou pelos bons costumes. Trata-se do chamado **abuso de direito,** festejada inovação inserida no Código Civil de 2002. Por outro lado, a conduta humana pode ser classificada em positiva (ação) ou negativa (omissão). Em síntese:

| CONDUTA HUMANA |
|---|
| → Positiva – ação |
| → Negativa – omissão |

- *Dano.* O dano pode ser definido como uma violação a um bem ou interesse relevante para o direito. **Atenção:** O dano apresenta uma classificação muito importante e recorrente no Exame de Ordem, a ser analisada no quadro a seguir.

| MODALIDADES DE DANO |
|---|
| Dano material → É aquele que atinge o patrimônio material da vítima, podendo ser classificado em: |
| Dano emergente → É aquilo que a vítima perdeu. Exemplo: avarias em um automóvel em razão de acidente de trânsito. |
| Lucros cessantes → É aquilo que a vítima razoavelmente deixou de ganhar. Exemplo: taxista envolvido em um acidente de trânsito, deixa de trabalhar em razão do sinistro, pelo período de 3 meses. O que o taxista deixou de ganhar nos 3 meses representam os lucros cessantes. |
| Dano moral → É a lesão que atinge os direitos da personalidade da vítima. Exemplo: Honra, nome, imagem, boa fama etc.. **Cuidado:** Os meros aborrecimentos não ensejam a indenização por danos morais. **Atenção:** Nos termos da Súmula n.º 227 do STJ, a pessoa jurídica pode sofrer dano moral. |
| Dano estético → É aquele que se relaciona aos aspectos morfológicos da vítima, atingindo sua aparência. **Atenção:** Sugere-se, no particular, a leitura da Súmula n.º 387 do STJ. |

- *Nexo de causalidade.* O nexo causal nada mais é do que a relação de causa e efeito entre a conduta humana e o dano. Pode ser verificado a partir do esquema abaixo.

- *Culpa em sentido amplo.* A culpa em sentido amplo se subdivide em culpa em sentido estrito e dolo. A culpa em sentido estrito se caracteriza nas hipóteses de imprudência, imperícia ou negligência. O dolo, por sua vez, se configura quando o agente consciente e intencionalmente descumpre o dever imposto pela ordem jurídica, com o escopo de causar o dano. **Atenção:** O ordenamento jurídico brasileiro consagra, em determinadas situações, hipóteses de responsabilidade civil sem culpa (objetiva), razão pela qual se entende que a culpa é um elemento meramente acidental da responsabilidade civil. Sugere-se, neste particular, a leitura do art. 927, parágrafo único, do CC, a seguir analisado.
- *Responsabilidade civil subjetiva x Responsabilidade civil objetiva.* A responsabilidade civil subjetiva, que depende da demonstração do elemento culpa para sua configuração, se consubstancia na regra geral no ordenamento jurídico brasileiro. É o que decorre da interpretação conjugada dos arts. 186 e 927 do CC. Contudo, como mencionado no tópico precedente, o Código Civil de 2002 admite a responsabilidade civil objetiva, que prescinde da demonstração da culpa para sua caracterização. O parágrafo único do art. 927 do CC dispõe no sentido de que haverá obrigação de reparar o dano, independentemente de culpa, **nos casos especificados em lei** (Exemplo: art. 37, §6º, da CR/88; art. 12 do CDC etc.), ou quando a atividade normalmente desenvolvida pelo autor do dano implicar, por sua natureza, **risco** para os direitos de outrem. O dispositivo legal em apreço consagra, em sua segunda parte, a chamada **teoria do risco**, em que o dever de reparar o dano decorre de uma atividade que, embora lícita, implica em riscos acentuados para os integrantes da coletividade. Neste sentido, é oportuno mencionar o Enunciado n.º 448 CJF/STJ, com a seguinte redação: "A regra do art. 927, parágrafo único, segunda parte, do CC aplica-se sempre que a atividade normalmente desenvolvida, mesmo sem defeito e não essencialmente perigosa, induza, por sua natureza, risco especial e diferenciado aos direitos de outrem. São critérios de avaliação desse risco, entre outros, a estatística, a prova técnica e as máximas de experiência."
- *Responsabilidade civil pelo fato de terceiro.* A responsabilidade civil pelo fato de terceiro encontra-se disciplinada no art. 932 do CC. Neste caso, alguém que não causou o dano é chamado a indenizá-lo, por força de algum vínculo mantido com o causador direto do dano. Exemplo: O filho menor de João, Marcos, ao jogar futebol próximo à casa de Maria, chuta a bola, causando a quebra dos vidros de uma janela. Neste caso, João será chamado a indenizar o dano sofrido por Maria, muito embora não tenha diretamente causado o dano (art. 932, I do CC). **Atenção:** Trata-se de hipótese de responsabilidade civil objetiva, pois, neste caso, não há necessidade de se perquirir a culpa de quem é chamado a responder pelo dano. **Cuidado:** Aquele que promoveu a composição do dano pode voltar-se regressivamente contra o seu causador direto (art. 934 do CC).
- *Responsabilidade civil pelo fato da coisa.* A responsabilidade civil pelo fato da coisa encontra-se disciplinada nos arts. 936 a 938 do CC. As hipóteses contempladas pelos mencionados dispositivos legais podem ser sintetizadas da seguinte forma:

– Responsabilidade civil pelo fato do animal (art. 936 do CC);

– Responsabilidade civil pela ruína de prédio (art. 937 do CC);

– Responsabilidade civil pelo fato da coisa caída ou lançada de prédio (art. 938 do CC).

**Atenção:** Existe, na doutrina, divergência quanto à natureza jurídica da responsabilidade civil pelo fato da coisa. Uma primeira vertente doutrinária perfilha o entendimento de que seria hipótese de responsabilidade civil objetiva. Por outro lado, uma segunda corrente preconiza que seria hipótese de responsabilidade civil subjetiva, com culpa presumida.

- *Excludentes da responsabilidade civil.* As excludentes da responsabilidade civil foram discriminadas no quadro abaixo, com o objetivo de facilitar sua memorização.

| EXCLUDENTES DA RESPONSABILIDADE CIVIL |
|---|
| Hipóteses do art. 188 do CC:<br>– Legítima defesa (art. 188, I do CC);<br>– Exercício regular do direito (art. 188, I do CC);<br>– Remoção de perigo iminente e estado de necessidade (art. 188, II do CC). |
| Excludentes do nexo de causalidade:<br>– Culpa ou fato exclusivo da vítima;<br>Culpa ou fato exclusivo de terceiro;<br>– Caso fortuito e força maior. |

## 7. DIREITO DAS COISAS

### 7.1. GENERALIDADES

- *Conceito, Objeto e Abrangência.* O ramo do Direito Civil designado sob o epíteto de Direito das Coisas, tem por objeto disciplinar os vínculos diretos de poder entre o sujeito e a coisa, com eficácia *erga omnes*. Nesse contexto, é imperioso registrar que o segmento do direito ora examinado abarca a regulação dos direitos reais (art. 1.225 do CC) e de alguns direitos de natureza especial (*sui generis*) que não se enquadram na definição dos direitos pessoais patrimoniais.
- *Direitos reais x Direitos pessoais.* Conforme analisado na dica precedente, os direitos objeto de regulação pelo Livro III, da Parte Especial do Código Civil, apresentam uma estrutura sobremaneira distinta dos direitos pessoais patrimoniais. Desse modo, é mister que se promova a distinção entre as duas categorias mencionadas, com o fito de facilitar o entendimento do candidato ao Exame de Ordem. Nesse contexto, o paralelo entre os direitos reais e os direitos pessoais será sintetizado na tabela a seguir, cuja memorização se recomenda.

| DIREITOS REAIS X DIREITOS PESSOAIS | | |
|---|---|---|
| **Critério** | **Direitos pessoais** | **Direitos reais** |
| Em relação ao **sujeito passivo** | Os direitos pessoais apresentam um sujeito passivo **determinado,** o **devedor**. | Os direitos reais apresentam um sujeito passivo **indeterminado**, sendo este **toda a coletividade**. |
| Em relação à **eficácia** | Os direitos pessoais ostentam, em regra, uma eficácia ***inter partes,*** já que, em regra, o contrato somente produz efeitos em relação aos agentes que participaram de sua formação (princípio da relatividade dos efeitos contratuais). | Os direitos reais, por seu turno, ostentam uma eficácia ***erga omnes,*** já que vinculam toda a coletividade. |

| DIREITOS REAIS X DIREITOS PESSOAIS | | |
|---|---|---|
| **Critério** | **Direitos pessoais** | **Direitos reais** |
| Em relação ao **rol** | Os direitos pessoais não foram arrolados, de forma exaustiva, em nenhum dispositivo do Código Civil, de sorte que seu rol é meramente **exemplificativo. Atenção:** O art. 425 do CC preconiza ser lícito aos agentes estipular contratos atípicos, desde que respeitados os preceitos que disciplinam a teoria geral dos contratos. | Os direitos reais encontram-se discriminados exaustivamente no art. 1.225 do CC, de sorte que o seu rol é **taxativo.** |
| Em relação à **garantia** | A garantia dos direitos pessoais é o **patrimônio do devedor**, nos moldes do art. 391 do CC. | A garantia dos direitos reais é a **própria coisa**, já que esta categoria de direitos é dotada da característica da **sequela**. |

- *Direitos de natureza especial (ou* sui generis). Existem alguns direitos que, embora guardem uma certa correlação com os direitos reais, não ostentam tal condição. Isso porque, por uma opção legislativa, eles não foram inseridos no art. 1.225 do CC que, como mencionado anteriormente, contempla um rol taxativo. São os chamados direitos de natureza especial ou direitos *sui generis*. À guisa de exemplo, é possível mencionar as chamadas **obrigações *propter rem*.** De acordo com Carlos Roberto Gonçalves a "obrigação *propter rem* é a que recai sobre uma pessoa, por força de determinado direito real." (GONÇALVES, Carlos Roberto. *Direito Civil 2 Esquematizado.* 1ª ed. São Paulo: Saraiva, 2013, p. 336). O art. 1.315 do CC consagra uma típica obrigação *propter rem,* qual seja aquela imposta ao condômino de concorrer para as despesas de conservação da coisa comum. Eis o teor do mencionado dispositivo legal: "O condômino é obrigado, na proporção de sua parte, a concorrer para as despesas de conservação ou divisão da coisa, e a suportar os ônus a que estiver sujeita." **Atenção:** As obrigações *propter rem* são dotadas da característica da sequela já que acompanham a coisa nas mãos de quem quer que seja.

## 7.2. POSSE

- *Natureza Jurídica.* O instituto jurídico da posse sempre despertou muitas controvérsias doutrinárias. Isso porque, muito embora dotado de características inerentes aos direitos reais, não pode ser qualificada como tal. Em verdade, a posse não se encontra arrolada no art. 1.225 do CC, que estabelece o rol taxativo dos direitos reais no ordenamento jurídico brasileiro (ver o quadro que diferencia os direitos pessoais e os direitos reais). De tal sorte, indaga-se: qual a natureza jurídica da posse? A despeito de existir divergência doutrinária neste particular, prevalece o entendimento de que a posse se consubstancia em **direito de natureza especial (ou *sui generis*)**, uma vez que não se enquadra na categoria dos direitos reais e, tampouco, na dos direitos pessoais (porque suas características não são com estes compatíveis).
- *Conceito.* A exemplo da natureza jurídica, o conceito de posse também sempre foi tema controvertido na doutrina. Existem duas teorias que se propõem a solucionar a questão. A primeira delas, denominada subjetivista, tem em Friedrich Karl von Savigny seu principal adepto. Para os subjetivistas, a posse se constituiria no poder de disposição física sobre a coisa, com a intenção de ser dono. Desse modo, o conceito de posse, à luz da teoria subjetivista, seria composto de dois elementos. O primeiro elemento, chamado de objetivo, seria o *corpus* – o poder de disposição física sobre a coisa. O segundo elemento, chamado de subjetivo, seria o *animus domini* – a intenção de ser dono, de ter a coisa para si. De outro lado, apresenta-se a teoria objetivista que tem em Rudolf von Ihering seu principal expoente. Para os adeptos da teoria objetivista, o conceito de posse seria formado por apenas um elemento de caráter objetivo, o *corpus* – o poder de disposição física sobre a coisa. O elemento volitivo – *animus* – estaria inserido no elemento objetivo *corpus,* eis que não se pode olvidar que todo o ato humano tem um elemento relacionado à vontade do agente. Certo é que o elemento objetivo da posse se manifesta pelo exercício dos atributos do direito de propriedade, quais sejam: o direito de usar, gozar, dispor e reaver a coisa. Assim, a posse seria a exteriorização do direito de propriedade. Em síntese:

| Conceito de posse | |
|---|---|
| *Teoria subjetivista: (Savigny)*<br>Posse = *corpus* + *animus domini* | *Teoria objetivista (Ihering)*<br>Posse = *corpus* |

- *Teoria adotada pelo Código Civil de 2002.* O Código Civil de 2002 adotou a teoria objetivista da posse, pois enuncia, em seu art. 1.196 que "considera-se possuidor todo aquele que tem de fato o exercício, pleno ou não, de algum dos poderes inerentes à propriedade." Vale dizer, se o sujeito exercer algum dos poderes inerentes à propriedade será possuidor, independentemente da presença do *animus domini.* A posse se caracteriza, portanto, pela presença apenas do *corpus*, sendo desnecessário perquirir a intenção do agente.
- *Formas de aquisição da posse.* O Código Civil de 2002, ao contrário de seu antecessor de 1916, não discrimina as modalidades de aquisição da posse. Em verdade, o diploma legal em apreço limita-se a enunciar que "adquire-se a posse desde o momento em que se torna possível o exercício, em nome próprio, de qualquer dos poderes inerentes à propriedade" (art. 1.204 do CC). Contudo, para fins didáticos, permanece válida a análise das formas de aquisição da posse contempladas pelo art. 493 do CC de 1916, sintetizadas no quadro a seguir:

| FORMAS DE AQUISIÇÃO DA POSSE | |
|---|---|
| **Originárias** | **Derivadas** |
| 1) Apreensão; | 1) Tradição; |
| 2) Exercício do direito; | 2) Sucessão *inter vivos* e *mortis causa.* |
| 3) Disposição da coisa ou do direito. | **Atenção:** O constituto possessório é forma de tradição ficta que se configura quando o "vendedor, por exemplo, transferindo a outrem o domínio da coisa, conserva-a, todavia, em seu poder, mas agora na qualidade de locatário." (GONÇALVES, Carlos Roberto. *Direito Civil Esquematizado. Volume 2.* 1ª ed. São Paulo: Saraiva, 2013, p. 387). Trata-se, portanto, de modo derivado de aquisição da posse. |

- *Efeitos processuais da posse.* O instituto jurídico da posse produz alguns efeitos na seara processual, pois permite que o possuidor lance mão dos chamados interditos possessórios, que se consubstanciam nas ações judiciais destinadas à proteção da posse. A proteção possessória se dará nas hipóteses de turbação, esbulho e ameaça, conforme preconiza o art. 1.210 do CC: "O possuidor tem direito a ser mantido na posse em caso de turbação, restituído no de esbulho, e segurado de violência iminente, se tiver justo receio de ser molestado." O procedimento especial das ações possessórias encontra-se disciplinado nos arts. 554 e seguintes do CPC/2015. **Atenção:** O procedimento especial das ações possessórias somente se aplica a ações de força nova, ou seja, que datem de até um ano e um dia. Caso o mencionado prazo seja ultrapassado, aplicar-se-á à ação possessória o procedimento comum ordinário, conforme preceitua o art. 558, parágrafo único, do CPC/2015. Na tabela a seguir são sintetizadas as ações possessórias com as respectivas hipóteses de cabimento.

| AÇÕES POSSESSÓRIAS | |
|---|---|
| **Hipótese de cabimento** | **Ação Possessória** |
| Turbação | Ação de Manutenção de Posse |
| Esbulho | Ação de Reintegração de Posse |
| Ameaça de perigo iminente | Interdito proibitório |

- *Posse x Detenção.* Posse e detenção são institutos jurídicos que não se confundem. Isso porque, o detentor (ou fâmulo da posse) conserva a posse em nome de outrem, por força de um vínculo de subordinação. É o que decorre do disposto no art. 1.198 do CC: "Considera-se detentor aquele que, achando-se em relação de dependência para com outro, conserva a posse em nome deste e em cumprimento de ordens ou instruções suas." Exemplo clássico de detentor é o caseiro de um sítio. O caseiro, na verdade, não pode ser considerado possuidor, porquanto apenas conserva a posse em nome de seu empregador. O principal efeito da caracterização da detenção consiste na impossibilidade de o detentor invocar os interditos possessórios. **Atenção:** De acordo com o art. 1.208 do CC, atos de mera permissão ou tolerância também não induzem posse, o que significa dizer que tais atos conduzem à caracterização da detenção.
- *Da legítima defesa da posse e do desforço imediato.* A legítima defesa da posse e o desforço imediato, regulados no art. 1.210, §1º do CC, são mecanismos de autotutela destinados a solucionar conflitos possessórios. Trata-se, por óbvio, de situação absolutamente excepcional, razão pela qual a válida utilização de tais mecanismos pressupõe a observância de determinados requisitos, extraídos do próprio texto legal. Senão, veja-se: "O possuidor turbado, ou esbulhado, poderá manter-se ou restituir-se por sua própria força, **contanto que o faça logo**; os atos de defesa, ou de desforço, **não podem ir além do indispensável à manutenção, ou restituição da posse**."(Grifos nossos). Assim, no exercício da autotutela possessória deve haver imediatidade ("contanto que o faça logo") e proporcionalidade (os atos "não podem ir além do indispensável à manutenção ou restituição da posse").
- *Efeitos materiais da posse.* Além dos efeitos produzidos no campo processual, que se manifestam através das ações possessórias, a posse também apresenta alguns efeitos na seara do direito substancial. Nesta dica, serão analisados os principais efeitos materiais da posse.

| EFEITOS MATERIAIS DA POSSE | |
|---|---|
| **Em relação aos frutos** | **Em relação às benfeitorias:** |
| O possuidor de boa-fé, enquanto ela durar, tem direito aos frutos percebidos (art. 1.214 do CC). | O possuidor de boa-fé tem direito de ser indenizado pelas benfeitorias úteis e necessárias, podendo levantar as voluptuárias, desde que isso possa ser realizado sem detrimento da coisa (art. 1.219 do CC). |
| | Além disso, assiste ao possuidor de boa-fé o direito de retenção pelo valor das benfeitorias necessárias e úteis. |
| O possuidor de má-fé responde pelos frutos percebidos e colhidos e, ainda, por aqueles que, por sua culpa, não puderam ser percebidos (art. 1.216 do CC). | O possuidor de má-fé tem direito de ser indenizado tão somente pelas benfeitorias necessárias (art. 1.220 do CC). Todavia, não lhe assiste nenhum direito de retenção em relação às benfeitorias necessárias. |

## 7.3. DA PROPRIEDADE

- *Conceito.* Propriedade consiste no direito de usar, gozar, dispor e de reaver a coisa das mãos de quem injustamente a possua ou detenha. O Código Civil não conceituou a propriedade, preferindo apenas enunciar as faculdades que dela decorrem em seu art. 1.228: "O proprietário tem a faculdade de usar, gozar e dispor da coisa, e o direito de reavê-la do poder de quem quer que injustamente a possua ou detenha." Trata-se do mais importante direito real, o qual, inclusive, se constitui em direito fundamental, na forma do art. 5º, XXII, da CR/88.
- *Princípio da função social da propriedade.* O princípio da função social da propriedade impõe limites ao exercício do domínio, estabelecendo diretrizes para o seu uso racional. O princípio em exame encontra amparo constitucional (art. 5º, XXIII, da CR/88) e infraconstitucional (art. 1.228, §1º do CC). Assim, na dicção do Código Civil, "o direito de propriedade deve ser exercido em consonância com as suas finalidades econômicas e sociais e de modo que sejam preservados, de conformidade com o estabelecido em lei especial, a flora, a fauna, as belezas naturais, o equilíbrio ecológico e o patrimônio histórico e artístico, bem como evitada a poluição do ar e das águas."
- *Formas de aquisição da propriedade.* As formas de aquisição da propriedade podem ser originárias ou derivadas. Na aquisição originária, o novo proprietário não responde por quaisquer débitos que incidam sobre a coisa. Por outro lado, na aquisição derivada, o adquirente deve responder por eventuais débitos que recaiam sobre a coisa. Encontram-se sintetizadas, nos quadros a seguir, as formas de aquisição originária e derivada da propriedade móvel e imóvel.

| FORMAS DE AQUISIÇÃO DA PROPRIEDADE IMÓVEL | |
|---|---|
| **Formas de aquisição originária** | **Formas de aquisição derivadas** |
| 1) Acessões:<br>Formação de ilhas (art. 1.249 do CC);<br>Aluvião (art. 1.250 do CC);<br>Avulsão (art. 1.251 do CC);<br>Álveo abandonado (art. 1.252 do CC);<br>Plantações e Construções (arts. 1.253 a 1.259 do CC).<br>2) Usucapião (arts. 1.238 a 1.244 do CC). | 1) Registro imobiliário (arts. 1.245 a 1.247 do CC);<br>2) Sucessão hereditária. |

| FORMAS DE AQUISIÇÃO DA PROPRIEDADE MÓVEL | |
|---|---|
| **Formas originárias** | **Formas derivadas** |
| 1) Usucapião (arts. 1.260 a 1.262 do CC).<br>2) Ocupação (art. 1.263 do CC) e achado do tesouro (arts. 1.264 a 1.266 do CC). | 1) Tradição (arts. 1.267 e 1.268 do CC)<br>2) Especificação (arts. 1.269 a 1.271 do CC)<br>3) Confusão, Comistão e Adjunção (arts. 1.272 a 1.274 do CC).<br>4) Sucessão hereditária. |

- *Usucapião.* A usucapião, também conhecida como prescrição aquisitiva, é a forma originária de aquisição do domínio e de outros direitos reais pelo exercício da posse no prazo estabelecido na legislação de regência. Trata-se do principal efeito da conjugação da posse com o decurso do tempo. Obviamente, outros requisitos são exigidos para a consumação da usucapião, de acordo com o que prescreve o ordenamento jurídico. Para os propósitos desta obra, destaca-se a chamada usucapião familiar, disciplinada no art. 1.240-A do CC: "Aquele que exercer, por 2 (dois) anos ininterruptamente e sem oposição, posse direta, com exclusividade, sobre imóvel urbano de até 250m² (duzentos e cinquenta metros quadrados) cuja propriedade divida com ex-cônjuge ou ex-companheiro que abandonou o lar, utilizando-o para sua moradia ou de sua família, adquirir-lhe-á o domínio integral, desde que não seja proprietário de outro imóvel urbano ou rural." Mencionado dispositivo estabelece alguns requisitos específicos para a aquisição da propriedade sobre a meação do cônjuge que abandonou o lar. Senão, veja-se:

| REQUISITOS DA USUCAPIÃO FAMILIAR (ART. 1.240-A do CC) |
|---|
| 1) Imóvel urbano de até 250 m2 utilizado para moradia; |
| 2) Prazo de 2 (dois) anos; |
| 3) Abandono do lar; |
| 4) Não ser proprietário de outro imóvel urbano ou rural. |
| **Atenção:**<br>* A usucapião familiar se aplica indistintamente para o casamento e para a união estável. O próprio art. 1.240-A do CC, deixa clara tal circunstância ao empregar os vocábulos "ex-cônjuge" e "ex-companheiro".<br>** O Enunciado n.º 500 CJF/STJ, aprovado na V Jornada de Direito Civil, consolidou o entendimento de que a usucapião familiar também se aplica às uniões homoafetivas: "A modalidade de usucapião prevista no art. 1.240-A do Código Civil pressupõe a propriedade comum do casal e compreende todas as formas de família ou entidades familiares, inclusive homoafetivas." |

**Nota:** Nos termos do art. 10, da Lei n.º 14.010/2020, que instituiu o Regime Jurídico Emergencial e Transitório concernente às relações de Direito Privado, os prazos aplicáveis às diversas modalidades de usucapião foram suspensos desde a entrada em vigor do referido diploma normativo até o dia 30 de outubro de 2020.

- *Formas de perda da propriedade.* De acordo com o art. 1.275 do CC, perde-se a propriedade por alienação, renúncia, abandono, perecimento da coisa ou desapropriação. A doutrina distingue, no particular, os modos voluntários e involuntários de perda da propriedade, conforme sintetizado no quadro a seguir.

| FORMAS DE PERDA DA PROPRIEDADE | |
|---|---|
| **Voluntárias** | **Involuntárias** |
| 1) Alienação;<br>2) Renúncia;<br>3) Abandono. | 1) Perecimento da coisa;<br>2) Desapropriação. |

## 7.4. DOS DIREITOS DE VIZINHANÇA

- *Conceito e generalidades.* Os direitos de vizinhança, disciplinados nos arts. 1.277 a 1.313 do CC, são limitações impostas à utilização da propriedade com o objetivo de permitir a boa convivência social. Os mencionados dispositivos legais regulam o uso anormal da propriedade (arts. 1.277 a 1.281 do CC); as árvores limítrofes (arts. 1.282 a 1.284 do CC); a passagem forçada (art. 1.285 do CC); a passagem de cabos e tubulações (arts. 1.286 e 1.287 do CC); as águas (arts. 1.288 a 1.296 do CC); os limites entre os prédios (arts. 1.297 e 1.298 do CC) e o direito de construir (arts. 1.299 a 1.313 do CC). A seguir serão expostos os aspectos mais importantes no tocante aos institutos pertinentes aos direitos de vizinhança.

- *Quadro sinóptico.*

| DIREITOS DE VIZINHANÇA | |
|---|---|
| **Instituto** | **Principais efeitos** |
| **Uso anormal da propriedade** | → O proprietário ou possuidor de um prédio tem o direito de fazer cessar as atividades nocivas oriundas de propriedade vizinha (art. 1.277 do CC).<br>→ Para tanto, pode se valer de medidas judiciais próprias – como é o caso da ação de nunciação de obra nova (arts. 934 a 940, do CPC) – ou da tutela específica, disciplinada pelo art. 497 do CPC/2015.<br>**Atenção:** O direito de fazer cessar o uso anormal da propriedade não subsiste se as atividades realizadas no prédio vizinho forem justificadas pelo interesse público (art. 1.278 do CC). |
| **Árvores limítrofes** | → Como se sabe, em regra, o acessório segue a sorte do principal (princípio da gravitação jurídica).<br>→ As regras pertinentes às árvores limítrofes subvertem tal princípio, porquanto os frutos que caírem de árvore de terreno vizinho pertencem ao dono do solo onde caírem (art. 1.284 do CC). |
| **Passagem forçada** | → Pelo direito de passagem forçada, o dono do prédio que não tiver acesso à via pública poderá constranger o vizinho a lhe dar passagem, mediante indenização cabal (art. 1.285 do CC) |
| **Passagem de cabos e tubulações** | → O proprietário é obrigado a tolerar a passagem de cabos e tubulações relativos a serviços de utilidade pública em prol dos prédios vizinhos, mediante o recebimento de indenização (art. 1.286 do CC). |
| **Águas** | → O dono do prédio inferior é obrigado a receber as águas que correm naturalmente do superior, não podendo criar embaraços ao seu fluxo (art. 1.288 do CC). |
| **Direito de tapagem** | → O proprietário tem o direito de cercar, murar, valar ou tapar o seu prédio, podendo constranger o proprietário vizinho a promover a demarcação entre os dois prédios (art. 1.297 do CC).<br>→ Os muros, cercas, valas e tapumes são exemplos de **condomínio necessário**, pois os confinantes estão obrigados a concorrer para as despesas destinadas à sua construção e conservação (art. 1.297, §1º do CC). |
| **Direito de construir** | → É vedado construir janelas ou fazer eirado, terraço ou varanda a menos de metro e meio do terreno vizinho (art. 1.301 do CC).<br>→ O proprietário dispõe do prazo decadencial de um ano e um dia após a conclusão da obra para exigir que se desfaça a janela, sacada ou terraço (art. 1.302 do CC). |

## 7.5. DO CONDOMÍNIO EM GERAL

- *Conceito.* Configura-se o condomínio quando duas ou mais pessoas exercem o direito de propriedade sobre a coisa indivisa. A cada um dos condôminos, nesta hipótese, é atribuída uma fração ideal da coisa.
- *Classificação do condomínio.* O condomínio pode ser voluntário, eventual ou necessário. Senão veja-se:
  - *Condomínio voluntário* → É aquele que se forma mediante a conjugação da vontade dos condôminos. Exemplo: dois amigos compram um automóvel.
  - *Condomínio eventual* → É aquele que se aperfeiçoa em razão de fatores alheios à vontade dos condôminos. Exemplo: José, pai de Jorge e João, falece, deixando apenas uma casa como herança. Neste caso, Jorge e João serão proprietários da mencionada casa, formando-se um condomínio eventual.
  - *Condomínio necessário* → É aquele que decorre de expressa disposição legal. Exemplo: muros, cercas e valas (art. 1.297, §1º do CC).

## 7.6. DO CONDOMÍNIO EDILÍCIO

- *Características.* O condomínio edilício é instituto jurídico que se caracteriza pela presença de uma propriedade comum (de todos os condôminos) e de uma propriedade exclusiva (unidades autônomas). É o que decorre das disposições inseridas no art. 1.331 do CC.
- *Personalidade jurídica.* De acordo com a melhor doutrina, o condomínio edilício não é dotado de personalidade jurídica própria. A despeito disso, pode demandar e ser demandado em juízo, nos exatos moldes preconizados pelo art. 75, XI, do CPC, hipótese em que será representado pelo síndico.
- *Fundamento legal.* O vigente Código Civil disciplinou a matéria em seus arts. 1.331 a 1.358.
- *Modos de instituição.* O condomínio edilício pode ser instituído por ato *inter vivos* ou por testamento, que deve ser registrado no Cartório de Registro de Imóveis (art. 1.332 do CC).
- *Constituição.* O ato de constituição do condomínio edilício é a Convenção de Condomínio, que, nos termos do art. 1.333 do CC, "deve ser subscrita pelos titulares de, no mínimo, **dois terços das frações ideais** e torna-se, desde logo, obrigatória para os titulares de direito sobre as unidades, ou para quantos sobre elas tenham posse ou detenção." (Grifos nossos). Ademais, para valer contra terceiros, deve ser registrada no Cartório de Registro de Imóveis (art. 1.333, parágrafo único do CC).
- *Estrutura interna.* A estrutura interna do condomínio apresenta as seguintes características:
  - *Partes de propriedade exclusiva* → São os apartamentos, salas, escritórios, lojas etc.. Podem ser alienadas independentemente de anuência dos demais condôminos, pois são de propriedade exclusiva dos condôminos (art. 1.331, §1º do CC).
  - *Partes comuns* → São o solo, estrutura do prédio, o telhado, a rede de distribuição de água, gás etc.. Por corolário, não podem ser alienadas separadamente ou divididos (art. 1.331, §2º do CC).
- *Administração do condomínio edilício.* Nos termos do art. 1.347 do CC, o condomínio é administrado pelo síndico que será escolhido pela assembleia geral, para administrar o condomínio pelo prazo não superior a dois anos, o qual poderá renovar-se.
- *Assembleia condominial. Covid-19.* O art. 12 da Lei n.º 14.010/2020 estabeleceu que, durante a vigência do

Regime Jurídico Emergencial e Transitório aplicável às relações jurídicas de Direito Privado, as assembleias condominiais poderiam ocorrer, em caráter emergencial, por meios virtuais, sem prejuízo da obrigação de prestação de contas regular dos atos de administração pelo síndico (art. 13 da Lei n.º 14.010/2020). **Atenção**: Na impossibilidade de realização das assembleias condominiais por meios telemáticos, os mandatos de síndicos vencidos a partir de 20 de março de 2020 ficaram prorrogados até o dia 30 de outubro de 2020.

- *Condomínio de Lotes. O instituto do condomínio de lotes, a exemplo do que ocorre com o condomínio edilício, caracteriza-se pela existência de lotes de propriedade exclusiva e partes de imóvel que são de propriedade comum dos condôminos (art. 1358-A do CC). De acordo com o art. 1.358-A, §2º, aplicam-se ao condomínio de lotes, no que couber, as regras concernentes ao condomínio edilício, observada a legislação urbanística, bem como o regime jurídico das incorporações imobiliárias, nos termos da Lei n.º 4.591/64.*

## 7.7. DA MULTIPROPRIEDADE (*TIMESHARING*)

- *Conceito. Em 20 de dezembro de 2018, sobreveio a Lei n.º 13.777, que modifica o Código Civil e a Lei de Registros Públicos, com o objetivo de disciplinar a chamada multipropriedade que se caracteriza pela existência de um condomínio sobre um bem imóvel indivisível, em os condôminos são, de maneira alternada, titulares de frações de tempo, em que poderão exercer os direitos de usar e gozar de tal imóvel, em caráter de exclusividade. Exemplo: Ana Beatriz e Maria Pia, adquirem um apartamento na cidade de Belo Horizonte, que será utilizado, em caráter de exclusividade, por Ana Beatriz, no período de 01º de janeiro a 30 de junho de todos os anos e, por Maria Pia, no período compreendido entre 01º de julho e 31 de dezembro de todos os anos. A esse respeito é oportuna a transcrição do teor literal do art. 1.358-C do CC, introduzido por força da Lei n.º 13.777/18: "Multipropriedade é o regime de condomínio em que cada um dos proprietários de um mesmo imóvel é titular de uma fração de tempo, à qual corresponde a faculdade de uso e gozo, com exclusividade, da totalidade do imóvel, a ser exercida pelos proprietários de forma alternada."*
- *Imóvel*. Na dicção do art. 1.358-D do CC, o imóvel objeto de multipropriedade é indivisível, não se sujeitando à ação de divisão ou de extinção de condomínio e inclui as instalações, equipamentos e mobiliário destinados ao seu uso e fruição.
- *Fração de tempo*. De acordo com o art. 1.358-E do CC, cada fração de tempo é indivisível, devendo ser de, no mínimo, 07 (sete) dias. Ademais, a fração de tempo poderá ser conferida aos condôminos de maneira fixa e determinada (no mesmo período de cada ano), flutuante ou mista (combinando elementos dos dois modelos anteriores). **Atenção:** Nos termos do §2º, do art. 1.358-E do CC, *"todos os multiproprietários terão direito a uma mesma quantidade mínima de dias seguidos durante o ano, podendo haver a aquisição de frações maiores que a mínima, com o correspondente direito ao uso por períodos também maiores."*
- *Forma da instituição da multipropriedade*. A teor do que prescreve o art. 1.358-F do CC, institui-se a multipropriedade por ato *inter vivos* ou por testamento, devendo, em ambos os casos, o ato de instituição ser levado a registro no Cartório de Registro de Imóveis. Do ato de instituição da multipropriedade deve constar a duração dos períodos correspondentes a cada fração de tempo. O art. 1.358-G do CC menciona as cláusulas que obrigatoriamente devem constar da convenção de condomínio em multipropriedade, quais sejam: (i) os poderes e deveres dos multiproprietários, especialmente em matéria de instalações, equipamentos e mobiliário do imóvel, de manutenção ordinária e extraordinária, de conservação e limpeza e de pagamento da contribuição condominial; (ii) o número máximo de pessoas que podem ocupar simultaneamente o imóvel no período correspondente a cada fração de tempo; (iii) as regras de acesso do administrador condominial ao imóvel para cumprimento do dever de manutenção, conservação e limpeza; (iv) a criação de fundo de reserva para reposição e manutenção dos equipamentos, instalações e mobiliário; (v) o regime aplicável em caso de perda ou destruição parcial ou total do imóvel, inclusive para efeitos de participação no risco ou no valor do seguro, da indenização ou da parte restante; (vi) as multas aplicáveis ao multiproprietário nas hipóteses de descumprimento de deveres. **Atenção:** Nos termos do art. 1.358-H do CC, o *"instrumento de instituição da multipropriedade ou a convenção de condomínio em multipropriedade poderá estabelecer o limite máximo de frações de tempo no mesmo imóvel que poderão ser detidas pela mesma pessoa natural ou jurídica."* **Cuidado:** Nos termos do art. 1.358-O do CC, o condomínio edilício poderá adotar o regime de multipropriedade em parte ou na totalidade de suas unidades autônomas, mediante (i) previsão no instrumento de instituição ou (ii) deliberação da maioria absoluta dos condôminos.
- *Direitos e obrigações do multiproprietário*. De acordo com o disposto no art. 1.358-I do CC, são direitos do multiproprietário: (i) usar e gozar, durante o período correspondente à sua fração de tempo, do imóvel e de suas instalações, equipamentos e mobiliário; (ii) ceder a fração de tempo em locação ou comodato; (iii) alienar a fração de tempo, por ato entre vivos ou por causa de morte, a título oneroso ou gratuito, ou onerá-la, devendo a alienação e a qualificação do sucessor, ou a oneração, ser informadas ao administrador; e (iv) participar e votar, pessoalmente ou por intermédio de representante ou procurador, desde que esteja quite com as obrigações condominiais, nas assembleias gerais do condomínio em multipropriedade ou na assembleia geral do condomínio edilício, conforme o caso. O art. 1.358-J do CC estabelece que são obrigações do multiproprietário: (i) pagar a contribuição condominial do condomínio em multipropriedade e, quando for o caso, do condomínio edilício, ainda que renuncie ao uso e gozo, total ou parcial, do imóvel, das áreas comuns ou das respectivas instalações, equipamentos e mobiliário; (ii) responder por danos causados ao imóvel, às instalações, aos equipamentos e ao mobiliário por si, por qualquer de seus acompanhantes, convidados ou prepostos ou por pessoas por ele autorizadas; (iii) comunicar imediatamente ao administrador os defeitos, avarias e vícios no imóvel dos quais tiver ciência durante a utilização; (iv) não modificar, alterar ou substituir o mobiliário, os equipamentos e as instalações do imóvel; (v) manter o imóvel em estado de conservação e limpeza condizente com os fins a que se destina e com a natureza da respectiva construção; (vi) usar o imóvel, bem como suas instalações, equipamentos e mobiliário, conforme seu destino e natureza; (vii) usar o imóvel exclusivamente durante o período correspondente à sua fração de tempo; (viii) desocupar o imóvel, impreterivelmente, até o dia e hora fixados no instrumento de instituição ou na convenção de condomínio em multipropriedade, sob pena de multa diária, conforme convencionado no instrumento pertinente; e (ix) permitir a realização de obras ou reparos urgentes.
- *Transferência da fração de tempo*. A transferência da fração de tempo de cada um dos multiproprietários não está

sujeita à anuência prévia de seus pares (art. 1.358-L do CC), inexistindo direito de preferência dos demais multiproprietários para a aquisição de tais frações de tempo, exceto se de outro modo disposto no instrumento de instituição ou na convenção de condomínio em multipropriedade (art. 1.358-L, §1º, do CC).

- *Administração.* A administração do imóvel (compreendendo, os equipamentos e mobiliários que o compõem) caberá à pessoa indicada no instrumento de instituição ou na convenção do condomínio em multipropriedade ou, na falta desta, pela pessoa eleita em assembleia geral dos condôminos (art. 1.358-M do CC).

## 7.8. DAS SERVIDÕES

- *Conceito e generalidades.* A caracterização das servidões passa, necessariamente, pela existência de dois prédios distintos. O primeiro deles, denominado **dominante**, é aquele que receberá a utilidade do segundo, denominado **serviente**. Desse modo, a servidão é o direito real que institui utilidade para o prédio dominante, gravando o prédio serviente. Nos termos do art. 1.378 do CC, a servidão constitui-se mediante declaração expressa dos proprietários dos prédios (dominante e serviente) ou por testamento, com o subsequente registro no Cartório de Registro de Imóveis.
- *Aquisição por meio de usucapião.* Nos termos do art. 1.379 do CC, é possível a aquisição da servidão através da usucapião, desde que tenha havido o exercício incontestado e contínuo de servidão aparente pelo prazo de 10 (dez) anos.

## 7.9. DO USUFRUTO

- *Conceito e generalidades.* O usufruto consiste no direito de usar e fruir coisa alheia. A partir de sua instituição surgem as figuras do nu-proprietário e do usufrutuário. Como o próprio nome do instituto indica, o nu-proprietário transfere ao usufrutuário o direito de usar e gozar da coisa, permanecendo com o direito de reaver e de dispor. Exemplo: João faz a doação de sua casa a Pedro, instituindo em seu favor o usufruto. Neste caso, João (usufrutuário) poderá usar e gozar da coisa, ao passo que a Pedro (nu-proprietário) caberão os poderes de reaver e dispor do bem. **Atenção:** O usufruto, quando não resulte de usucapião, constituir-se-á mediante registro no Cartório de Registro de Imóveis, conforme preceitua o art. 1.391 do CC.

## 7.10. DIREITO REAL DE HABITAÇÃO

- *Conceito.* O direito real de habitação se consubstancia da possibilidade de o seu titular poder habitar gratuitamente em casa alheia. Todavia, a teor do que preceitua o art. 1.414 do CC, o titular do direito real de habitação não poderá alugar e nem emprestar o imóvel, mas simplesmente ocupá-lo com sua família.
- *O direito real de habitação do cônjuge sobrevivente.* O art. 1.831 do CC, estabelece que o cônjuge sobrevivente terá, sem prejuízo de sua participação na herança, o direito real de habitação sobre o imóvel destinado à residência da família, desde que seja o único daquela natureza a inventariar.

## 7.11. DIREITOS REAIS DE GARANTIA

- *Conceito e generalidades.* São direitos reais de garantia o penhor, a hipoteca e a anticrese. As regras gerais quanto aos direitos reais de garantia encontram-se discriminadas nos arts. 1.419 e 1.430 do CC, aos quais remetemos o leitor. **Atenção:** Os direitos reais de garantia são dotados de um caráter acessório, de sorte que a eles se aplica o princípio da gravitação jurídica, pelo qual o acessório segue a sorte do principal. Assim, extinto o débito que visam assegurar, extinguem-se também os direitos reais de garantia. **Cuidado:** A fiança (art. 818 do CC) não é um direito real de garantia, mas uma garantia pessoal.
- *Penhor.* Nas precisas lições de Carlos Roberto Gonçalves, o penhor é "o direito real que consiste na tradição de uma coisa móvel, suscetível de alienação, realizada pelo devedor ou por terceiro ao credor, como garantia do débito." (GONÇALVES, Carlos Roberto. *Direito Civil Esquematizado. Volume 2.* 1ª ed. São Paulo: Saraiva, 2013, p. 753). **Atenção:** É possível que o penhor recaia também sobre bens imóveis como ocorre, por exemplo, no penhor rural. Nestas hipóteses, por óbvio, não ocorre a tradição da coisa, que permanece na posse do devedor pignoratício.
- *Hipoteca.* De acordo com Flávio Tartuce, "a hipoteca é o direito real de garantia sobre coisa alheia com maior repercussão prática, recaindo sobre bens imóveis (em regra) e não havendo transmissão da posse entre as partes"(TARTUCE, Flávio. *Manual de Direito Civil. Volume Único.* 2ª ed. São Paulo: Método, 2012, p. 1003). **Atenção:** Consoante se extrai da definição acima, a hipoteca recai, em regra, sobre bens móveis. Contudo, nos termos do art. 1.473, VI e VII, o direito real de garantia em exame pode recair também sobre navios e aeronaves, bens móveis por natureza. **Cuidado:** É nula a cláusula que estabelece restrição à alienação do imóvel hipotecado, conforme preceitua o art. 1.475 do CC.
- *Anticrese.* No escólio de Carlos Roberto Gonçalves, a anticrese "é o direito real sobre coisa alheia, em que o credor recebe a posse de coisa frugífera, ficando autorizado a perceber-lhe os frutos e imputá-los no pagamento da dívida" (GONÇALVES, Carlos Roberto. *Direito Civil Esquematizado. Volume 2.* 1ª ed. São Paulo: Saraiva, 2013, p. 813). Assim, instituída a anticrese, o credor irá retirar os frutos da coisa cuja posse lhe foi transferida, abatendo o respectivo valor do montante da dívida. **Atenção:** Nos termos do art. 1.507 do CC, "O credor anticrético pode administrar os bens dados em anticrese e fruir seus frutos e utilidades, mas deverá apresentar anualmente balanço, exato e fiel, de sua administração."

# 8. DIREITO DAS FAMÍLIAS

## 8.1. CASAMENTO

- *Conceito.* Nos termos do art. 1.511 do CC, casamento é o vínculo jurídico que estabelece entre os cônjuges uma comunhão plena de vida, com fundamento na igualdade de direitos e deveres entre estes. **Atenção:** Tradicionalmente, se concebia o casamento apenas entre pessoas de sexos distintos. Recentemente, contudo, o Conselho Nacional de Justiça – CNJ, através da Resolução n.º 175, de 14 de maio de 2013, perfilhou o entendimento de que inexiste qualquer óbice à celebração de casamento civil entre pessoas do mesmo sexo ou à conversão de união estável em casamento entre pessoas do mesmo sexo. O ato normativo em apreço encontra fundamento nas recentes decisões do STF (ADPF 132/RJ e ADI 4277/DF) e do STJ (REsp n.º 1.183.378/RS) sobre a matéria. Neste particular, remete-se o leitor à análise dos informativos do STF e do STJ, colacionados a esta obra. **Atenção:** (1) Na forma do art. 1.512 do CC, o casamento é civil e gratuita a sua celebração. (2) O casamento religioso, que atender às exigências da lei para a validade do casamento civil, equipara-se a este, desde que registrado no registro próprio, produzindo efeitos a partir da data de sua celebração (art. 1.515 do CC), submetendo-se tal registro aos mesmos requisitos exigidos para o casamento civil (art. 1.516 do CC), e às seguintes regras dispostas na tabela a seguir:

| CASAMENTO RELIGIOSO COM EFEITOS CIVIS |
|---|
| • O registro do casamento religioso deve ser realizado no prazo de 90 (noventa) dias, a contar da data da celebração, por iniciativa do celebrante ou de qualquer interessado, desde que tenha sido previamente homologada a habilitação disciplinada pelos arts. 1.525 e seguintes do CC (art. 1.516, §1° do CC). |
| • O casamento religioso, celebrado sem as formalidades exigidas pelo CC, terá efeitos civis se, a requerimento do casal, for registrado, a qualquer tempo, no registro civil, mediante prévia habilitação perante a autoridade competente (art. 1.516, §2°, do CC). |
| **Cuidado:** O art. 1.516, §3°, do CC, reputa nulo de pleno direito o registro de casamento religioso se, antes dele, qualquer dos consorciados houver contraído com outrem casamento civil. |

- *Natureza jurídica.* Existem, basicamente, três correntes que discorrem acerca da natureza jurídica do casamento. São elas:

– *Teoria institucionalista* → Concebe o casamento como uma instituição, com fundamento em preceitos morais e religiosos.

– *Teoria contratualista* → Concebe o casamento como um contrato, dotado de regras especiais.

– *Teoria eclética* → É uma mistura das duas teorias anteriores, pois o casamento, quanto ao seu conteúdo, seria uma instituição, ao passo que, em relação à sua formação, seria um contrato especial.

- *Capacidade para o casamento.* De acordo com o que prescreve o art. 1.517 do CC, os menores púberes (com 16 anos ou mais) são dotados de capacidade para o casamento, necessitando, contudo, para o aperfeiçoamento de relação jurídica, de autorização dos pais. **Atenção:** A negativa injustificada dos pais em conceder a autorização para o casamento, na forma disposta no art. 1.517 do CC, pode ser suprida pelo juiz, a teor do que prescreve o art. 1.519 do CC, com a seguinte redação: "A denegação do consentimento, quando injusta, pode ser suprida pelo juiz."

  **Cuidado:** De acordo com o que prescreve o art. 1.520 do CC, com a redação que lhe foi atribuída pela Lei n.° 13.811/2019, não é permitido o casamento de quem não atingiu a idade núbil (16 anos), observado o disposto no art. 1.517 do CC, reproduzido acima.

- *Invalidade do casamento.* A teoria das invalidades do casamento é binária, comportando hipóteses de nulidade (ou nulidade absoluta) ou anulabilidade (nulidade relativa). As hipóteses de casamento nulo encontram-se arroladas no art. 1.548 do CC, ao passo que as situações de anulabilidade do casamento foram discriminadas no art. 1.550 do CC. **Cuidado:** Há quem entenda ser possível a configuração do casamento inexistente. O quadro abaixo sintetiza as hipóteses de nulidade e de anulabilidade do casamento.

| INVALIDADE DO CASAMENTO | |
|---|---|
| **Casamento nulo** | **Casamento anulável** |
| 1) Com inobservância dos impedimentos. | 1) Contraído por quem não completou a idade mínima para casar. |
| **Atenção:** O candidato ao Exame de Ordem deve conhecer os impedimentos matrimoniais, previstos no art. 1.521 do CC.<br>**Atenção:** Antes da vigência do Estatuto da Pessoa com Deficiência (Lei n.° 13.146/2015), o casamento contraído pelo enfermo mental, sem o necessário discernimento para a prática dos atos da vida civil, era considerado nulo. Contudo, o diploma legal mencionado, revogou expressamente o art. 1.548, inciso I, de sorte que, na atualidade, apenas será declarada a nulidade do casamento contraído sem a observância dos impedimentos fixados pelas normas de regência. | 2) Contraído por menor, em idade núbil, quando ausente a autorização do representante legal.<br>3) Por vício da vontade (arts. 1.556 a 1.558 do CC).<br>4) Do incapaz de consentir ou manifestar, de modo inequívoco, sua vontade.<br>5) Realizado pelo mandatário, sem que ele ou o outro contraente soubesse da revogação do mandato.<br>6) Por incompetência da autoridade celebrante.<br>**Atenção**: Na forma do art. 1.551 do CC, não se anulará, por motivo de idade, o casamento de que resultou gravidez.<br>**Cuidado**: O menor que não atingiu a idade núbil poderá, após completá-la, confirmar seu casamento, com a autorização de seus representantes legais, se necessária, ou com suprimento judicial (art. 1.553 do CC). |

- *Regime de bens do casamento.* O regime de bens é o conjunto de regras que será utilizado para disciplinar as relações patrimoniais e econômicas oriundas do casamento. No Direito Civil brasileiro, existem quatro modalidades de regime de bens, quais sejam, comunhão parcial, comunhão universal, participação final nos aquestos e separação de bens. A tabela abaixo sintetiza as modalidades contempladas pelo ordenamento jurídico brasileiro, com sua respectiva fundamentação legal, à qual se remete o leitor.

| REGIME DE BENS DO CASAMENTO |
|---|
| 1) Regime da comunhão parcial de bens → arts. 1.658 a 1.666 do CC. |
| 2) Regime da comunhão universal de bens → arts. 1.667 a 1.671 do CC. |
| 3) Regime da participação final nos aquestos → arts. 1.672 a 1.686 do CC. |
| 4) Regime da separação de bens → arts. 1.687 e 1.688 do CC. |
| **Atenção:** O regime legal de bens do casamento é a comunhão parcial de bens, eis que, no silêncio das partes, será este o regime adotado para todos os fins (art. 1.640 do CC). |

## 8.2. UNIÃO ESTÁVEL

- *Conceito.* A união estável é uma modalidade de entidade familiar, que decorre da presença de alguns requisitos enumerados no art. 1.723 do CC. Tal entidade familiar encontra fundamento no próprio texto constitucional que, em seu art. 226, §3°, preconiza que para "efeito da proteção do Estado, é reconhecida a união estável entre o homem e a mulher como entidade familiar, devendo a lei facilitar sua conversão em casamento." Além disso, também tem fundamento no próprio Código Civil que a disciplina entre os arts. 1.723 e 1.727.
- *Requisitos.* Como mencionado na dica precedente, a união estável se caracteriza pela presença dos requisitos, arrolados no art. 1.723 do CC, conforme sintetizado na tabela a seguir.

| REQUISITOS DA UNIÃO ESTÁVEL |
|---|
| 1) Convivência pública, contínua e duradoura. |
| 2) Objetivo de constituir família. |

| REQUISITOS DA UNIÃO ESTÁVEL |
|---|
| 3) Inexistência de impedimentos para o casamento.<br>**Atenção:**<br>* A legislação **não estabelece lapso temporal mínimo** para a configuração da união estável, pois a expressão "contínua e duradoura" se consubstancia em um conceito jurídico indeterminado, cujo sentido será dado pelo magistrado na análise do caso concreto. |
| ** De igual modo, não se exige que os companheiros residam na mesma casa, em face da inexistência de previsão legal neste sentido.<br>*** De acordo com o entendimento do STF, é reconhecida a união estável entre **pessoas do mesmo sexo** (ADI 4277 e ADPF 132). Remete-se o leitor à análise dos informativos colacionados na presente obra. |

- *Regime de bens na união estável.* **Cuidado:** nos termos do art. 1.725 do CC, na inexistência de contrato escrito entre os companheiros, aplica-se, no que couber, o regime de comunhão parcial de bens. Observação: Em caso de união estável, em que um dos companheiros seja maior de 70 anos, o regime imposto é o da separação obrigatória ou legal de bens, conforme determina a Súmula 655, do STJ:

  > "Súmula 655-STJ: Aplica-se à união estável contraída por septuagenário o regime da separação obrigatória de bens, comunicando-se os adquiridos na constância, quando comprovado o esforço comum. STJ. 2ª Seção. Aprovada em 09/11/2022."

- A súmula citada consolida o entendimento já firmado pelo Tribunal da Cidadania, no sentido de que se aplica a união estável, a mesma regra do casamento com pessoa septuagenária, prevista no art. 1.641, II, do CC.

## 8.3. DOS ALIMENTOS

- *Conceito.* Alimentos são parcelas vertidas por uma pessoa (alimentante) a outra (alimentando), com o objetivo de satisfazer as necessidades vitais desta, em consonância à sua condição social.
- *Requisitos da prestação alimentícia.* Os arts. 1.694 e 1.695 do CC estabelecem os requisitos necessários à configuração do dever de prestar alimentos. São eles:
  - Vínculo de parentesco, casamento ou união estável. **Atenção:** O Enunciado n.º 341 CJF/STJ consolidou o entendimento de que a relação socioafetiva pode ensejar a existência de obrigação alimentar.
  - Binômio necessidade do alimentando e possibilidade do alimentante.
- **Atenção:** Tendo em vista a natureza específica da obrigação alimentar, é possível a prisão civil do devedor de alimentos, conforme preceitua o art. 5º, LXVII, da CR/88. **Cuidado:** Durante a vigência do Regime Jurídico Emergencial e Transitório aplicável às relações de Direito Privado, conforme disposto na Lei n.º 14.010/2020, a prisão civil por dívida proveniente de obrigação alimentar deve ser cumprida exclusivamente em regime domiciliar, sem prejuízo da exigibilidade das prestações devidas (art. 15 da Lei n.º 14.010/2020).

# 9. DIREITO DAS SUCESSÕES

## 9.1. GENERALIDADES E CONCEITOS ELEMENTARES

- O Direito das Sucessões comporta duas modalidades básicas de sucessão, quais sejam:
  - Sucessão legítima → É aquela que se baseia na ordem de vocação hereditária fixada pelo Código Civil.
  - Sucessão testamentária → É aquela que se fundamenta na vontade do falecido, através de testamento, legados ou codicilos.
- **Atenção:** Independentemente da modalidade de sucessão que se apresentar no caso concreto, aplica-se o princípio do ***droit de saisine***, pelo qual, aberta a sucessão, a herança transmite-se desde logo aos sucessores (art. 1.784 do CC).
- Existem duas modalidades de herdeiros no Direito Sucessório brasileiro. São eles:
  - Herdeiros necessários → São aqueles aos quais se assegura a chamada legítima, que consiste na metade do patrimônio do *de cujus* (art. 1.846 do CC). Exemplo: filhos.
  - Herdeiros facultativos → São aqueles que podem ser afastados da sucessão por força de testamento. Exemplo: colaterais (primos, tios, sobrinhos, irmãos etc.).
- **Atenção:** Os herdeiros necessários podem ser **excluídos da sucessão** por indignidade ou por deserdação. As principais hipóteses de indignidade e deserdação podem ser extraídas do art. 1.814 do CC, cuja leitura se recomenda.
- **Cuidado:** O espólio é um **ente despersonificado** que decorre da própria herança, enquanto conjunto de bens deixado pelo falecido. Muito embora não seja dotado de personalidade jurídica, o espólio tem legitimidade para estar em juízo, conforme preceitua o art. 75, VII, do CPC/2015. Para tanto, deve ser representado pelo inventariante.
- Configura-se a **herança jacente** quando o autor da herança falecer sem deixar testamento e tampouco herdeiro legítimo notoriamente conhecido (art. 1.819 do CC). Nesta hipótese, os bens serão arrecadados e administrados por um curador, até a entrega ao sucessor devidamente habilitado. A herança jacente não se confunde com a **herança vacante.** Senão veja-se. Configurada a herança jacente, serão praticadas as diligências necessárias à arrecadação dos bens do falecido e ultimado o inventário. Após, serão expedidos os editais na forma da lei processual. Ultrapassado um ano de sua publicação, sem o comparecimento de herdeiro habilitado, será declarada a vacância da herança. **Atenção:** Declarada a vacância e após 5 (cinco) anos da abertura da sucessão, os bens arrecadados passarão ao domínio do Município ou do Distrito Federal, incorporando-se ao domínio da União quando localizados em território federal (art. 1.822 do CC).
- *Legitimados a suceder.* A primeira questão digna de nota, neste particular, é a legitimação do **nascituro** para suceder. O art. 1.798 do CC estabelece que se legitimam "a suceder as pessoas nascidas ou **já concebidas** no momento da abertura da sucessão" (Grifos nossos). Por outro lado, o art. 1.799 do CC dispõe no sentido de que é possível chamar à sucessão testamentária a **prole eventual** que são os filhos não concebidos de pessoas indicadas pelo testador (inciso I), as pessoas jurídicas (inciso II) e as fundações (inciso III).

## 9.2. SUCESSÃO LEGÍTIMA

- *Ordem de vocação hereditária.* A ordem de vocação hereditária na sucessão legítima encontra-se estabelecida no art. 1.829 do CC. As regras constantes do mencionado dispositivo legal serão a seguir analisadas.

| ORDEM DE VOCAÇÃO HEREDITÁRIA – ART. 1.829 CC |
|---|
| 1) Descendentes em concorrência com o cônjuge sobrevivente, salvo se este houver sido casado com o falecido pelo regime da comunhão universal ou de separação de bens ou, se casado pelo regime da comunhão parcial de bens, o autor da herança não tiver deixado bens particulares. |
| 2) Ascendentes em concorrência com o cônjuge. |

CIVIL

| ORDEM DE VOCAÇÃO HEREDITÁRIA – ART. 1.829 CC |
|---|
| 3) Cônjuge sobrevivente. |
| 4) Colaterais. |
| **Atenção:** |
| * O cônjuge sobrevivente, em regra, concorre com os descendentes na sucessão legítima. Somente não concorrerá se: |
| → Tiver sido casado com o falecido pelo regime de separação de bens ou comunhão universal de bens. |
| → Se, casado com o falecido sob o regime da comunhão parcial de bens, este não tiver bens particulares. |
| ** Além disso, não se reconhecem direitos sucessórios ao cônjuge se, ao tempo da morte do outro, estavam separados judicialmente, nem separados de fato há mais de dois anos, salvo prova, neste caso, de que essa convivência se tornara impossível sem culpa do sobrevivente (art. 1.830 do CC). |
| *** A sucessão dos colaterais deve observar a regra do art. 1.839 do CC e somente tem lugar se não existirem sucessores que os precedam na ordem de vocação estabelecida no art. 1.829 do CC. Somente os colaterais até o quarto grau são chamados à sucessão. |

- **Atenção:** O art. 1.790 do CC estabelece que o companheiro ou a companheira participarão da sucessão do outro, quanto aos bens adquiridos a título oneroso na constância da união estável. No particular, recomenda-se a leitura dos incisos do mencionado dispositivo que estabelecem a concorrência do companheiro com os demais sucessores do falecido.
- *Direito de representação.* O art. 1.851 do CC define o direito de representação. Na dicção do dispositivo legal em comento, configura-se o direito de representação "quando a lei chama certos parentes do falecido a suceder em todos os direitos, em que ele sucederia, se vivo fosse." **Atenção:** Nas questões do Exame de Ordem, pertinentes ao Direito de Sucessões, a matéria atinente ao direito de representação é sobremaneira recorrente, de sorte que o conhecimento do teor dos dispositivos legais pertinentes (arts. 1.851 a 1.856) é quase sempre necessária para desvendar a alternativa correta.

## 9.3. SUCESSÃO TESTAMENTÁRIA

- *Conceito de testamento.* De acordo com Carlos Roberto Gonçalves, testamento é "ato personalíssimo e revogável pelo qual alguém dispõe da totalidade de seus bens, ou de parte deles, para depois de sua morte." (GONÇALVES, Carlos Roberto. *Direito Civil Brasileiro – Volume 7*. 6ª ed. São Paulo: Saraiva, 2012, p. 228)
- *Características do testamento.* Conforme analisado na dica precedente, calcada nos ensinamentos de Carlos Roberto Gonçalves, o testamento é um ato **personalíssimo**. Isso significa que não é possível a sua formalização por procuração, ainda que o mandatário tenha poderes especiais para tanto. Neste exato sentido, aliás, é a norma do art. 1.858 do CC. Ademais, a teor do que preceitua o mesmo dispositivo legal, trata-se de ato **revogável** a qualquer tempo. Por outro lado, no tocante à natureza jurídica, prevalece na doutrina o entendimento de que se trata de **negócio jurídico unilateral**, porquanto decorre unicamente da vontade do testador. Trata-se, outrossim, de **ato solene**, eis que, para que seja válido, deve observar a legislação de regência no tocante aos aspectos formais. Por fim, saliente-se que se trata de **ato *mortis causa***, porquanto o evento morte é imprescindível para a produção de seus efeitos.
- *Capacidade de testar.* Por se tratar de negócio jurídico unilateral, a validade do testamento encontra-se condicionada à verificação dos pressupostos de validade dos negócios jurídicos em geral (art. 104 do CC). Desse modo, já estudamos em dicas precedentes, que a validade do negócio jurídico requer a capacidade do agente (art. 104, I, do CC). No caso específico do testamento, o Código Civil estabelece, em seus arts. 1.860 e 1.861, as regras pertinentes à específica capacidade de testar. É importante salientar, todavia, que, a teor do que dispõe o art. 1.861 do CC, a incapacidade superveniente não tem o condão de invalidar o testamento. Do mesmo modo, nos moldes do dispositivo mencionado, a capacidade superveniente do testador não implica na validade do testamento.
- *Perfilhação.* De acordo com o que estabelece o art. 1.609, III, do CC, o reconhecimento voluntário dos filhos, também designado como perfilhação pela doutrina, pode ser feito mediante testamento. **Atenção:** Embora o testamento seja um ato revogável em sua essência, o reconhecimento de paternidade feito em testamento não pode ser revogado, a teor do que dispõe o art. 1.610 do CC.
- *Das modalidades do testamento.* O testamento, enquanto ato solene, comporta modalidades ordinárias e especiais de formalização. Senão veja-se:

| MODALIDADES DE TESTAMENTO | |
|---|---|
| **Modalidades ordinárias (art. 1.862 do CC):** | **Modalidades especiais (art. 1.886 do CC):** |
| Testamento público (art. 1.864 do CC). | Testamento marítimo (art. 1.888 do CC). |
| Testamento cerrado (art. 1.868 do CC). | Testamento aeronáutico (art. 1.889 do CC). |
| Testamento particular (art. 1.876 do CC). | Testamento militar (art. 1.893 do CC). |

### ✦ SÚMULAS APLICÁVEIS

### ✦ STF

#### PARTE GERAL

#### CLÁUSULA DE ELEIÇÃO DE FORO

- **Súmula 335 do STF:** É válida a cláusula de eleição do foro para os processos oriundos do contrato.

#### PRESCRIÇÃO

- **Súmula 149 do STF:** É imprescritível a ação de investigação de paternidade, mas não o é a de petição de herança.
- **Súmula 150 do STF:** Prescreve a execução no mesmo prazo de prescrição da ação.
- **Súmula 154 do STF:** Simples vistoria não interrompe a prescrição.
- **Súmula 443 do STF:** A prescrição das prestações anteriores ao período previsto em lei não ocorre, quando não tiver sido negado, antes daquele prazo, o próprio direito reclamado, ou a situação jurídica de que ele resulta.

#### COMPROMISSO DE COMPRA E VENDA

- **Súmula 166 do STF:** É inadmissível o arrependimento no compromisso de compra e venda sujeito ao regime do Dec.-Lei 58, de 10.12.1937.
- **Súmula 167 do STF:** Não se aplica o regime do Dec.-Lei 58, de 10.12.1937, ao compromisso de compra e venda não inscrito no registro imobiliário, salvo se o promitente vendedor se obrigou a efetuar o registro.
- **Súmula 168 do STF:** Para os efeitos do Dec.-Lei 58, de 10.12.1937, admite-se a inscrição imobiliária do compromisso de compra e venda no curso da ação.

- **Súmula 412 do STF:** No compromisso de compra e venda com cláusula de arrependimento, a devolução do sinal, por quem o deu, ou a sua restituição em dobro, por quem o recebeu, exclui indenização maior a título de perdas e danos, salvo os juros moratórios e os encargos do processo.
- **Súmula 413 do STF:** O compromisso de compra e venda de imóveis, ainda que não loteados, dá direito à execução compulsória, quando reunidos os requisitos legais.

## CONTRATO DE COMPRA E VENDA

- **Súmula 489 do STF:** A compra e venda de automóvel não prevalece contra terceiros, de boa-fé, se o contrato não foi transcrito no registro de títulos e documentos.

## CÁLCULO DA INDENIZAÇÃO

- **Súmula 490 do STF:** A pensão correspondente à indenização oriunda de responsabilidade civil deve ser calculada com base no salário-mínimo vigente ao tempo da sentença e ajustar-se-á às variações ulteriores.
- **Súmula 562 do STF:** Na indenização de danos materiais decorrentes de ato ilícito cabe a atualização de seu valor, utilizando-se, para esse fim, dentre outros critérios, os índices de correção monetária.

## AÇÃO REGRESSIVA – CONTRATO DE SEGURO

- **Súmula 188 do STF:** O segurador tem ação regressiva contra o causador do dano, pelo que efetivamente pagou, até o limite previsto no contrato de seguro.

## ACIDENTE DE TRÂNSITO

- **Súmula 492 do STF:** A empresa locadora de veículos responde, civil e solidariamente com o locatário, pelos danos por este causados a terceiro, no uso do carro locado

## CONTRATO DE TRANSPORTE

- **Súmula 35 do STF:** Em caso de acidente do trabalho ou de transporte, a concubina tem direito de ser indenizada pela morte do amásio, se entre eles não havia impedimento para o matrimônio.
- **Súmula 161 do STF:** Em contrato de transporte, é inoperante a cláusula de não indenizar.
- **Súmula 187 do STF:** A responsabilidade contratual do transportador, pelo acidente com o passageiro, não é elidida por culpa de terceiro, contra o qual tem ação regressiva.
- **Súmula 314 do STF:** Na composição do dano por acidente do trabalho, ou de transporte, não é contrário à lei tomar para base da indenização o salário do tempo da perícia ou da sentença.

## ESTABELECIMENTO BANCÁRIO

- **Súmula 28 do STF:** O estabelecimento bancário é responsável pelo pagamento de cheque falso, ressalvadas as hipóteses de culpa exclusiva ou concorrente do correntista.

## MORTE DE FILHO MENOR

- **Súmula 491 do STF:** É indenizável o acidente que cause a morte de filho menor, ainda que não exerça trabalho remunerado.

## COBRANÇA EXCESSIVA

✪ **Nota do autor: A Súmula 159** do Excelso Pretório faz remissão à norma do art. 1.531 do Código Civil de 1916. A regra inserida no dispositivo legal mencionado foi reproduzida no art. 940, do Código Civil de 2002, com a seguinte redação: "Aquele que demandar por dívida já paga, no todo ou em parte, sem ressalvar as quantias recebidas ou pedir mais do que for devido, ficará obrigado a pagar ao devedor, no primeiro caso, o dobro do que houver cobrado e, no segundo, o equivalente do que dele exigir, salvo se houver prescrição." Desse modo, a Súmula em exame deve ser interpretada à luz do vigente Estatuto Civil, em consonância ao que preceitua o seu novel art. 940.

- **Súmula 159 do STF:** Cobrança excessiva, mas de boa fé, não dá lugar às sanções do art. 1.531 do Código Civil.

CIVIL

## USUCAPIÃO

- **Súmula 237 do STF:** O usucapião pode ser arguido em defesa.
- **Súmula 340 do STF:** Desde a vigência do Código Civil, os bens dominicais, como os demais bens públicos, não podem ser adquiridos por usucapião.

## DIREITOS DE VIZINHANÇA

- **Súmula 120 do STF:** Parede de tijolos de vidro translúcido pode ser levantada a menos de metro e meio do prédio vizinho, não importando servidão sobre ele.

## SERVIDÃO

- **Súmula 415 do STF:** Servidão de trânsito não titulada, mas tomada permanente, sobretudo pela natureza das obras realizadas, considera-se aparente, conferindo direito a proteção possessória.

## ENFITEUSE

✪ **Nota do autor:** A enfiteuse foi extinta pelo Código Civil de 2002, a teor do que preceitua o respectivo art. 2.038. Todavia, aplicam-se às enfiteuses já instituídas por ocasião da entrada em vigor do vigente Estatuto Civil as regras sobre a matéria inseridas no Código Civil de 1916.

- **Súmula 122 do STF:** O enfiteuta pode purgar a mora enquanto não decretado o comisso por sentença.
- **Súmula 169 do STF:** Depende de sentença a aplicação da pena de comisso.
- **Súmula 170 do STF:** É resgatável a enfiteuse instituída anteriormente à vigência do Código Civil.

## DIREITO DE FAMÍLIA

## REGIME DE BENS NO CASAMENTO

- **Súmula 377 do STF:** No regime de separação legal de bens, comunicam-se os adquiridos na constância do casamento.

## CONCUBINATO

- **Súmula 380 do STF:** Comprovada a existência de sociedade de fato entre os concubinos, é cabível a sua dissolução judicial, com a partilha do patrimônio adquirido pelo esforço comum.
- **Súmula 382 do STF:** A vida em comum sob o mesmo teto, "more uxorio", não é indispensável à caracterização do concubinato.

## DESQUITE

✪ **Nota do autor:** O instituto jurídico denominado desquite se constituía em forma de separação que não conduzia à efetiva dissolução da sociedade conjugal. Trata-se de figura já extirpada do Direito Civil Brasileiro, por força da Emenda Constitucional nº 09, de 28 de junho de 1977, que introduziu no sistema jurídico brasileiro os institutos da separação e do divórcio. Todavia, por se referir a tema sumulado no STF no tocante ao Direito de Família, optou-se por sua inserção nesta obra.

- **Súmula 226 do STF:** Na ação de desquite, os alimentos são devidos desde a inicial e não da data da decisão que os concede.
- **Súmula 305 do STF:** Acordo de desquite ratificado por ambos os cônjuges não é retratável unilateralmente.
- **Súmula 379 do STF:** No acordo de desquite não se admite renúncia aos alimentos, que poderão ser pleiteados ulteriormente, verificados os pressupostos legais.

## DIREITO DAS SUCESSÕES

## CLÁUSULA DE INALIENABILIDADE

- **Súmula 49 do STF:** A cláusula de inalienabilidade inclui a incomunicabilidade dos bens.

## ✦ STJ

## FRAUDE CONTRA CREDORES

- **Súmula 95 do STJ:** Em embargos de terceiro não se anula ato jurídico, por fraude contra credores.

## PRESCRIÇÃO

- **Súmula 85 do STJ:** Nas relações jurídicas de trato sucessivo em que a Fazenda Pública figure como devedora, quando não tiver sido negado o próprio direito reclamado, a prescrição atinge apenas as prestações vencidas antes do quinquênio anterior à propositura da ação.
- **Súmula 101 do STJ:** A ação de indenização do segurado em grupo contra a seguradora prescreve em um ano.
- **Súmula 106 do STJ:** Proposta a ação no prazo fixado para o seu exercício, a demora na citação, por motivos inerentes ao mecanismo da Justiça, não justifica o acolhimento da arguição de prescrição ou decadência.
- **Súmula 229 do STJ:** O pedido do pagamento de indenização à seguradora suspende o prazo de prescrição até que o segurado tenha ciência da decisão.
- **Súmula 278 do STJ:** O termo inicial do prazo prescricional, na ação de indenização, é a data em que o segurado teve ciência inequívoca da incapacidade laboral.
- **Súmula 412 do STJ:** A ação de repetição de indébito de tarifas de água e esgoto sujeita-se ao prazo prescricional estabelecido no Código Civil.
- **Súmula 547 do STJ:** Nas ações em que se pleiteia o ressarcimento dos valores pagos a título de participação financeira do consumidor no custeio de construção de rede elétrica, o prazo prescricional é de vinte anos na vigência do Código Civil de 1916. Na vigência do Código Civil de 2002, o prazo é de cinco anos se houver previsão contratual de ressarcimento e de três anos na ausência de cláusula nesse sentido, observada a regra de transição disciplinada em seu art. 2.028.

## CONTRATOS

## REVISÃO JUDICIAL DOS CONTRATOS

- **Súmula 380 do STJ:** A simples propositura da ação de revisão de contrato não inibe a caracterização da mora do autor.
- **Súmula 381 do STJ:** Nos contratos bancários, é vedado ao julgador conhecer, de ofício, da abusividade das cláusulas.

## COMPROMISSO DE COMPRA E VENDA

- **Súmula 76 do STJ:** A falta de registro do compromisso de compra e venda de imóvel não dispensa a prévia interpelação para constituir em mora o devedor.

## CONTRATO DE LOCAÇÃO DE IMÓVEIS URBANOS

- **Súmula 214 do STJ:** O fiador na locação não responde por obrigações resultantes de aditamento ao qual não anuiu.
- **Súmula 335 do STJ:** Nos contratos de locação, é válida a cláusula de renúncia à indenização das benfeitorias e ao direito de retenção.
- **Súmula 268 do STJ:** O fiador que não integrou a relação processual na ação de despejo não responde pela execução do julgado.

## CONTRATO DE MÚTUO

- **Súmula 26 do STJ:** O avalista do título de crédito vinculado a contrato de mútuo também responde pelas obrigações pactuadas, quando no contrato figurar como devedor solidário.

## CONTRATO DE SEGURO

- **Súmula 61 do STJ:** O seguro de vida cobre o suicídio não premeditado.
- **Súmula 402 do STJ:** O contrato de seguro por danos pessoais compreende os danos morais, salvo cláusula expressa de exclusão.
- **Súmula 465 do STJ:** Ressalvada a hipótese de efetivo agravamento do risco, a seguradora não se exime do dever de indenizar em razão da transferência do veículo sem a sua prévia comunicação.
- **Súmula 609 do STJ:** A recusa de cobertura securitária, sob a alegação de doença preexistente, é ilícita se não houve a exigência de exames médicos prévios à contratação ou a demonstração de má-fé do segurado.
- **Súmula 610 do STJ:** O suicídio não é coberto nos dois primeiros anos de vigência do contrato de seguro de vida, ressalvado o direito do beneficiário à devolução do montante da reserva técnica formada.
- **Súmula 616 do STJ:** A indenização securitária é devida quando ausente a comunicação prévia do segurado acerca do atraso no pagamento do prêmio, por constituir requisito essencial para a suspensão ou resolução do contrato de seguro.
- **Súmula 620 do STJ:** A embriaguez do segurado não exime a seguradora do pagamento da indenização prevista em contrato de seguro de vida.
- **Súmula 632 do STJ:** Nos contratos de seguro regidos pelo Código Civil, a correção monetária sobre a indenização securitária incide a partir da contratação até o efetivo pagamento.

## CONTRATO DE FIANÇA

- **Súmula 332 do STJ:** A fiança prestada sem autorização de um dos cônjuges implica a ineficácia total da garantia.

## CONSÓRCIO

- **Súmula 332 do STJ:** A fiança prestada sem autorização de um dos cônjuges implica a ineficácia total da garantia.

## JUROS E CORREÇÃO MONETÁRIA

- **Súmula 176 do STJ:** É nula a cláusula contratual que sujeita o devedor à taxa de juros divulgada pela Anbid/Cetip.
- **Súmula 322 do STJ:** Para a repetição de indébito, nos contratos de abertura de crédito em conta-corrente, não se exige a prova do erro.

## PLANO DE SAÚDE

- **Súmula 608 do STJ:** Aplica-se o Código de Defesa do Consumidor aos contratos de plano de saúde, salvo os administrados por entidades de autogestão.

## RESPONSABILIDADE CIVIL

## DANO MORAL

- **Súmula 37 do STJ:** São cumuláveis as indenizações por dano material e dano moral oriundos do mesmo fato.
- **Súmula 227 do STJ:** A pessoa jurídica pode sofrer dano moral.
- **Súmula 281 do STJ:** A indenização por dano moral não está sujeita à tarifação prevista na Lei de Imprensa.
- **Súmula 362 do STJ:** A correção monetária do valor da indenização do dano moral incide desde a data do arbitramento.
- **Súmula 370 do STJ:** Caracteriza dano moral a apresentação antecipada de cheque pré-datado.
- **Súmula 387 do STJ:** É lícita a cumulação das indenizações de dano estético e dano moral.
- **Súmula 388 do STJ:** A simples devolução indevida de cheque caracteriza dano moral.
- **Súmula 402 do STJ:** O contrato de seguro por danos pessoais compreende os danos morais, salvo cláusula expressa de exclusão.
- **Súmula 403 do STJ:** Independe de prova do prejuízo a indenização pela publicação não autorizada de imagem de pessoa com fins econômicos ou comerciais.
- **Súmula 420 do STJ:** Incabível, em embargos de divergência, discutir o valor de indenização por danos morais.
- **Súmula 498 do STJ:** Não incide imposto de renda sobre a indenização por danos morais. Rel. Min. Cesar Asfor Rocha, em 8/8/2012.
- **Súmula 624 do STJ:** É possível cumular a indenização do dano moral com a reparação econômica da Lei n. 10.559/2002 (Lei da Anistia Política).
- **Súmula 642 do STJ:** O direito à indenização por danos morais transmite-se com o falecimento do titular, possuindo os herdeiros da vítima legitimidade ativa para ajuizar ou prosseguir a ação indenizatória.
- **Súmula 647-STJ:** São imprescritíveis as ações indenizatórias por danos morais e materiais decorrentes de atos de perseguição política com violação de direitos fundamentais ocorridos durante o regime militar. STJ. 1ª Seção. Aprovada em 10/03/2021

## CÁLCULO DA INDENIZAÇÃO

- **Súmula 43 do STJ:** Incide correção monetária sobre dívida por ato ilícito a partir da data do efetivo prejuízo.
- **Súmula 54 do STJ:** Os juros moratórios fluem a partir do evento danoso, em caso de responsabilidade extracontratual.
- **Súmula 246 do STJ:** O valor do seguro obrigatório deve ser deduzido da indenização judicialmente fixada.
- **Súmula 313 do STJ:** Em ação de indenização, procedente o pedido, é necessária a constituição de capital ou caução fidejussória para a garantia de pagamento da pensão, independentemente da situação financeira do demandado.
- **Súmula 362 do STJ:** A correção monetária do valor da indenização do dano moral incide desde a data do arbitramento.

## ACIDENTE DE TRÂNSITO

- **Súmula 132 do STJ:** A ausência de registro da transferência não implica a responsabilidade do antigo proprietário por dano resultante de acidente que envolva o veículo alienado.
- **Súmula 426 do STJ:** Os juros de mora na indenização do seguro DPVAT fluem a partir da citação.

## CONTRATO DE TRANSPORTE

- **Súmula 154 do STJ:** No transporte desinteressado, de simples cortesia, o transportador só será civilmente responsável por danos causados ao transportado quando incorrer em dolo ou culpa grave.

## ESTABELECIMENTO BANCÁRIO

- **Súmula 479 do STJ:** As instituições financeiras respondem objetivamente pelos danos gerados por fortuito interno relativo a fraudes e delitos praticados por terceiros no âmbito de operações bancárias.

## FURTO EM ESTACIONAMENTO

- **Súmula 130 do STJ:** A empresa responde, perante o cliente, pela reparação de dano ou furto de veículo ocorridos em seu estacionamento.

## LEI DE IMPRENSA

- **Súmula 221 do STJ:** São civilmente responsáveis pelo ressarcimento de dano, decorrente de publicação pela imprensa, tanto o autor do escrito quanto o proprietário do veículo de divulgação.
- **Súmula 281 do STJ:** A indenização por dano moral não está sujeita à tarifação prevista na Lei de Imprensa.

## DIREITO DAS COISAS

## POSSE

- **Súmula 619 do STJ:** A ocupação indevida de bem público configura mera detenção, de natureza precária, insuscetível de retenção ou indenização por acessões e benfeitorias.
- **Súmula 623 do STJ:** As obrigações ambientais possuem natureza *propter rem*, sendo admissível cobrá-las do proprietário ou possuidor atual e/ou dos anteriores, à escolha do credor.

## USUCAPIÃO

- **Súmula 11 do STJ:** A presença da União ou de qualquer de seus entes, na ação de usucapião especial, não afasta a competência do foro da situação do imóvel.
- **Súmula 193 do STJ:** O direito de uso de linha telefônica pode ser adquirido por usucapião.

## AÇÕES POSSESSÓRIAS

- **Súmula 228 do STJ:** É inadmissível o interdito proibitório para a proteção do direito autoral.

## CONVENÇÃO DE CONDOMÍNIO

- **Súmula 260 do STJ:** A convenção de condomínio aprovada, ainda que sem registro, é eficaz para regular as relações entre os condôminos.

## HIPOTECA

- **Súmula 308 do STJ:** A hipoteca firmada entre a construtora e o agente financeiro, anterior ou posterior à celebração da promessa de compra e venda, não tem eficácia perante os adquirentes do imóvel.

## DIVÓRCIO

- **Súmula 197 do STJ:** O divórcio direto pode ser concedido sem que haja prévia partilha dos bens.

## DO RECONHECIMENTO DE FILHOS – AÇÃO DE INVESTIGAÇÃO DE PATERNIDADE

- **Súmula 277 do STJ:** Julgada procedente a investigação de paternidade, os alimentos são devidos a partir da citação.
- **Súmula 301 do STJ:** Em ação investigatória, a recusa do suposto pai a submeter-se ao exame de DNA induz presunção "juris tantum" de paternidade.

## ALIMENTOS

- **Súmula 358 do STJ:** O cancelamento de pensão alimentícia de filho que atingiu a maioridade está sujeito à decisão judicial, mediante contraditório, ainda que nos próprios autos.
- **Súmula 336 do STJ:** A mulher que renunciou aos alimentos na separação judicial tem direito à pensão previdenciária por morte do ex-marido comprovada a necessidade econômica superveniente.
- **Súmula 309 do STJ:** O débito alimentar que autoriza a prisão civil do alimentante é o que compreende as três prestações anteriores ao ajuizamento da execução e as que se vencerem no curso do processo.
- **Súmula 621 do STJ:** Os efeitos da sentença que reduz, majora ou exonera o alimentante do pagamento retroagem à data da citação, vedadas a compensação e a repetibilidade.

## BEM DE FAMÍLIA

- **Súmula 364 do STJ:** O conceito de impenhorabilidade de bem de família abrange também o imóvel pertencente a pessoas solteiras, separadas e viúvas.
- **Súmula 449 do STJ:** A vaga de garagem que possui matrícula própria no registro de imóveis não constitui bem de família para efeito de penhora.

## DA MEAÇÃO

- **Súmula 251 do STJ:** A meação só responde pelo ato ilícito quando o credor, na execução fiscal, provar que o enriquecimento dele resultante aproveitou ao casal.

## DIREITO AUTORAL

- **Súmula 63 do STJ:** São devidos direitos autorais pela retransmissão radiofônica de músicas em estabelecimentos comerciais.
- **Súmula 228 do STJ:** É inadmissível o interdito proibitório para a proteção do direito autoral.
- **Súmula 261 do STJ:** A cobrança de direitos autorais pela retransmissão radiofônica de músicas, em estabelecimentos hoteleiros, deve ser feita conforme a taxa média de utilização do equipamento, apurada em liquidação.

*Luciano Alves Rossato*

## TABELA DE INCIDÊNCIA DE QUESTÕES

| **Distribuição das questões organizada por ordem didática de assuntos** | | |
|---|---|---|
| **Assunto** | **Número de Questões** | **Peso** |
| 1. MEIOS ADEQUADOS DE SOLUÇÃO DOS CONFLITOS | 5 | 4,10% |
| 2. DO LITISCONSÓRCIO | 4 | 3,28% |
| 3. DA INTERVENÇÃO DE TERCEIROS | 5 | 4,10% |
| 4. DO JUIZ, DO MINISTÉRIO PÚBLICO E DO ADVOGADO | 2 | 1,64% |
| 5. DAS CUSTAS E DESPESAS PROCESSUAIS E DOS HONORÁRIOS ADVOCATÍCIOS | 6 | 4,92% |
| 6. GRATUIDADE DE JUSTIÇA | 1 | 0,82% |
| 7. DA COMPETÊNCIA | 4 | 3,28% |
| 8. ATOS PROCESSUAIS | 4 | 3,28% |
| 9. PETIÇÃO INICIAL | 3 | 2,46% |
| 10. DA TUTELA PROVISÓRIA | 9 | 7,38% |
| 11. DO INDEFERIMENTO DA INICIAL | 1 | 0,82% |
| 12. DA IMPROCEDÊNCIA LIMINAR DO PEDIDO | 2 | 1,64% |
| 13. AUDIÊNCIA DE CONCILIAÇÃO OU DE MEDIAÇÃO | 6 | 4,92% |
| 14. CONTESTAÇÃO E RECONVENÇÃO | 5 | 4,10% |
| 15. DAS PROVAS | 4 | 3,28% |
| 16. DA AUDIÊNCIA DE INSTRUÇÃO E JULGAMENTO | 1 | 0,82% |
| 17. DA SENTENÇA E DA COISA JULGADA | 4 | 3,28% |
| 18. DA REMESSA NECESSÁRIA | 1 | 0,82% |
| 19. PROCEDIMENTOS ESPECIAIS DE JURISDIÇÃO CONTENCIOSA E VOLUNTÁRIA | 9 | 7,38% |
| 20. DOS PROCESSOS NOS TRIBUNAIS E DOS RECURSOS | 18 | 14,75% |
| 21. DO CUMPRIMENTO DE SENTENÇA E DA EXECUÇÃO | 17 | 13,93% |
| 22. MANDADO DE SEGURANÇA | 1 | 0,82% |
| 23. AÇÃO CIVIL PÚBLICA | 5 | 4,10% |
| 24. JUIZADOS ESPECIAIS CÍVEIS, JUIZADOS ESPECIAIS DA FAZENDA PÚBLICA E JUIZADOS ESPECIAIS FEDERAIS | 5 | 4,10% |
| **Total** | **122** | **100%** |

# Direito Processual Civil

## TABELA DE INCIDÊNCIA DE QUESTÕES

| Distribuição das Questões organizadas por ordem didática e assuntos | | |
|---|---|---|
| Assunto | Número de Questões | Peso |
| 1. MEIOS ADEQUADOS DE SOLUÇÃO DOS CONFLITOS | 5 | 4,10% |
| 2. DO LITISCONSÓRCIO | 4 | 3,28% |
| 3. DA INTERVENÇÃO DE TERCEIROS | 5 | 4,10% |
| 4. DO JUIZ, DO MINISTÉRIO PÚBLICO E DO ADVOGADO | [illegible] | 1,64% |
| 5. DAS CUSTAS E DESPESAS PROCESSUAIS E DOS HONORÁRIOS ADVOCATÍCIOS | 6 | 4,92% |
| 6. GRATUIDADE DE JUSTIÇA | [illegible] | 0,82% |
| 7. DA COMPETÊNCIA | [illegible] | [illegible] |
| 8. DOS ATOS PROCESSUAIS | 4 | [illegible] |
| 9. [illegible] | 3 | 2,46% |
| 10. DA TUTELA PROVISÓRIA | 9 | 7,38% |
| 11. DO INDEFERIMENTO DA PETIÇÃO INICIAL | [illegible] | 0,82% |
| 12. DA IMPROCEDÊNCIA LIMINAR DO PEDIDO | 2 | 1,64% |
| 13. AUDIÊNCIA DE CONCILIAÇÃO OU DE MEDIAÇÃO | [illegible] | 4,92% |
| 14. CONTESTAÇÃO E RECONVENÇÃO | 5 | 4,10% |
| 15. DAS PROVAS | 4 | 3,28% |
| 16. AUDIÊNCIA DE INSTRUÇÃO E JULGAMENTO | [illegible] | 0,82% |
| 17. DA SENTENÇA E DA COISA JULGADA | [illegible] | [illegible] |
| 18. DA REMESSA NECESSÁRIA | [illegible] | 0,82% |
| 19. PROCEDIMENTOS ESPECIAIS DE JURISDIÇÃO CONTENCIOSA E VOLUNTÁRIA | [illegible] | 7,38% |
| 20. DOS PROCESSOS NOS TRIBUNAIS E DOS RECURSOS | 18 | 14,75% |
| 21. DO CUMPRIMENTO DE SENTENÇA E DA EXECUÇÃO | 17 | 13,93% |
| 22. MANDADO DE SEGURANÇA | [illegible] | 0,82% |
| 23. AÇÃO CIVIL PÚBLICA | [illegible] | 4,10% |
| 24. JUIZADOS ESPECIAIS CÍVEIS, JUIZADOS ESPECIAIS DA FAZENDA PÚBLICA E JUIZADOS ESPECIAIS FEDERAIS | [illegible] | 4,10% |
| Total | 122 | 100% |

# Direito Processual Civil

***Luciano Alves Rossato***

Caríssimos(as) leitores(as),

Antes de iniciar os seus estudos, é importante registrar alguns esclarecimentos: a) há questões que, embora tenham sido aplicadas quando ainda vigente o CPC de 1973, foram solucionadas em conformidade com o atual Código de Processo Civil; b) para estes casos, o gabarito indicado seguiu aquilo que foi divulgado pela banca examinadora, sendo feitas observações que levarão o(a) leitor(a) a identificar, com precisão, se aquela alternativa, à luz do CPC de 2015, estaria correta ou incorreta; c) nas dicas finais, foi dada ênfase ao aprofundamento dos principais pontos tratados nas questões solucionadas.

Bons estudos!

## ✦ QUESTÕES

### 1. MEIOS ADEQUADOS DE SOLUÇÃO DOS CONFLITOS

---

**01. (FGV – XXXVII Exame OAB)** A sociedade empresária Vesta Construções e Serviços Ltda. propôs tutela cautelar, requerida em caráter antecedente, contra a sociedade empresária Minerva Incorporações Ltda., fundada em contrato de construção civil e fornecimento de serviços, que contém cláusula arbitral para a resolução de quaisquer controvérsias advindas desse contrato. Vesta Construções e Serviços Ltda. figura como parte contratada e Minerva Incorporações Ltda. como parte contratante. Vesta Construções e Serviços Ltda. alega que, embora tenha executado os serviços previstos no contrato, Minerva Incorporações Ltda. aplicou multas contratuais em razão de atraso no cronograma das obras, as quais alega que não seriam devidas. Por essa razão, Vesta Construções e Serviços Ltda. ingressou com a tutela cautelar em caráter antecedente e requereu que fosse concedida tutela de urgência para impedir que Minerva Incorporações Ltda. realize quaisquer atos de cobrança das multas aplicadas à Vesta Construções e Serviços Ltda. A tutela de urgência foi totalmente deferida pelo magistrado em favor de Vesta Construções e Serviços Ltda. Na qualidade de advogado(a) de Vesta Construções e Serviços Ltda. assinale a opção que apresente a medida processual a ser adotada, em razão do deferimento da tutela cautelar.

a) Formular o pedido principal nos mesmos autos da tutela cautelar requerida em caráter antecedente, dentro do prazo de 30 (trinta) dias a contar da data da efetivação da tutela cautelar.

b) Requerer a instauração da arbitragem dentro do prazo de 30 (trinta) dias a contar da data da efetivação da tutela cautelar.

c) Formular o pedido principal nos mesmos autos da tutela cautelar requerida em caráter antecedente, dentro do prazo de 15 (quinze) dias, ou em outro prazo maior que o juiz fixar, a contar da data da efetivação da tutela cautelar.

d) Requerer a instauração da arbitragem dentro do prazo de 15 (quinze) dias, ou em outro prazo maior que o juiz fixar, a contar da data da efetivação da tutela cautelar.

**COMENTÁRIOS**

✪ **Notas do autor:** antes de instituída a arbitragem, as partes poderão recorrer ao Poder Judiciário para a concessão de medida cautelar ou de urgência. Contudo, cessa a eficácia da medida cautelar ou de urgência se a parte interessada não requerer a instituição da arbitragem no prazo de trinta dias, contado da data de efetivação da respectiva decisão (art. 22-A, da Lei nº 9.307/1996).

**Gabarito: letra "B".**

---

**02. (FGV – Exame de Ordem XXXVI – 2022)** Olívia e José foram casados por 15 anos e tiveram duas filhas, Maria Eduarda, com 9 anos, e Maria Luiza, com 6.

A manutenção do casamento não é mais da vontade do casal, razão pela qual decidiram se divorciar, propondo Olívia ação judicial para tanto. Porém, preocupados em manter a harmonia da família, o casal entendeu que o melhor caminho para resolver as questões legais atinentes à guarda, à visitação e aos alimentos das filhas seria a mediação.

Sobre a mediação judicial a ser realizada no presente caso, assinale a afirmativa correta.

a) Os mediadores que atuarão no caso deverão estar inscritos em cadastro de tribunal de justiça ou de tribunal regional federal, que manterá o registro dos profissionais habilitados.

b) A mediação, meio de solução da controvérsia escolhido por Olívia e José, deverá seguir exclusivamente as regras procedimentais previstas em lei.

c) O mediador que atuar no caso fica impedido pelo prazo de 2 anos, contados do término da última audiência em que atuou, de assessorar, representar ou patrocinar qualquer das partes.

d) A escolha da mediação por Olívia e José é correta, pois o mediador atuará nos casos em que não houver vínculo anterior entre as partes.

**COMENTÁRIOS**

✪ **Notas do autor:** os conciliadores, os mediadores e as câmaras privadas de conciliação e mediação serão inscritos em cadastro nacional e em cadastro de tribunal de justiça ou de tribunal regional federal, que manterá registro de profissionais habilitados, com indicação de sua área profissional (art. 167, *caput*, CPC).

**Gabarito: letra A.**

---

**03. (FGV- XXXV Exame de Ordem-2022)** No âmbito de um contrato de prestação de serviços celebrado entre as sociedades empresárias Infraestrutura S.A. e Campo Lindo S.A., foi prevista cláusula compromissória arbitral, na qual as partes acordaram que qualquer litígio de natureza patrimonial decorrente do contrato seria submetido a um tribunal arbitral.

Surgido o conflito, e havendo resistência de Infraestrutura S.A. quanto à instituição da arbitragem, assinale a opção que representa a conduta que pode ser adotada por Campo Lindo S.A.

a) Campo Lindo S.A. pode adotar medida coercitiva, mediante autorização do tribunal arbitral, para que Infraestrutura S.A. se submeta forçosamente ao procedimento arbitral, em respeito à cláusula compromissória firmada no contrato de prestação de serviço.

b) Campo Lindo S.A. pode submeter o conflito à jurisdição arbitral, ainda que sem participação de Infraestrutura S.A., o qual será considerado revel e contra si presumir-se-ão verdadeiras todas as alegações de fato formuladas pelo requerente Campo Lindo S.A.

c) Campo Lindo S.A. pode requerer a citação de Infraestrutura S.A. para comparecer em juízo no intuito de lavrar compromisso arbitral, designando o juiz audiência especial com esse fim.

d) Campo Lindo S.A. pode ajuizar ação judicial contra Infraestrutura S.A., para que o Poder Judiciário resolva o mérito do conflito decorrente do contrato de prestação de serviço celebrado entre as partes.

**COMENTÁRIOS**

✪ **Notas do autor:** Existindo cláusula compromissória e havendo resistência quanto à instituição da arbitragem, poderá a parte interessada requerer a citação da outra parte para comparecer em juízo a fim de lavrar-se o compromisso, designando o juiz audiência especial para tal fim. Para tanto, o autor indicará, com precisão, o objeto da arbitragem, instruindo o pedido com o documento que contiver a cláusula compromissória. Comparecendo as partes à audiência, o juiz tentará, previamente, a conciliação acerca do litígio. Não obtendo sucesso, tentará o juiz conduzir as partes à celebração, de comum acordo, do compromisso arbitral. Não concordando as partes sobre os termos do compromisso, decidirá o juiz, após ouvir o réu, sobre seu conteúdo, na própria audiência ou no prazo de dez dias, respeitadas as disposições da cláusula compromissória. Se a cláusula compromissória nada dispuser sobre a nomeação de árbitros, caberá ao juiz, ouvidas as partes, estatuir a respeito, podendo nomear árbitro único para a solução do litígio. A ausência do autor, sem justo motivo, à audiência designada para a lavratura do compromisso arbitral, importará a extinção do processo sem julgamento de mérito. Não comparecendo o réu à audiência, caberá ao juiz, ouvido o autor, estatuir a respeito do conteúdo do compromisso, nomeando árbitro único. A sentença que julgar procedente o pedido valerá como compromisso arbitral (art. 7º, Lei nº 9.307/1997).

**Gabarito: letra C.**

---

**04. (FGV – Exame de Ordem 2017.3)** O Supermercado "X" firmou contrato com a pessoa jurídica "Excelência" – sociedade empresária de renome – para que esta lhe prestasse assessoria estratégica e planejamento empresarial no processo de expansão de suas unidades por todo o país. Diante da discussão quanto ao cumprimento da prestação acordada, uma vez que o supermercado entendeu que o serviço fora prestado de forma deficiente, as partes se socorreram da arbitragem, em razão de expressa previsão do meio de solução de conflitos trazida no contrato. Na arbitragem, restou decidido que assistia razão ao supermercado, sendo a sociedade empresária "Excelência" condenada ao pagamento de indenização, além de multa de 30%. Considerando o exposto, assinale a afirmativa correta.

a) Por se tratar de um título executivo extrajudicial, deve ser instaurado um processo de execução.

b) Por se tratar de um título executivo judicial, será promovido segundo as regras do cumprimento de sentença.

c) A sentença arbitral só poderá ser executada junto ao Poder Judiciário após ser confirmada em processo de conhecimento, quando adquire força de título executivo judicial.

d) A sentença arbitral será executada segundo as regras do cumprimento de sentença, tendo em vista seu caráter de título executivo extrajudicial.

**COMENTÁRIOS**

✪ **Nota do autor:** repetindo o ocorrido no Exame 2017.2, a FGV trouxe questão que trata da arbitragem, por meio da qual as partes elegem a jurisdição privada para a solução de conflito existente entre elas.

**Alternativa** "b". A decisão proferida pelo árbitro constituir-se-á em título executivo judicial, que poderá ser executada de acordo com as regras do cumprimento de sentença, consoante dispõe o inciso VII, do art. 515 do CPC. Para que possa ser executada, não necessita de homologação pelo Poder Judiciário. Exclui automaticamente as demais alternativas.

**Alternativa correta: letra "b".**

---

**05. (FGV – Exame de Ordem 2017.2)** A multinacional estrangeira Computer Inc., com sede nos Estados Unidos, celebra contrato de prestação de serviços de informática com a sociedade empresarial Telecomunicações S/A, constituída de acordo com as leis brasileiras e com sede no Estado de Goiás. Os serviços a serem prestados envolvem a instalação e a manutenção dos servidores localizados na sede da sociedade empresarial Telecomunicações S/A. Ainda consta, no contrato celebrado entre as referidas pessoas jurídicas que eventuais litígios serão dirimidos, com exclusividade, perante a Corte Arbitral Alfa, situada no Brasil. Após discordâncias sobre o cumprimento de uma das cláusulas referentes à realização dos serviços, a multinacional Computer Inc. ingressa com demanda no foro arbitral contratualmente avençado. Com base no caso concreto, assinale a afirmativa correta.

a) A cláusula compromissória prevista no contrato é nula de pleno direito, uma vez que o princípio da inafastabilidade da jurisdição, previsto constitucionalmente, impede que ações que envolvam obrigações a serem cumpridas no Brasil sejam dirimidas por órgão que não integre o Poder Judiciário nacional.

b) Caso a empresa Telecomunicações S/A ingresse com demanda perante a Vara Cível situada no Estado de Goiás, o juiz deverá resolver o mérito, ainda que a sociedade Computer Inc. alegue, em contestação, a existência de convenção de arbitragem prevista no instrumento contratual.

c) Visando efetivar tutela provisória deferida em favor da multinacional Computer Inc., poderá ser expedida carta arbitral pela Corte Arbitral Alfa para que órgão do Poder Judiciário, com competência perante o Estado de Goiás, pratique atos de cooperação que importem na constrição provisória de bens na sede da sociedade empresarial Telecomunicações S/A, a fim de garantir a efetividade do provimento final.

d) A sentença arbitral proferida pela Corte Arbitral Alfa configura título executivo extrajudicial, cuja execução poderá ser proposta no foro do lugar onde deva ser cumprida a obrigação.

**COMENTÁRIOS**

✪ **Nota do autor:** a arbitragem é método privado de solução de controvérsias, que surge em razão da manifestação de vontade em que duas partes capazes submetem a solução de seu litígio a um terceiro de sua confiança. Firmada a convenção, as partes se vinculam à avença. A cláusula arbitral é a convenção por meio da qual as partes comprometem-se a submeter à arbitragem os litígios que surgirem em decorrência do contrato. Ela será autônoma em relação ao contrato. Por meio do compromisso arbitral, as partes submetem ao julgamento de um árbitro um conflito atual. Por meio dele, será renunciada a jurisdição estatal, obrigando-se as partes a se submetem à decisão do árbitro. A reforma da Lei da Arbitragem (Lei nº 9.307/1996) deixou clara a possibilidade de ser concedida e executada medida cautelar pré-arbitral. Desse modo, antes de instituída a arbitragem, as partes poderão recorrer ao Poder Judiciário para a concessão de medida cautelar ou de urgência, devendo fazê-lo perante o foro que seria competente para a causa caso não existisse a convenção de arbitragem. A propósito: "PROCESSUAL CIVIL. RECURSO ESPECIAL. CAUTELAR AJUIZADA PERANTE A JUSTIÇA ESTATAL. EXISTÊNCIA DE CLÁUSULA COMPROMISSÓRIA ARBITRAL. AUSÊNCIA DE INSTAURAÇÃO DO JUÍZO ARBITRAL NO PRAZO. EXTINÇÃO DA CAUTELAR. 1. O ajuizamento de ação cautelar perante a Justiça Estatal não afasta a eficácia da cláusula compromissória arbitral. Precedentes. 2. A ausência de iniciativa para a instauração do juízo arbitral extingue a cautelar, na forma do art. 808 do Código de Processo Civil de 1973. 3. Recurso especial provido. (REsp 1244401/SC, Rel. Ministra MARIA ISABEL GALLOTTI, QUARTA TURMA, julgado em 07/02/2017, DJe 16/02/2017). Também se admite que a tutela provisória seja deferida pelo árbitro e cumprida por órgão judicial, de modo que o primeiro poderá expedir carta arbitral ao Poder Judiciário.

**Alternativa "a": incorreta.** É certo que existem determinadas ações que, para produzirem efeitos no território nacional, devem ser decididas pelo órgão judicial brasileiro. Há outras, no entanto, que admitem decisão estrangeira, desde que homologada pelo Superior Tribunal de Justiça. Porém, a situação narrada no problema refere-se a demanda que será julgada pelo árbitro, o qual foi anteriormente constituído pelas partes.

**Alternativa "b": incorreta.** Sendo alegada a existência da convenção de arbitragem, não poderá o órgão judicial resolver o mérito da ação. É importante registrar que a existência da convenção de arbitragem é preliminar que não poderá ser conhecida de ofício pelo juiz.

**Alternativa "c": correta.** O árbitro ou o tribunal arbitral poderá expedir carta arbitral para que o órgão jurisdicional nacional pratique ou determine o cumprimento de ato solicitado pelo árbitro (art. 22-C, Lei nº 9.307/1996).

**Alternativa "d": incorreta.** A sentença proferida pelo juízo arbitral constituirá título executivo judicial e não extrajudicial.

**Alternativa correta: letra "c".**

## 2. DO LITISCONSÓRCIO

**06. (FGV- XXXV Exame de Ordem-2022)** Proposta uma demanda judicial com a presença de 150 autores no polo ativo, a parte ré, regularmente citada, peticiona nos autos apenas e exclusivamente no sentido de que seja limitado o número de litigantes, informando, ainda, que sua contestação será apresentada no momento oportuno. A parte autora, então, se antecipando à conclusão dos autos ao magistrado competente, requer que o réu seja considerado revel, por não ter apresentado sua contestação no momento oportuno.

Com base no Código de Processo Civil, é correto afirmar que

a) o juiz pode limitar o litisconsórcio facultativo quanto ao número de litigantes nas fases de conhecimento ou de liquidação de sentença, sendo vedada tal limitação na execução, por esta pressupor a formação de litisconsórcio necessário.
b) o requerimento de limitação do litisconsórcio facultativo quanto ao número de litigantes interrompe o prazo para manifestação ou resposta, que recomeçará da intimação da decisão que solucionar a questão.
c) o fato de o réu não ter apresentado sua contestação no prazo regular tem como consequência a incidência de pleno direito da revelia material, que pode ser revertida caso acolhido o requerimento de limitação do litisconsórcio.
d) apresentado requerimento de limitação do número de litigantes com base apenas no potencial prejuízo ao direito de defesa do réu, deve o magistrado limitar sua análise a tal argumento, sendo vedado decidir com base em fundamento diverso, ainda que oportunizada a manifestação prévia das partes.

COMENTÁRIOS

Admite-se que o réu peticione e requeira a limitação do litisconsórcio multitudinário. E assim será considerado o litisconsórcio facultativo quando o número de litigantes na fase de conhecimento, na liquidação de sentença ou na execução puder comprometer a rápida solução do litígio ou dificultar a defesa ou o cumprimento de sentença. Nesse caso, o requerimento de limitação interrompe o prazo para a manifestação ou resposta, que recomeçará da intimação da decisão que o solucionar (art.113, §§ 1º e 2º, CPC). Desse modo, não houve revelia, pois o prazo para oferecimento de resposta havia sido interrompido.

**Gabarito: letra B.**

**07. (FGV- XXXV Exame de Ordem-2022)** Paolo e Ana Sávia, casados há mais de 10 anos, sob o regime de comunhão parcial de bens, constituíram, ao longo do casamento, um enorme patrimônio que contava com carros de luxo, mansões, fazendas, dentre outros bens.

Certo dia, por conta de uma compra e venda realizada 5 anos após o casamento, Paolo é citado em uma ação que versa sobre direito real imobiliário.

Ana Sávia, ao saber do fato, vai até seu advogado e questiona se ela deveria ser citada, pois envolve patrimônio familiar.

Sobre o assunto, o advogado responde corretamente que, no caso em apreço,

a) Ana Sávia deve ser citada, pois existe litisconsórcio passivo necessário entre os cônjuges em ação que verse sobre direito real imobiliário, mesmo que casados sob o regime de separação absoluta de bens.
b) Ana Sávia não deve ser citada, pois existe litisconsórcio passivo facultativo entre os cônjuges em ação que verse sobre direito real imobiliário, salvo quando casados sob o regime de separação absoluta de bens.
c) Ana Sávia não deve ser citada, pois não existe litisconsórcio passivo necessário entre os cônjuges em ação que verse sobre direito real imobiliário.
d) Ana Sávia deve ser citada, pois existe litisconsórcio passivo necessário entre os cônjuges em ação que verse sobre direito real imobiliário, salvo quando casados sob o regime de separação absoluta de bens.

COMENTÁRIOS

Será necessário o consentimento do outro cônjuge para a propositura de ação que verse sobre **direito real imobiliário**, a não ser que casados sob o regime de separação absoluta de bens.

De outro lado, ambos os cônjuges serão citados para a ação: I - que verse sobre direito real imobiliário, salvo quando casados sob o regime de separação absoluta de bens; II - resultante de fato que diga respeito a ambos os cônjuges ou de ato praticado por eles; III - fundada em dívida contraída por um dos cônjuges a bem da família; IV - que tenha por objeto o reconhecimento, a constituição ou a extinção de ônus sobre imóvel de um ou de ambos os cônjuges. Aplicam-se essas regras à união estável comprovada nos autos. O consentimento necessário para o ajuizamento da ação poderá ser suprido judicialmente quando for negado por um dos cônjuges sem justo motivo, ou quando não seja possível concedê-lo (art. 73, CPC).

**Gabarito: letra D.**

---

**08. (FGV-Exame de Ordem 2019.1)** As irmãs Odete e Nara celebraram contrato bancário, com cláusula de solidariedade, com uma pequena instituição financeira, com o objetivo de constituir uma empresa na cidade de Campos.

Depois de sete anos, a instituição financeira, sem receber o valor que lhe era devido, propôs ação judicial em face das duas irmãs. Ocorre que a empresa familiar teve suas atividades encerradas por má gestão e as irmãs, há alguns anos, não mais se falam e, por isso, contrataram advogados(as) de escritórios de advocacia distintos para realizar a defesa judicial.

Sobre a hipótese apresentada, assinale a afirmativa correta.

a) Caso o(a) advogado(a) de Nara perca o prazo do recurso de apelação, a alegação de prescrição no apelo interposto pelo advogado(a) de Odete, se acolhida, beneficiará Nara.

b) O litisconsórcio formado pelas irmãs pode ser classificado como litisconsórcio passivo, necessário e unitário.

c) Caberá à parte interessada alegar a prescrição, sendo vedado ao magistrado reconhecer a prescrição de ofício.

d) Os prazos para as manifestações dos litisconsortes com advogados(as) de diferentes escritórios de advocacia serão contados em dobro, ainda quando os autos do processo forem eletrônicos.

**COMENTÁRIOS**

✪ **Nota do autor:** a questão trata do regime do litisconsórcio existente entre as irmãs Odete e Nara, que figuram como rés no processo que foi proposto pela instituição financeira. Tratando-se de litisconsórcio simples, não há obrigatoriedade de que a decisão seja uniforme para todos os litisconsortes. Neste caso, cada litisconsorte é considerado como parte autônoma, de modo que os atos praticados por uma das partes não beneficiam ou prejudicam as demais. De outro lado, no litisconsórcio unitário, haverá a obrigatoriedade de que a decisão seja uniforme para todos os litisconsortes, que são vistos como integrantes de bloco único. Por isso, os atos praticados por uma das partes beneficiam os demais litisconsortes, mas as omissões não os prejudicam. No caso tratado no problema apresentado, verifica-se que se trata de hipótese de solidariedade, de modo que o litisconsórcio será unitário.

**Alternativa "a":** tratando-se de litisconsórcio unitário, decorrente da solidariedade, a alegação de prescrição, apresentada por uma das partes, se acolhida, beneficiará as demais.

**Alternativa "b":** diferentemente do que foi registrado, o litisconsórcio será *passivo, facultativo e unitário*. Passivo, pois as litisconsortes são as rés; facultativo (e não necessário), pois é possível cobrar a dívida de qualquer uma das devedoras, justamente por conta da solidariedade (a propósito, prevê o art. 275, *caput*, do Código Civil: "*o credor tem direito a exigir e receber de um ou de alguns dos devedores, parcial ou totalmente, a dívida comum; se o pagamento tiver sido parcial, todos os demais devedores continuam obrigados solidariamente pelo resto*"); e, por fim, será unitário, uma vez que deve ocorrer a uniformidade da decisão.

**Alternativa "c":** a prescrição, assim como a decadência legal, pode ser conhecida de ofício pela autoridade judiciária.

**Alternativa "d":** tratando-se de litisconsortes com diversos procuradores, os prazos para a prática dos atos processuais serão contados em dobro, o que não ocorrerá, porém, se o processo for eletrônico (art. 229, § 2º, CPC).

**Alternativa correta: letra "a".**

---

**09. (FGV – Exame de Ordem 2017.1)** Antônia contratou os arquitetos Nivaldo e Amanda para realizar o projeto de reforma de seu apartamento. No contrato celebrado entre os três, foi fixado o prazo de trinta dias para a prestação do serviço de arquitetura, o que não foi cumprido, embora tenha sido feito o pagamento dos valores devidos pela contratante. Com o objetivo de rescindir o contrato celebrado e ser ressarcida do montante pago, Antônia procura um advogado, mas lhe informa que não gostaria de processar Amanda, por serem amigas de infância. Sobre a hipótese apresentada, assinale a opção que indica o procedimento correto a ser adotado.

a) Será possível o ajuizamento da ação unicamente em face de Nivaldo, na medida em que a hipótese tratada é de litisconsórcio simples. A sentença proferida contra Nivaldo será ineficaz em relação a Amanda.

b) Não será possível o ajuizamento da ação unicamente em face de Nivaldo, uma vez que a hipótese tratada é de litisconsórcio necessário. Caso a ação não seja ajuizada em face de Amanda, o juiz deverá determinar que seja requerida sua citação, sob pena de extinção do processo.

c) Será possível o ajuizamento da ação unicamente em face de Nivaldo, na medida em que a hipótese tratada é de litisconsórcio facultativo. A sentença proferida contra Nivaldo será eficaz em relação a Amanda, pois entre eles há comunhão de direitos ou de obrigações.

d) Não será possível o ajuizamento da ação unicamente em face de Nivaldo, uma vez que a hipótese tratada é de litisconsórcio simples. A sentença proferida contra Nivaldo será ineficaz.

**COMENTÁRIOS**

✪ **Nota do Autor:** O litisconsórcio diz respeito à possibilidade de duas ou mais pessoas litigarem, no mesmo processo, em conjunto, ativa ou passivamente (CPC, art. 113, *caput*). Será facultativo em virtude da vontade das partes, ou necessário, por força de lei ou pelo tipo de relação existente entre os litigantes. No litisconsórcio necessário, a sentença de mérito proferida sem a integração do contraditório será: nula, se a decisão deveria ser uniforme em relação a todos que deveriam ter integrado o processo; ou ineficaz, nos outros casos, apenas para os que não foram citados (CPC, art. 115, incisos I e II).

**Alternativa "b" (responde as demais alternativas).** O litisconsórcio será necessário por disposição de lei ou quando, pela natureza da relação jurídica controvertida, a eficácia da sentença depender da citação de todos que devam ser litisconsortes (CPC, art. 114). No caso apresentado, o contrato foi firmado e descumprido por Antônio e Amanda, razão pela qual ambos deverão constar no polo passivo, sendo caso de litisconsórcio passivo necessário pela relação jurídica controvertida. Ademais, nesses casos em que se verifica litisconsórcio passivo necessário, o juiz determinará ao autor que requeira a citação de todos que devam ser litisconsortes, dentro do prazo que assinar, sob pena de extinção do processo (CPC, art. 115, parágrafo único). É muita válida a lição apresentada pelo Professor

Daniel Amorim Assumpção Neves, ao identificar, na hipótese do litisconsórcio necessário, a existência de "relações jurídicas incindíveis, cuja principal característica é a impossibilidade de um sujeito que dela faça parte suportar um efeito sem atingir todos os sujeitos que dela participam".[1]

**Alternativa correta: letra "b".**

## 3. DA INTERVENÇÃO DE TERCEIROS

**10. (FGV/ OAB/ XXXIII Exame- 2021)** Karine teve conhecimento de que Pedro propôs ação reivindicatória em face de Joana relativamente à Fazenda Felicidade, situada em Atibaia. Karine, furiosa, apresenta oposição, por entender que aquela fazenda lhe pertence, já que a recebeu em testamento pelo falecido tio de Joana.

Sobre o caso narrado, assinale a afirmativa correta.

a) Se a oposição foi proposta antes do início da audiência do processo originário, a oposição será apensada aos autos e tramitará simultaneamente à ação reivindicatória, sendo ambas julgadas pela mesma sentença.

b) Se houver possibilidade de julgamento conjunto, o juiz deverá observar a relação de prejudicialidade existente entre a oposição apresentada por Karine e a ação reivindicatória proposta por Pedro, sendo que o pedido desta última deve ser julgado em primeiro lugar.

c) Os opostos formam um litisconsórcio passivo unitário, devendo a sentença dividir de modo idêntico o mérito para ambos.

d) Se Pedro reconhecer a procedência do pedido da opoente, Karine deverá ser reconhecida como legítima proprietária do imóvel.

**COMENTÁRIOS**

A oposição consiste em processo de jurisdição contenciosa, em que alguém pretendendo coisa disputada em outro processo, apresenta seu pedido perante os dois demandantes. Passa-se a ter a ação principal e a oposição. O polo ativo da ação será ocupado pelo *opoente*, ou seja, aquele que pretende coisa ou direito sobre o que controvertem autor e réu. No polo passivo, por sua vez, figurarão as partes do processo principal, denominados *opostos*, que serão citados na pessoa de seus advogados para contestar o pedido no prazo comum de quinze dias.

(A) A oposição poderá ser oferecida antes da sentença e será processada perante o juízo que for absolutamente competente para tanto. Se apresentada antes do início da audiência de instrução, a oposição será apensada aos autos e tramitará simultaneamente à ação originária, com julgamento conjunto na mesma sentença. Diferentemente, se a oposição for apresentada após o início da audiência de instrução, o juiz suspenderá o curso do processo no fim da produção de provas, o que também poderá ocorrer em momento anterior, se entender que a unidade da instrução atende melhor ao princípio da duração razoável do processo. Decidindo simultaneamente a ação originária e a oposição, deverá o magistrado conhecer desta em primeiro lugar.

**Gabarito: A.**

**11. (FGV/OAB/XXX_Exame – 2019)** Daniel, sensibilizado com a necessidade de Joana em alugar um apartamento, disponibiliza-se a ser seu fiador no contrato de locação, fazendo constar nele cláusula de benefício de ordem. Um ano e meio após a assinatura do contrato, Daniel é citado em ação judicial visando à cobrança de aluguéis atrasados.

Ciente de que Joana possui bens suficientes para fazer frente à dívida contraída, Daniel consulta você, como advogado(a), sobre a possibilidade de Joana também figurar no polo passivo da ação.

Diante do caso narrado, assinale a opção que apresenta a modalidade de intervenção de terceiros a ser arguida por Daniel em sua contestação.

a) Assistência.

b) Denunciação da lide.

c) Chamamento ao processo.

d) Nomeação à autoria.

**COMENTÁRIOS**

**Nota do autor:** várias são as modalidades de intervenção de terceiros indicadas no Código de Processo Civil. Cada qual tem a sua finalidade essencial. Na questão trazida, a cliente questiona o Advogado sobre a possibilidade de se ampliar o polo passivo da demanda, de modo que passasse a ser integrado também pela devedora principal, sendo a opção correta a utilização do chamamento ao processo. A propósito, prevê o art. 130, ser admissível o chamamento do processo, requerido pelo réu, *do afiançado, na ação em que o fiador for réu* (inciso I).

Alternativa "c": nesta modalidade de intervenção, a sentença de procedência valerá como título executivo em favor do réu que satisfizer a dívida, a fim de que possa exigi-la, por inteiro, do devedor principal, ou, de cada um dos codevedores, a sua quota, na proporção que lhes tocar (art. 132). Exclui-se automaticamente as demais modalidades de intervenção.

**Alternativa correta: letra "c".**

**12. (FGV-Exame de Ordem 2019.1)** Amauri ingressou com ação ordinária em face de Mercadinho dos Suínos Ltda., em decorrência do consumo de alimento inapropriado vendido pelo réu. O pedido foi julgado procedente em decisão transitada em julgado, condenando a pessoa jurídica ré a indenizar o autor em R$ 10.000,00 (dez mil reais). Na fase de cumprimento de sentença, não foram encontrados bens penhoráveis pertencentes à sociedade, razão pela qual o juízo competente decretou, de ofício, a desconsideração da personalidade jurídica, penhorando um automóvel pertencente a Flávio, sócio majoritário da sociedade ré.

Diante de tal cenário, assinale a afirmativa correta.

a) A decisão está correta, pois o CPC admite a desconsideração da personalidade jurídica, independentemente de requerimento da parte interessada.

b) A decisão está incorreta, diante da necessidade de requerimento da parte para que haja a desconsideração da personalidade jurídica, a qual possui natureza jurídica de processo autônomo.

c) A decisão está incorreta, pois a desconsideração da personalidade jurídica exige, cumulativamente, o requerimento da parte interessada e a instauração do incidente, nos termos do CPC.

d) Não é admissível a desconsideração da personalidade jurídica à luz do CPC.

**COMENTÁRIOS**

**Nota do autor:** entre as modalidades de intervenção de terceiros previstas no CPC/2015, encontra-se o *incidente de desconsideração da personalidade jurídica*, que será instaurado

---

1 NEVES, Daniel Amorim Assumpção. Novo Código de Processo Civil Comentado artigo por artigo. 2ª. ed. Salvador: Juspodivm, 2017, p. 203.

a pedido da parte ou do Ministério Público, quando lhe couber intervir no processo (art. 133). Será cabível em todas as fases do processo de conhecimento, no cumprimento de sentença e na execução fundada em título executivo extrajudicial. Note-se que o CPC não traz as hipóteses em que a desconsideração será cabível, mas apenas trata de seu procedimento.

**Alternativa "c":** a instauração do incidente de desconsideração da personalidade jurídica dependerá de requerimento formulado pela parte ou pelo Ministério Público, de modo que não se admite que ocorra de ofício. O objetivo de sua inserção no CPC é o de propiciar a observância do contraditório efetivo, de modo que, anteriormente à decretação, fosse a parte ouvida. Exclui automaticamente as demais alternativas.

**Alternativa correta: letra "c".**

---

**13. (FGV-Exame de Ordem 2019.1)** Felipe, a fim de cobrar dívida proveniente de contrato de mútuo firmado com Aline, ajuizou demanda de conhecimento em face de João Alberto, fiador. Surpreendido pela citação, João Alberto procura, no mesmo dia, um(a) advogado(a).

Diante de tal quadro, assinale a opção que apresenta a medida mais adequada a ser adotada pelo(a) advogado(a) para obter a responsabilização de Aline.

a) Realizar o chamamento ao processo de Aline.

b) Efetuar a denunciação da lide de Aline.

c) Sustentar a ilegitimidade passiva de João Alberto, na medida em que somente após eventual tentativa malsucedida de responsabilização de Aline, João Alberto poderia ser demandado.

d) Não promover a intervenção de terceiros e aguardar a fase executiva, momento em que deverá ser requerido o benefício de ordem, de modo que os bens de Aline sejam executados antes dos de João Alberto.

**COMENTÁRIOS**

✪ **Nota do autor:** o chamamento ao processo foi inserido entre as modalidades de intervenção de terceiros. Nesse sentido, de acordo com o art. 130, CPC, é admissível o chamamento ao processo, requerido pelo réu: I) do afiançado, na ação em que o fiador for réu; II) dos demais fiadores, na ação proposta contra um ou alguns deles; III) dos demais devedores solidários, quando o credor exigir de um ou de alguns o pagamento da dívida comum. O objetivo do chamamento ao processo é o de propiciar a ampliação do polo passivo da ação.

**Alternativa "a":** consoante está previsto no art. 130, I, será cabível o chamamento ao processo, requerido pelo réu, do afiançado, na ação em que o fiador for réu.

**Alternativa "b":** na hipótese não se busca a condenação regressiva do réu, o que caracterizaria a denunciação da lide. O que se pretende é que o afiançado também ocupe o polo passivo da ação. Exclui automaticamente as alternativas "c" e "d".

**Alternativa correta: letra "a".**

---

**14. (FGV – Exame de Ordem 2017.3)** Marcos se envolveu em um acidente, abalroando a motocicleta de Bruno, em razão de não ter visto que a pista estava interditada. Bruno ajuizou, em face de Marcos, ação de indenização por danos materiais, visando receber os valores necessários ao conserto de sua motocicleta. Marcos, ao receber a citação da ação, entendeu que a responsabilidade de pagamento era da Seguradora Confiança, em virtude de contrato de seguro que havia pactuado para seu veículo, antes do acidente. Diante de tal situação, assinale a afirmativa correta.

a) Marcos pode promover oposição em face de Bruno e da seguradora.

b) Marcos pode promover denunciação da lide à seguradora.

c) Marcos pode pedir a instauração de incidente de desconsideração da personalidade jurídica em face da seguradora.

d) Marcos pode promover o chamamento ao processo da seguradora.

**COMENTÁRIOS**

✪ **Nota do autor:** a questão trata de hipótese em que será possível ao réu valer-se da provocação de terceiro, para que este responda de forma regressiva por eventual condenação que sofrer. Portanto, trata da modalidade de intervenção de terceiros denominada *denunciação da lide*.

**Alternativa "a":** incorreta. A oposição não é mais prevista como hipótese de intervenção de terceiros, mas como um dos procedimentos especiais.

**Alternativa "b":** correta. A denunciação da lide tem por finalidade instaurar nova relação processual em face de terceiro, para que este responda regressivamente por eventual condenação sofrida pelo réu. Assim, o processo contará com duas relações processuais distintas, a principal e a secundária. O art. 125 do CPC admite a denunciação, promovida por qualquer das partes, (i) ao alienante imediato, no processo relativo à coisa cujo domínio foi transferido ao denunciante, a fim de que possa exercer os direitos que da evicção lhe resultam, e (ii) àquele que estiver obrigado, por lei ou pelo contrato, a indenizar, em ação regressiva, o prejuízo de quem for vencido no processo. A hipótese da questão apresentada se refere ao inciso II do aludido artigo.

**Alternativa "c":** incorreta. O incidente de desconsideração da personalidade jurídica foi previsto como uma das modalidades de intervenção de terceiros. Naturalmente, não se aplica à hipótese relatada na questão, em que se pretende a responsabilização regressiva de terceiro.

**Alternativa "d":** incorreta. O chamamento ao processo tem por finalidade promover a ampliação do polo passivo da relação processual.

**Alternativa correta: letra "b".**

## 4. DO JUIZ, DO MINISTÉRIO PÚBLICO E DO ADVOGADO

---

**15. (FGV – Exame de Ordem 2016.2)** Durante uma ação de guarda a tramitar em uma vara de família, a ré, mãe da criança, descobriu que o advogado do pai (autor) é filho adotivo do irmão do promotor de justiça que atua no caso. Extremamente preocupada, informou o fato ao seu advogado. Com base no CPC/15, como advogado da mãe, assinale a afirmativa correta.

a) Por causa do impedimento para que o promotor de justiça exerça suas funções, o fato deverá ser informado ao juiz da causa em petição específica.

b) O advogado da mãe deverá arguir, por meio de exceção, o impedimento do promotor de justiça.

c) As causas de impedimento direcionadas ao magistrado, como é o caso, não se estendem aos membros do Ministério Público.

d) Não se trata de causa de impedimento porque o advogado do pai é parente colateral de terceiro grau do promotor de justiça.

COMENTÁRIOS

✪ **Nota do autor:** o impedimento ou a suspeição não mais serão objeto de exceção, mas de simples petição, que será juntada aos autos. O procedimento para alegar a suspeição ou o impedimento do juiz, do promotor de justiça e dos auxiliares da justiça é o mesmo. Nesse sentido, no prazo de 15 dias, contados do conhecimento do fato, a parte alegará o impedimento ou a suspeição em petição específica dirigida ao juiz do processo.

**Alternativa a.** Como visto e considerando-se que o parentesco derivado do vínculo de adoção preserva as mesmas consequências, tem-se que o advogado do autor é sobrinho do promotor de justiça e, portanto, é seu parente colateral de terceiro grau. Portanto, incide a causa de impedimento prevista no art. 144, III do CPC, considerando-se que elas também são aplicáveis ao Ministério Público, aos auxiliares da justiça e aos demais sujeitos imparciais do processo (art. 148). Exclui as demais alternativas.

**Alternativa correta: letra "a".**

---

**16. (FGV – Exame de Ordem 2016.2 – Prova reaplicada Salvador-BA)** No decorrer da tramitação de uma ação, em que se discutiam as declarações de última vontade contidas em um testamento, foi alegada, pela parte interessada, a ausência de intervenção obrigatória do Ministério Público, requerendo, como consequência, a anulação de todo o procedimento. Com base no CPC/15, assinale a afirmativa correta.

a) A alegação está correta, uma vez que compete ao Ministério Público intervir nas causas concernentes a disposições de última vontade, sob pena de nulidade.

b) O advogado da parte contrária pode arguir a inexistência de obrigatoriedade de intervenção, uma vez que, nesse caso, cabe ao parquet avaliar a presença do interesse público ou social, decidindo ou não pela intervenção.

c) Não há nulidade na situação narrada, pois a obrigatoriedade de intervenção do Ministério Público se limita às ações em que haja interesse de incapaz ou participação da Fazenda Pública.

d) A alegação de nulidade está correta, de modo que o juiz deverá invalidar todo o processo, desde a distribuição.

COMENTÁRIOS

✪ **Nota do autor:** o Ministério Público poderá atuar no processo civil como autor ou como fiscal da ordem jurídica. Note-se a alteração da própria nomenclatura, que não mais se refere a fiscal da lei. Como fiscal da ordem jurídica, o Ministério Público intervirá, além das hipóteses previstas na Constituição Federal e em outras leis, nos processos que envolvam interesse público ou social, interesse de incapaz e litígios coletivos pela posse de terra rural ou urbana (art. 178). Note-se que em ações de divórcio, por exemplo, o Ministério Público intervirá somente se houver interesse de incapaz.

**Alternativa a: incorreta.** Não há mais a obrigatoriedade de intervenção nestas causas.

**Alternativa b.** O CPC/2015 encampou o princípio do máximo aproveitamento dos atos processuais e da primazia do julgamento do mérito, de modo que qualquer nulidade somente será reconhecida se houver demonstração de efetivo prejuízo. No caso, não há propriamente necessidade de intervenção do Ministério Público, salvo se este constatar que há interesse público ou social que o justifique, o que é de seu juízo e análise própria. Em razão disso, não poderá a parte alegar a nulidade.

**Alternativa c: incorreta.** Há outras hipóteses em que a intervenção é obrigatória, como, por exemplo, se houver interesse público ou social.

**Alternativa d: incorreta.** Já respondida, como visto acima.

**Alternativa correta: letra "b".**

## 5. DAS CUSTAS E DESPESAS PROCESSUAIS E DOS HONORÁRIOS ADVOCATÍCIOS



---

**17. (FGV – XXXVII Exame OAB)** Marco Aurélio atuou como advogado em uma ação indenizatória movida em face de uma operadora de plano de saúde que foi condenada a pagar indenização por danos morais de R$ 100.000,00 (cem mil reais) ao seu cliente. Apesar de o processo ter corrido perante juízo cível, a sentença condenatória deixou de fixar honorários de sucumbência em favor de Marco Aurélio, tendo transitado em julgado sem que ele percebesse a omissão. Considerando o caso narrado, assinale a afirmativa correta.

a) Após o trânsito em julgado da sentença, Marco Aurélio não poderá pleitear mais a condenação em honorários de sucumbência.

b) Marco Aurélio poderá ajuizar ação autônoma para definir o valor dos honorários de sucumbência.

c) Após o trânsito em julgado da sentença, apesar de omissa quanto à condenação em honorários de sucumbência, Marco Aurélio poderá executar somente o valor mínimo de dez por cento sobre o valor da condenação.

d) Marco Aurélio poderá opor embargos de declaração em face da sentença omissa, pois a matéria de honorários de sucumbência não transita em julgado.

COMENTÁRIOS

✪ **Notas do autor:** caso a decisão transitada em julgado seja omissa quanto ao direito aos honorários ou ao seu valor, é cabível ação autônoma para sua definição e cobrança (art. 85, § 18, CPC). Assim, Marco Aurélio poderá ajuizar ação autônoma para definir o valor dos honorários de sucumbência.

**Gabarito: "B".**

---

**18. (FGV-Exame de Ordem 2019.1)** O fornecimento de energia elétrica à residência de Vicente foi interrompido em 2 de janeiro de 2018, porque, segundo a concessionária de serviço público, haveria um "gato" no local, ou seja, o medidor de energia teria sido indevidamente adulterado.

Indignado, Vicente, representado por um(a) advogado(a), propôs, aproximadamente um mês depois, demanda em face da fornecedora e pediu o restabelecimento do serviço, pois o medidor estaria hígido. A fim de provar os fatos alegados, o autor requereu a produção de prova pericial.

Citado poucos meses depois da propositura da demanda, a ré defendeu a correção de sua conduta, ratificou a existência de irregularidade no medidor de energia e, tal qual o autor, requereu a produção de perícia.

Em dezembro de 2018, após arbitrar o valor dos honorários periciais e antes da realização da perícia, o juiz atribuiu apenas ao autor, que efetivamente foi intimado para tanto, o pagamento de tal verba.

Sobre a hipótese apresentada, assinale a afirmativa correta.

a) A decisão judicial está correta, uma vez que, se ambas as partes requererem a produção de perícia, apenas o autor deve adiantar o pagamento.

b) O juiz decidiu de modo incorreto, pois se ambas as partes requererem a produção de perícia, autor e réu devem adiantar os honorários periciais.

c) A decisão está equivocada, na medida em que os honorários periciais são pagos apenas ao final do processo.

d) A decisão está correta, pois o magistrado tinha a faculdade de atribuir a apenas uma das partes o pagamento do montante.

COMENTÁRIOS

✪ **Nota do autor:** nos termos do que está previsto no art. 95, *caput*, CPC, a parte que requerer a produção da prova pericial deverá adiantar a remuneração do perito. Porém, sendo a perícia requerida por ambas as partes, ou deferida de ofício pela autoridade judiciária, o adiantamento deverá ser rateado pelas partes.

**Alternativa "a":** como se vê do art. 95, CPC, a decisão judicial não está correta, pois, se ambas as partes requereram a produção da prova pericial, os respectivos honorários devem adiantados por ambos.

**Alternativa "b":** de fato, a decisão judicial está incorreta, pois a prova pericial foi requerida pelas partes e não por uma delas exclusivamente.

**Alternativa "c":** para que a prova pericial seja produzida, há previsão de que os honorários periciais sejam adiantados, ao invés de serem pagos apenas ao final. Exclui automaticamente a alternativa "d".

**Alternativa correta: letra "b".**

**19. (FGV – Exame de Ordem 2018.1)** Alice, em razão de descumprimento contratual por parte de Lucas, constituiu Osvaldo como seu advogado para ajuizar uma ação de cobrança com pedido de condenação em R$ 300.000,00 (trezentos mil reais), valor atribuído à causa. A ação foi julgada procedente, mas não houve a condenação em honorários sucumbenciais. Interposta apelação por Lucas, veio a ser desprovida, sendo certificado o trânsito em julgado. Considerando o exposto, assinale a afirmativa correta.

a) Em razão do trânsito em julgado e da preclusão, não há mais possibilidade de fixação dos honorários sucumbenciais.

b) Como não houve condenação, presume-se que há fixação implícita de honorários sucumbenciais na média entre o mínimo e o máximo, ou seja, 15% do valor da condenação.

c) O trânsito em julgado não impede a discussão no mesmo processo, podendo ser requerida a fixação dos honorários sucumbenciais por meio de simples petição.

d) Deve ser proposta ação autônoma para definição dos honorários sucumbenciais e de sua cobrança.

COMENTÁRIOS

✪ **Nota do autor:** a questão trata de importante ponto sobre os honorários advocatícios. Antes do CPC de 2015, vigia a tese segundo a qual se a decisão judicial transitada em julgado não conter a condenação ao pagamento de honorários advocatícios, a parte não poderia cobrá-los por meio de ação autônoma. De acordo com o *Código Fux* (CPC 2015), contudo, "caso a decisão transitada em julgado seja omissa quanto ao direito aos honorários ou ao seu valor, é cabível ação autônoma para sua definição e cobrança" (art. 85, § 18, CPC).

**Alternativa "d": correta.** Conforme foi demonstrado, transitando em julgado o pronunciamento judicial sem a condenação ao pagamento de honorários advocatícios, poderá ser ajuizada ação autônoma para sua definição e cobrança. Exclui automaticamente as demais alternativas.

**Alternativa correta: letra "d".**

**20. (FGV – Exame de Ordem 2016.2 – Prova reaplicada Salvador-BA)** Em uma ação que tramita em determinada vara cível, a parte ré alegou falsidade de diversos documentos apresentados pelo autor, que, por sua vez, afirmava serem autênticos. Não sendo possível verificar a autenticidade dos documentos pela simples análise superficial, o magistrado determinou que se procedesse à perícia dos documentos por profissional qualificado.

Com base no CPC/15, assinale a afirmativa correta.

a) O custo pelos serviços prestados pelo perito deverão ser rateados por ambas as partes.

b) O custo da perícia será adiantado pelo réu, uma vez afirmada por ele a falsidade do documento.

c) O custo do serviço é da Fazenda Pública, porque a perícia foi determinada de ofício pelo magistrado e não por qualquer das partes.

d) O pagamento do perito será custeado pelo fundo de custeio da Defensoria Pública, caso uma das partes seja assistida pela Defensoria Pública e beneficiária da Justiça Gratuita.

COMENTÁRIOS

✪ **Nota do autor:** como regra, a parte que requerer a produção da prova será responsável pelo adiantamento dos honorários periciais. Em relação à Fazenda Pública, à Defensoria Pública ou ao Ministério Público, contudo, o regramento é diferenciado.

**Alternativa** A. De acordo com o art. 95 do CPC, cada parte deverá adiantar a remuneração do perito quando houver requerido a prova, bem como que esta será rateada quando determinada de ofício ou requerida por ambas as partes (art. 95, *caput*).

**Alternativas B e C:** incorreta. Como visto acima, competirá às partes ratearem o adiantamento de tal despesa.

**Alternativa D**: incorreta. Não será arcada pela Defensoria Pública, mas custeada com recursos alocados no orçamento do ente público e realizada por servidor do Poder Judiciário ou por órgão público conveniado, ou, ainda, paga com recursos alocados no orçamento da União, do Estado ou Distrito Federal, no caso de ser realizada por particular, hipótese em que será observada a tabela fixada.

**Alternativa correta: letra "a".**

**21. (FGV – Exame de Ordem 2016.2)** Em país estrangeiro em que possui domicílio e onde estão localizados seus bens imóveis, a sociedade empresária Alfa firmou contrato particular de fornecimento de minério com a também estrangeira sociedade empresária Beta, estipulando que a obrigação contratual deveria ser adimplida no Brasil. A sociedade empresária Alfa, diante do inadimplemento contratual da sociedade empresária Beta, ajuizou, perante a Vara Cível de Montes Claros/MG, ação com o propósito de ser indenizada pelos danos materiais sofridos, prestando como caução consistente dois veículos de sua propriedade. Após a citação e a realização de audiência de conciliação, a sociedade empresária Beta contestou, apresentando pedido de reconvenção, alegando possuir direito de ser indenizada materialmente, em razão da relação jurídica contratual regularmente constituída entre as litigantes, sob a luz das legislações estrangeira e nacional.

Com base no caso apresentado, segundo as regras do CPC/15, assinale a afirmativa correta.

a) A caução prestada pela sociedade empresária Alfa não poderá ser objeto de pedido de reforço durante o trâmite processual.

b) A sociedade empresária Alfa deverá prestar caução suficiente ao pagamento das custas e dos honorários de advogado da parte contrária.

c) A sociedade empresária Beta, para admissão de seu pedido reconvencional, deverá prestar caução suficiente ao pagamento das custas e dos honorários de advogado da sociedade empresária Alfa.

d) O contrato originado em país estrangeiro, antes do ajuizamento da ação indenizatória, deverá ser objeto de homologação perante o Superior Tribunal de Justiça.

**COMENTÁRIOS**

**Nota do autor:** a questão trata necessidade de caução para ajuizamento de ação prevista no art. 83 e também da homologação de sentença estrangeira.

**Alternativa a: incorreta**. Verificando-se, durante o processo, ser insuficiente a caução, poderá o interessado exigir reforço (art. 83, § 2º).

**Alternativa b**. O autor, brasileiro ou estrangeiro, que residir fora do Brasil ou deixar de residir no país ao longo da tramitação de processos prestará caução suficiente ao pagamento das custas e dos honorários de advogado da parte contrária nas ações que propuser, se não tiver no Brasil bens imóveis que lhes asseguram o pagamento.

**Alternativa c: incorreta**. Para a reconvenção, não será exigida a caução, ainda que o réu reconvinte também resida fora do Brasil (art. 83, § 1º, III).

**Alternativa d: incorreta**. Antes do ajuizamento de ação indenizatória, não há necessidade de que o contrato estrangeiro seja homologado pelo Superior Tribunal de Justiça. Tal homologação será necessária em relação à sentença estrangeira para que possa produzir efeitos no Brasil, pois, os títulos executivos extrajudiciais, oriundos de país estrangeiro, não dependem de homologação para serem executados (art. 784, § 2º).

**Alternativa correta: letra "b".**

---

**22. (FGV – Exame de Ordem 2016.2)** A médica Carolina é devedora de R$ 100.000,00 (cem mil reais), débito esse originado de contrato particular de mútuo, vencido e não pago, no qual figura como credora a advogada Zélia. Diante do inadimplemento, Zélia ajuizou ação de cobrança que, após instrução probatória, culminou em sentença com resolução de mérito procedente. O juiz não se pronunciou quanto ao pagamento de honorários advocatícios de sucumbência à advogada porque esta atuou em causa própria. A omissa sentença proferida transitou em julgado recentemente. Sobre o caso apresentado, segundo o CPC/15, assinale a afirmativa correta.

a) O juiz agiu com acerto ao deixar de condenar Carolina ao pagamento de honorários.

b) Os honorários advocatícios de sucumbência constituem direito do advogado sem natureza alimentar.

c) A advogada Zélia não poderá requerer que o pagamento dos honorários seja efetuado em favor da sociedade de advogados no qual figura como sócia.

d) O recente trânsito em julgado da omissa sentença não obsta o ajuizamento de ação autônoma para definição e cobrança dos honorários de sucumbência.

**COMENTÁRIOS**

**Nota do autor:** a questão trata de um ponto importante. Antes do advento do CPC/2015, vigorava o entendimento que, se houvesse o trânsito em julgado da sentença, com omissão quanto à condenação ao pagamento de honorários advocatícios, nada mais poderia ser feito para cobrá-los. Reconhecia-se a preclusão de tal matéria. Com o CPC/2015, contudo, o entendimento encampado é totalmente inverso: se não houver tal condenação, admite-se ação de cobrança própria para a constituição de título executivo judicial (art. 85 § 18).

**Alternativa d**. Em razão do novo regramento sobre a matéria, explícito no art. 85§ 18, tem-se o cabimento de ação para cobrança dos honorários de sucumbência. Exclui-se automaticamente as demais alternativas.

**Alternativa correta: letra "d".**

## 6. GRATUIDADE DE JUSTIÇA

---

**23. (FGV – Exame de Ordem 2016.2 – Prova reaplicada Salvador-BA)** Gerusa ajuizou ação de cobrança em face de Vicente, que, ao final da instrução probatória, culminou em sentença de procedência de seu pedido condenatório, tendo o magistrado fixado honorários advocatícios de sucumbência em quantia irrisória. O êxito obtido decorreu do trabalho desenvolvido pelo Dr. Alonso, advogado particular constituído por Gerusa em razão de renúncia ao mandato apresentada por seu antigo advogado, logo após a distribuição da ação. Assim que assumiu o patrocínio da causa, o Dr. Alonso identificou que Gerusa não possuía recursos suficientes para custear o processo, razão pela qual requereu e obteve o direito de gratuidade da justiça para sua cliente. A partir dos elementos do enunciado, com base no CPC/15, assinale a afirmativa correta.

a) O pedido de gratuidade da justiça deveria ter sido formulado por meio de incidente processual em apenso.

b) É cabível apelação versando exclusivamente sobre a majoração do valor dos honorários fixados pela sentença, mediante pagamento do preparo pelo Dr. Alonso.

c) A gratuidade da justiça não poderia ter sido deferida pelo juiz, pois Gerusa está assistida pelo advogado particular Dr. Alonso.

d) É cabível apelação versando exclusivamente sobre a majoração dos honorários fixados pela sentença, sendo dispensável o pagamento do preparo em razão da concessão do direito de gratuidade da justiça a Gerusa.

**COMENTÁRIOS**

**Nota do autor:** os honorários advocatícios constituem direito do advogado, devendo a sentença condenar o vencido ao seu pagamento (art. 85, *caput*).

**Alternativa a:** incorreta. O pedido de gratuidade processual poderá ser formulado na petição inicial, na contestação, na petição para ingresse de terceiro no processo ou em recurso (art. 99) e não por meio de incidente processual.

**Alternativa b**. Por se tratar de direito do advogado, admite-se que este interponha recurso com a finalidade exclusiva de majorar os honorários advocatícios. Para tanto, deverão ser observados os requisitos de admissibilidade dos recursos, entre eles, o preparo recursal.

**Alternativa c:** incorreta. A gratuidade de justiça poderá ser deferida ainda que a parte esteja sendo patrocinada por advogado particular, devendo apenas demonstrar a insuficiência de recursos para pagar as custas, as despesas processuais e os honorários advocatícios.

**Alternativa correta: letra "b".**

## 7. DA COMPETÊNCIA

**24. (FGV-Exame de Ordem 2019.1)** João Paulo faleceu em Atibaia (SP), vítima de um ataque cardíaco fulminante. Empresário de sucesso, domiciliado na cidade de São Paulo (SP), João Paulo possuía inúmeros bens, dentre os quais se incluem uma casa de praia em Búzios (RJ), uma fazenda em Lucas do Rio Verde (GO) e alguns veículos de luxo, atualmente estacionados em uma garagem em Salvador (BA).

Neste cenário, assinale a opção que indica o foro competente para o inventário e a partilha dos bens deixados por João Paulo.

a) Os foros de Búzios (RJ) e de Lucas do Rio Verde (GO), concorrentemente.

b) O foro de São Paulo (SP).

c) O foro de Salvador (BA).

d) O foro de Atibaia (SP).

COMENTÁRIOS

✪ **Nota do autor:** o CPC prevê que o foro competente para o inventário, a partilha, a arrecadação, o cumprimento de disposições de última vontade, a impugnação ou anulação de partilha extrajudicial e para todas as ações em que o espólio for réu, ainda que o óbito tenha ocorrido no estrangeiro, será o do domicílio do autor da herança (art. 48, *caput*). Porém, se não possuir domicílio certo, será competente: I) o foro de situação dos bens imóveis; II) havendo bens imóveis em foros diferentes, qualquer destes; III) não havendo bens imóveis, o foro do local de qualquer dos bens do espólio (art. 48, parágrafo único). No caso da questão apresentada, João Paulo era domiciliado em São Paulo, Capital, de modo que tinha domicílio certo, aplicando-se a regra, qual seja, a competência será do foro do domicílio do autor.

**Alternativa "b":** considerando-se que o autor da herança tinha domicílio certo, o foro competente para o inventário será o do seu domicílio, qual seja, São Paulo, SP (art. 48, *caput*). Exclui automaticamente as demais alternativas.

**Alternativa correta: letra "b".**

**25. (FGV – Exame de Ordem 2018.1)** Alcebíades ajuizou demanda de obrigação de fazer pelo procedimento comum, com base em cláusula contratual, no foro da comarca de Petrópolis. Citada para integrar a relação processual, a ré Benedita lembrou-se de ter ajustado contratualmente que o foro para tratar judicialmente de qualquer desavença seria o da comarca de Niterói, e comunicou o fato ao seu advogado. Sobre o procedimento a ser adotado pela defesa, segundo o caso narrado, assinale a afirmativa correta.

a) A defesa poderá alegar a incompetência de foro antes da audiência de conciliação ou de mediação.

b) A defesa poderá alegar a incompetência a qualquer tempo.

c) A defesa só poderá alegar a incompetência de foro como preliminar da contestação, considerando tratar-se de regra de competência absoluta, sob pena de preclusão.

d) A defesa tem o ônus de apresentar exceção de incompetência, em petição separada, no prazo de resposta.

COMENTÁRIOS

✪ **Nota do autor:** poderão as partes celebrar negócios jurídicos processuais típicos e atípicos. Entre os primeiros, inclui-se o *foro de eleição*, conforme previsão contida no art. 63 do CPC. A eleição de foro só produz efeito quando constar de instrumento escrito e aludir expressamente a determinado negócio jurídico. Como regra, a incompetência decorrente da existência de foro eleito deverá ser alegada como preliminar de contestação. Para que seja suspensa a realização da audiência de conciliação ou de mediação, contudo, deverá ser a contestação protocolada antes de sua realização (art. 340, CPC). Uma vez definida a competência, o juiz competente designará nova data para a audiência de conciliação ou de mediação.

**Alternativa "a":** correta. Consoante previsto no art. 340 do CPC, em seu § 3º, alegada a incompetência relativa ou absoluta em contestação, estará suspensa a audiência de conciliação ou de mediação já designada.

**Alternativa "b":** incorreta. A incompetência relativa deverá ser alegada como preliminar, em contestação, sob pena de haver a prorrogação da competência em virtude de preclusão.

**Alternativa "c":** incorreta. Trata-se a hipótese de competência relativa, e não absoluta, de modo que admite a prorrogação.

**Alternativa "d":** incorreta. A incompetência relativa não mais deve ser alegada por meio de exceção, tal como era exigido no CPC 1973. Na verdade, atualmente, a incompetência – absoluta e a relativa – devem ser alegadas como matéria preliminar, em contestação.

**Alternativa correta: letra "a".**

**26. (FGV – Exame de Ordem 2016.2 – Prova reaplicada Salvador-BA)** Abílio, advogado competente, recebe duas citações de processos de seus clientes. Ao analisar as petições iniciais, bem como a distribuição dos processos, percebe que o processo A, que deveria ter sido ajuizado na Comarca de Maré de Cima, o foi na Comarca de Cipó do Mato, e que o processo B, que deveria correr em uma Vara de Família, foi distribuído para uma Vara Cível. Abílio promete aos seus clientes que irá solucionar esses problemas. De acordo com o regramento do CPC/15, assinale a opção que indica o procedimento que ele deverá adotar.

a) Acrescentar uma preliminar de incompetência na contestação, em ambos os casos.

b) Redigir, no processo A, uma exceção de incompetência e, no processo B, uma preliminar de incompetência da contestação.

c) Acrescentar, ao processo A, uma preliminar de incompetência na contestação e, ao processo B, uma exceção de incompetência.

d) Redigir uma exceção de incompetência, em ambos os casos.

COMENTÁRIOS

✪ **Nota do autor:** a questão se refere ao tema competência e à alegação da incompetência. No processo A, tem-se que a ação deveria ser ajuizada em uma comarca, mas o foi em outra. Portanto, não foi observada a competência territorial que, como regra, é relativa. A incompetência territorial, no CPC/2015, também é alegada por meio de preliminar na própria contestação. De outro lado, no processo B, a competência segue o critério da matéria e, por isso, é inderrogável (art. 62), portanto, absoluta. Tal incompetência também será alegada por meio de preliminar.

**Alternativa a.** A incompetência absoluta e a relativa deverão ser alegadas como preliminar de contestação. Ocorre, que, a sua ausência gerará consequências diversas. Enquanto na primeira, o silêncio não prejudica a possibilidade de que seja conhecida de ofício pelo magistrado, tal fato não ocorrerá em relação à relativa, que somente será conhecida se alegada pela parte. No silêncio, o juízo que era incompetente passa a ser competente (prorrogação da competência). Exclui automaticamente as demais alternativas.

**Alternativa correta: letra "a".**

---

**27. (FGV – Exame de Ordem 2014.1)** Lindalva faleceu em Minas Gerais, em um acidente durante a prática de montanhismo. Não tinha feito testamento, mas deixou dois filhos maiores que residem em dois estados da Federação. Apesar de não ter domicílio certo, deixou bens situados nos estados da Bahia e de Mato Grosso.

- A respeito da ação de inventário, de acordo com o que dispõe o Código de Processo Civil, assinale a afirmativa correta.

a) A ação de inventário deve ser ajuizada no foro do domicílio dos filhos de Lindalva, pois são eles os inventariantes.

b) O foro competente para o inventário é o da situação dos bens, de forma que o inventário deverá ser aberto na Bahia, local onde a maioria dos bens está localizada.

c) A ação de inventário poderá ser ajuizada no foro da situação de qualquer dos bens, uma vez que o autor da herança possui bens em lugares diferentes.

d) O inventário deverá ser aberto pelos herdeiros no estado de Minas Gerais, uma vez que Lindalva não tinha domicílio certo e seus bens estavam em lugares diferentes.

**COMENTÁRIOS**

✪ **Nota do autor:** segundo a regra geral, o foro do domicílio do autor da herança é o competente para o inventário, ainda que o óbito tenha ocorrido no estrangeiro (CPC/2015, art. 48, *caput*).

**Alternativa "d" (responde as demais alternativas).** À luz do CPC/2015/2015, considerando que o autor da herança não possuía domicílio certo e que não houve menção à bem imóvel em um só local, a conclusão é sobre a faculdade de ajuizamento da ação de inventário perante o foro do local de qualquer dos bens do espólio (CPC/2015/2015, art. 48, III), sendo correto o afirmado na alternativa "c". Diferentemente, no CPC/1973 (art. 96, II) o foro do local do óbito é o competente, pois autor da herança não tinha domicílio certo e possuía bens em lugares diferentes.

**Alternativa correta: letra "d".**

## 8. ATOS PROCESSUAIS

---

**28. (FGV – Exame de Ordem XXXVI – 2022)** Ainda no início da fase de conhecimento de determinado processo, as partes e o magistrado, de comum acordo, resolvem fixar calendário para a prática de atos processuais. Estipulado que a realização da audiência ocorreria em determinada data, a parte ré não comparece e alega que não foi devidamente intimada para o ato, requerendo a designação de nova data. Nesse contexto você, como advogado(a), é procurado(a) pela parte ré, que busca avaliar as consequências de seu não comparecimento.

Nesse sentido, é correto afirmar que

a) o calendário não vincula o juiz, apenas as partes, as quais só podem requerer a modificação de datas se apresentada justa causa.

b) o calendário processual pode ser imposto pelo magistrado em casos excepcionais, sem a necessidade de prévio acordo com as partes, com fundamento na importância do objeto dos autos.

c) com exceção da audiência, dispensa-se a intimação das partes para a prática dos demais atos processuais cujas datas tiverem sido designadas no calendário.

d) a ré não poderia deixar de comparecer à audiência, pois a modificação do calendário pelo juiz ou pelas partes somente é possível em casos excepcionais, devidamente justificados.

**COMENTÁRIOS**

✪ **Notas do autor:** de comum acordo, o juiz e as partes podem fixar calendário para a prática dos atos processuais, quando for o caso. O calendário vincula as partes e o juiz, e os prazos nele previstos somente serão modificados em casos excepcionais, devidamente justificados. Dispensa-se a intimação das partes para a prática de ato processual ou a realização de audiência cujas datas tiverem sido designadas no calendário.

**Gabarito: letra "D".**

---

**29. (FGV – Exame de Ordem 2021.1)** Patrícia aluga seu escritório profissional no edifício Law Offices, tendo ajuizado ação em face de sua locadora, a fim de rever o valor do aluguel. Aberto prazo para a apresentação de réplica, ficou silente a parte autora.

O juiz, ao examinar os autos para prolação da sentença, verificou não ter constado o nome do patrono da autora da publicação do despacho para oferta de réplica. Entretanto, não foi determinada a repetição do ato, e o pedido foi julgado procedente.

Sobre o processo em questão, assinale a afirmativa correta.

a) Se a ré alegar, em sede de apelação, a irregularidade da intimação para apresentação de réplica, deverá ser pronunciada a nulidade.

b) Não havia necessidade de repetição da intimação para apresentação de réplica, já que o mérito foi decidido em favor da parte autora.

c) Caso tivesse sido reconhecida a irregularidade da intimação para apresentação de réplica, caberia ao juiz retomar o processo do seu início, determinando novamente a citação da ré.

d) Independentemente de ter havido ou não prejuízo à parte autora, a intimação deveria ter sido repetida, sob pena de ofensa ao princípio do contraditório.

**COMENTÁRIOS**

✪ **Nota do autor:** Em matéria de nulidade processual, o CPC encampou o princípio da instrumentalidade das formas, de modo que se invalidará o ato processual unicamente se existir prejuízo. Além disso, o CPC também é regido pelo princípio da preferência do julgamento do mérito (art. 4º, CPC). Portanto, considerando-se que a autora não teve qualquer prejuízo, eis que o seu pedido foi acolhido, não se pode requerer a invalidação do processo em razão da falta de oportunidade para oferecimento da réplica.

**Alternativa "B": correta.** Conforme foi demonstrado, foram adotados os princípios da instrumentalidade e da preferência pelo julgamento do mérito, não havendo que se falar em qualquer nulidade. Exclui automaticamente as demais alternativas.

**Gabarito: B**

---

**30. (FGV/OAB/XXX_Exame – 2019)** Um advogado, com estudos apurados em torno das regras do CPC, resolve entrar em contato com o patrono da parte adversa de um processo em que atua. Sua intenção é tentar um saneamento compartilhado do processo.

Diante disso, acerca das situações que autorizam a prática de negócios jurídicos processuais, assinale a afirmativa correta.

a) As partes poderão apresentar ao juiz a delimitação consensual das questões de fato e de direito da demanda litigiosa.

b) As partes não poderão, na fase de saneamento, definir a inversão consensual do ônus probatório, uma vez que a regra sobre produção de provas é matéria de ordem pública.

c) As partes poderão abrir mão do princípio do contraditório consensualmente de forma integral, em prol do princípio da duração razoável do processo.

d) As partes poderão afastar a audiência de instrução e julgamento, mesmo se houver provas orais a serem produzidas no feito e que sejam essenciais à solução da controvérsia.

**COMENTÁRIOS**

**✪ Nota do autor:** o CPC/2015 ampliou a possibilidade do autorregramento do processo por meio da negociação processual pelas partes. Nesse sentido, prevê o art. 190, que *versando o processo sobre direitos que admitam autocomposição, é lícito às partes plenamente capazes estipular mudanças no procedimento para ajustá-lo às especificidades da causa e convencionar sobre os seus ônus, poderes, faculdades e deveres processuais, antes ou durante o processo.* No regramento anterior, a negociação processual era admitida unicamente em situações específicas, motivo pelo qual se afirmava a possibilidade da *negociação típica*. O CPC 2015, como já foi dito, ampliou a possibilidade de negociação processual, admitindo-a também para situações atípicas, competindo ao juiz controlar a validade das convenções, recusando aplicação somente nos casos de nulidade ou de inserção abusiva em contrato de adesão ou em que alguma parte se encontra em manifesta situação de vulnerabilidade (art. 190, parágrafo único). Alternativa "a": não sendo hipótese de extinção do processo, ou de julgamento antecipado do mérito, deverá o juiz, em decisão de saneamento e de organização do processo, *delimitar as questões de fato sobre as quais recairá a atividade probatória, especificando os meios de prova admitidos*, bem como *delimitar as questões de direito relevantes para a decisão do mérito*, entre outras providências previstas no art. 357.

**Alternativa "a":** Nesse sentido, admite-se que as partes apresentem ao juiz, para homologação, delimitação consensual das questões de fato e de direito, a qual, se homologada, vincula as partes e o juiz (art. 357, § 2º).

**Alternativa "b":** o CPC define que o ônus probatório será do autor, quanto ao fato constitutivo de seu direito, e do réu, quanto à existência de fato impeditivo, modificativo ou extintivo do direito do autor (art. 373, I e II). Porém, poderão as partes convencionar sobre distribuição diversa do ônus probatório, salvo quando: I) recair sobre direito indisponível da parte; II) tornar excessivamente difícil a uma parte o exercício do direito, convenção que poderá ser celebrada antes ou durante o processo.

**Alternativa "c":** não se admite que as partes abram mão, em sua integralidade, da observância do princípio do contraditório, pois se trata de garantia processual.

**Alternativa "d":** havendo necessidade de se colher a prova testemunhal, impõe-se a realização da audiência de instrução e julgamento.

**Alternativa correta: letra "a".**

---

**31. (FGV – Exame de Ordem 2017.2)** Roberta ingressou com ação de reparação de danos em face de Carlos Daniel, cirurgião plástico, devido à sua insatisfação com o resultado do procedimento estético por ele realizado. Antes da citação do réu, Roberta, já acostumada com sua nova feição e considerando a opinião dos seus amigos (de que estaria mais bonita), troca de ideia e desiste da demanda proposta. A desistência foi homologada em juízo por sentença. Após seis meses, quando da total recuperação da cirurgia, Roberta percebeu que o resultado ficara completamente diferente do prometido, razão pela qual resolve ingressar novamente com a demanda.

A demanda de Roberta deverá ser

a) extinta sem resolução do mérito, por ferir a coisa julgada.

b) extinta sem resolução do mérito, em razão da litispendência.

c) distribuída por dependência.

d) submetida à livre distribuição, pois se trata de nova demanda.

**COMENTÁRIOS**

**✪ Nota do autor:** a distribuição da ação poderá ocorrer de forma livre ou por dependência (vinculada). As hipóteses de distribuição por dependência estão indicadas no art. 286 do CPC, entre elas, "quando, tendo sido extinto o processo sem resolução de mérito, for reiterado o pedido, ainda que em litisconsórcio com outros autores ou que sejam parcialmente alterados os réus da demanda" (inciso II).

**Alternativa "a": incorreta.** Anteriormente, não houve a formação da coisa julgada material, pois o juízo homologou a desistência da ação manifestada. Assim, não há que se dizer haver ofensa à coisa julgada.

**Alternativa "b": incorreta.** A *litispendência* é um dos efeitos da citação válida, ainda que ordenada por juízo incompetente. Tem-se a pendência de uma lide, de modo que, se ajuizada outra ação com identidade de elementos da anterior, a segunda deverá ser extinta, sem resolução do mérito, em razão da litispendência. Tal lição não se aplica ao caso em questão, vez que a primeira ação já foi extinta sem resolução do mérito.

**Alternativa c.** No caso em questão, Roberta ajuizou ação de reparação de danos e, posteriormente, desistiu de seu andamento, o que foi homologado pelo juízo. Por esse motivo, foi proferida sentença sem resolução do mérito (art. 485, VIII do CPC). Como se sabe, os atos processuais praticados pela parte produzem efeitos jurídicos de imediato, com exceção da desistência da ação, que carecem de homologação pelo juiz. Se, posteriormente, a parte vem a ajuizar a mesma ação, repetindo-se os elementos da anteriormente intentada, será a segunda ação distribuída para o mesmo juízo, de modo que se diz ser a distribuição por dependência.

**Alternativa "d": incorreta.** Não será submetida à livre distribuição, consoante demonstrado nas notas anteriores.

**Alternativa correta: letra "c".**

## 9. PETIÇÃO INICIAL

---

**32. (FGV – XXXVII Exame OAB)** Marcela ajuizou ação de cobrança em face de Gabriel, seu vizinho, a fim de obter o pagamento de aluguéis vencidos no período de fevereiro a junho de determinado ano, relativos à locação da sua vaga de garagem. Uma vez citado, Gabriel apresentou contestação tempestivamente, invocando uma questão preliminar de falta de interesse processual. Instada a se manifestar em réplica, Marcela alegou que teria cometido um erro material na digitação da sua petição inicial, uma vez que nela deveria ter constado, como termo final da dívida, o mês de "julho" - e não de "junho". Sem a oitiva de Gabriel, constatando não haver mais provas a serem produzidas, o juiz proferiu sentença, condenando o réu ao pagamento dos aluguéis relativos aos meses de fevereiro a julho. Surpreso com a sentença, Gabriel questionou o seu advogado sobre os termos da condenação. Considerando o caso narrado, assinale a afirmativa correta.

a) Por não se tratar de modificação, mas de simples retificação de erro material, Marcela poderia ter requerido a alteração do pedido a qualquer tempo, sendo dispensável a manifestação de Gabriel.

b) Em se tratando de alteração do pedido posterior à citação, Marcela não poderia tê-lo feito sem o consentimento de Gabriel e sem que ele fosse ouvido.

c) Marcela poderia ter alterado o pedido, independentemente do consentimento de Gabriel, desde que ele fosse ouvido.

d) Por se tratar de alteração do pedido antes do saneamento do processo, o consentimento de Gabriel era desnecessário.

COMENTÁRIOS

**Notas do autor:** a alteração do pedido e da causa de pedir deverá observar duas regras importantes: I – será possível, até a citação, aditar ou alterar o pedido ou a causa de pedir, independentemente de consentimento do réu; II – até o saneamento do processo, aditar ou alterar o pedido e a causa de pedir, com consentimento do réu, assegurando o contraditório mediante a possibilidade de manifestação deste no prazo mínimo de 15 dias, facultando o requerimento de prova suplementar. Após o saneamento do processo, conforme se vê, não é mais possível aditar ou alterar o pedido e a causa de pedir (art. 329, CPC).

**Gabarito: letra "B".**

**33. (FGV/ OAB/ XXXIII Exame-2021)** Joana, em decorrência de diversos problemas conjugais, decidiu se divorciar de Marcelo. Contudo, em razão da resistência do cônjuge em consentir com sua decisão, foi preciso propor ação de divórcio.

Após distribuída a ação, o juiz determinou a emenda da petição inicial, tendo em vista a ausência de cópia da certidão do casamento celebrado entre as partes, dentre os documentos anexados à inicial.

Considerando o caso narrado e as disposições legais a respeito da ausência de documentos indispensáveis à propositura da ação, assinale a afirmativa correta.

a) Ausente documento indispensável à propositura da ação, a petição inicial deve ser indeferida de imediato.

b) A certidão de casamento é documento indispensável à propositura de qualquer ação. Constatando-se sua ausência, deve o autor ser intimado para emendar ou completar a inicial no prazo de 5 (cinco) dias.

c) Ausente documento indispensável à propositura da ação, o autor deve ser intimado para emendar ou completar a inicial no prazo de 15 (quinze) dias.

d) A ausência de documento indispensável à propositura da ação configura hipótese de improcedência liminar.

COMENTÁRIOS

A petição inicial se constitui no *instrumento da demanda*, no modo como a jurisdição será provocada. Em razão disso, o CPC prevê a necessidade de observância de uma série de requisitos. De um modo geral, os requisitos da petição inicial podem ser classificados em *intrínsecos* – que devem estar contidos no corpo da própria inicial – e *extrínseco* – que são compostos pelos documentos que devem instruí-la. Ausentes qualquer um dos requisitos – intrínsecos e extrínsecos –, deverá o magistrado determinar que o autor emende ou complete a petição inicial, indicando com precisão o que deve ser corrigido ou completado.

(C) A certidão de casamento constitui-se em documento indispensável na ação de divórcio e servirá para a comprovação do casamento. Assim, trata-se de requisito extrínseco e a sua ausência importará na necessidade de que o magistrado determine que a petição inicial seja completá-la no prazo de quinze dias, conforme determina o art. 321, do CPC.

**Gabarito: "C".**

**34. (FGV – Exame de Ordem 2017.1)** João ajuizou ação indenizatória contra Maria, postulando a condenação ao pagamento de R$ 100.000,00 a título de reparação por danos materiais e R$ 50.000,00 por indenização de danos morais, em razão do descumprimento de um contrato firmado entre eles, referente à compra e venda de dois imóveis, cujos valores eram R$ 500.000,00 e R$ 200.000,00.

Maria, citada, apresentou contestação e reconvenção, pedindo a declaração de invalidade parcial do contrato relativo ao imóvel de R$ 200.000,00, bem como a condenação de João ao pagamento de indenização por danos morais, no valor de R$ 20.000,00.

Diante de tal situação, assinale a opção que apresenta o valor da causa da reconvenção.

a) O valor deve ser o mesmo da ação principal, qual seja, R$ 150.000,00, por ser ação acessória.

b) Não é necessário dar valor à causa na reconvenção.

c) O valor deve ser de R$ 220.000,00, referente à soma do pedido de declaração de invalidade parcial do contrato e do pleito de indenização por danos morais.

d) O valor deve ser de R$ 200.000,00, referente ao pedido de declaração de invalidade parcial do contrato, sendo o pleito de indenização por danos morais meramente estimado, dispensando a indicação como valor da causa.

COMENTÁRIOS

**Nota do Autor:** A toda causa será atribuído valor certo, ainda que não tenha conteúdo econômico imediatamente aferível (CPC, art. 291). Tem-se que o valor da causa é requisito da petição inicial, cuja inobservância pelo autor importará na determinação para que a mesma seja emendada. De outro lado, o réu poderá impugnar tal valor cominado pelo autor, em preliminar de contestação, e não mais em petição autuada em apenso (conforme estabelecia o Código de Processo Civil de 1973), sob pena de preclusão, quando o juiz decidirá a respeito, impondo, se for o caso, a complementação das custas (CPC, art. 293). O juiz também poderá determinar a correção do valor da causa de ofício.

**Alternativa "c" (responde as demais alternativas).** O valor da causa, na petição inicial ou na reconvenção, corresponderá: na ação que tiver por objeto a existência, a validade, o cumprimento, a modificação, a resolução, a resilição ou a rescisão de ato jurídico, o valor do ato ou o de sua parte controvertida; e na ação indenizatória, inclusive a fundada em dano moral, o valor pretendido. Portanto, o valor da causa da reconvenção de Maria será a soma dos pedidos apresentados de invalidade e danos morais, totalizando R$ 220.000,00 (CPC, art. 292, II e V). Exclui automaticamente as demais alternativas.

**Alternativa correta: letra "c".**

## 10. DA TUTELA PROVISÓRIA

**35. (FGV- XXXV Exame de Ordem-2022)** Paulo Filho pretende ajuizar uma ação de cobrança em face de Arnaldo José, tendo em vista um contrato de compra e venda firmado entre ambos.

As alegações de fato propostas por Paulo podem ser comprovadas apenas documentalmente, e existe uma tese firmada em julgamento de casos repetitivos.

Ao questionar seu advogado sobre sua pretensão, Paulo Filho buscou saber se existia a possibilidade de que lhe fosse concedida uma tutela de evidência, com o intuito de sanar o problema da forma mais célere.

Como advogado(a) de Paulo, assinale a afirmativa correta.

a) A tutela da evidência será concedida, caso seja demonstrado o perigo de dano ou o risco ao resultado útil do processo, quando as alegações de fato puderem ser comprovadas apenas documentalmente e houver tese firmada em julgamento de casos repetitivos ou em súmula vinculante.

b) A tutela da evidência será concedida, independentemente da demonstração de perigo de dano ou de risco ao resultado útil do processo, somente quando ficar caracterizado o abuso do direito de defesa ou o manifesto propósito protelatório da parte.

c) A tutela da evidência será concedida, independentemente da demonstração de perigo de dano ou de risco ao resultado útil do processo, quando as alegações de fato puderem ser comprovadas apenas documentalmente e houver tese firmada em julgamento de casos repetitivos ou em súmula vinculante.

d) A tutela da evidência será concedida, independentemente da demonstração de perigo de dano ou de risco ao resultado útil do processo, somente quando a petição inicial for instruída com prova documental suficiente dos fatos constitutivos do direito do autor, a que o réu não oponha prova capaz de gerar dúvida razoável

**COMENTÁRIOS**

Para o deferimento da tutela de urgência, deve haver a demonstração da probabilidade do direito, de modo que tutela provisória, nesses casos, exige-se a urgência.

Porém, em outras situações, é evidente o direito, de modo que não é necessário aguardar-se todo o trâmite processual para antecipar a tutela requerida pelo autor.

Em casos como este, admite o sistema uma hipótese de antecipação de tutela em que o requisito urgência é desnecessário. Não se trata de novidade legislativa, pois o CPC de 1973 já o previa. No entanto, o CPC de 2015 inova ao sistematizar a tutela da evidência, que somente poderá ser deferida nas hipóteses legais.

A tutela da evidência – antecipação de tutela sem o requisito exigência – poderá ser deferida nas hipóteses indicadas no art. 311, 558, 563, 678 e 701 do CPC 2015, bem como na indisponibilidade de bens na ação de improbidade administrativa e liminar de busca e apreensão de bem alienado fiduciariamente (DL nº 911/69).

Admite-se o deferimento da **tutela da evidência** quando, independentemente da necessidade de demonstração de perigo de dano ou de risco ao resultado útil do processo:

I - ficar caracterizado o abuso do direito de defesa ou o manifesto propósito protelatório da parte;

II - as alegações de fato puderem ser comprovadas apenas documentalmente e houver tese firmada em julgamento de casos repetitivos ou em súmula vinculante;

III - se tratar de pedido reipersecutório fundado em prova documental adequada do contrato de depósito, caso em que será decretada a ordem de entrega do objeto custodiado, sob cominação de multa;

IV - a petição inicial for instruída com prova documental suficiente dos fatos constitutivos do direito do autor, a que o réu não oponha prova capaz de gerar dúvida razoável.

Nas hipóteses dos incisos II e III, admite-se que o juiz defira a tutela da evidência de forma **liminar**, sem a prévia oitiva da parte contrária.

**Gabarito: letra C.**

---

**36. (FGV- XXXV Exame de Ordem-2022)** Com o objetivo de obter tratamento médico adequado e internação em hospital particular, Pedro propõe uma demanda judicial em face do Plano de Saúde X, com pedido de tutela provisória de urgência incidental. Concedida a tutela provisória, devidamente cumprida pelo réu, é proferida sentença pela improcedência do pedido apresentado por Pedro, a qual transita em julgado diante da ausência de interposição de qualquer recurso. O réu, então, apresenta, em juízo, requerimento para que Pedro repare os prejuízos decorrentes da efetivação da tutela provisória anteriormente deferida, com o pagamento de indenização referente a todo o tratamento médico dispensado. Diante de tal situação, é correto afirmar que, de acordo com o Código de Processo Civil,

a) o autor responde pelo prejuízo que a efetivação da tutela provisória de urgência causar ao réu, dentre outras hipóteses, se a sentença lhe for desfavorável.

b) por se contrapor aos princípios do acesso à justiça e da inafastabilidade do controle jurisdicional, não há previsão legal de indenização pelos prejuízos eventualmente causados pelo autor com a efetivação da tutela provisória.

c) a liquidação e a cobrança da indenização referentes ao prejuízo sofrido pelo réu pela efetivação da tutela de urgência, seguindo a regra geral, devem ser objeto de ação própria, descabendo a apresentação do requerimento nos próprios autos em que a medida foi concedida.

d) a indenização pretendida pelo réu afasta a possibilidade de reparação por eventual dano processual, sendo inacumuláveis os potenciais prejuízos alegados pelas partes.

**COMENTÁRIOS**

Os danos originados a partir da execução de tutela de urgência foram disciplinados pela lei processual civil, à revelia do questionamento sobre indagação da culpa da parte, ou seja, se esta agiu com má-fé. Dessa maneira, cuida-se, na hipótese, de **responsabilidade processual objetiva**, sendo suficiente a existência do dano decorrente da pretensão deduzida em juízo (art. 297, parágrafo único, 520, I e II, e 302, do CPC). Mas, **futuro advogado, o assunto merece apontamento específico. O Tema Repetitivo nº 692/STJ**, fixou tese a respeito da existência do dever de devolução ou não dos valores previdenciários ou assistenciais recebidos se houver a reforma da decisão que antecipou os efeitos da tutela final. Nesse sentido: *"A reforma da decisão que antecipa a tutela obriga o autor da ação a devolver os benefícios previdenciários indevidamente recebidos"*. Contudo, no **Pet nº 12482/DF**, aludida tese, embora reafirmada, teve acréscimo redacional para ajuste à nova legislação de regência, passando a ter a seguinte redação: "A reforma da decisão que antecipa os efeitos da tutela final obriga o autor da ação a devolver os valores dos benefícios previdenciários ou assistenciais recebidos, o que pode ser feito por meio de desconto em valor que não exceda 30% (trinta por cento) da importância de eventual benefício que ainda lhe estiver sendo pago".

**Gabarito: letra A.**

---

**37. (FGV/ OAB/ XXXIII Exame-2021)** Thiago, empresário com renda mensal de R$ 1.000.000,00 (um milhão de reais), ajuizou ação pelo procedimento comum em face do plano de saúde X, com pedido de tutela provisória de urgência, para que o plano seja compelido a custear tratamento médico no valor de R$ 300.000,00 (trezentos mil reais).

O juízo, embora entendendo estarem presentes a probabilidade de existência do direito alegado por Thiago e o risco à sua saúde, condicionou a concessão da tutela provisória de urgência à prestação de caução equivalente a R$ 100.000,00 (cem mil reais), de modo a ressarcir eventuais prejuízos que o plano de saúde X possa sofrer em havendo a cessação de eficácia da medida.

A este respeito, assinale a afirmativa correta.

a) A exigência de caução para concessão de tutela provisória de urgência no caso em tela é desprovida de fundamento legal, razão pela qual é indevida.

b) A decisão judicial que condicione a concessão de tutela provisória de urgência à prestação de caução é impugnável por meio de preliminar no recurso de apelação.

c) A decisão está em desconformidade com o Código de Processo Civil, pois a caução para a concessão de tutela provisória deve ser de, no mínimo, 50% do valor econômico da pretensão.

d) A exigência de caução, para concessão de tutela provisória de urgência, é admissível como forma de proteção ao ressarcimento de danos que o requerido possa sofrer em virtude da tutela.

**COMENTÁRIOS**

A tutela provisória tem, entre as suas características, a provisoriedade, podendo ser modificada ou revogada a qualquer tempo. Em especial à tutela de urgência, independentemente da reparação por dano processual, a parte responderá pelo prejuízo que a efetivação da medida causar à parte adversa, se: I – a sentença lhe for desfavorável; II – obtida liminarmente a tutela em caráter antecedente, não fornecer os meios necessários para a citação do requerido no prazo de cinco dias; III – ocorrer a cessação da eficácia da medida em qualquer hipótese legal; IV – o juiz acolher a alegação de decadência ou prescrição da pretensão do autor.

(D) Para a concessão da tutela de urgência, o juiz pode, conforme o caso, exigir caução real ou fidejussória idônea para ressarcir os danos que a outra parte possa vir a sofrer, podendo a caução, contudo, ser dispensada se a parte economicamente hipossuficiente não puder oferecê-la (art. 300, § 1º, CPC). No caso do exercício, como foi demonstrado, a parte não era economicamente hipossuficiente, motivo pelo qual é possível exigir a caução.

**Gabarito: D.**

---

**38. (FGV-Exame de Ordem 2019.2)** Pedro, na qualidade de advogado, é procurado por Alfredo, para que seja proposta uma demanda em face de João, já que ambos não conseguiram se compor amigavelmente. A fim de embasar suas alegações de fato, Alfredo entrega a Pedro contundentes documentos, que efetivamente são juntados à petição inicial, pela qual, além da procedência dos pedidos, Pedro requer a concessão de liminar em favor de seu cliente.

Malgrado a existência de tese firmada em julgamento de recurso repetitivo favorável a Alfredo, o juiz indefere a liminar, sob o fundamento de que não existe urgência capaz de justificar o requerimento.

Posto isso, a decisão está

a) correta, pois, ainda que o autor tenha razão, o devido processo legal impõe que seu direito seja reconhecido apenas na sentença, exceto na hipótese de urgência, o que não é o caso.

b) incorreta, pois, se as alegações de fato puderem ser comprovadas apenas documentalmente e houver tese firmada em julgamento de casos repetitivos, como no caso, a liminar pode ser deferida.

c) correta, pois a liminar só poderia ser deferida se, em vez de tese firmada em sede de recurso repetitivo, houvesse súmula vinculante favorável ao pleito do autor.

d) incorreta, pois a tutela de evidência sempre pode ser concedida liminarmente.

**COMENTÁRIOS**

✪ **Nota do autor:** a tutela provisória poderá ter por fundamento a *evidência*, que poderá ser deferida, entre outras hipóteses, quando as alegações de fato puderem ser comprovadas apenas documentalmente e houver tese firmada em julgamento de casos repetitivos ou em súmula vinculante (art. 311, II, CPC). Para tanto, não será necessária a comprovação do elemento urgência, podendo a medida ser deferida liminarmente (art. 311, parágrafo único).

Alternativa "b": consoante demonstrado na alternativa, não houve necessidade da demonstração do *periculum in mora*. Além disso, a hipótese se amolda ao que está indicado no inciso II, do art. 311, do CPC, de modo que viável a tutela da evidência.

**Alternativa correta: letra "b".**

---

**39. (FGV – Exame de Ordem 2018.2)** Alexandre ajuizou ação em face da prestadora de serviço de iluminação pública de sua cidade, questionando os valores cobrados nas últimas contas, bem como pleiteando a condenação da Ré no pagamento de indenização por danos morais. A título de tutela provisória, requereu a retirada de seu nome dos cadastros de inadimplentes, tendo a juíza competente deferido liminarmente a tutela da evidência sob o fundamento de que a ré costuma apresentar contestações padronizadas em processos semelhantes, o que caracterizaria abuso de direito de defesa. Sobre o procedimento adotado, assinale a afirmativa correta.

a) O juiz errou ao conceder liminarmente a tutela da evidência, na medida em que esta somente é cabível quando há súmula vinculante sobre o tema.

b) O juiz acertou ao conceder liminarmente a tutela da evidência, pois a apresentação de contestação padronizada em outro processo configura abuso de direito de defesa.

c) O juiz acertou ao conceder liminarmente a tutela da evidência, uma vez que, assim como na tutela de urgência, é dever do juiz conceder a tutela independentemente da oitiva do réu.

d) O juiz errou ao conceder liminarmente a tutela da evidência, pois é necessária a oitiva do réu antes de concedê-la com fundamento no abuso do direito de defesa.

**COMENTÁRIOS**

✪ **Nota do autor:** a questão trata do tema *tutela provisória*, que pode ter por fundamentos a urgência ou a evidência. Tem-se, então, a *tutela de urgência* e a *tutela da evidência*. No primeiro caso, para a sua concessão, exige-se a presença de elementos que evidenciem a probabilidade do direito e o perigo de dano ou o risco ao resultado útil do processo (art. 300, *caput* do CPC). De outro lado, o *periculum in mora* não é exigido para a concessão da tutela da evidência. A propósito, sem prejuízo de outras hipóteses previstas em lei, o art. 311 indica as situações em que poderá ser deferida a tutela da evidência, entre elas, se ficar caracterizado o abuso do direito de defesa ou o manifesto propósito protelatório da parte (inciso I). O CPC admite o deferimento da tutela da evidência de forma liminar, sem a necessidade de prévia oitiva da parte contrária, nos casos indicados nos incisos II e III do art. 311, exigindo-a nos demais casos, como ocorre se estiver caracterizado o abuso do direito de defesa ou o manifesto propósito protelatório da parte.

**Alternativa "a"**: incorreta. Conforme está previsto no art. 311, do CPC, admite-se a concessão da tutela da evidência quando: I) ficar caracterizado o abuso do direito de defesa ou o manifesto propósito protelatório da parte; II) as alegações de fato puderem ser comprovadas apenas documentalmente e houver tese firmada em julgamento de casos repetitivos ou em súmula vinculante; III) se tratar de pedido reipersecutório fundado em prova documental adequada do contrato de depósito, caso em que será decretada a ordem de entrega do objeto custodiado, sob cominação de multa; e, IV) a petição inicial for instruída com prova documental suficiente dos fatos constitutivos do direito do autor, a que o réu não oponha prova capaz de gerar dúvida razoável. Desse modo, será cabível a tutela da evidência também em outras situações.

**Alternativa "b"**: incorreta. A apresentação da contestação padronizada não caracteriza o abuso do direito de defesa.

**Alternativa "c"**: incorreta. A concessão da tutela da evidência, nas hipóteses dos incisos II e III, do art. 311, do CPC, poderá ser deferida sem a prévia manifestação da parte contrária.

**Alternativa "d"**: correta. Dependendo do fundamento da tutela da evidência será possível o seu deferimento independentemente da prévia oitiva da parte contrária. Assim poderá ocorrer nas hipóteses dos incisos II e III do art. 311, CPC, excluindo-se, portanto, se ficar caracterizado o abuso do direito de defesa ou o manifesto propósito protelatório da parte.

**Alternativa correta: letra "d".**

---

**40. (FGV – Exame de Ordem 2017.3)** O Sr. João, pessoa idosa e beneficiária de plano de saúde individual da sociedade "ABC Saúde Ltda.", começa a sentir fortes dores no peito durante a madrugada e, socorrido por seus familiares, é encaminhado para a unidade hospitalar mais próxima. O médico responsável pelo atendimento inicial constata um quadro clínico grave, com risco de morte, sendo necessário o imediato encaminhamento do Sr. João para a Unidade de Terapia Intensiva (UTI) do hospital. Ao ser contatado, o plano de saúde informa que não autoriza a internação, uma vez que o Sr. João ainda não havia cumprido o período de carência exigido em contrato. Imediatamente, um dos filhos do Sr. João, advogado, elabora a ação cabível e recorre ao plantão judicial do Tribunal de Justiça do estado em que reside. A partir do caso narrado, assinale a alternativa correta.

a) A tutela de urgência a ser requerida deve ser deferida, tendo em vista os princípios da cooperação e da não surpresa que regem a codificação processual vigente, após a prévia oitiva do representante legal do plano de saúde "ABC Saúde Ltda.", no prazo de 5 (cinco) dias úteis.

b) Uma vez demonstrado o perigo de dano ou de risco ao resultado útil do processo, o magistrado poderá conceder tutela de evidência em favor do Sr. João, autorizando sua internação provisória na Unidade de Terapia Intensiva do hospital.

c) Diante da urgência do caso, contemporânea à propositura da ação, a petição inicial redigida poderia limitar-se ao requerimento da tutela antecipada e à indicação do pedido final. Concedida a tutela antecipada, o autor deverá aditar a petição inicial em 15 (quinze) dias ou em outro prazo maior que o juiz fixar.

d) Concedida a tutela provisória requerida em favor do Sr. João, ela conserva sua eficácia na pendência do processo, apenas podendo vir a ser revogada ou modificada com a prolação da sentença definitiva de mérito.

**COMENTÁRIOS**

✪ **Nota do autor:** a questão trata da tutela provisória, que pode ter por fundamento *a urgência* ou a *evidência*.

**Alternativa "a"**: incorreta. Diante da urgência existente, admite-se que o juiz profira a decisão sem a oitiva da outra parte. Trata-se de uma exceção ao princípio do contraditório dinâmico, como se vê do art. 9º, parágrafo único, inciso I do CPC.

**Alternativa "b"**: incorreta. Na tutela provisória da evidência não há exigência do fundamento urgência. Poderá ser deferida, além de outras hipóteses legais, nos casos indicados no art. 311 do CPC.

**Alternativa "c"**. A tutela provisória de urgência poderá ser deferida quando existirem elementos que demonstrem a probabilidade do direito e o perigo de dano ou o risco ao resultado útil do processo (art. 300, *caput*). Diferentemente, para a tutela da evidência, tal perigo ou risco não são exigidos. No caso em questão, tem-se presente o elemento urgência, de modo que a parte poderá requerer a tutela provisória, na modalidade de tutela antecipada, por meio da qual se defere desde já aquilo que seria deferido ao final, com a sentença. A tutela provisória de urgência (cautelar e tutela antecipada) poderá ser requerida de forma antecedente, competindo ao autor, posteriormente, apresentar a petição complementar, no prazo de quinze dias, ou outro maior que o juiz o fixar, conforme autoriza o art. 303, § 1º, I do CPC.

**Alternativa "d"**: incorreta. A tutela provisória possui caráter provisório, de modo que poderá ser revogada antes mesmo da sentença.

**Alternativa correta: letra "c".**

---

**41. (FGV – Exame de Ordem 2016.3)** Cristina não foi autorizada por seu plano de saúde a realizar cirurgia de urgência indicada por seu médico. Tendo em vista a necessidade de pronta solução para seu caso, ela procura um(a) advogado(a), que afirma que a ação a ser ajuizada terá como pedido a realização da cirurgia, com pedido de tutela antecipada para sua efetivação imediata, sem a oitiva do Réu. O(A) advogado(a) ainda sustenta que não poderá propor a ação sem que Cristina apresente toda a documentação que possui para a instrução da inicial, sob pena de impossibilidade de juntada posterior.

A respeito do caso, assinale a afirmativa correta.

a) O advogado equivocou-se. Trata-se de tutela cautelar e não antecipada, de modo que o pedido principal terá de ser formulado pela autora no prazo de 30 (trinta) dias nos mesmos autos.

b) O advogado equivocou-se. A urgência é contemporânea à propositura da ação, pelo que a tutela antecipada pode ser requerida em caráter antecedente, com a possibilidade de posterior aditamento à petição inicial.

c) O advogado agiu corretamente. A petição inicial é o momento correto para a apresentação de documentos.

d) O advogado agiu corretamente. Somente a tutela cautelar e não a antecipada pode ser requerida em caráter antecedente.

**COMENTÁRIOS**

✪ **Nota do autor:** a questão trata da tutela provisória, a ser deferida por pronunciamento judicial e com possibilidade de posterior modificação. A tutela provisória (denominado, por alguns, de tutela sumária) poderá ter por fundamentos a urgência e a evidência. A tutela de urgência poderá ser deferida de forma antecedente ou ainda de forma incidental, mas sempre na mesma relação processual. Não se instaura relação processual própria. Na tutela antecipada, tem-se o adiantamento da providência que seria deferida apenas ao final. De outro lado, a tutela cautelar tem como finalidade assegurar o sucesso do próprio processo. Admite-se que o autor pugne pela tutela antecipada ou pela tutela cautelar de forma antecedente, ou seja, sendo contemporânea ao ajuizamento da ação, apresentem a petição antecedente, em que se requer a concessão da tutela de urgência e, posteriormente, deverão apresentar a petição complementar. Também se admite a tutela da evidência, pela qual há demonstração de que poderá o juiz concedê-la nas hipóteses indicadas no art. 332 do CPC.

**Alternativa b**. Na hipótese, o que se pretende com a tutela provisória é a antecipação daquilo que seria concedido apenas ao final. Requer-se a tutela antecipada antecedente, com possibilidade de o mesmo autor pugnar pelo posterior aditamento da petição inicial. A tutela antecipada antecedente, se não impugnada por meio de recurso específico, originará a estabilização da tutela, quando então a medida judicial somente poderá ser revogada, suspensa ou modificada por meio de ação própria, a ser ajuizada no prazo de dois anos. Não há formação da coisa julgada. Exclui automaticamente as demais alternativas, acrescentando-se, apenas, que a tutela cautelar tem a finalidade de garantir o sucesso do próprio processo.

**Alternativa correta: letra "b".**

---

**42. (FGV – Exame de Ordem 2016.1)** Juliana ajuizou ação declaratória de inexistência de débito cumulada com indenização por danos morais, com pedido de antecipação dos efeitos da tutela para retirada de seu nome dos órgãos de proteção ao crédito, em face de BG Financeira S/A, com quem mantém contrato de empréstimo bancário. A autora instruiu a inicial com os comprovantes de pagamento das prestações que atestam a pontualidade no cumprimento das parcelas do empréstimo.

Considerando a hipótese narrada e as regras sobre a antecipação de tutela prevista no Código de Processo Civil, assinale a afirmativa correta.

a) O juiz somente poderá conceder a antecipação dos efeitos da tutela após a BG Financeira S/A apresentar sua contestação.

b) Tendo sido demonstrados o *fumus boni iuris* e o *periculum in mora*, deverá o juiz deferir a antecipação dos efeitos da tutela, in limine, para a retirada do nome de Juliana dos órgãos de restrição ao crédito.

c) A concessão dos efeitos da tutela antecipada, uma vez deferida, somente perderá sua eficácia com o trânsito em julgado da sentença.

d) O CPC veda expressamente a concessão dos efeitos da tutela antecipada no bojo da sentença que extingue o processo com resolução de mérito.

**COMENTÁRIOS**

✪ **Nota do autor:** a questão trata da tutela antecipada. O CPC de 2015 importou em considerável alteração na sistemática das tutelas provisórias (ou tutelas sumárias). A tutela provisória pode ter por fundamento a urgência ou a evidência. No primeiro caso, a tutela de urgência assume a forma de tutela antecipada e de tutela cautelar. Para ser deferida, exige-se a comprovação do risco de dano grave ou de difícil reparação, bem como de relevantes fundamentos. Diferentemente, na tutela da evidência, não há exigência de comprovação de dano grave.

**Alternativa "a":** incorreta. A tutela antecipada poderá ser requerida de forma antecedente e de forma incidente. No primeiro caso, o autor apresenta a sua petição antecedente, pela qual apresenta o requerimento de tutela de urgência. Posteriormente, apresenta a petição complementar. Assim, é possível o deferimento da tutela antecipada antes mesmo de oferecida a contestação, sendo postergado o contraditório.

**Alternativa "b".** O deferimento da tutela antecipada exige a comprovação de relevantes fundamentos e de risco de dano grave ou de difícil reparação (*fumus boni iuris* e *periculum in mora*).

**Alternativa "c":** incorreta. A tutela antecipada não perde seu efeito com o trânsito em julgado. Pelo contrário, a sentença de mérito a confirma.

**Alternativa "d":** incorreta. A tutela antecipada poderá ser deferida de forma antecedente, bem como de forma incidente. Neste último caso, poderá ser deferida até mesmo na própria sentença de mérito.

**Alternativa correta: letra "b".**

---

**43. (FGV – Exame de Ordem 2014.1)** Antônio ajuizou demanda indenizatória em face de Maria, tendo obtido tutela de urgência determinando o embargo de obra em fase de edificação por Maria. Com vistas a impossibilitar a apuração da extensão do dano material reconhecido pela sentença condenatória, Maria retoma a obra sem aguardar o fim do processo, que se encontra em fase de julgamento da apelação pelo Tribunal de Justiça.

Sobre a hipótese apresentada, de acordo com o CPC, assinale a alternativa correta.

a) Antônio poderá ajuizar medida cautelar típica preparatória perante o Tribunal de Justiça.

b) O CPC não prevê medida cautelar incidental típica capaz de proteger a alteração do estado de fato do bem por Maria.

c) Antônio poderá ajuizar medida cautelar típica perante o órgão jurisdicional que conheceu originariamente da causa.

d) A procedência do pedido de concessão da medida cautelar incidental típica ajuizada por Antonio não acarretará a vedação de Maria falar nos autos.

**COMENTÁRIOS**

✪ **Nota do autor:** o CPC/2015 não trata do processo cautelar, que deixou de existir. De outro lado, poderá a parte pugnar pela concessão da tutela provisória, que poderá ser de urgência ou da evidência. A tutela de urgência compreende a tutela antecipada e a tutela cautelar. Em todos os casos, a tutela provisória não será deferida em um processo à parte, mas no próprio processo. Ocorre, porém, que a tutela de urgência poderá ser requerida de forma antecedente, sendo que a parte completará a inicial posteriormente, apresentando petição no mesmo processo. Assim, o CPC de 2015 não trata das medidas cautelares específicas, fazendo apenas menção a algumas, como ocorre, por exemplo, com o arresto. Por esse motivo, não serão feitas mais observações em relação a esta questão, pois todas as alternativas estão incompatíveis com o novo sistema. Apenas uma observação ainda é importante: de fato, não há previsão da medida cautelar de atentado, podendo a parte pleitear, se for o caso, o deferimento de tutela de urgência antecedente. Porém, constitui dever da parte não praticar inovação ilegal no estado de fato de bem ou direito litigioso (art. 77, VI, do CPC/2015).

**Alternativa correta: letra "c".**

## 11. DO INDEFERIMENTO DA INICIAL

---

**44. (FGV – Exame de Ordem 2016.1)** Renato, desejando ajuizar uma ação de obrigação de fazer em face de seu vizinho

PROCESSUAL CIVIL

Túlio, procurou Roberto, advogado recém-formado, que usou um modelo de petição inicial encontrado na Internet.

Protocolizada a petição, o juízo indeferiu a inicial e julgou extinto o processo, sem resolução de mérito, ao fundamento de que da narração dos fatos não decorria logicamente a conclusão.

Considerando que o autor interpôs o recurso cabível contra esse ato decisório, assinale a afirmativa correta.

a) O recurso interposto nesse caso permite ao magistrado exercer o juízo de retratação, podendo reformar a decisão que indeferiu a petição inicial em quarenta e oito horas.
b) O recurso interposto pelo autor foi o agravo de instrumento, uma vez que o ato do juízo não pôs fim ao processo, tratando-se de decisão interlocutória.
c) É indispensável a citação do réu para integrar a relação processual e oferecer contrarrazões, em homenagem aos princípios da ampla defesa e do contraditório.
d) Caso a sentença seja confirmada pelo Tribunal, Renato deverá ser condenado ao pagamento de honorários advocatícios sucumbenciais.

**COMENTÁRIOS**

✪ **Nota do autor:** Na questão de nº 32, aplicada quando ainda vigente o CPC/1973, mas corrigida em conformidade com o CPC 2015, os comentários do autor e a explicação da alternativa "A" devem ser lidos com as seguintes ressalvas: comentários – o fundamento jurídico é o art. 332 do CPC (e não 302, como constou); alternativa "A" – o prazo para o exercício do juízo de retratação é de cinco dias, ao invés de 48 horas. Sendo assim, teríamos as seguintes redações:

✪ **Nota do autor:** o Novo Código de Processo Civil tratou do indeferimento da petição inicial, hipótese em que o magistrado proferirá pronunciamento sem análise de mérito. Permite-se, também, a sentença de improcedência liminar, que poderá ser proferida nas hipóteses do art. 332 (aplicação de precedentes vinculantes) e de prescrição e decadência. Tanto no indeferimento da inicial, quanto improcedência liminar, uma vez proferida a sentença, poderá o autor interpor a apelação e o magistrado exercer juízo de retratação.

**Alternativa "a":** Indeferida a petição inicial, o autor poderá interpor recurso de apelação, sendo possível o exercício de juízo de retratação pelo magistrado. Deve-se ter bastante atenção para o fato de que o magistrado poderá, se o caso, proferir o indeferimento parcial da inicial, hipótese em que proferirá decisão interlocutória, que desafiará o recurso de agravo de instrumento. Da mesma forma, poderá optar pela improcedência liminar parcial dos pedidos. De acordo com o CPC 2015, a alternativa estaria incorreta em razão do prazo para o juízo de retratação, que é de cinco dias."

**Alternativa "b":** incorreta. Em conformidade com o CPC/2015, o conceito de sentença leva em consideração dois critérios: o do conteúdo e o da finalidade do ato. Assim, será sentença o ato do juiz que praticar uma das hipóteses indicadas nos artigos 485 e 487 do NCPC, bem como que encerrar a fase de conhecimento do procedimento comum ou põe fim a extinção da execução.

**Alternativa "c":** o indeferimento da inicial poderá ser proferido sem a citação do réu. É verdade que, proferida sentença e interposta a apelação, o réu será citado para oferecer resposta ao recurso.

**Alternativa "d":** como houve o indeferimento da inicial, sem que o réu tenha se manifestado no processo, não há necessidade de condenação ao pagamento de honorários advocatícios, observando-se o princípio da causalidade.

**Alternativa correta à época da aplicação da prova: letra "a".**

## 12. DA IMPROCEDÊNCIA LIMINAR DO PEDIDO

**45. (FGV – Exame de Ordem 2020.1)** Um advogado elabora uma petição inicial em observância aos requisitos legais. Da análise da peça postulatória, mesmo se deparando com controvérsia fática, o magistrado julga o pedido improcedente liminarmente. Diante dessa situação, o patrono do autor opta por recorrer contra o provimento do juiz, arguindo a nulidade da decisão por necessidade de dilação probatória.

Com base nessa situação hipotética, assinale a afirmativa correta.

a) O advogado pode aduzir que, antes de proferir sentença extintiva, o juiz deve, necessariamente, determinar a emenda à inicial, em atenção ao princípio da primazia de mérito.
b) Não existem hipóteses de improcedência liminar no atual sistema processual, por traduzirem restrição do princípio da inafastabilidade da prestação jurisdicional e ofensa ao princípio do devido processo legal.
c) Somente a inépcia da petição inicial autoriza a improcedência liminar dos pedidos.
d) Nas hipóteses em que há necessidade de dilação probatória, não cabe improcedência liminar do pedido.

**COMENTÁRIOS**

✪ **Nota do autor:** a improcedência liminar será admitida nas causas que dispensem a fase instrutória, desde que o pedido contrariar: I – enunciado de súmula do Supremo Tribunal Federal ou do Superior Tribunal de Justiça; II – acórdão proferido pelo Supremo Tribunal Federal ou pelo Superior Tribunal de Justiça em julgamento de recursos repetitivos; III – entendimento firmado em incidente de resolução de demandas repetitivas ou de assunção de competência; IV – enunciado de súmula de tribunal de justiça sobre direito local.

**Assertiva "D":** correta. De fato, havendo necessidade de dilação probatória, não se pode admitir a improcedência liminar do pedido, pois se retirada a oportunidade da comprovação dos fatos alegados na petição inicial. Exclui automaticamente as demais alternativas.

---

**46. (FGV – Exame de Ordem 2016.1)** Brenda, atualmente com 20 anos de idade, estudante do 2º período de direito, percebe mensalmente pensão decorrente da morte de seu pai. Sucede, contudo, que ela recebeu uma correspondência do fundo que lhe paga a pensão, notificando- a de que, no dia 20 do próximo mês, quando completará 21 anos, seu benefício será extinto. Inconformada, Brenda ajuizou ação judicial, requerendo em antecipação de tutela a continuidade dos pagamentos e, por sentença, a manutenção desse direito até, pelo menos, completar 24 anos de idade, quando deverá terminar a faculdade. Tal demanda, contudo, é rejeitada liminarmente pelo juiz da 3ª Vara, sob o argumento de que aquela matéria de direito já está pacificada de forma contrária aos interesses da Autora na jurisprudência dos Tribunais Superiores e, ainda, por ele já ter proferido, em outros casos com a mesma questão de direito, diversas sentenças de improcedência.

Sobre os fatos descritos, assinale a afirmativa correta.

a) A decisão acima mencionada, se transitada em julgado, não faz coisa julgada material, na medida em que a ausência de citação do Réu impede a formação regular do processo.
b) No caso de eventual recurso de Brenda, o juízo que proferiu a sentença poderá, se assim entender, retratar-se.
c) Se a matéria de mérito estivesse pacificada nos Tribunais Superiores em favor da autora, poderia o magistrado, ao

receber a petição inicial, sentenciar o feito e julgar desde logo procedente o pedido.

d) Mesmo que a demanda envolvesse necessidade de produção de prova pericial, o magistrado poderia se valer da improcedência liminar, tendo em vista a força dos precedentes dos Tribunais Superiores.

COMENTÁRIOS

✪ **Nota do autor:** a questão trata da improcedência liminar. Note-se que, no CPC de 1973, as hipóteses de improcedência liminar, previstas no art. 285-A, eram mais restritas. O CPC de 2015, por sua vez, possibilita a improcedência liminar para aplicação de precedentes vinculantes, bem como no reconhecimento de prescrição e de decadência. Uma vez proferida sentença nesse sentido, poderá o autor interpor recurso e o magistrado exercer juízo de retratação.

**Alternativa b: correta**. Proferida sentença de improcedência liminar, poderá o autor interpor recurso de apelação e o Juízo, por sua vez, retratar-se. Se não for interposto recurso, haverá a formação da coisa julgada material. Exclui, automaticamente, as demais alternativas.

**Alternativa correta: letra "b".**

## 13. AUDIÊNCIA DE CONCILIAÇÃO OU DE MEDIAÇÃO

**47. (FGV-Exame de Ordem 2019.2)** Maria ajuizou ação em face de José, sem mencionar, na inicial, se pretendia ou não realizar audiência de conciliação ou mediação. Assim, o juiz designou a referida audiência, dando ciência às partes. O réu informou ter interesse na realização de tal audiência, enquanto Maria, devidamente intimada, quedou-se silente. Chegado o dia da audiência de conciliação, apenas José, o réu, compareceu.

A respeito do caso narrado, assinale a opção que apresenta possível consequência a ser suportada por Maria.

a) Não existem consequências previstas na legislação pela ausência da autora à audiência de conciliação ou mediação.

b) Caso não compareça, nem apresente justificativa pela ausência, Maria será multada em até 2% da vantagem econômica pretendida ou do valor da causa.

c) Diante da ausência da autora à audiência de conciliação ou mediação, o processo deverá ser extinto.

d) Diante da ausência da autora à audiência de conciliação ou mediação, as alegações apresentadas pelo réu na contestação serão consideradas verdadeiras.

COMENTÁRIOS

✪ **Nota do autor:** considerando-se a necessidade de buscar-se a resolução consensual da demanda, se a petição inicial preencher os requisitos essenciais e não for o caso de improcedência liminar do pedido, o juízo designará audiência de conciliação ou de mediação com antecedência mínima de trinta dias, devendo ser citado o réu com pelo menos vinte dias de antecedência. O não comparecimento injustificado do autor ou do réu à audiência de conciliação é considerado ato atentatório à dignidade da justiça e será sancionado com multa de até dois por cento da vantagem econômica pretendida ou do valor da causa, revertida em favor da União ou do Estado.

**Alternativa b:** conforme previsto no art. 334, § 8º, do CPC, *o não comparecimento injustificado do autor ou do réu à audiência de conciliação é considerado ato atentatório à dignidade da justiça e será sancionado com multa de até dois por cento da vantagem econômica pretendida ou do valor da causa, revertida em favor da União ou do Estado.*

**Alternativa correta: letra "b".**

**48. (FGV/OAB/XXX_Exame – 2019)** Carolina foi citada para comparecer com seu advogado ao Centro Judiciário de Solução de Conflitos (CEJUSC) da comarca da capital, para Audiência de Mediação (Art. 334 do CPC), interessada em restabelecer o diálogo com Nestor, seu ex-marido.

O fato de o advogado de seu ex-cônjuge conversar intimamente com o mediador Teófilo, que asseverava ter celebrado cinco acordos na qualidade de mediador na última semana, retirou sua concentração e a deixou desconfiada da lisura daquela audiência. Não tendo sido possível o acordo nessa primeira oportunidade, foi marcada uma nova sessão de mediação para buscar a composição entre as partes, quinze dias mais tarde.

Sobre o caso narrado, assinale a afirmativa correta.

a) Carolina pode comparecer sem seu advogado na próxima sessão de mediação.

b) O advogado só pode atuar como mediador no CEJUSC se realizar concurso público específico para integrar quadro próprio do tribunal.

c) Pode haver mais de uma sessão destinada à conciliação e à mediação, não podendo exceder 2 (dois) meses da data de realização da primeira sessão, desde que necessária(s) à composição das partes.

d) O mediador judicial pode atuar como advogado da parte no CEJUSC, pois o CPC apenas impede o exercício da advocacia nos juízos em que desempenhe suas funções.

COMENTÁRIOS

✪ **Nota do autor:** considerando-se o que se encontra previsto nas Normas Fundamentais do Processo Civil, o Estado promoverá, sempre que possível, a solução consensual dos conflitos, devendo a conciliação, a mediação e outros métodos de resolução consensual serem estimulados por juízes, advogados, defensores públicos e membros do Ministério Público, especialmente no curso do processo judicial (art. 3º, §§). A propósito, o CPC 2015 encampou o chamado *Tribunal Multiportas*, de modo que a solução adjudicada pelo Poder Judiciário se constituirá na última alternativa, devendo ser tentada a solução consensual. Por esse motivo, o CPC 2015 fez previsão da necessidade de designação de audiência de conciliação ou de mediação, conforme se vê do art. 334, *caput*, que será designada se a petição inicial preencher os requisitos essenciais e não for o caso de improcedência liminar do pedido. Com o objetivo de proporcionar a solução consensual, admite-se que ocorra mais de uma sessão destinada à conciliação e à mediação, a qual não poderá exceder a dois meses da data de realização da primeira sessão (art. 334, § 2º). Na audiência deverão as partes estarem acompanhadas por seus advogados ou defensores públicos (art. 334, § 9º). Conciliadores e mediadores judiciais foram apontados como auxiliares da justiça, assim como o oficial de justiça, o escrivão etc., devendo atuar com a observância dos princípios da independência, da imparcialidade, da autonomia da vontade, da confidencialidade, da oralidade, da informalidade e da decisão informada (art. 166, *caput*). Se advogados, os conciliadores e mediadores judiciais estarão impedidos de exercer a advocacia nos juízos em que desempenhem suas funções (art. 167, § 5º).

**Alternativa "c":** consoante previsto no § 2º, do art. 334, do CPC, *poderá haver mais de uma sessão destinada à conciliação e à mediação, não podendo exceder a dois meses da data de realização da primeira sessão, desde que necessárias à composição das partes.*

**Alternativa correta: letra "c".**

**49. (FGV – Exame de Ordem 2018.1)** Almir ingressa com ação pelo procedimento comum em face de José, pleiteando obrigação de fazer consistente na restauração do sinteco aplicado no piso de seu apartamento, uma vez que, dias após a realização do serviço ter sido concluída, o verniz começou a apresentar diversas manchas irregulares. Em sua inicial, afirma ter interesse na autocomposição. O juiz da causa, verificando que a petição inicial preenche os requisitos essenciais, não sendo caso de improcedência liminar do pedido, designa audiência de conciliação a ser realizada dentro de 60 (sessenta) dias, promovendo, ainda, a citação do réu com 30 (trinta) dias de antecedência.

Com base na legislação processual aplicável ao caso apresentado, assinale a afirmativa correta.

a) Caso Almir e José cheguem a um acordo durante a audiência de conciliação, a autocomposição obtida será reduzida a termo pelo conciliador e, independentemente da sua homologação pelo magistrado, já constitui título executivo judicial, bastando que o instrumento seja referendado pelos advogados dos transatores ou por conciliador credenciado junto ao tribunal.

b) Agiu equivocadamente o magistrado, uma vez que o CPC/15 prevê a imprescindibilidade do prévio oferecimento de contestação por José, no prazo de 15 (quinze) dias úteis a serem contados de sua citação e antes da designação da audiência conciliatória, sob pena de vulnerar o princípio constitucional da ampla defesa e do contraditório, também reproduzido na legislação adjetiva.

c) Caso Almir, autor da ação, deixe de comparecer injustificadamente à audiência de conciliação, tal ausência é considerada pelo CPC/15 como ato atentatório à dignidade da justiça, sendo sancionado com multa de até dois por cento da vantagem econômica pretendida ou do valor da causa, revertida em favor do Estado.

d) Almir e José não precisam comparecer à audiência de conciliação acompanhados por seus advogados, uma vez que, nessa fase processual, a relação processual ainda não foi integralmente formada e não há propriamente uma lide, a qual apenas surgirá quando do oferecimento da contestação pelo réu.

**COMENTÁRIOS**

✪ **Nota do autor:** com a finalidade de buscar a pacificação social e composição do processo, o CPC de 2015 fez previsão da audiência de conciliação ou de mediação, a ser designada pelo magistrado e realizada antes da própria apresentação de resposta pelo réu, conforme se vê do art. 334 e seguintes.

**Alternativa "a"**: incorreta. Para que a conciliação possa se consubstanciar em título executivo judicial, haverá a necessidade de que tenha sido homologada pelo magistrado.

**Alternativa "b"**: incorreta. Pela lógica do CPC 2015, deverá o magistrado tentar a conciliação ou mediação das partes e, sendo esta infrutífera, estará aberto o prazo para o oferecimento de resposta. Exclui automaticamente a alternativa "D".

**Alternativa "c"**: correta. As partes têm o dever de comparecer à audiência de conciliação ou de mediação. Se o autor, porém, embora devidamente intimado, não comparecer, de forma injustificada, tem-se a prática de ato atentatório à dignidade da justiça. Neste caso, em específico, será o autor sancionado com multa de até 2% da vantagem econômica pretendida ou do valor da causa, revertida em favor da União ou do Estado.

**Alternativa correta: letra "c".**

**50. (FGV – Exame de Ordem 2018.2)** Marina propôs ação de reconhecimento e extinção de união estável em face de Caio, que foi regularmente citado para comparecer à audiência de mediação.

Sobre a audiência de mediação, assinale a afirmativa correta.

a) Se houver interesse de incapaz, o Ministério Público deverá ser intimado a comparecer à audiência de mediação.

b) É faculdade da parte estar acompanhada de advogado ou defensor público à audiência.

c) Em virtude do princípio da unidade da audiência, permite- se apenas uma única sessão de mediação que, se restar frustrada sem acordo, deverá ser observado o procedimento comum.

d) É lícito que, para a realização de mediação extrajudicial, Marina e Caio peçam a suspensão do processo.

**COMENTÁRIOS**

✪ **Nota do autor:** a lei atribuiu ao juiz dirigir o processo, incumbindo-lhe, entre outras atribuições, "promover, a qualquer tempo, a autocomposição, preferencialmente com auxílio de conciliadores e mediadores judiciais" (art. 139, V do CPC). Nesse sentido, incluiu a necessidade de ser realizada a audiência de conciliação ou de mediação quando do início do processo, conforme se vê do art. 334 e seguintes do CPC. Consoante o previsto na Lei nº 13.140/2015, a mediação será orientada pelos seguintes princípios: I) imparcialidade; II) isonomia entre as partes; III) oralidade; IV) informalidade; V) autonomia da vontade das partes; VI) busca do consenso; VII) confidencialidade; e, VIII) boa-fé.

**Alternativa "a"**: incorreta. Não há previsão da obrigatoriedade de participação do Ministério Público na audiência de conciliação ou de mediação. Contudo, apesar de não presente no ato, deverá o Ministério Público ser intimado para manifestar-se nos autos. A propósito, o § 2º, do art. 3º, da Lei nº 13.140/2015, determina que "o consenso das partes envolvendo direitos indisponíveis, mas transigíveis, deve ser homologado em juízo, exigida a oitiva do Ministério Público".

**Alternativa "b"**: incorreta. Consoante está previsto no art. 334, § 9º, CPC, as partes devem estar acompanhadas por seus advogados ou defensores públicos.

**Alternativa "c"**: incorreta. Diferentemente do que foi afirmado, podem ser realizadas mais de uma sessão destinada à conciliação e à mediação, não podendo exceder a dois meses da data de realização da primeira sessão, desde que necessárias à composição das partes (art. 334, § 2º CPC).

**Alternativa "d"**: correta. A mediação se trata de modalidade de composição do processo, podendo ser realizada no âmbito judicial, ou até mesmo no âmbito extrajudicial. Nesse sentido, o caput do art. 16, da Lei nº 13.140/2015, determina que "ainda que haja processo arbitral ou judicial em curso, as partes poderão submeter-se à mediação, hipótese em que requererão ao juiz ou árbitro a suspensão do processo por prazo suficiente para a solução consensual do litígio".

**Alternativa correta: letra "d".**

**51. (FGV – Exame de Ordem 2016.1)** Brenda, atualmente com 20 anos de idade, estudante do 2º período de direito, percebe mensalmente pensão decorrente da morte de seu pai. Sucede, contudo, que ela recebeu uma correspondência do fundo que lhe paga a pensão, notificando- a de que, no dia 20 do próximo mês, quando completará 21 anos, seu benefício será extinto. Inconformada, Brenda ajuizou ação judicial, requerendo em antecipação de tutela a continuidade dos pagamentos e, por sentença, a manutenção desse direito até, pelo menos, completar 24 anos de idade, quando deverá terminar a faculdade. Tal demanda, contudo, é rejeitada liminarmente pelo juiz da 3ª Vara, sob o argumento de que aquela matéria de direito já está pacificada de forma contrária aos interesses da Autora na jurisprudência dos Tribunais Superiores e, ainda, por ele já ter proferido, em outros casos com a mesma questão de direito, diversas sentenças de improcedência.

Sobre os fatos descritos, assinale a afirmativa correta.

a) A decisão acima mencionada, se transitada em julgado, não faz coisa julgada material, na medida em que a ausência de citação do Réu impede a formação regular do processo.

b) No caso de eventual recurso de Brenda, o juízo que proferiu a sentença poderá, se assim entender, retratar-se.

c) Se a matéria de mérito estivesse pacificada nos Tribunais Superiores em favor da autora, poderia o magistrado, ao receber a petição inicial, sentenciar o feito e julgar desde logo procedente o pedido.

d) Mesmo que a demanda envolvesse necessidade de produção de prova pericial, o magistrado poderia se valer da improcedência liminar, tendo em vista a força dos precedentes dos Tribunais Superiores.

**COMENTÁRIOS**

✪ **Nota do autor:** a questão trata da improcedência liminar. Note-se que, no CPC de 1973, as hipóteses de improcedência liminar, previstas no art. 285-A, eram mais restritas. O CPC de 2015, por sua vez, possibilita a improcedência liminar para aplicação de precedentes vinculantes, bem como no reconhecimento de prescrição e de decadência. Uma vez proferida sentença nesse sentido, poderá o autor interpor recurso e o magistrado exercer juízo de retratação.

**Alternativa b: correta**. Proferida sentença de improcedência liminar, poderá o autor interpor recurso de apelação e o Juízo, por sua vez, retratar-se. Se não for interposto recurso, haverá a formação da coisa julgada material. Exclui, automaticamente, as demais alternativas.

**Alternativa correta: letra "b".**

---

**52. (FGV – Exame de Ordem 2016.2)** Distribuída a ação, Antônia (autora) é intimada para a audiência de conciliação na pessoa de seu advogado. Explicado o objetivo desse ato pelo advogado, Antônia informa que se recusa a participar da audiência porque não tem qualquer possibilidade de conciliação com Romero (réu).

Acerca da audiência de conciliação ou de mediação, com base no CPC/15, assinale a afirmativa correta.

a) Romero deverá ser citado para apresentar defesa com, pelo menos, 15 (quinze) dias de antecedência.

b) A audiência não será realizada, uma vez que Antônia manifestou expressamente seu desinteresse pela conciliação.

c) Ainda que ambas as partes manifestem desinteresse na conciliação, quando a matéria não admitir autocomposição, a audiência de conciliação ocorrerá normalmente.

d) Antônia deve ser informada que o seu não comparecimento é considerado ato atentatório à dignidade da justiça, sob pena de multa.

**COMENTÁRIOS**

✪ **Nota do autor:** como será visto no item 15.11.1 (Da Audiência de Conciliação ou de Mediação), o Novo Código de Processo Civil determina a realização de audiência de conciliação ou de mediação como uma forma de buscar uma composição amigável entre as partes, sem que haja necessidade de que a questão seja solucionada pelo juiz. Assim, estando a petição inicial em ordem e não entendendo o magistrado ser o caso de ser proferida sentença de improcedência liminar, designará audiência de conciliação ou de mediação com antecedência mínima de 30 dias, devendo o réu ser citado com pelo menos vinte dias de antecedência. Em razão de sua importância para a busca da composição amigável, se não houver dispensa da realização da audiência, o comparecimento da parte será obrigatório, importando a ausência injustificada em ato atentatório à dignidade da justiça.

**Alternativa "a"**: incorreta. O réu será citado, devendo comparecer à audiência. Como regra, terá o prazo de 15 dias contados da audiência para o seu oferecimento. Sobre tal prazo, vide item 15.3.2.

**Alternativa "b":** incorreta. Como dito acima, a não realização da audiência somente ocorrerá se ambas as partes demonstrarem o seu desinteresse.

**Alternativa "c":** incorreta. Também não será realizada se a matéria não admitir composição, hipótese em que a audiência seria inócua.

**Alternativa** d. Se a autora entende que não é possível qualquer composição com a parte contrária, tal fato deve ser informado na petição inicial, aguardando-se pela manifestação da parte contrária. Se o réu, por sua vez, também se manifestar nesse sentido, então a audiência não será realizada e o prazo para oferecer resposta se inicia da data em que protocolada a petição em que informa o desinteresse na audiência. Aliás, a audiência de conciliação ou de mediação somente não será realizada se ambas as partes manifestarem, expressamente, desinteresse na composição consensual, ou quando não se admitir a autocomposição (art. 334, § 4º).

**Alternativa correta: letra "d".**

## 14. CONTESTAÇÃO E RECONVENÇÃO

---

**53. (FGV – Exame de Ordem 2020.1)** O arquiteto Fernando ajuizou ação exclusivamente em face de Daniela, sua cliente, buscando a cobrança de valores que não teriam sido pagos no âmbito de um contrato de reforma de apartamento.

Daniela, devidamente citada, deixou de oferecer contestação, mas, em litisconsórcio com seu marido José, apresentou reconvenção em peça autônoma, buscando indenização por danos morais em face de Fernando e sua empresa, sob o argumento de que estes, após a conclusão das obras de reforma, expuseram, em site próprio, fotos do interior do imóvel dos reconvintes sem que tivessem autorização para tanto.

Diante dessa situação hipotética, assinale a afirmativa correta.

a) Como Daniela deixou de contestar a ação, ela e seu marido não poderiam ter apresentado reconvenção, devendo ter ajuizado ação autônoma para buscar a indenização pretendida.

b) A reconvenção deverá ser processada, a despeito de Daniela não ter contestado a ação originária, na medida em que o réu pode propor reconvenção independentemente de oferecer contestação.

c) A reconvenção não poderá ser processada, na medida em que não é lícito a Daniela propor reconvenção em litisconsórcio com seu marido, que é um terceiro que não faz parte da ação originária.

d) A reconvenção não poderá ser processada, na medida em que não é lícito a Daniela incluir no polo passivo da reconvenção a empresa de Fernando, que é um terceiro que não faz parte da ação originária.

COMENTÁRIOS

✪ **Nota do autor:** a reconvenção constitui-se em ação proposta por, pelo menos, o réu, em face de, ao menos, o autor. Conforme se verificará, admite-se a ampliação subjetiva na reconvenção, de modo que é possível de que um dos reconvintes ou reconvindos não sejam parte na ação inicial.

**Assertiva "A":** incorreta. Considerando-se que a reconvenção tem natureza jurídica de ação, poderá ser apresentada independentemente de ter o réu oferecido a sua contestação.

**Assertiva "B":** correta. O réu poderá oferecer reconvenção independentemente de oferecer contestação (art. 343, § 6º).

**Assertiva "C":** incorreta. Como foi dito, admite-se a ampliação subjetiva na reconvenção. A propósito, dispõem, respectivamente, os §§ 3º e 4º, do art. 343: "a reconvenção pode ser proposta contra o autor e terceiro"; e, "a reconvenção pode ser proposta pelo réu em litisconsórcio com terceiro". Responde também a alternativa "D", incorreta.

**Alternativa correta: letra "b".**

---

**54. (FGV/OAB/XXX_Exame – 2019)** João dirigia seu carro a caminho do trabalho quando, ao virar em uma esquina, foi atingido por Fernando, que seguia na faixa ao lado. Diante dos danos ocasionados a seu veículo, João ingressou com ação, junto a uma Vara Cível, em face de Fernando, alegando que este trafegava pela faixa que teria como caminho obrigatório a rua para onde aquele seguiria.

Realizada a citação, Fernando procurou seu advogado, alegando que, além de oferecer sua defesa nos autos daquele processo, gostaria de formular pedido contra João, uma vez que este teria invadido a faixa sem antes acionar a "seta", sendo, portanto, o verdadeiro culpado pelo acidente.

Considerando o caso narrado, o advogado de Fernando deve

a) instruí-lo a ajuizar nova ação, uma vez que não é possível formular pedido contra quem deu origem ao processo.
b) informar-lhe que poderá, na contestação, propor reconvenção para manifestar pretensão própria, sendo desnecessária a conexão com a ação principal ou com o fundamento da defesa, bastando a identidade das partes.
c) informar-lhe sobre a possibilidade de propor a reconvenção, advertindo-o, porém, que, caso João desista da ação, a reconvenção restará prejudicada.
d) informar-lhe que poderá, na contestação, propor reconvenção para manifestar pretensão própria, desde que conexa com a ação principal ou com o fundamento da defesa.

COMENTÁRIOS

✪ **Nota do autor:** admite-se que o réu, na contestação, propor reconvenção para manifestar pretensão própria, conexa com a ação principal ou com o fundamento da defesa. A reconvenção possui natureza jurídica de *ação*, a ser exercida na própria contestação, ampliando o objeto da ação, pois o juiz decidirá não só o pedido apresentado pelo autor, quanto também aquele oferecido pelo réu. Embora não seja o caso, admite-se que a reconvenção seja proposta contra o autor e terceiro, ou mesmo seja proposta pelo réu em litisconsórcio com terceiro. Em outras palavras, admite-se na reconvenção a ampliação subjetiva da demanda. De toda forma, devem figurar, pelo menos, o autor e o réu da ação inicial. Por se tratar de ação distinta, embora tramite no mesmo processo, a desistência do autor não acarretará na extinção da reconvenção, que poderá prosseguir normalmente. Por fim, a utilização da reconvenção não é obrigatória, podendo o réu valer-se de outro processo para demandar o autor, os quais poderão ser reunidos por conta da conexão.

Alternativa "d": nos termos do *caput*, do art. 343, *na contestação, é lícito ao réu propor reconvenção para manifestar pretensão própria, conexa com a ação principal ou com o fundamento da defesa.*

**Alternativa correta: letra "d".**

---

**55. (FGV – Exame de Ordem 2018.1)** Tancredo ajuizou equivocadamente, em abril de 2017, demanda reivindicatória em face de Gilberto, caseiro do sítio Campos Verdes, porque Gilberto parecia ostentar a condição de proprietário. Diante do narrado, assinale a afirmativa correta.

a) Gilberto deverá realizar a nomeação à autoria no prazo de contestação.
b) Gilberto poderá alegar ilegitimidade ad causam na contestação, indicando aquele que considera proprietário.
c) Trata-se de vício sanável, podendo o magistrado corrigir o polo passivo de ofício, substituindo Gilberto da relação processual, ainda que este não tenha indicado alguém.
d) Gilberto poderá promover o chamamento ao processo de seu patrão, a quem está subordinado.

COMENTÁRIOS

✪ **Nota do autor:** sob o advento do CPC de 1973, poderia Gilberto apresentar nomeação à autoria, hipótese de intervenção de terceiro, pois pretendia que houvesse a substituição do polo passivo da ação. De acordo com o CPC 2015, contudo, não mais se admite tal modalidade de intervenção de terceiros. Porém, o art. 338 autoriza que o réu alegue, na própria contestação, ser parte ilegítima ou não ser o responsável pelo prejuízo invocado, hipótese em que será facultado ao autor, em 15 dias, a alteração da petição inicial para substituição do réu.

**Alternativa "B": correta**. Conforme se vê do enunciado, considerando-se que o réu indicado não é o proprietário do imóvel e que isso tenha sido alegado na contestação, admite-se que o autor promova a alteração da petição inicial, quando então será excluído o réu originário, incluindo-se aquele que for indicado. Trata-se de hipótese de sucessão processual. Exclui automaticamente as demais alternativas.

**Alternativa correta: letra B.**

---

**56. (FGV – Exame de Ordem 2016.3)** A sociedade Palavras Cruzadas Ltda. ajuizou ação de responsabilidade civil em face de Helena e requereu o benefício da gratuidade de justiça, na petição inicial. O juiz deferiu o requerimento de gratuidade e ordenou a citação da ré.

Como a autora não juntou qualquer documento comprobatório de sua hipossuficiência econômica, a ré pretende atacar o benefício deferido.

Com base na situação apresentada, assinale a afirmativa correta.

a) O instrumento processual adequado para atacar a decisão judicial é o incidente de impugnação ao benefício de gratuidade, que será processado em autos apartados.
b) A ré alegará na contestação que não estão presentes os requisitos para o deferimento do benefício de gratuidade.
c) A ré alegará na contestação que o benefício deve ser indeferido, mas terá que apresentar documentos comprobatórios, pois a lei presume verdadeira a alegação de insuficiência deduzida.

d) O instrumento processual previsto para atacar a decisão judicial de deferimento do benefício é o agravo de instrumento.

**COMENTÁRIOS**

✪ **Nota do autor:** o Novo Código de Processo Civil encampou posicionamento no sentido de aumentar o número de matérias que poderiam ser alegadas na própria contestação.

**Alternativa a: incorreta.** Não mais se admite o incidente de impugnação ao benefício de gratuidade.

**Alternativa b.** Nesse sentido, admitiu o CPC 2015 que a impugnação ao deferimento do benefício de gratuidade ocorrerá na própria contestação e não em petição em separado.

**Alternativa c: incorreta.** A lei não presume tal insuficiência, devendo a parte que entender ter direito requerê-la e comprovar a sua situação,

**Alternativa d: incorreta.** O instrumento processual adequado será a contestação, por meio de preliminar. Não se admite a impugnação do pronunciamento por meio de recurso.

**Alternativa correta: letra "b".**

---

**57. (FGV – Exame de Ordem 2016.2)** Davi ajuizou ação em face de Heitor, cumulando pedido de cobrança no valor de R$ 70.000,00 (setenta mil reais) e pedido indenizatório de dano material no valor de R$ 30.000,00 (trinta mil reais). Ultrapassada a fase inicial conciliatória, Heitor apresentou contestação contendo vários fundamentos – dentre eles, preliminar de impugnação ao valor da causa. O Juiz proferiu decisão saneadora, rejeitando a impugnação ao valor da causa e determinando o prosseguimento do processo. Com base no caso apresentado, assinale a afirmativa correta.

a) Heitor deveria ter apresentado incidente processual autônomo de impugnação ao valor da causa.
b) Heitor poderá formular pedido recursal de modificação da decisão que rejeitou a impugnação ao valor da causa, em suas razões recursais de eventual apelação.
c) O valor da causa deverá ser de R$ 70.000,00 (setenta mil reais), pois existem pedidos cumulativos.
d) A impugnação ao valor da causa somente poderia ser decidida por ocasião da prolatação da sentença de mérito.

**COMENTÁRIOS**

✪ **Nota do autor:** o Novo Código de Processo Civil encampou regra no sentido de que houvesse a concentração da matéria a ser apresentada pela defesa na contestação. Assim, será nesta peça que o réu poderá alegar a incompetência territorial, impugnar ao valor da causa, impugnar à assistência judiciária, não havendo necessidade de apresentação de exceção ou de outro incidente. Em relação à suspeição e ao impedimento, muito embora não haja necessidade de que seja feito por meio de exceção, deverá haver a sua alegação por meio de simples petição que, inicialmente, será juntada aos autos do processo.

**Alternativa a: incorreta.** Com o CPC/2015, não mais se admite o incidente de impugnação ao valor da causa, devendo a matéria ser alegada na própria contestação.

**Alternativa b.** Como visto, a impugnação ao valor da causa será uma matéria a ser alegada como preliminar na contestação. As preliminares foram tratadas nas dicas e consistem em defesa processual que, como regra, podem ser conhecidas de ofício pelo juiz, à exceção da incompetência territorial e da convenção de arbitragem. Além desse importante ponto, há outro de destaque. As questões decididas por meio de decisões interlocutórias não serão impugnadas de imediato, por meio de agravo, devendo serem objeto de preliminar na apelação ou nas contrarrazões apresentadas. Porém, em relação às matérias indicadas no art. 1.015 do CPC, deverá a parte, sob pena de preclusão, interpor o recurso de agravo de instrumento, no prazo de 15 dias. Entre essas matérias, não se encontra elencada a impugnação ao valor da causa, o que também não ocorreu em outros dispositivos. Sendo assim, não será cabível a interposição do recurso de agravo de instrumento, devendo a matéria ser alegada posteriormente nas razões de apelação ou em contrarrazões apresentadas.

**Alternativa c: incorreta.** A toda causa, ainda que não tenha conteúdo econômico imediato, deverá ser atribuído um valor, que deverá constar da petição inicial ou da reconvenção. No caso de ação indenizatória, o valor da causa corresponderá ao valor pretendido e, havendo cumulação, à soma de todos os valores (art. 292). No presente caso, deve-se somar os pedidos de condenação de danos materiais e de danos morais, motivo do erro da alternativa.

**Alternativa d: incorreta.** Será possível impugnar o valor independentemente de a sentença ser ou não com solução de mérito, importando apenas que o seja quando da interposição do recurso de apelação ou das contrarrazões, quando será possível fazê-lo por meio de preliminar no recurso.

**Alternativa correta: letra "b".**

## 15. DAS PROVAS

---

**58. (FGV – Exame de Ordem XXXVI – 2022)** O Condomínio do Edifício Residências, tendo observado o surgimento de diversos vícios ocultos nas áreas de uso comum do prédio construído pela Mestre de Obras Engenharia S/A, ajuizou ação de produção antecipada de provas, na qual requereu a produção de prova pericial. Para tanto, argumentou que o prévio conhecimento dos fatos, sob o ângulo técnico, poderá evitar ou justificar uma ação futura, a depender do resultado da perícia.

Devidamente citada, a Mestre de Obras Engenharia S/A apresentou manifestação, na qual alega que não há qualquer risco de perecimento da prova, pois os vícios eventualmente constatados permaneceriam no local, sendo impertinente, portanto, o ajuizamento da produção antecipada de provas.

Considerando o caso narrado, assinale a afirmativa correta.

a) A pretensão de prévio conhecimento dos fatos para justificar ou evitar o ajuizamento de ação futura em face da Mestre de Obras Engenharia S/A, não é suficiente para a admissibilidade da produção antecipada de provas proposta pelo condomínio do Edifício Residências, faltando interesse de agir.
b) A produção antecipada de provas proposta pelo Condomínio do Edifício Residências previne a competência para a ação principal, eventualmente proposta em face da Mestre de Obras Engenharia S/A.
c) Na produção antecipada de provas, o juiz não se pronunciará sobre a ocorrência ou inocorrência dos fatos alegados pelo Condomínio do Edifício Residências, nem sobre suas respectivas consequências jurídicas.
d) No procedimento de produção antecipada de provas, não se admitirá defesa ou recurso, salvo contra decisão que defira a produção da prova pleiteada pelo Condomínio do Edifício Residências.

**COMENTÁRIOS**

✪ **Notas do autor:** a produção antecipada da prova será admitida nos casos em que: I - haja fundado receio de que venha a tornar-se impossível ou muito difícil a verificação de certos fatos na pendência da ação; II - a prova a ser produzida seja suscetível de viabilizar a autocomposição ou outro meio adequado de solução de conflito; III - o prévio conhecimento dos fatos possa justificar ou evitar o ajuizamento de ação. Em tal procedimento, o juiz não se pronunciará sobre a ocorrência ou a inocorrência do fato, nem sobre as respectivas consequências jurídicas (art. 382, § 3º, CPC).

**Gabarito: letra C.**

---

**59. (FGV – Exame de Ordem XXXVI – 2022)** Por mais de 10 anos, Leandro foi locatário de uma sala comercial de propriedade de Paula, na qual instalou o seu consultório para atendimentos médicos.

Decidido a se aposentar, Leandro notificou Paula, informando a rescisão contratual e colocando-se à disposição para entregar o imóvel. Ultrapassados 4 (quatro) meses sem o retorno da locadora, Leandro ajuizou ação declaratória de rescisão contratual com pedido de consignação das chaves. Diante disso, Paula apresentou contestação e reconvenção, na qual pleiteia a cobrança de danos materiais por diversos problemas encontrados no imóvel.

Diante desse imbróglio, e reconsiderando sua aposentadoria, Leandro consulta advogado(a) para avaliar a possibilidade de desistir da ação.

Sobre o caso narrado, assinale a afirmativa correta.

a) Por ter sido apresentada contestação, Leandro poderá desistir da ação até a sentença, o que ficará sujeito à concordância de Paula.

b) Como foi oferecida a contestação, Leandro não poderá mais desistir da ação.

c) Caso apresentada desistência da ação por Leandro, sua conduta implicará a desistência implícita da reconvenção.

d) Caso Leandro desista da ação, isso acarretará a extinção do processo sem resolução de mérito, obstando a propositura de nova ação com o mesmo objeto.

**COMENTÁRIOS**

✪ **Notas do autor:** a desistência da ação pode ocorrer até a sentença (art. 485, § 5º, CPC). Contudo, uma vez oferecida a contestação, o autor não poderá, sem o consentimento do réu, desistir da ação. No caso da questão, como a contestação já havia sido apresentada, a desistência estará condicionada à concordância de Paula.

**Gabarito: letra A.**

---

**60. (FGV – Exame de Ordem XXXVI – 2022)** Maria promoveu uma ação de divórcio em face de seu ex-marido João, sendo que o réu foi inicialmente dado como residente na casa de sua ex-mulher, embora ali já não mais residisse. Quando da tentativa de citação, foi lavrada certidão negativa esclarecendo que a autora informou que o réu tinha regressado a Portugal. Diante disso, João veio a ser citado por edital, a requerimento da autora.

João, após transitada em julgada a sentença da ação de divórcio, teve conhecimento da ação. Diante do fato de que a autora necessariamente sabia o endereço dos familiares do requerido na cidade onde por último residiu com ele em Portugal e de onde era contactada telefonicamente com frequência por ele, procurou você para esclarecê-lo sobre os aspectos e efeitos da citação no processo brasileiro.

Sobre o caso narrado, assinale a afirmativa correta.

a) Maria não poderá ser apenada por requerer a citação por edital, uma vez que houve a ocorrência de uma das circunstâncias autorizadoras para sua realização.

b) A citação de João é válida, porque, quando ignorado, incerto ou inacessível o lugar em que se encontrar o citando, é autorizada a citação por edital.

c) A citação por edital é nula, porque não foram efetuadas as diligências necessárias, tendo em vista a existência de elementos sobre o paradeiro do réu.

d) Já houve a sanatória do vício na citação de João, porque a sentença da ação de divórcio já transitou em julgado.

**COMENTÁRIOS**

A citação por edital será feita: I – quando desconhecido ou incerto o citando; II – quando ignorado, incerto ou inacessível o lugar em que se encontra o citando; III – nos casos expressos em lei (art. 256, CPC). No caso em questão, era de conhecimento da autora o paradeiro do réu, de modo que não era admissível a citação por edital. Desse modo, tendo sido realizada a citação por edital em hipótese não autorizada por lei, com flagrante prejuízo ao réu, tem-se que o ato é nulo.

**Gabarito: "C".**

---

**61. (FGV – Exame de Ordem 2020.1)** Julieta ajuizou demanda em face de Rafaela e, a fim de provar os fatos constitutivos de seu direito, arrolou como testemunhas Fernanda e Vicente. A demandada, por sua vez, arrolou as testemunhas Pedro e Mônica. Durante a instrução, Fernanda e Vicente em nada contribuíram para o esclarecimento dos fatos, enquanto Pedro e Mônica confirmaram o alegado na petição inicial. Em razões finais, o advogado da autora requereu a procedência dos pedidos, ao que se contrapôs o patrono da ré, sob o argumento de que as provas produzidas pela autora não confirmaram suas alegações e, ademais, as provas produzidas pela ré não podem prejudicá-la.

Consideradas as normas processuais em vigor, assinale a afirmativa correta.

a) O advogado da demandada está correto, pois competia à demandante a prova dos fatos constitutivos do seu direito.

b) O advogado da demandante está correto, porque a prova, uma vez produzida, pode beneficiar parte distinta da que a requereu.

c) O advogado da demandante está incorreto, pois o princípio da aquisição da prova não é aplicável à hipótese.

d) O advogado da demandada está incorreto, porque as provas só podem beneficiar a parte que as produziu, segundo o princípio da aquisição da prova.

**COMENTÁRIOS**

✪ **Nota do autor:** vários são os princípios que regem o direito probatório. Entre eles, destaca-se o princípio da comunhão das provas, segundo o qual "ao ser produzida uma prova, esta será apreciada, independentemente do responsável pela sua obtenção, podendo até mesmo prejudicar a parte que a produziu" (FERREIRA, William Santos. *Princípios Fundamentais da Prova Cível*. São Paulo: Revista dos Tribunais, 2014, p. 129).

**Assertiva "B":** correta. Como se verificou, o advogado da demandante está correto, uma vez que a prova, sendo produzida nos autos, poderá beneficiar parte distinta da que a requereu. Exclui automaticamente as demais alternativas.

## 16. DA AUDIÊNCIA DE INSTRUÇÃO E JULGAMENTO

---

**62. (FGV – Exame de Ordem 2014.1)** Mateus ajuizou ação de indenização por danos materiais e compensação por danos morais em face de Tiago, pelo rito ordinário. Os autos foram distribuídos para a 21ª Vara Cível da Comarca de Salvador/BA. No curso do processo, o juiz proferiu o seguinte despacho: "Designo Audiência de Instrução e Julgamento para o dia 24.01.2014, às 14 horas, a ser realizada na sala de audiências do Fórum Ruy Barbosa. Intimem-se. Diligencie-se." Considerando o caso narrado e as regras sobre Audiência de Instrução e Julgamento previstas no Código de Processo Civil, assinale a afirmativa correta.

a) A audiência designada para o dia 24.01.2014 é una e contínua, todavia, não sendo possível concluir, num só dia, a instrução, o debate e o julgamento, o juiz marcará o seu prosseguimento para dia próximo.
b) Mateus e Tiago poderão, por comum acordo, quantas vezes entenderem oportuno e conveniente, requerer o adiamento da audiência designada, desde que seja protocolado o pedido com antecedência mínima de 45 dias da data marcada.
c) Concluída a instrução, o magistrado dará a palavra ao advogado de Tiago (réu) e ao de Mateus (autor), sucessivamente, pelo prazo de 40 minutos para cada um, admitindo expressamente o Código de Processo Civil a substituição do debate oral por memoriais, a serem apresentados no prazo máximo de 10 dias.
d) Na audiência de instrução designada para o dia 24.01.2014, as provas a serem produzidas obedecerão à seguinte ordem: oitiva de testemunhas arrolados pelo autor e pelo réu; depoimento pessoal do autor e do réu; e, por fim, prestação de esclarecimentos do perito e dos assistentes técnicos aos quesitos formulados pelas partes.

**COMENTÁRIOS**

✪ **Nota do autor:** a audiência de instrução e julgamento será designada quando for necessária a produção de prova oral, como a oitiva de peritos e assistentes técnicos, colheita de depoimentos pessoais e oitiva de testemunhas. Ela é una e contínua.

**Alternativa "a".** Se acaso não for possível concluir a audiência em um só dia, o juiz designará data próxima para a sua continuação (art. 365, do CPC/2015/2015). Vê-se que não se trata de outra audiência, mas de continuação da primeira.

**Alternativa "b".** A audiência de instrução e julgamento é necessária para a impulsão processual, assim não fica à disposição do livre arbítrio das partes, podendo ser adiada por convenção, mas não há previsão de infinito adiamento no CPC/2015.

**Alternativa "c".** Finda a instrução, o juiz dará a palavra ao advogado do autor e do réu, bem como ao membro do Ministério Público, se for o caso de sua intervenção, sucessivamente, pelo PRAZO DE 20 (VINTE) MINUTOS PARA CADA UM, PRORROGÁVEL POR 10 (DEZ) MINUTOS, a critério do juiz. Quando a causa apresentar questões complexas de fato ou de direito, o debate oral poderá ser substituído por razões finais escritas, que serão apresentadas pelo autor e pelo réu, bem como pelo Ministério Público, se for o caso de sua intervenção, em PRAZOS SUCESSIVOS DE 15 (QUINZE) DIAS, assegurada vista dos autos (CPC/2015, art. 364, *caput* e §2º).

**Alternativa "d".** As provas orais serão produzidas em audiência, ouvindo-se nesta ordem, preferencialmente: I – o perito e os assistentes técnicos prestarão esclarecimentos aos quesitos formulados pelas partes; II – o autor e, em seguida, o réu, que prestarão depoimentos pessoais; III – as testemunhas arroladas pelo autor e pelo réu, que serão inquiridas (CPC/2015, art. 361).

**Alternativa correta: letra "a".**

## 17. DA SENTENÇA E DA COISA JULGADA

**63. (FGV – XXXIV Exame de Ordem-2022)** Adriana ajuizou ação de cobrança em face de Ricardo, para buscar o pagamento de diversos serviços de arquitetura por ela prestados e não pagos. Saneado o feito, o juízo de primeiro grau determinou a produção de prova testemunhal, requerida como indispensável pela autora, intimando-a para apresentar o seu rol de testemunhas, com nome e endereço. Transcorrido mais de 1 (um) mês, Adriana, embora regularmente intimada daquela decisão, manteve-se inerte, não tendo fornecido o rol contendo a identificação de suas testemunhas. Diante disso, o juízo determinou a derradeira intimação da autora para dar andamento ao feito, no prazo de 5 (cinco) dias, sob pena de extinção. Essa intimação foi feita pelo Diário da Justiça, na pessoa de seu advogado constituído nos autos. Findo o prazo sem manifestação, foi proferida, a requerimento de Ricardo, sentença de extinção do processo sem resolução de mérito, tendo em vista o abandono da causa pela autora por mais de 30 (trinta) dias, condenando Adriana ao pagamento das despesas processuais e dos honorários advocatícios.

Na qualidade de advogado de Adriana, sobre essa sentença assinale a afirmativa correta.

a) Está incorreta, pois, para que o processo seja extinto por abandono, o CPC exige prévia intimação pessoal da parte autora para promover os atos e as diligências que lhe incumbir, no prazo de 5 (cinco) dias.
b) Está correta, pois, para que o processo seja extinto por abandono, o CPC exige, como único requisito, o decurso de mais de 30 (trinta) dias sem que haja manifestação da parte autora.
c) Está incorreta, pois, para que o processo seja extinto por abandono, o CPC exige, como único requisito, o decurso de mais de 60 (sessenta) dias sem que haja manifestação da parte autora.
d) Está incorreta, pois o CPC não prevê hipótese de extinção do processo por abandono da causa pela parte autora.

**COMENTÁRIOS**

O juiz não resolverá o mérito quando o autor abandonar a causa por mais de trinta dias em razão de não ter promovido os atos e as diligências que lhe incumbir (art. 485, III, CPC). Em tal hipótese, deverá a parte autora ser intimada pessoalmente para suprir a falta no prazo de cinco dias (art. 485, § 1º, CPC), não podendo o magistrado extinguir o processo automaticamente.

**Alternativa correta: letra "a".**

**64. (FGV – Exame de Ordem 2020.1)** Marcos foi contratado por Júlio para realizar obras de instalação elétrica no apartamento deste. Por negligência de Marcos, houve um incêndio que destruiu boa parte do imóvel e dos móveis que o guarneciam.

Como não conseguiu obter a reparação dos prejuízos amigavelmente, Júlio ajuizou ação em face de Marcos e obteve sua condenação ao pagamento da quantia de R$ 148.000,00 (cento e quarenta e oito mil reais). Após a prolação da sentença, foi interposta apelação por Marcos, que ainda aguarda julgamento pelo Tribunal. Júlio, ato contínuo, apresentou cópia da sentença perante o cartório de registro imobiliário, para registro da hipoteca judiciária sob um imóvel de propriedade de Marcos, visando a garantir futuro pagamento do crédito.

Sobre o caso apresentado, assinale a afirmativa correta.

a) Júlio não pode solicitar o registro da hipoteca judiciária, uma vez que ainda está pendente de julgamento o recurso de apelação de Marcos.

b) Júlio, mesmo que seja registrada a hipoteca judiciária, não terá direito de preferência sobre o bem em relação a outros credores.

c) A hipoteca judiciária apenas poderá ser constituída e registrada mediante decisão proferida no Tribunal, em caráter de tutela provisória, na pendência do recurso de apelação interposto por Marcos.

d) Júlio poderá levar a registro a sentença, e, uma vez constituída a hipoteca judiciária, esta conferirá a Júlio o direito de preferência em relação a outros credores, observada a prioridade do registro.

COMENTÁRIOS

✪ **Nota do autor:** consoante prevê o art. 495, *caput*, do CPC, a decisão que condenar o réu ao pagamento de prestação consistente em dinheiro e a que determinar a conversão de prestação de fazer, de não fazer ou de dar coisa em prestação pecuniária valerão como título constitutivo de hipoteca judiciária.

**Assertiva "D":** correta. Admite-se que a hipoteca judiciária seja concretizada mediante apresentação de cópia da sentença perante o cartório de registro imobiliário, independentemente de ordem judicial, de declaração expressa do juiz ou de demonstração de urgência (§ 2º). Exclui automaticamente as demais alternativas.

---

**65. (FGV – Exame de Ordem 2017.1)** Gláucia ajuizou, em abril de 2016, ação de alimentos em face de Miguel com fundamento na paternidade. O réu, na contestação, alegou não ser pai de Gláucia. Após a produção de provas e o efetivo contraditório, o magistrado decidiu favoravelmente ao réu. Inconformada com a sentença de improcedência que teve por base o exame de DNA negativo, Gláucia resolve agora propor ação de investigação de paternidade em face de Miguel. Sobre a hipótese apresentada, assinale a afirmativa correta.

a) O magistrado deve rejeitar a nova demanda com base na perempção.

b) A demanda de paternidade deve ser admitida, já que apenas a questão relativa aos alimentos é que transitou em julgado no processo anterior.

c) A questão prejudicial, relativa à paternidade, não é alcançada pela coisa julgada, pois a cognição judicial foi restrita a provas documentais e testemunhais.

d) A questão prejudicial, relativa à paternidade, é atingida pela coisa julgada, e o novo processo deve ser extinto sem resolução do mérito.

COMENTÁRIOS

✪ **Nota do Autor:** A decisão que julgar total ou parcialmente o mérito tem força de lei nos limites da questão principal expressamente decidida. Trata-se da extensão objetiva da coisa julgada, que somente alcança a questão principal. Tanto é assim que, em conformidade com o art. 504, não fazem coisa julgada: i) os motivos, ainda que importantes para determinar o alcance da parte dispositiva da sentença; ii) a verdade dos fatos, estabelecida como fundamento da sentença. Entretanto, o Código de Processo Civil de 2015 encampou importante mudança, ao admitir que a questão prejudicial decidida também possa ser alcançada pela coisa julgada. Assim, dispõe o art. 53 que a questão prejudicial, decidida expressa e incidentemente no processo, fará coisa julgada se: I – dessa resolução depender o julgamento do mérito; II – a seu respeito tiver havido contraditório prévio e efetivo, não se aplicando no caso de revelia; III – o juízo tiver competência em razão da matéria e da pessoa para resolvê-la como questão principal. Somente não se verificará o anteriormente descrito, se no processo houver restrições probatórias ou limitações à cognição que impeçam o aprofundamento da análise da questão prejudicial (CPC, art. 503).

**Alternativa "a".** Verifica-se a perempção quando há abuso no direito de ação por parte do autor, que abandona a mesma causa por 3 (três) vezes (CPC, art. 485, III e art. 486, §3º).

**Alternativa "b".** Vide item "d".

**Alternativa "c".** Vide item "d".

**Alternativa "d". (responde também as alternativas "b" e "c").** Levando-se em consideração o dispositivo legal acima inserido, e ainda, que o enunciado da questão foi claro ao informar ter decidido o juiz favoravelmente ao réu somente após a produção de provas e o efetivo contraditório, a questão prejudicial está amparada pelo instituto da coisa julgada, tornando a decisão imutável e irrecorrível (CPC, art. 502), razão pela qual o novo processo deve ser extinto sem resolução do mérito (CPC, art. 485, V).

**Alternativa correta: letra "d".**

---

**66. (FGV – Exame de Ordem 2016.1)** João, maior e capaz, correntista do Banco Grana Alta S/A, ao verificar o extrato da sua conta-corrente, constata a realização de um saque indevido no valor de R$ 2.000,00 (dois mil reais), razão pela qual ingressa com ação de indenização por dano material em face da referida instituição financeira. Contudo, antes mesmo da citação da sociedade ré, João comunica ao juízo seu desinteresse no prosseguimento do feito.

A partir do caso apresentado, assinale a afirmativa correta.

a) A desistência da ação produz, como um dos seus efeitos, o fenômeno da coisa julgada material, obstando que o autor intente nova demanda com conteúdo idêntico perante o Poder Judiciário.

b) Tendo em vista que a causa versa sobre direito indisponível, poderá o juiz, de ofício, dar prosseguimento ao feito, determinando a citação da instituição financeira para que apresente, no prazo de 15 dias, sua resposta.

c) A desistência somente produzirá efeitos, extinguindo o processo, se houver o prévio consentimento do Banco Grana Alta S/A.

d) Diante da desistência unilateral do autor da ação, operar-se-á a extinção do processo sem resolução do mérito.

COMENTÁRIOS

✪ **Nota do autor:** os atos unilaterais das partes produzem efeitos jurídicos de imediato, com exceção da desistência da ação, que somente produzirá efeitos após a homologação judicial. De acordo com o CPC/2015, oferecida a contestação, a desistência dependerá da concordância do réu, como regra. Porém, não haverá necessidade de tal concordância, se o autor desistir do andamento do processo em razão de publicado o acórdão paradigma em recurso repetitivo, antes de proferida a sentença, se a questão nela discutida for idêntica à resolvida pelo recurso representativo da controvérsia. Se a desistência ocorrer antes de oferecida contestação, a parte ficará isenta do pagamento de custas e de honorários de sucumbência.

**Alternativa "a":** incorreta. A desistência da ação não produz coisa julgada material, mas formal.

**Alternativa "b":** incorreta. Não é o caso de direito indisponível e, ainda que o fosse, o juiz não poderia determinar a continuidade do processo.

**Alternativa "c":** incorreta. Como dito acima, não há necessidade de consentimento do réu se este ainda não ofereceu resposta.

**Alternativa "d".** A desistência da ação poderá ser apresentada até a sentença. Porém, dependerá de concordância do réu se já oferecida a resposta. Note-se que, se já citado, mas não tendo apresentado resposta, poderá ser exercida a desistência.

**Alternativa correta: letra "d".**

## 18. DA REMESSA NECESSÁRIA

**67. (FGV – Exame de Ordem 2017.3)** Maria dirigia seu carro em direção ao trabalho, quando se envolveu em acidente com um veículo do Município de São Paulo, afetado à Secretaria de Saúde. Em razão da gravidade do acidente, Maria permaneceu 06 (seis) meses internada, sendo necessária a realização de 03 (três) cirurgias. Quinze dias após a alta médica, a vítima ingressou com ação de reparação por danos morais e materiais em face do ente público. Na sentença, os pedidos foram julgados procedentes, com condenação do ente público ao pagamento de 200 (duzentos) salários mínimos, não tendo a ré interposto recurso.

Diante de tais considerações, assinale a afirmativa correta.

a) Ainda que o Município de São Paulo não interponha qualquer recurso, a sentença está sujeita à remessa necessária, pois a condenação é superior a 100 (cem) salários mínimos, limite aplicável ao caso, o que impede o cumprimento de sentença pelo advogado da autora.

b) A sentença está sujeita à remessa necessária em qualquer condenação que envolva a Fazenda Pública.

c) A sentença não está sujeita à remessa necessária, porquanto a sentença condenatória é ilíquida. Maria poderá, assim, propor a execução contra a Fazenda Pública tão logo a sentença transite em julgado.

d) A sentença não está sujeita à remessa necessária, pois a condenação é inferior a 500 (quinhentos) salários mínimos, limite aplicável ao caso. Após o trânsito em julgado, Maria poderá promover o cumprimento de sentença em face do Município de São Paulo.

**COMENTÁRIOS**

**Alternativa correta: letra "d".** A remessa necessária tem natureza jurídica de condição suspensiva de eficácia da sentença proferida contra o Poder Público. Não obstante, ainda que proferida sentença contra o Poder Público, existem situações em que a remessa necessária não será obrigatória, o que poderá ocorrer em razão do valor da condenação ou do proveito econômico obtido na causa for inferior a certos limites, ou, então, se a sentença estiver em conformidade com certos precedentes. No caso em questão, a sentença condenou o ente público ao pagamento de duzentos salários mínimos. O CPC diferencia os limites da condenação para incidência da remessa necessária a depender de se tratar de ente federal, estadual ou municipal. Assim, para os Municípios que forem capitais de Estado, a remessa necessária será obrigatória para os casos cuja condenação ou proveito econômico for de valor certo e líquido inferior a quinhentos salários-mínimos. Para os demais, este limite diminui para cem salários-mínimos (art. 496, § 3º do CPC). Exclui automaticamente as demais alternativas.

**Alternativa correta: letra "d".**

## 19. PROCEDIMENTOS ESPECIAIS DE JURISDIÇÃO CONTENCIOSA E VOLUNTÁRIA

**68. (FGV – XXXVII Exame OAB)** Vitor, residente em Salvador/BA, precisou se mudar para Fortaleza/CE, por motivos profissionais. Para realizar sua mudança, propôs pagar uma quantia de R$ 10.000,00 (dez mil reais) para Danilo e Juarez, além de arcar com todos os custos da viagem. Por não ter acompanhado o serviço, Vitor não sabe quem efetivamente o fez. Após o término da mudança, Vitor tentou quitar a dívida, mas não sabia a quem pagar, pois ambos afirmaram ser titulares do crédito. Sendo assim, procurou você, como advogado(a), pois queria fazer o pagamento de forma consignada para extinguir a obrigação. Na qualidade de advogado de Vitor, assinale a opção que indica a posição acertada no tocante ao procedimento especial de ação de consignação em pagamento.

a) Vitor requererá o depósito e a citação de Danilo, e, caso posteriormente se entenda não ser ele o titular, fará a citação de Juarez.

b) Vitor não deve requerer o depósito, devendo no primeiro momento requerer a citação de todos os possíveis titulares do crédito, para que, após essa decisão, discuta-se o crédito devido.

c) Vitor requererá o depósito e a citação dos possíveis titulares do crédito para provarem o seu direito.

d) Vitor requererá o depósito e a citação de Juarez, e, caso posteriormente se entenda não ser ele o titular, fará o chamamento ao processo de Danilo.

**COMENTÁRIOS**

✪ **Notas do autor:** ocorrendo dúvida sobre quem deva legitimamente receber o pagamento, o autor requererá o depósito e a citação dos possíveis titulares do crédito para provarem o seu direito (art. 547, CPC).

**Gabarito: letra "C".**

**69. (FGV – XXXVII Exame OAB)** Albieri, com base em prova escrita e sem eficácia de título executivo, afirma ter direito de exigir de Juliana o pagamento de R$ 10.000,00 (dez mil reais). Nesse sentido, Albieri procura você, como advogado(a), para ajuizar Ação Monitória em face de Juliana, exigindo o pagamento de R$ 10.000,00 (dez mil reais). O juiz da causa observou que o direito do autor era evidente e deferiu a expedição de mandado de pagamento, concedendo ao réu prazo de 15 (quinze) dias para o cumprimento. Juliana alega que Albieri pleiteia quantia superior à devida, razão pela qual pretende, por meio de seu advogado, opor embargos à ação monitória. Na qualidade de patrono de Juliana, assinale a opção que apresenta a medida adequada a ser providenciada.

a) Juliana poderá opor, nos próprios autos, embargos à ação monitória caso garanta o valor em juízo previamente, bem como, quando alegar que Albieri pleiteia quantia superior à devida, deverá declarar de imediato o valor que entende correto, sem necessidade de apresentar o demonstrativo discriminado e atualizado da dívida.

b) Se Juliana alegar que Albieri pleiteia quantia superior à devida, não precisa indicar o valor correto da dívida. Além disso, independentemente de prévia segurança do juízo, Juliana pode opor embargos à ação monitória.

c) Juliana poderá opor, nos próprios autos, embargos à ação monitória caso garanta o valor em juízo previamente, bem como, quando alegar que Albieri pleiteia quantia superior à devida, não precisa indicar o valor correto da dívida.

d) Juliana poderá opor embargos à ação monitória, independentemente de prévia segurança do juízo, bem como, quando alegar que Albieri pleiteia quantia superior à devida, deverá declarar de imediato o valor que entende correto, apresentando demonstrativo discriminado e atualizado da dívida.

**COMENTÁRIOS**

✪ **Notas do autor:** a ação monitória pode ser proposta por aquele que afirmar, com base em prova escrita sem eficácia de título executivo, ter direito de exigir do devedor capaz: I - o pagamento de quantia em dinheiro; II - a entrega de coisa fungível ou infungível ou de bem móvel ou imóvel; III - o adimplemento de obrigação de fazer ou de não fazer (art. 700, CPC). Sendo evidente o direito do autor, o juiz deferirá a expedição de mandado de pagamento, de entrega de coisa ou para execução de obrigação de fazer ou de não fazer, concedendo ao réu prazo de 15 (quinze) dias para o cumprimento e o pagamento de honorários advocatícios de cinco por cento do valor atribuído à causa. Independentemente de prévia segurança do juízo, o réu poderá opor, nos próprios autos, no prazo de 15 dias, embargos à ação monitória. Se o réu alegar que o autor pleiteia quantia superior à devida, cumprir-lhe-á declarar de imediato o valor que entende correto, apresentando demonstrativo discriminado e atualizado da dívida.

**Gabarito: letra "D".**

---

**70. (FGV – Exame de Ordem XXXVI – 2022)** Valdemar move, em face de Felício, ação de despejo, cujos pedidos são julgados procedentes.

Considerando-se que o juiz sentenciante não determinou a expedição de mandado de despejo, seria correto afirmar, na qualidade de advogado(a) do autor, que

a) o requerimento de expedição do correspondente mandado de despejo pode ser dirigido ao Juízo a quo, pois o recurso cabível contra a sentença tem efeito meramente devolutivo.

b) a fim de que a sentença seja executada, deve ser requerida a chamada "tutela antecipada recursal", tendo em vista que o recurso cabível tem duplo efeito, devolutivo e suspensivo.

c) após a prolação da sentença, está exaurida a jurisdição do juízo a quo, razão pela qual apenas o Tribunal pode determinar a expedição do mandado de despejo.

d) devem ser opostos embargos de declaração contra a sentença, a fim de que o magistrado antecipe os efeitos da tutela e, consequentemente, o despejo possa ser objeto de execução provisória.

**COMENTÁRIOS**

Entre as regras gerais dos procedimentos tratados na Lei nº 8.245/1991 – Lei do Inquilinato – tem-se que os recursos interpostos contra as sentenças terão efeito apenas devolutivo (art. 58, V). Desse modo, admite-se a expedição desde logo do mandado de despejo, pois a sentença produzirá efeitos jurídicos imediatos. A ordem será emanada do juízo de primeiro grau, ou seja, juízo *a quo*.

**Gabarito: "A".**

---

**71. (FGV- XXXIV Exame de Ordem-2022)** Fernando é inventariante do espólio de Marcos, seu irmão mais velho. A irmã de ambos, Maria, requereu a remoção de Fernando do cargo de inventariante ao juízo de sucessões, sustentando que Fernando está se apropriando de verbas pertencentes ao espólio, e instruiu seu pedido com extratos bancários de conta corrente de titularidade de Fernando, com registro de vultosos depósitos.

O juiz, entendendo relevante a alegação de Maria, sem a oitiva de Fernando, nos próprios autos do processo de inventário, determinou sua remoção e nomeou Maria como nova inventariante.

A este respeito, assinale a afirmativa correta.

a) O magistrado agiu corretamente, pois, comprovado o desvio de bens do espólio em favor do inventariante, cabe sua imediata remoção, independentemente de oitiva prévia.

b) A remoção de Fernando depende, cumulativamente, da instauração de incidente de remoção, apenso aos autos do inventário, e da outorga do direito de defesa e produção de provas.

c) Maria não pode requerer a remoção de Fernando do cargo de inventariante, pois somente o cônjuge supérstite possui legitimidade para requerer a remoção de inventariante.

d) O desvio de bens em favor do inventariante não é causa que dê ensejo à sua remoção.

**COMENTÁRIOS**

O enunciado da questão trata do procedimento de remoção de inventariante, que poderá ocorrer de ofício ou a requerimento, nos seguintes casos: I - se não prestar, no prazo legal, as primeiras ou as últimas declarações; II - se não der ao inventário andamento regular, se suscitar dúvidas infundadas ou se praticar atos meramente protelatórios; III - se, por culpa sua, bens do espólio se deteriorarem, forem dilapidados ou sofrerem dano; IV - se não defender o espólio nas ações em que for citado, se deixar de cobrar dívidas ativas ou se não promover as medidas necessárias para evitar o perecimento de direitos; V - se não prestar contas ou se as que prestar não forem julgadas boas; VI - se sonegar, ocultar ou desviar bens do espólio (art. 622, CPC). Uma vez requerida a remoção, o inventariante será intimado para, no prazo de quinze dias, defender-se e produzir provas, correndo o incidente em apenso aos autos do inventário. Se acolhido o pedido de remoção, o juiz nomeará outro, competindo ao inventariante entregar imediatamente ao substituto os bens do espólio e, caso deixe de fazê-lo, será compelido mediante mandado de busca e apreensão ou de imissão na posse, conforme se tratar de bem móvel ou imóvel, sem prejuízo da multa a ser fixada pelo juiz em montante não superior a três por cento do valor dos bens inventariados (art. 625, CPC).

**Gabarito: B.**

---

**72. (FGV- XXXIV Exame de Ordem-2022)** Pedro possui uma fazenda contígua à de Vitório. Certo dia, Pedro identificou que funcionários de Vitório estavam retirando parte da cerca divisória entre as fazendas, de modo a aumentar a área da fazenda de Vitório e reduzir a sua.

Inconformado, Pedro ajuizou ação de interdito proibitório, pelo procedimento especial das ações possessórias, com pedido para que Vitório se abstenha de ocupar a área de sua fazenda, bem como indenização pelos gastos com a colocação de nova cerca divisória, de modo a retomar a linha divisória antes existente entre as fazendas.

O juiz, entendendo que a pretensão de Pedro é de reintegração de posse, julga procedente o pedido, determinando que Vitório retire a cerca divisória que seus funcionários colocaram, bem como indenize Pedro em relação ao valor gasto com a colocação de nova cerca divisória.

Você, como advogada(o) de Vitório, analisou a sentença proferida. Assinale a opção que indica corretamente sua análise.

a) O juiz violou o princípio da congruência, pois não é dado ao juiz conceder prestação diversa da pretendida pelo autor da demanda.
b) O pedido de condenação do réu ao pagamento de indenização deveria ser extinto sem resolução do mérito, pois não é lícita a cumulação de pedidos em sede de ações possessórias.
c) Na hipótese, houve aplicação da fungibilidade das ações possessórias.
d) Houve inadequação da via eleita, pois a ação cabível seria a ação de demarcação de terras particulares.

**COMENTÁRIOS**

Vige, em relação às ações possessórias, o princípio da fungibilidade. Desse modo, a propositura de uma ação possessória em vez de outra não obstará a que o juiz conheça do pedido e outorgue a proteção legal correspondente àquela cujos pressupostos estejam provados (art. 554, caput, CPC). No caso da assertiva, o juiz deferiu a tutela possessória necessária e em conformidade com os pressupostos provados, ao invés daquela inicialmente requerida, o que não se afigura ofensa ao princípio da congruência em razão da fungibilidade admitida legalmente.

**Gabarito: C.**

---

**73. (FGV- XXXIV Exame de Ordem-2022)** Paulo é possuidor com *animus domini*, há 35 (trinta e cinco) anos, de apartamento situado no Município X. O referido imóvel foi adquirido da construtora do edifício mediante escritura pública, a qual não foi levada a registro, tendo havido pagamento integral do preço.

Em processo movido por credor da construtora do edifício, a qual é proprietária do bem perante o Registro de Imóveis, foi deferida a penhora do apartamento em fase de cumprimento de sentença, a qual foi averbada junto à matrícula do imóvel 6 (seis) meses após a publicação da decisão que determinou tal penhora no órgão oficial de publicações.

Na hipótese, assinale a opção que indica a medida processual cabível para a defesa dos interesses de Paulo.

a) Propositura de ação de oposição, buscando se opor ao credor da construtora e à medida por ele requerida.
b) Ajuizamento de embargos de terceiro, buscando atacar a medida constritiva em face do imóvel adquirido.
c) Formular pedido de habilitação nos autos do processo movido pelo credor da construtora, para a defesa de seus interesses.
d) Interposição de agravo de instrumento em face da decisão que determinou a penhora do bem, buscando reformá-la.

**COMENTÁRIOS**

No caso em tela, tem-se que ocorreu constrição judicial sobre bem sobre o qual Paulo tenha direito incompatível com o ato constritivo. Dessa forma, poderá Paulo requerer o desfazimento da constrição por meio dos embargos de terceiro. Os embargos podem ser opostos a qualquer tempo no processo de conhecimento enquanto não transitada em julgado a sentença e, no cumprimento de sentença ou no processo de execução, até 5 (cinco) dias depois da adjudicação, da alienação por iniciativa particular ou da arrematação, mas sempre antes da assinatura da respectiva carta (art. 675, caput, CPC).

**Gabarito: B.**

---

**74. (FGV – Exame de Ordem 2020.1)** Gustavo procura você, como advogado(a), visando ao ajuizamento de uma ação em face de João, para a defesa da posse de um imóvel localizado em Minas Gerais. Na defesa dos interesses do seu cliente, quanto à ação possessória a ser proposta, assinale a afirmativa correta.

a) Não é lícito cumular o pedido possessório com condenação em perdas e danos a Gustavo, dada a especialidade do procedimento.
b) Na pendência da ação possessória proposta por Gustavo, não é possível, nem a ele, nem a João, propor ação de reconhecimento de domínio, salvo em face de terceira pessoa.
c) Se a proposta de ação de manutenção de posse por Gustavo for um esbulho, o juiz não pode receber a ação de manutenção de posse como reintegração de posse, por falta de interesse de adequação.
d) Caso se entenda possuidor do imóvel e pretenda defender sua posse, o meio adequado a ser utilizado por João é a reconvenção em face de Gustavo.

**COMENTÁRIOS**

✪ **Nota do autor:** as ações possessórias são particularmente tratadas no artigo 554 e seguintes, do CPC.

**Assertiva "A":** incorreta. Admite-se que ocorra a cumulação do pedido possessório com condenação em perdas e danos, nos termos do art. 555, CPC.

**Assertiva "B":** correta. De fato, na pendência de ação possessória é vedado, tanto ao autor quanto ao réu, propor ação de reconhecimento do domínio, exceto se a pretensão for deduzida em face de terceira pessoa (art. 557, *caput*).

**Assertiva "C":** incorreta. Diferentemente do que foi apontado, admite-se a aplicabilidade da fungibilidade, de modo que, ainda que proposta a ação de manutenção de posse, poderá o juiz receber a ação como reintegração de posse.

**Assertiva "D":** incorreta. Admite-se que o réu defenda a sua posse em face do autor por meio de pedido na própria contestação, independentemente de reconvenção.

**Alternativa correta: letra "b".**

---

**75. (FGV – Exame de Ordem 2018.1)** Aline e Alfredo, casados há 20 anos pelo regime da comunhão parcial de bens, possuem um filho maior de idade e plenamente capaz. Não obstante, Aline encontra-se grávida do segundo filho do casal, estando no sexto mês de gestação. Ocorre que, por divergências pessoais, o casal decide se divorciar e se dirige a um escritório de advocacia, onde demonstram consenso quanto à partilha de bens comuns e ao pagamento de pensão alimentícia, inexistindo quaisquer outras questões de cunho pessoal ou patrimonial.

Assinale a opção que apresenta a orientação jurídica correta a ser prestada ao casal.

a) Inexistindo conflito de interesses quanto à partilha de bens comuns, Aline e Alfredo poderão ingressar com o pedido de divórcio pela via extrajudicial, desde que estejam devidamente assistidos por advogado ou defensor público.
b) Aline e Alfredo deverão ingressar com ação judicial de divórcio, uma vez que a existência de nascituro impede a realização de divórcio consensual pela via extrajudicial, ou seja, por escritura pública.
c) O divórcio consensual de Aline e Alfredo somente poderá ser homologado após a partilha de bens do casal.
d) A partilha deverá ser feita mediante ação judicial, embora o divórcio possa ser realizado extrajudicialmente.

**COMENTÁRIOS**

✪ **Nota do autor:** o divórcio poderá ser buscado pelas partes interessadas por meio da via judicial, ajuizando-se a respectiva ação, ou pela via extrajudicial. Esta, contudo, estará vedada se houver nascituro ou filhos incapazes (art. 733, caput do CPC).

**Alternativa "b": correta.** No caso narrado na questão, o casal pretende se divorciar e tem um filho maior, o que admitiria que houvesse a utilização da via extrajudicial, lavrando-se a respectiva escritura pública. Com tudo, a informação de há um nascituro impede que tal via seja utilizada, de modo que o divórcio deverá ser requerido exclusivamente pela via judicial. Exclui automaticamente as demais alternativas.

**Alternativa correta: letra b.**

---

**76. (FGV - Exame de Ordem 2017.2)** Jorge administra cinco apartamentos de Marina. Ele recebe os valores relativos à locação dos referidos bens, realiza os pagamentos inerentes aos imóveis (condomínio, IPTU), abate o valor pela prestação de serviços e repassa o saldo residual a Marina, mediante depósito em conta corrente, titularizada pela contratante. Contudo, nos últimos dez meses, Jorge tem deixado de fornecer os relatórios mensais acerca da despesa e receita. Incomodada, Marina o questiona acerca da omissão, que nada faz. Diante desse cenário, Marina procura um advogado, que, com o objetivo de obter os relatórios, deve ajuizar

a) Ação de Execução, fundada em título extrajudicial consubstanciado no acerto verbal havido entre as partes.
b) Ação de Reintegração de Posse dos imóveis administrados por Jorge.
c) Ação de Exigir Contas, para que Jorge forneça os relatórios.
d) Ação de Consignação de Pagamento, objetivando que Jorge consigne os relatórios em Juízo.

**COMENTÁRIOS**

✪ **Nota do autor:** a partir da exposição apresentada, tem-se que Marina necessita de uma medida judicial capaz de impor ao administrador a apresentação de relatórios, por meios dos quais estará prestando contas de sua administração. Para tanto, deverá o advogado valer-se do procedimento especial denominado *ação de exigir contas*, previsto no art. 550 e seguintes do CPC. Por meio de tal procedimento, "aquele que afirmar ser titular do direito de exigir contas requererá a citação do réu para que as prestes ou ofereça contestação no prazo de quinze dias" (art. 550, *caput*).

**Alternativa "a":** incorreta. O acerto verbal existente entre as partes não é apto a formar título executivo extrajudicial, que deve ser consubstanciado em documento escrito.

**Alternativa "b":** incorreta. A ação de reintegração de posse tem finalidade específica e compõe uma das ações possíveis de tutela da posse.

**Alternativa "c":** Como foi delineado, será cabível o ajuizamento da ação de exigir contas, um entre vários procedimentos especiais tipificados no CPC.

**Alternativa "d":** incorreta. A ação de consignação em pagamento poderá ser utilizada pelo devedor ou terceiro que pretende cumprir determinada obrigação de pagar ou de entregar a coisa devida, com efeito de pagamento. Poderá ser utilizada no âmbito extra ou judicialmente.

**Alternativa correta: letra "c".**

## 20. DOS PROCESSOS NOS TRIBUNAIS E DOS RECURSOS

---

**77. (FGV - XXXVII Exame OAB)** Devidamente intimado do acórdão proferido pela Câmara Cível do Tribunal de Justiça do Estado de Minas Gerais que desproveu seu recurso de apelação, Diego opõe embargos de declaração alegando que o acórdão teria deixado de se manifestar sobre tese firmada em julgamento em incidente de assunção de competência aplicável ao caso. Nos embargos de declaração, Diego também alegou, para fins de prequestionamento, que o acórdão teria se omitido a respeito de determinado dispositivo de lei federal. Em paralelo, antes do julgamento dos embargos de declaração, José, então apelado, interpõe recurso especial alegando violação ao Art. 85, §11, do Código de Processo Civil, visto que a Câmara Cível do Tribunal de Justiça do Estado de Minas Gerais não fixou honorários de sucumbência recursais no acórdão que julgou a apelação de Diego. Diante da situação hipotética descrita, assinale a afirmativa correta.

a) Diego não poderia ter fundamentado seus embargos de declaração na ausência de manifestação, pelo acórdão que julgou a apelação, acerca de tese firmada em sede de incidente de assunção de competência aplicável ao caso, pois os embargos de declaração constituem recurso de fundamentação vinculada, cabível apenas nas hipóteses de omissão, contradição, obscuridade ou erro material.
b) Ainda que os embargos de declaração opostos por Diego venham a ser rejeitados ou não alterem a conclusão do julgamento anterior da Câmara Cível do Tribunal de Justiça do Estado de Minas Gerais, o recurso especial interposto por José somente será processado ser for por ele ratificado após a apreciação dos embargos de declaração.
c) Os embargos de declaração não possuem efeito suspensivo, mas interrompem o prazo para a interposição de outros recursos, de modo que Diego ainda poderá interpor recurso especial contra o acórdão após o julgamento dos embargos de declaração, se for o caso.
d) Caso sejam desprovidos os embargos de declaração opostos por Diego, não será considerado como incluído no acórdão o dispositivo legal por ele invocado nos embargos de declaração, para fins de pré-questionamento, ainda que tribunal superior posteriormente considere existente a omissão.

**COMENTÁRIOS**

**Alternativa "A":** incorreta. Cabem embargos de declaração contra qualquer decisão judicial para suprir omissão de ponto ou questão sobre o qual devia se pronunciar o juiz de ofício ou a requerimento. Considera-se omissa a decisão que deixe de se manifestar sobre tese firmada em julgamento de casos repetitivos ou em incidente de assunção de competência aplicável ao caso sob julgamento (art. 1.022, II e parágrafo único, I, CPC). Assim, seria cabível a interposição dos embargos declaratórios.

**Alternativa "B":** incorreta. Se os embargos de declaração forem rejeitados ou não alterarem a conclusão do julgamento anterior, o recurso interposto pela outra parte antes da publicação do julgamento dos embargos de declaração será processado e julgado independentemente de ratificação (art. 1.024, § 5º, CPC).

**Alternativa "C":** correta. Os embargos de declaração não possuem efeito suspensivo e interrompem o prazo para a interposição de recurso (art. 1.026, caput). Assim, após o julgamento dos embargos declaratórios, poderá Diego interpor recurso especial.

**Alternativa "D":** incorreta. Consideram-se incluídos no acórdão os elementos que o embargante suscitou, para fins de pré-questionamento, ainda que os embargos de declaração sejam inadmitidos ou rejeitados, caso o tribunal superior considere existentes erro, omissão, contradição ou obscuridade (art. 1.025, CPC).

**Gabarito: letra "C".**

---

**78. (FGV- XXXV Exame de Ordem-2022)** João ajuizou ação de indenização por danos materiais e morais contra Carla. Ao examinar a petição inicial, o juiz competente entendeu que a causa dispensava fase instrutória e, independentemente da citação de Carla, julgou liminarmente improcedente o pedido de João, visto que contrário a enunciado de súmula do Superior Tribunal de Justiça. Nessa situação hipotética, assinale a opção que indica o recurso que João deverá interpor.

a) Agravo de instrumento, uma vez que o julgamento de improcedência liminar do pedido ocorre por meio da prolação de decisão interlocutória agravável.

b) Agravo de instrumento, tendo em vista há urgência decorrente da inutilidade do julgamento da questão em recurso de apelação.

c) Apelação, sendo facultado ao juiz retratar-se, no prazo de cinco dias, do julgamento liminar de improcedente do pedido.

d) Apelação, sendo o recurso distribuído diretamente a um relator do tribunal, que será responsável por intimar a parte contrária a apresentar resposta à apelação em quinze dias.

**COMENTÁRIOS**

✪ **Notas do autor:** como se verifica do enunciado, o magistrado proferiu sentença de improcedência liminar, eis que o pedido contrariava enunciado de súmula do Superior Tribunal de Justiça (art. 332, I, do CPC). Sendo proferida sentença, o recurso apropriado para impugná-la será o de apelação.

**Alternativa "C":** correta. Interposta a apelação, admite-se que o juiz se retrate, no prazo de cinco dias (art. 332, § 3º, CPC). Se houver retratação, o juiz determinará o prosseguimento do processo, com a citação do réu, e, se não houver retratação, determinará a citação do réu para apresentar contrarrazões, no prazo de 15 dias. Exclui automaticamente as demais alternativas.

**Gabarito: letra "C".**

---

**79. (FGV- XXXIV Exame de Ordem-2022)** Diante da multiplicidade de recursos especiais fundados em idêntica questão de direito, o Desembargador 3º Vice-Presidente do Tribunal de Justiça do Estado do Rio de Janeiro seleciona dois dos recursos e os remete ao Superior Tribunal de Justiça para fins de afetação, determinando a suspensão de todos os processos pendentes que tramitam no respectivo Estado que versem sobre a mesma matéria.

Uma vez recebido o recurso representativo da controvérsia, o Ministro Relator resolve proferir decisão de afetação. Após seu trâmite, o recurso é julgado pela Corte Especial do Superior Tribunal de Justiça, que fixa a tese jurídica.

Diante da situação hipotética acima descrita, assinale a afirmativa correta.

a) A tese jurídica fixada pelo Superior Tribunal de Justiça por ocasião do julgamento dos recursos especiais representativos da controvérsia não poderá ser alterada ou superada no futuro, em qualquer hipótese, nem mesmo pelo próprio Superior Tribunal de Justiça.

b) Para a formação de seu convencimento acerca da controvérsia objeto dos recursos especiais repetitivos, o Ministro Relator não poderá admitir a participação de terceiros, na qualidade de amicus curiae, e tampouco realizar audiências públicas para a qualificação do contraditório.

c) A controvérsia objeto dos recursos especiais submetidos ao rito dos repetitivos não poderá ter natureza de direito processual, mas apenas de direito material.

d) A escolha dos recursos feita pelo 3o Vice-Presidente do Tribunal de Justiça do Estado do Rio de Janeiro não possuía o efeito de vincular o Ministro Relator no Superior Tribunal de Justiça, que, se entendesse pertinente, poderia ter selecionado outros recursos representativos da controvérsia.

**COMENTÁRIOS**

A questão trata do julgamento de recurso especial repetitivo. A propósito, sempre que houver multiplicidade de recursos especiais com fundamento em idêntica questão de direito, haverá afetação para julgamento de acordo com a regra dos recursos repetitivos. Assim, o presidente ou o vice-presidente de tribunal de justiça (ou, conforme definido no Regimento Interno do Tribunal, pelo 3º Vice-Presidente) selecionará dois ou mais recursos representativos da controvérsia, que serão encaminhados ao Superior Tribunal de Justiça para fins de afetação, determinando a suspensão do trâmite de todos os processos pendentes, individuais ou coletivos, que tramitem no Estado. De toda forma, a escolha feita pelo presidente ou por um dos vice-presidentes do tribunal de justiça não vinculará o relator no tribunal superior, que poderá selecionar outros recursos representativos da controvérsia. Admite-se, ainda, que o relator em tribunal superior selecione dois ou mais recursos representativos da controvérsia para julgamento da questão de direito independentemente da iniciativa do presidente ou do vice-presidente do tribunal de origem (art. 1.036, do CPC). Como se verifica, o propósito é reunir um número de processos que permita o amplo debate da matéria e que, ao final, chegue-se à fixação do precedente.

**GABARITO: D**

---

**80. (FGV - XXXIV Exame de Ordem-2022)** Em ação coletiva ajuizada pela Associação Brasileira XYZ, foi proferida sentença que julgou improcedentes os pedidos formulados na petição inicial. Em segunda instância, o tribunal negou provimento à apelação interposta pela Associação Brasileira XYZ e manteve a sentença proferida.

A Associação, contudo, notou que um outro tribunal do país, em específico, decidiu sobre questão de direito similar de forma distinta, tendo atribuído interpretação diversa à mesma norma infraconstitucional federal.

A respeito da hipótese narrada, assinale a opção que apresenta a medida judicial a ser adotada pela Associação Brasileira XYZ.

a) Interposição de recurso especial fundado em dissídio jurisprudencial, devendo a Associação recorrente comprovar no recurso a divergência entre o acórdão recorrido e o julgado do outro tribunal, além de mencionar as circunstâncias que identifiquem ou assemelhem os casos confrontados.

b) Interposição de embargos de divergência direcionados ao Superior Tribunal de Justiça, no intuito de uniformizar o entendimento divergente dos tribunais.

c) Pedido de instauração de incidente de assunção de competência, ainda que se trate de divergência entre tribunais sobre questão de direito sem relevância e repercussão social.

d) Pedido de instauração de incidente de resolução de demandas repetitivas direcionado a relator de turma do Superior Tribunal de Justiça, com o objetivo de uniformizar o entendimento divergente dos tribunais.

**COMENTÁRIOS**

A ação coletiva tem por finalidade a tutela de direitos difusos, coletivos ou individuais homogêneos. Há quem diferencie a ação civil pública da ação coletiva. Para estes, a ação civil pública poderá ser ajuizada pelo Ministério Público, enquanto os demais legitimados à tutela coletiva poderiam ajuizar a ação coletiva (como uma associação, por exemplo). Para outros, as duas ações possuem o mesmo objetivo. No caso narrado na questão, foi ajuizada ação coletiva, tendo sido proferida sentença de improcedência. Posteriormente, o recurso de apelação teve provimento negado. Ocorre que o fundamento utilizado no acórdão destoou do utilizado por outro tribunal do país, que decidiu sobre questão de direito similar de forma distinta, atribuindo interpretação diversa à mesma norma infraconstitucional federal. Em razão disso, o recurso cabível para impugnar o acórdão proferido na apelação é o *recurso especial*, com fundamento no art. 105, III, "c", da Constituição Federal, pois presente *dissídio jurisprudencial*. Em tal hipótese, competirá ao recorrente fazer a prova da divergência, valendo-se de certidão, cópia ou citação do repositório de jurisprudência, oficial ou credenciado, inclusive em mídia eletrônica, em que houver sido publicado o acórdão divergente, ou ainda com a reprodução de julgado disponível na rede mundial de computadores, com indicação da respectiva fonte, devendo-se, em qualquer caso, mencionar as circunstâncias que identifiquem ou assemelhem os casos confrontados (art. 1.029, § 1º, do CPC). Não serão cabíveis as demais vias indicadas nas outras alternativas.

**GABARITO: A**

---

**81. (FGV/ OAB/ XXXIII Exame- 2021)** O Tribunal de Justiça do Estado do Rio de Janeiro, se deparando com pedido de instauração de Incidente de Resolução de Demandas Repetitivas (IRDR) para solucionar as causas de um acidente aéreo com numerosas vítimas, que demandaria a realização de prova pericial para aferir se houve falha elétrica ou se algum outro fator causou a queda da aeronave, designou sessão de julgamento para análise colegiada a respeito do cabimento do incidente.

A respeito da referida análise quanto ao cabimento e às consequências da instauração, assinale a afirmativa correta.

a) O IRDR é cabível, e, uma vez admitida sua instauração, não haverá a suspensão dos processos ajuizados pelas múltiplas vítimas, e o entendimento firmado no IRDR apenas será aplicável aos processos que venham a ser ajuizados após a sua prolação.
b) O IRDR não é cabível, uma vez que a técnica processual visa apenas a resolver controvérsia sobre questão unicamente de direito, seja processual ou material.
c) A instauração do IRDR é possível, uma vez que visa a resolver controvérsia sobre questão de fato, com o objetivo de permitir a realização de prova pericial única, tal como na hipótese concreta.
d) Não é possível instaurar o IRDR, que apenas é cabível em primeira instância e nos tribunais superiores.

**COMENTÁRIOS**

O incidente de resolução de demandas repetitivas será cabível quando houver, simultaneamente: I – efetiva repetição de processos que contenham controvérsia sobre a mesma questão unicamente de direito; II – risco de ofensa à isonomia e à segurança jurídica. Note-se que se trata de incidente processual, que será instaurado em razão de litigiosidade repetitiva. Busca-se firmar uma tese, que será aplicada aos demais casos que guardem coerência.

(B) Como se verifica, não é cabível o IRDR, posto que a controvérsia demanda a realização de prova pericial, ao passo que aquele incidente pode ser instaurado se houver efetiva repetição de processos que contenham controvérsia sobre a mesma questão unicamente de direito.

**Gabarito: B.**

---

**82. FGV/ OAB/ XXXIII Exame- 2021)** A corretora de seguros *XYZ* ajuizou ação de cobrança em face da *Alegria Assistência Médica*, pugnando pelo pagamento da taxa de comissão de corretagem que a segunda se recusa a pagar, apesar de a autora estar prestando devidamente serviços de corretagem.

O juízo de primeiro grau julgou pela procedência do pedido, na mesma oportunidade concedendo tutela antecipada, para que a Alegria faça os pagamentos da comissão devida mensalmente.

Nessa circunstância, o(a) advogado(a) da Alegria Assistência Médica, buscando imediatamente suspender os efeitos da sentença, deve

a) interpor Recurso Extraordinário, no prazo de 15 dias úteis, para que o Supremo Tribunal Federal reforme a sentença e pleiteando efeito suspensivo.
b) interpor Apelação Cível, no prazo de 15 dias úteis, objetivando a reforma da sentença, e pleitear efeito suspensivo diretamente ao tribunal, por pedido próprio, durante a tramitação da apelação em primeiro grau.
c) impetrar Mandado de Segurança contra a decisão que reputa ilegal, tendo como autoridade coatora o juízo sentenciante, para sustar os efeitos da sentença.
d) interpor Agravo de Instrumento, no prazo de 15 dias úteis, para reforma da tutela antecipada.

**COMENTÁRIOS**

Vários são os princípios norteadores dos recursos. Entre eles, destaca-se o princípio da unicidade (ou da singularidade, ou da unirrecorribilidade), segundo o qual para cada pronunciamento jurisdicional corresponderá um único recurso. Em decorrência dessa regra, não se admite que a parte interponha dois recursos iguais, sucessivamente, contra a mesma decisão. Interposto recurso errôneo, não se admite que a parte, posteriormente, interponha outro, supostamente correto.

(B) Consequentemente, contra a sentença que, a um só tempo, decide o mérito e antecipa a tutela, poderá ser interposto um único recurso, qual seja, o de apelação, que terá efeito apenas devolutivo no que tange à tutela provisória (art. 1.012, § 1º, V, CPC). Para que a parte possa obter o efeito suspensivo, deverá apresentar requerimento específico dirigido ao: I – tribunal, no período compreendido entre a interposição da apelação e sua distribuição, ficando o relator designado para seu exame prevento para julgá-la; II – relator, se já distribuída a apelação (art. 1.012, § 3º).

**Gabarito: B.**

---

**83. (FGV – Exame de Ordem 2020.1)** Em um processo em que Carla disputava a titularidade de um apartamento com Marcos, este obteve sentença favorável, por apresentar, em juízo, cópia de um contrato de compra e venda e termo de quitação, anteriores ao contrato firmado por Carla.

A sentença transitou em julgado sem que Carla apresentasse recurso. Alguns meses depois, Carla descobriu que Marcos era réu em um processo criminal no qual tinha sido comprovada a falsidade de vários documentos, dentre eles o contrato de compra e venda do apartamento disputado e o referido termo de quitação.

Carla pretende, com base em seu contrato, retornar a juízo para buscar o direito ao imóvel. Para isso, ela pode

a) interpor recurso de apelação contra a sentença, ainda que já tenha ocorrido o trânsito em julgado, fundado em prova nova.

b) propor reclamação, para garantir a autoridade da decisão prolatada no juízo criminal, e formular pedido que lhe reconheça o direito ao imóvel.

c) ajuizar rescisória, demonstrando que a sentença foi fundada em prova cuja falsidade foi apurada em processo criminal.

d) requerer cumprimento de sentença diretamente no juízo criminal, para que a decisão que reconheceu a falsidade do documento valha como título judicial para transferência da propriedade do imóvel para seu nome.

COMENTÁRIOS

✪ **Nota do autor:** considerando-se que houve o trânsito em julgado da decisão, não será possível rediscutir a matéria nos mesmos ou em outros autos. Contudo, admite-se a rescisão da sentença, desde que presentes uma das hipóteses do art. 966, CPC.

**Assertiva "C":** correta. Nos termos do art. 966, VI, do Código de Processo Civil, a decisão de mérito transitada em julgado poderá ser rescindida quando for fundada em prova cuja falsidade tenha sido apurada em processo criminal ou venha a ser demonstrada na própria ação rescisória. Exclui automaticamente as demais alternativas.

**Alternativa correta: letra "c".**

---

**84. (FGV – Exame de Ordem 2017.2)** Nos Juízos de Direito da capital do Estado X tramitavam centenas de demandas semelhantes, ajuizadas por servidores públicos vinculados ao Município Y discutindo a constitucionalidade de lei ordinária municipal que tratava do plano de cargos e salários da categoria. Antevendo risco de ofensa à isonomia, com a possibilidade de decisões contraditórias, o advogado de uma das partes resolve adotar medida judicial para uniformizar o entendimento da questão jurídica. Nessa hipótese, o advogado deve peticionar

a) ao Juízo de Direito no qual tramita a demanda por ele ajuizada, requerendo a instauração de incidente de assunção de competência.

b) ao Presidente do Tribunal ao qual está vinculado o Juízo de Direito, requerendo a instauração de incidente de resolução de demandas repetitivas.

c) ao Presidente do Tribunal ao qual está vinculado o Juízo de Direito, requerendo a instauração de incidente de arguição de inconstitucionalidade.

d) ao Juízo de Direito no qual tramita a demanda por ele ajuizada, requerendo a intimação do Ministério Público para conversão da demanda individual em coletiva.

COMENTÁRIOS

✪ **Nota do autor:** o incidente de resolução de demandas repetitivas se trata de uma das novidades do CPC 2015, introduzido com a finalidade de que sejam observados dois princípios, principalmente, quais sejam: a igualdade e a segurança jurídica. Por meio deste incidente, que poderá ser instaurado unicamente por **tribunal**, havendo efetiva repetição de processos que contenham controvérsia sobre a mesma questão unicamente de direito, será admitido o incidente, que buscará fixar a norma jurídica aplicável à espécie, unificando a jurisprudência em torno do assunto. Como foi enfatizado acima, poderá ser instaurado se a ação ou o recurso estiverem em trâmite em tribunal, de modo que não poderá ser requerido no âmbito dos Juizados Especiais. De outro lado, a decisão proferida pelo tribunal quando do julgamento do incidente vinculará também os juízes dos juizados especiais.

**Alternativa "a":** incorreta. O incidente de assunção de competência tem finalidade diversa do IRDR (incidente de resolução de demandas repetitivas). Com efeito, em julgamento de recurso, de remessa necessária ou de processo de competência originária que envolver relevante questão de direito, com grande repercussão social, sem repetição em múltiplos processos (art. 947), será possível a instauração deste incidente. A ideia não é a de resolver questão jurídica repetitiva, como acontece no IRDR, mas julgar um caso específico ante o interesse público existente, que justifica a análise por um colegiado específico, conforme previsão do Regimento Interno do respectivo tribunal. Para tanto, o relator proporá, atendendo a requerimento da parte, do Ministério Público ou da Defensoria Pública, ou então, de ofício, que recurso, remessa necessária ou processo de competência originária seja julgado pelo órgão colegiado que o regimento indicar. Como se vê, não é possível requerer a instauração deste incidente ainda quando o processo estiver em trâmite no primeiro grau de jurisdição.

**Alternativa "b"**. A instauração do incidente de resolução de demandas repetitivas poderá ser requerida: i) pelo juiz ou relator, por ofício; ii) pelas partes, por petição; iii) pelo Ministério Público ou pela Defensoria Pública, por petição (art. 977). O requerimento será dirigido ao presidente de tribunal. No caso da questão apresentada, ao presidente do tribunal a que se encontra vinculado o juízo em que tramita a ação.

**Alternativa "c":** incorreta. O incidente de arguição de inconstitucionalidade será instaurado em atendimento ao comando contido no art. 97 da CF, que exige o voto da maioria absoluta dos membros do respectivo órgão especial para a declaração da inconstitucionalidade de lei ou ato normativo do Poder Público. Como é possível verificar, trata-se de hipótese de controle difuso de constitucionalidade, que exige a observância da cláusula de reserva de plenário. A propósito, veja a Súmula Vinculante nº 10, pela qual "viola a cláusula de reserva de plenário (CF, artigo 97) a decisão de órgão fracionário de tribunal que, embora não declare expressamente a inconstitucionalidade de lei ou ato normativo do Poder Público, afasta sua incidência, no todo ou em parte". No caso da questão posta, não há viabilidade da instauração do incidente de arguição de inconstitucionalidade, pois a decisão tramita em primeiro grau de jurisdição. Além disso, não há qualquer menção à necessidade de declaração de inconstitucionalidade.

**Alternativa "d":** incorreta. O CPC 2015 não encampou a conversão de demanda individual em coletiva, tal como era previsto nos projetos que foram debatidos.

**Alternativa correta: letra "b".**

---

**85. (FGV – Exame de Ordem 2017.2)** Luana, em litígio instaurado em face de Luciano, viu seu pedido ser julgado improcedente, o que veio a ser confirmado pelo tribunal local, transitando em julgado. O advogado da autora a alerta no sentido de que, apesar de a decisão do tribunal local basear-se em acórdão proferido pelo Superior Tribunal de Justiça em regime repetitivo, o precedente não seria aplicável ao seu caso, pois se trata de hipótese fática distinta. Afirmou, assim, ser possível reverter a situação por meio do ajuizamento de ação rescisória. Diante do exposto, assinale a afirmativa correta.

a) Não cabe a ação rescisória, pois a previsão de cabimento de rescisão do julgado se destina às hipóteses de violação à lei e não de precedente.

b) Cabe a ação rescisória, com base na aplicação equivocada do precedente mencionado.

PROCESSUAL CIVIL

c) Cabe a ação rescisória, porque o erro sobre o precedente se equipara à situação da prova falsa.

d) Não cabe ação rescisória com base em tal fundamento, eis que a hipótese é de ofensa à coisa julgada.

COMENTÁRIOS

✪ **Nota do autor:** a coisa julgada é uma garantia assegurada pela Constituição Federal, fundada na necessidade de proporcionar a segurança jurídica. Com efeito, como decorrência da soberania de um país, compete ao seu Poder competente a aplicação da ordem jurídica vigente, dirimindo os conflitos existentes. Não obstante, a coisa julgada não é um bem jurídico intangível, pois deve ser harmonizado com outros bens de igual de grandeza equivalente ao da segurança jurídica. Por esse motivo, a mesma ordem jurídica assegura a possibilidade de o interessado valer-se de um importante instrumento, que busca rescindir a coisa julgada formada, a fim de que possa não se submeter ao seu derivado comando. E esse instrumento é a ação rescisória, que pode ser definida como a ação que tem por finalidade a rescisão da coisa julgada formada, bem como e, se o caso, que a demanda seja rejulgada pelo mesmo órgão jurisdicional rescindente.

**Alternativa "a": incorreta.** A redação do inciso V, do art. 966 do CPC, deixa clara a viabilidade do ajuizamento da ação rescisória se a decisão de mérito houver contrariado precedente ao prever a violação manifesta de norma jurídica.

**Alternativa "b".** A ação rescisória poderá ser ajuizada nas hipóteses indicadas no art. 966 do Código de Processo Civil, entre elas, se *violar manifestamente norma jurídica* (inciso V). A expressão norma jurídica é mais ampla do que *lei*, antes prevista no inciso V, do art. 485, do CPC 1973, e se refere a ato normativo em sentido geral, bem como a princípios. A ofensa ao precedente, considerado como uma das fontes jurídicas, autoriza o ajuizamento da ação rescisória, justamente por haver ofensa à norma jurídica. O precedente se constitui em pronunciamento jurisdicional que deve ser observado pelos juízes e tribunal (ou tribunais) quando do julgamento dos casos futuros. Cada precedente é dotado de estrutura orgânica, que é composta pela *ratio decidendi* (tese jurídica adotada) e por *fatos materialmente relevantes*. Dessa maneira, será aplicada a *ratio decidendi* para outra hipótese que tenha os mesmos fatos ou que se estabeleça uma coerência entre eles. No caso concreto, é possível perceber a existência de distinções fáticas que impeçam a aplicação do precedente. Assim, se a *ratio decidendi* "X" foi firmada em razão dos fatos "Y", que se distinguem dos fatos "Z", deve-se aplicar a mesma *ratio* somente se houver coerência fática entre as situações. Se não houver, deve ser utilizada a técnica da distinção, de modo que, de forma fundamentada, o juiz deixa de aplicar o precedente. No caso da alternativa, foi enfatizado que a situação fática era diferente, de modo que deveria ter sido realizada a distinção no caso concreto e, não tendo assim procedido, será possível rescindir o julgado, com fundamento no § 5º, do art. 966 do CPC.

**Alternativa "c": incorreta.** O erro na aplicação do precedente não se enquadra na situação de prova nova, mas de violação manifesta de norma jurídica.

**Alternativa "d": incorreta.** A ofensa de coisa julgada ocorrerá se houver decisão de mérito transitada em julgado em ação na qual os seus elementos sejam idênticos àquela posteriormente ajuizada. Havendo duas decisões transitadas em julgado, proferidas em causas com as mesmas partes, causa de pedir e pedidos, qual delas prevalecerá? Aquela que transitar em primeiro ou em segundo lugar? A questão apresentada trata do conflito de sentenças transitadas em julgado, ou, simplesmente, conflito de coisas julgadas. Dinamarco, ao analisar o tema ao tempo de vigência do CPC 1973, defendeu que, existindo duas coisas julgadas conflitantes, há de prevalecer a segunda, enquanto não acolhida a ação rescisória admissível para rescindi-la. E justifica tal posicionamento principalmente pela previsão da admissibilidade da rescisão de tal sentença pela ação rescisória. Atualmente, no entanto, é posicionamento corrente a defesa da prevalência da primeira coisa julgada. Para Araken de Assis, a questão deve ser vista a partir do direito fundamental processual à estabilidade (art. 5º, XXXVI, da CF), de modo que a segunda coisa julgada fere a imunidade assegurada ao vencedor da primeira. Ainda segundo o autor, a segunda sentença existe e é válida, embora possa ser desconstituída pela ação rescisória. Nery Jr. também defende a prevalência da primeira coisa julgada, em razão da inconstitucionalidade da segunda. Porém, acata a tese da inexistência da segunda coisa julgada, muito embora se admita que o tema seja tratado na ação rescisória, ou mesmo que a matéria seja alegada em nova ação ou em defesa. Atualmente, o Superior Tribunal de Justiça apoia a tese de prevalência da primeira coisa julgada, defendendo ainda que a segunda sentença é ineficaz (REsp 1.354.225-RS, Rel. Min. Paulo de Tarso Sanseverino, julgado em 24.2.2015, DJe 5/3/2015). Dessa maneira, pode-se dizer que a ofensa à coisa julgada poderá ser alegada tanto em ação rescisória, quanto também por meio diverso, como uma ação autônoma, por se tratar de coisa julgada inconstitucional.

**Alternativa correta: letra "b".**

---

**86. (FGV – Exame de Ordem 2021.1)** Guilherme, em 13/03/2019, ajuizou ação indenizatória contra Rodrigo, a qual tramita no Juízo da 5ª Vara Cível da Comarca de Belo Horizonte, em autos físicos. Em contestação, Rodrigo defendeu, preliminarmente, a incompetência do Poder Judiciário, pois as partes teriam pactuado convenção de arbitragem no contrato que fundamentava a demanda movida por Guilherme.

Rodrigo, no mérito de sua defesa, requereu a improcedência do pedido indenizatório, uma vez que teria cumprido o contrato celebrado entre as partes. Após a apresentação de réplica, o Juízo da 5ª Vara Cível da Comarca de Belo Horizonte proferiu decisão na qual rejeitou a preliminar arguida por Rodrigo e intimou as partes para informar as provas que pretendiam produzir.

Inconformado, Rodrigo interpôs agravo de instrumento contra a parcela da decisão que rejeitou a preliminar de convenção de arbitragem. No entanto, Rodrigo não cumpriu a obrigação de comunicação ao juízo de primeiro grau da interposição do agravo no prazo de 3 dias, deixando de apresentar a cópia da petição do agravo de instrumento e o comprovante de sua interposição para o Juízo da 5ª Vara Cível da Comarca de Belo Horizonte.

Para que o recurso de Rodrigo não seja conhecido com base nesse vício formal, assinale a opção que apresenta a medida a ser adotada por Guilherme.

a) Ele não pode fazer nada, pois o vício formal é sanável, de ofício, pelo desembargador responsável por relatar o agravo de instrumento, o qual deve intimar Rodrigo para apresentar cópia da petição do agravo de instrumento e o comprovante de sua interposição.

b) Ele poderá, em qualquer momento da tramitação do agravo de instrumento, apontar que Rodrigo descumpriu a exigência de comunicação ao primeiro grau.

c) Ele deverá, em suas contrarrazões ao agravo de instrumento, apontar que Rodrigo descumpriu a exigência de comunicação em questão.

d) Ele não precisará fazer nada, pois esse vício formal é insanável e poderá ser conhecido, de ofício, pelo desembargador responsável por relatar o agravo de instrumento.

COMENTÁRIOS

✪ **Nota do autor:** a questão se refere ao recurso de agravo de instrumento, que pode ser interposto nas hipóteses do art. 1.015, do CPC, observando-se o princípio da taxatividade mitigada.

**Alternativa "C": correta.** Por se tratar de agravo de instrumento interposto em face de decisão interlocutória proferida em processo de autos físicos (e não eletrônico), impõe-se ao agravante, no prazo de três dias a contar da interposição do recurso, juntar aos autos cópia da petição do agravo, do comprovante de sua interposição e da relação dos documentos que instruíram o recurso. A falta de tal comprovação somente poderá ser conhecida se arguida e provada pelo agravado (art. 1.018, § 3º, CPC). Exclui automaticamente as demais alternativas.

**Gabarito: C.**

---

**87. (FGV – Exame de Ordem 2021.1)** Em determinado Mandado de Segurança individual, contra ato de um dos Ministros de Estado, o Superior Tribunal de Justiça, em sua competência constitucional originária, denegou a segurança na primeira e única instância de jurisdição.

Diante do julgamento desse caso concreto, assinale a opção que apresenta a hipótese de cabimento para o Recurso Ordinário Constitucional dirigido ao STF.

a) Os mandados de segurança, os habeas data e os mandados de injunção decididos em única instância pelos tribunais superiores, quando denegatória a decisão.
b) Os mandados de segurança, os habeas data e os mandados de injunção decididos em última instância pelos tribunais superiores, quando concessiva a decisão.
c) Os mandados de segurança decididos em única instância pelos tribunais regionais federais ou pelos tribunais de justiça dos Estados e do Distrito Federal e Territórios, quando denegatória a decisão.
d) Os processos em que forem partes, de um lado, Estado estrangeiro ou organismo internacional e, de outro, Município ou pessoa residente ou domiciliada no país.

COMENTÁRIOS

✪ **Nota do autor:** a questão diz respeito ao recurso ordinário, recurso de fundamentação vinculada.

**Alternativa "A":** nos termos do art. 105, II, da Constituição Federal, competirá ao **Superior Tribunal de Justiça** o julgamento, em recurso ordinário: a) os habeas corpus decididos em única ou última instância pelos Tribunais Regionais Federais ou pelos tribunais dos Estados, do Distrito Federal e Territórios, quando a decisão for denegatória; b) os mandados de segurança decididos em única instância pelos Tribunais Regionais Federais ou pelos tribunais dos Estados, do Distrito Federal e Territórios, quando denegatória a decisão; c) as causas em que forem partes Estado estrangeiro ou organismo internacional, de um lado, e, do outro, Município ou pessoa residente ou domiciliada no País. De outro lado, competirá ao Supremo Tribunal Federal o julgamento, em recurso ordinário: a) habeas corpus, o mandado de segurança, o habeas data e o mandado de injunção decididos em única instância pelos Tribunais Superiores, se denegatória a decisão; b) o crime político (art. 102, II, Constituição Federal). Como o recurso ordinário somente poderá ser interposto nas hipóteses mencionadas, tem-se que é recurso de fundamento vinculado. Exclui automaticamente as demais alternativas.

**Gabarito: A.**

---

**88. (FGV-Exame de Ordem 2019.1)** Mariana ajuizou ação de cobrança em face do Banco Racional S/A, para buscar a restituição de valores pagos a título de "Tarifa de Manutenção de Conta", cobrados durante o período em que era titular de conta corrente perante tal Banco.

O juízo de primeiro grau, após a apresentação de contestação pelo Banco Racional S/A, determinou que, em razão de o Superior Tribunal de Justiça ter afetado para julgamento, sob o rito de "Recursos Especiais Repetitivos", a questão concernente à legalidade da "Tarifa de Abertura de Conta", o processo ajuizado por Mariana deveria ficar suspenso até a publicação do acórdão paradigma.

Após ser intimado da decisão de suspensão, o(a) advogado(a) de Mariana analisou o processo afetado para julgamento pelo STJ, e entendeu que a questão debatida sob o rito de Recursos Repetitivos não era a mesma debatida no processo ajuizado por Mariana, porque discutia outra tarifa bancária. Diante disso, pretende insurgir-se contra a suspensão do processo, para que ele volte a tramitar regularmente.

Sobre o procedimento a ser adotado por Mariana, assinale a afirmativa correta.

a) Deverá peticionar ao Superior Tribunal de Justiça, demonstrando a distinção de seu caso e requerendo o prosseguimento; caso seja negado o pedido, poderá interpor Agravo Interno.
b) Deverá peticionar ao juízo de primeiro grau, demonstrando a distinção de seu caso e requerendo o prosseguimento; caso seja negado o pedido, poderá interpor Agravo de Instrumento.
c) Deverá impetrar Mandado de Segurança em face da decisão de suspensão.
d) Deverá peticionar ao juízo de primeiro grau, demonstrando a distinção de seu caso e requerendo o prosseguimento; caso seja negado o pedido, poderá interpor Agravo Interno.

COMENTÁRIOS

✪ **Nota do autor:** o CPC de 2015 encampou preocupação do legislador com a garantia da igualdade e da segurança jurídica, motivo pelo qual prevê a aplicabilidade dos precedentes, bem como de técnicas necessárias para que a tese jurídica adotada seja aplicada a outras demandas. Nesse sentido, para reduzir o risco de existirem decisões conflitantes, sempre que houver multiplicidade de recursos extraordinários ou especiais com fundamento em idêntica questão de direito, haverá afetação de um ou mais casos para julgamento pelo STF ou pelo STJ, a depender do caso. Selecionados os recursos, o relator, no tribunal superior, proferirá decisão de afetação, quando então, entre outras providências, determinará a suspensão do processamento de todos os processos pendentes, individuais ou coletivos, que versem sobre a questão e tramitem no território nacional (art. 1.037, II, CPC). Ocorre, porém, tal como foi dito no exercício, que pode existir distinção entre a questão a ser decidida no processo e aquela a ser julgada no recurso especial ou extraordinário afetado, oportunidade em que a parte poderá requerer o prosseguimento do seu processo (art. 1.037, § 9º). Este requerimento será dirigido, se o processo sobrestado estiver em primeiro grau, ao juiz, devendo a outra parte ser ouvida no prazo de cinco dias. O juiz decidirá a respeito, podendo a sua decisão ser impugnada pelo recurso de agravo de instrumento, se o processo estiver em primeiro grau (art. 1.037, § 13).

**Alternativa "a":** como visto, deverá ser peticionado ao juízo em que está tramitando a ação que foi suspensa em razão de decisão tomada no recurso afetado, e não ao Superior Tribunal de Justiça.

**Alternativa "b"**: de fato, tramitando a ação em primeiro grau, tal como ocorre na questão, deverá a petição ser dirigida ao juiz da causa, que decidirá a respeito, contra a qual será cabível o recurso de agravo de instrumento.

**Alternativa "c"**: o CPC prevê o instrumento adequado para ser utilizado pela parte, bem como o recurso cabível, de modo que não será adequada a utilização do mandado de segurança.

**Alternativa "d"**: o agravo interno será cabível exclusivamente contra decisão proferida pelo relator para o respectivo órgão colegiado (art. 1.021, *caput*).

**Alternativa correta: letra "b".**

---

**89. (FGV – Exame de Ordem 2018.1)** Lucas, em litígio instaurado contra Alberto, viu seus pedidos serem julgados procedentes em primeira instância, o que veio a ser confirmado pelo tribunal local em sede de apelação. Com a publicação do acórdão proferido em sede de apelação na imprensa oficial, Alberto interpôs recurso especial, alegando que o julgado teria negado vigência a dispositivo de lei federal. Simultaneamente, Lucas opôs embargos de declaração contra o mesmo acórdão, suscitando a existência de omissão. Nessa situação hipotética,

a) o recurso especial de Alberto deverá ser considerado extemporâneo, visto que interposto antes do julgamento dos embargos de declaração de Lucas.

b) Alberto, após o julgamento dos embargos de declaração de Lucas, terá o direito de complementar ou alterar as razões de seu recurso especial, independentemente do resultado do julgamento dos embargos de declaração.

c) Alberto não precisará ratificar as razões de seu recurso especial para que o recurso seja processado e julgado se os embargos de declaração de Lucas forem rejeitados, não alterando a decisão recorrida.

d) Alberto deverá interpor novo recurso especial após o julgamento dos embargos de declaração.

**COMENTÁRIOS**

✪ **Nota do autor:** o CPC de 2015 teve também como objetivo o de afastar a incidência da *jurisprudência defensiva*, consistente em decisões que impunham condições para a admissibilidade de recursos não previstos na lei. Contrariamente, encampou o *princípio da primazia do julgamento do mérito* (art. 4º, CPC).

**Alternativa "c"**: correta. Diante do acórdão proferido, que julgou o recurso de apelação, o autor interpôs embargos declaratórios, com uma das finalidades previstas no art. 1.022 do CPC, enquanto o réu apresentou recurso especial. Em conformidade com a jurisprudência defensiva vigente antes do Código de 2015, uma vez julgados os embargos declaratórios, seria dever da parte, que antes havia interposto recurso especial, ratificá-lo. Se não o fizesse, o recurso especial não seria conhecido. A partir do CPC 2015, porém, se os embargos de declaração forem rejeitados ou não alterarem a conclusão do julgamento anterior, o recurso interposto pela outra parte antes da publicação do julgamento dos embargos de declaração será processado e julgado independentemente de ratificação (art. 1.024, § 5º). Exclui automaticamente as demais alternativas.

**Alternativa correta: letra "c".**

---

**90. (FGV – Exame de Ordem 2018.2)** José ajuizou ação de indenização por danos morais, materiais e estéticos em face de Pedro. O juiz competente, ao analisar a petição inicial, considerou os pedidos incompatíveis entre si, razão pela qual a indeferiu, com fundamento na inépcia.

Nessa situação hipotética, assinale a opção que indica o recurso que José deverá interpor.

a) Apelação, sendo facultado ao juiz, no prazo de cinco dias, retratar-se do pronunciamento que indeferiu a petição inicial.

b) Apelação, sendo os autos diretamente remetidos ao Tribunal de Justiça após a citação de Pedro para a apresentação de contrarrazões.

c) Apelação, sendo que o recurso será diretamente remetido ao Tribunal de Justiça, sem a necessidade de citação do réu para apresentação de contrarrazões.

d) Agravo de Instrumento, inexistindo previsão legal de retratação por parte do magistrado.

**COMENTÁRIOS**

✪ **Nota do autor:** para a interposição do recurso adequado, deverá o recorrente verificar qual é o pronunciamento judicial atacado. Nesse sentido, se estiver diante de decisão interlocutória, poderá interpor o recurso de agravo de instrumento, desde que presente uma das hipóteses do art. 1.015 do CPC. Se estiver diante de uma sentença, deverá ser utilizado o recurso de apelação, e assim por diante.

**Alternativa "a"**: correta. A petição inicial poderá ser parcialmente ou totalmente indeferida. Se houver a continuidade da relação processual, terá sido proferida uma decisão interlocutória e, por isso, será admissível a interposição do recurso de agravo de instrumento. De outro lado, sendo indeferida totalmente a petição inicial, tem-se que houve o encerramento do processo, hipótese em que foi proferida apelação, impugnável pelo recurso de apelação. Interposto este recurso, sendo o caso de impugnação de decisão proferida sem a análise de mérito, tem-se a viabilidade de que o juízo sentenciante exerça juízo de retratação, assim como também será possível se proferida sentença de improcedência liminar.

**Alternativa "b"**: incorreta. Em tal hipótese, sendo interposta a apelação e mantida a sentença proferida, o juiz mandará citar o réu para responder ao recurso. Sendo a sentença reformada pelo tribunal, o prazo para a contestação começará a correr da intimação do retorno dos autos (art. 331, § 2º CPC).

**Alternativa "c"**: incorreta. Como visto na alternativa anterior, interposto o recurso e mantida a sentença, será a parte contrária citada para responder o recurso e, posteriormente, os autos serão remetidos ao Tribunal.

**Alternativa "d"**: incorreta. Será cabível o recurso de agravo de instrumento unicamente para atacar decisão interlocutória e se tratar de hipótese em que a lei admite tal recurso expressamente. O art. 1.015, do CPC, prevê expressamente as hipóteses em que é admitido o recurso de agravo de instrumento, devendo ser observado o princípio da taxatividade. Em recurso relatado pela Ministra Nancy Andrighi, reconheceu-se a necessidade de observância do art. 1.015 do CPC, mas sua taxatividade deixar de ser taxativa nos casos de urgência ou de se mostrar que, uma vez não agravada imediatamente a decisão, perderia a utilidade sua eventual impugnação futura. Tem-se, de acordo com as suas palavras, a *taxatividade mitigada*. Nesse sentido, reconheceu a viabilidade do recurso de agravo de instrumento nas "situações que, realmente, não podem aguardar rediscussão futura em eventual recurso de apelação" (REsp 1.696.396 e Resp 1.704.520).

**Alternativa correta: letra "a".**

---

**91. (FGV – Exame de Ordem 2017.3)** O advogado Jonas interpôs Recurso Especial contra acórdão do Tribunal de Justiça do Estado X. Ocorre que, no corrente ano, a Vice-Presidência/

Presidência do referido Tribunal negou seguimento ao recurso interposto, afirmando que o acórdão recorrido se encontra no mesmo sentido de precedente do STJ, julgado sob o rito dos recursos repetitivos. Nessa hipótese, caso deseje impugnar a referida decisão, o advogado deverá interpor

a) Agravo de Instrumento, direcionado ao Ministro Presidente do STJ.

b) Agravo em Recurso Especial, direcionado ao Ministro Presidente do STJ.

c) Agravo em Recurso Especial, direcionado ao Vice-Presidente do Tribunal de Justiça do Estado X.

d) Agravo Interno, direcionado ao órgão colegiado competente para revisar as decisões do Presidente/Vice- Presidente do Tribunal de Justiça.

**COMENTÁRIOS**

✪ **Nota do autor:** a questão trata do recurso denominado de agravo interno, tratado no art. 1021 do Código de Processo Civil. Este recurso poderá ser interposto contra decisão proferida pelo relator para o respectivo órgão colegiado. Também será dirigido contra decisões monocráticas proferidas pela Presidência do Tribunal que negue seguimento a recurso extraordinário que discuta questão constitucional à qual o STF não tenha reconhecido a existência de repercussão geral ou a recurso extraordinário interposto contra acórdão que esteja em conformidade com entendimento do STF exarado no regime de repercussão geral, ou a recurso extraordinário ou a recurso especial interposto contra acórdão que esteja em conformidade com entendimento do STF ou do STJ, respectivamente, exarado no regime de julgamento de recursos repetitivos (art. 1.030, I), bem como se sobrestar recurso que versar sobre controvérsia de caráter repetitivo ainda não decidida pelo STJ ou pelo STF, conforme se trate de matéria constitucional ou infraconstitucional (art. 1.030, III e § 2º).

**Alternativa "d".** Como é possível extrair do § 2º, do art. 1.030 do CPC, será cabível o agravo interno contra decisão proferida com fundamento nos incisos I e III, do art. 1.030. De outro lado, da decisão da Presidência do Tribunal que nega seguimento a recurso em decorrência de juízo negativo de admissibilidade, por faltar um dos seus requisitos, será cabível o agravo de despacho denegatório. Exclui automaticamente as demais alternativas.

**Alternativa correta: letra "d".**

---

**92. (FGV – Exame de Ordem 2017.2)** Carolina, vítima de doença associada ao tabagismo, requereu, em processo de indenização por danos materiais e morais contra a indústria do tabaco, a inversão do ônus da prova, por considerar que a parte ré possuía melhores condições de produzir a prova. O magistrado, por meio de decisão interlocutória, indeferiu o requerimento por considerar que a inversão poderia gerar situação em que a desincumbência do encargo seria excessivamente difícil. Sobre a hipótese apresentada, assinale a afirmativa correta.

a) A decisão é impugnável por agravo interno.

b) A decisão é irrecorrível.

c) A decisão é impugnável por agravo de instrumento.

d) A parte autora deverá aguardar a sentença para suscitar a questão como preliminar de apelação ou nas contrarrazões do recurso de apelação.

**COMENTÁRIOS**

✪ **Nota do autor:** a questão apresentada trata de dois temas importantíssimos. O primeiro, relativo à inversão do ônus probatório, que se passa a expor. O CPC de 2015 também encampou a *carga estática do ônus probatório*, estipulando o que compete a cada parte provar. Nesse sentido, estabelece que incumbe ao autor provar o fato constitutivo de seu direito e, ao réu, a existência de fato impeditivo, modificativo ou extintivo do direito do autor (art. 373, I e II). Porém, atendendo aos reclamos da doutrina, o CPC de 2015 também fez previsão da *carga dinâmica do ônus probatório* (art. 373, § 1º), de modo que, nos casos previstos em lei ou diante de peculiaridades da causa relacionadas à impossibilidade ou à excessiva dificuldade de cumprir o encargo ou à maior facilidade de obtenção da prova do fato contrário, poderá o juiz atribuir o ônus da prova de modo diverso. Para tanto, deverá o magistrado proferir decisão fundamentada, constituindo-se o procedimento adequado que tal pronunciamento não importe em uma indevida surpresa a quem se incumbiu o ônus probatório, pois deve ser observado o princípio do contraditório dinâmico. Outro tema que foi debatido na questão foi a viabilidade da interposição do recurso de agravo de instrumento, que poderá ser interposto para impugnar decisão interlocutória, desde que esta decida uma das matérias indicadas no art. 1.015 do CPC, além de outras também especificadas na lei.

**Alternativa a**: incorreta. O recurso de agravo interno é reservado para impugnar decisão proferida por relator para o respectivo órgão colegiado. Trata-se de recurso contra decisão monocrática proferida em segundo grau, não sendo cabível para impugnar decisão interlocutória proferida em primeiro grau. O prazo para a interposição do agravo interno é de quinze dias.

**Alternativa b:** incorreta. Conforme demonstrado, é cabível a interposição do recurso de agravo de instrumento.

**Alternativa c**. A decisão interlocutória que verse sobre a redistribuição do ônus da prova, nos termos do art. 373, § 1º, desafia a interposição do recurso de agravo de instrumento, consoante expressa previsão contida no art. 1.015, XI do CPC. Como se nota, não será qualquer decisão interlocutória que trate de matéria probatória que desafiará a interposição de agravo, mas tão somente a que tratar da antes mencionada, bem como da exibição ou posse de documento ou coisa (inciso VI). As demais matérias deverão ser impugnadas posteriormente, quando da interposição do recurso de apelação, nas razões ou contrarrazões, conforme o caso.

**Alternativa d**: incorreta. Se a decisão interlocutória versar sobre matéria não constante do art. 1.015 do CPC, ou de outro dispositivo que trate da matéria, não será admitida a interposição de recurso de agravo de instrumento, e a impugnação deverá ser feita posteriormente, nas razões ou nas contrarrazões de apelação.

**Alternativa correta: letra "c".**

---

**93. (FGV – Exame de Ordem 2017.1)** Jorge ajuizou demanda contra Maria, requerendo sua condenação à realização de obrigação de fazer e ao pagamento de quantia certa. Fez requerimento de tutela provisória de urgência em relação à obrigação de fazer. Após o transcurso da fase postulatória e probatória sem a análise do mencionado requerimento, sobreveio sentença de procedência de ambos os pedidos autorais, em que o juízo determina o imediato cumprimento da obrigação de fazer. Diante de tal situação, Maria instruiu seu advogado a recorrer apenas da parte da sentença relativa à obrigação de fazer. Nessa circunstância, o advogado de Maria deve

a) impetrar Mandado de Segurança contra a decisão que reputa ilegal, tendo como autoridade coatora o juízo sentenciante.

b) interpor Agravo de Instrumento, impugnando o deferimento da tutela provisória, pois ausentes seus requisitos.

c) interpor Apelação, impugnando o deferimento da tutela provisória e a condenação final à obrigação de fazer.

PROCESSUAL CIVIL

d) interpor Agravo de Instrumento, impugnando a tutela provisória e a condenação final à obrigação de fazer.

COMENTÁRIOS

✪ **Nota do Autor:** embora a concessão de tutela provisória em sede de sentença já fosse aceita pela jurisprudência (STJ – REsp 706.252/SP), o Código de Processo Civil de 2015 fez expressa menção a tal ocorrência ao tratar da apelação como recurso cabível em tais casos e, ainda, ao dispor que a sentença nestes termos começará a produzir seus efeitos imediatamente após sua publicação (apelação sem efeito suspensivo), conforme artigo 1.012, § 1º, inciso V.

**Alternativa "a".** A impetração de mandado de segurança será cabível para proteger direito líquido e certo, não amparado por habeas corpus ou habeas data, sempre que, ilegalmente ou com abuso de poder, qualquer pessoa física ou jurídica sofrer violação ou houver justo receio de sofrê-la por parte de autoridade. Havendo recurso específico para impugnar decisão judicial, não será cabível a utilização do mandado de segurança.

**Alternativa "c". (responde também aos itens "b" e "d").** Da sentença cabe apelação (CPC, art. 1.009), sendo deste modo esta, e não o agravo de instrumento, a via recursal adequada ainda que tenha havido na sentença deferimento de tutela provisória. Assim, utiliza-se da apelação mesmo quando integrem capítulos da sentença, pois integram um único pronunciamento. Portanto, a apelação compreenderá, na hipótese, todo o pronunciamento, quer seja a tutela provisória, quer seja a condenação à obrigação de fazer.

**Alternativa correta: letra "c".**

---

**94. (FGV – Exame de Ordem 2017.1)** Carlos ajuizou, em 18/03/2016, ação contra o Banco Sucesso, pelo procedimento comum, pretendendo a revisão de determinadas cláusulas de um contrato de abertura de crédito. Após a apresentação de contestação e réplica, iniciou-se a fase de produção de provas, tendo o Banco Sucesso requerido a produção de prova pericial para demonstrar a ausência de abusividade dos juros remuneratórios. A prova foi indeferida e o pedido foi julgado procedente para revisar o contrato e limitar a cobrança de tais juros. Sobre a posição do Banco Sucesso, assinale a afirmativa correta.

a) Ele deve interpor recurso de agravo de instrumento contra a decisão que indeferiu a produção de prova. Não o tendo feito, a questão está preclusa e não admite rediscussão.

b) Ele deve apresentar petição de protesto contra a decisão que indeferiu a produção de prova, evitando-se a preclusão, com o objetivo de rediscuti-la em apelação.

c) Ele deve permanecer inerte em relação à decisão de indeferimento de produção de prova, mas poderá rediscutir a questão em preliminar de apelação.

d) Ele deve interpor recurso de agravo retido contra a decisão que indeferiu a produção de prova, evitando-se a preclusão, com o objetivo de rediscuti-la em apelação.

COMENTÁRIOS

✪ **Nota do Autor:** serão impugnáveis por agravo de instrumento somente as decisões interlocutórias que versarem sobre as matérias previstas no artigo 1.015 do Código de Processo Civil, quais sejam: tutelas provisórias; mérito do processo; rejeição da alegação de convenção de arbitragem; incidente de desconsideração da personalidade jurídica; rejeição do pedido de gratuidade da justiça ou acolhimento do pedido de sua revogação; exibição ou posse de documento ou coisa; exclusão de litisconsorte; rejeição do pedido de limitação do litisconsórcio; admissão ou inadmissão de intervenção de terceiros; concessão, modificação ou revogação do efeito suspensivo aos embargos à execução; redistribuição do ônus da prova nos termos do art. 373, § 1º; outros casos expressamente referidos em lei; e também contra decisões interlocutórias proferidas na fase de liquidação de sentença ou de cumprimento de sentença, no processo de execução e no processo de inventário. Também será admitida em outros casos, quando houver expressa previsão legal nesse sentido, como ocorre com a Lei de Falências, por exemplo.

**Alternativa "a".** Dentre as hipóteses taxativas de cabimento do recurso de agravo de instrumento não se encontra o indeferimento de provas, razão pela qual a questão não está amparada por tal recurso (CPC, art. 1.015).

**Alternativa "b".** Como não se opera a preclusão sobre as decisões da fase de conhecimento não recorríveis por agravo de instrumento, desnecessária a petição de protesto, conforme fundamentado no item "c".

**Alternativa "c".** As questões resolvidas na fase de conhecimento, se a decisão a seu respeito não comportar agravo de instrumento, não são cobertas pela preclusão e devem ser suscitadas em preliminar de apelação, eventualmente interposta contra a decisão final, ou nas contrarrazões (CPC, art. 1.009, § 1º).

**Alternativa "d".** A figura do agravo retido foi extinta da redação do Código de Processo Civil de 2015.

**Alternativa correta: letra "c".**

## 21. DO CUMPRIMENTO DE SENTENÇA E DA EXECUÇÃO

---

**95. (FGV – XXXVII Exame OAB)** A sociedade empresária Olímpia Limitada ("Olímpia") fabrica equipamentos de musculação para redes de academias, como a Vida Fitness Limitada ("Vida Fitness"). Em 2021, a Vida Fitness passou por problemas financeiros, motivo pelo qual não realizou o pagamento de R$ 500.000,00 (quinhentos mil reais) por 50 (cinquentas) esteiras adquiridas em 2020. Em virtude desse inadimplemento, a Olímpia ajuizou execução de título extrajudicial perante o MM. Juízo da Vara Cível de São Paulo. No curso dessa demanda, a exequente obteve a penhora online de R$ 500.000,00 existentes nas contas bancárias da Vida Fitness. Assim que tomou conhecimento da penhora, a Vida Fitness procurou você, como advogado(a), para informar que não pretendia questionar a decisão que determinou a penhora online, mas que gostaria de buscar a substituição do bem penhorado, de forma que os R$ 500.000,00 pudessem melhorar a situação do fluxo de caixa da sociedade empresária. Diante dessa situação, assinale a afirmativa que apresenta a orientação correta prestada à Vida Fitness.

a) Não será possível requerer a substituição da penhora, uma vez que a penhora em dinheiro é prioritária.

b) Será possível requerer a substituição da penhora por meio de fiança bancária ou seguro garantia judicial, desde que o valor dessas garantias não seja inferior ao valor do débito constante na petição inicial da execução de título extrajudicial movida pela Olímpia.

c) Será possível requerer a substituição da penhora por meio de fiança bancária ou seguro garantia judicial, desde que o valor dessas garantias não seja inferior ao valor do débito constante na petição inicial da execução de título extrajudicial movida pela Olímpia, acrescido de 30% (trinta por cento).

d) Será possível requerer a substituição da penhora somente por imóvel de valor superior ao montante exequendo.

**COMENTÁRIOS**

✪ **Notas do autor:** é prioritária a penhora em dinheiro. Porém, para fins de substituição da penhora, equiparam-se a dinheiro a fiança bancária e o seguro garantia judicial, desde que em valor não inferior ao do débito constante da inicial, acrescido de trinta por cento (art. 835, § 2º, do CPC).

**Gabarito: letra "C".**

---

**96. (FGV – Exame de Ordem XXXVI – 2022)** A livraria Sabedoria sofreu ação de execução por título extrajudicial movida pelo Banco Carvalho em virtude da inadimplência de contrato de empréstimo. Citada, a executada não realizou o pagamento da dívida, tendo sofrido o bloqueio de dinheiro depositado em instituição financeira. Com o objetivo de liberar o valor bloqueado, ofereceu, em substituição à penhora, fiança bancária ou o percentual de 10% de seu faturamento.

Intimada, a exequente não concordou com a substituição, sob o fundamento de que a penhora em dinheiro é preferencial e não pode ser substituída por qualquer outra, fundamento que foi acolhido pela juíza da causa.

Diante desses fatos, assinale a afirmativa correta.

a) A decisão judicial está errada, pois a penhora do faturamento é equivalente a dinheiro, sendo cabível a substituição.

b) A decisão judicial está correta, pois a penhora em dinheiro é prioritária e somente poderia ser substituída com a concordância da exequente.

c) A decisão judicial está errada, pois a fiança bancária equipara-se a dinheiro, desde que em valor não inferior ao débito constante da inicial, acrescido de trinta por cento.

d) a decisão judicial está correta, pois dinheiro, fiança bancária e penhora do faturamento são substituíveis entre si para fins de penhora.

**COMENTÁRIOS**

Nos termos do previsto no art. 835, § 2º, do CPC, para fins de **substituição** de penhora, equiparam-se a dinheiro a fiança bancária e o seguro garantia judicial, desde que em valor não inferior ao do débito constante da inicial, acrescido de 30%. Note-se que o acréscimo será exigido unicamente para o caso de substituição, não o sendo para a penhora inicial.

**Gabarito: letra C.**

---

**97. (FGV- XXXV Exame de Ordem-2022)** Pedro, representado por sua genitora, propõe ação de alimentos em face de João, seu genitor, que residia em Recife. Após desconstituir o advogado que atuou na fase de conhecimento, em Belo Horizonte, onde o autor morava quando do início da demanda, a genitora de Pedro procura você, na qualidade de advogado(a), indagando sobre a possibilidade de que o cumprimento de sentença tramite no município de São Paulo, onde, atualmente, ela e o filho residem, ressalvado que o genitor não mudou de endereço.

Diante de tal quadro, é correto afirmar que

a) o cumprimento de sentença pode ser realizado em São Paulo, embora também pudesse ocorrer em Belo Horizonte, perante o juízo que decidiu a causa no primeiro grau de jurisdição.

b) o cumprimento não pode ser realizado em São Paulo, tendo em vista que a competência é determinada no momento do registro ou da distribuição da petição inicial, razão pela qual são irrelevantes as modificações do estado de fato ou de direito ocorridas posteriormente.

c) o cumprimento de sentença somente pode ser realizado São Paulo, uma vez que a mudança de endereço altera critério de natureza absoluta, de forma que não há opção.

d) o cumprimento de sentença somente pode ocorrer em Recife, onde o genitor reside.

**COMENTÁRIOS**

✪ **Notas do autor:** em conformidade com o art. 516, II, do CPC, o cumprimento de sentença efetuar-se perante o juízo que decidiu a causa no primeiro grau de jurisdição. Também poderá o exequente optar pelo juízo do atual domicílio do executado, pelo juízo do local onde se encontrem os bens sujeitos à execução ou pelo juízo do local onde deva ser executada a obrigação de fazer ou de não fazer, casos em que a remessa dos autos do processo será solicitada ao juízo de origem (art. 516, parágrafo único). Assim, na hipótese tratada na questão, o cumprimento de sentença poderá ser realizado em São Paulo, embora também pudesse sê-lo em Belo Horizonte.

**Gabarito: letra A.**

---

**98. (FGV/ OAB/ XXXIII Exame- 2021)** Após anos de relacionamento conjugal, Adriana e Marcelo resolvem se divorciar. Diante da recusa do cônjuge ao pagamento de alimentos, Adriana, desempregada, resolve ingressar com ação a fim de exigir o pagamento.

A ação teve regular processamento, tendo o juiz proferido sentença de procedência, condenando o réu ao pagamento de R$ 2.000,00 (dois mil reais) mensais à autora, sendo publicada no dia seguinte. Inconformado, o réu interpõe recurso de apelação, mas Adriana promove, imediatamente, o cumprimento provisório da decisão.

Diante das informações expostas, assinale a afirmativa correta.

a) A sentença não pode ser executada neste momento, pois o recurso de apelação possui efeito suspensivo.

b) A sentença não pode ser executada, uma vez que a sentença declaratória não permite a execução provisória.

c) Poderá ser iniciada a execução provisória, pois a sentença que condena a pagar alimentos começa a produzir efeitos imediatamente após a sua publicação.

d) Pode ser iniciada execução provisória, pois os recursos de apelação nunca possuem efeito suspensivo.

**COMENTÁRIOS**

Admite-se o cumprimento provisório da sentença quando esta for impugnada por recurso que tenha apenas efeito devolutivo (logo, desprovido de efeito suspensivo). Em tais casos, ausente a *suspensividade* decorrente da possibilidade de interposição do recurso, poderá a parte exigir, desde logo, o cumprimento da sentença (art. 520, *caput*).

(C) O recurso de apelação, como regra, tem duplo efeito. Desse modo, não se admite o cumprimento provisório de sentença. De outro lado, há casos em que a apelação é desprovida de efeito suspensivo. Assim, a possibilidade de interposição do recurso não é um empecilho à execução. Além de outras hipóteses previstas em lei, começa a produzir efeitos imediatamente após a sua publicação a sentença que condenar a pagar alimentos (art. 1012, § 1º, II, CPC).

**Gabarito: C.**

---

**99. FGV/ OAB/ XXXIII Exame-2021)** João Carlos ajuizou ação em face do *Shopping Sky Mall*, objetivando a devolução dos valores que superem o limite máximo previsto em lei de seu município, pagos em virtude do estacionamento de seu

PROCESSUAL CIVIL

automóvel. Julgado procedente o pedido e iniciado o cumprimento de sentença, o executado apresentou impugnação, alegando ser inexigível a obrigação. Sustentou que o Supremo Tribunal Federal, em controle difuso de constitucionalidade, reconheceu a inconstitucionalidade da referida lei municipal que ampara o título judicial.

Considerando que a decisão do STF foi proferida após o trânsito em julgado da ação movida por João Carlos, assinale a afirmativa correta.

a) É possível acolher a alegação do executado veiculada em sua impugnação, pois a decisão do STF sempre se sobrepõe ao título judicial.

b) É possível acolher a alegação do executado apresentada em sua impugnação, pois não houve a modulação dos efeitos da decisão do STF.

c) Não é possível acolher a alegação do executado veiculada por meio de impugnação, sendo necessário o ajuizamento de ação rescisória para desconstituir o título.

d) Não é possível acolher a alegação do executado apresentada em sua impugnação, pois o reconhecimento da inconstitucionalidade se deu em controle difuso de inconstitucionalidade.

**COMENTÁRIOS**

Iniciado o cumprimento de sentença, abre-se oportunidade para que o devedor ofereça impugnação, alegando uma das matérias indicadas no art. 525, § 1º, CPC. Entre as matérias, encontra-se a *inexequibilidade do título ou inexigibilidade da obrigação*. Equipara-se a esta situação a obrigação reconhecida em título judicial fundado em lei ou ato normativo considerado inconstitucional pelo Supremo Tribunal Federal, ou fundado em aplicação ou interpretação da lei ou do ato normativo tido pelo Supremo Tribunal Federal como incompatível com a Constituição Federal, em controle de constitucionalidade concentrado ou difuso.

(C) É importantíssimo levar em conta, porém, que a hipótese acima indicada, somente poderá ser alegada em sede de impugnação ao cumprimento de sentença se a inconstitucionalidade tiver sido reconhecida anteriormente ao trânsito em julgado da decisão exequenda (art. 525, § 14), pois, se proferida após o trânsito em julgado, caberá ação rescisória, cujo prazo será contado do trânsito em julgado da decisão proferida pelo STF. No caso referido na questão, nota-se que a inconstitucionalidade foi reconhecida após o trânsito em julgado da decisão exequenda, motivo pelo qual não é cabível a matéria ser alegada em sede de impugnação.

**Gabarito C.**

---

**100. (FGV – Exame de Ordem 2021.1)** O Juízo da 1ª Vara de Fazenda Pública da Comarca da Capital do Estado do Rio de Janeiro, em ação ajuizada por Jorge, servidor público, condenou o Município do Rio de Janeiro ao pagamento de verbas remuneratórias atrasadas que não haviam sido pagas pelo ente municipal.

Após o trânsito em julgado, Jorge deu início ao cumprimento de sentença do valor de R$ 600.000 (seiscentos mil reais), tendo o Município apresentado impugnação no prazo de 25 dias úteis após sua intimação, alegando haver excesso de execução de R$ 200.000,00 (duzentos mil reais), na medida em que Jorge teria computado juros e correção monetária de forma equivocada ao calcular o valor exequendo.

Diante dessa situação hipotética, assinale a afirmativa correta.

a) A impugnação do Município do Rio de Janeiro se afigura intempestiva, na medida em que o prazo previsto no Código de Processo Civil para a impugnação ao cumprimento de sentença é de 15 (quinze) dias úteis.

b) O juiz, considerando que o Município do Rio de Janeiro não efetuou o pagamento voluntário do crédito exequendo no prazo de 15 dias úteis após sua intimação, deverá aplicar multa de 10% (dez por cento) sobre o valor da dívida.

c) Jorge, tendo em vista que o Município do Rio de Janeiro impugnou apenas parcialmente o crédito ao alegar excesso, poderá prosseguir com a execução da parte que não foi questionada, requerendo a expedição do respectivo precatório judicial da parcela incontroversa da dívida.

d) O Município do Rio de Janeiro, ao alegar o excesso de execução, não precisava declarar, de imediato, em sua impugnação, o valor que entende correto da dívida, podendo deixar para fazê-lo em momento posterior.

**COMENTÁRIOS**

✪ **Nota do autor:** a questão diz respeito ao cumprimento de sentença promovido em face da Fazenda Pública.

**Alternativa "C": correta.** A questão trata de hipótese de cumprimento de sentença em face da Fazenda Pública. Sabe-se que, neste caso, a execução deve se orientar pelo art. 100, da Constituição Federal, de modo que a obrigação de pagar será satisfeita por meio de precatório. Iniciada a fase de cumprimento de sentença, a Fazenda Pública será intimada para oferecer impugnação no prazo de trinta dias, podendo alegar as matérias indicadas no art. 535, CPC, entre elas, o excesso de execução, que deverá ser expressamente indicado. Sendo noticiado o excesso de execução, tem-se que, indiretamente, há o reconhecimento da legitimidade da dívida não controvertida, de modo que a execução, em relação a esta, poderá prosseguir. Em outras palavras, a parte não questionada pela executada será, desde logo, objeto de cumprimento (art. 535, § 4º). Exclui automaticamente as demais alternativas.

**Alternativa correta: letra "c".**

---

**101. (FGV – Exame de Ordem 2021.1)** Em virtude do inadimplemento do pagamento de uma nota promissória, o Banco Mais Dinheiro ajuizou ação de execução por título extrajudicial em face do Supermercado Baratão.

Citado o réu, não houve o pagamento da dívida, tampouco foram encontrados bens penhoráveis. Em consequência, o exequente requereu a penhora de 100% do faturamento do executado, o que foi deferido pela juíza responsável pelo processo, sob o fundamento de que se tratava de dívida muito elevada. O executado interpôs agravo de instrumento impugnando essa decisão.

Sobre tais fatos, assinale a afirmativa correta.

a) O agravante tem razão, na medida em que a penhora da integralidade do faturamento tornaria inviável o exercício da atividade empresarial.

b) O agravante não tem razão, uma vez que a penhora do faturamento equivale à penhora de dinheiro e é a primeira na ordem de preferência legal, o que autoriza a constrição da integralidade do faturamento.

c) O agravo deve ser provido, pois o faturamento de empresa executada é impenhorável.

d) O agravo deve ser desprovido, visto que não existe limite para o percentual do faturamento a ser objeto de penhora, cabendo ao juiz sua fixação no percentual necessário para a imediata satisfação da execução.

COMENTÁRIOS

✪ **Nota do autor:** a questão trata de dois assuntos importantes, quais sejam: recurso e penhora.

**Alternativa "A": correta.** De fato, como a questão sugere a impugnação de decisão interlocutória proferida em sede de processo de execução, será admissível a interposição do recurso de agravo de instrumento (art. 1.015, parágrafo único, do CPC). Em relação à penhora de faturamento, tem-se a sua viabilidade se o executado não tiver outros bens penhoráveis ou se, tendo-os, esses forem de difícil alienação ou insuficientes para saldar o crédito executado. Nestas hipóteses, o juiz fixará percentual que propicie a satisfação do crédito exequendo em tempo razoável, mas que não torne inviável o exercício da atividade empresarial, observando-se o princípio da continuidade da empresa, bem como o de máxima efetividade da execução. Exclui automaticamente as demais alternativas.

**Alternativa correta: letra "a".**

---

**102. (FGV – Exame de Ordem 2021.1)** Em determinada demanda indenizatória, houve a condenação do réu para pagar a quantia de R$ 10.000 (dez mil reais) em sentença transitada em julgada em prol do autor.

Na qualidade de patrono deste último, assinale a opção que representa a medida adequada a ser providenciada.

a) Aguardar o depósito judicial da quantia referente à condenação, pois as sentenças que condenam a obrigação de pagar são instauradas de ofício, independentemente de requerimento do exequente, assim como as obrigações de fazer e não fazer.

b) Peticionar a inclusão de multa legal e honorários advocatícios tão logo seja certificado o trânsito em julgado, independentemente de qualquer prazo para que o réu cumpra voluntariamente a obrigação, já que ela deveria ter sido cumprida logo após a publicação da sentença.

c) Aguardar a iniciativa do juiz para instauração da fase executiva, para atender ao princípio da cooperação, consagrado no Art. 6º do CPC.

d) Peticionar para iniciar a fase executiva após a certificação do trânsito em julgado, requerendo a intimação do devedor para pagamento voluntário no prazo de 15 dias, sob pena de acréscimos de consectários legais.

COMENTÁRIOS

✪ **Nota do autor:** havendo a condenação do requerido ao pagamento de obrigação de pagar, impõe-se ao credor dar início à fase de cumprimento de sentença, observando-se o art. 523, do CPC.

**Alternativa "D":** nesse caso, o credor apresenta os seus cálculos, sendo o executado intimado para pagar o débito, no prazo de 15 dias, acrescido de custas, se houver (art. 523, caput). Se o pagamento não for realizado no prazo legal, o débito será acrescido de multa de dez por cento e, também, de honorários de advogado de dez por cento. Note-se, para deixar bem claro, que a fase de cumprimento de sentença, tratando-se de obrigação de pagar quantia, não poderá ter início sem requerimento expresso do credor nesse sentido. Exclui automaticamente as demais alternativas.

---

**103. (FGV – Exame de Ordem 2020.1)** Bruno ajuizou contra Flávio ação de execução de título executivo extrajudicial, com base em instrumento particular, firmado por duas testemunhas, para obter o pagamento forçado de R$ 10.000,00 (dez mil reais). Devidamente citado, Flávio prestou, em juízo, garantia integral do valor executado e opôs embargos à execução dentro do prazo legal, alegando, preliminarmente, a incompetência relativa do juízo da execução e, no mérito, que o exequente pleiteia quantia superior à do título (excesso de execução). No entanto, em seus embargos à execução, embora tenha alegado excesso de execução, Flávio não apontou o valor que entendia ser correto, tampouco apresentou cálculo com o demonstrativo discriminado e atualizado do valor em questão.

Considerando essa situação hipotética, assinale a afirmativa correta.

a) Os embargos à execução devem ser liminarmente rejeitados, sem resolução do mérito, porquanto Flávio não demonstrou adequadamente o excesso de execução, ao deixar de apontar o valor que entendia correto e de apresentar cálculo com o demonstrativo discriminado e atualizado do valor em questão.

b) O juiz deverá rejeitar as alegações de incompetência relativa do juízo e de excesso de execução deduzidas por Flávio, por não constituírem matérias passíveis de alegação em sede de embargos à execução.

c) Os embargos à execução serão processados para a apreciação da alegação de incompetência relativa do juízo, mas o juiz não examinará a alegação de excesso de execução, tendo em vista que Flávio não indicou o valor que entendia correto para a execução, não apresentando o cálculo discriminado e atualizado do valor em questão.

d) O juiz deverá processar e julgar os embargos à execução em sua integralidade, não surtindo qualquer efeito a falta de indicação do valor alegado como excesso e a ausência de apresentação de cálculo discriminado e atualizado do valor em questão, uma vez que os embargos foram apresentados dentro do prazo legal.

COMENTÁRIOS

✪ **Nota do autor:** os embargos à execução poderão ser oferecidos pelo executado, independentemente de garantia. Serão distribuídos por dependência, autuados em apartado e instruídos com cópias das peças processuais relevantes, que poderão ser declaradas autênticas pelo próprio advogado, sob sua responsabilidade pessoal (art. 914, § 1º).

**Assertiva "C":** correta. Nos embargos à execução, poderá o embargante alegar, entre outras matérias, excesso de execução, bem como a incompetência absoluta ou relativa do juízo da execução. Para que se conheça dos embargos em relação à primeira matéria (excesso de execução), o embargante declarará na petição inicial o valor que entende correto, apresentando demonstrativo discriminado e atualizado de seu cálculo (art. 917, § 3º). Exclui automaticamente as demais alternativas.

**Alternativa correta: letra "c".**

---

**104. (FGV/OAB/XXX_Exame – 2019)** O edifício Vila Real ajuizou ação de execução das contribuições de condomínio em atraso em face de Paper & Paper Ltda., proprietária da unidade 101.

Citada a ré em janeiro de 2018, não houve o pagamento da dívida e, preenchidos os requisitos legais para tanto, houve a desconsideração da personalidade jurídica da devedora, a fim de que seus sócios Ana e Guilherme, casados, fossem citados, o que ocorreu em dezembro de 2018.

Posteriormente, o condomínio exequente identificou que Ana e Guilherme venderam a Consuelo um imóvel de sua propriedade, em julho de 2018.

Considerando que a execução em tela é capaz de reduzir à insolvência de Paper & Paper Ltda. e que não foram localizados bens penhoráveis de Ana e Guilherme, assinale a afirmativa correta.

a) A alienação realizada por Ana e Guilherme configura fraude à execução, e deverá ser reconhecida independentemente da intimação de Consuelo.

b) A alienação realizada por Ana e Guilherme configura fraude à execução e seu reconhecimento não pode se dar antes da intimação de Consuelo, que poderá opor embargos de terceiro.

c) A alienação realizada por Ana e Guilherme não configura fraude à execução, pois realizada antes da citação dos sócios.

d) A alienação realizada por Ana e Guilherme não configura fraude à execução, uma vez que a insolvência atingiria apenas a devedora original, e não os sócios.

**COMENTÁRIOS**

**Nota do autor:** a alienação em fraude à execução é *ineficaz* em relação ao exequente e, nos casos de desconsideração da personalidade jurídica, será verificada a partir da citação da parte cuja personalidade se pretende desconsiderar. No caso em questão, considerando-se que o bem imóvel, de propriedade dos sócios, foi alienado a terceiro [Consuelo], este deverá ser previamente intimado para que, caso queira, oponha embargos de terceiro, no prazo de quinze dias (art. 792, § 4º, CPC).

**Alternativa "b":** a fraude à execução estará configurada nas hipóteses mencionadas no art. 792, do CPC, entre elas, *quando, ao tempo da alienação ou da oneração, tramitava contra o devedor ação capaz de reduzi-lo à insolvência* (inciso IV).

**Alternativa correta: letra "b".**

---

**105. (FGV-Exame de Ordem 2019.2)** Maria, ao perceber que o seu bem imóvel foi arrematado por preço vil, em processo de execução de título extrajudicial, procurou você, como advogado(a), para saber que defesa poderá invalidar a arrematação. Você verifica que, no 28º dia após o aperfeiçoamento da arrematação, a carta de arrematação foi expedida. Uma semana depois, você prepara a peça processual.

Assinale a opção que indica a peça processual correta a ser proposta.

a) Impugnação à execução.

b) Petição simples nos próprios autos do processo de execução.

c) Ação autônoma de invalidação da arrematação.

d) Embargos do executado.

**COMENTÁRIOS**

**Nota do autor:** após a expedição da carta de arrematação ou da ordem de entrega, a invalidação da arrematação poderá ser requerida por meio de ação autônoma, em cujo processo o arrematante figurará como litisconsorte necessário (art. 903, § 4º, CPC). No caso apresentado, vê-se que o Advogado já foi procurado quando a carta de arrematação já havia sido expedida, de modo que não é possível pugnar pela invalidação do ato no próprio processo, ainda que tenha sido realizada por preço vil ou com outro vício.

**Alternativa "c":** correta. Como demonstrado acima, o meio processual apto para a solução da questão é o ajuizamento da ação autônoma de invalidação da arrematação, observando-se o disposto no art. 903, do CPC. Exclui automaticamente as demais alternativas.

**Alternativa correta: letra "c".**

---

**106. (FGV-Exame de Ordem 2019.2)** Na vigência do Código de Processo Civil de 2015, José ajuizou ação contra Luíza, postulando uma indenização de R$ 100.000,00 (cem mil reais), tendo o pedido formulado sido julgado integralmente procedente, por meio de sentença transitada em julgado.

Diante disso, José deu início ao procedimento de cumprimento de sentença, tendo Luíza (executada) apresentado impugnação, a qual, no entanto, foi rejeitada pelo respectivo juízo, por meio de decisão contra a qual não foi interposto recurso no prazo legal. Prosseguiu-se ao procedimento do cumprimento de sentença para satisfação do crédito reconhecido em favor de José.

Ocorre que, após o trânsito em julgado da sentença exequenda e a rejeição da impugnação, o Supremo Tribunal Federal proferiu acórdão, em sede de controle de constitucionalidade concentrado, reconhecendo a inconstitucionalidade da lei que fundamentou o título executivo judicial que havia condenado Luíza na fase de conhecimento.

Diante da decisão do Supremo Tribunal Federal sobre a situação hipotética, Luiza poderá

a) interpor recurso de agravo de instrumento contra a decisão que rejeitou sua impugnação, mesmo já tendo se exaurido o prazo legal para tanto, uma vez que o Supremo Tribunal Federal reconheceu a inconstitucionalidade da lei que fundamentou a sentença exequenda.

b) interpor recurso de apelação contra a decisão que rejeitou sua impugnação, mesmo já tendo se exaurido o prazo legal para tanto, uma vez que o Supremo Tribunal Federal reconheceu a inconstitucionalidade da lei que fundamentou a sentença exequenda.

c) oferecer nova impugnação ao cumprimento de sentença, alegando a inexigibilidade da obrigação, tendo em vista que, após o julgamento de sua primeira impugnação, o Supremo Tribunal Federal reconheceu a inconstitucionalidade da lei que fundamentou a sentença proferida na fase de conhecimento, que serviu de título executivo judicial.

d) ajuizar ação rescisória, em virtude de a sentença estar fundada em lei julgada inconstitucional pelo Supremo Tribunal Federal, em sede de controle concentrado de constitucionalidade.

**COMENTÁRIOS**

**Nota do autor:** depara-se, na hipótese, com a *coisa julgada inconstitucional*, uma vez que o Supremo Tribunal Federal reconheceu a inconstitucionalidade de lei que fundamentou a sentença. Ocorre que tal reconhecimento ocorreu posteriormente ao trânsito em julgado da sentença exequenda, motivo pelo qual a via adequada será o ajuizamento da ação rescisória (art. 525, § 15). Se, por outro lado, tivesse ocorrido anteriormente ao trânsito em julgado, seria possível alegar-se a inexigibilidade da obrigação na via da impugnação ao cumprimento de sentença (art. 525, § 12).

**Alternativa "d".** Considerando-se que já ocorreu o trânsito em julgado da decisão exequenda, não há que se falar da interposição de recursos. De outro lado, a ação rescisória é o meio adequado para rescindir a coisa julgada material. Exclui automaticamente as demais alternativas.

**Alternativa correta: letra "d".**

---

**107. (FGV/OAB/XXX_Exame – 2019)** Cláudio, em face da execução por título extrajudicial que lhe moveu Daniel, ajuizou embargos à execução, os quais foram julgados improcedentes. O advogado de Cláudio, inconformado, interpõe recurso de apelação. Uma semana após a interposição do referido recurso, o advogado de Daniel requer a penhora de um automóvel pertencente a Cláudio.

Diante do caso concreto e considerando que o juízo não concedeu efeito suspensivo aos embargos, assinale a afirmativa correta.

a) A penhora foi indevida, tendo em vista que os embargos à execução possuem efeito suspensivo decorrente de lei.
b) O recurso de apelação interposto por Cláudio é dotado de efeito suspensivo por força de lei, tornando a penhora incorreta.
c) A apelação interposta em face de sentença que julga improcedentes os embargos à execução é dotada de efeito meramente devolutivo, o que não impede a prática de atos de constrição patrimonial, tal como a penhora.
d) O recurso de apelação não deve ser conhecido, pois o pronunciamento judicial que julga os embargos do executado tem natureza jurídica de decisão interlocutória, devendo ser impugnada por meio de agravo de instrumento.

**COMENTÁRIOS**

**Nota do autor:** os embargos à execução constituem-se em *defesa incidental* do executado, tendo natureza jurídica de ação. Em conformidade com o CPC 2015, o executado, independentemente de penhora, depósito ou caução, ou seja, ainda que não garantida a execução, poderá opor os seus embargos, que serão distribuídos por dependência, autuados em apartado e instruídos com cópias das peças processuais relevantes, que poderão ser declaradas autênticas pelo próprio advogado, sob sua responsabilidade pessoal (art. 914, § 1º). Para que os embargos sejam admitidos, há necessidade de que sejam apresentados tempestivamente, ou seja, no prazo de quinze dias, contados da citação do executado, observando-se o art. 231. Os embargos à execução serão julgados por sentença, desafiando-se, então, a interposição de recurso de apelação.

**Alternativa "C":** nos termos do art. 1.012, § 1º, III, do CPC, a apelação terá efeito apenas devolutivo, produzindo efeitos imediatamente após a publicação da sentença que extinguir sem resolução do mérito ou julgar improcedentes os embargos do executado. Dessa maneira, não há óbice à continuidade da prática de atos executivos, como a penhora, bem como de atos de expropriação, como a adjudicação, por exemplo.

**Alternativa correta: letra "c".**

---

**108. (FGV-Exame de Ordem 2019.1)** Pedro propõe execução de alimentos, fundada em título extrajudicial, em face de Augusto, seu pai, no valor de R$ 10.000,00 (dez mil reais). Regularmente citado, Augusto não efetuou o pagamento do débito, não justificou a impossibilidade de fazê-lo, não provou que efetuou o pagamento e nem ofertou embargos à execução.

Pedro, então, requereu a penhora do único bem pertencente a Augusto que fora encontrado, qual seja, R$ 10.000,00 (dez mil reais), que estavam depositados em caderneta de poupança. O juiz defere o pedido.

Sobre a decisão judicial, assinale a afirmativa correta.

a) Ela foi equivocada, pois valores depositados em caderneta, em toda e qualquer hipótese, são impenhoráveis.
b) Ela foi correta, pois o Código de Processo Civil permite a penhora de quaisquer valores depositados em aplicações financeiras.
c) Ela foi equivocada, na medida em que o Código de Processo Civil assegura a impenhorabilidade da caderneta de poupança até o limite de cem salários-mínimos, independentemente da natureza do débito.
d) Ela foi correta, pois o Código de Processo Civil admite a penhora de valores depositados em caderneta de poupança para o cumprimento de obrigações alimentícias.

**COMENTÁRIOS**

**Nota do autor:** na execução fundada em título executivo extrajudicial que contenha obrigação alimentar, o juiz deverá determinar a citação do executado para que, em três dias, possa efetuar o pagamento das parcelas anteriores ao início da execução e das que se vencerem no seu curso, provar que o fez ou justificar a impossibilidade de fazê-lo (art. 911, *caput*). Se não houver o cumprimento da obrigação, tal como indicado na questão, o credor poderá requerer a prisão do executado. Poderá, de outro lado, optar por promover o cumprimento da sentença com a constrição de bens, caso em que não será admissível a prisão do executado, e, recaindo a penhora em dinheiro, a concessão de efeito suspensivo à impugnação não obsta a que o exequente levante mensalmente a importância da prestação. Optando pela penhora em bens do devedor, há de se observar uma particularidade: a de que, excepcionalmente, a quantia depositada em caderneta de poupança, ainda que de valor inferior a quarenta salários-mínimos, poderá ser penhorada (art. 833, § 2º).

**Alternativa "a":** os valores depositados em caderneta de poupança poderão ser penhorados em algumas situações, como, por exemplo, aquilo que sobejar o limite de quarenta salários mínimos (art. 833, X). Exclui as alternativas "b" e "c".

**Alternativa correta: letra "d".**

---

**109. (FGV – Exame de Ordem 2018.2)** Cláudia, intimada pelo juízo da Vara Z para pagar a Cleide o valor de R$ 20.000,00, com fundamento em cumprimento definitivo de sentença, realiza, no prazo de 15 dias, o pagamento de R$ 5.000,00.

De acordo com o que dispõe o CPC/2015, deve incidir

a) multa de 10% e honorários advocatícios sobre R$15.000,00.
b) multa de 10% sobre R$15.000,00 e honorários advocatícios sobre R$ 20.000,00.
c) multa de 10% e honorários advocatícios sobre R$ 20.000,00.
d) multa de 10% e honorários advocatícios sobre R$5.000,00.

**COMENTÁRIOS**

**Nota do autor:** o cumprimento da sentença que reconhecer o dever de pagar quantia, provisório ou definitivo, será feito a requerimento do exequente (art. 513, § 1º do CPC).

**Alternativa "a"**: correta. Uma vez apresentado o cálculo demonstrativo do débito pelo credor, o juiz determinará a intimação da parte contrária para pagar o débito, no prazo de quinze dias, acrescido de custas, se houver. Se houver o pagamento total do débito, será a execução extinta. Se não houver o pagamento, o débito será acrescido de multa de dez por cento e, também, de honorários de advogado de dez por cento (art. 523, § 1º do CPC). De outro lado, se efetuado o pagamento parcial, a multa incidirá sobre o restante. Por isso, se realizado o pagamento de R$ 5.000,00, de um total de R$ 20.000,00, haverá a incidência da multa de 10% sobre a diferença, ou seja, R$ 15.000,00. Exclui automaticamente as demais alternativas.

**Alternativa correta: letra "a".**

---

**110. (FGV – Exame de Ordem 2017.2)** Pedro promove ação de cobrança em face de José, pelo descumprimento de contrato de prestação de serviços celebrado entre as partes. O processo instaurado teve seu curso normal, e o pedido foi julgado procedente, com a condenação do réu a pagar o valor pleiteado. Não houve recurso e, na fase de cumprimento de sentença,

PROCESSUAL CIVIL

o executado é intimado a efetuar o pagamento e pretende ofertar resistência. Sobre a postura adequada para o executado tutelar seus interesses, assinale a afirmativa correta.

a) Deve oferecer embargos à execução e, para tanto, deverá garantir o juízo com penhora, depósito ou caução.

b) Deve oferecer impugnação à execução, devendo garantir o juízo com penhora, depósito ou caução.

c) Deve oferecer embargos à execução, sem a necessidade de prévia garantia do juízo para ser admitido.

d) Deve oferecer impugnação à execução, sem a necessidade de prévia garantia do juízo com penhora.

COMENTÁRIOS

✪ **Nota do autor:** a questão em tela trata da fase de cumprimento de obrigação de pagar fundada em título judicial. Como sabido, tais títulos encontram-se elencados no art. 515 do CPC, encontrando-se, entre eles, as decisões proferidas no processo civil que reconheçam a exigibilidade de obrigação de pagar quantia, de fazer, de não fazer ou de entregar coisa (inciso I). A fase de cumprimento de obrigação de pagar terá o seu início requerido pelo credor, devendo o devedor ser intimado para pagar o débito no prazo de quinze dias, acrescido de custas, se houver (art. 523, *caput*). Decorrido o prazo legal sem o cumprimento da obrigação, inicia-se o prazo de quinze dias para que o executado apresente, nos próprios autos, a sua impugnação (art. 525).

**Alternativa d.** Durante a vigência do CPC anterior, houve debate sobre a necessidade ou não da prévia garantia para que a impugnação ao cumprimento de sentença pudesse ser recebida. À época, prevaleceu a necessidade da garantia. Contudo, com o CPC 2015, o legislador fez previsão da *desnecessidade da prévia garantia do juízo*, ou seja, independentemente de penhora, poderá o executado apresentar a sua impugnação. Nesse sentido, vide o art. 525, *caput*. Exclui automaticamente as demais alternativas.

**Alternativa correta: letra "d".**

---

**111. (FGV – Exame de Ordem 2017.1)** Jair promove ação em face de Carlos para cobrar uma dívida proveniente de contrato (não escrito) de prestação de serviços celebrado pelas partes. Com o trânsito em julgado da sentença que condenou Carlos a pagar o valor devido, Jair requer o cumprimento de sentença. O executado foi intimado regularmente na pessoa do seu advogado. No prazo da impugnação, deposita o correspondente a 30% do valor devido e requer o parcelamento do remanescente em até 6 (seis) prestações. O juiz defere o pedido do executado, fundamentando sua decisão no princípio da menor onerosidade, mas o exequente se insurge por intermédio de agravo de instrumento, alegando que o parcelamento legal não se aplica ao cumprimento de sentença. Diante da situação hipotética, a decisão do juiz está

a) correta, pois o parcelamento legal pode ser aplicado no caso de cumprimento de sentença.

b) equivocada, tendo em vista que só poderia deferir se fosse feito depósito de 50%.

c) equivocada, pois há vedação expressa para a concessão do parcelamento legal no caso de cumprimento de sentença.

d) correta, pois sempre se deve encontrar a forma mais efetiva para a execução.

COMENTÁRIOS

✪ **Nota do Autor:** O princípio da menor onerosidade consagrado pelo artigo 805 do Código de Processo Civil preceitua que, quando por vários meios o exequente puder promover a execução, o juiz mandará que se faça pelo modo menos gravoso para o executado. Entretanto, o princípio não poderá ser utilizado em desfavor dos dispositivos expressos que regulamentam a execução e o cumprimento de sentença.

**Alternativa "c" (responde as demais alternativas).** O artigo 916 do Código de Processo Civil prevê que, no prazo para embargos, reconhecendo o crédito do exequente e comprovando o depósito de trinta por cento do valor em execução, acrescido de custas e de honorários de advogado, o executado poderá requerer que lhe seja permitido pagar o restante em até 6 (seis) parcelas mensais, acrescidas de correção monetária e de juros de um por cento ao mês. Contudo, o § 7º do mesmo preceito legal determina que o parcelamento disposto no *"caput"* não se aplica ao cumprimento de sentença. Portanto, a decisão judicial impugnada está equivocada, por expressa vedação legal ao parcelamento do débito na fase de cumprimento de sentença (CPC, art. 916, § 7º). Exclui automaticamente as demais alternativas.

**Alternativa correta: letra "c".**

## 22. MANDADO DE SEGURANÇA

**112. (FGV-Exame de Ordem 2019.2)** O Tribunal de Justiça do Estado X, em mandado de segurança de sua competência originária, denegou a ordem em ação dessa natureza impetrada por Flávio. Este, por seu advogado, inconformado com a referida decisão, interpôs recurso especial.

Sobre a hipótese, assinale a afirmativa correta.

a) O Superior Tribunal de Justiça poderá conhecer do recurso especial, por aplicação do princípio da fungibilidade recursal.

b) O recurso especial não é cabível na hipótese, eis que as decisões denegatórias em mandados de segurança de competência originária de Tribunais de Justiça somente podem ser impugnadas por meio de recurso extraordinário.

c) O recurso especial não deve ser conhecido, na medida em que o recurso ordinário é que se mostra cabível no caso em tela.

d) As decisões denegatórias de mandados de segurança de competência originária de Tribunais são irrecorríveis, razão pela qual o recurso não deve ser conhecido.

COMENTÁRIOS

✪ **Nota do autor:** há determinadas situações em que o mandado de segurança será de competência originária dos Tribunais. Nesse sentido, a título de exemplo, tem-se que, no âmbito do Estado de São Paulo, o mandado de segurança em que se questiona ato praticado pelo Governador do Estado é da competência do Tribunal de Justiça respectivo. A Constituição Federal e as Constituições Estaduais tratam de delimitar esta competência originária.

**Alternativa "C":** no caso tratado na questão, foi denegada a ordem pleiteada em mandado de segurança impetrado perante Tribunal de Justiça, justamente por se tratar de competência originária. Em tal hipótese, o recurso adequado para impugnar a decisão proferida será o ordinário, com fundamento no art. 105, II, "b", da Constituição Federal, que será decidido pelo Superior Tribunal de Justiça. Por esse motivo, o recurso especial não deve ser conhecido, uma vez que não se trata do recurso adequado para a hipótese. Exclui as demais alternativas.

**Alternativa correta: letra "c".**

## 23. AÇÃO CIVIL PÚBLICA

**113. (FGV-Exame de Ordem 2019.2)** Em virtude do rompimento de uma represa, o Ministério Público do Estado do Acre ajuizou ação em face da empresa responsável pela sua construção, buscando a condenação pelos danos materiais e morais sofridos pelos habitantes da região atingida pelo incidente. O pedido foi julgado procedente, tendo sido fixada a responsabilidade da ré pelos danos causados, mas sem a especificação dos valores indenizatórios. Em virtude dos fatos narrados, Ana Clara teve sua casa destruída, de modo que possui interesse em buscar a indenização pelos prejuízos sofridos. Na qualidade de advogado(a) de Ana Clara, assinale a orientação correta a ser dada à sua cliente.

a) Considerando que Ana Clara não constou do polo ativo da ação indenizatória, não poderá se valer de seus efeitos.

b) Ana Clara e seus sucessores poderão promover a liquidação e a execução da sentença condenatória.

c) A sentença padece de nulidade, pois o Ministério Público não detém legitimidade para ajuizar ação no lugar das vítimas.

d) A prolatação de condenação genérica, sem especificar vítimas ou valores, contraria disposição legal.

**COMENTÁRIOS**

✪ **Nota do autor:** considerando-se que foi proferida sentença condenatória genérica em ação coletiva, admite-se que as vítimas ingressem individualmente com a liquidação, que no caso, é *imprópria*, uma vez que se buscará provar que os autores se encontram na situação narrada e podem aproveitar a sentença, bem como apuram o valor da obrigação. Posteriormente, iniciarão a execução em face do devedor.

**Alternativa "b".** Conforme foi registrado, considerando-se ter sido proferida sentença condenatória genérica, poderão as vítimas valerem-se do título executivo judicial e iniciarem a liquidação imprópria e, posteriormente, a fase de cumprimento da obrigação. De se frisar que o Ministério Público tem legitimidade para a propositura da ação civil pública para a tutela de interesses metaindividuais, assim como também o têm os entes especificados no art. 5º, da Lei nº 7.347/1985. Trata-se a ação civil pública de espécie de ação coletiva.

**Alternativa correta: letra "b".**

---

**114. (FGV/OAB/XXX_Exame – 2019)** A Associação "X", devidamente representada por seu advogado, visando à proteção de determinados interesses coletivos, propôs ação civil pública, cujos pedidos foram julgados improcedentes. Ademais, a associação foi condenada ao pagamento de honorários advocatícios no percentual de 20% (vinte por cento) sobre o valor da causa.

Diante de tal quadro, especificamente sobre os honorários advocatícios, a sentença está

a) correta no que se refere à possibilidade de condenação ao pagamento de honorários e, incorreta, no que tange ao respectivo valor, porquanto fixado fora dos parâmetros estabelecidos pelo Art. 85 do CPC.

b) incorreta, pois as associações não podem ser condenadas ao pagamento de honorários advocatícios, exceto no caso de litigância de ma-fé, no âmbito da tutela individual e coletiva.

c) correta, pois o juiz pode fixar os honorários de acordo com seu prudente arbítrio, observados os parâmetros do Art. 85 do CPC.

d) incorreta, pois as associações são isentas do pagamento de honorários advocatícios em ações civis públicas, exceto no caso de má-fé, hipótese em que também serão condenadas ao pagamento do décuplo das custas.

**COMENTÁRIOS**

✪ **Nota do autor:** existe previsão específica na Lei da Ação Civil Pública (art. 18), no sentido de que não haverá adiantamento de custas, emolumentos, honorários periciais e quaisquer outras despesas, nem condenação da associação autora, salvo comprovada má-fé, em honorários de advogado, custas e despesas processuais.

**Alternativa "d":** enfatize-se, ainda, que, em caso de litigância de má-fé, a associação autora e os diretores responsáveis pela propositura da ação serão solidariamente condenados em honorários advocatícios e ao décuplo das custas, sem prejuízo da responsabilidade por perdas e danos (art. 17). Privilegia-se, portanto, a utilização da tutela coletiva de direitos.

**Alternativa correta: letra "d".**

---

**115. (FGV – Exame de Ordem 2018.1)** A sociedade empresária Sucesso veiculou propaganda enganosa acerca de um determinado produto, com especificações distintas daquelas indicadas no material publicitário. Aproximadamente 500.000 consumidores, dentre os quais alguns hipossuficientes, compraram o produto. Diante disso, a Associação de Defesa do Consumidor, constituída há 10 anos, cogitou a possibilidade de ajuizar ação civil pública, com base na Lei n° 7.347/85, para obter indenização para tais consumidores. Diante dessas informações, assinale a afirmativa correta.

a) O Ministério Público é parte ilegítima para a propositura da ação civil pública.

b) A Associação de Defesa do Consumidor pode propor a ação civil pública.

c) Qualquer consumidor lesado pode propor a ação civil pública.

d) A propositura da ação civil pública pela Defensoria dispensa a participação do Ministério Público no processo.

**COMENTÁRIOS**

✪ **Nota do autor:** a tutela da coletividade de consumidores poderá ocorrer por meio da ação civil pública, cuja legitimidade está delimitada no art. 5º, da Lei nº 7.347/1985, bem como no art. 82, do Código de Defesa do Consumidor. Dessa maneira, as associações legalmente constituídas há pelo menos um ano e que incluam entre seus fins institucionais a defesa dos interesses e direitos protegidos pelo Código de Defesa do Consumidor, dispensada a autorização assemblear, poderão ajuizar a demanda.

**Alternativa "b":** correta. Conforme visto nas notas, admite-se que a associação que tenha entre os seus fins a defesa dos interesses e direitos protegidos no CDC ajuíze ação civil pública em prol de interesses metaindividuais. O Ministério Público, por sua vez, atuará como fiscal da ordem jurídica. Exclui automaticamente as demais alternativas.

**Alternativa correta: letra "b".**

---

**116. (FGV – Exame de Ordem 2018.2)** Uma fábrica da sociedade empresária Tratores Ltda. despejou 10 toneladas de lixo reciclável no rio Azul, que corta diversos municípios do estado do Paraná. Em decorrência de tal fato, constatou-se a redução da flora às margens do rio. Sobre a medida cabível em tal cenário, assinale a afirmativa correta.

a) É cabível ação popular, na qual deve figurar obrigatoriamente o Ministério Público como autor.

b) É cabível ação civil pública, na qual deve figurar obrigatoriamente como autor um dos indivíduos afetados pelos danos.

c) Não é cabível ação civil pública ou ação coletiva, considerando a natureza dos danos, mas o Ministério Público pode ajuizar ação pelo procedimento comum, com pedido de obrigação de não fazer.

d) É cabível ação civil pública, na qual o Ministério Público, se não for autor, figurará como fiscal da lei.

**COMENTÁRIOS**

✪ **Nota do autor:** o meio ambiente está incluído entre os direitos difusos, cujos titulares não podem ser determinados. Admite-se a sua tutela por meio das ações coletivas, que se diferenciam das demais em razão da necessidade de observância de um rol de legitimados, bem como da extensão subjetiva da coisa julgada. Entre as ações coletivas, destaca-se a ação civil pública, que pode ser ajuizada pelos que estiverem elencados no art. 5º, da Lei nº 7.347/1985, quais sejam: I) o Ministério Público; II) a Defensoria Pública; III) a União, os Estados, o Distrito Federal e os Municípios; IV) a autarquia, empresa pública, fundação ou sociedade de economia mista; V) a associação que, concomitantemente: a) esteja constituída há pelo menos um ano nos termos da lei civil, e que b) inclua, entre as suas finalidades institucionais, a proteção do patrimônio público e social, meio ambiente, ao consumidor, à ordem econômica, à livre concorrência, aos direitos de grupos raciais, étnicos ou religiosos ou ao patrimônio público, estético, histórico, turístico e paisagístico.

**Alternativa "a"**: incorreta. A ação popular também é exemplo de ação coletiva, podendo ser utilizada também para a tutela do meio ambiente (direito difuso). Será ajuizada pelo cidadão, aquele que estiver em exercício de seus direitos políticos. Uma vez ajuizada, intervirá o Ministério Público na condição de fiscal da ordem jurídica, podendo assumir a titularidade da ação se acaso houver desistência de seu prosseguimento pelo autor popular. Admite-se, ainda, que o próprio Ministério Público ajuíze tal ação, embora seja a regra que defenda os interesses tutelados por meio da ação civil pública.

**Alternativa "b"**: incorreta. A ação civil pública destina-se à tutela de direitos difusos, coletivos e individuais homogêneos. Dessa maneira, poderá ser ajuizada para a tutela da coletividade. O seu autor atua como substituto processual, pois, em seu nome, defende interesse alheio. Tal atuação somente está autorizada àqueles que estiverem autorizados por lei, não sendo incluídas as vítimas do dano.

**Alternativa "c"**: incorreta. Como visto anteriormente, será possível o ajuizamento de ação coletiva para a tutela de direitos coletivos em sentido amplo (difusos, coletivos em sentido estrito e individuais homogêneos).

**Alternativa "d"**: correta. O art. 5º, da Lei nº 7.347/1985, elenca o Ministério Público entre os legitimados à propositura da ação civil pública, mas não o único. Há também outros entes que estão autorizados pela lei de substituir a coletividade em prol da defesa de interesses metaindividuais. Nesse sentido, admite-se que a ação civil pública seja ajuizada, por exemplo, pela Defensoria Pública. Não atuando o Ministério Público como parte, obrigatoriamente deverá intervir na condição de fiscal da ordem jurídica.

**Alternativa correta: letra "d".**

**117. (FGV – Exame de Ordem 2018.2)** A associação "Amigos da Natureza", constituída há 2 anos, com a finalidade institucional de proteger o meio ambiente, tem interesse na propositura de uma ação civil pública, a fim de que determinado agente causador de dano ambiental seja impedido de continuar a praticar o ilícito. Procurado pela associação, você, na qualidade de advogado, daria a orientação de

a) não propor uma ação civil pública, visto que as associações não têm legitimidade para manejar tal instrumento, sem prejuízo de que outros legitimados, como o Ministério Público, o façam.

b) propor uma ação civil pública, já que a associação está constituída há pelo menos 1 ano e tem, entre seus fins institucionais, a defesa do meio ambiente.

c) apenas propor a ação civil pública quando a associação estiver constituída há pelo menos 3 anos.

d) que a associação tem iniciativa subsidiária, de modo que só pode propor a ação civil pública após demonstração de inércia do Ministério Público.

**COMENTÁRIOS**

✪ **Nota do autor:** tal como já foi lembrado em outra questão, somente aqueles a que a lei autorizar expressamente poderão ajuizar a ação civil pública, por se tratar de hipótese de substituição processual.

**Alternativa "b"**: correta. O art. 5º, da Lei nº 7.347/1985, elenca os legitimados à propositura da ação civil pública, que poderão atuar em substituição processual. Entre eles, se encontra a associação que, concomitantemente, estiver constituída há, pelo menos, um ano, nos termos da lei civil, e inclua, entre suas finalidades institucionais, a proteção ao patrimônio público e social, ao meio ambiente, ao consumidor, à ordem econômica, à livre concorrência, aos direitos de grupos raciais, étnicos ou religiosos ou ao patrimônio artístico, estético, histórico, turístico e paisagístico. Neste caso, o Ministério Público atuará como fiscal da ordem jurídica. Como visto, exige-se a prévia constituição, pelos menos, há um ano. Contudo, se houver interesse social, este requisito temporal poderá ser dispensado, o que será demonstrado em razão da dimensão do dano (REsp 1.443.263). Exclui automaticamente as demais alternativas.

**Alternativa correta: letra "b".**

## 24. JUIZADOS ESPECIAIS CÍVEIS, JUIZADOS ESPECIAIS DA FAZENDA PÚBLICA E JUIZADOS ESPECIAIS FEDERAIS

**118. (FGV- XXXIV Exame de Ordem-2022)** João Eustáquio, após passar por situação vexatória promovida por Lucia Helena, decide procurar um advogado. Após narrar os fatos, o advogado de João Eustáquio promove uma ação indenizatória em face de Lucia Helena, no Juizado Especial Cível de Sousa/PB.

Lucia Helena, devidamente representada por seu advogado, apresenta contestação de forma oral, bem como apresenta uma reconvenção contra João Eustáquio.

João Eustáquio, indignado com tal situação, questiona se é válida a defesa processual promovida por Lucia Helena.

Como advogado de João Eustáquio, nos termos da Lei nº 9.099/95, assinale a afirmativa correta.

a) A contestação pode ser apresentada de forma oral, porém não se admitirá a apresentação de reconvenção.

b) A contestação não pode ser apresentada de forma oral, sendo somente permitida de forma escrita. Além disso, não se admitirá a apresentação de reconvenção.

c) A reconvenção pode ser apresentada, prezando pelo princípio da eventualidade, porém a contestação deve ser feita de forma escrita.

d) A contestação pode ser apresentada de forma oral, bem como é cabível a apresentação de reconvenção.

COMENTÁRIOS

O procedimento adotado no âmbito dos juizados especiais cíveis está regulamentado na Lei ° 9.099/1995, apresentando características próprias em conformidade com a menor complexidade das demandas. Entre outras particularidades, a contestação poderá ser apresentada de forma escrita ou oral (art. 30). Não se admitirá a reconvenção, sendo, no entanto, lícito ao réu, na própria contestação, formular pedido em seu favor (pedido contraposto), desde que fundado nos mesmos fatos que constituem objeto da controvérsia, respeitando-se as matérias que podem ser conhecidas nos juizados especiais cíveis (art. 31, caput).

**Alternativa correta: letra "a".**

---

**119. (FGV – Exame de Ordem 2018.2)** Luciana, por meio de seu advogado, propôs demanda em face de Carlos, perante determinado Juizado Especial Cível, na qual pediu, a título de indenização por danos materiais, a condenação do réu ao pagamento de R$ 20.000,00. Ao julgar parcialmente procedente o pedido, o juízo a quo condenou o demandado ao pagamento de R$ 15.000,00. Luciana se conformou com a decisão, ao passo que Carlos recorreu, a fim de diminuir o valor da condenação para R$10.000,00 e, bem assim, requereu a condenação da recorrida ao pagamento de custas e honorários. Embora tenha diminuído o valor da condenação para R$ 10.000,00, conforme requerido no recurso, o órgão ad quem não condenou Luciana ao pagamento de custas e honorários. Diante de tal quadro, é correto afirmar, especificamente no que se refere às custas e aos honorários, que

a) o órgão recursal errou, pois a gratuidade prevista pela Lei n° 9.099/95 só abrange o primeiro grau de jurisdição.
b) o órgão ad quem acertou, uma vez que, no âmbito do segundo grau, somente o recorrente vencido pode arcar com a sucumbência.
c) o órgão ad quem acertou, uma vez que, no âmbito do segundo grau, somente é possível condenação em custas e honorários se houver litigância de má-fé.
d) o órgão recursal agiu corretamente, pois os processos que tramitam sob o rito da Lei n° 9.099/95 são gratuitos, indistintamente, em qualquer grau de jurisdição.

COMENTÁRIOS

✪ **Nota do autor:** no âmbito dos Juizados Especiais Cíveis, regidos pela Lei nº 9.099/1995, vige o princípio da gratuidade processual em primeiro grau de jurisdição, de modo que o autor ajuizará a sua ação independentemente do recolhimento de custas (art. 54, *caput*), não havendo condenação do vencido ao pagamento de tal parcela, ressalvada hipótese de litigância de má-fé (art. 55, caput). De outro lado, em segundo grau, o recorrente, vencido, pagará as custas e honorários de advogado, que serão fixados entre dez por cento e vinte por cento do valor de condenação ou, não havendo condenação, do valor corrigido da causa. Porém, se o recorrente for o vencedor, não haverá condenação da parte contrária.

**Alternativa "a"**: incorreta. O acesso ao Juizado Especial independerá, em primeiro grau de jurisdição, do pagamento de custas, taxas ou despesas (art. 54, *caput*).

**Alternativa "b"**: correta. Em segundo grau, o recorrente, vencido, pagará as custas e honorários de advogado, que serão fixados entre 10 e 20% do valor da condenação ou, não havendo condenação, do valor corrigido da causa (art. 55, *caput*, segunda parte). Exclui automaticamente as demais alternativas.

**Alternativa correta: letra "b".**

---

**120. (FGV – Exame de Ordem 2017.3)** Arthur ajuizou ação perante o Juizado Especial Cível da Comarca do Rio de Janeiro, com o objetivo de obter reparação por danos materiais, em razão de falha na prestação de serviços pela sociedade empresária Consultex. A sentença de improcedência dos pedidos iniciais foi publicada, mas não apreciou juridicamente um argumento relevante suscitado na inicial, desconsiderando, em sua fundamentação, importante prova do nexo de causalidade. Arthur pretende opor embargos de declaração para ver sanada tal omissão. Diante de tal cenário, assinale a afirmativa correta.

a) Arthur poderá opor embargos de declaração, suspendendo o prazo para interposição de recurso para a Turma Recursal.
b) Os embargos não interrompem ou suspendem o prazo para interposição de recurso para a Turma Recursal, de modo que Arthur deverá optar entre os embargos ou o recurso, sob pena de preclusão.
c) Eventuais embargos de declaração interpostos por Arthur interromperão o prazo para interposição de recurso para a Turma Recursal.
d) Arthur não deverá interpor embargos de declaração pois estes não são cabíveis no âmbito de Juizados Especiais.

PROCESSUAL CIVIL

COMENTÁRIOS

✪ **Nota do autor:** há de se ter bastante atenção com o tema referente ao sistema recursal dos Juizados Especiais Cíveis (Lei nº 9.099/1995), que possui várias especificidades. Uma delas, refere-se à competência da Turma Recursal, composta por Juízes de Direito atuantes nos Juizados, para o julgamento dos recursos. Outra especificidade referia-se ao efeito da interposição do recurso de embargos declaratórios, que suspendia o prazo para a apresentação de outros recursos, regra que foi modificada por meio da Lei n. 13.105/2015, de modo a unificar o tratamento. Assim, atualmente, tal como ocorre no CPC, os embargos declaratórios opostos nos Juizados Especiais importarão na interrupção do curso do prazo para a interposição de outros recursos.

**Alternativa "c".** Como previsto no art. 50 da Lei nº 9.099/1995, os embargos de declaração *interrompem* o prazo de interposição de recurso, regra que foi modificada pela Lei nº 13.105/2015. Outra significativa modificação, refere-se à previsão de cabimento dos embargos declaratórios contra sentença ou acórdão nos casos previstos no CPC (e não mais quando houver obscuridade, contradição, omissão ou dúvida). Atualmente, portanto, serão cabíveis para esclarecer obscuridade, ou eliminar contradição, suprir omissão de ponto ou questão sobre o qual devia se pronunciar o juiz de ofício ou a requerimento e corrigir erro material. Exclui automaticamente as demais alternativas.

**Alternativa correta: letra "c".**

---

**121. (FGV – Exame de Ordem 2013.1)** A Lei n. 12.153/09 regulamenta a criação e o funcionamento dos Juizados Especiais da Fazenda Pública no âmbito dos Estados, do Distrito Federal, dos Territórios e dos Municípios. Tal diploma legal trouxe importantes inovações à ordem processual vigente, buscando solucionar ou reduzir os problemas causados pelo elevado número de demandas fazendárias que obstam o adequado funcionamento da máquina judiciária.

Consoante o exposto, assinale a afirmativa correta.

a) Os Juizados da Fazenda Pública são relativamente competentes para o processamento e julgamento daquelas causas cíveis que versem sobre interesse dos Estados, do Distrito Federal, dos Territórios e dos Municípios até o valor de 60 (sessenta) salários mínimos.

b) É expressamente vedada a concessão de quaisquer providências cautelares e antecipatórias no curso do processo que importem em ônus para os entes da Administração Pública Direta e Indireta que figurem no polo passivo da demanda.

c) As microempresas e empresas de pequeno porte, assim definidas pela Lei Complementar n. 123/2006, possuem legitimidade ativa para demandar perante os Juizados da Fazenda Pública.

d) O representante legal da pessoa jurídica de direito público, no âmbito dos Juizados Especiais da Fazenda Pública, disporá de prazo quádruplo para contestar e prazo em dobro para recorrer.

**COMENTÁRIOS**

✪ **Nota do autor:** os Juizados Especiais da Fazenda Pública têm o seu procedimento disciplinado por princípios que lhe são próprios. Com a finalidade de garantir o acesso mais amplo, a Lei 12.153/2009 permitiu que as microempresas, por exemplo, possam dele se valer.

**Alternativa "a".** Os Juizados Especiais detêm competência absoluta e não relativa para as demandas de até sessenta salários mínimos.

**Alternativa "b".** Não há vedação à concessão de providências antecipatórias ou acautelatórias, tanto é assim que os artigos 3º e 4º da Lei 12.153/2009 ditam que essas hipóteses são as únicas em que uma decisão interlocutória poderá ser objeto de recurso específico, pois vige o princípio da irrecorribilidade das decisões interlocutórias.

**Alternativa "c".** Via de regra, as pessoas jurídicas de direito privado não poderiam ajuizar ações no âmbito dos Juizados. Contudo, tal regra não se aplica às microempresas e as empresas de pequeno porte que, em razão de sua natureza, podem ajuizar ações perante os Juizados.

**Alternativa "d".** As pessoas jurídicas de direito público não possuem prazo diferenciado para a prática de qualquer ato processual.

**Alternativa correta: letra "c".**

**122. (FGV-Exame de Ordem 2019.2)** Raquel, servidora pública federal, pretende ajuizar ação em face da União, pleiteando a anulação de seu ato de demissão, bem como requerendo a condenação da ré ao pagamento de indenização por danos morais, no valor de R$ 50.000,00 (cinquenta mil reais), tendo em vista o sofrimento causado por ato que considera ilegal.

Na qualidade de advogado(a) de Raquel, a respeito do rito a ser seguido na hipótese, assinale a afirmativa correta.

a) A ação deverá seguir o rito dos Juizados Especiais Federais (Lei nº 10.259/01), uma vez que o valor da causa é inferior a 60 (sessenta) salários mínimos.

b) Tendo em vista que a ré é um ente público, aplica-se à hipótese o rito disposto na Lei nº 12.153/09, que regulamenta os Juizados Especiais da Fazenda Pública.

c) Poderá ser utilizado tanto o rito comum como o dos Juizados Especiais, já que, no foro onde estiver instalada a Vara do Juizado Especial, sua competência é relativa.

d) O rito a ser observado será o rito comum, pois não é de competência dos Juizados Especiais pretensão que impugna pena de demissão imposta a servidor público civil.

**COMENTÁRIOS**

✪ **Nota do autor:** aos Juizados Especiais são reservadas as demandas de *menor complexidade*. No âmbito dos Juizados Especiais Federais, a Lei nº 10.259/2001, exclui a competência das demandas que tenham como objeto a impugnação da pena de demissão imposta a servidores públicos civis ou de sanções disciplinares aplicadas a militares (art. 3º, § 1º, IV).

**Alternativa "d":** conforme foi demonstrado, a ação não poderá tramitar perante o Juizado Especial Federal, eis que trata de impugnação de pena de demissão imposta a servidor público civil, causa excluída do rol de ações que podem ser conhecidas por aquele órgão judicial. Exclui automaticamente as demais alternativas.

**Alternativa correta: letra "d".**

*Luciano Alves Rossato*

✦ RESUMOS DOUTRINÁRIOS

## 1. MEIOS ADEQUADOS DE RESOLUÇÃO DE CONFLITOS

Os conflitos poderão ser solucionados de duas maneiras:

***a) heterocomposição*** – terceiro solucionará o conflito, como ocorre quando a demanda é levada ao conhecimento do Poder Judiciário, ou solucionada por meio da arbitragem; e,

***b) autocomposição*** – as partes chegam a uma composição, de modo que a solução do conflito não é entregue a um terceiro. São exemplos: a conciliação, a mediação, a negociação, entre outras possibilidades.

O CPC, em seu art. 3º, encampou o **princípio do *tribunal multiportas***, reconhecendo-se que existem outros meios adequados de solução dos conflitos que não só por decisão adjudicada pelo juiz. Note-se que, na atualidade, utiliza-se da expressão ***meios adequados de solução de conflitos* ao invés de *meios alternativos***, pois todos possuem a mesma importância. Na verdade, dá-se preferência pela solução de conflitos que não pelo Poder Judiciário.

## CONCILIAÇÃO

A conciliação ocorrerá, preferencialmente, nos casos em que não houver vínculo anterior entre as partes, podendo ser sugeridas soluções para o litígio, sendo não admitida a utilização de qualquer tipo de constrangimento ou intimidação para que as partes se conciliem.

## MEDIAÇÃO

A mediação, por sua vez, atuará preferencialmente nos casos em que houver vínculo anterior entre as partes, auxiliando aos interessados a compreender as questões e os interesses em conflito, de modo que eles possam, pelo restabelecimento da comunicação, identificar, por si próprios, soluções consensuais que gerem benefícios mútuos.

A mediação será informada pelos princípios da independência, da imparcialidade, da autonomia de vontade, da confidencialidade, da oralidade, da informalidade e da decisão informada.

**Atenção**: a mediação é informada pelo princípio da ***confidencialidade*** e não da publicidade. Toda e qualquer informação relativa ao procedimento de mediação será confidencial em relação a terceiros, não podendo ser revelada sequer em processo arbitral ou judicial salvo:

1 – se as partes expressamente decidirem de forma diversa

2- ou quando sua divulgação for exigida por lei ou necessária para cumprimento de acordo obtido pela mediação.

Não está abrigada pela regra de confidencialidade a informação relativa à ocorrência de crime de ação pública.

O dever de confidencialidade aplica-se ao mediador, às partes, a seus prepostos, advogados, assessores técnicos e a outras pessoas de sua confiança que tenham, direta ou indiretamente, participado do procedimento de mediação, alcançando: I – declaração, opinião, sugestão, promessa ou proposta formulada por uma parte à outra na busca de entendimento para o conflito; II – reconhecimento de fato por qualquer das partes no curso do procedimento de mediação; III – manifestação de aceitação de proposta de acordo apresentada pelo mediador; IV – documento preparado unicamente para os fins do procedimento de mediação.

A prova apresentada em desacordo com o disposto neste artigo não será admitida em processo arbitral ou judicial.

Será confidencial a informação prestada por uma parte em sessão privada, não podendo o mediador revelá-la às demais, exceto se expressamente autorizado.

A mediação será presidida por um *mediador*, considerado como um auxiliar do juízo, devendo ser destacado:

a) o mediador será designado pelo tribunal ou escolhido pelas partes;

b) o mediador conduzirá o procedimento de comunicação entre as partes, buscando o entendimento e o consenso e facilitando a resolução do conflito;

c) o mediador fica impedido, pelo prazo de um ano, contado do término da última audiência em que atuou, de assessorar, representar ou patrocinar qualquer das partes;

d) o mediador não poderá atuar como árbitro nem funcionar como testemunha em processos judiciais ou arbitrais pertinentes a conflito em que tenha atuado como mediador;

e) Poderá atuar como mediador judicial a pessoa capaz, graduada há pelo menos dois anos em curso de ensino superior de instituição reconhecida pelo Ministério da Educação e que tenha obtido capacitação em escola ou instituição de formação de mediadores, reconhecida pela Escola Nacional de Formação e Aperfeiçoamento de Magistrados – ENFAM ou pelos tribunais, observados os requisitos mínimos estabelecidos pelo Conselho Nacional de Justiça em conjunto com o Ministério da Justiça.

Considera-se instituída a mediação na data para a qual for marcada a primeira reunião de mediação. Enquanto transcorrer o procedimento de mediação, ficará suspenso o prazo prescricional.

## ARBITRAGEM

A arbitragem constitui-se em um dos métodos de solução adequada dos conflitos, encontrando-se disciplinada na Lei nº 9.307/1996.

Dela poderão se valer as pessoas capazes de contratar para dirimir litígios relativos a direitos patrimoniais disponíveis, ainda que se trate da administração pública direta ou indireta.

As partes interessadas podem submeter a solução de seus litígios ao juízo arbitral mediante convenção arbitral, que engloba a *cláusula compromissória* e o *compromisso arbitral* (art. 3º).

**Convenção Arbitral** { Cláusula compromissória / Compromisso arbitral

***Cláusula compromissória***: a convenção através da qual as partes em um contrato comprometem-se a submeter à arbitragem os litígios que possam vir a surgir, relativamente a tal contrato (art. 4º, caput).

***Compromisso arbitral***: a convenção através da qual as partes submetem um litígio à arbitragem de uma ou mais pessoas, podendo ser judicial ou extrajudicial (art. 9º, caput).

**Quem pode ser árbitro?** Qualquer pessoa capaz e que tenha a confiança das partes (art. 13, caput).

Estão impedidos de funcionar como árbitros as pessoas que tenham, com as partes ou com o litígio que lhes for submetido, algumas das relações que caracterizam os casos de impedimento ou suspeição de juízes, aplicando-se-lhes, no que couber, os mesmos deveres e responsabilidades, conforme previsto no Código de Processo Civil.

As pessoas indicadas para funcionar como árbitro têm o dever de revelar, antes da aceitação da função, qualquer fato que denote dúvida justificada quanto à sua imparcialidade e independência.

O árbitro pode ser recusado pelas partes? o árbitro somente poderá ser recusado por motivo ocorrido após sua nomeação. Poderá, entretanto, ser recusado por motivo anterior à sua nomeação, quando: a) não for nomeado, diretamente, pela parte; ou b) o motivo para a recusa do árbitro for conhecido posteriormente à sua nomeação.

## 2. NORMAS FUNDAMENTAIS DO DIREITO PROCESSUAL CIVIL

### Modelo Constitucional de Processo

As Normas Fundamentais têm a sua origem na Constituição Federal, constituindo-se na forma de como o legislador compreendeu a aplicação, no âmbito processual, do princípio do devido processo legal em sua plenitude, nele contido todos os princípios que lhe são derivados, como os do contraditório, ampla defesa, boa-fé etc.

Para tanto, as Normas Fundamentais partem do modelo fundamental ou do modelo constitucional de processo.

Portanto, estabelece a Constituição as linhas fundamentais do processo, suas bases normativas e garantias mínimas, competindo ao legislador infraconstitucional traçar as especificidades próprias de cada ramo processual rumo à sua otimização.

### O Princípio do devido processo legal como princípio nuclear

Os princípios fundamentais decorrem de um núcleo comum, que é o princípio do devido processo legal, indicado por Nelson Nery Júnior como "o gênero do qual todos os demais princípios constitucionais do processo são espécies". O devido processo legal se caracteriza de duas formas: material (devido processo legal em sentido material) e processual (devido processo legal em sentido processual).

### Regra jurídica da iniciativa da parte e do impulso oficial

Deverá o Poder Judiciário ser provocado para que possa atuar no caso concreto. Trata-se de efeito corolário da regra jurídica da iniciativa da parte, dispositivo ou inércia da jurisdição.

### Princípio do acesso à justiça ou inafastabilidade do controle jurisdicional

O princípio do acesso à justiça foi positivado no inciso XXXV, do art. 5º, do Texto Fundamental, garantindo-se que "a lei não excluirá da apreciação do Poder Judiciário lesão ou ameaça a direito".

Ao contrário do que pode parecer, o dispositivo constitucional não revela apenas ao direito de ação, ou seja, de peticionar e requerer providências pelo Estado-juiz. A par da própria consciência de respeito e confiança na Justiça, a garantia está ligada à noção de democracia e igualdade, com o objetivo de tornar efetivos os direitos individuais e coletivos por meio do processo. Trata-se, a um só tempo, de direito fundamental e de garantia à efetivação de direitos, formando-se entre as partes uma situação de interdependência e não propriamente de submissão.

### Princípio da primazia do julgamento de mérito

Em conformidade com o disposto no art. 4º do CPC, "as partes têm o direito de obter em prazo razoável a solução integral do mérito, incluída a atividade satisfativa". Neste dispositivo é possível extrair o princípio da preferência ou da primazia pelo julgamento de mérito.

### Princípio da duração razoável do processo

Seguindo a tendência internacional, a Emenda Constitucional n. 45/2004 inseriu o inciso LXXVIII ao art. 5º da Constituição Federal e, partir de então, o princípio da duração razoável do processo passou a ter status constitucional.

### Princípio da boa-fé processual

Sendo a segurança jurídica um dos fundamentos da República, tem a boa-fé processual base na Constituição Federal, também como decorrência da dignidade da pessoa humana (art. 1º, III) e da própria solidariedade social (art. 3º, I). Para outros, trata-se de corolário do devido processo legal.

### Princípio da cooperação processual

O princípio processual da cooperação processual tem o seu cerne na concepção de que o processo rege uma relação processual entre as partes e o juiz, que interagem entre si, estabelecendo-se uma comunidade de trabalho.

### Princípio da isonomia

O art. 7º do CPC assegura a paridade de tratamento em relação ao exercício de direitos e faculdades processuais, aos meios de defesa, aos ônus, aos deveres e à aplicação de sanções processuais, cabendo ao magistrado zelar pelo efetivo contraditório. Encampou-se o direito à igualdade processual como sendo um componente integrante do processo justo.

### Princípio da publicidade dos atos processuais

Em conformidade com o art. 5º, LX, "a lei só poderá restringir a publicidade dos atos processuais quando a defesa da intimidade ou o interesse social o exigirem", enquanto o art. 93, IX, dispõe que "todos os julgamentos dos órgãos do Poder Judiciário serão públicos".

### Princípio do contraditório dinâmico

Não há processo sem o efetivo contraditório. Trata-se de princípio inerente ao devido processo legal, pelo qual deve ser garantido às partes a possibilidade de se manifestar previamente à decisão judicial, com a finalidade de influenciá-lo, evitando-se a decisão surpresa.

**Princípio da fundamentação analítica**

A fundamentação das decisões judiciais é um dever imposto pela Constituição Federal (art. 93, IX), reiterado pelo Código de Processo Civil de 2015 (art. 11), que registrou um conteúdo mínimo das decisões judiciais (art. 489 do CPC).

Em conformidade com o previsto no § 1º do art. 489 do CPC, não se considera fundamentada qualquer decisão judicial, seja ela interlocutória, sentença ou acórdão, que: I) se limitar à indicação, à reprodução ou à paráfrase de ato normativo, sem explicar sua relação com a causa ou a questão decidida; II) empregar conceitos jurídicos indeterminados, sem explicar o motivo concreto de sua incidência no caso; III) invocar motivos que prestariam a justificar qualquer outra decisão; IV) não enfrentar todos os argumentos deduzidos no processo capazes de, em tese, infirmar a conclusão adotada pelo julgador; V) se limitar a invocar precedente ou enunciado de súmula, sem identificar seus fundamentos determinantes nem demonstrar que o caso sob julgamento se ajusta àqueles fundamentos; VI) deixar de seguir enunciado de súmula, jurisprudência ou precedente invocado pela parte, sem demonstrar a existência de distinção no caso em julgamento ou a superação do entendimento.

**Atendimento preferencial da ordem cronológica**

De acordo com o art. 12, do CPC, houve previsão no sentido de que "os juízes e os tribunais atenderão, preferencialmente, à ordem cronológica de conclusão para proferir sentença ou acórdão". Estão excluídos da regra do *caput*: I – as sentenças proferidas em audiência, homologatórias de acordo ou de improcedência liminar do pedido; II – o julgamento de processos em bloco para aplicação de tese jurídica firmada em julgamento de casos repetitivos; III – o julgamento de recursos repetitivos ou de incidente de resolução de demandas repetitivas; IV – as decisões proferidas com base nos arts. 485 e 932; V – o julgamento de embargos de declaração; VI – o julgamento de agravo interno; VII – as preferências legais e as metas estabelecidas pelo Conselho Nacional de Justiça; VIII – os processos criminais, nos órgãos jurisdicionais que tenham competência penal; IX – a causa que exija urgência no julgamento, assim reconhecida por decisão fundamentada.

**Prioridade de tramitação**

Terão prioridade de tramitação, em qualquer juízo ou tribunal, entre outros procedimentos, aqueles em que figure como parte a vítima de violência doméstica e familiar, nos termos da Lei Maria da Penha e, também aqueles em que se discuta a aplicação do disposto nas normas gerais de licitação e contratação.

**Princípios regentes da aplicação do ordenamento jurídico**

Conforme dispõe o art. 8º do Código de Processo Civil, ao aplicar o ordenamento jurídico, "o juiz atenderá aos fins sociais e às exigências do bem comum, resguardando e promovendo a dignidade da pessoa humana e observando a proporcionalidade, a razoabilidade, a legalidade, a publicidade e a eficiência".

**Garantias constitucionais do processo**

As garantias constitucionais são princípios qualificados que limitam o poder. Há várias garantias previstas na Constituição Federal, como o habeas corpus, o habeas data, a garantia do direito à propriedade, do direito à herança etc.

## 3. JURISDIÇÃO

A Jurisdição é o poder que detém o Estado de fazer atuar as regras jurídicas de forma concreta. Frise-se: só diante de casos concretos é que atuará a função jurisdicional. Essa atividade apresenta-se como secundária, instrumental, declarativa, desinteressada e provocada.

A Jurisdição é informada por três princípios basilares:

(i) **Princípio do juiz natural:** somente exercerá a Jurisdição aquele devidamente investido na forma prevista pela Constituição Federal;

(ii) **A Jurisdição** é **improrrogável:** os limites do poder jurisdicional são traçados pela Constituição Federal; e,

(iii) **A Jurisdição** é **indeclinável:** não pode o Poder Jurisdicional recusar-se a cumprir a sua função, e nem a delegar a quem quer que seja.

**Limites da jurisdição nacional e cooperação internacional**

O CPC 2015 corrigiu a imprecisão conceitual existente anteriormente, ao modificar o tratamento da antiga competência internacional para "limites da jurisdição nacional e da cooperação internacional". De fato, não se trata de um problema que envolva a competência, mas de jurisdição, porque se verifica quais são as causas ou que deverão ser submetidas à jurisdição nacional.

| EXCLUSIVA | CONCORRENTE |
|---|---|
| Somente podem ser decididas pela jurisdição brasileira. Eventuais decisões estrangeiras não serão homologadas pelo Superior Tribunal de Justiça. | Podem ser decididas tanto pelo tribunal estrangeiro quanto pela jurisdição nacional, ressalvadas disposições em contrário de tratados internacionais e acordos bilaterais. Eventual decisão estrangeira deverá ser homologada pelo Superior Tribunal de Justiça. A ação proposta perante o Tribunal estrangeiro não induz litispendência. |

**O juízo estrangeiro poderá decretar o divórcio, hipótese em que estará dispensada a homologação da sentença no Brasil** (art. 961 CPC). Porém, a decisão sobre a partilha somente poderá ser proferida pela autoridade judicial brasileira.

> ***Divórcio consensual puro ou simples**: estará dispensada a homologação da sentença pelo Superior Tribunal de Justiça. Competirá a qualquer juiz examinar a validade da decisão, em caráter principal ou incidental, quando essa questão for suscitada em processo de sua competência (art. 961, §§ 5º e 6º).*
>
> ***Divórcio consensual qualificado*: assim considerado aquele que dispõe sobre a guarda, alimentos e/ou partilha de bens,** *nos termos dos artigos 1º e 2º, do Provimento nº 56/2016, do CNJ, não dispensará a homologação da sentença pelo Superior Tribunal de Justiça.*

Admite-se a cooperação jurídica internacional que tenha por objeto: i) citação, intimação e notificação judicial e extrajudicial; ii) colheita de provas e obtenção de informações; iii) homologação e cumprimento de decisão; iv) concessão de medida judicial de urgência; v) assistência jurídica internacional; vi) qualquer outra medida judicial ou extrajudicial não proibida pela lei brasileira.

**O auxílio direto** terá os seguintes objetos:

I – obtenção e prestação de informações sobre o ordenamento jurídico e sobre processos administrativos ou jurisdicionais findos ou em curso;

II – colheita de provas, salvo se a medida for adotada em processo, em curso no estrangeiro, de competência exclusiva de autoridade judiciária brasileira;

e, III – qualquer outra medida judicial ou extrajudicial não proibida pela lei brasileira.

## 4. AÇÃO E PRESSUPOSTOS PROCESSUAIS

### Direito de Ação

Cada indivíduo exercerá o direito de ação, por meio do qual provocará a atuação do Poder Judiciário. Feita essa provocação, compete ao Poder Judiciário conferir a necessária tutela jurisdicional ao caso concreto.

Dessa maneira, diferencia-se o direito de ação e o direito à tutela jurisdicional.

Esta se efetiva por meio da utilização da técnica processual adequada, de procedimento capaz de viabilizar a participação e da própria resposta jurisdicional. Deve ser visto sob a ótica da proteção do direito material a ser prestada pelo Estado, quer seja pelo legislador, com a previsão das técnicas adequadas, quer seja pelo juiz.

### Teorias da Ação

a) Teoria imanentista: a ação corresponde ao direito de pedir em juízo o que é devido. Seria uma qualidade de todo direito ou o próprio direito quando reage a uma violação.

b) Ação como Direito Autônomo: i) teoria do direito concreto à tutela jurídica – não pressupõe o direito subjetivo material violado ou ameaçado; ii) ação como direito autônomo e abstrato – o direito de ação não depende da efetiva existência do direito material.

c) Doutrina de Liebman – ação corresponde a um direito subjetivo instrumental, correlato com a sujeição a uma pretensão.

### Condições da ação

A Constituição Federal assegura o direito de ação, mas é a lei processual que estabelece as condições necessárias para a devida prestação jurisdicional necessitada. No modelo de Liebman, adotado pelo CPC de 1973, para que se obtivesse a sentença de mérito, deveriam estar presentes as condições da ação, indicadas como sendo três: interesse processual, legitimidade de agir e possibilidade jurídica do pedido.

Dividiu-se a doutrina ao interpretar o Código de Processo Civil de 2015, sendo possível vislumbrar a existência de dois posicionamentos principais. Pelo primeiro, ainda persiste a categoria jurídica processual das condições da ação, sendo, porém, limitada a duas, quais sejam, interesse de agir e a legitimidade ad causam. Pelo segundo, não mais persiste esta categoria processual, sendo o interesse processual e a legitimidade tratadas entre os pressupostos processuais.

Dessa maneira, deve ser novamente enfatizado que as condições da ação, por essa concepção, resumem-se a duas, que são o interesse de agir e a legitimidade ad causam. A possibilidade jurídica do pedido deixou de ser tratada como condição da ação para ser enfrentada como matéria de mérito.

Legitimidade *ad causam*: deve haver nexo subjetivo entre a relação jurídica material e as partes no processo. O autor, em princípio, deve ser o titular da situação jurídica, e o réu deve estar em uma situação de sujeição. Portanto, o autor é aquele que se apresenta como titular da relação jurídica afirmada em juízo. Quando não houver essa correspondência, estar-se-á diante da legitimidade extraordinária.

Pela Teoria da Asserção, o magistrado verifica se estão presentes as condições da ação no momento em que a demanda é proposta. Nesta oportunidade, é possível a extinção do processo. Posteriormente, já estando adiantado o procedimento, se verificada a ausência de uma das condições, o magistrado não mais promoveria a extinção sem análise de mérito, mas julgaria o pedido improcedente justamente pela falta da condição. Parcela considerável da doutrina rejeita tal teoria, seguindo entendimento capitaneado por Dinamarco.

Interesse de agir: compreende dois aspectos, representados pelo binômio necessidade-utilidade (ou necessidade-adequação). A provocação da atividade jurisdicional deve ser necessária para a obtenção do resultado pretendido. Isso decorre de lei ou de ato do réu. Ademais, o instrumento deve ser adequado (útil) à obtenção do resultado.

Deve haver a diferenciação entre o interesse processual (ou secundário) do interesse substancial (primário).

O interesse substancial é aquele que o autor afirma ser o titular. É o interesse resistido, que não foi satisfeito pela parte contrária. Em decorrência da necessidade de proteção desse interesse, surge o interesse processual ou secundário.

Retoma-se aqui o tema da legitimidade ordinária e extraordinária. Como visto, a parte exercerá o seu direito de ação para tutelar a satisfação de um interesse substancial. Terá interesse processual para amparar um direito que afirma ser titular. Visto dessa maneira, tem-se a legitimidade ordinária, prevista no art. 18, caput do CPC nos seguintes termos: "Ninguém poderá pleitear direito alheio em nome próprio, salvo quando autorizado pelo ordenamento jurídico".

Ocorre que, por vezes, a lei admite que alguém, embora não seja o titular do interesse substancial, tem o interesse processual (secundário), de modo que lhe é facultado assegurar o direito. Tem-se como exemplo a propositura de ação civil pública para a proteção ambiental pelo Ministério Público.

Portanto, na legitimação extraordinária, terá legitimidade aquele que não é titular do interesse substancial, embora a lei lhe confira interesse processual.

Dessa maneira, o substituído deve ser parte legítima, bem como o substituto deverá atuar somente em virtude de autorização legal. Admite-se, de toda forma, a intervenção do substituído como assistente litisconsorcial.

O interesse do autor poderá consistir no exercício de uma pretensão com preponderância declaratória. Nesse sentido, indica o art. 19 que o interesse do autor pode limitar-se à declaração: i) da existência, da inexistência ou do modo de ser de uma relação jurídica, ou ii) da autenticidade ou da falsidade de documento. Tem-se, então, a ação meramente declaratória. Como é possível dessumir, não será pertinente ingressar com uma ação apenas para que haja uma consulta jurídica. Não se pode buscar a declaração de fatos, salvo relativos à autenticidade ou falsidade documental.

De toda forma, admite o Superior Tribunal de Justiça o ajuizamento de ação declaratória para obtenção de certeza quanto à exata interpretação de cláusula contratual (Súmula 181 STJ).

O Código de Processo Civil de 2015 foi enfático no sentido de dirimir uma velha questão: admite-se a ação meramente declaratória, ainda que tenha ocorrido a violação do direito. Admite-se a ação para declaração da existência de obrigação de pagar. Vide o art. 20.

**Processo**

*Conceito e natureza*

Há várias teorias sobre a natureza jurídica do processo, podendo ser destacadas:

a) Processo como contrato: haveria um contrato entre as partes no sentido de se submeter à decisão judicial;

b) Processo como quase-contrato: as obrigações são determinadas com base na lei, pressupondo-se a existência de um acordo entre as partes;

c) Processo como relação jurídica: identifica-se uma relação jurídica entre as partes e o Estado-Juiz, chamada de relação jurídica processual. Esta relação se caracteriza quanto aos sujeitos, objeto e pelos seus pressupostos.

d) Processo como situação jurídica;

e) Processo como instituição;

f) Processo como mero procedimento;

g) Processo como categoria complexa;

h) Processo como categoria jurídica autônoma.

Para todos os fins, deve-se considerar como adequada a teoria que considera o processo como uma relação jurídica.

*Espécies*

Diante do que foi exposto, conclui-se pela existência de duas espécies de tutela. Uma a ser proporcionada pelo processo de conhecimento (sincrético), no qual são desenvolvidas várias fases (entre elas, a de cumprimento de sentença) e a relativa ao processo de execução.

A tutela provisória deixou de ser objeto de um processo autônomo, tal como ocorria no CPC de 1973. Atualmente, será requerida de forma antecedente ou incidentalmente no processo de conhecimento ou de execução.

*Procedimento e relação jurídica processual*

Essa relação jurídica é estabelecida entre autor, juiz e réu. Esse é o entendimento atual doutrinário, que entende essa relação jurídica como sendo triangular ou trilateral.

Em contrapartida, há aqueles que entendem ser a relação processual angular, estabelecendo-se relações entre autor e juiz, e réu e juiz.

É certo que, antes da citação, a relação jurídica processual não está completada e não há, propriamente, o processo. Tanto é assim que a citação vem sendo considerada como pressuposto processual de existência.

Essa ideia de relação processual surgiu na segunda metade do século XIX, a partir dos estudos da doutrina alemã. Antes disso, não se concebia o direito processual como uma ciência autônoma, mas como um apêndice do direito material.

Diante dessas observações, percebe-se que a relação processual possui as seguintes características: é autônoma, trilateral, pública, complexa e dinâmica.

Percebe-se, então, que os estudos da doutrina alemã, o direito processual foi concebido como uma ciência autônoma, com princípios e requisitos próprios, verificando-se a existência dos pressupostos processuais.

Estes pressupostos processuais, ao lado das condições da ação, compõem os pressupostos de admissibilidade da atividade jurisdicional.

## PRESSUPOSTOS PROCESSUAIS

Várias são as classificações dos pressupostos processuais existentes em sede doutrinária.

Registre-se que o processo existirá ainda que faltem os pressupostos processuais. Assim, é no próprio processo que há o exame da existência ou inexistência deles.

Focando o estudo na relação processual, formada a partir do vínculo trilateral autor, réu e juiz, percebe-se a existência de pressupostos processuais que estão dentro dessa relação, ou seja, que são intrínsecos a ela, e pressupostos processuais que estão fora dessa relação.

Os primeiros são os pressupostos intrínsecos, que alguns doutrinadores indicam como sendo pressupostos de constituição e de desenvolvimento válido da relação processual. Devem estar presentes para que aquela relação processual exista e se desenvolva validamente.

Paralelamente, há os pressupostos externos à relação processual (extrínsecos). Estes não devem incidir, chamados, por isso, de negativos.

Para que o processo exista (no mundo jurídico) devem estar presentes os pressupostos de existência:

- Jurisdição: deve existir um órgão jurisdicional devidamente investido consoante determinam as normas constitucionais pertinentes.
- Petição inicial: o processo civil começa por iniciativa da parte. Não se inicia a relação processual sem a provocação do autor, por meio do instrumento adequado, denominado petição inicial. Entende-se por demanda a provocação do Estado Juiz e a petição inicial é o instrumento da demanda. Excepcionalmente, verifica-se que existem processos que se iniciam sem a petição inicial.
- Citação: é o ato pelo qual são convocados o réu, o executado ou o interessado para integrar a relação processual.

Partindo-se da hipótese em que a relação processual existe (porque presentes os pressupostos de existência), verifica-se se estão presentes os pressupostos de desenvolvimento válido do processo (ou só de desenvolvimento ou só de validade). Esses pressupostos completam os de existência.

São pressupostos de validade ou de desenvolvimento válido: competência (absoluta), imparcialidade, capacidade e legitimidade processual, petição inicial válida e citação válida.

Os pressupostos processuais negativos estão fora da relação processual. Não podem estar presentes, sob pena de extinção do processo, sem resolução do mérito.

Será reconhecida a existência da litispendência quando for proposta ação idêntica a outra já pendente, considerando essa identidade a partir dos elementos da ação.

A coisa julgada impede a repropositura da mesma ação quando já existir sentença transitada em julgado a respeito.

A perempção importará na extinção quando o autor der causa ao abandono da ação por três vezes. Na quarta, não poderá ser proposta a demanda.

Também se aponta a convenção de arbitragem como um dos pressupostos negativos, muito embora não possa ser a matéria conhecida de ofício pelo juiz.

## 5. AUXILIARES DA JUSTIÇA

O juiz não atua sozinho no processo. Ao contrário, é auxiliado por outros profissionais, que podem ter vínculo funcional direto com o Tribunal, ou apenas exercerem a sua função de forma eventual, sem vínculo funcional. Para fins penais, são considerados *funcionários públicos*. Para o Direito Administrativo, alguns ocupam cargos públicos, enquanto outros não.

São auxiliares da Justiça, além de outros cujas atribuições sejam determinadas pelas normas de organização judiciária, **o**

PROCESSUAL CIVIL

**escrivão, o chefe de secretaria, o oficial de justiça, o perito, o depositário, o administrador, o intérprete, o tradutor, o mediador, o conciliador judicial, o partidor, o distribuidor, o contabilista e o regulador de avarias.**

**Incumbirá ao escrivão ou ao chefe de secretaria:**

I – redigir, na forma legal, os ofícios, os mandados, as cartas precatórias e os demais atos que pertençam ao seu ofício;

II – efetivar as ordens judiciais, realizar citações e intimações, bem como praticar todos os demais atos que lhe forem atribuídos pelas normas de organização judiciária;

III – comparecer às audiências ou, não podendo fazê-lo, designar servidor para substituí-lo;

IV – manter sob sua guarda e responsabilidade os autos, não permitindo que saiam do cartório, exceto: a) quando tenham de seguir à conclusão do juiz; b) com vista a procurador, à Defensoria Pública, ao Ministério Público ou à Fazenda Pública; c) quando devam ser remetidos ao contabilista ou ao partidor; d) quando forem remetidos a outro juízo em razão da modificação da competência; V – fornecer certidão de qualquer ato ou termo do processo, independentemente de despacho, observadas as disposições referentes ao segredo de justiça; VI – praticar, de ofício, os atos meramente ordinatórios, nos termos regulamentados por ato do juiz.

No impedimento do escrivão ou chefe de secretaria, o juiz convocará substituto e, não o havendo, nomeará pessoa idônea para o ato.

O escrivão ou o chefe de secretaria atenderá, **preferencialmente**, à ordem cronológica de recebimento para publicação e efetivação dos pronunciamentos judiciais, com exceção dos atos urgentes, assim reconhecidos pelo juiz no pronunciamento judicial a ser efetivado, bem como as preferências legais.

A parte que se considerar preterida na ordem cronológica poderá reclamar, nos próprios autos, ao juiz do processo, que requisitará informações ao servidor, a serem prestadas no prazo de dois dias. Constatada a preterição, o juiz determinará o imediato cumprimento do ato e a instauração de processo administrativo disciplinar contra o servidor.

**São incumbências do oficial de justiça:**

I – fazer pessoalmente citações, prisões, penhoras, arrestos e demais diligências próprias do seu ofício, sempre que possível na presença de 2 (duas) testemunhas, certificando no mandado o ocorrido, com menção ao lugar, ao dia e à hora;

II – executar as ordens do juiz a que estiver subordinado;

III – entregar o mandado em cartório após seu cumprimento;

IV – auxiliar o juiz na manutenção da ordem;

V – efetuar avaliações, quando for o caso;

VI – certificar, em mandado, proposta de autocomposição apresentada por qualquer das partes, na ocasião de realização de ato de comunicação que lhe couber, hipótese em que o juiz ordenará a intimação da parte contrária para manifestar-se, no prazo de 5 (cinco) dias, sem prejuízo do andamento regular do processo, entendendo-se o silêncio como recusa.

O escrivão, o chefe de secretaria e o oficial de justiça são responsáveis, civil e regressivamente, quando: I – sem justo motivo, se recusarem a cumprir no prazo os atos impostos pela lei ou pelo juiz a que estão subordinados; II – praticarem ato nulo com dolo ou culpa.

Note-se que há menção à responsabilidade civil e regressiva, de modo que, em primeiro lugar, responderá o Estado pelo dano, cabendo a busca da responsabilização posteriormente aos agentes públicos.

## 6. ATOS PROCESSUAIS

***Definição***

São atos processuais aqueles que se destinam à criação, modificação, conservação ou extinção da relação jurídica processual.[1] Podem ser praticados pelas partes, pelos auxiliares do juízo e pelo magistrado.

Diferenciam-se dos fatos processuais, que são fatos humanos ou não que tenham repercussão no processo.

***Forma, Tempo e Lugar***

Os atos processuais não dependem de prova determinada, salvo quando a lei expressamente o exigir.

Princípio da instrumentalidade das formas: consideram-se válidos os atos processuais que, embora realizados de outro modo, tenham preenchido a finalidade essencial.

Deve ser observado, ainda, os princípios da primazia do julgamento do mérito e do máximo aproveitamento do ato processual.

Como regra, os atos processuais são públicos. Porém, correrão em segredo de justiça: i) aqueles em que se exija o interesse público ou social; ii) que versem sobre casamento, separação de corpos, divórcio, separação, união estável, filiação, alimentos e guarda de crianças e adolescentes; iii) em que constem dados protegidos pelo direito constitucional à intimidade; iv) que versem sobre arbitragem, inclusive sobre cumprimento de carta arbitral, desde que a confidencialidade estipulada na arbitragem seja comprovada perante o juízo.

Os atos processuais serão praticados em horário autorizado por lei, qual seja, das 6 às 20 horas. Se iniciados antes, podem ser concluídos após as 20 horas, se o adiamento prejudicar a diligência ou causar grave dano.

As citações, intimações e as penhoras podem ser realizadas no período de férias forenses, nos feriados ou dias úteis fora do horário estabelecido, desde que se observe a impossibilidade de ingresso em domicílio em horário noturno sem a autorização do morador.

O ato eletrônico poderá ser praticado até as 24 horas do último dia do prazo.

Os atos processuais, como regra, serão praticados na sede do juízo. Excepcionalmente, poderão ser praticados em outro lugar em razão de deferência, interesse da justiça, da natureza do ato ou de obstáculo arguido pelo interessado e acolhido pelo juiz.

**Os pronunciamentos judiciais**

Conforme dispõe o parágrafo primeiro do art. 203, "ressalvadas as disposições expressas dos procedimentos especiais, sentença é o pronunciamento por meio do qual o juiz, com fundamento nos arts. 485 e 487, põe fim à fase cognitiva do procedimento comum, bem como extingue a execução".

A decisão interlocutória constitui-se no pronunciamento judicial de natureza decisória que não se enquadre nas hipóteses de sentença (art. 203, § 2º do CPC).

Admitem-se decisões interlocutórias (portanto, com carga decisória) com ou sem análise de mérito. Pode-se dizer que serão com análise de mérito todas as decisões proferidas e que, muito embora não encerrem uma fase procedimental, tenham como conteúdo uma das hipóteses indicadas no art. 487 do Novo Código de Processo Civil. A interlocutória que prefere julgamento antecipado parcial da lide é uma hipótese de decisão interlocutória de mérito.

1. WAMBIER, Luiz Rodrigues. TALAMINI, Eduardo. ALMEIDA. Flávio Renato Correia. *Curso Avançado de Processo Civil*. VOL. 1. 10ª ed. São Paulo: RT, 2008.

Em conformidade com o art. 203, § 3º, do Novo Código de Processo Civil, são despachos todos os demais pronunciamentos do juiz praticados no processo, de ofício ou a requerimento da parte.

**Prazos**

A lei prescreverá os prazos em que serão realizados os atos processuais. Se a lei não fizer previsão do prazo, o juiz o fixará, levando em consideração a sua complexidade.

| Contagem dos prazos processuais no processo civil |
|---|
| **a) Regra:** somente serão contados os dias úteis. |
| **b) Juizados Especiais**: na contagem de prazo em dias, estabelecidos por lei ou pelo juiz, para a prática de qualquer ato processual, inclusive para a interposição de recursos, computar-se-ão somente os dias úteis (art. 12-A, da Lei nº 9.099/1995). |
| **c) Procedimentos do Estatuto da Criança e do Adolescente que tramitem perante a Vara da Infância**: os prazos estabelecidos no ECA e aplicáveis aos seus procedimentos são contados em dias corridos, excluído o dia do começo e incluído o do vencimento |

| Atenção |
|---|
| Salvo disposição em sentido diverso, considera-se dia do começo do prazo, entre outras situações, o quinto dia útil seguinte à confirmação, na forma prevista na mensagem de citação, do recebimento da citação realizada por meio eletrônico. |

**Comunicação dos atos processuais**

**Citação é o ato pelo qual são convocados o réu, o executado ou o interessado para integrar a relação processual.** Para que a relação processual seja válida, é imprescindível a citação do réu ou do executado, salvo nas hipóteses de indeferimento da petição inicial ou de improcedência liminar do pedido.

Decorrem certos efeitos da citação válida, ainda que o ato tenha sido ordenado por juiz incompetente. **Efeitos da citação válida: i) induzir litispendência; ii) tornar litigiosa a coisa; iii) constituir em mora o devedor, ressalvadas excepcionalidades previstas no Código Civil.**

| Alterações importantes sobre a citação |
|---|
| 1 – a citação será efetivada em até 45 dias a partir da propositura da ação. Trata-se, naturalmente, de prazo impróprio; |
| 2 – A citação será feita preferencialmente por meio eletrônico, no prazo de até 2 (dois) dias úteis, contado da decisão que a determinar, por meio dos endereços eletrônicos indicados pelo citando no banco de dados do Poder Judiciário, conforme regulamento do Conselho Nacional de Justiça. |
| **3 –** As empresas públicas e privadas são obrigadas a manter cadastro nos sistemas de processo em autos eletrônicos, para efeito de recebimento de citações e intimações, as quais serão efetuadas preferencialmente por esse meio. |
| 4 – A ausência de confirmação, em até 3 (três) dias úteis, contados do recebimento da citação eletrônica, implicará a realização da citação: I – pelo correio; II – por oficial de justiça; III – pelo escrivão ou chefe de secretaria, se o citando comparecer em cartório; IV – por edital. Competirá ao réu, citado de uma dessas formas alternativas à eletrônica, apresentar justa causa para a ausência de confirmação do recebimento da citação enviada eletronicamente. |
| 5 – Considera-se ato atentatório à dignidade da justiça, passível de multa de até 5% (cinco por cento) do valor da causa, deixar de confirmar no prazo legal, sem justa causa, o recebimento da citação recebida por meio eletrônico. |
| 6 – A União, o Distrito Federal e o Município são obrigados a manter cadastro nos sistemas de processo em autos eletrônicos, para efeito de recebimento de citações e intimações, as quais serão efetuadas preferencialmente por esse meio. |
| 7 – As citações por correio eletrônico serão acompanhadas das orientações para realização da confirmação de recebimento e de código identificador que permitirá a sua identificação na página eletrônica do órgão judicial citante. |
| 8 – Microempresas e pequenas empresas: somente serão obrigadas a manter cadastro nos sistemas de processo em autos eletrônicos, quando não possuírem endereço eletrônico cadastrado no sistema integrado da Rede Nacional para a Simplificação do Registro e da Legalização de Empresas e Negócios (Redesim). |
| 9 – A citação será feita por meio eletrônico ou pelo correio para qualquer comarca do país, exceto: I – nas ações de estado; II – quando o citando for incapaz; III – quando o citando for pessoa jurídica de direito público; IV – quando o citando residir em local não atendido pela entrega domiciliar de correspondência; V – quando o autor, justificadamente, a requerer de outra forma. |

## PROCESSO ELETRÔNICO

Os órgãos do Poder Judiciário poderão desenvolver sistemas eletrônicos de processamento de ações judiciais por meio de autos total ou parcialmente digitais, utilizando, preferencialmente, a rede mundial de computadores e acesso por meio de redes internas e externas.

Todos os atos processuais do processo eletrônico serão assinados eletronicamente na forma estabelecida nesta Lei.

No processo eletrônico, todas as citações, intimações e notificações, inclusive da Fazenda Pública, serão feitas por meio eletrônico, na forma desta Lei.

**A intimação e a citação da Fazenda Pública poderão ser realizadas por meio eletrônico.**

As citações, intimações, notificações e remessas que viabilizem o acesso à íntegra do processo correspondente serão consideradas vista pessoal do interessado para todos os efeitos legais.

Quando, por motivo técnico, for inviável o uso do meio eletrônico para a realização de citação, intimação ou notificação, esses atos processuais poderão ser praticados segundo as regras ordinárias, digitalizando-se o documento físico, que deverá ser posteriormente destruído.

A distribuição da petição inicial e a juntada da contestação, dos recursos e das petições em geral, todos em formato digital, nos autos de processo eletrônico, podem ser feitas diretamente pelos advogados públicos e privados, sem necessidade da intervenção do cartório ou secretaria judicial, situação em que a autuação deverá se dar de forma automática, fornecendo-se recibo eletrônico de protocolo.

Quando o ato processual tiver que ser praticado em determinado prazo, por meio de petição eletrônica, serão considerados tempestivos os efetivados até as 24 (vinte e quatro) horas do último dia. Se o Sistema do Poder Judiciário se tornar indisponível por motivo técnico, o prazo fica automaticamente prorrogado para o primeiro dia útil seguinte à resolução do problema.

Sistema inoperante: prazo será prorrogado para o primeiro dia útil seguinte à resolução do problema.

PROCESSUAL CIVIL

Os documentos produzidos eletronicamente e juntados aos processos eletrônicos com garantia da origem e de seu signatário, serão considerados originais para todos os efeitos legais.

Os extratos digitais e os documentos digitalizados e juntados aos autos pelos órgãos da Justiça e seus auxiliares, pelo Ministério Público e seus auxiliares, pelas procuradorias, pelas autoridades policiais, pelas repartições públicas em geral e por advogados públicos e privados têm a mesma força probante dos originais, ressalvada a alegação motivada e fundamentada de adulteração antes ou durante o processo de digitalização.

A arguição de falsidade do documento original será processada eletronicamente na forma da lei processual em vigor. Os originais dos documentos digitalizados, nesse caso, deverão ser preservados pelo seu detentor até o trânsito em julgado da sentença ou, quando admitida, até o final do prazo para interposição de ação rescisória.

Os documentos cuja digitalização seja tecnicamente inviável devido ao grande volume ou por motivo de ilegibilidade deverão ser apresentados ao cartório ou secretaria no prazo de 10 (dez) dias contados do envio de petição eletrônica comunicando o fato, os quais serão devolvidos à parte após o trânsito em julgado.

Os documentos digitalizados juntados em processo eletrônico somente estarão disponíveis para acesso por meio da rede externa para suas respectivas partes processuais e para o Ministério Público, respeitado o disposto em lei para as situações de sigilo e de segredo de justiça.

O magistrado poderá determinar que sejam realizados por meio eletrônico a exibição e o envio de dados e de documentos necessários à instrução do processo.

## 7. COMPETÊNCIA

A competência territorial, em regra, será relativa, pois prevista no interesse das partes, que podem modificá-la por convenção (foro de eleição) ou por não terem apresentado a respectiva preliminar no tempo oportuno.

Constituem-se exceções à regra as ações fundadas em direito real sobre imóveis e ações possessórias, que devem ser processadas perante o foro da situação da coisa.

Admite-se que o autor opte pelo foro de domicílio do réu ou pelo foro de eleição se o litígio não recair sobre direito de propriedade, vizinhança, servidão, divisão e demarcação de terras e de nunciação de obra nova.

A ação fundada em direito pessoal e a ação fundada em direito real sobre bens móveis serão propostas, em regra, no foro do domicílio do réu. Tendo este mais de um domicílio, poderá ser demandado em qualquer um deles. Essa é a regra geral, sem prejuízo da existência de regras subsidiárias, se acaso aquela não puder ser aplicada.

A ação em que o incapaz for réu será proposta no foro de seu representante ou assistente.

**Atenção – alteração legislativa – Lei nº 13.894/2019**

É competente o foro: I – para a ação de divórcio, separação, anulação de casamento e reconhecimento ou dissolução de união estável: (...) d) de domicílio da vítima de violência doméstica e familiar, nos termos da Lei nº 11.340/2006.

As causas movidas pela União serão processadas perante o foro do domicílio do réu. Se a União for a demanda, será competente o foro do domicílio do autor, no de ocorrência do ato ou fato que originou a demanda, no de situação da coisa ou no Distrito Federal.

As hipóteses de foro especial sobrepõem-se à regra geral, segundo a qual a ação deve ser ajuizada perante o domicílio do réu.

As regras de competência podem existir para atendimento do interesse público, quando então se diz que se está diante da competência absoluta, ou para comodidade das partes, hipótese em que será relativa.

A competência absoluta é um pressuposto de validade da relação processual, configurando-se matéria que pode ser conhecida de ofício pelo juiz. Aliás, em consonância com o princípio da competência sobre a competência, admite-se que o juiz analise se tem ou não competência para decidir sobre determinada questão que lhe foi apresentada. Admite-se que a parte alegue o vício da incompetência absoluta até mesmo após o trânsito em julgado, por meio da ação rescisória.

Diferentemente, a competência relativa não é um pressuposto de validade da relação processual. Não poderá ser conhecida de ofício pelo juiz, devendo ser alegada oportunamente pela parte interessada, na própria contestação, como preliminar.

A *perpetuatio jurisdictionis* (ou perpetuação da competência, como seria mais adequado) não prevalecerá em quaisquer situações, conforme a própria ressalva do Código. Assim, se houver supressão do órgão judiciário ou alteração da competência da competência absoluta em decorrência das modificações do estado de fato ou de direito, haverá a alteração da competência.

A competência poderá ser alterada em decorrência de previsão legal (como ocorre com a conexão, por exemplo) ou por vontade das partes (foro de eleição ou não formulação de preliminar na contestação).

Prevê o art. 54 que a competência relativa poderá ser modificada pela conexão ou pela continência.

É possível estabelecer uma relação de afinidade entre ações, o que pode gerar vários efeitos práticos, como a reunião de processos para julgamento conjunto, a suspensão de um processo para se aguardar o julgamento de outro etc.

Consideram-se conexas duas ações quando lhes for comum o pedido ou a causa de pedir. Trata-se de hipótese mínima em que as causas serão conexas, porque é possível que exista esta relação muito embora não seja comum o pedido ou a causa de pedir.

**CONEXÃO ENTRE CAUSAS**

**Se houver comunhão entre elas em relação ao pedido <u>OU</u> a causa de pedir.**

A reunião dos processos será feita em favor do juízo prevento, que os decidirá. A prevenção do juízo será estabelecida pelo registro ou pela distribuição. Não mais se trata de efeito da citação válida.

**A prevenção não mais se trata de efeito da citação válida. O juízo prevento será estabelecido em razão do registro ou da distribuição.**

Para que ocorra a reunião dos processos haverá a necessidade de observância dos seguintes requisitos: i) juízo absolutamente competente para decidir as causas; ii) existência de liame entre as causas; iii) que a causa não tenha sido sentenciada.

A reunião dos processos para julgamento conjunto também será possível à execução de título executivo extrajudicial e à ação de conhecimento relativa ao mesmo ato jurídico, bem como às execuções fundadas no mesmo título executivo.

Admite o CPC, ainda, a reunião de processos para julgamento conjunto, ainda que não haja conexão. Isso será permitido em relação aos processos que possam gerar risco de prolação de decisões conflitantes ou contraditórias caso decididas separadamente.

## 8. PARTES, LITISCONSÓRCIO E INTERVENÇÃO DE TERCEIROS

### 8.1. CONCEITOS

Capacidade de ser parte

As pessoas físicas maiores (e menores emancipadas) e as pessoas jurídicas possuem capacidade civil de **direito** e **de ser parte**. Têm aptidão para ter direitos e podem praticar os atos da vida civil. Tendo possibilidade de exercício, terão capacidade processual. Nesse sentido, o art. 70 do CPC: "toda pessoa que se encontre no exercício de seus direitos tem capacidade para estar em juízo".

Se o indivíduo, embora tenha capacidade civil de direito, não puder exercê-la, deve ter a capacidade de agir ou processual integrada.

Em determinadas hipóteses, a lei determina que seja necessário um advogado para postular em nome de determinada parte. E assim prevê a nomeação de curador especial ao:

> I - incapaz, se não tiver representante legal ou se os interesses deste colidirem com os daquele, enquanto durar a incapacidade;
>
> II - réu preso revel, bem como ao réu revel citado por edital ou com hora certa, enquanto não for constituído advogado.
>
> É atribuição institucional da Defensoria Pública exercer a curatela especial.
>
> **Vide Súmula 196/STJ**: "Ao executado que, citado por edital ou por hora certa, permanecer revel, será nomeado curador especial, com legitimidade para apresentação dos embargos".
>
> **Vide Súmula 421/STJ**: "Os honorários advocatícios não são devidos à Defensoria Pública quando ela atua contra a pessoa jurídica de direito público à qual pertence".

No que se refere à necessidade ou não da outorga uxória/marital, é preciso verificar que existem regras distintas, a depender de atuação no polo ativo ou no polo passivo.

**Polo ativo**: será necessário o consentimento do outro cônjuge para a propositura de ação que verse sobre **direito real imobiliário**, a não ser que casados sob o regime de separação absoluta de bens.

**Polo passivo**: ambos os cônjuges serão citados para a ação:

> I - que verse sobre direito real imobiliário, salvo quando casados sob o regime de separação absoluta de bens;
>
> II - resultante de fato que diga respeito a ambos os cônjuges ou de ato praticado por eles;
>
> III - fundada em dívida contraída por um dos cônjuges a bem da família;
>
> IV - que tenha por objeto o reconhecimento, a constituição ou a extinção de ônus sobre imóvel de um ou de ambos os cônjuges.

Aplicam-se essas regras à união estável comprovada nos autos.

O consentimento necessário para o ajuizamento da ação poderá ser suprido judicialmente quando for negado por um dos cônjuges sem justo motivo, ou quando não seja possível concedê-lo.

Capacidade da pessoa jurídica

O art. 75 do CPC indica quem *representa* as pessoas jurídicas e alguns entes despersonalizados em juízo (ou *presenta*).

| Ente | Quem representa? |
|---|---|
| União | Advocacia-Geral da União. |
| Estado e o Distrito Federal | Respectivos procuradores. |
| Município | Prefeito, procurador ou Associação de Representação de Municípios, quando expressamente autorizada. |
| Autarquia e a fundação de direito público | Por quem a lei do ente federado designar. |
| Massa falida | Administrador judicial. |
| Herança jacente ou vacante | Curador. |
| Espólio | Inventariante |
| Pessoa jurídica | Por quem os respectivos atos designarem. Na ausência, por seus diretores. |
| Sociedade e a associação irregulares e outros entes sem personalidade jurídica | Pela pessoa a quem couber a administração dos bens. |
| Pessoa jurídica estrangeira | Pelo gerente, representante ou administrador de sua filial, agência ou sucursal aberta ou instalada no Brasil. |
| Condomínio | Pelo administrador ou síndico. |

Vício por incapacidade processual ou irregularidade da representação da parte

Se o magistrado verificar a incapacidade processual ou irregularidade da representação da parte deverá suspender o processo, fixando prazo razoável para que o vício seja sanado.

> Não sendo sanado o vício:
>
> **se o processo ainda estiver na instância originária (em primeiro grau)**: I – será extinto, se a providência couber ao autor; II – o réu será considerado revel, se a providência lhe couber; III - o terceiro será considerado revel ou excluído do processo, dependendo do polo em que se encontre.
>
> **Se o processo estiver em grau recursal perante o tribunal de justiça, tribunal regional federal ou tribunal superior**, o relator: I – não conhecerá do recurso, se a providência couber ao recorrente; II – determinará o desentranhamento das contrarrazões, se a providência couber ao recorrido.

Deveres das partes

O art. 77, do CPC, sem prejuízo de outros previstos em lei, indica os principais deveres das partes. Entre eles, destaca-se o inserido pela Lei nº 14.195/2021: VII - informar e manter atualizados seus dados cadastrais perante os órgãos do Poder Judiciário e, no caso do § 6º do art. 246 deste Código, da Administração Tributária, para recebimento de citações e intimações.

São deveres das partes:

> I - expor os fatos em juízo conforme a verdade;
>
> II - não formular pretensão ou de apresentar defesa quando cientes de que são destituídas de fundamento;

III - não produzir provas e não praticar atos inúteis ou desnecessários à declaração ou à defesa do direito;

IV - cumprir com exatidão as decisões jurisdicionais, de natureza provisória ou final, e não criar embaraços à sua efetivação [neste caso, o o juiz advertirá a pessoa de que a conduta pode ser punida como ato atentatório à dignidade da justiça];

V - declinar, no primeiro momento que lhes couber falar nos autos, o endereço residencial ou profissional onde receberão intimações, atualizando essa informação sempre que ocorrer qualquer modificação temporária ou definitiva;

VI - não praticar inovação ilegal no estado de fato de bem ou direito litigioso [neste caso, o o juiz advertirá a pessoa de que a conduta pode ser punida como ato atentatório à dignidade da justiça].

VII - informar e manter atualizados seus dados cadastrais perante os órgãos do Poder Judiciário e, no caso do § 6º do art. 246 deste Código, da Administração Tributária, para recebimento de citações e intimações.

Podem caracterizar ato atentatório à dignidade da justiça: multa de até 20% do valor da causa, de acordo com a gravidade da conduta. Não sendo paga no prazo fixado pelo juiz, a multa será inscrita em dívida ativa e cobrada por execução fiscal.

A multa não será imposta aos advogados públicos e privados e aos membros do Ministério Público e Defensoria Pública.

Sentidos da expressão "parte"

**Há dois sentidos para o conceito parte: sentido material e o sentido processual.** Por meio do primeiro, traça-se correlação para com o negócio jurídico de direito material discutido em juízo. Porém, é possível que o demandante ou demandado não seja esse titular, mas ainda assim possa postular ou ser postulado. Tem-se aqui o conceito de parte em sentido processual, pois não se identifica com a lide.

A titularidade, como regra, será daquele que tem relação com o direito material em discussão. Nesse sentido, "ninguém poderá pleitear direito alheio em nome próprio, salvo quando autorizado pelo ordenamento jurídico" (art. 18). Terá, então, a legitimação ordinária.

Porém, como ressalvado na lei, há certas hipóteses em que o legislador autoriza que terceiro possa demandar ou ser demandado em nome próprio, mas para a defesa de direito de terceiro. Ou seja, a parte não é titular do direito material em jogo, ocorrendo a substituição processual. Tem-se, então, a legitimação extraordinária, que compreenderá a substituição processual e a representação processual.

- Legitimação
  - Ordinária
  - Extraordinária
    - Substituição processual
    - Representação processual

Legitimação extraordinária

Na legitimação extraordinária, demanda-se para a defesa de interesse de outrem. Compreenderá a *substituição* e a *representação* processuais.

***Substituição processual:*** o autor, em seu nome, demanda para a defesa de direito de outrem. Exemplos: o alienante de coisa litigiosa que persistir no processo defenderá direito do adquirente (art. 109, CPC); o autor na ação popular defenderá, em seu nome, o interesse da coletividade; o Ministério Público ajuizará ação, em seu nome, na defesa de interesses da coletividade.

***Representação processual*:** o autor agirá em nome e para a defesa de direitos de terceiros. Exemplo: ação coletiva ordinária proposta por associação para a defesa dos direitos dos associados.

A substituição processual não se confunde com a sucessão de parte. Naquela, terceiro demanda em seu nome na defesa de direito de outrem. Na sucessão, de outro lado, altera-se o polo da ação (por exemplo, o cessionário do crédito na execução).

Alienação da coisa litigiosa

Este tema, **futuro advogado**, é sempre lembrado pelos examinadores. Refere-se à alienação da coisa ou do direito litigioso por ato entre vivos, depois da citação do requerido.

Entre os efeitos da citação válida, que incidirá ainda quando ordenada por juiz incompetente, está ***tornar litigiosa a coisa.***

E, **sendo litigiosa a coisa ou o direito**, a sua alienação por ato entre vivos não altera a legitimidade das partes. Ou seja, **permanecerão no processo os polos ativo e passivo originários**, somente podendo o adquirente ou cessionário ingressar em juízo, sucedendo o alienante ou cedente se consentir a parte contrária.

Não havendo o consentimento, contudo, o adquirente ou o cessionário poderá intervir no processo como assistente litisconsorcial do alienante ou cedente.

Proferida sentença, estende-se os seus efeitos ao adquirente ou cessionário.

Como se nota, o alienante da coisa ou do direito, que tiver permanecido no processo, atuará, em seu nome, na defesa de direito de outrem, verificando-se presente hipótese de substituição processual.

**Sucessão processual**

Somente será admitida a sucessão voluntária das partes quando assim permitido pela lei.

Ocorrendo a morte de qualquer das partes, dar-se-á a sucessão pelo seu espólio ou pelos seus sucessores, e o juiz suspenderá o processo.

Se não for ajuizada ação de habilitação, o juiz observará o seguinte: I - falecido o réu, ordenará a intimação do autor para que promova a citação do respectivo espólio, de quem for o sucessor ou, se for o caso, dos herdeiros, no prazo que designar, de no mínimo 2 (dois) e no máximo 6 (seis) meses; II - falecido o autor e sendo transmissível o direito em litígio, determinará a intimação de seu espólio, de quem for o sucessor ou, se for o caso, dos herdeiros, pelos meios de divulgação que reputar mais adequados, para que manifestem interesse na sucessão processual e promovam a respectiva habilitação no prazo designado, sob pena de extinção do processo sem resolução de mérito.

**Dos Procuradores**

A parte somente litigará em juízo se for representado por advogado devidamente inscrito na OAB. Permite-se a litigância em causa própria, desde que a parte tenha habilitação legal.

Há situações excepcionais em que se admite que a parte demande sem o patrocínio de advogado, como ocorre nas ações trabalhistas, nos Juizados Especiais Cíveis (até vinte salários mínimos).

O advogado não poderá postular sem procuração, salvo para evitar a preclusão, decadência ou a prescrição, ou ainda para praticar ato considerado urgente.

Nestes casos, compromete-se o advogado a apresentar a procuração no prazo de 15 dias, prorrogável pelo mesmo período. A apresentação da procuração acarretará a ratificação do ato. A não observância da regra acarretará a ineficácia do ato em relação àquele em cujo nome foi praticado.

A procuração habilita o advogado para o foro em geral. Para alguns atos, no entanto, exige-se que conste expressamente a autorização.

> O advogado tem direito a:
>
> I - examinar, em cartório de fórum e secretaria de tribunal, mesmo sem procuração, autos de qualquer processo, independentemente da fase de tramitação, assegurados a obtenção de cópias e o registro de anotações, salvo na hipótese de segredo de justiça, nas quais apenas o advogado constituído terá acesso aos autos;
>
> II - requerer, como procurador, vista dos autos de qualquer processo, pelo prazo de 5 (cinco) dias;
>
> III - retirar os autos do cartório ou da secretaria, pelo prazo legal, sempre que neles lhe couber falar por determinação do juiz, nos casos previstos em lei.

A parte que revogar o mandato outorgado a seu advogado constituirá, no mesmo ato, outro que assuma o patrocínio da causa. Não sendo constituído novo procurador no prazo de 15 (quinze) dias, observar-se-á o disposto no art. 76.

Portanto, descumprida a determinação, caso o processo esteja na instância originária: I - o processo será extinto, se a providência couber ao autor; II - o réu será considerado revel, se a providência lhe couber; III - o terceiro será considerado revel ou excluído do processo, dependendo do polo em que se encontre.

De outro lado, descumprida a determinação em fase recursal perante tribunal de justiça, tribunal regional federal ou tribunal superior, o relator: I - não conhecerá do recurso, se a providência couber ao recorrente; II - determinará o desentranhamento das contrarrazões, se a providência couber ao recorrido.

O advogado poderá renunciar ao mandato a qualquer tempo, provando que comunicou a renúncia ao mandante, a fim de que este nomeie sucessor.

Durante os 10 (dez) dias seguintes, o advogado continuará a representar o mandante, desde que necessário para lhe evitar prejuízo.

Dispensa-se a comunicação referida no caput quando a procuração tiver sido outorgada a vários advogados e a parte continuar representada por outro, apesar da renúncia.

### Litisconsórcio

Tem-se o litisconsórcio quando duas ou mais pessoas litigarem em conjunto, no mesmo processo, em um dos polos da ação. Todos integrarão a relação jurídica processual na condição de partes.

O litisconsórcio comporta diversas classificações, com suas consequências práticas.

#### a) Quanto à posição dos sujeitos.

A reunião de pessoas poderá ocorrer no polo ativo, no polo passivo, ou até nos dois. Desse modo, identifica-se o litisconsórcio ativo, passivo e misto.

#### b) Quanto ao momento de sua formação.

Em relação ao momento de sua formação, tem-se o litisconsórcio inicial, quando o autor, na sua postulação, já indica a existência de mais de um componente do polo ativo, ou mais de um réu.

Porém, se tal indicação ocorrer supervenientemente, por determinação do juiz ou pela própria vontade da parte, tem-se o litisconsórcio ulterior.

#### c) Quanto à obrigatoriedade de sua formação.

A formação do litisconsórcio poderá ser uma opção do autor ou uma necessidade imposta pela lei. Tem-se, dessa maneira, o litisconsórcio facultativo e o necessário.

O litisconsórcio facultativo decorre exclusivamente da iniciativa do autor, que ao invés de propor várias ações contra réus diferentes, apresenta uma única demanda. Poderá ocorrer nas hipóteses indicadas no art. 113: I – entre elas houver comunhão de direitos ou de obrigações relativamente à lide; II – entre as causas houver conexão pelo pedido ou pela causa de pedir; III – ocorrer afinidade de questões por ponto comum de fato ou de direito (litisconsórcio impróprio).

Ocorre, contudo, que o número de litisconsortes poderá comprometer a rápida solução do litígio ou dificultar a defesa ou o cumprimento da sentença, hipótese em que se admite a sua limitação. Trata-se do que foi denominado de litisconsórcio facultativo multitudinário.

Litisconsórcio facultativo multitudinário é aquele em que o número de litisconsortes poderá comprometer a rápida solução do litígio ou dificultar a defesa ou o cumprimento da sentença. Poderá ser determinada a sua limitação pelo juízo, de ofício, ou atendendo a requerimento da parte contrária.

A parte poderá requerer a limitação do litisconsórcio multitudinário, quando então o prazo para manifestação ou resposta será interrompido, retomando-se da intimação do pronunciamento que decidir o requerimento.

Se, apresentado o requerimento de limitação do litisconsórcio, não for o mesmo acolhido pelo magistrado, poderá o prejudicado interpor recurso de agravo de instrumento (art. 1.015, VII).

Paralelamente, o litisconsórcio também poderá ser obrigatório ou necessário, quer em razão de disposição legal ou por conta da natureza da relação jurídica. Para tais hipóteses, a eficácia da sentença depende da citação de todos os litisconsortes.

A formação do litisconsórcio necessário deverá ser fiscalizada pelo juiz que, detectando a falha, determinará a regularização pelo autor, indicando prazo para tanto, sob pena de extinção do processo.

Note-se que o Código elencou consequências diferentes para a inobservância do litisconsórcio necessário, a depender se a decisão deveria ou não ser uniforme em relação a todos os que deveriam ter integrado o processo.

Como adiante se verá, o litisconsórcio será unitário se a decisão for obrigatoriamente uniforme em relação a todos os litisconsortes e será simples se tal uniformidade não for obrigatória.

Adianta-se tal informação justamente para que seja possível analisar, com mais precisão, a consequência advinda da inobservância da citação de todos os litisconsortes. Não se pode, com essa informação, confundir as modalidades de litisconsórcio.

Com efeito, litisconsórcio necessário não é a mesma coisa que unitário. No primeiro, há obrigatoriedade de sua formação. Por este, a formação do litisconsórcio não é obrigatória, mas, se ocorrer, a decisão deverá ser uniforme para todos os litisconsortes, não se admitindo pronunciamentos de teor diferentes.

Nesse sentido, tratando-se de litisconsórcio necessário e unitário, ao mesmo tempo, proferida sentença de mérito sem a citação de todos os litisconsortes, tem-se que esta é nula. Por outro lado, não havendo necessidade de tal uniformidade, a sentença não produzirá efeitos em relação àqueles que não foram citados.

Consequências decorrentes da não citação de todos os litisconsortes:

| Litisconsórcio necessário e unitário | Litisconsórcio necessário e simples |
|---|---|
| Sentença nula | Ineficaz em relação aos litisconsortes não citados |

**d) Quanto à uniformidade da decisão.**

Analisa-se, nesse ponto, se a decisão proferida deverá ser uniforme para todos os litisconsortes, ou se não há essa necessidade de identidade (muito embora ela possa ocorrer).

A propósito de tal critério, tem-se o litisconsórcio simples e o unitário, cada qual com seu regime jurídico.

No litisconsórcio simples, a decisão não precisa necessariamente uniforme em relação a todos os litisconsortes, sendo tratados como litigantes distintos. Consequentemente, os atos e omissões não beneficiarão ou prejudicarão os demais litisconsortes.

No litisconsórcio simples, a contestação apresentada por um dos litisconsortes não afastará a incidência do efeito material da revelia em relação aos demais.

Diferentemente, no litisconsórcio unitário, a decisão há de ser uniforme em relação a todos os litisconsortes. Por essa razão, estes serão considerados como integrantes de um bloco único, motivo pelo qual o ato praticado por um deles a todos aproveitará, embora as omissões não prejudicarão aos demais.

No litisconsórcio unitário, a contestação apresentada por um dos litisconsortes afastará a incidência do efeito material da revelia em relação aos demais.

Deve-se diferenciar, ainda, as figuras do litisconsórcio eventual, alternativo e sucessivo.

Litisconsórcio eventual: são colocadas em juízo duas pessoas, estabelecendo-se uma ordem de preferência entre elas. Ocorre, por exemplo, na desconsideração da personalidade jurídica.

Litisconsórcio alternativo: o autor postula contra dois réus, pois se encontra em dúvida sobre quem deve ocupar o polo passivo. Exemplo típico é o da ação de consignação em pagamento. E outro exemplo é o do pedido postulado em face da seguradora e do intermediário do seguro, pois, se aquele se livrar da responsabilização, requer que este seja obrigado a reparar.

Litisconsórcio sucessivo: o segundo litisconsorte somente terá reconhecido o seu direito se, antes, o primeiro também o tiver. É o exemplo da ação de alimentos com indenização de ressarcimento de despesas do parto.

## Da intervenção de terceiros: intervenção voluntária e provocada

A intervenção de terceiros é caracterizada pelo ingresso de um sujeito em processo pendente. Ele não participava do processo, sendo provocado para tanto, ou comparecendo e requerendo o seu ingresso espontaneamente.

### Assistência

A assistência é uma modalidade de intervenção de terceiros. Por meio dela, tem-se o ingresso voluntário de terceiro que demonstra possuir um interesse jurídico.

Há duas modalidades de assistência: simples e litisconsorcial.

Na assistência simples, o terceiro intervém no processo para auxiliar o assistido, uma vez que sua esfera jurídica será afetada de forma reflexa. Deve demonstrar a existência de interesse jurídico. O assistente, ao ingressar na ação, não poderá manifestar-se contrariamente aos interesses do assistido.

Nessa hipótese, sendo revel o assistido, o assistente será considerado seu substituto processual.

De outro lado, há assistência litisconsorcial (ou qualificada) quando a sentença houver de influir na relação jurídica entre ele o adversário do assistido. Nessa hipótese, o assistente poderia ser parte no processo.

### Denunciação da lide

Tem-se a denunciação da lide quando uma das partes promove, no mesmo processo, ação regressiva contra terceiro, dito denunciado. Pressupõe-se que o denunciante tenha uma pretensão própria contra o denunciado.

São requisitos indispensáveis para o deferimento da denunciação: a) pretensão própria do denunciante versus o denunciado; e b) existência de direito de regresso do denunciante frente ao denunciado.

Têm legitimidade à denunciação as partes da ação principal (autor e réu, além dos que já figurem como denunciados), desde que exista uma pretensão de regresso.

| DENUNCIAÇÃO DA LIDE PELO AUTOR | DENUNCIAÇÃO DA LIDE PELO RÉU |
|---|---|
| O autor requer a denunciação na própria petição inicial. Ela somente será julgada se a ação principal, movida em face do réu, for julgada improcedente. | O réu a requer no prazo de resposta. Somente será julgada se a ação principal, movida em face do denunciante, for julgada procedente. |
| Requerida a citação do denunciado, o processo principal permanecerá paralisado. Realizada a citação, poderá o denunciado assumir a posição de litisconsorte do denunciante e acrescentar novos argumentos à petição inicial, procedendo-se em seguida à citação do réu. | Oferecida a denunciação, podem surgir três situações distintas:<br>i) se o denunciado contestar o pedido formulado pelo autor, o processo prosseguirá tendo, na ação principal, em litisconsórcio, denunciante e denunciado;<br>ii) se o denunciado for revel, o denunciante pode deixar de prosseguir com a sua defesa e abster-se de recorrer, restringindo sua atuação à ação regressiva;<br>iii) se o denunciado confessar os fatos alegados pelo autor, o denunciante poderá prosseguir com sua defesa ou, aderindo a tal reconhecimento, pedir apenas a procedência da ação de regresso. |

### Chamamento ao processo

O chamamento ao processo é modalidade de intervenção de terceiros provocada pelo réu, que deverá exercer tal direito na contestação.

Existem duas teses a respeito da natureza do chamamento ao processo.

a) Trata-se de ação condenatória requerida pelo devedor solidário que, acionado sozinho para responder pela totalidade da dívida, pretende acertar, na ação secundária de chamamento, a responsabilidade do devedor principal ou dos demais codevedores solidários, na proporção de suas cotas. De acordo com os autores adeptos desta teoria, tese contrária ofenderia a opção do litisconsórcio facultativo para o autor nos casos de solidariedade.

b) Outros autores defendem tratar-se de forma de ampliação subjetiva passiva da relação processual.

O CPC/2015, ao que parece, adotou a segunda tese, como se pode extrair do que está previsto no art. 131, *caput*, ao mencionar que "a citação daqueles que devam figurar em litisconsórcio passivo (...)".

**Incidente de desconsideração da personalidade jurídica**

Com a finalidade de resguardar os princípios do contraditório dinâmico e da ampla defesa, o legislador fez previsão do incidente de desconsideração da personalidade jurídica, por meio do qual o sócio ou a própria pessoa jurídica (desconsideração invertida) serão previamente ouvidos, antes de se decidir pela possibilidade de desconsiderá-la.

A lei processual não fez previsão das hipóteses em que será admitida a desconsideração, reservando tal regulação para o direito material, como é possível verificar no Código Civil, Código de Defesa do Consumidor etc.

O incidente de desconsideração da personalidade jurídica será instaurado a pedido da parte ou do Ministério Público, quando lhe couber intervir no processo.

Aquele que demandar no processo poderá requerer a instauração do incidente de desconsideração da personalidade jurídica. Nesse sentido, poderão fazê-lo: i) autor; ii) o réu, por meio de reconvenção; iii) o autor ou o réu, quando requererem a denunciação da lide; iv) o réu, quando valer-se do chamamento ao processo; v) o assistente litisconsorcial também poderá requerer, até porque poderia ser parte na relação processual.

O Ministério Público também poderá fazê-lo, atuando como parte no processo, ou como fiscal da ordem jurídica.

***Amicus Curiae***

O *amicus curiae* não é parte no processo, pois não tem qualquer interesse no resultado da ação. Tem unicamente interesse em auxiliar o órgão judicial. Terá legitimidade recursal limitada, pois somente poderá recorrer para opor embargos declaratórios e para impugnar o pronunciamento que julgar o incidente de resolução de demandas repetitivas (art. 138, § 3º do CPC).

Se, de um lado, o CPC prevê a intervenção do *amicus curiae* em quatro dispositivos, restringe a possibilidade de interposição de recurso a apenas um deles – incidente de resolução de demandas repetitivas – e admite a apresentação de embargos declaratórios em todos (art. 138, §§ 1º e 3º).

**Poderes do juiz**

O juiz atuará como presidente do processo, sendo de sua atribuição dirigi-lo (princípio do impulso oficial), como um verdadeiro gestor para a garantia da ampla defesa, contraditório e com o objetivo de ser alcançada uma sentença de mérito justa e efetiva.

É sabido que o juiz não se exime de decidir sob a alegação de lacuna ou obscuridade do ordenamento jurídico, sendo proibido o *non liquet*, como consequência do princípio da indeclinabilidade da jurisdição.

O juiz responderá civil e regressivamente por perdas e danos quando: i) no exercício de suas funções, proceder com dolo ou fraude; ii) recusar, omitir ou retardar, sem justo motivo, providência que deva ordenar de ofício ou a requerimento da parte (art. 143).

**NOTE-SE QUE SE TRATA DE RESPONSABILIDADE REGRESSIVA**

A imparcialidade é essencial para a validade da relação processual. Porém, esta imparcialidade poderá estar comprometida em determinadas situações.

No art. 144 há a previsão do impedimento do juiz, sendo-lhe vedado exercer suas funções no processo nas hipóteses mencionadas nos incisos. Para estes casos, o impedimento poderá ser conhecido de ofício pelo magistrado ou alegado pelas partes. Como regra, deverão fazê-lo no prazo de 15 dias contados da ciência do fato, muito embora se admita a alegação posterior. Poderá ser objeto até mesmo de ação rescisória.

De outro lado, o art. 145 prevê as hipóteses de suspeição, que poderão ser conhecidas de ofício pelo juiz e as partes poderão alegá-las no prazo de 15 dias contados da ciência. Porém, se não o fizerem, ocorre a preclusão.

**Atuação do Ministério Público**

O Ministério Público atuará no processo civil como parte ou como fiscal da ordem jurídica.

**Alteração Legislativa**

O Ministério Público intervirá, quando não for parte, nas ações de família em que figure como parte vítima de violência doméstica e familiar, nos termos da Lei Maria da Penha

## 9. TUTELA PROVISÓRIA

O Código de Processo Civil de 2015 denominou de provisória a tutela sumária, revogável, que pode ser deferida para em razão da existência de fundamentos relevantes e de risco de dano grave ou de difícil reparação, ou por conta da alta probabilidade de acolhimento da pretensão, não se justificando a necessidade de aguardar-se pelo final da caminhada processual.

A tutela de urgência será concedida quando houver elementos que evidenciem a probabilidade do direito (*fumus boni iuris*) e o perigo de dano ou o risco ao resultado útil do processo (*periculum in mora*).

Inovou o Código de Processo Civil de 2015 ao permitir que a tutela antecipada seja requerida de forma antecedente à instauração da relação processual.

Diferentemente do CPC de 1973, as medidas requeridas de forma antecedente não serão objeto de processo próprio, mas importarão na própria provocação do Poder Judiciário, que aguardará a vinda de futura complementação, a ser juntada nos próprios autos.

O procedimento da tutela cautelar requerida em caráter antecedente segue o disposto no art. 305 e seguintes do Código de Processo Civil.

A parte apresentará petição inicial antecedente, na qual indicará a lide e seu fundamento, a exposição sumária do direito que se objetiva assegurar e o perigo de dano ou o risco ao resultado útil do processo.

A tutela da evidência – antecipação de tutela sem o requisito exigência – poderá ser deferida nas hipóteses indicadas no art. 311, 558, 563, 678 e 701 do CPC 2015, bem como na indisponibilidade de bens na ação de improbidade administrativa e liminar de busca e apreensão de bem alienado fiduciariamente (DL nº 911/69).

O art. 311 do CPC demonstra a ampliação das hipóteses em que a tutela da evidência poderá ser deferida, se comparada com o regime anterior. São elas:

I – se ficar caracterizado o abuso do direito de defesa ou o manifesto propósito protelatório da parte: a tutela da evidência, na hipótese, é concedida em razão do comportamento abusivo da parte, contrário à boa-fé processual;

II – se as alegações de fato puderem ser comprovadas apenas documentalmente e houver tese em julgamento de casos repetitivos ou em súmula vinculante: se os fatos puderem ser comprovados por meio de documentos, não haverá necessidade de produção de outras provas. Além disso, a pretensão tem amparo jurídico em precedente que pode ser extraído de julgamento de casos repetitivos ou em súmula vinculante, o que permite afirmar que está em conformidade com precedente vinculante, conforme orienta o art. 927 do CPC;

III – se tratar de pedido reipersecutório fundado em prova documental adequada de contrato de depósito, caso em que será decretada a ordem de entrega do objeto custodiado, sob cominação de multa: é ação reipersecutória aquela em que se reivindica a posse ou a propriedade de uma coisa. Em tais ações, havendo prova documental adequada do contrato de depósito, será decretada a ordem de entrega do objeto custodiado, independentemente de urgência;

IV – se a petição inicial for instruída com prova documental suficiente dos fatos constitutivos do direito do autor, a que o réu não oponha prova capaz de gerar dúvida razoável: neste caso, a contestação não é suficiente para provocar qualquer dúvida no juízo. Note-se que é desnecessário que a tese esteja embasada em entendimento consubstanciado em precedente.

Nas hipóteses dos incisos II e III, o juiz poderá deferir liminarmente a tutela da evidência, pois, nesses casos, não há que se esperar pela conduta do réu.

A estabilização da tutela antecipada concedida em caráter antecedente a torna irrevogável no mesmo processo, exigindo que a parte ajuíze nova ação para o fim de rever, reformar ou invalidá-la.

Perceba-se que a estabilização da tutela não forma a coisa julgada. A propósito, não houve sentença de mérito sobre a questão, de modo que o magistrado não emitiu juízo de acertamento da situação subjetiva. Em outras palavras, não analisou se o pedido é procedente ou improcedente. Desse modo, o mérito continuará em aberto. De outro lado, foi estabilizada a tutela provisória, que permanecerá viva, mas somente modificável por meio de outra ação.

Haverá a estabilização da tutela se o réu não impugnar, por meio do recurso de agravo de instrumento (art. 1.015, I do CPC), a decisão interlocutória que, versando sobre o mérito, deferir a medida.

Ainda sobre o tema, deve ser registrado que:

**A tutela antecipada antecedente torna-se estável unicamente se não houver qualquer tipo de impugnação pela parte contrária**. Desse modo, o afastamento da estabilização da tutela não ocorrerá apenas se houver a impugnação da decisão judicial por meio de recurso. Admite-se, para tanto, a mera apresentação de contestação (Resp 1.760.966-SP).

## 10. FORMAÇÃO, SUSPENSÃO, EXTINÇÃO DO PROCESSO E PROCEDIMENTO COMUM

**Formação.**

Em conformidade com o **princípio da ação ou da inércia da jurisdição**, a relação processual se desenvolve a partir de **provocação da parte interessada**, que o faz por meio do instrumento adequado. Nesse contexto, tem-se o sentido da palavra **demanda**, que **significa o ato de vir a juízo e apresentar a devida postulação**, sendo a petição inicial seu instrumento.

Somente de forma excepcional poderá o magistrado iniciar o processo sem que seja antes devidamente provocado pela parte interessada. A propósito, a título de exemplo, assim poderá proceder em relação ao procedimento de apuração de irregularidade praticada por entidade de atendimento, previsto no Estatuto da Criança e do Adolescente e, entre outros, do procedimento de arrecadação de bens em caso de herança jacente (art. 738 do CPC 2015), devendo ser registrado, de antemão, que o Código de Processo Civil de 2015 excluiu a possibilidade do magistrado de iniciar, de ofício, o procedimento de inventário.

| O CPC de 2015 não autoriza o início do procedimento de inventário, de ofício, pelo juízo. |
|---|

**A propositura da ação.**

Enquanto não protocolada a petição inicial, tem-se que se trata de um documento exclusivo da parte autora, elaborado por profissional a que a lei deu essa atribuição.

Por isso, somente se considera proposta a ação quando **a petição inicial for protocolada** (art. 312). Note-se que houve correção da falha técnica contida no CPC 1973 (art. 263), que considerava proposta a ação quando a petição inicial fosse despachada ou distribuída.

Estabelecer de forma adequada e objetiva o momento em que a ação é proposta tem importância prática, pois, como se verá adiante, a interrupção da prescrição, ocorrida com o despacho da inicial, **retroagirá à data da propositura da ação** (entenda-se, data em que foi protocolada), quando for providenciado o necessário para a realização da citação.

**Efeitos da propositura para o réu: somente a partir da citação válida.**

Conforme deixa claro o art. 312 do CPC, embora se considere proposta a ação quando for protocolada, os efeitos de tal **propositura para o réu** somente se iniciam quando este for devidamente citado.

Assim, **a citação válida induz litispendência, torna litigiosa a coisa e constitui em mora o devedor** (salvo as exceções legais), retroagindo unicamente o efeito da interrupção da prescrição à data da propositura da ação, desde que tenham sido providenciado o necessário para a citação do réu.

Verifica-se que tais efeitos decorrem da citação válida e não da propositura da ação.

**Da Suspensão do processo.**

**A suspensão e a extinção como causas de crise do processo.**

A busca da solução do mérito é o caminho natural do processo. Aliás, em conformidade com o art. 4º, do CPC, tem-se como norma fundamental o **princípio da preferência pelo julgamento do mérito**. Não obstante, o caminhar do processo está sujeito a determinados eventos que poderão importar na sua **paralisação ou até na extinção**, pondo-se fim, neste último caso, à relação processual. Nas duas situações, ocorre o que se convencionou denominar de **crise do processo.**

Tal expressão, contudo, não é livre de críticas em relação à suspensão. Ora, é verdade que a relação processual deve ser desenvolvida para que tenha um fim. Porém, podem as partes entender que é conveniente para os seus interesses – e mesmo para a própria solução do litígio – que ocorra a paralização temporária do processo. Nesse passo, antevendo uma possível solução amigável, resolvem as partes suspender o andamento do processo, estabelecendo-se um negócio processual, em atenção ao princípio da autonomia de vontade (autorregulação do processo). Não se pode dizer, então, que a situação é reveladora de crise do processo, mas, justamente o contrário, de que o embate processual foi capaz de gerar reflexão e, quiçá, de conduzir as partes à solução amigável, sem a necessidade de resolução pelo Estado-Juiz.

**Efeito da suspensão: paralisação do processo.**

A suspensão do processo, por si só, é capaz de gerar o paralisar de seu andamento. Porém, em certas situações, será possível a prática de alguns atos processuais.

Tem-se, como regra, a **paralisação integral do processo**, admitindo-se unicamente a **prática de atos reputados urgentes**, salvo no caso de arguição de impedimento ou de suspeição.

Pelo que se extrai do que está previsto no art. 314 do CPC, portanto, se arguido o impedimento ou a suspeição, o juiz não poderá praticar qualquer ato, com exceção daqueles destinados ao processamento (desentranhamento da petição e juntada de manifestação do próprio juiz) e encaminhamento ao Tribunal para análise. E isso, pois, **a partir da entrada da petição em que se argui o impedimento ou a suspeição, estará o processo suspenso**, situação essa que poderá ser reavaliada pelo relator a que for distribuída a petição.

| Na suspensão própria poderão ser praticados unicamente atos reputados urgentes, com exceção se arguido o impedimento ou a suspeição. |
|---|

Como dito, ainda que suspenso o processo, salvo se arguido o impedimento ou a suspeição, poderá o magistrado determinar a prática de atos urgentes a fim de evitar dano irreparável, como, por exemplo, **a efetivação de tutela provisória em razão da urgência (tutela antecipada ou tutela cautelar)**. Não é possível, em tese, que decida sobre a tutela da evidência, pois não se está diante de ato que tenha como requisito a urgência, salvo se tal requisito também for deliberadamente comprovado pela parte.

Praticado um ato reputado urgente, como o deferimento da tutela provisória de urgência, o prazo para que a parte contrária possa interpor o respectivo recurso (agravo de instrumento) não estará paralisado, correndo normalmente.

**Causas de suspensão do processo.**

Sem prejuízo de outras causas mencionadas em lei, posto que o rol do artigo 313 do CPC não é taxativo, são causas de suspensão do processo:

**I) Morte ou perda da capacidade processual de qualquer das partes, de seu representante legal ou de seu procurador.**

Ocorrendo a morte de qualquer uma das partes, o processo será suspenso, aguardando-se a **habilitação dos herdeiros**, salvo se a demanda versar sobre direitos intransmissíveis, como ocorre na ação de divórcio, quando então haverá a sua extinção.

Merece muita atenção a modificação de que se extrai da redação do art. 313, I do CPC, em comparação ao previsto no § 1°. do art. 265 do CPC/1973, pois, atualmente, **não mais se diferencia se a morte ou a perda da capacidade processual ocorreram antes ou depois de iniciada a audiência de instrução e julgamento**.

| Dessa forma, não importa se a morte ou a perda da capacidade processual ocorreram antes ou depois de iniciada a audiência de instrução e julgamento. Ocorrendo tais eventos, haverá a suspensão do processo, independentemente do momento. |
|---|

A habilitação dos herdeiros seguirá o procedimento constante dos artigos 687 a 692 do Código de Processo Civil. Poderá ser iniciada pela parte, em relação aos sucessores do falecido, ou pelos próprios sucessores do falecido, em relação à parte.

Será processada nos autos do processo principal, na instância em que estiver. Recebida a petição, o juiz determinará a citação dos requeridos para que se pronunciem no prazo de cinco dias. O ato poderá ser realizado na pessoa do advogado, se já constituído nos autos.

O magistrado decidirá o pedido de habilitação imediatamente, proferindo-se decisão interlocutória. Porém, **se for necessária dilação probatória diversa da documental**, determina o **art. 691 que o pedido seja autuado em apartado**, sendo decidido ao final por **sentença**.

| Não havendo impugnação ou sendo desnecessária dilação probatória complexa, a habilitação de herdeiros será processada **nos próprios autos**. Porém, **havendo necessidade de prova documental diversa da probatória**, o pedido será autuado em apartado e decidido por **sentença** (art. 692). |
|---|

Ainda que se trate de habilitação processada em apartado, o pronunciamento jurisdicional desafiará o recurso de agravo de instrumento, com fundamento no art. 1.015, II do CPC.

Se não providenciada a habilitação, ao tomar conhecimento da morte da parte, o magistrado determinará a suspensão do processo e observará o seguinte:

**i) falecido o réu**, ordenará a intimação do autor para que promova a citação do respectivo espólio, de quem for o sucessor ou, se for o caso, dos herdeiros, no prazo que designar, de no mínimo dois e no máximo seis meses;

**ii) falecido o autor e sendo transmissível o direito**, determinará a intimação de seu espólio, de quem for o sucessor ou, se for o caso, dos herdeiros, pelos meios de divulgação que reputar mais adequados, para que manifestem interesse na sucessão processual e promovam a respectiva habilitação no prazo designado, sob pena de extinção do processo sem resolução do mérito.

Como é possível extrair da interpretação conjunta dos artigos 313, § 2º, e 689, do CPC, **a suspensão do processo ocorrerá no momento em que o magistrado tiver conhecimento do falecimento da parte**, seja por meio do pedido de habilitação, seja por outro meio. Neste último caso, determinará a intimação do indicado pela lei para que promova a habilitação.

Passa-se à análise da suspensão do processo em decorrência da morte do procurador de qualquer das partes.

Neste caso, também independentemente do momento em que ocorrida a morte, o processo será suspenso e o juiz determinará que a parte constitua novo mandatário, no prazo de quinze dias. Na inércia, o processo será extinto sem resolução do mérito, se o autor não nomear novo mandatário, ou ordenará o prosseguimento do processo à revelia do réu, se falecido procurador deste. Note-se que se trata de hipótese de revelia ulterior que produzirá unicamente efeito processual (não intimação dos atos processuais posteriores), se a resposta já tiver sido apresentada anteriormente.

**II) Convenção das partes.**

Poderão as partes ajustar a **suspensão do processo**, sendo a paralisação **limitada a seis meses**. Trata-se de **negócio**

PROCESSUAL CIVIL

**processual** entabulado entre as partes, que produzirá efeitos a partir do momento em que ajustado, não obstante haja necessidade de homologação judicial.

Escoado o prazo de seis meses, deverá o juiz determinar a continuidade do processo.

**III) Pela arguição de impedimento e suspeição.**

As causas de impedimento e a suspeição prejudicam a imparcialidade do juiz e serão arguidas, de acordo com o CPC, mediante mera petição nos próprios autos. Não mais devem ser arguidas por meio de exceção.

Arguido o impedimento ou a suspeição, tem-se que ocorrerá a suspensão imediata do processo, não podendo o juiz praticar sequer atos reputados urgentes.

Ao ter ciência da arguição, o juiz poderá reconhecer a causa de impedimento ou de suspeição e determinar o encaminhamento dos autos ao seu substituto legal. De outro lado, discordando, determinará o desentranhamento da petição, podendo instruí-la, bem como o seu encaminhamento ao Tribunal para decisão a respeito.

Aportando no Tribunal respectivo e distribuída ao relator, este decidirá sobre a manutenção ou não do efeito suspensivo.

**IV) Pela Admissão do Incidente de Resolução de Demandas Repetitivas.**

O CPC se preocupou em atender aos reclamos da sociedade para solucionar a litigiosidade repetitiva. Para tanto, fez previsão de incidentes e meios capazes de formar pronunciamentos judiciais, dos quais será possível extrair precedentes que vincularão juízes e o tribunal no julgamento de casos futuros (art. 927).

Entre esses instrumentos, destaca-se o incidente de resolução de demandas repetitivas, por meio do qual, havendo efetiva repetição de processos que contenham controvérsia sobre a mesma questão unicamente de direito e risco de ofensa à isonomia e à segurança jurídica, visando fixar uma tese que possa ser aplicada pelos juízes do mesmo tribunal.

Em conformidade com o art. 982 do CPC, admitido o incidente, o relator suspenderá os processos pendentes, individuais ou coletivos, que tramitam no Estado ou na região (no caso de Tribunal Regional Federal).

Decidido o incidente, se não interposto recurso, cessará a suspensão dos processos. Contudo, interposto recurso (extraordinário e/ou especial, que terão efeito suspensivo nesse caso), a suspensão do processo prosseguirá.

Como se vê, a causa de suspensão do processo, aqui analisada, não é automática ou decorrente da instauração do incidente de resolução de demandas repetitivas, mas carece de decisão de seu relator e terá vigência enquanto tramitar, salvo se houver decisão em sentido contrário.

**V) Quando a sentença de mérito.**

Nesta hipótese, abrem-se outras duas situações:

a) se a sentença de mérito depender do julgamento de outra causa ou da declaração da existência ou da inexistência de relação jurídica que constitua o objeto principal de outro processo pendente:

Neste caso, para que seja proferida sentença de mérito, **há necessidade de se aguardar pelo julgamento de outro processo, no qual será analisada questão prejudicial externa.**

Questão prejudicial é aquela que influenciará no mérito do processo. Pode ser interna (controvertida no próprio processo), ou externa (quando será decidida em outro processo).

b) tiver de ser proferida somente após a verificação de determinado fato ou a produção de certa prova:

Nesse caso, a prova será produzida em outro juízo, havendo necessidade de se aguardar por ela. A suspensão terá o prazo máximo de um ano nas duas hipóteses.

Dependendo o conhecimento do mérito de verificação de existência de fato delituoso, será determinada a suspensão do processo até que haja decisão no processo criminal. Será aguardado pelo prazo de três meses para o ajuizamento da ação penal. Se já ajuizada, porém, o processo ficará suspenso pelo prazo máximo de um ano.

**VI) Por motivo de força maior.**

Na hipótese constante do inciso V, indica o CPC que o processo poderá ser suspenso por motivo de força maior, que não decorre propriamente da vontade das partes, como, por exemplo, o alagamento de uma cidade por conta de fortes chuvas.

**VII) quando se discutir em juízo questão decorrente de acidentes e fatos da navegação de competência do Tribunal Marítimo.**

Havendo necessidade de se aguardar por decisão do Tribunal Marítimo como questão que influenciará o mérito da decisão de mérito, o juiz suspenderá o processo.

**VIII) nos demais casos previstos em lei.**

O rol constante do art. 313 não é exaustivo, mas exemplificativo, existindo outras hipóteses de suspensão do processo, como, por exemplo, a concessão de efeito suspensivo em embargos à execução.

**IX) pelo parto ou pela concessão de adoção, quando a advogada responsável pelo processo constituir a única patrona da causa.**

Trata-se de hipótese incluída pela Lei n. 13.363/2016, em que o período de suspensão será de trinta dias, contado a partir da data do parto ou da concessão da adoção, mediante apresentação de certidão de nascimento ou documento similar que comprove a realização do parto, ou de termo judicial que tenha decidido a adoção, desde que haja notificação ao cliente.

**X – quando o advogado responsável pelo processo constituir o único patrono da causa e tornar-se pai.**

Hipótese também incluída pela Lei n. 13.363/2016, segundo a qual o período de suspensão será de oito dias, contado a partir da data do parto ou da concessão da adoção, mediante apresentação de certidão de nascimento ou documento similar que comprove a realização do parto, ou de termo judicial que tenha concedido a adoção, desde que haja notificação ao cliente.

**Extinção do processo.**

A **extinção do processo** ocorrerá por meio de sentença, que terá por fundamento um dos incisos do art. 485, bem como os incisos II e III do art. 487 do CPC (vide, a respeito, o art. 354).

Nesse passo, a extinção do processo decorrerá de sentença em que não é analisado o mérito, ou, então, em sentença que decide, de ofício ou a requerimento, sobre a ocorrência de decadência ou prescrição, bem como a que homologa ato de reconhecimento da procedência do pedido e da reconvenção, a transação e a renúncia à pretensão formulada na ação ou na reconvenção.

**Fala-se em extinção do processo, por isso, diz-se que será proferida sentença.** Contudo, será possível que o magistrado profira **decisão interlocutória** em que **extingue parcialmente o processo**, com ou sem análise de mérito. Neste caso, o processo prosseguirá em relação à parte não objeto de extinção. A extinção também poderá ocorrer por meio de decisão monocrática, em julgamento, por exemplo, de agravo de instrumento.

**Procedimento comum**

**Petição inicial**

É possível a identificação de requisitos intrínsecos e extrínsecos da petição inicial. Aqueles devem estar constantes do próprio corpo da petição inicial, ao passo que estes se revelam como documentos que devem acompanhar a peça, por serem imprescindíveis à propositura da ação.

| **Classificação dos Requisitos da Petição Inicial** | |
|---|---|
| **Intrínsecos** | **Extrínsecos** |
| Contidos no corpo da petição inicial | Documentos indispensáveis à propositura da ação |
| Ausência: o juiz determinará a emenda. | Ausência: o juiz determinará que a peça seja completada |

As causas serão levadas à distribuição/registro. A distribuição poderá ser livre ou vinculada (dependência).

Serão distribuídas por dependência as causas de qualquer natureza: i) quando se relacionarem, por conexão ou continência, com outra já ajuizada; ii) quando, tendo sido extinto o processo sem resolução de mérito, for reiterado o pedido, ainda que em litisconsórcio com outros autores ou que sejam parcialmente alterados os réus da demanda; iii) quando houver ajuizamento de ações que serão reunidas, ao juízo prevento.

A toda causa deve ser atribuído um valor, ainda que a ação não tenha conteúdo econômico.

Há critérios para a fixação do valor da causa. Nesse sentido:

> *Art. 292. O valor da causa constará da petição inicial ou da reconvenção e será: I – na ação de cobrança de dívida, a soma monetariamente corrigida do principal, dos juros de mora vencidos e de outras penalidades, se houver, até a data de propositura da ação; II – na ação que tiver por objeto a existência, a validade, o cumprimento, a modificação, a resolução, a resilição ou a rescisão de ato jurídico, o valor do ato ou o de sua parte controvertida; III – na ação de alimentos, a soma de 12 (doze) prestações mensais pedidas pelo autor; IV – na ação de divisão, de demarcação e de reivindicação, o valor de avaliação da área ou do bem objeto do pedido; V – na ação indenizatória, inclusive a fundada em dano moral, o valor pretendido; VI – na ação em que há cumulação de pedidos, a quantia correspondente à soma dos valores de todos eles; VII – na ação em que os pedidos são alternativos, o de maior valor; VIII – na ação em que houver pedido subsidiário, o valor do pedido principal.*

Admite-se a cumulação de pedidos, observando-se a seguintes classificações: i) cumulação própria – os pedidos são apresentados, pretendendo o autor o acolhimento de todos eles; ii) cumulação imprópria – os pedidos são apresentados, mas o autor não pretende que todos eles sejam acolhidos. Poderá ser subsidiária (estabelece-se uma ordem entre eles), ou alternativa (sem estabelecimento desta ordem).

O indeferimento da petição inicial consiste na manifestação do juiz no sentido de que, a partir dos elementos indicados naquela peça, a ação não poderá prosseguir. Poderá ocorrer de forma parcial, com relação a algum dos pedidos, ou total, o que refletirá na natureza do pronunciamento jurisdicional (decisão interlocutória ou sentença).

Entende-se por liminar o pronunciamento proferido no início do processo, no seu limiar. A liminar poderá consistir em uma decisão interlocutória (tutela antecipada), em uma sentença (sentença de indeferimento da inicial), decisão monocrática proferida por relator e, por que não, até por decisão colegiada em Tribunal.

Como regra, uma vez iniciado o procedimento, haverá a citação da parte contrária e o andamento regular dos atos processuais, para que o magistrado possa, ao final, proferir a sentença de mérito.

Contudo, como visto no item anterior, será possível que o magistrado entenda que a petição inicial não reúne condições para que haja o desenrolar do processo, hipótese em que poderá indeferir a petição inicial, com pronunciamento sem análise de mérito.

Em outros casos, faculta o CPC que o juiz analise o mérito desde já, independentemente de citação da parte contrária, proferindo pronunciamento de improcedência liminar do pedido.

Há uma diferenciação a ser feita que é vital para o entendimento. Na improcedência liminar, o magistrado analisa o mérito. Julga-o desde já, com possibilidade de formação da coisa julgada material, se não houver a interposição de recurso. No indeferimento da inicial, contudo, não há análise de mérito.

Assim, o autor postula os seus pedidos e o magistrado, quando da análise da inicial, profere julgamento de improcedência liminar.

O CPC permite que tal julgamento ocorra, em suma, quando a pretensão apresentada pela parte contrária encampar tese jurídica contrária ao já decidido em determinados precedentes, quais sejam: I enunciado de súmula do Supremo Tribunal Federal ou do Superior Tribunal de Justiça; II – acórdão proferido pelo Supremo Tribunal Federal ou pelo Superior Tribunal de Justiça em julgamento de recursos repetitivos; III – entendimento firmado em incidente de resolução de demandas repetitivas ou de assunção de competência; IV – enunciado de súmula de tribunal de justiça sobre direito local.

**Audiência de conciliação e mediação**

Estando a petição inicial em ordem e não entendendo o magistrado ser o caso de ser proferida sentença de improcedência liminar, será designada audiência de conciliação ou de mediação com antecedência mínima de 30 dias, devendo o réu ser citado com pelo menos vinte dias de antecedência.

**Contestação e reconvenção**

A contestação é regida pelos seguintes princípios:

a) concentração: deverá o réu concentrar em sua defesa toda a matéria de defesa, ainda que contraditória. Trata-se do momento oportuno para que isso seja feito. Uma vez apresentada, não poderá ser posteriormente complementada, uma vez que verificada a preclusão consumativa.

Há, porém, matérias que o réu poderá alegar posteriormente. Estão elencadas no art. 342 do CPC: i) relativas a direito ou a fato superveniente; ii) competir ao juiz conhecer delas de ofício; iii) por expressa autorização legal, puderem ser formuladas em qualquer tempo e grau de jurisdição.

Nestes casos, admite-se que a matéria seja alegada posteriormente. Imagine-se, por exemplo, o tema prescrição. Como sabido, dele o juiz poderá conhecer, de ofício, a qualquer momento. Por isso, o réu poderá alegá-la posteriormente, ainda que já oferecida contestação. A decadência contém uma particularidade, em razão de suas duas espécies. A decadência legal poderá ser alegada e conhecida a qualquer momento. De outro lado, a decadência convencional poderá ser alegada a qualquer tempo, muito embora somente poderá ser conhecida se houver requerimento nesse sentido. O juiz não poderá conhecê-la de ofício.

A regra, portanto, é de que toda a matéria de defesa seja alegada na contestação, ainda que ela seja contraditória.

b) ônus da impugnação especificada: a contestação é a oportunidade para que o réu impugne os fatos apresentados pelo autor na petição inicial. Algumas explicações preliminares são importantes para o entendimento correto deste princípio.

Na petição inicial, o autor apresenta os fatos dos quais extrai determinadas consequências jurídicas. O réu, ao ser citado, terá oportunidade de impugnar cada um destes fatos por meio da contestação, quando, então, passa-se a ter uma questão controvertida sobre a qual incidirá a prova. De outro lado, se o fato não for impugnado, será presumida a sua veracidade. Trata-se do ônus da impugnação especificada.

Porém, não haverá a presunção de veracidade, se não for admissível, a seu respeito, a confissão; se a petição inicial não estiver acompanhada de instrumento que a lei considerar da substância do ato; se os fatos estiverem em contradição com a defesa, considerada em seu conjunto.

Tal ônus não será aplicado ao defensor público, ao advogado dativo e ao curador especial. Dessa maneira, pela previsão contida no art. 341, parágrafo único do CPC, se a parte for assistida por Defensor Público, ainda que não apresente resposta, tem-se que não serão presumidos como verdadeiros os fatos articulados na petição inicial.

A contestação deverá ser apresentada por meio de petição, no prazo de 15 dias, sendo aplicáveis os prazos especiais previstos na lei.

Têm prazos especiais: Ministério Público, Defensoria Pública, Fazenda Pública e litisconsortes com diversos procuradores, que não sejam do mesmo escritório jurídico e não seja processo eletrônico.

No CPC de 1973, o prazo para o oferecimento de resposta era contado da juntada do mandado de citação aos autos. No CPC de 2015, porém, como houve previsão da necessidade de ser designada a audiência de conciliação ou de mediação, o prazo de resposta terá outro termo inicial.

Nesse sentido, prevê o art. 335 do Código de Processo Civil que o termo inicial será a data:

i) da audiência de conciliação ou de mediação, ou da última sessão de conciliação, quando qualquer parte não comparecer ou, comparecendo, não houver autocomposição: uma vez designada a audiência para tentativa conciliação ou de mediação, deverão as partes comparecer para a composição. Se esta ocorrer, será o ajuste homologado por sentença judicial. Porém, se a composição não ocorrer e houver necessidade de continuação do procedimento, será iniciado o prazo para que o réu possa apresentar a sua contestação. Importante que o (a) candidato(a) esteja bem atento à forma de contagem deste prazo, pois é possível que haja questionamento para indicação de seu termo final em um determinado problema. A título de exemplo, examina-se a seguinte hipótese.

O autor propôs ação de cobrança. Foi designada audiência de conciliação. As partes compareceram à audiência, oportunidade em que foi tentada a composição entre elas, que restou infrutífera. Nesse caso, haverá necessidade de continuidade do processo, abrindo-se prazo para que o réu ofereça resposta. Considerando-se que a audiência foi realizada no dia 23.09.2016, assinale o prazo final para que o réu possa oferecer resposta.

ii) do protocolo do pedido de cancelamento da audiência de conciliação ou de mediação apresentado pelo réu, quando ocorrer a hipótese do art. 334, § 4º, inciso I: poderá o autor ter indicado na petição inicial que não pretende conciliar-se, tendo o réu feito o mesmo no prazo legal. Dessa maneira, não há motivo para que seja realizada a audiência, que será dada como prejudicada. Nesse caso, o prazo para que o réu possa oferecer a sua resposta será na data do protocolo do pedido de cancelamento apresentado pelo réu.

Se houver litisconsórcio passivo, o prazo será contado a partir de cada pedido de cancelamento da audiência. Registre-se que, nesta hipótese, o prazo não será iniciado conjuntamente para todos os réus. Será contado de uma maneira para aqueles que requererem o cancelamento da audiência e da audiência para os demais, se ela ainda assim for realizada.

iii) prevista no art. 231, de acordo com o modo como foi feita a citação, nos demais casos: no inciso III estão incluídas várias situações, como, por exemplo, o caso em que o magistrado vislumbrou, de imediato, que não deverá ser designada audiência de conciliação ou de mediação, uma vez que o direito é indisponível. Dessa forma, desde já, dispensa a audiência e determina a citação do réu para oferecer resposta. Assim, o prazo para a contestação será iniciado: a) da data de juntada aos autos do aviso de recebimento, quando a citação for pelo correio; b) da data de juntada aos autos do mandado cumprido, quando a citação for por oficial de justiça; c) da data da citação, se esta for promovida pelo escrivão ou chefe de secretaria; d) do dia útil seguinte ao fim da dilação assinada pelo juiz, quando a citação for por edital; e) do dia seguinte à consulta ao teor da citação ou ao término do prazo para que a consulta se dê, quando a citação for eletrônica; f) da data da juntada do comunicado de que houve a citação pelo juízo deprecado, ou, não havendo tal, da data de juntada da carta aos autos de origem devidamente cumprida.

Tratando-se de prazo processual, naturalmente, o prazo de resposta será contado em dias úteis.

O Código de Processo Civil de 2015 acarretou na concentração das matérias que podem ser alegadas na contestação, se comparado com o Código anterior.

Nesse sentido, podem ser alegadas e apresentadas as seguintes matérias processuais e substanciais. Além disso, será também possível apresentar pedido na própria contestação, como adiante será visto.

| CONTEÚDO DA CONTESTAÇÃO | | |
|---|---|---|
| DEFESA PROCESSUAL | DEFESA DE MÉRITO | EXERCÍCIO DE PRETENSÃO |

Defesa processual: poderá o réu alegar determinadas matérias, que são indicadas como processuais, por não se referirem ao mérito. Tratam-se das preliminares, que podem ser ainda classificadas em dilatória ou peremptórias.

A defesa processual dilatória importa no prolongamento da relação processual, como ocorre com a incompetência absoluta. Nesse caso, o juiz não encerra o processo, mas determina o seu encaminhamento para o juízo competente, o que importa em uma demora na solução da questão.

De outro lado, a defesa processual peremptória importará na extinção do processo, como ocorre com o reconhecimento da existência de coisa julgada.

O art. 337 do Código de Processo Civil elenca as preliminares. Em comum, já poderiam ser conhecidas de ofício pelo juiz, ou seja, independentemente de serem alegadas na contestação, com exceção da incompetência relativa e da convenção de arbitragem, que dependem de ser alegadas pela parte.

Há duas preliminares que tratam de matérias que não podem ser conhecidas de ofício pelo juiz. São elas: incompetência relativa e a convenção de arbitragem.

Exercício de pretensão: poderá o réu, ainda na contestação, exercer pretensão em face do autor, ou mesmo de terceiro. E assim ocorrerá na reconvenção ou mesmo na denunciação da lide.

A reconvenção é o contra-ataque exercido pelo réu (identificado como réu-reconvinte), ou, no mínimo este e mais pessoas, em face do autor ou também autor e outras pessoas.

Trata-se de ação promovida no mesmo processo, que será exercida na própria contestação, quando então deverá o réu indicar o valor da causa (art. 292, *caput* CPC), devendo o pedido ser certo e determinado, admitindo-se também o pedido genérico nas hipóteses legais (art. 324, § 2º).

Por ser ação autônoma, a desistência da ação principal ou a ocorrência de causa extintiva que impeça o exame de seu mérito não obsta ao prosseguimento do processo quanto à reconvenção.

Oferecida a reconvenção, o magistrado determinará que se proceda à respectiva anotação pelo distribuidor (art. 286, parágrafo único).

Na reconvenção não se exigirá caução para que o brasileiro ou estrangeiro, que resida fora do Brasil ou que deixar de residir no país ao longo da tramitação de processo, ainda que não tenha bens imóveis no Brasil que assegure o pagamento das custas e dos honorários de advogado da parte contrária (art. 83, III do CPC).

**Revelia**

É efeito material da revelia a presunção de veracidade dos fatos articulados pelo autor na inicial. Não decorre a lógica procedência do pedido, mas apenas a presunção de que os fatos indicados na petição inicial são verdadeiros.

Porém, não haverá a produção deste efeito se: i) havendo pluralidade de réus, algum deles contestar a ação; ii) o litígio versar sobre direitos indisponíveis; III) a petição inicial não estiver acompanhada de instrumento que a lei considere indispensável à prova do ato; iv) as alegações de fato formuladas pelo autor forem inverossímeis ou estiverem em contradição com a prova constante dos autos.

**Providências preliminares**

Tendo o réu apresentado a sua resposta, poderá o magistrado tomar algumas providências, indicadas como preliminares. E assim são identificadas, porque objetivam preparar o processo para a fase processual seguinte.

Nesse sentido, verificando o magistrado que o réu não ofereceu resposta, mas que não haverá a incidência do efeito material da revelia, abrirá oportunidade para que o autor possa especificar as provas que pretende produzir, se ainda não as tiver indicado (art. 348).

**Julgamento conforme o estado do processo**

Verificando o magistrado que poderá proferir pronunciamento sem a análise de mérito por incidir uma das hipóteses do art. 485, ou então, ser possível a análise de mérito com fundamento nos incisos II e III do art. 487 do CPC, proferirá sentença e extinguirá o processo (se decidir sobre a decadência ou a prescrição, ou, ainda, se homologar o reconhecimento da procedência do pedido formulado na ação ou na reconvenção, a transação ou a renúncia à pretensão formulada ou na reconvenção).

**Audiência de saneamento e organização do processo**

Se o magistrado entender que não é o caso de extinção do processo ou de promover ao julgamento antecipado do mérito, então, deverá proferir decisão de saneamento e de organização do processo, por meio da qual: i) resolverá as questões processuais pendentes, se houver; ii) delimitará as questões de fato sobre as quais recairá a atividade probatória, especificando os meios de prova admitidos; iii) definirá a distribuição do ônus probatório; iv) delimitará as questões de direito relevantes para a decisão do mérito; v) designará, se necessário, audiência de instrução e julgamento.

**Audiência de instrução e julgamento**

Tem a audiência de instrução e julgamento a finalidade de ser colhida a prova oral a ser produzida.

**Das Provas**

Por *meios de prova* compreendem-se os procedimentos adequados para a obtenção da informação e o seu registro. Há vários meios de prova, como a pericial, a testemunhal. Não se confunde com fonte de prova.

A prova é extraída de uma fonte de prova. Uma pessoa pode ser uma fonte de prova, sendo aquela examinada por um perito médico, por exemplo. Tem-se, então, uma fonte de prova, que não se confunde com os meios de prova.

Serão admitidos todos os meios de prova moralmente legítimos, ainda que atípicos.

Admite-se, também, que o magistrado determine a produção da prova que entenda pertinente como decorrência do dever-poder instrutório do juiz (art. 370 do CPC).

Em consonância com o princípio da comunhão das provas, uma vez sendo produzida, poderá qualquer uma das partes dela se aproveitar, ainda que não tenha a requerido. A prova não pertence à parte que a produziu.

Em conformidade com o art. 5º, XII, CF, são inadmissíveis, no processo, as provas obtidas por meios ilícitos.

São princípios que regem a prova cível: atipicidade da prova; proibição da utilização das provas obtidas por meios ilícitos; aquisição e comunhão da prova; oralidade; máxima eficiência dos meios probatórios; deveres-poderes instrutórios do juiz; unidade probatória; e, livre convencimento motivado do juiz.

***Distribuição do ônus da prova.***

Ônus probatório: a propósito do tema, deve haver prévia análise da carga estática e da carga dinâmica do ônus probatório. Pela carga estática do ônus probatório, que ainda é a regra, há a prévia distribuição daquilo que cada parte no processo deverá comprovar. Desse modo, incumbe ao autor o ônus da prova quanto ao fato constitutivo de seu direito e ao réu, por sua vez, quanto ao fato impeditivo, modificativo ou extintivo do direito do autor.

Admite-se que as partes, por convenção, modifiquem o ônus da prova. Contudo, tal convenção não será admitida quando recair sobre direito indisponível da parte ou se tornar excessivamente difícil a uma parte o exercício do direito (art. 373, § 3º).

O CPC inovou ao prever, também, a carga dinâmica do ônus probatório. Diferentemente do que foi anteriormente analisado, será possível que o juiz atribua o ônus da prova de modo diverso, desde que o faça por decisão fundamentada, justificada nos casos previstos em lei ou diante de peculiaridades da causa decorrentes da excessiva dificuldade de cumprir o encargo. Enfim, terá o ônus de provar aquele que tiver melhores condições de fazê-lo.

***Fatos que independem de prova.***

As provas buscam demonstrar os fatos. Porém, nem todos os fatos precisam ser demonstrados.

Nesse sentido, o art. 374 dispensa a prova dos fatos: i) notórios; ii) afirmados por uma parte e confessados pela parte contrária; iii) admitidos no processo como incontroversos;

iv) em cujo favor milita presunção legal de existência ou de veracidade.

***Produção antecipada de prova***

O Código fez previsão da denominada ação probatória, que tem por finalidade exclusiva a produção antecipada de prova que poderá ser utilizada posteriormente em procedimento arbitral, judicial ou administrativo. Será admitida se: houver fundado receio de que venha a tornar-se impossível ou muito difícil a verificação de certos fatos na pendência da ação; a prova a ser produzida seja suscetível de viabilizar a autocomposição ou outro meio adequado de solução de conflito; o prévio conhecimento dos fatos possa justificar ou evitar o ajuizamento de ação.

Note-se que nem sempre haverá necessidade do elemento urgência.

A ação probatória não admitirá defesa ou recurso, salvo contra decisão que indeferir totalmente a produção da prova pleiteada pelo requerente originário.

Uma vez deferida e produzida a prova, os autos permanecerão durante um mês para extração de cópias e certidões.

**Provas típicas e atípicas:**

***Ata notarial***

A existência e o modo de existir de algum fato podem ser atestados ou documentados, a requerimento do interessado, mediante ata lavrada por tabelião.

Dados representados por imagem ou som gravados em arquivos eletrônicos poderão constar da ata notarial.

O Provimento nº 65, de 14.12.2017, da Corregedoria Nacional de Justiça, estabeleceu diretrizes para o procedimento da usucapião extrajudicial nos serviços notariais e de registro de imóveis.

***Depoimento pessoal.***

O depoimento pessoal é um meio de prova consistente na colheita do depoimento do autor e do réu. Será produzido na audiência de instrução e julgamento, com possibilidade de que haja a formulação de reperguntas pelo advogado da parte contrária.

Não obstante, admite-se que, se a parte residir em comarca, seção ou subseção judiciária diversa daquela onde tramita o processo poderá ser colhida por meio de videoconferência ou outro recurso tecnológico de transmissão de sons e imagens em tempo real, o que poderá ocorrer, inclusive, durante a realização da audiência de instrução e julgamento.

Se a parte não comparecer, apesar de pessoalmente intimada, ser-lhe-á aplicada a pena de confesso. Da mesma forma, se recusar a depor.

A parte não é obrigada a depor sobre fatos criminosos ou torpes que lhe forem imputados, a cujo respeito, por estado ou profissão, deva guardar sigilo, acerca dos quais não possa responder sem desonra própria, de seu cônjuge, de seu companheiro ou de parente em grau sucessível, que coloquem em perigo a vida do depoente ou das pessoas antes indicadas. Esta regra, contudo, não se aplica às ações de estado e de família.

Difere o depoimento pessoal do interrogatório, que poderá ser colhido a qualquer momento. Porém, no interrogatório a parte não está obrigada a depor e, se deixar de fazê-lo, não lhe será aplicada a pena de confesso.

***Confissão.***

Haverá a confissão quando a parte admite a verdade de fato contrário ao seu interesse e favorável ao do adversário.

Ela poderá ocorrer no âmbito judicial ou extrajudicial. Pode ainda ser espontânea ou provocada.

A confissão é irrevogável, mas poderá ser anulada se decorreu de erro de fato ou de coação. A legitimidade para a propositura desta ação é exclusiva do confitente e pode ser transferida a seus herdeiros se ele falecer após a propositura.

***Exibição de documento ou coisa***

A exibição poderá ser determinada pelo juiz, estando o documento ou coisa sob poder da parte ou de terceiros.

**Atenção**

O pedido formulado pela parte conterá: I – a descrição, tão completa quanto possível, do documento ou da coisa, ou das categorias de documentos ou de coisas buscados; II – a finalidade da prova, com indicação dos fatos que se relacionam com o documento ou com a coisa, ou com suas categorias; III – as circunstâncias em que se funda o requerente para afirmar que o documento ou a coisa existe, ainda que a referência seja a categoria de documentos ou de coisas, e se acha em poder da parte contrária.

Se estiver em poder da parte contrária, esta será intimada para responder no prazo de cinco dias contados de sua intimação. Instaura-se um incidente processual. Poderá o requerido afirmar que não possui o documento. Se o juiz não admitir a sua recusa, admitirá como verdadeiros os fatos que, por meio do documento ou da coisa, a parte pretendia provar se: i) o requerido não efetuar a exibição e nem fizer nenhuma declaração no prazo de cinco dias; ii) a recusa for havida por ilegítima.

Estando o documento ou coisa em poder de terceiro, será instaurado processo incidente. Nesse sentido, o terceiro será citado para responder no prazo de 15 dias. Não havendo motivo justo, o juiz ordenará o depósito em cartório, podendo haver a expedição de mandado de busca e apreensão.

***Prova documental.***

De todos os aspectos da prova documental, merecem ser destacados pela própria incidência em provas e concursos, alguns aspectos importantes.

O réu manifestar-se-á na contestação sobre os documentos anexos à inicial, e o autor na réplica sobre os documentos anexados na contestação.

A parte poderá requerer a juntada de documento aos processos e a outra poderá arguir a sua falsidade na contestação, na réplica ou no prazo de 15 dias contados da intimação da juntada dos documentos aos autos.

Arguida a falsidade como questão incidental, assim será decidida e não fará coisa julgada. Porém, poderá ser resolvida como questão principal, desde que haja requerimento da parte e seja o juiz competente, hipótese em que fará coisa julgada.

A propósito, indica o art. 433: "A declaração sobre a falsidade do documento, quando suscitada como questão principal, constará da parte dispositiva da sentença e sobre ela incidirá também a autoridade da coisa julgada".

Em regra, a prova documental deve ser apresentada juntamente com a petição inicial e contestação, sendo lícito às partes, porém, em qualquer momento, juntar aos autos documentos novos, se destinados a fazer prova de fatos ocorridos depois dos alegados, ou para contrapô-los aos que foram produzidos nos autos.

Sendo assim, se o réu apresenta fatos modificativos do direito do autor, poderá o autor apresentar novos documentos, afastando as alegações trazidas.

Os documentos podem ser públicos ou privados.

Competirá à parte impugnar a autenticidade da assinatura e a veracidade do contexto, o que presumir-se-á tendo em vista o seu silêncio. Tal eficácia cessa, contudo, se o documento foi obtido por erro, dolo ou coação, que podem ser alegados em momento posterior.

***Documentos eletrônicos***

A utilização de documentos eletrônicos no processo convencional dependerá de sua conversão à forma impressa e da verificação de sua autenticidade, na forma da lei.

O juiz apreciará o valor probante do documento eletrônico não convertido, assegurado às partes o acesso a seu teor.

Serão admitidos documentos eletrônicos produzidos e conservados com a observância da legislação específica.

***Prova testemunhal.***

A testemunha é a fonte da prova testemunhal. É a pessoa que, não sendo parte, será chamada a depor sobre fatos tratados no processo, sendo indeferida a sua oitiva sobre fatos já provados por documento ou confissão da parte, ou que só por documento ou por exame pericial puderem ser provados.

Todas as pessoas podem ser acionadas como testemunhas, havendo ressalva, contudo, em relação às incapazes, impedidas e suspeitas.

Sendo necessário, o magistrado poderá ouvir as testemunhas menores, impedidas ou suspeitas, sem tomar-lhes o compromisso de dizer a verdade.

A testemunha é obrigada a depor e a dizer a verdade, sob pena de praticar o crime de falso testemunho. Porém, não é obrigada a depor sobre fatos: (i) que lhe acarretem grave dano, bem como ao seu cônjuge e aos seus parentes consanguíneos ou afins, em linha reta, ou na colateral em segundo grau; (ii) a cujo respeito, por estado ou profissão, deva guardar sigilo.

Nos casos em que a lei exigir prova escrita da obrigação, é admissível a prova testemunhal quando houver começo de prova por escrito, emanado da parte contra a qual se pretende produzir a prova.

Também se admite a prova testemunhal quando o credor não pode ou não podia, moral ou materialmente, obter a prova escrita da obrigação, em casos como o de parentesco, de depósito necessário ou de hospedagem em hotel ou em razão das práticas comerciais do local onde contraída a obrigação.

O juiz fixará, na decisão saneadora, o prazo comum não superior a 15 dias para que as partes apresentem rol de testemunhas. No caso de saneamento compartilhado, as partes devem levar consigo o rol de testemunhas.

O número de testemunhas não pode ser superior a dez, sendo 03 no máximo para a prova de cada fato.

Admite-se que o juiz limite o número de testemunhas levando em conta a complexidade da causa e dos fatos individualmente considerados.

***Prova pericial.***

A prova pericial consiste em exame, vistoria ou avaliação. Trata-se de meio de prova em que se necessita dos conhecimentos de expert nomeado pelo Juízo.

A prova pericial poderá ser substituída pela prova técnica simplificada, se o ponto controvertido for de menor complexidade, consistindo apenas na inquirição de especialista pelo juiz.

Ao nomear o perito, o juiz fixará prazo para a entrega do laudo.

Uma vez intimada, a parte terá o prazo de quinze dias para arguir o impedimento ou a suspeição do perito, indicar assistente técnico ou apresentar quesitos.

Ciente da notificação, o perito apresentará proposta de honorários, currículo com comprovação de especialização e contatos profissionais, sendo as partes intimadas, podendo manifestar-se a respeito em cinco dias.

Ultrapassado o prazo, com ou sem manifestação, o juiz arbitrará o valor, intimando-se as partes.

É admissível a apresentação de quesitos suplementares durante a diligência, que poderão ser respondidos pelo perito previamente ou na audiência de instrução e julgamento.

É admissível também que as partes escolham o perito, indicando-o mediante requerimento, desde que sejam plenamente capazes e a causa possa ser resolvida por autocomposição.



***Inspeção judicial.***

A inspeção judicial consiste na possibilidade de o juiz, sem intermediários, constatar determinado fato indicado na inicial ou na contestação.

Assim, o juiz, de ofício ou a requerimento da parte, poderá, em qualquer fase do processo, inspecionar pessoas ou coisas, com a finalidade de esclarecer sobre fato.

Realizada a inspeção, será lavrado auto circunstanciado.

## 11. DA SENTENÇA E DA COISA JULGADA

### CONCEITO

O Código de Processo Civil corrigiu a imprecisão terminológica, conforme se vê do art. 203, ao prever que os "os pronunciamentos do juiz consistirão em sentenças, decisões interlocutórias e despachos" (*caput*), e que acórdão é "o julgamento colegiado proferido pelos tribunais".

Conforme dispõe o parágrafo primeiro do art. 203, "ressalvadas as disposições expressas dos procedimentos especiais, sentença é o pronunciamento por meio do qual o juiz, com fundamento nos arts. 485 e 487, põe fim à fase cognitiva do procedimento comum, bem como extingue a execução".

A definição adotada pelo legislador levou em consideração os reclamos da doutrina, para o fim de unir os critérios de conteúdo e de efeito do ato.

O conceito, então, adotado pelo CPC 2015, leva em conta os **critérios do conteúdo,** de modo que será sentença o ato judicial que incidir em uma das hipóteses indicadas nos arts. 485 e 487, **bem como do efeito, pois propiciará o encerramento de uma fase procedimental do procedimento comum, ou mesmo da execução**.

Relevante foi a ressalva levada a cabo na parte inicial do parágrafo primeiro do art. 203, no sentido de ser levada em consideração as particularidades dos procedimentos especiais.

O Código de Processo Civil também dividiu as **sentenças em terminativas e definitivas.**

As sentenças terminativas são aquelas em que, além de não haver a resolução do mérito, também ocorreu a extinção da fase procedimental.

A sentença terminativa enseja o que Dinamarco denominou de extinção anômala, em que não houve "a produção do provimento para o qual ele foi instaurado e, portanto, sem oferta de tutela jurisdicional plena e nenhuma das partes (...)".[2]

---

2. DINAMARCO, Cândido Rangel. Instituições de Direito Processual Civil. 6. ed. Vol. II. São Paulo: Malheiros, 2009, p. 646.

Tal pronunciamento conduz à crise do processo[3] e está na contramão de direção do sentido do princípio da primazia do julgamento do mérito (art. 4º do CPC). A depender da hipótese extintiva, também vai de encontro com o contraditório efetivo, uma vez que é dever do magistrado indicar às partes o que for necessário para o aperfeiçoamento dos atos processuais, conforme adiante será visto.

A sentença extintiva importará em desgaste da máquina judiciária, pois haverá um processo com utilidade reduzida (ou nenhuma), que ocupou o tempo e recursos necessários para a análise de outros casos relevantes, em que se deve buscar a tutela jurisdicional adequada.

Muito embora não seja um fim em si mesma (e, muitas vezes, até dispensáveis porque uma decisão sem cognição exauriente pode ter utilidade prática à parte), o procedimento tramita com a finalidade de que, em primeiro lugar, tenha-se a sentença de mérito, bem como de que tal sentença seja efetiva.

**A sentença de mérito** acarretará o encerramento de uma fase procedimental ou da execução e será proferida nas hipóteses indicadas no art. 487 do CPC. Com o trânsito em julgado, formará a coisa julgada material.

Em atenção ao princípio da correlação, deverá a sentença observar os limites que foram impostos pelos pedidos apresentados no processo.

A decisão interlocutória é todo pronunciamento judicial de natureza decisória que não se enquadre nas hipóteses de sentença (art. 203, § 2º do CPC).

Admitem-se **decisões interlocutórias (portanto, com carga decisória) com ou sem análise de mérito**. Pode-se dizer que serão com análise de mérito todas as decisões proferidas e que, muito embora não encerrem uma fase procedimental, tenham como conteúdo uma das hipóteses indicadas no art. 487 do Código de Processo Civil. A interlocutória que prefere julgamento antecipado parcial da lide é uma hipótese de decisão interlocutória de mérito.

Desse modo, admitem-se as **decisões interlocutórias típicas**, em que não há análise de mérito, e **decisões interlocutórias atípicas**, que dizem respeito ao próprio mérito.

Serão interlocutórias típicas aquelas, como foi dito, em que não há análise de mérito. Mesmo essas poderão ter conteúdo de sentença (embora sejam interlocutórias), como ocorre, por exemplo, com a exclusão de um dos litisconsortes.

As decisões interlocutórias atípicas, por sua vez, comportam a seguinte divisão: i) **decisões interlocutórias que versam sobre o mérito; e, ii) interlocutórias de mérito, com conteúdo de sentença**. Para explicar a diferença entre as duas situações, parte-se do exemplo da decisão antecipatória de mérito (tutela provisória de urgência antecipatória). Neste caso, profere-se "**decisão *sobre o mérito,*** embora **não seja decisão de mérito**, no sentido do art. 485 do CPC. É decisão *sobre o mérito* e, quando se afirma isto, se leva em conta o objeto sobre o qual recai a cognição do juiz".[4]

Portanto, a decisão antecipatória de tutela, ou mesmo a decisão que defere a tutela da evidência, são **decisões interlocutórias que versam sobre o mérito**, mas não propriamente interlocutórias de mérito.

Será **decisão interlocutória de mérito (com conteúdo de sentença)** a que, por exemplo, promover o julgamento antecipado parcial da lide (art. 356 do CPC), ou então julgar improcedente liminarmente um dos pedidos (art. 332 do CPC). Nestes casos, a decisão resolve o mérito, mas não coloca fim ao procedimento. Nesse sentido, "haverá decisões – que sempre consideramos serem verdadeiras sentenças – que a nova lei chama de **interlocutórias**, mas que **transitam em julgado** e podem, eventualmente, ser **rescindidas**".[5]

Em conformidade com o art. 203, § 3º, do Código de Processo Civil, são despachos todos os demais pronunciamentos do juiz praticados no processo, de ofício ou a requerimento da parte.

O acórdão é o julgamento colegiado proferido pelos tribunais.

## CLASSIFICAÇÕES

Em primeiro lugar, tem-se que as sentenças poderão ser terminativas (sem resolução do mérito) ou definitivas (com resolução do mérito).

Quanto à espécie de tutela jurisdicional concedida à parte, tem-se que as sentenças podem ser declaratórias, constitutivas e condenatórias. Para os adeptos da teoria quinária da ação, também podem ser mandamentais e executivas lato sensu.

- **Sentença declaratória** è tem a finalidade de declarar a existência, a inexistência ou o modo de ser de uma relação jurídica. De se lembrar que toda sentença possui uma carga declaratória, mas há algumas em que isso prevalece. A improcedência de qualquer pedido gera uma sentença declaratória.
- **Sentença condenatória** è neste pronunciado, será certificado o direito da parte vencedora. Por meio dela, verifica-se a existência do direito e impõe o seu cumprimento.
- **Sentença constitutiva** è por meio dela, o pronunciamento criará, modificará ou extinguirá um estado ou uma relação jurídica. Exemplo: sentença de divórcio.

É possível que uma sentença encampe uma multiplicidade de efeitos. Poderá ter predominância em relação a um dos efeitos, mas imponha também outro.

- **Sentenças mandamental e executiva lato sensu** è para aqueles que defendem a sua existência, tem-se que na primeira haverá a imposição de uma ordem, de um mandamento, a ser cumprido pelo próprio obrigado. Diferentemente, na executiva lato sensu, impõe-se uma ordem que será cumprida independentemente da vontade daquele que tem o dever de fazê-lo. Exemplo: mandado de reintegração de posse. A ordem será cumprida ainda que o ocupante não concorde ou não o permita.

Também se admite outra classificação, que relaciona a tutela pretendida com o ilícito e a necessidade de reparação do dano. Assim, tem-se:

| Tutela | Ilícito | Dano |
|---|---|---|
| Inibitória | Visa impedir a ocorrência do ilícito | Não pressupõe o dano. |

3. DINAMARCO, Cândido Rangel. Instituições de Direito Processual Civil. 6. ed. Vol. II. São Paulo: Malheiros, 2009, p. 644.

4. WAMBIER, Teresa Arruda Alvim; CONCEIÇÃO, Maria Lúcia Lins; RIBEIRO, Leonardo Ferres da Silva; MELLO, Rogério Licastro Torres de. Primeiros Comentários ao Novo Código de Processo Civil. Artigo por Artigo. São Paulo: RT, 2015, p. 370.

5. WAMBIER, Teresa Arruda Alvim; CONCEIÇÃO, Maria Lúcia Lins; RIBEIRO, Leonardo Ferres da Silva; MELLO, Rogério Licastro Torres de. Primeiros Comentários ao Novo Código de Processo Civil. Artigo por Artigo. São Paulo: RT, 2015, p. 369.

| Tutela | Ilícito | Dano |
|---|---|---|
| Remoção do ilícito | Visa remover o ilícito. O dano ainda não ocorreu. | |
| Reparatória | | Tem a finalidade de reparar o dano. Não pressupõe que tenha ocorrido o ilícito. |

## REQUISITOS

Os pronunciamentos do juiz em que houve ou não a resolução do mérito já foram analisados anteriormente, quando do estudo dos pronunciamentos judiciais.

A sentença possui uma estrutura orgânica, devendo ser composta pelo relatório, pelos fundamentos e pelo dispositivo.

- **Relatório** è conterá os nomes das partes, a identificação do caso, com a suma do pedido e da contestação, e o registro das principais ocorrências havidas no andamento do processo;
- **Fundamentação** è por meio dos fundamentos o juiz analisará as questões de fato e de direito.
- **Dispositivo** è o juiz resolverá as questões principais que as partes lhe submeterem.

Em observância ao princípio da fundamentação analítica, não será considerada fundamentada qualquer decisão judicial, seja ela interlocutória, sentença ou acórdão, que: I – se limitar à indicação, à reprodução ou à paráfrase de ato normativo, sem explicar sua relação com a causa ou a questão decidida; II – empregar conceitos jurídicos indeterminados, sem explicar o motivo concreto de sua incidência no caso; III – invocar motivos que se prestariam a justificar qualquer outra decisão; IV – não enfrentar todos os argumentos deduzidos no processo capazes de, em tese, infirmar a conclusão adotada pelo julgador; V – se limitar a invocar precedente ou enunciado de súmula, sem identificar seus fundamentos determinantes nem demonstrar que o caso sob julgamento se ajusta àqueles fundamentos; VI – deixar de seguir enunciado de súmula, jurisprudência ou precedente invocado pela parte, sem demonstrar a existência de distinção no caso em julgamento ou a superação do entendimento.

## EFEITOS

Podem ser apontados os seguintes efeitos da sentença em que ocorra a análise de mérito:

i) colocar fim à fase cognitiva e na execução;
ii) a sentença que impuser obrigação se constituirá em título executivo judicial;
iii) a hipoteca judiciária, como previsto no art. 495: "a decisão que condenar o réu ao pagamento de prestação consistente em dinheiro e a que determinar a conversão de prestação de fazer, de não fazer ou de dar coisa em prestação pecuniária valerão como título constitutivo de hipoteca judiciária". Por isso, a decisão (pode ser sentença ou mesmo decisão interlocutória de mérito) produzirá hipoteca judiciária: a) ainda que a condenação seja genérica, exigindo futura liquidação; b) ainda que submetida a cumprimento provisório apenas; c) ainda que impugnada com recurso com efeito suspensivo.

A possibilidade de interposição de recurso com efeito suspensivo não retira a possibilidade da hipoteca judiciária.

A hipoteca judiciária, uma vez constituída, implicará, para o credor hipotecário, o direito de preferência, quanto ao pagamento, em relação a outros credores, observada a prioridade no registro. Responderá a parte de forma objetiva (sem necessidade de demonstração de dolo ou culpa) pelos prejuízos causados se acaso houver reforma ou invalidação da decisão que impôs o pagamento de quantia. Os danos serão apurados no próprio processo, onde também serão executados.

A hipoteca judiciária constitui efeito secundário da sentença.

## PUBLICAÇÃO, INTIMAÇÃO, CORREÇÃO E INTEGRAÇÃO DA SENTENÇA

Constitui a publicação o ato de tornar pública a sentença. Trata-se da entrega do pronunciamento ao escrivão. A partir de então, o magistrado somente poderá alterar a sentença para corrigir-lhe, de ofício ou a requerimento da parte, inexatidões materiais ou erros de cálculo ou por meio dos embargos de declaração.

Para a correção de inexatidões materiais ou erros de cálculo, como foi dito, a correção poderá se dar de ofício, a qualquer tempo.

Tem os embargos declaratórios natureza mista, na medida em que se constituem em recursos, mas também em meio de correção e integração da sentença.

Uma vez publicada a sentença (tornada pública), providenciará o escrivão (e os demais agentes – auxiliares da justiça) a intimação das partes, seguindo-se as regras gerais para tanto.

## COISA JULGADA

## CONCEITO E ESPÉCIES

A coisa julgada, no entanto, não é uma garantia absoluta, devendo conviver com outras garantias e bens jurídicos de igual importância. Sendo assim, muito embora presente a coisa julgada, a lei permite, em casos excepcionais, a rescisão de tal qualidade, por meio da ação rescisória, apta a ser ajuizada nos casos mencionados no art. 966, do Código de Processo Civil.

Formada a coisa julgada, não se permitirá a rediscussão da sentença.

Porém, é preciso verificar se essa impossibilidade de rediscussão ocorrerá no mesmo ou em outro processo.

E a resposta a essa indagação variará consoante tenha ocorrido ou não a resolução do mérito.

Com efeito, **se proferida sentença extintiva processual, será permitido ao autor repropor a demanda em outra oportunidade**, motivo pelo qual se diz que foi formada a coisa julgada exclusivamente formal. Trata-se da chamada preclusão máxima.

De outro lado, porém, se proferida **sentença com resolução do mérito, será formada não só a coisa julgada formal, mas também a material**, impedindo-se a sua rediscussão não só no mesmo, mas também em outro processo, tendo a sentença força de lei nos limites da lei e das questões decididas.

Nestas sentenças com resolução do mérito, a coisa julgada formal e a material formam-se no mesmo momento, que é o do trânsito em julgado. Ou seja, somente depois de decidido o último recurso interposto é que será formada, ainda que ele seja intempestivo.

## EFEITOS DA COISA JULGADA

A coisa julgada produz três efeitos distintos: **negativo, positivo e preclusivo**.

Em razão do **efeito negativo**, impede-se que a questão seja decidida novamente em outro processo.

Por conta do **efeito positivo**, porém, havendo necessidade de retorno da questão principal ao Poder Judiciário, esta não poderá ser decidida de maneira diversa. Por esse motivo, por exemplo, havendo necessidade de liquidação da sentença, não poderá o magistrado decidir pela desnecessidade da indenização porque o autor não praticou o ato ilícito que lhe foi imputado. Estará impedido de fazê-lo, pois, deverá respeitar a coisa julgada formada.

Note-se, porém, que não há impedimento para a revisão da sentença pelo magistrado, desde que provocado por processo próprio, nas causas em que a modificação do estado das coisas poderá importar na alteração da própria obrigação, como ocorre na ação revisional de alimentos. Ou seja, um julgamento *rebus sic stantibus*, encampado em sentença determinativa, permite que a questão seja reanalisada, porque projeta a sua eficácia à frente.

Por conta do **efeito preclusivo**, reputam-se **deduzidas e repelidas todas as alegações e defesas** que a parte poderia opor assim ao acolhimento como à rejeição do pedido. A coisa julgada, dessa maneira, abrangerá aquilo que foi deduzido e aquilo que era deduzível, o que não afasta a possibilidade de ajuizamento de nova ação, fundada em elementos diversos.

Nelson Nery Júnior aponta a existência de um **efeito especial, que é o substitutivo**. Segunda ensina, "a sentença de mérito transitada em julgado substitui todas as atividades das partes e do juiz praticadas no processo, de sorte que as nulidades e anulabilidades porventura ocorridas durante o procedimento terão sido substituídas pela sentença, que as abarca".

O estudo do regime jurídico da coisa julgada compreende a análise de seus **limites objetivos**, **limites subjetivos** e também de seu **modo de produção**.

a) *Limites objetivos*: verifica-se o que é atingido pela coisa julgada material, se toda a sentença, ou se parte dela.

Como sabido, a sentença é constituída por três elementos essenciais: *o relatório, a fundamentação e a parte dispositiva (dispositivo)*, mas somente a última é atingida pela coisa julgada, excluindo-se os motivos, ainda que importantes para determinar o alcance da parte dispositiva da sentença, assim como também a verdade dos fatos, estabelecida como fundamento da sentença.

Por esse motivo, "a decisão que declara indevida a cobrança do imposto em determinado exercício não faz coisa julgada em relação aos posteriores" (súmula 239, do Supremo Tribunal Federal).

A questão prejudicial, decidida incidentalmente no processo, também não fará coisa julgada material. Trata-se de antecedente lógico da sentença e, por isso, não abrangida pela coisa julgada. Porém, se a parte o requerer por meio da ação declaratória incidental, apresentará a eficácia de coisa julgada material.

Questão interessante refere-se à sentença omissa em relação à condenação ao pagamento de honorários advocatícios. Como tal condenação não constou do dispositivo da sentença, não será possível que tal verba seja posteriormente incluída na execução do julgado, e nem mesmo cobrada em outro processo.

b) *Limites subjetivos*: nesse ponto, verifica-se quem será atingido pela coisa julgada formada.

Em um primeiro momento, a coisa julgada estará adstrita às partes do processo e, por isso, é denominada de ***inter partes***.

Contudo, admitem-se exceções.

Na primeira, verifica-se a coisa julgada ***ultra partes***, que vai além das partes do processo, para atingir também determinados terceiros. É o que ocorre nos casos de substituição processual, em que o substituído, apesar de não ter participado do processo, terá sua esfera jurídica atingida.

Outra exceção é a **coisa julgada *erga omnes***, que atingirá a todos os jurisdicionados, sendo eles partes ou não. A ação de usucapião é um exemplo, assim como a procedência da ação civil pública para a tutela de interesses difusos.

c) *Quanto ao modo de produção*: de acordo com esse critério, a coisa julgada será *pro et contra, secundum eventum litis* e *secundum eventum probationis*.

Em regra, a coisa julgada forma-se independentemente do resultado do processo. Sendo o pedido procedente ou improcedente, havendo ou não o esgotamento das provas, haverá a coisa julgada.

Portanto, se o autor propuser a sua demanda e o magistrado julgá-la improcedente em decorrência da ausência de comprovação dos fatos apresentados na inicial, ainda assim, será formada a coisa julgada.

Nesse contexto, surgem as técnicas que se passa a expor.

Haverá a coisa julgada *secundum eventum litis* (segundo o resultado do processo), em casos específicos e previstos em lei. Assim, na procedência da ação civil pública em que se busca a tutela de interesses difusos, poderão as vítimas buscar, individualmente, a liquidação do julgado.

Já a coisa julgada *secundum eventum probationis* (segundo a prova produzida) existirá quando houver o esgotamento das provas. Assim, se a ação popular, por exemplo, for julgada improcedente, porém, sem o esgotamento das provas, admite-se a nova ação sobre a mesma matéria. Note-se que se trata de exceção à regra.

## DA REMESSA NECESSÁRIA

A remessa necessária é condição de eficácia da sentença proferida contra o Poder Público, de modo que, neste caso, aquela não produzirá efeitos depois de revista pelo tribunal.

De acordo com o art. 496 do Código de Processo Civil, existem algumas regras importantes quanto à incidência ou não da remessa necessária, assim enumeradas:

*i)* Incidência da remessa necessária quando o valor da condenação ou o proveito econômico obtido na causa for de valor certo e líquido superior a 1.000 salários mínimos para a União; 500 salários mínimos para os Estados e o Distrito Federal e os Municípios que forem capitais; e, 100 salários mínimos para os demais municípios. A mesma regra vale para as respectivas autarquias e fundações públicas.

*ii) Aplicação dos precedentes*:

Também não haverá a remessa oficial se a sentença proferida estiver em conformidade com súmula de tribunal superior, acórdão proferido pelo Supremo Tribunal Federal ou pelo Superior Tribunal de Justiça em julgamento de recursos repetitivos, ou, ainda, entendimento firmado em incidente de resolução de demandas repetitivas ou assunção de competência.

Ora, não se mostra razoável exigir-se que a sentença seja revista pelo Tribunal a que o juízo estiver vinculado, se o pronunciamento jurisdicional de primeiro grau já for fundado em precedente obrigatório, principalmente pela observância da coerência da jurisprudência.

*iii) Entendimento coincidente com orientação vinculante firmada no âmbito administrativo do próprio ente público, consolidada em manifestação, parecer ou súmula administrativa:*

No âmbito da Advocacia Geral da União, está a Procuradoria-Geral da Fazenda Nacional dispensada a interpor recurso em determinadas situações, prestigiando os precedentes e a própria orientação emanada da Administração Federal (Lei 10.522/2002, art. 19).

O CPC, ao referir-se à dispensa da remessa necessária quando a sentença estiver fundada em súmula de tribunal superior, acórdão proferido pelo STF ou STJ, também deve estar incluído o Tribunal Superior do Trabalho, guardando-se o devido paralelismo.

## LIQUIDAÇÃO DE SENTENÇA

### OS PRONUNCIAMENTOS ILÍQUIDOS QUE RECONHECEM A EXISTÊNCIA DE OBRIGAÇÃO

O pronunciamento jurisdicional que reconhece a existência de obrigação e impõe o seu cumprimento, como regra, deverá indicar a sua **extensão**, o índice de correção monetária, a taxa de juros, o termo inicial de ambos e a periodicidade da capitalização dos juros, se for o caso.

Ocorre, porém, que se o juiz não puder determinar, **de modo definitivo, o montante devido, ou a apuração depender da produção de prova demorada ou excessivamente dispendiosa**, assim reconhecida no pronunciamento, poderá proferir **sentença ilíquida**.

Exemplo:

Em razão de acidente automobilístico, ao qual o réu deu causa, o autor sofreu determinados danos materiais e morais. Ocorre que, de imediato, não é possível precisar a extensão da obrigação, havendo necessidade de se averiguar se o autor terá sequelas definitivas ou não.

Como se vê, o pronunciamento judicial ilíquido é aquele que, embora certifique a existência de uma obrigação, não delimita a sua extensão, **carecendo-se de nova manifestação do Poder Judiciário para complementação**.

E, a partir da liquidação, a obrigação passa a preencher o requisito da **liquidez, passível, então, de ter início a respectiva fase de cumprimento de sentença**.

### LIQUIDAÇÃO PROVISÓRIA E DEFINITIVA

A liquidação **poderá ser iniciada** apesar de estar pendente de julgamento o recurso interposto para impugnar o pronunciamento judicial, ainda que tenha efeito suspensivo.

Trata-se da **liquidação provisória**, que será processada em autos apartados, em que o credor busca adiantar-se. Poderia aguardar o julgamento do recurso, mas prefere já buscar delimitar o valor devido.

Não havendo modificação da decisão em execução, será iniciada a fase de cumprimento de sentença, bastando ao credor atualizar os cálculos. De outro lado, se houver modificação do pronunciamento, o valor da obrigação deverá ser ajustado ao novo desenho traçado com o julgamento do recurso.

### CONCOMITANTES LIQUIDAÇÃO E CUMPRIMENTO DE SENTENÇA EM RELAÇÃO AO MESMO TÍTULO

É possível que o mesmo título executivo judicial contenha uma parte líquida, permitindo-se o cumprimento de sentença imediato, e outra parte ilíquida, a exigir a devida apuração do valor. Nesse caso, poderá o credor, de imediato, iniciar a fase de cumprimento, em relação à primeira, e promover a liquidação no que tange à segunda.

### APURAÇÃO DO VALOR DEPENDENTE DE CÁLCULOS ARITMÉTICOS

Não carecerá de liquidação o cumprimento de pronunciamento que reconheça obrigação, cujo montante poderá ser delimitado com a apresentação **de cálculos aritméticos**.

Tais cálculos deverão ser apresentados pelo credor ao requerer o início da fase de cumprimento de sentença, observando-se estritamente o que foi fixado no título judicial, sendo vedado discutir de novo a lide ou modificar a sentença que a julgou.

A propósito, o Superior Tribunal de Justiça admite a utilização da ação rescisória para **rescindir** a sentença que homologa a liquidação, **se esta não respeitar a coisa julgada**.[6]

### FIXAÇÃO DE HONORÁRIOS NA LIQUIDAÇÃO PROPOSTA EM FACE DA FAZENDA PÚBLICA

O CPC inovou ao fixar uma série de regras para a fixação dos honorários devidos pela Fazenda Pública nas ações em que for vencida.

Para tanto, estabelece faixas de valores, estabelecidos em salários mínimos, bem como os respectivos percentuais máximos e mínimos. Por meio de tal regra, por exemplo, se o valor da condenação sofrida pela Fazenda Pública corresponder a 150 salários mínimos, os honorários serão fixados no percentual de 10 a 20%.

Ocorre, no entanto, que nem sempre será possível fixar, de imediato, o montante da condenação. Em tal hipótese, poderá o montante devido a título de honorários advocatícios ser fixado na **própria liquidação**.

### LIQUIDAÇÃO INCIDENTAL E AUTÔNOMA

Inicialmente, deve ser lembrado que o Código de Processo Civil adota a ideia do processo sincrético.

Nesse contexto, insere-se a liquidação como integrante de tal processo, uma fase específica para a delimitação do valor da obrigação.

Existem outras situações em que a liquidação não ocorre como fase no processo sincrético. Em verdade, o processo se inicia com a própria liquidação (incisos VI a IX, do art. 515 do CPC/2015), quando o devedor será citado no juízo cível para o cumprimento da sentença ou para a liquidação no prazo de 15 dias.

E assim ocorre nas seguintes hipóteses: a) sentença penal condenatória transitada em julgado; b) sentença arbitral; c) sentença estrangeira homologada pelo Superior Tribunal de Justiça; e, d) decisão interlocutória estrangeira, após a concessão do exequatur à carta rogatória pelo STJ.

A sentença penal condenatória transitada em julgado configura-se como título executivo judicial apto à execução. Porém, em regra, a sentença circunscreve-se à condenação do réu pela prática criminosa, bem como na fixação da pena a ser cumprida.

É certo que Código de Processo Penal determina que o juiz fixe, sempre que possível, o valor da reparação devida em razão

6. REsp 1513261/RS, Rel. Ministro PAULO DE TARSO SANSEVERINO, TERCEIRA TURMA, julgado em 22/09/2015, DJe 28/09/2015.

PROCESSUAL CIVIL

da prática delituosa. Contudo, tal valor configura-se em um mínimo, e nada impede que a parte busque, em processo autônomo, a complementação. Na maioria dos casos, simplesmente não há essa fixação de valor, porque o juiz, no processo penal, não possui elementos suficientes para a sua fixação.

Diante disso, compete à vítima ingressar no juízo cível e buscar executar o título executivo, passando, antes, pela liquidação da obrigação.

Dessa maneira, como a liquidação não se processará perante o juízo criminal, haverá necessidade da formação de nova relação processual, que tramitará no juízo cível competente para a execução.

Também enseja a liquidação autônoma a sentença arbitral, aquela decorrente da convenção de arbitragem, desde que, obviamente, não tenha sido fixado o objeto devido, o mesmo ocorrendo com os casos que exigem homologação pelo STJ.

Note-se que, neste caso, não houve anterior processo civil de conhecimento em trâmite no Poder Judiciário brasileiro, exigindo-se o início de uma ação para a apuração do valor, na qual, posteriormente, correrá o cumprimento de sentença.

## INICIATIVA DA LIQUIDAÇÃO

A liquidação poderá ser iniciada pelo próprio **credor** ou pelo **devedor** (liquidação invertida).

O credor, tendo-se em vista o pronunciamento judicial que lhe é favorável, requer a apuração do valor, fixando-se a extensão da obrigação.

Ocorre que o devedor, por sua vez, também terá interesse em requerer a liquidação, principalmente para ver-se livre o mais rápido possível daquela obrigação, propiciando o seu cumprimento imediato, sem precisar aguardar pelas diligências do credor.

## PROCEDIMENTOS PARA APURAÇÃO DO VALOR

O valor poderá ser apurado de duas formas: ou por **arbitramento**, ou por meio do **procedimento comum**.

*a) Liquidação por Arbitramento*

Quando determinado pelo pronunciamento, convencionado pelas partes ou exigido pela natureza do objeto, esta poderá ser realizada por **arbitramento**.

É certo que, embora fixado na sentença que a liquidação deva ocorrer de uma determinada maneira, não há óbice à utilização de técnica diversa se isso for adequado ao procedimento.

Na liquidação por arbitramento, o juiz intimará as partes para a apresentação de seus **pareceres ou documentos elucidativos**, no prazo que fixar e, no caso de não poder decidir de plano, **nomeará perito**, observando-se, no que couber, o procedimento da prova pericial.

*b) Liquidação pelo Procedimento Comum*

Admite-se, também, que a liquidação pelo procedimento comum, quando houver necessidade de alegar e provar fato novo. Trata-se da já conhecida liquidação por artigos.

Nesta modalidade de liquidação, o juiz determinará a intimação do requerido, na pessoa de seu advogado ou de sociedade de advogados, para, querendo, oferecer **contestação no prazo de 15 dias.**

## NATUREZA DO PRONUNCIAMENTO QUE JULGA DA LIQUIDAÇÃO

A liquidação será decidida por meio de **decisão interlocutória**, que poderá ser impugnada pelo **recurso de agravo de instrumento** (art. 1.015, parágrafo único do CPC de 2015).

## CONDENAÇÃO EM VERBA HONORÁRIA NA LIQUIDAÇÃO

Neste último item, deve ser analisado se o juiz deverá condenar o devedor ao pagamento de verba honorária em sede de apuração do valor devido (liquidação).

A propósito, já decidiu o Superior Tribunal de Justiça que são cabíveis honorários advocatícios em sede de liquidação de sentença por arbitramento, quando houver resistência da parte ré.[7]

O Código de Processo Civil silencia a respeito, indicando o § 1º, do art. 85, que serão devidos honorários advocatícios na reconvenção, no cumprimento de sentença, provisório ou definitivo, na execução, resistida ou não, e nos recursos interpostos, cumulativamente. Não há menção à liquidação de sentença.

Ocorre, porém, que o silêncio não foi propositado, devendo ser considerado o trabalho adicional do causídico ao pleitear a liquidação da obrigação, motivo pelo qual, havendo oposição da parte contrária, serão devidos honorários advocatícios.

## INVIABILIDADE DAS SENTENÇAS ILÍQUIDAS NO ÂMBITO DOS JUIZADOS

Nos Juizados Especiais Cíveis não se admite sentença condenatória por quantia ilíquida, ainda que tenha a parte formulado pedido genérico.

O mesmo se aplica, por extensão, aos Juizados Especiais Federais e aos Juizados Especiais da Fazenda Pública.

# 12. PROCEDIMENTOS ESPECIAIS DE JURISDIÇÃO CONTENCIOSA E VOLUNTÁRIA

### Consignação de Pagamento

Finalidade:

Tem a ação de consignação em pagamento a finalidade de proporcionar ao devedor ou a terceiro liberar-se de determinada obrigação de pagar ou de entregar coisa. Para tanto, deverá depositar o respectivo valor ou coisa e pleitear que seja proferida sentença de natureza declaratória, pela qual o juiz declara extinta a obrigação.

Efeito interruptivo da prescrição:

O ajuizamento da ação consignatória importará na interrupção da prescrição da respectiva ação de cobrança, pois acarreta o reconhecimento inequívoco, por parte do devedor, do direito do credor em relação às prestações consignadas.

Consignação extrajudicial:

Permite o CPC de 2015 que, tratando-se de obrigação em dinheiro, poderá o valor ser depositado em estabelecimento bancário, oficial onde houver, situado no lugar do pagamento, cientificando-se o credor por carta com aviso de recebimento, assinado o prazo de dez dias para a manifestação de recusa.

Atenção!

A consignação extrajudicial somente tem cabimento para depósito de dinheiro e não é obrigatória.

7. AgRg no REsp 1155885/SP, Rel. Ministro MARCO BUZZI, QUARTA TURMA, julgado em 16/02/2016, DJe 24/02/2016.

Procedimento da Consignação Extrajudicial:

Notificado o credor, aguarda-se pelo prazo de dez dias, contado do retorno do aviso de recebimento. Decorrido o prazo, sem manifestação de recusa, estará o devedor liberado da obrigação, permanecendo o valor à disposição do credor. De outro lado, havendo manifestação de recusa, que deverá ser por escrito, poderá ser proposta ação de consignação, no prazo de um mês, instruindo-se a inicial com a prova do depósito e da recusa.

Ajuizada a ação, deverá o autor comprovar o ajuizamento à instituição financeira, para que a correção monetária tenha índice diverso. Com efeito, os depósitos extrajudiciais são atualizados pela TR, ao passo que os judiciais seguem as regras da caderneta de poupança (art. 6°, parágrafo único, da Resolução n. 2.814 do Bacen). Se não ajuizada a ação no prazo de um mês, ficará sem efeito o depósito, podendo levantar o valor o depositante.

Embora a Lei de Locações não faça qualquer previsão a respeito da consignação extrajudicial, prevaleceu a tese segundo a qual poderá ser buscada a liberação do cumprimento da obrigação por esse meio.[8]

Procedimento da ação consignatória:

A ação consignatória deverá ser ajuizada no lugar do pagamento, consoante preveem os artigos 540 CPC/2015 e art. 337 do Código Civil. Tratando-se, de outro lado, de consignação de alugueres, será competente o foro da situação da coisa.

Informativo n. 543 do STJ: competirá ao foro do local em que situado o imóvel o julgamento de ação consignatória e de ação de rescisão de contrato cumulada com retificação de escritura pública, reunidas para julgamento conjunto por conexão.

Sentença na ação consignatória:

Dessa forma, a sentença: i) ou reconhecerá que o depósito inicial é suficiente, liberando-se o devedor (sentença declaratória), condenando-se o réu ao pagamento de custas e honorários advocatícios; ii) ou reconhecerá que o depósito não é integral e condenará o autor ao pagamento do valor restante, formando-se título executivo judicial, com possibilidade de exigir-se o cumprimento da obrigação nos próprios autos (cumprimento de sentença).

Consignatória: ação de natureza dúplice.

Consoante o § 2° do art. 545 do CPC, a consignatória é ação de natureza dúplice. Portanto, tendo sido apurada a diferença entre o valor efetivamente devido e o consignado, o juízo proferirá sentença condenatória, cujo cumprimento poderá ser exigido nos próprios autos. Assim, tal condenação independerá de reconvenção. No entanto, será possível a reconvenção para que se determine o despejo. Por isso, poderá o réu, na sua própria contestação, como determina o CPC, além de alegar as matérias de defesa, pugnar também pelo decreto de despejo do autor.

Consignatória: dúvida quanto ao titular do crédito.

Como regra, o autor formula o seu pedido e espera que o mesmo seja acolhido para acertamento da situação subjetiva ligada a um réu específico. Porém, existem situações em que o autor pode apresentar o pedido e deixar que o juiz escolha em face de qual dos litisconsortes passivos ele será acolhido.

A consignatória, nesse passo, poderá ser ajuizada em face de possíveis titulares do crédito, pois há dúvida de quem tem legitimidade para receber o pagamento.

Em tal caso, se, uma vez citados, não comparecer pretendente algum, converter-se-á o depósito em arrecadação de coisas vagas. De outro lado, comparecendo apenas um, o juiz decidirá de plano. E, por fim, comparecendo mais de um, o magistrado poderá declarar efetuado o depósito e extinta a obrigação, continuando o processo a correr unicamente entre os presuntivos credores, segundo o procedimento comum.

**Atenção para a alteração jurisprudencial**

**Tema Repetitivo 967 – STJ.**

Em ação consignatória, a insuficiência do depósito realizado pelo devedor conduz ao julgamento de improcedência do pedido, pois o pagamento parcial da dívida não extingue o vínculo obrigacional.

**Ação de Exigir Contas**

O autor, em sua petição inicial, deverá especificar as razões pelas quais exige as contas, instruindo-a com documentos comprobatórios dessa necessidade.

O réu será citado e, no prazo de quinze dias, poderá prestar as contas ou contestar o pedido. O exercício de uma das opções, automaticamente, exclui a outra, por conta da preclusão lógica.

Prestadas as contas, o autor terá quinze dias para se manifestar, competindo-lhe, se o caso, impugná-las de forma precisa, seguindo-se a produção das provas.

Poderá o réu, no entanto, contestar o dever de prestar as contas, o que será objeto de análise pelo magistrado.

**Ações Possessórias**

Em relação às ações possessórias, o CPC prevê a aplicabilidade do princípio da fungibilidade, de modo que a propositura de uma ação possessória em vez de outra não obsta a que o juiz defira a proteção necessária.

Dessa maneira, se ajuizada ação com pedido de interdito proibitório, porém, já verificado que houve o esbulho, deverá ser deferida a medida que conferir a tutela necessária – reintegração de posse.

A depender da proteção necessária, admite-se três tipos diferentes de ações possessórias: i) o interdito proibitório – que tem finalidade preventiva, em razão ser iminente a invasão; ii) a reintegração de posse – que pressupõe a perda total da posse (esbulho); iii) a manutenção de posse – que pressupõe a inexistência de privação integral.

**Inventário e partilha**

Como consequência do princípio da *saisine*, com a morte, os bens do falecido serão imediatamente transmitidos aos sucessores, o que ocorre de forma universal, sem que haja devida divisão entre os herdeiros.

E para que haja a devida divisão entre os herdeiros será possível que estes, sendo todos capazes, havendo concordância com os termos da partilha, assistidos por advogado ou

8. LOCAÇÃO. ALUGUÉIS. CONSIGNAÇÃO EXTRAJUDICIAL. CREDOR. NOTIFICAÇÃO. PESSOAL. I- O depósito extrajudicial dos aluguéis tem o efeito de desonerar o locatário da obrigação. II – É necessário que o locatário comprove o efetivo conhecimento do depósito pelo locador, o que se perfaz com a notificação pessoal deste. Interpretação sistemática do §1° do art. 890 com o art. 223, parágrafo único do CPC. Recurso especial desprovido. (REsp 618.295/DF, Rel. Ministro FELIX FISCHER, QUINTA TURMA, julgado em 06/06/2006, DJ 01/08/2006, p. 514).

PROCESSUAL CIVIL

defensor público e não sendo caso de cumprimento de testamento, poderão valer-se de escritura pública de inventário, ou, então podem ajuizar a respectiva ação de inventário.

**Arrolamento litigioso ou inventário e partilha**: se houver divergência entre os sucessores em relação ao inventário e a partilha.

**Arrolamento sumário**: procedimento de jurisdição voluntária, sendo todos os herdeiros capazes e havendo concordância quanto à partilha.

A homologação da partilha no procedimento sumário não pressupõe o atendimento das obrigações tributárias principais e tampouco acessórias relativas ao imposto sobre transmissão *causa mortis* (REsp 1.751.332-DF).

**Arrolamento comum**: se o total da herança for igual ou inferior a mil salários mínimos, ainda que haja discordância e também interesses de incapazes.

**Embargos de terceiro**

Os embargos de terceiro constituem-se em procedimento de jurisdição contenciosa por meio do qual se busca desfazer a constrição judicial que se entende indevida, já realizada ou na iminência de ser.

**ATENÇÃO!**

Em relação ao prazo para o ajuizamento dos embargos, há de se observar duas regras:

a) Regra geral: antes do trânsito em julgado se a constrição ocorrer na fase de conhecimento, ou em cinco dias contados da adjudicação, da arrematação ou da alienação.
b) Regra especial: se os embargos se justificarem na declaração de ineficácia proferida em razão de reconhecida fraude à execução, o prazo será de quinze dias, a partir de sua intimação.

Atualização jurisprudencial

A nulidade do negócio jurídico simulado pode ser reconhecida no julgamento de embargos de terceiro

(REsp 1.927.496-SP).

**Habilitação**

Havendo o falecimento de qualquer das partes, o juiz suspenderá o processo, a fim de que os interessados possam sucedê-lo no processo.

Terá a habilitação a natureza de procedimento especial, embora existam dois procedimentos distintos para o seu processamento.

A regra da habilitação no CPC/2015 é a de que o seu processamento ocorrerá nos próprios autos principais. E assim será sempre requerida. Porém, verificando-se a necessidade de dilação probatória diversa da documental, determinará que o pedido seja autuado em apartado e disporá sobre a instrução.

**ATENÇÃO!**

Regra da habilitação: processamento nos próprios autos principais.

Exceção: será autuada em apartado, se houver necessidade de dilação probatória diversa da documental.

**Ação monitória**

Por meio de tal ação, aquele que se afirmar, com base em prova escrita sem eficácia de título executivo, ter direito de exigir do devedor capaz: i) o pagamento de quantia em dinheiro; ii) a entrega de coisa fungível ou infungível ou de bem móvel ou imóvel; iii) o adimplemento de obrigação de fazer ou de não fazer.

Foi equiparada à prova escrita sem eficácia de título executivo a prova escrita documentada em ação de produção antecipada de prova.

**Restauração de Autos**

Os autos constituem-se no **registro**, para fins de consulta, **dos vários atos praticados no processo**. Este registro pode ser feito por meio físico, em papel, ou por meio eletrônico, nos termos das diretrizes lançadas pela Lei n. 11.419/2006, bem como pelo que é determinado pelo Código de Processo Civil.

**Há interesse público na integridade dos autos** e a sua guarda e responsabilidade compete ao escrivão ou chefe de secretaria (art. 152, IV CPC) que, em relação aos autos físicos, não permitirá que saiam do cartório, salvo: a) quando tenham de seguir à conclusão do juiz; b) com vista a procurador, à Defensoria Pública, ao Ministério Público ou à Fazenda Pública; c) quando devam ser remetidos ao contabilista ou ao partidor; e, d) quando forem remetidos a outro juízo em razão da modificação da competência.

**Procedimentos de Jurisdição Voluntária**

*Natureza Jurídica*

A jurisdição voluntária consiste na administração pública de negócios privados. Em razão da importância destes, há necessidade da chancela judicial, do controle pelo juiz, tal como ocorre, por exemplo, com a alienação de bem pertencente a incapazes.

*Ações processadas de acordo com as regras do Procedimento de Jurisdição Voluntária*

O art. 725 do CPC elenca, exemplificativamente, os procedimentos que se processão pelo procedimento de jurisdição voluntária. São eles:

Emancipação: se o adolescente estiver sob tutela ou houver divergência entre os seus genitores, a emancipação deverá ser requerida por meio judicial.

Sub-rogação: considerando-se a existência de cláusula de inalienabilidade e a necessidade de liberação de um bem para que tal ônus passa a incidir sobre outro, deverá ser requerida a sub-rogação.

Alienação, arrendamento ou oneração de bens de crianças ou adolescentes, de órgãos e de interditos: a venda de bens de incapazes, ou de interditados, somente produzirá efeitos se requerida no âmbito judicial;

Alienação de quinhão de coisa comum: embora esteja elencada entre as hipóteses de jurisdição voluntária, na verdade seria de jurisdição contenciosa, à vista da discordância existente;

Extinção do usufruto, quando não decorrer da morte do usufrutuário, do termo de sua duração ou da consolidação, e de fideicomisso, quando decorrer de renúncia ou quando ocorrer antes do evento que caracterizar a condição resolutória: havendo a necessidade de extinção do usufruto ou do fideicomisso, deverá a parte indicar ao juiz os motivos para tanto, que serão avaliados;

Expedição de alvará judicial: o alvará judicial consistirá na autorização judicial para a prática de um ato, como, por exemplo, para que o interessado, que não o proprietário, possa promover a regularização de um imóvel junto ao cadastro do Município;

Homologação de autocomposição extrajudicial, de qualquer natureza ou valor: consiste na chancela judicial à composição levada a cabo pelas partes.

*Notificação, Interpelação e do Protesto*

A notificação e a interpelação são procedimentos que têm como finalidade precípua a documentação. O juízo não analisará o mérito e nem proferirá pronunciamento que o finalize. Poderá ser utilizada, por exemplo, para a interrupção da prescrição.

Por isso, quem tiver interesse em manifestar formalmente sua vontade a outra pessoa poderá notificar pessoas participantes da mesma relação jurídica para dar-lhes ciência de seu propósito.

Admite-se, também, que o interessado interpele o requerido, para que faça ou deixe de fazer alguma coisa.

Deferida a realização da notificação ou interpelação, os autos serão entregues ao requerente.

*Alienação Judicial*

Nos casos expressos em lei, não havendo acordo entre os interessados sobre o modo como se deve realizar a alienação do bem, o juiz, de ofício ou a requerimento dos interessados ou do depositário, mandará aliená-lo em leilão.

*Separação, divórcio e alteração de regime de bens*

A homologação do divórcio ou da separação consensuais, observados os requisitos legais, poderá ser requerida em petição assinada por ambos os cônjuges, da qual constarão: I – as disposições relativas à descrição e à partilha dos bens comuns; II – as disposições relativas à pensão alimentícia entre os cônjuges; III – o acordo relativo à guarda dos filhos incapazes e ao regime de visitas; e IV – o valor da contribuição para criar e educar os filhos.

Se os cônjuges não acordarem sobre a partilha dos bens, far-se-á esta depois de homologado o divórcio.

Estas regras aplicam-se, no que couber, ao processo de homologação da extinção consensual de união estável.

O divórcio consensual, a separação consensual e a extinção consensual de união estável, não havendo nascituro ou filhos incapazes e observados os requisitos legais, poderão ser realizados por escritura pública.

O tabelião somente lavrará a escritura se os interessados estiverem assistidos por advogado ou por defensor público, cuja qualificação e assinatura constarão do ato notarial.

A alteração do regime de bens do casamento, observados os requisitos legais, poderá ser requerida, motivadamente, em petição assinada por ambos os cônjuges, na qual serão expostas as razões que justificam a alteração, ressalvados os direitos de terceiros.

Ao receber a petição inicial, o juiz determinará a intimação do Ministério Público e a publicação de edital que divulgue a pretendida alteração de bens, somente podendo decidir depois de decorrido o prazo de 30 (trinta) dias da publicação do edital.

Os cônjuges, na petição inicial ou em petição avulsa, podem propor ao juiz meio alternativo de divulgação da alteração do regime de bens, a fim de resguardar direitos de terceiros.

Após o trânsito em julgado da sentença, serão expedidos mandados de averbação aos cartórios de registro civil e de imóveis e, caso qualquer dos cônjuges seja empresário, ao Registro Público de Empresas Mercantis e Atividades Afins.

*Testamentos e dos codicilos*

Recebendo testamento cerrado, o juiz, se não achar vício externo que o torne suspeito de nulidade ou falsidade, o abrirá e mandará que o escrivão o leia em presença do apresentante.

Do termo de abertura constarão o nome do apresentante e como ele obteve o testamento, a data e o lugar do falecimento do testador, com as respectivas provas, e qualquer circunstância digna de nota.

Depois de ouvido o Ministério Público, não havendo dúvidas a serem esclarecidas, o juiz mandará registrar, arquivar e cumprir o testamento.

Feito o registro, será intimado o testamenteiro para assinar o termo da testamentária.

Se não houver testamenteiro nomeado ou se ele estiver ausente ou não aceitar o encargo, o juiz nomeará testamenteiro dativo, observando-se a preferência legal.

O testamenteiro deverá cumprir as disposições testamentárias e prestar contas em juízo do que recebeu e despendeu.

Qualquer interessado, exibindo o traslado ou a certidão de testamento público, poderá requerer ao juiz que ordene o seu cumprimento.

*Herança jacente*

Nos casos em que a lei considere jacente a herança, o juiz em cuja comarca tiver domicílio o falecido procederá imediatamente à arrecadação dos respectivos bens.

A herança jacente ficará sob a guarda, a conservação e a administração de um curador até a respectiva entrega ao sucessor legalmente habilitado ou até a declaração de vacância.

Terminada a arrecadação, o juiz mandará expedir edital, que será publicado na rede mundial de computadores, no sítio do tribunal a que estiver vinculado o juízo e na plataforma de editais do Conselho Nacional de Justiça, onde permanecerá por 3 (três) meses, ou, não havendo sítio, no órgão oficial e na imprensa da comarca, por 3 (três) vezes com intervalos de 1 (um) mês, para que os sucessores do falecido venham a habilitar-se no prazo de 6 (seis) meses contado da primeira publicação.

Verificada a existência de sucessor ou de testamenteiro em lugar certo, far-se-á a sua citação, sem prejuízo do edital.

Quando o falecido for estrangeiro, será também comunicado o fato à autoridade consular.

Julgada a habilitação do herdeiro, reconhecida a qualidade do testamenteiro ou provada a identidade do cônjuge ou companheiro, a arrecadação converter-se-á em inventário.

Os credores da herança poderão habilitar-se como nos inventários ou propor a ação de cobrança.

Passado 1 (um) ano da primeira publicação do edital e não havendo herdeiro habilitado nem habilitação pendente, será a herança declarada vacante. Pendendo habilitação, a vacância será declarada pela mesma sentença que a julgar improcedente, aguardando-se, no caso de serem diversas as habilitações, o julgamento da última.

Transitada em julgado a sentença que declarou a vacância, o cônjuge, o companheiro, os herdeiros e os credores só poderão reclamar o seu direito por ação direta.

*Bens dos ausentes*

Declarada a ausência nos casos previstos em lei, o juiz mandará arrecadar os bens do ausente e nomear-lhes-á curador.

Feita a arrecadação, o juiz mandará publicar editais na rede mundial de computadores, no sítio do tribunal a que estiver vinculado e na plataforma de editais do Conselho Nacional de Justiça, onde permanecerá por 1 (um) ano, ou, não havendo sítio, no órgão oficial e na imprensa da comarca, durante 1 (um) ano, reproduzida de 2 (dois) em 2 (dois) meses, anunciando a arrecadação e chamando o ausente a entrar na posse de seus bens. Findo o prazo previsto no edital, poderão os interessados requerer a abertura da sucessão provisória, observando-se o disposto em lei.

*Das coisas vagas*

Recebendo do descobridor coisa alheia perdida, o juiz mandará lavrar o respectivo auto, do qual constará a descrição do bem e as declarações do descobridor.

Recebida a coisa por autoridade policial, esta a remeterá em seguida ao juízo competente.

Depositada a coisa, o juiz mandará publicar edital na rede mundial de computadores, no sítio do tribunal a que estiver vinculado e na plataforma de editais do Conselho Nacional de Justiça ou, não havendo sítio, no órgão oficial e na imprensa da comarca, para que o dono ou o legítimo possuidor a reclame, salvo se se tratar de coisa de pequeno valor e não for possível a publicação no sítio do tribunal, caso em que o edital será apenas afixado no átrio do edifício do fórum.

*Da interdição*

O estudo da **curatela** deverá compreender uma análise conjuntado Código Civil, Código de Processo Civil e também do Estatuto das Pessoas com Deficiência.

Note-se que, pelo Estatuto das Pessoas com Deficiência, a pessoa com deficiência não é mais considerada um incapaz.

Estão sujeitos à **curatela** aqueles que, por causa transitória ou permanente, não puderem exprimir a sua vontade, os ébrios habituais e os viciados em tóxico, bem como os pródigos.

Reconhece-se que a curatela se constitui em medida protetiva excepcional, proporcional às necessidades e às circunstâncias de cada caso, devendo durar o menor tempo possível.

De acordo com o novo regramento, a curatela afetará tão somente os atos relacionados aos direitos de natureza patrimonial e negocial, não alcançando o direito ao próprio corpo, à sexualidade, ao matrimônio, à privacidade, à educação, à saúde, ao trabalho e ao voto.

Na nomeação de curador para a pessoa com deficiência, o juiz poderá estabelecer curatela compartilhada a mais de uma pessoa.

Admite-se, como medida preferencial à curatela, o processo de tomada de decisão apoiada.

Para formular pedido de tomada de decisão apoiada, a pessoa com deficiência e os apoiadores devem apresentar termo em que constem os limites do apoio a ser oferecido e os compromissos dos apoiadores, inclusive o prazo de vigência do acordo e o respeito à vontade, aos direitos e aos interesses da pessoa que devem apoiar.

O pedido de tomada de decisão apoiada será requerido pela pessoa a ser apoiada, com indicação expressa das pessoas aptas a prestarem o apoio previsto no *caput* deste artigo.

Antes de se pronunciar sobre o pedido de tomada de decisão apoiada, o juiz, assistido por equipe multidisciplinar, após oitiva do Ministério Público, ouvirá pessoalmente o requerente e as pessoas que lhe prestarão apoio.

A decisão tomada por pessoa apoiada terá validade e efeitos sobre terceiros, sem restrições, desde que esteja inserida nos limites do apoio acordado

Terceiro com quem a pessoa apoiada mantenha relação negocial pode solicitar que os apoiadores contra-assinem o contrato ou acordo, especificando, por escrito, sua função em relação ao apoiado.

Em caso de negócio jurídico que possa trazer risco ou prejuízo relevante, havendo divergência de opiniões entre a pessoa apoiada e um dos apoiadores, deverá o juiz, ouvido o Ministério Público, decidir sobre a questão.

A esterilização cirúrgica em pessoas absolutamente incapazes somente poderá ocorrer mediante autorização judicial (art. 10, § 6º, Lei nº 9.263/1996).

A interdição pode ser promovida: I – pelo cônjuge ou companheiro; II – pelos parentes ou tutores; III – pelo representante da entidade em que se encontra abrigado o interditando; IV – pelo Ministério Público.

A legitimidade deverá ser comprovada por documentação que acompanhe a petição inicial.

*Disposições comuns à Tutela e à Curatela*

O tutor ou o curador será intimado a prestar compromisso no prazo de 5 (cinco) dias contado da: I – nomeação feita em conformidade com a lei; II – intimação do despacho que mandar cumprir o testamento ou o instrumento público que o houver instituído.

O tutor ou o curador poderá eximir-se do encargo apresentando escusa ao juiz no prazo de 5 (cinco) dias contado: I – antes de aceitar o encargo, da intimação para prestar compromisso; II – depois de entrar em exercício, do dia em que sobrevier o motivo da escusa.

Incumbe ao Ministério Público ou a quem tenha legítimo interesse requerer, nos casos previstos em lei, a remoção do tutor ou do curador.

O tutor ou o curador será citado para contestar a arguição no prazo de 5 (cinco) dias, findo o qual observar-se-á o procedimento comum. Em caso de extrema gravidade, o juiz poderá suspender o tutor ou o curador do exercício de suas funções, nomeando substituto interino.

## 13. CUMPRIMENTO DE SENTENÇA E DO PROCESSO DE EXECUÇÃO

### Cumprimento das sentenças

A intimação do devedor se dará:

I – pelo Diário da Justiça, na pessoa de seu advogado constituído nos autos, salvo se o requerimento de início da fase de execução ocorrer após um ano do trânsito em julgado, quando a intimação será realizada na pessoa do devedor;

Como regra, o devedor será intimado na pessoa de seu advogado, que o representou na fase de conhecimento ou que ingressou nos autos posteriormente. Porém, se já transcorrido prazo de um ano do trânsito em julgado, a intimação será realizada diretamente na pessoa do devedor e não mais do advogado.

II – por carta com aviso de recebimento, quando representado pela Defensoria Pública ou quando não tiver procurador constituído nos autos, ressalvada a hipótese do inciso IV;

Se o devedor será intimado por meio de carta com aviso de recebimento e não na pessoa do Defensor Público.

III – por meio eletrônico, quando, no caso do § 1º do art. 246, não tiver procurador constituído nos autos;

IV – por edital, quando, citado na forma do art. 256, tiver sido revel na fase de conhecimento.

Tendo sido o réu revel na fase de conhecimento, o devedor será intimado por edital na fase de execução.

**IMPORTANTE!**

Em razão do constante no art. 513, § 2º, CPC, resta prejudicada a Súmula 410 do Superior Tribunal de Justiça, apesar de ainda não ter sido cancelada.

Com efeito, tendo advogado constituído nos autos, não haverá necessidade de intimação pessoal do executado.

**IMPORTANTE!**

Sendo o réu citado por edital e não tendo constituído advogado na fase de conhecimento, deverá haver intimação por edital do executado.

Se o devedor mudar de endereço sem prévia comunicação ao juízo, considera-se realizada a intimação.

De toda forma, se já transcorrido o prazo de um ano do trânsito em julgado da sentença, a intimação será feita na pessoa do devedor, por meio de carta com aviso de recebimento.

Como ficou, então?

a) o executado precisa ser intimado, na pessoa de seu advogado, havendo procurador constituído nos autos;

b) se antes citado por edital, não tendo procurador constituído nos autos (ainda que tenha curador especial), deverá ser intimado por edital;

c) ultrapassado o prazo de um ano do trânsito em julgado, a intimação deverá feita na pessoa do devedor, por meio de carga com aviso de recebimento.

### Competência para a fase de cumprimento de sentença

O cumprimento da sentença efetuar-se-á perante:

I – os tribunais, nas causas de sua competência originária;

II – o juízo que decidiu a causa no primeiro grau de jurisdição;

III – o juízo cível competente, quando se tratar de sentença penal condenatória, de sentença arbitral, de sentença estrangeira ou de acórdão proferido pelo Tribunal Marítimo.

Nas hipóteses dos incisos II e III, o exequente poderá optar pelo juízo do atual domicílio do executado, pelo juízo do local onde se encontrem os bens sujeitos à execução ou pelo juízo do local onde deva ser executada a obrigação de fazer ou de não fazer, casos em que a remessa dos autos do processo será solicitada ao juízo de origem.

Em razão da nova natureza do protesto de títulos, não só possível para a comprovação da mora, mas também como meio extrajudicial apto a compelir o devedor a cumprir a obrigação, veio o art. 517 do CPC permitir que a decisão transitada em julgado poderá ser levada a protesto, nos termos da lei, depois de transcorrido o prazo para pagamento voluntário da obrigação.

Todas as questões relativas à validade do procedimento de cumprimento da sentença e dos atos executivos subsequentes poderão ser arguidas pelo executado nos próprios autos e nestes serão decididas pelo juiz.

As questões relativas a fato superveniente ao término do prazo para apresentação da impugnação, assim como aquelas relativas à validade e à adequação da penhora, da avaliação e dos atos executivos subsequentes, podem ser arguidas por simples petição, tendo o executado, em qualquer dos casos, o prazo de 15 (quinze) dias para formular esta arguição, contado da comprovada ciência do fato ou da intimação do ato.

O cumprimento da sentença que reconhece a exigibilidade de obrigação de pagar quantia certa poderá ser provisório ou definitivo, atentando-se ao seguinte esquema:

***Cumprimento provisório:*** *se não ocorreu o trânsito em julgado da sentença e pende de julgamento recurso que possui apenas efeito devolutivo.*

***Cumprimento definitivo:*** *se a sentença já transitou em julgado.*

O cumprimento de sentença provisório será realizado da mesma forma que o cumprimento definitivo, sujeitando-se ao seguinte regime:

I – corre por iniciativa e responsabilidade do exequente (responsabilidade objetiva);

II – fica sem efeito, sobrevindo decisão que modifique ou anule a sentença objeto da execução, restituindo-se as partes ao estado anterior e liquidando-se eventuais prejuízos nos mesmos autos;

III – se a sentença objeto de cumprimento provisório for modificada ou anulada apenas em parte, somente nesta ficará sem efeito a execução;

IV – o levantamento de depósito em dinheiro e a prática de atos que importem transferência de posse ou alienação de propriedade ou de outro direito real, ou dos quais possa resultar grave dano ao executado, dependem de caução suficiente e idônea, arbitrada de plano pelo juiz e prestada nos próprios autos. Esta caução, contudo, poderá ser dispensada nos casos em que: i) o crédito for de natureza alimentar, independentemente de sua origem; ii) o credor demonstrar situação de necessidade, iii) pender o agravo de despacho denegatório de recurso extraordinário ou de recurso especial; iv) a sentença a ser provisoriamente cumprida estiver em consonância com súmula da jurisprudência do STF ou do STJ ou em conformidade com acórdão proferido no julgamento de casos repetitivos.

Ainda que ocorra uma das situações em que a caução está dispensada, a garantia será mantida se por conta da dispensa possa resultar manifesto risco de grave dano de difícil ou incerta reparação.

Deverá o credor requerer o cumprimento de sentença por meio de petição dirigida ao juízo competente, instruindo-se a petição com as seguintes peças do processo, cuja autenticidade poderá ser certificada pelo próprio advogado, sob pena de sua responsabilidade pessoal: I – decisão exequenda; II – certidão de interposição do recurso não dotado de efeito suspensivo; III – procurações outorgadas pelas partes; IV – decisão de habilitação, se for o caso; V – facultativamente, outras peças processuais consideradas necessárias para demonstrar a existência do crédito.

O **processo de execução autônomo** é objeto do Livro II, da Parte Especial, do Novo Código de Processo Civil. As suas disposições serão aplicadas, **no que couber**, aos procedimentos especiais de execução (execução fiscal, por exemplo), aos atos executivos realizados no procedimento de cumprimento de sentença, bem como aos efeitos de atos ou fatos processuais a que a lei atribuir força executiva.

**ATENÇÃO!**

Na fase de cumprimento de sentença será possível a prática de atos executivos (penhora), bem como de atos expropriatórios (como a adjudicação, por exemplo), aos quais serão aplicadas as disposições, no que couber, do processo de execução.

Para que se admita a execução fundada em título executivo extrajudicial, a **obrigação** deve estar fundada em título líquido, certo e exigível.

Liquidez: tem-se a obrigação líquida se especificado o *quantum*, o valor do débito em execução.

Certeza: a obrigação deve ser certa quanto à sua existência.

Exigível: a obrigação deve estar apta a ser exigida.

A execução será suspensa:

i) nas hipóteses gerais de suspensão do processo;

ii) no todo ou em parte, quando recebidos com efeito suspensivo os embargos à execução;

III – quando não for localizado o executado ou bens penhoráveis, quando a suspensão terá o prazo de um ano, durante o qual se suspenderá a prescrição.

IV – se a alienação dos bens penhorados não se realizar por falta de licitantes e o exequente, em 15 (quinze) dias, não requerer a adjudicação nem indicar outros bens penhoráveis;

V – quando concedido o parcelamento judicial.

Uma vez suspensa a execução, não serão praticados atos processuais, podendo o juiz, entretanto, salvo no caso de arguição de impedimento ou de suspeição, ordenar providências urgentes.

| PRESCRIÇÃO INTERCORRENTE – ALTERAÇÕES LEI 14.195/2021. |
|---|
| Sobre a **prescrição intercorrente**, podem ser feitos os seguintes apontamentos:<br>I – suspende-se a execução, pelo prazo de um ano, quando não for localizado o executado ou bens penhoráveis. Neste período, o prazo prescricional estará suspenso;<br>II – decorrido o prazo máximo de um ano sem que seja localizado o executado ou que sejam encontrados bens penhoráveis, o juiz ordenará o arquivamento dos autos;<br>III – os autos serão desarquivados para prosseguimento da execução se a qualquer tempo forem encontrados bens penhoráveis;<br>IV – o termo inicial da prescrição no curso do processo será a ciência da primeira tentativa infrutífera de localização do devedor ou de bens penhoráveis, e será suspensa, por uma única vez, pelo prazo máximo de um ano;<br>V – A efetiva citação, intimação do devedor ou constrição de bens penhoráveis interrompe o prazo de prescrição, que não corre pelo tempo necessário à citação e à intimação do devedor, bem como para as formalidades da constrição patrimonial, se necessária, desde que o credor cumpra os prazos previstos na lei processual ou fixados pelo juiz;<br>VI – O juiz, depois de ouvidas as partes, no prazo de 15 (quinze) dias, poderá, de ofício, reconhecer a prescrição no curso do processo e extingui-lo, sem ônus para as partes;<br>VII – A alegação de nulidade quanto ao procedimento somente será conhecida caso demonstrada a ocorrência de efetivo prejuízo, que será presumido apenas em caso de inexistência da intimação mencionada no item V, acima. |

A execução será extinta:

I – a petição inicial for indeferida;

II – a obrigação for satisfeita;

III – o executado obtiver, por qualquer outro meio, a extinção total da dívida;

IV – o exequente renunciar ao crédito;

V – **ocorrer a prescrição intercorrente.**

**Fraude à execução**

**ATENÇÃO!**

Na fraude à execução, diferentemente do que ocorre na fraude contra credores, o ato negocial praticado pelo devedor **não é nulo.** É válido. **Porém, será considerado ineficaz em relação ao credor.** Considera-se como se não praticado.

A ocorrência da fraude à execução e a declaração de ineficácia do negócio jurídico celebrado pelo responsável patrimonial poderá se consumar por meio de decisão interlocutória proferida no próprio processo em que apurada, independentemente da instauração de nova relação processual.

Para que haja o reconhecimento da ocorrência de ato em fraude à execução, será necessário que o juízo, em cognição sumária, verifique estarem presentes os seguintes requisitos: a) realização do negócio jurídico após a instauração da relação processual; b) inexistência de outros bens suficientes; c) prévia manifestação do terceiro adquirente do bem.

**ATENÇÃO!**

O § 4º do art. 792 do CPC inseriu interessante novidade no procedimento de declaração da fraude à execução, ao determinar a prévia manifestação do terceiro adquirente do bem.

O artigo 792 do CPC elenca as hipóteses em que a alienação ou a oneração é considerada fraude à execução. São elas:

I – quando sobre o bem pender ação fundada em direito real ou com pretensão reipersecutória, desde que a pendência do processo tenha sido averbada no respectivo registro público, se houver;

II – quando tiver sido averbada, no registro do bem, a pendência do processo de execução, na forma do art. 828;

III – quando tiver sido averbado, no registro do bem, hipoteca judiciária ou outro ato de constrição judicial originário do processo onde foi arguida a fraude;

IV – quando, ao tempo da alienação ou da oneração, tramitava contra o devedor ação capaz de reduzi-lo à insolvência;

V – nos demais casos expressos em lei

**Execução por quantia certa**

Na execução de obrigação de pagar quantia certa: o juiz despachará a inicial, fixando os honorários advocatícios em 10%, a serem pagos pelo executado. Este será citado para que dê integral cumprimento ao pagamento no prazo de três dias. Se o fizer, a verba honorária será reduzida de metade.

A penhora é o ato executivo destinado à apreensão de bens do devedor, vinculando-os à execução. Com a penhora, o credor também passa a ter preferência em relação a outros credores, da mesma categoria, que futuramente penhorem o mesmo bem. Trata-se do direito de prelação ou de preferência.

No prazo de embargos, poderá o devedor reconhecer o crédito do exequente e comprovando o depósito de 30% do valor em execução, acrescido de custas e de honorários do advogado, requerer que lhe seja permitido pagar o restante em até seis parcelas mensais, acrescidas de correção monetária e de juros de um por cento ao mês.

Os embargos à execução não terão efeito suspensivo. Poderá o juiz concedê-lo, no entanto, a requerimento do embargante, quando verificados os requisitos para a concessão da tutela provisória e desde que a execução já esteja garantida por penhora, depósito ou caução suficientes.

A expropriação consistirá em: i) adjudicação; ii) alienação; iii) apropriação de frutos e rendimentos de empresa ou de estabelecimentos e de outros bens.

Não obstante seja considerada perfeita, acabada e irretratável com a assinatura do auto de arrematação, poderão ser alegadas, no prazo de dez dias, as situações indicadas no art. 903, § 1º do CPC. Nesse passo, a arrematação poderá ser invalidada, considerada ineficaz ou resolvida, conforme explicado no seguinte quadro:

| Invalidação | Se realizada por preço vil ou com outro vício. |
|---|---|
| **Ineficácia em relação a determinadas pessoas.** | Alienação sem a intimação prévia: i) dos respectivos credores pignoratício, hipotecário e anticrético; ii) do promitente comprador ou do cessionário de bem objeto de promessa de compra e venda ou de cessão registrada; iii) concedente ou concessionário de direito de superfície; iv) enfiteuta ou concessionário na alienação de imóvel sobre o qual tenha sido instituída a enfiteuse, concessão de uso especial para fins de moradia ou concessão de direito real de uso; do proprietário do imóvel no caso de alienação de direitos do enfiteuta, do concessionário de direito real de uso ou do concessionário de uso especial para fins de moradia; titular do direito de usufruto, uso ou habitação. |
| **Resolvida** | Se não for pago o preço ou não for prestada a caução. |

**Execução de alimentos**

No cumprimento da sentença que condene ao pagamento de prestação alimentícia ou de decisão interlocutória que fixe alimentos, o juiz, a requerimento do exequente, mandará intimar o executado pessoalmente para, em três dias, pagar o débito, provar que o fez ou justificar a impossibilidade de efetuá-lo.

Se o executado não pagar ou se a justificativa apresentada não for aceita, o juiz, além de mandar protestar o pronunciamento judicial, decretar a prisão pelo prazo de um a três meses. A prisão será cumprida em regime fechado, devendo o preso ficar separado dos presos comuns.

O débito alimentar que autoriza a prisão civil do alimentante é o que compreende até as três prestações anteriores ao ajuizamento da execução e as que se vencerem no curso do processo.

Na execuçao fundada em título executivo extrajudicial que contenha obrigação alimentar, o juiz mandará citar o executado para, em três dias, efetuar o pagamento das parcelas anteriores ao início da execução e das que se vencerem no seu curso, provar que o fez ou justificar a impossibilidade de fazê-lo.

Na execução de obrigação alimentar fundada em título executivo extrajudicial, como uma escritura pública, por exemplo, ou uma transação referendada por Advogados, o credor indicará se pretende que seja realizada a penhora de bens, para futura expropriação, ou, então, ser pretende que seja utilizada a medida coercitiva da prisão.

Duas opções do credor:

a) valer-se da constrição de bens e, se necessário, dos meios expropriatórios necessários para a satisfação do direito mediante a adjudicação ou a entrega de dinheiro.
b) ou, então, pela adoção da medida coercitiva voltada à prisão civil do executado, consoante admitido na Constituição Federal e disciplinado nos §§ 2º a 7º do art. 528 do CPC.

**ATENÇÃO!**

Se o credor optar pela prática de constrição de bens, ao invés da utilização da medida coercitiva da prisão civil, a execução seguirá as regras gerais existentes, com a diferença de que a concessão de efeito suspensivo aos embargos à execução não constitui óbice a que o exequente levante mensalmente a importância da prestação.

Optando o credor pela execução em que será possível, posteriormente e se possível, a prisão civil do alimentante, quando fundada em título executivo extrajudicial, o executado será citado para, em três dias, efetuar o pagamento das parcelas anteriores ao início da execução e das que se vencerem no seu curso, provar que o fez ou justificar a impossibilidade de fazê-lo.

**ATENÇÃO!**

A defesa do executado será possibilitada por meio da justificativa de impossibilidade de cumprimento da obrigação, a qual terá o condão único de, se acolhida, afastar a prisão, permanecendo íntegra a obrigação de pagar, que somente poderá ser afastada por meio da ação exoneratória de pagamento de alimentos.

Também será determinado à autoridade, à empresa ou ao empregador que, sob pena de desobediência, proceda ao desconto em folha de pagamento a partir da primeira remuneração posterior do executado, a contar do protocolo do ofício.

Ao final, não cumprida a obrigação e não acolhida a justificativa apresentada, o magistrado poderá decretar a prisão civil do executado, pelo prazo de um a três meses, que será cumprida em regime fechado, devendo o preso ficar separado dos presos comuns.

## 14. PROCESSO NOS TRIBUNAIS

**Deveres dos tribunais.**

O art. 926 do CPC, além de inaugurar o Livro III, da Parte Especial, determina que os Tribunais devem uniformizar sua jurisprudência e mantê-la estável, íntegra e coerente.

**Imediata Distribuição**

Os autos serão registrados no protocolo do tribunal no dia de sua entrada, devendo ser imediatamente distribuídos pela secretaria, observando-se a seguinte ordem:

| | Julgamento Monocrático |
|---|---|
| DISTRIBUIÇÃO ➔ RELATOR | Manifestação da(s) Parte(s) |
| | Presidente Designa Data |

**O Novo CPC não tratou do voto de revisão.**

Prevenção do Relator

Estará prevento para os demais recursos, no mesmo ou em processos conexos, o relator do que for anteriormente protocolado no tribunal.

Assim, se antes houver a interposição do recurso de agravo de instrumento, o mesmo relator estará prevento para o julgamento da futura apelação.

Incumbências do Relator

Ao relator competirá presidir o processo que tramitar no tribunal, incumbindo-lhe:

I – dirigir e ordenar o processo no tribunal, inclusive em relação à produção de prova, bem como, quando for o caso, homologar autocomposição das partes;

II – apreciar o pedido de tutela provisória nos recursos e nos processos de competência originária do tribunal;

III – não conhecer de recurso inadmissível, prejudicado ou que não tenha impugnado especificamente os fundamentos da decisão recorrida;

IV – negar provimento a recurso que for contrário a:

a) súmula do Supremo Tribunal Federal, do Superior Tribunal de Justiça ou do próprio tribunal;

b) acórdão proferido pelo Supremo Tribunal Federal ou pelo Superior Tribunal de Justiça em julgamento de recursos repetitivos;

c) entendimento firmado em incidente de resolução de demandas repetitivas ou de assunção de competência;

V – depois de facultada a apresentação de contrarrazões, dar provimento ao recurso se a decisão recorrida for contrária a:

a) súmula do Supremo Tribunal Federal, do Superior Tribunal de Justiça ou do próprio tribunal;

b) acórdão proferido pelo Supremo Tribunal Federal ou pelo Superior Tribunal de Justiça em julgamento de recursos repetitivos;

c) entendimento firmado em incidente de resolução de demandas repetitivas ou de assunção de competência;

VI – decidir o incidente de desconsideração da personalidade jurídica, quando este for instaurado originariamente perante o tribunal;

VII – determinar a intimação do Ministério Público, quando for o caso;

VIII – exercer outras atribuições estabelecidas no regimento interno do tribunal.

Competirá ao relator, ainda, constatada a ocorrência de vício sanável, inclusive aquele que possa ser conhecido de ofício, determinar a realização ou a renovação do ato processual, no próprio tribunal ou em primeiro grau de jurisdição, intimando-se as partes.

Se reconhecer a necessidade de produção de provas, deverá o relator converter o julgamento em diligência, que se realizará no tribunal ou em primeiro grau de jurisdição.

| TÉCNICA DE AMPLIAÇÃO DO QUÓRUM PARA JULGAMENTO | |
|---|---|
| **APLICABILIDADE** | **NÃO APLICABILIDADE** |
| Apelação não unânime | Incidente de assunção de competência e de resolução de demandas repetitivas. |
| Ação rescisória não unânime, com rescisão da sentença. | Remessa necessária. |
| Agravo de instrumento, se houver reforma da decisão que julgar parcialmente o mérito. | Julgamento não unânime proferido pelo plenário ou pela corte especial. |

Deverá ser **utilizada a técnica de julgamento ampliado na apelação quando a decisão for por maioria**, seja **reformando ou confirmando a sentença**, analisando ou não o mérito.

**ATENÇÃO!** Cabimento da técnica de ampliação do quórum para o julgamento da apelação quando a decisão for por maioria, não importando se haverá reforma ou confirmação da sentença, diferentemente do que ocorria nos embargos infringentes do CPC de 1973.

**Atualização jurisprudencial**

A técnica de ampliação do colegiado, prevista no art. 942 do CPC/2015, aplica-se também ao julgamento de apelação interposta contra sentença proferida em mandado de segurança.

### Precedente, jurisprudência e súmula

Considerando-se a imprecisão terminológica existente sobre as expressões **jurisprudência, exemplo, súmula e precedente**, procura-se, neste primeiro momento, indicar os principais pontos conceituais que diferem um instituto do outro.

Há vários significados para a expressão **jurisprudência**, que pode designar, conforme registrado por Lenio Luiz Streck, em sentido estrito, a Ciência do Direito e, em sentido lato, o "conjunto de sentenças dos Tribunais" e, ainda, pode indicar somente as sentenças uniformes.[9]

**Significado mais comum: conjunto de decisões uniformes, ou proferidas em sentido dominante. Pode se referir a dezenas, centenas e até milhares de decisões. Trata-se de ideia plural, ao contrário da ideia singular ligada ao precedente (diferença de caráter quantitativo).**

**JURISPRUDÊNCIA:** IDEIA PLURAL. VÁRIAS DECISÕES.
**PRECEDENTE:** IDEIA SINGULAR.

### Incidente de assunção de competência

***Cabimento***: é admissível quando o julgamento de recurso, de remessa necessária ou de processo de competência originária envolver questão de direito, com grande repercussão social, sem repetição em múltiplos processos, com o objetivo de que sejam julgados pelo órgão colegiado que o regimento interno indicar.

***Instauração***: proposta pelo relator, de ofício, ou a requerimento da parte, do Ministério Público ou da Defensoria Pública.

***Requisito***: o órgão colegiado julgará o recurso, a remessa necessária ou o processo de competência originária se reconhecer interesse público na assunção da competência.

| IRDR | ASSUNÇÃO DE COMPETÊNCIA |
|---|---|
| Há cisão no julgamento | Não há cisão do julgamento |
| Repetição em múltiplos casos | Sem repetição em múltiplos casos |

### Incidente de arguição de inconstitucionalidade

Formas de reconhecimento da inconstitucionalidade

A inconstitucionalidade de lei ou de ato normativo poderá ser reconhecida incidentalmente em um processo, quando se terá o denominado *controle difuso de constitucionalidade*, ou então, ser objeto de ação própria, o que ocorrerá por meio do controle concentrado de constitucionalidade.

| CONTROLE DIFUSO | CONTROLE CONCENTRADO |
|---|---|
| Pode ser realizado por qualquer juiz ou tribunal quando do julgamento de um caso concreto. | Será realizado por um único Tribunal. |
| Será sempre incidental.* | Se faz por via de ação própria. |

*** Como alerta a doutrina,**

"não se pode confundir controle incidental com controle difuso. Há possibilidade de controle incidental no controle concentrado, como por exemplo na Ação declaratória de constitucionalidade n. 1-1/DF. Antes de abordar o mérito da ação (...), o Supremo Tribunal Federal declarou, em sede de controle incidental, a constitucionalidade da ação declaratória (prevista por Emenda Constitucional), e somente depois apreciou o mérito".[10]

9. STRECK, Lenio Luiz. *Súmulas no direito brasileiro: eficácia, poder e função*. Porto Alegre: Livraria do Advogado, 1998, p. 83.

10. FERREIRA, Olavo Augusto Vianna Alves. Controle de Constitucionalidade e seus efeitos. 3ª. ed. Salvador: Juspodivm, 2016, p. 41.

**Conflito de competência**

As Espécies de Conflito de Competência

Será possível que, entre dois Juízos, haja divergência quanto à competência para o julgamento de determinada demanda, quando se está diante do **conflito de competência**, que poderá ser positivo ou negativo.

O **conflito positivo de competência** ocorrerá quando dois juízos se derem por competentes. Diferentemente, haverá o **conflito negativo** se houver a recusa entre eles, por entenderem não ser competentes, o que será possível se um atribuir ao outro a competência, ou se surgir controvérsia sobre a reunião ou separação de processos.

Se excluído do feito o ente federal, cuja presença foi fator preponderante para que o juízo estadual declinasse de sua competência, deverá o juízo federal restituir os autos e não suscitar o conflito (Súmula 224 STJ), não podendo o juizo estadual discutir sobre o interesse do ente federal.

O juiz que não acolher a competência declinada deverá **suscitar o conflito**, salve se a atribuir a outro juízo.

O conflito poderá ser suscitado por qualquer das partes, pelo Ministério Público ou pelo juiz. A parte, contudo, não poderá suscitá-lo se já alegou a incompetência relativa.

**Ação Rescisória**

A **coisa julgada** é uma garantia assegurada pela Constituição Federal, fundada na necessidade de proporcionar a **segurança jurídica**. Com efeito, como decorrência da soberania de um país, compete ao seu Poder competente a aplicação da ordem jurídica vigente, dirimindo os conflitos existentes.

Por **objeto** da ação rescisória, busca-se definir o seu **pedido**, que sempre será o de **rescindir** a coisa julgada formada, bem como, em alguns casos, o de ser **rejulgada** a causa. Diz-se, então, que há o **juízo rescindente (rescindir)** e o **juízo rescisório (rejulgamento da causa)**.

| | Pedido rescindente |
|---|---|
| **OBJETO DA AÇÃO RESCISÓRIA** | |
| | Pedido rescisório |

**Em suma**: tem-se que a ação rescisória poderá rescindir:

i) a coisa julgada material (formada por meio de decisão interlocutória, sentença ou acórdão);

ii) a coisa julgada formal, desde que haja impedimento à propositura de nova ação;

III) decisão que não admita recurso, desde que já transcorrido o prazo para que tal *decisum seja* impugnado pelo meio adequado.

Para a fixação da competência do Tribunal competente para o julgamento da ação rescisória, devem ser observadas **três regras cumulativas**:

i) trata-se de ação originária dos tribunais;

ii) cada tribunal é competente para o julgamento das rescisórias de seus próprios julgados;

iii) Aplicação das Súmulas 249 e 515 do STF.

São requisitos específicos:

(i) decisão (de mérito) transitada em julgado (já analisado quando do estudo do objeto da ação rescisória);

(ii) observância do prazo legal;

(iii) depósito da multa de 5%;

(iv) presença de uma das hipóteses do art. 966 do CPC.

**Incidente de Resolução de Demandas Repetitivas**

***Cabimento***: será cabível quando houver, simultaneamente: I) efetiva repetição de processos que contenham controvérsia sobre a mesma questão unicamente de direito; II) risco de ofensa à isonomia e à segurança jurídica. O instituto possui três pilares fundamentais: i) isonomia, pelo qual se exige tratamento igualitário para a solução de litígios isomórficos; ii) a segurança jurídica, pois se busca a uniformidade das decisões judiciais e, iii) prestação razoável em termos de tempo em que prestada.[11]

***Pedido para instauração***: o pedido será dirigido ao presidente de tribunal (I) pelo juiz ou relator, por ofício; (II) pelas partes, por petição; e, (III) pelo Ministério Público ou pela Defensoria Pública, por petição.

***Custas***: não serão exigidas custas processuais no incidente.

***Causa impeditiva de instauração***: não será cabível a instauração do Incidente quando um dos tribunais superiores, no âmbito de sua respectiva competência, já tiver afetado recurso para definição de tese sobre questão de direito material ou processual repetitiva.

***Suspensão dos processos pendentes***: admitido o incidente, o relator (I) suspenderá os processos pendentes, individuais ou coletivos, que tramitam no Estado ou na região, conforme o caso; (II) poderá requisitar informações a órgãos em cujo juízo tramita processo no qual se discute o objeto do incidente; (III) intimará o Ministério Público para, querendo, manifestar-se no prazo de quinze dias. Durante a suspensão, o pedido de tutela de urgência deverá ser dirigido ao juízo onde tramita o processo suspenso.

***Suspensão nacional dos processos pendentes***: visando à garantia da segurança jurídica, os legitimados poderão requerer, ao tribunal competente para conhecer do recurso extraordinário ou especial, a suspensão de todos os processos individuais ou coletivos em curso no território nacional que versem sobre a questão objeto do incidente já instaurado. Cessará a suspensão se não for interposto o recurso especial ou recurso extraordinário contra a decisão proferida no incidente. Consoante o que foi decidido no Pedido de Suspensão no IRDR nº 7, o pedido de suspensão nacional de processos em IRDR estará presente na hipótese em que o incidente admitido no tribunal de segunda instância:

a) demandar a interpretação da legislação infraconstitucional federal;

b) abranger matéria que se repete em processos em tramitação em outros estados ou regiões; e,

c) ensejar divergência de entendimentos entre pelo menos dois tribunais.

***Fixação da tese***: haverá a fixação da tese jurídica e também o julgamento do recurso, da remessa necessária ou do processo de competência originária de onde se originou o incidente. Julgado o incidente, a tese jurídica será aplicada: I – a todos os processos individuais ou coletivos que versem sobre idêntica questão de direito e que tramitem na área de jurisdição do respectivo tribunal, inclusive àqueles que tramitem nos juizados especiais do respectivo Estado ou região; II – aos casos futuros que versem idêntica questão de direito e que venham a tramitar no território de competência do tribunal, salvo revisão na forma do art. 986.

***Cabimento de reclamação***: não observada a tese adotada no incidente, caberá reclamação.

***Recursos***: do julgamento do mérito do incidente, será cabível a interposição de recurso extraordinário ou especial, conforme o caso, que terão efeito suspensivo.

11. MENDES, Aluísio Gonçalves de Castro. TEMER, Sofia. *O incidente de resolução de demandas repetitivas do Novo Código de Processo Civil. Op. Cit.*, p. 285.

| Interposto recursos especial ou recurso extraordinário contra o acórdão que julgou incidente de resolução de demandas repetitivas – IRDR, a suspensão dos processos realizada pelo relator ao admitir o incidente só cessará com o julgamento dos referidos recursos, não sendo necessário, entretanto, aguardar o trânsito em julgado (REsp 1.869.867/SC). |
|---|

***Revisão da tese***: a revisão da tese jurídica será feita no mesmo tribunal, **de ofício** ou **mediante requerimento do Ministério Público ou da Defensoria Pública.**

| **Ministério Público no Incidente de Resolução de Demandas Repetitivas** | |
|---|---|
| a) | Poderá requerer a sua instauração; |
| b) | Se não for o requerente, atuará como fiscal da ordem jurídica; |
| c) | Poderá requerer a suspensão nacional de todos os processos individuais ou coletivos em curso no território nacional que versem sobre a questão objeto do incidente já instaurada; |
| d) | Tem legitimidade para a interposição de recurso especial ou extraordinário; |
| e) | Poderá requerer a revisão da tese jurídica. |

**Reclamação**

A reclamação possui natureza jurídica de ação e poderá ser ajuizada para preservar a competência de tribunal, garantir a autoridade das decisões do tribunal, garantir a observância de enunciado de súmula vinculante e de decisão do Supremo Tribunal Federal em controle concentrado de constitucionalidade e para garantir a observância de acórdão proferido em julgamento de incidente de resolução de demandas repetitivas ou de incidente de assunção de competência.

Inadmissibilidade

Não será cabível a reclamação se a decisão já tiver transitado em julgado. Também não será admissível para garantir a observância de acórdão de recurso extraordinário com repercussão geral reconhecida ou de acórdão proferido em julgamento de recursos extraordinário ou especial repetitivos, quando não esgotadas as vias ordinárias.

Sendo julgada procedente a reclamação, o tribunal cassará a decisão exorbitante de seu julgado ou determinará medida adequada à solução da controvérsia.

## 15. RECURSOS

Os requisitos intrínsecos "são aqueles que dizem respeito à decisão recorrida em si mesma considerada".[12] Consideram "o conteúdo e a forma da decisão impugnada. De tal modo que, para proferir o juízo de admissibilidade, toma-se o ato judicial impugnado no momento e da maneira como foi prolatado".[13] Constituem-se requisitos intrínsecos de admissibilidade: o cabimento, a legitimação para recorrer e o interesse recursal.

***(i) Efeito devolutivo***: o efeito devolutivo é aquele em virtude do qual a matéria é devolvida ao órgão judicante, seja ele superior àquele que proferiu a decisão, seja ao próprio órgão prolator da decisão. Compreende o princípio do ***tantum devolutum quantum appellatum***. Todo recurso conta com esse efeito.

Tal efeito deve ser analisado quanto à sua extensão e quanto à sua profundidade.

Sob o primeiro aspecto (quanto à extensão), tem-se a delimitação da matéria objeto do recurso. Trata-se da dimensão horizontal do efeito devolutivo.

Assim, se o réu é condenado ao pagamento de indenização por danos materiais e morais e somente recorre em relação a estes últimos, ele delimita o seu recurso, a sua irresignação, e o Tribunal estará vinculado a essa vontade.

Sob o segundo aspecto (quanto à profundidade), tem-se que ficam devolvidas todas as questões suscitadas e discutidas no processo, ainda que a sentença não as tenha julgado por inteiro, desde que relativas ao capítulo impugnado. Trata-se da dimensão vertical do efeito devolutivo.

Em decorrência da preferência pelo julgamento do mérito, se o processo estiver em condições de imediato julgamento, o tribunal deve decidir desde logo o mérito quando: I – reformar sentença fundada no art. 485; II – decretar a nulidade da sentença por não ser ela congruente com os limites do pedido ou da causa de pedir; III – constatar a omissão no exame de um dos pedidos, hipótese em que poderá julgá-lo; IV – decretar a nulidade de sentença por falta de fundamentação.

***(ii) Efeito translativo***: apesar do efeito devolutivo, algumas matérias, poderão ser conhecidas de ofício, independentemente de requerimento ou arguição da parte. São as matérias de ordem pública.

***(iii) Efeito suspensivo***: pelo efeito suspensivo, impede-se a produção imediata de efeitos da decisão, situação essa que durará até o julgamento do recurso. Essa suspensividade não advém da interposição do recurso, mas da simples previsão de que terá tal efeito por força de lei.

O efeito suspensivo poderá existir por força de lei (ope legis) ou em razão de decisão judicial a respeito (*ope judicis*).

A apelação, como regra, tem duplo efeito – devolutivo e suspensivo. Terão somente efeito devolutivo a sentença que: I – homologa divisão ou demarcação de terras; II – condena a pagar alimentos; III – extingue sem resolução do mérito ou julga improcedentes os embargos do executado; IV – julga procedente o pedido de instituição de arbitragem; V – confirma, concede ou revoga tutela provisória; VI – decreta a interdição.

Em tais situações, o apelado poderá promover o pedido de cumprimento provisório de sentença.

Não obstante, o apelante poderá pleitear a concessão de efeito suspensivo em tais casos, se for demonstrada a probabilidade de provimento do recurso ou se, sendo relevante a fundamentação, houver risco de dano grave ou de difícil reparação. Este requerimento será dirigido ao: I – tribunal, no período compreendido entre a interposição da apelação e sua distribuição, ficando o relator designado para seu exame prevento para julgá-la; II – relator, se já distribuída a apelação.

Da mesma forma, os recursos extraordinário e especial também não são dotados de efeito suspensivo. Tal efeito, contudo, poderá ser requerido ao tribunal superior, no período compreendido entre a publicação da decisão de admissão do recurso e sua distribuição, ficando o relator designado para seu exame prevento para julgá-lo; ao relator, se já distribuído o recurso; ou, então, ao presidente ou ao vice-presidente do tribunal recorrido, no período compreendido entre a interposição do recurso e a publicação da decisão de admissão do recurso, assim como no caso de recurso ter sido sobrestado.

(iv) Efeito expansivo ou extensivo: em decorrência desse efeito, consideram-se sem efeito os atos ou decisões dependentes da decisão recorrida, naquilo em que forem incompatíveis com o julgamento do recurso. Se o julgamento do recurso

12. NERY JÚNIOR, Nelson. *Teoria Geral dos Recursos*. 7. ed. São Paulo: RT, 2013, p. 266.

13. NERY JÚNIOR, Nelson. *Teoria Geral dos Recursos*. 7. ed. São Paulo: RT, 2013, p. 266.

afetar outras decisões que não a recorrida, estar-se-á diante do efeito expansivo externo; se, porém, o recurso fizer referência apenas a um dos capítulos da decisão, que examina questão preliminar ou prejudicial, e o acolhimento do recurso repercutir no capítulo relacionado à questão subordinada, estar-se-á diante de efeito expansivo interno.

(v) Efeito substitutivo: o julgamento proferido pelo tribunal substituirá a sentença ou a decisão recorrida no que tiver sido objeto de recurso.

Portanto, não existirão dois atos ou decisões sobre a mesma matéria, mas apenas um, fato esse que é relevante para se saber a competência para conhecimento da ação rescisória, como adiante será visto.

Cada parte interporá o recurso independentemente, no prazo e com observância das exigências legais. Se vencidos o autor e réu, ao recurso interposto por qualquer deles poderá aderir o outro.

O recurso adesivo fica subordinado ao recurso independente, sendo-lhe aplicáveis as mesmas regras deste quanto aos requisitos de admissibilidade e julgamento no tribunal, salvo disposição legal diversa, observado, ainda, o seguinte: I – será dirigido ao órgão perante o qual o recurso independente fora interposto, no prazo de que a parte dispõe para responder; II – será admissível na apelação, no recurso extraordinário e no recurso especial; III – não será conhecido, se houver desistência do recurso principal ou se for ele considerado inadmissível.

### Apelação

O recurso de apelação será cabível com a finalidade de reformar sentença.

Porém, nem todas as sentenças são apeláveis.

Nesse sentido, a sentença proferida no âmbito dos Juizados Especiais não será impugnada pelo recurso de apelação, mas pelo recurso inominado. Também a sentença proferida nas execuções fiscais de valor inferior ao de alçada será objeto dos embargos infringentes de alçada.

A apelação será interposta por petição dirigida ao juízo da causa, acompanhada das respectivas razões recursais, nas quais o apelante poderá alegar vício da atividade (error in procedendo), assim como vícios de juízo (*error in judicando*). Trata-se, portanto, de um recurso de cognição ampla e não vinculada.

A apelação é dotada de efeitos devolutivo e suspensivo, de modo que a sentença não produzirá efeitos enquanto não julgado o recurso.

Contudo, em determinadas situações, a apelação terá apenas efeito devolutivo, permitindo-se o cumprimento provisório da sentença. E assim ocorrerá nas seguintes hipóteses, entre outras previstas em leis extravagantes: homologar a divisão ou a demarcação de terras, condenar a pagar alimentos, extingue sem resolução do mérito ou julga improcedentes os embargos do executado, julga procedente o pedido de instituição de arbitragem, confirma, concede ou revoga tutela provisória e decreta a interdição.

Ainda nestes casos, será possível buscar-se a concessão do efeito suspensivo junto ao tribunal, por meio de petição específica que, se apresentada anteriormente à distribuição do recurso, tornará prevento o relator.

A admissibilidade do recurso de apelação será realizada exclusivamente perante o Tribunal (juízo ad quem). Houve alteração nesse sentido, de modo que o seu juízo de admissibilidade não é mais desdobrado, mas único, no tribunal.

Admite-se que, uma vez interposta a apelação, o juízo se retrate. Isso ocorrerá se o juiz proferir pronunciamento sem resolução do mérito, bem como nos casos de improcedência liminar.

A apelação devolverá ao tribunal o conhecimento da matéria impugnada. Com a sua interposição, fixa-se o objeto do recurso.

Contudo, serão, porém, objeto de apreciação e julgamento pelo tribunal todas as questões suscitadas e discutidas no processo, ainda que não tenham sido solucionadas, desde que relativas ao capítulo impugnado.

Se o pedido ou a defesa tiver mais de um fundamento e o juiz acolher apenas um deles, a apelação devolverá ao tribunal o conhecimento dos demais.

E, se o processo estiver em condições de imediato julgamento, o tribunal deve decidir desde logo o mérito quando: I – reformar sentença fundada no art. 485; II – decretar a nulidade da sentença por não ser ela congruente com os limites do pedido ou da causa de pedir;I II – constatar a omissão no exame de um dos pedidos, hipótese em que poderá julgá lo;IV decretar a nulidade de sentença por falta de fundamentação.

Quando reformar sentença que reconheça a decadência ou a prescrição, o tribunal, se possível, julgará o mérito, examinando as demais questões, sem determinar o retorno do processo ao juízo de primeiro grau.

### Agravo de instrumento

O CPC de 2015, inovando em relação ao anterior, fixou a regra de que as questões decididas por meio de decisões interlocutória não são recorríveis de imediato, salvo quando admitido o agravo de instrumento para a hipótese.

Constitui-se o agravo de instrumento no recurso apropriado para impugnar decisão interlocutória que versar sobre matérias específicas elencadas no art. 1.015 e em outros dispositivos.

Nesse sentido, caberá a interposição de agravo de instrumento quando a decisão interlocutória versar sobre: i) tutela provisória; ii) mérito do processo; iii) rejeição da alegação de convenção de arbitragem; iv) incidente de desconsideração da personalidade jurídica; v) rejeição do pedido de gratuidade da justiça ou acolhimento do pedido de sua revogação; vi) exibição ou posse de documento ou coisa; vii) exclusão de litisconsorte; viii) rejeição do pedido de limitação do litisconsórcio; ix) admissão ou inadmissão de intervenção de terceiros; x) concessão, modificação ou revogação do efeito suspensivo aos embargos à execução; xi) redistribuição do ônus probatório (carga dinâmica) e em outros casos admitidos na lei.

Também será cabível o agravo contra decisões interlocutórias proferidas na fase de liquidação de sentença ou de cumprimento de sentença, no processo de execução e no processo de inventário. A lógica, nesses casos, é a de que não haverá sentença em um espaço curto de tempo, de modo que não se poderia aguardar por tanto tempo.

De acordo com o que decidiu o STJ, o rol do art. 1.015 do CPC é de taxatividade mitigada, admitindo-se a interposição do recurso de agravo de instrumento se verificada a urgência decorrente da inutilidade do julgamento da questão no recurso de apelação (Tema 988, Recursos Repetitivos, STJ).

O recurso de agravo de instrumento deverá ser interposto no prazo de 15 dias, diretamente no Tribunal, acompanhado das peças obrigatórias e facultativas. Admite-se também que o seu protocolo seja feito na própria comarca, seção ou subseção judiciária, por postagem, sob registro, com aviso de recebimento ou por meio de transmissão de dados tipo fac-símile, ou ainda de acordo com outra forma prevista na lei.

Uma vez recebido o agravo de instrumento, poderá o relator decidi-lo monocraticamente nas hipóteses do art. 932, III e IV. Se não for o caso, mandará intimar o agravado e, oportunamente, solicitará prazo para julgamento.

**Agravo interno**

Contra as decisões proferidas pelo relator será cabível a interposição do agravo interno, nos termos do regimento interno do tribunal.

É vedado ao relator limitar-se à reprodução dos fundamentos da decisão agravada para julgar improcedente o agravo interno.

Se o agravo interno for declarado manifestamente inadmissível ou improcedente em votação unânime, o órgão colegiado, em decisão fundamentada, condenará o agravante a pagar ao agravado multa fixada entre um e cinco por cento do valor atualizado da causa, estando a interposição de outro recurso condicionada ao seu recolhimento, salvo em relação à Fazenda Pública e dos beneficiários da gratuidade da justiça.

**Embargos de declaração**

Os embargos de declaração possuem natureza mista ou híbrida. Reconhece-se a natureza de recurso, porque é previsto do Código de Processo Civil. Ao mesmo tempo, também é um meio de integração e de correção de omissão e de contradição da decisão proferida.

Cabem embargos de declaração quando: I – esclarecer obscuridade ou eliminar contradição; ii – suprir omissão de ponto ou questão sobre o qual devia se pronunciar o juiz de ofício ou a requerimento; iii– corrigir erro material.

Os embargos de declaração devem ter a petição dirigida ao juízo que proferiu a decisão, que terá competência para o seu julgamento. Podem ser interpostos em face de qualquer pronunciamento jurisdicional (decisões interlocutórias, sentenças e acórdãos).

A interposição dos embargos de declaração interrompe o curso do prazo para a interposição de outros recursos. Essa interrupção alcança todas as partes do processo, e não só o recorrente, muito embora não albergue o prazo para interposição dos embargos declaratórios.

Poderão opor os embargos não só a parte sucumbente, mas também o vencedor da ação e o Ministério Público.

Nos tribunais, o relator apresentará os embargos em mesa na sessão subsequente, proferindo voto, e, não havendo julgamento nessa sessão, será o recurso incluído em pauta automaticamente.

Quando os embargos de declaração forem opostos contra decisão de relator ou outra decisão unipessoal proferida em tribunal, o órgão prolator da decisão embargada decidi-los-á monocraticamente.

O órgão julgador conhecerá dos embargos de declaração como agravo interno se entender ser este o recurso cabível, desde que determine previamente a intimação do recorrente para, no prazo de 5 (cinco) dias, complementar as razões recursais, de modo a ajustá-las às exigências do art. 1.021, § 1º.

Caso o acolhimento dos embargos de declaração implique modificação da decisão embargada, o embargado que já tiver interposto outro recurso contra a decisão originária tem o direito de complementar ou alterar suas razões, nos exatos limites da modificação, no prazo de 15 (quinze) dias, contado da intimação da decisão dos embargos de declaração.

Se os embargos de declaração forem rejeitados ou não alterarem a conclusão do julgamento anterior, o recurso interposto pela outra parte antes da publicação do julgamento dos embargos de declaração será processado e julgado independentemente de ratificação.

Consideram-se incluídos no acórdão os elementos que o embargante suscitou, para fins de pré-questionamento, ainda que os embargos de declaração sejam inadmitidos ou rejeitados, caso o tribunal superior considere existentes erro, omissão, contradição ou obscuridade.

A eficácia da decisão monocrática ou colegiada poderá ser suspensa pelo respectivo juiz ou relator se demonstrada a probabilidade de provimento do recurso ou, sendo relevante a fundamentação, se houver risco de dano grave ou de difícil reparação.

Quando manifestamente protelatórios os embargos de declaração, o juiz ou o tribunal, em decisão fundamentada, condenará o embargante a pagar ao embargado multa não excedente a dois por cento sobre o valor atualizado da causa. Na reiteração de embargos de declaração manifestamente protelatórios, a multa será elevada a até dez por cento sobre o valor atualizado da causa, e a interposição de qualquer recurso ficará condicionada ao depósito prévio do valor da multa, à exceção da Fazenda Pública e do beneficiário de gratuidade da justiça, que a recolherão ao final.

Não serão admitidos novos embargos de declaração se os 2 (dois) anteriores houverem sido considerados protelatórios.

## RECURSOS PARA O SUPREMO TRIBUNAL FEDERAL E PARA O SUPERIOR TRIBUNAL DE JUSTIÇA. RECURSO ORDINÁRIO CONSTITUCIONAL. RECURSO EXTRAORDINÁRIO. RECURSO ESPECIAL. EMBARGOS DE DIVERGÊNCIA. NOÇÕES GERAIS E HIPÓTESES DE CABIMENTO. JULGAMENTO DOS RECURSOS REPETITIVOS

**Recurso Ordinário**

Será cabível o recurso ordinário ao: i) I – pelo Supremo Tribunal Federal, os mandados de segurança, os habeas data e os mandados de injunção decididos em única instância pelos tribunais superiores, quando denegatória a decisão; II – pelo Superior Tribunal de Justiça: a) os mandados de segurança decididos em única instância pelos tribunais regionais federais ou pelos tribunais de justiça dos Estados e do Distrito Federal e Territórios, quando denegatória a decisão; b) os processos em que forem partes, de um lado, Estado estrangeiro ou organismo internacional e, de outro, Município ou pessoa residente ou domiciliada no País.

Nos processos referidos no inciso II, alínea "b", contra as decisões interlocutórias caberá agravo de instrumento dirigido ao Superior Tribunal de Justiça, nas hipóteses do art. 1.015.

Aplica-se também ao recurso ordinário. Por isso, estando o processo em condições de imediato julgamento, o tribunal deve decidir desde logo o mérito quando: i– reforma sentença proferida sem análise de mérito; ii– decretar a nulidade da sentença por não ser ela congruente com os limites do pedido ou da causa de pedir; iii-contestar a omissão no exame de um dos pedidos, hipótese em que poderá julgá-lo; iv-decretar a nulidade de sentença por falta de fundamentação.

Contra sentença proferida pelo Juízo Federal de 1º grau (art. 1.027, II, b): ao invés de ser impugnada por meio do recurso de apelação, será cabível o recurso ordinário, observando-se, em tudo, as regras de admissibilidade e de procedimento da própria apelação, bem como o Regimento Interno do Superior Tribunal de Justiça.

**Recurso extraordinário e recurso especial**

*Natureza*

Os recursos extraordinário e especial possuem natureza extraordinária, em sentido amplo, pois diferentemente dos recursos comuns, possuem como finalidade a manutenção da segurança jurídica, resguardando a aplicação da legislação federal e das normas constitucionais.

*Finalidade*

Conforme já foi dito acima, a finalidade precípua dos recursos extraordinário e especial é a segurança jurídica.

*Pressupostos gerais e específicos*

Os pressupostos gerais dos recursos extraordinário e especial são os comuns a todos os demais recursos, já delimitados no capítulo específico.

Já os pressupostos específicos do recurso extraordinário são aqueles dispostos no artigo 102, inciso III, alíneas a, b, c e d da Constituição Federal, que dispõe:

> *Art. 102. Compete ao Supremo Tribunal Federal, precipuamente, a guarda da Constituição, cabendo-lhe:*
>
> *III – julgar, mediante recurso extraordinário, as causas decididas em única ou última instância, quando a decisão recorrida:*
>
> *a) contrariar dispositivo desta Constituição;*
>
> *b) declarar a inconstitucionalidade de tratado ou lei federal;*
>
> *c) julgar válida lei ou ato de governo local contestado em face desta Constituição.*
>
> *d) julgar válida lei local contestada em face de lei federal.*

Quanto ao recurso especial, seus pressupostos específicos encontram-se no artigo 105, inciso III, alíneas a, b e c da Carta Magna:

> *Art. 105. Compete ao Superior Tribunal de Justiça:*
>
> *III – julgar, em recurso especial, as causas decididas, em única ou última instância, pelos Tribunais Regionais Federais ou pelos tribunais dos Estados, do Distrito Federal e Territórios, quando a decisão recorrida:*
>
> *a) contrariar tratado ou lei federal, ou negar-lhes vigência;*
>
> *b) julgar válido ato de governo local contestado em face de lei federal;*
>
> *c) der a lei federal interpretação divergente da que lhe haja atribuído outro tribunal.*

*Atualização legislativa*

No recurso especial, o recorrente deve demonstrar a relevância das questões de direito federal infraconstitucional discutidas no caso, nos termos da lei, a fim de que a admissão do recurso seja examinada pelo Tribunal, o qual somente pode dele não conhecer com base nesse motivo pela manifestação de 2/3 (dois terços) dos membros do órgão competente para o julgamento.

Haverá a relevância nos seguintes casos:

> *I – ações penais;*
>
> *II – ações de improbidade administrativa;*
>
> *III – ações cujo valor da causa ultrapasse 500 salários mínimos;*
>
> *IV – ações que possam gerar inelegibilidade;*
>
> *V – hipóteses em que o acórdão recorrido contrariar jurisprudência dominante do Superior Tribunal de Justiça.*
>
> *VI – outras hipóteses previstas em lei.*

Embora o art. 2º, da EC 125, preveja que a relevância será exigida nos recursos especiais interpostos após o início de sua vigência, o Pleno do STJ aprovou o Enunciado Administrativo nº 8, cuja redação é a seguinte: "A indicação, no recurso especial, dos fundamentos de relevância da questão de direito federal infraconstitucional somente será exigida em recursos interpostos contra acórdãos publicados após a data de entrada em vigor da **lei regulamentadora** prevista no artigo 105, parágrafo 2º, da Constituição Federal" [grifo nosso].

*Hipóteses de cabimento*

O recurso extraordinário e o recurso especial, nos casos previstos na Constituição Federal, serão interpostos perante o presidente ou o vice-presidente do tribunal recorrido, em petições distintas que conterão: I – a exposição do fato e do direito; II – a demonstração do cabimento do recurso interposto; III – as razões do pedido de reforma ou de invalidação da decisão recorrida.

Quando o recurso se fundar em dissídio jurisprudencial, o recorrente fará a prova da divergência com a certidão, cópia ou citação do repositório de jurisprudência, oficial ou credenciado, inclusive em mídia eletrônica, em que houver sido publicado o acórdão divergente, ou ainda com a reprodução de julgado disponível na rede mundial de computadores, com indicação da respectiva fonte, devendo-se, em qualquer caso, mencionar as circunstâncias que identifiquem ou assemelhem os casos confrontados.

Quando o recurso estiver fundado em dissídio jurisprudencial, é vedado ao tribunal inadmiti-lo com base em fundamento genérico de que as circunstâncias fáticas são diferentes, sem demonstrar a existência da distinção.

O Supremo Tribunal Federal ou o Superior Tribunal de Justiça poderão desconsiderar vício formal de recurso tempestivo ou determinar sua correção, desde que não o repute grave.

*Concessão de efeito suspensivo*

O pedido de concessão de efeito suspensivo a recurso extraordinário ou a recurso especial poderá ser formulado por requerimento dirigido: I – ao tribunal superior respectivo, no período compreendido entre a publicação da decisão de admissão do recurso e sua distribuição, ficando o relator designado para seu exame prevento para julgá-lo; II – ao relator, se já distribuído o recurso; III – ao presidente ou vice-presidente do tribunal recorrido, no período compreendido entre a interposição do recurso e a publicação da decisão de admissão do recurso, bem como no caso de recurso sobrestado para aguardar julgamento de paradigma.

*Juízo de admissibilidade*

O juízo de admissibilidade será desdobrado, diferentemente do que ocorre em relação à apelação.

*Interposição conjunta do recurso extraordinário e do recurso especial*

Na hipótese de interposição conjunta de recurso extraordinário e recurso especial, os autos serão remetidos ao Superior Tribunal de Justiça.

Concluído o julgamento do recurso especial, os autos serão remetidos ao Supremo Tribunal Federal para apreciação do recurso extraordinário, se este não estiver prejudicado.

Se o relator do recurso especial considerar prejudicial o recurso extraordinário, em decisão irrecorrível, sobrestará o julgamento e remeterá os autos ao Supremo Tribunal Federal. Se o relator do recurso extraordinário, em decisão irrecorrível, rejeitar a prejudicialidade, devolverá os autos ao Superior Tribunal de Justiça para o julgamento do recurso especial.

*Questão constitucional constatada pelo Superior Tribunal de Justiça*

Se o relator, no Superior Tribunal de Justiça, entender que o recurso especial versa sobre questão constitucional, deverá conceder prazo de 15 (quinze) dias para que o recorrente demonstre a existência de repercussão geral e se manifeste sobre a questão constitucional.

*Ofensa reflexa à Constituição*

Se o Supremo Tribunal Federal considerar como reflexa a ofensa à Constituição afirmada no recurso extraordinário, por pressupor a revisão da interpretação de lei federal ou de tratado, remetê-lo-á ao Superior Tribunal de Justiça para julgamento como recurso especial.

*Efeito devolutivo no recurso extraordinário ou no especial*

Admitido o recurso extraordinário ou o recurso especial, o Supremo Tribunal Federal ou o Superior Tribunal de Justiça julgará o processo, aplicando o direito.

*Multiplicidade de recursos extraordinários ou especiais*

Sempre que houver multiplicidade de recursos extraordinários ou especiais com fundamento em idêntica questão de direito, haverá afetação para julgamento de acordo com as disposições desta Subseção, observado o disposto no Regimento Interno do Supremo Tribunal Federal e no do Superior Tribunal de Justiça.

*A escolha dos recursos representativos da controvérsia*

O presidente ou o vice-presidente de tribunal de justiça ou de tribunal regional federal selecionará 2 (dois) ou mais recursos representativos da controvérsia, que serão encaminhados ao Supremo Tribunal Federal ou ao Superior Tribunal de Justiça para fins de afetação, determinando a suspensão do trâmite de todos os processos pendentes, individuais ou coletivos, que tramitem no Estado ou na região, conforme o caso.

*Decisão de afetação*

Selecionados os recursos, o relator, no tribunal superior, constatando a presença do pressuposto do caput do art. 1.036, proferirá decisão de afetação, na qual: I – identificará com precisão a questão a ser submetida a julgamento; II – determinará a suspensão do processamento de todos os processos pendentes, individuais ou coletivos, que versem sobre a questão e tramitem no território nacional; III – poderá requisitar aos presidentes ou aos vice-presidentes dos tribunais de justiça ou dos tribunais regionais federais a remessa de um recurso representativo da controvérsia.

*Requerimento de destravamento – caso distinto*

Demonstrando distinção entre a questão a ser decidida no processo e aquela a ser julgada no recurso especial ou extraordinário afetado, a parte poderá requerer o prosseguimento do seu processo. O requerimento será dirigido: I – ao juiz, se o processo sobrestado estiver em primeiro grau; II – ao relator, se o processo sobrestado estiver no tribunal de origem; III – ao relator do acórdão recorrido, se for sobrestado recurso especial ou recurso extraordinário no tribunal de origem; IV – ao relator, no tribunal superior, de recurso especial ou de recurso extraordinário cujo processamento houver sido sobrestado.

*Extensão da decisão proferida nos recursos afetados*

Decididos os recursos afetados, os órgãos colegiados declararão prejudicados os demais recursos versando sobre idêntica controvérsia ou os decidirão aplicando a tese firmada. Negada a existência de repercussão geral no recurso extraordinário afetado, serão considerados automaticamente inadmitidos os recursos extraordinários cujo processamento tenha sido sobrestado.

*Agravo em recurso especial e em recurso extraordinário*

Cabe agravo contra decisão do presidente ou do vice-presidente do tribunal recorrido que inadmitir recurso extraordinário ou recurso especial, salvo quando fundada na aplicação de entendimento firmado em regime de repercussão geral ou em julgamento de recursos repetitivos.

*Repercussão geral*

A Emenda Constitucional n. 45/2004, entre outras importantes alterações, inseriu o requisito da repercussão geral para a admissibilidade do recurso extraordinário, de modo a preservar a função da Corte Suprema como garantidora da unidade do direito. No mesmo sentido, o CPC 2015 indicou que o STF não conhecerá, em decisão irrecorrível, de recurso extraordinário quando a questão constitucional nele versada não tiver repercussão geral (art. 1.035, caput).

Como corolário da repercussão geral, exige-se que a questão reflita conteúdo relevante do ponto de vista econômico, político, social ou jurídico que ultrapasse os interesses subjetivos das partes do processo (art. 1.035, § 1º do CPC).

Diante desses dados, reconhece-se relevância e transcendência aos julgados proferidos pelo STF em controle difuso, motivo pelo qual emite a Corte precedentes constitucionais de eficácia vinculante.[14]

**Recurso de embargos de divergência**

O recurso de embargos de divergência tem a finalidade de buscar a uniformização de entendimento nos tribunais superiores. Assim, poderão ser interpostos contra acórdão de órgão fracionário do STF ou do STJ que: i) em recurso extraordinário ou em recurso especial, divergir do julgamento de qualquer outro órgão do mesmo tribunal, sendo os acórdãos embargado e paradigma, de mérito; ii) em recurso extraordinário ou em recurso especial divergir do julgamento de qualquer outro órgão do mesmo tribunal, sendo um acórdão de mérito e outro que não tenha conhecido do recurso, embora tenha apreciado a controvérsia.

A divergência que justifica a interposição dos embargos de divergência pode ser de direito material e de direito processual.

Ainda que proveniente da mesma turma, serão cabíveis os embargos de divergência quando a sua composição tiver sofrido alteração em mais da metade de seus membros.

*Interrupção de prazo para o recurso extraordinário*

A interposição de embargos de divergência no Superior Tribunal de Justiça interrompe o prazo para interposição de recurso extraordinário por qualquer das partes.

Se os embargos de divergência forem desprovidos ou não alterarem a conclusão do julgamento anterior, o recurso extraordinário interposto pela outra parte antes da publicação do julgamento dos embargos de divergência será processado e julgado independentemente de ratificação.

## 16. AÇÕES CONSTITUCIONAIS

### Mandado de Segurança (Lei n. 12.016/2009)

O mandado de segurança é um remédio constitucional, por meio do qual o impetrante buscará proteger direito líquido e certo, não amparado por habeas corpus ou habeas data, sempre que, ilegalmente ou com abuso de poder, qualquer pessoa física ou jurídica sofrer violação ou houver justo receio de sofrê-lo por parte de autoridade, seja de que categoria for e sejam quais forem as funções que exerça.

14. MARINONI, Luiz Guilherme. Precedentes obrigatórios. Op. Cit., p. 307.

O mandado de segurança também poderá ser espécie de ação coletiva para a tutela de determinados interesses.

Nesse sentido, assegura-se a possibilidade de ajuizamento do mandado de segurança coletivo por partido político com representação no Congresso Nacional ou por organização sindical, entidade de classe ou associação legalmente constituída e em funcionamento há pelo menos um ano, em defesa dos interesses de seus membros ou associados (art. 5º, LXX, da Constituição Federal).

Importante: houve o julgamento da **ADIN 4926**, que analisou a constitucionalidade de vários dispositivos da Lei nº 12.016/2009.

| Reconhecida a inconstitucionalidade | Reconhecida a constitucionalidade. |
|---|---|
| Art. 7º, § 2º. Desse modo, entendeu-se inconstitucional a vedação da concessão de medida liminar que tenha por objeto a compensação de créditos tributários, a entrega de mercadorias e bens provenientes do exterior, a reclassificação ou equiparação de servidores públicos e a concessão de aumento ou a extensão de vantagens ou pagamento de qualquer natureza.<br>Art. 22, §2º – reconheceu-se a inconstitucionalidade da exigência de contraditório prévio par a concessão de liminar. | Não cabimento de mandado de segurança contra os atos de gestão comercial praticados pelos administradores de empresas públicas, de sociedade de economia mista e de concessionárias de serviço público;<br>Admissibilidade do juiz exigir do impetrante caução, fiança ou depósito, com o objetivo de assegurar o ressarcimento à pessoa jurídica, no caso de deferimento de tutela provisória;<br>Reconheceu-se a constitucionalidade do prazo decadencial de 120 dias para o ajuizamento do mandado de segurança;<br>Reconheceu-se a constitucionalidade da inviabilidade de condenação ao pagamento dos honorários advocatícios, sem prejuízo da aplicação de sanções no caso de litigância de má-fé. |

***Habeas data***

O habeas data foi previsto na Constituição Federal como um remédio constitucional destinado a (i) assegurar o conhecimento de informações relativas à pessoa do impetrante, constantes de registros ou bancos de dados de entidades governamentais ou de caráter público, ou, então (ii) para a retificação de dados, quando não se prefira fazê-lo por processo sigiloso, judicial ou administrativo.

**Ação popular**

Trata-se de remédio constitucional que tem por finalidade corrigir atos lesivos ao patrimônio público ou de entidade de que o Estado participe, à moralidade administrativa, ao meio ambiente e ao patrimônio histórico e cultural.

A legitimação para a propositura da ação popular é constante da Constituição Federal (art. 5º, LXXIII) e nos arts. 1º e 4º, da Lei 4.717/65. Portanto, somente o brasileiro (nato ou naturalizado), que ostente a condição de eleitor, poderá ajuizá-la.

O autor popular agirá como substituto processual da coletividade e, por isso, se acaso abandonar a causa, poderá o polo ativo ser ocupado por outro legitimado. Supletivamente, poderá o Ministério Público assumir o polo ativo, se nenhum outro legitimado o fizer.[15]

15. REsp 638.011/RJ, Rel. Ministro LUIZ FUX, PRIMEIRA TURMA, julgado em 25/04/2006, DJ 18/05/2006, p. 182.

## PROCESSO COLETIVO

A partir do conjunto normativo em vigência, reconhece-se a existência de um "subsistema específico, rico e sofisticado, aparelhado para atender aos conflitos coletivos, característicos da sociedade moderna"[16], denominado de **Direito Processual Coletivo**, dividido em *especial* e *comum*[17], interessando, neste momento, o segundo.

Assim, o **processo coletivo comum engloba a ação civil pública, a ação popular, o mandado de injunção, o mandado de segurança coletivo, o dissídio coletivo, a impugnação de mandato eletivo e a ação direta interventiva**. Esse direito processual coletivo é regido por princípios próprios de um novo sub-ramo da processualística.[18] Em comuns a todas essas ações, tem-se a **legitimidade coletiva** e o **regime da coisa julgada**.

PROCESSUAL CIVIL

Nos termos do art. 81, parágrafo único, I, do Código de Defesa do Consumidor, direitos ou interesses difusos são aqueles "transindividuais, de natureza indivisível, de que sejam titulares pessoas indeterminadas e ligadas por circunstâncias de fato". Compreendem grupos menos determinados de pessoas, sendo que entre elas não existe vínculo jurídico preciso.[19] O objeto desses interesses é indivisível, de modo que não é possível ser dividido entre os membros da coletividade.[20]

Sobre a relação entre tais interesses, Hugo Nigro Mazzilli apresenta didático quadro para compreensão:[21]

| Interesses | Grupo | Objeto | Origem |
|---|---|---|---|
| Difusos | Indeterminável | Indivisível | Situação de fato |
| Coletivos | Determinável | Indivisível | Relação jurídica |
| Ind. Homog. | Determinável | Divisível | Origem comum |

Como foi demonstrado acima, os direitos podem ser coletivos por natureza e, por isso, são denominados de essencialmente coletivos. Correspondem aos direitos difusos e coletivos em sentido estrito.

De outro lado, existem os direitos que não são propriamente coletivos, mas que podem ser tutelados pela ação coletiva, conforme autorizado pela lei. Tem-se, nessa hipótese, a tutela coletiva de direitos.

Tutela de direitos coletivos # Tutela coletiva de direitos

Direitos essencialmente coletivos Direitos acidentalmente coletivos

Há duas características marcantes das ações coletivas, que as distinguem em relação às ações individuais: a **legitimidade** e o **regime jurídico da coisa julgada**.

Em relação à legitimação, destaca-se a existência de modelos distintos: o primeiro, utilizado para a ação popular, que poderá ser ajuizada por qualquer cidadão; e, também, o modelo segundo o qual determinado entes são escolhidos para substituir a coletividade, tal como ocorre na ação civil pública.

16. ZAVASCKI, Teori Albino. Op. cit., p. 36.
17. MANCUSO, Rodolfo de Camargo. *Jurisdição Coletiva e Coisa Julgada. Teoria Geral das Ações coletivas*. 2 ed. São Paulo: Revista dos Tribunais, 2007, p. 72-73.
18. Idem, ibidem, p.72-73.
19. MAZZILLI, Hugo Nigro. *A Defesa dos Interesses Difusos em Juízo*. São Paulo: Saraiva, 2006, p. 50-51.
20. Idem, ibidem, p. 52.
21. MAZZILLI, Hugo Nigro. Op. cit., p. 58.

***(i) Ação popular:***

A legitimação para a propositura da ação popular é constante da Constituição Federal (art. 5º, LXXIII) e nos arts. 1º e 4º, da Lei 4.717/65. Portanto, somente o ***brasileiro*** (nato ou naturalizado), que ostente a condição de ***eleitor***, poderá ajuizá-la.

O autor popular agirá como substituto processual da coletividade e, por isso, se acaso abandonar a causa, poderá o polo ativo ser ocupado por outro legitimado. Supletivamente, poderá o Ministério Público assumir o polo ativo, se nenhum outro legitimado o fizer.[22] Exclui-se a possibilidade de ser ajuizada por pessoa jurídica (súmula 365, STF). Somente poderá ser ajuizada por aquele que se encontre no exercício pleno do direito político de eleger os representantes do povo.

O Superior Tribunal de Justiça também admite que a ação popular seja ajuizada pelo **Ministério Público**, legitimando-o a toda e qualquer demanda que vise à defesa dos interesses difusos e coletivos, sob ângulo material ou imaterial.[23]

(ii) Ação civil pública:

A legitimação para a defesa dos interesses metaindividuais de crianças e adolescentes decorre da integração da Lei da Ação Civil Pública, do Código de Defesa do Consumidor, do Estatuto da Criança e do Adolescente, entre outras leis.

Nesse sentido, possuem legitimação para a propositura da ação civil pública: I – o Ministério Público; II – a Defensoria Pública; III – a União, os Estados, o Distrito Federal e os Municípios; IV – a autarquia, empresa pública, fundação ou sociedade de economia mista; V – a associação que, concomitantemente: a) esteja constituída há pelo menos um ano e, b) inclua entre suas finalidades institucionais a proteção ao meio ambiente, ao consumir, à ordem econômica, à livre concorrência ou ao patrimônio artístico, estético, histórico, turístico e paisagístico.

O Ministério Público tem missão especial em relação à ação civil pública, competindo-lhe a tutela dos interesses difusos, coletivos e individuais homogêneos, além de direitos individuais indisponíveis.

Ainda em caso de desistência infundada ou abandono da ação por associação legitimada, o MP ou outro legitimado assumirá a titularidade ativa. No REsp 1.372.593, também se estendeu esta possibilidade aos casos em que for verificado vício na representação processual da associação autora.

A Defensoria Pública é indicada na Constituição Federal como instituição essencial à função jurisdicional do Estado, cabendo-lhe a orientação jurídica e a defesa, em todos os graus, dos necessitados, na forma do seu art. 5º, LXXIV. A expressão "necessitados" não está adstrita ao plano econômico, abrangendo, também, os necessitados do ponto de vista organizacional, que são os socialmente vulneráveis.[24]

A legitimação das associações para a defesa de interesses metaindividuais deve ser entendida no contexto como "participação popular na boa gestão da coisa pública, sob a égide da democracia participativa, incentivada pela Constituição Federal (art. 1º, parágrafo único), como se dá com a defesa do meio ambiente (art. 225, *caput*) e do patrimônio cultural (art. 216 e § 1º)".[25]

***(iii) Mandado de segurança coletivo:***

Assegura-se a possibilidade de ajuizamento do mandado de segurança coletivo por partido político com representação no Congresso Nacional ou por organização sindical, entidade de classe ou associação legalmente constituída e em funcionamento há pelo menos um ano, em defesa dos interesses de seus membros ou associados (art. 5º, LXX, da Constituição Federal).

O Superior Tribunal de Justiça também admite a legitimação ativa do Ministério Público para ao ajuizamento de mandado de segurança coletivo, defendendo-se que o Parquet pode valer-se da ação necessária para a defesa de interesses metaindividuais.

O Código de Defesa do Consumidor disciplinou a coisa julgada nas ações coletivas, relacionando-a ao interesse tutelado, o que pode ser resumido no seguinte quadro:

| Interesse | Coisa julgada |
|---|---|
| **Difuso** | *Erga omnes*, salvo se a improcedência decorrer da falta de provas. |
| **Coletivo** | *Ultra partes*, limitada ao grupo, categoria ou classe de lesados, salvo se a improcedência se der por falta de provas. |
| **Individuais homogêneos** | *Erga omnes* em caso de procedência, beneficiando vítimas e sucessores. |

De outro lado, **na sentença de improcedência**, há de ser feita uma importante distinção, segundo haja ou não esgotamento das provas.

| | |
|---|---|
| **Por falta de provas** | Outros legitimados poderão propor a ação civil pública, desde que fundada em nova prova. |
| **Por outro motivo** | Outros legitimados não poderão propor a ação civil pública, ainda que fundada em nova prova. |

22. REsp 638.011/RJ, Rel. Ministro LUIZ FUX, PRIMEIRA TURMA, julgado em 25/04/2006, DJ 18/05/2006, p. 182.

23. AgRg no AREsp 746.846/RJ, Rel. Ministro HERMAN BENJAMIN, SEGUNDA TURMA, julgado em 15/12/2015, DJe 05/02/2016.

24. Disponível em http://www.anadep.org.br/wtksite/cms/conteudo/4820/Documento10.pdf.

25. MANCUSO, Rodolfo de Camargo. *Ação Civil Pública – Em defesa do meio ambiente, do patrimônio cultural e dos consumidores*. 10ª ed. São Paulo: RT, 2006, p. 138-139.

# Direito Constitucional

***Paulo Lépore***

## TABELA DE INCIDÊNCIA DE QUESTÕES

| Distribuição das questões organizada por ordem didática de assuntos | | |
|---|---|---|
| **Assunto** | **Número de Questões** | **Peso** |
| 1. TEORIA DA CONSTITUIÇÃO, DAS NORMAS CONSTITUCIONAIS E DIREITOS E GARANTIAS FUNDAMENTAIS | 43 | 37,39% |
| 2. ORGANIZAÇÃO DO ESTADO | 51 | 44,35% |
| 3. CONTROLE DE CONSTITUCIONALIDADE. SISTEMAS DE CONTROLE DE CONSTITUCIONALIDADE. AÇÃO DIRETA DE INCONSTITUCIONALIDADE. AÇÃO DECLARATÓRIA DE CONSTITUCIONALIDADE. ARGUIÇÃO DE DESCUMPRIMENTO DE PRECEITO FUNDAMENTAL | 10 | 8,70% |
| 4. DA ORDEM ECONÔMICA E FINANCEIRA E DA ORDEM SOCIAL | 11 | 9,57% |
| **Total** | **115** | **100%** |

*Paulo Lépore*

✦ QUESTÕES

## 1. TEORIA DA CONSTITUIÇÃO, DAS NORMAS CONSTITUCIONAIS E DIREITOS E GARANTIAS FUNDAMENTAIS

**01. (FGV- XXXV Exame de Ordem-2022.2)** No Preâmbulo da Constituição do Estado Alfa consta:

"Nós, Deputados Estaduais Constituintes, no pleno exercício dos poderes outorgados pelo artigo 11 do Ato das Disposições Transitórias da Constituição da República Federativa do Brasil, promulgada em 5 de outubro de 1988, reunidos em Assembleia, no pleno exercício do mandato, de acordo com a vontade política dos cidadãos deste Estado, dentro dos limites autorizados pelos princípios constitucionais que disciplinam a Federação Brasileira, promulgamos, sob a proteção de Deus, a presente Constituição do Estado Alfa."

Diante de tal fragmento e de acordo com a teoria do poder constituinte, o ato em tela deve ser corretamente enquadrado como forma de expressão legítima do poder constituinte

a) originário.
b) derivado difuso.
c) derivado decorrente.
d) derivado reformador.

COMENTÁRIOS

**Alternativa "c"": (Responde todas as alternativas):** A edição de Constituições estaduais diz respeito ao poder constituinte derivado decorrente. Não se trata do poder constituinte originário (edição de constituição da república); derivado reformador (edição de emendas constitucionais); derivado difuso (ocorrência de mutações constitucionais) ou mesmo derivado revisor (revisões constitucionais, já exauridas).

**02. (FGV – Exame de Ordem 2018.2)** José leu, em artigo jornalístico veiculado em meio de comunicação de abrangência nacional, que o Supremo Tribunal Federal poderia, em sede de ADI, reconhecer a ocorrência de mutação constitucional em matéria relacionada ao meio ambiente. Em razão disso, ele procurou obter maiores esclarecimentos sobre o tema. No entanto, a ausência de uma definição mais clara do que seria "mutação constitucional" o impediu de obter um melhor entendimento sobre o tema.

Com o objetivo de superar essa dificuldade, procurou Jonas, advogado atuante na área pública, que lhe respondeu, corretamente, que a expressão "mutação constitucional", no âmbito do sistema jurídico-constitucional brasileiro, refere-se a um fenômeno

a) concernente à atuação do poder constituinte derivado reformador, no processo de alteração do texto constitucional.
b) referente à mudança promovida no significado normativo constitucional, por meio da utilização de emenda à Constituição.
c) relacionado à alteração de significado de norma constitucional sem que haja qualquer mudança no texto da Constituição Federal.
d) de alteração do texto constitucional antigo por um novo, em virtude de manifestação de uma Assembleia Nacional Constituinte.

COMENTÁRIOS

**Alternativa "c" (responde todas as demais alternativas):** Segundo José Afonso da Silva, **reforma é gênero**, e tem como espécies: emenda (mudança pontual) e revisão (modificação mais amplas). Alguns autores também apontam a **mutação constitucional** como um procedimento não formal de reforma ou mudança da Constituição. De forma mais detalhada, mutação constitucional é um processo nao formal de mudança da Constituição em que o texto constitucional permanece inalterado, modificando-se apenas o significado e o sentido interpretativo de determinada norma constitucional. Em outras palavras: na mutação, altera-se a interpretação sobre o texto da Constituição, chegando-se à norma com sentido novo. O exemplo mais famoso é a interpretação do STF sobre o conceito de casa, do art. 5º, XI, da CF, para dizer que inclui também escritórios profissionais, hotéis, motéis, pensões e congêneres. Segundo Luís Roberto Barroso, a mutação constitucional pode ocorrer por interpretação, pela atuação do legislador e por via de costume. A mutação constitucional por via de interpretação "consiste na mudança de sentido da norma, em contraste com entendimento preexistente". Já a mutação pela atuação do legislador ocorrerá "quando, por ato normativo primário, procurar-se modificar a interpretação que tenha sido dada a alguma norma constitucional. É possível conceber que, ensejando a referida norma mais de uma leitura possível, o legislador opte por uma delas, exercitando o papel que lhe é próprio, de realizar escolhas políticas. A mutação terá lugar se, vigendo um determinado entendimento, a lei vier a alterá-lo. Suponha-se, por exemplo, que o § 3º do art. 226 da Constituição – que reconhece a união estável entre homem e mulher como entidade familiar viesse a ser interpretado no sentido de considerar vedada a união estável entre pessoas do mesmo sexo. Se a lei ordinária vier a disciplinar esta última possibilidade, chancelando as uniões homoafetivas, terá modificado o sentido que vinha sendo dado à norma constitucional". Por fim, a mutação por costume é aquela que altera uma prática historicamente considerada válida. "Há outro exemplo expressivo contemporâneo, relacionado com as Comissões Parlamentares de Inquérito (CPIs). Nos últimos anos, uma prática política persistente expandiu os poderes dessas comissões e redefiniu suas competências. Passou-se a admitir, pacificamente, a determinação de providências que antes eram rejeitadas pela doutrina e pela jurisprudência, aí incluídas a quebra de sigilos bancários, telefônico e fiscais" (BARROSO, Luís Roberto. Curso de Direito Constitucional Contemporâneo. São Paulo: Saraiva, 2009, p. 128-135).

**03. (FGV – Exame de Ordem 2018.2)** Uma nova Constituição é promulgada, sendo que um grupo de parlamentares mantém dúvidas acerca do destino a ser concedido a várias normas da Constituição antiga, cujas temáticas não foram tratadas pela nova Constituição. Como a nova Constituição ficou silente quanto a essa situação, o grupo de parlamentares, preocupado com possível lacuna normativa, resolve procurar competentes advogados a fim de sanar a referida dúvida.

Os advogados informaram que, segundo o sistema jurídico- constitucional brasileiro,

a) as normas da Constituição pretérita que guardarem congruência material com a nova Constituição serão convertidas em normas ordinárias.

b) as matérias tratadas pela Constituição pretérita e não reguladas pela nova Constituição serão por esta recepcionadas.

c) as matérias tratadas pela Constituição pretérita e não reguladas pela nova Constituição receberão, na nova ordem, status supralegal, mas infraconstitucional.

d) a revogação tácita da ordem constitucional pretérita pela nova Constituição se dará de forma completa e integral, ocasionando a perda de sua validade.

**COMENTÁRIOS**

**Alternativa "d" (responde todas as alternativas):** segundo o sistema jurídico-constitucional brasileiro, o poder constituinte originário instaura uma nova ordem jurídica que rompe com aquela anterior, completamente, de modo que um novo sistema passa a vigorar. Ou seja, quando uma nova Constituição entra em vigor, esta revoga integralmente a Constituição anterior, sem que seja necessária uma cláusula específica de revogação daquela anterior, de modo que a anterior perde completamente a sua validade. Isto porque o poder constituinte originário tem, como uma de suas características, ser inicial, ou seja, é aquele que inaugura um novo ordenamento jurídico (outras características, a título de revisão, são: ser autônomo, ilimitado juridicamente, e soberano). Com relação às normas infraconstitucionais, a nova Constituição revoga tacitamente aquelas que não sejam compatíveis com as novas normas constitucionais, e recepciona aquelas que se mantém compatíveis. Trata-se da temática denominada como Direito constitucional intertemporal, que estuda os seguintes fenômenos: **1. Revogação**: a Constituição nova, mesmo que não diga expressamente ou que não seja incompatível, revoga inteiramente a Constituição anterior. Trata-se de revogação por normação geral. Ocorre uma ab-rogação da Constituição anterior; **2. Desconstitucionalização**: quando do surgimento de uma nova Constituição, apenas a constituição propriamente dita (anterior) é revogada, e as normas constitucionais compatíveis materialmente com o novo diploma são recepcionadas com status infraconstitucional (desconstitucionalizadas). Segundo a maioria da doutrina, esse fenômeno nem ocorreu tacitamente e nem foi expressamente adotado pela Constituição Federal vigente; **3. Recepção**: consiste no fenômeno em que normas pertencentes a uma ordem jurídica anterior são recebidas e consideradas válidas por uma nova ordem constitucional, porque seus conteúdos são materialmente compatíveis. Quando do surgimento de uma nova Constituição as normas materialmente incompatíveis serão revogadas (nomenclatura utilizada pelo STF) ou não recepcionadas. A incompatibilidade formal superveniente não impede a recepção, mas faz com que a norma adquira uma nova roupagem. Exemplo: CTN (Lei 5.172/66) foi recepcionado, por EC pela CF/67 e também pela CF/88 como Lei Complementar, logo, só pode ser revogado por outra lei complementar. Em outras palavras: na recepção constitucional só importa o aspecto material. Há, ainda, a recepção expressa, a exemplo da norma do art. 34 do ADCT, segundo a qual o sistema tributário nacional entraria em vigor apenas a partir do primeiro dia do quinto mês seguinte ao da promulgação da Constituição, mantido, até então, o da Constituição de 1967, com a redação dada pela Emenda nº 1, de 1969, e pelas posteriores. Assim, o art. 34 do ADCT recepcionou, expressamente, o sistema tributário da Constituição de 1967, ainda que por prazo determinado; **4. Repristinação**: fenômeno que se dá pela recuperação da vigência de uma norma que tinha sido revogada, se, por acaso, a lei que a tinha revogado, por qualquer razão, perder a vigência (porque foi revogada, por exemplo). Simplificando: tomemos três leis "1", "2" e "3". Se "2" revoga "1", mas "3" revoga "2", "1" volta a ter vigência. No plano legal, esse fenômeno só existe de forma expressa (se a lei que entra em vigor revogando a lei revogadora expressar o restabelecimento da lei inicialmente revogada), não havendo repristinação tácita. Mas, no plano constitucional, fala-se na existência de um efeito repristinatório tácito, em que no controle de constitucionalidade concentrado, a concessão da medida cautelar ou decisão de mérito torna aplicável a legislação anterior acaso existente, salvo expressa manifestação em sentido contrário (art. 11, § 2°, da Lei 9.868/99). Vale ressaltar, com Pedro Lenza, que o STF vem utilizando a expressão "efeito repristinatório" da declaração de inconstitucionalidade (c.f. ADI 2.215-PE, medida cautelar, Rel. Ministro Celso de Mello, Informativo 224 do STF). Isso porque, se a lei é nula, ela nunca teve eficácia. Se nunca teve eficácia, nunca revogou nenhuma norma. Se nunca revogou nenhuma norma, aquela que teria sido supostamente "revogada" continua tendo eficácia (Direito Constitucional Esquematizado. 16 ed. São Paulo: Saraiva, 2012, p. 342); e **5. Constitucionalidade superveniente:** trata-se do saneamento do vício de inconstitucionalidade por uma nova constituição ou emenda. Não é admitida no Brasil. A constitucionalidade de uma lei sempre deve ser analisada em relação à Constituição vigente quando de sua edição. O vício de inconstitucionalidade, quando existente, é sempre congênito, ou seja, existe desde o momento de edição da norma. Se uma lei nasceu inconstitucional, o vício é insanável e o fato de ela não ser incompatível com uma nova Constituição é absolutamente irrelevante. Uma nova Constituição não pode constitucionalilzar, tirar o vício de uma lei que é inconstitucional segundo o parâmetro constitucional anterior. Assim entende o STF: "Em nosso ordenamento jurídico, não se admite a figura da constitucionalidade superveniente. Mais relevante do que a atualidade do parâmetro de controle é a constatação de que a inconstitucionalidade persiste e é atual, ainda que se refira a dispositivos da CF que não se encontram mais em vigor. Caso contrário, ficaria sensivelmente enfraquecida a própria regra que proíbe a convalidação. (ADI 2.158, julgada em 2010 e relatada pelo Ministro Dias Tóffoli) "Constituição. Lei anterior que a contrarie. Revogação. Inconstitucionalidade superveniente. Impossibilidade. A lei ou é constitucional ou não é lei. Lei inconstitucional é uma contradição em si. A lei é constitucional quando fiel à Constituição; inconstitucional na medida em que a desrespeita, dispondo sobre o que lhe era vedado. O vício da inconstitucionalidade é congênito à lei e há de ser apurado em face da Constituição vigente ao tempo de sua elaboração. Lei anterior não pode ser inconstitucional em relação à Constituição superveniente; nem o legislador poderia infringir Constituição futura. A Constituição sobrevinda não torna inconstitucionais leis anteriores com ela conflitantes: revoga-as. Pelo fato de ser superior, a Constituição não deixa de produzir efeitos revogatórios. Seria ilógico que a lei fundamental, por ser suprema, não revogasse, ao ser promulgada, leis ordinárias. A lei maior valeria menos que a lei ordinária." (ADI 2, julgada em 1992 e relatada pelo Ministro Paulo Brossard).

---

**04. (FGV – Exame de Ordem 2018.1)** Todos os dispositivos da Lei Y, promulgada no ano de 1985, possuem total consonância material e formal com a Constituição de 1967, com a redação dada pela Emenda Constitucional n° 1/1969. No entanto, o

Supremo Tribunal Federal, em sede de recurso extraordinário, constatou que, após a atuação do Poder Constituinte originário, que deu origem à Constituição de 1988, o Art. X da mencionada Lei Y deixou de encontrar suporte material na atual ordem constitucional. Sobre esse caso, segundo a posição reconhecida pela ordem jurídico-constitucional brasileira, assinale a afirmativa correta.

a) Ocorreu o fenômeno conhecido como "não recepção", que tem por consequência a revogação do ato normativo que não se compatibiliza materialmente com o novo parâmetro constitucional.

b) Ao declarar a inconstitucionalidade do Art. X à luz do novo parâmetro constitucional, devem ser reconhecidos os naturais efeitos retroativos (ex tunc) atribuídos a tais decisões.

c) Na ausência de enunciado expresso, dá-se a ocorrência do fenômeno denominado "desconstitucionalização", sendo que o Art. X é tido como inválido perante a nova Constituição.

d) Terá ocorrido o fenômeno da inconstitucionalidade formal superveniente, pois o Art. X, constitucional perante a Constituição de 1967, tornou-se inválido com o advento da Constituição de 1988.

**COMENTÁRIOS**

**Alternativa correta: letra "a":** o art. X da Lei Y não foi recepcionado pela Constituição de 1988, ou seja, não é considerada válida como norma infraconstitucional porque é **materialmente incompatível com o ordenamento jurídico estabelecido pela Constituição de 1988**.

**Alternativa "b":** apenas normas editadas posteriormente à promulgação da nova Constituição podem ser declaradas inconstitucionais, tendo em vista que o Brasil não adota a teoria da inconstitucionalidade superveniente.

**Alternativa "c":** a hipótese não se trata de "desconstitucionalização", mas, sim, de não recepção da norma infraconstitucional pelo ordenamento jurídico estabelecido pela Constituição de 1988.

**Alternativa "d":** a **teoria da inconstitucionalidade superveniente**, aquela que admite a possibilidade de se reconhecer a inconstitucionalidade de norma preexistente à luz da nova Constituição, **não é adotada pelo Brasil**. Isto porque a norma é automaticamente não recepcionada pelo ordenamento jurídico instituído pela nova Constituição – assim, apenas normas editadas posteriormente à promulgação da nova Constituição podem ser declaradas inconstitucionais.

**Alternativa correta: letra "a".**

---

**05. (FGV – Exame de Ordem 2017.3)** Edinaldo, estudante de Direito, realizou intensas reflexões a respeito da eficácia e da aplicabilidade do Art. 14, § 4°, da Constituição da República, segundo o qual "os inalistáveis e os analfabetos são inelegíveis".

A respeito da norma obtida a partir desse comando, à luz da sistemática constitucional, assinale a afirmativa correta.

a) Ela veicula programa a ser implementado pelos cidadãos, sem interferência estatal, visando à realização de fins sociais e políticos.

b) Ela tem eficácia plena e aplicabilidade direta, imediata e integral, pois, desde que a CRFB/88 entrou em vigor, já está apta a produzir todos os seus efeitos.

c) Ela apresenta contornos programáticos, dependendo sempre de regulamentação infraconstitucional para alcançar plenamente sua eficácia.

d) Ela tem aplicabilidade indireta e imediata, não integral, produzindo efeitos restritos e limitados em normas infraconstitucionais quando da promulgação da Constituição da República.

**COMENTÁRIOS**

**Alternativa "a":** o dispositivo em questão não se trata de um programa, mas de uma norma com aplicabilidade imediata, visto se tratar de norma de eficácia plena, conforme exposto para a assertiva "b".

**Alternativa "b":** para responder à questão, é necessário ter conhecimento sobre a eficácia das normas constitucionais. De modo geral, as normas de eficácia plena são aquelas que, desde que entram em vigor, têm aplicabilidade imediata, direta e integral. Portanto, são autoaplicáveis, visto que têm em si o potencial para produzirem e atingirem todos os efeitos pretendidos. As normas de eficácia contida, por sua vez, são aquelas que têm aplicabilidade imediata, direta e não integral, porque têm alcance reduzido em relação às normas de eficácia plena. Isto porque contém em si potencial para futura atuação restritiva pelo Poder Público por meio de legislação infraconstitucional. Por fim, as normas de eficácia limitada são aquelas que possuem aplicabilidade indireta, mediata e reduzida (não direta, não imediata e não integral), pois exigem norma infraconstitucional para que se materializem na prática. No caso do art. 14, § 4º, da CF, depara-se com um dispositivo de eficácia plena, tendo em vista que não há qualquer possibilidade de restrição ou atuação restritiva.

**Alternativa "c":** conforme exposto, o dispositivo apresentado não depende de norma infraconstitucional para se materializar, de modo que não pode ser considerado de eficácia limitada – é um dispositivo de eficácia plena.

**Alternativa "d":** o dispositivo é norma de eficácia plena, e a assertiva descreve norma de eficácia contida.

**Alternativa correta: letra "b".**

---

**06. (FGV – Exame de Ordem 2017.1)** A teoria dimensional dos direitos fundamentais examina os diferentes regimes jurídicos de proteção desses direitos ao longo do constitucionalismo democrático, desde as primeiras Constituições liberais até os dias de hoje. Nesse sentido, a teoria dimensional tem o mérito de mostrar o perfil de evolução da proteção jurídica dos direitos fundamentais ao longo dos diferentes paradigmas do Estado de Direito, notadamente do Estado Liberal de Direito e do Estado Democrático Social de Direito. Essa perspectiva, calcada nas dimensões ou gerações de direitos, não apenas projeta o caráter cumulativo da evolução protetiva, mas também demonstra o contexto de unidade e indivisibilidade do catálogo de direitos fundamentais do cidadão comum.

A partir dos conceitos da teoria dimensional dos direitos fundamentais, assinale a afirmativa correta.

a) Os direitos estatais prestacionais, ligados ao Estado Liberal de Direito, nasceram atrelados ao princípio da igualdade formal perante a lei, perfazendo a primeira dimensão de direitos.

b) A chamada reserva do possível fática, relacionada à escassez de recursos econômicos e financeiros do Estado, não tem nenhuma influência na efetividade dos direitos fundamentais de segunda dimensão do Estado Democrático Social de Direito.

c) O conceito de direitos coletivos de terceira dimensão se relaciona aos direitos transindividuais de natureza indivisível de que sejam titulares pessoas indeterminadas e ligadas por circunstâncias de fato, como ocorre com o direito ao meio ambiente.

d) Sob a égide da estatalidade mínima do Estado Liberal, os direitos negativos de defesa dotados de natureza absenteísta são corretamente classificados como direitos de primeira dimensão.

COMENTÁRIOS

✪ **Nota do autor:** a questão tem alto nível de dificuldade e imprime uma nova tendência de cobrança doutrinária quanto à temática dos direitos fundamentais. É importante estar atento para as próximas provas.

**Alternativa "b":** em resumo, a reserva do possível enuncia que os recursos estatais são finitos e, portanto, incapazes de atender a todas as demandas sociais. De acordo com o STF, "A cláusula da reserva do possível – que não pode ser invocada, pelo Poder Público, com o propósito de fraudar, de frustrar e de inviabilizar a implementação de políticas públicas definidas na própria Constituição – encontra insuperável limitação na garantia constitucional do mínimo existencial, que representa, no contexto de nosso ordenamento positivo, emanação direta do postulado da essencial dignidade da pessoa humana. (...) A noção de 'mínimo existencial', que resulta, por implicitude, de determinados preceitos constitucionais (CF, art. 1º, III, e art. 3º, III), compreende um complexo de prerrogativas cuja concretização revela-se capaz de garantir condições adequadas de existência digna, em ordem a assegurar, à pessoa, acesso efetivo ao direito geral de liberdade e, também, a prestações positivas originárias do Estado, viabilizadoras da plena fruição de direitos sociais básicos, tais como o direito à educação, o direito à proteção integral da criança e do adolescente, o direito à saúde, o direito à assistência social, o direito à moradia, o direito à alimentação e o direito à segurança. Declaração Universal dos Direitos da Pessoa Humana, de 1948 (Artigo XXV)." (ARE 639.337, julgado em 2011 e relatado pelo Ministro Celso de Mello). Assim, é certo que a reserva do possível **tem influência** sobre a efetivação dos direitos fundamentais.

**Alternativa "a":** a **segunda** (não primeira) geração ou dimensão é a dos direitos econômicos, sociais e culturais. Nasceram ligados ao valor da **igualdade** (não da liberdade) e se liga ao Estado **Social** (não liberal). Seu marco histórico é o início do no século XX, pautado por revoluções sociais que se apresentaram como reações aos abusos do liberalismo. Parte da burguesia que era oprimida no governo oligárquico passou a ser dominante e exploradora da atividade econômica, impondo jornadas de trabalho exaustivas e um mínimo de direitos trabalhistas e previdenciários aos proletariados. O povo passou a requerer do Estado o valor da igualdade, o que somente se tornaria possível como uma ação interventiva. Por esse motivo é que essa geração é reconhecida como a dos direitos positivos, com destaque para os direitos a prestações, ou prestacionais.

**Alternativa "c":** a terceira geração ou dimensão é a dos direitos de solidariedade. O valor que a caracteriza é a fraternidade. Há quem diga que se refere aos direitos coletivos, também chamados de direitos transindividuais ou difusos. Tal geração tem seu marco inicial segunda metade do século XX, por volta de 1970, época em onde alguns documentos internacionais despertaram a atenção de países para a criação de direitos coletivos, a exemplo do direito ao meio ambiente equilibrado, o direito a paz e autodeterminação dos povos. As diferenças técnicas entre direitos difusos e coletivos estão fixadas no parágrafo único do art. 81 do CDC: "A defesa coletiva será exercida quando se tratar de: I – interesses ou direitos difusos, assim entendidos, para efeitos deste código, os transindividuais, de natureza indivisível, de que sejam titulares pessoas indeterminadas e ligadas por circunstâncias de fato; II – interesses ou direitos coletivos, assim entendidos, para efeitos deste código, os transindividuais, de natureza indivisível de que seja titular grupo, categoria ou classe de pessoas ligadas entre si ou com a parte contrária por uma relação jurídica base. Assim **o erro da alternativa está em afirmar que os direitos coletivos são os de origem comum, pois essa é característica dos direitos difusos.**

**Alternativa "d":** a doutrina classifica os direitos humanos e os fundamentais em gerações ou dimensões de direitos. A primeira geração ou dimensão é aquela que reúne os direitos civis e políticos. Tem como marco fundamental o valor da liberdade. Essa geração remete ao final do século XVIII, que ficou marcado pelas diversas revoluções liberais contra governos oligárquicos. Nesse contexto, o desejo do povo era que o Estado interferisse menos em suas vidas (estatalidade mínima), ficando garantida a liberdade. Os direitos de primeira geração também são chamados de negativos, pois exigem uma postura abstencionista do Estado. Exemplos: liberdade de reunião, liberdade de associação, liberdade partidária e habeas corpus.

**Alternativa correta: letra "d".**

## 1.1. DIREITOS E DEVERES INDIVIDUAIS E COLETIVOS

**07. (FGV – XXXVII Exame OAB)** Carlos, praticante de religião politeísta, é internado em hospital de orientação cristã e solicita assistência espiritual a ser conduzida por um líder religioso de sua crença. Os parentes de Carlos, mesmo cientes de que a assistência solicitada se resumiria a uma discreta conversa, estão temerosos de que a presença do referido líder coloque em risco a permanência de Carlos no hospital, em virtude de representar uma vertente religiosa não aderente à fé adotada pela instituição hospitalar. Os parentes de Carlos o procuram, como advogado(a), para conhecer os procedimentos adequados à situação narrada. Você os informou que, segundo o sistema jurídico-constitucional brasileiro, o hospital

a) pode negar a autorização para a assistência espiritual em religião diversa daquela preconizada pela instituição, embora não fosse o caso de Carlos perder a vaga.

b) não pode negar o apoio espiritual solicitado, mesmo que a assistência seja prestada em bases religiosas diversas daquela oficialmente preconizada pelo hospital.

c) somente está obrigado a autorizar a assistência religiosa caso já tivesse permitido que sacerdote de outra religião exercesse atividades religiosas em suas instalações.

d) tem, como instituição privada, total autonomia para estabelecer regras para situações como esta, podendo permitir ou negar o pedido, de acordo com seu regulamento interno.

COMENTÁRIOS

**Alternativa "b" (responde todas as alternativas):** O art. 5º, VII da CF/88 assegura a prestação de assistência religiosa nas entidades civis e militares de internação coletiva. Portanto, o hospital não pode negar o apoio espiritual solicitado.

**Alternativa correta: "b".**

**08. (FGV – Exame de Ordem XXXVI – 2022.3)** Antônio foi condenado em definitivo pela prática de diversos crimes em concurso material. Além da privação da liberdade, também foi condenado, cumulativamente, à pena de multa e à obrigação de ressarcir os danos causados às vítimas das práticas criminosas.

Em caso de falecimento de Antônio, com base no texto constitucional, é correto afirmar que,

a) à exceção das penas privativas de liberdade, todas as demais podem ser estendidas aos sucessores de Antônio até o limite do valor do patrimônio transferido.

b) pelo princípio da intransmissibilidade da pena, nenhuma das obrigações ou penas decorrentes da prática criminosa pode ser transferida aos sucessores de Antônio.

c) apenas a pena de multa e obrigações de cunho patrimonial podem ser estendidas aos sucessores de Antônio até o limite do valor do patrimônio transferido.

d) a obrigação de reparar os danos causados às vítimas pode ser estendida aos sucessores de Antônio e contra eles executada até o limite do valor do patrimônio transferido.

**COMENTÁRIOS**

**Alternativa "d" (responde todas as alternativas):** O art. 5º, XLV da CF/88 determina que: "XLV - nenhuma pena passará da pessoa do condenado, podendo a obrigação de reparar o dano e a decretação do perdimento de bens ser, nos termos da lei, estendidas aos sucessores e contra eles executadas, até o limite do valor do patrimônio transferido;".

**Alternativa correta: "d".**

---

**09. (FGV – Exame de Ordem XXXVI – 2022.3)** Dois Estados de determinada região do Brasil foram atingidos por chuvas de tal magnitude que o fenômeno foi identificado como calamidade de grandes proporções na natureza. A ocorrência gerou graves ameaças à ordem pública, e o Presidente da República, após ouvir o Conselho da República e o de Defesa Nacional, decretou o estado de defesa, a fim de reestabelecer a paz social.

No decreto instituidor, indicou, como medida coercitiva, a ocupação e o uso temporário de bens e serviços públicos dos Estados atingidos, sem direito a qualquer ressarcimento ou indenização por danos e custos decorrentes.

Segundo o sistema jurídico-constitucional brasileiro, no caso em análise,

a) houve violação ao princípio federativo, já que o uso e a ocupação em tela importam em violação à autonomia dos Estados atingidos pela calamidade natural de grandes proporções.

b) a medida coercitiva é constitucional, pois a decretação de estado de defesa confere à União poderes amplos para combater, durante um prazo máximo de noventa dias, as causas geradoras da crise.

c) a medida coercitiva em tela viola a ordem constitucional, pois a União deve ser responsabilizada pelos danos e custos decorrentes da ocupação e uso temporário de bens e serviços de outros entes.

d) a medida coercitiva, nos termos acima apresentados, somente será constitucional se houver prévia e expressa autorização de ambas as casas do Congresso Nacional.

**COMENTÁRIOS**

**Alternativa "c" (responde todas as alternativas):** Nos termos do art. 136 da CF/88: "O Presidente da República pode, ouvidos o Conselho da República e o Conselho de Defesa Nacional, decretar estado de defesa para preservar ou prontamente restabelecer, em locais restritos e determinados, a ordem pública ou a paz social ameaçadas por grave e iminente instabilidade institucional ou atingidas por calamidades de grandes proporções na natureza.". Por sua vez, o §1º, II do mesmo artigo, prevê que o decreto que instituir o estado de defesa pode indicar como medida coercitiva a vigorar: "II-ocupação e uso temporário de bens e serviços públicos, na hipótese de calamidade pública, respondendo a União pelos danos e custos decorrentes.". Vale lembrar que o §2º prevê que o tempo de duração do estado de defesa **não será superior a 30 dias**, podendo ser prorrogado **uma vez, por igual período**, se persistirem as razões que justificaram sua decretação. Ainda, deve-se atentar ao fato de que a apreciação pelo Congresso Nacional é **posterior**, nos termos do §4º do art. 136.

**Alternativa correta: "c".**

---

**10. (FGV- XXXV Exame de Ordem-2022.2)** O Juízo da 10a Vara Criminal do Estado Alfa, com base nos elementos probatórios dos autos, defere medida de busca e apreensão a ser realizada na residência de João. Devido à intensa movimentação de pessoas durante o período diurno, bem como para evitar a destruição deliberada de provas, o delegado de polícia determina que as diligências necessárias ao cumprimento da ordem sejam realizadas à noite, quando João estaria dormindo, aumentando as chances de sucesso da incursão.

Sobre o caso hipotético narrado, com base no texto constitucional, assinale a afirmativa correta.

a) A inviolabilidade de domicílio, embora possa ser relativizada em casos pontuais, não autoriza que as diligências necessárias ao cumprimento do mandado de busca e apreensão na residência de João sejam efetivadas durante o período noturno.

b) A incursão policial na residência de João se justificaria apenas em caso de flagrante delito, mas, inexistindo a situação de flagrância, o mandado de busca e apreensão expedido pelo Juízo da 10a Vara Criminal do Estado Alfa é nulo.

c) O cumprimento da medida de busca e apreensão durante o período noturno é justificado pelas razões invocadas pelo Delegado, de modo que a inviolabilidade de domicílio cede espaço à efetividade e à imperatividade dos atos estatais.

d) A inviolabidade de domicílio não é uma garantia absoluta e, estando a ordem expedida pelo Juízo da 10a Vara Criminal devidamente fundamentada, o seu cumprimento pode ser realizado a qualquer hora do dia ou da noite.

**COMENTÁRIOS**

**Alternativa "a": (responde todas as alternativas):** Nos termos do art. 5º, XI da CF/88, "a casa é asilo inviolável do indivíduo, ninguém nela podendo penetrar sem consentimento do morador, salvo em caso de flagrante delito ou desastre, ou para prestar socorro, ou, durante o dia, por determinação judicial". Logo, percebe-se que não se trata de uma inviolabilidade absoluta, já que há exceções. No entanto, determinações judiciais como a de busca e apreensão, nos termos do dispositivo citado, somente podem ser cumpridas no período noturno.

---

**11. (FGV – Exame de Ordem – 2021.2)** João, considerado suspeito de ter comercializado drogas ilícitas em festa realizada há duas semanas em badalada praia do Município Delta, após investigação policial, teve localizado seu endereço.

Os policiais, sem perda de tempo, resolvem se dirigir para o referido endereço, e lá chegando, às 22h, mesmo sem permissão, entram na casa de João e realizam uma busca por provas e evidências.

Segundo o sistema jurídico-constitucional brasileiro, a ação policial

a) respeitou o direito à inviolabilidade domiciliar, já que a Constituição da República dispensa a necessidade de mandado judicial em situações nas quais esteja em questão a possibilidade de obtenção de provas para investigação criminal em curso.

b) desrespeitou o direito à inviolabilidade domiciliar, já que, como a Constituição da República não prevê explicitamente qualquer exceção a este direito, o ingresso na casa alheia, contra a vontade do morador, sempre exige ordem judicial.

c) respeitou o direito à inviolabilidade domiciliar, já que o sistema jurídico brasileiro considera que a plena fruição desse direito somente pode ser relativizada em situações nas quais o seu exercício venha a conceder proteção a alguma ação criminosa.

d) desrespeitou o direito à inviolabilidade domiciliar, já que, embora esse direito não seja absoluto e possua restrições expressas no próprio texto constitucional, a atuação dos agentes estatais não se deu no âmbito destas exceções.

COMENTÁRIOS

**Alternativa "d" (responde todas as alternativas):** O art. 5º, XI da CF/88 trata da inviolabilidade da casa. Podemos desmembrá-los para facilitar a resolução da questão. O primeiro ponto é a regra: "a casa é asilo inviolável do indivíduo, ninguém nela podendo penetrar sem consentimento do morador". Há, contudo, exceções, quais sejam: "em caso de flagrante delito", ou em caso de "desastre", ou "para prestar socorro", ou ainda, "durante o dia, por determinação judicial". No caso, a alternativa demonstra que a festa, em que supostamente teria ocorrido o crime, se deu há duas semanas, logo, não há caso de flagrante. Também não há que se falar em determinação judicial, pois a ação policial se deu a noite, de modo que mesmo com ordem judicial, seria ilegal. Portanto, a inviolabilidade domiciliar foi desrespeitada, por não se enquadrar em nenhuma hipótese do art. 5º, XI.

**Alternativa correta: "d".**

---

**12. (FGV – Exame de Ordem 2019.2)** Durval, cidadão brasileiro e engenheiro civil, desempenha trabalho voluntário na ONG Transparência, cujo principal objetivo é apurar a conformidade das contas públicas e expor eventuais irregularidades, apresentando reclamações e denúncias aos órgãos e entidades competentes.

Ocorre que, durante o ano de 2018, a Secretaria de Obras do Estado Alfa deixou de divulgar em sua página da Internet informações referentes aos repasses de recursos financeiros, bem como foram omitidos os registros das despesas realizadas. Por essa razão, Durval compareceu ao referido órgão e protocolizou pedido de acesso a tais informações, devidamente especificadas.

Em resposta à solicitação, foi comunicado que os dados requeridos são de natureza sigilosa, somente podendo ser disponibilizados mediante requisição do Ministério Público ou do Tribunal de Contas.

A partir do enunciado proposto, com base na legislação vigente, assinale a afirmativa correta.

a) A decisão está em desacordo com a ordem jurídica, pois os órgãos e entidades públicas têm o dever legal de promover, mesmo sem requerimento, a divulgação, em local de fácil acesso, no âmbito de suas competências, de informações de interesse coletivo ou geral que produzam ou custodiem.

b) Assiste razão ao órgão público no que concerne tão somente ao sigilo das informações relativas aos repasses de recursos financeiros, sendo imprescindível a requisição do Ministério Público ou do Tribunal de Contas para acessar tais dados.

c) Assiste razão ao órgão público no que concerne tão somente ao sigilo das informações relativas aos registros das despesas realizadas, sendo imprescindível a requisição do Ministério Público ou do Tribunal de Contas para acessar tais dados.

d) Assiste razão ao órgão público no que concerne ao sigilo das informações postuladas, pois tais dados apenas poderiam ser pessoalmente postulados por Durval caso estivesse devidamente assistido por advogado regularmente inscrito na Ordem dos Advogados do Brasil.

COMENTÁRIOS

**Alternativa "a" (responde às demais alternativas):** Nos termos do art. 5º, XXXIII, todos têm direito a receber de órgãos públicos informações de interesse coletivo ou geral, que serão prestadas no prazo da lei, sob pena de responsabilidade. Apenas existe ressalva quando às informações cujo sigilo seja imprescindível à segurança da sociedade e do Estado. No caso, restou violado o direito à informação, pois as contas públicas não são algo cujo sigilo é imprescindível à segurança da sociedade e do Estado. Nesse sentido é ainda a disposição do art. 8º da lei 12.527/2011, que estabelece ser dever dos órgãos e entidades públicas promover, independentemente de requerimentos, a divulgação em local de fácil acesso, no âmbito de suas competências, de informações de interesse coletivo ou geral por eles produzidas ou custodiadas. Portanto, não assiste razão ao órgão público, o que torna correta a alternativa "a".

**Alternativa correta: "a".**

---

**13. (FGV – Exame de Ordem 2019.2)** O diretor da unidade prisional de segurança máxima ABC expede uma portaria vedando, no âmbito da referida entidade de internação coletiva, quaisquer práticas de cunho religioso direcionadas aos presos, apresentando, como motivo para tal ato, a necessidade de a Administração Pública ser laica.

A partir da situação hipotética narrada, assinale a afirmativa correta.

a) A motivação do ato administrativo encontra-se equivocada, uma vez que o preâmbulo da Constituição da República de 1988 faz expressa menção à "proteção de Deus", também assegurando aos entes federados ampla liberdade para estabelecer e subvencionar os cultos religiosos e igrejas.

b) O ato expedido pelo diretor encontra plena correspondência com a ordem constitucional brasileira, a qual veda, aos entes federados, estabelecer cultos religiosos ou igrejas, subvencioná-los ou firmar qualquer espécie de colaboração de interesse público.

c) A Constituição da República de 1988 dispõe que, nos termos da lei, é assegurada assistência religiosa nas entidades civis e militares de internação coletiva, de modo que a portaria expedida pelo diretor viola um direito fundamental dos internos.

d) Inexiste incompatibilidade entre a portaria e a Constituição da República de 1988, uma vez que a liberdade religiosa apenas se apresenta no ensino confessional, ministrado, em caráter facultativo, nos estabelecimentos públicos e privados de ensino, não sendo tal direito extensível aos presos.

COMENTÁRIOS

**Alternativa "c" (responde às demais alternativas):** Nos termos do art. 5º, VII da CF/88, é assegurada, nos termos da lei, a prestação de assistência religiosa nas entidades civis e militares de internação coletiva, portanto, a portaria viola direito fundamental previsto. O Estado, de fato, é laico, sendo vedado à União, Estados, DF e Municípios, nos termos do art. 19, I, estabelecer cultos religiosos ou igrejas, subvenciona-los, embaraçar-lhes o funcionamento ou manter, com eles ou seus representantes, relações de dependência ou aliança, ressalvada, na forma da lei, a colaboração de interesse público.

Portanto, embora seja o Estado laico, conforme observado, não pode essa laicidade consistir em um impedimento dos cidadãos de gozarem de sua liberdade religiosa, mesmo quando presos.

**Alternativa correta: "c".**

---

**14. (FGV-Exame de Ordem 2019.1)** Alisson, cidadão brasileiro, ingressa com requerimento administrativo, perante a Secretaria Fazendária do Município Y, pleiteando a revisão do valor do Imposto sobre a Propriedade Predial e Territorial Urbana (IPTU), uma vez que não concorda com os cálculos empregados pela autoridade fazendária.

Alisson, decorridos 90 dias sem qualquer atualização no andamento do feito, retorna à repartição administrativa indagando o porquê da demora. Ele obtém como resposta que o trâmite do procedimento é sigiloso, mas que seria possível obter uma certidão com as informações postuladas mediante o pagamento de determinada quantia, a título de "taxa".

Diante da situação hipotética apresentada, com base no texto constitucional, assinale a afirmativa correta.

a) A atuação da Secretaria Fazendária revela-se inconstitucional, pois a obtenção de certidões em repartições públicas, contendo informações de interesse particular ou de interesse coletivo ou geral, é direito de todos, sem o pagamento de taxa, ressalvadas aquelas cujo sigilo seja imprescindível à segurança da sociedade e do Estado.

b) Para a obtenção de certidão com informações de direito pessoal, como manifestação do direito de petição aos órgãos e poderes públicos, pode ser exigido o pagamento de taxas caso Alisson não demonstre ser hipossuficiente econômico.

c) Embora inexista óbice à cobrança de taxas para cobrir as despesas com a emissão de certidões em repartições públicas, ainda que destinadas à defesa e ao esclarecimento de situações de interesse pessoal, Alisson poderá utilizar o habeas data para obter as informações relativas ao procedimento administrativo instaurado.

d) Alisson não pode ter acesso ao feito, porque os procedimentos administrativos que versem sobre matéria tributária são de natureza sigilosa, somente podendo ser acessados, sem autorização judicial, por advogado regularmente constituído pelo contribuinte, bem como por órgãos da administração pública direta e indireta.

**COMENTÁRIOS**

**Alternativa "a":** Trata-se da previsão do art. 5º, XXXIV, "b" da CF/88.

**Alternativa "b":** Não pode ser exigido o pagamento em questão mesmo no caso do direito de petição, conforme comentário da alternativa a.

**Alternativa "c":** Há óbices à cobrança de taxas nesse caso, conforme comentário da alternativa a.

**Alternativa "d":** Somente podem ser sigilosos os atos imprescindíveis à segurança da sociedade e do Estado, nos termos do art. 5º, XXXIII da CF/88.

**Alternativa correta: "a".**

---

**15. (FGV-Exame de Ordem 2019.1)** Pablo, cidadão espanhol, decide passar férias no litoral do Nordeste brasileiro. Durante sua estadia, de modo acidental, corta-se gravemente com o facão que manuseava para abrir um coco verde, necessitando de imediato e urgente atendimento hospitalar. Ocorre que o hospital de emergência da localidade se recusa a atender Pablo, ao argumento de que, por ser estrangeiro, ele não faria jus aos serviços do Sistema Único de Saúde, devendo procurar um hospital particular.

Com base na situação fictícia narrada, assinale a afirmativa correta.

a) A Constituição da República, no caput do Art. 5º, assegura a igualdade de todos os brasileiros natos e naturalizados perante a lei, sem distinções de qualquer natureza, de modo que Pablo, por ser estrangeiro, não faz jus ao direito social à saúde.

b) A saúde, na qualidade de direito social, apenas pode ser prestada àqueles que contribuem para a manutenção da seguridade social; diante da impossibilidade de Pablo fazê-lo, por ser estrangeiro, não pode ser atendido pelos hospitais que integram o Sistema Único de Saúde.

c) O Sistema Único de Saúde rege-se pelo princípio da universalidade da tutela à saúde, direito fundamental do ser humano; logo, ao ingressar no território brasileiro, Pablo, mesmo sendo cidadão espanhol, tem direito ao atendimento médico público e gratuito em caso de urgência.

d) Pablo, apenas pode ser atendido em hospital público que integre o Sistema Único de Saúde caso se comprometa a custear todas as despesas com seu tratamento, salvo comprovação de ser hipossuficiente econômico, circunstância excepcional na qual terá direito ao atendimento gratuito.

**COMENTÁRIOS**

**Alternativa "a":** O caput do art. 5º da CF/88 dispõe que todos são iguais perante a lei, sem distinção de qualquer natureza, garantindo-se aos brasileiros e aos estrangeiros residentes no País a inviolabilidade do direito à vida, à liberdade, à igualdade, à segurança e à propriedade. Assim, não pode subsistir a argumentação apontada.

**Alternativa "b":** A saúde é, na verdade, direito de todos e dever do Estado, assegurada com acesso universal e igualitário, nos termos do art. 196 da CF/88.

**Alternativa "c":** A alternativa se mostra em consonância com as previsões do art. 5º, *caput* e art. 196 da CF/88.

**Alternativa "d":** Não há nenhuma previsão constitucional no sentido de que deve custear seu tratamento.

**Alternativa correta: "c".**

---

**16. (FGV – Exame de Ordem/2018.3)** Os produtores rurais do Município X organizaram uma associação civil sem fins lucrativos para dinamizar a exploração de atividade econômica pelos associados, bem como para fins de representá-los nas demandas de caráter administrativo e judicial.

Anderson, proprietário de uma fazenda na região, passa a receber, mensalmente, carnê contendo a cobrança de uma taxa associativa, embora nunca tivesse manifestado qualquer interesse em ingressar na referida entidade associativa. Em consulta junto aos órgãos municipais, Anderson descobre que a associação de produtores rurais, embora tenha sido criada na forma da lei, jamais obteve autorização estatal para funcionar. Diante disso, procura um escritório de advocacia especializado, para pleitear, judicialmente, a interrupção da cobrança e a suspensão das atividades associativas.

Sobre a questão em comento, assinale a afirmativa correta.

a) Anderson pode pleitear judicialmente a interrupção da cobrança, a qual revela-se indevida, pois ninguém pode ser compelido a associar-se ou a permanecer associado, ressaltando-se que a falta de autorização estatal não configura motivo idôneo para a suspensão das atividades da associação.

b) As associações representativas de classes gozam de proteção absoluta na ordem constitucional, de modo que podem ser instituídas independentemente de autorização estatal e apenas terão suas atividades suspensas quando houver decisão judicial com trânsito em julgado.

c) A Constituição de 1988 assegura a plena liberdade de associação para fins lícitos, vedando apenas aquelas de caráter paramilitar, de modo que Anderson não pode insurgir-se contra a cobrança, vez que desempenha atividade de produção e deve associar-se compulsoriamente.

d) A liberdade associativa, tendo em vista sua natureza de direito fundamental, não pode ser objeto de qualquer intervenção do Poder Judiciário, de modo que Anderson apenas poderia pleitear administrativamente a interrupção da cobrança dos valores que entende indevidos.

COMENTÁRIOS

**Alternativa "a":** As associações independem de autorização para seu funcionamento, nos termos do art. 5º, XVIII da CF/88. No entanto, nos termos do art. 5º, XX da CF/88, ninguém pode ser compelido a associar-se ou a permanecer associado, de modo que, não tendo ele manifestado interesse em ingressar na referida entidade associativa, não poderá ser cobrado, podendo pleitear judicialmente a interrupção da cobrança.

**Alternativa "b":** Não gozam de proteção absoluta. De fato, independem de autorização judicial, conforme indicado no comentário da alternativa "a" e, para que tenham suas atividades suspensas, basta a decisão judicial, não se exigindo o trânsito em julgado, conforme indica o art. 5º, XIX da CF/88.

**Alternativa "c":** Não se admite a associação compulsória, nos termos do art. 5º, XX da CF/88.

**Alternativa "d":** Podem sir ser objeto de intervenção do Poder Judiciário, conforme art. 5º, XIX da CF/88.

**Alternativa correta: "a".**

---

**17. (FGV – Exame de Ordem 2018.2)** Antônio, líder ativista que defende a proibição do uso de quaisquer drogas, cientifica as autoridades sobre a realização de manifestação contra projeto de lei sobre a liberação do uso de entorpecentes. Marina, líder ativista do movimento pela liberação do uso de toda e qualquer droga, ao tomar conhecimento de tal evento, resolve, então, sem solicitar autorização à autoridade competente, marcar, para o mesmo dia e local, manifestação favorável ao citado projeto de lei, de forma a impedir a propagação das ideias defendidas por Antônio. Nesse sentido, segundo o sistema jurídico-constitucional brasileiro, assinale a afirmativa correta.

a) Marina pode dar continuidade à sua iniciativa, pois, com fundamento no princípio do Estado Democrático, está amplamente livre para expressar suas ideias.

b) Marina não poderia dar continuidade à sua iniciativa, pois o direito de reunião depende de prévia autorização por parte da autoridade competente.

c) Marina não poderia dar continuidade à sua iniciativa, já que sua reunião frustraria a reunião de Antônio, anteriormente convocada para o mesmo local.

d) Marina pode dar continuidade à sua iniciativa, pois é livre o direito de reunião quando o país não se encontra em estado de sítio ou em estado de defesa.

COMENTÁRIOS

**Alternativa correta: letra "c" (responde todas as demais alternativas):** o **art. 5º, inciso XVI, da CF**, é claro ao expressar que: **"Art. 5º. XVI – todos podem reunir-se pacificamente, sem armas, em locais abertos ao público, independentemente de autorização, desde que não frustrem outra reunião anteriormente convocada para o mesmo local, sendo apenas exigido prévio aviso à autoridade competente"**. Assim sendo, Marina não pode dar continuidade à sua iniciativa, porque sua reunião frustraria a reunião de Antônio, convocada em momento anterior. A reunião de Marina, entretanto, não seria inconstitucional por conta de seu tema central, de descriminalização de drogas, mas porque contraria o texto do inciso XVI do art. 5º. Nesse sentido, o STF já considerou válidas manifestações denominadas "Marchas da Maconha", que defendem a descriminalização do uso de drogas – vide ADPF 187/DF, de relatoria do Min. Celso de Mello, julgada em 15/06/2011.

---

**18. (FGV – Exame de Ordem 2018.2)** Durante ato de protesto político, realizado na praça central do Município Alfa, os manifestantes, inflamados por grupos oposicionistas, começam a depredar órgãos públicos locais, bem como invadem e saqueiam estabelecimentos comerciais, situação que foge do controle das forças de segurança. Diante do quadro de evidente instabilidade social, o Presidente da República, por Decreto, institui o estado de defesa no Município Alfa por prazo indeterminado, até que seja restaurada a ordem pública e a paz social. No Decreto, ainda são fixadas restrições aos direitos de reunião e ao sigilo de correspondência e comunicação telefônica. Acerca do caso apresentado, assinale a afirmativa correta.

a) Durante o estado de defesa, podem ser estabelecidas restrições aos direitos de reunião e ao sigilo de correspondência e comunicação telefônica, mas o referido decreto não poderia estender-se por prazo indeterminado, estando em desconformidade com a ordem constitucional.

b) Ao decretar a medida, o Chefe do Poder Executivo não poderia adotar medidas de restrição ao sigilo de correspondência e comunicação telefônica, o que denota que o decreto é materialmente inconstitucional.

c) O decreto é formalmente inconstitucional, porque o Presidente da República somente poderia decretar medida tão drástica mediante lei previamente aprovada em ambas as casas do Congresso Nacional.

d) O decreto presidencial, na forma enunciada, não apresenta qualquer vício de inconstitucionalidade, sendo assegurada, pelo texto constitucional, a possibilidade de o Presidente da República determinar, por prazo indeterminado, restrições aos referidos direitos.

COMENTÁRIOS

**Alternativa correta: letra "a":** de acordo com o caso apresentado, está correta a afirmação de que é possível a restrição ao exercício dos direitos de reunião, sigilo de correspondência e sigilo de comunicação telefônica, consoante **art. 136, § 1º, inciso I, alíneas "a" a "c", da CF**: "Art. 136. O Presidente da República pode, ouvidos o Conselho da República e o Conselho de Defesa Nacional, decretar estado de defesa para preservar ou prontamente restabelecer, em locais restritos e determinados, a ordem pública ou a paz social ameaçadas por grave e iminente instabilidade institucional ou atingidas por calamidades de grandes proporções na natureza. § 1º O decreto que instituir o estado de defesa determinará o tempo de sua duração, especificará as áreas a serem abrangidas e indicará, nos termos e limites da lei, as medidas coercitivas a vigorarem, dentre as seguintes: I – restrições aos direitos de: a) reunião, ainda que exercida no seio das associações; b) sigilo de correspondência; c) sigilo de comunicação telegráfica e telefônica". Entretanto, de acordo com o § 2º do mesmo dispositivo, a **duração do estado de defesa não pode ser superior a trinta dias**: "Art. 136. § 2º O tempo de duração do estado de defesa não será superior a trinta dias, podendo ser prorrogado uma vez, por igual período, se persistirem as razões que justificaram a sua decretação".

**Alternativa "b":** o decreto pode, sim, dispor sobre restrições aos sigilos de correspondência e de comunicação telefônica, conforme **art. 136, § 1º, inciso I, alíneas "b" e "c", da CF**.

**Alternativa "c":** conforme caput do art. 136, o **decreto é feito pelo Presidente da República, tendo como condição serem ouvidos apenas o Conselho da República e o Conselho de Defesa Nacional**, sem necessidade de lei prévia aprovada por ambas as Casas do Congresso Nacional. Ademais, decretos presidenciais independem de aprovação do Congresso, porque são de competência privativa do Presidente da República, conforme art. 84, da CF.

**Alternativa "d":** de acordo com o exposto para a alternativa "a", o **decreto apresenta vício de inconstitucionalidade, visto que afronta o art. 136, § 2º, da CF**, tendo em vista que não estabelece duração determinada de até 30 dias.

---

**19. (FGV – Exame de Ordem 2018.1)** Policiais militares do estado Y decidiram entrar em greve em razão dos atrasos salariais e por considerarem inadequadas as condições de trabalho. Em razão desse quadro, a Associação de Esposas e Viúvas dos Policiais Militares procura um advogado para saber da constitucionalidade dessa decisão dos policiais militares.

Sobre a hipótese apresentada, assinale a afirmativa correta.

a) Compete aos referidos policiais militares decidir sobre a oportunidade de exercer o direito de greve, que lhes é assegurado pela CRFB/88.

b) O direito de greve pode ser livremente exercido pelos policiais militares estáveis, mas aqueles que estiverem em estágio probatório podem ser demitidos por falta injustificada ao serviço.

c) O exercício do direito de greve, sob qualquer forma ou modalidade, é-lhes vedado, pois sua atividade é essencial à segurança da sociedade, tal qual ocorre com os militares das Forças Armadas.

d) O direito de greve dos servidores públicos ainda não foi regulamentado por lei específica, o que torna a decisão constitucionalmente incorreta.

**COMENTÁRIOS**

**Alternativa correta: letra "c" (responde todas as demais alternativas):** a decisão dos policiais militares não é suportada pelo texto constitucional, tendo em vista que **a Constituição veda expressamente o direito de greve dos militares**. De acordo com o art. 142, § 3º, inciso IV, da CF: "**Art. 142. § 3º. IV – ao militar são proibidas a sindicalização e a greve**". Ademais, o STF decidiu que, por ausência de regulamentação específica do direito de greve de servidor público, aplica-se a lei de greve da iniciativa privada naquilo que for compatível. (Mandados de Injunção 670, 708 e 712). Por outro lado, o STF vem entendendo pela **inadmissibilidade de exercício de greve por policiais**. "O direito constitucional de greve atribuído aos servidores públicos em geral não ampara indiscriminadamente todas as categorias e carreiras, mas antes excepciona casos como o de agentes armados e policiais cujas atividades não podem ser paralisadas, ainda que parcialmente, sem graves prejuízos para a segurança e a tranquilidade pública. (Ministro Gilmar Mendes, ao negar seguimento ao MI 774).

---

**20. (FGV – Exame de Ordem 2017.3)** Atos generalizados de violência e vandalismo foram praticados nas capitais de alguns estados do país, com ações orquestradas pelo crime organizado. Identificados e presos alguns dos líderes desses movimentos, numerosos políticos, com apoio popular, propuseram a criação, pela forma juridicamente correta, de um juízo especial para apreciação desses fatos, em caráter temporário, a fim de que o julgamento dos líderes presos se revele exemplar.

Ao submeterem essa ideia a um advogado constitucionalista, este afirma que, segundo a ordem jurídico-constitucional brasileira, a criação de tal juízo

a) é constitucional, pois o apoio popular tem o condão de legitimar a atuação do poder público, ainda que esta seja contrária ao ordenamento jurídico vigente.

b) é inconstitucional, em razão de vedação expressa da Constituição da República de 1988 à criação de juízo ou tribunal de exceção.

c) necessita de previsão legislativa ordinária, já que a criação de juízos é competência do Poder Legislativo, após iniciativa do Poder Judiciário.

d) pressupõe a necessária alteração da Constituição da República de 1988, por via de emenda, de maneira a suprimir a vedação ali existente.

**COMENTÁRIOS**

**Alternativa "a":** não é admissível a criação de um tribunal de exceção, ainda que com suposto apoio popular, tendo em vista a necessidade de um juízo natural preestabelecido pelo ordenamento jurídico.

**Alternativa "b":** a situação descrita no enunciado se refere à instituição de um tribunal de exceção. Tribunal de exceção é aquele instituído em caráter temporário para o julgamento de caso ou casos específicos de delitos cometidos – portanto, são criados de modo específico. O tribunal de exceção não é compatível com o Estado Democrático de Direito por dois motivos principais: primeiramente, por ser criado para o julgamento de casos específicos, tende-se a haver também um pré-direcionamento para as decisões. Em segundo lugar, o réu tende a perder várias garantias processuais, como a garantia do juiz natural, ou a possibilidade do duplo grau de jurisdição, de modo que há grande insegurança jurídica. O exemplo mais famoso de criação de tribunal de exceção é do Tribunal de Nuremberg, formado para o julgamento de oficiais e militares de alta patente do regime nazista. O Brasil, sob a égide da Constituição de 1988, pretendeu se consolidar como Estado Democrático de Direito e **proibiu a criação de tribunais de exceção no art. 5º, inciso XXXVII, da CF**, constando no rol de direitos individuais e coletivos.

**Alternativa "c":** a assertiva não está em conformidade com o ordenamento jurídico brasileiro ou com as diretrizes de um Estado Democrático de Direito.

**Alternativa "d":** conforme anteriormente exposto para a assertiva "b", a proibição da criação de tribunal de exceção consta no art. 5º, inciso XXXVII, da CF, elencado no rol dos direitos e garantias individuais e coletivas. De acordo com o art. 60, § 4º, inciso IV, da CF, não é possível a elaboração de emenda constitucional que vise a abolir os direitos e garantias fundamentais. Portanto, é vedada a propositura de emenda para que haja a instituição de um tribunal de exceção, nos moldes apresentados pela assertiva.

**Alternativa correta: letra "b".**

---

**21. (FGV – Exame de Ordem 2017.3)** Marcos recebeu, por herança, grande propriedade rural no estado Sigma. Dedicado à medicina e não possuindo maior interesse pelas atividades agropecuárias desenvolvidas por sua família, Marcos deixou, nos últimos anos, de dar continuidade a qualquer atividade produtiva nas referidas terras.

Ciente de que sua propriedade não está cumprindo uma função social, Marcos procura um advogado para saber se existe alguma possibilidade jurídica de vir a perdê-la.

Segundo o que dispõe o sistema jurídico-constitucional vigente no Brasil, assinale a opção que apresenta a resposta correta.

a) O direito de Marcos a manter suas terras deverá ser respeitado, tendo em vista que tem título jurídico reconhecidamente hábil para caracterizar o seu direito adquirido.

b) A propriedade que não cumpre sua função social poderá ser objeto de expropriação, sem qualquer indenização ao proprietário que deu azo a tal descumprimento; no caso, Marcos.

c) A propriedade, por interesse social, poderá vir a ser objeto de desapropriação, devendo ser, no entanto, respeitado o direito de Marcos à indenização.

d) O direito de propriedade de Marcos está cabalmente garantido, já que a desapropriação é instituto cabível somente nos casos de cultura ilegal de plantas psicotrópicas.

COMENTÁRIOS

**Alternativa "a":** a propriedade de Marcos é passível de desapropriação para reforma agrária, não havendo que se falar em direito adquirido.

**Alternativa "b":** a primeira parte da assertiva está em conformidade com o texto constitucional, conforme explicado. Entretanto, deve ser respeitado o direito de Marcos à indenização. Aqui, cabe destacar que há exceções à prévia e justa indenização, nos moldes do art. 243 da CF: "As propriedades rurais e urbanas de qualquer região do País onde forem localizadas culturas ilegais de plantas psicotrópicas ou a exploração de trabalho escravo na forma da lei serão expropriadas e destinadas à reforma agrária e a programas de habitação popular, sem qualquer indenização ao proprietário e sem prejuízo de outras sanções previstas em lei, observado, no que couber, o disposto no art. 5º".

**Alternativa "c":** em primeiro lugar, é importante destacar que a função social da propriedade se encontra no texto constitucional como um direito e garantia individual e coletivo, no art. 5º, inciso XXIII, e também como um dos princípios da atividade econômica, no art. 170, inciso III. Especificamente quanto à propriedade rural, a função social é cumprida quando se atende, simultaneamente, aos requisitos presentes nos incisos do art. 186 da CF, quais sejam: aproveitamento racional e adequado, utilização adequada dos recursos naturais disponíveis e preservação do meio ambiente, observância das disposições que regulam as relações de trabalho, exploração que favoreça o bem-estar dos proprietários e dos trabalhadores. Caso não esteja cumprindo a sua função social, a propriedade rural pode ser desapropriada pela União, na forma do art. 184, *caput*, da CF: "Compete à União desapropriar por interesse social, para fins de reforma agrária, o imóvel rural que não esteja cumprindo sua função social, mediante prévia e justa indenização em títulos da dívida agrária, com cláusula de preservação do valor real, resgatáveis no prazo de até vinte anos, a partir do segundo ano de sua emissão, e cuja utilização será definida em lei". Entretanto, não são suscetíveis de desapropriação para fins de reforma agrária, nos termos dos incisos do art. 185 da CF, a pequena e a média propriedade rural (desde que seu proprietário não possua outra) e a propriedade produtiva. Com essas informações, a única assertiva possível é a letra "c", tendo em vista que Marcos recebeu a propriedade por herança e se dedica a outras atividades, de modo que a grande propriedade improdutiva pode ser objeto de desapropriação para fins de reforma agrária. Entretanto, cabe a Marcos a indenização na forma de títulos da dívida agrária.

**Alternativa "d":** o direito de propriedade de Marcos não está garantido, pois o enunciado relata que Marcos não possui interesse pelas atividades agropecuárias, de modo que a propriedade não possui atividades produtivas e ele se dedica à Medicina – caracterizando, assim, perda da função social da propriedade, e ensejando a desapropriação pela União para reforma agrária. Ainda, o cultivo ilegal de plantas psicotrópicas, conforme explicado para a alternativa "b", é caso de perda do direito à indenização prévia e justa.

**Alternativa correta: letra "c".**

---

**22. (FGV – Exame de Ordem 2017.2)** Leonardo matriculou seus dois filhos em uma escola pública municipal, mas foi surpreendido ao tomar conhecimento de que ambos estão tendo aulas regulares, como disciplina obrigatória, de uma específica religião de orientação cristã. Indignado, ele procura você para, como advogado(a), orientá-lo sobre a regularidade de tal situação.

Sobre tal prática, com base no que dispõe o sistema jurídico- constitucional brasileiro, assinale a afirmativa correta.

a) É constitucional, pois a força normativa do preâmbulo constitucional auxilia uma interpretação que autoriza o ensino de religião, contanto que com viés cristão.

b) É inconstitucional, pois a laicidade estatal deve garantir que nenhuma religião possa ser preferida a outra no âmbito do espaço público-estatal, sendo o ensino religioso facultativo.

c) É constitucional, posto que o ensino religioso deve ser ministrado, segundo a Constituição de 1988, como disciplina obrigatória nas escolas públicas de ensino fundamental.

d) É inconstitucional, pois a laicidade estabelecida pela Constituição de 1988 pressupõe a vedação a qualquer espécie de orientação de ordem religiosa em instituições públicas.

COMENTÁRIOS

**Alternativa "a":** o preâmbulo, parte introdutória da Constituição Federal, traz uma invocação da proteção de Deus por parte da Assembleia Nacional Constituinte. Entretanto, o STF já decidiu que o preâmbulo não é norma jurídica e não tem força normativa, situando-se no âmbito da política, podendo apenas servir como vetor para a interpretação das normas constitucionais. Mas, ainda que ainda que o Preâmbulo tenha um papel interpretativo, é equivocado afirmar que ele conduz a uma exegese no sentido que o ensino religioso deve ter um viés cristão. Em adição, a existência de norma específica sobre a questão (art. 210, § 1º, da CF), afasta qualquer interpretação adicional ou tergiversada sobre a temática.

**Alternativa "b" (responde as demais alternativas):** nos termos do art. 5º, VI – **é inviolável a liberdade de consciência e de crença**, sendo assegurado o livre exercício dos cultos religiosos e garantida, na forma da lei, a proteção aos locais de culto e a suas liturgias. Tal dispositivo fundamento a laicidade do Estado, que respeita a liberdade de consciência e crença de seus cidadãos, não impondo qualquer religião. Ademais, de acordo com o art. 210, § 1º, da CF, o ensino religioso, **de matrícula facultativa**, constituirá disciplina dos horários normais das escolas públicas de ensino fundamental.

**Alternativa correta: letra "b".**

## 1.2. AÇÕES OU REMÉDIOS CONSTITUCIONAIS. TUTELA CONSTITUCIONAL DAS LIBERDADES: MANDADO DE SEGURANÇA, *HABEAS CORPUS*, *HABEAS DATA*, AÇÃO POPULAR, MANDADO DE INJUNÇÃO E DIREITO DE PETIÇÃO. AÇÃO CIVIL PÚBLICA

**23. (FGV – XXXVII Exame OAB)** O poder constituinte derivado reformador promulgou emenda à Constituição, inserindo um novo direito fundamental na CRFB/88. No caso, trata-se de norma de eficácia limitada, necessitando, portanto, de lei regulamentadora a ser produzida pelo Congresso Nacional. Em razão da total inércia do Poder Legislativo, tendo decorrido quatro anos desde a referida emenda, uma associação de classe legalmente constituída e em funcionamento há mais de 10 anos, cujo estatuto prevê a possibilidade de atuar judicial e extrajudicialmente no interesse de seus associados, que não estariam sendo contemplados em razão da referida inércia, procura você, como advogado(a). Com base no sistema jurídico-constitucional brasileiro, você, como advogado(a), informa, corretamente, que a fruição dos direitos pelos associados

a) somente poderá ser alcançada com a impetração de Mandado de Injunção por iniciativa individual de cada um dos associados, em seus próprios nomes, junto ao Supremo Tribunal Federal.

b) poderá ser alcançada com a impetração de Mandado de Injunção Coletivo pela referida Associação, em seu próprio nome, junto ao Supremo Tribunal Federal.

c) somente será alcançada após o Congresso Nacional produzir a lei regulamentadora referente à norma constitucional de eficácia limitada.

d) será possível com o ajuizamento de uma Ação Civil Pública, que tenha como pedido a exigência de que o Congresso Nacional produza, imediatamente, a lei regulamentadora.

**COMENTÁRIOS**

**Alternativa "a":** Incorreta. Vide comentário da alternativa "b".

**Alternativa "b":** Correta. O art. 5º, LXXI da CF/88 estabelece: "conceder-se-á mandado de injunção sempre que a falta de norma regulamentadora torne inviável o exercício dos direitos e liberdades constitucionais e das prerrogativas inerentes à nacionalidade, à soberania e à cidadania;". O art. 12 da lei 13.300/2016 elenca os legitimados à propositura de mandado de injunção coletivo. No inciso III está prevista a legitimidade de "(...)*associação legalmente constituída e em funcionamento há pelo menos 1 (um) ano, para assegurar o exercício de direitos, liberdades e prerrogativas em favor da totalidade ou de parte de seus membros ou associados, na forma de seus estatutos e desde que pertinentes a suas finalidades, dispensada, para tanto, autorização especial;*". Como se dispensa a autorização especial, trata-se de substituição processual (pleiteia direito alheio em nome próprio).

**Alternativa "c":** Incorreta. Vide comentário da alternativa "b".

**Alternativa "d":** A Ação Civil Pública, nos termos do art. 1º da Lei 7.347/1985, é uma ação de responsabilidade por danos morais e patrimoniais causados ao meio ambiente; ao consumidor; a bens e direitos de valor artístico, estético, histórico, turístico e paisagístico e a qualquer outro interesse difuso ou coletivo; ou ainda por infração da ordem econômica; à ordem urbanística; à honra e à dignidade de grupos raciais, étnicos ou religiosos; e ao patrimônio público e social. Logo, não caberia tal pedido.

**Alternativa correta: "b".**

**24. (FGV – Exame de Ordem XXXVI – 2022.3)** Um órgão público, detentor de banco de dados com informações passíveis de serem transmitidas a terceiros, possuía informações inexatas a respeito de João. Em razão disso, ele dirige petição ao referido órgão solicitando que providenciasse a devida retificação. A petição seguiu acompanhada dos documentos que informavam os dados corretos sobre a pessoa de João.

Como o órgão público indeferiu tanto o pedido inicial quanto o recurso administrativo interposto, João contratou você, como advogado(a), para ajuizar a medida judicial cabível.

Agindo em conformidade com o sistema jurídico-constitucional brasileiro, você

a) ajuizou um Habeas Data, esclarecendo que o Mandado de Segurança, por ser um remédio de caráter residual, não seria o instrumento adequado para aquela situação específica, em que se almejava retificar informações pessoais.

b) ajuizou uma Ação Ordinária, informando a João ser esta a única solução processual passível de atingir os objetivos pretendidos, já que a comprovação do direito líquido e certo pressupõe a dilação probatória.

c) impetrou Mandado de Segurança, tendo o cuidado de observar que a impetração se desse dentro do prazo decadencial de 120 dias do conhecimento, por João, do improvimento do recurso.

d) informou a João que a situação em tela é uma exceção à possibilidade de resolução no âmbito da esfera judicial, sendo que sua solução obrigatoriamente se esgota na esfera administrativa.

**COMENTÁRIOS**

**Alternativa "a" (Responde todas as alternativas):** O habeas data encontra previsão no art. 5º, LXXII da CF/88, sendo uma das hipóteses que admitem seu cabimento a retificação de dados. Já o mandado de segurança, que tem previsão no art. 5º, LXIX da CF/88, tem caráter residual, pois o próprio texto constitucional estabelece que somente será concedido para proteger direito **não amparado por *habeas corpus* e *habeas data***. No caso, o *habeas data* é cabível, o que afasta a possibilidade de impetrar o mandado de segurança. Vale ainda observar que, com base no texto constitucional, sequer é necessário o prévio pedido administrativo, pois o art. 5º, LXXII, "b" da CF/88 prevê ser cabível o *habeas data* para a retificação de dados "quando não se **prefira** fazê-lo por processo sigiloso, judicial ou administrativo".

**Alternativa correta: "a".**

**25. (FGV – Exame de Ordem XXXVI – 2022.3)** Roberto, cidadão brasileiro, toma conhecimento que um órgão público federal está contratando uma conhecida empreiteira do Estado Delta para a realização de obras sem promover o regular procedimento licitatório.

A fim de proteger o interesse público, busca obter maiores informações junto aos setores competentes do próprio órgão. Sem sucesso, passa a considerar a hipótese de ajuizar uma Ação Popular a fim de anular os atos de contratação, bem como buscar o ressarcimento dos cofres públicos por eventuais danos patrimoniais. Antes de fazê-lo, no entanto, quer saber as consequências referentes ao pagamento de custas judiciais e do ônus de sucumbência, caso não obtenha sucesso na causa.

Você, como advogado(a), então, explica-lhe que, segundo o sistema jurídico-constitucional brasileiro, caso não obtenha sucesso na causa,

a) não terá que arcar com as custas judiciais e com o ônus de sucumbência, posto que o interesse que o move na causa é revestido de inequívoca boa-fé, em defesa do interesse público.

b) somente terá que arcar com as custas judiciais, mas não com os ônus sucumbenciais, posto se tratar de um processo de natureza constitucional que visa a salvaguardar o interesse social.

c) terá que arcar com as custas judiciais e com o ônus de sucumbência, como ocorre ordinariamente no âmbito do sistema processual brasileiro.

d) não terá que arcar com qualquer custo, considerando que a Constituição Federal de 1988 concede aos brasileiros isenção de custas em todos os chamados remédios constitucionais.

COMENTÁRIOS

**Alternativa "a" (responde todas as alternativas):** O art. 5º, LXXIII da CF/88 prevê que: "qualquer cidadão é parte legítima para propor ação popular que vise a anular ato lesivo ao patrimônio público ou de entidade de que o Estado participe, à moralidade administrativa, ao meio ambiente e ao patrimônio histórico e cultural, ficando o autor, salvo comprovada má-fé, isento de custas judiciais e do ônus da sucumbência". No caso, o interesse de Roberto é proteger o interesse público, ausente, portanto, má-fé, o que o assegura a isenção de custas judiciais e de ônus de sucumbência. Vale lembrar, contudo, que a CF/88 somente assegura, no inciso LXXVII a gratuidade de *habeas corpus* e *habeas data*. No caso, a isenção de custas e de ônus de sucumbência da ação popular depende da boa-fé do autor, não se tratando, contudo, de ação gratuita.

**Alternativa correta: "a".**

**26. (FGV – Exame de Ordem 2021.1)** Ante a ausência de norma regulamentadora de direito social na Constituição da República, cuja edição é de competência da União, ao que se soma a constatação de que a mora legislativa já fora reconhecida em diversas decisões do tribunal competente, o Sindicato dos Radiologistas do Estado Alfa, organização sindical regularmente constituída e em funcionamento há mais de 1 (um) ano, ingressa com Mandado de Injunção Coletivo perante o Supremo Tribunal Federal, pugnando pelo estabelecimento das condições necessárias à fruição do referido direito, de interesse de todos os servidores públicos lotados no Hospital de Diagnóstico por Imagem do respectivo ente, uma fundação pública estadual.

A partir do caso apresentado, com base na Constituição vigente e na Lei nº 13.300/16, assinale a afirmativa correta.

a) A petição inicial do Mandado de Injunção Coletivo deverá ser indeferida desde logo, eis que manifestamente incabível, pois o autor não tem legitimidade ativa para a sua propositura.

b) Ainda que reconhecido o estado de mora legislativa, o Supremo Tribunal Federal não pode estabelecer as condições para o exercício de um direito social.

c) O Mandado de Injunção Coletivo deveria ter sido proposto perante o Tribunal de Justiça do Estado Alfa, pois a decisão abrangerá apenas os servidores da fundação pública estadual do respectivo ente.

d) Com o trânsito em julgado da decisão do Supremo Tribunal Federal, julgando procedente o pedido formulado, seus efeitos podem ser estendidos a casos análogos por decisão monocrática do relator.

COMENTÁRIOS

**Alternativa "a":** Há legitimidade ativa por parte do sindicato, uma vez que o art. 12, III da lei 13.300/2016 assegura a legitimidade ativa às organizações sindicais para assegurar o exercício de direitos, liberdades e prerrogativas em favor da totalidade ou de parte de seus membros, dispensada, inclusive, autorização especial.

**Alternativa "b":** A perspectiva **concretista** adotada pelo STF tem permitido, em sede de mandado de injunção, o estabelecimento de condições para o exercício de um direito social, como se observou no caso do RE 970.823 em que o STF estabeleceu as condições para recebimento de adicional noturno pelos Militares Estaduais ou Distritais, com base nas normas que regulamentam o adicional noturno dos servidores públicos civis.

**Alternativa "c":** A competência no caso é, de fato do STF, tendo em vista a disposição do art. 102, I, "q" da CF/88, que estabelece que cabe a esse Tribunal julgar o mandado de injunção quando a elaboração da norma regulamentadora for atribuição do Presidente da República, do Congresso Nacional, da Câmara dos Deputados, do Senado Federal, das Mesas de uma dessas Casas Legislativas, do Tribunal de Contas da União, de um dos Tribunais Superiores, ou do próprio STF. No caso narrado, a competência para editar a lei era da União, ou seja, do Congresso Nacional, de modo que competente o STF para o julgamento da demanda.

**Alternativa "d":** Trata-se do texto do art. 9º, §2º da lei 13.300/2016, segundo o qual: "§ 2º Transitada em julgado a decisão, seus efeitos poderão ser estendidos aos casos análogos por decisão monocrática do relator."

**Alternativa correta: "d".**

**27. (FGV – Exame de Ordem 2020.1)** Alfa, entidade de classe de abrangência regional, legalmente constituída e em funcionamento há mais de 1 ano, ingressa, perante o Supremo Tribunal Federal, com mandado de segurança coletivo para tutelar os interesses jurídicos de seus representados. Considerando a urgência do caso, Alfa não colheu autorização dos seus associados para a impetração da medida.

Com base na narrativa acima, assinale a afirmativa correta.

a) Alfa não tem legitimidade para impetrar mandado de segurança coletivo, de modo que a defesa dos seus associados em juízo deve ser feita pelo Ministério Público ou, caso evidenciada situação de vulnerabilidade, pela Defensoria Pública.

b) Alfa goza de ampla legitimidade para impetrar mandado de segurança coletivo, inclusive para tutelar direitos e interesses titularizados por pessoas estranhas à classe por ela representada.

c) Alfa possui legitimidade para impetrar mandado de segurança coletivo em defesa dos interesses jurídicos dos seus associados, sendo, todavia, imprescindível a prévia autorização nominal e individualizada dos representados, em assembleia especialmente convocada para esse fim.

d) Alfa possui legitimidade para impetrar mandado de segurança coletivo em defesa dos interesses jurídicos da totalidade ou mesmo de parte dos seus associados, independentemente de autorização.

COMENTÁRIOS

**Alternativa "d" (responde todas as alternativas):** De acordo com o art. 5º, LXX da CF/88: "LXX – o mandado de segurança coletivo pode ser impetrado por: a) partido político com representação no Congresso Nacional; b) organização sindical,

**entidade de classe** ou associação legalmente constituída e em funcionamento há pelo menos um ano, em defesa dos interesses de seus membros ou associados;". A esse respeito, a súmula 629 do STF estabelece que: "A impetração de mandado de segurança coletivo por entidade de classe em favor dos associados independe da autorização destes." Em complemento, estabelece ainda a súmula 630 do STF que: "A entidade de classe tem legitimação para o mandado de segurança ainda quando a pretensão veiculada interesse apenas a uma parte da respectiva categoria."

Portanto, a entidade Alfa tem legitimidade para impetrar tal remédio constitucional, independente de autorização.

**Alternativa correta: "d".**

---

**28. (FGV – Exame de Ordem 2019.3)** O Supremo Tribunal Federal reconheceu a periculosidade inerente ao ofício desempenhado pelos agentes penitenciários, por tratar se de atividade de risco. Contudo, ante a ausência de norma que regulamente a concessão da aposentadoria especial no Estado Alfa, os agentes penitenciários dessa unidade federativa encontram-se privados da concessão do referido direito constitucional.

Diante disso, assinale a opção que apresenta a medida judicial adequada a ser adotada pelo Sindicato dos Agentes Penitenciários do Estado Alfa, organização sindical legalmente constituída e em funcionamento há mais de 1 (um) ano, em defesa da respectiva categoria profissional.

a) Ele pode ingressar com mandado de injunção coletivo para sanar a falta da norma regulamentadora, dispensada autorização especial dos seus membros.

b) Ele não possui legitimidade ativa para ingressar com mandado de injunção coletivo, mas pode pleitear aplicação do direito constitucional via ação civil pública.

c) Ele tem legitimidade para ingressar com mandado de injunção coletivo, cuja decisão pode vir a ter eficácia ultra partes, desde que apresente autorização especial dos seus membros.

d) Ele pode ingressar com mandado de injunção coletivo, mas, uma vez reconhecida a mora legislativa, a decisão não pode estabelecer as condições em que se dará o exercício do direito à aposentadoria especial, sob pena de ofensa à separação dos Poderes.

COMENTÁRIOS

**Alternativa "a" (responde às demais alternativas):** Nos termos do art. 5º, LXXI, da CF/88, o mandado de injunção será concedido sempre que a falta de norma regulamentadora inviabilize o exercício dos direitos e liberdades constitucionais e das prerrogativas inerentes à nacionalidade, à soberania e à cidadania. É ainda previsto na lei 13.300/2016 a forma coletiva desse remédio constitucional, para a qual, nos termos do art. 12, III da mesma lei, é legitimado ativo o Sindicato dos Agentes Penitenciários do Estado Alfa. Ademais, segundo a súmula 629 do STF, para a impetração desse remédio na forma coletiva, não é necessária a autorização dos membros.

Em sede de mandado de injunção, o STF tem adotado posição concretista *intra partes* a fim de aplicar legislação existente de forma análoga, para que os efeitos da mora legislativa não continuem a impedir o exercício do direito, visto que não pode o Judiciário obrigar o Legislativo a editar a norma regulamentadora.

**Alternativa correta: "a".**

---

**29. (FGV – Exame de Ordem 2019.3)** Giuseppe, italiano, veio ainda criança para o Brasil, juntamente com seus pais. Desde então, nunca sofreu qualquer tipo de condenação penal, constituiu família, sendo pai de um casal de filhos nascidos no país, possui título de eleitor e nunca deixou de participar dos pleitos eleitorais. Embora tenha se naturalizado brasileiro na década de 1990, não se sente brasileiro. Nesse sentido, Giuseppe afirma que é muito grato ao Brasil, mas que, apesar do longo tempo aqui vivido, não partilha dos mesmos valores espirituais e culturais dos brasileiros.

Giuseppe mora em Vitória/ES e descobriu o envolvimento do Ministro de Estado Alfa em fraude em uma licitação cujo resultado beneficiou, indevidamente, a empresa de propriedade de seus irmãos. Indignado com tal atitude, Giuseppe resolveu, em nome da intangibilidade do patrimônio público e do princípio da moralidade administrativa, propor ação popular contra o Ministro de Estado Alfa, ingressando no juízo de primeira instância da justiça comum, não no Supremo Tribunal Federal.

Sobre o caso, com base no Direito Constitucional e na jurisprudência do Supremo Tribunal Federal, assinale a afirmativa correta.

a) A ação não deve prosperar, uma vez que a competência para processá-la e julgá-la é do Supremo Tribunal Federal, e falta legitimidade ativa para o autor da ação, porque não possui a nacionalidade brasileira, não sendo, portanto, classificado como cidadão brasileiro.

b) A ação deve prosperar, porque a competência para julgar a ação popular em tela é do juiz de primeira instância da justiça comum, e o autor da ação tem legitimidade ativa porque é cidadão no pleno gozo de seus direitos políticos, muito embora não faça parte da nação brasileira.

c) A ação não deve prosperar, uma vez que a competência para julgar a mencionada ação popular é do Supremo Tribunal Federal, muito embora não falte legitimidade ad causam para o autor da ação, que é cidadão brasileiro, detentor da nacionalidade brasileira e no pleno gozo dos seus direitos políticos.

d) A ação deve prosperar, porque a competência para julgar a ação popular em tela tanto pode ser do juiz de primeira instância da justiça comum quanto do Supremo Tribunal Federal, e não falta legitimidade ad causam para o autor da ação, já que integra o povo brasileiro.

COMENTÁRIOS

**Alternativa "b" (responde às demais alternativas):** Nos termos do art. 5º, LXXIII da CF/88, **qualquer cidadão** é parte legítima para propor ação popular com a finalidade de anular ato lesivo ao patrimônio público ou de entidade de que o Estado participe, à moralidade administrativa, ao meio ambiente e ao patrimônio histórico e cultural. Giuseppe é brasileiro naturalizado, e está em pleno gozo de seus direitos políticos, logo, possui legitimidade ativa para a propositura da ação. Quanto ao juízo competente para apreciá-la, entende o STF que será sempre do juízo comum de primeiro grau, tendo em diversas ações reconhecido sua incompetência para julgá-la.

**Alternativa correta: "b".**

---

**30. (FGV – Exame de Ordem 2019.2)** O Município X, visando à interligação de duas importantes zonas da cidade, após o regular procedimento licitatório, efetua a contratação de uma concessionária que ficaria responsável pela construção e administração da via.

Ocorre que, em análise do projeto básico do empreendimento, constatou-se que a rodovia passaria em área de preservação ambiental e ensejaria graves danos ao ecossistema local. Com isso, antes mesmo de se iniciarem as obras, Arnaldo, cidadão brasileiro e vereador no exercício do mandato no Município X, constitui advogado e ingressa com Ação Popular postulando a anulação da concessão.

CONSTITUCIONAL

Com base na legislação vigente, assinale a afirmativa correta.

a) A Ação Popular proposta por Arnaldo não se revela adequada ao fim de impedir a obra potencialmente lesiva ao meio ambiente.

b) A atuação de Arnaldo, na qualidade de cidadão, é subsidiária, sendo necessária a demonstração de inércia por parte do Ministério Público.

c) A ação popular, ao lado dos demais instrumentos de tutela coletiva, é adequada à anulação de atos lesivos ao meio ambiente, mas Arnaldo não precisaria constituir advogado para ajuizá-la.

d) Caso Arnaldo desista da Ação Popular, o Ministério Público ou qualquer cidadão que esteja no gozo de seus direitos políticos poderá prosseguir com a demanda.

**COMENTÁRIOS**

**Alternativa "d" (responde às demais alternativas):** Nos termos do art. 5º, LXXIII da CF/88, qualquer cidadão é parte legítima para propor ação popular que vise a anular ato lesivo ao patrimônio público ou de entidade de que o Estado participe, à moralidade administrativa, ao meio ambiente e ao patrimônio histórico e cultural, ficando o autor, salvo comprovada má-fé, isento de custas judiciais e do ônus da sucumbência. Assim, podemos concluir que, de fato, a ação popular é meio adequado para o caso em questão, podendo Arnaldo atuar, na qualidade de cidadão, como legitimado ativo independente da demonstração de inércia do Ministério Público. Ademais, nos termos do art. 9º da lei 4.717 de 1965, desistindo o autor da ação popular, fica assegurado a qualquer cidadão, bem como ao representante do Ministério Público, dentro do prazo de 90 dias da última publicação feita, promover o prosseguimento da ação.

**Alternativa correta: "d".**

---

**31. (FGV – Exame de Ordem 2017.1)** A Lei nº 13.300/16, que disciplina o processo e o julgamento dos mandados de injunção individual e coletivo, surgiu para combater o mal da síndrome da inefetividade das normas constitucionais. Nesse sentido, o seu Art. 8º, inciso II, inovou a ordem jurídica positivada ao estabelecer que, reconhecido o estado de mora legislativa, será deferida a injunção para estabelecer as condições em que se dará o exercício dos direitos, das liberdades ou das prerrogativas reclamados, ou, se for o caso, as condições em que o interessado poderá promover ação própria visando a exercê-los, caso não seja suprida a mora legislativa no prazo determinado.

Considerando o conteúdo normativo do Art. 8º, inciso II, da Lei nº 13.300/16 e a teoria acerca da efetividade das normas constitucionais, assinale a afirmativa correta.

a) Foi adotada a posição neoconstitucionalista, na qual cabe ao Poder Judiciário apenas declarar formalmente a mora legislativa, atuando como legislador negativo e garantindo a observância do princípio da separação dos poderes, sem invadir a esfera discricionária do legislador democrático.

b) Foi consolidada a teoria concretista, em prol da efetividade das normas constitucionais, estabelecendo as condições para o ativismo judicial, revestindo-o de legitimidade democrática, sem ferir a separação de Poderes e, ao mesmo tempo, garantindo a força normativa da Constituição.

c) Foi promovida a posição não concretista dentro do escopo de um Estado Democrático de Direito, na qual cabe ao Poder Judiciário criar direito para sanar omissão legiferante dos Poderes constituídos, geradores da chamada "síndrome da inefetividade das normas constitucionais", em típico processo objetivo de controle de constitucionalidade.

d) Foi retomada a posição positivista normativista, concedendo poderes normativos momentâneos aos juízes e tribunais, de modo a igualar os efeitos da ação direta de inconstitucionalidade por omissão (modalidade do controle abstrato) e do mandado de injunção (remédio constitucional).

**COMENTÁRIOS**

**Alternativa "b" (responde a todas as alternativas):** quanto à decisão no mandado de injunção, temos as seguintes teorias: a) teoria não concretista: assinala que a decisão do mandado de injunção possui natureza declaratória, apenas reconhecendo a omissão legislativa, mas não possuindo forças para concretizar o exercício do direito. É pautada no princípio da separação de Poderes; b) teoria concretista: reconhece a natureza constitutiva da decisão de mandado de injunção (e não apenas a declaratória). Esse reconhecimento implica viabilizar o exercício do direito carente de regulamentação. Como desdobramento da teoria concretista, temos: b.1) teoria concretista geral: a decisão produzirá efeitos erga omnes; b.2) teoria concretista individual: a decisão terá apenas efeitos inter partes, podendo ser direta (o Judiciário não aguarda que a autoridade competente edite a lei, conferindo o exercício do direito de imediato) ou intermediária (hipótese em que o Judiciário, ao reconhecer a omissão, comunicará o órgão competente, fixando-lhe prazo que, persistindo a omissão, o próprio judiciário concretizará o direito pendente de regulamentação). Em um primeiro momento, o STF adotou a teoria não concretista. Todavia, esse posicionamento foi superado, de modo que, atualmente, o posicionamento adotado pela Suprema Corte é a teoria concretista. Na mesma linha, o art. 8º, II, da Lei 13.300/2016 também reconhece a corrente concretista, posto que admite o deferimento da injunção para estabelecer as condições em que se dará o exercício dos direitos, das liberdades ou das prerrogativas reclamados ou, se for o caso, as condições em que poderá o interessado promover ação própria visando a exercê-los, caso não seja suprida a mora legislativa no prazo determinado.

**Alternativa correta: letra "b".**

## 1.3. DIREITOS SOCIAIS

---

**32. (FGV – Exame de Ordem 2022.1)** O perfil de proteção jurídica dos direitos fundamentais já passou e vem passando por momentos de avanços e involuções atrelados aos diferentes paradigmas constitucionais. Formam uma categoria aberta e dinâmica, que se encontra em constante mutação, em razão do Art. 5o, § 2o, da CRFB/88. Nessa perspectiva, em 2017, foi editada a Lei X que regulamentou diversos direitos sociais do rol constante do seu Art. 6o. Com isso, incorporou vários direitos sociais ao patrimônio jurídico do povo. No entanto, em 2019, foi aprovada a Lei Y, que revogou completamente a Lei X, desconstituindo pura e simplesmente o grau de concretização que o legislador democrático já havia dado ao Art. 6o da CRFB/88, sem apresentar nenhum outro instrumento protetivo no seu lugar.

Diante de tal situação e de acordo com o direito constitucional contemporâneo, a Lei Y deve ser considerada

a) inconstitucional, pois a revogação total da Lei X, sem apresentação de lei regulamentadora alternativa, viola o princípio da "reserva do possível".

b) inconstitucional, pois a revogação total da Lei X, sem apresentação de lei regulamentadora alternativa, viola o princípio da "proibição de retrocesso social".

c) constitucional, pois predomina no direito brasileiro o princípio da "reserva do possível", cuja interpretação garante a onipotência do Poder Legislativo na concretização dos direitos sociais.

d) constitucional, pois predomina no direito brasileiro o princípio da "proibição do retrocesso social", de modo que os direitos sociais não têm imperatividade, podendo ser livremente regulamentados.

**COMENTÁRIOS**

**Alternativa "a":** O princípio da vedação ao retrocesso não se confunde com o princípio da reserva do possível, segundo o qual somente se pode exigir do Estado aquilo que seja razoável e proporcional, afastando demandas impossíveis ou excessivas. Esse princípio não tem relação com a revogação de uma lei.

**Alternativa "b":** Embora não seja explícito/expresso, reconhece-se no sistema jurídico constitucional brasileiro a presença do princípio da vedação/proibição ao retrocesso. Esse princípio implica que uma lei, ao regulamentar um mandamento constitucional e assim instituir determinado direito, acaba incorporado ao patrimônio da cidadania, de modo que não pode ser absolutamente suprimido. Esse princípio seria também aplicado aos órgãos executivos. A proibição ao retrocesso social é decorrência desse princípio, aplicável no âmbito dos direitos sociais. Logo, a revogação apresentada pela Lei Y à lei X é contrária a tal princípio e assim, inconstitucional.

**Alternativa "c":** Incorreta, pelo mesmo motivo da alternativa "a".

**Alternativa "d":** Alternativa incorreta, tanto por alegar que a revogação é constitucional, quanto por apontar que os direitos sociais não têm imperatividade, o que contraria a imperatividade que se atribui a **todas** as normas constitucionais.

**Alternativa correta: "b".**

---

**33. (FGV – Exame de Ordem 2020.1)** João dos Santos foi selecionado para atuar como praça prestadora de serviço militar inicial, fato que lhe permitirá ser o principal responsável pelos meios de subsistência de sua família. No entanto, ficou indignado ao saber que sua remuneração será inferior ao salário mínimo, contrariando o texto constitucional, insculpido no Art. 7°, inciso IV, da CRFB/88.

Desesperado com tal situação, João entrou no gabinete do seu comandante e o questionou, de forma ríspida e descortês, acerca dessa remuneração supostamente inconstitucional, sofrendo, em consequência dessa conduta, punição administrativo-disciplinar de prisão por 5 dias, nos termos da legislação pertinente. Desolada, a família de João procurou um advogado para saber sobre a constitucionalidade da remuneração inferior ao salário mínimo, bem como da possibilidade de a prisão ser relaxada por ordem judicial.

Nessas circunstâncias, nos termos do direito constitucional brasileiro e da jurisprudência do STF, assinale a opção que apresenta a resposta do advogado.

a) A remuneração inferior ao salário mínimo para as praças prestadoras de serviço militar inicial não viola a Constituição de 1988, bem como não cabe habeas corpus em relação às punições disciplinares militares, exceto para análise de pressupostos de legalidade, excluída a apreciação de questões referentes ao mérito.

b) A remuneração inferior ao salário mínimo contraria o Art. 7°, inciso IV, da Constituição de 1988, bem como se reconhece o cabimento de habeas corpus para as punições disciplinares militares, qualquer que seja a circunstância.

c) O estabelecimento de remuneração inferior ao salário mínimo para as praças prestadoras de serviço militar inicial não viola a Constituição da República, mas é cabível o habeas corpus para as punições disciplinares militares, até mesmo em relação a questões de mérito da sanção administrativa.

d) A remuneração inferior ao salário mínimo contraria a ordem constitucional, mais especificamente o texto constitucional inserido no Art. 7°, inciso IV, da Constituição de 1988, bem como não se reconhece o cabimento de habeas corpus em relação às punições disciplinares militares, exceto para análise dos pressupostos de legalidade, excluídas as questões de mérito da sanção administrativa.

**COMENTÁRIOS**

**Alternativa "a":** De acordo com a súmula vinculante 6 do STF, "**Não viola** a Constituição o estabelecimento de **remuneração inferior ao salário mínimo** para as **praças prestadoras de serviço militar inicial.**".

Ademais, dispõe o art. 142, §2° da CF/88 que "Não caberá habeas corpus em relação a punições disciplinares militares."

**Alternativa "b":** A remuneração não contraria a CF e não é cabível o HC.

**Alternativa "c":** Não é cabível o HC.

**Alternativa "d":** A remuneração não contraria a CF.

**Alternativa correta: "a".**

## 1.4. DIREITOS DA NACIONALIDADE

---

**34. (FGV – Exame de Ordem XXXVI – 2022.3)** Martinez, cidadão espanhol, foi convidado por XYZ, universidade privada de Direito, situada no Brasil, para ministrar a disciplina Direito Constitucional. Para tanto, ele estabeleceu residência em solo brasileiro.

Após 2 (dois) anos lecionando na referida instituição de ensino, apesar de possuir qualificação adequada para o exercício do magistério, Martinez é surpreendido em suas redes sociais com graves alegações de exercício ilegal da profissão.

Sobre a questão em comento, com base no texto constitucional, assinale a afirmativa correta.

a) Martinez, na condição de estrangeiro residente no Brasil, goza de todos os direitos fundamentais e políticos assegurados pela Constituição de 1988 aos brasileiros natos e naturalizados, podendo, em consequência, lecionar na universidade de Direito XYZ.

b) Apesar de restringir o exercício de determinados direitos por parte dos estrangeiros, a Constituição de 1988 assegura a Martinez o livre exercício de sua profissão, desde que preencha os requisitos legais exigidos.

c) A Constituição de 1988, ainda que assegure a autonomia didático-científica das universidades, exige prévia naturalização do estrangeiro Martinez para que possa atuar no ensino superior de ensino.

d) A ordem constitucional permite que Martinez, na condição de estrangeiro residente no Brasil, desempenhe livremente sua profissão, mas condiciona tal direito à prova de residência em solo brasileiro por, no mínimo, 04 (quatro) anos.

**COMENTÁRIOS**

**Alternativa "b"(responde todas as alternativas):** Não é correto dizer que os estrangeiros tem **todos os direitos** assegurados aos brasileiros, já que há restrições, como no exercício de determinados cargos (art. 12, §3° da CF/88). Contudo, apesar de a CF/88 restringir o exercício de determinados direitos por parte de estrangeiros, o livre exercício de profissão é assegurado no art. 5º, XIII da CF/88, desde que atenda às qualificações profissionais que a lei estabelecer.

**Alternativa correta: "b".**

**35. (FGV- XXXV Exame de Ordem-2022.2) Doralice**, brasileira, funcionária de uma empresa italiana situada em Roma (Itália), conheceu Rocco, italiano, e com ele se casa. Em Milão, em 1998, nasceu Giuseppe, filho do casal, sendo registrado unicamente em repartição pública italiana. Porém, recentemente, Giuseppe, que sempre demonstrou grande afinidade com a cultura brasileira, externou a seus pais e amigos duas ambições: adquirir a nacionalidade brasileira e integrar os quadros do Itamarati, na condição de diplomata brasileiro. Ele procura, então, um escritório de advocacia no Brasil para conhecer as condições necessárias para atingir seus objetivos.

De acordo com o sistema jurídico-constitucional brasileiro, Giuseppe

a) oderá exercer qualquer cargo público no âmbito da República Federativa do Brasil, uma vez que, por ser filho de pessoa detentora da nacionalidade brasileira, já possui a condição de brasileiro nato.

b) oderá atingir o seu objetivo de ser um diplomata brasileiro caso lhe seja reconhecida a condição de brasileiro nato, status que somente será alcançado se vier a residir no Brasil e optar pela nacionalidade brasileira.

c) oderá adquirir a nacionalidade brasileira na condição de brasileiro naturalizado e, assim, seguir a carreira diplomática, pois a Constituição veda qualquer distinção entre brasileiros natos e naturalizados.

d) não oderá seguir a carreira diplomática pela República Federativa do Brasil, já que sua situação concreta apenas lhe oferece a possibilidade de adquirir a nacionalidade brasileira pela via da naturalização.

**COMENTÁRIOS**

**Alternativa "b" (responde todas as alternativas):** No caso, Giuseppe é filho de mãe brasileira nascido no estrangeiro. Sua mãe não estava no estrangeiro a serviço da República Federativa do Brasil, o que afasta a hipótese do art. 12, I, b da CF/88. Além disso, Giuseppe não foi registrado em repartição brasileira competente. Assim, para adquirir a nacionalidade brasileira originária, e ser considerado brasileiro nato, precisaria vir a residir na República Federativa do Brasil e optar, em qualquer tempo, depois de atingida a maioridade, pela nacionalidade brasileira, conforme art. 12, I, c da CF/88. Ademais, há que se ressaltar que, nos termos do art. 12, §3º, V, são privativos de brasileiro nato os cargos da carreira diplomática. Logo, a única forma de seguir na carreira diplomática seria na adoção da hipótese da segunda parte do art. 12, I, c (vir a residir no Brasil e optar pela nacionalidade brasileira), já que se naturalizando isso não seria possível.

**Gabarito: B**

**36. (FGV – Exame de Ordem 2018.2)** Afonso, nascido em Portugal e filho de pais portugueses, mudou-se para o Brasil ao completar 25 anos, com a intenção de advogar no estado da Bahia, local onde moram seus avós paternos. Após cumprir todos os requisitos exigidos e ser regularmente inscrito nos quadros da OAB local, Afonso permanece, por 13 (treze) anos ininterruptos, laborando e residindo em Salvador. Com base na hipótese narrada, sobre os direitos políticos e de nacionalidade de Afonso, assinale a afirmativa correta.

a) Afonso somente poderá se tornar cidadão brasileiro quando completar 15 (quinze) anos ininterruptos de residência na República Federativa do Brasil, devendo, ainda, demonstrar que não sofreu qualquer condenação penal e requerer a nacionalidade brasileira.

b) Uma vez comprovada sua idoneidade moral, Afonso poderá, na forma da lei, adquirir a qualidade de brasileiro naturalizado e, nessa condição, desde que preenchidos os demais pressupostos legais, candidatar-se ao cargo de prefeito da cidade de Salvador.

c) Afonso poderá se naturalizar brasileiro caso demonstre ser moralmente idôneo, mas não poderá alistar-se como eleitor ou exercer quaisquer dos direitos políticos elencados na Constituição da República Federativa do Brasil.

d) Afonso, por ser originário de país de língua portuguesa, adquirirá a qualidade de brasileiro nato ao demonstrar, na forma da lei, residência ininterrupta por 1 (um) ano em solo pátrio e idoneidade moral.

**COMENTÁRIOS**

**Alternativa correta: letra "b":** Afonso, cidadão português, pode se naturalizar brasileiro, pois cumpre os requisitos do **art. 12, II, "a", da CF**, que exige dos originários dos países de língua portuguesa residência no Brasil por um ano ininterrupto e idoneidade moral. Ou seja, Afonso adquire nacionalidade derivada, porque é considerado "naturalizado", e não "brasileiro nato". Ademais, poderá exercer sua capacidade eleitoral passiva, pois cumpre o requisito do art. 14, § 3º, inciso I, da CF: "Art. 14. § 3º São condições de elegibilidade, na forma da lei: I – a nacionalidade brasileira". Ele poderá se eleger para o cargo de prefeito da cidade de Salvador porque o cargo de prefeito não é privativo de brasileiro nato. De acordo com o art. 12, § 3º, da CF: "Art. 12. § 3º São privativos de brasileiro nato os cargos: I – de Presidente e Vice-Presidente da República; II – de Presidente da Câmara dos Deputados; III – de Presidente do Senado Federal; IV – de Ministro do Supremo Tribunal Federal; V – da carreira diplomática; VI – de oficial das Forças Armadas. VII – de Ministro de Estado da Defesa".

**Alternativa "a":** Afonso, por ser cidadão português, é beneficiado pela regra do art. 12, inciso II, alínea "a", da CF, que exige apenas um ano ininterrupto de residência no Brasil para se naturalizar; regra aplicada à comunidade dos países de língua portuguesa.

**Alternativa "c":** Afonso adquirirá a capacidade eleitoral ativa, ou seja, o direito de votar, e poderá ter capacidade eleitoral passiva, ou seja, o direito de ser votado, caso cumpra os requisitos necessários de elegibilidade de acordo com o cargo desejado. Isto porque o art. 12, § 2º, da CF, dispõe que: "Art. 12. § 2º A lei não poderá estabelecer distinção entre brasileiros natos e naturalizados, salvo nos casos previstos nesta Constituição".

**Alternativa "d":** de acordo com o art. 12, inciso II, alínea "a", da CF, Afonso adquirirá a nacionalidade derivada, sendo **"naturalizado", e não "brasileiro nato".**

**Alternativa correta: letra "b".**

**37. (FGV – Exame de Ordem 2018.1)** Jean Oliver, nascido em Paris, na França, naturalizou-se brasileiro no ano de 2003. Entretanto, no ano de 2016, foi condenado, na França, por comprovado envolvimento com tráfico ilícito de drogas (cocaína), no território francês, entre os anos de 2010 e 2014. Antes da condenação, em 2015, Jean passou a residir no Brasil.

A França, com quem o Brasil possui tratado de extradição, requer a imediata extradição de Jean, a fim de que cumpra, naquele país, a pena de oito anos à qual foi condenado.

Apreensivo, Jean procura um advogado e o questiona acerca da possibilidade de o Brasil extraditá-lo. O advogado, então, responde que, segundo o sistema jurídico-constitucional brasileiro, a extradição

a) não é possível, já que, a Constituição Federal, por não fazer distinção entre o brasileiro nato e o brasileiro naturalizado, não pode autorizar tal procedimento.
b) não é possível, pois o Brasil não extradita seus cidadãos nacionais naturalizados, por crime comum praticado após a oficialização do processo de naturalização.
c) é possível, pois a Constituição Federal prevê a possibilidade de extradição em caso de comprovado envolvimento com tráfico ilícito de drogas, ainda que praticado após a naturalização.
d) é possível, pois a Constituição Federal autoriza que o Brasil extradite qualquer brasileiro quando comprovado o seu envolvimento na prática de crime hediondo em outro país.

**COMENTÁRIOS**

**Alternativa correta: letra "c":** a extradição de brasileiro naturalizado é possível, conforme **literalidade do art. 5º, inciso LI, da CF**: "Art. 5º. LI – nenhum brasileiro será extraditado, salvo o naturalizado, em caso de crime comum, praticado antes da naturalização, ou de comprovado envolvimento em tráfico ilícito de entorpecentes e drogas afins, na forma da lei".

**Alternativa "a":** a Constituição não permite a diferenciação entre brasileiros natos e naturalizados, exceto em hipóteses trazidas pelo próprio texto constitucional. Uma das hipóteses é a de extradição de brasileiro naturalizado em caso de tráfico ilícito de drogas.

**Alternativa "b":** o Brasil não extradita brasileiros naturalizados no caso de crime comum cometido após a naturalização. Entretanto, a hipótese do enunciado diz respeito a tráfico ilícito de drogas, que está expresso no art. 5º, inciso LI, como passível de extradição do brasileiro naturalizado: "**Art. 5º. LI – nenhum brasileiro será extraditado, salvo o naturalizado, em caso de crime comum, praticado antes da naturalização, ou de comprovado envolvimento em tráfico ilícito de entorpecentes e drogas afins, na forma da lei**".

**Alternativa "d":** o erro da assertiva reside no **uso da expressão "qualquer brasileiro"**, pois, conforme art. 5º, inciso LI, da CF, apenas é possível a extradição do brasileiro naturalizado que, comprovadamente, tenha se envolvido com tráfico ilícito de drogas, ou tenha cometido crime comum, antes da naturalização.

**Alternativa correta: letra "c".**

---

**38. (FGV – Exame de Ordem 2017.1)** Enzo, brasileiro naturalizado há três anos, apaixonado por ópera, ao saber que a sociedade empresária de radiodifusão, Rádio WXZ, situada na capital do Estado Alfa, encontra-se em dificuldade econômica, apresenta uma proposta para ingressar na sociedade.

Nessa proposta, compromete-se a adquirir 25% do capital total da sociedade empresária, com a condição inafastável de que o controle total sobre o conteúdo da programação veiculada pela rádio seja de sua inteira responsabilidade, de forma a garantir a inclusão de um programa diário, com duração de uma hora, sobre ópera.

A proposta foi aceita pelos atuais sócios, mas Enzo, preocupado com a licitude do negócio, dada a sua condição de brasileiro naturalizado, procura a consultoria de um advogado.

Considerando a hipótese apresentada, segundo o sistema jurídico-constitucional brasileiro, assinale a afirmativa correta.

a) Não será possível a concretização do negócio nos termos apresentados, tendo em vista que a Constituição da República não permite que os meios de comunicação divulguem manifestações culturais estrangeiras.
b) Será possível a concretização do negócio nos termos apresentados, posto que Enzo é brasileiro naturalizado e a Constituição da República veda qualquer distinção entre brasileiro nato e brasileiro naturalizado.
c) Não será possível a concretização do negócio nos termos acima apresentados, pois a Constituição da República veda que brasileiro naturalizado há menos de dez anos possa estabelecer o conteúdo da programação da rádio.
d) Será possível a concretização do negócio nos termos acima apresentados, pois a Constituição da República, em respeito aos princípios liberais que sustenta, não interfere no conteúdo pactuado entre contratantes privados.

**COMENTÁRIOS**

**Alternativa "a":** não há vedação constitucional à divulgação de manifestações culturais estrangeiras.

**Alternativa "b":** vide comentários à alternativa "c".

**Alternativa "c":** o art. 222 da CF traz importantes regras sobre a comunicação social no Brasil. De acordo com o dispositivo constitucional, a propriedade de **empresa jornalística e de radiodifusão sonora e de sons e imagens** é privativa de brasileiros natos ou naturalizados há mais de dez anos, ou de pessoas jurídicas constituídas sob as leis brasileiras e que tenham sede no País. Em qualquer caso, pelo menos setenta por cento do capital total e do capital votante das **empresas jornalísticas e de radiodifusão sonora e de sons e imagens** deverá pertencer, direta ou indiretamente, a brasileiros natos ou naturalizados há mais de dez anos, que exercerão obrigatoriamente a gestão das atividades e estabelecerão o conteúdo da programação. Ademais, a responsabilidade editorial e as **atividades de seleção e direção da programação veiculada são privativas de brasileiros natos ou naturalizados há mais de dez anos**, em qualquer meio de comunicação social.

**Alternativa "d":** vide comentários à alternativa "c".

**Alternativa correta: letra "c".**

## 1.5. DIREITOS POLÍTICOS E SISTEMAS ELEITORAIS

---

**39. (FGV – Exame de Ordem 2022.1)** Faltando um ano e meio para a eleição dos cargos políticos federais e estaduais, é promulgada pelo Presidente da República uma lei que estabelece diversas alterações no processo eleitoral. Alguns partidos políticos se insurgem, alegando ser inconstitucional que essa lei produza efeitos já na próxima eleição. Afirmam que uma nova lei eleitoral não pode ser aplicada na eleição imediata, pois isso contrariaria o princípio da anterioridade.

No que tange à discussão referida, a possibilidade de a referida lei produzir efeitos já nas próximas eleições é

a) constitucional, já que o lapso temporal, entre a data de entrada em vigor da lei e a data da realização da próxima eleição, não afronta a regra temporal imposta pela Constituição Federal.
b) inconstitucional, por violação expressa ao princípio da anterioridade da legislação eleitoral, nos limites que a Constituição Federal de 1988 a ele concedeu.

CONSTITUCIONAL

c) inconstitucional, porque qualquer alteração do processo eleitoral somente poderia vir a ocorrer por via do poder constituinte derivado reformador.

d) constitucional, pois a Constituição Federal não impõe ao legislador qualquer limite temporal para a realização de alteração no processo eleitoral.

**COMENTÁRIOS**

**Alternativa "a" (responde todas as alternativas):** Nos termos do art. 16 da CF/88, a lei que alterar o processo eleitoral entrará em vigor na data de sua publicação, no entanto, **não se aplicará à eleição que ocorra até UM ANO da data de sua vigência**. Como a eleição mencionada só ocorrerá **um ano e meio** após a vigência da nova norma, esta poderá ser aplicada.

**Alternativa correta: "a".**

---

**40. (FGV – Exame de Ordem 2020.1)** José Maria, no ano de 2016, foi eleito para exercer o seu primeiro mandato como Prefeito da Cidade Delta, situada no Estado Alfa. Nesse mesmo ano, a filha mais jovem de José Maria, Janaína (22 anos), elegeu-se vereadora e já se organiza para um segundo mandato como vereadora. Rosária (26 anos), a outra filha de José Maria, animada com o sucesso da irmã mais nova e com a popularidade do pai, que pretende concorrer à reeleição, faz planos para ingressar na política, disputando uma das cadeiras da Assembleia Legislativa do Estado Alfa.

Diante desse quadro, a família contrata um advogado para orientá-la. Após analisar a situação, seguindo o sistema jurídico-constitucional brasileiro, o advogado afirma que

a) as filhas não poderão concorrer aos cargos almejados, a menos que José Maria desista de concorrer à reeleição para o cargo de chefe do Poder Executivo do Município Delta.

b) Rosária pode se candidatar ao cargo de deputada estadual, mas Janaína não poderá se candidatar ao cargo de vereadora em Delta, pois seu pai ocupa o cargo de chefe do Poder Executivo do referido município.

c) as candidaturas de Janaína, para reeleição ao cargo de vereadora, e de Rosária, para o cargo de deputada estadual, não encontram obstáculo no fato de José Maria ser prefeito de Delta.

d) Janaína pode se candidatar ao cargo de vereadora, mas sua irmã Rosária não poderá se candidatar ao cargo de deputada estadual, tendo em vista o fato de seu pai exercer a chefia do Poder Executivo do município.

**COMENTÁRIOS**

**Alternativa "c" (responde todas as alternativas):** A inelegibilidade reflexa encontra respaldo no art. 14, §7° da CF/88, que dispõe que: "São inelegíveis, **no território de jurisdição do titular**, o cônjuge e os parentes consanguíneos ou afins, até o segundo grau ou por adoção, do Presidente da República, de Governador de Estado ou Território, do Distrito Federal, de Prefeito ou de quem os haja substituído dentro dos seis meses anteriores ao pleito, **salvo se já titular de mandato eletivo e candidato à reeleição**." Pelo próprio texto, verificamos que nem Rosária nem Janaína encontram óbices às suas candidaturas. Rosária não é inelegível, pois busca concorrer a cargo estadual, que foge ao território de jurisdição de seu pai, José Maria (parte inicial do dispositivo). Janaína, como se candidata à **reeleição, embora dentro do território de jurisdição** de seu pai, também não encontra óbices.

**Alternativa correta: "c".**

---

**41. (FGV – Exame de Ordem 2018.2)** Juliano, governador do estado X, casa-se com Mariana, deputada federal eleita pelo estado Y, a qual já possuía uma filha chamada Letícia, advinda de outro relacionamento pretérito. Na vigência do vínculo conjugal, enquanto Juliano e Mariana estão no exercício de seus mandatos, Letícia manifesta interesse em também ingressar na vida política, candidatando- se ao cargo de deputada estadual, cujas eleições estão marcadas para o mesmo ano em que completa 23 (vinte e três) anos de idade.

A partir das informações fornecidas e com base no texto constitucional, assinale a afirmativa correta.

a) Letícia preenche a idade mínima para concorrer ao cargo de deputada estadual, mas não poderá concorrer no estado X, por expressa vedação constitucional, enquanto durar o mandato de Juliano.

b) Uma vez que Letícia está ligada a Juliano, seu padrasto, por laços de mera afinidade, inexiste vedação constitucional para que concorra ao cargo de deputada estadual no estado X.

c) Letícia não poderá concorrer por não ter atingido a idade mínima exigida pela Constituição como condição de elegibilidade para o exercício do mandato de deputada estadual.

d) Letícia não poderá concorrer nos estados X e Y, uma vez que a Constituição dispõe sobre a inelegibilidade reflexa ou indireta para os parentes consanguíneos ou afins até o 2° grau nos territórios de jurisdição dos titulares de mandato eletivo.

**COMENTÁRIOS**

**Alternativa correta: letra "a":** de acordo com **o art. 14, § 7º, da CF:** "Art. 14. § 7º São inelegíveis, no território de jurisdição do titular, o cônjuge e os **parentes** consanguíneos ou **afins**, até o segundo grau ou por adoção, do Presidente da República, de **Governador de Estado ou Território**, do Distrito Federal, de Prefeito ou de quem os haja substituído dentro dos seis meses anteriores ao pleito, salvo se já titular de mandato eletivo e candidato à reeleição". Assim sendo, Letícia é inelegível no Estado X, enquanto durar o mandato de Juliano. Em relação à idade mínima, Letícia preenche o requisito, pois já tem 23 anos. Segundo o art. **art. 14, § 3º, inciso VI, alínea "c", da CF:** "Art. 14. §3º São condições de elegibilidade, na forma da lei: VI – a idade mínima de: c) vinte e um anos para Deputado Federal, Deputado Estadual ou Distrital, Prefeito, Vice-Prefeito e juiz de paz".

**Alternativa "b":** Letícia está ligada a Juliano por **laço de afinidade, conforme arts. 1.593 e 1.594 do Código Civil:** "art. 1.593. O parentesco é natural ou civil, conforme resulte de consanguinidade ou outra origem" e "art. 1.594. Cada cônjuge ou companheiro é aliado aos parentes do outro pelo vínculo da afinidade. § 1º O parentesco por afinidade limita-se aos ascendentes, aos descendentes e aos irmãos do cônjuge ou companheiro. § 2º Na linha reta, a afinidade não se extingue com a dissolução do casamento ou da união estável". Tendo em vista que Letícia, é, portanto, parente de Juliano, **existe, sim, vedação constitucional contida no art. 14, § 7º, da CF:** "Art. 14. § 7º São inelegíveis, no território de jurisdição do titular, o cônjuge e os **parentes** consanguíneos ou **afins**, até o segundo grau ou por adoção, do Presidente da República, de **Governador de Estado ou Território**, do Distrito Federal, de Prefeito ou de quem os haja substituído dentro dos seis meses anteriores ao pleito, salvo se já titular de mandato eletivo e candidato à reeleição".

**Alternativa "c":** a idade mínima de condição de elegibilidade para deputado estadual é de **vinte e um anos, conforme art. 14, § 3º, inciso VI, alínea "c", da CF:** "Art. 14. §3º São condições de elegibilidade, na forma da lei: VI – a idade mínima de: c) vinte e um anos para Deputado Federal, Deputado Estadual ou Distrital, Prefeito, Vice-Prefeito e juiz de paz".

**Alternativa "d":** a hipótese do art. 14, § 7º, da CF, acima colacionado para a alternativa "b", trata-se de inelegibilidade reflexa, uma vez que incide sobre terceiros, os quais sofrem ausência de capacidade eleitoral passiva decorrente de mandato de parente. Sob o mesmo dispositivo, Letícia perde a capacidade eleitoral passiva de se eleger a deputada estadual apenas no Estado X, no qual Juliano é Governador, podendo se candidatar pelo Estado Y, no qual sua mãe é deputada federal.

---

**42. (FGV – Exame de Ordem 2017.3)** Numerosos partidos políticos de oposição ao governo federal iniciaram tratativas a fim de se fundirem, criando um novo partido, o Partido Delta. Almejam, com isso, criar uma força política de maior relevância no contexto nacional. Preocupados com a repercussão da iniciativa no âmbito das políticas regionais e percebendo que as tratativas políticas estão avançadas, alguns deputados federais buscam argumentos jurídico-constitucionais que impeçam a criação desse novo partido.

Em reunião, concluem que, embora o quadro jurídico-constitucional brasileiro não vede a fusão de partidos políticos, estes, como pessoas jurídicas de direito público, somente poderão ser criados mediante lei aprovada no Congresso Nacional.

Ao submeterem essas conclusões a um competente advogado, este, alicerçado na Constituição da República, afirma que os deputados federais

a) estão corretos quanto à possibilidade de fusão entre partidos políticos, mas equivocados quanto à necessidade de criação de partido por via de lei, já que, no Brasil, os partidos políticos possuem personalidade jurídica de direito privado.
b) estão equivocados quanto à possibilidade de fusão entre partidos políticos no Brasil, embora estejam corretos quanto à necessidade de que a criação de partidos políticos se dê pela via legal, por serem pessoas jurídicas de direito público.
c) estão equivocados, pois a Constituição da República não só proibiu a fusão entre partidos políticos como também deixou a critério do novo partido político escolher a personalidade jurídica de direito que irá assumir, pública ou privada.
d) estão corretos, pois a Constituição da República, ao exigir que a criação ou a fusão de partidos políticos se dê pela via legislativa, concedeu ao Congresso Nacional amplos poderes de fiscalização para sua criação ou fusão.

**COMENTÁRIOS**

**Alternativa "a":** de acordo com o art. 17, *caput*, da CF: "É livre a criação, fusão, incorporação e extinção de partidos políticos, resguardados a soberania nacional, o regime democrático, o pluripartidarismo, os direitos fundamentais da pessoa humana (...)". O dispositivo foi replicado no art. 2º da Lei dos Partidos Políticos – Lei 9.096/1995. Ainda, a lei que regulamenta os partidos políticos (Lei 9.096/1995) dispôs que partido político tem natureza de pessoa jurídica de direito privado, de acordo com o art. 1º: "O partido político, pessoa jurídica de direito privado, destina-se a assegurar, no interesse do regime democrático, a autenticidade do sistema representativo e a defender os direitos fundamentais definidos na Constituição Federal". O art. 8º e seguintes da mesma lei definem os requisitos a serem preenchidos para a criação de partidos políticos, não havendo a previsão de necessidade de lei para tanto, em observância à natureza jurídica deles.

**Alternativa "b":** é possível a fusão de partidos políticos, em conformidade com a CF e com a Lei 9.096/1995. Ademais, conforme exposto, partidos políticos são pessoas jurídicas de direito privado, e não público.

**Alternativa "c":** a assertiva é contrária ao disposto no art. 17 da CF e na Lei 9.096/1995, conforme anteriormente explicado.

**Alternativa "d":** não há a previsão de fiscalização, pelo Congresso, da criação ou da fusão de partidos políticos, tendo em vista que são procedimentos meramente burocráticos, segundo a Lei 9.096/1995.

**Alternativa correta: letra "a".**

---

**43. (FGV – Exame de Ordem 2017.2)** João, rico comerciante, é eleito vereador do Município "X" pelo partido Alfa. Contudo, passados dez dias após sua diplomação, o partido político Pi, adversário de Alfa, ajuíza ação de impugnação de mandato eletivo, perante a Justiça Eleitoral, requerendo a anulação da diplomação de João. Alegou o referido partido político ter havido abuso do poder econômico por parte de João na eleição em que logrou ser eleito, anexando, inclusive, provas que considerou irrefutáveis.

João, sentindo-se injustiçado, já que, em momento algum no decorrer da campanha ou mesmo após a divulgação do resultado, teve conhecimento desses fatos, busca aconselhamento com um advogado acerca da juridicidade do ajuizamento de tal ação.

Com base no caso narrado, assinale a opção que apresenta a orientação dada pelo advogado.

a) O Partido Pi não poderia ter ingressado com a ação, pois abuso de poder econômico não configura fundamento que tenha o condão de viabilizar a impugnação de mandato eletivo conquistado pelo voto.
b) O Partido Pi respeitou os requisitos impostos pela CRFB/88, tanto no que se refere ao fundamento (abuso do poder econômico) para o ajuizamento da ação como também em relação à sua tempestividade.
c) O Partido Pi, nos termos do que dispõe a CRFB/88, não poderia ter ingressado com a ação, pois, ocorrida a diplomação, precluso encontrava-se o direito de impugnar o mandato eletivo de João.
d) O Partido Pi só poderia impugnar o mandato eletivo que João conquistou pelo voto popular em momento anterior à diplomação, sob pena de afronta ao regime democrático.

**COMENTÁRIOS**

**Alternativa "b" (responde a todas as alternativas):** consoante art. 14, § 10, da CF, o mandato eletivo poderá ser impugnado **ante a Justiça Eleitoral no prazo de quinze dias contados da diplomação**, instruída a ação com **provas de abuso do poder econômico**, corrupção ou fraude. Assim, todos os requisitos constitucionais foram respeitados.

**Alternativa correta: letra "b".**

## 2. ORGANIZAÇÃO DO ESTADO

### 2.1. ORGANIZAÇÃO POLÍTICO-ADMINISTRATIVA. INTERVENÇÃO. ESTADO DE DEFESA E ESTADO DE SÍTIO

---

**44. (FGV- XXXV Exame de Ordem-2022.2)** Diante do desafio de promover maior proteção às florestas, à fauna e à flora, reiteradamente atingidas por incêndios e desmatamentos, organizações não-governamentais resolvem provocar o Poder Público, a fim de que sejam adotadas providências concretas para manutenção do equilíbrio climático. Porém, sem saber quais os entes federativos que seriam constitucionalmente competentes para agir na direção almejada, buscam maiores esclarecimentos com competente advogado(a).

No âmbito da competência comum estabelecida pela Constituição Federal de 1988, assinale a opção que apresenta a orientação recebida.

a) A União deve atuar legislando privativamente a respeito da referida proteção, sendo que, aos demais entes federativos, restará tão somente cumprir as normas editadas pela União, sem que possam suplementá-la.
b) A União, os Estados, o Distrito Federal e os Municípios são todos competentes para promover a referida proteção, sendo os termos dessa cooperação fixados em legislação primária produzida pelo Congresso Nacional, com quórum de aprovação de maioria absoluta.
c) A União e os Estados dividirão, com exclusividade, as responsabilidades inerentes à produção das normas e à atuação administrativa, tendo por pressuposto o fato de ter o constituinte originário brasileiro, na Constituição de 1988, adotado uma típica federação de 2º grau.
d) A referida proteção é uma tarefa precípua da União, podendo o Presidente da República, no uso de suas atribuições constitucionais, se considerar conveniente, delegar tarefas específicas aos Estados, ao Distrito Federal e aos Municípios.

COMENTÁRIOS

**Alternativa "b" (responde todas as alternativas):** O art. 23, VII da CF/88 estabelece ser competência comum da União, dos Estados, do Distrito Federal e dos Municípios preservar as florestas, a fauna e a flora. Estabelece ainda o parágrafo único do mesmo artigo que leis complementares fixarão normas para a cooperação entre os Entes Federativos, tendo em vista o equilíbrio do desenvolvimento e do bem-estar em âmbito nacional. É importante lembrar que competência comum diz respeito às competências administrativas, assim como a competência exclusiva (art. 21 da CF/88). Por outro lado, são competências legislativas as privativas (art. 22) e concorrente (art. 24).

**Gabarito: B**

---

**45. (FGV- XXXV Exame de Ordem-2022.2)** Um agente público federal, em entrevista a jornal de grande circulação, expressou sua insatisfação com o baixo índice de desenvolvimento econômico e social de aproximadamente 25 por cento do amplo território ocupado pelo Estado Alfa, mais precisamente da parte sul do Estado. Por entender que a autoridade estadual não possui os recursos necessários para implementar políticas que desenvolvam essa região, afirma que faz parte da agenda do governo federal transformar a referida área em território federal. O Governador de Alfa, preocupado com o teor do pronunciamento, solicita que os procuradores do Estado informem se tal medida é possível, segundos os parâmetros estabelecidos na Constituição Federal de 1988.

O corpo jurídico, então, responde que

a) embora na atual configuração da República Federativa do Brasil não conste nenhum território federal, caso venha a ser criado, constituirá um ente dotado de autonomia política plena.
b) embora não exista território federal na atual configuração da República Federativa do Brasil, a Constituição Federal de 1988 prevê, expressamente, a possibilidade de sua criação.
c) em respeito ao princípio da autonomia estadual, somente seria possível a criação de território pelo Governador de Alfa, a quem caberia a responsabilidade pela gestão.
d) ainda que o Brasil já tenha tido territórios federais, a Constituição Federal não prevê tal modalidade, o que afasta a possibilidade de sua criação.

COMENTÁRIOS

**Alternativa "b" (responde todas as alternativas):** Nos termos do art. 18, §2º da CF/88, os Territórios Federais integram a União, e sua criação, transformação em Estado ou reintegração ao Estado de origem serão reguladas em lei complementar. Observa, ainda, o §3º do mesmo artigo que: "Os Estados podem incorporar-se entre si, subdividir-se ou desmembrar-se para se anexarem a outros, ou formarem novos Estados ou Territórios Federais, mediante aprovação da população diretamente interessada, através de plebiscito, e do Congresso Nacional, por lei complementar.". Logo, embora não exista território federal, atualmente, sua eventual criação está disciplinada pela CF/88.

---

**46. (FGV – Exame de Ordem 2021.3)** Este sistema, que consiste em fazer uso da oposição e da rivalidade dos interesses, na falta de motivos melhores, é o segredo de todos os negócios humanos, quer sejam particulares, quer públicos.

MADISON, James; HAMILTON, Alexander; JAY, John. In O Federalista

Os textos conhecidos na forma do livro O Federalista expressam um princípio de governo republicano que ficou conhecido como freios e contrapesos, que se propõe a assegurar a justiça e a liberdade que deveriam ser, segundo os autores, o fim de todo governo e da sociedade civil.

Assinale a opção que melhor expressa, com base no livro em referência, o princípio dos freios e contrapesos.

a) Assegurar o devido processo legal, de modo que todos aqueles que sejam acusados de terem cometido um ilícito contra um particular ou contra o Poder Público possam se valer de todos os instrumentos de defesa técnica adequada, tendo em vista impedir que o magistrado da causa julgue com base em suas convicções morais, filosóficas ou religiosas.
b) Assegurar um sistema de representação eleitoral em que a população manifeste sua vontade, mas escolhendo apenas representantes que tenham passado por um devido processo de formação política oferecido pela Escola de Governo da República. Essa Escola deve ser mantida pela União e as vagas devem ser repartidas proporcionalmente entre os partidos políticos.
c) Assegurar a ampla defesa e o contraditório, de forma que no desenrolar de uma ação judicial os argumentos de acusação e defesa se coloquem em equilíbrio e, dessa forma, não haja um peso excessivo apenas para um dos lados da causa, o que geraria uma inevitável injustiça.
d) Assegurar a vontade própria de cada Poder do Estado, de modo que aqueles que o exercitam tenham a menor influência na escolha dos representantes dos demais poderes. Além disso, deve-se organizar o poder legislativo em duas casas legislativas com eleições independentes, e deve-se, também, impedir que uma facção política destrua a outra.

COMENTÁRIOS

✪ **Nota do autor:** A questão trata do sistema de freios e contrapesos. Esse sistema, também chamado teoria da separação de poderes, tinha como principal objetivo a limitação do poder estatal. Assim, limitando o poder estatal, seriam asseguradas a justiça e a liberdade.

**Alternativa "a":** Incorreta, pois o devido processo legal decorre do Estado de Direito, e não da separação de poderes.

**Alternativa "b":** Incorreta, pois diz respeito ao modelo democrático representativo, e não à separação de poderes.

**Alternativa "c":** Incorreta, pelo mesmo motivo da alternativa "a", trazendo corolários do Estado de Direito, no âmbito do devido processo legal.

**Alternativa "d":** Correta, pois com a rivalidade de interesses mencionada na questão, os poderes teriam direito a sua própria vontade, com o mínimo de interferência dos demais poderes na tomada de suas decisões.

**Alternativa correta: "d".**

---

**47. (FGV – Exame de Ordem – 2021.2)** Ao apreciar as contas anuais do chefe do Poder Executivo do Município Y, o Tribunal de Contas emitiu parecer técnico contrário à sua aprovação, por entender que diversos dispositivos da Lei de Responsabilidade Fiscal teriam sido violados. Ainda assim, em contrariedade a tal entendimento, a Câmara Municipal, por decisão dos seus membros, com apenas um voto vencido, julgou e aprovou tais contas. À luz da hipótese narrada, com fundamento no texto constitucional, assinale a afirmativa correta.

a) A aprovação das contas do Prefeito do Município Y se deu em conformidade com o disposto no texto constitucional, já que parecer prévio do Tribunal de Contas não possui caráter vinculante, deixando de prevalecer por voto de, ao menos, dois terços dos membros da Câmara Municipal.

b) O parecer técnico emitido pelo Tribunal de Contas possui, excepcionalmente, caráter vinculante, de modo que, no caso em análise, as contas anuais apresentadas pelo Chefe do Executivo não poderiam ter sido aprovadas pela Câmara Municipal.

c) O Tribunal de Contas, órgão de controle externo auxiliar do Poder Legislativo, tem competência para analisar, julgar e rejeitar, em caráter definitivo, as contas anuais apresentadas pelo Chefe do Executivo local; portanto, é desnecessária a submissão do seu parecer à Câmara Municipal.

d) Como corolário da autonomia financeira e orçamentária inerente aos três poderes, as contas anuais do Chefe do Executivo municipal não se submetem à aprovação da Câmara local, eis que tal situação implica em indevida ingerência do Poder Legislativo sobre o Poder Executivo.

**COMENTÁRIOS**

**Alternativa "a":** A fiscalização do Município é regida pelo art. 31 da CF/88. As contas são prestadas pelo Prefeito e então é emitido parecer prévio por órgão competente (Tribunal de Contas ou Conselho de Contas). Esse parecer não é definitivo, uma vez que, conforme estabelece o art. 31, §2º da CF/88, poderá deixar de prevalecer por decisão de dois terços dos membros da Câmara Municipal. Portanto, o procedimento descrito foi correto, e o parecer não é vinculante, já que pode ser superado.

**Alternativa "b":** Incorreta, pois as contas poderiam ter sido aprovadas pela Câmara Municipal.

**Alternativa "c":** Incorreta, pois o caráter do parecer emitido pelo Tribunal de Contas não é definitivo, ademais, quem julga as contas é o Poder Legislativo.

**Alternativa "d":** Na verdade, as contas são submetidas à aprovação pela Câmara. Os Poderes têm autonomia, mas a fiscalização, a bem do interesse público, é prevista na própria Constituição.

**Alternativa correta: "a".**

---

**48. (FGV – Exame de Ordem – 2021.2)** No Município X, foi editada lei proibindo a queima da palha de cana-de-açúcar e o uso do fogo em atividades agrícolas. Tal diploma legal foi, então, impugnado pelo sindicato patronal representante dos produtores de álcool da região, ao argumento de que a municipalidade não detém competência para dispor sobre o assunto.

A partir do caso enunciado, com base no texto constitucional, assinale a afirmativa correta.

a) Os Municípios apenas detêm competência para legislar sobre assuntos de interesse local; logo, como a proteção do meio ambiente engloba interesse federal e estadual, a lei municipal é inconstitucional.

b) A lei municipal é constitucional, eis que os Municípios possuem competência para dispor sobre a proteção do meio ambiente e o controle da poluição, no limite de seu interesse local e em harmonia com a disciplina estabelecida pelos demais entes federados.

c) Os Municípios têm competência para legislar sobre assuntos de interesse local; mas como o direito ao meio ambiente equilibrado demanda tratamento uniforme por todas as unidades da Federação, a lei municipal é inconstitucional.

d) Os Municípios possuem competência exclusiva para legislar sobre assuntos de interesse local e a preservação do meio ambiente, de modo que a lei municipal em questão é constitucional.

**COMENTÁRIOS**

**Alternativa "b" (responde todas as alternativas):** Trata-se de legislação municipal sobre meio ambiente. O art. 23, VI da CF/88 estabelece que é competência concorrente proteger o meio ambiente e combater a poluição em qualquer de suas formas. O art. 24, VI define ainda a competência concorrente para legislar sobre a proteção do meio ambiente e o controle da poluição.

A esse respeito manifestou o STF que: "O Município é competente para legislar sobre meio ambiente com União e Estado, no limite de seu interesse local e desde que tal regramento seja e harmônico com a disciplina estabelecida pelos demais entes federados (art. 24, VI, c/c 30, I e II, da CRFB)." [RE 586.224, rel. min. Luiz Fux, j. 5-3-2015, P, DJE de 8-5-2015, Tema 145.] sobre meio ambiente.

**Alternativa correta: "b".**

---

**49. (FGV – Exame de Ordem – 2021.2)** A União, com o objetivo de recrudescer o combate aos crimes contra o patrimônio, insere, por meio da Lei Ordinária federal X, um novo artigo no Título II da Parte Especial do Código Penal, dispondo que "as penas de prestação de serviços à comunidade, se não forem cumpridas em até 10 (dez) dias após o trânsito em julgado da condenação, comunicam-se, desde que maiores de 18 (dezoito) e menores de 60 (sessenta) anos, aos parentes em linha reta dos condenados."

Sobre a hipotética situação narrada, com base no ordenamento constitucional vigente, assinale a afirmativa correta.

a) A Lei X é formal e materialmente constitucional, pois compete à União legislar privativamente sobre direito penal e processual.

b) A Lei X é inconstitucional, porque, apesar de a edição de normas com conteúdo penal estar inserida no rol de competências privativas da União, normas que impliquem em situação mais gravosa aos apenados demandam lei complementar.

c) A Lei X é formal e materialmente constitucional, pois o princípio da intransmissibilidade da pena, inserido no rol de direitos e garantias fundamentais, restringe-se às sanções que impliquem em privação ou restrição à liberdade.

d) A Lei X é materialmente inconstitucional, pois as penas de prestação de serviços não podem transcender a pessoa do condenado, sob pena de ofensa ao princípio da pessoalidade ou intransmissibilidade da pena.

COMENTÁRIOS

✪ **Nota do autor:** Para responder à questão, é necessário avaliar a constitucionalidade da norma sobre dois ângulos: a constitucionalidade formal (procedimento, competência) e a constitucionalidade material (conteúdo da norma).

No que diz respeito à constitucionalidade formal, tem-se uma norma que trata de direito penal/processual penal. Essa matéria, por força do art. 22, I, da CF/88, se inclui nas matérias de competência privativa da União. Já quanto à matéria, tem-se uma norma materialmente inconstitucional. O art. 5º, XLV da CF/88 estabelece que "nenhuma pena passará da pessoa do condenado". Esse inciso contém o princípio da pessoalidade ou intransmissibilidade da pena.

**Alternativa "a":** Incorreta. É materialmente inconstitucional.

**Alternativa "b":** Incorreta, pois não há na constituição nenhuma previsão de lei complementar para regulamentar essa matéria. A norma é, portanto, formalmente constitucional.

**Alternativa "c":** Incorreta, é materialmente inconstitucional.

**Alternativa "d":** Correta, conforme comentários feitos acima.

**Alternativa correta: "d".**

---

**50. (FGV – Exame de Ordem – 2021.2)** O Município Alfa, situado no Estado Beta, negou-se a apresentar contas anuais de numerosos exercícios ao Tribunal de Contas do referido Estado. Convencido de não se tratar de meros equívocos, mas sim de tentativa de dissimular uma série de irregularidades administrativas, o Governador do Estado Beta encaminhou a questão à Procuradoria do Estado, a fim de saber se a situação ensejaria uma intervenção. A Procuradoria de Beta, após análise da Constituição Federal, informou corretamente que o caso

a) não admite intervenção em Alfa, pois o fato de os Municípios brasileiros serem entes federativos autônomos lhes garante total independência no trato de seus recursos, impossibilitando a ingerência de outros entes.

b) pode ensejar intervenção federal no Município Alfa, sendo que o Presidente da República somente poderá vir a decretá-la após solicitação formal por parte do Governador de Beta e o devido controle político pelo Congresso Nacional.

c) enseja a intervenção estadual por decreto do próprio Governador de Beta, sendo o referido ato necessariamente dirigido, posteriormente, à Assembleia Legislativa de Beta, para que realize o devido controle político.

d) admite a intervenção estadual no Município Alfa, mas o Governador somente poderá decretá-la após a devida e formal solicitação por parte da Câmara Municipal de Alfa, que deverá, em seguida, exercer o controle político do ato.

COMENTÁRIOS

**Alternativa "a":** Na verdade, uma das hipóteses que autorizam a intervenção é a não prestação de contas pelo Município, nos termos do art. 35, II da CF/88.

**Alternativa "b":** Incorreta, vide alternativa "c". Quem decreta é o próprio governador.

**Alternativa "c":** O art. 35 e seguintes da CF/88 disciplinam a intervenção dos Estados em seus Municípios. Vigora o princípio da não intervenção, de modo que esta somente pode se dar excepcionalmente, dentro de hipóteses taxativas. Essa é uma das hipóteses (conforme comentário da alternativa "a". Nos termos do art. 36, §1º, o decreto de intervenção deve especificar a amplitude, o prazo e as condições de execução. Esse decreto deve ser submetido à Assembleia Legislativa do Estado, que o apreciará no prazo de 24 horas. A competência para editar tal decreto é do chefe do Poder Executivo Estadual, ou seja, do Governador do Estado, por simetria do art. 84, X da CF/88

**Alternativa "d":** Essa hipótese não demanda nenhuma autorização prévia.

**Alternativa correta: "c".**

---

**51. (FGV – Exame de Ordem 2022.1)** A zona oeste do Estado Delta foi atingida por chuvas de grande intensidade por duas semanas, levando os especialistas a classificar tal situação como de calamidade de grandes proporções na natureza, em virtude dos estragos observados. O governador de Delta, ao decidir pela decretação do estado de defesa, convoca os procuradores do Estado para que estes se manifestem acerca da constitucionalidade da medida.

Os procuradores informam ao governador que, segundo o sistema jurídico-constitucional brasileiro, a decretação do estado de defesa

a) é um meio institucional adequado para o enfrentamento da crise, mas depende de prévia consulta à Assembleia Legislativa do Estado Delta.

b) pode ser promovida pelo governador do Estado Delta, caso o Presidente da República delegue tais poderes ao Chefe do Poder Executivo estadual.

c) não pode se concretizar, pois a ocorrência de calamidade de grandes proporções na natureza não configura hipótese justificadora da referida medida.

d) é competência indelegável do Presidente da República, não sendo constitucionalmente prevista sua extensão aos chefes do poder executivo estadual.

COMENTÁRIOS

**Alternativa "d" (responde todas as alternativas):** Nos termos do art. 21, V da CF/88, compete à União decretar o estado de defesa, sendo ainda, nos termos do art. 84, IX da CF/88, competência privativa indelegável do Presidente da República tal decreto. Vale observar que a hipótese de calamidades de grandes proporções na natureza seria hipótese autorizadora de estado de defesa, nos termos do art. 136 da CF/88, no entanto, não cabe ao Governador decretá-lo, mas sim ao Presidente da República.

**Alternativa correta: "d".**

---

**52. (FGV – Exame de Ordem 2021.1)** Durante pronunciamento em rede nacional, o Presidente da República é alertado por seus assessores sobre a ocorrência de um ataque balístico, em solo pátrio, oriundo de país fronteiriço ao Brasil. Imediatamente, anuncia que tal agressão armada não ficará sem resposta.

Após reunir-se com o Conselho da República e o Conselho de Defesa Nacional, solicita autorização ao Congresso Nacional para decretar o estado de sítio e adotar as seguintes medidas: I – a população que reside nas proximidades da área atacada deve permanecer dentro de suas casas ou em abrigos indicados pelo governo; II – imposição de restrições relativas à inviolabilidade da correspondência e ao sigilo das comunicações.

A partir do enunciado proposto, com base na ordem constitucional vigente, assinale a afirmativa correta.

a) Cabe ao Congresso Nacional decidir, por maioria absoluta, sobre a decretação do estado de sítio, visto que as medidas propostas pelo Presidente da República revelam-se compatíveis com a ordem constitucional.

b) Além de as medidas a serem adotadas serem incompatíveis com a ordem constitucional, a resposta à agressão armada estrangeira é causa de decretação do estado de defesa, mas não do estado de sítio.

c) Embora as medidas a serem adotadas guardem compatibilidade com a ordem constitucional, a decretação do estado de sítio prescinde de prévia aprovação pelo Congresso Nacional.

d) Cabe ao Congresso Nacional decidir, por maioria simples, sobre a instituição do estado de sítio, mas as medidas propostas pelo Presidente apresentam flagrante inconstitucionalidade.

**COMENTÁRIOS**

**Alternativa "a":** Trata-se da disposição do art. 137, parágrafo único da CF/88, que estabelece que: "O Presidente da República, ao solicitar autorização para decretar o estado de sítio ou sua prorrogação, relatará os motivos determinantes do pedido, devendo o Congresso Nacional decidir por maioria absoluta."

**Alternativa "b":** As medidas adotadas estão de acordo com o que dispõe o art. 139 da CF/88. Ademais, a resposta a agressão armada estrangeira é hipótese que autoriza estado de sítio nos termos do art. 137, II.

**Alternativa "c":** Na verdade, a aprovação pelo Congresso Nacional é imprescindível, conforme indicado no comentário da alternativa "a".

**Alternativa "d":** Incorreta conforme comentário da alternativa "a".

**Alternativa correta: "a".**

---

**53. (FGV – Exame de Ordem 2019.3)** As chuvas torrenciais que assolaram as regiões Norte e Nordeste do país resultaram na paralisação de serviços públicos essenciais ligados às áreas de saúde, educação e segurança. Além disso, diversos moradores foram desalojados de suas residências, e o suprimento de alimentos e remédios ficou prejudicado em decorrência dos alagamentos.

O Presidente da República, uma vez constatado o estado de calamidade pública de grande proporção, decretou estado de defesa. Dentre as medidas coercitivas adotadas com o propósito de restabelecer a ordem pública estava o uso temporário de ambulâncias e viaturas pertencentes ao Município Alfa.

Diante do caso hipotético narrado, assinale a afirmativa correta.

a) A fundamentação empregada pelo Presidente da República para decretar o estado de defesa viola a Constituição de 1988, porque esta exige, para tal finalidade, a declaração de estado de guerra ou resposta a agressão armada estrangeira.

b) Embora seja admitida a decretação do estado de defesa para restabelecer a ordem pública em locais atingidos por calamidades de grandes proporções da natureza, não pode o Presidente da República, durante a vigência do período de exceção, determinar o uso temporário de bens pertencentes a outros entes da federação.

c) O estado de defesa, no caso em comento, viola o texto constitucional, porque apenas poderia vir a ser decretado pelo Presidente da República caso constatada a ineficácia de medidas adotadas durante o estado de sítio.

d) A União pode determinar a ocupação e o uso temporário de bens e serviços públicos, respondendo pelos danos e custos decorrentes, porque a necessidade de restabelecer a ordem pública em locais atingidos por calamidades de grandes proporções da natureza é fundamento idôneo para o estado de defesa.

**COMENTÁRIOS**

**Alternativa "d" (responde às demais alternativas):** O Estado de defesa é admitido no caso narrado, com fundamento no art. 136 da CF/88, que estabelece a possibilidade do Presidente da República decretar estado de defesa para preservar ou prontamente restabelecer, em locais restritos e determinados, a ordem pública ou a paz social ameaçadas por grave e iminente instabilidade institucional, ou atingidas por calamidade de grandes proporções na natureza. O enunciado narra situação que se encaixa perfeitamente na disposição constitucional.

Ademais, dispõe o §1º do mesmo artigo que o decreto que instituir o estado de defesa, além de determinar o tempo de sua duração, deve especificar as áreas abrangidas e indicar, nos termos e limites da lei, as medidas coercitivas a vigorarem, dentre as quais, no inciso II, a ocupação e uso temporário de bens e serviços públicos, na hipótese de calamidade pública, respondendo a União pelos danos e custos decorrentes.

Diante da ineficácia das medidas tomadas no estado de defesa, é possível a decretação de estado de sítio, nos termos do art. 137, I da CF/88, mas não o inverso.

**Alternativa correta: "d".**

---

**54. (FGV-Exame de Ordem 2019.1)** A população do Estado X, insatisfeita com os rumos da política nacional e os sucessivos escândalos de corrupção que assolam todas as esferas do governo, inicia uma intensa campanha pleiteando sua separação do restante da Federação brasileira. Um plebiscito é então organizado e 92% dos votantes opinaram favoravelmente à independência do Estado.

Sobre a hipótese, com base no texto constitucional, assinale a afirmativa correta.

a) Diante do expressivo quórum favorável à separação do Estado X, a Assembleia Legislativa do referido ente deverá encaminhar ao Congresso Nacional proposta de Emenda Constitucional que, se aprovada, viabilizará a secessão do Estado X.

b) Para o exercício do direito de secessão, exige-se lei estadual do ente separatista, dentro do período determinado por Lei Complementar federal, dependendo ainda de consulta prévia, mediante plebiscito, às populações dos demais Estados, após divulgação dos estudos de viabilidade, apresentados e publicados na forma da lei.

c) Diante da autonomia dos entes federados, admite-se a dissolução do vínculo existente entre eles, de modo que o Estado X poderia formar um novo país, mas, além da aprovação da população local por meio de plebiscito ou referendo, seria necessária a edição de Lei Complementar federal autorizando a separação.

d) A forma federativa de Estado é uma das cláusulas pétreas que norteiam a ordem constitucional brasileira, o que conduz à conclusão de que se revela inviável o exercício do direito de secessão por parte de qualquer dos entes federados, o que pode motivar a intervenção federal.

**COMENTÁRIOS**

**Alternativa "d" (responde às demais alternativas):** A forma federativa de Estado é prevista como cláusula pétrea no art. 60, §4º, I da CF/88, de modo que não pode ser rompida com a secessão de um dos Entes. Inclusive, de acordo com a previsão do art. 34, I da CF/88, essa iniciativa implica na possibilidade de intervenção federal a fim de manter a integridade nacional.

**Alternativa correta: "d".**

**55. (FGV – Exame de Ordem/2018.3)** Após cumprimento de todas as formalidades constitucionais e legais exigíveis, o Estado Alfa se desmembra (desmembramento por formação), ocasionando o surgimento de um novo Estado-membro: o Estado Beta. Preocupados com a possibilidade de isso influenciar nas grandes decisões políticas regionais, um grupo de cidadãos inicia um movimento exigindo a imediata elaboração de uma Constituição para o novo Estado Beta.

Os líderes políticos locais, sem maiores conhecimentos sobre a temática, buscam assessoramento jurídico junto a advogados constitucionalistas, sendo-lhes corretamente informado que, segundo a inteligência do sistema jurídico-constitucional brasileiro,

a) com a criação do Estado Beta no âmbito da República Federativa do Brasil, passou este a fazer parte do pacto federativo, subordinando-se tão somente à Constituição Federal, e não a qualquer outra constituição.

b) tendo passado o Estado Beta a ser reconhecido como um ente autônomo, adquiriu poderes para se estruturar por meio de uma Constituição, sem a necessidade desta se vincular a padrões de simetria impostos pela Constituição Federal.

c) pelo fato de o Estado Beta ter sido reconhecido como um ente federado autônomo, passa a ter poderes para se estruturar por meio de uma Constituição, que deverá observar o princípio da simetria, conforme os padrões fixados na Constituição Federal.

d) o reconhecimento do Estado Beta como um ente federado autônomo assegurou-lhe poderes para se estruturar por meio de uma Constituição, cujo texto, porém, não poderá se diferenciar daquele fixado pela Constituição Federal.

**COMENTÁRIOS**

**Alternativa "c" (responde às demais alternativas):** Todos os entes federados são dotados de autonomia, que resulta na possibilidade de se auto-organizarem, editando, assim, sua própria Constituição, conforme aponta o art. 25 da CF/88. Essa, contudo, corresponde ao exercício do Poder Constituinte Derivado Decorrente, sendo seu exercício condicionado e subordinado à Constituição Federal, da qual retira seu fundamento de validade. Diante disso, suas normas não podem contrariá-la, devendo ainda atender ao princípio da simetria, adotando disposições da Constituição Federal, adequadas ao âmbito estadual. Assim, pode diferenciar-se da Constituição Federal, desde que não a contrarie.

**Alternativa correta: "c".**

**56. (FGV – Exame de Ordem/2018.3)** O Procurador-Geral de Justiça resolve representar perante o Tribunal de Justiça, solicitando intervenção estadual no Município Alfa, sob a alegação de que esse ente federado tem violado frontalmente diversos princípios, de reprodução obrigatória, indicados na Constituição Estadual.

Com base na hipótese narrada, assinale a afirmativa correta.

a) A intervenção estadual no Município Alfa pode ser decretada, ex officio, pelo Governador de Estado, independentemente da representação.

b) A intervenção estadual no Município Alfa dependerá de provimento do Tribunal de Justiça requisitando ao Governador de Estado que decrete a referida medida.

c) A intervenção estadual não é possível, pois, devido à sua natureza excepcional, o rol previsto na Constituição da República não contempla a violação a princípios.

d) A intervenção estadual no Município Alfa, após o acolhimento da representação pelo Tribunal de Justiça, ainda dependerá do controle político da Assembleia Legislativa Estadual.

**COMENTÁRIOS**

**Alternativa "a":** Não pode ser decretada de ofício, dependendo de autorização o Tribunal de Justiça.

**Alternativa "b":** O art. 35, IV da CF/88 autoriza a intervenção de Estados em Municípios ou da União em Municípios localizados em Territórios Federais quando o Tribunal de Justiça der provimento a representação para assegurar a observância de princípios indicados na Constituição Estadual.

**Alternativa "c":** Trata-se da hipótese do art. 35, IV da CF/88.

**Alternativa "d":** Nessa hipótese, nos termos do art. 36, §3º, é dispensada a apreciação pelo Congresso Nacional ou pela Assembleia Legislativa.

**Alternativa correta: "b".**

**57. (FGV – Exame de Ordem 2018.1)** O Estado Alfa deixou de aplicar, na manutenção e no desenvolvimento do ensino, o mínimo exigido da receita resultante de impostos estaduais, compreendida a proveniente de transferências.

À luz desse quadro, algumas associações de estudantes procuram um advogado e o questionam se, nessa hipótese, seria possível decretar a intervenção federal no Estado Alfa.

Com base na hipótese narrada, assinale a afirmativa correta.

a) A intervenção federal da União no Estado Alfa pode ser decretada, ex officio, pelo Presidente da República.

b) A intervenção federal não é possível, pois, por ser um mecanismo excepcional, o rol previsto na Constituição que a autoriza é taxativo, não contemplando a situação narrada.

c) A intervenção da União no Estado Alfa dependerá de requerimento do Procurador-Geral da República perante o Supremo Tribunal Federal.

d) A intervenção federal não seria possível, pois a norma constitucional que exige a aplicação de percentual mínimo de receita na educação nunca foi regulamentada.

**COMENTÁRIOS**

**Alternativa "a":** Somente podem ser declaradas de ofício a intervenção para fins de defesa da integridade nacional; repelir invasão estrangeira ou de uma unidade em outra; defesa da ordem pública; e reorganizar as finanças públicas, conforme se extrai do art. 36 da CF/88.

**Alternativa "b":** De fato, as hipóteses de intervenção são taxativas. No entanto, a hipótese narrada é prevista no art. 34, VII, "e" da CF/88.

**Alternativa "c":** Nesse sentido é a disposição da Constituição Federal obtida em seus artigos 34, VII, "e" e art. 36, III. Trata-se do ajuizamento da ADI interventiva pelo Procurador-Geral da República perante o STF.

**Alternativa "d":** Ainda que não regulamentado, a própria CF/88 estabelece no art. 60 do ADCT um mínimo constitucional a ser destinado à educação. No entanto, o foi, pela lei 13.005/2014 (Plano Nacional de Educação).

**Alternativa correta: "c".**

**58. (FGV – Exame de Ordem 2017.3)** Em observância aos princípios da transparência, publicidade e responsabilidade fiscal, o prefeito do Município Alfa elabora detalhado relatório contendo a prestação de contas anual, ficando tal documento disponível, para consulta e apreciação, no respectivo Poder Legislativo e no órgão técnico responsável pela sua elaboração.

Carlos, morador do Município Alfa, contribuinte em dia com suas obrigações civis e políticas, constata diversas irregularidades nos demonstrativos apresentados, apontando indícios de superfaturamento e desvios de verbas em obras públicas.

Em função do exposto e com base na Constituição da República, você, como advogado de Carlos, deve esclarecer que

a) a fiscalização das referidas informações, concernentes ao Município Alfa, conforme previsto na Constituição brasileira, é de responsabilidade exclusiva dos Tribunais de Contas do Estado ou do Município, onde houver.

b) Carlos tem legitimidade para questionar as contas do Município Alfa, já que, todos os anos, as contas permanecem à disposição dos contribuintes durante sessenta dias para exame e apreciação.

c) a impugnação das contas apresentadas pelo Chefe do Executivo local exige a adesão mínima de um terço dos eleitores do Município Alfa.

d) a CRFB/88 não prevê qualquer forma de participação popular no controle das contas públicas, razão pela qual Carlos deve recorrer ao Ministério Público Estadual para que seja apresentada ação civil pública impugnando os atos lesivos ao patrimônio público praticados pelo prefeito do Município Alfa.

**COMENTÁRIOS**

**Alternativa "a":** de acordo com o art. 31, *caput*, da CF, a fiscalização das contas dos Municípios é realizada pelo Poder Legislativo Municipal, assessorado pelo Tribunal de Contas, nos moldes do § 1º do mesmo artigo. Ademais, também é possível a fiscalização pelos contribuintes, conforme § 3º do art. 31. Deste modo, não há que se falar em exclusividade do Tribunal de Contas ou de qualquer outro órgão.

**Alternativa "b":** de acordo com o art. 31, § 3º, da CF: "Art. 31. A fiscalização do Município será exercida pelo Poder Legislativo Municipal, mediante controle externo, e pelos sistemas de controle interno do Poder Executivo Municipal, na forma da lei. § 3º As contas dos Municípios ficarão, durante sessenta dias, anualmente, à disposição de qualquer contribuinte, para exame e apreciação, o qual poderá questionar-lhes a legitimidade, nos termos da lei". Deste modo, Carlos, ou qualquer outro contribuinte, pode avaliar e questionar a legitimidade das contas municipais.

**Alternativa "c":** não há qualquer previsão constitucional de quórum mínimo necessário para a impugnação de contas municipais por cidadãos. O quórum de dois terços foi estabelecido para a aprovação das contas municipais pela Câmara Municipal após parecer prévio, conforme art. 31, § 2º, da CF: "O parecer prévio, emitido pelo órgão competente sobre as contas que o Prefeito deve anualmente prestar, só deixará de prevalecer por decisão de dois terços dos membros da Câmara Municipal".

**Alternativa "d":** a CF prevê a participação popular no controle das contas públicas, conforme art. 31, § 3º, do texto constitucional. Ademais, o instrumento adequado para a impugnação não é ação civil pública, mas sim ação popular, conforme regulamentado pela Lei 4.717/1965 – de modo que qualquer cidadão pode pedir a anulação ou declaração de nulidade de atos lesivos ao patrimônio público.

**Alternativa correta: letra "b".**

**59. (FGV – Exame de Ordem 2017.3)** Maria, maior e capaz, reside no Município Sigma e tem um filho, Lucas, pessoa com deficiência, com 8 (oito) anos de idade. Por ser uma pessoa humilde, sem dispor de recursos financeiros para arcar com os custos de um colégio particular, Maria procura a Secretaria de Educação do Município Sigma para matricular seu filho na rede pública. Seu requerimento é encaminhado à assessoria jurídica do órgão municipal, para que seja emitido o respectivo parecer para a autoridade executiva competente.

A partir dos fatos narrados, considerando a ordem jurídico-constitucional vigente, assinale a afirmativa correta.

a) O pedido formulado por Maria deve ser indeferido, uma vez que incumbe ao Município atuar apenas na educação infantil, a qual é prestada até os 5 (cinco) anos de idade por meio de creches e pré-escolas. Logo, pelo sistema constitucional de repartição de competências, Lucas, pela sua idade, deve cursar o Ensino Fundamental em instituição estadual de ensino.

b) O parecer da assessoria jurídica deve ser favorável ao pleito formulado por Maria, garantindo ao menor uma vaga na rede de ensino municipal. Pode, ainda, alertar que a Constituição da República prevê expressamente a possibilidade de a autoridade competente ser responsabilizada pelo não oferecimento do ensino obrigatório ou mesmo pela sua oferta irregular.

c) O pleito de Maria deve ser deferido, ressalvando-se que Lucas, por ser pessoa com deficiência, necessita de atendimento educacional especializado, não podendo ser incluído na rede regular de ensino do Município Sigma.

d) A assessoria jurídica da Secretaria de Educação do Município Sigma deve opinar pela rejeição do pedido formulado por Maria, pois incumbe privativamente à União, por meio do Ministério da Educação e Cultura (MEC), organizar e prestar a educação básica obrigatória e gratuita dos 4 (quatro) aos 17 (dezessete) anos de idade.

**COMENTÁRIOS**

**Alternativa "a":** o pedido formulado por Maria não pode ser negado pelo Município, visto ser dever constitucional a oferta do ensino regular e especializado para a criança com deficiência. Ainda, a educação é competência comum dos Municípios, Estados, Distrito Federal e União, conforme art. 208, inciso I, da CF.

**Alternativa "b":** o art. 23 da CF estabelece que é competência comum da União, dos Estados, do Distrito Federal e dos Municípios cuidar da saúde e assistência pública, da proteção e garantia das pessoas com deficiência (inciso II) e também de proporcionar os meios de acesso à cultura e à educação (inciso V). Ainda, o art. 208, inciso III, estabelece que é dever do Estado – abrangendo União, Estados, Distrito Federal e Municípios – a efetivação da educação através do atendimento educacional especializado às pessoas com deficiência, preferencialmente na rede regular de ensino. O não oferecimento do ensino obrigatório pelo Poder Público acarreta a reponsabilidade da autoridade competente, conforme art. 208, § 2º, da CF. Com isso em mente, tem-se que o Município deve aceitar o pedido de Maria para a matrícula de seu filho, e também deve oferecer atendimento especializado a ele, enquanto pessoa com deficiência. Caso o pedido seja negado, ou o atendimento educacional seja insuficiente, o Município poderá ser responsabilizado, na forma do art. 208, § 2º, da CF. Deste modo, a assertiva está em consonância com o disposto no texto constitucional.

**Alternativa "c":** conforme anteriormente exposto, é dever do Estado cuidar e garantir os direitos das pessoas com deficiência, incluindo-se a educação, pela qual também deve zelar. Especificamente, o art. 208, inciso III, da CF, estabelece que é dever do Estado o atendimento educacional especializado às pessoas com deficiência, preferencialmente na rede regular de ensino.

**Alternativa "d"**: como já anteriormente explicado, o pedido não pode ser negado pelo Município. Ademais, há erro ao se afirmar que a educação básica é de competência privativa da União, tendo em vista se tratar de competência comum entre os entes federativos.

**Alternativa correta: letra "b".**

---

**60. (FGV - Exame de Ordem 2017.2)** As contas do Município Alfa referentes ao exercício financeiro de 2014, apresentadas pelo prefeito em 2015, receberam parecer desfavorável do Tribunal de Contas do referido Município, o qual foi criado antes da promulgação da Constituição da República Federativa do Brasil de 1988. O Presidente da Câmara, após o regular trâmite interno, editou resolução e aprovou as referidas contas públicas municipais, uma vez que as demonstrações contábeis de exercícios financeiros anteriores deveriam ter sido analisadas em consonância com o plano plurianual.

Diante da narrativa exposta, assinale a afirmativa correta.

a) A competência para julgar as contas é do Tribunal de Contas do Município, órgão do Poder Judiciário, não podendo, em nenhuma hipótese, o Legislativo local afastá-la, sob pena de violação ao princípio da separação e harmonia entre os Poderes.
b) O parecer do Tribunal de Contas do Município a respeito da rejeição das contas somente não será acatado pela Câmara Municipal por decisão de 2/3 (dois terços) dos membros deste órgão.
c) Considerando que o Tribunal de Contas do Município é órgão do Poder Legislativo e o Presidente da Câmara é a autoridade máxima de sua estrutura, é constitucional o afastamento, pelo Chefe do Poder Legislativo local, do entendimento de órgão a ele subordinado.
d) O Presidente da Câmara agiu corretamente, pois a periodicidade para análise das contas públicas do Município deve ser de 5 (cinco) anos, e tal disposição não foi observada pelo Tribunal de Contas do Município.

COMENTÁRIOS

**Alternativa "b" (responde a todas as alternativas):** nos termos do art. 31 da CF **a fiscalização do Município será exercida pelo Poder Legislativo Municipal**, mediante controle externo, e pelos sistemas de controle interno do Poder Executivo Municipal, na forma da lei. **O controle externo da Câmara Municipal será exercido com o auxílio dos Tribunais de Contas** dos Estados ou **do Município** ou dos Conselhos ou Tribunais de Contas dos Municípios, onde houver (§ 1º). Finalmente, **o parecer prévio, emitido pelo órgão competente** (Tribunal de Contas do Município, conforme informação da alternativa gabaritada) **sobre as contas que o Prefeito deve anualmente prestar, só deixará de prevalecer por decisão de dois terços dos membros da Câmara Municipal** (§ 2º).

**Alternativa correta: letra "b".**

---

**61. (FGV - Exame de Ordem 2017.2)** A Lei Orgânica do Município "Z", com 70.000 habitantes, dispõe que o Poder Legislativo deverá fixar o número de vereadores para a composição da Câmara Municipal. Resolução da Câmara Municipal de "Z" fixou em 13 o número de vereadores para a próxima legislatura.

Considerando a situação narrada e o sistema constitucional brasileiro, assinale a afirmativa correta.

a) A Lei Orgânica e a Resolução são inconstitucionais por afrontarem a Constituição da República.
b) Como ato normativo secundário, a Resolução não pode ser objeto de controle de constitucionalidade.
c) A resolução é inconstitucional, em razão do número de vereadores estabelecido.
d) A Lei Orgânica do Município "Z" é inconstitucional, pois viola o princípio da separação dos poderes.

COMENTÁRIOS

**Alternativa "a"**: a Lei Orgânica é a norma máxima de regência da auto-organização dos Municípios como entes autônomos da Federação e, segundo entendimento pacificado na jurisprudência, cabe a ela a fixação do número de vereadores. Assim, ao delegar tal incumbência a uma Resolução, tanto a Lei Orgânica quanto a resolução devem ser reputadas inconstitucionais.

**Alternativa "b"**: as Resoluções são atos normativos primários e podem ser objeto de controle de constitucionalidade.

**Alternativa "c": a Resolução é inconstitucional porque a fixação do número de vereadores deve ser realizada pela Lei Orgânica**, não porque o número fixado foi incorreto. Acaso tivesse sido a Lei Orgânica a fixar os 13 vereadores, não haveria inconstitucionalidade posto que, de acordo com o art. 29, IV, "d", da CF, para a composição das Câmaras Municipais, será observado o limite máximo de **15 (quinze) Vereadores, nos Municípios de mais de 50.000 (cinquenta mil) habitantes e de até 80.000 (oitenta mil) habitantes.**

**Alternativa "d"**: a Lei Orgânica do Município "Z" é inconstitucional porque delegou a fixação do número de vereadores para uma resolução.

**Alternativa correta: letra "a".**

## 2.2. ENTES FEDERADOS E DISTRIBUIÇÃO DE COMPETÊNCIAS

---

**62. (FGV - XXXVII Exame OAB)** Em projeto de lei apresentado pelos próprios Vereadores, a Câmara de Vereadores do Município Alfa votou e aprovou a fixação dos subsídios dos referidos agentes, daí resultando a Lei municipal nº XX. O padrão remuneratório assim fixado gerou muitos debates em relação à higidez do processo legislativo e à necessidade de serem observados certos parâmetros em sua fixação, sendo sustentada uma necessária correspondência percentual em relação ao subsídio dos Deputados Estaduais. Sobre o caso narrado, com base no texto constitucional, assinale a afirmativa correta.

a) A fixação dos subsídios dos Vereadores é de competência da Câmara Municipal, não podendo ultrapassar determinado percentual do subsídio dos Deputados Estaduais, percentual este que varia conforme a população do Município;
b) A referida lei padece de vício de iniciativa, eis que compete privativamente ao Prefeito do Município Alfa dispor sobre os subsídios dos membros dos Poderes Executivo e Legislativo.
c) Diante do princípio da separação dos poderes, inexiste vedação para que os subsídios dos integrantes do Poder Legislativo local superem aqueles recebidos pelos Deputados Estaduais, desde que respeitado o teto constitucional.
d) É de competência comum da Câmara Municipal e do Prefeito Municipal a fixação dos subsídios dos Vereadores, os

quais não podem ultrapassar o subsídio mensal, em espécie, dos Ministros do Supremo Tribunal Federal, excetuadas vantagens pessoais, não tendo vinculação com os Deputados Estaduais.

COMENTÁRIOS

**Alternativa "a" (responde todas as alternativas):** É o que se extrai do art. 29, VI da CF/88: "VI - o subsídio dos Vereadores será fixado pelas respectivas Câmaras Municipais em cada legislatura para a subseqüente, observado o que dispõe esta Constituição, observados os critérios estabelecidos na respectiva Lei Orgânica e os seguintes limites máximos: (...)". Nas alíneas, são fixadas faixas de porcentagem do subsídio dos Deputados Estaduais, com base no número de habitantes do Município.

**Alternativa correta: "a".**

---

**63. (FGV – Exame de Ordem 2021.1)** A Constituição do Estado Alfa, em seu Art. 32, dispõe que "os vencimentos dos servidores públicos municipais da administração direta e indireta são pagos até o último dia de cada mês, corrigindo- se monetariamente seus valores se o pagamento se der além desse prazo".

Considerando os termos do preceito mencionado, assinale a afirmativa correta.

a) Embora a CRFB/88 preconize ser de competência dos Municípios dispor sobre assuntos de interesse local, incumbe à União legislar, privativamente, sobre a organização administrativa e financeira dos entes federados; logo, o Art. 32 da Constituição do Estado Alfa é inconstitucional.

b) Apesar de o Art. 32 da Constituição do Estado Alfa não apresentar vício formal de inconstitucionalidade, ele apresenta vício de ordem material, pois a CRFB/88 dispõe que os vencimentos dos servidores públicos devem ser pagos até o quinto dia útil do mês subsequente.

c) O Art. 32 da Constituição do Estado Alfa não padece de vício de inconstitucionalidade, pois a CRFB/88 autoriza os Estados a dispor sobre a organização administrativa dos entes municipais que se encontram em sua circunscrição territorial.

d) O referido dispositivo da Constituição do Estado Alfa é inconstitucional porque, ao estabelecer regra afeta aos servidores municipais, viola, com isso, a autonomia municipal para disciplinar a matéria.

COMENTÁRIOS

**Alternativa "d" (responde todas as alternativas):** Importante ter atenção quanto ao fato de que a Constituição Estadual mencionada dispôs sobre a remuneração de servidores **municipais**. Essa disposição, portanto, viola a autonomia dos Municípios, prevista no art. 30 e art. 34, VII, "c". Ademais, não há qualquer disposição na Constituição Federal quanto ao dia de pagamento dos servidores públicos.

**Alternativa correta: "d".**

---

**64. (FGV – Exame de Ordem/2018.3)** O Estado Y, bastante conhecido pela exuberância de suas praias, que atraem milhares de turistas todos os anos, edita lei estadual impedindo a pesca de peixes regionais típicos, ameaçados de extinção, e limitando o transporte marítimo de passageiros.

A partir da hipótese narrada, nos termos da Constituição da República Federativa do Brasil, assinale a afirmativa correta.

a) O Estado Y possui competência legislativa concorrente com a União para dispor sobre pesca, mas poderá legislar sobre transporte e navegação marítima, caso Lei Complementar federal o autorize.

b) O Estado Y tem competência comum com os demais entes federados para legislar sobre a matéria; logo, a lei estadual é constitucional.

c) A lei editada pelo Estado Y é inconstitucional, porque compete privativamente à União legislar sobre a proteção do meio ambiente e o controle da poluição.

d) A lei editada pelo Estado Y é inconstitucional, porque trata de pesca e navegação marítima, que são de competência exclusiva da União, apesar de o Estado Y ter competência privativa para legislar sobre meio ambiente.

COMENTÁRIOS

**Alternativa "a" (Responde às demais alternativas):** A pesca é prevista como matéria de competência concorrente, no art. 24, VI da CF/88. No entanto, o transporte marítimo é de competência privativa da União. Matérias de competência concorrente podem ser reguladas pelo Estado de modo a suplementar a lei Federal, e, na ausência dessa, podem ser reguladas de modo pleno temporariamente (Art. 24, §§ 2º e 3º, CF/88). Por outro lado, é possível que Estados legislem sobre matérias de competência privativa da União, desde que, nos termos do parágrafo único do art. 22, exista autorização da União em lei complementar.

**Alternativa correta: "a".**

---

**65. (FGV – Exame de Ordem/2018.3)** A Lei X do Município Sigma estabelece que, em certo bairro, considerado área residencial, fica vedada a instalação de mais de um centro empresarial de grandes proporções, com área superior a 5.000 m² (cinco mil metros quadrados) e que reúna, em suas dependências, mais de 10 (dez) lojas distintas. Ante a existência de um estabelecimento comercial com tais características no bairro "Y", a administradora Alfa, visando abrir um shopping center no mesmo bairro, procura você, na qualidade de advogado(a), para obter esclarecimentos quanto à viabilidade deste empreendimento.

Diante da situação narrada, com base na ordem jurídico-constitucional vigente e na jurisprudência dos Tribunais Superiores, assinale a afirmativa correta.

a) Apenas a União tem competência para, por meio de lei e outros atos normativos, organizar o uso e a ocupação do solo; logo, apenas por esse motivo, a Lei X do Município Sigma é manifestamente inconstitucional.

b) A Constituição da República de 1988 atribui aos Municípios competência para promover o zoneamento urbano, mas a Lei X do Município Sigma, ao impedir a instalação de estabelecimentos comerciais do mesmo ramo em determinada área, ofende o princípio da livre concorrência.

c) A Constituição da República de 1988 dispõe ser competência estadual e distrital promover, no que couber, o adequado ordenamento territorial, mediante planejamento e controle do uso, do parcelamento e da ocupação do solo, não podendo a lei do Município Sigma dispor sobre a matéria.

d) Compete privativamente à União dispor sobre o zoneamento urbano e legislar sobre Direito Civil e Comercial; logo, somente os Estados e o Distrito Federal poderiam ser autorizados, mediante lei complementar, a legislar sobre a matéria.

COMENTÁRIOS

**Alternativa "a":** Trata-se de competência do Município, nos termos do art. 30, VIII da CF/88.

**Alternativa "b":** Zoneamento urbano é previsto como de competência legislativa do Município no art. 30, VIII da CF/88. No entanto, a lei em questão viola a livre concorrência, prevista no art. 170, IV da CF/88, conforme entendimento do STF sumulado na Súmula Vinculante 49.

**Alternativa "c":** É competência do Município, e não dos Estados.

**Alternativa "d":** Embora seja competência do Município legislar sobre zoneamento urbano (art. 30, VIII), é competência privativa da União legislar sobre direito civil e comercial, nos termos do art. 22, I da CF/88, caso em que, de acordo com o parágrafo único desse artigo, podem legislar os Estados e Distrito Federal caso autorizados por lei complementar.

**Alternativa correta: "b".**

## 2.3. ADMINISTRAÇÃO PÚBLICA

**66. (FGV – Exame de Ordem 2017.1)** Carlos, contando com 59 (cinquenta e nove) anos de idade, resolve se inscrever em concurso público para o cargo de Agente de Polícia, dos quadros da Policia Civil do Estado Beta. Todavia, sua inscrição é negada com base no edital, que reproduz a Lei Estadual X, segundo a qual o candidato, no momento da inscrição, deve ter entre 18 (dezoito) e 32 (trinta e dois) anos de idade. Inconformado, Carlos consulta um advogado a respeito de possível violação do direito fundamental à igualdade.

Diante do caso concreto, assinale a opção que se harmoniza com a ordem jurídico-constitucional brasileira.

a) Houve violação ao princípio da igualdade, pois o sistema jurídico-constitucional brasileiro veda, em caráter absoluto, que a lei estabeleça requisitos de ordem etária para o provimento de cargos públicos.
b) Não houve violação ao princípio da igualdade, pois o sistema jurídico-constitucional brasileiro permite que a lei estabeleça limite de idade para inscrição em concurso público quando tal medida se justificar pela natureza das atribuições do cargo a ser preenchido.
c) Houve violação ao princípio da razoabilidade, pois as atividades inerentes ao cargo a ser ocupado não justificam a previsão do critério etário como requisito para inscrição no concurso público que visa ao seu provimento.
d) Não houve violação ao princípio da igualdade, pois o sistema jurídico-constitucional brasileiro concede aos administradores públicos poder discricionário para definir, por via editalícia, independentemente da lei, os limites etários para a participação em concursos.

COMENTÁRIOS

**Alternativa "b" (responde a todas as alternativas):** consoante **Súmula 683 do STF**: "O limite de idade para a inscrição em concurso público só se legitima em face do art. 7º, XXX, da Constituição, quando possa ser justificado pela natureza das atribuições do cargo a ser preenchido." Aliás, o enunciado retrata um caso julgado pelo STF em que houve reforço ao entendimento sumulado. De acordo com o noticiado no site do STF, "Por meio de deliberação no Plenário Virtual, os ministros do Supremo Tribunal Federal (STF) decidiram, por maioria de votos, aplicar a jurisprudência da Corte (Súmula 683) e rejeitar o Recurso Extraordinário com Agravo (ARE 678112) no qual um cidadão que prestou concurso para o cargo de agente da Polícia Civil do Estado de Minas Gerais buscava garantir judicialmente o seu ingresso na corporação apesar de ter idade superior ao máximo previsto no edital (32 anos). A Súmula 683 do STF estabelece que "o limite de idade para inscrição em concurso público só se legitima em face do artigo 7º, inciso XXX, da Constituição, quando possa ser justificado pela natureza das atribuições do cargo a ser preenchido". No caso analisado pelo Plenário Virtual, de relatoria do ministro Luiz Fux, o recorrente, que tinha 40 anos à época do certame (cujo edital dispunha que o aspirante ao cargo deveria ter entre 18 e 32 anos para efetuar a matrícula em curso oferecido pela Academia de Polícia Civil de Minas Gerais) questionava decisão do Tribunal de Justiça de Minas Gerais (TJ-MG) que, ao julgar recurso de apelação, manteve sentença que julgou improcedente Ação Declaratória de Nulidade de Ato Administrativo, na qual ele apontava a inconstitucionalidade do dispositivo da Lei Estadual 5.406/69 que fixava tais limites de idade. No Plenário Virtual, a repercussão geral da matéria discutida no recurso foi reconhecida, por maioria de votos, em razão da relevância jurídica do tema (limite etário para ingresso em carreira policial) que, segundo apontou o relator do processo, ministro Fux, "transcende os interesses subjetivos da causa". O artigo 7º, inciso XXX, da Constituição Federal proíbe a diferença de salários, exercício de funções e de critério de admissão por motivo de sexo, idade, cor ou estado civil. No caso em questão, a lei estadual em vigor à época do concurso público previa que o aspirante ao cargo deveria ter entre 18 e 32 anos. Em 2010, a Lei Complementar Estadual 113 suprimiu a referência à idade máxima, mantendo apenas o mínimo de 18 anos. De acordo com os autos, o recorrente foi aprovado na prova objetiva, avaliação psicológica, exames biomédicos e biofísicos, mas teve sua matrícula indeferida no curso de formação pois contava com 40 anos e a idade máxima permitida era 32 anos. Segundo o ministro Fux, a decisão do TJ-MG está em consonância com a jurisprudência da Corte, razão pela qual não merece reparos. "Insta saber se é razoável ou não limitar idade para ingressar em carreira policial, a par da aprovação em testes médicos e físicos. Com efeito, o Supremo tem entendido, em casos semelhantes, que o estabelecimento de limite de idade para inscrição em concurso público apenas é legítimo quando justificado pela natureza das atribuições do cargo a ser preenchido", concluiu.

**Alternativa correta: letra "b".**

## 2.4. SEPARAÇÃO DOS PODERES

**67. (FGV – Exame de Ordem 2015.2)** A discussão a respeito das funções executiva, legislativa e judiciária parece se acirrar em torno dos limites do seu exercício pelos três tradicionais Poderes. Nesse sentido, sobre a estrutura adotada pela Constituição brasileira de 1988, assinale a afirmativa correta.

a) O exercício da função legislativa é uma atribuição concedida exclusivamente ao Poder Legislativo, como decorrência natural de ser considerado o Poder que mais claramente representa o regime democrático.
b) O exercício da função jurisdicional é atribuição privativa do Poder Judiciário, embora se possa dizer que o Poder Executivo, no uso do seu poder disciplinar, também faça uso da função jurisdicional.
c) O exercício de funções administrativas, judiciárias e legislativas deve respeitar a mais estrita divisão de funções, não existindo possibilidade de que um Poder venha a exercer, atipicamente, funções afetas a outro Poder.
d) A produção de efeitos pelas normas elaboradas pelos Poderes Legislativo e Executivo pode ser limitada pela atuação do Poder Judiciário, no âmbito de sua atuação típica de controlar a constitucionalidade ou a legalidade das normas do sistema.

COMENTÁRIOS

**Alternativa "a":** o exercício da função legislativa **não** é uma atribuição concedida exclusivamente ao Poder Legislativo, em que pese essa seja a sua função típica. Os poderes Executivo e Judiciário também exercem função legislativa, como a edição de medida provisória pelo Executivo (art. 62 da CF) e a elaboração dos regimentos internos dos tribunais pelo Judiciário (art. 96, I, *a*, da CF).

**Alternativa "b":** o Poder Executivo, no uso do seu poder disciplinar, **não** faz uso de função jurisdicional, mas de função administrativa. Nas lições de José dos Santos Carvalho Filho, "quanto à função jurisdicional, o sistema constitucional pátrio vigente não deu margem a que pudesse ser exercida pelo Executivo. A sua função típica, assim considerada aquela que por intermédio da qual conflitos de interesses são resolvidos com o cunho de definitividade (*res judicata*), é praticamente monopolizada pelo Poder Judiciário, e só em casos excepcionais e expressamente mencionados na Constituição é ela desempenhada pelo Legislativo".

**Alternativa "c":** os poderes Executivo, Legislativo e Judiciário possuem funções típicas e atípicas. Em suas funções típicas, o Executivo administra, o Legislativo legisla e fiscaliza, e o Judiciário julga. As funções atípicas são aquelas afetas a outro Poder, mas que são excepcionalmente exercidas por um deles, o que é **previsto** em nossa Constituição. A título de exemplo, uma função atípica do Legislativo é a competência do Senado para julgar o Presidente da República pela prática de crime de responsabilidade (art. 52, parágrafo único, da CF).

**Alternativa "d".** O art. 2º da CF dispõe que são poderes da União, independentes e harmônicos entre si, o Legislativo, o Executivo e o Judiciário. Essa independência, contudo, não se revela absoluta. Nesse sentido, destacamos os ensinamentos de José Afonso da Silva: "O sistema constitucional brasileiro admite interferências recíprocas entre os Poderes com o objetivo de manutenção de equilíbrio no exercício das Funções do Estado, o que se denomina de sistema de freios e contrapesos (*checks and balances*). Por exemplo: o judiciário não pode influenciar nas atividades do Legislativo, mas tem competência para declarar a inconstitucionalidade das leis (produzidas pelo Legislativo)" (*Curso de direito constitucional positivo*. 6. ed. São Paulo: Malheiros, 1990, p. 97-98). Assim, no âmbito de sua atuação típica, o Poder Judiciário é responsável por controlar a constitucionalidade ou a legalidade das normas produzidas pelos outros Poderes.

**Alternativa correta: letra "d".**

## 2.4.1. PODER LEGISLATIVO

**68. (FGV – Exame de Ordem – 2021.2)** A Lei Y do Estado Beta obriga pessoas físicas ou jurídicas, independentemente da atividade que exerçam, a oferecer estacionamento ao público, a cercar o respectivo local e a manter funcionários próprios para garantia da segurança, sob pena de pagamento de indenização em caso de prejuízos causados ao dono do veículo.

A Confederação Nacional do Comércio procurou seus serviços, como advogado(a), visando obter esclarecimentos quanto à constitucionalidade da referida lei estadual. Sobre a Lei Y, com base na ordem jurídico-constitucional vigente, assinale a afirmativa correta.

a) É inconstitucional, pois viola a competência privativa da União de legislar sobre matéria concernente ao Direito Civil.

b) É inconstitucional, pois, conforme a Constituição Federal, compete ao ente municipal legislar sobre Direito do Consumidor.

c) É constitucional, pois versa sobre matéria afeta ao Direito do Consumidor, cuja competência legislativa privativa pertence ao Estado Beta.

d) É constitucional, pois, tratando a Lei de temática afeta ao Direito Civil, a competência legislativa concorrente entre a União e os Estados permite que Beta legisle sobre a matéria.

**COMENTÁRIOS**

**Alternativa "a" (responde todas as alternativas):** Embora o procedimento de instauração da CPI tenha se dado de acordo com o art. 58, §3º da CF/88 (requerimento de 1/3 dos membros), a disposição do §1º do art. 58 não foi respeitada: "§ 1º Na constituição das Mesas e de cada Comissão, é assegurada, tanto quanto possível, a **representação proporcional dos partidos ou dos blocos parlamentares que participam da respectiva Casa.**". Portanto, o procedimento encontra-se viciado em função de não assegurar a representação proporcional de partidos e blocos.

**Alternativa correta: "a".**

**69. (FGV – Exame de Ordem – 2021.2)** O parlamentar José, em apresentação na Câmara dos Deputados, afirmou que os direitos à informação e à liberdade jornalística possuem normatividade absoluta e, por esta razão, não podem ceder quando em colisão com os direitos à privacidade e à intimidade, já que estes últimos apenas tutelam interesses meramente individuais. Preocupado com o que reputou "um discurso radical", o deputado Pedro recorreu a um advogado constitucionalista, a fim de que este lhe esclarecesse sobre quais direitos devem prevalecer quando os direitos à intimidade e à privacidade colidem com os direitos à liberdade jornalística e à informação.

O advogado afirmou que, segundo o sistema jurídico-constitucional brasileiro, o parlamentar José

a) está correto, pois, em razão do patamar atingido pelo Estado Democrático de Direito contemporâneo, os direitos à liberdade jornalística e à informação possuem valor absoluto em confronto com qualquer outro direito fundamental.

b) está equivocado, pois os tribunais entendem que os direitos à intimidade e à privacidade têm prevalência apriorística sobre os direitos à liberdade jornalística e à informação.

c) está equivocado, pois, tratando-se de uma colisão entre direitos fundamentais, se deve buscar a conciliação entre eles, aplicando-se cada um em extensão variável, conforme a relevância que apresentem no caso concreto específico.

d) está correto, pois a questão envolve tão somente um conflito aparente de normas, que poderá ser adequadamente solucionado se corretamente utilizados os critérios da hierarquia, da temporalidade e da especialidade.

**COMENTÁRIOS**

**Alternativa "a":** Vide comentário da alternativa "c".

**Alternativa "b":** Incorreta, vide alternativa "c".

**Alternativa "c":** o parlamentar não está correto, já que afirma que os direitos mencionados teriam normatividade absoluta, e não poderiam ceder. Nenhum direito tem natureza absoluta. Quaisquer direitos fundamentais, quando diante de aparente conflito, devem ser submetidos a um juízo de ponderação, que resulta em sua aplicação em maior ou menor medida, conforme sua relevância no caso concreto.

**Alternativa "d":** Não há que se falar em critérios de hierarquia, temporalidade ou especialidade, já que todos têm a mesma hierarquia, tratando-se de direitos fundamentais. Esses critérios são aplicáveis em conflitos de leis, o que não é o caso de princípios, natureza que se atribui aos direitos fundamentais

**Alternativa correta: "c".**

**70. (FGV – Exame de Ordem 2021.1)** Deputados Federais da oposição articularam-se na Câmara dos Deputados e obtiveram apoio de 1/3 (um terço) dos respectivos membros para instaurarem Comissão Parlamentar de Inquérito (CPI), visando a apurar supostos ilícitos praticados pelo Presidente da República. Para evitar que integrantes da base governista se imiscuíssem e atrapalhassem as investigações, foi deliberado que somente integrantes dos partidos oposicionistas comporiam a Comissão.

Diante do caso hipotético narrado, com base na ordem constitucional vigente, assinale a afirmativa correta.

a) O procedimento está viciado porque não foi atingido o quórum mínimo de maioria simples, exigido pela Constituição de 1988, para a instauração da Comissão Parlamentar de Inquérito.

b) O procedimento encontra-se viciado porque não assegurou a representação proporcional dos partidos ou blocos parlamentares que participam da Casa Legislativa.

c) O procedimento encontra-se viciado em razão da inobservância do quórum mínimo exigido, de maioria absoluta.

d) O procedimento narrado não apresenta quaisquer vícios de ordem material e formal, estando de acordo com os preceitos da Constituição de 1988.

**COMENTÁRIOS**

**Alternativa "b" (responde todas as alternativas):** Embora o procedimento de instauração da CPI tenha se dado de acordo com o art. 58, §3º da CF/88 (requerimento de 1/3 dos membros), a disposição do §1º do art. 58 não foi respeitada: "§ 1º Na constituição das Mesas e de cada Comissão, é assegurada, tanto quanto possível, a **representação proporcional dos partidos ou dos blocos parlamentares que participam da respectiva Casa.**". Portanto, o procedimento encontra-se viciado em função de não assegurar a representação proporcional de partidos e blocos.

**Alternativa correta: "b".**

**71. (FGV – Exame de Ordem 2020.1)** Josué, deputado federal no regular exercício do mandato, em entrevista dada, em sua residência, à revista Pensamento, acusa sua adversária política Aline de envolvimento com escândalos de desvio de verbas públicas, o que é objeto de investigação em Comissão Parlamentar de Inquérito instaurada poucos dias antes.

Não obstante, após ser indagado sobre os motivos que nutriam as acaloradas disputas entre ambos, Josué emite opinião com ofensas de cunho pessoal, sem qualquer relação com o exercício do mandato parlamentar.

Diante do caso hipotético narrado, conforme reiterada jurisprudência do Supremo Tribunal Federal sobre o tema, assinale a afirmativa correta.

a) Josué poderá ser responsabilizado penal e civilmente, inclusive por danos morais, pelas ofensas proferidas em desfavor de Aline que não guardem qualquer relação com o exercício do mandato parlamentar.

b) Josué encontra-se protegido pela imunidade material ou inviolabilidade por suas opiniões, palavras e votos, o que, considerado o caráter absoluto dessa prerrogativa, impede a sua responsabilização por quaisquer das declarações prestadas à revista.

c) Josué poderá ter sua imunidade material afastada em virtude de as declarações terem sido prestadas fora da respectiva casa legislativa, independentemente de estarem, ou não, relacionadas ao exercício do mandato.

d) A imunidade material, consagrada constitucionalmente, foi declarada inconstitucional pelo Supremo Tribunal Federal, de modo que Josué não poderá valer-se de tal prerrogativa para se isentar de eventual responsabilidade pelas ofensas dirigidas a Aline.

**COMENTÁRIOS**

**Alternativa "a" (responde todas as alternativas):** Dispõe o art. 53, *caput* da CF/88 que "Os Deputados e Senadores são invioláveis, civil e penalmente, por quaisquer de suas opiniões, palavras e votos." Tal imunidade, contudo, não é absoluta.

Entende o STF que deve haver um nexo de implicação entre as declarações e o exercício de mandato, já que "A verbalização da representação parlamentar **não contempla ofensas pessoais, via achincalhamentos ou licenciosidade da fala.**" [Pet 5.714 AgR, rel. min. Rosa Weber, j. 28-11-2017, 1ª T, DJE de 13-12-2017.]. É pacífico que "**o fato de o parlamentar estar na Casa legislativa no momento em que proferiu as declarações não afasta a possibilidade de cometimento de crimes contra a honra**, nos casos em que as ofensas são divulgadas pelo próprio parlamentar na Internet. (...) a inviolabilidade material **somente abarca as declarações que apresentem nexo direto e evidente com o exercício das funções parlamentares.**" [PET 7.174, rel. p/ o ac. min. Marco Aurélio, j. 10-3-2020, 1ª T, Informativo 969.]

No caso narrado, fica claro que as declarações que representaram ofensas de cunho pessoal não guardavam qualquer relação com o exercício do mandato parlamentar, de modo que não estão abarcadas pela imunidade material.

**Alternativa correta: "a".**

**72. (FGV – Exame de Ordem 2019.2)** O senador João fora eleito Presidente do Senado Federal. Ao aproximar-se o fim do exercício integral do seu mandato bienal, começa a planejar seu futuro na referida casa legislativa.

Ciente do prestígio que goza entre seus pares, discursa no plenário, anunciando a intenção de permanecer na função até o fim de seu mandato como senador, o que ocorrerá em quatro anos. Assim, para que tal desejo se materialize, será necessário que seja reeleito nos dois próximos pleitos (dois mandatos bienais).

Sobre a intenção do senador, segundo o sistema jurídico-constitucional brasileiro, assinale a afirmativa correta.

a) Será possível, já que não há limites temporais para o exercício da presidência nas casas legislativas do Congresso Nacional.

b) Não será possível, pois a Constituição proíbe a reeleição para esse mesmo cargo no período bienal imediatamente subsequente.

c) É parcialmente possível, pois, nos moldes da reeleição ao cargo de Presidente da República, ele poderá concorrer à reeleição uma única vez.

d) Não é possível, pois o exercício da referida presidência inviabiliza a possibilidade de, no futuro, vir a exercê-la novamente.

**COMENTÁRIOS**

**Alternativa "b" (responde às demais alternativas):** Estabelece o art. 57, §4º da CF/88 estabelece que, sendo o mandato de 2 anos, é vedada a recondução para o mesmo cargo na eleição imediatamente subsequente. Portanto, embora ele possa concorrer para a Presidência do Senado no terceiro biênio de seu mandato como Senador, não poderá fazê-lo para o biênio seguinte. Assim, a única alternativa adequada é a "b".

**Alternativa correta: "b".**

---

**73. (FGV – Exame de Ordem 2017.3)** Considere a seguinte situação hipotética: Decreto Legislativo do Congresso Nacional susta Ato Normativo do Presidente da República que exorbita dos limites da delegação legislativa concedida.

Insatisfeito com tal Iniciativa do Congresso Nacional e levando em consideração o sistema brasileiro de controle de constitucionalidade, o Presidente da República pode

a) deflagrar o controle repressivo concentrado mediante uma Arguição de Descumprimento de Preceito Fundamental (ADPF), pois não cabe Ação Direta de Inconstitucionalidade de decreto legislativo.

b) recorrer ao controle preventivo jurisdicional mediante o ajuizamento de um Mandado de Segurança perante o Supremo Tribunal Federal.

c) deflagrar o controle repressivo político mediante uma representação de inconstitucionalidade, pois se trata de um ato do Poder Legislativo.

d) deflagrar o controle repressivo concentrado mediante uma Ação Direta de Inconstitucionalidade (ADI), uma vez que o decreto legislativo é ato normativo primário.

**COMENTÁRIOS**

**Alternativa "a":** conforme exposto, é possível a propositura de ADI, não apenas ADPF.

**Alternativa "b":** não há que se falar em controle preventivo, mas, sim, repressivo – tendo em vista a anterior sustação do ato pelo Congresso. Ademais, não cabe mandado de segurança na hipótese, sendo vias adequadas ADI, ADC ou ADPF.

**Alternativa "c":** a representação, de acordo com o art. 125, § 2º, da CF, deve ser utilizada pelos Estados, de modo que não é possível no caso: "Art. 125. Os Estados organizarão sua Justiça, observados os princípios estabelecidos nesta Constituição. § 2º Cabe aos Estados a instituição de representação de inconstitucionalidade de leis ou atos normativos estaduais ou municipais em face da Constituição Estadual, vedada a atribuição da legitimação para agir a um único órgão". Ademais, sendo a representação de inconstitucionalidade uma ação de controle repressivo, não se mostra ação adequada para o caso apresentado.

**Alternativa "d":** de acordo com o art. 49, inciso V, da CF: "É da competência exclusiva do Congresso Nacional: V – sustar os atos normativos do Poder Executivo que exorbitem do poder regulamentar ou dos limites de delegação legislativa". Entretanto, apesar de estar dentro das competências do Congresso a sustação do decreto, o Presidente pode deflagrar controle concentrado de constitucionalidade com base no art. 102, inciso I e § 1º c/c art. 103, inciso I, todos da CF. Deste modo, pode ser objeto de ação declaratória de inconstitucionalidade, ação declaratória de constitucionalidade, ou arguição de descumprimento de preceito fundamental. Ademais, a possibilidade de decreto do Presidente da República ser objeto de controle de constitucionalidade se encontra pacificada na jurisprudência do STF, conforme é possível se observar, por exemplo, na ADI 748-3 e na ADI 1553-2.

**Alternativa correta: letra "d".**

## 2.4.1.1. PROCESSO LEGISLATIVO

---

**74. (FGV – XXXVII Exame OAB)** Márcio, deputado estadual do Estado-membro Alfa e líder do governo na Assembleia, vem demonstrando grande preocupação com o excessivo número de projetos de lei que chegam à Casa Legislativa do Estado e que, segundo ele, se aprovados, trarão muitas inovações e, em consequência, elevado grau de insegurança jurídica aos cidadãos. Por isso, ele sugere que o governador proponha uma emenda à Constituição do Estado (PEC estadual), no sentido de tornar mais dificultoso o processo legislativo para aprovação de lei ordinária. Sua ideia é a de que, ao invés de maioria relativa, a aprovação de lei ordinária apenas se configure caso atingido o quórum de maioria absoluta dos membros da Assembleia legislativa de Alfa. Avaliada pelos Procuradores do Estado Alfa, estes informam, acertadamente, que, segundo o sistema jurídico constitucional brasileiro, a sugestão de Márcio, acerca da alteração no processo legislativo de Alfa,

a) pode ser levada adiante, já que, no caso, com base no princípio federativo, há total autonomia do Estado-membro para a elaboração de suas próprias regras quanto ao processo legislativo.

b) pode ser levada adiante, já que apenas não seria possível a proposta de emenda que viesse a facilitar o processo legislativo para a alteração de leis ordinárias.

c) é inconstitucional, pois, com base no princípio da simetria, o tema objeto da suposta emenda tem de ser disciplinado com observância das regras estabelecidas pela Constituição Federal de 1988.

d) é inválida, pois a Constituição Federal de 1988 veda aos detentores do cargo de Chefe do Poder Executivo o poder de iniciativa para propor a alteração no texto constitucional estadual.

**COMENTÁRIOS**

**Alternativa "c" (responde todas as alternativas):** Referida proposta é inconstitucional. O princípio da simetria diz respeito à necessidade de observância dos requisitos estabelecidos na CF pelos Estados, em suas Constituições. Assim, não é possível tornar mais dificultoso referido processo legislativo, sob pena de divergir da Constituição Federal.

**Alternativa correta: "c".**

---

**75. (FGV – XXXVII Exame OAB)** O Presidente da República, ao finalizar projeto de lei de sua iniciativa privativa, é aconselhado por um assessor que encaminhe o texto ao Senado Federal, de forma a ali dar início à discussão e à votação do referido projeto. A justificativa para que o Senado Federal fosse definido como a casa iniciadora do projeto de lei era a de que a matéria teria recebido grande apoio no âmbito do Senado Federal. O Presidente da República, então, solicita que sua assessoria analise a possibilidade ventilada. Estes, após cuidadosa avaliação, informam ao Presidente da República que, segundo a ordem jurídico-constitucional brasileira, a discussão e a votação dos projetos de lei de iniciativa do Presidente da República terão início

a) na Câmara dos Deputados ou no Senado Federal, conforme escolha discricionária de sua parte.

b) na Câmara dos Deputados, necessariamente, sendo que ao Senado Federal restará o papel de casa revisora.

c) por vezes na Câmara dos Deputados, por vezes no Senado Federal, devendo apenas ser respeitada a regra de alternância entre elas.

d) por regra, no Senado Federal, salvo exceções estabelecidas na Constituição Federal de 1988.

COMENTÁRIOS

**Alternativa "b" (responde todas as alternativas):** O art. 64, *caput* da CF/88 estabelece: "A discussão e votação dos projetos de lei de iniciativa do Presidente da República, do Supremo Tribunal Federal e dos Tribunais Superiores terão início na Câmara dos Deputados.". Assim, caberá ao Senado Federal o papel de casa revisora.

**Alternativa correta: "b".**

**76. (FGV – XXXVII Exame OAB)** Um terço dos membros do Senado Federal apresentou proposta de emenda à Constituição da República (PEC), propondo o acréscimo de um inciso ao Art. 5º. Segundo a PEC, o novo inciso teria a seguinte redação: "LXXX – é garantida a inclusão digital e o acesso amplo e irrestrito à Internet, nos termos da lei." A proposta foi aprovada pelo plenário da Câmara dos Deputados e do Senado Federal por mais de três quintos dos membros em um único turno de votação. Ato contínuo, a PEC foi promulgada pelas Mesas da Câmara dos Deputados e do Senado Federal. Sobre a PEC descrita na narrativa, segundo o sistema jurídico-constitucional brasileiro, assinale a afirmativa correta.

a) Apresenta uma inconstitucionalidade material, que vem a ser a violação de cláusula pétrea, haja vista a impossibilidade de qualquer alteração no Art. 5º da Constituição da República.

b) É formalmente inconstitucional, pois o procedimento a ser seguido pelas casas do Congresso Nacional, que funcionam como poder constituinte derivado reformador, não foi corretamente observado.

c) Ostenta um vício de iniciativa, visto que é da competência exclusiva do chefe do Poder Executivo a apresentação do projeto de emenda à Constituição.

d) Apresenta vício formal, pois, em qualquer ato de produção normativa, especialmente no caso de emenda à constituição, a competência para o ato de promulgação é do Presidente da República.

COMENTÁRIOS

**Alternativa "b" (responde todas as alternativas):** O art. 60, §2º da CF/88 determina: "A proposta será discutida e votada em cada Casa do Congresso Nacional, <u>em dois turnos</u>, considerando-se aprovada se obtiver, em ambos, três quintos dos votos dos respectivos membros.". Esse rito não foi respeitado; há inconstitucionalidade formal. Não há inconstitucionalidade quanto à matéria.

**Alternativa correta: "b".**

**77. (FGV – Exame de Ordem 2021.3)** Você, como advogada(o) atuante na defesa dos Direitos Humanos, foi convidada(o) para participar de um programa de debate na rádio local sobre a questão da pena de morte.

Um dos debatedores, em certo ponto do programa, afirmou que, caso fosse aprovada uma Proposta de Emenda Constitucional (PEC) suprimindo a vedação da pena de morte presente na Constituição, o Brasil poderia adotar esse tipo de pena. Na opinião desse debatedor, tratar-se-ia apenas de vontade política e não de questão jurídica.

Diante disso, cabe a você esclarecer que

a) essa PEC poderia ser aprovada pelo Congresso Nacional e surtir seus efeitos jurídicos mas, por se tratar de uma questão política, o ideal seria que essa decisão fosse precedida de amplo debate popular.

b) essa PEC poderia ser aprovada pelo Congresso Nacional mas, de acordo com a Constitui**ção da República, uma decisão nesse sentido somente poderia ser implementada após** aprovação em referendo popular.

c) essa PEC não é juridicamente adequada, porque tal vedação é cláusula pétrea da Constituição e porque o Brasil promulgou o Protocolo Adicional à Convenção Americana sobre Direitos Humanos referente à abolição da pena de morte.

d) de acordo com a Constituição da República e a Convenção Americana sobre Direitos Humanos, apenas o Supremo Tribunal Federal poderia admitir a pena de morte, porque possui competência para relativizar a proteção a um direito fundamental, desde que para proteger outro direito fundamental.

COMENTÁRIOS

**Alternativa "c" (responde todas as alternativas):** A vedação à pena de morte está prevista no art. 5º, XLVII da CF/88. Trata-se de um direito fundamental. O art. 60, §4º, por sua vez, contém as cláusulas pétreas, que veda a deliberação de proposta de emenda tendente a abolir, dentre outras matérias, os direitos e garantias individuais. Ao editar tal PEC, se estaria violando cláusula pétrea, de modo que a PEC não é juridicamente adequada. Ademais, o Brasil promulgou o Protocolo Adicional à Convenção Americana sobre Direitos Humanos referente à abolição da pena de morte, de modo que se comprometeu a não restabelecer pena de morte já abolida.

**Alternativa correta: "c".**

**78. (FGV – Exame de Ordem 2020.1)** Diante das intensas chuvas que atingiram o Estado Alfa, que se encontra em situação de calamidade pública, o Presidente da República, ante a relevância e urgência latentes, edita a Medida Provisória nº XX/19, determinando a abertura de crédito extraordinário para atender às despesas imprevisíveis a serem realizadas pela União, em decorrência do referido desastre natural.

A partir da situação hipotética narrada, com base no texto constitucional vigente, assinale a afirmativa correta.

a) A Constituição de 1988 veda, em absoluto, a edição de ato normativo dessa natureza sobre matéria orçamentária, de modo que a abertura de crédito extraordinário deve ser feita por meio de lei ordinária de iniciativa do Chefe do Executivo.

b) A Constituição de 1988 veda a edição de ato normativo dessa natureza em matéria de orçamento e créditos adicionais e suplementares, mas ressalva a possibilidade de abertura de crédito extraordinário para atender a despesas imprevisíveis e urgentes, como as decorrentes de calamidade pública.

c) O ato normativo editado afronta o princípio constitucional da anterioridade orçamentária, o qual impede quaisquer modificações nas leis orçamentárias após sua aprovação pelo Congresso Nacional e consequente promulgação presidencial.

d) O ato normativo editado é harmônico com a ordem constitucional, que autoriza a edição de medidas provisórias que versem sobre planos plurianuais, diretrizes orçamentárias, orçamento e créditos adicionais, suplementares e extraordinários, desde que haja motivação razoável.

COMENTÁRIOS

**Alternativa "b":** Embora o art. 62, §1º, I, d da CF/88 estabeleça ser **vedada a edição de medidas provisórias sobre matéria relativa a planos plurianuais, diretrizes orçamentárias, orçamento e créditos adicionais e suplementares.** Há contudo uma ressalva no próprio dispositivo, que remete ao art. 167, §3º da CF/88, segundo o qual: "A abertura de crédito extraordinário somente será admitida para atender a despesas imprevisíveis e urgentes, como as decorrentes de guerra, comoção interna **ou calamidade pública,** observado o disposto no art. 62.". Portanto, embora vedada a edição desse ato normativo, ele se encaixa na ressalva à regra.

**Alternativa correta: "b".**

---

**79. (FGV – Exame de Ordem 2020.1)** O governo federal, visando ao desenvolvimento e à redução das desigualdades no sertão nordestino do Brasil, editou a Lei Complementar Y, que dispôs sobre a concessão de isenções e reduções temporárias de tributos federais devidos por pessoas físicas e jurídicas situadas na referida região.

Sobre a Lei Complementar Y, assinale a afirmativa correta.

a) É formalmente inconstitucional, eis que a Constituição da República de 1988 proíbe expressamente a criação de regiões, para efeitos administrativos, pela União.

b) É materialmente inconstitucional, sendo vedada a concessão de incentivos regionais de tributos federais, sob pena de violação ao princípio da isonomia federativa.

c) É formal e materialmente constitucional, sendo possível que a União conceda incentivos visando ao desenvolvimento econômico e à redução das desigualdades no sertão nordestino.

d) Apresenta inconstitucionalidade formal subjetiva, eis que cabe aos Estados e ao Distrito Federal, privativamente, criar regiões administrativas visando ao seu desenvolvimento e à redução das desigualdades.

COMENTÁRIOS

**Alternativa "c" (responde todas as alternativas):** Embora o art. 151, I da CF/88 estabeleça a vedação, à União, e instituir tributo que não seja uniforme em todo o território nacional ou que implique distinção ou preferência em relação a Estado, DF ou Município em detrimento de outra, **é admitida a concessão de incentivos fiscais destinados a promover o equilíbrio do desenvolvimento socioeconômico entre as diferentes regiões do País**. Por sua vez, o art. 43 da CF/88 estabelece em seu §1º, I que **lei complementar disporá sobre as condições para integração de regiões em desenvolvimento**. Portanto, é materialmente constitucional (seu conteúdo está de acordo com as disposições constitucionais) e é também formalmente constitucional (a forma adotada, de lei complementar, é adequada para dispor de tal matéria).

**Alternativa correta: "c".**

---

**80. (FGV – Exame de Ordem 2019.2)** Em 2005, visando a conferir maior estabilidade e segurança jurídica à fiscalização das entidades dedicadas à pesquisa e à manipulação de material genético, o Congresso Nacional decidiu discipliná-las por meio da Lei Complementar X, embora a Constituição Federal não reserve a matéria a essa espécie normativa. Posteriormente, durante o ano de 2017, com os avanços tecnológicos e científicos na área, entrou em vigor a Lei Ordinária Y prevendo novos mecanismos fiscalizatórios a par dos anteriormente estabelecidos, bem como derrogando alguns artigos da Lei Complementar X.

Diante da situação narrada, assinale a afirmativa correta.

a) A Lei Ordinária Y é formalmente inconstitucional, não podendo dispor sobre matéria já tratada por Lei Complementar, em razão da superioridade hierárquica desta em relação àquela.

b) Embora admissível a edição da Lei Ordinária Y tratando de novos mecanismos a par dos já existentes, a revogação de dispositivos da Lei Complementar X exigiria idêntica espécie normativa.

c) A Lei Complementar X está inquinada de vício formal, já que a edição dessa espécie normativa encontra-se vinculada às hipóteses taxativamente elencadas pela Constituição Federal de 1988.

d) A Lei Complementar X, por tratar de matéria a respeito da qual não se exige a referida espécie normativa, pode vir a ser revogada por Lei Ordinária posterior que verse sobre a mesma temática.

COMENTÁRIOS

**Alternativa "d" (responde às demais alternativas):** Considerando a inexistência de hierarquia entre lei ordinária e lei complementar, apenas seria formalmente inconstitucional a lei ordinária em questão caso a Constituição Federal houvesse reservado a matéria à lei complementar. Como não é o caso, a lei é admissível, pois a Lei Complementar X é apenas formalmente complementar, sendo materialmente ordinária, conforme entendimento do STF (RE 377.457, rel. min. Gilmar Mendes, j. 17-9-2008, P, DJE de 19-12-2008, Tema 71.)

**Alternativa correta: "d".**

---

**81. (FGV-Exame de Ordem 2019.1)** Ante o iminente vencimento do prazo para adimplemento de compromissos internacionais assumidos pelo Brasil perante o Fundo Monetário Internacional, bem como diante da grave crise econômica enfrentada pelo Estado, o Presidente da República, no regular exercício do mandato, edita a Medida Provisória X. A medida dispõe sobre a possibilidade de detenção e sequestro, pelo governo federal, de bens imóveis com área superior a 250 m² situados em zonas urbanas, desde que não se trate de bem de família e que o imóvel esteja desocupado há mais de dois anos.

Sobre a Medida Provisória X, com base na CRFB/88, assinale a afirmativa correta.

a) É inconstitucional, uma vez que a Constituição Federal de 1988 veda, expressamente, que tal espécie normativa disponha sobre matéria que vise a detenção ou o sequestro de bens.

b) É inconstitucional, pois trata de matéria já regulamentada pelo legislador ordinário, qual seja, a possibilidade de desapropriação de bens imóveis urbanos por necessidade ou utilidade pública.

c) Ela não se revela adequada ao cumprimento do requisito de urgência porque só produzirá efeitos no exercício financeiro seguinte, caso venha a ser convertida em lei até o último dia daquele em que foi editada.

d) É constitucional, pois foram respeitados os requisitos de relevância e urgência, desde que seja submetida de imediato ao Congresso Nacional, perdendo eficácia se não for convertida em lei no prazo de 60 (sessenta) dias, prorrogável uma única vez por igual período.

COMENTÁRIOS

**Alternativa "a":** Trata-se da vedação prevista no art. 62, II da CF/88, segundo o qual é vedada a edição de medidas provisórias sobre matéria que vise a detenção ou sequestro de bens, de poupança popular ou qualquer outro ativo financeiro.

**Alternativa correta: "a".**

---

**82. (FGV – Exame de Ordem 2018.2)** O deputado federal Alberto propôs, no exercício de suas atribuições, projeto de lei de grande interesse para o Poder Executivo federal. Ao perceber que o momento político é favorável à sua aprovação, a bancada do governo pede ao Presidente da República que, utilizando-se de suas prerrogativas, solicite urgência (regime de urgência constitucional) para a apreciação da matéria pelo Congresso Nacional. Em dúvida, o Presidente da República recorre ao seu corpo jurídico, que, atendendo à sua solicitação, informa que, de acordo com o sistema jurídico-constitucional brasileiro, o pleito da base governista

a) é viável, pois é prerrogativa do chefe do Poder Executivo solicitar o regime de urgência constitucional em todos os projetos de lei que tramitem no Congresso Nacional.
b) não pode ser atendido, pois o regime de urgência constitucional somente pode ser solicitado pelo presidente da mesa de uma das casas do Congresso Nacional.
c) viola a CRFB/88, pois o regime de urgência constitucional somente pode ser requerido pelo Presidente da República em projetos de lei de sua própria iniciativa.
d) não pode ser atendido, pois, nos casos urgentes, o Presidente da República deve veicular a matéria por meio de medida provisória e não solicitar que o Legislativo aprecie a matéria em regime de urgência.

COMENTÁRIOS

**Alternativa "c" (responde todas as demais alternativas):** de acordo com o **art. 64, § 1º, da CF, o pleito é inviável**, porque viola o referido dispositivo, tendo em vista que o Presidente pode solicitar urgência apenas para projetos de sua iniciativa: "Art. 64. A discussão e votação dos projetos de lei de iniciativa do Presidente da república, do Supremo Tribunal Federal e dos Tribunais Superiores terão início na Câmara dos Deputados. § 1º **O Presidente da República poderá solicitar urgência para apreciação de projetos de sua iniciativa**".

**Alternativa correta: letra "c".**

---

**83. (FGV – Exame de Ordem 2018.1)** Por entender que o voto é um direito, e não um dever, um terço dos membros da Câmara dos Deputados articula proposição de emenda à Constituição de 1988, no sentido de tornar facultativo a todos os cidadãos o voto nas eleições a serem realizadas no país. Sabendo que a proposta gerará grande polêmica, o grupo de parlamentares resolve consultar um advogado especialista na matéria. De acordo com o sistema jurídico-constitucional brasileiro, assinale a opção que indica a orientação correta a ser dada pelo advogado.

a) Não é possível sua supressão por meio de Emenda Constitucional, porque o voto obrigatório é considerado cláusula pétrea da Constituição da República, de 1988.
b) Não há óbice para que venha a ser objeto de alteração por via de Emenda Constitucional, embora o voto obrigatório tenha estatura constitucional.
c) Para que a proposta de Emenda Constitucional seja analisada pelo Congresso Nacional, é necessária manifestação de um terço de ambas as Casas.
d) A emenda, sendo aprovada pelo Congresso Nacional, somente será promulgada após a devida sanção presidencial.

COMENTÁRIOS

**Alternativa correta: letra "b"** (também explica a "a"): o **voto obrigatório não é considerado cláusula pétrea**. Conforme **art. 60, § 4º, inciso II, da CF: "Art. 60. § 4º Não será objeto de deliberação a proposta de emenda tendente a abolir: II – o voto direto, secreto, universal e periódico**". Deste modo, o voto obrigatório pode ser objeto de PEC.

**Alternativa "c":** a assertiva traz quórum referente à legitimidade ativa de deputados e senadores para propositura de PEC, constante no art. 60, inciso I, da CF. Contudo, o **quórum para a aprovação de PEC é de 3/5 de cada casa, em votação em dois turnos, conforme art. 60, § 2º, da CF**: "Art. 60. § 2º A proposta será discutida e votada em cada Casa do Congresso Nacional, em dois turnos, considerando-se aprovada se obtiver, em ambos, três quintos dos votos dos respectivos membros".

**Alternativa "d":** a promulgação de PEC independe do Presidente da República, conforme art. 60, § 3º, da CF: "Art. 60. § 3º **A emenda à Constituição será promulgada pelas Mesas da Câmara dos Deputados e do Senado Federal, com o respectivo número de ordem**".

**Alternativa correta: letra "b".**

---

**84. (FGV – Exame de Ordem 2017.1)** O Presidente da República, objetivando adotar medidas urgentes para melhorar o desempenho da máquina burocrática pública, solicita delegação ao Congresso Nacional a fim de normatizar, por meio de lei delegada, a tramitação mais eficiente de processos no âmbito da Administração Pública.

O Congresso Nacional, embora tenha concordado com o pedido formulado, especifica, por meio de resolução, que o projeto de lei delegada proposto pelo Presidente da República, antes de adentrar o sistema jurídico vigente pela via legal, deverá ser por ele avaliado.

O Presidente da República, tendo dúvidas sobre se a condição imposta pelo Poder Legislativo é violadora da ordem jurídico- constitucional brasileira, solicita esclarecimentos à sua assessoria jurídica.

Sobre a exigência do Congresso Nacional, assinale a afirmativa correta.

a) A exigência é constitucional, posto que a CRFB/88 prevê a possibilidade de controle prévio sobre o conteúdo normativo da delegação, quando a resolução assim o previr.
b) A exigência é inconstitucional, posto que a autorização para a edição de lei delegada, quando concedido pelo Congresso Nacional, retira desse órgão qualquer possibilidade de controle sobre o seu conteúdo.
c) A exigência é constitucional, podendo o Parlamento arrogar-se o direito de propor emendas ao conteúdo normativo do projeto de lei proposto pelo Presidente da República.
d) A exigência é inconstitucional, pois a lei delegada é espécie normativa cujo fundamento encontra-se alicerçado no princípio da total independência de um Poder nos assuntos de outro.

COMENTÁRIOS

**Alternativa "a" (responde a todas as alternativas):** de acordo com o art. 68 da CF, as leis delegadas serão elaboradas pelo Presidente da República, que deverá solicitar a delegação ao Congresso Nacional. A delegação ao Presidente da República terá a forma de resolução do Congresso Nacional, que especificará seu conteúdo e os termos de seu exercício. **Se a resolução determinar a apreciação do projeto pelo Congresso Nacional** (controle prévio), este a fará em votação única, **vedada qualquer emenda.**

**Alternativa correta: letra "a".**

## 2.4.2. PODER EXECUTIVO

---

**85. (FGV – Exame de Ordem 2021.1)** No dia 1º de janeiro de 2015, foi eleito o Presidente da República Alfa, para um mandato de quatro anos. Pouco depois, já no exercício do cargo, foi denunciado pelo Ministério Público de Alfa por ter sido flagrado cometendo o crime (comum) de lesão corporal contra um parente. Embora o referido crime não guarde nenhuma relação com o exercício da função, o Presidente da República Alfa mostra-se temeroso com a possibilidade de ser imediatamente afastado do exercício da presidência e preso.

Se a situação ocorrida na República Alfa acontecesse no Brasil, segundo o sistema jurídico-constitucional brasileiro, dar-se-ia

a) o afastamento do Presidente da República se o Senado Federal deliberasse dessa maneira por maioria absoluta.

b) a permanência do Presidente da República no exercício da função, embora tenha que responder pelo crime cometido após a finalização do seu mandato.

c) o afastamento do Presidente da República se, após autorização da Câmara dos Deputados, houvesse sua condenação pelo Supremo Tribunal Federal.

d) a autorização para que o Presidente da República finalizasse o seu mandato, caso o Senado Federal assim decidisse, após manifestação da Câmara dos Deputados.

COMENTÁRIOS

**Alternativa "b" (responde todas as alternativas):** O art. 86, §4º da CF/88 estabelece que: "§ 4º O Presidente da República, **na vigência de seu mandato**, não pode ser responsabilizado por atos estranhos ao exercício de suas funções." Trata-se da **cláusula de irresponsabilidade penal relativa**, de modo que embora nao responda durante a vigência do mandato, poderá responder por eles após o seu final. Só se discute a autorização para afastamento por parte do Poder Legislativo (como indicam as outras alternativas) no caso de crimes de responsabilidade, que não é o caso indicado na questão.

**Alternativa correta: "b".**

---

**86. (FGV-Exame de Ordem 2019.1)** A Mesa da Câmara dos Deputados encaminhou ao Ministro de Estado da Saúde pedido escrito de informações acerca da sua participação na formulação da política pública e na execução das ações de saneamento básico no território nacional.

Passados trinta dias do recebimento do documento, não há qualquer resposta por parte do ministério, sendo que o ministro da referida pasta entende que as questões suscitadas não demandam resposta ministerial, por não possuírem caráter técnico, mas apenas político.

Indignado, o Presidente da Mesa da Câmara dos Deputados submete a questão à apreciação de sua assessoria jurídica.

Sobre o caso narrado, assinale a opção que apresenta, de acordo com o sistema jurídico-constitucional brasileiro, a resposta correta.

a) O Ministro de Estado da Saúde, em exercício no âmbito do Poder Executivo, somente está obrigado a responder aos pedidos oriundos do Presidente da República, a quem hierarquicamente se submete.

b) Em razão do princípio da independência entre os poderes da República, a ausência da resposta por parte do Poder Executivo não poderá acarretar sanções jurídicas, embora possa gerar uma crise entre os poderes.

c) A ausência de resposta poderá fazer com que o Ministro responsável pela pasta venha a responder por crime, perante o Superior Tribunal de Justiça, caso seja denunciado pelo Ministério Público.

d) O Ministro de Estado da Saúde poderá vir a responder por crime de responsabilidade, não lhe sendo assegurada discricionariedade para deixar de responder ao pedido de informações formulado pela Mesa da Câmara dos Deputados.

COMENTÁRIOS

**Alternativa "a":** O Ministro é obrigado a responder esse pedido, nos termos do art. 50, §2º da CF/88.

**Alternativa "b":** Há a sanção de responder por crime de responsabilidade.

**Alternativa "c":** Trata-se de crime de responsabilidade, e não crime propriamente dito.

**Alternativa "d":** O art. 50, §2º da CF/88, estabelece que, diante do pedido escrito de informações, feito pela Mesa da Câmara dos Deputados e do Senado Federal dirigido a Ministros de Estado, constitui crime de responsabilidade a recusa ou o não atendimento no prazo de 30 dias, bem como a prestação de informações falsas.

**Alternativa correta: "d".**

---

**87. (FGV – Exame de Ordem/2018.3)** Em determinado órgão integrante da administração pública federal, vinculado ao Ministério da Fazenda, foi apurado que aproximadamente 100 (cem) cargos estavam vagos. O Presidente da República, mediante decreto, delegou ao Ministro da Fazenda amplos poderes para promover a reestruturação do aludido órgão público, inclusive com a possibilidade de extinção dos cargos vagos.

Sobre a hipótese, com fundamento na ordem jurídico-constitucional vigente, assinale a afirmativa correta.

a) Somente mediante lei em sentido formal é admitida a criação e extinção de funções e cargos públicos, ainda que vagos; logo, o decreto presidencial é inconstitucional por ofensa ao princípio da reserva legal.

b) A Constituição de 1988 atribui exclusivamente ao Presidente da República a possibilidade de, mediante decreto, dispor sobre a extinção de funções ou cargos públicos, não admitindo que tal competência seja delegada aos Ministros de Estado.

c) O referido decreto presidencial se harmoniza com o texto constitucional, uma vez que o Presidente da República pode dispor, mediante decreto, sobre a extinção de funções ou cargos públicos, quando vagos, sendo permitida a delegação dessa competência aos Ministros de Estado.

d) A Constituição de 1988 não permite que cargos públicos legalmente criados, ainda que vagos, sejam extintos, ressalvada a excepcional hipótese de excesso de gastos orçamentários com pessoal; portanto, o Decreto presidencial é inconstitucional.

COMENTÁRIOS

**Alternativa "a":** Nos termos do art. 84, VI, "b" da CF/88, compete privativamente ao Presidente da República dispor, mediante decreto, sobre extinção de funções ou cargos públicos.

**Alternativa "b":** Admite-se a delegação, nos termos do art. 84, parágrafo único, aos Ministros de Estado, Procurador-Geral da República e Advogado-Geral da União, de determinadas matérias, dentre as quais a extinção de funções ou cargos públicos vagos.

**Alternativa "c":** Trata-se do entendimento extraído do art. 84, VI, "b" da CF/88 combinado com o parágrafo único do mesmo artigo.

**Alternativa "d":** Admite-se a extinção de funções ou cargos públicos quando vagos.

**Alternativa correta: "c".**

CONSTITUCIONAL

### 2.4.3. PODER JUDICIÁRIO E FUNÇÕES ESSENCIAIS À JUSTIÇA

**88. (FGV – Exame de Ordem 2022.1)** João Santos, eleito para o cargo de governador do Estado Delta, em cumprimento de uma promessa de campanha, resolve realizar severa reforma administrativa, de modo a melhorar as condições econômico-financeiras do Estado Delta. Para tanto, entre várias propostas, sugere a extinção da Defensoria Pública do Estado, sendo que a Procuradoria Geral do Estado passaria a ter, então, a incumbência de exercer as atribuições da instituição a ser extinta. Segundo a ordem jurídico-constitucional brasileira, o governador está

a) correto, pois os interesses público primários e secundários são coincidentes, não havendo motivos para que mais de um órgão venha a ter a competência concorrente de tutelar a ambos.

b) equivocado, pois a extinção da Defensoria Pública teria, por consequência automática, o repasse das atribuições do órgão a ser extinto para o Ministério Público do Estado Delta.

c) correto, pois a organização da estrutura administrativa do Estado Delta é atribuição do Governador do Estado, como decorrência natural do princípio federativo.

d) equivocado, sendo que sua proposta viola a Constituição Federal, já que a Defensoria Pública, como instituição permanente, é essencial à função jurisdicional do Estado.

**COMENTÁRIOS**

**Alternativa "d" (responde todas as alternativas):** Nos termos do art. 134 da CF/88, a Defensoria Pública é instituição permanente, essencial à função jurisdicional do Estado. Logo, não pode ser extinta. Assim, o governador está equivocado, sendo sua proposta inconstitucional.

**Alternativa correta: "d".**

---

**89. (FGV – Exame de Ordem 2020.1)** Preocupado com o grande número de ações judiciais referentes a possíveis omissões inconstitucionais sobre direitos sociais e, em especial, sobre o direito à saúde, o Procurador-Geral do Estado Beta (PGE) procurou traçar sua estratégia hermenêutica de defesa a partir de dois grandes argumentos jurídicos: em primeiro lugar, destacou que a efetividade dos direitos prestacionais de segunda dimensão, promovida pelo Poder Judiciário, deve levar em consideração a disponibilidade financeira estatal; um segundo argumento é o relativo à falta de legitimidade democrática de juízes e tribunais para fixar políticas públicas no lugar do legislador eleito pelo povo.

Diante de tal situação, assinale a opção que apresenta os conceitos jurídicos que correspondem aos argumentos usados pelo PGE do Estado Beta.

a) Dificuldade contra parlamentar e reserva do impossível.

b) Reserva do possível fática e separação dos Poderes.

c) Reserva do possível jurídica e reserva de jurisdição do Poder Judiciário.

d) Reserva do possível fática e reserva de plenário.

**COMENTÁRIOS**

**Alternativa "a":** Alternativa incorreta. Não se fala em reserva do impossível, mas sim reserva do possível.

**Alternativa "b":** Enquanto a reserva do possível fática se cinge à disponibilidade de recursos à satisfação do direito, a jurídica consiste na previsão dos gastos em leis orçamentárias e na divisão de competências entre os entes federativos. No caso, fala-se em disponibilidade financeira, consistindo, portanto, na reserva do possível fática.

Quanto ao argumento de falta de legitimidade democrática do Poder Judiciário, encontra-se intimamente ligado à ideia de separação de Poderes. Vale destacar, contudo, que o STF entende ser possível ao Poder Judiciário determinar a adoção de medidas para prover direitos que vem sendo desrespeitados sem violar a separação de poderes, desde que sejam direitos constitucionalmente reconhecidos como essenciais, havendo natureza constitucional da política pública reclamada, correlação com direitos fundamentais, e omissão ou prestação deficiente injustificável por parte da Administração Pública (RE 440.028/SP).

**Alternativa "c":** A reserva de jurisdição diz respeito a atos que só podem ser determinados por juízes, sendo, por exemplo, um limite aos poderes das CPIs.

**Alternativa "d":** Reserva de plenário é a regra do art. 97 da CF/88 que estabelece que: "Art. 97. Somente pelo voto da maioria absoluta de seus membros ou dos membros do respectivo órgão especial poderão os tribunais declarar a inconstitucionalidade de lei ou ato normativo do Poder Público."

**Alternativa correta: "b".**

---

**90. (FGV – Exame de Ordem 2019.3)** Durante campeonato oficial de judô promovido pela Federação de Judô do Estado Alfa, Fernando, um dos atletas inscritos, foi eliminado da competição esportiva em decorrência de uma decisão contestável da arbitragem que dirigiu a luta.

Na qualidade de advogado(a) contratado(a) por Fernando, assinale a opção que apresenta a medida juridicamente adequada para o caso narrado.

a) Fernando poderá ingressar com processo perante a justiça desportiva para contestar o resultado da luta e, uma vez esgotadas as instâncias desportivas e proferida decisão final sobre o caso, não poderá recorrer ao Poder Judiciário.

b) Fernando poderá impugnar o resultado da luta perante o Poder Judiciário, independentemente de esgotamento das instâncias da justiça desportiva, em virtude do princípio da inafastabilidade da jurisdição.

c) Fernando, uma vez esgotadas as instâncias da justiça desportiva (que terá o prazo máximo de 60 dias, contados da instauração do processo, para proferir decisão final), poderá impugnar o teor da decisão perante o Poder Judiciário.

d) A ordem jurídica, que adotou o princípio da unidade de jurisdição a partir da Constituição de 1988, passou a prever a exclusividade do Poder Judiciário para dirimir todas as questões que venham a ser judicializadas em território nacional, deslegitimando a atuação da justiça desportiva.

**COMENTÁRIOS**

**Alternativa "c" (responde às demais alternativas):** Nos termos do art. 217, §1º da CF/88, o Poder Judiciário somente pode admitir ações relativas a disciplina e competições desportivas quando já tiverem se esgotado as instâncias da justiça desportiva, que, nos termos do §2º do mesmo artigo, tem o prazo máximo de sessenta dias, contados da instauração do processo, para proferir decisão final.

**Alternativa correta: "c".**

---

**91. (FGV – Exame de Ordem 2017.1)** O Presidente da República descumpriu ordem judicial, emanada de autoridade competente, impondo à União o pagamento de vantagens atrasadas, devidas aos servidores públicos federais ativos e inativos. A Advocacia Geral da União argumentava que a mora era justificável por conta da ausência de previsão de recursos públicos em lei orçamentária específica.

Apesar disso, um grupo de parlamentares, interessado em provocar a atuação do Ministério Público, entendeu ter ocorrido crime comum de desobediência, procurando você para que, como advogado(a), informe que órgão seria competente para julgar ilícito dessa natureza.

Dito isto e a par da conduta descrita, é correto afirmar que o Presidente da República deve ser julgado

a) pela Câmara dos Deputados, após autorização do Senado Federal.
b) pelo Senado Federal, após autorização da Câmara dos Deputados.
c) pelo Supremo Tribunal Federal, após autorização da Câmara dos Deputados.
d) pelo Supremo Tribunal Federal, após autorização do Congresso Nacional.

COMENTÁRIOS

**Alternativa "c" (responde a todas as alternativas):** nos termos do art. 102, I, "b", da CF, compete ao Supremo Tribunal Federal, processar e julgar, originariamente, nas infrações penais comuns, o Presidente da República. Ainda, de acordo com o art. 51, I, da CF, compete privativamente à Câmara dos Deputados autorizar, por dois terços de seus membros, a instauração de processo contra o Presidente da República.

**Alternativa correta: letra "c".**

**92. (FGV – Exame de Ordem 2017.1)** Parlamentar brasileiro, em viagem oficial, visita o Tribunal Constitucional Federal da Alemanha, recebendo numerosas informações acerca do seu funcionamento e de sua área de atuação. Uma, todavia, chamou especialmente sua atenção: a referida Corte Constitucional reconhecia a possibilidade de alteração da Constituição material – ou seja, de suas normas – sem qualquer mudança no texto formal. Surpreendido com essa possibilidade, procura sua assessoria jurídica a fim de saber se o Supremo Tribunal Federal fazia uso de técnica semelhante no âmbito da ordem jurídica brasileira.

A partir da hipótese apresentada, assinale a opção que apresenta a informação dada pela assessoria jurídica.

a) Não. O Supremo Tribunal Federal somente pode reconhecer nova norma no sistema jurídico constitucional a partir de emenda à constituição produzida pelo poder constituinte derivado reformador.
b) Sim. O Supremo Tribunal Federal, reconhecendo o fenômeno da mutação constitucional, pode atribuir ao texto inalterado uma nova interpretação, que expressa, assim, uma nova norma.
c) Não. O surgimento de novas normas constitucionais somente pode ser admitido por intermédio das vias formais de alteração, todas expressamente previstas no próprio texto da Constituição.
d) Sim. O sistema jurídico-constitucional brasileiro, seguindo linhas interpretativas contemporâneas, admite, como regra, a interpretação da Constituição independentemente de limites semânticos concedidos pelo texto.

COMENTÁRIOS

**Alternativa "b" (responde a todas as alternativas):** Segundo José Afonso da Silva, reforma é gênero, e tem como espécies: emenda (mudança pontual) e revisão (modificação mais ampla). Alguns autores também apontam a mutação constitucional como um procedimento não formal de reforma ou mudança da Constituição. Mutação constitucional é um **processo não formal de mudança da Constituição em que o texto constitucional permanece inalterado, modificando-se apenas o significado e o sentido interpretativo de determinada norma constitucional**. Em outras palavras: na mutação, O exemplo mais famoso é a interpretação do STF sobre o conceito de casa, do art. 5°, XI, da CF, para dizer que inclui também escritórios profissionais, hotéis, motéis, pensões e congêneres. Segundo Luís Roberto Barroso, a mutação constitucional pode ocorrer por interpretação, pela atuação do legislador e por via de costume. Segundo Luís Roberto Barroso, a mutação constitucional pode ocorrer por interpretação, pela atuação do legislador e por via de costume. A mutação constitucional por via de interpretação "consiste na mudança de sentido da norma, em contraste com entendimento preexistente". Já a mutação pela atuação do legislador ocorrerá "quando, por ato normativo primário, procurar-se modificar a interpretação que tenha sido dada a alguma norma constitucional. É possível conceber que, ensejando a referida norma mais de uma leitura possível, o legislador opte por uma delas, exercitando o papel que lhe é próprio, de realizar escolhas políticas. A mutação pela atuação do legislador terá lugar se, vigendo um determinado entendimento, a lei vier a alterá-lo. Suponha-se, por exemplo, que o § 3° do art. 226 da Constituição – que reconhece a união estável entre homem e mulher como entidade familiar – viesse a ser interpretado no sentido de considerar vedada a união estável entre pessoas do mesmo sexo. Se a lei ordinária vier a disciplinar esta última possibilidade, chancelando as uniões homoafetivas, terá modificado o sentido que vinha sendo dado à norma constitucional". Por fim, a mutação por costume é aquela que altera uma prática historicamente considerada válida. "Há outro exemplo expressivo contemporâneo, relacionado com as Comissões Parlamentares de Inquérito (CPIs). Nos últimos anos, uma prática política persistente expandiu os poderes dessas comissões e redefiniu suas competências. Passou-se a admitir, pacificamente, a determinação de providências que antes eram rejeitadas pela doutrina e pela jurisprudência, aí incluídas a quebra de sigilos bancários, telefônico e fiscais" (BARROSO, Luís Roberto. Curso de Direito Constitucional Contemporâneo. São Paulo: Saraiva, 2009, p. 128-135).

**Alternativa correta: letra "b".**

## 2.4.3.1. CONSELHO NACIONAL DE JUSTIÇA

**93. (FGV – Exame de Ordem 2016.2)** Ao ouvir, em matéria telejornalística, referência ao Conselho Nacional de Justiça (CNJ), João, estudante do primeiro ano de curso jurídico, interessado em melhor compreender a estrutura e as atribuições dos órgãos estatais, procura o seu professor de Direito Constitucional para obter maiores informações sobre o tema. Narra o conteúdo da matéria, informando-lhe não ter conseguido entender adequadamente o papel desempenhado pelo referido Conselho na estrutura do Estado. O referido professor, então, plenamente alicerçado na ordem constitucional, esclarece que o Conselho Nacional de Justiça

a) é um órgão atípico, que não se encontra na estrutura de nenhum dos Poderes da República, mas que, sem prejuízo das suas atribuições administrativas, excepcionalmente possui atribuições jurisdicionais.
b) é um órgão pertencente à estrutura do Poder Judiciário e, como tal, possui todas as atribuições jurisdicionais recursais, sem prejuízo das atribuições administrativas de sua competência.
c) embora seja um órgão pertencente à estrutura do Poder Judiciário, possui atribuições exclusivamente administrativas, não sendo, portanto, órgão com competência jurisdicional.
d) é um órgão auxiliar da Presidência da República, com atribuições de controle da atividade administrativa, financeira

e disciplinar de toda a magistratura, incluído neste rol o Supremo Tribunal Federal.

COMENTÁRIOS

**Alternativa "a":** o CNJ é órgão do Poder Judiciário. Nos termos do art. 92 da CF, **são** órgãos **do Poder Judiciário**: I – o Supremo Tribunal Federal; I-A o **Conselho Nacional de Justiça**; II – o Superior Tribunal de Justiça; II-A – o Tribunal Superior do Trabalho; III – os Tribunais Regionais Federais e Juízes Federais; IV – os Tribunais e Juízes do Trabalho; V – os Tribunais e Juízes Eleitorais; VI – os Tribunais e Juízes Militares; VII – os Tribunais e Juízes dos Estados e do Distrito Federal e Territórios.

**Alternativa "b":** o CNJ **não possui poder jurisdicional e, tampouco, atribuições jurisdicionais recursais**, mas apenas atribuições administrativas e correicionais.

**Alternativa "c":** o Conselho Nacional de Justiça é órgão do Poder Judiciário, nos termos do art. 92, I-A, da CF. As atribuições do CNJ são administrativas, conforme art. 103-B, § 4º, da CF. Por derradeiro, destaca-se o julgado: "O art. 103-B da Constituição da República, introduzido pela Emenda Constitucional n. 45/2004, dispõe que o Conselho Nacional de Justiça é órgão com atribuições exclusivamente administrativas e correicionais, ainda que, estruturalmente, integre o Poder Judiciário" (STF. MS 27621, julgado em 2011 e relatado pela Ministra Cármen Lúcia).

**Alternativa "d":** o CNJ não integra órgão auxiliar da Presidência da República, mas é órgão integrante do Poder Judiciário (art. 92, I-A, da CF). Ademais, impende destacar, consonante jurisprudência do Pretório Excelso, "Poder Judiciário. CNJ. Órgão de natureza exclusivamente administrativa. Atribuições de controle da atividade administrativa, financeira e disciplinar da magistratura. Competência relativa apenas aos órgãos e juízes situados, hierarquicamente, abaixo do STF. Preeminência deste, como órgão máximo do Poder Judiciário, sobre o Conselho, cujos atos e decisões estão sujeitos a seu controle jurisdicional. Inteligência dos arts. 102, *caput*, I, letra r, e 103-B, § 4º, da CF. **O CNJ não tem nenhuma competência sobre o STF e seus ministros, sendo esse o** órgão **máximo do Poder Judiciário nacional, a que aquele está sujeito**." (STF. ADI 3367, julgada em 2005 e relatada pelo Ministro Cezar Peluso).

**Alternativa correta: letra "c".**

### 2.4.3.2. SÚMULA VINCULANTE

**94. (FGV – Exame de Ordem 2018.1)** O chefe do Poder Executivo do município Ômega, mediante decisão administrativa, resolve estender aos servidores inativos do município o direito ao auxílio-alimentação, contrariando a Súmula Vinculante nº 55 do Supremo Tribunal Federal. Para se insurgir contra a situação apresentada, assinale a opção que indica a medida judicial que deve ser adotada.

a) Ação Direta de Inconstitucionalidade, perante o Supremo Tribunal Federal, com o objetivo de questionar o decreto.

b) Mandado de injunção, com o objetivo de exigir que o Poder Legislativo municipal edite lei regulamentando a matéria.

c) Reclamação constitucional, com o objetivo de assegurar a autoridade da súmula vinculante.

d) Habeas data, com o objetivo de solicitar explicações à administração pública municipal.

COMENTÁRIOS

**Alternativa correta: letra "c" (responde todas as demais alternativas):** o descumprimento de súmula vinculante comporta reclamação constitucional ao STF, para que seja assegurado o cumprimento do seu enunciado. Conforme art. 7º da Lei 11.417/06: "Art. 7º. Da decisão judicial ou do ato administrativo que contrariar enunciado de súmula vinculante, negar-lhe vigência ou aplicá-lo indevidamente caberá reclamação ao Supremo Tribunal Federal, sem prejuízo dos recursos ou outros meios admissíveis de impugnação".

## 3. CONTROLE DE CONSTITUCIONALIDADE. SISTEMAS DE CONTROLE DE CONSTITUCIONALIDADE. AÇÃO DIRETA DE INCONSTITUCIONALIDADE. AÇÃO DECLARATÓRIA DE CONSTITUCIONALIDADE. ARGUIÇÃO DE DESCUMPRIMENTO DE PRECEITO FUNDAMENTAL

**95. (FGV – XXXVII Exame OAB)** Determinada lei federal de 2020 gerou intensa controvérsia em vários órgãos do Poder Judiciário, bem como suscitou severas críticas de importantes juristas que questionaram a constitucionalidade de diversos dos seus dispositivos. Afinal, cerca de metade dos juízes e tribunais do País inclinou-se por sua inconstitucionalidade. A existência de pronunciamentos judiciais antagônicos vem gerando grande insegurança jurídica no País, daí a preocupação de um legitimado à deflagração do controle concentrado de constitucionalidade em estabelecer uma orientação homogênea na matéria regulada pela lei federal em tela, sem, entretanto, retirá-la do mundo jurídico. Sem saber como proceder para afastar a incerteza jurídica a partir da mitigação de decisões judiciais conflitantes, esse legitimado solicitou que você, como advogado(a), se manifestasse. Assinale a opção que indica a ação cabível para atingir esse objetivo.

a) Ação Direta de Inconstitucionalidade (ADI).

b) Representação de Inconstitucionalidade (RI).

c) Arguição de Descumprimento de Preceito Fundamental (ADPF).

d) Ação Declaratória de Constitucionalidade (ADC).

COMENTÁRIOS

**Nota do autor:** para responder à questão, é essencial se atentar ao objetivo do legitimado: ***afastar a incerteza jurídica a partir da mitigação de decisões judiciais conflitantes.***

**Alternativa "a":** A ADI até seria cabível (lei federal). Contudo, o objetivo do legitimado não é que a norma seja declarada inconstitucional.

**Alternativa "b":** Como se trata de lei federal, não cabe representação de inconstitucionalidade (prevista no art. 125, §2º da CF/88), direcionada aos Tribunais Estaduais, para questionar a constitucionalidade de leis ou atos normativos municipais ou estaduais face à Constituição do Estado.

**Alternativa "c":** A ADPF é regida pelo princípio da subsidiariedade. Como cabe ADI e ADC, não cabe ADPF.

**Alternativa "d":** Resposta correta. Sobretudo em razão do objetivo do legitimado.

**Alternativa correta: "d".**

**96. (FGV – Exame de Ordem XXXVI – 2022.3)** O atual governador do Estado Delta entende que, de acordo com a CRFB/88, a matéria enfrentada pela Lei X, de 15 de agosto de 2017, aprovada pela Assembleia Legislativa de Delta, seria de iniciativa privativa do Chefe do Poder Executivo estadual. Porém, na oportunidade, o projeto de lei foi proposto por um deputado estadual.

Sem saber como proceder, o atual Chefe do Poder Executivo buscou auxílio junto ao Procurador-geral do Estado Delta, que, com base no sistema jurídico-constitucional brasileiro, afirmou que o Governador

a) poderá tão somente ajuizar uma ação pela via difusa de controle de constitucionalidade, pois, no caso em tela, não possui legitimidade para propor ação pela via concentrada.
b) poderá, pela via política, requisitar ao Poder Legislativo do Estado Delta que suspenda a eficácia da referida Lei X, porque, no âmbito jurídico, nada pode ser feito.
c) poderá propor uma ação direta de inconstitucionalidade perante o Supremo Tribunal Federal, alegando vício de iniciativa, já que possui legitimidade para tanto.
d) não poderá ajuizar qualquer ação pela via concentrada, já que apenas a Mesa da Assembleia Legislativa de Delta possuiria legitimidade constitucional para tanto.

**COMENTÁRIOS**

**Alternativa "c" (responde todas as alternativas):** A norma em questão padece de vício de inconstitucionalidade formal, por violação da iniciativa privativa do Governador. O art. 102, I, a da CF/88 prevê que cabe ao STF processar e julgar, originariamente, a ação direta de inconstitucionalidade de lei ou ato normativo federal ou estadual. Quanto à competência do Governador para o ajuizamento da ADI, verifica-se no art. 103, V da CF/88.

**Alternativa correta: "c".**

---

**97. (FGV – Exame de Ordem XXXVI – 2022.3)** O governador do Estado Alfa pretendia criar um novo município no âmbito do seu estado. No entanto, tinha conhecimento de que o Art. 18, § 4º, da CRFB/88, que trata dessa temática, é classificado como norma de eficácia limitada, que ainda está pendente de regulamentação por lei complementar a ser editada pela União.

Em razão dessa constatação, resolve ajuizar Ação Direta de Inconstitucionalidade por Omissão (ADO), perante o Supremo Tribunal Federal (STF), com o intuito de sanar a omissão legislativa. Ao analisar a referida ADO, o STF, por maioria absoluta de seus membros, reconhece a omissão legislativa.

Diante dessa narrativa, assinale a opção que está de acordo com o sistema brasileiro de controle de constitucionalidade.

a) O STF, com o objetivo de combater a síndrome da ineficácia das normas constitucionais, deverá dar ciência ao Poder Legislativo para a adoção das providências necessárias à concretização do texto constitucional, obrigando-o a editar a norma faltante em trinta dias.
b) O STF, em atenção ao princípio da separação de poderes, deverá dar ciência ao Poder Legislativo para a adoção das providências necessárias à concretização da norma constitucional.
c) O STF, a exemplo do que se verifica no mandado de injunção, atuando como legislador positivo, deverá suprir a omissão inconstitucional do legislador democrático, criando a norma inexistente que regula a constituição de novos municípios, o que obsta a atuação legislativa superveniente.
d) A referida ação deveria ter sido julgada inepta, na medida em que somente as normas constitucionais de eficácia contida podem ser objeto de Ação Direta de Inconstitucionalidade por Omissão.

**COMENTÁRIOS**

**Alternativa "b" (responde todas as alternativas):** Em sede de ADO, cabe ao STF, reconhecida a omissão legislativa, tão somente dar ciência ao Poder Legislativo para a adoção das providências necessárias à concretização da norma constitucional. Isso porque, como se trata do exercício de função típica do Poder Legislativo, não pode o Poder Judiciário obrigá-lo a editar a norma. Igualmente incabível é suprir a omissão inconstitucional criando a norma, o que sequer é admitido em sede de mandado de injunção. Nele, o que é possível excepcionalmente, é conferir efeitos concretos à decisão, suprindo, com leis existentes, a omissão existente para evitar o prejuízo aos indivíduos no exercício de direito ou garantia fundamental. Vale ainda destacar que a ação é correta, já que a ADO se presta justamente a identificar a inconstitucionalidade na omissão de regulamentação infraconstitucional de normas constitucionais de eficácia limitada (e não contida, as quais são aplicáveis imediatamente, independentemente de regulamentação infraconstitucional).

**Alternativa correta: "b".**

---

**98. (FGV- XXXV Exame de Ordem-2022.2)** Em decisão de mérito proferida em sede de ação direta de inconstitucionalidade (ADI), os Ministros do Supremo Tribunal Federal declararam inconstitucional o Art. 3o da Lei X. Na oportunidade, não houve discussão acerca da possibilidade de modulação dos efeitos temporais da referida decisão.

Sobre a hipótese, segundo o sistema jurídico-constitucional brasileiro, assinale a afirmativa correta.

a) A decisão está eivada de vício, pois é obrigatória a discussão acerca da extensão dos efeitos temporais concedidos à decisão que declara a inconstitucionalidade.
b) A decisão possui eficácia temporal ex tunc, já que, no caso apresentado, esse é o natural efeito a ela concedido.
c) Nesta específica ação de controle concentrado, é terminantemente proibida a modulação dos efeitos temporais da decisão.
d) A decisão em tela possui eficácia temporal ex nunc, já que, no caso acima apresentado, esse é o efeito obrigatório.

**COMENTÁRIOS**

**Alternativa "b" (responde todas as alternativas):** O art. 27 da lei 9.868/99 estabelece que: "Art. 27. Ao declarar a inconstitucionalidade de lei ou ato normativo, e tendo em vista razões de segurança jurídica ou de excepcional interesse social, poderá o Supremo Tribunal Federal, por maioria de dois terços de seus membros, restringir os efeitos daquela declaração ou decidir que ela só tenha eficácia a partir de seu trânsito em julgado ou de outro momento que venha a ser fixado." A partir de tal disposição, extrai-se que a decisão que declara a inconstitucionalidade de lei ou ato normativo, via de regra, tem efeitos retroativos, ou seja, ex tunc e, excepcionalmente, pode haver modulação de efeitos para que não retroajam, caso em que terá eficácia a partir de seu trânsito em julgado (ex nunc). No caso narrado na questão, não ocorreu modulação dos efeitos temporais da decisão que declarou a inconstitucionalidade do dispositivo legal, logo, deve-se aplicar a regra, que é a eficácia retroativa (ex tunc).

---

**99. (FGV – Exame de Ordem 2022.1)** O governador do Estado Alfa propôs, perante o Supremo Tribunal Federal, Ação Declaratória de Constitucionalidade (ADC), com pedido de tutela cautelar de urgência, para ver confirmada a legitimidade jurídico-constitucional de dispositivos da Constituição estadual, isto em razão da recalcitrância de alguns órgãos jurisdicionais na sua observância. Foi requerida medida cautelar.

A partir do caso narrado, assinale a afirmativa correta.

a) A ADC pode ser conhecida e provida pelo STF, para que venha a ser declarada a constitucionalidade dos dispositivos da Constituição do Estado Alfa indicados pelo governador.

b) Embora a ADC proposta pelo governador do Estado Alfa possa ser conhecida e julgada pelo STF, revela-se incabível o deferimento de tutela cautelar de urgência nessa modalidade de ação de controle abstrato de constitucionalidade.

c) A admissibilidade da ADC prescinde da existência do requisito da controvérsia judicial relevante, uma vez que a norma sobre a qual se funda o pedido de declaração de constitucionalidade tem natureza supralegal.

d) A ADC não consubstancia a via adequada à análise da pretensão formulada, uma vez que a Constituição do Estado Alfa não pode ser objeto de controle em tal modalidade de ação abstrata de constitucionalidade.

COMENTÁRIOS

**Alternativa "d" (responde todas as alternativas):** Como se extrai do art. 102, I, "a" da CF/88, pode ser objeto de ADC lei ou ato normativo **federal**. Assim, a Constituição do Estado Alfa não pode ser objeto de ADC.

**Alternativa correta: "d".**

---

**100. (FGV – Exame de Ordem 2019.3)** Em março de 2017, o Supremo Tribunal Federal, em decisão definitiva de mérito proferida no âmbito de uma Ação Declaratória de Constitucionalidade, com eficácia contra todos (erga omnes) e efeito vinculante, declarou que a lei federal, que autoriza o uso de determinado agrotóxico no cultivo de soja, é constitucional, desde que respeitados os limites e os parâmetros técnicos estabelecidos pela Agência Nacional de Vigilância Sanitária (ANVISA).

Inconformados com tal decisão, os congressistas do partido Y apresentaram um projeto de lei perante a Câmara dos Deputados visando proibir, em todo o território nacional, o uso do referido agrotóxico e, com isso, "derrubar" a decisão da Suprema Corte. Em outubro de 2017, o projeto de lei é apresentado para ser votado.

Diante da hipótese narrada, assinale a afirmativa correta.

a) A superação legislativa das decisões definitivas de mérito do Supremo Tribunal Federal, no âmbito de uma ação declaratória de constitucionalidade, deve ser feita pela via da emenda constitucional, ou seja, como fruto da atuação do poder constituinte derivado reformador; logo, o projeto de lei proposto deve ser impugnado por mandado de segurança em controle prévio de constitucionalidade.

b) Embora as decisões definitivas de mérito proferidas pelo Supremo Tribunal Federal nas ações declaratórias de constitucionalidade não vinculem o Poder Legislativo em sua função típica de legislar, a Constituição de 1988 veda a rediscussão de temática já analisada pela Suprema Corte na mesma sessão legislativa, de modo que o projeto de lei apresenta vício formal de inconstitucionalidade.

c) Como as decisões definitivas de mérito proferidas pelo Supremo Tribunal Federal em sede de controle concentrado de constitucionalidade gozam de eficácia contra todos e efeito vinculante, não poderia ser apresentado projeto de lei que contrariasse questão já pacificada pela Suprema Corte, cabendo sua impugnação pela via da reclamação constitucional.

d) O Poder Legislativo, em sua função típica de legislar, não fica vinculado às decisões definitivas de mérito proferidas pelo Supremo Tribunal Federal no controle de constitucionalidade, de modo que o projeto de lei apresentado em data posterior ao julgamento poderá ser regularmente votado e, se aprovado, implicará a superação ou reação legislativa da jurisprudência.

COMENTÁRIOS

**Alternativa "d" (responde às demais alternativas):** Nos termos do art. 28, parágrafo único da lei 9.868/99, a declaração de constitucionalidade tem eficácia contra todos e efeito vinculante **em relação aos órgãos do Poder Judiciário e à Administração Pública federal, estadual e municipal.** Assim, o Poder Legislativo não é vinculado pelas decisões definitivas de mérito do STF em sede de controle de constitucionalidade quanto ao exercício de sua função típica de legislar, sendo possível a apresentação de novo projeto legislativo relativo a mesma matéria declarada inconstitucional pelo Judiciário.

**Alternativa correta: "d".**

---

**101. (FGV – Exame de Ordem 2019.2)** O Estado Alfa promulgou, em 2018, a Lei Estadual X, concedendo unilateralmente isenção sobre o tributo incidente em operações relativas à circulação interestadual de mercadorias (ICMS) usadas como insumo pela indústria automobilística.

O Estado Alfa, com isso, atraiu o interesse de diversas montadoras em ali se instalarem. A Lei Estadual X, no entanto, contraria norma da Constituição da República que dispõe caber a lei complementar regular a forma de concessão de incentivos, isenções e benefícios fiscais relativos ao ICMS, mediante deliberação dos Estados e do Distrito Federal. Em razão da Lei Estadual X, o Estado Beta, conhecido polo automobilístico, sofrerá drásticas perdas em razão da redução na arrecadação tributária, com a evasão de indústrias e fábricas para o Estado Alfa.

Diante do caso narrado, com base na ordem jurídico-constitucional vigente, assinale a afirmativa correta.

a) O Governador do Estado Beta não detém legitimidade ativa para a propositura da Ação Direta de Inconstitucionalidade em face da Lei Estadual X, uma vez que, em âmbito estadual, apenas a Mesa da Assembleia Legislativa do respectivo ente está no rol taxativo de legitimados previsto na Constituição.

b) A legitimidade do Governador do Estado Beta restringe- se à possibilidade de propor, perante o respectivo Tribunal de Justiça, representação de inconstitucionalidade de leis ou atos normativos estaduais ou municipais em face da Constituição Estadual.

c) A legitimidade ativa do Governador para a Ação Direta de Inconstitucionalidade vincula-se ao objeto da ação, pelo que deve haver pertinência da norma impugnada com os objetivos do autor da ação; logo, não podem impugnar ato normativo oriundo de outro Estado da Federação.

d) O Governador do Estado Beta é legitimado ativo para propor Ação Direta de Inconstitucionalidade em face da Lei Estadual X, a qual, mesmo sendo oriunda de ente federativo diverso, provoca evidentes reflexos na economia do Estado Beta.

COMENTÁRIOS

✪ **Nota do autor:** Vale destacar, inicialmente, que o enunciado da questão traz uma série de informações para confundir o candidato com relação ao que realmente pergunta, que é qual a legitimidade ativa do Governador para propor Ação Direta de Inconstitucionalidade, bem como quais são os requisitos para que o faça.

**Alternativa "d" (responde às demais alternativas):**. A legitimidade ativa para a propositura de ações do controle concentrado está prevista no art. 103 da CF/88, e o Governador de Estado é contemplado no inciso V. Vale destacar, contudo, que, como se trata de legitimado especial, é necessário haver pertinência temática entre a norma questionada e o âmbito de atuação do Governador (conforme jurisprudência do STF – ADI 2.656). No caso, o Governador é legitimado e tem pertinência temática, pois será diretamente prejudicado pela vigência da lei questionada.

**Alternativa correta: "d".**

---

**102. (FGV-Exame de Ordem 2019.1)** Numerosas decisões judiciais, contrariando portarias de órgãos ambientais e de comércio exterior, concederam autorização para que sociedades empresárias pudessem importar pneus usados.

Diante disso, o Presidente da República ingressa com Arguição de Descumprimento de Preceito Fundamental (ADPF), sustentando que tais decisões judiciais autorizativas da importação de pneus usados teriam afrontado preceito fundamental, representado pelo direito à saúde e a um meio ambiente ecologicamente equilibrado.

A partir do caso narrado, assinale a afirmativa correta.

a) A ADPF não se presta para impugnar decisões judiciais, pois seu objeto está adstrito às leis ou a atos normativos federais e estaduais de caráter geral e abstrato, assim entendidos aqueles provenientes do Poder Legislativo em sua função legislativa.

b) A ADPF tem por objetivo evitar ou reparar lesão a preceito fundamental resultante de ato do Poder Público, ainda que de efeitos concretos ou singulares; logo, pode impugnar decisões judiciais que violem preceitos fundamentais da Constituição, desde que observada a subsidiariedade no seu uso.

c) Embora as decisões judiciais possam ser impugnadas por ADPF, a alegada violação do direito à saúde e a um meio ambiente ecologicamente equilibrado não se insere no conceito de preceito fundamental, conforme rol taxativo constante na Lei Federal nº 9.882/99.

d) A ADPF não pode ser admitida, pois o Presidente da República, na qualidade de chefe do Poder Executivo, não detém legitimidade ativa para suscitar a inconstitucionalidade de ato proferido por membros do Poder Judiciário, sob pena de vulneração ao princípio da separação dos poderes.

**COMENTÁRIOS**

**Alternativa "a":** A ADPF tem por objeto qualquer ato do Poder Público que ameace violar ou viole preceito fundamental, podendo ainda ter por objeto qualquer lei ou ato normativo federal, estadual ou municipal, inclusive os anteriores à Constituição, havendo relevante controvérsia judicial sobre eles, conforme art. 1º, parágrafo único, I da lei 9882/99.

**Alternativa "b":** A ADPF tem por objeto, nos termos do art. 1º da lei 9882/99, evitar ou reparar lesão a preceito fundamental, resultante de ato do Poder Público. Decisões judiciais podem ser enquadradas no conceito de "ato do Poder Público". Para que seja cabível, no entanto, deve-se observar a disposição do art. 4º, §1º da mesma lei, segundo o qual só será admitida a ADPF quando não houver qualquer outro meio capaz de sanar a lesividade.

**Alternativa "c":** Não existe um rol taxativo de preceitos fundamentais. Há, no entanto, jurisprudência do STF que destaca alguns preceitos fundamentais (ADPF 101), dentre os quais encontram-se o direito à saúde e o direito ao meio ambiente ecologicamente equilibrado.

**Alternativa "d":** São legitimados à propositura da ADPF as mesmas autoridades legitimadas à propositura de ADI, previstas no art. 103 da CF/88, conforme aponta o art. 2º, I da lei 9882/99. O Presidente é uma dessas autoridades, conforme art. 103, I da CF/88.

**Alternativa correta: "b".**

---

**103. (FGV – Exame de Ordem/2018.3)** O Supremo Tribunal Federal (STF), em decisão definitiva de mérito proferida em sede de Ação Direta de Inconstitucionalidade, declarou inconstitucional determinada lei do Estado Alfa.

Meses após a referida decisão, o Estado Sigma, após regular processo legislativo e sanção do Governador, promulga uma lei estadual com teor idêntico àquele da lei federal que fora declarada inconstitucional pelo STF.

Com base no ordenamento jurídico-constitucional vigente, assinale a afirmativa correta.

a) As decisões proferidas em sede de controle concentrado, como no caso da Ação Direta de Inconstitucionalidade, gozam de efeitos erga omnes e vinculam o Poder Legislativo e o Poder Executivo; logo, a inconstitucionalidade da lei do Estado Sigma pode ser arguída em reclamação ao STF.

b) A norma editada pelo Estado Sigma, ao contrariar decisão definitiva de mérito proferida pela Suprema Corte, órgão de cúpula do Poder Judiciário ao qual compete, precipuamente, a guarda da Constituição, já nasce nula de pleno direito e não produz quaisquer efeitos.

c) A decisão definitiva de mérito proferida pelo STF em sede de Ação Direta de Inconstitucionalidade não possui efeito vinculante, razão pela qual inexiste óbice à edição de lei estadual com teor idêntico àquele de outra lei estadual que fora declarada inconstitucional pela Suprema Corte.

d) A referida decisão proferida pelo STF, declarando a inconstitucionalidade da lei do Estado Alfa, apenas vincula os demais órgãos do Poder Judiciário e a administração pública direta e indireta, não o Poder Legislativo em sua função típica de legislar; logo, pode ser proposta nova ADI.

**COMENTÁRIOS**

**Alternativa "d" (responde às demais alternativas):** As decisões proferidas em sede de controle de constitucionalidade, nos termos do art. 102, §2º da CF/88 e art. 28, parágrafo único da lei 9868/99, vinculam os órgãos do Poder Judiciário e a Administração Pública federal, estadual e municipal. Não são vinculados, contudo, o próprio STF, o Poder Executivo no exercício de sua função legislativa, e o Poder Legislativo em sua função legislativa. Isso porque, caso fosse vinculada a atividade legislativa, poderia resultar na "fossilização da Constituição", segundo o STF (Rcl. 2.617 AgR/MG, rel. Min. Cezar Peluso, 23.02.2005). Assim, sendo editada nova lei, pode ser objeto de novo controle de constitucionalidade por sua forma e matéria, sendo válida e constitucional até que se declare o contrário.

**Alternativa correta: "d".**

---

**104. (FGV – Exame de Ordem 2017.2)** A lei federal nº 123, sancionada em 2012, é objeto de Ação Direta de Inconstitucionalidade proposta por partido político com representação no Congresso Nacional. O referido diploma legal é declarado materialmente inconstitucional pelo Supremo Tribunal Federal (STF), em março de 2014. Em outubro de 2016, membro da Câmara dos Deputados apresenta novo projeto de lei ordinária contendo regras idênticas àquelas declaradas materialmente inconstitucionais.

Tomando por base o caso apresentado acima, assinale a afirmativa correta.

a) A decisão proferida pelo STF produz eficácia contra todos e efeito vinculante relativamente aos órgãos dos Poderes Executivo, Legislativo e Judiciário, inclusive nas suas funções típicas; logo, o novo projeto de lei ordinária, uma vez aprovado pelo Congresso Nacional, será nulo por ofensa à coisa julgada.

b) Em observância ao precedente firmado na referida Ação Direta de Inconstitucionalidade, o plenário do STF pode, em sede de controle preventivo, obstar a votação do novo projeto de lei por conter regras idênticas àquelas já declaradas inconstitucionais.

c) A decisão proferida pelo STF não vincula o Poder Legislativo ou o plenário do próprio Tribunal em relação a apreciações futuras da temática; logo, caso o novo projeto de lei venha a ser aprovado e sancionado, a Corte pode vir a declarar a constitucionalidade da nova lei.

d) A decisão proferida pelo STF é ineficaz em relação a terceiros, porque o partido político com representação no Congresso Nacional não está elencado no rol constitucional de legitimados aptos a instaurar o processo objetivo de controle normativo abstrato.

COMENTÁRIOS

**Alternativa "a"**: a decisão proferida pelo STF **não produz efeito vinculante relativamente aos órgãos do Poder Legislativo** (art. 102, § 2º, da CF); logo, o novo projeto de lei ordinária, uma vez aprovado pelo Congresso Nacional, **não será nulo por ofensa a coisa julgada.**

**Alternativa "b"**: ainda que exista uma decisão (precedente) em sede de Ação Direta de Inconstitucionalidade, o plenário do STF **não** pode, em sede de controle preventivo, obstar a votação do novo projeto de lei por conter regras idênticas àquelas já declaradas inconstitucionais, posto que o Legislativo estará no exercício de sua função típica (legislar), insuscetível de interferência pelo poder Judiciário (Princípio da Separação de Poderes, conforme art. 2º da CF).

**Alternativa "c"**: nos termos do art. 102, § 2º, da CF, **as decisões definitivas de mérito, proferidas pelo Supremo Tribunal Federal, nas ações diretas de inconstitucionalidade e nas ações declaratórias de constitucionalidade produzirão eficácia contra todos e efeito vinculante, relativamente aos demais órgãos do Poder Judiciário e à administração pública direta e indireta, nas esferas federal, estadual e municipal.** Assim, a decisão proferida pelo STF em sede de controle concentrado de constitucionalidade não vincula o Poder Legislativo (por conta do princípio da Separação de Poderes e pelo fato de a função típica do Legislativo ser a inovação da ordem jurídica). Por conseguinte, caso um novo projeto de lei venha a ser aprovado e sancionado, o STF terá liberdade para, diante de um novo cenário legislativo, eventualmente declarar a constitucionalidade da novel lei.

**Alternativa "d"**: de acordo com o art. 102, § 2º, da CF, as decisões definitivas de mérito, proferidas pelo Supremo Tribunal Federal, nas ações diretas de inconstitucionalidade e nas ações declaratórias de constitucionalidade **produzirão eficácia contra todos e efeito vinculante, relativamente aos demais órgãos do Poder Judiciário e à administração pública direta e indireta, nas esferas federal, estadual e municipal.** Ademais, nos termos do art. 103 da CF, o partido político com representação no Congresso Nacional é um dos legitimados para a provocação do controle abstrato de constitucionalidade.

**Alternativa correta: letra "c".**

## 4. DA ORDEM ECONÔMICA E FINANCEIRA E DA ORDEM SOCIAL

**105. (FGV- XXXV Exame de Ordem-2022.2)** Lei ordinária do município Alfa dispôs que os benefícios de assistência social voltados à reabilitação das pessoas com deficiência passariam a ser condicionados ao pagamento de contribuição à seguridade social pelos beneficiários.

Sobre a questão em comento, com base no texto constitucional, assinale a afirmativa correta.

a) Embora a lei seja materialmente compatível com o texto da Constituição de 1988, a competência legislativa para dispor sobre a defesa e reabilitação de pessoas com deficiência é privativa do Estado.

b) A lei ordinária do município Alfa apresenta vício material, já que a reabilitação das pessoas com deficiência é matéria estranha à assistência social.

c) A lei em comento, embora materialmente adequada ao texto constitucional, apresenta vício de forma, já que apenas lei complementar pode dispor sobre matérias afetas à assistência social.

d) Trata-se de lei inconstitucional, uma vez que a Constituição de 1988 estabelece que os benefícios da assistência social serão prestados a quem deles necessitar, independentemente de contribuição à seguridade social.

COMENTÁRIOS

**Alternativa "d" (responde todas as alternativas):** Nos termos do art. 22, XXIII da CF/88, é competência privativa da União legislar sobre seguridade social. Isso torna a lei formalmente inconstitucional. Além disso, o art. 203 da CF/88 dispõe em seu caput que a assistência social será prestada a quem dela necessitar, independentemente de contribuição à seguridade social. Portanto, a lei é também materialmente inconstitucional. Por fim, está incorreta a alternativa "b" já que o art. 203, IV estabelece ser objetivo da assistência social a habilitação e reabilitação das pessoas portadoras de deficiência e a promoção de sua integração à vida comunitária.

---

**106. (FGV – Exame de Ordem 2022.1)** O governador do Estado Alfa, como represália às críticas oriundas dos professores das redes públicas de ensino, determinou cortes na educação básica do referido ente, bem como instituiu a necessidade de pagamento de mensalidades pelos alunos de estabelecimentos oficiais de ensino que não comprovassem ser oriundos de famílias de baixa renda.

Sobre a conduta do governador, com base na CRFB/88, assinale a afirmativa correta.

a) Está errada, pois a gratuidade do ensino público em estabelecimentos oficiais está prevista na ordem constitucional, de modo que o seu não oferecimento ou o oferecimento irregular pode ensejar, inclusive, a responsabilização do governador do Estado Alfa.

b) Está errada, pois o Estado deve garantir a educação básica obrigatória e gratuita dos 4 aos 17 anos de idade, de modo que ele apenas poderia restringir sua oferta gratuita em relação àqueles que a ela não tiveram acesso na idade própria.

c) Está certa, pois a gratuidade do ensino público, com a promulgação da Constituição de 1988, deixou de ser obrigatória, sendo facultado o exercício das atividades de ensino pela inciativa privada.

d) Está errada, pois os Estados e o Distrito Federal devem atuar, exclusivamente, no ensino médio e fundamental, de sorte que o governador do Estado Alfa não poderia adotar medida que viesse a atingir, indistintamente, todos os alunos da educação básica.

**COMENTÁRIOS**

**Alternativa "a":** Nos termos do art. 206, IV, a gratuidade do ensino público em estabelecimentos oficiais é um dos princípios com base no qual o ensino deve ser ministrado. Portanto, a alternativa está correta.

**Alternativa "b":** Incorreta, pois o art. 208, I estabelece que o dever do Estado com a educação será efetivado mediante a garantia de: "educação básica obrigatória e gratuita dos 4 (quatro) aos 17 (Dezessete) anos de idade, assegurada inclusive sua oferta gratuita para todos os que a ela não tiveram acesso na idade própria

**Alternativa "c":** Incorreta, pelo mesmo motivo da alternativa "b".

**Alternativa "d":** A alternativa está em desacordo com as disposições do art. 211, segundo o qual os Municípios atuarão **prioritariamente** no ensino fundamental e na educação infantil, enquanto os Estados e o Distrito Federal atuarão **prioritariamente** (e não exclusivamente como aponta a alternativa) no ensino fundamental e médio.

**Alternativa correta: "a".**

---

**107. (FGV – Exame de Ordem 2022.1)** Clarisse, em razão da deficiência severa, não possui quaisquer meios de prover sua própria manutenção. Como sua deficiência foi adquirida ainda na infância, jamais exerceu qualquer atividade laborativa, e por essa razão não contribuiu para a previdência social no decorrer de sua vida. Alguns vizinhos, consternados com o quadro de grandes dificuldades por que passa Clarisse e interessados em auxiliá-la, procuram aconselhamento jurídico junto a competente advogado.

Este, ao tomar ciência detalhada da situação, informa que, segundo o sistema jurídico-constitucional brasileiro, comprovada sua deficiência, Clarisse

a) possuirá a garantia de receber um salário-mínimo de benefício mensal, independentemente de qualquer contribuição à seguridade social, nos termos da lei.

b) poderá acessar o sistema previdenciário para que este lhe conceda uma pensão por invalidez, cujo valor, nos termos da lei, não ultrapassará dois salários-mínimos.

c) possuirá direito a um benefício de metade do salário-mínimo vigente, mensalmente, se vier a comprovar, nos termos da lei, sua filiação ao sistema previdenciário.

d) terá que contribuir com ao menos uma parcela, a fim de ser considerada filiada ao sistema previdenciário e, só assim, terá direito a benefício no valor estabelecido em lei.

**COMENTÁRIOS**

**Alternativa "a" (responde todas as alternativas):** Nos termos do art. 203, V da CF/88, a assistência social será prestada a quem dela necessitar, **independentemente de contribuição à seguridade social** e que é garantido um salário-mínimo de benefício mensal à pessoa portadora de deficiência e ao idoso que comprovem não possuir meios de prover à própria manutenção ou de tê-la provida por sua família, conforme dispuser a lei. Trata-se do benefício de prestação continuada (BPC), regulamentado pela lei 8742, que é um benefício assistencial não contributivo, ou seja, não depende de prévia contribuição à seguridade social.

**Alternativa correta: "a".**

---

**108. (FGV – Exame de Ordem 2021.1)** Em razão de profunda crise fiscal vivenciada pela República Delta, que teve como consequência a diminuição drástica de suas receitas tributárias, o governo do país resolveu recorrer a um empréstimo, de forma a obter os recursos financeiros necessários para que o Tesouro Nacional pudesse honrar os compromissos assumidos.

Neste sentido, o Presidente da República, seguindo os trâmites institucionais exigidos, recorre ao Banco Central, a fim de obter os referidos recursos a juros mais baixos que os praticados pelos bancos privados nacionais ou internacionais.

Se situação similar viesse a ocorrer na República Federativa do Brasil, segundo o nosso sistema jurídico-constitucional, o Banco Central

a) teria que conceder o empréstimo, como instituição integrante do Poder Executivo, mas observando o limite máximo de cinquenta por cento de suas reservas.

b) não poderia conceder o referido empréstimo para o Tesouro Nacional brasileiro, com base em expressa disposição constante na Constituição Federal de 1988.

c) avaliaria as condições concretas do caso, podendo, ou não, conceder o empréstimo, atuando em bases semelhantes às utilizadas pela iniciativa privada.

d) não poderia fazê-lo em termos que viessem a colocar em risco a saúde financeira da instituição, embora esteja obrigado a realizar o empréstimo.

**COMENTÁRIOS**

**Alternativa "b" (responde todas as alternativas):** O art. 164, §1º da CF/88 dispõe que: "§ 1º É **vedado** ao banco central conceder, direta ou indiretamente, empréstimos ao Tesouro Nacional e a qualquer órgão ou entidade que não seja instituição financeira.". Diante de tal disposição, referido empréstimo seria inconstitucional.

**Alternativa correta: "b".**

---

**109. (FGV – Exame de Ordem 2021.1)** No Munícipio Alfa, 20% (vinte por cento) da população pertence a uma comunidade indígena. Hoje, o Município vive uma grande polêmica, porque alguns líderes da referida comunidade têm protestado contra a política educacional do Município, segundo a qual o ensino fundamental deve ser ofertado exclusivamente em língua portuguesa, rejeitando a possibilidade de a língua materna da comunidade indígena ser também utilizada no referido processo educacional.

Sobre a posição defendida pelos referidos líderes da comunidade indígena, segundo o sistema jurídico-constitucional brasileiro, assinale a afirmativa correta.

a) Encontra base na Constituição de 1988, que, respeitando uma posição multiculturalista, abdica de definir uma língua específica como idioma oficial no território brasileiro.

b) Não encontra fundamento na Constituição da República, que estabelece a língua portuguesa como a única língua passível de ser utilizada no ensino fundamental.

c) Alicerça-se na Constituição de 1988, que assegura aos membros da comunidade indígena o direito de, no processo de aprendizagem do ensino fundamental, utilizar sua língua materna.

d) Não se alicerça na Constituição de 1988, principalmente porque o reconhecimento da nacionalidade brasileira ao indígena tem por condição a capacidade deste último de se comunicar em língua portuguesa.

**COMENTÁRIOS**

**Alternativa "c" (responde todas as alternativas):** A Constituição Federal de 1988 estabelece em seu art. 210, §2º que: "§ 2º O ensino fundamental regular será ministrado em língua portuguesa, assegurada às **comunidades indígenas também a utilização de suas línguas maternas e processos próprios de aprendizagem**."

Logo, a posição defendida pelos líderes da comunidade indígena (de que é incorreto disponibilizar o ensino **exclusivamente** em língua portuguesa), tem alicerce constitucional, já que tal dispositivo lhes dá o direito de utilizar **também** sua língua materna e seus próprios processos de aprendizagem.

**Alternativa correta: "c".**

---

**110. (FGV – Exame de Ordem 2019.3)** Em decorrência de um surto de dengue, o Município Alfa, após regular procedimento licitatório, firmou ajuste com a sociedade empresária Mata Mosquitos Ltda., pessoa jurídica de direito privado com fins lucrativos, visando à prestação de serviços relacionados ao combate à proliferação de mosquitos e à realização de campanhas de conscientização da população local. Nos termos do ajuste celebrado, a sociedade empresarial passaria a integrar, de forma complementar, o Sistema Único de Saúde (SUS).

Diante da situação narrada, com base no texto constitucional, assinale a afirmativa correta.

a) O ajuste firmado entre o ente municipal e a sociedade empresária é inconstitucional, eis que a Constituição de 1988 veda a participação de entidades privadas com fins lucrativos no Sistema Único de Saúde, ainda que de forma complementar.

b) A participação complementar de entidades privadas com fins lucrativos no Sistema Único de Saúde é admitida, sendo apenas vedada a destinação de recursos públicos para fins de auxílio ou subvenção às atividades que desempenhem.

c) O ajuste firmado entre o Município Alfa e a sociedade empresária Mata Mosquito Ltda. encontra-se em perfeita consonância com o texto constitucional, que autoriza a participação de entidades privadas com fins lucrativos no Sistema Único de Saúde e o posterior repasse de recursos públicos.

d) As ações de vigilância sanitária e epidemiológica, conforme explicita a Constituição de 1988, não se encontram no âmbito de atribuições do Sistema Único de Saúde, razão pela qual devem ser prestadas exclusivamente pelo poder público.

**COMENTÁRIOS**

**Alternativa "b" (responde às demais alternativas):** Estabelece o art. 199, §1º da CF/88 que instituições privadas poderão participar de forma complementar do SUS, segundo diretrizes deste e mediante contrato de direito público ou convênio, assegurando ainda a preferência de entidades filantrópicas ou sem fins lucrativos. No §2º do mesmo artigo, veda-se a destinação de recursos públicos para auxílios ou subvenções às instituições privadas com fins lucrativos. Diante das disposições constitucionais mencionadas, embora o ajuste seja admitido, não se admite a destinação de recursos públicos visto que se trata de sociedade empresária **com fins lucrativos.**

**Alternativa correta: "b".**

---

**111. (FGV – Exame de Ordem 2019.3)** Bento ficou surpreso ao ler, em um jornal de grande circulação, que um cidadão americano adquiriu fortuna ao encontrar petróleo em sua propriedade, situada no Estado do Texas. Acresça-se que um amigo, com formação na área de Geologia, tinha informado que as imensas propriedades de Bento possuíam rochas sedimentares normalmente presentes em regiões petrolíferas.

Antes de pedir um aprofundado estudo geológico do terreno, Bento buscou um advogado especialista na matéria, a fim de saber sobre possíveis direitos econômicos que lhe caberiam como resultado da extração do petróleo em sua propriedade. O advogado respondeu que, segundo o sistema jurídico- constitucional brasileiro, caso seja encontrado petróleo na propriedade, Bento

a) poderá, por ser proprietário do solo e, por extensão, do subsolo de sua propriedade, explorar, per se, a atividade, auferindo para si os bônus e ônus econômicos advindos da exploração.

b) receberá indenização justa e prévia pela desapropriação do terreno em que se encontra a jazida, mas não terá direito a qualquer participação nos resultados econômicos provenientes da atividade.

c) terá assegurada, nos termos estabelecidos pela via legislativa ordinária, participação nos resultados econômicos decorrentes da exploração da referida atividade em sua propriedade.

d) não terá direito a qualquer participação no resultado econômico da atividade, pois, embora seja proprietário do solo, as riquezas extraídas do subsolo são de propriedade exclusiva da União.

**COMENTÁRIOS**

**Alternativa "c" (responde às demais alternativas):** Nos termos do art. 176 da CF/88, as jazidas, em lavra ou não, assim como demais recursos minerais e potenciais de energia hidráulica, tem propriedade distinta da do solo, para efeito de sua exploração ou aproveitamento, e pertencem à União, garantida ao concessionário a propriedade do produto da lavra. Estabelece ainda, o §2º do mesmo artigo, que se assegura participação ao proprietário do solo nos resultados da lavra, na forma e valor que dispuser a lei.

**Alternativa correta: "c".**

---

**112. (FGV – Exame de Ordem 2019.2)** O Deputado Federal X, defensor de posições políticas estatizantes, convencido de que seria muito lucrativo o fato de o Estado passar a explorar, ele próprio, atividades econômicas, pretende propor projeto de lei que viabilize a criação de diversas empresas públicas. Esses entes teriam, como único pressuposto para sua criação, a possibilidade de alcançar alto grau de rentabilidade. Com isso, seria legalmente inviável a criação de empresas públicas deficitárias.

Antes de submeter o projeto de lei à Câmara, o Deputado Federal X consulta seus assistentes jurídicos, que, analisando a proposta, informam, corretamente, que seu projeto é

a) inconstitucional, pois a criação de empresas públicas, sendo ato estratégico da política nacional, é atribuição exclusiva do Presidente da República, que poderá concretizá-la por meio de decreto.

b) constitucional, muito embora deva o projeto de lei seguir o rito complementar, o que demandará a obtenção de um quórum de maioria absoluta em ambas as casas do Congresso Nacional.

c) inconstitucional, pois a exploração direta da atividade econômica pelo Estado só será permitida quando necessária à segurança nacional ou caracterizado relevante interesse nacional.

d) constitucional, pois a Constituição Federal, ao estabelecer a livre concorrência entre seus princípios econômicos, não criou obstáculos à participação do Estado na exploração da atividade econômica.

**COMENTÁRIOS**

**Alternativa "c" (responde às demais alternativas):** Referido projeto de lei seria inconstitucional, uma vez que a exploração direta de atividade econômica pelo Estado, nos termos do art. 173 da CF/88, é permitida apenas quando expressamente prevista na CF ou quando necessária aos imperativos da segurança nacional ou a relevante interesse coletivo, conforme definidos em lei. Vale observar que muitas vezes a exploração direta de atividade econômica pelo Estado é necessária justamente em setores deficitários, menos rentáveis, essenciais ao interesse público.

**Alternativa correta: "c".**

---

**113. (FGV-Exame de Ordem 2019.1)** Agentes do Ministério do Trabalho, em inspeção realizada em carvoaria situada na zona rural do Estado K, constataram que os trabalhadores locais encontravam-se sob exploração de trabalho escravo, sujeitando-se a jornadas de 16 horas consecutivas de labor, sem carteira assinada ou qualquer outro direito social ou trabalhista, em condições desumanas e insalubres, percebendo, como contraprestação, valor muito inferior ao salário mínimo nacional.

Diante da situação narrada, com base na ordem constitucional vigente, assinale a afirmativa correta.

a) Diante da vedação ao confisco consagrada na Constituição de 1988, o descumprimento da função social, agravado pela situação de grave violação aos direitos humanos dos trabalhadores, enseja responsabilização administrativa, cível e criminal do proprietário, mas não autoriza a expropriação da propriedade rural.

b) O uso de mão de obra escrava autoriza a progressividade das alíquotas do imposto sobre a propriedade territorial rural e, caso tal medida não se revele suficiente, será possível que a União promova a expropriação e destinação das terras à reforma agrária e a programas de habitação popular, mediante prévia e justa indenização do proprietário.

c) A hipótese narrada enseja a desapropriação por interesse social para fins de reforma agrária, uma vez que o imóvel rural não cumpre a sua função social, mediante prévia e justa indenização em títulos da dívida agrária.

d) A exploração de trabalho escravo na referida propriedade rural autoriza sua expropriação pelo Poder Público, sem qualquer indenização ao proprietário e sem prejuízo de outras sanções previstas em lei, admitindo-se, até mesmo, o confisco de todo e qualquer bem de valor econômico apreendido na carvoaria.

**COMENTÁRIOS**

**Alternativa "a":** A vedação ao confisco consiste em um princípio limitador ao poder de tributar. No caso, a própria Constituição estabelece no art. 243 a possibilidade de confisco dos bens e expropriação da terra em que haja exploração de trabalho escravo.

**Alternativa "b":** A progressividade das alíquotas é prevista para compelir a propriedade a atender sua função social, conforme art. 182, §4º da CF/88. Nesses casos, não há qualquer ilegalidade, mas apenas a não utilização devida da propriedade. No caso narrado, temos uma grave violação, que a Constituição disciplina no art. 243.

**Alternativa "c":** Como mencionado no comentário da alternativa "b", nesses casos temos apenas a não utilização da propriedade, de modo que não atendida sua função social, conforme art. 184, §4º. No caso da questão, temos a exploração de trabalho escravo, que é especificamente disciplinada pela CF/88 no art. 243.

**Alternativa "d":** O art. 243 da CF/88 estabelece que as propriedades rurais e urbanas de qualquer região do País onde forem localizadas culturas ilegais de plantas psicotrópicas ou a exploração de trabalho escravo na forma da lei serão **expropriadas** e destinadas à reforma agrária e a programas de habitação popular, **sem qualquer indenização** ao proprietário e sem prejuízo de outras sanções cabíveis. Seu parágrafo único estabelece ainda que todo e qualquer bem de valor econômico apreendido em decorrência dessa ilegalidade será confiscado e reverterá a fundo especial com destinação específica.

**Alternativa correta: "d".**

---

**114. (FGV – Exame de Ordem 2017.2)** Ao constatar que numerosas tribos indígenas, que ocupam determinadas áreas em caráter permanente, estão sendo fortemente atingidas por uma epidemia de febre amarela, o Governador do Estado Alfa remove-as da localidade de maneira forçada. Dada a repercussão do caso, logo após a efetivação da remoção, submete suas justificativas à Assembleia Legislativa do Estado Alfa, informando que o deslocamento das tribos será temporário e que ocorreu em defesa dos interesses das populações indígenas da região. A Assembleia Legislativa do Estado Alfa termina por referendar a ação do Chefe do Poder Executivo estadual.

Sobre o ato do Governador, com base no quadro acima apresentado, assinale a afirmativa correta.

a) Agiu em consonância com o sistema jurídico-constitucional brasileiro, pois é de competência exclusiva do Chefe do Poder Executivo decidir quais as medidas a serem tomadas nos casos que envolvam perigo de epidemia.

b) Não agiu em consonância com o sistema jurídico- constitucional brasileiro, pois o princípio da irremovibilidade dos índios de suas terras é absoluto e, por essa razão, torna ilegítima a ação de remoção das tribos.

c) Agiu em consonância com a CRFB/88, pois, como o seu ato foi referendado pelo Poder Legislativo do Estado Alfa, respeitou os ditames estabelecidos pelo sistema jurídico-constitucional brasileiro.

d) Não agiu em consonância com o sistema jurídico- constitucional brasileiro, posto que, no caso concreto, as autoridades estaduais não poderiam ter decidido, de modo conclusivo, pela remoção das tribos.

**COMENTÁRIOS**

**Alternativa "d" (responde a todas as alternativas):** nos termos do art. 231, § 5º, da CF, **é vedada a remoção dos grupos indígenas de suas terras, salvo, "ad referendum" do Congresso Nacional, em caso de catástrofe ou epidemia que ponha em risco sua população, ou no interesse da soberania do País**, após deliberação do Congresso Nacional, garantido, em qualquer hipótese, o retorno imediato logo que cesse o risco.

**Alternativa correta: letra "d".**

---

**115. (FGV – Exame de Ordem 2017.2)** O prefeito do Município Ômega, ante a carência de estabelecimentos públicos de saúde capazes de atender satisfatoriamente às necessidades da população local, celebra diversos convênios com hospitais privados para que passem a integrar a rede de credenciados junto ao Sistema Único de Saúde (SUS).

Considerando o disposto na Constituição da República de 1988, sobre os convênios firmados pelo prefeito do Município Ômega, assinale a afirmativa correta.

a) São válidos, uma vez que as instituições privadas podem participar de forma complementar do SUS, tendo preferência as entidades filantrópicas e as sem fins lucrativos.

b) São nulos, pois a CRFB/88 apenas autoriza, no âmbito da assistência à saúde, a participação de entidades públicas, não de instituições privadas, com ou sem fins lucrativos.

c) São válidos, porque a destinação de recursos públicos para auxílio ou subvenção às instituições privadas com fins lucrativos está, inclusive, autorizada pela CRFB/88.

d) São nulos, porque, conforme previsão constitucional expressa, compete privativamente à União, mediante convênio ou contrato de direito público, autorizar a participação de instituições privadas no SUS.

COMENTÁRIOS

**Alternativa "a" (responde a todas as alternativas):** conforme art. 199, § 1º, da CF, **as instituições privadas poderão participar de forma complementar do sistema único de saúde**, segundo diretrizes deste, mediante contrato de direito público ou convênio, **tendo preferência as entidades filantrópicas e as sem fins lucrativos.**

**Alternativa correta: letra "a".**

**Paulo Lépore**

✦ RESUMOS DOUTRINÁRIOS

## 1. TEORIA DA CONSTITUIÇÃO

**Constitucionalismo**

1. **Constitucionalismo: movimento evolutivo de criação das Constituições.**
2. **Etapas do constitucionalismo ou ciclos constitucionais:**

a) **Constitucionalismo Primitivo (aproximadamente de 30.000 a. C. até 1.000 a. c):** na antiguidade clássica, os líderes das famílias ditavam e resguardavam as regras supremas para o convívio social. Segundo Karl Loewenstein, o povo hebreu, teve grande destaque no movimento constitucionalista desse período, notadamente por reconhecer que os valores garantidos pelos primeiros textos bíblicos não podiam ser violados por ninguém (*Teoria de La Constitución*. Barcelona: Ariel, 1986, p. 154-157).

b) **Constitucionalismo Antigo (aproximadamente de 1.000 a.c. ao Séc. V d.c.):** os Parlamentos e Monarcas formulavam as normas de convívio social, e já existia uma exortação aos direitos fundamentais dos indivíduos. Entretanto, o constitucionalismo tinha pouco efetividade, pois os Monarcas não cumpriam as garantias dispostas nos direitos fundamentais.

c) **Constitucionalismo Medieval (Séc. V a XVIII):** surgimento de documentos que limitavam os poderes dos Monarcas e garantiam liberdades públicas aos cidadãos, a exemplo da Magna Charta de 1215, no Reino Unido. Também é desta época o que se denomina constitucionalismo whig ou termidoriano, que caracteriza a evolução lenta e gradual do movimento constitucionalista, e que se materializou com a ascensão de Guilherme de Oranges e do partido whig no Reino Unido, no final do século XVII, também marcado pela edição da Bill of Rights (1689).

d) **Constitucionalismo Moderno (Séc. XVIII a Séc. XX):** materialização e afirmação das Constituições Formais Liberais, que representavam garantias sérias de limitação dos Poderes Soberanos, e eram dotadas de legitimidade democrática popular. Desenvolveu-se a partir das revoluções liberais (Revolução Francesa e Revolução das 13 Colônias Estadunidenses). Representou o início do garantismo e o surgimento das primeiras Constituições dirigentes.

e) **Constitucionalismo Contemporâneo (Séc. XX a Séc. XXI):** caracteriza-se pela consolidação da existência de Constituições garantistas, calcadas na defesa dos direitos fundamentais igualitários, sociais e solidários. As disposições constantes nas Constituições têm reafirmada sua força normativa destacada em relação às prescrições de outras fontes jurídicas (leis e atos estatais). Esse período é marcado pelas constituições dirigentes, que prescrevem programas a serem implementados pelos Estados, normalmente por meio de normas programáticas. Vale destacar que esse período acabou manchado por algumas constituições criadas apenas para justificar o exercício de um Poder não democrático, a exemplo da Carta Polaca de 1937, que sustentou a Era Vargas no Brasil, e que faz parte do que se denomina constitucionalismo semântico, uma vez que se busca extrair da Constituição apenas os significados que possam reconhecer a tomada e manutenção de Poder por regimes autoritários.

f) **Neoconstitucionalismo (Séc. XX e Séc. XXI):** como um aprimoramento do Constitucionalismo Contemporâneo, prega a importância destacada da moral e dos valores sociais, garantidos predominantemente por meio de princípios. Não se conforma com as normas programáticas e as constituições dirigentes, afirmando que as Constituições devem ser dotadas de força normativa. Para conferir normatividade à Constituição, destaca o Poder Judiciário como garantidor, colocando a atividade legislativa em segundo plano. Em resumo: trabalha com a ideia de extração da máxima efetividade do Texto Constitucional, pois a Constituição deve ocupar o centro do sistema jurídico.

3. **Constitucionalismo Brasileiro/História das Constituições do Brasil**

a) **Carta de 1824:** fortemente influenciada pela Constituição Francesa de 1814, foi o Texto Supremo de maior duração na história das constituições brasileiras: vigeu por 65 anos. Mantinha a escravatura da época colonial e trazia a forma unitária de Estado regida por um Governo Monárquico caracterizado por uma forte centralização político-administrativa. Havia a previsão do Poder Moderador, atribuído exclusivamente ao Monarca, funcionando como um Quarto Poder que permitia toda ordem de interferências nos demais Poderes. O voto era censitário. O Estado era confessional: a religião oficial do Império era a Católica Apostólica Romana.

b) **Constituição de 1891:** a nação passou a se chamar Estados Unidos do Brasil, tendo sido adotada a forma federativa de Estado. Instituiu-se um regime constitucional republicano sem o Quarto Poder. Fim do Estado confessional.

c) **Constituição de 1934:** abarcou diversos direitos progressistas, com destaque para os de natureza social. Implantaram-se a Justiça do Trabalho, a Justiça Eleitoral e o voto secreto e possível às mulheres. Foram criados o Mandado de Segurança e a Ação Popular e o STF foi cristalizado como Corte Suprema.

d) **Carta de 1937:** seu texto foi inspirado na Carta ditatorial polonesa, o que a levou a ser apelidada de Polaca. Houve uma descaracterização da autonomia das entendidas federadas, criando uma espécie de federalismo nominal ou formal. O Legislativo Federal era bicameral, mas seus membros eram eleitos indiretamente. O Poder Executivo acabava se sobrepondo as demais Poderes por meio de prerrogativas e competências desarrazoadas.

e) **Constituição de 1946:** responsável pela restauração das garantias individuais e do equilíbrio entre os Poderes. Expandiram-se os poderes da União. Determinou-se a representatividade dos Estados-Membros e da população no Senado e na Câmara dos Deputados.

**f) Constituição de 1967:** forjada sob a preocupação com a segurança nacional. Teve o demérito de consagrar ações de suspensão de direitos individuais e políticos.

**g) Constituição de 1988:** constituição democrática e plural, enuncia que a República Federativa do Brasil se constitui em um Estado de Democrático de Direito que tem como fundamentos a soberania, a cidadania, a dignidade da pessoa humana, os valores sociais do trabalho e da livre iniciativa e o pluralismo jurídico. Conta com um detalhado catálogo de direitos fundamentais, além de versar sobre inúmeros temas de relevo como os direitos sociais, de nacionalidade, políticos e econômicos.

V. Fontes e conteúdo do Direito Constitucional

A fonte e o conteúdo do direito constitucional são as Constituições, produtos da evolução do Constitucionalismo. Para uma adequada compreensão da essência do direito constitucional se faz necessário o estudo dos diversos conceitos e das mais variadas concepções de Constituição.

**Classificação das Constituições**

**I. Quanto à Origem**

1. Democrática, Promulgada ou Popular: elaborada por legítimos representantes do povo, normalmente organizados em torno de uma Assembleia Constituinte.
2. Outorgada: é aquela elaborada sem a presença de legítimos representantes do povo, imposta pela vontade de um poder absolutista ou totalitário, não democrático.
3. Constituição Cesarista, Bonapartista, Plebiscitária ou Referendária: é aquela criada por um ditador ou imperador e posteriormente submetida à aprovação popular por plebiscito ou referendo.
4. Pactuada/Dualista: originada de um compromisso instável de duas forças políticas rivais, de modo que o equilíbrio fornecido por tal espécie de Constituição é precário. Esse modelo foi muito utilizado na monarquia da Idade Média. A Magna Carta de 1215, que os barões obrigaram João Sem Terra a jurar, é um exemplo.

5) Heteroconstituição (ou "Constituição Dada"): é aquela criada fora do Estado em que irá vigorar. Ex: Constituição do Chipre (procedente dos acordos de Zurique, de 1960, entre a Grã-Bretanha, a Grécia e a Turquia).

**II. Quanto ao Conteúdo:**

1. Formal: compõe-se do que consta em documento solene que tem posição hierárquica de destaque no ordenamento jurídico.
2. Material: composta por regras que exteriorizam a forma de Estado, organizações dos Poderes e direitos fundamentais. Portanto, suas normas são aquelas essencialmente constitucionais, mas que podem ser escritas ou costumeiras, pois a forma tem importância secundária.

**III. Quanto à Forma:**

1. Escrita/Instrumental: formada por um texto organizado em um único documento
2. Não Escrita: identificada a partir dos costumes, da jurisprudência predominante e até mesmo por documentos escritos (por mais contraditório que possa parecer), mas que não estão sistematizados em um único documento.

**IV. Quanto à Estabilidade:**

1. Imutável: não prevê qualquer processo para sua alteração.
2. Fixa: só pode ser alterada pelo Poder Constituinte Originário.
3. Rígida: aquela em que o processo para a alteração de qualquer de suas normas é mais rígido (mais dificultoso)do que o utilizado para criar leis.

* Vale ressaltar que alguns autores falam em Constituição super-rígida, como aquela em que além de o seu processo de alteração ser mais difícil do que o utilizado para editar leis, dispõe ainda de uma parte imutável (cláusulas pétreas).

4. Flexível: aquela em que o processo para sua alteração é igual ao utilizado para editar leis.
5. Semirrígida ou semiflexível: é aquela dotada de parte rígida (em que somente pode ser alterada por processo mais difícil do que o utilizado para editar leis), e parte flexível (em que pode ser alterada pelo mesmo processo utilizado para editar leis).

**V. Quanto à Extensão:**

1. Sintética: é a Constituição que regulamenta apenas os princípios básicos de um Estado.
2. Analítica ou prolixa: é a Constituição que vai além dos princípios básicos, detalhando também outros assuntos.

**VI. Quanto à Finalidade:**

1. Garantia: contém proteção especial às liberdades públicas.
2. Dirigente: confere atenção especial à implementação de programas pelo Estado.

**VII. Quanto ao Modo de Elaboração:**

1. Dogmática: sistematizada a partir de ideias fundamentais.
2. Histórica: de elaboração lenta, pois se materializa a partir dos costumes, que se modificam ao longo do tempo.

**VIII. Quanto à Ideologia:**

1. Ortodoxa: forjada sob a ótica de somente uma ideologia.
2. Eclética: fundada em valores plurais.

**IX. Quanto ao Valor ou Ontologia (Karl Loewenstein):**

1. Normativa: dotada de valor jurídico legítimo.
2. Nominal: sem valor jurídico; com papel eminentemente social.
3. Semântica: tem importância jurídica, mas não valoração legítima, pois é criada apenas para justificar o exercício de um Poder não democrático. São meros simulacros de Constituição.

- **Colisão de Direitos Fundamentais:** A colisão ocorrida em âmbito constitucional não pode ser considerada na mesma perspectiva do conflito entre leis (também chamadas de "regras"), ou seja, como um "conflito aparente de normas" para cuja solução seriam utilizados os critérios cronológico, hierárquico ou da especialidade, na forma do "tudo ou nada" ("all or nothing"), em que só se aplica um documento normativo daqueles que aparentemente conflitavam. Essa solução é inaplicável aos princípios, que não se sujeitam a esses critérios apontados pela doutrina, tampouco podem ser afastados um em razão de outro. Assim, em toda colisão de princípios deve ser respeitado o núcleo intangível dos direitos fundamentais concorrentes, mas sempre se deve chegar a uma posição em que um prepondere sobre outro (mas, sem eliminá-lo). A colisão deve ser resolvida por concordância prática (Konrad Hesse), com aplicação do princípio da proporcionalidade (tradição alemã) ou pela dimensão de peso e importância (Ronald Dworkin), com aplicação do princípio da razoabilidade (tradição norte-americana).

**Classificação das Normas Constitucionais quanto à Eficácia**

- No que tange à eficácia, segundo classificação de José Afonso da Silva, as normas constitucionais podem ser: plenas, contidas e limitadas.
- **Normas de eficácia plena** são aquelas dotadas de aplicabilidade direta, imediata e integral, pois não necessitam de

lei infraconstitucional para torná-las aplicáveis e nem admitem lei infraconstitucional que lhes restrinja o conteúdo. Em outras palavras: elas trazem todo o conteúdo necessário para a sua materialização prática. São entendidas como de aplicabilidade direta, imediata e integral, pois não necessitam de lei infraconstitucional.

- **Normas de eficácia contida ou restringível** são aquelas que têm aplicabilidade direta, imediata, mas não integral, pois admitem que seus conteúdos sejam restringidos por normas infraconstitucionais, o que ocorre, por exemplo, com o enunciado que garante o livre exercício de qualquer trabalho, ofício ou profissão, atendidas as qualificações profissionais que a lei estabelecer (art. 5º, XIII, da CF).
- **Normas de eficácia limitada ou reduzida são aquelas que possuem aplicabilidade indireta, mediata e reduzida (não direta, não imediata e não integral), pois exigem norma infraconstitucional para que se materializem na prática. Entretanto, apesar de não se realizarem sozinhas na prática, elas são dotadas de eficácia jurídica, pois revogam as leis anteriores com elas incompatíveis; vinculam o legislador, de forma permanente, à sua realização; condicionam a atuação da administração pública e informam a interpretação e aplicação da lei pelo Poder Judiciário. Elas podem ser de princípio programático ou princípio institutivo.**

a) **As normas de eficácia limitada de princípio programático (também referidas apenas como normas programáticas) são aquelas que não regulam diretamente interesses ou direitos nelas consagrados, mas se limitam a traçar alguns preceitos a serem cumpridos pelo Poder Público, como programas das respectivas atividades, pretendendo unicamente a consecução dos fins sociais pelo Estado. Podem-se citar como exemplos os objetivos da República Federativa do Brasil (art. 3°, da CF), a estruturação da política agrícola brasileira (art. 187 da CF), e a determinação de organização de um regime de colaboração dos sistemas de ensino dos Entes da Federação (art. 211 da CF).**

b) **Já as normas de eficácia limitada de princípio institutivo são aquelas responsáveis pela estruturação do Estado como, por exemplo, a norma segundo a qual os Territórios Federais integram a União, e sua criação, transformação em Estado ou reintegração ao Estado de origem serão reguladas em lei complementar (art. 18, § 2°, da CF).**

- **Normas de eficácia limitada ou reduzida** são aquelas que possuem aplicabilidade indireta, mediata e reduzida (não direta, não imediata e não integral), pois exigem norma infraconstitucional para que se materializem na prática. Entretanto, apesar de não se realizarem sozinhas na prática, elas são dotadas de eficácia jurídica, pois revogam as leis anteriores com elas incompatíveis; vinculam o legislador, de forma permanente, à sua realização; condicionam a atuação da administração pública e informam a interpretação e aplicação da lei pelo Poder Judiciário. Elas podem ser de princípio programático ou princípio institutivo.

**Poder Constituinte**

- A **titularidade** do Poder Constituinte é do povo, mas é o Estado quem o exerce.
- O **Poder Constituinte Originário (também denominado por Genuíno, Primário ou de Primeiro Grau)** cria a primeira ou nova constituição de um Estado. Para atingir seu objetivo, ele é **inicial** (não existe outro poder anterior ou superior a ele), **autônomo** (o poder constituinte determina a estrutura da nova Constituição), **ilimitado** (tem autonomia para escolher o Direito que irá viger, ou seja, não se subordina a nenhuma ideia jurídica preexistente) e **incondicionado** (é dotado de liberdade quanto aos procedimentos adotados para a criação da Constituição, ou seja, não precisa seguir nenhuma formalidade preestabelecida). (LÉPORE, Paulo. *Direito constitucional*. 2. Ed. Salvador: Juspodivm, 2014, p. 25).
- Já o **Poder Constituinte Derivado Reformador (também denominado por Secundário, de Segundo Grau, Instituído, Constituído, ou de Reforma)** é responsável pela reforma da Constituição (no Brasil, por meio de Emendas Constitucionais ou da incorporação de tratados internacionais de direitos humanos). Vale notar que a CF de 1988 **não** prevê expressamente o poder de reforma, que materializa o poder constituinte derivado, mas este se encontra implícito, e se extrai, por exemplo, da norma constitucional que prevê propostas de emendas à Constituição.
- A seu turno, o Poder Constituinte Derivado **Decorrente** é aquele exercido pelos Estados-membros, na construção das Constituições Estaduais (art. 25, da CF).

**Limitações ao Poder Constituinte Derivado**

- **Temporais:** impedem a alteração da Constituição em um determinado período de tempo (exemplo, "a Constituição não poderá ser alterada nos primeiros 3 anos após sua edição"). (A CF/88 não prevê nenhuma limitação temporal, em privilégio ao ganho de estabilidade).
- **Circunstanciais:** impedem a alteração da CF em momentos de extrema gravidade, nos quais a livre manifestação do poder reformador possa estar ameaçada (Estado de Defesa, Estado de Sítio, e Intervenção Federal).
- **Formais/Processuais/Procedimentais**, que podem ser de duas espécies: 3.1. Formal Subjetiva (há legitimados específicos para a propositura de Emendas Constitucionais); 3.2. Formal Objetiva (quórum qualificado de três quintos, em dois turnos, em cada Casa do Congresso Nacional, com promulgação pelas mesas do Senado Federal e da Câmara dos Deputados).
- **Materiais/Substanciais:** cláusulas pétreas.
- **Implícitas:** vedam a alteração das regras pertinentes ao processo para modificação da Constituição.

– As cláusulas pétreas (de pedra, duras) estão dispostas no art. 60, § 4°, da CF: I – a forma federativa de Estado; II – o voto direto, secreto, universal e periódico; III – a separação dos Poderes; IV – os direitos e garantias individuais. Não será objeto de deliberação a proposta de emenda constitucional tendente a aboli-las.

– O STF entende que os direitos e garantias individuais considerados cláusulas pétreas pela CF não se restringem àqueles expressos no elenco do art. 5°, admitindo interpretação extensiva para definição de direitos análogos, o que restou claro na ADI 939, julgada em 1993 e relatada pelo Ministro Sydney Sanches, que considerou direito e garantia individual a anterioridade tributária, consoante art. 5º, § 2º, art. 60, § 4º, IV, e art. 150, III, "b", todos da CF.

– As cláusulas pétreas tem como significado último prevenir a erosão da Constituição Federal, inibindo a tentativa de abolir o projeto constitucional deixado pelo constituinte (que normalmente ocorrem em momentos de pressões e revoltas populares, consoante lição de Karl Loewenstein (Teoria de la constitución. Barcelona: Ariel, 1983, p. 222).

– O STF considera que os limites materiais ao poder constituinte de reforma não significam a intangibilidade literal da disciplina dada ao tema pela Constituição originária, mas sim a proteção do núcleo essencial dos princípios e institutos protegidos pelas cláusulas pétreas, consoante ADI

2.024, julgada em 2007 e relatada pelo Ministro Sepúlveda Pertence.

- O poder constituinte de reforma não pode criar novas cláusulas pétreas, ou seja, não pode ampliar as hipóteses do art. 60, § 4°, da CF. Entretanto, é possível que haja uma ampliação no catálogo dos direitos fundamentais criado pelo poder constituinte originário, notadamente dos direitos e garantias individuais protegidos pelo art. 60, § 4°, IV, da CF, a exemplo do direito à razoável duração do processo (art. 5°, LXXVIII, da CF), incluído pela EC 45/04.
- O sistema constitucional brasileiro admite a existência de cláusulas pétreas implícitas, a exemplo da forma republicana de governo. Essa afirmação encontra fundamento na jurisprudência do STF (ADI 829, Rel. Min. Moreira Alves, julgamento em 14-4-1993, Plenário, DJ de 16-9-1994; e (MS 24.875, Rel. Min. Sepúlveda Pertence, julgamento em 11-5-2006, Plenário, DJ de 6-10-2006.).
- De acordo com Luís Roberto Barroso, "[...] hierarquia, em Direito, designa o fato de uma norma colher o seu fundamento de validade em outra, sendo inválida se contravier a norma matriz. Ora bem: não é isso que se passa na situação aqui descrita. Pelo princípio da unidade da Constituição, inexiste hierarquia entre normas constitucionais originárias, que jamais poderão ser declaradas inconstitucionais umas em face das outras. A proteção especial dada às normas amparadas por cláusulas pétreas sobreleva seu status político ou sua carga valorativa, com importantes repercussões hermenêuticas, mas não lhes atribui superioridade jurídica". (Curso de direito constitucional contemporâneo. São Paulo: Saraiva, 2009, p. 167).

- Segundo José Afonso da Silva, reforma é gênero, e tem como espécies: emenda (mudança pontual) e revisão (modificação mais amplas). Alguns autores também apontam a mutação constitucional como um procedimento não formal de reforma ou mudança da Constituição
- **Revisão constitucional:** prevista no art. 3°, do ADCT da CF, foi realizada 5 anos após a promulgação da CF/88 (em 1993, portanto) pelo voto da maioria absoluta dos membros do Congresso Nacional, em sessão unicameral, tendo gerado seis emendas constitucionais de revisão que detêm o status de normas constitucionais derivadas, porque materializadas por meio de emendas. Ademais, elas estão sujeitas ao controle de constitucionalidade, pois apenas as normas constitucionais originárias gozam de presunção absoluta de constitucionalidade.
- **Mutação constitucional:** é um processo não formal de mudança da Constituição em que o texto constitucional permanece inalterado, modificando-se apenas o significado e o sentido interpretativo de determinada norma constitucional. Em outras palavras: na mutação, altera-se a interpretação sobre o texto da Constituição, chegando-se à norma com sentido novo. O exemplo mais famoso é o empregado ao STF ao art. 52, X, da CF, para dizer que a nova norma que dele se extrai é no sentido que a resolução emitida pelo Senado Federal para suspender a execução, no todo ou em parte, de norma declarada inconstitucional no controle difuso serve apenas para conferir publicidade à decisão do STF. Outro exemplo é a interpretação do STF sobre o conceito de casa, do art. 5°, XI, da CF, para dizer que inclui também escritórios profissionais, hotéis, motéis, pensões e congêneres. Segundo Luís Roberto Barroso, a mutação constitucional pode ocorrer por interpretação, pela atuação do legislador e por via de costume. A mutação constitucional por via de interpretação "consiste na mudança de sentido da norma, em contraste com entendimento preexistente". Já a mutação pela atuação do legislador ocorrerá "quando, por ato normativo primário, procurar-se modificar a interpretação que tenha sido dada a alguma norma constitucional. É possível conceber que, ensejando a referida norma mais de uma leitura possível, o legislador opte por uma delas, exercitando o papel que lhe é próprio, de realizar escolhas políticas. A mutação terá lugar se, vigendo um determinado entendimento, a lei vier a alterá-lo.

**Desconstitucionalização:** quando do surgimento de uma nova Constituição, apenas a constituição propriamente dita (anterior) é revogada, e as normas constitucionais compatíveis materialmente com o novo diploma são recepcionadas com status infraconstitucional (desconstitucionalizadas). Segundo a maioria da doutrina, esse fenômeno nem ocorreu tacitamente e nem foi expressamente adotado pela Constituição Federal vigente.

- Atenção! No julgamento das ADI 3.406 e 3.470, o STF retomou seu entendimento, pela manifestação do Ministro Gilmar Mendes, de que o art. 52, X da CF/88 sofreu mutação constitucional, devendo ser interpretado de modo a atribuir eficácia vinculante à decisão da Corte independente da manifestação do Senado Federal, que apenas torna pública, divulgando a decisão. [ADI 3.406 e ADI 3.470, rel. min. Rosa Weber, j. 29-11-2017, P, Informativo 886.]
- Poder constituinte supranacional: tem capacidade para submeter as diversas constituições nacionais ao seu poder supremo, distinguindo-se do ordenamento jurídico positivo interno assim como do direito internacional. Exemplo concreto é a tentativa de criação de uma Constituição para a União Europeia, responsável pela regência de vários países e não se confundindo com cada um dos direitos internos e nem com os tratados internacionais.

- Não há manifestação de Poder Constituinte (Originário, Derivado, ou Decorrente) nos Municípios, pois estes têm sua estruturação jurídica dada por meio de Lei Orgânica, não de Constituição.

- **Recepção:** consiste no fenômeno em que normas pertencentes a uma ordem jurídica anterior são recebidas e consideradas válidas por uma nova ordem constitucional, porque seus conteúdos são materialmente compatíveis. Quando do surgimento de uma nova Constituição as normas materialmente incompatíveis serão revogadas (nomenclatura utilizada pelo STF) ou não recepcionadas. A incompatibilidade formal superveniente não impede a recepção, mas faz com que a norma adquira uma nova roupagem. Exemplo: CTN (Lei 5.172/66) foi recepcionado, por EC pela CF/67 e também pela CF/88 como Lei Complementar, logo, só pode ser revogado por outra lei complementar. Em outras palavras: na recepção constitucional só importa o aspecto material. Há, ainda, a recepção expressa, a exemplo da norma do art. 34 do ADCT, segundo a qual o sistema tributário nacional entraria em vigor apenas a partir do primeiro dia do quinto mês seguinte ao da promulgação da Constituição, mantido, até então, o da Constituição de 1967, com a redação dada pela Emenda nº 1, de 1969, e pelas posteriores. Assim, o art. 34 do ADCT recepcionou, expressamente, o sistema tributário da Constituição de 1967, ainda que por prazo determinado.

**Repristinação:** fenômeno que se dá pela recuperação da vigência de uma norma que tinha sido revogada, se, por acaso, a lei que a tinha revogado, por qualquer razão, perder a vigência (porque foi revogada, por exemplo). Simplificando: tomemos três leis "1", "2" e "3". Se "2" revoga "1", mas "3" revoga "2", "1" volta a ter vigência. No plano legal, esse fenômeno só existe de forma expressa (se a lei que entra em vigor revogando a lei revogadora expressar o restabelecimento da lei inicialmente revogada), não havendo repristinação tácita. Mas, no plano constitucional, fala-se na existência de um efeito repristinatório tácito, em que no controle de constitucionalidade concentrado, a concessão da medida cautelar ou decisão de mérito torna aplicável a legislação anterior acaso existente, salvo expressa manifestação em sentido contrário (art. 11, § 2º, da Lei 9.868/99). Vale ressaltar, com Pedro Lenza, que o STF vem utilizando a expressão "efeito repristinatório" da declaração de inconstitucionalidade (c.f. ADI 2.215-PE, medida cautelar, Rel. Ministro Celso de Mello, Informativo 224 do STF). Isso porque, se a lei é nula, ela nunca teve eficácia. Se nunca teve eficácia, nunca revogou nenhuma norma. Se nunca revogou nenhuma norma, aquela que teria sido supostamente "revogada" continua tendo eficácia (Direito Constitucional Esquematizado. 16 ed. São Paulo: Saraiva, 2012, p. 342).

**Constitucionalidade superveniente:** trata-se do saneamento do vício de inconstitucionalidade por uma nova constituição ou emenda. Não é admitida no Brasil. A constitucionalidade de uma lei sempre deve ser analisada em relação à Constituição vigente quando de sua edição. O vício de inconstitucionalidade, quando existente, é sempre congênito, ou seja, existe desde o momento de edição da norma. Se uma lei nasceu inconstitucional, o vício é insanável e o fato de ela não ser incompatível com uma nova Constituição é absolutamente irrelevante. Uma nova Constituição não pode constitucionalizar, tirar o vício de uma lei que é inconstitucional segundo o parâmetro constitucional anterior. Assim entende o STF: "Em nosso ordenamento jurídico, não se admite a figura da constitucionalidade superveniente. Mais relevante do que a atualidade do parâmetro de controle é a constatação de que a inconstitucionalidade persiste e é atual, ainda que se refira a dispositivos da CF que não se encontram mais em vigor. Caso contrário, ficaria sensivelmente enfraquecida a própria regra que proíbe a convalidação. (ADI 2.158, julgada em 2010 e relatada pelo Ministro Dias Toffoli) "Constituição. Lei anterior que a contrarie. Revogação. Inconstitucionalidade superveniente. Impossibilidade. A lei ou é constitucional ou não é lei. Lei inconstitucional é uma contradição em si. A lei é constitucional quando fiel à Constituição; inconstitucional na medida em que a desrespeita, dispondo sobre o que lhe era vedado. O vício da inconstitucionalidade é congênito à lei e há de ser apurado em face da Constituição vigente ao tempo de sua elaboração. Lei anterior não pode ser inconstitucional em relação à Constituição superveniente; nem o legislador poderia infringir Constituição futura. A Constituição sobrevinda não torna inconstitucionais leis anteriores com ela conflitantes: revoga-as. Pelo fato de ser superior, a Constituição não deixa de produzir efeitos revogatórios. Seria ilógico que a lei fundamental, por ser suprema, não revogasse, ao ser promulgada, leis ordinárias. A lei maior valeria menos que a lei ordinária." (ADI 2, julgada em 1992 e relatada pelo Ministro Paulo Brossard).

**Retroatividade da norma constitucional:** há três níveis de retroatividade: máxima, média e mínima. A retroatividade máxima ou restitutória se dá na hipótese em que a norma nova prejudica coisa julgada ou fatos jurídicos já consumados. A retroatividade média ocorre no caso de a norma nova atingir efeitos pendentes de atos verificados antes dela. A retroatividade mínima, temperada ou mitigada se verifica quando a norma nova atinge apenas os efeitos de fatos anteriores, verificados após a data que ela entra em vigor (tudo conforme a ADI 493, julgada pelo STF em 1992 e relatada pelo Ministro Moreira Alves).

**Constituição: tipologia, classificação, concepções, legitimidade. Supremacia e força normativa da Constituição. Efetividade das normas constitucionais**

**I. Conceito e Concepção de Constituição**

**a) Constituição Sociológica** (Ferdinand Lassalle - 1862): é aquela que deve traduzir a soma dos fatores reais de poder que rege determinada nação, sob pena de se tornar mera folha de papel escrita, que não corresponda à Constituição real.

**b) Constituição Política** (Carl Schmitt - 1928): é aquela que decorre de uma decisão política fundamental, e se traduz na estrutura do Estado e dos Poderes, e na presença de um rol de direitos fundamentais. As normas que não traduzirem a decisão política fundamental não serão constituição propriamente dita, mas meras leis constitucionais.

**c) *Constituição Material*:** é o arcabouço de normas que tratam da organização do poder, da forma de governo, da distribuição da competência, dos direitos da pessoa humana, considerados os sociais e individuais, do exercício da autoridade, ou seja, trata da composição e do funcionamento da ordem política. Tem relação umbilical com a Constituição Política de Carl Schimitt.

**d) Constituição Jurídica** (Hans Kelsen - 1934): é aquela que se constitui em norma hipotética fundamental pura, que traz fundamento transcendental para sua própria existência (sentido lógico-jurídico), e que, por se constituir no conjunto de normas com mais alto grau de validade, deve servir de pressuposto para a criação das demais normas que compõem o ordenamento jurídico (sentido jurídico-positivo).

**e) Constituição Culturalista** (Michele Ainis - 1986): é aquele que representa o fato cultural, ou seja, que disciplina as relações e direitos fundamentais pertinentes à cultura, tais como a educação, o desporto, e a cultura em sentido estrito.

**f) Constituição Aberta** (Peter Haberle - 1975): é aquela interpretada por todo o povo em qualquer espaço, e não apenas pelos juristas, no bojo dos processos.

**g) Constituição Pluralista** (Gustavo Zagrebelsky - 1987): não é nem um mandato nem um contrato. É aquela dotada de princípios universais, segundo as pretensões acordadas pelas "partes". Caracteriza-se pela capacidade de oferecer respostas adequadas ao nosso tempo ou, mais precisamente, da capacidade da ciência constitucional de buscar e encontrar essas respostas na constituição.

**h) Constituição Simbólica** (Marcelo Neves - 1994): é aquela que traz uma grande enunciação de direitos e valores sociais que não passam de álibis ou argumentos dilatórios frente à falta de efetividade prática do que se preceitua.

**II. Elementos das Constituições** (Classificação de José Afonso da Silva)

1. **Elementos Orgânicos:** regulam a estrutura do Estado e do Poder.
2. **Elementos Limitativos:** referem-se aos direitos fundamentais, que limitam a atuação do Estado, protegendo o povo.
3. **Elementos Socioideológicos:** revelam o compromisso do Estado em equilibrar os ideais liberais e sociais ao longo do Texto Constitucional.
4. **Elementos de Estabilização Constitucional:** asseguram a solução de conflitos institucionais entre Poderes, e também protegem a integridade do Estado e da própria Constituição.
5. **Elementos Formais de Aplicabilidade:** referem-se às regras de interpretação e aplicação da Constituição, a

exemplo do preâmbulo, do ADCT, e a aplicabilidade imediata dos direitos e garantias fundamentais.

**III. Componentes da Constituição Federal de 1988:**

1. **Preâmbulo:** designa o texto introdutório à Constituição. Segundo posição exarada pelo STF no bojo da ADI 2.076, julgada em 2002, o preâmbulo da Constituição da República não tem força normativa, figurando como mero vetor interpretativo. Em seu voto, Celso de Mello sustentou que o preâmbulo não se situa no âmbito do direito, mas no domínio da política, refletindo posição ideológica do constituinte. Ademais, ele conteria proclamação ou exortação no sentido dos princípios inscritos na Constituição Federal.

   Quanto à natureza jurídica do preâmbulo, a posição do STF filia-se à tese da irrelevância jurídica, afastando-se da tese da plena eficácia (que defende ter o preâmbulo a mesma eficácia das normas que constam da parte articulada da CF) e da tese da relevância jurídica indireta (para a qual o preâmbulo é parte da Constituição, mas não é dotado das mesmas características normativas da parte articulada). Por essa razão, também não serve de parâmetro para controle de constitucionalidade.

2. **Corpo ou articulado:** é a parte densa da Constituição que se encontra disposta em artigos e que tem vigência perene, ou seja, que tendem a vigorar e ter eficácia por um longo espaço de tempo. Refere-se aos Títulos I a X da CF, compostos pelos artigos 1º a 250.

3. **ADCT:** trata-se do ato das disposições constitucionais transitórias, composto por normas de eficácia exaurível. Exaurível porque seus dispositivos tendem a ter eficácia temporária, pois são normas que servem apenas à transição e depois perdem a função.

   Assim, o ADCT é a parte da Constituição destinada a realizar a transição do regime constitucional anterior para o atual. Esse posicionamento do STF serviu para definir que a invocação à proteção de Deus, constante do Preâmbulo da Constituição da República vigente, somente denota inspiração do constituinte, não violando a liberdade religiosa que permeia o Estado brasileiro.

## 2. PRINCÍPIOS FUNDAMENTAIS

Os direitos civis e políticos formam, juntamente com os direitos econômicos, sociais e culturais, e também com os direitos de solidariedade ou fraternidade, um conjunto indivisível de direitos fundamentais, entre os quais não há qualquer relação hierárquica.

**Princípios fundamentais.**

**Art. 1º da CF:** "A República Federativa do Brasil (RFB), formada pela união indissolúvel dos Estados e Municípios e do Distrito Federal, constitui-se em Estado Democrático de Direito e tem como fundamentos: I – a soberania; II – a cidadania; III – a dignidade da pessoa humana; IV – os valores sociais do trabalho e da livre iniciativa; V – o pluralismo político".

Para memorizar os fundamentos da RFB, segue uma expressão mnemônica: SO-CI-DI-VA-PLU.

| FUNDAMENTOS DA REPÚBLICA FEDERATIVA DO BRASIL | |
|---|---|
| **SO:** | **Soberania** |
| **CI:** | **Cidadania** |
| **DI:** | **Dignidade da pessoa humana** |
| **VA:** | **Valores sociais do trabalho e da livre iniciativa** |
| **PLU:** | **pluralismo político** |
| **SO-CI-DI-VA-PLU** | |

**O parágrafo único do art. 1º da CF enuncia ainda: "Todo o poder emana do povo, que o exerce por meio de seus representantes eleitos ou diretamente, nos termos desta Constituição". Trata-se do princípio democrático.**

2. **Poderes da União**

   **Art. 2º da CF:** "São Poderes da União, independentes e harmônicos entre si, o Legislativo, o Executivo e o Judiciário". Trata-se do princípio da separação de poderes segundo o qual o poder político do Estado não pode ficar nas mãos de apenas um governante, pois deve haver uma difusão das decisões estatais em prol dos interesses do povo.

3. **Objetivos fundamentais da República Federativa do Brasil**

   **Art. 3º da CF:** "Constituem objetivos fundamentais da República Federativa do Brasil (RFB): I – construir uma sociedade livre, justa e solidária; II – garantir o desenvolvimento nacional; III – erradicar a pobreza e a marginalização e reduzir as desigualdades sociais e regionais; IV – promover o bem de todos, sem preconceitos de origem, raça, sexo, cor, idade e quaisquer outras formas de discriminação".

   Para auxílio na tarefa de memorização dos objetivos da RFB, segue mais uma expressão mnemônica: CO-GA-ERRA-PRO.

| OBJETIVOS DA REPÚBLICA FEDERATIVA DO BRASIL | |
|---|---|
| **CO:** | **Construir uma sociedade livre, justa e solidária** |
| **GA:** | **Garantir o desenvolvimento nacional** |
| **ERRA:** | **Erradicar a pobreza e a marginalização e reduzir as desigualdades sociais e regionais** |
| **PRO:** | **Promover o bem de todos, sem preconceitos de origem, raça, sexo, cor, idade e quaisquer outras formas de discriminação** |
| **CO-GA-ERRA-PRO** | |

4. **Princípios que regem a República Federativa do Brasil em suas relações internacionais**

   **Art. 4º da CF:** "A República Federativa do Brasil (RFB) rege-se, nas suas relações internacionais, pelos seguintes princípios: I – independência nacional; II – prevalência dos direitos humanos; III – autodeterminação dos povos; IV – não intervenção; V – igualdade entre os Estados; VI – defesa da paz; VII – solução pacífica dos conflitos; VIII – repúdio ao terrorismo e ao racismo; IX – cooperação entre os povos para o progresso da humanidade; X – concessão de asilo político".

   Perceba que dentre os princípios fundamentais, os que regem a RFB em suas relações internacionais são os que estão em maior número e, por isso, são de mais difícil memorização. Sendo assim, a dica é: memorize os artigos 1º, 2º e 3º. Dessa forma você terá condições de acertar os princípios que regem a RFB em suas relações internacionais quase que por eliminação.

   Entretanto, é importante que você esteja ao menos familiarizado com as expressões, para não cair nos famosos jogos de palavras e expressões que o examinador costuma fazer. Por exemplo: ao invés de colocar que a República Federativa do Brasil se rege em suas relações internacionais pelo princípio da não intervenção, o examinador pode apontar o princípio da intervenção, induzindo-o a assinalar uma alternativa errada.

Para a memorização, podemos utilizar duas expressões mnemônicas: IN-PRE-AUTO-NÃO IGUAL e DE-SO-RE-CO--CO.

| PRINCÍPIOS QUE REGEM A REPÚBLICA FEDERATIVA DO BRASIL EM SUAS RELAÇÕES INTERNACIONAIS | |
|---|---|
| IN | I – Independência nacional |
| PRE | II – Prevalência dos direitos humanos |
| AUTO | III – Autodeterminação dos povos |
| NÃO | IV – Não intervenção |
| IGUAL | V – Igualdade entre os Estados |
| DE | VI – Defesa da paz |
| SO | VII – Solução pacífica dos conflitos |
| RE | VIII – Repúdio ao terrorismo e ao racismo |
| CO | IX – Cooperação entre os povos para o progresso da humanidade |
| CO | X – Concessão de asilo político |
| IN-PRE-AUTO-NÃO-IGUAL DE-SO-RE-CO-CO | |

**Destacamos, ainda, o art. 4º, parágrafo único, da CF:** "A República Federativa do Brasil (RFB) buscará a integração econômica, política, social e cultural dos povos da América Latina, visando à formação de uma comunidade latino-americana de nações".

**Atenção para a pegadinha!** O examinador costuma modificar o texto desse dispositivo e afirmar que os povos são da América (suprimindo o "Latina"), ou dizer que a formação será de um bloco econômico de nações (em vez de comunidade latino-americana de nações).

## 3. DIREITOS E GARANTIAS FUNDAMENTAIS

- Os direitos civis e políticos formam, juntamente com os direitos econômicos, sociais e culturais, e também com os direitos de solidariedade ou fraternidade, um conjunto indivisível de direitos fundamentais, entre os quais não há qualquer relação hierárquica.
- Segundo apontamentos doutrinários, são todos direitos humanos, caracterizados pela **indivisibilidade, irrenunciabilidade e incaducabilidade**, e que decorrem da exigência de atendimento do princípio da dignidade da pessoa humana. Sendo assim, por terem o mesmo fundamento, tem também igual força normativa, não havendo hierarquia entre eles.
- Os tratados e convenções internacionais sobre direitos humanos que forem aprovados, em cada Casa do Congresso Nacional, em dois turnos, por três quintos dos votos dos respectivos membros, **serão equivalentes às emendas constitucionais**.
- Nas hipóteses de **grave violação de direitos humanos**, o Procurador Geral da República, com a finalidade de assegurar o cumprimento de obrigações decorrentes de tratados internacionais de direitos humanos dos quais o Brasil seja parte, poderá suscitar, perante o **Superior Tribunal de Justiça**, em qualquer fase do inquérito ou processo, incidente de deslocamento de competência para a Justiça Federal. Trata-se do disposto no § 5º do art. 109 da CF.

  Súmula 647-STJ: São imprescritíveis as ações indenizatórias por danos morais e materiais decorrentes de atos de perseguição política com violação de direitos fundamentais ocorridos durante o regime militar. STJ. 1ª Seção. Aprovada em 10/03/2021, DJe 15/03/2021.

### 3.1. DIREITOS E DEVERES INDIVIDUAIS E COLETIVOS

- Os direitos e deveres individuais e coletivos estão **concentrados no art. 5º da CF**.
- Apesar do *caput* do artigo 5º garanti-los apenas a brasileiros e estrangeiros residentes no Brasil, **a doutrina e o STF os estendem também para estrangeiros em trânsito e pessoas jurídicas** (HC 94.016, julgado em 2008 e relatado pelo Ministro Celso de Mello).
- Segundo entendimento pacífico do Supremo Tribunal Federal, **as pessoas jurídicas também são titulares de direitos fundamentais** (AC 2.032-QO/SP, relatada pelo Ministro Celso de Mello e julgada em 2008).
- O *caput* do art. 5º da CF enuncia que "todos são iguais perante a lei, sem distinção de qualquer natureza". Segundo posição doutrinária pacífica, trata-se do reconhecimento da igualdade formal. Entretanto, implícita ao texto constitucional também existe a **igualdade material**, que significa conferir tratamento desigual, para igualar. A igualdade material leva em consideração os sujeitos e valores envolvidos e busca equilibrar as relações de fato.

| INVIOLABILIDADE DO DOMICÍLIO | |
|---|---|
| **Regra** | **Exceções** |
| A casa (englobando escritórios, motéis, hotéis e congêneres, segundo o STF) é asilo inviolável do indivíduo e nela ninguém pode penetrar sem consentimento do morador. | Hipóteses em que se pode penetrar em casa mesmo sem o consentimento do morador<br>**a) a qualquer horário**: em caso de flagrante delito ou desastre, ou para prestar socorro<br>**b) somente durante o dia**: por determinação judicial. |

Observa o STJ que: "É lícita a entrada de policiais, sem autorização judicial e sem o consentimento do hóspede, em quarto de hotel não utilizado como morada permanente, desde que presentes as fundadas razões que sinalizem a ocorrência de crime e hipótese de flagrante delito." (HC 659.527-SP, Rel. Min. Rogerio Schietti Cruz, Sexta Turma, por unanimidade, julgado em 19/10/2021, DJe de 25/10/2021., info 715).

Da mesma forma, entendeu o STJ que: "A indução do morador a erro na autorização do ingresso em domicílio macula a validade da manifestação de vontade e, por consequência, contamina toda a busca e apreensão." (STJ, HC 674.139-SP, Rel. Min. Rogerio Schietti Cruz, Sexta Turma, por unanimidade, julgado em 15/02/2022, INFO 725).

- **De acordo com a posição do STF no HC 93.050, julgado em 2008 e relatado pelo ministro Celso de Mello, para os fins da proteção jurídica a que se refere o art. 5º, XI, da CF, "o conceito normativo de 'casa' revela-se abrangente** e, por estender-se a qualquer compartimento privado não aberto ao público, onde alguém exerce profissão ou atividade (CP, art. 150, § 4º, III), compreende, observada essa específica limitação espacial (área interna não acessível ao público), os escritórios profissionais, inclusive os de contabilidade. Sem que ocorra qualquer das situações excepcionais taxativamente previstas no texto constitucional (art. 5º, XI), nenhum agente público, ainda que vinculado à administração tributária do Estado, poderá, contra a vontade de quem de direito ('invito domino'), ingressar, durante o dia, sem mandado judicial, em espaço privado não aberto ao público, onde alguém exerce sua atividade profissional, sob pena de a prova resultante da diligência de busca e apreensão assim executada reputar-se inadmissível, porque impregnada de ilicitude material. O atributo da autoexecutoriedade dos atos administrativos, que traduz expressão concretizadora do 'privilège du preálable', não prevalece sobre a garantia constitucional da inviolabilidade domiciliar, ainda que se cuide de atividade exercida pelo Poder Público em sede de fiscalização tributária."

- Para que se considere flagrante delito a fim de justificar a invasão domiciliar, necessária justa causa. "Não configura justa causa apta a autorizar invasão domiciliar a mera intuição da autoridade policial de eventual traficância praticada por indivíduo, fundada unicamente em sua fuga de local supostamente conhecido como ponto de venda de drogas, ante iminente abordagem policial." (STJ. 6ª Turma. REsp 1574681-RS, Rel. Min. Rogério Schietti Cruz, julgado em 20/4/2017- Info 606)
- "A existência de denúncia anônima da prática de tráfico de drogas somada à fuga do acusado ao avistar a polícia, por si sós, não configuram fundadas razões a autorizar o ingresso policial no domicílio do acusado sem o seu consentimento ou sem determinação judicial." (STJ, RHC 89.853-SP, Rel. Min. Ribeiro Dantas, Quinta Turma, por unanimidade, julgado em 18/02/2020, DJe 02/03/2020, Informativo 666).

É assegurado a todos o **acesso à informação** e resguardado o sigilo da fonte, quando necessário ao exercício profissional.

"Veículo de imprensa jornalística possui direito líquido e certo de obter dados públicos sobre óbitos relacionados a ocorrências policiais." (REsp 1.852.629-SP, Rel. Min. Og Fernandes, Segunda Turma, por unanimidade, julgado em 06/10/2020, DJe 15/10/2020 - Info 682 STJ)

**Ninguém será privado de direitos por motivo de crença religiosa ou de convicção filosófica ou política**, salvo se as invocar para eximir-se de obrigação legal a todos imposta e recusar-se a cumprir prestação alternativa, fixada em lei;

Apesar de a prestação de serviço militar ser obrigatória (art. 143, *caput*, da CF), a recusa em cumpri-la é admitida sob a alegação do direito de escusa de consciência, cabendo, nesse caso, às forças armadas atribuir àquele que exercer esse direito serviço alternativo em tempo de paz (art. 143, § 1º, da CF), cuja recusa enseja como sanção a declaração da **perda** dos direitos políticos (art. 15, IV, da CF).

Consoante art. 210, § 1º, da CF, o **ensino religioso**, de **matrícula facultativa**, constituirá disciplina dos horários normais das escolas públicas de ensino fundamental. Note que, por apenas o **oferecimento da disciplina ser obrigatório**, mas não a matrícula, não há que se falar em qualquer ofensa à liberdade de crença, pois aquele que não quiser participar da disciplina simplesmente não precisa se matricular.

É assegurada, nos termos da lei, a **proteção** às **participações individuais em obras coletivas e** à **reprodução da imagem e voz humanas, inclusive** nas atividades desportivas.

A **sucessão de bens de estrangeiros situados no País** será regulada pela lei brasileira em benefício do cônjuge ou dos filhos brasileiros, sempre que não lhes seja mais favorável a lei pessoal do "de cujus". Em outras palavras: **aplica-se a lei brasileira, salvo se a do falecido for mais favorável.**

O **sigilo da correspondência e das comunicações telegráficas, de dados e das comunicações telefônicas** é inviolável, **salvo**, no último caso, por **ordem judicial**, nas hipóteses e na forma que a lei estabelecer para fins de **investigação criminal ou instrução processual penal** (não para processo civil).

Os sigilos bancário e fiscal estão incluídos na proteção ao **sigilo de dados.**

**O STF já firmou posicionamento no sentido que a interceptação telefônica se submete** à **reserva de jurisdição, sem exceção.** Vale ressaltar que se a gravação for feita por um dos interlocutores, desconfigura-se a interceptação telefônica, restando mera gravação ambiental (RE 453.562-AgR, julgado em 2008 e relatado pelo Ministro Joaquim Barbosa).

Importante destacar que a **interceptação** (gravações de conversas presentes e futuras) **não se confunde com a quebra de sigilo** (acesso a dados passados). Tal distinção é relevante, pois as CPIs (órgãos que não são investidos de poderes jurisdicionais) até podem determinar a quebra de sigilo de dados telefônicos (registro de chamadas recebidas e efetuadas), mas não a interceptação telefônica.

Conforme posição do STF no RE 461366, julgado em 2007 e relatado pelo Ministro Marco Aurélio: "**A atuação fiscalizadora do Banco Central do Brasil não encerra a possibilidade de, no campo administrativo, alcançar dados bancários de correntistas**, afastando o sigilo previsto no inciso XII do artigo 5º da Constituição Federal".

**Interceptação e prova emprestada**: "Prova emprestada. Penal. Interceptação telefônica. Escuta ambiental. Autorização judicial e produção para fim de investigação criminal. Suspeita de delitos cometidos por autoridades e agentes públicos. Dados obtidos em inquérito policial. Uso em procedimento administrativo disciplinar, contra outros servidores, cujos eventuais ilícitos administrativos teriam despontado à colheita dessa prova. Admissibilidade. Resposta afirmativa a questão de ordem. Inteligência do art. 5º, XII, da CF e do art. 1º da Lei federal 9.296/1996. (...) Dados obtidos em interceptação de comunicações telefônicas e em escutas ambientais, judicialmente autorizadas para produção de prova em investigação criminal ou em instrução processual penal, **podem ser usados em procedimento administrativo disciplinar, contra a mesma ou as mesmas pessoas em relação** às **quais foram colhidos, ou contra outros servidores cujos supostos ilícitos teriam despontado** à **colheita dessa prova**." (Inq 2.424-QO-QO, Rel. Min. Cezar Peluso, julgamento em 20-6-2007, Plenário, DJ de 24-8-2007).

**Interceptação e prorrogações sucessivas de prazo**: "É lícita a interceptação telefônica, determinada em decisão judicial fundamentada, quando necessária, como único meio de prova, à apuração de fato delituoso. (...) É **lícita a prorrogação do prazo legal de autorização para interceptação telefônica, ainda que de modo sucessivo**, quando o fato seja complexo e, como tal, exija investigação diferenciada e contínua. (...) O ministro relator de inquérito policial, objeto de supervisão do STF, tem competência para determinar, durante as férias e recesso forenses, realização de diligências e provas que dependam de decisão judicial, inclusive interceptação de conversação telefônica. (...) O disposto no art. 6º, § 1º, da Lei federal 9.296, de 24-7-1996, só comporta a interpretação sensata de que, salvo para fim ulterior, só é exigível, na formalização da prova de interceptação telefônica, a transcrição integral de tudo aquilo que seja relevante para esclarecer sobre os fatos da causa sub iudice." (Inq 2.424, Rel. Min. Cezar Peluso, julgamento em 26-11-2008, Plenário, DJE de 26-3-2010.)

**Interceptação e encontro fortuito de prova em crime punido com detenção:** Encontro fortuito de prova da prática de crime punido com detenção. (...) O STF, como intérprete maior da CR, considerou compatível com o art. 5º, XII e LVI, o uso de prova obtida fortuitamente através de interceptação telefônica licitamente conduzida, ainda que o crime descoberto, conexo ao que foi objeto da interceptação, seja punido com detenção." (AI 626.214-AgR, Rel. Min. Joaquim Barbosa, julgamento em 21-9-2010, Segunda Turma, DJE de 8-10-2010.)

Segundo o STF, **a análise dos** últimos **registros telefônicos em aparelhos celulares apreendidos após a efetuação de prisão em flagrante** é **lícita**. Assim restou decidido no HC 91.867, julgado em 2012 e relato pelo Ministro Gilmar Mendes.

"O princípio constitucional da reserva de jurisdição – que incide sobre as hipóteses de busca domiciliar (CF, art. 5º, XI), de interceptação telefônica (CF, art. 5º, XII) e de decretação da prisão, ressalvada a situação de flagrância penal (CF, art. 5º, LXI) – **não se estende ao tema da quebra de sigilo, pois, em tal matéria, e por efeito de expressa autorização dada pela própria CR (CF, art. 58, § 3º), assiste competência** à **CPI, para decretar, sempre em ato necessariamente motivado, a excepcional ruptura dessa esfera de privacidade das pessoas**." (MS 23.652, julgado no ano 2000 e relatado pelo Ministro Celso de Mello).

Segundo a jurisprudência do STF, "**A quebra do sigilo inerente aos registros bancários, fiscais e telefônicos, por traduzir medida de caráter excepcional, revela-se incompatível com o ordenamento constitucional, quando fundada em deliberações emanadas de CPI cujo suporte decisório apoia-se em formulações genéricas, destituídas da necessária e específica indicação de causa provável**, que se qualifica como pressuposto legitimador da ruptura, por parte do Estado, da esfera de intimidade a todos garantida pela CR. Precedentes. Doutrina. O controle jurisdicional de abusos praticados por CPI não ofende o princípio da separação de poderes. (MS 25.668, julgado em 2006 e relatado pelo Ministro Celso de Mello).

- A todos, no âmbito judicial **e administrativo**, são assegurados a **razoável duração do processo** e os meios que garantam a celeridade de sua tramitação.
- O Poder Judiciário **só admite ações** relativas à disciplina e às competições desportivas **após esgotarem-se as instâncias da justiça desportiva**. Trata-se de uma exceção ao princípio da inafastabilidade da jurisdição.
- De acordo com posição consolidada do Supremo Tribunal Federal, **a exigência de depósito prévio** como requisito de admissibilidade de ação judicial na qual se pretenda discutir a exigibilidade de crédito tributário **ofende a garantia de acesso ao Poder Judiciário**. Essa é a conclusão que se extrai da **Súmula Vinculante 28**, aprovada em 2010.
- Assegura-se a todos, **independentemente do** pagamento de taxas, o direito de petição aos Poderes Públicos em defesa de direitos ou contra ilegalidade ou abuso de poder.

  É livre o direito de reunião pacífica, não sendo necessária autorização. Entretanto, exige-se **prévio aviso** (não pedido de autorização) à autoridade competente, para que não frustre outra reunião anteriormente convocada.

  **Atenção!** A finalidade do direito de reunião é a manifestação do pensamento. A liberdade ambulatorial constitui apenas um meio para o exercício do direito de reunião.

  Nesse sentido, diante de uma violação ao direito fundamental, líquido e certo, de reunião, cabível será o **mandado de segurança**, não o *habeas corpus*.

  **Segundo entendimento do STF:** "A interpretação, segundo a qual é ilegal a reunião se não precedida de notificação, afronta o direito previsto no art. 5º, XVI, da Constituição Federal (CF). Isso porque **a exigência constitucional de aviso prévio relativamente ao direito de reunião é satisfeita com a veiculação de informação** que permita ao poder público zelar para que seu exercício se dê de forma pacífica ou para que não frustre outra reunião no mesmo local". (Tema 855 da repercussão geral - RE 806339/SE, relator Min. Marco Aurélio, redator do acórdão Min. Edson Fachin, julgamento virtual finalizado em 14.12.2020 – Info 1003)
- A prática do racismo constitui crime **inafiançável** e **imprescritível**, sujeito à pena de **reclusão** (não detenção).
- A incitação de ódio público feita por líder religioso contra outras religiões pode configurar o crime de racismo, não sendo protegida pela liberdade de expressão. (STF. 2ª Turma. RHC 146303/RJ, rel. Min. Edson Fachin, red. p/ o ac. Min. Dias Toffoli, julgado em 6/3/2018- Info 893).
- Associações

| **Associações** | |
|---|---|
| **Objetivo** | **Exigências** |
| 1. Criação | Não depende de autorização do poder público<br>É vedada a criação de associações de caráter paramilitar |
| 2. Suspensão das Atividades | Somente por decisão Judicial |
| 3. Dissolução | Somente por decisão judicial com trânsito em julgado |

- Somente os crimes de racismo e de ações de grupos armadas, civis ou militares, contra a ordem constitucional e o Estado Democrático são **imprescritíveis** (além de inafiançáveis). Já os crimes de tortura, tráfico ilícito de entorpecentes e drogas afins, terrorismo e os definidos em lei como hediondos, são **insuscetíveis de graça ou anistia** (além de inafiançáveis).

| Crime | Inafiançável | Imprescritível | Insuscetível de graça ou anistia |
|---|---|---|---|
| Racismo | Sim | Sim | Não |
| Ações de Grupos Armados, Civis ou Militares contra a Ordem Constitucional e o Estado Democrático | Sim | Sim | Não |
| Tortura | Sim | Não | Sim |
| Tráfico Ilícito de Entorpecentes e Drogas Afins | Sim | Não | Sim |
| Terrorismo | Sim | Não | Sim |
| Hediondo | Sim | Não | Sim |

No julgamento do HC 82424, julgado em 2003 e relatado para o acórdão pelo Ministro Maurício Corrêa, em que se discutia o **alcance da expressão "racismo"**, contida no inciso XLII do art. 5º, da CF, ("a prática do racismo constitui crime inafiançável e imprescritível, sujeito à pena de reclusão, nos termos da lei;"), o Tribunal, por maioria, acompanhou o voto proferido pelo Min. Maurício Corrêa no sentido do indeferimento do writ, sob o entendimento de que **o racismo é antes de tudo uma realidade social e política, sem nenhuma referência à raça enquanto caracterização física ou biológica, refletindo, na verdade, reprovável comportamento que decorre da convicção de que há hierarquia entre os grupos humanos, suficiente para justificar atos de segregação, inferiorização e até de eliminação de pessoas.** O Min. Marco Aurélio, ao proferir seu voto, salientando a necessidade do exame da causa em face da realidade social brasileira – na qual não há predisposição para a prática de discriminação contra o povo judeu, diferentemente do que ocorre com o negro, para o qual a CF/88 conferiu a proteção prevista no inciso XLII do art. 5º –, e tendo em conta a colisão entre os direitos fundamentais da liberdade de expressão e da proteção à dignidade do povo judeu, considerou não demonstrado que a conduta do paciente pudesse resultar em incitação à prática de discriminação ou colocar em risco a segurança do povo judeu, a justificar limitação do direito à liberdade de expressão. (Informativo 321 do STF).

Nesse mesmo sentido, entendeu que a expressão "racismo" alcança também a homotransfobia,. (STF. ADO 26/DF, rel. Min. Celso de Mello, julgamento em 13.6.2019. (ADO-26) MI 4733/DF, rel. Min. Edson Fachin, julgamento em 13.6.2019. (MI-4733) (Info 944).

- **Princípio da Razoável Duração do Processo**: a todos, no âmbito judicial e administrativo, são assegurados a razoável duração do processo e os meios que garantam a celeridade de sua tramitação.
- **Direito à proteção de dados:** Seguindo uma tendência de proteção aos dados inaugurada pela lei geral de proteção de dados (lei nº 13.709/2018), **a EC 115/2022 conferiu à proteção de dados status de direito fundamental, com a inserção do inciso LXXIX no art. 5º da CF/88**: "é assegurado, nos termos da lei, o direito à proteção de dados pessoais, inclusive nos meios digitais". A emenda ainda estabeleceu, no art. 21, como competência da União, organizar e fiscalizar a proteção e o tratamento de dados pessoais, bem como, no art. 22, estabeleceu a competência privativa da União para disciplinar a proteção e o tratamento de dados pessoais.

## 3.2. AÇÕES OU REMÉDIOS CONSTITUCIONAIS. TUTELA CONSTITUCIONAL DAS LIBERDADES: MANDADO DE SEGURANÇA, *HABEAS CORPUS*, *HABEAS DATA*, AÇÃO POPULAR, MANDADO DE INJUNÇÃO E DIREITO DE PETIÇÃO. AÇÃO CIVIL PÚBLICA

- Conceder-se-á ***habeas corpus*** sempre que alguém sofrer ou se achar ameaçado de sofrer violência ou coação em sua liberdade de locomoção (também denominada **ambulatorial**), por ilegalidade ou abuso de poder.
- Caberá **mandado de segurança** para proteger **direito líquido e certo, não amparado por habeas corpus ou habeas data,** quando o responsável pela ilegalidade ou abuso de poder for **autoridade pública ou agente de pessoa jurídica no exercício de atribuições do Poder Público.**
- O **mandado de segurança coletivo** pode ser impetrado por: a) partido político com representação no Congresso Nacional e; b) organização sindical, entidade de classe ou associação legalmente constituída e em funcionamento há pelo menos um ano, em defesa dos interesses de seus membros ou associados.

  O mandado de injunção é utilizado **sempre que a falta de norma regulamentadora torne inviável o exercício dos direitos e liberdades constitucionais e das prerrogativas inerentes à nacionalidade, à soberania e à cidadania.**
- Consoante art. 12 da Lei 13.300/2016, **o mandado de injunção coletivo pode ser promovido**: I - pelo **Ministério Público**, quando a tutela requerida for especialmente relevante para a defesa da ordem jurídica, do regime democrático ou dos interesses sociais ou individuais indisponíveis; II - por **partido político** com representação no Congresso Nacional, para assegurar o exercício de direitos, liberdades e prerrogativas de seus integrantes ou relacionados com a finalidade partidária; III - por **organização sindical, entidade de classe ou associação** legalmente constituída e em funcionamento há pelo menos 1 (um) ano, para assegurar o exercício de direitos, liberdades e prerrogativas em favor da totalidade ou de parte de seus membros ou associados, na forma de seus estatutos e desde que pertinentes a suas finalidades, dispensada, para tanto, autorização especial; IV - pela **Defensoria Pública**, quando a tutela requerida for especialmente relevante para a promoção dos direitos humanos e a defesa dos direitos individuais e coletivos dos necessitados, na forma do inciso LXXIV do art. 5º da Constituição Federal.
- Conceder-se-á ***habeas data***: a) para assegurar o conhecimento de **informações relativas à pessoa do impetrante**, constantes de registros ou bancos de dados de entidades governamentais ou de caráter público; b) para a retificação de dados, quando não se prefira fazê-lo por processo sigiloso, judicial ou administrativo. Se forem informações de **interesse pessoal**, mas não da pessoa do impetrante, cabe **mandado de segurança.**
- O mandado de injunção é utilizado **no caso de omissão quanto à regulamentação de norma constitucional de eficácia limitada.**
- A **ação popular** pode ser proposta por qualquer **cidadão** (nacional no gozo dos direitos políticos) com o objetivo de anular ato lesivo ao patrimônio público ou de entidade de que o Estado participe, à moralidade administrativa, ao meio ambiente e ao patrimônio histórico e cultural, ficando o autor, **salvo comprovada má-fé**, isento de custas judiciais e do ônus da sucumbência.

## 3.3. DIREITOS SOCIAIS

Os direitos sociais, econômicos, e culturais são **direitos humanos de segunda geração, realizáveis por meio de políticas públicas estatais, e normalmente descritos em normas programáticas**, mas isso não significa que não podem ser exigidos juridicamente. Isso porque, **todos os direitos humanos são juridicamente exigíveis**, e os direitos fundamentais expressos na Constituição têm aplicabilidade imediata.

2) Nos termos do art. 6°, da CF, **são direitos sociais:** a educação, a saúde, a alimentação, o trabalho, a moradia, o transporte, o lazer, a segurança, a previdência social, a proteção à maternidade e à infância, além da assistência aos desamparados, na forma da Constituição.

- O parágrafo único, por sua vez, estabelece que todo brasileiro em situação de vulnerabilidade social terá direito a uma renda básica familiar, garantida pelo poder público em programa permanente de transferência de renda, cujas normas e requisitos de acesso serão determinados em lei, observada a legislação fiscal e orçamentária.

  Vale notar que esse artigo já foi objeto de quatro emendas constitucionais (EC 26/2000, EC 64/2010 , EC 90/2015 e EC 114/2021). A primeira emenda incluiu a moradia, a segunda inseriu a alimentação, a terceira adicionou o transporte e a quarta incluiu o parágrafo único, que instituiu a renda básica familiar.

- Os direitos econômicos sociais e culturais são previstos e detalhados, no âmbito do sistema interamericano, no **Protocolo de San Salvador**, e **não no texto original** da Convenção Americana sobre Direitos Humanos (Pacto de San José da Costa Rica).

- Ainda que os direitos trabalhistas historicamente não sejam cobrados pela FGV nas provas de direito constitucional do Exame de Ordem, entendemos por bem comentarmos a **EC 72/13, que trouxe nova redação ao parágrafo único do art. 7º da CF**: "São assegurados à categoria dos trabalhadores domésticos os direitos previstos nos incisos IV, VI, **VII**, VIII, **X**, **XIII**, XV, **XVI**, XVII, XVIII, XIX, XXI, **XXII**, XXIV, **XXVI**, **XXX**, **XXXI** e **XXXIII** e, atendidas as condições estabelecidas em lei e observada a simplificação do cumprimento das obrigações tributárias, principais e acessórias, decorrentes da relação de trabalho e suas peculiaridades, os previstos nos incisos **I, II, III, IX, XII, XXV e XXVIII**, bem como a sua integração à previdência social." (grifos nossos)

- Para facilitar a compreensão do tema, elaboramos a seguinte tabela:

| | **DIREITOS CONSTITUCIONALMENTE ASSEGURADOS AO TRABALHADOR DOMÉSTICO DEPOIS DA EC 72/13** | |
|---|---|---|
| | **Direitos incondicionados** | **Direitos condicionados à legislação infraconstitucional e à observância de simplificação do cumprimento das obrigações tributárias, principais e acessórias, decorrentes da relação de trabalho e suas peculiaridades** |
| **Os que já existiam antes da EC 72/13** | 1. Salário mínimo<br>2. Irredutibilidade do salário<br>3. Décimo terceiro salário com base na remuneração integral ou no valor da aposentadoria<br>4. Repouso semanal remunerado, preferencialmente aos domingos<br>5. Férias anuais remuneradas com, pelo menos, um terço a mais do que o salário normal<br>6. Licença-gestante de 120 dias<br>7. Licença-paternidade de 5 dias<br>8. Aviso-prévio<br>9. Aposentadoria | 1. Integração à previdência social |
| **Os que foram estabelecidos pela EC 72/13** | 10. Garantia de salário, nunca inferior ao mínimo, para os que percebem remuneração variável<br>11. Proteção do salário na forma da lei, constituindo crime sua retenção dolosa<br>12. Duração do trabalho normal não superior a oito horas diárias e quarenta e quatro semanais, facultada a compensação de horários e a redução da jornada, mediante acordo ou convenção coletiva de trabalho<br>13. Remuneração do serviço extraordinário superior, no mínimo, em cinquenta por cento à do normal<br>14. Redução dos riscos inerentes ao trabalho, por meio de normas de saúde, higiene e segurança<br>15. Reconhecimento das convenções e acordos coletivos de trabalho<br>16. Proibição de diferença de salários, de exercício de funções e de critério de admissão por motivo de sexo, idade, cor ou estado civil<br>17. Proibição de qualquer discriminação no tocante a salário e critérios de admissão do trabalhador portador de deficiência<br>18. Proibição de trabalho noturno, perigoso ou insalubre a menores de dezoito e de qualquer trabalho a menores de dezesseis anos, salvo na condição de aprendiz, a partir de quatorze anos | 2. Relação de emprego protegida contra despedida arbitrária ou sem justa causa, nos termos de lei complementar, que preverá indenização compensatória, dentre outros direitos;<br>3. Seguro-desemprego, em caso de desemprego involuntário;<br>4. Fundo de garantia do tempo de serviço;<br>5. Remuneração do trabalho noturno superior à do diurno;<br>6. Salário-família pago em razão do dependente do trabalhador de baixa renda nos termos da lei<br>7. Assistência gratuita aos filhos e dependentes desde o nascimento até 5 (cinco) anos de idade em creches e pré-escolas<br>8. Seguro contra acidentes de trabalho, a cargo do empregador, sem excluir a indenização a que este está obrigado, quando incorrer em dolo ou culpa |

### 3.4. DIREITOS DA NACIONALIDADE

- São brasileiros **natos:** a) os **nascidos na República Federativa do Brasil**, ainda que de pais estrangeiros, desde que estes não estejam a serviço de seu país; b) os nascidos no estrangeiro, de pai brasileiro ou mãe brasileira, desde que **qualquer deles** esteja **a serviço da República Federativa do Brasil** e; c) os nascidos no estrangeiro de pai brasileiro ou de mãe brasileira, desde que sejam **registrados em repartição brasileira competente ou venham a residir na República Federativa do Brasil e optem**, em qualquer tempo, depois de atingida a maioridade, pela nacionalidade brasileira (nacionalidade potestativa).
- São brasileiros **naturalizados:** a) os que, na forma da lei, **adquiram a nacionalidade brasileira**, exigidas aos originários de países de língua portuguesa apenas residência por um ano ininterrupto e idoneidade moral; b) os estrangeiros de qualquer nacionalidade, residentes na República Federativa do Brasil há mais de quinze anos ininterruptos e sem condenação penal, desde que **requeiram** a nacionalidade brasileira.

| CARGOS PRIVATIVOS DE BRASILEIRO NATO |
|---|
| 1. Ministro do Supremo Tribunal Federal |
| 2. Presidente da República e Vice |
| 3. Presidente da Câmara dos Deputados |
| 4. Presidente do Senado Federal |
| 5. Carreira diplomática |
| 6. Oficial das Forças Armadas |
| 7. Ministro de Estado da Defesa |

- Para memorizar os cargos privativos de brasileiro nato, o amigo leitor pode valer-se da expressa mnemônica **"MP3.COM"**

| MP3.COM | | |
|---|---|---|
| | M | Ministro do STF |
| | P | Presidente da República (e Vice) |
| | 3 | Presidente da Câmara dos Deputados |
| | | Presidente do Senado Federal |
| | C | Carreira Diplomática |
| | O | Oficial das Forças Armadas |
| | M | Ministro de Estado da Defesa |

- **Atenção** para as "pegadinhas" clássicas: a) o cargo de Ministro do STJ não é privativo de brasileiro nato, mas o de Ministro do STF é; b) o cargo de Ministro da Justiça não é privativo de brasileiro nato, mas o de Ministro de Estado da Defesa é; c) o cargo de Senador não é privativo de brasileiro nato, mas o de Presidente do Senado Federal é.
- O **brasileiro nato pode perder a nacionalidade**, pois nos termos do § 4º, do art. 12, da CF, será declarada a perda da nacionalidade do brasileiro que **adquirir outra nacionalidade** (salvo nos casos de reconhecimento de nacionalidade originária pela lei estrangeira ou de imposição de naturalização, pela norma estrangeira, ao brasileiro residente em estado estrangeiro, como condição para permanência em seu território ou para o exercício de direitos civis, quando o indivíduo poderá ter mais de uma nacionalidade), bem como tiver cancelada sua naturalização, por sentença judicial, em virtude de atividade nociva ao interesse nacional.

É inadmissível a expulsão de estrangeiro que possua filho brasileiro, dependente socioafetivo ou econômico, mesmo que o crime ensejador da expulsão tenha ocorrido em momento anterior ao reconhecimento ou adoção do filho." STF. Plenário. RHC 123891 AgR/DF, Rel. Min. Rosa Weber, julgado em 23/2/2021 (Info 1007)

"O § 1º do art. 75 da Lei 6.815/1980 (1) não foi recepcionado pela Constituição Federal de 1988 (CF), sendo vedada a expulsão de estrangeiro cujo filho brasileiro foi reconhecido ou adotado posteriormente ao fato ensejador do ato expulsório, uma vez comprovado estar a criança sob a guarda do estrangeiro e deste depender economicamente." STF. Plenário. RE 608898/DF, Rel. Min. Marco Aurélio, julgado em 25/6/2020 (Repercussão Geral –Tema 373) (Info 983).

O art. 54, §1º da Lei nº 13.445/2017, prevê como hipóteses que ensejam expulsão:" I - crime de genocídio, crime contra a humanidade, crime de guerra ou crime de agressão, nos termos definidos pelo Estatuto de Roma do Tribunal Penal Internacional; ou II - crime comum doloso passível de pena privativa de liberdade, consideradas a gravidade e as possibilidades de ressocialização em território nacional."

Por sua vez, o art. 55 da Lei nº 13.445/2017 prevê as hipóteses **que impedem a expulsão** do estrangeiro:

a) Quando a medida configurar extradição inadmitida pela legislação brasileira;

b) Quando o extraditando:

– tiver filho brasileiro que esteja sob sua guarda ou dependência econômica ou socioafetiva ou tiver pessoa brasileira sob sua tutela;

– tiver cônjuge ou companheiro residente no Brasil, sem discriminação alguma, reconhecido judicial ou legalmente;

– tiver ingressado no Brasil até os 12 (doze) anos de idade, residindo desde então no País;

– for pessoa com mais de 70 (setenta) anos que resida no País há mais de 10 (dez) anos, considerados a gravidade e o fundamento da expulsão.

- Regras sobre **extradição**: a) O brasileiro nato **nunca** será extradito (por crime comum ou de opinião); b) O brasileiro naturalizado somente poderá ser extraditado em caso de crime comum (praticado **antes** da naturalização), ou de comprovado envolvimento em tráfico ilícito de entorpecentes e drogas afins (**antes ou depois** da naturalização), na forma da lei, mas **não** por crime político; c) O estrangeiro pode ser extraditado pela prática de crime comum, mas **não** por crime político e; d) O Brasil não extradita **ninguém** pela prática de crime político.

| | POSSIBILIDADE DE EXTRADIÇÃO | |
|---|---|---|
| | **Crime comum** | **Crime político ou de opinião** |
| **Brasileiro Nato** | Não | Não |
| **Brasileiro Naturalizado** | Sim, desde que seja por:<br>• crime praticado antes da naturalização;<br>• comprovado envolvimento em tráfico ilícito de entorpecentes e drogas afins, na forma da lei. | Não |
| **Estrangeiro** | Sim | Não |
| **Regra geral:** | O Brasil não extradita ninguém pela prática de crime político ou de opinião | |

A respeito da extradição, observou o STF que não se deve conceder extradição caso o país requerente esteja enfrentando uma situação de instabilidade política, como com a demissão de juízes e prisão de opositores do governo, em razão do risco de que o extraditando seja submetido a um tribunal ou juízo de exceção (STF. 2ª Turma. Ext 1578/DF, Rel. Min. Edson Fachin, julg. 06/08/2019- Info 946).

- Segundo a Súmula 421 do STF: "**Não impede a extradição** a circunstância de ser o extraditando casado com brasileira ou ter filho brasileiro".

  Para o STF, o Estado Brasileiro deve negar extradição quando houver possibilidade concreta de o Estado solicitante desrespeitar os direitos humanos e fundamentais dos extraditandos, como pela excessiva abertura dos tipos penais e pela possibilidade das penas de prisão perpétua ou de morte. STF. 2ª Turma. Ext 1428/DF, Rel. Min. Gilmar Mendes, julgado em 7/5/2019 (Info 939).

## 3.5. DIREITOS POLÍTICOS E SISTEMAS ELEITORAIS

- O **alistamento eleitoral e o voto** são: I – **obrigatórios** para os maiores de dezoito anos; II – **facultativos** para: a) os analfabetos; b) os maiores de setenta anos e; c) os maiores de dezesseis e menores de dezoito anos.

| ALISTAMENTO E VOTO | |
|---|---|
| **Obrigatórios** | **Facultativos** |
| Maiores de 18 anos | A) Maiores de 16 e menores 18 anos<br>B) Maiores de 70 anos;<br>C) Analfabetos; |

- São inalistáveis (para votarem ou serem votados) os estrangeiros e os conscritos, durante o período militar obrigatório.
- São inelegíveis (não podem ser votados) os inalistáveis e os analfabetos.
- Assim, **todo inalistável é inelegível, mas nem todo inelegível é inalistável**, pois o analfabeto é inelegível (não pode ser votado), mas é alistável (pode votar). Somente os estrangeiros e os conscritos são inalistáveis e inelegíveis.

  São **condições de elegibilidade**, na forma da lei: I – a nacionalidade brasileira; II – o pleno exercício dos direitos políticos; III – o alistamento eleitoral; IV – o domicílio eleitoral na circunscrição; V – a filiação partidária; VI – a idade mínima de: a) trinta e cinco anos para Presidente e Vice-Presidente da República e Senador; b) trinta anos para Governador e Vice-Governador de Estado e do Distrito Federal; c) vinte e um anos para Deputado Federal, Deputado Estadual ou Distrital, Prefeito, Vice-Prefeito e juiz de paz; d) dezoito anos para Vereador.

  O **quase-nacional**, português que exerce direitos de brasileiros, condicionado à existência de reciprocidade (art. 12, § 1º, da CF), também poderá exercer direitos políticos no Brasil, como eleitor ou candidato (respeitadas as restrições constitucionais), nos termos do art. 17 do Decreto 3.927/01, que versa sobre o Tratado de Amizade, Cooperação e Consulta entre a República Federativa do Brasil e a República Portuguesa. Assim, nem sempre a nacionalidade será condição de elegibilidade.

  **Nem todos os que tiverem feito alistamento eleitoral serão elegíveis**, isso porque, o alistamento **é** facultativo entre 16 e 18 anos, e nessa idade o eleitor será absolutamente inelegível porque sequer terá adquirido capacidade eleitoral passiva.
- A improbidade administrativa é caso de **suspensão** de direitos políticos (art. 15, V, c.c. art. 37, § 4º, ambos da CF)
- O cancelamento de naturalização por **sentença judicial** (e não por decisão administrativa) é caso de perda de nacionalidade e, por consequência, também dos direitos políticos.
- A condenação **criminal** (não a cível) transitada em julgado, enquanto durarem seus efeitos, é caso de suspensão dos direitos políticos, lembrando que **é vedada a cassação de direitos políticos**.
- Cuidado: a incapacidade civil que gera a **suspensão** (não a perda) de direitos políticos é a de natureza **absoluta**, não relativa.
- As **eleições para Presidente e Governador** seguem o sistema majoritário com exigência de maioria absoluta ou dois turnos. Nos termos do art. 28, alterado pela EC 111/2021: "A eleição do Governador e do Vice-Governador de Estado, para mandato de 4 (quatro) anos, realizar-se-á no primeiro domingo de outubro, em primeiro turno, e no último domingo de outubro, em segundo turno, se houver, do ano anterior ao do término do mandato de seus antecessores, e **a posse ocorrerá em 6 de janeiro do ano subsequente**, observado, quanto ao mais, o disposto no art. 77 desta Constituição.". Antes dessa emenda, a posse se dava no dia primeiro de janeiro do ano subsequente. Estabelece também o art. 82 da CF/88 que: "Art. 82. O mandato do Presidente da República é de 4 (quatro) anos e **terá início em 5 de janeiro do ano seguinte ao de sua eleição**." Essas alterações, contudo, só vão ser aplicadas a partir das eleições de 2026.
- A **eleição do Prefeito** e do Vice-Prefeito será realizada no primeiro domingo de outubro do ano anterior ao término do mandato dos que devam suceder, aplicadas as regras do art. 77 da CF (com segundo turno ou exigência de maioria absoluta) apenas no caso de Municípios com mais de duzentos mil eleitores. Sendo assim, nos Municípios de até duzentos mil eleitores considera-se eleito o candidato que obtiver a maioria (simples) dos votos, independentemente de ter obtido a aprovação da maioria absoluta dos eleitores.

  **Atenção!** A partir da edição da EC 111/2021, que incluiu o §12 e §13 no art. 14 da CF/88, "Serão realizadas concomitantemente às eleições municipais as consultas populares sobre questões locais aprovadas pelas Câmaras Municipais e encaminhadas à Justiça Eleitoral até 90 (noventa) dias antes da data das eleições, observados os limites operacionais relativos ao número de quesitos.". Ademais, eventuais manifestações a tais questões ocorrerão durante as campanhas eleitorais sem a utilização de propaganda gratuita no rádio e na televisão.
- São **Congressistas** o Deputado Federal e o Senador. O deputado federal é eleito pelo sistema proporcional (art. 45, da CF), e o Senador é eleito pelo majoritário simples (art. 46, da CF). Desta feita, é errado dizer que o Congressista é eleito mediante sistema proporcional, pois tal afirmativa ignora que o Senador se elege via sistema majoritário.
- O **Vereador** será eleito mediante sistema proporcional (não distrital).

| IDADE MÍNIMA PARA EXERCÍCIO DE MANDATO POLÍTICO ELETIVO | |
|---|---|
| **Idade Mínima** | **Mandato Político Eletivo** |
| 18 anos | Vereador |
| 21 anos | Prefeito, Vice Prefeito, Deputado Estadual ou Distrital e Deputado Federal |
| 30 anos | Governador e Vice-Governador de Estado e do Distrito Federal |
| 35 anos | Presidente da República, Vice-Presidente da República e Senador |

CONSTITUCIONAL

Para concorrerem a **outros cargos**, o Presidente da República, os Governadores de Estado e do Distrito Federal e os **Prefeitos** devem **renunciar** aos respectivos mandatos **até seis meses antes** do pleito.

"É **constitucional**, à luz dos arts. 1º, I e parágrafo único, 5º, LIV, e 14, caput e § 9º, da Constituição da República, **o § 3º do art. 224 do Código Eleitoral, com a redação dada pela Lei 13.165/2015, no que determina a realização automática de novas eleições, independentemente do número de votos anulados, sempre que o candidato eleito, em pleito majoritário, for desclassificado**, por indeferimento do registro de sua candidatura, ou em virtude de cassação do diploma ou mandato." (RE 1096029/MG, rel. Min. Dias Toffoli, julgamento em 4.3.2020. Informativo 968, Tema 986).

19. **Inelegibilidade reflexa:** são **inelegíveis**, no território de jurisdição do titular, o cônjuge e os parentes consanguíneos ou afins, até o segundo grau ou por adoção, do Presidente da República, de Governador de Estado ou Território, do Distrito Federal, de Prefeito ou de quem os haja substituído dentro dos seis meses anteriores ao pleito, salvo se já titular de mandato eletivo e candidato à reeleição (art. 14, § 7º, da CF).

20. O **militar alistável** é **elegível**, sendo que, se contar mais de dez anos de serviço, será agregado pela autoridade superior e, se eleito, passará automaticamente, no ato da diplomação, para a inatividade, e, se contar **menos** (não mais) de dez anos de serviço, deverá afastar-se da atividade.

21. As hipóteses de inelegibilidade constam de rol **exemplificativo.** Prova disso é o artigo 14, § 9º, da CF, segundo o qual **lei complementar estabelecerá outros casos de inelegibilidade e os prazos de sua cessação,** a fim de proteger a probidade administrativa, a moralidade para exercício de mandato considerada vida pregressa do candidato, e a normalidade e legitimidade das eleições contra a influência do poder econômico ou o abuso do exercício de função, cargo ou emprego na administração direta ou indireta.

22. No recente julgamento do Supremo Tribunal Federal (ADC 29 e 30 e ADI 4578) sobre Lei Complementar 135/2010, conhecido como **caso "ficha limpa"**, a questão central da discussão baseou-se na **interpretação do princípio da anualidade**, o qual significa que a lei que alterar o processo eleitoral entrará em vigor na data de sua publicação, não se aplicando à eleição que se realize até um ano da data de sua vigência, nos termos do art. 16, da CF, com redação dada pela EC 04/93. Por maioria de votos, prevaleceu o entendimento em favor da constitucionalidade da lei, que poderá ser aplicada nas eleições de 2012, alcançando atos e fatos ocorridos antes de sua vigência.

23. O mandato eletivo poderá ser **impugnado** ante a Justiça Eleitoral no prazo de quinze dias contados da diplomação, instruída a ação com provas de abuso do poder econômico, corrupção ou fraude.

- A ação de impugnação de mandato **tramitará** em segredo de justiça, respondendo o autor, na forma da lei, se temerária ou de manifesta má-fé.

24. **Partidos Políticos:** é **livre a criação, fusão, incorporação e extinção de partidos políticos**, resguardados a soberania nacional, o regime democrático, o pluripartidarismo, os direitos fundamentais da pessoa humana (art. 17, *caput*, da CF).

**"É vedada a fusão ou incorporação de partidos políticos que tenham obtido o registro definitivo do Tribunal Superior Eleitoral há menos de 5 anos."** STF. Plenário. ADI 6044/DF, Rel. Min. Cármen Lúcia, julgado em 6/3/2021 (Info 1008).

25. Nos termos do art. 17, § 2º, da CF, os **partidos políticos** adquirem personalidade jurídica (de direito privado) **na forma da lei civil, com a inscrição dos atos constitutivos no respectivo registro.** Existe ainda o dever de **posterior registro de seus estatutos no Tribunal Superior Eleitoral (TSE)**, consoante art. 44, V, art. 44 § 3º e art. 45, todos do Código Civil c.c. artigos 8º, 9º e 10 da Lei 9.096/95, mas que não é requisito para criação.

26. **Atenção!** De acordo com a **Emenda Constitucional 97/2017** (que alterou alguns parágrafos do art. 17 da CF):

a) É assegurada aos partidos políticos **autonomia** para definir sua estrutura interna e estabelecer regras sobre escolha, formação e duração de seus órgãos permanentes e provisórios e sobre sua organização e funcionamento e **para adotar os critérios de escolha e o regime de suas coligações nas eleições majoritárias, vedada a sua celebração nas eleições proporcionais, sem obrigatoriedade de vinculação entre as candidaturas em** âmbito **nacional, estadual, distrital ou municipal**, devendo seus estatutos estabelecer normas de disciplina e fidelidade partidária;

b) Somente terão **direito a recursos do fundo partidário e acesso gratuito ao rádio e à televisão, na forma da lei**, os partidos políticos que **alternativamente**: I. obtiverem, nas eleições para a Câmara dos Deputados, no mínimo, 3% (três por cento) dos votos válidos, distribuídos em pelo menos um terço das unidades da Federação, com um mínimo de 2% (dois por cento) dos votos válidos em cada uma delas; ou II – tiverem elegido pelo menos quinze Deputados Federais distribuídos em pelo menos um terço das unidades da Federação.

c) Ao eleito por partido que não preencher esses requisitos ("b") é **assegurado o mandato e facultada a filiação, sem perda do mandato, a outro partido que os tenha atingido**, não sendo essa filiação considerada para fins de distribuição dos recursos do fundo partidário e de acesso gratuito ao tempo de rádio e de televisão.

- **Atenção!** A **Emenda Constitucional 111/2021** incluiu no art. 17, CF/88 a seguinte disposição:

"§ 6º Os Deputados Federais, os Deputados Estaduais, os Deputados Distritais e os Vereadores que se **desligarem do partido pelo qual tenham sido eleitos** PERDERÃO O MANDATO, salvo nos casos de anuência do partido ou de outras hipóteses de justa causa estabelecidas em lei, **não computada, em qualquer caso, a migração de partido para fins de distribuição de recursos do fundo partidário ou de outros fundos públicos e de acesso gratuito ao rádio e à televisão.**"

Vamos destrinchar esse parágrafo para melhor compreendê-lo. Na **primeira parte**, ele traz uma consequência àqueles que se desligam do partido pelo qual foram eleitos.

**A quem se aplica?** Deputados Federais, Estaduais e Distritais e Vereadores. Logo, **não** se aplica a Senadores e aos representantes do Poder Executivo (Presidente da República, Governadores e Prefeitos).

**Qual a conduta?** Se desligar do partido pelo qual foram eleitos.

**Qual a consequência?** Perda do mandato

**Há exceções?** Sim: 1. Em caso de anuência (concordância) do partido; 2. Em casos de justa causa (estabelecidas em lei- norma de eficácia limitada- as hipóteses estão no art. 22-A, parágrafo único da lei 9.096/95- lei orgânica dos partidos políticos- e foram incluídos nesta lei em 2015.)

Na **segunda parte** o artigo fala da distribuição de recursos do fundo partidário e de outros fundos públicos, bem como do acesso gratuito ao rádio e à televisão. Essas distribuições são feitas de acordo com o número de candidatos que aquele partido conseguiu eleger na última eleição. Como fica no caso de o candidato eleito mudar para outro partido? **As distribuições de tempo e recursos não são afetadas.**

- A fim de estimular **a inclusão progressiva de mulheres na atuação política**, foi editada a EC nº 117/2022, que incluiu os parágrafos 7º e 8º no art. 17. O §7º obriga os partidos a aplicarem no mínimo 5% dos recursos do fundo partidário na criação e manutenção de programas de promoção e difusão da participação política das mulheres. Já o §8º obriga os partidos a destinarem às candidatas mulheres no mínimo:
    - 30% do montante do Fundo especial de financiamento de campanha;
    - 30% da parcela do fundo partidário destinada a campanhas eleitorais;
    - 30% do tempo de propaganda gratuita no rádio e na televisão.

  Essa distribuição deve ser proporcional ao número de candidatas, conforme critérios definidos pelos respectivos órgãos de direção e pelas normas estatutárias, considerados a autonomia e o interesse partidário.

Com a quantidade de alterações promovidas às normas constitucionais sobre eleições, importante sempre ter em mente o que dispõe o art. 16 da CF/88: " Art. 16. A lei que alterar o processo eleitoral **entrará em vigor na data de sua publicação, não se aplicando à eleição que ocorra até um ano da data de** sua **vigência**."

Assim, por exemplo, uma norma eleitoral editada em janeiro de 2022, entraria em vigor na data de sua aplicação, mas somente se aplicaria às eleições de 2024 (considerando que não seria aplicada às eleições de 2022 e a próxima eleição a se realizar seria em 2024). Já uma norma editada antes de outubro de 2021 poderia ser aplicada à eleição de 2022, pois se daria em período maior que um ano da data de sua vigência.

Inclusive, a esse respeito, manifestou o STF que: "A **ampliação dos limites para gasto com publicidade institucional** às vésperas das eleições pode afetar significativamente as condições da disputa eleitoral, sendo necessário postergar, em obediência ao princípio da anterioridade eleitoral (CF/1988, art. 16), a eficácia de alterações normativas nesse sentido. (...)Com base nesse entendimento, o Plenário, por maioria, em julgamento conjunto, concedeu parcialmente a medida cautelar para conferir interpretação conforme a Constituição à Lei 14.356/2022, estabelecendo que, **por força do princípio da anterioridade eleitoral, a norma não produz efeitos antes do pleito eleitoral de outubro de 2022**." (STF, Info. Nº 1062. ADI 7178/DF e ADI 7182/DF, rel. Min. Dias Toffoli, redator do acórdão Min. Alexandre de Moraes, julgamento virtual finalizado em 01/07/2022).

## 4. ORGANIZAÇÃO DO ESTADO

### 4.1. ORGANIZAÇÃO POLÍTICO-ADMINISTRATIVA

- A **organização político-administrativa da República Federativa do Brasil** compreende a União, os Estados, o Distrito Federal e os Municípios, todos autônomos, nos termos desta Constituição (art. 18, *caput*, da CF).
- **Brasília** é a Capital Federal (art. 18, § 1º, da CF).
- Os **Territórios Federais** integram a União, e sua criação, transformação em Estado ou reintegração ao Estado de origem serão reguladas em lei complementar (art. 18, § 2º, da CF).
- Exige-se lei complementar federal (com trâmite no Congresso Nacional) para a aprovação da **criação de novos Entes Estaduais** (novos Estados).
- Os Estados podem **incorporar-se entre si**, mas mediante aprovação da população diretamente interessada, através de **plebiscito,** não de referendo.
- O desmembramento dos Estados **não** deve ser precedido de autorização por lei ordinária. O que se exige é aprovação da população diretamente interessada, através de plebiscito, e do Congresso Nacional, por lei complementar.
- A subdivisão dos Estados **pode** gerar a formação de novos territórios.

  **A criação, a incorporação, a fusão e o desmembramento de Municípios**, far-se-ão por lei estadual, dentro do período determinado por Lei Complementar Federal, e dependerão de consulta prévia, mediante plebiscito, às populações dos Municípios envolvidos, após divulgação dos Estudos de Viabilidade Municipal, apresentados e publicados na forma da lei (art. 18, § 4º, da CF).

  Nos termos do art. 5º da Lei 9.709/98 (que regulamenta os plebiscitos, os referendos e a iniciativa popular de lei), o plebiscito destinado à criação, à incorporação, à fusão e ao desmembramento de Municípios, será convocado pela **Assembleia Legislativa** (não pela Câmara de Vereadores), de conformidade com a legislação federal e estadual.

  Não obstante a **inexistência de lei complementar federal regulamentando a criação de novos municípios**, o STF deixou de pronunciar a nulidade de leis estaduais de criação de diversos municípios em razão da consolidada situação de fato e em respeito ao princípio da segurança jurídica. O art. 18, § 4º, da CF diz que é necessária LC federal para criação, a incorporação, a fusão e o desmembramento de municípios. Entretanto, vários municípios foram criados sem essa LC, que ainda não existe. Com isso o STF declarou inconstitucional a criação desses municípios, mas não anulou a criação deles. O Supremo, então, fixou um prazo (em alguns casos de 18 e outros de 24 meses) para o Congresso criar a LC. Porém, ao invés de o Congresso editar a LC, editou a EC 57/2008 que acrescentou o art. 96 ao ADCT, convalidou os atos de criação dos municípios, desmembrados, fundidos ou incorporados – Art. 96 ADCT

  Os **Municípios integram a federação brasileira**, possuindo autogoverno (gestão próprio de suas atividades por Prefeito, Vereadores, e demais agentes públicos), auto-organização (possuem Lei Orgânica) e autoadministração (prestam e mantêm serviços próprios).

  O número de Vereadores não é definido por proporcionalidade. A CF, no art. 29, IV, estabelece os **limites máximos** de vereadores de acordo com **faixas que levam em consideração o número de habitantes.**

  Município pode ter **eleição em segundo turno** se contar com mais de duzentos mil **eleitores,** não habitantes (art. 29, II, da CF).

  Portanto, **cuidado!** Para fixação de vereadores o critério é número de habitantes, mas para determinação de segundo turno em eleições para o executivo municipal o critério é número de eleitores.

### 4.2. ENTES FEDERADOS E DISTRIBUIÇÃO DE COMPETÊNCIAS

- Compete privativamente à União legislar sobre **comércio exterior e interestadual**, o que engloba a importação de bens de outros países.

- Compete privativamente à União legislar sobre **direito civil.** Gratuidade de pagamento em estacionamento privado e mensalidade de serviço educacional são matérias de direito civil.
- Compete privativamente à União legislar sobre **trânsito e transporte,** o que inclui os serviços de mototáxi.
- Compete privativamente à União legislar sobre **normas gerais de organização, efetivos, material bélico, garantias, convocação, mobilização, inatividades e pensões das polícias militares e dos corpos de bombeiros militares; (Conforme Emenda Constitucional nº 103, de 2019)**
- Compete privativamente à União legislar sobre **direito processual.** Mas, é de **competência concorrente o estabelecimento de normas gerais sobre procedimentos.**
- A competência **material** da União, disposta no art. 21 da CF, **não** pode ser delegada aos Estados. Somente quanto à competência **legislativa** da União é que pode haver Lei Complementar autorizando os Estados a legislarem sobre questões específicas.
- A competência para legislar sobre direito urbanístico é **concorrente** entre União, Estados e Distrito Federal, e não privativa dos Municípios.
- A competência para legislar sobre defesa dos recursos naturais é **concorrente** entre União, Estados e Distrito Federal, pois é matéria de interesse de todos os entes da Federação, e não somente da União.
- É assegurada, nos termos da lei, à União, aos Estados, ao Distrito Federal e aos Municípios a **participação no resultado** da exploração de petróleo ou gás natural, de recursos hídricos para fins de geração de energia elétrica e de outros recursos minerais no respectivo território, plataforma continental, mar territorial ou zona econômica exclusiva, ou compensação financeira por essa exploração. (Conforme Emenda Constitucional nº 102, de 2019)

| COMPETÊNCIAS | | | |
|---|---|---|---|
| **Natureza das Competências** | **Espécie** | **Regra** | **Exceção** |
| **ADMINISTRATIVAS** | 1. Exclusiva: art. 21, da CF | Somente a União exerce | |
| | 2. Comum: art. 23, da CF | Cooperação entre União, Estados, DF e Municípios | |
| **LEGISLATIVAS** | 1. Privativa: art. 22, da CF | A União legisla privativamente | Lei complementar poderá autorizar os Estados a legislar sobre questões relativas à competência privativa da União, criando a competência legislativa delegada |
| | 2. Delegada: art. 22, p. único, da CF | Mediante LC, em que a União delega para Estados e DF. | |
| | 3. Concorrente: art. 24, da CF | A União edita as normas Gerais e os Estados e o DF editam as normas específicas de seus interesses | Se a União não editar as normas gerais, os Estados e o DF passarão a ter competência plena. Se, posteriormente, a União legislar, as normas gerais feitas pelos Estados terão a sua eficácia suspensa. |

**ESTADOS**

"Normas estaduais que disponham sobre obrigações destinadas às empresas de telecomunicações, relativamente à oferta de produtos e serviços, incluem-se na competência concorrente dos estados para legislarem sobre direitos do consumidor." STF. Plenário. ADI 5962/DF, Rel. Min. Marco Aurélio, julgado em 25/2/2021 (Info 1007).

- É constitucional lei estadual que estabelece a dispensa de multa no caso da quebra de fidelidade nos contratos com empresas de telefonias, caso a quebra tenha sido motivada pelo desemprego superveniente do cliente. STF. Plenário. ADI 4908/RJ, Rel. Min. Rosa Weber, julgado em 11/4/2019 (Info 937).

  Lei estadual que permite comercialização de bebidas alcóolicas em arenas desportivas e estádios é constitucional, uma vez que legislar sobre consumo é competência concorrente (art. 24, V da CF/88). STF. Plenário. ADI 6195, Rel. Min. Alexandre de Moraes, julgado em 27/03/2020.

- Lei distrital que preveja reserva de percentual de vagas em universidades públicas a alunos que estudaram nas escolas públicas do Distrito Federal é inconstitucional por discriminar alunos de escolas públicas de outros Estados da Federação. STF. Plenário. ADI 4868, Rel. Min. Gilmar Mendes, julgado em 27/03/2020.
- "É constitucional norma estadual que disponha sobre a exposição de produtos orgânicos em estabelecimentos comerciais. A regulamentação da matéria está relacionada ao Direito do Consumidor, o que atrai a competência concorrente da União, dos estados e do Distrito Federal [Constituição Federal (CF), art. 24, V (1)]." STF. ADI 5166/SP, rel. Min. Gilmar Mendes, julgamento virtual finalizado em 3.11.2020 (ADI-5166). – Info 997.
- **Os Estados-membros e o Distrito Federal** têm competência legislativa para estabelecer **regras de postagem de boletos referentes a pagamento de serviços prestados por empresas públicas e privadas.** STF. Plenário. ARE 649379/RJ, Rel. Min. Gilmar Mendes, red. p/ o ac. Min. Alexandre de Moraes, julgado em 13/11/2020 (Repercussão Geral – Tema 491) (Info 999).
- São constitucionais as normas estaduais, editadas em razão da pandemia causada pelo novo coronavírus, pelas quais veiculados a proibição de suspensão do fornecimento do serviço de energia elétrica, o modo de cobrança, a forma de pagamentos dos débitos e a exigibilidade de multa e juros moratórios. STF. Plenário. ADI 6432/RR, Rel. Min. Cármen Lúcia, julgado em 7/4/2021 (Info 1012).

  "Não havendo norma federal disciplinadora, é **constitucional** lei estadual que proíba a utilização de animais para desenvolvimento, experimento e teste de produtos cosméticos, higiene pessoal, perfumes, limpeza e seus componentes.

É **inconstitucional** norma estadual que vede a comercialização de produtos desenvolvidos a partir de teste em animais, bem como a que determina que conste no rótulo informação acerca da não realização de testes em animais." STF. Plenário. ADI 5995/RJ, Rel. Min. Gilmar Mendes, julgado em 28/5/2021 (Info 1019).

**Segundo entendimento do STF, "Ofende os arts. 2º e 84, II, da Constituição Federal (CF) norma de legislação estadual que estabelece prazo para o chefe do Poder Executivo apresentar a regulamentação de disposições legais." (STF, ADI 4728/DF, rel. min. Rosa Weber, julgamento em 12/11/2021 – Info 1037).**

**MUNICÍPIOS**

Compete aos Municípios legislar sobre assuntos de interesse local, notadamente sobre a definição do tempo máximo de espera de clientes em filas de instituições bancárias. STF. Plenário virtual. RE 610221 RG, Rel. Min. Ellen Gracie, julgado em 29/04/2010 (repercussão geral).

- Para o STF: "Municípios **podem** instituir a prestação de assistência jurídica à população de baixa renda." (ADPF 279/SP, rel. min. Carmen Lucia, julgamento em 03/11/2021, info 1036).
- É cabível que os municípios, no exercício da competência suplementar, adotem legislação ambiental mais re**stritiva em relação aos estados-membros e à União,** desde que haja a devida motivação (ARE 748206/SC, Rel. Min. Celso de Mello, julgamento em 14.3.2017, Segunda Turma).
- "É inconstitucional dispositivo da Constituição Estadual que preveja que os serviços públicos de saneamento e de abastecimento de água serão prestados por pessoas jurídicas de direito público ou por sociedade de economia mista sob controle acionário e administrativo, do Poder Público Estadual ou Municipal. **Compete aos Municípios a titularidade dos serviços públicos de saneamento básico.** Assim, a eles cabe escolher a forma da prestação desses serviços, se diretamente ou por delegação à iniciativa privada mediante prévia licitação. Isso é garantido pelo art. 30, I e IV, da CF/88. Além disso, essa previsão da Constituição Estadual também viola o art. 175 da Constituição Federal, que atribui ao poder público a escolha da prestação de serviços públicos de forma direta ou sob regime de concessão ou permissão mediante prévia licitação." STF. Plenário. ADI 4454, Rel. Cármen Lúcia, julgado em 05/08/2020 (Info 988 – clipping).

## 4.3. ENTES FEDERADOS E INTERVENÇÃO

Segundo classificação doutrinária, os **princípios constitucionais sensíveis** são aqueles arrolados no art. 34, VII, da CF: a) forma republicana, sistema representativo e regime democrático; b) direitos da pessoa humana; c) autonomia municipal; d) prestação de contas da administração pública, direta e indireta; e) aplicação do mínimo exigido da receita resultante de impostos estaduais, compreendida a proveniente de transferências, na manutenção e desenvolvimento do ensino e nas ações e serviços públicos de saúde.

| PRINCÍPIOS CONSTITUCIONAIS SENSÍVEIS (art. 34, VII, da CF) |
|---|
| a) forma republicana, sistema representativo e regime democrático; |
| b) direitos da pessoa humana; |
| c) autonomia municipal; |
| d) prestação de contas da administração pública, direta e indireta; |
| e) aplicação do mínimo exigido da receita resultante de impostos estaduais, compreendida a proveniente de transferências, na manutenção e desenvolvimento do ensino e nas ações e serviços públicos de saúde. |

O descumprimento dos princípios sensíveis enseja intervenção da União nos Estados ou no DF, **não sendo possível intervenção nos Municípios por desrespeito a eles.**

Nos termos do art. 35 da CF, **o Estado não intervirá em seus Municípios, nem a União nos Municípios localizados em Território Federal, exceto quando**: I - deixar de ser paga, sem motivo de força maior, por dois anos consecutivos, a dívida fundada; II - não forem prestadas contas devidas, na forma da lei; III – não tiver sido aplicado o mínimo exigido da receita municipal na manutenção e desenvolvimento do ensino e nas ações e serviços públicos de saúde; IV - o Tribunal de Justiça der provimento a representação para assegurar a observância de princípios indicados na Constituição Estadual, ou para prover a execução de lei, de ordem ou de decisão judicial.

As **hipóteses de intervenção estadual previstas na Constituição Federal constituem rol taxativo**, que não pode ser ampliado pelas Constituições Estaduais, sob pena de violação da simetria federativa. STF. Plenário. ADI 2917, Rel. Min. Gilmar Mendes, Julgado em 27/03/2020.

## 4.4. ADMINISTRAÇÃO PÚBLICA

- **Princípios da Administração Pública.** Para memorizar os princípios da administração pública que constam do artigo 37, da CF, o amigo leitor pode valer-se da clássica expressão mnemônica **"LIMPE"**.

| | | |
|---|---|---|
| **LIMPE** | **L** | Legalidade |
| | **I** | Impessoalidade |
| | **M** | Moralidade |
| | **P** | Publicidade |
| | **E** | Eficiência |

- O **conteúdo do Princípio da Legalidade** (art. 37, *caput*, da CF) **não exclui a possibilidade de atividade discricionária pela Administração Pública**, desde que observados os limites da lei, quando esta deixa alguma margem para a Administração agir conforme os critérios de conveniência e oportunidade. Isso porque, é ínsita à atividade administrativa a tomada de decisões políticas, que se referem às opções que o administrador pode escolher na administração dos bens e serviços públicos. Por exemplo: um administrador pode decidir entre a construção de uma escola ou hospital (valendo-se de critérios de conveniência e oportunidade), e ambas são opções políticas legítimas. Entretanto, para materializar a obra, ele deverá abrir procedimento licitatório, pois a Constituição Federal (art. 37, XXI) lhe impõe esse dever.
- A Administração Pública pode ser **direta** (prestada pela própria pessoa política, União, Estado ou Município) ou **indireta** (descentralizada para outra pessoa jurídica, Autarquia, Fundação, Empresa Pública ou Sociedade de Economia Mista).
- Somente por **lei específica** poderá ser criada autarquia e autorizada a instituição de empresa pública, de sociedade

de economia mista e de fundação, cabendo à **lei complementar**, neste último caso (fundação), definir as áreas de sua atuação.

- Depende de **autorização legislativa**, em cada caso, a criação de subsidiárias de empresa pública, assim como a participação de qualquer delas em empresa privada.
- As obras, serviços, compras e alienações, ressalvados os casos especificados na legislação, serão contratados mediante processo de licitação pública que assegure igualdade de condições a todos os concorrentes, com cláusulas que estabeleçam obrigações de pagamento, **mantidas** as condições efetivas da proposta, nos termos da lei, o qual somente permitirá as exigências de qualificação técnica e econômica indispensáveis à garantia do cumprimento das obrigações.
- A autonomia gerencial, orçamentária e financeira dos órgãos e entidades da administração direta e indireta **poderá** ser ampliada mediante contrato, a ser firmado entre seus administradores e o poder público, que tenha por objeto a fixação de metas de desempenho para o órgão ou entidade, cabendo à lei dispor sobre prazo de duração do contrato, os controles e critérios de avaliação de desempenho, direitos, obrigações e responsabilidade dos dirigentes, bem como a remuneração do pessoal.
- A **administração fazendária** e seus servidores fiscais terão, dentro de suas áreas de competência e jurisdição, **precedência sobre os demais setores administrativos**, na forma da lei (art. 37, XVIII, da CF).
- Quanto a **concurso público e o princípio da igualdade**, segundo **entendimento do STF**, é possível: a) fixação limites etários máximos para a admissão de pessoal no serviço público em atenção à natureza das atribuições do cargo a ser preenchido; b) estabelecimento de limites mínimos de altura para candidatos em concurso público; e c) distinção em razão da raça, pois em 2012, o STF afirmou a constitucionalidade da política de cotas que reserva vagas para negros em universidades públicas.

| **CONCURSO PÚBLICO E O PRINCÍPIO DA IGUALDADE**<br>**Segundo entendimento do STF é possível:** |
|---|
| a) fixação **limites etários máximos** para a admissão de pessoal no serviço público em atenção à natureza das atribuições do cargo a ser preenchido (Súmula 683, do STF); |
| b) estabelecimento de **limites mínimos de altura** para candidatos em concurso público; |
| c) **distinção em razão da raça**, pois em 2012, o STF afirmou a constitucionalidade da política de cotas que reserva vagas para negros em universidades públicas. |

- O STF entende que "Sem previsão constitucionalmente adequada e instituída por lei, **não é legítima a cláusula de edital de concurso público que restrinja a participação de candidato pelo simples fato de responder a inquérito ou a ação penal.**" (Informativo nº 965, RE 560900/DF, rel. Min. Roberto Barroso, julgamento em 5 e 6.2.2020.)
- **Súmula 683, do STF:** "O limite de idade para a inscrição em concurso público só se legitima em face do art. 7º, XXX, da Constituição, quando possa ser justificado pela natureza das atribuições do cargo a ser preenchido."

  Segundo a jurisprudência do STF: "Razoabilidade da exigência de altura mínima para ingresso na carreira de delegado de polícia, dada a natureza do cargo a ser exercido. Violação ao princípio da isonomia. Inexistência." (RE 140.889, Rel. p/ o ac. Min. Maurício Corrêa, julgamento em 30-5-2000, Segunda Turma, DJ de 15-12-2000.)
- A **Súmula 15 do STF** dispõe: "Dentro do prazo de validade do concurso, o candidato aprovado tem **direito à nomeação, quando o cargo for preenchido sem observância da classificação.**"
- "A **abertura de novo concurso**, no prazo de validade de concurso anterior, não gera direito de nomeação para os candidatos aprovados no primeiro, mas apenas **prioridade sobre os novos concursados.**" (STF. RMS 22.926, julgado em 1997 e relatado pelo Ministro Ilmar Galvão).
- Os cargos, empregos e funções públicas são acessíveis aos brasileiros que preencham os requisitos legais, **assim como aos estrangeiros**, na forma da lei (art. 37, I, da CF).
- É **inconstitucional** toda modalidade de provimento que propicie ao servidor investir-se, sem prévia aprovação em concurso público destinado ao seu provimento, em cargo que não integra a carreira na qual anteriormente investido (Súmula Vinculante 43).
- Adquire **estabilidade, após três anos de efetivo exercício**, o servidor nomeado para cargo de provimento efetivo em virtude de concurso público, consoante art. 41, *caput*, da CF.
- Em 2007, no bojo dos Mandados de Injunção (MIs) 670, 708 e 712, o STF autorizou **a aplicação da lei de greve da iniciativa privada** (Lei 7.783/89) **para garantir o exercício grevista regular dos servidores públicos**.
- Vale notar, entretanto, que o STF vem entendendo pela **inadmissibilidade de exercício de greve por policiais**. "O direito constitucional de greve atribuído aos servidores públicos em geral não ampara indiscriminadamente todas as categorias e carreiras, mas antes excepciona casos como o de agentes armados e policiais cujas atividades não podem ser paralisadas, ainda que parcialmente, sem graves prejuízos para a segurança e a tranquilidade pública. (Ministro Gilmar Mendes, ao negar seguimento ao MI 774).
- **Tanto a vinculação quanto a equiparação** de quaisquer espécies remuneratórias no serviço público **são vedadas** para o efeito de remuneração de pessoal das carreiras públicas (art. 37, XIII, da CF).
- É **vedada a acumulação** remunerada de cargos ou empregos públicos, exceto, quando houver compatibilidade de horários, nos seguintes casos: a) a de dois cargos de professor; b) a de um cargo de professor com outro técnico ou científico; c) a de dois cargos ou empregos privativos de profissionais de saúde, com profissões regulamentadas.

| **ACUMULAÇÃO REMUNERADA DE CARGOS PÚBLICOS** | | |
|---|---|---|
| **Regra** | **Exceções** | |
| Vedação/Impossibilidade | a) dois cargos de professor<br>b) um cargo de professor com outro técnico ou científico<br>c) dois cargos ou empregos privativos de profissionais de saúde, com profissões regulamentadas | |
| **Cuidado! Não é possível a acumulação nos seguintes casos:** | | |
| a) de cargo técnico com outro privativo de profissional da saúde; | b) de mais de dois cargos ou empregos públicos (três ou mais). | c) de dois cargos técnicos; |

**Cuidado! Não é possível** a acumulação nos seguintes casos:

a) de cargo técnico com outro privativo de profissional da saúde;

b) de mais de dois cargos ou empregos públicos (três ou mais).

c) de dois cargos técnicos;

- Segundo o STF, **é admitida a acumulação de cargos públicos de profissionais de saúde**, prevista no art. 37, XVI da CF/88, **mesmo que a jornada semanal ultrapasse 60 horas** (o que somente era estabelecido como limite por norma infraconstitucional). Esse requisito não é previsto na Constituição Federal, logo, não pode obstar referida acumulação. STF. 1ª Turma. RE 1176440/DF, Rel. Min. Alexandre de Moraes, julgado em 9/4/2019 (Info 937).
- **Atenção!** De acordo com a EC 101/2019, aplica-se aos militares dos Estados, do Distrito Federal e dos Territórios as regras sobre acumulação de cargos públicos, com prevalência da atividade militar.
- As **funções de confiança**, exercidas exclusivamente por servidores ocupantes de cargo efetivo, e os **cargos em comissão**, a serem preenchidos por servidores de carreira nos casos, condições e percentuais mínimos previstos em lei, **destinam-se apenas às atribuições de direção, chefia e assessoramento**.
- **Tanto a vinculação quanto a equiparação** de quaisquer espécies remuneratórias no serviço público **são vedadas** para o efeito de remuneração de pessoal das carreiras públicas.
- O **direito de greve** é assegurado ao servidor público, devendo ser exercido nos termos e nos limites definidos em lei **específica (não em lei complementar)**.

  Conforme alterações promovidas pela Emenda Constitucional 103/2019, que alterou o sistema de previdência social:

a) O servidor público titular de cargo efetivo poderá ser readaptado para exercício de cargo cujas atribuições e responsabilidades sejam compatíveis com a limitação que tenha sofrido em sua capacidade física ou mental, enquanto permanecer nesta condição, desde que possua a habilitação e o nível de escolaridade exigidos para o cargo de destino, mantida a remuneração do cargo de origem.

b) A aposentadoria concedida com a utilização de tempo de contribuição decorrente de cargo, emprego ou função pública, inclusive do Regime Geral de Previdência Social, acarretará o rompimento do vínculo que gerou o referido tempo de contribuição.

c) É vedada a incorporação de vantagens de caráter temporário ou vinculadas ao exercício de função de confiança ou de cargo em comissão à remuneração do cargo efetivo.

- **A nomeação de cargos de natureza política não está incluída nas proibições elencadas pela Súmula Vinculante 13, que veda a prática do nepotismo** em qualquer dos Poderes de todos os Entes Federados no Brasil, nos seguintes termos: "A nomeação de cônjuge, companheiro ou parente em linha reta, colateral ou por afinidade, até o terceiro grau, inclusive, da autoridade nomeante ou de servidor da mesma pessoa jurídica, investido em cargo de direção, chefia ou assessoramento, para o exercício de cargo em comissão ou de confiança, ou, ainda, de função gratificada na Administração Pública direta e indireta, em qualquer dos Poderes da União, dos Estados, do Distrito Federal e dos municípios, compreendido o ajuste mediante designações recíprocas, viola a Constituição Federal."
- **Reintegração:** invalidação da pena de demissão aplicada a servidor público, com o retorno ao cargo, sem prejuízo da indenização. Se quem estiver em seu lugar for estável, será reconduzido ao cargo anteriormente ocupado, ou será afastado com vencimentos proporcionais, ou aproveitado em outro cargo (sem direito a indenização), mas se quem estava no lugar não era estável, será simplesmente exonerado.
- A **exoneração** somente será a pedido ou por conveniência da administração, já a **demissão** é sempre a título de punição.
- O servidor público ocupante de cargo efetivo **não pode ser exonerado segundo livre critério da autoridade competente**, pois os casos de perda de cargo estão previstos no § 1º do art. 41 da CF (I – Em virtude de sentença judicial transitada em julgado; II – Mediante Processo Administrativo em que lhe seja assegurada ampla defesa; III – Mediante Procedimento de Avaliação Periódica de Desempenho, na forma da lei complementar, assegurada ampla defesa).
- No caso da **falta de necessidade do cargo**, o servidor **ficará em disponibilidade**, com remuneração proporcional ao tempo de serviço, até o seu adequado aproveitamento em outro cargo.
- O servidor público ocupante de cargo efetivo **não pode ser exonerado *ad nutum***, com base em decreto que declara a desnecessidade do cargo (Súmula 21 do STF).
- Os **vencimentos** referem-se ao vencimento básico somado às gratificações permanentes previstas em lei (art. 1º, da Lei 8.852/94), que se aplicam aos agentes administrativos submetidos a regime estatutário, os denominados servidores públicos.
- Já o **subsídio**, na lição de Leandro Bortoleto "é o pagamento de uma única parcela, sem subdivisões [...] forma normalmente adotada para se remunerar os agentes políticos" (*Direito Administrativo*. Salvador: Juspodivm, 2012, p. 142).
- Segundo Hely Lopes Meirelles "**vantagens pecuniárias** são acréscimos de estipêndio do servidor, concedidas a título definitivo ou transitório, pela decorrência do tempo de serviço (*ex facto temporis*), ou pelo desempenho de funções especiais (*ex facto officii*), ou em razão das condições anormais em que se realiza o serviço (*propter laborem*), ou, finalmente, em razão de condições pessoais do servidor (*propter personam*). As duas primeiras espécies constituem os adicionais (adicionais de vencimento e adicionais de função), as duas últimas formam a categoria das gratificações (gratificações de serviço e gratificações pessoais). (*Direito Administrativo Brasileiro*, 18 ed. São Paulo: Malheiros, 1993, p. 402). Portanto, pode-se dizer que **os vencimentos abrangem vantagens pecuniárias (gratificações)**
- O membro de Poder, o detentor de mandato eletivo, os Ministros de Estado e os Secretários Estaduais e Municipais serão remunerados exclusivamente por **subsídio fixado em parcela** única (e não em quatro parcelas, trimestrais), vedado o acréscimo de qualquer gratificação, adicional, abono, prêmio, verba de representação ou outra espécie remuneratória.
- É vedada a **vinculação ou equiparação de quaisquer espécies remuneratórias** para o efeito de remuneração de pessoal do serviço público.
- Os **acréscimos pecuniários percebidos por servidor público** não serão computados e acumulados para fins de concessão de acréscimos ulteriores.
- A fixação dos **padrões de vencimento e dos demais componentes do sistema remuneratório** observará a natureza, o grau de responsabilidade e a complexidade dos

cargos componentes de cada carreira; os requisitos para a investidura; e as peculiaridades dos cargos.

- A Lei da União, dos Estados, do Distrito Federal e dos Municípios disciplinará a aplicação de recursos orçamentários provenientes da economia com despesas correntes em cada órgão, autarquia e fundação, para aplicação no desenvolvimento de programas de qualidade e produtividade, treinamento e desenvolvimento, modernização, reaparelhamento e racionalização do serviço público, **inclusive** sob a forma de adicional ou prêmio de produtividade (art. 39, § 7º, da CF).
- A remuneração dos servidores públicos deve ser fixada por lei específica, assegurada a revisão geral anual, **sempre na mesma data e sem distinção de** índices, e não depois de decorrido o prazo mínimo de um ano do último reajuste concedido à categoria.
- A **fixação de vencimentos dos servidores** públicos não pode ser objeto de **convenção coletiva** (Súmula 679 do STF).
- O **teto salarial do funcionalismo público**, previsto no texto constitucional e cujo parâmetro é o subsídio dos ministros do STF, **aplica-se** aos servidores da administração direta, autárquica e fundacional, e também, aos empregados das empresas públicas e sociedades de economia mista, e suas subsidiárias, que receberem recursos da União, dos Estados, do DF ou dos Municípios para pagamento de despesas de pessoal ou de custeio em geral (art. 37, § 9º, da CF).
- A União, os Estados e o Distrito Federal manterão escolas de governo para a formação e o aperfeiçoamento dos servidores públicos, constituindo-se a participação nos cursos um dos requisitos para a promoção na carreira, **facultada** (e não sendo obrigatória), para isso, a celebração de convênios ou contratos entre os entes federados, que deverão promovê-los anualmente.

**Súmula Vinculante 37**: "Não cabe ao Poder Judiciário, que não tem função legislativa, aumentar vencimentos de servidores públicos sob fundamento de isonomia".

- Aos servidores titulares de cargos efetivos da União, dos Estados, do Distrito Federal e dos Municípios, **incluídas** suas autarquias e fundações, é assegurado **regime de previdência de caráter contributivo e solidário**, mediante contribuição do respectivo ente público, dos servidores ativos e inativos e dos pensionistas, observados critérios que preservem o equilíbrio financeiro e atuarial.
- Os servidores abrangidos pelo regime de previdência **serão aposentados**: I – por incapacidade permanente para o trabalho, no cargo em que estiver investido, quando insuscetível de readaptação, hipótese em que será obrigatória a realização de avaliações periódicas para verificação da continuidade das condições que ensejaram a concessão da aposentadoria; II – compulsoriamente, com proventos proporcionais ao tempo de contribuição, aos 70 (setenta) anos de idade, ou aos 75 (setenta e cinco) anos de idade, na forma de lei complementar; III – no âmbito da União, aos 62 (sessenta e dois) anos de idade, se mulher, e aos 65 (sessenta e cinco) anos de idade, se homem, e, no âmbito dos Estados, do Distrito Federal e dos Municípios, na idade mínima estabelecida mediante emenda às respectivas Constituições e Leis Orgânicas, observados o tempo de contribuição e os demais requisitos estabelecidos em lei complementar do respectivo ente federativo.
- Os **proventos de aposentadoria** e as pensões, por ocasião de sua concessão, **não** poderão ser inferiores ao valor mínimo a que se refere o § 2º do art. 201 ou superiores ao limite máximo estabelecido para o Regime Geral de Previdência Social, observado o disposto nos §§ 14 a 16.
- Os proventos **nunca poderão ser excedentes ao subsídio mensal, em espécie, dos Ministros do Supremo Tribunal Federal**, o que não abrange as parcelas de caráter indenizatório previstas em lei.

| REGRAS CONSTITUCIONAIS PARA APOSENTADORIA DO SERVIDOR | | | | |
|---|---|---|---|---|
| **Modalidade** | **Sexo** | **Requisito** | **Aposentadoria** | **Limite/Teto** |
| **I – Por Incapacidade Permanente** | Homem ou Mulher | Incapacidade Permanente | Condicionada à realização de avaliações periódicas para verificação da continuidade das condições que ensejaram a concessão da aposentadoria | Proventos nunca excedentes ao subsídio mensal, em espécie, dos Ministros do Supremo Tribunal Federal |
| **II– Compulsoriamente** | Homem ou Mulher | 70 ou 75 anos de idade, na forma de lei complementar | Com proventos proporcionais ao tempo de contribuição. | |
| **III – Voluntariamente** | 1) Homem | a) 65 anos de idade | | |
| | 2) Mulher | a) 62 anos de idade | | |

- É **vedada a existência de mais de um regime próprio de previdência social para os servidores titulares de cargos efetivos.**
- **Notários e registradores:** "O art. 40, § 1º, II, da CB, na redação que lhe foi conferida pela EC 20/1998, está restrito aos cargos efetivos da União, dos Estados-membros, do Distrito Federal e dos Municípios – incluídas as autarquias e fundações. Os serviços de registros públicos, cartorários e notariais são exercidos em caráter privado por delegação do Poder Público – serviço público não privativo. **Os notários e os registradores exercem atividade estatal, entretanto não são titulares de cargo público efetivo, tampouco ocupam cargo público. Não são servidores públicos, não lhes alcançando a compulsoriedade imposta pelo mencionado art. 40 da CF/1988 – aposentadoria compulsória aos setenta anos de idade."** (ADI 2.602, julgada em 2005 e relatada para o acórdão pelo Ministro Eros Grau).
- As pessoas jurídicas de direito público e as de direito privado prestadoras de serviços públicos **responderão pelos danos que seus agentes, nessa qualidade, causarem a terceiros**, assegurado o direito de regresso contra o responsável nos casos de dolo ou culpa.
- Segundo o STF, "A **responsabilidade civil das pessoas jurídicas de direito privado prestadoras de serviço público** é **objetiva relativamente a terceiros usuários, e não usuários do serviço**, segundo decorre do art. 37,

§ 6º, da CF. A inequívoca presença do nexo de causalidade entre o ato administrativo e o dano causado ao terceiro não usuário do serviço público é condição suficiente para estabelecer a responsabilidade objetiva da pessoa jurídica de direito privado." (RE 591.874, julgado em 2009 e relatado pelo Ministro Ricardo Lewandowski).

- A lei disporá sobre os requisitos e as restrições ao ocupante de cargo ou emprego da administração direta e indireta que possibilite o acesso a informações privilegiadas.
- A Administração pode anular seus próprios atos, quando eivados de vícios que os tornem ilegais, porque deles não se originam direitos, ou revogá-los, por motivo de conveniência ou oportunidade, mas **não pode** fazer revisão de direitos adquiridos, consoante súmula 473 do STF.
- Os atos de improbidade administrativa importarão a **suspensão** de direitos políticos, a perda da função pública, a indisponibilidade de bens e o ressarcimento ao erário, na forma e gradação previstas em lei, **sem prejuízo da ação penal cabível**.

## 5. SEPARAÇÃO DOS PODERES

### 5.1. PODER LEGISLATIVO

Em âmbito Federal, o **Poder Legislativo** é exercido pelo Congresso Nacional, que se compõe da Câmara dos Deputados e do Senado Federal.

O Congresso Nacional reúne-se, anualmente, na Capital Federal, de 2 de **fevereiro** (não janeiro) a **17 de julho** (não 30 de junho) e de 1º de agosto a 22 de dezembro, nos termos do art. 57, *caput*, da CF.

Salvo disposição constitucional em contrário, as **deliberações** de cada Casa do Congresso Nacional e de suas Comissões serão tomadas por maioria dos votos, presente a maioria absoluta de seus membros.

A **Câmara dos Deputados** compõe-se de representantes do povo, eleitos, pelo sistema proporcional, em cada Estado, em cada Território e no Distrito Federal.

Os Deputados Federais representam o povo e possuem mandato de quatro anos (art. 45, da CF), **o mesmo período de duração da legislatura do Congresso Nacional**.

Cada **Território** elegerá quatro Deputados Federais.

O **Senado Federal** compõe-se de representantes dos Estados e do Distrito Federal, eleitos segundo o princípio majoritário para mandato de oito anos. Com esse mandato, o Senador exercerá o cargo por duas legislaturas. A renovação se dará de quatro em quatro anos, alternadamente, por um e dois terços.

Cada Estado e o Distrito Federal elegerão **3 Senadores**.

| Atividade Legislativa do Congresso Nacional | |
|---|---|
| **Legislatura** | Período de 4 anos de atividade legislativa |
| **Sessão Legislativa** | Período compreendido entre 2 de fevereiro a 17 de julho e 1º de agosto a 22 de dezembro de cada ano |
| **Sessão Extraordinária** | Ocorre por convocação ou do Presidente do Senado Federal ou do Presidente da Câmara dos Deputados ou do Presidente da República ou a requerimento da maioria dos membros de ambas as Casas, em caso de urgência ou interesse público relevante. |
| **Sessão Conjunta** | Reunião da Câmara dos Deputados e do Senado Federal destinada, por exemplo, a conhecer do veto presidencial e sobre ele deliberar. |

- A Câmara dos Deputados e o Senado Federal, **ou qualquer de suas Comissões**, poderão convocar **Ministro de Estado** ou quaisquer titulares de órgãos diretamente subordinados à Presidência da República para prestarem, pessoalmente, informações sobre assunto previamente determinado, **importando crime de responsabilidade a ausência sem justificação adequada,** de modo que a convocação é absolutamente constitucional, e a ausência injustificada do Ministro importaria crime de responsabilidade.
- Compete exclusivamente ao Congresso Nacional **sustar os atos normativos** do Poder Executivo que exorbitem do poder regulamentar ou dos limites de delegação legislativa.
- Compete exclusivamente ao Congresso Nacional resolver definitivamente apenas sobre tratados acordos ou atos internacionais **que acarretem encargos ou compromissos gravosos ao patrimônio nacional,** e não sobre tratados de qualquer natureza.
- Compete exclusivamente ao Congresso Nacional aprovar o estado de defesa e a intervenção federal, e **autorizar** o estado de sítio, ou **suspender** qualquer dessas medidas, consoante disposto no art. 49, IV, da CF.
- Para não haver confusão, quanto às **contas do Presidente da República**, memorizar: TCU **aprecia** as contas (art. 71, I, da CF), o Congresso Nacional **julga** as contas (art. 49, IX, da CF) e a Câmara dos Deputados **procede a tomada** de contas (art. 51, II, da CF).
- O Presidente da República somente pode ausentar-se do país por período **superior a 15 dias** se o Congresso Nacional o autorizar, nos termos do art. 49, III, da CF.
- Recebida a denúncia contra o Senador ou Deputado, por crime ocorrido após a diplomação, o Supremo Tribunal Federal dará ciência à Casa respectiva, que, **por iniciativa de partido político** nela representado e pelo voto da maioria de seus membros, **poderá**, até a decisão final, **sustar o andamento** da ação. Assim, o STF **não precisa de licença** da Casa Legislativa para processar um de seus membros.
- A **imunidade formal** (que garante regras especiais para a prisão e o processo de Parlamentar) **não** se aplica aos Vereadores, por falta de expressa previsão no Texto Constitucional.
- Os Vereadores gozam de **imunidade material** (inviolabilidade) relativa às suas opiniões, palavras e votos, no exercício do mandato e na circunscrição (limites territoriais) do Município a que estejam vinculados.

**Imunidades**

- **Imunidade Material/Inviolabilidade:** Deputados e Senadores são **invioláveis**, civil e penalmente, por quaisquer de suas opiniões, palavras e votos.
- **Imunidade Formal:** desde a expedição do diploma, os membros do Congresso Nacional **não poderão ser presos**, salvo em flagrante de crime inafiançável. Nesse caso, os autos serão remetidos dentro de 24 horas à Casa respectiva, para que, pelo voto da maioria de seus membros, resolva sobre a prisão.
- Deputados e Senadores, desde a **expedição do diploma**, serão submetidos a julgamento perante o **Supremo Tribunal Federal**. No entanto, se já encerrada a instrução

processual, não será o julgamento afetado pela diplomação. (Info 900/STF)

Deputados Estaduais gozam das mesmas imunidades formais previstas para os parlamentares federais no art. 53 da CF/88 STF. Plenário. ADI 5823 MC/RN, ADI 5824 MC/RJ e ADI 5825 MC/MT, rel. orig. Min. Edson Fachin, red. p/ o ac. Min. Marco Aurélio, julgados em 8/5/2019 (Info 939).

- Restrição do foro de prerrogativa funcional: "O foro por prerrogativa de função aplica-se apenas aos crimes cometidos durante o exercício do cargo e relacionados às funções desempenhadas." (STF. Plenário. AP 937 QO/RJ, Rel. Min. Roberto Barroso, julgado em 03/05/2018. Info 900)

  **É incompatível com a Constituição Federal (CF) norma de Constituição estadual que disponha sobre nova hipótese de foro por prerrogativa de função, em especial** relativo a ações destinadas a processar e julgar atos de improbidade administrativa. ADI 4870/ES, rel. Min. Dias Toffoli, julgamento virtual finalizado em 14.12.2020 (Info 1002)

  "É indispensável **a existência de prévia autorização judicial para a instauração de inquérito ou outro procedimento investigatório em face de autoridade com foro por prerrogativa de função em tribunal de justiça.** O Ministério Público deve requerer judicialmente a prévia instauração de investigação contra autoridade com foro por prerrogativa de função em tribunal de justiça — ou, ao menos, deve cientificar o aludido tribunal para fins de possibilitar o exercício da atividade de supervisão judicial. A exigência de supervisão judicial se impõe mesmo em relação aos procedimentos investigativos instaurados no âmbito do próprio Ministério Público. Até porque é necessária a prévia autorização judicial para a instauração de inquérito contra autoridade com foro por prerrogativa de função em tribunal de justiça." (STF, HC 201965/RJ, relator Min. Gilmar Mendes, julgamento em 30.11.2021, Informativo 1040).

  "É inconstitucional dispositivo da Constituição Estadual que confere foro por prerrogativa de função, no Tribunal de Justiça, para Procuradores do Estado, Procuradores da ALE, Defensores Públicos e Delegados de Polícia." STF. Plenário. ADI 2553/MA, Rel. Min. Gilmar Mendes, red. p/ o ac. Min. Alexandre de Moraes, julgado em 15/5/2019 (Info 940).

  Recebida a denúncia contra o Senador ou Deputado, por crime ocorrido após a diplomação, o Supremo Tribunal Federal dará ciência à Casa respectiva, que, **por iniciativa de partido político** nela representado e pelo voto da maioria de seus membros, **poderá**, até a decisão final, **sustar o andamento** da ação. Assim, o STF **não precisa de licença** da Casa Legislativa para processar um de seus membros.

- A **imunidade formal** (que garante regras especiais para a prisão e o processo de Parlamentar) **não** se aplica aos Vereadores, por falta de expressa previsão no Texto Constitucional.
- Os Vereadores gozam de **imunidade material** (inviolabilidade) relativa às suas opiniões, palavras e votos, no exercício do mandato e na circunscrição (limites territoriais) do Município a que estejam vinculados.

## COMISSÃO PARLAMENTAR DE INQUÉRITO - CPI

- A instauração de Comissão Parlamentar de Inquérito depende unicamente do preenchimento dos requisitos previstos no art. 58, § 3º, da Constituição Federal, ou seja:

(a) o requerimento de um terço dos membros das casas legislativas;

(b) a indicação de fato determinado a ser apurado; e

(c) a definição de prazo certo para sua duração." STF. Plenário. MS 37760 MC-Ref/DF, Rel. Min. Roberto Barroso, julgado em 14/4/2021 (Info 1013).

De acordo com o STF, "**O sigilo bancário, o sigilo fiscal e o sigilo telefônico (sigilo este que incide sobre os dados/registros telefônicos e que não se identifica com a inviolabilidade das comunicações telefônicas) – ainda que representem projeções específicas do direito** à **intimidade, fundado no art. 5º, X, da Carta Política – não se revelam oponíveis, em nosso sistema jurídico,** às **comissões parlamentares de inquérito**, eis que o ato que lhes decreta a quebra traduz natural derivação dos poderes de investigação que foram conferidos, pela própria CR, aos órgãos de investigação parlamentar. As CPIs, no entanto, para decretarem, legitimamente, por autoridade própria, a quebra do sigilo bancário, do sigilo fiscal e/ou do sigilo telefônico, relativamente a pessoas por elas investigadas, devem demonstrar, a partir de meros indícios, a existência concreta de causa provável que legitime a medida excepcional (ruptura da esfera de intimidade de quem se acha sob investigação), justificando a necessidade de sua efetivação no procedimento de ampla investigação dos fatos determinados que deram causa à instauração do inquérito parlamentar, sem prejuízo de ulterior controle jurisdicional dos atos em referência (CF, art. 5º, XXXV). As deliberações de qualquer comissão parlamentar de inquérito, à semelhança do que também ocorre com as decisões judiciais (RTJ 140/514), quando destituídas de motivação, mostram-se írritas e despojadas de eficácia jurídica, pois nenhuma medida restritiva de direitos pode ser adotada pelo Poder Público, sem que o ato que a decreta seja adequadamente fundamentado pela autoridade estatal." (MS 23.452, julgado em 1999 e relatado pelo Ministro Celso de Mello).

A testemunha e o indiciado, quando convocados, **não são obrigados a responder** às **perguntas que possam incriminá-los, em razão do seu direito constitucional ao silêncio e a não autoincriminação**. Entretanto, tanto o indiciado quanto a testemunha tem **o dever de ao menos comparecer** à CPI.

De acordo com o STF, "**Não aparentam caracterizar abuso de exposição da imagem pessoal na mídia, a transmissão e a gravação de sessão em que se toma depoimento de indiciado, em CPI**." (MS 24.832, julgado em 2004, e relatado pelo Ministro Cezar Peluso).

Nos termos da jurisprudência do STF, "**O privilégio contra a autoincriminação – que** é **plenamente invocável perante as CPIs – traduz direito público subjetivo** assegurado a qualquer pessoa, que, na condição de testemunha, de indiciado ou de réu, deva prestar depoimento perante órgãos do Poder Legislativo, do Poder Executivo ou do Poder Judiciário. O exercício do direito de permanecer em silêncio não autoriza os órgãos estatais a dispensarem qualquer tratamento que implique restrição à esfera jurídica daquele que regularmente invocou essa prerrogativa fundamental. Precedentes. **O direito ao silêncio** – enquanto poder jurídico reconhecido a qualquer pessoa relativamente a perguntas cujas respostas possam incriminá-la (*nemo tenetur se detegere*) – impede, quando concretamente exercido, que aquele que o invocou venha, por tal específica razão, a ser preso, ou ameaçado de prisão, pelos agentes ou pelas autoridades do Estado. Ninguém pode ser tratado como culpado, qualquer que seja a natureza do ilícito penal cuja prática lhe tenha sido atribuída, sem que exista, a esse respeito, decisão judicial condenatória transitada em julgado. O princípio constitucional da não culpabilidade, em nosso sistema jurídico, consagra uma regra de tratamento que impede o Poder Público de agir e de se comportar, em relação ao suspeito, ao indiciado, ao denunciado ou ao réu, como se estes já houvessem sido condenados definitivamente por sentença do Poder Judiciário." (HC 79.812, julgado no ano 2000 e relatado pelo Ministro Celso de Mello).

As comissões parlamentares de inquérito **não são permanentes,** pois são criadas para a apuração de fato determinado e por prazo certo. Além disso, possuem **poderes de investigação próprios das autoridades judiciais**, mas **não podem** aplicar sanções, devendo, se for o caso, encaminhar suas conclusões ao Ministério Público, para que promova a responsabilidade civil ou criminal dos infratores.

"Em juízo de delibação, **não é possível a convocação de governadores de estados-membros da Federação por Comissão Parlamentar de Inquérito (CPI)** instaurada pelo Senado Federal. A convocação viola o princípio da separação dos Poderes e a autonomia federativa dos estados-membros." STF. Plenário. ADPF 848 MC-Ref/DF, Rel. Min. Rosa Weber, julgado em 25/6/2021 (Info 1023).

### 5.1.1. PROCESSO LEGISLATIVO

- O **processo legislativo compreende** a elaboração de: I – emendas à Constituição; II – leis complementares; III – leis ordinárias; IV – leis delegadas; V – medidas provisórias; VI – decretos legislativos e; VII – resoluções.

  "A tramitação de projeto de lei por meio de sistema de deliberação remota não viola as normas do processo legislativo. Isso porque o fato de as sessões deliberativas do Senado Federal e da Câmara dos Deputados terem acontecido por meio virtual não afasta a participação e o acompanhamento da população em geral. Ambas as Casas Legislativas fornecem meios de comunicação de amplo e fácil acesso, em tempo real, em relação ao exercício da atividade legislativa. Ademais, a circunstância de se estar diante de uma pandemia, cujo vírus se revelou altamente contagioso, justifica a prudente opção do Congresso Nacional em prosseguir com suas atividades por meio eletrônico." STF. Plenário. ADI 6442/DF, ADI 6447/DF, ADI 6450/DF e ADI 6525/DF, Rel. Min. Alexandre de Moraes, julgado em 13/3/2021 (Info 1009).

- A **Lei Complementar** exige aprovação por maioria absoluta, enquanto a **Lei Ordinária** é aprovada por maioria simples dos membros presentes à sessão, desde que presente a maioria absoluta dos membros de cada Casa ou de suas Comissões.
- As matérias que devem ser regradas por **Lei Complementar** encontram-se taxativamente indicadas no texto constitucional (ao longo dos dispositivos) e, desde que não seja assunto específico de normatização por decreto legislativo ou resolução, o regramento de todo o resíduo competirá à lei ordinária (conclusão que se extrai a partir de interpretação sistemática do texto constitucional).
- **Não** existe **hierarquia** entre lei complementar e lei ordinária, nem entre lei federal e lei estadual.
- As matérias reservadas à Lei Complementar **não** serão objeto de **delegação** do Congresso ao Presidente da República.
- Se uma **lei denominada de complementar versar sobre matéria relativa a lei ordinária** (ou seja, para a qual não seria exigível lei complementar), então ela poderá ser revogada também por lei ordinária posterior. Esse é o entendimento do STF (RE, 377.457, julgado em 2008 e relatado pelo Ministro Gilmar Mendes).
- Na apreciação de **projeto de lei delegada** pelo Congresso Nacional, não são admitidas emendas parlamentares.
- A discussão e votação dos **Projetos de Lei Ordinária não** devem, obrigatoriamente, ter início na Câmara dos Deputados. Somente os projetos de lei de iniciativa do Presidente da República, do Supremo Tribunal Federal e dos Tribunais Superiores terão início obrigatoriamente na Câmara dos Deputados (art. 64, da CF).
- A **correção redacional** a um projeto de lei ordinária **não importa** em retorno à casa iniciadora. Somente se exige o retorno à Casa iniciadora se a emenda parlamentar introduzida acarretar modificação no sentido da proposição jurídica, o que não ocorre quando há mera correção de redação.
- **A sanção de projeto de lei não convalida o vício** de inconstitucionalidade resultante da usurpação do poder de iniciativa.
- Dá-se a chamada **sanção tácita** quando o Presidente da República permanece inerte durante o prazo de que dispõe para vetar ou sancionar o projeto de lei.

  "**Não se admite "novo veto" em lei já promulgada e publicad**a. Manifestada a aquiescência do Poder Executivo com projeto de lei, pela aposição de sanção, evidencia-se a ocorrência de preclusão entre as etapas do processo legislativo, sendo incabível eventual retratação." STF. Plenário. ADPF 714/DF, ADPF 715/DF e ADPF 718/DF, Rel. Min. Gilmar Mendes, julgado em 13/2/2021 (Info 1005).

- A **iniciativa popular** pode ser exercida pela apresentação à Câmara dos Deputados de projeto de lei subscrito por, no mínimo, um por cento do eleitorado nacional, distribuído pelo menos por cinco Estados, com não menos de três décimos por cento dos eleitores de cada um deles.
- **Não** há previsão de iniciativa popular para emendar a Constituição.
- São de iniciativa privativa do **Presidente da República** as leis que disponham sobre a criação de cargos, funções ou empregos públicos na administração direta e autárquica ou **aumento de sua remuneração** (art. 61, § 1º, II, "a", da CF). Essa regra, também deve ser aplicada ao Governador e à administração estadual, em decorrência do **Princípio da Simetria ou Parametricidade**, segundo o qual, as normas de organização do Estado dispostas na Constituição Federal e válidas para a União, devem ser reproduzidas nas Constituições Estaduais e aplicadas aos Estados Membros. O mesmo se dá em relação aos Municípios, na medida em que será de iniciativa privativa dos Prefeitos a criação de cargos, funções ou empregos públicos na administração direta e autárquica ou aumento de sua remuneração no âmbito de cada Município.
- Não há qualquer vedação quanto à possibilidade de **emenda parlamentar em projetos de lei da iniciativa do Presidente da República**.
- A **Constituição poderá ser emendada** mediante **proposta**: I – de um terço, no mínimo, dos membros da Câmara dos Deputados ou do Senado Federal (nunca Congressista sozinho); II – do Presidente da República; III – de mais da metade das Assembleias Legislativas das unidades da Federação, manifestando-se, cada uma delas, pela maioria relativa de seus membros.

| EMENDA À CONSTITUIÇÃO | | |
|---|---|---|
| **A Constituição poderá ser emendada mediante proposta:** | | |
| De 1/3, no mínimo, dos membros da Câmara dos Deputados ou do Senado Federal (nunca Congressista sozinho); | Do Presidente da República; | De mais da metade das Assembleias Legislativas das unidades da Federação, manifestando-se, cada uma delas, pela maioria relativa de seus membros. |

- A proposta de emenda constitucional será discutida e votada em cada Casa do Congresso Nacional, em **dois turnos**, considerando-se aprovada se obtiver, em ambos, **três quintos dos votos** (portanto, mais do que maioria absoluta) dos respectivos membros.

  Atenção: o STF entende que as regras de processo legislativo são normas de **reprodução obrigatória** pelos Estados, devendo observar o princípio da simetria federativa. Por isso: "É inconstitucional norma de Constituição estadual que preveja quórum diverso de 3/5 dos membros do Poder Legislativo para aprovação de emendas constitucionais." STF. Plenário. ADI 6453/RO, Rel. Min. Rosa Weber, julgado em 11/2/2022 (Info 1043).
- **Atenção!** Emenda à Constituição será promulgada pelas **Mesas da Câmara dos Deputados e do Senado Federal** (não pelo Presidente da República), com o respectivo número de ordem.
- A matéria constante de proposta de **emenda à Constituição rejeitada ou havida por prejudicada** não pode ser objeto de nova proposta na mesma sessão legislativa *(Princípio da Irrepetibilidade)*
- Em caso de relevância e urgência, o Presidente da República poderá adotar **medidas provisórias**, com força de lei, devendo submetê-las de imediato ao Congresso Nacional.
- As medidas provisórias, regra geral, perderão eficácia, desde a edição, **se não forem convertidas em lei** no prazo de sessenta dias, prorrogável uma vez por igual período, devendo o Congresso Nacional disciplinar, por **decreto legislativo**, as relações jurídicas delas decorrentes.
- "Inexistindo comprovação da ausência de urgência, não há espaço para atuação do Poder Judiciário no controle dos requisitos de edição de medida provisória pelo chefe do Poder Executivo." ADI 5599/DF, rel. min. Edson Fachin, julgamento virtual finalizado em 23.10.2020.- Info 996
- **Não editado o decreto legislativo** até sessenta dias após a **rejeição ou perda de eficácia** de medida provisória, as relações jurídicas constituídas e decorrentes de atos praticados durante sua vigência conservar-se-ão por ela regidas.
- A não apreciação pela Câmara dos Deputados e, após, pelo Senado Federal, no prazo de 45 dias contados da publicação, tem como consequência a entrada em **regime de urgência**, subsequentemente, em cada uma das Casas do Congresso Nacional**, ficando sobrestadas**, até que se ultime a votação, **todas as demais deliberações** legislativas da Casa em que estiver tramitando.
- Se a Medida Provisória perder eficácia por decurso de prazo ou, em caráter expresso, for rejeitada pelo Congresso Nacional, **vedada será sua reedição na mesma sessão legislativa.**
- É **vedada** a edição de medidas provisórias sobre matéria relativa a nacionalidade, cidadania, direitos políticos, partidos políticos e direito eleitoral.
- É **vedada** a edição de medidas provisórias sobre matéria já disciplinada em projeto de lei aprovado pelo Congresso Nacional e pendente de sanção ou veto do Presidente da República. No entanto, o STF entende que: "Não caracteriza afronta à vedação imposta pelo art. 62, § 1º, IV, da Constituição Federal (CF) a edição de medida provisória no mesmo dia em que o Presidente da República sanciona ou veta projeto de lei com conteúdo semelhante." STF. Plenário. ADI 2601/DF, Rel. Min. Ricardo Lewandowski, julgado em 19/8/2021 (Info 1026).
- É **vedada a reedição**, na mesma sessão legislativa, de medida provisória que tenha sido rejeitada ou que tenha perdido sua eficácia por decurso de prazo
- **Não é vedada** a edição de medidas provisórias para a abertura de crédito extraordinário, para a criação de normas gerais de licitações e contratos administrativos ou para aumento de **alíquota de imposto.**
- O STF, no julgamento da ADI 2984, julgada em 2004 e relatada pela Ministra Ellen Gracie, entendeu que: "**a revogação de Medida Provisória (MP) por outra MP apenas suspende a eficácia da norma ab-rogada, que voltará a vigorar pelo tempo que lhe reste para apreciaçã**o, caso caduque ou seja rejeitada a MP ab-rogante".
- **Não será admitido aumento de despesa** prevista: I – nos projetos de iniciativa exclusiva do Presidente da República (salvo nas leis orçamentárias); II – nos projetos sobre organização dos serviços administrativos da Câmara dos Deputados, do Senado Federal, dos Tribunais Federais e do Ministério Público.

## 5.1.2. FISCALIZAÇÃO CONTÁBIL, FINANCEIRA E ORÇAMENTÁRIA

Ao Poder Legislativo compete exercer controle externo das contas dos demais órgãos do aparato estatal, tendo, para isso, o auxílio do TCU.

É competência do TCU fiscalizar a **aplicação de quaisquer recursos** repassados pela União, mediante convênio, ajuste ou outros instrumentos congêneres, a Estado, ao Distrito Federal ou a Município.

- É competência do TCU apreciar as **contas** prestadas anualmente pelo Presidente da República, mediante a emissão de parecer prévio, **mas não há previsão no sentido de que o parecer prévio deixará de prevalecer por decisão de dois terços dos membros do Congresso Nacional.**
- Atenção: a sustação de contratos administrativos em que seja identificado superfaturamento ou ilegalidade cabe diretamente ao **Congresso Nacional**, que solicitará, de imediato, ao Poder Executivo as medidas cabíveis (art. 71, § 1º, da CF).
- Compete ao TCU aplicar aos responsáveis por ilegalidade de despesa ou irregularidade de contas **as sanções previstas em lei, que estabelecerá, entre outras cominações, multa proporcional ao dano causado ao erário** (e não multa sancionatória), em decisão dotada de eficácia de título executivo.

  **TCU e Poderes Implícitos:** "(...) a atribuição de poderes explícitos, ao Tribunal de Contas, tais como enunciados no art. 71 da Lei Fundamental da República, supõe que se lhe reconheça, ainda que por implicitude, a titularidade de meios destinados a viabilizar a adoção de medidas cautelares vocacionadas a conferir real efetividade às suas deliberações finais, permitindo, assim, que se neutralizem situações de lesividade, atual ou iminente, ao erário público. Impende considerar, no ponto, em ordem a legitimar esse entendimento, a formulação que se fez em torno dos poderes implícitos, cuja doutrina, construída pela Suprema Corte dos Estados Unidos da América, no célebre caso McCulloch v. Maryland (1819), enfatiza que a outorga de competência expressa a determinado órgão estatal importa em deferimento implícito, a esse mesmo órgão, dos meios necessários à integral realização dos fins que lhe foram atribuídos. (...) É por isso que entendo revestir-se de integral legitimidade constitucional a atribuição de índole cautelar, que, reconhecida com apoio na teoria dos poderes implícitos, permite, ao TCU, adotar as medidas necessárias ao fiel cumprimento de suas funções institucionais e ao pleno exercício das competências que lhe foram outorgadas, diretamente, pela própria CR." (MS 24.510, Rel. Min. Ellen Gracie, voto do Min. Celso de Mello, julgamento em 19-11-2003, Plenário, DJ de 19-3-2004.)

- "Em atenção aos princípios da segurança jurídica e da confiança legítima, **os Tribunais de Contas estão sujeitos ao prazo de cinco anos para o julgamento da legalidade do ato de concessão inicial de aposentadoria, reforma ou pensão**, a contar da chegada do processo à respectiva Corte de Contas." (RE 636553/RS, rel. Min. Gilmar Mendes, julgamento em 19.2.2020. Informativo 967, Tema 445).
- "O Tribunal de Contas do Distrito Federal tem competência para fiscalizar a aplicação de recursos federais repassados ao Distrito Federal." (STJ, RMS 61.997-DF, Rel. Min. Benedito Gonçalves, Primeira Turma, por unanimidade, julgado em 16/06/2020, DJe 18/06/2020)
- "É inconstitucional lei estadual, de origem (iniciativa) parlamentar, que discipline a organização e o funcionamento do Tribunal de Contas estadual (TCE). Isso porque os Tribunais de Contas possuem reserva de iniciativa (competência privativa) para apresentar os projetos de lei que tenham por objetivo tratar sobre a sua organização ou o seu funcionamento (art. 96, II c/c arts. 73 e 75 da CF/88). Os Tribunais de Contas, conforme reconhecido pela CF/88 e pelo STF, gozam das prerrogativas da autonomia e do autogoverno, o que inclui, essencialmente, a iniciativa privativa para instaurar processo legislativo que pretenda alterar sua organização e funcionamento." STF. Plenário. ADI 4191, Rel. Roberto Barroso, julgado em 22/05/2020 (Info 986 – clipping).

  Entendeu o STJ que: "O conselheiro de Tribunal de Contas estadual não está sujeito a notificação ou intimação para comparecimento como testemunha perante comissão de investigação, podendo apenas ser convidado." (STJ, HC 590.436-MT, Rel. Min. Jorge Mussi, Corte Especial, por unanimidade, julgado em 11/11/2021, DJe 17/11/2021, info 718).

  "O preceito veiculado pelo art. 75 da Constituição Federal aplica-se, no que couber, à organização, composição e fiscalização dos Tribunais de Contas dos Estados e do Distrito Federal e dos Tribunais e Conselhos de Contas dos Municípios, excetuando-se ao princípio da simetria os Tribunais de Contas do Município." STF. Plenário. ADPF 272/DF, Rel. Min. Cármen Lúcia, julgado em 25/3/2021 (Info 1011)

## 5.2. PODER EXECUTIVO

- O Poder Executivo é exercido pelo **Presidente da República**, auxiliado pelos Ministros de Estado.
- A eleição do Presidente e do Vice-Presidente da República realizar-se-á, simultaneamente, no primeiro domingo de outubro, em primeiro turno, e no último domingo de outubro, em segundo turno, se houver, do ano anterior ao do término do mandato presidencial vigente.
- Réus de processo criminal não podem substituir o Presidente da República. "[...]os substitutos eventuais do presidente da República a que se refere o art. 80 da Constituição Federal, caso ostentem a posição de réus criminais perante o Supremo Tribunal Federal, ficarão impossibilitados de exercer o ofício de presidente da República [...]"( STF. Plenário. ADPF 402 MC-REF/DF, Rel. Min. Marco Aurélio, julgado em 7/12/2016 - Info 850)
- Os **Ministros de Estado** serão escolhidos dentre brasileiros maiores de vinte e um anos e no exercício dos direitos políticos.
- Substituirá o Presidente, no caso de impedimento, e suceder-lhe-á, no de vaga, o **Vice-Presidente**.
- O Presidente e o Vice-Presidente da República tomarão posse em sessão do Congresso Nacional, prestando o compromisso de manter, defender e cumprir a Constituição, observar as leis, promover o bem geral do povo brasileiro, sustentar a união, a integridade e a independência do Brasil. Essa é a função típica (da essência do Poder Executivo) de ordem constitucional (porque prevista na Constituição) do Presidente e do Vice. Em regra, quem a exerce é o Presidente, mas, em caso de impedimento, será substituído pelo Vice-Presidente (art. 79, da CF).
- Na hipótese de impedimento ou vacância dos cargos de PR e Vice, serão chamados, sucessivamente: Presidente da Câmara, Presidente do Senado Federal e o Presidente do STF, nessa ordem. Mas se não for simples impedimento (que [e temporário, como férias, ou doença), mas vacância (definitiva), deve-se resolver a questão em definitivo. Assim, na dupla vacância, vigem as seguintes regras:
- Vagando os cargos de Presidente e Vice-Presidente da República **nos dois primeiros anos** do mandato presidencial, far-se-á eleição noventa dias depois de aberta a última vaga.
- Ocorrendo a vacância dos cargos de Presidente e Vice-Presidente da República nos últimos dois anos do período presidencial, será feita a eleição para ambos os cargos trinta dias depois da última vaga, pelo Congresso Nacional (eleição indireta).

| VACÂNCIA DOS CARGOS DE PRESIDENTE DA REPÚBLICA E VICE (DUPLA VACÂNCIA) | |
|---|---|
| Nos 2 primeiros anos do mandato presidencial | Nos 2 últimos anos do mandato presidencial |
| Eleição direta 90 dias depois de aberta a última vaga. | Eleição indireta para ambos os cargos 30 dias depois da última vaga, pelo Congresso Nacional. |
| **Atenção! Em ambos os casos haverá mandato "Tampão", ou seja, pelo prazo restante.** O eleito somente completará o mandato do sucedido. | |

- O ato do Presidente da República que atenta contra o livre exercício do Poder Legislativo, do Poder Judiciário, do Ministério Público e dos Poderes constitucionais das unidades da Federação é considerado crime de responsabilidade.
- Nos Crimes de Responsabilidade do Presidente da República, a Câmara autoriza a instauração do processo pelo voto da maioria **qualificada de dois terços,** e não pela maioria absoluta dos seus membros. o julgamento ocorre pelo Senado Federal, cuja decisão será proferida por **dois terços** (não maioria simples) dos votos do Senado Federal. No julgamento funcionará como Presidente o do Supremo Tribunal Federal.
- O Presidente ficará suspenso de suas funções nos crimes de responsabilidade, por até 180 dias, **assim que instaurado o processo** pelo Senado Federal, **e não** somente após a condenação pelo órgão competente.

- Condenado o Presidente por Crime de Responsabilidade, perderá o cargo, com inabilitação, por oito anos, para o exercício de função pública, sem prejuízo das demais sanções judiciais cabíveis. Portanto **o Senado não condena ao cumprimento de pena privativa de liberdade.**
- Compete ao **Supremo Tribunal Federal** (e não ao Superior Tribunal de Justiça) processar e julgar, originariamente, nas infrações penais comuns e nos crimes de responsabilidade, os Ministros de Estado e os Comandantes da Marinha, do Exército e da Aeronáutica, ressalvado o disposto no art. 52, I, os membros dos Tribunais Superiores, os do Tribunal de Contas da União e os chefes de missão diplomática de caráter permanente (consoante art. 102, I, "c", da CF).
- Enquanto não sobrevier sentença condenatória, nas infrações comuns, o Presidente da República não estará sujeito a prisão. Na vigência de seu mandato, o Presidente da República não pode ser responsabilizado por atos estranhos ao exercício de suas funções, **não podem ser estendidas ao Governador de Estado.** Esse foi o posicionamento adotado pelo STF, em 1995, no julgamento da ADI 978.
- Já a imunidade que exige admissão de acusação por dois terços da Câmara dos Deputados para que o Presidente da República seja processado perante o STF, **pode ser garantida, por meio de Constituição Estadual, ao Governador**, condicionando que ele somente será processado perante o STJ, por crime comum, após autorização da Assembleia Legislativa.
- A imunidade relativa à proibição de prisão do Presidente da República **não** impede a prisão em flagrante por crime inafiançável.
- Como delegatários do Presidente da República os Ministros de Estado, **podem**, desde que autorizados, extinguir cargos públicos, mas **não** podem expedir instruções para a execução de leis e editarem medidas provisórias, pois não são atribuições constitucionalmente estabelecidas.

## 5.3. PODER JUDICIÁRIO E FUNÇÕES ESSENCIAIS À JUSTIÇA

- **São órgãos do Poder Judiciário:** I – o Supremo Tribunal Federal; I-A o Conselho Nacional de Justiça; II – o Superior Tribunal de Justiça; ; II-A – o Tribunal Superior do Trabalho; III – os Tribunais Regionais Federais e Juízes Federais; IV – os Tribunais e Juízes do Trabalho; V – os Tribunais e Juízes Eleitorais; VI – os Tribunais e Juízes Militares; VII – os Tribunais e Juízes dos Estados e do Distrito Federal e Territórios.
- **Órgãos da Justiça Federal:** I – os Tribunais Regionais Federais; II – os Juízes Federais.
- **Tribunais Regionais Federais**: compõem-se de, no mínimo, 7 juízes, recrutados, quando possível, na respectiva região e nomeados pelo Presidente da República dentre brasileiros com mais de 30 e menos de 70 anos, sendo: I – um quinto dentre advogados com mais de dez anos de efetiva atividade profissional e membros do Ministério Público Federal com mais de dez anos de carreira; II – os demais, mediante promoção de juízes federais com mais de cinco anos de exercício, por antiguidade e merecimento, alternadamente.
- A lei disciplinará a **remoção ou a permuta de juízes dos Tribunais Regionais Federais** e determinará sua jurisdição e sede.
- Os Tribunais Regionais Federais instalarão a **justiça itinerante**, com a realização de audiências e demais funções da atividade jurisdicional, nos limites territoriais da respectiva jurisdição, servindo-se de equipamentos públicos e comunitários.
- Os Tribunais Regionais Federais **poderão funcionar descentralizadamente**, constituindo Câmaras regionais, a fim de assegurar o pleno acesso do jurisdicionado à justiça em todas as fases do processo.
- Nos termos do art. 108, da CF, **compete aos Tribunais Regionais Federais:**

I. processar e julgar, originariamente:

a) os juízes federais da área de sua jurisdição, incluídos os da Justiça Militar e da Justiça do Trabalho, nos crimes comuns e de responsabilidade, e os membros do Ministério Público da União, ressalvada a competência da Justiça Eleitoral;

b) as revisões criminais e as ações rescisórias de julgados seus ou dos juízes federais da região;

c) os mandados de segurança e os "habeas-data" contra ato do próprio Tribunal ou de juiz federal;

d) os "habeas-corpus", quando a autoridade coatora for juiz federal;

e) os conflitos de competência entre juízes federais vinculados ao Tribunal;

II. julgar, em grau de recurso, as causas decididas pelos juízes federais e pelos juízes estaduais no exercício da competência federal da área de sua jurisdição.

- De acordo com o art. 109, da CF, aos **juízes federais compete** processar e julgar:

I. as causas em que a União, entidade autárquica ou empresa pública federal forem interessadas na condição de autoras, rés, assistentes ou oponentes, exceto as de falência, as de acidentes de trabalho e as sujeitas à Justiça Eleitoral e à Justiça do Trabalho;

II. as causas entre Estado estrangeiro ou organismo internacional e Município ou pessoa domiciliada ou residente no País;

III. as causas fundadas em tratado ou contrato da União com Estado estrangeiro ou organismo internacional;

IV. os crimes políticos e as infrações penais praticadas em detrimento de bens, serviços ou interesse da União ou de suas entidades autárquicas ou empresas públicas, excluídas as contravenções e ressalvada a competência da Justiça Militar e da Justiça Eleitoral;

V. os crimes previstos em tratado ou convenção internacional, quando, iniciada a execução no País, o resultado tenha ou devesse ter ocorrido no estrangeiro, ou reciprocamente;

V. A as causas relativas a direitos humanos a que se refere o § 5º deste artigo;

VI. os crimes contra a organização do trabalho e, nos casos determinados por lei, contra o sistema financeiro e a ordem econômico-financeira;

VII. os "habeas-corpus", em matéria criminal de sua competência ou quando o constrangimento provier de autoridade cujos atos não estejam diretamente sujeitos a outra jurisdição;

VIII. os mandados de segurança e os "habeas-data" contra ato de autoridade federal, excetuados os casos de competência dos tribunais federais;

IX. os crimes cometidos a bordo de navios ou aeronaves, ressalvada a competência da Justiça Militar;

X. os crimes de ingresso ou permanência irregular de estrangeiro, a execução de carta rogatória, após o "exequatur", e de sentença estrangeira, após a homologação, as causas referentes à nacionalidade, inclusive a respectiva opção, e à naturalização;

XI. a disputa sobre direitos indígenas.

- As **causas em que a União for autora** serão aforadas na seção judiciária onde tiver domicílio a outra parte.
- As **causas intentadas contra a União** poderão ser aforadas na seção judiciária em que for domiciliado o autor, naquela onde houver ocorrido o ato ou fato que deu origem à demanda ou onde esteja situada a coisa, ou, ainda, no Distrito Federal.
- Nas **ações de improbidade administrativa**, a competência da Justiça Federal é definida em razão da presença das pessoas jurídicas de direito público previstas no art. 109, I, da Constituição Federal na relação processual, e não em razão da natureza da verba federal sujeita à fiscalização da Tribunal de Contas da União. (STJ, CC 174.764-MA, rel. Min. Mauro Campbell Marques, julg. 09/02/2022, info 724-STJ).
- Lei **poderá autorizar** que as causas de competência da Justiça Federal em que forem parte instituição de previdência social e segurado **possam ser processadas e julgadas na justiça estadual quando a comarca do domicílio do segurado não for sede de vara federal.** Neste caso, o recurso cabível será sempre para o Tribunal Regional Federal na área de jurisdição do juiz de primeiro grau.
- Conforme restou apurado do voto prolatado pelo Ministro Gilmar Mendes, no bojo do HC 100.772/GO, julgado em 2011 e relatado pelo Min. Gilmar Mendes, **a competência para processar e julgar ação que se discute o desvio de recursos proveniente do Fundo de Manutenção e de Desenvolvimento do Ensino Fundamente e Valorização do Magistério (FUNDEF) é da Justiça Federal**, com fundamento no artigo 109, IV, da CF. Considera o Pretório Excelso que, com base na redação do dispositivo mencionado, a Constituição atribuiu à União função supletiva e redistributiva em matéria educacional, bem como o interesse na universalização de um padrão mínimo de qualidade do ensino, sendo que isso seria condição suficiente para caracterizar o interesse da União nas ações penais concernentes a desvios do FUNDEF, independentemente de repasse de verba federal. Assim, conforme se destaca do Informativo 643 de 2011 também entendeu a Suprema Corte que a propositura da ação penal, no caso de desvio de recursos do FUNDEB, é atribuição do MPF (Ministério Público Federal), ainda que não haja repasse de verbas da União, sendo julgada pela Justiça Federal. Já no caso de investigação de improbidade administrativa e a eventual ação de responsabilização civil, a competência é do Ministério Público Estadual.
- Cada Estado, bem como o Distrito Federal, constituirá uma **seção judiciária** que terá por sede a respectiva Capital, e varas localizadas segundo o estabelecido em lei.
- Nos Territórios Federais, a jurisdição e as atribuições cometidas aos juízes federais caberão aos juízes da justiça local, **na forma da lei**.
- O **Tribunal Superior do Trabalho** compõe-se de 27 Ministros, escolhidos dentre brasileiros com mais de 35 e menos de 70 anos, de notável saber jurídico e reputação ilibada, nomeados pelo Presidente da República após aprovação pela maioria absoluta do Senado Federal, sendo: I. um quinto dentre advogados com mais de 10 anos de efetiva atividade profissional e membros do Ministério Público do Trabalho com mais de 10 anos de efetivo exercício; II. os demais dentre juízes dos Tribunais Regionais do Trabalho, oriundos da magistratura da carreira, indicados pelo próprio Tribunal Superior. Sendo assim, apenas um quinto das 27 vagas será ocupado por advogados ou membros do Ministério Público (aliás, vale notar que o art. 111-A é oriundo da EC 45/04 e prevê o instituto do quinto constitucional, que não existia para Justiça do Trabalho), e o restante ficará com juízes dos Tribunais Regionais do Trabalho, oriundos da magistratura da carreira, indicados pelo próprio Tribunal Superior.
- Os Ministros do Tribunal Superior do Trabalho devem ser brasileiros, **mas, não necessariamente, natos (portanto, podem também ser naturalizados)**, nomeados pelo Presidente da República, após aprovação pela maioria absoluta do **Senado Federal** (não do Congresso Nacional), consoante art. 111-A, da CF.
- A **lei disporá sobre a competência do Tribunal Superior do Trabalho**, e funcionará, junto a ele a Escola Nacional de Formação e Aperfeiçoamento de Magistrados do Trabalho, cabendo-lhe, dentre outras funções, regulamentar os cursos oficiais para o ingresso e promoção na carreira. O dispositivo tem origem na EC 45/04, que promoveu a reforma do Poder Judiciário.
- O **Conselho Superior da Justiça do Trabalho** funcionará junto ao Tribunal Superior do Trabalho (não é entidade separada e independente e também não pertence à administração pública), cabendo-lhe exercer, na forma da lei, a supervisão administrativa, orçamentária, financeira e patrimonial da Justiça do Trabalho de primeiro e segundo graus, como **órgão central do sistema**, **cujas decisões terão efeito vinculante.**
- Previstas na redação original do art. 112, da CF, **as Juntas de Conciliação e Julgamento não mais encontram guarida constitucional, por força da EC 45/04**. Segundo nova redação do art. 112, da CF, a lei criará varas da Justiça do Trabalho, podendo, nas comarcas não abrangidas por sua jurisdição, atribuí-la aos juízes de direito, com recurso para o respectivo Tribunal Regional do Trabalho. Portanto, não há mais menção das Juntas de Conciliação e Julgamento na estrutura da Justiça do Trabalho.
- Consoante art. 114, VI, da CF, **compete à Justiça do Trabalho** processar e julgar as ações de indenização por dano moral ou patrimonial, decorrentes da relação de trabalho. Tal regra foi incluída pela Emenda Constitucional nº 45, de 2004. Interessante notar que, logo depois da inclusão da nova regra, o STF no bojo do RE 438639, chegou a entender de modo diverso, firmando competência para a justiça do trabalho. Entretanto, logo em seguida, nos autos do Conflito de Competência 7.204-1, a Suprema Corte mudou de posição firmou a competência da justiça comum para o processo e o julgamento de ações de indenização por dano moral decorrente de acidente do trabalho propostas por empregado contra empregador, alinhando-se ao Texto Constitucional.
- **Súmula Vinculante 53:** A competência da Justiça do Trabalho prevista no art. 114, VIII, da Constituição Federal alcança a execução de ofício das contribuições previdenciárias relativas ao objeto da condenação constante das sentenças que proferir e acordos por ela homologados.
- Os **Tribunais Regionais do Trabalho compõem-se** de, **no mínimo**, sete juízes, recrutados, quando possível, na respectiva região, e nomeados pelo Presidente da República dentre brasileiros com mais de trinta e menos de setenta anos (art. 115 da CF, com redação dada pela EC 122/22).
- Os Tribunais Regionais do Trabalho instalarão a **justiça itinerante**, com a realização de audiências e demais funções de atividade jurisdicional, nos limites territoriais da respectiva jurisdição (e não além deles), servindo-se de

equipamentos públicos e comunitários (art. 115, § 1°, da CF).

- Os Tribunais Regionais do Trabalho **poderão** funcionar de forma descentralizada, **constituindo Câmaras regionais**, a fim de assegurar o pleno acesso do jurisdicionado à justiça em todas as fases do processo (art. 115, § 2°, da CF).
- Conforme determina a CF em seu art. 120, § 1º, III, o TRE é composto, entre outros, por dois juízes oriundos da classe dos advogados, os quais são nomeados pelo presidente da República, após indicação do respectivo tribunal de justiça. No entanto, **esses juízes não estão impedidos de continuar a exercer a advocacia**, conforme se pronunciou o STF na ADI 1127, julgada em 2006 e relatada pelo Ministro Ricardo Lewandowski.
- **Regra do Quinto Constitucional: um quinto dos lugares dos Tribunais Regionais Federais, dos Tribunais dos Estados, e do Distrito Federal e Territórios** será composto de membros, do **Ministério Público**, com mais de dez anos de carreira, e de **advogados** de notório saber jurídico e de reputação ilibada, com mais de dez anos de efetiva atividade profissional, indicados em lista sêxtupla pelos órgãos de representação das respectivas classes.
- Tribunal de Justiça. **Se o número total de sua composição não for divisível por cinco, arredonda-se a fração restante (seja superior ou inferior à metade) para o número inteiro seguinte, a fim de alcançar-se a quantidade de vagas destinadas ao quinto constitucional** destinado ao provimento por advogados e membros do Ministério Público" (STF. AO 493, Rel. Min. Octávio Gallotti, Primeira Turma, DJ 10.11.2000, grifos nossos).
- De acordo com o que dispõe o art. 93, da CF, **Lei complementar, de iniciativa do Supremo Tribunal Federal, disporá sobre o Estatuto da Magistratura**.
- A divisão de vagas no Superior Tribunal de Justiça permite o ingresso de **um terço dos membros** dentre juízes dos Tribunais Regionais Federais e **um terço** dentre desembargadores dos Tribunais de Justiça, indicados em lista tríplice elaborada pelo próprio Tribunal; **além de outro terço em partes iguais, dentre advogados e membros do Ministério Público Federal, Estadual, do Distrito Federal e Territórios.**
- O Advogado oriundo do Quinto Constitucional nos Tribunais de Justiça concorre como magistrado para ocupar vagas no Superior Tribunal de Justiça, **pois disputa o terço das vagas a serem ocupadas por Desembargadores dos Tribunais de Justiça**.
- Aos **Procuradores dos Estados e do Distrito Federal**, que ingressarem na carreira mediante concurso público, é assegurada **estabilidade** após três anos de efetivo exercício, mediante avaliação periódica de desempenho perante os órgãos próprios, após relatório circunstanciado das corregedorias.
- **Não é** inconstitucional lei estadual que crie Procuradoria-Geral para consultoria, assessoramento jurídico e representação judicial de Assembleia Legislativa.
- A **Advocacia-Geral da União** tem por chefe o Advogado-Geral da União, nomeado pelo Presidente da República, **não necessariamente** dentre integrantes da carreira, maiores de trinta e cinco anos, de notável saber jurídico e reputação ilibada.
- Na execução da dívida ativa de natureza tributária, a representação da União caberá à **Procuradoria- Geral da Fazenda Nacional**.
- Os **Estados organizarão sua Justiça**, observados os princípios estabelecidos nesta Constituição.
- A **competência dos tribunais será definida na Constituição do Estado**, sendo a lei de organização judiciária de iniciativa do Tribunal de Justiça.
- O **Tribunal de Justiça poderá funcionar descentralizadamente**, constituindo Câmaras regionais, a fim de assegurar o pleno acesso do jurisdicionado à justiça em todas as fases do processo.
- O Tribunal de Justiça instalará a **justiça itinerante**, com a realização de audiências e demais funções da atividade jurisdicional, nos limites territoriais da respectiva jurisdição, servindo-se de equipamentos públicos e comunitários.
- Para dirimir **conflitos fundiários**, o Tribunal de Justiça proporá a **criação de varas especializadas**, com competência exclusiva para **questões agrárias**. Sempre que necessário à eficiente prestação jurisdicional, o juiz far-se-á presente no local do litígio.

### 5.3.1. CONSELHO NACIONAL DE JUSTIÇA

| CONSELHO NACIONAL DE JUSTIÇA – CNJ | |
|---|---|
| **Natureza Jurídica** | Órgão Integrante do Poder Judiciário, mas sem poder jurisdicional |
| **Composição** | 15 membros, sendo:<br>a) 9 do Poder Judiciário;<br>b) 2 do Ministério Público;<br>c) 2 advogados;<br>d) 2 cidadãos.<br>A Presidência do CNJ cabe ao Presidente do STF, que é um dos integrantes oriundo do Poder Judiciário. |
| **Nomeação dos Membros** | Pelo Presidente da República, após aprovação pela maioria absoluta do Senado Federal, salvo o Presidente e o Vice-Presidente, que não se submetem a essa exigência. |
| **Mandatos dos Membros** | 2 anos, admitida uma recondução |
| **Competência** | Controle da atuação administrativa e financeira do Poder Judiciário e do cumprimento dos deveres funcionais dos juízes |
| **Poderes/ Prerrogativas Especiais** | a) apreciar, de ofício ou mediante provocação, a legalidade dos atos administrativos praticados por membros ou órgãos do Poder Judiciário, podendo desconstituí-los, revê-los ou fixar prazo para que se adotem as providências necessárias ao exato cumprimento da lei;<br>b) receber e conhecer das reclamações contra membros ou órgãos do Poder Judiciário.<br>c) avocar processos disciplinares em curso e determinar a remoção, a disponibilidade e aplicar outras sanções administrativas, assegurada ampla defesa<br>d) rever, de ofício ou mediante provocação, os processos disciplinares de juízes e membros de tribunais julgados há menos de um ano (portanto, não pode ser a qualquer tempo). |
| **Controle Externo** | Os atos do CNJ sujeitam-se ao controle do Supremo Tribunal Federal (art. 102, I, "r", da CF). |

- O CNJ, órgão integrante do Poder Judiciário, não pode julgar magistrados por crime de abuso de autoridade, pois sua **competência é administrativa e financeira**, não judicial.
- **Compete ao CNJ o controle da atuação administrativa e financeira do Poder Judiciário e do cumprimento dos deveres funcionais dos juízes**, cabendo-lhe, além de outras atribuições que lhe forem conferidas pelo Estatuto da Magistratura, zelar pela observância do art. 37 (que contém os princípios da administração) e apreciar, de ofício ou mediante provocação, a legalidade dos atos administrativos praticados por membros ou órgãos do Poder Judiciário, podendo desconstituí-los, revê-los ou fixar prazo para que se adotem as providências necessárias ao exato cumprimento da lei, sem prejuízo da competência do Tribunal de Contas da União.

### 5.3.2. PRECEDENTES E SÚMULA VINCULANTE

- **Precedente Constitucional** é uma decisão anterior sobre matéria constitucional que pode ser invocada para a resolução de um caso presente ou futuro.
- Os precedentes constitucionais são comumente utilizados no **sistema do *common law*,** da **tradição anglo-saxônica,** que atribui importância destacada aos costumes e às decisões judiciais, justificando a existência do princípio do ***stare decisis*** ("já está decidido").
- No Brasil os precedentes constitucionais têm sido muito aplicados nas decisões proferidas em sede de **controle de constitucionalidade**, notadamente por conta do **efeito vinculante**. Mas, o instituto que traduz com perfeição a ideia dos precedentes constitucionais é a **súmula vinculante** que, atendidos os pressupostos constitucionais e legais, estabelece a **síntese de um precedente abstrato, de uma jurisprudência prevalente, com força vinculante.**
- Somente o **STF** pode editar Súmula Vinculante.
- o Supremo Tribunal Federal poderá, de ofício ou por provocação, mediante decisão de **dois terços** (e não da maioria absoluta) de seus membros, **após reiteradas decisões sobre matéria constitucional**, aprovar súmula que, a partir de sua publicação na imprensa oficial, terá **efeito vinculante** em relação aos demais órgãos do Poder Judiciário e à administração pública direta e indireta, nas esferas federal, estadual e municipal, bem como proceder à sua revisão ou cancelamento, na forma estabelecida em lei.
- **A súmula vinculante terá por objetivo** a validade, a interpretação e a eficácia de normas determinadas, acerca das quais haja controvérsia atual entre órgãos judiciários ou entre esses e a administração pública que acarrete **grave insegurança jurídica** e **relevante multiplicação de processos** sobre questão idêntica.
- A **edição da Súmula pode ser provocada** pelos legitimados para a propositura da ação direta de inconstitucionalidade, e também pelo Defensor Público-Geral da União, os Tribunais Superiores, os Tribunais de Justiça de Estados ou do Distrito Federal e Territórios, os Tribunais Regionais Federais, os Tribunais Regionais do Trabalho, os Tribunais Regionais Eleitorais e os Tribunais Militares, nos termos do art. 3º da Lei 11.417/06, que regulamenta o art. 103-A da Constituição Federal, disciplinando a edição, a revisão e o cancelamento de enunciado de súmula vinculante pelo Supremo Tribunal Federal.
- Conforme art. 103-A, da CF, o quórum para a decisão da aprovação da Súmula será de **dois terços de seus membros,** e não da maioria simples dos Ministros presentes.
- Do ato administrativo ou decisão judicial que contrariar a súmula aplicável ou que indevidamente a aplicar, caberá **reclamação** ao Supremo Tribunal Federal que, julgando-a procedente, anulará o ato administrativo ou cassará a decisão judicial reclamada, e determinará que outra seja proferida com ou sem a aplicação da súmula, conforme o caso.
- **É plenamente cabível** revisão ou cancelamento da Súmula Vinculante mesmo após sua edição, por força do que dispõe o Art. 103-A, da CF.

### 5.4. FUNÇÕES ESSENCIAIS À JUSTIÇA

Aos **Procuradores dos Estados e do Distrito Federal**, que ingressarem na carreira mediante concurso público, é assegurada **estabilidade** após três anos de efetivo exercício, mediante avaliação periódica de desempenho perante os órgãos próprios, após relatório circunstanciado das corregedorias.

- **Não é** inconstitucional lei estadual que crie Procuradoria-Geral para consultoria, assessoramento jurídico e representação judicial de Assembleia Legislativa.
- A **Advocacia-Geral da União** tem por chefe o Advogado-Geral da União, nomeado pelo Presidente da República, **não necessariamente** dentre integrantes da carreira, maiores de trinta e cinco anos, de notável saber jurídico e reputação ilibada.
- Na execução da dívida ativa de natureza tributária, a representação da União caberá à **Procuradoria- Geral da Fazenda Nacional**.

## 6. CONTROLE DE CONSTITUCIONALIDADE. SISTEMAS DE CONTROLE DE CONSTITUCIONALIDADE. AÇÃO DIRETA DE INCONSTITUCIONALIDADE. AÇÃO DECLARATÓRIA DE CONSTITUCIONALIDADE. ARGUIÇÃO DE DESCUMPRIMENTO DE PRECEITO FUNDAMENTAL

- O Controle de Constitucionalidade consiste na fiscalização da compatibilidade entre condutas (comissivas ou omissivas) dos Poderes Públicos e o bloco de constitucionalidade, integrado pela Constituição Formal.
- **Formas de inconstitucionalidade**

– A inconstitucionalidade atacada pode ser **formal ou nomodinâmica** (vício de procedimento legislativo ou de afronta a regras de iniciativa/competência) ou **material** (vício que afeta o conteúdo substantivo das normas constitucionais). Ex: projeto de lei de iniciativa de deputado federal visando criação de cargos na administração federal padecerá de vício de inconstitucionalidade **formal subjetiva** (vício de competência ou iniciativa), pois nesse caso a iniciativa é privativa do Presidente da República, nos termos do art. 61, § 1º, II, "a", da CF.

– A inconstitucionalidade de lei é de caráter **material ou nomoestática** (e não formal) quando seu conteúdo contraria preceito ou princípio da Constituição (José Afonso da Silva).

- **Controle prévio ou preventivo**

– **Proposta legislativa pretensamente inconstitucional pode ser impugnada** por meio de mandado de segurança individual manejado por parlamentar sob o argumento de vulneração às cláusulas pétreas e violação ao direito líquido e certo de participação de um processo legislativo hígido (STF. MS 20.257, julgado em 1981 e relatado pelo Ministro Décio Miranda).

- O **veto do Presidente da República** a projeto de lei aprovado pelas casas do Congresso Nacional, por motivo de inconstitucionalidade é considerado mecanismo de controle político prévio de constitucionalidade, a teor do art. 66, § 1º, da CF.
- Apesar de haver dissonância na doutrina, há julgados do STF e do STJ que sinalizam pela **possibilidade de o chefe do Executivo deixar de aplicar lei que entenda inconstitucional**, podendo ainda determinar a seus subordinados que assim procedam. (STF. ADI 221, julgada em 1993 e relatado pelo Ministro Moreira Alves: "O controle de constitucionalidade da lei ou dos atos normativos é de competência exclusiva do Poder Judiciário. Os Poderes Executivo e Legislativo, por sua chefia – e isso mesmo tem sido questionado com o alargamento da legitimação ativa na ação direta de inconstitucionalidade –, podem tão só determinar aos seus órgãos subordinados que deixem de aplicar administrativamente as leis ou atos com força de lei que considerem inconstitucionais"). (STJ, REsp 23121, julgado em 1993 e relatado pelo Ministro Humberto Gomes de Barros: "O Poder Executivo deve negar execução a ato normativo que lhe pareça inconstitucional").

- **Controle jurisdicional**

- O Brasil adota duas formas de controle jurisdicional: **difuso** (realizado por qualquer juízo) e **concentrado** (realizado apenas por um órgão de cúpula, que em âmbito federal, é o STF).
- O Controle difuso também pode ser denominado por: concreto; Incidental ou *incidenter tantum*; Via de Exceção; Processo Subjetivo; De efeitos inter partes; Estadunidense e Aberto.
- O Controle concentrado pode ser denominado por: Abstrato; Principal; Via de Ação; Processo Objetivo; De efeitos *erga omnes*; Austríaco e Reservado.

| **DENOMINAÇÕES DAS FORMAS DE CONTROLE DE CONSTITUCIONALIDADE NO BRASIL** | |
|---|---|
| **Controle Difuso** | **Controle Concentrado** |
| Concreto | Abstrato |
| Incidental ou *incidenter tantum* | Principal |
| Via de Exceção | Via de Ação |
| Processo Subjetivo | Processo Objetivo |
| De efeitos *inter partes* | De efeitos *erga omnes* |
| Estadunidense | Austríaco |
| Aberto | Reservado |

- **CONTROLE DIFUSO**

- O controle de constitucionalidade incidental brasileiro pode ser provocado por qualquer pessoa e realizado por todo juiz, **inclusive** de ofício, pois a questão constitucional somente servirá de fundamentação para decisão quanto ao pedido que envolve a resolução de um caso concreto.
- No Controle Difuso, a pronúncia do Judiciário sobre a inconstitucionalidade não é feita enquanto manifestação sobre o objeto principal da lide, mas sim sobre questão prévia (**via de exceção**), indispensável ao julgamento do mérito. Em outras palavras: na via de exceção, a questão constitucional é a **causa de pedir**, e não o pedido.
- No controle incidental ou concreto, a questão de constitucionalidade pode ser suscitada pelas partes da relação processual, **pelo Ministério Público e até mesmo de ofício, pelo Juiz ou Tribunal.**
- Somente pelo voto da maioria absoluta de seus membros ou dos membros do respectivo órgão especial poderão os tribunais declarar a inconstitucionalidade de lei ou ato normativo do Poder Público. Trata-se do denominado **Princípio da Reserva de Plenário**, previsto no art. 97, da CF, e reafirmado na Súmula Vinculante 10.
- Os órgãos fracionários dos tribunais **não** ficam dispensados de encaminhar a questão ao pleno, pois não há exceção nesse sentido.
- Nos termos do parágrafo único, do art. 949 do novo CPC, os órgãos fracionários dos tribunais não submeterão ao plenário, ou ao órgão especial, a arguição de inconstitucionalidade, quando já houver pronunciamento destes ou do plenário do Supremo Tribunal Federal sobre a questão. Trata-se de **abrandamento da cláusula de reserva de plenário** (art. 97, da CF), e que encontra guarida na jurisprudência do STF (RE 190.725, julgado em 1995 e relatado pelo Ministro Ilmar Galvão)
- Nos termos da Súmula Vinculante 10, **viola a cláusula de reserva de plenário** (CF, artigo 97) a decisão de órgão fracionário de tribunal que, embora não declare expressamente a inconstitucionalidade de lei ou ato normativo do poder público, afasta sua incidência, no todo ou em parte.
- Súmula 513, do STF: "a decisão que enseja a **interposição de recurso** ordinário ou extraordinário não é a do plenário, que resolve o incidente de inconstitucionalidade, mas a do órgão (câmaras, grupos ou turmas) que completa o julgamento do feito".
- A eficácia da decisão no controle difuso é ***inter partes***, não *erga omnes*.
- Poderá haver a geração de efeitos *erga omnes* se aplicado o art. 52, X, da CF, segundo o qual o **Senado Federal pode suspender a execução**, no todo ou em parte, de lei declarada inconstitucional por decisão definitiva do Supremo Tribunal Federal.
- A resolução do **Senado Federal** que suspende **a execução** (e não a eficácia), **no todo ou em parte**, de lei declarada inconstitucional por decisão definitiva do Supremo Tribunal Federal é forma de controle político de constitucionalidade, nos termos do art. 52, X, da CF.
- No controle difuso, quando houver **declaração de não recepção** (e não de inconstitucionalidade), não há enquadramento ao art. 52, X, da CF, portanto, o STF **não** deverá encaminhar a decisão ao Senado Federal.
- No recurso extraordinário o recorrente deverá demonstrar a **repercussão geral** das questões constitucionais discutidas no caso, nos termos da lei, a fim de que o Tribunal examine a admissão do recurso, somente podendo recusá-lo pela manifestação de dois terços de seus membros (art. 102, § 3º, da CF).
- Em regra, o **recurso extraordinário** apresenta-se como um instrumento do controle difuso de constitucionalidade. Entretanto, em sede de controle concentrado de constitucionalidade, se uma norma da Constituição Estadual violada é idêntica à norma da Constituição Federal, caso tenha sido provocado o controle de constitucionalidade estadual, será cabível um Recurso Extraordinário da decisão do TJ (que aprecia o controle concentrado estadual) para o STF, pois, nos termos do art. 102, III, "a", da CF, compete ao Supremo Tribunal Federal, precipuamente, a guarda da Constituição, cabendo-lhe julgar, mediante recurso extraordinário, as causas decididas em única ou última instância, quando

a decisão recorrida contrariar dispositivo da Constituição. Assim, nesse caso excepcional, o recurso extraordinário poderá ser utilizado como um elemento do controle concentrado.

- **CONTROLE CONCENTRADO**

- O Controle Concentrado pode ser manejado via: ADI – Ação Direta de Inconstitucionalidade (por ação, omissão ou interventiva); ADC – Ação Declaratória de Constitucionalidade e; ADPF – Arguição de Descumprimento de Preceito Fundamental.
- Compete ao Supremo Tribunal Federal, precipuamente, a **guarda da Constituição**, cabendo-lhe processar e julgar, originariamente, entre outras, a ação direta de inconstitucionalidade de lei ou ato normativo federal ou estadual (mas, não municipal) e a ação declaratória de constitucionalidade de lei ou ato normativo federal, consoante art. 102, I, "a", da CF.
- Desde a edição da EC 45/04, o **rol de legitimados** para a propositura de ADI e ADC é o mesmo: aquele disposto no art. 103, da CF.
- **Podem propor** a ação direta de inconstitucionalidade, a ação declaratória de constitucionalidade e a arguição de descumprimento de preceito fundamental: I – o Presidente da República; II – a Mesa do Senado Federal; III – a Mesa da Câmara dos Deputados; IV – a Mesa de Assembleia Legislativa ou da Câmara Legislativa do Distrito Federal; V – o Governador de Estado ou do Distrito Federal; VI – o Procurador-Geral da República; VII – o Conselho Federal da Ordem dos Advogados do Brasil; VIII – partido político com representação no Congresso Nacional; IX – confederação sindical ou entidade de classe de âmbito nacional.
- No caso de um partido **político perder sua representação no Congresso Nacional** após ter proposto uma ação direta de inconstitucionalidade, essa **ação não é considerada prejudicada**, pois a aferição de legitimidade deve ser feita apenas no momento da propositura, conforme jurisprudência do STF.
- Nos termos da jurisprudência do STF, são **legitimados especiais**, ou seja, precisam demonstrar **pertinência temática**: a) Mesa da Assembleia Legislativa ou da Câmara Legislativa do Distrito Federal; b) Governador do Estado ou do Distrito Federal; c) Confederação Sindical ou Entidade de Classe de âmbito nacional. Os demais são legitimados neutros ou universais e não precisam demonstrar pertinência temática.
- "O requisito da **pertinência temática – que se traduz na relação de congruência que necessariamente deve existir entre os objetivos estatutários ou as finalidades institucionais da entidade autora e o conteúdo material da norma questionada em sede de controle abstrato** – foi erigido à condição de pressuposto qualificador da própria legitimidade ativa ad causam para efeito de instauração do processo objetivo de fiscalização concentrada de constitucionalidade." Essa foi a conclusão do STF no bojo da ADI 1.157-MC, julgada em 1994 e relatada pelo Ministro Celso de Mello.
- No controle concentrado de constitucionalidade, a **petição inicial** nem sempre precisa ser assinada por advogado. Essa exigência de assinatura da inicial atinge apenas: a) partido político com representação no Congresso Nacional e; b) Confederação Sindical ou Entidade de Classe de âmbito nacional. Os demais legitimados têm capacidade postulatória presumida.
- Particularidades do processo objetivo do controle concentrado[1]
  1) Inexistência de **prazo recursal em dobro ou diferenciado para contestar** (STF, ADI 2.130, julgada em 2001 e relatada pelo Ministro Celso de Mello);
  2) Inexistência de **prazo prescricional ou decadencial** (STF, ADI 1.247, julgada em 1995 e relatada pelo Ministro Celso de Mello);
  3) Inadmissibilidade de **assistência jurídica** a qualquer das partes (art. 169, § 2º, do Regimento Interno do STF);
  4) Inadmissibilidade de **intervenção de terceiros** (art. 7º, *caput*, da Lei 9.868/99 e art. 169, § 2º, do Regimento Interno do STF). Mas, o relator, considerando a relevância da matéria e a representatividade dos postulantes, poderá, por despacho irrecorrível, admitir a **manifestação de outros órgãos ou entidades** (art. 7º, § 2º, da Lei 9.868/99), o que abre espaço para a figura do *amicus curiae*, conforme já decidiu o STF na ADI 2238, julgada em 2002 e relatada pelo Ministro Ilmar Galvão. Assim, pode-se dizer que a atuação do *amicus curiae* tem natureza sui generis
  5) Vedação expressa à **desistência** da ação proposta (art. 5º, *caput*, da Lei 9.868/99 e art. 169, § 1º, do Regimento Interno do STF);
  6) **Irrecorribilidade** da decisão proferida, **salvo embargos de declaração** (art. 26 da Lei 9.868/99);
  7) **Irrescindibilidade** da decisão proferida (não pode ser atacada por ação rescisória), nos termos do art. 26 da Lei 9.868/99;
  8) **Não vinculação do STF à tese jurídica/causa de pedir**, já que no processo objetivo de controle de constitucionalidade o que importa é a apreciação do pedido.
  9) **Possibilidade de dilação probatória com perícia ou audiência pública**: nos termos do art. 9º, § 2º, da Lei 9.868/99, em caso de necessidade de esclarecimento de matéria ou circunstância de fato ou de notória insuficiência das informações existentes nos autos, poderá o relator requisitar informações adicionais, designar perito ou comissão de peritos para que emita parecer sobre a questão, ou fixar data para, em audiência pública, ouvir depoimentos de pessoas com experiência e autoridade na matéria.

- **ADI**

- O **objeto** da ADI é lei ou ato normativo federal, estadual ou distrital. Já o objeto da ADC é somente lei ou ato normativo federal (art. 102, I, "a", da CF).
- O STF ainda reconhece que os **decretos autônomos** podem ser objeto de controle concentrado de constitucionalidade: "Decreto que, não se limitando a regulamentar lei, institua benefício fiscal ou introduza outra novidade normativa, reputa-se **autônomo e, como tal, é suscetível de controle concentrado de constitucionalidade** (ADI 3.664, julgada em 2011 e relatada pelo Ministro Cezar Peluso).
- **Resolução administrativa do Conselho Nacional de Justiça** que discipline determinada matéria, de forma geral e abstrata, pode ser objeto de ação direta de inconstitucionalidade. Assim entendeu o STF no bojo da ADI 3367, julgada em 2005 e relatada pelo Ministro Cezar Peluso.
- As **emendas constitucionais** podem ser objeto de controle de constitucionalidade, ou em outras palavras: admite-se

1 Listagem realizada com base nas lições de: LENZA, Pedro. Direito Constitucional Esquematizado. 16 ed. São Paulo: Saraiva, 2012, p. 329.

a existência de normas constitucionais inconstitucionais, desde que não sejam originárias, mas oriundas de emendas constitucionais (*vide* ADIs 4357, 4372, 4400 e 4425, que versam sobre a inconstitucionalidade da EC 62/2009, que criou um regime especial de pagamento de precatórios).

- **Procedimento para julgamento da ADI**

– A petição inicial da ação direta de inconstitucionalidade inepta, não fundamentada e a manifestamente improcedente serão liminarmente indeferidas pelo relator, **mas cabe agravo** (consoante art. 3º, parágrafo único, e art. 4º, ambos da lei 9.868/99).

– Nos termos do art. 103, § 1º, da CF, **o Procurador-Geral da República deverá ser previamente ouvido nas ações de inconstitucionalidade** e em todos os processos de competência do Supremo Tribunal Federal.

– De acordo com o art. 103, § 3º, da CF, quando o Supremo Tribunal Federal apreciar a inconstitucionalidade, em tese, de norma legal ou ato normativo, **citará, previamente, o Advogado-Geral da União, que defenderá o ato ou texto impugnado.**

– Salvo no período de recesso, a **medida cautelar (também chamada de liminar)** na ação direta será concedida por decisão da maioria absoluta dos membros do Tribunal, após a audiência dos órgãos ou autoridades dos quais emanou a lei ou ato normativo impugnado, que deverão pronunciar-se no prazo de cinco dias, consoante art. 10, da Lei 9.868/99.

– A **eficácia de uma liminar** concedida em sede de ação direta de inconstitucionalidade opera, regra geral, com efeitos *ex nunc*, podendo ter efeitos *ex tunc*, em caráter excepcional, se o Supremo Tribunal Federal assim o declarar expressamente, demonstrando a conveniência da medida.

– A concessão de medida cautelar **torna aplicável a legislação anterior acaso existente**, salvo expressa manifestação em sentido contrário, nos exatos termos do art. 11, § 2º, da Lei 9.868/99.

- **Repristinação Constitucional** ou **Efeito Repristinatório Tácito em Âmbito Constitucional**: a repristinação é fenômeno que se manifesta pela recuperação da vigência de uma norma que tinha sido revogado, se, por acaso, a lei que a tinha revogado, por qualquer razão, perder a vigência (porque foi revogada, por exemplo). Simplificando: tomemos três leis "1", "2" e "3". Se "2" revoga "1", mas "3" revoga "2", "1" volta a ter vigência. No plano legal, esse fenômeno só existe de forma expressa, não havendo repristinação tácita. Mas, no plano constitucional, fala-se na existência de um efeito repristinatório tácito, em que no controle de constitucionalidade concentrado, a concessão da medida cautelar ou decisão de mérito torna aplicável a legislação anterior acaso existente, salvo expressa manifestação em sentido contrário (art. 11, § 2°, da Lei 9.868/99).

– Conforme entendimento do STF, **não cabe reclamação da decisão que conceder ou negar a liminar** proferida em ação direta de inconstitucionalidade. "O indeferimento de liminar em ação direta de inconstitucionalidade, pouco importando o fundamento, não dá margem à apresentação de reclamação" (STF. Rcl-AgR 2810, julgada em 2004 e relatada pelo Ministro Marco Aurélio).

– A decisão sobre a constitucionalidade ou a inconstitucionalidade da lei ou do ato normativo somente será tomada **se presentes na sessão pelo menos 8 Ministros** (art. 22, da Lei 9.868/99).

– Efetuado o julgamento, **proclamar-se-á a constitucionalidade ou a inconstitucionalidade da disposição ou da norma impugnada se num ou noutro sentido se tiverem manifestado pelo menos 6 Ministros**, quer se trate de ação direta de inconstitucionalidade ou de ação declaratória de constitucionalidade (art. 23, da Lei 9.868/99).

– **Modulação dos Efeitos da decisão:** nos termos do art. 27, da Lei 9.868/99, ao declarar a inconstitucionalidade de lei ou ato normativo, e tendo em vista **razões de segurança jurídica ou de excepcional interesse social**, poderá o Supremo Tribunal Federal, por maioria de **dois terços de seus membros**, restringir os efeitos daquela declaração ou decidir que ela só tenha eficácia a partir de seu trânsito em julgado ou de outro momento que venha a ser fixado.

– Nos termos do art. 5º da Lei 9.868/99, **não é possível a desistência** em sede de controle concentrado, pois o processo é objetivo, de interesse público.

– A Ação Direta de Inconstitucionalidade **não** se submete a qualquer **prazo prescricional ou decadencial**.

- "À vista do modelo dúplice de controle de constitucionalidade por nós adotado, **a admissibilidade da ação direta não está condicionada à inviabilidade do controle difuso.**" (ADI 3.205, julgada em 2006 e relatada pelo Ministro Sepúlveda Pertence).

- **ADC**

– Na **ADC não há** manifestação do Advogado-Geral da União, porque não há ato normativo a ser defendido quanto a sua constitucionalidade, pois o objeto é **pôr termo a controvérsia judicial relevante** (art. 14, da Lei 9.868/99).

– Só há exigência de **controvérsia judicial relevante** na ADC.

– O Supremo Tribunal Federal, por decisão da maioria absoluta de seus membros, poderá deferir **pedido de medida cautelar na ação declaratória de constitucionalidade**, consistente na determinação de que os juízes suspendam o julgamento dos processos que envolvam a aplicação da lei ou do ato normativo objeto da ação até seu julgamento definitivo, tudo de acordo com o art. 21, da Lei 9.868/99.

- **ADI por Omissão**

– Declarada a inconstitucionalidade por omissão de medida para tornar efetiva norma constitucional, **será dada ciência ao Poder competente para a adoção das providências necessárias** e, em se tratando de órgão administrativo, para fazê-lo em trinta dias.

– A ação direta de inconstitucionalidade por omissão **admite** medida cautelar. Nos termos do art. 12-F, da Lei 9.868/99 (incluído pela Lei 12.063/09), em caso de excepcional urgência e relevância da matéria, o Tribunal, por decisão da maioria absoluta de seus membros, observado o disposto no art. 22, poderá conceder medida cautelar, após a audiência dos órgãos ou autoridades responsáveis pela omissão inconstitucional, que deverão pronunciar-se no prazo de 5 (cinco) dias.

– **ADI Interventiva**

- A ação direta de inconstitucionalidade interventiva, também denominada por representação de inconstitucionalidade interventiva federal (art. 36, III, da CF), tem como legitimado ativo o **Procurador-Geral da República** e o decreto de intervenção federal, que especificará a amplitude, o prazo e as condições de execução e que, se couber, nomeará o interventor, **será submetido à apreciação do Congresso Nacional ou da Assembleia Legislativa do Estado, no prazo de vinte e quatro horas** (art. 34, § 1º, da CF).

- **ADPF**

- A arguição de descumprimento de preceito fundamental é cabível para **evitar ou reparar lesão a preceito fundamental resultante de ato do poder público** e seu julgamento é da competência do Supremo Tribunal Federal (art. 1º, da Lei 9.882/99).

  A arguição de descumprimento de preceito fundamental (ADPF) é instrumento eficaz de **controle da inconstitucionalidade por omissão.** A ADPF pode ter por objeto as omissões do poder público, quer totais ou parciais, normativas ou não normativas, nas mesmas circunstâncias em que ela é cabível contra os atos em geral do poder público, desde que essas omissões se afigurem lesivas a preceito fundamental, a ponto de obstar a efetividade de norma constitucional que o consagra. STF. Plenário. ADPF 272/DF, Rel. Min. Cármen Lúcia, julgado em 25/3/2021 (Info 1011).
- Aplica-se à arguição de descumprimento o **princípio da subsidiariedade**, pois, nos termos do art. 4º, § 1º, da Lei 9.882/99, não será admitida arguição de descumprimento de preceito fundamental quando houver qualquer outro meio eficaz de sanar a lesividade.
- A arguição de descumprimento de preceito fundamental (ADPF), prevista do art. 102, § 1º, da CF, é a única ação do controle concentrado de constitucionalidade federal (apreciado pelo STF) que pode realizar controle de **recepção constitucional** (direito infraconstitucional anterior à Constituição vigente), nos termos do art. 1º, parágrafo único, I, da Lei nº 9.882/1999. A ADPF também é a única ação a contemplar a hipótese de controle concentrado de constitucionalidade pelo Supremo Tribunal Federal sobre lei ou ato normativo municipal em face da Constituição da República (art. 1º, parágrafo único, I, da Lei nº 9.882/1999).

## 7. DEFESA DO ESTADO E DAS INSTITUIÇÕES DEMOCRÁTICAS

- **Estado de Defesa:** De acordo com o art. 136, da CF, o Presidente da República pode, ouvidos o Conselho da República e o Conselho de Defesa Nacional, decretar Estado de Defesa para preservar ou prontamente restabelecer, em locais restritos e determinados, a ordem pública ou a paz social ameaçadas por grave e iminente instabilidade institucional ou atingidas por calamidades de grandes proporções na natureza.
- O Estado de Defesa será **instituído por decreto**, que determinará o tempo de sua duração, especificará as áreas a serem abrangidas e indicará, nos termos e limites da lei, as medidas coercitivas a vigorarem, dentre as quais estão abrangidas as que imponham restrições aos direitos de: i. reunião, ainda que exercida no seio das associações; ii. sigilo de correspondência e; iii. sigilo de comunicação telegráfica e telefônica. Também ficam permitidos a ocupação e ouso temporários de bens e serviços públicos, na hipótese de calamidade pública, respondendo a União pelos danos e custos decorrentes.
- **Decretado o estado de defesa ou sua prorrogação, o Presidente da República, dentro de 24 horas, submeterá o ato com a respectiva justificação ao Congresso Nacional**, que decidirá por maioria absoluta. Se o Congresso Nacional estiver em recesso, será convocado, extraordinariamente, no prazo de cinco dias. O Congresso Nacional apreciará o decreto dentro de dez dias contados de seu recebimento, devendo continuar funcionando enquanto vigorar o estado de defesa. Rejeitado o decreto, cessa imediatamente o estado de defesa.

2. **Estado de Sítio:** O Presidente da República pode, ouvidos o Conselho da República e o Conselho de Defesa Nacional, **solicitar ao Congresso Nacional autorização para decretar o Estado de Sítio** nos casos de: I – comoção grave de repercussão nacional ou ocorrência de fatos que comprovem a ineficácia de medida tomada durante o estado de defesa; II – declaração de estado de guerra ou resposta a agressão armada estrangeira.

- O Presidente da República, ao solicitar autorização para decretar o estado de sítio ou sua prorrogação, **relatará os motivos determinantes do pedido, devendo o Congresso Nacional decidir por maioria absoluta**.
- O **decreto do estado de sítio indicará sua duração, as normas necessárias à sua execução e as garantias constitucionais que ficarão suspensas**, e, depois de publicado, o Presidente da República designará o executor das medidas específicas e as áreas abrangidas.

3. As **Forças Armadas**, constituídas pela Marinha, pelo Exército e pela Aeronáutica, são instituições nacionais permanentes e regulares, organizadas com base na hierarquia e na disciplina, sob a autoridade suprema do Presidente da República, e destinam-se à defesa da Pátria, à garantia dos poderes constitucionais e, por iniciativa de qualquer destes, da lei e da ordem.

- Lei complementar estabelecerá as normas gerais a serem adotadas na organização, no preparo e no emprego das Forças Armadas.

4. **A Segurança Pública, dever do Estado, direito e responsabilidade de todos,** é exercida para a preservação da ordem pública e da incolumidade das pessoas e do patrimônio, através dos seguintes órgãos:

   I – polícia federal;

   II – polícia rodoviária federal;

   III – polícia ferroviária federal;

   IV – polícias civis;

   V – polícias militares e corpos de bombeiros militares;

   VI – polícias penais federal, estaduais e distrital.

   Para o STF, a atividade policial é carreira de Estado imprescindível à manutenção da normalidade democrática, sendo impossível sua complementação ou substituição pela atividade privada. [ARE 654.432, rel. p/ o ac. min. Alexandre de Moraes, j. 5-4-2017, P, DJE de 11-6-2018, Tema 541.]

   **Atenção! As** polícias militares e os corpos de bombeiros militares, forças auxiliares e reserva do Exército subordinam-se, juntamente com as polícias civis e as polícias penais **estaduais e distrital, aos Governadores dos Estados, do Distrito Federal e dos Territórios. (Conforme Emenda Constitucional nº 104, de 2019)**

## 8. DA ORDEM ECONÔMICA E FINANCEIRA

1. A ordem econômica, **fundada** na valorização do trabalho humano e na livre iniciativa, tem por **fim** assegurar a todos existência digna, conforme os ditames da justiça social.
2. São **princípios da ordem econômica**: I – soberania nacional; II – propriedade privada; III – função social da propriedade; IV – livre concorrência; V – defesa do consumidor; VI – defesa do meio ambiente, inclusive mediante tratamento diferenciado conforme o impacto ambiental dos produtos e serviços e de seus processos de elaboração e prestação; VII – redução das desigualdades regionais e sociais; VIII – busca do pleno emprego; IX – tratamento favorecido para as empresas de pequeno porte constituídas sob as leis brasileiras e que tenham sua sede e administração no País.

- Súmula Vinculante 49: "**Ofende o princípio da livre concorrência** lei municipal que impede a instalação de estabelecimentos comerciais do mesmo ramo em determinada área".

  "1. A proibição ou restrição da atividade de transporte privado individual por motorista cadastrado em aplicativo é inconstitucional, por violação aos princípios da livre iniciativa e da livre concorrência; (...)". [RE 1.054.110, rel. min. Roberto Barroso, j. 9-5-2019, P, DJE de 6-9-2019, Tema 697.]

- "São inconstitucionais as leis que obrigam supermercados ou similares à prestação de serviços de acondicionamento ou embalagem das compras, por violação ao princípio da livre iniciativa (arts. 1º, IV, e 170 da Constituição)." [**RE 839.950**, rel. min. Luiz Fux, j. 24-10-2018, P, *Informativo* 921, Tema 525.]

3. Excetuadas hipóteses previstas na Constituição da República, **o Estado poderá explorar atividade econômica quando necessária aos imperativos da segurança nacional ou a relevante interesse coletivo**, conforme definido em lei (art. 173, da CF).
4. As empresas públicas e as sociedades de economia mista **não poderão gozar de privilégios fiscais não extensivos às do setor privado.**
5. A lei **reprimirá o abuso do poder econômico** que vise à dominação dos mercados, à eliminação da concorrência e ao aumento arbitrário dos lucros.
6. Tem-se por **inadmissível**, no sistema da Constituição de 1988, que **norma de constituição estadual proíba, no estado-membro, que este possa reordenar, no âmbito da própria competência, sua posição na economia, transferindo à iniciativa privada atividades indevidas ou, sem qualquer necessidade, exploradas pelo setor público**. Assim restou decidido pelo STF na ADI 234, julgada em 1995 e relatada pelo Ministro Néri da Silveira.
7. Lei complementar disporá sobre finanças públicas, conforme art. 163, I, da CF.
8. A lei (ordinária, porque quando a CF quer lei complementar ela pede expressamente) estabelecerá o estatuto jurídico das empresas públicas e sociedades de economia mista, disporá sobre as formas de participação do usuário na administração pública e estabelecerá os casos de contratação por tempo determinado na administração pública.

**Política Urbana**

- Nos termos do art. 182, da CF, a **política de desenvolvimento urbano**, executada pelo Poder Público municipal, conforme diretrizes gerais fixadas em lei, tem por objetivo ordenar o pleno desenvolvimento das funções sociais da cidade e garantir o bem-estar de seus habitantes. O plano diretor, aprovado pela Câmara Municipal, obrigatório para cidades com mais de vinte mil habitantes, é o instrumento básico da política de desenvolvimento e de expansão urbana. Ademais, a propriedade urbana cumpre sua função social quando atende às exigências fundamentais de ordenação da cidade expressas no plano diretor. Nesse sentido é facultado ao Poder Público municipal, mediante lei específica para área incluída no plano diretor, exigir, nos termos da lei federal, do proprietário do solo urbano não edificado, subutilizado ou não utilizado, que promova seu adequado aproveitamento, sob pena, sucessivamente, de: I – parcelamento ou edificação compulsórios; II – imposto sobre a propriedade predial e territorial urbana progressivo no tempo; III – desapropriação com pagamento mediante títulos da dívida pública de emissão previamente aprovada pelo Senado Federal, com prazo de resgate de até dez anos, em parcelas anuais, iguais e sucessivas, assegurados o valor real da indenização e os juros legais. As desapropriações de imóveis urbanos serão feitas com prévia e justa indenização em dinheiro.

## 9. POLÍTICA AGRÍCOLA E FUNDIÁRIA E DA REFORMA AGRÁRIA

- Compete à União **desapropriar por interesse social, para fins de reforma agrária**, o imóvel rural que não esteja cumprindo sua função social, mediante prévia e justa indenização em títulos da dívida agrária, com cláusula de preservação do valor real, resgatáveis no prazo de até vinte anos, a partir do segundo ano de sua emissão, e cuja utilização será definida em lei. As benfeitorias úteis e necessárias serão indenizadas em dinheiro.
- O **decreto** que declarar o imóvel como de interesse social, para fins de reforma agrária, autoriza a União a propor a ação de desapropriação.
- Cabe à **lei complementar** estabelecer procedimento contraditório especial, de rito sumário, para o processo judicial de desapropriação.
- **São insuscetíveis de desapropriação para fins de reforma agrária**:

  I – a pequena e média propriedade rural, assim definida em lei, desde que seu proprietário não possua outra;

  II – a propriedade produtiva.
- A lei garantirá **tratamento especial à propriedade produtiva** e fixará normas para o cumprimento dos requisitos relativos a sua função social.

## 10. SISTEMA FINANCEIRO NACIONAL

- O **sistema financeiro nacional**, estruturado de forma a promover o desenvolvimento equilibrado do País e a servir aos interesses da coletividade, em todas as partes que o compõem, abrangendo as cooperativas de crédito, será regulado por leis complementares que disporão, inclusive, sobre a participação do capital estrangeiro nas instituições que o integram.
- **Súmula Vinculante 3**: nos processos perante o Tribunal de Contas asseguram-se o contraditório e a ampla defesa quando da decisão puder resultar anulação ou revogação de ato administrativo que beneficie o interessado, excetuada a apreciação da legalidade do ato de concessão inicial de aposentadoria, reforma e pensão.

## 11. ORDEM SOCIAL

1. A **ordem social tem como base** o primado do trabalho, e como objetivo o bem-estar e a justiça sociais.
2. A **seguridade social** compreende um conjunto integrado de ações de iniciativa dos Poderes Públicos e da sociedade, destinadas a assegurar os direitos relativos à **saúde**, à **previdência** e à **assistência social.**

- "No âmbito do Regime Geral de Previdência Social – RGPS, somente lei pode criar benefícios e vantagens previdenciárias, **não havendo, por ora, previsão legal do direito à 'desaposentação' ou à 'reaposentação'**, sendo constitucional a regra do art. 18, § 2º, da Lei 8.213/1991" (RE 381367 ED/RS, rel. orig. Min. Dias Toffoli, red. p/ o ac. Min. Alexandre de Moraes, julgamento em 6.2.2020. Informativo 965, Tema 503).
- A **saúde** é direito de todos e dever do Estado, garantido mediante políticas sociais e econômicas que visem à redução do risco de doença e de outros agravos e ao acesso

universal e igualitário às ações e serviços para sua promoção, proteção e recuperação.

"Consolidou-se a jurisprudência desta Corte no sentido de que, **embora o art. 196 da Constituição de 1988 traga norma de caráter programático, o Município não pode furtar-se do dever de propiciar os meios necessários ao gozo do direito** à **saúde por todos os cidadãos**. Se uma pessoa necessita, para garantir o seu direito à saúde, de tratamento médico adequado, é dever solidário da União, do Estado e do Município providenciá-lo." (AI 550.530, julgado em 20012 e relatado pelo Ministro Joaquim Barbosa).

Por unanimidade, **o Plenário do STF considerou inconstitucional a possibilidade de um paciente do Sistema** Único **de Saúde (SUS) pagar para ter acomodações superiores ou ser atendido por médico de sua preferência, a chamada diferença de classes.** Os ministros negaram provimento ao Recurso Extraordinário (RE) 581488, sob a **fundamentação de que esse tipo de pagamento contraria o artigo 196 da Constituição Federal**, que garante a todos os cidadãos acesso universal e igualitário às ações e serviços de saúde.

O art. 199, § 4º, da CF, **veda todo tipo de comercialização de sangue**, entretanto estabelece que a lei infraconstitucional disporá sobre as condições e requisitos que facilitem a coleta de sangue. Por isso, na visão do STF, se um ato normativo estadual não determina recompensa financeira à doação ou estimula a comercialização de sangue, mas apenas incentiva a doação, na composição entre o princípio da livre iniciativa e o direito à vida há de ser preservado o interesse da coletividade, interesse público primário." (ADI 3.512**,** Rel. Min. Eros Grau, julgamento em 15-2-2006.).

- **Medicamentos e o STF:** "O recebimento de medicamentos pelo Estado é direito fundamental, podendo o requerente pleiteá-los de qualquer um dos entes federativos, desde que **demonstrada sua necessidade e a impossibilidade de custeá-los com recursos próprios**. Isso por que, uma vez satisfeitos tais requisitos, o ente federativo deve se pautar no espírito de solidariedade para conferir efetividade ao direito garantido pela Constituição, e não criar entraves jurídicos para postergar a devida prestação jurisdicional." (RE 607.381, julgado em 2011 e relatado pelo Ministro Luiz Fux).
- Para que sejam concedidos os medicamentos, foram estabelecidos os seguintes requisitos pelo STJ: comprovação, por laudo médico, da imprescindibilidade ou necessidade do medicamento, bem como da ineficácia dos medicamentos fornecidos pelo SUS; incapacidade financeira de arcar com o custo do medicamento existência de registro na ANVISA do medicamento pleiteado (STJ. 1ª Seção. REsp 1.657.156-RJ, Rel. Min. Benedito Gonçalves, julgado em 25/04/2018 - recurso repetitivo- Info 625).
- "Ante o postulado da separação de Poderes, o Congresso Nacional não pode autorizar, atuando de forma abstrata e genérica, a distribuição de medicamento." ADI 5501/DF, rel. Min. Marco Aurélio, julgamento virtual finalizado em 23.10.2020. (ADI-5501)- Info 996
- "É possível a atribuição de efeitos erga omnes à sentença proferida em ação civil pública na qual se postula medicamento para um paciente específico." (STJ. AgInt no REsp 1.377.135-SC, Rel. Min. Sérgio Kukina, Primeira Turma, por unanimidade, julgado em 10/05/2022, DJe 13/05/2022. Info Especial nº 5).
- A **previdência social** será organizada sob a forma de regime geral, de caráter contributivo e de filiação obrigatória, observados critérios que preservem o equilíbrio financeiro e atuarial.
- A **assistência social** será prestada a quem dela necessitar, independentemente de contribuição à seguridade social, e tem por objetivos:

I – a proteção à família, à maternidade, à infância, à adolescência e à velhice;

II – o amparo às crianças e adolescentes carentes;

III – a promoção da integração ao mercado de trabalho;

IV – a habilitação e reabilitação das pessoas portadoras de deficiência e a promoção de sua integração à vida comunitária;

V – a garantia de um salário mínimo de benefício mensal à pessoa portadora de deficiência e ao idoso que comprovem não possuir meios de prover à própria manutenção ou de tê-la provida por sua família.

VI - a redução da vulnerabilidade socioeconômica de famílias em situação de pobreza ou de extrema pobreza.

**3.** A **educação**, direito de todos e dever do Estado e da família, será promovida e incentivada com a colaboração da sociedade, visando ao pleno desenvolvimento da pessoa, seu preparo para o exercício da cidadania e sua qualificação para o trabalho.

- De acordo com o art. 208, da CF, **o dever do Estado com a educação** será efetivado mediante a garantia de:

I – educação básica obrigatória e gratuita dos 4 aos 17 anos de idade, assegurada inclusive sua oferta gratuita para todos os que a ela não tiveram acesso na idade própria;

II – progressiva universalização do ensino médio gratuito;

III – atendimento educacional especializado aos portadores de deficiência, **preferencialmente na rede regular de ensino**;

IV – educação infantil, em **creche e pré-escola**, às crianças até 5 anos de idade;

V – acesso aos níveis mais elevados do ensino, da pesquisa e da criação artística, segundo a capacidade de cada um;

VI – oferta de ensino noturno regular, adequado às condições do educando;

VII – atendimento ao educando, em todas as etapas da educação básica, por meio de programas suplementares de material didático escolar, transporte, alimentação e assistência à saúde.

A União, os Estados, o Distrito Federal e os Municípios exercerão ação redistributiva em relação a suas escolas.

- o **STF** já decidiu que: "A educação infantil representa prerrogativa constitucional indisponível, que, deferida às crianças, a estas assegura, para efeito de seu desenvolvimento integral, e como primeira etapa do processo de educação básica, o atendimento em creche e o acesso à pré-escola (CF, art. 208, IV). Essa prerrogativa jurídica, em consequência, **impõe, ao Estado, por efeito da alta significação social de que se reveste a educação infantil, a obrigação constitucional de criar condições objetivas que possibilitem, de maneira concreta, em favor das 'crianças até cinco anos de idade'** (CF, art. 208, IV), o efetivo acesso e atendimento em creches e unidades de pré-escola, sob pena de configurar-se inaceitável omissão governamental, apta a frustrar, injustamente, por inércia, o integral adimplemento, pelo Poder Público, de prestação estatal que lhe impôs o próprio texto da CF. A educação infantil, por qualificar-se como direito fundamental de toda criança, **não se expõe, em seu processo de concretização, a avaliações meramente discricionárias da administração pública nem se subordina a razões de puro pragmatismo governamental.**" (ARE 639.337-AgR, julgado em 2011 e relatado pelo Ministro Celso de Mello). "A jurisprudência do STF firmou-se no sentido da existência de **direito subjetivo público de crianças até cinco anos de idade ao atendimento em creches e pré-escolas.** (...) também consolidou o entendimento de que **é possível a intervenção do Poder Judiciário visando à efetivação daquele direito constitucional.**" (RE 554.075-AgR, Rel. Min. Cármen Lúcia, julgamento em 30-6-2009, Primeira Turma, DJE de 21-8-2009.)

- Não se admite no Brasil a educação domiciliar, devendo haver uma parceria obrigatória entre família e Estado na educação de crianças e adolescentes. (Info 915, STF)
- A educação será prestada com garantia de **ensino religioso**, que embora possa ser confessional, deve ser de matrícula **facultativa** (não obrigatória) nas escolas públicas de ensino fundamental (art. 210, § 1º, da CF).
- **Súmula vinculante 12:** A cobrança de taxa de matrícula nas universidades públicas viola o disposto no art. 206, IV, da Constituição Federal.

  No entanto, a garantia constitucional da gratuidade de ensino não obsta a cobrança por universidades públicas de mensalidade em cursos de especialização. (Tese definida no RE 597.854, rel. min. Edson Fachin, P, j. 26-4-2017, DJE 214 de 21-9-2017, Tema 535.)

  É formalmente inconstitucional lei municipal que veda a divulgação de material sobre "ideologia de gênero" em escolas municipais, uma vez que é competência privativa da União legislar sobre diretrizes e bases da educação nacional, nos termos do art. 22, XXIV da CF/88. STF. Plenário. ADPF 457, Rel. Alexandre de Moraes, julgado em 27/04/2020 (Info 980 – clipping).

4. **Cultura:** Art. 215, da CF: O Estado garantirá a todos o **pleno exercício dos direitos culturais e acesso às fontes da cultura nacional**, e apoiará e incentivará a valorização e a difusão das manifestações culturais. Ademais, o Estado protegerá as manifestações das culturas populares, indígenas e afro-brasileiras, e das de outros grupos participantes do processo civilizatório nacional.

   "São constitucionais **a cota de tela**, consistente na obrigatoriedade de exibição de filmes nacionais nos cinemas brasileiros, e as sanções administrativas decorrentes de sua inobservância. A denominada "cota de tela" promove intervenção voltada a viabilizar a efetivação do direito à cultura, sem, por outro lado, atingir o núcleo dos direitos à livre iniciativa, à livre concorrência e à propriedade privada, apenas adequando as liberdades econômicas à sua função social." STF. Plenário. RE 627432/RS, Rel. Min. Dias Toffoli, julgado em 18/3/2021 (Repercussão Geral – Tema 704) (Info 1010)

5. **Meio Ambiente:** Art. 225, da CF: Todos têm direito **ao meio ambiente ecologicamente equilibrado**, bem de uso comum do povo e essencial à sadia qualidade de vida, impondo-se ao Poder Público e à coletividade o dever de defendê-lo e preservá-lo para as presentes e futuras gerações.

   Nos termos do que dispôs a EC 96/2017, não se consideram cruéis as práticas desportivas que utilizem animais, desde que sejam manifestações culturais, conforme o § 1º do art. 215 desta Constituição Federal, registradas como bem de natureza imaterial integrante do patrimônio cultural brasileiro, devendo ser regulamentadas por lei específica que assegure o bem-estar dos animais envolvidos.

   **Lei estadual que proíbe a utilização de animais** no desenvolvimento, experimentos e **testes de produtos cosméticos**, de higiene pessoal, perfumes e seus componentes **é constitucional**, uma vez que é **competência concorrente legislar sobre proteção da fauna**, nos termos do art. 24, VI da CF/88. STF. Plenário. ADI 5996, Rel. Alexandre de Moraes, julgado em 15/04/2020 (Info 975).

- Sacrifício de animais em cultos religiosos de matriz africana: entendeu o STF ser constitucional lei de proteção animal que, para resguardar a liberdade religiosa, permite o sacrifício ritual de animais nos cultos de religiões de matriz africana. STF. Plenário. RE 494601/RS, rel. orig. Min. Marco Aurélio, red. p/ o ac. Min. Edson Fachin, julgado em 28/3/2019 (Info 935).

  **Interpretação da legislação ambiental: "**É inconstitucional a interpretação da legislação federal que possibilita o abate imediato de animais apreendidos em situação de maus-tratos" STF. Plenário. ADPF 640 MC-Ref-DF, rel. Min. Gilmar Mendes, julgado em 17/09/2021 (Info 1030).

  **Competência legislativa em matéria ambiental:** "Os municípios — no limite de seu interesse local e desde que em harmonia com a disciplina estabelecida pelos demais entes federados — possuem competência para legislar sobre meio ambiente, e, caso sua regulamentação seja mais protetiva, pode ter prevalência sobre a legislação federal ou estadual." (STF, RE 732686/SP, relator Min. Luiz Fux, julgamento finalizado em 19.10.2022- Informativo 1073).

6. **Família, Criança, Adolescente, Jovem e Idoso**

- Consoante art. 226, da CF, a **família, base da sociedade, tem especial proteção do Estado**.
- O **casamento** é civil e gratuita a celebração **(Família Formal)**. O casamento religioso tem efeito civil, nos termos da lei.
- Para efeito da proteção do Estado, é reconhecida a união estável **(Família Informal)** entre o homem e a mulher como entidade familiar**, devendo a lei facilitar sua conversão em casamento.**
- Entende-se, também, como entidade familiar a **comunidade formada por qualquer dos pais e seus descendentes (Família Monoparental).**
- Os direitos e deveres referentes à **sociedade conjugal** são exercidos igualmente pelo homem e pela mulher.
- O casamento civil pode ser dissolvido pelo **divórcio**.
- Fundado nos princípios da dignidade da pessoa humana e da paternidade responsável, o **planejamento familiar é livre decisão do casal**, competindo ao Estado propiciar recursos educacionais e científicos para o exercício desse direito, vedada qualquer forma coercitiva por parte de instituições oficiais ou privadas.
- É dever da família, da sociedade e do Estado assegurar **à criança, ao adolescente e ao jovem**, com absoluta prioridade, o direito à vida, à saúde, à alimentação, à educação, ao lazer, à profissionalização, à cultura, à dignidade, ao respeito, à liberdade e à convivência familiar e comunitária, além de colocá-los a salvo de toda forma de negligência, discriminação, exploração, violência, crueldade e opressão.
- A lei **punirá severamente** o abuso, a violência e a exploração sexual da criança e do adolescente.
- Lei estabelecerá: I – o **estatuto da juventude**, destinado a regular os direitos dos jovens; II – o **plano nacional de**

**juventude, de duração decenal**, visando à articulação das várias esferas do poder público para a execução de políticas públicas.

- **A família, a sociedade e o Estado têm o dever de amparar as pessoas idosas**, assegurando sua participação na comunidade, defendendo sua dignidade e bem-estar e garantindo-lhes o direito à vida.
- De acordo com o STF, o artigo da CF que assegura a **gratuidade nos transportes coletivos urbanos aos maiores de sessenta e cinco anos de idade** constitui norma de eficácia plena e de aplicabilidade imediata (ADI 3.768, julgada em 2007 e relatada pela Ministra Cármen Lúcia).

  Para o STF: "É inconstitucional — por tratar de matéria que diz respeito a norma de direito econômico e contrariar a disciplina conferida a benefício já previsto no art. 23 da Lei federal 10.741/2003 (Estatuto do Idoso) — lei municipal que institui o acesso gratuito de idosos às salas de cinema da cidade, de segunda a sexta-feira." (STF, Informativo 1077, ARE 1307028 AgR/SP, relator Ministro Edson Fachin, redator do acórdão Ministro Gilmar Mendes, julgado em 22.11.2022).

**7. Índios**

- **São reconhecidos aos índios** sua organização social, costumes, línguas, crenças e tradições, e os direitos originários sobre as terras que tradicionalmente ocupam, competindo à União demarcá-las, proteger e fazer respeitar todos os seus bens
- As terras tradicionalmente ocupadas pelos **índios** destinam-se à sua posse
- **As terras tradicionalmente ocupadas pelos índios destinam-se à sua posse permanente, cabendo-lhes o usufruto exclusivo das riquezas do solo, dos rios e dos lagos nelas existentes** (sem qualquer participação da União), nos termos do art. 231, § 1º, da CF.
- A CF, em seu art. 231, § 5º, consagrou o **princípio da irremovibilidade dos índios de suas terras**, salvo, *ad referendum* do Congresso Nacional, em caso de catástrofe ou epidemia que ponha em risco sua população, ou no interesse da soberania do país, devendo, cessado o risco, os índios retornar, de imediato, às suas terras
- O aproveitamento dos recursos hídricos, incluídos os potenciais energéticos, a pesquisa e a lavra das riquezas minerais em terras indígenas só podem ser efetivados com autorização **do Congresso Nacional** (e não da Fundação Nacional do Índio – FUNAI), ouvidas, as comunidades afetadas, ficando-lhes assegurada participação nos resultados da lavra, na forma da lei.

# Direito Administrativo

*Leandro Bortoleto e Luís Felipe Cirino*

## TABELA DE INCIDÊNCIA DE QUESTÕES

| Distribuição das questões organizada por ordem didática de assuntos | | |
|---|---|---|
| **Assunto** | **Número de Questões** | **Peso** |
| 1. REGIME JURÍDICO ADMINISTRATIVO | 2 | 2,02% |
| 2. ADMINISTRAÇÃO PÚBLICA E TERCEIRO SETOR | 9 | 9,09% |
| 3. AGENTES PÚBLICOS: DISPOSIÇÕES CONSTITUCIONAIS | 11 | 11,11% |
| 4. REGIME JURÍDICO DOS SERVIDORES PÚBLICOS CIVIS FEDERAIS: LEI Nº 8.112/90 | 7 | 7,07% |
| 5. PODERES ADMINISTRATIVOS | 4 | 4,04% |
| 6. ATO ADMINISTRATIVO | 6 | 6,06% |
| 7. PROCESSO ADMINISTRATIVO FEDERAL: LEI Nº 9.784/99 | 3 | 3,03% |
| 8. LICITAÇÃO E CONTRATO ADMINISTRATIVO | 10 | 10,10% |
| 9. SERVIÇOS PÚBLICOS | 10 | 10,10% |
| 10. BENS PÚBLICOS | 3 | 3,03% |
| 11. INTERVENÇÃO DO ESTADO NA PROPRIEDADE | 12 | 12,12% |
| 12. RESPONSABILIDADE EXTRACONTRATUAL DO ESTADO | 6 | 6,06% |
| 13. CONTROLE DA ADMINISTRAÇÃO PÚBLICA | 4 | 4,04% |
| 14. IMPROBIDADE ADMINISTRATIVA: LEI Nº 8.429/92 | 8 | 8,08% |
| 15. LEI ANTICORRUPÇÃO | 4 | 4,04% |
| **Total** | **99** | **100%** |

*Leandro Bortoleto e Luís Felipe Cirino*

## ✦ QUESTÕES

### 1. REGIME JURÍDICO ADMINISTRATIVO

- CF, art. 37, caput
- Lei nº 9.784/99, art. 2º

**01. (FGV – OAB 2012.4)** De acordo com o Art. 2º, inciso XIII, da Lei n. 9.784/99, a Administração deve buscar a interpretação da norma que melhor garanta o atendimento do fim público a que se dirige, vedada a aplicação retroativa da nova interpretação.

Assinale a alternativa que indica o princípio consagrado por esse dispositivo, em sua parte final.

a) Legalidade.

b) Eficiência.

c) Moralidade.

d) Segurança das relações jurídicas.

COMENTÁRIOS

**Nota do autor:** A questão exige conhecimento indireto de certos princípios da Administração Pública que, conforme Paulo Bonavides[1], são a **"norma das normas"**, a **"fonte das fontes"** e, por consequência, vinculam toda a atividade da Administração Pública direta e indireta.

**Alternativa "a".** O **princípio da legalidade** não apresenta conteúdo idêntico para o particular e para a Administração Pública. Para esta, significa que **a atuação administrativa deve se dar em conformidade com a lei, com o direito**. Assim, ao administrador somente é permitido agir de acordo com a lei, não vigorando a autonomia da vontade, prevalente na esfera privada, em que o particular não é obrigado senão em virtude de lei.

**Alternativa "b".** O princípio da **eficiência** faz com que se espere da atuação do agente público o melhor desempenho possível de suas atribuições, de forma a atingir os **melhores resultados.** Além disso, o referido princípio também se presta à mesma finalidade no que diz respeito à organização, à estruturação e à disciplina da Administração Pública.

**Alternativa "c".** O princípio da moralidade preceitua que **a atuação administrativa além de ser legal tem que ser moral.** Tem que estar de acordo coma **boa-fé,** com a **moral,** com a **ética,** com a **honestidade,** com a **lealdade,** com a **probidade.** Mesmo que determinada situação seja respaldada pelo ordenamento jurídico, o ato pode ser considerado viciado por afrontar o princípio da moralidade.

**Alternativa "d".** O art. 2º da Lei nº 9.784/1999 enumera, como princípios da Administração Pública, a legalidade, a finalidade, a motivação, a razoabilidade, a proporcionalidade, a moralidade, a ampla defesa, o contraditório, a **segurança jurídica**, o interesse público e a eficiência. O princípio da **segurança jurídica** traduz-se pela **necessária tentativa de preservação dos atos administrativos praticados.** Nesse sentido, **deve-se preferir convalidar um ato administrativo a anulá-lo.** No referido diploma legal, visualiza-se o **princípio da segurança jurídica** em duas diferentes situações: no art. 2º, parágrafo único, XIII, pois estabelece a **vedação à aplicação retroativa de nova interpretação** e, ainda, no art. 54, ao prever que **a Administração Pública decairá, após cinco anos, do direito de anular os atos administrativos, quando seus efeitos forem benéficos ao destinatário e não tenha ocorrido má-fé.**

**Alternativa correta: letra "d".**

**02. (FGV – OAB 2012.3)** Com a finalidade de minimizar as consequências dos problemas de trânsito na cidade "X", o Prefeito estabeleceu, por meio de decreto de natureza genérica e abstrata, restrições à circulação de veículos na região central, proibindo a circulação de veículos e as operações de carga e descarga no período compreendido entre 6h e 22h, de segunda a sexta-feira, em dias úteis, na área de abrangência especificada. Face a esse fato, a Associação Empresarial do ramo de transporte de mercadorias procura um advogado para orientá-la na proteção de seus interesses.

Com base na hipótese apresentada, assinale a alternativa que indica a linha de atuação mais apropriada proposta pelo advogado.

a) Impetração de mandado de segurança contra o Decreto, ao argumento de que faltaria ao Município competência normativa para estabelecer a referida restrição.

b) Ajuizamento de ação de conhecimento com pedido de antecipação dos efeitos da tutela jurisdicional com a finalidade de suspender os efeitos do Decreto, ao argumento de vício de razoabilidade/proporcionalidade.

c) Impetração de mandado de segurança contra o Decreto, ao argumento de vício de razoabilidade/proporcionalidade.

d) Ajuizamento de ação de conhecimento com pedido de antecipação dos efeitos da tutela jurisdicional com a finalidade de suspender os efeitos do Decreto, ao argumento de que faltaria ao Município competência normativa para estabelecer a referida restrição.

COMENTÁRIOS

**Nota do autor:** essa questão foi de complexidade um pouco maior por envolver temas diversos como competência legislativa, princípio da razoabilidade e meio judicial de controle do ato administrativo e, também, por exigir conhecimento muito específico da jurisprudência do Supremo Tribunal Federal.

**Alternativa "b" (responde todas as demais alternativas).** Na Suspensão de Segurança nº 3629, no STF, o Ministro Gilmar Mendes enfrentou caso muito semelhante ao descrito no enunciado da questão e que, por isso, será de muita valia para sua resolução. Para a devida análise, é necessário dividir os comentários em três partes. **A) Quanto à competência do Município**

1 BONAVIDES, Paulo. *Curso de direito constitucional*. 24. ed. São Paulo: Malheiros, 2009. p. 294.

**para dispor sobre a restrição e circulação de veículos**: a decisão do presidente da Corte Suprema no processo mencionado foi a de que o **Município tem competência** para regular o assunto, com fundamento no art. 30, I, da Constituição Federal (legislar sobre assuntos de interesse local). Desse modo, estariam **afastadas as alternativas "a" e "d". B) Violação ao princípio da razoabilidade**: esse princípio, também chamado de princípio da **proibição de excessos** ou de **proporcionalidade ampla**, não está expresso na Constituição Federal, mas de acordo com a jurisprudência do STF, é decorrência direta do princípio do devido processo legal e, por ele, os **meios devem ser adequados aos fins do ato administrativo**. A razoabilidade possui como requisitos: **utilidade ou adequação**, **exigibilidade** ou **necessidade**, **proporcionalidade em sentido estrito** e, assim, para que a atividade administrativa seja razoável, devem ser adotados "*meios* que, para a realização de seus *fins*, revelem-se *adequados, necessários e proporcionais*"[2]. Para ilustrar, o cerne da discussão da SS nº 3629 no STF era o Decreto nº 29.231, de 24.4.2008, editado pelo Prefeito do Município do Rio de Janeiro, pois seu objeto é a proibição da circulação de veículos de carga e a operação de carga e descarga nos períodos das 6h às 10h e das 17h às 20h, de segunda-feira à sexta-feira, na orla marítima e nas vias nele especificadas. Esse ato prevê, por outro lado, que a restrição não se aplica veículos de socorro e emergência, aos veículos de transporte de valores, aos veículos de transporte de mudanças residenciais, aos serviços de utilidade pública e aos veículos de transporte de combustíveis e lubrificantes que abastecem os aeroportos da cidade. Para a edição do decreto carioca, houve a realização de estudos técnicos demonstrando a necessidade da medida como, por exemplo, o fato do trânsito de veículos de carga no horário de pico contribuir para maior lentidão do fluxo de veículos e para acidentes de maiores proporções. Por tudo isso, o Min. Gilmar Mendes decidiu pela sua adequação ao princípio da razoabilidade. Ao contrário, em relação ao decreto mencionado no enunciado da questão, não há informação de quais veículos de carga (todos? de quais dimensões?) estariam com restrição de trafegar, de quais os motivos que levaram à prática do ato administrativo normativo (ex.: qual a justificativa para um horário de restrição tão estendido?), de quais seriam as exceções (ex.: caminhões de abastecimento de combustíveis) e de qual o prazo para a adaptação das empresas de transporte às novas regras. Portanto, **em tese**, considerando a **ausência de informações** na questão sobre os detalhes da medida restritiva adotada, **seria possível combater o decreto sob o argumento de violação do princípio da razoabilidade. C) Medida judicial a ser adotada**: no STF, há a **Súmula 266** cujo enunciado prevê que não "cabe mandado de segurança contra lei em tese". Nesse sentido, em regra, **não se admite** o manejo dessa ação constitucional **em face de ato normativo de efeitos genéricos e abstratos**, isto é, do qual não decorram efeitos concretos e individuais diretamente, dependendo da edição de ato administrativo posterior para lesionar o patrimônio jurídico do impetrante. A vedação do uso do mandado de segurança contra ato normativo em tese existe para que essa ação constitucional não seja utilizada como forma de se exercer o controle abstrato de constitucionalidade. Para a devida análise do cabimento deveriam existir mais elementos no enunciado da questão e, assim, em razão da **ausência de informação** quanto a eventual **efeito concreto decorrente** diretamente do decreto e da **menção expressa** no enunciado de que o decreto é **"de natureza genérica e abstrata"**, a melhor opção é a escolha de **ação ordinária com pedido de antecipação de tutela**.

**Alternativa correta: letra "b".**

2 CUNHA JÚNIOR, Dirley. *Curso de direito administrativo*. 8. ed. Salvador: Juspodivm, 2009. p. 50.

## 2. ADMINISTRAÇÃO PÚBLICA E TERCEIRO SETOR

- CF, art. 37, XIX, XX e § 8º
- CF, art. 173 e 175
- Lei nº 13.303/16
- Decreto-Lei nº 200/67
- Decreto-Lei nº 900/69, art. 5º
- Lei nº 13.019/14
- Lei nº 9.649/98, art. 51
- Lei nº 11.107/05
- Lei nº 9.637/98
- Lei nº 9.790/99

**03. (FGV – Exame de Ordem XXXVI – 2022)** A Agência Reguladora federal *Alfa*, criada no ano corrente, tem a intenção de formalizar um acordo de cooperação com a Agência Reguladora estadual *Beta*. O acordo visa à descentralização das atividades normativas, fiscalizatórias, sancionatórias e arbitrais, com o intuito de conferir maior eficiência à atuação das duas entidades.

Nesse contexto, à luz do disposto na CRFB/88 e na Lei nº 13.848/19, assinale a afirmativa correta.

a) O acordo de cooperação poderia ter por objeto a delegação de competência normativa da Agência *Alfa*.

b) A execução da fiscalização do objeto da delegação pela Agência *Beta*, por ser estadual, não precisa observar as normas federais pertinentes.

c) A execução de competência delegada pelo acordo de cooperação à Agência *Beta* independe do acompanhamento e da avaliação pela Agência *Alfa*.

d) A Agência *Alfa*, havendo delegação de competência, permanecerá como instância superior e recursal das decisões tomadas no exercício da competência delegada à Agência *Beta*.

COMENTÁRIO

**Alternativa "a".** Na forma do art. 34, §1º, da Lei nº 13.848/2019, é vedada a delegação de competências normativas.

**Alternativa "b".** O §4º, do mesmo art. 34, estabelece que na execução das atividades de fiscalização objeto de delegação, a agência reguladora ou o órgão regulador estadual, distrital ou municipal que receber a delegação observará as normas legais e regulamentares federais pertinentes.

**Alternativa "c".** O art. 34, §3º, da Lei, dispõe que a execução, por agência reguladora ou órgão de regulação estadual, distrital ou municipal, das atividades delegadas será permanentemente acompanhada e avaliada pela agência reguladora federal, nos termos do respectivo acordo.

**Alternativa "d".** Eis a redação do art. 34, §7º, da Lei: "havendo delegação de competência, a agência reguladora delegante permanecerá como instância superior e recursal das decisões tomadas no exercício da competência delegada".

**Alternativa correta: letra "d".**

**04. (FGV- XXXV Exame de Ordem-2022)** A Associação Gama é uma instituição religiosa que se dedica à promoção da assistência social e almeja obter recursos financeiros junto ao governo federal a fim de fomentar suas atividades. Para tanto, seus representantes acreditam que a melhor alternativa é a qualificação como Organização da Sociedade Civil de Interesse Público – OSCIP, razão pela qual procuram você, como advogado(a), a fim de esclarecer as peculiaridades relacionadas à legislação de regência (Lei no 9.790/99).

Acerca da situação hipotética apresentada, assinale a afirmativa correta.

a) A qualificação da Associação Gama como OSCIP é ato discricionário, que deve ser pleiteado junto ao Ministério da Justiça.

b) Após a sua qualificação como OSCIP, a Associação Gama deverá formalizar contrato de gestão com a Administração Pública para a transferência de recursos financeiros.

c) A Associação Gama não poderá ser qualificada como OSCIP, pois as instituições religiosas não são passíveis de tal qualificação.

d) O estatuto social da Associação Gama precisa vedar a participação de servidores públicos na composição de conselho ou diretoria, a fim de que ela possa ser qualificada como OSCIP.

**COMENTÁRIO**

**Alternativa "a".** De acordo com o §2º do art. 1º, a "outorga da qualificação prevista neste artigo é ato vinculado ao cumprimento dos requisitos instituídos" pela lei.

**Alternativa "b".** O instrumento para firmar o vínculo entre o Poder Público e entidade qualificada como OSCIP é o Termo de Parceria (art. 9º).

**Alternativa "c".** O art. 2º da Lei nº 9.790/1999 elenca quem não pode ser qualificado com OSCIP e no inciso III consta "as instituições religiosas ou voltadas para a disseminação de credos, cultos, práticas e visões devocionais e confessionais".

**Alternativa "d".** Conforme o parágrafo único do art. 4º, é "permitida a participação de servidores públicos na composição de conselho ou diretoria de Organização da Sociedade Civil de Interesse Público".

**Alternativa correta: letra "c".**

---

**05. (FGV- XXXV Exame de Ordem-2022)** Em decorrência das queimadas que têm assolado certo bioma, os municípios vizinhos Alfa, Beta e Gama, nacionalmente conhecidos pelo turismo ambiental promovido na localidade e drasticamente afetados pelo fogo, decidiram formalizar um consórcio público com vistas a promover a proteção ao meio ambiente.

No respectivo protocolo de intenções, os entes federativos estabeleceram a denominação - Protetivus -, a finalidade, o prazo de duração, a sede do consórcio e a previsão de que o consórcio é associação pública, dentre outras cláusulas necessárias.

Diante dessa situação hipotética, em consonância com a legislação de regência, assinale a afirmativa correta.

a) A associação pública Protetivus não poderá integrar a Administração Indireta dos municípios Alfa, Beta e Gama.

b) Os municípios Alfa, Beta e Gama somente entregarão recursos financeiros ao consórcio público mediante contrato de rateio.

c) Os municípios Alfa, Beta e Gama não poderiam formalizar o consórcio público em questão sem a participação da União.

d) A edição de Decreto por cada um dos municípios envolvidos é suficiente para que a associação pública Protetivus adquira personalidade jurídica.

**COMENTÁRIO**

**Alternativa "a".** O consórcio público é uma pessoa jurídica, criada em conjunto por mais de um ente federado para a gestão associada de serviços públicos, podendo ter personalidade jurídica de direito público e de direito privado e submete-se à regência da Lei nº 11.107/2005. Nos termos do art. 6º, §1º, o "consórcio público com personalidade jurídica de direito público integra a administração indireta de todos os entes da Federação consorciados".

**Alternativa "b".** Conforme o art. 8º, os entes consorciados "somente entregarão recursos ao consórcio público mediante contrato de rateio", que "será formalizado em cada exercício financeiro, e seu prazo de vigência não será superior ao das dotações que o suportam, com exceção dos contratos que tenham por objeto exclusivamente projetos consistentes em programas e ações contemplados em plano plurianual" (art. 8º, §1º).

**Alternativa "c".** Os municípios podem formalizar consórcio público entre eles, sem nenhuma exigência de participação da União. Ao contrário, determina o art. 1º, §2º, que a "União somente participará de consórcios públicos em que também façam parte todos os Estados em cujos territórios estejam situados os Municípios consorciados".

**Alternativa "d".** Para a criação do consórcio público é necessário, de início, a formalização de protocolo de intenções por todos os interessados, que será publicado na imprensa oficial e deverá ser ratificado por lei, quando se considera celebrado o contrato de consórcio e publicada a lei de ratificação, o consórcio público de direito público terá adquirido personalidade jurídica.

**Alternativa correta: letra "b".**

---

**06. (FGV-XXXIV Exame de Ordem-2022)** Com vistas a atender a relevante interesse social e coletivo, o Estado Alfa decidiu criar uma sociedade de economia mista para o desempenho de atividade econômica de sua competência. Após os devidos trâmites para a criação de tal pessoa jurídica, designada de Empreendere, verificou-se a necessidade da contratação de pessoal para que a entidade administrativa pudesse desempenhar suas atividades.

Considerando a situação delimitada, assinale a afirmativa correta.

a) Por desempenhar atividade econômica, não há necessidade de Empreendere realizar concurso público para a contratação de pessoal.

b) Por se tratar de pessoa jurídica de direito privado, a criação de Empreendere não depende de autorização legislativa.

c) O regime de pessoal a ser adotado por Empreendere será o de emprego público, ou seja, o regime celetista.

d) Empreendere é uma pessoa jurídica de direito público, cuja criação decorre diretamente da lei, independentemente do registro dos atos constitutivos.

**COMENTÁRIO**

**Alternativa "a" (responde a alternativa "c").** A sociedade de economia mista só poderá contratar empregado mediante concurso público, para prover emprego público, mediante obediência ao princípio do concurso público (art. 37, II, da CF). Contudo, submete-se ao regime jurídico de direito privado, incluindo-se a CLT e a legislação trabalhista correlata.

**Alternativa "b".** As empresas estatais somente poderão ser **criadas mediante autorização de lei,** conforme previsão do art. 37, inc. XIX, da CF.

**Alternativa "d".** As empresas estatais somente passam a existir, após o registro dos atos constitutivos no órgão competente, seja no Cartório de Registro de Pessoas Jurídicas quando de natureza civil, seja na Junta Comercial quando de natureza empresarial. No mais, trata-se de **pessoas jurídicas de direito privado**, muito embora pertençam à Administração Pública Indireta.

**Alternativa correta: letra "c".**

---

**07. (FGV – Exame de Ordem/2018.3)** No ano corrente, a União decidiu criar uma nova empresa pública, para a realização de atividades de relevante interesse econômico. Para tanto, fez editar a respectiva lei autorizativa e promoveu a inscrição dos respectivos atos constitutivos no registro competente. Após a devida estruturação, tal entidade administrativa está em vias de iniciar suas atividades.

Acerca dessa situação hipotética, na qualidade de advogado(a), assinale a afirmativa correta.

a) A participação de outras pessoas de direito público interno, na constituição do capital social da entidade administrativa, é permitida, desde que a maioria do capital votante permaneça em propriedade da União.

b) A União não poderia ter promovido a inscrição dos atos constitutivos no registro competente, na medida em que a criação de tal entidade administrativa decorre diretamente da lei.

c) A entidade administrativa em análise constitui uma pessoa jurídica de direito público, que não poderá contar com privilégios fiscais e trabalhistas.

d) Os contratos com terceiros destinados à prestação de serviços para a entidade administrativa, em regra, não precisam ser precedidos de licitação.

**COMENTÁRIOS**

✪ **Nota do autor:** ***Quanto à forma jurídica*** *a* empresa pública é pessoa jurídica de direito privado, composta por capital exclusivamente público, criada para prestar serviços públicos ou explorar atividades econômicas, ***sob qualquer modalidade empresarial.***

**Alternativa "a".** Como destacado acima, o capital da empresa pública deve ser **exclusivamente público.** Isso não significa, contudo, que todas as quotas ou ações da empresa devem ser de titularidade de uma única pessoa jurídica, **sendo perfeitamente possível que haja participação de outras pessoas de direito público interno na constituição do capital social de referida pessoa administrativa,** desde que a maioria do capital votante permaneça em propriedade da União, **em se tratando de empresa pública federal.**

**Alternativa "b".** As empresas públicas somente poderão ser **criadas mediante autorização de lei,** conforme previsão do art. 37, inc. XIX, da CF. Contudo, diferentemente das autarquias, as empresas públicas somente passam a existir, isto é, adquirem personalidade jurídica, após o registro dos atos constitutivos no órgão competente, seja no Cartório de Registro de Pessoas Jurídicas quando de natureza civil, seja na Junta Comercial quando de natureza empresarial.

**Alternativa "c".** As empresas públicas são, necessariamente, **pessoas jurídicas de direito privado.** Quando **exploradoras de atividade econômica,** a empresa pública e a sociedade de economia mista submetem-se ao regime estabelecido no **art. 173 da Constituição Federal,** cujo § 1º prevê que a edição de estatuto jurídico das empresas "que explorem atividade econômica de produção ou comercialização de bens ou de prestação de serviços", o que ocorreu com a Lei nº 13.303/16. Nos termos do art. 173, *caput,* o Estado somente poderá explorar, diretamente, atividade econômica quando necessária à segurança nacional ou a relevante interesse coletivo. As empresas estatais, quando atuarem nesse tipo de atividade, deverão obedecer às regras previstas para as empresas do setor privado. Assim, **não é possível que a elas sejam estendidos privilégios fiscais não extensivos às pessoas da iniciativa privada, devendo se submeter ao regime privado quanto às obrigações civis, comerciais, trabalhistas e tributárias, consoante art. 173, §2º, da Constituição Federal.** Entretanto, salienta-se que, na verdade, há o chamado **regime híbrido**, pelo qual há uma mistura das normas de direito público com as normas de direito privado. De forma diferente ocorre com as prestadoras de serviço público. Nesse sentido, no RE 407.099/RS e no RE 601392/PR, o Supremo Tribunal Federal reconheceu que a Empresa de Correios e Telégrafos (ECT) é prestadora de serviço público (serviço postal) e, ainda, que tal serviço é de prestação obrigatória e exclusiva do Estado, devendo, pois, ser equiparada à Fazenda Pública para fins tributários e, dessa maneira, restou decidido que é merecedora da imunidade tributária recíproca, bem como que se submete ao regime de precatório, já que seus bens não podem ser penhorados.

**Alternativa "d".** O regime jurídico de direito privado, para a Administração Pública, é **híbrido**, com normas de **direito público** que se aplicam às empresas estatais. Dentre estas, destacam-se a **necessidade de realização de concurso público para contratação de pessoal** e, ainda, à **sujeição às normas referentes ao procedimento licitatório.**

**Alternativa correta: letra "a".**

---

**08. (FGV – Exame de Ordem 2018.1)** A organização religiosa Tenhafé, além dos fins exclusivamente religiosos, também se dedica a atividades de interesse público, notadamente à educação e à socialização de crianças em situação de risco. Ela não está qualificada como Organização Social (OS), nem como Organização da Sociedade Civil de Interesse Público (OSCIP), mas pretende obter verbas da União para a promoção de projetos incluídos no plano de Governo Federal, propostos pela própria Administração Pública.

Sobre a pretensão da organização religiosa Tenhafé, assinale a afirmativa correta.

a) Por ser uma organização religiosa, Tenhafé não poderá receber verbas da União.

b) A transferência de verbas da União para a organização religiosa Tenhafé somente poderá ser formalizada por meio de contrato administrativo, mediante a realização de licitação na modalidade concorrência.

c) Para receber verbas da União para a finalidade em apreço, a organização religiosa Tenhafé deverá qualificar-se como OS ou OSCIP.

d) Uma vez selecionada por meio de chamamento público, a organização religiosa Tenhafé poderá obter a transferência de recursos da União por meio de termo de colaboração.

**COMENTÁRIOS**

✪ **Nota do autor:** A Lei nº 13.019/2014, conhecida como Marco Regulatório do Terceiro Setor estabelece o regime jurídico das parcerias entre a administração pública e as organizações da sociedade civil, em regime de mútua cooperação, para a consecução de finalidades de interesse público e recíproco, mediante a execução de atividades ou de projetos previamente estabelecidos em planos de trabalho inseridos em termos de colaboração, em termos de fomento ou em acordos de cooperação; define diretrizes para a política de fomento, de colaboração e de cooperação com organizações da sociedade civil.

**Alternativa "a".** As organizações religiosas que se dediquem a atividades ou a projetos de interesse público e de cunho social distintas das destinadas a fins exclusivamente religiosos enquadram-se no conceito de organização da sociedade civil, nos termos do Art. 2º, I, *c*, da Lei.

**Alternativa "d" (responde as alternativas "b" e "c").** Na forma do Marco Regulatório, as organizações da sociedade civil podem buscar verbas da Administração Pública para a consecução dos fins a que se destina. Neste sentido, precisam participar do **chamamento público** – procedimento destinado a selecionar organização da sociedade civil para firmar parceria por meio de termo de colaboração ou de fomento, no qual se garanta a observância dos princípios da isonomia, da legalidade, da impessoalidade, da moralidade, da igualdade, da publicidade, da probidade administrativa, da vinculação ao instrumento convocatório, do julgamento objetivo e dos que lhes são correlatos (art. 2º, XII, da Lei) -, sendo que a transferência de recursos deverá ser formalizada por meio de **termo de fomento** ou de **termo de colaboração**. Este último instrumento é definido como "instrumento por meio do qual são formalizadas as parcerias estabelecidas pela administração pública com organizações da sociedade civil para a consecução de finalidades de interesse público e recíproco propostas pelas organizações da sociedade civil, que envolvam a transferência de recursos financeiros", na forma do art. 2º, VIII, da Lei.

**Alternativa correta: letra "d".**

---

**09. (FGV – Exame de Ordem 2017.1)** A Associação Delta se dedica à promoção do voluntariado e foi qualificada como Organização da Sociedade Civil sem fins lucrativos – OSCIP, após o que formalizou termo de parceria com a União, por meio do qual recebeu recursos que aplicou integralmente na realização de suas atividades, inclusive na aquisição de um imóvel, que passou a ser a sede da entidade.

Com base nessa situação hipotética, assinale a afirmativa correta.

a) A Associação não poderia ter sido qualificada como OSCIP, considerando que o seu objeto é a promoção do voluntariado.

b) A qualificação como OSCIP é ato discricionário da Administração Pública, que poderia indeferi-lo, mesmo que preenchidos os requisitos legais.

c) A qualificação como OSCIP não autoriza o recebimento de recursos financeiros por meio de termo de parceria, mas somente mediante contrato de gestão.

d) A Associação não tem liberdade para alienar livremente os bens adquiridos com recursos públicos provenientes de termo de parceria.

**COMENTÁRIOS**

✪ **Nota do autor:** O **terceiro setor**, na definição de Maria Sylvia Zanella Di Pietro, é composto por entidades da sociedade civil de fins públicos e não lucrativos; (...). Na realidade, ele caracteriza-se por prestar atividade de interesse público, por iniciativa privada, sem fins lucrativos; precisamente pelo interesse público da atividade, recebe proteção e, em muitos casos, ajuda por parte do Estado, dentro da atividade de fomento"[3]. As perguntas sobre Terceiro Setor, em regra, são sobre organizações sociais (OS) e sobre organizações da sociedade civil sem fins lucrativos (Oscip) e, em sua maioria, exigem conhecimento do texto literal da legislação de regência. Por isso, ressalta-se a necessidade de leitura da Lei nº 9.790/99 (Oscip) e a Lei nº 9.637/98 (OS), atentando-se para as diferenças entre as duas espécies de qualificação.

**Alternativa "a".** Dentre as qualificações permitidas pela Lei para a OSCIP, consta, no art. 3º, VII, da Lei, a "promoção do voluntariado".

**Alternativa "b".** Na forma do art. 1º, §2º, da Lei, "a outorga da qualificação prevista neste artigo é ato vinculado ao cumprimento dos requisitos instituídos por esta Lei". Assim, **não há discricionariedade da qualificação como OSCIP, não podendo a Administração Pública indeferir o pedido caso preenchidos os requisitos legais.**

**Alternativa "c".** As organizações da sociedade civil de interesse público (Oscips), regulamentadas pela Lei nº 9.790/99, são qualificadas como pessoas jurídicas de direito privado, sem fins lucrativos, instituídas por iniciativa de particulares, que desempenham serviços sociais não exclusivos ao Poder Público com incentivo e fiscalização deste, mediante **termo de parceria**. O **contrato de gestão** é exclusivo das OS (organizações sociais).

**Alternativa "d".** Na forma do art. 15, da Lei nº 9.790/99, "caso a organização adquira bem imóvel com recursos provenientes da celebração do Termo de Parceria, este será gravado com cláusula de inalienabilidade". Assim, a Associação, de fato, **não tem liberdade para alienar livremente os bens adquiridos com recursos provenientes do termo de parceria.**

**Alternativa correta: letra "d".**

---

**10. (FGV – Exame de Ordem 2016.2 – Prova reaplicada Salvador-BA)** O Estado Alfa e os Municípios Beta e Gama, localizados naquele Estado, celebraram protocolo de intenções para a constituição de consórcio público para atuação na área de saneamento, dispondo que o consórcio teria personalidade jurídica de direito público. No protocolo de intenções está prevista a outorga de concessão, permissão e autorização de serviços públicos pelo consórcio, além da possibilidade de promover desapropriações e instituir servidões.

Sobre a hipótese apresentada, assinale a afirmativa correta.

a) O consórcio é ente desprovido de personalidade e, portanto, não é válida a previsão contida no protocolo de intenções.

b) O consórcio em referência não poderá ser constituído sem a obrigatória participação da União entre os seus consorciados.

c) Após a constituição do consórcio, poderá ele promover desapropriação, pois prevista no protocolo, mas a declaração de utilidade pública não pode ser feita pelo consórcio.

d) Com a assinatura do protocolo de intenções por todos os entes participantes, estará constituído o consórcio em referência.

**COMENTÁRIOS**

✪ **Nota do autor:** o consórcio público está regulado pela Lei nº 11.107/05. Trata-se de uma nova pessoa administrativa que surge da união entre pessoas políticas (União, Estados, Distrito Federal e Municípios).

**Alternativa "b".** Conforme o art. 1º, § 2º, a "União somente participará de consórcios públicos em que também façam parte todos os Estados em cujos territórios estejam situados os Municípios consorciados".

**Alternativa "c" (responde, também, as alternativas "a" e "d").** Para a criação do consórcio público, em um primeiro momento, há o protocolo de intenções, que é uma espécie de ajuste preliminar entre as pessoas políticas, no qual há a definição do objeto do consórcio, quais são seus participantes, qual sua duração, qual a forma de eleição do representante legal. Depois, o protocolo de intenções deve ser publicado na imprensa oficial e, na sequência, ele deve ser ratificado por lei em cada

---

3 *Direito administrativo*. 25. ed. São Paulo: Atlas, 2012. p.465.

ADMINISTRATIVO

um dos entes consorciados. Pode ter personalidade de direito público ou de direito privado. Nos termos do art. 2º, § 1º, da Lei nº 11.107/05, para o cumprimento de seus objetivos, o consórcio público poderá, "nos termos do contrato de consórcio de direito público, promover desapropriações e instituir servidões nos termos de declaração de utilidade ou necessidade pública, ou interesse social, realizada pelo Poder Público".

**Alternativa correta: letra "c".**

---

**11. (FGV – Exame de Ordem 2016.1)** O Estado X e os Municípios A, B e C subscreveram protocolo de intenções para a constituição de um consórcio com personalidade jurídica de direito privado para atuação na coleta, descarte e reciclagem de lixo produzido no limite territorial daqueles municípios.

Com base no caso apresentado, assinale a afirmativa correta.

a) Por se tratar de consórcio a ser constituído entre entes de hierarquias diversas, a saber, Estado e Municípios, é obrigatória a participação da União.

b) O consórcio de direito privado a ser constituído pelo Estado e pelos Municípios não está alcançado pela exigência de prévia licitação para os contratos que vier a celebrar.

c) O consórcio entre o Estado e os Municípios será constituído por contrato e adquirirá personalidade jurídica mediante o atendimento dos requisitos da legislação civil.

d) Por se tratar de consórcio para atuação em área de relevante interesse coletivo, não se admite que seja constituído com personalidade de direito privado.

**COMENTÁRIOS**

**Alternativa "c" (responde as demais alternativas)**. Os consórcios são uma nova espécie de pessoa jurídica administrativa introduzida pela Lei nº 11.107/05, ao regulamentar o art. 241 da Constituição Federal. Os consórcios públicos são celebrados entre entes federados, isto é, entre as pessoas políticas, sejam da mesma esfera ou não. Assim, pode haver consórcio entre dois Estados, entre dois Municípios, entre um Estado e um Município que esteja na sua área, entre a União e um Estado. A participação da União não é obrigatória. Todavia, a União só pode constituir consórcio com Município, se o Estado onde se situe o Município participar também, bem como é, da mesma forma, vedado o consórcio entre um Estado e Município de outro Estado. Os consórcios públicos podem ter personalidade de direito público ou de direito privado. No caso de ser pessoa de direito público, a personalidade jurídica é adquirida com o início da vigência das leis de ratificação do protocolo de intenções; por outro lado, quando é pessoa de direito privado, adquirirá personalidade jurídica nos termos da legislação civil, mas, mesmo nessa hipótese, o art. 6º, § 2º, da Lei nº 11.107/05 determina que "o consórcio público, com personalidade jurídica de direito público ou privado, observará as normas de direito público no que concerne à realização de licitação, à celebração de contratos, à prestação de contas e à admissão de pessoal, que será regido pela Consolidação das Leis do Trabalho (CLT)". A opção pelo tipo de personalidade jurídica é feita no protocolo de intenções e quando tem personalidade de direito público pode exercer atividade típica estatal, o que lhe é vedado quando é pessoa jurídica de direito privado. No caso da questão, a atividade não precisa, necessariamente, ser executada pelo Poder Público, admitindo-se, portanto, que tenha personalidade de direito privado.

**Alternativa correta: letra "c".**

## 3. AGENTES PÚBLICOS: DISPOSIÇÕES CONSTITUCIONAIS

▸ CF, artigos 37 a 41

---

**12. (FGV- XXXV Exame de Ordem-2022)** João é servidor público federal, ocupando o cargo efetivo de Analista Judiciário em determinado Tribunal. A autoridade competente do Tribunal recebeu uma denúncia anônima, devidamente circunstanciada, narrando que João revelou segredo, do qual se apropriou em razão do cargo, consistente no conteúdo de uma interceptação telefônica determinada judicialmente e ainda mantida em sigilo, a terceiro.

O Tribunal instaurou preliminarmente sindicância, a qual, após a obtenção de elementos suficientes, resultou na instauração de processo administrativo disciplinar (PAD), iniciado por portaria devidamente motivada. O PAD, atualmente, está em fase de inquérito administrativo.

No caso em tela, em razão de ter o PAD se iniciado por meio de notícia apócrifa, eventual alegação de sua nulidade pela defesa técnica de João

a) não merece prosperar, pois é permitida a instauração de processo administrativo disciplinar com base em denúncia anônima, face ao poder-dever de autotutela imposto à Administração.

b) merece prosperar, por violação ao princípio administrativo da publicidade, e a alegação deve ser feita até a apresentação de relatório pela comissão do PAD, que é composta por três servidores estáveis.

c) não merece prosperar, pois já houve preclusão, eis que tal argumento deveria ter sido apresentado na fase de instauração do PAD, até cento e vinte dias após a publicação do ato que constituiu a comissão.

d) merece prosperar, por violação aos princípios constitucionais do contraditório e de ampla defesa, pois o servidor público representado tem o direito subjetivo de conhecer e contraditar o autor da representação.

**COMENTÁRIO**

**Alternativa "a" (responde às demais alternativas).** Estabelece o art. 144 da Lei nº 8.112/1990 que as denúncias de irregularidades somente será objeto de apuração se contiver a identificação e o endereço do denunciante, bem como deve ser formulada por escrito, confirmando-se sua autenticidade. Entretanto, tal vedação não pode ser vista como um obstáculo formal instransponível e nesse sentido é a súmula nº 633 do STJ: "Desde que devidamente motivada e com amparo em investigação ou sindicância, é possível a instauração de processo administrativo disciplinar com base em denúncia anônima, em face do poder-dever de autotutela imposto à Administração" e, dessa forma, a eventual alegação de nulidade do PAD não deve prosperar.

**Alternativa correta: letra "a".**

---

**13. (FGV- XXXIV Exame de Ordem-2022)** Carlos, conhecido advogado de notório saber jurídico e de reputação ilibada, com 30 (trinta) anos de efetiva atividade profissional, acaba de ser nomeado Desembargador junto ao Tribunal de Justiça do Estado Alfa.

Em razão da natureza do cargo que passará a ocupar e do grau de responsabilidade de suas novas funções, Carlos gozará da prerrogativa da vitaliciedade, que garante que a perda de seu cargo apenas pode ocorrer mediante sentença judicial transitada em julgado.

A vitaliciedade no cargo do Carlos será adquirida

a) imediatamente, no momento de sua posse e exercício, não sendo necessária a observância de qualquer prazo ou a prática de qualquer ato administrativo específico.

b) após 2 (dois) anos de efetivo exercício, período no qual desempenhará estágio probatório supervisionado pelo Tribunal de Justiça estadual.

c) após 3 (três) anos de efetivo exercício, durante os quais cumprirá estágio probatório supervisionado, em conjunto, pela seccional da Ordem dos Advogados do Brasil e pelo Tribunal de Justiça estadual.

d) no prazo de 30 (trinta) dias após sua posse, por meio de ato administrativo complexo a ser praticado pela seccional da Ordem dos Advogados do Brasil e pelo Tribunal de Justiça estadual.

**COMENTÁRIO**

**Alternativa "a" (responde às demais alternativas).** A vitaliciedade é um instituto jurídico que existe para oferecer uma garantia maior de permanência no serviço público a determinados agentes públicos (Magistrados, Membros do Ministério Público e Ministros e Conselheiros dos Tribunais de Contas, conforme disposição constitucional), Nos casos de vitaliciedade, a perda do cargo está condicionada à existência de uma sentença judicial transitada em julgado. O prazo para aquisição de vitaliciedade é de 2 anos, no caso do ingresso, após aprovação em concurso público, nos cargos iniciais dessas carreiras e, por outro lado, na hipótese de nomeação para ocupar cargos em tribunais, o ato de vitaliciamento se dá com a posse e exercício no cargo.

**Alternativa correta: letra "a".**

---

**14. (FGV- XXXIV Exame de Ordem-2022)** Ataulfo é servidor público estável de um pequeno Município, ocupante de cargo administrativo de carreira junto ao Poder Executivo, cuja remuneração era composta pelas seguintes rubricas, determinadas por lei do mencionado ente federativo: (I) vencimento- base, de valor inferior ao salário-mínimo; (II) abono salarial, utilizado para alcançar o salário-mínimo; (III) adicional de tempo de serviço.

O Município editou, recentemente, a Lei XYZ, que conferiu à carreira de Ataulfo nova gratificação, estipulada em 10% (dez por cento) sobre o total da remuneração até então percebida pelo mencionado servidor (somatório das rubricas (I), (II) e (III)).

Acerca da remuneração de Ataulfo, com base na situação hipotética narrada, assinale a afirmativa correta.

a) A remuneração de Ataulfo é inconstitucional porque seu vencimento-base não poderia ser inferior ao salário-mínimo.

b) O Município não precisava ter editado lei para instituir a nova gratificação, na medida em que a alteração da remuneração de Ataulfo poderia ser efetuada por decreto.

c) A gratificação instituída pela Lei XYZ é inconstitucional, porque o seu cálculo incidiu sobre verbas que não podem ser computadas para a concessão de acréscimos ulteriores.

d) A remuneração de Ataulfo é inconstitucional, pois é obrigatório que sua remuneração seja realizada, exclusivamente, por subsídio, que é parcela única, vedado o acréscimo de qualquer parcela remuneratória.

**COMENTÁRIO**

**Alternativa "a".** A Constituição Federal veda o recebimento de **remuneração** – que, para além do vencimento, inclui gratificações, adicionais e outros acréscimos – **menor que o salário-mínimo**, sendo perfeitamente possível que o vencimento-base seja inferior a referido montante. Nesse sentido, há a súmula vinculante nº 16 estabelecendo que "os artigos 7º, IV, e 39, §3º (redação da EC 19/98), da Constituição, referem-se ao total da remuneração percebida pelo servidor público".

**Alternativa "b".** Para a instituição de gratificação, em se tratando de alteração de remuneração de servidores públicos, indispensável a edição de lei.

**Alternativa "c".** Nos termos do art. 37, XIV, da Constituição Federal, **os acréscimos pecuniários percebidos por servidor público não serão computados nem acumulados para fins de concessão de acréscimos ulteriores.** Desse modo, a Lei XYZ é inconstitucional, na medida em que eventual aumento percentual da remuneração dos servidores deveria ser incidente, tão somente, sobre o vencimento-base.

**Alternativa "d".** O subsídio é o pagamento de uma única parcela, sem subdivisões. É a forma mais transparente para se fiscalizar e, por isso, a Constituição Federal determina, no art. 39, § 4º, que é a forma obrigatoriamente adotada para se remunerar os agentes políticos e algumas carreiras de servidores como os Advogados da União, os Procuradores da Fazenda Nacional, os Defensores Públicos, os Procuradores do Estado, os policiais. Também pode ser adotado por outros servidores organizados em carreira, desde que haja previsão em lei; mas, neste caso, é facultativo (art. 39, §8º, da Constituição Federal).

**Alternativa correta: letra "c".**

---

**15. (FGV/OAB/XXXII_Exame - 2021)** Amadeu, assim que concluiu o ensino médio, inscreveu-se e foi aprovado em concurso público para o cargo de técnico administrativo do quadro permanente de determinado Tribunal Regional Federal, cargo em que alcançou a estabilidade, após o preenchimento dos respectivos requisitos legais.

Enquanto estava no exercício das funções desse cargo, Amadeu cursou e concluiu a Faculdade de Direito, razão pela qual decidiu prestar concurso público e foi aprovado para ingressar como advogado de certa sociedade de economia mista federal, que recebe recursos da União para o seu custeio geral.

Diante dessa situação hipotética, assinale a afirmativa correta.

a) Amadeu poderá acumular o cargo no Tribunal com o emprego na sociedade de economia mista federal, se houver compatibilidade de horários.

b) A estabilidade já alcançada por Amadeu estende-se à sociedade de economia mista, considerando-se que aquela se consuma no serviço público, e não no cargo.

c) Amadeu, ao ser contratado pela sociedade de economia mista, continua submetido ao teto remuneratório do serviço público federal.

d) Amadeu poderia ser transferido para integrar os quadros da sociedade de economia mista sem a realização de novo concurso público.

**COMENTÁRIOS**

✪ **Nota do autor:** a questão aborda os aspectos constitucionais envolvendo o agente público. Recomenda-se, assim, a leitura atenta dos arts. 37 a 41 da CF/88.

**Alternativa "a".** A proibição da acumulação remunerada de cargos, empregos e funções públicas, consoante o art. 37, XVI, da Constituição Federal, é a regra. A permissão é exceção e, somente, pode ocorrer se houver compatibilidade de horários e quando se tratar de: a) dois cargos de professor; b) um cargo de professor com outro técnico ou científico; c) dois cargos ou empregos privativos de profissionais de saúde, com profissões regulamentadas. Portanto, Amadeu não poderá acumular os cargos mencionados.

**Alternativa "b".** A estabilidade é uma garantia constitucional destinada aos servidores ocupantes de **determinado cargo efetivo** que tenham três anos de efetivo exercício e após avaliação especial de desempenho por comissão instituída para essa finalidade, nos moldes do art. 41, da Constituição. Assim, a estabilidade alcançada por Amadeu restringe-se ao cargo técnico administrativo que ocupou.

**Alternativa "c".** O teto remuneratório é aplicável às empresas públicas e às sociedades de economia mista que recebe-rem recursos da pessoa política a que estão vinculadas para o pagamento das despesas de pessoal ou para custeio em geral, conforme estabelece o art. 37, § 9º, da Constituição Federal. Portanto, se uma empresa estatal não receber recursos para tais gastos, mantendo-se com sua própria atividade, não haverá incidência de teto para a remuneração dos empregados públicos. No caso da questão, seu enunciado prevê expressamente que a sociedade de economia mista recebe recursos da União para o seu custeio geral e, dessa maneira, aplica-se o teto remuneratório.

**Alternativa "d".** A forma de acesso ao cargo público dependerá da espécie de cargo de que se trata. Nos termos do art. 37, II, da Constituição Federal, **a regra é que a investidura em cargo ou emprego público depende de aprovação prévia em concurso público,** ressalvadas as nomeações para cargo em comissão, declarado em lei de livre nomeação e exoneração.

**Alternativa correta: letra "c".**

---

**16. (FGV – Exame de Ordem 2020.1)** Maria foi contratada, temporariamente, sem a realização de concurso público, para exercer o cargo de professora substituta em entidade autárquica federal, em decorrência do grande número de professores do quadro permanente em gozo de licença. A contratação foi objeto de prorrogação, de modo que Maria permaneceu em exercício por mais três anos, período durante o qual recebeu muitos elogios. Em razão disso, alunos, pais e colegas de trabalho levaram à direção da autarquia o pedido de criação de um cargo em comissão de professora, para que Maria fosse nomeada para ocupá-lo e continuasse a ali lecionar.

Avalie a situação hipotética apresentada e, na qualidade de advogado(a), assinale a afirmativa correta.

a) Não é possível a criação de um cargo em comissão de professora, visto que tais cargos destinam-se apenas às funções de direção, chefia e assessoramento.

b) É adequada a criação de um cargo em comissão para que Maria prolongue suas atividades como professora na entidade administrativa, diante do justificado interesse público.

c) Maria tem estabilidade porque exerceu a função de professora por mais de três anos consecutivos, tornando desnecessária a criação de um cargo em comissão para que ela continue como professora na entidade autárquica.

d) Não é necessária a criação de um cargo em comissão para que Maria permaneça exercendo a função de professora, porque a contratação temporária pode ser prorrogada por tempo indeterminado.

**COMENTÁRIO**

**Alternativa "a" (responde a alternativa "b").** Nos termos do art. 37, II, da Constituição Federal, a **regra** é que a **investidura em cargo ou emprego público depende de aprovação prévia em concurso público,** ressalvadas as nomeações para cargo em comissão, declarado em lei de livre nomeação e exoneração. Também, conforme o art. 37, V, o **cargo em comissão** é aquele **declarado em lei de livre nomeação e exoneração** e destina-se às atribuições de **direção, chefia e assessoramento.** Dessa forma, não pode haver cargo em comissão sem lei e, também, cumpre ressaltar que a lei não pode criar cargos em comissão indiscriminadamente, pois sua criação somente pode ocorrer quando se tratar de atribuição de direção, de chefia e de assessoramento. Atenção! Deve-se atentar para a **diferença entre cargo em comissão e função de confiança**, pois **somente no cargo em comissão pode haver a nomeação de pessoa que não é servidor de carreira**, desde que dentro do limite estabelecido em lei, pois, apenas **quem já é titular de cargo efetivo pode ser designado para exercer função de confiança.**

**Alternativa "c".** A **estabilidade** é a **garantia constitucional** destinada aos servidores públicos nomeados para cargo de provimento efetivo em virtude de concurso público, após três anos de efetivo exercício e avaliação especial de desempenho por comissão instituída para essa finalidade, pela qual o servidor somente perderá o cargo nas hipóteses estabelecidas no texto constitucional. Não há estabilidade em caso de contratações temporárias, portanto.

**Alternativa "d".** A contratação temporária está prevista no art. 37, IX, da Constituição Federal, o qual determina que "a lei estabelecerá os casos de contratação por tempo determinado para atender à necessidade temporária de excepcional interesse público". Assim, cabe à lei de cada ente federativo regulamentar a contratação temporária e, na esfera federal, essa lei é a Lei nº 8.745/93. Como temporária que é, a contratação não poderá ser prorrogada indeterminadamente, sob pena de se configurar ilegalidade.

**Alternativa correta: letra "a".**

---

**17. (FGV-Exame de Ordem 2019.1)** Os analistas de infraestrutura de determinado Ministério, ocupantes de cargo efetivo, pleiteiam há algum tempo uma completa reestruturação da carreira, com o aumento de cargos e de remunerações. Recentemente, a negociação com o Governo Federal esfriou dado o cenário de crise fiscal severa. Para forçar a retomada das negociações, a categoria profissional decidiu entrar em greve, mantendo em funcionamento apenas os serviços essenciais.

Com base na hipótese apresentada, assinale a afirmativa correta.

a) Compete à Justiça Federal – e não à Justiça do Trabalho – julgar a abusividade do direito de greve dos analistas de infraestrutura.

b) A Administração Pública não poderá, em nenhuma hipótese, fazer o desconto dos dias não trabalhados em decorrência do exercício do direito de greve pelos servidores públicos civis.

c) O direito de greve dos servidores públicos civis não está regulamentado em lei, o que impede o exercício de tal direito.

d) O direito de greve é constitucionalmente assegurado a todas as categorias profissionais, incluindo os militares das Forças Armadas, os policiais militares e os bombeiros militares.

**COMENTÁRIOS**

**Nota do autor:** O direito de greve está assegurado aos servidores públicos civis no art. 37, VII, da Constituição Federal. Todavia, esse dispositivo estabelece que "o direito de greve será exercido nos termos e nos limites definidos em lei específica". Trata-se, dessa forma, de norma de eficácia limitada, sendo necessária lei regulamentadora para que possa ser concretizado. Entretanto, a mencionada lei ainda não surgiu e a consequência disso, na posição tradicional do Supremo Tribunal Federal, era no sentido da impossibilidade da realização de greve enquanto não editada a lei. Mas, no ano de 2007, a Corte Suprema – que, em julgamentos anteriores somente reconhecia a mora – julgou os Mandados de Injunção nºs 670, 708 e 712 e, além de reconhecer a mora, autorizou a realização de greve, com base na Lei nº 7.783/89, no que couber, tendo sido atribuído efeito erga omnes às decisões.

**Alternativa "a".** A competência para apreciação da abusividade de direito de greve de servidores públicos federais é da Justiça Federal, e não da Justiça do Trabalho. Nesse sentido, o Supremo Tribunal Federal firmou o entendimento de que a competência da Justiça do Trabalho **não engloba as causas entre o Poder Público e o servidor vinculado à Administração Pública** (ADIn nº 3.395-6/DF). Deve-se citar, ainda, tese de repercussão geral nesse sentido: "**A justiça comum, federal ou estadual, é competente para julgar a abusividade de greve de servidores públicos celetistas da Administração pública direta, autarquias e fundações públicas.**" (STF. Plenário. RE 846854/SP, rel. orig. Min. Luiz Fux, red. p/ o ac. Min. Alexandre de Moraes, julgado em 1º/8/2017 (repercussão geral) (Informativo nº 871).

**Alternativa "b".** Uma vez mais, foi exigido do candidato conhecimento de jurisprudência do Supremo Tribunal Federal. A corte decidiu que **dias parados por greve de servidor devem ser descontados, exceto se houver acordo de compensação.** Neste sentido, é o RE nº 693.546. Inclusive, o STF fixou a seguinte tese com repercussão geral: "A administração pública deve proceder ao desconto dos dias de paralisação decorrentes do exercício do direito de greve pelos servidores públicos, em virtude da suspensão do vínculo funcional que dela decorre, permitida a compensação em caso de acordo. O desconto será, contudo, incabível se ficar demonstrado que a greve foi provocada por conduta ilícita do Poder Público."

**Alternativa "c".** A despeito da ausência de regulamentação em lei, o Supremo Tribunal Federal julgou os Mandados de Injunção nºs 670, 708 e 712 e, além de reconhecer a mora, autorizou a realização de greve, com base na Lei nº 7.783/89, no que couber, tendo sido atribuído efeito *erga omnes* às decisões.

**Alternativa "d".** O **direito de greve** está assegurado aos **servidores públicos civis.** Assim, aos militares, **não é assegurado o direito de greve.** Nesse viés, além dos militares, o direito de greve, sob qualquer forma ou modalidade, é vedado aos servidores que atuem diretamente na área de segurança pública, a exemplo dos policiais civis (ARE 654432/O).

**Alternativa correta: letra "a".**

---

**18. (FGV – Exame de Ordem/2018.3)** Desde 1980, Jorge é docente em determinada universidade federal, ocupando o cargo efetivo de professor titular na Faculdade de Direito. No início do ano 2000, foi designado para ocupar a chefia de patrimônio da mesma instituição de ensino, cargo comissionado que exerce cumulativamente com o de professor. Mesmo tendo cumprido os requisitos para a aposentadoria voluntária do cargo efetivo, decide permanecer em atividade, até atingir a idade-limite para a aposentadoria compulsória.

Com base na situação narrada, assinale a afirmativa correta.

a) A aposentadoria compulsória, que ocorrerá aos 70 (setenta) anos de idade, só atingirá o cargo de professor. Neste caso, inexistindo impedimentos infraconstitucionais, Jorge poderá continuar exercendo a chefia de patrimônio.

b) A aposentadoria compulsória, que ocorrerá aos 75 (setenta e cinco) anos de idade, só atingirá o cargo de professor. Neste caso, inexistindo impedimentos infraconstitucionais, Jorge poderá continuar exercendo a chefia de patrimônio.

c) Não cabe ao Tribunal de Contas da União apreciar, para fins de registro, a legalidade da(s) aposentadoria(s) compulsória(s) concedida(s), tendo em vista que a atribuição constitucional somente diz respeito às aposentadorias voluntárias ou por invalidez permanente.

d) Cabe ao Tribunal de Contas da União apreciar, para fins de registro, a legalidade das admissões de pessoal, tanto as que envolvem provimento de cargo efetivo quanto as que dizem respeito a provimento de cargo em comissão.

COMENTÁRIOS

✪ **Nota do autor:** O art. 40, II, da Constituição Federal, estabelece que os servidores serão aposentados "compulsoriamente, com proventos proporcionais ao tempo de contribuição, aos 70 (setenta) anos de idade, ou aos 75 (setenta e cinco) anos de idade, na forma de lei complementar". Em regulamentação a esse dispositivo, foi editada a Lei Complementar nº 152/2015.

**Alternativa "b" (responde a alternativa "a").** O art. 2º, da Lei Complementar nº 152/2015, estabelece que: "Art. 2º – Serão **aposentados compulsoriamente**, com proventos proporcionais ao tempo de contribuição, **aos 75 (setenta e cinco) anos de idade:** I – os servidores titulares de cargos efetivos da União, dos Estados, do Distrito Federal e dos Municípios, incluídas suas autarquias e fundações". Desse modo, sendo Jorge servidor público ocupante de cargo público da União, a aposentadoria compulsória a ele aplicável se dá aos **75 (setenta e cinco) anos de idade.** No que se refere ao cargo em comissão, aplica-se a Jorge o Regime Geral de Previdência Social – RGPS, na exata forma do art. 40, §13º, da Constituição Federal, de tal modo que **inexiste aposentadoria compulsória** a ser imposta, de tal modo que é possível que o agente público continue no exercício de referida atividade. Tais disposições não foram alteradas pela Reforma da Previdência.

**Alternativa "c" (responde a alternativa "d").** Na forma do artigo 71, III, da Constituição Federal, compete ao Tribunal de Contas da União "apreciar, para fins de registro, a legalidade dos atos de admissão de pessoal, a qualquer título, na administração direta e indireta, incluídas as fundações instituídas e mantidas pelo Poder Público, **excetuadas as nomeações para cargo de provimento em comissão**, bem como a das concessões de aposentadorias, reformas e pensões, ressalvadas as melhorias posteriores que não alterem o fundamento legal do ato concessório".

**Alternativa correta: letra "b".**

---

**19. (FGV – Exame de Ordem 2017.3)** Marcelo é médico do Corpo de Bombeiros Militar do Estado Beta e foi aprovado em concurso público para o cargo de médico civil junto a um determinado hospital da União, que é uma autarquia federal.

A partir do fato apresentado, acerca da acumulação de cargos públicos, assinale a afirmativa correta.

a) Por exercer atividade militar, Marcelo não pode acumular os cargos em comento.

b) Marcelo pode acumular os cargos em questão, pois não existe, no ordenamento pátrio, qualquer vedação à acumulação de cargos ou de empregos públicos em geral.

c) A acumulação de cargos por Marcelo não é viável, sendo cabível somente quando os cargos pertencem ao mesmo ente da Federação.

d) É possível a acumulação de cargos por Marcelo, desde que haja compatibilidade de horários.

COMENTÁRIOS

✪ **Nota do autor:** Na forma do art. 37, XVI, da Constituição Federal, "é vedada a acumulação remunerada de cargos públicos (...)". Eis a regra que admite, todavia, algumas exceções.

**Alternativa "c".** Em relação ao fato de serem de esferas diferentes, isto é irrelevante, porque a proibição existe em relação a cargos públicos, empregos públicos e funções públicas, nos três poderes, na administração direta e indireta de todas as esferas e, dessa forma, a regra é a proibição, não importando se um é na administração direta e o outro é em empresa pública ou em autarquia, ou se abrange cargo público federal com emprego público estadual, cargo público federal com cargo público federal, emprego público municipal com cargo público municipal, ou qualquer outra variante possível.

**Alternativa "d" (responde as alternativas "a" e "b").** A proibição da acumulação remunerada de cargos, empregos e funções públicas, consoante o art. 37, XVI, é a regra. A permissão é exceção e, somente, pode ocorrer se houver compatibilidade de horários e quando se tratar de: a) dois cargos de professor; b) um cargo de professor com outro técnico ou científico; c) dois cargos ou empregos privativos de profissionais de saúde, com profissões regulamentadas.

Deve-se ressaltar que, com a EC nº 101/2019 estabeleceu-se que o militar do Estado e DF também poderá cumular seu cargo com (art. 42, §3º da CF/88):

- Um cargo de professor;
- Cargo da saúde com profissão regulamentada;
- Com outro cargo técnico e científico.

Atenção! Para os militares das Forças Armadas, só é possível a cumulação com outro cargo na área da saúde (art. 142, §3º, VIII da CF).

**Alternativa correta: letra "d".**

---

**20. (FGV – Exame de Ordem 2017.2)** O Estado Alfa, mediante a respectiva autorização legislativa, constituiu uma sociedade de economia mista para o desenvolvimento de certa atividade econômica de relevante interesse coletivo.

Acerca do Regime de Pessoal de tal entidade, integrante da Administração Indireta, assinale a afirmativa correta.

a) Por se tratar de entidade administrativa que realiza atividade econômica, não será necessária a realização de concurso público para a admissão de pessoal, bastando processo seletivo simplificado, mediante análise de currículo.

b) É imprescindível a realização de concurso público para o provimento de cargos e empregos em tal entidade administrativa, certo que os servidores ou empregados regularmente nomeados poderão alcançar a estabilidade mediante o preenchimento dos requisitos estabelecidos na Constituição da República.

c) Deve ser realizado concurso público para a contratação de pessoal por tal entidade administrativa, e a remuneração a ser paga aos respectivos empregados não pode ultrapassar o teto remuneratório estabelecido na Constituição da República, caso sejam recebidos recursos do Estado Alfa para pagamento de despesas de pessoal ou de custeio em geral.

d) A entidade administrativa poderá optar entre o regime estatutário e o regime de emprego público para a admissão de pessoal, mas, em qualquer dos casos, deverá realizar concurso público para a seleção de pessoal.

COMENTÁRIOS

**Alternativa "c" (responde às demais alternativas). As empresas estatais são pessoas jurídicas de direito privado, integrantes da administração indireta e, assim, não seguem o regime de direito privado na sua totalidade,** pois os princípios da Administração Pública são de obediência obrigatória para a administração direta e indireta, nos termos do art. 37, *caput*, da Constituição Federal. Nesse sentido, as sociedades de economia mistas **e as empresas públicas, independentemente de explorarem atividade econômica ou prestarem serviço público, adotarão o regime celetista para seus empregados (denominados empregados públicos), em razão do regime estatutário ser próprio das pessoas de direito público, porém deverá haver concurso público para ingresso e, caso essas entidades recebam** recursos públicos para pagamento de despesas de pessoal ou de custeio em geral (art. 37, §9º, CF), a remuneração a ser paga aos seus empregados não poderá ultrapassar o teto remuneratório estabelecido na Constituição Federal. Também, seus empregados não terão direito à estabilidade prevista no art. 41 da Constituição Federal, destinada, exclusivamente, nos termos da redação dada pela EC 19/98, aos ocupantes de cargos efetivos, após três anos de efetivo exercício e mediante avaliação especial de desempenho por comissão instituída para essa finalidade.

**Alternativa correta: letra "c".**

---

**21. (FGV – Exame de Ordem 2017.1)** O governador do estado Alfa, diante de grave crise financeira que assola as contas estaduais, elaborou numerosos projetos de lei para diminuir os gastos públicos e atender ao disposto na Lei de Responsabilidade Fiscal. Dentre esses projetos encontram-se: i) corte de 25% (vinte e cinco por cento) dos cargos em comissão do Poder Executivo; ii) redução dos subsídios e vencimentos dos servidores públicos estáveis em 10% (dez por cento) de seu valor nominal. Com relação à constitucionalidade de tais projetos, assinale a afirmativa correta.

a) Os projetos são constitucionais, porque cabe ao Estado zelar por suas finanças, à luz dos princípios aplicáveis à Administração Pública.

b) O projeto que determina o corte de cargos em comissão é inconstitucional, pois resultará na exoneração dos servidores que os ocupam.

c) O projeto que reduz diretamente os subsídios e vencimentos pagos aos servidores públicos é inconstitucional.

d) Os projetos são inconstitucionais, porque há direito adquirido à imutabilidade de regime jurídico dos servidores públicos.

COMENTÁRIOS

✪ **Nota do autor:** O sistema remuneratório dos agentes públicos sofreu ao longo dos anos diversas alterações no Texto Constitucional. As Emendas Constitucionais nº 19/98 e nº 41/03 introduziram o regime dos subsídios e o teto remuneratório, além dos respectivos subtetos. A doutrina aponta duas modalidades remuneratórias, a primeira denominada de subsídio e a segunda denominada de vencimento. O subsídio é o pagamento de uma única parcela, sem subdivisões. É a forma mais transparente para se fiscalizar e, por isso, a Constituição Federal determina, no art. 39, § 4º, que é a forma obrigatoriamente adotada para se remunerar os agentes políticos e algumas carreiras de servidores como os Advogados da União, os Procuradores da Fazenda Nacional, os Defensores Públicos, os Procuradores do Estado, os policiais. O vencimento, por seu turno, autoriza o pagamento de diferentes verbas, sem a necessidade de ser paga uma única parcela, sem subdivisões.

**Alternativa "b".** O art. 169 da Constituição Federal, dispõe acerca das medidas que podem ser adotadas no caso de excesso de gastos com pessoal e a primeira medida é a redução, no mínimo, de 20% dos cargos em comissão e funções comissionadas (art. 169, §3º, I).

**Alternativa "c" (responde a alternativa "a").** Em regra, conforme estatui o art. 37, XV, da Constituição Federal, os vencimentos e subsídios pagos aos servidores públicos **são irredutíveis**, razão pela qual o projeto em questão é **inconstitucional.** Isso não exclui, contudo, a aplicação do teto constitucional, bem como a incidência de tributos, como o imposto de renda, por exemplo. Há, ainda, no dispositivo constitucional, algumas exceções ao princípio da irredutibilidade de remuneração, como as previstas nos arts. 39, § 4º, 150, II, 153, III, e 153, § 2º, I, da Carta Magna.

**Alternativa "d".** O regime estatutário tem como característica a **mutabilidade, pois o servidor não tem direito adquirido ao regime jurídico**.

**Alternativa correta: letra "c".**

---

**22. (FGV – Exame de Ordem 2017.1)** O Município Beta procedeu ao recadastramento de seus servidores efetivos e constatou que 6 (seis) bacharéis em contabilidade exerciam variados cargos na estrutura administrativa, todos providos mediante concurso público. Verificou também que existiam 10 (dez) cargos vagos de auditores fiscais de tributos, decorrentes de aposentadorias havidas nos últimos anos.

O Município, considerando a necessidade de incrementar receitas, editou lei reorganizando sua estrutura funcional de modo a reenquadrar aqueles servidores como auditores fiscais de tributos.

Com base na hipótese apresentada, acerca do provimento de cargo público, assinale a afirmativa correta.

a) A medida é inválida, porque o provimento originário de cargo efetivo em uma determinada carreira exige concurso público específico.
b) A medida é válida, porque os servidores reenquadrados são concursados, configurando-se na espécie mera transformação de cargos, expressamente prevista na CRFB/88.
c) A medida é inválida, porque o provimento de todo e qualquer cargo se faz exclusivamente mediante concurso público.
d) A medida é válida, porque os servidores reenquadrados são concursados e não há aumento de despesa, uma vez que os cargos preenchidos já existiam.

**COMENTÁRIOS**

✪ **Nota do autor:** Nos termos do art. 37, I, da Constituição Federal, os cargos, empregos e funções públicas são acessíveis a todos os brasileiros que preencham os requisitos estabelecidos em lei, bem como aos estrangeiros, na forma da lei.

**Alternativa "a" (responde as demais alternativas).** De acordo com o art. 37, II, da Constituição Federal, a investidura nos cargos públicos depende, em regra, da prévia aprovação em concurso, ressalvas as nomeações para cargo em comissão, declarado em lei de livre nomeação e exoneração. Assim, se for cargo efetivo é indispensável a aprovação em concurso público para que ocorra a nomeação. Por meio do **concurso** público busca-se a **profissionalização do serviço público, a valorização do mérito e, também, efetivam-se**, especialmente, os **princípios da impessoalidade e da moralidade**. Ainda, nos termos da **Súmula Vinculante 43**, "é inconstitucional toda modalidade de provimento que propicie ao servidor investir-se, sem prévia aprovação em concurso público destinado ao seu provimento, em cargo que não integra a carreira na qual anteriormente investido". Inclusive, o STF já julgou, na ADI 2.939, que viola "o art. 37, II, da CF o disposto no art. 23 do ADTC do Estado de Minas Gerais, com a redação que lhe foi dada pela EC 45/2000, que determina a incorporação, sem concurso público, de policiais civis em situações específicas à carreira de delegado de polícia".

**Alternativa correta: letra "a".**

## 4. REGIME JURÍDICO DOS SERVIDORES PÚBLICOS CIVIS FEDERAIS: LEI Nº 8.112/90

- CF, artigos 37 a 41
- Lei nº 8.112/90

---

**23. (FGV/OAB/XXXII_Exame – 2021)** O Ministério Público Federal denunciou Marcos, fiscal da Receita Federal, pelo crime de peculato doloso, em decorrência da existência de provas contundentes de que tal servidor apropriou-se de dinheiro público de que tinha guarda.

Ao tomar conhecimento de tais fatos, durante o trâmite do processo penal, a autoridade administrativa competente determinou a instauração de processo administrativo disciplinar, que, após o devido processo legal, levou à demissão de Marcos antes do julgamento da ação penal.

Sobre a questão apresentada, assinale a afirmativa correta.

a) A Administração fica vinculada à capitulação estabelecida no processo penal, vedada a incidência de qualquer falta residual no âmbito administrativo, considerando que o peculato constitui crime contra a Administração Pública.
b) A demissão de Marcos na esfera administrativa é válida, mas a superveniência de eventual sentença penal absolutória, por ausência de provas, exige a reintegração do servidor no mesmo cargo que ocupava.
c) O processo administrativo disciplinar deveria ter sido instaurado para apurar a conduta de Marcos, mas impunha-se sua suspensão diante da existência de processo criminal pelos mesmos fatos.
d) Deve ser aplicado ao processo administrativo disciplinar o prazo prescricional previsto na lei penal para o crime de peculato cometido por Marcos.

**COMENTÁRIOS**

✪ **Nota do autor:** O servidor deve exercer sua atividade de forma regular, em conformidade com o ordenamento jurídico. Caso, entretanto, haja o descumprimento de alguma regra, poderá ser responsabilizado nas esferas administrativa, civil e criminal.

**Alternativa "a".** Em regra, vigora a independência das esferas ou instâncias em matéria de responsabilidade, isto é, pelo mesmo ato o servidor pode ser responsabilizado nas esferas civil, penal e administrativa. Por exemplo, um servidor que, valendo-se do cargo, desvie dinheiro público que estava em sua posse poderá ser demitido administrativamente, condenado criminalmente pelo crime de peculato e, ainda, poderá ser condenado por improbidade administrativa.

**Alternativa "b".** O art. 126, da Lei nº 8.112/90, determina que a responsabilidade administrativa do servidor seja afastada no caso de absolvição criminal que negue a existência do fato ou sua autoria, **sendo possível a responsabilização do agente público em caso de sentença penal absolutória por ausência de provas.**

**Alternativa "c".** É plenamente possível que diferentes âmbitos de responsabilização – no caso, administrativo e penal – corram de forma concomitante, não sendo necessária a suspensão de processo administrativo ante a existência de processo criminal pelos mesmos fatos.

**Alternativa "d".** Na forma do art. 142, §2º, da Lei nº 8.112/90, "os prazos de prescrição previstos na lei penal aplicam-se às infrações disciplinares capituladas também como crime". Neste sentido, deve ser aplicado ao processo administrativo disciplinar em questão o prazo prescricional previsto na lei penal para o crime de peculato. Aliás, cumpre destacar entendimento do STJ: "O prazo prescricional previsto na lei penal se aplica às infrações disciplinares também capituladas como crime independentemente da apuração criminal da conduta do servidor. Para se aplicar a regra do § 2º do art. 142 da Lei nº 8.112/90 não se exige que o fato esteja sendo apurado na esfera penal (não se exige que tenha havido oferecimento de denúncia ou instauração de inquérito policial). Se a infração disciplinar praticada for, em tese, também crime, deve ser aplicado o prazo prescricional previsto na legislação penal independentemente de qualquer outra exigência" (1ª Seção. MS 20.857-DF)

**Alternativa correta: letra "d".**

---

**24. (FGV-Exame de Ordem 2019.1)** Sávio, servidor público federal, frustrado com a ineficiência da repartição em que trabalha, passou a faltar ao serviço. A Administração Pública, após constatar que Sávio acumulou sessenta dias de ausência nos últimos doze meses, instaurou processo administrativo disciplinar para apurar a conduta do referido servidor.

Tendo como premissa esse caso concreto, assinale a afirmativa correta.

a) O processo administrativo disciplinar será submetido a um procedimento sumário, mais simples e célere, composto pelas fases da instauração, da instrução sumária – que compreende a indiciação, a defesa e o relatório – e do julgamento.

b) A inassiduidade habitual configura hipótese de demissão do serviço público, ficando Sávio impedido de nova investidura em cargo público federal pelo prazo de cinco anos, a contar do julgamento.

c) Na hipótese de ser imputada a pena de demissão a Sávio, é lícito à Administração Pública exigir depósito de dinheiro como requisito de admissibilidade do recurso administrativo, até mesmo como forma de ressarcir os custos adicionais que o poder público terá com o processamento do apelo.

d) A falta de advogado constituído por Sávio no processo administrativo é causa de nulidade, tendo em vista que a ausência de defesa técnica prejudica o exercício da ampla defesa por parte do servidor arrolado.

**COMENTÁRIOS**

**Alternativa "a".** O art. 133, da Lei nº 8.112/90, estabelece que "detectada a qualquer tempo a acumulação ilegal de cargos, empregos ou funções públicas, a autoridade a que se refere o art. 143 notificará o servidor, por intermédio de sua chefia imediata, para apresentar opção no prazo improrrogável de dez dias, contados da data da ciência e, na hipótese de omissão, adotará procedimento sumário para a sua apuração e regularização imediata, cujo processo administrativo disciplinar se desenvolverá nas seguintes fases: I – insaturação, com a publicação do ato que constituir a comissão, a ser composta por dois servidores estáveis, e simultaneamente indicar a autoria e a materialidade da transgressão objeto da apuração; II – instrução sumária, que compreende indiciação, defesa e relatório; e III – julgamento". O art. 140, da Lei nº 8.112/90, **autoriza a utilização do procedimento sumário para apuração de abandono de cargo ou inassiduidade habitual**, situação a que está sujeito Sávio.

**Alternativa "b".** De fato, na forma do art. 132, III, da Lei nº 8.112/90, a inassiduidade habitual dá ensejo à penalidade de demissão. Ocorre que a demissão que incompatibiliza o ex-servidor para nova investidura em cargo público federal, pelo prazo de 5 (cinco) anos, se dá em duas situações, apenas (art. 117, IX e XI): valer-se (o servidor) do cargo para lograr proveito pessoal ou de outrem, em detrimento da dignidade da função pública e atuar, o servidor, como procurador ou intermediário, junto a repartições públicas, salvo quando se tratar de benefícios previdenciários ou assistenciais de parentes até o segundo grau, e de cônjuge ou companheiro.

**Alternativa "c".** A interposição de recurso administrativo **independe de caução**, como previsto na Súmula Vinculante nº 21 que preceitua ser "inconstitucional a exigência de depósito ou arrolamento prévios de dinheiro ou bens para admissibilidade de recurso administrativo". Caso não seja observado o consignado na Súmula Vinculante, poderá o interessado **ajuizar reclamação no STF**; com a procedência desta, será dada **ciência à autoridade prolatora da decisão e ao órgão competente para o julgamento do recurso, para que façam a adequação das futuras decisões.**

**Alternativa "d".** A assistência de advogado não é obrigatória para o administrado, pois o art. 3º, IV, determina que é direito do administrado "fazer-se assistir, ***facultativamente***, por advogado, salvo quando obrigatória a representação, por força de lei". Ainda, há a Súmula vinculante nº 5, a qual estabelece que a "falta de defesa técnica por advogado no processo administrativo disciplinar não ofende a Constituição".

**Alternativa correta: letra "a".**

---

**25. (FGV – Exame de Ordem 2018.1)** João foi aprovado em concurso público para ocupar um cargo federal. Depois de nomeado, tomou posse e entrou em exercício imediatamente. Porém, em razão da sua baixa produtividade, o órgão ao qual João estava vinculado entendeu que o servidor não satisfez as condições do estágio probatório.

Considerando o Estatuto dos Servidores Públicos Civis da União, à luz do caso narrado, assinale a afirmativa correta.

a) A Administração Pública deve exonerar João, após o devido processo legal, visto que ele não mostrou aptidão e capacidade para o exercício do cargo.

b) A Administração Pública deve demitir João, solução prevista em lei para os casos de inaptidão no estágio probatório.

c) João deve ser redistribuído para outro órgão ou outra entidade do mesmo Poder, a fim de que possa desempenhar suas atribuições em outro local.

d) João deve ser readaptado em cargo de atribuições afins.

**COMENTÁRIOS**

✪ **Nota do autor:** O estágio probatório é um período de avaliação, em que o servidor ocupante de cargo efetivo ou vitalício inicia com a finalidade de demonstrar capacidade e aptidão para o exercício do cargo, observando os seguintes fatores: a assiduidade, a disciplina, capacidade de iniciativa, produtividade e responsabilidade.

**Alternativa "a" (responde as demais alternativas).** Os órgãos e entidades deverão formar uma comissão com a finalidade de realizar uma avaliação de desempenho dos servidores em estágio probatório, nos termos que dispuser a lei ou regulamento da respectiva carreira ou cargo, como determina o art. 41, §4º, da Constituição Federal. Após encerrado o período de estágio probatório, a avaliação será remetida à autoridade competente para homologação, sendo que se a decisão for favorável ao servidor, este é confirmado na carreira, caso o servidor não seja aprovado em estágio probatório será exonerado, ou seja, independe de decisão judicial transitada em julgado. Sobre a necessidade de observância do devido processo legal, é importante mencionar o teor da Súmula nº 21 do STF, que tem o seguinte enunciado: "Funcionário em estágio probatório não pode ser exonerado nem demitido sem inquérito ou sem as formalidades legais de apuração de sua capacidade".

**Alternativa correta: letra "a".**

---

**26. (FGV – Exame de Ordem 2018.2)** Maria foi aprovada em concurso para o cargo de analista judiciário do Tribunal Regional Federal da 2ª Região, mas, após ter adquirido a estabilidade, foi demitida sem a observância das normas relativas ao processo administrativo disciplinar. Em razão disso, Maria ajuizou ação anulatória do ato demissional, na qual obteve êxito por meio de decisão jurisdicional transitada em julgado. Nesse interregno, contudo, Alfredo, também regularmente aprovado em concurso e estável, foi promovido e passou a ocupar o cargo que era de Maria.

Sobre a hipótese apresentada, assinale a afirmativa correta.

a) A invalidação do ato demissional de Maria não poderá importar na sua reintegração ao cargo anterior, considerando que está ocupado por Alfredo.

b) Maria, em razão de ter adquirido a estabilidade, independentemente da existência e necessidade do cargo que ocupava, deverá ser posta em disponibilidade.

c) Maria deverá ser readaptada em cargo superior ao que ocupava anteriormente, diante da ilicitude de seu ato demissional.

d) Em decorrência da invalidade do ato demissional, Maria deve ser reintegrada ao cargo que ocupava e Alfredo deverá ser reconduzido para o cargo de origem.

COMENTÁRIOS

**Alternativa "d" (responde as demais alternativas).** A **reintegração** é a reinvestidura do servidor no cargo antes ocupado quando sua demissão for anulada por decisão administrativa ou judicial, tendo direito ao ressarcimento de remuneração e vantagens não percebidas. Se o cargo foi extinto, o servidor reintegrado fica em disponibilidade; se o cargo estiver provido, seu ocupante volta ao cargo de origem ou é aproveitado em outro cargo ou posto em disponibilidade. Desse modo, na situação narrada no enunciado, **Maria será reintegrada ao cargo que ocupava** e **Alfredo**, que passou a ocupar o cargo que era de Maria, **será reconduzido para o cargo de origem, sem qualquer direito à indenização**. Vale destacar que Alfredo poderia, ainda, ser aproveitado em outro cargo ou posto em disponibilidade, na forma dos arts. 30 a 32, da Lei nº 8.112/90.

**Alternativa correta: letra "d".**

---

**27. (FGV – Exame de Ordem 2018.1)** Ricardo, servidor público federal, especializou-se no mercado imobiliário, tornando-se corretor de imóveis. Em razão do aumento da demanda, passou a atender seus clientes durante o horário de expediente, ausentando-se da repartição pública sem prévia autorização do chefe imediato. Instaurada sindicância, Ricardo foi punido com uma advertência. A despeito disso, ele passou a reincidir na mesma falta que ensejou sua punição. Nova sindicância foi aberta. Com base na situação narrada, assinale a afirmativa correta.

a) A sindicância não pode resultar, em nenhuma hipótese, na aplicação da pena de suspensão; neste caso, deve ser instaurado processo administrativo disciplinar.

b) A reiteração da mesma falha não enseja a aplicação da pena de suspensão; neste caso, a única sanção possível é a advertência.

c) A sindicância pode dar ensejo à aplicação da pena de suspensão, desde que a sanção seja de até 30 (trinta) dias.

d) A pena de demissão independe da instauração de processo administrativo disciplinar, podendo ser aplicada após sindicância.

COMENTÁRIOS

✪ **Nota do autor:** O art. 117, I, da Lei nº 8.112/90, estabelece que ao servidor é proibido **ausentar-se do serviço durante o expediente, sem prévia autorização do chefe imediato.**

**Alternativa "a".** O art. 145, II, da Lei, estabelece expressamente que da sindicância poderá resultar **aplicação de penalidade de advertência ou suspensão de até 30 (trinta) dias.**

**Alternativa "b".** O art. 130, *caput*, da Lei, estabelece que "a suspensão será aplicada em caso de reincidência das faltas punidas com advertência e de violação das demais proibições que não tipifiquem infração sujeita a penalidade de demissão, não podendo exceder de 90 (noventa) dias".

**Alternativa "c".** De acordo com os já mencionados dispositivos, verifica-se que, **sendo que a ausência do serviço durante o expediente, sem prévia autorização do chefe imediato, trata-se de proibição penalizada por meio de advertência** (art. 129, da Lei nº 8.112/90), a sua reincidência deve ser punida por meio de **suspensão**, que poderá ser determinada em sindicância caso **não exceda os 30 (trinta) dias.**

**Alternativa "d".** O art. 146, da Lei, estabelece que "sempre que o ilícito praticado pelo servidor ensejar a imposição de penalidade de suspensão por mais de 30 (trinta) dias, de demissão, cassação de aposentadoria ou disponibilidade, ou destituição de cargo em comissão, será obrigatória a instauração de processo disciplinar".

**Alternativa correta: letra "c".**

---

**28. (FGV – Exame de Ordem 2017.2)** Após a Polícia Federal colher farto material probatório, o Ministério Público denunciou Ricardo, servidor público federal estável, por crime funcional e comunicou o fato às autoridades competentes para eventual apuração administrativa.

Antes do recebimento da denúncia, diante da vasta documentação que demonstrava a materialidade de violação de dever funcional remetida para a Administração, foi instaurado o processo administrativo disciplinar, sem a realização de sindicância, que, mediante regular processamento do inquérito administrativo, culminou na aplicação da pena de demissão de Ricardo.

Sobre a situação hipotética narrada, assinale a afirmativa correta.

a) Ricardo não poderia ser demitido sem a realização de sindicância, que é procedimento prévio imprescindível para a instauração de processo administrativo disciplinar.

b) O recebimento da denúncia deveria ter suspendido o processo administrativo disciplinar contra Ricardo, e o prosseguimento de tal apuração só poderia ocorrer após a conclusão do Juízo criminal.

c) O processo administrativo disciplinar instaurado contra Ricardo é nulo, pois não é cabível a utilização de prova produzida para a apuração criminal.

d) A hipótese não apresenta qualquer nulidade que contamine o processo administrativo disciplinar instaurado contra Ricardo.

COMENTÁRIOS

✪ **Nota do autor:** Para que o servidor seja responsabilizado administrativamente, é necessário que tenha havido a apuração por meio de sindicância ou de processo administrativo e tenha restado demonstrado que o servidor, de maneira dolosa ou culposa, por ação ou omissão, descumpriu seus deveres e proibições contidos nos artigos 116 e 117, da Lei nº 8.112/90. Nesse sentido, o art. 124 estabelece que a "responsabilidade civil-administrativa resulta de ato omissivo ou comissivo praticado no desempenho do cargo ou função".

**Alternativa "b".** No sistema brasileiro, vigora a regra da independência de instâncias e, desse modo, é possível a cumulação de penalidades nas esferas civil, administrativa e penal, sem que haja a configuração do *bis in idem*. Por exemplo, um servidor que, valendo-se do cargo, desvie dinheiro público que estava em sua posse poderá ser demitido administrativamente, condenado criminalmente pelo crime de peculato e, ainda, poderá ser condenado por improbidade administrativa. Nesse sentido, estabelece o art. 125 da Lei nº 8.112/90 que as sanções civis, penais e administrativas poderão cumular-se, sendo independentes entre si. Desse modo, o recebimento da denúncia **não obsta o processo administrativo**, que deve continuar o seu ciclo, normalmente.

**Alternativa "c".** O processo administrativo disciplinar instaurado contra Ricardo não é nulo, pois é cabível a utilização de prova produzida para a apuração criminal (prova emprestada). Isso decorre, inclusive, **da maior facilidade que a polícia federal** – na investigação de crimes – **tem em produzir provas**, razão pela qual é possível a utilização das provas colhidas na esfera penal. Nesse sentido, inclusive, é a **Súmula 591 do STJ**: "É permitida a prova emprestada no processo administrativo disciplinar, desde que devidamente autorizada pelo juízo competente e respeitados o contraditório e a ampla defesa".

**Alternativa "d" (responde a alternativa "a").** De acordo com o art. 143, da Lei nº 8.112/90, a "autoridade que tiver ciência de irregularidade no serviço público é obrigada a promover a sua apuração imediata, mediante sindicância ou processo administrativo disciplinar, assegurada ao acusado ampla defesa". Como destacado, a apuração da infração administrativa praticada por servidor público federal pode ocorrer por meio de sindicância ou de processo administrativo disciplinar, dependendo da pena a ser aplicada. No caso da sindicância, ao seu término pode ocorrer a comprovação da prática da infração administrativa ou não. Em caso negativo, ocorrerá seu arquivamento. Por outro lado, caso fique comprovada a materialidade da infração e sua autoria, o resultado dependerá da penalidade a ser aplicável ao infrator, pois, com base diretamente na sindicância, somente podem ser aplicadas as penalidades de advertência ou de suspensão, no máximo, de trinta dias (art. 145, II) e, dessa forma, caso haja necessidade de aplicação das penas de suspensão por mais de trinta dias, de demissão, de cassação de aposentadoria ou disponibilidade, ou de destituição de cargo em comissão, obrigatoriamente, deve ser instaurado processo administrativo disciplinar (art. 146) e os autos da sindicância o integrarão como peça informativa da instrução (art. 154). **No entanto, deve ficar claro que a sindicância não é fase preliminar obrigatória do processo administrativo, pois este pode ser instaurado diretamente, independentemente da pena.** Portanto, na situação narrada não se vislumbra nenhuma nulidade a contaminar o processo administrativo disciplinar instaurado contra Ricardo.

**Alternativa correta: letra "d".**

---

**29. (FGV – Exame de Ordem 2016.2)** Carlos Mário, chefe do Departamento de Contratos de uma autarquia federal descobre, por diversos relatos, que Geraldo, um dos servidores a ele subordinado, deixara de comparecer a uma reunião para acompanhar a tarde de autógrafos de um famoso artista de televisão. Em outra ocasião, Geraldo já se ausentara do serviço, durante o expediente, sem prévia autorização do seu chefe, razão pela qual lhe fora aplicada advertência. Irritado, Carlos Mário determina a instauração de um processo administrativo disciplinar, aplicando a Geraldo a penalidade de suspensão, por 15 (quinze) dias, sem a sua oitiva, em atenção ao princípio da verdade sabida.

Considerando o exposto, assinale a afirmativa correta.

a) A penalidade aplicada é nula, em razão de violação às garantias constitucionais da ampla defesa e do contraditório, razão pela qual o princípio da verdade sabida não guarda compatibilidade com a ordem constitucional vigente.

b) A penalidade aplicada é nula, pois a ausência do serviço sem autorização do chefe é hipótese de aplicação da penalidade de advertência e jamais poderia dar ensejo à aplicação da penalidade de suspensão.

c) A penalidade aplicada é correta, pois a ausência do servidor no horário de expediente é causa de aplicação da penalidade de suspensão, e o fato era de ciência de vários outros servidores.

d) A penalidade aplicada contém vício sanável, devendo ser ratificada pelo Diretor-Presidente da autarquia, autoridade competente para tanto.

**COMENTÁRIOS**

**Alternativa "a" (responde as demais alternativas).** A Lei nº 8.112/90, no art. 143, determina que, ao tomar ciência de irregularidade no serviço, a autoridade deve promover a sua apuração imediata, mediante sindicância ou processo administrativo, assegurando-se ao acusado a ampla defesa. Cuida-se, na verdade, de dispositivo legal reforçador do art. 5º, LV da Constituição Federal, pois é constitucionalmente garantido aos litigantes, tanto em processo judicial quanto em processo administrativo, o contraditório e a ampla defesa. Desse modo, a verdade sabida – que é "o conhecimento pessoal e direto da falta pela autoridade competente para aplicar a pena"[4] – não pode ser admitida para justificar a aplicação de qualquer uma das penas disciplinares. Portanto, a penalidade é nula.

**Alternativa correta: letra "a".**

## 5. PODERES ADMINISTRATIVOS

- CTN, art. 78
- Lei nº 9.873/99
- CF, art. 84, VI

---

**30. (FGV/OAB/XXX_Exame – 2019)** Após comprar um terreno, Roberto iniciou a construção de sua casa, sem prévia licença, avançando para além dos limites de sua propriedade e ocupando parcialmente a via pública, inclusive com possibilidade de desabamento de parte da obra e risco à integridade dos pedestres.

No regular exercício da fiscalização da ocupação do solo urbano, o poder público municipal, observadas as formalidades legais, valendo-se da prerrogativa de direito público que, calcada na lei, autoriza-o a restringir o uso e o gozo da liberdade e da propriedade privada em favor do interesse da coletividade, determinou que Roberto demolisse a parte irregular da obra.

O poder administrativo que fundamentou a determinação do Município é o poder

a) de hierarquia, e, pelo seu atributo da coercibilidade, o particular é obrigado a obedecer às ordens emanadas pelos agentes públicos, que estão em nível de superioridade hierárquica e podem usar meios indiretos de coerção para fazer valer a supremacia do interesse público sobre o privado.

c) disciplinar, e o particular está sujeito às sanções impostas pela Administração Pública, em razão do atributo da imperatividade, desde que haja a prévia e imprescindível chancela por parte do Poder Judiciário.

c) regulamentar, e os agentes públicos estão autorizados a realizar atos concretos para aplicar a lei, ainda que tenham que se valer do atributo da autoexecutoriedade, a fim de

---

4 DI PIETRO, Maria Sylvia Zanella. *Direito administrativo*. 23. ed. São Paulo: Atlas, 2010. p. 410.

concretizar suas determinações, independentemente de prévia ordem judicial.

d) de polícia, e a fiscalização apresenta duplo aspecto: um preventivo, por meio do qual os agentes públicos procuram impedir um dano social, e um repressivo, que, face à transgressão da norma de polícia, redunda na aplicação de uma sanção.

COMENTÁRIOS

**Alternativa "a".** O **poder hierárquico** é "o de que dispõe o Executivo **para distribuir e escalonar as funções de seus órgãos, ordenar e rever a atuação de seus agentes, estabelecendo a relação de subordinação entre os servidores do seu quadro de pessoal**"[5]. Não se relaciona com os fatos narrados na questão, já que se vincula à organização interna da Administração.

**Alternativa "b". O poder disciplinar é a prerrogativa pela qual a Administração apura as infrações e aplica as penalidades ao infrator**, que pode ser um servidor público ou particular sujeito à disciplina administrativa, como um estudante de escola pública[6]. Está **relacionado com o poder hierárquico**, mas aquele é instrumento diferente deste. Desconcentra competências, isto é, distribui internamente competência entre seus diversos órgãos, escalonando-os, hierarquizando-os. Pelo poder disciplinar, há a fiscalização no desempenho dessas atribuições e a eventual responsabilização do agente.

**Alternativa "c".** De maneira geral, a definição sobre poder regulamentar mais encontrada nas provas de concurso é a que consiste na "**faculdade de que dispõem os Chefes de Executivo (Presidente da República, Governadores e Prefeitos) de explicar a lei para sua correta execução, ou de expedir decretos autônomos sobre matéria de sua competência ainda não disciplinada em lei**"[7]. Também não se relaciona ao exposto na questão.

**Alternativa "d". Poder de polícia** é a "**faculdade de que dispõe a Administração Pública para condicionar e restringir o uso e gozo de bens, atividades e direitos individuais, em benefício da coletividade ou do próprio Estado**"[8]. Assim, ao determinar a demolição da parte irregular da obra, a Administração se valeu de seu poder de polícia.

**Alternativa correta: letra "d".**

---

**31. (FGV – Exame de Ordem 2017.3)** João foi aprovado em concurso público promovido pelo Estado Alfa para o cargo de analista de políticas públicas, tendo tomado posse no cargo, na classe inicial da respectiva carreira. Ocorre que João é uma pessoa proativa e teve, como gestor, excelentes experiências na iniciativa privada. Em razão disso, ele decidiu que não deveria cumprir os comandos determinados por agentes superiores na estrutura administrativa, porque ele as considerava contrárias ao princípio da eficiência, apesar de serem ordens legais.

A partir do caso apresentado, assinale a afirmativa correta.

a) João possui total liberdade de atuação, não se submetendo a comandos superiores, em decorrência do princípio da eficiência.

b) A liberdade de atuação de João é pautada somente pelo princípio da legalidade, considerando que não existe escalonamento de competência no âmbito da Administração Pública.

c) João tem dever de obediência às ordens legais de seus superiores, em razão da relação de subordinação decorrente do poder hierárquico.

d) As autoridades superiores somente podem realizar o controle finalístico das atividades de João, em razão da relação de vinculação estabelecida com os superiores hierárquicos.

COMENTÁRIOS

✪ **Nota do autor:** Para que seja possível a materialização das medidas administrativas necessárias à consecução do interesse público, a Administração dispõe dos chamados poderes administrativos, ou seja, instrumentos, ferramentas, mecanismos indispensáveis para esse agir. Os **poderes administrativos são as prerrogativas à disposição da Administração destinadas à viabilização do interesse público**.

**Alternativa "b".** A despeito de, de fato, estar referido servidor limitado pelo **princípio da legalidade**, é importante destacar que **há escalonamento no âmbito da Administração Pública.**

**Alternativa "c" (responde a alternativa "a").** O ***poder hierárquico*** é a prerrogativa que a Administração Pública tem de se organizar para buscar o interesse público e, para isso, desconcentra competências, isto é, distribui internamente competência entre seus diversos órgãos, escalonando-os, hierarquizando-os. Com isso, cria-se uma ***relação de hierarquia*** entre os órgãos, pelo que os subordinados têm o dever de obediência aos superiores, salvo quanto às ordens manifestamente ilegais. Assim, dessa organização administrativa decorrem vários poderes, dentre os quais: o de dar ordens aos subordinados, o de controlar, coordenar e corrigir a atividade dos órgãos inferiores, o de avocar atribuições (desde que não sejam de competência exclusiva do órgão subordinado), o de delegar atribuições (que não lhes sejam privativas), dentre outras.

**Alternativa "d".** O **controle finalístico** é aquele exercido sobre a Administração Pública Indireta. Entre esta e a Administração Pública Direta **não há que se falar em hierarquia**, mas, tão somente, em **controle finalístico.** No caso, as autoridades superiores exercem o controle hierárquico sobre os atos de João.

**Alternativa correta: letra "c".**

---

**32. (FGV – Exame de Ordem 2017.3)** Um fiscal de posturas públicas municipais verifica que um restaurante continua colocando, de forma irregular, mesas para os seus clientes na calçada. Depois de lavrar autos de infração com aplicação de multa por duas vezes, sem que a sociedade empresária tenha interposto recurso administrativo, o fiscal, ao verificar a situação, interdita o estabelecimento e apreende as mesas e cadeiras colocadas de forma irregular, com base na lei que regula o exercício do poder de polícia correspondente.

A partir da situação acima, assinale a afirmativa correta.

a) O fiscal atuou com desvio de poder, uma vez que o direito da sociedade empresária de continuar funcionando é emanação do direito de liberdade constitucional, que só pode ser contrastado a partir de um provimento jurisdicional.

b) A prática irregular de ato autoexecutório pelo fiscal é clara, porque não homenageou o princípio do contraditório e da ampla defesa ao não permitir à sociedade empresária, antes da apreensão, a possibilidade de produzir, em processo administrativo específico, fatos e provas em seu favor.

c) O ato praticado pelo fiscal está dentro da visão tradicional do exercício da polícia administrativa pelo Estado, que pode,

ADMINISTRATIVO

5 MEIRELLES, Hely Lopes. *Direito administrativo brasileiro*. 36. ed. São Paulo: Malheiros, 2010. p. 124.

6 DI PIETRO, Maria Sylvia Zanella. *Direito administrativo*. 23. ed. São Paulo: Atlas, 2010. p. 94.

7 MEIRELLES, Hely Lopes. *Direito administrativo brasileiro*. 36. ed. São Paulo: Malheiros, 2010. p. 130. Original sem destaque.

8 *Direito administrativo brasileiro*. 36. ed. São Paulo: Malheiros, 2010. p. 134. Original sem destaque.

em situações extremas, dentro dos limites da razoabilidade e da proporcionalidade, atuar de forma autoexecutória.

d) A atuação do fiscal é ilícita, porque os atos administrativos autoexecutórios, como mencionado acima, exigem, necessariamente, autorização judicial prévia.

**COMENTÁRIOS**

✪ **Nota do autor:** Conforme Hely Lopes Meirelles, o poder de polícia é definido como a "**faculdade de que dispõe a Administração Pública para condicionar e restringir o uso e gozo de bens, atividades e direitos individuais, em benefício da coletividade ou do próprio Estado**"[9]. Pode-se, assim, afirmar que o poder de polícia é uma atividade administrativa consistente em **intervir no exercício de direitos e liberdades individuais, impondo restrições e condições para que o interesse particular não cause prejuízo ao interesse público.**

**Alternativa "a".** Quanto ao tema, o **abuso de poder existe quando o poder é usado contrariando o regime jurídico administrativo.** Tem como **espécies** o **desvio de poder** e o **excesso de poder**, ocorrendo o primeiro quando a autoridade extrapola sua competência (atua fora dos limites de sua competência) e, por sua vez, o desvio de poder ou de finalidade se dá quando a autoridade, agindo dentro dos limites da sua competência (não extrapola), pratica o ato visando fim diverso do estabelecido na lei, diferentemente do que ocorre na situação narrada no enunciado. Na hipótese narrada, não houve nenhuma forma de abuso de poder e o exercício do direito individual pode ser objeto de restrição por força do poder de polícia, com fundamento no princípio da supremacia do interesse público sobre o privado e, assim, não há necessidade de provimento jurisdicional em face da presença da autoexecutoriedade.

**Alternativa "b".** De fato, o art. 2º da Lei nº 9.784/99 – que regula o processo administrativo no âmbito da Administração Pública Federal – estabelece a obrigatoriedade de observância de vários princípios, dentre os quais se destaca os do **contraditório** e da **ampla defesa**, intimamente relacionados com o **devido processo legal**. Todavia, dentro do exercício do poder de polícia, é plenamente possível a interdição do estabelecimento, postergando-se o exercício do contraditório para o curso do processo administrativo a ser instaurado.

**Alternativa "c" (responde a alternativa "d").** A **autoexecutoriedade** é um dos atributos do **poder de polícia**, assim entendido como a "**faculdade de que dispões a Administração Pública para condicionar e restringir o uso e gozo de bens, atividades e direitos individuais, em benefício da coletividade ou do próprio Estado**"[10]. Pela autoexecutoriedade, para a satisfação do interesse público, a Administração **pode praticar diretamente os atos afetos à polícia administrativa, não necessitando recorrer para o Poder Judiciário para tanto.** Assim, não precisa a Administração de ordem judicial para multar, interditar, apreender e realizar as demais medidas de polícia. Todavia, a **autoexecutoriedade só existe quando prevista em lei ou quando se tratar de situação de urgência,** não se fazendo, pois, presente em todas as medidas de polícia. No caso, o fiscal interditou atuou com base na lei que regula o exercício do poder de polícia correspondente.

**Alternativa correta: letra "c".**

---

**33. (FGV – Exame de Ordem 2017.1)** A Agência Nacional do Petróleo – ANP, no exercício do poder de polícia, promoveu diligência, no dia 05/01/2010, junto à sociedade Petrolineous S/A, que culminou na autuação desta por fatos ocorridos naquela mesma data. Encerrado o processo administrativo, foi aplicada multa nos limites estabelecidos na lei de regência. O respectivo crédito não tributário resultou definitivamente constituído em 19/01/2011, e, em 15/10/2015, foi ajuizada a pertinente execução fiscal.

Com base na situação hipotética descrita, acerca da prescrição no Direito Administrativo, assinale a afirmativa correta.

a) Operou-se a prescrição para a execução do crédito, considerando o lapso de cinco anos transcorrido entre a data da autuação e a do ajuizamento da ação.

b) Não se operou a prescrição para a execução do crédito, que pode ser cobrado pela administração federal a qualquer tempo.

c) Operou-se a prescrição para a execução do crédito, considerando o lapso de três anos decorrido entre a data de sua constituição definitiva e a do ajuizamento da ação.

d) Não se operou a prescrição para a execução do crédito, considerando o lapso de cinco anos entre a data de sua constituição definitiva e a do ajuizamento da ação.

**COMENTÁRIOS**

**Alternativa "d" (responde as demais alternativas).** Na forma do art. 1º-A, da Lei nº 9.873/1999, "constituído definitivamente o crédito não tributário, após o término regular do processo administrativo, prescreve em 5 (cinco) anos a ação de execução da administração pública federal relativa a crédito decorrente da aplicação de multa por infração à legislação em vigor". Dessa forma, **não se operou a prescrição para a execução do crédito**, no caso narrado no enunciado.

**Alternativa correta: letra "d".**

## 6. ATO ADMINISTRATIVO

- Lei nº 9.784/99, artigos 11 a 17, 50, 53, 54 e 55
- Lei nº 4.717/65, art. 2º

---

**34. (FGV- XXXIV Exame de Ordem-2022)** O Parque de Diversões Alegrias ABC obteve legalmente autorização do Município Alfa para uso de bem público, de maneira a montar suas instalações e exercer suas atividades em determinada praça pública, pelo período de três meses. Um mês após a edição do ato de autorização de uso, sobreveio legislação municipal, alterando o plano diretor da cidade, tornando aquela área residencial e proibindo expressamente sua autorização de uso para fins recreativos, como a instalação de parques de diversão.

No caso em tela, houve extinção do ato administrativo de autorização de uso inicialmente válido por meio da

a) cassação, devendo a autoridade municipal que emitiu o ato revogá-lo expressamente para o fiel cumprimento da lei e o Parque de Diversões Alegrias ABC não tem direito à indenização.

b) caducidade, por força de ilegalidade superveniente causada pela alteração legislativa, sem culpa do beneficiário do ato Parque de Diversões Alegrias ABC.

c) anulação, que ocorre de forma tácita, em razão de fato do príncipe superveniente, consistente na alteração do plano diretor da cidade, com direito de indenização ao Parque de Diversões Alegrias ABC.

---

9 MEIRELLES, Hely Lopes. *Direito administrativo brasileiro*. 36 ed. São Paulo: Malheiros, 2010. p. 134.

10 MEIRELLES, Hely Lopes. *Direito administrativo brasileiro*. 36 ed. São Paulo: Malheiros, 2010. p. 134.

d) contraposição, por força de ilegalidade superveniente decorrente da nova lei municipal editada, devendo ser perquirida eventual culpa do Parque de Diversões Alegrias ABC.

COMENTÁRIO

**Alternativa "a".** A **cassação** é a extinção do ato administrativo que se dá quando o destinatário do ato descumpre condição a que estava obrigado para se beneficiar dos efeitos do ato em questão. Assim, no caso narrado na alternativa, **não houve qualquer descumprimento**, por parte do beneficiado, do ajustado quando do ato administrativo em questão, de tal modo que não se trata de hipótese de **cassação.**

**Alternativa "b".** A ***caducidade*** é uma forma de **extinção do ato administrativo** em que ocorre a retirada do ato administrativo quando sobrevier uma norma jurídica que torna inadmissível a situação do administrado antes permitida e outorgada pelo ato precedente. Trata-se de uma ilegalidade superveniente não imputada à atuação do administrado. Essa modalidade extintiva tem incidência somente nos atos discricionários e precários, que não garantem direitos subjetivos aos particulares – diferentemente do que ocorre com os atos vinculados que gera direito adquirido. No caso narrado no enunciado, o ato administrativo em questão foi extinto tendo em vista a sua **caducidade.**

**Alternativa "c".** A anulação dos atos administrativos só ocorre quando houver um ato ou a relação jurídica dele decorrente for produzido em desconforme com a ordem jurídica, ou seja, anula-se ato ilegítimo ou ilegal. Nesse sentido as ***Súmulas nº 346 e 473 do STF. A anulação do ato administrativo ilegal constitui um dever da Administração Pública e não uma faculdade.*** A anulação do ato administrativo pode ser declarada tanto pela Administração Pública (autotutela), como pelo Poder Judiciário (controle de legalidade). Ademais, não há que se falar em **anulação tácita**, como mencionado na alternativa.

**Alternativa "d".** A **contraposição**, também conhecida como **derrubada**, é a extinção do ato administrativo em razão da incompatibilidade material com o ato administrativo posterior. É o que ocorre com o ato de nomeação do servidor diante do ato de sua exoneração. A despeito da grande parcela da doutrina considerar a contraposição como uma espécie autônoma de extinção, há quem entenda que, na verdade, cuida-se de modalidade de revogação tácita do ato administrativo.

**Alternativa correta: letra "b".**

---

**35. (FGV – Exame de Ordem 2020.1)** Otacílio, novo prefeito do Município Kappa, acredita que o controle interno é uma das principais ferramentas da função administrativa, razão pela qual determinou o levantamento de dados nos mais diversos setores da Administração local, a fim de apurar se os atos administrativos até então praticados continham vícios, bem como se ainda atendiam ao interesse público.

Diante dos resultados de tal apuração, Otacílio deverá

a) revogar os atos administrativos que contenham vícios insanáveis, ainda que com base em valores jurídicos abstratos.

b) convalidar os atos administrativos que apresentem vícios sanáveis, mesmo que acarretem lesão ao interesse público.

c) desconsiderar as circunstâncias jurídicas e administrativas que houvessem imposto, limitado ou condicionado a conduta do agente nas decisões sobre a regularidade de ato administrativo.

d) indicar, de modo expresso, as consequências jurídicas e administrativas da invalidação de ato administrativo.

COMENTÁRIO

✪ **Nota do Autor:** O art. 74 da Constituição Federal determina que os Poderes Executivo, Legislativo e Judiciário deverão manter, de forma integrada, sistema de controle interno, com a finalidade de: a) avaliar o cumprimento das metas previstas no plano plurianual, a execução dos programas de governo e dos orçamentos da União; b) comprovar a legalidade e avaliar os resultados, quanto à eficácia e eficiência, da gestão orçamentária, financeira e patrimonial nos órgãos e entidades da administração federal, bem como da aplicação de recursos públicos por entidades de direito privado; c) exercer o controle das operações de crédito, avais e garantias, bem como dos direitos e haveres da União; d) apoiar o controle externo no exercício de sua missão institucional.

**Alternativa "a".** A **revogação** é a extinção de ato administrativo válido ou de seus efeitos por **razões de conveniência e oportunidade**, em face do interesse público. Havendo vícios insanáveis, o ato administrativo deve ser objeto de **anulação.**

**Alternativa "b".** Em face do princípio da segurança jurídica, deve se preferir a convalidação à anulação, mas, para tanto, o ato deve conter vício sanável e do ato convalidatório não pode decorrer prejuízo para o interesse público nem para terceiros. Quer dizer, nessa situação, não se deve anular e, sim, convalidar. De maneira específica à administração federal, há o art. 55 da Lei nº 9.784/99 estabelecendo que "em **decisão na qual se evidencie não acarretarem lesão ao interesse público nem prejuízo a terceiros**, os atos que apresentarem defeitos sanáveis poderão ser convalidados pela própria Administração".

**Alternativa "c".** Considerando a resposta da alternativa "d" – que é a correta -, é indispensável que a autoridade administrativa considere as circunstâncias jurídicas e administrativas para proceder à invalidação de ato administrativo.

**Alternativa "d".** Com as alterações da Lei de Introdução das Normas de Direito Brasileiro, foi incluído o art. 21 que, em seu *caput*, estabelece que "a decisão que, nas esferas administrativa, controladora ou judicial, decretar a invalidação de ato, contrato, ajuste, processo ou norma administrativa deverá indicar de modo expresso suas consequências jurídicas e administrativas". Ademais, deve-se apontar que o art. 50, VIII da Lei nº 9.784/1999 estabelece que "Os atos administrativos deverão ser motivados, com indicação dos fatos e dos fundamentos jurídicos, quando: importem anulação, revogação, suspensão ou convalidação de ato administrativo".

**Alternativa correta: letra "d".**

---

**36. (FGV/OAB/XXX Exame – 2019)** José, servidor público federal ocupante exclusivamente de cargo em comissão, foi exonerado, tendo a autoridade competente motivado o ato em reiterado descumprimento da carga horária de trabalho pelo servidor. José obteve, junto ao departamento de recursos humanos, documento oficial com extrato de seu ponto eletrônico, comprovando o regular cumprimento de sua jornada de trabalho.

Assim, o servidor buscou assistência jurídica junto a um advogado, que lhe informou corretamente, à luz do ordenamento jurídico, que

a) não é viável o ajuizamento de ação judicial visando a invalidar o ato de exoneração, eis que o próprio texto constitucional estabelece que cargo em comissão é de livre nomeação e exoneração pela autoridade competente, que não está vinculada ou limitada aos motivos expostos para a prática do ato administrativo.

b) não é viável o ajuizamento de ação judicial visando a invalidar o ato de exoneração, eis que tal ato é classificado como vinculado, no que tange à liberdade de ação do administrador público, razão pela qual o Poder Judiciário não pode se imiscuir no controle do mérito administrativo, sob pena de violação à separação dos Poderes.

c) é viável o ajuizamento de ação judicial visando a invalidar o ato de exoneração, eis que, apesar de ser dispensável a motivação para o ato administrativo discricionário de exoneração, uma vez expostos os motivos que conduziram à prática do ato, estes passam a vincular a Administração Pública, em razão da teoria dos motivos determinantes.

d) é viável o ajuizamento de ação judicial visando a invalidar o ato de exoneração, eis que, por se tratar de um ato administrativo vinculado, pode o Poder Judiciário proceder ao exame do mérito administrativo, a fim de aferir a conveniência e a oportunidade de manutenção do ato, em razão do princípio da inafastabilidade do controle jurisdicional.

**COMENTÁRIOS**

**Alternativa "c" (responde às demais alternativas).** Pela teoria dos motivos determinantes, não importa se deve haver ou não a motivação do ato administrativo, pois **o administrador fica vinculado aos motivos declarados para a prática do ato**. Quer dizer, mesmo que se trate de situação em que não havia obrigação de motivar, **uma vez feita a motivação ou o motivo declarado, existiu e é verdadeiro ou o ato é nulo**. Assim, João era ocupante exclusivamente do cargo em comissão e, em razão disso, poderia ser exonerado "ad nutum", ou seja, sem qualquer justificativa. Todavia, a autoridade competente motivou o ato, de modo que se aplica a teoria dos motivos determinantes, acima explicada.

**Alternativa correta: letra "c".**

**37. (FGV-Exame de Ordem 2019.2)** Luciana, imbuída de má-fé, falsificou documentos com a finalidade de se passar por filha de Astolfo (recentemente falecido, com quem ela não tinha qualquer parentesco), movida pela intenção de obter pensão por morte do pretenso pai, que era servidor público federal. Para tanto, apresentou os aludidos documentos forjados e logrou a concessão do benefício junto ao órgão de origem, em março de 2011, com registro no Tribunal de Contas da União, em julho de 2014. Contudo, em setembro de 2018, a administração verificou a fraude, por meio de processo administrativo em que ficou comprovada a má-fé de Luciana, após o devido processo legal.

Sobre essa situação hipotética, no que concerne ao exercício da autotutela, assinale a afirmativa correta.

a) A administração tem o poder-dever de anular a concessão do benefício diante da má-fé de Luciana, pois não ocorreu a decadência.

b) O transcurso do prazo de mais de cinco anos da concessão da pensão junto ao órgão de origem importa na decadência do poder-dever da administração de anular a concessão do benefício.

c) O controle realizado pelo Tribunal de Contas por meio do registro sana o vício do ato administrativo, de modo que a administração não mais pode exercer a autotutela.

d) Ocorreu a prescrição do poder-dever da administração de anular a concessão do benefício, na medida em que transcorrido o prazo de três anos do registro perante o Tribunal de Contas.

**COMENTÁRIOS**

**Alternativa "a" (responde às demais alternativas).** A anulação é a extinção do ato administrativo por razões de ilegalidade, podendo ser feita pela Administração, de ofício ou a pedido ou pelo Judiciário, mediante provocação. **Qualquer ato administrativo pode ser anulado**, seja ele vinculado ou discricionário, porque mesmo neste os elementos de validade devem estar presentes. Pode haver decisão judicial anulando ato discricionário porque, por exemplo, o motivo alegado para a prática do ato é falso.

A **Administração Pública federal**, nos termos do art. 54 da Lei nº 9.784/99, tem o **prazo decadencial de cinco anos** para anular os **atos administrativos com efeitos favoráveis ao destinatário, desde que não haja má-fé**. Note-se que a disposição é aplicada de forma subsidiária aos Estados e Municípios, quando estes não editarem norma local, nos termos do que dispõe a Súmula nº 633 do STJ: "A Lei 9.784/1999, especialmente no que diz respeito ao prazo decadencial para a revisão de atos administrativos no âmbito da Administração Pública federal, pode ser aplicada, de forma subsidiária, aos estados e municípios, se inexistente norma local e específica que regule a matéria."

No caso apresentado, Luciana agiu de má-fé, de forma que não há que se falar na aplicação do prazo decadencial de cinco anos.

**Alternativa correta: letra "a".**

**38. (FGV – Exame de Ordem 2016.1)** A pretexto de regulamentar a Lei nº 8.987/1995, que dispõe sobre a concessão e a permissão de serviços públicos, o Presidente da República editou o Decreto XYZ, que estabelece diversas hipóteses de gratuidade para os serviços de transporte de passageiros.

A respeito da possibilidade de controle do Decreto XYZ, expedido pelo chefe do Poder Executivo, assinale a afirmativa correta.

a) Como ato de natureza essencialmente política, o Decreto XYZ não está sujeito a qualquer forma de controle.

b) Como ato discricionário, o Decreto XYZ não está sujeito a qualquer forma de controle.

c) Como ato normativo infralegal, o Decreto XYZ está sujeito apenas ao controle pelo Poder Judiciário.

d) Como ato normativo infralegal, o Decreto XYZ sujeita-se ao controle judicial e ao controle legislativo.

**COMENTÁRIOS**

**Alternativa "d" (responde as demais alternativas).** O controle da Administração Pública é "o conjunto de mecanismos jurídicos e administrativos por meio dos quais se exerce o poder de fiscalização e de revisão da atividade administrativa em qualquer das esferas de Poder"[11]. Todos os atos administrativos são passíveis de controle, inclusive o discricionário. Para melhor exercício desse controle, não é exclusivo de um dos Poderes, pois pode ser feito pela própria Administração (controle administrativo), pelo Poder Legislativo (controle legislativo) e pelo Poder Judiciário (controle judicial). Em específico, o controle legislativo subdivide-se em controle político e controle financeiro. No controle político o Poder Legislativo pode fiscalizar e decidir sobre "atos ligados à função administrativa e de organização do Executivo e do Judiciário"[12], sendo exemplo desse controle a instalação de Comissão Parlamentar de Inquérito (CPI) e a prerrogativa do Congresso Nacional de sustar os "atos praticados pelo poder Executivo que exorbitem poder regulamentar ou dos limites de delegação legislativa" (art. 49, V, CF). Por sua vez, o controle financeiro é o "exercido pelo Poder

11 CARVALHO FILHO, José dos Santos. Manual de direito administrativo. 19. ed. Rio de Janeiro: Lumen Juris, 2008. p. 836.

12 CARVALHO FILHO, José dos Santos. Manual de direito administrativo. 19. ed. Rio de Janeiro: Lumen Juris, 2008. p. 887.

Legislativo sobre o Executivo, o Judiciário e sobre sua própria administração no que se refere à receita, à despesa e à gestão dos recursos públicos[13]", sendo auxiliado nessa tarefa pelos tribunais de contas. Por sua vez, o controle judicial é exercido pelos órgãos do Poder Judiciário no exercício da função jurisdicional, destacando-se que vigora no Brasil o sistema inglês ou de jurisdição única, pelo qual, por força do art. 5º, XXXV, da CF, é prerrogativa do Poder Judiciário a decisão de forma definitiva. Por força do poder regulamentar, a Administração pode expedir atos de caráter geral, abstrato, destinados a todas as pessoas que estejam na situação por eles regulada. São os atos normativos, espécie de ato administrativo, que possuem finalidade normativa. Servem para explicitar a lei para que seja possível seu efetivo cumprimento, mas deve ser destacado que são submissos à lei e esta é o seu limite. Seu principal exemplo é o decreto. Dessa maneira, o Decreto XYZ editado pelo Presidente da República é um ato administrativo, da espécie ato normativo, e, portanto, passível de controle administrativo, legislativo e judicial. No âmbito do controle judicial, ao ser provocado, o Poder Judiciário pode decidir pela anulação desse ato, caso constate a existência de algum vício insanável em um de seus elementos, especialmente quanto à obediência à lei que regulamentou. Da mesma maneira, o Poder Legislativo pode sustar esse decreto, caso tenha extrapolado os limites do poder regulamentar.

**Alternativa correta: letra "d".**

---

**39. (FGV – Exame de Ordem 2016.1)** Fulano, servidor público federal lotado em órgão da administração pública federal no Estado de São Paulo, contesta ordens do seu chefe imediato, alegando que são proibidas pela legislação. A chefia, indignada com o que entende ser um ato de insubordinação, remove Fulano, contra a sua vontade, para órgão da administração pública federal no Distrito Federal, para exercer as mesmas funções, sendo certo que havia insuficiência de servidores em São Paulo, mas não no Distrito Federal.

Considerando as normas de Direito Administrativo, assinale a afirmativa correta.

a) A remoção de Fulano para o Distrito Federal é válida, porque configura ato arbitrário da Administração.

b) Não é cabível a remoção do servidor com finalidades punitivas, por se ter, em tal hipótese, desvio de finalidade.

c) A remoção pode ser feita, uma vez que Fulano não pautou sua conduta com base nos princípios e regras aplicáveis aos servidores públicos.

d) O ato de insubordinação deveria ter sido constatado por meio de regular processo administrativo, ao fim do qual poderia ser aplicada a penalidade de remoção.

**COMENTÁRIOS**

**Alternativa "b" (responde as demais alternativas).** Em razão da supremacia do interesse público, normalmente, os estatutos de servidores públicos fazem a previsão de remoção do servidor, independentemente de sua vontade. No estatuto dos servidores públicos federais (Lei nº 8.112/90), a remoção está prevista no art. 36. Não se trata de punição, de sanção; mas, de ferramenta administrativa de natureza discricionária disponível para melhor adequação das necessidades da Administração em relação ao seu quadro de pessoal. Todavia, não pode ser feita de forma arbitrária, quer dizer, o ato administrativo de remoção para ser válido deve ter todos os elementos de validade intactos. São elementos a competência, a forma, a finalidade, o motivo e o objeto. Em relação à finalidade, de forma geral, a Administração deve buscar o interesse público e, de maneira específica, deve se pautar na determinação legal para a situação específica. No caso em análise, a chefia removeu Fulano não porque era interesse público, já que o local onde foi trabalhar não tinha insuficiência de servidores, pois isso ocorria, na verdade, no local de onde saiu. Ele foi removido com finalidade punitiva. Houve nítido desvio de finalidade, porque o ato foi praticado com finalidade diversa da prevista na lei e, nesse caso, o ato praticado é nulo. No que se refere à insubordinação, se as ordens forem manifestamente ilegais, o servidor não pode ser punido por não as cumprir.

**Alternativa correta: letra "b".**

## 7. PROCESSO ADMINISTRATIVO FEDERAL: LEI Nº 9.784/99

▸ Lei nº 9.784/99

---

**40. (FGV – XXXVII Exame OAB)** Com o intuito de tomar providências em relação à determinada política pública, no âmbito da Administração Pública Federal, foi determinado que os Ministérios Alfa, Beta e Gama, promovessem uma decisão coordenada, diante da justificável relevância da matéria. A Associação Dabliu, que atua na área de interesse coletivo, almeja habilitar-se como ouvinte do processo decisório, bem como ter direito de voz durante a reunião concernente aos respectivos trabalhos, designada para a próxima quarta-feira. Diante dessa situação hipotética e das normas relativas à decisão coordenada na Lei nº 9.784/99, assinale a afirmativa correta.

a) A Associação Dabliu não poderá habilitar-se a participar da decisão coordenada, ainda que na qualidade de ouvinte.

b) A participação dos Ministérios Alfa, Beta e Gama na decisão coordenada em questão independe de intimação.

c) O eventual dissenso do Ministério Alfa quanto à solução do objeto da decisão coordenada não precisa ser manifestado durante a reunião.

d) A decisão prolatada por autoridade competente, que defira a participação da Associação Dabliu na reunião, com direito a voz, é irrecorrível.

**COMENTÁRIO**

**Nota do Autor:** A questão exige conhecimento sobre o instituto da **decisão coordenada**, recentemente incluído na Lei nº 9.784/1999. Neste sentido, o art. 49-A, §1º, define a decisão coordenada a "(...) instância de natureza interinstitucional ou intersetorial que atua de forma compartilhada com a finalidade de simplificar o processo administrativo mediante participação concomitante de todas as autoridades e agentes decisórios e dos responsáveis pela instrução técnico-jurídica, observada a natureza do objeto e a compatibilidade do procedimento e de sua formalização com a legislação pertinente".

**Alternativa "a".** O art. 9º, III, da Lei, estabelece que são legitimados como interessados no processo administrativo "as organizações e associações representativas, no tocante a direitos e interesses coletivos". Assim, é perfeito possível que a associação em questão seja habilitada a participar da decisão coordenada, na qualidade de ouvinte, nos termos do art. 49-B, *caput*, da Lei.

**Alternativa "b".** O art. 49-D, da Lei nº 9.784/1999, estabelece a obrigatoriedade de intimação dos participantes da decisão coordenada.

13 CARVALHO FILHO, José dos Santos. Manual de direito administrativo. 19. ed. Rio de Janeiro: Lumen Juris, 2008. p. 889.

**Alternativa "c".** A redação do art. 49-F, *caput*, estabelece que "eventual dissenso na solução do objeto da decisão coordenada deverá ser manifestado durante as reuniões, de forma fundamentada, acompanhado das propostas de solução e de alteração necessárias para a resolução da questão".

**Alternativa "d".** O parágrafo único, do art. 49-B, da Lei nº 9.784/1999, estabelece que "a participação na reunião, que poderá incluir direito a voz, será deferida por decisão irrecorrível da autoridade responsável pela convocação da decisão coordenada".

**Alternativa correta: letra "d".**

---

**41. (FGV – Exame de Ordem 2018.2)** Marcos, servidor do Poder Executivo federal, entende que completou os requisitos para a aposentadoria voluntária, razão pela qual requereu, administrativamente, a concessão do benefício ao órgão competente. O pedido foi negado pela Administração. Não satisfeito com a decisão, Marcos interpôs recurso administrativo.

Tendo o enunciado como parâmetro e considerando o disposto na Lei nº 9.784/99, assinale a afirmativa correta.

a) O recurso, salvo disposição legal diversa, tramitará por, no mínimo, três instâncias administrativas.

b) O recurso será dirigido à autoridade que proferiu a decisão, que, se não a reconsiderar, encaminhará o apelo à autoridade superior.

c) O recurso e todos os atos subsequentes praticados pela Administração no âmbito do processo administrativo, em regra, devem apresentar forma determinada.

d) Marcos somente poderá alegar questões de legalidade, como a incompetência da autoridade que proferiu a decisão, não lhe sendo permitido solicitar o reexame do mérito da questão apreciada.

**COMENTÁRIOS**

✪ **Nota do autor:** Conforme o art. 56 da Lei nº 9.784/99, é possível a interposição de recurso administrativo em face da decisão tomada no processo administrativo, em razão de legalidade e mérito e estão legitimados a fazer a interposição (art. 58): a) titulares de direitos e interesses que forem parte no processo; b) aqueles cujos direitos ou interesses forem indiretamente afetados pela decisão recorrida; c) as organizações e associações representativas, no tocante a direitos e interesses coletivos; d) os cidadãos ou associações, quanto a direitos ou interesses difusos. Quanto ao prazo para interposição, estabelece o art. 59 que é de dez dias, contado a partir da ciência ou divulgação oficial da decisão recorrida, salvo disposição legal específica.

**Alternativa "a".** A alternativa é transcrição quase exata do art. 57 da Lei 9.784/99, exceto pela palavra **mínimo**. Assim, salvo disposição legal diversa, o recurso tramitará **no máximo** por três instâncias administrativas.

**Alternativa "b".** Uma vez interposto o recurso, será encaminhado para ***a autoridade que proferiu a decisão*** e esta pode reconsiderar ou não. Caso ***não reconsidere***, no prazo de cinco dias, encaminhará o recurso à ***autoridade superior*** (art. 56, § 1º).

**Alternativa "c".** O **princípio do formalismo moderado**, aplicável aos processos administrativos, impõe que estes **não devem se submeter a formas rígidas,** exceto se houver previsão legal expressa.

**Alternativa "d".** Como destacado, os termos do art. 56 da Lei nº 9.784/99, admite-se o recurso administrativo para se combater decisão tomada no processo administrativo, **em razão de legalidade e de mérito.**

**Alternativa correta: letra "b".**

---

**42. (FGV – Exame de Ordem 2017.2)** Ao realizar uma auditoria interna, certa entidade administrativa federal, no exercício da autotutela, verificou a existência de um ato administrativo portador de vício insanável, que produz efeitos favoráveis para a sociedade Tudobeleza S/A, a qual estava de boa-fé. O ato foi praticado em 10 de fevereiro de 2012. Em razão disso, em 17 de setembro de 2016, a entidade instaurou processo administrativo, que, após o exercício da ampla defesa e do contraditório, culminou na anulação do ato em 05 de junho de 2017.

Com relação ao transcurso do tempo na mencionada situação hipotética, assinale a afirmativa correta.

a) Não há decadência do direito de anular o ato eivado de vício, considerando que o processo que resultou na invalidação foi instaurado dentro do prazo de 5 (cinco) anos.

b) Consumou-se o prazo prescricional de 5 (cinco) anos para o exercício do poder de polícia por parte da Administração Pública federal.

c) O transcurso do tempo não surte efeitos no caso em questão, considerando que a Administração pode anular seus atos viciados a qualquer tempo.

d) Consumou-se a decadência para o exercício da autotutela, pois, entre a prática do ato e a anulação, transcorreram mais de 5 (cinco) anos.

**COMENTÁRIOS**

✪ **Nota do autor:** A **anulação** é a **extinção do ato administrativo por razões de ilegalidade.** Nesse caso, o ato possui algum vício que o contamina e, não sendo possível a convalidação, deve haver a sua invalidação. Outrossim, pela aplicação do princípio da **autotutela**, uma vez verificado o vício insanável, é **dever da Administração** promover sua anulação, não sendo ato discricionário.

**Alternativa "a" (responde as demais alternativas).** Normalmente, as leis reguladoras dos processos administrativos em cada ente federativo estabelecem prazo decadencial para a anulação de ato administrativo, em face do princípio da segurança jurídica. No âmbito federal, existe a Lei nº 9.784/99, que, em seu art. 54, estabelece que Administração Pública tem o prazo decadencial de cinco anos para anular os atos administrativos com efeitos favoráveis ao destinatário, desde que não haja má-fé. Nesse sentido é o posicionamento do Superior Tribunal de Justiça, conforme se vê, entre outros julgados, no Recurso Especial nº 1.256.033, em que restou consignado que o "prazo decadencial estabelecido no art. 54 da Lei 9.784/99 é contado a partir de sua entrada em vigor (1º/2/99)". Desse modo, para os atos anteriores à entrada em vigor da lei, o termo inicial é a entrada em vigor da lei e, para os atos praticados após o início da vigência da lei, é data da realização do ato. No caso concreto, **foi instaurado processo administrativo ainda dentro do prazo decadencial de 5 (cinco) anos para que se promova a anulação do ato,** e, segundo §2º do art. 54 da referida Lei, "considera-se exercício do direito de anular qualquer medida de autoridade administrativa que importe impugnação à validade do ato", razão pela qual, à luz do princípio da autotutela, agiu corretamente referida entidade administrativa federal.

**Alternativa correta: letra "a".**

## 8. LICITAÇÃO E CONTRATO ADMINISTRATIVO

- CF, art. 22, XXVII
- CF, art. 37, XXI
- CF, art. 173
- Lei nº 14.133/2021

- Lei nº 8.666/1993
- Lei nº 10.520/2002
- Decreto nº 11.317/2022
- Decreto nº 9.412/2018

---

**43. (FGV – XXXVII Exame OAB)** A União pretende realizar uma obra de grande vulto, com serviços de engenharia, mediante licitação na modalidade concorrência e no regime de contratação semi-integrada, na forma da Lei nº 14.133/2021, em relação à qual será necessária a realização de desapropriação. Para tanto, fez publicar um edital que previu a responsabilidade do contratado pela realização da desapropriação, estabelecendo o responsável por cada fase do procedimento expropriatório e a estimativa do valor da respectiva indenização, a ser paga pelo contratado. Além disso, o instrumento convocatório previu a distribuição objetiva dos riscos entre as partes, incluído o risco pela diferença entre o custo da desapropriação e a estimativa do valor a ser pago e pelos eventuais danos e prejuízos ocasionados por atraso na disponibilização dos bens expropriados. A sociedade XPTO está muito interessada em participar da licitação, mas tem fundadas dúvidas acerca da validade das cláusulas editalícias relacionadas à desapropriação, razão pela qual consulta sua assessoria jurídica a respeito do tema. Acerca dessa situação hipotética, assinale a afirmativa correta.

a) O edital em questão não poderia prever que o contratado promovesse nenhuma das fases de procedimento de desapropriação autorizada pelo Poder Público.

b) Quanto às fases do procedimento expropriatório, poderia ser conferida ao contratado, até mesmo, a possibilidade de editar o Decreto expropriatório.

c) A cláusula que estabelece que o contratado será responsável pelo pagamento da indenização é nula, na medida em que tal montante deve ser necessariamente arcado pelo contratante.

d) A repartição objetiva dos riscos deve ser respeitada, ainda que ocorra o atraso na conclusão da desapropriação por fato imprevisível.

**COMENTÁRIO**

✪ **Nota do Autor:** A questão deve ser resolvida à luz da Lei nº 14.133/2021, por expressa menção no enunciado. De todo modo, é importante que o candidato saiba que em até 2 (dois) anos contados da publicação da Lei nº 14.133/2021, **ainda poderá eventualmente ser aplicada a anterior lei de licitações, qual seja, a Lei nº 8.666/93.**

**Alternativa "a" (responde a alternativa "b").** O art. 24, §5º, II, da Lei nº 14.133/2021, estabelece que o edital poderá prever a responsabilidade do contratado pela realização de desapropriação autorizada pelo poder pública, mas não há qualquer previsão de que o contratado edite o decreto expropriatório, de competência da autoridade pública.

**Alternativa "c".** O art. 46, §4º, III, da Lei, estabelece que, nos regimes de contratação integrada e semi-integrada, o edital e o contrato, sempre que for o caso, deverão prever as providências necessárias para a efetivação de desapropriação autorizada pelo poder público, bem como "a estimativa do valor a ser pago a título de indenização pelos bens expropriados, inclusive de custos correlatos". Assim, é perfeitamente possível o ajuste de cláusula que estabelece que o contratado será responsável pelo pagamento da indenização.

**Alternativa "d".** O mesmo dispositivo mencionado estabelece que o edital e contrato deverão prever "a distribuição objetiva de riscos entre as partes, incluído o risco pela diferença entre o custo da desapropriação e a estimativa de valor e pelos eventuais danos e prejuízos ocasionados por atraso na disponibilização dos bens expropriados". Assim, à luz do dispositivo, repartição objetiva dos riscos deve ser respeitada, ainda que ocorra o atraso na conclusão da desapropriação por fato imprevisível.

**Alternativa correta: letra "b".**

---

**44. (FGV- XXXV Exame de Ordem-2022)** O município Gama almeja realizar licitação para a escolha de um projeto urbanístico, de cunho técnico especializado, de natureza preponderantemente cultural, para a revitalização de seu centro histórico. Para tanto, fez publicar o respectivo edital com as especificações determinadas por lei.

Sobre a hipótese, segundo a nova de Lei de Licitações (Lei no 14.133/21), assinale a afirmativa correta.

a) O vencedor da licitação deverá ceder ao município Gama os direitos patrimoniais relativos ao projeto e autorizar sua execução conforme juízo de conveniência e oportunidade das autoridades competentes.

b) A elaboração do projeto técnico mencionado corresponde a serviço comum, de modo que a modalidade de licitação aplicável pelo município Gama é o pregão.

c) A modalidade de licitação a ser utilizada pelo município Gama é o diálogo competitivo, porque a Nova Lei de Licitações não prevê o concurso.

d) A licitação deverá ser realizada como concurso público de provas e títulos, tal como ocorre com a admissão de pessoal, para fins de remunerar o projeto vencedor.

**COMENTÁRIO**

**Alternativa "a" (responde às demais alternativas).** De acordo com o inciso XXXIX do art. 6º da Lei nº 14.133/2021, concurso é a modalidade de licitação "para escolha de trabalho técnico, científico ou artístico, cujo critério de julgamento será o de melhor técnica ou conteúdo artístico, e para concessão de prêmio ou remuneração ao vencedor" e, portanto, aplicável à situação narrada no enunciado. No caso específico de projeto, determina o parágrafo único do art. 30 que o vencedor deverá ceder à Administração Pública todos os direitos patrimoniais relativos ao projeto e autorizar sua execução conforme juízo de conveniência e oportunidade das autoridades competentes.

**Alternativa correta: letra "a"**

---

**45. (FGV Exame de Ordem 2021.2)** Para fins de contratar serviço de engenharia necessário ao desenvolvimento de sua atividade, que não abarca reforma de edifício ou equipamento, certa empresa pública federal realizou licitação, na forma da Lei n° 13.303/16. A sociedade empresária Feliz sagrou-se vencedora do certame. Após regular formalização do contrato, a entidade administrativa, diante do advento de nova tecnologia relevante, decidiu alterar as especificações do objeto, mediante aditamento. Acerca dessa situação hipotética, assinale a afirmativa correta.

a) Ainda que haja acordo entre as partes, a alteração do contrato pretendida não é possível, em decorrência do princípio de que o pactuado deve ser respeitado.

b) A empresa pública tem a prerrogativa de realizar a alteração do contrato, independentemente de acordo com a sociedade empresária Feliz.

c) A alteração do contrato depende de acordo com a sociedade empresária Feliz e deve respeitar o limite estabelecido na lei de regência.

d) Se houver acordo entre as partes, não há limitação para a alteração do contrato formalizado com a sociedade empresária Feliz.

COMENTÁRIO

**Alternativa "a" (responde as demais alternativas).** Nos termos do art. 81 da Lei nº 13.303/2016, os contratos contarão com cláusula que estabeleça a possibilidade de alteração, **por acordo entre as partes**, quando houver modificação do projeto ou das especificações, para melhor adequação técnica aos seus objetivos. Para tanto, deverão ser respeitados os acréscimos ou supressões que se fizerem nas obras, serviços ou compras, até 25% (vinte e cinco por cento) do valor inicial atualizado do contrato, e, no caso particular de reforma de edifício ou de equipamento, até o limite de 50% (cinquenta por cento) para os seus acréscimos. Atenção! Segundo estabelece a Lei nº 14.133/2021 (Nova Lei de Licitações e Contratos) não são abrangidas pela Lei as empresas públicas, sociedades de economia mista e suas subsidiárias (art. 1º, §1º da Lei nº 14.133/2021).

**Alternativa correta: letra "c".**

**46. (FGV/OAB/XXXII_Exame – 2021)** O Município Delta está passando por graves dificuldades financeiras e recebeu da sociedade empresária Incorporatudo uma proposta para alienar determinada praça pública, situada em bairro valorizado, por montante consideravelmente superior ao praticado no mercado, em decorrência do grande interesse que a Incorporatudo tem de promover um empreendimento de luxo no local.

Diante dessa situação hipotética, assinale a afirmativa correta.

a) O Município Delta pode alienar o bem em questão, mediante autorização por Decreto e sem licitação, diante da obtenção do lucro que poderia ser revertido para a coletividade.

b) O bem em foco, por ser dominical, poderia ser alienado pelo Município Delta mediante autorização legislativa, dispensada a licitação em razão do alto valor oferecido.

c) O bem público em comento, em razão de ser de uso comum, só poderia ser alienado se houvesse a sua prévia desafetação e fossem seguidos os ditames da lei geral de licitações.

d) O bem de uso especial é passível de alienação pelo Município Delta, apesar de, na hipótese, ser necessária a licitação.

COMENTÁRIOS

✪ **Nota do autor:** os regimes jurídicos adotados pelas Leis nº 8.666/93 e 14.133/2021 conviverão pelo período de 2 anos da publicação da Nova Lei, devendo a Administração Pública realizar a opção, no edital de licitação, de qual será o adotado, sendo vedada a combinação entre ambos.

**Alternativa "c".** Responde às demais alternativas. A praça pública se trata de bem de uso comum, que são aqueles destinados ao uso de todos. Por esta razão, para que sejam alienados, deverão ser desafetados, para que sua alienação seja possível.

Além disso, deverá se submeter ao processo licitatório, nos termos da Lei de Licitações e Contratos Administrativos.

No ano de 2021, houve a edição da Lei nº 14.133/2021, devendo-se apontar que a Lei nº 8.666/1993 permanecerá em vigor pelo prazo de 2 anos da publicação da Nova Lei.

Dessa forma, a alienação do bem pelo Município de Delta poderá ser regrada pela Lei nº 8.666/1993 ou pela Nova Lei de Licitações, devendo essa opção ser mencionada, expressamente, no edital de licitação.

Assim, optando pelo marco legal em extinção, nos termos do art. 17 da Lei nº 8.666/1993, a venda de imóveis dependerá de autorização legislativa, avaliação prévia e licitação na modalidade concorrência. Observação: a modalidade leilão poderia ser utilizada no caso de venda de bens imóveis cuja aquisição haja derivado de procedimentos judiciais ou dação em pagamento, nos termos do art. 19 da Lei.

Por sua vez, havendo opção pelo novo marco legal, o art. 76 da Lei nº 14.133/2021 estabelece que a alienação de bens imóveis exige autorização legislativa e dependerá da licitação na modalidade leilão. Assim, pela Nova Lei, o leilão passa a ser a única modalidade licitatória admitida para a venda de imóveis da Administração direta ou de autarquias e fundações, destacando-se que a autorização legislativa será dispensada na hipótese do imóvel a ser alienado tiver sido adquirido em procedimento judicial ou por dação em pagamento (art. 76, §1º).

**Alternativa correta: letra "c".**

**47. (FGV/OAB/XXX_Exame – 2019)** Determinada empresa pública estadual, com vistas a realizar a aquisição de bens necessários para o adequado funcionamento de seus serviços de informática, divulgou, após a devida fase de preparação, o respectivo instrumento convocatório, no qual indicou certa marca, que é comercializada por diversos fornecedores, por considerá-la a única capaz de atender ao objeto do contrato, e adotou a sequência de fases previstas na lei de regência.

No curso da licitação, a proposta apresentada pela sociedade empresária Beta foi considerada a melhor, mas a sociedade empresária Alfa considerou que houve um equívoco no julgamento e apresentou recurso administrativo para impugnar tal fato, antes da habilitação, que não foi aceito. Foi dado prosseguimento ao certame, com a inabilitação da sociedade Beta, de modo que a vencedora foi a sociedade empresária Sigma, consoante resultado homologado.

Considerando o regime licitatório aplicável às empresas estatais e as circunstâncias do caso concreto, assinale a afirmativa correta.

a) Existe vício insanável no instrumento convocatório, pois é vedada a indicação de marca, mesmo nas circunstâncias apontadas.

b) A homologação foi equivocada, na medida em que a empresa pública não observou a sequência das fases previstas em lei ao efetuar o julgamento das propostas antes da habilitação.

c) O recurso da sociedade Alfa foi apresentado em momento oportuno e a ele deveria ter sido conferido efeito suspensivo com a postergação da fase da habilitação.

d) A homologação do resultado implica a constituição de direito relativo à celebração do contrato em favor da sociedade empresária Sigma.

COMENTÁRIOS

**Atenção!** De acordo com a Lei nº 14.133/2021 (Nova Lei de Licitações e Contratos), não estão nela abrangidas as sociedades de economia mista e empresas públicas regidas pela Lei nº 13.303/2016.

**Alternativa "a".** No caso apresentado, houve indicação de marca no instrumento convocatório, pois seria a única capaz de atender ao objeto do contrato, o que se amolda ao exposto no art. 47, I, "b" da Lei nº 13.303/2016. Nesse sentido: "Art. 47. A empresa pública e a sociedade de economia mista, na licitação para aquisição de bens, poderão: I – indicar marca ou modelo, nas seguintes hipóteses: (...) b) quando determinada marca ou modelo comercializado por mais de um fornecedor constituir o único capaz de atender o objeto do contrato;".

**Alternativa "b".** De acordo com o exposto no art. 51 da Lei nº 13.303/2016, a fase de habilitação poderá anteceder as fases de: apresentação de lances ou propostas, conforme o modo de disputa adotado; **julgamento;** verificação de efetividade dos lances ou propostas; negociação.

**Alternativa "c".** Nos termos do art. 59, §1º da Lei nº 13.303/2016, os recursos serão apresentados no prazo de 5 dias úteis **após** a habilitação, quando se seguir o procedimento elencado no art. 51 da Lei, ou seja, quando não houver inversão de fases.

**Alternativa "d".** "A homologação do resultado implica a constituição de direito relativo à celebração do contrato em favor do licitante vencedor" (art. 60 da Lei nº 13.303/2016).

**Alternativa correta: letra "d".**

---

**48. (FGV/OAB/XXX_Exame - 2019)** Determinado Estado da Federação passa por grave problema devido à superlotação de sua população carcerária, tendo os órgãos de inteligência estatal verificado a possibilidade de rebelião e fuga dos apenados.

Visando ao atendimento do princípio constitucional da dignidade da pessoa humana e tendo em vista a configurada situação de grave e iminente risco à segurança pública, o ente federativo instaurou processo administrativo e, em seguida, procedeu à contratação, mediante inexigibilidade de licitação, de certa sociedade empresária para a execução de obras de ampliação e reforma de seu principal estabelecimento penal. Diante das disposições da Lei nº 8.666/93, no que tange à obrigatoriedade de licitação, o Estado contratante agiu

a) corretamente, diante da impossibilidade fática de licitação decorrente do iminente risco de rebelião e grave perturbação da ordem pública.

b) corretamente, haja vista que, apesar de ser possível a licitação, seu demorado trâmite procedimental acarretaria risco à ordem social.

c) erradamente, eis que as circunstâncias do caso concreto autorizariam a dispensa de licitação, observados os trâmites legais.

d) erradamente, uma vez que a prévia licitação é obrigatória na espécie, diante das circunstâncias do caso concreto.

**COMENTÁRIOS**

**Alternativa "c". (responde às demais alternativas).** Nos casos de dispensa de licitação, o administrador poderia realizar a licitação, mas a lei lhe confere uma faculdade em razão de situações taxativamente previstas no art. 24 da Lei nº 8.666/93. É o caso do previsto na questão: "É dispensável a licitação: (...) para a construção, a ampliação, a reforma e o aprimoramento de estabelecimentos penais, desde que configurada situação de grave e iminente risco à segurança pública" (art. 24, XXXV da Lei nº 8.666/93). Por sua vez, nos casos de inexigibilidade, há inviabilidade de competição, sendo o rol trazido no art. 25 da Lei nº 8.666/83 meramente exemplificativo.

Deve-se destacar que, com o advento da Lei nº 14.133/2021, os casos de dispensa de licitação estão previstos no art. 75, enquanto os casos de inexigibilidade se encontram dispostos no art. 74. Aponta-se que a Lei nº 8.666/1993 continuará em vigor pelo prazo de 2 anos após o advento da Nova Lei, devendo o edital elencar qual será a normativa utilizada no procedimento licitatório.

**Alternativa correta: letra "c".**

---

**49. (FGV-Exame de Ordem 2019.1)** O Município Sigma pretende realizar obras de restauração em uma praça e instalar brinquedos fixos de madeira para o lazer das crianças. A obra foi orçada em R$ 100.000,00 (cem mil reais), razão pela qual o ente federativo optou pela modalidade convite, remetendo o respectivo instrumento convocatório para três sociedades cadastradas junto ao registro pertinente e, para uma quarta, não cadastrada. Além disso, a carta-convite foi afixada em local apropriado para o conhecimento dos demais interessados.

Na sessão de julgamento, compareceram apenas duas convidadas, certo que a sociedade Alfa apresentou a melhor proposta e preencheu os requisitos para a habilitação.

Diante dessa situação hipotética, assinale a afirmativa correta.

a) O Município Sigma não poderia ter se utilizado da modalidade convite para a situação descrita.

b) A licitação é inválida, pois o resumo do instrumento convocatório deveria ser publicado em jornal de circulação no Município Sigma.

c) Se o Município Sigma não justificar a presença de apenas duas licitantes, diante da existência de limitações de mercado ou pelo desinteresse dos convidados, deverá repetir o convite.

d) Não é cabível realizar o convite de sociedades que não estejam cadastradas no registro pertinente.

**COMENTÁRIOS**

**Nota do autor:** Na forma do art. 22, §3º, da Lei nº 8.666/93, "convite é a modalidade de licitação entre interessados do ramo pertinente ao seu objeto, cadastrados ou não, escolhidos e convidados em número mínimo de 3 (três) pela unidade administrativa, a qual afixará, em local apropriado, cópia do instrumento convocatório e o estenderá aos demais cadastrados na correspondente especialidade que manifestarem seu interesse com antecedência de até 24 (vinte e quatro) horas da apresentação das propostas". Atenção! O convite e a tomada de preços deixam de constar na Nova Lei (Lei nº 14.133/2021) como modalidades de licitação. Destaca-se, contudo, que poderão ser utilizadas pelo período de 2 anos da publicação da Nova Lei, caso o edital preveja que o processo licitatório se regerá pela Lei nº 8.666/1993.

**Alternativa "a".** Considerando-se o mandamento do art. 23, I, *a*, é permitida a utilização de convite para obras e serviços de engenharia de até **R$ 330.000,00 (trezentos e trinta mil reais)**[14]. Desse modo, o Município Sigma poderia ter se utilidade da modalidade convite no caso narrado.

**Alternativa "b".** A necessidade de publicação em jornal de grande circulação no Estado e, se houver, em jornal de circulação no Município ou na região onde será realizada a obra, restringe-se às concorrências, tomadas de preços, concursos e leilões, nos termos do art. 21, III, da Lei de Licitações.

**Alternativa "c".** O §7º, do art. 22 da Lei nº 8.666/1993, estabelece que quando, por limitações do mercado ou manifesto desinteresse dos convidados, for impossível a obtenção do número mínimo de licitantes exigidos no § 3º deste artigo (que descreve a modalidade convite), essas circunstâncias deverão ser devidamente justificadas no processo, sob pena de repetição do convite.

**Alternativa "d".** Não há necessidade de estar registrado para participar de convite, conforme expressa dicção do art. 22, §3º, da Lei nº 8.666/1993.

**Alternativa correta: letra "c".**

---

14 Valor atualizado segundo o Decreto nº 9.412/2018.

**50. (FGV – Exame de Ordem/2018.3)** Após a contratação, sob o regime de empreitada por preço unitário, da sociedade empresária Faz de Tudo Ltda. para a construção do novo edifício-sede de uma agência reguladora, a Administração verifica que os quantitativos constantes da planilha orçamentária da licitação – e replicados pela contratada – são insuficientes para executar o empreendimento tal como projetado. Por isso, será necessário aumentar as quantidades de alguns serviços. Em termos financeiros, o acréscimo será de 20% – que corresponde a R$ 2.000.000,00 – em relação ao valor inicial atualizado do contrato.

Com base na situação narrada, assinale a afirmativa correta.

a) O acréscimo de serviços poderá ser combinado apenas verbalmente, não sendo necessária sua redução a termo.

b) Por se tratar de cláusula exorbitante, mesmo que a sociedade empresária Faz de Tudo Ltda. não concorde com o acréscimo, a alteração poderá ser determinada unilateralmente pela Administração.

c) O contratado só está obrigado a aceitar os acréscimos de até 15% (quinze por cento) em relação ao valor inicial atualizado do contrato; superado esse limite, a alteração só pode ocorrer com o consentimento da sociedade empresária Faz de Tudo Ltda.

d) Diante da deficiência do projeto básico, a Administração deve obrigatoriamente anular o contrato após serem oportunizados o contraditório e a ampla defesa à sociedade empresária Faz de Tudo Ltda.

**COMENTÁRIOS**

✪ **Nota do autor:** As **cláusulas exorbitantes** são cláusulas inexistentes no direito privado e, por isso, extrapolam, exorbitam o direito privado, concedendo **prerrogativas** para a Administração ao colocá-la em **posição de superioridade** em relação ao contratado. Atenção! No novo marco legal, Lei 14.133/2021 (Nova Lei de Licitações e Contratos Administrativos), a disciplina dos contratos administrativos foi objeto de consideráveis alterações, a partir do art. 89. O poder de alteração unilateral do contrato administrativo está previsto no art. 104, I, e o art. 124, I, elenca as **hipóteses** em que isso será possível. Vale destacar, ainda, que a Lei nº 8.666/93 continua válida por 2 (dois) anos contados da publicação oficial da Lei nº 14.133/2021.

**Alternativa "b" (responde as demais alternativas).** A regra, em âmbito privado, é de que qualquer alteração no contrato seja feita por acordo entre as partes. Em se tratando de contrato administrativo, entretanto, há a prerrogativa da Administração alterá-lo unilateralmente, mesmo sem a concordância do contratado, como previsto no art. 58, I da Lei nº 8.666/93. No entanto, tal prerrogativa encontra limites legais estabelecidos: ***em se tratando de contrato para a prestação de serviços ou para construção de obras*** – como assinalado no enunciado –, é possível a modificação do valor contratual em decorrência do ***acréscimo*** ou diminuição quantitativa de seu objeto em até ***25% do valor inicial atualizado do contrato.*** Assim, caso a Administração Pública – por meio de decisão motivada – determine referida alteração unilateral do contrato, dentro dos limites legais estabelecidos, ***não resta alternativa ao contratado, senão aceitar a majoração/supressão imposta.***

**Alternativa correta: letra "b".**

**51. (FGV – Exame de Ordem/2018.3)** Com a finalidade de contratar obras públicas relacionadas à melhoria da mobilidade urbana, o Estado X optou pela adoção do Regime Diferenciado de Contratação. Após a abertura das propostas, constatou-se que houve empate entre as sociedades Ômega S/A e Gama S/A, duas grandes empresas que atuam no setor de referência, sendo, a primeira, empresa brasileira e, a segunda, sociedade estrangeira com sede no Brasil.

Considerando a ordem de critérios de desempate estabelecida na legislação específica, assinale a afirmativa correta.

a) O Estado X deverá, de plano, proceder a sorteio para promover o desempate.

b) preferência por serviços realizados por empresa brasileira, em nenhum momento poderá ser utilizada como critério de desempate.

c) As sociedades deverão ser consideradas vencedoras e ratear, igualmente, o objeto do contrato, mediante a constituição de consórcio.

d) Os licitantes empatados poderão apresentar nova proposta fechada, em ato contínuo à classificação.

**COMENTÁRIOS**

✪ **Nota do autor:** O regime diferenciado de contratações públicas (RDC) está disciplinado na Lei nº 12.462/2011, destinado, exclusivamente, a determinadas licitações e contratos administrativos. Dentre elas, destaca-se a possibilidade de utilização do RDC nas obras e serviços de engenharia, relacionadas a melhorias na mobilidade urbana ou ampliação de infraestrutura logística (art. 1º, VIII, da Lei). Atenção! A Nova Lei de Licitações se aplica aos casos que façam menção expressa à Lei nº 8.666/1993. Além disso, deve-se destacar que, após o prazo de 2 anos da publicação da Lei nº 14.133/2021, a Lei do RDC será revogada, nos termos do art. 193.

**Alternativa "d" (responde as demais alternativas).** Na forma do art. 25, da Lei, em caso de empate entre 2 (duas) ou mais propostas, serão utilizados os seguintes critérios de desempate, nesta ordem: "I – disputa final, em que os licitantes empatados poderão apresentar nova proposta fechada em ato contínuo à classificação; II – a avaliação do desempenho contratual prévio dos licitantes, desde que exista sistema objetivo de avaliação instituído; III – os critérios estabelecidos no art. 3º da Lei nº 8.248, de 23 de outubro de 1991 (preferência a bens e serviços com tecnologia desenvolvida no brasil e bens e serviços produzidos de acordo com processo produtivo básico, na forma a ser definida pelo Poder Executivo), e no § 2º do art. 3º da Lei nº 8.666, de 21 de junho de 1993 (bens e serviços produzidos no país, produzidos ou prestados por empresas brasileiras, produzidos ou prestados por empresas que invistam em pesquisa e no desenvolvimento de tecnologia no país e produzidos ou prestados por empresas que comprovem cumprimento de reserva de cargos prevista em lei para pessoa com deficiência ou para reabilitado da Previdência Social e que atendam às regras de acessibilidade previstas na legislação); IV – sorteio".

**Alternativa correta: letra "d".**

**52. (FGV – Exame de Ordem 2018.2)** Uma sociedade empresária, contratada pelo Estado para a construção de um prédio público, atrasa a entrega de uma fase do projeto prevista no edital de licitação e no contrato. Apesar disso, tendo em vista a situação financeira precária da sociedade empresária, causada pelo aumento dos custos dos insumos da construção, consoante peticionado por ela à Administração, o gestor público competente promove o pagamento integral da parcela não adimplida à sociedade empresária.

Tendo em vista a situação acima, assinale a afirmativa correta.

a) O pagamento feito pelo gestor é plenamente justificável em face da incidência na hipótese da teoria da imprevisão, que impõe ao Estado o ônus de recompor o equilíbrio econômico financeiro do contrato diante de fatos imprevisíveis.

b) O gestor deveria ter instaurado processo administrativo para analisar a possibilidade de aplicação de sanção por inadimplemento e também a alegação da sociedade empresária de rompimento do equilíbrio econômico-financeiro do contrato, sendo vedado a ele determinar o pagamento da despesa sem a devida liquidação.

c) O pagamento da parcela inadimplida seria justificável ainda que a sociedade empresária não comprovasse a imprevisibilidade do aumento de custos alegado, uma vez que o Estado assume o chamado risco ordinário derivado do aumento do custo dos insumos em decorrência das oscilações naturais do mercado.

d) O pagamento incontinente da parcela inadimplida, tal como realizado pelo gestor, necessitaria ter sido feito com o abatimento da multa que deveria ter sido aplicada à sociedade empresária em razão do descumprimento contratual.

COMENTÁRIOS

✪ **Nota do autor:** O art. 86, *caput*, da Lei nº 8.666/93, estabelece que "o atraso injustificado na execução do contrato sujeitará o contratado à multa de mora, na forma prevista no instrumento convocatório ou no contrato". Atenção! No novo marco legal, Lei 14.133/2021 (Nova Lei de Licitações e Contratos Administrativos), a disciplina dos contratos administrativos foi objeto de consideráveis alterações, a partir do art. 89. Vale destacar, ainda, que a Lei nº 8.666/93 continua válida por 2 (dois) anos contados da publicação oficial da Lei nº 14.133/2021.

**Alternativa "b" (responde as demais alternativas).** De antemão, é importante destacar que o gestor nunca pode determinar o pagamento da despesa sem a devida liquidação, na forma da Lei nº 8.666/93. No caso concreto, ante o inadimplemento da contratada, deveria ter sido instaurado processo administrativo, garantidos o contraditório e ampla defesa, para que fosse analisada a possibilidade de aplicação de sanção por inadimplemento. Essa é, exatamente, a redação do art. 87, da Lei, que estabelece que pela inexecução total ou parcial do contrato a Administração poderá, garantida a prévia defesa, aplicar ao contratado as seguintes sanções: I – advertência; II – multa, na forma prevista no instrumento convocatório ou no contrato; III – suspensão temporária de participação em licitação e impedimento de contratar com a Administração, por prazo não superior a 2 (dois) anos; IV – declaração de inidoneidade para licitar ou contratar com a Administração Pública enquanto perdurarem os motivos determinantes da punição ou até que seja promovida a reabilitação perante a própria autoridade que aplicou a penalidade, que será concedida sempre que o contratado ressarcir a Administração pelos prejuízos resultantes e após decorrido o prazo da sanção aplicada com base no inciso anterior". Nos termos do §1º, do mesmo art. 87, todas as penalidades a serem aplicadas dependem da instauração de processo administrativo, **facultada a defesa prévia do interessado, no prazo de 5 (cinco) dias úteis.** O equilíbrio econômico-financeiro do contrato administrativo, também chamado de equação financeira ou equação econômica, é a **relação entre os encargos do contratado e a retribuição da Administração para que haja a justa remuneração do contrato.** Essa equação, estabelecida inicialmente pelas partes, deve existir durante toda a execução do contrato, a fim de que o contratado não sofra indevida redução nos lucros normas do empreendimento e, toda vez que a Administração altere unilateralmente alguma cláusula contratual deve proceder aos reajustes econômicos necessários, para se reestabelecer o equilíbrio econômico-financeiro. De fato, a quebra do equilíbrio econômico-financeiro do contrato administrativo dá azo a sua rescisão, mas a rescisão unilateral é privilégio do Poder Público.

**Alternativa correta: letra "b".**

## 9. SERVIÇOS PÚBLICOS

- CF, artigos 21, 23, 25, 30 e 32, § 1º
- CF, art. 175
- Lei nº 8.987/95
- Lei nº 11.079/04

**53. (FGV – XXXVII Exame OAB)** Após inúmeras tentativas de obter transparência e sanar constantes problemas na prestação de determinado serviço público federal junto à concessionária, Felipe decidiu apresentar manifestação perante a Ouvidoria da Administração Pública, para informar e buscar solução para recorrentes vícios que comprometem a realização adequada da atividade, o que considera violar os princípios da regularidade, continuidade e efetividade. Sobre a hipótese narrada, considerando os direitos dos usuários de serviços públicos, assinale a afirmativa correta.

a) A Administração não pode exigir a apresentação de motivos determinantes da manifestação de Felipe perante a Ouvidoria.

b) Felipe não pode provocar a via administrativa por meio de manifestação, considerando que o serviço público é atividade econômica submetida à livre iniciativa.

c) A manifestação de Felipe é inócua, na medida em que a Administração não pode exigir da concessionária o respeito aos princípios que ele considera violados.

d) A Administração deve recusar o recebimento da manifestação de Felipe, caso sua identificação não atenda às exigências determinadas pelo órgão, mesmo que estas possam vir a inviabilizar a sua manifestação.

COMENTÁRIO

**Alternativa "a" (responde as demais alternativas).** O art. 7º, da Lei nº 8.987/1995, estabelece que são direitos e obrigações dos usuários de serviços públicos eventualmente prestados por concessionárias: "I - receber serviço adequado; II - receber do poder concedente e da concessionária informações para a defesa de interesses individuais ou coletivos; III - obter e utilizar o serviço, com liberdade de escolha entre vários prestadores de serviços, quando for o caso, observadas as normas do poder concedente; **IV - levar ao conhecimento do poder público e da concessionária as irregularidades de que tenham conhecimento, referentes ao serviço prestado; V - comunicar às autoridades competentes os atos ilícitos praticados pela concessionária na prestação do serviço;** VI - contribuir para a permanência das boas condições dos bens públicos através dos quais lhes são prestados os serviços". Além disso, há a Lei 13.460/2017, que "dispõe sobre participação, proteção e defesa dos direitos do usuário dos serviços públicos da administração pública", aplicável aos serviços prestados pela administração direta e indireta. Porém, essa lei aplica-se subsidiariamente aos serviços públicos prestados por particular (art. 1º, §3º) e seu art. 9º estabelece que, para garantir seus direitos, o usuário poderá apresentar manifestações perante a administração pública acerca da prestação de serviços públicos e, nos termos do art. 10, será dirigida à ouvidoria, sendo **"vedadas quaisquer exigências relativas aos motivos determinantes da apresentação de manifestações perante a ouvidoria".**

**Alternativa correta: letra "a".**

**54. (FGV – XXXVII Exame OAB)** O Estado Delta, com o fim de combater grave crise no sistema carcerário, realizou os estudos pertinentes para contratar uma concessão administrativa, de modo a delegar os serviços de determinado presídio, abarcando as atividades de limpeza e manutenção predial (incluindo reformas), bem como o fornecimento de alimentação e de vestuário para os detentos, sem que haja, portanto, a possibilidade de cobrança de tarifas dos usuários. Acerca da situação descrita, assinale a afirmativa correta.

a) O Estado Delta, para a finalidade almejada, deveria fazer uso da concessão patrocinada.

b) O contrato poderá ter, no máximo, prazo de validade de dois anos.

c) O objeto do contrato poderia abarcar, também, as principais atividades atinentes aos serviços de segurança pública.

d) O objeto do contrato é possível, pois não abarca apenas o fornecimento de mão de obra.

COMENTÁRIO

✪ **Nota do Autor:** A denominada parceria público-privada é, na verdade, uma **modalidade especial de concessão de serviço público**, que se subdivide em duas espécies, a concessão patrocinada e a concessão comum. A **concessão administrativa**, conforme o § 2º do art. 2º, da Lei nº 11.079/2004, é o "o contrato de prestação de serviços de que a Administração Pública seja a usuária direta ou indireta, ainda que envolva execução de obra ou fornecimento e instalação de bens". Nessa modalidade, não há tarifas a serem pagas pelos usuários, e a contraprestação devida ao parceiro privado será feita somente pelo Poder Público.

**Alternativa "a".** A **concessão patrocinada**, nos termos do art. 2º, § 1º, da Lei nº 11.079/04, é "a concessão de serviços públicos ou de obras públicas de que trata a Lei nº 8.987, de 13 de fevereiro de 1995, quando envolver, adicionalmente à tarifa cobrada dos usuários contraprestação pecuniária do parceiro público ao parceiro privado", quer dizer, é uma concessão de serviços públicos que se distingue da regra geral em razão da remuneração da empresa prestadora de serviços públicos ter origem tanto nas tarifas que os usuários pagarão quanto em parcela paga pelo Poder Público.

**Alternativa "b".** Em se tratando de eventual parceria público-privada, o prazo de vigência do contrato não poderá ser inferior a 5, nem superior a 35 anos, incluindo eventual prorrogação, conforme determinação do art. 5º, I, da Lei nº 11.079/2004.

**Alternativa "c".** A princípio, não se pode transferir a agentes privados as atividade atinentes aos serviços de segurança pública, por se tratar de competência da Administração Pública, tão somente.

**Alternativa "d".** O art. 2º, §4º, da Lei nº 11.079/2004, estabelece não ser possível a celebração de contrato de parceria público-privada "que tenha como objeto único o fornecimento de mão-de-obra, o fornecimento e instalação de equipamentos ou a execução de obra pública". Assim, o objeto do contrato mencionado no enunciado é possível, pois não abarca apenas o fornecimento de mão de obra.

---

**55. (FGV/OAB/XXXII_Exame – 2021)** O Município Alfa pretende formalizar uma parceria público-privada para a realização de obras, instalação de postes e prestação de serviços de iluminação pública. A contraprestação da concessionária vencedora da licitação seria inteiramente custeada pela Administração Pública local, mediante ordem bancária e por outorga de direitos sobre bens públicos dominicais do município.

Sobre essa situação hipotética, assinale a afirmativa correta.

a) A contratação almejada não é possível, porque o ordenamento não admite que a Administração arque com o custeio integral de parceria público-privada.

b) A outorga de direitos sobre bens públicos dominicais não é contraprestação admissível para a formalização da parceria.

c) O Município Alfa deveria utilizar-se de concessão administrativa para a formalização da contratação pretendida.

d) A natureza individual (*uti singuli*) do serviço em questão exige a cobrança de tarifa do usuário para a realização da parceria público-privada almejada.

COMENTÁRIOS

**Alternativa "a" (responde a alternativa "c").** O art. 2º, da Lei nº 11.079/04, preceitua que a parceria público-privada é um contrato administrativo que pode assumir as seguintes modalidades: a) ***patrocinada:*** a concessão patrocinada é o contrato de concessão de serviço público ou de obra pública de que trata a Lei nº 8.987/95, quando envolver, adicionalmente à tarifa cobrada dos usuários, contraprestação pecuniária do parceiro público ao parceiro privado; e b) ***administrativa:*** a concessão administrativa é o contrato de prestação de serviços de que a Administração Pública seja a usuária direta ou indireta, ainda que envolva execução de obra ou fornecimento e instalação de bens. Assim, tendo em vista ser inteiramente custeada pela Administração Pública local, o Município Alfa deve se utilizar da concessão administrativa para a formalização da contratação pretendida...

**Alternativa "b" (responde a alternativa "d").** A contraprestação da Administração Pública nos contratos de parceria público-privada admitirá, conforme art. 6º e seus incisos da Lei nº 11.079/04, as seguintes formas: a) ordem bancária; b) cessão de créditos não tributários; c) outorga de direitos em face da Administração Pública; d) outorga de direitos sobre bens públicos dominicais; e e) outros meios admitidos em lei. O parágrafo único do referido artigo ainda possibilita a previsão do pagamento ao parceiro privado de remuneração variável vinculada ao seu desempenho, conforme as metas e padrões de qualidade e disponibilidade previstas no contrato. O serviço de iluminação pública consiste em serviço *uti universi* ou geral, pois não há destinatário determinado, isto é, são prestados à coletividade como um todo. É remunerado por imposto.

**Alternativa correta: letra "c".**

---

**56. (FGV – Exame de Ordem 2020.1)** O Município Beta concedeu a execução do serviço público de veículos leves sobre trilhos e, ao verificar que a concessionária não estava cumprindo adequadamente as obrigações determinadas no respectivo contrato, considerou tomar as providências cabíveis para a regularização das atividades em favor dos usuários. Nesse caso,

a) impõe-se a encampação, mediante a retomada do serviço pelo Município Beta, sem o pagamento de indenização.

b) a hipótese é de caducidade a ser declarada pelo Município Beta, mediante decreto, que independe da verificação prévia da inadimplência da concessionária.

c) cabe a revogação do contrato administrativo pelo Município Beta, diante da discricionariedade e precariedade da concessão, formalizada por mero ato administrativo.

d) é possível a intervenção do Município Beta na concessão, com o fim de assegurar a adequada prestação dos serviços, por decreto do poder concedente, que conterá designação do interventor, o prazo, os objetivos e os limites da medida.

COMENTÁRIO

✪ **Nota do Autor:** A **concessão de serviço público** é o contrato administrativo por meio do qual a Administração Pública delega a terceiro a "execução de um serviço público, para que o execute em seu próprio nome, por sua conta e risco, assegurando-lhe a remuneração mediante tarifa paga pelo usuário ou outra forma de remuneração decorrente da exploração do serviço"[15].

**Alternativa "a".** Pela **encampação ou resgate**, o poder concedente **retoma os serviços** da concessionária, durante o prazo da concessão, por motivo de **interesse público**, mediante **lei autorizativa específica** e após o prévio pagamento de **indenização**, consoante o disposto no art. 37, da Lei nº 8.987/95.

**Alternativa "b".** Pela **caducidade** ou **decadência**, o poder concedente **retoma o serviço** da concessionária, **durante o prazo** da concessão, em razão da **inadimplência da concessionária**, na forma do art. 38, da Lei.

**Alternativa "c".** Não se fala em **revogação** do contrato de concessão, sendo a **encampação** a modalidade prevista para se extinguir o contrato por interesse público (mas, não é igual à revogação do ato administrativo, vez que é necessária autorização legislativa).

**Alternativa "d".** O poder concedente pode intervir na concessão para assegurar a adequação na prestação do serviço e o fiel cumprimento das normas contratuais, regulamentares e legais pertinentes. É feita por meio de decreto, que conterá a designação do interventor, o prazo da intervenção, os objetivos e os limites da medida (art. 32, parágrafo único, da Lei nº 8.987/95). Após a declaração da intervenção, no prazo de trinta dias, deverá haver a instauração de procedimento administrativo para comprovar as causas determinantes da medida e apurar responsabilidades, assegurado o direito de ampla defesa.

**Alternativa correta: letra "d".**

---

**57. (FGV-Exame de Ordem 2019.2)** O Município Alfa planeja estabelecer uma parceria público- privada para a construção e operação do metrô, cujo contrato terá vigência de trinta e cinco anos. Como a receita com a venda das passagens é inferior ao custo de implantação/operação do serviço, o ente local aportará recursos como complementação da remuneração do parceiro privado.

Sobre a questão, assinale a afirmativa correta.

a) Como o parceiro privado será remunerado pela tarifa do serviço de transporte e por uma contrapartida do poder público, a concessão será celebrada na modalidade administrativa.

b) A contrapartida do parceiro público somente pode se dar em dinheiro, não sendo permitido qualquer outro mecanismo, a exemplo da outorga de direitos em face da Administração Pública.

c) A vigência do futuro contrato é adequada, mas, por se tratar de negócio com duração de trinta e cinco anos, não poderá haver prorrogação contratual.

d) Independentemente da proporção da contrapartida do parceiro público frente ao total da receita auferida pelo parceiro privado, não haverá necessidade de autorização legislativa específica.

**COMENTÁRIOS**

**Alternativa "a".** A parceria público-privada poderá se dar tanto na modalidade administrativa como na modalidade patrocinada. O caso apresentado na questão se trata de PPP na modalidade patrocinada, pois envolve, além da tarifa cobrada aos usuários, a contraprestação pecuniária do parceiro público (art. 2º, §1º da Lei nº 11.079/2004). Importa destacar que, na PPP na modalidade administrativa, a Administração Pública é usuária direta ou indireta do contrato de prestação de serviços e sua remuneração é feita integralmente pela Administração.

**Alternativa "b".** Nos termos do art. 6º da Lei nº 11.079/2004: "A contraprestação da Administração Pública nos contratos de parceria público-privada poderá ser feita por: ordem bancária; cessão de créditos não tributários; outorga de direitos em face da Administração Pública; outorga de direitos sobre bens públicos dominicais; outros meios admitidos em lei."

**Alternativa "c".** O prazo de vigência da parceria público-privada não poderá ser inferior a 5 anos, nem superior a 35 anos, incluindo eventuais prorrogações (art. 5º, I da Lei nº 11.079/2004). Dessa forma, é possível estipular a vigência da PPP em 35 anos, mas não poderá haver sua prorrogação.

**Alternativa "d".** "As concessões patrocinadas em que mais de 70% (setenta por cento) da remuneração do parceiro privado for paga pela Administração Pública dependerão de autorização legislativa específica" (art. 10, §3º da Lei nº 11.079/2004).

**Alternativa correta: letra "c".**

---

**58. (FGV-Exame de Ordem 2019.1)** O Governo do Estado Alfa, para impulsionar o potencial turístico de uma região cercada de belíssimas cachoeiras, pretende asfaltar uma pequena estrada que liga a cidade mais próxima ao local turístico. Com vistas à melhoria do serviço público e sem dinheiro em caixa para arcar com as despesas, o Estado decide publicar edital para a concessão da estrada, com fundamento na Lei nº 8.987/95, cabendo ao futuro concessionário a execução das obras.

Com base na hipótese apresentada, assinale a afirmativa correta.

a) O edital poderá prever, em favor da concessionária, outras fontes de receita além daquela oriunda do pedágio; a renda adicional deve favorecer a modicidade tarifária, reduzindo a tarifa paga pelos usuários.

b) Um grande investidor (pessoa física) pode ser contratado pelo poder concedente, caso demonstre capacidade de realização das obras.

c) A concessão pode ser feita mediante licitação na modalidade tomada de preços, caso as obras necessárias estejam orçadas em até R$ 1.500.000,00 (um milhão e quinhentos mil reais).

d) O poder concedente não poderá exigir no edital garantias do concessionário de que realizará as obras a contento, dado que a essência do contrato de concessão é a delegação de serviço público.

**COMENTÁRIOS**

✪ **Nota do autor:** A concessão de serviço público é o **contrato administrativo por meio do qual a Administração Pública delega a terceiro a "execução de um serviço público, para que o execute em seu próprio nome, por sua conta e risco, assegurando-lhe a remuneração mediante tarifa paga pelo usuário ou outra forma de remuneração decorrente da exploração do serviço"**[16].

**Alternativa "a".** O art. 11, *caput*, da Lei nº 8.987/95, estabelece que "no atendimento às peculiaridades de cada serviço público, poderá o poder concedente prever, em favor da concessionária, no edital de licitação, a possibilidade de outras fontes provenientes de receitas alternativas, complementares,

---

15 DI PIETRO, Maria Sylvia Zanella. *Direito administrativo*. 23 ed. São Paulo: Atlas, 2010. p. 294.

16 DI PIETRO, Maria Sylvia Zanella. *Direito administrativo*. 23 ed. São Paulo: Atlas, 2010. p. 294.

acessórias ou de projetos associados, com ou sem exclusividade, com vistas a favorecer a modicidade das tarifas, observado o disposto no art. 17 desta Lei".

**Alternativa "b".** O contrato de concessão de serviço público não pode ser celebrado com uma pessoa física, mas, tão somente, com pessoas jurídicas, na forma do art. 2º, II e III, da Lei.

**Alternativa "c".** Uma vez mais, consoante art. 2º, II e III, da Lei, o contrato de concessão de serviço público **deve ser precedido de licitação, necessariamente na modalidade concorrência ou diálogo competitivo.**

**Alternativa "d".** O art. 23, parágrafo único, II, da Lei, estabelece, expressamente, a previsão do poder concedente exigir garantias da concessionária, em se tratando de concessão precedida de serviço público, especialmente.

**Alternativa correta: letra "a".**

---

**59. (FGV – Exame de Ordem/2018.3)** A sociedade empresária Beta assinou, na década de 1990, contrato de concessão de serviço de transporte público. Desde então, vem utilizando os mesmos ônibus no transporte de passageiros, não se preocupando com a renovação da frota, tampouco com o conforto dos usuários ou com o nível de emissão de poluentes. Em paralelo, com a natural evolução tecnológica, sabe-se que os veículos atualmente estão mais bem equipados, são mais seguros e, naturalmente, emitem menos poluentes.

Com base no caso narrado, assinale a afirmativa correta.

a) A renovação da frota visa a atender ao princípio da atualidade, que exige das concessionárias o emprego de equipamentos modernos.

b) Constitui interesse público a utilização de ônibus novos, mais econômicos, eficientes e confortáveis; por isso, independentemente de lei autorizativa, pode o poder concedente encampar o contrato de concessão, retomando o serviço público.

c) Se a concessionária desrespeitar os parâmetros de qualidade do serviço estabelecidos no contrato, a concessão poderá ser extinta unilateralmente pelo poder concedente, aplicando-se o instituto da rescisão.

d) Ao fim da concessão, os veículos utilizados retornam ao poder concedente, independentemente de expressa previsão no edital e no contrato.

**COMENTÁRIOS**

✪ **Nota do autor:** No § 1º do art. 6º, da Lei nº 8.987/95, há a definição de serviço adequado: "o que satisfaz as condições de regularidade, continuidade, eficiência, segurança, atualidade, generalidade, cortesia na sua prestação e modicidade das tarifas". Nesse sentido, a doutrina costuma apontar como princípios do serviço público a continuidade do serviço público, a modicidade das tarifas, a generalidade ou igualdade dos usuários, a mutabilidade do regime jurídico e a cortesia.

**Alternativa "a".** Pelo **princípio da atualidade**, o prestador de serviço público – seja pessoa jurídica de direito público ou de direito privado – **deve sempre utilizar-se dos equipamentos e métodos mais modernos**, dentre aqueles disponíveis no mercado. Desse modo, a concessionária em questão, à luz do princípio da atualidade, deve buscar a constante renovação da frota.

**Alternativa "b".** Na **encampação ou resgate**, o poder concedente retoma o serviço da concessionária, durante o prazo da concessão, por motivo de interesse público, mediante lei autorizativa específica e após prévio pagamento de indenização.

**Alternativa "c".** Se a concessionária desrespeitar os parâmetros de qualidade do serviço estabelecidos no contrato, a concessão poderá ser extinta unilateralmente pelo poder concedente, aplicando-se o instituto da **caducidade ou decadência.** A **rescisão** restringe-se, apenas, à possibilidade de a concessionária requerer judicialmente a rescisão do contrato de concessão por **inadimplência** do **poder concedente.**

**Alternativa "d".** A **reversão** é a "**passagem ao poder concedente dos bens do concessionário aplicados ao serviço, uma vez extinta a concessão**"[17] e, assim, não se trata de uma forma de extinção, mas de consequência dela, isto é, **só há reversão se houver extinção.** Para que haja reversão, contudo, é necessário que haja expressa previsão no edital da licitação e, de igual modo, no contrato administrativo firmado.

**Alternativa correta: letra "a".**

---

**60. (FGV – Exame de Ordem 2018.1)** A União celebrou com a empresa Gama contrato de concessão de serviço público precedida de obra pública. O negócio jurídico tinha por objeto a exploração, incluindo a duplicação, de determinada rodovia federal. Algum tempo após o início do contrato, o poder concedente identificou a inexecução de diversas obrigações por parte da concessionária, o que motivou a notificação da contratada. Foi autuado processo administrativo, ao fim do qual o poder concedente concluiu estar prejudicada a prestação do serviço por culpa da contratada.

Com base na hipótese apresentada, assinale a afirmativa correta.

a) O contrato é nulo desde a origem, eis que a concessão de serviços públicos não pode ser precedida da execução de obras públicas.

b) O poder concedente pode declarar a caducidade do contrato de concessão, tendo em vista a inexecução parcial do negócio jurídico por parte da concessionária.

c) O poder concedente deve, necessariamente, aplicar todas as sanções contratuais antes de decidir pelo encerramento do contrato.

d) O processo administrativo tem natureza de inquérito e visa coletar informações precisas dos fatos; por isso, não há necessidade de observar o contraditório e a ampla defesa da concessionária.

**COMENTÁRIOS**

**Alternativa "a".** É perfeitamente possível que a concessão de serviços públicos precedida de execução de obras públicas. Aliás, é expressamente permitida a concessão precedida de obra pública (art. 2º, Lei 8.987/95). Nesse sentido, inclusive, a doutrina entende que à luz da Lei 8.987/95, há a concessão de serviço público simples e a concessão de serviço público precedida de execução de obra.

**Alternativa "b" (responde a alternativa d).** No caso, a forma de extinção é a **caducidade ou decadência**, pela qual o poder concedente retoma o serviço da concessionária, durante o prazo da concessão, em razão da inadimplência da concessionária, conforme o art. 38 da Lei nº 8.987/95. A concessionária dá causa à inexecução total ou parcial do contrato. Nos termos do dispositivo mencionado, a Administração deve, primeiro, conceder prazo para que a concessionária corrija as falhas apontadas e, caso não o faça, será instaurado processo administrativo (assegurada a ampla defesa) e, no fim de referido processo,

---

17 MELLO, Celso Antônio Bandeira de. *Curso de direito administrativo*. 27 ed. São Paulo: Malheiros, 2010. p. 752.

caso comprovada a inadimplência, a caducidade será declarada por meio de decreto.

**Alternativa "c".** Em regra, a declaração de caducidade é facultativa (art. 38, *caput*), salvo no caso de transferência da concessão ou do controle societário da concessionária (art. 27, *caput*). Dessa maneira, o poder concedente pode, ao invés de determinar a extinção do contrato de concessão por meio da **caducidade**, aplicar as sanções previstas no contrato à concessionária inadimplente.

**Alternativa correta: letra "b".**

---

**61. (FGV – Exame de Ordem 2017.3)** Um Estado da Federação lançou um grande programa de concessões como forma de fomentar investimentos, diante das dificuldades financeiras por que vem passando. Por meio desse programa, ele pretende executar obras de interesse da população e ceder espaços públicos para a gestão da iniciativa privada. Como parte desse programa, lançou edital para restaurar um complexo esportivo com estádio de futebol, ginásio de esportes, parque aquático e quadras poliesportivas.

Diante da situação acima, assinale a afirmativa correta.

a) O Estado pode optar por celebrar uma parceria público-privada na modalidade de concessão patrocinada, desde que o contrato tenha valor igual ou superior a R$ 20.000.000,00 (vinte milhões de reais) e que as receitas decorrentes da exploração dos serviços não sejam suficientes para remunerar o particular.

b) A constituição de sociedade de propósito específico – SPE, sociedade empresária dotada de personalidade jurídica e incumbida de implantar e gerir o objeto da parceria, deve ocorrer após a celebração de um contrato de PPP.

c) O contrato deverá prever o pagamento de remuneração fixa vinculada ao desempenho do parceiro privado, segundo metas e padrões de qualidade e disponibilidade nele definidos.

d) A contraprestação do Estado deverá ser obrigatoriamente precedida da disponibilização do serviço que é objeto do contrato de parceria público-privada; dessa forma, não é possível o pagamento de contraprestação relativa à parcela fruível do serviço contratado.

COMENTÁRIOS

✪ **Nota do autor:** A Parceria Público-Privada (PPP), modalidade especial de concessão de serviço público, é regulada pela Lei nº 11.079/04.

**Alternativa "a".** A denominada parceria público-privada é, na verdade, uma **modalidade especial de concessão de serviço público**, que se subdivide em duas espécies, a concessão patrocinada e a concessão comum. A **concessão patrocinada**, nos termos do art. 2º, § 1º, da Lei nº 11.079/04, é "a concessão de serviços públicos ou de obras públicas de que trata a Lei nº 8.987, de 13 de fevereiro de 1995, quando envolver, adicionalmente à tarifa cobrada dos usuários contraprestação pecuniária do parceiro público ao parceiro privado", quer dizer, é uma concessão de serviços públicos que se distingue da regra geral em razão da remuneração da empresa prestadora de serviços públicos ter origem tanto nas tarifas que os usuários pagarão quanto em parcela paga pelo Poder Público. Na forma do art. 2º, §4º, I, da Lei, é vedada a celebração de contrato de parceria público-privada **cujo valor do contrato seja inferior a R$ 10.000.000,00 (dez milhões de reais). ATENÇÃO!!** Nos termos da redação atual do art. 2º, §4º, I, da Lei nº 11.079/2004, dada pela Lei nº 13.527/2017, veda-se o contrato com valor inferior a R$ 10.000.000,00, mas, à época da prova, vigorava a redação anterior, cuja vedação era para contrato com valor inferior a R$ 20.000.000,00.

**Alternativa "b".** Consoante art. 9º, *caput*, da Lei, "antes da celebração do contrato, deverá ser constituída sociedade de propósito específico, incumbida de implantar e gerir o objeto da parceria".

**Alternativa "c".** O contrato **poderá** (e não deverá) prever o pagamento de remuneração fixa vinculada ao desempenho do parceiro privado, segundo metas e padrões de qualidade e disponibilidade nele definidos. Eis a redação do art. 6º, §1º, da Lei.

**Alternativa "d".** De fato, o art. 7º, *caput*, da Lei, dispõe que a contraprestação do Estado deverá ser obrigatoriamente precedida da disponibilização do serviço que é objeto do contrato de parceria público-privada. Ocorre que o §1º determina que "é facultado à administração pública, nos termos do contrato, efetuar o pagamento da contraprestação relativa a parcela fruível do serviço objeto do contrato de parceria público-privada".

**Alternativa correta: letra "a".**

---

**62. (FGV – Exame de Ordem 2016.3)** Uma autarquia federal divulgou edital de licitação para a concessão da exploração de uma rodovia que interliga diversos Estados da Federação. A exploração do serviço será precedida de obras de duplicação da rodovia. Como o fluxo esperado de veículos não é suficiente para garantir, por meio do pedágio, a amortização dos investimentos e a remuneração do concessionário, haverá, adicionalmente à cobrança do pedágio, contraprestação pecuniária por parte do Poder Público.

Sobre a hipótese apresentada, assinale a afirmativa correta.

a) Trata-se de um exemplo de parceria público-privada, na modalidade concessão administrativa.

b) Trata-se de um consórcio público com personalidade de direito público entre a autarquia federal e a pessoa jurídica de direito privado.

c) Trata-se de um exemplo de parceria público-privada, na modalidade concessão patrocinada.

d) Trata-se de um exemplo de consórcio público com personalidade jurídica de direito privado.

COMENTÁRIOS

✪ **Nota do autor:** a Parceria Público-Privada (PPP), modalidade especial de concessão de serviço público, é regulada pela Lei nº 11.079/04.

**Alternativa "a".** A **concessão administrativa**, conforme o art. 2º, § 2º, da Lei nº 11.079/04, é "o contrato de prestação de serviços de que a Administração Pública seja a usuária direta ou indireta, ainda que envolva execução de obra ou fornecimento e instalação de bens". Nessa última modalidade, não há tarifas a serem pagas pelos usuários, e a contraprestação devida ao parceiro privado será feita somente pelo Poder Público.

**Alternativa "b" (responde a alternativa "c").** O consórcio público está regulado pela Lei nº 11.107/05. Trata-se de uma **nova pessoa administrativa** que surge da união entre pessoas políticas (União, Estados, Distrito Federal e Municípios), **não sendo possível, portanto, a criação de um consórcio público entre autarquia federal e pessoa jurídica de direito privado**. O consórcio público pode ser constituído com **personalidade de direito público** ou com **personalidade de direito privado**. Quando criado com personalidade de direito público, será uma associação pública e, assim, terá natureza de autarquia (art. 41, IV, Código Civil), sendo conhecido como autarquia interfederativa ou autarquia multifederada. No caso de ter sido adotada a personalidade de direito privado, para sua constituição, além dos procedimentos legais previstos na Lei, é necessário o registro dos atos constitutivos no órgão competente.

**Alternativa "c".** A denominada parceria público-privada é, na verdade, uma **modalidade especial de concessão de serviço público**, que se subdivide em duas espécies, a concessão patrocinada e a concessão comum. A **concessão patrocinada**, nos termos do art. 2º, § 1º, da Lei nº 11.079/04, é "a concessão de serviços públicos ou de obras públicas de que trata a Lei nº 8.987, de 13 de fevereiro de 1995, quando envolver, adicionalmente à tarifa cobrada dos usuários contraprestação pecuniária do parceiro público ao parceiro privado", quer dizer, é uma concessão de serviços públicos que se distingue da regra geral em razão da remuneração da empresa prestadora de serviços públicos ter origem tanto nas tarifas que os usuários pagarão quanto em parcela paga pelo Poder Público, o que é a situação descrita no enunciado da questão.

**Alternativa correta: letra "c".**

## 10. BENS PÚBLICOS

- Código Civil, artigos 98 a 103
- CF, artigos 20, 26, 30, 32, 183, § 3º, e 191, parágrafo único

**63. (FGV – Exame de Ordem – 2021.2)** Há muitos anos, Bruno invadiu sorrateiramente uma terra devoluta indispensável à defesa de fronteira, que já havia sido devidamente discriminada. Como não houve oposição, Bruno construiu uma casa, na qual passou a residir com sua família, além de usar o terreno subjacente para a agricultura de subsistência. A União, muitos anos depois do início da utilização do bem por Bruno, promoveu a sua notificação para desocupar o imóvel, em decorrência de sua finalidade de interesse público.

Na qualidade de advogado(a) consultado(a) por Bruno, assinale a afirmativa correta.

a) Bruno terá que desocupar o bem em questão e não terá direito à indenização pelas acessões e benfeitorias realizadas, pois era mero detentor do bem da União.

b) A União não poderia ter notificado Bruno para desocupar bem que não lhe pertence, na medida em que todas as terras devolutas são de propriedade dos estados em que se situam.

c) Bruno pode invocar o direito fundamental à moradia para reter o bem em questão, até que a União efetue o pagamento pelas acessões e benfeitorias realizadas.

d) Caso Bruno preencha os requisitos da usucapião extraordinária, não precisará desocupar o imóvel da União.

**COMENTÁRIO**

**Alternativa "a" (responde as demais alternativas".** As ***terras devolutas*** são aquelas consideradas que ninguém se apossou, áreas que não foram utilizadas para nenhum fim público, são terras que não possuem localização nem limites muito claros, daí porque não necessitam de serem demarcadas ou separadas de outras propriedades. São terras que, em regra, pertencem aos Estados (art. 26, inc. IV, da CF), mas de forma excepcional em razão de segurança são de domínio da União (art. 20, inc. II, da CF.). Trata-se de um ***bem dominial*** ou ***dominical*** porque as ***terras devolutas*** não possuem nenhuma finalidade pública específica. A qualificação das terras devolutas possui previsão na Lei nº 601/1850. Todos os bens públicos possuem como característica a **imprescritibilidade**, ou seja, todos os tipos de bens públicos não estão sujeitos a usucapião, ainda que o referido bem público não esteja "cumprindo a sua função social". O art. 183, §3º e o art. 191, parágrafo único, da CF proíbem os bens públicos da usucapião pro labore. Portanto, Bruno tem que desocupar o imóvel e não deverá ser indenizado porque, nos termos da Súmula 619 do STJ: "A ocupação indevida de bem público configura mera detenção, de natureza precária, insuscetível de retenção ou indenização por acessões e benfeitorias".

**Alternativa correta: letra "a".**

**64. (FGV – Exame de Ordem 2017.3)** Determinado município é proprietário de um extenso lote localizado em área urbana, mas que não vem sendo utilizado pela Administração há anos. Em consequência do abandono, o imóvel foi ocupado por uma família de desempregados, que deu à área uma função social.

O poder público teve ciência do fato, mas, como se tratava do final da gestão do então prefeito, não tomou qualquer medida para que o bem fosse desocupado. A situação perdurou mais de trinta anos, até que o município ajuizou a reintegração de posse.

Sobre a questão apresentada, assinale a afirmativa correta.

a) O terreno não estava afetado a um fim público, razão pela qual pode ser adquirido por usucapião.

b) O terreno é insuscetível de aquisição por meio de usucapião, mesmo sendo um bem dominical.

c) O poder público municipal não poderá alienar a área em questão, dado que todos os bens públicos são inalienáveis.

d) O bem será classificado como de uso especial, caso haja a reintegração de posse e o município decida construir uma grande praça no local anteriormente ocupado pela família.

**COMENTÁRIOS**

✪ **Nota do autor:** Nos termos do art. 98, do Código Civil, são "públicos os bens do domínio nacional pertencentes às pessoas jurídicas de direito público interno; todos os outros são particulares, seja qual for a pessoa a que pertencerem". Esse é o **conceito legal** de bens públicos. Todavia, na doutrina há divergência quanto à definição dos bens públicos.

**Alternativa "b" (responde a alternativa "a").** Os **bens públicos** são **imprescritíveis**, **impenhoráveis** e **relativamente inalienáveis**. Pela imprescritibilidade não podem ser objeto de usucapião, não importando se estão ou não vinculados a uso de finalidade pública, conforme a **Súmula nº 340** do Supremo Tribunal Federal cujo enunciado prevê que desde "a vigência do Código Civil, os bens dominicais, como os demais bens públicos, não podem ser adquiridos por usucapião". Ainda no tocante à imprescritibilidade, devemos destacar a Súmula nº 619 do STJ: "A ocupação indevida de bem público configura mera detenção, de natureza precária, insuscetível de retenção ou indenização por acessões e benfeitorias."

**Alternativa "c".** Os bens públicos de uso comum do povo e de uso especial são inalienáveis enquanto mantiverem esta condição, conforme o art. 100 do Código Civil, quer dizer, enquanto estiverem afetados a uma finalidade pública, tem-se a inalienabilidade, mas se forem desafetados, poderão ser alienados, respeitadas as exigências legais, nos termos do art. 101 do Código Civil.

**Alternativa "d".** Os bens de **uso comum do povo** são aqueles bens destinados ao uso de todos, de maneira geral como, por exemplo, as ruas, as praças, os parques, as estradas, os mares, as praias. Os bens de **uso especial**, por seu turno, são aqueles bens usados para a execução de atividades administrativas, como é o caso de prédio onde há a sede de órgão público.

Desse modo, uma eventual grande praça no local onde estavam as famílias será um bem público de uso comum do povo.

**Alternativa correta: letra "b".**

---

**65. (FGV – Exame de Ordem 2015.1)** O prédio que abrigava a Biblioteca Pública do Município de Molhadinho foi parcialmente destruído em um incêndio, que arruinou quase metade do acervo e prejudicou gravemente a estrutura do prédio. Os livros restantes já foram transferidos para uma nova sede. O Prefeito de Molhadinho pretende alienar o prédio antigo, ainda cheio de entulho e escombros.

Sobre o caso descrito, assinale a afirmativa correta.

a) Não é possível, no ordenamento jurídico atual, a alienação de bens públicos.

b) O antigo prédio da biblioteca, bem público de uso especial, somente pode ser alienado após ato formal de desafetação.

c) É possível a alienação do antigo prédio da biblioteca, por se tratar de bem público dominical.

d) Por se tratar de um prédio com livre acesso do público em geral, trata-se de bem público de uso comum, insuscetível de alienação.

**COMENTÁRIOS**

✪ **Nota do autor:** Os bens públicos podem ser classificados em i) bens públicos de uso comum do povo; ii) bens públicos de uso especial e iii) bens públicos dominicais. As diferenças entre essas espécies de bens são essenciais para o entendimento do tema.

**Alternativa "a".** Os bens públicos, em regra, não podem ser alienados, pois são bens fora do comércio, salvo se houver a desafetação. Eis a característica da **inalienabilidade dos bens públicos**. Trata-se, contudo, de característica de **natureza relativa, pois há situações em que possível a alienação de bem público**. Pela afetação, o bem público dominical passa a ser bem público de uso especial e, nessa condição, é inalienável por determinação expressa do art. 100 do Código Civil e, de outro lado, **com a desafetação passa para a categoria dominial e, portanto, pode ser alienado.**

**Alternativa "b".** Os bens públicos de uso especial são aqueles usados para a ***execução das atividades administrativas***. São exemplos os prédios onde há a sede de um órgão público, hospitais públicos, escolas públicas, aeroportos. De fato, a biblioteca em questão era, antes do incêndio, **bem público de uso especial.** Ocorreu, contudo, a sua **desafetação tácita** e, portanto, passou a integrar o **patrimônio disponível da Administração Pública, na qualidade de bem dominical.**

**Alternativa "c".** A **afetação** é a **atribuição de destinação pública específica a determinado bem** e, de outra forma, a **desafetação é a retirada da destinação da finalidade pública que fora dada a um bem público.** Com esta última, o bem de uso comum, por exemplo, torna-se bem dominical e pode, portanto, ser alienado, uma vez que desafetado. **Insta destacar, ainda, que a afetação e a desafetação podem ser expressas ou tácitas.** São expressas quando decorrentes de lei ou de ato administrativo e tácitas quando ocorrem sem consequência de atuação direta da Administração, sem manifestação formal de vontade. Assim, **com o incêndio que ocorreu na biblioteca em questão, pode-se considerar que houve desafetação tácita**, de tal forma que o bem, que antes era de uso especial, **tornou-se dominical e, portanto, passou a constituir o patrimônio disponível da Administração Pública, podendo ser alienado.**

**Alternativa "d".** Os bens de **uso comum do povo** são aqueles bens destinados ao uso de todos, de maneira geral como, por exemplo, as ruas, as praças, os parques, as estradas, os mares, as praias. De fato, são inalienáveis, enquanto afetados à prestação de determinado serviço público. Todavia, a biblioteca em questão nem era bem de uso comum do povo antes do incêndio nem passou a ser, após sua ocorrência.

**Alternativa correta: letra "c".**

## 11. INTERVENÇÃO DO ESTADO NA PROPRIEDADE

- CF, artigos 5º, XXIV, 22, II, 182, 184 a 186, 216, § 1º21, 23, 25, 30 e 32, § 1º
- Lei Complementar nº 76/93
- Lei nº 8.257/91
- Lei nº 4.132/64
- Decreto-Lei nº 3.365/41
- Decreto-Lei nº 25/37

---

**66. (FGV – Exame de Ordem XXXVI – 2022)** José é proprietário de imóvel rural de enorme dimensão, mas totalmente improdutivo, que vem sendo objeto de constantes desmatamentos à revelia da legislação ambiental. O imóvel está localizado no Município Alfa do Estado Gama, sendo certo que os órgãos ambientais de ambos os entes federativos já vêm atuando em razão da supressão vegetal ilegal. Em seu imóvel, José não promove a utilização adequada dos recursos naturais disponíveis e a preservação do meio ambiente, nem mesmo realiza seu aproveitamento racional e adequado.

Por estar descumprindo sua função social, nos termos da CRFB/88, o imóvel de José pode ser objeto de desapropriação

a) por interesse social, para fins de reforma agrária, mediante prévia e justa indenização em títulos da dívida agrária, cuja competência é da União.

b) sanção, que consiste em punição ao particular por sua conduta imobiliária inconstitucional, mediante justa e prévia indenização, cuja competência é do Estado Gama.

c) confisco, que consiste na retirada do bem do patrimônio do particular com sua incorporação ao patrimônio público, mediante justa e ulterior indenização, cuja competência é da União.

d) por utilidade social e com caráter sancionador, mediante ulterior e justa indenização a ser paga por meio de precatório, cuja competência é do Município Alfa.

**COMENTÁRIO**

**Alternativa "a" (responde a alternativa "b").** O art. 184, *caput*, da Constituição Federal, estabelece que compete à União desapropriar por interesse social, para fins de reforma agrária, o imóvel rural que não esteja cumprindo sua função social, mediante prévia e justa indenização em títulos da dívida agrária, com cláusula de preservação do valor real, resgatáveis no prazo de até vinte anos, a partir do segundo ano de sua emissão, e cuja utilização será definida em lei.

**Alternativa "c".** As hipóteses da chamada desapropriação confisco estão disciplinadas no art. 243, *caput*, da Constituição Federal, pelo qual "as propriedades rurais e urbanas de qualquer região do País onde forem localizadas culturas ilegais de plantas psicotrópicas ou a exploração de trabalho escravo na forma da lei serão expropriadas e destinadas à reforma agrária e a programas de habitação popular, sem qualquer indenização ao proprietário e sem prejuízo de outras sanções previstas em lei".

**Alternativa "d".** O art. 5º, XXIV, da Constituição Federal determina que o procedimento da desapropriação será previsto em lei e que poderá ocorrer "por necessidade ou utilidade pública, ou por interesse social, mediante justa e prévia indenização em dinheiro, ressalvados os casos previstos" no próprio texto constitucional.

**Alternativa correta: letra "a".**

---

**67. (FGV – Exame de Ordem XXXVI – 2022)** A administração do Município *Alfa* está construindo uma ponte para facilitar o acesso dos produtores rurais ao seu centro urbano. Para a realização da construção, o ente necessita utilizar a propriedade privada de Fernando, um terreno não edificado, vizinho à obra, enquanto perdurar a atividade de interesse público, para a qual não há perigo iminente.

Considerando as modalidades de intervenção do Estado na propriedade, a administração do Município *Alfa* deve

a) realizar o tombamento do bem de Fernando, mediante prévia e justa indenização em dinheiro, diante da relevância da obra a ser realizada.

b) determinar a requisição administrativa do bem de Fernando, mediante indenização ulterior, em caso de dano.

c) efetuar a ocupação temporária do bem de Fernando, passível de indenização pela utilização do terreno em ação própria.

d) implementar uma servidão administrativa no bem de Fernando, mediante prévia e justa indenização em dinheiro, pelo sacrifício da propriedade.

COMENTÁRIO

**Alternativa "a".** O **tombamento** é o procedimento administrativo adotado pelo Poder Público para impor restrições parciais sobre os bens que, por interesse público, devam ser conservados, por estarem vinculados a fatos memoráveis da história ou por seu excepcional valor arqueológico ou etnológico, bibliográfico ou artístico. Pode ter como objeto **qualquer bem, móvel ou imóvel**, privado ou público.

**Alternativa "b".** A **requisição administrativa** é a "utilização coativa de bens ou serviços particulares pelo Poder Público por ato de execução imediata e direta da autoridade requisitante, para atendimento de necessidades coletivas urgentes e transitórias"[18]. É devida **indenização** ao proprietário, tão somente, se **houver dano** ao bem requisitado

**Alternativa "c".** A **ocupação temporária** é a "**utilização transitória**, remunerada ou gratuita, de **bens** particulares pelo Poder Público para a **execução** de obras, serviços ou atividades públicas de interesse público"[19].

**Alternativa "d".** A **servidão administrativa** é o "direito real público que autoriza o Poder Público a usar propriedade imóvel para permitir a execução de obras e serviços de interesse coletivo"[20]. A instituição da servidão pode se dar: a) por **lei**; b) **por acordo entre as partes**; c) por **sentença judicial**.

**Alternativa correta: letra "c".**

18. MEIRELLES, Hely Lopes. *Direito administrativo brasileiro*. 36. ed. São Paulo: Malheiros, 2010. p. 660.
19. MEIRELLES, Hely Lopes. *Direito administrativo brasileiro*. 36 ed. São Paulo: Malheiros, 2010. p. 662.
20. CARVALHO FILHO, José dos Santos. *Manual de direito administrativo*. 26. ed. São Paulo: Atlas, 2013. p. 786.

---

**68. (FGV- XXXIV Exame de Ordem-2022)** Em determinado hospital municipal ocorreu grave incêndio, iniciado por pane elétrica no sistema de refrigeração. Todos os pacientes foram imediatamente retirados do hospital e, diante do iminente perigo público, a autoridade competente determinou que, até que fosse providenciada a remoção dos pacientes para outras unidades de saúde, os enfermos fossem abrigados no pátio de uma grande escola particular situada em frente ao nosocômio.

Buscando obter informações sobre seu eventual direito à indenização, o proprietário da escola particular procurou você, como advogado(a), para obter a orientação jurídica correta.

Segundo sua orientação, no caso em tela, o agente público fez uso da

a) ocupação administrativa temporária, e o proprietário da escola particular não faz jus à indenização, em razão da supremacia do interese público.

b) limitação administrativa, que assegura ao proprietário da escola particular o direito à indenização imediata e ao poder público o direito de preempção.

c) servidão administrativa, que assegura ao proprietário da escola particular o direito à prévia indenização, em razão do uso temporário de seu bem imóvel.

d) requisição administrativa, que assegura ao proprietário da escola particular o direito à indenização ulterior, caso haja dano.

COMENTÁRIO

**Alternativa "a".** A ocupação temporária consiste em uma forma de limitação do Estado na propriedade privada que se caracteriza pela **utilização transitória**, gratuita ou remunerada de imóvel de propriedade particular, para fins de interesse público. A ocupação temporária não acarreta a perda do domínio sobre o bem. Não possui caráter de direito real e tem a característica da transitoriedade (igual a requisição), contudo **não exige situação de perigo público iminente (diferente da requisição)**, há apenas a exigência do interesse público.

**Alternativa "b".** A limitação administrativa consiste em imposições do Poder Público, com a finalidade de estabelecer limitações que geram aos proprietários obrigações positivas ou negativas, com fundamento na supremacia do interesse público sobre o privado. As limitações administrativas da propriedade decorrem de normas gerais e abstratas, que se dirigem a propriedades indeterminadas, com a finalidade de satisfazer interesses coletivos abstratamente considerados, portanto, longe de se configurar a perda do domínio da propriedade. Por isso, **não gera direito a indenização**, pois não causa danos específicos que possam resultar em indenização.

**Alternativa "c".** A ***servidão administrativa*** é uma forma de intervenção restritiva na propriedade, que implica instituição de direito real de natureza pública sobre coisa alheia, de maneira a impor ao proprietário a obrigação de suportar uma restrição parcial sobre o bem de sua propriedade, em benefício de um serviço público ou de execução de uma obra. O objeto de uma servidão administrativa deve ser um bem imóvel e alheio.

**Alternativa "d".** A requisição administrativa é uma das formas de intervenção do Estado na propriedade privada, tratando-se de um ato administrativo unilateral, autoexecutório e oneroso, consistente na utilização coativa de bens, móveis, imóveis ou serviços particulares, com indenização posterior se houver dano (art. 5º, inc. XXV, da CF), para atender a necessidade pública inadiável e urgente, em tempos de guerra ou em caso de perigo público iminente. A requisição administrativa possui como características: a) é direito pessoal da Administração Pública; b) tem como pressuposto o perigo público iminente; c) incide sobre bens móveis, imóveis e serviços; d) caracteriza-se pela transitoriedade; e) a indenização é posterior e só ocorrerá se houver dano.

**Alternativa correta: letra "d".**

---

**69. (FGV – Exame de Ordem – 2021.2)** Luciano, proprietário de um terreno localizado no Município Ômega, viajou para o exterior, pelo período de 8 meses, para realizar curso de especialização profissional.

Quando retornou de viagem, verificou que o Município, sem expedir qualquer notificação, de forma irregular e ilícita, invadiu sua propriedade e construiu uma escola, em verdadeiro apossamento administrativo. As aulas na nova escola municipal já se iniciaram há dois meses e verifica-se a evidente impossibilidade de se reverter a situação sem ensejar prejuízos aos interesses da coletividade.

Ao buscar assistência jurídica junto a conhecido escritório de advocacia, foi manejada em favor de Luciano ação de

a) indenização por retrocessão, por abuso de poder da municipalidade, que gera direito à justa e imediata indenização, exigível quando do trânsito em julgado da ação.
b) indenização por desapropriação indireta, que visa à justa e posterior indenização, a ser paga por meio de precatório.
c) reintegração de posse por tredestinação ilícita, por desvio de finalidade, que visa à justa e posterior indenização, a ser paga por meio de precatório.
d) interdito proibitório por desvio de finalidade, que gera direito à justa e imediata indenização, exigível quando do trânsito em julgado da ação.

**COMENTÁRIO**

**Alternativa "a" (responde também à alternativa "c").** A **retrocessão** é, na visão de Hely Lopes Meirelles, a "(...) obrigação que se impõe ao expropriante de oferecer o bem ao expropriado, mediante a devolução do valor da indenização, quando não lhe der o destino declarado no ato expropriatório". A **tredestinação** ocorre **quando há desvio de finalidade no uso do bem desapropriado**. Há duas modalidades de tredestinação: a lícita – que se dá quando o desvio é de uma finalidade pública para outra finalidade pública – e a ilícita – quando se desvia da finalidade pública para a finalidade particular. A tredestinação está intimamente relacionada com a **retrocessão**. No caso do enunciado, nenhum desses institutos tem aplicação.

**Alternativa "b" (responde também a alternativa "d").** Caso o Poder Público se aposse do bem sem a observância do devido procedimento expropriatório, integrando-o ao patrimônio público haverá a desapropriação indireta (também chamada de apossamento administrativo). O proprietário deve reagir no momento adequado, valendo-se de ação possessória, pois se trata de verdadeiro esbulho possessório, mas, se permanecer inerte e a Administração tiver dado destinação pública ao bem, somente restará ao proprietário a indenização por perdas e danos, em face do contido no art. 35 do Decreto-Lei nº 3.365/41.

Importante destacar decisão do STJ (EREsp nº 1.575.846-SC) sobre o prazo prescricional das ações indenizatórias por desapropriação indireta que será, em regra, de 10 anos. Todavia, o prazo será de 15 anos quando a parte interessada comprovar, de forma concreta, que não foram feitas obras ou serviços no local. Com esse entendimento, ocorre a superação do exposto na Súmula nº 119 do STJ.

**Alternativa correta: letra "b".**

---

**70. (FGV/OAB/XXXII_Exame – 2021)** A União, diante da necessidade de utilização do imóvel produtivo de Astrobaldo para fazer passar importante oleoduto, fez editar Decreto que declarou a utilidade pública do bem para tal finalidade e determinou que a concessionária do setor levasse a efeito a mencionada intervenção, na forma do contrato de concessão, de modo a instituir o respectivo direito real de gozo para a Administração Pública.

Astrobaldo recusou-se a permitir o ingresso de prepostos da referida sociedade no bem para realizar as respectivas obras, o que levou a concessionária a ajuizar ação específica, com pedido liminar de imissão provisória na posse, para a implementação do estabelecido no Decreto.

Diante dessa situação hipotética, assinale a afirmativa correta.

a) A concessionária não poderia levar a efeito a intervenção do Estado na propriedade pretendida pela União, porque não pode exercer poder de polícia.
b) A intervenção do Estado na propriedade pretendida é a requisição, considerando a necessidade do bem de Astrobaldo para a realização de serviço público.
c) O pedido de imissão provisória na posse foi equivocado, porque não é cabível o procedimento da ação de desapropriação na intervenção em comento, cuja modalidade é a servidão.
d) O eventual deferimento da imissão provisória na posse importará no dever de acrescer juros compensatórios sobre a indenização que venha a ser determinada no processo.

**COMENTÁRIOS**

✪ **Nota do autor:** a questão é considerada difícil, exigindo do candidato conhecimentos mais específicos acerca dos institutos utilizados para intervenção do Estado na propriedade.

**Alternativa "a".** A servidão administrativa é o "direito real público que autoriza o Poder Público a usar a propriedade imóvel para permitir a execução de obras e serviços de interesse coletivo"[21]. A concessionária poderá instituir servidões, o que, aliás, é muito comum de acontecer. Nesse sentido, estabelece o art. 29 da Lei nº 8.987/1997 que incumbe ao poder concedente "declarar de necessidade ou utilidade pública, para fins de instituição de servidão administrativa, os bens necessários à execução de serviço ou obra pública, promovendo-a diretamente ou mediante outorga de poderes à concessionária, caso em que será desta a responsabilidade pelas indenizações cabíveis".

**Alternativa "b".** A requisição administrativa é uma das formas de intervenção do Estado na propriedade privada, tratando-se de um ato administrativo unilateral, autoexecutório e oneroso, consistente na utilização coativa de bens, móveis, imóveis ou serviços particulares, com indenização posterior se houver dano (art. 5º, inc. XXV, da CF), para atender a necessidade pública inadiável e urgente, em tempos de guerra ou em caso de perigo público iminente.

**Alternativa "c" (responde a alternativa "d").** Quanto ao procedimento, aplica-se o previsto para a ação de desapropriação (art. 40, Decreto-lei 3.635/1941) e, havendo o deferimento de imissão provisória na posse, são devidos juros compensatórios, conforme entendimento do STJ (STJ, AgRg na SLS 1681) e previsão do art. 15-A, do Decreto-Lei nº 3.365/1941.

**Alternativa correta: letra "d".**

---

**71. (FGV – Exame de Ordem 2020.1)** Diante da necessidade de construção de uma barragem no Município Alfa, a ser

21. CARVALHO FILHO, José dos Santos. *Manual de direito administrativo*. 19. ed. Rio de Janeiro: Lumen Juris, 2008. p. 691.

ADMINISTRATIVO

efetuada em terreno rural de propriedade de certa sociedade de economia mista federal, o Poder Legislativo local fez editar uma lei para declarar a desapropriação por utilidade pública, após a autorização por decreto do Presidente da República, sendo certo que, diante do sucesso das tratativas entre os chefes do Executivo dos entes federativos em questão, foi realizado acordo na via administrativa para ultimar tal intervenção do Estado na propriedade.

Diante dessa situação hipotética, assinale a afirmativa correta.

a) A autorização por decreto não pode viabilizar a desapropriação do bem em questão pelo Município Alfa, porque os bens federais não são expropriáveis.

b) A iniciativa do Poder Legislativo do Município Alfa para declarar a desapropriação é válida, cumprindo ao respectivo Executivo praticar os atos necessários para sua efetivação.

c) A intervenção na propriedade em tela não pode ser ultimada na via administrativa, mediante acordo entre os entes federativos envolvidos.

d) O Município Alfa não tem competência para declarar a desapropriação por utilidade pública de propriedades rurais.

**COMENTÁRIO**

**Alternativa "a".** A regra de não desapropriação pelo ente federativa de menor hierarquia encontra uma exceção, prevista no § 3º, art. 2º, do Decreto-Lei, que estabelece que "é vedada a desapropriação, pelos Estados, Distrito Federal, Territórios e Municípios de ações, cotas e direitos representativos do capital de instituições e empresas cujo funcionamento dependa de autorização do Governo Federal e se subordine à sua fiscalização, salvo mediante prévia autorização, por decreto do Presidente da República", **de tal modo que decreto do chefe do Executivo poderá autorizar, excepcionalmente, que bens públicos federais sejam desapropriados.**

**Alternativa "b" (responde a alternativa "c").** O procedimento da desapropriação divide-se em duas fases: a **declaratória** e a **executória**. Naquela, a Administração declara a utilidade pública, a necessidade pública ou o interesse público de determinado bem para fins de desapropriação. A declaração é feita mediante decreto do Chefe do Executivo, ou por meio de lei, pelo Poder Legislativo (nesse caso, trata-se de lei de efeito concreto, equiparando-se a ato administrativo para fins de controle). Na fase executória, o Poder Público promove os atos necessários à efetivação da desapropriação e pode se dar de forma administrativa – **quando há acordo extrajudicial entre o proprietário e o expropriante quanto à indenização** – ou de forma judicial, em que o ente competente deve ajuizar a ação de desapropriação.

**Alternativa "d".** Os Municípios têm competência para desapropriar terras urbanas e rurais. A limitação que existe é na desapropriação para fins de reforma agrária, **de competência exclusiva da União.**

**Alternativa correta: letra "b".**

**72. (FGV-Exame de Ordem 2019.2)** O poder público, com fundamento na Lei nº 8.987/1995, pretende conceder à iniciativa privada uma rodovia que liga dois grandes centros urbanos. O edital, publicado em maio de 2018, previu a duplicação das pistas e a obrigação de o futuro concessionário desapropriar os terrenos necessários à ampliação. Por se tratar de projeto antigo, o poder concedente já havia declarado, em janeiro de 2011, a utilidade pública das áreas a serem desapropriadas no âmbito do futuro contrato de concessão.

Com base na hipótese apresentada, assinale a afirmativa correta.

a) O ônus das desapropriações necessárias à duplicação da rodovia não pode ser do futuro concessionário, mas sim do poder concedente.

b) O poder concedente e o concessionário só poderão adentrar os terrenos necessários à ampliação da rodovia após a conclusão do processo de desapropriação.

c) O decreto que reconheceu a utilidade pública dos terrenos caducou, sendo necessária a expedição de nova declaração.

d) A declaração de utilidade pública pode ser emitida tanto pelo poder concedente quanto pelo concessionário.

**COMENTÁRIOS**

**Alternativa "a".** Nos termos do art. 18, XII da Lei nº 8.987/1995, que trata da concessão e permissão, "O edital de licitação será elaborado pelo poder concedente, observados, no que couber, os critérios e as normas gerais da legislação própria sobre licitações e contratos e conterá, especialmente: a expressa indicação do responsável pelo ônus das desapropriações necessárias à execução do serviço ou da obra pública, ou para a instituição de servidão administrativa".

**Alternativa "b".** Em caso de urgência, poderá haver imissão provisória na posse, nos termos do art. 15 do Decreto-Lei nº 3.365/1941, que dispõe sobre desapropriações por utilidade pública: "Se o expropriante alegar urgência e depositar quantia arbitrada de conformidade com o art. 685 do Código de Processo Civil, o juiz mandará imiti-lo provisoriamente na posse dos bens".

**Alternativa "c".** Nos termos apresentados na questão, a declaração de utilidade pública se deu em janeiro de 2011. A desapropriação, por sua vez, só ocorreu em maio de 2018, ou seja, sete anos após a declaração de utilidade pública. Dessa forma, houve decadência, tendo em vista o transcurso de mais de cinco anos, e, somente após decorrido um ano, poderá o mesmo bem ser objeto de nova declaração. Nesse sentido, o art. 10 do Decreto-Lei nº 3.365/1941:

> *"Art. 10. A desapropriação deverá efetivar-se mediante acordo ou intentar-se judicialmente, dentro de cinco anos, contados da data da expedição do respectivo decreto e findos os quais este caducará. Neste caso, somente decorrido um ano, poderá ser o mesmo bem objeto de nova declaração".*

**Alternativa "d".** Nos termos do art. 29, VIII da Lei nº 8.987/95, **"incumbe ao Poder concedente:** declarar de utilidade pública os bens necessários à execução do serviço ou obra pública, promovendo as desapropriações, diretamente ou mediante outorga de poderes à concessionária, caso em que será desta a responsabilidade pelas indenizações cabíveis".

**Alternativa correta: letra "c".**

**73. (FGV-Exame de Ordem 2019.2)** Virgílio é proprietário de um imóvel cuja fachada foi tombada pelo Instituto do Patrimônio Histórico e Artístico Nacional – IPHAN, autarquia federal, após o devido processo administrativo, diante de seu relevante valor histórico e cultural.

O logradouro em que o imóvel está localizado foi assolado por fortes chuvas, que comprometeram a estrutura da edificação, a qual passou a apresentar riscos de desabamento. Em razão disso, Virgílio notificou o Poder Público e comprovou não ter condições financeiras para arcar com os custos da respectiva obra de recuperação.

Certo de que a comunicação foi recebida pela autoridade competente, que atestou a efetiva necessidade da realização de obras emergenciais, Virgílio procurou você, como advogado(a), para, mediante orientação jurídica adequada, evitar a imposição de sanção pelo Poder Público.

Sobre a hipótese apresentada, assinale a opção que apresenta a orientação correta.

a) Virgílio poderá demolir o imóvel.

b) A autoridade competente deve mandar executar a recuperação da fachada tombada, às expensas da União.

c) Somente Virgílio é obrigado a arcar com os custos de recuperação do imóvel.

d) As obras necessárias deverão ser realizadas por Virgílio, independentemente de autorização especial da autoridade competente.

COMENTÁRIOS

**Alternativa "a".** O tombamento é um **procedimento administrativo** adotado pelo Poder Público para sujeitar "a **restrições parciais** os bens de qualquer natureza cuja **conservação** seja de **interesse público**, por sua vinculação a fatos memoráveis da história ou por seu excepcional valor arqueológico ou etnológico, bibliográfico ou artístico"[22]. Dessa forma, os bens tombados **não podem ser demolidos**. Nesse sentido, o art. 17 do Decreto-Lei nº 25/37:

> *Art. 17: As coisas tombadas não poderão, em caso nenhum ser destruidas, demolidas ou mutiladas, nem, sem prévia autorização especial do Serviço do Patrimônio Histórico e Artistico Nacional, ser reparadas, pintadas ou restauradas, sob pena de multa de cincoenta por cento do dano causado.*

**Alternativa "b" (responde à alternativa "c").** Se o proprietário **não dispuser de recursos, comunicará** o Iphan sobre a necessidade das obras, sob pena de multa ao dobro do dano sofrido. Se o Iphan considerar que as obras são necessárias, mandará **executá-las** (custo é do Poder Público e devem ser iniciadas no prazo de 6 meses), ou providenciará para que seja feita a desapropriação da coisa (art. 19 do Decreto-Lei nº 25/37).

**Alternativa "d".** Para que sejam feitas obras de reparação em bens tombados, deverá haver autorização do IPHAN: "As coisas tombadas não poderão, em caso nenhum ser destruídas, demolidas ou mutiladas, **nem, sem prévia autorização** especial do Serviço do Patrimônio Histórico e Artístico Nacional, ser reparadas, pintadas ou restauradas, sob pena de multa de cincoenta por cento do dano causado".

**Alternativa correta: letra "b".**

---

**74. (FGV-Exame de Ordem 2019.1)** Determinado Município fez publicar decreto de desapropriação por utilidade pública de determinada área, com o objetivo de construir um hospital, o que incluiu o imóvel de Ana. A proprietária aceitou o valor oferecido pelo ente federativo, de modo que a desapropriação se consumou na via administrativa.

Após o início das obras, foi constatada a necessidade, de maior urgência, da instalação de uma creche na mesma localidade, de modo que o Município alterou a destinação a ser conferida à edificação que estava sendo erigida. Ana se arrependeu do acordo firmado com o poder público.

Diante dessa situação hipotética, na qualidade de advogado(a) de Ana, assinale a afirmativa correta.

a) Ana deverá ajuizar ação de retrocessão do imóvel, considerando que o Município não possui competência para atuar na educação infantil, de modo que não poderia alterar a destinação do bem expropriado para esta finalidade.

b) Cabe a Ana buscar a anulação do acordo firmado com o Município, que deveria ter ajuizado a indispensável ação de desapropriação para consumar tal modalidade de intervenção do estado na propriedade.

c) O ordenamento jurídico não autoriza que Ana impugne a desapropriação amigável acordada com o Município, porque a nova destinação conferida ao imóvel atende ao interesse público, a caracterizar a chamada tredestinação lícita.

d) Ana deverá ajuizar ação indenizatória em face do ente federativo, com base na desapropriação indireta, considerando que o Município não pode conferir finalidade diversa da constante no decreto expropriatório.

COMENTÁRIOS

**✪ Nota do autor:** A desapropriação é a mais drástica forma de intervenção do Estado na propriedade particular, pois retira o bem do proprietário. É uma forma originária de aquisição de propriedade (é como se não houvesse proprietário anterior). Nos termos do art. 5º, XXIV, da Constituição são pressupostos necessários para que a desapropriação possa ocorrer a necessidade pública, a utilidade pública e o interesse social. O procedimento da desapropriação é dividido em duas partes: fase declaratória e fase executória. Na fase declaratória, a Administração declara a utilidade pública, a necessidade pública ou o interesse público de determinado bem para fins de desapropriação. A declaração é feita mediante decreto do Chefe do Executivo, ou por meio de lei, pelo Poder Legislativo (nesse caso, trata-se de lei de efeito concreto, equiparando-se a ato administrativo para fins de controle). Na fase executória, o Poder Público promove os atos necessários à efetivação da desapropriação, os quais podem ser praticados pelo próprio Poder Público ou por pessoas jurídicas que atuem por sua delegação. Nessa fase pode ou não haver acordo extrajudicial entre as partes e caso não haja o ente competente ajuizará ação de desapropriação.

**Alternativa "c" (responde as demais alternativas).** A **tredestinação** ocorre **quando há desvio de finalidade no uso do bem desapropriado**. Há duas modalidades de tredestinação: a lícita – que se dá quando o desvio é de uma finalidade pública para outra finalidade pública – e a ilícita – quando se desvia da finalidade pública para a finalidade particular. Desse modo, como no caso narrado foi mantida a finalidade pública (construção de creche, dada a urgência, ao invés de um hospital), o ordenamento jurídico não autoriza que Ana impugne a desapropriação amigável acordada com o Município.

**Alternativa correta: letra "c".**

---

**75. (FGV – Exame de Ordem 2018.1)** Em novembro de 2014, Josué decidiu gozar um período sabático e passou, a partir de então, quatro anos viajando pelo mundo. Ao retornar ao Brasil, foi surpreendido pelo fato de que um terreno de sua propriedade havia sido invadido, em setembro de 2015, pelo Município Beta, que nele construiu uma estação de tratamento de água e esgoto.

Em razão disso, Josué procurou você para, na qualidade de advogado (a), traçar a orientação jurídica adequada, em consonância com o ordenamento vigente.

a) Deve ser ajuizada uma ação possessória, diante do esbulho cometido pelo Poder Público municipal.

b) Não cabe qualquer providência em Juízo, considerando que a pretensão de Josué está prescrita.

ADMINISTRATIVO

22 DI PIETRO, Maria Sylvia Zanella. *Direito administrativo*. 23. ed. São Paulo: Atlas, 2010. p. 139. Original sem destaque.

c) Impõe-se que Josué aguarde que o bem venha a ser destinado pelo Município a uma finalidade alheia ao interesse público, para que, somente então, possa pleitear uma indenização em Juízo.

d) É pertinente o ajuizamento de uma ação indenizatória, com base na desapropriação indireta, diante da incorporação do bem ao patrimônio público pela afetação.

COMENTÁRIOS

**Nota do autor:** Exige-se do candidato conhecimento sobre a **desapropriação indireta**, instituto não regulado pela lei, mas realidade recorrente no cotidiano jurídico do Brasil.

**Alternativa "d" (responde as demais alternativas).** Caso o Poder Público se aposse do bem sem a observância do devido procedimento expropriatório, integrando-o ao patrimônio público, estar-se-á diante da **desapropriação indireta**, também chamada de **apossamento administrativo.** Por haver clara violação a um dos mais significativos princípios do ordenamento jurídico, qual seja, do devido processo legal, a **desapropriação indireta** é verdadeiro **ato ilícito praticado pela Administração Pública,** o que dá ensejo, portanto, à sua responsabilização, sendo perfeitamente possível o ajuizamento de uma ação indenizatória, no caso narrado no enunciado.

**Alternativa correta: letra "d".**

---

**76. (FGV – Exame de Ordem 2017.2)** O Estado "X" pretende fazer uma reforma administrativa para cortar gastos. Com esse intuito, espera concentrar diversas secretarias estaduais em um mesmo prédio, mas não dispõe de um imóvel com a área necessária. Após várias reuniões com a equipe de governo, o governador decidiu desapropriar, por utilidade pública, um enorme terreno de propriedade da União para construir o edifício desejado.

Sobre a questão apresentada, assinale a afirmativa correta.

a) A União pode desapropriar imóveis dos Estados, atendidos os requisitos previstos em lei, mas os Estados não podem desapropriar imóveis da União.

b) Para que haja a desapropriação pelo Estado "X", é imprescindível que este ente federado demonstre, em ação judicial, estar presente o interesse público.

c) A desapropriação é possível, mas deve ser precedida de autorização legislativa dada pela Assembleia Legislativa.

d) A desapropriação é possível, mas deve ser precedida de autorização legislativa dada pelo Congresso Nacional.

COMENTÁRIOS

**Nota do autor:** A desapropriação é a mais drástica forma de intervenção do Estado na propriedade particular, pois retira o bem do proprietário. É uma forma originária de aquisição de propriedade (é como se não houvesse proprietário anterior). Nos termos do art. 5º, XXIV, da Constituição são pressupostos necessários para que a desapropriação possa ocorrer a necessidade pública, a utilidade pública e o interesse social. Com a publicação da Lei nº 13.867/2019, na desapropriação por utilidade pública e antes do ajuizamento da ação, o Poder Público poderá notificar o particular e lhe apresentar oferta de indenização, com prazo para manifestação em 15 dias. Nesse prazo, o particular poderá optar pela mediação ou arbitragem, cabendo à Administração Pública avaliar a conveniência e oportunidade em sua realização.

**Alternativa "a" (responde as demais alternativas).** Quanto ao objeto da desapropriação, em regra, **todos os bens podem ser expropriados,** nos termos do art. 2º do Decreto-Lei nº 3.365/41, sejam eles corpóreos ou incorpóreos, privados ou públicos, moveis ou imóveis, inclusive o espaço aéreo e o subsolo, salvo as expressas vedações legais, ora transcritas: a) no caso de **bens públicos,** a União poderá desapropriar os bens dos Estados e dos Municípios e o Estado poderá desapropriar os bens dos Municípios que daquele façam parte, sendo necessária, em qualquer caso, a autorização legislativa para se desapropriar um bem público.

**Alternativa correta: letra "a".**

---

**77. (FGV – Exame de Ordem 2017.1)** O Município Beta foi assolado por chuvas que provocaram o desabamento de várias encostas, que abalaram a estrutura de diversos imóveis, os quais ameaçam ruir, especialmente se não houver imediata limpeza dos terrenos comprometidos. Diante do iminente perigo público a residências e à vida de pessoas, o Poder Público deve, prontamente, utilizar maquinário, que não consta de seu patrimônio, para realizar as medidas de contenção pertinentes.

Assinale a opção que indica a adequada modalidade de intervenção na propriedade privada para a utilização do maquinário necessário.

a) Requisição administrativa.

b) Tombamento.

c) Desapropriação.

d) Servidão administrativa.

COMENTÁRIOS

**Alternativa "a".** A requisição administrativa é a "**utilização coativa de bens ou serviços particulares** pelo Poder Público por ato de execução imediata e direta da autoridade requisitante e **indenização ulterior**, para atendimento de **necessidades coletivas** urgentes e transitórias"[23]. Trata-se de medida **autoexecutória** e, assim não é necessária a intervenção judicial para a sua efetivação.

**Alternativa "b".** O **tombamento** é o procedimento administrativo adotado pelo Poder Público para impor restrições parciais sobre os bens que, por interesse público, devam ser conservados, por estarem vinculados a fatos memoráveis da história ou por seu excepcional valor arqueológico ou etnológico, bibliográfico ou artístico. Pode ter como objeto **qualquer bem, móvel ou imóvel**, privado ou público.

**Alternativa "c".** A desapropriação é a mais drástica forma de intervenção do Estado na propriedade particular, pois retira o bem do proprietário. Não é o caso da questão.

**Alternativa "d".** A ***servidão administrativa*** é o "***direito real público*** que autoriza o Poder Público a usar a propriedade imóvel para permitir a execução de obras e serviços de interesse coletivo"[24]. ***Não se retira a propriedade de seu titular***, mas este é obrigado a consentir que seu imóvel seja usado em prol de um serviço público ou bem afetado a fim de utilidade pública. Tem como característica a ***perpetuidade***, ou seja, durará enquanto for necessário ao interesse público.

**Alternativa correta: letra "a".**

## 12. RESPONSABILIDADE EXTRACONTRATUAL DO ESTADO

▸ CF, art. 37, § 6º

---

23 MEIRELLES, Hely Lopes. *Direito administrativo brasileiro*. 36 ed. São Paulo: Malheiros, 2010. p. 660.

24 CARVALHO FILHO, José dos Santos. *Manual de direito administrativo*. 19. ed. Rio de Janeiro: Lumen Juris, 2008. p. 691.

**78. (FGV – XXXVII Exame OAB)** Mateus e Geraldo foram presos em decorrência de sentença penal com trânsito em julgado, pelo crime de latrocínio. Ambos ficaram, inicialmente, na mesma cela prisional, em condições absolutamente precárias e insalubres, sendo certo que Geraldo evadiu-se da cadeia. Seis meses após a fuga, Geraldo praticou novo latrocínio, que levou Tânia a óbito. Mateus, que ficou muito deprimido pelas condições degradantes do cárcere, cometeu suicídio, cortando seus pulsos com faca adquirida irregularmente de Rodrigo, agente penitenciário, fato que poderia ter sido evitado, portanto, se o Estado tivesse adotado precauções mínimas. Diante das circunstâncias narradas, assinale a afirmativa correta.

a) O Estado poderia ser civilmente responsabilizado pela morte de Tânia, pois tinha o dever de evitar a fuga de Geraldo, mas não pelo óbito de Mateus, em razão de fato exclusivo da vítima, tendo em conta a adoção da teoria do risco administrativo.

b) Ambas as mortes acima descritas seriam passíveis de configurar a responsabilização civil do Estado, nos termos da Constituição, que adota expressamente a teoria do risco integral, nas situações relacionadas à segurança pública.

c) Nenhum dos óbitos narrados pode caracterizar a responsabilização civil do Estado, na medida em que nas hipóteses de omissão do Estado deve ficar caracterizado o elemento culpa, imprescindível no âmbito da teoria do risco administrativo.

d) O Estado poderia ser civilmente responsabilizado pela morte de Mateus, pois tinha o dever de proteger a incolumidade física de pessoa sob sua custódia, mas não pelo óbito de Tânia, na medida em que não há nexo de causalidade entre a fuga de Geraldo e o evento danoso.

COMENTÁRIO

✪ **Nota do Autor:** O art. 37, §6º da Constituição Federal estabelece que "as pessoas jurídicas de direito público e as de direito privado prestadoras de serviço público responderão pelos danos que seus agentes, nessa qualidade, causarem a terceiros, assegurado o direito de regresso contra o responsável nos casos de dolo ou culpa". Verifica-se que, no dispositivo, existe a exigência de dolo ou culpa para responsabilização dos agentes públicos o que não ocorre em relação às pessoas jurídicas mencionadas, donde se conclui que a **responsabilidade extracontratual do Estado brasileiro é, em regra, objetiva.**

**Alternativa "d" (responde as demais alternativas).** A responsabilidade do Estado é objetiva e, assim, não há a necessidade de demonstração de dolo ou culpa para que a vítima seja indenizada, bastando a comprovação do dano e do nexo de causalidade entre este e a conduta estatal. No caso, não é possível identificar **nexo de causalidade** entre a morte de Tânia e alguma conduta estatal, de tal sorte que não há que se falar em responsabilização do Estado, neste caso. Trata-se de entendimento proferido pelo Supremo Tribunal Federal (**Tema nº 362**), pelo qual só se caracteriza responsabilidade civil do Estado quando for demonstrado o nexo causal entre o momento da fuga e o delito – "nos termos artigo 37 §6º da Constituição Federal, não se caracteriza a responsabilidade civil objetiva do Estado por danos decorrentes de crime praticado por pessoa foragida do sistema prisional, quando não demonstrado o nexo causal direto entre o momento da fuga e a conduta praticada". Situação diferente, contudo, ocorre em relação a Mateus, em que há responsabilidade do Estado por omissão e, nesse sentido, o STF, no RE 841526 (Tema 592), decidiu que, em face do dever específico de proteção ao respeito e à integridade física e moral do preso (CF, art. 5º, XLIX), o Estado deve ser responsabilizado quando descumpre esse dever e preso morre, tendo sido fixada a seguinte tese de repercussão geral: "Em caso de inobservância do seu dever específico de proteção previsto no art. 5º, inciso XLIX, da Constituição Federal, o Estado é responsável pela morte de detento". Nesse processo, consta da decisão que a "responsabilidade civil estatal, segundo a Constituição Federal de 1988, em seu artigo 37, § 6º, subsume-se à teoria do risco administrativo, tanto para as condutas estatais comissivas quanto paras as omissivas, posto rejeitada a teoria do risco integral."

**Alternativa correta: letra "d".**

**79. (FGV- XXXIV Exame de Ordem-2022)** Márcio é policial militar do Estado Ômega e, ao longo de suas férias, em movimentada praia no litoral do Estado Alfa, durante festa em que se encontrava à paisana, envolveu-se em uma briga, durante a qual sacou a arma da corporação, que sempre portava, e desferiu tiros contra Bernardo, que veio a óbito imediato. Mirtes, mãe de Bernardo, pretende ajuizar ação indenizatória em decorrência de tal evento.

Sobre a situação narrada, assinale a afirmativa correta.

a) A ação indenizatória não poderá ser ajuizada em face do Estado Ômega, na medida em que o fato ocorreu no território do Estado Alfa.

b) A ação deverá ser ajuizada em face da União, que é competente para promover a segurança pública.

c) Há legitimidade passiva do Estado Ômega, considerando que Márcio tinha a posse de uma arma da corporação, em decorrência da qualidade de agente público.

d) O Estado Ômega deve responder civilmente pela conduta de Márcio, já que o ordenamento jurídico pátrio adotou a teoria do risco integral.

COMENTÁRIO

**Alternativa "a" (responde a alternativa "b").** O art. 37, §6º, da Constituição Federal estabelece que as "pessoas jurídicas de direito público e as de **direito privado prestadoras de serviços públicos** responderão pelos danos que seus agentes, nessa qualidade, causarem a terceiros, assegurado o direito de regresso contra o responsável nos casos de dolo ou culpa". Nos termos do art. 37, § 6º, da Constituição Federal, há a ***exigência de dolo ou culpa para a responsabilização dos agentes públicos***, o que não ocorre em relação às pessoas jurídicas de direito público ou de direito privado prestadoras de serviço público, ***donde se conclui que a responsabilidade extracontratual do Estado brasileiro é objetiva***, ou seja, independe da verificação de dolo ou culpa. Assim, verificados a conduta danosa, o prejuízo à vítima e o nexo de causalidade – e, por fim, a não incidência em uma das hipóteses de exclusão da responsabilidade –, a Administração Pública tem o dever de indenizar a vítima da lesão suportada. No caso concreto, possível a responsabilização do Estado Ômega, uma vez que o agente público em questão pertence aos seus quadros de servidores públicos.

**Alternativa "c".** Quanto à ***ação*** do agente público, é indispensável que o faça, conforme determina o art. 37, § 6º, "***nessa qualidade***", isto é, que atue na condição de agente público e ***não como particular***. No entanto, saliente-se que, mesmo se o agente não estiver no estrito desempenho da função, mas se usar equipamento próprio dela como, por exemplo, viatura ou arma, poderá ser caracterizada a responsabilidade do Estado, conforme destaca Irene Patrícia Nohara, colacionando, dentre outros, julgado do STF (RE 213.525), no qual se reconheceu a responsabilidade estatal por ato ilícito praticado por policial militar de folga, com o uso de revólver da corporação[25].

**Alternativa "d".** A Constituição Federal de 1988, em seu art. 37, §6º, previu a **responsabilidade objetiva** às pessoas jurídicas de direito público e as de direto privado prestadoras de serviço público, assegurado o direito de regresso contra o responsável nos casos de dolo ou culpa. Dentro da Teoria Objetiva de responsabilidade civil do Estado, existem duas teorias são utilizadas para explicá-las: **1 – teoria do risco integral:** não há hipóteses de excludentes de responsabilidade que possa ser invocada pelo Estado; **2 – teoria do risco administrativo:** admite a exclusão da responsabilidade do Estado quando ausentes os elementos definidores da responsabilidade, como por exemplo, a culpa exclusiva da vítima, caso fortuito e força maior. A Teoria do Risco integral é admitida no ordenamento jurídico brasileiro em situações excepcionais, tão somente: a) nos acidentes de trabalho; b) indenização coberta pelo seguro obrigatório para automóvel; c) atentados terroristas em aeronave; d) dano ambiental; e) danos nucleares.

**Alternativa correta: letra "c".**

---

**80. (FGV – Exame de Ordem 2020.1)** Rafael, funcionário da concessionária prestadora do serviço público de fornecimento de gás canalizado, realizava reparo na rede subterrânea, quando deixou a tampa do bueiro aberta, sem qualquer sinalização, causando a queda de Sônia, transeunte que caminhava pela calçada.

Sônia, que trabalha como faxineira diarista, quebrou o fêmur da perna direita em razão do ocorrido e ficou internada no hospital por 60 dias, sem poder trabalhar.

Após receber alta, Sônia procurou você, como advogado(a), para ajuizar ação indenizatória em face

a) da concessionária, com base em sua responsabilidade civil objetiva, para cuja configuração é desnecessária a comprovação de dolo ou culpa de Rafael.

b) do Estado, como poder concedente, com base em sua responsabilidade civil direta e subjetiva, para cuja configuração é prescindível a comprovação de dolo ou culpa de Rafael.

c) de Rafael, com base em sua responsabilidade civil direta e objetiva, para cuja configuração é desnecessária a comprovação de ter agido com dolo ou culpa, assegurado o direito de regresso contra a concessionária.

d) do Município, como poder concedente, com base em sua responsabilidade civil objetiva, para cuja configuração é imprescindível a comprovação de dolo ou culpa de Rafael.

**COMENTÁRIO**

**Nota do Autor:** O art. 37, § 6º, da Constituição Federal estabelece que "as pessoas jurídicas de direito público e as de direito privado prestadoras de serviços públicos responderão pelos danos que seus agentes, nessa qualidade, causarem a terceiros, assegurado o direito de regresso contra o responsável nos casos de dolo ou culpa". Verifica-se no dispositivo que existe a exigência de dolo ou culpa para os agentes públicos, o que não ocorre em relação às pessoas jurídicas mencionadas, donde se conclui que a responsabilidade extracontratual do Estado brasileiro é objetiva. Assim, nos moldes do texto constitucional, a responsabilidade do Estado é objetiva e, por sua vez, a do agente público é subjetiva. Assim, em relação ao servidor, este somente será responsabilizado se agiu com dolo ou culpa.

**Alternativa "a".** A responsabilidade objetiva prevista no art. 37, § 6º da Constituição Federal aplica-se a **todas as pessoas jurídicas de direito público** e às **pessoas jurídicas de direito privado prestadoras de serviço público.** Assim, as prestadoras de serviço público respondem **objetivamente** pelos danos que seus agentes causarem relacionados à prestação do serviço público. Sempre houve grande divergência doutrinária se a responsabilidade objetiva das prestadoras de serviços públicos seria aplicada apenas quanto aos terceiros usuários do serviço ou se poderiam estender-se aos não usuários. O Supremo Tribunal Federal consolidou entendimento no julgamento do Recurso Extraordinário nº 591874/MS, decidindo que a responsabilidade extracontratual das concessionárias de serviço público é **objetiva,** em relação aos **usuários** e aos **não usuários** do serviço.

**Alternativa "b" (responde a alternativa "d").** Como destacado, a responsabilidade objetiva aplica-se a todas as **pessoas jurídicas de direito privado prestadoras de serviço público,** que respondem integralmente pelos danos que seus agentes, nessa qualidade, causarem a terceiros, usuários e não usuários de serviço público, **respondendo o Estado de forma subsidiária, caso a concessionária não tenha condições de suportar o prejuízo.** Assim, não há que se falar em responsabilização direta do ente federativo, Poder Concedente.

**Alternativa "c".** A posição do **Supremo Tribunal Federal** (RE 327.904) é no sentido da **impossibilidade** de se acionar diretamente o agente público/prestador de serviços público, pois o art. 37, § 6º, da Constituição estabelece **dupla garantia: uma em favor do particular** assegurando-lhe o direito de promover ação indenizatória em face da pessoa jurídica de direito público ou de direito privado prestadora de serviço público e, **outra, em benefício do servidor**, que apenas responde civil e administrativamente perante a pessoa jurídica a que estiver vinculado. Nesse sentido, o decidido pelo STF no RE nº 1027366 (tema nº 940 de repercussão geral): "A teor do disposto no art. 37, § 6º, da Constituição Federal, a ação por danos causados por agente público deve ser ajuizada contra o Estado ou a pessoa jurídica de direito privado prestadora de serviço público, sendo parte ilegítima para a ação o autor do ato, assegurado o direito de regresso contra o responsável nos casos de dolo ou culpa".

**Alternativa correta: letra "a".**

---

**81. (FGV – Exame de Ordem/2018.3)** A União construiu uma usina nuclear para fins de geração de energia elétrica. A fim de minimizar os riscos de acidentes relacionados à utilização do urânio, foram empregados, no empreendimento, os mais modernos e seguros equipamentos. Do mesmo modo, o pessoal designado para trabalhar na usina recebeu todos os treinamentos exigidos nas legislações brasileira e internacional.

Entretanto, em decorrência de uma intensa, imprevisível e excepcional chuva que caiu na região, parte da usina ficou alagada. Isso gerou superaquecimento nas instalações, fato que culminou na liberação de um pequeno volume de gases radioativos armazenados, causando náuseas e vômitos na população que mora próxima à usina.

Com base na situação narrada, assinale a afirmativa correta.

a) A União não pode ser responsabilizada pelos danos causados à população, tendo em vista a ausência de culpa (responsabilidade subjetiva) por parte do Poder Público.

b) Em razão de as chuvas constituírem um evento imprevisível e excepcional, não se cogita a responsabilidade da União pelos danos causados à população.

c) A União pode ser responsabilizada pelas consequências advindas do vazamento de gases radioativos, independentemente de culpa, pois a responsabilidade é objetiva.

25. *Direito administrativo*. 2. ed. São Paulo: Atlas, 2012. p. 750-751.

d) A União não pode ser responsabilizada pelos danos causados à população, dado competir aos Estados a exploração dos serviços e das instalações nucleares, cabendo a eles a responsabilidade pelos danos.

**COMENTÁRIOS**

✪ **Nota do autor:** A regra geral, estabelecida no art. 37, §6º, da Constituição Federal estabelece que as "pessoas jurídicas de direito público e as de **direito privado prestadoras de serviços públicos** responderão pelos danos que seus agentes, nessa qualidade, causarem a terceiros, assegurado o direito de regresso contra o responsável nos casos de dolo ou culpa". Assim, para haver a responsabilização do Estado não é necessária a perquirição do elemento subjetivo da conduta do agente público, isto é, não é preciso indagar se este agiu com dolo ou culpa, cuidando-se de indagação irrelevante para que o Estado seja obrigado a indenizar a vítima do dano, porque, para tanto, basta o nexo causal entre a conduta do agente e o prejuízo dela decorrente. Entretanto, situação diferente se revela em relação ao agente público, pois a pessoa estatal tem o direito de regresso apenas quando houve a conduta dolosa ou culposa, quer dizer, o agente público só responderá, perante a Administração Pública, se agiu com dolo ou culpa.

**Alternativa "c" (responde as demais alternativas).** Como visto acima, em regra, a responsabilidade do Estado é objetiva, isto é, independe da existência de culpa ou dolo por parte da Administração Pública. Neste sentido, o Brasil adotou a chamada **teoria do risco administrativo**, que admite certas excludentes de responsabilidade objetiva, como, por exemplo, **caso fortuito e força maior**, além da culpa exclusiva de terceiro e da culpa exclusiva da vítima. Há, apenas, duas exceções – em que aplicável a **teoria do risco integral**, isto é, quando é possível responsabilizar objetivamente o Estado e não admite excludentes de responsabilidade – que são: **o dano causado por acidente nuclear** (art. 21, XIII, *d*, da Constituição Federal) e o **dano decorrente de atos terroristas, atos de guerra ou de eventos correlatos, contra aeronaves brasileiras**, nos termos da Lei nº 10.390/01 e da Lei nº 10.744/03.

**Alternativa correta: letra "c".**

---

**82. (FGV – Exame de Ordem 2018.2)** Em uma movimentada rodovia concedida pela União a uma empresa privada, um veículo particular colidiu com outro, deixando diversos destroços espalhados pela faixa de rolamento. Um dos objetos deixados sobre a pista cortou o pneu de um terceiro automóvel, causando a colisão deste em uma mureta de proteção.

Com base no fragmento acima, assinale a afirmativa correta.

a) A concessionária deve responder objetivamente pelos danos causados, com fundamento na teoria do risco administrativo.

b) Em nenhuma hipótese a concessionária poderá ser responsabilizada pelo evento danoso.

c) A concessionária responde pelos danos materiais causados ao terceiro veículo, com fundamento na teoria do risco integral, isto é, ficou comprovado que o dano foi causado por culpa exclusiva de terceiro ou por força maior.

d) O proprietário do terceiro automóvel só será reparado pelos danos materiais caso demonstre a culpa da concessionária, caracterizada, por exemplo, pela demora excessiva em promover a limpeza da rodovia.

**COMENTÁRIOS**

**Alternativa "a" (responde a alternativa "b" e "d").** O art. 37, §6º, da Constituição Federal estabelece que as "pessoas jurídicas de direito público e as de **direito privado prestadoras de serviços públicos** responderão pelos danos que seus agentes, nessa qualidade, causarem a terceiros, assegurado o direito de regresso contra o responsável nos casos de dolo ou culpa". Quanto às **prestadoras de serviço público**, havia divergência se responderiam apenas quanto aos danos causados a terceiros usuários do serviço ou se poderiam ser incluídos os não usuários, mas o **Supremo Tribunal Federal**, no RE 591874/MS, decidiu que **a responsabilidade extracontratual das pessoas jurídicas de direito privado prestadoras de serviço público é objetiva em relação aos usuários e aos não usuários do serviço.**

**Alternativa "c".** A teoria do risco administrativo baseia-se no risco inerente à atividade administrativa e, assim, devem ser repartidos os ônus e os bônus dessa atividade, pelo que todos da sociedade, de maneira difusa, por meio Estado, arcarão com determinado prejuízo causado a alguém no exercício da atividade administrativa e não apenas a vítima do dano. Por essa teoria, a responsabilização do Estado – e dos prestadores de serviço público, em geral – se dá de maneira objetiva, sendo necessária, apenas, a demonstração do dano e que este fora causado por agente público. Não se confunde com a teoria do risco integral, porque a teoria do risco administrativo apenas dispensa a vítima de demonstrar o dolo ou a culpa do agente público, mas a Administração Pública poderá demonstrar que a vítima foi a causadora do dano e ficar imune à indenização ou ter, ao menos, a redução do valor e, por outro lado, no caso de risco integral, a Administração deve indenizar todo e qualquer dano sofrido pelo administrado, ainda que causado por culpa ou dolo da vítima[26]. São consideradas causas excludentes da responsabilidade objetiva do Estado: o caso fortuito, a força maior, a culpa exclusiva de terceiro e a culpa exclusiva da vítima.

**Alternativa correta: letra "a"**

---

**83. (FGV – Exame de Ordem 2016.3)** José, acusado por estupro de menores, foi condenado e preso em decorrência da execução de sentença penal transitada em julgado. Logo após seu recolhimento ao estabelecimento prisional, porém, foi assassinado por um colega de cela.

Acerca da responsabilidade civil do Estado pelo fato ocorrido no estabelecimento prisional, assinale a afirmativa correta.

a) Não estão presentes os elementos configuradores da responsabilidade civil do Estado, porque está presente o fato exclusivo de terceiro, que rompe o nexo de causalidade, independentemente da possibilidade de o Estado atuar para evitar o dano.

b) Não estão presentes os elementos configuradores da responsabilidade civil do Estado, porque não existe a causalidade necessária entre a conduta de agentes do Estado e o dano ocorrido no estabelecimento estatal.

c) Estão presentes os elementos configuradores da responsabilidade civil do Estado, porque o ordenamento jurídico brasileiro adota, na matéria, a teoria do risco integral.

d) Estão presentes os elementos configuradores da responsabilidade civil do Estado, porque o poder público tem o dever jurídico de proteger as pessoas submetidas à custódia de seus agentes e estabelecimentos.

**COMENTÁRIOS**

**Alternativa "d" (responde as demais alternativas).** A situação descrita retrata a morte de detento no interior de estabelecimento penal, fato que é objeto de diversos julgados nos tribunais. Inclusive, o STF, no Recurso Extraordinário 841.526,

26 MEIRELLES, Hely Lopes. *Direito administrativo brasileiro*. 36. ed. São Paulo: Malheiros, 2010. p. 682-683.

abordou o tema e nele fixou tema de repercussão geral: **"em caso de inobservância do seu dever específico de proteção previsto no artigo 5º, inciso XLIX, da Constituição Federal, o Estado é responsável pela morte do detento".** No julgado mencionado, foi decidido que se adota, no Brasil, a teoria do risco administrativo, conforme o art. 37, § 6º, da Constituição Federal tanto para condutas comissivas quanto omissivas, bem como que: "2. A omissão do Estado reclama nexo de causalidade em relação ao dano sofrido pela vítima nos casos em que o Poder Público ostenta o dever legal e a efetiva possibilidade de agir para impedir o resultado danoso. 3. É dever do Estado e direito subjetivo do preso que a execução da pena se dê de forma humanizada, garantindo-se os direitos fundamentais do detento, e o de ter preservada a sua incolumidade física e moral (artigo 5º, inciso XLIX, da Constituição Federal). 4. O dever constitucional de proteção ao detento somente se considera violado quando possível a atuação estatal no sentido de garantir os seus direitos fundamentais, pressuposto inafastável para a configuração da responsabilidade civil objetiva estatal, na forma do artigo 37, § 6º, da Constituição Federal. [...] 7. A responsabilidade civil estatal resta conjurada nas hipóteses em que o Poder Público comprova causa impeditiva da sua atuação protetiva do detento, rompendo o nexo de causalidade da sua omissão com o resultado danoso [...]".

**Alternativa correta: letra "d".**

## 13. CONTROLE DA ADMINISTRAÇÃO PÚBLICA

**84. (FGV – Exame de Ordem XXXVI – 2022)** Túlio era servidor público federal e falsificou documentos para, de má-fé, obter a sua aposentadoria por tempo de contribuição junto ao Regime Próprio de Previdência Social – RPPS. Por não ter sido verificado o problema dos documentos, o pedido foi deferido pelo órgão competente de origem e, pouco depois, registrado perante o Tribunal de Contas da União – TCU, que não verificou o embuste e não conferiu oportunidade de manifestação para Túlio. Ocorre que, seis anos após o aludido registro, a Corte de Contas tomou conhecimento do ardil de Túlio e da nulidade dos documentos apresentados, razão pela qual instaurou processo administrativo para fins de anular o registro promovido em dissonância com o ordenamento jurídico.

Diante dessa situação hipotética, aponte a assertiva correta.

a) A conduta do TCU foi irregular, na medida em que a aposentadoria de Túlio é ato administrativo simples, que não deveria ter sido submetido a registro perante a Corte de Contas.

b) O exercício da autotutela, para fins de anular a aposentadoria de Túlio, não está fulminado pela decadência, diante de sua má-fé.

c) O registro da aposentadoria de Túlio foi irregular, pois dependia da garantia da ampla defesa e contraditório perante o TCU.

d) A anulação da aposentadoria não é mais viável, considerando que transcorrido o prazo prescricional de cinco anos para o exercício da pretensão.

**COMENTÁRIO**

**Alternativa "a".** Ao TCU, dentre outros, compete "apreciar, para fins de registro, a legalidade dos atos de admissão de pessoal, a qualquer título, na administração direta e indireta, incluídas as fundações instituídas e mantidas pelo Poder Público, excetuadas as nomeações para cargo de provimento em comissão, bem como **a das concessões de aposentadoria, reformas e pensões, ressalvadas as melhorias posteriores que não alterem o fundamento legal do ato concessório"**. Desse modo, na esfera federal, o órgão ou entidade administrativa concede ao servidor a aposentadoria e, posteriormente, esse ato deve ser analisado pelo TCU e a este cabe decidir se a concessão é legal ou não. Por isso, o STF decidiu que o **ato de aposentadoria configura ato administrativo complexo**, aperfeiçoando-se somente com o **registro** perante o TCU.

**Alternativa "b" (responde a alternativa "d").** O art. 54, da Lei nº 9.784/1999, estabelece que "o direito da Administração de anular os atos administrativos de que decorram efeitos favoráveis para os destinatários decai em cinco anos, contados da data em que foram praticados, **salvo comprovada má-fé**". No caso concreto, como houve má-fé por parte do servidor, não há que se falar na impossibilidade de anulação do ato de aposentadoria por conta do eventual decurso de lapso temporal.

**Alternativa "c".** Da exegese possível da leitura da Súmula Vinculante nº 3, pode-se afirmar que, em se tratando de concessão de aposentadoria, o ato inicial será analisado pelo TCU, **sem necessidade de serem assegurados o contraditório e a ampla defesa** ao interessado, exceto se houver inércia do TCU por mais de 5 anos, a contar da concessão da aposentadoria (Súmula Vinculante nº 3: "nos processos perante o Tribunal de Contas da União asseguram-se o contraditório e a ampla defesa quando da decisão puder resultar anulação ou revogação de ato administrativo que beneficie o interessado, excetuada a apreciação da legalidade do ato de concessão inicial de aposentadoria, reforma e pensão").

**Alternativa correta: letra "b".**

**85. (FGV – Exame de Ordem 2020.1)** A autoridade competente, em âmbito federal, no regular exercício do poder de polícia, aplicou à sociedade empresária Soneca S/A multa em razão do descumprimento das normas administrativas pertinentes. Inconformada, a sociedade Soneca S/A apresentou recurso administrativo, ao qual foi conferido efeito suspensivo, sendo certo que não sobreveio qualquer manifestação do superior hierárquico responsável pelo julgamento, após o transcurso do prazo de oitenta dias. Considerando o contexto descrito, assinale a afirmativa correta.

a) Não se concederá Mandado de Segurança para invalidar a penalidade de multa aplicada a Soneca S/A, submetida a recurso administrativo provido de efeito suspensivo.

b) O ajuizamento de qualquer medida judicial por Soneca S/A depende do esgotamento da via administrativa.

c) Não há mora da autoridade superior hierárquica, que, por determinação legal, dispõe do prazo de noventa dias para decidir.

d) A omissão da autoridade competente em relação ao seu dever de decidir, ainda que se prolongue por período mais extenso, não enseja a concessão de Mandado de Segurança.

**COMENTÁRIO**

**Alternativa "a".** O art. 5º da Lei nº 12.016/09 **veda**, expressamente, a concessão de mandado de segurança contra: a) **ato do qual caiba recurso administrativo com efeito suspensivo**, independentemente de caução; b) decisão judicial da qual caiba recurso com efeito suspensivo; c) **decisão judicial transitada em julgado.**

**Alternativa "b".** Nos termos do art. 5º, XXXV, "a lei não excluirá da apreciação do Poder Judiciário lesão ou ameaça a direito". Esse dispositivo constitucional consagra a inafastabilidade da jurisdição, o amplo acesso ao Poder Judiciário, já que no Brasil é adotado o sistema inglês ou de jurisdição única. Desse modo, exceto em situações específicas, o ajuizamento de qualquer medida judicial **não** depende do esgotamento da via administrativa.

**Alternativa "c".** Na forma do art. 59, §1º, da Lei nº 9.784/99, "quando a lei não fixar prazo diferente, o recurso administrativo deverá ser decidido no prazo máximo de **trinta dias**, a partir do recebimento dos autos pelo órgão competente".

**Alternativa "d".** A alternativa está equivocada porque sendo pendente recurso administrativo com efeito suspensivo, a princípio, não existe interesse de agir para manejo de Mandado de Segurança. Ocorre que a Súmula nº 429, do Supremo Tribunal Federal, estabelece que "a existência de recurso administrativo com efeito suspensivo não impede o uso do mandado de segurança contra omissão da autoridade", de tal sorte que a anulação desta questão seria mais adequada.

**Alternativa correta: letra "a".**

---

**86. (FGV – Exame de Ordem 2018.2)** Maria solicitou ao Município Alfa licença de localização e funcionamento para exercer determinada atividade empresarial, apresentando todos os documentos necessários para tanto. Contudo, transcorrido mais de ano do mencionado pedido, não houve qualquer manifestação por parte da autoridade competente para sua apreciação.

Diante dessa situação, na qualidade de advogado, assinale a afirmativa que indica o procedimento correto.

a) Não se pode adotar qualquer medida contra a inércia da autoridade competente, considerando que o princípio da razoável duração do processo não se aplica à via administrativa.

b) Deve-se ajuizar uma ação popular contra a omissão da autoridade competente, diante do preenchimento dos respectivos requisitos e da violação ao princípio da impessoalidade.

c) Deve-se impetrar mandado de segurança, uma vez que a omissão da autoridade competente para a expedição do ato de licença constitui abuso de poder.

d) Deve-se impetrar habeas data diante da inércia administrativa, considerando que a omissão da autoridade competente viola o direito à informação.

COMENTÁRIOS

✪ **Nota do autor:** O controle judicial é controle de natureza ***externa*** e, quanto a sua extensão, é um controle de ***legalidade*** ou ***legitimidade***, não sendo permitido ao Poder Judiciário intervir no mérito do ato administrativo, ou seja, sobre a conveniência e a oportunidade. Quanto ao momento, o controle judicial é feito, normalmente, *a posteriori*, embora também seja possível o controle prévio, quando houver ameaça de lesão a direito (CF, art. 5º, XXXV).

**Alternativa "b".** A **ação popular** é a ação destinada à tutela da **moralidade administrativa**, do **meio ambiente**, do **patrimônio histórico** e **cultural** e do **patrimônio público**, este na sua mais ampla acepção, incluindo bens móveis, imóveis, ações e créditos públicos[27]. O sujeito ativo da **ação popular** é **qualquer cidadão**; excluem-se a **pessoa jurídica**, o estrangeiro, o apátrida, e as pessoas que estiverem com os direitos políticos suspensos ou perdidos.

**Alternativa "c" (responde a alternativa "a").** O mandado de segurança está previsto no art. 5º, LXIX da Constituição Federal, em cuja redação assegura-se a concessão desse remédio constitucional para ***proteger direito líquido e certo***, não amparado por *habeas corpus* ou *habeas data*, quando o ***responsável pela ilegalidade ou abuso de poder for autoridade pública ou agente de pessoa jurídica no exercício de atribuições do Poder Público***. Assim, o MS somente pode ser utilizado quando se tratar de ***direito líquido e certo***, que corresponde ao direito que pode ser comprovado de plano, sendo possível reconhecê-lo no momento da impetração pelas provas existentes. Neste sentido, entende-se que a **omissão** constitui **abuso de poder**, de tal modo que perfeitamente cabível **mandado de segurança** na situação descrita no enunciado.

**Alternativa "d".** O *habeas data* é ação constitucional destinada à tutela de direito à informação constante de banco de dados público ou privado de natureza pública, quando o Impetrante: a) quiser ter acesso à mencionada informação; b) pretender a retificação dos dados constantes de referido banco; c) tiver direito à complementação das informações constantes de referido banco. A inércia administrativa para apreciação dos pedidos em questão é, de fato, fundamento para a impetração de *habeas data*, mas, apenas e tão somente, nas hipóteses mencionadas.

**Alternativa correta: letra "c".**

---

**87. (FGV – Exame de Ordem 2015.1)** O Estado X está ampliando a sua rede de esgotamento sanitário. Para tanto, celebrou contrato de obra com a empresa "Enge-X-Sane", no valor de R$ 50.000.000,00 (cinquenta milhões de reais). A fim de permitir a conclusão das obras, com a extensão da rede de esgotamento a quatro comunidades carentes, o Estado celebrou termo aditivo com a referida empresa, no valor de R$ 10.000.000,00 (dez milhões de reais), custeados com recursos transferidos pela União, mediante convênio, elevando, assim, o valor total do contrato para R$ 60.000.000,00 (sessenta milhões de reais).

Considerando que foram formuladas denúncias de sobrepreço ao Tribunal de Contas da União, assinale a afirmativa correta.

a) O Tribunal de Contas da União não tem competência para apurar eventual irregularidade, uma vez que se trata de obra pública estadual, devendo o interessado formular denúncia ao Tribunal de Contas do Estado.

b) O Tribunal de Contas da União não tem competência para apurar eventual irregularidade, mas pode, de ofício, remeter os elementos da denúncia para o Tribunal de Contas do Estado.

c) O Tribunal de Contas da União é competente para fiscalizar a obra e pode determinar, diante de irregularidades, a imediata sustação da execução do contrato impugnado.

d) O Tribunal de Contas da União é competente para fiscalizar a obra e pode indicar prazo para que o órgão ou a entidade adote as providências necessárias ao exato cumprimento da lei, se verificada ilegalidade.

COMENTÁRIOS

**Alternativa "c".** Consoante art. 71, X, da Constituição Federal, compete ao TCU "sustar, se não atendido, a execução do ato impugnado, comunicando a decisão à Câmara dos Deputados e ao Senado Federal". Portanto, **somente é possível a execução do ato impugnado** em caso de não cumprimento do prazo assinalado no inciso IX, **de tal forma que impossível a imediata sustação da execução do contrato impugnado.**

**Alternativa "d" (responde as alternativas "a" e "b").** Nos termos do art. 71, VI, da Constituição Federal, compete ao Tribunal de Contas da União "fiscalizar a aplicação de quaisquer recursos repassados pela União mediante convênio, acordo, ajuste ou outros instrumentos congêneres, a Estado, ao Distrito Federal ou a Município" e, na forma do inciso IX, "assinar prazo para que o órgão ou entidade adote as providências necessárias ao exato cumprimento da lei, se verificada ilegalidade".

**Alternativa correta: letra "d".**



27 RODRIGUES, Geisa de Assis. *Ação popular*: In: DIDIER JÚNIOR, Fredie. *Ações constitucionais*. 5 ed. Salvador: Juspodivm, 2011. p. 284.

## 14. IMPROBIDADE ADMINISTRATIVA: LEI Nº 8.429/92

- CF, art. 37, §§ 4º e 5º
- Lei nº 8.429/92

**88. (FGV – XXXVII Exame OAB)** Fernanda foi aprovada em primeiro lugar em concurso público para o cargo de Auditor Fiscal da Secretaria de Fazenda do Estado Alfa. Ao ser convocada para investidura no cargo público, o departamento de recursos humanos da secretaria solicitou a Fernanda, entre outros documentos, cópia da sua última declaração de imposto sobre a renda e proventos de qualquer natureza apresentada à Secretaria Especial da Receita Federal do Brasil. Com receio de ver violada sua privacidade e informações resguardadas pelo sigilo fiscal, Fernanda procurou você, como advogado(a), indagando sobre a obrigatoriedade da entrega da mencionada declaração. Com base na atual redação da Lei de Improbidade Administrativa, assinale a opção que apresenta seu esclarecimento.

a) A posse e o exercício do cargo ficam condicionados à apresentação da citada declaração de imposto sobre a renda, a fim de ser arquivada no serviço de pessoal competente.

b) A nomeação e a posse não ficam condicionadas à apresentação da citada declaração de imposto sobre a renda, mas seus vencimentos apenas serão pagos com a entrega do documento.

c) A nomeação, a posse e o exercício do cargo ficam condicionados à apresentação da citada declaração de imposto sobre a renda, mediante prévia quebra de sigilo fiscal por ordem judicial.

d) A nomeação, a posse e o exercício do cargo não ficam condicionados à apresentação da citada declaração de imposto sobre a renda, mas Fernanda responderá por ato de improbidade administrativa se não entregar o documento em 30 (trinta) dias após a posse.

**COMENTÁRIO**

**✪ Nota do Autor:** Atenção! A Lei nº 8.429/92 foi objeto de recentes alterações legislativas, com o advento da Lei nº 14.230/2021.

**Alternativa "a" (responde as demais alternativas).** O art. 13, *caput*, da Lei nº 8.429/1992, estabelece que "a posse e o exercício de agente público ficam condicionados à apresentação de declaração de imposto de renda e proventos de qualquer natureza, que tenha sido apresentada à Secretaria Especial da Receita Federal do Brasil, a fim de ser arquivada no serviço de pessoal competente".

**Alternativa correta: letra "a".**

**89. (FGV – Exame de Ordem XXXVI – 2022)** Na semana passada, o Ministério Público ajuizou ação em desfavor de Odorico, prefeito do Município Delta, em decorrência da prática de ato doloso de improbidade que causou enriquecimento ilícito.

Após os devidos trâmites processuais, o Juízo de primeiro grau verificou a configuração dos elementos caracterizadores da improbidade, incluindo o dolo específico, razão pela qual aplicou as penalidades cominadas na legislação.

Sobre as penalidades aplicadas ao prefeito Odorico, assinale a afirmativa correta.

a) É cabível a execução provisória da penalidade de perda da função pública, com seu imediato afastamento do cargo.

b) Poderia ser aplicada a penalidade de suspensão de direitos políticos por prazo superior a quinze anos, em razão da presença de dolo específico.

c) O Juízo de primeiro grau não poderia cumular as penalidades de suspensão dos direitos políticos e de proibição de contratar com a Administração, sob pena de *bis in idem*.

d) O Juízo de primeiro grau poderia cumular a determinação de ressarcimento integral ao erário com a aplicação da penalidade de multa equivalente ao valor do acréscimo patrimonial.

**COMENTÁRIO**

**Alternativa "a".** O art. 20, *caput*, da Lei nº 8.429/1992, estabelece que "a perda da função pública e a suspensão dos direitos políticos só se efetivam com o trânsito em julgado da sentença condenatória".

**Alternativa "b".** Na forma do art. 12, da Lei nº 8.429/1992, no caso de atos de improbidade que importam enriquecimento ilícito, a suspensão dos direitos políticos pode ser aplicada até 14 (catorze) anos.

**Alternativa "c" (responde, também, a alternativa "d").** As sanções previstas no art. 12, da Lei nº 8.429/1992 podem ser aplicadas independentemente do ressarcimento integral do dano patrimonial, se efetivo, de forma isolada ou **cumulativamente**, de acordo com a gravidade do fato e, no caso de atos que importam enriquecimento ilícito, as penalidades aplicáveis, isolada ou cumulativamente, são "perda dos bens ou valores acrescidos ilicitamente ao patrimônio, perda da função pública, suspensão dos direitos políticos até 14 (catorze) anos, pagamento de multa civil equivalente ao valor do acréscimo patrimonial e proibição de contratar com o poder público ou de receber benefícios ou incentivos fiscais ou creditícios, direta ou indiretamente, ainda que por intermédio de pessoa jurídica da qual seja sócio majoritário, pelo prazo não superior a 14 (catorze) anos".

**Alternativa correta: letra "d".**

**90. (FGV- XXXV Exame de Ordem-2022)** Em janeiro de 2022, João, na qualidade de Secretário de Educação do município Alfa, de forma culposa, praticou ato que causou lesão ao erário municipal, na medida em que permitiu, por negligência, a aquisição de bem consistente em material escolar por preço superior ao de mercado. O Ministério Público ajuizou ação civil pública por ato de improbidade administrativa em face de João, imputando-lhe a prática de ato omisso e culposo que ensejou superfaturamento em prejuízo ao Município, bem como requereu a condenação do Secretário Municipal a todas as sanções previstas na Lei de Improbidade Administrativa.

Após ser citado, João procurou você, como advogado(a), para defendê-lo. Com base na Lei no 8.429/92 (com as alterações introduzidas pela Lei no 14.230/21), você redigiu a contestação, alegando que, atualmente, não mais existe ato de improbidade administrativa

a) omissivo, pois a nova legislação exige conduta comissiva, livre e consciente do agente, caracterizada por um atuar positivo por parte do sujeito ativo do ato de improbidade, para fins de caracterização de ato ímprobo.

b) culposo, pois a nova legislação exige conduta dolosa para todos os tipos previstos na Lei de Improbidade e considera dolo a vontade livre e consciente de alcançar o resultado ilícito tipificado na lei, não bastando a voluntariedade do agente.

c) que cause simplesmente prejuízo ao erário, pois é imprescindível que o sujeito ativo do ato de improbidade tenha se enriquecido ilicitamente com o ato praticado, direta ou indiretamente.

d) que enseje mero dano ao erário, pois é imprescindível que o sujeito ativo do ato de improbidade tenha também atentado contra os princípios da administração pública, direta ou indiretamente.

**COMENTÁRIO**

**Alternativas "b" (responde às demais alternativas).** Após as modificações implementadas pela Lei nº 14.230/2021, configura-se o ato de improbidade que causa dano ao erário, nos termos do art. 10 da Lei nº 8.429/1992, qualquer ação ou omissão dolosa que enseje, efetiva e comprovadamente, perda patrimonial, desvio, apropriação, malbaratamento ou dilapidação dos bens ou haveres das entidades referidas no art. 1º daquela lei, notadamente nas hipóteses elencadas nos incisos daquele artigo e o inciso V prevê que permitir ou facilitar a aquisição, permuta ou locação de bem ou serviço por preço superior ao de mercado constitui ato de improbidade que causa dano ao erário. Entretanto, no enunciado consta que a conduta foi culposa e, dessa forma, não houve prática de ato de improbidade. Atualmente, só há ato de improbidade doloso e considera-se dolo a vontade livre e consciente de alcançar o resultado ilícito tipificado na Lei de Improbidade, não bastando a voluntariedade do agente e o mero exercício da função ou desempenho de competências públicas, sem comprovação de ato doloso com fim ilícito, afasta a responsabilidade por ato de improbidade administrativa (art. 1º).

**Alternativa correta: letra "b".**

---

**91. (FGV – Exame de Ordem – 2021.2)** João da Silva, Governador do Estado Alfa, de forma dolosa, no exercício das funções, revelou, em entrevista a veículo de imprensa, fato de que tinha ciência em razão de suas atribuições e que devia permanecer em segredo, consistente em relatório de inteligência policial, cujas diligências ainda estavam em curso. A publicização indevida comprometeu as atividades de inteligência, bem como de investigação em andamento, relacionadas com a prevenção e repressão de infrações.

O Ministério Público estadual instaurou inquérito civil para apurar os fatos e, finda a investigação, restou comprovada a prática de ato ilícito, razão pela qual o MP ajuizou ação

a) civil pública por ato de improbidade administrativa que atentou contra os princípios da administração pública.

b) por crime de responsabilidade, já que nenhum agente político se sujeita ao regime jurídico da lei de improbidade administrativa.

c) por crime de responsabilidade, já que Governador de Estado não se sujeita ao regime jurídico da lei de improbidade administrativa.

d) civil pública com pedido de impeachment, por abuso de poder político e ofensa ao decoro e à moralidade administrativa.

**COMENTÁRIO**

✪ **Nota do Autor:** A Lei de Improbidade Administrativa foi objeto de diversas alterações em seu conteúdo, pela Lei nº 14.230/2021.

**Alternativa "a" (responde as demais alternativas).** À época da aplicação da prova, a Lei nº 8.429 (LIA) previa que a conduta de revelar fato ou circunstância de que tem ciência em razão de atribuições e que deveria permanecer em segredo consistia em ato de improbidade administrativa que atenta contra os princípios da Administração Pública. Atenção! Com a alteração ao art. 11, III, pela Lei nº 14.230/2021, a conduta em comento continua prevista, porém, o inciso passou a contar com nova redação, qual seja: "revelar fato ou circunstância de que tem ciência em razão das atribuições e que deva permanecer em segredo, propiciando beneficiamento por informação privilegiada ou colocando em risco a segurança da sociedade e do Estado".

**Alternativa correta: letra "a".**

---

**92. (FGV/OAB/XXXII_Exame – 2021)** Ao tomar conhecimento de fraude em licitação ocorrida em novembro de 2013, decorrente de conluio entre a sociedade empresária Espertinha e Garibaldo, servidor ocupante, exclusivamente, de cargo comissionado, o Ministério Público, em janeiro de 2019, ajuizou ação civil pública por improbidade, em razão de ato que causou prejuízo ao erário, em desfavor de ambos os envolvidos.

Comunicada de tais fatos, a Administração Pública demitiu Garibaldo em abril de 2019, após garantir-lhe ampla defesa e contraditório em processo administrativo.

Sobre a questão apresentada, na qualidade de advogado consultado pela sociedade empresária Espertinha, especificamente sobre a possibilidade de aplicação da sanção de proibição de contratar com a Administração Pública e receber benefícios fiscais, assinale a afirmativa correta.

a) A prescrição da pretensão ministerial de aplicação da sanção questionada para qualquer dos demandados não se consumou, pois estes se submetem ao mesmo prazo extintivo, que apenas se iniciou com a demissão de Garibaldo do cargo comissionado.

b) A pretensão do Ministério Público, de aplicação da sanção questionada, está prescrita em relação a Garibaldo e à sociedade empresária Espertinha, dado que o prazo relativo a ambos iniciou-se com a realização da conduta.

c) A prescrição da pretensão ministerial para aplicação da sanção apenas em relação à sociedade empresária Espertinha operou-se, na medida em que o prazo a ela aplicável iniciou-se com a realização da conduta.

d) A sociedade empresária Espertinha, por não se enquadrar no conceito de agente público, não pode responder por improbidade administrativa, não sendo a ela aplicável a sanção questionada.

**COMENTÁRIOS**

✪ **Nota do autor:** quando da realização da prova estava em vigor a redação anterior da Lei nº 8.429/92, cuja previsão era que o sujeito ativo do ato de improbidade poderá ser o agente público ou o terceiro que induza ou concorra para a prática do ato de improbidade ou dele se beneficie. Todavia, com as alterações implementadas pela Lei nº 14.230/2021, tanto o agente público quanto o terceiro somente responderão se tiverem agido com dolo.

**Alternativa "a".** Responde às alternativas "b" e "c". Nos termos da antiga redação do art. 23 da Lei nº 8.429/1992 (LIA) as ações destinadas a aplicar sanções previstas na lei podem ser propostas até cinco anos após o término do exercício de mandato, de cargo em comissão ou de função de confiança. Nos termos da jurisprudência do STJ, o termo inicial do prazo de prescrição da ação de improbidade em relação ao terceiro beneficiado com o ato ímprobo é idêntico ao do agente público que praticou o ato (AgRg no REsp 1510589). Nesse sentido, foi editada a Súmula nº 634 do STJ, que dispõe que "Ao particular aplica-se o mesmo regime prescricional previsto na Lei de Improbidade Administrativa para o agente público". Com a nova redação do art. 23, por força da Lei nº 14.230/2021, o prazo de prescrição é de 8 anos e tem início a partir da ocorrência do fato ou, no caso de infrações permanentes, do dia em que cessou a permanência. **ATENÇÃO!** STF RE 843.989: "(...) 4) O novo regime prescricional previsto na Lei 14.230/2021 é IRRETROATIVO, aplicando-se os novos marcos temporais a partir da publicação da lei"

**Alternativa "d".** A pessoa jurídica poderá responder por ato de improbidade administrativa, tendo em vista o exposto no art. 3º da LIA: "As disposições desta lei são aplicáveis, no que couber, àquele que, mesmo não sendo agente público, induza ou concorra para a prática do ato de improbidade ou dele se beneficie sob qualquer forma direta ou indireta." Nesse sentido, para o STJ, excluir a pessoa jurídica da relação processual viabilizaria caminho fácil para ludibriar a Administração Pública, que não teria como cobrar da pessoa jurídica a reparação pelos prejuízos sofridos, tornando-a imune à responsabilização civil e administrativa (REsp nº 970.393). Ademais, no sentido da responsabilização de pessoa jurídica, o §2º do art. 3º prevê hipótese em que isso não ocorre: "As sanções desta Lei não se aplicarão à pessoa jurídica, caso o ato de improbidade administrativa seja também sancionado como ato lesivo à administração pública" nos termos da Lei Anticorrupção.

**Alternativa correta: letra "a" (questão desatualizada).**

---

**93. (FGV-Exame de Ordem 2019.1)** A União celebrou convênio com o Município Alfa para a implantação de um sistema de esgotamento sanitário. O Governo Federal repassou recursos ao ente local, ficando o município encarregado da licitação e da contratação da sociedade empresária responsável pelas obras. Após um certame conturbado, cercado de denúncias de favorecimento e conduzido sob a estreita supervisão do prefeito, sagrou-se vencedora a sociedade empresária Vale Tudo Ltda.

Em escutas telefônicas, devidamente autorizadas pelo Poder Judiciário, comprovou-se o direcionamento da licitação para favorecer a sociedade empresária Vale Tudo Ltda., que tem, como sócios, os filhos do prefeito do Município Alfa. Tendo sido feita perícia no orçamento, identificou-se superfaturamento no preço contratado.

Com base na situação narrada, assinale a afirmativa correta.

a) Não compete ao Tribunal de Contas da União fiscalizar o emprego dos recursos em questão, pois, a partir do momento em que ocorre a transferência de titularidade dos valores, encerra-se a jurisdição da Corte de Contas Federal.
b) O direcionamento da licitação constitui hipótese de frustração da licitude do certame, configurando ato de improbidade administrativa que atenta contra os princípios da Administração Pública e, por isso, sujeita os agentes públicos somente à perda da função pública e ao pagamento de multa civil.
c) Apenas os agentes públicos estão sujeitos às ações de improbidade, de forma que terceiros, como é o caso da sociedade empresária Vale Tudo Ltda., não podem ser réus da ação judicial e, por consequência, imunes à eventual condenação ao ressarcimento do erário causado pelo superfaturamento.
d) Por se tratar de ato de improbidade administrativa que causou prejuízo ao erário, os agentes públicos envolvidos e a sociedade empresária Vale Tudo Ltda. estão sujeitos ao integral ressarcimento do dano, sem prejuízo de outras medidas, como a proibição de contratar com o Poder Público ou receber incentivos fiscais por um prazo determinado.

**COMENTÁRIOS**

**Alternativa "a".** Na forma do art. 71, VI, da Constituição Federal, compete ao Tribunal de Contas da União "fiscalizar a aplicação de quaisquer recursos repassados pela União mediante convênio, acordo, ajuste ou outros instrumentos congêneres, a Estado, ao Distrito Federal ou a Município".

**Alternativa "b". Frustrar a licitude de procedimento licitatório** é **ato de improbidade que causa prejuízo ao erário**, previsto no art. 11, VII, da Lei nº 8.429/92.

**Alternativa "c".** Nos termos dos artigos 1º e 2º, o **sujeito ativo** do ato de improbidade, além do agente público, pode ser **terceiro que induza ou concorra dolosamente para a prática de ato de improbidade**. Assim, os representantes da sociedade empresária Vale Tudo Ltda., podem ser réus da ação judicial e sofrerem as sanções previstas na legislação, desde que, comprovadamente, houver participação e benefícios diretos, caso em que responderão nos limites da sua participação..

**Alternativa "d".** Na hipótese de prática de ato de improbidade administrativa que causa prejuízo ao erário, as penalidades a serem impostas são as seguintes (art. 12, II): perda dos bens ou valores acrescidos ilicitamente ao patrimônio, se concorrer esta circunstância, perda da função pública, suspensão dos direitos políticos até 12 anos, pagamento de multa civil equivalente ao valor do dano e proibição de contratar com o poder público ou de receber benefícios ou incentivos fiscais ou creditícios, direta ou indiretamente, ainda que por intermédio de pessoa jurídica da qual seja sócio majoritário, pelo prazo não superior a 12 anos;.

**Alternativa correta: letra "d".**

---

**94. (FGV – Exame de Ordem 2018.2)** Raul e Alberto inscreveram-se para participar de um concorrido concurso público. Como Raul estava mais preparado, combinaram que ele faria a prova rapidamente e, logo após, deixaria as respostas na lixeira do banheiro para que Alberto pudesse ter acesso a elas. A fraude só veio a ser descoberta após o ingresso de Raul e de Alberto no cargo, fato que ensejou o afastamento deles. Após rígida investigação policial e administrativa, não foi identificada, na época do certame, a participação de agentes públicos no esquema.

Sobre os procedimentos de Raul e de Alberto, com base nas disposições da Lei de Improbidade Administrativa, assinale a afirmativa correta.

a) Eles enriqueceram ilicitamente graças aos salários recebidos e, por isso, devem responder por ato de improbidade administrativa.
b) Eles causaram prejuízo ao erário, consistente nos salários pagos indevidamente e, por isso, devem responder por ato de improbidade administrativa.
c) Eles frustraram a licitude de concurso público, atentando contra os princípios da Administração Pública, e, por isso, devem responder por ato de improbidade administrativa.
d) Eles não praticaram ato de improbidade administrativa, pois, no momento em que ocorreu a fraude no concurso público, não houve a participação de agentes públicos.

**COMENTÁRIOS**

**Alternativa "a" (responde a alternativa "b").** Os atos de improbidade administrativa são divididos em três espécies, quais sejam, os **atos que importam enriquecimento ilícito**, os atos que **causam prejuízo ao erário**, os atos que **atentam contra os princípios da Administração Pública.** Veja-se que são modalidades distintas, que não precisam ser cumuladas, porém para todas, nos moldes das modificações implementadas pela Lei nº 14.230/2021, exige-se dolo.

**Alternativa "c" (responde a alternativa "d").** De fato, é ato de improbidade que atenta contra os princípios da Administração Pública, nos termos do art. 11, V, da Lei nº 8.429/92, frustrar, em ofensa à imparcialidade, o caráter concorrencial de concurso público, de chamamento ou de procedimento licitatório, com vistas à obtenção de benefício próprio, direto ou indireto, ou de terceiros, mas não responderão por ato de improbidade porque não houve a participação de agente público e, conforme o art. 3º, as disposições da Lei de Improbidade aplicam-se, no que couber, àquele que, mesmo não sendo agente público, induza ou concorra dolosamente para a prática do ato de improbidade, ou seja, o terceiro tem que induzir ou concorrer para que o agente público pratique o ato e não havendo a participação de agente público não há como se falar em ato ímprobo.

**Alternativa correta: letra "d".**

---

**95. (FGV – Exame de Ordem 2018.1)** Raimundo tornou-se prefeito de um pequeno município brasileiro. Seu mandato teve início em janeiro de 2009 e encerrou-se em dezembro de 2012. Em abril de 2010, sabendo que sua esposa estava grávida de gêmeos e que sua residência seria pequena para receber os novos filhos, Raimundo comprou um terreno e resolveu construir uma casa maior. No mesmo mês, com o orçamento familiar apertado, para não incorrer em novos custos, ele usou um trator de esteiras, de propriedade do município, para nivelar o terreno recém- adquirido.

O Ministério Público teve ciência do fato em maio de 2015 e ajuizou, em setembro do mesmo ano, ação de improbidade administrativa contra Raimundo. Após análise da resposta preliminar, o juiz recebeu a ação e ordenou a citação do réu em dezembro de 2015.

Considerando o enunciado da questão e a Lei de Improbidade Administrativa, em especial as disposições sobre prescrição, o prazo prescricional das eventuais sanções a serem aplicadas a Raimundo é de

a) cinco anos, tendo como termo inicial a data da infração (abril de 2010); logo, como a ação foi ajuizada em setembro de 2015, ocorreu a prescrição no caso concreto.
b) três anos, tendo como termo inicial a data em que os fatos se tornaram conhecidos pelo Ministério Público (maio de 2015); logo, como a ação foi ajuizada em setembro de 2015, não ocorreu a prescrição no caso concreto.
c) cinco anos, tendo como termo inicial o término do exercício do mandato (dezembro de 2012); logo, como a ação foi ajuizada em setembro de 2015, não ocorreu a prescrição no caso concreto.
d) três anos, tendo como termo inicial o término do exercício do mandato (dezembro de 2012); logo, como a ação foi ajuizada em setembro de 2015, ocorreu a prescrição no caso concreto.

**COMENTÁRIOS**

✪ **Nota do autor:** É necessária atenção do candidato. O art. 23, da Lei nº 8.429/92, prevê os prazos para interposição da ação de improbidade. Porém, os prazos previstos na Lei de Improbidade Administrativa são para a ação destinada a apurar o ato de improbidade, visando à responsabilização do ímprobo. No entanto, o art. 37, § 5º, da Constituição Federal determina que "a lei estabelecerá os prazos de prescrição para ilícitos praticados por qualquer agente, servidor ou não, que causem prejuízos ao erário, ressalvadas as respectivas ações de ressarcimento".

**Alternativa "c" (responde as demais alternativas).** Nos termos do art. 23 da Lei nº 8.429/92, com a redação conferida pela Lei nº 14.230/2021, a ação para a aplicação das sanções previstas na Lei de Improbidade prescreve em 8 anos, contados a partir da ocorrência do fato ou, no caso de infrações permanentes, do dia em que cessou a permanência. Portanto, quando da propositura da ação, a prescrição não havia ocorrido. Cabe esclarecer que, à época da realização da prova, vigorava a redação anterior desse dispositivo e nele havia a previsão de que, no caso de mandato eletivo, o termo inicial do prazo prescricional era o término do exercício do mandato e como o prazo era de 5 anos também não teria ocorrido a prescrição.

**Alternativa correta: letra "c".**

## 15. LEI ANTICORRUPÇÃO

▸ Lei nº 12.846/2013

---

**96. (FGV – Exame de Ordem XXXVI – 2022)** A sociedade empresária *Alfa* praticou um ato lesivo à Administração Pública de um país estrangeiro, atentando contra os compromissos internacionais assumidos pelo Brasil no âmbito do combate à corrupção. Em razão disso, as autoridades brasileiras querem tomar as providências cabíveis a fim de promover a responsabilização administrativa e/ou judicial da pessoa jurídica por tais atos lesivos, em território nacional.

Considerando os fatos narrados, à luz da Lei nº 12.846/2013 (Lei Anticorrupção), assinale a afirmativa correta.

a) Não é possível a responsabilização administrativa no caso, considerando que o ilícito foi cometido contra Administração Pública estrangeira.
b) Não é possível a responsabilização administrativa e/ou judicial da sociedade empresária *Alfa*, mas apenas a de seus sócios administradores.
c) Na esfera administrativa, após o devido processo administrativo, é cabível a dissolução compulsória da sociedade empresária *Alfa*.
d) A responsabilização administrativa da sociedade empresária *Alfa* não afasta a possibilidade de sancioná-la na esfera judicial, com base na legislação específica.

**COMENTÁRIOS**

**Alternativa "a" (responde a alternativa "b").** Na forma do art. 1º a Lei nº 12.846/2013 dispõe sobre a responsabilização objetiva administrativa e civil de pessoas jurídicas pela prática de atos contra a administração pública, nacional ou estrangeira e aplica-se às sociedades empresárias e às sociedades simples, personificadas ou não, independentemente da forma de organização ou modelo societário adotado, bem como a quaisquer fundações, associações de entidades ou pessoas, ou sociedades estrangeiras, que tenham sede, filial ou representação no território brasileiro, constituídas de fato ou de direito, ainda que temporariamente. Ainda, a responsabilização da pessoa jurídica não exclui a responsabilidade individual de seus dirigentes ou administradores ou de qualquer pessoa natural, autora, coautora ou partícipe do ato ilícito e, dessa forma, a pessoa jurídica será responsabilizada independentemente da responsabilização individual das pessoas naturais mencionadas (art. 3º).

**Alternativa "c".** A **dissolução compulsória** de sociedades é medida prevista na Lei nº 12.846/2013, dependendo, contudo, de ação judicial para tanto, na forma do art. 19, III.

**Alternativa "d".** Trata-se da literalidade do art. 18, da Lei nº 12.846/2013, pelo qual "na esfera administrativa, a responsabilidade da pessoa jurídica não afasta a possibilidade de sua responsabilização na esfera judicial".

**Alternativa correta: letra "d".**

---

**97. (FGV – Exame de Ordem – 2021.2)** A sociedade empresária Espertinha praticou atos de corrupção contra determinada

ADMINISTRATIVO

organização pública internacional, mediante oferecimento de suborno para a obtenção de vantagens indevidas. Em razão disso, a Controladoria Geral da União (CGU) instaurou procedimento administrativo para apurar a responsabilização administrativa de tal sociedade. Considerando o disposto na Lei n° 12.846/13 (Lei Anticorrupção), assinale a afirmativa correta.

a) Não é possível a responsabilização administrativa da sociedade empresária Espertinha por atos de corrupção praticados contra organização pública internacional.

b) A responsabilização administrativa pela CGU não necessita da caracterização do elemento subjetivo na conduta da sociedade empresária Espertinha, pois tal responsabilidade é objetiva.

c) A aplicação de penalidades administrativas pela CGU depende da responsabilização individual de pessoa natural, na figura de sócio ou dirigente da sociedade empresária Espertinha.

d) O processo administrativo instaurado pela CGU poderá resultar na aplicação das penalidades de multa e de dissolução compulsória da sociedade empresária Espertinha.

**COMENTÁRIO**

✪ **Nota do Autor:** A Lei nº 12.846/2013 dispõe sobre a responsabilização objetiva administrativa e civil de pessoas jurídicas pela prática de atos contra a administração pública, nacional ou estrangeira.

**Alternativa "a".** Na forma do parágrafo único, do art. 1º, "aplica-se o disposto nesta Lei às sociedades empresárias e às sociedades simples, personificadas ou não, independentemente da forma de organização ou modelo societário adotado, bem como a quaisquer fundações, associações de entidades ou pessoas, ou sociedades estrangeiras, que tenham sede, filial ou representação no território brasileiro, constituídas de fato ou de direito, ainda que temporariamente". Assim, perfeitamente possível a responsabilização administrativa da sociedade empresária em questão.

**Alternativa "b".** De fato, na forma do art. 9º, da Lei, "compete à Controladoria-Geral da União – CGU a apuração, o processo e o julgamento dos atos ilícitos previstos nesta Lei, praticados contra a administração pública estrangeira (...)". Neste sentido, nos termos do art. 5º, I, da Lei, sendo a prática adotada pela sociedade vedada pelo diploma, a responsabilização em questão é objetiva, isto é, independente da caracterização do elemento subjetivo.

**Alternativa "c".** Pelo contrário, a responsabilização prevista na Lei Anticorrupção refere-se às pessoas jurídicas, não dependendo, as penalidades aplicáveis, de responsabilização individual de pessoa natural, na figura de sócio ou dirigente da sociedade.

**Alternativa "d".** Em razão da prática de atos previstos no art. 5º, da Lei, poderão ser aplicadas às pessoas jurídicas as seguintes penalidades: "I – perdimento dos bens, direitos ou valores que representem vantagem ou proveito direta ou indiretamente obtidos da infração, ressalvado o direito do lesado ou de terceiro de boa-fé; II – suspensão ou interdição parcial de suas atividades; III – dissolução compulsória da pessoa jurídica; IV – proibição de receber incentivos, subsídios, subvenções, doações ou empréstimos de órgãos ou entidades públicas e de instituições financeiras públicas ou controladas pelo poder público, pelo prazo mínimo de 1 (um) e máximo de 5 (cinco) anos".

**Alternativa correta: letra "b".**

---

**98. (FGV/OAB/XXX_Exame – 2019)** A sociedade empresária Feliz S/A, após apresentar a melhor proposta em licitação para a contratação de obra de grande vulto, promovida por certa empresa pública federal, apresentou os documentos exigidos no edital e foi habilitada. Este último ato foi objeto de recurso administrativo, no qual restou provado que a mencionada licitante foi constituída para burlar a sanção que lhe fora aplicada, já que se constituíra por transformação da sociedade empresária Alegre S/A, com os mesmos sócios e dirigentes, mesmo patrimônio, igual endereço e idêntico objeto social.

A sociedade empresária Alegre S/A, em decorrência de escândalo que envolvia pagamento de propina e fraudes em licitações, foi penalizada em diversos processos administrativos. Após os trâmites previstos na Lei nº 12.846/13 (Lei Anticorrupção Empresarial), diante do reconhecimento de haver praticado atos lesivos à Administração Pública, ela foi penalizada com a aplicação de multa e a declaração de inidoneidade para licitar ou contratar com a Administração Pública, pelo prazo de quatro anos.

Diante dessa situação hipotética, assinale a afirmativa correta.

a) A exclusão da sociedade empresária Feliz S/A da licitação em curso é legítima, pois, diante da transformação, subsiste a responsabilidade da sociedade Alegre S/A.

b) O reconhecimento da responsabilização administrativa da sociedade empresária Alegre S/A, por ato lesivo contra a Administração Pública, dependia da comprovação do elemento subjetivo culpa.

c) A penalização da sociedade empresária Alegre S/A impede a responsabilização individual de seus dirigentes; por isso, não pode ser estendida à sociedade Feliz S/A.

d) A imposição da sanção de declaração de inidoneidade à sociedade empresária Alegre S/A deveria impedir a aplicação de multa por ato lesivo à Administração Pública pelos mesmos fatos, sob pena de bis in idem.

**COMENTÁRIOS**

**Alternativa "a".** Houve transformação da Sociedade Alegre S/A para Feliz S/A, de modo que a responsabilidade da Sociedade Feliz S/A se restringirá à multa e reparação do dano até o limite do patrimônio transferido, "não lhe sendo aplicáveis as demais sanções previstas nesta Lei decorrentes de atos e fatos ocorridos antes da data da fusão ou incorporação, exceto no caso de simulação ou evidente intuito de fraude, devidamente comprovados" (art. 3º, §1º da Lei nº 12.846/2013).

**Alternativa "b".** A responsabilidade da pessoa jurídica, na Lei nº 12.846/2013 é objetiva, independendo da comprovação de culpa, portanto.

**Alternativa "c".** De acordo com o art. 3º da Lei nº 12.846/2013, "A responsabilização da pessoa jurídica **não exclui a responsabilidade individual** de seus dirigentes ou administradores ou de qualquer pessoa natural, autora, coautora ou partícipe do ato ilícito."

**Alternativa "d".** A pena de declaração de inidoneidade está prevista tanto na Lei nº 8.666/1993 quanto na Lei nº 14.133/2021 e, em ambas as leis, a pena de multa pode ser cumulada com qualquer das outras penas previstas nessas leis licitatórias. No mesmo sentido, o art. 30 da Lei nº 12.846/2013 (Lei Anticorrupção) estabelece que as sanções previstas nessa lei não afeta os processos de responsabilização e aplicação de penalidades decorrentes de ato de improbidade administrativa, de atos ilícitos alcançados pela Lei nº 8.666/1993 "ou outras normas de licitações e contratos da administração pública, inclusive no tocante ao Regime Diferenciado de Contratações Públicas RDC instituído pela Lei nº 12.462, de 4 de agosto de 2011" o que, dessa maneira, também se aplica à Lei nº 14.133/2021, inclusive por força do seu art. 189. Portanto, não há *bis in idem*.

**Alternativa correta: letra "a".**

**99. (FGV-Exame de Ordem 2019.2)** Determinado jornal publicou a notícia de que, nos últimos dez anos, a mesma empreiteira (sociedade empresária Beta) venceu todas as grandes licitações promovidas pelo Ministério Alfa. A sociedade empresária Beta, ciente do risco de serem descobertos os pagamentos sistemáticos de propina a servidores públicos em troca de vantagens competitivas, resolve procurar as autoridades competentes para propor a celebração de acordo de leniência.

Com base na hipótese apresentada, assinale a afirmativa correta.

a) É requisito do acordo de leniência o compromisso da sociedade empresária de fazer cessar seu envolvimento na irregularidade investigada, qual seja, o pagamento de propina a servidores públicos em troca das vantagens competitivas.

b) A assinatura do acordo de leniência está condicionada à efetiva colaboração da sociedade empresária na elucidação dos fatos, mas a pessoa jurídica não precisa indicar os agentes públicos recebedores da propina.

c) Para premiar a colaboração da sociedade empresária Beta, o poder público pode isentá-la do pagamento de multa pela prática de atos lesivos à Administração Pública.

d) A proposta e os termos do acordo propriamente dito são sempre sigilosos, medida necessária para impedir que outras instituições públicas venham a utilizar as informações em prejuízo da sociedade empresária leniente.

**COMENTÁRIOS**

**Alternativa "a".** Nos termos do art. 16, §1º da Lei nº 12.846/2013 (Lei Anticorrupção), o acordo de leniência a ser celebrado com as pessoas jurídicas responsáveis pela prática dos atos previstos na Lei, só poderá ocorrer se preenchidos os seguintes requisitos cumulativos: a) a pessoa jurídica seja a primeira a se manifestar sobre seu interesse em cooperar para a apuração do ato ilícito; b) **a pessoa jurídica cesse completamente seu envolvimento na infração investigada a partir da data de propositura do acordo**; c) a pessoa jurídica admita sua participação no ilícito e coopere plena e permanentemente com as investigações e o processo administrativo, comparecendo, sob suas expensas, sempre que solicitada, a todos os atos processuais, até seu encerramento.

**Alternativa "b".** "A autoridade máxima de cada órgão ou entidade pública poderá celebrar acordo de leniência com as pessoas jurídicas responsáveis pela prática dos atos previstos nesta Lei que colaborem efetivamente com as investigações e o processo administrativo, sendo que dessa colaboração resulte: I – **a identificação dos demais envolvidos na infração, quando couber**; e II – a obtenção célere de informações e documentos que comprovem o ilícito sob apuração" (art. 16, caput da Lei nº 12.846/2013).

**Alternativa "c".** Não há previsão de isenção de multa no caso de celebração de acordo de leniência, mas sim de sua redução, nos termos do art. 16, §2º da Lei nº 12.846/2013: "A celebração do acordo de leniência isentará a pessoa jurídica das sanções previstas no inciso II do art. 6º e no inciso IV do art. 19 e **reduzirá em até 2/3 (dois terços) o valor da multa aplicável**".

**Alternativa "d".** "A proposta de acordo de leniência **somente se tornará pública após a efetivação do respectivo acordo**, salvo no interesse das investigações e do processo administrativo" (art. 16, §6º da Lei nº 12.846/2013).

**Alternativa correta: letra "a".**

**Leandro Bortoleto**

## ✦ RESUMOS DOUTRINÁRIOS

### 1. CONCEITO E FONTES DO DIREITO ADMINISTRATIVO

- O direito administrativo é o "conjunto harmônico de princípios jurídicos que regem os órgãos, os agentes e as atividades públicas tendentes a realizar concreta, direta e imediatamente os fins desejados pelo Estado"[1].
- A principal fonte do direito administrativo é a lei, mas deve ser concebida em sentido amplo, isto é, abrange todos os atos legislativos. Nesse sentido, além das leis ordinárias, complementares e delegadas, inclui, ainda, as medidas provisórias, os decretos legislativos, as resoluções legislativas, a Constituição Federal, as Emendas à Constituição, as Constituições estaduais, a Lei Orgânica do Distrito Federal e as Leis Orgânicas dos Municípios. São as chamadas fontes primárias. De todos os atos legislativos apontados, por óbvio, a Constituição Federal é a principal fonte, na qual há diversos dispositivos aplicados ao direito administrativo (por exemplo, art. 5º, 21, 23, 37).
- A jurisprudência em regra, é dotada de caráter orientador, mas há casos em que tem força vinculante. Exemplos: as decisões proferidas pelo STF na ação direta de inconstitucionalidade, na ação declaratória de constitucionalidade (CF, art. 102, § 2º) e a súmula vinculante.
- **Art. 22 da LINDB (Lei nº 13.655/2018)**: o art. 22 da LINDB determina que sejam considerados os obstáculos e dificuldades do gestor e as exigências das políticas públicas na interpretação das normas sobre gestão pública, sem prejuízo dos direitos dos administrados. Tal disposição, segundo Irene Patrícia Nohara[2], trata do primado da realidade, que não pode servir, todavia, para obstar a realização do direito, mas sim ser aplicado para que se considere a "circunstância contextual de exigência de cumprimento da determinação contida no texto normativo".

### 2. REGIME JURÍDICO ADMINISTRATIVO

- Os ***princípios são normas*** e vinculam a Administração Pública. STF (RE 579.951): a vedação do "nepotismo não depende de lei formal para coibir a prática. Proibição que decorre diretamente dos princípios contidos no art. 37, *caput,* da Constituição Federal".
- O ***regime jurídico administrativo é o conjunto de princípios*** que confere ***prerrogativas*** e impõe ***sujeições*** à Administração Pública. É a interação de dois polos opostos. Por isso, o uso das expressões bipolaridade do direito administrativo[3] ou binômio[4] do direito administrativo.
- Síntese dos princípios da Administração Pública[5]:

| PRINCÍPIOS DA ADMINISTRAÇÃO PÚBLICA | |
|---|---|
| **Supremacia do interesse público** | • prerrogativa<br>• interesse público prevalece sobre privado<br>• interesse público primário |
| **Indisponibilidade do interesse público** | • sujeição<br>• interesse público é indisponível |
| **Legalidade** | • atuação de acordo com a lei e o direito<br>• esfera pública: não vigora autonomia da vontade |
| **Impessoalidade** | • busca da finalidade pública<br>• atos imputados à Administração: imputação<br>• proibição de promoção pessoal |
| **Moralidade** | • honestidade, boa-fé, lealdade, padrões morais e éticos |
| **Publicidade** | • transparência; publicação dos atos administrativos |
| **Eficiência** | • rendimento; atuação eficiente; organização eficiente |
| **Continuidade do serviço público** | • serviço público não pode parar<br>O serviço público poderá ser interrompido quando baseado em razões de ordem técnica ou segurança das instalações e no caso de inadimplemento do usuário. Neste último, a interrupção não poderá ter início na sexta-feira, sábado ou domingo, nem feriado ou dia anterior ao feriado (art. 6º, §4º da Lei nº 8.987/1995). |
| **Autotutela** | • administração anula e revoga seus próprios atos |
| **Tutela ou controle** | • administração direta controla finalidade da administração indireta |
| **Especialidade** | • criação de pessoa específica para atuação específica |

1 *Direito administrativo brasileiro.* 36. ed. São Paulo: Malheiros, 2010. p. 40.

2 NOHARA, Irene Patrícia. *LINDB*: Lei de Introdução às Normas do Direito Brasileiro, hermenêutica e novos Parâmetros ao Direito Público. Curitiba: Juruá, 2018.

3 DI PIETRO, Maria Sylvia Zanella. *Direito administrativo.* 25. ed. São Paulo: Atlas, 2012. p. 62.

4 Fernando Garrido Fala apud Celso Antônio Bandeira de Mello (*Curso de direito administrativo.* 27. ed. São Paulo: Malheiros, 2010. p. 56).

5 BORTOLETO, Leandro. *Direito administrativo.* Salvador: Juspodivm, 2012. p. 50.

| | |
|---|---|
| **Presunção de legitimidade** | • regra: ato administrativo é legal<br>• produz efeitos até ser extinto |
| **Controle judicial dos atos administrativos** | • sistema de jurisdição única |
| **Segurança jurídica** | • aspecto objetivo: princípio da segurança jurídica. Tentativa de preservação do ato. Nova interpretação não retroage<br>• aspecto subjetivo: princípio da proteção à confiança. Expectativa do administrado de que Administração respeitará os atos por ela praticados.<br>• Os arts. 23, 24, 26 e 30 da LINDB (inseridos pela Lei nº 13.655/2018) reforçam a necessidade de se buscar a segurança jurídica no âmbito da Administração Pública. |
| **Motivação ou fundamentação** | • indicação dos pressupostos de fato e direito<br>• A motivação deverá demonstrar a necessidade e adequação da medida imposta ou da invalidação do ato, contrato, ajuste, processo ou norma administrativa, indicando se a alternativa encontrada é superior às demais alternativas (art. 20, LINDB). |
| **Razoabilidade** | • meios devem ser adequados aos fins do ato<br>• utilidade, necessidade, proporcionalidade<br>• O art. 21 da LINDB, inserido pela Lei nº 13.655/2018, trata da aplicação da razoabilidade nos impactos da decisão administrativa[6] ao estabelecer que a decisão que invalidar ato, contrato, ajuste, processo ou norma administrativa, deverá indicar suas consequências jurídicas e administrativas, de modo expresso. |
| **Hierarquia** | • coordenação, organização, delegação, avocação |

## 3. ADMINISTRAÇÃO PÚBLICA E TERCEIRO SETOR

- ***Função administrativa***: exercida pelo Poder Executivo, de forma típica, e pelo Poder Legislativo e pelo Poder Judiciário, de maneira atípica.
- ***Administração Pública***: conjunto de pessoas jurídicas, órgãos públicos e agentes públicos que realizam a atividade administrativa, consistente em serviços públicos, fomento, polícia administrativa e intervenção.
- Administração Pública em ***sentido amplo***: engloba a atividade política e a atividade administrativa, incluindo tanto os órgãos governamentais quanto os órgãos administrativos.
- Administração Pública em ***sentido estrito***: corresponde, exclusivamente, à função administrativa exercida pelos órgãos administrativos. Subdivide-se em:

a) ***sentido subjetivo***, formal ou orgânico (conjunto de pessoas jurídicas, órgãos públicos e agentes públicos que realizam a atividade administrativa; quem faz a atividade administrativa);

b) ***sentido objetivo***, material ou funcional (é a atividade administrativa, que compreende o serviço público, a polícia administrativa, o fomento e a intervenção; o que é realizado).

- Há várias formas de desempenho da atividade administrativa[7]:

| FORMAS DE DESEMPENHO DA ATIVIDADE ADMINISTRATIVA | |
|---|---|
| **Concentrada (concentração)** | • atividade é realizada por um único órgão<br>• pessoa jurídica sem divisão interna |
| **Desconcentrada (desconcentração)** | • atividade é realizada por vários órgãos<br>• pessoa jurídica com divisão interna<br>• distribuição interna de competência |
| **Centralizada (centralização)** | • atividade é realizada diretamente pela pessoa política, por meio de seus órgãos |
| **Descentralizada (descentralização)** | • atividade é realizada por outra pessoa jurídica<br>• distribuição externa de competência |

- ***Administração direta***: conjunto de órgãos que compõem a pessoa política.
- ***Administração indireta***: conjunto das pessoas administrativas, com personalidade de direito público ou de direito privado, patrimônio próprio e autonomia administrativa, vinculadas à administração direta, criadas para o desempenho de determinada atividade administrativa.

| | |
|---|---|
| **Quanto à posição estatal ou hierarquia:** | a) independentes (representam as funções principais do Estado; não estão subordinados a nenhum outro);<br>b) autônomos (estão situados abaixo dos órgãos independentes; possuem autonomia administrativa, financeira e técnica.);<br>c) superiores (subordinados aos autônomos e independentes; possuem poder de direção, mas não têm autonomia administrativa nem financeira);<br>d) subalternos (possuem pequeno poder de decisão; atividades de execução). |
| **Quanto à estrutura** | a) simples (não se subdividem em outros);<br>b) compostos: (subdividem-se em outros órgãos) |
| **Quanto à atuação funcional ou composição** | a) singulares ou unipessoais (a atuação do órgão é realizada de acordo com a decisão de um único agente);<br>b) coletivos ou pluripessoais (a atuação do órgão é decidida por vários agentes). |
| **Quanto à esfera de atuação** | a) centrais (atuam em toda a área territorial da pessoa);<br>b) locais (atuam apenas em parte do território da pessoa que integram) |

6 NOHARA, Irene Patrícia. *LINDB*: Lei de Introdução às Normas do Direito Brasileiro, hermenêutica e novos Parâmetros ao Direito Público. Curitiba: Juruá, 2018.

7 BORTOLETO, Leandro. *Direito administrativo*. Salvador: Juspodivm, 2012. p. 65.

- São ***características dos órgãos públicos***:
  a) criação e extinção por lei;
  b) resultado da desconcentração;
  c) despersonalizados;
  d) não possuem patrimônio próprio;
  e) não possuem capacidade processual;
  f) alguns órgãos podem ser parte em processo para defesa de prerrogativa;
  g) podem celebrar contrato de desempenho (Lei nº 13.934/2019);
  h) órgãos devem ser inscritos no CNPJ.
- Quanto ao contrato de desempenho, a Lei nº 13.934/2019 o conceitua como: "o acordo celebrado entre o órgão ou entidade supervisora e o órgão ou entidade supervisionada, por meio de seus administradores, para o estabelecimento de metas de desempenho do supervisionado, com os respectivos prazos de execução e indicadores de qualidade, tendo como contrapartida a concessão de flexibilidades ou autonomias especiais." Seu objetivo fundamental consiste em promover a melhoria do desempenho do supervisionado, visando, especialmente (art. 5º da Lei nº 13.934/2019):

  I – aperfeiçoar o acompanhamento e o controle de resultados da gestão pública, mediante instrumento caracterizado por consensualidade, objetividade, responsabilidade e transparência;

  II – compatibilizar as atividades do supervisionado com as políticas públicas e os programas governamentais;

  III – facilitar o controle social sobre a atividade administrativa;

  IV – estabelecer indicadores objetivos para o controle de resultados e o aperfeiçoamento das relações de cooperação e supervisão;

  V – fixar a responsabilidade de dirigentes quanto aos resultados;

  VI – promover o desenvolvimento e a implantação de modelos de gestão flexíveis, vinculados ao desempenho e propiciadores de envolvimento efetivo dos agentes e dos dirigentes na obtenção de melhorias contínuas da qualidade dos serviços prestados à comunidade.
- O candidato deve se atentar para não confundir as definições das entidades da administração indireta. Ter personalidade jurídica, patrimônio próprio, autonomia administrativa, submeter-se a controle da administração direta, por exemplo, não identificam nenhuma das pessoas e o que deve ser observado é se a personalidade é de direito público ou de direito privado, se é criada por lei ou se a lei autoriza a criação e qual a atividade desempenhada.

| | |
|---|---|
| **Autarquia** | • lei cria;<br>• personalidade de direito público;<br>• atividade típica do Estado. |
| **Fundação Pública** | • lei cria (personalidade de direito público) e lei autoriza (personalidade de direito privado);<br>• atividade não exclusiva do Estado (interesse público). |
| **Sociedade de economia mista e Empresa Pública** | • lei autoriza;<br>• personalidade de direito privado;<br>• prestação de serviço público ou exploração de atividade econômica. |

**Lei 13.303/16** (estatuto das estatais) "estatuto jurídico da empresa pública, da sociedade de economia mista e de suas subsidiárias, abrangendo toda e qualquer empresa pública e sociedade de economia mista da União, dos Estados, do Distrito Federal e dos Municípios que explore atividade econômica de produção ou comercialização de bens ou de prestação de serviços, ainda que a atividade econômica esteja sujeita ao regime de monopólio da União ou seja de prestação de serviços públicos" (art. 1º, *caput*).

- Exploração de atividade econômica pelo Estado será exercida por meio de empresa pública, de sociedade de economia mista e de suas subsidiárias. Lei precisa indicar de forma clara a presença de relevante interesse coletivo ou imperativo de segurança nacional, nos termos do caput do art. 173 da Constituição Federal.
- **Depende de autorização legal:** criação de empresa pública ou de sociedade de economia mista; criação de suas subsidiárias; participação de qualquer delas em empresa privada, cujo objeto social deve estar relacionado ao da investidora.
- **Empresa pública (art. 3º):** entidade dotada de personalidade jurídica de direito privado, com criação autorizada por lei e com patrimônio próprio, cujo capital social é integralmente detido pela União, pelos Estados, pelo Distrito Federal ou pelos Municípios. Podem participar no capital social outras pessoas jurídicas de direito público interno, bem como as entidades da administração indireta da União, dos Estados, do Distrito Federal e dos Municípios, desde que pessoas jurídicas de direito público interno, bem como de entidades da administração indireta da União, dos Estados, do Distrito Federal e dos Municípios.
- **Sociedade de economia mista (art. 4º):** entidade dotada de personalidade jurídica de direito privado, com criação autorizada por lei, sob a forma de sociedade anônima, cujas ações com direito a voto pertençam em sua maioria à União, aos Estados, ao Distrito Federal, aos Municípios ou a entidade da administração indireta.

RE 601392 (tese de repercussão geral): "Os serviços prestados pela Empresa Brasileira de Correios e Telégrafos – ECT, inclusive aqueles em que a empresa não age em regime de monopólio, estão abrangidos pela imunidade tributária recíproca (CF, art. 150, VI,a e §§ 2º e 3º)".

**RE 599628:** (tese de repercussão geral) **"Sociedades de economia mista que desenvolvem atividade econômica em regime concorrencial não se beneficiam do regime de precatórios, previsto no art. 100 da Constituição da República."**

RE 852302: "As sociedades de economia mista prestadoras de serviço público de atuação própria do Estado e de natureza não concorrencial submetem-se ao regime de precatório."

ADPF 387: "É aplicável o regime dos precatórios às sociedades de economia mista prestadoras de serviço público próprio do Estado e de natureza não concorrencial".

**AGÊNCIA REGULADORA**

- Pessoa da administração indireta, com personalidade de direito público, que exerce a regulação, o controle administrativo, a fiscalização, a disciplina sobre a prestação de um determinado serviço público ou a realização de alguma atividade econômica.
- Estão sendo criadas como autarquias em regime especial.
- Maior autonomia; controle político mitigado.
- **Lei nº 13.848/2019:** dispõe "sobre a gestão, a organização, o processo decisório e o controle social das agências reguladoras" e, entre outras, modificou a **Lei nº 9.986/00**, que regula a gestão de recursos humanos dessas pessoas jurídicas, configurando-se, assim, o **marco regulatório das agên-**

**cias reguladoras federais**. Referida lei entra em vigor no dia 24/09/2019. Vejamos alguns de seus aspectos:

- A Lei nº 13.848/2019 estabelece que são características das agências reguladoras (art. 3º):

| Autonomia funcional; |
|---|
| Autonomia decisória; |
| Autonomia administrativa; |
| Autonomia financeira; |
| Investidura a termo de seus dirigentes e estabilidade durante os mandatos. |

Ainda nos termos da Lei, caracterizam a autonomia administrativa (art. 2º):

I – solicitar diretamente ao Ministério da Economia:

a) autorização para a realização de concursos públicos;

b) provimento dos cargos autorizados em lei para seu quadro de pessoal, observada a disponibilidade orçamentária;

c) alterações no respectivo quadro de pessoal, fundamentadas em estudos de dimensionamento, bem como alterações nos planos de carreira de seus servidores;

II – conceder diárias e passagens em deslocamentos nacionais e internacionais e autorizar afastamentos do País a servidores da agência;

III – celebrar contratos administrativos e prorrogar contratos em vigor relativos a atividades de custeio, independentemente do valor.

- As atividades da agência reguladora devem se dar com observância entre os meios e fins, sendo vedada a imposição de obrigações restrições e sanções superiores às necessárias, ou seja, sua atuação deverá ser proporcional, devendo motivar suas decisões, inclusive a respeito da edição ou não de atos normativos.
- A adoção e propostas de alteração de atos normativos de interesse geral dos agentes econômicos, consumidores ou usuários dos serviços prestados serão precedidas de Análise de Impacto Regulatório, que conterá informações e dados sobre os efeitos do ato normativo.
- O processo de decisão da agência, no tocante à regulação, terá caráter colegiado.
- As minutas e as propostas de alteração de atos normativos de interesse geral dos agentes econômicos, consumidores ou usuários dos serviços prestados serão objeto de consulta pública, que ocorrerá previamente à tomada de decisão pelo conselho diretor ou pela diretoria colegiada. Por ela, a sociedade é consultada por meio do envio de críticas, sugestões e contribuições por quaisquer interessados sobre proposta de norma regulatória aplicável ao setor de atuação da agência (art. 9º).
- Ainda, a agência reguladora, por decisão colegiada, poderá convocar audiência pública para formação do juízo e tomada de decisão sobre matéria considerada relevante (art. 10).
- Possuem grande autonomia em relação à administração direta. Na esfera federal, seus dirigentes são nomeados pelo Presidente da República, após aprovação do nome pelo Senado, têm mandato fixo de 5 anos, sendo vedada a recondução dos diretores após o final do mandato e somente perderão o cargo no caso de renúncia, de decisão judicial transitada em julgado ou de processo administrativo disciplinar. Não ocorre a exoneração ad nutum. Com isso, o controle político exercido sobre a agência é bem diminuto porque o Presidente da República, mesmo se estiver descontente com o presidente de determinada agência, não poderá simplesmente exonerá-lo e substituí-lo. Não há hierarquia ou subordinação em relação à administração direta. Está submetida ao controle administrativo de finalidade, de tutela administrativa.
- Haverá, em cada agência reguladora, 1 ouvidor, que atuará sem subordinação hierárquica, sendo vedada a acumulação com outras funções. São suas atribuições: zelar pela qualidade e pela tempestividade dos serviços prestados pela agência; acompanhar o processo interno de apuração de denúncias e reclamações dos interessados contra a atuação da agência; elaborar relatório anual de ouvidoria sobre as atividades da agência.

  O controle externo das agências federais será executado pelo Congresso Nacional, com auxílio do TCU, devendo a agência elaborar relatório anual circunstanciado de suas atividades, nos termos do art. 15 da Lei nº 13.848/2019.
- ***Agência executiva***: é uma qualificação, um título, que é dado a uma autarquia ou a uma fundação pública. São requisitos (art. 51 da Lei nº 9.649/98) a existência de plano estratégico de reestruturação e de desenvolvimento institucional em andamento e a celebração de contrato de desempenho com o ministério supervisor. A qualificação se dá por ato do Presidente da República.
- ***Consórcio público***: está regulado pela Lei nº 11.107/05. Trata-se de uma nova pessoa administrativa que surge da união entre pessoas políticas (União, Estados, Distrito Federal e Municípios). Em um primeiro momento, há o protocolo de intenções, que é uma espécie de ajuste preliminar entre as pessoas políticas, no qual há a definição do objeto do consórcio, quais são seus participantes, qual sua duração, qual a forma de eleição do representante legal. Depois, o protocolo de intenções deve ser publicado na imprensa oficial e, na sequência, ele deve ser ratificado por lei em cada um dos entes consorciados.

  O consórcio público poderá ter personalidade jurídica de direito público ***(associação pública;*** conhecido como ***autarquia interfederativa ou autarquia multifederada)*** ou privado, devendo observar as normas de direito público no que concerne à realização de licitação, à celebração de contratos, à prestação de contas e à admissão de pessoal, que será regido pela CLT (art. 6º, §2º da Lei nº 11.107/2005).
- Em 2019, foi editada a lei nº 13.821, que inseriu um parágrafo único ao art. 14 da Lei nº 11.107/2005: "Para a celebração dos convênios de que trata o **caput** deste artigo, as exigências legais de regularidade aplicar-se-ão ao próprio consórcio público envolvido, e não aos entes federativos nele consorciados".
- ***Contrato de consórcio:*** formaliza a ***constituição*** do consórcio.
- ***Contrato de rateio:*** formaliza a ***entrega de recursos*** dos entes consorciados para o consórcio. Será formalizado em cada exercício financeiro, e seu prazo de vigência não será superior ao das dotações que o suportam, salvo no caso de contratos que tenham por objeto exclusivamente projetos consistentes em programas e ações contemplados em plano plurianual (art. 8º, §1º da Lei nº 11.107/2005).
- ***Contrato de programa:*** instrumento usado quando um dos consorciados assumir a ***obrigação de prestar serviço*** por meio de seus órgãos ou entidades.

**TERCEIRO SETOR**

- Marco regulatório: Lei nº 13.019/14. Disposições da nova lei não se aplicam às organizações sociais, reguladas pela Lei nº

9.637/98, nos termos do art. 3º, III. Quanto às organizações da sociedade civil, objeto da Lei nº 9.790/99, as disposições aplicam-se, no que couber.

**Parcerias são formalizadas:**

a) **quando houver transferência de recursos: termo de colaboração** (para a realização de atividades de interesse público propostas pela Administração Pública, nos termos do art. 16) e por **termo de fomento** (para a realização de atividades de interesse público propostas pela organização da sociedade civil, conforme o art. 17); em ambos os casos: exigência de escolha da entidade do Terceiro Setor por meio de um processo seletivo denominado Chamamento Público, salvo as exceções previstas em lei;

b) **quando não houver transferência de recursos: acordo de cooperação.**

- ***Organização social (OS) e Organização da Sociedade Civil de Interesse Público (Oscip)***: são entidades civis sem fins lucrativos, integrantes do setor privado, que recebem a qualificação do Poder Público. Oscip: deve estar em funcionamento regular há, no mínimo, 3 anos.
- ***Não podem ser qualificadas como Oscip*** (art. 2º)**:**

a) sociedades comerciais;

b) sindicatos, associações de classe ou de representação de categoria profissional;

c) instituições religiosas ou voltadas para a disseminação de credos, cultos, práticas e visões devocionais e confessionais;

d) organizações partidárias e assemelhadas, inclusive suas fundações;

e) entidades de benefício mútuo destinadas a proporcionar bens ou serviços a um círculo restrito de associados ou sócios;

f) entidades e empresas que comercializam planos de saúde e assemelhados;

g) instituições hospitalares privadas não gratuitas e suas mantenedoras;

h) escolas privadas dedicadas ao ensino formal não gratuito e suas mantenedoras;

i) organizações sociais;

j) cooperativas;

k) fundações públicas;

l) fundações, sociedades civis ou associações de direito privado criadas por órgão público ou por fundações públicas;

m) organizações creditícias que tenham qualquer tipo de vinculação com o sistema financeiro nacional a que se refere o art. 192 da Constituição Federal.

**Atenção!** Nos termos do parágrafo único do art. 2º da Lei, incluído pela Lei nº 13.999/2020, não constituem impedimento à qualificação como OSCIP as operações destinadas a microcrédito realizadas com instituições financeiras na forma de recebimento de repasses, venda de operações realizadas ou atuação como mandatárias.

- Diferenças entre OS e Oscip:

| Organização social | Organização da sociedade civil de interesse público |
|---|---|
| opera a absorção de determinada atividade que o Estado esteja fazendo e, com frequência, leva à extinção do órgão público que realizava a mesma atividade | representa verdadeira parceria e não há extinção de órgãos |
| a outorga da qualificação é ato discricionário | A outorga de qualificação é ato vinculado |
| o vínculo na OS é contrato de gestão | O vínculo é o termo de parceria |
| há exigência de que tenha a presença de representantes do poder público no órgão de administração | Não há exigência de que tenha a presença de representantes do poder público no órgão de administração |
| no caso de desqualificação, os bens adquiridos com recursos públicos serão revertidos ao Poder Público | no caso de desqualificação, os bens adquiridos com recursos públicos, serão transferidos à outra Oscip, de preferência, na mesma área de atuação. |

- **Organizações gestoras de fundos patrimoniais:** No ano de 2019, foi editada a Lei nº 13.800, que trata das organizações gestoras de fundos patrimoniais. Segundo a lei, referidos fundos serão geridos e administrados por organização gestora de fundos patrimoniais, instituição privada sem fins lucrativos, "instituída na forma de associação ou de fundação privada com o intuito de atuar exclusivamente para um fundo na captação e na gestão das doações oriundas de pessoas físicas e jurídicas e do patrimônio constituído" (art. 2º, II).
- Sistematização da Administração Pública e do Terceiro Setor[8]:

| ADMINISTRAÇÃO PÚBLICA | |
|---|---|
| **ADMINISTRAÇÃO INDIRETA** | **ADMINISTRAÇÃO DIRETA** |
| Conjunto das pessoas administrativas, com personalidade de direito público ou de direito privado, patrimônio próprio e autonomia administrativa, vinculadas à administração direta, criadas para o desempenho de determinada atividade administrativa | Conjunto dos órgãos públicos que integram as pessoas jurídicas políticas<br>Pessoas jurídicas de direito público<br>***União, Estados, Distrito Federal e Municípios*** |
| *Autarquia*: direito público<br>Agência reguladora: autarquia em regime especial<br>Agência Executiva: autarquia que recebeu a qualificação (contrato de desempenho) | – |
| *Fundação Pública*: direito público ou direito privado<br>Agência Executiva: fundação pública que recebeu a qualificação (contrato de desempenho) | – |
| *Empresa Pública*: direito privado; prestadora de serviço público ou exploradora de atividade econômica | |

8 BORTOLETO, Leandro. *Direito administrativo*. Salvador: Juspodivm, 2012. p. 106.

| ADMINISTRAÇÃO PÚBLICA | |
|---|---|
| ADMINISTRAÇÃO INDIRETA | ADMINISTRAÇÃO DIRETA |
| *Sociedade de Economia Mista*: direito privado; prestadora de serviço público ou exploradora de atividade econômica | |
| *Consórcio Público*: direito público (associação pública) ou direito privado | |

| TERCEIRO SETOR |
|---|
| Pessoas jurídicas de direito privado, sem fins lucrativos, pertencentes ao setor privado, que desenvolvem atividade de interesse público. |
| Marco regulatório (Lei nº 13.019/14): parcerias firmadas por: a) termo de fomento ou por termo de colaboração, quando envolverem transferência de recursos financeiros; entidades são escolhidas por meio de chamamento público, exceto os casos de dispensa e inexigibilidade; b) acordo de cooperação, quando não envolver transferência de recursos financeiros. |
| ***Serviço social autônomo*** |
| ***Entidade de apoio*** |
| *Organização Social (OS)* |
| Vínculo jurídico com a administração direta: contrato de gestão |
| *Organização da Sociedade Civil de Interesse Público (Oscip)* |
| Vínculo jurídico com a administração direta: termo de parceria |

## 4. AGENTES PÚBLICOS: DISPOSIÇÕES CONSTITUCIONAIS

- ***Regime jurídico único***: STF (ADI 2135): foi deferida medida liminar para suspender a eficácia do art. 39, *caput*, da Constituição, por vício formal na aprovação da Emenda nº 19/98, com efeitos *ex nunc*, "subsistindo a legislação editada nos termos da emenda declarada suspensa", mantendo-se, "assim, o então vigente *caput* do art. 39, que tratava do regime jurídico único, incompatível com a figura do emprego público".
- Em ação destinada a analisar a inconstitucionalidade de leis complementares de âmbito estadual, que criaram milhares de empregos públicos na Universidade de São Paulo, o Min. Alexandre de Moraes, acompanhado pela maioria dos ministros do STF, entendeu que a CF não excluiu a possibilidade de adoção do regime de emprego público para autarquias. Assim, o art. 39 deveria ser interpretado no sentido de que caberia a cada ente federativo estipular o regime jurídico de seus servidores, escolhendo entre o estatutário ou celetista, tratando-se, pois, de norma de eficácia limitada (ADI 5.615/SP).
- Cronologia do regime jurídico único:

| REGIME JURÍDICO ÚNICO | | | | | | | | |
|---|---|---|---|---|---|---|---|---|
| 05/10/1988 | | 12/12/1990 | | 04/06/1998 | | 23/02/2000 | | 02/08/2007 |
| CF, art. 39, *caput* | | Lei nº 8.112 | | EC 19, art. 39, *caput* | | Lei nº 9.962 | | ADI 2135 |
| Regime Jurídico Único | → | RJU Servidores federais | → | Fim Regime Jurídico Único | → | Emprego Público União, aut. e fund. | → | retorno do Regime Jurídico Único |

- Síntese sobre concurso público[9]:

| CONCURSO PÚBLICO | |
|---|---|
| ***Regra***: realização para provimento de cargo efetivo | |
| ***Exceção***: não realização | - ***Contratação temporária***: necessidade temporária e excepcional interesse público |
| | - ***Cargo em comissão***: existência de lei declarando de livre nomeação e exoneração; atribuições de direção, de chefia e de assessoramento<br>Pode ser ocupado por ocupante de cargo efetivo (lei definirá casos, condições e percentuais) e por não ocupante. Função de confiança: só ocupante de cargo efetivo |
| | - ***Agentes públicos de saúde e agentes de combate a endemias*** |
| ***Prazo de validade***: até 2 anos, prorrogável, uma vez, por igual período | |
| Pode ser de ***provas ou de provas e títulos***: natureza e complexidade do cargo | |
| ***Reserva de vagas para deficientes***: lei definirá percentual. No âmbito federal, o tema é regulado pelo Decreto nº 9.508/2018. | |
| Segundo a Lei nº 13.872/2019, "Fica assegurado à mãe o direito de amamentar seus filhos de até 6 (seis) meses de idade durante a realização de provas ou de etapas avaliatórias em concursos públicos na administração pública direta e indireta dos Poderes da União, mediante prévia solicitação à instituição organizadora". | |
| Lei nº 13.656/2018: são isentos de pagamento das inscrições em concursos públicos: (i) os candidatos que pertençam a família inscrita no CadÚnico, cuja renda familiar mensal per capita seja inferior ou igual a meio salário-mínimo nacional; (ii) os candidatos doadores de medula óssea em entidades reconhecidas pelo Ministério da Saúde. | |

- O candidato aprovado em concurso possui ***direito subjetivo à nomeação*** ou apenas expectativa de direito?
- Do cotejo das diversas decisões do STJ e da tese fixada pelo STF nos dois julgados paradigmáticos (RE 598.099 e RE 837.311), é possível afirmar que **há o direito subjetivo à nomeação do candidato aprovado em concurso público:**
    a) quando for aprovado dentro do número de vagas previsto no edital, exceto se surgir, após a publicação do edital, situação imprevisível e de extrema gravidade que justifique, mediante decisão motivada, a não nomeação dos candidatos por não haver medida menos gravosa a ser adotada;
    b) quando for aprovado fora do número de vagas previsto no edital E surgirem novas vagas ou for aberto novo certame durante o prazo de validade do concurso anterior E houver preterição arbitrária e imotivada por parte da Administração[10] (candidato deve demonstrar, de forma cabal, comportamento tácito ou expresso do Poder Público demonstrando a necessidade de nomeação como, por exemplo, a ocorrência de cessão de servidores de outros órgãos públicos).
    c) quando for preterido na nomeação por inobservância da ordem de classificação, mesmo que esteja fora do número de vagas previsto no edital.

---

9 BORTOLETO, Leandro. *Direito administrativo*. Salvador: Juspodivm, 2012. p. 142.

10 Deve-se apontar que, segundo o STJ, no caso de preterição de candidato na nomeação de concurso público, o termo inicial do prazo prescricional quinquenal será a data em que foram nomeados outros servidores no lugar dos aprovados no certame. (AgInt no REsp 1.643.048-GO, Informativo nº 668)

ADMINISTRATIVO

**STF** (RE 630.733) **Tese de repercussão geral**: "Inexiste direito dos candidatos em concurso público à prova de segunda chamada nos testes de aptidão física, salvo contrária disposição editalícia, em razão de circunstâncias pessoais, ainda que de caráter fisiológico ou de força maior, mantida a validade das provas de segunda chamada realizadas até 15/5/2013, em nome da segurança jurídica".

**Súmula 684** do STF: "É inconstitucional o veto não motivado à participação de candidato a concurso público".

**STF** (RE 898.450): **Tese de repercussão geral**: "Editais de concurso público não podem estabelecer restrição a pessoas com tatuagem, salvo situações excepcionais, em razão de conteúdo que viole valores constitucionais".

**STF** (RE 560900/DF): **Tese de repercussão geral**: "Sem previsão constitucionalmente adequada e instituída por lei, não é legítima a cláusula de edital de concurso público que restrinja a participação de candidato pelo simples fato de responder a inquérito ou ação penal".

**STF** (RE 635.739) **Tese de repercussão geral**: "É constitucional a regra inserida no edital de concurso público, denominada cláusula de barreira, com o intuito de selecionar apenas os candidatos mais bem classificados para prosseguir no certame".

**STF** (RE 630733 DF) **Tese de repercussão geral:** "Os candidatos em concurso público não têm direito à prova de segunda chamada nos testes de aptidão física em razão de circunstâncias pessoais, ainda que de caráter fisiológico ou de força maior, salvo se houver previsão no edital permitindo essa possibilidade." (fixada em 15/05/2013).

**STF** (RE 1058333 PR) **Tese de repercussão geral:** "É constitucional a remarcação do teste de aptidão física de candidata que esteja grávida à época de sua realização, independentemente da previsão expressa em edital do concurso" (fixada em 21/11/2018).

**STF** (ADC 41/DF) Reserva de vagas. Tese fixada: "É constitucional a reserva de 20% das vagas oferecidas nos concursos públicos para provimento de cargos efetivos e empregos públicos no âmbito da administração pública direta e indireta".

**STJ Súmula 377:** "O portador de visão monocular tem direito de concorrer, em concurso público, às vagas reservadas aos deficientes".

**STJ Súmula 552:** "O portador de surdez unilateral não se qualifica como pessoa com deficiência para o fim de disputar as vagas reservadas em concursos públicos".

- Sistematização dos limites remuneratórios[11]:

| LIMITES REMUNERATÓRIOS | | |
|---|---|---|
| ***TETO*** → subsídio dos Ministros do Supremo Tribunal Federal | | |
| **SUBTETOS** | **ESTADOS E DISTRITO FEDERAL** | ***Poder Executivo*** → subsídio do Governador<br>***Poder Legislativo*** → subsídio dos Deputados Estaduais e Distritais (máximo de 75% do subsídio do Deputado Federal)<br>***Poder Judiciário*** → subsídio dos Desembargadores do Tribunal de Justiça (90,25% do STF) |

11 BORTOLETO, Leandro. *Direito administrativo.* Salvador: Juspodivm, 2012. p. 147.

| LIMITES REMUNERATÓRIOS | | |
|---|---|---|
| **SUBTETOS** | **ESTADOS E DISTRITO FEDERAL** | • aplicável aos membros do Ministério Público, Procuradores e Defensores Públicos<br>• não se aplica aos magistrados estaduais, de acordo com o STF<br>• Estados e DF podem adotar como subteto único este previsto para o Poder Judiciário, desde que haja alteração da Constituição Estadual ou da Lei Orgânica |
| | **MUNICÍPIOS** | Subsídio do Prefeito<br>• Vereadores: regra própria (art. 29, VI, CF)<br>• Procuradores Municipais: Subsídio de Desembargador do Tribunal de Justiça – 90,25% do STF (STF. Plenário. RE 663696 MG, julgado em 28/02/2019). |

- Súmula Vinculante nº 16: os "arts. 7º, IV, e 39, § 3º (redação da EC 19/1998), da Constituição, referem-se ao total da remuneração percebida pelo servidor público". O vencimento do servidor público pode ser menor do que o salário mínimo, mas a remuneração não.

- ADI 6584/DF: Em referida ADI, o Plenário do STF, por maioria, decidiu que o teto constitucional remuneratório não incide sobre os salários pagos por empresas públicas e sociedades de economia mista e suas subsidiárias quando não receberem recursos da Fazenda Pública.

**STF** (RE 675.978) **Tese de repercussão geral:** "Subtraído o montante que exceder o teto e subteto previsto no artigo 37, inciso XI, da Constituição Federal, tem-se o valor que vale como base para o Imposto de Renda e para a contribuição previdenciária".

**Tese de repercussão geral (REs 602043 e 612975)** "Nos casos autorizados, constitucionalmente, de acumulação de cargos, empregos e funções, a incidência do artigo 37, inciso XI, da Constituição Federal, pressupõe consideração de cada um dos vínculos formalizados, afastada a observância do teto remuneratório quanto ao somatório dos ganhos do agente público".

**Tese de repercussão geral (RE 663696)** "A expressão "Procuradores", contida na parte final do inciso XI do art. 37 da Constituição da República, compreende os Procuradores Municipais, uma vez que estes se inserem nas funções essenciais à Justiça, estando, portanto, submetidos ao teto de noventa inteiros e vinte e cinco centésimos por cento do subsídio mensal, em espécie, dos Ministros do Supremo Tribunal Federal".

**ADI 3854 e 4014:** As ADI 3854 e 4014 foram julgadas procedentes, por maioria de votos, para declarar inconstitucional o subteto dos juízes estaduais diferente do teto remuneratório da magistratura federal, por ofensa ao caráter nacional da estrutura judiciária brasileira. Segundo a Constituição Federal e Resoluções do CNJ, o subteto dos juízes estaduais corresponde a 90,25% dos vencimentos dos ministros do STF, e já no ano de 2007, o Plenário havia impedido sua aplicação, para determinar que o teto corresponde ao valor de subsídio dos membros do STF.

- **Tese de repercussão geral (RE 602.584)** "Ocorrida a morte do instituidor da pensão em momento posterior ao da Emenda Constitucional 19/1998, o teto constitucional previsto no inciso XI do artigo 37 da Constituição Federal incide sobre o somatório de remuneração ou provento e a pensão recebida por servidor".

- Sistematização da acumulação remunerada de cargos públicos[12]:

| **ACUMULAÇÃO DE CARGOS, EMPREGOS E FUNÇÕES PÚBLICAS** | |
|---|---|
| *Cargo, função ou emprego público x Cargo, função ou emprego público* | |
| ***REGRA***<br>Proibição de acumulação remunerada | ***EXCEÇÕES***<br>Compatibilidade de horários<br>+<br>Dois cargos de professor<br>ou<br>Um cargo de professor com outro técnico ou científico<br>ou<br>Dois cargos ou empregos privativos de profissionais de saúde, com profissões regulamentadas |
| ***REGRA***<br>Proibição de acumulação remunerada | Obs.: deve-se ressaltar que, com a EC nº 101/2019 estabeleceu-se que o militar do Estado e DF também poderá cumular seu cargo com:<br>a) Um cargo de professor;<br>b) Cargo da saúde com profissão regulamentada;<br>c) Com outro cargo técnico e científico.<br>Atenção! Para os militares das Forças Armadas, só é possível a cumulação com outro cargo na área da saúde (art. 142, §3º, VIII da CF). |
| *Cargo, função ou emprego público x Mandato eletivo* | |
| Vereador | Horários compatíveis:<br>Acumulação |
| | Horários não compatíveis:<br>Afastamento e escolha da remuneração |
| Prefeito e Vice-Prefeito | Afastamento e escolha da remuneração |
| Presidente da República e Vice,<br>Governador e Vice,<br>Deputados federais, estaduais e distritais e Senadores | Afastamento, sem escolha da remuneração |
| *Proventos x Cargo, função ou emprego público* | |
| ***REGRA***<br>Proibição | ***EXCEÇÕES***<br>• Cargo em comissão<br>• Cargo eletivo<br>• Cargos acumuláveis |
| *Proventos x Proventos* | |
| ***REGRA***<br>Proibição | ***EXCEÇÃO***<br>Proventos decorrentes de cargos acumuláveis |

12 BORTOLETO, Leandro. *Direito administrativo.* Salvador: Juspodivm, 2012, p. 106.

- São ***direitos sociais do servidor público***: a) salário mínimo; b) garantia de salário nunca inferior ao mínimo, para os que percebem remuneração variável; c) décimo terceiro; d) remuneração do trabalho noturno superior à do diurno; e) salário-família; f) duração do trabalho normal não superior a oito horas diárias e quarenta e quatro semanais; g) repouso semanal remunerado; h) remuneração do serviço extraordinário superior, no mínimo, em 50% à do normal; i) férias anuais remuneradas com, pelo menos, um terço a mais do que o salário normal; j) licença à gestante (120 dias); k) licença-paternidade; l) proteção do mercado de trabalho da mulher; m) redução dos riscos inerentes ao trabalho, por meio de normas de saúde, higiene e segurança; n) proibição de diferença de salários, de exercício de funções e de critério de admissão por motivo de sexo, idade, cor ou estado civil.

- ***Direito de greve***: STF (MI 670, 708 e 712): o direito de greve dos servidores públicos civis depende de lei para poder ser exercido, mas, em razão da inércia do legislador em produzir a lei, até que sobrevenha tal norma, fica autorizado o exercício do direito de greve pelos servidores públicos, usando, para tanto, a lei da iniciativa privada (Lei nº 7.783/89), no que couber. Todavia, essa situação é provisória, isto é, uma vez que a lei regulamentadora do art. 37, VII da Constituição Federal entre em vigor, o direito de greve dos servidores públicos não poderá mais ser aplicada a lei da iniciativa privada. O dispositivo constitucional referente ao direito de greve dos servidores aplica-se, em regra, a todas as categorias de servidores, com exceção dos militares, cujo exercício de greve é vedado e, dessa forma, não é considerado norma de eficácia plena para nenhuma categoria, inclusive para os servidores das carreiras de Estado. Aliás, em face do princípio da continuidade do serviço público, restou decidido no MI 708 que pode ser imposto regime de greve mais severo quando se tratar de serviços ou atividades essenciais, nos moldes dos artigos 9º a 11 da Lei nº 7.783/89.

  **Tese de repercussão geral (RE 693456)**: "A administração pública deve proceder ao desconto dos dias de paralisação decorrentes do exercício do direito de greve pelos servidores públicos, em virtude da suspensão do vínculo funcional que dela decorre, permitida a compensação em caso de acordo. O desconto será, contudo, incabível se ficar demonstrado que a greve foi provocada por conduta ilícita do Poder Público".

  **Greve de policiais civis: Tese de repercussão geral (ARE 654432)**: "(1) o exercício do direito de greve, sob qualquer forma ou modalidade, é vedado aos policiais civis e a todos os servidores públicos que atuem diretamente na área de segurança pública. (2) É obrigatória a participação do Poder Público em mediação instaurada pelos órgãos classistas das carreiras de segurança pública, nos termos do artigo 165 do Código de Processo Civil, para vocalização dos interesses da categoria".

  **Justiça competente: Tese de repercussão geral (RE 846854):** "A justiça comum, federal ou estadual, é competente para julgar a abusividade de greve de servidores públicos celetistas da Administração pública direta, autarquias e fundações públicas."

- ***Regime próprio de previdência***. É o regime destinado aos servidores titulares de cargo efetivo. Nesse regime, é proibida a existência de critérios diferentes para a concessão de aposentadoria, exceto, nos termos definidos em leis complementares, conforme o art. 40, § 4º, no caso de:

  a) servidores com deficiência, em relação aos quais poderão ser estabelecidos, por lei complementar do respectivo ente federativo, idade e tempo de contribuição diferenciados;
  b) servidores ocupantes do cargo de agente penitenciário, de agente socioeducativo ou de policial os órgãos de que tratam o inciso IV do caput do art. 51, o inciso XIII do caput do art. 52 e os incisos I a IV do caput do art. 144 (policiais da Câmara e do Senado, policiais federais, policiais rodo-

viários federais, policiais ferroviários federais e policiais civis), em relação aos quais poderão ser estabelecidos, por lei complementar do respectivo ente federativo, idade e tempo de contribuição diferenciados;

c) servidores cujas atividades sejam exercidas com efetiva exposição a agentes químicos, físicos e biológicos prejudiciais à saúde, ou associação desses agentes, vedada a caracterização por categoria profissional ou ocupação, em relação aos quais poderão ser estabelecidos, por lei complementar do respectivo ente federativo, idade e tempo de contribuição diferenciados;

d) professores, que terão idade mínima reduzida em 5 (cinco) anos em relação às idades decorrentes da aplicação do disposto no inciso III do § 1º do art. 40 da CF/88, desde que comprovem tempo de efetivo exercício das funções de magistério na educação infantil e no ensino fundamental e médio fixado em lei complementar do respectivo ente federativo.

- ***Pensão por morte***:

a) **Servidor federal**: equivalente a 50% do valor da aposentadoria recebida pelo segurado ou servidor ou daquela a que teria direito se fosse aposentado por incapacidade permanente à data do óbito, acrescida de 10% por dependente, até o máximo de 100% (art. 23 da EC nº 103/2019);

b) **Servidor estadual, distrital ou municipal**: aplicam-se as normas constitucionais e infraconstitucionais anteriores à data de entrada em vigor da EC nº 103/2019, enquanto não promovidas alterações na legislação interna relacionada ao respectivo regime próprio de previdência social (Antes da EC nº 103/2019, a CF 88 estabelecia para a pensão: até o valor do limite do regime geral de previdência, a pensão será integral. Se a remuneração ou os proventos do servidor eram superiores ao limite mencionado, a pensão não terá valor integral, pois corresponderá, na verdade, ao valor total até o limite, mais 70% do valor que exceder o limite).

- ***Contribuição:*** União, Estados, DF e Municípios instituirão, por lei, contribuições para custeio de regime próprio de previdência social, cobradas dos servidores ativos, dos aposentados e dos pensionistas, que poderão ter alíquotas progressivas, de acordo com o valor base de contribuição e proventos (art. 149, §1º da CF/88).
- ***Abono de permanência***: servidor titular de cargo efetivo que tenha completado as exigências para aposentadoria voluntária e que opte em permanecer em serviço **poderá** fazer jus a um abono de permanência equivalente, no máximo, ao valor de sua contribuição previdenciária, até completar a idade para aposentadoria compulsória, observados os critérios estabelecidos em lei (art. 40, §19 da CF/88).
- **Salário-maternidade e afastamentos por incapacidade**: serão pagos diretamente pelo ente federativo e não correrão à conta do RPPS ao qual o servidor se vincula (art. 9º da EC nº 103/2019).
- **Cálculo dos proventos de aposentadoria:** As regras para cálculo de proventos de aposentadoria serão disciplinadas em lei do respectivo ente federativo (art. 40, §3º). **Servidores federais:** Até que lei discipline o cálculo dos benefícios do RPPS da União e do RGPS, será utilizada a média aritmética simples dos salários de contribuição e das remunerações adotadas como base para as contribuições, inclusive das atividades militares de que tratam os arts. 42 e 142 da CF/88, correspondentes a **100%** do período contributivo, desde julho de 1994 (art. 26 da EC nº 103/2019).
- **Valores dos proventos de aposentadoria:** não poderão ser inferiores ao valor mínimo a que se refere o § 2º do art. 201 ou superiores ao limite máximo estabelecido para o Regime Geral de Previdência Social, observado o disposto nos §§ 14 a 16 (art. 40, §2º da CF/88).
- Sistematização da aposentadoria pelo regime próprio:

| APOSENTADORIA PELO REGIME PRÓPRIO | |
|---|---|
| ***Por incapacidade permanente para o trabalho*** | • no cargo em que estiver investido, quando insuscetível de readaptação, hipótese em que será obrigatória a realização de avaliações periódicas para verificação da continuidade das condições que ensejaram a concessão da aposentadoria, na forma de lei do respectivo ente federativo (art. 40, §1º, I da CF/88). Valor do benefício: a) **servidor federal**: até que lei discipline o cálculo dos benefícios do regime próprio de previdência social da União, o valor corresponderá a 60% da média aritmética de 100% das contribuições, com acréscimo de 2% para cada ano de contribuição que exceder o tempo de 20 anos de contribuição; o valor do benefício será de **100% da média**, quando decorrer de **acidente de trabalho, de doença profissional e de doença do trabalho**. |
| ***Compulsória*** | • proventos proporcionais<br>• 70 ou 75 anos, nos termos de lei complementar. Lei Complementar nº 152/15: **75 anos** para I – os servidores titulares de cargos efetivos da União, dos Estados, do Distrito Federal e dos Municípios, incluídas suas autarquias e fundações; II – os membros do Poder Judiciário; III – os membros do Ministério Público; IV – os membros das Defensorias Públicas; V – os membros dos Tribunais e dos Conselhos de Contas. |
| ***Voluntária*** | • **União**:<br>a) 62 anos, se mulher;<br>b) 65 anos, se homem.<br>Até que entre em vigor lei federal, os servidores federais serão aposentados após 25 anos de contribuição, desde que cumpridos:<br>a) 10 anos de efetivo exercício no serviço público;<br>b) 5 anos no cargo efetivo em que for concedida a aposentadoria.<br>**Estados e Municípios**:<br>– idade mínima estabelecida mediante emenda às respectivas Constituições e Leis Orgânicas, observados o tempo de contribuição e os demais requisitos estabelecidos em lei complementar do respectivo ente federativo.<br>– enquanto não promovidas alterações na legislação interna relacionada ao respectivo regime próprio de previdência social, aplicam-se às aposentadorias dos servidores dos Estados, do Distrito Federal e dos Municípios as normas constitucionais e infraconstitucionais anteriores à data de entrada em vigor antes da EC nº 103/2019.<br>Antes da EC nº 103/2019, CF 88 estabelecia: |

<table>
<tr><th colspan="3">APOSENTADORIA PELO REGIME PRÓPRIO</th></tr>
<tr><td rowspan="1">Voluntária</td><td>Integral:<br>Homem<br>10 anos de serviço público, e<br>5 anos no cargo, e<br>35 anos de contribuição, e<br>60 anos de idade</td><td>Mulher<br>10 anos de serviço público, e<br>5 anos no cargo, e<br>30 anos de contribuição, e<br>55 anos de idade</td></tr>
<tr><td>Voluntária</td><td>Proporcional:<br>Homem<br>10 anos de serviço público, e<br>5 anos no cargo, e<br>65 anos de idade</td><td>Mulher<br>10 anos de serviço público, e<br>5 anos no cargo, e<br>60 anos de idade</td></tr>
<tr><td rowspan="2">Aposentadoria especial</td><td colspan="2">• Regra: vedada a adoção de requisitos ou critérios diferenciados para concessão de benefícios em RPPS.<br>• Exceção: art. 40, §§4º-A, 4º-B, 4º-C e 5º da CF/88:<br>a) servidores com deficiência, previamente submetidos à avaliação biopsicossocial realizada por equipe multiprofissional e interdisciplinar; a eles, poderão ser estabelecidos, por lei complementar do respectivo ente federativo, idade e tempo de contribuição diferenciados. Servidores federais: desde que cumpridos, no caso do servidor, o tempo mínimo de 10 (dez) anos de efetivo exercício no serviço público e de 5 (cinco) anos no cargo efetivo em que for concedida a aposentadoria, será concedida na forma da Lei Complementar nº 142, de 8 de maio de 2013, inclusive quanto aos critérios de cálculo dos benefícios (art. 22 da EC nº 103/2019).<br>b) ocupantes do cargo de agente penitenciário, de agente socioeducativo ou de policial dos órgãos de que tratam o inciso IV do caput do art. 51, o inciso XIII do caput do art. 52 e os incisos I a IV do caput do art. 144; a eles, poderão ser estabelecidos, por lei complementar do respectivo ente federativo, idade e tempo de contribuição diferenciados. Servidores federais: até que entre em vigor lei federal que discipline os benefícios do regime próprio de previdência social dos servidores da União, policiais civis do Distrito Federal, policiais da Câmara dos Deputados e do Senado Federal, policiais federais, policiais rodoviários federais, policiais ferroviários federais, agentes federais penitenciários ou socioeducativos aposentar-se-ão aos 55 (cinquenta e cinco) anos de idade, com 30 (trinta) anos de contribuição e 25 (vinte e cinco) anos de efetivo exercício em cargo dessas carreiras, para ambos os sexos (art. 10, §2º, I da EC nº 103/2019).<br>c) servidores cujas atividades sejam exercidas com efetiva exposição a agentes químicos, físicos e biológicos prejudiciais à saúde, ou associação desses agentes, vedada a caracterização por categoria profissional ou ocupação; a eles, poderão ser estabelecidos, por lei complementar do respectivo ente federativo, idade e tempo de contribuição diferenciados. Servidores federais: até que entre em vigor lei federal que discipline os benefícios do regime próprio de previdência social dos servidores da União: aos 60 (sessenta) anos de idade, com 25 (vinte e cinco) anos de efetiva exposição e contribuição, 10 (dez) anos de efetivo exercício de serviço público e 5 (cinco) anos no cargo efetivo em que for concedida a aposentadoria (art. 10, §2º, II da EC nº 103/2019).<br>Servidores estaduais, distritais e municipais: Aplicam-se às aposentadorias dos servidores dos Estados, do Distrito Federal e dos Municípios as normas constitucionais e infraconstitucionais anteriores à data de entrada em vigor da EC nº 103/2019, enquanto não promovidas alterações na legislação interna relacionada ao respectivo regime próprio de previdência social (art. 10, §7º e art. 22)<br>d) Professores: terão as idades exigidas reduzidas em 5 anos, ou seja, 57 anos, se mulher e 60 anos, se homem, desde que comprovem tempo de efetivo exercício das funções de magistério na educação infantil e no ensino fundamental e médio fixado em lei complementar do respectivo ente federativo (art. 40, §5º da CF/88 – com redação dada pela EC nº 103/2019).<br>Servidores federais: até que entre em vigor lei federal que discipline os benefícios do regime próprio de previdência social dos servidores da União: aos 60 (sessenta) anos de idade, se homem, aos 57 (cinquenta e sete) anos, se mulher, com 25 (vinte e cinco) anos de contribuição exclusivamente em efetivo exercício das funções de magistério na educação infantil e no ensino fundamental e médio, 10 (dez) anos de efetivo exercício de serviço público e 5 (cinco) anos no cargo efetivo em que for concedida a aposentadoria, para ambos os sexos (art. 10, §2º, III da EC nº 103/2019).<br>Servidores estaduais, distritais e municipais: aplicam-se às aposentadorias dos servidores dos Estados, do Distrito Federal e dos Municípios as normas constitucionais e infraconstitucionais anteriores à data de entrada em vigor desta Emenda Constitucional, enquanto não promovidas alterações na legislação interna relacionada ao respectivo regime próprio de previdência social. Antes da EC nº 103/2019, CF 88 estabelecia:<br>• requisitos estabelecidos na Constituição<br>• tempo exclusivo no magistério: infantil, fundamental e médio</td></tr>
<tr><td>Homem<br>10 anos de serviço público, e<br>5 anos no cargo, e<br>30 anos de contribuição, e<br>55 anos de idade</td><td>Mulher<br>10 anos de serviço público, e<br>5 anos no cargo, e<br>25 anos de contribuição, e<br>50 anos de idade</td></tr>
</table>

## 5. REGIME JURÍDICO DOS SERVIDORES PÚBLICOS

- O ***regime estatutário ou legal*** é aquele em que o ***conjunto de regras reguladoras do servidor com a Administração está inserido em lei específica, conhecidas como estatuto.***
- É ***o regime próprio das pessoas jurídicas de direito público***, assim, é admitido na administração direta, nas autarquias e nas fundações com regime de direito público.
- ***Não há uma lei só, um estatuto único. Pelo contrário, há diversas leis e, portanto, vários estatutos,*** pois cabe a cada ente político legislar a respeito, ou seja, cada Município e cada Estado podem ter os seus.
- Na esfera federal, o estatuto dos servidores públicos civis federais está previsto na ***Lei nº 8.112/90***.
- ***Provimento*** é o ato de se prover o cargo público. Pode ser originário (a investidura no cargo é feita pela primeira vez) ou derivado (investidura decorrente; servidor já era ocupante de cargo).

### 5.1. LEI Nº 8.112/90

- ***Requisitos*** para investidura (art. 5º):
  a) ser brasileiro;
  b) estar no gozo dos direitos políticos;
  c) estar adimplente com as obrigações militares e eleitorais;
  d) ter o nível de escolaridade exigido para o exercício do cargo;
  e) ter a idade mínima de dezoito anos;
  f) estar em aptas condições física e mental.
- É frequente a cobrança das formas de provimento derivado nas provas.
- ***Posse:*** com ela ***materializa-se*** a ***investidura*** do servidor no cargo.
- A posse pode ocorrer ***mediante procuração específica*** (art. 13, § 3º), depende de ***prévia inspeção médica oficial*** (art. 14; é necessária a aptidão física e mental para a posse).
- No ***ato*** da ***posse*** deve ser apresentada ***declaração de bens e valores*** que formam seu patrimônio e a declaração de exercício ou não de outro cargo, emprego ou função pública (art. 13, § 5º).
- ***Prazo*** para a ***posse: trinta dias***, contados da publicação do ato de provimento (art. 13, § 1º).
- Nomeado ***não toma posse*** no prazo: ***ato de provimento será tornado sem efeito***, pois ainda não era servidor para ser exonerado.
- ***Exercício***: desempenho efetivo das atribuições do cargo.
- ***Prazo para exercício***: ***quinze dias,*** contados da data da posse.
- Servidor ***não entra em exercício*** no prazo***:*** será ***exonerado*** de ofício.
- ***Estágio probatório***: lei prevê 24 meses, mas para STF é de 3 anos (STA 269, STA 290 e AI 754.802-DF).
- Sistematização das licenças e afastamentos em relação ao servidor em estágio probatório[13]:

| **SERVIDOR EM ESTÁGIO PROBATÓRIO – Licenças e Afastamentos** | |
|---|---|
| *PERMITIDO* | *PROIBIDO* |
| • para o serviço militar (não suspende)<br>• para exercício de mandato eletivo (não suspende)<br>• para estudo ou missão no exterior (não suspende) | • para capacitação<br>• para tratar de interesses particulares<br>• para desempenho de mandato classista |
| • para servir a outro órgão ou entidade (só cargo de nível elevado; não suspende)<br>• por motivo de doença em pessoa da família (suspende)<br>• por motivo de afastamento do cônjuge ou companheiro (suspende)<br>• para atividade política (suspende)<br>• para servir em organismo internacional de que o Brasil participe ou com o qual coopere (suspende)<br>• participação em curso de formação (suspende) | • para participação em programa de pós-graduação *stricto sensu* no País |

- Sistematização das formas de provimento derivado[14]:

| **PROVIMENTO DERIVADO: principais formas** |
|---|
| ***Readaptação*** → investidura em outro cargo com atribuições e responsabilidade<br>→ compatíveis com as limitações do servidor |
| ***Aproveitamento*** → volta à ativa do servidor em disponibilidade |
| ***Reversão*** → volta do aposentado |
| ***Reintegração*** → volta do demitido |
| ***Recondução*** → volta ao cargo anterior |

- Remoção (art. 36): ***deslocamento do servidor***, a pedido ou de ofício, no âmbito do mesmo quadro, ***com ou sem mudança de sede.***
- Remoção pode ocorrer ***de ofício ou a pedido*** do servidor.
- Hipóteses em que a ***Administração não pode recusar*** o pedido de remoção do servidor (art. 36, III):
  a) para ***acompanhar cônjuge ou companheiro***, também servidor público civil ou militar, de qualquer dos Poderes da União, dos Estados, do Distrito Federal e dos Municípios, que foi deslocado no interesse da Administração[15];
  b) por ***motivo de saúde*** do servidor, cônjuge, companheiro ou dependente que viva às suas expensas e conste do seu

13 BORTOLETO, Leandro. *Direito administrativo*. 2. ed. Salvador: Juspodivm, 2013. p. 200.

14 BORTOLETO, Leandro. *Direito administrativo*. 2. ed. Salvador: Juspodivm, 2013. p. 205.

15 Corroborando o dispositivo supramencionado, o STJ decidiu no EREsp 1.247.360 RJ que o servidor federal somente tem direito à remoção prevista no artigo 36, § único, III, "a", da Lei 8.112/90, caso seu cônjuge/companheiro, também servidor, tenha sido deslocado de ofício, no interesse da administração. Assim, se o cônjuge foi removido a pedido, ao outro não assiste o direito à remoção com base neste dispositivo.

assentamento funcional, condicionada à comprovação por junta médica oficial;

c) em virtude de ***processo seletivo*** promovido, na hipótese em que o número de interessados for superior ao número de vagas, de acordo com normas preestabelecidas pelo órgão ou entidade em que aqueles estejam lotados.

- ***Vantagens***: servidor pode receber indenizações, gratificações e adicionais.
- Sistematização das ***indenizações***[16]:

| | |
|---|---|
| *Ajuda de custo* | • Deslocamento definitivo, no interesse da Administração<br>• Valor em regulamento: máximo 3 remunerações<br>servidor não se desloca: devolução em 30 dias |
| *Diária* | • Deslocamento transitório<br>• Valor em regulamento: é ½ diária quando não houver pernoite fora da sede ou quando a União custear por outros meios<br>• Servidor não se desloca: devolução em 5 dias |
| *Indenização de transporte* | • Uso de meio próprio de locomoção para execuçao de serviço externo, por força das atribuições do cargo<br>• Valor em regulamento |
| *Auxílio-moradia* | • Servidor deslocado para ocupar alto cargo em comissão e demais requisitos do Art. 60-B<br>• Valor: o que for menor: ou 25% do subsídio de Ministro ou 25% da remuneração do cargo ocupado. Independentemente do valor do cargo, assegura-se até R$ 1.800,00 |

- Sistematização das ***gratificações*** e ***adicionais***[17]:

| GRATIFICAÇÕES E ADICIONAIS | |
|---|---|
| *Retribuição pelo exercício de função de direção, chefia e assessoramento* | - Servidor que ocupa cargo em comissão ou exerce<br>→ função comissionada |
| *Gratificação natalina* | - 13º |
| *Adicionais pelo exercício de atividades insalubres, perigosas ou penosas* | - Adicional de insalubridade: local insalubre ou em:<br>→ contato permanente com substâncias tóxicas<br>- Adicional de periculosidade: permanente risco de vida |
| *Adicionais pelo exercício de atividades insalubres, perigosas ou penosas* | - Se tiver direito aos dois, tem que escolher um<br>- Adicional de penosidade: zona de fronteira ou<br>→ localidade cujas condições de vida o justifiquem<br>- Percentual: regulamento |
| *Adicional por serviço extraordinário* | - Hora extra<br>- 50% sobre o valor da hora normal<br>- Máximo de 2h por jornada |
| *Adicional noturno* | - Trabalho das 22h às 5h<br>- Hora, nesse período, é 52min30s<br>- 25% sobre o valor da hora normal<br>- Se for o caso, incide sobre a remuneração com o<br>→ adicional por serviço extraordinário |
| *Adicional de férias* | - 1/3 sobre a remuneração do período de férias |
| *Gratificação por encargo de curso ou concurso* | - Fazer as atividades do art. 76 A, fora do horário<br>→ de trabalho ou com compensação<br>- Máximo: 120h anuais (exceção: + 120h) |

- ***Licenças e afastamentos*** assegurados ao servidor (artigos 86 a 96-A e 202 a 214): a) licença por motivo de doença em pessoa da família; b) licença por motivo de afastamento do cônjuge ou companheiro; c) licença para o serviço militar; d) licença para atividade política; e) licença para capacitação; f) licença para tratar de interesses particulares; g) licença para desempenho de mandato classista; h) licença para tratamento de saúde; i) licença à gestante, à adotante e licença-paternidade; j) licença por acidente em serviço; k) afastamento para servir a outro órgão ou entidade; l) afastamento para exercício de mandato eletivo; m) afastamento para estudo ou missão no exterior; n) afastamento para participação em programa de pós-graduação *stricto sensu* no País.
- Sistematização da licença para atividade política:

| DURAÇÃO DA LICENÇA | | | | | | |
|---|---|---|---|---|---|---|
| Convenção partidária | → | Registro Justiça Eleitoral | → | Eleições | → | 10º dia após as eleições |
| Não remunerada | | | Remunerada | | | |
| REMUNERAÇÃO | | | | | | |

- Sistematização da contagem do tempo de serviço[18]:

| TEMPO DE SERVIÇO | |
|---|---|
| *Efetivo exercício* | *Somente para aposentadoria e disponibilidade* |
| • tempo de serviço público federal (conta para todos os fins)<br>• exercício de cargo em comissão ou equivalente, em órgão ou entidade dos Poderes da União, dos Estados, Municípios e Distrito Federal (cessão de servidor federal)<br>• exercício de cargo ou função de governo ou administração, em qualquer parte do território nacional, por nomeação do Presidente da República | • tempo de serviço público prestado aos Estados, Municípios e Distrito Federal<br>• tempo de serviço em atividade privada, vinculada à Previdência Social |

16 BORTOLETO, Leandro. *Direito administrativo*. Salvador: Juspodivm, 2012. p. 212.

17 BORTOLETO, Leandro. *Direito administrativo*. Salvador: Juspodivm, 2012. p. 214.

18 BORTOLETO, Leandro. *Direito administrativo*. 2. ed. Salvador: Juspodivm, 2013. p. 223/224.

| TEMPO DE SERVIÇO | |
|---|---|
| *Efetivo exercício* | *Somente para aposentadoria e disponibilidade* |
| • serviço militar federal (Forças Armadas; conta para todos os fins) | • tempo de serviço relativo a tiro de guerra |
| • desempenho de mandato eletivo federal, estadual, municipal ou do Distrito Federal, exceto para promoção por merecimento | • desempenho de mandato eletivo federal, estadual, municipal ou distrital, anterior ao ingresso no serviço público federal |
| • licença para tratamento da própria saúde, até o limite de vinte e quatro meses, cumulativo ao longo do tempo de serviço público prestado à União, em cargo de provimento efetivo | • licença para tratamento da própria saúde, além do limite de vinte e quatro meses, cumulativo ao longo do tempo de serviço público prestado à União, em cargo de provimento efetivo |
| • licença para tratamento de saúde de pessoal da família do servidor, com remuneração, até trinta dias, em período de doze meses | • licença para tratamento de saúde de pessoal da família do servidor, com remuneração, que exceder a trinta dias, em período de 12 doze meses |
| • ausências do art. 97 (alistamento eleitoral, doação de sangue, casamento, etc.)<br>• férias<br>• participação em programa de treinamento ou em programa de pós-graduação *stricto sensu* no País<br>• júri e outros serviços obrigatórios por lei<br>• missão ou estudo no exterior, quando autorizado o afastamento<br>• licença à gestante, à adotante e à paternidade<br>• licença para o desempenho de mandato classista ou participação de gerência ou administração em sociedade cooperativa constituída por servidores para prestar serviços a seus membros, exceto para efeito de promoção por merecimento<br>• licença por motivo de acidente em serviço ou doença profissional<br>• licença para capacitação<br>• licença por convocação para o serviço militar<br>• deslocamento para a nova sede (período de trânsito para o servidor que deva ter exercício em outro Município por ter sido removido, redistribuído, requisitado, cedido ou posto em exercício provisório) | • licença para atividade política, com remuneração (do registro da candidatura na Justiça Eleitoral até dez dias após as eleições) |

| TEMPO DE SERVIÇO | |
|---|---|
| *Efetivo exercício* | *Somente para aposentadoria e disponibilidade* |
| • participação em competição desportiva nacional ou convocação para integrar representação desportiva nacional, no País ou no exterior<br>• afastamento para servir em organismo internacional de que o Brasil participe ou com o qual coopere | |

- ***Direito de petição*** do servidor ***prescreve*** em (art. 110): a) em ***cinco anos***, quanto aos atos de demissão e de cassação de aposentadoria ou disponibilidade, ou que afetem interesse patrimonial e créditos resultantes das relações de trabalho; b) em ***cento e vinte dias***, nos demais casos, salvo se houver outro prazo fixado em lei.
- Os artigos 116 e 117 devem ser lidos várias vezes. São muito importantes porque descrevem os deveres e proibições dos servidores e a definição das penas é correlacionada com esses dispositivos legais.
- ***Responsabilidades***: as ***sanções*** penais, administrativas e civis podem ***cumular-se***, pois são independentes entre si. ***Exceção***: quando na esfera penal o servidor for ***absolvido*** em razão da ***inexistência do fato*** ou da ***negativa de autoria*** (art. 126).
- As ***penas*** que podem ser aplicadas ao servidor são (art. 127): a) advertência; b) suspensão; c) multa; d) demissão; e) cassação de aposentadoria e disponibilidade; f) destituição de cargo em comissão; g) destituição de função de confiança.
- ***Advertência:*** tem cabimento, conforme o art. 129, quando se tratar de ***violação dos deveres funcionais*** constantes do art. 117, I a VIII e XIX, ou quando houver a ***inobservância de dever funcional*** previsto em lei, regulamento ou norma interna, e não haja justificativa para a aplicação de pena mais grave**.**
- ***Suspensão*** é cabível (art. 130):
  ***a)*** quando houver reincidência de falta punida com advertência;
  ***b)*** nos casos de violação das proibições que não sejam punidas com demissão, isto é, nas situações previstas no art. 117, XVII e XVIII;
  ***c)*** quando o servidor se recusar, injustificadamente, a se submeter a inspeção médica determinada pela autoridade competente (a partir do momento que se submeter a inspeção, cessam os efeitos da pena).
- ***Suspensão*** pode, a critério do administrador, ser ***substituída por multa*** no valor equivalente a ***50% por dia*** da remuneração do servidor e este continua a trabalhar.
- ***Demissão***: hipóteses de ***cabimento***:
  **a) Art. 117, IX a XVI**: *"IX – valer-se do cargo para lograr proveito pessoal ou de outrem, em detrimento da dignidade da função pública; X – participar de gerência ou administração de sociedade privada, personificada ou não personificada, exercer o comércio, exceto na qualidade de acionista, cotista ou comanditário; XI – atuar, como procurador ou intermediário, junto a repartições públicas, salvo quando se tratar de benefícios previdenciários ou assistenciais de parentes até o segundo grau, e de cônjuge ou companheiro; XII – receber propina, comissão, presente ou vantagem de qualquer espécie, em razão de suas atribuições; XIII – aceitar comissão, emprego ou pensão de estado*

*estrangeiro; XIV – praticar usura sob qualquer de suas formas; XV – proceder de forma desidiosa; XVI – utilizar pessoal ou recursos materiais da repartição em serviços ou atividades particulares";*

b) **Art. 132, I a XII:** "*I – crime contra a administração pública; II – abandono de cargo; III – inassiduidade habitual; IV – improbidade administrativa; V – incontinência pública e conduta escandalosa, na repartição; VI – insubordinação grave em serviço; VII – ofensa física, em serviço, a servidor ou a particular, salvo em legítima defesa própria ou de outrem; VIII – aplicação irregular de dinheiros públicos; IX – revelação de segredo do qual se apropriou em razão do cargo; X – lesão aos cofres públicos e dilapidação do patrimônio nacional; XI – corrupção; XII – acumulação ilegal de cargos, empregos ou funções públicas.*

- Sistematização da pena de demissão[19]:

| **DEMISSÃO** |
|---|
| **Somente após 5 anos pode retornar ao serviço público federal** |
| • valer-se do cargo para lograr proveito pessoal ou de outrem, em detrimento da dignidade da função pública<br>• atuar, como procurador ou intermediário, junto a repartições públicas, salvo quando se tratar de benefícios previdenciários ou assistenciais de parentes até o segundo grau, e de cônjuge ou companheiro |
| ***Não pode mais retornar ao serviço público federal*** |
| • crime contra a Administração Pública<br>**Atenção**! Na ADI nº 2.975 entendeu-se pela inconstitucionalidade do parágrafo único do art. 137 da Lei nº 8.112/1990 |
| **Não pode mais retornar ao serviço público federal**<br>**Indisponibilidade dos bens**<br>**Ressarcimento ao erário** |
| • improbidade administrativa<br>• aplicação irregular de dinheiros públicos<br>• lesão aos cofres públicos e dilapidação do patrimônio nacional<br>• corrupção<br>**Atenção**! Na ADI nº 2.975 entendeu-se pela inconstitucionalidade do parágrafo único do art. 137 da Lei nº 8.112/1990 |
| **Demais casos: sem restrição de retorno ao serviço público federal** |
| • abandono de cargo<br>• inassiduidade habitual<br>• incontinência pública e conduta escandalosa, na repartição<br>• insubordinação grave em serviço<br>• ofensa física, em serviço, a servidor ou a particular, salvo em legítima defesa própria ou de outrem<br>• revelação de segredo do qual se apropriou em razão do cargo<br>• acumulação ilegal de cargos, empregos ou funções públicas<br>• participar de gerência ou administração de sociedade privada, personificada ou não personificada, exercer o comércio, exceto na qualidade de acionista, cotista ou comanditário |

| **DEMISSÃO** |
|---|
| • recebimento de propina, comissão, presente ou vantagem de qualquer espécie, em razão de suas atribuições<br>• aceitação de comissão, emprego ou pensão de Estado estrangeiro<br>• prática de usura sob qualquer de suas formas<br>• procedimento desidioso<br>• utilização pessoal ou recursos materiais da repartição em serviços ou atividades particulares |

Em 22 de setembro de 2021, foi aprovada nova súmula do STJ, de nº 650, *in verbis*: "A autoridade administrativa não dispõe de discricionariedade para aplicar ao servidor pena diversa de demissão quando caraterizadas as hipóteses previstas no artigo 132 da Lei 8.112/1990.

- **ADI 2.975:** Para o STF, a previsão contida no parágrafo único do art. 137 da Lei nº 8.112/1990 é inconstitucional por violar o art. 5º, XLVII, "b" da CF/88, pois impõe penalidade de caráter perpétuo. Assim, apesar de a norma constitucional se referir a sanção penal, sua extensão às sanções administrativas é possível, tendo em vista o vínculo entre as esferas, decorrente do poder sancionatório estatal. Exemplo disso é a impossibilidade de imposição de sanções administrativas mais graves do que as penas aplicadas pela prática de crimes, tendo em vista os conceitos da subsidiariedade e da intervenção penal mínima. Nessa senda, o STF possui jurisprudência (RE 154.134/SP) no sentido da não aplicação de penalidade administrativa de "inabilitação permanente para o exercício de cargos de administração ou gerência de instituição financeira". Com base no exposto, o Plenário, por maioria, decidiu pela inconstitucionalidade do parágrafo único do art. 137 da Lei nº 8.112/1990, comunicando ao Congresso para que delibere acerca do prazo para proibição de retorno ao cargo público nos casos acima.
- ***Ação disciplinar*** prescreve: a) se a infração administrativa também for crime, no prazo previsto na lei penal; b) se a infração administrativa não for crime: em 5 anos, para as infrações puníveis com demissão, cassação de aposentadoria ou disponibilidade e destituição de cargo em comissão; em 2 anos, para os casos de suspensão; em 180 dias para a advertência.
- STJ: "O prazo prescricional previsto na lei penal se aplica às infrações disciplinares também capituladas como crime independentemente da apuração criminal da conduta do servidor. Para se aplicar a regra do § 2º do art. 142 da Lei nº 8.112/90 não se exige que o fato esteja sendo apurado na esfera penal (não se exige que tenha havido oferecimento de denúncia ou instauração de inquérito policial). Se a infração disciplinar praticada for, em tese, também crime, deve ser aplicado o prazo prescricional previsto na legislação penal independentemente de qualquer outra exigência". (1ª Seção. MS 20.857-DF, Rel. Min. Napoleão Nunes Maia Filho, Rel. Acd. Min. Og Fernandes, julgado em 22/05/2019 – Info 651).
- STJ: Desde que devidamente motivada e com amparo em investigação ou sindicância, é possível a instauração de processo administrativo disciplinar com base em denúncia anônima, em face do poder-dever de autotutela imposto à Administração (Súmula nº 611).
- STJ: "A portaria de instauração do processo administrativo disciplinar prescinde da exposição detalhada dos fatos a serem apurados" (Súmula nº 641).

  STJ: "A autoridade administrativa não dispõe de discricionariedade para aplicar ao servidor pena diversa de demissão quando caraterizadas as hipóteses previstas no artigo 132 da Lei 8.112/1990 (Súmula nº 650)



19 BORTOLETO, Leandro. *Direito administrativo*. Salvador: Juspodivm, 2012. p. 233.

- Sistematização das formas de apuração de infração disciplinar[20]:

| APURAÇÃO DE INFRAÇÃO DISCIPLINAR | |
|---|---|
| *Infração punida com* | *Meio de apuração* |
| Advertência<br>Suspensão ≤ 30 dias | Sindicância<br>ou<br>Processo administrativo disciplinar |
| Suspensão > 30 dias<br>Demissão<br>Cassação de aposentadoria ou disponibilidade<br>Destituição de cargo em comissão | Processo administrativo disciplinar |

- Processo administrativo: rito ordinário e rito sumário.
- ***Rito ordinário*** do processo administrativo disciplinar[21]:

| PROCESSO ADMINISTRATIVO DISCIPLINAR: Rito Ordinário | | | |
|---|---|---|---|
| *Instauração* | Publicação do ato de constituição da comissão disciplinar<br>Comissão → 3 servidores estáveis | | |
| | Consequências | • (60 dias + 60 dias)<br>• possibilidade de afastamento temporário do servidor<br>• impossibilidade de aposentadoria voluntária ou exoneração a pedido do servidor | |
| *Inquérito Administrativo* | Instrução | • Produção de provas: testemunhas, perícias, acareações, interrogatório do servidor e demais diligências<br>• Indiciação: se for o caso, após análise das provas | |
| | | Citação | • por mandado<br>ou<br>• por edital |
| | Defesa | Prazo | • 10 dias → 1 indiciado<br>• 20 dias → + de 1 indiciado (comum)<br>• 15 dias → citação por edital |
| | Defesa | Defesa não apresentada no prazo | • servidor nomeado defensor dativo<br>• devolução do prazo |
| *Inquérito Administrativo* | Relatório | Conteúdo | • resumo das principais peças<br>• menção às provas<br>• conclusão (inocência ou responsabilidade)<br>• indicação do dispositivo legal |

| PROCESSO ADMINISTRATIVO DISCIPLINAR: Rito Ordinário | | |
|---|---|---|
| *Julgamento* | • Prazo | → 20 dias<br>→ inobservância: não gera nulidade; se ocorrer a prescrição autoridade será responsabilizada |
| | • Competência | → Art. 141; se autoridade instauradora não tiver competência, deve encaminhar os autos à competente |
| | • Relatório da Comissão Disciplinar | → Regra: deve ser acatado<br>→ Exceção: pode ser refutado se, motivadamente, for demonstrado que é contrário à prova dos autos |
| ***PRAZO PARA CONCLUSÃO***: 60 dias + 60 dias = 120 dias. Conforme STF e STJ, não está incluído prazo para julgamento (20 dias), totalizando 140 dias.<br>Súmula nº 635 do STJ: "Os prazos prescricionais previstos no artigo 142 da Lei 8.112/1990 iniciam-se na data em que a autoridade competente para a abertura do procedimento administrativo toma conhecimento do fato, interrompem-se com o primeiro ato de instauração válido – sindicância de caráter punitivo ou processo disciplinar – e voltam a fluir por inteiro, após decorridos 140 dias desde a interrupção." | | |

- ***Revisão*** do processo administrativo disciplinar: ***pode se dar de ofício ou a requerimento*** do servidor (em caso de falecimento, ausência ou desaparecimento do servidor, qualquer pessoa da família poderá fazê-lo) e não há prazo, mas devem ser cumpridos os seguintes ***requisitos***: ***fato novo ou circunstância suscetível de justificar a inocência do punido ou a inadequação da penalidade aplicada*** (art. 174).
- Seguridade social: é ***dever da União manter Plano de Seguridade Social para o servidor e sua família*** (art. 183).
- ***Benefícios do Plano de Seguridade Social***. O rol de benefícios dos regimes próprios de previdência social fica limitado às aposentadorias e à pensão por morte (art. 9º, §2º da EC nº 103/2019). **ATENÇÃO!** No caso de afastamentos por incapacidade temporária para o trabalho e salário-maternidade, o pagamento será feito diretamente pelo ente federativo e não correrá à conta do RPPS ao qual o servidor se vincula (art. 9º, §3º da EC nº 103/2019).
- **PENSÃO**:
  - **Valor:** o valor da pensão por morte concedida a dependente do servidor federal passou a ser regido pelo disposto na EC nº 103/2019 e será equivalente a:
    - uma cota familiar de 50% do valor da aposentadoria recebida pelo segurado ou servidor ou daquela a que teria direito se fosse aposentado por incapacidade permanente na data do óbito, acrescida de cotas de 10 pontos percentuais por dependente, até o máximo de 100%. **ATENÇÃO!** As cotas por dependente cessarão com a perda dessa qualidade e não serão reversíveis aos demais dependentes, preservado o valor de 100% da pensão por morte quando o número de dependentes remanescente for igual ou superior a 5.
    - **dependente inválido:** I – 100% da aposentadoria recebida pelo segurado ou servidor ou daquela a que teria direito se fosse aposentado por incapacidade permanente na data do óbito, até o limite máximo de benefícios do Regime Geral de Previdência Social; e II – uma cota familiar de 50% acrescida de cotas de 10 pontos percentuais por dependente, até o máximo de 100%, para o valor que supere o limite máximo de benefícios do Regime Geral de Previdência Social.

---

20 BORTOLETO, Leandro. *Direito administrativo*. 2. ed. Salvador: Juspodivm, 2013. p. 239.

21 BORTOLETO, Leandro. *Direito administrativo*. 2. ed. Salvador: Juspodivm, 2013. p. 243.

**ATENÇÃO!** Quando não houver mais dependente inválido ou com deficiência intelectual, mental ou grave, o valor da pensão será recalculado na forma do disposto acima.

**ATENÇÃO!** O tempo de duração da pensão por morte e das cotas individuais por dependente até a perda dessa qualidade, o rol de dependentes e sua qualificação e as condições necessárias para enquadramento serão aqueles estabelecidos na Lei nº 8.213, de 24 de julho de 1991 (art. 23, §4º da EC nº 103/2019).

- **Beneficiários da pensão:** o rol de dependentes e sua qualificação, assim como as condições necessárias para enquadramento serão aqueles estabelecidos pela Lei nº 8.213/1991, que traz as regras do RGPS. São eles (art. 16 da Lei nº 8.213/1991):
  - I - o cônjuge, a companheira, o companheiro e o filho não emancipado, de qualquer condição, menor de 21 (vinte e um) anos ou inválido ou que tenha deficiência intelectual ou mental ou deficiência grave;
  - II - os pais;
  - III - o irmão não emancipado, de qualquer condição, menor de 21 (vinte e um) anos ou inválido ou que tenha deficiência intelectual ou mental ou deficiência grave;

**ATENÇÃO!** Segundo o art. 23, §6º da EC nº 103/2019, "equiparam-se a filho, para fins de recebimento da pensão por morte, exclusivamente o enteado e o menor tutelado, desde que comprovada a dependência econômica".

- **Perda da qualidade de beneficiário:** O tempo de duração da pensão por morte e das cotas individuais por dependente até a perda dessa qualidade também seguirá o estabelecido pela Lei nº 8.213/1991 (art. 77, §2º da Lei nº 8.213/1991):
  - pela morte do pensionista;
  - para o filho, a pessoa a ele equiparada ou o irmão, de ambos os sexos, ao completar vinte e um anos de idade, salvo se for inválido ou tiver deficiência intelectual ou mental ou deficiência grave;
  - para filho ou irmão inválido, pela cessação da invalidez;
  - para filho ou irmão que tenha deficiência intelectual ou mental ou deficiência grave, pelo afastamento da deficiência, nos termos do regulamento;
  - para cônjuge ou companheiro:
    - a) se inválido ou com deficiência, pela cessação da invalidez ou pelo afastamento da deficiência, respeitados os períodos mínimos;
    - b) em 4 meses, se o óbito ocorrer sem que o segurado tenha vertido 18 contribuições mensais ou se o casamento ou a união estável tiverem sido iniciados em menos de 2 anos antes do óbito do segurado;
    - c) transcorridos os seguintes períodos, estabelecidos de acordo com a idade do beneficiário na data de óbito do segurado, se o óbito ocorrer depois de vertidas 18 contribuições mensais e pelo menos 2 anos após o início do casamento ou da união estável: (ATENÇÃO! Nos termos do §3º do art. 222 da Lei nº 8.112/1990, os períodos constantes do art. 222, VII, "b", podem ser atualizados e, com base nesse dispositivo, a Portaria nº 424, de 29/12/2020, do Ministério da Economia, elevou a idade para a pensão vitalícia de 44 para 45 anos):
      - 1) 3 anos, com menos de 22 anos de idade;
      - 2) 6 anos, entre 22 e 27 anos de idade;
      - 3) 10 anos, entre 28 e 30 anos de idade;
      - 4) 15 anos, entre 31 e 41 anos de idade;
      - 5) 20 anos, entre 42 e 44 anos de idade;
      - 6) vitalícia, com 45 ou mais anos de idade.

Com o advento da MP nº 871/2019, convertida na Lei nº 13.846/2019 a pensão por morte será devida ao conjunto dos dependentes do segurado a contar **da data** (art. 219). **ATENÇÃO!** Referida disposição é idêntica à estabelecida pelo art. 74 da Lei nº 8.213/1991:

a) do óbito, quando requerida em até 180 após o óbito, para os filhos menores de 16 (dezesseis) anos, ou em até 90 dias após o óbito, para os demais dependentes;

b) do **requerimento**, quando requerida após o prazo previsto acima; ou

c) da **decisão judicial**, na hipótese de morte presumida.

## 6. PODERES ADMINISTRATIVOS

- Poderes administrativos são as ***prerrogativas*** à disposição da Administração destinadas à viabilização do interesse público.
- ***Poder discricionário***: limitado pelo princípio da razoabilidade
- ***Poder hierárquico***: o de que dispõe o Executivo para distribuir e escalonar as funções de seus órgãos, ordenar e rever a atuação de seus agentes, estabelecendo a relação de subordinação entre os servidores do seu quadro de pessoal"[22]. É típico da função administrativa, mas não é exclusivo do Executivo e faz parte dos Poderes Legislativo e Judiciário, na função atípica de administrar. É com base na hierarquia que se pode avocar, delegar, ordenar, controlar, corrigir e aplicar sanções.
- ***Poder disciplinar***: é a prerrogativa pela qual a Administração apura as infrações e aplica as penalidades ao infrator, que pode ser um servidor público ou particular sujeito à disciplina administrativa, como um estudante de escola pública[23].
- ***Poder regulamentar***: Para Maria Sylvia Zanella Di Pietro, é espécie do poder normativo da Administração Pública, ou seja, é um tipo, uma das formas pela qual se expressa a função normativa da Administração Pública, e o poder regulamentar, assim entendido, é privativo do Chefe do Executivo e se materializa por meio de decreto, mas há outras formas de expressão do poder normativo como as resoluções, as portarias, as instruções, os regimentos, mas esses atos possuem alcance restrito aos limites de atuação do órgão e não têm a mesma natureza dos regulamentos expedidos pelo Chefes do Executivo[24].
- ***Regulamento autônomo***: é ato normativo, infralegal, que pode inovar na ordem jurídica; tem seu fundamento diretamente estabelecido no texto constitucional; trata de matéria não constante em lei. Art. 84, VI, da Constituição Federal.
- Regulamentação técnica ou regulamento autorizado: manifesta-se, por exemplo, na função normativa exercida pelas agências reguladoras, as quais recebem a função de regular por meio da deslegalização de parte da matéria.

22 MEIRELLES, Hely Lopes. *Direito administrativo brasileiro*. 36. ed. São Paulo: Malheiros, 2010. p. 124.

23 DI PIETRO, Maria Sylvia Zanella. *Direito administrativo*. 23. ed. São Paulo: Atlas, 2010. p. 94.

24 MEIRELLES, Hely Lopes. *Direito administrativo*. 25. ed. São Paulo: Atlas, 2012. p. 91 e 94.

- ***Deslegalização ou delegificação***: a lei delega a função de criar norma a respeito de assuntos técnicos a órgãos administrativos. Fala-se, também, em discricionariedade técnica, porque a lei estabelece parâmetros, diretrizes para que, em nível administrativo, seja feita a complementação da lei, com conteúdo técnico.
- ***Poder de polícia***: "faculdade de que dispõe a administração pública para condicionar e restringir o uso e gozo de bens, atividades e direitos individuais, em benefício da coletividade ou do próprio Estado"[25].
- ***Poder de polícia em sentido amplo e em sentido estrito***: ***sentido amplo***: engloba tanto os atos legislativos quanto os atos administrativos; ***sentido estrito***: é uma atividade administrativa e, assim, só pode ser exercida na função administrativa e não na função legislativa.
- ***Atributos do poder de polícia***: discricionariedade, autoexecutoriedade e coercibilidade.
- ***Ciclo de polícia***: ordem de polícia, consentimento de polícia, fiscalização de polícia, sanção de polícia.

Segundo o STJ, podem ser delegados os atos referentes ao consentimento e à fiscalização. Entretanto, o STF alterou esse entendimento, no RE 633782/MG (Informativo nº 996), em que se fixou a seguinte tese de repercussão geral: "É constitucional a delegação do poder de polícia, por meio de lei, a pessoas jurídicas de direito privado integrantes da Administração Pública indireta de capital social majoritariamente público que prestem exclusivamente serviço público de atuação própria do Estado e em regime não concorrencial". Segundo o decidido, o regime jurídico híbrido das estatais prestadoras de serviço público em regime de monopólio é compatível com a delegação, pois a incidência de normas de direito público em relação às entidades da Administração indireta tem condão de as aproximar do regime de direito público. Em resumo, os atos de consentimento, fiscalização e aplicação de sanções podem ser delegados a estatais com regime jurídico próximo ao aplicável à Fazenda Pública.

- Sistematização do abuso de poder[26]:

| **ABUSO DE PODER** | |
|---|---|
| • Uso dos poderes administrativos contrariando o regime jurídico administrativo<br>• Forma comissiva ou omissiva | |
| *Espécies* | |
| ***Excesso de poder*** | ***Desvio de poder*** |
| Atua fora dos limites da competência | Atua dentro dos limites da competência, mas com finalidade diversa daquela com que deveria atuar |

## 7. ATO ADMINISTRATIVO

- ***Ato administrativo*** é "toda manifestação unilateral de vontade da Administração Pública que, agindo nessa qualidade, tenha por fim imediato adquirir, resguardar, transferir, modificar, extinguir e declarar direitos, ou impor obrigações aos administrados ou a si própria"[27].
- Ato administrativo: a) o regime jurídico é sempre o de ***direito público***; b) o ato é uma ***manifestação***, uma declaração jurídica ***unilateral***; c) é ato ***infralegal***; d) submete-se ao ***controle*** administrativo e judicial.
- Sistematização dos elementos do ato administrativo[28]:

| **ELEMENTOS OU REQUISITOS DO ATO ADMINISTRATIVO** |
|---|
| ***Posição tradicional (usualmente cobrada nas provas)*** |
| ***Competência ou Sujeito:*** Quem? Conjunto de atribuições administrativas do servidor.<br>***Finalidade:*** Para quê? Resultado mediato almejado com a prática do ato.<br>***Forma:*** Como? Exteriorização do ato. Maneira pela qual o ato se apresenta.<br>***Motivo ou Causa:*** Por quê? Pressuposto de fato e de direito cuja ocorrência autoriza ou determina a prática do ato.<br>***Objeto ou Conteúdo:*** O quê? Resultado imediato pretendido com a prática do ato |
| ***Posição de Celso Antônio Bandeira de Mello (requisitos)*** |
| ***Motivo do ato x Motivo legal:*** motivo legal é a previsão abstrata de uma situação fática e motivo do ato é a própria situação material. Ambos têm que coincidir.<br>***Motivo x móvel:*** motivo é a situação objetiva, real, empírica; é a realidade objetiva, externa ao agente; móvel é a representação subjetiva, psicológica, interna do agente; móvel é a vontade do agente.<br>***Objeto x Conteúdo:*** não são sinônimos. Objeto sobre o que o ato incide. Conteúdo é o próprio ato em essência; é interno ao ato, já o objeto é externo ao ato.<br>***Causa:*** Não é sinônimo de motivo. É a correlação lógica entre o motivo do ato administrativo e seu conteúdo, em vista da finalidade pública. É a relação lógica entre motivo e o conteúdo do ato, em função da finalidade pública. |

| ***Sistematização dos requisitos do ato (Celso Antônio)*** | | |
|---|---|---|
| ***ELEMENTOS*** | • Conteúdo<br>• Forma | |
| ***PRESSUPOSTOS*** | • De existência | • Objeto<br>• Pertinência da função administrativa |
| | • De validade | • Sujeito competente (pressuposto subjetivo)<br>• Motivo (pressuposto objetivo)<br>• Requisitos procedimentais<br>• Finalidade Pública (pressuposto teleológico)<br>• Causa (pressuposto lógico)<br>• Formalização (pressuposto formalístico) |

25 MEIRELLES, Hely Lopes. *Direito administrativo brasileiro.* 36. ed. São Paulo: Malheiros, 2010. p. 134.

26 BORTOLETO, Leandro. *Direito administrativo.* Salvador: Juspodivm, 2012. p. 300.

27 MEIRELLES, Hely Lopes. *Direito administrativo brasileiro.* 36. ed. São Paulo: Malheiros, 2010. p. 153.

28 Quanto à posição de Celso Antônio Bandeira de Mello: *Curso de direito administrativo.* 27. ed. São Paulo: Malheiros, 2010. p. 393-412.

- Consequência do ***silêncio administrativo***: a) se houver lei a respeito: previsão legal; b) se não houver lei a respeito: competência discricionária: exigência de decisão motivada; competência vinculada: exigência da prática do ato.
- Sistematização dos atributos do ato administrativo[29]:

| ATRIBUTOS OU CARACTERÍSTICAS DO ATO ADMINISTRATIVO | |
|---|---|
| **PRESUNÇÃO DE LEGITIMIDADE** | • presunção de que todo ato administrativo praticado está de acordo com a lei<br>• pode ser praticado imediatamente<br>• produz efeitos até que seja anulado<br>• ônus da prova do interessado<br>• nulidade só é apreciada a pedido pelo Judiciário<br>• existe em todos os atos administrativos |
| **IMPERATIVIDADE** | • ato administrativo é imposto ao destinatário<br>• não está presente em todos os atos administrativos |
| **AUTOEXECUTORIEDADE** | • Administração executa o ato por seus próprios meios<br>• não existe em todos os atos administrativos: só em urgência ou se previsto em lei |

- Sistematização da classificação dos atos administrativos:

| CLASSIFICAÇÃO DOS ATOS ADMINISTRATIVOS | |
|---|---|
| **Quanto ao destinatário** | ***geral*** ➔ sem destinatário definido; fim normativo |
| | ***individual*** ➔ com destinatário definido |
| **Quanto ao alcance** | ***interno*** ➔ efeitos somente dentro da Administração |
| | ***externo*** ➔ efeitos para fora da Administração |
| **Quanto ao objeto** | ***império*** ➔ posição de superioridade |
| | ***gestão*** ➔ posição de igualdade |
| | ***expediente*** ➔ rotina interna; sem poder decisório |
| **Quanto ao regramento** | ***vinculado*** ➔ não pode escolher no caso concreto |
| | ***discricionário*** ➔ pode escolher no caso concreto |
| **Quanto à formação da vontade** | ***simples*** ➔ vontade de um órgão só |
| | ***complexo*** ➔ vontade de dois órgãos e um ato só |
| | ***composto*** ➔ dois órgãos e dois atos (principal e acessório) |
| **Quanto ao conteúdo** | ***constitutivo*** ➔ cria situação jurídica individual |
| | ***extintivo*** ➔ encerra situação jurídica individual |
| | ***declaratório*** ➔ declara situação já existente |
| | ***alienativo*** ➔ transfere bens ou direitos |
| | ***modificativo*** ➔ altera situação jurídica, sem encerrá-la |
| | ***abdicativo*** ➔ renúncia a um direito |
| **Quanto à eficácia** | ***válido*** ➔ em conformidade com o direito |
| | ***nulo*** ➔ vício insanável |
| | ***anulável*** ➔ vício sanável |
| | ***inexistente*** ➔ parece ato, mas não é |
| **Quanto à exequibilidade** | ***perfeito*** ➔ completou ciclo de formação |
| | ***imperfeito*** ➔ não completou ciclo de formação |
| | ***pendente*** ➔ não está apto para produzir efeitos |
| | ***consumado*** ➔ já produziu seus efeitos; definitivo |

- Sistematização da anulação e da revogação do ato administrativo[30]:

| ANULAÇÃO | REVOGAÇÃO |
|---|---|
| Ilegalidade | interesse público (conveniência e oportunidade) |
| *ex tunc* (ato restritivo)<br>*ex nunc* (ato ampliativo e boa-fé) | *ex nunc* |
| Poder Judiciário e Administração | somente a Administração |
| qualquer ato (vinculado e discricionário) | atos irrevogáveis:<br>• vinculados<br>• integrantes de procedimento<br>• enunciativos<br>• geraram direito adquirido |

- ***Convalidação:*** o ***suprimento da invalidade de um ato*** com efeitos retroativos"[31]. Convalidar é ***tornar válido um ato inválido***, por meio de outro ato que supre ***vício sanável,*** com efeitos ***ex tunc*** (retroagem).

## 8. PROCESSO ADMINISTRATIVO

- ***Princípios do processo administrativo***:
  - oficialidade;
  - informalidade (ou obediência à forma);
  - verdade material;
  - gratuidade;
  - pluralidade de instâncias.
- ***Princípios do processo administrativo***: ***Processo x procedimento:*** O ***processo*** é "a relação jurídica integrada por algumas pessoas, que nela exercem várias atividades direcionadas para determinado fim"[32]e, por sua vez, o ***procedimento*** é a "sucessão de atos preparatórios que devem obrigatoriamente preceder a prática de ato final"[33]. Procedimento relaciona-se com movimento, dinâmica; é o rito, a sequência em que os atos devem ser praticados, com um objetivo final. Ambos são

29 BORTOLETO, Leandro. *Direito administrativo.* Salvador: Juspodivm, 2012. p. 334.

30 BORTOLETO, Leandro. *Direito administrativo.* Salvador: Juspodivm, 2012. p. 347.

31 MELLO, Celso Antônio Bandeira de. *Curso de direito administrativo.* 27. ed. São Paulo: Malheiros, 2010. p. 473.

32 CARVALHO FILHO, José dos Santos. *Manual de direito administrativo.* 19. ed. Rio de Janeiro: Lumen Juris, 2008. p. 862.

33 DI PIETRO, Maria Sylvia Zanella. *Direito administrativo.* 23. ed. São Paulo: Atlas, 2010. p. 623.

ADMINISTRATIVO

intrinsecamente relacionados, pois "todo processo demanda um procedimento – que é a tramitação dos atos – da mesma forma que todo procedimento só tem existência se houver o respectivo processo – este indicando a relação jurídica firmada entre aqueles que dele participam"[34].

- Há diversas espécies de processo administrativo e estes se desenvolvem em todas as esferas da Federação e, por isso, devem ser legalmente disciplinados em cada uma delas.
- Na esfera federal, há a Lei nº 9.784/99 que, conforme sua ementa, "regula o processo administrativo no âmbito da Administração Pública Federal". É uma lei de aplicação em âmbito federal, de forma subsidiária se houver lei específica para determinado processo administrativo e de forma integral se não existir lei dispondo de maneira específica sobre certo processo administrativo na esfera federal. Nesse sentido, a Súmula nº 633 do STJ: "A Lei 9.784/1999, especialmente no que diz respeito ao prazo decadencial para a revisão de atos administrativos no âmbito da Administração Pública federal, pode ser aplicada, de forma subsidiária, aos estados e municípios, se inexistente norma local e específica que regule a matéria."
- A Lei nº 9.784/99 é uma norma na qual foram positivados diversos posicionamentos consagrados na doutrina e na jurisprudência e, apesar de ser de aplicação na esfera federal, serve como parâmetro para as legislações estaduais e municipais sobre processo administrativo. Nesse sentido, por exemplo, merecem destaque as disposições sobre a delegação de competência, a motivação do ato administrativo e o prazo decadencial para a anulação do ato.

## 8.1. LEI Nº 9.784/99

- ***Princípios expressos*** do processo administrativo (art. 2º): legalidade, finalidade, motivação, razoabilidade, proporcionalidade, moralidade, ampla defesa, contraditório, segurança jurídica, interesse público, eficiência.
- ***Critérios*** a serem seguidos (são os conteúdos dos princípios; art. 2º, parágrafo único): atuação conforme a lei e o direito; atendimento a fins de interesse geral, vedada a renúncia total ou parcial de poderes ou competências, salvo autorização em lei; objetividade no atendimento do interesse público, vedada a promoção pessoal de agentes ou autoridades; atuação segundo padrões éticos de probidade, decoro e boa-fé; divulgação oficial dos atos administrativos, ressalvadas as hipóteses de sigilo previstas na Constituição; adequação entre meios e fins, vedada a imposição de obrigações, restrições e sanções em medida superior àquelas estritamente necessárias ao atendimento do interesse público; indicação dos pressupostos de fato e de direito que determinarem a decisão; observância das formalidades essenciais à garantia dos direitos dos administrados; adoção de formas simples, suficientes para propiciar adequado grau de certeza, segurança e respeito aos direitos dos administrados; garantia dos direitos à comunicação, à apresentação de alegações finais, à produção de provas e à interposição de recursos, nos processos de que possam resultar sanções e nas situações de litígio; proibição de cobrança de despesas processuais, ressalvadas as previstas em lei; impulsão, de ofício, do processo administrativo, sem prejuízo da atuação dos interessados; interpretação da norma administrativa da forma que melhor garanta o atendimento do fim público a que se dirige, vedada aplicação retroativa de nova interpretação.
- ***Prioridade*** na tramitação do processo administrativo (art. 69-A): a) pessoa com idade igual ou superior a 60 anos; b) pessoa portadora de deficiência, física ou mental; c) pessoa portadora de doença grave, como tuberculose ativa, esclerose múltipla, neoplasia maligna, hanseníase, paralisia irreversível e incapacitante, cardiopatia grave, doença de Parkinson, espondiloartrose anquilosante, nefropatia grave, hepatopatia grave, estados avançados da doença de Paget (osteíte deformante), contaminação por radiação, síndrome de imunodeficiência adquirida, ou qualquer outra, com base em conclusão da medicina especializada, mesmo que a doença tenha sido contraída após o início do processo.
- Sistematização da delegação de competência[35]:

<table>
<tr><th colspan="4">DELEGAÇÃO</th></tr>
<tr><th colspan="4">É a transferência de parte das atribuições feita por quem era originariamente competente</th></tr>
<tr><td rowspan="3">A delegação pode ser feita</td><td colspan="3">• se houver ou não subordinação hierárquica<br>• só parcialmente (não pode delegar integralmente a competência)<br>• com ressalva quanto à atribuição delegada</td></tr>
<tr><td rowspan="2">• quando</td><td colspan="2">- não houver impedimento legal</td></tr>
<tr><td>- for conveniente em razão de circunstâncias de índole</td><td>- técnica<br>- social<br>- econômica<br>- jurídica<br>- territorial</td></tr>
<tr><td>A delegação não pode ser feita em relação</td><td colspan="3">• à edição de atos de caráter normativo<br>• à decisão de recursos administrativos<br>• às matérias de competência exclusiva do órgão ou autoridade</td></tr>
<tr><td rowspan="3">O ato de delegação</td><td colspan="3">• deve ser publicado no meio oficial</td></tr>
<tr><td>• deve especificar</td><td colspan="2">- as matérias transferidas<br>- os poderes transferidos<br>- os limites da atuação do delegado<br>- a duração da delegação<br>- os objetivos da delegação<br>- o recurso cabível</td></tr>
<tr><td colspan="3">• é revogável a qualquer tempo (ato de revogação deve ser publicado no meio oficial)</td></tr>
<tr><td>As decisões adotadas por delegação</td><td colspan="3">- devem mencionar explicitamente esta qualidade<br>- consideram-se editadas pelo delegado (este responderá em caso de irregularidade)</td></tr>
</table>

- ***Avocação de competência***: o superior, que não era competente, chama para si parcela de competência legalmente atribuída a subordinado seu. Deve ser temporária e deve ser feita em caráter excepcional, por motivos relevantes devidamente justificados.
- Dever de decidir: a Administração tem o dever de explicitamente emitir decisão nos processos administrativos e sobre

34 CARVALHO FILHO, José dos Santos. *Manual de direito administrativo*. 19. ed. Rio de Janeiro: Lumen Juris, 2008. p. 863.

35 BORTOLETO, Leandro. *Direito administrativo*. Salvador: Juspodivm, 2012. p. 373.

solicitações ou reclamações, em matéria de sua competência (art. 48). E o art. 49 determina que a Administração, após a conclusão da instrução do processo administrativo, tem o prazo de até 30 dias para decidir, salvo prorrogação por igual período expressamente motivada.

- Decisão coordenada: considera-se decisão coordenada a instância de natureza interinstitucional ou intersetorial que atua de forma compartilhada com a finalidade de simplificar o processo administrativo mediante participação concomitante de todas as autoridades e agentes decisórios e dos responsáveis pela instrução técnico-jurídica, observada a natureza do objeto e a compatibilidade do procedimento e de sua formalização com a legislação pertinente (art. 49-A, §1º).

  As decisões administrativas, no âmbito da Administração Pública Federal, que exijam participação de 3 ou mais setores, órgãos ou entidades poderão ser tomadas mediante decisão coordenada quando: a) for justificável pela relevância da matéria; b) houver discordância que prejudique a celeridade do processo administrativo decisório (art. 49-A, caput). Entretanto, a decisão coordenada não se aplica a processos administrativos: i) de licitação, ii) relacionados ao poder sancionador; iii) em que estejam envolvidas autoridades de Poderes distintos (art. 49-A, caput e §6º).

- ***Recurso administrativo***: interposição no prazo de dez dias, em razão de legalidade e mérito. São legitimados: a) titulares de direitos e interesses que forem parte no processo; b) aqueles cujos direitos ou interesses forem indiretamente afetados pela decisão recorrida; c) as organizações e associações representativas, no tocante a direitos e interesses coletivos; d) os cidadãos ou associações, quanto a direitos ou interesses difusos.

- Se o recorrente alegar violaçao de enunciado da súmula vinculante, a autoridade competente para decidir explicitará as razões da aplicabilidade ou inaplicabilidade da súmula, con9. forme o caso (art. 64-A).

## 9. LICITAÇÃO E CONTRATO ADMINISTRATIVO (LEI Nº 8.666/1993)

**Atenção!** A Lei nº 8.666/1993 permanecerá em vigor pelo período de dois anos após a publicação da Lei nº 14.133/2021. Nesse período, a Administração Pública deverá optar, em edital, pelo regime jurídico a ser aplicado no processo licitatório. Dessa forma, o tópico foi mantido, pois ainda poderá ser cobrado.

- ***Licitação*** é o processo administrativo instaurado pela Administração Pública consistente na disputa igualitária entre os interessados em celebrar contrato com ela, para a escolha da proposta que permita a melhor contratação em face do interesse público.

- São ***finalidades da licitação***: a) escolher a melhor proposta; b) permitir a participação de qualquer interessado que preencha os requisitos exigidos; c) auxiliar na promoção do desenvolvimento nacional.

- ***Princípios da licitação*** (art. 3º, Lei nº 8.666/93): legalidade, impessoalidade, moralidade, publicidade, igualdade, probidade administrativa, vinculação ao instrumento convocatório, julgamento objetivo.

- ***Ressalvas ao princípio da igualdade entre os licitantes*: a) margem de preferência**: poderá ser estabelecida para I – produtos manufaturados e para serviços nacionais que atendam a normas técnicas brasileiras; e II – bens e serviços produzidos ou prestados por empresas que comprovem cumprimento de reserva de cargos prevista em lei para pessoa com deficiência ou para reabilitado da Previdência Social e que atendam às regras de acessibilidade previstas na legislação.

- somente pode existir se a capacidade de prestação dos serviços ou de produção dos bens seja superior ao que será adquirido ou contratado ou ao mínimo estabelecido no edital;

- pode ser estendida, total ou parcialmente, aos bens e serviços originários dos Estados-parte do Mercosul; **b) margem adicional**(art. 3º, § 7º): é um acréscimo ao percentual da margem de preferência para produtos manufaturados e serviços nacionais resultantes de desenvolvimento e inovação tecnológica realizados no País (os percentuais das margens de preferência e adicional serão definidos pelo Poder Executivo Federal, mas a soma das duas não poderá ultrapassar 25% sobre produtos manufaturados e serviços estrangeiros); **c) art. 3º da Lei nº 8.248/91**: preferência para a aquisição de:

- bens e serviços de informática com tecnologia desenvolvida no País;

- bens e serviços produzidos de acordo com processo produtivo básico, definido pelo Poder Executivo; **d) licitação restrita** a bens e serviços com tecnologia desenvolvida no Brasil e produzidos de acordo com o processo produtivo básico, quando destinadas à implantação, manutenção e aperfeiçoamento dos sistemas de tecnologia de informação e comunicação considerados estratégicos em ato do Poder Executivo Federal (art. 3º, § 12).

- ***Tratamento diferenciado*** para microempresa e empresa de pequeno porte nas licitações (Lei Complementar nº 123/06). Benefícios:

  a) preferência em caso de empate (art. 44 da LC 123/06);
  b) exigência de regularidade fiscal apenas na assinatura do contrato (art. 42);
  c) tratamento diferenciado e simplificado nas contratações públicas (art. 47):
     - abertura de licitações só para participação de ME e EPP, para contratações de até R$ 80.000,00;
     - possibilidade de exigência ao licitante para que faça a subcontratação de ME e EPP;
     - deverá estabelecer cota de até 25% do objeto, no caso de bens divisíveis. Esse tratamento diferenciado não é possível quando:
     - não houver no mínimo três fornecedores sendo microempresa ou empresa de pequeno porte;
     - quando não for vantajoso ou representar prejuízo para a Administração;
     - quando a licitação for dispensável ou inexigível, excetuando-se as dispensas tratadas pelos incisos I e II do art. 24 da mesma Lei (dispensa em razão do valor), nas quais a compra deverá ser feita preferencialmente de microempresas e empresas de pequeno porte.
     - Objeto da licitação (art. 2º, Lei nº 8.666/93): a) obras; b) serviços, inclusive de publicidade; c) compras; d) alienações; e) concessões; f) permissões; g) locações.

- ***Serviço de publicidade***: licitação regulada pela Lei nº 12.232/10. Lei nº 8.666/93 é aplicada de forma complementar.

- ***Regime Diferenciado de Contratações Públicas*** (RDC). A Lei nº 12.462/11 introduziu uma forma diferente de fazer licitação aplicada, exclusivamente, para as licitações contratos administrativos referentes aos Jogos Olímpicos e Paraolímpicos de 2016, à Copa das Confederações de 2013, à Copa do Mundo de 2014 (essas duas últimas, apenas quanto às obras públicas, às constantes da matriz de responsabilidades celebrada entre a União, Estados, Distrito Federal e Municípios) e às obras de infraestrutura e de contratação de serviços para os aeroportos das capitais dos Estados da Federação distantes até 350 km das cidades sede dos mundiais, das ações integrantes do

Programa de Aceleração do Crescimento (PAC), das obras e serviços de engenharia no âmbito do Sistema Único de Saúde – SUS. Além dessas, Lei nº 13.190/15 acrescentou novas hipóteses para uso do RDC no art. 1º: das obras e serviços de engenharia para construção, ampliação e reforma e administração de estabelecimentos penais e de unidades de atendimento socioeducativo (inciso VI), das ações no âmbito da segurança pública (inciso VII) ao converter a MP 678/15. Entretanto, a Lei nº 13.190/15 acrescentou, ainda, os incisos VIII (das obras e serviços de engenharia, relacionadas a melhorias na mobilidade urbana ou ampliação de infraestrutura logística) e IX (dos contratos a que se refere o art. 47-A.). O RDC também pode ser usado no caso de ações em órgãos e entidades dedicados à ciência, à tecnologia e à inovação (inciso X do art. 1º da Lei nº 12.462/11, acrescentado pela Lei nº 13.243/16). Contestando a Lei nº 12.462/11 há, no STF, a ADI 4655.

**Lembre-se** de que a Lei nº 14.065/2020 estabeleceu a possibilidade de aplicação do RDC para licitações e contratações de quaisquer obras, serviços, compras, alienações e locações, durante o estado de calamidade reconhecido pelo Decreto Legislativo nº 6, de 20 de março de 2020 (COVID-19). Embora o Decreto Legislativo tenha sido extinto pelo decurso do prazo nele previsto, deve-se ressaltar que o disposto na Lei será aplicado aos contratos firmados nesse período, independentemente de seu prazo ou do prazo de suas prorrogações.

**Atenção!** A Lei nº 14.133/21 revogará expressamente os artigos 1º ao 47-A da Lei nº 12.462/11, sendo previsto um regime de transição. Conforme dispositivo da Nova Lei de Licitações e Contratos, por dois anos os artigos 1º ao 47-A da Lei nº 12.462/11 poderão ser aplicados, sendo que a Administração Pública deverá optar pela utilização da nova legislação ou das mencionadas disposições da Lei nº 12.462/11. Após esse período, ocorrerá a revogação.

- Têm o ***dever de licitar***: a) órgãos da administração direta; b) autarquias: incluindo as agências reguladoras e os conselhos de fiscalização de profissões; c) fundações públicas; d) empresas públicas; e) sociedades de economia mista; f) consórcios públicos; g) entidades controladas direta ou indiretamente pelo Poder Público; h) fundos especiais.
- **Dispensa** é uma opção legal, pois os interessados poderiam competir. As hipóteses de dispensa são taxativas. Licitação dispensada: a lei determina a não realização da licitação (art. 17, I e II); b) licitação dispensável: a lei faculta ao administrador realizar ou não a licitação.
- O candidato deve ficar atento às questões nas provas, pois podem ser enumerados casos para que sejam identificadas quais hipóteses são de licitação dispensável e quais são de licitação dispensada (a dica é que dispensada é usada para os casos de alienação), ou, na maioria das vezes, o examinador não quer saber a diferença entre elas, mas sim se determinada situação é caso de dispensa ou de inexigibilidade).
- ***Requisitos para a alienação de imóvel*** da Administração Pública:
  ***a) interesse público*** justificado;
  ***b) avaliação*** prévia;
  ***c) autorização legislativa***, se o bem for da ***Administração direta, autarquia ou fundação pública***;
  ***d) licitação,*** na modalidade concorrência (exceto se for caso de licitação dispensada)[38].

No dia 19 de junho de 2018 foi publicado o Decreto 9.412/2018, que atualizou os valores das modalidades de licitação previstos na Lei 8.666/93.

Com a atualização e consequente aumento dos valores previstos para as modalidades licitatórias, houve também a majoração do montante considerado pequeno valor para fins de dispensa de licitação.

| DISPENSA EM RAZÃO DO PEQUENO VALOR | |
|---|---|
| • Administração direta<br>• Autarquia<br>• Fundação pública | **Até R$ 17.600,00** outros serviços e compras<br>**Até R$ 33.000,00** obras e serviços de engenharia |
| • Autarquia qualificada como agência executiva<br>• Fundação pública qualificada como agência executiva<br>• Consórcio público | **Até R$ 35.200,00** outros serviços e compras<br>**Até R$ 66.000,00** obras e serviços de engenharia |

| DISPENSA EM RAZÃO DO PEQUENO VALOR ESTATAIS (LEI Nº 13.303/16) | |
|---|---|
| **Obras e serviços de engenharia** | **Outros serviços e compras** |
| Até R$ 100.000,00 | Até R$ 50.000,00 |
| **Atenção!** Esses **valores podem ser alterados**, para refletir a variação de custos, **por deliberação do Conselho de Administração** da empresa pública ou sociedade de economia mista, **admitindo-se valores diferenciados para cada sociedade**. | |

- Modalidades de licitação: a) concorrência; b) tomada de preços; c) convite; d) concurso; e) leilão; f) pregão; g) consulta.

  **Atenção!** No regime da Nova Lei de Licitações e Contratos, não há as modalidades de convite e tomada de preços.
- A concorrência é obrigatória nos seguintes casos: a) obras e serviços de engenharia de valor superior a R$ 3.300.000,00 (art. 23, I, "c"); b) compras e outros serviços acima de R$ 1.430.000,00 (art. 23, II, "c"); c) alienação de bens móveis com valor superior a R$ 1.430.000,00 (art. 17, § 6º); d) compra e alienação de imóveis, qualquer que seja o valor (art. 23, § 3º); para alienação de imóveis adquiridos em procedimento judicial ou por dação em pagamento, pode ser concorrência ou leilão (art. 19, III); e) concessão de direito real de uso (art. 23, § 3º); f) licitações internacionais (art. 23, § 3º); também são admitidos a tomada de preços (se o órgão dispuser de cadastro internacional de fornecedores) e o convite (se não houver fornecedor no Brasil), desde que observados os limites de valores para essas modalidades (art. 23, § 3º); g) registro de preços (art. 15, § 3º, I); é possível, também, o uso do pregão (art. 12, Lei nº 10.520/02).
- Sistematização da comparação entre concorrência, tomada de preços e convite:[37]

36 No caso de imóvel da União, ainda, há a necessidade de autorização do Presidente da República (art. 23, Lei nº 9.636/98).

37 BORTOLETO, Leandro. *Direito administrativo*. Salvador: Juspodivm, 2012. p. 427.

| CONCORRÊNCIA X TOMADA DE PREÇOS X CONVITE | | | | |
|---|---|---|---|---|
| **REGRA GERAL: Administração direta e indireta (exceto consórcio público)** | | | | |
| Modalidade | **obras e serviços de engenharia** | | **compras e outros serviços** | |
| Concorrência | acima de R$ 3.300.000,00 | | acima de R$ 1.430.000,00 | |
| tomada de preços | até R$ 3.300.000,00 | | até R$ 1.430.000,00 | |
| Convite | até R$ 330.000,00 | | até R$ 176.000,00 | |
| **REGRA ESPECÍFICA: consórcio público** | | | | |
| modalidade | **obras e serviços de engenharia** | | **compras e outros serviços** | |
| | **até 3 membros (dobro)** | **mais do que 3 membros (triplo)** | **até 3 membros (dobro)** | **mais do que 3 membros (triplo)** |
| concorrência | acima de R$ 6.600.000,00 | acima de R$ 9.900.000,00 | acima de R$ 2.860.000,00 | acima de R$ 4.290.000,00 |
| tomada de preços | até R$ 6.600.000,00 | até R$ 9.900.000,00 | até R$ 2.860.000,00 | Até R$ 4.290.000,00 |
| convite | até R$ 660.000,00 | até R$ 990.000,00 | até R$ 352.000,00 | até R$ 528.000,00 |

- Pregão: modalidade usada para a aquisição de bens e serviços comuns. Está previsto na Lei nº 10.520/02, que é uma norma geral e, por isso, aplica-se à União, aos Estados, ao Distrito Federal e aos Municípios.
- Bens e serviços comuns: aqueles cujos padrões de desempenho e qualidade possam ser objetivamente definidos pelo edital, por meio de especificações usuais no mercado (art. 1º, parágrafo único).
- Sistematização dos prazos de divulgação do instrumento convocatório[38]:

| PRAZO PARA DIVULGAÇÃO DO EDITAL | |
|---|---|
| **5 dias úteis** | Convite |
| **8 dias úteis** | Pregão |
| **15 dias** | Leilão |
| | tomada de preços |
| **30 dias** | tomada de preços do tipo melhor técnica ou técnica e preço |
| | Concorrência |
| **45 dias** | concorrência do tipo melhor técnica ou técnica e preço |
| | Concurso |

| PRAZO PARA DIVULGAÇÃO DO EDITAL ESTATAIS (LEI Nº 13.303/16: art. 39) | |
|---|---|
| **5 dias úteis** | Aquisição de bens, quanto o critério de julgamento for:<br>- menor preço; ou<br>- maior desconto; |
| **10 dias úteis** | Aquisição de bens nas demais hipóteses |
| **15 dias úteis** | Contratação de obras e serviços, quando o critério de julgamento for:<br>- menor preço; ou<br>- maior desconto; |
| **30 dias úteis** | Contratação de obras e serviços nas demais hipóteses |
| **45 dias úteis** | Quando o critério de julgamento for:<br>melhor técnica;<br>- a melhor combinação de técnica e preço; |
| | Para licitação em que haja:<br>– contratação semi-integrada; ou<br>– contratação integrada. |

- ***Conteúdo*** do edital (art. 10), obrigatoriamente:
  - *a)* número de ordem em série anual;
  - *b)* nome da repartição interessada e de seu setor;
  - *c)* ***modalidade***, ***regime*** de execução e ***tipo*** da licitação;
  - *d)* menção de que será regida pela Lei nº 8.666/93;
  - *e)* ***local***, ***dia*** e ***hora*** para ***recebimento*** da documentação e proposta, bem como para início da ***abertura*** dos envelopes;
  - *f)* ***objeto*** da licitação, em descrição sucinta e clara;
  - *g)* ***prazo*** e ***condições*** para ***assinatura e execução do contrato*** e para ***entrega do objeto*** da licitação;
  - *h)* ***sanções*** para o caso de ***inadimplemento***;
  - *i)* ***local*** onde poderá ser examinado e adquirido o ***projeto básico***;
  - *j)* ***se há projeto executivo*** disponível na data da publicação do edital de licitação e o local onde possa ser examinado e adquirido;
  - *k)* ***condições para participação*** na licitação e ***forma de apresentação*** das propostas;
  - *l)* ***critério para julgamento***, com disposições claras e parâmetros objetivos;
  - *m)* ***locais, horários e códigos de acesso*** dos meios de comunicação à distân***cia*** em que serão fornecidos elementos, informações e esclarecimentos relativos à licitação e às condições para atendimento das obrigações necessárias ao cumprimento de seu objeto;
  - *n)* ***condições equivalentes de pagamento*** entre empresas brasileiras e estrangeiras, no caso de licitações internacionais;
  - *o)* ***critério de aceitabilidade dos preços*** unitário e global, conforme o caso, permitida a fixação de preços máximos e vedados a fixação de preços mínimos;

38 BORTOLETO, Leandro. *Direito administrativo*. Salvador: Juspodivm, 2012. p. 131.

*p)* ***critério de reajuste***, que deverá retratar a variação efetiva do custo de produção, admitida a adoção de índices específicos ou setoriais, ***desde a data prevista para apresentação*** da proposta, ou do orçamento a que essa proposta se referir, ***até a data do adimplemento*** de cada parcela;

*q)* ***limites para pagamento de instalação e mobilização para execução de obras ou serviços*** que serão obrigatoriamente previstos em separado das demais parcelas, etapas ou tarefas;

*r)* ***condições de pagamento***, prevendo:

- prazo de pagamento não superior a trinta dias, contado a partir da data final do período de adimplemento de cada parcela;
- cronograma de desembolso máximo por período;
- critério de atualização financeira dos valores a serem pagos, desde a data final do período de adimplemento de cada parcela até a data do efetivo pagamento;
- compensações financeiras e penalizações, por eventuais atrasos, e descontos, por eventuais antecipações de pagamentos;
- exigência de seguros, quando for o caso;

*s)* instruções e normas para os ***recursos*** previstos na lei;

*t)* condições de ***recebimento do objeto*** da licitação.

- **Tomada de preços:** fase de habilitação é anterior ao procedimento, pois é destinada aos interessados que já estão cadastrados ou aos que apresentem a documentação necessária até o terceiro dia anterior à data do recebimento das propostas.
- **Convite:** só participa da licitação quem foi convidado ou, caso não tenha sido, se é cadastrado e manifestar interesse em até vinte e quatro horas da apresentação das propostas.
- **Pregão:** identificado o autor da oferta de valor mais baixo, ele e os licitantes que apresentaram propostas com valores superiores em até 10% da menor proposta poderão fazer novos lances verbais e sucessivos, até a proclamação do vencedor. Se não houver, pelo menos, três propostas dentro da faixa de 10% acima da menor proposta, serão escolhidos os licitantes que fizeram as três melhores propostas (independentemente do valor) para, junto com o autor da oferta de valor mais baixo, oferecerem novos lances verbais e sucessivos.
- **Anulação da licitação**: Em regra, não gera obrigação de indenizar (art. 49, § 1º), exceto quanto ao que o contratado houver executado até a data em que ela for declarada e por outros prejuízos regularmente comprovados, contanto que não lhe seja imputável, promovendo-se a responsabilidade de quem lhe deu causa (art. 59, parágrafo único).
- **Revogação da licitação**: é possível: a) por razões de interesse público decorrente de fato superveniente devidamente comprovado, pertinente e suficiente para justificar tal conduta (art. 49); b) quando o vencedor da licitação, ao ser convocado para a assinatura do contrato, não o assina no prazo e condições estabelecidos no edital (art. 64, § 2º).
- **Recurso** é admitido nos casos de (art. 109, Lei nº 8.666/93): a) habilitação ou inabilitação do licitante; b) julgamento das propostas; c) anulação ou revogação da licitação; d) indeferimento do pedido de inscrição em registro cadastral, sua alteração ou cancelamento; e) rescisão administrativa (unilateral) do contrato; f) aplicação das penas de advertência, suspensão temporária ou de multa.
- Prazo para interposição do recurso: a) cinco dias úteis; b) dois dias úteis, se for convite.
- **Contrato administrativo**: é o "ajuste que a Administração Pública, agindo nessa qualidade, firma com particular ou outra entidade administrativa para a consecução de objetivos de interesse público, nas condições estabelecidas pela própria Administração"[39].
- **Características do contrato administrativo**[40]: a) presença da Administração Pública como Poder Público; b) finalidade pública; c) natureza de contrato de adesão; d) natureza *intuitu personae* (pessoalidade); e) obediência à forma prescrita em lei; f) procedimento legal; g) mutabilidade; h) presença de cláusulas exorbitantes; i) controle e fiscalização do contrato administrativo; j) retomada do objeto; k) aplicação de penalidades (advertência, multa, suspensão temporária, declaração de inidoneidade).
- **Cláusulas exorbitantes:** são cláusulas inexistentes no direito privado e, por isso, extrapolam, exorbitam o direito privado, concedendo prerrogativas para a Administração ao colocá-la em posição de superioridade em relação ao contratado. As principais cláusulas exorbitantes são: a) exigência de garantia; b) alteração unilateral do contrato administrativo; c) rescisão unilateral do contrato administrativo; e) restrições ao uso da cláusula de exceção do contrato não cumprido (*exceptio non adimpleti contractus*)
- Exceção do contrato não cumprido (*exceptio non adimpleti contractus*): é muito usada na esfera privada e, por ela, se um dos contratantes não cumpre o pactuado o outro pode se recusar a cumprir o que lhe cabe, conforme o art. 477 do Código Civil. Por outro lado, nos contratos administrativos, essa regra não é aplicada integralmente, em razão dos princípios da continuidade dos serviços públicos e da supremacia do interesse público, sendo possível a exceção do contrato não cumprido, mas de forma mitigada. Se for contrato de concessão de serviço público, há entendimento de que não pode ser invocada, em razão do princípio da continuidade do serviço público.
- Hipóteses de alteração unilateral do contrato administrativo (art. 65, I): a) quando houver modificação do projeto ou das especificações, para melhor adequação técnica aos seus objetivos (modificação qualitativa); b) quando necessária a modificação do valor contratual em decorrência de acréscimo ou diminuição quantitativa de seu objeto, nos seguintes limites (modificação quantitativa):
  - até 25% do valor inicial atualizado do contrato para acréscimos e supressões feitas nas obras, serviços ou compras;
  - até 50% do valor inicial atualizado do contrato para acréscimos no caso de reforma de edifício ou equipamento (se for supressão, o limite é de 25%).
- Por acordo entre as partes, é possível a redução do valor contratual além do limite de 25%, mas não é possível o acréscimo.
- Não é possível a alteração de nenhuma cláusula econômico-financeira e monetária do contrato sem a concordância do contratado (art. 58, § 1º), e, toda vez, que a Administração alterar unilateralmente o contrato deverá haver a revisão das cláusulas econômico-financeiras para que seja mantido o equilíbrio econômico-financeiro do contrato (art. 58, § 2º).
- Hipóteses de rescisão unilateral do contrato administrativo (art. 79, I): a) o não cumprimento de cláusulas contratuais, especificações, projetos ou prazos; b) o cumprimento irregular de cláusulas contratuais, especificações, projetos e prazos; c) a lentidão do seu cumprimento, levando a Administração a comprovar a impossibilidade da conclusão da obra, do serviço ou do fornecimento, nos prazos estipulados; d) o atraso injustificado no início da obra, serviço ou fornecimento; e) a paralisação da obra, do serviço ou do fornecimento, sem justa causa e prévia comunicação à Admi-

---

39 MEIRELLES, Hely Lopes. *Licitação e contrato administrativo*. 15. ed. São Paulo: Malheiros, 2010. p. 247.

40 DI PIETRO, Maria Sylvia Zanella. *Direito administrativo*. 25. ed. São Paulo: Atlas, 2012. p. 269.

nistração; f) a subcontratação total ou parcial do seu objeto, a associação do contratado com outrem, a cessão ou transferência, total ou parcial, bem como a fusão, cisão ou incorporação, não admitidas no edital e no contrato; g) o desatendimento das determinações regulares da autoridade designada para acompanhar e fiscalizar a sua execução, assim como as de seus superiores; h) o cometimento reiterado de faltas na sua execução; i) a decretação de falência ou a instauração de insolvência civil; j) a dissolução da sociedade ou o falecimento do contratado; k) a alteração social ou a modificação da finalidade ou da estrutura da empresa, que prejudique a execução do contrato; l) razões de interesse público, de alta relevância e amplo conhecimento, justificadas e determinadas pela máxima autoridade da esfera administrativa a que está subordinado o contratante e exaradas no processo administrativo a que se refere o contrato; m) a ocorrência de caso fortuito ou de força maior, regularmente comprovada, impeditiva da execução do contrato.

- Responsabilidade do contratado. O contratado é responsável: a) pelos danos causados diretamente à Administração ou a terceiros, decorrentes de sua culpa ou dolo na execução do contrato, não excluindo ou reduzindo essa responsabilidade a fiscalização ou o acompanhamento pelo órgão interessado (art. 70). Não é possível a alegação de *culpa in vigilando* da Administração; b) pelos encargos trabalhistas, previdenciários, fiscais e comerciais resultantes da execução do contrato (art. 71); c) mesmo após o recebimento do objeto pela Administração (art. 73, § 2º):
  - civilmente pela solidez e segurança da obra ou do serviço;
  - ético-profissional pela perfeita execução do contrato.
- STF (ADC 16): decidiu que o § 1º do art. 71 é constitucional e, assim, é vedada a aplicação de responsabilidade subsidiária à Administração Pública de forma automática, apenas pela constatação de inadimplemento dos direitos trabalhistas pela empresa contratada. Por outro lado, foi decidido que, como a Administração Pública tem o dever de licitar e fiscalizar de forma eficaz a execução do contrato, inclusive quanto ao adimplemento de direitos trabalhistas, se verificada, no caso concreto, a omissão da Administração no seu dever de fiscalizar, é possível "a imputação de responsabilidade subsidiária à Administração Pública por *culpa in eligendo* ou *in vigilando*".
- **Fato do príncipe** é toda determinação estatal, positiva ou negativa, geral, imprevista e imprevisível, que onera substancialmente a execução do contrato administrativo ou impede sua execução.
- **Fato da Administração** é toda ação ou omissão estatal que incide de forma direta sobre o contrato, onerando-o ou impedindo sua execução.

## 10. LICITAÇÃO E CONTRATO ADMINISTRATIVO (NOVA LEI DE LICITAÇÕES E CONTRATOS: LEI Nº 14.133/2021)

**Atenção! A Lei nº 14.133/2021 entrou em vigor na data de sua publicação. Apesar disso, algumas considerações devem ser feitas. Inicialmente, cumpre destacar que a Lei nº 8.666/1993 (Lei Geral de Licitações), Lei nº 10.520/2002 (Lei do Pregão) e os arts. 1º ao 47-A da Lei nº 12.462/2011 (Lei do RDC), permanecerão em vigor pelo período de 2 anos da publicação da Nova Lei de Licitações e Contratos. Nos dois anos que se seguirem à publicação da Lei nº 14.133/2021, a Administração Pública poderá utilizá-la em suas contratações ou optar pelo regramento antigo, devendo a opção realizada constar expressamente do instrumento convocatório. Mas, atenção: a lei veda expressamente a combinação de ambas. Assim, a escolha pela regência de uma lei exclui a aplicação da outra. Quanto aos artigos 89 a 108, que tratavam dos crimes e penas no âmbito da Lei nº 8.666/1993, deixaram de vigorar na data da publicação da Nova Lei.**

- **Licitação** é o processo administrativo instaurado pela Administração Pública, consistente na disputa igualitária entre os interessados em celebrar contrato com ela, para a escolha da proposta que permita a melhor contratação em face do interesse público.
- **Âmbito de aplicação:** a Lei traz normas gerais para as Administrações Públicas diretas, autárquicas e fundacionais da União, Estados, DF e Municípios, abrangendo:

  I – os órgãos dos Poderes Legislativo e Judiciário da União, dos Estados e do Distrito Federal e os órgãos do Poder Legislativo dos Municípios, quando no desempenho de função administrativa;

  II – os fundos especiais e as demais entidades controladas direta ou indiretamente pela Administração Pública.
- **Atenção!** A Lei nº 14.133/2021 estabelece, de forma expressa, que não são abrangidas pela lei as empresas públicas, sociedades de economia mista e suas subsidiárias, regidas pela Lei nº 13.303. As disposições penais, inseridas pelo art. 178 do novo marco legal, entretanto, aplicam-se às estatais.
- **Serviço de publicidade**: licitação regulada pela Lei nº 12.232/10. A Lei nº 14.133/2021 ou a Lei nº 8.666/93 será aplicada de forma complementar. Optando pela aplicação de uma, será vedada a combinação de ambas. Lembrando que a Lei nº 8.666/93 será extinta dentro de dois anos da publicação da Lei nº 14.133/21.
- **Aplicação subsidiária da Nova Lei**: nos termos do art. 186, aplicam-se as disposições da Lei nº 14.133/2021, de forma subsidiária, à Lei nº 8.987/1995 (Lei geral de concessões), à Lei nº 11.079/2004 (Lei das PPP) e à Lei nº 12.232 (serviços de publicidade).
- **Objeto da licitação (art. 2º, Lei nº 14.133/21):** a) alienação e concessão de direito real de uso de bens; b) compra, inclusive por encomenda; c) locação; d) concessão e permissão de uso de bens públicos; e) prestação de serviços, inclusive os técnico-profissionais especializados; f) obras e serviços de arquitetura e engenharia; g) contratações de tecnologia da informação e de comunicação.
- **Princípios da licitação (art. 5º):** a) legalidade; b) impessoalidade; c) moralidade; d) publicidade; e) eficiência; f) interesse público; g) probidade administrativa; h) igualdade; i) planejamento; j) transparência; k) eficácia; l) segregação de funções; m) motivação; n) vinculação ao edital; o) julgamento objetivo; p) segurança jurídica; q) razoabilidade; r) competitividade; s) proporcionalidade; t) celeridade; u) economicidade; v) desenvolvimento nacional sustentável; x) disposições da Lei de Introdução às Normas do Direito Brasileiro.
- **Publicidade diferida:** A regra é que o processo licitatório seja público, excepcionada nos casos de informações cujo sigilo seja imprescindível à segurança da sociedade e do Estado. Mas, nos termos do art. 13, parágrafo único, a publicidade poderá ser diferida quanto ao conteúdo das propostas, até a abertura e quanto ao orçamento da Administração, desde que justificado, sem prejuízo da divulgação do detalhamento dos quantitativos e demais informações necessárias para a elaboração das propostas, devendo-se apontar que o sigilo não prevalecerá para os órgãos de controle interno e externo (art. 24).
- **Margem de preferência e participação de ME e EPP**:

**a)** margem de preferência (art. 26):

- pode ser instituída para bens manufaturados e para serviços nacionais que atendam às normas técnicas brasileiras: será definida mediante decisão fundamentada pelo Chefe do Executivo federal;

ADMINISTRATIVO

- pode ser instituída para bens reciclados, recicláveis ou biodegradáveis, conforme regulamento;
  - poderá ser de até 10% sobre o preço dos bens e serviços que não se enquadrem nos dois casos citados;
  - poderá ser estendida a bens manufaturados e serviços originários dos Estados Partes do Mercosul, desde que haja reciprocidade prevista em acordo internacional aprovado pelo Congresso e ratificado pelo Presidente;
  - para bens manufaturados nacionais e serviços nacionais resultantes de desenvolvimento e inovação tecnológica no País, definidos conforme regulamento do Poder Executivo federal, a margem de preferência poderá ser de até 20%;

**Atenção!** A margem não se aplica aos bens manufaturados nacionais e aos serviços nacionais se a capacidade de produção desses bens ou de prestação desses serviços no País for inferior:

- à quantidade a ser adquirida ou contratada; ou
- aos quantitativos fixados em razão do parcelamento do objeto, quando for o caso.

**b)** ***Tratamento diferenciado*** para microempresa e empresa de pequeno porte nas licitações (Lei Complementar nº 123/06). Benefícios:

- preferência em caso de empate (art. 44 da LC 123/06);
- exigência de regularidade fiscal e trabalhista somente para fins de assinatura do contrato (art. 42);
- tratamento diferenciado e simplificado nas contratações públicas (art. 47): • abertura de licitações só para participação de ME e EPP, para contratações de até R$ 80.000, 00; • possibilidade de exigência ao licitante para que faça a subcontratação de ME e EPP; • deverá estabelecer cota de até 25% do objeto, no caso de bens divisíveis. Esse tratamento diferenciado não é possível quando: • não houver no mínimo três fornecedores sendo microempresa ou empresa de pequeno porte; • quando não for vantajoso ou representar prejuízo para a Administração; • quando a licitação for dispensável ou inexigível, excetuando-se as dispensas tratadas pelos incisos I e II do art. 24 da mesma Lei (dispensa em razão do valor), nas quais a compra deverá ser feita preferencialmente de microempresas e empresas de pequeno porte.

**Atenção!** A obtenção dos benefícios em questão se limita às microempresas e empresas de pequeno porte que, no ano-calendário de realização da licitação ainda não tenham celebrado contratos com a Administração, cujos valores, somados, superem a receita bruta máxima admitida para enquadramento como empresa de pequeno porte (R$ 4.800.000,00, nos termos do art. 3º, II da LC nº 123/2006). Para tanto, deverá o órgão ou entidade exigir do licitante, declaração de observância desse limite na contratação (art. 4º, §2º da NLLC). Ademais, as disposições contidas nos arts. 42 a 49 da LC nº 123/2006 não se aplicam no caso de licitação para aquisição de bens ou contratação de serviços em geral, ao item cujo valor estimado for superior à receita bruta máxima admitida para fins de enquadramento como empresa de pequeno porte e no caso de contratação de obras e serviços de engenharia, às licitações cujo valor estimado for superior à receita bruta máxima admitida para fins de enquadramento como empresa de pequeno porte (art. 4º, §1º da NLLC).

- **Agente de contratação ou pregoeiro (art. 8º):** A condução da licitação será efetuada por **agente de contratação** ou pregoeiro (no caso de pregão), designado pela autoridade competente entre **servidores efetivos ou empregados públicos permanentes** da Administração Pública, que terá como atribuições: tomar decisões, acompanhar o trâmite da licitação, dar impulso ao procedimento licitatório e executar atividades necessárias ao bom andamento do certame, até sua homologação.
- **Comissão de licitação:** No caso de licitação que envolva bens ou serviços especiais, observados os requisitos preferenciais e obrigatórios acima mencionados, o agente de contratação **poderá ser substituído por comissão de contratação** formada por, no mínimo, 3 membros, que responderão solidariamente pelos atos praticados pela comissão, salvo se o membro expressar posição individual divergente fundamentada e registrada em ata lavrada na reunião em que a decisão foi tomada. (art. 8º).
- **São objetivos da licitação (art. 11):** a) assegurar a seleção da proposta apta a gerar o resultado de contratação mais vantajoso para a Administração, inclusive no que se refere ao ciclo de vida do objeto; b) assegurar tratamento isonômico entre os licitantes, bem como a justa competição; c) evitar contratações com sobrepreço ou com preços manifestamente inexequíveis e superfaturamento na execução dos contratos; d) incentivar a inovação e o desenvolvimento nacional sustentável.
- **Fases do processo licitatório (art. 17): a)** preparatória; b) de divulgação do edital de licitação; c) de apresentação de propostas e lances, quando for o caso; d) de julgamento; e) de habilitação; f) recursal; g) de homologação.

  **Atenção!** A fase de habilitação, mediante decisão motivada com explicação dos benefícios dela decorrentes, poderá antecipar a fase de apresentação das propostas e julgamento.
- **Fase preparatória:** caracterizada pelo planejamento da licitação, compreendendo, por exemplo: a) descrição da necessidade fundamentada em estudo técnico; b) definição do objeto para o atendimento da necessidade, por meio de termo de referência, anteprojeto, projeto básico ou executivo, conforme o caso; c) definição das condições de execução e pagamento, das garantias exigidas e ofertadas e das condições de recebimento; d) orçamento estimado; e) elaboração do edital; f) elaboração da minuta de contrato, quando necessária; g) regime de fornecimento; h) modalidade de licitação; i) exposição de motivos das condições estabelecidas no edital, como exigência de qualificação técnica, qualificação econômico-financeira, entre outros; j) análise dos riscos; k) motivação sobre o momento da divulgação do orçamento da licitação.
- **Edital: conteúdo do edital** (art. 25), obrigatoriamente:

**a)** o objeto da licitação;

**b)** as regras relativas à:

- convocação;
- julgamento;
- habilitação;
- recursos;
- penalidades;
- fiscalização;
- gestão do contrato;
- entrega do objeto; e
- condições de pagamento.

Todos os elementos do edital, incluídos minuta de contrato, termos de referência, anteprojeto, projetos e outros anexos, deverão ser divulgados em sítio eletrônico oficial na mesma data de divulgação do edital, sem necessidade de registro ou de identificação para acesso.

**Atenção!** Desde que estudo técnico preliminar demonstre a inexistência de prejuízos à competitividade, o edital poderá prever a utilização de mão de obra, materiais, tecnologias e matérias-primas existentes no local da execução, conservação e operação do bem, serviço ou obra.

O edital de licitação poderá prever a responsabilidade do contratado pela obtenção de licença ambiental e realização da desapropriação autorizada pelo poder público.

O índice de reajustamento de preço deverá estar previsto no edital, independentemente do prazo de duração do contrato, com data-base vinculada à data do orçamento estimado e com a possibilidade de ser estabelecido mais de um índice específico ou setorial.

- **Modalidades de licitação:**

a) **concorrência:** modalidade de licitação para contratação de bens e serviços especiais e de obras e serviços comuns e especiais de engenharia, cujo critério de julgamento poderá ser: • menor preço; • melhor técnica ou conteúdo artístico; • técnica e preço; • maior retorno econômico; • maior desconto.

b) **pregão:** modalidade de licitação obrigatória para aquisição de bens e serviços comuns (inclusive de engenharia), cujo critério de julgamento poderá ser o de menor preço ou o de maior desconto.

**Atenção!** Bens e serviços comuns: aqueles cujos padrões de desempenho e qualidade possam ser objetivamente definidos pelo edital, por meio de especificações usuais no mercado (art. 6º, XIII).

c) **concurso:** modalidade de licitação para escolha de trabalho técnico, científico ou artístico, cujo critério de julgamento será o de melhor técnica ou conteúdo artístico, e para concessão de prêmio ou remuneração ao vencedor.

d) **leilão:** modalidade de licitação para alienação de bens imóveis ou de bens móveis inservíveis ou legalmente apreendidos a quem oferecer o maior lance. Poderá ser cometido a leiloeiro oficial ou a servidor designado pela autoridade competente.

e) **diálogo competitivo:** modalidade de licitação para contratação de obras, serviços e compras em que a Administração Pública realiza diálogos com licitantes previamente selecionados mediante critérios objetivos, com o intuito de desenvolver uma ou mais alternativas capazes de atender às suas necessidades, devendo os licitantes apresentar proposta final após o encerramento dos diálogos.

**Atenção!** Note que na NLLC, foram extintas as modalidades de convite e tomada de preços e há a previsão do diálogo competitivo como nova modalidade.

- **Critérios de julgamento:** a) menor preço: a proposta com o menor preço é a vencedora; b) **maior desconto:** considera o menor dispêndio à Administração; c) melhor técnica ou conteúdo artístico: o objetivo é um produto ou serviço de melhor qualidade; d) técnica e preço: almeja-se um produto de qualidade com bom preço; e) maior lance, quando se tratar de leilão: para os casos de **alienação de bens**; f) **maior retorno econômico**: utilizado na celebração do contrato de eficiência, considerando a maior economia à Administração.
- **Itens de consumo de qualidade comum (art. 20):** os itens de consumo deverão ser de qualidade comum, não superior à necessária para os fins a que se destinam, vedada a aquisição de artigos de luxo.
- **Fase externa: a) divulgação do edital de licitação; b) apresentação de propostas; c) julgamento; d) habilitação; d) recursal; e) homologação.**
- **Prazo para divulgação do edital e apresentação das propostas:**

| **PRAZO PARA APRESENTAÇÃO DAS PROPOSTAS - Lei nº 14.133/21** | |
|---|---|
| **8 dias úteis** | Aquisição de bens, quanto o critério de julgamento for:<br>– menor preço; ou<br>– maior desconto; |
| **15 dias úteis** | Aquisição de bens nas demais hipóteses |
| **10 dias úteis** | Contratação de serviços comuns e obras e serviços comuns de engenharia, quando o critério de julgamento for:<br>– menor preço; ou<br>– maior desconto; |
| **25 dias úteis** | Contratação de serviços especiais e obras e serviços especiais de engenharia, quando o critério de julgamento for:<br>- menor preço;<br>- maior desconto; |
| **60 dias úteis** | Contratação de obras e serviços quando o regime de execução for:<br>- contratação integrada |
| **35 dias úteis** | Contratação de obras e serviços quando o regime de execução for:<br>- contratação semi-integrada; ou<br>- quando não ocorrer nenhuma das hipóteses anteriores sobre contratação de obras e serviços (que são os casos de 10, 25 e 60 dias úteis acima mencionados); |
| **15 dias úteis** | Quando o critério de julgamento for:<br>- maior lance; |
| **35 dias úteis** | Quando o critério de julgamento for:<br>– melhor técnica;<br>– a melhor combinação de técnica e preço;<br>- melhor conteúdo artístico. |

- Mediante decisão fundamentada, os prazos previstos no quadro acima poderão ser reduzidos até a metade nas licitações realizadas pelo Ministério da Saúde, no âmbito do SUS.
- Indicação de marcas ou modelos (art. 41): A Administração poderá, excepcionalmente, indicar marcas ou modelos, desde que justificado: em decorrência da necessidade de padronização do objeto; em decorrência da necessidade de manter a compatibilidade com plataformas e padrões já adotados pela Administração; quando determinada marca ou modelo comercializados por mais de um fornecedor forem os únicos capazes de atender às necessidades do contratante; quando a descrição do objeto a ser licitado puder ser mais bem compreendida pela identificação de determinada marca ou determinado modelo aptos a servir apenas como referência.
- **Regimes de execução de obras e serviços de engenharia:** a) empreitada por preço unitário; b) empreitada por preço global; c) empreitada integral; d) contratação por tarefa; e) contratação integrada; f) contratação semi-integrada; g) fornecimento e prestação de serviço associado.
- **Apresentação das propostas e modos de disputa (art. 56):**

a) **aberto**, momento em que os licitantes apresentarão suas propostas por lances públicos e sucessivos, de forma crescente (do menor para o maior) ou decrescente (do maior para o menor): sua utilização será vedada quando adotado o critério de julgamento de técnica e preço.

ADMINISTRATIVO

**b) fechado**, quando as propostas permanecerão em sigilo até a data e hora designada para sua divulgação: sua utilização de forma isolada será vedada quando adotados os critérios de julgamento de menor preço ou maior desconto.

- Após a definição da melhor proposta, se a diferença em relação à proposta classificada em segundo lugar for de, pelo menos 5% (cinco por cento), a Administração poderá admitir o reinício da disputa aberta, nos termos estabelecidos no instrumento convocatório, para a definição das demais colocações (art. 56, §4º).
- **Critérios de desempate (art. 60)**: a) disputa final; b) avaliação do desempenho contratual prévio dos licitantes; c) desenvolvimento de ações de equidade entre homens e mulheres no ambiente de trabalho; d) desenvolvimento de programa de integridade pelo licitante.
- Caso o empate persista, assegura-se preferência, **sucessivamente**, a bens e serviços produzidos e prestados: empresas estabelecidas no território do Estado ou do Distrito Federal do órgão ou entidade da Administração Pública estadual ou distrital licitante ou, no caso de licitação realizada por órgão ou entidade de Município, no território do Estado em que este se localize; empresas brasileiras; empresas que invistam em pesquisa e no desenvolvimento de tecnologia no País; empresas que comprovem a prática de mitigação, nos termos da Lei nº 12.187, de 29 de dezembro de 2009.
- **Encerramento da licitação (art. 71):** encerradas as fases da licitação de julgamento e habilitação, e exauridos os recursos administrativos, o processo será encaminhado à autoridade superior, que poderá: a) determinar o retorno dos autos para saneamento de irregularidades; b) revogar a licitação por motivo de conveniência e oportunidade superveniente e devidamente comprovado; c) proceder à anulação da licitação, quando presente irregularidade insanável; d) adjudicar o objeto e homologar a licitação.
- **Contratação direta (art. 72):** casos de dispensa e inexigibilidade. Deve ser instruído com os seguintes documentos: a) documento de formalização de demanda e, se for o caso, estudo técnico preliminar, análise de riscos, termo de referência, projeto básico ou projeto executivo; b) estimativa de despesa; c) parecer jurídico e pareceres técnicos, se for o caso, que demonstrem o atendimento dos requisitos exigidos; d) demonstração da compatibilidade da previsão de recursos orçamentários com o compromisso a ser assumido; e) comprovação de que o contratado preenche os requisitos de habilitação e qualificação mínima necessária; f) razão da escolha do contratado; g) justificativa de preço; h) autorização da autoridade competente.
- **Dispensa de licitação** é uma opção legal, pois os interessados poderiam competir. As hipóteses de dispensa são taxativas. a) Licitação dispensada: ocorre nas alienações de bens. A lei determina a não realização da licitação (art. 76); b) licitação dispensável: a lei faculta ao administrador realizar ou não a licitação (art. 75).

  **Com a Nova Lei, os valores para dispensa de licitação passaram a ser: a) valor inferior a R$ 100.000,00: obras e serviços de engenharia ou serviços de manutenção de veículos automotores; b) valor inferior a R$ 50.000,00, no caso de serviços e compras. ATENÇÃO! Entretanto, nos termos do art. 182, os valores serão atualizados anualmente e, em cumprimento a isso, o Decreto nº 11.317/2022 realizou a atualização e, atualmente, os valores para dispensa que estão em vigor são: a) valor inferior a R$ 114.416,65: obras e serviços de engenharia ou serviços de manutenção de veículos automotores; b) valor inferior a R$ 57.208,33, no caso de serviços e compras.**

**Atenção!** A Lei nº 14.124/2021, que dispõe sobre as medidas excepcionais relativas à aquisição de vacinas e insumos e contratação de bens e serviços relacionados à vacinação contra a covid-19, estabelece que a Administração Pública direta e indireta é autorizada a celebrar contratos ou outros instrumentos congêneres com dispensa de licitação para:

I – a aquisição de vacinas e de insumos destinados à vacinação contra a covid-19, inclusive antes do registro sanitário ou da autorização temporária de uso emergencial; e

II – a contratação de bens e serviços de logística, de tecnologia da informação e comunicação, de comunicação social e publicitária, de treinamentos e de outros bens e serviços necessários à implementação da vacinação contra a covid-19.

A dispensa em questão não afasta a necessidade de processo administrativo que contenha elementos técnicos referentes à escolha de opção de contratação e justificativa do preço, devendo ser conferida ampla transparência e publicidade a todas as aquisições ou contratações realizadas no prazo máximo de 5 dias úteis da data da realização do ato.

Autoriza-se a contratação de fornecedor exclusivo de bem ou serviço de que trata a lei, inclusive no caso de existência de sanção ou impedimento ou suspensão para celebração do contrato com o poder público. Nesse caso, é obrigatória a prestação de garantia, que não poderá exceder a 10% do valor do contrato.

Nos termos do art. 5º da Lei, é obrigatória a previsão de matriz de risco entre contratante e contratado nas aquisições e contratos acima de R$ 2.000.000,00. No caso de valor inferior ao valor em comento, o gerenciamento de riscos da contratação poderá ser exigido durante a gestão do contrato.

Obs.: Segundo o disposto na NLLC, matriz de riscos consiste na cláusula contratual definidora de riscos e de responsabilidades entre as partes e caracterizadora do equilíbrio econômico-financeiro inicial do contrato, em termos de ônus financeiro decorrente de eventos supervenientes à contratação (art. 6º, XXVII da Lei nº 14.133/2021).

Ainda, nos casos de licitação na modalidade pregão, eletrônico ou presencial, os prazos serão reduzidos pela metade.

O art. 20 da lei determina que ela se aplica aos atos praticados e aos contratos e instrumentos congêneres firmados enquanto durar a declaração de emergência em saúde pública de importância nacional decorrente da pandemia causada pelo coronavírus SARS-CoV-2, independentemente do seu prazo de execução ou de suas prorrogações.

**Atenção!** Em 13/10/2021 foi publicada a Lei nº 14.217, em conversão da MP nº 1.047,, que dispõe sobre medidas excepcionais para a aquisição de bens e de insumos e para a contratação de serviços, inclusive de engenharia, destinados ao enfrentamento da pandemia da Covid-19.. Assim, nos termos da Lei, fica a Administração Pública dos entes federativos, de todos os Poderes e dos órgãos constitucionalmente autônomos autorizada a:

**a) dispensar licitação:** nesse caso, presumem-se comprovadas

a ocorrência da Emergência em Saúde Pública de Importância Nacional (Espin), a necessidade de pronto atendimento a essa situação emergencial e a existência de risco à segurança de pessoas, de obras, de prestação de serviços, de equipamentos e de outros bens, públicos ou particulares. Mas, para tanto, é indispensável a existência de processo administrativo contendo: a) os elementos técnicos referentes à escolha da opção de contratação e a justificativa do preço ajustado; b) a demonstração de que o objeto do contrato é necessário e a contratação limita-se à parcela indispensável ao atendimento da situação de emergência.

**b) realizar licitação na modalidade pregão,** com prazos reduzidos pela metade, ficando dispensada a realização de audiência pública;

**c) prever em contrato ou instrumento congênere cláusula que estabeleça pagamento antecipado,** desde que represente condição indispensável para obter o bem ou assegurar a prestação do serviço ou propicie significativa economia de recursos.

Ainda, no planejamento das aquisições e contratações de que trata a MP, a Administração deverá observar as seguintes condições: dispensa de elaboração de estudos preliminares, quando se tratar de bens e serviços comuns; previsão obrigatória de matriz de alocação de risco entre o contratante e o contratado na hipótese de aquisições e de contratos acima de R$ 200.000.000,00; poderá ser exigido o gerenciamento de riscos da contratação, em contrato cujo valor seja inferior a esse valor, somente durante a gestão do contrato; será admitida a apresentação de termo de referência simplificado ou de projeto básico simplificado.

Deve-se ressaltar que, mesmo publicada após a Nova Lei de Licitações e Contratos, a Lei nº 14.217/2021 faz remissão à Lei nº 8.666/93. Entretanto, segundo o disposto no art. 189 da Lei nº 14.133/2021, a Nova Lei será aplicada às hipóteses previstas na Legislação que faça referência expressa à Lei nº 8.666/93.

Ademais, o art. 15 da Lei nº 14.217/21, determina que serão aplicadas supletivamente o disposto nas Leis nºs 8.666/93, 14.133/21 e 13.303/16, quanto às cláusulas dos contratos e dos instrumentos congêneres celebrados.

O art. 16 estabelece que a lei se aplica aos atos praticados e aos contratos ou instrumentos congêneres firmados até a declaração, pelo Ministro de Estado da Saúde, do encerramento da Espin declarada em decorrência da infecção humana pelo coronavírus SARS CoV 2, independentemente do seu prazo de execução ou de suas prorrogações.

- O candidato deve ficar atento às questões nas provas, pois podem ser enumerados casos para que sejam identificadas quais hipóteses são de licitação dispensável e quais são de licitação dispensada (a dica é que dispensada é usada para os casos de alienação), ou, na maioria das vezes, o examinador não quer saber a diferença entre elas, mas sim se determinada situação é caso de dispensa ou de inexigibilidade).
- **Requisitos para a alienação de imóvel** da Administração Pública (art. 76):

a) **interesse público** justificado;

b) **avaliação** prévia;

c) **autorização legislativa;**

d) **licitação,** na modalidade leilão (exceto se for caso de licitação dispensada)[41].

- Sistematização das hipóteses de dispensa de licitação em razão do valor[42]:

| DISPENSA EM RAZÃO DO PEQUENO VALOR | |
|---|---|
| Administração direta<br>Autarquia<br>Fundação pública | **Valores inferiores a R$ 57.208,33** serviços e compras |
| | **Valores inferiores a R$ 114.416,65** obras e serviços de engenharia ou serviços de manutenção de veículos automotores |
| Autarquia qualificada como agência executiva<br>Fundação pública qualificada como agência executiva<br>Consórcio público | **Valores inferiores a R$ 114.416,65** outros serviços e compras |
| | **Valores inferiores a R$ 228.833,30** obras e serviços de engenharia |

- **Inexigibilidade de licitação (art. 74): as hipóteses são exemplificativas, ocorrendo quando inviável a competição, em especial para: a)** aquisição de materiais, de equipamentos ou de gêneros ou contratação de serviços que só possam ser fornecidos por produtor, empresa ou representante comercial exclusivos; b) contratação de profissional do setor artístico, diretamente ou por meio de empresário exclusivo, desde que consagrado pela crítica especializada ou pela opinião pública; c) contratação de serviços técnicos especializados de natureza predominantemente intelectual com profissionais ou empresas de notória especialização, vedada a inexigibilidade para serviços de publicidade e divulgação (a lei arrola quais serviços): d) objetos que devam ou possam ser contratados por meio de credenciamento; e) aquisição ou locação de imóvel cujas características de instalações e de localização tornem necessária sua escolha.

Nos termos do art. 3º-A da Lei nº 8.906/1994 (Estatuto da OAB), alterada pela Lei nº 14.039/2020, "os serviços profissionais de advogado são, por sua natureza, técnicos e singulares, quando comprovada sua notória especialização, nos termos da lei." Por sua vez, "considera-se **notória especialização** o profissional ou a sociedade de advogados cujo conceito no campo de sua especialidade, decorrente de desempenho anterior, estudos, experiências, publicações, organização, aparelhamento, equipe técnica ou de outros requisitos relacionados com suas atividades, permita inferir que o seu trabalho é essencial e indiscutivelmente o mais adequado à plena satisfação do objeto do contrato."

- **Procedimentos auxiliares (art. 78):** credenciamento, pré-qualificação, procedimento de manifestação de interesse, sistema de registro de preços, registro cadastral.
- **Nulidade da licitação:** Em regra, não gera obrigação de indenizar, exceto quanto ao que o contratado houver executado até a data em que ela for declarada e por outros prejuízos regularmente comprovados, contanto que não lhe seja imputável, promovendo-se a responsabilidade de quem lhe deu causa (art. 149).
- Com a nova Lei de Licitações, a nulidade somente será reconhecida na hipótese em que se revelar medida de interesse público, que será aferido mediante avaliação de diversos critérios, a exemplo, entre outros, dos riscos sociais, ambientais e à segurança da população local decorrentes do atraso na fruição dos benefícios do objeto contratado (art. 147).

41. No caso de imóvel da União, ainda, há a necessidade de autorização do Presidente da República (art. 23, Lei nº 9.636/98).

42. BORTOLETO, Leandro. *Direito administrativo.* Salvador: Juspodivm, 2012. p. 416.

- Verificado que o reconhecimento da nulidade se revela medida de interesse público, sua declaração operará com efeitos:

**a) retroativos (regra);**

**b) não retroativos** (caso impossível retornar à situação anterior, hipótese que será resolvido em perdas e danos);

**c) pro futuro** (com vistas à continuidade da atividade administrativa, pelo prazo de até 6 meses, prorrogável uma única vez).

| Anulação na Nova Lei de Licitações |
|---|
| Requisitos para anulação:<br>• Ilegalidade + interesse público<br>Efeitos da anulação:<br>• *Ex tunc* (retroativos)<br>• *Ex nunc* (não retroativos, resolvendo em perdas e danos)<br>• *Pro futuro* (para frente, em prazo suficiente para nova contratação – até 6 meses, prorrogável uma vez) |

- **Revogação da licitação:** é possível por motivo de conveniência e oportunidade resultante de fato superveniente devidamente comprovado (art. 71, II e §2º).
- Recurso é admitido nos casos de (art. 164): a) ato que defira ou indefira pedido de pré-qualificação de interessado ou de inscrição em registro cadastral, sua alteração ou cancelamento; b) julgamento das propostas; c) ato de habilitação ou inabilitação de licitante; d) anulação ou revogação da licitação; e) extinção do contrato, quando determinada por ato unilateral e escrito da Administração.
- **Prazo para interposição do recurso (art. 165, I):** a) três dias úteis.
- **Pedido de reconsideração (art. 165, II):** prazo de três dias úteis, de ato contra o qual não caiba recurso hierárquico.
- **Contrato administrativo:** é o "ajuste que a Administração Pública, agindo nessa qualidade, firma com particular ou outra entidade administrativa para a consecução de objetivos de interesse público, nas condições estabelecidas pela própria Administração"[43]. Regulam-se pelas suas cláusulas e pelos preceitos de direito público, sendo a eles aplicado, de forma supletiva, os princípios da teoria geral dos contratos e as disposições de direito privado (art. 89).
- **Características do contrato administrativo**[44]: a) presença da Administração Pública como Poder Público; b) finalidade pública; c) natureza de contrato de adesão; d) natureza *intuitu personae* (pessoalidade); e) obediência à forma prescrita em lei; f) procedimento legal; g) mutabilidade; h) presença de cláusulas exorbitantes; i) controle e fiscalização do contrato administrativo; j) retomada do objeto; k) aplicação de penalidades (advertência, multa, suspensão temporária, declaração de inidoneidade).
- **Cláusulas exorbitantes:** são cláusulas inexistentes no direito privado e, por isso, extrapolam, exorbitam o direito privado, concedendo prerrogativas à Administração ao colocá-la em posição de superioridade em relação ao contratado. As principais cláusulas exorbitantes são: a) modificação unilateral; b) extinção unilateral; c) ocupação provisória; d) aplicação de sanções; e) fiscalização de execução do contrato (art. 104).

  **Divulgação do contrato no PNCP (Portal Nacional de Contratações Públicas) (art. 94):** 20 dias úteis da assinatura, no caso de licitação e 10 dias úteis da assinatura no caso de contratação direta. Referida publicação se trata de condição de eficácia do contrato e respectivos aditamentos. No caso de urgência, os contratos terão eficácia a partir de sua assinatura, devendo ser publicados nos prazos citados, sob pena de nulidade.
- **Instrumento contratual (art. 95): o instrumento de contrato é obrigatório,** salvo nas seguintes hipóteses, em que a Administração poderá substituí-lo por outro instrumento hábil, como carta-contrato, nota de empenho de despesa, autorização de compra ou ordem de execução de serviço: a) dispensa de licitação em razão de valor; b) compras com entrega imediata e integral dos bens adquiridos e dos quais não resultem obrigações futuras, inclusive quanto a assistência técnica, independentemente de seu valor.
- **Contrato verbal:** é nulo e de nenhum efeito o contrato verbal com a Administração, salvo o de pequenas compras ou o de prestação de serviços de pronto pagamento, assim entendidos aqueles de valor não superior a R$ 11.441,66 (art. 95, §2º da Lei 14.133/2021 e Decreto 11.317/2022).
- Garantias (art. 96): a) caução em dinheiro ou em títulos da dívida pública; b) seguro-garantia; c) fiança bancária.
- Limites das garantias contratuais: a) no máximo, 5% do valor inicial do contrato, nas contratações de obras, serviços e fornecimentos (art. 98); b) no máximo, 10% do valor inicial do contrato, desde que justificada mediante análise da complexidade técnica e dos riscos envolvidos (art. 98); c) no máximo, 30% do valor inicial do contrato, nas contratações de obras e serviços de engenharia de grande vulto, com previsão legal da modalidade seguro-garantia (art. 99), contendo a cláusula de retomada prevista no art. 101. d) detalhes: nos casos de contratos que impliquem a entrega de bens pela Administração, dos quais o contratado ficará depositário, o valor desses bens deverá ser acrescido ao valor da garantia (art. 101); nas contratações de serviços e fornecimentos contínuos com vigência superior a 1 ano, assim como nas subsequentes prorrogações, será utilizado o valor anual do contrato para definição e aplicação dos percentuais para fins de garantia.

---

43. MEIRELLES, Hely Lopes. *Licitação e contrato administrativo*. 15. ed. São Paulo: Malheiros, 2010. p. 247.

44. DI PIETRO, Maria Sylvia Zanella. *Direito administrativo*. 25. ed. São Paulo: Atlas, 2012. p. 269.

Duração dos contratos:

| **DURAÇÃO DOS CONTRATOS** | |
|---|---|
| **REGRA GERAL (art. 105)**<br>**Prazo previsto no edital**<br>- Observância da disponibilidade orçamentária:<br>a) no momento da contratação; e b) a cada exercício financeiro<br>- Se prazo for superior a um ano, deve haver previsão no plano plurianual | |
| **SITUAÇÕES ESPECÍFICAS** | |
| Contratos de **serviços e fornecimentos contínuos** (art. 106) | **Até 5 anos**<br>(pode ser **prorrogado**, sucessivamente, até o **máximo de 10 anos**) |
| **Contratação** de (art. 108):<br>a) **bens ou serviços** produzidos ou prestados no País que envolvam, cumulativamente, **alta complexidade tecnológica e defesa nacional**;<br>b) **materiais de uso das Forças Armadas**, com exceção de materiais de uso pessoal e administrativo, quando houver necessidade de manter a padronização requerida pela estrutura de apoio logístico dos meios navais, aéreos e terrestres, mediante autorização por ato do comandante da força militar;<br>c) para **contratação** com vistas ao cumprimento do disposto nos arts. 3º, 3º-A, 4º, 5º e 20 da **Lei nº 10.973**, de 2 de dezembro de 2004, observados os princípios gerais de contratação constantes da referida Lei;<br>c) para contratação que possa acarretar **comprometimento da segurança nacional**, nos casos estabelecidos pelo Ministro de Estado da Defesa, mediante demanda dos comandos das Forças Armadas ou dos demais ministérios;<br>d) para contratação em que houver **transferência de tecnologia de produtos estratégicos para SUS**, conforme elencados em ato da direção nacional do SUS, inclusive por ocasião da aquisição desses produtos durante as etapas de absorção tecnológica, e em valores compatíveis com aqueles definidos no instrumento firmado para a transferência de tecnologia;<br>e) **para aquisição, por pessoa jurídica de direito público interno, de insumos estratégicos para a saúde** produzidos por fundação que, regimental ou estatutariamente, tenha por finalidade apoiar órgão da Administração Pública direta, sua autarquia ou fundação em projetos de ensino, pesquisa, extensão, desenvolvimento institucional, científico e tecnológico e de estímulo à inovação, inclusive na gestão administrativa e financeira necessária à execução desses projetos, ou em parcerias que envolvam transferência de tecnologia de produtos estratégicos para o SUS, nos termos do inciso XII do caput do art. 75, e que tenha sido criada para esse fim específico em data anterior à entrada em vigor desta Lei, desde que o preço contratado seja compatível com o praticado no mercado. | **Até 10 anos** |
| Contrato (art. 110)<br>a) Que **gere receita**; e<br>b) De **eficiência**, que gere economia para a Administração | - **Até 10 anos**, nos contratos **sem investimento**<br>- **Até 35 anos**, nos contratos **com investimento** |
| Contrato sob o regime de **fornecimento e prestação de serviço associado** (art. 113) | Soma do<br>a) **Prazo** do **fornecimento inicial ou entrega da obra**<br>+<br>b) **Prazo** do **serviço de operação e manutenção** (limitado a **5 anos**)<br>- **Prorrogação**: por **até 10 anos** |
| Contratos de **operação continuada de sistemas estruturantes de tecnologia da informação** (art. 114) | **Até 15 anos** |
| Contratos em que Administração seja **usuária de serviço público oferecido em regime de monopólio** (art. 109) | **Prazo indeterminado** |
| Contratos por **escopo** (art. 111) | Prazo definido no **edital**<br>**Prorrogação automática** até a conclusão do objeto |

- **Exceção do contrato não cumprido (*exceptio non adimpleti contractus*):** é muito usada na esfera privada e, por ela, se um dos contratantes não cumpre o pactuado o outro pode se recusar a cumprir o que lhe cabe, conforme o art. 477 do Código Civil. Por outro lado, nos contratos administrativos, essa regra não é aplicada integralmente, em razão dos princípios da continuidade dos serviços públicos e da supremacia do interesse público, sendo possível a exceção do contrato não cumprido, mas de forma mitigada. Se for contrato de concessão de serviço público, há entendimento de que não pode ser invocada, em razão do princípio da continuidade do serviço público. O art. 137, §2º, IV, prevê como causa de extinção do contrato o atraso superior a dois meses do pagamento ou parcelas de pagamento devidos pela Administração por despesas de obras, serviços ou fornecimento, podendo o contratado optar pela suspensão de suas obrigações até que a situação seja normalizada.
- **Hipóteses de alteração unilateral do contrato administrativo (art. 124, I):** a) quando houver modificação do projeto ou das especificações, para melhor adequação técnica aos seus objetivos (modificação qualitativa); b) quando necessária a modificação do valor contratual em decorrência de acréscimo ou diminuição quantitativa de seu objeto, nos seguintes limites (modificação quantitativa):
  - até 25% do valor inicial atualizado do contrato para acréscimos e supressões feitas nas obras, serviços ou compras;
  - até 50% do valor inicial atualizado do contrato para acréscimos no caso de reforma de edifício ou equipamento (se for supressão, o limite é de 25%).
  - Por acordo entre as partes, é possível a redução do valor contratual além do limite de 25%, mas não é possível o acréscimo.
- Não é possível a alteração de nenhuma cláusula econômico-financeira e monetária do contrato sem a concordância do contratado (art. 104, § 1º), e, toda vez, que a Administração alterar unilateralmente o contrato deverá haver a revisão das cláusulas econômico-financeiras para que seja mantido o equilíbrio econômico-financeiro do contrato (art. 104, § 2º).
- **Hipóteses de extinção do contrato (137):** a) não cumprimento ou cumprimento irregular de normas editalícias ou de cláusulas contratuais, de especificações, de projetos ou de prazos; b) desatendimento das determinações regulares emitidas pela autoridade designada para acompanhar e fiscalizar sua execução ou por autoridade superior; c) alteração social ou modificação da finalidade ou da estrutura da empresa que restrinja sua capacidade de concluir o contrato; d) decretação de falência ou de insolvência civil, dissolução da sociedade ou falecimento do contratado; e) caso fortuito ou força maior, regularmente comprovados, impeditivos da execução do contrato; f) atraso na obtenção da licença ambiental, ou impossibilidade de obtê-la, ou alteração substancial do anteprojeto que dela resultar, ainda que obtida no prazo previsto; g) atraso na liberação das áreas sujeitas a desapropriação, a desocupação ou a servidão administrativa, ou impossibilidade de liberação dessas áreas; h) razões de interesse público, justificadas pela autoridade máxima do órgão ou da entidade contratante; i) não cumprimento das obrigações relativas à reserva de cargos prevista em lei, bem como em outras normas específicas, para pessoa com deficiência, para reabilitado da Previdência Social ou para aprendiz.
- **Responsabilidade do contratado.** O contratado é responsável: a) pelos danos causados diretamente à Administração ou a terceiros, decorrentes de sua culpa ou dolo na execução do contrato, não excluindo ou reduzindo essa responsabilidade a fiscalização ou o acompanhamento pelo órgão interessado (art. 120). Não é possível a alegação de *culpa in vigilando* da Administração; b) pelos encargos trabalhistas, previdenciários, fiscais e comerciais resultantes da execução do contrato (art. 121); c) mesmo após o recebimento do objeto pela Administração (art. 140, § 2º):
  - civilmente pela solidez e segurança da obra ou do serviço;
  - ético-profissional pela perfeita execução do contrato.
- STF (ADC 16): decidiu que o § 1º do art. 71 da Lei nº 8.666/93 é constitucional e, assim, é vedada a aplicação de responsabilidade subsidiária à Administração Pública de forma automática, apenas pela constatação de inadimplemento dos direitos trabalhistas pela empresa contratada. Por outro lado, foi decidido que, como a Administração Pública tem o dever de licitar e fiscalizar de forma eficaz a execução do contrato, inclusive quanto ao adimplemento de direitos trabalhistas, se verificada, no caso concreto, a omissão da Administração no seu dever de fiscalizar, é possível "a imputação de responsabilidade subsidiária à Administração Pública por *culpa in eligendo* ou *in vigilando*". Este entendimento pode ser aplicado à nova Lei de Licitações e Contratos, uma vez que houve continuidade normativa do dispositivo no §1º do art. 121 da nova legislação.
- **A Administração**, nos termos do art. 121, §2º, exclusivamente "nas contratações de serviços contínuos com regime de dedicação exclusiva de mão de obra, a Administração responderá solidariamente pelos encargos previdenciários e subsidiariamente pelos encargos trabalhistas se comprovada falha na fiscalização do cumprimento das obrigações do contratado". Nesse tipo de contrato, para exercer essa fiscalização quanto ao cumprimento das obrigações trabalhistas, o §3º do art. 121 estabelece que a Administração, conforme previsão no edital ou no contrato, poderá, entre outras medidas: I – exigir caução, fiança bancária ou contratação de seguro-garantia com cobertura para verbas rescisórias inadimplidas; II – condicionar o pagamento à comprovação de quitação das obrigações trabalhistas vencidas relativas ao contrato; III – efetuar o depósito de valores em conta vinculada; IV – em caso de inadimplemento, efetuar diretamente o pagamento das verbas trabalhistas, que serão deduzidas do pagamento devido ao contratado; V – estabelecer que os valores destinados a férias, a décimo terceiro salário, a ausências legais e a verbas rescisórias dos empregados do contratado que participarem da execução dos serviços contratados serão pagos pelo contratante ao contratado somente na ocorrência do fato gerador".

**Teoria da imprevisão**

- **Fato do príncipe** é toda determinação estatal, positiva ou negativa, geral, imprevista e imprevisível, que onera substancialmente a execução do contrato administrativo ou impede sua execução.
- **Fato da Administração** é toda ação ou omissão estatal que incide de forma direta sobre o contrato, onerando-o ou impedindo sua execução.
- **Caso fortuito ou força maior:** se referem a **situações imprevisíveis e inevitáveis** que, ao ocorrerem, tornam extremamente **onerosa a execução do contrato** – autorizando sua alteração, por acordo entre as partes, para a recomposição do equilíbrio econômico-financeiro – ou tornam **impossível a sua execução**, permitindo a rescisão contratual sem culpa do contratado.
- **Interferências imprevisíveis:** ocorrências materiais não imaginadas pelas partes quando da celebração do contrato, mas que são descobertas após o início de sua execução como, por exemplo, é o encontro de terreno rochoso não esperado para o local[45].

45 MEIRELLES, Hely Lopes. ***Direito administrativo brasileiro***. 43. ed. São Paulo: Malheiros, 2018.

- **Recebimento do objeto: em regra**, o **recebimento é subdividido** em provisório e definitivo (art. 140):

  a) **recebimento provisório**:

  - **quanto a obras e serviços**: realizado pelo responsável por seu acompanhamento e fiscalização, mediante termo detalhado, quando verificado o cumprimento das exigências de caráter técnico;
  - **quanto às compras**: de forma sumária, pelo responsável por seu acompanhamento e fiscalização, com verificação posterior da conformidade do material com as exigências contratuais;

  b) **recebimento definitivo**: • **quanto a obras e serviços**: realizado por servidor ou comissão designada pela autoridade competente, mediante termo detalhado que comprove o atendimento das exigências contratuais; • **quanto às compras**: realizado por servidor ou comissão designada pela autoridade competente, mediante termo detalhado que comprove o atendimento das exigências contratuais.

- **Meios alternativos de solução de conflitos (art. 151):** nas contratações regidas pela nova legislação, poderão ser utilizados meios alternativos de prevenção e resolução de controvérsias, notadamente a conciliação, a mediação, o comitê de resolução de disputas e a arbitragem. Atenção! Os meios alternativos se aplicam às controvérsias relacionadas a direitos patrimoniais disponíveis, como as questões relacionadas ao restabelecimento do equilíbrio econômico-financeiro do contrato, ao inadimplemento de obrigações contratuais por quaisquer das partes e ao cálculo de indenizações.

- **Sanções administrativas (art. 156):**

  a) Advertência:

  - A Lei prevê que a advertência será aplicada exclusivamente na hipótese de inexecução parcial do objeto, quando não se justificar a imposição de pena mais grave.

  b) Multa:

  - Limites mínimo de 0,5% e máximo 30% do valor da contratação.
  - Aplicável cumulativamente com qualquer das outras sanções.
  - Interessado será intimado para apresentar defesa no prazo de 15 dias úteis, contados da data da intimação

  c) Impedimento de licitar ou contratar:

  - Aplicável quando a conduta não justificar penalidade mais grave, nos seguintes casos: dar causa à inexecução parcial do contrato que cause grave dano à Administração, ao funcionamento dos serviços públicos ou ao interesse coletivo; dar causa à inexecução total do contrato; deixar de entregar a documentação exigida para o certame; não manter a proposta, salvo em decorrência de fato superveniente devidamente justificado; não celebrar o contrato ou não entregar a documentação exigida para a contratação, quando convocado dentro do prazo de validade de sua proposta; ensejar o retardamento da execução ou da entrega do objeto da licitação sem motivo justificado.
  - Impedirá o responsável de licitar ou contratar no âmbito da Administração Pública direta e indireta **do ente federativo que tiver aplicado a sanção**.
  - Prazo **máximo** de 3 anos.
  - A aplicação desta penalidade deverá ser precedida da instauração de processo de responsabilização, a ser conduzida por 2 ou mais servidores estáveis, que avaliará fatos e circunstâncias.
  - Não havendo servidores estatutários, a comissão será formada por 2 ou mais empregados públicos pertencentes aos quadros permanentes, preferencialmente com, no mínimo, 3 anos de tempo de serviço no órgão ou entidade.
  - Prazo de defesa: 15 dias úteis, da intimação. Deverá apresentar defesa escrita e especificar as provas que pretende produzir.

  d) Declaração de inidoneidade para licitar ou contratar:

  - Aplicável: I)às condutas elencadas no art. 155, VIII a XII (apresentar declaração ou documentação falsa exigida para o certame ou prestar declaração falsa durante a licitação ou a execução do contrato; fraudar a licitação ou praticar ato fraudulento na execução do contrato; comportar-se de modo inidôneo ou cometer fraude de qualquer natureza; praticar atos ilícitos com vistas a frustrar os objetivos da licitação; praticar ato lesivo previsto no art. 5º da Lei nº 12.846, de 1º de agosto de 2013); II) e aos casos em que se justificar penalidade mais grave do que o impedimento de licitar e contratar;
  - Impedirá o responsável de licitar ou contratar no âmbito da Administração Pública direta e indireta **de todos os entes federativos**.
  - Prazo **mínimo** de 3 anos e **máximo** de 6 anos.
  - A aplicação desta penalidade deverá ser precedida da instauração de processo de responsabilização, a ser conduzida por 2 ou mais servidores estáveis, que avaliará fatos e circunstâncias.
  - Não havendo servidores estatutários, a comissão será formada por 2 ou mais empregados públicos pertencentes aos quadros permanentes, preferencialmente com, no mínimo, 3 anos de tempo de serviço no órgão ou entidade.
  - Prazo de defesa: 15 dias úteis, da intimação. Deverá apresentar defesa escrita e especificar as provas que pretende produzir.

> Atenção! As penalidades de advertência, impedimento de licitar e contratar e declaração de inidoneidade, poderão ser cumuladas com a pena de multa (art. 156, §7º).

- **Regime Diferenciado de Contratações Públicas** (RDC). A Lei nº 12.462/11 introduziu uma forma diferente de fazer licitação aplicada, exclusivamente, para as licitações e contratos administrativos referentes aos Jogos Olímpicos e Paraolímpicos de 2016, à Copa das Confederações de 2013, à Copa do Mundo de 2014 (essas duas últimas, apenas quanto às obras públicas, às constantes da matriz de responsabilidades celebrada entre a União, Estados, Distrito Federal e Municípios) e às obras de infraestrutura e de contratação de serviços para os aeroportos das capitais dos Estados da Federação distantes até 350 km das cidades-sede dos mundiais, das ações integrantes do Programa de Aceleração do Crescimento (PAC), das obras e serviços de engenharia no âmbito do Sistema Único de Saúde – SUS. Além dessas, Lei nº 13.190/15 acrescentou novas hipóteses para uso do RDC no art. 1º: das obras e serviços de engenharia para construção, ampliação e reforma e administração de estabelecimentos penais e de unidades de atendimento socioeducativo (inciso VI), das ações no âmbito da segurança pública (inciso VII) ao converter a MP 678/15. Entretanto, a Lei nº 13.190/15 acrescentou, ainda, os incisos VIII (das obras e serviços de engenharia, relacionadas a melhorias na mobilidade urbana ou ampliação de infraestrutura logística) e IX (dos contratos a que se refere o art. 47-A.). O RDC também pode ser usado no caso de ações em órgãos e entidades dedicados à ciência, à tecnologia e à inovação (inciso X do art. 1º da Lei nº

12.462/11, acrescentado pela Lei nº 13.243/16). Contestando a Lei nº 12.462/11 há, no STF, a ADI 4655.

**Lembre-se** de que a Lei nº 14.065/2020 estabeleceu a possibilidade de aplicação do RDC para licitações e contratações de quaisquer obras, serviços, compras, alienações e locações, durante o estado de calamidade reconhecido pelo Decreto Legislativo nº 6, de 20 de março de 2020 (COVID-19). Embora o Decreto Legislativo tenha sido extinto pelo decurso do prazo nele previsto, deve-se ressaltar que o disposto na Lei será aplicado aos contratos firmados nesse período, independentemente de seu prazo ou do prazo de suas prorrogações.

**Atenção!** A Lei nº 14.133/21, após dois anos de sua publicação, revogará expressamente os artigos 1º ao 47-A da Lei nº 12.462/11, sendo previsto um regime de transição. Conforme dispositivo da Nova Lei de Licitações e Contratos, por dois anos, os artigos 1º ao 47-A da Lei nº 12.462/11 poderão ser aplicados, sendo que a Administração Pública deverá optar pela utilização da nova legislação ou das mencionadas disposições da Lei nº 12.462/11.

## 11. LICITAÇÃO E CONTRATO ADMINISTRATIVO NA LEI DAS ESTATAIS (LEI Nº 13.303/2016)

**Atenção!** A Lei nº 14.133/2021, que traz o novo regime jurídico das licitações e contratos administrativos, não se aplica às estatais, que continuam regidas pela Lei nº 13.303/2016.

- **Lei nº 13.303/16 (estatuto das estatais):** 1) nos artigos 28 a 84 dispõe sobre as licitações e as contratações feitas pelas empresas públicas e sociedades de economia mista e às suas subsidiárias, que explorem atividade econômica de produção ou comercialização de bens ou de prestação de serviços, ainda que a atividade econômica esteja sujeita ao regime de monopólio da união ou seja de prestação de serviços públicos; 2) Os contratos com terceiros destinados à prestação de serviços às empresas públicas e às sociedades de economia mista, **inclusive de engenharia e de publicidade, à aquisição e à locação de bens, à alienação de bens e ativos integrantes do respectivo patrimônio ou à execução de obras a serem integradas a esse patrimônio, bem como à implementação de ônus real sobre tais bens**, serão precedidos de licitação nos termos da Lei 13.303/16, ressalvadas as hipóteses de dispensa e inexigibilidade (art. 28); 3) A Lei nº 13.303/16 aplica-se às empresas públicas e às sociedades de economia mista constituídas após o início da vigência da lei (01/07/2016). Em relação às que já existiam nessa data, prevê o prazo de adaptação de 24 meses. Os procedimentos licitatórios e os contratos administrativos celebrados até o final desse prazo permanecem regidos pela legislação anterior.
- **Dispensa e inexigibilidade:** os casos de dispensa e inexigibilidade estão previstos nos artigos 29 e 30, respectivamente, da Lei nº 13.303/16.
- **Alienação** (Lei nº 13.303/16): **a alienação de bens por empresas públicas e por sociedades de economia mista** será precedida de: **I – avaliação formal do bem contemplado**, ressalvadas as hipóteses previstas nos incisos XVI a XVIII do art. 29 (XVI – na transferência de bens a órgãos e entidades da administração pública, inclusive quando efetivada mediante permuta; XVII – na doação de bens móveis para fins e usos de interesse social, após avaliação de sua oportunidade e conveniência socioeconômica relativamente à escolha de outra forma de alienação; XVIII – na compra e venda de ações, de títulos de crédito e de dívida e de bens que produzam ou comercializem); **II – licitação**, exceto: a) quando executarem a comercialização, prestação ou execução, de forma direta, de produtos, serviços ou obras especificamente relacionados com seus respectivos objetos sociais; b) nos casos em que a escolha do parceiro esteja associada a suas características particulares, vinculada a oportunidades de negócio definidas e específicas, justificada a inviabilidade de procedimento competitivo.

| **DISPENSA EM RAZÃO DO PEQUENO VALOR ESTATAIS (LEI Nº 13.303/16)** | |
|---|---|
| Obras e serviços de engenharia | Outros serviços e compras |
| Até R$ 100.000,00 | Até R$ 50.000,00 |
| Atenção! Esses **valores podem ser alterados**, para refletir a variação de custos, **por deliberação do Conselho de Administração** da empresa pública ou sociedade de economia mista, **admitindo-se valores diferenciados para cada sociedade.** | |

- **Pregão**: é a modalidade a ser adotada de forma preferencial (art. 32, V).
- **Prazo para divulgação do edital: art. 39 da Lei nº 13.303/2016.**

| **PRAZO PARA DIVULGAÇÃO DO EDITAL ESTATAIS (LEI Nº 13.303/16: art. 39)** | |
|---|---|
| **5 dias úteis** | Aquisição de bens, quanto o critério de julgamento for:<br>– menor preço; ou<br>– maior desconto; |
| **10 dias úteis** | Aquisição de bens nas demais hipóteses |
| **15 dias úteis** | Contratação de obras e serviços, quando o critério de julgamento for:<br>– menor preço; ou<br>– maior desconto; |
| **30 dias úteis** | Contratação de obras e serviços nas demais hipóteses |
| **45 dias úteis** | Quando o critério de julgamento for:<br>– melhor técnica;<br>– a melhor combinação de técnica e preço; |
| **45 dias úteis** | Para licitação em que haja:<br>– contratação semi-integrada; ou<br>– contratação integrada. |

- **Recurso. Regra: fase recursal única**; momento de apresentação de recurso: **5 dias úteis após a fase de habilitação. Exceção**: Se houver **inversão nas fases** do procedimento licitatório, haverá **dois momentos** de apresentação de recurso: a) **5 dias úteis após a habilitação**; b) **5 dias úteis após o encerramento da fase de verificação** de efetividade dos lances ou propostas.
- **Não há alteração unilateral do contrato administrativo.** Pode ser alterado, por acordo (art. 81):
  I. quando houver modificação do projeto ou das especificações, para melhor adequação técnica aos seus objetivos;
  II. quando necessária a modificação do valor contratual em decorrência de acréscimo ou diminuição quantitativa de seu objeto, nos limites permitidos por esta Lei;
  III. quando conveniente a substituição da garantia de execução;
  IV. quando necessária a modificação do regime de execução da obra ou serviço, bem como do modo de fornecimento,

em face de verificação técnica da inaplicabilidade dos termos contratuais originários;

V. quando necessária a modificação da forma de pagamento, por imposição de circunstâncias supervenientes, mantido o valor inicial atualizado, vedada a antecipação do pagamento, com relação ao cronograma financeiro fixado, sem a correspondente contraprestação de fornecimento de bens ou execução de obra ou serviço;

VI. para restabelecer a relação que as partes pactuaram inicialmente entre os encargos do contratado e a retribuição da administração para a justa remuneração da obra, serviço ou fornecimento, objetivando a manutenção do equilíbrio econômico-financeiro inicial do contrato, na hipótese de sobrevirem fatos imprevisíveis, ou previsíveis porém de consequências incalculáveis, retardadores ou impeditivos da execução do ajustado, ou, ainda, em caso de força maior, caso fortuito ou fato do príncipe, configurando álea econômica extraordinária e extracontratual.

**Obs.:** O contratado poderá aceitar, nas mesmas condições contratuais, os acréscimos ou supressões que se fizerem nas obras, serviços ou compras, até 25% (vinte e cinco por cento) do valor inicial atualizado do contrato, e, no caso particular de reforma de edifício ou de equipamento, até o limite de 50% (cinquenta por cento) para os seus acréscimos.

## 12. SERVIÇOS PÚBLICOS

- Deve ser feita a leitura dos artigos 21, 23, 25, 30 e 32, § 1º, da Constituição Federal, quanto à competência para o serviço público.
- ***Conceito*** de serviço público: ***critérios***: a) critério subjetivo ou orgânico (é serviço público a atividade desempenhada pelo Poder Público); b) critério objetivo ou material (é a atividade destinada a satisfazer as necessidades coletivas); c) critério formal (é a atividade desenvolvida pela Administração Pública sob o regime de direito público).
- ***Conceito*** de serviço público: é "todo aquele prestado pela Administração ou por seus delegados, sob normas e controles estatais, para satisfazer necessidades essenciais ou secundárias da coletividade ou simples conveniências do Estado"[46].
- **Conceito legal de serviço público:** "atividade administrativa ou de prestação direta ou indireta de bens ou serviços à população, exercida por órgão ou entidade da administração pública", nos termos do seu art. 2º, II, da Lei nº 13.460/2017.
- Sistematização da classificação e dos princípios do serviço público[47]:

| **SERVIÇO PÚBLICO: classificação e princípios** | |
|---|---|
| **CLASSIFICAÇÃO** | |
| *Quanto à essencialidade* | • serviço público propriamente dito<br>• serviço de utilidade pública |
| *Quanto à adequação* | • serviço próprio<br>• serviço impróprio |
| *Quanto à finalidade* | • serviço administrativo<br>• serviço industrial |
| *Quanto aos destinatários* | • serviço *uti universi*<br>• serviço *uti singuli* |
| **PRINCÍPIOS** | |
| *Continuidade do serviço público* | serviço público não pode parar<br>segundo o art. 6º da Lei nº 8.987/1995, não caracteriza a descontinuidade do serviço público a interrupção em situação de emergência ou aviso prévio motivada por razões de ordem técnica ou por inadimplemento do usuário. No caso de inadimplemento, a interrupção não poderá ter início na sexta-feira, sábado ou domingo, nem em feriado ou dia anterior a feriado. |
| *Modicidade das tarifas* | tarifas módicas, razoáveis |
| *Generalidade* | usuários devem receber o mesmo tratamento |
| *Mutabilidade* | Administração pode alterar, unilateralmente, regime de execução do serviço público |

- **Princípios expressos na Lei nº 13.460/17:** princípios "da regularidade, continuidade, efetividade, segurança, atualidade, generalidade, transparência e cortesia".
- ***Concessão de serviço público*** é o contrato administrativo por meio do qual a Administração Pública delega a terceiro a "execução de um serviço público, para que o execute em seu próprio nome, por sua conta e risco, assegurando-lhe a remuneração mediante tarifa paga pelo usuário ou outra forma de remuneração decorrente da exploração do serviço"[48].
- ***Deveres*** dos usuários (art. 7º, IV, V e VI):
  a) ***levar ao conhecimento*** do poder público e da concessionária as ***irregularidades*** de que tenham conhecimento, referentes ao serviço prestado;
  b) ***comunicar*** às autoridades competentes os ***atos ilícitos*** praticados pela concessionária na prestação do serviço;
  c) ***contribuir*** para a permanência das ***boas condições*** dos bens públicos por meio dos quais lhes são prestados os serviços.
- ***Direitos*** dos usuários (art. 7º, I, II e III e art. 7º- A):
  a) receber ***serviço adequado*** (é o serviço que satisfaz as condições de regularidade, continuidade, eficiência, segurança, atualidade, generalidade, cortesia na sua prestação e modicidade das tarifas, conforme art. 6º, § 1º),
  b) receber do poder concedente e da concessionária ***informações*** para a ***defesa*** de interesses individuais ou coletivos;
  c) obter e utilizar o serviço, com liberdade de ***escolha*** entre vários ***prestadores*** de serviços, quando for o caso, observadas as normas do poder concedente.
  d) ***escolher*** entre, no mínimo, ***seis datas***, dentro do mês de vencimento, para o dia de vencimento de seus débitos.
- ***Licitação para concessão e permissão*** de serviço público (artigos 14 a 22, Lei nº 8.987/95): a) possibilidade de o edital prever a inversão das fases de habilitação e julgamento (art. 18-A); b) critérios usados para julgar a licitação (art. 15):
  - menor valor da tarifa do serviço público a ser prestado;

46 MEIRELLES, Hely Lopes. *Direito administrativo brasileiro*. 36. ed. São Paulo: Malheiros, 2010. p. 350.

47 BORTOLETO, Leandro. *Direito administrativo*. Salvador: Juspodivm, 2012. p. 514.

48 DI PIETRO, Maria Sylvia Zanella. *Direito administrativo*. 25. ed. São Paulo: Atlas, 2012. p. 302.

- maior oferta, nos casos de pagamento ao poder concedente pela outorga da concessão;
- melhor proposta técnica, com preço fixado no edital;
- melhor oferta de pagamento pela outorga após qualificação de propostas técnicas. Os critérios podem ser assim combinados:
- menor valor da tarifa e maior oferta pela outorga;
- menor valor da tarifa e melhor oferta pela outorga, após qualificação das propostas técnicas;
- menor valor da tarifa e melhor técnica;
- maior oferta pela outorga e melhor técnica.

- ***Encargos do poder concedente*** (art. 29): a) regulamentar o serviço concedido e fiscalizar permanentemente a sua prestação; b) aplicar as penalidades regulamentares e contratuais; c) intervir na prestação do serviço, nos casos e condições previstos em lei; d) extinguir a concessão, nos casos previstos nesta lei e na forma prevista no contrato; e) homologar reajustes e proceder à revisão das tarifas na forma desta Lei, das normas pertinentes e do contrato; f) cumprir e fazer cumprir as disposições regulamentares do serviço e as cláusulas contratuais da concessão; g) zelar pela boa qualidade do serviço, receber, apurar e solucionar queixas e reclamações dos usuários, que serão cientificados, em até trinta dias, das providências tomadas; h) declarar de utilidade pública os bens necessários à execução do serviço ou obra pública, promovendo as desapropriações, diretamente ou mediante outorga de poderes à concessionária, caso em que será desta a responsabilidade pelas indenizações cabíveis; i) declarar de necessidade ou utilidade pública, para fins de instituição de servidão administrativa, os bens necessários à execução de serviço ou obra pública, promovendo-a diretamente ou mediante outorga de poderes à concessionária, caso em que será desta a responsabilidade pelas indenizações cabíveis; j) estimular o aumento da qualidade, produtividade, preservação do meio ambiente e conservação; k) incentivar a competitividade; l) estimular a formação de associações de usuários para defesa de interesses relativos ao serviço.
- ***Encargos da concessionária*** são (art. 31): a) prestar serviço adequado, na forma prevista nesta lei, nas normas técnicas aplicáveis e no contrato; b) manter em dia o inventário e o registro dos bens vinculados à concessão; c) prestar contas da gestão do serviço ao poder concedente e aos usuários, nos termos definidos no contrato; d) cumprir e fazer cumprir as normas do serviço e as cláusulas contratuais da concessão; e) permitir aos encarregados da fiscalização livre acesso, em qualquer época, às obras, aos equipamentos e às instalações integrantes do serviço, bem como a seus registros contábeis; f) promover as desapropriações e constituir servidões autorizadas pelo poder concedente, conforme previsto no edital e no contrato; g) zelar pela integridade dos bens vinculados à prestação do serviço, bem como segurá-los adequadamente; h) captar, aplicar e gerir os recursos financeiros necessários à prestação do serviço.
- A declaração de utilidade pública de imóvel para desapropriação e a declaração de necessidade ou utilidade pública para fins de servidão são sempre encargos do poder concedente. Já, a promoção da desapropriação e a instituição da servidão podem ser feitas tanto pelo poder concedente quanto pela concessionária. No entanto, esta somente poderá fazê-los quando autorizada pelo poder concedente e desde que exista previsão no edital e no contrato, cabendo à concessionária, nesses casos, a responsabilidade pelas indenizações cabíveis.
- ***Extinção da concessão*** (art. 35): a) advento do termo contratual; b) encampação ou resgate (o poder concedente retoma o serviço da concessionária, durante o prazo da concessão, por motivo de interesse público, mediante lei autorizativa específica e após prévio pagamento de indenização); c) caducidade ou decadência (o poder concedente retoma o serviço da concessionária, durante o prazo da concessão, em razão da inadimplência da concessionária); d) rescisão; e) anulação; f) falência ou extinção da concessionária de serviço público.
- ***Reversão*** não é forma de extinção da concessão, mas é consequência dela, pois consiste na transferência dos bens do concessionário afetados ao serviço para o poder concedente, no final da concessão.
- ***Parceria público-privada*** é um contrato de concessão e tem duas modalidades (art. 2º): a) concessão patrocinada: é a concessão de serviços públicos ou de obras públicas de que trata a Lei no 8.987, de 13 de fevereiro de 1995, quando envolver, adicionalmente à tarifa cobrada dos usuários contraprestação pecuniária do parceiro público ao parceiro privado; b) concessão administrativa: é o contrato de prestação de serviços de que a Administração Pública seja a usuária direta ou indireta, ainda que envolva execução de obra ou fornecimento e instalação de bens.
- É vedada a celebração de contrato de parceria público-privada Lei 11.079/04 (art. 2º, § 4º): a) cujo valor do contrato seja inferior a R$ 10.000.000,00; b) cujo período de prestação do serviço seja inferior a cinco anos; ou c) que tenha como objeto único o fornecimento de mão de obra, o fornecimento e instalação de equipamentos ou a execução de obra pública.
- A contratação na modalidade PPP será precedida de licitação na modalidade concorrência ou diálogo competitivo.
- **Permissão** é formalizada por meio de contrato de adesão, mas tem como características a precariedade e a revogabilidade unilateral (art. 40, Lei nº 8.987/95).
- Diferenças legais entre concessão e permissão (art. 2º): a) a concessão deve adotar a modalidade concorrência ou diálogo competitivo (Lei nº 14.133/2021), e a permissão pode adotar outra modalidade licitatória; b) a concessão somente pode ser feita com pessoa jurídica ou com consórcio de empresas, e a permissão pode ser realizada com pessoa jurídica e com pessoa física.

## 13. BENS PÚBLICOS

- Conceito legal (art. 98, Código Civil): são "públicos os bens do domínio nacional pertencentes às pessoas jurídicas de direito público interno; todos os outros são particulares, seja qual for a pessoa a que pertencerem".
- Divergência doutrinária: para uns, são somente os pertencentes às pessoas jurídicas de ***direito público (adotam o conceito legal); para outros, são*** os que pertencem às pessoas jurídicas de ***direito público*** e aqueles que, mesmo não pertencendo a essas pessoas, estejam ***afetados à prestação de serviço público***. Entretanto, a maioria da doutrina concorda que os ***bens*** das ***pessoas administrativas*** com personalidade de ***direito privado*** (empresa pública, sociedade de economia mista, fundações públicas com personalidade de direito privado, os consórcios públicos com personalidade jurídica de direito privado) ***vinculados à prestação de serviço público não podem ser penhorados***, em face do princípio da continuidade do serviço público.
- STF (RE 393032/MG e a ACO 958/DF): em relação à Empresa Brasileira de Correios e Telégrafos (ECT), foi decido que as disposições do art. 173, §§ 1º e 2º da CF (equiparação às empresas privadas e proibição de extensão de benefícios fiscais não aplicáveis ao setor privado) somente se aplicam às empresas públicas e sociedades de economia mista exploradoras de atividade econômica e, assim, em diversas ações (execuções trabalhistas e tributárias) considerou-se a ECT como prestadora de serviços públicos e, dessa forma, seus bens são impenhoráveis e possui imunidade tributária recíproca quanto aos bens usados para a prestação do serviço, tendo havido a recepção pela Constituição Federal do art. 12 do Decreto-Lei nº 509/69.

- Sistematização da classificação dos bens públicos[49]:

| CLASSIFICAÇÃO DOS BENS PÚBLICOS | |
|---|---|
| **Quanto à titularidade** | • federais<br>• estaduais<br>• distritais<br>• municipais |
| **Quanto à destinação** | • uso comum do povo com finalidade pública geral (uso de todos; afetado)<br>• uso especial com finalidade pública específica (afetado)<br>• dominicais sem finalidade pública específica (desafetado) |
| **Quanto à disponibilidade** | • indisponíveis por natureza não têm natureza patrimonial<br>• patrimoniais indisponíveis têm natureza patrimonial e estão afetados<br>• patrimoniais disponíveis têm natureza patrimonial e estão afetados |

- Características dos bens públicos: inalienabilidade, a impenhorabilidade, a imprescritibilidade e a não onerabilidade.
- Reforçando a característica da imprescritibilidade do bem público, foi editada a Súmula nº 619 do STJ, que estabelece: "A ocupação indevida de bem público configura mera detenção, de natureza precária, insuscetível de retenção ou indenização por acessões e benfeitorias".
- A afetação ou consagração é a atribuição de destinação pública específica a determinado bem e, de outra forma, a desafetação ou desconsagração é a retirada da destinação de finalidade pública que fora dada a um bem público. Com a afetação, o bem desafetado torna-se afetado e, com a desafetação, o bem afetado passa a ser desafetado. A falta de uso do bem não pode ser considerada desafetação tácita.
- STF (AI 553.712): vem sendo admitido o bloqueio de valores em contas públicas para cumprimento de liminar com o objetivo de garantir o fornecimento gratuito de medicamento a pessoa hipossuficiente.
- Súmula nº 340 (STF): desde "a vigência do Código Civil, os bens dominicais, como os demais bens públicos, não podem ser adquiridos por usucapião".
- **Súmula nº 619 (STJ):** "A ocupação indevida de bem público configura mera detenção, de natureza precária, insuscetível de retenção ou indenização por acessões e benfeitorias.
- **Uso comum e uso especial do bem público.** O uso comum de um bem público ocorre quando ele é utilizado pelas pessoas em geral, sem distinção entre os usuários e sem necessidade de autorização específica para tanto, e o uso especial de bem público se verifica quando o administrado se sujeita a regras específicas, ao consentimento do Poder Público ou ao pagamento pelo uso.
- O uso especial, quando é destinado a pessoas determinadas, mediante instrumento jurídico formal, é chamado de uso privativo ou uso especial privativo.
- Instrumentos de formalização de uso privativo de bem público: autorização de uso; permissão de uso; concessão de uso; concessão de direito real de uso; cessão de uso.
- **STF (ADPF nº 588/PB):** "Os recursos públicos vinculados ao orçamento de estatais prestadoras de serviço público essencial, em regime não concorrencial e sem intuito lucrativo primário não podem ser bloqueados ou sequestrados por decisão judicial para pagamento de verbas trabalhistas, em virtude do disposto no art. 100 da CF/1988, e dos princípios da legalidade orçamentária (art. 167, VI, da CF), da separação dos poderes (arts. 2º, 60, § 4º, III, da CF) e da eficiência da administração pública (art. 37, 'caput', da CF)".

## 14. INTERVENÇÃO DO ESTADO NA PROPRIEDADE PRIVADA

- Na Constituição de 1988, no art. 5º, XXII, o direito à propriedade privada está previsto como direito fundamental e, da mesma forma, assegura-se, no inciso XXIII do mesmo artigo, que a propriedade tenha uma função social, podendo, inclusive, haver a expropriação do proprietário que não cumprir tal exigência, nos termos do inciso XXIV.
- Intervenção pode ser:
  - **a) restritiva**: o Estado apenas restringe o uso da propriedade, sem retirá-la do proprietário, podendo fazê-lo por meio das seguintes espécies:
    - limitações administrativas;
    - servidão administrativa;
    - requisição administrativa;
    - ocupação temporária;
    - tombamento;
  - **b) intervenção supressiva**: ocorre a supressão da propriedade (o Estado retira a propriedade de seu titular):
    - desapropriação.
- **Limitações administrativas**: determinações gerais, que condicionam o exercício do direito de propriedade em face do bem comum, pelas quais proprietários indeterminados são constituídos em obrigações positivas, negativas ou permissivas.
- **Servidão administrativa**: Administração Pública impõe um ônus real de uso sobre a propriedade particular. Não se retira a propriedade de seu titular, mas este é obrigado a consentir que seu imóvel (coisa serviente) seja usado em prol de um serviço público ou de um bem afetado a fim de utilidade pública (coisa dominante).
- **Requisição administrativa**: é o uso coativo e imediato de bens e serviços privados pelo Estado, para atendimento de necessidades coletivas urgentes e transitórias.
- **Ocupação temporária**: uso provisório de bens privados pelo Estado para a execução de obras, serviços ou atividades públicas ou de interesse público.
- **Tombamento**: procedimento administrativo adotado pelo Poder Público para impor restrições parciais sobre os bens que, por interesse público, devam ser conservados, por estarem vinculados a fatos memoráveis da história ou por seu excepcional valor arqueológico ou etnológico, bibliográfico ou artístico.
- Efeitos do tombamento (Decreto-Lei nº 25/37):
  - a) alienação: se o bem tombado é público, torna-se inalienável e se for privado, pode ser alienado (ATENÇÃO! Com a entrada em vigor do CPC 2015, o direito de preferência da União, Estados e Municípios (§3º, art. 892, CPC) somente existe nas alienações judiciais, pois houve a revogação do art. 22 do Decreto-Lei nº 25/37);
  - b) conservação: o bem tombado não pode ser, sob pena de 50% do dano causado (se for bem público, autoridade responsável pela infração incorrerá pessoalmente na multa):
    - destruído, demolido ou mutilado;
    - reparado, pintado ou restaurado, sem prévia autorização do Iphan;

ADMINISTRATIVO

49 BORTOLETO, Leandro. *Direito administrativo*. Salvador: Juspodivm, 2012. p. 543.

c) vigilância: os bens tombados ficam sujeitos à vigilância permanente do Iphan, pelo que:
   - poderá inspecioná-lo quando julgar conveniente;
   - o proprietário ou responsável não pode criar obstáculos à inspeção, sob pena de multa, elevada ao dobro em caso de reincidência;

d) saída do país: o bem tombado não pode sair do país, exceto se for por curto prazo, sem transferência de domínio e para fim de intercâmbio cultural, a juízo do Conselho Consultivo do Iphan; e) extravio ou furto: proprietário deve comunicar ao Iphan, no prazo de 5 dias, sob pena de multa de 10% sobre o valor da coisa; f) vizinhança: não pode, sem autorização do Iphan, na vizinhança, fazer construção que impeça ou reduza a visibilidade do bem tombado, nem nela colocar anúncios ou cartazes, sob pena de ser determinada a destruição da obra ou retirada do objeto, impondo-se multa de 50% do valor do objeto.

- **Desapropriação** é "o procedimento administrativo pelo qual o Estado, compulsoriamente, retira de alguém certo bem, por necessidade ou utilidade pública ou por interesse social e o adquire, originariamente, para si ou para outrem, mediante prévia e justa indenização, paga em dinheiro, salvo os casos que a própria Constituição enumera, em que o pagamento é feito com títulos da dívida pública (art. 182, § 4º, III) ou da dívida agrária (art. 184)"[50].
- A desapropriação é forma originária de aquisição da propriedade.
- Pressupostos necessários para a desapropriação (art. 5º, XXIV, CF):

  a) necessidade pública: situações de emergência, as quais necessitam, para serem resolvidas, da transferência urgente do bem particular para o Poder Público;

  b) utilidade pública: é conveniente a transferência dos bens, mas não é imprescindível. Com a publicação da Lei nº 13.867/2019, na desapropriação por utilidade pública e antes do ajuizamento da ação, o Poder Público poderá notificar o particular e lhe apresentar oferta de indenização, com prazo para manifestação em 15 dias. Nesse prazo, o particular poderá optar pela mediação ou arbitragem, cabendo à Administração Pública avaliar a conveniência e oportunidade em sua realização.

  c) interesse social: necessidade de distribuição da propriedade em benefício da coletividade ou de categorias sociais merecedoras de amparo estatal.

- Podem promover a desapropriação, mediante autorização expressa constante de lei ou contrato:

  I – os concessionários, inclusive aqueles contratados nos termos da Lei nº 11.079/2004 Lei das PPPs);

  II – as entidades públicas;

  III – as entidades que exerçam funções delegadas do poder público; e

  IV – as autorizatárias para a exploração de ferrovias como atividade econômica.

- Regra: indenização prévia e em dinheiro. Exceções:

  a) desapropriação urbanística sancionatória (art. 182, § 4º): indenização será feita mediante títulos da dívida pública de emissão previamente aprovada pelo Senado Federal, com prazo de resgate de até dez anos, em parcelas anuais, iguais e sucessivas, assegurados o valor real da indenização e os juros legais;

  b) desapropriação por interesse social para fins de reforma agrária (art. 184): indenização será paga em títulos da dívida agrária, com cláusula de preservação do valor real, resgatáveis no prazo de até vinte anos, a partir do segundo ano de sua emissão, e cuja utilização será definida em lei, exceto quanto às benfeitorias úteis e necessárias, que serão indenizadas em dinheiro;

  c) expropriação de terras em que haja cultura ilegal de planta psicotrópica, ou exploração de trabalho escravo, na forma da lei: é um confisco e, assim, não há indenização.

- **Retrocessão:** direito do proprietário cujo imóvel fora expropriado de exigir o retorno do bem ao seu patrimônio em razão de não lhe ter sido dado o destino previsto. Esse desvio de finalidade no uso do bem desapropriado é chamado de tredestinação (ou tresdestinação) e se subdivide em lícita (o desvio é de uma finalidade pública para outra finalidade pública) e ilícita (o desvio é de uma finalidade pública para finalidade particular).
- Jurisprudência: só há direito à retrocessão quando se tratar de tredestinação ilícita.

## 15. RESPONSABILIDADE EXTRACONTRATUAL DO ESTADO

- Sistematização das teorias sobre a responsabilidade extracontratual do Estado[51]:

50 GASPARINI, Diógenes. *Direito administrativo.* 13. ed. São Paulo: Saraiva, 2008. p. 816.

51 BORTOLETO, Leandro. *Direito administrativo.* Salvador: Juspodivm, 2012. p. 580.

<table>
<tr><th colspan="5">Teorias sobre a responsabilidade extracontratual do Estado</th></tr>
<tr><td>Teoria da irresponsabilidade</td><td colspan="4">• Estado não responde<br>• teoria regaliana ou regalista</td></tr>
<tr><td rowspan="3">Teorias civilistas</td><td colspan="2" rowspan="2">teoria dos atos de império e atos de gestão</td><td colspan="2">atos de gestão ➔ responde</td></tr>
<tr><td colspan="2">atos de império ➔ não responde</td></tr>
<tr><td colspan="2">teoria da culpa civil</td><td colspan="2">• responsabilidade subjetiva<br>• dolo ou culpa do agente</td></tr>
<tr><td rowspan="3">Teorias publicistas</td><td colspan="2">teoria da culpa administrativa<br>(culpa do serviço; culpa anônima)</td><td>culpa do serviço</td><td>• responsabilidade subjetiva<br>• não funciona<br>• funciona mal<br>• funcional atrasado</td></tr>
<tr><td rowspan="2">teoria do risco</td><td rowspan="2">ação estatal<br>+<br>dano<br>+<br>nexo de causalidade</td><td>risco administrativo</td><td>admite excludentes</td></tr>
<tr><td>risco integral</td><td>não admite excludentes</td></tr>
</table>

- Sistematização da responsabilidade extracontratual no Estado brasileiro[52]:

<table>
<tr><th colspan="2">RESPONSABILIDADE EXTRACONTRATUAL DO ESTADO BRASILEIRO</th></tr>
<tr><td colspan="2">• Pessoas de direito público<br>• Pessoas de direito privado prestadoras de serviço público (terceiro usuário e não usuário do serviço)</td></tr>
<tr><th colspan="2">RESPONSABILIDADE POR AÇÃO</th></tr>
<tr><td>Responsabilidade Objetiva</td><td>• teoria do risco administrativo<br>• teoria do risco integral (para alguns) ➔ dano nuclear e ato terrorista contra aeronave</td></tr>
<tr><td colspan="2">Comportamento lícito ou ilícito de agente público nessa qualidade<br>+<br>Dano<br>+<br>Nexo de causalidade</td></tr>
</table>

<table>
<tr><td>Excludentes da responsabilidade objetiva</td><td>• caso fortuito ou força maior<br>• culpa exclusiva da vítima<br>• culpa exclusiva de terceiro</td></tr>
<tr><th colspan="2">RESPONSABILIDADE POR OMISSÃO</th></tr>
<tr><td>Responsabilidade subjetiva</td><td>→ teoria da culpa administrativa ou da culpa do serviço: omissão genérica<br>→ teoria do risco administrativo (STF): omissão específica</td></tr>
<tr><td colspan="2">Omissão<br>+<br>Dever de agir<br>+<br>Fato da natureza ou comportamento material de terceiro<br>+<br>Dano<br>+<br>Nexo entre dano e omissão</td></tr>
</table>

52 BORTOLETO, Leandro. *Direito administrativo*. Salvador: Juspodivm, 2012. p. 587.

Quando a omissão caracterizar violação a dever específico, o STF vem entendendo que existe responsabilidade objetiva.

STF (RE nº 1.209.429/SP) Tese de repercussão geral: "É objetiva a Responsabilidade Civil do Estado em relação a profissional da imprensa ferido por agentes policiais durante cobertura jornalística, em manifestações em que haja tumulto ou conflitos entre policiais e manifestantes. Cabe a excludente da responsabilidade da culpa exclusiva da vítima, nas hipóteses em que o profissional de imprensa descumprir ostensiva e clara advertência sobre acesso a áreas delimitadas, em que haja grave risco à sua integridade física."

Morte de detento: RE 841.526: STF fixou a seguinte tese de repercussão geral: "em caso de inobservância do seu dever específico de proteção previsto no artigo 5º, inciso XLIX, da Constituição Federal, o Estado é responsável pela morte do detento".

- RE 591874/MS: Supremo Tribunal Federal decidiu que a responsabilidade extracontratual das pessoas jurídicas de direito privado prestadoras de serviço público é objetiva em relação aos ***usuários*** e aos ***não usuários*** do serviço.
- STF (RE 327.904 e RE 470.996): impossibilidade de o agente público causador do dano ser acionado diretamente pela vítima. CF (art. 37, § 6º) estabelece ***dupla garantia***: ***uma, em favor do particular*** assegurando-lhe o direito de promover ação indenizatória em face de pessoa jurídica de direito público ou de pessoa jurídica de direito privado prestadora de serviço público e, ***outra, em benefício do servidor***, que apenas responde civil e administrativamente perante a pessoa jurídica a que estiver vinculado. Nesse sentido, o tema de nº 940 do STF (julgado com repercussão geral): "A teor do disposto no art. 37, § 6º, da Constituição Federal, a ação por danos causados por agente público deve ser ajuizada contra o Estado ou a pessoa jurídica de direito privado prestadora de serviço público, sendo parte ilegítima para a ação o autor do ato, assegurado o direito de regresso contra o responsável nos casos de dolo ou culpa".
- STF (RE 842846/RJ): "O Estado responde, objetivamente, pelos atos dos tabeliães e registradores oficiais que, no exercício de suas funções, causem dano a terceiros, assentado o dever de regresso contra o responsável, nos casos de dolo ou culpa, sob pena de improbidade administrativa."
- STJ (REsp 1.163.652/PE, AgRg no REsp 1.149.194/AM, EREsp 313.886/RN): em se tratando de responsabilidade civil do Estado, a denunciação da lide é facultativa e não obrigatória. Todavia, o "cabimento da denunciação depende da ausência de violação dos princípios da celeridade e da economia processual, o que implica a valoração a ser realizada pelo magistrado em cada caso concreto" (Resp 975.799/DF).
- Prescrição: o prazo para interposição de ação de indenização em face do Estado é de ***5 anos***, nos termos do art. 1º do Decreto nº 20.910/32. Todavia, nos termos da Súmula 647 do STJ: "São imprescritíveis as ações indenizatórias por danos morais e materiais decorrentes de atos de perseguição política com violação de direitos fundamentais ocorridos durante o regime militar. "

## 16. CONTROLE DA ADMINISTRAÇÃO PÚBLICA

- ***Espécies de controle: a)*** quanto à origem ou localização: interno e externo; ***b)*** quanto ao momento: prévio ou preventivo (*a priori*), concomitante e posterior ou subsequente; ***c)*** quanto ao aspecto controlado: legalidade e mérito; ***d)*** quanto à amplitude ou fundamento: hierárquico ou por subordinação; finalístico ou por vinculação; ***e)*** quanto à iniciativa: de ofício e provocado.
- ***Recurso administrativo***: todo meio apto para provocar o reexame de ato ou decisão administrativa. Modalidades de recurso administrativo: a) representação administrativa; b) reclamação administrativa; c) pedido de reconsideração; d) recurso hierárquico: recurso hierárquico próprio e recurso hierárquico impróprio; e) revisão.
- ***Controle legislativo*** abrange o controle político e o controle financeiro.
- **Controle financeiro:** a "fiscalização contábil, financeira, orçamentária, operacional e patrimonial da União e das entidades da administração direta e indireta, quanto à legalidade, legitimidade, economicidade, aplicação das subvenções e renúncia de receitas, será exercida pelo Congresso Nacional, mediante controle externo, e pelo sistema de controle interno de cada Poder" (CF, art. 70). Subdivide-se em controle interno e externo.
- ***Controle interno***: os Poderes Executivo, Legislativo e Judiciário deverão manter, de forma integrada, sistema de controle interno, com a finalidade de: a) "avaliar o cumprimento das metas previstas no plano plurianual, a execução dos programas de governo e dos orçamentos da União" (inciso I); b) "comprovar a legalidade e avaliar os resultados, quanto à eficácia e eficiência, da gestão orçamentária, financeira e patrimonial nos órgãos e entidades da administração federal, bem como da aplicação de recursos públicos por entidades de direito privado" (inciso II); c) "exercer o controle das operações de crédito, avais e garantias, bem como dos direitos e haveres da União" (inciso III); d) "apoiar o controle externo no exercício de sua missão institucional" (inciso IV).
- ***Controle externo***: exercido pelo Congresso Nacional, com o auxílio do Tribunal de Contas da União (TCU).
- O TCU é um órgão independente. Não está subordinado ao Congresso Nacional e não integra o Poder Judiciário.
- Competência do TCU: deve ser feita a atenta leitura do art. 71 da Constituição Federal, pois é muito cobrado nas provas.
- Decisões do TCU: as "decisões do Tribunal de que resulte imputação de débito ou multa terão eficácia de título executivo" (art. 71, § 3º).
- STF (RE 510.034-AgR; AI 826.676-AgR): a cobrança da dívida em juízo deve ser feita pelo ente público beneficiário da condenação, por intermédio de seus procuradores.
- STF (MS 24.997): o "ato de aposentadoria configura ato administrativo complexo, aperfeiçoando-se somente com o registro perante o Tribunal de Contas. Submetido à condição resolutiva, não se operam os efeitos da decadência antes da vontade final da Administração".
- STF (RE 636.553): "Em atenção aos princípios da segurança jurídica e da confiança legítima, os Tribunais de Contas estão sujeitos ao prazo de cinco anos para o julgamento da legalidade do ato de concessão inicial de aposentadoria, reforma ou pensão a contar da chegada do processo à respectiva Corte de contas."
- STF. RE 848826. Tese com repercussão geral: para os fins do art. 1º, inciso I, alínea "g", da Lei Complementar 64/90, a apreciação das contas dos prefeitos, tanto as de governo quanto as de gestão, será feita pelas Câmaras municipais com o auxílio dos Tribunais de Contas competentes, cujo parecer prévio somente deixará de prevalecer por decisão de 2/3 dos vereadores.
- Súmula Vinculante nº 3: "Nos processos perante o Tribunal de Contas da União asseguram-se o contraditório e a ampla defesa quando da decisão puder resultar anulação ou revogação de ato administrativo que beneficie o interessado, excetuada a apreciação da legalidade do ato de concessão inicial de aposentadoria, reforma e pensão".

- ***Sistemas de controle jurisdicional do ato administrativo*: *a)*** sistema do contencioso administrativo ou sistema francês: o controle dos atos administrativos é realizado, de maneira definitiva, por tribunais administrativos; ***b)*** sistema de jurisdição única ou sistema inglês: há somente uma jurisdição e, assim, o controle dos atos administrativos, de maneira definitiva, é feito pelo Poder Judiciário (é o adotado no Brasil, pois o art. 5º, XXXV da Constituição Federal estabelece que nenhuma lesão ou ameaça a direito será excluída da apreciação do Poder Judiciário).

## 17. IMPROBIDADE ADMINISTRATIVA: LEI Nº 8.429/92

> Recentemente, a Lei de Improbidade Administrativa passou por inúmeras alterações, as quais já serão aplicáveis na data da publicação da lei nº 14.230/2021. Em razão disso, é muito importante seu estudo detalhado, com sua leitura atenta.

- **Sistema de Responsabilização por Ato de Improbidade:** tem por finalidade a probidade na organização do Estado e no exercício de suas funções, como forma de assegurar a integridade do patrimônio público e social (art. 1º, *caput*).
- **Ato de improbidade**
- Nos termos do art. 1º da Lei, são atos de improbidade as condutas dolosas especificadas nos arts. 9º, 10 e 11, ressalvados tipos previstos em leis especiais. Nos termos do §2º, não basta a mera voluntariedade e, para tanto, considera-se dolo a vontade livre e consciente de alcançar o resultado ilícito tipificado previsto nos artigos mencionados.
- **Não configura improbidade administrativa:** a) o mero exercício da função ou desempenho de competências públicas, sem comprovação de ato doloso com fim ilícito, afasta a responsabilidade por ato de improbidade administrativa; b) divergência interpretativa da lei, se baseada em jurisprudência, ainda que não pacificada (art. 1º, §8º): ATENÇÃO! Na ADI 7236, o Min. Alexandre de Moraes deferiu medida cautelar e suspendeu a eficácia desse dispositivo; c) a ilegalidade sem a presença de dolo que a qualifique (art. 16, §1º)

> **Atenção!** Já pelo primeiro artigo da lei é possível vislumbrar uma das principais alterações promovidas, qual seja, a necessidade da presença de dolo para a configuração de improbidade administrativa. Lembre-se de que, pela redação anterior, admitia-se a modalidade culposa para os atos de improbidade administrativa que causassem prejuízo ao erário.

Nesse sentido, o STF decidiu, no ARE 843989, que: "1) É necessária a comprovação de responsabilidade subjetiva para a tipificação dos atos de improbidade administrativa, exigindo-se - nos artigos 9º, 10 e 11 da LIA - a presença do elemento subjetivo – DOLO (...)"

- **Direito administrativo sancionador:** aplicam-se ao sistema de improbidade tratado na lei, os princípios constitucionais do Direito Administrativo sancionador, tais quais: devido processo legal, contraditório e ampla defesa, legalidade.
- **Sujeito passivo:** a) Administração direta; b) Administração indireta; c) Entidade Privada que receba subvenção, benefício ou incentivo, fiscal, creditício, de entes públicos ou governamentais (art. 1º, § 6º); d) entidade privada para cuja criação ou custeio o erário haja concorrido ou concorra no seu patrimônio ou receita atual, limitado o ressarcimento de prejuízos, nesse caso, à repercussão do ilícito sobre a contribuição dos cofres públicos (art. 1º, §7º).
- ***Sujeito ativo*** do ato de improbidade (artigos 2º e 3º): a) agente público: agente político, servidor público, e aquele que exerce ainda que transitoriamente ou sem remuneração, por eleição, nomeação, designação, contratação ou qualquer outra forma de investidura ou vínculo, mandato, cargo, emprego ou função nas entidades do art. 1º da Lei; b) terceiro que induza ou concorra **dolosamente** para a prática do ato de improbidade.

**Recursos de origem pública**: sujeita-se às sanções previstas na Lei 8.429/92, o particular, pessoa física ou jurídica, que celebra com a administração pública convênio, contrato de repasse, contrato de gestão, termo de parceria, termo de cooperação ou ajuste administrativo equivalente.

> **Atenção! Art. 3º da LIA**
>
> 1- sócios, cotistas, diretores e colaboradores de pessoa jurídica de direito privado não respondem por ato de improbidade imputado à pessoa jurídica, **salvo** se comprovada sua participação e benefícios, respondendo na medida da participação.
>
> 2- sanções da Lei não se aplicam à pessoa jurídica, caso o ato de improbidade seja sancionado como lesivo à Administração Pública de que trata a lei anticorrupção (Lei nº 12.846/2013).

- **Responsabilidade sucessória** (art. 8º). a) sucessor ou herdeiro: reparação até o limite do valor da herança ou do patrimônio transferido; b) também se aplica à alteração contratual, transformação, incorporação, fusão ou cisão societária: no caso de fusão e incorporação, a responsabilidade será restrita à obrigação de reparação integral do dano, até o limite do patrimônio transferido, não se aplicando as demais sanções, salvo simulação ou fraude, devidamente comprovados.
- ***Modalidades*** de atos de improbidade:
- **É indispensável a leitura dos artigos 9º, 10, 11 e 12 da Lei nº 8.429/92.**

a) atos que ***importam enriquecimento ilícito*** (art. 9º): são aqueles em que o agente aufere, **dolosamente**, vantagem patrimonial indevida em razão do exercício do cargo, mandato, função, emprego ou atividade nas entidades do art. 1º;

b) atos que ***causam prejuízo ao erário*** (art. 10); causa prejuízo ao erário "qualquer ação ou omissão **dolosa**, que enseje, efetiva e comprovadamente, perda patrimonial, desvio, apropriação, malbaratamento ou dilapidação dos bens ou haveres das entidades referidas no art. 1º";

> **Atenção!** Nos termos do art. 10, §1º, caso a inobservância da lei ou regulamento não implicar perda patrimonial efetiva, não haverá imposição de ressarcimento, vedado o enriquecimento sem causa das entidades do art. 1º da LIA.

STF 843989: "(...) **2) A norma benéfica da Lei 14.230/2021 - revogação da modalidade culposa do ato de improbidade administrativa -, é IRRETROATIVA, em virtude do artigo 5º, inciso XXXVI, da Constituição Federal, não tendo incidência em relação à eficácia da coisa julgada; nem tampouco durante o processo de execução das penas e seus incidentes; 3) A nova Lei 14.230/2021 aplica-se aos atos de improbidade administrativa culposos praticados na vigência do texto anterior da lei, porém sem condenação transitada em julgado, em virtude da revogação expressa do texto anterior; devendo o juízo competente analisar eventual dolo por parte do agente** (...)";

c) atos que ***atentam contra os princípios da Administração Pública (art. 11)***: a ação ou omissão **dolosa** que viole os deveres de honestidade, de imparcialidade e de legalidade;

**Atenção**! Com a nova redação do art. 11 da Lei de Improbidade Administrativa, o rol das condutas que caracterizam os atos que violam os princípios da Administração Pública passou a ser taxativo. Os demais (art. 9º e 10) são exemplificativos.

ADMINISTRATIVO

**Atenção!** a) só se configura como ato de improbidade, quando comprovado que a conduta do agente se deu para fins de obtenção de proveito ou benefício indevido para si ou para outra pessoa ou entidade (art. 11, §§1º e 2º) e isso se aplica a todas as modalidades de ato de improbidade;

- **Nepotismo:** a) configura ato de improbidade que viola os princípios da Administração Pública "nomear cônjuge, companheiro ou parente em linha reta, colateral ou por afinidade, até o terceiro grau, inclusive, da autoridade nomeante ou de servidor da mesma pessoa jurídica investido em cargo de direção, chefia ou assessoramento, para o exercício de cargo em comissão ou de confiança ou, ainda, de função gratificada na administração pública direta e indireta em qualquer dos Poderes da União, dos Estados, do Distrito Federal e dos Municípios, compreendido o ajuste mediante designações recíprocas"; **porém, não configura improbidade a mera nomeação ou indicação política** pelos detentores de mandato eletivo, sendo necessária a aferição de dolo com finalidade ilícita pelo agente (art. 11, §5º).
- Sistematização das sanções previstas para os atos de improbidade administrativa:

| **Sanções – Lei de Improbidade Administrativa** | | |
|---|---|---|
| • Podem ser aplicadas isolada ou cumulativamente<br>• Independem da efetiva ocorrência de dano ao erário, salvo quanto à pena de ressarcimento e às condutas do art. 10 da Lei e da aprovação ou rejeição de contas pelo órgão de controle interno ou Tribunal de Contas.<br>• Independentemente do ressarcimento integral do dano patrimonial, se efetivo, e das sanções penais comuns e de responsabilidade, civis e administrativas previstas na legislação específica, está o responsável sujeito: | | |
| ***Atos que importam enriquecimento ilícito*** | ***Atos que causam lesão ao erário*** | ***Atos que atentam contra os princípios da Administração*** |
| Perda da função pública | Perda da função pública | - |
| Suspensão dos direitos políticos: até 14 anos | Suspensão dos direitos políticos: até 12 anos | |
| Multa civil: equivalente ao acréscimo patrimonial | Multa civil: equivalente ao valor do dano | Multa civil: até 24x valor da remuneração |
| Proibição de celebrar contrato com o Poder Público ou de receber benefícios ou incentivos fiscais ou creditícios: Até 14 anos | Proibição de celebrar contrato com o Poder Público ou de receber benefícios ou incentivos fiscais ou creditícios: Até 12 anos | Proibição de celebrar contrato com o Poder Público ou de receber benefícios ou incentivos fiscais ou creditícios: Até 4 anos |
| Perda dos bens ou valores acrescidos indevidamente | Perda dos bens ou valores acrescidos indevidamente, se ocorreu | - |

- **Perda da função pública:** somente terá cabimento no caso de **enriquecimento ilícito e prejuízo ao erário** e atinge, apenas, o vínculo de mesma qualidade e natureza que o agente detinha na época do cometimento da infração. Pode o magistrado, no caso de **enriquecimento ilícito,** de forma excepcional, estendê-la aos demais vínculos, consideradas as circunstâncias do caso e a gravidade da infração (art. 12, §1º). Entretanto, Na ADI 7236, o Min. Alexandre de Moraes deferiu medida cautelar e suspendeu a eficácia desse dispositivo e, com isso, a perda da função pública pode ocorrer "independentemente da função ocupada no momento da condenação com trânsito em julgado".

- Suspensão dos direitos políticos: • somente terá cabimento no caso de enriquecimento ilícito e prejuízo ao erário; • só se efetiva com o trânsito em julgado da sentença condenatória (art. 20); • para efeitos de contagem do prazo da sanção de suspensão dos direitos políticos, computar-se-á retroativamente o intervalo de tempo entre a decisão colegiada e o trânsito em julgado da sentença condenatória (art. 12, §10): na ADI 7236, o Min. Alexandre de Moraes deferiu medida cautelar e suspendeu a eficácia desse dispositivo (§10).
  - **Multa:** pode ser aumentada até o dobro, se o juiz considerar que, em razão da situação econômica do réu, o cálculo é ineficaz para reprovação e prevenção do ato de improbidade (art. 12, §2º).
  - **Responsabilização da pessoa jurídica:** devem se considerar os efeitos econômicos e sociais das sanções, a fim de viabilizar a manutenção de suas atividades (art. 12, §3º).
  - Sanções apenas poderão ser executadas após o **trânsito em julgado da sentença condenatória** (art. 12, §9º).

  **Indisponibilidade de bens:**
  - Pedido em caráter antecedente ou incidente, deferido mediante demonstração de perigo de dano irreparável ou de risco ao resultado útil do processo, desde que o juiz se convença da probabilidade da ocorrência dos atos descritos na inicial, após oitiva do réu em 5 dias (art. 16, §3º).
  - A indisponibilidade poderá ser decretada sem a oitiva prévia do réu, quando o contraditório prévio puder, comprovadamente, frustrar a efetividade da medida ou houver outras circunstâncias que recomendem a proteção liminar (art. 16, §4º).
  - Havendo mais de um réu, a somatória dos valores não poderá superar o montante indicado na inicial como dano ao erário ou como enriquecimento ilícito (art. 16, §5º).
  - Indisponibilidade recairá sobre bens que assegurem o integral ressarcimento do dano ao erário, sem incidir sobre os valores eventualmente aplicados a título de multa civil ou sobre acréscimo patrimonial decorrente de atividade lícita (art. 16, §10).
  - **Indisponibilidade de bens de terceiro:** depende de sua efetiva concorrência para os atos. Quando se tratar de pessoa jurídica, deverá haver a instauração do incidente de desconsideração da personalidade jurídica, processado na forma da lei processual (art. 16, §7º).
  - **Vedações:** a) decretação de indisponibilidade até 40 salários mínimos depositados em caderneta de poupança, outras aplicações financeiras ou conta-corrente (art. 16, §13); b) decretação de indisponibilidade do bem de família, salvo se comprovado que o imóvel seja fruto de vantagem patrimonial indevida (art. 16, §14).

- **Rito (art. 17):**
- ***Legitimidade ativa*** para propor ação: De acordo com a redação do art. 17, dada pela Lei nº 14.230/2021, somente o Ministério Público poderia propor a ação de improbidade e a pessoa jurídica interessada deveria ser intimada para, caso queira, intervir no processo. Porém, nas ADIs 7042 e 7043, o STF deci-

diu, por maioria: " (a) declarar a inconstitucionalidade parcial, sem redução de texto, do caput e dos §§ 6º-A e 10-C do art. 17, assim como do caput e dos §§ 5º e 7º do art. 17-B, da Lei 8.429/1992, na redação dada pela Lei 14.230/2021, de modo a restabelecer a existência de legitimidade ativa concorrente e disjuntiva entre o Ministério Público e as pessoas jurídicas interessadas para a propositura da ação por ato de improbidade administrativa e para a celebração de acordos de não persecução civil". Na mesma ação, decidiu o STF: "(b) declarar a inconstitucionalidade parcial, com redução de texto, do § 20 do art. 17 da Lei 8.429/1992, incluído pela Lei 14.230/2021, no sentido de que não existe "obrigatoriedade de defesa judicial"; havendo, porém, a possibilidade dos órgãos da Advocacia Pública autorizarem a realização dessa representação judicial, por parte da assessoria jurídica que emitiu o parecer atestando a legalidade prévia"

- Procedimento comum previsto no CPC, salvo o disposto na Lei.
- **Local de propositura da ação:** onde ocorrer o dano ou da pessoa prejudicada.

> Nos termos do decidido pelo STF, na Pet 3240/ DF: **Não há foro por prerrogativa de função** nas ações de improbidade administrativa contra agentes políticos. Para a Corte, o foro por prerrogativa é restrito às ações penais comuns, conforme previsão Constitucional, não se estendendo às ações de improbidade administrativa, cuja natureza é civil. Não obstante a inserção do art. 17-D na Lei de Improbidade Administrativa, que expressamente prevê que a ação de improbidade não é ação civil e que se trata de ação repressiva, de natureza sancionatória e destinada à aplicação de sanções de caráter pessoal, esse entendimento da Suprema Corte não teria porque deixar de ser aplicado porque o foro por prerrogativa de função tem lugar em ações penais.

- Estando a petição inicial em forma, o juiz mandará autuá-la e ordenará a **citação** dos requeridos para que contestem no prazo comum de 30 dias, iniciado na forma do art. 231 do CPC.
- Se houver a possibilidade de solução consensual, poderão as partes requerer ao juiz a interrupção do prazo para a contestação, por prazo não superior a 90 dias (art. 17, §10-A).
- Oferecida a contestação e, se for o caso, ouvido o autor, o juiz: a) procederá ao julgamento conforme o estado do processo, observada a eventual inexistência manifesta do ato de improbidade; b) poderá desmembrar o litisconsórcio, com vistas a otimizar a instrução processual (art. 17, §10-B).
- Após a réplica do Ministério Público, o juiz proferirá decisão, indicando com precisão a tipificação do ato de improbidade administrativa imputável ao réu, vedada a modificação do fato principal e a capitulaçao legal dada pelo autor (art. 17, §10-C).
- Proferida a decisão, as partes serão intimadas a especificar as provas que pretendem produzir (art. 17, §10-E).
- Será nula a decisão de mérito, total ou parcial, que: a) condenar o requerido por tipo diverso do definido na petição inicial; b) condenar o requerido sem produção das provas por ele especificadas (art. 17, §10-F).
- Verificada a inexistência do ato de improbidade, o juiz julgará a demanda improcedente, a qualquer tempo (art. 17, §11).

  ATENÇÃO! Na ação de improbidade: a) o direito tem o direito de ser interrogado sobre os fatos de que trata a ação, e a sua recusa ou o seu silêncio não implicarão confissão (art. 10, §18); b) não se aplicam: I - a presunção de veracidade dos fatos alegados pelo autor em caso de revelia; II - a imposição de ônus da prova ao réu, na forma dos §§ 1º e 2º do art. 373 do CPC; III - o ajuizamento de mais de uma ação de improbidade administrativa pelo mesmo fato, competindo ao Conselho Nacional do Ministério Público dirimir conflitos de atribuições entre membros de Ministérios Públicos distintos; IV - o reexame obrigatório da sentença de improcedência ou de extinção sem resolução de mérito.

**Acordo de não persecução civil (art. 17-B)**

- Possível a celebração, desde que advenham os seguintes resultados:

  a) integral ressarcimento do dano;

  b) reversão à pessoa jurídica lesada da vantagem indevida obtida, ainda que oriunda de agentes privados.
- A celebração do acordo dependerá, **cumulativamente**:

  a) da oitiva do ente federativo lesado, em momento anterior ou posterior à propositura da ação;

  b) da aprovação, no prazo de até 60 dias, pelo órgão do MP competente para apreciar as promoções de arquivamento de inquéritos civis, se anterior ao ajuizamento da ação;

  c) de homologação judicial, independentemente de o acordo ocorrer antes ou depois do ajuizamento da ação de improbidade administrativa.
- Para apuração do valor do dano, o Tribunal de Contas competente deverá ser ouvido em 90 dias, indicando os parâmetros utilizados em sua manifestação (§3º): **ATENÇÃO**! Na ADI 7236, o Min. Alexandre de Moraes deferiu medida cautelar para **suspender a eficácia** desse dispositivo!
- **Momento:** outro ponto que era objeto de dúvidas, antes da edição da Lei, dizia respeito ao momento para a celebração do acordo de não persecução civil. Pela nova redação legal, o acordo poderá ser celebrado no curso da investigação de apuração do ilícito, no curso da ação de improbidade ou no momento de execução da sentença condenatória.
- **Descumprimento:** descumprido o acordo, o investigado ficará impedido de celebrar novo pelo período de 5 anos, contado do conhecimento do MP do efetivo descumprimento.

**Ação de improbidade x Ação civil**

- Nos termos do art. 17-D da LIA, a ação de improbidade é repressiva, de caráter sancionatório, destinando-se à aplicação de sanções de caráter pessoal previstas na Lei. Difere-se, portanto, da ação civil e é vedado o seu ajuizamento para controle da legalidade de políticas públicas e para proteção do patrimônio público e social, do meio ambiente e outros interesses difusos, coletivos e individuais homogêneos.

**Sentença**

- Sentença que julgar procedente a ação fundamentada nos arts. 9º e 10 da Lei (art. 18): condenará ao ressarcimento dos danos e à perda ou reversão dos bens e valores ilicitamente adquiridos, conforme o caso, em favor da pessoa jurídica prejudicada pelo ilícito.
- Para apuração do valor: serão descontados os serviços efetivamente prestados.
- Parcelamento: o juiz poderá autorizar o parcelamento em até 48 parcelas mensais se o réu demonstrar incapacidade de saldar o débito decorrente da condenação.

Afastamento do agente público

- Autoridade judicial poderá determinar o afastamento do agente público do exercício do cargo, emprego ou função, sem prejuízo da remuneração, quando a medida for necessária à instrução processual ou para evitar a prática de novos ilícitos, pelo período de 90 dias, prorrogáveis uma vez por igual período (art. 20).

- **Sentenças civis e penais:** produzirão efeitos em relação à improbidade quando concluírem pela inexistência de conduta ou negativa de autoria (art. 21, §3º).
- **Absolvição criminal**: ação que discuta os mesmos fatos, confirmada por decisão colegiada, impede o trâmite da ação de improbidade, comunicando-se os fundamentos da absolvição previstos no art. 386 do CPP (art. 21, §4º). ATENÇÃO! Na ADI 7236, o Min. Alexandre de Moraes deferiu medida cautelar para **suspender a eficácia** desse dispositivo!
- **Sanções aplicadas em outras esferas:** devem ser compensadas com as aplicadas por esta lei (art. 21, §5º).

**Prescrição (art. 23)**

- **8 anos,** contados da ocorrência do fato ou, no caso de infrações permanentes, no dia em que cessou a permanência.
- **Suspensão da prescrição:** instauração de inquérito civil ou processo administrativo para apuração dos ilícitos suspende o curso do prazo prescricional pelo prazo máximo de 180 dias corridos, recomeçando a correr após a sua conclusão ou, caso não concluído, esgotado o prazo de suspensão.
- **Interrupção do prazo prescricional (art. 23, §4º):**
  a) Ajuizamento da ação de improbidade administrativa;
  b) publicação da sentença condenatória;
  c) publicação da decisão ou acórdão de TJ ou TRF que confirma sentença condenatória ou reforma sentença de improcedência;
  d) publicação da decisão ou acórdão do STJ que confirma acórdão condenatório ou reforma acórdão de improcedência;
  e) publicação de decisão ou acórdão do STF que confirma acórdão condenatório ou reforma acórdão de improcedência.
- Interrompida a prescrição, o prazo recomeça do dia de interrupção, pela metade do prazo de 8 anos.

  STF 843989: "(...) 4) O novo regime prescricional previsto na Lei 14.230/2021 é IRRETROATIVO, aplicando-se os novos marcos temporais a partir da publicação da lei"
- **Capacitação:** dever do poder público oferecer contínua capacitação aos agentes públicos e políticos que atuem com prevenção e repressão de atos de improbidade administrativa (art. 23-A).

**Custas e honorários (art. 23-B)**

- Não haverá adiamento de custas, preparo, emolumentos, honorários periciais e quaisquer outras despesas nas ações e acordos regidos pela lei.
- No caso de procedência da ação, as custas e demais despesas processuais serão pagas ao final.
- Havendo má-fé, haverá condenação em honorários sucumbenciais.

**Improbidade e partidos políticos (art. 23-C).**

"Os atos que ensejem enriquecimento ilícito, perda patrimonial, desvio, apropriação, malbaratamento ou dilapidação de recursos públicos dos partidos políticos, ou de suas fundações, serão responsabilizados nos termos da Lei nº 9.096, de 19 de setembro de 1995". ATENÇÃO! NA ADI 7236, o Min. Alexandre de Moraes deferiu medida cautelar para dar interpretação conforme a esse dispositivo "no sentido de que os atos que ensejem enriquecimento ilícito, perda patrimonial, desvio, apropriação, malbaratamento ou dilapidação de recursos públicos dos partidos políticos, ou de suas fundações, poderão ser responsabilizados nos termos da Lei 9.096/1995, **mas sem prejuízo da incidência da Lei de Improbidade Administrativa**".

**STF ADIs 7042 e 7043**: "O Tribunal, por maioria, julgou parcialmente procedentes os pedidos formulados na ação direta para: (a) declarar a inconstitucionalidade parcial, sem redução de texto, do caput e dos §§ 6º-A e 10-C do art. 17, assim como do caput e dos §§ 5º e 7º do art. 17-B, da Lei 8.429/1992, na redação dada pela Lei 14.230/2021, de modo a restabelecer a existência de legitimidade ativa concorrente e disjuntiva entre o Ministério Público e as pessoas jurídicas interessadas para a propositura da ação por ato de improbidade administrativa e para a celebração de acordos de não persecução civil; (b) declarar a inconstitucionalidade parcial, com redução de texto, do § 20 do art. 17 da Lei 8.429/1992, incluído pela Lei 14.230/2021, no sentido de que não existe "obrigatoriedade de defesa judicial"; havendo, porém, a possibilidade dos órgãos da Advocacia Pública autorizarem a realização dessa representação judicial, por parte da assessoria jurídica que emitiu o parecer atestando a legalidade prévia"

**STF ARE 843989 (Tema 1199)**: "1) É necessária a comprovação de responsabilidade subjetiva para a tipificação dos atos de improbidade administrativa, exigindo-se - nos artigos 9º, 10 e 11 da LIA - a presença do elemento subjetivo - DOLO; 2) A norma benéfica da Lei 14.230/2021 - revogação da modalidade culposa do ato de improbidade administrativa -, é IRRETROATIVA, em virtude do artigo 5º, inciso XXXVI, da Constituição Federal, não tendo incidência em relação à eficácia da coisa julgada; nem tampouco durante o processo de execução das penas e seus incidentes; 3) A nova Lei 14.230/2021 aplica-se aos atos de improbidade administrativa culposos praticados na vigência do texto anterior da lei, porém sem condenação transitada em julgado, em virtude da revogação expressa do texto anterior; devendo o juízo competente analisar eventual dolo por parte do agente; 4) O novo regime prescricional previsto na Lei 14.230/2021 é IRRETROATIVO, aplicando-se os novos marcos temporais a partir da publicação da lei"."

## 18. LGPD (LEI GERAL DE PROTEÇÃO DE DADOS) (LEI Nº 13.709/2018)

- A Lei Geral de Proteção de Dados dispõe sobre o tratamento de dados pessoais, inclusive nos meios digitais, por pessoa natural ou pessoa jurídica de direito público ou privado, com objetivo de proteger os direitos fundamentais de liberdade e de privacidade e o livre desenvolvimento da personalidade da pessoa natural (art. 1º), e, por ser de caráter nacional, deve ser observada pela União, Estados, Distrito Federal e Municípios.
- É aplicável a qualquer operação de tratamento realizada por pessoa natural ou jurídica de **direito público ou privado**, independentemente do meio, do país de sua sede ou do país onde estejam localizados os dados, desde que (art. 3º): I) a operação de tratamento seja realizada no território nacional; II) a atividade de tratamento tenha por objetivo a oferta ou o fornecimento de bens ou serviços ou o tratamento de dados de indivíduos localizados no território nacional; ou III) os dados pessoais objeto do tratamento tenham sido coletados no território nacional.
- Conforme a LGPD, o tratamento de dados pessoais, como regra, exige consentimento pelo titular. Consentimento, segundo a LGPD, é a manifestação livre, informada e inequívoca pela qual o titular concorda com o tratamento de seus dados pessoais para uma finalidade determinada (art. 5º, XII). No entanto, o tratamento e uso compartilhado realizado pela Administração Pública, necessários à execução de políticas públicas previstas em leis e regulamentos ou respaldadas em contratos, convênios ou congêneres (art. 7º, III) pode ser

realizado sem consentimento específico, devendo o titular ser informado sobre o tratamento de seus dados.

- Por sua vez, o tratamento de dados pessoais de acesso público deve considerar a finalidade, a boa-fé e o interesse público que justificaram sua disponibilização (art. 7º, §3º), sendo dispensado também o consentimento do titular quando este tornar os dados manifestamente públicos, resguardados, no entanto, seus direitos e os princípios previstos na LGPD (art. 7º, §4º).
- O tratamento de dados pessoais pelas pessoas jurídicas de direito público referidas no parágrafo único do art. 1º da Lei de Acesso à Informação deverá ser realizado para o atendimento de sua finalidade pública, devendo observar dois requisitos (art. 23): I) sejam informadas as hipóteses em que, no exercício de suas competências, realizam o tratamento de dados pessoais, fornecendo informações claras e atualizadas sobre a previsão legal, a finalidade, os procedimentos e as práticas utilizadas para a execução dessas atividades, em veículos de fácil acesso, preferencialmente em seus sítios eletrônicos; e II) seja indicado um encarregado quando realizarem operações de tratamento de dados pessoais, nos termos do art. 39 da LGPD.
- Poderá o Poder Público realizar compartilhamento interno, dentro da própria Administração Pública, objetivando a execução de políticas públicas, à prestação de serviços públicos, à descentralização da atividade pública e à disseminação e ao acesso das informações pelo público em geral (art. 25).
- É vedado o compartilhamento externo de dados, isto é, veda-se ao Poder Público transferir a entidades privadas os dados pessoais que constem de bases de dados a que tenha acesso, exceto (art. 26, §1º): I) em casos de execução descentralizada da atividade pública que exija a transferência exclusivamente para esse fim específico e determinado, observando a Lei de Acesso à Informação; II) nos casos em que os dados forem acessíveis publicamente; III) quando houver previsão em lei ou a transferência for respaldada por contratos, convênios ou instrumentos congêneres; ou IV) na hipótese de a transferência objetivar exclusivamente a prevenção de fraudes e irregularidades, ou proteger e resguardar a segurança e a integridade do titular dos dados, desde que vedado o tratamento para outras finalidades. Inclusive, as empresas públicas e sociedades de economia mista que atuam no mercado em regime de concorrência, terão o mesmo tratamento dado às pessoas jurídicas de direito privado. Por sua vez, se tais entidades estiverem operacionalizando políticas públicas e no âmbito da execução delas, terão o mesmo tratamento dispensado aos órgãos e às entidades do Poder Público (art. 24).

Leandro Bortoleto

# ✦ SÚMULAS APLICÁVEIS

## ✦ STF

### PRINCÍPIOS DA ADMINISTRAÇÃO PÚBLICA

- **STF 636**: "Não cabe recurso extraordinário por contrariedade ao princípio constitucional da legalidade, quando a sua verificação pressuponha rever a interpretação dada a normas infraconstitucionais pela decisão recorrida".

### SERVIDOR PÚBLICO

- **SÚMULA VINCULANTE nº 33:** "Aplicam-se ao servidor público, no que couber, as regras do Regime Geral de Previdência Social sobre aposentadoria especial de que trata o artigo 40, parágrafo 4º, inciso III, da Constituição Federal, até edição de lei complementar específica".
- ***Súmula vinculante 21*** – É inconstitucional a exigência de depósito ou arrolamento prévios de dinheiro ou bens para admissibilidade de recurso administrativo.
- ***Súmula Vinculante 5*** – A falta de defesa técnica por advogado no processo administrativo disciplinar não ofende a Constituição.
- ***Súmula vinculante 3*** – Nos processos perante o Tribunal de Contas da União asseguram-se o contraditório e a ampla defesa quando da decisão puder resultar anulação ou revogação de ato administrativo que beneficie o interessado, excetuada a apreciação da legalidade do ato de concessão inicial de aposentadoria, reforma e pensão.
- ***STF 21*** – Funcionário em estágio probatório não pode ser exonerado nem demitido sem inquérito ou sem as formalidades legais de apuração de sua capacidade.
- ***STF 20*** – É necessário processo administrativo, com ampla defesa, para demissão de funcionário admitido por concurso.
- ***STF 19*** – É inadmissível segunda punição de servidor público, baseada no mesmo processo em que se fundou a primeira.
- ***STF 18*** – Pela falta residual, não compreendida na absolvição pelo juízo criminal, é admissível a punição administrativa do servidor público.

### CONCURSO PÚBLICO

- **SÚMULA VINCULANTE Nº 44**: "Só por lei se pode sujeitar a exame psicotécnico a habilitação de candidato a cargo público".
- **SÚMULA VINCULANTE Nº 43**: "É inconstitucional toda modalidade de provimento que propicie ao servidor investir-se, sem prévia aprovação em concurso público destinado ao seu provimento, em cargo que não integra a carreira na qual anteriormente investido".
- ***STF 684*** – É inconstitucional o veto nao motivado à participação de candidato a concurso público.
- ***STF 683*** – O limite de idade para a inscrição em concurso público só se legitima em face do art. 7º, XXX, da Constituição, quando possa ser justificado pela natureza das atribuições do cargo a ser preenchido.
- ***STF 17*** – A nomeação de funcionário sem concurso pode ser desfeita antes da posse.
- ***STF 16*** – Funcionário nomeado por concurso tem direito a posse.
- ***STF 15*** – Dentro do prazo de validade do concurso, o candidato aprovado tem o direito a nomeação, quando o cargo for preenchido sem observância da classificação.

### DEMISSÃO

- ***STF 25*** – A nomeação a termo não impede a livre demissão, pelo Presidente da República, de ocupante de cargo dirigente de autarquia.
- ***STF 8*** – Diretor de sociedade de economia mista pode ser destituído no curso do mandato.

### DISPONIBILIDADE

- ***STF 39*** – À falta de lei, funcionário em disponibilidade não pode exigir, judicialmente, o seu aproveitamento, que fica subordinado ao critério de conveniência da Administração.

- ***STF 22*** – O estágio probatório não protege o funcionário contra a extinção do cargo.

## REMUNERAÇÃO

- **SÚMULA VINCULANTE Nº 55:** O direito ao auxílio-alimentação não se estende aos servidores inativos.
- **SÚMULA VINCULANTE Nº 42:** É inconstitucional a vinculação do reajuste de vencimentos de servidores estaduais ou municipais a índices federais de correção monetária.
- **SÚMULA VINCULANTE nº 37:** Não cabe ao Poder Judiciário, que não tem função legislativa, aumentar vencimentos de servidores públicos sob o fundamento de isonomia.
- ***Súmula Vinculante 20*** – A Gratificação de Desempenho de Atividade Técnico-Administrativa - GDATA, instituída pela Lei nº 10.404/2002, deve ser deferida aos inativos nos valores correspondentes a 37,5 (trinta e sete vírgula cinco) pontos no período de fevereiro a maio de 2002 e, nos termos do art. 5º, parágrafo único, da Lei nº 10.404/2002, no período de junho de 2002 até a conclusão dos efeitos do último ciclo de avaliação a que se refere o art. 1º da Medida Provisória nº 198/2004, a partir da qual passa a ser de 60 (sessenta) pontos.
- ***Súmula Vinculante 16*** – Os artigos 7º, IV, e 39, § 3º (redação da EC 19/98), da Constituição, referem-se ao total da remuneração percebida pelo servidor público.
- ***Súmula Vinculante 15*** – O cálculo de gratificações e outras vantagens do servidor público não incide sobre o abono utilizado para se atingir o salário mínimo.
- ***Súmula vinculante 6*** – Não viola a constituição o estabelecimento de remuneração inferior ao salário mínimo para as praças prestadoras de serviço militar inicial.
- ***Súmula Vinculante 4*** – Salvo os casos previstos na Constituição Federal, o salário mínimo não pode ser usado como indexador de base de cálculo de vantagem de servidor público ou de empregado, nem ser substituído por decisão judicial.
- ***STF 682*** – Não ofende a Constituição a correção monetária no pagamento com atraso dos vencimentos de servidores públicos.
- ***STF 672*** – O reajuste de 28,86%, concedido aos servidores militares pelas leis 8.622/93 e 8.627/93, estende-se aos servidores civis do Poder Executivo, observadas as eventuais compensações decorrentes dos reajustes diferenciados concedidos pelos mesmos diplomas legais.
- ***STF 671*** – Os servidores públicos e os trabalhadores em geral têm direito, no que concerne à URP de abril/maio de 1988, apenas ao valor correspondente a 7/30 de 16,19% sobre os vencimentos e salários pertinentes aos meses de abril e maio de 1988, não cumulativamente, devidamente corrigido até o efetivo pagamento.
- ***STF 359*** – Ressalvada a revisão prevista em lei, os proventos da inatividade regulam-se pela lei vigente ao tempo em que o militar, ou o servidor civil, reuniu os requisitos necessários.
- ***STF 339*** – Não cabe ao Poder Judiciário, que não tem função legislativa, aumentar vencimentos de servidores públicos sob fundamento de isonomia.

## TEMPO DE SERVIÇO

- ***STF 726*** – Para efeito de aposentadoria especial de professores, não se computa o tempo de serviço prestado fora da sala de aula. ***Atenção:*** em 29/10/2008, o STF, por maioria, no julgamento da ADI 3.772, decidiu que a atividade de magistério não é restrita ao trabalho em sala de aula e que dela fazem parte as funções de direção, coordenação e assessoramento pedagógico, desde que exercidas, em estabelecimentos de ensino básico, por professores de carreira, excluídos os especialistas em educação.
- ***STF 567*** – A Constituição, ao assegurar, no § 3º, do art. 102, a contagem integral do tempo de serviço público federal, estadual ou municipal para os efeitos de aposentadoria e disponibilidade não proíbe à União, aos Estados e aos Municípios mandarem contar, mediante lei, para efeito diverso, tempo de serviço prestado a outra pessoa de direito público interno.

## VITALICIEDADE

- ***STF 47*** – Reitor de universidade não é livremente demissível pelo Presidente da República durante o prazo de sua investidura.
- ***STF 46*** – Desmembramento de serventia de justiça não viola o princípio de vitaliciedade do serventuário.
- ***STF 36*** – Servidor vitalício está sujeito a aposentadoria compulsória, em razão da idade.

## NOMEAÇÃO PARA CARGO EM COMISSÃO (NEPOTISMO)

- ***Súmula Vinculante 13*** – A nomeação de cônjuge, companheiro ou parente em linha reta, colateral ou por afinidade, até o terceiro grau, inclusive, da autoridade nomeante ou de servidor da mesma pessoa jurídica, investido em cargo de direção, chefia ou assessoramento, para o exercício de cargo em comissão ou de confiança, ou, ainda, de função gratificada na Administração Pública direta e indireta, em qualquer dos Poderes da União, dos Estados, do Distrito Federal e dos municípios, compreendido o ajuste mediante designações recíprocas, viola a Constituição Federal.

## PODER DE POLÍCIA

- ***Súmula Vinculante 49*** – Ofende o princípio da livre concorrência lei municipal que impede a instalação de estabelecimentos comerciais do mesmo ramo em determinada área.
- ***STF 645*** – É competente o município para fixar o horário de funcionamento de estabelecimento comercial.
- ***STF 419*** – Os municípios têm competência para regular o horário do comércio local, desde que não infrinjam leis estaduais ou federais válidas.
- ***STF 397*** – O poder de polícia da Câmara dos Deputados e do Senado Federal, em caso de crime cometido nas suas dependências, compreende, consoante o regimento, a prisão em flagrante do acusado e a realização do inquérito.

## ATO ADMINISTRATIVO

- ***STF 473*** – A administração pode anular seus próprios atos, quando eivados de vícios que os tornam ilegais, porque deles não se originam direitos; ou revogá-los, por motivo de conveniência ou oportunidade, respeitados os direitos adquiridos, e ressalvada, em todos os casos, a apreciação judicial.
- ***STF 346*** – A Administração Pública pode declarar a nulidade dos seus próprios atos.

## BENS PÚBLICOS

- ***STF 650*** – Os incisos I e XI do art. 20 da Constituição Federal não alcançam terras de aldeamentos extintos, ainda que ocupadas por indígenas em passado remoto.
- ***STF 480*** – Pertencem ao domínio e administração da União, nos termos dos artigos 4º, IV, e 186, da Constituição Federal de 1967, as terras ocupadas por silvícolas.

- ***STF 479*** – As margens dos rios navegáveis são domínio público, insuscetíveis de expropriação e, por isso mesmo, excluídas de indenização.
- ***STF 477*** – As concessões de terras devolutas situadas na faixa de fronteira, feitas pelos Estados, autorizam, apenas, o uso, permanecendo o domínio com a União, ainda que se mantenha inerte ou tolerante, em relação aos possuidores.

## DESAPROPRIAÇÃO

- ***STF 652*** – Não contraria a Constituição o art. 15, § 1º, do DL. 3.365/41 (Lei da Desapropriação por Utilidade Pública).
- ***STF 618*** – Na desapropriação, direta ou indireta, a taxa dos juros compensatórios é de 12% (doze por cento) ao ano.
- ***STF 617*** – A base de cálculo dos honorários de advogado em desapropriação é a diferença entre a oferta e a indenização, corrigidas ambas monetariamente.
- ***STF 561*** – Em desapropriação, é devida a correção monetária até a data do efetivo pagamento da indenização, devendo proceder-se à atualização do cálculo, ainda que por mais de uma vez.
- ***STF 476*** – Desapropriadas as ações de uma sociedade, o poder desapropriante, imitido na posse, pode exercer, desde logo, todos os direitos inerentes aos respectivos títulos.
- ***STF 475*** – A Lei 4.686, de 21.06.1965, tem aplicação imediata aos processos em curso, inclusive em grau de recurso extraordinário.
- ***STF 416*** – Pela demora no pagamento do preço da desapropriação não cabe indenização complementar além dos juros.
- ***STF 378*** – Na indenização por desapropriação incluem-se honorários do advogado do expropriado.
- ***STF 164*** – No processo de desapropriação, são devidos juros compensatórios desde a antecipada imissão de posse, ordenada pelo juiz, por motivo de urgência.
- ***STF 157*** – É necessária prévia autorização do Presidente da República para desapropriação, pelos Estados, de empresa de energia elétrica.
- ***STF 23*** – Verificados os pressupostos legais para o licenciamento da obra, não o impede a declaração de utilidade pública para desapropriação do imóvel, mas o valor da obra não se incluirá na indenização, quando a desapropriação for efetivada.

# ✦ STJ

## PRINCÍPIOS DA ADMINISTRAÇÃO PÚBLICA

- ***STJ 615:*** Não pode ocorrer ou permanecer a inscrição do município em cadastros restritivos fundada em irregularidades na gestão anterior quando, na gestão sucessora, são tomadas as providências cabíveis à reparação dos danos eventualmente cometidos.

## SERVIDOR PÚBLICO

- ***STJ 651*** – "Compete à autoridade administrativa aplicar a servidor público a pena de demissão em razão da prática de improbidade administrativa, independentemente de prévia condenação, por autoridade judiciária, à perda da função pública. "
- ***STJ 650*** – "A autoridade administrativa não dispõe de discricionariedade para aplicar ao servidor pena diversa de demissão quando caraterizadas as hipóteses previstas no artigo 132 da Lei 8.112/1990."
- ***STJ 601*** – O Ministério Público tem legitimidade ativa para atuar na defesa de direitos difusos, coletivos e individuais homogêneos dos consumidores, ainda que decorrentes da prestação de serviço público.
- ***STJ 378*** – Reconhecido o desvio de função, o servidor faz jus às diferenças salariais decorrentes.
- ***STJ 218*** – Compete à justiça dos estados processar e julgar ação de servidor estadual decorrente de direitos e vantagens estatutárias no exercício de cargo em comissão.
- ***STJ 173*** – Compete à justiça federal processar e julgar o pedido de reintegração em cargo público federal, ainda que o servidor tenha sido dispensado antes da instituição do Regime Jurídico Único.
- ***STJ 170*** – Compete ao juízo onde primeiro for intentada a ação envolvendo acumulação de pedidos, trabalhista e estatutário, decidi-la nos limites da sua jurisdição, sem prejuízo do ajuizamento de nova causa, com o pedido remanescente, no juízo próprio.
- ***STJ 137*** – Compete à justiça comum estadual processar e julgar ação de servidor público municipal, pleiteando direitos relativos ao vínculo estatutário.
- ***STJ 97*** – Compete à justiça do trabalho processar e julgar reclamação de servidor público relativamente a vantagens trabalhistas anteriores à instituição do Regime Jurídico Único.
- ***STJ 635***: "Os prazos prescricionais previstos no artigo 142 da Lei 8.112/1990 iniciam-se na data em que a autoridade competente para a abertura do procedimento administrativo toma conhecimento do fato, interrompem-se com o primeiro ato de instauração válido – sindicância de caráter punitivo ou processo disciplinar – e voltam a fluir por inteiro, após decorridos 140 dias desde a interrupção."

## CONCURSO PÚBLICO

- ***STJ 377*** – O portador de visão monocular tem direito de concorrer, em concurso público, às vagas reservadas aos deficientes.
- ***STJ 266*** – O diploma ou habilitação legal para o exercício do cargo deve ser exigido na posse e não na inscrição para o concurso público.

## PROCESSO ADMINISTRATIVO

- ***STJ 467*** – Prescreve em cinco anos, contados do término do processo administrativo, a pretensão da Administração Pública de promover a execução da multa por infração ambiental.
- ***STJ 373*** – É ilegítima a exigência de depósito prévio para admissibilidade de recurso administrativo.
- ***STJ 591*** – É permitida a prova emprestada no processo administrativo disciplinar, desde que devidamente autorizada pelo juízo competente e respeitados o contraditório e a ampla defesa.
- ***STJ 592*** – O excesso de prazo para a conclusão do processo administrativo disciplinar só causa nulidade se houver demonstração de prejuízo à defesa.
- ***STJ 611*** – Desde que devidamente motivada e com amparo em investigação ou sindicância, é possível a instauração de processo administrativo disciplinar com base em denúncia anônima, em face do poder-dever de autotutela imposto à Administração
- ***STJ 633***- "A Lei 9.784/1999, especialmente no que diz respeito ao prazo decadencial para a revisão de atos administrativos no âmbito da Administração Pública federal, pode ser aplicada, de forma subsidiária, aos estados e municípios, se inexistente norma local e específica que regule a matéria."

ADMINISTRATIVO

- ***STJ 641*** – A portaria de instauração do processo administrativo disciplinar prescinde da exposição detalhada dos fatos a serem apurados.

## BENS PÚBLICOS

- ***STJ 619*** – A ocupação indevida de bem público configura mera detenção, de natureza precária, insuscetível de retenção ou indenização por acessões e benfeitorias.
- ***STJ 496*** – Os registros de propriedade particular de imóveis situados em terrenos de marinha não são oponíveis à União.
- ***STJ 238*** – A avaliação da indenização devida ao proprietário do solo, em razão de alvará de pesquisa mineral, é processada no juízo estadual da situação do imóvel.
- ***STJ 103*** – Incluem-se entre os imóveis funcionais que podem ser vendidos os administrados pelas Forças Armadas e ocupados pelos servidores civis.

## DESAPROPRIAÇÃO

- ***STJ 354*** – A invasão do imóvel é causa de suspensão do processo expropriatório para fins de reforma agrária.
- ***STJ 141*** – Os honorários de advogado em desapropriação direta são calculados sobre a diferença entre a indenização e a oferta, corrigidas monetariamente.
- ***STJ 131*** – Nas ações de desapropriação incluem-se no cálculo da verba advocatícia as parcelas relativas aos juros compensatórios e moratórios, devidamente corrigidas.
- ***STJ 114*** – Os juros compensatórios, na desapropriação indireta, incidem a partir da ocupação, calculados sobre o valor da indenização, corrigido monetariamente.
- ***STJ 113*** – Os juros compensatórios, na desapropriação direta, incidem a partir da imissão na posse, calculados sobre o valor da indenização, corrigido monetariamente.
- ***STJ 102*** – A incidência dos juros moratórios sobre os compensatórios, nas ações expropriatórias, não constitui anatocismo vedado em lei.
- ***STJ 70*** – Os juros moratórios, na desapropriação direta ou indireta, contam-se desde o trânsito em julgado da sentença.
- ***STJ 69*** – Na desapropriação direta, os juros compensatórios são devidos desde a antecipada imissão na posse e, na desapropriação indireta, a partir da efetiva ocupação do imóvel.
- ***STJ 67*** – Na desapropriação, cabe a atualização monetária, ainda que por mais de uma vez, independente do decurso de prazo superior a um ano entre o cálculo e o efetivo pagamento da indenização.
- ***STJ 56*** – Na desapropriação para instituir servidão administrativa são devidos os juros compensatórios pela limitação de uso da propriedade.
- ***STJ 12*** – Em desapropriação, são cumuláveis juros compensatórios e moratórios.

## RESPONSABILIDADE CIVIL DO ESTADO

- ***STJ 634.*** "São imprescritíveis as ações indenizatórias por danos morais e materiais decorrentes de atos de perseguição política com violação de direitos fundamentais ocorridos durante o regime militar."
- ***STJ 652:*** "A responsabilidade civil da Administração Pública por danos ao meio ambiente, decorrente de sua omissão no dever de fiscalização, é de caráter solidário, mas de execução subsidiária."

## IMPROBIDADE

- ***STJ 634:*** "Ao particular aplica-se o mesmo regime prescricional previsto na Lei de Improbidade Administrativa para o agente público."

# Direito Penal

***Rogério Sanches Cunha***

## TABELA DE INCIDÊNCIA DE QUESTÕES

| Distribuição das questões organizada por ordem didática de assuntos | | |
|---|---|---|
| **Assunto** | **Número de Questões** | **Peso** |
| 1. PRINCÍPIOS | 2 | 0,97% |
| 2. LEI PENAL | 1 | 0,49% |
| 3. LEI PENAL NO TEMPO | 7 | 3,40% |
| 4. LEI PENAL NO ESPAÇO | 5 | 2,43% |
| 5. CONFLITO APARENTE DE NORMAS | 2 | 0,97% |
| 6. TEORIA DO DELITO | 4 | 1,94% |
| 7. RELAÇÃO DE CAUSALIDADE | 10 | 4,85% |
| 8. CONSUMAÇÃO E TENTATIVA | 2 | 0,97% |
| 9. ARREPENDIMENTO POSTERIOR | 1 | 0,49% |
| 10. CRIME IMPOSSÍVEL | 2 | 0,97% |
| 11. CULPA | 1 | 0,49% |
| 12. ERRO | 10 | 4,85% |
| 13. EXCLUSÃO DA ILICITUDE | 6 | 2,91% |
| 14. CULPABILIDADE | 1 | 0,49% |
| 15. EXCLUSÃO DA CULPABILIDADE | 3 | 1,46% |
| 16. CONCURSO DE PESSOAS | 11 | 5,34% |
| 17. PENAS RESTRITIVAS DE DIRETOS | 4 | 1,94% |
| 18. APLICAÇÃO DA PENA | 9 | 4,37% |
| 19. CONCURSO DE CRIMES | 6 | 2,91% |
| 20. SUSPENSÃO CONDICIONAL DA PENA | 3 | 1,46% |
| 21. LIVRAMENTO CONDICIONAL | 2 | 0,97% |
| 22. EFEITOS DA CONDENAÇÃO | 1 | 0,49% |
| 23. MEDIDAS DE SEGURANÇA | 1 | 0,49% |
| 24. AÇÃO PENAL | 2 | 0,97% |
| 25. EXTINÇÃO DA PUNIBILIDADE | 13 | 6,31% |
| 26. HOMICÍDIO | 3 | 1,46% |
| 27. INDUZIMENTO, INSTIGAÇÃO OU AUXÍLIO AO SUICÍDIO | 1 | 0,49% |
| 28. INFANTICÍDIO | 3 | 1,46% |
| 29. ABORTO | 1 | 0,49% |
| 30. LESÃO CORPORAL | 2 | 0,97% |
| 31. ABANDONO DE INCAPAZ | 1 | 0,49% |
| 32. EXPOSIÇÃO OU ABANDONO DE RECÉM-NASCIDO | 1 | 0,49% |
| 33. CRIMES CONTRA A HONRA | 5 | 2,43% |
| 34. CONSTRANGIMENTO ILEGAL | 1 | 0,49% |
| 35. SEQUESTRO | 1 | 0,49% |

| | | |
|---|---|---|
| 36. FURTO | 9 | 4,37% |
| 37. ROUBO | 3 | 1,46% |
| 38. EXTORSÃO MEDIANTE SEQUESTRO | 1 | 0,49% |
| 39. ESTELIONATO | 3 | 1,46% |
| 40. ESCUSAS ABSOLUTÓRIAS | 1 | 0,49% |
| 41. ESTUPRO | 3 | 1,46% |
| 42. VIOLAÇÃO SEXUAL MEDIANTE FRAUDE | 1 | 0,49% |
| 43. ASSÉDIO SEXUAL | 1 | 0,49% |
| 44. ESTUPRO DE VULNERÁVEL | 3 | 1,46% |
| 45. INCÊNDIO | 1 | 0,49% |
| 46. DESABAMENTO OU DESMORONAMENTO | 1 | 0,49% |
| 47. INCITAÇÃO AO CRIME | 1 | 0,49% |
| 48. ASSOCIAÇÃO CRIMINOSA | 3 | 1,46% |
| 49. MOEDA FALSA | 1 | 0,49% |
| 50. FALSIDADE IDEOLÓGICA | 3 | 1,46% |
| 51. PECULATO | 1 | 0,49% |
| 52. INSERÇÃO DE DADOS FALSOS EM SISTEMA DE INFORMAÇÃO | 1 | 0,49% |
| 53. EXTRAVIO, SONEGAÇÃO OU INUTILIZAÇÃO DE LIVRO OU DOCUMENTO | 1 | 0,49% |
| 54. CONCUSSÃO | 1 | 0,49% |
| 55. CORRUPÇÃO PASSIVA | 2 | 0,97% |
| 56. PREVARICAÇÃO | 2 | 0,97% |
| 57. DESOBEDIÊNCIA | 1 | 0,49% |
| 58. DESCAMINHO | 1 | 0,49% |
| 59. DENUNCIAÇÃO CALUNIOSA | 3 | 1,46% |
| 60. FAVORECIMENTO REAL | 1 | 0,49% |
| 61. LEGISLAÇÃO ESPECIAL | 29 | 14,08% |
| **Total** | **206** | **100%** |

Rogério Sanches Cunha

## ✦ QUESTÕES

## 1. PRINCÍPIOS

**01. (FGV – OAB 2012.1 – prova reaplicada em Duque de Caxias/RJ)** Acerca dos princípios que limitam e informam o Direito Penal, assinale a afirmativa correta.

a) O princípio da insignificância diz respeito aos comportamentos aceitos no meio social.

b) A conduta da mãe que autoriza determinada enfermeira da maternidade a furar a orelha de sua filha recém-nascida não configura crime de lesão corporal por conta do princípio da adequação social.

c) O princípio da legalidade não se aplica às medidas de segurança, que não possuem natureza de pena, tanto que somente quanto a elas se refere o art. 1º do Código Penal.

d) O princípio da lesividade impõe que a responsabilidade penal seja exclusivamente subjetiva, ou seja, a conduta penalmente relevante deve ter sido praticada com consciência e vontade ou, ao menos, com a inobservância de um dever objetivo de cuidado.

**COMENTÁRIOS**

✪ **Nota do autor:** há duas diferenças básicas entre a lei e os princípios. A primeira diz respeito à solução de conflito existente entre ambos. Havendo embate entre leis, somente uma delas prevalecerá, afastando-se as demais. No caso de embate entre princípios, invoca-se a proporcionalidade (ou ponderação de valores), aplicando-os em conjunto, na medida de sua compatibilidade. Outra diferença está no plano da concretude. Malgrado ambos sejam dotados de aplicação abstrata, os princípios possuem maior abstração quando comparados à lei, pois enquanto esta é elaborada para reger abstratamente determinado fato, os princípios se aplicam a um grupo indefinido de hipóteses.

**Alternativa "a":** o princípio da insignificância não diz respeito a práticas socialmente aceitas, lembrando que o comportamento de alguém que, por exemplo, subtrai o patrimônio alheio, ainda que a lesividade seja ínfima, não é jamais aceito pela sociedade. Trata-se, tão somente, de desdobramento lógico da fragmentariedade (característica da intervenção mínima), impedindo que o Direito Penal incida sobre fatos que não ofendam efetivamente o bem jurídico tutelado. Ainda que o legislador crie tipos incriminadores em observância aos princípios gerais do Direito Penal, poderá ocorrer situação em que a ofensa concretamente perpetrada seja diminuta, isto é, que não seja capaz de atingir materialmente e de forma relevante o bem jurídico.

**Alternativa "b":** o princípio da adequação social foi idealizado por Hans Welzel, definindo que, apesar de uma conduta se subsumir ao modelo legal, não será considerada típica se for socialmente adequada ou reconhecida, isto é, se estiver de acordo com a ordem social da vida historicamente condicionada (a lei dissociada da realidade social). O princípio da adequação tem duas funções precípuas: a) de restringir o âmbito de abrangência do tipo penal (limitando sua interpretação ao excluir as condutas socialmente aceitas); b) de orientar o legislador na seleção dos bens jurídicos a serem tutelados, atuando, também, no processo de descriminalização de condutas. Assim, o princípio da adequação social e o princípio da intervenção mínima apresentam as mesmas funções, embora tenham distintos fundamentos – aquele, a aceitação da conduta pela sociedade; este, a ínfima relevância da lesão ao bem jurídico.

**Alternativa "c":** a medida de segurança é espécie de sanção penal, como tal, se submete integralmente ao princípio da legalidade (reserva legal + anterioridade). Há, no entanto, posicionamento doutrinário (minoritário) no sentido de que a medida de segurança, com função meramente terapêutica, não se submete ao princípio da legalidade.

**Alternativa "d":** o princípio da lesividade ou da ofensividade é conhecido pelo brocardo latino *nullum crimen sine iniuria* determina que o fato praticado, para configurar infração penal, deve causar efetiva lesão ou perigo de lesão ao bem jurídico tutelado. Explica Luiz Flávio Gomes que o princípio da ofensividade está atrelado à concepção dualista da norma penal, isto é, a norma pode ser primária (delimita o âmbito do proibido) ou secundária (cuida do castigo, do âmbito da sancionabilidade). A norma primária, por seu turno, possui dois aspectos: (a) ela é valorativa (existe para a proteção de um valor); e (b) também imperativa (impõe uma determinada pauta de conduta). O aspecto valorativo da norma fundamenta o injusto penal, isto é, só existe crime quando há ofensa concreta a esse bem jurídico. Daí se conclui que o crime exige, sempre, *desvalor da ação (a realização de uma conduta)* assim como desvalor do resultado (afetação concreta de um bem jurídico). Sem ambos os desvalores não há injusto penal (não há crime). Este princípio não se relaciona com a responsabilidade penal subjetiva, que pressupõe, para a imputação do crime, que o agente tenha agido com dolo ou culpa.

**Alternativa correta: letra "b".**

**02. (FGV – Exame de Ordem 2014.2)** O Presidente da República, diante da nova onda de protestos, decide, por meio de medida provisória, criar um novo tipo penal para coibir os atos de vandalismo. A medida provisória foi convertida em lei, sem impugnações. Com base nos dados fornecidos, assinale a opção correta.

a) Não há ofensa ao princípio da reserva legal na criação de tipos penais por meio de medida provisória, quando convertida em lei.

b) Não há ofensa ao princípio da reserva legal na criação de tipos penais por meio de medida provisória, pois houve avaliação prévia do Congresso Nacional.

c) Há ofensa ao princípio da reserva legal, pois não é possível a criação de tipos penais por meio de medida provisória.

d) Há ofensa ao princípio da reserva legal, pois não cabe ao Presidente da República a iniciativa de lei em matéria penal.

COMENTÁRIOS

**Alternativa "a" (responde, também, as alternativas "b" e "c"):** segundo o princípio da reserva legal, a infração penal somente pode ser criada por lei em sentido estrito, ou seja, lei complementar ou lei ordinária, aprovadas e sancionadas de acordo com o processo legislativo respectivo, previsto na CF/88 e nos regimes internos da Câmara dos Deputados e Senado Federal. Desta maneira, consoante lições de Paulo Queiroz: "Medida provisória não pode definir infrações penais ou cominar penas. Quer pela efemeridade, quer pela incerteza que traduz, dada a possibilidade de sua não conversão em lei ou de sua rejeição pelo Congresso Nacional, é claramente incompatível com o postulado de segurança jurídica que o princípio quer assegurar. Dificilmente se poderá compatibilizar ainda os pressupostos de relevância e urgência da medida com pretensões criminalizadoras, sobretudo à vista dos múltiplos constrangimentos que podem ocorrer no curto espaço de sua vigência" (*Direito Penal – Parte Geral*, p. 41).

**Alternativa "d":** a ofensa ao princípio da reserva legal não tem relação com a iniciativa de lei em matéria penal, mas à vedação a que medida provisória verse sobre lei penal incriminadora.

**Alternativa correta: letra "c".**

## 2. LEI PENAL

**03. (FGV – Exame de Ordem 2013.2)** O Art. 33 da Lei n. 11.343/06 (Lei Antidrogas) diz: "Importar, exportar, remeter, preparar, produzir, fabricar, adquirir, vender, expor à venda, oferecer, ter em depósito, transportar, trazer consigo, guardar, prescrever, ministrar, entregar a consumo ou fornecer drogas, ainda que gratuitamente, sem autorização ou em desacordo com determinação legal ou regulamentar. Pena – reclusão de 5 (cinco) a 15 (quinze) anos e pagamento de 500 (quinhentos) a 1.500 (mil e quinhentos) dias-multa." Analisando o dispositivo acima, pode-se perceber que nele não estão inseridas as espécies de drogas não autorizadas ou que se encontram em desacordo com determinação legal ou regulamentar.

Dessa forma, é correto afirmar que se trata de uma norma penal

a) em branco homogênea.
b) em branco heterogênea.
c) incompleta (ou secundariamente remetida).
d) em branco inversa (ou ao avesso).

COMENTÁRIOS

✪ **Nota do autor:** temos respeitável doutrina questionando a constitucionalidade da norma penal em branco, quando complementada por norma inferior (norma penal em branco heterogênea, ou própria), pois implicaria em violação da reserva legal e divisão de poderes. Neste sentido, Rogério Greco aduz que a norma penal em branco heterogênea impossibilita a discussão amadurecida da sociedade a respeito do complemento, o que acontece quando os projetos de lei são submetidos ao devido processo legislativo (com aprovação em ambas as Casas do Congresso Nacional) (*Curso de Direito Penal – Parte Geral*. Vol. 1, p. 23-24).

**Alternativa "a":** a norma penal em branco imprópria (ou em sentido amplo ou homogênea) é aquela em que o complemento normativo emana do próprio legislador, ou seja, da mesma fonte de produção normativa. Por motivos de técnica legislativa, o complemento poderá ser encontrado no próprio diploma legal ou em diploma legal diverso. Assim, teremos: a) *norma penal em branco imprópria homovitelina*: o complemento emana da mesma instância legislativa (norma incompleta e seu complemento integram a mesma estrutura normativa). Exemplo: o artigo 312 do Código Penal trata do crime de peculato, conduta praticada por funcionário público. O conceito de funcionário público, para fins penais, está positivado em outro artigo, mais precisamente o 327, também do Código Penal; b) *norma penal em branco heterovitelina*: o complemento da norma emana de instância legislativa diversa (norma incompleta e seu complemento integram estruturas normativas diversas). Exemplo: o artigo 236 do Código Penal depende de complemento encontrado no Código Civil, instância legislativa diversa que trata dos impedimentos para o casamento.

**Alternativa "b":** a norma penal em branco própria (ou em sentido estrito ou heterogênea) é aquela em que o complemento normativo não emana do legislador, mas sim de fonte normativa diversa. Exemplo: a Lei nº 11.343/2006 (editada pelo Poder Legislativo) disciplina os crimes relacionados com o comércio de drogas, porém a aplicabilidade dos tipos penais depende de complemento encontrado em portaria do Ministério da Saúde, a Portaria nº 344/2008 (editada pelo Poder Executivo).

**Alternativa "c" (responde, também, a alternativa "d"):** na norma penal em branco ao revés (incompleta ou secundariamente remetida), o complemento refere-se à sanção, preceito secundário, não ao conteúdo proibitivo (preceito primário). Exemplo: A Lei nº 2.889/56, que tipifica o crime de genocídio, não cuidou diretamente da pena, fazendo expressa referência a outras leis no que diz respeito a esse ponto. O complemento da norma penal em branco ao revés deverá, necessariamente, ser encontrado em lei. Temos respeitável doutrina questionando a constitucionalidade da norma penal em branco, quando complementada por norma inferior (norma penal em branco heterogênea, ou própria), pois implicaria em violação da reserva legal e divisão de poderes.

**Alternativa correta: letra "b".**

## 3. LEI PENAL NO TEMPO

**04. (FGV- XXXV Exame de Ordem-2022)** Em razão de grande evento de caráter religioso que ocorreria no país, com previsão de chegada de milhares de estrangeiros, foi editada uma lei estabelecendo que, durante o prazo de vigência da norma, que seria de 02 de fevereiro de 2019 até 02 de setembro de 2019, os crimes de furto qualificado pelo concurso de pessoas passariam a ser punidos com pena de reclusão de 03 a 10 anos e multa, afastando-se o preceito secundário anterior, que fixava pena de 02 a 08 anos de reclusão e multa. Após cessar a vigência da lei, em 02 de setembro de 2019, o crime de furto qualificado pelo concurso de pessoas voltou a ser punido com pena de 02 a 08 anos de reclusão.

Carlos foi preso em flagrante pela prática do crime de furto qualificado em 03 de janeiro de 2019, sendo proferida sentença condenatória em 02 de setembro de 2019, ocasião em que o juiz afirmou que fixava a pena base no mínimo legal, qual seja, 03 anos de pena privativa de liberdade, já que é a norma em vigor neste momento.

Por sua vez, João foi preso em flagrante, também pela prática do crime de furto qualificado, por fatos que teriam ocorrido em 05 de maio de 2019, sendo sua sentença proferida em 12 de setembro de 2019. Na ocasião, o juiz condenou João, fixando a pena mínima de 03 anos de reclusão, já que era a norma em vigor na data do fato.

Carlos e João procuram você, na condição de advogado(a), para esclarecimentos.

Considerando apenas as informações narradas, com base nas previsões legais e constitucionais sobre sucessão de leis no tempo, você deverá informar aos clientes que

a) não poderão ser questionadas as penas aplicadas.

b) poderão ser questionadas as penas aplicadas.

c) poderá ser questionada a pena aplicada a João, em razão da aplicação do princípio da retroatividade da lei penal mais benéfica, mas não a pena aplicada a Carlos.

d) não poderá ser questionada a pena aplicada a João, mas poderá ser questionada a pena aplicada para Carlos, em razão do princípio da irretroatividade da lei penal mais gravosa.

**COMENTÁRIOS**

A lei de que trata o enunciado é classificada como temporária, instituída por um prazo determinado, ou seja, é a lei que criminaliza determinada conduta, porém prefixando no seu texto lapso temporal para a sua vigência. No passado recente, tivemos no Brasil a Lei nº 13.284/16, que criou diversos crimes para proteger o patrimônio material e imaterial das entidades organizadoras dos Jogos Olímpicos de 2016, infrações penais com tempo certo de vigência (até 31 de dezembro de 2016).

A lei temporária tem duas características essenciais: a) autorrevogabilidade: considera-se revogada assim que encerrado o prazo fixado; b) ultra-atividade: alcança os fatos praticados durante a sua vigência, ainda que as circunstâncias de prazo tenham se esvaído, uma vez que essas condições são elementos temporais do próprio fato típico.

Há soluções diferentes para cada um dos exemplos do enunciado: a) no caso de Carlos, que cometeu o crime em 03 de janeiro de 2019, um mês antes da entrada em vigor da lei temporária, o juiz deve observar a pena que varia de dois a oito anos, pois a lei penal mais grave, temporária ou não, deve obedecer o princípio da irretroatividade; b) no caso de João, que cometeu o crime em plena vigência da lei temporária, o juiz deve observar a pena que varia de três a dez anos, tendo em vista a ultra-atividade que destacamos no parágrafo anterior.

**Alternativa correta: letra "d" (responde, também, as demais alternativas.**

---

**05. (FGV – Exame de Ordem 2020.1)** André, nascido em 21/11/2001, adquiriu de Francisco, em 18/11/2019, grande quantidade de droga, com o fim de vendê-la aos convidados de seu aniversário, que seria celebrado em 24/11/2019. Imediatamente após a compra, guardou a droga no armário de seu quarto.

Em 23/11/2019, a partir de uma denúncia anônima e munidos do respectivo mandado de busca e apreensão deferido judicialmente, policiais compareceram à residência de André, onde encontraram e apreenderam a droga que era por ele armazenada. De imediato, a mãe de André entrou em contato com o advogado da família.

Considerando apenas as informações expostas, na Delegacia, o advogado de André deverá esclarecer à família que André, penalmente, será considerado

a) inimputável, devendo responder apenas por ato infracional análogo ao delito de tráfico, em razão de sua menoridade quando da aquisição da droga, com base na Teoria da Atividade adotada pelo Código Penal para definir o momento do crime.

b) inimputável, devendo responder apenas por ato infracional análogo ao delito de tráfico, tendo em vista que o Código Penal adota a Teoria da Ubiquidade para definir o momento do crime.

c) imputável, podendo responder pelo delito de tráfico de drogas, mesmo adotando o Código Penal a Teoria da Atividade para definir o momento do crime.

d) imputável, podendo responder pelo delito de associação para o tráfico, que tem natureza permanente, tendo em vista que o Código Penal adota a Teoria do Resultado para definir o momento do crime.

**COMENTÁRIOS**

**Alternativa "a" (responde, também, as alternativas "b" e "c"):** em relação ao tempo do crime, o Código Penal adota a teoria da atividade, segundo a qual considera-se praticado o crime no momento da ação ou omissão, ainda que outro seja o momento do resultado. No caso de crimes permanentes, a consumação se protrai no tempo. Dessa forma, as circunstâncias determinantes para a caracterização do crime são as do momento em que cessa a permanência. No tráfico de drogas, o art. 33 da Lei 11.343/06 contém diversas condutas que se caracterizam pela permanência, como expor à venda, ter em depósito, transportar, trazer consigo e guardar. Segundo o enunciado, André adquiriu a droga quando ainda era menor de dezoito anos, mas a manteve guardada para vendê-la, praticando conduta de natureza permanente, até dois dias depois de completada sua maioridade. Logo, deve ser considerado imputável e capaz de responder por tráfico de drogas.

**Alternativa "d":** o crime de associação para o tráfico consiste em associarem-se duas ou mais pessoas para o fim de praticar, reiteradamente ou não, qualquer dos crimes previstos nos arts. 33, *caput* e § 1º, e 34 da Lei 11.343/06. O enunciado não dá nenhuma indicação de que André se associou a outros indivíduos para cometer o crime.

**Alternativa correta: letra "c".**

---

**06. (FGV – XXIX Exame de Ordem – 2019.2)** Em 05/10/2018, Lúcio, com o intuito de obter dinheiro para adquirir uma moto em comemoração ao seu aniversário de 18 anos, que aconteceria em 09/10/2018, sequestra Danilo, com a ajuda de um amigo ainda não identificado. No mesmo dia, a dupla entra em contato com a família da vítima, exigindo o pagamento da quantia de R$ 50.000,00 (cinquenta mil reais) para sua liberação. Duas semanas após a restrição da liberdade da vítima, período durante o qual os autores permaneceram em constante contato com a família da vítima exigindo o pagamento do resgate, a polícia encontrou o local do cativeiro e conseguiu libertar Danilo, encaminhando, de imediato, Lúcio à Delegacia. Em sede policial, Lúcio entra em contato com o advogado da família.

Considerando os fatos narrados, o(a) advogado(a) de Lúcio, em entrevista pessoal e reservada, deverá esclarecer que sua conduta

a) não permite que seja oferecida denúncia pelo Ministério Público, pois o Código Penal adota a Teoria da Ação para definição do tempo do crime, sendo Lúcio inimputável para fins penais.

b) não permite que seja oferecida denúncia pelo órgão ministerial, pois o Código Penal adota a Teoria do Resultado para definir o tempo do crime, e, sendo este de natureza formal, sua consumação se deu em 05/10/2018.

c) configura fato típico, ilícito e culpável, podendo Lúcio ser responsabilizado, na condição de imputável, pelo crime de extorsão mediante sequestro qualificado na forma consumada.

d) configura fato típico, ilícito e culpável, podendo Lúcio ser responsabilizado, na condição de imputável, pelo crime de extorsão mediante sequestro qualificado na forma tentada, já que o crime não se consumou por circunstâncias alheias

PENAL

à sua vontade, pois não houve obtenção da vantagem indevida.

COMENTÁRIOS

**Alternativa "a" (responde, também, a alternativa "b"):** em relação ao tempo do crime, o nosso Código Penal adotou, em seu artigo 4°, a teoria da atividade, dispondo que "considera-se praticado o crime no momento da ação ou omissão, ainda que outro seja o momento do resultado". Pelo princípio da coincidência (da congruência ou da simultaneidade), todos os elementos do crime (fato típico, ilicitude e *culpabilidade*) devem estar presentes no momento da conduta. A imputabilidade do agente, por exemplo, dependerá da aferição da sua idade *no momento da ação ou da omissão*. Ocorre que há determinados crimes que não se consumam instantaneamente. São os chamados "crimes permanentes", cuja execução se protrai no tempo por determinação do sujeito ativo. É a modalidade de crime em que a ofensa ao bem jurídico se dá de maneira constante e cessa de acordo com a vontade do agente. É o caso da extorsão mediante sequestro, citada no enunciado. Se Lúcio iniciou o crime quando era menor de dezoito anos e a consumação se protraiu até algum momento já posterior à sua maioridade, ele será responsabilizado penalmente.

**Alternativa "c" (responde, também, a alternativa "d"):** imputa-se a extorsão mediante sequestro qualificada e consumada. É qualificada devido ao tempo da privação de liberdade, que, superior a vinte e quatro horas, faz com que a pena se eleve de oito a quinze para doze a vinte anos de reclusão. E é consumada porque, tratando-se de crime formal, se perfaz com a privação da liberdade, encarando-se como mero exaurimento o eventual recebimento do resgate.

**Alternativa correta: letra "c".**

---

**07. (FGV-Exame de Ordem 2019.1)** Sílvio foi condenado pela prática de crime de roubo, ocorrido em 10/01/2017, por decisão transitada em julgado, em 05/03/2018, à pena base de 4 anos de reclusão, majorada em 1/3 em razão do emprego de arma branca, totalizando 5 anos e 4 meses de pena privativa de liberdade, além de multa.

Após ter sido iniciado o cumprimento definitivo da pena por Sílvio, foi editada, em 23/04/2018, a Lei nº 13.654/18, que excluiu a causa de aumento pelo emprego de arma branca no crime de roubo. Ao tomar conhecimento da edição da nova lei, a família de Sílvio procura um(a) advogado(a).

Considerando as informações expostas, o(a) advogado(a) de Sílvio

a) não poderá buscar alteração da sentença, tendo em vista que houve trânsito em julgado da sentença penal condenatória.
b) poderá requerer ao juízo da execução penal o afastamento da causa de aumento e, consequentemente, a redução da sanção penal imposta.
c) deverá buscar a redução da pena aplicada, com afastamento da causa de aumento do emprego da arma branca, por meio de revisão criminal.
d) deverá buscar a anulação da sentença condenatória, pugnando pela realização de novo julgamento com base na inovação legislativa.

COMENTÁRIOS

**Alternativa "a" (responde, também, a alternativa "b").** Em regra, a lei penal é irretroativa, a não ser que beneficie o autor do fato criminoso (art. 5º, XL, da CF/88). São retroativas a *abolitio criminis* (supressão da figura criminosa) e a *novatio legis in mellius* (nova lei que de qualquer modo beneficia o réu – *lex mitior*). No exemplo do enunciado, houve *novatio legis in mellius*, pois a Lei 13.654/18 revogou o inciso I do § 2º do art. 157 do CP, que estabelecia aumento de pena no roubo cometido "com o emprego de arma", no que se incluíam as armas brancas. Com a disciplina da Lei 13.654/18, somente o emprego de arma de fogo podia majorar a pena do roubo (§ 2º-A do art. 157). Conclui-se com isso que os réus ou os condenados pela prática de roubo majorado por emprego de armas brancas foram beneficiados pelo afastamento da causa de aumento de pena. Note-se, a este respeito, duas observações importantes: a) o STJ decidiu que, não obstante a lei tenha abolido a causa de aumento de pena, o emprego de arma branca era apto a fundamentar o aumento da pena-base devido às circunstâncias mais graves do roubo, e esta operação poderia ser feita até mesmo em grau de recurso sobre fatos cometidos ainda sob a vigência da majorante revogada, sem que se cogitasse a ocorrência de *reformatio in pejus* (AgRg no REsp 1.818.235/RS, Rel. Min. Jorge Mussi, j. 19/09/2019); b) a Lei 13.964/19 (Pacote Anticrime), promoveu novas modificações no art. 157. Dentre elas, inseriu no § 2º o inc. VII para majorar a pena se a violência ou a grave ameaça é exercida com emprego de arma branca. Desta forma, com a majorante ressuscitada, para os fatos cometidos a partir de sua vigência não há mais necessidade de fundamentar o aumento da pena-base em razão da maior gravidade da conduta cometida com armas brancas.

**Alternativa "c":** a revisão criminal é disciplinada a partir do art. 621 do Código de Processo Penal, que estabelece um rol taxativo em que se admite o ajuizamento: I - quando a sentença condenatória for contrária ao texto expresso da lei penal ou à evidência dos autos; II - quando a sentença condenatória se fundar em depoimentos, exames ou documentos comprovadamente falsos; III - quando, após a sentença, se descobrirem novas provas de inocência do condenado ou de circunstância que determine ou autorize diminuição especial da pena. Nota-se que a *novatio legis in mellius* não se insere em nenhuma das situações em que se admite a revisão criminal.

**Alternativa "d":** nulidade é o vício processual decorrente da inobservância de determinada exigência legal. Ou seja, a lei prevê a forma pela qual deve ser praticado um ato e, apesar disso, ele é perpetrado de maneira diversa, contrariamente à lei. Não é, evidentemente, o caso do enunciado, que não narra nenhuma contrariedade à lei na sentença prolatada.

**Alternativa correta: letra "b".**

---

**08. (FGV – Exame de Ordem/2018.3)** No dia 05/03/2015, Vinícius, 71 anos, insatisfeito e com ciúmes em relação à forma de dançar de sua esposa, Clara, 30 anos mais nova, efetua disparos de arma de fogo contra ela, com a intenção de matar.

Arrependido, após acertar dois disparos no peito da esposa, Vinícius a leva para o hospital, onde ela ficou em coma por uma semana. No dia 12/03/2015, porém, Clara veio a falecer, em razão das lesões causadas pelos disparos da arma de fogo. Ao tomar conhecimento dos fatos, o Ministério Público ofereceu denúncia em face de Vinícius, imputando-lhe a prática do crime previsto no Art. 121, § 2°, inciso VI, do Código Penal, uma vez que, em 09/03/2015, foi publicada a Lei n° 13.104, que previu a qualificadora antes mencionada, pelo fato de o crime ter sido praticado contra a mulher por razão de ser ela do gênero feminino.

Durante a instrução da 1ª fase do procedimento do Tribunal do Júri, antes da pronúncia, todos os fatos são confirmados, pugnando o Ministério Público pela pronúncia nos termos da denúncia. Em seguida, os autos são encaminhados ao(a) advogado(a) de Vinícius para manifestação.

Considerando apenas as informações narradas, o(a) advogado(a) de Vinicius poderá, no momento da manifestação para a qual foi intimado, pugnar pelo imediato

a) reconhecimento do arrependimento eficaz.

b) afastamento da qualificadora do homicídio.

c) reconhecimento da desistência voluntária.

d) reconhecimento da causa de diminuição de pena da tentativa.

**COMENTÁRIOS**

**Alternativa "a" (responde, também, a alternativa "c"):** há no *iter criminis* duas situações que podem evitar a consumação e que obstam até mesmo a punição pela tentativa. Trata-se da desistência voluntária e do arrependimento eficaz, também tratados como *tentativa abandonada* (art. 15 do CP). Na desistência voluntária, o agente, por manifestação exclusiva do seu querer, desiste de prosseguir na execução da conduta criminosa. Trata-se da situação em que os atos executórios ainda não se esgotaram, mas o agente, voluntariamente, abandona o seu dolo inicial. Ocorre o arrependimento eficaz quando os atos executórios já foram todos praticados, porém, o agente, decidindo recuar na atividade delituosa corrida, desenvolve nova conduta com o objetivo de impedir a produção do resultado (consumação). Não se identifica nenhum dos institutos no exemplo citado, em que ocorreu a morte da vítima.

**Alternativa "b":** dispõe o artigo 5º, XL, da CF/88 que *"a lei penal não retroagirá, salvo para beneficiar o réu"*. Trata-se da irretroatividade da lei penal, excetuada somente quando esta lei beneficia de algum modo o acusado (ou mesmo o condenado). São irretroativas a *novatio legis* incriminadora (lei que não existia no momento da prática da conduta e que passa a considerar como delito a ação ou omissão realizada) e a *novatio legis in pejus* (a nova lei que, de qualquer modo, prejudica o réu – *lex gravior*). A Lei 13.104/15, que introduziu no art. 121 a qualificadora do feminicídio, é *novatio legis in pejus* sobre a conduta descrita no enunciado, porque embora a morte da vítima tenha ocorrido dias após a entrada em vigor da lei, o tempo do crime, diante do que dispõe o art. 4º do CP, é o da ação, ocorrida dias antes. Desta forma, a qualificadora do feminicídio não poderia ter sido imputada a Vinicius.

**Alternativa "d":** a tentativa ocorre quando o crime ***não se consuma*** por circunstâncias alheias à vontade do agente. Não foi o que ocorreu no exemplo do enunciado, em que Vinicius tentou evitar que sobreviesse a morte da vítima, mas não teve êxito.

**Alternativa correta: letra "b".**

---

**09. (FGV – Exame de Ordem 2016.1)** Em razão do aumento do número de crimes de dano qualificado contra o patrimônio da União (pena: detenção de 6 meses a 3 anos e multa), foi editada uma lei que passou a prever que, entre 20 de agosto de 2015 e 31 de dezembro de 2015, tal delito (Art. 163, parágrafo único, inciso III, do Código Penal) passaria a ter pena de 2 a 5 anos de detenção. João, em 20 de dezembro de 2015, destrói dolosamente um bem de propriedade da União, razão pela qual foi denunciado, em 8 de janeiro de 2016, como incurso nas sanções do Art. 163, parágrafo único, inciso III, do Código Penal.

Considerando a hipótese narrada, no momento do julgamento, em março de 2016, deverá ser considerada, em caso de condenação, a pena de

a) 6 meses a 3 anos de detenção, pois a Constituição prevê o princípio da retroatividade da lei penal mais benéfica ao réu.

b) 2 a 5 anos de detenção, pois a lei temporária tem ultratividade gravosa.

c) 6 meses a 3 anos de detenção, pois aplica-se o princípio do *tempus regit actum* (tempo rege o ato).

d) 2 a 5 anos de detenção, pois a lei excepcional tem ultratividade gravosa.

**COMENTÁRIOS**

**Alternativa "a":** embora se aplique, em regra, a retroatividade benéfica da lei penal, no caso da lei temporária incide, como destacado nos comentários à assertiva "b", o princípio da ultra-atividade.

**Alternativa "b":** a lei temporária (ou temporária em sentido estrito) é aquela instituída por um prazo determinado, ou seja, é a lei que criminaliza determinada conduta, porém prefixando lapso temporal para a sua vigência. É o caso da Lei nº 12.663/12, que criou inúmeros crimes que buscam proteger o patrimônio material e imaterial da FIFA, infrações penais com tempo certo de vigência (até 31 de dezembro de 2014). Após disciplinar a retroatividade da lei benéfica, o Código Penal, em seu artigo 3º, dispõe, em conjunto sobre as leis temporária e excepcional: *"A lei excepcional ou temporária, embora decorrido o período de sua duração ou cessadas as circunstâncias que a determinaram, aplica-se ao fato praticado durante sua vigência"*. A lei temporária tem duas características essenciais: (A) Autor-revogabilidade: considera-se revogada assim que encerrado o prazo fixado; (B) Ultra-atividade: alcança os fatos praticados durante a sua vigência, ainda que as circunstâncias de prazo tenham se esvaído, uma vez que essas circunstâncias são elementos temporais do próprio fato típico. Observe-se que, por ser (em regra) de curta duração, se não tivesse a característica da ultra-atividade a lei temporária perderia sua força intimidativa. Em outras palavras, podemos afirmar que a lei temporária não se sujeita aos efeitos da *abolitio criminis* (salvo se houver lei expressa com esse fim).

**Alternativa "c":** o que fundamenta a aplicação da lei temporária inclusive após sua revogação não é o *tempus regit actum*. O fundamento é a ultra-atividade, que impede a retroatividade da lei benéfica.

**Alternativa "d":** não se trata de lei excepcional, que, embora tenha as mesmas características da lei temporária destacadas nos comentários à assertiva "b" – autorrevogabilidade e ultra-atividade –, não é editada com prazo fixo, mas em função de algum evento transitório, como estado de guerra, calamidade ou qualquer outra necessidade estatal. Perdura enquanto persistir o estado de emergência.

**Alternativa correta: letra "b".**

---

**10. (FGV – OAB 2012.4 – prova reaplicada em Ipatinga/MG)** No curso de um delito de sequestro, em que a vítima ainda se encontrava privada de sua liberdade, sobreveio nova lei penal aumentando a pena prevista no preceito secundário do tipo penal descrito no Art. 148 do CP.

Nesse caso, atento (a) ao entendimento dos Tribunais Superiores acerca do tema, assinale a afirmativa correta.

a) Aplica-se a lei penal mais grave, ou seja, aquela cuja entrada em vigor se deu no curso do delito.

b) Aplica-se a lei penal mais benéfica, pois a lei penal não retroage, salvo em benefício do réu.

c) Aplica-se a lei penal mais benéfica, com base na teoria da atividade, a qual impõe ser aplicável a lei penal vigente à época da ação/omissão, ainda que outro seja o momento do resultado.

d) Aplica-se, eventualmente, as duas leis combinadas, caso tal conduta importe em benefício para o agente.

COMENTÁRIOS

**Alternativa "a":** de acordo com o mandamento constante na súmula nº 711 do STF, aplica-se a lei penal mais grave ao crime continuado ou ao crime permanente se a sua vigência é anterior à cessação da continuidade ou da permanência. O sequestro é crime permanente, ou seja, a consumação se protrai no tempo. Dessa forma, aumentada a pena do crime no curso da conduta delituosa, aplica-se a nova reprimenda ao fato iniciado antes da vigência da nova lei.

**Alternativa "b":** não se trata de retroatividade maléfica, mas de aplicação da lei vigente no momento em que cessa a ação delituosa permanente.

**Alternativa "c":** a teoria da atividade, relativa ao tempo do crime, determina que se considera cometido o delito no momento da ação ou omissão, ainda que outro seja o momento do resultado. Tratando-se de crime permanente, a ação se prolonga, e, por isso, admite-se a aplicação da lei vigente no momento em que se verifica a sua cessação.

**Alternativa "d":** o tema da combinação de leis penais para beneficiar o réu não é pacífico na doutrina e na jurisprudência. Nélson Hungria sustentava que o juiz, membro do Poder Judiciário, ao conjugar critérios de uma e outra lei, se arvora à condição de legislador criando um terceiro tipo penal (*lex tertia*), o que acabaria por violar a separação dos Poderes. De outro lado, Basileu Garcia e Celso Delmanto opinam favoravelmente à conjugação de leis penais. A combinação de leis pelo aplicador, contudo, encontra resistência na jurisprudência do Supremo Tribunal Federal (ARE 773589 AgR/DF, DJe 18/09/2014) e do Superior Tribunal de Justiça (que editou a súmula nº 501 proibindo a combinação de leis para a aplicação retroativa da causa de diminuição no crime de tráfico de drogas).

**Alternativa correta: letra "a".**

## 4. LEI PENAL NO ESPAÇO

**11. (FGV/OAB/XXXII_Exame - 2021)** Paulo e Júlia viajaram para Portugal, em novembro de 2019, em comemoração ao aniversário de um ano de casamento. Na cidade de Lisboa, dentro do quarto do hotel, por ciúmes da esposa que teria olhado para terceira pessoa durante o jantar, Paulo veio a agredi-la, causando-lhe lesões leves reconhecidas no laudo próprio. Com a intervenção de funcionários do hotel que ouviram os gritos da vítima, Paulo acabou encaminhado para Delegacia, sendo liberado mediante o pagamento de fiança e autorizado seu retorno ao Brasil. Paulo, na semana seguinte, retornou para o Brasil, sem que houvesse qualquer ação penal em seu desfavor em Portugal, enquanto Júlia permaneceu em Lisboa. Ciente de que o fato já era do conhecimento das autoridades brasileiras e preocupado com sua situação jurídica no país, Paulo procura você, na condição de advogado(a), para obter sua orientação. Considerando apenas as informações narradas, você, como advogado(a), deve esclarecer que a lei brasileira

a) não poderá ser aplicada, tendo em vista que houve prisão em flagrante em Portugal e em razão da vedação do bis in idem.

b) poderá ser aplicada diante do retorno de Paulo ao Brasil, independentemente do retorno de Júlia e de sua manifestação de vontade sobre o interesse de ver o autor responsabilizado criminalmente.

c) poderá ser aplicada, desde que Júlia retorne ao país e ofereça representação no prazo decadencial de seis meses.

d) poderá ser aplicada, ainda que Paulo venha a ser denunciado e absolvido pela justiça de Portugal.

COMENTÁRIOS

De acordo com o art. 7º, inciso II, do Código Penal, ficam sujeitos à lei brasileira, embora cometidos no estrangeiro, os crimes que, por tratado ou convenção, o Brasil se obrigou a reprimir (alínea *a*), praticados por brasileiro (alínea *b*) ou praticados em aeronaves ou embarcações brasileiras, mercantes ou de propriedade privada, quando em território estrangeiro e aí não sejam julgados (alínea *c*). No exemplo do enunciado, o autor é brasileiro e o crime cometido (considerado violação aos direitos humanos) é objeto da 7º da Convenção Interamericana para Prevenir, Punir e Erradicar a Violência contra a Mulher, promulgada no Brasil, tratando-se, portanto, de infração penal que o Brasil se obrigou a reprimir no plano internacional. Nesse caso, a extraterritorialidade é condicionada porque a lei brasileira só se aplica se concorrerem as seguintes condições: a) entrar o agente no território nacional; b) ser o fato punível também no país em que foi praticado; c) estar o crime incluído entre aqueles pelos quais a lei brasileira autoriza a extradição; d) não ter sido o agente absolvido no estrangeiro ou não ter aí cumprido a pena; e) não ter sido o agente perdoado no estrangeiro ou, por outro motivo, não estar extinta a punibilidade, segundo a lei mais favorável.

Dispensa-se, ademais, a manifestação de vontade da vítima, porque, segundo a súmula 542 do STJ, é pública incondicionada a ação penal no crime de lesão corporal *resultante de violência doméstica contra a mulher.*

**Alternativa correta: letra "b" (responde, também, as demais alternativas).**

**12. (FGV - Exame de Ordem 2018.1)** Francisco, brasileiro, é funcionário do Banco do Brasil, sociedade de economia mista, e trabalha na agência de Lisboa, em Portugal. Passando por dificuldades financeiras, acaba desviando dinheiro do banco para uma conta particular, sendo o fato descoberto e julgado em Portugal. Francisco é condenado pela infração praticada. Extinta a pena, ele retorna ao seu país de origem e é surpreendido ao ser citado, em processo no Brasil, para responder pelo mesmo fato, razão pela qual procura seu advogado.

Considerando as informações narradas, o advogado de Francisco deverá informar que, de acordo com o previsto no Código Penal,

a) ele não poderá responder no Brasil pelo mesmo fato, por já ter sido julgado e condenado em Portugal.

b) ele somente poderia ser julgado no Brasil por aquele mesmo fato, caso tivesse sido absolvido em Portugal.

c) ele pode ser julgado também no Brasil por aquele fato, sendo totalmente indiferente a condenação sofrida em Portugal.

d) ele poderá ser julgado também no Brasil por aquele fato, mas a pena cumprida em Portugal atenua ou será computada naquela imposta no Brasil, em caso de nova condenação.

COMENTÁRIOS

Embora, em regra, a lei brasileira se aplique apenas no território nacional, há situações de extraterritorialidade segundo as quais a lei brasileira pode atingir fatos cometidos no estrangeiro. A extraterritorialidade pode ser incondicionada ou condicionada. Na primeira, a lei brasileira é aplicada sem a necessidade de preencher qualquer requisito, ao passo que, na segunda, faz-se necessário o concurso de algumas condições.

No enunciado, segundo o qual Francisco cometeu o crime contra sociedade de economia mista brasileira, temos um exemplo de extraterritorialidade incondicionada. Neste caso, como dispõe o art. 7º, § 1º, do CP, o agente é punido segundo a lei brasileira, ainda que absolvido ou condenado no estrangeiro, embora a pena cumprida naquele país atenue a pena imposta no Brasil pelo mesmo crime, quando diversas, ou nela seja computada, quando idênticas (art. 8º).

Note-se, contudo, que, no julgamento do HC 171.118/SP (j. 12/11/2019), o STF concluiu que o art. 8º do CP "deve ser lido em conformidade com os preceitos convencionais e a jurisprudência da Corte Interamericana de Direitos Humanos, vedando-se a dupla persecução penal por idênticos fatos". Baseando-se nas regras do Pacto Internacional sobre Direitos Civis e Políticos e da Convenção Americana de Direitos Humanos, o STF concluiu que é vedada a dupla persecução penal em jurisdições de países distintos. Mas o tribunal não impôs uma vedação absoluta à dupla persecução, permitida quando o processo tramitado no estrangeiro for considerado injusto ou ilegítimo, privado, em suma, do cumprimento de obrigações processuais positivas. É uma forma de compatibilizar as garantias internacionais com a soberania dos Estados.

**Alternativa "d" (responde, também, as demais alternativas).**

---

**13. (FGV – Exame de Ordem 2016.3)** Revoltado com a conduta de um Ministro de Estado, Mário se esconde no interior de uma aeronave pública brasileira, que estava a serviço do governo, e, no meio da viagem, já no espaço aéreo equivalente ao Uruguai, desfere 05 facadas no Ministro com o qual estava insatisfeito, vindo a causar-lhe lesão corporal gravíssima.

Diante da hipótese narrada, com base na lei brasileira, assinale a afirmativa correta.

a) Mário poderá ser responsabilizado, segundo a lei brasileira, com base no critério da territorialidade.
b) Mário poderá ser responsabilizado, segundo a lei brasileira, com base no critério da extraterritorialidade e princípio da justiça universal.
c) Mário poderá ser responsabilizado, segundo a lei brasileira, com base no critério da extraterritorialidade, desde que ingresse em território brasileiro e não venha a ser julgado no estrangeiro.
d) Mário não poderá ser responsabilizado pela lei brasileira, pois o crime foi cometido no exterior e nenhuma das causas de extraterritorialidade se aplica ao caso.

**COMENTÁRIOS**

**Alternativa "a" (responde, também, a alternativa "d"):** para os efeitos penais, consideram-se como extensão do território nacional as embarcações e aeronaves brasileiras, de natureza pública ou a serviço do governo brasileiro onde quer que se encontrem, bem como as embarcações e as aeronaves brasileiras (matriculadas no Brasil), mercantes ou de propriedade privada, que se achem, respectivamente, em alto-mar ou no espaço aéreo correspondente (art. 5º, § 1º, CP). No exemplo do enunciado, embora estivesse em espaço aéreo estrangeiro, a aeronave é pública, razão pela qual se considera cometido o crime em território nacional.

**Alternativa "b" (responde, também, a alternativa "c"):** a extraterritorialidade, como indica a denominação, é utilizada para justificar a aplicação da lei penal brasileira em território estrangeiro, o que não é o caso, como explicamos na assertiva anterior. Além disso, o princípio da justiça universal é aquele segundo o qual o agente fica sujeito à lei do país onde for encontrado, não importando a sua nacionalidade, a do bem jurídico lesado ou a do local do crime. Esse princípio está normalmente presente nos tratados internacionais de cooperação de repressão a determinados delitos de alcance transnacional. O princípio incidente no exemplo do enunciado é o da territorialidade.

**Alternativa correta: letra "a".**

---

**14. (FGV – OAB 2012.2)** John, cidadão inglês, capitão de uma embarcação particular de bandeira americana, é assassinado por José, cidadão brasileiro, dentro do aludido barco, que se encontrava atracado no Porto de Santos, no Estado de São Paulo. Nesse contexto, é correto afirmar que a lei brasileira

a) não é aplicável, uma vez que a embarcação é americana, devendo José ser processado de acordo com a lei estadunidense.
b) é aplicável, uma vez que a embarcação estrangeira de propriedade privada estava atracada em território nacional.
c) é aplicável, uma vez que o crime, apesar de haver sido cometido em território estrangeiro, foi praticado por brasileiro.
d) não é aplicável, uma vez que, de acordo com a Convenção de Viena, é competência do Tribunal Penal Internacional processar e julgar os crimes praticados em embarcação estrangeira atracada em território de país diverso.

**COMENTÁRIOS**

**Alternativa "a":** de acordo com o princípio da reciprocidade (art. 5º, § 2º, CP), estando o navio ou a aeronave estrangeira em território brasileiro, aplica-se a lei do país de origem somente se tais veículos de transporte forem públicos, o que não é o caso.

**Alternativa "b":** conforme dispõe o artigo 5º, § 2º, do Código Penal, é aplicável a lei brasileira aos crimes praticados a bordo de aeronaves ou embarcações estrangeiras de propriedade privada, achando-se aquelas em pouso no território nacional ou em voo no espaço aéreo correspondente, e estas em porto ou mar territorial do Brasil.

**Alternativa "c":** o navio de outro país, de propriedade privada, atracado em porto brasileiro, não é considerado território estrangeiro.

**Alternativa "d":** o Tribunal Penal Internacional foi criado pelo Estatuto de Roma (e não Convenção de Viena), competente, nos termos do artigo 5º, para processar e julgar os crimes de genocídio, contra a humanidade, de guerra e de agressão.

**Alternativa correta: letra "b".**

---

**15. (FGV – Exame de Ordem 2013.2)** No ano de 2005, Pierre, jovem francês residente na Bulgária, atentou contra a vida do então presidente do Brasil que, na ocasião, visitava o referido país. Devidamente processado, segundo as leis locais, Pierre foi absolvido. Considerando apenas os dados descritos, assinale a afirmativa correta.

a) Não é aplicável a lei penal brasileira, pois como Pierre foi absolvido no estrangeiro, não ficou satisfeita uma das exigências previstas à hipótese de extraterritorialidade condicionada.
b) É aplicável a lei penal brasileira, pois o caso narrado traz hipótese de extraterritorialidade incondicionada, exigindo- se, apenas, que o fato não tenha sido alcançado por nenhuma causa extintiva de punibilidade no estrangeiro.
c) É aplicável a lei penal brasileira, pois o caso narrado traz hipótese de extraterritorialidade incondicionada, sendo irrelevante o fato de ter sido o agente absolvido no estrangeiro.
d) Não é aplicável a lei penal brasileira, pois como o agente é estrangeiro e a conduta foi praticada em território também estrangeiro, as exigências relativas à extraterritorialidade condicionada não foram satisfeitas.

PENAL

COMENTÁRIOS

**Alternativa "a" (responde, também, as alternativas "c" e "d"):** o critério geral adotado pelo nosso ordenamento penal é o de que a lei penal brasileira, *sem prejuízo de convenções, tratados e regras de direito internacional,* vale dentro do território nacional (físico e jurídico). No entanto, em casos excepcionais, a nossa lei poderá extrapolar os limites do território, alcançando crimes cometidos exclusivamente no estrangeiro, fenômeno da extraterritorialidade. Dependendo da hipótese, a extraterritorialidade será incondicionada, condicionada ou hipercondicionada: a) a extraterritorialidade incondicionada está prevista no artigo 7º, § 1º, do Código Penal, alcançando os crimes descritos no art. 7º, inc. I. Nesses casos, a lei brasileira, para ser aplicada, não depende do preenchimento de qualquer requisito. Verificada a infração penal, aplica-se a lei brasileira, não importando se o autor foi *absolvido ou condenado no estrangeiro,* como ocorre no exemplo citado no enunciado; b) a extraterritorialidade condicionada alcança os crimes trazidos pelo inc. II. Nesses casos, para que a nossa lei possa ser aplicada, faz-se necessário o concurso das condições estabelecidas no art. 7º, § 2º, do CP; c) a extraterritorialidade hipercondicionada está positivada no artigo 7º, § 3º, do Código Penal. Ao crime cometido por estrangeiro contra brasileiro fora do Brasil, além das condições previstas no § 2º, para a aplicação da lei brasileira é preciso observar ainda: I) não ter sido pedida ou ter sido negada a extradição; II) ter havido requisição do Ministro da Justiça.

No caso do enunciado, segundo o disposto no art. 7º, § 1º, do CP, Pierre deve ser punido incondicionalmente segundo a lei brasileira porque, embora cometido no estrangeiro, trata-se de crime contra a vida do presidente da República. Note-se, contudo, que a decisão proferida pelo STF no HC 171.118 interfere na aplicação dessa regra. Segundo o tribunal, o art. 8º do CP "deve ser lido em conformidade com os preceitos convencionais e a jurisprudência da Corte Interamericana de Direitos Humanos, vedando-se a dupla persecução penal por idênticos fatos". O art. 8º dispõe que "A pena cumprida no estrangeiro atenua a pena imposta no Brasil pelo mesmo crime, quando diversas, ou nela é computada, quando idênticas". Embora o julgamento não tenha se referido à extraterritorialidade incondicionada, seu fundamento interfere na interpretação do art. 7º, § 1º: se, de acordo com preceitos internacionais, é vedada a dupla persecução penal, como aplicar a lei brasileira ainda que o agente tenha sido processado (absolvido ou condenado) no exterior?

**Alternativa "b":** a não incidência de causa extintiva de punibilidade é inerente à extraterritorialidade condicionada.

**Alternativa correta: letra "c".**

## 5. CONFLITO APARENTE DE NORMAS

**16. (FGV – XXIX Exame de Ordem – 2019.2)** Inconformado com o comportamento de seu vizinho, que insistia em importunar sua filha de 15 anos, Mário resolve dar-lhe uma "lição" e desfere dois socos no rosto do importunador, nesse momento com o escopo de nele causar diversas lesões. Durante o ato, entendendo que o vizinho ainda não havia sofrido na mesma intensidade do constrangimento de sua filha, decide matá-lo com uma barra de ferro, o que vem efetivamente a acontecer. Descobertos os fatos, o Ministério Público oferece denúncia em face de Mário, imputando-lhe a prática dos crimes de lesão corporal dolosa e homicídio, em concurso material. Durante toda a instrução, Mário confirma os fatos descritos na denúncia.

Considerando apenas as informações narradas e confirmada a veracidade dos fatos expostos, o(a) advogado(a) de Mário, sob o ponto de vista técnico, deverá buscar o reconhecimento de que Mário pode ser responsabilizado

a) apenas pelo crime de homicídio, por força do princípio da consunção, tendo ocorrido a chamada progressão criminosa.

b) apenas pelo crime de homicídio, por força do princípio da alternatividade, sendo aplicada a regra do crime progressivo.

c) apenas pelo crime de homicídio, com base no princípio da especialidade.

d) pelos crimes de lesão corporal e homicídio, em concurso formal.

COMENTÁRIOS

**Alternativa "a" (responde, também, a alternativa "d"):** o princípio da consunção (ou da absorção) se caracteriza pela continência de tipos, ou seja, o crime previsto por uma norma (consumida) não passa de uma fase de realização do crime previsto por outra (consuntiva). Uma das situações em que incide o princípio da consunção é a progressão criminosa, em que o agente substitui o seu dolo, dando causa a resultado mais grave. Inicialmente, o agente deseja praticar um crime menor e o consuma. Depois, delibera praticar um crime maior e também o concretiza, atentando contra o mesmo bem jurídico. É exatamente o que ocorre no exemplo do enunciado, em que Mário primeiro consuma a lesão corporal, mas, não satisfeito, decide matar seu vizinho. Em razão da progressão criminosa, não incidem as regras do concurso de crimes.

**Alternativa "b":** o princípio da alternatividade tem validade e aplicação prática nos chamados "crimes de conteúdo múltiplo ou variado", isto é, tipos penais que contam com vários verbos nucleares, como o art. 33 da Lei de Drogas, por exemplo. Se o agente realiza vários verbos, porém, no mesmo contexto fático e sucessivamente (p. ex., depois de importar e preparar certa quantidade de droga, traz consigo porções separadas para venda a terceiros), por força do princípio da alternatividade responderá por crime único. Não é o caso da conduta de Mário.

**Alternativa "c":** o princípio da especialidade está previsto no artigo 12 do Código Penal e determina que se afaste a lei geral para aplicação da lei especial. O tipo especial preenche integralmente o tipo geral, com a adição de elementos particulares. Como exemplo, citamos a importação irregular de drogas. Num primeiro momento, duas normas, aparentemente, conflitam, disputando a punição do comportamento ilícito: art. 334-A do CP (crime de contrabando) e o art. 33 da Lei nº 11.343/06 (crime de tráfico de drogas). Este último dispositivo contém elementos específicos que o tornam especial em relação ao crime do Código Penal, aplicando-se à importação irregular de drogas. Tampouco é este o caso do enunciado.

**Alternativa correta: letra "a".**

**17. (FGV – Exame de Ordem 2016.2 – Prova reaplicada Salvador-BA)** João, primário e de bons antecedentes, utilizando-se de um documento particular falso criado por terceira pessoa exclusivamente para tal fim, obteve indevida vantagem econômica em prejuízo de Tamires, exaurindo o potencial lesivo da documentação. Descobertos os fatos dias depois, foi oferecida denúncia pela prática dos crimes de estelionato e uso de documento particular falso, em concurso formal, restando tipificado sua conduta da seguinte forma: artigos 171 e 304 c/c 298, na forma do Art. 70, todos do Código Penal.

Em resposta à acusação, buscando possibilitar que o Ministério Público ofereça proposta de suspensão do processo, deverá o advogado de João requerer o reconhecimento, desde já, de crime único, com base na aplicação do princípio da

a) Especialidade.

b) Consunção.
c) Subsidiariedade.
d) Alternatividade.

COMENTÁRIOS

**Alternativa "a":** o exemplo não retrata o princípio da especialidade porque não se trata de situação em que a lei geral é afastada para aplicação da lei especial, aquela que contém todos os elementos da norma geral, acrescida de outros que a tornam distinta (chamados de especializantes).

**Alternativa "b":** de acordo com o entendimento dominante, se, para cometer o estelionato, o agente utiliza documento falso, o crime patrimonial absorve o crime de falso se a falsidade naquele se exaure (súmula 17 do STJ). Dá-se, no caso, a consunção, na qual se verifica a continência de tipos, ou seja, o crime previsto por uma norma (consumida) não passa de uma fase de realização do crime previsto por outra (consuntiva) ou é uma forma normal de transição para o último. No exemplo do enunciado, o uso do documento falso é uma fase para a obtenção do proveito no estelionato; é um *antefactum* impunível.

**Alternativa "c":** também não há relação de subsidiariedade. Uma lei tem caráter subsidiário relativamente a outra (principal) quando o fato por ela incriminado é também incriminado por outra, tendo um âmbito de aplicação comum, mas abrangência diversa. A relação entre as normas (subsidiária e principal) é de maior ou menor gravidade (e não de espécie e gênero, como na especialidade). A norma dita subsidiária atua apenas quando o fato não se subsuma a crime mais grave.

**Alternativa "d":** o princípio da alternatividade tem validade e aplicação prática nos chamados crimes de conteúdo múltiplo (ou variado), isto é, tipos penais que contam com vários verbos nucleares (cf. art. 33 da Lei de Drogas, art. 12 do Estatuto do Desarmamento etc.). Nessas hipóteses, se o agente realiza vários verbos, porém, *no mesmo contexto fático e sucessivamente* (p. ex., depois de *importar* e *preparar* certa quantidade de droga, o agente *traz consigo* porções separadas para venda a terceiros), por força do princípio da alternatividade responderá por crime único, devendo o juiz considerar a pluralidade de núcleos praticados na fixação da pena. Percebe-se, portanto, que o princípio da alternatividade não resolve um conflito aparente de normas, mas conflito dentro da própria norma.

**Alternativa correta: letra "b".**

## 6. TEORIA DO DELITO

**18. (FGV – Exame de Ordem 2020.1)** Yuri foi denunciado pela suposta prática de crime de estupro qualificado em razão da idade da vítima, porque teria praticado conjunção carnal contra a vontade de Luana, de 15 anos, mediante emprego de grave ameaça. No curso da instrução, Luana mudou sua versão e afirmou que, na realidade, havia consentido na prática do ato sexual, sendo a informação confirmada por Yuri em seu interrogatório. Considerando apenas as informações expostas, no momento de apresentar alegações finais, a defesa técnica de Yuri deverá pugnar por sua absolvição, sob o fundamento de que o consentimento da suposta ofendida, na hipótese, funciona como

a) causa supralegal de exclusão da ilicitude.
b) causa legal de exclusão da ilicitude.
c) fundamento para reconhecimento da atipicidade da conduta.
d) causa supralegal de exclusão da culpabilidade.

COMENTÁRIOS

Normalmente, o consentimento do ofendido é fundamento para a exclusão da ilicitude, com natureza de causa justificante supralegal. Se, por exemplo, José autoriza a destruição, por um terceiro, de um objeto de sua propriedade e do qual pode dispor livremente, o terceiro não responde por crime de dano em razão da exclusão da ilicitude pelo consentimento do ofendido. Mas, para que o consentimento funcione como justificante, o dissentimento não pode integrar o tipo penal. Se integrar, o consentimento exclui a própria tipicidade. É o que ocorre no crime de estupro, que consiste em *constranger* alguém, mediante violência ou grave ameaça, a ter conjunção carnal ou a praticar ou permitir que com ele se pratique outro ato libidinoso. O constrangimento só pode ser praticado contra a vontade de alguém. Logo, se a relação é consentida, o fato é atípico, pois lhe falta um elemento integrante do tipo penal do estupro.

**Alternativa "c" (responde, também, as demais alternativas).**

**19. (FGV – Exame de Ordem 2015.2)** Durante um assalto a uma instituição bancária, Antônio e Francisco, gerentes do estabelecimento, são feitos reféns. Tendo ciência da condição deles de gerentes e da necessidade de que suas digitais fossem inseridas em determinado sistema para abertura do cofre, os criminosos colocam, à força, o dedo de Antônio no local necessário, abrindo, com isso, o cofre e subtraindo determinada quantia em dinheiro. Além disso, sob a ameaça de morte da esposa de Francisco, exigem que este saia do banco, levando a sacola de dinheiro juntamente com eles, enquanto apontam uma arma de fogo para os policiais que tentavam efetuar a prisão dos agentes.

Analisando as condutas de Antônio e Francisco, com base no conceito tripartido de crime, é correto afirmar que

a) Antônio não responderá pelo crime por ausência de tipicidade, enquanto Francisco não responderá por ausência de ilicitude em sua conduta.
b) Antônio não responderá pelo crime por ausência de ilicitude, enquanto Francisco não responderá por ausência de culpabilidade em sua conduta.
c) Antônio não responderá pelo crime por ausência de tipicidade, enquanto Francisco não responderá por ausência de culpabilidade em sua conduta.
d) Ambos não responderão pelo crime por ausência de culpabilidade em suas condutas.

COMENTÁRIOS

**Alternativa "a" (responde, também, a alternativa "b"):** não se trata de exclusão de ilicitude, presente nas situações de legítima defesa, estado de necessidade, estrito cumprimento do dever legal, exercício regular de direito e consentimento do ofendido.

**Alternativa "c" (responde, também, a alternativa "d"):** no caso de Antônio, houve coação física irresistível, que ocorre nas situações em que o agente, em razão de força física externa, é impossibilitado de determinar seus movimentos de acordo com sua vontade. Se não há vontade, não há conduta, o que exclui a tipicidade. Já no caso de Francisco, houve coação moral irresistível, traduzida como ameaça, promessa de realizar um mal, em razão da qual oprimido, pelo medo, não pode subtrair-se, mas apenas sucumbir ante a violência moral, realizando a conduta criminosa para satisfazer a vontade do autor da coação. Neste caso, exclui-se a culpabilidade pela inexigibilidade de conduta diversa.

**Alternativa correta: letra "c".**

PENAL

**20. (FGV – OAB 2011.2)** Jefferson, segurança da mais famosa rede de supermercados do Brasil, percebeu que João escondera em suas vestes três sabonetes, de valor aproximado de R$ 12,00 (doze reais). Ao tentar sair do estabelecimento, entretanto, João é preso em flagrante delito pelo segurança, que chama a polícia. A esse respeito, assinale a alternativa correta.

a) A conduta de João não constitui crime, uma vez que este agiu em estado de necessidade.

b) A conduta de João não constitui crime, uma vez que o fato é materialmente atípico.

c) A conduta de João constitui crime, uma vez que se enquadra no artigo 155 do Código Penal, não estando presente nenhuma das causas de exclusão de ilicitude ou culpabilidade, razão pela qual este deverá ser condenado.

d) Embora sua conduta constitua crime, João deverá ser absolvido, uma vez que a prisão em flagrante é nula, por ter sido realizada por um segurança particular.

COMENTÁRIOS

✪ **Nota do autor:** nesta questão é exigido o conhecimento de conceitos mais recentes envolvendo a teoria do delito, que têm aplicação cada vez mais abrangente, como o princípio da insignificância e o incremento da tipicidade (que deixou de ser apenas formal e passou a ser também material).

**Alternativa "a":** age em estado de necessidade quem praticar o fato para salvar de perigo atual, que não provocou por sua vontade, nem podia de outro modo evitar, direito próprio ou alheio, cujo sacrifício, nas circunstâncias, não era razoável exigir-se. O estado de necessidade pode ser reconhecido no furto famélico, entendido como o furto praticado para saciar a forme. Tem sido reconhecido pela jurisprudência, desde que presentes os seguintes requisitos: (a) que o fato seja praticado para mitigar a fome; (b) que seja o único e derradeiro recurso do agente (inevitabilidade do comportamento lesivo); (c) que haja a subtração de coisa capaz de diretamente contornar a emergência; (d) a insuficiência dos recursos adquiridos pelo agente com o trabalho ou a impossibilidade de trabalhar. Não é o caso do exemplo mencionado no enunciado.

**Alternativa "b":** para o conceito material, crime é comportamento humano causador de relevante e intolerável lesão ou perigo de lesão ao bem jurídico tutelado, passível de sanção penal. É sob esta perspectiva que incide o princípio da insignificância, excludente da tipicidade material, retirando o caráter criminoso da conduta daquele que subtrair algo cujo valor nada representa economicamente.

**Alternativa "c":** a conduta de João não constitui crime, pois, como ressaltado no item anterior, apesar de formalmente típico, o princípio da insignificância incide para afastar a tipicidade material do comportamento.

**Alternativa "d":** ainda que a prisão em flagrante pudesse ser considerada nula (o que também não é o caso), não há nenhum efeito sobre o fato criminoso em si, razão por que não haveria absolvição por este motivo.

**Alternativa correta: letra "b".**

**21. (FGV – OAB 2012.3)** Em relação ao princípio da insignificância, assinale a afirmativa correta.

a) O princípio da insignificância funciona como causa de exclusão da culpabilidade. A conduta do agente, embora típica e ilícita, não é culpável.

b) A mínima ofensividade da conduta, a ausência de periculosidade social da ação, o reduzido grau de reprovabilidade do comportamento e a inexpressividade da lesão jurídica constituem, para o Supremo Tribunal Federal, requisitos de ordem objetiva autorizadores da aplicação do princípio da insignificância.

c) A jurisprudência predominante dos tribunais superiores é acorde em admitir a aplicação do princípio da insignificância em crimes praticados com emprego de violência ou grave ameaça à pessoa (a exemplo do roubo).

d) O princípio da insignificância funciona como causa de diminuição de pena.

COMENTÁRIOS

**Alternativa "a" (responde, também, a alternativa "b"):** o princípio da insignificância é causa de exclusão da tipicidade, não da culpabilidade, afastando a tipicidade material. O princípio da insignificância pode ser entendido como um instrumento de interpretação restritiva do tipo penal: sendo formalmente típica a conduta e relevante a lesão, aplica-se a norma penal, ao passo que, havendo somente a subsunção legal, desacompanhada da tipicidade material, deve ela ser afastada, pois que estará o fato atingido pela atipicidade. Para o STF, aplica-se este princípio se a conduta é dotada de mínimo caráter ofensivo e reduzido grau de reprovação, assim como a lesão jurídica é inexpressiva e não causa repulsa social.

**Alternativa "c":** a jurisprudência dominante nos tribunais superiores é no sentido de que o princípio da insignificância não tem aplicação nos crimes praticados com violência ou grave ameaça a pessoa (STJ: AgRg no AREsp 1.450.515/PI, j. 17/10/2019; STF: RHC 133.043/MS, DJe 23/05/2016).

**Alternativa "d":** afastando a tipicidade penal, o princípio da insignificância não pode funcionar como causa de diminuição de pena.

**Alternativa correta: letra "b".**

## 7. RELAÇÃO DE CAUSALIDADE

**22. (FGV – XXXVII Exame OAB)** Fernanda trabalha como cuidadora de idosos e foi contratada para assistir ao idoso Luís Fernando, de 89 anos, que, não obstante a idade, seguia ativo, caminhando com algum apoio e realizando suas atividades de forma habitual, com relativa independência. Certo dia, Luís Fernando descia as escadas rolantes de um shopping center, quando a barra de sua calça se prendeu nos degraus, o que levou Luís Fernando a se desequilibrar, e o suporte dado por Fernanda não foi suficiente para impedir a sua queda. O idoso fraturou o fêmur. Preocupada com eventual responsabilização criminal, Fernanda procura aconselhamento. Como advogado(a) de Fernanda, assinale a opção que apresenta sua orientação sobre os fatos e as possíveis consequências.

a) Fernanda ocupa a posição de garantidora, devendo ser responsabilizada por delito comissivo por omissão por ter se operado o resultado danoso.

b) A responsabilização de Fernanda dependeria de comprovação de efetiva negligência, imprudência ou imperícia, sem o que, não será responsabilizada pelo resultado danoso.

c) Fernanda pode ser responsabilizada por crime omissivo próprio, diante do resultado danoso.

d) Fernanda incidiu em conduta tipificada no Estatuto do Idoso.

COMENTÁRIOS

**Alternativa "a" (responde, também, a alternativa "b"):** o art. 18 do CP dispõe que o crime é doloso quando o agente quis o resultado ou assumiu o risco de produzi-lo, e é culposo quando o agente deu causa ao resultado por imprudência, negligência ou imperícia. Dessa forma, a responsabilização criminal pressupõe que o indivíduo tenha agido com dolo ou culpa. Logo, como em qualquer outra situação, no caso de Fernanda, ainda que ela tenha, de fato, assumido a posição de garantidora – pois fora contratada para cuidar do idoso –, é necessário comprovar o aspecto subjetivo para impor a responsabilização criminal.

**Alternativa "c":** ainda que fosse o caso de responsabilizar Fernanda, não seria por crime omissivo próprio, tendo em vista que ela era obrigada a agir para evitar o resultado. A imputação seria de crime omissivo impróprio (com os pressupostos destacados nos comentários à assertiva anterior).

**Alternativa "d":** não há, no Estatuto da Pessoa Idosa, tipo penal a que se adéque a conduta de Fernanda.

**Alternativa correta: letra "b".**

---

**23. (FGV – XXXIV Exame de Ordem – 2022)** Após ter sido exonerado do cargo em comissão que ocupava há mais de dez anos, Lúcio, abatido com a perda financeira que iria sofrer, vai a um bar situado na porta da repartição estadual em que trabalhava e começa a beber para tentar esquecer os problemas financeiros que viria a encontrar.

Duas horas depois, completamente embriagado, na saída do trabalho, encontra seu chefe Plínio, que fora o responsável por sua exoneração. Assim, com a intenção de causar a morte de Plínio, resolve empurrá-lo na direção de um ônibus que trafegava pela rua, vindo a vítima efetivamente a ser atropelada. Levado para o hospital totalmente consciente, mas com uma lesão significativa na perna a justificar o recebimento de analgésicos, Plínio vem a falecer, reconhecendo o auto de necropsia que a causa da morte foi unicamente envenenamento, decorrente de erro na medicação que lhe fora ministrada ao chegar ao hospital, já que o remédio estaria fora de validade e sequer seria adequado no tratamento da perna da vítima.

Lúcio foi denunciado, perante o Tribunal do Júri, pela prática do crime de homicídio consumado, imputando a denúncia a agravante da embriaguez preordenada.

Confirmados os fatos, no momento das alegações finais da primeira fase do procedimento do Tribunal do Júri, sob o ponto de vista técnico, a defesa deverá pleitear

a) o afastamento da agravante da embriaguez, ainda que adequada a pronúncia pelo crime de homicídio consumado.
b) o afastamento, na pronúncia, da forma consumada do crime, bem como o afastamento da agravante da embriaguez.
c) o afastamento, na pronúncia, da forma consumada do crime, ainda que possível a manutenção da agravante da embriaguez.
d) a desclassificação para o crime de lesão corporal seguida de morte, bem como o afastamento da agravante da embriaguez.

**COMENTÁRIOS**

O enunciado nos revela uma situação em que a morte ocorreu por causa superveniente relativamente independente que provocou por si só o resultado. A causa efetiva (elemento que se somou para a produção do resultado) – o envenenamento – aconteceu após a causa concorrente – a ação de Lúcio para empurrar Plínio no caminho do ônibus. Por isso, é superveniente. É relativamente independente porque, não fosse a conduta de Lúcio, Plínio não teria sido conduzido ao atendimento médico. E provocou por si só o resultado porque, como deixa claro o enunciado, a morte decorreu *unicamente* do envenenamento pelo medicamento ministrado por equívoco. A lesão provocada por Lúcio não seria capaz de matar. Por isso, ele deve responder pela tentativa de homicídio, pois, ao empurrar Plínio no caminho do ônibus, pretendia matá-lo.

Não incide, no mais, a agravante relativa à embriaguez preordenada. A pena deve ser agravada quando agente, propositadamente, se embriaga para se encorajar à prática do crime. O enunciado relata apenas que Lúcio se embriagou para se esquecer de seus problemas, mas, depois, ao ver o chefe responsável por sua demissão, decidiu matá-lo. Não há lugar para a agravante.

**Alternativa correta: letra "b" (responde, também, as demais alternativas).**

---

**24. (FGV/OAB/XXXII_Exame – 2021)** Após uma discussão em razão de futebol, Paulo efetua um disparo de arma de fogo no peito de Armando, pretendendo causar sua morte, empreendendo fuga em seguida. Levado para o hospital por familiares, Armando não é atendido pelo médico plantonista Ismael, que presenciou o estado grave do paciente, mas alegava estar em greve. Armando vem a falecer enquanto aguardava atendimento em uma maca, ficando demonstrado que o não atendimento médico contribuiu para o resultado morte.

Revoltados com o resultado, os familiares de Armando procuram você para assistência jurídica, destacando o interesse na habilitação como futuro assistente de acusação. Indagado sobre a responsabilidade penal de Paulo e Ismael, você deverá esclarecer que

a) Paulo deverá responder por tentativa de homicídio doloso e Ismael, por homicídio doloso consumado em razão da omissão.
b) Paulo deverá responder por homicídio doloso consumado e Ismael, por omissão de socorro qualificada pelo resultado morte.
c) Paulo deverá responder por homicídio doloso consumado, e Ismael não praticou conduta típica.
d) Paulo e Ismael deverão responder por homicídio doloso consumado.

**COMENTÁRIOS**

De acordo com o disposto no art. 13, *caput*, do Código Penal, o resultado é imputável a quem lhe deu causa, designada como a ação ou omissão sem a qual o resultado não teria ocorrido. Paulo responde por homicídio doloso porque, com o propósito de matar, efetuou contra o peito de Armando um disparo de arma de fogo que foi a causa da morte (não importa, para a imputação do homicídio consumado, que o atendimento médico não tenha sido prestado).

Já a conduta de Ismael se insere na regra da omissão imprópria. O mesmo art. 13, no § 2º, estabelece situações nas quais quem se omite responde como se houvesse cometido o crime por ação. Uma das situações implica quem assume a responsabilidade de impedir o resultado. A regra incide quando o dever não decorre da lei, mas da assunção voluntária do encargo de zelar pelo bem jurídico tutelado. A esse respeito, oportuna é a lição de Francisco de Assis Toledo: "Penso que, aqui, a solução deve apoiar-se no princípio de que a posição de garante surge para todo aquele que, por ato voluntário, promessas, veiculação publicitária ou mesmo contratualmente, capta a confiança dos possíveis afetados por resultados perigosos, assumindo, com estes, a título oneroso ou não, a responsabilidade de intervir, quando necessário, para impedir o resultado lesivo. Nessa situação se encontram: o guia, o salva-vidas, o enfermeiro, o médico de plantão em hospitais ou prontos-socorros, os organizadores de competições esportivas etc." (*Princípios Básicos de Direito Penal*. 5ª ed. São Paulo: Saraiva. 1994, p. 117-8).

**Alternativa correta: Anulada.**

**25. (FGV – XXIX Exame de Ordem – 2019.2)** Após discussão em uma casa noturna, Jonas, com a intenção de causar lesão, aplicou um golpe de arte marcial em Leonardo, causando fratura em seu braço. Leonardo, então, foi encaminhado ao hospital, onde constatou-se a desnecessidade de intervenção cirúrgica e optou-se por um tratamento mais conservador com analgésicos para dor, o que permitiria que ele retornasse às suas atividades normais em 15 dias. A equipe médica, sem observar os devidos cuidados exigidos, ministrou o remédio a Leonardo sem observar que era composto por substância à qual o paciente informara ser alérgico em sua ficha de internação. Em razão da medicação aplicada, Leonardo sofreu choque anafilático, evoluindo a óbito, conforme demonstrado em seu laudo de exame cadavérico. Recebidos os autos do inquérito, o Ministério Público ofereceu denúncia em face de Jonas, imputando-lhe o crime de homicídio doloso.

Diante dos fatos acima narrados e considerando o estudo da teoria da equivalência, o(a) advogado(a) de Jonas deverá alegar que a morte de Leonardo decorreu de causa superveniente

a) absolutamente independente, devendo ocorrer desclassificação para que Jonas responda pelo crime de lesão corporal seguida de morte.

b) relativamente independente, devendo ocorrer desclassificação para o crime de lesão corporal seguida de morte, já que a morte teve relação com sua conduta inicial.

c) relativamente independente, que, por si só, causou o resultado, devendo haver desclassificação para o crime de homicídio culposo.

d) relativamente independente, que, por si só, produziu o resultado, devendo haver desclassificação para o crime de lesão corporal, não podendo ser imputado o resultado morte.

**COMENTÁRIOS**

Havendo relação de causa e efeito entre a conduta e o resultado, fala-se do terceiro elemento do fato típico: nexo de causalidade. A doutrina elenca inúmeras teorias acerca do nexo de causalidade, mas a adotada pelo Código Penal no *caput* do artigo 13 é a denominada *teoria da equivalência dos antecedentes causais ou da 'conditio sine qua non'*. Desenvolvida por von Buri, considera que tudo o que concorre para o resultado é considerado como sua causa.

Além do estudo das causas propriamente ditas, é necessário que se analise a concorrência de causas na produção do mesmo evento. As concausas são aquelas que não se relacionam diretamente com a principal, mas atuam paralelamente, contribuindo para a ocorrência do resultado. Podem ser *relativamente independentes* ou *absolutamente independentes*.

A causa absolutamente independente se origina de circunstâncias totalmente diversas da conduta principal e, por isso, é considerada como se, por si só, houvesse produzido o resultado, ou seja, haveria o resultado ainda que na eliminação hipotética fosse retirada a conduta do agente. Por essa razão, não é ele responsabilizado pelo evento danoso, respondendo apenas pelos atos até então praticados. Pode ser, em relação à conduta principal, preexistente, concomitante ou superveniente, mas em nenhum caso ao agente será imputado o resultado.

A causa relativamente independente, por sua vez, origina-se da conduta praticada pelo agente, mas não se situa entre suas consequências diretas. O resultado é produzido só pela incidência da concausa, mas a independência não é absoluta porque, se eliminada hipoteticamente a atuação do agente, o resultado não teria ocorrido. Também pode ser *preexistente*, *concomitante* ou *superveniente* à conduta principal. Nas duas primeiras hipóteses, o agente responde pelo resultado, já que, se eliminada hipoteticamente sua atuação, nenhuma lesão ao bem jurídico haveria.

Quanto à causa relativamente independente superveniente, a atenção deve ser redobrada. Isto porque o § 1º do artigo 13 dispõe que a *"superveniência de causa relativamente independente exclui a imputação quando, por si só, produziu o resultado"*. Note-se que a não responsabilização pela incidência da causa relativamente independente superveniente é exceção, pois, como já alertamos, nas demais o agente responde pelo resultado ocorrido. Neste caso, o Código Penal adotou a *condicionalidade adequada*.

No entanto, se a causa superveniente relativamente independente não produz por si só o resultado, o agente deve ser responsabilizado pelo resultado, que, nesta hipótese, pode ser verificado como desdobramento da sucessão causal. Ex.: João é vítima de um disparo de arma de fogo efetuado por Antônio, que age com intenção de matar. Levado ao hospital, João morre em decorrência de erro médico durante a cirurgia realizada no local do ferimento. O atirador (que tinha intenção de matar) responde por homicídio consumado.

Tecidas estas necessárias considerações a respeito da causalidade, pode-se afirmar, quanto ao exemplo descrito no enunciado, que Jonas não responde pelo resultado morte; deve ser responsabilizado pela lesão corporal, pois o agravamento do estado de saúde da vítima (causa da morte), *não se insere* na linha de desdobramento causal do golpe no braço, pois decorrente da negligência da equipe médica em relação à alergia que a vítima tinha ao medicamento ministrado (algo que era do conhecimento da equipe), tratando-se, portanto, de causa relativamente independente superveniente que por si só provocou o resultado.

**Alternativa "d" (responde, também, as demais alternativas).**

**26. (FGV-Exame de Ordem 2019.1)** David, em dia de sol, levou sua filha, Vivi, de 03 anos, para a piscina do clube. Enquanto a filha brincava na piscina infantil, David precisou ir ao banheiro, solicitando, então, que sua amiga Carla, que estava no local, ficasse atenta para que nada de mal ocorresse com Vivi. Carla se comprometeu a cuidar da filha de David.

Naquele momento, Vitor assumiu o posto de salva-vidas da piscina. Carla, que sempre fora apaixonada por Vitor, começou a conversar com ele e ambos ficam de costas para a piscina, não atentando para as crianças que lá estavam.

Vivi começa a brincar com o filtro da piscina e acaba sofrendo uma sucção que a deixa embaixo da água por tempo suficiente para causar seu afogamento. David vê quando o ato acontece através de pequena janela no banheiro do local, mas o fecho da porta fica emperrado e ele não consegue sair. Vitor e Carla não veem o ato de afogamento da criança porque estavam de costas para a piscina conversando.

Diante do resultado morte, David, Carla e Vitor ficam preocupados com sua responsabilização penal e procuram um advogado, esclarecendo que nenhum deles adotou comportamento positivo para gerar o resultado.

Considerando as informações narradas, o advogado deverá esclarecer que:

a) Carla e Vitor, apenas, poderão responder por homicídio culposo, já que podiam atuar e possuíam obrigação de agir na situação.

b) David, apenas, poderá responder por homicídio culposo, já que era o único com dever legal de agir por ser pai da criança.

c) David, Carla, Vitor poderão responder por homicídio culposo, já que os três tinham o dever de agir.

d) Vitor, apenas, poderá responder pelo crime de omissão de socorro.

COMENTÁRIOS

O art. 13, § 2º, do CP disciplina as situações de relevância da omissão. Segundo o dispositivo, o dever de agir incumbe a quem: a) tenha por lei obrigação de cuidado, proteção ou vigilância: a lei de que se trata aqui pode ser de natureza não penal, como o artigo 1.634 do Código Civil, que disciplina o exercício do poder familiar, obrigando os pais em relação à criação e educação dos filhos; b) de outra forma, assumiu a responsabilidade de impedir o resultado: a regra incide nas situações em que o dever não decorre da lei, mas da assunção voluntária do encargo de zelar pelo bem jurídico tutelado. A posição de garantidor pode nascer tanto das relações contratuais (ex.: professor fazendo excursão com alunos) como das relações da vida cotidiana (ex.: convidado assume a responsabilidade de levar outro, embriagado, para casa, após uma festa); c) quem, com seu comportamento anterior, criou o risco da ocorrência do resultado: trata-se da obrigação de evitar o resultado quando, no âmbito social, o agente produz o perigo, devendo, portanto, se empenhar para que o resultado danoso não ocorra. Em todas as situações, a lei pressupõe a possibilidade de ação por parte do agente. Se na situação concreta sua atuação é fisicamente impossível, não há omissão penalmente relevante. Assim, deve o agente ter conhecimento da situação causadora do perigo; ter consciência de sua posição de garantidor; e ter possibilidade física de impedir a ocorrência do resultado. Caracterizada a situação de relevância da omissão, o agente responde por omissão imprópria, ou seja, como se tivesse agido por ação.

No exemplo do enunciado, Carla e Vitor tinham a obrigação de agir para evitar o afogamento porque haviam assumido a responsabilidade de impedir o resultado. Carla, porque se comprometera a cuidar de Vivi; Vitor, porque atuava como salva-vidas e assumira a obrigação de zelar pela segurança de quem utilizava a piscina. Por isso, ambos devem responder pelo homicídio, mas na forma culposa, pois sua omissão decorreu da inobservância do dever de cuidado a que estavam obrigados.

Já David, pai de Vivi, embora tivesse, por lei, a obrigação de cuidado, proteção ou vigilância, não pôde agir para evitar o resultado porque ficou fisicamente impedido diante do problema ocorrido com a porta do local em que se encontrava. Diante disso, não é possível responsabilizá-lo criminalmente pela morte de sua filha.

**Alternativa "a" (responde, também, as demais alternativas).**

---

**27. (FGV – Exame de Ordem 2016.3)** Carlos presta serviço informal como salva-vidas de um clube, não sendo regularmente contratado, apesar de receber uma gorjeta para observar os sócios do clube na piscina, durante toda a semana. Em seu horário de "serviço", com várias crianças brincando na piscina, fica observando a beleza física da mãe de uma das crianças e, ao mesmo tempo, falando no celular com um amigo, acabando por ficar de costas para a piscina. Nesse momento, uma criança vem a falecer por afogamento, fato que não foi notado por Carlos.

Sobre a conduta de Carlos, diante da situação narrada, assinale a afirmativa correta.

a) Não praticou crime, tendo em vista que, apesar de garantidor, não podia agir, já que concretamente não viu a criança se afogando.

b) Deve responder pelo crime de homicídio culposo, diante de sua omissão culposa, violando o dever de garantidor.

c) Deve responder pelo crime de homicídio doloso, em razão de sua omissão dolosa, violando o dever de garantidor.

d) Responde apenas pela omissão de socorro, mas não pelo resultado morte, já que não havia contrato regular que o obrigasse a agir como garantidor.

COMENTÁRIOS

**Alternativa "a":** Carlos podia agir porque não encontrava nenhum impedimento para que atuasse da forma como havia se comprometido. Sua omissão decorreu de culpa porque, no momento em que deveria estar observando a criança, desviou sua atenção, atuando com negligência.

**Alternativa "b" (responde, também, as alternativas "c" e "d"):** dispõe o artigo 13, § 2º, do CP que "A omissão é penalmente relevante quando o omitente devia e podia agir para evitar o resultado". Dentre outras situações, o dever de agir incumbe a quem assumiu a responsabilidade de impedir o resultado. A regra incide nas hipóteses em que o dever não decorre da lei, mas da assunção voluntária do encargo de zelar pelo bem jurídico tutelado. A esse respeito, oportuna é a lição de Francisco de Assis Toledo: "Penso que, aqui, a solução deve apoiar-se no princípio de que a *posição de garante* surge para todo aquele que, por ato voluntário, promessas, veiculação publicitária ou mesmo contratualmente, capta a confiança dos possíveis afetados por resultados perigosos, assumindo, com estes, a título oneroso ou não, a responsabilidade de intervir, quando necessário, para impedir o resultado lesivo. Nessa situação se encontram: o guia, o salva-vidas, o enfermeiro, o médico de plantão em hospitais ou prontos-socorros, os organizadores de competições esportivas etc." (*Princípios Básicos de Direito Penal*. 5ª ed. São Paulo: Saraiva. 1994, p. 117-8). Percebe-se, portanto, que a posição de garantidor aqui estudada pode nascer tanto das relações contratuais (ex.: professor fazendo excursão com alunos) como das relações da vida cotidiana (ex.: convidado assume a responsabilidade de levar outro, bêbado, para casa, após uma festa).

A responsabilidade do omitente pode ser tanto por dolo quanto por culpa. Utilizando o mesmo exemplo do enunciado, podemos concluir o seguinte: se Carlos estivesse vendo a criança se afogar, mas, ainda assim, permanecesse inerte, responderia por homicídio doloso. Como sua omissão não foi proposital, mas decorreu de inobservância do dever de cuidado, a responsabilidade se restringe à esfera da culpa.

**Alternativa correta: letra "b".**

---

**28. (FGV – OAB 2012.3)** José conversava com Antônio em frente a um prédio. Durante a conversa, José percebe que João, do alto do edifício, jogara um vaso mirando a cabeça de seu interlocutor. Assustado, e com o fim de evitar a possível morte de Antônio, José o empurra com força. Antônio cai e, na queda, fratura o braço. Do alto do prédio, João vê a cena e fica irritado ao perceber que, pela atuação rápida de José, não conseguira acertar o vaso na cabeça de Antônio.

Com base no caso apresentado, segundo os estudos acerca da teoria da imputação objetiva, assinale a afirmativa correta.

a) José praticou lesão corporal culposa.

b) José praticou lesão corporal dolosa.

c) O resultado não pode ser imputado a José, ainda que entre a lesão e sua conduta exista nexo de causalidade.

d) O resultado pode ser imputado a José, que agiu com excesso e sem a observância de devido cuidado.

COMENTÁRIOS

De acordo com a teoria da causalidade que ainda vigora no nosso ordenamento (art. 13, *caput*, CP), toda ação ou omissão sem a qual o resultado não ocorreria é considerada sua causa, sendo que a imputação do resultado é delimitada pelo dolo ou da culpa de que se revestiu a conduta do agente. Essa aferição do dolo ou culpa deve ser atribuída à teoria finalista, que estabeleceu a necessidade de análise do tipo subjetivo como requisito à imputação do resultado. Os elaboradores da teoria da imputação objetiva, no entanto, consideravam que a equivalência dos antecedentes, por se contentar com uma mera relação física entre causa e efeito, limitada somente pelo dolo ou pela culpa, não resolvia adequadamente a relação de causalidade. A criação ou incremento de um risco proibido e a realização do risco no resultado, além da exigência de que o resultado se encontre dentro do alcance do tipo compõem o nexo normativo, elemento que enriquece o estudo da causalidade corrigindo as distorções geradas pela teoria da *conditio sine qua non*. A análise deste nexo antecede a indagação sobre o dolo ou culpa, uma vez que entende esta teoria que é preciso verificar se o resultado previsto na parte objetiva do tipo pode ou não ser atribuído ao agente antes mesmo de verificar o elemento subjetivo.

No exemplo citado, José não praticou crime porque a sua conduta, dirigida no sentido de salvar a vida de Antônio, não criou ou incrementou um risco proibido. Dessa forma, ainda que haja nexo de causalidade, José não responderá por lesão corporal porque o resultado não poderá lhe ser atribuído (não há nexo normativo).

**Alternativa "c" (responde, também, as demais alternativas).**

---

**29. (FGV – OAB 2012.3)** Jaime, conhecido pelos colegas como "Jaiminho mão de seda", utilizando-se de sua destreza, consegue retirar a carteira do bolso traseiro da calça de Ricardo que, ao perceber a subtração, sai ao encalço do delinquente. Ocorre que, durante a perseguição, Ricardo acaba sendo atropelado, vindo a falecer em decorrência dos ferimentos.

Nesse sentido, com base nas informações apresentadas na hipótese, e a jurisprudência predominante dos tribunais superiores, assinale a afirmativa correta.

a) Jaime praticou delito de furto em sua modalidade tentada.

b) Jaime consumou a prática do delito de furto simples.

c) Jaime consumou a prática do delito de furto qualificado.

d) Jaime consumou a prática de latrocínio.

COMENTÁRIOS

**Alternativa "a":** não houve crime tentado, pois Jaime permaneceu com o objeto furtado em razão da morte da vítima. Ainda que assim não fosse, conforme a jurisprudência dos tribunais superiores, a consumação do crime de furto ocorre com a posse, ainda que breve, da coisa alheia móvel, mesmo que sua recuperação ocorra logo em seguida, pela perseguição imediata (STJ: AgRg no AREsp 787872/DF, DJe 31/08/2016).

**Alternativa "b" (responde, também, a alternativa "c"):** atribuiu-se à alternativa *b* a resposta correta, retratando o exemplo caso de furto simples. Com efeito, não se trata de furto qualificado, pois embora Jaime fosse conhecido por sua habilidade e a tivesse utilizado para a prática da subtração, Ricardo, a vítima, percebeu a ação imediatamente, identificando o furtador, e saiu em seu encalço. Incide a qualificadora somente quando o agente, por meio de peculiar habilidade física ou manual, pratica o crime sem que a vítima perceba que está sendo despojada de seus bens (do contrário, tem-se por ineficiente o meio utilizado e a conduta se subsume ao furto simples).

**Alternativa "d":** não se trata de latrocínio, pois a morte de Ricardo não pode ser, nem culposamente, atribuída à conduta empreendida por Jaime, que sequer empregou violência na subtração.

**Alternativa correta: letra "b".**

---

**30. (FGV – Exame de Ordem 2013.3)** Paula, com intenção de matar Maria, desfere contra ela quinze facadas, todas na região do tórax. Cerca de duas horas após a ação de Paula, Maria vem a falecer. Todavia, a causa mortis determinada pelo auto de exame cadavérico foi envenenamento. Posteriormente, soube-se que Maria nutria intenções suicidas e que, na manhã dos fatos, havia ingerido veneno. Com base na situação descrita, assinale a afirmativa correta.

a) Paula responderá por homicídio doloso consumado.

b) Paula responderá por tentativa de homicídio.

c) O veneno, em relação às facadas, configura concausa relativamente independente superveniente que por si só gerou o resultado.

d) O veneno, em relação às facadas, configura concausa absolutamente independente concomitante.

COMENTÁRIOS

**Alternativa "a":** Paula não pode responder por homicídio consumado porque sua conduta não foi a causa da morte, nem a causa efetiva derivou direta ou indiretamente da sua conduta.

**Alternativa "b":** Paula responderá por tentativa de homicídio porque a morte se deu por envenenamento, causa preexistente e absolutamente independente dos golpes de faca. Em resumo: a causa *mortis* não se origina, direta ou indiretamente, do comportamento concorrente, sendo antecedente a este.

**Alternativa "c":** a concausa relativamente independente é aquela em que a causa efetiva do resultado se origina, ainda que indiretamente, do comportamento concorrente. Em outras palavras, as causas se conjugam para produzir o evento final. Isoladamente consideradas, não seriam capazes de ocasionar o resultado. Não é o caso do veneno no exemplo citado.

**Alternativa "d":** não obstante a concausa seja absolutamente independente, não é concomitante à outra, mas preexistente.

**Alternativa correta: letra "b".**

---

**31. (FGV – Exame de Ordem 2013.3)** Odete é diretora de um orfanato municipal, responsável por oitenta meninas em idade de dois a onze anos. Certo dia Odete vê Elisabeth, uma das recreadoras contratada pela Prefeitura para trabalhar na instituição, praticar ato libidinoso com Poliana, criança de 9 anos, que ali estava abrigada. Mesmo enojada pela situação que presenciava, Odete achou melhor não intervir, porque não desejava criar qualquer problema para si. Nesse caso, tendo como base apenas as informações descritas, assinale a opção correta.

a) Odete não pode ser responsabilizada penalmente, embora possa sê-lo no âmbito cível e administrativo.

b) Odete pode ser responsabilizada pelo crime descrito no Art. 244-A, do Estatuto da Criança e do Adolescente, *verbis*: "Submeter criança ou adolescente, como tais definidos no caput do art. 2º desta Lei, à prostituição ou à exploração sexual".

c) Odete pode ser responsabilizada pelo crime de estupro de vulnerável, previsto no Art. 217-A do CP, verbis: "Ter conjunção carnal ou praticar outro ato libidinoso com menor de 14 (catorze) anos".

d) Odete pode ser responsabilizada pelo crime de omissão de socorro, previsto no Art. 135, do CP, verbis: "Deixar de prestar assistência, quando possível fazê-lo sem risco pessoal, à criança abandonada ou extraviada, ou à pessoa inválida ou ferida, ao desamparo ou em grave e iminente perigo; ou não pedir, nesses casos, o socorro da autoridade pública".

**COMENTÁRIOS**

Segundo dispõe o art. 13, § 2º, do CP, há situações em que a omissão se torna relevante a ponto de provocar a responsabilidade penal como se o agente tivesse atuado por ação. Trata-se do crime omissivo impróprio. Uma das situações de relevância da omissão é aquela em que o dever de agir incumbe a quem tenha por lei a obrigação de cuidado, proteção ou vigilância. No exemplo do enunciado Odete responde pelo estupro de vulnerável por omissão imprópria porque, na qualidade de diretora do orfanato, tinha por lei a obrigação de proteger os menores que lá se encontravam.

**Alternativa "c" (responde, também, as demais alternativas).**

## 8. CONSUMAÇÃO E TENTATIVA

**32. (FGV – Exame de Ordem 2016.1)** Durante uma discussão, Theodoro, inimigo declarado de Valentim, seu cunhado, golpeou a barriga de seu rival com uma faca, com intenção de matá-lo. Ocorre que, após o primeiro golpe, pensando em seus sobrinhos, Theodoro percebeu a incorreção de seus atos e optou por não mais continuar golpeando Valentim, apesar de saber que aquela única facada não seria suficiente para matá-lo.

Neste caso, Theodoro

a) não responderá por crime algum, diante de seu arrependimento.

b) responderá pelo crime de lesão corporal, em virtude de sua desistência voluntária.

c) responderá pelo crime de lesão corporal, em virtude de seu arrependimento eficaz.

d) responderá por tentativa de homicídio.

**COMENTÁRIOS**

**Alternativa "a" (responde, também, as assertivas "b" e "d"):** há desistência voluntária na situação em que o agente, por manifestação exclusiva do seu querer, desiste de prosseguir na execução da conduta criminosa. Trata-se da situação em que os atos executórios ainda não se esgotaram, mas o agente, voluntariamente, abandona o seu dolo inicial. Por isso, Theodoro não responde por tentativa de homicídio. Considerando, no entanto, o disposto na parte final do art. 15 do Código Penal, deve responder pelos atos praticados até o momento da desistência, que no caso caracterizam o crime de lesão corporal.

**Alternativa "c":** não se trata de arrependimento eficaz, que, diferente da desistência voluntária, pressupõe que o agente tenha esgotado os meios de execução, mas, arrependido, pratique nova conduta para impedir a consumação. Haveria arrependimento eficaz se, por exemplo, Theodoro desferisse uma facada potencialmente fatal em Valentim, mas, pesaroso de seu ato, providenciasse socorro para que a morte fosse evitada.

**Alternativa correta: letra "b".**

**33. (FGV – OAB 2010.3)** Marcus, visando roubar Maria, a agride, causando-lhe lesões corporais de natureza leve. Antes, contudo, de subtrair qualquer pertence, Marcus decide abandonar a empreitada criminosa, pedindo desculpas à vítima e se evadindo do local. Maria, então, comparece à delegacia mais próxima e narra os fatos à autoridade policial. No caso acima, o delegado de polícia

a) deverá instaurar inquérito policial para apurar o crime de roubo tentado, uma vez que o resultado pretendido por Marcus não se concretizou.

b) nada poderá fazer, uma vez que houve a desistência voluntária por parte de Marcus.

c) deverá lavrar termo circunstanciado pelo crime de lesões corporais de natureza leve.

d) nada poderá fazer, uma vez que houve arrependimento posterior por parte de Marcus.

**COMENTÁRIOS**

**Alternativa "a":** não houve roubo tentado porque o agente interrompeu o *iter criminis* e não consumou o delito por sua própria vontade, não por circunstâncias alheias.

**Alternativa "b" (responde, também, a alternativa "c"):** houve a desistência voluntária por parte de Marcos, que, sem coação, desistiu de prosseguir na execução. Ocorre que, embora não lhe seja imputada a tentativa, o agente é responsabilizado pelos atos praticados até o momento em que desistiu de prosseguir, conforme o disposto na parte final do artigo 15 do Código Penal. Por isso, ser-lhe-á atribuído o crime de lesão corporal de natureza leve.

**Alternativa "d":** não há falar em arrependimento posterior, em que o agente, por ato voluntário, nos crimes cometidos sem violência ou grave ameaça à pessoa, depois de consumado, repara o dano ou restitui a coisa até o recebimento da denúncia ou da queixa.

**Alternativa correta: letra "c".**

## 9. ARREPENDIMENTO POSTERIOR

**34. (FGV – XXIX Exame de Ordem – 2019.2)** Durante a madrugada, Lucas ingressou em uma residência e subtraiu um computador. Quando se preparava para sair da residência, ainda dentro da casa, foi surpreendido pela chegada do proprietário. Assustado, ele o empurrou e conseguiu fugir com a coisa subtraída. Na manhã seguinte, arrependeu-se e resolveu devolver a coisa subtraída ao legítimo dono, o que efetivamente veio a ocorrer. O proprietário, revoltado com a conduta anterior de Lucas, compareceu em sede policial e narrou o ocorrido. Intimado pelo Delegado para comparecer em sede policial, Lucas, preocupado com uma possível responsabilização penal, procura o advogado da família e solicita esclarecimentos sobre a sua situação jurídica, reiterando que já no dia seguinte devolvera o bem subtraído.

Na ocasião da assistência jurídica, o(a) advogado(a) deverá informar a Lucas que poderá ser reconhecido(a)

a) a desistência voluntária, havendo exclusão da tipicidade de sua conduta.

b) o arrependimento eficaz, respondendo o agente apenas pelos atos até então praticados.

c) o arrependimento posterior, não sendo afastada a tipicidade da conduta, mas gerando aplicação de causa de diminuição de pena.

d) a atenuante da reparação do dano, apenas, não sendo, porém, afastada a tipicidade da conduta.

**COMENTÁRIOS**

**Alternativa "a":** na desistência voluntária, o agente, por manifestação exclusiva do seu querer, desiste de prosseguir na

PENAL

execução da conduta criminosa. Trata-se da situação em que os atos executórios ainda não se esgotaram, mas o agente, voluntariamente, abandona o seu dolo inicial. Seria este o caso se, por exemplo, Lucas tivesse desistido enquanto ainda estava na residência, antes de se apoderar do bem e da chegada do proprietário. A tentativa de subtração não seria imputada, restando apenas a violação de domicílio (ato praticado até o momento da desistência).

**Alternativa "b":** ocorre o arrependimento eficaz quando os atos executórios já foram todos praticados, porém, decidindo recuar na atividade delituosa corrida, o agente desenvolve nova conduta com o objetivo de impedir a produção do resultado (consumação). No mesmo exemplo, imaginemos que Lucas já tivesse se apoderado do computador e estivesse pronto para deixar o imóvel, mas, arrependido, voltasse, reinstalasse o aparelho e deixasse o local antes da chegada do proprietário. Novamente, não se imputaria a subtração tentada, mas apenas a violação de domicílio.

**Alternativa "c":** o arrependimento posterior está disciplinado no art. 16 do CP nos seguintes termos: "Nos crimes cometidos sem violência ou grave ameaça à pessoa, reparado o dano ou restituída a coisa, até o recebimento da denúncia ou da queixa, por ato voluntário do agente, a pena será reduzida de um a dois terços". Trata-se de um comportamento pós-delitivo positivo em que o agente, depois de ter consumado o crime, por ato voluntário, repara o dano ou restitui a coisa com o fim de restaurar a ordem perturbada. Não se aplica este instituto no exemplo do enunciado porque a conduta de Lucas se subsume ao tipo do roubo impróprio, em que, logo depois de subtraída a coisa, o agente emprega violência ou grave ameaça contra a pessoa a fim de assegurar a impunidade do crime ou a detenção da coisa para si ou para terceiro. Como se nota na transcrição do art. 16, o instituto do arrependimento posterior não pode beneficiar quem emprega violência na prática do delito.

**Alternativa "d":** anuncia o art. 65, III, *b*, do CP que a pena deve ser atenuada quando o agente, arrependido, espontaneamente (sem interferência externa) procura evitar ou minorar as consequências do crime, ou, antes do julgamento, repara integralmente o dano. Neste caso, a lei não impõe a mesma limitação presente no arrependimento posterior a respeito da violência e da ameaça. Assim, como Lucas se arrependeu e espontaneamente devolveu o bem subtraído ao proprietário, sua pena pode ser atenuada.

**Alternativa correta: letra "d".**

## 10. CRIME IMPOSSÍVEL

**35. (FGV – Exame de Ordem 2015.2)** Cristiane, revoltada com a traição de seu marido, Pedro, decide matá-lo. Para tanto, resolve esperar que ele adormeça para, durante a madrugada, acabar com sua vida. Por volta das 22h, Pedro deita para ver futebol na sala da residência do casal. Quando chega à sala, Cristiane percebe que Pedro estava deitado sem se mexer no sofá. Acreditando estar dormindo, desfere 10 facadas em seu peito. Nervosa e arrependida, liga para o hospital e, com a chegada dos médicos, é informada que o marido faleceu. O laudo de exame cadavérico, porém, constatou que Pedro havia falecido momentos antes das facadas em razão de um infarto fulminante. Cristiane, então, foi denunciada por tentativa de homicídio.

Você, advogado(a) de Cristiane, deverá alegar em seu favor a ocorrência de

a) crime impossível por absoluta impropriedade do objeto.
b) desistência voluntária.
c) arrependimento eficaz.
d) crime impossível por ineficácia do meio.

**COMENTÁRIOS**

**Alternativa "a":** há crime impossível pela absoluta impropriedade do objeto quando a pessoa ou a coisa que representa o ponto de incidência da ação delituosa (objeto material) não serve à consumação do delito. A inidoneidade do objeto se verifica tanto em razão das circunstâncias em que se encontra (objeto impróprio) quanto em razão da sua inexistência (objeto inexistente). No exemplo citado, dá-se o crime impossível porque um cadáver é objeto absolutamente impróprio para o homicídio.

**Alternativa "b":** não se trata de desistência voluntária, em que, no andamento do crime, que poderia se consumar, o agente, voluntariamente, desiste de prosseguir na execução. Ex.: "A" decide matar "B" mediante disparos de arma de fogo. Com a arma carregada com seis projéteis, efetua dois disparos, que não atingem "B", e desiste de buscar seu inicial intento. Há, no caso, desistência voluntária, com responsabilidade apenas pelos atos já praticados (no caso, eventualmente, disparo de arma de fogo).

**Alternativa "c":** também não é o caso de arrependimento eficaz, em que, esgotados os meios de execução, o agente, voluntariamente, impede que o resultado se produza. Ex.: "A" pretende matar "B" envenenado e, para tanto, serve-lhe um café contaminado com a substância letal. "B" ingere o café, mas, em seguida, "A" se arrepende e lhe ministra o antídoto, evitando assim a morte. Responderá apenas pelos atos já praticados (eventual lesão corporal).

**Alternativa "d":** não se trata de crime impossível por ineficácia do meio, que se caracteriza quando falta potencialidade causal ao meio eleito pelo agente, pois os instrumentos postos a serviço da conduta não são eficazes, em hipótese alguma, para a produção do resultado. Ex.: "A" pretende matar "B" envenenado e lhe ministra, sem saber, no café, uma porção de farinha. Sendo a farinha um meio absolutamente ineficaz para causar a morte, há crime impossível.

**Alternativa correta: letra "a".**

**36. (FGV – OAB 2012.2)** Assinale a alternativa correta.

a) Aquele que, desejando subtrair ossadas de urna funerária, viola sepultura, mas nada consegue obter porque tal sepultura estava vazia, não pratica o crime descrito no art. 210 do Código Penal: crime de violação de sepultura.
b) O crime de infanticídio, por tratar-se de crime próprio, não admite coautoria.
c) O homicídio culposo, dada a menor reprovabilidade da conduta, permite a compensação de culpas.
d) Há homicídio privilegiado quando o agente atua sob a influência de violenta emoção.

**COMENTÁRIOS**

**Alternativa "a":** configura-se, no caso, o crime impossível. Diz-se impossível o crime quando o comportamento do agente é inapto à consumação, quer em razão dos meios empregados, quer por falta do objeto material. Também denominado "quase-crime", "crime oco" e tentativa inidônea, o crime impossível está previsto no artigo 17 do Código Penal e é causa de exclusão da tipicidade. No exemplo enunciado, o crime não se configura por absoluta impropriedade do objeto, vez que não há violação de sepultura se ninguém está sepultado no local. Logo, não há desrespeito aos mortos passível de ser punido.

**Alternativa "b":** a maioria da doutrina reconhece possível o concurso de agentes (*coautoria e participação*), fundada no art. 30 do CP. Há, contudo, opiniões em sentido contrário, argumentando que o estado puerperal é, na verdade, condição personalíssima, não abrangida pela descrição do referido artigo. Para os adeptos desta corrente, quem colabora com a morte do nascente pratica homicídio. Nelson Hungria, um dos precursores dessa tese, numa das últimas edições da sua obra, abandonou tal ensinamento, reconhecendo a comunicabilidade da elementar, tal como redigida pelo Código Penal, art. 30. Dentro desse espírito, três situações se colocam para análise: a) a parturiente e o médico executam o núcleo matar o neonato; b) a parturiente, auxiliada pelo médico, sozinha, executa o verbo matar; c) o médico, induzido pela parturiente, isolado, executa a ação matar. Na primeira hipótese, os dois executores serão considerados coautores de infanticídio, conclusão extraída da simples leitura dos arts. 29 e 30 do CP. Já na segunda, ambos também responderão por infanticídio, porém o médico na qualidade de partícipe. Por fim, na terceira, em princípio, o médico, fomentado pela parturiente, é o único executor, despertando a tese de que ambos os participantes respondem por homicídio (a gestante na condição de partícipe). Contudo, percebendo que se a mãe mata a criança, responde por delito menos grave (infanticídio) e, se induz ou instiga o terceiro a executar a morte do nascente ou neonato, responde por delito mais grave (coautoria no homicídio), para uns, a incongruência é solucionada com os dois agentes (parturiente e médico) respondendo por infanticídio (nesse sentido, Damásio, Delmanto, Noronha e Fragoso); para outros, o médico responde por homicídio e a parturiente por infanticídio (Bento de Faria e Frederico Marques).

**Alternativa "c":** não há compensação de culpas no Direito Penal. Por outro lado, é possível a concorrência de culpas, o que ocorre se várias pessoas contribuem para a prática da infração culposamente, respondendo todas elas pelo ilícito. Situação distinta é aquela da culpa concorrente da vítima, que pode levar a uma atenuação da pena no momento em que se analisam as circunstâncias judiciais.

**Alternativa "d":** não basta a influência de violenta emoção para a caracterização do homicídio privilegiado. Para que o agente se beneficie da redução da pena, deve agir sob o domínio de violenta emoção, logo em seguida a injusta provocação da vítima.

**Alternativa correta: letra "a".**

## 11. CULPA

**37. (FGV – Exame de Ordem 2013.3)** Wilson, competente professor de uma autoescola, guia seu carro por uma avenida à beira-mar. No banco do carona está sua noiva, Ivana. No meio do percurso, Wilson e Ivana começam a discutir. a moça reclama da alta velocidade empreendida. Assustada, Ivana grita com Wilson, dizendo que, se ele continuasse naquela velocidade, poderia facilmente perder o controle do carro e atropelar alguém. Wilson, por sua vez, responde que Ivana deveria deixar de ser medrosa e que nada aconteceria, pois se sua profissão era ensinar os outros a dirigir, ninguém poderia ser mais competente do que ele na condução de um veículo. Todavia, ao fazer uma curva, o automóvel derrapa na areia trazida para o asfalto por conta dos ventos do litoral, o carro fica desgovernado e acaba ocorrendo o atropelamento de uma pessoa que passava pelo local. A vítima do atropelamento falece instantaneamente. Wilson e Ivana sofrem pequenas escoriações. Cumpre destacar que a perícia feita no local constatou excesso de velocidade. Nesse sentido, com base no caso narrado, é correto afirmar que, em relação à vítima do atropelamento, Wilson agiu com

a) dolo direto.
b) dolo eventual.
c) culpa consciente.
d) culpa inconsciente.

**COMENTÁRIOS**

**Alternativa "a":** não houve dolo direto (determinado, intencional, imediato ou incondicionado), que se configura quando o agente prevê um resultado, dirigindo a sua conduta na busca de realizar esse mesmo resultado.

**Alternativa "b":** não se trata de dolo eventual, em que o agente prevê pluralidade de resultados, dirigindo sua conduta para realizar um determinado evento, mas assumindo o risco de provocar outro (ex.: quero ferir, mas aceito matar). O agente não quer o resultado mais grave, mas assume o risco de produzi-lo.

**Alternativa "c":** na culpa consciente, com previsão ou *ex lascívia*, o agente prevê o resultado (mais que previsibilidade, existe previsão), mas espera que ele não ocorra, supondo poder evitá-lo com a sua habilidade, como no caso do instrutor de autoescola acima citado.

**Alternativa "d":** na culpa inconsciente, sem previsão ou *ex ignorantia*, o agente não prevê o resultado, que, entretanto, era previsível. Neste caso, qualquer outra pessoa, naquelas circunstâncias, poderia prever a ocorrência daquele resultado.

**Alternativa correta: letra "c".**

## 12. ERRO

**38. (FGV/OAB/XXX – Exame – 2019.3)** Regina dá à luz seu primeiro filho, Davi. Logo após realizado o parto, ela, sob influência do estado puerperal, comparece ao berçário da maternidade, no intuito de matar Davi. No entanto, pensando tratar-se de seu filho, ela, com uma corda, asfixia Bruno, filho recém-nascido do casal Marta e Rogério, causando-lhe a morte. Descobertos os fatos, Regina é denunciada pelo crime de homicídio qualificado pela asfixia com causa de aumento de pena pela idade da vítima.

Diante dos fatos acima narrados, o(a) advogado(a) de Regina, em alegações finais da primeira fase do procedimento do Tribunal do Júri, deverá requerer

a) o afastamento da qualificadora, devendo Regina responder pelo crime de homicídio simples com causa de aumento, diante do erro de tipo.
b) a desclassificação para o crime de infanticídio, diante do erro sobre a pessoa, não podendo ser reconhecida a agravante pelo fato de quem se pretendia atingir ser descendente da agente.
c) a desclassificação para o crime de infanticídio, diante do erro na execução (aberratio ictus), podendo ser reconhecida a agravante de o crime ser contra descendente, já que são consideradas as características de quem se pretendia atingir.
d) a desclassificação para o crime de infanticídio, diante do erro sobre a pessoa, podendo ser reconhecida a agravante de o crime ser contra descendente, já que são consideradas as características de quem se pretendia atingir.

**COMENTÁRIOS**

O erro quanto à pessoa está previsto no artigo 20, §3º, do Código Penal, que assim dispõe: "O erro quanto à pessoa contra a qual o crime é praticado não isenta de pena. Não se consideram, neste caso, as condições ou qualidades da vítima, senão as da pessoa contra quem o agente queria praticar o crime". Nesta espécie de erro, há uma equivocada representação do objeto

PENAL

material (pessoa) visado. Em decorrência disso, o agente acaba atingindo pessoa diversa.

Percebe-se que o erro quanto à pessoa implica na existência de duas vítimas: uma real (pessoa realmente atingida) e uma virtual (pessoa que se pretendia atingir). O agente, na execução, confunde as duas. No exemplo do enunciado, Regina quer matar seu próprio filho, porém, representando equivocadamente a pessoa, acaba matando o filho de Marta e Rogério.

O erro quanto à pessoa não exclui o dolo, não exclui a culpa e não isenta o agente de pena, mas na sua punição devem ser consideradas as qualidades ou condições pessoais da *vítima virtual* (pretendida). Por isso, no caso do enunciado Regina deve ser responsabilizada por infanticídio, tendo em vista que a vítima virtual era seu próprio filho, ela estava sob influência do estado puerperal e a conduta se deu logo após o parto.

Não pode incidir a agravante relativa à prática de crime contra descendente porque, no infanticídio, a relação de ascendência familiar entre a autora e a vítima é elementar. Logo, a imputação simultânea da agravante caracteriza *bis in idem*.

**Alternativa "b" (responde, também, as demais alternativas).**

---

**39. (FGV – Exame de Ordem/2018.3)** Inconformado com o fato de Mauro ter votado em um candidato que defendia ideologia diferente da sua, João desferiu golpes de faca contra seu colega, assim agindo com a intenção de matá-lo. Acreditando ter obtido o resultado desejado, João levou o corpo da vítima até uma praia deserta e o jogou no mar. Dias depois, o corpo foi encontrado, e a perícia constatou que a vítima morreu afogada, e não em razão das facadas desferidas por João.

Descobertos os fatos, João foi preso, denunciado e pronunciado pela prática de dois crimes de homicídio dolosos, na forma qualificada, em concurso material. Ao apresentar recurso contra a decisão de pronúncia, você, advogado(a) de João, sob o ponto de vista técnico, deverá alegar que ele somente poderia ser responsabilizado

a) pelo crime de lesão corporal, considerando a existência de causa superveniente, relativamente independente, que, por si só, causou o resultado.
b) por um crime de homicídio culposo, na forma consumada.
c) por um crime de homicídio doloso qualificado, na forma tentada, e por um crime de homicídio culposo, na forma consumada, em concurso material.
d) por um crime de homicídio doloso qualificado, na forma consumada.

**COMENTÁRIOS**

A questão trata do erro sobre o nexo causal, em que o resultado desejado se produz, mas com nexo diverso, de maneira diferente da planejada pelo agente. Divide-se em duas espécies: a) a primeira é erro sobre o nexo causal em sentido estrito. Ocorre quando o agente, mediante um só ato, provoca o resultado visado, porém com outro nexo de causalidade. Ex.: "A" empurra "B" de um penhasco para que ele morra afogado, porém, durante a queda, "B" bate a cabeça contra uma rocha e morre em razão de um traumatismo craniano; b) a segunda é o dolo geral ou *aberratio causae*, espécie em que o agente, mediante conduta desenvolvida em pluralidade de atos, provoca o resultado pretendido, porém com outro nexo. É o caso do exemplo descrito no enunciado, em que João pensou ter matado Mauro a facadas, mas, na realidade, matou-o afogado após jogar seu corpo no mar. A consequência do erro sobre o nexo causal, segundo a orientação que prevalece, é a punição do agente por um só crime (*princípio unitário*), desejado desde o início, a título de dolo (nos exemplos acima, homicídio consumado), considerando-se, aliás, o nexo ocorrido (e não o pretendido).

**Alternativa "d" (responde, também, as demais alternativas).**

---

**40. (FGV – Exame de Ordem 2018.2)** Pretendendo causar unicamente um crime de dano em determinado estabelecimento comercial, após discussão com o gerente do local, Bruno, influenciado pela ingestão de bebida alcoólica, arremessa uma grande pedra em direção às janelas do estabelecimento. Todavia, sua conduta imprudente fez com que a pedra acertasse a cabeça de Vitor, que estava jantando no local com sua esposa, causando sua morte. Por outro lado, a janela do estabelecimento não foi atingida, permanecendo intacta.

Preocupado com as consequências de seus atos, após indiciamento realizado pela autoridade policial, Bruno procura seu advogado para esclarecimentos.

Considerando a ocorrência do resultado diverso do pretendido pelo agente, o advogado deve esclarecer que Bruno tecnicamente será responsabilizado pela(s) seguinte(s) prática(s) criminosa(s):

a) homicídio culposo e tentativa de dano, em concurso material.
b) homicídio culposo, apenas.
c) homicídio culposo e tentativa de dano, em concurso formal.
d) homicídio doloso, apenas.

**COMENTÁRIOS**

O enunciado narra uma situação de *aberratio criminis* (resultado diverso do pretendido), que representa a situação em que o agente, por acidente ou erro no uso dos meios de execução, atinge bem jurídico distinto daquele que pretendia atingir (artigo 74 do Código Penal). Ex.: "A" quer danificar o carro que "B" está conduzindo, entretanto, por erro na execução, atinge e mata o motorista. Queria praticar dano, mas acaba produzindo morte.

Ocorrendo resultado diverso do pretendido, a consequência para o agente não poderá ser a isenção de pena. Neste caso, responderá pelo resultado diverso do pretendido, porém a título de culpa (se houver previsão legal). No nosso exemplo, assim como no do enunciado, a responsabilidade se dá por homicídio culposo (absorve-se a tentativa de dano).

**Alternativa "b" (responde, também, as demais alternativas).**

---

**41. (FGV – Exame de Ordem 2017.2)** Pedro, jovem rebelde, sai à procura de Henrique, 24 anos, seu inimigo, com a intenção de matá-lo, vindo a encontrá-lo conversando com uma senhora de 68 anos de idade. Pedro saca sua arma, regularizada e cujo porte era autorizado, e dispara em direção ao rival. Ao mesmo tempo, a senhora dava um abraço de despedida em Henrique e acaba sendo atingida pelo disparo. Henrique, que não sofreu qualquer lesão, tenta salvar a senhora, mas ela falece.

Diante da situação narrada, em consulta técnica solicitada pela família, deverá ser esclarecido pelo advogado que a conduta de Pedro, de acordo com o Código Penal, configura

a) crime de homicídio doloso consumado, apenas, com causa de aumento em razão da idade da vítima.
b) crime de homicídio doloso consumado, apenas, sem causa de aumento em razão da idade da vítima.
c) crimes de homicídio culposo consumado e de tentativa de homicídio doloso em relação a Henrique.

d) crime de homicídio culposo consumado, sem causa de aumento pela idade da vítima.

**COMENTÁRIOS**

Cuida-se, em resumo, do acidente ou erro no uso dos meios de execução e, por consequência, o agente acaba atingindo pessoa diversa da pretendida – embora corretamente representada. No caso, Pedro responde como se tivesse matado seu inimigo Henrique, como dispõe expressamente o art. 73 do CP, razão pela qual não incide agravante pela idade da vítima morta. Mas, caso haja alguma circunstância que qualifique o homicídio que Pedro pretendia cometer contra Henrique – motivo fútil ou torpe, por exemplo –, a qualificadora deve incidir.

**Alternativa "b" (responde, também, as demais alternativas).**

---

**42. (FGV – Exame de Ordem 2017.1)** Tony, a pedido de um colega, está transportando uma caixa com cápsulas que acredita ser de remédios, sem ter conhecimento que estas, na verdade, continham Cloridrato de Cocaína em seu interior. Por outro lado, José transporta em seu veículo 50g de Cannabis Sativa L. (maconha), pois acreditava que poderia ter pequena quantidade do material em sua posse para fins medicinais.

Ambos foram abordados por policiais e, diante da apreensão das drogas, denunciados pela prática do crime de tráfico de entorpecentes.

Considerando apenas as informações narradas, o advogado de Tony e José deverá alegar em favor dos clientes, respectivamente, a ocorrência de

a) erro de tipo, nos dois casos.
b) erro de proibição, nos dois casos.
c) erro de tipo e erro de proibição.
d) erro de proibição e erro de tipo.

**COMENTÁRIOS**

O erro de tipo essencial consiste em ignorar ou ter conhecimento equivocado da realidade, ou seja, o agente não sabe o que faz. Cuida-se de ignorância ou erro que recai sobre as elementares, circunstâncias ou quaisquer dados que se agregam a determinada figura típica.

No exemplo do enunciado, Tony não pode ser punido porque não sabia que transportava droga, elementar do crime de tráfico tipificado no art. 33 da Lei nº 11.343/06. Trata-se de um erro essencial que, pelas circunstâncias narradas, pode ser tido como escusável, que exclui dolo e culpa. E, no caso, mesmo que fosse inescusável – espécie de erro de tipo que exclui somente o dolo --, Tony não poderia ser punido porque não há modalidade culposa no crime de tráfico.

Já no erro de proibição o equívoco não recai sobre os elementos ou dados agregados ao tipo, mas sobre a ilicitude da conduta praticada. Pode-se dizer que o agente sabe exatamente o que faz, porém ignora o caráter ilícito do seu ato. É o caso de José, que, embora soubesse que transportava maconha, acreditava na licitude de sua conduta porque o produto era destinado a fins medicinais. Neste caso, contudo, não se exclui dolo ou culpa, mas a culpabilidade.

**Alternativa "c" (responde, também, as demais alternativas).**

---

**43. (FGV – Exame de Ordem 2016.2)** Wellington pretendia matar Ronaldo, camisa 10 e melhor jogador de futebol do time Bola Cheia, seu adversário no campeonato do bairro. No dia de um jogo do Bola Cheia, Wellington vê, de costas, um jogador com a camisa 10 do time rival. Acreditando ser Ronaldo, efetua diversos disparos de arma de fogo, mas, na verdade, aquele que vestia a camisa 10 era Rodrigo, adolescente que substituiria Ronaldo naquele jogo. Em virtude dos disparos, Rodrigo faleceu.

Considerando a situação narrada, assinale a opção que indica o crime cometido por Wellington.

a) Homicídio consumado, considerando-se as características de Ronaldo, pois houve erro na execução.
b) Homicídio consumado, considerando-se as características de Rodrigo.
c) Homicídio consumado, considerando-se as características de Ronaldo, pois houve erro sobre a pessoa.
d) Tentativa de homicídio contra Ronaldo e homicídio culposo contra Rodrigo.

**COMENTÁRIOS**

**Alternativa "a":** o enunciado não descreve um erro na execução, em que o agente, por acidente ou erro no uso dos meios de execução, acaba atingindo pessoa diversa da pretendida – **embora corretamente representada**. Exemplo: "A" mira seu pai, entretanto, por falta de habilidade no uso da arma, acaba atingindo um vizinho que passava do outro lado da rua. O erro na execução, como se nota, **não se confunde** com o erro quanto à pessoa (incorretamente representada pelo agente).

**Alternativa "b":** não é possível considerar as características de Rodrigo porque, como expressa o art. 20, § 3º, do Código Penal, no erro quanto à pessoa preponderam as características da vítima pretendida, não daquela efetivamente atingida. Se, por exemplo, Ronaldo fosse menor de quatorze anos, mas Rodrigo tivesse dezesseis, o homicida seria responsabilizado de acordo com a causa de aumento do art. 121, § 4º, do Código Penal (crime praticado contra pessoa menor de quatorze anos).

**Alternativa "c":** o erro quanto à pessoa está previsto no artigo 20, § 3º, do Código Penal, que assim dispõe: "*O erro quanto à pessoa contra a qual o crime é praticado não isenta de pena. Não se consideram, neste caso, as condições ou qualidades da vítima, senão as da pessoa contra quem o agente queria praticar o crime*". Nesta espécie de erro, há uma equivocada representação do objeto material (pessoa) visado pelo agente. Em decorrência deste erro, o agente acaba atingindo pessoa diversa. Percebe-se que o erro quanto à pessoa implica na existência de duas vítimas: uma **real** (pessoa realmente atingida) e uma **virtual** (pessoa que se pretendia atingir). O agente, na execução, confunde as duas. O erro quanto à pessoa **não** exclui o dolo, não exclui a culpa e não isenta o agente de pena, mas na sua punição devem ser consideradas as qualidades ou condições pessoais da vítima virtual (pretendida – no exemplo, Ronaldo).

**Alternativa "d":** não há possibilidade de punir Wellington por tentativa de homicídio de Ronaldo em concurso com o homicídio culposo de Rodrigo simplesmente porque não houve homicídio tentado contra Ronaldo, já que a conduta não se voltou efetivamente contra ele. Houve erro de representação quanto à pessoa que deveria ser atingida. Há, portanto, apenas um crime de homicídio consumado contra Rodrigo, consideradas as características pessoais de Ronaldo.

**Alternativa correta: letra "c".**

---

**44. (FGV – Exame de Ordem 2016.1)** Pedro e Paulo bebiam em um bar da cidade quando teve início uma discussão sobre futebol. Pedro, objetivando atingir Paulo, desfere contra ele um disparo que atingiu o alvo desejado e também terceira pessoa que se encontrava no local, certo que ambas as vítimas faleceram, inclusive aquela cuja morte não era querida pelo agente.

Para resolver a questão no campo jurídico, deve ser aplicada a seguinte modalidade de erro:

a) erro sobre a pessoa.

b) *aberratio ictus*.

c) *aberratio criminis*.

d) erro determinado por terceiro.

**COMENTÁRIOS**

**Alternativa "a":** não se trata de erro sobre a pessoa, em que há uma equivocada representação do objeto material (pessoa) visado pelo agente. Em decorrência deste erro, o agente acaba atingindo pessoa diversa. Percebe-se que o erro quanto à pessoa implica na existência de duas vítimas: uma **real** (pessoa realmente atingida) e uma **virtual** (pessoa que se pretendia atingir). O agente, na execução, confunde as duas. No exemplo do enunciado, Pedro representou corretamente sua vítima – Paulo –, mas errou na execução, atingindo também terceira pessoa.

**Alternativa "b":** a *aberratio ictus* é o erro na execução, disciplinado pelo artigo 73 do Código Penal: "Quando, por acidente ou erro no uso dos meios de execução, o agente, ao invés de atingir a pessoa que pretendia ofender, atinge pessoa diversa, responde como se tivesse praticado o crime contra aquela, atendendo-se ao disposto no § 3º do art. 20 deste Código. No caso de ser também atingida a pessoa que o agente pretendia ofender, aplica-se a regra do art. 70 deste Código". Cuida-se, em resumo, do acidente ou erro no uso dos meios de execução e, por consequência, o agente acaba atingindo pessoa diversa da pretendida – embora corretamente representada. São duas as possíveis consequências do erro na execução: 1) Se o agente atingir apenas a pessoa diversa da pretendida (*aberratio ictus* de resultado único), será punido pelo crime, considerando-se, contudo, as condições e qualidades da vítima desejada; 2) Se, no entanto, o agente atingir também a pessoa diversa da pretendida (*aberratio ictus* com unidade complexa ou de resultado duplo), será punido pelos dois crimes, em concurso formal (no exemplo do enunciado, pelo homicídio doloso de Paulo e pelo homicídio culposo do outro indivíduo atingido).

**Alternativa "c":** não há *aberratio criminis* – resultado diverso do pretendido – porque esta espécie de erro representa a situação em que o agente, por acidente ou erro no uso dos meios de execução, atinge bem jurídico distinto daquele que pretendia atingir. Tanto a *aberratio ictus* quanto a *aberratio criminis* são espécies de erro na execução, mas enquanto o primeiro erro faz com que o agente ataque **pessoa** diversa da pretendida (pessoa x pessoa), no segundo o agente provoca lesão em bem jurídico diverso do pretendido (coisa X pessoa). Exemplo: "A" atira uma pedra contra a vidraça de uma loja, mas acerta um pedestre que passava próximo, matando-o. Queria praticar dano, mas causa um homicídio. Neste caso, responde pelo resultado diverso do pretendido – homicídio culposo –, a título de culpa.

**Alternativa "d":** não há erro determinado por terceiro porque, nesta hipótese, há indução, em que o agente provocador conduz agente provocado ao cometimento do crime. O erro não é, portanto, espontâneo.

**Alternativa correta: letra "b".**

---

**45. (FGV – OAB 2011.2)** Apolo foi ameaçado de morte por Hades, conhecido matador de aluguel. Tendo tido ciência, por fontes seguras, que Hades o mataria naquela noite e, com o intuito de defender-se, Apolo saiu de casa com uma faca no bolso de seu casaco. Naquela noite, ao encontrar Hades em uma rua vazia e escura e, vendo que este colocava a mão no bolso, Apolo precipita-se e, objetivando impedir o ataque que imaginava iminente, esfaqueia Hades, provocando-lhe as lesões corporais que desejava. Todavia, após o ocorrido, o próprio Hades contou a Apolo que não ia matá-lo, pois havia desistido de seu intento e, naquela noite, foi ao seu encontro justamente para dar-lhe a notícia. Nesse sentido, é correto afirmar que

a) havia dolo na conduta de Apolo.

b) mesmo sendo o erro escusável, Apolo não é isento de pena.

c) Apolo não agiu em legítima defesa putativa.

d) mesmo sendo o erro inescusável, Apolo responde a título de dolo.

**COMENTÁRIOS**

**Alternativa "a":** Apolo agiu com dolo, pois, supondo que Hades o mataria, dirigiu-se conscientemente para atacá-lo, imaginando que, na realidade, estava se defendendo.

**Alternativa "b":** o artigo 20, § 1º, do Código Penal, determina ser isento de pena quem, por erro plenamente justificado pelas circunstâncias, supõe situação de fato que, se existisse, tornaria a ação legítima. Dessa forma, sendo o erro escusável (imprevisível), o agente não será punido. Não há isenção de pena quando o erro deriva de culpa e o fato é punível como crime culposo. Daí decorre o conceito de culpa imprópria, em que o agente, por erro evitável, imagina certa situação de fato, supondo estar agindo acobertado por uma excludente de ilicitude (descriminante putativa), e, em razão disso, provoca intencionalmente um resultado ilícito, mas responde pelo crime culposo.

**Alternativa "c":** o exemplo descrito no enunciado caracteriza a legítima defesa putativa, em que a agressão injusta é imaginada pelo agente, que tem uma falsa percepção da realidade. Não exclui a ilicitude, aplicando-se a regra descrita no item anterior.

**Alternativa "d":** conforme já ressaltado, se o erro é inescusável o agente responde a título de culpa (culpa imprópria), caso haja previsão legal do tipo culposo.

**Alternativa correta: letra "a".**

---

**46. (FGV – OAB 2012.4)** Jaime, brasileiro, passou a morar em um país estrangeiro no ano de 1999. Assim como seu falecido pai, Jaime tinha por hábito sempre levar consigo acessórios de arma de fogo, o que não era proibido, levando-se em conta a legislação vigente à época, a saber, a Lei n. 9.437/97. Tal hábito foi mantido no país estrangeiro que, em sua legislação, não vedava a conduta. Todavia, em 2012, Jaime resolve vir de férias ao Brasil. Além de matar as saudades dos familiares, Jaime também queria apresentar o país aos seus dois filhos, ambos nascidos no estrangeiro. Ocorre que, dois dias após sua chegada, Jaime foi preso em flagrante por portar ilegalmente acessório de arma de fogo, conduta descrita no Art. 14 da Lei n. 10.826/2003, verbis: "Portar, deter, adquirir, fornecer, receber, ter em depósito, transportar, ceder, ainda que gratuitamente, emprestar, remeter, empregar, manter sob guarda ou ocultar arma de fogo, acessório ou munição, de uso permitido, sem autorização e em desacordo com determinação legal ou regulamentar".

Nesse sentido, podemos afirmar que Jaime agiu em hipótese de

a) erro de proibição direto.

b) erro de tipo essencial.

c) erro de tipo acidental.

d) erro sobre as descriminantes putativas.

COMENTÁRIOS

**Alternativa "a":** o erro de proibição recai na potencial consciência sobre a ilicitude do fato, ou seja, sobre o conhecimento do caráter proibitivo da norma. Uma vez publicada no Diário Oficial da União, a lei se presume conhecida por todos. Por este motivo, não nos é dado desconhecê-la. Entretanto, é possível que o agente incida em erro quanto à proibição, pelo ordenamento jurídico, daquela sua conduta, o que pode acarretar a exclusão da sua culpabilidade. O erro sobre a ilicitude do fato (erro de proibição), se inevitável, isenta o agente de pena; se evitável, poderá diminuí-la de um sexto a um terço. No inevitável ***erro de proibição direto, a falsa percepção recai*** sobre o conteúdo proibitivo de uma norma penal (o agente não conhece ou não compreende o seu âmbito de incidência). É o caso do exemplo narrado no enunciado, em que Jaime desconhecia a proibição de portar acessórios de arma de fogo.

**Alternativa "b":** não se trata de erro de tipo essencial, que recai sobre dados principais do tipo (ex.: num dia de caça, atirar contra pessoa pensando ser animal), não sobre a proibição da conduta. Inexistindo consciência e vontade, exclui, sempre, o dolo. Se o erro for invencível (ou escusável), é dizer, inevitável, mesmo atentando-se para os cuidados necessários, além do dolo exclui-se também a culpa; se vencível (ou inescusável), isto é, evitável pela diligência ordinária, o agente responderá por crime culposo, se previsto pelo tipo respectivo (ex.: no caso do exemplo acima, provando-se que qualquer pessoa, nas condições em que o caçador se viu envolvido, empregando a diligência ordinária exigida pela ordem jurídica, não incidiria em erro, há exclusão do dolo, mas não da culpa, respondendo o agente por homicídio culposo).

**Alternativa "c":** também não se trata de erro de tipo acidental, que não recai sobre os elementos ou circunstâncias do crime, mas sobre dado secundário (periférico), irrelevante da figura típica. O agente, sabendo que pratica um fato típico, responde pelo crime. O erro acidental não exclui o dolo.

**Alternativa "d":** não se fala em "erro sobre as descriminantes putativas", vez que as próprias descriminantes putativas são decorrentes de erro. Quando falamos em descriminante putativa, referimo-nos ao estudo das causas excludentes da ilicitude (*estado de necessidade, legítima defesa, estrito cumprimento do dever legal e exercício regular de direito*) fantasiadas pelo agente. Equivocado, supõe, nas circunstâncias, existir ou agir nos limites de uma descriminante ou, ainda, também iludido, supõe presentes os pressupostos fáticos da justificante. Estamos diante de um erro em que se discute se é de tipo ou de proibição.

**Alternativa correta: letra "a".**

**47. (FGV – OAB 2012.4 – prova reaplicada em Ipatinga/MG)** Platão, desejando matar Sócrates, entrega a Aristóteles uma arma, fazendo-o supor, erroneamente, que está desmuniciada e, portanto, incapaz de oferecer qualquer perigo. Ao perceber que Aristóteles está manuseando a arma e que sequer conferiu a informação dada no sentido de que não havia balas no seu interior. Platão induz Aristóteles a acionar o gatilho na direção de Sócrates. Assim é feito e Sócrates acaba falecendo em decorrência do tiro que levou.

Com base na situação descrita, assinale a afirmativa correta.

a) Platão praticou homicídio doloso e Aristóteles, homicídio culposo.

b) Platão participou, dolosamente, do crime culposo de Aristóteles.

c) É possível verificar-se o concurso de pessoas.

d) Platão agiu com dolo direto e Aristóteles, com dolo eventual.

COMENTÁRIOS

**Alternativa "a":** estamos diante de hipótese de erro provocado por terceiro. O erro provocado por terceiro *não* é hipótese de erro de tipo. No erro de tipo o agente erra por conta própria, por si só. Já no erro determinado por terceiro, previsto no artigo 20, § 2º, do Código Penal, há uma terceira pessoa que induz o agente a erro (agente provocador). Trata-se de erro não espontâneo que leva o agente à prática do delito. Tem como consequência a punição do agente que determina o erro de outrem. Se o erro foi determinado dolosamente, responderá pelo crime na modalidade dolosa; se foi determinado culposamente, responderá por delito culposo. Agindo com dolo ou com culpa, o agente provocador é punido na condição de autor mediato (no exemplo, Platão). O autor imediato (no exemplo, Aristóteles), poderá responder por culpa, se agiu com imprudência, negligência ou imperícia, por dolo, se, percebendo o erro a que estava sendo induzido, aceitou ou assumiu o risco de produzir o resultado, ou por crime nenhum, se o resultado não lhe era sequer previsível. No caso do exemplo citado no enunciado, Platão responderá pelo homicídio doloso, e, Aristóteles, por homicídio culposo diante de sua negligência no manejo da arma de fogo.

**Alternativa "b":** não existe participação dolosa em crime culposo. Se alguém, dolosamente, induz, instiga ou auxilia outrem a desempenhar uma conduta imprudente, negligente ou imperita, conclui-se que esse alguém desejava o resultado, afastando-se a possibilidade de que sua conduta seja considerada acessória do delito culposo.

**Alternativa "c":** conforme já destacado no item anterior, não há concurso de pessoas neste caso porque os agentes não respondem pela mesma infração penal.

**Alternativa "d":** embora Platão tenha efetivamente agido com dolo direto, não há indicação de que Aristóteles tenha assumido o risco de provocar a morte de Sócrates, senão de que agiu negligentemente ao não verificar o estado da arma de fogo no momento em que a manuseava.

**Alternativa correta: letra "a".**

## 13. EXCLUSÃO DA ILICITUDE

**48. (FGV – Exame de Ordem XXXVI – 2022)** Tainá, legalmente autorizada a pilotar barcos, foi realizar um passeio de veleiro com sua amiga Raquel. Devido a uma mudança climática repentina, o veleiro virou e começou a afundar. Tainá e Raquel nadaram, desesperadamente, em direção a um tronco de árvore que flutuava no mar. Apesar de grande, o tronco não era grande o suficiente para suportar as duas amigas ao mesmo tempo. Percebendo isso, Raquel subiu no tronco e deixou Tainá afundar, como único meio de salvar a própria vida. A perícia concluiu que a morte de Tainá se deu por afogamento. A partir do caso relatado, assinale a opção que indica a natureza da conduta praticada por Raquel.

a) Raquel deverá responder pelo crime de omissão de socorro.

b) Raquel agiu em legítima defesa, causa excludente de ilicitude.

c) Raquel deverá responder pelo crime de homicídio consumado.

d) Raquel agiu em estado de necessidade, causa excludente de ilicitude.

COMENTÁRIOS

**Alternativa "a" (responde, também, as alternativas "c" e "d"):** Raquel não pode responder pela prática de crime, porque

PENAL

agiu em estado de necessidade, que remete à ideia de sopesamento de bens diante de uma situação adversa de risco de lesão: se há dois bens em perigo, permite-se que seja sacrificado um deles, pois a tutela penal, nas circunstâncias do caso concreto, não consegue proteger ambos. De acordo com a teoria unitária, se o comportamento do agente, diante de um perigo atual, busca evitar mal maior, sacrificando direito de igual ou menor valor que o protegido, pode-se invocar a descriminante do estado de necessidade; se o bem jurídico sacrificado é mais valioso que o protegido, há redução de pena. No exemplo do enunciado, Raquel salvou a própria vida sacrificando a de sua amiga, tratando-se, portanto, de bens de igual valor, excluindo-se a ilicitude.

**Alternativa "b"**: a legitima defesa consiste em repelir injusta agressão, atual ou iminente, a direito seu ou de outrem. Raquel não agiu em legítima defesa, porque não estava sendo injustamente agredida por Tainá. Tratava-se, como vimos, de uma situação de perigo em que apenas uma das mulheres podia se salvar.

**Alternativa correta: letra "d".**

**49. (FGV/OAB/XXX – Exame – 2019.3)** Enquanto assistia a um jogo de futebol em um bar, Francisco começou a provocar Raul, dizendo que seu clube, que perdia a partida, seria rebaixado. Inconformado com a indevida provocação, Raul, que estava acompanhado de um cachorro de grande porte, atiça o animal a atacar Francisco, o que efetivamente acontece. Na tentativa de se defender, Francisco desfere uma facada no cachorro de Raul, o qual vem a falecer. O fato foi levado à autoridade policial, que instaurou inquérito para apuração.

Francisco, então, contrata você, na condição de advogado(a), para patrocinar seus interesses.

Considerando os fatos narrados, com relação à conduta praticada por Francisco, você, como advogado(a), deverá esclarecer que seu cliente

a) não poderá alegar qualquer excludente de ilicitude, em razão de sua provocação anterior.
b) atuou escorado na excludente de ilicitude da legítima defesa.
c) praticou conduta atípica, pois a vida do animal não é protegida penalmente.
d) atuou escorado na excludente de ilicitude do estado de necessidade.

**COMENTÁRIOS**

Dentre as excludentes da ilicitude, interessam-nos no momento a legítima defesa e o estado de necessidade. Segundo o art. 24 do CP, há estado de necessidade quando alguém pratica o fato para salvar de perigo atual, que não provocou por sua vontade, nem podia de outro modo evitar, direito próprio ou alheio, cujo sacrifício, nas circunstâncias, não era razoável exigir-se. Já a legítima defesa, definida no art. 25, se caracteriza quando alguém, usando moderadamente dos meios necessários, repele injusta agressão, atual ou iminente, a direito seu ou de outrem.

Na legítima defesa, entende-se por "agressão" a conduta (ação ou omissão) *humana* que ataca ou coloca em perigo bens jurídicos de alguém. O ataque de um animal caracteriza, em regra, perigo atual, e, no geral, quem mata o animal para se defender atua em estado de necessidade. Situação diversa se apresenta quando o homem se vale de um animal para atacar alguém, caracterizando, nesse cenário, agressão injusta, permitindo ao agredido atuar em legítima defesa, matando o animal (utilizado como instrumento do crime).

**Alternativa "b" (responde, também, as demais alternativas).**

**50. (FGV – Exame de Ordem 2016.2 – Prova reaplicada Salvador-BA)** Miguel, com 27 anos de idade, pratica conjunção carnal com Maria, jovem saudável com 16 anos de idade, na residência desta, que consente com o ato. Na mesma data e também na mesma residência, a irmã de Maria, de nome Marta, com 18 anos, permite que seu namorado Alexandre quebre todos os porta-retratos que estão com as fotos de seu ex-namorado. O Ministério Público ofereceu denúncia em face de Miguel pelo crime de estupro. Marta, após o fim da relação, ofereceu queixa pela prática de dano por Alexandre.

Os réus contrataram o mesmo advogado, que deverá alegar que não foram praticados crimes, pois, em relação às condutas de Miguel e Alexandre, respectivamente, estamos diante de

a) causa supralegal excludente da ilicitude e causa supralegal de excludente da culpabilidade.
b) causa excludente da tipicidade, em ambos os casos.
c) causa excludente da tipicidade e causa supralegal de excludente da ilicitude.
d) causa supralegal de excludente da ilicitude, em ambos os casos.

**COMENTÁRIOS**

**Alternativa "a"**: a relação sexual não pode ser considerada abarcada por causa excludente da ilicitude porque, antes disso, sequer se subsume a um tipo penal. Quanto ao dano, a conduta em nada se relaciona com causa supralegal de exclusão da culpabilidade, consistente em situações de inexigibilidade de conduta diversa não inseridas expressamente na lei.

**Alternativa "b" (responde, também, as alternativas "c" e "d")**: quanto ao estupro, se Maria, aos dezesseis anos, concordou com a prática da relação sexual, tendo discernimento para a prática do ato, não há, de fato, tipicidade, seja porque não houve violência ou grave ameaça, seja porque não se tratava de vulnerável. No que concerne ao dano, se Marta, proprietária dos objetos, validamente permitiu que Alexandre os destruísse, também não há crime em virtude da incidência de causa supralegal de exclusão da ilicitude consistente no consentimento do ofendido.

São requisitos para que o consentimento do ofendido atue como causa supralegal de exclusão da ilicitude: a) o dissentimento (não consentimento) não pode integrar o tipo penal (elementar do tipo): se o dissentimento integrar a norma penal, como ocorre no artigo 150 do Código Penal, desaparece o próprio fato típico. No caso do dano, o dissentimento não integra o tipo, razão pela qual se o proprietário consentir afasta-se a ilicitude; b) o ofendido tem que ser capaz; c) o consentimento deve ser válido: a validade do consentimento reside na liberdade e consciência no momento da sua emissão. É dizer: não se admite o consentimento se sua obtenção ocorre mediante fraude, coação, erro etc.; d) o bem deve ser disponível: não se admite o consentimento quando ele versa sobre bem jurídico indisponível. Com efeito, sobre estes bens incide o interesse do Estado na sua tutela, de modo que não pode o particular renunciar à sua proteção. É o que ocorre com o direito à vida, *v.g.*, insuscetível de renúncia por parte do seu titular imediato, ainda que em situação de eutanásia, punida pelo nosso ordenamento (embora incida, na espécie, causa de diminuição de pena, vide art. 121, § 1º, CP); e) o bem deve ser próprio: não se pode consentir na lesão a bem alheio; f) o consentimento deve ser prévio ou simultâneo **à** lesão ao bem jurídico: o consentimento posterior à lesão do bem jurídico não exclui a ilicitude, podendo, entretanto, gerar reflexos no campo da punibilidade; g) o consentimento deve ser expresso: a doutrina tradicional não admite o consentimento tácito ou presumido. O consentimento deve ser claro e expresso, seja ele feito de maneira oral, gestual ou escrita, solenemente ou não. A doutrina moderna, entretanto, tem admitido o consentimento tácito ou hipotético; h) ciência da situação de fato que autoriza a justificante: como nas demais descriminantes, exige-se que o agente aja sabendo estar autorizado pela vítima (elemento subjetivo). Assim, não atua amparado pelo consentimento do ofendido o sujeito que dolosamente destrói objeto pertencente a seu amigo e, posteriormente, descobre haver uma carta expressando a autorização do proprietário, já que ausente o elemento subjetivo.

**Alternativa correta: letra "c".**

---

**51. (FGV – Exame de Ordem 2015.1)** Carlos e seu filho de dez anos caminhavam por uma rua com pouco movimento e bastante escura, já de madrugada, quando são surpreendidos com a vinda de um cão pitbull na direção deles. Quando o animal iniciou o ataque contra a criança, Carlos, que estava armado e tinha autorização para assim se encontrar, efetuou um disparo na direção do cão, que não foi atingido, ricocheteando a bala em uma pedra e acabando por atingir o dono do animal, Leandro, que chegava correndo em sua busca, pois notou que ele fugira clandestinamente da casa. A vítima atingida veio a falecer, ficando constatado que Carlos não teria outro modo de agir para evitar o ataque do cão contra o seu filho, não sendo sua conduta tachada de descuidada.

Diante desse quadro, assinale a opção que apresenta a situação jurídica de Carlos.

a) Carlos atuou em legítima defesa de seu filho, devendo responder, porém, pela morte de Leandro.

b) Carlos atuou em estado de necessidade defensivo, devendo responder, porém, pela morte de Leandro.

c) Carlos atuou em estado de necessidade e não deve responder pela morte de Leandro.

d) Carlos atuou em estado de necessidade putativo, razão pela qual não deve responder pela morte de Leandro.

**COMENTÁRIOS**

**Alternativa "a":** não há, no exemplo, legítima defesa porque se entende por agressão que legitima a reação a conduta (ação ou omissão) humana que ataca ou coloca em perigo bens jurídicos de alguém. Não foi o caso, em que o ataque proveio de um animal.

**Alternativa "b":** de fato, Carlos atuou em estado de necessidade defensivo, que ocorre quando o agente sacrifica bem jurídico do próprio causador do perigo. O causador do perigo, no caso, ainda que não propositadamente, fora Leandro, proprietário do animal, que dele não cuidou suficientemente.

**Alternativa "c":** nos termos do artigo 24 do Código Penal, *"Considera-se em estado de necessidade quem pratica o fato para salvar de perigo atual, que não provocou por sua vontade, nem podia de outro modo evitar, direito próprio ou alheio, cujo sacrifício, nas circunstâncias, não era razoável exigir-se".* Percebe-se que a noção de estado de necessidade remete a ideia de sopesamento de bens diante de uma situação adversa de risco de lesão: se há dois bens em perigo, permite-se que seja sacrificado um deles, pois a tutela penal, nas circunstâncias do caso concreto, não consegue proteger a ambos. Da simples leitura do art. 24, depreendem-se os requisitos objetivos do estado de necessidade:

a) perigo atual: aparece como primeiro requisito da situação de necessidade. Cuida-se do risco presente, real, gerado por fato humano, comportamento de animal (não provocado pelo dono) ou fato da natureza, sem destinatário certo;

b) que a situação de perigo não tenha sido causada voluntariamente pelo agente: não pode invocar estado de necessidade aquele que *"provocou por sua vontade"* o perigo;

c) salvar direito próprio ou alheio: o estado de necessidade se configura quando o agente, diante da real situação de perigo, busca salvar direito próprio (estado de necessidade próprio) ou direito alheio (estado de necessidade de terceiro);

d) inexistência de dever legal de enfrentar o perigo: conforme preceitua o § 1º do artigo 24 do Código Penal: *"Não pode alegar estado de necessidade quem tinha o dever legal de enfrentar o perigo".* Quer o dispositivo se referir a pessoas que, em razão da função ou ofício, têm o dever legal de enfrentar a situação de perigo (desde que possível de ser enfrentado), não lhes sendo lícito sacrificar bens alheios para a defesa do seu próprio direito;

e) inevitabilidade do comportamento lesivo: o comportamento deve ser absolutamente inevitável para salvar o direito próprio ou de terceiro diante da concreta situação de perigo. É preciso que o único meio para salvar o direito próprio ou de terceiro seja o cometimento do fato lesivo, sacrificando-se bem jurídico alheio.

f) inexigibilidade de sacrifício do interesse ameaçado: no estudo do fato necessitado, impõe-se a análise da ponderação de bens, leia-se, a proporcionalidade entre o bem protegido e o bem sacrificado;

g) conhecimento da situação de fato justificante: aos requisitos objetivos acima enunciados, a doutrina acrescenta um de caráter subjetivo, justamente o conhecimento da situação de fato justificante (consciência e vontade de salvar direito próprio ou alheio).

Analisados os requisitos, constata-se que Carlos não pode ser responsabilizado pela morte de Leandro porque atuou para salvar seu filho de perigo atual, representado pelo ataque do cão, em comportamento absolutamente inevitável (pois era a única saída da situação em que se encontrava), sem que lhe fosse exigido o sacrifício do interesse ameaçado. Nota-se que, ao salvar seu filho, Carlos, por erro, atingiu bem jurídico que não era visado e sobre o qual não deveria recair a ação. Nesse caso, parece evidente a situação de *aberratio ictus* e, consoante a regra do artigo 73 do Código Penal, o infeliz procedimento deve ser considerado como se praticado contra a real causa do perigo, não descaracterizando o estado de necessidade.

**Alternativa "d":** estado de necessidade putativo existe quando o sujeito atua em face de perigo imaginário, do que não se trata no exemplo.

**Alternativa correta: letra "c".**

---

**52. (FGV – OAB 2012.4)** Acerca das causas excludentes de ilicitude e extintivas de punibilidade, assinale a afirmativa incorreta.

a) A coação moral irresistível exclui a culpabilidade, enquanto que a coação física irresistível exclui a própria conduta, de modo que, nesta segunda hipótese, sequer chegamos a analisar a tipicidade, pois não há conduta penalmente relevante.

b) Em um bar, Caio, por notar que Tício olhava maliciosamente para sua namorada, desfere contra este um soco no rosto. Aturdido, Tício vai ao chão, levantando- se em seguida, e vai atrás de Caio e o interpela quando este já estava saindo do bar. Ao voltar-se para trás, atendendo ao chamado, Caio é surpreendido com um soco no ventre. Tício praticou conduta típica, mas amparada por uma causa excludente de ilicitude.

c) Mévio, atendendo a ordem dada por seu líder religioso e, com o intuito de converter Rufus, permanece na residência deste à sua revelia, ou seja, sem o seu consentimento. Neste caso, Mévio, mesmo cumprindo ordem de seu superior e mesmo sendo tal ordem não manifestamente ilegal, pratica crime de violação de domicílio (Art. 150 do Código Penal), não estando amparado pela obediência hierárquica.

d) O consentimento do ofendido não foi previsto pelo nosso ordenamento jurídico-penal como uma causa de exclusão da ilicitude. Todavia, sua natureza justificante é pacificamente aceita, desde que, entre outros requisitos, o ofendido seja capaz de consentir e que tal consentimento recaia sobre bem disponível.

**COMENTÁRIOS**

**Alternativa "a"**: com efeito, a coação física, quando irresistível, representa hipótese excludente da conduta, elemento do fato típico. Se "A" força "B" a puxar o gatilho da pistola, empregando coação física irresistível, "B" não pratica conduta, já que esta é ação humana voluntária. Já a coação moral irresistível exclui a culpabilidade em razão da inexigibilidade de conduta diversa, mantendo o fato típico e ilícito. Se "A" coage moralmente, de forma irresistível, "B" a matar seu desafeto, "B" pratica fato típico (está presente a ação humana voluntária), bem como fato ilícito (não há incidência de justificantes), porém sua conduta não é reprovável, pois não se pode exigir de "B" conduta diversa, diante da coação. Se, todavia, a coação moral for resistível, incide a atenuante genérica inscrita no artigo 65, inciso III, alínea *c*, do Código Penal.

**Alternativa "b"**: não há excludente de ilicitude que albergue a conduta praticada por Tício, que simplesmente revidou uma agressão cometida por Caio, cuja conduta havia cessado. Haveria, por exemplo, legítima defesa, se Tício houvesse repelido a injusta agressão de Caio no momento em que esta ocorria.

**Alternativa "c"**: a ordem de superior hierárquico é a manifestação de vontade emanada de um detentor de *função pública* dirigida a um *agente público* hierarquicamente inferior, destinada à realização de uma ação ou abstenção. Exige a presença de dois elementos: 1) que a ordem não seja manifestamente (claramente) ilegal, ou seja, que a ordem seja aparentemente legal; 2) ordem oriunda de superior hierárquico. Essa subordinação diz respeito, apenas, à hierarquia vinculada à função pública. A subordinação doméstica (ex.: pai e filho) ou eclesiástica (ex.: bispo e sacerdote) não configuram a presente dirimente.

**Alternativa "d"**: o consentimento do ofendido é causa supralegal de exclusão da ilicitude que pressupõe os seguintes requisitos: a) o dissentimento (a falta de consentimento) do ofendido não pode integrar o crime, pois, caso contrário, seu consentimento exclui a própria tipicidade (exemplo: arts. 150 e 213, ambos do CP); b) o ofendido deve ser capaz de consentir; c) a tutela renunciada pelo ofendido deve tratar de direito disponível; d) o consentimento deve ser manifestado antes ou durante a prática do fato (se posterior, pode significar renúncia ou perdão, causas extintivas da punibilidade nos crimes perseguidos mediante ação penal privada); e) o consentimento deve ser expresso; f) o agente deve agir sabendo estar autorizado pela vítima (elemento subjetivo).

**Alternativa correta: letra "b".**

---

**53. (FGV – Exame de Ordem 2014.1)** Jaime, objetivando proteger sua residência, instala uma cerca elétrica no muro. Certo dia, Cláudio, com o intuito de furtar a casa de Jaime, resolve pular o referido muro, acreditando que conseguiria escapar da cerca elétrica ali instalada e bem visível para qualquer pessoa. Cláudio, entretanto, não obtém sucesso e acaba levando um choque, inerente à atuação do mecanismo de proteção. Ocorre que, por sofrer de doença cardiovascular, o referido ladrão falece quase instantaneamente. Após a análise pericial, ficou constatado que a descarga elétrica não era suficiente para matar uma pessoa em condições normais de saúde, mas suficiente para provocar o óbito de Cláudio, em virtude de sua cardiopatia.

Nessa hipótese é correto afirmar que

a) Jaime deve responder por homicídio culposo, na modalidade de culpa consciente.

b) Jaime deve responder por homicídio doloso, na modalidade de dolo eventual.

c) Pode ser aplicado à hipótese o instituto do resultado diverso do pretendido.

d) Pode ser aplicado à hipótese o instituto da legítima defesa preordenada.

**COMENTÁRIOS**

**Alternativa "a"**: Jaime só responderia por homicídio culposo se a utilização do aparato se caracterizasse pelo excesso.

**Alternativa "b"**: se o exemplo não revela situação de culpa, menos ainda é possível falar em dolo eventual, em que o agente, diante da possibilidade de causar o resultado lesivo, se mostra indiferente e assume o risco de causá-lo.

**Alternativa "c"**: tampouco se trata de *aberratio criminis* (art. 74 do Código Penal), em que o agente pretende cometer determinado delito, mas, por erro, comete outro.

**Alternativa "d"**: ofendículo (também conhecido como *offendicula* ou *offensacula*) representa o aparato preordenado para defesa do patrimônio (exs.: cacos de vidro no muro, ponta de lança na amurada, corrente elétrica etc.). Um assaltante, ao tentar invadir uma residência, se fere na lança que protege o imóvel. O proprietário da casa, obviamente, não responde por lesão corporal. Discute-se, no entanto, o fundamento da sua absolvição: agiu ele no exercício regular de um direito ou em legítima defesa? De acordo com a lição da maioria, enquanto o aparato não é acionado, caracteriza exercício regular de um direito; ao funcionar repelindo a injusta agressão, configura a excludente da legítima defesa (legítima defesa preordenada). No primeiro estágio – de disposição da armadilha –, inexistindo agressão injusta, atual ou iminente, obviamente age o sujeito dentro dos limites de seus direitos, dando proteção ao seu patrimônio ou vida. No segundo momento – de deflagração das *offendicula* –, presentes todos os requisitos legais, o ato adquire contornos de legítima defesa.

**Alternativa correta: letra "d".**

## 14. CULPABILIDADE

---

**54. (FGV – OAB 2012.4 – prova reaplicada em Ipatinga/MG)** O juiz não pode absolver sumariamente o réu, quando entender demonstrada de forma manifesta

a) a existência de causa excludente de ilicitude.

b) a ocorrência de causa extintiva de punibilidade.

c) a inimputabilidade do acusado.

d) a atipicidade da conduta atribuída.

COMENTÁRIOS

**Alternativa "a":** uma vez constatada a incidência de excludente da ilicitude, deve o juiz absolver sumariamente o réu, conforme se extrai do disposto no art. 397, inciso I, do Código de Processo Penal.

**Alternativa "b":** o art. 397, inciso IV, do Código de Processo Penal determina a absolvição sumária caso extinta a punibilidade.

**Alternativa "c":** o art. 397, inc. II, do CPP autoriza a absolvição sumária quando manifesta a causa excludente da culpabilidade do agente, salvo inimputabilidade. A razão da ressalva é óbvia: sendo inimputável o agente (por doença mental, *v.g.*), há necessidade de que o processo seja regularmente instaurado, com a respectiva produção de prova em juízo e observância de todo o trâmite legal, que culminará ou com a absolvição própria do réu ou com sua absolvição imprópria, assim entendida aquela que reconhece que o fato é típico, ilícito, mas não impõe pena, senão medida de segurança. Em outras palavras: ainda que inimputável por doença mental, o agente pode ter agido, por exemplo, em legítima defesa, caso em que recebe uma sentença absolutória própria (art. 386, inc. VI do CPP), que o livrará de qualquer sanção penal. Se fosse permitido o reconhecimento da inimputabilidade de plano, o agente perderia a oportunidade de comprovar sua inocência (a legítima defesa, em nosso exemplo) e teria uma sentença absolutória imprópria (art. 386, parágrafo único, inc. III, do CPP), a impor-lhe medida de segurança.

**Alternativa "d":** a atipicidade da conduta é causa de absolvição sumária prevista no art. 397, inciso III, do Código de Processo Penal.

**Alternativa correta: letra "c".**

## 15. EXCLUSÃO DA CULPABILIDADE

**55. (FGV – Exame de Ordem 2018.1)** Laura, nascida em 21 de fevereiro de 2000, é inimiga declarada de Lívia, nascida em 14 de dezembro de 1999, sendo que o principal motivo da rivalidade está no fato de que Lívia tem interesse no namorado de Laura. Durante uma festa, em 19 de fevereiro de 2018, Laura vem a saber que Lívia anunciou para todos que tentaria manter relações sexuais com o referido namorado. Soube, ainda, que Lívia disse que, na semana seguinte, iria desferir um tapa no rosto de Laura, na frente de seus colegas, como forma de humilhá-la.

Diante disso, para evitar que as ameaças de Lívia se concretizassem, Laura, durante a festa, desfere facadas no peito de Lívia, mas terceiros intervêm e encaminham Lívia diretamente para o hospital. Dois dias depois, Lívia vem a falecer em virtude dos golpes sofridos.

Descobertos os fatos, o Ministério Público ofereceu denúncia em face de Laura pela prática do crime de homicídio qualificado.

Confirmados integralmente os fatos, a defesa técnica de Laura deverá pleitear o reconhecimento da

a) inimputabilidade da agente.
b) legítima defesa.
c) inexigibilidade de conduta diversa.
d) atenuante da menoridade relativa.

COMENTÁRIOS

**Alternativa "a":** nos termos do artigo 27 do Código Penal, os menores de dezoito anos são penalmente inimputáveis. Adotou-se o critério biológico, levando-se em conta apenas o desenvolvimento mental do agente (idade), independentemente de capacidade de entendimento e autodeterminação ao tempo da ação ou omissão.

No exemplo do enunciado, no dia 19 de fevereiro de 2018 Laura estava a dois dias de se tornar imputável. Não importa, no caso, que a vítima tenha morrido quando Laura já havia atingido a maioridade, pois o crime é considerado cometido no momento da ação ou omissão, ainda que outro seja o momento do resultado (art. 4º do CP).

**Alternativa "b":** não se trata de legítima defesa, que tem como um dos pressupostos a atuação para afastar injusta agressão atual ou iminente. No caso do enunciado, Laura apenas soube que Lívia pretendia agredi-la dias depois, o que afasta a possibilidade de legítima defesa.

**Alternativa "c":** um dos elementos da culpabilidade é a exigibilidade de conduta diversa, segundo a qual se exige que tenha o agente a possibilidade de atuar de acordo com o ordenamento jurídico. A inexigibilidade de conduta diversa se dá, basicamente, por meio da coação moral irresistível e da obediência hierárquica, que não têm nenhuma relação com a conduta narrada no enunciado.

**Alternativa "d":** segundo o art. 65, inc. I, 1ª parte, do CP, a pena deve ser atenuada quando o agente, à época do fato (da ação ou omissão – art. 4º, CP), era menor de vinte e um anos de idade. Neste caso, o agente é imputável, mas a lei presume sua imaturidade para lhe atenuar a reprimenda. Isso não se aplica no caso de Laura, que era menor de dezoito anos no momento do fato, o que impede absolutamente sua punição criminal.

**Alternativa correta: letra "a".**

**56. (FGV – Exame de Ordem 2015.1)** Patrício e Luiz estavam em um bar, quando o primeiro, mediante ameaça de arma de fogo, obriga o último a beber dois copos de tequila. Luiz ficou inteiramente embriagado. A dupla, então, deixou o local, sendo que Patrício conduzia Luiz, que caminhava com muitas dificuldades. Ao encontrarem Juliana, que caminhava sozinha pela calçada, Patrício e Luiz, se utilizando da arma que era portada pelo primeiro, constrangeram-na a com eles praticar sexo oral, sendo flagrados por populares que passavam ocasionalmente pelo local, ocorrendo a prisão em flagrante. Denunciados pelo crime de estupro, no curso da instrução, mediante perícia, restou constatado que Patrício era possuidor de doença mental grave e que, quando da prática do fato, era inteiramente incapaz de entender o caráter ilícito do seu comportamento, situação, aliás, que permanece até o momento do julgamento. Também ficou demonstrado que, no momento do crime, Luiz estava completamente embriagado. O Ministério Público requereu a condenação dos acusados.

Não havendo dúvida com relação ao injusto, tecnicamente, a defesa técnica dos acusados deverá requerer, nas alegações finais,

a) a absolvição dos acusados por força da inimputabilidade, aplicando, porém, medida de segurança para ambos.
b) a absolvição de Luiz por ausência de culpabilidade em razão da embriaguez culposa e a absolvição imprópria de Patrício, com aplicação, para este, de medida de segurança.
c) a absolvição de Luiz por ausência de culpabilidade em razão da embriaguez completa decorrente de força maior e a absolvição imprópria de Patrício, com aplicação, para este, de medida de segurança.
d) a absolvição imprópria de Patrício, com a aplicação de medida de segurança, e a condenação de Luiz na pena mínima, porque a embriaguez nunca exclui a culpabilidade.

COMENTÁRIOS

**Alternativa "a" (responde, também, a alternativa "c"):** no que concerne a Patrício, exclui-se a culpabilidade em virtude da inimputabilidade por anomalia psíquica. Prevista no artigo 26, *caput*, do Código Penal, a inimputabilidade por anomalia psíquica significa a incapacidade de imputação daquele que, *"por doença mental ou desenvolvimento mental incompleto ou retardado, era, ao tempo da ação ou da omissão, inteiramente incapaz de entender o caráter ilícito do fato ou de determinar-se de acordo com esse entendimento".* Não basta, portanto, a doença mental. É imprescindível que, conjugada à doença, exista a incapacidade de entendimento e de determinação. Adotou-se, nesse tanto, o critério biopsicológico. Portanto, pode o doente mental ser considerado imputável – desde que a sua anomalia psíquica não se manifeste de maneira a comprometer sua autodeterminação ou capacidade intelectiva. Nesta esteira, há casos em que o agente é acometido de doença mental mas exibe intervalos de lucidez, ocasiões em que entende o caráter ilícito do fato e pode determinar-se de acordo com este entendimento. Em situações dessa natureza, seguindo a regra, a doença mental não é suficiente para afastar a imputabilidade, razão por que o agente mentalmente enfermo, se pratica um fato típico e ilícito em período, ainda que diminuto, de consciência deverá ser punido na qualidade de imputável.

Já no que se refere a Luiz, a culpabilidade é afastada em virtude da inimputabilidade pela embriaguez acidental, doutrinariamente conceituada como aquela que decorre de caso fortuito (o sujeito desconhece o efeito inebriante da substância que ingere) ou força maior (o sujeito é obrigado a ingerir a substância inebriante – que é o caso do exemplo). Quando completa, isenta o agente de pena (art. 28, § 1º, do CP); se incompleta, não exclui a culpabilidade, mas diminui a pena (art. 28, § 2º, do CP). Note-se que a embriaguez, para gerar a inimputabilidade do ébrio, pressupõe os seguintes requisitos: causal (proveniente de caso fortuito ou força maior), quantitativo (completa), cronológico (ao tempo da ação ou omissão) e consequencial (inteira incapacidade intelectiva ou volitiva).

Estabelecido que tanto Patrício quanto Luiz são inimputáveis, deve-se destacar que as consequências serão diversas para cada um deles. Isso porque Patrício, portador de anomalia psíquica permanente, deve ser submetido a medida de segurança para o tratamento de sua condição (absolvição imprópria). Luiz, por sua vez, não será submetido a nenhuma espécie de sanção penal porque a causa de sua inimputabilidade, decorrente de força maior, foi passageira. Logo, não há pena em razão da ausência de culpabilidade, nem medida de segurança porque não há periculosidade a ser contida (há somente absolvição).

**Alternativa "b":** a assertiva faz referência à embriaguez culposa por parte de Luiz. A embriaguez culposa é não acidental, surgindo quando o agente, por negligência ou imprudência, acaba por embriagar-se. Pode ser completa (retirando do agente, no momento da conduta, a capacidade de entendimento e autodeterminação) ou incompleta (diminuindo a capacidade de entendimento e autodeterminação). Completa ou incompleta, jamais exclui a imputabilidade.

**Alternativa "d":** Luiz só seria responsabilizado penalmente se a embriaguez que o acometera não tivesse sido completa. E ainda assim, não seria pela pena mínima do delito, pois, sobre a pena, incidiria causa de diminuição de um a dois terços.

**Alternativa correta: letra "c".**

**57. (FGV – Exame de Ordem 2013.2)** Para aferição da inimputabilidade por doença mental ou desenvolvimento mental incompleto ou retardado, assinale a alternativa que indica o critério adotado pelo Código Penal vigente.

a) Biológico.
b) Psicológico.
c) Psiquiátrico.
d) Biopsicológico.

COMENTÁRIOS

**Alternativa "a":** este critério leva em conta apenas o desenvolvimento mental do agente (doença mental ou idade), independentemente se tinha, ao tempo da conduta, capacidade de entendimento e autodeterminação. Conclusão: basta ser portador de anomalia psíquica para ser inimputável.

**Alternativa "b":** o critério psicológico considera apenas se o agente, ao tempo da conduta, tinha a capacidade de entendimento e autodeterminação, independentemente de sua condição mental ou idade. Conclusão: não precisa ser portador de anomalia psíquica para ser inimputável.

**Alternativa "c":** não existe critério psiquiátrico para determinar as hipóteses de inimputabilidade.

**Alternativa "d":** sob a perspectiva biopsicológica, considera-se inimputável aquele que, em razão de sua condição mental (por doença mental ou desenvolvimento mental incompleto ou retardado), era, ao tempo da conduta, inteiramente incapaz de entender o caráter ilícito do fato ou de determinar-se de acordo com esse entendimento. Conclusão: não basta ser portador de anomalia psíquica para ser inimputável.

**Alternativa correta: letra "d".**

## 16. CONCURSO DE PESSOAS

**58. (FGV – Exame de Ordem XXXVI – 2022)** Túlio e Alfredo combinaram de praticar um roubo contra uma joalheria. Os dois ingressam na loja, e Alfredo, com o emprego de arma de fogo, exige que Fernanda, a vendedora, abra a vitrine e entregue os objetos expostos. Enquanto Alfredo vasculha as gavetas da frente da loja, Túlio ingressa nos fundos do estabelecimento com Fernanda, em busca de joias mais valiosas, momento em que decide levá-la ao banheiro e, então, mantém com Fernanda conjunção carnal. Após, Túlio e Alfredo fogem com as mercadorias. Em relação às condutas praticadas por Túlio e Alfredo, assinale a afirmativa correta.

a) Túlio e Alfredo responderão por roubo duplamente circunstanciado, pelo concurso de pessoas e emprego de arma de fogo, e pelo delito de estupro, em concurso material.
b) Túlio responderá por roubo circunstanciado pelo concurso de pessoas e estupro; Alfredo responderá por roubo duplamente circunstanciado, pelo concurso de pessoas e emprego de arma de fogo.
c) Alfredo e Túlio responderão por roubo circunstanciado pelo concurso de pessoas e emprego de arma de fogo; Túlio também responderá por estupro, em concurso material.
d) Túlio e Alfredo responderão por roubo circunstanciado pelo concurso de pessoas e emprego de arma de fogo; Túlio responderá por estupro, ao passo que Alfredo responderá por participação de menor importância no delito de estupro.

COMENTÁRIOS

Em relação ao roubo, ambos os indivíduos respondem pelo crime majorado por concurso de pessoas e pelo emprego de arma de fogo. Não importa que apenas Alfredo estivesse empunhando uma arma, pois Túlio aderiu à conduta do comparsa, devendo também responder pelo crime mais grave.

Já o crime de estupro deve ser imputado apenas a Túlio. De fato, o enunciado deixa claro que ambos combinaram apenas o roubo, mas Túlio, sem o conhecimento de Alfredo, decidiu estuprar a vendedora em outro ambiente do local que estava sendo roubado. Há, no caso, desvio subjetivo de condutas, aplicando-se o disposto no art. 29, § 2º, do CP: "Se algum dos concorrentes quis participar de crime menos grave, ser-lhe-á aplicada a pena deste; essa pena será aumentada até metade, na hipótese de ter sido previsível o resultado mais grave". No contexto do enunciado, o estupro praticado por Túlio era imprevisível, razão por que a responsabilidade de Alfredo se resume ao crime patrimonial com as circunstâncias majorantes.

**Alternativa correta: letra "c" (responde, também, as demais alternativas).**

---

**59. (FGV – XXXIV Exame de Ordem – 2022)** Gabriel, funcionário há 20 (vinte) dias de uma loja de eletrodomésticos, soube, por terceira pessoa, que Ricardo, seu amigo de longa data, pretendia furtar o estabelecimento em que trabalhava, após o encerramento do expediente daquele dia, apenas não decidindo o autor do fato como faria para ingressar no local sem acionar o alarme.

Ciente do plano de Ricardo, Gabriel, pretendendo facilitar o ato de seu amigo, sem que aquele soubesse, ao sair do trabalho naquele dia, deixou propositalmente aberto o portão de acesso à loja, desligando os alarmes. Ricardo, ao chegar ao local, percebeu o portão de acesso aberto, entrou no estabelecimento e furtou diversos bens de seu interior.

Após investigação, todos os fatos são descobertos. Os proprietários do estabelecimento lesado, então, procuram a assistência de um advogado, esclarecendo que tomaram conhecimento de que Ricardo, após o crime, falecera em razão de doença pré-existente.

Considerando apenas as informações expostas, o advogado deverá esclarecer aos lesados que Gabriel poderá ser responsabilizado pelo crime de

a) furto qualificado pelo concurso de pessoas.
b) furto simples, sem a qualificadora do concurso de pessoas em razão da ausência do elemento subjetivo.
c) furto simples, sem a qualificadora do concurso de pessoas em razão da contribuição ter sido inócua para a consumação delitiva.
d) favorecimento real, mas não poderá ser imputado o crime de furto, simples ou qualificado.

**COMENTÁRIOS**

**Alternativa "a" (responde, também, a alternativa "b"):** para o concurso de pessoas, é necessário o liame subjetivo, ou seja, os agentes devem estar conscientes de que atuam para a prática da mesma infração. Faltando o vínculo psicológico, desnatura-se o concurso de pessoas. Percebe-se que, embora seja indispensável o liame subjetivo, dispensa-se prévio ajuste. Considerando que Gabriel, sabendo da intenção de Ricardo, desligou os alarmes e deixou o portão aberto para facilitar a subtração, deve responder pelo furto qualificado pelo concurso de pessoas na qualidade de partícipe, tendo contribuído com auxílio material para o crime. Pouco importa que Ricardo não soubesse da facilitação, pois, como já destacamos, não se exige a prévia combinação entre os agentes. Importa a aderência subjetiva de Gabriel à conduta.

**Alternativa "c":** no concurso de pessoas é também imprescindível a relevância causal da conduta, que, no caso, é evidente, pois o enunciado destaca que Ricardo se valeu da facilidade que Gabriel lhe havia proporcionado. Caso a conduta de Gabriel tivesse sido irrelevante para a prática do crime, ele não seria responsabilizado nem por furto simples nem por furto qualificado. Imaginemos que, em vez de entrar pelo portão aberto por Gabriel, Ricardo entrasse pelo telhado em uma área não abrangida pelo alarme, mesmo que estivesse acionado. A conduta de Gabriel teria sido irrelevante em termos causais.

**Alternativa "d":** o favorecimento real consiste em prestar (proporcionar, oferecer) a criminoso, fora dos casos de coautoria ou de receptação, auxílio destinado a tornar seguro o *proveito de crime*. Seria o caso se, consumado o crime, Gabriel oferecesse ao amigo algum auxílio para esconder os produtos furtados, desde que não pretendesse receptá-los.

**Alternativa correta: letra "a".**

---

**60. (FGV – Exame de Ordem – 2021.2)** João e Carlos procuram Paulo para que, juntos, pratiquem um crime de roubo de carga. Apesar de se recusar a acompanhá-los na ação delituosa, Paulo oferece a garagem de sua casa para a guarda da carga roubada, conduta que seria fundamental na empreitada criminosa, já que João e Carlos não teriam outro local para esconder os bens subtraídos. Apenas por terem conseguido o acordo com Paulo, João e Carlos operam a subtração. Ao chegarem à casa de Paulo, este lhes informa que a garagem estava ocupada naquele momento e não poderia mais ser utilizada. Assim, o trio que dividiria os lucros procura o vizinho Pedro e, após contarem o ocorrido, pedem a garagem emprestada por um tempo, proposta que é aceita por Pedro. Sendo todos os fatos apurados e recuperada a carga na garagem de Pedro, as famílias de Paulo e Pedro procuram um(a) advogado(a) para saber acerca da situação jurídica deles. Na ocasião da assistência jurídica, o(a) advogado(a) deverá esclarecer que

a) ambos poderão ser responsabilizados pelo crime de roubo majorado.
b) Paulo poderá ser responsabilizado pelo crime de roubo majorado, enquanto Pedro, apenas pelo crime de receptação.
c) Paulo poderá ser responsabilizado pelo crime de roubo majorado, enquanto Pedro, apenas pelo crime de favorecimento real.
d) Pedro e Paulo poderão ser responsabilizados pelo crime de favorecimento real.

**COMENTÁRIOS**

Para que se caracterize o concurso de pessoas, é indispensável a presença de quatro requisitos: (A) Pluralidade de agentes e de condutas: a existência de diversos agentes, que empreendem condutas relevantes (não necessariamente iguais), é o requisito primário do concurso de pessoas. A atuação reunida contribui de alguma forma para a cadeia causal, fazendo com que os vários concorrentes respondam pelo crime; (B) Relevância causal das condutas: é necessário que cada uma das condutas empreendidas tenha relevância causal. Se algum dos agentes praticar um ato sem eficácia causal, não haverá concurso de pessoas (ao menos no que concerne a ele); (C) Liame subjetivo entre os agentes: é também necessário que todos atuem conscientes de que estão reunidos para a prática da mesma infração; (D) Identidade de infração penal: para que se configure o concurso de pessoas, todos os concorrentes devem contribuir para o mesmo evento.

Diante desses requisitos, conclui-se que Paulo responde pelo roubo como partícipe porque, antes de o crime ter sido cometido, comprometeu-se a guardar e esconder a carga subtraída, o que asseguraria seu proveito. Nota-se, inclusive, que o enunciado destaca: "Apenas por terem conseguido o acordo com Paulo, João e Carlos operam a subtração". Isso evidencia a relevância causal da conduta de Paulo. Não importa que depois ele tenha se recusado a receber a carga roubada, porque, nesse momento, o crime já estava consumado.

Pedro, por sua vez, não responde pelo roubo porque, ao aderir à proposta de João e Carlos, a consumação já havia ocorrido. Não é possível se formar o concurso de pessoas após o esgotamento da conduta criminosa. Não se trata, porém, de receptação porque o enunciado destaca que João e Carlos lhe pediram a garagem emprestada por um tempo para que a carga roubada fosse escondida. Disso não se extraem os elementos típicos do art. 180: adquirir, receber, transportar, conduzir ou ocultar, em proveito próprio ou alheio, coisa que sabe ser produto de crime, ou influir para que terceiro, de boa-fé, a adquira, receba ou oculte. O crime cometido por Pedro é o favorecimento real (art. 349 do CP), no qual se pune a conduta de quem presta a criminoso, *fora dos casos de coautoria ou de receptação*, auxílio destinado a tornar seguro o proveito de crime. Pratica receptação apenas quem oculta coisa produto de crime visando a um proveito econômico, para si ou em favor de terceiro que não seja o criminoso anterior. Não é o caso de Pedro, como se extrai do enunciado.

**Alternativa correta: letra "c" (responde, também, as demais alternativas).**

---

**61. (FGV – Exame de Ordem/2018.3)** Pedro e Paulo combinam de praticar um crime de furto em determinada creche, com a intenção de subtrair computadores. Pedro, então, sugere que o ato seja praticado em um domingo, quando o local estaria totalmente vazio e nenhuma criança seria diretamente prejudicada. No momento da empreitada delitiva, Pedro auxilia Paulo a entrar por uma janela lateral e depois entra pela porta dos fundos da unidade. Já no interior do local, eles verificam que a creche estava cheia em razão de comemoração do "Dia das Mães"; então, Pedro pega um laptop e sai, de imediato, pela porta dos fundos, mas Paulo, que estava armado sem que Pedro soubesse, anuncia o assalto e subtrai bens e joias de crianças, pais e funcionários. Captadas as imagens pelas câmeras de segurança, Pedro e Paulo são identificados e denunciados pelo crime de roubo duplamente majorado. Com base apenas nas informações narradas, a defesa de Pedro deverá pleitear o reconhecimento da

a) participação de menor importância, gerando causa de diminuição de pena.
b) cooperação dolosamente distinta, gerando causa de diminuição de pena.
c) cooperação dolosamente distinta, gerando aplicação da pena do crime menos grave.
d) participação de menor importância, gerando aplicação da pena do crime menos grave.

**COMENTÁRIOS**

**Alternativa "a" (responde, também, a alternativa "d"):** a participação de menor importância é aquela de pouca relevância causal, aferida exclusivamente no caso concreto, com base no critério da equivalência dos antecedentes (*conditio sine qua non*). Trata-se de conduta que contribui para a produção do resultado, mas de forma menos enfática, razão pela qual deve ser encarada com menor rigor. A participação de menor importância se aplica exclusivamente ao titular da conduta acessória, jamais ao autor ou coautores, executores da ação nuclear típica, ainda que lacônica a sua contribuição. No caso, Pedro não pode ser considerado partícipe porque sua conduta não era acessória em relação à de Paulo. Ambos combinaram o furto e se dirigiram ao local para cometê-lo na qualidade de autores, o que afasta a possibilidade de participação. Caso fosse viável reconhecer a participação de menor importância, a pena seria diminuída de um sexto a um terço (art. 29, § 1º, do CP).

**Alternativa "b" (responde, também, a alternativa "c"):** na cooperação dolosamente distinta percebe-se o desvio subjetivo de condutas, em que um dos concorrentes do crime pretendia integrar ação criminosa menos grave do que aquela efetivamente praticada. Neste caso, ser-lhe-á aplicada a pena do crime que pretendia cometer, aumentada até metade na hipótese de ter sido previsível o resultado mais grave (art. 29, §2º). É exatamente o que ocorre no exemplo do enunciado, em que Pedro e Paulo combinaram em coautoria a prática de um furto em um local que estaria vazio. Apesar de haver pessoas no local, Pedro agiu como combinado, ou seja, subtraiu um objeto sem praticar violência ou ameaça e se evadiu, mas Paulo, que estava armado sem que Pedro soubesse (e tivesse condição de saber, dadas as circunstâncias), decidiu cometer um assalto. Pedro não pode responder pelo roubo porque não aderiu à conduta mais grave de Paulo.

**Alternativa correta: letra "c".**

---

**62. (FGV – Exame de Ordem 2017.2)** Rafael e Francisca combinam praticar um crime de furto em uma residência onde ela exercia a função de passadeira. Decidem, então, subtrair bens do imóvel em data sobre a qual Francisca tinha conhecimento de que os proprietários estariam viajando, pois assim ela tinha certeza de que os patrões, de quem gostava, não sofreriam qualquer ameaça ou violência.

No dia do crime, enquanto Francisca aguarda do lado de fora, Rafael entra no imóvel para subtrair bens. Ela, porém, percebe que o carro dos patrões está na garagem e tenta avisar o fato ao comparsa para que este saísse rápido da casa. Todavia, Rafael, ao perceber que a casa estava ocupada, decide empregar violência contra os proprietários para continuar subtraindo mais bens. Descobertos os fatos, Francisca e Rafael são denunciados pela prática do crime de roubo majorado.

Considerando as informações narradas, o(a) advogado(a) de Francisca deverá buscar

a) sua absolvição, tendo em vista que não desejava participar do crime efetivamente praticado.
b) o reconhecimento da participação de menor importância, com aplicação de causa de redução de pena.
c) o reconhecimento de que o agente quis participar de crime menos grave, aplicando-se a pena do furto qualificado.
d) o reconhecimento de que o agente quis participar de crime menos grave, aplicando-se causa de diminuição de pena sobre a pena do crime de roubo majorado.

**COMENTÁRIOS**

**Alternativa "a" (responde, também, a alternativa "c"):** segundo o disposto no § 2º do art. 29 do CP, se algum dos concorrentes quis participar de crime menos grave, deve ser aplicada a pena deste, aumentada até metade na hipótese de ter sido previsível o resultado mais grave. Trata-se da cooperação dolosamente distinta. No exemplo do enunciado, Francisca aderiu à prática de um crime de furto, o qual pretendia cometer em um dia em que os proprietários da residência estariam viajando. Se Rafael, ao entrar na residência, inesperadamente encontrou tais pessoas e decidiu cometer um roubo, Francisca não pode ser responsabilizada por este crime mais grave porque seu dolo não o abrangia. E, no exemplo, sequer é possível falar em previsibilidade do resultado mais grave, justamente porque Francisca imaginava que os proprietários não estariam na residência, circunstância constatada apenas quando o crime já estava em execução.

**Alternativa "b":** não se trata de participação de menor importância (art. 29, § 1º, do CP), aquela que contribui para a produção do resultado, mas de forma menos enfática, razão pela qual deve ser encarada com menor rigor. O enunciado retrata, como já destacado, uma situação de cooperação dolosamente distinta.

**Alternativa "d":** uma vez reconhecida a cooperação dolosamente distinta com resultado mais grave previsível, não se diminui a pena do crime que o agente não queria cometer, mas aumenta-se a pena do crime que ele de fato cometeu.

**Alternativa correta: letra "c".**

---

**63. (FGV – Exame de Ordem 2016.2 – Prova reaplicada Salvador-BA)** Silva e Pereira, amigos de infância, combinam praticar um crime de furto. Silva sugere que o crime seja realizado na residência da família Bragança, pois tinha a informação de que os proprietários estavam viajando e a casa ficava a uma quadra de suas casas. Juntos dirigem-se ao local e, sem que Silva tivesse conhecimento, Pereira traz consigo uma arma de fogo municiada. Silva subtrai uma TV e deixa o imóvel que estava sendo furtado. Pereira, quando se preparava para sair com o dinheiro subtraído do cofre, depara-se com o segurança que, alertado pelo alarme acionado, entrara na casa. Pereira, para garantir o crime, efetua disparos de arma de fogo contra o segurança, vindo este a falecer em razão dos tiros.

Considerando a situação narrada, assinale a afirmativa correta.

a) Ao Silva será aplicada a pena do furto qualificado e ao Pereira, a do crime de latrocínio.
b) Silva e Pereira responderão pelo crime de latrocínio, mas, em razão de sua participação, Silva terá direito à causa de diminuição da pena.
c) Ao Silva será aplicada a pena do crime de furto qualificado e Pereira responderá por furto qualificado e latrocínio em concurso.
d) Silva e Pereira responderão por latrocínio consumado, sem qualquer redução de pena para qualquer deles.

COMENTÁRIOS

**Alternativa "a" (responde, também, a alternativa "d"):** de acordo com o art. 29 do Código Penal, quem, de qualquer modo, concorre para o crime incide nas penas a este cominadas, na medida de sua culpabilidade (*caput*), mas, se algum dos concorrentes quis participar de crime menos grave, ser-lhe-á aplicada a pena deste, aumentada até metade na hipótese de ter sido previsível o resultado mais grave (§ 2º). O § 2º trata da cooperação dolosamente distinta, em que se percebe o desvio subjetivo de condutas entre os agentes, em que um dos concorrentes do crime pretendia integrar ação criminosa menos grave do que aquela efetivamente praticada.

No exemplo do enunciado, Silva e Pereira haviam combinado o cometimento de um furto em uma residência vazia, mas este último indivíduo foi ao local armado, sem o conhecimento do primeiro. Lá, enquanto Silva subtraiu o que pretendia sem violência ou grave ameaça a pessoa – conforme o combinado –, Pereira encontrou com um segurança e o matou. No caso, Silva pretendia cometer – como de fato cometeu – um crime de furto. Não havia combinado o cometimento do crime de roubo, nem tampouco aderiu à conduta de Pereira no momento do fato. Por isso, deve responder apenas pelo furto, sem nem mesmo o aumento possibilitado pelo § 2º do art. 29 porque, se não sabia que o comparsa estava armado, o resultado mais grave não era previsível. Pereira, por outro lado, responde pelo latrocínio, pois da violência empregada por ele para a subtração decorreu a morte da vítima.

**Alternativa "b":** como já destacamos, Silva não pode responder por latrocínio simplesmente porque não cometeu este delito, já que toda sua ação foi dirigida para a prática do furto. Seria ele responsabilizado por latrocínio com pena diminuída se, uma vez combinado o roubo com seu comparsa, sua participação fosse considerada de menor importância, de pouca relevância causal.

**Alternativa "c":** não é possível, obviamente, punir Pereira, em razão da mesma conduta, por furto e por latrocínio. Se pretendia cometer furto, mas, no curso da ação, decidiu cometer roubo, responde só por este último.

**Alternativa correta: letra "a".**

---

**64. (FGV – Exame de Ordem 2015.1)** Maria Joaquina, empregada doméstica de uma residência, profundamente apaixonada pelo vizinho Fernando, sem que este soubesse, escuta sua conversa com uma terceira pessoa acordando o furto da casa em que ela trabalha durante os dias de semana à tarde. Para facilitar o sucesso da operação de seu amado, ela deixa a porta aberta ao sair do trabalho. Durante a empreitada criminosa, sem saber que a porta da frente se encontrava destrancada, Fernando e seu comparsa arrombam a porta dos fundos, ingressam na residência e subtraem diversos objetos.

Diante desse quadro fático, assinale a opção que apresenta a correta responsabilidade penal de Maria Joaquina.

a) Deverá responder pelo mesmo crime de Fernando, na qualidade de partícipe, eis que contribuiu de alguma forma para o sucesso da empreitada criminosa ao não denunciar o plano.
b) Deverá responder pelo crime de furto qualificado pelo concurso de agentes, afastada a qualificadora do rompimento de obstáculo, por esta não se encontrar na linha de seu conhecimento.
c) Não deverá responder por qualquer infração penal, sendo a sua participação irrelevante para o sucesso da empreitada criminosa.
d) Deverá responder pelo crime de omissão de socorro.

COMENTÁRIOS

**Alternativa "a":** pelo simples fato de não denunciar o plano, Maria Joaquina não poderia ser punida, porque aí teríamos a chamada *participação negativa (ou conivência)*, situação em que o agente não tem qualquer vínculo com a conduta criminosa (não induziu, instigou ou auxiliou o autor), nem tampouco a obrigação de impedir o resultado. Não há, na realidade, participação, pois a simples contemplação de um crime por alguém que não adota medidas para evitá-lo, e nem era obrigado a fazê-lo, não caracteriza o concurso de pessoas, que exige, dentre outros requisitos, conduta que apresente relevância causal para o alcance do resultado.

**Alternativa "c" (responde, também, a alternativa "b"):** ainda que Maria Joaquina tenha aderido à conduta de Fernando, não responderá pelo furto porque um dos requisitos do concurso de pessoas é a relevância causal da conduta, ou seja, embora seja imprescindível a pluralidade de condutas, só esta circunstância não é o bastante para caracterizar o concurso de pessoas. É necessário que cada uma das condutas empreendidas tenha relevância causal. Se algum dos agentes praticar um ato sem eficácia causal, não haverá concurso de pessoas (ao menos no que concerne a ele). No caso do exemplo, o fato de Maria Joaquina ter deixado a porta aberta não teve nenhuma relevância para o sucesso da subtração, pois os demais agentes arrombaram outra porta para entrar no imóvel.

**Alternativa "d":** não há crime de omissão de socorro, que consiste em deixar de prestar assistência, quando possível fazê-lo sem risco pessoal, à criança abandonada ou extraviada, ou à pessoa inválida ou ferida, ao desamparo ou em grave e iminente perigo; ou não pedir, nesses casos, o socorro da autoridade pública. Nota-se que nenhuma dessas circunstâncias está presente no exemplo do enunciado.

**Alternativa correta: letra "c".**

---

**65. (FGV – OAB 2010.3)** Tomás decide matar seu pai, Joaquim. Sabendo da intenção de Tomás de executar o genitor, Pedro oferece, graciosamente, carona ao agente até o local em que ocorre o crime. A esse respeito, é correto afirmar que Pedro é

a) coautor do delito, respondendo por homicídio agravado por haver sido praticado contra ascendente.

b) partícipe do delito, respondendo por homicídio agravado por haver sido praticado contra ascendente.

c) coautor do delito, respondendo por homicídio sem a incidência da agravante.

d) partícipe do delito, respondendo por homicídio sem a incidência da agravante.

**COMENTÁRIOS**

**Alternativa "a" (responde, também, a alternativa "c"):** coautoria, de acordo com a teoria restritiva, é identificada como a pluralidade de pessoas realizando o verbo nuclear do tipo penal. No caso, Pedro não pode ser considerado coautor porque não realizou o núcleo do tipo, mas apenas auxiliou Tomás a cumprir seu desiderato.

**Alternativa "d" (responde, também, a alternativa "b"):** entende-se por partícipe o sujeito coadjuvante da empreitada delituosa. O autor se identifica como o indivíduo responsável pela prática da conduta principal, enquanto ao partícipe cabe uma conduta acessória. A participação não integra a conduta descrita no tipo penal, sendo alcançada, porém, pela norma de extensão contida no artigo 29 do Código Penal. A participação numa conduta delituosa pode ser material ou moral. Por participação material se entende a conduta do sujeito que auxilia o autor do delito, prestando-lhe assistência de natureza material. A participação moral compreende o induzimento (agente que faz nascer a ideia de prática delituosa na mente do autor) e a instigação (agente que reforça ideia já existente na mente do autor) ao cometimento de um delito por um determinado indivíduo. No caso, Pedro responde pelo homicídio como partícipe porque auxiliou materialmente Tomás ao conduzi-lo até o local do crime. Sobre Pedro, entretanto, não recai a agravante de Tomás ter praticado o crime contra ascendente (artigo 61, inciso II, alínea e, do Código Penal), pois se trata de circunstância de caráter pessoal não elementar do crime e, por isso, não se comunica, conforme dispõe o artigo 30 do Código Penal.

**Alternativa correta: letra "d".**

---

**66. (FGV – OAB 2012.2)** Zenão e Górgias desejam matar Tales. Ambos sabem que Tales é pessoa bastante metódica e tem a seguinte rotina ao chegar no trabalho: pega uma xícara de café na copa, deixa-a em cima de sua bancada particular, vai a outra sala buscar o jornal e retorna à sua bancada para lê-lo, enquanto degusta a bebida. Aproveitando-se de tais dados, Zenão e Górgias resolvem que executarão o crime de homicídio através de envenenamento. Para tanto, Zenão, certificando-se que não havia ninguém perto da bancada de Tales, coloca na bebida 0,1 ml de poderoso veneno. Logo em seguida chega Górgias, que também verifica a ausência de qualquer pessoa e adiciona ao café mais 0,1 ml do mesmo veneno poderoso. Posteriormente, Tales retorna à sua mesa e senta-se confortavelmente na cadeira para degustar o café lendo o jornal, como fazia todos os dias. Cerca de duas horas após a ingestão da bebida, Tales vem a falecer. Ocorre que toda a conduta de Zenão e Górgias foi filmada pelas câmeras internas presentes na sala da vítima, as quais eram desconhecidas de ambos, razão pela qual a autoria restou comprovada. Também restou comprovado que Tales somente morreu em decorrência da ação conjunta das duas doses de veneno, ou seja, somente 0,1 ml da substância não seria capaz de provocar o resultado morte. Com base na situação descrita, é correto afirmar que

a) caso Zenão e Górgias tivessem agido em concurso de pessoas, deveriam responder por homicídio qualificado doloso consumado.

b) mesmo sem qualquer combinação prévia, Zenão e Górgias deveriam responder por homicídio qualificado doloso consumado.

c) Zenão e Górgias, agindo em autoria colateral, deveriam responder por homicídio culposo.

d) Zenão e Górgias, agindo em concurso de pessoas, deveriam responder por homicídio culposo.

**COMENTÁRIOS**

**Alternativa "a":** presente o concurso de pessoas (pluralidade de agentes; relevância causal das várias condutas; liame subjetivo; identidade de infração penal) Zenão e Górgias respondem pelo homicídio qualificado pelo emprego de veneno consumado, pois as condutas de ambos, somadas, possibilitaram o sucesso da empreitada criminosa.

**Alternativa "b" (responde, também, a alternativa "c"):** não houvesse liame subjetivo entre Zenão e Górgias, estaríamos diante da denominada *autoria colateral* (ou autoria imprópria), quando dois agentes, embora convergindo suas condutas para a prática de determinado fato criminoso, não atuam unidos subjetivamente (ex.: "A" e "B" resolvem matar "C" e, sem que um saiba do outro, atiram, morrendo a vítima em razão do disparo de "A"). Aquele que alcançou o intento responde pela consumação; o outro, somente pela tentativa. Se não for possível, neste caso, apurar qual conduta causou a morte, há ***autoria incerta*** (nada mais do que espécie de autoria colateral), em que ambos os concorrentes respondem pelo crime, porém na forma tentada.

**Alternativa "d":** não há falar em homicídio culposo porque Zenão e Górgias agiram com o dolo de matar.

**Alternativa correta: letra "a".**

---

**67. (FGV – Exame de Ordem 2013.2)** Sofia decide matar sua mãe. Para tanto, pede ajuda a Lara, amiga de longa data, com quem debate a melhor maneira de executar o crime, o melhor horário, local etc. Após longas discussões de como poderia executar seu intento da forma mais eficiente possível, a fim de não deixar nenhuma pista, Sofia pede emprestado a Lara um facão. A amiga prontamente atende ao pedido. Sofia despede-se agradecendo a ajuda e diz que, se tudo correr conforme o planejado, executará o homicídio naquele mesmo dia e assim o faz. No entanto, apesar dos cuidados, tudo é descoberto pela polícia. A respeito do caso narrado e de acordo com a teoria restritiva da autoria, assinale a afirmativa correta.

a) Sofia é a autora do delito e deve responder por homicídio com a agravante de o crime ter sido praticado contra ascendente. Lara, por sua vez, é apenas partícipe do crime e deve responder por homicídio, sem a presença da circunstância agravante.

b) Sofia e Lara devem ser consideradas coautoras do crime de homicídio, incidindo, para ambas, a circunstância agravante de ter sido, o crime, praticado contra ascendente.

c) Sofia e Lara devem ser consideradas coautoras do crime de homicídio. Todavia, a agravante de ter sido, o crime, praticado contra ascendente somente incide em relação à Sofia.

d) Sofia é a autora do delito e deve responder por homicídio com a agravante de ter sido, o crime, praticado contra ascendente. Lara, por sua vez, é apenas partícipe do crime, mas a agravante também lhe será aplicada.

**COMENTÁRIOS**

Sofia é considerada autora do homicídio e sua pena será agravada por tê-lo cometido contra ascendente (art. 61, II, *e*, do Código Penal). Lara será considerada partícipe porque, ao fornecer a arma do crime, consciente de que a tanto se destinava, auxiliou Sofia a cometê-lo. Não será, todavia, alcançada pela agravante porque não se trata de circunstância de caráter pessoal elementar do crime, aplicando-se a primeira parte do art. 30 do Código Penal.

**Alternativa "a" (responde, também, as demais alternativas).**

---

**68. (FGV – Exame de Ordem 2013.3)** Lucas, funcionário público do Tribunal de Justiça, e Laura, sua noiva, estudante de direito, resolveram subtrair notebooks de última geração adquiridos pela serventia onde Lucas exerce suas funções. Assim, para conseguir seu intento, combinaram dividir a execução do delito. Lucas, em determinado feriado municipal, valendo-se da facilidade que seu cargo lhe proporcionava, identificou-se na recepção e disse ao segurança que precisava ir até a serventia para buscar alguns pertences que havia esquecido. O segurança, que já conhecia Lucas de vista, não desconfiou de nada e permitiu o acesso. Ressalte-se que, além de ser serventuário, Lucas conhecia detalhadamente o prédio público, razão pela qual se dirigiu rapidamente ao local desejado, subtraindo todos os notebooks. Após, foi a uma janela e, dali, os entregou a Laura, que os colocou no carro e saiu. Ao final, Lucas conseguiu deixar o edifício sem que ninguém suspeitasse de nada. Todavia, cerca de uma semana após, Laura e Lucas têm uma discussão e terminam o noivado. Muito enraivecida, Laura procura a polícia e noticia os fatos, ocasião em que devolve todos os notebooks subtraídos. Com base nas informações do caso narrado, assinale a afirmativa correta.

a) Laura e Lucas devem responder pelo delito de peculato-furto praticado em concurso de agentes.

b) Laura deve responder por furto qualificado e Lucas deve responder por peculato-furto, dada à incomunicabilidade das circunstâncias.

c) Laura e Lucas serão beneficiados pela causa extintiva de punibilidade, uma vez que houve reparação do dano ao erário anteriormente à denúncia.

d) Laura será beneficiada pelo instituto do arrependimento eficaz, mas Lucas não poderá valer-se de tal benefício, pois a restituição dos bens, por parte dele, não foi voluntária.

**COMENTÁRIOS**

**Alternativa "a" (responde, também, a alternativa "b"):** o art. 30 do Código Penal dispõe que as circunstâncias e condições de caráter pessoal não se comunicam, salvo quando elementares do crime. No exemplo citado no enunciado, Lucas é funcionário público e, aproveitando-se dessa circunstância, subtrai aparelhos eletrônicos da repartição à qual estava funcionalmente vinculado, cometendo o delito de peculato, que tem como elementar o exercício da função pública. Laura, sabendo que Lucas é funcionário e se disso se aproveita, comete o delito em conluio e nesses termos será responsabilizada, já que a circunstância, embora seja pessoal, é elementar do delito.

**Alternativa "c":** no crime de peculato, a reparação do dano, antes da sentença irrecorrível, somente extingue a punibilidade na modalidade culposa.

**Alternativa "d":** o arrependimento eficaz tem lugar somente quando, esgotados os meios de execução, o agente atua para impedir a consumação do delito. No caso, o crime já estava consumado.

**Alternativa correta: letra "a".**

## 17. PENAS RESTRITIVAS DE DIRETOS

---

**69. (FGV – Exame de Ordem – 2021.2)** Vitor foi condenado pela prática de um crime de lesão corporal leve no contexto da violência doméstica e familiar contra a mulher, sendo aplicada pena privativa de liberdade de três meses de detenção, a ser cumprida em regime aberto, já que era primário e de bons antecedentes. Considerando a natureza do delito, o juiz deixou de substituir a pena privativa de liberdade por restritiva de direitos e não aplicou qualquer outro dispositivo legal que impedisse o recolhimento do autor ao cárcere. No momento da apelação, a defesa técnica de Vitor, de acordo com a legislação brasileira,

a) não poderá requerer a substituição da pena privativa de liberdade por restritiva de direitos, mas poderá pleitear a suspensão condicional da pena, que, inclusive, admite que seja fixada prestação de serviços à comunidade e limitação de final de semana por espaço de tempo.

b) não poderá requerer a substituição da pena privativa de liberdade por restritiva de direitos, mas poderá pleitear a suspensão condicional da pena, que não admite que seja fixada como condição o cumprimento de prestação de serviços à comunidade.

c) não poderá requerer a substituição da pena privativa de liberdade por restritiva de direitos e nem a suspensão condicional da pena, mas poderá pleitear que o regime aberto seja cumprido em prisão domiciliar com tornozeleira eletrônica.

d) poderá requerer a substituição da pena privativa de liberdade por restritiva de direitos, que, contudo, não poderá ser apenas de prestação pecuniária por expressa vedação legal.

**COMENTÁRIOS**

É pressuposto da substituição da pena privativa de liberdade pela restritiva de direitos que o crime tenha sido cometido sem violência ou grave ameaça a pessoa. No que concerne ao crime de lesão corporal leve, temos que, em regra, não pode ser excluído do benefício, uma vez que, nos termos do art. 61 da Lei nº 9.099/95, é considerado infração penal de menor potencial ofensivo, fomentando-se, em relação a ele, a aplicação imediata de multa ou pena restritiva de direitos (interpretação sistemática). No entanto, esse raciocínio *não se aplica* quando se está diante de violência contra a mulher no ambiente doméstico e familiar (violência de gênero). Nessas infrações, a Lei 11.340/06 (Lei Maria da Penha), no seu art. 41, expressamente vedou a aplicação da Lei nº 9.099/95, e o STF, julgando a ADC nº 19, declarou constitucional o referido dispositivo. E o próprio STF, no julgamento do HC nº 129.446, negou a substituição no caso em que o agente fora condenado a três meses de detenção pela prática do crime tipificado no art. 129, § 9º, do Código Penal. De acordo com o tribunal, a argumentação de que seria possível a substituição da pena privativa de liberdade por restritiva de direitos no caso de lesão corporal leve não alcança o delito cometido sob a incidência da Lei 11.340/06, tanto por não ser de menor potencial ofensivo, já que a pena máxima alcança três anos de detenção, quanto em virtude da vedação contida no art. 41 da Lei nº 11.340/06 a respeito da aplicação da Lei nº 9.099/95. O STJ sumulou o entendimento de que infrações penais (crimes e contravenções) cometidas com violência ou grave ameaça contra a mulher impedem a substituição da pena privativa de liberdade por restritiva de direitos (súmula nº 588).

Mas nada impede a suspensão condicional da pena, se atendidos os requisitos do art. 77 do Código Penal. O art. 78 dispõe que, no período de suspensão, o condenado fica sujeito à observação e ao cumprimento das condições estabelecidas pelo juiz. De acordo com o § 1º, no primeiro ano do *sursis* o condenado presta serviços à comunidade ou se submete à limitação de fim de semana. Devemos nos atentar para o texto literal do art. 78, § 1º, do CP, segundo o qual essas condições *devem* ser impostas. Não se trata de opção, mas de imposição legal para que a pena seja suspensa.

Por fim, não é demais lembrarmos que, em razão da Lei 14.188/21, atualmente a conduta de Vitor não se subsumiria ao § 9º do art. 129, mas sim ao § 13, que qualifica a lesão corporal leve praticada contra a mulher por razões da condição do sexo feminino (conforme a definição do § 2º-A do art. 121). A pena é de reclusão de um a quatro anos.

**Alternativa correta: letra "a" (responde, também, as demais alternativas).**

---

**70. (FGV/OAB/XXX – Exame – 2019.3)** Gabriel foi condenado pela prática de um crime de falso testemunho, sendo-lhe aplicada a pena de 03 anos de reclusão, em regime inicial aberto, substituída a pena privativa de liberdade por duas restritivas de direitos (prestação de serviços à comunidade e limitação de final de semana).

Após cumprir o equivalente a 01 ano da pena aplicada, Gabriel deixa de cumprir a prestação de serviços à comunidade. Ao ser informado sobre tal situação pela entidade beneficiada, o juiz da execução, de imediato, converte a pena restritiva de direitos em privativa de liberdade, determinando o cumprimento dos 03 anos da pena imposta em regime semiaberto, já que Gabriel teria demonstrado não preencher as condições para cumprimento de pena em regime aberto.

Para impugnar a decisão, o(a) advogado(a) de Gabriel deverá alegar que a conversão da pena restritiva de direitos em privativa de liberdade

a) foi válida, mas o regime inicial a ser observado é o aberto, fixado na sentença, e não o semiaberto.

b) foi válida, inclusive sendo possível ao magistrado determinar a regressão ao regime semiaberto, restando a Gabriel cumprir apenas 02 anos de pena privativa de liberdade, pois os serviços à comunidade já prestados são considerados pena cumprida.

c) não foi válida, pois o descumprimento da prestação de serviços à comunidade não é causa a justificar a conversão em privativa de liberdade.

d) não foi válida, pois, apesar de possível a conversão em privativa de liberdade pelo descumprimento da prestação de serviços à comunidade, deveria o apenado ser previamente intimado para justificar o descumprimento.

**COMENTÁRIOS**

O artigo 44, §4º, do Código Penal anuncia que "A pena restritiva de direitos converte-se em privativa de liberdade quando ocorrer o descumprimento injustificado da restrição imposta (...)". Em homenagem aos princípios do contraditório e da ampla defesa, para que se proceda à conversão da pena alternativa em privativa de liberdade é imprescindível a prévia intimação pessoal do condenado, para que ele tenha oportunidade de esclarecer os motivos que o levaram ao descumprimento da pena alternativa. Neste sentido: "A jurisprudência do Superior Tribunal de Justiça se firmou no sentido de que, para a conversão de medidas restritivas de direito em pena privativa de liberdade, é indispensável a intimação do condenado para que esclareça as razões do descumprimento, em audiência de justificação, assegurando-lhe o direito ao contraditório e à ampla defesa" (STJ: HC 486.269/SP, j. 21/02/2019).

No cálculo da pena privativa de liberdade a ser executada será deduzido o tempo cumprido da pena restritiva de direitos (respeitado o saldo mínimo de trinta dias de detenção ou reclusão), observado, evidentemente, o regime aberto imposto na sentença.

**Alternativa "d" (responde, também, as demais alternativas).**

---

**71. (FGV – Exame de Ordem 2017.3)** Cássio foi denunciado pela prática de um crime de dano qualificado, por ter atingido bem municipal (Art. 163, parágrafo único, inciso III, do CP – pena: detenção de 6 meses a 3 anos e multa), merecendo destaque que, em sua Folha de Antecedentes Criminais, consta uma única condenação anterior, definitiva, oriunda de sentença publicada 4 anos antes, pela prática do crime de lesão corporal culposa praticada na direção de veículo automotor. Ao final da instrução, Cássio confessa integralmente os fatos, dizendo estar arrependido e esclarecendo que "perdeu a cabeça" no momento do crime, sendo certo que está trabalhando e tem 03 filhos com menos de 10 anos de idade que são por ele sustentados.

Apenas com base nas informações constantes, o(a) advogado(a) de Cássio poderá pleitear, de acordo com as previsões do Código Penal, em sede de alegações finais,

a) o reconhecimento do perdão judicial.

b) o reconhecimento da atenuante da confissão, mas nunca sua compensação com a reincidência.

c) a substituição da pena privativa de liberdade por restritiva de direitos, apesar de o agente ser reincidente.

d) o afastamento da agravante da reincidência, já que o crime pretérito foi praticado em sua modalidade culposa, e não dolosa.

**COMENTÁRIOS**

**Alternativa "a":** o perdão judicial só é cabível nas situações expressamente estabelecidas em lei, o que não é o caso.

**Alternativa "b":** segundo o STJ, desde que não se trate de multirreincidência, é possível a compensação integral entre a agravante da reincidência e a atenuante da confissão espontânea: "É possível, na segunda fase da dosimetria da pena, a compensação integral da atenuante da confissão espontânea com a agravante da reincidência, seja ela específica ou não. Todavia, nos casos de multirreincidência, deve ser reconhecida a preponderância da agravante prevista no artigo 61, I, do Código Penal, sendo admissível a sua compensação proporcional com a atenuante da confissão espontânea, em estrito atendimento aos princípios da individualização da pena e da proporcionalidade" (REsp 1.931.145/SP, j. 22/06/2022).

**Alternativa "c":** um dos requisitos para a substituição da pena privativa de liberdade por restritiva de direitos é a primariedade do agente. A reincidência em crime doloso pode obstar a substituição, mas, como estabelece o § 3º do art. 44 do CP, o juiz pode substituir a pena do reincidente, desde que, em face de condenação anterior, a medida seja socialmente recomendável e a reincidência não se tenha operado em virtude da prática do mesmo crime. De acordo com o STJ, a reincidência específica de que trata o § 3º decorre da prática de crimes idênticos, não apenas da mesma espécie: "3. Toda atividade interpretativa parte da linguagem adotada no texto normativo, a qual, apesar da ocasional fluidez ou vagueza de seus termos, tem limites semânticos intransponíveis. Existe, afinal, uma distinção de significado entre "mesmo crime" e "crimes de mesma espécie"; se o legislador, no particular dispositivo legal em comento, optou pela primeira expressão, sua escolha democrática deve ser respeitada. 4. Apesar das possíveis incongruências práticas causadas pela redação legal, a vedação à analogia in malam partem impede que o Judiciário a corrija, já que isso restringiria a possibilidade de aplicação da pena substitutiva e, como tal, causaria maior gravame ao réu. [...] 6. Agravo regimental desprovido, com a proposta da seguinte tese: a reincidência específica tratada no art. 44, § 3º, do CP somente se aplica quando forem idênticos (e não apenas de mesma espécie) os crimes praticados" (AREsp 1.716.664/SP, j. 25/08/2021).

**Alternativa "d":** o fato de o crime anterior ser culposo não afasta a reincidência.

**Alternativa correta: letra "c".**

---

**72. (FGV – Exame de Ordem 2016.3)** Carlos, 21 anos, foi condenado a cumprir pena de prestação de serviços à comunidade pela prática de um crime de lesão corporal culposa no trânsito. Em 01/01/2014, seis meses após cumprir a pena restritiva de direitos aplicada, praticou novo crime de natureza culposa, vindo a ser denunciado. Carlos, após não aceitar qualquer benefício previsto na Lei nº 9.099/95 e ser realizada audiência de instrução e julgamento, é novamente condenado em 17/02/2016. O juiz aplica pena de 11 meses de detenção, não admitindo a substituição por restritiva de direitos em razão da reincidência.

Considerando que os fatos são verdadeiros e que o Ministério Público não apelou, o(a) advogado(a) de Carlos, sob o ponto de vista técnico, deverá requerer, em recurso,

a) a substituição da pena privativa de liberdade por restritiva de direitos.
b) a suspensão condicional da pena.
c) o afastamento do reconhecimento da reincidência.
d) a prescrição da pretensão punitiva.

**COMENTÁRIOS**

**Alternativa "a":** um dos requisitos para a substituição da pena privativa de liberdade por restritiva de direitos é o condenado não ser reincidente em crime doloso (art. 44, inciso II, do CP). Como no caso a reincidência é em crime culposo, não há óbice à substituição.

**Alternativa "b":** a suspensão condicional da pena só é viável quando não indicada ou incabível a substituição da pena privativa de liberdade por restritiva de direitos (art. 77, inciso III, do CP).

**Alternativa "c":** se o agente cometeu novo crime seis meses após o cumprimento da pena, caracteriza-se a reincidência, mesmo que se trate de infrações culposas.

**Alternativa "d":** o prazo prescricional mínimo estabelecido no art. 109 do CP é de três anos. Como se extrai do enunciado, o crime foi cometido em 01/01/2014 e o agente foi condenado pouco mais de dois anos depois, em 17/02/2016. E neste espaço de tempo deve ser considerada – embora a questão não mencione – a causa interruptiva pelo recebimento da denúncia, que reduziria ainda mais o tempo a ser computado para a prescrição.

**Alternativa correta: letra "a".**

## 18. APLICAÇÃO DA PENA

---

**73. (FGV- XXXV Exame de Ordem-2022)** Paulo foi condenado, com trânsito em julgado pela prática do crime de lesão corporal grave, à pena de 1 ano e oito meses de reclusão, tendo o trânsito ocorrido em 14 de abril de 2016. Uma vez que preenchia os requisitos legais, o magistrado houve, por bem, conceder a ele o benefício da suspensão condicional da pena pelo período de 2 anos. Por ter cumprido todas as condições impostas, teve sua pena extinta em 18 de abril de 2018. No dia 15 de maio de 2021, Paulo foi preso pela prática do crime de roubo. Diante do caso narrado, caso Paulo venha a ser condenado pela prática do crime de roubo, deverá ser considerado

a) reincidente, na medida em que, uma vez condenado com trânsito em julgado, o agente não recupera a primariedade.
b) reincidente, em razão de não ter passado o prazo desde a extinção da pena pelo crime anterior.
c) primário, em razão de ter cumprido o prazo para a recuperação de primariedade.
d) primário, em razão de a reincidência exigir a prática do mesmo tipo penal, o que não ocorreu no caso de Paulo.

**COMENTÁRIOS**

Há reincidência quando o agente comete novo crime depois de transitar em julgado a sentença que, no país ou no exterior, o tenha condenado por crime anterior (art. 63 do CP). Mas o Brasil adotou o sistema da temporariedade da reincidência, anunciando, no art. 64, inc. I, do Código Penal, o seu período depurador: "não prevalece a condenação anterior, se entre a data do cumprimento ou extinção da pena e a infração posterior tiver decorrido período de tempo superior a 5 (cinco) anos, computado o período de prova da suspensão ou do livramento condicional, se não ocorrer revogação". No exemplo do enunciado, embora a extinção da pena tenha ocorrido em 18 de abril de 2018, pouco mais de três anos antes da prática do novo crime, Paulo havia sido beneficiado pela suspensão condicional da pena, iniciada em abril de 2016. Como destaca o art. 64, inc. I, do CP, para a contagem do quinquênio depurador se considera o período de prova tanto do *sursis* quanto do livramento condicional. Dessa forma, na sentença condenatória relativa ao crime de roubo cometido em maio de 2021 o juiz não poderá invocar a agravante da reincidência. Mas, note-se, Paulo poderá ter a pena-base aumentada em razão dos maus antecedentes.

**Alternativa correta: letra "c" (responde, também, as demais alternativas).**

---

**74. (FGV – XXXIV Exame de Ordem – 2022)** Em um mesmo contexto, por meio de uma ação fracionada, Carlos praticou dois crimes autônomos cujas sanções penais, previstas no Código Penal, são de pena privativa de liberdade e pena de multa cumulativa. No momento de fixar a multa de cada um dos crimes, reconhecido o concurso formal, o magistrado aplicou a pena máxima de 360 dias para ambas as infrações penais, sendo determinado que o valor do dia-multa seria o máximo de 05 salários-mínimos, considerando, em ambos os momentos, a gravidade em concreto do delito. A pena privativa de liberdade aplicada, contudo, por não ultrapassar 04 anos, foi substituída por duas restritivas de direitos.

Carlos, intimado da sentença, procura você, como advogado(a), informando não ter condições de arcar com a multa aplicada, já que recebe apenas R$2.000,00 (dois mil reais) mensais. Na ocasião, o(a) advogado(a) de Carlos deverá esclarecer ao seu cliente que

a) poderá ser buscada a redução do valor do dia-multa e da quantidade de dias aplicada, tendo em vista que em ambos os momentos deverá considerar o magistrado a capacidade econômica financeira do réu e não a gravidade em concreto do fato, podendo o próprio juiz do conhecimento deixar de aplicar multa com base na situação de pobreza do acusado.

PENAL

b) poderá ser buscada a redução do valor do dia-multa, que deverá considerar a capacidade econômica financeira do agente, ainda que a quantidade de dias-multa possa valorizar a gravidade em concreto do fato.

c) poderá haver conversão da pena de multa em privativa de liberdade em caso de não pagamento injustificado da mesma.

d) poderá a pena de multa de um dos delitos ser majorada de 1/6 a 2/3, de acordo com as previsões do Código Penal, diante do concurso formal de crimes, afastada a soma das penas.

**COMENTÁRIOS**

**Alternativa "a" (responde, também, a alternativa "b"):** o Código Penal adota o sistema de dias-multa, baseado tanto nas circunstâncias do crime quanto na capacidade econômica do sentenciado (mas pode haver critérios específicos no próprio Código Penal ou em leis especiais. Nos crimes licitatórios, por exemplo, embora a metodologia de aplicação siga as regras do Código Penal, a base da pena de multa corresponde a 2% do valor do contrato licitado ou celebrado com contratação direta – art. 337-P do CP). Esse sistema é vantajoso porque considera a culpabilidade, os antecedentes, a conduta social, a personalidade do agente, os motivos, as circunstâncias, as consequências do crime e o comportamento da vítima, além de outras circunstâncias que agravem, atenuem, aumentem ou diminuam a pena, em conjunto com a fortuna do condenado.

Num primeiro momento o magistrado deve fixar a quantidade de dias-multa, que varia entre 10 e 360 (art. 49, CP). Nessa etapa, trabalha-se com o critério trifásico descrito no art. 68 do Código Penal: inicia-se pelas circunstâncias judiciais (art. 59 do CP), segue-se para as agravantes e atenuantes e encerra-se com as causas de aumento e diminuição de pena. Depois de calculada a quantidade de dias-multa, o magistrado decide o valor unitário, que não pode ser inferior a um trigésimo do maior salário mínimo mensal vigente ao tempo do fato, nem superior a 5 (cinco) vezes esse salário. Nesse momento, observa-se, principalmente, a situação econômica do sentenciado (art. 60, CP). Se, em virtude da situação econômica do réu, o juiz verificar que, embora aplicada no máximo, essa pena é ineficaz, poderá elevá-la até o triplo (art. 60, § 1º, do CP), podendo chegar 5.400 salários mínimos.

**Alternativa "c":** embora a pena de multa mantenha seu caráter criminal, é considerada dívida de valor. Se o condenado não efetua o pagamento, a multa deve ser executada como uma dívida fiscal, e não pode ser convertida em privativa de liberdade.

**Alternativa "d":** a pena de multa não obedece às regras diferenciadas do tratamento dispensado ao concurso de crimes. Para a fixação da multa, só incide uma regra: aplicação distinta e integral, como dispõe o art. 72 do CP. Apenas na continuidade delitiva é que se tem decidido que a pena de multa deve ser aplicada uma única vez (STJ: AgRg no AREsp 484.057/SP, j. 27/02/2018.

**Alternativa correta: letra "b".**

---

**75. (FGV – Exame de Ordem – 2021.2)** Augusto foi condenado com trânsito em julgado pela prática da contravenção penal de perturbação da tranquilidade, prevista no Art. 65 da Lei das Contravenções Penais (Decreto- Lei n° 3.688/41). No ano seguinte à sua condenação definitiva, Augusto foi preso pela prática do crime de estupro. Diante do caso narrado, Augusto, ao ser julgado pelo crime de estupro, deverá ser considerado

a) primário com maus antecedentes, já que o cometimento de crime após condenação com trânsito em julgado por contravenção penal não gera reincidência.

b) reincidente, na medida em que a lei das contravenções penais considera que a condenação por crime após a condenação pela contravenção gera reincidência.

c) reincidente, na medida em que o Código Penal estabelece que tanto o cometimento de crime quanto de contravenção gera reincidência.

d) primário com bons antecedentes, na medida em que a condenação com trânsito em julgado por contravenção não tem o condão de gerar nem reincidência nem maus antecedentes.

**COMENTÁRIOS**

A questão foi anulada porque o art. 65 do Decreto-lei 3.688/41 foi revogado pela Lei 14.132/21. Não obstante, podemos comentá-la com base nas regras gerais da reincidência no Código Penal e na Lei de Contravenções Penais.

Segundo dispõe o art. 63 do CP, "Verifica-se a reincidência quando o agente comete novo crime, depois de transitar em julgado a sentença que, no País ou no estrangeiro, o tenha condenado por crime anterior". Tal dispositivo deve ser complementado pelo artigo 7º da Lei Contravenções Penais: "Verifica-se a reincidência quando o agente pratica uma contravenção depois de passar em julgado a sentença que o tenha condenado, no Brasil ou no estrangeiro, por qualquer crime, ou, no Brasil, por motivo de contravenção". Sintetizando, temos que:

| 1º momento | 2º momento | Consequência |
|---|---|---|
| Condenação penal definitiva por crime no **Brasil ou no estrangeiro** | Cometimento de novo CRIME | Reincidência (art. 63 do CP) |
| Condenação penal definitiva por crime no **Brasil ou no estrangeiro** | Cometimento de CONTRAVENÇÃO penal | Reincidência (art. 7º da LCP) |
| Condenação penal definitiva por contravenção penal praticada **no Brasil** | Cometimento de nova CONTRAVENÇÃO | Reincidência (art. 7º da LCP) |
| Condenação penal definitiva por contravenção praticada **no Brasil** | Cometimento de CRIME | Não gera reincidência, por ausência de previsão. Contudo, gera maus antecedentes. |
| Condenação penal definitiva por contravenção penal praticada **no estrangeiro.*** | Cometimento de CRIME ou CONTRAVENÇÃO. | Não gera reincidência (art. 7º da LCP). |
| *. Deve ficar claro que a contravenção cometida no estrangeiro nunca gera reincidência. Isso porque não existe extraterritorialidade da lei penal brasileira quando se trata da contravenção penal | | |

Dessa forma, a alternativa "a" seria a resposta correta caso se tratasse de condenação definitiva por uma contravenção ainda em vigor seguida da prática de um crime.

**Alternativa correta: Anulada.**

---

**76. (FGV/OAB/XXXII_Exame – 2021)** João, em 17/06/2015, foi condenado pela prática de crime militar próprio. Após cumprir a pena respectiva, João, em 30/02/2018, veio a praticar um crime de roubo com violência real, sendo denunciado pelo órgão ministerial. No curso da instrução criminal, João reparou o dano causado à vítima, bem como, quando interrogado, admitiu a prática do delito. No momento da sentença condenatória, o magistrado reconheceu a agravante da reincidência, não reconhecendo atenuantes da pena e nem causas de aumento e de diminuição da reprimenda penal.

Considerando as informações expostas, em sede de apelação, o advogado de João poderá requerer

a) o reconhecimento da atenuante da confissão e da causa de diminuição de pena do arrependimento posterior, mas não o afastamento da agravante da reincidência.

b) o reconhecimento das atenuantes da reparação do dano e da confissão, mas não o afastamento da agravante da reincidência.

c) o reconhecimento das atenuantes da confissão e da reparação do dano e o afastamento da agravante da reincidência.

d) o reconhecimento da atenuante da confissão e da causa de diminuição de pena do arrependimento posterior, bem como o afastamento da agravante da reincidência.

**COMENTÁRIOS**

Segundo dispõe o art. 63 do CP, "Verifica-se a reincidência quando o agente comete novo crime, depois de transitar em julgado a sentença que, no País ou no estrangeiro, o tenha condenado por crime anterior". Ocorre que a natureza do delito anterior pode impedir a reincidência em caso de crime futuro. Nesse contexto, o art. 64, inc. II, do Código Penal dispõe que não se consideram para efeito de reincidência os crimes militares próprios (aqueles que encontram tipificação apenas no Código Penal Militar, como deserção e motim) e os crimes políticos. É o caso de João, cuja condenação pretérita se adéqua à exceção mencionada, razão pela qual a agravante deve ser suprimida da pena imposta.

No mais, se João reparou o dano no curso do processo e confessou a prática do crime em seu interrogatório, deve ser beneficiado pelas atenuantes do art. 65, inc. III, *b* e *d*, do CP. Note-se que não incide a causa de diminuição de pena relativa ao arrependimento posterior porque o crime foi cometido com violência e a reparação do dano não antecedeu o recebimento da denúncia (art. 16 do CP).

**Alternativa correta: letra "c" (responde, também, as demais alternativas).**

---

**77. (FGV-Exame de Ordem 2019.1)** Douglas foi condenado pela prática de duas tentativas de roubo majoradas pelo concurso de agentes e restrição da liberdade das vítimas (Art. 157, § 2º, incisos II e V, c/c. o Art. 14, inciso II, por duas vezes, na forma do Art. 70, todos do CP). No momento de fixar a sanção penal, o juiz aplicou a pena base no mínimo legal, reconhecendo a confissão espontânea do agente, mas deixou de diminuir a pena na segunda fase. No terceiro momento, o magistrado aumentou a pena do máximo, considerando as circunstâncias do crime, em especial a quantidade de agentes (5 agentes) e o tempo que durou a restrição da liberdade das vítimas. Ademais, reduziu, ainda na terceira fase, a pena do mínimo legal em razão da tentativa, novamente fundamentando na gravidade do delito e naquelas circunstâncias de quantidade de agentes e restrição da liberdade.

Após a aplicação da pena dos dois delitos, reconheceu o concurso formal de crimes, aumentando a pena de um deles de acordo com a quantidade de crimes praticados. O Ministério Público não recorreu.

Considerando as informações narradas, de acordo com a jurisprudência pacificada do Superior Tribunal de Justiça, o(a) advogado(a) de Douglas, quanto à aplicação da pena, deverá buscar

a) a redução da pena na segunda fase diante do reconhecimento da atenuante da confissão espontânea.

b) a redução do quantum de aumento em razão da presença das majorantes, que deverá ser aplicada de acordo com a quantidade de causas de aumento.

c) o aumento do quantum de diminuição em razão do reconhecimento da tentativa, pois a fundamentação apresentada pelo magistrado foi inadequada.

d) a redução do quantum de aumento em razão do reconhecimento do concurso de crimes, devido à fundamentação inadequada.

**COMENTÁRIOS**

**Alternativa "a":** embora tenha sido reconhecida a atenuante relativa à confissão, não é possível diminuir a pena na segunda fase de aplicação porque, segundo aponta o enunciado, a pena-base foi aplicada no mínimo legal. Neste caso, como estabelece a súmula 231 do STJ, obsta-se a diminuição porque a pena intermediária não pode ficar aquém da sanção mínima cominada ao tipo penal.

**Alternativa "b":** o art. 157, § 2º, do CP estabelece para o crime de roubo seis causas de aumento, que podem provocar a elevação da pena abstratamente cominada de um terço à metade. Como são múltiplas as majorantes e variáveis as frações de aumento, a jurisprudência chegou a estabelecer um critério de majoração baseado no número de circunstâncias presentes: 1/3, 3/8, 5/12, 11/24 e 1/2 para, respectivamente, uma, duas, três, quatro ou cinco majorantes. Ao longo do tempo, no entanto, os tribunais superiores firmaram o entendimento de que somente o número de circunstâncias majorantes não é suficiente para aumentar a pena em fração maior de um terço. Para que se opere o aumento, deve o juiz justificar concretamente a necessidade de pena maior em virtude da efetiva gravidade do crime. Esse é o teor da súmula nº 443 do STJ. Por isso, no exemplo do enunciado o juiz agiu corretamente ao considerar a gravidade concreta do fato para aumentar a pena no máximo previsto.

**Alternativa "c":** segundo o enunciado, o juiz aplicou a fração mínima de redução pela tentativa em razão da gravidade e das circunstâncias do crime. Ocorre que esta fundamentação não é adequada, pois a maior ou menor redução em virtude da tentativa deve se basear no *iter criminis* percorrido: quanto mais próximo da consumação, menor deve ser a redução.

**Alternativa "d":** no sistema da exasperação que caracteriza a aplicação da pena no concurso formal próprio, o aumento deve ser fundamentado no número de infrações cometidas.

**Alternativa correta: letra "c".**

---

**78. (FGV – Exame de Ordem 2017.2)** Caio, Mário e João são denunciados pela prática de um mesmo crime de estupro (Art. 213 do CP). Caio possuía uma condenação anterior definitiva pela prática de crime de deserção, delito militar próprio, ao cumprimento de pena privativa de liberdade. Já Mário possuía uma condenação anterior, com trânsito em julgado, pela prática de crime comum, com aplicação exclusiva de pena de multa. Por fim, João possuía condenação definitiva pela prática de contravenção penal à pena privativa de liberdade. No momento da sentença, o juiz reconhece agravante da reincidência em relação aos três denunciados.

Considerando apenas as informações narradas, de acordo com o Código Penal, o advogado dos réus

a) não poderá buscar o afastamento da agravante, já que todos são reincidentes.

PENAL

b) poderá buscar o afastamento da agravante em relação a Mário, já que somente Caio e João são reincidentes.

c) poderá buscar o afastamento da agravante em relação a João, já que somente Caio e Mário são reincidentes.

d) poderá buscar o afastamento da agravante em relação a Caio e João, já que somente Mário é reincidente.

COMENTÁRIOS

Há reincidência, segundo o art. 63 do CP, quando o agente comete novo crime, depois de transitar em julgado a sentença que, no País ou no estrangeiro, o tenha condenado por crime anterior. Desta definição já se extrai que João não pode ser considerado reincidente, pois sua condenação anterior foi pela prática de contravenção. Caio, por sua vez, não pode ser considerado reincidente em virtude do disposto no art. 64, inc. II, do CP, segundo o qual não se consideram os crimes militares próprios e políticos para os efeitos da reincidência.

**Alternativa "d" (responde, também, as demais alternativas).**

**79. (FGV – Exame de Ordem 2016.2)** Rafael foi condenado pela prática de crime a pena privativa de liberdade de 04 anos e 06 meses, tendo a sentença transitado em julgado em 10/02/2008. Após cumprir 02 anos e 06 meses de pena, obteve livramento condicional em 10/08/2010, sendo o mesmo cumprido com correção e a pena extinta em 10/08/2012. Em 15/09/2015, Rafael pratica novo crime, dessa vez de roubo, tendo como vítima senhora de 60 anos de idade, circunstância que era do seu conhecimento. Dois dias depois, arrependido, antes da denúncia, reparou integralmente o dano causado. Na sentença, o magistrado condenou o acusado, reconhecendo a existência de duas agravantes pela reincidência e idade da vítima, além de não reconhecer o arrependimento posterior.

O advogado de Rafael deve pleitear

a) reconhecimento do arrependimento posterior.

b) reconhecimento da tentativa.

c) afastamento da agravante pela idade da vítima.

d) afastamento da agravante da reincidência.

COMENTÁRIOS

**Alternativa "a":** não é possível aplicar a causa de diminuição de pena relativa ao arrependimento posterior porque, de acordo com o disposto no art. 16 do Código Penal, a minorante só incide na reparação de danos decorrente de crime cometido sem violência ou grave ameaça a pessoa.

**Alternativa "b":** tampouco é possível falar em tentativa, pois, como narra o enunciado, o agente reparou o dano dois dias depois do crime, daí se extraindo ter havido a consumação.

**Alternativa "c":** embora esta assertiva não tenha sido considerada correta, se analisarmos a letra expressa do art. 61, inciso II, *h*, do Código Penal, e a depender da orientação doutrinária adotada, é possível sustentar que a agravante deveria ser afastada. Isso porque o dispositivo majora a pena do crime cometido contra **maior** de sessenta anos, informação que não consta do enunciado, que indica ter a vítima sessenta anos exatos. Para Guilherme de Souza Nucci, "Quem completa essa idade já pode ser considerado *maior de 60*, exatamente como ocorre com a pessoa que completa 18 anos, tornando-se imputável no dia do seu aniversário" (Código Penal Comentado, p. 459). Damásio, por outro lado, ensina que "*Cometido o delito na data do aniversário do sujeito passivo (60 anos), impõe-se a agravação da pena somente se a conduta perdurar após o ofendido completar essa idade, porquanto se trata de crime permanente*" (Código Penal anotado, p. 671).

**Alternativa "d":** nos termos do art. 64, inciso I, do Código Penal, "não prevalece a condenação anterior, se entre a data do cumprimento ou extinção da pena e a infração posterior tiver decorrido período de tempo superior a 5 (cinco) anos, computado o período de prova da suspensão ou do livramento condicional, se não ocorrer revogação". Como podemos observar, o dispositivo legal ressalva expressamente que, no cômputo dos cinco anos, inclui-se o período do livramento condicional que não tenha sido revogado. No exemplo do enunciado, embora entre as datas da extinção da pena e a da prática do novo crime tenham decorridos pouco mais de três anos, entre a concessão do livramento condicional – que não foi revogado – e a prática do novo crime decorreram mais de cinco. Por isso, deve ser afastada a agravante da reincidência.

**Alternativa correta: letra "d".**

**80. (FGV – Exame de Ordem 2015.2)** Reconhecida a prática de um injusto culpável, o juiz realiza o processo de individualização da pena, de acordo com o Art. 68 do Código Penal.

Segundo a jurisprudência do Superior Tribunal de Justiça, assinale a afirmativa correta.

a) A condenação com trânsito em julgado por crime praticado em data posterior ao delito pelo qual o agente está sendo julgado pode funcionar como maus antecedentes.

b) Não se mostra possível a compensação da agravante da reincidência com a atenuante da confissão espontânea.

c) Nada impede que a pena intermediária, na segunda fase do critério trifásico, fique acomodada abaixo do mínimo legal.

d) O aumento da pena na terceira fase no roubo circunstanciado exige fundamentação concreta, sendo insuficiente a simples menção ao número de majorantes.

COMENTÁRIOS

**Alternativa "a":** o STJ admite o aumento da pena por maus antecedentes por crime cometido **anteriormente** aos fatos apurados na ação penal em que se aplica a reprimenda, mas com trânsito em julgado posterior a esta nova prática delitiva: "Nos termos da jurisprudência consolidada desta Corte, não é possível considerar a condenação transitada em julgado, correspondente a fato posterior ao narrado na denúncia, para valorar negativamente os antecedentes do réu. Entrementes, plenamente viável que a condenação por fato anterior à infração penal em processo de dosimetria, mas com trânsito em julgado superveniente a ela e contemporânea à condenação, seja utilizada como circunstância judicial negativa" (HC 459.108/SP, j. 05/02/2019).

**Alternativa "b":** a orientação do STJ é no sentido da possibilidade de compensação integral entre a agravante da reincidência e a atenuante da confissão espontânea, desde que não se trate de multirreincidência: "É possível, na segunda fase da dosimetria da pena, a compensação integral da atenuante da confissão espontânea com a agravante da reincidência, seja ela específica ou não. Todavia, nos casos de multirreincidência, deve ser reconhecida a preponderância da agravante prevista no artigo 61, I, do Código Penal, sendo admissível a sua compensação proporcional com a atenuante da confissão espontânea, em estrito atendimento aos princípios da individualização da pena e da proporcionalidade" (REsp 1.931.145/SP, j. 22/06/2022). Destaque-se que o STF tem posicionamento diverso: "Habeas Corpus substitutivo de recurso ordinário. Roubo circunstanciado. Compensação da agravante da reincidência com a atenuante da confissão espontânea. Impossibilidade 1. O acórdão impugnado está em conformidade com a jurisprudência de ambas as Turmas do

Supremo Tribunal Federal, no sentido de que, a teor do art. 67 do Código Penal, "a agravante da reincidência prepondera sobre a atenuante da confissão espontânea, razão pela qual é inviável a compensação pleiteada" (RHC 110.727, Rel. Min. Dias Toffoli). 2. Habeas Corpus extinto sem resolução de mérito por inadequação da via processual" (HC 105.543/MS, DJe 27/05/2014).

**Alternativa "c":** a pena, na segunda frase de aplicação, é a decorrente da incidência de circunstâncias agravantes e atenuantes. O STJ, no que concerne às atenuantes, impede a desconsideração do limite mínimo abstratamente cominado ao delito (súmula nº 231).

**Alternativa "d":** a pena do crime de roubo, quando majorado na forma do § 2º do art. 157, pode sofrer aumento de um terço até metade. Houve um período em que se sustentou a escala de exasperação de acordo com o número de causas de aumento. Atualmente, no entanto, a orientação uníssona é de que a incidência de fração acima de um terço exige fundamentação concreta, conforme as circunstâncias do fato: "O aumento na terceira fase de aplicação da pena no crime de roubo circunstanciado exige fundamentação concreta, não sendo suficiente para a sua exasperação a mera indicação do número de majorantes" (súmula nº 443 do STJ).

**Alternativa correta: letra "d".**

**81. (FGV – OAB 2011.1)** Tício praticou um crime de furto (art. 155 do Código Penal) no dia 10/01/2000, um crime de roubo (art. 157 do Código Penal) no dia 25/11/2001 e um crime de extorsão (art. 158 do Código Penal) no dia 30/5/2003. Tício foi condenado pelo crime de furto em 20/11/2001, e a sentença penal condenatória transitou definitivamente em julgado no dia 31/3/2002. Pelo crime de roubo, foi condenado em 30/01/2002, com sentença transitada em julgado definitivamente em 10/06/2003 e, pelo crime de extorsão, foi condenado em 20/8/2004, com sentença transitando definitivamente em julgado no dia 10/6/2006. Com base nos dados acima, bem como nos estudos acerca da reincidência e dos maus antecedentes, é correto afirmar que

a) na sentença do crime de furto, Tício é considerado portador de maus antecedentes e, na sentença do crime de roubo, é considerado reincidente.
b) na sentença do crime de extorsão, Tício possui maus antecedentes em relação ao crime de roubo e é reincidente em relação ao crime de furto.
c) cinco anos após o trânsito em julgado definitivo da última condenação, Tício será considerado primário, mas os maus antecedentes persistem.
d) nosso ordenamento jurídico-penal prevê como tempo máximo para configuração dos maus antecedentes o prazo de cinco anos a contar do cumprimento ou extinção da pena e eventual infração posterior.

**COMENTÁRIOS**

**Alternativa "a" (responde, também, a alternativa "b"):** na sentença de extorsão será considerada a reincidência de Tício com fundamento na condenação pelo crime de furto, transitada em julgado em data anterior (31/03/2002). É que, conforme dispõe o artigo 63 do Código Penal, verifica-se a reincidência quando o agente comete novo crime depois de transitar em julgado a sentença que, no País ou no estrangeiro, o tenha condenado por crime anterior. Em razão desta mesma disposição, na condenação pelo crime de extorsão não seria considerada a reincidência em relação ao roubo, pois no dia em que a sentença deste crime transitou em julgado (10/06/2003), o crime de extorsão já havia sido cometido (30/05/2003). Há, no entanto, a possibilidade de considerar, na sentença da extorsão, proferida em 20/08/2004, como maus antecedentes, o crime de roubo, ante o trânsito em julgado da sentença condenatória em 10/06/2003.

**Alternativa "c":** não é o trânsito em julgado que determina o início a contagem do quinquênio depurador. Conforme estabelece o artigo 64, inciso I, do Código Penal, não prevalece a condenação anterior, se entre a data do cumprimento ou extinção da pena e a infração posterior tiver decorrido período de tempo superior a cinco anos, computado o período de prova da suspensão ou do livramento condicional, se não ocorrer revogação.

**Alternativa "d":** o prazo de cinco anos entre a data do cumprimento ou extinção da pena e a infração posterior é contado para efeito de reincidência, não de maus antecedentes.

**Alternativa correta: letra "b".**

## 19. CONCURSO DE CRIMES

**82. (FGV – Exame de Ordem – 2021.2)** Félix, com dolo de matar seus vizinhos Lucas e Mário, detona uma granada na varanda da casa desses, que ali conversavam tranquilamente, obtendo o resultado desejado. Os fatos são descobertos pelo Ministério Público, que denuncia Félix por dois crimes autônomos de homicídio, em concurso material. Após regular procedimento, o Tribunal do Júri condenou o réu pelos dois crimes imputados e o magistrado, ao aplicar a pena, reconheceu o concurso material.

Diante da sentença publicada, Félix indaga, reservadamente, se sua conduta efetivamente configuraria concurso material de dois crimes de homicídio dolosos. Na ocasião, o(a) advogado(a) do réu, sob o ponto de vista técnico, deverá esclarecer ao seu cliente que sua conduta configura dois crimes autônomos de homicídio,

a) em concurso material, sendo necessária a soma das penas aplicadas para cada um dos delitos.
b) devendo ser reconhecida a forma continuada e, consequentemente, aplicada a regra da exasperação de uma das penas e não do cúmulo material.
c) devendo ser reconhecido o concurso formal próprio e, consequentemente, aplicada a regra da exasperação de uma das penas e não do cúmulo material.
d) devendo ser reconhecido o concurso formal impróprio, o que também imporia a regra da soma das penas aplicadas.

**COMENTÁRIOS**

**Alternativa "a":** há concurso material de crimes quando, mediante mais de uma conduta, alguém pratica dois ou mais crimes. Segundo o enunciado, Félix praticou apenas uma conduta: a detonação da granada. Logo, não há concurso material.

**Alternativa "b":** a continuidade delitiva é uma ficção jurídica na qual alguém, mediante mais de uma ação ou omissão, pratica dois ou mais crimes da mesma espécie e, pelas condições de tempo, lugar, maneira de execução e outras semelhantes, devem os subsequentes ser havidos como continuação do primeiro. Também não corresponde ao exemplo do enunciado.

**Alternativa "c":** o concurso formal próprio é aplicado quando alguém, mediante apenas uma conduta, pratica dois ou mais crimes, sem atuar com desígnios autônomos. Ex.: "A" pretende matar "B", dispara contra ele, matando-o, mas, por erro na execução, também atinge "C", que passava pelo local. Nesse caso, aplica-se a pena mais grave, aumentada de um sexto até metade.

**Alternativa "d":** a conduta de Félix corresponde ao concurso formal impróprio, no qual o agente, mediante apenas uma conduta, pratica dois ou mais crimes com desígnios autônomos. No caso, pretendendo matar os dois vizinhos, Félix o fez com apenas um ato: a detonação da granada. Tal como no concurso material, as penas nesse caso são somadas.

**Alternativa correta: letra "d".**

**83. (FGV – Exame de Ordem 2018.2)** Cadu, com o objetivo de matar toda uma família de inimigos, pratica, durante cinco dias consecutivos, crimes de homicídio doloso, cada dia causando a morte de cada um dos cinco integrantes da família, sempre com o mesmo modus operandi e no mesmo local. Os fatos, porém, foram descobertos, e o autor, denunciado pelos cinco crimes de homicídio, em concurso material.

Com base nas informações expostas e nas previsões do Código Penal, provada a autoria delitiva em relação a todos os delitos, o advogado de Cadu

a) não poderá buscar o reconhecimento da continuidade delitiva, tendo em vista que os crimes foram praticados com violência à pessoa, somente cabendo reconhecimento do concurso material.
b) não poderá buscar o reconhecimento de continuidade delitiva, tendo em vista que os crimes foram praticados com violência à pessoa, podendo, porém, o advogado pleitear o reconhecimento do concurso formal de delitos.
c) poderá buscar o reconhecimento da continuidade delitiva, mesmo sendo o delito praticado com violência contra a pessoa, cabendo, apenas, aplicação da regra de exasperação da pena de 1/6 a 2/3.
d) poderá buscar o reconhecimento da continuidade delitiva, mas, diante da violência contra a pessoa e da diversidade de vítimas, a pena mais grave poderá ser aumentada em até o triplo.

**COMENTÁRIOS**

A continuidade delitiva se verifica quando o sujeito, mediante pluralidade de condutas, realiza uma série de crimes da mesma espécie, guardando entre si um elo de continuidade, em especial as mesmas condições de tempo, lugar e maneira de execução (art. 71 do CP). O instituto é baseado em razões de política criminal. O juiz, em vez de aplicar as penas correspondentes aos vários delitos praticados em continuidade, considera, por ficção jurídica, somente para aplicação da pena, a prática de um só crime pelo agente, que deve ter a sua reprimenda majorada.

A continuidade delitiva pode ser genérica (ou comum) ou específica. Na primeira, a aplicação da pena se dá conforme o sistema da exasperação: o juiz escolhe qualquer das penas, se idênticas, ou a maior delas, se distintas, aumentando, na terceira fase da dosimetria, de 1/6 a 2/3. O aumento levará em consideração a quantidade de infrações praticadas. Na segunda, existente no caso de crimes dolosos, contra vítimas diferentes, cometidos com violência ou grave ameaça à pessoa, pode o juiz, considerando a culpabilidade, os antecedentes, a conduta social e a personalidade do agente, bem como os motivos e as circunstâncias, aumentar a pena de um só dos crimes, se idênticas, ou a mais grave, se diversas, até o triplo.

Dessa forma, as condutas de Cadu se enquadram na continuidade delitiva específica. Não se trata de concurso material (pois as várias condutas são tidas como continuação umas das outras), nem tampouco de concurso formal, que pressupõe diversos crimes decorrentes de apenas uma conduta.

**Alternativa "d" (responde, também, as demais alternativas).**

**84. (FGV – Exame de Ordem 2018.1)** Juarez, com a intenção de causar a morte de um casal de vizinhos, aproveita a situação em que o marido e a esposa estão juntos, conversando na rua, e joga um artefato explosivo nas vítimas, sendo a explosão deste material bélico a causa eficiente da morte do casal. Apesar de todos os fatos e a autoria restarem provados em inquérito encaminhado ao Ministério Público com relatório final de indiciamento de Juarez, o Promotor de Justiça se mantém inerte em razão de excesso de serviço, não apresentando denúncia no prazo legal. Depois de vários meses com omissão do Promotor de Justiça, o filho do casal falecido procura o advogado da família para adoção das medidas cabíveis.

No momento da apresentação de queixa em ação penal privada subsidiária da pública, o advogado do filho do casal, sob o ponto de vista técnico, de acordo com o Código Penal, deverá imputar a Juarez a prática de dois crimes de homicídio em

a) concurso material, requerendo a soma das penas impostas para cada um dos delitos.
b) concurso formal, requerendo a exasperação da pena mais grave em razão do concurso de crimes.
c) continuidade delitiva, requerendo a exasperação da pena mais grave em razão do concurso de crimes.
d) concurso formal, requerendo a soma das penas impostas para cada um dos delitos.

**COMENTÁRIOS**

**Alternativa "a":** o concurso material se caracteriza quando o agente, por meio de mais de uma ação ou omissão, comete dois ou mais crimes, somando-se as penas. Não se trata da modalidade adequada para a situação narrada no enunciado, em que houve apenas uma conduta que matou duas pessoas.

**Alternativa "b" (responde, também, a alternativa "d"):** o exemplo do enunciado trata, efetivamente, do concurso formal, cuja característica básica é o cometimento de mais de um crime por meio de apenas uma ação. O concurso formal, no entanto, pode ser próprio ou impróprio. No primeiro, os crimes cometidos por meio da conduta única são decorrentes de apenas um propósito, ao passo que, no segundo, os crimes são resultantes de desígnios autônomos. No concurso formal próprio se aplica a pena de acordo com o sistema da exasperação: considera-se a mais grave das penas cabíveis ou, se iguais, somente uma delas, mas aumentada, em qualquer caso, de um sexto até metade. Já no concurso formal impróprio se aplica a mesma regra do concurso material: somam-se as reprimendas.

No caso da conduta praticada por Juarez, que tinha a intenção de matar ambos os vizinhos, e, aproveitando-se do fato de que estavam reunidos, matou-os por meio de apenas uma conduta, temos um exemplo de concurso formal impróprio.

**Alternativa "c":** a continuidade delitiva é aquela em que, mediante mais de uma ação ou omissão, o agente pratica dois ou mais crimes da mesma espécie e, pelas condições de tempo, lugar, maneira de execução e outras semelhantes, devem os subsequentes ser havidos como continuação do primeiro. Trata-se, portanto, de uma espécie de concurso material que, por razões de política criminal, recebe tratamento atenuado, consideradas as circunstâncias semelhantes dos crimes cometidos.

**Alternativa correta: letra "d".**

**85. (FGV – Exame de Ordem 2017.2)** Pedro, quando limpava sua arma de fogo, devidamente registrada em seu nome, que mantinha no interior da residência sem adotar os cuidados necessários, inclusive o de desmuniciá-la, acaba, acidentalmente, por dispará-la, vindo a atingir seu vizinho Júlio e a esposa deste, Maria. Júlio faleceu em razão da lesão causada pelo projétil e Maria sofreu lesão corporal e debilidade permanente de membro. Preocupado com sua situação jurídica, Pedro o procura para, na condição de advogado, orientá-lo acerca das consequências do seu comportamento.

Na oportunidade, considerando a situação narrada, você deverá esclarecer, sob o ponto de vista técnico, que ele poderá vir a ser responsabilizado pelos crimes de

a) homicídio culposo, lesão corporal culposa e disparo de arma de fogo, em concurso formal.
b) homicídio culposo e lesão corporal grave, em concurso formal.
c) homicídio culposo e lesão corporal culposa, em concurso material.
d) homicídio culposo e lesão corporal culposa, em concurso formal.

**COMENTÁRIOS**

**Alternativa "a":** não é possível imputar a Pedro o crime de disparo de arma de fogo, que não foi intencional.

**Alternativa "b":** não importa a gravidade da lesão, pois o crime foi culposo.

**Alternativa "c":** não se trata de concurso material, pois Pedro praticou apenas uma conduta, que resultou em dois crimes. O concurso material pressupõe condutas distintas.

**Alternativa "d":** sem observar o dever de cuidado ao limpar sua arma, e portanto sem intenção, Pedro atingiu, por meio da mesma conduta, Júlio e Maria, causando o homicídio do primeiro e lesão corporal na segunda. Há, dessa forma, concurso formal próprio entre os dois delitos, razão pela qual se imputa a pena do homicídio, aumentada de um sexto até metade.

**Alternativa correta: letra "d".**

---

**86. (FGV – Exame de Ordem 2017.3)** Cláudio, na cidade de Campinas, transportava e portava, em um automóvel, três armas de fogo, sendo que duas estavam embaixo do banco do carona e uma, em sua cintura. Abordado por policiais, foram localizadas todas as armas. Diante disso, o Ministério Público ofereceu denúncia em face de Cláudio pela prática de três crimes de porte de arma de fogo de uso permitido, em concurso material (Art. 14 da Lei n° 10.826/03, por três vezes, na forma do Art. 69 do Código Penal). Foi acostado nos autos laudo pericial confirmando o potencial lesivo do material, bem como que as armas eram de calibre .38, ou seja, de uso permitido, com numeração de série aparente.

Considerando que todos os fatos narrados foram confirmados em juízo, é correto afirmar que o(a) advogado(a) de Cláudio deverá defender o reconhecimento

a) de crime único de porte de arma de fogo.
b) da continuidade delitiva entre os três delitos imputados.
c) do concurso formal entre dois delitos, em continuidade delitiva com o terceiro.
d) do concurso formal de crimes entre os três delitos imputados.

**COMENTÁRIOS**

Inicialmente, ressalta-se a impossibilidade de imputar a Cláudio três crimes em concurso material, porque esta forma de concurso pressupõe mais de uma conduta, o que não ocorre no exemplo mencionado. Mas, de qualquer forma, não se trata de nenhuma modalidade de concurso de crimes, pois, como estabelece o STJ, o porte de várias armas de fogo caracteriza crime único, a não ser que se subsuma a tipos penais diferentes (como no caso de porte simultâneo de armas de fogo de uso permitido e de uso restrito) (cf. AgRg no AgRg no REsp 1.547.489/MG, DJe 03/08/2016; HC 467.756/RJ, j. 09/04/2019).

**Alternativa "a" (responde, também, as demais alternativas).**

---

**87. (FGV – Exame de Ordem 2017.1)** Gilson, 35 anos, juntamente com seu filho Rafael, de 15 anos, em dificuldades financeiras, iniciaram atos para a subtração de um veículo automotor. Gilson portava arma de fogo e, quando a vítima tentou empreender fuga, ele efetua disparos contra ela, a fim de conseguir subtrair o carro. O episódio levou o proprietário do automóvel a falecer. Apesar disso, os agentes não levaram o veículo, já que outras pessoas que estavam no local chamaram a Polícia.

Descobertos os fatos, Gilson é denunciado pelo crime de latrocínio consumado e corrupção de menores em concurso formal, sendo ao final da instrução, após confessar os fatos, condenado à pena mínima de 20 anos pelo crime do Art. 157, § 3°, do Código Penal, e à pena mínima de 01 ano pelo delito de corrupção de menores, não havendo reconhecimento de quaisquer agravantes ou atenuantes. Reconhecido, porém, o concurso formal de crimes, ao invés de as penas serem somadas, a pena mais grave foi aumentada de 1/6, resultando em um total de 23 anos e 04 meses de reclusão.

Considerando a situação narrada, o advogado de Gilson poderia pleitear, observando a jurisprudência dos Tribunais Superiores, em sede de recurso de apelação,

a) a aplicação da regra do cúmulo material em detrimento da exasperação, pelo concurso formal de crimes.
b) a aplicação da pena intermediária abaixo do mínimo legal, em razão do reconhecimento da atenuante da confissão espontânea.
c) o reconhecimento da modalidade tentada do latrocínio, já que o veículo automotor não foi subtraído.
d) o afastamento da condenação por corrupção de menor, pela natureza material do delito.

**COMENTÁRIOS**

**Alternativa "a":** o concurso formal, aplicável no exemplo do enunciado, se caracteriza pela conduta única que dá causa a mais de um resultado criminoso. Neste caso, a aplicação da pena segue, em regra, o sistema da exasperação, em que sobre a pena do crime mais grave incide o aumento de um sexto até metade.

Esse sistema da exasperação é concebido para beneficiar o agente, evitando a soma das penas em virtude do cometimento de apenas uma conduta. No entanto, é possível que, na prática, a incidência da fração sobre a pena do crime mais grave acabe resultando numa pena maior do que se tivesse havido o cúmulo material. É o caso do enunciado, em que a fração de um sexto sobre os vinte anos resultou em vinte e três anos e quatro meses de reclusão. Se tivesse havido a soma das penas do latrocínio e da corrupção de menores, o total seria de vinte e um anos. Trata-se do denominado *cúmulo material benéfico*.

**Alternativa "b":** a confissão espontânea é uma circunstância atenuante, que, nos termos da súmula nº 231 do STJ, não pode conduzir a pena abaixo do mínimo legal.

**Alternativa "c":** o latrocínio é crime complexo composto pelo roubo e pelo homicídio. Há quem sustente que a consumação da morte sem que a subtração se complete acarreta a punição pela tentativa, pois se trata de crime patrimonial, não contra a vida. A orientação firmada pelo STF, todavia, é diversa. Se ocorre a morte, mas o agente não consegue completar a subtração, considera-se consumado o latrocínio (súmula nº 610).

**Alternativa "d":** o crime de corromper ou facilitar a corrupção de menor de dezoito anos, com ele praticando infração penal ou induzindo-o a praticá-la (art. 244-B da Lei nº 8.069/90) é de natureza formal, dispensando, portanto, qualquer demonstração de efetiva corrupção de caráter (súmula 500 do STJ).

**Alternativa correta: letra "a".**

## 20. SUSPENSÃO CONDICIONAL DA PENA

**88. (FGV – Exame de Ordem 2015.1)** Moura, maior de 70 anos, primário e de bons antecedentes, mediante grave ameaça, subtraiu o relógio da vítima Lúcia, avaliado em R$ 550,00 (quinhentos e cinquenta reais). Cerca de 45 minutos após a subtração, Moura foi procurado e localizado pelos policiais que foram avisados do ocorrido, sendo a coisa subtraída recuperada, não sofrendo a vítima qualquer prejuízo patrimonial. O fato foi confessado e Moura foi condenado pela prática do crime de roubo simples, ficando a pena acomodada em 04 anos de reclusão em regime aberto e multa de 10 dias.

Procurado pela família do acusado, você, como advogado poderá apelar, buscando

a) o reconhecimento da forma tentada do roubo.

b) a aplicação do *sursis* da pena.

c) o reconhecimento da atipicidade comportamental por força da insignificância.

d) a redução da pena abaixo do mínimo legal, em razão das atenuantes da confissão espontânea e da senilidade.

**COMENTÁRIOS**

**Alternativa "a":** não há tentativa no exemplo citado, pois o crime de roubo próprio se consuma com a subtração (o apoderamento) do bem mediante violência ou grave ameaça, dispensando o locupletamento do agente (súmula 582 do STJ).

**Alternativa "b":** de acordo com o art. 77, § 2º, do Código Penal, é cabível a suspensão condicional da pena privativa de liberdade, não superior a quatro anos, por quatro a seis anos, desde que o condenado seja maior de setenta anos de idade, ou razões de saúde justifiquem a suspensão. O exemplo do enunciado trata do denominado *sursis etário*, em que o condenado é maior de 70 anos (não importando sua condição física). A diferença para o *sursis* do *caput*, basicamente, é que, neste, a pena privativa de liberdade a ser suspensa não pode ser superior a 2 anos (considerando-se o concurso de crimes), caso em que o período de prova será de 2 a 4 anos; no etário, a pena a ser suspensa não pode suplantar 4 anos (também levando em conta o concurso de crimes), com período de prova variando de 4 a 6 anos.

**Alternativa "c":** também não se caracteriza o princípio da insignificância, não só porque o valor do bem (R$ 550,00) não é irrisório como também porque os tribunais superiores são uníssonos no sentido de que não se aplica o princípio em comento aos crimes cometidos com violência ou grave ameaça a pessoa (STJ: AgRg no AREsp 1.450.515/PI, j. 17/10/2019; STF: RHC 133.043/MS, DJe 23/05/2016).

**Alternativa "d":** estabelecida a reprimenda no mínimo legal, a incidência de circunstâncias atenuantes não pode provocar a redução (súmula nº 231 do STJ).

**Alternativa correta: letra "b".**

**89. (FGV – OAB 2012.1)** Nise está em gozo de suspensão condicional da execução da pena. Durante o período de prova do referido benefício, Nise passou a figurar como indiciada em inquérito policial em que se apurava eventual prática de tráfico de entorpecentes. Ao saber de tal fato, o magistrado responsável decidiu por bem prorrogar o período de prova. Atento ao caso narrado e consoante legislação pátria, é correto afirmar que

a) não está correta a decisão de prorrogação do período de prova.

b) a hipótese é de revogação facultativa do benefício.

c) a hipótese é de revogação obrigatória do benefício.

d) Nise terá o benefício obrigatoriamente revogado se a denúncia pelo crime de tráfico de entorpecentes for recebida durante o período de prova.

**COMENTÁRIOS**

✪ **Nota do autor:** a suspensão condicional da pena, também denominada *sursis*, é um instituto de política criminal que se destina a evitar o recolhimento à prisão do condenado (pena alternativa), submetendo-o à observância de certos requisitos legais e condições estabelecidas pelo juiz, perdurando estas durante tempo determinado, findo o qual, se não revogada a suspensão, considera-se extinta a punibilidade. O *sursis* deve ser compreendido como direito público subjetivo do réu, de modo que, presentes as exigências legais, impõe-se a sua concessão.

**Alternativa "a":** conforme dispõe o artigo 81, § 2º, do Código Penal, a suspensão condicional da pena será prorrogada, até o julgamento definitivo, se o beneficiário está sendo processado por outro crime ou contravenção. Não basta, pois, simples indiciamento em inquérito policial para a prorrogação do benefício.

**Alternativa "b":** a revogação facultativa da suspensão condicional da pena, disciplinada no artigo 81, § 1º, do Código Penal, ocorre se o condenado descumpre qualquer outra condição imposta além daquela prevista no § 1º do artigo 78 (no primeiro ano do prazo, deverá o condenado prestar serviços à comunidade ou submeter-se à limitação de fim de semana) ou é irrecorrivelmente condenado, por crime culposo ou por contravenção, a pena privativa de liberdade ou restritiva de direitos.

**Alternativa "c":** a revogação obrigatória do *sursis* ocorrerá se o beneficiário: I – é condenado, em sentença irrecorrível, por crime doloso; II – frustra, embora solvente, a execução de pena de multa ou não efetua, sem motivo justificado, a reparação do dano; III – descumpre a condição do § 1º do artigo 78 do Código Penal (artigo 81 do Código Penal).

**Alternativa "d":** se a denúncia for recebida durante o período de prova, o benefício não será revogado, mas prorrogado nos termos do artigo 81, § 2º, do Código Penal.

**Alternativa correta: letra "a".**

**90. (FGV – Exame de Ordem 2014.1)** A respeito do benefício da suspensão condicional da execução da pena, assinale a afirmativa incorreta.

a) Não exige que o crime praticado tenha sido cometido sem violência ou grave ameaça à pessoa.

b) Não pode ser concedido ao reincidente em crime doloso, exceto se a condenação anterior foi a pena de multa.

c) Somente pode ser concedido se não for indicada ou se for incabível a substituição da pena privativa de liberdade por pena restritiva de direitos.

d) Sobrevindo, durante o período de prova, condenação irrecorrível por crime doloso, o benefício será revogado, mas tal período será computado para efeitos de detração.

COMENTÁRIOS

**Alternativa "a":** para a concessão da suspensão condicional da pena não se exige que o crime tenha sido cometido sem violência ou grave ameaça a pessoa. Impõe-se, em relação ao crime, tão somente que a pena aplicada não ultrapasse os dois anos. Dessa forma, é possível, por exemplo, a concessão do *sursis* decorrente da condenação por roubo simples tentado.

**Alternativa "b":** de acordo com o art. 77, inciso I, do Código Penal é possível a concessão do *sursis* desde que o condenado não seja reincidente em crime doloso. O § 1º, todavia, dispõe que a anterior condenação a pena de multa não obsta o benefício.

**Alternativa "c":** o art. 77, inciso III, do Código Penal dispõe que o *sursis* pode ser concedido se não indicada ou cabível a substituição da pena privativa de liberdade por restritiva de direitos.

**Alternativa "d":** detração é o desconto que, por ocasião da fixação da sanção penal (pena ou medida de segurança) e imposição do regime respectivo de cumprimento, o magistrado efetua em razão do tempo em que o condenado ficou detido em prisão provisória, no Brasil ou no estrangeiro, de prisão administrativa ou, ainda, internado provisoriamente em hospital de custódia e tratamento. Vê-se, portanto, que a detração em nada se relaciona com o período de prova do *sursis*.

**Alternativa correta: letra "d".**

## 21. LIVRAMENTO CONDICIONAL

**91. (FGV-Exame de Ordem 2019.1)** Fabrício cumpria pena em livramento condicional, em razão de condenação pela prática de crime de lesão corporal grave. Em 10 de janeiro de 2018, quando restavam 06 meses de pena a serem cumpridos, ele descobre que foi novamente condenado, definitivamente, por crime de furto que teria praticado antes dos fatos que justificaram sua condenação pelo crime de lesão. A pena aplicada em razão da nova condenação foi de 02 anos e 06 meses de pena privativa de liberdade em regime inicial semiaberto. Apesar disso, somente procura seu(sua) advogado(a) em 05 de agosto de 2018, esclarecendo o ocorrido.

Ao consultar os autos do processo de execução, o(a) advogado(a) verifica que, de fato, existe a nova condenação, mas que, até o momento, não houve revogação ou suspensão do livramento condicional.

Considerando apenas as informações narradas, o(a) advogado(a) de Fabrício, de acordo com a jurisprudência do Superior Tribunal de Justiça, deverá esclarecer que

a) poderá haver a revogação do livramento condicional, tendo em vista que a nova condenação por crime doloso, aplicada pena privativa de liberdade, é causa de revogação obrigatória do benefício.

b) não poderá haver a revogação do livramento condicional, tendo em vista que a nova condenação é apenas prevista como causa de revogação facultativa do benefício e não houve suspensão durante o período de prova.

c) não poderá haver a revogação do livramento condicional, tendo em vista que a nova condenação não é prevista em lei como causa de revogação do livramento condicional, já que o fato que a justificou é anterior àquele que gerou a condenação em que cumpre o benefício.

d) não poderá haver a revogação do livramento condicional, pois ultrapassado o período de prova, ainda que a nova condenação seja prevista no Código Penal como causa de revogação obrigatória do benefício.

COMENTÁRIOS

Uma vez concedido, o livramento condicional *deve* ser revogado se o liberado vem a ser condenado a pena privativa de liberdade, em sentença irrecorrível, por crime cometido durante a vigência do benefício, assim como se o liberado vem a ser condenado a pena privativa de liberdade, em sentença irrecorrível, por crime anterior à vigência do benefício. E *pode* ser revogado o livramento se o condenado descumpre alguma das condições estabelecidas pelo juiz no ato de concessão do benefício. Ocorre que, segundo dispõe o art. 90 do CP, se até o seu término o livramento não é revogado, considera-se extinta a pena privativa de liberdade. Desta forma, como no exemplo do enunciado restavam seis meses de pena a cumprir e, passados quase sete meses, não houve a revogação, a pena deve ser declarada extinta. Destaca-se sobre o tema o teor da súmula 617 do STJ: "A ausência de suspensão ou revogação do livramento condicional antes do término do período de prova enseja a extinção da punibilidade pelo integral cumprimento da pena".

**Alternativa "d" (responde, também, as demais alternativas).**

**92. (FGV – Exame de Ordem 2018.1)** Em 2014, Túlio foi condenado definitivamente pela prática de um crime de estupro ao cumprimento de pena de 6 anos. Após preencher todos os requisitos legais, foi a ele deferido livramento condicional. No curso do livramento, Túlio vem novamente a ser condenado definitivamente por outro crime de estupro praticado durante o período de prova. Preocupada com as consequências dessa nova condenação, a família de Túlio procura o advogado para esclarecimentos.

Considerando as informações narradas, o advogado de Túlio deverá esclarecer à família que a nova condenação funciona, na revogação do livramento, como causa

a) obrigatória, não sendo possível a obtenção de livramento condicional em relação ao novo delito.

b) obrigatória, sendo possível a obtenção de livramento condicional após cumprimento de mais de 2/3 das penas somadas.

c) facultativa, não sendo possível a obtenção de livramento condicional em relação ao novo delito.

d ) facultativa, sendo possível a obtenção de livramento condicional após cumprimento de mais de 2/3 das penas somadas.

COMENTÁRIOS

**Alternativa "a" (responde, também, a alternativa "b"):** o livramento condicional é obrigatoriamente revogado se o liberado vem a ser condenado a pena privativa de liberdade, em sentença irrecorrível, por crime cometido durante a vigência do benefício (art. 86, inc. I, do CP). Neste caso, não se computa na pena o tempo em que esteve solto o agente, nem se concederá, em relação à mesma pena, novo livramento. E, no caso do exemplo, em que Túlio se tornou reincidente específico em crime hediondo, não será possível a concessão do livramento em relação ao novo crime (art. 83, inc. V, do CP).

**Alternativa "c" (responde, também, a alternativa "d"):** o livramento fica sujeito a revogação facultativa quando o liberado deixa de cumprir as obrigações constantes da sentença ou é irrecorrivelmente condenado, por crime ou contravenção, a pena que não seja privativa de liberdade. Não é o caso do exemplo do enunciado.

**Alternativa correta: letra "a".**

## 22. EFEITOS DA CONDENAÇÃO

**93. (FGV – Exame de Ordem 2018.2)** Mário foi denunciado pela prática de crime contra a Administração Pública, sendo imputada a ele a responsabilidade pelo desvio de R$ 500.000,00 dos cofres públicos.

Após a instrução e confirmação dos fatos, foi proferida sentença condenatória aplicando a pena privativa de liberdade de 3 anos de reclusão, que transitou em julgado. Na decisão, nada consta sobre a perda do cargo público por Mário.

Diante disso, ele procura um advogado para esclarecimentos em relação aos efeitos de sua condenação. Considerando as informações narradas, o advogado de Mário deverá esclarecer que

a) a perda do cargo, nos crimes praticados por funcionário público contra a Administração, é efeito automático da condenação, sendo irrelevante sua não previsão em sentença, desde que a pena aplicada seja superior a 04 anos.

b) a perda do cargo, nos crimes praticados por funcionário público contra a Administração, é efeito automático da condenação, desde que a pena aplicada seja superior a 01 ano.

c) a perda do cargo não é efeito automático da condenação, devendo ser declarada em sentença, mas não poderia ser aplicada a Mário diante da pena aplicada ser inferior a 04 anos.

d) a perda do cargo não é efeito automático da condenação, devendo ser declarada em sentença, mas poderia ter sido aplicada, no caso de Mário, mesmo sendo a pena inferior a 04 anos.

**COMENTÁRIOS**

Os efeitos extrapenais administrativos (que dizem respeito ao agente público que perde o cargo ou a função) decorrem (a) de crimes praticados com abuso de poder ou violação de dever para com a Administração Pública, desde que haja pena privativa de liberdade por tempo igual ou superior a um ano; ou (b) de crime comum, se a pena aplicada for privativa de liberdade superior a quatro anos. Para que incidam, devem ser motivadamente declarados na sentença, como dispõe o parágrafo único do art. 92 do CP. Dessa forma, em virtude da natureza do crime e da pena a que foi condenado, Mário poderia perder seu cargo, desde que o juiz houvesse imposto esse efeito na sentença condenatória.

**Alternativa "d" (responde, também, as demais alternativas).**

## 23. MEDIDAS DE SEGURANÇA

**94. (FGV/OAB/XXX – Exame – 2019.3)** Durante ação penal em que Guilherme figura como denunciado pela prática do crime de abandono de incapaz (Pena: detenção, de 6 meses a 3 anos), foi instaurado incidente de insanidade mental do acusado, constatando o laudo que Guilherme era, na data dos fatos (e permanecia até aquele momento), inteiramente incapaz de entender o caráter ilícito do fato, em razão de doença mental. Não foi indicado, porém, qual seria o tratamento adequado para Guilherme.

Durante a instrução, os fatos imputados na denúncia são confirmados, assim como a autoria e a materialidade delitiva. Considerando apenas as informações expostas, com base nas previsões do Código Penal, no momento das alegações finais, a defesa técnica de Guilherme, sob o ponto de vista técnico, deverá requerer

a) a absolvição imprópria, com aplicação de medida de segurança de tratamento ambulatorial, podendo a sentença ser considerada para fins de reincidência no futuro.

b) a absolvição própria, sem aplicação de qualquer sanção, considerando a ausência de culpabilidade.

c) a absolvição imprópria, com aplicação de medida de segurança de tratamento ambulatorial, não sendo a sentença considerada posteriormente para fins de reincidência.

d) a absolvição imprópria, com aplicação de medida de segurança de internação pelo prazo máximo de 02 anos, não sendo a sentença considerada posteriormente para fins de reincidência.

**COMENTÁRIOS**

Prevista no artigo 26, *caput*, do Código Penal, a inimputabilidade por anomalia psíquica significa a incapacidade de imputação daquele que, "por doença mental ou desenvolvimento mental incompleto ou retardado, era, ao tempo da ação ou da omissão, inteiramente incapaz de entender o caráter ilícito do fato ou de determinar-se de acordo com esse entendimento". O inimputável será denunciado e processado, porém, ao final, deve ser absolvido (e não condenado). Esta absolvição, entretanto, deve ser cumulada com a sanção penal da medida de segurança, decisão classificada como absolvição imprópria, que, evidentemente, não pode ser considerada para fins de reincidência.

Nos casos de inimputabilidade por anomalia psíquica, a medida de segurança pode ser de duas espécies: detentiva ou restritiva. A medida de segurança detentiva (art. 96, I, CP) representa a internação em hospital de custódia e tratamento psiquiátrico. Por força do disposto no artigo 97, *caput*, do Código Penal, aplica-se a medida detentiva aos crimes punidos com pena de reclusão. Por sua vez, a medida de segurança restritiva (art. 96, II, CP) corresponde ao tratamento ambulatorial. Caberá, em regra, na hipótese do crime punido com detenção, salvo se o grau de periculosidade do agente indicar necessidade da internação.

Note-se, contudo, que, no julgamento do EREsp 998.128/MG (j. 27/11/2019), a Terceira Seção do STJ estabeleceu que o fator determinante para a imposição de medida de segurança não é a natureza da pena que seria imposta ao imputável, mas sim o nível de periculosidade do inimputável. Se o exame que conclui pela inimputabilidade estabelece que não há um elevado grau de periculosidade, a medida de segurança restritiva é suficiente, ainda que o fato seja punido com reclusão.

Considerando que a Guilherme foi imputada a prática de crime apenado com detenção, e que não houve indicação de seu grau de periculosidade, conclui-se que a medida adequada é a restritiva.

**Alternativa "c" (responde, também, as demais alternativas).**

## 24. AÇÃO PENAL

**95. (FGV – OAB 2010.3)** Em 7 de fevereiro de 2010, Ana, utilizando-se do emprego de grave ameaça, constrange seu amigo Lucas, bem-sucedido advogado, a com ela praticar ato libidinoso diverso da conjunção carnal. Em 7 de agosto de 2010, Lucas comparece à delegacia policial para noticiar o crime, tendo sido instaurado inquérito a fim de apurar as circunstâncias do delito.

A esse respeito, é correto afirmar que o promotor de justiça

a) deverá oferecer denúncia contra Ana pela prática do crime de atentado violento ao pudor, haja vista que, por se tratar de crime hediondo, a ação penal é pública incondicionada.

b) nada poderá fazer, haja vista que os crimes sexuais, que atingem bens jurídicos personalíssimos da vítima, só são persequíveis mediante queixa-crime.

c) deverá pedir o arquivamento do inquérito por ausência de condição de procedibilidade para a instauração de processo criminal, haja vista que a ação penal é pública condicionada à representação, não tendo a vítima se manifestado dentro do prazo legalmente previsto para tanto.

d) deverá oferecer denúncia contra Ana pela prática do crime de estupro, haja vista que, com a alteração do Código Penal, passou-se a admitir que pessoa do sexo masculino seja vítima de tal delito, sendo a ação penal pública incondicionada.

**COMENTÁRIOS**

✪ **Nota do autor:** ao Judiciário cabe dirimir os litígios, mas sempre mediante provocação, nunca de ofício (daí a origem do direito de ação). Com a prática de uma infração penal surge para o Estado uma pretensão punitiva concreta, que se formaliza por meio do direito de ação, cujo fundamento constitucional é o artigo 5º, XXXV, da CF/88: *"a lei não excluirá da apreciação do Poder Judiciário lesão ou ameaça a direito"*.

**Alternativa "a":** o artigo 214 do CP (atentado violento ao pudor) foi formalmente revogado pela Lei nº 12.015/09, migrando a sua conduta criminosa para o art. 213 do CP (estupro). Não houve *abolitio criminis*, mas princípio da continuidade normativo-típica. Além disso, na redação conferida ao art. 225 do CP pela Lei 12.015/09, o fato de o crime de estupro ser classificado como hediondo não implicava em ação penal pública incondicionada. Conforme o disposto no revogado parágrafo único do artigo 225, procedia-se mediante ação penal pública incondicionada se a vítima fosse menor de dezoito anos ou pessoa vulnerável. No mais, dependia de representação da vítima. Atualmente, em que a redação do art. 225 é a conferida pela Lei 13.718/18, toda e qualquer forma de crime contra a dignidade sexual é de ação penal pública incondicionada.

**Alternativa "b":** antes da Lei nº 12.015/09, em regra, a ação penal nos crimes sexuais era privada. Com a entrada em vigor daquela lei, a ação penal passou a ser pública condicionada a representação do ofendido, transformando-se em incondicionada nas hipóteses destacada no item anterior. Atualmente, com a Lei 13.718/18, a ação penal é sempre pública incondicionada.

**Alternativa "c":** diante da disciplina vigente sobre a ação penal nos crimes sexuais, caso os fatos ocorressem atualmente a assertiva não poderia mais ser considerada correta, pois não há mais condição de procedibilidade. Pensamos, no entanto, que a ação penal, para os casos praticados antes da vigência da nova lei, deve continuar sendo pública condicionada a representação, vez que, do contrário, estariam sendo subtraídos institutos extintivos da punibilidade ao acusado. A mudança da titularidade da ação penal é matéria de processo penal, mas conta com reflexos penais imediatos. Daí a imperiosa necessidade de tais normas (processuais, mas com reflexos penais diretos) seguirem a mesma orientação jurídica das normas penais: quando a inovação é desfavorável ao réu, não retroage.

**Alternativa "d":** antes da Lei nº 12.015/09, ensinava a doutrina que o crime de estupro era *bipróprio*, exigindo condição especial dos dois sujeitos, ativo (homem) e passivo (mulher). Agora, com a reforma, conclui-se que o delito é *bicomum*, em que qualquer pessoa pode praticar ou sofrer as consequências da infração penal (em outras palavras: qualquer pessoa pode ser sujeito ativo assim como qualquer pessoa pode ser sujeito passivo). Mesmo antes da alteração, todavia, admitia-se a mulher fosse coautora de um crime de estupro. De qualquer forma, a ação penal segue a regra exposta nos itens "a" e "b".

**Alternativa correta: letra "c".**

**96. (FGV – OAB 2012.4)** Tendo como base o instituto da ação penal, assinale a afirmativa correta.

a) Na ação penal privada vigora o princípio da oportunidade ou conveniência.

b) A ação penal privada subsidiária da pública fere dispositivo constitucional que atribui ao Ministério Público o direito exclusivo de iniciar a ação pública.

c) Como o Código Penal é silente no tocante à natureza da ação penal no crime de lesão corporal culposa, verifica-se que a referida infração será de ação penal pública incondicionada.

d) A legitimidade para ajuizamento da queixa-crime na ação penal exclusivamente privada (ou propriamente dita) é unicamente do ofendido.

**COMENTÁRIOS**

**Alternativa "a":** o titular da ação penal privada não é obrigado ao seu exercício, razão pela qual o fará apenas se quiser, conforme lhe seja conveniente e considere oportuno.

**Alternativa "b":** a ação penal privada subsidiária da pública, também denominada *ação penal supletiva*, é possível em caso de inércia do Ministério Público em crime perseguido mediante ação penal pública. A ação penal privada subsidiária tem fundamento constitucional, pois o art. 5º, inciso LIX, dispõe que "será admitida ação privada nos crimes de ação pública, se esta não for intentada no prazo legal".

**Alternativa "c":** a Lei nº 9.099/95, no art. 88, estabelece que depende de representação, além das hipóteses do Código Penal e da legislação especial, a ação penal relativa aos crimes de lesões corporais leves e lesões culposas.

**Alternativa "d":** a legitimidade para o ajuizamento da ação penal privada, nos termos do art. 30 do Código de Processo Penal, será do ofendido ou de quem tenha qualidade para representá-lo. Temos, então, que, no caso de morte do ofendido ou quando declarado ausente por decisão judicial, o direito de oferecer queixa ou prosseguir na ação passará ao cônjuge, ascendente, descendente ou irmão (art. 31 do Código de Processo Penal).

**Alternativa correta: letra "a".**

## 25. EXTINÇÃO DA PUNIBILIDADE

**97. (FGV- XXXV Exame de Ordem-2022)** Natan, com 21 anos de idade, praticou, no dia 03 de fevereiro de 2020, crime de apropriação indébita simples. Considerando a pena do delito e a primariedade técnica, já que apenas respondia outra ação penal pela suposta prática de injúria racial, foi oferecida pelo Ministério Público proposta de acordo de não persecução penal, que foi aceita pelo agente e por sua defesa técnica. Natan, 15 dias após o acordo, procura seu(sua) advogado(a) e demonstra intenção de não cumprir as condições acordadas, indagando sobre aspectos relacionadas ao prazo prescricional aplicável ao Ministério Público para oferecimento da denúncia. O(A) advogado(a) de Natan deverá esclarecer, sobre o tema, que

a) enquanto não cumprido o acordo de não persecução penal, não correrá o prazo da prescrição da pretensão punitiva.

b) será o prazo prescricional da pretensão punitiva pela pena em abstrato reduzido pela metade, em razão da idade de Natan.

c) poderá, ultrapassado o prazo de 03 anos, haver reconhecimento da prescrição da pretensão punitiva com base na pena ideal ou hipotética.

d) poderá, ultrapassado o prazo legal, haver reconhecimento da prescrição da pretensão punitiva entre a data dos fatos e do recebimento da denúncia, considerando pena em concreto aplicada em eventual sentença.

COMENTÁRIOS

**Alternativa "a"**: não corre a prescrição enquanto não cumprido ou não rescindido o acordo de não persecução penal (ANPP), disciplinado no art. 28-A do CPP. Essa causa suspensiva da prescrição foi inserida no art. 116 do CP (inc. IV) pela Lei 13.964/19, que entrou em vigor em janeiro de 2020. Tratando-se de *novatio legis in pejus*, não retroage para alcançar crimes cometidos antes de sua entrada em vigor. Considerando que Natan cometeu o crime em fevereiro do mesmo ano, nesse caso incide normalmente a causa suspensiva.

**Alternativa "b"**: nos termos do art. 115 do CP, o prazo prescricional é reduzido pela metade quando, no momento do crime, o autor é menor de vinte e um anos. O enunciado indica que Natan já havia completado essa idade quando cometeu o crime. Logo, não há redução do prazo.

**Alternativa "c"**: a certa altura, os tribunais criaram uma espécie de prescrição denominada *antecipada, virtual* ou *por prognose*. Sem amparo legal, tem por finalidade a antecipação do reconhecimento da prescrição retroativa. O seu fundamento reside na falta de interesse de agir do Estado no prosseguimento da ação penal cuja sentença, dadas as circunstâncias do crime e as condições do próprio réu, fixará a pena em patamares mínimos, conduzindo o juízo, no futuro, ao certo reconhecimento da prescrição retroativa. De acordo com a súmula 438 do STJ, "É inadmissível a extinção da punibilidade pela prescrição da pretensão punitiva com fundamento em pena hipotética, independentemente da existência ou sorte do processo penal".

**Alternativa "d"**: a prescrição retroativa tem por base a pena concreta. Apesar de reconhecida após o trânsito em julgado para a acusação, a prescrição retroativa tem por termo data anterior à da publicação da sentença, do que advém o adjetivo "retroativa". Como dispõe o art. 110, § 1º, do CP, essa espécie de prescrição não pode, em nenhuma hipótese, ter por termo inicial data anterior à da denúncia ou da queixa.

**Alternativa correta: letra "a".**

---

**98. (FGV – XXIX Exame de Ordem – 2019.2)** João, por força de divergência ideológica, publicou, em 03 de fevereiro de 2019, artigo ofensivo à honra de Mário, dizendo que este, quando no exercício de função pública na Prefeitura do município de São Caetano, desviou verba da educação em benefício de empresa de familiares. Mário, inconformado com a falsa notícia, apresentou queixa-crime em face de João, sendo a inicial recebida em 02 de maio de 2019. Após observância do procedimento adequado, o juiz designou data para a realização da audiência de instrução e julgamento, sendo as partes regularmente intimadas. No dia da audiência, apenas o querelado João e sua defesa técnica compareceram. Diante da ausência injustificada do querelante, poderá a defesa de João requerer ao juiz o reconhecimento

a) da decadência, que é causa de extinção da punibilidade.
b) do perdão do ofendido, que é causa de extinção da punibilidade.
c) do perdão judicial, que é causa de exclusão da culpabilidade.
d) da perempção, que é causa de extinção da punibilidade.

COMENTÁRIOS

**Alternativa "a"**: a decadência está prevista como causa extintiva da punibilidade no art. 107, IV, do CP. Consiste na perda do direito de ação pela consumação do termo prefixado pela lei *para o oferecimento da queixa* (nas ações penais de iniciativa privada) ou *representação* (nas ações penais públicas condicionadas), demonstrando, claramente, a inércia do seu titular. Não é o caso do enunciado, pois Mário ajuizou queixa-crime tempestiva.

**Alternativa "b"**: causa extintiva da punibilidade prevista no art. 107, V, segunda parte, do CP, o perdão do ofendido é o ato pelo qual o ofendido ou seu representante legal desiste de prosseguir com o andamento de processo já em curso, *desculpando o ofensor pela prática do crime*. O enunciado não se refere a perdão da parte de Mário.

**Alternativa "c"**: o perdão judicial não é causa de exclusão da culpabilidade, mas sim causa extintiva da punibilidade (art. 107, IX, CP). É o instituto pelo qual o juiz, não obstante a prática de um fato típico e antijurídico por um sujeito comprovadamente culpado, deixa de lhe aplicar, nas hipóteses taxativamente previstas em lei, o preceito sancionador cabível, levando em consideração determinadas circunstâncias que concorrem para o evento. Em casos tais, o Estado perde o interesse de punir. Tampouco é este o caso do enunciado.

**Alternativa "d"**: outra causa extintiva da punibilidade (art. 107, IV, do CP), a perempção é a sanção processual ao querelante inerte ou negligente. Incide somente na ação penal privada, desde que exclusiva ou personalíssima, uma vez que, em se tratando de ação penal privada subsidiária da pública, a inércia do querelante implica a retomada da titularidade da ação por parte do Ministério Público. Uma das hipóteses de perempção (art. 60 do CPP) é aquele em que o querelante deixa de comparecer, sem motivo justificado, a algum ato do processo a que deve estar presente. É o caso de Mário, que, sem justificativa, não compareceu na audiência de instrução e julgamento.

**Alternativa correta: letra "d".**

---

**99. (FGV-Exame de Ordem 2019.1)** Gabriela, senhora de 60 anos, é surpreendida com a notícia de que seus dois netos, Pedro e Luiz, ambos com 18 anos de idade, foram presos em flagrante na mesma data, qual seja o dia 05 de setembro de 2018. Pedro foi preso e indiciado pela suposta prática de crime de racismo, enquanto Luiz foi abordado com um fuzil municiado, sendo indiciado pelo crime de porte de arma de fogo de uso restrito (Art. 16 da Lei nº 10.826/03).

Gabriela, sem compreender a exata extensão da consequência dos atos dos netos, procurou a defesa técnica deles para esclarecimentos quanto às possibilidades de prescrição e concessão de indulto em relação aos delitos imputados.

Considerando as informações narradas, a defesa técnica de Pedro e Luiz deverá esclarecer que

a) ambos os crimes são insuscetíveis de indulto e imprescritíveis.
b) somente o crime de porte de arma de fogo é imprescritível, enquanto ambos os delitos são insuscetíveis de indulto.
c) somente o crime de racismo é imprescritível, enquanto apenas o porte do fuzil é insuscetível de indulto.
d) somente o crime de racismo é imprescritível, não sendo nenhum deles insuscetível de indulto.

COMENTÁRIOS

Segundo o disposto no art. 5º, inc. XLII, da Constituição Federal, o crime de racismo é inafiançável e imprescritível. Desta forma, o crime cometido por Pedro jamais será atingido pela prescrição. Como não se trata de crime hediondo ou equiparado, não incidem as disposições da Lei 8.072/90, que impede a concessão de anistia, graça e indulto.

No que tange à conduta de Luiz, considerando as disposições das Leis 10.826/03 e 8.072/90, ambas alteradas pela Lei 13.964/19 (Pacote Anticrime), conclui-se que não se trata mais de crime hediondo.

Antes, o art. 16 da Lei 10.826/03 tratava, no *caput*, de condutas relativas a armas de fogo de uso restrito e proibido. E o art. 1º, parágrafo único, da Lei 8.072/90 classificava como hediondo o crime "de posse ou porte ilegal de arma de fogo de uso restrito, previsto no art. 16 da Lei nº 10.826, de 22 de dezembro de 2003" (redação dada pela Lei 13.497/17). Segundo a orientação do STJ, todo o art. 16 havia se tornado hediondo (HC 526.916/SP, j. 01/10/2019).

Ocorre que, atualmente, o *caput* do art. 16 da Lei 10.826/03 pune apenas condutas praticadas com armas de fogo, munições e acessórios de uso restrito. O § 1º traz as figuras equiparadas e, no § 2º, há uma qualificadora para as situações em que as condutas precedentes são cometidas com armas de fogo de uso proibido. A Lei 8.072/90, por sua vez, dispõe no art. 1º, parágrafo único, inc. II, que se considera hediondo o crime de posse ou porte ilegal de arma de fogo de uso proibido. Trata-se, portanto, de situação diversa, pois, com a alteração legal, o art. 16 passou a ter disposição específica sobre as armas de fogo de uso proibido, e isto foi replicado na redação da Lei 8.072/90. Logo, não é possível sustentar a hediondez da posse e do porte de arma de fogo de uso restrito. Nesse sentido: "(...) 3. É certo que a Lei n. 13.964/2019 alterou a redação da Lei de Crimes Hediondos, de modo que, atualmente, se considera equiparado a hediondo o crime de posse ou porte ilegal de arma de fogo de uso proibido, previsto no art. 16 da Lei n.º 10.826/2003. 4. Embora o crime ora em análise tenha sido praticado antes da vigência da Lei n.º 13.964/2019, cabe destacar que a alteração na redação da Lei de Crimes Hediondos apenas reforça o entendimento ora afirmado, no sentido da natureza não hedionda do porte ou posse de arma de fogo de uso permitido com numeração, marca ou qualquer outro sinal de identificação raspado, suprimido ou adulterado. (...)" (STJ: HC 525.249/RS, j. 15/12/2020).

**Alternativa "c" (responde, também, as demais alternativas).**

---

**100. (FGV – Exame de Ordem 2018.2)** Jorge foi condenado, definitivamente, pela prática de determinado crime, e se encontrava em cumprimento dessa pena. Ao mesmo tempo, João respondia a uma ação penal pela prática de crime idêntico ao cometido por Jorge. Durante o cumprimento da pena por Jorge e da submissão ao processo por João, foi publicada e entrou em vigência uma lei que deixou de considerar as condutas dos dois como criminosas. Ao tomarem conhecimento da vigência da lei nova, João e Jorge o procuram, como advogado, para a adoção das medidas cabíveis.

Com base nas informações narradas, como advogado de João e de Jorge, você deverá esclarecer que

a) não poderá buscar a extinção da punibilidade de Jorge em razão de a sentença condenatória já ter transitado em julgado, mas poderá buscar a de João, que continuará sendo considerado primário e de bons antecedentes.

b) poderá buscar a extinção da punibilidade dos dois, fazendo cessar todos os efeitos civis e penais da condenação de Jorge, inclusive não podendo ser considerada para fins de reincidência ou maus antecedentes.

c) poderá buscar a extinção da punibilidade dos dois, fazendo cessar todos os efeitos penais da condenação de Jorge, mas não os extrapenais.

d) não poderá buscar a extinção da punibilidade dos dois, tendo em vista que os fatos foram praticados anteriormente à edição da lei.

**COMENTÁRIOS**

A abolição do crime representa a supressão da figura criminosa. Trata-se da revogação de um tipo penal pela superveniência de lei descriminalizadora. A lei abolicionista está prevista no artigo 2º, *caput*, do Código Penal, que preceitua que: "Ninguém pode ser punido por fato que lei posterior deixa de considerar crime, cessando em virtude dela a execução e os efeitos penais da sentença condenatória".

A lei penal abolicionista não deve respeito à coisa julgada. Isto porque, por expressa disposição do artigo 2º, *caput*, CP, cessarão tanto a execução quanto os efeitos penais da sentença condenatória. Tal dispositivo não infringe o artigo 5°, inc. XXXVI, da CF ("a lei não prejudicará o direito adquirido, o ato jurídico e a coisa julgada"), pois o mandamento constitucional tutela a garantia individual e não o direito de punir do Estado.

A lei abolicionista, no entanto, não alcança os efeitos extrapenais positivados nos artigos 91 e 92 do Código Penal.

**Alternativa "c" (responde, também, as demais alternativas).**

---

**101. (FGV – Exame de Ordem 2018.2)** Matheus, José e Pedro, irmãos, foram condenados pela prática dos crimes de homicídio simples contra inimigo, roubo majorado pelo concurso de agentes e estupro simples, respectivamente. Após cumprirem parte das penas privativas de liberdade aplicadas, a mãe dos condenados procura o advogado da família para esclarecimentos sobre a possibilidade de serem beneficiados por decreto de indulto.

Com base apenas nas informações narradas, o advogado deverá esclarecer que, em tese,

a) Matheus e José poderão ser beneficiados, pois os crimes praticados por eles não são classificados como hediondos, diferentemente do que ocorre com o crime imputado a Pedro.

b) apenas José poderá ser beneficiado, pois os crimes praticados por Matheus e Pedro são classificados como hediondos.

c) Matheus, José e Pedro poderão ser beneficiados, pois, apesar de hediondos os delitos praticados pelos três, o indulto poderá ser concedido em respeito ao princípio da individualização da pena.

d) Matheus, José e Pedro poderão ser beneficiados, tendo em visto que nenhum dos delitos praticados é classificado como hediondo.

**COMENTÁRIOS**

De fato, Matheus e José podem, em tese, ser beneficiados pelo indulto, pois, a não ser que tenha sido cometido em atividade típica de grupo de extermínio, o crime de homicídio simples não é hediondo, assim como o roubo cometido em concurso de agentes. Pedro, por outro lado, não pode ser indultado porque o crime de estupro é hediondo e há vedação ao benefício (art. 2º, inc. I, da Lei 8.072/90).

**Alternativa "a" (responde, também, as demais alternativas).**

---

**102. (FGV – OAB 2012.1 – prova reaplicada em Duque de Caxias/RJ)** Com relação às causas de extinção da punibilidade previstas no artigo 107 do Código Penal, assinale a alternativa correta.

a) O perdão do ofendido é ato unilateral, prescindindo de anuência do querelado.

PENAL

b) Nos crimes conexos, a extinção da punibilidade de um deles impede, quanto aos outros, a agravação da pena resultante da conexão.

c) A perempção é causa de extinção de punibilidade exclusiva da ação penal privada.

d) Em caso de morte do réu, não há falar em extinção da punibilidade, devendo o juiz absolvê-lo com base no método de resolução de conflitos do in dubio pro reo.

COMENTÁRIOS

**Alternativa "a":** o perdão do ofendido tem por fundamento o princípio da disponibilidade da ação penal de iniciativa privada. Diferentemente da renúncia, trata-se de ato bilateral, não produzindo efeitos se o querelado o recusa (artigo 106, inciso III, do Código Penal). Imprescindível, portanto, que o perdão seja aceito, expressa ou tacitamente. Não obstante, não é dado ao querelado (suposto autor do fato) impor condições à aceitação; de igual modo, a vítima não pode impor exigências para que perdoe. Em outras palavras, tanto o perdão quanto a aceitação são atos incondicionais: perdoa-se sem exigências e se aceita sem condições.

**Alternativa "b":** a segunda parte do artigo 108 do Código Penal determina que nos crimes conexos, a extinção da punibilidade de um deles não impede, quanto aos outros, a agravação da pena resultante da conexão.

**Alternativa "c":** a perempção pode ser conceituada como sanção processual ao querelante inerte ou negligente. Esta causa de extinção da punibilidade incide somente sobre as ações penais privadas, desde que exclusiva ou personalíssima, uma vez que, em se tratando de ação penal privada subsidiária da pública, a inércia do querelante implica na retomada da titularidade da ação por parte do Ministério Público. As hipóteses de perempção estão enunciadas no artigo 60 do Código de Processo Penal. Será considerada perempta a ação: a) quando, iniciada esta, o querelante deixar de promover o andamento do processo durante trinta dias seguidos; b) quando, falecendo o querelante, ou sobrevindo sua incapacidade, não comparecer em juízo, para prosseguir no processo, dentro do prazo de sessenta dias, qualquer das pessoas a quem couber fazê-lo, ressalvado o disposto no artigo 36; c) quando o querelante deixar de comparecer, sem motivo justificado, a qualquer ato do processo a que deva estar presente, ou deixar de formular o pedido de condenação nas alegações finais; d) quando, sendo o querelante pessoa jurídica, esta se extinguir sem deixar sucessor.

**Alternativa "d":** a morte do agente é causa extintiva da punibilidade expressamente prevista no artigo 107, inciso I, do Código Penal.

**Alternativa correta: letra "c".**

**103. (FGV – OAB 2012.3)** Trata-se de causa extintiva da punibilidade consistente na exclusão, por lei ordinária com efeitos retroativos, de um ou mais fatos criminosos do campo de incidência do Direito Penal,

a) o indulto individual.

b) a anistia.

c) o indulto coletivo.

d) a graça.

COMENTÁRIOS

**Alternativa "a" (responde, também, as alternativas "c" e "d"):** a doutrina, de modo geral, trata a graça e o indulto em conjunto, considerando as inúmeras semelhanças entre os dois institutos. Ambos são modos de renúncia estatal ao direito de punir, concedidos pelo Presidente da República, via decreto presidencial (artigo 84, inciso XII, da Constituição Federal – ato administrativo), atingindo apenas os efeitos executórios penais da condenação, subsistindo o crime, a condenação irrecorrível e seus efeitos secundários (penais e extrapenais – súmula 631 do STJ). A graça e o indulto podem ser: a) plenos (quando extinguem totalmente a pena) ou parciais (quando concedem apenas diminuição da pena ou sua comutação); b) incondicionados (quando a lei não impõe qualquer requisito para a sua concessão) ou condicionados (quando a lei impõe alguma condição – ex.: boa conduta carcerária, ressarcimento do dano). A questão menciona, nos itens "a", "c" e "d", o indulto individual, o indulto coletivo e a graça. A expressão *indulto individual* é, na verdade, utilizada como sinônimo de graça, pois o que diferencia esta última do indulto é justamente o fato de se tratar de benefício individual, que depende de provocação do interessado, ao passo que aquele é beneplácito coletivo, que não depende de provocação de ninguém.

**Alternativa "b":** a causa extintiva da punibilidade de que trata o enunciado é a anistia, espécie de ato legislativo federal (Congresso Nacional), ou seja, lei penal (anômala), devidamente sancionada pelo Executivo, através da qual o Estado, em razão de clemência, política, social etc., esquece um fato criminoso, apagando seus efeitos penais (principais e secundários). Os efeitos extrapenais, no entanto, são mantidos, podendo a sentença condenatória definitiva ser executada no juízo cível, por exemplo. A anistia pode ser: a) própria (quando concedida antes da condenação) ou imprópria (quando concedida depois da condenação); b) irrestrita (quando atinge indistintamente a todos os criminosos) ou restrita (atinge certos criminosos, exigindo-se certas condições pessoais do agente para a obtenção do benefício, como por exemplo, a sua primariedade); c) incondicionada (quando a lei não impõe qualquer requisito para a sua concessão) ou condicionada (quando a lei impõe alguma condição – ex: ressarcimento do dano –, podendo, nesse caso, ser recusada); d) comum (incide sobre delitos comuns) e especial (aplica-se a crimes políticos).

**Alternativa correta: letra "b".**

## 25.1. PRESCRIÇÃO

**104. (FGV – Exame de Ordem 2017.2)** No dia 28 de agosto de 2011, após uma discussão no trabalho quando todos comemoravam os 20 anos de João, este desfere uma facada no braço de Paulo, que fica revoltado e liga para a Polícia, sendo João preso em flagrante pela prática do injusto de homicídio tentado, obtendo liberdade provisória logo em seguida. O laudo de exame de delito constatou a existência de lesão leve.

A denúncia foi oferecida em 23 de agosto de 2013 e recebida pelo juiz em 28 de agosto de 2013. Finda a primeira fase do procedimento do Tribunal do Júri, ocasião em que a vítima compareceu, confirmou os fatos, inclusive dizendo acreditar que a intenção do agente era efetivamente matá-la, e demonstrou todo seu inconformismo com a conduta do réu, João foi pronunciado, sendo a decisão publicada em 23 de agosto de 2015, não havendo impugnação pelas partes.

Submetido a julgamento em sessão plenária em 18 de julho de 2017, os jurados afastaram a intenção de matar, ocorrendo em sentença, então, a desclassificação para o crime de lesão corporal simples, que tem a pena máxima prevista de 01 ano, sendo certo que o Código Penal prevê que a pena de 01 a 02 anos prescreve em 04 anos.

Na ocasião, você, como advogado(a) de João, considerando apenas as informações narradas, deverá requerer que seja declarada a extinção da punibilidade pela

a) decadência, por ausência de representação da vítima.

b) prescrição da pretensão punitiva, porque já foi ultrapassado o prazo prescricional entre a data do fato e a do recebimento da denúncia.

c) prescrição da pretensão punitiva, porque já foi ultrapassado o prazo prescricional entre a data do oferecimento da denúncia e a da publicação da decisão de pronúncia.

d) prescrição da pretensão punitiva, porque entre a data do recebimento da denúncia e a do julgamento pelo júri decorreu o prazo prescricional.

**COMENTÁRIOS**

**Alternativa "a":** não se trata de decadência, porque o crime imputado inicialmente foi o de homicídio. Tendo havido a desclassificação, é neste momento que se colhe a representação.

**Alternativa "b":** destaca-se inicialmente que João era menor de vinte e um anos na data do fato, o que reduz de metade o prazo prescricional (art. 115 do CP). Entre a data do fato e a do recebimento da denúncia decorreram dois anos, o que atrai a prescrição porque o Conselho de Sentença desclassificou o crime de homicídio para lesão corporal simples, cuja prescrição em abstrato é de quatro anos (sem considerar o art. 115). Note-se que não se trata de prescrição retroativa, que, nos termos do art. 110, § 1º, do CP não pode ter por termo inicial data anterior à da denúncia ou queixa. A prescrição é em abstrato, considerando apenas a desclassificação operada pelo Tribunal do Júri (sequer é mencionada a pena no enunciado).

**Alternativa "c":** a pronúncia – causa interruptiva do prazo prescricional – ocorreu menos de dois anos após o recebimento da denúncia.

**Alternativa "d":** após o recebimento da denúncia, houve outro marco interruptivo, que é a pronúncia.

**Alternativa correta: letra "b".**

---

**105. (FGV – Exame de Ordem 2017.1)** No dia 15 de abril de 2011, João, nascido em 18 de maio de 1991, foi preso em flagrante pela prática do crime de furto simples, sendo, em seguida, concedida liberdade provisória. A denúncia somente foi oferecida e recebida em 18 de abril de 2014, ocasião em que o juiz designou o dia 18 de junho de 2014 para a realização da audiência especial de suspensão condicional do processo oferecida pelo Ministério Público. A proposta foi aceita pelo acusado e pela defesa técnica, iniciando-se o período de prova naquele mesmo dia. Três meses depois, não tendo o acusado cumprido as condições estabelecidas, a suspensão foi revogada, o que ocorreu em decisão datada de 03 de outubro de 2014. Ao final da fase instrutória, a pretensão punitiva foi acolhida, sendo aplicada ao acusado a pena de 01 ano de reclusão em regime aberto, substituída por restritiva de direitos. A sentença condenatória foi publicada em 19 de maio de 2016, tendo transitado em julgado para a acusação. Intimado da decisão respectiva, João procura você, na condição de advogado(a), para saber sobre eventual prescrição, pois tomou conhecimento de que a pena de 01 ano, em tese, prescreve em 04 anos, mas que, no caso concreto, por força da menoridade relativa, deve o prazo ser reduzido de metade.

Diante desse quadro, você, como advogado(a), deverá esclarecer que

a) ocorreu a prescrição da pretensão punitiva entre a data do fato e a do recebimento da denúncia.

b) ocorreu a prescrição da pretensão punitiva entre a data do recebimento da denúncia e a da publicação da sentença condenatória.

c) ocorreu a prescrição da pretensão executória entre a data do recebimento da denúncia e a da publicação da sentença condenatória.

d) não há que se falar em prescrição, no caso apresentado.

**COMENTÁRIOS**

**Alternativa "a" (responde, também, as alternativas "b" e "d"):** estabelecida a pena em um ano, o prazo da prescrição retroativa seria de quatro anos, no caso reduzido pela metade em virtude da idade do agente na data do fato (menor de vinte e um anos). Não houve, todavia, a prescrição porque não obstante tenham decorridos dois anos e um mês entre o recebimento da denúncia e a prolação da sentença condenatória, o prazo prescricional ficou suspenso por mais de três meses em virtude da suspensão condicional do processo. Logo, o prazo de dois anos para a incidência da prescrição não foi atingido. Além disso, deve-se considerar que em razão do disposto no art. 110, § 1º, do CP, a prescrição depois da sentença condenatória com trânsito em julgado para a acusação ou depois de improvido seu recurso não pode, em nenhuma hipótese, ter por termo inicial data anterior à do recebimento da denúncia ou queixa. Por isso, o decurso do prazo de três anos entre a data do fato e o recebimento da denúncia não acarreta a prescrição.

**Alternativa "c":** ainda que tivesse havido prescrição, o exemplo citado no enunciado não indica a prescrição da pretensão executória, que pressupõe trânsito em julgado para ambas as partes.

**Alternativa correta: letra "d".**

---

**106. (FGV – Exame de Ordem 2016.2 – Prova reaplicada Salvador-BA)** No dia 29/04/2011, Júlia, jovem de apenas 20 anos de idade, praticou um crime de lesão corporal leve (pena: de 03 meses a 01 ano) em face de sua rival na disputa pelo amor de Thiago. A representação foi devidamente ofertada pela vítima dentro do prazo de 06 meses, contudo a denúncia somente foi oferecida em 25/04/2014. Em 29/04/2014 foi recebida a denúncia em face de Júlia, pois não houve composição civil, transação penal ou suspensão condicional do processo.

Nesta hipótese,

a) poderá ser requerido pelo advogado de Júlia o reconhecimento da prescrição pela pena ideal, pois entre a data dos fatos e o recebimento da denúncia foram ultrapassados mais de 03 anos.

b) deverá, caso aplicada ao final do processo a pena mínima prevista em lei, ser reconhecida a prescrição da pretensão punitiva retroativa, pois entre a data dos fatos e o recebimento da denúncia foram ultrapassados mais de 03 anos.

c) não foram ultrapassados 03 anos entre a data dos fatos e do recebimento da denúncia, pois o prazo prescricional tem natureza essencialmente processual e não material.

d) deverá ser reconhecida, de imediato, a prescrição da pretensão punitiva pela pena em abstrato.

**COMENTÁRIOS**

**Alternativa "a":** a prescrição pela pena ideal (prescrição em perspectiva), que tem por finalidade a antecipação do reconhecimento da prescrição retroativa, fundamenta-se na falta de interesse de agir do Estado no prosseguimento da ação penal cuja sentença, dadas as circunstâncias do crime e condições do próprio réu, será fixada em patamares mínimos, conduzindo o juízo, no futuro, ao certo reconhecimento da prescrição retroativa. Sua aplicação não é admita pelos tribunais superiores (súmula nº 438 do STJ) diante da falta de previsão legal. Mas ainda que fosse admitida, teria lugar somente se não decorrido totalmente o prazo prescricional em abstrato, pois, do contrário, não faria sentido a argumentação de que, no caso de condenação, a pena seria aplicada no patamar mínimo e ocorreria a prescrição retroativa.

**Alternativa "b"**: se houve a prescrição em abstrato, obsta-se o prosseguimento do processo. A prescrição da pretensão punitiva retroativa só é aplicável na situação em que, dada a pena concretamente aplicada na sentença condenatória, tenha transcorrido o prazo prescricional entre o recebimento da denúncia e a publicação da própria sentença.

**Alternativa "c"**: o prazo prescricional é penal, incluindo-se, portanto, o dia do começo e excluindo-se o do final. E mesmo que fosse diferente, o prazo a ser considerado não é de três anos, mas de um ano e meio.

**Alternativa "d"**: ao crime de lesão corporal leve é cominada a pena de detenção de três meses a um ano, o que atrai o prazo prescricional de três anos (art. 109, inciso VI, do Código Penal). Se Júlia, autora do crime, tinha vinte anos na data do fato, o prazo é reduzido pela metade, conforme dispõe o art. 115 do Código Penal, razão pela qual chegamos a um ano e seis meses. Considerando que o crime foi cometido no dia 29/04/2011, mas a denúncia só foi recebida em 29/04/2014, transcorreram três anos do prazo prescricional sem interrupção. Dessa forma, houve a prescrição da pretensão punitiva em abstrato.

**Alternativa correta: letra "d".**

---

**107. (FGV – OAB 2010.2)** A respeito do regime legal da prescrição no Código Penal, tendo por base ocorrência do fato na data de hoje, assinale a alternativa correta.

a) A prescrição, depois da sentença condenatória com trânsito em julgado para a acusação, regula-se pela pena aplicada, não podendo, em nenhuma hipótese, ter por termo inicial data anterior à da denúncia ou queixa.

b) A prescrição da pena de multa ocorrerá em 2 (dois) anos, independentemente do prazo estabelecido para a prescrição da pena de liberdade aplicada cumulativamente.

c) Se o réu citado por edital permanece revel e não constitui advogado, fica suspenso o processo, mantendo-se em curso o prazo prescricional, que passa a ser computado pelo dobro da pena máxima cominada ao crime.

d) São causas interruptivas do curso da prescrição previstas no Código Penal, dentre outras, o recebimento da denúncia ou da queixa, a pronúncia, a publicação da sentença condenatória ou absolutória recorrível.

**COMENTÁRIOS**

✪ **Nota do autor:** a prescrição é a perda, em face do decurso do tempo, do direito de o Estado punir (prescrição da pretensão punitiva) ou executar uma punição já imposta (prescrição da pretensão executória). Sendo instituto eminentemente penal, deverá ser aplicado, para fins de cômputo dos prazos prescricionais, o artigo 10 do Código Penal.

**Alternativa "a"**: conforme dispõe o artigo 110, § 1º, do Código Penal, com a redação que lhe conferiu a Lei nº 12.234/10, a prescrição, depois da sentença condenatória com trânsito em julgado para a acusação ou depois de improvido seu recurso, regula-se pela pena aplicada, não podendo, em nenhuma hipótese, ter por termo inicial data anterior ao do recebimento da denúncia ou da queixa.

**Alternativa "b"**: de acordo com o disposto no artigo 114 do Código Penal, se a pena de multa for a única cominada ou aplicada, o prazo prescricional será de dois anos. Quando a multa for alternativa ou cumulativamente cominada ou cumulativamente aplicada, no entanto, o prazo será o estabelecido para a prescrição da pena privativa de liberdade.

**Alternativa "c"**: dispõe o artigo 366 do Código de Processo Penal que se o acusado, citado por edital, não comparecer, nem constituir advogado, ficarão suspensos o processo e o curso do prazo prescricional, podendo o juiz determinar a produção antecipada das provas consideradas urgentes e, se for o caso, decretar prisão preventiva, nos termos do disposto no artigo 312. Neste caso, conforme o entendimento majoritário, o período da suspensão corresponderá ao prazo da prescrição em abstrato. É o que dispõe a súmula 415 do STJ. É também a orientação adotada também pelo STF, que, em repercussão geral, decidiu que a interpretação segundo a qual o art. 366 do CPP impõe a suspensão ilimitada do prazo prescricional equivale a admitir que o legislador ordinário crie situações de imprescritibilidade além das elencadas na Constituição (RE 600.851/DF, j. 07/12/2020).

**Alternativa "d"**: a sentença capaz de gerar a interrupção do prazo prescricional é somente a condenatória. A sentença absolutória não gera efeitos sobre o cômputo do prazo prescricional, nem mesmo a que aplica medida de segurança ao inimputável (absolutória imprópria).

**Alternativa correta: letra "a".**

---

**108. (FGV – OAB 2012.1)** No dia 18/10/2005, Eratóstenes praticou um crime de corrupção ativa em transação comercial internacional (Art. 337-B do CP), cuja pena é de 1 a 8 anos e multa. Devidamente investigado, Eratóstenes foi denunciado e, em 20/1/2006, a inicial acusatória foi recebida. O processo teve regular seguimento e, ao final, o magistrado sentenciou Eratóstenes, condenando-o à pena de 1 ano de reclusão e ao pagamento de dez dias-multa. A sentença foi publicada em 7/4/2007. O Ministério Público não interpôs recurso, tendo, tal sentença, transitado em julgado para a acusação. A defesa de Eratóstenes, por sua vez, que objetivava sua absolvição, interpôs sucessivos recursos. Até o dia 15/5/2011, o processo ainda não havia tido seu definitivo julgamento, ou seja, não houve trânsito em julgado final. Levando-se em conta as datas descritas e sabendo-se que, de acordo com o art. 109, incisos III e V, do Código Penal, a prescrição, antes de transitar em julgado a sentença final, verifica-se em 12 (doze) anos se o máximo da pena é superior a quatro e não excede a oito anos e em 4 (quatro) anos se o máximo da pena é igual a um ano ou, sendo superior, não exceda a dois, com base na situação apresentada, é correto afirmar que

a) não houve prescrição da pretensão punitiva nem prescrição da pretensão executória, pois desde a publicação da sentença não transcorreu lapso de tempo superior a doze anos.

b) ocorreu prescrição da pretensão punitiva retroativa, pois, após a data da publicação da sentença e a última data apresentada no enunciado, transcorreu lapso de tempo superior a 4 anos.

c) ocorreu prescrição da pretensão punitiva superveniente, que pressupõe o trânsito em julgado para a acusação e leva em conta a pena concretamente imposta na sentença.

d) não houve prescrição da pretensão punitiva, pois, como ainda não ocorreu o trânsito em julgado final, deve-se levar em conta a teoria da pior hipótese, de modo que a prescrição, se houvesse, somente ocorreria doze anos após a data do fato.

**COMENTÁRIOS**

Houve, no caso, a prescrição da pretensão punitiva superveniente ou intercorrente.

Antes da sentença recorrível, não se sabe qual o *quantum* ou tipo de pena a ser fixada pelo Magistrado, razão pela qual o lapso prescricional regula-se pela pena máxima prevista em lei, atendendo à "teoria da pior das hipóteses".

Contudo, fixada a reprimenda, ainda que provisoriamente, transitando esta em julgado para a acusação (ou sendo o seu recurso improvido), não mais existe razão para se levar em conta a pena máxima, já que, mesmo diante do recurso da defesa, é proibida a *reformatio in pejus*. Surge, então, um novo norte, qual seja, a pena recorrível efetivamente aplicada. Portanto, a pena concreta, aplicada na sentença, é o parâmetro para cálculo da prescrição intercorrente. Esta espécie de prescrição encontra previsão no artigo 110, § 1º, 1ª parte, do Código Penal: *"A prescrição, depois da sentença condenatória com trânsito em julgado para a acusação ou depois de improvido seu recurso, regula-se pela pena aplicada, [...]".*

A prescrição da pretensão punitiva superveniente possui as seguintes características: a) pressupõe sentença ou acórdão penal condenatório; b) pressupõe trânsito em julgado para a acusação no que se relaciona com a pena aplicada; c) os prazos prescricionais são os mesmos do art. 109 do CP; d) o termo inicial conta-se da publicação da sentença ou acórdão penal condenatórios até a data do trânsito em julgado final.

Sendo espécie da prescrição da pretensão punitiva, a prescrição intercorrente tem os mesmos efeitos da prescrição da pretensão punitiva em abstrato.

**Alternativa "c" (responde, também, as demais alternativas).**

---

**109. (FGV – Exame de Ordem 2014.3)** Francisco foi condenado por homicídio simples, previsto no Art. 121 do Código Penal, devendo cumprir pena de seis anos de reclusão. A sentença penal condenatória transitou em julgado no dia 10 de agosto de 1984. Dias depois, Francisco foge para o interior do Estado, onde residia, ficando isolado num sítio. Após a fuga, as autoridades públicas nunca conseguiram capturá-lo. Francisco procura você como advogado(a) em 10 de janeiro de 2014. Com relação ao caso narrado, assinale a afirmativa correta.

a) Ainda não ocorreu prescrição do crime, tendo em vista que ainda não foi ultrapassado o prazo de trinta anos requerido pelo Código Penal.
b) Houve prescrição da pretensão executória.
c) Não houve prescrição, pois o crime de homicídio simples é imprescritível.
d) Houve prescrição da pretensão punitiva pela pena em abstrato, pois Francisco nunca foi capturado.

**COMENTÁRIOS**

**Alternativa "a":** a prescrição, como veremos, ocorreu, e o prazo máximo previsto no Código Penal é de vinte anos.

**Alternativa "b":** nos termos do art. 112, inciso I, do Código Penal, a prescrição da pretensão executória começa a correr do trânsito em julgado da sentença para a acusação. Considera-se o prazo estabelecido no art. 109, calculado com base na pena aplicada. No exemplo citado, em que Francisco foi condenado a seis anos de reclusão, o prazo prescricional é de doze anos. Considerando que a sentença transitou em julgado em 10 de agosto de 1984, a execução da pena prescreveu em 09 de agosto de 1996. É certo que a Terceira Seção do STJ firmou a orientação de que o termo inicial da prescrição da pretensão executória é o trânsito em julgado para ambas as partes, contrariando a disposição expressa do art. 112, inciso I (AgRg no REsp 1.983.259/PR, j. 26/10/2022). Isso, todavia, não interfere na resposta da questão, pois o enunciado se refere simplesmente ao trânsito em julgado em 10 de agosto de 1984.

**Alternativa "c":** o crime de homicídio não é imprescritível.

**Alternativa "d":** houve a prescrição da pretensão executória, pois, proferida a sentença condenatória, que transitou em julgado, Francisco não foi capturado a tempo de cumprir a pena.

**Alternativa correta: letra "b".**

## 26. HOMICÍDIO

---

**110. (FGV – Exame de Ordem 2018.1)** Márcia e Plínio se encontraram em um quarto de hotel e, após discutirem o relacionamento por várias horas, acabaram por se ofender reciprocamente. Márcia, então, querendo dar fim à vida de ambos, ingressa no banheiro do quarto e liga o gás, aproveitando-se do fato de que Plínio estava dormindo. Em razão do forte cheiro exalado, quando ambos já estavam desmaiados, os seguranças do hotel invadem o quarto e resgatam o casal, que foi levado para o hospital. Tanto Plínio quanto Márcia acabaram sofrendo lesões corporais graves. Registrado o fato na delegacia, Plínio, revoltado com o comportamento de Márcia, procura seu advogado e pergunta se a conduta dela configuraria crime.

Considerando as informações narradas, o advogado de Plínio deverá esclarecer que a conduta de Márcia configura crime de

a) lesão corporal grave, apenas.
b) tentativa de homicídio qualificado e tentativa de suicídio.
c) tentativa de homicídio qualificado, apenas.
d) tentativa de suicídio, por duas vezes.

**COMENTÁRIOS**

**Alternativa "a":** se Márcia agiu querendo dar fim à vida de Plínio, há *animus necandi*, o que afasta a caracterização de simples lesão corporal.

**Alternativa "b" (responde, também, a alternativa "d"):** o ordenamento jurídico brasileiro não pune a tentativa de suicídio. No que tange a este fato, pune-se apenas o terceiro que induz, instiga ou auxilia o suicida a dar cabo da própria vida.

**Alternativa "c":** tendo em vista que Márcia pretendia matar Plínio, mas os seguranças do hotel impediram a ocorrência do resultado, há tentativa de homicídio, que, no caso, é qualificado pelo emprego de recurso que impediu a defesa da vítima – que estava dormindo – e pela asfixia em virtude da inalação do gás.

**Alternativa correta: letra "c".**

---

**111. (FGV – Exame de Ordem 2015.3)** Maria mantém relacionamento clandestino com João. Acreditando estar grávida, procura o seu amigo Pedro, que é auxiliar de enfermagem, e implora para que ele faça o aborto. Pedro, que já auxiliou diversas cirurgias legais de aborto, acreditando ter condições técnicas de realizar o ato sozinho, atende ao pedido de sua amiga, preocupado com a situação pessoal de Maria, que não poderia assumir a gravidez por ela anunciada. Durante a cirurgia, em razão da imperícia de Pedro, Maria vem a falecer, ficando apurado que, na verdade, ela não estava grávida.

Em razão do fato narrado, Pedro deverá responder pelo crime de

a) aborto tentado com consentimento da gestante qualificado pelo resultado morte.
b) aborto tentado com consentimento da gestante.
c) homicídio culposo.
d) homicídio doloso.

**COMENTÁRIOS**

**Alternativa "a" (responde, também, a alternativa "b"):** não é possível falar em aborto tentado porque Maria não estava grávida, tornando-se, portanto, impossível a consumação desse delito.

**Alternativa "c":** ocorre o homicídio culposo quando o agente, com manifesta *imprudência*, *negligência* ou *imperícia*, deixa de empregar a atenção ou diligência de que era capaz, provocando, com sua conduta, o resultado lesivo (morte), previsto (culpa consciente) ou previsível (culpa inconsciente), porém jamais aceito ou querido. *Imprudência* é a precipitação, afoiteza, agindo o agente sem os cuidados que o caso requer; *negligência* é a ausência de precaução. Diferentemente da imprudência (positiva – *ação*), a negligência é negativa – *omissão*; *imperícia:* é a falta de aptidão técnica para o exercício de arte ou profissão. No caso, João, auxiliar de enfermagem, era imperito para realizar cirurgias, razão pela qual deve responder pelo resultado morte a título de culpa.

**Alternativa "d":** não há, no caso, homicídio doloso porque João não atuou com o propósito de matar Maria.

**Alternativa correta: letra "c".**

---

**112. (FGV – OAB 2013.1)** José e Maria estavam enamorados, mas posteriormente vieram a descobrir que eram irmãos consanguíneos, separados na maternidade. Extremamente infelizes com a notícia recebida, que impedia por completo qualquer possibilidade de relacionamento, resolveram dar cabo à própria vida. Para tanto, combinaram e executaram o seguinte: no apartamento de Maria, com todas as portas e janelas trancadas, José abriu o registro do gás de cozinha. Ambos inspiraram o ar envenenado e desmaiaram, sendo certo que somente não vieram a falecer porque os vizinhos, assustados com o cheiro forte que vinha do apartamento de Maria, decidiram arrombar a porta e resgatá-los. Ocorre que, não obstante o socorro ter chegado a tempo, José e Maria sofreram lesões corporais de natureza grave.

Com base na situação descrita, assinale a afirmativa correta.

a) José responde por tentativa de homicídio e Maria por instigação ou auxílio ao suicídio.

b) José responde por lesão corporal grave e Maria não responde por nada, pois sua conduta é atípica.

c) José e Maria respondem por instigação ou auxílio ao suicídio, em concurso de agentes.

d) José e Maria respondem por tentativa de homicídio.

**COMENTÁRIOS**

**Alternativa "a":** José responde por tentativa de homicídio em relação a Maria porque executou o ato que a teria levado à morte, qual seja, a abertura da torneira de gás. Maria responde por auxílio ao suicídio de José porque cedeu o apartamento para que o ato fosse praticado, bem como pela instigação em virtude da combinação havida entre ambos.

**Alternativa "b":** não há responsabilização de José por lesão corporal de natureza grave porque não havia intenção de ferir em seu ato. Já Maria não permanece impune porque praticou atos de instigação e de auxílio ao suicídio.

**Alternativa "c":** não é possível ambos responderem por instigação e auxílio ao suicídio porque, para tanto, seria necessário que a conduta de um não fosse a causa da lesão grave do outro. Se, por exemplo, ambos houvessem combinado o suicídio duplo, mediante disparo de arma de fogo, cada um utilizando o artefato separadamente, em si mesmo, daí advindo apenas lesões graves, seria possível falar em instigação e auxílio ao suicídio por parte dos dois. No exemplo citado, todavia, João abriu a torneira de gás, causando a lesão grave em Maria, com a intenção de lhe tirar a vida – afinal, haviam combinado o suicídio. Por isso, João responde pela tentativa de homicídio e Maria por instigação e auxílio ao suicídio.

**Alternativa "d":** não há tentativa de homicídio por parte de Maria, que não praticou nenhum ato voltado à eliminação da vida de João.

**Alternativa correta: letra "a".**

## 27. INDUZIMENTO, INSTIGAÇÃO OU AUXÍLIO AO SUICÍDIO

---

**113. (FGV – Exame de Ordem 2016.2 – Prova reaplicada Salvador-BA)** Vinicius, colega de faculdade de Beatriz, cansado de ver a amiga sofrer em razão de decepções amorosas, incentiva a mesma a cometer suicídio, dizendo que os homens de sua geração não pretendem ter relacionamentos sérios. Beatriz acolhe a sugestão e decide pular da janela de seu apartamento. Contudo, em razão da pequena altura, vem a sofrer apenas lesões leves. Descoberto os fatos, Vinicius é denunciado pela prática de crime de tentativa de homicídio. O advogado de Vinicius, em suas alegações finais da primeira fase do procedimento bifásico do Tribunal do Júri, deve alegar como principal tese de defesa:

a) a desclassificação para o crime de induzimento, instigação ou auxílio ao suicídio, consumado, crime menos grave do que o imputado.

b) o reconhecimento da inexigibilidade de conduta diversa, causa excludente da culpabilidade.

c) a desclassificação para o crime de induzimento, instigação ou auxílio ao suicídio, em sua modalidade tentada.

d) o reconhecimento da atipicidade da conduta.

**COMENTÁRIOS**

Quando elaborada a questão, de fato haveria de ser reconhecida a atipicidade da conduta, vez que o tipo do art. 122 do CP admitia a punição apenas se, no mínimo, da tentativa de suicídio resultasse lesão corporal de natureza grave. Não havia possibilidade de tentativa e, no caso em que ocorriam lesões leves, o fato era atípico.

Mas a Lei 13.968/19 modificou profundamente o art. 122, que, atualmente, não pressupõe a ocorrência de nenhuma lesão para que o crime se consume. Adotando fórmula diversa da original, o legislador dividiu o tipo do art. 122 em parágrafos de acordo com o resultado advindo da conduta. O *caput* pune com reclusão de seis meses a dois anos os atos de induzir, instigar ou auxiliar materialmente alguém a suicidar-se. Antes a conduta era punida apenas se resultasse em lesão corporal grave ou morte, pois o preceito secundário do tipo penal cominava as penas conforme ocorresse um desses resultados. Mas, na atual sistemática, não se exige nenhum resultado lesivo; basta a prática de uma das condutas sobre determinada pessoa.

Cominando pena de reclusão de um a três anos, o § 1º dispõe sobre a lesão corporal grave ou gravíssima resultante da tentativa de suicídio. O que antes era tratado como uma das formas básicas de punição tem atualmente a natureza de qualificadora. Já o § 2º estabelece pena de reclusão de dois a seis anos para a situação em que o suicídio se consuma. Trata-se também de uma circunstância qualificadora que antes era considerada para a formação do tipo básico da participação em suicídio.

Em resumo, atualmente a figura básica do *caput* do art. 122 se contenta com os atos de induzimento, instigação ou auxílio, os quais podem ser qualificados se ocorrer os resultados mais graves (lesão grave ou gravíssima ou morte). Diante disso, também não resta dúvida sobre a possibilidade de tentativa. É perfeitamente possível, por exemplo, que alguém seja impedido por um terceiro enquanto tenta fornecer auxílio material a um suicida.

**Alternativa correta: letra "d" (responde, também, as demais alternativas).**

## 28. INFANTICÍDIO

**114. (FGV – XXXIV Exame de Ordem – 2022)** Joana, sob influência do estado puerperal, levanta da cama do quarto do hospital, onde estava internada após o parto, com o propósito de matar seu filho recém-nascido, que se encontrava no berçário. Aproveitando-se da distração do segurança que, ao sair para ir ao banheiro, deixara sua arma sobre a mesa no corredor, Joana pega a arma e se dirige até o vidro do berçário. Lá chegando, identifica o berço de seu filho, aponta a arma e efetua o disparo. Ocorre que, devido ao tranco da arma, Joana erra o disparo e atinge o berço onde estava o filho de Maria.

Acerca do caso, é correto afirmar que Joana responderá pelo crime de

a) homicídio, uma vez que acertou o filho de Maria e não o seu próprio filho.
b) infanticídio, em razão da incidência do erro sobre a pessoa.
c) infanticídio, em razão da incidência do erro na execução.
d) infanticídio, em razão da incidência do resultado diverso do pretendido

**COMENTÁRIOS**

**Alternativa "a" (responde, também, as alternativas "b" e "c"):** também conhecido como *aberratio ictus*, o erro na execução é disciplinado pelo art. 73 do Código Penal. Cuida-se, em resumo, do *acidente ou erro no uso dos meios de execução* e, por consequência, o agente acaba atingindo pessoa diversa da pretendida – embora corretamente representada. Não se confunde, como se nota, com o erro quanto à pessoa, no qual há uma equivocada representação do objeto material (pessoa) visado – em decorrência disso, o agente acaba atingindo pessoa diversa.

No caso do enunciado, Joana cometeu um erro na execução, pois, embora tenha representado corretamente seu filho no berçário, alvejou outra criança por imprecisão no uso da arma de fogo. Tendo sido atingida apenas a pessoa diversa da pretendida (*aberratio ictus* de resultado único), Joana deve ser punida pelo crime conforme as condições e qualidades da vítima desejada. Estando Joana sob a influência do estado puerperal e – presume-se, pois o enunciado não deixa claro – logo após o parto, deve responder por infanticídio.

**Alternativa "d":** o resultado diverso do pretendido, também chamado de *aberratio criminis* ou *aberratio delicti*, representa a situação em que o agente, também por acidente ou erro no uso dos meios de execução, atinge bem jurídico distinto daquele que pretendia atingir (art. 74 do Código Penal). Ex.: "A" quer danificar o carro que "B" está conduzindo, entretanto, por erro na execução, atinge e mata o motorista. Queria praticar dano, mas acaba produzindo morte.

**Alternativa correta: letra "c".**

**115. (FGV – Exame de Ordem 2015.1)** Paloma, sob o efeito do estado puerperal, logo após o parto, durante a madrugada, vai até o berçário onde acredita encontrar-se seu filho recém-nascido e o sufoca até a morte, retornando ao local de origem sem ser notada. No dia seguinte, foi descoberta a morte da criança e, pelo circuito interno do hospital, é verificado que Paloma foi a autora do crime. Todavia, constatou-se que a criança morta não era o seu filho, que se encontrava no berçário ao lado, tendo ela se equivocado quanto à vítima desejada.

Diante desse quadro, Paloma deverá responder pelo crime de

a) homicídio culposo.
b) homicídio doloso simples.
c) infanticídio.
d) homicídio doloso qualificado.

**COMENTÁRIOS**

**Alternativa "a":** não há homicídio culposo, inicialmente, porque a conduta de Paloma não se subsume ao tipo de homicídio. E mesmo que não fosse assim, não haveria possibilidade de considerar a ocorrência de crime culposo porque Paloma tinha a intenção de matar.

**Alternativa "b" (responde, também, a alternativa "d"):** também não existe homicídio doloso porque, ocorrida a morte durante o parto ou logo após, sob a influência do estado puerperal, o homicídio cede lugar ao tipo especial do infanticídio.

**Alternativa "c":** o crime de infanticídio consiste em causar a mãe a morte do próprio filho, durante ou logo após o parto (elemento cronológico), sob a influência do estado puerperal (elemento etiológico). Uma vez presentes os elementos cronológico e etiológico, o infanticídio se perfaz ainda que, por erro, a mãe mate o filho alheio. É que, conforme determina o artigo 20, § 3º, do Código Penal, no erro quanto à pessoa não se consideram as condições ou qualidades da vítima, senão as da pessoa contra quem o agente queria praticar o crime. Logo, se Paloma, em estado puerperal e logo após o parto, pretendia matar seu filho, responde por infanticídio ainda que tenha cometido erro sobre o alvo de sua conduta.

**Alternativa correta: letra "c".**

**116. (FGV – OAB 2012.1 – prova reaplicada em Duque de Caxias/RJ)** Grávida de nove meses, Maria se desespera e, visando evitar o nascimento de seu filho, toma um comprimido contendo um complexo vitamínico, achando, equivocadamente, tratar-se de uma pílula abortiva. Ao entrar em trabalho de parto, poucos minutos depois, Maria dá à luz um bebê saudável. Todavia, Maria, sob a influência do estado puerperal, lança a criança pela janela do hospital, causando-lhe o óbito. Com base no relatado acima, é correto afirmar que Maria praticou

a) crime de homicídio qualificado pela utilização de recurso que impediu a defesa da vítima.
b) em concurso material os crimes de aborto tentado e infanticídio consumado.
c) apenas o crime de infanticídio.
d) em concurso formal os crimes de aborto tentado e infanticídio consumado.

**COMENTÁRIOS**

**Alternativa "a" (responde, também, a alternativa "c"):** trata-se do crime de infanticídio, não de homicídio, porque, ao lançar seu filho pela janela, provocando o óbito, Maria estava sob a influência do estado puerperal, subsumindo sua conduta à norma especial (artigo 123 do Código Penal) em relação ao tipo do homicídio.

**Alternativa "b" (responde, também, a alternativa "d"):** não há concurso entre os crimes de aborto e de infanticídio. Isto porque o enunciado narra que Maria, no intuito de provocar um aborto, ingeriu equivocadamente um complexo vitamínico, incapaz de gerar o efeito desejado. No caso, houve o denominado delito putativo por erro de tipo, que não se confunde com o erro de tipo. Tanto no erro de tipo quanto no delito putativo por erro de tipo (também chamado de delito de alucinação) há uma falsa percepção da realidade. Em ambas as hipóteses, o agente não sabe exatamente o que faz. Não obstante, diferenciam-se as duas situações porque no erro de tipo o agente pratica um fato descrito no tipo penal sem querer, enquanto no delito putativo por erro de tipo o agente pratica um fato atípico sem querer.

**Alternativa correta: letra "c".**

## 29. ABORTO

**117. (FGV – Exame de Ordem 2017.1)** Acreditando estar grávida, Pâmela, 18 anos, desesperada porque ainda morava com os pais e eles sequer a deixavam namorar, utilizando um instrumento próprio, procura eliminar o feto sozinha no banheiro de sua casa, vindo a sofrer, em razão de tal comportamento, lesão corporal de natureza grave.

Encaminhada ao hospital para atendimento médico, fica constatado que, na verdade, ela não se achava e nunca esteve grávida. O Hospital, todavia, é obrigado a noticiar o fato à autoridade policial, tendo em vista que a jovem de 18 anos chegou ao local em situação suspeita, lesionada. Diante disso, foi instaurado procedimento administrativo investigatório próprio e, com o recebimento dos autos, o Ministério Público ofereceu denúncia em face de Pâmela pela prática do crime de "aborto provocado pela gestante", qualificado pelo resultado de lesão corporal grave, nos termos dos Art. 124 c/c o Art. 127, ambos do Código Penal.

Diante da situação narrada, assinale a opção que apresenta a alegação do advogado de Pâmela.

a) A atipicidade de sua conduta.
b) O afastamento da qualificadora, tendo em vista que esta somente pode ser aplicada aos crimes de aborto provocado por terceiro, com ou sem consentimento da gestante, mas não para o delito de autoaborto de Pâmela.
c) A desclassificação para o crime de lesão corporal grave, afastando a condenação pelo aborto.
d) O reconhecimento da tentativa do crime de aborto qualificado pelo resultado.

**COMENTÁRIOS**

**Alternativa "a" (responde, também, a alternativa "b"):** o art. 124 do Código Penal pune a conduta de provocar aborto em si mesma ou consentir que outrem lho provoque, com objetividade jurídica, portanto, de proteger a vida intrauterina. Se Pâmela não estava grávida ao realizar as manobras abortivas, não é possível, evidentemente, querer puni-la, pois o objeto jurídico não existia no momento da conduta. Trata-se de crime impossível por absoluta impropriedade do objeto.

Além disso, mesmo que Pâmela estivesse grávida e fosse punida pelo aborto, a majorante do art. 127 do CP não incidiria porque, no art. 124, se a gestante sofre lesão, é causada por ela mesma. Por disposição expressa do art. 127, o aumento da pena se aplica apenas nos crimes dos artigos 125 e 126 (provocar aborto sem e com o consentimento da gestante, respectivamente).

**Alternativa "c":** a lei penal considera irrelevante a autolesão.

**Alternativa "d":** se a inexistência do objeto material torna impossível a consumação do crime, pela mesma razão é impossível a tentativa.

**Alternativa correta: letra "a".**

## 30. LESÃO CORPORAL

**118. (FGV – Exame de Ordem – 2021.2)** Após o expediente, Márcio saiu com seus colegas de trabalho para comemorar o sucesso das vendas naquele mês e sua escolha como melhor funcionário do período. Ao chegarem ao bar, Márcio entregou a chave de seu carro aos colegas, alertando-os que iria beber até se embriagar e cair. Após cumprir a promessa feita aos colegas, Márcio, completamente alterado, se dirigiu até o caixa do bar para pagar sua conta. Devido a divergências quanto à quantidade de bebida consumida, Márcio iniciou uma forte discussão com o atendente do estabelecimento e arremessou a garrafa de cerveja que segurava em sua direção, acertando a cabeça do funcionário e causando-lhe ferimentos de natureza grave. Preocupado com as consequências jurídicas de seu ato, Márcio o(a) procura, na condição de advogado(a), para assistência técnica.

Considerando apenas as informações expostas, sob o ponto de vista técnico, você, como advogado(a), deverá esclarecer que a conduta praticada por Márcio configura

a) crime de lesão corporal grave, diante da embriaguez culposa, podendo ser reconhecida causa de diminuição de pena, já que a embriaguez era completa.
b) conduta típica e ilícita, mas não culpável, diante da embriaguez culposa, afastando a culpabilidade do agente.
c) crime de lesão corporal grave, com reconhecimento de agravante, diante da embriaguez preordenada.
d) crime de lesão corporal grave, diante da embriaguez voluntária.

**COMENTÁRIOS**

**Alternativa "a" (responde, também, as alternativas "b" e "d"):** a embriaguez de Márcio não foi culposa, mas voluntária. Temos embriaguez voluntária quando alguém ingere a substância alcoólica com a intenção de embriagar-se; já a embriaguez culposa acontece quando o agente, por negligência ou imprudência, acaba por embriagar-se. Como deixa claro o enunciado, Márcio ingeriu bebidas alcoólicas com a intenção de se embriagar. A embriaguez não acidental (voluntária ou culposa) pode ser completa (retirando do agente, no momento da conduta, a capacidade de entendimento e autodeterminação) ou incompleta (diminuindo a capacidade de entendimento e autodeterminação). O enunciado não indica que o estado de Márcio era de embriaguez completa. O fato de que ele estava "completamente alterado" não significa que havia perdido a capacidade de discernimento e determinação. Seja como for, a embriaguez não acidental, completa ou incompleta, não exclui a imputabilidade nem diminui a pena. Considerando, no mais, que o enunciado aponta a provocação de "ferimentos de natureza grave", presume-se que a conduta de Márcio tenha provocado na vítima um dos seguintes resultados mais graves (§ 1º do art. 129): incapacidade para as ocupações habituais por mais de trinta dias; perigo de vida; debilidade permanente de membro, sentido ou função. Note-se que, embora a lei trate também as qualificadoras do § 2º como "lesão corporal de natureza grave", a doutrina convencionou denominá-las "gravíssimas".

**Alternativa "c":** não se trata de embriaguez preordenada, na qual o agente ingere bebida alcoólica ou consome substância de efeitos análogos *com a finalidade de cometer um crime.* O enunciado não indica que Márcio ingeriu a bebida para, uma vez embriagado, agredir alguém.

**Alternativa correta: letra "d".**

**119. (FGV – Exame de Ordem 2018.2)** Patrícia foi a um shopping center a fim de comprar um celular para sua filha, Maria, de 10 anos, que a acompanhava. Não encontrando o modelo desejado, Patrícia saiu da loja, esclarecendo o ocorrido para a criança que, inconformada com o fato, começou a chorar. Patrícia chamou a atenção de sua filha, o que fez com que seu colega de trabalho Henrique, que passava pelo local, a advertisse, de que não deveria assim agir com a criança, iniciando uma discussão e acabando por empurrá-la contra a parede.

Em razão do comportamento de Henrique, Patrícia sofre uma pequena lesão na perna. Ela efetuou o registro e a perícia confirmou a lesão; contudo, dois dias depois, ela compareceu à Delegacia e desistiu da representação. Em razão de a vítima ser do sexo feminino, o Ministério Público ofereceu denúncia contra Henrique pela prática do crime de lesão corporal no âmbito da violência doméstica e familiar contra a mulher, previsto no Art. 129, § 9°, do Código Penal.

Considerando as informações narradas, o advogado de Henrique deverá alegar que

a) apesar de o crime ser de lesão corporal no âmbito da violência doméstica e familiar contra a mulher, será cabível, em caso de condenação, a substituição da pena privativa de liberdade por restritiva de direito.
b) o crime em tese praticado é de lesão corporal leve simples, de modo que, apesar de irrelevante a vontade da vítima para o oferecimento da denúncia, pode ser oferecida proposta de suspensão condicional do processo.
c) apesar de o crime ser de lesão corporal no âmbito da violência doméstica e familiar contra a mulher, deverá ser rejeitada a denúncia por depender de representação da vítima.
d) o crime em tese praticado é de lesão corporal leve simples, devendo a denúncia ser rejeitada por depender de representação da vítima.

COMENTÁRIOS

**Alternativa "a":** como veremos, o crime não foi cometido no âmbito da violência doméstica e familiar contra a mulher. E, se o houvesse sido, não seria cabível a substituição da pena privativa de liberdade por restritiva de direitos, tendo em vista a vedação contida na súmula 588 do STJ.

**Alternativa "b":** sendo o crime de lesão corporal leve, sem a incidência das disposições relativas à violência doméstica e familiar contra a mulher, a vontade da vítima não é irrelevante. Ao contrário, pressupõe-se sua representação para que o Ministério Público ofereça denúncia.

**Alternativa "c":** se o crime fosse de lesão corporal no âmbito doméstico e familiar contra a mulher, não haveria necessidade de representação da vítima (súmula 542 do STJ).

**Alternativa "d":** o crime cometido por Henrique não pode ser classificado como violência doméstica e familiar contra a mulher, pois, segundo se extrai do enunciado, o fato não foi cometido em nenhuma das situações do art. 5º da Lei 11.340/06: I – no âmbito da unidade doméstica, compreendida como o espaço de convívio permanente de pessoas, com ou sem vínculo familiar, inclusive as esporadicamente agregadas; II – no âmbito da família, compreendida como a comunidade formada por indivíduos que são ou se consideram aparentados, unidos por laços naturais, por afinidade ou por vontade expressa; III – em qualquer relação íntima de afeto, na qual o agressor conviva ou tenha convivido com a ofendida, independentemente de coabitação. Dessa forma, se a vítima se retratou da representação, a denúncia deve ser rejeitada em virtude da falta de condição de procedibilidade.

**Alternativa correta: letra "d".**

## 31. ABANDONO DE INCAPAZ

**120. (FGV – OAB 2012.1 – prova reaplicada em Duque de Caxias/RJ)** Rama, jovem de 19 anos, estava cuidando de suas irmãs mais novas, Sita e Durga, enquanto a mãe viajava a trabalho. Na tarde desse dia, Rama recebeu uma ligação dos amigos, que o chamaram para sair com o objetivo de comemorar o início das férias. Certo de que não se demoraria, Rama deixou as crianças, ambas com 4 anos, brincando sozinhas no quintal de casa, que era grande, tinha muitos brinquedos e uma piscina. Ocorre que Rama bebeu demais e acabou perdendo a hora, chegando em casa tarde da noite, extremamente alcoolizado. As meninas ficaram sem alimentação durante todo o tempo e ainda sofreram com várias picadas de pernilongos. Com base na situação apresentada, é correto afirmar que Rama praticou crime

a) de lesão corporal leve por meio de omissão imprópria.
b) de perigo para a vida ou saúde de outrem.
c) de abandono de incapaz, com causa de aumento de pena.
d) previsto no Estatuto da Criança e do Adolescente.

COMENTÁRIOS

**Alternativa "a":** não há o crime de lesão corporal de natureza leve porque não houve dolo por parte do agente.

**Alternativa "b":** o crime de perigo para a vida ou a saúde de outrem pressupõe a submissão da vítima a perigo direto e iminente, que não é o caso.

**Alternativa "c":** de acordo com o artigo 133 do Código Penal, é crime abandonar pessoa que está sob seu cuidado, guarda, vigilância ou autoridade, e, por qualquer motivo, incapaz de defender-se dos riscos resultantes do abandono, sendo que incide causa de aumento de pena se o agente é ascendente ou descendente, cônjuge, irmão, tutor ou curador da vítima.

**Alternativa "d":** o Estatuto da Criança e do Adolescente não dispõe sobre o abandono de incapaz.

**Alternativa correta: letra "c".**

## 32. EXPOSIÇÃO OU ABANDONO DE RECÉM-NASCIDO

**121. (FGV – Exame de Ordem 2015.3)** Cacau, de 20 anos, moça pacata residente em uma pequena fazenda no interior do Mato Grosso, mantém um relacionamento amoroso secreto com Noel, filho de um dos empregados de seu pai.

Em razão da relação, fica grávida, mas mantém a situação em segredo pelo temor que tinha de seu pai. Após o nascimento de um bebê do sexo masculino, Cacau, sem que ninguém soubesse, em estado puerperal, para ocultar sua desonra, leva a criança para local diverso do parto e a deixa embaixo de uma árvore no meio da fazenda vizinha, sem prestar assistência devida, para que alguém encontrasse e acreditasse que aquele recém-nascido fora deixado por desconhecido. Apesar de a fazenda vizinha ser habitada, ninguém encontra a criança nas 06 horas seguintes, vindo o bebê a falecer. A perícia confirmou que, apesar do estado puerperal, Cacau era imputável no momento dos fatos.

Considerando a situação narrada, é correto afirmar que Cacau deverá ser responsabilizada pelo crime de

a) abandono de incapaz qualificado.
b) homicídio doloso.
c) infanticídio.
d) exposição ou abandono de recém-nascido qualificado.

COMENTÁRIOS

**Alternativa "a":** o abandono de incapaz consiste em simplesmente abandonar pessoa que está sob seu cuidado, guarda, vigilância ou autoridade, e, por qualquer motivo, incapaz de defender-se dos riscos resultantes do abandono. Difere-se do art. 134 porque não exige nenhuma finalidade específica, como a de ocultar a própria desonra. O abandono de incapaz é, aliás, mais grave justamente porque ocorre por simples displicência, ao contrário da exposição de recém-nascido.

**Alternativa "b":** não há homicídio doloso porque Cacau não tinha a intenção de matar.

**Alternativa "c":** também em razão da ausência de propósito homicida, afasta-se a possibilidade de infanticídio. Este delito (art. 123) não se confunde com a exposição de recém-nascido com resultado morte. No primeiro, crime contra a vida, a mãe age com dolo de dano, buscando acabar com a existência do filho, durante ou logo após o parto, sob a influência do estado puerperal. No segundo, crime de perigo, a finalidade da mãe é *ocultar a gravidez*, por questões de honra, resultando, do abandono, a morte culposa do infante (crime preterdoloso ou preterintencional).

**Alternativa "d":** o art. 134 do Código Penal pune as condutas de expor (ação) ou abandonar (omissão) recém-nascido, colocando-o a perigo concreto (real), visando a ocultar desonra própria. Como destaca Bitencourt, "Os autores, de modo geral, afirmam que o tipo penal pressupõe que o nascimento deve ter sido 'sigiloso' para justificar a tipificação do *delictum exceptum*. Aníbal Bruno, mais comedido, sustenta que 'o nascimento da vítima se tenha dado *em segredo* e ainda não tenha vindo ao conhecimento de estranhos'. Falar em 'nascimento sigiloso' nos parece um rematado exagero, quer porque a restrição não consta da definição legal, quer pela inadmissibilidade de *conceber* e *gestar* por longos nove meses 'sigilosamente'! A finalidade de *ocultar a gravidez*, por questões de honra, não precisa ir além da cautela de não tornar público tanto o 'estado gravídico' quanto o nascimento do *neonato*, mas isso está muito longe de ser sigiloso, pois, inevitavelmente, os familiares e empregados, pelo menos, terão conhecimento. E essa ciência, ainda que limitada, de algumas pessoas é suficiente para afastar o indigitado 'sigilo', e nem por isso excluirá o benefício consagrado no art. 134" (*Tratado de Direito Penal*, v. 2, p. 279-280). Para caracterizar o crime mostra-se indispensável haver honra a salvar, não podendo o agente invocar o tipo privilegiado do art. 134 se desonrado (ex.: prostituta). Trata-se de um elemento normativo do tipo a ser valorado pelo juiz no momento em que confronta a lei com o caso concreto. A honra, na hipótese, é representada pela dignidade sexual, a boa fama de que o agente desfruta e que pode ser abalada pelo nascimento da criança. Se do fato doloso resulta lesão corporal de natureza grave ou morte, fruto de culpa – preterdolo –, o crime será qualificado (§§ 1º e 2º). Havendo, junto com o abandono, vontade do agente de ferir gravemente (ou mesmo matar) o recém-nascido, o crime será o de lesão corporal dolosa de natureza grave (ou homicídio doloso).

**Alternativa correta: letra "d".**

## 33. CRIMES CONTRA A HONRA

**122. (FGV – XXXIV Exame de Ordem – 2022)** Durante uma festa de confraternização entre amigos da faculdade, em 1º de junho de 2020, começou uma discussão entre Plinio e Carlos, tendo a mãe de Plínio procurado intervir para colocar fim à briga. Nesse momento, Carlos passou a ofender a mãe de Plinio, chamando-a de "macumbeira", que "deveria estar em um terreiro".

Revoltadas, pessoas que presenciaram o ocorrido compareceram ao Ministério Público e narraram os fatos. A mãe de Plinio disse, em sua residência, que não pretendia manter discórdia com colegas do filho, não tendo comparecido à Delegacia e nem ao órgão ministerial para tratar do evento. O Ministério Público, em 2 de dezembro de 2020, denunciou Carlos pelo crime de racismo, trazido pela Lei nº 7.716/89.

Você, como advogado(a) de Carlos, deverá alegar, em sua defesa, que deverá

a) ocorrer extinção da punibilidade, pois não houve a indispensável representação da vítima, apesar de, efetivamente, o crime praticado ter sido de racismo.
b) haver desclassificação para o crime de injúria simples, que é de ação penal privada, não tendo o Ministério Público legitimidade para oferecimento da denúncia.
c) haver desclassificação para o crime de injúria qualificada pela utilização de elementos referentes à religião, que é de ação penal privada, não tendo o Ministério Público legitimidade para oferecimento de denúncia.
d) haver desclassificação para o crime de injúria qualificada pela utilização de elementos referentes à religião, que é de ação penal publica condicionada, justificando extinção da punibilidade por não ter havido representação por parte da vítima.

COMENTÁRIOS

Nos termos do art. 1º da Lei 7.716/89, nela são punidos os crimes resultantes de discriminação ou preconceito de raça, cor, etnia, religião ou procedência nacional. Esses crimes são marcados pela segregação ou pela intenção de segregar. Há o intuito de criar, por meio de ações concretas, efetiva divisão dos cidadãos em categorias baseadas em preconceito de raça, cor etc. Basta, para assim concluir, que sejam lidas as condutas tipificadas na Lei nº 7.716/89, que, quando não relacionadas diretamente ao impedimento de acesso a locais diversos (como os arts. 3º, 4º, 5º, 6º, entre outros), são relativas a atos que visam a produzir o mesmo efeito (como o art. 20, § 1º).

Há, por outro lado, a injúria qualificada, em que a intenção é a ofensa moral, que, mesmo tendo como meio o preconceito referente à religião, não se equipara à conduta anterior. Ainda que nesse caso se possa identificar uma espécie de segregação, aqui o termo não tem, como no racismo, sentido literal. No caso do enunciado, em que foram utilizados elementos religiosos como ofensa pessoal à mãe de Plínio, há injúria (art. 140, § 3º, do CP), não crime tipificado na Lei 7.716/89.

A injúria qualificada pelo preconceito é de ação penal pública condicionada a representação do ofendido. O prazo decadencial de seis meses é contado a partir do dia em que se sabe quem é o autor crime. No exemplo do enunciado, o prazo de inicia em 1º de junho de 2020. Considerando que na contagem se inclui o dia do começo (art. 10 do CP), a punibilidade se extinguiu em 1º de dezembro do mesmo ano.

Convém destacar, por fim, que, desde a entrada em vigor da Lei 14.532/23, a injúria qualificada do § 3º do art. 140 se limita à utilização de elementos referentes a religião ou à condição de pessoa idosa ou com deficiência. A tipificação das ofensas pessoais em razão de raça, cor, etnia ou procedência nacional migrou para o art. 2º-A da Lei 7.716/89. Houve, na realidade, um equívoco do legislador na permanência do preconceito religioso no Código Penal, pois, como vimos, a Lei 7.716/89 também se dedica a punir condutas segregacionistas com motivação religiosa. O ideal, portanto, seria que a injúria por preconceito religioso também integrasse o art. 2º-A da Lei 7.716/89.

**Alternativa correta: letra "d" (responde, também, as demais alternativas).**

**123. (FGV – Exame de Ordem 2020.1)** Durante uma reunião de condomínio, Paulo, com o animus de ofender a honra objetiva do condômino Arthur, funcionário público, mesmo sabendo que o ofendido foi absolvido daquela imputação por decisão transitada em julgado, afirmou que Artur não tem condições morais para conviver naquele prédio, porquanto se apropriara de dinheiro do condomínio quando exercia a função de síndico.

Inconformado com a ofensa à sua honra, Arthur ofereceu queixa-crime em face de Paulo, imputando-lhe a prática do crime de calúnia. Preocupado com as consequências de seu ato, após ser regularmente citado, Paulo procura você, como advogado(a), para assistência técnica.

Considerando apenas as informações expostas, você deverá esclarecer que a conduta de Paulo configura crime de

a) difamação, não de calúnia, cabendo exceção da verdade por parte de Paulo.

b) injúria, não de calúnia, de modo que não cabe exceção da verdade por parte de Paulo.

c) calúnia efetivamente imputado, não cabendo exceção da verdade por parte de Paulo.

d) calúnia efetivamente imputado, sendo possível o oferecimento da exceção da verdade por parte de Paulo.

**COMENTÁRIOS**

**Alternativa "a":** o crime de difamação consiste em atribuir a alguém fato ofensivo à sua reputação. Trata-se de fato determinado que, embora sem revestir caráter criminoso, é ofensivo à reputação da pessoa a quem se atribui. Não é o caso do exemplo do enunciado.

**Alternativa "b":** é crime injuriar alguém por meio de ofensa à dignidade ou ao decoro. Pune-se o insulto que normalmente consiste na emissão de conceitos negativos sobre a vítima, que atingem a honra subjetiva. Também não corresponde ao exemplo do enunciado.

**Alternativa "c" (responde, também, a alternativa "d"):** consiste a calúnia em imputar a alguém, implícita ou explicitamente, mesmo que de forma reflexa, determinado fato criminoso, sabidamente falso. É a conduta cometida por Paulo, que, mesmo ciente da inocência de Arthur, imputou-lhe o crime de apropriação indébita. Não há espaço, no caso, para a exceção da verdade (isto é, para que o autor da calúnia prove que a imputação é verdadeira), porque essa medida não é admitida se o ofendido foi absolvido do crime imputado por sentença irrecorrível (art. 138, § 3º, inc. III).

**Alternativa correta: letra "c".**

**124. (FGV – Exame de Ordem 2017.2)** Roberta, enquanto conversava com Robson, afirmou categoricamente que presenciou quando Caio explorava jogo do bicho, no dia 03/03/2017. No dia seguinte, Roberta contou para João que Caio era um "furtador".

Caio toma conhecimento dos fatos, procura você na condição de advogado(a) e nega tudo o que foi dito por Roberta, ressaltando que ela só queria atingir sua honra.

Nesse caso, deverá ser proposta queixa-crime, imputando a Roberta a prática de

a) 1 crime de difamação e 1 crime de calúnia.

b) 1 crime de difamação e 1 crime de injúria.

c) 2 crimes de calúnia.

d) 1 crime de calúnia e 1 crime de injúria.

**COMENTÁRIOS**

A falsa imputação de contravenção penal (jogo do bicho) não caracteriza calúnia (inventiva imputação de crime), mas sim difamação. E a atribuição da qualidade de furtador a alguém caracteriza o crime de injúria, no qual, ao contrário da calúnia e da difamação, não há, em regra, imputação de fatos, mas emissão de conceitos negativos sobre a vítima (fatos vagos, genéricos, difusos também configuram injúria).

**Alternativa "b" (responde, também, as demais alternativas).**

**125. (FGV – OAB 2012.1)** Ana Maria, aluna de uma Universidade Federal, afirma que José, professor concursado da instituição, trai a esposa todo dia com uma gerente bancária.

A respeito do fato acima, é correto afirmar que Ana Maria praticou o crime de

a) calúnia, pois atribuiu a José o crime de adultério, sendo cabível, entretanto, a oposição de exceção da verdade com o fim de demonstrar a veracidade da afirmação.

b) difamação, pois atribuiu a José fato desabonador que não constitui crime, sendo cabível, entretanto, a oposição de exceção da verdade com o fim de demonstrar a veracidade da afirmação, uma vez que José é funcionário público.

c) calúnia, pois atribuiu a José o crime de adultério, não sendo cabível, na hipótese, a oposição de exceção da verdade.

d) difamação, pois atribuiu a José fato desabonador que não constitui crime, não sendo cabível, na hipótese, a oposição de exceção da verdade.

**COMENTÁRIOS**

✪ **Nota do autor:** a honra divide-se em: a) objetiva, relacionada com a reputação e a boa fama que o indivíduo desfruta no meio social em que vive. Nos crimes de calúnia e difamação, atribuindo-se "fato", há ofensa à honra objetiva; b) subjetiva, quando relacionada com a dignidade e o decoro pessoal da vítima, isto é, o juízo que cada indivíduo tem de si (estima própria). No crime de injúria há ofensa à honra subjetiva, atribuindo-se ao ofendido "qualidade" negativa.

**Alternativa "a" (responde, também, a alternativa "c"):** o crime de calúnia consiste em imputar a alguém falsamente fato definido como crime. O crime de adultério foi revogado pela Lei nº 11.106/05, razão pela qual imputá-lo a alguém não constitui calúnia.

**Alternativa "d" (responde, também, a alternativa "b"):** o crime de difamação se caracteriza por imputar a alguém fato ofensivo à sua reputação. É o caso do adultério, que, embora não constitua crime, é um fato desonroso que pode lesar a reputação de alguém. Na hipótese, não tem lugar a exceção da verdade, permitida na difamação apenas se o ofendido é funcionário público e a ofensa é relativa ao exercício de suas funções (artigo 139, parágrafo único, do Código Penal). Embora o ofendido seja funcionário público, a ofensa não se relaciona às funções por ele desempenhadas na universidade.

**Alternativa correta: letra "d".**

**126. (FGV – Exame de Ordem 2014.2)** Jaime, candidato à prefeitura da cidade X, durante o horário de propaganda eleitoral em rede televisiva, proferiu as seguintes palavras: "O atual prefeito e candidato à reeleição, que se mostra defensor da família, posando com esposa e filhos para fotos, foi flagrado na semana passada entrando em um motel com uma prostituta! É esse tipo de governante que você quer?". A partir do caso exposto, assinale a opção que indica o delito praticado por Jaime.

a) Difamação, previsto no Código Eleitoral.

b) Difamação, previsto no Código Penal.

c) Injúria, previsto no Código Eleitoral.

d) Injúria, previsto no Código Penal.

COMENTÁRIOS

**Alternativa "a" (responde, também, a alternativa "b"):** afirmar, com propósito ofensivo, que alguém teve um encontro com uma prostituta caracteriza o crime de difamação, pois se trata de fato ofensivo à honra objetiva. Não se subsume, no entanto, ao art. 139 do Código Penal porque, cometido o fato durante o horário de propaganda eleitoral, há infração penal específica no Código Eleitoral (art. 325).

**Alternativa "c" (responde, também, a alternativa "d"):** não há crime de injúria porque o agente não insultou a vítima ofendendo-lhe a dignidade ou o decoro, mas lhe imputou fato ofensivo à reputação.

**Alternativa correta: letra "a".**

## 34. CONSTRANGIMENTO ILEGAL

**127. (FGV – OAB 2012.1)** Ares, objetivando passear com a bicicleta de Ártemis, desfere contra esta um soco. Ártemis cai, Ares pega a bicicleta e a utiliza durante todo o resto do dia, devolvendo-a ao anoitecer. Considerando os dados acima descritos, assinale a alternativa correta.

a) Ares praticou crime de roubo com a causa de diminuição de pena do arrependimento posterior.

b) Ares praticou atípico penal.

c) Ares praticou constrangimento ilegal.

d) Ares praticou constrangimento legal com a causa de diminuição de pena do arrependimento posterior.

COMENTÁRIOS

**Alternativa "a":** não houve crime de roubo, pois Ares não subtraiu a bicicleta movido pela intenção de tê-la para si, mas tão somente de utilizá-la por alguns momentos e devolvê-la, o que não perfaz o tipo do delito patrimonial.

**Alternativa "c" (responde, também, a alternativa "b"):** o fato praticado constitui constrangimento ilegal, já que, ao agredir Ártemis para utilizar sua bicicleta, Ares o constrangeu, mediante violência, a não fazer o que lei permite (usufruir normalmente seu patrimônio) e a fazer o que ela não manda (permitir que a bicicleta fosse levada).

**Alternativa "d":** tendo em vista que a intenção de Ares, desde o início, era a de apenas utilizar a bicicleta momentaneamente, não há falar em arrependimento posterior. Aliás, se o crime fosse o de roubo, o arrependimento não produziria o efeito de reduzir a pena nos termos do artigo 16 do Código Penal, que permite a incidência da causa de diminuição apenas se o crime for praticado sem violência ou grave ameaça a pessoa.

**Alternativa correta: letra "c".**

## 35. SEQUESTRO

**128. (FGV – Exame de Ordem 2017.2)** Bárbara, nascida em 23 de janeiro de 1999, no dia 15 de janeiro de 2017, decide sequestrar Felipe, por dez dias, para puni-lo pelo fim do relacionamento amoroso.

No dia 16 de janeiro de 2017, efetivamente restringe a liberdade do ex-namorado, trancando-o em uma casa e mantendo consigo a única chave do imóvel. Nove dias após a restrição da liberdade, a polícia toma conhecimento dos fatos e consegue libertar Felipe, não tendo, assim, se realizado, em razão de circunstâncias alheias, a restrição da liberdade por dez dias pretendida por Bárbara.

Considerando que, no dia 23 de janeiro de 2017, entrou em vigor nova lei, mais, alterando a sanção penal prevista para o delito de sequestro simples, passando a pena a ser de 01 a 05 anos de reclusão e não mais de 01 a 03 anos, o Ministério Público ofereceu denúncia em face de Bárbara, imputando-lhe a prática do crime do Art. 148 do Código Penal (Sequestro e Cárcere Privado), na forma da legislação mais recente, ou seja, aplicando-se, em caso de condenação, pena de 01 a 05 anos de reclusão.

Diante da situação hipotética narrada, é correto afirmar que o advogado de Bárbara, de acordo com a jurisprudência do Supremo Tribunal Federal, deverá pleitear

a) a aplicação do instituto da suspensão condicional do processo.

b) a aplicação da lei anterior mais benéfica, ou seja, a aplicação da pena entre o patamar de 01 a 03 anos de reclusão.

c) o reconhecimento da inimputabilidade da acusada, em razão da idade.

d) o reconhecimento do crime em sua modalidade tentada.

COMENTÁRIOS

**Alternativa "a":** de acordo com o disposto no art. 89 da Lei nº 9.099/95, aplica-se a suspensão condicional do processo se ao crime é cominada pena mínima não superior a um ano. Como a pena mínima do crime é de um ano, é cabível o benefício.

**Alternativa "b":** o crime de sequestro é permanente, ou seja, a consumação se protrai no tempo, razão pela qual se aplica a súmula nº 711 do STF, segundo a qual a lei mais grave se aplica ao crime permanente quando entra em vigor antes de cessar a permanência.

**Alternativa "c":** exatamente por se tratar de crime permanente, não importa que, ao sequestrar Felipe, Bárbara tivesse menos de dezoito anos se a consumação se estendeu até alguns dias depois de completada a maioridade.

**Alternativa "d":** tampouco é possível falar em tentativa só pelo fato de o sequestro não ter se estendido pelo tempo pretendido, pois o crime se consuma com a privação da liberdade.

**Alternativa correta: letra "a".**

## 36. FURTO

**129. (FGV – XXXVII Exame OAB)** Eduardo trabalha como porteiro do condomínio, e possui um primo, de nome Ygor, envolvido em vários crimes. A semelhança entre ambos sempre foi notória. Certa noite, após Eduardo se ausentar da portaria para colocar as lixeiras do prédio na rua, Ygor, aproveitando-se dos traços físicos muito parecidos com os do seu primo, também vestido com um uniforme idêntico, ingressa no edifício e subtrai vários pacotes endereçados aos moradores. Alguns moradores viram a movimentação, mas pensaram que se tratava de Eduardo arrumando e conferindo os pacotes. Baseando-se no caso hipotético, Ygor cometeu

a) furto qualificado mediante fraude.

b) estelionato.

c) falsa identidade.

d) furto qualificado por abuso de confiança.

**COMENTÁRIOS**

**Alternativa "a":** o furto consiste em subtrair, para si ou para outrem, coisa alheia móvel. Há circunstâncias que qualificam o crime em virtude de sua maior gravidade. Uma delas é a fraude, que, segundo Damásio, é o "meio enganoso capaz de iludir a vigilância do ofendido e permitir maior facilidade na subtração do objeto material" (*Direito penal:* parte especial. São Paulo: Saraiva. v. 2 (26. ed., 2004), p. 327). Aproveitando-se da semelhança física com seu primo, Ygor se vestiu com uniforme idêntico, ingressou no edifício e subtraiu objetos pertencentes aos moradores. Essa espécie de disfarce foi utilizada para diminuir a vigilância das pessoas sobre a movimentação que ocorria. E tanto foi eficaz que, apesar de alguns moradores terem presenciado a conduta de Ygor, confundiram-no com seu primo e não reagiram.

**Alternativa "b":** o furto mediante fraude nao se confunde com o estelionato. Naquele, a fraude visa a diminuir a vigilância da vítima e possibilitar a subtração. O bem é retirado sem que a vítima perceba que está sendo despojada. No estelionato, a fraude visa a fazer com que a vítima incida em erro e entregue voluntariamente o objeto ao agente. A vontade de alterar a posse no furto é unilateral (apenas o agente quer); já no estelionato é bilateral (agente e vítima querem).

**Alternativa "c":** o crime de falsa identidade (art. 307 do CP) se caracteriza por atribuir-se ou atribuir a terceiro falsa identidade para obter vantagem, em proveito próprio ou alheio, ou para causar dano a outrem. O enunciado não narra que Ygor se atribuiu uma identidade falsa, mas sim que ele se vestiu como o primo para que, devido à semelhança física, ninguém percebesse que se tratava de outra pessoa.

**Alternativa "d":** o furto se qualifica por abuso de confiança quando há um especial vínculo de lealdade ou de fidelidade entre a vítima e o agente. Também não tem relação com a situação hipotética do enunciado, pois Ygor não tinha nenhuma relação de confiança com os moradores.

**Alternativa correta: letra "a".**

---

**130. (FGV/OAB/XXXII_Exame – 2021)** Paulo é dono de uma loja de compra e venda de veículos usados. Procurado por um cliente interessado na aquisição de um veículo Audi Q7 e não tendo nenhum similar para vender, Paulo promete ao cliente que conseguirá aquele modelo no prazo de sete dias. No dia seguinte, Paulo verifica que um carro, do mesmo modelo pretendido, se achava estacionado no pátio de um supermercado e, assim, aciona Júlio e Felipe, conhecidos furtadores de carros da localidade, prometendo a eles adquirir o veículo após sua subtração pela dupla, logo pensando na venda vantajosa que faria para o cliente interessado. Júlio e Felipe, tranquilos com a venda que seria realizada, subtraíram o carro referido e Paulo efetuou a compra e o pagamento respectivo. Dias após, Paulo vende o carro para o cliente. Todavia, a polícia identificou a autoria do furto, em razão de a ação ter sido monitorada pelo sistema de câmeras do supermercado, sendo o veículo apreendido e recuperado com o cliente de Paulo.

Paulo foi denunciado pela prática dos crimes de receptação qualificada e furto qualificado em concurso material. Confirmados integralmente os fatos durante a instrução, inclusive com a confissão de Paulo, sob o ponto de vista técnico, cabe ao advogado de Paulo buscar o reconhecimento do

a) crime de receptação simples e furto qualificado, em concurso material.
b) crime de receptação qualificada, apenas.
c) crime de furto qualificado, apenas.
d) crime de receptação simples, apenas.

**COMENTÁRIOS**

O crime de receptação é acessório, pois sua existência depende da prática de um crime anterior. Só pode ser sujeito ativo da receptação quem não tenha sido concorrente (coautor ou partícipe) do crime precedente. Dessa forma, se Paulo, ao notar o veículo no estacionamento, pediu que Júlio e Felipe o furtassem com a promessa de que o bem seria adquirido em seguida, Paulo responde como partícipe do crime de furto, qualificado pelo concurso de pessoas. O fato de Paulo ter efetuado o pagamento pelo veículo não modifica a imputação penal porque, em momento anterior, já havia se formado o concurso de pessoas em relação à subtração.

**Alternativa correta: letra "c" (responde, também, as demais alternativas).**

---

**131. (FGV – Exame de Ordem 2020.1)** Inconformado por estar desempregado, Lúcio resolve se embriagar. Quando se encontrava no interior do coletivo retornando para casa, ele verifica que o passageiro sentado à sua frente estava dormindo, e o telefone celular deste estava solto em seu bolso. Aproveitando-se da situação, Lúcio subtrai o aparelho sem ser notado pelo lesado, que continuava dormindo profundamente. Ao tentar sair do coletivo, Lúcio foi interpelado por outro passageiro, que assistiu ao ocorrido, iniciando-se uma grande confusão, que fez com que o lesado acordasse e verificasse que seu aparelho fora subtraído.

Após denúncia pelo crime de furto qualificado pela destreza e regular processamento do feito, Lúcio foi condenado nos termos da denúncia, sendo, ainda, aplicada a agravante da embriaguez preordenada, já que Lúcio teria se embriagado dolosamente.

Considerando apenas as informações expostas e que os fatos foram confirmados, o(a) advogado(a) de Lúcio, no momento da apresentação de recurso de apelação, poderá requerer

a) o reconhecimento de causa de diminuição de pena diante da redução da capacidade em razão da sua embriaguez, mas não o afastamento da qualificadora da destreza.
b) a desclassificação para o crime de furto simples, mas não o afastamento da agravante da embriaguez preordenada.
c) a desclassificação para o crime de furto simples e o afastamento da agravante, não devendo a embriaguez do autor do fato interferir na tipificação da conduta ou na dosimetria da pena.
d) a absolvição, diante da ausência de culpabilidade, em razão da embriaguez completa.

**COMENTÁRIOS**

**Alternativa "a" (responde, também, a alternativa "d"):** a culpabilidade é afastada ou diminuída em virtude da embriaguez acidental, doutrinariamente conceituada como a decorrente de caso fortuito (o sujeito desconhece o efeito inebriante da substância que ingere) ou de força maior (o sujeito é obrigado a ingerir a substância inebriante). Quando completa, a embriaguez acidental isenta o agente de pena (art. 28, § 1º, do CP); se incompleta, não exclui a culpabilidade, mas diminui a pena (art. 28, § 2º, do CP). Além de não haver referência à alteração da capacidade de entendimento e de determinação no enunciado, nota-se que a embriaguez de Lúcio não foi acidental, mas voluntária, o que impede qualquer efeito sobre a culpabilidade.

**Alternativa "b" (responde, também, a alternativa "c"):** o furto, de fato, é simples, e não qualificado pela destreza. A qualificadora pressupõe que o agente, por meio de peculiar habilidade física ou manual, pratique o crime sem que a vítima perceba que está sendo despojada de seus bens (ex: batedores de carteira). No exemplo do enunciado, a vítima estava

PENAL

adormecida e o aparelho estava solto em seu bolso, circunstâncias que dispensam a habilidade especial do furtador. Além disso, não incide a agravante da embriaguez preordenada, na qual o agente se embriaga com a finalidade de cometer o crime. O enunciado menciona apenas que Lúcio se embriagou por inconformismo em relação a seu desemprego e, em seguida, percebendo a oportunidade, decidiu furtar o aparelho.

**Alternativa correta: letra "c".**

---

**132. (FGV/OAB/XXX – Exame – 2019.3)** Mário trabalhava como jardineiro na casa de uma família rica, sendo tratado por todos como um funcionário exemplar, com livre acesso a toda a residência, em razão da confiança estabelecida. Certo dia, enfrentando dificuldades financeiras, Mário resolveu utilizar o cartão bancário de seu patrão, Joaquim, e, tendo conhecimento da respectiva senha, promoveu o saque da quantia de R$ 1.000,00 (mil reais).

Joaquim, ao ser comunicado pelo sistema eletrônico do banco sobre o saque feito em sua conta, efetuou o bloqueio do cartão e encerrou sua conta. Sem saber que o cartão se encontrava bloqueado e a conta encerrada, Mário tentou novo saque no dia seguinte, não obtendo êxito. De posse das filmagens das câmeras de segurança do banco, Mário foi identificado como o autor dos fatos, tendo admitido a prática delitiva.

Preocupado com as consequências jurídicas de seus atos, Mário procurou você, como advogado(a), para esclarecimentos em relação à tipificação de sua conduta.

Considerando as informações expostas, sob o ponto de vista técnico, você, como advogado(a) de Mário, deverá esclarecer que sua conduta configura

a) os crimes de furto simples consumado e de furto simples tentado, na forma continuada.
b) os crimes de furto qualificado pelo abuso de confiança consumado e de furto qualificado pelo abuso de confiança tentado, na forma continuada.
c) um crime de furto qualificado pelo abuso de confiança consumado, apenas.
d) os crimes de furto qualificado pelo abuso de confiança consumado e de furto qualificado pelo abuso de confiança tentado, em concurso material.

**COMENTÁRIOS**

Segundo Magalhães Noronha, abuso de confiança é "circunstância subjetiva, reveladora de maior periculosidade do agente que não só furta, mas viola a confiança nele depositada. Pode tanto o criminoso captar propositadamente a confiança da vítima, para cometer o furto, como valer-se da confiança já existente" (*Código Penal brasileiro comentado* cit., v. 5, 1.ª parte, p. 126). Ressalte-se que para se configurar esta qualificadora exige-se um *especial vínculo* de lealdade ou de fidelidade entre a vítima e o agente, sendo irrelevante, por si só, a simples relação de emprego ou de hospitalidade (nesse sentido: *RT* 571/391). Entende a doutrina que a coisa deve ingressar na esfera de disponibilidade do agente em face da facilidade decorrente da confiança nele depositada. Assim, se, não obstante a relação de confiança, o agente pratica o furto de uma maneira que qualquer outra pessoa poderia tê-lo cometido, não há esta qualificadora. Como o enunciado destaca que Mário tinha acesso livre a toda a residência em razão da confiança nele depositada, não é irrazoável lhe atribuir o abuso de confiança (mas ainda assim pode haver certa controvérsia, a depender da interpretação que se dê a "especial vínculo de lealdade").

Trata-se, no entanto, de apenas um furto consumado, pois a segunda conduta ingressa na esfera do crime impossível por absoluta impropriedade do objeto material, tendo em vista que a conta corrente não existia mais. Era absolutamente impossível ter sucesso no saque do dinheiro.

**Alternativa "c" (responde, também, as demais alternativas).**

---

**133. (FGV – Exame de Ordem 2017.2)** Decidido a praticar crime de furto na residência de um vizinho, João procura o chaveiro Pablo e informa do seu desejo, pedindo que fizesse uma chave que possibilitasse o ingresso na residência, no que foi atendido. No dia do fato, considerando que a porta já estava aberta, João ingressa na residência sem utilizar a chave que lhe fora entregue por Pablo, e subtrai uma TV.

Chegando em casa, narra o fato para sua esposa, que o convence a devolver o aparelho subtraído. No dia seguinte, João atende à sugestão da esposa e devolve o bem para a vítima, narrando todo o ocorrido ao lesado, que, por sua vez, comparece à delegacia e promove o registro próprio.

Considerando o fato narrado, na condição de advogado(a), sob o ponto de vista técnico, deverá ser esclarecido aos familiares de Pablo e João que

a) nenhum deles responderá pelo crime, tendo em vista que houve arrependimento eficaz por parte de João e, como causa de excludente da tipicidade, estende-se a Pablo.
b) ambos deverão responder pelo crime de furto qualificado, aplicando-se a redução de pena apenas a João, em razão do arrependimento posterior.
c) ambos deverão responder pelo crime de furto qualificado, aplicando-se a redução de pena para os dois, em razão do arrependimento posterior, tendo em vista que se trata de circunstância objetiva.
d) João deverá responder pelo crime de furto simples, com causa de diminuição do arrependimento posterior, enquanto Pablo não responderá pelo crime contra o patrimônio.

**COMENTÁRIOS**

**Alternativa "a":** não se trata de arrependimento eficaz, que pressupõe, uma vez esgotada a execução do crime, a tomada de providência que impeça a consumação.

**Alternativa "b" (responde, também, a alternativa "c"):** não há furto qualificado, pois a chave falsa não foi utilizada. E, também por esta razão, Pablo não deve ser responsabilizado.

**Alternativa "d"**: João responde pelo crime de furto com a pena diminuída porque, após consumar o delito, arrependeu-se e voluntariamente restituiu o bem à vítima. Pablo, por sua vez, não responde como partícipe porque um dos requisitos do concurso de pessoas é de que a conduta concorrente tenha relevância causal, inexistente, no caso, porque a chave por ele produzida não chegou a ser utilizada por João, que encontrou aberta a porta da residência. Logo, a conduta de Pablo não teve nenhuma relevância para o deslinde da empreitada criminosa (eliminada a produção da chave, o crime ocorreria da mesma forma).

**Alternativa correta: letra "d".**

---

**134. (FGV – Exame de Ordem 2016.3)** Felipe sempre sonhou em ser proprietário de um veículo de renomada marca mundial. Quando soube que uma moradora de sua rua tinha um dos veículos de seu sonho em sua garagem, Felipe combinou com Caio e Bruno de os dois subtraírem o veículo, garantindo que ficaria com o produto do crime e que Caio e Bruno iriam receber determinado valor, o que efetivamente vem a ocorrer.

Após receber o carro, Felipe o leva para sua casa de praia, localizada em outra cidade do mesmo Estado em que reside. Os fatos são descobertos e o veículo é apreendido na casa de veraneio de Felipe.

Considerando as informações narradas, é correto afirmar que Felipe deverá ser responsabilizado pela prática do crime de

a) furto simples.

b) favorecimento real.

c) furto qualificado pelo concurso de agentes.

d) receptação.

COMENTÁRIOS

**Alternativa "a" (responde, também, a alternativa "c"):** a conduta punida no furto é a de apoderar-se o agente, para si ou para outrem, de coisa alheia móvel, tirando a de quem a de tém (diminui-se o patrimônio da vítima). Uma das circunstâncias que qualificam o furto é o concurso de agentes na forma disposta no art. 29 do CP: "Quem, de qualquer modo, concorre para o crime, incide nas penas a este cominadas, na medida de sua culpabilidade". Dessa forma, ainda que Felipe não tenha praticado atos de execução do furto, responde juntamente com os demais por ter determinado a ocorrência do crime. Neste caso, embora haja quem considere se tratar de participação, parece-nos mais razoável aplicar a teoria do domínio do fato, considerando que Felipe tinha claramente o domínio final sobre as condutas de seus comparsas, pois idealizou o crime e dele se beneficiou principal e diretamente.

**Alternativa "b":** não há crime de favorecimento real, que consiste em prestar ao criminoso, fora dos casos de coautoria ou de receptação, auxílio destinado a tornar seguro o proveito do crime (art. 349 do CP, que, embora mencione apenas a coautoria, engloba também a participação). No exemplo do enunciado, Felipe determinou a prática do crime de furto e deve responder, juntamente com os demais, pelo mesmo crime.

**Alternativa "d":** tampouco se trata de receptação, pois Felipe não adquiriu ou recebeu o veículo furtado pelos demais, mas promoveu a prática da própria subtração.

**Alternativa correta: letra "c".**

---

**135. (FGV – Exame de Ordem 2016.2)** Aproveitando-se da ausência do morador, Francisco subtraiu de um sítio diversas ferramentas de valor considerável, conduta não assistida por quem quer que seja. No dia seguinte, o proprietário Antônio verifica a falta das coisas subtraídas, resolvendo se dirigir à delegacia da cidade. Após efetuar o devido registro, quando retornava para o sítio, Antônio avistou Francisco caminhando com diversas ferramentas em um carrinho, constatando que se tratavam dos bens dele subtraídos no dia anterior. Resolve fazer a abordagem, logo dizendo ser o proprietário dos objetos, vindo Francisco, para garantir a impunidade do crime anterior, a desferir um golpe de pá na cabeça de Antônio, causando-lhe as lesões que foram a causa de sua morte. Apesar de tentar fugir em seguida, Francisco foi preso por policiais que passavam pelo local, sendo as coisas recuperadas, ficando constatado o falecimento do lesado.

Revoltada, a família de Antônio o procura, demonstrando interesse em sua atuação como assistente de acusação e afirmando a existência de dúvidas sobre a capitulação da conduta do agente.

Considerando o caso narrado, o advogado esclarece que a conduta de Francisco configura o(s) crime(s) de

a) latrocínio consumado.

b) latrocínio tentado.

c) furto tentado e homicídio qualificado.

d) furto consumado e homicídio qualificado.

COMENTÁRIOS

**Alternativa "a" (responde, também, a alternativa "b"):** não há crime de latrocínio porque, nesta figura criminosa, a violência é concomitante à subtração. Trata-se, na verdade, da violência que caracteriza o roubo, mas que, extrapolada, causa a morte da vítima.

**Alternativa "c":** tampouco é possível considerar tentado o furto, pois Francisco cometeu a subtração num dia e foi surpreendido no dia seguinte levando os objetos furtados.

**Alternativa "d"**: se, em determinado dia, Francisco invadiu a propriedade de Antônio e dali subtraiu diversos objetos pertencentes a este último, levando-os sem sequer ser notado, consumou-se o crime de furto. Surpreendido pela vítima no dia seguinte carregando os objetos, Francisco reagiu para garantir a impunidade de seu crime, atingindo-a com uma pá e lhe causando ferimentos que provocaram sua morte. Houve, portanto, homicídio qualificado pela conexão consequencial (assegurar a impunidade do furto), a ser imputado a Francisco na forma de concurso material com o crime patrimonial. Note-se que o fato de a agressão ter ocorrido "para garantir a impunidade do crime anterior" nao atrai a figura do roubo impróprio, em que a violência ou a grave ameaça é empregada "logo depois de subtraída a coisa, a fim de assegurar a impunidade do crime ou a detenção da coisa para si ou para terceiro".

**Alternativa correta: letra "d".**

---

**136. (FGV – Exame de Ordem 2015.2)** Marcondes, necessitando de dinheiro para comparecer a uma festa no bairro em que residia, decide subtrair R$ 1.000,00 do caixa do açougue de propriedade de seu pai. Para isso, aproveita-se da ausência de seu genitor, que, naquele dia, comemorava seu aniversário de 63 anos, para arrombar a porta do estabelecimento e subtrair a quantia em espécie necessária.

Analisando a situação fática, é correto afirmar que

a) Marcondes não será condenado pela prática de crime, pois é isento de pena, em razão da escusa absolutória.

b) Marcondes deverá responder pelo crime de furto de coisa comum, por ser herdeiro de seu pai.

c) Marcondes deverá responder pelo crime de furto qualificado.

d) Marcondes deverá responder pelos crimes de dano e furto simples em concurso formal.

COMENTÁRIOS

**Alternativa "a" (responde, também, a alternativa "c"):** em regra, nos crimes patrimoniais sem violência ou grave ameaça a pessoa cometidos contra ascendente, o agente é isento de pena em virtude da incidência da escusa absolutória disposta no art. 181, inciso II, do Código Penal. A escusa, todavia, não incide se a vítima tem idade igual ou superior a sessenta anos. No exemplo citado, Marcondes responderá pelo furto porque seu pai conta mais de sessenta anos. O furto, no mais, é qualificado em razão do rompimento de obstáculo, consistente no arrombamento da porta.

**Alternativa "b":** o furto de coisa comum consiste em subtrair o condômino, coerdeiro ou sócio, para si ou para outrem, a quem legitimamente a detém, a coisa comum. O fato, portanto, de Marcondes ser herdeiro da vítima não atrai a figura do art. 156 do Código Penal.

**Alternativa "d":** não se trata de concurso entre crimes de dano e de furto, pois o dano provocado para cometer a subtração caracteriza uma qualificadora do furto. E mesmo que houvesse concurso, não seria formal, mas material, diante do cometimento de duas condutas (uma para danificar e outra para subtrair).

**Alternativa correta: letra "c".**

---

**137. (FGV – Exame de Ordem 2014.3)** No dia 14 de setembro de 2014, por volta das 20h, José, primário e de bons antecedentes, tentou subtrair para si, mediante escalada de um muro de 1,70 metros de altura, vários pedaços de fios duplos de cobre da rede elétrica avaliados em, aproximadamente, R$ 100,00 (cem reais) à época dos fatos. Sobre o caso apresentado, segundo entendimento sumulado do STJ, assinale a afirmativa correta.

a) É possível o reconhecimento do furto qualificado-privilegiado independentemente do preenchimento cumulativo dos requisitos previstos no Art. 155, § 2º, do CP.

b) É possível o reconhecimento do privilégio previsto no Art. 155, § 2º, do CP nos casos de crime de furto qualificado se estiverem presentes a primariedade do agente e o pequeno valor da coisa, e se a qualificadora for de ordem objetiva.

c) Não é possível o reconhecimento do privilégio previsto no Art. 155, § 2º, do CP nos casos de crime de furto qualificado, mesmo que estejam presentes a primariedade do agente e o pequeno valor da coisa, e se a qualificadora for de ordem objetiva.

d) É possível o reconhecimento do privilégio previsto no Art. 155, § 2º, do CP nos casos de crime de furto qualificado se estiverem presentes a primariedade do agente, o pequeno valor da coisa, e se a qualificadora for de ordem subjetiva.

COMENTÁRIOS

**Alternativa "a":** para que se reconheça o privilégio no furto, é indispensável que concorram dois requisitos: primariedade do agente e pequeno valor da coisa furtada.

**Alternativa "b" (responde, também, as alternativas "c" e "d"):** é admissível a figura do furto qualificado-privilegiado, de acordo com a orientação do STJ, se a qualificadora for de ordem objetiva. O STJ editou a súmula nº 511 neste exato sentido: "É possível o reconhecimento do privilégio previsto no § 2º do art. 155 do CP nos casos de crime de furto qualificado, se estiverem presentes a primariedade do agente, o pequeno valor da coisa e a qualificadora for de ordem objetiva". Nota-se que a súmula destaca a aplicação do privilégio somente diante de qualificadoras objetivas. A ressalva foi feita porque, de acordo com a jurisprudência do tribunal, o abuso de confiança e a fraude têm natureza subjetiva (neste sentido: HC 200895/RJ, DJe 27/05/2013; HC 462.322/SC, j. 27/11/2018).

**Alternativa correta: letra "b".**

## 37. ROUBO

---

**138. (FGV – XXXVII Exame OAB)** Silvio, mediante emprego da ameaça de "esquartejá-la com sua espada", arrancou o cordão de ouro do pescoço de Ana. Após tal subtração, Silvio foi perseguido por policiais militares, que lograram prendê-lo em flagrante delito e recuperar o bem subtraído da vítima. É correto afirmar que Silvio cometeu crime de

a) extorsão tentada.

b) roubo tentado.

c) roubo impróprio.

d) roubo consumado.

COMENTÁRIOS

**Alternativa "a":** Silvio não pode ser acusado de ter cometido extorsão, pois esse crime consiste em constranger alguém, mediante violência ou grave ameaça, e com o intuito de obter para si ou para outrem indevida vantagem econômica, a fazer, tolerar que se faça ou deixar de fazer alguma coisa. Segundo o enunciado, Silvio ameaçou Ana e lhe tomou um bem, e não a constrangeu para que ela fizesse ou deixasse de fazer algo.

**Alternativa "b" (responde, também, a alternativa "d"):** o roubo consiste em subtrair coisa móvel alheia, para si ou para outrem, mediante grave ameaça ou violência a pessoa, ou depois de havê-la, por qualquer meio, reduzido à impossibilidade de resistência. A orientação dos Tribunais Superiores é de que o crime se consuma com a subtração do bem mediante violência ou grave ameaça, dispensando o locupletamento do agente. Se, após o emprego da violência pessoal, não puder o agente, por circunstâncias alheias à sua vontade, executar a subtração, reconhece-se a tentativa. A respeito, o STJ editou a súmula 582: "Consuma-se o crime de roubo com a inversão da posse do bem mediante emprego de violência ou grave ameaça, ainda que por breve tempo e em seguida à perseguição imediata ao agente e recuperação da coisa roubada, sendo prescindível a posse mansa e pacífica ou desvigiada". Dessa forma, não importa, para a consumação, que Silvio tenha sido perseguido e preso logo após subtrair o objeto.

**Alternativa "c":** no roubo impróprio, a violência ou grave ameaça é empregada após a efetiva subtração patrimonial ("logo depois" do apoderamento do objeto – art. 157, § 1º). Não foi essa a conduta praticada por Silvio.

**Alternativa correta: letra "d".**

---

**139. (FGV – Exame de Ordem 2018.1)** Flávia conheceu Paulo durante uma festa de aniversário. Após a festa, ambos foram para a casa de Paulo, juntamente com Luiza, amiga de Flávia, sob o alegado desejo de se conhecerem melhor.

Em determinado momento, Paulo, sem qualquer violência real ou grave ameaça, ingressa no banheiro para urinar, ocasião em que Flávia e Luiza colocam um pedaço de madeira na fechadura, deixando Paulo preso dentro do local. Aproveitando-se dessa situação, subtraem diversos bens da residência de Paulo e deixam o imóvel, enquanto a vítima, apesar de perceber a subtração, não tinha condição de reagir. Horas depois, vizinhos escutam os gritos de Paulo e chamam a Polícia.

De imediato, Paulo procura seu advogado para esclarecimentos sobre a responsabilidade penal de Luiza e Flávia.

Considerando as informações narradas, o advogado de Paulo deverá esclarecer que as condutas de Luiza e Flávia configuram crime de

a) roubo majorado.

b) furto qualificado, apenas.

c) cárcere privado, apenas.

d) furto qualificado e cárcere privado.

COMENTÁRIOS

**Alternativa "a":** segundo dispõe o *caput* do art. 157 do CP, o crime de roubo pode ser cometido por violência, grave ameaça ou outro meio que reduza a vítima à impossibilidade de resistência. Este último meio é denominado *violência imprópria*, pois, pelas mais diversas manobras, retira da vítima a sua capacidade de oposição.

O enunciado deixa claro que Flávia e Luíza prenderam Pedro dentro do banheiro e o deixaram sem condição de reagir, o que caracteriza esta modalidade do roubo, que, ademais, é majorado em virtude do concurso de pessoas (art. 157, § 2º, inc. II).

**Alternativa "b":** o furto se caracteriza pela subtração desacompanhada de meios que de alguma forma constranjam a vítima, isto é, violência, ameaça ou, como no caso do enunciado, outras medidas que obstem a reação.

**Alternativa "c":** não se trata de crime de cárcere privado, que tem por finalidade privar a vítima de sua liberdade de locomover-se. Flávia e Luíza não tinham outro propósito senão impedir que Pedro reagisse à subtração.

**Alternativa correta: letra "a".**

---

**140. (FGV – OAB 2012.4 – prova reaplicada em Ipatinga/MG)** Ana e Júlia, irmãs gêmeas de 15 anos, estavam caminhando no calçadão da praia por volta das 18h, ocasião em que foram abordadas por Malu, jovem franzina de 18 anos. Malu, simulando portar arma de fogo, amedrontou as vítimas, que lhe entregaram os telefones celulares que portavam. Ato contínuo, a delinquente saiu correndo, rindo para as vítimas, enquanto mostrava que não portava nenhuma arma de fogo.

Levando em conta os dados fornecidos, assinale a afirmativa correta.

a) Malu deve responder por furto qualificado, praticado em concurso formal.

b) Malu deve responder por roubo qualificado, praticado em concurso formal.

c) Malu deve responder por roubo simples, praticado em concurso formal.

d) Malu não faz jus a nenhuma circunstância atenuante.

**COMENTÁRIOS**

**Alternativa "a":** o crime de furto pressupõe a subtração desacompanhada de violência ou grave ameaça, o que não ocorreu.

**Alternativa "b" (responde, também, a alternativa "c"):** Malu responderá pelo crime de roubo simples, em concurso formal. Não há a incidência de causa de aumento de pena porque não houve utilização de arma de fogo, mas apenas simulação. Há concurso de crimes, na modalidade formal, em virtude de ter havido uma conduta que vitimou duas pessoas.

**Alternativa "d":** em razão da idade de Malu no momento da conduta (18 anos), incide a circunstância atenuante da menoridade, prevista no art. 65, inciso I, do Código Penal (é circunstância que sempre atenua a pena ser o agente menor de vinte e um anos na data do fato).

**Alternativa correta: letra "c".**

## 38. EXTORSÃO MEDIANTE SEQUESTRO

---

**141. (FGV – Exame de Ordem 2013.3)** Lúcia, objetivando conseguir dinheiro, sequestra Marcos, jovem cego. Quando estava escrevendo um bilhete para a família de Marcos, estipulando o valor do resgate, Lúcia fica sabendo, pela própria vítima, que sua família não possui dinheiro algum. Assim, verificando que nunca conseguiria obter qualquer ganho, Lúcia desiste da empreitada criminosa e coloca Marcos dentro de um ônibus, orientando-o a descer do coletivo em determinado ponto. Com base no caso apresentado, assinale a afirmativa correta.

a) Lúcia deve responder pelo delito de sequestro ou cárcere privado, apenas.

b) Lúcia não praticou crime algum, pois beneficiada pelo instituto da desistência voluntária.

c) Lúcia deve responder pelo delito de extorsão mediante sequestro em sua modalidade consumada.

d) Lúcia não praticou crime algum, pois beneficiada pelo instituto do arrependimento eficaz.

**COMENTÁRIOS**

**Alternativa "a" (responde, também, a alternativa "b"):** se a extorsão mediante sequestro se consumasse em momento posterior à restrição da liberdade da vítima, o ato de libertação, sem exigência da vantagem, poderia constituir desistência voluntária, respondendo o agente apenas pelo fato até aquele momento praticado (sequestro). Mas, como ressaltado nos comentários à alternativa "c", não é o caso.

**Alternativa "c":** Lúcia sequestrou Marcos com a finalidade de obter, para si, vantagem como condição ou preço do resgate. A extorsão mediante sequestro se consuma com a simples restrição da liberdade da vítima. Se, em determinado momento, Lúcia decide libertá-la por constatar ser ela desprovida de condição financeira que garanta o resultado almejado, não há tentativa, pois o crime se consuma no momento em que a vítima é arrebatada.

**Alternativa "d":** considerando o momento consumativo do crime, não se admite, também, o arrependimento eficaz, aplicável nas situações em que, encerradas as manobras de execução, o agente atua positivamente para impedir que o resultado se produza.

**Alternativa correta: letra "c".**

## 39. ESTELIONATO

---

**142. (FGV – Exame de Ordem XXXVI – 2022)** Américo é torcedor fanático de um grande clube brasileiro, que disputa todos os principais campeonatos nacionais e internacionais. Américo recebeu a notícia de que seu clube iria jogar uma partida no estádio de sua cidade, porém, ao tentar adquirir os ingressos, descobriu que estes já haviam se esgotado. André, seu vizinho, torcedor do time rival, sempre incomodado com os gritos de comemoração que Américo soltava em dias de jogo, resolveu se vingar, oferecendo ingressos falsos para Américo. Sem saber da falsidade, Américo aceitou a oferta, porém, no momento da concretização do pagamento, percebeu, por sua acurada expertise no tema ingressos de futebol, que os ingressos eram falsos. Com base na situação hipotética, é correto afirmar que a conduta de André corresponde ao crime de

a) "cambismo", do Estatuto do Torcedor, na modalidade tentada.

b) falsificação de documento público.

c) estelionato, na modalidade tentada.

d) uso de documento falso.

**COMENTÁRIOS**

**Alternativa "a":** o art. 41-F da Lei 10.671/03 pune a conduta de vender ingressos de evento esportivo por preço superior ao estampado no bilhete. Não se trata, portanto, de vender ingressos falsos.

**Alternativa "b":** o art. 297 do CP, que tipifica o crime de falsificação de documento público, dispõe, no § 2º, que, para os efeitos penais, equiparam-se a documento público o emanado de entidade paraestatal, o título ao portador ou transmissível por endosso, as ações de sociedade comercial, os livros

PENAL

mercantis e o testamento particular. Dessa forma, ingressos de eventos esportivos não se inserem nessa categoria.

**Alternativa "c":** efetivamente, André cometeu o crime de estelionato, que consiste em obter, para si ou para outrem, vantagem ilícita em prejuízo alheio, induzindo ou mantendo alguém em erro, mediante artifício, ardil, ou qualquer outro meio fraudulento. No caso, André tentou enganar Américo para vender a ele ingressos falsificados, causando-lhe prejuízo e, ao mesmo tempo, obtendo vantagem. O crime é tentado porque, antes que o prejuízo e a obtenção de vantagem indevida se concretizassem, Américo percebeu o engodo.

**Alternativa "d":** não se trata de uso de documento falso, pois André tinha o dolo de enganar Américo para lhe provocar um prejuízo e, com isso, obter vantagem. Trata-se de crime patrimonial.

**Alternativa correta: letra "c".**

---

**143. (FGV – Exame de Ordem 2020.1)** Maria, em uma loja de departamento, apresentou roupas no valor de R$ 1.200 (mil e duzentos reais) ao caixa, buscando efetuar o pagamento por meio de um cheque de terceira pessoa, inclusive assinando como se fosse a titular da conta. Na ocasião, não foi exigido qualquer documento de identidade. Todavia, o caixa da loja desconfiou do seu nervosismo no preenchimento do cheque, apesar da assinatura perfeita, e consultou o banco sacado, constatando que aquele documento constava como furtado. Assim, Maria foi presa em flagrante naquele momento e, posteriormente, denunciada pelos crimes de estelionato e falsificação de documento público, em concurso material. Confirmados os fatos, o advogado de Maria, no momento das alegações finais, sob o ponto de vista técnico, deverá buscar o reconhecimento

a) do concurso formal entre os crimes de estelionato consumado e falsificação de documento público.
b) do concurso formal entre os crimes de estelionato tentado e falsificação de documento particular.
c) de crime único de estelionato, na forma consumada, afastando-se o concurso de crimes.
d) de crime único de estelionato, na forma tentada, afastando-se o concurso de crimes.

**COMENTÁRIOS**

O crime de estelionato, pela sua natureza, pode vir acompanhado pelo ato de falsificação de documentos. Nessa hipótese, discute-se se há (ou não) o concurso de delitos. De acordo com o STJ, como são diversos os bens jurídicos protegidos, o agente pode responder pelos dois crimes (estelionato e falso), em concurso formal, considerando a unidade de conduta da qual decorrem vários resultados (HC 125.331/MG, DJe 08/03/2010). Contudo, se o falso se esgota (se exaure) no estelionato, o delito contra a fé-pública fica absorvido pelo patrimonial. É o que dispõe a súmula nº 17 do STJ, cujos precedentes afastavam o concurso formal nas situações em que o falso servia apenas como meio para a obtenção fraudulenta de vantagem que, uma vez alcançada, exauria a possibilidade de que o documento fosse utilizado para a prática de mais crimes.

O estelionato é, ademais, tentado porque, embora Maria tenha praticado atos fraudulentos para obter vantagem, o vendedor desconfiou e impediu que o resultado se produzisse.

**Alternativa "d" (responde, também, as demais alternativas).**

---

**144. (FGV – OAB 2010.2)** Paula Rita convenceu sua mãe adotiva, Maria Aparecida, de 50 anos de idade, a lhe outorgar um instrumento de mandato para movimentar sua conta bancária, ao argumento de que poderia ajudá-la a efetuar pagamento de contas, pequenos saques, pegar talões de cheques etc., evitando assim que a mesma tivesse que se deslocar para o banco no dia a dia. De posse da referida procuração, Paula Rita compareceu à agência bancária onde Maria Aparecida possuía conta e sacou todo o valor que a mesma possuía em aplicações financeiras, no total de R$ 150.000,00 (cento e cinquenta mil reais), apropriando-se do dinheiro antes pertencente a sua mãe. Considerando tal narrativa, assinale a alternativa correta.

a) Paula Rita praticou crime de estelionato em detrimento de Maria Aparecida e, pelo fato de ser sua filha adotiva, é isenta de pena.
b) Paula Rita praticou crime de furto mediante fraude em detrimento de Maria Aparecida e, pelo fato de ser sua filha adotiva, é isenta de pena.
c) Paula Rita praticou crime de estelionato em detrimento de Maria Aparecida e, apesar de ser sua filha adotiva, não é isenta de pena.
d) Paula Rita praticou crime de furto mediante fraude em detrimento de Maria Aparecida e, apesar de ser sua filha adotiva, não é isenta de pena.

**COMENTÁRIOS**

O crime é o de estelionato, e não o de furto mediante fraude, porque Paula Rita empregou a fraude com o intuito de fazer com que sua mãe lhe conferisse poderes para a movimentação da conta corrente, possibilitando a retirada do dinheiro. Furto seria se a fraude tivesse sido empregada como meio para a movimentação do dinheiro sem que a mãe de Paula Rita tivesse conhecimento dessa circunstância. Não obstante, em razão do disposto no artigo 181 do Código Penal, Paula Rita é isenta de pena por ter praticado o crime de estelionato contra ascendente.

**Alternativa "a" (responde, também, as demais alternativas).**

## 40. ESCUSAS ABSOLUTÓRIAS

---

**145. (FGV – Exame de Ordem/2018.3)** Leonardo, nascido em 20/03/1976, estava em dificuldades financeiras em razão de gastos contínuos com entorpecente para consumo. Assim, em 05/07/2018, subtraiu, em comunhão de ações e desígnios com João, nascido em 01/01/1970, o aparelho de telefonia celular de seu pai, Gustavo, nascido em 05/11/1957, tendo João conhecimento de que Gustavo era genitor do comparsa. Após a descoberta dos fatos, Gustavo compareceu em sede policial, narrou o ocorrido e indicou os autores do fato, que vieram a ser denunciados pelo crime de furto qualificado pelo concurso de agentes. No momento da sentença, confirmados os fatos, o juiz reconheceu a causa de isenção de pena em relação aos denunciados, considerando a condição de a vítima ser pai de um dos autores do fato.

Inconformado com o teor da sentença, Gustavo, na condição de assistente de acusação habilitado, demonstrou seu interesse em recorrer.

Com base apenas nas informações expostas, o(a) advogado(a) de Gustavo deverá esclarecer que

a) os dois denunciados fazem jus a causa de isenção de pena da escusa absolutária, conforme reconhecido pelo magistrado, já que a circunstância de a vítima ser pai de Leonardo deve ser estendida para João.
b) nenhum dos dois denunciados faz jus à causa de isenção de pena da escusa absolutória, devendo, confirmada a autoria, ambos ser condenados e aplicada pena.

c) somente Leonardo faz jus a causa de isenção de pena da escusa absolutória, não podendo esta ser estendida ao coautor.

d) somente João faz jus a causa de isenção de pena da escusa absolutória, não podendo esta ser estendida ao coautor.

**COMENTÁRIOS**

O art. 181 do Código Penal traz situações de escusas absolutórias, dispondo ser isento de pena quem comete crime patrimonial em prejuízo: a) do cônjuge, na constância da sociedade conjugal; b) de ascendente ou descendente, seja o parentesco civil ou natural. Ocorre que o art. 183 estabelece que não se aplicam as escusas ao estranho que participa do crime e se o crime é praticado contra pessoa com idade igual ou superior a sessenta anos (incisos II e III). No exemplo do enunciado, Gustavo, pai de Leonardo, tem sessenta anos, o que afasta a possibilidade de incidir a escusa absolutória. E, caso fosse viável sua incidência, não beneficiaria João, estranho à relação de parentesco entre Leonardo e Gustavo.

**Alternativa "b" (responde, também, as demais alternativas).**

## 41. ESTUPRO

**146. (FGV – Exame de Ordem 2015.3)** Glória é contratada como secretária de Felipe, um grande executivo de uma sociedade empresarial. Felipe se apaixona por Glória, mas ela nunca lhe deu atenção fora daquela necessária para a profissão. Felipe, então, simula a existência de uma reunião de negócios e pede para que a secretária fique no local para auxiliá-lo. À noite, Glória comparece à sala do executivo acreditando que ocorreria a reunião, quando é surpreendida por este, que coloca uma faca em seu pescoço e exige a prática de atos sexuais, sendo, em razão do medo, atendido. Após o ato, Felipe afirmou que Glória deveria comparecer normalmente ao trabalho no dia seguinte e ainda lhe entregou duas notas de R$ 100,00.

Diante da situação narrada, é correto afirmar que Felipe deverá responder pela prática do crime de

a) violação sexual mediante fraude.

b) assédio sexual.

c) favorecimento da prostituição ou outra forma de exploração sexual.

d) estupro.

**COMENTÁRIOS**

**Alternativa "a":** na violação sexual mediante fraude, pune-se o estelionato sexual, comportamento caracterizado quando o agente, sem emprego de qualquer espécie de violência, pratica com a vítima *ato de libidinagem* (conjunção carnal ou ato diverso de natureza libidinosa), usando de *fraude* ou *outro meio que impeça ou dificulte a livre manifestação de vontade da vítima*. Note-se que a fraude utilizada na execução do crime não pode anular a capacidade de resistência da vítima, caso em que estará configurado o delito de estupro de vulnerável (art. 217-A do CP). Assim, não pratica estelionato sexual (art. 215 do CP), mas estupro de vulnerável (art. 217-A do CP), o agente que usa psicotrópicos para vencer a resistência da vítima e com ela manter a conjunção carnal.

**Alternativa "b":** a ação típica do assédio sexual consiste em *constranger* alguém com o intuito de obter vantagem sexual, prevalecendo-se o agente da sua condição de superior hierárquico ou ascendência (condição de mando) inerentes ao exercício de emprego, cargo ou função. É, em síntese, a insistência importuna de alguém em posição privilegiada, que usa dessa vantagem para obter favores sexuais de um subalterno. Não pode o agente se valer de violência ou grave ameaça, hipóteses configuradoras de delito de estupro.

**Alternativa "c":** tampouco é possível considerar a ocorrência do crime favorecimento da prostituição ou outra forma de exploração sexual, que consiste em induzir ou atrair alguém à prostituição ou outra forma de exploração sexual, facilitá-la, impedir ou dificultar que alguém a abandone. O fato de o agente ter dado dinheiro à vítima não tem nenhuma relevância para a tipificação penal.

**Alternativa "d":** Felipe responde pelo cometimento do crime de estupro por ter constrangido Glória, mediante grave ameaça, a ter conjunção carnal ou a praticar ou permitir que com ela se praticasse outro ato libidinoso. Pune-se, no art. 213 do Código Penal, o *ato de libidinagem* violento, coagido, obrigado, forçado, buscando o agente constranger a vítima à conjunção carnal (conjunção normal entre sexos opostos) ou praticar ou permitir que com ele se pratique outro ato libidinoso. Da simples leitura do tipo penal percebe-se que o delito abrange não só o fato de o autor constranger sua vítima a prática de ato libidinoso (com efetiva participação do ofendido), como também a situação em que faz com que aquela permita que com ela seja praticado tal ato (existe uma atitude passiva do ofendido).

**Alternativa correta: letra "d".**

**147. (FGV – OAB 2012.2)** Filolau, querendo estuprar Filomena, deu início à execução do crime de estupro, empregando grave ameaça à vítima. Ocorre que ao se preparar para o coito vagínico, que era sua única intenção, não conseguiu manter seu pênis ereto em virtude de falha fisiológica alheia à sua vontade. Por conta disso, desistiu de prosseguir na execução do crime e abandonou o local. Nesse caso, é correto afirmar que

a) trata-se de caso de desistência voluntária, razão pela qual Filolau não responderá pelo crime de estupro.

b) trata-se de arrependimento eficaz, fazendo com que Filolau responda tão somente pelos atos praticados.

c) a conduta de Filolau é atípica.

d) Filolau deve responder por tentativa de estupro.

**COMENTÁRIOS**

✪ **Nota do autor:** o vocábulo estupro, no Brasil, se limitava a incriminar o constrangimento de mulher à conjunção carnal. Outros atos libidinosos estavam tipificados no artigo seguinte, que protegia, também, o homem. Resolveu o legislador, com a edição da Lei 12.015/2009, seguir a sistemática de outros países (México, Argentina e Portugal), reunindo os dois crimes num só tipo penal, gerando, desse modo, uma nova acepção ao vocábulo estupro, hoje significando não apenas conjunção carnal violenta, contra homem ou mulher (estupro em sentido estrito), mas também o comportamento de obrigar a vítima, homem ou mulher, a praticar ou permitir que com o agente se pratique outro ato libidinoso.

**Alternativa "a":** a desistência voluntária se configura, conforme dispõe o artigo 15 do Código Penal, quando o sujeito ativo abandona a execução do crime quando ainda lhe sobra, do ponto de vista objetivo, uma margem de ação (o agente pode prosseguir, mas não quer), o que não se verifica no exemplo mencionado no enunciado.

**Alternativa "b":** verifica-se o arrependimento eficaz na conduta do agente que, após terminar a execução do crime, atua para impedir que o resultado se produza. Neste caso, não há simples desistência, mas atuação positiva para evitar a consumação do delito. Também não é esta situação que se extrai do enunciado.

**Alternativa "c" (responde, também, a alternativa "d"):** no caso, Filolau responde pelo crime de estupro na forma tentada, pois era movido pelo exclusivo intento de praticar o coito vagínico, deu início aos atos de execução, já que o emprego da grave ameaça constitui o constrangimento a que alude o tipo penal, mas não consumou o crime por circunstâncias alheias à sua vontade, ou seja, por uma questão fisiológica, não conseguiu manter a ereção, necessária para que seu propósito fosse alcançado.

**Alternativa correta: letra "d".**

**148. (FGV – Exame de Ordem 2014.1)** Analise os fragmentos a seguir:

I. João constrange Maria, por meios violentos, a ter com ele relação sexual. Em virtude da violência empregada para a consumação do ato, Maria sofre lesões corporais de natureza grave que a levam a óbito.

II. Joaquim constrange Benedita, por meio de grave ameaça, a ter com ele relação sexual. Após o coito Benedita falece em decorrência de ataque cardíaco, pois padecia, desde criança, de cardiopatia grave, condição desconhecida por Joaquim.

A partir das situações apresentadas nos fragmentos I e II, os delitos cometidos são, respectivamente,

a) estupro qualificado pelo resultado morte e estupro qualificado pelo resultado morte.

b) estupro em concurso com lesão corporal seguida de morte e estupro simples.

c) estupro qualificado pelo resultado morte e estupro em concurso com homicídio preterdoloso.

d) estupro qualificado pelo resultado morte e estupro simples.

COMENTÁRIOS

**Alternativa "a" (responde, também, a alternativa "d"):** na primeira situação, em que em virtude da violência empregada para o cometimento do estupro a vítima sofre lesão corporal grave que termina por lhe causar a morte, João responde por estupro qualificado pela morte, que foi culposa. A situação seria outra se João quisesse também causar a morte, em que responderia por estupro simples em concurso com homicídio doloso. Em relação ao segundo exemplo, há certa controvérsia. Se Benedita faleceu em razão de ataque cardíaco deflagrado pela ação criminosa, mas decorrente de cardiopatia de que era portadora desde a infância, estamos diante de uma causa relativamente independente preexistente. Neste caso, pelo entendimento tradicional, Joaquim responderia pela morte (na forma de estupro qualificado) porque, eliminado seu comportamento, aquele resultado não ocorreria. Para evitar a responsabilidade objetiva, no entanto, o Direito Penal moderno corrige esta conclusão, de maneira que somente seria possível imputar a morte ao agente caso ele soubesse da condição de saúde da vítima. Do contrário, haveria mesmo estupro na forma simples.

**Alternativa "b" (responde, também, a alternativa "c"):** não há concurso entre estupro e lesão corporal seguida de morte (que a doutrina também denomina *homicídio preterdoloso*) porque as lesões causadas na vítima decorreram do próprio estupro (tanto as lesões quanto a morte foram culposas). Caso as lesões graves causadas por João não houvessem acarretado a morte da vítima, responderia ele também por estupro qualificado, mas com pena menor.

**Alternativa correta: letra "d".**

## 42. VIOLAÇÃO SEXUAL MEDIANTE FRAUDE

**149. (FGV – OAB 2013.1)** José, rapaz de 23 anos, acredita ter poderes espirituais excepcionais, sendo certo que todos conhecem esse seu "dom", já que ele o anuncia amplamente. Ocorre que José está apaixonado por Maria, jovem de 14 anos, mas não é correspondido. Objetivando manter relações sexuais com Maria e conhecendo o misticismo de sua vítima, José a faz acreditar que ela sofre de um mal espiritual, o qual só pode ser sanado por meio de um ritual mágico de cura e purificação, que consiste em manter relações sexuais com alguém espiritualmente capacitado a retirar o malefício. José diz para Maria que, se fosse para livrá-la daquilo, aceitaria de bom grado colaborar no ritual de cura e purificação. Maria, muito assustada com a notícia, aceita e mantém, de forma consentida, relação sexual com José, o qual fica muito satisfeito por ter conseguido enganá-la e, ainda, satisfazer seu intento, embora tenha ficado um pouco frustrado por ter descoberto que Maria não era mais virgem.

Com base na situação descrita, assinale a alternativa que indica o crime que José praticou.

a) Corrupção de menores (Art. 218, do CP).

b) Violência sexual mediante fraude (Art. 215, do CP).

c) Estupro qualificado (Art. 213, § 1º parte final, do CP).

d) Estupro de vulnerável (Art. 217-A, do CP).

COMENTÁRIOS

**Alternativa "a":** a corrupção de menores consiste em induzir alguém menor de catorze anos a satisfazer a lascívia de outrem. No caso, além de a vítima ter catorze anos de idade já completos, não houve indução para satisfazer a lascívia de outrem, mas a adoção de manobras para que o próprio agente mantivesse relação sexual com a vítima.

**Alternativa "b":** embora a assertiva traga a expressão "violência sexual mediante fraude", na realidade se trata de violação (a violência faz com que se caracterize o estupro). Há, no caso, o crime de violação sexual mediante fraude, cuja conduta é a de ter conjunção carnal ou praticar outro ato libidinoso com alguém, mediante fraude ou outro meio que impeça ou dificulte a livre manifestação de vontade da vítima. Pune-se o estelionato sexual, comportamento caracterizado quando o agente, sem emprego de qualquer espécie de violência, pratica com a vítima *ato de libidinagem* (conjunção carnal ou ato diverso de natureza libidinosa), usando de *fraude* ou *outro meio que impeça ou dificulte a livre manifestação de vontade da vítima*. Note que a fraude utilizada na execução do crime não pode anular a capacidade de resistência da vítima, caso em que estará configurado o delito de estupro de vulnerável (art. 217-A do CP).

**Alternativa "c":** para a configuração do estupro na forma do art. 213 do Código Penal deve haver o emprego de violência ou grave ameaça, o que não ocorre no exemplo citado no enunciado.

**Alternativa "d":** de igual forma, não há estupro de vulnerável, que pressupõe o ato de ter conjunção carnal ou praticar outro ato libidinoso com menor de catorze anos ou com alguém que, por enfermidade ou deficiência mental, não tem o necessário discernimento para a prática do ato, ou que, por qualquer outra causa, não pode oferecer resistência.

**Alternativa correta: letra "b".**

## 43. ASSÉDIO SEXUAL

**150. (FGV – Exame de Ordem XXXVI – 2022)** Robson, diretor-presidente da Sociedade Empresária RX Empreendimentos, telefona para sua secretária Camila e solicita que ela compareça à sua sala. Ao ingressar no recinto, Camila é convidada para sentar ao lado de Robson no sofá, pois ele estaria precisando conversar com ela. Apesar de achar estranho o procedimento, Camila se senta ao lado de seu chefe. Durante a conversa, Robson afirma que estaria interessado nela e a convida para ir a um motel. Camila recusa o convite e, ato contínuo, Robson afirma que se ela não aceitar, nem precisa retornar ao trabalho no dia seguinte, pois estaria demitida. Camila, desesperada, sai da sala de seu chefe, pega sua bolsa e vai até a Delegacia Policial do bairro para registrar o fato. Diante das informações apresentadas, é correto afirmar que a conduta praticada por Robson se amolda ao crime de

a) tentativa de assédio sexual (Art. 216-A), não chegando o crime a ser consumado na medida em que se trata de crime material, exigindo a produção do resultado, o que não ocorreu na hipótese;

b) assédio sexual consumado, uma vez que o delito é formal, ocorrendo a sua consumação independentemente da obtenção da vantagem sexual pretendida;

c) fato atípico, uma vez que a conduta praticada por Robson configura mero ato preparatório do crime de assédio sexual, sendo certo que os atos preparatórios não são puníveis;

d) importunação sexual (Art. 215-A), uma vez que Robson praticou, contra a vontade de Camila, ato visando à satisfação de sua lascívia.

**COMENTÁRIOS**

**Alternativa "a" (responde, também, as alternativas "b" e "c"):** a ação típica do assédio sexual (art. 216-A do CP) consiste em constranger alguém com o intuito de obter vantagem sexual, prevalecendo-se o agente da sua condição de superior hierárquico ou ascendência (condição de mando) inerentes ao exercício de emprego, cargo ou função. É, em síntese, a insistência importuna de alguém em posição privilegiada, que usa dessa vantagem para obter favores sexuais de um subalterno. No tocante ao momento consumativo do delito, há duas correntes. Para uns, o crime se perfaz com o constrangimento (ainda que representado por um só ato), independentemente da obtenção da vantagem sexual visada. Assim lecionam Mirabete (Manual de direito penal, v. 2, p. 422) e Fernando Capez (Curso de Direito Penal: parte especial, v. 3, p. 45); para outros, a exemplo de Rodolfo Pamplona Filho (Assédio sexual, Coord. Damásio de Jesus e Luiz Flávio Gomes, p. 120-121), o crime é habitual, sendo necessária a prática de reiterados atos constrangedores. De qualquer forma, é dispensável a obtenção da vantagem sexual.

**Alternativa "d"**: a importunação sexual consiste em praticar contra alguém e sem a sua anuência ato libidinoso com o objetivo de satisfazer a própria lascívia ou a de terceiro (art. 215-A do CP). O enunciado não menciona a prática de atos libidinosos por Robson.

**Alternativa correta: letra "b".**

## 44. ESTUPRO DE VULNERÁVEL

**151. (FGV – XXXVII Exame OAB)** Antônio, de 49 anos, manteve numerosas relações sexuais consensuais com Miriam, à época com 13 anos, que tinha experiência sexual anterior, durante o namoro entre eles. Antônio tinha conhecimento da idade de Miriam. Sobre o caso, assinale a afirmativa correta.

a) Antônio cometeu conduta típica, ilícita e culpável.

b) Antônio cometeu conduta ilícita e culpável, mas não típica.

c) Antônio cometeu conduta típica e culpável, mas não ilícita.

d) Antônio cometeu conduta típica e ilícita, mas não culpável.

**COMENTÁRIOS**

Antônio cometeu o crime de estupro de vulnerável (art. 217-A do CP), consistente em ter conjunção carnal ou praticar outro ato libidinoso com menor de quatorze anos. Para a caracterização do crime, é indiferente que a vítima tenha experiência sexual ou mesmo que as relações tenham sido consensuais. Basta a prática de atos de libidinagem com o menor de quatorze anos. Isso decorre de expressa previsão legal: "As penas previstas no *caput* e nos §§ 1º, 3º e 4º deste artigo aplicam-se independentemente do consentimento da vítima ou do fato de ela ter mantido relações sexuais anteriormente ao crime" (§ 5º do art. 217-A). Vale ressaltar que essa disposição foi precedida pela súmula 593 do STJ: "O crime de estupro de vulnerável se configura com a conjunção carnal ou prática de ato libidinoso com menor de 14 anos, sendo irrelevante eventual consentimento da vítima para a prática do ato, sua experiência sexual anterior ou existência de relacionamento amoroso com o agente".

**Alternativa correta: letra "a" (responde, também, as demais alternativas).**

**152. (FGV- XXXV Exame de Ordem-2022)** No dia 31/12/2020, na casa da genitora da vítima, Fausto, com 39 anos, enquanto conversava com Ana Vitória, de 12 anos de idade, sem violência ou grave ameaça à pessoa, passava as mãos nos seios e nádegas da adolescente, conduta flagrada pela mãe da menor, que imediatamente acionou a polícia, sendo Fausto preso em flagrante. Preocupada com eventual represália e tendo interesse em ver o autor do fato punido, em especial porque sabe que Fausto cumpre pena em livramento condicional por condenação com trânsito em julgado pelo crime de latrocínio, a família de Ana Vitória procura você, na condição de advogado(a), para esclarecimento sobre a conduta praticada. Por ocasião da consulta jurídica, deverá ser esclarecido que o crime em tese praticado por Fausto é o de

a) estupro de vulnerável (Art. 217-A do CP), não fazendo jus Fausto, em caso de eventual condenação, a novo livramento condicional.

b) importunação sexual (Art. 215-A do CP), não fazendo jus Fausto, em caso de eventual condenação, a novo livramento condicional.

c) estupro de vulnerável (Art. 217-A do CP), podendo Fausto, em caso de condenação, após cumprimento de determinado tempo de pena e observados os requisitos subjetivos, obter novo livramento condicional.

d) importunação sexual (Art. 215-A do CP), podendo Fausto, em caso de condenação, após cumprimento de determinado tempo de pena e observados os requisitos subjetivos, obter novo livramento condicional.

**COMENTÁRIOS**

**Alternativa "a" (responde, também, a alternativa "c"):** Fausto é autor de estupro de vulnerável, tipificado no art. 217-A do CP. Pune-se, no *caput*, o agente que tem conjunção carnal ou pratica outro ato libidinoso com vítima menor de 14 anos. Consuma-se o delito com a prática do ato de libidinagem, que não precisa corresponder a um ato sexual propriamente dito. O STJ já considerou perfeita a conduta típica em situação na qual a vítima foi encontrada nua na presença do autor do crime, que a contemplava lascivamente (RHC 70.976/MS, Rel. Min. Joel Ilan Paciornik, DJe 10/8/2016). Como a conduta de Fausto consistiu em toques lascivos pelo corpo da adolescente, caracteriza-se o crime. No que tange ao livramento condicional, Fausto não poderá ser novamente beneficiado. O art. 83, inc. V, do CP dispõe que pode obter o livramento o condenado por crime hediondo ou equiparado que cumprir mais de dois terços da pena, desde que não seja reincidente específico em crimes dessa natureza – ou seja, hediondos. O enunciado indica que Fausto havia sido condenado por latrocínio. Tendo cometido outro crime hediondo, não poderá ser beneficiado novamente.

**Alternativa "b" (responde, também, a alternativa "d")**: a importunação sexual (art. 215-A do CP) consiste em praticar contra alguém e sem a sua anuência ato libidinoso com o objetivo de satisfazer a própria lascívia ou a de terceiro. Nos casos que envolvem menores de 14 anos em que são cometidos atos como beijos e toques lascivos sobre a roupa, sem que se identifiquem o constrangimento e o contato efetivamente sexual, há quem defenda que a tipificação se afaste do art. 217-A e se assente na importunação sexual, mais adequada, segundo se argumenta, para lidar com situações que não chegam efetivamente ao contato sexual. O STJ, contudo, se orienta no sentido de que não é possível promover a desclassificação: "Presente o dolo específico de satisfazer à lascívia, própria ou de terceiro, a prática de ato libidinoso com menor de 14 anos configura o crime de estupro de vulnerável (art. 217-A do CP), independentemente da ligeireza ou da superficialidade da conduta, não sendo possível a desclassificação para o delito de importunação sexual (art. 215-A do CP)" (REsp 1.959.697/SC, j. 08/06/2022).

**Alternativa correta: letra "a".**

---

**153. (FGV – Exame de Ordem 2016.2)** Durante dois meses, Mário, 45 anos, e Joana, 14 anos, mantiveram relações sexuais em razão de relacionamento amoroso. Apesar do consentimento de ambas as partes, ao tomar conhecimento da situação, o pai de Joana, revoltado, comparece à Delegacia e narra o ocorrido para a autoridade e policial, esclarecendo que o casal se conhecera no dia do aniversário de 14 anos de sua filha.

Considerando apenas as informações narradas, é correto afirmar que a conduta de Mário

a) é atípica, em razão do consentimento da ofendida.
b) configura crime de estupro de vulnerável.
c) é típica, mas não é antijurídica, funcionando o consentimento da ofendida como causa supralegal de exclusão da ilicitude.
d) configura crime de corrupção de menores.

**COMENTÁRIOS**

**Alternativa "a"**: ter conjunção carnal ou praticar outro ato libidinoso com menor entre quatorze e dezoito anos, de maneira consentida, é fato atípico, a não ser que o menor esteja exercendo a prostituição, situação em que o agente responde pelo crime tipificado no art. 218-B, § 2º, inciso I, do Código Penal (trata-se, aliás, de crime hediondo).

**Alternativa "b"**: comete o crime de estupro de vulnerável o agente que tem conjunção carnal ou pratica outro ato libidinoso com vítima **menor** de 14 anos ou portadora de enfermidade ou deficiência mental incapaz de discernimento para a prática do ato, ou que, por qualquer outra causa, não tenha condições de oferecer resistência (§ 1º) – pouco importando, neste último caso, se a incapacidade foi ou não provocada pelo autor. No exemplo do enunciado, em que a adolescente tem quatorze anos completos, não se perfaz o crime.

**Alternativa "c"**: como já mencionado, trata-se de conduta atípica. Se se tratasse de menor de quatorze anos, o consentimento não teria aliás nenhum efeito, segundo a orientação pacífica do STJ (súmula 593) e o § 5º do art. 217-A – acrescentado pela Lei 13.718/18 –, segundo o qual o crime se perfaz independentemente do consentimento da vítima ou do fato de ela ter mantido relações sexuais anteriormente ao crime.

**Alternativa "d"**: tampouco há o crime de corrupção de menores, que consiste em induzir alguém menor de quatorze anos a satisfazer a lascívia de outrem.

**Alternativa correta: letra "a".**

## 45. INCÊNDIO

---

**154. (FGV-Exame de Ordem 2019.1)** Frederico, de maneira intencional, colocou fogo no jardim da residência de seu chefe de trabalho, causando perigo ao patrimônio deste e dos demais vizinhos da região, já que o fogo se alastrou rapidamente, aproximando-se da rede elétrica e de pessoas que passavam pelo local. Ocorre que Frederico não se certificou, com as cautelas necessárias, que não haveria ninguém no jardim, de modo que a conduta por ele adotada causou a morte de uma criança, queimada, que brincava no local.

Desesperado, Frederico procura você, como advogado(a), e admite os fatos, indagando sobre eventuais consequências penais de seus atos.

Considerando apenas as informações narradas, o(a) advogado(a) de Frederico deverá esclarecer que a conduta praticada configura crime de

a) homicídio doloso qualificado pelo emprego de fogo.
b) incêndio doloso simples.
c) homicídio culposo.
d) incêndio doloso com aumento de pena em razão do resultado morte.

**COMENTÁRIOS**

**Alternativa "a"**: em nenhum momento o enunciado indica que Frederico atuou com intenção de provocar a morte de alguém. Nem mesmo há indicação de que tenha assumido esse risco. Logo, não é possível lhe imputar a prática de homicídio doloso.

**Alternativa "b" (responde, também, a alternativa "d"):** Frederico cometeu o crime de incêndio doloso, que consiste em *causar* (provocar) incêndio, expondo a perigo a vida, a integridade física ou o patrimônio de outrem. Incêndio é a voluntária comunicação de fogo a alguma coisa com a consciência de, assim agindo, acarretar perigo para a vida, integridade pessoal ou patrimônio alheios. Em virtude da ocorrência de uma morte porque Frederico, embora pretendesse apenas provocar o incêndio, não adotou as cautelas necessárias para se certificar de que não havia ninguém no jardim, o crime é majorado nos termos do art. 258 do CP: aplica-se a pena em dobro. Trata-se de figura preterdolosa, pois considera o incêndio querido pelo agente e o resultado morte advindo de forma culposa, ante a previsibilidade de que ocorresse.

**Alternativa "c"**: não é possível considerar a ocorrência do incêndio culposo, pois o enunciado deixa claro que Frederico agiu de modo intencional.

**Alternativa correta: letra "d".**

## 46. DESABAMENTO OU DESMORONAMENTO

---

**155. (FGV – Exame de Ordem 2014.2)** José, mestre de obras, foi contratado para realizar a reforma de um escritório no centro da cidade de Niterói. Durante a reforma, José, sem analisar a planta do edifício, derruba uma parede do escritório, com o intuito de unir duas salas contíguas. Dois dias após a derrubada da parede, o prédio desaba, e, no desabamento, morre uma pessoa que estava no local na hora da queda. A perícia consegue apurar que a queda foi provocada pela obra realizada por José, que não poderia derrubar a parede, pois esta seria estrutural no edifício. Diante dos fatos narrados, assinale a opção que indica a responsabilidade penal de José.

a) Desabamento doloso em concurso formal com o crime de homicídio doloso.

b) Desabamento doloso em concurso material com o crime de homicídio culposo.

c) Desabamento culposo, circunstanciado pela causa de aumento de pena em razão da morte culposa da vítima.

d) Desabamento culposo, circunstanciado pela causa de aumento de pena em razão da morte dolosa da vítima.

COMENTÁRIOS

**Alternativa "a" (responde, também, a alternativa "b"):** não se trata de desabamento doloso porque o agente não quis nem assumiu o risco de provocá-lo. Houve, sim, negligência de sua parte ao realizar a derrubada da parede sem consultar a planta do imóvel. Tampouco, portanto, é possível falar em homicídio doloso. Não há, ainda, concurso com homicídio culposo porque há disposição específica no art. 258 a respeito desse resultado.

**Alternativa "c" (responde, também, a alternativa "d"):** o art. 256 do Código Penal pune a conduta de *causar* (provocar) *desabamento* (queda, total ou parcial, de construção) ou *desmoronamento* (derrocada, deslizamento, ainda que parcial, do solo), expondo a perigo a vida, a integridade física ou o patrimônio de outrem (número indeterminado de indivíduos). O tipo estabelece a modalidade culposa, nos casos em que o desabamento ou o desmoronamento é provocado por imprudência, negligência ou imperícia do agente. No exemplo citado, como ocorreu a morte de uma pessoa em decorrência do desabamento culposo do prédio, incide a segunda parte do art. 258 do Código Penal, segundo o qual aplica-se a pena do homicídio culposo aumentada de um terço. Não se fala, aqui, em morte dolosa porque o agente não pretendia a morte de ninguém.

**Alternativa correta: letra "c".**

## 47. INCITAÇÃO AO CRIME

**156. (FGV – OAB 2011.1)** Osíris, jovem universitária de Medicina, soube estar gestante. Todavia, tratava-se de gravidez indesejada, e Osíris queria saber qual substância deveria ingerir para interromper a gestação. Objetivando tal informação, Osíris estimulou uma discussão em sala de aula sobre o aborto. O professor de Osíris, então, bastante animado com o interesse dos alunos sobre o assunto, passou também a emitir sua opinião, a qual era claramente favorável ao aborto. Referido professor mencionou, naquele momento, diversas substâncias capazes de provocar a interrupção prematura da gravidez, inclusive fornecendo os nomes de inúmeros remédios abortivos e indicando os que achava mais eficazes. Além disso, também afirmou que as mulheres deveriam ter o direito de praticar aborto sempre que achassem indesejável uma gestação. Nesse sentido, considerando-se apenas os dados mencionados, é correto afirmar que o professor de Osíris praticou

a) a contravenção penal prevista no art. 20 do Decreto-lei 3.688/41, que dispõe: "anunciar processo, substância ou objeto destinado a provocar aborto".

b) o crime previsto no art. 286 do Código Penal, que dispõe: "incitar, publicamente, a prática de crime".

c) o crime previsto no art. 68 da Lei 8.078/90, que dispõe: "fazer ou promover publicidade que sabe ou deveria saber ser capaz de induzir o consumidor a se comportar de forma prejudicial ou perigosa à sua saúde ou segurança".

d) fato atípico.

COMENTÁRIOS

**Alternativa "a":** há na doutrina quem sustente que o agente que anunciar processo, substância ou objeto destinado a provocar aborto estará, em última análise, incitando a prática do crime de aborto, razão pela qual a contravenção penal não teria aplicação, cedendo lugar ao artigo 286 do Código Penal. Há, todavia, aqueles que defendem a especialidade da contravenção em relação ao crime, não obstante a desproporcionalidade entre as penas. De qualquer forma, a conduta do professor de medicina que cita aos alunos medicamentos abortivos não configura a contravenção, vez que não tem o sentido de anunciar os produtos, mas tão somente de instruir aqueles que assistem à aula.

**Alternativa "c":** não há relação entre o fato tipificado no artigo 68 da Lei nº 8.078/90 (crime contra o consumidor) com a conduta do professor de medicina que expõe aos alunos informações sobre substâncias abortivas.

**Alternativa "d" (responde, também, a alternativa "b"):** não há falar em incitação ao crime, vez que ao emitir sua opinião favorável ao aborto o professor não induz, provoca, estimula ou instiga a prática da infração penal.

**Alternativa correta: letra "d".**

## 48. ASSOCIAÇÃO CRIMINOSA

**157. (FGV – XXXIV Exame de Ordem – 2022)** Rômulo, 35 anos, José, 28 anos e Guilherme, 15 anos, durante 3 (três) meses, reuniram-se, na casa da mãe do adolescente, para discutirem a prática de crimes considerados de menor potencial ofensivo.

Ao descobrir o objetivo das reuniões, a mãe de Guilherme informou os fatos à autoridade policial, que instaurou procedimento investigatório. Concluídas as investigações e confirmados os fatos, o Ministério Publico ofereceu denúncia, em face de Romulo e José, pelo crime de organização criminosa com causa de aumento pelo envolvimento do adolescente.

Considerando apenas as informações narradas, a defesa de Rômulo e José poderá pleitear, sob o ponto de vista técnico,

a) a desclassificação para o crime de associação criminosa, apesar de possível a aplicação da causa de aumento pelo envolvimento de adolescente.

b) o afastamento da causa de aumento pelo envolvimento de adolescente, apesar de possível a condenação pelo crime de constituição de organização criminosa.

c) a absolvição dos réus, já que, considerando a inimputabilidade de Guilherme, não poderiam responder nem pela constituição de organização criminosa nem pela associação criminosa.

d) a desclassificação para o crime de associação criminosa, não havendo previsão de causa de aumento pelo envolvimento de adolescente, mas tão só se houvesse emprego de arma de fogo.

COMENTÁRIOS

A organização criminosa consiste na associação de *quatro ou mais* pessoas estruturalmente ordenada e caracterizada pela divisão de tarefas, ainda que informalmente, com objetivo de obter, direta ou indiretamente, vantagem de qualquer natureza, mediante a prática de infrações penais cujas penas máximas sejam superiores a quatro anos, ou que sejam de caráter transnacional. A reunião entre Rômulo, José e Guilherme não se insere nessa definição, tendo em vista que são apenas três indivíduos que pretendem cometer crimes de menor potencial ofensivo, cuja pena máxima não ultrapassa dois anos.

Há, sim, associação criminosa, em que se pune a associação entre *três ou mais* pessoas para o fim específico de cometer uma série indeterminada de crimes, ainda que de menor potencial ofensivo. Qualquer pessoa pode praticar esse crime, não exigindo a lei qualidade especial do sujeito ativo. O crime é coletivo, plurissubjetivo (ou de concurso necessário), de condutas paralelas (umas auxiliando as outras). No número mínimo de indivíduos computam-se inimputáveis e também pessoas não identificadas. E, no caso do enunciado, tratando-se o inimputável de um adolescente de quinze anos, a pena é aumentada até a metade, como dispõe o art. 288, parágrafo único, do CP.

**Alternativa correta: letra "a" (responde, também, as demais alternativas).**

---

**158. (FGV – Exame de Ordem 2015.3)** No ano de 2014, Bruno, Bernardo e Bianca se uniram com a intenção de praticar, reiteradamente, a contravenção penal de jogo do bicho. Para tanto, reuniam-se toda quarta-feira e decidiam em quais locais o jogo do bicho seria explorado. Chegaram, efetivamente, em uma oportunidade, a explorar o jogo do bicho em determinado estabelecimento.

Considerando apenas as informações narradas, Bruno, Bernardo e Bianca responderão

a) pela contravenção penal do jogo do bicho, apenas.
b) pela contravenção penal do jogo do bicho e pelo crime de associação criminosa.
c) pela contravenção penal do jogo do bicho e pelo crime de organização criminosa.
d) pelo crime de associação criminosa, apenas.

**COMENTÁRIOS**

Caracteriza-se, tão somente, a contravenção penal relativa à exploração do jogo do bicho (art. 58 do Decreto-lei nº 3.688/41). Não se perfaz a associação criminosa porque o art. 288 do Código Penal se limita a tipificar a associação de três ou mais pessoas para o fim específico de cometer crimes, não contravenções. Nota-se, no entanto, que, em tese, é possível a formação de uma organização criminosa para a exploração de jogo de azar, desde que a infração penal tenha caráter transnacional e se cumpram os demais requisitos estabelecidos no art. 1º, § 1º, da Lei nº 12.850/13: associação de quatro ou mais pessoas estruturalmente ordenada e caracterizada pela divisão de tarefas, ainda que informalmente, com objetivo de obter, direta ou indiretamente, vantagem de qualquer natureza.

**Alternativa "a" (responde, também, as demais alternativas).**

---

**159. (FGV – Exame de Ordem 2014.3)** Numerosos cidadãos, sem qualquer combinação prévia, revoltados com os sucessivos escândalos e as notícias de corrupção envolvendo as autoridades locais, vestiram-se totalmente de preto e foram para as escadarias da Câmara Municipal, após terem escutado do prefeito, durante uma entrevista ao vivo, que os professores municipais eram marajás. Lá chegando, alguns manifestantes, também sem qualquer combinação ou liame subjetivo, começaram a atirar pedras em direção ao referido prédio público e, com isso, três vidraças foram quebradas. A polícia, com o auxílio das imagens gravadas e transmitidas pela imprensa, conseguiu identificar todas as pessoas que atiraram pedras e danificaram o patrimônio público. Nesse sentido, tendo por base as informações apresentadas no fragmento acima, assinale a afirmativa correta.

a) Os cidadãos devem responder pelos crimes de associação criminosa (Art. 288, do CP) e dano qualificado (Art. 163, § único, inciso III, do CP).
b) Descabe falar-se em crime de associação criminosa (Art. 288, do CP), pois, dentre outras circunstâncias, a reunião das pessoas, naquele momento, foi apenas eventual.
c) Deve incidir, para o crime de dano qualificado (Art. 163, parágrafo único, inciso III, do CP), a circunstância agravante do concurso de pessoas.
d) Não houve a prática de nenhum ato criminoso, pois as condutas descritas não encontram adequação típica e, mais ainda, não havia dolo específico de deteriorar patrimônio público.

**COMENTÁRIOS**

**Alternativa "a" (responde, também, as alternativas "b" e "c"):** o art. 288 do Código Penal pune a conduta de associarem-se três ou mais pessoas, para o fim específico de cometer crimes. Para que se caracterize este delito, a finalidade da associação deve ser a prática de crimes indeterminados. No exemplo citado, houve apenas o dano qualificado. Aliás, nem mesmo o concurso de pessoas pode ser aventado, pois, conforme deixa claro o enunciado, os indivíduos que danificaram o prédio público não atuaram com vínculo subjetivo.

**Alternativa "d":** a doutrina, é certo, diverge acerca da presença de elemento subjetivo específico no crime de dano, qual seja, a vontade de causar prejuízo (*animus nocendi*). Para Nélson Hungria é indispensável tal circunstância. Magalhães Noronha, por sua vez, sustenta que a intenção de prejudicar: "Não é dolo específico, porque está compreendida na própria ação criminosa. Quem destrói uma cousa, sabe que prejudica seu dono ou possuidor. O prejuízo está ínsito no dano. Se destruir é desfazer, desmanchar; se inutilizar é tirar a utilidade; e se deteriorar é piorar; quem destrói, inutiliza ou deteriora a cousa alheia não pode deixar de prejudicar a outrem. Esse prejuízo é, pois, inseparável da destruição, da inutilização e da deterioração, que são *resultados* do crime" (*Código Penal brasileiro comentado*, p. 414). No exemplo citado, todavia, se os agentes deliberadamente lançaram pedras em direção às vidraças do prédio público, é evidente o propósito de danificá-las. Mesmo que se argumente acerca do propósito contestador da manifestação, essa circunstância não pode abarcar condutas criminosas.

**Alternativa correta: letra "b".**

## 49. MOEDA FALSA

---

**160. (FGV – Exame de Ordem/2018.3)** Talles, desempregado, decide utilizar seu conhecimento de engenharia para fabricar máquina destinada à falsificação de moedas. Ao mesmo tempo, pega uma moeda falsa de R$ 3,00 (três reais) e, com um colega também envolvido com falsificações, tenta colocá-la em livre circulação, para provar o sucesso da empreitada.

Ocorre que aquele que recebe a moeda percebe a falsidade rapidamente, em razão do valor suspeito, e decide chamar a Polícia, que apreende a moeda e o maquinário já fabricado. Talles é indiciado pela prática de crimes e, já na Delegacia, liga para você, na condição de advogado(a), para esclarecimentos sobre a tipicidade de sua conduta.

Considerando as informações narradas, em conversa sigilosa com seu cliente, você deverá esclarecer que a conduta de Talles configura

a) atos preparatórios, sem a prática de qualquer delito.
b) crimes de moeda falsa e de petrechos para falsificação de moeda.
c) crime de petrechos para falsificação de moeda, apenas.
d) crime de moeda falsa, apenas, em sua modalidade tentada.

COMENTÁRIOS

O art. 291 do CP pune as condutas de *fabricar* (criar, manufaturar), *adquirir* (obter), *fornecer* (proporcionar, entregar) a título oneroso ou gratuito, *possuir* (ter a posse ou a propriedade), *guardar* (conservar, abrigar) maquinismo, aparelho, instrumento ou qualquer objeto especialmente destinado à falsificação de moeda. A conduta de Talles se subsume a este tipo penal, pois consistiu em fabricar uma máquina para falsificação de moeda. Normalmente, se o mesmo agente que comete este crime também falsifica a moeda, a responsabilidade penal recai apenas na falsificação, que absorve o crime anterior. Ocorre que, no caso, a falsificação não se configura porque a contrafação de uma moeda de valor inexistente é incapaz de atingir a fé pública. É essencial que a falsificação seja convincente, isto é, capaz de iludir os destinatários da moeda (*imitatio veri*). Se grosseira, de modo que facilmente se possa identificá-la por análise superficial, o crime não se configura.

**Alternativa "c" (responde, também, as demais alternativas).**

## 50. FALSIDADE IDEOLÓGICA

**161. (FGV – Exame de Ordem 2016.3)** No curso de uma assembleia de condomínio de prédio residencial foram discutidos e tratados vários pontos. O morador Rodrigo foi o designado para redigir a ata respectiva, descrevendo tudo que foi discutido na reunião. Por esquecimento, deixou de fazer constar ponto relevante debatido, o que deixou Lúcio, um dos moradores, revoltado ao receber cópia da ata. Indignado, Lúcio promove o devido registro na delegacia própria, comprovando que Rodrigo, com aquela conduta, havia lhe causado grave prejuízo financeiro. Após oitiva dos moradores do prédio, em que todos confirmaram que o tema mencionado por Lúcio, de fato, fora discutido e não constava da ata, o Ministério Público ofereceu denúncia em face de Rodrigo, imputando-lhe a prática do crime de falsidade ideológica de documento público.

Considerando que todos os fatos acima destacados foram integralmente comprovados no curso da ação, o(a) advogado(a) de Rodrigo deverá alegar que

a) ele deve ser absolvido por respeito ao princípio da correlação, já que a conduta por ele praticada melhor se adequa ao crime de falsidade material, que não foi descrito na denúncia.
b) sua conduta deve ser desclassificada para crime de falsidade ideológica culposa.
c) a pena a ser aplicada, apesar da prática do crime de falsidade ideológica, é de 01 a 03 anos de reclusão, já que a ata de assembleia de condomínio é documento particular e não público.
d) ele deve ser absolvido por atipicidade da conduta.

COMENTÁRIOS

**Alternativa "a":** ainda que se tratasse de crime, a conduta não se subsumiria ao tipo da falsificação de documento, pois não se tratou de contrafação ou alteração.

**Alternativa "b":** não existe a modalidade culposa do crime de falsidade ideológica.

**Alternativa "c":** de fato, trata-se de documento particular, não público. Mas não há punição porque o fato é atípico.

**Alternativa "d":** consiste o crime de falsidade ideológica em omitir, em documento público ou particular, declaração que dele devia constar, ou nele inserir ou fazer inserir declaração falsa ou diversa da que devia ser escrita, com o fim de prejudicar direito, criar obrigação ou alterar a verdade sobre fato juridicamente relevante. Para que se caracterize, o delito pressupõe o dolo, consubstanciado na vontade consciente de agir de acordo com uma das condutas nucleares típicas. Exige-se, ainda, o elemento subjetivo do tipo, consistente no propósito de lesar direito, criar obrigação ou alterar a veracidade sobre o fato juridicamente relevante. Segundo narra o enunciado, Rodrigo não teve a intenção de omitir informações ao redigir a ata, nem tampouco pretendeu lesar direito, criar obrigação ou alterar a verdade sobre o que foi debatido na assembleia. Houve apenas displicência, insuficiente para tipificar a falsidade ideológica.

**Alternativa correta: letra "d".**

**162. (FGV – Exame de Ordem 2015.2)** Paulo pretende adquirir um automóvel por meio de sistema de financiamento junto a uma instituição bancária. Para tanto, dirige-se ao estabelecimento comercial para verificar as condições de financiamento e é informado que, quanto maior a renda bruta familiar, maior a dilação do prazo para pagamento e menores os juros. Decide, então, fazer falsa declaração de parentesco ao preencher a ficha cadastral, a fim de aumentar a renda familiar informada, vindo, assim, a obter o financiamento nas condições pretendidas. Considerando a situação narrada e os crimes contra a fé pública, é correto afirmar que Paulo cometeu o delito de

a) falsificação material de documento público.
b) falsidade ideológica.
c) falsificação material de documento particular.
d) falsa identidade.

COMENTÁRIOS

**Alternativa "a":** não há falsidade material de documento público, inicialmente porque o documento não é público. E a falsidade material não se revela porque consiste em contrafazer o documento (completamente falso) ou alterar o documento verdadeiro. Não foi a conduta de Paulo.

**Alternativa "b":** na falsidade ideológica, pune-se quem omitir, em documento público ou particular, declaração que dele devia constar, ou nele inserir ou fazer inserir declaração falsa ou diversa da que devia ser escrita, com o fim de prejudicar direito, criar obrigação ou alterar a verdade sobre fato juridicamente relevante. No exemplo citado, Paulo cometeu o crime por ter inserido, em documento particular, declaração falsa para alterar a verdade sobre fato juridicamente relevante (a relação de parentesco que simularia maior renda familiar). Note-se que, a depender da situação, a obtenção fraudulenta de financiamento bancário pode caracterizar crime contra o sistema financeiro nacional: "1. A jurisprudência do STJ firmou entendimento no sentido de que, a depender espécie da operação realizada, pode ou não configurar-se o crime contra o sistema financeiro. Dessa forma, caracteriza-se o crime do art. 19 da Lei n. 7.492/1986 "quando os recursos obtidos junto à instituição financeira possuem destinação específica, não se confundindo, assim, com mútuo obtido a título pessoal, conduta que caracteriza o crime de estelionato". (CC 122.257/SP). No caso, verifica-se que houve a obtenção de financiamento fraudulento perante a instituição financeira, haja vista ter ficado estabelecida destinação específica para o dinheiro. A fraude se deu exatamente pelo fato de não se ter adquirido o bem para o qual obtido o financiamento. 2. Conheço do conflito para reconhecer a competência do Juízo Federal da 6ª Vara Criminal da Seção Judiciária do Estado de São Paulo/SP, o suscitado" (STJ: CC 135.258/SP, DJe 30/10/2014).

**Alternativa "c":** também não se trata de falsidade de documento particular porque, assim como o anterior, este crime se caracteriza na contrafação de documento ou pela alteração de um documento verdadeiro.

**Alternativa "d":** tampouco se trata do crime de falsa identidade, consistente em atribuir-se ou atribuir a terceiro falsa identidade para obter vantagem, em proveito próprio ou alheio, ou para causar dano a outrem.

**Alternativa correta: letra "b".**

**163. (FGV – OAB 2010.3)** Ao concluir o curso de Engenharia, Arli, visando fazer uma brincadeira, inseriu, à caneta, em seu diploma, declaração falsa sobre fato juridicamente relevante.

A respeito desse ato, é correto afirmar que Arli

a) praticou crime de falsificação de documento público.

b) praticou crime de falsidade ideológica.

c) praticou crime de falsa identidade.

d) não praticou crime algum.

**COMENTÁRIOS**

**Alternativa "a" (responde, também, a alternativa "d"):** a falsificação de documento público consiste em contrafazer documento ou modificar documento público verdadeiro. De acordo com o exemplo narrado no enunciado, o agente teria alterado documento público (considera-se ser esta a natureza do diploma, ainda que emanado de universidade particular) verdadeiro, já que inseriu dizeres que não lhe correspondiam. O crime não se perfaz, todavia, porque o agente não atuou com o dolo de falsificar o documento, mas tão somente com *animus jocandi*, o que afasta a incidência da norma penal em virtude da inexistência de lesão à fé pública. Além disso, a falsificação do documento deve ser apta a iludir, o que não nos parece ser o caso da informação inserida a caneta em um diploma universitário.

**Alternativa "b":** não se poderia cogitar do crime de falsidade ideológica, que consiste em omitir, em documento público ou particular, declaração que dele devia constar, ou nele inserir ou fazer inserir declaração falsa ou diversa da que devia ser escrita, com o fim de prejudicar direito, criar obrigação ou alterar a verdade sobre fato juridicamente relevante, pois este crime pressupõe que a inserção de declaração falsa não configure o falso material.

**Alternativa "c":** o crime de falsa identidade consiste em atribuir-se ou atribuir a terceiro falsa identidade para obter vantagem, em proveito próprio ou alheio, ou para causar dano a outrem, o que também não é o caso.

**Alternativa correta: letra "d".**

## 51. PECULATO

**164. (FGV – OAB 2011.1)** Configura modalidade de peculato prevista no Código Penal

a) o peculato por erro de outrem, consistente na apropriação de bem ou valores que o funcionário tenha recebido pela facilidade que seu cargo lhe proporciona.

b) o peculato eletrônico, modalidade anômala de peculato, consistente em inserir dados falsos, alterar ou modificar dados no sistema de informações da administração pública.

c) o peculato-culposo, consistente na apropriação de bens ou valores que o funcionário tenha recebido por erro de outrem em razão do cargo público que exerce.

d) o peculato-desvio, consistente no desvio de bens ou valores, pelo funcionário público, em benefício de terceiro.

**COMENTÁRIOS**

**✪ Nota do autor:** os delitos funcionais são divididos em duas espécies: *próprios* e *impróprios*. Nos *crimes funcionais próprios (puros ou propriamente ditos)*, faltando a qualidade de funcionário público ao autor, o fato passa a ser tratado como um indiferente penal, não se subsumindo a nenhum outro tipo incriminador – *atipicidade absoluta* – *v.g.*, a prevaricação (artigo 319 do Código Penal). Já nos *impróprios* (*impuros ou impropriamente ditos*) desaparecendo a qualidade de servidor do agente, desaparece também o crime funcional, operando-se, porém, a desclassificação da conduta para outro delito, de natureza diversa – *atipicidade relativa* – *v.g.*, peculato furto (artigo 312, § 1º).

**Alternativa "a":** o peculato mediante erro de outrem, previsto no artigo 313 do Código Penal, punido com reclusão de um a quatro anos, consiste em apropriar-se de dinheiro ou qualquer utilidade que, no exercício do cargo, recebeu por erro de outrem. Vê-se, pois, que, para a configuração do crime, deve a apropriação ser precedida da recepção do dinheiro ou outra utilidade por erro de outra pessoa. Se houver apropriação direta, o crime será o de peculato apropriação.

**Alternativa "b":** há dois tipos penais relativos ao peculato eletrônico: a) o artigo 313-A do Código Penal, que consiste em inserir ou facilitar, o funcionário autorizado, a inserção de dados falsos, alterar ou excluir indevidamente dados corretos nos sistemas informatizados ou bancos de dados da Administração Pública com o fim de obter vantagem indevida para si ou para outrem ou para causar dano. A pena é de reclusão de dois a doze anos e multa; b) o artigo 313-B do Código Penal, que pune a conduta de modificar ou alterar, o funcionário, sistema de informações ou programa de informática sem autorização ou solicitação de autoridade competente. A pena é de três meses a dois anos e multa. É possível, pois, que se considere correta a assertiva.

**Alternativa "c":** o peculato culposo, tipificado no § 2º do artigo 312 do Código Penal e punido com detenção de três meses a um ano, consiste no fato de o funcionário concorrer culposamente para o crime de outrem. Está errada, pois, a assertiva, já que não há apropriação de bens ou valores que o funcionário tenha recebido por erro de terceiro.

**Alternativa "d":** o peculato-desvio, tipificado no artigo 312, *caput*, do Código Penal e punido com reclusão de dois a doze anos e multa, consiste em desviar o funcionário público dinheiro, valor ou qualquer outro bem móvel, público ou particular, de que tem a posse em razão do cargo, em proveito próprio ou alheio. Embora incompleta, a assertiva não está incorreta.

**Alternativa correta: Anulada**

## 52. INSERÇÃO DE DADOS FALSOS EM SISTEMA DE INFORMAÇÃO

**165. (FGV – OAB 2010.2)** Fundação Pública Federal contrata o técnico de informática Abelardo Fonseca para que opere o sistema informatizado destinado à elaboração da folha de pagamento de seus funcionários. Abelardo, ao elaborar a referida folha de pagamento, altera as informações sobre a remuneração dos funcionários da Fundação no sistema, descontando a quantia de cinco reais de cada um deles. A seguir, insere o seu próprio nome e sua própria conta bancária no sistema, atribuindo-se a condição de funcionário da Fundação e destina à sua conta o total dos valores desviados dos demais. Terminada a elaboração da folha, Abelardo remete as informações à seção de pagamentos, a qual efetua os pagamentos de acordo com as informações lançadas no sistema por ele. Considerando tal narrativa, é correto afirmar que Abelardo praticou crime de:

a) estelionato.

b) peculato.

c) concussão.

d) inserção de dados falsos em sistema de informações.

COMENTÁRIOS

✪ **Nota do autor:** A Lei nº 9.983/2000 acrescentou duas novas figuras incriminadoras ao Capítulo dos crimes praticados por funcionário público contra a administração em geral, isto é, os artigos 313-A e 313-B, as quais, entretanto, não guardam nenhuma semelhança com o delito de peculato. Mesmo assim, talvez pela posição topográfica das novas figuras, a doutrina as tem qualificado como *peculato eletrônico*.

**Alternativa "a":** não se trata de estelionato, pois embora a intenção de Abelardo, ao alterar informações constantes do banco de dados da Administração e nele inserir dados falsos, fosse a obtenção de vantagem (uma forma de fraude, portanto), a sua condição de funcionário autorizado afasta a incidência do crime patrimonial.

**Alternativa "b":** também não há crime de peculato porque o agente obteve a vantagem indevida por meio de um especial modo de agir, consistente na inserção de informações falsas nos sistemas informatizados ou banco de dados da Administração Pública.

**Alternativa "c":** a concussão é afastada neste caso porque consiste em exigir, para si ou para outrem, direta ou indiretamente, ainda que fora da função ou antes de assumi-la, mas em razão dela, vantagem indevida.

**Alternativa "d":** a inserção de dados falsos em sistema de informações é tipificada no artigo 313-A do Código Penal nos seguintes termos: "Inserir ou facilitar, o funcionário autorizado, a inserção de dados falsos, alterar ou excluir indevidamente dados corretos nos sistemas informatizados ou bancos de dados da Administração Pública com o fim de obter vantagem indevida para si ou para outrem ou para causar dano." A doutrina a denomina *peculato eletrônico*.

**Alternativa correta: letra "d".**

## 53. EXTRAVIO, SONEGAÇÃO OU INUTILIZAÇÃO DE LIVRO OU DOCUMENTO

**166. (FGV – Exame de Ordem 2016.2)** Guilherme, funcionário público de determinada repartição pública do Estado do Paraná, enquanto organizava os arquivos de sua repartição, acabou, por desatenção, jogando ao lixo, juntamente com materiais inúteis, um importante livro oficial, que veio a se perder.

Considerando apenas as informações narradas, é correto afirmar que a conduta de Guilherme

a) configura crime de prevaricação.

b) configura situação atípica.

c) configura crime de condescendência criminosa.

d) configura crime de extravio, sonegação ou inutilização de livro ou documento.

COMENTÁRIOS

**Alternativa "a":** não há no caso crime de prevaricação, que consiste em retardar ou deixar de praticar, indevidamente, ato de ofício, ou praticá-lo contra disposição expressa de lei, para satisfazer interesse ou sentimento pessoal. O exemplo citado no enunciado não indica nada que possa se subsumir à prevaricação.

**Alternativa "b" (responde, também, a alternativa "d"):** o art. 314 do Código Penal pune a conduta de extraviar livro oficial ou qualquer documento, de que tem a guarda em razão do cargo; sonegá-lo ou inutilizá-lo, total ou parcialmente. O crime só é punido na forma dolosa, representada pela vontade consciente de praticar qualquer uma das três condutas mencionadas, não se exigindo nenhuma vontade específica do autor. Eventual conduta culposa, caracterizada pela falta de zelo com documentos ou livros públicos (como no exemplo do enunciado), poderá caracterizar apenas falta funcional.

**Alternativa "c":** tampouco se pode falar em condescendência criminosa, em que o funcionário público deixa, por indulgência, de responsabilizar subordinado que cometeu infração no exercício do cargo ou, quando lhe falta competência, não leva o fato ao conhecimento da autoridade competente.

**Alternativa correta: letra "b".**

## 54. CONCUSSÃO

**167. (FGV – Exame de Ordem 2017.2)** Catarina leva seu veículo para uma determinada entidade autárquica com o objetivo de realizar a fiscalização anual. Carlos, funcionário público que exerce suas funções no local, apesar de não encontrar irregularidades no veículo, verificando a inexperiência de Catarina, que tem apenas 19 anos de idade, exige R$ 5.000,00 para "liberar" o automóvel sem pendências.

Catarina, de imediato, recusa-se a entregar o valor devido e informa o ocorrido ao superior hierárquico de Carlos, que aciona a polícia. Realizada a prisão em flagrante de Carlos, a família é comunicada sobre o fato e procura um advogado para que ele preste esclarecimentos sobre a responsabilidade penal de Carlos.

Diante da situação narrada, o advogado da família de Carlos deverá esclarecer que a conduta praticada por Carlos configura, em tese, crime de

a) corrupção passiva consumada.

b) concussão consumada.

c) corrupção passiva tentada.

d) concussão tentada.

COMENTÁRIOS

Na concussão, a conduta típica consiste em *exigir* o agente, por si ou por interposta pessoa, explícita ou implicitamente, vantagem indevida, abusando da sua autoridade pública como meio de coação (*metus publicae potestatis*). Na exigência feita pelo *intraneus* há sempre algum tipo de constrição, influência intimidativa sobre o particular ofendido, havendo necessariamente algo de coercitivo. O agente impõe, ordena, de forma intimidativa ou coativa, a vantagem que almeja e a que não faz jus. É o que diferencia a concussão da corrupção passiva, na qual existe simples solicitação de vantagem.

Consistindo a conduta criminosa em *exigir*, fica claro, desde logo, tratar-se de delito formal (ou de consumação antecipada), perfazendo-se com a mera coação, independente da obtenção da repugnante vantagem.

**Alternativa "b" (responde, também, as demais alternativas).**

## 55. CORRUPÇÃO PASSIVA

**168. (FGV – Exame de Ordem – 2021.2)** Vitor, embora não tenha prestado concurso público, está exercendo, transitoriamente e sem receber qualquer remuneração, uma função pública. Em razão do exercício dessa função pública, Vitor aceita promessa de José, particular, de lhe pagar R$ 500,00 (quinhentos reais) em troca de um auxílio relacionado ao exercício dessa função. Ocorre que, apesar do auxílio, José não fez a transferência do valor prometido.

Os fatos são descobertos pelo superior hierárquico de Vitor, que o indaga sobre o ocorrido. Na ocasião, Vitor confirma o acontecido, mas esclarece que não acreditava estar causando prejuízo para a Administração Pública. Em seguida, preocupado com as consequências jurídicas de seus atos, Vitor procura seu advogado em busca de assegurar que sua conduta fora legítima.

Considerando apenas as informações narradas, o advogado de Vitor deverá esclarecer que sua conduta

a) não configura crime em razão de a função ser apenas transitória, logo não pode ser considerado funcionário público para efeitos penais, apesar de o recebimento de remuneração ser dispensável a tal conceito.
b) não configura crime em razão de não receber remuneração pela prestação da função pública, logo não pode ser considerado funcionário público para efeitos penais, apesar de o exercício da função transitória não afastar, por si só, tal conceito.
c) configura crime de corrupção ativa, na sua modalidade tentada.
d) configura crime de corrupção passiva, na sua modalidade consumada.

COMENTÁRIOS

**Alternativa "a" (responde, também, a alternativa "b"):** embora não seja ocupante de cargo público e exerça função transitória e sem remuneração, Vitor é considerado funcionário público para fins penais porque exerce função pública, enquadrando-se, portanto, na definição do art. 327 do CP: "Considera-se funcionário público, para os efeitos penais, quem, embora transitoriamente ou sem remuneração, exerce cargo, emprego ou função pública".

**Alternativa "c":** a corrupção ativa é um crime cometido por particular contra a Administração Pública. Consiste em oferecer ou prometer vantagem indevida a funcionário público para determiná-lo a praticar, omitir ou retardar ato de ofício. Não é disso que trata o enunciado.

**Alternativa "d":** na qualidade de funcionário público para fins penais, Vitor pode cometer o crime de corrupção passiva, que é próprio e consiste em solicitar ou receber, para si ou para outrem, direta ou indiretamente, ainda que fora da função ou antes de assumi-la, mas em razão dela, vantagem indevida, ou aceitar promessa de tal vantagem. Considerando que ele aceitou a promessa de receber dinheiro para prestar a um particular auxílio relacionado ao exercício da função, está caracterizado o crime. Houve, ademais, a consumação porque, nas condutas de solicitar e aceitar promessa de vantagem, a corrupção passiva é de natureza formal, consumando-se ainda que a gratificação não se concretize, como no exemplo do enunciado.

**Alternativa correta: letra "d".**

**169. (FGV – Exame de Ordem 2016.3)** Alberto, policial civil, passando por dificuldades financeiras, resolve se valer de sua função para ampliar seus vencimentos. Para tanto, durante o registro de uma ocorrência na Delegacia onde está lotado, solicita à noticiante R$2.000,00 para realizar as investigações necessárias à elucidação do fato. Indignada com a proposta, a noticiante resolve gravar a conversa. Dizendo que iria pensar se aceitaria pagar o valor solicitado, a noticiante deixa o local e procura a Corregedoria de Polícia Civil, narrando a conduta do policial e apresentando a gravação para comprovação.

Acerca da conduta de Alberto, é correto afirmar que configura crime de

a) corrupção ativa, em sua modalidade tentada.
b) corrupção passiva, em sua modalidade tentada.
c) corrupção ativa consumada.
d) corrupção passiva consumada.

COMENTÁRIOS

**Alternativa "a" (responde, também, a alternativa "c"):** não se trata de corrupção ativa (tentada ou consumada), que não é crime praticado por funcionário público, mas por particular contra a Administração Pública. Na corrupção ativa, o particular oferece ou promete vantagem indevida a funcionário público para determiná-lo a praticar, omitir ou retardar ato de ofício.

**Alternativa "d" (responde, também, a alternativa "b"):** o crime de corrupção passiva se caracteriza por *solicitar* (pedir), explícita ou implicitamente, vantagem indevida; *receber* referida vantagem; ou, por fim, *aceitar promessa* de tal vantagem, anuindo com futuro recebimento. Nas modalidades *solicitar* e *aceitar promessa de vantagem*, o crime é de natureza formal, consumando-se ainda que a gratificação não se concretize. Já na modalidade *receber*, o crime é material, exigindo efetivo enriquecimento ilícito do autor. Diante disso, Alberto cometeu o crime de corrupção passiva, que se consumou no próprio momento da solicitação da vantagem.

**Alternativa correta: letra "d".**

## 56. PREVARICAÇÃO

**170. (FGV- XXXV Exame de Ordem-2022)** Para satisfazer sentimento pessoal, já que tinha grande relação de amizade com Joana, Alan, na condição de funcionário público, deixou de praticar ato de ofício em benefício da amiga. O supervisor de Alan, todavia, identificou o ocorrido e praticou o ato que Alan havia omitido, informando os fatos em procedimento administrativo próprio.

Após a conclusão do procedimento administrativo, o Ministério Público denunciou Alan pelo crime de corrupção passiva consumado, destacando que a vantagem obtida poderia ser de qualquer natureza para tipificação do delito.

Confirmados os fatos durante a instrução, caberá à defesa técnica de Alan pleitear sob o ponto de vista técnico, no momento das alegações finais,

a) o reconhecimento da tentativa em relação ao crime de corrupção passiva.
b) a desclassificação para o crime de prevaricação, na forma tentada.
c) a desclassificação para o crime de prevaricação, na forma consumada.
d) o reconhecimento da prática do crime de condescendência criminosa, na forma consumada.

COMENTÁRIOS

**Alternativa "a" (responde, também, as alternativas "b" e "c"):** a corrupção passiva é tipificada no art. 317 do CP e consiste em solicitar ou receber, para si ou para outrem, direta ou indiretamente, ainda que fora da função ou antes de assumi-la, mas em razão dela, vantagem indevida, ou aceitar promessa de tal vantagem. O enunciado não indica que Alan solicitou ou recebeu vantagem de nenhuma natureza, nem que aceitou alguma promessa. O art. 317 ainda contempla uma figura privilegiada (§ 2º) na qual o funcionário pratica, deixa de praticar ou retarda ato de ofício, com infração de dever funcional, cedendo a pedido ou influência de outrem. Essa conduta tampouco é narrada no enunciado, que nada menciona acerca de pedido feito por Joana. Por isso, Alan deve responder pelo crime de prevaricação, que nada mais é do que retardar ou deixar de praticar, indevidamente, ato de ofício, ou praticá-lo contra disposição expressa de lei, para satisfazer interesse ou sentimento pessoal (art. 319). O interesse, nesse caso, não é de natureza material, pois, caso contrário, há corrupção passiva: "Se o funcionário infringe a lei ou pratica indevidamente ato de ofício de maneira abusiva, porque tem em vista uma vantagem pecuniária, suponhamos, incide no campo da corrupção passiva, e não no campo da prevaricação, – delito menos grave, ao qual se destinam penas reduzidas. 'Sentimento pessoal' são palavras que abrangem enorme variedade de motivos. O ódio, a que se referia a lei precedente: o despeito, a inveja e mesmo o amor e a simples amizade. É possível prevaricar visando-se prejudicar e visando-se favorecer a alguém" (Garcia, Basileu. *Dos crimes contra administração pública. Justitia*, v. 6, São Paulo, 1948, p. 60).

**Alternativa "d":** a condescendência criminosa ocorre quando o funcionário deixa, por indulgência, de responsabilizar subordinado que cometeu infração no exercício do cargo ou, quando lhe falte competência, não leva o fato ao conhecimento da autoridade competente (art. 320 do CP). O enunciado não indica que Joana era subordinada de Alan e que ele, por indulgencia, deixou de responsabilizá-la.

**Alternativa correta: letra "c".**

---

**171. (FGV – Exame de Ordem 2013.1)** Coriolano, objetivando proteger seu amigo Romualdo, não obedeceu à requisição do Promotor de Justiça no sentido de determinar a instauração de inquérito policial para apurar eventual prática de conduta criminosa por parte de Romualdo. Nesse caso, é correto afirmar que Coriolano praticou crime de

a) desobediência (Art. 330, do CP).
b) prevaricação (Art. 319, do CP).
c) corrupção passiva (Art. 317, do CP).
d) crime de advocacia administrativa (Art. 321, do CP).

**COMENTÁRIOS**

**Alternativa "a":** o crime de desobediência, tipificado no art. 330 do Código Penal, consiste em desobedecer a ordem legal de funcionário público. Discute-se se o servidor público pode ser também sujeito ativo, divergindo a doutrina. Entende a maioria que sim, desde que a ordem recebida não se refira a funções suas, pois, em tal hipótese, poderá se configurar o delito de prevaricação.

**Alternativa "b":** há, no exemplo citado, o crime de prevaricação, que pode ser cometido: retardando ato de ofício; deixando de praticá-lo; e, por fim, praticando-o de forma ilegal. Em qualquer caso, porém, é necessário que o ato retardado, omitido ou praticado se revele contra disposição expressa de lei (norma penal em branco).

**Alternativa "c":** o crime de corrupção passiva consiste em solicitar ou receber, para si ou para outrem, direta ou indiretamente, ainda que fora da função ou antes de assumi-la, mas em razão dela, vantagem indevida, ou aceitar promessa de tal vantagem.

**Alternativa "d":** o crime de advocacia administrativa consiste em patrocinar, direta ou indiretamente, interesse privado perante a administração pública, valendo-se da qualidade de funcionário.

**Alternativa correta: letra "b".**

## 57. DESOBEDIÊNCIA

---

**172. (FGV – Exame de Ordem 2016.2 – Prova reaplicada Salvador-BA)** Hugo estava dentro de seu automóvel esperando a namorada, quando foi abordado por dois policiais militares. Os policiais exigiram a saída de Hugo do automóvel e sua identificação, que atendeu à determinação. Após revista pessoal e no carro, e nada de ilegal ter sido encontrado, os agentes da lei afirmaram que Hugo deveria acompanhá-los à Delegacia para que fosse feita uma averiguação, inclusive para ver se havia mandado de prisão contra ele. Após recusa de Hugo, os policiais tentaram algemá-lo, mas ele não aceitou.

Considerando apenas as informações expostas, é correto afirmar que a conduta de Hugo

a) configura situação atípica.
b) configura o crime de resistência.
c) configura o crime de desobediência.
d) configura o crime de desacato.

**COMENTÁRIOS**

**Alternativa "a":** a conduta de Hugo **é**, efetivamente, atípica. O enunciado narra a situação conhecida como *prisão para averiguação*, comum no passado, mas que não pode ser fundamentada diante da Constituição Federal, que somente admite prisão em flagrante ou em decorrência de ordem judicial. O exemplo do enunciado deixa claro que, na averiguação promovida pelos policiais, nada de ilegal foi encontrado. A tentativa de condução abusiva torna legítima a desobediência da ordem.

**Alternativa "b":** o enunciado não menciona ter havido resistência, mas desobediência. Mas ainda que Hugo tivesse se oposto **à** execução do ato mediante violência ou ameaça, tratava-se de procedimento ilegal cometido pelos policiais, o que afastaria o crime, pois a legalidade do ato praticado pelo funcionário público integra o tipo penal do art. 329 do CP.

**Alternativa "d":** tampouco é possível considerar a ocorrência de desacato, pois o enunciado não menciona ter Hugo achincalhado, menosprezado, humilhado ou desprestigiado os policiais.

**Alternativa correta: letra "a".**

## 58. DESCAMINHO

---

**173. (FGV – Exame de Ordem 2014.3)** Pedro Paulo, primário e de bons antecedentes, foi denunciado pelo crime de descaminho (Art. 334, caput, do Código Penal), pelo transporte de mercadorias procedentes do Paraguai e desacompanhadas de documentação comprobatória de sua importação regular, no valor de R$ 3.500,00, conforme atestam o Auto de Infração e o Termo de Apreensão e Guarda Fiscal, bem como o Laudo de Exame Merceológico, elaborado pelo Instituo Nacional de Criminalística. Em defesa de Pedro Paulo, segundo entendimento dos Tribunais Superiores, é possível alegar a aplicação do

a) princípio da proporcionalidade.
b) princípio da culpabilidade.
c) princípio da adequação social.
d) princípio da insignificância ou da bagatela.

COMENTÁRIOS

**Alternativa "a":** o princípio da proporcionalidade não guarda relação com a situação hipotética narrada no enunciado. Trata-se de princípio constitucional implícito, desdobramento lógico do mandamento da individualização da pena. Para que a sanção penal cumpra a sua função, deve se ajustar à relevância do bem jurídico tutelado, sem desconsiderar as condições pessoais do agente.

**Alternativa "b":** tampouco estamos diante do princípio da culpabilidade, postulado limitador do direito de punir segundo o qual só pode o Estado impor sanção penal ao agente imputável (penalmente capaz), com potencial consciência da ilicitude (possibilidade de conhecer o caráter ilícito do seu comportamento), quando dele exigível conduta diversa (podendo agir de outra forma).

**Alternativa "c":** também não se trata do princípio da adequação social, segundo o qual apesar de uma conduta se subsumir ao modelo legal, não será considerada típica se for socialmente adequada ou reconhecida, isto é, se estiver de acordo com a ordem social da vida historicamente condicionada.

**Alternativa "d":** os tribunais superiores admitem a aplicação do princípio da insignificância àquelas hipóteses em que as mercadorias apreendidas são em pequena quantidade, com valores ínfimos e ausência de destinação comercial. Isto porque, em virtude do baixo valor dos tributos incidentes sobre tais bens, o fisco não promove a execução de seus créditos, utilizando-se do já conhecido argumento de que a instauração de um processo executivo fiscal, diante de um valor irrelevante a ser recebido, não será compensada no momento do pagamento. Havia, no entanto, divergência sobre valor para a insignificância. O valor mínimo para a execução fiscal era descrito no art. 20 da Lei nº 10.522/2002, no qual se estabelecia que a Fazenda Pública não ajuizaria execução fiscal para cobrar menos de R$ 10.000,00. Sempre foi esse o patamar utilizado pelo Judiciário na análise do princípio da insignificância no descaminho (O art. 20 da Lei 10.522/02 foi alterado pela Lei 13.874/19 e não trata mais do valor mínimo para a execução fiscal. Atualmente, o valor é determinado por ato do Procurador-Geral da Fazenda Nacional. A modificação, contudo, não reflete na orientação jurisprudencial atual sobre a insignificância). Ocorre que a Portaria nº 75/2012 do Ministério da Fazenda, com base em estudos do Instituto de Pesquisa Econômica Aplicada, recalculou o valor mínimo para o ajuizamento de execução fiscal para R$ 20.000,00. Instalou-se a dúvida: a análise da insignificância devia considerar a Lei 10.522/02 (R$ 10.000,00) ou a Portaria 75/12 (R$ 20.000,00)? O STF firmou orientação sobre o valor de R$ 20.000,00 (HC 139.393/PR, DJe 02/05/2017).

Já o STJ insistia na tese de que a insignificância só se aplicava se o valor questionado fosse igual ou inferior a R$ 10 mil, pois o Judiciário devia seguir os parâmetros descritos em lei federal, e não em portaria administrativa da Fazenda Federal. O tribunal, no entanto, acabou por adequar sua orientação à da Corte Suprema num julgamento sob o rito dos recursos repetitivos, cujo tema (157) tem a seguinte redação: "Incide o princípio da insignificância aos crimes tributários federais e de descaminho quando o débito tributário verificado não ultrapassar o limite de R$ 20.000,00, a teor do disposto no artigo 20 da Lei 10.522/2002, com as atualizações efetivadas pelas Portarias 75 e 130, ambas do Ministério da Fazenda".

No exemplo do enunciado, aplica-se a insignificância porque se as mercadorias têm o valor de R$ 3.500,00, obviamente o tributo iludido é ainda menor.

Note-se que, embora ainda não seja possível falar em nova mudança de orientação, temos decisões do STF sinalizando que o tribunal pode modificar sua postura diante de situações relativas à importação de mercadorias sem o pagamento de impostos. Com efeito, no julgamento do HC 128.063/PR, em 10/04/2018, a Primeira Turma decidiu que norma relativa à ação fiscal não tem influência na atuação do Ministério Público na seara penal. Em seu voto, o ministro Alexandre de Moraes destacou que o altíssimo número de casos de importações irregulares evidencia a inadequação de aplicar o princípio da insignificância com fundamento em norma de execução fiscal, que, inclusive, não veda peremptoriamente a execução abaixo dos limites a que se refere, mas permite que se adote uma estratégia para que sejam cobrados somente os créditos com maior chance de pagamento. Seguiu a mesma linha o julgamento do HC 149.114/PR em (j. 16/10/2018), no qual o ministro Marco Aurélio já havia negado medida liminar lançando mão dos mesmos argumentos utilizados na apreciação do *habeas corpus* anterior. Também neste julgamento, o ministro Alexandre de Moraes se referiu à necessidade de coibição de práticas semelhantes, nas quais são utilizadas "mulas do descaminho", que, já contando que não serão responsabilizadas, tomam o cuidado de importar mercadorias cujo tributo não ultrapasse o limite estabelecido.

**Alternativa correta: letra "d".**

## 59. DENUNCIAÇÃO CALUNIOSA

**174. (FGV/OAB/XXXII_Exame – 2021)** Francisco foi vítima de uma contravenção penal de vias de fato, pois, enquanto estava de costas para o autor, recebeu um tapa em sua cabeça. Acreditando que a infração teria sido praticada por Roberto, seu desafeto que estava no local, compareceu em sede policial e narrou o ocorrido, apontando, de maneira precipitada, o rival como autor. Diante disso, foi instaurado procedimento investigatório em desfavor de Roberto, sendo, posteriormente, verificado em câmeras de segurança que, na verdade, um desconhecido teria praticado o ato. Ao tomar conhecimento dos fatos, antes mesmo de ouvir Roberto ou Francisco, o Ministério Público ofereceu denúncia em face deste, por denunciação caluniosa.

Considerando apenas as informações expostas, você, como advogado(a) de Francisco, deverá, sob o ponto de vista técnico, pleitear

a) a absolvição, pois Francisco deu causa à instauração de investigação policial imputando a Roberto a prática de contravenção, e não crime.

b) extinção da punibilidade diante da ausência de representação, já que o crime é de ação penal pública condicionada à representação.

c) reconhecimento de causa de diminuição de pena em razão da tentativa, pois não foi proposta ação penal em face de Roberto.

d) a absolvição, pois o tipo penal exige dolo direto por parte do agente.

COMENTÁRIOS

**Alternativa "a":** a denunciação caluniosa consiste em dar causa à instauração de inquérito policial, de procedimento investigatório criminal, de processo judicial, de processo administrativo disciplinar, de inquérito civil ou de ação de improbidade administrativa contra alguém, imputando-lhe crime, infração ético-disciplinar ou ato ímprobo de que o sabe inocente. A pena é de reclusão de dois a oito anos. A imputação de contravenção penal não é um indiferente típico. Trata-se de forma privilegiada do crime, que tem a pena diminuída de metade (art. 339, § 2º, do CP).

**Alternativa "b":** as contravenções penais são todas de ação penal pública incondicionada (art. 17 do Decreto-lei 3.688/41). Sobre as vias de fato, há certa discussão a respeito da aplicação da regra estabelecida para a lesão corporal de natureza leve (ação penal pública condicionada a representação). O STJ, porém, já decidiu que a regra da contravenção não se altera: "1. O artigo 88 da Lei n.º 9.099/95, que tornou condicionada à representação a ação penal por lesões corporais leves e lesões culposas, não se estende à persecução das contravenções penais. A contravenção penal de vias de fato, insculpida no artigo 21 da Lei de Contravenções Penais (Decreto Lei n.º 3.688/41), ainda que de menor potencial ofensivo em relação ao crime de lesão corporal, não foi incluída nas hipóteses do artigo 88 da Lei n.º 9.099-95. 2. A Lei de Contravenções Penais (Decreto Lei n.º 3.688/41) continua em pleno vigor e nela há expressa previsão legal de que a ação penal é pública incondicionada, conforme disciplina o seu artigo 17" (RHC 47.253/MS, j. 04/02/2014). O mesmo já decidiu o STF (HC 86.058/RJ, j. 25/10/2005).

**Alternativa "c":** a consumação da denunciação caluniosa não pressupõe o ajuizamento de ação penal. No caso da falsa imputação de crime, basta que o agente dê causa à instauração de inquérito policial ou de procedimento investigatório criminal.

**Alternativa "d":** na denunciação caluniosa, o dolo se consubstancia na vontade consciente de dar causa à instauração de um dos procedimentos oficiais elencados no *caput* do art. 339, imputando a outrem fato criminoso, infração ético-disciplinar ou ato ímprobo, sabendo ser ele inocente. O delito não admite o dolo superveniente. Assim, quem, de boa-fé, no exercício do direito constitucional de petição (art. 5º, XXXIV, *a*, da CF), noticia um crime que pensa ter sido cometido pela pessoa indicada não pratica denunciação caluniosa, ainda que tempos depois se descubra que a revelação foi equivocada ou precipitada. É o caso de Francisco, que imputou por equívoco a prática da contravenção a Roberto.

**Alternativa correta: letra "d".**

---

**175. (FGV – Exame de Ordem 2016.1)** Patrício, ao chegar em sua residência, constatou o desaparecimento de um relógio que havia herdado de seu falecido pai. Suspeitando de um empregado que acabara de contratar para trabalhar em sua casa e que ficara sozinho por todo o dia no local, Patrício registrou o fato na Delegacia própria, apontando, de maneira precipitada, o empregado como autor da subtração, sendo instaurado o respectivo inquérito em desfavor daquele "suspeito". Ao final da investigação, o inquérito foi arquivado a requerimento do Ministério Público, ficando demonstrado que o indiciado não fora o autor da infração.

Considerando que Patrício deu causa à instauração de inquérito policial em desfavor de empregado cuja inocência restou demonstrada, é correto afirmar que o seu comportamento configura

a) fato atípico.
b) crime de denunciação caluniosa dolosa.
c) crime de denunciação caluniosa culposa.
d) calúnia.

**COMENTÁRIOS**

**Alternativa "a" (responde, também, as alternativas "b" e "c"):** o tipo da denunciação caluniosa pune a conduta daquele que dá causa (provoca), direta ou indiretamente (por interposta pessoa) a instauração de procedimento oficial, imputando a determinada pessoa, sabidamente inocente, a prática de crime, infração ético-disciplinar ou ato ímprobo. Exige-se, para que se caracterize o delito, o dolo – não há forma culposa –, consubstanciado na vontade consciente de dar causa à instauração de um dos procedimentos oficiais elencados no caput do art. 339 do CP, imputando determinado fato a alguém sabidamente inocente. Assim, aquele que, de boa-fé, no estrito exercício do direito constitucional de petição (art. 5º, XXXIV, a, da CF), noticia um crime que pensa ter sido praticado por pessoa indicada não pratica denunciação caluniosa, ainda que tempos depois se descubra que a revelação foi equivocada.

**Alternativa "d":** não se trata de crime de calúnia, em que o agente imputa a alguém, falsamente, fato definido como crime. Não há, ao contrário da denunciação caluniosa, provocação para que se instaure um dos procedimentos elencados no caput do art. 339 do CP. Ademais, assim como não se extrai do enunciado que o agente, ao provocar a ação da autoridade policial, tinha o propósito de imputar a alguém um crime de que o sabia inocente, não há nenhuma indicação de objetivo de ferir a honra.

**Alternativa correta: letra "a".**

---

**176. (FGV – OAB 2010.2)** Assinale a alternativa que preencha corretamente as lacunas do texto: "para a ocorrência de ________, não basta a imputação falsa de crime, mas é indispensável que em decorrência de tal imputação seja instaurada, por exemplo, investigação policial ou processo judicial. A simples imputação falsa de fato definido como crime pode constituir ________, que constitui infração penal contra a honra, enquanto a ________ é crime contra a Administração da Justiça".

a) denunciação caluniosa, calúnia, denunciação caluniosa.
b) denunciação caluniosa, difamação, denunciação caluniosa.
c) comunicação falsa de crime ou de contravenção, calúnia, comunicação falsa de crime ou de contravenção.
d) comunicação falsa de crime ou de contravenção, difamação, comunicação falsa de crime ou de contravenção.

**COMENTÁRIOS**

**Alternativa "a":** a denunciação caluniosa, tipificada no artigo 339 do Código Penal (cuja redação foi modificada pela Lei 14.110/20), se caracteriza por dar causa à instauração de inquérito policial, de procedimento investigatório criminal, de processo judicial, de processo administrativo disciplinar, de inquérito civil ou de ação de improbidade administrativa contra alguém, imputando-lhe crime, infração ético-disciplinar ou ato ímprobo de que o sabe inocente. Não se confunde com a calúnia, na qual o agente se limita a imputar alguém, falsamente, fato definido como crime. A primeira é crime contra a administração da justiça, ao passo que esta última é crime contra a honra.

**Alternativa: "b":** a difamação não tem lugar no exemplo citado porque se caracteriza por detrair alguém imputando-lhe fato (não criminoso) ofensivo à sua reputação.

**Alternativa "c":** a comunicação falsa de crime ou de contravenção também não tem lugar porque consiste em provocar a ação de autoridade, comunicando-lhe a ocorrência de crime ou de contravenção que sabe não se ter verificado. Não há, neste caso, imputação de crime a determinada pessoa.

**Alternativa "d":** ver comentários aos itens anteriores.

**Alternativa correta: letra "a".**

## 60. FAVORECIMENTO REAL

---

**177. (FGV – Exame de Ordem 2016.1)** Após realizarem o roubo de um caminhão de carga, os roubadores não sabem como guardar as coisas subtraídas até o transporte para outro Estado no dia seguinte. Diante dessa situação, procuram Paulo, amigo dos criminosos, e pedem para que ele guarde a carga subtraída no seu galpão por 24 horas, admitindo a origem ilícita do material. Paulo, para ajudá-los, permite que a carga fique no seu galpão, que é utilizado como uma oficina mecânica, até o dia seguinte. A polícia encontra na mesma madrugada todo o material no galpão de Paulo, que é preso em flagrante.

Diante desse quadro fático, Paulo deverá responder pelo crime de

a) receptação.
b) receptação qualificada.
c) roubo majorado.
d) favorecimento real.

COMENTÁRIOS

**Nota do autor:** como no crime de favorecimento pessoal (art. 348 do CP), também o favorecimento real é delito acessório, ficando a sua tipificação na dependência da prática de um crime antecedente (principal). Pune-se a conduta daquele que prestar (proporcionar, oferecer) a criminoso, fora dos casos de coautoria ou de receptação, auxílio (ainda que apenas moral) destinado a tornar seguro o proveito de crime (tornar seguro proveito de contravenção penal é um indiferente penal). Percebam que o tipo do art. 349 exclui do seu alcance as hipóteses de coautoria (ou participação) e receptação. Logo, quem, de qualquer modo, participou do crime anterior, não comete a infração penal em estudo, mas sim aquela anterior, para a qual concorreu (ex.: se "A", depois de induzir "B" a furtar um veículo, esconde a coisa em proveito do furtador, responderá pelo crime de furto, evento para o qual concorreu de qualquer modo); se o agente oculta coisa produto de crime visando a proveito econômico, para si ou em favor de terceiro que não seja o criminoso anterior, terá praticado receptação (ex.: se "A", sabendo que o veículo que lhe é oferecido tem preço atraente porque produto de furto, praticará receptação se o adquirir).

**Alternativa "a" (responde, também, a alternativa "b"):** não há lugar para o crime de receptação porque Paulo não adquiriu, recebeu, transportou, conduziu ou ocultou o produto do roubo em proveito próprio ou alheio, ou seja, não buscou vantagem pessoal ou de terceiro (que não o autor do crime anterior).

**Alternativa "c":** não há participação no roubo porque é indispensável que a adesão subjetiva do concorrente ocorra até a consumação do crime. No caso, Paulo não tomou parte na subtração, mas apenas auxiliou seus autores após a consumação.

**Alternativa "d":** a conduta de Paulo se subsume ao artigo 349 do Código Penal, que pune com detenção de um a seis meses e multa o ato de prestar a criminoso, fora dos casos de coautoria ou de receptação, auxílio destinado a tornar seguro o proveito do crime. Proveito do crime, segundo a definição de Hungria: "É toda vantagem ou utilidade, material ou moral, obtida ou esperada em razão do crime anterior, seja direta ou indiretamente: tanto o produto do crime (ex.: a res furtiva) ou o resultado dele (ex.: a posse de menor raptada), quanto a coisa que venha a substituir a que foi objeto material do crime (ex.: o ouro resultante da fusão das joias subtraídas, ou a coisa que veio a ser comprada com o dinheiro furtado), ou, finalmente, o *pretium criminis*. Os instrumenta sceleris não são proveito do crime: sua guarda clandestina ou ocultação, porém, se praticada com o fim de despistar a perseguição do criminoso, será favorecimento real" (*Comentários ao Código Penal*, v. 9, p. 510).

**Alternativa correta: letra "d".**

## 61. LEGISLAÇÃO ESPECIAL

### 61.1. LAVAGEM DE DINHEIRO

**178. (FGV – OAB 2010.2)** Relativamente à legislação sobre lavagem de capitais (Lei n. 9.613/98), assinale a alternativa correta.

a) O crime de lavagem só ocorre quando os bens, direitos ou valores provenientes, direta ou indiretamente, de um dos crimes antecedentes completam todo o processo de lavagem (ocultação, dissimulação e integração).
b) Não constitui lavagem de dinheiro, mas crime de descaminho, a importação ou exportação de bens com valores não correspondentes aos verdadeiros, feita com o propósito de ocultar ou dissimular a utilização de bens, direitos ou valores provenientes de qualquer dos crimes antecedentes referidos na Lei n. 9.613/98.
c) O processo e julgamento dos crimes previstos na Lei n. 9613/98 dependem do processo e julgamento dos crimes antecedentes.
d) Pratica crime de lavagem de dinheiro quem utiliza, na atividade econômica ou financeira, bens, direitos ou valores que sabe serem provenientes de qualquer dos crimes antecedentes previstos na Lei n. 9613/98.

COMENTÁRIOS

**Nota do autor:** a questão foi elaborada antes da entrada em vigor da Lei nº 12.683/12, que promoveu diversas modificações na Lei nº 9.613/98. Os comentários serão formulados de acordo com o atual regramento envolvendo a prática de lavagem de dinheiro.

**Alternativa "a":** a caracterização do crime de lavagem de dinheiro não pressupõe que o agente obrigatoriamente oculte, dissimule e integre os bens, direitos ou valores provenientes, direta ou indiretamente, de infração penal, pois se trata de formas de lavagem de dinheiro distintas, embora nada impeça que ocorram simultaneamente.

**Alternativa "b":** trata-se de lavagem de dinheiro porque a importação ou a exportação dos bens foi feita para ocultar ou dissimular a utilização de bens, direitos ou valores provenientes de infração penal.

**Alternativa "c":** conforme disposição expressa do artigo 2º, inciso II, da Lei nº 9.613/98, o processo e o julgamento dos crimes previstos nesta lei independem do processo e julgamento das infrações penais antecedentes, ainda que praticados em outro país, cabendo ao juiz competente para os crimes previstos nesta Lei a decisão sobre a unidade de processo e julgamento.

**Alternativa "d":** à época da elaboração da questão, o artigo 1º da Lei nº 9.613/98 trazia um rol taxativo dos crimes antecedentes à lavagem de dinheiro. Atualmente, todavia, com a edição da Lei nº 12.683/12, a lavagem de dinheiro é punida com a ocultação ou dissimulação da natureza, origem, localização, disposição, movimentação ou propriedade de bens, direitos ou valores provenientes, direta ou indiretamente, de qualquer infração penal.

**Alternativa correta: letra "d".**

### 61.2. CRIMES CONTRA O SISTEMA FINANCEIRO

**179. (FGV – OAB 2010.2)** João da Silva, José da Silva e Maria da Silva são os acionistas controladores do Banco Silva's e Família, cada um com 30% das ações com direito a voto e exercendo respectivamente os cargos de Diretor – Presidente, Diretor Comercial e Diretora de Contabilidade. Em razão das dificuldades financeiras que afetaram o Banco Silva's e Família, os diretores decidem por em curso as seguintes práticas: (1) adquirir no mercado títulos do tesouro nacional já caducos (portanto sem valor algum) e, utilizando-os como simulacro de lastro, emitir títulos do banco para captar recursos financeiros junto aos investidores; (2) forjar negócios com pessoas jurídicas inexistentes a fim de simular ganhos; e, por fim, (3) fraudar o balanço da instituição simulando lucros no exercício ao invés dos prejuízos efetivamente sofridos. Os primeiros doze meses demonstraram resultados excelentes, com grande aumento do capital, mas os vinte e quatro meses seguintes são marcados por uma perda avassaladora de recursos, levando o banco à beira da insolvência, com um passivo cerca de 50 vezes maior que o ativo. Nesse momento, o Banco Silva's e Família sofre uma intervenção do Banco Central e todos os fatos narrados acima vêm à tona.

Assinale a alternativa que indique o(s) crime(s) praticado(s) pelos acionistas controladores.

a) Crimes de falsidade ideológica, falsidade documental e estelionato qualificado.

b) Crime de gestão temerária de instituição financeira.

c) Crime de gestão fraudulenta de instituição financeira.

d) Crime de gestão temerária em concurso com crime de gestão fraudulenta de instituição financeira.

**COMENTÁRIOS**

**Alternativa "a" (responde, também, a alternativa "c"):** ainda que as práticas adotadas pelos agentes na administração da instituição financeira pudessem caracterizar crimes de falsidade ideológica, falsidade documental e estelionato, a intenção central dos administradores não era simplesmente a de atingir a fé pública ou o patrimônio alheio, mas, sim, dissimular a real situação financeira da instituição que administravam. Por isso, tais infrações são absorvidas pelo crime de gestão fraudulenta de instituição financeira, tipificado no artigo 4º, *caput*, da Lei nº 7.492/86, cuja pena é de reclusão de três a doze anos e multa.

**Alternativa "b":** o crime de gestão temerária vem tipificado no artigo 4º, parágrafo único, da Lei nº 7.492/86 e, ao contrário da gestão fraudulenta, que pressupõe ato enganoso, revestido de má-fé, caracteriza-se pela administração arriscada, imprudente da instituição financeira, que não é o que se extrai do exemplo descrito no enunciado.

**Alternativa "d":** embora não nos pareça haver óbice à configuração do concurso entre a gestão fraudulenta e a gestão temerária, esta última, conforme destacado nos comentários ao item anterior, não se caracterizou.

**Alternativa correta: letra "c".**

## 61.3. CRIMES DE TRÂNSITO

**180. (FGV/OAB/XXXII_Exame – 2021)** Cláudio, durante a comemoração do aniversário de 18 anos do filho Alceu, sem qualquer envolvimento pretérito com o aparato policial e judicial, permitiu que este conduzisse seu veículo automotor em via pública, mesmo sabendo que o filho não tinha habilitação legal para tanto. Cerca de 50 minutos após iniciar a condução, apesar de não ter causado qualquer acidente, Alceu é abordado por policiais militares, que o encaminham para a Delegacia ao verificarem a falta de carteira de motorista. Em sede policial, Alceu narra o ocorrido, e Cláudio, preocupado com as consequências jurídicas de seus atos, liga para o advogado da família para esclarecimentos, informando que a autoridade policial pretendia lavrar termo circunstanciado pela prática do crime de entregar veículo a pessoa não habilitada (Art. 310 da Lei nº 9.503/97, Código de Trânsito Brasileiro, cuja pena em abstrato prevista é de detenção de 06 meses a 01 ano, ou multa).

Considerando apenas as informações narradas, o(a) advogado(a) de Cláudio deverá esclarecer que, de acordo com as previsões da Lei nº 9.503/97 (Código de Trânsito Brasileiro), sua conduta

a) configura o delito imputado, na forma consumada, com natureza de crime de perigo abstrato, cabendo oferecimento de proposta de transação penal por parte do Ministério Público.

b) configura o crime previsto no Art. 310 do CTB, na forma consumada, que independe de lesão ou perigo concreto, cabendo oferecimento de proposta de composição civil dos danos por parte do Ministério Público.

c) não configura o crime do Art. 310 do CTB, mas mero ilícito de natureza administrativa, tendo em vista que o crime trazido pelo Código de Trânsito Brasileiro para aquele que entrega a direção de veículo automotor a pessoa não habilitada é classificado como de perigo concreto.

d) configura o crime de entrega de veículo a pessoa não habilitada, em sua modalidade tentada, tendo em vista que a punição do agente pelo crime previsto no Código de Trân sito Brasileiro na modalidade consumada exige que haja resultado lesão, sendo classificado como crime de dano.

**COMENTÁRIOS**

O art. 310 do Código de Trânsito Brasileiro pune, com detenção de seis meses a um ano, as condutas de permitir, confiar ou entregar a direção de veículo automotor a pessoa não habilitada, com habilitação cassada ou com o direito de dirigir suspenso, ou, ainda, a quem, por seu estado de saúde, física ou mental, ou por embriaguez, não esteja em condições de conduzi-lo com segurança. Ao contrário do que ocorre na direção de veículo sem habilitação (art. 309), para que se caracterize esta infração penal não se exige a ocorrência de efetivo perigo de dano. Trata-se de crime de perigo abstrato. A respeito, o STJ emitiu a súmula nº 575: "Constitui crime a conduta de permitir, confiar ou entregar a direção de veículo automotor a pessoa que não seja habilitada, ou que se encontre em qualquer das situações previstas no art. 310 do CTB, independentemente da ocorrência de lesão ou de perigo de dano concreto na condução do veículo".

Tratando-se de crime de perigo abstrato, consuma-se quando o sujeito ativo permite, confia ou entrega a direção de veículo automotor a pessoa que esteja em uma das condições elencadas no tipo penal, independentemente da prática de qualquer dano ou mesmo de perigo efetivo.

A pena cominada admite a transação penal, como dispõe o art. 291 do Código de Trânsito.

**Alternativa correta: letra "a" (responde, também, as demais alternativas).**

**181. (FGV – OAB 2010.3)** Guiando o seu automóvel na contramão de direção, em outubro de 2010, Tício é perseguido por uma viatura da polícia militar. Após ser parado pelos agentes da lei, Tício realiza, espontaneamente, o exame do etilômetro e fornece aos militares sua habilitação e o documento do automóvel. No exame do etilômetro, fica constatado que Tício apresentava concentração de álcool muito superior ao patamar previsto na legislação de trânsito. Além disso, os policiais constatam que o motorista estava com a habilitação vencida desde maio de 2009. Com relação ao relatado acima, é correto afirmar que o promotor de justiça deverá denunciar Tício

a) pela prática dos crimes de embriaguez ao volante e direção sem habilitação.

b) apenas pelo crime de embriaguez ao volante, uma vez que o fato de a habilitação estar vencida constitui mera infração administrativa.

c) apenas pelo crime de direção sem habilitação, uma vez que o perigo gerado por tal conduta faz com que o delito de

PENAL

embriaguez ao volante seja absorvido, em razão da aplicação do Princípio da Consunção.

d) apenas pelo crime de direção sem habilitação, pois o delito de embriaguez ao volante só se configura quando ocorre acidente de trânsito com vítima.

**COMENTÁRIOS**

O delito de conduzir veículo em estado de embriaguez é tipificado no artigo 306 da Lei nº 9.503 nos seguintes termos: "Conduzir veículo automotor, na via pública, estando com concentração de álcool por litro de sangue igual ou superior a 6 (seis) decigramas, ou sob a influência de qualquer outra substância psicoativa que determine dependência". O crime, de perigo abstrato, se perfaz pela simples condução do automóvel em estado de embriaguez ou sob a influência de outra substância capaz de gerar dependência, sem a necessidade de que o agente se envolva ou mesmo esteja na iminência de se envolver em acidente automobilístico.

Já a condução de veículo automotor em via pública com a habilitação vencida não constitui crime, pois o tipo do artigo 309 da Lei nº 9.503/97 pressupõe que a direção seja sem devida permissão para dirigir ou habilitação ou, ainda, se o motorista estiver com o direito de dirigir cassado.

Note-se, quanto a eventual concurso entre os crimes de embriaguez e de direção sem habilitação, que o artigo 298, inciso III, da Lei nº 9.503/97, estabelece este último como circunstância agravante do primeiro.

**Alternativa "b" (responde, também, as demais alternativas).**

**182. (FGV – OAB 2011.2)** Joaquim, conduzindo seu veículo automotor (que se encontrava sem as placas de identificação) em velocidade superior à máxima permitida para a via – 50km/h –, pratica o crime de lesões corporais culposas em virtude da sua não observância ao dever objetivo de cuidado no trânsito. Com base na situação acima e à luz do Código de Trânsito Brasileiro, assinale a alternativa correta.

a) Por se tratar a lesão corporal culposa praticada na direção de veículo automotor de uma infração de menor potencial ofensivo, Joaquim responderá pelo seu crime no Juizado Especial Criminal.

b) Sem prejuízo da pena de detenção correspondente, Joaquim estará sujeito à suspensão ou proibição de se obter a permissão ou a habilitação para dirigir veículo automotor.

c) Pelo fato de Joaquim praticar o fato na condução de veículo automotor sem placas de identificação, o Juiz poderá, caso entenda necessário, agravar a penalidade do crime.

d) A pena a que Joaquim estará sujeito não se alterará se a lesão corporal culposa for praticada em faixa de pedestres ou mesmo na calçada.

**COMENTÁRIOS**

**Alternativa "a":** a lesão corporal culposa praticada na direção de veículo automotor é de menor potencial ofensivo, afastando-se a aplicação da Lei nº 9.099/95 se o agente estiver (artigo 291, § 1º, da Lei nº 9.503/97): I – sob a influência de álcool ou qualquer outra substância psicoativa que determine dependência; II – participando, em via pública, de corrida, disputa ou competição automobilística, de exibição ou demonstração de perícia em manobra de veículo automotor, não autorizada pela autoridade competente; III – transitando em velocidade superior à máxima permitida para a via em 50 km/h (cinquenta quilômetros por hora). No exemplo citado no enunciado não incide nenhuma destas circunstâncias, nem mesmo a última delas, pois não se menciona que o agente estava 50 km/h acima da velocidade permitida, destacando-se apenas que a velocidade permitida na via era de 50 km/h e o condutor do veículo a superava no momento do acidente. Vê-se, pois, que não obstante o gabarito disponha de forma diversa, a assertiva está correta. Deve-se ressaltar que a incidência da agravante referente à ausência de placas no veículo não retira a natureza de menor potencial ofensivo da infração penal, pois as circunstâncias agravantes não podem, em nenhuma hipótese, conduzir a pena a patamar acima do máximo legal, assim como se veda que a atenuante desconsidere o mínimo cominado abstratamente (súmula 231 do STJ).

**Alternativa "b":** o preceito secundário do artigo 303 da Lei nº 9.503/97 prevê, cumulativamente à pena privativa de liberdade de detenção de seis meses a dois anos, a suspensão ou proibição de se obter a permissão ou a habilitação para dirigir veículo automotor.

**Alternativa "c":** o fato de o agente estar conduzindo o veículo sem placas de identificação constitui circunstância que, nos termos do artigo 298 da Lei nº 9.503/97, sempre agrava a pena. Não há discricionariedade por parte do juiz.

**Alternativa "d":** conforme dispõe o § 1º do artigo 302 do Código de Trânsito Brasileiro (inciso II), aplicável também à lesão corporal culposa, a pena será aumentada de um terço à metade, se o agente praticar o crime em faixa de pedestres ou na calçada. Segundo o STJ, não é necessário que o motorista esteja de fato trafegando sobre a calçada; basta que, por qualquer razão, o veículo se projete sobre ela e atinja o pedestre (AgRg nos EDcl no REsp 1.499.912/SP, j. 05/03/2020).

**Alternativa correta: letra "b".**

## 61.4. TORTURA

**183. (FGV/OAB/XXX – Exame – 2019.3)** Zélia, professora de determinada escola particular, no dia 12 de setembro de 2019, presencia, em via pública, o momento em que Luiz, nascido em 20 de dezembro de 2012, adota comportamento extremamente mal-educado e pega brinquedos de outras crianças que estavam no local.

Insatisfeita com a omissão da mãe da criança, sentindo-se na obrigação de intervir por ser professora, mesmo sem conhecer Luiz anteriormente, Zélia passa a, mediante grave ameaça, desferir golpes com um pedaço de madeira na mão de Luiz, como forma de lhe aplicar castigo pessoal, causando-lhe intenso sofrimento físico e mental.

Descobertos os fatos, foi instaurado inquérito policial. Nele, Zélia foi indiciada pelo crime de tortura com a causa de aumento em razão da idade da vítima. Após a instrução, confirmada a integralidade dos fatos, a ré foi condenada nos termos da denúncia, reconhecendo o magistrado, ainda, a presença da agravante em razão da idade de Luiz.

Considerando apenas as informações expostas, a defesa técnica de Zélia, no momento da apresentação da apelação, poderá, sob o ponto de vista técnico, requerer

a) a absolvição de Zélia do crime imputado, pelo fato de sua conduta não se adequar à figura típica do crime de tortura.

b) a absolvição de Zélia do delito de tortura, com fundamento na causa de exclusão da ilicitude do exercício regular do direito, em que pese a conduta seja formalmente típica em relação ao crime imputado.

c) o afastamento da causa de aumento de pena em razão da idade da vítima, restando apenas a agravante com o mesmo fundamento, apesar de não ser possível pugnar pela absolvição em relação ao crime de tortura.

d) o afastamento da agravante em razão da idade da vítima, sob pena de configurar bis in idem, já que não é possível requerer a absolvição do crime de tortura majorada.

**COMENTÁRIOS**

Um dos tipos penais da tortura consiste em submeter alguém sob sua guarda, poder ou autoridade, com emprego de violência ou grave ameaça, a intenso sofrimento físico ou mental, como forma de aplicar castigo pessoal ou medida de caráter preventivo (art. 1º, inc. II, da Lei 9.455/97). É a denominada "tortura-castigo", que é própria, pois exige a presença de uma prévia relação jurídica entre o torturador e a vítima. O sujeito ativo, aqui, se encontra na posição de garante (pela lei ou outra relação jurídica), razão por que só pode praticar o crime quem tem a guarda (de direito ou de fato), vigilância, poder (de direito público ou privado) ou autoridade sobre o torturado.

Como deixa claro o enunciado, Zélia não tinha nenhuma relação com a criança sobre a qual aplicou o castigo físico, o que impede sua condenação pelo crime de tortura.

**Alternativa "a" (responde, também, as demais alternativas).**

---

**184. (FGV – Exame de Ordem 2016.1)** Durante uma operação em favela do Rio de Janeiro, policiais militares conseguem deter um jovem da comunidade portando um rádio transmissor. Acreditando ser o mesmo integrante do tráfico da comunidade, mediante violência física, os policiais exigem que ele indique o local onde as drogas e as armas estavam guardadas.

Em razão das lesões sofridas, o jovem vem a falecer. O fato foi descoberto e os policiais disseram que ocorreu um acidente, porquanto não queriam a morte do rapaz por eles detido, apesar de confirmarem que davam choques elétricos em seu corpo molhado com o fim de descobrir o esconderijo das drogas.

Diante desse quadro, que restou integralmente provado, os policiais deverão responder pelo crime de

a) lesão corporal seguida de morte.

b) tortura qualificada pela morte com causa de aumento.

c) homicídio qualificado pela tortura.

d) abuso de autoridade.

**COMENTÁRIOS**

**Alternativa "a":** não há lesão corporal porque a intenção dos agentes não era a de ferir a vítima, mas de constrangê-la com a intenção de obter informação. Daí porque o crime a ser imputado é o de tortura.

**Alternativa "b" (responde, também, a alternativa "c"):** está correta a assertiva, que retrata a forma de tortura tipificada no art. 1º, inciso I, alínea a, da Lei nº 9.455/97. Na presente hipótese age o torturador com o fim de obter informação, declaração ou confissão da vítima ou de terceira pessoa. Sendo crime comum, estarão incluídas tanto a conduta do policial que pratica a violência contra uma pessoa para dela obter uma informação – como ocorre no exemplo do enunciado –, como a do particular (credor) que se utiliza da violência para conseguir de alguém (devedor) a confissão de uma dívida. O crime se consuma com o constrangimento causador de sofrimento à vítima, dispensando a efetiva obtenção da informação almejada. Por se tratar de crime plurissubsistente, a tentativa é perfeitamente possível. E na situação hipotética da questão a tortura é qualificada, pois do constrangimento violento decorreu a morte da vítima. Esta situação, note-se, não se confunde com o homicídio qualificado pela tortura. Há homicídio qualificado se o resultado morte era perseguido pelo agente, que escolheu o sofrimento atroz como meio de alcançá-lo. No caso de o agente atuar com dolo apenas com relação à tortura, derivando a morte de culpa, responderá pelo crime de tortura qualificado pelo resultado (art. 1º, § 3º, da Lei nº 9.455/97).

**Alternativa "d":** tampouco é possível falar em abuso de autoridade. O art. 13 da Lei 13.869/19 pune a conduta de constranger o preso ou o detento, mediante violência, grave ameaça ou redução de sua capacidade de resistência, a produzir prova contra si mesmo ou contra terceiro. Esta forma do crime de abuso de autoridade não se confunde com as modalidades do delito de tortura, em que pese a linha fina dividindo umas e outras. As condutas na Lei de Tortura são mais intensas, causando na vítima maior sofrimento (físico ou mental). A análise do caso concreto é que deve auxiliar o intérprete na definição da correta e justa tipificação.

**Alternativa correta: letra "b".**

---

**185. (FGV – OAB 2010.3)** A tortura, conduta expressamente proibida pela Constituição Federal e lei específica,

a) pode ser praticada por meio de uma conduta comissiva (positiva, por via de uma ação) ou omissiva (negativa, por via de uma abstenção).

b) é crime inafiançável, imprescritível e insuscetível de graça ou anistia.

c) exige, na sua configuração, que o autor provoque lesões corporais na vítima ao lhe proporcionar sofrimento físico com o emprego de violência.

d) se reconhecida, não implicará aumento de pena, caso seja cometida por agente público.

**COMENTÁRIOS**

✪ **Nota do autor:** o crime de tortura foi tipificado por vários países como um crime especial, traduzindo-se num comportamento abusivo de poder no trato dos direitos fundamentais do cidadão. Colocam em mira a conduta de funcionários públicos. A Lei nº 9.455/97 não etiquetou a tortura como crime especial, mas como crime comum, que pode ser praticado por qualquer pessoa. O bem jurídico tutelado, como explicado por Alberto Silva Franco, tem um caráter bifronte, tutelando as garantias constitucionais básicas do cidadão não apenas em relação aos agravos realizados por funcionários públicos, mas também no que tange aos abusos praticados por qualquer pessoa.

**Alternativa "a":** o crime de tortura pode ser praticado tanto na forma comissiva quanto na omissiva. A conduta positiva se dá nos termos do artigo 1º, incisos I e II, da Lei nº 9.455/97: I – constranger alguém com emprego de violência ou grave ameaça, causando-lhe sofrimento físico ou mental: a) com o fim de obter informação, declaração ou confissão da vítima ou de terceira pessoa; b) para provocar ação ou omissão de natureza criminosa; c) em razão de discriminação racial ou religiosa; II – submeter alguém, sob sua guarda, poder ou autoridade, com emprego de violência ou grave ameaça, a intenso sofrimento físico ou mental, como forma de aplicar castigo pessoal ou medida de caráter preventivo. A conduta negativa, por sua vez, ocorre por parte daquele que se omite em face das ações descritas quando tinha o dever de evitá-las ou apurá-las (artigo 1º, § 2º).

**Alternativa "b":** o crime de tortura, embora seja, nos termos do artigo 1º, § 6º, da Lei nº 9.455/97, insuscetível de anistia, graça e fiança, não é imprescritível (não está relacionado na CF/88 entre as infrações penais rotuladas como imprescritíveis).

**Alternativa "c":** não é imprescindível a provocação de lesões corporais em alguém para que a conduta seja tipificada como tortura, pois os incisos I e II do artigo 1º da Lei nº 9.455/97 preveem expressamente a causação de sofrimento mental.

**Alternativa "d":** a tortura praticada por agente público tem a pena aumentada de um sexto a um terço (artigo 1º, § 4º, inciso I, da Lei nº 9.455/97).

**Alternativa correta: letra "a".**

## 61.5. JUIZADOS ESPECIAIS

**186. (FGV – OAB 2011.1)** À luz da lei que dispõe sobre os Juizados Especiais Criminais (Lei 9.099/95), assinale a alternativa correta.

a) A competência do juizado será determinada pelo lugar em que se consumar a infração penal

b) A citação será pessoal e se fará no próprio juizado, sempre que possível, ou por edital.

c) O instituto da transação penal pode ser concedido pelo juiz sem a anuência do Ministério Público.

d) Tratando-se de crime de ação penal pública incondicionada, não sendo caso de arquivamento, o Ministério Público poderá propor a aplicação imediata de pena restritiva de direitos ou multas, a ser especificada na proposta.

**COMENTÁRIOS**

✪ **Nota do autor:** a implementação dos juizados especiais tem fundamento constitucional, já que o artigo 98 da Constituição Federal dispõe que a União, no Distrito Federal e nos Territórios, e os Estados criarão juizados especiais, providos por juízes togados, ou togados e leigos, competentes para a conciliação, o julgamento e a execução de causas cíveis de menor complexidade e infrações penais de menor potencial ofensivo, mediante os procedimentos oral e sumaríssimo, permitidos, nas hipóteses previstas em lei, a transação e o julgamento de recursos por turmas de juízes de primeiro grau.

**Alternativa "a":** conforme dispõe o artigo 63 da Lei nº 9.099/95, a competência do Juizado Especial Criminal será determinada pelo lugar em que foi praticada a infração penal, que pode não coincidir com o local da consumação.

**Alternativa "b":** o artigo 66 da Lei nº 9.099/95 estabelece que a citação será pessoal e far-se-á no próprio Juizado Especial Criminal, sempre que possível, ou por mandado.

**Alternativa "c":** a transação penal, conforme dispõe o artigo 76 da Lei nº 9.099/95, é proposta pelo Ministério Público. Há na doutrina o posicionamento de que, recusando-se o órgão do Ministério Público a oferecer a proposta, o juiz não pode substituí-lo, devendo encaminhar os autos, por analogia ao disposto no artigo 28 do Código de Processo Penal, ao Procurador-Geral de Justiça ou à Câmara Criminal do Ministério Público Federal.

**Alternativa "d":** é o que dispõe o artigo 76 da Lei nº 9.099/95: "Havendo representação ou tratando-se de crime de ação penal pública incondicionada, não sendo caso de arquivamento, o Ministério Público poderá propor a aplicação imediata de pena restritiva de direitos ou multas, a ser especificada na proposta.". Há quem sustente que a menção a "pena restritiva de direitos" limita a proposta de transação penal às penas restritivas expressamente previstas na legislação penal, isto é, prestação pecuniária, perda de bens e valores, prestação de serviços à comunidade ou a entidades públicas, interdição temporária de direitos e limitação de fim de semana. Qualquer proposta de transação estabelecendo obrigação diversa seria ilegal.

**Alternativa correta: letra "d".**

**187. (FGV – OAB 2012.4 – prova reaplicada em Ipatinga/MG)** Assinale a alternativa que apresenta dois institutos despenalizadores previstos na Lei dos Juizados Especiais.

a) Suspensão condicional da pena privativa de liberdade e transação penal.

b) Transação penal e livramento condicional.

c) Composição civil extintiva da punibilidade e suspensão condicional do processo.

d) Sursis e pena restritiva de direitos substitutiva da privativa de liberdade.

**COMENTÁRIOS**

**Alternativa "a":** embora a Lei nº 9.099/95 disponha a respeito da transação penal, a suspensão condicional da pena é prevista no Código Penal (arts. 77 a 82) e é possível, pelo prazo de dois a quatro anos, quando a pena privativa de liberdade não supere dois anos, desde que: a) o condenado não seja reincidente em crime doloso; b) a culpabilidade, os antecedentes, a conduta social e personalidade do agente, bem como os motivos e as circunstâncias autorizem a concessão do benefício; c) não seja indicada ou cabível a substituição prevista no art. 44 deste Código.

**Alternativa "b":** o livramento condicional é previsto na LEP e no Código Penal. É cabível em favor do condenado a pena privativa de liberdade igual ou superior a dois anos, desde que: a) cumprida mais de um terço da pena se o condenado não for reincidente em crime doloso e tiver bons antecedentes; b) cumprida mais da metade se o condenado for reincidente em crime doloso; c) comprovado bom comportamento durante a execução da pena, não cometimento de falta grave nos últimos doze meses, bom desempenho no trabalho que lhe foi atribuído e aptidão para prover à própria subsistência mediante trabalho honesto; d) tenha reparado, salvo efetiva impossibilidade de fazê-lo, o dano causado pela infração; e) cumpridos mais de dois terços da pena, nos casos de condenação por crime hediondo, prática de tortura, tráfico ilícito de entorpecentes e drogas afins, tráfico de pessoas e terrorismo, se o apenado não for reincidente específico em crimes dessa natureza. Note-se que, ao tratar das frações de cumprimento da pena para a progressão de regime, a Lei 13.964/19 inseriu mais uma vedação ao livramento condicional. Segundo o art. 112, inc. VI, *a* e inc. VIII, da LEP, o condenado (primário ou reincidente) pela prática de crime hediondo ou equiparado com resultado morte não pode obter o benefício.

**Alternativa "c":** a composição civil dos danos, que pode acarretar a extinção da punibilidade, está disposta no art. 74 da Lei nº 9.099/95: "A composição dos danos civis será reduzida a escrito e, homologada pelo Juiz mediante sentença irrecorrível, terá eficácia de título a ser executado no juízo civil competente. Parágrafo único. Tratando-se de ação penal de iniciativa privada ou de ação penal pública condicionada à representação, o acordo homologado acarreta a renúncia ao direito de queixa ou representação.". A suspensão condicional do processo, por sua vez, é prevista no art. 89 da mesma Lei: "Nos crimes em que a pena mínima cominada for igual ou inferior a um ano, abrangidas ou não por esta Lei, o Ministério Público, ao oferecer a denúncia, poderá propor a suspensão do processo, por dois a quatro anos, desde que o acusado não esteja sendo processado ou não tenha sido condenado por outro crime, presentes os demais requisitos que autorizariam a suspensão condicional da pena (art. 77 do Código Penal).".

**Alternativa "d":** o *sursis*, conforme já estabelecido nos comentários ao item "a", é previsto no Código Penal, assim como as penas restritivas de direitos substitutivas da privativa de liberdade (art. 43). É cabível a substituição quando: a) aplicada pena privativa de liberdade não superior a quatro anos e o crime não for cometido com violência ou grave ameaça à pessoa ou, qualquer que seja a pena aplicada, se o crime for culposo; b) o réu não for reincidente em crime doloso; c) a culpabilidade, os antecedentes, a conduta social e a personalidade do condenado, bem como os motivos e as circunstâncias indicarem que essa substituição seja suficiente.

**Alternativa correta: letra "c".**

## 61.6. EXECUÇÃO PENAL

**188. (FGV – Exame de Ordem XXXVI – 2022)** André, primário, e Fábio, reincidente, foram condenados por crime de latrocínio em concurso de pessoas. Durante a execução penal, ambos requereram a progressão de regime, visto que já haviam cumprido parte da pena. André fundamentou seu pedido em "bom comportamento", comprovado pelo diretor do estabelecimento prisional. Fábio, por sua vez, fundamentou seu pedido em razão de ter sido condenado na mesma época de seu comparsa, André. Dessa forma, segundo os princípios que regem a Execução Penal e o Direito Penal, é correto afirmar que

a) de acordo com o princípio da isonomia, que garante igualdade de tratamento entre os presos, é vedada aplicação de frações de progressão de regime diferenciadas a cada um dos acusados.

b) de acordo com o princípio da individualização da pena, o Juiz da execução penal deverá alterar as penas dos acusados, conforme o comportamento prisional de cada um.

c) é assegurada a progressão de regime aos crimes hediondos, mas a fração de progressão varia para cada indivíduo, ainda que ambos condenados pelo mesmo fato.

d) o princípio do livre convencimento motivado autoriza o Juiz a aplicar a progressão de regime no momento processual que entender adequado, pois não há prazo para o Juiz.

**COMENTÁRIOS**

**Alternativa "a" (responde, também, a alternativa "c"):** o art. 112 da Lei 7.210/84 estabelece, de acordo com a vida pregressa do condenado, porcentagens diversas para a progressão de regime. No caso de crimes hediondos com resultado morte – como o latrocínio –, o condenado primário deve cumprir ao menos 50% da pena (inciso VI). Já o condenado reincidente em crime hediondo ou equiparado com resultado morte deve cumprir ao menos 70% da pena (inciso VIII). Note-se que, no segundo caso, discute-se se o dispositivo abrange somente a reincidência específica em crime hediondo ou equiparado com resultado morte. O STJ já decidiu que, tratando-se de condenação anterior por crime diverso, a solução deve ser mais branda para o condenado, que deve cumprir 50% da pena para progredir (AgRg no REsp 1.932.143/MG. j. 14/09/2021). Como o enunciado não menciona a espécie de reincidência de Fábio, presumimos que se aplica a regra expressa do art. 112.

**Alternativa "b":** o juiz da execução não pode alterar a pena aplicada, sob pena de ofensa à coisa julgada. O comportamento prisional do condenado influi somente na análise da concessão de benefícios como a progressão de regime e o livramento condicional, que podem ser negados em razão da indisciplina.

**Alternativa "d":** ao juiz não é permitido conceder a progressão de regime no momento em que considerar mais adequado. A Lei 7.210/84 estabelece requisitos temporais que devem ser estritamente observados pelo juiz em conjunto com os requisitos de ordem subjetiva.

**Alternativa correta: letra "c".**

**189. (FGV – Exame de Ordem – 2021.1)** Rafael, preso provisório, agride dolosamente o seu companheiro de cela, causando-lhe lesão corporal de natureza grave e gerando grande confusão que iniciou uma subversão da ordem interna. Após procedimento disciplinar, assegurado direito de defesa, o diretor do estabelecimento prisional aplica a Rafael sanção disciplinar consistente na sua inclusão no regime disciplinar diferenciado, pelo período de 45 dias. Considerando os fatos narrados, o advogado de Rafael poderá buscar o reconhecimento da ilegalidade da sanção aplicada, porque

a) o fato praticado pelo preso não constitui falta grave.

b) a inclusão do preso em regime disciplinar diferenciado depende de decisão do juízo competente.

c) o preso provisório não está sujeito ao regime disciplinar diferenciado.

d) a inclusão no regime disciplinar diferenciado não pode ultrapassar o período inicial de 30 dias, apesar da possível prorrogação por igual período.

**COMENTÁRIOS**

**Alternativa "a":** o art. 39, inc. II, da LEP impõe ao preso o dever de obediência ao servidor e respeito a qualquer pessoa com quem deva relacionar-se. O descumprimento desse dever constitui falta grave, como determina o art. 50, inc. VI. Além disso, é falta grave incitar ou participar de movimento para subverter a ordem ou a disciplina (art. 50, inc. I).

**Alternativa "b":** a aplicação de sanções disciplinares, em regra, está a cargo da autoridade administrativa. Cabe, então, ao diretor prisional, no final do procedimento de apuração de falta disciplinar, decidir pela natureza (leve, média ou grave) e qualificação jurídica da falta e aplicar as sanções previstas no art. 53 da LEP. No que se refere ao regime disciplinar diferenciado, no entanto, a lei adota o sistema da judicialização, confiando apenas ao juiz o império da sua aplicação. Por isso, o RDD depende de prévia e fundamentada decisão do juiz competente (art. 54, *caput*).

**Alternativa "c":** o art. 52 da LEP é expresso no sentido de que o regime disciplinar diferenciado pode atingir inclusive o preso provisório.

**Alternativa "d":** de acordo com o art. 52, inc. I, da LEP, a duração máxima do regime disciplinar diferenciado é de até dois anos, sem prejuízo de repetição da sanção por nova falta grave de mesma espécie. Para dosar o período em que o preso deve ser submetido à sanção disciplinar, o juiz deve se basear no disposto no art. 57: "Na aplicação das sanções disciplinares, levar-se-ão em conta a natureza, os motivos, as circunstâncias e as consequências do fato, bem como a pessoa do faltoso e seu tempo de prisão".

**Alternativa correta: letra "b".**

**190. (FGV – Exame de Ordem 2015.2)** Marcus foi definitivamente condenado pela prática de um crime de roubo simples à pena privativa de liberdade de quatro anos de reclusão e multa de dez dias. Apesar de reincidente, em razão de condenação definitiva pretérita pelo delito de furto, Marcus confessou a prática do delito, razão pela qual sua pena foi fixada no mínimo legal. Após cumprimento de determinado período de sanção penal, pretende o apenado obter o benefício do livramento condicional. Considerando o crime praticado e a hipótese narrada, é correto afirmar que

a) Marcus não faz jus ao livramento condicional, pois condenado por crime doloso praticado com violência ou grave ameaça à pessoa.

b) O livramento condicional pode ser concedido pelo juiz da condenação logo quando proferida sentença condenatória.

PENAL

c) Não é cabível livramento condicional para Marcus, tendo em vista que é condenado reincidente em crime doloso.

d) Ainda que praticada falta grave, Marcus não terá o seu prazo de contagem para concessão do livramento condicional interrompido.

COMENTÁRIOS

**Alternativa "a":** o fato de o crime ser doloso, cometido com violência ou grave ameaça a pessoa, não é óbice à concessão do livramento condicional.

**Alternativa "b":** o livramento condicional é incidente da execução penal, concedido somente após o cumprimento de mais de um terço da pena, se o condenado não for reincidente em crime doloso e tiver bons antecedentes; de mais da metade, se o condenado for reincidente em crime doloso; de mais de dois terços da pena, nos casos de condenação por crime hediondo, prática de tortura, tráfico ilícito de entorpecentes e drogas afins, tráfico de pessoas e terrorismo, se o apenado não for reincidente específico em crimes dessa natureza. Não há, portanto, possibilidade de conceder o livramento já na sentença condenatória.

**Alternativa "c":** o fato de o condenado ser reincidente em crime doloso não impede a concessão do livramento condicional, interferindo tão somente na fração da pena a ser cumprida (mais da metade).

**Alternativa "d":** o STJ tem o entendimento de que o cometimento de falta grave não interrompe o prazo para o livramento condicional (súmula nº 441). Note-se que o Pacote Anticrime (Lei 13.964/19) inseriu novo requisito para a concessão do livramento condicional: o não cometimento de falta grave nos doze meses anteriores à pretensão. Embora o condenado não possa obter o livramento se houver cometido falta grave no período mencionado, o prazo do benefício não volta a correr do começo quando cometida a infração.

**Alternativa correta: letra "d".**

---

**191. (FGV – OAB 2012.1 – prova reaplicada em Duque de Caxias/RJ)** Com relação ao Regime Disciplinar Diferenciado, instituído pela Lei 10.792/2003, assinale a alternativa correta.

a) O período de aplicação do Regime Disciplinar Diferenciado não poderá ultrapassar 360 (trezentos e sessenta dias), sendo vedada a repetição da sanção por nova falta grave.

b) O Regime Disciplinar diferenciado não poderá ser aplicado a presos provisórios, mesmo no caso de crimes hediondos.

c) A autorização para a inclusão do preso em regime disciplinar dependerá de requerimento circunstanciado elaborado pelo diretor do estabelecimento ou outra autoridade administrativa e despacho fundamentado da autoridade judicial competente.

d) O preso terá direito a sair de sua cela por um período de 2 (duas) horas semanais para banho de sol, salvo nos casos de crimes inafiançáveis.

COMENTÁRIOS

✪ **Nota do autor:** há quem sustente a inconstitucionalidade do regime disciplinar diferenciado (RDD) sob os argumentos de que fere a dignidade da pessoa humana, constituindo sanção de caráter cruel, desumano e degradante, desproporcional aos fins da pena (da execução), ofendendo, também, a coisa julgada, representando quarta modalidade de regime de cumprimento de pena em desrespeito ao princípio da legalidade.

**Alternativa "a":** de acordo com o artigo 52, inciso I, da Lei nº 7.210/84 (com redação dada pela Lei 13.964/19 – Pacote Anticrime), o regime disciplinar diferenciado tem duração máxima de dois anos, sem prejuízo de repetição da sanção por nova falta grave de mesma espécie.

**Alternativa "b":** o artigo 52, *caput*, da Lei nº 7.210/84, dispõe que a prática de fato previsto como crime doloso constitui falta grave e, quando ocasionar subversão da ordem ou disciplina internas, sujeitará o preso provisório, ou condenado, sem prejuízo da sanção penal, ao regime disciplinar diferenciado.

**Alternativa "c":** a autorização para a inclusão do preso em regime disciplinar é judicial e dependerá de requerimento circunstanciado elaborado pelo diretor do estabelecimento prisional ou outra autoridade administrativa (artigo 54, § 1º, da Lei nº 7.210/84). A decisão judicial sobre inclusão de preso em regime disciplinar será precedida de manifestação do Ministério Público e da defesa e prolatada no prazo máximo de quinze dias (artigo 54, § 2º).

**Alternativa "d":** de acordo com o disposto no artigo 52, inciso IV, da Lei nº 7.210/84 (com redação dada pela Lei 13.964/19 – Pacote Anticrime), o preso em regime disciplinar diferenciado terá direito à saída da cela por duas horas diárias para banho de sol, independentemente da natureza do crime. A saída deve ser em grupos de até quatro presos, desde que não haja contato com presos do mesmo grupo criminoso.

**Alternativa correta: letra "c".**

---

**192. (FGV – OAB 2012.2)** Pitágoras foi definitivamente condenado, com sentença penal condenatória transitada em julgado, à pena de 6 (seis) anos de reclusão a ser cumprida, inicialmente, em regime semiaberto. Cerca de quatro meses após o início do cumprimento da pena privativa de liberdade, sobreveio nova condenação definitiva, desta vez a 3 (três) anos de reclusão no regime inicial aberto, em virtude da prática de crime anterior. Atento ao caso narrado, bem como às disposições pertinentes ao tema presentes tanto no código penal quanto na lei de execuções penais, é correto afirmar que

a) Pitágoras poderá continuar a cumprir a pena no regime semiaberto.

b) Pitágoras deverá regredir para o regime fechado.

c) Pitágoras deverá regredir de regime porque a nova condenação significa cometimento de falta grave.

d) prevalece o regime isolado de cada uma das condenações, devendo-se executar primeiro a pena mais grave.

COMENTÁRIOS

**Alternativa "a" (responde, também, a alternativa "b"):** determina o artigo 111 da Lei nº 7.210/84 que quando houver condenação por mais de um crime, no mesmo processo ou em processos distintos, a determinação do regime de cumprimento será feita pelo resultado da soma ou unificação das penas, observada, quando for o caso, a detração ou remição. Se a soma de diversas penas aplicadas para cumprimento em regime aberto e semiaberto indicar, nos termos do artigo 33, § 2º, do Código Penal, a necessidade de regime mais severo, nada impede a sua imposição.

**Alternativa "c":** a nova condenação não significa o cometimento de falta grave. De acordo com o artigo 118 da Lei nº 7.210/84, a execução da pena privativa de liberdade ficará sujeita à forma regressiva, com a transferência para qualquer dos regimes mais rigorosos, quando o condenado: a) praticar fato definido como crime doloso ou falta grave; b) sofrer condenação, por crime anterior, cuja pena, somada ao restante da pena em execução, torne incabível o regime. A falta grave estará presente se, no curso da execução, houver o cometimento de novo crime. Se a condenação for pela prática de crime anterior, a consequência é a soma das penas para determinar o regime de cumprimento adequado, sem o reconhecimento de falta.

**Alternativa "d":** a execução isolada de penas ocorre na hipótese do concurso material em que o juiz aplica uma pena de reclusão e outra de detenção. Neste caso, conforme determina o artigo 69 do Código Penal, executa-se primeiro aquela.

**Alternativa correta: letra "b".**

---

**193. (FGV – OAB 2013.1)** Filipe foi condenado em janeiro de 2011 à pena de cinco anos de reclusão pela prática do crime de tráfico de drogas, ocorrido em 2006.

Considerando-se que a Lei n. 11.464, que modificou o período para a progressão de regime nos crimes hediondos para 2/5 (dois quintos) em caso de réu primário, foi publicada em março de 2007, é correto afirmar que

a) se reputará cumprido o requisito objetivo para a progressão de regime quando Felipe completar 1/6 (um sexto) do cumprimento da pena, uma vez que o crime foi praticado antes da Lei n. 11.464.
b) se reputará cumprido o requisito objetivo para a progressão de regime quando Felipe completar 2/5 (dois quintos) do cumprimento da pena, uma vez que a Lei n. 11.464 tem caráter processual e, portanto, deve ser aplicada de imediato.
c) se reputará cumprido o requisito subjetivo para a progressão de regime quando Felipe completar 1/6 (um sexto) do cumprimento da pena, uma vez que o crime foi praticado antes da Lei n. 11.464.
d) se reputará cumprido o requisito subjetivo para a progressão de regime quando Felipe completar 2/5 (dois quintos) do cumprimento da pena, uma vez que a Lei n. 11.464 tem caráter processual e, portanto, deve ser aplicada de imediato.

**COMENTÁRIOS**

**Alternativa "a":** até a entrada da Lei nº 11.464/07 em vigor, a Lei nº 8.072/90 estabelecia regime integralmente fechado para o cumprimento da pena nos crimes hediondos e equiparados. A partir da vigência daquela Lei, estabeleceu-se a progressão de regime após o cumprimento de dois quintos da pena, se o apenado fosse primário, e de três quintos, se reincidente. Ocorre que a alteração foi promovida apenas após o Supremo Tribunal Federal ter declarado inconstitucional a regra sobre o regime integralmente fechado, oportunidade em que o tribunal, por falta, até então, de disposição específica, determinou que se aplicassem, sobre os crimes hediondos e equiparados, as regras então vigentes na Lei nº 7.210/84 a respeito da progressão de regime (cumprimento de um sexto da pena). Por isso, para os autores de tais delitos ocorridos até a entrada em vigor da Lei nº 11.464/07, a nova sistemática não retroagiu, pois mais rigorosa. Para esses crimes, portanto, continuaram a incidir as regras da Lei de Execução Penal. Neste sentido: STF, HC 100.328/SP; STJ, súmula nº 471. Note-se que, após a entrada em vigor da Lei 13.964/19 (Pacote Anticrime), o art. 112 da LEP passou a disciplinar integralmente a progressão de regime, que, para os crimes hediondos e equiparados, ocorre após o cumprimento de: a) 40% (quarenta por cento) da pena, se o apenado for primário; b) 50% (cinquenta por cento) da pena, se, primário o condenado, o crime hediondo ou equiparado tiver resultado morte; c) 60% (sessenta por cento) da pena, se o condenado for reincidente na prática de crime hediondo ou equiparado; d) 70% (setenta por cento) da pena, se o condenado for reincidente em crime hediondo ou equiparado com resultado morte.

**Alternativa "b":** a Lei nº 11.464/07, a tratar da progressão de regime, tem caráter essencialmente penal, sem possibilidade de retroagir para prejudicar o agente.

**Alternativa "c":** a fração de cumprimento da pena é requisito objetivo para a progressão de regime. O requisito subjetivo é o bom comportamento carcerário.

**Alternativa "d":** conforme já destacado nos itens "b" e "c", a Lei nº 11.464/07 tem caráter penal e não retroage para prejudicar o condenado. Além disso, a fração de cumprimento da pena é requisito objetivo para a progressão.

**Alternativa correta: letra "a".**

---

**194. (FGV – Exame de Ordem 2013.2)** Helena, condenada a pena privativa de liberdade, sofre, no curso da execução da referida pena, superveniência de doença mental. Nesse caso, o juiz da execução, verificando que a enfermidade mental tem caráter permanente, deverá

a) aplicar o Art. 41, do CP, que assim dispõe, *verbis*: "O condenado a quem sobrevêm doença mental deve ser recolhido a hospital de custódia e tratamento psiquiátrico ou, à falta, a outro estabelecimento adequado."
b) aplicar o Art. 97, do CP, que assim dispõe, *verbis*: "Se o agente for inimputável, o juiz determinará sua internação (Art. 26). Se, todavia, o fato previsto como crime for punível com detenção, poderá o juiz submetê-lo a tratamento ambulatorial."
c) aplicar o Art. 183 da LEP (Lei n. 7.210/84), que assim dispõe, *verbis*: "Quando, no curso da execução da pena privativa de liberdade, sobrevier doença mental ou perturbação da saúde mental, o Juiz, de Ofício, a requerimento do Ministério Público, da Defensoria Pública ou da autoridade administrativa, poderá determinar a substituição da pena por medida de segurança."
d) aplicar o Art. 108 da LEP (Lei n. 7.210/84), que assim dispõe, *verbis*: "O condenado a quem sobrevier doença mental será internado em Hospital de Custódia e Tratamento Psiquiátrico".

**COMENTÁRIOS**

**Alternativa "a" (responde, também, as alternativas "c" e "d"):** agente imputável na época dos fatos deve cumprir pena. Já o inimputável será submetido a medida de segurança. E no caso de agente capaz na data da conduta, mas que desenvolve anomalia psíquica no curso da execução da pena (superveniência de doença mental)? Dois artigos da LEP tratam do assunto: art. 108 (com redação semelhante ao art. 41 do CP) e art. 183. Analisando o caso concreto, o juiz da execução optará entre a simples internação para tratamento e cura de doença passageira – hipótese em que o tempo de tratamento é considerado como pena cumprida – e a substituição da pena privativa de liberdade por medida de segurança em se tratando de anomalia não passageira, seguindo, no caso, os ditames dos arts. 96 e ss. do CP. De acordo com o STJ, no entanto, a medida de segurança não pode ultrapassar a pena aplicada na sentença, sob pena de ofensa à coisa julgada: "Consolidou-se nesta Superior Corte de Justiça entendimento no sentido de que a medida de segurança prevista no art. 183 da Lei de Execução Penal é aplicada quando, no curso da execução da pena privativa de liberdade, sobrevier doença mental ou perturbação da saúde mental, ocasião em que a sanção é substituída pela medida de segurança, que deve perdurar pelo período de cumprimento da reprimenda imposta na sentença penal condenatória, sob pena de ofensa à coisa julgada" (AgRg no HC 531.438/GO, j. 12/05/2020).

**Alternativa "b":** o art. 97 do Código Penal não trata da superveniência da doença mental no condenado, mas disciplina, para os inimputáveis (submetidos a medida de segurança de início), a forma de cumprimento: mediante internação ou por tratamento ambulatorial.

**Alternativa correta: letra "c".**

**195. (FGV – Exame de Ordem 2014.2)** Washington foi condenado à pena de 5 anos e 4 meses de reclusão e ao pagamento de 10 dias-multa pela prática do delito de roubo (Art. 157, do CP), em regime semiaberto, tendo iniciado o cumprimento da pena logo após a publicação da sentença condenatória. Decorrido certo lapso temporal, a defesa de Washington pleiteia a progressão de regime prisional ao argumento de que, com a remição de pena a que faz jus, já cumpriu a fração necessária para ser agraciado com o avanço prisional, estando, assim, presente o requisito objetivo. Washington ostentaria, ainda, bom comportamento carcerário, atestado pelo diretor do estabelecimento prisional. Na decisão, o juiz a quo concedeu a progressão para o regime aberto, mediante a condição especial de prestação de serviços à comunidade (Art. 43, IV, do CP). De acordo com entendimento sumulado pelo Superior Tribunal de Justiça, assinale a opção correta.

a) O magistrado não agiu corretamente, eis que é inadmissível a fixação de prestação de serviços à comunidade (Art. 43, IV, do CP) como condição especial para o regime aberto.
b) O magistrado agiu corretamente, uma vez que é admissível a fixação de prestação de serviços à comunidade (Art. 43, IV, do CP) como condição especial para o regime aberto.
c) O magistrado não agiu corretamente, tendo em vista que deveria ter fixado mais de uma pena substitutiva prevista no Art. 44, do CP, como condição especial para a concessão do regime aberto.
d) O magistrado agiu corretamente, pois poderia estabelecer qualquer condição como requisito para a concessão do regime aberto.

**COMENTÁRIOS**

Cumpridos os requisitos para a concessão do regime aberto, não é possível ao juiz da execução impor ao condenado, como condição especial, pena restritiva de direitos. O STJ firmou esse entendimento por meio da súmula nº 493: "É inadmissível a fixação de pena substitutiva (art. 44 do CP) como condição especial ao regime aberto". Ao conceder o regime aberto, o juiz deve impor as condições gerais e obrigatórias do art. 115 da Lei nº 7.210/84, além de outras que considerar adequadas, o que não significa impor ao condenado nova pena. Deve-se observar, para a imposição dessas condições, as circunstâncias do fato a que foi condenado o agente e suas características pessoais.

**Alternativa "a" (responde, também, as demais alternativas).**

**196. (FGV – Exame de Ordem 2014.3)** Daniel foi condenado à pena privativa de liberdade de 06 anos de reclusão, em regime inicial fechado, pela prática do delito de estupro (Art. 213, do Código Penal). Tendo decorrido lapso temporal para progressão de regime prisional e ostentando o reeducando bom comportamento carcerário, sua defesa pleiteou a concessão do benefício. Em 26/07/2013, o Juízo das Execuções, tendo em vista a necessidade de melhor aferição do requisito subjetivo, determinou a realização de exame criminológico, em decisão devidamente fundamentada. Sobre o caso apresentado, segundo entendimento sumulado nos Tribunais Superiores, assinale a opção correta.

a) Agiu corretamente o magistrado, eis que é possível a realização de exame criminológico pelas peculiaridades do caso, desde que em decisão motivada.
b) Agiu corretamente o magistrado, pois a realização de exame criminológico é sempre necessária.
c) Não agiu corretamente o magistrado, uma vez que não é possível a realização de exame criminológico.
d) Não agiu corretamente o magistrado, na medida em que o exame criminológico só poderá ser realizado no caso de crimes graves e hediondos.

**COMENTÁRIOS**

O exame criminológico, usado para individualizar determinadas execuções envolvendo fatos mais graves e/ou presos rotulados como perigosos, serve, não raras vezes, para orientar o magistrado nos incidentes de progressão e livramento condicional. Antes da Lei nº 10.792/03, o exame criminológico era considerado obrigatório na execução da pena no regime fechado, e facultativo na pena cumprida no regime semiaberto, em especial quando se tratava de condenação por crime doloso praticado com violência ou grave ameaça a pessoa. Hoje, porém, o entendimento que prevalece nos tribunais superiores é de que se trata de estudo facultativo (independentemente do regime de cumprimento de pena), devendo o magistrado fundamentar sua necessidade aquilatando as peculiaridades do caso concreto (gravidade da infração penal e condições pessoais do agente). Neste sentido, aliás, é a súmula nº 439 do STJ: "Admite-se o exame criminológico pelas peculiaridades do caso, desde que em decisão motivada".

**Alternativa "a" (responde, também, as demais alternativas).**

## 61.7. LEI MARIA DA PENHA

**197. (FGV – Exame de Ordem/2018.3)** Cátia procura você, na condição de advogado(a), para que esclareça as consequências jurídicas que poderão advir do comportamento de seu filho, Marlon, pessoa primária e de bons antecedentes, que agrediu a ex-namorada ao encontrá-la em um restaurante com um colega de trabalho, causando-lhe lesão corporal de natureza leve.

Na oportunidade, você, como advogado(a), deverá esclarecer que:

a) o início da ação penal depende de representação da vítima, que terá o prazo de seis meses da descoberta da autoria para adotar as medidas cabíveis.
b) no caso de condenação, em razão de ser Marlon primário e de bons antecedentes, poderá a pena privativa de liberdade ser substituída por restritiva de direitos.
c) em razão de o agressor e a vítima não estarem mais namorando quando ocorreu o fato, não será aplicada a Lei nº 11.340/06, mas, ainda assim, não será possível a transação penal ou a suspensão condicional do processo.
d) no caso de condenação, por ser Marlon primário e de bons antecedentes, mostra-se possível a aplicação do sursis da pena.

**COMENTÁRIOS**

**Alternativa "a"**: tratando-se de lesão corporal cometida contra a mulher no âmbito doméstico e familiar, a ação penal é pública incondicionada, como estabelece a súmula 542 do STJ.

**Alternativa "b"**: em crimes e contravenções cometidos com violência ou grave ameaça contra a mulher no ambiente doméstico e familiar não é possível a substituição da pena privativa de liberdade por restritiva de direitos, como dispõe a súmula 588 do STJ.

**Alternativa "c":** inicialmente, destaque-se que a relação de namoro é suficiente para atrair a incidência da Lei 11.340/06 em casos de violência contra a mulher. O art. 5º, inc. III, da Lei 11.340/06 é expresso, ademais, ao dispor que configura violência doméstica e familiar contra a mulher qualquer ação ou omissão baseada no gênero que lhe cause morte, lesão, sofrimento físico, sexual ou psicológico e dano moral ou patrimonial em *qualquer relação íntima de afeto, na qual o agressor conviva ou tenha convivido com a ofendida*, independentemente de coabitação. Desta forma, o fato de o agressor e a vítima não estarem mais namorando não impede a incidência da Lei 11.340/06 se a violência foi praticada em decorrência da relação anterior. E, justamente por se tratar de um caso de violência doméstica e familiar contra a mulher, **não se aplicam os institutos da Lei 9.099/95 (súmula 536 do STJ).**

**Alternativa "d":** segundo o art. 77 do Código Penal, a execução da pena privativa de liberdade não superior a dois anos pode ser suspensa, por dois a quatro anos, desde que: I – o condenado não seja reincidente em crime doloso; II – a culpabilidade, os antecedentes, a conduta social e personalidade do agente, bem como os motivos e as circunstâncias autorizem a concessão do benefício; III – Não seja indicada ou cabível a substituição prevista no art. 44 deste Código. Embora a disciplina legal envolvendo crimes cometidos com violência doméstica e familiar contra a mulher restrinja bastante a concessão de determinados benefícios, nada impede a suspensão condicional da pena: "A jurisprudência desta Corte é firme em assinalar ser possível a concessão de suspensão condicional da pena aos crimes e às contravenções penais praticados em contexto de violência doméstica, desde que preenchidos os requisitos previstos no art. 77 do Código Penal, nos termos reconhecidos na sentença condenatória restabelecida" (STJ: AgRg no REsp 1.691.667/RJ, j. 02/08/2018).

**Alternativa correta: letra "d".**

---

**198. (FGV – Exame de Ordem 2016.2)** A Lei Maria da Penha objetiva proteger a mulher da violência doméstica e familiar que lhe cause morte, lesão, sofrimento físico, sexual ou psicológico, e dano moral ou patrimonial, desde que o crime seja cometido no âmbito da unidade doméstica, da família ou em qualquer relação íntima de afeto. Diante deste quadro, após agredir sua antiga companheira, porque ela não quis retomar o relacionamento encerrado, causando-lhe lesões leves, Jorge o (a) procura para saber se sua conduta fará incidir as regras da Lei nº 11.340/06.

Considerando o que foi acima destacado, você, como advogado (a) irá esclarecê-lo de que

a) o crime em tese praticado ostenta a natureza de infração de menor potencial ofensivo.

b) a violência doméstica de que trata a Lei Maria da Penha abrange qualquer relação íntima de afeto, sendo indispensável a coabitação.

c) a agressão do companheiro contra a companheira, mesmo cessado o relacionamento, mas que ocorra em decorrência dele, caracteriza a violência doméstica e autoriza a incidência da Lei nº 11.340/06.

d) ao contrário da transação penal, em tese se mostra possível a suspensão condicional do processo na hipótese de delito sujeito ao rito da Lei Maria da Penha.

**COMENTÁRIOS**

**Alternativa "a":** não se trata de crime de menor potencial ofensivo porque, não obstante se trate de lesão corporal leve, o art. 41 da Lei nº 11.340/06 exclui expressamente do âmbito da Lei nº 9.099/95 os crimes relativos a violência doméstica e familiar contra a mulher.

**Alternativa "b":** o art. 5º, inciso III, da Lei nº 11.340/06, destaca que a lei se aplica a qualquer relação íntima de afeto, independentemente de coabitação. Esta disposição legal é alvo de críticas, pois, para alguns, não sem razão, a extensão do dispositivo (relação de intimidade) extrapolou o espírito dos tratados ratificados pelo Brasil, pois mais restritos, protegendo a mulher de forma diferenciada somente no seu ambiente doméstico. Nesse sentido, escreve Guilherme de Souza Nucci: "Cremos ser inaplicável o disposto no inc. III do art. 5.º, desta lei, para efeitos penais. Na Convenção Interamericana para prevenir, punir e erradicar a violência contra a mulher, no art. 2.º, § 1.º [*rectius*: alínea *a*], prevê-se que a violência contra a mulher tenha ocorrido 'dentro da família ou unidade doméstica ou em qualquer outra relação interpessoal, em que o agressor conviva ou tenha convivido no mesmo domicílio que a mulher e que compreende, entre outros, estupro, violação, maus-tratos e abuso sexual'. Logo, é bem menos abrangente do que a redação do inc. III do art. 5.º da Lei 11.340/2006. Exige-se, no texto da Convenção, a existência de coabitação atual ou passada. Na Lei 11.340/2006 basta a convivência presente ou passada, independentemente de coabitação. Ora, se agressor e vítima não são da mesma família e nunca viveram juntos, não se pode falar em violência doméstica e familiar. Daí emerge a inaplicabilidade do disposto no inc. III" (*Leis penais e processuais penais comentadas*, p. 865). O STJ, no entanto, editou a súmula nº 600, segundo a qual, "Para a configuração da violência doméstica e familiar prevista no artigo 5º da Lei n. 11.340/2006 (Lei Maria da Penha) não se exige a coabitação entre autor e vítima".

**Alternativa "c":** de acordo com o art. 5º, inciso III, da Lei nº 11.340/06, há violência doméstica e familiar contra a mulher em qualquer ação ou omissão baseada no gênero que lhe cause morte, lesão, sofrimento físico, sexual ou psicológico e dano moral ou patrimonial em qualquer relação íntima de afeto, na qual o agressor **conviva ou tenha convivido** com a ofendida, independentemente de coabitação. Logo, o fato de a relação ter sido encerrada não impede a aplicação das disposições da Lei nº 11.340/06.

**Alternativa "d":** a suspensão condicional do processo é medida estabelecida na Lei nº 9.099/95, que, segundo o já citado art. 41 da Lei nº 11.340/06, não se aplica aos crimes relativos a violência doméstica e familiar contra a mulher. Há, ademais, súmula do STJ (nº 536) reiterando o disposto no mencionado dispositivo legal: "A suspensão condicional do processo e a transação penal não se aplicam na hipótese de delitos sujeitos ao rito da Lei Maria da Penha".

**Alternativa correta: letra "c".**

## 61.8. CRIMES CONTRA A ORDEM TRIBUTÁRIA E ECONÔMICA

---

**199. (FGV – Exame de Ordem 2017.1)** A Delegacia Especializada de Crimes Tributários recebeu informações de órgãos competentes de que o sócio Mário, da sociedade empresária "Vamos que vamos", possivelmente sonegou imposto estadual, gerando um prejuízo aos cofres do Estado avaliado em R$ 60.000,00. Foi instaurado, então, inquérito policial para apurar os fatos.

Ao mesmo tempo, foi iniciado procedimento administrativo, não havendo, até o momento, lançamento definitivo do crédito tributário. O inquérito policial foi encaminhado ao Ministério Público, que ofereceu denúncia em face de Mário, imputando-lhe a prática do crime previsto no Art. 1°, inciso I, da Lei n° 8.137/90.

PENAL

Diante da situação narrada, assinale a afirmativa correta.

a) Não se tipifica o crime imputado ao acusado antes do lançamento definitivo.

b) Em razão da independência de instância, o lançamento definitivo é irrelevante para configuração da infração penal.

c) O crime imputado a Mário é de natureza formal, consumando-se no momento da omissão de informação com o objetivo de reduzir tributo, ainda que a redução efetivamente não ocorra.

d) O crime imputado a Mário é classificado como próprio, de modo que é necessária a presença de ao menos um funcionário público como autor ou partícipe do delito.

COMENTÁRIOS

**Alternativa "a":** de acordo com o entendimento sumulado pelo STF (súmula vinculante nº 24), o crime material que envolva sonegação fiscal somente se tipifica com o lançamento definitivo do tributo, o que ocorre após o esgotamento das medidas administrativas concernentes à apreciação da procedência do crédito exigido pela Fazenda. Por isso, a denúncia oferecida contra Mário deve ser rejeitada até que a Fazenda estabeleça ter de fato havido a supressão ou a redução do tributo.

**Alternativa "b":** embora haja de fato independência entre as instâncias penal e administrativa, chegou-se à conclusão, no caso dos crimes materiais contra a ordem tributária, de que se no âmbito fiscal não se esgotou o procedimento de cobrança do tributo, impedindo, portanto, que o Estado o exija (art. 151, III, do Código Tributário), não é possível utilizá-lo como fundamento da pretensão punitiva criminal. Além disso, lançar mão precocemente da via criminal significa ignorar a eficácia da fiscalização e da execução das dívidas tributárias pelos órgãos estatais, invertendo as prioridades de atuação entre o Direito Tributário e o Direito Penal.

Não bastasse isso, uma das vertentes que sustentavam a tese da impossibilidade de instauração da ação penal antes do esgotamento da via administrativa argumentava que, sem o pronunciamento formal de que o tributo era devido, não havia sequer a possibilidade de tipificação, pois o crime objeto do debate consiste em "suprimir ou reduzir" tributo ou contribuição social (art. 1º da Lei nº 8.137/90). Se não se estabeleceu formalmente a existência do tributo suprimido ou reduzido, o tipo penal não pode ser considerado perfeito.

**Alternativa "c":** o crime do art. 1º, inciso I, da Lei nº 8.137/90, consistente em suprimir ou reduzir tributo, ou contribuição social e qualquer acessório, mediante omissão de informação ou prestação de declaração falsa às autoridades fazendárias é material, inserindo-se no âmbito da súmula vinculante nº 24.

**Alternativa "d":** o crime de que trata o enunciado está na seção relativa aos crimes cometidos por particulares contra a ordem tributária ou econômica. Não há nenhuma necessidade de que um funcionário público tome parte no delito.

**Alternativa correta: letra "a".**

## 61.9. ESTATUTO DA CRIANÇA E DO ADOLESCENTE

**200. (FGV – Exame de Ordem 2017.1)** Mariano, 59 anos de idade, possuía em sua residência 302 vídeos e fotografias com cenas de sexo explícito envolvendo adolescentes. Descobertos os fatos, foi denunciado pela prática de 302 crimes do Art. 241-B da Lei nº 8.069/90 ("Adquirir, possuir ou armazenar, por qualquer meio, fotografia, vídeo ou outra forma de registro que contenha cena de sexo explícito ou pornográfica envolvendo criança ou adolescente"), em concurso material, sendo descrito que possuía o material proibido. Os adolescentes das imagens não foram localizados. Encerrada a instrução e confirmados os fatos, o Ministério Público pugnou pela condenação nos termos da denúncia.

Em sede de alegações finais, diante da confissão do acusado e sendo a prova inquestionável, sob o ponto de vista técnico, o advogado de Mariano deverá pleitear

a) a absolvição de Mariano, tendo em vista que ele não participava de nenhuma das cenas de sexo explícito envolvendo adolescente.

b) o reconhecimento de crime único do Art. 241-B da Lei nº 8.069/90.

c) o reconhecimento do concurso formal de crimes entre os 302 delitos praticados.

d) a extinção da punibilidade do acusado, em razão do desinteresse dos adolescentes em ver Mariano processado.

COMENTÁRIOS

**Alternativa "a":** o crime do art. 241-B da Lei nº 8.069/90 não pressupõe a participação do agente nas cenas de pornografia envolvendo crianças e adolescentes. O que se pune é a aquisição, a posse e o armazenamento do material, independentemente de qualquer participação nas cenas, que, aliás, pode acarretar crime mais grave. Ex.: se se trata de criança, o adulto que toma parte nas cenas pornográficas junto com ela responde por estupro de vulnerável.

**Alternativa "b" (responde, também, a alternativa "c"):** o art. 241-B da Lei nº 8.069/90 pune três condutas típicas visando, especialmente, ao consumidor do material pornográfico: *adquirir* (obter, conquistar), *possuir* (ter em poder, desfrutar) e *armazenar* (acumular, conter em depósito) fotografia, vídeo ou registro que contenha cena de sexo explícito ou pornográfica envolvendo criança ou adolescente. O fato de o agente possuir grande quantidade de material pornográfico não descaracteriza a unidade da infração penal. Aliás, o § 1º estabelece uma causa de diminuição de pena, que pode variar de um a dois terços, se for pequena a quantidade de fotografias, vídeos ou outros registros de sexo explícito ou pornografia envolvendo criança ou adolescente. Neste caso, o legislador beneficia aquele que ocasionalmente foi surpreendido com pequena quantidade de material ilegal, conduta que demonstra menor potencialidade lesiva. Como critério para a diminuição poderá o juiz utilizar tanto a efetiva quantidade de imagens, vídeos ou registros quanto o conteúdo por eles revelado. Se, por exemplo, forem duas ou três imagens que apenas insinuam a prática de algum ato sexual, a diminuição pode se dar no máximo, o que não se revela possível se a exibição for de sexo explícito. A benesse parece incompatível com a aplicação do princípio da insignificância.

Note-se, no entanto, que em tese não há óbice ao concurso de crimes quando, em diversos contextos fáticos, o agente adquire material pornográfico envolvendo crianças ou adolescentes.

**Alternativa "d":** a ação penal no crime do art. 241-B da Lei nº 8.069/90 é pública incondicionada. Além disso, ainda que a ação penal fosse condicionada a representação do ofendido, a iniciativa não caberia aos adolescentes, mas a seus representantes legais.

**Alternativa correta: letra "b".**

## 61.10. LEI DE DROGAS

**201. (FGV – XXXVII Exame OAB)** Quinho foi preso em flagrante delito portando 1 quilo de cocaína, ao tentar embarcar em ônibus na rodoviária Novo Rio (no Rio de Janeiro/RJ) que seguiria em direção a São Paulo/SP, onde Quinho pretendia vender tal substância para um comprador local. Ao ser denunciado por tráfico de drogas interestadual (Art. 33 c/c. Art. 40, inciso V, ambos da Lei nº. 11.343/2006), a defesa técnica de Quinho alegou que a hipótese seria de tráfico de drogas simples, pois, em razão da prisão em flagrante delito, o acusado jamais conseguiu efetivamente transpor a fronteira entre os Estados do Rio de Janeiro/RJ e São Paulo/SP. Sobre a incidência da majorante prevista no Art. 40, inciso V, da Lei nº 11.343/2006, assinale a afirmativa correta.

a) São imprescindíveis a inequívoca intenção de realizar o tráfico interestadual e a efetiva transposição de fronteiras.

b) São desnecessárias a inequívoca intenção de realizar o tráfico interestadual e a efetiva transposição de fronteiras.

c) Basta a inequívoca intenção de realizar o tráfico interestadual, sendo desnecessária a efetiva transposição de fronteiras.

d) Basta a efetiva transposição de fronteiras, sendo desnecessária a inequívoca intenção de realizar o tráfico interestadual.

**COMENTÁRIOS**

O tráfico de drogas é tipificado no art. 33 da Lei 11.343/06. A mesma lei, no art. 40, contém diversas causas de aumento de pena, tendo em vista circunstâncias que tornam a conduta mais grave. Uma das majorantes corresponde ao tráfico interestadual (inciso V). Há certa controvérsia a respeito da necessidade da efetiva transposição de divisas para que o aumento incida sobre o tráfico consumado. O STJ firmou a orientação de que é bastante o propósito de transportar a droga de um Estado a outro, dispensada a transposição. De qualquer forma, é imprescindível a prova de que a droga de fato seria transportada a outro Estado: "Para a incidência da majorante prevista no artigo 40, V, da Lei 11.343/06, é desnecessária a efetiva transposição de fronteiras entre estados da federação, sendo suficiente a demonstração inequívoca da intenção de realizar o tráfico interestadual" (súmula 587).

**Alternativa correta: letra "c" (responde, também, as demais alternativas).**

---

**202. (FGV – Exame de Ordem XXXVI – 2022)** Policiais militares em patrulhamento de rotina, ao passarem próximos a um conhecido ponto de venda de drogas, flagraram Elias, reincidente específico no crime de tráfico ilícito de entorpecentes, vendendo um "pino" contendo cocaína a um usuário local. Ao perceber que os policiais dirigiam-se para a abordagem, o aludido usuário, de modo perspicaz, jogou ao chão o entorpecente adquirido e conseguiu se evadir mas Elias acabou sendo preso em flagrante. Ato contínuo, em revista pessoal, nos bolsos de Elias foram encontrados mais 119 (cento e dezenove) pinos de material branco pulverulento, que se comprovou, a posteriori, tratar-se de um total de 600g de substância entorpecente capaz de causar dependência, conhecida como cocaína. Diante de tal situação e após cumpridos todos os trâmites legais, o Ministério Público denunciou Elias pela prática do crime de tráfico ilícito de entorpecentes, duas vezes, nas modalidades "vender" e "trazer consigo", em concurso material de crimes. A capitulação feita pelo parquet está

a) incorreta, tendo em vista que a norma do Art. 33 da Lei nº 11.343/06 é de ação múltipla, devendo Elias responder pela prática de um único crime de tráfico ilícito de entorpecentes.

b) incorreta, porque, embora os verbos – vender e trazer consigo – integrem o tipo penal do Art. 33 da Lei nº 11.343/06, a hipótese é de concurso formal de crimes, pois Elias, mediante uma só ação, praticou dois crimes.

c) correta, uma vez que ambos os verbos – vender e trazer consigo – constam no tipo penal do Art. 33 da Lei nº 11343/06, indicando- se a pluralidade de condutas.

d) incorreta, pois Elias faz jus à causa de redução prevista no Art. 33, § 4º, da Lei nº 11.343/06, por não se comprovar ser dedicado a atividades criminosas.

**COMENTÁRIOS**

**Alternativa "a" (responde, também, as alternativas "b" e "c"):** o tipo penal pode ser simples ou misto. O tipo simples contém apenas um núcleo caracterizador da conduta. No caso do homicídio, o núcleo é *matar*. Já o tipo misto se destaca por apresentar duas ou mais condutas nucleares, daí surgindo os crimes de ação múltipla ou de conteúdo variado.

O tipo misto pode ser alternativo ou cumulativo. É alternativo quando a lei estabelece diversos núcleos que, se praticados no mesmo contexto fático, caracterizam o cometimento de apenas um delito. É o caso do tráfico de drogas. Se Elias vendeu e trazia consigo drogas para vender, deve ser punido por apenas um delito, embora, no caso, a pena possa ser aumentada com base nas circunstâncias judiciais. O tipo é misto cumulativo quando a lei estabelece várias condutas nucleares que, se praticadas seguidamente, ainda que em contexto único, ensejam o concurso material. É o caso, por exemplo, do art. 198 do Código Penal, que pune as condutas de constranger alguém, mediante violência ou grave ameaça, a celebrar contrato de trabalho, ou a não fornecer a outrem ou não adquirir de outrem matéria-prima ou produto industrial ou agrícola.

**Alternativa "d":** Elias não faz jus ao benefício do art. 33, § 4º, da Lei 11.343/06, pois, como destaca o enunciado, é reincidente em crime de tráfico. A causa de diminuição de pena no tráfico de drogas pressupõe que o agente seja primário, de bons antecedentes, não se dedique às atividades criminosas nem integre organização criminosa. Como se nota, Elias não atende a um dos requisitos.

**Alternativa correta: letra "a".**

---

**203. (FGV – Exame de Ordem 2017.2)** Com dificuldades financeiras para comprar o novo celular pretendido, Vanessa, sem qualquer envolvimento pretérito com aparato policial ou judicial, aceita, a pedido de namorado de sua prima, que havia conhecido dois dias antes, transportar 500 g de cocaína de Alagoas para Sergipe. Apesar de aceitar a tarefa, Vanessa solicitou como recompensa R$ 5.000,00, já que estava muito nervosa por nunca ter adotado qualquer comportamento parecido.

Após a transferência do valor acordado, Vanessa esconde o material entorpecente na mala de seu carro e inicia o transporte da substância. Ainda no estado de Alagoas, 30 minutos depois, Vanessa é abordada por policiais e presa em flagrante.

Após denúncia pela prática do crime de tráfico de drogas com causa de aumento do Art. 40, inciso V, da Lei nº 11.343/06 ("caracterizado tráfico entre Estados da Federação ou entre estes e o Distrito Federal"), durante a instrução, todos os fatos são confirmados: Folha de Antecedentes Criminais sem outras anotações, primeira vez no transporte de drogas, transferência de valores, que o bem transportado era droga e que a pretensão era entregar o material em Sergipe.

Intimado da sentença condenatória nos termos da denúncia, o advogado de Vanessa, de acordo com as previsões da Lei nº 11.343/06 e a jurisprudência do Superior Tribunal de Justiça, deverá pleitear

PENAL

a) o reconhecimento da causa de diminuição de pena do tráfico privilegiado e reconhecimento da tentativa.
b) o afastamento da causa de aumento e o reconhecimento da causa de diminuição de pena do tráfico privilegiado.
c) o afastamento da causa de aumento, apenas.
d) o reconhecimento da causa de diminuição de pena do tráfico privilegiado, apenas.

COMENTÁRIOS

**Alternativa "a":** não há tentativa, no caso, porque a consumação do tráfico não depende de que seja cumprida a pretensão de entregar a droga no destino. As condutas de trazer consigo ou de transportar já consumam o crime.

**Alternativa "b" (responde, também, a alternativa "c"):** não é possível afastar a causa de aumento pelo tráfico interestadual, pois, para sua incidência, segundo a orientação do STJ, basta a indicação de que a droga se destinaria a outro Estado (súmula nº 587).

**Alternativa "d":** no crime de tráfico, o art. 33, § 4º, da Lei nº 11.343/06 contempla uma causa de diminuição aplicável ao condenado que seja primário, de bons antecedentes, não se dedique às atividades criminosas nem integre organização criminosa. Como indica o enunciado, Vanessa é primária e não há indicação de que se dedica às atividades criminosas ou integre organização criminosa. Logo, é possível a diminuição de um sexto a dois terços da pena.

**Alternativa correta: letra "d".**

## 61.11. CRIME ORGANIZADO

**204. (FGV – Exame de Ordem 2020.1)** Caio, funcionário público, Antônio, empresário, Ricardo, comerciante, e Vitor, adolescente, de forma recorrente se reúnem, de maneira estruturalmente ordenada e com clara divisão de tarefas, inclusive Antônio figurando como líder, com o objetivo de organizarem a prática de diversos delitos de falsidade ideológica de documento particular (Art. 299 do CP: pena: 01 a 03 anos de reclusão e multa). Apesar de o objetivo ser a falsificação de documentos particulares, Caio utilizava-se da sua função pública para obter as informações a serem inseridas de forma falsa na documentação. Descobertos os fatos, Caio, Ricardo e Antônio foram denunciados, devidamente processados e condenados como incursos nas sanções do Art. 2° da Lei n° 12.850/13 (constituir organização criminosa), sendo reconhecidas as causas de aumento em razão do envolvimento de funcionário público e em razão do envolvimento de adolescente. A Antônio foi, ainda, agravada a pena diante da posição de liderança.

Constituído nos autos apenas para defesa dos interesses de Antônio, o advogado, em sede de recurso, sob o ponto de vista técnico, de acordo com as previsões legais, deverá requerer

a) desclassificação para o crime de associação criminosa, previsto no Código Penal (antigo bando ou quadrilha).
b) afastamento da causa de aumento em razão do envolvimento de adolescente, diante da ausência de previsão legal.
c) afastamento da causa de aumento em razão da presença de funcionário público, tendo em vista que Antônio não é funcionário público e nem equiparado, devendo a majorante ser restrita a Caio.
d) afastamento da agravante, pelo fato de Antônio ser o comandante da organização criminosa, uma vez que tal incremento da pena não está previsto na Lei n° 12.850/13.

COMENTÁRIOS

**Alternativa "a":** o art. 2º da Lei 12.850/13 pune as condutas de promover, constituir, financiar ou integrar, pessoalmente ou por interposta pessoa, organização criminosa. Nos termos do art. 1º, § 1º, da mesma lei, define-se organização criminosa como "a associação de 4 (quatro) ou mais pessoas estruturalmente ordenada e caracterizada pela divisão de tarefas, ainda que informalmente, com objetivo de obter, direta ou indiretamente, vantagem de qualquer natureza, mediante a prática de infrações penais cujas penas máximas sejam superiores a 4 (quatro) anos, ou que sejam de caráter transnacional". Como se nota, o tipo incriminador exige a presença de, no mínimo, quatro associados, computando-se eventuais inimputáveis ou pessoas não identificadas, bastando prova no sentido de que tomaram parte da divisão de tarefas estruturada dentro da organização. Ocorre que, no exemplo do enunciado, os quatro indivíduos se associaram para cometer crime cuja pena máxima cominada é de três anos, o que afasta a incidência da Lei 12.850/13. A conduta, no caso, se subsume ao art. 288 do Código Penal.

**Alternativa "b":** o art. 2º, § 4º, da Lei 12.850/13 é expresso no sentido de que a pena é aumentada de 1/6 (um sexto) a 2/3 (dois terços) se há participação de criança ou adolescente (inc. I).

**Alternativa "c":** nos termos do art. 2º, § 4º, inc. II, da Lei 12.850/13, a pena é aumentada "se há concurso de funcionário público, valendo-se a organização criminosa dessa condição para a prática de infração penal". Se caracterizada a organização criminosa, seria indiferente, portanto, que Antônio não fosse funcionário público, pois o requisito para o aumento da pena é que a organização se beneficie da condição de agente público de um de seus membros.

**Alternativa "d":** a agravação da pena em relação ao indivíduo que exerce o comando da organização é expressa no art. 2º, § 3º, da Lei 12.850/13.

**Alternativa correta: letra "a".**

## 61.12. ESTATUTO DO DESARMAMENTO

**205. (FGV- XXXV Exame de Ordem-2022)** Breno, policial civil, estressado em razão do trabalho, resolveu acampar em local deserto, no meio de uma trilha cercada apenas por vegetação. Após dois dias, já sentindo o tédio do local deserto, longe de qualquer residência, para distrair a mente, pegou sua arma de fogo, calibre permitido, devidamente registrada e cujo porte era autorizado, e efetuou um disparo para o alto para testar a capacidade da sua mão esquerda, já que, a princípio, seria destro. Ocorre que, em razão do disparo, policiais militares realizaram diligência e localizaram o imputado, sendo apreendida sua arma de fogo e verificado que um dos números do registro havia naturalmente se apagado em razão do desgaste do tempo. Confirmados os fatos, Breno foi denunciado pelos crimes de porte de arma de fogo com numeração suprimida e disparo de arma de fogo (Art. 15 e Art. 16, §1º, inciso IV, ambos da Lei nº 10.826/03, em concurso material). Após a instrução, provados todos os fatos acima narrados, você, como advogado(a) de Breno, deverá requerer, sob o ponto de vista técnico, em sede de alegações finais,

a) a absolvição em relação ao crime de porte de arma com numeração suprimida, restando apenas o crime de disparo de arma de fogo, menos grave, que é expressamente subsidiário.
b) a absorção do crime de disparo de arma de fogo pelo de porte de arma de fogo com numeração suprimida, considerando que é expressamente subsidiário.

c) o reconhecimento do concurso formal de delitos, afastando-se o concurso material.

d) a absolvição em relação a ambos os delitos.

COMENTÁRIOS

Breno deve ser absolvido em relação a ambos os crimes. Com efeito, não se caracteriza o crime de porte de arma de fogo com numeração suprimida porque, como esclarece o enunciado, um dos dígitos da numeração se apagou devido ao desgaste provocado pelo uso da arma. Suprimir corresponde a uma ação dirigida a extinguir ou a eliminar algo. O que se extingue naturalmente em razão do uso não é suprimido. Logo, não há crime a ser punido no porte da arma nas condições descritas no enunciado.

Também não se caracteriza o crime de disparo de arma de fogo, tendo em vista que o tipo penal pressupõe que o disparo seja efetuado em lugar habitado ou em suas adjacências, em via pública ou em direção a ela. Breno estava em um local deserto, longe de residências, e atirou para o alto.

**Alternativa correta: letra "d" (responde, também, as demais alternativas).**

## 61.13. ABUSO DE AUTORIDADE

**206. (FGV – XXXVII Exame OAB)** Bernardo é servidor público e foi condenado porque, durante procedimento administrativo, prestou informações falsas ao interessado, com o intuito de prejudicá-lo. Recebeu condenação de um ano e dois meses pela prática de tal conduta, tipificada no Art. 29 da Lei de Abuso de Autoridade (Lei nº 13.869/2019). Sobre o caso narrado, assinale a afirmativa correta.

a) Em razão da quantidade de pena aplicada, é efeito automático da condenação a perda do cargo público ocupado por Bernardo.

b) A pena de Bernardo pode ser substituída por restritivas de direitos, consistente na inaptidão para o exercício de cargo ou emprego público pelo prazo de 1 a 5 anos.

c) A imposição do dever de indenizar a vítima depende de reincidência específica em crimes de abuso de autoridade.

d) Bernardo pode sofrer suspensão do exercício do cargo, por 1 a 6 meses, com a perda de vencimentos e vantagens, como medida alternativa à pena de prisão.

COMENTÁRIOS

**Alternativa "a":** a perda do cargo é um efeito da condenação por crime de abuso de autoridade (art. 4º, inc. III, da Lei 13.869/19). Não se trata, contudo, de efeito automático, pois deve ser declarado motivadamente na sentença.

**Alternativa "b" (responde, também, a alternativa "d"):** o art. 5º da Lei 13.869/19 admite somente, como penas restritivas de direitos que substituem a privativa de liberdade, a prestação de serviços à comunidade ou a entidades públicas e a suspensão do exercício do cargo, da função ou do mandato, pelo prazo de 1 (um) a 6 (seis) meses, com a perda dos vencimentos e das vantagens.

**Alternativa "c":** é efeito da condenação por crime de abuso de autoridade a obrigação de indenizar o dano causado pelo crime. Nesse caso, como se extrai do parágrafo único do art. 4º da Lei 13.869/19, não há necessidade de motivação na sentença.

**Alternativa correta: letra "d".**

*Rogério Sanches Cunha*

## ✦ RESUMOS DOUTRINÁRIOS

### 1. NOÇÕES GERAIS DE DIREITO PENAL

- Diferenças entre Direito Penal, Criminologia e Política Criminal:

| Direito penal | Criminologia | Política criminal |
|---|---|---|
| Analisando os fatos humanos indesejados, define quais devem ser rotulados como infrações penais, anunciando as respectivas sanções. | Ciência empírica que estuda o crime, a pessoa do criminoso, da vítima e o comportamento da sociedade. | Trabalha as estratégias e meios de controle social da criminalidade. |
| Se ocupa do crime enquanto norma | Se ocupa do crime enquanto fato | Se ocupa do crime enquanto valor |

- A "privatização" do direito penal é a expressão utilizada por parte da doutrina para destacar o (atual e crescente) **papel da vítima** no âmbito criminal. Depois de anos relegada ao segundo (ou terceiro) plano, passou a vítima a ter inúmeros institutos penais e processuais penais criados sob seu enfoque, preponderando seu interesse sobre o punitivo do Estado. O dano causado pelo crime finalmente encontra-se na linha de ação do juízo criminal. Parece-nos que o divisor de águas veio com a criação da Lei 9.099/95, prevendo uma etapa de composição civil entre os envolvidos no crime, acordo que, uma vez homologado, conduz à renúncia do direito de queixa ou representação (art. 74 da Lei dos Juizados Especiais.

- O funcionalismo é um movimento da atualidade, uma corrente doutrinária que visa a analisar a real função do Direito Penal. Muito embora não haja pleno consenso acerca da sua teorização, sobressaem-se dois segmentos importantes: o **funcionalismo teleológico** e o **funcionalismo sistêmico**. Para o **funcionalismo teleológico (ou moderado)**, que tem como maior expoente Claus Roxin, a função do Direito Penal é **assegurar bens jurídicos**, assim considerados aqueles valores indispensáveis à convivência harmônica em sociedade, valendo-se de medidas de política criminal. Já de acordo com o **funcionalismo sistêmico (ou radical)**, defendido por Günther Jakobs, a função do Direito Penal é a de **assegurar o império da norma**, ou seja, resguardar o sistema, mostrando que o direito posto existe e não pode ser violado. Quando o Direito Penal é chamado a atuar, o bem jurídico protegido já foi violado, de modo que sua função primordial não pode ser a segurança de bens jurídicos, mas sim a garantia de validade do sistema.

- A teoria garantista penal de Ferrajoli tem sua base fincada em dez **axiomas** ou **implicações deônticas** que não expressam proposições assertivas, mas proposições prescritivas; não descrevem o que ocorre, mas prescrevem o que deva ocorrer; não enunciam as condições que um sistema penal efetivamente satisfaz, mas as que deva satisfazer em adesão aos seus princípios normativos internos e/ou a parâmetros de justificação externa. Cada um dos axiomas do garantismo proposto por Luigi Ferrajoli se relaciona com um princípio. Vejamos:

| Axioma | Princípio correlato |
|---|---|
| **Nulla poena sine crimine** | Princípio da retributividade ou da consequencialidade da pena em relação ao delito |
| **Nullum crimen sine lege** | Princípio da legalidade |
| **Nulla lex (poenalis) sine necessitate** | Princípio da necessidade ou da economia do direito penal |
| **Nulla necessitas sine injuria** | Princípio da lesividade ou da ofensividade do evento |
| **Nulla injuris sine acione** | Princípio da materialidade ou da exterioridade da ação |
| **Nulla actio sine culpa** | Princípio da culpabilidade |
| **Nulla culpa sine judicio** | Princípio da jurisdicionariedade |
| **Nullum judicio sine accusatione** | Princípio acusatório |
| **Nullum accusatio sine probatione** | Princípio do ônus da prova ou da verificação |
| **Nulla probatio sine defensione** | Princípio da defesa ou da falseabilidade |

### 2. FONTES DO DIREITO PENAL

- A Constituição Federal situa-se no rol das fontes imediatas. Muito embora a lei detenha a exclusividade no tocante à criação das infrações penais e das respectivas sanções, não se pode deixar de constatar que a Carta Magna nos revela direito penal, estabelecendo alguns patamares abaixo dos quais a intervenção penal não se pode colocar. Esses patamares são verdadeiros mandados de criminalização, porque vinculam o legislador ordinário, reduzindo a sua margem de atuação para obrigá-lo a proteger (de forma suficiente/eficiente) certos temas (bens ou interesses). É o que ocorre, por exemplo, com o crime de racismo (art. 5º, XLII, CF/88), com os crimes hediondos e equiparados (art. 5º, XLIII, CF/88), com a ação de grupos armados contra a ordem constitucional e o Estado Democrático (art. 5º, XLIV, CF/88) e com os crimes ambientais (art. 225, § 3º, CF/88).

- Flávio Monteiro de Barros, concordando com Luiz Vicente Cernichiaro, inclui também, como fonte mediata do Direito Penal, os atos administrativos. Observa ser comum à sua utilização nas chamadas normas penais em branco, servindo de complemento da conduta criminosa (art. 33 da Lei nº 11.343/06, em que se necessita de complemento para definir que substâncias podem ser definidas como drogas).

- Importante esclarecer que os tratados e convenções não são instrumentos hábeis à criação de crimes ou cominação de penas para o direito interno (apenas para o direito internacional). Assim, antes do advento das Leis 12.694/12 e 12.850/13 (que definiram, sucessivamente, organização criminosa), o STF manifestou-se pela inadmissibilidade da utilização do conceito de organização criminosa dado pela Convenção de Palermo, trancando a ação penal que deu origem à impetração, em face da atipicidade da conduta (HC nº 96007).

- Qual a finalidade do costume no ordenamento jurídico-penal? Apesar de não possuir o condão de criar ou revogar crimes e sanções, o costume é importantíssimo vetor de interpretação das normas penais. Em outras palavras, é possível o uso do costume segundo a lei (*secundum legem*), atuando dentro dos limites do tipo penal. Esse costume interpretativo possibilita a adequação do tipo às exigências éticas coletivas, *v.g.*, como ocorre na definição do que seja *repouso noturno*, expressão constante do artigo 155, § 1º, do Código Penal. Neste caso, é evidente a importância do costume, já que, em grandes centros urbanos, o período de descanso será diverso daquele observado em pequenas comunidades do interior.

## 3. INTERPRETAÇÃO DA LEI PENAL

- Resumo das formas de interpretação da lei penal:

| Interpretação quanto ao sujeito | Interpretação quanto ao modo | Interpretação quanto ao resultado |
|---|---|---|
| Autêntica ou Legislativa<br>Doutrinária<br>Jurisprudencial | Literal<br>Teleológica<br>Histórica<br>Sistemática<br>Progressiva<br>Lógica | Declarativa<br>Restritiva<br>Extensiva |

- Sobre a interpretação da lei penal, destaca-se a extensiva, mais precisamente, a discussão se pode (ou não) ser em prejuízo do réu. Lembremos que a interpretação extensiva se dá quando o intérprete amplia o significado de uma palavra para alcançar o real significado da norma. Para Nucci, é indiferente se a interpretação extensiva beneficia ou prejudica o réu, "pois a tarefa do intérprete é conferir aplicação lógica ao sistema normativo, evitando-se contradições e injustiças" (*Manual de Direito Penal*. 6ª ed. São Paulo: RT, 2009, p. 91-92). Luiz Regis Prado, partidário do mesmo entendimento, citando nosso Código Penal, dá alguns exemplos: "o art. 130 do Código Penal (perigo de contágio venéreo) inclui não só o perigo, mas também o próprio contágio de moléstia grave; no art. 168 (apropriação indébita), a expressão "coisa alheia" inclui a coisa comum; o art. 235 (bigamia) refere-se não apenas à bigamia, mas também à poligamia; o art. 260 (perigo de desastre ferroviário) envolve, além do serviço ferroviário, o serviço de metrô" (*Curso de Direito Penal Brasileiro*. Vol. 1. 8ª ed. São Paulo: RT, 2008, p. 179).
- A interpretação *sui generis* se subdivide em **exofórica** e **endofórica,** dependendo do conteúdo que complementará o sentido da norma interpretada. **Exofórica** ocorre quando o significado da norma interpretada não está no ordenamento normativo. A palavra "tipo", por exemplo, presente no art. 20 do CP, tem seu significado extraído da doutrina (e não da lei). Será **endofórica** quando o texto normativo interpretado toma de empréstimo o sentido de outros textos do próprio ordenamento, ainda que não sejam da mesma Lei. Esta espécie está presente na norma penal em branco (assunto que aprofundamos no tópico princípio da legalidade).

## 4. TEORIA GERAL DA NORMA PENAL

- Os princípios podem ser explícitos, positivados no ordenamento, ou implícitos, quando derivam daqueles expressamente previstos e que decorrem de interpretação sistemática de determinados dispositivos. Como exemplo dos primeiros, temos o da individualização da pena, insculpido no artigo 5º, inciso XLVI, da Constituição Federal, do qual deriva, implicitamente, o da proporcionalidade, segundo o qual se deve estabelecer um equilíbrio entre a gravidade da infração praticada e a severidade da pena, seja em abstrato, seja em concreto.
- Quando se pensa em princípio da legalidade (art. 1º do CP), não basta a existência de lei que institua o crime e que comine a pena, sendo imprescindível a concorrência de outros subprincípios: a) lei anterior (*praevia*): é vedada a edição de leis incriminadoras com aplicação retroativa. Uma vez em vigor, a lei somente poderá ser aplicada sobre fatos a ela supervenientes, e não sobre acontecimentos passados, salvo se para beneficiar o agente; b) lei escrita (*lex scripta*): veda-se a utilização do direito consuetudinário quando se trata de norma incriminadora; c) lei estrita (*lex stricta*): se a incriminação de determinado fato não foi prevista expressamente pelo legislador, é vedado ao intérprete aplicar a analogia para estender a abrangência de outra norma para punir ou agravar a pena do autor desse fato. O que se proíbe, portanto, é a analogia *in malam partem*, sendo possível se para beneficiar o réu; d) lei certa (*lex certa*): a lei penal não pode ser indeterminada, provida de conteúdo demasiadamente genérico e que dificulte sua interpretação, especialmente no que tange à conduta incriminada.
- Não se confundem os princípios da responsabilidade pessoal, da responsabilidade subjetiva e da culpabilidade: a) responsabilidade pessoal: proíbe-se o castigo penal pelo fato de outrem, ainda que a pena seja estritamente pecuniária (pena de multa). Inexiste, portanto, responsabilidade penal coletiva no Direito Penal; b) princípio da responsabilidade subjetiva: não basta que o fato seja materialmente causado pelo agente, só podendo haver responsabilização se o fato foi querido, desejado, previsível; c) princípio da culpabilidade: postulado limitador do direito de punir. Assim, só pode o Estado punir agente imputável, com potencial consciência da ilicitude, quando dele exigível conduta diversa.
- A proporcionalidade deve ser observada em dois momentos distintos: a) no plano abstrato: deve o legislador, ao tornar típico determinado fato, atentar-se para o liame existente entre a conduta e suas consequências, a fim de estabelecer a reprimenda em patamar adequado não somente à reparação pelo dano ao bem jurídico tutelado como também para atender integralmente às finalidades da pena; b) no plano concreto: não é só o legislador quem está obrigado a observar o princípio da proporcionalidade, mas também o julgador. Este, antes de estabelecer a reprimenda, deverá observar, dentro dos limites estabelecidos pela lei, as circunstâncias e as características da prática da infração penal, para, somente após, aplicá-la em concreto. Assim, por exemplo, deve ser mais severamente punido o agente que, num crime de roubo, emprega violência, do que aquele que, nas mesmas circunstâncias, efetua a subtração somente mediante grave ameaça.
- De acordo com o Estatuto de Roma (Decreto nº 4.388/2002), podemos enumerar três consequências extraídas do princípio da presunção de inocência: **(A)** Qualquer restrição à liberdade do investigado/acusado somente se admite após sua condenação definitiva, não evitando, porém, a prisão cautelar ao longo da persecução criminal, desde que imprescindível, exigindo-se adequada fundamentação; **(B)** Cumpre à acusação o dever de demonstrar a responsabilidade do réu, e não a este comprovar sua inocência (o ônus da prova incumbe sempre ao titular da ação penal); **(C)** A condenação deve derivar da certeza do julgador, sendo que eventual dúvida será interpretada em favor do réu (*in dubio pro reo*).
- A lei penal em branco (própria ou imprópria) pode ser complementada por normas oriundas de instâncias federativas diversas (Poderes Executivo ou Legislativo Federal, Estadual ou Municipal). O art. 63 da Lei dos Crimes Ambientais (Lei 9.605/98), por exemplo, pune com reclusão, de 1 a 3 anos, e multa, "alterar aspecto ou estrutura de edificação ou local especialmente protegido por lei, ato administrativo ou decisão judicial em razão de seu valor paisagístico, ecológico, turístico ou artístico, histórico, cultural, religioso, arqueológico, etnográfico ou monumental, sem autorização da autoridade competente ou em desacordo com a concedida". Nestes

casos, a lei ou ato administrativo criado para proteger a edificação pode ser municipal.

- Da sucessão de leis no tempo podem advir cinco possibilidades: 1) *novatio legis* incriminadora: é irretroativa; 2) *novatio legis in pejus* (*lex gravior*): também é irretroativa; 3) *novatio legis in mellius* (*lex mitior*): é retroativa; 4) lei intermediária: a lei intermediária (ou intermédia) é aquela que deverá ser aplicada porque benéfica ao réu, muito embora não fosse a lei vigente ao tempo do fato, tampouco seja a lei vigente no momento do julgamento; 4) *abolitio criminis*: trata-se da revogação de um tipo penal pela superveniência de lei descriminalizadora e consequente extinção do *jus puniendi* (direito de punir) e *jus punitionis* (direito de executar a punição).
- A lei penal não incriminadora pode ser dividida em: 1) permissiva justificante: a lei penal não incriminadora que torna lícita determinadas condutas que, normalmente, estariam sujeitas à reprimenda estatal, como ocorre, por exemplo, com a legítima defesa; 2) permissiva exculpante: elimina a culpabilidade, como é o caso da embriaguez acidental completa; 3) explicativa ou interpretativa: destina-se a esclarecer o conteúdo da norma, como o artigo 327 do Código Penal, que trata do conceito de funcionário público para fins penais; 4) complementar: que tem a função de delimitar a aplicação das leis incriminadoras, como ocorre com o artigo 5º do Código Penal, que dispõe sobre a aplicação da lei penal no território brasileiro; 5) lei penal de extensão ou integrativa: utilizada para viabilizar a tipicidade de alguns fatos, como fazem os artigos 14, II e o artigo 29 do Código Penal – a tentativa e a participação seriam condutas atípicas não fossem tais normas.
- A lei penal tem as seguintes características: a) exclusividade: somente ela (lei) define infrações (crimes e contravenções) e comina sanções penais (penas e medidas de segurança); b) imperatividade: é imposta a todos, independentemente da vontade de cada um; c) generalidade: todos devem acatamento à lei penal, mesmo os inimputáveis, vez que passíveis de medida de segurança; d) impessoalidade: dirige-se abstratamente a fatos (futuros) e não a pessoas, além de ser produzida para ser imposta a todos os cidadãos, indistintamente.

## 5. EFICÁCIA DA LEI PENAL NO TEMPO

- Duas correntes discutem sobre a possibilidade de aplicação da lei penal mais benéfica quando ela ainda está no período de *vacatio legis*.

| 1ª corrente: | 2ª corrente: |
|---|---|
| capitaneada por Alberto Silva Franco, para quem o *tempus vacationes* tem como fulcro primordial a necessidade de que a lei promulgada se torne conhecida. Não faz sentido, portanto, que aqueles que já se inteiraram do teor da lei nova fiquem impedidos de lhe prestar obediência, desde logo, quanto a seus preceitos mais brandos, quando, em razão da retroatividade benéfica, mais cedo ou mais tarde isso teria que acontecer. | no período de *vacatio legis* a lei penal não possui eficácia jurídica ou social, devendo imperar a lei vigente. Fundamenta-se esta corrente no fato de que a lei no período de *vacatio legis* não passa de mera expectativa de lei. Esta é a corrente predominante, defendida por Frederico Marques, Damásio de Jesus e Guilherme de Souza Nucci. |

- Discute-se na doutrina a possibilidade de a alteração jurisprudencial retroagir para alcançar fatos praticados na vigência de entendimento diverso. Imaginemos, por exemplo, um roubo praticado com emprego de arma de brinquedo. Antes de outubro de 2001, havia Súmula no STJ (nº 174) autorizando o aumento da pena mesmo quando cometido o crime com arma de brinquedo. Depois de outubro, o STJ cancelou a referida Súmula. Os fatos pretéritos, julgados com o aumento, poderiam ser beneficiados com a alteração do entendimento da Corte? A Constituição Federal de 1988 se refere somente à retroatividade da lei (proibindo quando maléfica e fomentando quando benéfica). De igual modo, o Código Penal não disciplinou a possibilidade da retroatividade da jurisprudência. O entendimento que prevalece é o de que a extra-atividade só se refere à lei, não se estendendo à jurisprudência. O STJ tem julgados nos quais afasta a possibilidade de revisão criminal em virtude da mudança de orientação jurisprudencial sobre determinado tema: "1. Este Tribunal Superior de Justiça possui entendimento remansoso de que "o art. 621, inciso I, do Código de Processo Penal, determina que caberá revisão criminal 'quando a sentença condenatória for contrária a texto expresso da lei', o que não pode ser confundido com mudança de orientação jurisprudencial a respeito da interpretação de determinado dispositivo legal". (REsp 706.042/RS, Rel. Min. JOSÉ ARNALDO DA FONSECA, QUINTA TURMA, DJ 07/11/2005) 2. A análise de matéria constitucional não é de competência desta Corte, mas sim do Supremo Tribunal Federal, por expressa determinação da Constituição Federal. 3. Agravo regimental a que se nega provimento" (AgRg no REsp 1447604/SC, Rel. Ministra Maria Thereza de Assis Moura, DJe 29/8/2014). O STF já proferiu decisão no mesmo sentido: "Os preceitos constitucionais relativos à aplicação retroativa da norma penal benéfica, bem como à irretroatividade da norma mais grave ao acusado, ex vi do artigo 5º, XL, da Constituição Federal, são inaplicáveis aos precedentes jurisprudenciais. Precedentes: HC 75.793, Primeira Turma, Rel. Min. Sepúlveda Pertence, DJ de 31/3/2008; ADC 43- MC, Tribunal Pleno, Redator p/ Acórdão: Min. Edson Fachin, DJe de 7/3/2018" (HC 161.452 AgR, Rel. Min. Luiz Fux, j. 06/03/2020). Não obstante, o STJ admite a revisão criminal para aplicar retroativamente entendimento jurisprudencial benigno em situações de grande relevância, como a declaração de inconstitucionalidade de dispositivo legal (RvCr 5.627/DF, Rel. Min. Joel Ilan Paciornik, j. 13/10/2021).
- Quadro resumo a respeito das distinções entre *abolitio criminis* e continuidade normativo-típica:

| Abolitio criminis | Continuidade normativa típica |
|---|---|
| Supressão da figura criminosa | Supressão formal do crime |
| A conduta não será mais punida (o fato deixa de ser punível) | O fato permanece punível (a conduta criminosa migra para outro tipo penal) |
| A intenção do legislador é não mais considerar o fato criminoso | A intenção do legislador é manter o caráter criminoso do fato |

- Competência para julgamento na sucessão de leis penais:

| | Lei penal benigna | |
|---|---|---|
| **Espécie** | Que representa mera aplicação matemática | Que implica juízo de valor |
| **Juízo competente** | Juízo da execução | Juízo da revisão criminal |
| **Exemplo** | Lei A com pena de 2 a 4 anos. Lei posterior B cria diminuição de pena quando o agente é menor de 21 anos na data do fato (o juiz, no caso, pesquisa, simplesmente, se o reeducando, por ocasião dos fatos, era menor de 21 anos, não exigindo juízo de valor). | Lei A, dispondo sobre a conduta de subtrair coisa alheia móvel, é alterada pela Lei B, que cria causa de diminuição aplicável se *de pequeno valor a coisa subtraída.* "Pequeno valor" exige mais do que uma simples operação matemática, demandando juízo de valor. |

## 6. EFICÁCIA DA LEI PENAL NO ESPAÇO

- Na solução das possíveis colisões sobre a lei penal no espaço, seis princípios são utilizados. São eles: a) princípio da territorialidade: aplica-se a lei penal do local do crime; b) princípio da nacionalidade ou personalidade ativa: aplica-se a lei do país a que pertence o agente; c) princípio da nacionalidade ou personalidade passiva: aplica-se a lei penal da nacionalidade do agente somente quando atingir um bem jurídico de seu próprio Estado ou de um concidadão; d) princípio da defesa ou real: aplica-se a lei penal da nacionalidade da vítima ou do bem jurídico; e) princípio da justiça penal universal ou da justiça cosmopolita: o agente fica sujeito à lei do país onde for encontrado. Esse princípio está normalmente presente nos tratados internacionais; f) princípio da representação, do pavilhão, da substituição ou da bandeira: a lei penal nacional aplica-se aos crimes cometidos em aeronaves e embarcações privadas, quando praticados no estrangeiro e aí não sejam julgados.

- Tabela a respeito dos princípios da lei penal no espaço aplicados no art. 7º do Código Penal:

| Dispositivos | Princípio | Extraterritorialidade |
|---|---|---|
| Art. 7º, I, *a*, *b*, *c* | Princípio da defesa | Incondicionada |
| Art. 7º, I, *d* | Princípio da justiça universal* | Incondicionada |
| Art. 7º, II, *a* | Princípio da justiça universal | Condicionada |
| Art. 7º, II, *b* | Princípio da nacionalidade ativa | Condicionada |
| Art. 7º, II, *c* | Princípio da representação* | Condicionada |
| Art. 7º, § 3º | Princípio da nacionalidade passiva* | Hipercondicionada |

* A doutrina diverge sobre qual princípio adotado pelo art. 7º, I, "d" ("crime de genocídio, quando o agente for brasileiro ou domiciliado no Brasil"). Apesar de prevalecer da justiça universal, temos corrente lecionando tratar-se do princípio da defesa (ou real) (Fragoso, ob. cit., p. 141); para outros, da personalidade ou nacionalidade ativa (MASSON, Cléber. Direito Penal Esquematizado – Parte Geral. 2ª ed. São Paulo: Método, 2009, p. 132).

- Apesar de invioláveis, as sedes da representação diplomática não são consideradas extensão do território estrangeiro.
- Aplica-se a lei brasileira ao crime cometido a bordo de embarcação privada estrangeira de passagem pelo mar territorial brasileiro? A Lei nº 8.617/93 regula o **direito de passagem inocente**. Para que seja reconhecido esse direito, o navio privado deve utilizar o mar territorial brasileiro somente como caminho (passagem) para seu destino, sem pretensão de atracar no nosso território. Nesse caso, ocorrendo crime a bordo da embarcação, não se aplicará a lei brasileira, desde que não seja prejudicial à paz, à boa ordem ou à segurança do Brasil, devendo ser contínua e rápida.
- Assim como a prática de um crime pode fracionar-se em **tempos diversos**, pode também se desenvolver em **lugares diversos**, percorrendo o território de dois ou mais países igualmente soberanos, gerando conflito internacional de jurisdição (**crime à distância**). Três teorias buscam resolver tal conflito:

| Teoria da atividade (da ação) | Teoria do resultado (do efeito) | Teoria da ubiquidade |
|---|---|---|
| É o local da conduta criminosa. Exemplo: local dos disparos | É o local da consumação. Exemplo: local da morte (no hospital). | Tanto o lugar da ação quanto o do resultado. |

- Cometido um crime no estrangeiro e identificada a necessidade de extraterritorialidade da nossa lei, em qualquer das suas espécies, é preciso apontar o órgão jurisdicional competente para a aplicação da lei penal brasileira, bem como o território para o processo e julgamento. Imaginemos que Caio, brasileiro residente em Portugal, mate dolosamente um cidadão português. Caio foge e retorna ao território brasileiro antes do fim das investigações. A lei brasileira alcança este fato (art. 7º, inc. II, *b*). De acordo com o STJ (CC 115.375), compete à Justiça Estadual a aplicação da nossa lei, salvo se, no caso específico, se fizer presente uma das hipóteses constitucionais que atraem a competência da Justiça Federal (art. 109, CF/88). No nosso exemplo, nada justifica o interesse da União.

Há, todavia, situações em que o STJ considera presente o interesse da União, como, por exemplo, em virtude da negativa de extradição pelo Brasil. No julgamento do RHC 97.535 (j. 01/08/2018), o tribunal invocou precedente da Terceira Seção para estabelecer a competência da Justiça Federal para julgar brasileiro nato autor de homicídio cometido no Paraguai e cuja extradição foi negada diante da vedação constitucional à entrega de nacionais para julgamento em países estrangeiros. De acordo com o julgamento do recurso em *habeas corpus*, incide, no caso, "o Decreto n. 4.975/2004, que incorporou ao ordenamento jurídico brasileiro o Tratado de Extradição entre o Governo da República Federativa do Brasil e os Estados partes do Mercosul, no qual estabelece que, na impossibilidade de extradição do acusado por ser nacional da parte requerida, a obrigação de 'promover o julgamento do indivíduo' (art. 11.3, do Tratado de Extradição). A competência da Justiça Federal para processar o feito se extrai da matéria – cooperação internacional, com esteio no art. 109, III, IV e X, da Constituição Federal". Considerando que compete à União manter relações com estados estrangeiros e cumprir os tratados firmados, é dela a competência para a *persecutio criminis* nas situações em que o crime é praticado por brasileiros no exterior, incide a norma interna, mas não é possível a extradição. O recorrente interpôs recurso extraordinário no STF, ao qual foi dado provimento para fixar a competência da Justiça Estadual. Em decisão monocrática baseada em precedentes do STF, o ministro Marco Aurélio concluiu que o simples fato de o crime ter sido cometido no exterior e de a extradição ter sido negada não atrai a competência da Justiça Federal, atrelada aos estritos limites impostos pela Constituição Federal (RE 1.175.638/PR, j. 02/04/2019). Em decisão posterior, no entanto, a 1ª Turma atribuiu a competência à Justiça Federal: "1. Em se tratando de cooperação internacional em que o Estado Brasileiro se compromete a promover o julgamento criminal de indivíduo cuja extradição é inviável em função de sua nacionalidade, exsurge o interesse da União, o que atrai a competência da Justiça Federal para o processamento e julgamento da ação penal, conforme preceitua o art. 109, III, da Constituição Federal. 2. No caso dos autos, trata-se de imputação da prática dos crimes de homicídio triplamente qualificado, ocultação de cadáver e roubo, praticados por brasileiro em território português. Diante desse cenário, faz-se imperiosa a incidência do art. 5º, 1, da Convenção de Extradição entre os Estados Membros da Comunidade dos Países de Língua Portuguesa, promulgada pelo Decreto 7.935/2013. 3. Agravo Regimental a que se nega provimento" (RE 1.270.582 AgR/MG, j. 31/08/20).

- Tabela a respeito da aplicação da lei penal sobre crimes praticados a bordo de navios e aeronaves:

| Embarcações e aeronaves | Será aplicada a lei brasileira |
|---|---|
| Públicas ou a serviço do governo brasileiro: | quer se encontrem em território nacional ou estrangeiro. |
| Mercantes ou particulares brasileiras: | se estiverem em alto-mar ou no espaço aéreo correspondente. |
| Estrangeiras: | apenas quando privadas em território brasileiro. |

## 7. EFICÁCIA DA LEI PENAL EM RELAÇÃO ÀS PESSOAS

- A lei penal se aplica a todos, nacionais ou estrangeiros, por igual, não existindo privilégios pessoais (art. 5º, *caput*, e inc. I, da CF/88). Há, no entanto, pessoas que, em virtude das suas funções ou em razão de regras internacionais, gozam de imunidades. Longe de uma garantia pessoal, trata-se de necessária *prerrogativa funcional*, proteção ao cargo ou função desempenhada pelo seu titular.

PENAL

- Não se deve confundir o agente consular com o agente diplomático. Os agentes consulares, em razão das suas funções meramente administrativas, não desfrutam de imunidade diplomática. A sua imunidade é restrita aos atos de ofício, por isso chamada de imunidade relativa. Dentro desse espírito, tratando-se de crime comum (*v.g.* homicídio culposo), são punidos de acordo com a lei brasileira; já no caso de delito funcional, isto é, relacionados diretamente com a função consular (*v.g* fraude na concessão de passaportes), incide a imunidade, ficando sujeitos à lei do país de origem.
- A natureza jurídica da imunidade absoluta é questão controvertida na doutrina: a) Pontes de Miranda, Nélson Hungria e José Afonso da Silva entendem ser causa excludente de crime; b) Basileu Garcia considera a imunidade absoluta causa que se opõe à formação do crime; c) Aníbal Bruno considera-a causa pessoal (funcional) de isenção de pena; d) Magalhães Noronha entende ser causa de irresponsabilidade; e) para José Frederico Marques, trata-se de causa de incapacidade pessoal penal por razões políticas.
- O STF confere um caráter amplo à imunidade absoluta (art. 53, *caput*, CF/88) nas situações em que o indivíduo está nas dependências do parlamento. E, mesmo que o parlamentar esteja fora, a imunidade permanece se a manifestação tiver vínculo com o mandato: "A imunidade é absoluta quanto às manifestações proferidas no interior da respectiva casa legislativa. O parlamentar também é imune em relação a manifestações proferidas fora do recinto parlamentar, desde que ligadas ao exercício do mandato. Precedentes. Possível reinterpretação da imunidade material absoluta, tendo em vista a admissão de acusação contra parlamentar em razão de palavras proferidas no recinto da respectiva casa legislativa, mas supostamente dissociadas da atividade parlamentar – PET 5.243 e INQ 3.932, rel. min. Luiz Fux, julgados em 21.6.2016. Caso concreto em que, por qualquer ângulo que se interprete, as declarações estão abrangidas pela imunidade. Declarações proferidas pelo Deputado Federal querelado no Plenário da Câmara dos Deputados. Palavras proferidas por ocasião da prática de ato tipicamente parlamentar – voto acerca da autorização para processo contra a Presidente da República. Conteúdo ligado à atividade parlamentar. 3. Absolvição por atipicidade da conduta" (STF - Pet. 6.156/DF, Rel. Min. Gilmar Mendes, DJe 28/09/2016). O tribunal, no entanto, já afastou a imunidade no caso de manifestação que, embora proferida no parlamento, extrapolou suas dependências, por considerá-la desvinculada do mandato: "In casu, (i) a entrevista concedida a veículo de imprensa não atrai a imunidade parlamentar, porquanto as manifestações se revelam estranhas ao exercício do mandato legislativo, ao afirmar que "não estupraria" Deputada Federal porque ela "não merece"; (ii) o fato de o parlamentar estar em seu gabinete no momento em que concedeu a entrevista é fato meramente acidental, já que não foi ali que se tornaram públicas as ofensas, mas sim através da imprensa e da internet; (...) (i) A imunidade parlamentar incide quando as palavras tenham sido proferidas do recinto da Câmara dos Deputados: "Despiciendo, nesse caso, perquirir sobre a pertinência entre o teor das afirmações supostamente contumeliosas e o exercício do mandato parlamentar" (Inq. 3814, Primeira Turma, Rel. Min. Rosa Weber, unânime, j. 07/10/2014, DJE 21/10/2014). (ii) Os atos praticados em local distinto escapam à proteção da imunidade, quando as manifestações não guardem pertinência, por um nexo de causalidade, com o desempenho das funções do mandato parlamentar" (Inq. 3.932/DF, Rel. Min. Luiz Fux, DJe 09/09/2016).
- Por meio de questão de ordem na Ação Penal 937, decidiu o STF que: **1) a prerrogativa de foro se limita aos crimes cometidos no exercício do cargo e em razão dele; 2) a jurisdição do STF se perpetua caso tenha havido o encerramento da instrução processual – leia-se: intimação das partes para apresentação das derradeiras alegações – antes da extinção do mandato.**
- E nos casos em que o deputado federal se elege senador, ou vice-versa, mantém-se o foro por prerrogativa de função no STF sobre crimes cometidos no mandato anterior? A rigor, a decisão tomada na AP 937 deveria impedir a permanência de inquéritos policiais e de ações penais no STF, pois, se o foro por prerrogativa existe no caso de crimes cometidos no exercício do cargo e em razão dele, a extinção do mandato faria desaparecer a prerrogativa. Ainda que, em virtude da eleição, o agente permaneça com foro perante o mesmo tribunal, trata-se de cargos distintos e de crimes cometidos em outras circunstâncias. Mas, por maioria, ao julgar a Pet. 9189 (j. 12/05/2021), o STF decidiu que, no caso de mandatos cruzados na esfera federal, o foro por prerrogativa permanece sobre crimes cometidos no exercício do cargo anterior.
- Entendia-se que o foro por prerrogativa de função, previsto na CF/88, prevalecia sobre a competência constitucional do Tribunal do Júri (era a Carta Maior excepcionando-se a si mesma). Dentro desse espírito, caso praticasse crime doloso contra a vida, o congressista seria julgado perante o STF, enquanto o parlamentar estadual, pelo Tribunal de Justiça (ou Tribunal Regional Federal, se o caso). Esta regra, contudo, não se aplicava aos vereadores, sem prerrogativa de foro, salvo se prevista na Constituição Estadual. Se a competência do Júri está estampada na Constituição Federal, nos crimes dolosos contra a vida os vereadores sempre permaneceram sujeitos à decisão do Conselho de Sentença. Nesse sentido, aliás, foi editada a Súmula Vinculante nº 45: "A competência constitucional do tribunal do júri prevalece sobre o foro por prerrogativa de função estabelecido exclusivamente pela constituição estadual". Ocorre que, com a decisão do STF na Ação Penal 937, na qual se estabeleceu que a prerrogativa de foro se aplica apenas para crimes cometidos no exercício do cargo e em razão dele, parece-nos que a súmula está desidratada. A prerrogativa não subsistirá em relação aos crimes dolosos contra a vida, salvo em casos raríssimos, como, por exemplo, membro do Ministério Público, no cumprimento de diligências, ceifa a vida de alguém no exercício da sua função. Eventual excesso no desempenho do seu mister será aquilato pelo Tribunal de Justiça (e não pelo Conselho de Sentença).
- Note-se que o julgamento do STF na AP 937 também modifica o sistema de prerrogativa de foro para deputados estaduais, que respondem no TJ, TRF ou TRE apenas quando cometem crimes no exercício e em razão do cargo. Assim, por exemplo, o deputado estadual acusado de indevida apropriação de verbas indenizatórias será julgado pelo TJ, mas o acusado de compra de votos será julgado pela primeira instância da Justiça Eleitoral.
- De acordo com o STJ, a superveniente aposentadoria de magistrado cessa a competência do tribunal para o processamento e julgamento do feito (Processo sob segredo de justiça, j. 07/12/2022).

## 8. EFICÁCIA DA SENTENÇA ESTRANGEIRA, CONTAGEM DE PRAZO, CONFLITO APARENTE DE NORMAS

- No julgamento do HC 171.118/SP (j. 12/11/2019), o STF concluiu que o art. 8º do CP "deve ser lido em conformidade com os preceitos convencionais e a jurisprudência da Corte Interamericana de Direitos Humanos, vedando-se a dupla persecução penal por idênticos fatos". No caso, o agente havia praticado tráfico de drogas e lavagem de dinheiro por meio de condutas que abarcaram os territórios do Brasil e da Suíça. Foi processado e condenado no país europeu, mas, considerando as disposições do art. 6º do CP, segundo o qual o crime se considera praticado no lugar em que ocorreu a ação ou omissão, no todo ou em parte, bem como onde se produziu ou deveria produzir-se o resultado (teoria da ubiquidade), foi processado também no Brasil pelos mesmos fatos, situação à qual se aplicaria o disposto no art. 8º do CP: "A pena cumprida no estrangeiro atenua a pena imposta no Brasil pelo mesmo crime, quando diversas, ou nela é computada, quando idênticas". Baseando-se nas regras do Pacto Internacional sobre Direitos Civis e Políticos e da Convenção Americana de Direitos Humanos, o STF concluiu que é vedada a dupla persecução penal em jurisdições de países distintos. O min. Gilmar Mendes destacou que o Código Penal deve ser interpretado em conformidade com os direitos estampados nos tratados internacionais, pois a jurisprudência do tribunal admite o controle de convencionalidade das normas infraconstitucionais devido ao *status* normativo supralegal dos tratados de direitos humanos, que, embora estejam abaixo da Constituição, estão acima das leis infraconstitucionais. Note-se, contudo, que o tribunal não impôs uma vedação absoluta à dupla persecução, permitida quando o processo tramitado no estrangeiro for considerado injusto ou ilegítimo, privado, em suma, do cumprimento de obrigações processuais positivas. É uma forma de compatibilizar as garantias internacionais com a soberania dos Estados.

- Em matéria penal, devem ser diferenciados os prazos processuais e os prazos penais. Os prazos processuais penais seguirão a regra do artigo 798, § 1º, do Código de Processo Penal, não se computando o dia do começo, mas incluindo-se o do vencimento. O prazo que terminar em domingo ou feriado considerar-se-á prorrogado até o imediato dia útil (art. 798, § 3º) e a intimação feita na sexta-feira conduz ao início do prazo processual na segunda-feira seguinte – ou primeiro dia útil que se seguir (súmula nº 310 do STF). Ao contrário do que ocorre com os prazos processuais, os prazos penais são improrrogáveis e na sua contagem o dia do começo é incluído no cálculo (art. 10, CP). Tal forma de cômputo se aplica a todos os prazos da lei material, tais como os de duração das penas, do sursis, do livramento condicional, da prescrição, da decadência, etc. Seguimos, para tanto, o calendário comum (gregoriano). A diferença na contagem dos prazos foi fixada apenas e tão somente para favorecer o réu. Na contagem dos prazos processuais, não se considerando o dia de início, dá-se ao agente "um dia a mais" para lançar mão da providência processual adequada. Em contrapartida, como os prazos penais sempre correm em favor do réu, começam a ser contados um dia antes, sem possibilidade de prorrogação. Assim, se a prescrição se verifica no dia 22 de agosto, um domingo, será este o marco da extinção da punibilidade do Estado, por favorecer o agente.
- São três os princípios que solucionam o conflito aparente de normas:

  (A) especialidade: está previsto no artigo 12 do Código Penal e determina que se afaste a lei geral para aplicação da lei especial. Entende-se como lei especial aquela que contem todos os elementos da norma geral, acrescida de outros que a tornam distinta (chamados de "especializantes"). O tipo especial preenche integralmente o tipo geral, com a adição de elementos particulares. Ex.: o tráfico de drogas é especial em relação ao contrabando;

  (B) subsidiariedade: uma lei tem caráter subsidiário quando o fato por ela incriminado é também incriminado por outra, em um âmbito de aplicação comum, mas com abrangência diversa. A relação entre as normas subsidiária e principal é de maior ou menor gravidade, e não de espécie e gênero, como na especialidade. A norma dita subsidiária atua apenas quando o fato não se subsume à norma principal. A subsidiariedade pode ser expressa ou tácita. É expressa quando a lei a prevê explicitamente, anunciando a não aplicação da norma menos grave quando presente a mais grave, normalmente utilizando expressões como "se o fato não constitui crime mais grave" (art. 132 do CP) e "se o fato não constitui elemento de crime mais grave" (art. 307 do CP). Há subsidiariedade tácita quando um delito de menor gravidade cede diante da presença de outro de maior gravidade e integra, na qualidade de elementar, a descrição típica dele. É, por exemplo, subsidiário o dano em relação ao furto cometido mediante rompimento de obstáculo, pois integra o tipo penal qualificado.

  (C) consunção ou absorção: no princípio da consunção, ou da absorção, ocorre a continência de tipos, ou seja, o crime previsto por uma norma (consumida) não passa de uma fase de realização do crime previsto por outra (consuntiva) ou é uma forma normal de transição para o último (crime progressivo). Os fatos aqui não se acham em relação de espécie e gênero, mas de parte a todo, de meio a fim. Podemos falar em princípio da consunção nas seguintes hipóteses: (I) Crime progressivo: quando, para alcançar um resultado/crime mais grave, o agente passa, necessariamente, por um crime menos grave. No homicídio, por exemplo, é preciso antes praticar a lesão corporal, um mero crime de passagem para matar alguém; (II) Progressão criminosa: o agente substitui o seu dolo e dá causa a resultado mais grave. Deseja praticar um crime menor e o consuma; em seguida, decide cometer um crime de maior gravidade e também o concretiza, atentando contra o mesmo bem jurídico. É o caso de alguém que inicialmente pretende apenas provocar lesão corporal, porém, após consumar os ferimentos, decide ceifar a vida do ferido, causando-lhe a morte. Somente incidirá a norma referente ao crime de homicídio (art. 121 do Código Penal), absorvendo-se a lesão corporal; (III) "Antefactum" impunível: são fatos anteriores que estão na linha de desdobramento da ofensa mais grave. É o caso da violação de domicílio para praticar o furto. Note que o delito antecedente (antefato impunível) não é passagem necessária para o crime-fim (distinguindo-se do crime progressivo), é apenas um meio para alcançá-lo. Outros furtos ocorrem sem haver violação de domicílio. Também não há substituição do dolo (diferentemente da progressão criminosa; (IV) "Postfactum" impunível: representa o exaurimento do crime principal praticado pelo mesmo indivíduo, que não é punido pela segunda conduta. Alguém que furta um automóvel e depois o danifica não pratica furto e dano. A conduta se subsume apenas ao furto, e o dano é considerado um fato posterior impunível.

## 9. DO CRIME

- Quanto ao concurso de pessoas, o crime pode ser classificado em: a) monossubjetivo: cuida-se de infração penal que pode ser praticada por uma ou mais pessoas. Diante de tal circunstância, afirma-se que se trata de crime de concurso eventual de pessoas. É o caso, por exemplo, dos delitos de roubo (art. 157 do CP), furto (art. 155 do CP), homicídio (art. 121 do CP), etc.; b) crime plurissubjetivo: representa espécie de infração penal que, para ser cometida, exige a participação de uma pluralidade de agentes. Chama-se, portanto, de crime de concurso necessário de pessoas, classificando-se em: 1) crime plurissubjetivo de condutas paralelas: caso em que as condutas dos agentes se auxiliam mutuamente (associação criminosa); 2) crime plurissubjetivo de condutas contrapostas: as condutas dos agentes são praticadas umas contra as outras (rixa); 3) crime plurissubjetivo de condutas divergentes: o cometimento do crime nasce da união das condutas dos agentes (bigamia).
- Não se confundem o crime de resultado cortado e o mutilado de dois atos: no primeiro, o resultado visado dependerá de ato de terceiro e não do próprio sujeito ativo; neste, a ocorrência do ato futuro está na esfera de decisão do agente.
- Resumo das diferenças entre crime e contravenção:

| | CRIME | CONTRAVENÇÃO PENAL |
|---|---|---|
| **Tipo de pena privativa de liberdade** | Reclusão/detenção e/ou multa | Prisão simples e/ou multa |
| **Espécie de ação penal** | Ação penal privada e ação penal pública (condicionada ou incondicionada) | Ação penal pública incondicionada |
| **Punição da tentativa** | Pune a tentativa | Não pune a tentativa. |
| **Regras da extraterritorialidade** | Admite extraterritorialidade da lei penal. | Não admite a extraterritorialidade da lei |
| **Competência para processo e julgamento** | Justiça Federal e Justiça Estadual | Justiça Estadual (salvo na hipótese de foro por prerrogativa de função federal ou nacional). |
| **Limite de cumprimento da pena** | 40 anos | 5 anos |
| **Período de prova do sursis** | 2 a 4 anos ou 4 a 6 anos | 1 a 3 anos |
| **Cabimento da prisão preventiva e temporária** | Cabe nas hipóteses do artigo 313 do CPP e artigo 1º, III, da Lei nº 7.960/89 | Não cabe |
| **Possibilidade de confisco** | Só instrumentos do crime podem ser confiscados | Não se admite confisco de instrumento de contravenções |

- O crime, quanto ao sujeito ativo, classifica-se em comum, quando o tipo penal não exige qualidade ou condição especial do agente (homicídio – art. 121 do CP); próprio, quando o tipo penal exige qualidade ou condição especial do agente (peculato – art. 312 do CP) e de mão própria, quando além de exigir o tipo qualidade ou condição especial do agente, a execução do crime somente pode ser praticada por ele, caracterizando infração penal de conduta infungível (falso testemunho – art. 342 do CP).
- Classifica-se o sujeito passivo em: a) sujeito passivo **constante (mediato, formal, geral ou genérico)**: será sempre o Estado, interessado na manutenção da paz pública e da ordem social. As normas penais emanam do Estado, de modo que, sendo ele titular do mandato proibitivo, será sempre lesado pela conduta do sujeito ativo; b) sujeito passivo **eventual (imediato, material, particular ou acidental)**: é o titular do interesse penalmente protegido.
- A doutrina clássica classifica o sujeito passivo eventual em **comum** ou **próprio**, a depender se o tipo exige ou não qualidade ou condição especial do ofendido. No crime de homicídio, por exemplo, a vítima pode ser qualquer pessoa (sujeito passivo comum), enquanto que no crime de infanticídio somente poderá ser vítima o nascente ou o neonato (sujeito passivo próprio). No caso de sujeitos ativo e passivo comuns, classifica-se o crime como **bicomum**; quando próprios, denomina-se **crime bipróprio.**
- Alguns tipos penais protegem mais de um interesse jurídico, classificados como **crimes pluriofensivos**. O crime de roubo, por exemplo, protege não apenas o patrimônio, mas a incolumidade pessoal de quem é constrangida na subtração de coisa alheia móvel. Se, de um lado, é possível que uma norma proteja mais de um bem jurídico, **não é possível** haver crime **sem** objeto jurídico. Isto porque a criminalização de comportamentos é norteada pelo princípio da exclusiva proteção de bens jurídicos (vide tópico sobre princípios gerais do direito penal, *supra*). Pode-se dizer, deste modo, que crime sem objeto jurídico não é crime. Se houver algum tipo penal sem objeto jurídico deverá ser expurgado do Código Penal.
- Em resumo, a conduta, primeiro elemento do fato típico, pode ser definida das seguintes formas:

| | |
|---|---|
| **TEORIA CAUSALISTA** | Conduta é um movimento corporal (ação) voluntário que produz uma modificação no mundo exterior perceptível pelos sentidos |
| **TEORIA NEOKANTISTA** | Conduta é um comportamento (ação ou omissão) voluntário que produz uma modificação no mundo exterior perceptível pelos sentidos. |
| **TEORIA FINALISTA** | Conduta é comportamento humano voluntário psiquicamente dirigido a um fim |
| **TEORIA SOCIAL DA AÇÃO** | Conduta é comportamento humano voluntário psiquicamente dirigido a um fim socialmente reprovável. |
| **FUNCIONALISMO MODERADO (ROXIN)** | Conduta aparece como comportamento humano voluntário, causador de relevante e intolerável lesão ou perigo de lesão ao bem jurídico tutelado pela norma penal. |
| **FUNCIONALISMO RADICAL (JAKOBS)** | Conduta é comportamento humano voluntário causador de um resultado evitável, violador do sistema, frustrando as expectativas normativas. |

- Não se confundem os movimentos reflexos e as ações em curto circuito:

| Movimentos reflexos | Ações em curto circuito |
|---|---|
| Impulso completamente fisiológico, **desprovido de vontade.** | Movimento relâmpago, provocado pela excitação de diversos órgãos, **acompanhado de vontade.** |
| Ex.: por conta de um susto causado pelo bater inesperado de uma porta, FULANO, por mero impulso, movimentou os braços atingindo o rosto de pessoa que estava ao seu lado. | Ex.: durante uma partida de futebol, tomados pela excitação do jogo e da torcida, uma multidão invade o campo para protestar com violência contra a injusta marcação de pênalti. |

- É importante notar que o dolo de segundo grau **não** se confunde com o dolo eventual:

| Dolo de 2º grau | Dolo eventual |
|---|---|
| O resultado paralelo é certo e necessário (*as consequências secundárias são inerentes aos meios escolhidos*).<br>Ex.: quero matar um piloto de avião. Para tanto, coloco uma bomba na aeronave. Sei que a explosão no ar causará a morte dos demais tripulantes (a morte dos tripulantes é consequência certa e imprescindível). | O resultado paralelo é incerto, eventual, possível, desnecessário (*não é inerente ao meio escolhido*).<br>Ex.: quero matar um motorista com um tiro. A morte dos demais passageiros do carro é um resultado eventual, que aceito como possível (a morte dos demais passageiros é desnecessária ao fim almejado). |

- São espécies de culpa:

a) Culpa consciente, com previsão **ou** *ex lascivia*: o agente prevê o resultado, mas espera que ele não ocorra, supondo poder evitá-lo com a sua habilidade (mais que previsibilidade, existe previsão);

b) Culpa inconsciente, sem previsão **ou** *ex ignorantia*: o agente não prevê o resultado, que, entretanto, era previsível. Neste caso, qualquer outra pessoa, naquelas circunstâncias, poderia prever a ocorrência daquele resultado;

c) Culpa própria ou culpa propriamente dita: é aquela em que o agente não quer e não assume o risco de produzir o resultado, mas acaba lhe dando causa por negligência, imprudência ou imperícia;

d) Culpa imprópria ou culpa por equiparação, por assimilação, ou por extensão: é aquela em que o agente, por erro evitável, imagina certa situação de fato que, se presente, excluiria a ilicitude do seu comportamento (descriminante putativa). Provoca intencionalmente determinado resultado típico, mas responde por culpa por razões de política criminal.

- São elementos do crime preterdoloso:

a) a conduta dolosa visando determinado resultado,

b) a provocação de resultado culposo mais grave que o desejado,

c) o nexo causal entre conduta e o resultado e

d) tipicidade, pois não se pune o crime preterdoloso sem previsão expressa em lei.

Percebe-se que o resultado que agrava a pena deve ser ao menos previsível. Caso seja imprevisível, não é possível imputá-lo ao agente, ainda que haja nexo causal. Por esse motivo, o resultado mais grave que advém de caso fortuito ou força maior não pode ser atribuído ao sujeito ativo.

- Não se deve confundir o erro de tipo com erro de fato. Erro de fato é o erro do agente que recai puramente sobre situação fática; já o erro de tipo recai não só sobre os requisitos ou elementos fático-descritivos do tipo (que para serem conhecidos não necessitam de nenhum juízo de valor – por exemplo: filho, no art. 123; gestante, no art. 125, etc.) – como também sobre requisitos jurídico-normativos do tipo (que para serem conhecidos necessitam de juízo de valor – por exemplo: coisa *alheia*, no art. 155; *documento público*, no art. 297 etc.).

- Erro de tipo é figura distinta também do erro de proibição:

| Erro de tipo | Erro de proibição |
|---|---|
| Há falsa percepção da realidade que circunda o agente | O agente percebe a realidade, equivocando-se sobre regra de conduta. |
| O agente não sabe o que faz. | O agente sabe o que faz, mas ignora ser proibido. |
| "A" sai de festa com guarda-chuva e percebe que pegou guarda-chuva de terceiro | "A" encontra guarda-chuva na rua e acredita que não tem obrigação de devolver, porque "achado não é roubado". |

- Não podemos confundir tipo proibitivo com tipo mandamental:

| Tipo proibitivo | Tipo mandamental |
|---|---|
| Descreve conduta desvaliosa | Descreve conduta valiosa |
| É violado por ação (o agente realiza o que o tipo proíbe) | É violado por omissão (o agente não realiza o que o tipo manda) |

- A relevância da omissão não se resume ao **dever** de agir, pressupondo-se também que ao agente seja **possível** atuar para evitar o resultado. Com efeito, não se presume a responsabilidade penal simplesmente em razão da omissão por parte de quem estava obrigado ao contrário. Impõe-se a análise concreta dos acontecimentos para estabelecer se, naquelas circunstâncias, havia a possibilidade de o agente atuar para afastar a ocorrência do resultado lesivo ao bem jurídico que devia proteger.

- Note-se que nem todas as alterações exteriores provocadas pela conduta são resultados do crime, sendo assim considerados somente aqueles previstos no tipo penal. Desse modo, resultado naturalístico do furto será a subtração do objeto pertencente à vítima, como um veículo, por exemplo, e não os transtornos que a falta desse objeto possa causar, como a dificuldade de locomoção. Será essa uma consequência do crime, que, todavia, não deverá ser tida como um indiferente penal, já que o juiz deverá analisá-la no momento da dosimetria da pena, por expressa previsão do artigo 59 do Código Penal.

- Quanto ao nexo de causalidade, temos, em síntese, o seguinte:

a) Adotou-se, quanto ao nexo de causalidade, no art. 13, *caput*, do Código Penal, a teoria da equivalência dos antecedentes causais (teoria da equivalência das condições, teoria da condição simples, teoria da condição generalizadora ou da *conditio sine qua non*), atribuída a Maximilian von Buri e Stuart. Mill, que a teriam desenvolvido no ano de 1873. Em resumo, para esta teoria, todo fato sem o qual o resultado não teria ocorrido é causa. Sabendo que antecedendo um resultado temos inúmeros fatos, como saber quais são ou não causas do evento? Deve-se somar à teoria da *conditio sine qua non* o método ou teoria da eliminação hipotética dos antecedentes causais. Idealizado pelo professor sueco Thyrén, em 1894, este método é empregado no campo mental da suposição ou da cogitação: causa é todo fato que, suprimido mentalmente, o resultado não teria ocorrido como ocorreu ou no momento em que ocorreu.

b) O artigo 13, § 1º anuncia a causalidade adequada (ou teoria da condição qualificada ou individualizadora), preconizada por Von Kries. Considera causa a pessoa, fato ou circunstância que, além de praticar um antecedente indispensável à produção do resultado, realize uma atividade adequada à sua concretização. Na determinação da causalidade adequada, o que importa é se há um nexo normal prendendo o atuar do agente como causa ao resultado como efeito.

c) Há, ainda, a teoria da imputação objetiva, desenvolvida para delimitar a imputação do resultado, evitando o regresso ao infinito gerado pela causalidade simples (teoria da equivalência dos antecedentes causais). Como forma de corrigir essa injustiça, a imputação objetiva determina que sejam considerados, além do nexo físico (causa/efeito), também critérios normativos no momento da atribuição do resultado, pois, de acordo com a causalidade vigente, situações absurdas proporcionadas pela *conditio sine qua non* somente são evitadas em razão da análise do dolo e da culpa. Em síntese, a criação ou incremento de um risco proibido e a realização do risco no resultado, além da exigência de que esse resultado fique dentro do alcance do tipo compõem o nexo normativo, elemento que enriquece o estudo da causalidade corrigindo as distorções geradas pela teoria da equivalência. A análise deste nexo antecede a indagação sobre dolo e culpa, isto é, verifica se o resultado previsto na parte objetiva do tipo pode ou não ser atribuído ao agente, antes mesmo de pesquisar o elemento subjetivo.

d) Quanto às hipóteses de relevância da omissão, a alínea *c* do artigo 13, § 2º, do Código Penal traz a obrigação de evitar o resultado quando, no âmbito social, o agente produz o perigo, devendo, portanto, se empenhar para que o resultado danoso não ocorra. No entanto, o campo de incidência da expressão *"conduta anterior"* faz com que seja necessária uma delimitação da situação de garante do agente, já que a aplicação indistinta do dispositivo pode trazer consequências práticas injustas e absurdas. Parece-nos que a solução adequada para a aplicação desse dispositivo é a seguinte: nos crimes dolosos omissivos impróprios, deve o agente se abster do dever de agir com o objetivo de alcançar ou assumindo o risco de produzir o resultado criminoso que poderia ter sido impedido por sua intervenção. Se, no entanto, o agente tem a consciência de que não observa o dever de agir, mas o resultado não era querido ou aceito por ele (apenas previsível), deverá responder pelo crime culposo, caso haja essa previsão.

- Sobre a tipicidade, temos, em síntese:

| Teorias tradicionais | Tipicidade penal = tipicidade formal (mero ajuste do fato à norma penal incriminadora). |
|---|---|

PENAL

<table>
<tr><td>Teorias modernas</td><td>Tipicidade penal = tipicidade formal + tipicidade material (relevância da lesão ou perigo de lesão ao bem jurídico tutelado).<br>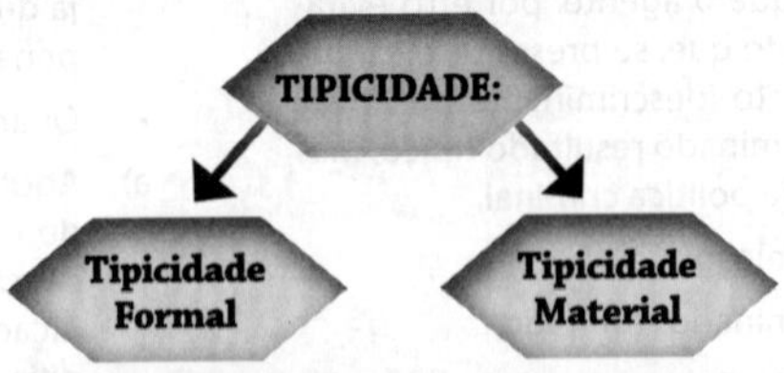
</td></tr>
<tr><td>Teoria da Tipicidade conglobante (Zaffaroni)</td><td>A tipicidade penal = tipicidade formal + tipicidade conglobante (soma da tipicidade material e atos antinormativos).<br>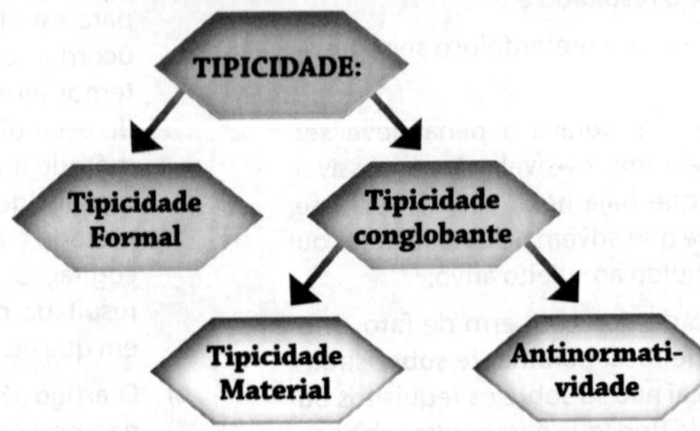
</td></tr>
</table>

- As normas de extensão, que permitem a subsunção indireta, podem ser:

a) Norma de extensão temporal: a conduta de "tentar matar alguém" somente é punível em razão da norma descrita no artigo 14, II, do Código Penal. Sem essa norma, lendo o artigo 121 do Estatuto Repressor, a conclusão seria pela atipicidade do comportamento;

b) Norma de extensão pessoal e espacial: o artigo 29 do Código Penal, que dispõe sobre o concurso de pessoas, reflete uma norma auxiliar, cuja existência permite a subsunção indireta da conduta do partícipe (que não realiza o núcleo do tipo, mas, de qualquer modo, concorre para o delito). Note-se que aquele que praticar a conduta de "vigiar o local enquanto alguém realiza o crime de homicídio" é um fato, *a priori*, atípico, porque não se encontra previsto em qualquer norma penal. Contudo, conjugando o artigo 29 com o artigo 121, ambos do Código Penal, é possível realizar a adequação típica, punindo aquele que se limitou a vigiar, como partícipe, permitindo a execução de um homicídio;

c) Norma de extensão causal: insculpida no artigo 13, § 2º, do Código Penal, a regra estabelece a "relevância da omissão", tornando-a típica (através da adequação indireta). Se não fosse o dispositivo mencionado, a mãe que deixa de amamentar a sua filha não seria responsabilizada penalmente, porque a sua omissão, de fato, não causou a morte (mas sim a inanição). Graças ao referido dispositivo, por não ter evitado o resultado, é equiparada ao seu causador.

- Questão importante levantada pela doutrina diz respeito à relação entre a tipicidade e a ilicitude: assim, comprovado o fato típico, qual a consequência no campo da ilicitude? Excluída a ilicitude, o fato permanece típico? Quatro teorias debatem o tema:

a) Teoria da autonomia ou absoluta independência: defendida por Ernst Ludwig von Beling (1906), para esta teoria a tipicidade não tem qualquer relação com a ilicitude. Primeiro se comprova o fato típico para, num segundo momento, demonstrar a ilicitude, tratando-se de substratos absolutamente independentes na construção analítica do crime;

b) Teoria da indiciariedade ou da *"ratio cognoscendi"*: idealizada por Mayer em 1915, entende que a existência do fato típico gera uma presunção (relativa) de que é também ilícito. Não há (ao contrário da anterior) uma absoluta independência entre esses dois substratos, mas uma relativa dependência;

c) Teoria da absoluta dependência ou *"ratio essendi"*: encampada por Mezger em 1930, cria o conceito de tipo total do injusto, levando a ilicitude para o campo da tipicidade. Em outras palavras, a ilicitude é a essência da tipicidade, numa absoluta relação de dependência entre esses elementos do delito;

d) Teoria dos elementos negativos do tipo: o tipo penal é composto de elementos positivos (expressos) aos quais se somam elementos negativos (implícitos), quais sejam, causas excludentes de ilicitude. Para que o comportamento do agente seja típico não basta realizar os elementos positivos expressos no tipo, mas não pode configurar qualquer dos elementos negativos. O crime de homicídio deverá ser lido: "matar alguém (elemento positivo expresso), desde que não esteja presente uma excludente de ilicitude (elemento negativo implícito)".

- O estado de necessidade é faculdade ou direito? Segundo Nélson Hungria, a justificante retrata uma faculdade, pois, diante do perigo, abre-se a possibilidade de ação para a preservação do bem jurídico. De acordo com o autor, não se pode ter como direito o estado de necessidade porque a um direito corresponde necessariamente uma obrigação, mas, no contexto dessa justificante, nenhum dos titulares dos bens jurídicos envolvidos está obrigado a suportar a lesão. Aníbal Bruno, por sua vez, entende se tratar de um direito, mas exercido contra o estado (não contra o titular do bem jurídico lesado), que está obrigado, diante da caracterização da eximente, a reconhecer a inexistência do crime. Pode-se dizer que nenhuma das orientações deve ser completamente refutada, mas antes combinadas, pois ao mesmo tempo em que o estado de necessidade traduz uma faculdade entre os titulares dos bens jurídicos, caracteriza-se como um direito perante o estado.

- Síntese das teorias envolvendo o estado de necessidade:

| | PROPORCIONALIDADE | | |
|---|---|---|---|
| | **Bem protegido** | **Bem sacrificado** | **Estado de necessidade** |
| **Teoria Diferenciadora** | Valor maior ou igual | Valor menor ou igual | Justificante |
| | Valor menor | Valor maior | Exculpante |
| **Teoria Unitária** | Valor maior ou igual | Valor menor ou igual | Justificante |
| | Valor menor | Valor maior | Hipótese de redução de pena |

- O estado de necessidade é comunicável? Considerando que o estado de necessidade exclui a ilicitude, se o fato típico for cometido por mais de um agente em coautoria ou participação, todos serão beneficiados pela excludente.
- A doutrina aponta as seguintes espécies de legítima defesa:

a) legítima defesa defensiva, quando a reação não constitui fato típico (ex: para repelir a agressão, "A" imobiliza o agressor) e legítima defesa agressiva, quando a reação constitui fato típico (ex: "A" atira no agressor);

b) legítima defesa subjetiva: excesso exculpável, relacionado a profunda revolta de ânimo que acomete o agente. Neste caso, inicialmente, a conduta estava respaldada pela justificante, mas a situação em que se encontra o sujeito faz surgir nele um estado de pânico que lhe retira a capacidade de atuar racionalmente.

c) legítima defesa putativa: a agressão injusta é imaginada pelo agente, que tem uma falsa percepção da realidade. Não exclui a ilicitude. Se o erro for inevitável, isenta o agente de pena; se evitável, responde por crime culposo;

d) legítima defesa sucessiva: ocorre na repulsa contra o excesso abusivo do agente.

- Legítima defesa e erro na execução: o agente, ao repelir a injusta agressão a direito seu ou de outrem, pode, por erro, atingir bem jurídico de um inocente. Nesse caso, parece evidente a situação de *aberratio ictus* e, consoante a regra do artigo 73 do Código Penal, a infeliz reação deve ser considerada como se praticada contra o real agressor, não descaracterizando a legítima defesa. Suponhamos que um atirador de elite, atuando na defesa da vítima sob a mira da arma de um perigoso latrocida, erra a execução e acaba por atingir a pessoa ameaçada (e não o agressor). Apesar de sofrer consequências na esfera civil, na criminal o atirador está acobertado pela descriminante da legítima defesa.
- Legítima defesa recíproca:

| Possibilidades | Cabimento |
|---|---|
| **Leg. Defesa real x Leg. Defesa real** | Não é admitida.<br>A legítima defesa real não é uma agressão injusta, pressuposto desta descriminante |
| **Leg. Defesa real x Leg. defesa putativa** | É admitida.<br>A legítima defesa putativa é injusta, autorizando reação legítima do agredido. |
| **Leg. Defesa real x Estado de necessidade real** | Não é admitida.<br>Quem age em estado de necessidade protege, de acordo com o direito, um bem da vida, não caracterizando agressão injusta, pressuposto da legítima defesa |

- Em resumo, assim podemos definir as principais diferenças entre a legítima defesa e o estado de necessidade:

| Estado de necessidade | Legítima defesa |
|---|---|
| Conflito entre vários bens jurídicos diante da mesma situação de perigo. | Ameaça ou ataque a um bem jurídico |
| Pressupõe um perigo + atual + sem destinatário certo. | Pressupõe agressão humana + atual ou iminente + injusta + dirigida (com destinatário certo). |
| Os interesses em conflito são legítimos<br>Conclusão: é possível estado de necessidade recíproco. | Os interesses do agressor são ilegítimos<br>Conclusão: não é possível legítima defesa recíproca. |

- A Lei 13.964/19 (Pacote Anticrime) inseriu no art. 25 do Código Penal um parágrafo que dispõe o seguinte: "Observados os requisitos previstos no *caput* deste artigo, considera-se também em legítima defesa o agente de segurança pública que repele agressão ou risco de agressão a vítima mantida refém durante a prática de crimes". A alteração não parece trazer reflexos práticos, servindo, quando muito, como instrumento para melhor compreensão do instituto da legítima defesa no dia a dia dos agentes policiais e de segurança pública. Com efeito, se a justificante só tem cabimento quando observados os requisitos do *caput* do art. 25, estamos, ao fim e ao cabo, diante de um simples exemplo. Em outras palavras, mesmo antes da alteração legal, justificaria a sua conduta pela legítima defesa o agente policial ou de segurança pública que, na situação descrita, usando moderadamente dos meios necessários, prevenisse injusta agressão ou risco de agressão a vítima mantida refém durante a prática de crimes. Não bastasse, o parágrafo único inserido foge do ordinário, pois casuístico, ignorando o caráter genérico e impessoal que se exige do legislador na criação de tipos, incriminadores ou permissivos.
- Ao referendar medica cautelar concedida na ADPF 779 (j. 15/03/2021), o STF decidiu que sustentar a tese da legítima defesa da honra no tribunal do júri é inconstitucional: "1. 'Legítima defesa da honra' não é, tecnicamente, legítima defesa. A traição se encontra inserida no contexto das relações amorosas. Seu desvalor reside no âmbito ético e moral, não havendo direito subjetivo de contra ela agir com violência. Quem pratica feminicídio ou usa de violência com a justificativa de reprimir um adultério não está a se defender, mas a atacar uma mulher de forma desproporcional, covarde e criminosa. O adultério não configura uma agressão injusta apta a excluir a antijuridicidade de um fato típico, pelo que qualquer ato violento perpetrado nesse contexto deve estar sujeito à repressão do direito penal. 2. A 'legítima defesa da honra' é recurso argumentativo/retórico odioso, desumano e cruel utilizado pelas defesas de acusados de feminicídio ou agressões contra a mulher para imputar às vítimas a causa de suas próprias mortes ou lesões. Constitui-se em ranço, na retórica de alguns operadores do direito, de institucionalização da desigualdade entre homens e mulheres e de tolerância e naturalização da violência doméstica, as quais não têm guarida na Constituição de 1988. 3. Tese violadora da dignidade da pessoa humana, dos direitos à vida e à igualdade entre homens e mulheres (art. 1º, inciso III, e art. 5º, caput e inciso I, da CF/88), pilares da ordem constitucional brasileira. A ofensa a esses direitos concretiza-se, sobretudo, no estímulo à perpetuação da violência contra a mulher e do feminicídio. O acolhimento da tese tem a potencialidade de estimular práticas violentas contra as mulheres ao exonerar seus perpetradores da devida sanção. 4. A "legítima defesa da honra" não pode ser invocada como argumento inerente à plenitude de defesa própria do tribunal do júri, a qual não pode constituir instrumento de salvaguarda de práticas ilícitas. Assim, devem prevalecer a dignidade da pessoa humana, a vedação a todas as formas de discriminação, o direito à igualdade e o direito à vida, tendo em vista os riscos elevados e sistêmicos decorrentes da naturalização, da tolerância e do incentivo à cultura da violência doméstica e do feminicídio. 5. Na hipótese de a defesa lançar mão, direta ou indiretamente, da tese da "legítima defesa da honra" (ou de qualquer argumento que a ela induza), seja na fase pré-processual, na fase processual ou no julgamento perante o tribunal do júri, caracterizada estará a nulidade da prova, do ato processual ou, caso não obstada pelo presidente do júri, dos debates por ocasião da sessão do júri, facultando-se ao titular da acusação recorrer de apelação na forma do art. 593, III, a, do Código de Processo Penal. 6. Medida cautelar parcialmente concedida para (i) firmar o entendimento de que a tese da legítima defesa da honra é inconstitucional, por contrariar os princípios constitucionais da dignidade da pessoa humana (art. 1º, III, da CF), da proteção à vida e da igualdade de gênero (art. 5º, caput, da CF); (ii)

conferir interpretação conforme à Constituição aos arts. 23, inciso II, e 25, caput e parágrafo único, do Código Penal e ao art. 65 do Código de Processo Penal, de modo a excluir a legítima defesa da honra do âmbito do instituto da legítima defesa; e (iii) obstar à defesa, à acusação, à autoridade policial e ao juízo que utilizem, direta ou indiretamente, a tese de legítima defesa da honra (ou qualquer argumento que induza à tese) nas fases pré-processual ou processual penais, bem como durante o julgamento perante o tribunal do júri, sob pena de nulidade do ato e do julgamento. 7. Medida cautelar referendada".

- O particular pode invocar a descriminante do estrito cumprimento do dever legal? A doutrina diverge. Mirabete entende ser exclusiva dos agentes do Estado (abrangendo o particular somente quando no exercício de função pública) (*Manual de Direito Penal – Parte Geral*, 23ª ed. São Paulo: Ed. Atlas, 2006, p. 189). A maioria, no entanto, discorda. Flávio Monteiro de Barros, por exemplo, lembra que: "O advogado processado pelo delito de falso testemunho, porque se recusou a depor sobre fatos envolvendo segredo profissional, pode invocar a justificativa do estrito cumprimento do dever legal. Se, porém, o cliente havia autorizado a revelação do segredo, o advogado que, mesmo assim, recusa-se a depor pode invocar a excludente do exercício regular de direito" (*Direito Penal – Parte Geral*. São Paulo: Editora Saraiva, 2003, p. 343).
- A prática de determinados esportes pode gerar lesão corporal e até morte. Porém, não se pode ignorar que o Estado incentiva a prática esportiva (Lei 9.615/98 – Lei Pelé –, art. 3º, abrangendo as modalidades violentas). O atleta, no seu mister, pode invocar a descriminante do exercício regular de direito.
- Quanto às ofendículas, eventualmente poderemos nos deparar com casos de pessoas inocentes, ou seja, que não pretendem agredir de qualquer forma o bem protegido, serem vitimadas pelas armadilhas. Deve-se cuidar, todavia, para que cada caso seja apreciado com suas nuanças próprias, isto para não haver o perigo de justificar-se com muita facilidade ações tresloucadas de pessoas imprudentes. Em cada caso concreto, faz-se mister a verificação profunda das razões de ter sido o inocente atingido, devendo o autor responder sempre que se houver culposamente (culpa em sentido lato). Se o uso das *offendicula* se traduz como um direito do cidadão em defender seu patrimônio, tal direito, como todos os demais, deve ser utilizado com prudência e consciência, para que não sejam ultrapassadas as raias do razoável, colocando-se em risco a segurança das demais pessoas.
- Percebemos cada vez mais a doutrina classificando o excesso nas justificantes em *extensivo* e *intensivo*, sem qualquer amparo legal, gerando, não raras vezes, confusão desnecessária (começando pela divergência do que vem a ser um e outro). Zaffaroni e Pierangeli bem observam:

*"'Excesso' significa 'passar dos limites' de uma dessas causas eximentes, mas, para 'passar dos limites', será sempre necessário se ter estado, em algum momento, dentro delas.*

*De conformidade com este conceito de excesso, haverá excesso nas eximentes quando, por exemplo, na legítima defesa, a ação desenvolvida em resposta à agressão se prolongue para depois de cessada essa agressão; quando, no cumprimento de um dever, tenham cessado as circunstâncias que criam esse dever e a ação continua; quando, no estado de necessidade, a ação se prolongue, muito embora a situação de necessidade não mais persista. Contrariamente, não haverá 'excesso' quando a defesa não tenha sido necessária ou moderada, ou quando, na necessidade, se dispusesse de outro meio menos lesivo, porque, em nenhum desses casos, o autor teria atuado dentro dos limites da eximente, e, portanto, nunca poderia ter 'excedido'.*

*Na doutrina tem-se distinguido entre um 'excesso extensivo' e um 'excesso intensivo', sendo o primeiro aquele que, na sua conduta, o sujeito continua a atuar mesmo quando cessada a situação de justificação ou de atipicidade, ou seja, este é o único conceito de excesso que, na nossa opinião, se pode admitir, enquanto o excesso chamado 'intensivo', seria aquele em que o sujeito realiza uma ação que não completa os respectivos requisitos em cada uma das correspondentes eximentes. Este conceito de 'excesso intensivo' não é propriamente um excesso, porque, quando não ocorrem os requisitos da eximente, em momento algum ela ocorreu, e, portanto, não se pode 'exceder'. Em definitivo, esta confusa classificação do 'excesso' amplia indevidamente o conceito e leva à introdução, pela via do suposto 'excesso intensivo' (que é uma contradictio in adjecto), um sistema de atenuantes que a lei não admite, e ao qual nos referimos: o das chamadas 'eximentes incompletas'"' (Manual de direito penal brasileiro – Parte Geral. Vol. 1. 8ª ed. São Paulo: RT, 2009, p. 566).*

- Síntese a respeito das teorias da culpabilidade:

| Teorias da Culpabilidade | | | |
|---|---|---|---|
| **Teoria Psicológica da Culpabilidade** | **Teoria Psicológica Normativa** | **Teoria Extremada da Culpabilidade** | **Teoria Limitada da Culpabilidade** |
| **Base causalista** | **Base neokantista** | **Base finalista** | **Base finalista** |
| **Pressuposto:**<br>**Imputabilidade**<br>**Espécies:**<br>• dolo; e<br>• culpa | **Elementos:**<br>• Imputabilidade<br>• Exigibilidade de conduta diversa<br>• Culpa<br>• Dolo **normativo** (composto de: consciência, vontade e consciência atual da ilicitude). | **Elementos:**<br>• Imputabilidade<br>• Exigibilidade de conduta diversa<br>• Consciência (potencial) da ilicitude<br>**Obs. 1:** dolo e culpa migram para o fato típico<br>**Obs. 2:** o dolo passou a ser **natural**, composto de: consciência e vontade).<br>**Obs. 3:** o elemento normativo do dolo deixa de ser elemento do dolo passando a ser elemento da própria culpabilidade, porém não mais atual, mas sim potencial. | **Elementos:**<br>• Imputabilidade<br>• Exigibilidade de conduta diversa<br>• Consciência potencial da ilicitude<br>**Obs.:** a teoria limitada diferencia-se da extremada em razão do entendimento acerca da natureza jurídica do art. 20, 1º do CP.<br>T. Extremada – erro de proibição.<br>T. Limitada – erro de tipo. |

- Culpabilidade formal e culpabilidade material: a culpabilidade formal é aquela definida em abstrato, que serve ao legislador na edição da lei para cominar os limites máximos e mínimos de pena atribuída a determinada infração penal. A culpabilidade **material** é estabelecida no caso concreto, dirigida a um agente culpável que cometeu um fato típico e ilícito, para a fixação da pena pelo juiz. Este viés da culpabilidade está positivado no artigo 59, *caput*, do Código Penal, que permite considerar "graus de culpabilidade" do agente, análise que influenciará na pena concretamente aplicada.

- O sonâmbulo é considerado portador de doença mental? Não, figurando o sonambulismo como causa de exclusão da própria conduta.
- A doutrina alerta que a carência de certos sentidos pode caracterizar deficiência psíquica. Com relação ao surdo-mudo, é a perícia que deve fixar o grau de seu retardamento sensorial que, aliado à maior ou menor capacidade de entendimento e autodeterminação do agente no momento da conduta, podem equiparar-se aos oligofrênicos (art. 26, *caput*, do CP).
- O Código Penal Militar, no art. 50, estabelece que o menor de dezoito anos é inimputável, mas, se, aos dezesseis anos, revelar suficiente desenvolvimento psíquico para entender o caráter ilícito do fato e determinar-se de acordo com este entendimento, será penalmente responsável, diminuindo-se a pena de um terço até a metade. Diante, no entanto, da disposição constitucional a respeito da maioridade aos dezoito anos, esta regra de direito penal militar **não foi recepcionada**.
- Resumo a respeito da embriaguez e sua relevância para a culpabilidade:

| | | | | |
|---|---|---|---|---|
| **Embriaguez acidental** | Caso fortuito | O agente ignora o efeito inebriante da substância. | Completa: isenta o agente de pena art. 28, § 1º, CP. | Obs.: para que a embriaguez isente de pena ela precisa ser acidental. |
| | Força Maior | O agente é obrigado a ingerir a substância. | Incompleta: diminui a pena dos termos do art. 28, 2º, CP. | |
| **Embriaguez não acidental** | Voluntária | O agente quer se embriagar | Completa | Obs.: em nenhum caso a embriaguez não acidental exclui a imputabilidade (art. 28, II, CP). |
| | Culposa | Negligência | Incompleta | |
| **Embriaguez Patológica** | Doentia | Pode configurar anomalia psíquica | Será tratada como doente mental, aplicando o art. 26 do CP. | |
| **Embriaguez Preordenada** | Embriaguez voluntária + Finalidade de praticar o crime | A embriaguez é o meio de que o agente se vale para praticar o delito. | É considerada circunstância agravante de pena (art. 61, II, "l", CP). | |

- Quanto à potencial consciência da ilicitude, note que não se exige do sujeito ativo uma compreensão técnica, um conhecimento jurídico sobre o enquadramento jurídico do evento praticado, mas apenas que tenha condições de perceber que o seu comportamento não encontra respaldo no direito, sendo por ele reprovado. É suficiente a percepção leiga, uma **valoração paralela na esfera do profano.**
- Não se admite a coação irresistível da sociedade. *"A sociedade não pode delinquir, pois onde ela existe, aí está também o Direito. Assim, a coação irresistível há que partir de uma pessoa, ou de um grupo, nunca da sociedade"* (TJSP – AC – Rel. Cunha Bueno – RT 477/342)
- Resumo sobre a coação moral:

| | **Se a coação for irresistível** | **Se a coação for resistível** |
|---|---|---|
| **Coator** | Responde, como autor, pelo crime praticado pelo coagido + crime de tortura (art. 1º, I, "b", da Lei nº 9.455/97). | Responde, também, pelo crime praticado pelo coagido + agravante do art. 62, II, do CP. |
| **Coagido** | Isento de pena por inexigibilidade de conduta diversa. | Responde pelo crime praticado + atenuante do art. 65, III, "c", do CP |

- Resumo sobre a obediência hierárquica:

| | **OBEDIÊNCIA HIERÁRQUICA** | | |
|---|---|---|---|
| | **Se a ordem não for manifestamente ilegal** | **Se a ordem for manifestamente ilegal** | **Se a ordem for legítima** |
| **Superior** | Responde, como autor mediato, pelo crime praticado pelo subordinado. | Responde pelo crime praticado pelo subordinado. | Não há crime (estrito cumprimento de um dever legal) |
| **Subordinado** | Isento de pena por inexigibilidade de conduta diversa. | Responde pelo crime praticado, mas poderá ter a pena atenuada em razão do artigo 65, III, "c", do CP. | Não há crime (estrito cumprimento de um dever legal) |

## 10. *ITER CRIMINIS*

- São teorias que buscam diferenciar atos preparatórios de atos executórios: a) teoria da hostilidade ao bem jurídico ou critério material: idealizada por Nélson Hungria, entende por atos executórios aqueles que atacam o bem jurídico, criando-lhe uma situação concreta de perigo; b) teoria objetivo-formal: ato executório é o que inicia a realização do núcleo do tipo (início do constrangimento, no crime de estupro, art. 213, CP). Ambas, todavia, são insuficientes à explicação da consumação, já que a primeira acaba por abranger condutas muito distantes da execução, enquanto a segunda acaba por excluir atos que, a rigor, já deveriam ser considerados como execução do crime; c) teoria objetivo-individual: atos executórios são aqueles que, de acordo com o plano do agente, realizam-se no período imediatamente anterior ao começo da execução típica. O STJ já decidiu, em um caso de roubo, que se aplica a teoria objetivo-formal: "1. A despeito da vagueza do art. 14, II, do CP, e da controvérsia doutrinária sobre a matéria, aplica-se o mesmo raciocínio já desenvolvido pela Terceira Seção deste Tribunal (CC 56.209/MA), por meio do qual se deduz a adoção da teoria objetivo-formal para a separação entre atos preparatórios e atos de execução, exigindo-se para a configuração da tentativa que haja início da prática do núcleo do tipo penal. 2. O rompimento de cadeado e a destruição de fechadura de portas da casa da vítima, com o intuito de, mediante uso de arma de fogo, efetuar subtração patrimonial da residência, configuram meros atos preparatórios que impedem a condenação por tentativa de roubo circunstanciado. 3. Agravo conhecido, para admitir o recurso especial, mas negando-lhe provimento." (AREsp 974.254/TO, j. 21/09/2021).
- O momento consumativo varia conforme a natureza do crime: a) crime material ou de resultado: neste, o tipo penal descreve a conduta e o resultado (naturalístico), exigindo, para a consumação, a efetiva modificação do mundo exterior (exs.: homicídio, art. 121, CP e furto, art. 155, CP); b) crime formal ou de consumação antecipada: aqui a norma penal também descreve um comportamento seguido de um resultado naturalístico, mas dispensa a modificação no mundo exterior, contentando-se, para a consumação, com a prática da conduta típica. O crime, portanto, se consuma no momento da ação, sendo o resultado mero exaurimento (ex: extorsão, art. 158, CP e extorsão mediante sequestro,

PENAL

art. 159, CP); c) crime de mera conduta (ou simples atividade): tratando-se de delito sem resultado naturalístico, a lei descreve apenas uma conduta, consumando-se o crime no momento em que esta é praticada (ex: violação de domicílio, art. 150, CP); d) crime permanente: nos crimes permanentes, a consumação se protrai no tempo, prolongando-se até que o agente cesse a conduta delituosa (ex: sequestro e cárcere privado, art. 148, CP); e) crime habitual: para a consumação, exige-se a reiteração da conduta típica (ex: curandeirismo, art. 284, CP); f) crime qualificado pelo resultado: nesta espécie, a consumação se dá com a produção do resultado que agrava especialmente a pena (ex: lesão corporal seguida de morte, art. 129, § 3º, CP); g) crime omissivo próprio: consuma-se no momento em que o agente se abstém de realizar a conduta devida, imposta pelo tipo mandamental (omissão de notificação de doença, art. 269, CP; omissão de socorro, art. 135, CP); h) crime omissivo impróprio: também denominado crime comissivo por omissão, tem sua consumação reconhecida com a produção do resultado naturalístico ("crime do garantidor", art. 13, § 2º, CP).

- São espécies de tentativa: a) quanto ao *iter criminis* percorrido: 1) tentativa imperfeita (ou inacabada): o agente é impedido de prosseguir no seu intento, deixando de praticar todos os atos executórios à sua disposição. Neste caso, o sujeito ativo não logra executar todos os atos que pretendia; a execução é interrompida antes de ser esgotada (ex.: João, munindo com seis projéteis a arma escolhida para matar Antonio, é impedido, por populares, de efetuar o segundo disparo, evitando a morte da vítima); 2) tentativa perfeita (ou acabada ou crime falho ou crime frustrado): o agente, apesar de praticar todos os atos executórios à sua disposição, não consegue consumar o crime por circunstâncias alheias à sua vontade. Nesta hipótese, a execução se esgota, tendo o sujeito feito tudo o que pretendia fazer, mas, por motivos vários, o resultado não se verificou (ex.: João dispara os seis tiros que tinha à disposição para matar ANTONIO, porém, ainda assim, não consegue alcançar o seu objetivo, sendo a vítima socorrida eficazmente); b) quanto ao resultado produzido na vítima (objeto material): 1) tentativa branca ou incruenta: o golpe desferido não atinge o corpo da vítima, não gerando lesão efetiva, palpável à integridade corporal do ofendido; 2) tentativa vermelha ou cruenta: a vítima é efetivamente atingida; c) quanto à possibilidade de alcançar o resultado: 1) tentativa idônea: o resultado, apesar de possível de ser alcançado, só não ocorre por circunstâncias alheias à vontade do agente; 2) tentativa inidônea: aqui, o crime mostra-se impossível na sua consumação (art. 17 do CP) por absoluta ineficácia do meio empregado ou por absoluta impropriedade do objeto material.
- Não admitem a tentativa: a) crimes culposos (salvo a culpa imprópria); b) crimes preterdolosos; c) crimes unissubsistentes; d) crimes omissivos próprios; e) contravenções penais (veja-se que o denominado "crime anão" é compatível com o *conatus*, porém a lei optou por não punir o agente quando a consumação não ocorre por circunstâncias alheias à sua vontade); f) crimes de atentado ou de empreendimento (embora exista a tentativa, por opção legislativa a punição é a mesma do delito na forma consumada); g) crimes habituais; h) crimes condicionados ao implemento de um resultado (condição objetiva de punibilidade): somente são puníveis se o resultado descrito na norma se verificar.
- É possível tentativa no dolo eventual? Apesar de haver doutrina lecionando não ser possível tentativa no dolo eventual, argumentando que, nessa espécie, o agente não tem vontade de realizar o resultado (apenas o aceita como possível), prevalece a tese em sentido contrário. A lei equiparou, em termos de *vontade*, o dolo eventual ao dolo direto, sendo possível o *conatus* nos dois casos.
- O Código Penal Militar adotou, também, a teoria objetiva em relação à tentativa. Entretanto, prevê aquele diploma a interessante possibilidade de aplicação da pena consumada, no caso de excepcional gravidade da conduta praticada. CPM. *Art. 30, parágrafo único. Pune-se a tentativa com a pena correspondente ao crime, diminuída de um a dois terços, podendo o juiz, no caso de excepcional gravidade, aplicar a pena do crime consumado.*
- Predomina na doutrina que a natureza jurídica da desistência voluntária e do arrependimento eficaz é de causa pessoal extintiva da punibilidade (Nélson Hungria e Aníbal Bruno, dentre outros). Há também corrente que entende que a natureza jurídica é de causa excludente da tipicidade (José Frederico Marques e Heleno Cláudio Fragoso).
- Comparando a tentativa simples com a desistência voluntária, temos:

| | Tentativa simples (art. 14, I, do CP) | Desistência voluntária (art. 15, 1ª parte, do CP) |
|---|---|---|
| **Elementos** | Início da não execução<br>Não consumação por circunstâncias alheias a vontade do agente.<br>Resultado possível | Início da não execução<br>Não consumação por circunstâncias inerentes a vontade do agente.<br>Resultado possível |
| **Dolo** | Dolo de consumação | Dolo abandonado |
| **Fórmula de Frank** | O agente quer prosseguir, mas não pode. | O agente pode prosseguir, mas não quer. |
| **Consequências** | Diminuição de pena de 1/3 a 2/3 (regra) | O agente só responde pelos atos já praticados (se típicos). |

- Relevância da interferência externa:

| Interferência | Instituto | Exemplo |
|---|---|---|
| Externa objetiva | Tentativa | Disparo de alarme sonoro |
| Externa subjetiva | Desistência voluntária | Pedido de terceiro |

- Vejamos um resumo das distinções e semelhanças entre a desistência voluntária e o arrependimento eficaz.

| Desistência voluntária | Arrependimento eficaz |
|---|---|
| Art. 15, 1ª parte, CP | Art. 15, 2º parte, CP |
| Espécie de tentativa abandonada | Espécie de tentativa abandonada |
| A execução se inicia, mas não se conclui | A execução se inicia e se conclui |
| Exige voluntariedade | Exige voluntariedade e eficácia |
| Ocorre durante a execução | Ocorre após a execução |
| O agente abandona o seu dolo antes de esgotar os atos executórios | O agente esgota os atos executórios, mas consegue impedir o resultado |
| O crime não se consuma por circunstâncias inerentes à vontade do agente | O crime não se consuma por circunstâncias inerentes à vontade do agente |
| Pune-se pelos atos já praticados | Pune-se pelos atos já praticados |
| É incompatível com os crimes culposos | É incompatível com os crimes culposos |

- O art. 10 da Lei nº 13.260/16, que tipifica o crime de terrorismo, criou mais uma hipótese de desistência voluntária, que, no entanto, muito se diferencia da estabelecida no art. 15 do Código Penal porque, ao contrário dela, que pressupõe o abandono de atos executórios, admite o benefício na situação em que o agente abandona atos preparatórios. Criou-se, portanto, uma desistência voluntária antecipada.

- Na desistência voluntária do art. 15 do CP, admitida entre os atos executórios e a consumação, estimula-se que o agente atue para evitar a consumação do crime, a lesão ao bem jurídico tutelado. O art. 10 da Lei nº 13.260/16 tem o propósito de evitar que o agente (que já começou os atos preparatórios) pratique atos de execução.
- Interrompidos os atos preparatórios por deliberação do agente, sua responsabilidade se dá apenas pelos atos já praticados, como dispõe a parte final do art. 15 do CP. Consequentemente, não sofrerá imputação pelo crime de terrorismo em nenhuma das suas formas, mas responde pelos atos praticados se forem previstos noutros dispositivos penais: porte de explosivos, porte de arma, falsidade de um documento etc., diversos dos tipificados na lei de terrorismo.
- E que se note: se a desistência voluntária antecipada não se confunde com a do Código Penal, menos ainda se aproxima do arrependimento eficaz, que pressupõe o esgotamento do processo executório seguido de conduta positiva para evitar a consumação.
- Sobre a tentativa idônea e a tentativa inidônea temos, em síntese:

| TENTATIVA IDÔNEA | TENTATIVA INIDÔNEA |
|---|---|
| Início da execução | Início da execução |
| Não consumação por circunstâncias alheias à vontade do agente | Não consumação por circunstâncias alheias à vontade do agente |
| Dolo de consumação | Dolo de consumação |
| Resultado possível (ainda que relativamente) de ser alcançado | Resultado absolutamente impossível de ser alcançado |

- A recusa da vítima impede o arrependimento posterior? O art. 16 do Código Penal não elencou como requisito para o reconhecimento do arrependimento posterior a aceitação da vítima. Entende-se, dessa maneira, que se houver voluntariedade na reparação, deverá ser reconhecido o benefício. Neste caso, o infrator deverá restituir o bem à autoridade policial ou, em último caso, depositá-lo em juízo.

## 11. CONCURSO DE PESSOAS

- Qual a teoria adotada pelo nosso Código Penal na definição de autor do crime? De acordo com a maioria, o art. 29 do Código Penal é campo fértil para a teoria **objetivo-formal**. Essa conclusão deriva não apenas do disposto no item 25 da Exposição de Motivos do nosso Estatuto Repressor, mas também, como ressalta Mirabete, porque a diferença *"está na natureza das coisas, na espécie diferente de causas do resultado por parte de duas ou mais pessoas, devendo ser assinalada a distinção entre autor, coautor e partícipe"* (Manual de Direito Penal – Parte Geral, 23ª ed. São Paulo. Ed. Atlas, 2006, p. 228). A doutrina, no entanto, tem adotado cada vez mais a teoria do domínio do fato (seguida pelos tribunais superiores).
- O autor mediato não se confunde com o partícipe:

| AUTOR MEDIATO | PARTÍCIPE |
|---|---|
| Sua conduta é principal | Sua conduta é acessória |
| Detém o domínio do fato | Não detém o domínio do fato |

- A participação numa conduta delituosa pode ser material ou moral. Por participação material, entende-se a conduta do sujeito que auxilia o autor do delito, prestando-lhe assistência de natureza material (emprestar arma para o homicida). A participação moral compreende o induzimento (agente que faz nascer a ideia de prática delituosa na mente do autor) e a instigação (agente que reforça ideia já existente na mente do autor) ao cometimento de um delito por um determinado indivíduo.
- É possível, no âmbito da conduta acessória, a participação em cadeia e a participação sucessiva. A participação em cadeia ocorre quando alguém induz ou instiga outrem a induzir, instigar ou auxiliar terceira pessoa a praticar um crime. Ex.: JOÃO induz ANTONIO a induzir JOSÉ para que este preste auxílio a AUGUSTO na prática de um roubo. Já a participação sucessiva ocorre quando o mesmo agente é instigado, induzido ou auxiliado por duas ou mais pessoas, sem que estas tomem conhecimento umas das outras, a praticar uma infração penal. Ex.: JOÃO induz ANTONIO a praticar um estelionato e este, em contato com JOSÉ, é por ele auxiliado.
- A autoria delitiva é explicada por meio das seguintes teorias:

| Teoria restritiva ou objetiva: | Teoria extensiva ou subjetiva ou unitária: | Teoria do domínio do fato: |
|---|---|---|
| autor é o sujeito que pratica a conduta descrita no tipo penal. Esta é a teoria que prevalece na nossa doutrina e sua correta compreensão perpassa pela necessidade de complementação pela noção de autor mediato; | autor é todo aquele que, de alguma forma, colabora para a prática do fato típico. Não promove a distinção entre autor e partícipe do delito; | autor do delito é quem tem o domínio final sobre o fato, quem tem o poder de decisão, realizando ou não o verbo nuclear. |

- É possível coautoria em crime omissivo próprio? A coautoria em crimes omissivos próprios é objeto de divergência. Para Mirabete, se dois agentes, diante de situação em que alguém se encontra em perigo, decidem não prestar socorro, embora pudessem fazê-lo sem risco pessoal, respondem individualmente pela omissão, sem que se caracterize o concurso de pessoas (Manual de Direito Penal – Parte Geral, 23ª ed. São Paulo. Ed. Atlas, 2006, p. 233).
- E nos crimes omissivos impróprios? Cabe coautoria? Apesar de haver corrente em sentido contrário, nos parece perfeitamente possível a coautoria em crimes omissivos impróprios, desde que os vários garantes, com dever jurídico de evitar aquele determinado resultado, de comum acordo, deixam de agir.
- Síntese a respeito das teorias relativas à punição do partícipe:

| Teoria da Acessoriedade Mínima: | Teoria da Acessoriedade Média ou Limitada: | Teoria da Acessoriedade Máxima: | Teoria da Hiperacessoriedade: |
|---|---|---|---|
| impõe a responsabilização do partícipe desde que a conduta principal pratica pelo autor seja típica. A adoção dessa teoria possibilitaria, de maneira absolutamente desproporcional, que o partícipe que induzisse um sujeito a agir em legítima defesa seria responsabilizado pela conduta principal do mesmo, enquanto este último estaria acobertado por uma causa de exclusão de ilicitude. | define que a punição da participação depende da ocorrência de um fato principal típico e ilícito, não havendo necessidade de que este seja culpável. Segundo a doutrina majoritária, esta foi a **teoria adotada** pelo nosso Código Penal. | a punição da participação decorrerá da verificação da prática de uma conduta típica, ilícita e culpável. | indica que para ocorrer a responsabilização do partícipe a conduta princi pal pratica pelo autor deverá ser típica, ilícita, culpável e, ainda, punível. |

- Abstratamente, o autor e o partícipe incorrem na mesma pena, pois, em virtude do disposto no art. 29 do Código Penal, todos os que concorrem para o crime incidem nas penas a este cominadas. A aplicação concreta da pena, todavia, variará tanto sobre os coautores quanto sobre os partícipes em virtude da culpabilidade demonstrada por cada integrante da empreitada criminosa, conforme determina a parte final do art. 29 do Código Penal. Se, por exemplo, durante um roubo, praticado em concurso, JOÃO utiliza grave ameaça e ANTONIO emprega violência, este último poderá ter a pena maior do que seu comparsa, não obstante sejam coautores do delito, pois o grau de culpabilidade exibido por cada um deles é diverso.
- A parte final do § 1º do art. 29 dispõe que "a pena pode ser diminuída de um sexto a um terço" se a participação for de menor importância, surgindo daí o questionamento sobre a obrigatoriedade ou a facultatividade da diminuição caso o juiz observe a diminuta importância da participação. Para Mirabete a redução da pena é facultativa: "Podendo o juiz deixar de aplicá-la, mesmo convencido da apoucada importância da contribuição causal para o delito. Assim, poderá ocorrer em relação ao sujeito que, embora emprestando um modesto e desnecessário auxílio, revele uma vontade dirigida ao delito em intensidade semelhante à dos demais sujeitos, circunstância que pode autorizar um juízo de equiparação no plano da culpabilidade" (Manual de Direito Penal – Parte Geral, 23ªed. São Paulo. Ed. Atlas, 2006, p. 237-8). Com o devido respeito, discordamos. A participação de menor importância, como vimos, é a de reduzida eficácia causal, isto é, aquela que, no plano concreto, embora contribua para o alcance do resultado, não o determina. Tratando-se de critério objetivo, a ser aplicado à luz do caso concreto, não nos parece correto invocar aspectos subjetivos, que a lei não exige, para impedir a redução da pena se a contribuição do partícipe efetivamente não revela, diante da equivalência dos antecedentes, maior relevância para o sucesso da empresa criminosa.
- De acordo com o disposto no art. 31 do Código Penal, não se pune, salvo disposição em contrário, o ajuste (acordo promovido entre suas ou mais pessoas), a determinação (ordem emanada de pessoa determinada), a instigação (reforço da ideia já existente na mente do autor) e o auxílio (assistência material), se o crime não chega, pelo menos, a ser tentado. Afasta-se esta regra nas hipóteses em que houver "disposição expressa em contrário", que é o caso da associação criminosa (art. 288 do CP) e da incitação ao crime, em que o ajuste, a determinação, a instigação e o auxílio podem configurar crimes autônomos. Com efeito, abstraída a exceção estabelecida pelo dispositivo, não seria admitida a punição de indivíduos que se associassem para o fim de cometer crimes, a não ser que estes efetivamente viessem a ocorrer, pois o ajuste, no caso, seria impunível. Da mesma forma, o sujeito que incitasse (forma de instigar), publicamente, a prática de crime, não poderia ser responsabilizado a menos que alguém cometesse o delito objeto da incitação.

## 12. TEORIA GERAL DAS PENAS

- Em síntese, são estes os momentos pelos quais passa a sanção penal, sob a perspectiva das funções da pena:

| Momento de aplicação da pena | Finalidades da aplicação da pena |
|---|---|
| **PENA EM ABSTRATO (pena cominada)** | PREVENÇÃO GERAL<br>Visa à sociedade e atua antes da prática do delito. |

| Momento de aplicação da pena | Finalidades da aplicação da pena |
|---|---|
| **PENA EM CONCRETO (pena aplicada)** | PREVENÇÃO ESPECIAL NEGATIVA<br>Visa ao delinquente, buscando evitar a reincidência. |
| | RETRIBUIÇÃO<br>Visa a retribuir com o mal o mal causado. |
| **PENA NA EXECUÇÃO (pena executada)** | PREVENÇÃO GERAL POSITIVA<br>Visa ao delinquente, objetivando ressocializá-lo |

- A resposta para o crime tem sofrido o influxo de novas ideias, voltadas para uma solução cada vez menos retributiva (meramente punitiva) e mais construtiva (reparadora). Distinguindo o enfoque retribucionista do restaurativista, apresentamos o quadro abaixo:

| JUSTIÇA RETRIBUTIVA | JUSTIÇA RESTAURATIVA |
|---|---|
| O crime é ato contra a sociedade, representada pelo Estado (vítima formal e constante). | O crime é ato que afeta autor, vítima e a sociedade. |
| A responsabilidade do agente é individual. | Propõe responsabilidade social pelo ocorrido, concitando, por isso, a comunidade para participar da solução para o crime. |
| O interesse na punição é público. | O interesse maior é reparar o dano, envolvendo, para tanto, os personagens do crime. |
| Predomina a indisponibilidade da ação penal. | Predomina a disponibilidade da ação penal. |
| O foco é punir o infrator. | O foco é reparar o dano. |
| Como resposta estatal, predominam as penas privativas de liberdade. | Predomina a reparação do dano e das penas alternativas à privativa de liberdade. |
| Campo fértil para penas cruéis e desumanas. | As penas, quando necessárias, são proporcionais e humanizadas. |
| Percebe-se a pouca assistência à vítima. | O espírito é assistir a vítima |

- Com a prática do crime, nasce para o Estado o dever/poder de punir o infrator, aplicando-se a sanção penal cominada no preceito incriminador. No entanto, na tarefa de aplicar a pena, o Estado-Juiz deverá observar os princípios (expressos e implícitos) previstos na CF/88: a) Princípio da legalidade (reserva legal e anterioridade); b) Princípio da personalidade ou intransmissibilidade; c) Princípio da individualização da pena; d) Princípio da proporcionalidade; e) Princípio da inderrogabilidade ou inevitabilidade da pena; f) Princípio da dignidade da pessoa humana; g) Princípio da vedação do *bis in idem*.
- Apesar de a proibição constitucional da pena de morte admitir somente uma exceção (guerra declarada), a doutrina elenca outras duas: a) A Lei nº 7.565/86, no seu artigo 303, § 2º, autoriza o "abate" de aeronave considerada hostil ou suspeita sobrevoando o espaço aéreo nacional. Trata-se da medida de destruição, que consiste no disparo de tiros, feitos pela aeronave de interceptação, com a finalidade de provocar danos e impedir o prosseguimento do voo da aeronave rotulada invasiva e somente poderá ser utilizada como último recurso e após o cumprimento de todos os procedimentos que previnam a perda de vidas inocentes, no ar ou em terra (art. 5º do Decreto nº 5.144/2004). Embora haja formalidades a serem observadas antes do "abate", o fato é que, dada as condições de urgência, representa sanção capital; b) De igual modo, o artigo 24 da Lei de Crimes Ambientais (Lei nº 9.605/98) prescreve como pena à pessoa jurídica causadora de danos ao meio ambiente o encerramento das suas

atividades, o que, sob certa ótica, configura também pena de morte.

- No Brasil nenhum preso pode ser obrigado a cumprir pena mediante trabalhos forçados. Essa pena proibida não se confunde, de modo algum, com o trabalho estabelecido na Lei de Execução Penal (Lei nº 7.210/84), que, embora seja obrigatório (art. 31) e constitua dever do preso (art. 38, V), não é pena, possui finalidade educativa e produtiva (art. 28), sendo, ainda, remunerado (art. 29).
- Entende-se, majoritariamente, que o princípio da vedação ao *bis in idem* não é absoluto. O próprio Estatuto de Roma, em seu artigo 20, 3, prevê a possibilidade de julgamento por mesmo fato nos casos dos crimes de genocídio, crimes de guerra e crimes contra a humanidade, desde que o primeiro tribunal a realizar o julgamento tenha tentado subtrair a competência do Tribunal Internacional ou não tenha havido a imparcialidade necessária à ação da justiça. Entre nós, a exceção ao princípio do *non bis in idem* se encontra no artigo 8º, que autoriza novo julgamento e condenação pelo mesmo fato, nos casos de extraterritorialidade da lei penal brasileira.
- Alguns estranham o fato de o Brasil ter subscrito, sem ressalvas, o Estatuto de Roma (criador do Tribunal Penal Internacional) que, no seu artigo 77, 1, "b", autoriza, nos crimes afetos à sua jurisdição, a imposição de pena de prisão perpétua. A uma, deve ser lembrado que o Estatuto não admite ressalvas pelo país signatário. A duas, o conflito entre nossa CF (que proíbe pena perpétua) e o Estatuto (que permite essa pena) é meramente **aparente**, como bem explica Valério Mazzuoli: "A C.F. quando prevê a vedação de pena de caráter perpétuo está direcionando seu comando tão somente para o legislador interno brasileiro, não alcançando os legisladores estrangeiros e tampouco os legisladores internacionais" (*Tribunal Penal Internacional e o direito brasileiro*. 2 ed. São Paulo: Premier Máxima, 2008, p. 90).
- Síntese sobre o sistema trifásico de aplicação da pena:

<table>
<tr><th colspan="3">SISTEMA TRIFÁSICO</th></tr>
<tr><th colspan="3">PRECEITO SECUNDÁRIO SIMPLES/PRECEITO SECUNDÁRIO QUALIFICADO</th></tr>
<tr><td>1ª FASE:<br>fixar a pena-base atentando-se para as circunstâncias judiciais (art. 59 do CP)</td><td>2ª FASE:<br>fixar a pena intermediária, considerando as agravantes (arts. 61 e 62 do CP) e atenuantes (arts. 65 e 66 do CP).</td><td>3ª FASE:<br>fixar a pena definitiva, aplicando as causas de aumento e diminuição de pena</td></tr>
<tr><td colspan="3">* Fixada a pena definitiva, deve o Juiz anunciar o regime para seu inicial cumprimento<br>* Por fim, deve aquilatar os requisitos que permitem: (A) substituição da pena privativa de liberdade por sanção alternativa ou (B) a suspensão condicional de execução da pena (sursis)</td></tr>
</table>

- Segundo decidiu o STJ no HC 501.114/SP (j. 10/03/2020), não há nada a reparar na sentença que, não obstante tenha deixado de nominar a circunstância judicial do art. 59, fez referência ao fato que justifica o aumento da pena. E, mesmo no caso em que se trate de menção errônea de alguma das circunstâncias, basta que se faça a correção, sem redução da pena: "2. Se existe uma circunstância judicial específica destinada à valoração do passado desabonador do réu (antecedentes), revela-se uma imprecisão intitulá-la de personalidade ou de conduta social negativas. 3. Todavia, não se pode perder de vista que a dicção legal não impõe ao julgador a obrigatoriedade de nomear as circunstâncias legais. O que é cogente na tarefa individualizadora da pena-base é indicar peculiaridades concretas dos autos, relacionadas às oito vetoriais do art. 59 do CP. Se a sentença mencionar várias condenações definitivas anteriores do réu para aumentar a sanção básica, sem dar título algum à circunstância, não haverá vício no *decisum*. 4. As instâncias ordinárias mencionaram cinco condenações definitivas da paciente como justificativa para o recrudescimento da reprimenda na primeira fase da dosimetria. Entretanto, os registros não foram corretamente designados como maus antecedentes, mas sim como conduta social. O erro do pronunciamento está relacionado somente à atecnia na nomeação da circunstância legal. Assim, em *habeas corpus*, deve ser corrigida a palavra imprópria, para que o dado concreto levado em conta pelo juiz seja chamado de maus antecedentes. 5. A motivação da decisão (anotações criminais anteriores), que permitiu ao operador do direito expor a razão da escolha da sanção ao fato sob julgamento e possibilitou à defesa compreender e fiscalizar sua atuação, permanece hígida. O fundamento está relacionado à justa reprovação e prevenção do crime e não pode, portanto, ser desconsiderado apenas porque houve imprecisão na sua classificação, caso contrário seria conferido à ré, em igual intensidade, a mesma retribuição cabível aos agentes neófitos em práticas ilícitas, o que afrontaria o princípio da igualdade".
- A Terceira Seção do STJ firmou a orientação de que é possível aumentar a pena-base em homicídios que vitimam pessoas entre quatorze e dezoito anos, tendo em vista que matar alguém nessa idade traz consequências mais graves, inclusive para a família, do que as provocadas em crimes contra pessoas de mais idade. Havia divergência entre a 5ª e a 6ª Turmas do tribunal a esse respeito. A 5ª Turma admitia o aumento (AgRg no HC n. 334.899/RS, DJe 13/03/2020), ao passo que a 6ª Turma o recusava por considerar que a idade da vítima é "inerente ao delito" (AgRg no REsp n. 1.695.315/PA, DJe 11/05/2018). No julgamento conjunto, assentou-se que "deve prevalecer a orientação no sentido de que a tenra idade da vítima (menor de 18 anos de idade) é elemento concreto e transborda aqueles inerentes ao crime de homicídio, sendo apto, pois, a justificar o agravamento da pena-base, mediante valoração negativa das consequências do crime, ressalvada, para evitar *bis in idem*, a hipótese em que aplicada a causa de aumento prevista no art. 121, § 4º (parte final), do Código Penal" (AgRg no REsp 1.851.435/PA, j. 12/08/2020).
- O STJ firmou a orientação de que as circunstâncias judiciais relativas à personalidade e à conduta social (art. 59) não podem ser associadas a condenações anteriores para aumentar a pena-base (REsp 1.794.854/DF, j. 23/06/2021).
- Nada impede que a legislação especial traga, para os crimes de que dispuser, atenuantes e agravantes próprias. É o que ocorre, por exemplo, com a Lei de Crimes Ambientais, que prevê agravantes e atenuantes específicas para estes crimes.
- Agravante não articulada na denúncia pode ser reconhecida? Nos termos do artigo 385 do Código de Processo Penal, entende-se perfeitamente possível reconhecer circunstância agravante não articulada na denúncia.
- A disciplina da reincidência é diversa para crimes e contravenções. Vejamos.

| Passado | Presente | Consequência |
|---|---|---|
| Condenação penal definitiva por crime no Brasil ou no estrangeiro | Cometimento de novo CRIME | Reincidência (art. 63 do CP) |
| Condenação penal definitiva por crime no Brasil ou no estrangeiro | Cometimento de CONTRAVENÇÃO penal | Reincidência (art. 7º da LCP) |
| Condenação penal definitiva por contravenção penal praticada no Brasil | Cometimento de nova CONTRAVENÇÃO | Reincidência (art. 7º da LCP) |
| Condenação penal definitiva por contravenção praticada no Brasil | Cometimento de CRIME | Não gera reincidência, por ausência de previsão. Contudo, gera maus antecedentes. |

PENAL

| Passado | Presente | Consequência |
|---|---|---|
| Condenação penal definitiva por contravenção penal praticada no estrangeiro. | Cometimento de CRIME ou CONTRAVENÇÃO. | Não gera reincidência (art. 7º da LCP). |

- A dicção do art. 63 do Código Penal (*"depois de transitar em julgado"*) permite a conclusão de que se o novo crime for praticado no dia do trânsito em julgado do primeiro não gera reincidência, embora seja apto a gerar maus antecedentes.
- A **prova da reincidência** deve ser feita através de certidão cartorária. Contudo, o STJ tem flexibilizado esta exigência, admitindo a comprovação através de folha de antecedentes criminais. Nesse sentido é a súmula 636: "A folha de antecedentes criminais é documento suficiente a comprovar os maus antecedentes e a reincidência".
- De acordo com o STJ, se o reconhecimento equivocado de reincidência gerar prejuízo ao condenado, é devida indenização por erro judiciário (REsp 1.243.516/SP, DJe 30/9/2016).
- O Brasil adotou o sistema da temporariedade da reincidência. Dispõe o art. 64, I, do CP que "não prevalece a condenação anterior, se entre a data do cumprimento ou extinção da pena e a infração posterior tiver decorrido período de tempo superior a 5 (cinco) anos, computado o período de prova da suspensão ou do livramento condicional, se não ocorrer revogação". Dessa forma, se alguém comete outra infração penal após o decurso de cinco anos da extinção ou do cumprimento da pena anterior não é mais possível fazer incidir a agravante da reincidência na segunda fase de aplicação da pena. Há quem sustente a tese de que a superação do quinquênio depurador deve afastar tanto a circunstância agravante (reincidência) quanto o aumento fundamentado na circunstância judicial dos antecedentes, pois não se pode admitir que uma condenação anterior tenha efeitos perpétuos e contrarie o propósito, demonstrado pelo legislador nas regras da reincidência, de apagar da vida do indivíduo as faltas passadas. Em virtude da relevância do tema e da controvérsia que o vinha cercando, o STF reconheceu a repercussão geral no RE 593.818 RG/SC, julgado pelo plenário em 17/08/2020. Por maioria, o tribunal firmou a seguinte tese: "Não se aplica para o reconhecimento dos maus antecedentes o prazo quinquenal de prescrição da reincidência, previsto no art. 64, I, do Código Penal". Não obstante, admite-se que os maus antecedentes sejam afastados quando as condenações passadas são muito antigas: "Excepcionalmente, 'quando os registros da folha de antecedentes do réu são muito antigos, como no presente caso, admite-se o afastamento de sua análise desfavorável, em aplicação à teoria do direito ao esquecimento. Não se pode tornar perpétua a valoração negativa dos antecedentes, nem perenizar o estigma de criminoso para fins de aplicação da reprimenda, pois a transitoriedade é consectário natural da ordem das coisas. Se o transcurso do tempo impede que condenações anteriores configurem reincidência, esse mesmo fundamento - o lapso temporal - deve ser sopesado na análise das condenações geradoras, em tese, de maus antecedentes'" (AgRg no HC 693.127/SP, j. 14/12/2021).
- O STJ firmou a tese de que é possível, na segunda fase da dosimetria da pena, a compensação integral da atenuante da confissão espontânea com a agravante da reincidência, seja ela especifica ou não. Todavia, nos casos de multirreincidência, deve ser reconhecida a preponderância da agravante prevista no art. 61, I, do Código Penal, sendo admissível a sua compensação proporcional com a atenuante da confissão espontânea, em estrito atendimento aos princípios da individualização da pena e da proporcionalidade (REsp 1.931.145/SP, j. 22/06/2022).
- A súmula 545 do STJ dispõe: "Quando a confissão for utilizada para a formação do convencimento do julgador, o réu fará jus à atenuante prevista no art. 65, III, d, do Código Penal". A 5ª Turma do tribunal decidiu, no entanto, que, para a incidência da atenuante, basta a confissão, ainda que o juiz não expresse que a considerou para formar sua convicção: "1. O Ministério Público, neste recurso especial, sugere uma interpretação a contrario sensu da Súmula 545/STJ para concluir que, quando a confissão não for utilizada como um dos fundamentos da sentença condenatória, o réu, mesmo tendo confessado, não fará jus à atenuante respectiva. 2. Tal compreensão, embora esteja presente em alguns julgados recentes desta Corte Superior, não encontra amparo em nenhum dos precedentes geradores da Súmula 545/STJ. Estes precedentes instituíram para o réu a garantia de que a atenuante incide mesmo nos casos de confissão qualificada, parcial, extrajudicial, retratada, etc. Nenhum deles, porém, ordenou a exclusão da atenuante quando a confissão não for empregada na motivação da sentença, até porque esse tema não foi apreciado quando da formação do enunciado sumular. 3. O art. 65, III, "d", do CP não exige, para sua incidência, que a confissão do réu tenha sido empregada na sentença como uma das razões da condenação. Com efeito, o direito subjetivo à atenuação da pena surge quando o réu confessa (momento constitutivo), e não quando o juiz cita sua confissão na fundamentação da sentença condenatória (momento meramente declaratório). 4. Viola o princípio da legalidade condicionar a atenuação da pena à citação expressa da confissão na sentença como razão decisória, mormente porque o direito subjetivo e preexistente do réu não pode ficar disponível ao arbítrio do julgador. 5. Essa restrição ofende também os princípios da isonomia e da individualização da pena, por permitir que réus em situações processuais idênticas recebam respostas divergentes do Judiciário, caso a sentença condenatória de um deles elenque a confissão como um dos pilares da condenação e a outra não o faça. 6. Ao contrário da colaboração e da delação premiadas, a atenuante da confissão não se fundamenta nos efeitos ou facilidades que a admissão dos fatos pelo réu eventualmente traga para a apuração do crime (dimensão prática), mas sim no senso de responsabilidade pessoal do acusado, que é característica de sua personalidade, na forma do art. 67 do CP (dimensão psíquico-moral). 7. Consequentemente, a existência de outras provas da culpabilidade do acusado, e mesmo eventual prisão em flagrante, não autorizam o julgador a recusar a atenuação da pena, em especial porque a confissão, enquanto espécie sui generis de prova, corrobora objetivamente as demais. 8. O sistema jurídico precisa proteger a confiança depositada de boa-fé pelo acusado na legislação penal, tutelando sua expectativa legítima e induzida pela própria lei quanto à atenuação da pena. A decisão pela confissão, afinal, é ponderada pelo réu considerando o trade-off entre a diminuição de suas chances de absolvição e a expectativa de redução da reprimenda. 9. É contraditória e viola a boa-fé objetiva a postura do Estado em garantir a atenuação da pena pela confissão, na via legislativa, a fim de estimular que acusados confessem; para depois desconsiderá-la no processo judicial, valendo-se de requisitos não previstos em lei. 10. Por tudo isso, o réu fará jus à atenuante do art. 65, III, "d", do CP quando houver confessado a autoria do crime perante a autoridade, independentemente de a confissão ser utilizada pelo juiz como um dos fundamentos da sentença condenatória. 11. Recurso especial desprovido, com a adoção da seguinte tese: "o réu fará jus à atenuante do art. 65, III, 'd', do CP quando houver admitido a autoria do crime perante a autoridade, independentemente de a confissão ser utilizada pelo juiz como um dos fundamentos da sentença condenatória, e mesmo que seja ela parcial, qualificada, extrajudicial ou retratada" (REsp 1.972.098/SC, j. 14/06/2022).
- **Não** hão de ser confundidas, sob nenhum aspecto, as causas de aumento e de diminuição de pena com as circunstâncias agravantes e atenuantes. Podemos dizer que a principal diferença entre elas é o efeito: as majorantes e minorantes podem elevar a pena para além do patamar máximo, bem como reduzir para aquém do limite mínimo da pena cominada (enquanto

as agravantes e atenuantes, como visto, não têm esse condão). Vejamos, de forma esquematizada, as suas características:

| Agravantes Atenuantes | Causas de Aumento Causas Diminuição da Pena |
|---|---|
| Também chamadas circunstâncias legais. | Também chamadas majorantes e minorantes. |
| São consideradas na **2ª fase** de aplicação da pena. | São consideradas na **3ª fase** do cálculo da pena. |
| Estão localizadas **somente** na parte geral do CP (sem prejuízo de outras circunstâncias na legislação extravagante). | Estão localizadas tanto na parte geral como na parte especial (bem como em legislação extravagante) |
| Não há previsão legal para o *quantum* de aumento ou de diminuição. | O *quantum* de aumento ou diminuição tem **previsão legal** e pode ser: • fixo: ex. – art. 121, § 4º (no homicídio doloso, a pena é aumentada de 1/3 quando a vítima é menor de 14 anos) • variável: ex. – art. 14, parágrafo único (na tentativa, a pena do crime é reduzida de 1/3 a 2/3). |
| O juiz **está adstrito** aos limites legais (pena cominada), não podendo elevar a pena-base além do máximo, nem aquém do mínimo | O juiz **não** está adstrito aos limites legais. Uma causa de aumento pode elevar a pena além da sanção máxima em abstrato; a causa de diminuição pode reduzir a pena aquém do mínimo abstratamente previsto no tipo. |

- No concurso entre causas de aumento e de diminuição, o juiz deverá seguir o seguinte roteiro:

| CONCURSO ENTRE CAUSAS DE AUMENTO E DE DIMINUIÇÃO | |
|---|---|
| Se concorrerem duas causas de aumento genéricas? | O juiz aplicará, isoladamente, as duas causas de aumento. |
| Se concorrerem duas causas de diminuição genéricas? | O juiz aplicará, cumulativamente, as duas causas de diminuição. |
| Se concorrerem uma causa de aumento e uma causa de diminuição, ambas gerais? | O juiz deve aplicar as duas causas, cumulativamente, primeiro aumentando e, em seguida, sobre o resultado da operação anterior, diminuir a pena. |
| Se concorrerem causas de aumento específicas? | Pode o juiz limitar-se a um só aumento, prevalecendo a que mais aumente (art. 68, parágrafo único). |
| Se concorrerem causas de diminuição específicas? | Pode o juiz limitar-se a uma só diminuição, prevalecendo a que mais diminua (art. 68, parágrafo único) |
| Se concorrerem uma causa de aumento e uma causa de diminuição, ambas específicas? | O juiz deve aplicar as duas causas, cumulativamente, primeiro aumentando e, em seguida, sobre o resultado da operação anterior, diminuir a pena. |
| Se concorrerem causas de aumento genéricas e específicas? | O juiz aplicará, isoladamente, os dois aumentos |
| Se concorrerem causas de diminuição genérica e específica? | O juiz aplicará, cumulativamente, as duas diminuições. |

- Quanto à reparação do dano e seu reflexo na aplicação da pena, deve ser lembrado que: a) em se tratando de crime sem violência ou grave ameaça à pessoa, a reparação do dano ou restituição da coisa até o recebimento da denúncia ou queixa serve como causa de diminuição de pena, prevista no art. 16 do CP; b) no estelionato na modalidade de emissão de cheques sem fundos, a reparação do dano antes do recebimento da inicial obsta a instauração da ação penal (Súmula 554 do STF, *a contrario sensu*; c) nos crimes de menor potencial ofensivo, segundo procedimento previsto na Lei nº 9.099/95, permite-se às partes a composição civil dos danos (art. 74 da Lei). Havendo, por ocasião desta conciliação, reparação do dano ou restituição da coisa, ocorrerá a extinção da punibilidade (vide parágrafo único do dispositivo); d) a reparação do dano também é uma das condições para o acordo de não persecução penal (art. 28-A do CPP).
- Síntese das regras gerais para o regime inicial:

| Espécies de pena privativa de liberdade | Regimes iniciais de cumprimento de pena possíveis | | |
|---|---|---|---|
| Reclusão | Fechado | Semiaberto | Aberto |
| Detenção | Não admite regime inicial fechado (só por meio da regressão) | Semiaberto | Aberto |
| Prisão simples | Não admite regime inicial fechado (nem mesmo por meio da regressão) | Semiaberto | Aberto |

- As penas restritivas de direitos dividem-se em **reais** (prestação pecuniária e perda de bens e valores) e **pessoais** (prestação de serviço à comunidade ou a entidades públicas, interdição temporária de direitos e limitação de fim de semana). São, ao todo, cinco espécies:

| Classificação das penas restritivas de direito | |
|---|---|
| **Reais** | **Pessoais** |
| Prestação pecuniária art. 45, § 1º | Prestação de serviços à comunidade art. 46 |
| Perda de bens e valores art. 45, § 3º | Interdição temporária de direitos art. 47 |
| | Limitação de fins de semana art. 48 |

- Qual o prazo da pena restritiva? As penas restritivas de direitos terão a mesma duração da pena privativa de liberdade substituída (art. 55 do CP). Esta regra, entretanto, comporta **exceções**: **1ª)** Penas restritivas de natureza real – a prestação pecuniária e a perda de bens e valores se esgotam no momento em que são adimplidas as obrigações respectivas (art. 55, *caput*, CP); **2ª)** Prestação de serviços à comunidade – esta espécie de pena restritiva de direito poderá ser cumprida em até metade do tempo da pena privativa de liberdade, se a pena for superior a 1 (um) ano (art. 55 c/c art. 46, § 4º, ambos do CP); **3ª)** Impedimento de comparecimento às proximidades de estádio –, prevista no Estatuto do Torcedor (art. 41-B, § 2º da Lei nº 10.671/2003), esta pena restritiva de direitos pode ter duração **superior** à pena abstratamente prevista no preceito sancionador.
- O autor de crime preterdoloso, para valer-se dos benefícios da substituição da prisão por penas alternativas, deve preencher os requisitos do crime doloso ou culposo? O crime preterdoloso está na categoria dos crimes de duplo resultado. O dolo do agente abrange resultado menos grave (ex: vontade de ferir), sendo-lhe atribuído o resultado mais grave (ex: a morte involuntária) a título de culpa. Apesar de prevalecer o contrário, entendemos que o autor deve obedecer aos mesmos requisitos do crime doloso, pois antes de integralizar-se o resultado culposo mais grave realiza-se, por completo, um crime doloso (menos grave).
- O STJ decidiu ser impossível reconverter a pena restritiva de direitos em privativa de liberdade a pedido do condenado que sequer iniciou o cumprimento da reprimenda. Para o tribunal, cabe ao juiz estabelecer a pena adequada, não ao condenado escolher aquela de sua conveniência (REsp 1.524.484/PE, DJe 25/5/2016).
- Quadro esquemático sobre o cálculo da pena de multa:

| Cálculo da pena de multa | | |
|---|---|---|
| **Etapas** | **Mínimo** | **Máximo** |
| **1ª – Fixação da quantidade de dias-multa** | 10 dias | 360 dias |
| **2ª – Cálculo do valor de um dia-multa** | 1/30 avos do salário mínimo | 5x o valor do salário mínimo (podendo ser triplicado – art. 60, § 1º, do CP) |
| **3ª – Multiplica-se a quantidade de dias-multa pelo valor apurado** | Ex: 10 dias-multa x 1/30 do salário mínimo = 1/3 do salário mínimo. | |

- Síntese a respeito das modalidades de concurso de crimes:

| | Requisitos | Sistema adotado | Aumento |
|---|---|---|---|
| **Concurso material** | • Pluralidade de condutas<br>• Pluralidade de crimes | Cúmulo material | As penas são somadas |
| **Concurso formal (próprio)** | • Unidade de conduta<br>• Pluralidade de crimes | Exasperação | 1/6 até 1/2 |
| **Concurso formal impróprio** | • Unidade de conduta<br>• Pluralidade de crimes<br>• Desígnios autônomos | Cúmulo material | As penas são somadas |
| **Crime continuado genérico** | • Pluralidade de condutas<br>• Pluralidade de crimes da mesma espécie<br>• Elo de continuidade | Exasperação | 1/6 até 2/3 |
| **Crime continuado específico** | • Os mesmos do continuado genérico<br>• Crimes dolosos<br>• Vítimas diferentes<br>• Violência ou grave ameaça à pessoa | Exasperação | 1/6 até 3x |

- A súmula 605 do STF anuncia que *"Não se admite continuidade delitiva nos crimes contra a vida"*. Ocorre que a referida súmula é anterior à reforma de 1984, que alterou a Parte Geral do Código Penal, que, no art. 71, autoriza expressamente a continuidade delitiva inclusive nos crimes cometidos com violência ou grave ameaça à pessoa (crime continuado específico). O fato de não haver, antes, disposição específica a respeito do crime continuado específico fazia que os tribunais fossem provocados a decidir se, a despeito do silêncio da lei, essa possibilidade podia ser admitida. Após algumas decisões em recursos extraordinários, o STF editou a súmula 605. Analisando precedentes (como, por exemplo, o RE 91.563/SP, j. 29/02/1980), vemos que a continuidade era afastada porque incompatível com crimes que atingissem bens jurídicos personalíssimos, que restariam desprotegidos se as diversas condutas fossem resumidas a apenas uma. Muito embora a argumentação continue válida, a vedação contida na súmula não tem mais lugar devido à expressa disposição legal que admite a continuidade delitiva em crimes dolosos cometidos com violência ou grave ameaça contra vítimas diferentes. O emprego de violência e de ameaça contra a pessoa atinge a integridade física e a liberdade individual, bens jurídicos sem dúvida personalíssimos. Mas, diante da disposição da lei, não é mais possível invocar a súmula.
- O STJ firmou três teses a respeito da detração em virtude do recolhimento domiciliar imposto como cautelar: "4. Delimitadas as teses jurídicas para os fins dos arts. 927, III, 1.039 e seguintes do CPC/2015: 4.1. O período de recolhimento obrigatório noturno e nos dias de folga, por comprometer o status libertatis do acusado deve ser reconhecido como período a ser detraído da pena privativa de liberdade e da medida de segurança, em homenagem aos princípios da proporcionalidade e do non bis in idem. 4.2. O monitoramento eletrônico associado, atribuição do Estado, não é condição indeclinável para a detração dos períodos de submissão a essas medidas cautelares, não se justificando distinção de tratamento ao investigado ao qual não é determinado e disponibilizado o aparelhamento. 4.3. As horas de recolhimento domiciliar noturno e nos dias de folga devem ser convertidas em dias para contagem da detração da pena. Se no cômputo total remanescer período menor que vinte e quatro horas, essa fração de dia deverá ser desprezada." (REsp 1.977.135/SC, j. 23/11/2022).
- Quando o juiz não reconhece o crime continuado na sentença, cabe ao juiz das execuções essa tarefa (artigo 66 da Lei nº 7.210/84). Exemplo: três roubos cometidos em três comarcas vizinhas. Cada juiz condena pelo crime ocorrido no seu território (não tendo havido reunião dos processos – Código de Processo Penal, artigo 82). É na Vara das Execuções que se fará o reconhecimento do crime continuado, em incidente de unificação de penas.
- A doutrina moderna diferencia duas espécies de *aberratio actus*:

a) por acidente: não há erro no golpe, mas desvio na execução, podendo a pessoa visada estar ou não no local. Ex.: a mulher, querendo matar o marido, coloca veneno na sua marmita. O marido acordou e foi trabalhar deixando a marmita em casa. Quem comeu a comida envenenada foi o filho do casal;

b) erro no uso dos instrumentos de execução: aqui temos erro no golpe, estando a pessoa visada no local. Ex.: por erro de pontaria, ao invés de atingir seu vizinho, o agente acaba por atingir seu pai que se encontrava próximo.

- Admite-se a imposição de medida de segurança decorrente da prática de **contravenção penal**, tendo em vista que, apesar de a Lei de Contravenções Penais não dispor sobre o tema, o artigo 12 do Código Penal preceitua serem aplicáveis as suas regras gerais quando a legislação especial for omissa.
- Em sintonia com a garantia constitucional estampada no art. 5º, XLVII, "b" (vedação da pena de caráter perpétuo), o art. 75 do CP anuncia o tempo máximo de cumprimento das penas privativas de liberdade. Antes da Lei 13.964/19, era de 30 anos; com a citada lei o máximo passou para 40 anos. Para os efeitos do art. 75, no "tempo de cumprimento das penas privativas de liberdade" se inclui o período em que o condenado esteve em livramento condicional, ou seja, o dispositivo não limita seus efeitos ao período em que o agente ficou efetivamente

segregado: "1. Com o norte dos princípios da isonomia e da razoabilidade, pode-se afirmar que o instituto do livramento condicional deve produzir os mesmos efeitos para quaisquer dos apenados que nele ingressem e tais efeitos ao apenado não devem ser alterados no decorrer do período de prova, ressalvado o regramento legal a respeito da revogação, devendo o término do prazo do livramento condicional coincidir com o alcance do limite do art. 75 do CP. Um dia em livramento condicional corresponde a um dia em cumprimento de pena privativa de liberdade, exceto em hipótese de revogação, observado o disposto no art. 88 do CP e 141 da LEP. 1.1. Uma análise topográfica da LEP ampara uma interpretação no sentido de que o livramento condicional configura forma de cumprimento das penas privativas de liberdade, embora as condicionantes sejam restritivas de liberdade. 2. Cumpre ressaltar que a consideração do período de prova para alcance do limite do art. 75 do CP não se confunde com o requisito objetivo para obtenção do direito ao livramento condicional. Em termos práticos, o Juiz da Execução Penal, para conceder o livramento condicional, observará a pena privativa de liberdade resultante de sentença(s) condenatória(s) (Súmula n. 715 do SUPREMO TRIBUNAL FEDERAL – STF). Alcançado o requisito objetivo para fins de concessão do livramento condicional, a duração dele (o período de prova) será correspondente ao restante de pena privativa de liberdade a cumprir, limitada ao disposto no art. 75 do CP" (STJ: REsp 1.922.012/RS, j. 05/10/2021).

- Quadro esquemático sobre os sistemas do *sursis*:

| SISTEMAS | | |
|---|---|---|
| **Franco Belga** | **Anglo-americano** | **"Probation of first offenders"** |
| O réu é **processado**;<br>É reconhecida sua **culpa**;<br>Existe **condenação**;<br>Suspende-se a execução **da pena**. | O réu é **processado**;<br>É reconhecida sua **culpa;**<br>Suspende-se **o processo, evitando a imposição da pena.** | O réu é processado;<br>Suspende-se o processo **sem reconhecimento de culpa.** |
| Art. 77 a 82 do CP | Não está previsto no nosso ordenamento | Art. 89 da Lei nº 9.099/95 |

- Existe algum tipo de "sursis" incondicionado? Não existe "sursis" sem condições a serem observadas pelo beneficiário, o que seria uma contradição nos próprios termos. Caso o magistrado sentenciante não determine as condições a serem obedecidas pelo condenado, deve o autor da ação opor Embargos de Declaração (art. 382, CPP ou art. 619, CPP, em sede de acórdão condenatório) a fim de sanar a omissão.
- Para facilitar ao leitor, reproduzimos as várias espécies de *sursis* num quadro, destacando as semelhanças e diferenças entre os institutos:

| | **"Sursis" Simples** | **"Sursis" especial** | **"Sursis" etário** | **"Sursis" humanitário** |
|---|---|---|---|---|
| **Previsão legal** | art. 77 c/c o art. 78, § 1º, CP | art. 77 c/c. o art. 78, § 2º | art. 77, § 2º, 1ª parte, CP | art. 77, § 2º, 2ª parte, CP |
| **Pressupostos** | Pena imposta não superior a dois anos (considerando o concurso de crimes); | | Pena imposta não superior a quatro anos (considerando o concurso de crimes); | |
| | Período de prova variando de 2 a 4 anos; | | Período de prova variando de 4 a 6 anos; | |
| | – | Reparação do dano ou comprovada impossibilidade de fazê-lo; | Maior de 70 anos; | – |
| | – | Condições favoráveis (art. 59). | – | Condenado doente; |
| **No primeiro ano o beneficiário** | sujeita-se às condições do art. 78, § 1º, CP. | sujeita-se às condições do art. 78, § 2º, CP | sujeita-se às condições do art. 78, § 1º ou § 2º, do CP, dependendo se reparou o dano ou se comprovou a impossibilidade de fazê-lo. | |
| **Requisitos** | • condenado não reincidente em crime doloso;<br>• circunstâncias judiciais favoráveis;<br>• não indicada ou cabível restritiva de direitos. | | | |

- Apresentamos a seguir um quadro esquemático a respeito das distinções existentes entre as situações de revogação, prorrogação e cassação do *sursis*:

| Revogação obrigatória | Revogação facultativa | Cassação | Prorrogação |
|---|---|---|---|
| Condenação definitiva por crime doloso, antes ou depois do início do período de prova; | Descumprimento das demais condições; | não comparecimento injustificado na audiência admonitória | Beneficiário **processado** por outro crime ou contravenção; |
| Não reparação do dano sem motivo determinado; | Condenação definitiva por crime culposo ou contravenção penal a pena diversa da multa. | provimento de recurso da acusação contra a concessão da medida alternativa; | Quando **facultativa a revogação**, o juiz pode, ao invés de decretá-la, prorrogar o período de prova até o máximo, se este não foi o fixado. |
| Descumprimento injustificado do art. 78, § 1º, CP. | | o condenado recusa as condições atreladas ao benefício. | |

- Não se pode confundir ***prorrogação*** com ***suspensão*** do livramento condicional. Vejamos:

| PRORROGAÇÃO (ART. 89 do CP) | SUSPENSÃO (ART. 145 LEP) |
|---|---|
| Pressupõe cometimento de crime na vigência do livramento | Pressupõe cometimento de crime na vigência do livramento |
| Impede o juiz de julgar extinta a pena (prorrogando o período de prova) | Autoriza o juiz a ordenar o recolhimento cautelar do liberado (suspendendo sua vida em liberdade) |
| Prorroga-se o período de prova até o julgamento definitivo | O recolhimento persiste enquanto necessário, não podendo, obviamente, exceder o prazo previsto para a pena em cumprimento. |

- Discute-se se a prorrogação do livramento condicional é automática ou se depende de decisão judicial. Havia decisões tanto no STJ quanto no STF impondo a necessidade de prorrogação expressa. Esta orientação se firmou ultimamente em diversos julgados nos quais os tribunais superiores estabelecem que, transcorrido o período do livramento sem que o juiz o prorrogue – ou suspenda –, a pena deve ser declarada extinta (STF: HC 119.938/RJ, rel. min. Rosa Weber, j. 03/06/2014; STJ: HC 454.451/SP, rel. min. Felix Fischer, j. 11/09/2018). No STJ, a edição da súmula 617 dirimiu qualquer dúvida que pudesse restar sobre a orientação quanto à impossibilidade de se prorrogar automaticamente o livramento condicional.
- A Lei nº 13.344/16 modificou o inc. V do art. 83 do CP. De acordo com a nova redação, para a concessão do livramento condicional devem ser cumpridos mais de dois terços da pena nos casos de condenação por crime hediondo, prática da tortura, tráfico ilícito de entorpecentes e drogas afins, tráfico de pessoas e terrorismo, se o apenado não for reincidente específico em crimes dessa natureza. Acrescentou-se, portanto, o crime de tráfico de pessoas (art. 149-A) entre aqueles que pressupõem o cumprimento de fração maior da pena para que o agente seja beneficiado pelo livramento condicional.
- O Pacote Anticrime (Lei 13.964/19) inseriu novo requisito para a concessão do livramento condicional: o não cometimento de falta grave nos últimos doze meses. Segundo o STJ, trata-se de elemento objetivo que não impede a análise dos requisitos subjetivos para a concessão do benefício: "O requisito previsto no art. 83, III, b, do Código Penal, inserido pela Lei n. 13.964/2019 da comprovada ausência de falta grave nos últimos 12 meses, constitui pressuposto objetivo para a concessão do livramento condicional. Tal critério não limita a análise ao requisito subjetivo, inclusive quanto a fatos anteriores à vigência da Lei 13.964/2019, de forma devidamente fundamenta, do mérito do apenado" (AgRg no Ag em REsp Nº 1.961.889/MG, j. 16/11/2021).
- É também requisito do livramento condicional o bom comportamento durante toda a execução da pena. De acordo com o STJ, essa análise não sofre limitação temporal, diferentemente do requisito sobre a inexistência de falta grave nos doze meses anteriores à pretensão. E o fato de o condenado ter se reabilitado de uma falta disciplinar cometida não o torna necessariamente apto a obter o benefício: "[...] Não se aplica limite temporal à análise do requisito subjetivo, devendo ser analisado todo o período de execução da pena, a fim de se averiguar o mérito do apenado. Precedentes. [...] A circunstância de o paciente já haver se reabilitado, pela passagem do tempo, desde o cometimento das sobreditas faltas, não impede que se invoque o histórico de infrações praticadas no curso da execução penal, como indicativo de mau comportamento carcerário" (AgRg no HC 665.369/SP, j. 25/05/2021).
- A medida de segurança pode ser de duas espécies: a) Detentiva: representa a internação em hospital de custódia e tratamento psiquiátrico. Aplica-se aos crimes punidos com pena de reclusão. Atenta ao caráter excepcional da medida, a Resolução nº 113 do CNJ, no artigo 17, determina que deve ser buscada, sempre que possível, a implementação de medidas antimanicomiais; b) restritiva: corresponde ao tratamento ambulatorial. Cabe, em regra, na hipótese do crime punido com detenção, salvo se o grau de periculosidade do agente indicar necessidade da internação. Esta regra que vincula a medida detentiva aos crimes punidos com reclusão e a medida restritiva aos punidos com detenção deriva do disposto no art. 97 do CP.

  Mas, no julgamento do EREsp 998.128/MG (j. 27/11/2019), a Terceira Seção do STJ estabeleceu que o fator determinante para a imposição de medida de segurança não é a natureza da pena que seria imposta ao imputável, mas sim o nível de periculosidade do inimputável. Se o exame que conclui pela inimputabilidade estabelece que não há um elevado grau de periculosidade, a medida de segurança restritiva é suficiente, ainda que o fato seja punido com reclusão: "4. Hipótese em que se verifica posicionamento dissonante entre as Turmas que compõem a Terceira Seção desta Corte quanto ao direito federal aplicável (art. 97 do CP. "Se o agente for inimputável, o juiz determinará sua internação (art. 26). Se, todavia, o fato previsto como crime for punível com detenção, poderá o juiz submetê-lo a tratamento ambulatorial"). 5. A doutrina brasileira majoritariamente tem se manifestado acerca da injustiça da referida norma, por padronizar a aplicação da sanção penal, impondo ao condenado, independentemente de sua periculosidade, medida de segurança de internação em hospital de custódia, em razão de o fato previsto como crime ser punível com reclusão. 6. Para uma melhor exegese do art. 97 do CP, à luz dos princípios da adequação, da razoabilidade e da proporcionalidade, não deve ser considerada a natureza da pena privativa de liberdade aplicável, mas sim a periculosidade do agente, cabendo ao julgador a faculdade de optar pelo tratamento que melhor se adapte ao inimputável. 7. Deve prevalecer o entendimento firmado no acórdão embargado, no sentido de que, em se tratando de delito punível com reclusão, é facultado ao magistrado a escolha do tratamento mais adequado ao inimputável, nos termos do art. 97 do Código Penal".
- Agente imputável na época dos fatos deve cumprir pena; o inimputável, medida de segurança; já em se tratando de semi-imputável, pena (diminuída) ou medida e segurança, dependendo do caso concreto. Em síntese:

| DATA DOS FATOS | CONSEQUÊNCIA JURÍDICA |
|---|---|
| Agente imputável | Pena |
| Agente inimputável | Medida de segurança |
| Agente semi-imputável | Pena ou medida de segurança (sistema vicariante) |

- Adotando-se a tese de que a sanção penal da medida de segurança não pode ter prazo indeterminado, exigindo um limite máximo de cumprimento (para uns, 40 anos; para outros, da pena máxima em abstrato cominada ao delito), surge a seguinte questão: O que fazer quando escoado o limite e a periculosidade do agente persistir? Deve-se buscar, perante o juízo cível, a internação do agente, a ser promovida com fundamento na Lei nº 10.216/01.
- Os efeitos da condenação são penais ou extrapenais. Os efeitos penais são divididos em *principais* (imposição da sanção penal e sua execução forçada) e *secundários* (maus antecedentes e reincidência como condições desfavoráveis do agente; conversão das penas restritivas de direitos; interrupção do prazo prescricional; revogação do *sursis* e do livramento condicional etc.). Os efeitos extrapenais são também repartidos em dois: *genéricos* (arts. 91 do CP) e *específicos* (art. 92 do CP). Numa análise topográfica, pode-se concluir que o confisco alargado (art. 91-A) é efeito genérico da condenação, tanto que inserido no ambiente do art. 91. Contudo, como sua incidência depende da verificação de particularidades do caso concreto, ligada à análise casuística do patrimônio do condenado frente à licitude de sua fonte de renda, parece-nos mais adequada a corrente que leciona tratar-se de efeito específico. Temos, em resumo:

| Dispositivo | Efeitos | Efeitos automáticos? |
|---|---|---|
| **Art. 91** | I - tornar certa a obrigação de indenizar o dano causado pelo crime;<br>II - a perda em favor da União, ressalvado o direito do lesado ou de terceiro de boa-fé:<br>a) dos instrumentos do crime, desde que consistam em coisas cujo fabrico, alienação, uso, porte ou detenção constitua fato ilícito;<br>b) do produto do crime ou de qualquer bem ou valor que constitua proveito auferido pelo agente com a prática do fato criminoso. | Sim, pois o art. 91 não se refere à necessidade de fundamentação. Trata-se, portanto, de uma decorrência de qualquer sentença condenatória compatível com esta espécie de efeito. |
| **Art. 91-A** | Perda, como produto ou proveito do crime, dos bens correspondentes à diferença entre o valor do patrimônio do condenado e aquele que seja compatível com o seu rendimento lícito. | Não, tendo em vista o disposto nos §§ 3º e 4º do art. 91-A, os quais exigem, respectivamente, que o Ministério Público faça o pedido na denúncia e que o juiz declare, na sentença condenatória, o valor da diferença apurada no patrimônio e os bens cuja perda está sendo decretada. |
| **Art. 92** | I - a perda de cargo, função pública ou mandato eletivo:<br>a) quando aplicada pena privativa de liberdade por tempo igual ou superior a um ano, nos crimes praticados com abuso de poder ou violação de dever para com a Administração Pública;<br>b) quando for aplicada pena privativa de liberdade por tempo superior a 4 (quatro) anos nos demais casos.<br>II – a incapacidade para o exercício do poder familiar, da tutela ou da curatela nos crimes dolosos sujeitos à pena de reclusão cometidos contra outrem igualmente titular do mesmo poder familiar, contra filho, filha ou outro descendente ou contra tutelado ou curatelado;<br>III - a inabilitação para dirigir veículo, quando utilizado como meio para a prática de crime doloso. | Não, tendo em vista o disposto no parágrafo único do art. 92, segundo o qual estes efeitos devem ser motivadamente declarados na sentença |

- A Lei 13.964/19 (Pacote Anticrime) introduziu no Código Penal o art. 91-A, que disciplina o chamado *confisco alargado* (*confisco ampliado ou perda alargada*), uma espécie de *efeito secundário da sentença penal condenatória* que consiste na perda de bens equiparados ao produto ou proveito do crime. O dispositivo elenca alguns pressupostos necessários que delimitam seu cabimento:

  **a) condenação por crime com pena máxima superior a seis anos:** a lei exige uma condenação pela prática de crime cuja pena máxima seja superior a 06 (seis) anos de reclusão. Trata-se de requisito objetivo que atinge, por exemplo, crimes contra a Administração Pública como peculato, corrupção ativa e passiva e concussão; crimes contra o patrimônio como furto qualificado, roubo, extorsão, extorsão mediante sequestro e receptação qualificada; crimes financeiros como lavagem de dinheiro e gestão fraudulenta ou temerária de instituição financeira.

  **b) Incompatibilidade do patrimônio com a renda lícita do agente**: para a decretação do confisco alargado se faz necessária a demonstração da incompatibilidade/desproporcionalidade do patrimônio do condenado com o seu rendimento lícito, juízo central para a aplicação da medida. Assentado nos elementos que constituem a norma em estudo, o órgão acusador deve comprovar a evolução patrimonial em patamares desproporcionais à renda do agente, e deve fazê-lo com elementos probatórios colhidos ainda na fase investigativa. Tanto é assim que o § 3º do art. 91-A impõe que o Ministério Público faça na denúncia o pedido expresso de decretação da perda e aponte a diferença apurada.

- O confisco alargado não se confunde com o confisco por equivalência, inserido nos §§ 1º e 2º do art. 91 pela Lei 12.694/12. O primeiro se caracteriza por uma extensão do perdimento a bens que, embora não estejam ligados diretamente ao crime que está sendo julgado, de alguma forma provêm de atividades ilegais, tanto que seu conjunto é incompatível com o rendimento lícito do condenado. Já o segundo se impõe nas situações em que o produto ou o proveito direto do crime julgado não é encontrado ou se localiza no exterior, quando então se autoriza a medida sobre bens equivalentes que possam constituir o patrimônio lícito do condenado.

- Note-se que o § 5º do art. 91-A alarga também o perdimento dos instrumentos utilizados para a prática de crimes por organizações criminosas e milícias. O art. 91, inc. II, alínea *a*, ao dispor sobre o perdimento dos instrumentos do crime, impõe que se trate de objetos cujo fabrico, alienação, uso, porte ou detenção constitua fato ilícito. O § 5º do art. 91-A, ao contrário, dispõe que o perdimento deve ocorrer (em favor da União ou do Estado, dependendo da Justiça onde tramita a ação penal) ainda que os instrumentos não ponham em perigo a segurança das pessoas, a moral ou a ordem pública, nem ofereçam sério risco de ser utilizados para o cometimento de novos crimes. Se no perdimento do art. 91 se busca preservar a fruição de objetos que, embora momentaneamente usados para a prática de crimes, são de uso lícito e podem continuar a ser utilizados nessa qualidade pelo próprio agente ou por pessoas próximas, o mesmo cuidado não se justifica no caso de crimes cometidos por organizações criminosas ou milícias, cujos atos jamais serão considerados lícitos e, portanto, os instrumentos utilizados o serão sempre para finalidade espúria.

- Os efeitos políticos da condenação, apesar de ainda dispostos no art. 92, não mais se submetem às regras do Código Penal, sendo consequência de toda e qualquer condenação criminal transitada em julgado, mesmo que não declarada expressamente na sentença. Independem, ainda, da natureza do crime, da qualidade e *quantum* da pena efetivamente imposta. Nem mesmo o fato de ter sido o agente, eventualmente, beneficiado com a suspensão condicional da pena impede a perda do mandato eletivo, isso tudo em virtude do disposto no artigo 15, inciso III, da CF/88. Embora haja decisões restringindo a sua aplicação, entendendo que a suspensão dos direitos políticos do condenado somente se permite quando o cumprimento da reprimenda corporal torna inviável o exercício de tais direitos, ou quando há limitações que implicam horários de recolhimento ao cárcere, o STF, ao julgar o RE 601.182/MG (j. 08/05/2019), firmou em repercussão geral a tese de que "A suspensão de direitos políticos prevista no artigo 15, inciso III, da Constituição Federal, aplica-se no caso de substituição da pena privativa de liberdade pela restritiva de direitos".

PENAL

A legislação extravagante também pode cuidar das consequências da condenação. Apontamos, sem pretensão de exaurir a matéria, alguns diplomas que trazem previsões específicas e, pelo princípio da especialidade, devem ser aplicados:

| Leis | Efeitos | Efeito automático? |
|---|---|---|
| Art. 1º, § 5º, da Lei 9.455/97 (Tortura) | Perda do cargo, função ou emprego público e interdição para seu exercício pelo dobro do prazo da pena aplicada | Sim, de acordo com a orientação majoritária (STJ - AgRg no AREsp 1.131.443/MT, j. 09/12/2020) |
| Art. 2º, § 6º, da Lei 12.850/13 (Crime organizado) | Perda do cargo, função, emprego ou mandato eletivo e interdição para o exercício de função ou cargo público pelo prazo de oito anos subsequentes ao cumprimento da pena | Sim |
| Art. 16 da Lei 7.716/89 (Preconceito racial) | Perda do cargo ou função pública, para o servidor público, e suspensão do funcionamento do estabelecimento particular por prazo não superior a três meses | Não |
| Art. 7º, inc. I e II, da Lei 9.613/98 (Lavagem de dinheiro) | I) Perda, em favor da União ou dos Estados (nos casos de competência da Justiça Estadual), de todos os bens, direitos e valores relacionados, direta ou indiretamente, à prática dos crimes de lavagem, inclusive aqueles utilizados para prestar a fiança, ressalvado o direito do lesado ou de terceiro de boa-fé<br>II) Interdição do exercício de cargo ou função pública de qualquer natureza e de diretor, de membro de conselho de administração ou de gerência das pessoas jurídicas referidas no art. 9º, pelo dobro do tempo da pena privativa de liberdade aplicada | Sim, segundo tem decidido o STJ (AgRg no REsp 1.840.416/PR, j. 06/10/2020) |
| Art. 181 da Lei 11.101/05 (Falência) | I) Inabilitação para o exercício de atividade empresarial<br>II) Impedimento para o exercício de cargo ou função em conselho de administração, diretoria ou gerência das sociedades sujeitas à Lei 11.101/05<br>III) Impossibilidade de gerir empresa por mandato ou por gestão de negócio | Não |
| Art. 530-G do CPP (Procedimento dos crimes contra a propriedade imaterial) | O juiz, ao prolatar a sentença condenatória, poderá determinar a destruição dos bens ilicitamente produzidos ou reproduzidos e o perdimento dos equipamentos apreendidos, desde que precipuamente destinados à produção e reprodução dos bens, em favor da Fazenda Nacional, que deverá destruí-los ou doá-los aos Estados, Municípios e Distrito Federal, a instituições públicas de ensino e pesquisa ou de assistência social, bem como incorporá-los, por economia ou interesse público, ao patrimônio da União, que não poderão retorná-los aos canais de comércio | Não |
| Art. 4º da Lei 13.869/19 (Abuso de autoridade) | I) Obrigação de indenizar o dano causado pelo crime, devendo o juiz, a requerimento do ofendido, fixar na sentença o valor mínimo para reparação dos danos causados pela infração, considerando os prejuízos sofridos<br>II) Inabilitação para o exercício de cargo, mandato ou função pública, pelo período de um a cinco anos<br>III) Perda do cargo, do mandato ou da função pública | A obrigação de indenizar é automática. No entanto, para que o juiz fixe na sentença o valor mínimo, deve haver requerimento do ofendido. Os demais efeitos (II e III) não são automáticos e pressupõem a reincidência em crime de abuso de autoridade |

- Segundo decidiu o STJ, *é* possível considerar, para a aplicação dos efeitos da condenação do art. 92, inciso I, alínea *a*, do CP, que o crime foi cometido com violação de dever para com a Administração Pública mesmo em situações nas quais o agente público não tenha se valido do cargo. O tribunal julgou válida a perda do cargo de um policial militar condenado a menos de quatro anos de pena privativa de liberdade por ter ele cometido um roubo tentado. Embora não estivesse ele no exercício do cargo no momento da conduta, tratou-se de evidente violação do dever para com a Administração Pública (REsp 1561248/GO, DJe 01/12/2015).
- Havendo pluralidade de condenações, a reabilitação só pode ser requerida após o transcurso do período de dois anos **a partir do cumprimento da última sanção penal.**
- Na hipótese de indeferimento do pleito de reabilitação, o mesmo poderá ser renovado, a qualquer tempo, desde que seja instruído com novos elementos comprobatórios dos requisitos necessários (art. 94, parágrafo único, CP).

## 13. AÇÃO PENAL

- As condições da ação são divididas em gerais ou genéricas e especiais ou específicas:

**a) Genéricas** são condições exigidas em todas as ações penais. A doutrina majoritária menciona três, embora haja quem sustente haver quatro:

**1) Possibilidade jurídica do pedido:** o pedido formulado, isto é, o provimento jurisdicional solicitado, deve encontrar amparo no ordenamento jurídico. O fato narrado, em suma, tem que encontrar amparo no direito vigente. Faltando qualquer um dos requisitos do fato punível, o pedido é juridicamente impossível.

**2) Legitimidade *ad causam*** (para a causa): a legitimidade ativa pertence ao Ministério Público (na ação pública) ou à vítima (na ação privada); a passiva exige, em regra, pessoa (humana) que tenha 18 anos ou mais na data do fato (agente imputável).

**3) Interesse de agir:** interesse significa necessidade, adequação e utilidade do provimento jurisdicional. No âmbito penal, o interesse de agir é inerente à ação penal (porque sem intervenção do juízo jamais se aplica pena criminal). Em cada caso concreto cabe ao juiz examinar, portanto, os aspectos pertinentes à adequação do provimento solicitado e sua utilidade (para dirimir o conflito);

**4) Justa causa:** significa presença de *fumus boni iuris*, isto é, lastro probatório mínimo. Caso uma ação penal (pública ou privada) venha a ser intentada sem nenhuma prova a respeito da existência do fato ou sobre a autoria, impõe-se sua rejeição liminar.

**b)** **Específicas**: são condições especiais exigidas em determinadas ações penais, como a representação da vítima e a requisição do Ministro da Justiça.

- A indivisibilidade não se discute na ação penal privada. Há, todavia, polêmica no que concerne à aplicação deste princípio à ação penal pública. Norberto Avena ensina vigorar nesta espécie de ação penal a divisibilidade, pois, "havendo mais de um suposto autor do crime, nada impede que venha o Ministério Público a ajuizar a ação penal apenas em relação a um ou alguns deles, relegando-se tal propositura quanto aos demais, para momento posterior. Esse procedimento do Ministério Público pode justificar-se tanto na necessidade de serem buscados maiores elementos para amparar o processo penal em relação aos investigados que não constaram no polo passivo da inicial, como em questão de estratégia processual" (*Processo Penal Esquematizado*, p. 165).
- Na continuidade delitiva (artigo 71 do Código Penal), o prazo decadencial deve ser considerado em relação a cada delito, ou seja, para cada um dos atos isoladamente. Em se tratando de crime permanente, o prazo fatal começa a fluir apenas depois de cessada a permanência.
- Quadro resumo sobre a ação penal:

| **Tipos de ação penal** | | **Legitimidade** |
|---|---|---|
| **Ação penal pública (denúncia)** | Incondicionada | Ministério Público. |
| | Condicionada a representação | Ministério Público (mediante representação do ofendido ou representante legal) |
| | Condicionada a requisição | Ministério Público (mediante requisição do Ministro da Justiça) |
| **Ação penal privada (queixa)** | Exclusiva ou propriamente dita | Ofendido (ou seu representante legal) |
| | Personalíssima | Somente o ofendido |
| | Subsidiária da pública | Ofendido (ou seu representante legal) |

- Temos doutrina lembrando da ação penal *pública subsidiária da pública*, caso em que o Ministério Público Federal, constatando a inércia do Ministério Público estadual, pode agir, mesmo em crimes que não são, originariamente, da sua atribuição. Citam como exemplos, o Decreto-lei nº 201/67 (art. 2º, § 2º) e o Código Eleitoral (art. 357, §§ 3º e 4º). Prevalece, no entanto, que estes dispositivos não foram recepcionados pela CF/88.
- Não foram recepcionados os arts. 26 e 531, ambos do Código de Processo Penal, que previam o chamado "processo judicialiforme". Antes da Constituição de 1988, o juiz e o delegado de polícia podiam iniciar a ação penal nas contravenções, o que não é mais possível em razão da modificação do cenário jurídico imposta pela nova ordem constitucional.
- Há divergência no que concerne à cessação do prazo decadencial se proposta a ação penal privada perante juízo incompetente. Norberto Avena expõe o assunto da seguinte forma: "Entendemos, porém, que deverá haver a interrupção do prazo decadencial, tal qual tivesse a ação penal sido deduzida no juízo competente, pois, apesar do equívoco no ajuizamento, é certo que o ofendido não se manteve inerte no prazo legal. E a inércia é o fundamento da decadência do direito na ação penal privada. Assim, constatando não ser competente, deverá o magistrado encaminhar a inicial acusatória ao juízo que o seja, para que lá seja recebida e processada a queixa-crime, independente da circunstância eventual de, ao aportar naquele juízo a ação penal, já se ter esgotado o prazo de seis meses" (*Processo Penal Esquematizado*, 2ª ed. São Paulo: Editora Método, 2010, p. 177).
- Quanto à representação do ofendido, a desnecessidade de se observar forma específica é pacífica tanto na doutrina quanto na jurisprudência. Não há um formulário específico a ser preenchido, nem um padrão com texto obrigatório: basta qualquer manifestação escrita no sentido de querer representar.
- A representação não vincula o Ministério Público, titular privativo da ação penal, no que concerne à *opinio delicti*, pois ao órgão do *parquet* cabe analisar se os fatos apurados permitem o oferecimento da denúncia. Ou seja, mesmo que a vítima representar pela instauração da ação penal, sem os elementos probatórios mínimos, não há como o representante do Ministério Público oferecer a denúncia, sob pena de ser rejeitada pelo juiz, com base no art. 395 do Código de Processo Penal.
- No que concerne à representação na hipótese de coautoria, em que só tenha havido menção a um dos autores do fato criminoso, é possível ao Ministério Público denunciar todos os que concorreram para a infração penal, fenômeno conhecido como critério de extensibilidade da denúncia.
- O Ministério Público, na ação penal privada, participa como fiscal da lei. Por isso, é possível que adite a queixa em relação a aspectos formais. Reina na doutrina o dissenso a respeito da possibilidade de o Ministério Público aditar a queixa para incluir outro agente. Para alguns, agindo como fiscal da lei e zelando pela indivisibilidade da ação penal, poderá o membro do Ministério Público incluir novo réu mediante aditamento. Outros, no entanto, sustentam que o Ministério Público não pode aditar a denúncia para esta finalidade, pois que se trata de legitimidade exclusiva da vítima para agir. Neste caso, a exclusão de um dos agentes caracterizaria renúncia ao direito de queixa sobre ele, o que redundaria na renúncia também em relação ao querelado, em razão do disposto no art. 49 do Código de Processo Penal.
- Na ação penal privada subsidiária, o Ministério Público tem os seguintes poderes:

**a)** Pode, desde logo, repudiar a queixa; nesse caso, todavia, passa a contar com a obrigação de oferecer denúncia substitutiva. Denúncia substitutiva, portanto, é a que deve ser oferecida pelo Ministério Público no lugar da ação penal privada subsidiária (Código de Processo Penal, art. 29) que foi refutada (repudiada);

**b)** Se o Ministério Público não repudiar a queixa subsidiária ele pode: aditá-la (com totais poderes de incluir novos autores, novos fatos etc.), intervir em todos os termos do processo, fornecer provas ou indicações delas e interpor recursos;

**c)** De outro lado, se o querelante negligenciar, deve o Ministério Público retomar a ação como parte principal.

- No caso de vítima pobre, à Defensoria Pública cabe promover a ação penal privada subsidiária da pública, nos termos do art. 4º da Lei Complementar nº 80/94, com redação dada pela Lei Complementar nº 132/09, desde que já tenha sido criada e estruturada, caso contrário, a titularidade continua com o Ministério Público.

## 14. EXTINÇÃO DA PUNIBILIDADE

- Punibilidade é o direito que tem o Estado de aplicar a sanção penal prevista na norma incriminadora, contra quem praticou a infração penal. A punibilidade não integra o conceito analítico de crime, sendo sua consequência jurídica (efeito do crime). Extinta a punibilidade, não desaparece o crime, somente seu efeito.
- Em resumo (e relembrando):

| CRIME | | | EFEITO |
|---|---|---|---|
| FATO TÍPICO | ILICITUDE | CULPABILIDADE | PUNIBILIDADE |
| O princípio da insignificância aparece como sua causa supralegal de extinção | Admite causa supralegal de exclusão: consentimento do ofendido | A inexigibilidade de conduta diversa é a porta de entrada das causas supralegais de exclusão (desobediência civil, por exemplo) | O rol de causas extintivas no art. 107 é meramente exemplificativo. A Súmula 554 do STF anuncia causa supralegal que faz desaparecer o direito de o Estado punir o agente |

- Não podemos confundir causas extintivas da punibilidade com causas de exclusão da punibilidade e condições objetivas de punibilidade:

a) nas causas extintivas, o direito de punir nasce, mas desaparece em razão de fato/evento superveniente. Por exemplo, no crime perseguido mediante ação penal de iniciativa exclusiva da vítima, não sendo proposta a ação penal (queixa-crime) no prazo legal, ocorre a decadência, extinguindo o direito de punir do Estado.

b) na causa de exclusão, o direito de punir sequer nasce, levando em conta, em regra, determinadas condições pessoais do agente. No furto praticado pela mulher em face do marido, por exemplo, o Estado, no art. 181, I, do CP, por razões de política criminal, anuncia, desde logo, que não tem interesse em punir o fato.

c) a condição objetiva de punibilidade, por sua vez, suspende o direto de punir até o advento de um fato/evento futuro e incerto, não abrangido pelo dolo do agente, pressuposto para a concretização da punibilidade. Para que a lei penal brasileira seja aplicada ao crime praticado por brasileiro no estrangeiro, concretizando o direito de punir pátrio, é necessário que o fato seja punível também no país em que foi cometido (art. 7º, § 2º, "b", do CP).

- Note que, uma vez concedida a anistia (renunciando o Estado seu poder de punir), não pode lei superveniente impedir seus efeitos extintivos da punibilidade; deve ser respeitada a garantia constitucional da proibição da retroatividade maléfica.

- Discute-se a natureza jurídica do instituto da *abolitio criminis*. Uma primeira corrente (Flávio Monteiro de Barros) ensina que a natureza da *abolitio* é de causa extintiva da tipicidade, extinguindo, por conseguinte, a punibilidade. Para outra, adotada pelo Código Penal, a descriminalização representa causa extintiva da punibilidade, o que consta expressamente do seu artigo 107, III.

- Sobre o prazo decadencial, temos, em resumo:

| Ação penal pública condicionada à representação e ação penal privada | Ação penal privada subsidiária da pública |
|---|---|
| O prazo decadencial tem como termo inicial o dia em que se conhece a autoria. | O termo inicial da decadência começa a ser contado do dia em que se esgota o prazo para o oferecimento da denúncia. |
| Se decorrer o prazo de 6 meses, ocorre decadência extinguindo a punibilidade. | Se decorrer o prazo de 6 meses, ocorre decadência **sem** a extinção da punibilidade, pois o MP continua legitimado para ajuizar a ação penal. |

- Interessante notar que, prevendo o CP marcos iniciais diferentes, poderá haver prescrição sem haver decadência e, da mesma maneira, haver decadência sem que exista prescrição. Com efeito. A contagem do prazo prescricional, em regra, é contada da data em que a infração se consumou (art. 111 do CP); a contagem da decadência, em regra, da data em que se tomou conhecimento da autoria do fato (art. 103 do CP). Suponhamos que JOÃO teve seu carro danificado (crime previsto no art. 163 do CP, de iniciativa privada), e não conseguiu apurar a autoria. Depois de três anos, o Estado perde o direito de punir pela prescrição (não havendo decadência). Por outro lado, se JOÃO, logo após o dano, conhece a autoria, mas demora sete meses para oferecer a queixa, ocorre a decadência (e não a prescrição).

- De acordo com a jurisprudência dominante, configura-se a perempção quando da não apresentação de contrarrazões a recurso do querelado. Por outro lado, não ocorre perempção na hipótese de apresentação de razões recursais intempestivas.

- As distinções entre decadência, prescrição e perempção podem ser resumidas da seguinte forma:

| Decadência | Prescrição | Perempção |
|---|---|---|
| Atinge diretamente o direito de ação. | Atinge diretamente o direito de punir ou executar punição já imposta. | Atinge o direito de prosseguir na ação. |
| Só ocorre nos crimes de ação penal privada e nos crimes de ação penal pública condicionada a representação do ofendido (6 meses). | Pode ocorrer tanto nas ações penais públicas (condicionadas ou não), quanto nas ações penais privadas (não importando a espécie). | Só ocorre nos crimes de ação penal privada (exclusiva ou personalíssima) |
| Sempre ocorre antes da ação penal | Pode ocorrer a qualquer momento, inclusive após o trânsito em julgado da sentença. | Só ocorre após o início da ação penal. |

- Os crimes, ordinariamente, por mais graves que sejam, prescrevem. A Constituição Federal estabeleceu como regra a prescritibilidade, anotando o legislador constituinte ordinário as exceções. Com efeito, são imprescritíveis (A) o crime de racismo, tipificado na Lei nº 7.716/89 (art. 5º, XLII, CF/88); (B) os delitos praticados por grupos armados, civis ou militares, contra a ordem constitucional e o Estado Democrático (art. 5º, XLIV, CF/88).

- A Lei nº 13.254/16, que criou o Regime Especial de Regularização Cambial e Tributária (RERCT), para declaração voluntária de recursos, bens ou direitos de origem lícita, não declarados ou declarados com omissão ou incorreção em relação a dados essenciais, remetidos ou mantidos no exterior, ou repatriados por residentes ou domiciliados no País, conforme a legislação cambial ou tributária, estabelece diversas causas extintivas de punibilidade além daquelas elencadas no rol exemplificativo do art. 107 do Código Penal. Se, antes do trânsito em julgado da decisão criminal, o agente efetua a entrega da declaração dos recursos, bens e direitos sujeitos à regularização, paga integralmente o imposto devido e a multa, extingue-se a punibilidade dos seguintes crimes:

a) art. 1º e incisos I, II e V do art. 2º da Lei 8.137/90;

b) tipificados na Lei nº 4.729/65;

c) art. 337-A do Código Penal;

d) arts. 297, 298, 299 e 304 do Código Penal, quando exaurida sua potencialidade lesiva com a prática dos crimes mencionados nas alíneas anteriores;

e) caput e parágrafo único do art. 22 da Lei nº 7.492/86;

f) art. 1º da Lei nº 9.613/98, quando o objeto do crime for bem, direito ou valor proveniente, direta ou indiretamente, dos crimes previstos nas alíneas anteriores.

- A Lei nº 12.650/12 acrescentou ao art. 111 do Código Penal o inciso V com um novo termo inicial da prescrição, específico para os crimes contra a dignidade sexual praticados contra crianças e adolescentes. Posteriormente, a Lei 14.344/22 modificou a redação para incluir também quaisquer crimes que envolvam violência contra a criança e o adolescente.

O objetivo dessa regra é evitar a impunidade sobretudo de crimes praticados contra crianças e adolescentes dentro do ambiente doméstico. Isso porque a vítima menor de idade, muitas vezes, sente-se intimidada, constrangida, com medo de revelar sua submissão a atos violentos (afinal, é comum que a vítima seja dependente do próprio agressor). Tratando-se de *novatio legis in pejus*, não retroage para alcançar os fatos praticados antes do advento da Lei 12.650/12 (para os crimes contra a dignidade sexual) e da Lei 14.344/22 (para os crimes que envolvam violência contra criança ou adolescente).

- O art. 115 do CP determina a redução do prazo prescricional pela metade caso o agente tenha completado setenta anos na data da sentença. Segundo o STF, não se aplica a redução se essa idade é atingida após a sentença mas antes do trânsito em julgado (HC 129.696/SP, j. 19/4/2016). De acordo com o STJ, "sentença" deve ser compreendida como a primeira decisão condenatória, seja a de primeira instância, seja a do tribunal que reforma a absolvição: "Para fins de reconhecimento da extinção da punibilidade pela prescrição da pretensão punitiva, não é possível a redução do prazo prescricional prevista no art. 115 do Código Penal na hipótese em que o réu completou 70 anos somente após a sentença condenatória, ainda que em decisão confirmatória posterior tenha havido redução não substancial do quantum de pena arbitrado. Isso porque o termo sentença, contido no art. 115 do Código Penal, refere-se à primeira decisão condenatória, seja a do juiz singular ou a proferida pelo Tribunal, não se operando a redução do prazo prescricional quando o édito repressivo é "confirmado" em sede de apelação ou em recurso de natureza extraordinária" (EDcl nos EDcl no AgRg no AREsp 1.078.688/SP, j. 11/12/2018).
- Resumo relativo aos termos iniciais da prescrição da pretensão punitiva em abstrato:

| Crime | Termo inicial da prescrição | Art. 111 |
|---|---|---|
| Consumado | data da consumação | Inciso I |
| Tentado | data do último ato executório | Inciso II |
| Permanente | data em que cessou a permanência | Inciso III |
| Crime de bigamia, falsificação ou alteração de assentamento de registro civil | data em que o fato se tornou conhecido | Inciso IV |
| Nos crimes contra a dignidade sexual de crianças e adolescentes, previstos neste Código ou em legislação especial | data em que a vítima completar 18 (dezoito) anos, salvo se a esse tempo já houver sido proposta a ação penal. | Inciso V |

- Quadro síntese da disciplina da prescrição retroativa após a alteração promovida pela Lei nº 12.234/10:

| Antes da Lei nº 12.234/2010 | Depois da Lei nº 12.234/2010 |
|---|---|
| Art. 110, § 2º, CP: *"A prescrição, de que trata o parágrafo anterior, pode ter por termo inicial data anterior à do recebimento da denúncia ou da queixa".* | Art. 110, § 1º, CP: *"A prescrição, depois da sentença condenatória com trânsito em julgado para a acusação ou depois de improvido seu recurso, regula-se pela pena aplicada, não podendo, em nenhuma hipótese, ter por termo inicial data anterior à da denúncia ou queixa".* |
| A prescrição retroativa poderia abranger período anterior ao recebimento da denúncia ou queixa. | Hoje **só se admite prescrição retroativa entre o recebimento da inicial e a condenação** |
| A mudança legislativa é prejudicial ao réu, de modo que não se aplica retroativamente. Fatos praticados antes desta lei permanecem com a possibilidade de aplicação da prescrição retroativa com termo inicial anterior ao recebimento da denúncia ou queixa. | |

- São hipóteses de prescrição da pretensão punitiva da multa:

| Hipótese | Prescrição | Fundamento |
|---|---|---|
| Pena pecuniária é a única cominada | Opera-se em dois anos, contados nos termos do art. 111 do CP | Art. 114, I, CP |
| Pena de multa cominada cumulativamente com pena privativa de liberdade* | Prescreve junto com a pena mais grave | Art. 118, CP |
| Pena de multa cominada alternativamente com pena de prisão | Prescreve junto com a pena de prisão | Art. 118, CP |
| *. Ainda que a pena privativa de liberdade seja convertida em restritiva de direitos, não é possível aplicar o artigo 114, I, CP. Neste sentido: "A pena restritiva de direitos é de natureza jurídica distinta da pena de multa. Inaplicabilidade, portanto, do inciso I do art. 114 do CP. Disposição legal que estabelece, de modo particularizado, o prazo prescricional de 2 (dois) anos para a pena de multa, quando essa multa 'for a única cominada ou aplicada', o que não é a hipótese dos autos". (STF – Primeira Turma – HC 101669 – Rel. Min. Dias Toffoli – DJe 30/11/2010) | | |

- São hipóteses de prescrição da pretensão executória da multa:

| Hipótese | Prescrição | Fundamento |
|---|---|---|
| Pena de multa aplicada cumulativamente com pena privativa de liberdade | Prescreve junto com a pena privativa de liberdade, mais grave | Art. 118, CP |
| Pena de multa é a única aplicada na sentença | Prescreve em dois anos, contados da data do trânsito em julgado para a acusação | Art. 114, CP |

- A Terceira Seção do STJ firmou a orientação de que o termo inicial da prescrição da pretensão executória é o trânsito em julgado para ambas as partes: "Necessário o alinhamento dos julgados do Superior Tribunal de Justiça com o posicionamento adotado nas recentes decisões monocráticas proferidas no âmbito do Supremo Tribunal Federal, bem como nos seus órgãos colegiados. O Tribunal Pleno fixou a orientação de que "[a] prescrição da pretensão executória, no que pressupõe quadro a revelar a possibilidade de execução da pena, tem como marco inicial o trânsito em julgado, para ambas as partes, da condenação". Logo, "enquanto não proclamada a inadmissão de recurso de natureza excepcional, tem-se o curso da prescrição da pretensão punitiva, e não a da pretensão executória" (AI 794.971/RJ-AgR, rel. do ac. Min. Marco Aurélio, DJe de 28/06/21) (ARE 1.301.223 AgR-ED, Relato Min. Dias Toffoli, Primeira Turma, DJe 29/04/2022). Conforme orientação da Sexta Turma do STJ, não há que se falar em prescrição da pretensão executória, porque, ainda que haja, no STF, reconhecimento de repercussão geral - ARE 848.107/DF (Tema n. 788) -, pendente de julgamento, "[o] Plenário do Supremo Tribunal Federal, no julgamento do AI 794.971-AgR/RJ (Rel. para acórdão Ministro Marco Aurélio, DJe 25/06/2021), definiu que o dies a quo para a contagem da prescrição da pretensão executória é o trânsito em julgado para ambas as partes. Assim, por já ter havido manifestação do Plenário da Suprema Corte sobre a controvérsia e em razão desse entendimento estar sendo adotado pelos Ministros de ambas as Turmas do STF, essa orientação deve passar a ser aplicada nos julgamentos do Superior Tribunal de Justiça, uma vez que não há mais divergência interna naquela Corte sobre o assunto (AgRg no RHC 163.758/SC, rel. Ministra Laurita Vaz, Sexta Turma, DJe de 27/06/2022), (AgRg no REsp 2.000.360/PR, rel. Ministro Olindo Menezes (Desembargador convocado do TRF 1ª Região), Sexta Turma, DJe de 15/08/2022)" (AgRg no REsp 1.983.259/PR, j. 26/10/2022).

- O art. 116, parágrafo único, do Código Penal estabelece que, depois de transitar em julgado a sentença condenatória, a prescrição não corre durante o tempo em que o condenado está preso por outro motivo. A expressão "preso por outro motivo" significa que o agente deve estar necessariamente em regime fechado? De acordo com o STJ, não. Ainda que o condenado esteja cumprindo pena em regime aberto, a causa suspensiva incide normalmente (AgRg no RHC 123.523/SP, j. 13/04/2020).
- O art. 117, inc. IV, do Código Penal dispõe que a prescrição é interrompida pela publicação da sentença ou acórdão condenatórios recorríveis. Há quem sustente que a lei contempla somente os acórdãos condenatórios em ações penais originárias e os reformatórios da absolvição em primeira instância. Por isso, tendo havido condenação em primeira instância, o acórdão que simplesmente a confirma, negando provimento ao recurso da defesa, ou que somente majora a pena, não interrompe o prazo prescricional. Outra orientação sustenta que a interrupção do prazo prescricional se dá inclusive pelo acórdão que se limita a confirmar a condenação de primeira instância ou a aumentar a pena. Em abril de 2020, ao julgar o HC 176.473/RR, o pleno do STF firmou a orientação de que o acórdão confirmatório também interrompe a prescrição: "Nos termos do inciso IV do artigo 117 do Código Penal, o Acórdão condenatório sempre interrompe a prescrição, inclusive quando confirmatório da sentença de 1º grau, seja mantendo, reduzindo ou aumentando a pena anteriormente imposta" (HC 176.473/RR, Rel. Min. Alexandre de Moraes, j. 27/04/2020). No STJ a orientação majoritária era de que o acórdão confirmatório não interrompia a prescrição (AgRg nos EDcl no AREsp 359.573/SP, j. 05/09/2019), mas, desde que o STF estabeleceu a tese contrária, o tribunal vem adequando seus julgados (REsp 1.930.130/MG, j. 10/08/2022).
- Não se pode confundir renúncia com perdão do ofendido:

| Renúncia (art. 107, V, primeira parte) | Perdão do ofendido (art. 107, V, segunda parte) |
|---|---|
| Decorrente do princípio da oportunidade | Decorrente do princípio da disponibilidade |
| Ato unilateral | Ato bilateral |
| Cabível, em regra, em ação penal privada (exceção – art. 74 da lei nº 9.099/95, abrangendo a ação penal pública condicionada) | Cabível apenas na ação penal privada. |
| Obsta a formação do processo penal | Pressupõe processo penal em curso |

- O perdão do ofendido é cabível somente na ação penal, podendo ser (a) processual (concedido no bojo dos autos) ou extraprocessual (em cartório, por exemplo), (b) expresso ou tácito (tácito é o perdão que resulta da prática de ato incompatível com a vontade de prosseguir na ação – art. 106, § 1º, CP). Diferentemente da renúncia, trata-se de ato bilateral, não produzindo efeitos se o querelado o recusa (art. 106, inciso III, do Código Penal). Imprescindível, portanto, que o perdão seja aceito, expressa ou tacitamente. Não obstante, não é dado ao querelado (suposto autor do fato) impor condições à aceitação; de igual modo, a vítima não pode impor exigências para que perdoe. Em outras palavras, tanto o perdão quanto a aceitação são atos incondicionais: perdoa-se sem exigências e se aceita sem condições.
- O perdão pode ser oferecido depois do início da ação até o trânsito em julgado final. Não é admissível o perdão depois que passa em julgado a sentença condenatória (art. 106, § 2º, do CP), pois nesse momento entra-se na fase de execução e não se tolera mais nenhuma intervenção do ofendido, ainda que a ação seja exclusivamente privada.
- O perdão judicial constitui causa extintiva de punibilidade que, diferente do perdão do ofendido, não precisa ser aceito para gerar efeitos:

| PERDÃO ACEITO | PERDÃO JUDICIAL |
|---|---|
| Concedido pela vítima (ou seu representante legal) | Concedido pelo juiz |
| Para extinguir a punibilidade, precisa ser aceito (ato bilateral) | Dispensa ser aceito para extinguir a punibilidade (ato unilateral) |
| Cabível somente em crimes perseguidos mediante ação penal de iniciativa privada | Cabível nas hipóteses expressamente previstas em lei, não importando a espécie de ação penal do crime |

- A Lei de Contravenções Penais tem disposição expressa no sentido de que *"No caso de ignorância ou de errada compreensão da lei, quando escusáveis, a pena pode deixar de ser aplicada"* (art. 8º, LCP). Trata-se de hipótese específica de perdão judicial diante da ignorância da lei – em regra inescusável.

## 15. CRIMES CONTRA A PESSOA

- Flávio A. Monteiro de Barros, transcrevendo na íntegra a lição de Euclides Custódio da Silveira, nos traz interessante problema referente a crime de homicídio praticado por xifópagos (irmãos ligados um ao outro, desde o apêndice xifoide até o umbigo). Apesar de magro o seu interesse prático, existe uma curiosidade teórica: "Dado que a deformidade física não impede o reconhecimento da imputabilidade criminal, a conclusão lógica é que responderão como sujeitos ativos. Assim, se os dois praticarem um homicídio, conjuntamente ou de comum acordo, não há dúvida que responderão ambos como sujeitos ativos, passíveis de punição. Todavia, se o fato é cometido por um, sem ou contra a vontade do outro, impor-se-á a absolvição do único sujeito ativo, se a separação cirúrgica é impraticável por qualquer motivo, não se podendo excluir sequer a recusa do inocente, que àquela não está obrigado. A absolvição se justifica, como diz Manzini, porque, conflitando o interesse do Estado ou da sociedade com o da liberdade individual, esta é que tem de prevalecer. Se para punir um culpado é inevitável sacrificar um inocente, a única solução sensata há de ser a impunidade" (*Crimes contra a pessoa*, p. 12). Flávio Monteiro, no entanto, discordando da conclusão dada ao caso, prefere ensinar que o xifópago autor do crime deve ser processado e condenado por homicídio, inviabilizando-se, porém, o cumprimento da reprimenda, tendo em vista o princípio da intransmissibilidade da pena. Se, no futuro, o outro também vier a delinquir e a ser condenado, ambos poderão cumprir as respectivas penas.
- Para que haja o crime de homicídio, não é necessário que se trate de vida viável (vitalidade, capacidade de vida autônoma), bastando a prova de que a vítima nasceu viva e com vida estava no momento da conduta criminosa do agente (qualquer antecipação da morte, ainda que abreviada por poucos segundos, é homicídio).
- A eutanásia pode ser ativa ou passiva. Será ativa quando presentes atos positivos com o fim de matar alguém, eliminando ou aliviando seu sofrimento. A passiva se dá com a omissão de tratamento ou de qualquer meio capaz de prolongar a vida humana, irreversivelmente comprometida, acelerando o processo morte. Não se pode confundir eutanásia com ortotanásia e distanásia. Como bem esclarece Regis Prado, "A ortotanásia tem certa relação com eutanásia passiva, mas apresenta significado distinto desta e oposto da distanásia. O termo ortotanásia (do grego *orthos*, correto, e *thanatus*, morte) indica a morte certa, justa, em seu momento oportuno. Destarte, corresponde à supressão de cuidados de reanimação em pacientes em estado de coma profundo e irreversível, em estado terminal ou vegetativo. De outra parte, a distanásia (do grego, *dys*, mau, anômalo, e *thanatus*, morte) refere-se ao prolongamento do curso natural da morte – e não da vida – por todos os meios

existentes, apesar de aquela ser inevitável, sem ponderar os benefícios ou prejuízos (sofrimento) que podem advir ao paciente" (*Tratado de Direito Penal Brasileiro*, v. 4, p. 66).

- Já decidiu o STJ que eventual altercação anterior entre a vítima e o autor do homicídio não afasta, por si, a qualificadora do motivo fútil: "A anterior discussão entre a vítima e o autor do homicídio, por si só, não afasta a qualificadora do motivo fútil. Precedente citado: AgRg no AREsp 31.372-AL, Sexta Turma, DJe 21/3/2013; AgRg no AREsp 182.524-DF, Quinta Turma, DJe 17/12/2012" (AgRg no AREsp 1.449.089/PB, j. 18/06/2019).
- O STJ chegou a decidir que o dolo eventual no homicídio é incompatível com a qualificadora do motivo fútil (HC 307.617/SP, DJe 16/5/2016). Há, no entanto, decisões posteriores admitindo a compatibilidade sob o argumento de que o dolo do agente não se confunde com a motivação do crime (REsp 1.779.570/RS, j. 13/08/2019).
- O tribunal também considera compatível o dolo eventual com o motivo torpe: "A jurisprudência desta Corte reconhece a compatibilidade entre o dolo eventual e as qualificadoras de ordem subjetiva, como o motivo torpe" (AgRg no HC 504.202/RJ, j. 04/06/2019).
- Há também decisão na qual se conclui pela compatibilidade entre o dolo eventual e as qualificadoras objetivas do art. 121, § 2º, incisos III (emprego de veneno, fogo, explosivo, asfixia, tortura ou outro meio insidioso ou cruel, ou de que possa resultar perigo comum) e IV (à traição, de emboscada, ou mediante dissimulação ou outro recurso que dificulte ou torne impossível a defesa do ofendido): "1. A jurisprudência desta Corte e do SUPREMO TRIBUNAL FEDERAL STF oscila a respeito da compatibilidade ou incompatibilidade do dolo eventual no homicídio com as qualificadoras objetivas (art. 121, § 2º, III e IV). Precedentes. 1.1. Aqueles que compreendem pela incompatibilidade do dolo eventual com as qualificadoras objetivas do art. 121, § 2º, III e IV, do CP, escoram tal posição na percepção de que o autor escolhe o meio e o modo de proceder com outra finalidade, lícita ou não, embora seja previsível e admitida a morte. 1.2. Tal posicionamento, retira, definitivamente do mundo jurídico, a possibilidade fática de existir um autor que opte por utilizar meio e modo específicos mais reprováveis para alcançar fim diverso, mesmo sendo previsível o resultado morte e admissível a sua concretização. Ainda, a justificativa de incompatibilidade entre o dolo eventual e as qualificadoras objetivas, inexistência de dolo direto para o resultado morte, se contrapõe à admissão nesta Corte de compatibilidade entre o dolo eventual e o motivo específico e mais reprovável (art. 121, § 2º, I e II, do CP). 1.3. Com essas considerações, elege-se o posicionamento pela compatibilidade, em tese, do dolo eventual também com as qualificadoras objetivas (art. 121, § 2º, III e IV, do CP). Em resumo, as referidas qualificadoras serão devidas quando constatado que o autor delas se utilizou dolosamente como meio ou como modo específico mais reprovável para agir e alcançar outro resultado, mesmo sendo previsível e tendo admitido o resultado morte" (REsp 1.836.556/PR, j. 15/06/2021).
- No que concerne à comunicabilidade da qualificadora do motivo torpe ao mandante do homicídio, a 6ª Turma do STJ afirma que, embora a paga ou promessa de recompensa não seja uma elementar do homicídio, pode se comunicar ao mandante, caso o motivo que o levou a determinar a morte de alguém seja torpe, desprezível ou repugnante (REsp 1.209.852/PR, j. 15/12/2015). A 5ª Turma firmou a orientação de que, por não se tratar de elementar, mas sim de circunstância de caráter pessoal, a paga ou promessa de recompensa não se comunica ao mandante (REsp 1.973.397/MG, j. 06/09/2022).
- Quantas pessoas devem, no mínimo, integrar o "grupo" de extermínio ou a milícia privada que majoram a pena do homicídio doloso? O texto é totalmente silente. Duas são as conclusões possíveis e já presentes fomentando a discussão na doutrina. A primeira é no sentido de que o número de agentes deve coincidir com o da associação criminosa (art. 288 do CP), qual seja, três ou mais pessoas. A segunda (à qual nos filiamos) se alinha ao conceito de organização criminosa, definida e tipificada na Lei nº 12.850/13, exigindo no mínimo de quatro pessoas.
- Deve ser observado que a Lei nº 8.072/90 não foi alterada pela Lei nº 12.720/12, não abrangendo no rol dos crimes hediondos o homicídio (simples) praticado por milícia privada, em que pese, nesses casos, não se imaginar um homicídio, com esses predicados, ser julgado como "simples", apresentando-se, na esmagadora maioria das vezes, impregnado de circunstâncias qualificadoras (motivo torpe, motivo fútil, meio cruel etc.).
- A Lei 13.104/15 inseriu o inciso VI para incluir no § 2º do art. 121 do Código Penal o feminicídio, entendido como a morte de mulher em razão da condição do sexo feminino (leia-se, violência de gênero quanto ao sexo). A incidência da qualificadora reclama situação de violência praticada contra a mulher, em contexto caracterizado por relação de poder e submissão, praticada por homem ou mulher sobre mulher em situação de vulnerabilidade. Com a novel Lei, o feminicídio passa a configurar a sexta forma qualificada do crime de homicídio. O § 2º-A foi acrescentado para esclarecer quando a morte da mulher deve ser considerada em razão da condição do sexo feminino: I – violência doméstica e familiar (art. 5º da Lei nº 11.340/06); II – menosprezo ou discriminação à condição de mulher (neste caso tipo se torna aberto, pois compete ao julgador estabelecer, diante do caso concreto, se o homicídio teve como móvel a diminuição da condição feminina).
- A Lei nº 13.104/15 também acrescentou no art. 121 o § 7º, majorante que eleva de um terço até a metade a pena do feminicídio se o crime for praticado:

  a) durante a gestação ou nos três meses posteriores ao parto: se ocorre a morte do feto, é possível imputar o feminicídio majorado em concurso com o aborto. Segundo o STJ, não há *bis in idem*, pois enquanto no tipo do aborto se tutela a vida do feto, a majorante considera a maior vulnerabilidade da vítima (REsp 1.860.829/RJ, j. 15/09/2020);

  b) contra pessoa maior de sessenta anos, com deficiência ou com doenças degenerativas que acarretem condição limitante ou de vulnerabilidade física ou mental: ao se referir à idade da vítima (menor de catorze ou maior de sessenta anos) o dispositivo repete o § 4º do art. 121. Ressalta-se, porém, que, nesta majorante, diferentemente daquela do § 4º, em que o aumento é fixo em um terço, o aumento é variável de um terço à metade. Outra figura da causa de aumento contempla a vítima com deficiência (física ou mental). O conceito de pessoa portadora de deficiência é trazido pelo art. 2º da Lei nº 13.146, de 06 de julho de 2015. E, com a alteração promovida pela Lei 13.771/18, majora-se também a pena se a vítima tem alguma doença degenerativa que provoque limitação ou vulnerabilidade física ou mental, como esclerose múltipla, esclerose lateral amiotrófica, Parkinson, Alzheimer, osteoporose, arteriosclerose, diabetes e alguns tipos de câncer;

  c) na presença física ou virtual de descendente ou de ascendente da vítima: expressa o texto legal que o comportamento criminoso ocorra na *presença* do ascendente ou do descendente da vítima. Diante do atual estágio de interação humana, em que ambientes de presença virtual são capazes de tornar a comunicação por meio de áudio e vídeo muito próxima da realidade, já sustentávamos, quando o § 7º foi incluído pela Lei 13.104/15, a possibilidade de interpretação extensiva do vocábulo *presença* para nele abarcar outras formas de interação que não a física, como chamadas com vídeo pela *internet* (Skype, por exemplo). Com a modificação promovida pela Lei 13.771/18, a majoração pela presença virtual é expressa;

  d) em descumprimento das medidas protetivas de urgência previstas nos incisos I, II e III do art. 22 da Lei Maria da Penha: por meio da Lei 13.771/18, inseriu-se nova majorante para as situações em que o homicida comete o crime apesar da existência de medidas protetivas contra si decretadas nos termos da Lei Maria da Penha. O inciso I do art. 22 estabelece a medida de suspensão da posse ou restrição do porte de armas; o inciso II consiste no afastamento do lar, domicílio ou local de convivência com a ofendida; e no inciso III temos a proibição de determinadas condutas, entre as quais: a) aproximação da ofendida, de seus familiares e das testemunhas, fixando o limite mínimo de distância entre estes e o agressor; b) contato com a ofendida, seus familiares e testemunhas por qualquer meio de comunicação; c) frequentação de determinados lugares a fim de preservar a integridade física e psicológica da ofendida. Desde a entrada em vigor da Lei 13.641/18, o descumprimento de medidas protetivas é crime punido com detenção de três meses a dois anos, mas, se ocorre no mesmo contexto da prática do homicídio, incide apenas a causa de aumento, afastando-se a figura criminosa autônoma diante do *bis in idem* provocado pela imputação simultânea.

- O STJ tem decidido que as qualificadoras do motivo torpe e do feminicídio não são incompatíveis porque não têm a mesma natureza: enquanto a primeira é subjetiva, esta última é dotada de índole objetiva (AgRg no AREsp 1.166.764/MS, j. 06/06/2019).
- A Lei 13.142/15 alterou o § 2º do art. 121 do Código Penal para nele inserir o inciso VII, que qualifica o homicídio se cometido contra autoridade ou agente descrito nos arts. 142 e 144 da Constituição Federal, integrantes do sistema prisional e da Força Nacional de Segurança Pública, no exercício da função ou em decorrência dela, ou contra seu cônjuge, companheiro ou parente consanguíneo até 3º grau, em razão dessa condição. Trata-se de norma penal em branco, pois deve ser complementada pelos artigos 142 e 144 da Constituição Federal, que nos indicam alguns dos agentes de segurança pública cujo homicídio faz incidir a qualificadora. Note-se que a Emenda Constitucional 104/19 inseriu no art. 144 da CF/88 a denominada "polícia penal", incumbida da segurança do sistema prisional da União, dos Estados e do Distrito Federal. Com a criação desta polícia, os atuais cargos de agentes penitenciários e equivalentes têm sua natureza modificada para a carreira policial, com incumbências específicas e restritas ao setor penitenciário. As polícias penais estaduais e a distrital se subordinam aos governadores, embora esta última seja mantida por recursos da União.
- O inciso VII é uma das qualificadoras do homicídio que não tem correspondente agravante no art. 61 do Código Penal (a outra é o inciso VIII). Normalmente, quando alguém comete um homicídio com a incidência de mais de uma qualificadora, sustenta-se que uma delas sirva para qualificar o delito e as demais sejam consideradas na segunda fase de aplicação da pena. Se, no entanto, em conjunto com a qualificadora do inciso VII incidir outra, utilizada pelo juiz para qualificar o delito, o fato de o sujeito ativo ter matado agente de segurança pública deverá ser considerado na aplicação da pena base (circunstâncias do crime).
- A Lei 13.964/19 inseriu no § 2º do art. 121 o inciso VIII, segundo o qual o homicídio é qualificado se cometido com emprego de arma de fogo de uso restrito ou proibido. O dispositivo havia sido vetado pelo presidente da República: "A propositura legislativa, ao prever como qualificadora do crime de homicídio o emprego de arma de fogo de uso restrito ou proibido, sem qualquer ressalva, viola o princípio da proporcionalidade entre o tipo penal descrito e a pena cominada, além de gerar insegurança jurídica, notadamente aos agentes de segurança pública, tendo em vista que esses servidores poderão ser severamente processados ou condenados criminalmente por utilizarem suas armas, que são de uso restrito, no exercício de suas funções para defesa pessoal ou de terceiros ou, ainda, em situações extremas para a garantia da ordem pública, a exemplo de conflito armado contra facções criminosas". Os argumentos não foram suficientes para convencer o legislador, que decidiu resgatar a disposição original do projeto aprovado e derrubou o veto.

  A qualificadora é uma norma penal em branco, pois os conceitos relativos às armas de uso restrito e às armas de uso proibido devem ser obtidos no art. 3º, parágrafo único, do Anexo I do Decreto 10.030/19. Além disso, a Portaria 1.222/19, expedida pelo Comandante do Exército, elenca, no anexo B, os calibres nominais de armas e munições de uso restrito (o que faz do inciso VIII uma norma penal em branco ao quadrado, pois seu complemento imediato deve ser também integrado com outra norma).

  Assim como acontece em outros crimes cometidos com o emprego de arma de fogo – como o roubo –, em regra a posse e o porte ilegais são absorvidos pelo homicídio, pois considerados apenas meios para alcançar o resultado pretendido (ceifar a vida de alguém). Não se exclui, no entanto, a possibilidade de concurso de crimes se as condutas estiverem destacadas no tempo, em distintos contextos fáticos.
- Com a entrada em vigor da Lei 14.344/22, o homicídio passou a ter mais uma qualificadora: quando a vítima é menor de 14 anos. Note-se que, antes da Lei 14.344/2022, o homicídio contra menor de 14 anos sofria aumento de pena, fosse por conta da segunda parte do § 4º do art. 121, fosse em razão do § 7º do mesmo artigo, este exclusivo do feminicídio. Com a alteração promovida, quando praticado contra pessoa menor de 14 anos o crime de homicídio é qualificado, não podendo incidir também majorante com o mesmo fundamento, sob pena de *bis in idem*. Recomenda a boa técnica legislativa nova redação aos parágrafos que aumentam a pena do crime contra a vida de criança e adolescente menor de 14 anos. Esse cuidado foi observado no § 7º do art. 121, mas não no § 4º, que permaneceu com a mesma redação. Mas existe uma razão para essa manutenção. É que o § 4º do art. 121 serve para majorar a pena do crime de lesão corporal (art. 129, § 7º). Se fosse revogada a circunstância da "pessoa menor de 14 anos", o crime de lesão corporal perderia essa causa de aumento, que, no seu âmbito, tem aplicação plena, pois a idade da vítima não aparece como qualificadora.
- A Lei 14.344/22 incluiu no art. 121 o § 2º-B, que aumenta de 1/3 (um terço) à metade a pena do homicídio contra menor de 14 anos se a vítima é pessoa com deficiência ou portadora de doença que implique o aumento de sua vulnerabilidade. A deficiência pode ser física ou mental. Ser portador de doença também permite a majoração, desde que implique o aumento da vulnerabilidade do menor de 14 anos. Pode ser uma depressão ou até câncer, ficando sua confirmação na dependência do caso concreto.
- Nas mesmas circunstâncias, a pena é aumentada de 2/3 (dois terços) se o autor é ascendente, padrasto ou madrasta, tio, irmão, cônjuge, companheiro, tutor, curador, preceptor ou empregador da vítima ou por qualquer outro título tiver autoridade sobre ela. Aqui o aumento diz respeito ao parentesco entre a vítima e o agente, bem como a outras relações pessoais existentes entre eles. Justifica-se o agravamento da pena em razão da maior reprovação moral da conduta, hipótese em que o agente abusa das relações familiares, de intimidade ou de confiança que mantém com pessoa menor de 14 anos. O crime cometido por professor contra aluno também deve atrair a majorante. Ao menos assim já decidiu o STJ ao analisar o art. 226, inciso II, que apresenta idêntica redação (AgRg nos EDcl no AgRg nos EDcl no REsp 1.699.724/SP, j. 19/03/2019).
- A Lei 13.968/19 promoveu importantes alterações no art. 122 do CP, que passou a tipificar conjuntamente o induzimento, a instigação e o auxílio ao suicídio e à automutilação. Errou o legislador. Misturou, no mesmo tipo, comportamentos manifestamente distintos. Cumulou na mesma redação típica crime doloso contra a vida e crime de natureza diversa. Não que o delito de participação em automutilação não merecesse punição própria. Apenas deveria estar tipificado em artigo outro, como, por exemplo, art. 129-A, topograficamente mais coerente. As penas cominadas aos dois comportamentos também merecem críticas. As condutas relativas ao suicídio e à automutilação têm exatamente as mesmas consequências penais, algo absolutamente desproporcional em virtude das diferenças

essenciais entre elas: enquanto as primeiras buscam a eliminação da vida, as outras se limitam à lesão corporal.

- Sabendo que o suicídio se dá com a eliminação da própria vida, realizada de forma *voluntária* e *consciente* (capacidade de discernimento), claro está que apenas a pessoa *capaz* pode ser sujeito passivo. Tratando-se de "suicida" *incapaz* de entender o significado de sua ação e de determinar-se de acordo com esse entendimento, deixa de haver supressão *voluntária* e *consciente* da própria vida, logo, não há suicídio. Nesse caso, estamos diante de um delito de homicídio, encarando-se *a incapacidade da vítima* como mero instrumento daquele que lhe provocou a morte. Esta ressalva, sempre enfatizada pela doutrina, passou a integrar expressamente o tipo penal após as alterações promovidas pela Lei 13.968/19. Com efeito, o § 7º do art. 122 dispõe que se o suicídio se consuma e a conduta se volta contra alguém menor de quatorze anos ou que não tem o necessário discernimento para a prática do ato, ou que, por qualquer outra causa, não pode oferecer resistência, responde o agente pelo crime de homicídio (art. 121 do CP).

  Aliás, por conta dessa lição, concluímos que o legislador, nas disposições do § 6º, errou novamente. De acordo com esse dispositivo, se da tentativa de suicídio resulta lesão corporal de natureza gravíssima, e a conduta é praticada contra alguém nas mesmas condições de incapacidade de discernimento, responde o agente pelo crime tipificado no § 2º do art. 129 do CP. Aqui reside o equívoco. Deveria ter seguido o mesmo raciocínio do §7º. Se o agente induz, instiga ou auxilia alguém a cometer um suicídio que não se consuma por circunstâncias alheias à sua vontade, e a pessoa visada é incapaz de discernir, o correto é imputar ao participante do evento o delito de homicídio (tentado), e não a lesão corporal dolosa. Percebam que ele não participou de suicídio (evento que nunca existiu, por falta de capacidade da vítima). Na verdade, usou o incapaz como instrumento para que ele ceifasse sua própria vida. Somos obrigados a aplicar, no caso, o tipo e as penas do art. 121 do CP, na forma tentada, e não o art. 129, §2º, anunciado pelo §6º do art. 122.

- No caso da automutilação com resultado morte de alguém menor de quatorze anos ou sem discernimento, também se aplica o § 7º do art. 122. Mais um erro do legislador. Como pode o agente responder por um crime doloso contra a vida se a morte, no caso, é culposa? O incapaz é, na verdade, um instrumento nas "mãos" do agente, que busca vê-lo ferido. Não participa de automutilação (que pressupõe capacidade do automutilado). Na verdade, ofende efetivamente a incolumidade física do incapaz. Somos obrigados a concluir que o agente, no caso, deve responder pelo tipo e nas penas do art. 129, §3º (lesão corporal seguida de morte), delito preterdoloso, de competência do juiz singular. Assim, não apenas se corrige a falta de técnica na imputação legal, mas também se prestigia a proporcionalidade na pena.

- No clássico exemplo do *duelo americano*, no qual duas pessoas, diante de duas armas, estando apenas uma carregada, combinam tirar a sorte sobre qual delas deva suicidar-se, o sobrevivente responde pelo crime do art. 122 do Código Penal, pois induziu, instigou ou mesmo auxiliou o perdedor a se matar.

- Alertamos que para a caracterização do infanticídio não basta que a mãe mate o filho durante ou logo após o parto, *sob a influência do estado puerperal*: é preciso, também, que haja uma relação de causa e efeito entre tal estado e o crime, pois nem sempre ele produz perturbações psíquicas na parturiente (*RT* 488/323 e 491/292).

- Nos termos do que dispõe o art. 20, § 3º, do CP, o erro quanto à pessoa contra a qual o crime é praticado não isenta o agente de pena. Contudo, neste caso, não se consideram as condições ou qualidades da vítima real, senão as da pessoa contra quem o agente queria praticar o crime (vítima virtual). Assim, se a mãe, sob influência do estado puerperal, logo após o parto, pensando ser seu filho (vítima virtual), acaba, por engano, matando filho alheio (vítima real), pratica o crime de infanticídio (putativo).

- No infanticídio, dependendo do grau de desequilíbrio fisiopsíquico oriundo do parto, pode a gestante ser considerada portadora de doença ou perturbação da saúde mental, aplicando-se as disposições dos arts. 26, *caput* ou parágrafo único, do CP caso tenha ela, em razão da causa biológica, retirada total ou parcialmente a capacidade de entendimento ou de autodeterminação.

- No aborto, a gravidez interrompida deve ser normal. Se *extrauterina* ou *molar*, a sua interrupção não caracteriza o crime. Na primeira (extrauterina), o embrião não se desenvolve na cavidade uterina, mas, por exemplo, na trompa (gravidez tubária), no ovário (gravidez ovárica) ou no tubo que atravessa a parede uterina (intersticial). A evolução dessa gravidez pode gerar a morte da gestante. Na segunda (molar), o produto da concepção apresenta-se degenerado, incapaz de vida nova.

- Prevalece o entendimento de que o sujeito passivo, no crime de aborto, é o produto da concepção (óvulo, embrião ou feto). "Pouco importa seja o feto uma *spes personae*; deve ele, mesmo assim, ser protegido pela tutela da lei, pois a vida humana, em seu infinito mistério, merece respeito, mesmo quando a ordem jurídica se encontra em presença não apenas de um homem (pessoa), mas de uma *spes hominis*" (Magalhães Noronha, *Direito Penal* cit., v. 2, p. 52).

- O aborto só é punível a título de dolo, consistente na consciente vontade de interromper a gravidez (ou consentir para tanto). Nélson Hungria admite também o dolo eventual, exemplificando com o caso da mulher que, sabendo-se grávida, tenta suicidar-se, resultando o aborto. Para nós, a depender do estágio da gravidez, a conduta da gestante no suicídio frustrado pode ser punida a título de dolo de 2º. grau. Suponhamos que uma mulher tenta eliminar sua própria vida, grávida de 2 meses. O sucesso no seu intento tem a morte do feto como consequência necessária (e certa quanto a ocorrência), e não resultado eventual (possível de ocorrer).

- O art. 126, parágrafo único, do Código Penal desconsidera a vontade positiva da gestante quando menor de 14 anos, alienada ou débil mental, ou se o seu consentimento foi obtido mediante fraude, grave ameaça ou violência. Nessas hipóteses, aplica-se ao terceiro provocador a pena do art. 125, ficando a gestante isenta de sanção penal (porque irresponsável).

- Para que incida a majorante do art. 127 do CP não é indispensável que o aborto se consume. Basta que a gestante sofra lesão grave ou que venha a morrer. Essa conclusão decorre do próprio texto da lei, que determina o acréscimo quando as lesões graves ou a morte constituem consequências do aborto ou dos meios empregados para provocá-lo.

- Quanto à lesão corporal, inúmeros são os doutrinadores que lecionam ser a integridade física um bem indisponível, nada representando eventual consentimento do ofendido. Quer nos parecer que essa lição é por demais simplista (e já ultrapassada), não se coadunando com a realidade que se nos apresenta. Cezar Bitencourt, com maestria, sustenta que, "no ordenamento jurídico brasileiro, a integridade física apresenta-se como *relativamente disponível*, desde que não afronte interesses maiores e não ofenda aos bons costumes, de tal sorte que as pequenas lesões podem ser livremente consentidas, como ocorre, por exemplo, com as perfurações do corpo para a colocação de adereços, antigamente limitados aos brincos de orelhas. Ademais, seguindo essa linha de raciocínio, a caminho da disponibilidade, a própria ação penal perdeu seu caráter publicístico absoluto, passando a ser condicionada à representação do ofendido, quando se tratar de lesão corporal de natureza leve ou culposa" (Direito Penal, vol. 2, p. 155).

- Cortar os cabelos de outrem pode constituir crime de lesão corporal, mas é indispensável que a ação provoque uma alteração desfavorável no aspecto exterior do indivíduo, de acordo com os padrões sociais médios (*JTAERGS* 94/109). Há quem sustente, no caso, a configuração do delito de injúria real (*RT* 438/441). Entendemos que as duas posições são possíveis, tudo a depender do dolo que animou o agente.

- O § 1º do art. 129 do Código Penal traz lesões qualificadas pelo resultado, podendo o evento ser querido ou aceito pelo agente (dolo, direto ou eventual) ou culposamente provocado (culpa), hipótese configuradora do preterdolo. Excepcionalmente, porém, algumas qualificadoras são punidas somente a título de preterdolo, pois, se dolosas também no consequente, outro será o delito. São elas o perigo de vida (§ 1º, II) e abortamento (§ 2º, V).
- Questão que tem gerado polêmica sobre a qualificadora de debilidade permanente de membro, sentido ou função é a perda dos dentes, lecionando a maioria que a solução deve ser buscada por meio da perícia, modo seguro e capaz de determinar, com base no caso concreto, se a perda de um ou outro dente causou redução ou enfraquecimento do aparelho da mastigação. O mesmo raciocínio deve ser utilizado no caso da perda de um dedo. De acordo com o que já decidiu o STJ, a perda de dois dentes deve ser tratada como debilidade, não como deformidade permanente (REsp 1.620.158/RJ, DJe 20/9/2016).
- Considera-se de natureza gravíssima a lesão se dela resulta o abortamento. Aqui, pune-se a lesão a título de dolo e o abortamento (interrupção da gravidez) a título de culpa (crime preterdoloso ou preterintencional). Não se confunde com o art. 127, 1.ª parte, que veicula algo completamente oposto. A diferença está retratada, de maneira ímpar, nas lições de Nélson Hungria: "Há que distinguir entre a hipótese do inciso V do § 2º do art. 129 e a do art. 127, 1.ª parte, pois há uma inversão de situações: na primeira, a lesão é querida e o aborto não; na segunda, o aborto é que é o resultado visado, enquanto a lesão não é querida, nem mesmo eventualmente" (*Comentários ao Código Penal*, v. 5, p. 327). É indispensável que o agente tenha conhecimento da gravidez da vítima (ou que sua ignorância tenha sido inescusável), jamais querendo ou aceitando o resultado mais grave, caso em que haveria o abortamento criminoso (art. 125 do CP).
- Na lesão corporal gravíssima, segundo o STJ, a realização de cirurgia estética que repare os efeitos da lesão não afasta a qualificadora da deformidade permanente, pois "o fato criminoso é valorado no momento de sua consumação, não o afetando providências posteriores, notadamente quando não usuais (pelo risco ou pelo custo, como cirurgia plástica ou de tratamentos prolongados, dolorosos ou geradores do risco de vida) e promovidas a critério exclusivo da vítima" (HC 306.677/RJ, DJe 28/5/2015).
- Ainda sobre a deformidade, devido a circunstâncias como a sede e a extensão das lesões, a forma como o crime é praticado, a idade ou as condições da vítima, é possível a ocorrência de danos psicológicos graves, como transtorno de estresse pós-traumático e depressão, que podem inclusive alterar – ou deformar – permanentemente a saúde mental. Mas os danos psicológicos, por si, não são capazes de qualificar a lesão. A deformidade permanente deve sempre estar associada ao aspecto físico da pessoa (STJ: HC 689.921/SP, j. 08/03/2022).
- Na lesão corporal cometida contra a mulher no âmbito doméstico e familiar não se aplica o princípio da insignificância, como decidiu o STF (RHC 133.043/MT, j. 10.5.2016). No mesmo sentido é a súmula nº 589 do STJ: "É inaplicável o princípio da insignificância nos crimes ou contravenções penais praticadas contra a mulher no âmbito das relações domésticas".
- A Lei 13.142/15 também alterou o art. 129 do Código Penal para acrescentar o § 12, que majora a pena da lesão corporal (dolosa, leve, grave, gravíssima ou seguida de morte) de um a dois terços quando praticada contra autoridade ou agente descrito nos arts. 142 e 144 da Constituição Federal, integrantes do sistema prisional e da Força Nacional de Segurança Pública, no exercício da função ou em decorrência dela, ou contra seu cônjuge, companheiro ou parente consanguíneo até 3º. grau, em razão dessa condição. As lesões gravíssimas e seguidas de morte cometidas nestas condições são hediondas (art. 1º, inc. I-A, da Lei 8.072/90).
- Introduzida pela Lei 14.188/21, a qualificadora do § 13 do art. 129 incide na lesão corporal de natureza leve da qual é vítima a mulher ferida no ambiente doméstico e familiar, ou ainda por preconceito, menosprezo ou discriminação quanto ao sexo. A lesão corporal leve, até o advento da Lei 14.188/2021, tinha duas modalidades no art. 129. A simples, do *caput*, punida com detenção de 3 meses a 1 ano, e a qualificada do § 9º, quando cometida contra ascendente, descendente, irmão, cônjuge ou companheiro, ou com quem conviva ou tenha convivido, ou, ainda, prevalecendo-se o agente das relações domésticas, de coabitação ou de hospitalidade, esta punida com detenção de 3 meses a 3 anos. Esta última era qualificada pela relação com a vítima, não pelo resultado. Nas duas figuras (*caput* e § 9º), o legislador objetiva a proteção de pessoas de ambos os sexos. O § 13 é reservado à mulher agredida no contexto doméstico ou familiar ou em razão de preconceito ou discriminação quanto ao sexo.
- É interessante notar que, incidentes as circunstâncias do § 9º bem como alguma das qualificadoras dos §§ 1º, 2º ou 3º do art. 129, o § 10 determina que se imponha a pena da respectiva qualificadora, aumentada em 1/3 (um terço) em razão da violência doméstica. A Lei 14.188/2021, no entanto, não inseriu disposição semelhante. A qualificadora do § 13, aplicável no caso de lesão corporal simples, cede, se for o caso, seu lugar aos §§ 1º, 2º ou 3º, e não há disposição que determine o aumento da pena porque a lesão, qualificada na forma daqueles dispositivos, foi praticada no âmbito doméstico ou familiar contra a mulher ou por menosprezo ou discriminação à condição de mulher. Nesse caso, a circunstância especial deve ser considerada na aplicação da pena-base, considerando que a violência doméstica contra a mulher possui uma reprovabilidade mais acentuada que a violência doméstica contra homem, exatamente por reforçar a discriminação de gênero, que fomenta uma violência mais incisiva sobre um grupo vulnerável.
- No art. 130 o Código Penal não indica quais as *moléstias venéreas* que integram o tipo penal, fazendo apenas referência genérica e indeterminada (norma penal em branco), o que demanda complemento para se alcançar a clareza e exatidão exigida por lei (art. 1º do CP). Tal complemento nos é dado por normas do âmbito do Ministério da Saúde, aliás, a exemplo do que já ocorre com a expressão *drogas* trazida pela Lei 11.343/2006.
- No crime de perigo de contágio venéreo (art. 130 do CP), como tratar a situação em que da prática do ato de libidinagem ocorre o contágio da vítima, resultado que não faz parte da vontade do agente? Entende a maioria da doutrina que a efetiva contaminação do ofendido constituirá mero exaurimento, a ser considerada pelo magistrado na fixação da pena. Heleno Fragoso, no entanto, sustentando que o delito em tela é sempre subsidiário (um soldado de reserva), ensina que, no caso do efetivo contágio, deve o agente responder pelas lesões dele resultantes, a despeito do dolo de perigo ((*Direito penal*, v. 2, p. 80). Esse é também o entendimento de Magalhães Noronha, ensinando que: "Se resultar contágio efetivo, haverá o crime de lesão corporal, que também é a ofensa à saúde" (*Direito Penal – Parte Especial*, v. 1, p. 73).
- O crime do art. 131 também não etiquetou quais as *moléstias graves* que integram o tipo penal, fazendo apenas referência genérica e indeterminada (norma penal em branco). Desse modo, sua clareza é retirada de complemento do âmbito dos Regulamentos do Ministério da Saúde. Encontramos, no entanto, posição em outro sentido, lecionando que o tipo em estudo descreve um elemento normativo que exige, para a sua compreensão, uma atividade médica valorativa, pericialmente averiguada, independentemente de constarem ou não de regras do Executivo.
- No art. 132 do Código Penal, havendo dolo de dano, ou seja, pretendendo o agente atingir a vida ou a saúde de alguém, responderá por outro crime (tentativa de homicídio ou tentativa de lesão corporal).
- No art. 132 do Código Penal, se da conduta perigosa criada pelo agente sobrevier dano para a vítima, deve ser perguntado: o novo evento é mais ou menos relevante que a exposição a

perigo? Se mais (ex.: morte), responderá o autor por homicídio culposo, isso em razão da subsidiariedade expressa do crime de perigo; se menos relevante (ex.: ofensa à integridade física), e demonstrado o dolo de risco apenas, o agente responderá pelo crime de perigo e não de lesão corporal culposa.

- No abandono de incapaz, não haverá o crime se o responsável fica próximo da vítima, vigiando para que alguém a recolha, ou, então, no caso de a vítima ser abandonada em ambiente rodeado de assistência (ex.: hospital). Em nenhuma das hipóteses, à evidência, ocorre o perigo concreto para o "abandonado".
- Considerando que no crime do art. 135 do Código Penal o dever de assistência é imposição que recai em todos, sem distinção, o crime em tela não admite coautoria. Assim, se várias pessoas negam a assistência, todas respondem pelo crime de omissão de socorro. Contudo, se apenas uma socorre a vítima necessitada, não o fazendo as outras, desaparece o delito, sendo a obrigação de natureza solidária (nesse sentido: *RT* 497/337).
- Indispensável, na omissão de socorro, que o sujeito ativo esteja na presença da vítima em perigo. Cezar Roberto Bitencourt explica: "O sujeito ativo deve estar no lugar e no momento em que o periclitante precisa de socorro; caso contrário, se estiver ausente, embora saiba do perigo e não vá ao seu encontro para salvá-lo, não haverá o crime, pois, o crime é omissivo, e não comissivo. Poderá nesse caso haver egoísmo, insensibilidade, displicência, indiferença pela 'sorte' da vítima, mas esses sentimentos, ainda que eticamente possam ser censuráveis, não tipificam a omissão de socorro, pois, como lembrava Magalhães Noronha, 'um código penal não é um código de ética'" (*Direito penal*, v. 2, p. 287)
- A Lei 12.653/12 acrescentou à Parte Especial do CP, mais precisamente no Capítulo III (Da periclitação da vida e da saúde), outra forma de omissão de socorro, praticada mediante o condicionamento de atendimento médico-hospitalar emergencial, punida com 3 meses a 1 ano, e multa (infração penal de menor potencial, salvo na forma qualificada pela morte). Consiste em negar atendimento emergencial, exigindo do potencial paciente (ou de seus familiares), como condição para a execução dos procedimentos de socorro: a) cheque caução (cheque em garantia), nota promissória (promessa de pagamento) ou de qualquer garantia (endosso de uma duplicata ou letra de câmbio, por exemplo); b) o preenchimento prévio de formulários administrativos, quase sempre na forma de contratos de adesão favorecendo abusivamente uma das partes (o hospital).
- Discute-se se o companheiro da mãe da vítima pode praticar, em face desta, o crime de maus tratos. Para uma primeira corrente, embora não sendo pai, pode figurar como sujeito ativo se restar comprovado que, na ocasião dos fatos, encontrava-se a vítima sob a autoridade, guarda e vigilância do agente (*RJDTACrimSP* 17/119); há, entretanto, uma segunda corrente, ensinando inexistir o crime de maus tratos carecendo o agente de poder correcional, assegurado pela relação de parentesco (*JTACrimSP* 87/290).
- Para que fique caracterizado o crime de rixa, é insuficiente a participação de apenas dois contendores. O crime se caracteriza exatamente pela ação individual de mais de dois rixosos, agredindo-se reciprocamente e de maneira generalizada.
- O crime de rixa se consuma com o início do conflito, isto é, com a efetiva troca de agressões entre os rixosos. Trata-se de crime de perigo presumido (ou abstrato), punindo-se a simples troca de agressões, pouco importando haja ou não ferimentos (a não ser para majorar a pena quando graves ou provocadores de morte).
- No caso da rixa qualificada pela morte, se o agente dela tomou parte e saiu antes da morte da vítima, responde pelo crime qualificado, pois se entende que, com sua conduta anterior, criou condições para o desfecho morte. Não bastasse, é sabido que a rixa é uma só. Não se pode cindi-la em partes. Aliás, muitas vezes aquele que se retirou do tumulto foi o principal causador da batalha.
- Quadro resumo a respeito das características dos crimes contra a honra:

| | CONDUTA | HONRA OFENDIDA |
|---|---|---|
| **Calúnia (art. 138 CP)** | Imputar determinado fato previsto como crime, sabidamente falso. | Honra objetiva (reputação). |
| **Difamação (art. 139 CP)** | Imputar determinado fato não criminoso, porém desonroso, não importando se verdadeiro ou falso. | Honra objetiva (reputação). |
| **Injúria (art. 140 CP)** | Atribuir qualidade negativa. | Honra subjetiva (dignidade/decoro, autoestima). |

- Se praticados dois ou mais delitos contra a honra (ainda que diversos) em contextos fáticos autônomos, perfeitamente possível se mostra o concurso de infrações (o STJ decidiu ser possível, na divulgação de uma única carta, a coexistência das três figuras criminosas relativas à lesão da honra – RHC 41.527/RJ, DJe 11/03/2015). A dificuldade surge quando praticados no mesmo contexto de fato: a) temos decisões reconhecendo, na hipótese, a continuidade delitiva, pois ofendem o mesmo bem jurídico (*RT* 545/344); b) há corrente preferindo aplicar ao caso o princípio da consunção, isto é, o crime mais leve é absorvido pelo mais grave, não importando a espécie de honra ofendida (*RT* 682/363); c) pensamos possível o concurso de delitos somente quando da(s) conduta(s) são atingidas honras diferentes. Assim, admitimos o concurso, material ou formal, a depender do caso, entre calúnia (ou difamação) e injúria.
- O art. 7º, § 2º, do Estatuto da OAB enunciava a imunidade do advogado em relação aos crimes de injúria, difamação e desacato em qualquer manifestação de sua parte, no exercício de sua atividade, em juízo ou fora dele, sem prejuízo das sanções disciplinares perante a OAB por excessos cometidos. Percebam que o dispositivo havia alargado a inviolabilidade, que alcançava também o desacato e manifestações extraprocessuais. Acertadamente, o STF, em ação direta de inconstitucionalidade ajuizada pela AMB (Associação dos Magistrados do Brasil), julgou inconstitucional o dispositivo, limitando a indenidade aos crimes contra a honra. Mas a Lei 14.365/22 acabou por revogar o §2º do art. 7º, razão por que, atualmente, a imunidade do advogado se fundamenta inteiramente no art. 142, I, do CP, que abrange apenas a ofensa irrogada em juízo, na discussão da causa. É, portanto, mais restrita do que a imunidade garantida anteriormente no Estatuto da OAB.
- A autocalúnia é punida? Se o agente, perante a autoridade, assumir crime inexistente, ou a responsabilidade de delito que não praticou, dando ensejo a investigações ou diligências inúteis, prejudicando, o bom andamento do aparelhamento estatal, pratica o crime de autoacusação falsa (art. 341 do CP).
- Pacificou-se entendimento, tanto na doutrina quanto na jurisprudência, de que o consentimento da vítima exclui o delito de calúnia (a honra é disponível). Contudo, tal anuência tem de ser manifestada pela própria vítima, não admitindo consentimento dado por interposta pessoa (representante), vez que o bem jurídico (honra) não lhe pertence.
- Exigindo-se seriedade na conduta do agente, não incide no crime de calúnia (inexistindo dolo) aquele que age com intenção de brincar (*animus jocandi*), aconselhar (*animus consulendi*), narrar fato, próprio da testemunha (*animus narrandi*), corrigir (*animus corrigendi*) ou defender direito (*animus defendendi*).
- O art. 139 do CP não contém a previsão de "propalar ou divulgar" a difamação, como faz o art. 138 (calúnia). A omissão, à primeira vista, pode levar o incauto a pensar que o fato seria atípico. No entanto, pensamos que todo aquele que propala

ou divulga fato desonroso imputado a alguém acaba também por difamá-lo, isto é, pratica nova difamação.

- A autoinjúria é crime? Pierangeli, citando Noronha, responde: "Não existe o delito de *autoinjúria*, a menos que o dito e a expressão ultrapassem a órbita da personalidade do indivíduo. Se um desbriado, *v.g.*, se chama de *esposo traído* ou se diz filho de meretriz, injuria a esposa e a genitora." (*Manual de direito penal brasileiro:* parte especial, p. 217).

  Sabendo que uma língua, em princípio, apresenta, pelo menos, três tipos de diferenças internas, a depender do espaço geográfico onde foi proferida (variações diatópicas), a camada sociocultural dos envolvidos (variações diastráticas) e modalidade expressiva utilizada pelo agente (variações diafásicas), pode a mesma expressão variar de um indiferente penal até a mais feroz ofensa. Por isso, Manzini divide a injúria em absoluta ou relativa: "A primeira existe quando a expressão tem por si mesma e para qualquer um significado ofensivo constante e unívoco, como certas palavras ou gestos, criados exatamente para manifestar desprezo, escárnio etc. É relativa quando a expressão que a concretiza assume caráter ofensivo, se proferida em determinadas circunstâncias ou condições de forma, tom, modo, lugar, tempo, pessoa etc." (Apud Magalhães Noronha, ob. cit., v. 2, p. 124).

- A injúria que não chegou ao conhecimento da vítima em face da sua *morte superveniente* configura qual crime? Parece-nos evidente que o caso espelha tentativa de injúria (se a vítima, no entanto, já estava morta antes da execução – *fato desconhecido do agente* –, não há crime contra a honra, por absoluta impropriedade do objeto, art. 17 do CP).

- Segundo decidiu o STJ no julgamento do REsp 1.765.673/SP (j. 26/05/2020), não se caracteriza o crime de injúria se não há ao menos previsibilidade de que a ofensa à honra subjetiva chegue ao conhecimento da vítima. No caso julgado, duas pessoas conversavam pelo telefone quando uma delas injuriou uma terceira pessoa, que, por acaso, estava ouvindo o diálogo pela extensão telefônica. Como não havia o propósito de ofender a honra subjetiva – pois as palavras não foram dirigidas a quem estava sendo ofendido –, julgou-se atípico o fato.

- O § 3º do art. 140 qualifica a injúria movida por preconceito. O crime se qualificava se o ofensor utilizasse elementos referentes a raça, cor, etnia, religião, origem ou a condição de pessoa idosa ou portadora de deficiência. Mas, atualmente, excluem-se da forma qualificada da injúria ofensas com elementos referentes a raça, cor, etnia ou procedência nacional. Essas modalidades de preconceito migraram para o art. 2º-A da Lei 7.716/89. Curiosamente, não migrou do § 3º o preconceito religioso, igualmente objeto da Lei 7.716/89, faltando, nesse tanto, atenção da Casa de Leis. No que se refere ao preconceito religioso, o intérprete deve redobrar a atenção. Se o caso espelhar ofensas, será o crime do art. 140, §3º, do CP; se indicar segregação ou incentivo à segregação, crime da Lei 7.716/89.

- Para a configuração da majorante do art. 141, III, computa-se a vítima do crime contra a honra? Noronha responde: "Têm todo o cabimento as observações de Manzini: no número mínimo exigido não entra a pessoa do ofendido; se, entretanto, o agente ofende vários indivíduos, cada um será terceiro em relação à ofensa a um deles." (*Direito penal*, v. 2, p. 132).

- Nos crimes de calúnia e difamação a retratação, em regra, dispensa a concordância do ofendido (ato unilateral). Contudo, o art. 143 do CP foi alterado pela Lei nº 13.188/15, que nele acrescentou parágrafo único anunciando que, nos casos em que o querelado tenha praticado a calúnia ou a difamação utilizando-se de meios de comunicação, a retratação dar-se-á, se assim desejar o ofendido, pelos mesmos meios em que se praticou a ofensa. Nessa hipótese, portanto, o ofendido deve ser ouvido para manifestar se deseja (ou não) que a retratação se dê pelos mesmos meios em que foi praticado o crime.

- Quando vigorava a Lei 7.170/83 (Lei de Segurança Nacional), se a vítima de calúnia ou difamação fosse o presidente da República, do Senado Federal, da Câmara dos Deputados ou do Supremo Tribunal Federal, e o agente tivesse motivação e objetivos políticos, o crime, em face do princípio da especialidade, seria o do art. 26 daquele diploma legal. Com a revogação operada pela Lei 14.197/21, não houve tipificação de delito semelhante no Título XII do CP. Nesse caso, há continuidade normativo-típica nos crimes contra a honra do CP. A Lei 14.197/21 modificou o inciso II do art. 141 para aumentar a pena também quando a vítima dos crimes contra a honra for o presidente do Senado Federal, da Câmara dos Deputados ou do Supremo Tribunal Federal.

- O art. 141, inciso IV, do CP aumenta a pena do crime contra a honra cometido contra criança, adolescente, pessoa maior de sessenta anos ou pessoa com deficiência, exceto quando incidente o § 3º o art. 140. Esta majorante foi inserida no CP pelo Estatuto da Pessoa Idosa. A Lei 14.344/22 alterou a redação do dispositivo para inserir entre as vítimas do crime mais grave a criança e o adolescente. No caso da injúria qualificada contra idoso ou deficiente (art. 140, §3º), é inaplicável esta causa de aumento, sob pena de *bis in idem*. A cautela a respeito do *bis in idem*, contudo, só existe no caso de vítima idosa ou deficiente, pois o citado parágrafo do art. 140 não contempla a discriminação por se tratar de vítima criança ou adolescente.

- O art. 141, § 2º, do CP triplica a pena nos casos em que o crime contra a honra é cometido ou divulgado em quaisquer modalidades das redes sociais da rede mundial de computadores. Este parágrafo havia sido vetado pelo presidente da República, para quem "A propositura legislativa, ao promover o incremento da pena no triplo quando o crime for cometido ou divulgado em quaisquer modalidades das redes sociais da rede mundial de computadores, viola o princípio da proporcionalidade entre o tipo penal descrito e a pena cominada, notadamente se considerarmos a existência da legislação atual que já tutela suficientemente os interesses protegidos pelo Projeto, ao permitir o agravamento da pena em um terço na hipótese de qualquer dos crimes contra a honra ser cometido por meio que facilite a sua divulgação. Ademais a substituição da lavratura de termo circunstanciado nesses crimes, em razão da pena máxima ser superior a dois anos, pela necessária abertura de inquérito policial, ensejaria, por conseguinte, superlotação das delegacias, e, com isso, redução do tempo e da força de trabalho para se dedicar ao combate de crimes graves, tais como homicídio e latrocínio".

  De fato, o crime cometido por meio de redes sociais já podia ter a pena majorada na forma do inciso III do mesmo artigo (na presença de várias pessoas ou por meio que facilite a divulgação). O legislador, no entanto, não foi convencido pelo argumento presidencial e derrubou o veto.

  O que pode ser considerado uma rede social para os efeitos da majorante? Em dezembro de 2019, o Conselho Nacional de Justiça editou a Resolução 305, que estabelece os parâmetros para o uso das redes sociais pelos membros do Poder Judiciário. De acordo com o parágrafo único do art. 2º, são considerados redes sociais os "sítios da internet, plataformas digitais e aplicativos de computador ou dispositivo eletrônico móvel voltados à interação pública e social, que possibilitem a comunicação, a criação ou o compartilhamento de mensagens, de arquivos ou de informações de qualquer natureza". Parece um bom parâmetro para a interpretação desta causa de aumento de pena, pois especifica que rede social é um mecanismo voltado à interação pública e social, o que exclui meios de contato privado. Assim, podem ser consideradas redes sociais plataformas como Facebook, Twitter, Instagram, YouTube, LinkedIn, Pinterest e grupos ou canais de acesso aberto no Telegram. Excluem-se, por outro lado, meios dedicados à comunicação privada como o Skype, o próprio Telegram utilizado com acesso restrito e o WhatsApp, ainda que, no caso deste último, se trate de grupos, que, pelas características do aplicativo, são restritos a pessoas individualmente adicionadas pelos administradores.

Embora a Lei 13.964/19 tenha entrado em vigor em janeiro de 2020, os efeitos da majorante só se iniciam com a promulgação presidencial em 2021, quando o Congresso Nacional votou a derrubada do veto. A norma não alcança os crimes cometidos nesse intervalo.

- Forçar alguém, mediante violência ou grave ameaça, a não praticar um *ato imoral* (porém lícito) configura o crime de constrangimento ilegal. Nesse sentido, alerta Noronha: "Ora, se o ato é imoral, porém admitido em lei, como negar-se que o agente constrangeu a outrem a não praticar o que a lei permite? Entre a moral e o direito há uma zona, em que a pessoa é livre de agir, não nos parecendo que alguém, em nome de princípios éticos, possa atentar contra a liberdade de outrem." (*Direito penal*, v. 2, p. 150).
- É possível constranger ilegalmente alguém por meio da omissão? Pierangeli, citando Aníbal Bruno, assim responde: "Tem-se veiculado tal possibilidade, exemplificada com a não alimentação de um doente pela enfermeira que quer obrigá-lo a determinado comportamento. Parece-nos que Aníbal Bruno deixa perfeitamente solucionada a questão. Diz o mestre pernambucano: 'O deixar fazer é uma espécie de omissão, mas há diferença perceptível entre omitir alguma coisa e deixar que alguma coisa se pratique. A omissão neste último caso será omissão da resistência, mas não é essa omissão de resistência que o agente procura obter, mas o ato positivo, ou negativo que a resistência procuraria impedir'. Não se trata, pois, de uma omissão por omissão, de um omitir-se voluntário, mas uma inação forçada pelo constrangimento que, embora exteriorize uma conduta, fica esta apoiada na ausência de reprovabilidade (de culpabilidade)." (*Manual de direito penal brasileiro:* parte especial, p. 239).
- A Lei 14.132/21 inseriu no Código Penal o art. 147-A, denominado "crime de perseguição". Sua finalidade é a tutela da liberdade individual, abalada por condutas que constrangem alguém a ponto de invadir severamente sua privacidade e de impedir sua livre determinação e o exercício de liberdades básicas. O tipo penal surgiu com a justificativa de suprir uma lacuna e de tornar proporcional a pena para uma conduta que, embora muitas vezes tratada como algo de menor importância, pode ter efeitos – especialmente psicológicos – muito prejudiciais na vida de quem a sofre. Até a criação deste crime, a maior parte dos atos de perseguição se inseriam no art. 65 do Decreto-lei 3.688/41, cuja pena de prisão simples variando de quinze dias a dois meses era considerada insuficiente, um claro exemplo de proteção deficiente. Com a Lei 14.132/21, a contravenção foi revogada e a perseguição passou a ser punida com reclusão de um a quatro anos.
- O ato de perseguição do art. 147-A não se restringe às situações de violência doméstica e familiar contra a mulher (aliás, não se limita nem mesmo a vitimar mulheres, embora seja o mais comum). Há inúmeros casos em que a fixação "doentia" se inicia entre pessoas que não tinham qualquer relação afetiva. São os casos de colegas de estudo ou de trabalho, do empregado que, dispensado, passa a perseguir o empregador, ou do empregador que, por alguma razão, persegue o empregado provocando sua demissão ou impedindo-o de conseguir outro emprego (*stalking* ocupacional). De qualquer forma, o art. 7º da Lei 11.340/06 apresenta uma definição de violência psicológica que pode nos auxiliar na interpretação deste tipo penal. Segundo a lei especial, há essa forma de violência em qualquer conduta que provoque dano emocional e diminuição da autoestima, que prejudique e perturbe o pleno desenvolvimento da vítima ou que vise a degradar ou controlar suas ações, comportamentos, crenças e decisões, mediante ameaça, constrangimento, humilhação, manipulação, isolamento, vigilância constante, perseguição contumaz, insulto, chantagem, violação de sua intimidade, ridicularização, exploração e limitação do direito de ir e vir ou qualquer outro meio que lhe cause prejuízo à saúde psicológica e à autodeterminação.
- Na vigência do art. 65 da Lei das Contravenções Penais, decidiu o STJ que a contratação de um detetive particular não é suficiente para justificar ação penal por perturbação da tranquilidade (RHC 140.114/DF, j. 09/03/2021). E pensamos que o raciocínio não será diferente diante do novo tipo do art. 147-A do CP. Não custa lembrar que a Lei nº 13.432/17 regulamentou a profissão de detetive particular, criando normas a serem observadas para o seu regular exercício. Assim, quando regular o exercício da atividade, não há que se cogitar de crime.
- O crime do art. 147-A é habitual, tendo em vista que o tipo penal é expresso sobre a necessidade de a perseguição ser praticada reiteradamente. Apenas um ato importuno, ainda que restrinja momentaneamente a capacidade de locomoção ou invada a privacidade de alguém, não caracteriza este crime, embora seja possível que a conduta se adéque a outro tipo penal, como a da ameaça, por exemplo.
- Embora a Lei Maria da Penha contemple a violência psicológica no art. 7º, inc. II, até a entrada em vigor da Lei 14.188/2021 não havia no ordenamento jurídico brasileiro um tipo penal correspondente. Era contraditório constar expressamente essa forma de violência em uma das leis mais conhecidas e importantes do país, que a define como uma "violação dos direitos humanos" (art. 6º), e, ao mesmo tempo, a conduta correspondente não configurar necessariamente um ilícito penal. Diversas condutas consistentes em violência psicológica – como manipulação, humilhação, ridicularização, rebaixamento, vigilância, isolamento – não configuravam, na imensa maioria dos casos, infração penal. Apesar de serem ilícitos civis, não eram criminosas. Não raras vezes, vítimas compareciam perante autoridades para registrar boletins de ocorrência por violência psicológica e eram informadas de que a conduta não configurava infração penal (sequer contravenção). Com a inserção do art. 147-B no Código Penal, essa lacuna é preenchida e passa a ser crime praticar violência psicológica contra a mulher.
- Nota-se que a redação do art. 147-B é muito semelhante à do art. 7º, inc. II, da Lei n. 11.340/2006. Há, contudo, determinados meios de praticar a violência psicológica que não foram repetidos no tipo penal. De fato, o dispositivo da lei especial menciona, por exemplo, vigilância constante, perseguição contumaz e violação de intimidade, que propositalmente não compõem o tipo penal da violência psicológica para evitar sobreposição com o comportamento incriminado no art. 147-A do CP (crime de perseguição ou *stalking*).
- O tipo penal não se restringe aos campos afetivo, doméstico e familiar de que trata a Lei Maria da Penha (art. 5º, inc. I, II e III). Abrange outras formas de violência contra a mulher ocorridas no âmbito estatal ou comunitário. O art. 147-B é mais amplo, aplicando-se a diversas formas de violência de gênero contra a mulher, na linha do que estabelece a Convenção de Belém do Pará (Decreto n. 1.973/1996 – art. 2º). O crime pode ocorrer, portanto, em estabelecimentos de ensino, serviços de saúde (violência obstétrica), templos religiosos, locais públicos, ambientes de trabalho, serviços de atendimento à mulher. E, além das tradicionais condutas de controle, isolamento, humilhação por parte de parceiros, a descrição ampla do tipo penal permite, por exemplo, que se considerem violência psicológica condutas como a de autoridade policial que ridiculariza e humilha a mulher durante atendimento ou a pressiona a não registrar ocorrência e a "fazer as pazes com o agressor", desde que se gere um dano emocional. Condutas como ameaças, humilhações ou insultos que não derivem das relações de gênero podem configurar outras infrações penais, como constrangimento ilegal, ameaça ou injúria.

- O tipo penal do art. 147-B não exige habitualidade (reiteração de condutas), consumando-se com apenas um ato, cuja gravidade concreta já cause um dano emocional significativo. Certamente, relações abusivas e violentas que se prolongam no tempo gerarão danos emocionais e, portanto, configurarão o delito. Nessa situação, não sendo possível separar atos individualizados de danos emocionais específicos, o conjunto dos atos abusivos será considerado como uma conduta única. Caso haja reiteradas condutas de violência psicológica, não é necessário que todas sejam imputadas individualmente, sob pena de inviabilizar a denúncia do Ministério Público. Basta que se faça referência ao período aproximado em que ocorreram as condutas e que os danos emocionais sejam comprovados. Esse entendimento já é utilizado pelos Tribunais para o caso de estupros reiterados no âmbito doméstico contra pessoa vulnerável (STJ: RHC 129.490/BA, j. 25/05/2021). A prescrição será regulada pela prática do último ato de violência psicológica individualizado.
- Quanto ao sequestro ou cárcere privado, tratando-se de crime de execução livre, a privação da liberdade pode ser antecedida de violência, grave ameaça ou mesmo fraude (induzir a vítima em erro). Pode ser praticado por *ação* (afastar a vítima do lugar em que vive para outro) ou *omissão* (médico que não concede alta para paciente já curado).
- A respeito do tempo de duração do sequestro ou cárcere privado, temos duas correntes: a) a primeira ensina ser irrelevante o tempo de privação, configurando-se o delito a partir do momento em que a vítima teve subtraído seu direito de locomoção, pouco importando se por tempo mais ou menos longo (*RT* 742/613 e 731/564); b) a segunda exige que o tempo seja juridicamente relevante, sendo a privação momentânea mera tentativa (ou um constrangimento ilegal – art. 146 do CP). Nesse sentido, *RT* 551/324 e 504/312.
- No julgamento do RE 398.041/PA, o STF considerou, por maioria, que "Quaisquer condutas que possam ser tidas como violadoras não somente do sistema de órgãos e instituições com atribuições para proteger os direitos e deveres dos trabalhadores, mas também dos próprios trabalhadores, atingindo-os em esferas que lhes são mais caras, em que a Constituição lhes confere proteção máxima, são enquadráveis na categoria dos crimes contra a organização do trabalho, se praticadas no contexto das relações de trabalho. Nesses casos, a prática do crime prevista no art. 149 do Código Penal (Redução à condição análoga a de escravo) se caracteriza como crime contra a organização do trabalho, de modo a atrair a competência da Justiça federal (art. 109, VI da Constituição) para processá-lo e julgá-lo." Nesta ocasião, contudo, três ministros consideraram que a análise da competência (se estadual ou federal) deve recair sobre a abrangência da lesão ao bem jurídico tutelado. Dentro desse espírito, entendeu-se que a competência federal, fixada pelo art. 109, inciso VI, da Constituição, deve incidir apenas naqueles casos em que esteja patente a ofensa a *princípios básicos sobre os quais se estrutura o trabalho em todo o país*. Quer isto dizer que, abstratamente, não se pode considerar a redução a condição análoga à de escravo como crime que atinge a organização do trabalho. Assim, nos casos, por exemplo, em que apenas um trabalhador é atingido pela conduta do agente, não há ofensa à organização do trabalho, senão à sua liberdade individual, competindo à justiça estadual a apreciação da causa. O Tribunal reiterou a orientação de que a competência é da Justiça Federal ao julgar o RE 541.627/PA e o RE 459.510/MT, este em decisão de 26/11/2015.
- A liberdade humana é bem disponível. Contudo, no caso da redução a condição análoga à de escravo, salienta a doutrina que a liberdade da vítima é inalienável, comovida pelo grau de submissão (domínio) a que fica sujeito o "trabalhador", de nada representando o seu consentimento.
- A Lei 13.344/16, que dispõe sobre prevenção e repressão ao tráfico interno e internacional de pessoas e sobre medidas de atenção às vítimas, alterou o Código Penal para revogar os arts. 231 e 231-A – que tipificavam, respectivamente, o tráfico internacional e o tráfico interno de pessoas – e para inserir o art. 149-A, que reúne as condutas que compunham os dispositivos revogados. Resumidamente, temos o seguinte:

**Tráfico (interno) nacional**

| Antes da Lei 13.344/16 | Depois da Lei 13.344/16 |
|---|---|
| Art. 231-A do CP (crime contra a dignidade sexual) | Art. 149-A do CP (crimes contra a liberdade do indivíduo) |
| Art. 231-A. Promover ou facilitar o deslocamento de alguém dentro do território nacional para o exercício da prostituição ou outra forma de exploração sexual:<br>Pena – reclusão, de 2 (dois) a 6 (seis) anos.<br>**§** 1º Incorre na mesma pena aquele que agenciar, aliciar, vender ou comprar a pessoa traficada, assim como, tendo conhecimento dessa condição, transportá-la, transferi-la ou alojá-la. | Art. 149-A CP. Agenciar, aliciar, recrutar, transportar, transferir, comprar, alojar ou acolher pessoa, mediante grave ameaça, violência, coação, fraude ou abuso, com a finalidade de:<br>I – remover-lhe órgãos, tecidos ou partes do corpo;<br>II – submetê-la a trabalho em condições análogas à de escravo;<br>III – submetê-la a qualquer tipo de servidão;<br>IV – adoção ilegal; ou<br>V – exploração sexual<br>Pena – reclusão de 4 (quatro) a 8 (oito) anos, e multa. |
| § 2º A pena é aumentada da metade se:<br>I – a vítima é menor de 18 (dezoito) anos;<br>II – a vítima, por enfermidade ou deficiência mental, não tem o necessário discernimento para a prática do ato;<br>III – se o agente é ascendente, padrasto, madrasta, irmão, enteado, cônjuge, companheiro, tutor ou curador, preceptor ou empregador da vítima, ou se assumiu, por lei ou outra forma, obrigação de cuidado, proteção ou vigilância; ou<br>IV – há emprego de violência, grave ameaça ou fraude. | § 1º A pena é aumentada de um terço até a metade se:<br>I – o crime for cometido por funcionário público no exercício de suas funções ou a pretexto de exercê-las;<br>II – o crime for cometido contra crianças, adolescentes ou pessoa idosa ou com deficiência;<br>III – o agente se prevalecer de relações de parentesco, domésticas, de coabitação, de hospitalidade, de dependência econômica, de autoridade ou de superioridade hierárquica inerente ao exercício de emprego, cargo ou função; |
| § 3º Se o crime é cometido com o fim de obter vantagem econômica, aplica-se também multa. | *** A pena de multa foi cumulada com a pena privativa no preceito secundário, independentemente do fim almejado pelo agente. Essa finalidade, no entanto, pode ser considerada pelo juiz na fixação da pena-base. |
| *** Não tem minorante correspondente, considerando o juiz as condições pessoais do agente na fixação da pena-base (art. 59 do CP). | § 2º A pena é reduzida de um a dois terços se o agente for primário e não integrar organização criminosa. |

**Tráfico (internacional) transnacional**

| Antes da Lei 13.344/16 | Depois da Lei 13.344/16 |
|---|---|
| Art. 231 do CP (crime contra a dignidade sexual) | Art. 149-A, § 1º., IV, do CP (crimes contra a liberdade do indivíduo) |
| Art. 231. Promover ou facilitar a entrada, no território nacional, de alguém que nele venha a exercer a prostituição ou outra forma de exploração sexual, ou a saída de alguém que vá exercê-la no estrangeiro.<br>Pena – reclusão, de 3 (três) a 8 (oito) anos.<br>**§ 1º** Incorre na mesma pena aquele que agenciar, aliciar ou comprar a pessoa traficada, assim como, tendo conhecimento dessa condição, transportá-la, transferi-la ou alojá-la. | Art. 149-A CP. Agenciar, aliciar, recrutar, transportar, transferir, comprar, alojar ou acolher pessoa, mediante grave ameaça, violência, coação, fraude ou abuso, com a finalidade de:<br>I – remover-lhe órgãos, tecidos ou partes do corpo;<br>II – submetê-la a trabalho em condições análogas à de escravo;<br>III – submetê-la a qualquer tipo de servidão;<br>IV – adoção ilegal; ou<br>V – exploração sexual<br>Pena – reclusão de 4 (quatro) a 8 (oito) anos, e multa. |
| § 2º A pena é aumentada da metade se:<br>I – a vítima é menor de 18 (dezoito) anos;<br>II – a vítima, por enfermidade ou deficiência mental, não tem o necessário discernimento para a prática do ato;<br>III – se o agente é ascendente, padrasto, madrasta, irmão, enteado, cônjuge, companheiro, tutor ou curador, preceptor ou empregador da vítima, ou se assumiu, por lei ou outra forma, obrigação de cuidado, proteção ou vigilância; ou<br>IV – há emprego de violência, grave ameaça ou fraude. | § 1º. A pena é aumentada de um terço até a metade se:<br>(...)<br>IV – a vítima do tráfico de pessoas for retirada do território nacional |
| § 3º Se o crime é cometido com o fim de obter vantagem econômica, aplica-se também multa. | *** A pena de multa foi cumulada com a pena privativa no preceito secundário, independentemente do fim almejado pelo agente. Essa finalidade, no entanto, pode ser considerada pelo juiz na fixação da pena-base. |
| *** Não tem minorante correspondente, considerando o juiz as condições pessoais do agente na fixação da pena-base (art. 59 do CP). | § 2º. A pena é reduzida de um a dois terços se o agente for primário e não integrar organização criminosa. |

- No tráfico transnacional, o legislador incorreu num erro grosseiro. Antes a Lei punia como tal a conduta que promovesse ou facilitasse a entrada ou a saída da vítima traficada. Agora, pune apenas como tráfico a conduta que visa a retirar a vítima do nosso território ("exportação"). Diante desse quadro, pergunta-se: e como trabalhar o comportamento daquele que promove a entrada da vítima no nosso país na condição de objeto traficado ("importação")? Em respeito ao princípio da legalidade, certamente não configura o crime majorado (art. 149-A, § 1º., IV, CP), mas não deve ser tratado, obviamente, como um indiferente penal. Responde o traficante, a depender da conduta praticada, pela figura fundamental (art. 149-A do CP), mantendo, no entanto, o rótulo de tráfico transnacional (pois extrapola as fronteiras do nosso país), inclusive para fins de competência para o processo e julgamento (que, no caso de transnacionalidade, é da Justiça Federal).
- Antes da Lei 13.344/16, o emprego da violência (física e moral) ou fraude servia como majorante de pena no tráfico de pessoas. Nessa ordem, a maioria da doutrina lecionava que o consentimento da vítima era irrelevante. Com o advento da Lei 13.344/16, o legislador migrou essas condutas do rol de majorantes para a execução alternativa do crime de tráfico de pessoas. Sem violência, coação, fraude ou abuso não há crime. Diante desse novo cenário, o consentimento válido da pessoa exclui a tipicidade, seguindo, nesse ponto, o Protocolo Adicional à Convenção das Nações Unidas contra o Crime Organizado Transnacional relativo à Prevenção, Repressão e Punição do Tráfico de Pessoas (artigo 3º, "a" e "b").
- Na violação de correspondência, o marido que, indevidamente, lê correspondência dirigida à sua mulher (ou vice-versa), segundo respeitável parcela da doutrina, não pratica o crime em estudo, considerando a comunhão de interesses que envolvem os cônjuges. Damásio, seguindo a opinião de Hungria, ensina: "Cremos que não há delito. A vida em comum produz tal comunhão de interesses, de intimidade entre os cônjuges, que é incorreto afirmar-se existir delito quando, por exemplo, a mulher lê uma carta dirigida ao marido. Pode ser um ato indelicado, mas não criminoso. Nos termos do art. 1.566, II, do Código Civil, a vida em comum é dever de ambos os cônjuges." (*Direito penal – Parte Especial*, v. 2, p. 281).
- A Lei 14.155/21 alterou o art. 154-A do Código Penal, que tipifica o crime de invasão de dispositivo informático. Inicialmente, destacam-se as modificações na pena, que antes era de detenção de três meses a um ano, e multa, mas atualmente é de reclusão de um a quatro anos, além da multa. O § 2º, embora tenha mantido seu núcleo para aumentar a pena se da invasão resulta prejuízo econômico, teve as frações modificadas: antes, o aumento variava entre 1/6 e 1/3; agora, varia entre 1/3 e 2/3. O § 3º também manteve sua essência para qualificar o crime se da invasão resulta a obtenção de conteúdo de comunicações eletrônicas privadas, segredos comerciais ou industriais, informações sigilosas definidas em lei, ou o controle remoto nao autorizado do dispositivo invadido. A pena, no entanto, que antes consistia em reclusão de seis meses a dois anos, passou a ser de reclusão de dois a cinco anos.
- O *caput* do art. 154-A sofreu algumas alterações que ampliam a incidência do tipo penal. Originalmente, o crime consistia em invadir **dispositivo informático alheio**, conectado ou não à rede de computadores, **mediante violação indevida de mecanismo de segurança e** com o fim de obter, adulterar ou destruir dados ou informações sem autorização expressa ou tácita do **titular do dispositivo** ou de instalar vulnerabilidades para obter vantagem ilícita. Segundo a redação atual, o crime consiste em invadir **dispositivo informático de uso alheio**, conectado ou não à rede de computadores, com o fim de obter, adulterar ou destruir dados ou informações sem autorização expressa ou tácita do **usuário do dispositivo** ou de instalar vulnerabilidades para obter vantagem ilícita. Nota-se, primeiramente, que o tipo penal não exige mais que o dispositivo informático seja de propriedade alheia, bastando que esteja sendo utilizado por outra pessoa. Dessa forma, ainda que o agente seja o proprietário do aparelho, pode cometer o crime se esse aparelho estiver sendo utilizado por alguém. E, por coerência, a lei agora faz referência à falta de autorização expressa ou tácita do usuário do dispositivo, não mais do titular.
- Além das características destacadas no item anterior, o tipo não pressupõe mais que haja violação indevida de mecanismo de segurança. Antes, a violação era um meio necessário para que o invasor respondesse criminalmente pela inva-

são com a finalidade de obter, adulterar ou destruir dados ou informações ou de instalar vulnerabilidades no aparelho. A ausência de dispositivo de segurança, ou o seu não acionamento, impedia a configuração típica. Exatamente com o propósito de evitar essa restrição, o tipo penal foi alterado para possibilitar a punição do simples ato de invadir o dispositivo informático com o fim de obter, adulterar ou destruir dados ou informações ou de instalar vulnerabilidades para obter vantagem ilícita.

- Nos crimes definidos no art. 154-A, somente se procede mediante representação, salvo se o crime é cometido contra a administração pública direta ou indireta de qualquer dos Poderes da União, Estados, Distrito Federal ou Municípios ou contra empresas concessionárias de serviços públicos (Art. 154-B).

## 16. CRIMES CONTRA O PATRIMÔNIO

- O objeto da tutela penal no furto é bastante discutido na doutrina. Para Hungria, protege-se somente a *propriedade* (*Comentários ao Código Penal*. Rio de Janeiro, v. 7 (1958), p. 17). Já Noronha inclui na proteção também a *posse* (*Código Penal brasileiro comentado*, v. 5, 1.ª parte, 1958, p. 7). Ficamos com a maioria, para quem a tutela agasalha a propriedade, posse e detenção *legítimas* de coisa móvel (Delmanto, *Código Penal comentado*. 7 ed. Rio de Janeiro: Renovar, 2007, p. 453, e Fragoso, *Lições de direito penal:* parte especial. São Paulo: José Bushatsky, 1958, v. 1, p. 175). Protegendo somente a posse *legítima*, ladrão que subtrai ladrão pratica furto, tendo como vítima, porém, o real dono da coisa (legítimo possuidor).
- Não se exigindo qualidade especial do agente (delito comum), qualquer pessoa pode ser sujeito ativo do furto, salvo o proprietário. Este, subtraindo coisa sua que se encontra na legítima posse de terceiro, pratica qual infração penal? Para a maioria, conforme o caso, haverá o delito de exercício arbitrário das próprias razões (arts. 345 e 346, ambos do CP). Já Magalhães Noronha, argumentando seu escólio com um interessante caso de direito real de garantia (penhor), afirma haver furto, pois, a despeito de ter ocorrido subtração de coisa própria, há um sujeito ativo (o dono), um sujeito passivo (o credor), uma ação criminosa (o apoderamento), um objeto material (a coisa) e há lesão a um bem jurídico (o direito real de garantia do credor), afastando-se, desse modo, a incidência do art. 346 do CP.
- A remoção de tecidos, órgãos ou partes do corpo de pessoa ou cadáver em desacordo com as disposições legais pode configurar o delito descrito no tipo do art. 14 da Lei 9.434/97 (Lei de Transplante de Órgãos).
- No crime de furto incide o privilégio se é de pequeno valor a coisa furtada. O pequeno valor do prejuízo (requisito do furto privilegiado) não se confunde com o prejuízo insignificante. Este, se presente, exclui a tipicidade (material), ao passo que aquele enseja a substituição da pena de reclusão pela de detenção, a diminuição de um a dois terços ou a aplicação somente da pena de multa.
- No furto majorado, pensamos que a incidência da majorante depende de o crime ser praticado em *local de moradia* (não necessariamente imóvel, podendo, por exemplo, ser um *trailer*), habitado e com seus moradores repousando (nesse sentido: *RT* 714/393). A maioria, porém, discorda (*RT* 688/325, 679/386 e 637/366). Noronha, por exemplo, sustenta existir a agravante "quando o furto se dá durante o tempo em que a cidade ou local repousa, o que não importa necessariamente seja a casa habitada ou estejam seus moradores dormindo. Podem até estar ausentes, ou ser desabitado o lugar do furto. A Exposição de Motivos parece dar-nos razão: 'É prevista como agravante especial do furto a circunstância de ter sido o crime praticado durante o período de sossego noturno'. *Período de sossego noturno* é o tempo em que a vida das cidades e dos campos desaparece, em que seus habitantes se retiram, e as ruas e as estradas se despovoam, facilitando essas circunstâncias a prática do crime. Seja ou não habitada a casa, estejam ou não seus moradores dormindo, cabe a majoração se o crime ocorreu naquele período" (Código Penal brasileiro comentado, v. 5, p. 107).
- O STJ vinha decidindo que a majorante relativa ao furto cometido durante o repouso noturno se aplicava tanto ao *caput* quanto às qualificadoras do art. 155. A Terceira Seção do tribunal, contudo, firmou a orientação de que a causa de aumento não se aplica ao furto qualificado: "1. Na formulação de precedente judicial, sobretudo diante de sua carga vinculatória, as orientações jurisprudenciais, ainda que reiteradas, devem ser reexaminadas para que se mantenham ou se adéquem à possibilidade de evolução de entendimento. 2. A interpretação sistemática pelo viés topográfico revela que a causa de aumento de pena relativa ao cometimento do crime de furto durante o repouso noturno, prevista no art. 155, § 1º, do CP, não incide nas hipóteses de furto qualificado, previstas no art. 155, § 4º, do CP. 3. A pena decorrente da incidência da causa de aumento relativa ao furto noturno nas hipóteses de furto qualificado resulta em quantitativo que não guarda correlação com a gravidade do crime cometido e, por conseguinte, com o princípio da proporcionalidade. 4. Tese jurídica: A causa de aumento prevista no § 1° do art. 155 do Código Penal (prática do crime de furto no período noturno) não incide no crime de furto na sua forma qualificada (§ 4°). 5. Recurso especial parcialmente provido" (REsp 1.890.981/SP, j. 25/05/2022).
- O mesmo órgão decidiu que a majorante incide independentemente de as vítimas estarem ou não dormindo no momento do crime. Também não importa o local da ocorrência do furto, se em estabelecimento comercial, via pública, residência desabitada ou em veículos, bastando que o ocorra, obrigatoriamente, à noite e em situação de repouso (REsp 1.979.989/RS, j. 22/06/2022).
- Segundo o entendimento sumulado do STJ, a vigilância constante – física ou eletrônica – em estabelecimento comercial não torna, por si só, impossível o crime de furto (súmula nº 567). Mas, baseado na situação concreta em que o sistema de vigilância impediria a consumação, o STF concedeu *habeas corpus* considerando a caracterização do crime impossível (HC 144.851/SP, j. 22/08/2017).
- Aplica-se o princípio da insignificância quando o furto é qualificado por alguma das circunstâncias do § 4º do art. 155? No geral, o princípio da insignificância tem sido admitido em furtos cometidos sem o emprego de meios que por si tornam o fato mais grave e por indivíduos que não fazem da ação criminosa um meio de vida. Não obstante o valor irrisório do objeto subtraído no furto, há fatores que podem confirmar a tipicidade material, como o rompimento de obstáculo, a escalada, a fraude e o concurso de agentes. Além disso, no caso daquele que comete reiterados crimes, ainda que os prejuízos individualmente considerados sejam reduzidos, não é socialmente adequado que a Justiça criminal ignore o todo e acabe incentivando a reiteração delitiva. A jurisprudência dos tribunais superiores era amplamente refratária à insignificância quando incidente alguma das qualificadoras do furto, que tornam consideravelmente mais grave o crime (tanto que dobram a pena). Ultimamente, no entanto, tem havido certa mitigação baseada na análise das circunstâncias concretas das condutas criminosas. Em resumo, a regra é de que a presença das qualificadoras impede a insignificância (STJ – HC 605.552/SP, j. 06/10/2020; AgRg no AREsp 1.632.350/MS, j. 01/09/2020), mas, em situações excepcionais, ainda assim a tipicidade pode ser afastada (STJ – HC 553.872/SP, j. 11/02/2020).
- Outra circunstância que no geral afasta a insignificância do furto é a reincidência do autor. Considera-se que reconhecer a atipicidade material quando o agente se dedica a práticas criminosas funciona como um incentivo à delinquência, ainda que, no caso em particular, a conduta não seja de grande relevância (STJ: AgRg no REsp 1.817.683/SP, j. 27/08/2019). O STF

segue a mesma linha. Em decisão proferida no HC 135.164/MT (j. 23/04/2019), o tribunal considerou que a contumácia delitiva obsta o benefício. Nota-se, no entanto, que o tribunal considerou possível a imposição do regime inicial aberto, apesar da reincidência. No caso submetido a julgamento, o paciente, com maus antecedentes e reincidente, havia sido processado pelo furto de peças de roupa no valor de R$ 130,00. Foi absolvido em primeira instância por incidência do princípio da insignificância, mas o Tribunal de Justiça reformou a decisão para condená-lo, tendo em vista que suas circunstâncias pessoais não eram condizentes com a atipicidade material. Ao julgar o *habeas corpus*, o STF reconheceu a impropriedade da aplicação do princípio da insignificância diante da reiteração criminosa, mas estabeleceu a possibilidade de imposição do regime aberto nos casos em que, abstraída a circunstância pessoal desfavorável, a bagatela seria reconhecida.

- Para a configuração da qualificadora do § 5º do artigo 155 do Código Penal não basta que a subtração seja de veículo automotor. É indispensável que seu destino seja outro Estado ou o exterior. Veja-se que, se o agente conseguir consumar a subtração, mas for detido antes de chegar em outro Estado ou país, responderá por furto (simples ou qualificado por alguma das hipóteses do § 4º), mas não por tentativa de furto qualificado pelo § 5º, porque não se pode cogitar de tentativa em uma hipótese em que a subtração se consumou. Nessa modalidade de furto, vislumbra-se o *conatus* apenas na hipótese do agente que, previamente intencionado a transportar o veículo para outro Estado ou país, apodera-se do bem, passa a ser perseguido de imediato até que transponha a divisa, mas acaba sendo preso sem que tenha conseguido a posse tranquila do bem.
- A qualificadora da escalada no crime de furto deve ser comprovada mediante exame pericial. Contudo, circunstâncias excepcionais podem dispensar o exame: "Não se olvida que esta Corte firmou a orientação de ser imprescindível, nos termos dos arts. 158 e 167 do CPP, a realização de exame pericial para o reconhecimento das qualificadoras de escalada e arrombamento no caso do delito de furto (art. 155, § 4º, II, do CP), quando os vestígios não tiverem desaparecido e puderem ser constatados pelos peritos. Contudo, importa ressaltar a orientação de que, "'excepcionalmente, quando presentes nos autos elementos aptos a comprovar a escalada de forma inconteste, pode-se reconhecer o suprimento da prova pericial [...]'(AgRg no HC 556.549/SC, Ministro Reynaldo Soares da Fonseca, Quinta Turma, DJe 1/3/2021)" (AgRg no HC 691.823/SC, Ministro Sebastião Reis Júnior, Sexta Turma, DJe 30/9/2021). No caso, a circunstância qualificadora foi comprovada pela prova oral, inclusive pela confissão do próprio réu, além da existência de laudo papiloscópico que identificou impressões digitais no local apontado pela vítima como sendo o local onde o réu pulou o muro" (AgRg no REsp 1.895.487/DF, j. 26/04/2022).
- O § 5º do artigo 155 do Código Penal menciona "outro Estado", mas não diz nada sobre o Distrito Federal. A maioria entende estar implícito, e, uma parte, ser impossível essa consideração, vez que se trataria de analogia in malam partem. Todavia, deve-se interpretar o dispositivo de acordo com o sentido pretendido pelo legislador, sendo certo que não foi sua pretensão excluir a Capital da República, já que tal entendimento poderia transformá-la em local de "desova" de veículos subtraídos, ante a ausência de punição mais severa.
- O STJ e o STF firmaram o entendimento de que a consumação do furto ocorre no momento da inversão da posse, ainda que não mansa e pacífica, mesmo que a coisa não saia da esfera de vigilância da vítima (STJ: HC 454.133/GO, j. 16/08/2018; STF: HC 135.674/PE, DJe 13/10/2016). O mesmo entendimento é adotado quanto ao crime de roubo (STJ: súmula nº 582; STF: RHC 111.627/RJ, DJe 12/03/2014).
- A Lei 13.654/18 inseriu no art. 155 do CP o § 4º-A, que pune com reclusão de 4 (quatro) a 10 (dez) anos – além da multa – o furto cometido com emprego de explosivo ou de artefato análogo que cause perigo comum. Aos autores desta conduta vinham sendo imputados, normalmente, os crimes de furto qualificado pelo rompimento de obstáculo e de explosão majorada pelo fato de o crime ter sido cometido com intuito de obter vantagem pecuniária. Além disso, imputavam-se – caso as circunstâncias o permitissem – os crimes de associação criminosa ou de organização criminosa. Embora pudesse haver alguma divergência a respeito da possibilidade de imputar os crimes em concurso, era o que vinha prevalecendo. O Ministério Público de São Paulo, por exemplo, tem tese no sentido da aplicação do concurso formal impróprio (tese 383). A partir da Lei 13.654/18 – independentemente da orientação antes adotada – o concurso entre os delitos de furto e de explosão deixa de existir para ceder lugar à qualificadora. A Lei 13.964/19 (Pacote Anticrime) inseriu o furto qualificado pelo emprego de explosivo no rol dos crimes hediondos.
- A Lei 13.654/18 inseriu também no art. 155 o § 7º, que pune com reclusão de 4 (quatro) a 10 (dez anos) – além da multa – a subtração de substâncias explosivas ou de acessórios que, conjunta ou isoladamente, possibilitem sua fabricação, montagem ou emprego. Trata-se, portanto, de punir com mais gravidade a subtração do próprio explosivo e de acessórios, independentemente de sua utilização. A aquisição de explosivos por criminosos que se dedicam a praticar furtos mediante o uso desses artefatos pode ocorrer de diversas formas. É possível que um grupo criminoso faça a aquisição de forma clandestina. Há notícias, por exemplo, de condenação de militares que promoviam a venda ilegal de explosivos a associações criminosas dedicadas à subtração de caixas eletrônicos (http://correio.rac.com.br/_conteudo/2015/02/capa/campinas_e_rmc/243014-ex-militares-sao-condenados-por--venda-de-armas-do-exercito.html). Mas é também comum a subtração que vitima quem armazena os explosivos de forma legal. Em tais casos, é possível que a subtração se dê tanto pelo próprio grupo que utilizará os explosivos posteriormente quanto por criminosos que atuam somente com a finalidade de suprir a demanda dos furtadores. No primeiro caso, não há nenhum óbice ao concurso de crimes, ou seja, a imputação deve ser relativa ao furto qualificado do explosivo em concurso material com o furto qualificado pelo emprego do explosivo antes subtraído. Trata-se, evidentemente, de condutas absolutamente distintas, que atingem patrimônios diversos e que, portanto, não se podem confundir. Note-se que a Lei 13.964/19 (Pacote Anticrime) tornou hediondo o furto qualificado pelo emprego de explosivo (§ 4º-A), mas não o furto de substância explosiva (§ 7º).
- A Lei 14.155/21 inseriu no art. 155 a qualificadora do furto mediante fraude cometida por meio de dispositivo eletrônico ou informático, conectado ou não à rede de computadores, com ou sem a violação de mecanismo de segurança ou a utilização de programa malicioso, ou por qualquer outro meio fraudulento análogo (§ 4º-B). A pena é de reclusão de quatro a oito anos e multa. Para esse efeito, dispositivo eletrônico ou informático pode ser conceituado como qualquer aparelho com capacidade de armazenar e processar automaticamente informações/programas: computador, *notebook*, *tablet*, *smartphone*. Como destaca o próprio dispositivo legal, é indiferente o fato de o dispositivo estar ou não conectado à rede interna ou externa de computadores (*intranet* ou *internet*), embora seja recorrente a prática do crime por meio de internet. Pouco importa, também, a forma como o agente comete a fraude, ou seja, se viola mecanismo de segurança, se utiliza componentes ou arquivos maliciosos, se simplesmente acessa o dispositivo após ter obtido uma senha, se induz a vítima a praticar algum ato que a distraia e facilite a subtração. Qualquer manobra fraudulenta que, envolvendo dispositivo eletrônico ou informático, resulta em subtração atrai a qualificadora.
- Se o agente utiliza a invasão de dispositivo informático para cometer o furto, o crime do art. 154-A é absorvido, e o ato de invasão pode ser considerado na aplicação da pena-base do

PENAL

furto qualificado pelo § 4º-B, tendo em vista a maior gravidade da conduta.

- Lembramos que a qualificadora do § 4º-B se refere a um meio de cometer a fraude, que mantém o pressuposto do inc. II do § 4º: a manobra ardilosa visa a afastar a vigilância da vítima e possibilitar a subtração. O bem é retirado sem que a vítima o perceba. Não se trata de induzir alguém em erro para que entregue voluntariamente o bem (fazendo uma transferência bancária, por exemplo), caso em que ocorre estelionato.
- O § 4º-C, também inserido pela Lei 14.155/21, traz circunstâncias em que a pena da qualificadora do § 4º-B é majorada. De acordo com o inciso I, aumenta-se de 1/3 a 2/3 a pena se o crime é praticado por meio de servidor mantido fora do território nacional. Justifica-se a elevação da pena em razão das barreiras naturalmente impostas à investigação. Essa circunstância não determina, por si só, a competência da Justiça Federal. O inciso II aumenta a pena de 1/3 até o dobro se o crime é praticado contra idoso ou vulnerável. É idosa a pessoa com idade igual ou superior a sessenta anos, como dispõe o art. 1º da Lei 10.741/03. A lei não conceitua, para os efeitos do furto, quem pode ser considerado vulnerável. O conceito pode ser obtido no art. 217-A, ou seja, podemos considerar vulneráveis o menor de quatorze anos e a pessoa que, por enfermidade ou deficiência mental, é mais suscetível de sofrer a subtração.
- O sócio de fato pode cometer o delito de furto de coisa comum (art. 156 do Código Penal)? Fragoso responde: "Deverá sempre reconhecer-se o crime do art. 156 do CP se o agente supõe, erroneamente, ser alheia a coisa comum objeto da ação" (*Lições de Direito Penal, Parte Geral.*, v. 1, p. 193).
- No crime de roubo (próprio ou impróprio), a jurisprudência é copiosa no sentido de que o princípio da insignificância ou da bagatela não tem aplicação, independentemente do valor do objeto subtraído. Neste sentido: "Quanto ao pleito de reconhecido da atipicidade material da conduta imputada ao réu em razão do pequeno valor da *res furtivae*, a jurisprudência do Superior Tribunal de Justiça afasta a aplicabilidade do princípio da insignificância em crimes cometidos mediante o uso de violência ou grave ameaça, como o roubo. Precedentes" (HC 395.469/SP, DJe 28/06/2017). Também é inaplicável, segundo precedentes do STF, o privilégio previsto para o furto (*RT* 445/482).
- No crime de roubo, questão capaz de gerar alguma controvérsia, a respeito do concurso de agentes, é a que diz respeito à presença dos partícipes no evento. Assim como no furto, há quem sustente a necessidade de que todos os agentes se façam presentes no momento da ação, ainda que não cooperem materialmente, e há aqueles que consideram dispensável a prática de atos executórios por todos os agentes. Ainda a respeito do concurso de pessoas, apesar de haver divergência, tem-se decidido não configurar *bis in idem* a condenação do réu pelos crimes de bando e roubo qualificado pelo concurso de pessoas porque as infrações são distintas e independentes (*RT* 631/321, 719/412). No cômputo mínimo de duas pessoas, devemos considerar eventuais inimputáveis ou agentes não identificados.
- No que diz respeito à tentativa no roubo impróprio, para parcela da doutrina não se admite, pois ou a violência é empregada, e tem-se a consumação, ou não é empregada, e o que se apresenta é o crime de furto (nesse sentido *RT* 840/652). A maioria da doutrina moderna, contudo, discorda, reconhecendo o *conatus* quando o agente, após apoderar-se do bem, tenta empregar violência ou grave ameaça, mas não consegue.
- É possível a imputação simultânea dos crimes de associação criminosa e de roubo majorado pelo emprego de arma de fogo e pelo concurso de agentes, pois as condutas não se confundem, perfazem-se em momentos distintos e atingem bens jurídicos diversos (STJ - AgRg no HC 470.629/MS, j. 19/03/2019). Também é possível imputar o crime de roubo majorado pelo emprego de arma de fogo em concurso com o porte ilegal de arma. Embora, em regra, o porte de arma seja absorvido pelo crime patrimonial, o concurso é viável quando as condutas são destacadas, ou seja, quando a arma não é utilizada simplesmente como meio para o cometimento do roubo (HC 494.860/SP, j. 14/05/2019).
- Segundo decidiu o STF no HC 147.584/RJ (j. 02/06/2020), o indivíduo que simula um roubo contra si e outra pessoa visando a se apoderar de dinheiro pertencente à empresa em que ambos trabalham é sujeito ativo de subtração violenta, não de estelionato. No caso julgado, dois indivíduos, funcionários de determinada empresa, haviam sido incumbidos de ir ao banco para sacar a quantia de R$ 31.000,00. Um deles, sem o conhecimento do companheiro de trabalho, combinou com seu cunhado o roubo do dinheiro. Cumprindo o plano criminoso, este último indivíduo abordou seu comparsa e o outro funcionário da empresa quando ambos deixaram o banco e, simulando portar arma de fogo, subtraiu o dinheiro, que estava dividido em dois envelopes, carregados separadamente por cada um dos funcionários. No dia seguinte, arrependido, o funcionário que havia articulado o crime o confessou a seu patrão. O STF não admitiu a desclassificação da conduta porque, não obstante o roubo tenha sido simulado entre uma das vítimas e o assaltante, a outra vítima não tinha ciência de nada e foi efetivamente submetida à grave ameaça, sentindo-se, portanto, intimidada, tanto que entregou o dinheiro que estava em seu poder. Além disso, o tribunal manteve a majorante relativa ao concurso de pessoas, pois ainda que o funcionário que havia planejado a subtração não tenha ameaçado diretamente seu colega, a vinculação com seu cunhado, que empregou a grave ameaça, representa o concurso de agentes.
- O STJ tem decidido, quanto ao crime de roubo, que a majorante relativa ao transporte de valores incide quando a subtração ocorre contra funcionário dos Correios: "A pena do delito de roubo é majorada se a vítima está em serviço de transporte de valores e o agente conhece tal circunstância, salientando-se que o termo "transporte de valores" deve abranger outros bens e produtos de valor econômico. Na hipótese, as vítimas eram funcionários da Empresa Brasileira de Correios e Telégrafos, que transportavam produtos cosméticos de expressivo valor econômico e liquidez" (REsp 1.309.966/RJ, j. 26/08/2014). A competência para o julgamento do roubo cometido em agência dos Correios será determinada de acordo com a natureza daquele estabelecimento: se próprio dos Correios, o julgamento se dá na Justiça Federal; se franqueado, na Justiça Estadual. É o que tem decidido a Terceira Seção do STJ (CC 145.800/TO, j. 13/04/2016).
- A Lei 13.654/18 também alterou o art. 157 do CP. A primeira modificação que se destaca é a revogação do inciso I do § 2º do art. 157. De acordo com o dispositivo revogado, a pena do roubo sofria aumento de um terço à metade se a violência ou a ameaça fosse exercida com emprego de arma. A revogação do inciso I do § 2º se seguiu da inserção do § 2º-A, que, no inciso I, majora a pena se a violência ou a ameaça é exercida com emprego de arma de fogo. Tem-se, portanto, que o legislador optou, naquele momento, por excluir da abrangência da majorante os objetos que, embora possam ser utilizados para intimidar, não são concebidos com esta finalidade. Inúmeras foram as críticas ao procedimento adotado pelo legislador, pois, além de desconsiderar um fator que sem dúvida torna mais grave o crime, a restrição promovida foi benéfica, ou seja, retroagiu para retirar a majorante de roubos que haviam sido cometidos com objetos outros que não armas de fogo (STJ: REsp 1.519.860/RJ, j. 17/05/2018), não obstante o STJ tenha decidido que o emprego de arma branca era apto a fundamentar o aumento da pena-base devido às circunstâncias mais graves do roubo, e esta operação poderia ser feita até mesmo em grau de recurso sobre fatos cometidos ainda sob a vigência da majorante revogada, sem que se cogitasse a ocorrência de *reformatio in pejus* (AgRg no REsp 1.818.235/RS, Rel. Min. Jorge Mussi, j. 19/09/2019).

Para reparar o equívoco, a Lei 13.964/19 (Pacote Anticrime) inseriu no § 2º do art. 157 o inciso VII, que majora a pena do roubo cometido com emprego de arma branca, assim considerados todos os objetos confeccionados sem finalidade bélica, porém capazes de intimidar, ferir o próximo (ex.: faca de cozinha, navalha, foice, tesoura, guarda-chuva, pedra, pedaços de vidro, etc.). Com a majorante ressuscitada, para os fatos cometidos a partir de sua vigência não há mais necessidade de fundamentar o aumento da pena-base em razão da maior gravidade da conduta cometida com armas brancas.

Em resumo, o emprego de arma branca majora a pena do roubo na forma do art. 157, § 2º, inc. VII (1/3 a 1/2), ao passo que o emprego de arma de fogo majora a pena na forma do art. 157, § 2º-A, inc. I (2/3). Caso a arma de fogo seja de uso restrito ou proibido, a pena do *caput* do art. 157 é aplicada em dobro (outra majorante inserida pela Lei 13.964/19).

- No inciso II do § 2º-A do art. 157 a Lei 13.654/18 inseriu majorante para as situações em que há destruição ou rompimento de obstáculo mediante o emprego de explosivo ou de artefato análogo que cause perigo comum. Trata-se aqui da situação na qual o agente emprega violência ou grave ameaça a pessoa para praticar a subtração por meio de explosivos. Imaginemos o caso em que um grupo criminoso invade um estabelecimento comercial durante o expediente, subjuga as pessoas presentes e instala um dispositivo explosivo para abrir um cofre. Imputa-se o crime de roubo com pena majorada em dois terços.
- Ainda no campo das majorantes, o § 2º do art. 157 passa a contar com o inciso VI, que aumenta a pena de um terço à metade se a subtração for de substâncias explosivas ou de acessórios que, conjunta ou isoladamente, possibilitem sua fabricação, montagem ou emprego.
- A Lei 13.654/18 também promoveu duas modificações no § 3º do art. 157, que qualifica o roubo pela lesão corporal grave e pela morte. O § 3º foi dividido em dois incisos, que tratam, respectivamente, da lesão corporal grave e da morte. Além disso, a pena máxima relativa à primeira qualificadora aumentou de quinze para dezoito anos.
- Em razão da modificação introduzida na Lei 8.072/90 pela Lei 13.964/19 (Pacote Anticrime), é considerado hediondo o roubo cometido com restrição à liberdade de locomoção da vítima (art. 157, § 2º, inciso V), com emprego de arma de fogo (art. 157, § 2º-A, inciso I) ou de arma de fogo de uso proibido ou restrito (art. 157, § 2º-B) e o qualificado pelo resultado lesão corporal grave ou morte (art. 157, § 3º).
- A Lei 13.964/19 (Pacote Anticrime) tornou hediondo o furto qualificado pelo emprego de explosivo, mas não o fez em relação ao roubo majorado pela mesma circunstância, omissão inexplicável que torna desproporcionais as consequências penais para estes crimes. De fato, não é nada razoável impor um tratamento muito mais severo ao autor do furto e não o fazer ao autor do roubo, crime que, além do emprego de explosivo, carrega circunstâncias de especial gravidade como a violência e a grave ameaça a pessoa.
- No art. 157, § 3º, do Código Penal, utilizando a lei a expressão *"se da violência resulta..."*, entende-se que não há qualificadora quando o resultado decorre do emprego de grave ameaça, hipótese em que haverá crime de roubo em concurso com o delito de homicídio ou de lesão corporal grave, podendo este ser doloso ou culposo, dependendo das circunstâncias fáticas. Há decisões, minoritárias, no sentido de que, mesmo sendo a morte decorrência da grave ameaça, caracteriza latrocínio, bastando o nexo causal objetivo (nesse sentido, *RT* 620/333). Do mesmo modo, há julgados reconhecendo o latrocínio quando, durante o assalto, a vítima sai correndo na direção de rodovia, sendo atropelada (*JTJ* 158/304).
- O STF estabeleceu a responsabilidade penal por latrocínio do agente que, em unidade de desígnios, toma parte no roubo em que perece a vítima, ainda que não tenha sido ele o causador direto da morte. O tribunal já havia se manifestado no sentido de que o coautor do roubo armado responde pelo latrocínio ainda que o disparo tenha sido efetuado só pelo comparsa. No novo julgamento, a orientação foi reiterada, destacando-se que, no caso concreto, foi apurado que o impetrante havia contribuído ativamente para o cometimento do crime, em unidade de desígnios e mediante divisão de tarefas com os demais, exercendo pleno domínio do fato e assumindo o risco de que um resultado mais grave viesse a ocorrer (RHC 133.575/PR, j. 21/02/2017).
- Baseando-se no amplo alcance da promessa de mal injusto e grave que caracteriza a extorsão, decidiu o STJ que o crime pode ser cometido por membro de congregação religiosa que, sob o pretexto de realizar rituais de cura espiritual, constrange alguém a lhe proporcionar vantagem econômica mediante constante e grave ameaça de que entidades sobrenaturais poderão prejudicar o ameaçado. Para o tribunal, não há dúvida de que a ampla liberdade de culto é garantida pela Constituição Federal, que, no entanto, não admite condutas que, sob a camuflagem do exercício da religião, permitem a obtenção de vantagens econômicas constrangendo diretamente pessoas determinadas, incutindo-lhes o temor de que sejam física ou espiritualmente prejudicadas caso não efetuem pagamentos em dinheiro ou mediante entrega de bens (REsp 1.299.021/SP, DJe 23/02/2017).
- Discutia-se na doutrina se a extorsão qualificada na forma do § 3º com resultado morte era hedionda. Isto porque o art. 1º, inc. III, da Lei 8.072/90 era expresso apenas em relação à hediondez da extorsão qualificada pela morte (§ 2º do art. 158), silenciando-se quanto ao resultado mais grave decorrente da restrição da liberdade (§ 3º). À época já defendíamos que a morte da vítima tornava, sim, hediondo o crime, visto que esta circunstância não é mais do que um desdobramento formal do tipo do art. 158, § 2º, tendo o legislador preservado a matéria criminosa, explicitando, somente, um novo *modus operandi*. O tipo penal do § 3º não é autônomo, ao contrário, é derivado e meramente explicativo de uma forma de extorsão. Em outras palavras, a qualificadora com resultado morte já estava contida no parágrafo anterior, especificando-se, no derradeiro parágrafo, um meio de execução próprio (restrição da liberdade de locomoção da vítima). Com a introdução formal da qualificadora do § 3º no rol dos crimes hediondos por meio da Lei 13.964/19 (Pacote Anticrime), a discussão perde sentido para os crimes cometidos após a entrada em vigor da alteração legal. Atualmente, a Lei 8.072/90 é expressa no sentido de que é hedionda a extorsão qualificada pela restrição da liberdade da vítima, ocorrência de lesão corporal ou morte.
- Conforme decidiu o STJ, a majorante do § 1º do art. 158 se aplica também **à** qualificadora do § 3º (REsp 1.353.693/RS, DJe 21/9/2016).
- Ao contrário do que preconiza o § 2º, II, do art. 157, do Código Penal a circunstância majorante do concurso de agentes no crime de extorsão exige que, efetivamente, duas ou mais pessoas executem o núcleo constranger (a mera participação não serve para constituir a causa de aumento). Concorrentes inimputáveis ou não identificados serão computados no número mínimo para caracterizar o aumento.
- Comparando as penas dos crimes de roubo e extorsão, quando praticados com privação da liberdade da vítima, temos doutrina tecendo severas críticas, alegando desproporcionalidade. Nucci discorda e assim justifica: "Outra polêmica gerada pela Lei 11.923/2009, inserindo a figura típica do art. 158, § 3º, do Código Penal, é a pretensa lesão ao princípio da proporcionalidade. Diz-se que as penas são muito elevadas e não estariam em harmonia com outros delitos. Para a figura simples, prevê-se sanção de reclusão de 6 a 12 anos. Em nosso entendimento, há perfeita proporcionalidade. A extorsão cometida com emprego de arma ou por duas ou mais pessoas pode redundar na pena de 5 anos e 4 meses a 15 de reclusão. Ora, a extorsão com restrição da liberdade que, invariavel-

mente, é cometida com emprego de arma e mediante concurso de duas ou mais pessoas, atinge 6 a 12 anos. Está aquém do mal prometido contra a vítima, que, além de sofrer o constrangimento mediante emprego de arma e concurso de pessoas, como regra, ainda tem a liberdade restringida, sofrendo trauma psicológico em grande parte das vezes. O mesmo se diga do roubo com emprego de arma ou concurso de duas ou mais pessoas (reclusão, de cinco anos e 4 meses a 15 anos)." (*Manual de Direito Penal*, 5.ed., São Paulo: Ed. RT, 2009, p. 720).

- Pessoa jurídica pode ser vítima do crime de extorsão mediante sequestro? Rogério Greco entende que sim e logo exemplifica: "Também é possível que a pessoa jurídica goze do *status* de sujeito passivo do delito de extorsão mediante sequestro, uma vez que seus sócios podem, por exemplo, ser privados da sua liberdade, para que se efetue o pagamento do resgate por intermédio do patrimônio da pessoa jurídica a eles pertencente." (*Curso de Direito Penal:* parte especial, v. 3, p. 116).
- Ao contrário do delito previsto no art. 158, o tipo da extorsão mediante sequestro não menciona a necessidade de ser a vantagem indevida, mas "qualquer vantagem". Entretanto, a interpretação literal art. 159 não é a mais acertada. Primeiramente, porque a vantagem deve ser econômica, porquanto se trata de delito patrimonial. Ademais, sustenta Hungria que a menção expressa é dispensável: "Desde que a sua ilegitimidade resulta de ser exigida como preço da cessão de um crime. Se o sequestro visa à obtenção de vantagem *devida*, o crime será o de 'exercício arbitrário das próprias razões' (CP, art. 345) em concurso formal com o de sequestro (art. 148)." (*Comentários ao Código Penal*, v. 7, p. 72).
- O art. 159, § 1º, do Código Penal se refere, ainda, ao crime de quadrilha ou bando, embora a Lei nº 12.850/13 tenha alterado o *nomen iuris* do delito insculpido no art. 288 para *associação criminosa*, além de lhe modificar o número mínimo de integrantes, que passou a ser de três. Na prática, todavia, nenhuma alteração ocorre no trato da matéria, pois não houve *abolitio criminis*, incidindo o princípio da continuidade normativo-típica. Dessa forma, onde se lê, no § 1º do art. 159, *quadrilha ou bando*, deve-se considerar *associação criminosa*.
- No crime de extorsão indireta (art. 160 do Código Penal), se, após obter o documento, o agente ensejar o início de procedimento criminal, sabendo inocente o imputado, haverá concurso material com denunciação caluniosa (art. 339 do CP). Não se deve cogitar, no caso, da absorção, pois, além da extorsão consumar-se com a mera exigência ou o recebimento do documento, protege bem jurídico diverso da denunciação caluniosa.
- No crime de esbulho possessório, exigindo o tipo que o imóvel seja *alheio*, fica claro que o proprietário do terreno, ocupado por terceiros, não comete o delito. Assim, sempre que o proprietário reivindicar por suas próprias mãos a posse do que lhe pertence, fora dos casos em que a lei civil autoriza essa recuperação, pode ele incidir nas penas do crime de exercício arbitrário das próprias razões (art. 345 do CP). Nesse sentido: *RT* 481/329.
- Sujeito passivo do esbulho possessório é aquele que detém a posse direta do imóvel invadido. Segundo o STJ, no caso do imóvel alienado fiduciariamente, apenas o devedor é vítima, pois o credor tem apenas a posse indireta. No entanto, isso não afasta o interesse do credor na apuração do crime. Por isso, tratando-se da Caixa Econômica Federal, a competência de julgamento é da Justiça Federal: "[...] 2. A Caixa Econômica Federal, enquanto credora fiduciária e, portanto, possuidora indireta, não é a vítima do referido delito. Contudo, no âmbito cível, possui a empresa pública federal legitimidade concorrente para propor eventual ação de reintegração de posse, diante do esbulho ocorrido. A sua legitimação ativa para a ação possessória demonstra a existência de interesse jurídico na apuração do crime, o que é suficiente para fixar a competência penal federal, nos termos do art. 109, inciso IV, da Constituição da República. 3. Os imóveis que integram o Programa Minha Casa Minha Vida são adquiridos, em parte, com recursos orçamentários federais. Tal fato evidencia o interesse jurídico da União na apuração do crime esbulho possessório em relação a esse bem, ao menos enquanto for ele vinculado ao mencionado Programa, ou seja, quando ainda em vigência o contrato por meio do qual houve a compra do bem e no qual houve o subsídio federal, o que é a situação dos autos" (CC 179.467/RJ, j. 09/06/2021).
- O crime de dano pode ser cometido pelo condômino? Fazendo uma analogia (*in bonam partem*) com o furto de coisa comum (artigo 156, § 2º), já decidiu o STF: "Pode ser agente ativo do crime de dano o condômino que danifica dolosamente coisa comum, salvo se a coisa é fungível e o prejuízo não excede o valor da parte a que tem direito o autor do fato" (*RT* 543/433).
- Preso que danifica a cela para fugir pratica o crime de dano? Para aqueles que entendem indispensável o *animus nocendi*, o fato será atípico, vez que a intenção do preso, no caso, é somente a de fugir. É a orientação do STJ: "Nos termos da jurisprudência desta Corte, para que se possa falar em crime de dano qualificado contra patrimônio da União, Estado ou Município, mister se faz a comprovação do elemento subjetivo do delito, qual seja, o animus nocendi, caracterizado pela vontade de causar prejuízo ao erário. Nesse passo, a destruição, deterioração ou inutilização das paredes ou grades de cela pelo detento, com vistas à fuga de estabelecimento prisional, ou, ainda, da viatura na qual o flagranteado foi conduzido à delegacia de polícia, demonstra tão somente o seu intuito de recuperar a sua liberdade, sem que reste evidenciado o necessário dolo específico de causar dano ao patrimônio público" (HC 503.970/SC, j. 30/05/2019). Já para aqueles que entendem dispensável, não exigindo o tipo a finalidade especial (causar prejuízo), há o crime, não importando se a intenção do agente era somente a de se evadir (*RT* 782/590). Essa segunda posição foi acolhida pelo STF: "Comete o crime de dano qualificado (art. 163, parágrafo único, III, do CP) o preso que, para evadir-se, danifica o estabelecimento prisional. O dolo específico – vontade dirigida a causar dano em coisa alheia – não é indispensável à caracterização do delito" (HC 73.189/MS, rel. Min. Carlos Velloso, j. 23.02.1996).
- Importa ressaltar que o crime de dano é subsidiário, configurando-se somente na hipótese em que o agente não pretende conduta criminosa posterior (e mais grave). Sendo assim, se pratica um dano ao patrimônio para lhe facilitar, por exemplo, a subtração de outros bens, o crime de dano será absorvido (configurando o rompimento ou a destruição de obstáculo qualificadora do furto). O mesmo raciocínio se aplica caso o dano tenha sido praticado após a subtração, para facilitar a fuga do criminoso.
- Nas qualificadoras do crime de dano, a redação do art. 163, parágrafo único, inciso III, do Código Penal mencionava a União, o Estado e o Município, silenciando a respeito do Distrito Federal. O STJ se orientava no sentido de que o dano cometido contra o patrimônio do Distrito Federal não era qualificado: "A jurisprudência desta Corte entende, ressalvado o posicionamento deste relator, que a ausência de menção expressa ao patrimônio do Distrito Federal no art. 163, parágrafo único, III, do Código Penal torna inviável a configuração da forma qualificada do crime de dano nas hipóteses em que o bem danificado for distrital, em virtude da vedação da analogia in malam partem no sistema penal brasileiro" (AgRg no REsp 1.628.623/DF, DJe 28/04/2017). Concluiu o mesmo a respeito do dano cometido contra o patrimônio da Caixa Econômica Federal (RHC 57.544/SP, DJe 18/8/2015). No entanto, com o advento da Lei 13.531/2017, passa a incidir o aumento quando o objeto material dos crimes envolver não apenas bens do patrimônio da União, Estado, Município, sociedade de economia mista, empresa concessionária de serviços públicos, mas também do Distrito Federal, de autarquia, fundação pública e empresa pública.

- O STJ já decidiu que compete à Justiça Estadual, por inexistência de lesão a bens, serviços ou interesses da União, o julgamento do crime de dano ao patrimônio público cometido no entorno de área tombada pelo Instituto do Patrimônio Histórico e Artístico Nacional – IPHAN (CC 145.337/AM, DJe 19/04/2016).
- Discute-se se o proprietário do imóvel pode praticar o crime de introdução ou abandono de animais em propriedade alheia. Noronha entende ser possível nos casos em que o imóvel se encontra na legítima posse de terceiro (*Código Penal brasileiro comentado*, p. 444). Hungria, por sua vez, discorda, apontando a exigência de a propriedade ser alheia, sempre (*Código Penal*, v. 7, p. 113).
- É possível apropriação indébita de coisa *fungível*? Já se decidiu que não descaracteriza o crime a fungibilidade dos bens, salvo se o contrato ou qualquer outra forma de ajuste entre as partes consignar a possibilidade de o depositário deles usufruir, substituindo-os por outros da mesma espécie, qualidade e quantidade (*RT* 787/717).
- A exemplo do furto cometido com a intenção única de uso, ocorrendo tal circunstância, elide-se a configuração da apropriação indébita, exatamente pela inexistência da intenção de se apropriar definitivamente da coisa.
- Note-se que o agente, ao obter a posse ou detenção, não pode ter a intenção (pretérita) de já se apropriar do bem. Se assim age, utilizando, por exemplo, um contrato de locação como artifício para cometer a apropriação, pratica estelionato (art. 171 do CP).
- A pena da apropriação indébita é majorada se o agente comete o crime na qualidade de *síndico* (art. 168, § 1º, II). Segundo decidiu o STJ, trata-se do administrador judicial na falência – que o revogado Decreto-lei nº 7.661/45 denominava *síndico* –, excluindo-se da incidência da causa de aumento o síndico de condomínio (REsp 1.552.919/SP, DJe 01/06/2016).
- O STJ decidiu que o princípio da insignificância não se aplica na apropriação indébita majorada em razão de ofício, emprego ou profissão do agente. Para o tribunal, ainda que o prejuízo seja diminuto, a condição do agente torna a conduta grave a ponto de justificar concretamente a presença da tipicidade material (RHC 351.173/SC, DJe 20/09/2016).
- Para a maioria, a apropriação indébita previdenciária é crime omissivo, que depende de regulamentação de leis previdenciárias estabelecendo o prazo em que deve ser repassada a contribuição, bem como a forma em que o repasse deverá ocorrer. Já de acordo com a lição de Luiz Flávio Gomes e Alice Bianchini (*Crimes previdenciários*, v. 1, p. 32), o crime é comissivo omissivo (misto), pois, em primeiro lugar, temos um comportamento ativo (comissivo) que consiste em recolher as contribuições dos contribuintes. Depois advém um comportamento omissivo, deixar de repassar.
- Na apropriação indébita previdenciária, há divergência quanto à exigência de finalidade específica (intuito de fraudar a Previdência Social) Há quem sustente – a maioria – que, ao contrário da apropriação indébita comum – cuja conduta típica é "apropriar-se" –, a apropriação indébita previdenciária não pressupõe finalidade especial porque consiste apenas em "deixar de repassar". Por outro lado, há quem defenda, tal como na apropriação indébita comum, o *animus rem sibi habendi*, o especial fim de apropriar-se dos valores que deveriam ser destinados ao órgão previdenciário. Sem esta finalidade, argumentam, não é possível caracterizar-se a apropriação, seja qual for a modalidade.

  O STJ adotou a primeira tese e tem reiteradamente decidido que a finalidade especial é dispensável: "O posicionamento consolidado no âmbito da Terceira Seção deste Tribunal Superior é no sentido de que o tipo penal do artigo 168-A, do Código Penal, constitui crime omissivo próprio, que se consuma com o não recolhimento da contribuição previdenciária dentro do prazo e das formas legais, inexigindo a demonstração do dolo específico" (AgRg no AREsp 1.126.307/SP, j. 06/12/2018). Segue-se, com isso, a orientação do STF: "A jurisprudência deste Supremo Tribunal Federal é firme no sentido de que para a configuração do delito de apropriação indébita previdenciária não é necessário um fim específico, ou seja, o *animus rem sibi habendi*, bastando para nesta incidir a vontade livre e consciente de não recolher as importâncias descontadas dos salários dos empregados da empresa pela qual responde o agente" (HC 122.766 AgR/SP, DJe 13/11/2014).
- Não obstante tipifiquem condutas absolutamente diversas, o STJ considerou que os arts. 168-A e 337-A podem gerar continuidade delitiva: "é possível o reconhecimento da continuidade delitiva entre o crime de sonegação previdenciária (art. 337-A do CP) e o crime de apropriação indébita previdenciária (art. 168-A do CP) praticados na administração de empresas de um mesmo grupo econômico. Apesar de os crimes estarem tipificados em dispositivos distintos, são da mesma espécie, pois violam o mesmo bem jurídico, a previdência social" (REsp 1.212.911/RS). Há, no entanto, decisões posteriores que rechaçam a continuidade delitiva: "I – Os delitos de apropriação indébita previdenciária e de sonegação de contribuição previdenciária, previsto nos arts. 168-A e 337-A, ambos do Código Penal, embora sejam do mesmo gênero, são de espécies diversas, porquanto os tipos penais descrevem condutas absolutamente distintas. II – Esta Corte Superior tem entendimento consolidado no sentido de que é impossível o reconhecimento da continuidade delitiva entre crimes de espécies distintas. Precedentes." (AgRg no AREsp 1.172.428/SP, j. 12/06/2018).
- No julgamento dos REsp 1.688.878/SP e 1.709.029/MG pelo rito dos repetitivos, estabeleceu-se no STJ a orientação de que se considera materialmente atípico o fato envolvendo apropriação indébita previdenciária no valor de até R$ 20.000,00 - Tema 157: "Incide o princípio da insignificância aos crimes tributários federais e de descaminho quando o débito tributário verificado não ultrapassar o limite de R$ 20.000,00 (vinte mil reais), a teor do disposto no art. 20 da Lei n. 10.522/2002, com as atualizações efetivadas pelas Portarias 75 e 130, ambas do Ministério da Fazenda" (O art. 20 da Lei 10.522/02 foi alterado pela Lei 13.874/19 e não trata mais do valor mínimo para a execução fiscal. Atualmente, o valor é determinado por ato do Procurador-Geral da Fazenda Nacional). Não obstante, esta conclusão é objeto de crítica e tem sido limitada, pois há entre os ministros quem considere despropositado impedir a aplicação da lei penal com fundamento nos critérios meramente financeiros que norteiam a regra estabelecida sobre a execução fiscal. Em 2019, julgando agravo regimental em revisão criminal, a Terceira Seção do tribunal decidiu que o princípio da insignificância não se aplica nos crimes de apropriação indébita previdenciária e de sonegação de contribuição previdenciária (AgRg na RvCr 4881/RJ, j. 22/05/2019). O tribunal se baseou em precedentes do STF segundo os quais a previdência social é bem supraindividual, incompatível com a tese da bagatela (HC 102.550/PR, j. 20/09/2011).
- Exige o tipo do estelionato a presença do elemento subjetivo, consistente na obtenção da vantagem em proveito próprio ou de terceiro. Se o agente emprega os meios fraudulentos com a mera finalidade, por exemplo, de prejudicar a vítima, sem visar locupletamento seu ou de outrem, o estelionato não se caracterizará.
- A fraude em certames de interesse público (concurso público, avaliação ou exame públicos, processo seletivo para ingresso no ensino superior ou exame ou processo seletivo previstos em lei) pode configurar o crime previsto no art. 311-A, criado pela Lei 12.550/11.
- Note-se que, no estelionato, a defraudação de coisa *penhorada* não se amolda ao tipo do art. 171, § 2º, inciso III, do Código Penal, vez que a *penhora*, que se destina a servir de garantia à execução, não se confunde com o *penhor*, que é garantia de

débito. Nesta hipótese, duas consequências podem advir: a) se a defraudação da penhora levar o devedor à insolvência, tem-se a prática do crime de fraude à execução (art. 179 do CP); b) se, mesmo com a fraude, ao devedor restam bens aptos a garantir o débito, estar-se-á diante de mero ilícito civil, que, todavia, poderá ensejar prisão por depósito infiel (prisão esta de questionável constitucionalidade).

- O privilégio, no crime de estelionato, aplica-se somente ao "caput" do art. 171 do CP, ou também às formas equiparadas trazidas no parágrafo seguinte (§ 2º)? Apesar de haver corrente em sentido contrário, parece-nos um contrassenso não estender o benefício às variações do crime, previstas nos incisos do parágrafo seguinte (algumas, aliás, menos perigosas que o comportamento do *caput*). Tratar diferentes crimes da mesma natureza é desrespeitar o princípio constitucional da proporcionalidade.

- Com a entrada em vigor da Lei 14.155/21, o crime de estelionato também passou a contar com uma qualificadora (§ 2º-A) semelhante à inserida no furto (com pena idêntica: reclusão de quatro a oito anos, além da multa). Neste caso, contudo, a lei não faz referência específica a dispositivo eletrônico ou informático, que, no furto, pode ser invadido por meio de manobras fraudulentas. A invasão é justamente o que possibilita a subtração sem que a vítima se dê conta. No caso do estelionato, é mais grave a conduta de quem obtém vantagem utilizando informações fornecidas pela vítima ou por terceiro induzido em erro:

  a) por meio de redes sociais: atualmente são muito comuns os anúncios promovidos em redes sociais como Facebook e Instagram. Não raro, são anúncios fraudulentos, manobras ardilosas para atrair pessoas que forneçam seus dados;

  b) por contatos telefônicos: são também muito comuns as fraudes cometidas por meio telefônico. Uma situação que se vê com certa frequência é o envio de mensagem (por *WhatsApp*, por exemplo) na qual o estelionatário se identifica como amigo ou familiar da vítima e lhe pede um depósito bancário devido a uma emergência. Sem dar-se conta, a vítima efetua o depósito na conta do criminoso;

  c) pelo envio de correio eletrônico fraudulento: neste caso, a vítima recebe um e-mail fraudulento, muitas vezes imitando os caracteres de empresas ou organizações conhecidas e, a partir do acesso por meio do *link* disponibilizado, insere dados de cartão de crédito ou efetua pagamentos de compras simuladas, o que proporciona a vantagem ao estelionatário;

  d) por qualquer outro meio fraudulento análogo: nesta fórmula analógica se inserem quaisquer outras práticas fraudulentas cometidas por meios eletrônicos ou informáticos, como páginas na *internet*, por exemplo, em que a vítima não é diretamente abordada pelo estelionatário, como nas modalidades anteriores, mas é induzida em erro por fatores diversos (simulação de um estabelecimento comercial regularmente constituído; cópia de outra página conceituada etc.).

- No caso do § 2º-A do art. 171, ao contrário do que acontece no furto, a vítima, ao fornecer informações que possibilitam a prática do crime, integra diretamente o ardil preparado pelo estelionatário para obter a vantagem indevida. Ilustremos com exemplos ambas as figuras para bem diferenciá-las: a) Aproveitando a vulnerabilidade de pessoas que utilizam uma rede pública de *internet*, um *hacker* intercepta a conexão e obtém dados de acesso a contas bancárias. Com esses dados à disposição, acessa as contas e transfere quantias em dinheiro para outra conta da qual efetua saques. É um caso típico de furto mediante fraude, no qual a manobra ardilosa (interceptar os dados transmitidos entre o usuário e o ponto de conexão) é utilizada para que as vítimas sejam despojadas de seus bens sem que nada percebam; b) Pretendendo adquirir um televisor, um indivíduo faz uma pesquisa na *internet* e encontra a página de uma conhecida rede varejista na qual o produto está sendo anunciado por um preço muito abaixo das concorrentes. Insere seus dados pessoais e bancários sem saber que, na verdade, se trata de uma página clonada, que apenas copia os caracteres da famosa rede varejista, para induzir as pessoas em erro. Efetuado o pagamento, o dinheiro é creditado ao autor da fraude, que evidentemente não pretende entregar o produto anunciado. Nesse exemplo, ao contrário do anterior, a vítima tem participação direta, pois, induzida por um anúncio enganoso, fornece os dados para que o autor da fraude possa obter a vantagem. Trata-se, portanto, de estelionato.

- Houve ainda duas alterações relativas a causas de aumento de pena para o estelionato. O § 2º-B foi inserido no art. 171 para majorar de 1/3 a 2/3 a pena se o crime é praticado mediante a utilização de servidor mantido fora do território nacional. O § 4º, por sua vez, foi modificado para aumentar de 1/3 (um terço) ao dobro a pena se o crime é cometido contra idoso ou vulnerável. Há um detalhe importante em relação ao § 4º, que integra o art. 171 desde a edição da Lei 13.228, em 2015. O dispositivo determinava a aplicação da pena em dobro no caso da vítima idosa. A redação atual impõe um aumento variável entre 1/3 e o dobro, ou seja, a majorante passou a ser mais branda, e pode retroagir para beneficiar condenados pela prática de estelionato contra idosos se as circunstâncias concretas não justificam a manutenção do aumento no máximo.

- No caso do estelionato previdenciário, o STJ firmou a tese de que a tipicidade material está sempre presente, ainda que o prejuízo causado pela conduta fraudulenta seja diminuto (afasta-se, portanto, o princípio da insignificância). Não obstante o crime seja fundamentalmente contra o patrimônio, a conduta que atinge um órgão da Administração Pública exerce efeitos deletérios também sobre a moral administrativa e a própria fé pública. Especialmente quando se trata de um órgão de previdência social, com o qual a maior parcela da população é obrigada a contribuir no presente para financiar os benefícios futuros, é imprescindível que todos tenham a confiança de que os recursos depositados estão sendo bem geridos e que condutas arquitetadas para dilapidá-los sejam reprimidas com severidade (AgRg no REsp 1.770.833/AL, j. 13/12/2018).

- Ainda quanto ao estelionato previdenciário, são basicamente duas as situações em que pode ocorrer:

  a) O benefício é fraudulento na origem, ou seja, é criado com ardil, sem qualquer atendimento aos requisitos legais: Esta conduta pode ser cometida tanto pelo próprio beneficiário quanto por alguém que viabiliza o benefício a um terceiro. Temos no primeiro caso, por exemplo, a conduta de alguém que falsifica documentos para obter uma aposentadoria por invalidez; no segundo caso podemos citar a conduta do funcionário do INSS que – normalmente por meio de corrupção – lança mão de fraude para criar o benefício em favor de um cidadão que não se qualificaria para recebê-lo.

  b) O benefício é devido, mas alguém utiliza o cartão previdenciário do beneficiário, após sua morte, para continuar a receber os valores. Trata-se da situação em que, apesar da morte do beneficiário, o instituto de previdência não é notificado e continua a disponibilizar o benefício, do que se aproveitam terceiros – normalmente familiares.

  Em decorrência das situações descritas nos itens *a* e *b*, a natureza do crime será:

  1) Permanente, caso o fraudador seja o próprio beneficiário, pois se compreende a obtenção da vantagem como produto de reiteração de condutas baseada no ato fraudulento cometido pelo próprio agente (STJ: AgRg no AgRg no AREsp 992.285/RJ, j. 20/06/2017; STF: HC 121.390/MG, j. 24/02/2015).

  2) Instantâneo de efeitos permanentes, caso a conduta fraudulenta seja praticada em favor de terceiro que receberá

o benefício indevido. Neste caso, o agente comete apenas uma conduta, da qual outra pessoa se beneficia reiteradamente (razão dos efeitos permanentes) (STJ: RHC 66.487/PB, j. 17/03/2016; STF: HC 112.095/MA, j. 16/10/2012).

3) Continuado, caso alguém permaneça recebendo o benefício que, devido na origem, deveria ter cessado em virtude da morte do beneficiário. Em virtude das mesmas circunstâncias de tempo, local e modo de execução, considera-se como se uma obtenção de vantagem fosse continuação de outra (STJ: AgRg no REsp 1.378.323/PR, j. 26/08/2014).

- A devolução dos valores indevidamente recebidos por meio do estelionato previdenciário – em qualquer das formas acima – não acarreta a extinção da punibilidade diante da inaplicabilidade das disposições relativas ao pagamento do tributo nos delitos contra a ordem tributária. É possível apenas a incidência da causa de diminuição de pena relativa ao arrependimento posterior (STJ: AgRg no REsp 1.770.833/AL, j. 06/02/2018).
- O STJ afastou a insignificância na conduta de um indivíduo que, na qualidade de médico em um hospital universitário federal, por diversas vezes registrou o ponto e se retirou em seguida sem cumprir a carga horária a que estava obrigado. Denunciado e condenado por estelionato, o médico alegava que, em processo administrativo, a própria entidade vítima havia reconhecido a inexistência de prejuízo relevante, mas o STJ concluiu que a intervenção penal é plenamente justificável: "A jurisprudência desta Corte Superior de Justiça não tem admitido, nos casos de prática de estelionato qualificado, a incidência do princípio da insignificância, inspirado na fragmentariedade do Direito Penal, em razão do prejuízo aos cofres públicos, por identificar maior reprovabilidade da conduta delitiva. Destarte, incabível o pedido de trancamento da ação penal, sob o fundamento de inexistência de prejuízo expressivo para a vítima, porquanto, em se tratando de hospital universitário, os pagamentos aos médicos são provenientes de verbas federais" (AgRg no HC 548.869/RS, j. 12/05/2020)".
- A Lei 13.964/19 (Pacote Anticrime) inseriu no art. 171 o § 5º, que modifica a natureza da ação penal, antes pública incondicionada (com as exceções do art. 182 do CP). Atualmente, a ação penal é pública condicionada a representação, exceto se a vítima for:

a) a Administração Pública, direta ou indireta;

b) criança ou adolescente: segundo a definição do art. 2º da Lei 8.069/90, criança é a pessoa de até doze anos de idade incompletos, e adolescente aquela entre doze e dezoito anos de idade. É importante notar que, no estelionato, a vítima deve ter capacidade para ser iludida, pois, do contrário, pode ocorrer abuso de incapazes (art. 173 do CP), no qual uma das condutas punidas é a de abusar, em proveito próprio ou alheio, de necessidade, paixão ou inexperiência de menor, induzindo-o à prática de ato suscetível de produzir efeito jurídico em prejuízo próprio ou de terceiro. Neste crime, como se nota, não basta que se trate de um menor; é necessário que o agente obtenha proveito em razão de sua necessidade, paixão ou inexperiência. Assim, evita-se o conflito entre o estelionato contra criança ou adolescente e o abuso de incapazes apurando se a vítima sofreu o crime em razão de necessidade, paixão ou inexperiência. Tratando-se, por exemplo, de um adolescente já com certa experiência enganado como o seria outra pessoa também menos atenta, o crime é de estelionato com ação penal pública incondicionada.

c) pessoa com deficiência mental: a nosso ver, esta disposição não tem nenhum efeito, pois o ardil que vítima o deficiente mental se insere necessariamente no art. 173 do CP, que pune na qualidade de abuso de incapazes a conduta de abusar, em proveito próprio ou alheio, da alienação ou debilidade mental de outrem, induzindo-o à prática de ato suscetível de produzir efeito jurídico em prejuízo próprio ou de terceiros. Ao contrário do que ocorre no abuso contra menor, em que o tipo agrega um elemento sem o qual o crime não se caracteriza (necessidade, paixão ou inexperiência da vítima), o abuso contra deficiente mental se dá única e exclusivamente em razão da condição da pessoa. O tipo não traz nenhum elemento somado a essa condição para que se perfaça o crime. Por isso, o emprego de fraude que acarrete prejuízo ao deficiente mental e vantagem ao agente será sempre vinculado ao art. 173.

d) maior de 70 (setenta) anos de idade ou incapaz: a regra da ação penal, diferentemente do que ocorre na majorante do § 4º do art. 171, não utiliza o conceito legal de idoso, que, nos termos do art. 1º da Lei 10.741/03, é a pessoa com idade igual ou superior a sessenta anos. Somente se a vítima superar os setenta anos idade é que a ação penal se tornará pública incondicionada. Segundo o art. 4º do Código Civil, além dos menores entre dezesseis e dezoito anos (já inclusos no inciso II do § 5º), são incapazes, relativamente a certos atos ou à maneira de os exercer: a) os ébrios habituais e os viciados em tóxico; b) aqueles que, por causa transitória ou permanente, não puderem exprimir sua vontade; d) os pródigos.

- Tendo em vista que a necessidade de representação no estelionato traz consigo institutos extintivos da punibilidade, a regra do § 5º deve ser analisada sob a perspectiva da aplicação da lei penal no tempo. Aqui temos de diferenciar duas hipóteses: a) se a incoativa ainda não foi oferecida, deve o MP aguardar a oportuna representação da vítima ou o decurso do prazo decadencial, cujo termo inicial, para os fatos pretéritos, é o da vigência da nova lei; b) se a inicial (denúncia) já foi ofertada, trata-se de ato jurídico perfeito, que não é alcançado pela mudança. Não nos parece correto o entendimento de que a vítima deve ser chamada para manifestar seu interesse em ver prosseguir o processo. Essa lição transforma a natureza jurídica da representação de condição de procedibilidade em condição de prosseguibilidade. A lei não exigiu essa manifestação (como fez no art. 88 da Lei 9.099/1995). As turmas com competência criminal do STJ divergem a esse respeito (5ª Turma: HC 573.093/SC, j. 09/06/2020; 6ª Turma: HC 583.837/SC, j. 04/08/2020). A 1ª Turma do STF concluiu que a regra do § 5º do art. 171 não incide em ações penais em curso, limitando-se a retroagir nos casos em que a denúncia ainda não tenha sido oferecida (HC 187.341/SP, j. 13/10/2020). A 1ª Turma do STF concluiu que a regra do § 5º do art. 171 não incide em ações penais em curso, limitando-se a retroagir nos casos em que a denúncia ainda não tenha sido oferecida (HC 187.341/SP, j. 13/10/2020). Após um período de divergência entre as turmas com competência criminal do STJ, a Terceira Seção do tribunal firmou a orientação de que a regra não retroage para as ações penais em tramitação quando entrou em vigor a Lei 13.964/19 (HC 610.201/SP, j. 24/03/2021). A 2ª Turma do STF, por outro lado, já decidiu que a necessidade de representação retroage inclusive nas ações penais em curso (HC 180.421 AgR/SP, j. 22/06/2021).
- A Lei 14.478/22 inseriu no Código Penal o art. 171-A para tipificar a fraude com a utilização de ativos virtuais, valores mobiliários ou ativos financeiros. A definição de ativos virtuais nos é dada pela própria Lei 14.478/22, que também trata do que está excluído desse rol (art. 3º). Os valores mobiliários são aqueles elencados no art. 2º da Lei 6.385/76. O crime também pode ocorrer quando a conduta recai em "quaisquer outros ativos financeiros". O legislador insere um elemento normativo que encerra o tipo penal de forma genérica, permitindo ao intérprete encontrar outros ativos que geram um retorno para o investidor, seja uma pessoa física ou uma empresa. Trata-se de algo abrangente em que se inserem moedas, depósitos bancários, títulos públicos, dentre outros que não se incluam nas definições específicas já mencionadas. Títulos de crédito são abrangidos pelo tipo penal apenas quando tratados como ativos financeiros ou valores mobiliários. Um exemplo é a nota

PENAL

comercial. Também são exemplos o Certificado de Depósito Agropecuário (CDA) e o *Warrant* Agropecuário (WA), negociados nos mercados de bolsa e de balcão como ativos financeiros (art. 16 da Lei 11.076/04). Certificados de depósito bancário (CDB), letras de crédito do agronegócio (LCA), letras de crédito imobiliário (LCI) também são títulos de crédito considerados ativos financeiros.

- A fraude com a utilização de ativos financeiros pode se assemelhar ao disposto no art. 2º, inc. IX, da Lei 1.521/51. O que basicamente diferencia ambos os crimes é a abrangência da conduta. Crime patrimonial, a fraude com a utilização de ativos financeiros deve ter como alvos pessoas determinadas, ao passo que a conduta do crime contra a economia popular tem uma característica difusa, com potencial para atingir número indeterminado de indivíduos. Essa é a distinção promovida pelo STJ nas análises de possíveis conflitos entre o estelionato e a Lei 1.521/51 (RHC 161.635/DF, j. 23/08/2022).
- No art. 171-A o dolo consiste na vontade consciente de praticar uma das condutas típicas. Além disso, há um elemento subjetivo específico: a finalidade de obter vantagem ilícita, em prejuízo alheio. Nota-se que a conduta distintiva do estelionato se transforma, na fraude com ativos financeiros, em finalidade especial.
- O crime do art. 171-A é formal. Diferentemente do que ocorre no estelionato, crime de duplo resultado que se consuma após a efetiva obtenção de vantagem indevida correspondente a um prejuízo para a vítima, a fraude com ativos financeiros dispensa a vantagem e a correlata lesão patrimonial. Isso porque, como já adiantamos no item anterior, neste crime a obtenção da vantagem é um elemento que anima o agente, não uma parte da conduta. Basta a operação fraudulenta para que o crime se consume, independentemente da obtenção de lucro e da provocação de prejuízos.
- No crime de duplicata simulada, a doutrina diverge no que tange à consumação. Para Bitencourt (Tratado de Direito Penal, v. 3, p. 294) e Damásio de Jesus (*Direito penal – Parte Especial*, v. 2, p. 451), o crime se consuma com a colocação do título em circulação. Já para Capez, atento à redação dada ao artigo pela Lei 8.137/90, que substituiu a ação de *expedir* pela de *emitir*, não mais se exige a efetiva circulação, bastando a simples criação do título. Todos concordam, no entanto, que o crime é formal, dispensando efetivo dano, o qual, se sobrevier, configurará mero exaurimento (*Direito Penal – Parte Especial*, v. 2, p. 517).
- O delito de fraude no comércio se assemelha àquele do art. 171, § 2º, IV, do Código Penal, que pune a conduta de quem defrauda substância, qualidade ou quantidade de coisa que deve entregar a alguém. A distinção reside no fato de, no dispositivo em comento, a proteção recair exclusivamente sobre as relações comerciais, mencionando expressamente o texto legal que a conduta deve se dar no exercício de atividade comercial.
- No delito do art. 176 do Código Penal, em todas as modalidades, deve o agente faltar ao pagamento por inexistência de recursos disponíveis, consistindo a fraude no silêncio quanto a esta circunstância. Logo, nos casos em que o agente, dispondo de numerário bastante, recusar-se a realizar o pagamento, não configura o presente delito, mas reprovável ato de calote, que pertence ao âmbito do direito civil. É o caso da "pendura".
- Quem recebe um objeto proveniente de delito, em boa-fé, e depois conhecendo essa origem viciosa, o oculta, responde como receptador? O dolo deve, necessariamente, preceder (ou ser contemporâneo) a qualquer das condutas previstas no tipo, pois, contrariamente, não haverá receptação.
- Existe receptação (própria ou imprópria) de coisa produto de ato infracional? Para Fragoso, se a lei se refere somente a *crime*, sem qualquer referência ao ato infracional, a receptação será atípica (*Lições de direito penal:* parte especial, v. 2, p. 421-422). Noronha discorda, ensinando: "Pode tratar-se ainda de irresponsável (art. 22 [anterior à Reforma de 1984]), que a situação jurídica de quem, em proveito próprio ou alheio, adquire, recebe ou oculta a coisa, não mudará. Não se aplicam, dessarte, ao nosso Código, as palavras de Von Liszt: 'Se a ação principal foi praticada por um indivíduo sem imputabilidade, como tal ação não é *punível*, não pode dar-se receptação, mas é possível que se dê o delito de desvio'. Não têm cabida, porque, ao contrário do § 250 do Código Alemão, nosso estatuto não se refere a ação *punível*, e sim a crime, o qual não desaparece porque excluída a responsabilidade de quem o praticou" (*Código Penal brasileiro comentado*, p. 417). O mesmo autor afirma que a receptação será punível ainda que o autor do crime anterior esteja isento de pena em razão da disposição do art. 181 do Código Penal.
- Para que se configure a receptação (própria ou imprópria), é imprescindível a existência de delito precedente, figurando como objeto material a coisa produto de *crime*, não necessariamente contra o patrimônio (restrição não prevista, nem implicitamente, no tipo penal). Sendo vedada a analogia incriminadora, forçoso é convir que *coisa produto de contravenção penal* não gera receptação.
- A doutrina, na sua maioria, explica ser admissível a tentativa somente na receptação própria. Ousamos discordar. É possível que o intermediário (receptação imprópria) busque influir no convencimento do terceiro de boa-fé por escrito, caso em que a execução admitirá fracionamento (carta interceptada antes de atingir seu destino).
- Segundo já decidiu o STF, o princípio da insignificância é incompatível com o crime de receptação: "A jurisprudência do Supremo Tribunal Federal não admite o reconhecimento do princípio da insignificância, no caso de que se trata, tendo em vista que 'o delito de receptação (art. 180 do CP) traz consigo um enorme número de outros crimes, inclusive mais graves, pois é nele que se encontra incentivo para a prática de diversos crimes contra o patrimônio, a exemplo do furto e do roubo. É nesse contexto que se deve avaliar a reprovabilidade da conduta, e não apenas na importância econômica do bem subtraído ou, como no caso sob exame, no valor pago pelo paciente para, ilicitamente, adquirir um produto de crime' (HC 111.608, Rel. Min. Ricardo Lewandowski)" (HC 163.263 AgR/SP, j. 01/03/2019). O STJ, no entanto, não impõe a mesma restrição: "O pequeno valor do carrinho de mão receptado de propriedade de uma empreiteira, que representa menos de 5% do salário mínimo vigente à época dos fatos - R$ 30,00, denota não relevante interesse social na onerosa intervenção estatal, ainda que se trate de réu reincidente por embriaguez ao volante e desobediência" (HC 570.838/PR, j. 19/05/2020).
- Apesar de crime acessório (pressupõe outro para sua existência), na punição da receptação não é necessário que se comprove a autoria do crime pretérito, nem que seu autor seja punido, bastando que haja prova da ocorrência do injusto penal, consoante o disposto no § 4º.
- A Lei 13.531/2017 alterou o § 6º do art. 180 para incluir na majorante da receptação o fato cometido contra o patrimônio do Distrito Federal, de autarquia, de fundação pública ou de empresa pública. Antes a pena era elevada somente nas hipóteses em que o agente praticava o crime contra bens e instalações do patrimônio da União, de Estado, de Município, de empresa concessionária de serviços públicos ou de sociedade de economia mista.
- Caso o crime de receptação seja cometido por meio da utilização de veículo automotor, o condenado em decisão judicial transitada em julgado terá cassado seu documento de habilitação ou será proibido de obter a habilitação pelo prazo de cinco anos (art. 278-A do CTB, inserido pela Lei 13.804/19). Decorrido o prazo, o condutor poderá obter nova habilitação, desde que se submeta ao procedimento necessário (§ 1º). E, no caso do condutor preso em flagrante, poderá o juiz, em qualquer fase da investigação ou da ação penal, se houver

necessidade para a garantia da ordem pública, como medida cautelar, de ofício, ou a requerimento do Ministério Público, ou ainda mediante representação da autoridade policial, decretar, em decisão motivada, a suspensão da permissão ou da habilitação para dirigir veículo automotor, ou a proibição de sua obtenção (§ 2º).

- Nota-se que tendo em vista o objetivo da escusa absolutória (manutenção da harmonia familiar), aqueles que vivem em união estável dela poderão se beneficiar, já que o art. 226, § 3º, da CF dispõe que, "para efeito da proteção do Estado, é reconhecida a união estável entre o homem e a mulher como entidade familiar, devendo a lei facilitar sua conversão em casamento". O STF, ao julgar a ADI 4277 e a ADPF 132, reconheceu a união estável para casais do mesmo sexo. Logo, parece claro que a referida decisão repercute na seara penal, mais precisamente nas escusas absolutórias, admitindo-se a aplicação do art. 181, I, nas relações homoafetivas.
- Na escusa relativa, relativamente ao irmão, mais uma vez mostra-se inadequado o texto do Código Penal, já que diferencia (*a contrario sensu*) entre o legítimo e o ilegítimo, quando a discriminação é vedada pela Constituição da República.
- Com o advento da Lei nº 11.340/2006 (define violência doméstica e familiar contra a mulher), encontramos doutrina no sentido de que os crimes patrimoniais praticados *contra a mulher*, no âmbito doméstico e familiar, mesmo que sem violência, também não permitem as imunidades dos artigos 181 e 182 do Código Penal. Ousamos discordar. A uma, deve ser alertado que o Estatuto da Pessoa Idosa, para impedir as escusas quando a vítima é pessoa idosa, foi expresso (diferente da Lei Maria da Penha, que nada dispôs nesse sentido, nem implicitamente); a duas, não permitir a imunidade para o marido que furta a mulher, mas permiti-la quando a mulher furta o marido, é ferir, de morte, o princípio constitucional da isonomia (aliás, a Lei nº 11.340/2006 deve garantir à mulher *vítima* de violência doméstica e familiar especial proteção, e não simplesmente à mulher, mesmo quando autora!).
- Diferentemente do que fez no Estatuto da Pessoa Idosa, o legislador, quando criou o Estatuto da Pessoa com Deficiência, lamentavelmente não alterou o art. 183 do Código Penal, permitindo em crimes contra o patrimônio, sem violência ou grave ameaça, previstos no Tit. II da Parte Especial do CP, cometidos em face do deficiente, a incidência das imunidades absolutas e relativas dos arts. 181 e 182. Os operadores do Direito, diante da novel Lei, já questionam: tais dispositivos (arts. 181 e 182 do CP) incidem nos crimes contra o patrimônio, cometidos sem violência ou grave ameaça a pessoa com deficiência, previstos naquele Estatuto? É o caso, por exemplo, dos arts. 89 e 91. Certamente muitos vão defender a sua aplicação, ostentando a bandeira da analogia *in bonam partem*. Entendemos, depois de muita reflexão sobre o tema, que deve prevalecer o princípio da especialidade, isto é, crimes contra o patrimônio cometidos em face a pessoa com deficiência previstos no respectivo Estatuto ou qualquer outra lei especial não são alcançados pelas citadas imunidades. Conclusão diversa redundaria numa clara proteção deficitária do Estado. Não se pode ignorar que, na esmagadora maioria das vezes, quem tutela o patrimônio da pessoa com deficiência é seu parente próximo (cônjuge, companheiro, ascendente, descendente ou irmão). Garantir-lhes, desde logo, causa especial de exclusão de punibilidade quando arbitrariamente atacam a fortuna da pessoa com deficiência soa como indisfarçável absurdo.

## 17. CRIMES CONTRA A ORGANIZAÇÃO DO TRABALHO

- Guilherme de Souza Nucci, lembrando as lições de Hungria, observa que o crime do art. 197 do Código Penal é modalidade especial de constrangimento ilegal, no qual a pessoa jurídica não pode figurar como vítima. Contudo: "Somente o ser humano pode ser vítima da violência ou da grave ameaça, abrindo ou fechando o que lhe pertence. Não tem cabimento dizer, por exemplo, que a loja fechada pelo empregado que sofreu a violência, tem por sujeito passivo a pessoa jurídica, uma vez que foi o vendedor que *fechou* o estabelecimento e este não lhe pertence. Eis por que é inadequado dizer que a pessoa jurídica é o sujeito passivo" (*Código Penal comentado*, p. 937).
- Pessoa jurídica pode ser vítima do crime de boicotagem violenta (art. 198 do Código Penal)? Bitencourt, lembrando haver divergência, explica: "Embora não seja desarrazoado o entendimento de Regis Prado quando sustenta que a *pessoa jurídica* pode ser sujeito passivo do crime de boicotagem violenta, não nos parece tecnicamente adequado à norma proibitiva. Com efeito, qualquer das duas figuras descritas no dispositivo em exame exige que a conduta de constranger seja praticada contra *alguém*, e, em nosso vernáculo, não há espaço para abranger como 'alguém' uma ficção, em vez da pessoa natural." (Tratado de Direito Penal, v. 3, p. 406).
- No art. 199 do Código Penal, observa Bitencourt (*Tratado de Direito Penal*: Parte Especial, vol. 3, p. 412) estar criminalizada a conduta de constranger a vítima a participar (ou não) em *determinado* sindicato ou em *determinada* associação profissional. "O constrangimento a participar ou não participar, genericamente, de qualquer sindicato ou associação não tipifica esse crime, mas tão somente o crime de constrangimento ilegal (art. 146)". Pelos mesmos motivos, pressupondo o crime uma ação obstativa da participação em determinado sindicato, não se insere no núcleo do tipo a conduta destinada a afastar alguém de cargo sindical (*RJDTACRIM* 23/118).
- No art. 200 do Código Penal, na hipótese de abandono coletivo de trabalho, o crime é plurissubjetivo, sendo necessária a presença de no mínimo três empregados (parágrafo único). Já na suspensão do trabalho (*lockout*), os empregadores é que figurarão como autores do delito. A lei, nesta hipótese, nada menciona acerca da necessidade de haver um grupo mínimo de agentes, porém, a maioria da doutrina entende evidente essa condição, já que o texto prevê a conduta de *participar*, que naturalmente pressupõe a pluralidade de pessoas.
- Diverge a doutrina no tocante à revogação do art. 201 do Código Penal pela Lei nº 7.783/89, que regulamentou o direito de greve. Para aqueles que o consideram revogado, o argumento para tanto reside no fato de que o mencionado diploma legal permite greve em serviços essenciais e, além disso, a própria norma constitucional, ao garantir esse direito, não excepcionou, bem como não foi objeto de Lei Complementar a regulamentá-la (Luiz Regis Prado, Curso de Direito Penal Brasileiro – vol. 3 – Parte Especial, pp. 137/139). Para outros, como Mirabete, o artigo 201 permanece em vigor, mas não basta que a obra seja pública ou o interesse seja coletivo. É preciso que seja essencial para a preservação do interesse público (ob. cit. p. 378).
- No crime do art. 202, o dolo consiste na vontade de praticar uma das ações típicas previstas. Além disso, deve haver a finalidade especial de impedir ou embaraçar o curso normal do trabalho. Sem o motivo determinante da ação delituosa não se pode inferir a prática do delito previsto no art. 202 do CP, sob qualquer de suas formas (*RT* 564/425). É esse elemento subjetivo do tipo que diferencia o crime em apreço da invasão de domicílio, do esbulho possessório, do furto e do dano.
- Diferenças entre os delitos de frustração de direito assegurado por lei trabalhista e de redução a condição análoga à de escravo:

| | Redução a condição análoga a de escravo (art. 149 do CP) | Frustração de direito assegurado por lei trabalhista (art. 203 do CP) |
|---|---|---|
| **Tutela:** | Liberdade pessoal | Regularidade das relações de trabalho |

| | Redução a condição análoga a de escravo (art. 149 do CP) | Frustração de direito assegurado por lei trabalhista (art. 203 do CP) |
|---|---|---|
| **Tipo subjetivo:** | Há uma sujeição de domínio. Clara desumanização do trabalhador por meio de restrições de direitos ou condições de trabalho | A finalidade é frustrar a aplicação da legislação trabalhista ou impossibilitar o desligamento do serviço. |

- À época da elaboração do Código Penal de 1940, a Constituição de 1937 previa regra que vedava a contratação de estrangeiros em maior número do que brasileiros em empresas nacionais. Essa previsão foi repetida nos textos constitucionais subsequentes, até a Emenda Constitucional 1 de 1969. Com a promulgação da *Charta Magna* de 1988, passou-se a garantir a igualdade entre brasileiros e estrangeiros residentes no país, sendo a todos assegurado o livre exercício de qualquer trabalho, ofício ou profissão, respeitando-se as qualificações profissionais que a lei estabelecer. Proibiu-se, assim, a discriminação de estrangeiros no preenchimento de postos de trabalho. Dentro desse espírito, há posicionamento doutrinário negando a recepção do art. 204 do CP (bem como de qualquer outra norma, injustificadamente, discriminatória) pela Constituição Federal de 1988.
- O médico que continua a exercer a profissão após ter sua inscrição cancelada no Conselho Federal de Medicina pratica o delito do art. 205 (exercício e atividade com infração de decisão administrativa) ou do art. 282 do Código Penal (exercício ilegal da medicina)? De acordo com a jurisprudência do STF, a conduta típica prevista no art. 205 do CP, por ser específica, exclui a do art. 282 também do CP, portanto, o médico, que, após ter cancelada a sua inscrição pelo Conselho Federal de Medicina, continua a exercer a profissão, pratica o delito de exercício de atividade com infração de decisão administrativa (RT 748/544).
- Quanto ao art. 206 do Código Penal, deve ser observado que o tipo penal prevê o recrutamento de mais de um trabalhador, pois que utilizado o vocábulo no plural (*trabalhadores*). O que se discute na doutrina é o número mínimo exigido para a tipificação. Para uns (Celso Delmanto, *Código Penal comentado*, p. 577), bastam dois trabalhadores recrutados para a ocorrência do fato delituoso. Já para outros (Mirabete, *Manual de direito penal:* parte especial, v. 2, p. 386; Bitencourt, Tratado de Direito Penal, v. 3, p. 440), exige-se o recrutamento de pelo menos três trabalhadores, pois o Código Penal, quando se contenta com o número mínimo de dois, o diz expressamente.
- No art. 207 do Código Penal, Luiz Regis Prado (*Curso de direito penal brasileiro:* parte especial, p. 186), não sem razão, sustenta que a localidade para a qual serão enviados os trabalhadores deve ser afastada da origem, sob pena de não se ofender o bem jurídico.

## 18. CRIMES CONTRA O RESPEITO AOS MORTOS

- No art. 209 do Código Penal, embora a maioria, ante a ausência de previsão legal, não exija do agente qualquer finalidade especial (bastando que, de forma consciente, queira ou assuma o risco de perturbar ou impedir enterro ou cerimônia fúnebre), Noronha pensa diferente: "Não existe o crime sem dolo genérico. A respeito do *específico*, reina divergência. Cremos, entretanto, que é mister esse outro dolo, que é o fim ou o escopo de transgredir ou violar o sentimento de piedade para os que não mais vivem. É o que especifica o crime. Se, p. ex., um parente do morto, indignado com a empresa funerária, pela má qualidade do esquife enviado, o danifica ou destrói (ainda que o corpo ali esteja), não cremos haver praticado o delito em apreço, pois o objetivo da pessoa é justamente protestar contra o que reputa falta de consideração ou deferência para o ente querido" (*Direito penal*, v. 3, p. 81).
- Quanto ao crime do art. 210 do Código Penal, para Damásio de Jesus, "a sepultura vazia ou o monumento erigido à memória de alguém, que não contenham sequer partes de um cadáver, não constituem objeto material do delito" (*Direito penal*, v. 3, p. 78). No mesmo sentido é a lição de Luiz Regis Prado (*Curso de direito penal brasileiro:* parte especial, p. 225).
- No art. 211 do Código Penal, note-se que, para que seja considerado cadáver, não basta ao corpo humano estar sem vida, sendo imprescindível que mantenha os traços mínimos identificadores da aparência humana, ou seja, que não tenha sido atingido pela decomposição cadavérica. Assim, não são objetos do crime em estudo o esqueleto, as cinzas, as múmias e as partes do corpo incapazes de se reconhecer como tal. Havendo, por exemplo, subtração de múmia, poderá o agente incorrer na prática do crime de furto, tendo em vista não se tratar de coisa excluída do comércio.
- As partes do corpo do cadáver a que se refere o art. 211 do Código Penal são aquelas separadas em razão das circunstâncias da morte (como a explosão), bem como as retiradas do corpo humano após a morte. Deve-se atentar para o fato de que as partes amputadas de um corpo vivo não são protegidas pelo dispositivo em apreço, que trata da tutela do respeito aos mortos.
- Luiz Regis Prado, ao discorrer sobre o objeto material do art. 212 do Código Penal (cadáver ou suas cinzas), faz o seguinte apontamento: "Quanto ao objeto material desse dispositivo, é muito importante esclarecer que tanto pode ser o *cadáver* (corpo humano inanimado, inclusive o natimorto), as *partes deste* ou suas *cinzas* (resíduos de cremação). Embora o legislador não tenha expressamente incluído o termo 'partes dele', como o fez o legislador de 1969 [no Código Penal que não chegou a vigorar], é perfeitamente possível que aquelas sejam objeto de proteção desse dispositivo, com base no argumento a *minori ad maius*. Ora, não seria lógico salientar que constitui crime escarrar sobre as cinzas de um cadáver, enquanto o mesmo ato praticado sobre um membro (*v.g.*, tronco, braço, cabeça) de uma pessoa falecida constitua conduta atípica" (*Curso de direito penal brasileiro:* parte especial, p. 243).

## 19. CRIMES CONTRA A DIGNIDADE SEXUAL

- O bem jurídico protegido na tipificação do estupro é a dignidade sexual do ofendido, é o direito de dispor do corpo, a tutela do critério de eleição sexual de que goza na sociedade. É direito seu que não desaparece ainda que se dê à vida licenciosa, como no caso da prostituta, que, mesmo mercadejando com o corpo, conserva a faculdade de aceitar ou recusar o parceiro que o solicita.
- Antes da reforma promovida pela Lei 12.015/09, a doutrina discutia a necessidade (ou não) de finalidade específica animando o agente no cometimento do crime de estupro. Mirabete entende imprescindível sua presença, e, comentando o artigo antes da reforma, argumentava: "A vontade de constranger, obrigar, forçar a mulher é o dolo do delito de estupro. Exige-se, porém, o elemento subjetivo do injusto (dolo específico), que é o intuito de manter conjunção carnal" (*Manual de direito penal*: parte especial, v. 2, p. 409). Já Fernando Capez, com a maioria, ensina que nenhuma finalidade específica é necessária para que se configure o crime de estupro: "Entendemos que não é exigida nenhuma finalidade especial, sendo suficiente a vontade de submeter a vítima à prática de relações sexuais completas. O que pode causar certa dúvida é o fato de que tal crime exige a finalidade de satisfação da lascívia para a sua caracterização. Ocorre que se trata de um delito de tendência, em que tal intenção se encontra ínsita no dolo, ou seja, na vontade de praticar a conjunção carnal. Deste modo, o agente que constrange mulher mediante o emprego de violência ou grave ameaça à prática de cópula vagínica não age com nenhuma finalidade específica, apenas atua com a consciência e vontade de realizar a ação típica e com

isso satisfazer sua libido (o até então chamado dolo genérico)" (Direito Penal – Parte Especial, v. 3, p. 6-7). A Lei 12.015/2009 não foi capaz de esclarecer a divergência. Mas resulta claro que da noção do dolo, nos crimes sexuais, faz parte a intenção de realizar ato de libidinagem, ou seja, a intenção sexual é inerente ao dolo, nos delitos contra a dignidade sexual.

- Decidiu o STJ ter se caracterizado o crime de estupro qualificado na situação em que o agente, pretendendo se envolver lascivamente com uma adolescente de quinze anos, levou-a ao chão e, imobilizando-a com o joelho, "roubou-lhe" um beijo (REsp 1.611.910/MT, DJe 27/10/2016). E decisões posteriores têm seguido a mesma linha: "(...) 3. O estupro é, pois, crime complexo em sentido amplo, constituindo-se de constrangimento ilegal voltado para uma finalidade específica, consistente em conjunção carnal ou outro ato libidinoso. Ademais, a execução desta conduta típica especial de constrangimento ilegal possui elementos especializantes de meio de execução, consistentes na violência (vis absoluta ou vis corporalis) ou grave ameaça (vis compulsiva). A grave ameaça, também conhecida como violência moral, é a promessa de realização de mal grave, futuro e sério contra a vítima (direta ou imediata) ou pessoa que lhe é próxima (indireta ou mediata). Por sua vez, a violência caracteriza-se pelo emprego de força física sobre a vítima, consistente em lesões corporais ou vias de fato. Pode ser direta ou imediata, quando dirigida contra o ofendido, ou indireta ou mediata, se voltada contra pessoa ou coisa ligada à vítima por laços de parentesco ou afeto. 4. O beijo lascivo ingressa no rol dos atos libidinosos e, se obtido mediante violência ou grave ameaça, importa na configuração do crime de estupro. Evidentemente, não são lascivos os beijos rápidos lançados na face ou mesmo nos lábios, sendo preciso haver beijos prolongados e invasivos, com resistência da pessoa beijada, ou então dos beijos eróticos lançados em partes impudicas do corpo da vítima. Por conseguinte, verificar-se-á estupro mediante violência caso a conduta do beijo invasivo busque a satisfação da lascívia, desde que haja intuito de subjugar, humilhar, submeter a vítima à força do agente, consciente de sua superioridade física. 5. No caso, resta evidente a utilização de força física, conquanto ausentes vestígios de lesão, para beijar a vítima contra sua vontade, e ainda lhe esfregar o órgão genital ereto, tendo o recorrente parado apenas por ter sido impedido por testemunha. Em tese, tal conduta amolda-se à hipótese típica do crime de estupro, para realização de atos libidinosos, cometido por meio de violência, consistente no emprego de força física contra a vítima, subjugando-a pela superioridade física do agente, até porque aquela possui limitações físicas decorrentes da ataxia cerebelar" (RHC 93.906/PA, j. 21/03/2019).

- Responde como partícipe do estupro quem garante as condições para sua ocorrência, mas não ingressa diretamente na ação típica: "Com efeito, no caso em tela, verifica-se que o recorrido G A dos S, apesar de não ter presenciado o ato, contribuiu e facilitou a conduta delituosa do comparsa, não havendo dúvidas quanto à sua participação no delito de estupro. O Código Penal, ao tratar do concurso de agentes, adota, como regra, a teoria monista, segundo a qual, presentes a pluralidade de agentes e a convergência de vontades voltada à prática da mesma infração penal, todos aqueles que contribuem para o delito incidem nas penas a ele cominadas, na medida da sua culpabilidade. Nos termos do art. 29 do Código Penal, a participação ocorre quando o agente, não praticando atos executórios do crime, concorre de qualquer modo para sua realização. Esta Corte Superior de Justiça, ao interpretar o referido artigo, entende que é parte passiva legítima na ação quem, de qualquer modo, concorre para o crime, ainda que não tenha praticado a conduta prevista no núcleo do tipo penal. [...] No caso, o ora recorrido, G A dos S, no momento em que aderiu à determinação do comparsa, saindo do veículo com a vítima F S de C para vigiá-lo e impedir qualquer reação por parte deste, facilitou e assegurou a consumação do delito, concorrendo para a conduta típica, nos exatos termos do art. 29 do Código Penal. Logo, é forçoso reconhecer a procedência da sentença, ao concluir que o ora recorrido participou do crime de estupro contra a vítima, pois permitiu, de fato, que com esta fosse praticado atos libidinosos" (STJ: REsp 1.799.010/GO, j. 23/04/2019).

- Nos termos da Lei 14.069/20, a condenação provoca a inserção do agente no Cadastro Nacional de Pessoas Condenadas por Crime de Estupro, o qual deve conter ao menos as seguintes informações:

  a) características físicas, fotos e dados de identificação datiloscópica: a Lei 12.037/09 admite a identificação criminal – que inclui o processo datiloscópico e o fotográfico (art. 5º) – em situações específicas, que não estão relacionadas à natureza do crime, mas sim à dúvida sobre a verdadeira identidade de quem é apontado como suspeito de um crime e à necessidade da identificação para as investigações policiais. A criação deste cadastro inclui uma forma de identificação obrigatória, ligada à natureza do crime cometido e que deve ser promovida após a condenação, caso não o tenha sido antes.

  b) identificação do perfil genético: o art. 9º-A da Lei 7.210/84 impõe a identificação do perfil genético de condenados por crime doloso praticado com violência grave contra a pessoa, bem como por crime contra a vida, contra a liberdade sexual ou por crime sexual contra vulnerável. Essa identificação (tratando-se da fase de execução da pena) não serve, necessariamente, para subsidiar investigação criminal em curso ou para esclarecer dúvida eventualmente gerada pela identificação civil (ou mesmo datiloscópica), tendo como fim principal abastecer banco de dados sigiloso (podendo servir para investigação futura). A coleta de perfil genético durante a fase de investigação policial obedece às disposições previstas na Lei 12.037/09, que permite a extração de material genético, mediante autorização judicial, caso seja essencial à investigação.

  c) local de moradia e atividade laboral desenvolvida, nos últimos 3 (três) anos, em caso de concessão de livramento condicional: são condições obrigatórias para o livramento condicional que o condenado comunique periodicamente ao juiz sua ocupação e não mude do território da comarca onde tramita a execução sem autorização (art. 132, § 1º, da LEP). É possível, ainda, impor a obrigação de que o condenado não mude de residência sem a devida comunicação (§ 2º). Não há, portanto, maiores dificuldades no abastecimento do cadastro no que tange às informações sobre a moradia e a atividade profissional desenvolvida pelo condenado em liberdade antecipada.

  Nota-se que as informações contidas no cadastro criado pela Lei 14.069/20 de alguma forma já existiam, mas passam a ser compiladas especificamente com a finalidade de acompanhar criminosos sexuais.

- Sobre o revogado art. 214 do CP, que tipificava o atentado violento ao pudor, o STJ firmou o entendimento de que a revogação não autoriza a conclusão de que houve *abolitio criminis*. Aplica-se, no caso, o princípio da continuidade normativo-típica (HC 238.917/SP, DJe 22/03/2017).

- No art. 215 do Código Penal, é necessário que a fraude seja capaz de iludir alguém, analisando-se, para tanto, não só o meio empregado, como também as condições do ofendido, que poderão variar conforme o caso concreto (o local em que vive a vítima, o seu grau de instrução, a forma como foi educada etc.).

- A Lei 13.718/18 introduziu no Código Penal o art. 215-A, que tipifica a importunação sexual nos seguintes termos: "Praticar contra alguém e sem a sua anuência ato libidinoso com o objetivo de satisfazer a própria lascívia ou a de terceiro". Antes do art. 215-A, condutas relativas à importunação de conotação sexual normalmente se subsumiam, conforme o caso, ao art. 61 ou ao art. 65 do Decreto-lei 3.688/41. O art. 61, revogado expressamente pela Lei 13.718/18, consistia em importunar alguém, em lugar público ou acessível ao público, de modo ofensivo ao pudor. Já o art. 65, revogado pela Lei 14.132/21 (que tipificou o crime de perseguição no art. 147-A do CP), punia a conduta de molestar alguém ou perturbar-lhe a tranquilidade, por acinte ou por motivo reprovável.

- O preceito secundário do art. 215-A contém subsidiariedade expressa: aplicam-se as penas da importunação sexual se a conduta não caracteriza crime mais grave. Por isso, a falta de anuência da vítima não pode consistir em nenhuma forma de constrangimento, que aqui deve ser compreendido no sentido próprio que lhe confere o tipo do estupro – obrigar alguém à prática de ato de libidinagem –, não no sentido usual, de mal-estar, de situação embaraçosa, ínsita ao próprio tipo do art. 215-A e um de seus fundamentos.

- Existe assédio sexual se o empregador assedia sua subalterna para favorecer sexualmente seu filho (do empregador)? Na lição de Fernando Capez, "a vantagem ou favorecimento sexual pode ser para o próprio agente ou para outrem (p. ex., um amigo), ainda que este desconheça esse propósito do agente. Caso o terceiro tenha ciência e queira a obtenção desses benefícios sexuais, haverá o concurso de pessoas" (*Curso de direito penal:* parte especial. São Paulo: Saraiva, 2004, v. 3, p. 44-45).

- A doutrina discute se é possível o assédio sexual do professor contra o aluno. A controvérsia nasce a partir da interpretação que se pode conferir às expressões "superioridade hierárquica" e "ascendência", condições elementares do tipo. Para Guilherme de Souza Nucci (*Código Penal comentado*, p. 985), ambas são inerentes ao exercício de emprego, cargo ou função, mas a superioridade hierárquica retrata uma *relação laboral no âmbito público*, enquanto a ascendência espelha a mesma relação, porém no *campo privado*. Dentro desse espírito, não configura o crime a mera relação entre docente e aluno, por ausência do vínculo de trabalho entre os dois sujeitos. Luiz Regis Prado (*Curso de direito penal brasileiro:* parte especial, p. 288) discorda, assim argumentando: "*Superior hierárquico*, como elemento normativo do tipo, é condição que decorre de uma relação laboral, tanto no âmbito da Administração Pública como da iniciativa privada, em que determinado agente, por força normativa ou por contrato de trabalho, detém poder sobre outro funcionário ou empregado, no sentido de dar ordens, fiscalizar, delegar, ou avocar atribuições, conceder privilégios (*v.g.*, promoção, gratificação etc.), existindo uma carreira funcional, escalonada em graus. Na *ascendência*, elemento normativo do tipo, não se exige uma carreira funcional, mas apenas uma relação de domínio, de influência, de respeito e até mesmo de temor reverencial (*v.g.*, relação professor-aluno em sala de aula)". É a orientação adotada pelo STJ: "3. Insere-se no tipo penal de assédio sexual a conduta de professor que, em ambiente de sala de aula, aproxima-se de aluna e, com intuito de obter vantagem ou favorecimento sexual, toca partes de seu corpo (barriga e seios), por ser propósito do legislador penal punir aquele que se prevalece de sua autoridade moral e intelectual – dado que o docente naturalmente suscita reverência e vulnerabilidade e, não raro, alcança autoridade paternal – para auferir a vantagem de natureza sexual, pois o vínculo de confiança e admiração criado entre aluno e mestre implica inegável superioridade, capaz de alterar o ânimo da pessoa constrangida. 4. É patente a aludida "ascendência", em virtude da "função" desempenhada pelo recorrente – também elemento normativo do tipo –, devido à atribuição que tem o professor de interferir diretamente na avaliação e no desempenho acadêmico do discente, contexto que lhe gera, inclusive, o receio da reprovação. Logo, a "ascendência" constante do tipo penal objeto deste recurso não deve se limitar à ideia de relação empregatícia entre as partes. Interpretação teleológica que se dá ao texto legal" (REsp 1.759.135/SP, j. 13/08/2019).

- No tocante ao momento consumativo do assédio sexual, há duas correntes. Para uns, o crime se perfaz com o constrangimento (ainda que representado por um só ato), independentemente da obtenção da vantagem sexual visada. Assim lecionam Mirabete (*Manual de direito penal*, v. 2, p. 422) e Fernando Capez (Direito Penal, v. 3, p. 45); para outros, o crime é habitual, sendo necessária a prática de reiterados atos constrangedores.

- A Lei 13.772/18 inseriu no Código Penal o art. 216-B para tornar crime o registro não autorizado da intimidade sexual. O tipo preenche a lacuna que existia em relação à punição da conduta de indivíduos que registravam a prática de atos sexuais entre terceiros em ambientes privados. Trata-se da prática conhecida como *voyeurismo*. Embora se tratasse de conduta que violava gravemente a intimidade e que já podia dar ensejo a indenização por danos morais, o ato de quem, por exemplo, instalava um equipamento de gravação nas dependências de um imóvel para captar imagens íntimas sem o consentimento dos ocupantes não se subsumia a nenhum tipo penal.

- O *caput* do art. 217-A do Código Penal pune o agente que tem conjunção carnal ou pratica outro ato libidinoso com vítima menor de 14 anos (*caput*). Há quem sustente que a vulnerabilidade do menor deve ser apurada no caso concreto, mas prevalece tese diversa. Leciona a maioria da doutrina não haver espaço para discussão a respeito da presunção de vulnerabilidade, pois a lei nada presume. Sua redação é clara e inequívoca: proíbe-se a relação sexual com menor de quatorze anos. Foi este o manifesto propósito do legislador com a revogação do art. 224 – este sim expresso sobre a presunção de violência. Fosse para se perpetuar o debate, seria evidentemente desnecessária qualquer alteração. Tanto é assim que a justificação do projeto que originou a Lei 12.015/09 foi emitida nos seguintes termos: "Esse artigo [217-A], que tipifica o estupro de vulneráveis, substitui o atual regime de presunção de violência contra criança ou adolescente menor de 14 anos, previsto no art. 224 do Código Penal. Apesar de poder a CPMI advogar que é absoluta a presunção de violência de que trata o art. 224, não é esse o entendimento em muitos julgados. O projeto de reforma do Código Penal, então, **destaca a vulnerabilidade de certas pessoas**, não somente crianças e adolescentes com idade até 14 anos, mas também a pessoa que, por enfermidade ou deficiência mental, não possuir discernimento para a prática do ato sexual, e aquela que não pode, por qualquer motivo, oferecer resistência; e com essas pessoas considera como crime ter conjunção carnal ou praticar outro ato libidinoso; **sem entrar no mérito da violência e sua presunção. Trata-se de objetividade fática**" – grifamos.

  E, atendendo ao propósito da lei, o STJ firmou o entendimento no sentido de afastar pretensões para apurar concretamente a vulnerabilidade (súmula nº 593). Não obstante ter-se pacificado a matéria, decidiu o legislador inserir, no próprio tipo penal, disposição expressa (§ 5º do art. 217-A) de que manter relação sexual com menor de quatorze anos é sempre crime, ainda que a vítima tenha consentido, ou mesmo que se demonstre sua experiência sexual anterior. Dessa forma, a nova disposição legal não modifica, na prática, a orientação que já vinha sendo adotada a respeito do estupro de vulnerável em razão da idade. Apenas torna inequívoca, pela via legislativa, a interpretação já consagrada sobre o *caput* do art. 217-A.

  Note-se que o STJ firmou a tese de que a aplicação da súmula 593 a fatos ocorridos antes de sua edição não caracteriza retroatividade maléfica: "O enunciado da Súmula n.º 593/STJ não constitui *novatio legis in pejus*, mas apenas apresenta a adequada interpretação das modificações introduzidas pela Lei n.º 12.015/2009. Portanto, uma vez que a referida Lei estava em vigor na data do delito ora apurado, não há hipótese de violação à irretroatividade de lei penal mais gravosa" (AgRg no REsp 1.765.591/ES, j. 23/04/2019).

- De acordo com o que decidiu o STJ, o crime de estupro de vulnerável pode se caracterizar inclusive em situações nas quais não há contato físico entre o agente e a vítima (RHC 70.976/MS, DJe 10/8/2016).

- O fato de a vítima do crime ser uma criança é elemento ínsito ao tipo penal e, portanto, não pode ser utilizado para a incidência da agravante do art. 61, inciso II, h, do CP: "O artigo 217-A do Código Penal dispõe sobre o crime de estupro cometido contra pessoa menor de 14 anos, o que torna inviável à exasperação da pena, na segunda fase da dosimetria, em razão da incidência da agravante prevista no art. 61, II, h, do Código Penal (crime cometido contra criança), sob pena de *bis in idem*. Na espécie, deve ser afastada a referida agravante, diante da ocorrência de bis in idem" (STJ: HC 396.017/SP, j. 22/08/2017). A tenra idade da vítima, no entanto, pode ser utilizada como circunstância judicial para aumentar a pena-base (STJ: AgRg no AREsp 1.635.033/PA, j. 23/06/2020).

- Se a vítima, embora consciente, está completamente imobilizada, sem capacidade motora de oferecer resistência, caracteriza-se o estupro de vulnerável: "1. Verifique-se que, apesar de a reprovação da violência não sofrer alteração deontológica significativa – ambos sendo igualmente reprováveis e abjetos, a vítima sem potencial motor ou a vítima com relativo potencial motor -, é certo que, quando se encontra completamente imobilizada, ela está, de fato e de direito, incapacitada de oferecer resistência, completamente vulnerável, à revelia da sorte escolhida por seu agressor unilateralmente. 2. Se completamente inerte e incapaz de usar seu potencial motor (oferecer resistência) contra a violência sexual, haverá crime de estupro de vulnerável (art. 217-A do CP). Se ainda lhe restar capacidade de discernir sobre a ilicitude da conduta, possibilidade de ofertar alguma resistência e não houver elementos biológicos incapacitantes, haverá o crime de estupro do art. 213 do CP. [...] 4. Agressão sexual contra vítima completamente impossibilitada de esboçar reação (vítima amarrada com as mãos para trás) configura estupro de vulnerável (art. 217-A, § 1º, do CP)" (STJ: REsp 1.706.266/MT, j. 18/10/2018).
- De acordo com o STJ, o juiz não está vinculado à existência de laudo pericial para apurar a capacidade de discernimento de alguém para manter relações sexuais: "Para fins de caracterização da vulnerabilidade da vítima maior de idade e portadora de enfermidade mental, é permitido ao Magistrado, mesmo que sem a presença de laudo pericial, aferir a existência do necessário discernimento para a prática do ato ou a impossibilidade de oferecer resistência à prática sexual, desde que mediante decisão devidamente fundamentada, atendendo ao princípio do livre convencimento motivado" (HC 542.030/MS, j. 06/02/2020).
- Sempre se discutiu (na doutrina e jurisprudência) se o estupro contra vulnerável, sem violência ou grave ameaça, era ou não hediondo (antigo art. 224 do CP). A Lei 12.105/2009 colocou uma pá de cal na discussão, incluindo, expressamente, o art. 217-A no rol de delitos hediondos. No entanto, para aqueles que negavam o caráter hediondo ao crime, a mudança é irretroativa.
- Nos casos em que são cometidos atos como beijos e toques lascivos sobre a roupa em menores de quatorze anos, sem que se identifiquem o constrangimento e o contato efetivamente sexual, há quem defenda que a tipificação se afaste do art. 217-A e se assente na importunação sexual, mais adequada, segundo se argumenta, para lidar com situações que não chegam efetivamente ao contato sexual. O STJ, contudo, se orienta no sentido de que não é possível promover a desclassificação: "Presente o dolo específico de satisfazer à lascívia, própria ou de terceiro, a prática de ato libidinoso com menor de 14 anos configura o crime de estupro de vulnerável (art. 217-A do CP), independentemente da ligeireza ou da superficialidade da conduta, não sendo possível a desclassificação para o delito de importunação sexual (art. 215-A do CP)" (REsp 1.959.697/SC, j. 08/06/2022).
- Antes da Lei 12.015/2009 o lenocínio típico (alcovitaria) estava previsto somente no art. 227 do CP, punido com reclusão de 1 a 3 anos em se tratando de vítima adulta (art. 227, *caput*); reclusão de 2 a 5 anos, quando a vítima era adolescente maior de 14 anos (art. 227, § 1º); se não maior de 14 anos, reclusão de 2 a 8 anos, presumindo-se a violência (art. 224, *a*). Esta última hipótese, com o advento da nova Lei passou a configurar crime autônomo (art. 218 do CP), punido com reclusão de 2 a 5 anos.
- No crime do art. 218-A do CP, exige-se a presença física (in loco) do menor? Apesar de haver corrente lecionando que o avanço tecnológico autoriza o crime sem a presença física da vítima, Bitencourt discorda e assim argumenta: "O texto legal utiliza os vocábulos 'na presença de alguém menor' e 'induzi-lo a presenciar', ou seja, com os termos 'presença' e 'presenciar', fica claro que o menor vulnerável deve encontrar-se, fisicamente, no local onde se realiza a cena de libidinagem. Tais termos têm significado muito específico, iniludível de que o indivíduo deve estar, pessoalmente ou, dito de outra forma, 'de corpo presente' onde se desenrola o acontecimento libidinoso (...) e não indiretamente, via qualquer mecanismo tecnológico, físico ou virtual, como permitiria o mundo tecnológico" (Tratado de Direito Penal, vol. 4, p. 117).
- A prostituta pode ser vítima do delito do art. 218-B? Quando impedida de deixar a prostituição, sim (contudo, por já se dedicar, por conta própria, ao comércio carnal, não será possível, obviamente, induzir, atrair ou facilitar o seu ingresso na libertinagem).
- A respeito do art. 218-B do Código Penal, observa Bitencourt: "Embora o texto legal não diga, faz-se necessário que o menor não tenha menos de 14 anos, pois, nesse caso, o crime poderá ser o estupro de vulnerável (art. 217-A). Ainda poderá figurar como sujeito passivo quem, por enfermidade ou deficiência mental, não tem o necessário discernimento para a prática do ato. Nessa última hipótese, a exploração sexual não pode atingir o nível da prática do ato de libidinagem, sob pena de poder configurar o estupro de vulnerável já mencionado" (Tratado de Direito Penal, vol. 4, p. 122).
- No julgamento do HC 371.633/SP (j. 19/03/2019), o STJ estabeleceu que, no crime do art. 218-B, § 2º, inc. I, do CP (praticar conjunção carnal ou outro ato libidinoso com menor entre quatorze e dezoito anos explorado sexualmente em prostituição), é desnecessária a exploração do menor por um terceiro para que o "cliente" seja responsabilizado pelo crime. No caso julgado, o próprio agente havia abordado alguns adolescentes e lhes oferecido dinheiro e alimentos para que com ele mantivessem relação sexual em diversas ocasiões. Segundo se decidiu, nessa situação se confundiam na mesma pessoa as características de explorador e usuário do serviço de prostituição, e não há nada que impeça a punição de acordo com a figura típica. O tribunal também manteve a continuidade delitiva em razão dos diversos encontros, pois não se exige relacionamento habitual para a caracterização do crime. Basta um evento em que alguém pratique atos de libidinagem com menor entre quatorze e dezoito anos submetido a exploração sexual para que se tipifique o delito. Logo, múltiplos encontros resultam em concurso de crimes.
- No mesmo julgamento foi abordada a questão relativa à vulnerabilidade de menores submetidos a exploração sexual. Inicialmente, o tribunal pontuou a diferença entre a vulnerabilidade dos arts. 217-A, 218 e 218-A e a do art. 218-B. No primeiro caso, em que se pune a relação sexual com *menor* de quatorze anos, não se discute a maturidade sexual ou a capacidade de consentimento. O mesmo se dá nos artigos 218 e 218-A, em que o sujeito passivo, embora não envolvido diretamente em relações sexuais, também é *menor* de quatorze anos. Mas a vulnerabilidade do art. 218-B tem natureza diversa, pois a tutela penal recai em *maiores* de quatorze anos, razão pela qual é necessário apurar se a pessoa tem o necessário discernimento para a prática do ato. No caso julgado, concluiu-se que os menores eram vulneráveis, pois a proposta para as relações sexuais envolveu ofertas em dinheiro e de alimentos, o que evidencia que a situação miserável das vítimas serviu para que o agente se aproveitasse para satisfazer a própria lascívia.
- Ainda sobre o crime do art. 218-B, o STJ decidiu que não se exige habitualidade. Trata-se de crime instantâneo, que se consuma

no momento em que o agente obtém a anuência para práticas sexuais com a vítima menor de idade, mediante artifícios como a oferta de dinheiro ou outra vantagem, ainda que o ato libidinoso não seja efetivamente praticado (Processo sob segredo de justiça, j. 20/09/2022).

- A Lei 13.718/18 inseriu no Código Penal o art. 218-C, que tipifica o crime de divulgação de cena de estupro ou de cena de estupro de vulnerável, de cena de sexo ou de pornografia. Os objetos materiais do crime são fotografias, vídeos ou outros registros audiovisuais que:

  a) contenham cena de estupro ou de estupro de vulnerável: trata-se de violência sexual real, ao mesmo tempo registrada e depois difundida por qualquer meio. O tipo menciona também as cenas de estupro de vulnerável, mas devemos ter em mente que o vulnerável aqui é apenas quem, por enfermidade ou deficiência mental, não tem o necessário discernimento para a prática do ato, ou que, por qualquer outra causa, não pode oferecer resistência. Tratando-se de estupro de vulnerável menor de quatorze anos, a difusão das imagens não caracteriza este crime, mas um dos correlatos tipificados no ECA (arts. 241 ou 241-A);

  b) façam apologia ou induzam a sua prática: não é necessário que as imagens veiculem cenas sexuais. O que se busca punir é a divulgação de material que de alguma forma faça apologia ou induza a prática de estupro, como um vídeo em que alguém defenda a legitimidade da prática ou de alguma forma a conclame;

  c) consistam em registros de cenas de sexo, nudez ou pornografia sem o consentimento da vítima: não se trata de cenas de violência sexual, mas de sexo, nudez ou pornografia sem que a pessoa fotografada ou gravada tenha dado consentimento para a difusão. É o caso, por exemplo, do casal que grava a si mesmo, ou permite que outrem o faça, e um deles, ou terceiro, promove a difusão das imagens sem autorização.

- Note-se que no art. 218-C não tem lugar, ao contrário do que ocorre no art. 287 do CP, a discussão sobre a necessidade de que a apologia se refira a crime já ocorrido. O art. 287 pune a apologia de *fato criminoso*, o que, para parcela da doutrina, restringe a abrangência do tipo a crimes já ocorridos, pois, do contrário, há apenas incitação. O art. 218-C, no entanto, não contém a expressão *fato criminoso*, referindo-se apenas à apologia do estupro.

- O crime do art. 218-C é expressamente subsidiário, ou seja, tem lugar apenas se a conduta não constitui crimes mais graves, que, no caso, são os artigos 241 e 241-A do ECA. O art. 218-C, aliás, é uma combinação dos núcleos típicos que compõem os dois dispositivos que visam à proteção de crianças e adolescentes. Dessa forma, se a conduta consiste em vender ou expor à venda fotografia, vídeo ou outro registro audiovisual com cena envolvendo criança ou adolescente, o crime é o do art. 241 do ECA, punido com reclusão de quatro a oito anos. Tratando-se das demais condutas envolvendo menores de idade, o crime é o do art. 241-A, punido com reclusão de três a seis anos.

- O crime do art. 218-C pode de alguma forma se relacionar com o art. 216-B na medida em que não se descarta a possibilidade de que o mesmo indivíduo faça o registro ilegal da intimidade alheia e, em seguida, torne o conteúdo público, normalmente pela rede mundial de computadores. Neste caso, qual a solução adequada: a absorção de uma figura típica pela outra ou a imputação de dois crimes em concurso? Ambas as soluções são possíveis, a depender das circunstâncias em que são cometidas as condutas. De fato, não é possível afirmar *a priori* que o registro indevido é essencialmente um meio para a divulgação, nem tampouco que se trata necessariamente de condutas distintas. Imaginemos que alguém instale câmeras de vídeo em quartos de motel para captar imagens de encontros sexuais que ocorrem naquelas dependências. Em seguida, a mesma pessoa divulga na internet as imagens gravadas. Só com estes dados não é possível estabelecer se é o caso de aplicar a regra do concurso de crimes ou a da absorção. É preciso analisar maiores detalhes não somente sobre o lapso temporal entre uma conduta e outra como também sobre a intenção do agente no momento em que decide registrar a intimidade alheia. Em resumo, podemos estabelecer o seguinte: a) se a intenção do agente é efetuar o registro para sua própria satisfação e, em momento distinto, decide divulgar o conteúdo, é possível sustentar a diversidade de contextos fáticos que dá ensejo ao concurso de delitos; b) se, por outro lado, efetua o registro já com o intento de divulgar as imagens, a conduta relativa ao art. 216-B pode ser considerada apenas um meio de obtenção de conteúdo para posterior compartilhamento por sistema de comunicação de massa, de informática ou de telemática, aplicando-se portanto a consunção; c) dá-se também a absorção se a divulgação é simultânea ao registro, isto é, se o agente capta as imagens e as transmite em forma de *streaming*, possibilitando o acesso em tempo real pelos usuários de sistemas de informática ou telemática.

- A Lei 13.718/18 modificou o art. 225 do CP para alterar a sistemática da ação penal, que passa a ser sempre pública incondicionada. Com a reforma que havia sido introduzida pela Lei 12.015/09, a ação penal era pública condicionada a representação, desde que a vítima não fosse menor de dezoito anos ou vulnerável. A partir da Lei 13.718/18 não existe mais distinção. Entendemos que, neste caso, a ação penal, para os crimes praticados antes da vigência da nova lei, deve continuar sendo pública condicionada a representação, vez que, do contrário, estar-se-ia subtraindo institutos extintivos da punibilidade ao acusado. A mudança da titularidade da ação penal é matéria de processo penal, mas conta com reflexos penais imediatos. Daí a imperiosa necessidade de tais normas (processuais, mas com reflexos penais diretos) seguirem a mesma orientação jurídica das normas penais. Quando a inovação é desfavorável ao réu, não retroage.

- O art. 61, II, *f*, do Código Penal agrava a pena de quem comete crime com abuso de autoridade (nas relações privadas) ou prevalecendo-se de relações domésticas, de coabitação ou de hospitalidade ou com violência contra a mulher (Lei 11.340/06). Considerando que o fundamento da majorante do art. 226, II é o abuso das relações familiares, de intimidade ou de confiança que o criminoso mantém com a vítima, é natural que se considere *bis in idem* a incidência simultânea da mencionada agravante e da causa de aumento de pena nos casos em que o abuso nas relações domésticas decorre da relação de parentesco. O STJ, no entanto, firmou tese em sentido contrário: "Não caracteriza *bis in idem* a utilização da agravante genérica prevista no art. 61, II, f, do Código Penal e da majorante específica do art. 226, II, do Código Penal, tendo em vista que a circunstância utilizada pelo Tribunal de origem para agravar a pena foi a prevalência de relações domésticas no ambiente intrafamiliar e para aumentá-la na terceira fase, em razão da majorante específica, utilizou-se da condição de padrasto da vítima, que são situações distintas" (AgRg no REsp 1.872.170/DF, Rel. Min. Ribeiro Dantas, j. 09/06/2020).

- Em recurso ordinário em *habeas corpus*, o STF foi provocado a decidir a respeito do alcance da expressão *ascendente*, contida na redação da majorante do art. 226, inciso II, do CP. Sustentava-se no recurso que o bisavô não poderia sofrer o aumento da pena. O STF, todavia, negou provimento ao recurso e estabeleceu que o bisavô é ascendente para os efeitos da majorante, pois o art. 1591 do Código Civil dispõe serem parentes em linha reta as pessoas que estão umas para com as outras na relação de ascendentes e descendentes, ao passo que o art. 1594 determina que na linha reta os graus de parentesco são contados pelo número de gerações. Não há na lei nenhuma referência a limites no número de gerações para que seja estabelecida a relação de parentesco por ascendência. Dessa forma, para qualquer efeito legal, são ascendentes de alguém *todos* os parentes em linha reta provenientes das gerações anteriores. Destacou o tribunal, ademais, que o próprio caso concreto evidenciava a relevância da relação de parentesco entre a vítima e seu bisavô, que cometeu violência sexual por aproximadamente três anos, o que demonstra a proximidade e a confiança que caracterizam as relações familiares e que justificam a existência da causa de aumento de pena (RHC 138.717/PR, j. 23/05/2017).

- A Lei 13.718/18 inseriu no art. 226 o inciso IV, que aumenta de um a dois terços a pena nas formas coletiva e corretiva do estupro. A forma coletiva se caracteriza pelo concurso de dois ou mais agentes; a corretiva é cometida com o propósito de controlar o comportamento social ou sexual da vítima.
- No crime de mediação para servir a lascívia de outrem (art. 227 do Código Penal), embora o tipo penal não faça nenhuma ressalva no tocante às qualidades morais da vítima, tem-se entendido que, tratando-se de pessoa inteiramente corrompida, afeita à vida sexual promíscua, o delito não se configura, pois que a conduta punível é a de *induzir*, não sendo possível que ocorra contra quem já é dado a práticas dessa natureza (nesse sentido: *RT* 487/347).
- Profunda inovação introduzida pela Lei nº 12.015/2009 foi substituir *casa de prostituição ou lugar destinado a encontro para fins libidinosos* por *estabelecimento em que ocorra a exploração sexual*, expressão muito mais pertinente (para o fim de incriminação da conduta), permitindo abranger não só os prostíbulos, mas qualquer espaço que venha a servir de abrigo habitual para a prática de comportamentos contra a dignidade sexual de alguém, ou seja, comportamentos que denotem "exploração" sexual, ainda que eventualmente licenciado. Assim, mesmo não olvidando permanecer doutrina em sentido contrário, a intenção do legislador parece ser punir também hotéis, motéis, hospedarias e até restaurantes, desde que destinados, habitualmente, à exploração sexual.
- O art. 229 do Código Penal veicula um crime habitual, conclusão que se extrai do núcleo típico *manter*, isto é, comportamento costumeiro, corrente e reiterado. E decidiu o STJ que não há o crime se não demonstrada a violação da liberdade de quem exerce a mercancia sexual: "1. Mesmo após as alterações legislativas introduzidas pela Lei nº 12.015/2009, a conduta consistente em manter Casa de Prostituição segue sendo crime tipificado no artigo 229 do Código Penal. Todavia, com a novel legislação, passou-se a exigir a "exploração sexual" como elemento normativo do tipo, de modo que a conduta consistente em manter casa para fins libidinosos, por si só, não mais caracteriza crime, sendo necessário, para a configuração do delito, que haja exploração sexual, assim entendida como a violação à liberdade das pessoas que ali exercem a mercancia carnal. 2. Não se tratando de estabelecimento voltado exclusivamente para a prática de mercancia sexual, tampouco havendo notícia de envolvimento de menores de idade, nem comprovação de que o recorrido tirava proveito, auferindo lucros da atividade sexual alheia mediante ameaça, coerção, violência ou qualquer outra forma de violação ou tolhimento à liberdade das pessoas, não há falar em fato típico a ser punido na seara penal" (REsp 1.683.375/SP, rel. Min. Maria Thereza de Assis Moura, j. 14/08/2018).
- O crime de *rufianismo* (art. 230 do Código Penal) não se confunde com o lenocínio, pois neste o agente, depois de servir como intermediário de uma relação sexual, em regra afasta-se da vítima, não buscando, necessariamente, lucro. Também a desnecessidade de compartilhar lucro é o marco que diferencia o crime do art. 230 daquele previsto no art. 229 (casa de prostituição).
- O ato obsceno não se confunde com a importunação sexual (art. 215-A do CP), que pressupõe a prática de ato libidinoso direcionado a alguém contra sua vontade. Responde por importunação sexual quem, por exemplo, se masturba em frente a alguém porque aquela pessoa lhe desperta um impulso sexual; mas pratica o crime em estudo quem se masturba em uma praça pública sem visar a alguém específico, apenas para ultrajar ou chocar os frequentadores do local.
- Não haverá o crime de ato obsceno se o ato for praticado em lugar que não ofereça a publicidade requerida para que se ofenda a coletividade. Assim, se o agente se envolve, por exemplo, em ato sexual em um terreno, público, aberto ou exposto ao público, sem a possibilidade de ser presenciado (difícil acesso, condições climáticas, horário avançado) não haverá o crime.
- Sabendo que a mulher pode ser sujeito ativo de estupro, tendo um homem como vítima, haverá o aumento de pena previsto no art. 234 do CP quando, nessa condição, engravidar? Cezar Roberto Bitencourt considera inaplicável a majorante: "Certamente, a previsão legal não admite essa conotação, pois não passaria de *mutatis mutandis*, uma espécie de autolesão, que não representa maior desvalor do resultado da conduta para a vítima" (Tratado de Direito Penal, v. 4, p. 201). Entendemos, todavia, cabível o aumento, pois a lei não diferencia a pessoa grávida. Aliás, quando o homem (vulnerável, por exemplo) é vítima, a gravidez da autora do crime é para ele consequência grave, merecendo incidir o aumento. Não bastasse, a concepção durante um ato de estupro, por si, é bastante para tornar mais grave a conduta, que tem repercussão social muito maior.

## 20. PROMOÇÃO DE MIGRAÇÃO ILEGAL

- A Lei nº 13.445/17 introduziu no Código Penal o art. 232-A, que tipifica o crime de promoção de migração ilegal. O crime não tem nenhuma relação com a dignidade sexual, embora tenha sido inserido no Título VI da Parte Especial. Não tem conotação sexual e não se confunde, de forma nenhuma, com o tráfico de pessoas para exploração sexual, que antes da Lei nº 13.344/16 fazia parte do mesmo Capítulo V do Título VI. Trata-se, simplesmente, de viabilizar a entrada no território brasileiro de estrangeiro que não cumpre os requisitos legais estabelecidos na própria Lei de Migração.
- No crime do art. 232-A do CP, a ação nuclear de *promover* a entrada ilegal de estrangeiro deve ser interpretada de forma ampla, punindo-se quem agencia a vinda do estrangeiro, quem o transporta para o território nacional, quem o recebe no momento do ingresso ou quem de qualquer forma pratica algum ato com o propósito de tornar possível a entrada do estrangeiro sem a observância das disposições legais, sendo que a entrada ilegal pode ocorrer tanto por meio de desvio dos postos de imigração (ex.: o agente promove a entrada do estrangeiro por fronteira terrestre ou marítima onde não existe forma de controle) quanto mediante utilização de meios fraudulentos perante o controle de imigração (ex.: documentos falsos).

  Para os efeitos do crime, é *estrangeiro* qualquer pessoa que não se insira em nenhuma das qualificações de brasileiro nato ou naturalizado de que trata o art. 12 da CF.
- O que se entende, para os efeitos do art. 232-A do CP, por *território nacional*? Parece-nos mais adequada a referência apenas ao território físico. É somente no momento da entrada no território físico que os órgãos de fiscalização de fronteiras podem exercer o controle da entrada de pessoas no território brasileiro. Não faz sentido aplicar o conceito extenso de território (art. 5º, §§ 1º e 2º, CP) neste caso porque em determinadas situações o crime se perfaria muito antes de ser possível qualquer tipo de controle. Seria o caso, por exemplo, do agente que, com intuito de promover a entrada de estrangeiro ilegal no Brasil, o introduzisse em uma embarcação pública brasileira atracada em outro país. O crime se consumaria imediatamente, com a mera entrada do estrangeiro na embarcação. De igual forma, pensamos que a promoção de entrada ilegal de brasileiro em país estrangeiro só ocorre se houver o ingresso do nacional no território físico de outro país. Trata-se, aqui, da situação em que criminosos agenciam a ida de nacionais sem vistos para residir em outros países. Talvez a situação mais comum seja a de brasileiros que emigram aos Estados Unidos passando pelo México, guiados pelos denominados "coiotes".
- O tipo do art. 232-A do CP contém um elemento subjetivo: a finalidade especial de obter vantagem econômica. Com isso

PENAL

afasta-se a possibilidade de punição se alguém praticar uma das modalidades do tipo com o intuito de simplesmente auxiliar a pessoa que pretende ingressar ilegalmente no território nacional ou em país estrangeiro.

- Tendo em vista os bens jurídicos tutelados, a competência para julgar a promoção de migração ilegal é da Justiça Federal.

## 21. CRIMES CONTRA A FAMÍLIA

- No tocante ao sujeito ativo do crime de bigamia, há entendimentos no sentido de que as testemunhas que afirmam a inexistência de impedimento, sabendo que um dos nubentes é pessoa já casada, respondem como partícipes (Luiz Regis Prado, *Curso de direito penal brasileiro:* parte especial, p. 437).
- Contrair novo casamento quando separado judicialmente no primeiro não elide o crime de bigamia, vez que, até a decretação do divórcio, o vínculo matrimonial permanece (*RT* 733/554). O mesmo raciocínio ocorre com a declaração de ausência.
- No crime do art. 236 do Código Penal, apesar de a lei silenciar, a doutrina ensina que a ocultação deve ser comissiva (uma ação), pois a forma omissiva (silêncio, inação) é um indiferente penal.
- Sobre o registro de nascimento inexistente, lembra Regis Prado: "É bem possível que o agente seja pessoa estranha à família daqueles indicados como pais da criança inexistente ou, ainda, oficial do Registro Civil. O médico que forneça atestado de nascimento inexistente e as testemunhas do suposto nascimento podem figurar como partícipes do delito em estudo. De outro lado, são coautores do delito o pai e a mãe fictícios que promovem a falsa inscrição no Registro Civil" (*Curso de direito penal brasileiro:* parte especial, v. 3, p. 484).
- No crime de abandono material, a omissão de assistência a número plural de parentes não desnatura a unidade do crime, pois o bem jurídico protegido é a família (neste sentido: *RT* 518/385).
- No crime de entrega de filho menor a pessoa inidônea, percebe-se que a lei não se contenta com a simples entrega do menor à pessoa inidônea sendo imprescindível que esta pessoa possa atingir o infante material ou moralmente. Será perigo material aquele capaz de causar algum dano físico, como lesões, doenças, inclusive decorrentes de trabalho excessivo, a entrega a um ébrio, a um toxicômano. Perigo moral se dá quando capaz de causar dano psíquico no menor, seja pela atividade que irá realizar juntamente com a pessoa à qual foi entregue (viver com pessoa que exerça indústria perigosa), seja pelo que irá presenciar por parte dessa pessoa (viver com meretriz).
- A respeito do abandono intelectual, alerta Regis Prado: "Em que pese sustentar que não se perfaz o abandono intelectual quando a educação do menor é ministrada em casa, é forçoso reconhecer que a *ratio legis* da incriminação é a de compelir os pais a providenciar a escolarização do filho, oferecendo-lhe a educação fundamental no estabelecimento de ensino regular – e não fora dele. Aliás, acentua-se, corroborando tal entendimento, que apenas naquele local pode o menor, 'convivendo intimamente com os colegas e respectivas famílias, participando das atividades desenvolvidas pela agência educativa, formar integralmente sua personalidade, preparando-se para a vida em sociedade'. Não fosse assim, 'não haveria como justificar a expressão – idade escolar – utilizada pelo legislador ao estruturar a figura definida no art. 246 do Código Penal. Idade *escolar*, ao que tudo indica, significa aquela em que deve ter lugar a entrada na *escola*'" (*Comentários ao Código Penal*. 2. ed. São Paulo: RT, 2003, p. 532). Essa orientação não é compartilhada por Damásio: "A Carta Magna, após qualificar a educação como direito social (art. 6º), impõe aos pais o dever de "educar" os filhos (art. 229). Não dispõe sobre a obrigação de educá-los em "escola" (pública ou particular). [...] Se a CF impõe aos pais o dever de "educação" e, se ela pode ser escolar e domiciliar, admitindo as duas, esta última não pode ser considerada ilegal. O art. 246 do CP, portanto, não tipifica o fato do pai que deixa de matricular o filho na escola, mas sim o que não lhe providencia o devido ensino, seja formal ou domiciliar. Por isso, este não pode ser considerado delito de abandono intelectual. Falta-lhe tipicidade, sem necessidade de socorrer-se da eventual análise da elementar "sem justa causa" (elemento normativo do tipo)" (Disponível em http://www.cartaforense.com.br/conteudo/colunas/educacao-domiciliar-constitui-crime/5439).
- No crime de subtração de incapazes (art. 249 do Código Penal), não se exige finalidade especial por parte do agente, devendo-se ressaltar que, se agiu com outro propósito mais grave que a simples subtração, responderá pelo fato pretendido, se ilícito for, na medida de sua culpabilidade.

## 22. CRIMES CONTRA A INCOLUMIDADE PÚBLICA

- É pacífica a admissibilidade da tentativa de incêndio doloso. Alguns exemplos elucidam bem a questão: a mecha acesa é atirada para dentro de uma casa, mas não se comunica o fogo a objeto algum, porque os moradores conseguiram retirá-la a tempo; o fogo da mecha comunica-se a um móvel da casa, mas, antes de atingir a construção, é apagado por outrem; já predisposto o meio de eclosão do incêndio, é descoberto e inutilizado por terceiros (Nélson Hungria, *Comentários ao Código Penal*, v. 9, p. 27).
- No crime de explosão, ao se referir a substância de efeitos análogos à dinamite, o tipo penal condiciona a apuração à realização de perícia no artefato utilizado pelo agente, a fim de que se constate se sua capacidade lesiva se aproxima daquela verificada na própria dinamite.
- Nos crimes de incêndio, explosão e uso de gás tóxico ou asfixiante, não se exige finalidade especial por parte do agente. Se existir fim específico orientando o comportamento do agente – como, por exemplo, intuito de matar alguém – verificando-se também a ocorrência de perigo à coletividade, há divergência se o caso retrata concurso formal com o delito de homicídio qualificado, tentado ou consumado, ou se as infrações penais contra a incolumidade pública ficarão absorvidas pelo crime contra a vida.
- No art. 253 do Código Penal, o legislador incrimina o que caracterizaria meros atos preparatórios para a prática do crime de uso de gás tóxico e asfixiante, considerando crime seu manuseio ou o de substâncias destinadas à sua fabricação.
- Consiste a figura típica do perigo de inundação em *remover* (deslocar, tirar), *destruir* (eliminar, estragar) ou *inutilizar* (anular, tornar inútil), em prédio próprio ou alheio, expondo a perigo a vida, a integridade física ou o patrimônio de outrem, *obstáculo natural* (margem de um rio) ou *obra destinada a impedir inundação* (barragem, comporta etc.). Observa Delmanto (*Código Penal Comentado*, p. 665) a inexistência de punição para a conduta daquele que coloca obstáculo capaz de causar inundação, podendo configurar, por exemplo, a infração penal do art. 132 do CP. Alertamos, porém, que o caso pode configurar o crime anterior (provocar inundação).
- O crime do art. 260 do Código Penal (perigo de desastre ferroviário) pode ocorrer tanto por ação quanto por omissão, como no caso do funcionário do serviço ferroviário que deixa de operar a chave de desvio, podendo fazê-lo, sabendo que dois veículos irão passar pelo mesmo local, gerando perigo de colisão ou sua efetiva ocorrência.
- O conhecido "surf ferroviário" (jovens se equilibrando sobre a composição do trem em andamento) configura o crime? A jurisprudência não tem admitido, não vislumbrando no comportamento do "surfista urbano" outra intenção que não a de expor a perigo a própria vida, faltando, portanto, o elemento subjetivo do tipo, consistente na vontade livre e consciente de criar situação concreta de perigo de desastre ferroviário (*RT* 798/681).
- O movimento de greve pode configurar o crime de atentado contra a segurança de serviço de utilidade pública? A jurisprudência nega: "Atentado contra a segurança de serviço de

utilidade pública. Não caracterização. Obstrução de entrada e saída de funcionários e veículos da CMTC por grevistas. Condutas que não criaram qualquer perigo ao transporte coletivo" (*JTJ* 174/302).

- O crime de interrupção ou perturbação de serviço telegráfico, telefônico, informático, telemático ou de informação de utilidade pública se consuma com a prática de algum dos atos previstos no tipo, ou seja, interromper, perturbar, impedir ou dificultar. Trata-se de infração de perigo abstrato e, portanto, prescindível comprovação de sua efetiva ocorrência. Em sentido contrário, no entanto, leciona Bento de Faria: "Considerados esses fatos como vinculados ao gênero dos delitos contra a incolumidade pública, daí resulta, como condição para punibilidade, que o fato deve acarretar o seu prejuízo concreto, ou seja, a *efetiva* interrupção ou perturbação do serviço ou o impedimento ou obstáculos que dificultem o respectivo restabelecimento" (*Código Penal brasileiro comentado*: parte especial, v. 5, p. 322).
- Quanto ao art. 267 do Código Penal, ressalte-se que não se confunde a epidemia com a endemia (moléstia infecciosa que ocorre *habitualmente* e com incidência significativa em determinada população) e pandemia (enfermidade amplamente disseminada, ou seja, que atinge várias nações).
- O crime do art. 268 do Código Penal (infração de medida sanitária preventiva) consiste em *infringir* (desrespeitar, transgredir) *determinação do poder público* (leis, decretos, portarias etc.), destinada a impedir introdução ou propagação de doença contagiosa, o que pode se dar de maneira comissiva ou omissiva. Na lição de Fragoso: "Pela classificação do dispositivo legal exame, pode-se concluir que as doenças contagiosas a que se refere são apenas as que atingem ao ser humano (não se contemplando aqui as epizootias e epifitias)" (*Lições de direito penal:* parte especial, v. 3, p. 683). Note-se que não configura o crime a violação de qualquer dispositivo de regulamentação sanitária, mas única e tão somente aquele voltado ao impedimento de introdução ou propagação de doença contagiosa.
- O art. 268 do CP é uma norma penal em branco, pois depende da existência de outra regra (determinação do poder público) para que possa ter eficácia jurídica e social. A regra complementar pode ser editada na forma de lei, decreto ou ato administrativo; e, obviamente, deve estar entre as competências do órgão da qual emana.

  Seria possível a complementação por normas estaduais e municipais? Andreas Eisele afirma que não. Analisando as situações em que normas editadas pelo poder público em 2020, durante a pandemia de coronavírus, podiam servir de complemento para o art. 268, o autor afasta a possibilidade de que normas estaduais e municipais assumam essa qualidade, sob pena de tornar caótica a legislação penal no território nacional, onde uma conduta poderia ser típica em um município e atípica em outro vizinho (COVID-19: Isolamento social e Direito Penal, disponível em https://meusitejuridico.editorajuspodivm.com.br/2020/04/23/covid-19-isolamento-social-e-direito-penal/. Acesso em 02/11/2020).
- No crime do art. 268, a revogação da norma sanitária retroage para tornar o fato atípico? A retroatividade benéfica no caso da revogação do complemento da norma penal em branco é um tanto controversa. A nosso ver, no caso específico do art. 268 tudo depende do contexto, isto é, se a norma foi ou não editada em caráter excepcional: a) Quando a legislação complementar não se reveste de excepcionalidade, sua revogação pode conduzir também à descriminalização. Digamos que o poder público revogue um ato administrativo por considerar que há outras medidas mais eficazes para evitar a propagação de uma doença contagiosa ordinária. Nesse caso, não nos parece razoável insistir na punição de alguém que tenha descumprido a medida revogada; b) Já na legislação complementar de caráter excepcional a revogação não conduz à descriminalização. Se a revogação se impõe porque cessaram as circunstâncias excepcionais que haviam justificado a adoção de medidas específicas de contenção da doença em determinado período, aplica-se o disposto no art. 3º do Código Penal, que torna a complementação ultra-ativa, incidindo sobre fatos ocorridos durante sua vigência mesmo após a revogação.

  Imaginemos medidas adotadas no ano de 2020 durante a pandemia do coronavírus. Em razão da Portaria 188, de 03 de fevereiro de 2020, emitida pelo Ministro da Saúde, que declarou emergência em saúde pública de importância nacional, e da Lei 13.979/20 (dispõe sobre as medidas para enfrentamento da emergência declarada), incontáveis normas foram editadas para estabelecer desde medidas restritivas ao funcionamento do comércio e ao direito de ir e vir até disposições que obrigavam os cidadãos a adotar determinadas condutas. Sem a pretensão de entrar no mérito da correção e da constitucionalidade de várias das normas editadas, podemos concluir, genericamente, que, cessada a situação de emergência e esgotadas as finalidades das ações de contenção da doença, eventuais procedimentos penais instaurados em virtude do descumprimento das regras de caráter sanitário não podem sofrer nenhum efeito extintivo da tipicidade.
- Quanto ao art. 270 do Código Penal, são três os objetos materiais do delito: a) *água potável*, aquela destinada ao consumo humano para ingestão ou preparo de alimentos. Pode ser de uso comum (poço artesiano em uma pequena vila; riacho que serve a uma comunidade; reservatório que abastece uma cidade) ou particular (depósito de uma grande empresa); b) *substância alimentícia*, podendo ser líquida ou sólida, desde que se destine à alimentação humana; c) ou *substância medicinal*, isto é, destinada ao uso interno ou externo para cura, tratamento ou prevenção de moléstias.
- No art. 272 do Código Penal, é imprescindível que a substância seja destinada ao consumo e que a nocividade tenha a capacidade de causar efetivo dano ao organismo de quem a ingerir, seja pela degradação, seja pela falta de nutrientes (a ser apurado mediante perícia). Além disso, não pode visar pessoa determinada, pois que, neste caso, outro poderá ser o delito.
- De acordo com o art. 273, § 1º-A, incluem-se entre os produtos a que se refere o *caput*: os *medicamentos* (substância utilizada no tratamento de enfermidade), as *matérias-primas* (substâncias a partir das quais são fabricados os medicamentos), os *insumos farmacêuticos* (outros componentes da produção dos medicamentos), os *cosméticos* (produtos que se destinam a manter ou melhorar a aparência), os *saneantes* (produtos purificadores, desinfetantes) e os de *uso em diagnóstico* (usados para a busca da cura e da causa da afecção). Encontramos doutrina criticando essa equiparação, pois afronta, segundo pensam, o princípio da razoabilidade. Obviamente, a adulteração de um produto cosmético, que se destina exclusivamente a melhorar ou conservar a aparência de uma pessoa, ou de um simples saneante, que possui caráter meramente purificador ou desinfetante, não pode ser considerada tão grave a ponto de ser submetida a um instituto reservado a fatos envolvidos em especial seriedade.
- O § 1º-B do art. 273 do Código Penal determina que se sujeita às mesmas penas do *caput* quem importa, vende, expõe à venda, tem em depósito para vender ou, de qualquer forma, distribui ou entrega a consumo produtos que, apesar de não falsificados, corrompidos, alterados ou adulterados, encontram-se numa das seguintes condições: I – sem registro, quando exigível, no órgão de vigilância sanitária competente; II – em desacordo com a fórmula constante do registro previsto no inciso anterior; III – sem as características de identidade e qualidade admitidas para a sua comercialização; IV – com redução de seu valor terapêutico ou de sua atividade; V – de procedência ignorada; VI – adquiridos de estabelecimento sem licença da autoridade sanitária competente. Nesse ponto, não se tratando de produto falsificado (logo, materialmente apto ao consumo), questiona-se a necessidade do Direito Penal. A infração, segundo pensamos, seria melhor

resolvida no âmbito administrativo, respeitando-se, desse modo, o princípio da ofensividade ou lesividade (que exige, na incriminação, a presença de relevante e intolerável lesão ou perigo de lesão ao bem jurídico tutelado). Questiona-se, ainda, a proporcionalidade da pena, pois o legislador pune com a mesma intensidade duas situações diametralmente opostas (no *caput* e § 1º, produto *falsificado*; no § 1º-B, produto não *corrompido*). Julgando *habeas corpus* que versava sobre a conduta tipificada no § 1º-B, inciso V, o STJ considerou inconstitucional a pena cominada em razão da desproporcionalidade em relação a condutas muito mais graves, como a extorsão mediante sequestro e o estupro de vulnerável. Concluiu o tribunal que, no lugar da reprimenda estabelecida no Código Penal, deve-se aplicar a do art. 33, *caput*, da Lei 11.343/06 (AI no HC 239.363/PR, Rel. Min. Sebastião Reis Júnior, DJe 10/4/2015). Seria cabível a minorante do tráfico privilegiado? Apesar de certa divergência entras turmas que compõem a Terceira Seção, o tribunal tem decidido que é possível inclusive a diminuição da pena com base no § 4º do art. 33 da Lei 11.343/06: "1. Em recentes julgados, aos quais passo a me filiar, a Quinta Turma desta Corte Superior reconheceu a possibilidade de aplicação da minorante prevista no art. 33, § 4º, da Lei n. 11.343/2006, nas hipóteses de crime de falsificação, corrupção, adulteração ou alteração de produto destinado a fins terapêuticos ou medicinais. 2. A Corte Especial do Superior Tribunal de Justiça, no julgamento da Arguição de Inconstitucionalidade no Habeas Corpus n. 239.363/PR, declarou a inconstitucionalidade do preceito secundário do art. 273, § 1º-B, do Código Penal, autorizando a aplicação analógica das penas previstas para o crime de tráfico de drogas. [...] Analisando o referido julgado, esta colenda Quinta Turma firmou o entendimento de que, diante da ausência de ressalva em sentido contrário, é possível a aplicação da causa de diminuição prevista no § 4º do art. 33 da Lei 11.343/2006 no cálculo da pena dos condenados pelo delito previsto no art. 273, § 1º-B, do Estatuto Repressivo. Precedentes (AgRg no AgRg no AREsp n. 1.610.153/PE, Ministro Jorge Mussi, Quinta Turma, DJe 29/6/2020). 3. Agravo regimental desprovido." (AgRg no AREsp 1.726.469/DF, j. 02/03/2021). E a Terceira Seção do tribunal decidiu que é possível o ajuizamento de revisão criminal para adequar a pena à orientação mais recente: "Declarada a inconstitucionalidade do preceito secundário previsto no art. 273, § 1º-B, do Código Penal pela Corte Especial do Superior Tribunal de Justiça, no julgamento da Arguição de Inconstitucionalidade no *Habeas Corpus* 239.363/PR, as Turmas que compõem a Terceira Seção do STJ passaram a determinar a aplicação da pena prevista no crime de contrabando ou no crime de tráfico de drogas do art. 33 da Lei de Drogas. A partir da solução da *quaestio*, verifica-se oscilação na jurisprudência desta Corte. Destarte, a maioria dos julgadores da Terceira Seção passou a adotar a orientação de aplicação da minorante prevista no § 4º do art. 33 da Lei n. 11.343/2006 nos crimes previstos no art. 273, § 1º-B, do Código Penal. Assim, embora não tenha havido necessariamente alteração jurisprudencial, e sim mudança de direcionamento, ainda que não pacífica, a respeito do tema, a interpretação que deve ser dada ao artigo 621, I, do CPP é aquela de acolhimento da revisão criminal para fins de aplicação do entendimento desta Corte mais benigno e atual." (RvCr 5.627/DF, j. 13/10/2021).

- O STF julgou inconstitucional a pena cominada para o crime tipificado no art. 273, § 1º-B, inc. I (medicamento sem registro). A maioria dos ministros considerou desproporcional a pena, maior do que a cominada para crimes mais graves, e decidiu repristinar, para o inciso I do § 1º-B, a pena cominada ao art. 273 antes da Lei 9.677/98 (que também incluiu no tipo penal o dispositivo sob julgamento). Firmou-se a seguinte tese de repercussão geral: "É inconstitucional a aplicação do preceito secundário do artigo 273 do Código Penal, com a redação dada pela Lei 9.677/1998 - reclusão de 10 a 15 anos - à hipótese prevista no seu parágrafo 1º-B, inciso I, que versa sobre a importação de medicamento sem registro no órgão de vigilância sanitária. Para esta situação específica, fica repristinado o preceito secundário do artigo 273, na redação originária - reclusão de um a três anos e multa" (RE 979.962/RS, j. 24/03/2021).
- Note-se que o álcool pode ser registrado na ANVISA como saneante, cosmético ou medicamento, a depender da finalidade e das características do produto. O saneante, na qualidade de desinfetante de uso geral, é para limpeza em superfícies como mesas, cadeiras, maçanetas, corrimãos, e não deve ser utilizado para assepsia pessoal, pois pode provocar reações. O cosmético e o medicamento têm basicamente a mesma finalidade, ou seja, o uso pessoal, diferenciando-se apenas em algumas características relativas à produção e ao registro na ANVISA. A falsificação do álcool, líquido ou em gel, em qualquer das formas mencionadas, caracteriza o crime do art. 273.
- O STJ tem decidido que o princípio da insignificância é inaplicável no crime do art. 273 do CP: "Este Superior Tribunal de Justiça tem entendimento firme no sentido de ser inaplicável o princípio da insignificância ao crime capitulado no art. 273 do Código Penal, já que a conduta traz prejuízos efetivos à saúde pública" (AgRg no AREsp 1.909.408/SC, j. 05/10/2021).
- Segundo o STJ, não há exercício ilegal da medicina na conduta do agente que pratica acupuntura (RHC 66.641/SP, DJe 10/3/2016).

## 23. CRIMES CONTRA A PAZ PÚBLICA

- Para que se caracterize o delito de incitação ao crime não basta que o agente incite publicamente a prática de delitos de forma genérica, devendo apontar fato determinado, como, por exemplo, conclamar publicamente titulares de determinado direito a fazer justiça com suas próprias mãos, o que constitui o crime de exercício arbitrário das próprias razões. Na lição de Hungria, o crime não se configura nas hipóteses em que o agente simplesmente apresenta uma tese de que certa conduta deve ser descriminalizada: "É bem de ver que se não apresenta o crime quando apenas se faz a defesa de uma tese sobre a ilegitimidade ou sem-razão da incriminação de tal ou qual fato, como, por exemplo, o *homicídio eutanásico*, o *crime de Otelo* etc. Não há, aqui, o *animus instigandi delicti*, mas apenas uma opinião no sentido da exclusão do crime, *de lege ferenda" (Comentários ao Código Penal*, v. 9, p. 171).
- No art. 286 do Código Penal, a consumação ocorre com a incitação dirigida a número indeterminado de pessoas, independentemente da prática do crime incitado (perigo abstrato). Aliás, vindo o instigado a praticar o crime, o instigador poderá (se comprovado o nexo causal) responder também por ele, em concurso material (art. 69 do CP).
- A Lei n. 14.197/21 trouxe para o Código Penal conduta semelhante à prevista no art. 23, inc. II, da revogada Lei de Segurança Nacional, inserindo-a como parágrafo único do art. 286 do CP: "Incorre na mesma pena quem incita, publicamente, animosidade entre as Forças Armadas, ou delas contra os poderes constitucionais, as instituições civis ou a sociedade". Não se trata, portanto, de novidade em nosso ordenamento jurídico. Estamos diante de *delito de clima*, assim chamado por criar uma atmosfera favorável à prática de crimes ou à propagação do ódio. Situa-se na categoria dos crimes de expressão política, desenvolvida pelas doutrinas alemã e italiana, orientando-se, pela sua composição típica, para a punição de determinadas formas de expressão situadas no espaço público aberto, a que presida uma determinada motivação política que o legislador enquadra como lesiva de bens públicos (MATOS, Nuno Igreja. Discursos políticos e direito penal: a posição referente do direito fundamental à liberdade de expressão e os crimes de expressão política. *Anatomia do crime: Revista de Ciências Jurídico-Criminais*, n. 6, p. 97-127, 2017, p. 116).
- As diferenças entre o parágrafo único do art. 286 e o dispositivo revogado da Lei de Segurança Nacional se resumem em duas: o art. 23 não exigia que a incitação fosse pública, o que é

perfeitamente natural, dado que, tratando-se à época de um regime essencialmente repressivo, seria temerária uma conduta dessa ordem ser praticada às claras; e não eram mencionados os "poderes constitucionais", que, no entanto, estavam inseridos dentre as "instituições civis". Do exposto, concluímos que há espaço para defender a continuidade normativo-típica, desde que a instigação tenha se dado *publicamente*, é dizer, dirigida ao público em geral. Caso a conduta tenha sido praticada com restrição à publicidade, com receptores específicos da instigação, não há correspondência no dispositivo inserido no CP. Logo, nesse caso, inegável a ocorrência de *abolitio criminis*.

- Apologia (art. 287 do Código Penal) de crime culposo é típica? Na lição de Fragoso, não é punível, pois "não pode haver instigação, direta ou indireta, à prática de um ato involuntário" (*Lições de direito penal:* parte especial, v. 3, p. 752).
- O STF, no julgamento da ADPF 187, por unanimidade, decidiu ser legal (e legítima) a reunião de pessoas para manifestarem publicamente sua posição em favor da legalização das drogas ("marcha da maconha"). Os Ministros, em resumo, argumentaram tratar-se de um movimento social espontâneo que reivindica, por meio de livre manifestação de pensamento, a possibilidade da discussão democrática do modelo proibicionista (o consumo de drogas) e dos efeitos que esse modelo produz em termos de incremento da violência.
- É possível uma pessoa pertencer a mais de uma associação criminosa? Magalhães Noronha, tratando, na época, da quadrilha ou bando, responde: "Escreve Maggiore que 'a permanência inalterada e por isso o delito é único e idêntico, quando uma pessoa faça parte contemporânea e necessariamente de diversas associações para delinquir (em tempo e lugar eventualmente diversos)'. Não concordamos com o insigne autor. A participação da mesma pessoa em mais de uma quadrilha faz com que ela pratique diversos crimes. Inexiste permanência de delito único, mas, realmente, vários deles, integrados pelas diversas associações criminosas de que faz parte o agente, constituindo todas elas distintas violações da lei e, portanto, apresentando-se em relação ao associado um concurso material de delitos. O que a lei pune é *associar-se* e se ele mais de uma vez se associa, não vemos como se negar a pluralidade de crimes" (*Direito penal*, v. 4, p. 114-115).
- De acordo com o STJ, é possível a coexistência de múltiplas associações criminosas, ainda que com núcleos idênticos, desde que a alteração de composição demonstre que efetivamente se trata de diversas associações (AgRg no CC 148.154/SP, DJe 09/11/2016).
- Deve ser lembrado que a manutenção da associação criminosa após a condenação ou mesmo a denúncia constitui novo e idêntico crime formal. Inocorre *bis in idem* na nova imputação (*RSTJ* 78/369).
- Com o advento da Lei 11.343/2006, a associação estável e permanente, de duas ou mais pessoas, para a prática do tráfico de drogas ou maquinários, se enquadra no art. 35 da Lei de Drogas, com pena de reclusão variando de 3 a 10 anos, sem prejuízo da multa.
- A Lei nº 12.720/12 acrescentou o art. 288-A no Código Penal com o especial propósito de endurecer as consequências jurídicas no combate às ações dos denominados *grupos de extermínio* e das milícias privadas.

## 24. CRIMES CONTRA A FÉ PÚBLICA

- De acordo com a doutrina de Fragoso, somente se configura o crime de moeda falsa se a alteração for no sentido de atribuir maior valor à cédula ou à moeda metálica. Assim, se o agente altera somente números ou símbolos que nada têm a ver com o aumento do valor da moeda, não pratica o crime em apreço. Bem assim, não ocorre o delito na hipótese em que a alteração faz com que o valor nominal seja diminuído em relação ao verdadeiro (*Lições de direito penal:* parte especial. São Paulo: José Bushatsky, v. 3, p. 775).
- No crime de moeda falsa, apesar de alguns ensinarem que o privilégio (art. 289, § 2º) se pratica com dolo subsequente, não nos parece. Esse elemento – *dolo* – deve ser simultâneo à conduta, sob pena de se descaracterizar o crime. O que ocorre é que o dolo só integra a conduta de repassar a moeda que o agente descobriu ser falsa após tê-la recebido. Ainda no que tange ao tipo subjetivo, não se admite o dolo eventual, pois o texto legal menciona expressamente a necessidade de o agente restituir a moeda à circulação *depois de conhecer a falsidade*.
- A competência para o julgamento do crime de moeda falsa é da Justiça Federal.
- Segundo a orientação adotada pelos tribunais superiores, o crime de moeda falsa não pode ser atingido pelo princípio da insignificância, pois a objetividade jurídica não é o valor econômico da moeda, mas a higidez do sistema monetário: a) STJ: "Não se cogita a aplicação do princípio da insignificância ao crimes de moeda falsa, pois o bem jurídico protegido de forma principal é a fé pública, ou seja, a segurança da sociedade, sendo irrelevante o número de notas, o seu valor ou o número de lesados" (HC 439.958/SP, j. 26/06/2018); b) STF: "Descabe cogitar da insignificância do ato praticado uma vez imputado o crime de circulação de moeda falsa" (HC 126.285/MG, DJe 27/09/2016); c) STF: "Ambas as Turmas do Supremo Tribunal Federal já consolidaram o entendimento de que é "inaplicável o princípio da insignificância aos crimes de moeda falsa, em que objeto de tutela da norma a fé pública e a credibilidade do sistema financeiro, não sendo determinante para a tipicidade o valor posto em circulação" (HC 105.638, Rel. Min. Rosa Weber). Precedentes" (HC 108193/SP, Rel. Min. Roberto Barroso, DJe 25/09/2014). E, na mesma esteira, o STJ decidiu que não se aplica a regra do arrependimento posterior se o agente repara o dano que causou à pessoa que recebeu a moeda falsa, pois, neste crime, a relevância não está no prejuízo patrimonial, mas na fragilização da confiança que deve ser depositada no sistema monetário (REsp 1.242.294/PR, Rel. originário Min. Sebastião Reis Júnior, Rel. para acórdão Min. Rogerio Schietti Cruz, DJe 3/2/2015).
- Sobre o objeto material no crime de petrechos para falsificação de moeda, leciona Fragoso: "Diante de nossa lei, todavia, não se exige que a destinação exclusiva dos objetos (de resto, raríssima), seja a fabricação de moeda falsa: basta que por sua natureza sejam especialmente (geralmente ou em regra) destinados àquele fim. Não se pode excluir integralmente uma indagação sobre a destinação subjetiva (fim a que o agente destinava os objetos) no reconhecimento da existência da ação delituosa. A fórmula do nosso código é perigosa e exige do julgador meticuloso exame de todos os indícios" (Direito penal. São Paulo: Saraiva, v. 3 (1971), p. 789).
- A prova de que os petrechos podem ser destinados à falsificação depende de perícia (subsistindo o crime ainda que se conclua ser o objeto capaz de realizar, em parte, a contrafação).
- Note-se que, a exemplo do que ocorre nos demais delitos contra a fé pública, na falsificação de papeis públicos (art. 293 do Código Penal) o documento falsificado deve ser apto a iludir, pois se grosseira a falsificação, não se configura o crime em estudo. Mostra-se, portanto, imprescindível a realização do exame pericial nas peças fabricadas ou adulteradas.
- Guilherme de Souza Nucci, não sem razão, observa que a figura delituosa do art. 293, § 1º, inc. III, acrescentada pela Lei 11.035/2004, é desnecessária, pois "qualquer pessoa que utilize produto contendo selo falsificado, em última análise, está usando o próprio selo, pois se beneficia justamente do não pagamento do tributo devido. Logo, fazer uso de selo falsificado é mais do que suficiente (como constava na antiga redação do § 1º do art. 293), não havendo necessidade alguma de inserir outras figuras, como vender mercadoria contendo

selo falsificado, pois, nesta situação, está-se usando o selo do mesmo modo." (*Código Penal comentado*, p. 1122).

- No art. 296 do Código Penal, sinal público de tabelião é o escrito que integra sua assinatura, destinado a demonstrar a veracidade de seu ato ao atestar determinado documento. Não tipifica o delito do art. 296, II, do CP, quando o acusado falsifica o carimbo para reconhecimento de firma em tabelionato. Esse carimbo não é sinal público (*RT* 571/394).
- Quanto ao art. 297 do Código Penal, Bitencourt, apesar de reconhecer doutrina em sentido contrário, entende que, para fins penais, não são documentos as cópias reprográficas, sejam ou não autenticadas. Ensina que as cópias não possuem a natureza jurídica de documentos, sendo meras reproduções. Ousamos discordar. Quando autenticadas por oficial público ou conferidas em cartório, com os respectivos originais, assumem a condição de documento, podendo provar determinada situação jurídica (nesse sentido: art. 425, III, CPC).
- De acordo com o STJ, o crime de falsificação do art. 297 do CP se tipifica ainda que o documento seja de origem estrangeira, pois a lei não distingue o documento expedido por autoridade nacional daquele proveniente de órgão estrangeiro (REsp 1.568.954/SP, DJe 07/11/2016).
- Os documentos escritos a lápis, ainda que emanados do funcionário no exercício de suas funções, não serão considerados públicos, tendo em vista a insegurança em relação à manutenção de sua integridade.
- O conceito de documento particular se extrai por exclusão, isto é, todo aquele não compreendido como público ou equiparado a público. É a peça escrita confeccionada sem a intervenção de funcionário público, mas que, em razão de sua natureza e relevância, deve ser objeto da tutela penal.
- A Lei nº 12.737/12, para fins do disposto no art. 298 do Código Penal, equiparou a documento particular o cartão de crédito ou débito. De acordo com o STJ, ainda que praticada antes da entrada em vigor da Lei, é típica a conduta de falsificar, no todo ou em parte, cartão de crédito ou débito. Argumentou o tribunal que a expressão *documento particular*, contida no art. 298 do CP, é um elemento normativo que depende de valoração, sendo que a jurisprudência já admitia que os cartões de débito e crédito se inserissem no conceito de documento particular para efeito de proteção penal contra a falsificação. A lei unicamente passou a tratar de forma expressa o que os tribunais já aceitavam (REsp 1.578.479/SC, DJe 03/10/2016).
- Na falsidade ideológica, como caracterizar a conduta daquele que abusa do papel em branco assinado? Hungria responde: "Somente haverá falsidade ideológica quando o papel tiver sido *confiado* ao agente, para ulterior preenchimento, *ex vi legis* ou *ex contractu*; se o agente se tivesse *apossado* (à revelia do signatário) do papel que preencheu, o crime a reconhecer seria o de *falsidade material* (art. 297 ou 298, conforme se trate de documento público ou particular). É esta, aliás, a solução sugerida pelo Código Italiano. E outra não pode ser a decisão no caso em que o papel tenha sido voluntariamente entregue pelo signatário, mas para fim outro que não o de preenchê-lo, como, por exemplo, para orientar quanto ao seu nome e endereço, a pessoa que o recebe" (*Comentários ao Código Penal*, v. 9, p. 279).
- O STJ tem decidido reiteradamente que o ato de firmar declaração inverídica de pobreza para fins processuais não constitui falsidade ideológica (AgRg no RHC 43.279/SP, DJe 19/12/2016).
- Já se decidiu também não haver falsidade ideológica na inserção de dados inverídicos em petição judicial, vez que se trata de simples alegações, posteriormente debatidas em juízo (HC 379.353/SP, DJe 07/02/2017).
- Da mesma forma, o STJ decidiu que a inserção de informação falsa em currículo Lattes *também não caracteriza o crime de falsidade ideológica porque, tratando-se de página eletrônica em que o usuário insere informações apenas mediante o uso de login e senha, não é possível certificar a identidade de quem faz a inserção.* Além disso, assim como já vinha decidindo a respeito das declarações de pobreza e das petições iniciais, o tribunal ponderou que as informações constantes do *Lattes* – assim como de qualquer outro currículo – são verificáveis, isto é, não fazem prova por si (RHC 81.451/RJ, DJe 31/8/2017).
- Consuma-se a falsidade ideológica com a prática de uma das figuras típicas previstas no art. 299, independentemente de ter sido produzido algum resultado. Tratando-se de crime formal, dispensa-se ocorrência de dano efetivo, sendo suficiente que o documento ideologicamente falso tenha potencialidade lesiva. Considerando o momento consumativo, a Terceira Seção do STJ julgou procedente revisão criminal para considerar prescrito o crime em situação na qual, inicialmente, duas pessoas haviam sido inseridas falsamente como sócias de uma empresa e, anos depois, os sócios verdadeiros continuaram sendo omitidos em alterações do contrato social. Em resumo, nos anos de 2003 e 2007 alterações no contrato social de uma construtora fizeram constar os nomes de suas pessoas que, na realidade, não eram sócias. A inserção de sócios "fantasmas" constituiu, pois, o crime de falsidade ideológica. Ocorre que, em 2010 e 2011, novas alterações contratuais foram feitas, e nessas ocasiões a informação verdadeira a respeito dos sócios foi omitida. Diante desses fatos, a condenação não havia sido baseada apenas na inserção de dados falsos, mas também na posterior omissão da informação que deveria constar no contrato. Mas o STJ considerou como momento consumativo – e portanto marco inicial da prescrição – apenas o ato em que os sócios "fantasmas" foram inseridos no contrato social, tendo em vista que as alterações contratuais posteriores não versavam sobre o quadro societário (RvCr 5.233/DF, j. 13/05/2020).
- No falso reconhecimento de firma ou letra, Bento de Faria entende que o agente reconhecedor é responsável não somente a título de dolo, mas também de culpa, nas hipóteses em que reconhece como verdadeira firma ou letra que não o seja sem tomar as cautelas necessárias (*Código Penal brasileiro comentado*: parte especial, p. 457). Ousamos discordar, já que, nas hipóteses em que o legislador deseja a punição da negligência, o faz expressamente no tipo penal respectivo (art. 18, parágrafo único, do CP), o que não ocorreu no dispositivo em apreço.
- O art. 303 do Código Penal foi substituído pelo art. 39 da Lei 6.538/78, preservando a redação do preceito primário (*Reproduzir ou alterar selo ou peça filatélica de valor para coleção, salvo quando a reprodução ou a alteração estiver visivelmente anotada na face ou no verso do selo ou peça*), reduzindo-se a pena máxima para 2 (dois) anos, tornando a infração de menor potencial ofensivo.
- De acordo com Noronha (Código Penal brasileiro comentado. 1972., v. 4, p. 174), para a caracterização do crime de uso de documento falso, basta que o escrito saia da esfera de disponibilidade do agente, ainda que empregado em finalidade diversa daquela a que se destinava. Contudo, não sem razão, discorda a maioria, sustentando haver crime somente quando utilizado o documento material ou ideologicamente falso em sua específica destinação probatória. Como nos demais casos envolvendo crimes de falso, o documento, referindo-se a fato juridicamente relevante, deve ser apto a iludir (o falso grosseiro é meio ineficaz para ludibriar a fé pública, configurando delito impossível, art. 17 do CP). A prova da falsidade (e da sua capacidade de iludir), em regra, depende de perícia.
- Conforme o STJ, não obstante tenha pena mais grave, o crime de uso de documento falso pode ser absorvido pelo descaminho, desde que se trate de etapa executória deste último, nele exaurindo-se a potencialidade lesiva do falso (AgRg no REsp 1.349.157/RS, j. 26/06/2018).

- No preceito secundário do art. 307 do Código Penal, observa-se que a lei promove uma ressalva, determinando a punição somente se a falsa identidade não constitui elemento para crime mais grave. Trata-se, pois, de delito subsidiário, ficando absorvido se a intenção do agente é praticar estelionato, violação sexual mediante fraude, simulação de casamento etc. (nesses casos, a identificação mentirosa constitui o meio para a prática de crime mais grave).
- Quanto ao art. 311 do Código Penal, a simples substituição de placas de um veículo pelas de outro (sem adulterar ou remarcar número) configura o crime? A jurisprudência do STJ firmou o entendimento de que sim: "É pacífica a jurisprudência em ambas as turmas que "a conduta consistente na troca de placas de veículo automotor configura o crime previsto no art. 311, caput, do Código Penal, tendo em vista a adulteração dos sinais identificadores" (AgRg no AREsp 1.352.798/MS, j. 27/11/2018).
- É crime, também, alterar o número da placa do veículo com fita adesiva (STJ – AgRg no REsp 1.451.060/SP, DJe 15/08/2016).
- No art. 311-A do Código Penal, se o modo de execução envolve terceiro que, tendo acesso privilegiado ao gabarito da prova, revela ao candidato de um concurso público as respostas aos quesitos, este indivíduo pratica o crime, juntamente com o candidato beneficiário (um deles, por divulgar; o outro, por utilizar o conteúdo secreto em benefício próprio). Já nos casos em que o candidato, com ponto eletrônico no ouvido, se vale de terceiro expert para lhe revelar as alternativas corretas, o fato permanece atípico (apesar de seu grau de reprovação social), pois os sujeitos envolvidos (candidato e terceiro) não trabalharam com conteúdo sigiloso (o gabarito continuou secreto para ambos). Em resumo:

| **Cola eletrônica valendo-se de conteúdo SIGILOSO** | **Cola eletrônica NÃO se valendo de conteúdo SIGILOSO** |
|---|---|
| Crime, art. 311-A CP | Fato atípico |

## 25. CRIMES CONTRA A ADMINISTRAÇÃO PÚBLICA

- Não se pode confundir função pública com encargo público (*munus publicum*), hipótese esta não abrangida pela expressão "funcionário público".
- Para nós, o advogado contratado por meio de convênio entre a Procuradoria-Geral do Estado e a Ordem dos Advogados do Brasil, para atuar na justiça gratuita, exerce *encargo público* (e não função pública), não se ajustando ao conceito de funcionário público para fins penais. O STJ, no entanto, tem se posicionado em sentido contrário, enquadrando o profissional que atua nessa qualidade (justiça gratuita) na definição do art. 327: "'O advogado que, por força de convênio celebrado com o Poder Público, atua de forma remunerada em defesa dos agraciados com o benefício da Justiça Pública, enquadra-se no conceito de funcionário público para fins penais (Precedentes)' (REsp. n. 902.037/SP, Rel. Min. FELIX FISCHER, Quinta Turma, julgado em 17/4/2007, DJ de 4/6/2007). Precedentes. Sendo equiparado a funcionário público, possível a adequação típica aos crimes previstos nos artigos 312 e 317 do Código Penal" (HC 264.459/SP, DJe 16/03/2016).
- No âmbito da equiparação a funcionário público para fins penais, o STF já decidiu que organizações sociais que celebram contrato de gestão com o poder público são entidades paraestatais, razão pela qual seus diretores podem ser considerados funcionários públicos (HC 138.484/DF, rel. Min. Marco Aurélio, j. 11/09/2018). Na mesma linha, segundo o STJ, a administração de loterias é atividade típica da Administração Pública, que a delega por regime de permissão. Por isso, o administrador pode ser equiparado a funcionário público para fins penais (AREsp 679.651/RJ, rel. Min. Joel Ilan Paciornik, j. 11/09/2018). Da mesma forma, o estagiário que exerce sua atividade em empresa pública pode ser equiparado a funcionário público para fins penais e responde por crime funcional (REsp 1.303.748/AC, rel. Min. Sebastião Reis Junior, j. 25/06/2012).
- Os titulares de cartórios de notas e de registro são considerados servidores públicos para fins penais, pois, por meio de concurso público, recebem delegação do poder público para atuação na esfera cartorária. Além disso, o art. 24 da Lei nº 8.935/94 estabelece que à responsabilidade criminal se aplicam, no que couber, as disposições relativas aos crimes contra a Administração Pública. O mesmo não ocorre, todavia, com os funcionários dos respectivos cartórios, que são contratados livremente e não ocupam cargo público, ainda que se sujeitem, em certos aspectos, à legislação que regula a organização judiciária.
- O STJ excluiu do conceito de funcionário público para fins penais os dirigentes do "Sistema S": "A hipótese trata de recurso ordinário em habeas corpus interposto contra acórdão que denegou a impetração originária ao argumento de que os elementos descritos na denúncia revelam a necessidade de apuração da participação do paciente no crime capitulado no art. 312 do Código Penal (peculato). Sustenta-se, em suma, ausência de justa causa para a ação penal, por crer na atipicidade da conduta por impossível caracterização do crime de Peculato por conduta de gestor do "Sistema S", por se tratar de entidade privada, na esteira da jurisprudência consolidada do STJ. De início, cumpre destacar que é incontroverso que o tipo penal previsto no art. 312 do CP refere-se a crime próprio de funcionário público contra a administração pública. Também é inquestionável que esse campo da sujeição ativa tem seus contornos traçados pelo art. 327 do CP, em conformidade com a acepção mais ampla do termo, para além das estreitas estremaduras do Direito Administrativo. No entanto, o parágrafo 1º, que encontra limite na condicionante na exigência de exercício de "atividade típica de Administração Pública", permite conceber seu espraiamento para sujeitos que exerçam atividades genuinamente privadas, ainda que alavancadas por algum fomento público. No caso, supostamente, o paciente teria autorizado o pagamento indevido de vultosas gratificações a empregados, diretores e prestadores de serviços. Embora não se alegasse qualquer vantagem pecuniária que o paciente obtivera, a ele se atribuiu a condição de funcionário público por equiparação, à força da incorreta aplicação da norma extensiva do art. 327, § 1º, do Código Penal. Nessa linha intelectiva, conclui-se que ausente justa causa para a ação penal, mercê da atipicidade da conduta por impossível caracterização do crime de peculato por conduta de gestor do "Sistema S", formado por entidades privadas, na esteira da jurisprudência consolidada do Superior Tribunal de Justiça" (RHC 163.470/DF, j. 21/06/2022).
- O art. 327, § 2º, do CP contém uma causa de aumento de pena para as situações em que os autores dos crimes praticados por funcionário público contra a Administração Pública forem ocupantes de cargos em comissão ou de função de direção ou assessoramento de órgão da administração direta, sociedade de economia mista, empresa pública ou fundação instituída pelo poder público. De acordo com o STJ, a simples menção ao cargo é insuficiente para a incidência do aumento: "(...) Por outro lado, a mera afirmação de que o denunciado ocupava o cargo de desembargador, assim como o cargo de parlamentar federal, é insuficiente para a incidência da aludida causa de aumento de pena. Nesse sentido, [...] essa causa de aumento, consoante remansosa jurisprudência [no STF] é inaplicável pelo mero exercício do mandato popular: a circunstância de imposição hierárquica deve estar descrita e não é presumível apenas pelo exercício destes cargos. Esse entendimento prevaleceu em recentes julgados [do] Supremo Tribunal Federal em casos análogos (Inq 3.983 Rel. Min. Teori Zavascki, Tribunal Pleno, DJe de 12/05/2016; e Inq 3.997 Rel. Min. Teori Zavascki, Tribunal Pleno, DJe de 26/09/2016). A jurisprudência [do STF] (Inq 2.606, Rel. Min. Luiz Fux, Tribunal Pleno, DJe

PENAL

de 02/12/2014), exige, especificamente, para sua incidência, uma imposição hierárquica (Inq 2.191, Rel. Min. Carlos Britto, Tribunal Pleno, DJe de 08/05/2009), que não se acha narrada nos autos, o que inviabiliza (reitera-se: em juízo de subsunção teórica: de aptidão de os fatos descritos - se comprovados - virem a se subsumir nos tipos imputados) seu acatamento imputativo. (STF, Inq 3980, Rel. Min. Edson Fachin, Segunda Turma, julgado em 06/03/2018, DJe-113 08/06/2018). Em suma, "[é] incabível a causa de aumento do art. 327, § 2º, do Código Penal pelo mero exercício do mandato parlamentar, sem prejuízo da causa de aumento contemplada no art. 317, § 1º. A jurisprudência [do STF], conquanto revolvida nos últimos anos (Inq 2606, Relator(a): Min. Luiz Fux, Tribunal Pleno, julgado em 11/11/2014, DJe-236 [...] 02-12-2014), exige uma imposição hierárquica ou de direção (Inq 2191, Relator(a): Min. Carlos Britto, Tribunal Pleno, julgado em 08/05/2008, [...] DJe-084 [...] 08-05-2009) que não se acha nem demonstrada nem descrita nos presentes autos." (STF, Inq 3983, Rel. Min. Teori Zavascki, Tribunal Pleno, julgado em 03/03/2016, DJe-095 12/05/2016). No presente caso, o MPF deixou de descrever a presença da "circunstância de imposição hierárquica" (STF, Inq 3980, supra), donde a impossibilidade de ela ser presumida "apenas pelo exercício d[o] cargo" de desembargador. (STF, Inq 3980, supra)" (AgRg na APn 970-DF, j. 04/05/2022).

- Assim como ocorre no furto, deve estar presente, no peculato, a intenção de não devolver a coisa ao real proprietário (*animus rem sibi habendi*). Assim, se o agente desde o início quer apenas utilizar a coisa subtraída, restituindo-a imediata e integralmente ao seu dono, não pratica qualquer ilícito penal.

- No peculato, tema bastante controvertido nasce quando se busca o real significado da elementar *posse*. Abrangeria ela também a mera *detenção*? Apesar de haver corrente sustentando que sim, preferimos não misturar os institutos. Aliás, o próprio Código Penal os separa claramente, bastando observar a redação do art. 168, oportunidade em que o legislador foi expresso em alcançar as duas situações (*posse* e *detenção*). Assim, a indevida inversão da detenção exercida por um funcionário público configura peculato furto (art. 312, § 1º).

- De acordo com o que concluiu o STJ – baseando-se na jurisprudência do STF – os conselhos de fiscalização profissionais exercem função típica do Estado, razão pela qual é possível o cometimento do crime de peculato envolvendo tais entidades (AgRg no REsp 1.520.702/RJ, DJe 23/09/2016).

- O mesmo tribunal considera que o servidor público que recebe seus vencimentos, mas não presta o serviço não comete o crime de peculato, que pressupõe apropriação, desvio ou furto. A conduta do servidor é atípica, embora possa ensejar punições disciplinares e por improbidade administrativa (RHC 60.601/SP, DJe 19/08/2016).

- Segundo decidiu a Corte Especial do STJ na APn 814/DF (j. 06/11/2019), caracteriza-se o crime de peculato na conduta do administrador público que ordena o desconto de parcelas de empréstimos consignados dos salários de servidores públicos e não as repassa à instituição financeira que concedeu o crédito: "De início, ressalta-se que a diferença entre manipulação de dinheiro público ou particular tem especial importância na análise da questão do dolo na obtenção de proveito próprio ou alheio com desvio de finalidade das verbas e da simples aplicação inadequada dessa mesma verba. Essa discussão, que eventualmente surge na hipótese de o administrador público dar destino diverso ao previsto para a verba, mas ainda no âmbito público, a exemplo de deslocar montante que seria aplicado à saúde para a pavimentação de rodovia. Contudo, sendo o dinheiro particular, esse tipo de controvérsia se desfaz, pois não é dado ao administrador deslocar esse dinheiro para nenhuma outra finalidade que não a ajustada. Assim, tratando-se de aplicação de dinheiro particular e tendo o administrador público traído, evidentemente, a confiança que lhe fora depositada, ao dar destinação diversa à ajustada, não é requisito para a configuração do crime a demonstração do proveito próprio ou alheio. Mesmo que necessário fosse, sendo o dinheiro de servidores, ou seja, particular, o proveito exsurge do fato em si. O peculato-desvio é crime formal que se consuma no instante em que o funcionário público dá ao dinheiro ou valor destino diverso do previsto. A obtenção do proveito próprio ou alheio não é requisito para a consumação do crime, sendo suficiente a mera vontade de realizar o núcleo do tipo. Desse modo, configura peculato-desvio a retenção dos valores descontados da folha de pagamento dos servidores públicos que recebiam seus vencimentos já com os descontos dos valores de retenção a título de empréstimo consignado, mas, por ordem de administrador, os repasses às instituições financeiras credoras não eram realizados".

- Não há crime de peculato, segundo o STJ, no recebimento da remuneração pelo funcionário "fantasma": "Nos termos da jurisprudência deste STJ, não é típico o ato do servidor que se apropria de valores que já lhe pertenceriam, em razão do cargo por ele ocupado. Assim, a conduta da funcionária poderia ter repercussões disciplinares ou mesmo no âmbito da improbidade administrativa, mas não se ajusta ao delito de peculato, porque seus vencimentos efetivamente lhe pertenciam. Se o servidor merecia perceber a remuneração, à luz da ausência da contraprestação respectiva, é questão a ser discutida na esfera administrativo-sancionadora, mas não na instância penal, por falta de tipicidade" (AgRg no AREsp 2.073.825/RS, j.16/08/2022).

- A extinção da punibilidade no peculato, limitada à modalidade culposa, é restrita à seara penal, sem excluir as sanções de ordem administrativa.

- Requer o art. 312 do Código Penal que o agente inverta posse alcançada "em razão do cargo", ou seja, posse inerente às suas atribuições normais, não havendo peculato quando a entrega do bem tenha acontecido meramente "por ocasião do cargo", sem qualquer vínculo com a competência funcional por ele exercida. Inexistindo relação entre a posse invertida e o ofício desempenhado pelo agente, estará configurado o delito de apropriação indébita; alcançada a posse da coisa mediante engodo, ardil ou outro meio fraudulento, haverá o crime de estelionato; se, entretanto, decorre de violência ou grave ameaça, estaremos diante de um delito de roubo.

- A orientação firmada pela jurisprudência do STJ é no sentido de que não se aplica o princípio da insignificância nos crimes contra a Administração Pública, pois, nestes casos, não está em pauta apenas o prejuízo patrimonial que a conduta pode causar, buscando-se preservar, além do patrimônio, a moralidade administrativa (súmula 599). Não se ignora, todavia, que o STF já se posicionou favoravelmente à aplicação do princípio da insignificância num caso de peculato em que o agente público subtraíra um farol de milha que guarnecia uma motocicleta apreendida. Naquele caso, em que o bem havia sido avaliado em treze reais, o tribunal concluiu pela atipicidade material considerando a irrelevância da ofensa à probidade administrativa (HC 112.388/SP, DJe 14/09/2012).

- Se há desvio de verba, mas em proveito da própria administração, com utilização diversa da prevista em sua destinação, temos configurado o crime do art. 315 do CP.

- Haverá o crime de peculato culposo se o agente público negligente concorre para a prática de delito não funcional, como, por exemplo, um furto? Apesar da maioria negar, entendemos possível, vez que a ação delituosa do servidor é idêntica e o dano à administração exatamente o mesmo. "De qualquer modo, estranho seria que a lei visse peculato no concurso culposo de funcionário, dando oportunidade a que outro se apoderasse de valores da repartição e se quedasse indiferente quando, no mesmo caso, a subtração fosse executada por particular, evidente, assim, maior culpa do funcionário" (Stoco, Rui et al. *Código Penal e sua interpretação jurisprudencial – Parte Especial*, p. 3.832).

- No peculato mediante erro de outrem (art. 313 do Código Penal), não é necessária a existência do dolo no momento do recebimento da coisa, mas deve existir no instante em que o funcionário dela se apropria: "Convém ponderar que o agente público nem sempre percebe, desde logo, que lhe estão transmitindo dinheiro ou utilidade, por equívoco. A consciência do erro alheio pode advir posteriormente. O crime é o mesmo. Ciente da origem errônea e indevida de sua posse, aproveita-se da situação para apropriar-se. A consciência da antijuridicidade e vontade de realizar o ato injusto estão presentes. Depois, o verbo típico não é *receber* coisa advinda de erro alheio, mas, isto sim, *apropriar-se* dela. Entre a recepção pura e simples e a apropriação insere-se a transformação da boa-fé em má-fé. Apropriando-se, o agente público viola o dever jurídico de restituir o que não é seu" (Fazzio Júnior, Waldo. *Corrupção no Poder Público*. São Paulo: Atlas, 2002, p. 110).

- No crime de inserção de dados falsos em sistema de informações, o tipo menciona como sujeito ativo o funcionário autorizado. Para o Professor Guilherme de Souza Nucci, "a limitação não deveria ter sido estabelecida e qualquer funcionário público que tivesse acesso ao sistema, por qualquer meio que fosse, alterando-o, deveria ser igualmente punido" (*Código Penal comentado*, p. 1173). A opção restritiva não induz, porém, concluirmos ser atípica a conduta quando praticada por funcionário desautorizado. Observa Rui Stoco: "Não sendo o funcionário autorizado, sua conduta não se subsume apenas ao novo delito de 'inserção de dados falsos em sistema de informações', mas se o legislador equiparou o funcionário público ao particular, quando não esteja autorizado a operar o sistema, caberá então concluir que não ficará impune. Inserir dados falsos, alterar ou excluir indevidamente dados corretos nos sistemas informatizados é o mesmo que falsificá-los. O banco de dados constitui um documento virtual, que pode ser materializado de diversas formas. Está-se diante de um falso ideológico, em que o agente – funcionário público – comete o crime prevalecendo-se do cargo, subsumindo-se a hipótese, em tese, no art. 299 e seu parágrafo único" (*Código Penal e sua interpretação:* doutrina e jurisprudência, p. 3.837).
- A distinção mais significativa entre os crimes de inserção de dados falsos em sistema de informações (art. 313-A) e o de modificação ou alteração não autorizada de sistema de informações (art. 313-B) é que naquele pune-se a inserção ou facilitação de dados falsos ou alteração ou exclusão indevida de dados corretos nos sistemas informatizados ou bancos de dados da Administração Pública, enquanto neste último o que se coíbe é a ação física de modificar ou alterar o próprio sistema ou programa de informática. Naquele o agente não ingressa no sistema operacional (*software*), mas apenas falsifica os arquivos do programa. Neste o funcionário altera a própria programação a fim de modificar o meio e modo de geração e criação de arquivos e dados. Se aquela outra figura se aproxima da falsidade ideológica, nesta tem-se a falsificação e adulteração física ou material de toda uma programação (*Código Penal e sua interpretação:* doutrina e jurisprudência, p. 3.840).
- O crime tipificado no art. 314 não se confunde com aquele tipificado no art. 305, tendo este por objetivo a frustração da fé pública, em proveito próprio ou de outrem, enquanto que aquele, de natureza subsidiária, se consuma pela simples sonegação, inutilização ou extravio do livro ou documento público, sem a finalidade específica de tirar proveito ou de beneficiar terceiro.
- No art. 315 do Código Penal (emprego irregular de verbas ou rendas públicas), não se descarta a dirimente da *inexigibilidade de conduta diversa*, como no exemplo do comandante que (fora dos casos de perigo atual) desvia dinheiro para abastecer viaturas de policiamento preventivo, com o objetivo de não deixar a população local desprotegida.
- No crime de concussão, tratando-se de policial militar, o crime será o do art. 305 do Código Penal Castrense. "Igualmente, caracteriza-se, em tese, como crime militar ou de concussão o praticado por funcionário público municipal, agindo na qualidade de secretário de junta de serviço militar, em face do que conjugadamente dispõe o parágrafo único do art. 124 da Constituição Federal, o art. 9º, III, *a*, do CPM, e o art. 11, § 1º, da Lei 4.375/64, já que, de certa forma, o delito atinge a ordem da administração militar, ao menos em sua imagem perante a opinião pública, mesmo que vítimas, sob aspecto patrimonial, sejam outros cidadãos e não a administração." (Fazzio Júnior, Waldo. *Corrupção no poder público*, p. 155).
- Haverá o crime de concussão quando a indevida vantagem exigida é para a própria administração pública? Apesar de haver corrente em sentido contrário, nos parece que a moralidade administrativa (bem jurídico imediatamente tutelado) é, do mesmo modo, violada, caracterizando o crime do art. 316 do CP.
- No crime de concussão, consistindo a conduta em *exigir*, fica claro, desde logo, tratar-se de delito formal (ou de consumação antecipada), perfazendo-se com a mera coação, independente da obtenção da repugnante vantagem. Aliás, o seu recebimento espelha simples exaurimento (interferindo na pena) e não elemento constitutivo do crime. É nesse sentido a orientação do STJ: "Muito embora o recebimento da quantia exigida seja fato irrelevante para a consumação do delito de concussão, sendo mero exaurimento, tem-se que tal circunstância pode ser sopesada, no caso concreto, para demonstrar a maior reprovabilidade da empreitada criminosa, que atingiu o seu fim ilícito. Muito embora o recebimento da quantia exigida seja fato irrelevante para a consumação do delito de concussão, sendo mero exaurimento, tem-se que tal circunstância pode ser sopesada, no caso concreto, para demonstrar a maior reprovabilidade da empreitada criminosa, que atingiu o seu fim ilícito" (AgRg no REsp 1.708.286/SP, j. 30/05/2019).
- O STF decidiu que o fato de o crime de concussão ter sido cometido por policial civil autoriza a exasperação da pena (HC 132.990/PE, j. 16/08/2016). No mesmo sentido, o STJ: "Com efeito, o fato de o crime de concussão estar elencado entre os crimes praticados por funcionário público contra a administração em geral não torna elementar do crime a circunstância de o acusado ser investigador da polícia civil. De fato, não é possível considerar a maior censurabilidade da conduta em razão de o réu ser funcionário público, porque referida circunstância faz parte do tipo penal. Mas a atuação como "investigador da polícia civil, a quem competia agir no combate à criminalidade", desborda do tipo penal, sendo um plus na culpabilidade que, por certo, autoriza sua valoração negativa" (AgRg no REsp 1.366.683/PR, j. 14/11/2017).
- Note-se, no entanto, que, ao julgar embargos de divergência no recurso especial 1.196.136/RO (DJe 01/08/2017), o STJ considerou inadmissível aumentar a pena-base dos crimes de corrupção passiva e de concussão por ter o funcionário público agido por cobiça e com a intenção de obter lucro fácil. Ora, os atos de solicitar e exigir vantagem indevida no exercício da função pública não têm outro propósito senão o de obter lucro fácil. É justamente porque a condição de funcionário público lhe facilita a prática do ato ilegal do qual provém a vantagem que o agente lança mão do cargo para cometer o crime. Trata-se, portanto, de circunstância que fundamenta a tipificação penal.
- Considerável parcela da doutrina ensina que o delito de excesso de exação, em sua primeira parte, pune também a modalidade culposa, conforme se extrai da expressão "deveria saber indevido". Tal entendimento, contudo, é contestado pela maioria, para quem o legislador, ao empregar a referida expressão, buscou punir a conduta dolosa, porém do tipo eventual, desconsiderando a forma culposa. Guilherme de Souza Nucci ensina que o elemento subjetivo do tipo é o dolo, nas modalidades direta ('que sabe') e indireta ('que deveria saber').
- No excesso de exação, pune-se o funcionário que se excede na cobrança de tributo ou contribuição social, seja porque cobra demandando imperiosamente o que não é devido, seja

PENAL

porque utiliza meio vergonhoso (vexatório) ou que traz ao contribuinte maiores ônus na cobrança do que é devido. De acordo com o STJ, se há dúvida interpretativa a respeito da legislação tributária que fundamenta a cobrança, afasta-se o crime, que só se tipifica se o agente tem consciência de que atua em excesso: "O tipo do art. 316, § 1º, do Código Penal, pune o excesso na cobrança pontual de tributos (exação), seja por não ser devido o tributo, ou por valor acima do correto, ou, ainda, por meio vexatório ou gravoso, ou sem autorização legal. Ademais, o elemento subjetivo do crime é o dolo, consistente na vontade do agente de exigir tributo ou contribuição que sabe ou deveria saber indevido, ou, ainda, de empregar meio vexatório ou gravoso na cobrança de tributo ou contribuição devidos. E, consoante a doutrina, 'se a dúvida é escusável diante da complexidade de determinada lei tributária, não se configura o delito'. Outrossim, ressalta-se que 'tampouco existe crime quando o agente encontra-se em erro, equivocando-se na interpretação e aplicação das normas tributárias que instituem e regulam a obrigação de pagar'. Nesse palmilhar, a relevância típica da conduta prevista no art. 316, § 1º, do Código Penal depende da constatação de que o agente atuou com consciência e vontade de exigir tributo acerca do qual tinha ou deveria ter ciência de ser indevido. Deve o titular da ação penal pública, portanto, demonstrar que o sujeito ativo moveu-se para exigir o pagamento do tributo que sabia ou deveria saber indevido. Na dúvida, o dolo não pode ser presumido, pois isso significaria atribuir responsabilidade penal objetiva ao registrador que interprete equivocadamente a legislação tributária [...]" (REsp 1.943.262/SC, Rel. Min. Antonio Saldanha Palheiro, j. 05/10/2021).

- É possível praticar corrupção passiva por omissão? Antonio Pagliaro e Paulo José da Costa Jr. respondem: "Com respeito à dúvida sobre se a corrupção passiva pode ser realizada mediante omissão, isto é, através de violação do dever de recusar a vantagem, necessário observar o quanto segue. Os casos que se pretende enquadrar no conceito de recebimento ou aceitação mediante omissão são comportamentos omissivos só aparentemente. Trata-se, na realidade, de verdadeiros comportamentos positivos, como no caso de receber de presente o objeto que já se possui. Ou, então, o agente se calar, numa situação concreta em que o silêncio configura verdadeira aceitação de promessa" (*Dos crimes contra a Administração Pública*. 2 ed. São Paulo: Malheiros, 1999, p. 111).

- Para a existência do crime de corrupção passiva, deve haver um nexo entre a vantagem solicitada ou aceita e a atividade exercida pelo corrupto. Assim, embora funcionário público, caso não seja o agente competente para a realização do ato comercializado, não há que se falar em crime de corrupção, faltando-lhe um dos extremos legais constitutivos do tipo, podendo, nessa hipótese, ocorrer exploração de prestígio, estelionato etc. Em julgamento de recurso especial, no entanto, o STJ afastou o requisito do nexo entre a comercialização do ato e a atribuição do funcionário público para praticá-lo. No caso julgado (REsp 1.745.410/SP, rel. Min. Laurita Vaz, j. 02/10/2018), dois funcionários públicos que trabalhavam em um aeroporto aceitaram vantagem indevida para facilitar o ingresso irregular de estrangeiro em território nacional, embora não exercessem função de controle imigratório. Para o STJ, tais indivíduos cometeram o crime de corrupção passiva, ainda que sua função não pudesse ser diretamente utilizada para que fosse atingido o propósito do corruptor. Argumentou-se na decisão que se faz necessária uma mudança de perspectiva para conferir maior possibilidade de punição adequada a atos relativos ao comércio da função pública, o que se faz tanto para prestigiar a probidade administrativa quanto para potencializar os princípios da proporcionalidade e da isonomia. Segundo a ministra Laurita Vaz, a expressão "em razão dela" (ou seja, da função), contida no tipo do art. 317, permite que sejam abrangidos atos indiretamente ligados à função exercida pelo agente.

- O médico servidor do SUS que solicita vantagem para prestar atendimento garantido pelo sistema comete corrupção passiva. Mas, segundo decidiu o STJ, tratando-se apenas de reembolso por procedimento não garantido na rede pública, o fato é atípico: "A questão que se coloca é se o recebimento de ressarcimento pelos gastos decorrentes do uso do equipamento de videolaparoscopia, técnica cirúrgica não coberta pelo SUS, configura ou não vantagem indevida para fins penais. Na dicção do art. 317 do CP, configura o crime de corrupção passiva a conduta de 'solicitar ou receber, para si ou para outrem, direta ou indiretamente, ainda que fora da função ou antes de assumi-la, mas em razão dela, vantagem indevida, ou aceitar promessa de tal vantagem'. Não se ignora que a Lei Orgânica do Sistema Único de Saúde (Lei n. 8.080/1990) e a Portaria n. 113/1997 do Ministério da Saúde vedam a cobrança de valores do paciente ou familiares a título de complementação, dado o caráter universal e gratuito do sistema público de saúde, entendimento reforçado pelo STF no julgamento do RE n. 581.488/RS, com repercussão geral, em que se afastou a possibilidade de "diferença de classe" em internações hospitalares pelo SUS (relator Ministro Dias Toffoli, Plenário, DJe de 8/4/2016). Assim, sob o aspecto administrativo, se eventualmente comprovada a exigência de complementação de honorários médicos ou a dupla cobrança por ato médico realizado, estaria configurada afronta à legislação citada, bem como aos arts. 65 e 66 do Código de Ética Médica. Todavia, a tipificação do art. 317 do CP exige a comprovação de recebimento de vantagem indevida pelo médico, não configurada quando há mero ressarcimento ou reembolso de despesas, conquanto desatendidas as normas administrativas. Com efeito, o uso da aparelhagem de videolaparoscopia importam em custos de manutenção e reposição de peças, não sendo razoável obrigar o médico a suportar tais gastos, em especial quando houver aquiescência da vítima à adoção da técnica cirúrgica por lhe ser notoriamente mais benéfica em relação à cirurgia tradicional ou 'aberta'. Desse modo, o reembolso dos gastos pelo uso do equipamento não representa o recebimento de vantagem pelo acusado, não demonstrada a elementar normativa do art. 317 do Código Penal" (HC 541.447/SP, Rel. Min. João Otávio de Noronha, j. 14/09/2021).

- Não se desconsideram na doutrina pátria aqueles que entendem que o art. 317 deve ser interpretado com certa parcimônia, de modo que não se subsume como criminoso o recebimento (solicitado ou não) de meras dádivas e outras vantagens provenientes de amizade, gratidão, cortesia e motivos semelhantes. Segundo entendem, o costume, em toda a parte, o consente. Lembram legislações alienígenas que excluem expressamente do domínio da corrupção a atribuição de serviços extraordinários, quando feita com consentimento de superior hierárquico (assim o Código búlgaro, art. 428). Sobre o assunto, conferir estudo elaborado por Costa e Silva, A. J. da. Corrupção passiva e corrupção e ativa. *Justitia*, v. 27, 4º trim. 1959.

- O STJ considerou legítima a exasperação da pena da corrupção passiva na situação em que o agente público cometeu o crime contra beneficiários do INSS – normalmente pessoas modestas e humildes – circunstância indicativa de maior reprovabilidade. Além disso, considerou-se mais grave a conduta porque o agente encaminhava as pessoas a outros estabelecimentos para que fizessem os pagamentos indevidos sem que os demais funcionários públicos da repartição percebessem (REsp 145.2935/PE, DJe 17/03/2017).

- Na prevaricação, havendo certa discricionariedade na conduta escolhida, não há que se falar em crime. Assim, Delegado de Polícia de plantão que baixa portaria para apurar fato delituoso ao invés de autuar em flagrante delito os suspeitos do crime, realiza opção justificável, que se insere no âmbito de suas atribuições.

- Quanto à possibilidade da tentativa de prevaricação, Magalhães Noronha entende possível apenas nas formas comissivas, hipótese em que o delito permite o fracionamento da sua execução. Eis a sua lição: "O ato do funcionário pode ser fracionável ou oferecer um iter, uma trajetória, que é interrompida, antes que o sujeito ativo alcance seu objetivo, isto é, a prática consumada ou terminada do ato, e já agora, não se negará a tentativa" (Direito penal interpretado, v. 4, p. 279).

- No art. 319-A do Código Penal (prevaricação imprópria), apesar do tipo incriminador referir-se somente a Diretor de Penitenciária (e não a diretor de estabelecimentos penais, como por exemplo, comandante de *colônia agrícola, industrial ou similar, a casa de albergado, o centro de observação e a cadeia pública*), tais personagens foram alcançados pela expressão seguinte (mais genérica): *agente público*. Já o diretor de *hospital de custódia e tratamento psiquiátrico* não, pois falando o tipo em *preso*, não abrange o inimputável internado ou em tratamento.
- Ainda quanto ao art. 319-A, o encerramento genérico (aparelho telefônico, de rádio *ou similar*) permite ao juiz realizar interpretação analógica, abrangendo qualquer aparelho de transmissão de informação. Lamentamos haver o legislador esquecido de incriminar a entrada dos acessórios dos aparelhos de comunicação, como *chips*, baterias, carregadores etc. O STJ, no entanto, ao julgar situações relativas à falta grave na execução penal, orienta-se no sentido de que a posse de acessórios, essenciais para o funcionamento do aparelho telefônico, também deve ser punida, pois a *ratio essendi* da norma é proibir a comunicação entre os presos ou destes com o meio externo. Entender em sentido contrário, permitindo a entrada fracionada do celular, seria estimular a burla às medidas disciplinares da Lei de Execução Penal (AgRg no REsp 1.708.448/RJ, rel. Min. Joel Ilan Paciornik, j. 07/06/2018). E, segundo o mesmo tribunal, é prescindível, para a configuração da falta grave, a realização de perícia no aparelho telefônico ou nos componentes essenciais a fim de demonstrar seu funcionamento (HC 395.878/PR, rel. Min. Felix Fischer, j. 27/06/2017). Note-se, no entanto, que a 5ª Turma, em julgamento proferido no dia 20/04/2021 sobre o crime do art. 349-A (que tem a mesma fórmula genérica), decidiu que a conduta de introduzir chip de telefone em estabelecimento prisional não se adéqua ao tipo penal, que não contempla essa ação específica. Se a lei não é expressa, é impossível ao intérprete alargá-la para abranger a conduta (HC 619.776/DF).
- No crime de condescendência criminosa, exige-se que o agente tenha conhecimento não apenas da infração ocorrida, mas também da sua autoria. Dentro desse espírito, ao contrário do que ensina Fernando Henrique Mendes de Almeida (*Dos crimes contra a administração pública*, p. 105), parece claro não existir a modalidade culposa.
- No mesmo delito, se o superior hierárquico se omite por sentimento outro que não indulgência, espírito de tolerância ou concordância, o crime poderá ser outro, como, por exemplo, prevaricação ou corrupção passiva.
- Quanto ao crime de advocacia administrativa, entende a doutrina que, ao ser empregada no tipo a expressão *patrocínio*, buscou o legislador limitar a incriminação às hipóteses em que o agente defende interesse alheio, não existindo a infração quando o funcionário pleiteia interesse próprio.
- Não importa, no crime de advocacia administrativa, o fato de ser lícito ou ilícito o interesse apadrinhado pelo funcionário, configurando-se, em qualquer uma das hipóteses, o crime em tela. Aliás, se o interesse visado for ilegítimo, incidirá a agravante do parágrafo único.
- A advocacia administrativa na esfera tributária é tipificada no art. 3º, III, da Lei 8.137/90, que pune com reclusão, de um a quatro anos, além de multa, aquele que "patrocinar, direta ou indiretamente, interesse privado perante a administração fazendária, valendo-se da qualidade de funcionário público". O STJ deu provimento ao recurso especial para afastar a tipicidade da conduta praticada por auditora da Receita Federal que havia feito correções de ordem técnica, estilística e gramatical em impugnações administrativas promovidas por particular. Segundo a decisão, embora a conduta pudesse ser questionada sob o ponto de vista ético, não se demonstrou que a funcionária pública se valeu de sua condição para influenciar eventual julgamento favorável ao terceiro. O fato de a auditora ser capaz de orientar a redação da impugnação administrativa envolve um conhecimento técnico não necessariamente ligado à função pública desempenhada. Qualquer pessoa, mesmo sem função pública, que tivesse tal conhecimento poderia fazer o mesmo (REsp 1.770.444/DF, j. 08/11/2018).
- Cuidando-se de fato semelhante relacionado com licitação pública, aplica-se o art. 337-G do Código Penal: "Patrocinar, direta ou indiretamente, interesse privado perante a Administração Pública, dando causa à instauração de licitação ou à celebração de contrato cuja invalidação vier a ser decretada pelo Poder Judiciário".
- Sob a vigência da Lei 4.898/65, havia quem defendesse a revogação tácita do art. 322 do Código Penal. Esse era o entendimento pacificado no extinto Tribunal de Alçada Criminal do Estado de São Paulo, seguido da esmagadora maioria da nossa doutrina, que argumentava se tratar de lei que havia regulado inteiramente a punição dos crimes de abuso de poder, classe a que pertence o delito de violência arbitrária. Mas havia decisões nas quais os tribunais superiores estabeleciam a plena vigência do art. 322, como aquela proferida pelo STJ no HC 48.083/MG (j. 20.11.2007). Naquele julgamento, invocou-se a lição de Magalhães Noronha, para quem "a lei [4.898/65], no art. 3º, fica em generalidades, e, no art. 4º, quando define especificamente crimes, não reproduz os incisos I, II e IV do parágrafo único do art. 350 do Código, que nem por isso estão revogados. Não se poderá objetar que esses incisos estão compreendidos na disposição genérica do art. 3.º, pois, se assim fosse, também nele estariam compreendidos – máxime em suas alíneas a e i – quase todos os delitos previstos no art. 4º, desnecessários sendo, consequentemente, as alíneas a, b, c, d e e deste. A razão do art. 3º parece-nos outra. É que a lei teve em vista, principalmente, o processo para os crimes de abuso de autoridade, e, assim, no referido artigo, tratou de genericamente mencionar delitos tipificados, em regra, em outras leis, que terão esse rito quando se verificar o referido abuso. Assim, por exemplo, o art. 3.º, b, alude à inviolabilidade domiciliar, e a transgressão dela é crime definido no art. 150 do Código; consequentemente, quando praticado por autoridade, o processo será o da lei n. 4.898." (in DIREITO PENAL, vol. 4, E. Magalhães Noronha, Ed. Saraiva, 24ª edição, 2003, páginas. 283 e 414)". Com a entrada em vigor da Lei 13.869/19, que, dispondo sobre o abuso de autoridade, revogou expressa e integralmente a Lei 4.898/65, há mais razão para sustentar a vigência do art. 322 do CP, que trata como crime praticado por funcionário público contra a Administração Pública em geral a conduta genérica de praticar violência no exercício de função ou a pretexto de exercê-la. A Lei 13.869/19 não tem disposição semelhante, e, quando menciona a prática de violência por agentes estatais, o faz para punir condutas praticadas em contextos específicos (cf. arts. 13, 22, § 1º, inc. I e 24). Além disso, a Lei 13.869/19 é expressa no sentido de que as condutas nela tipificadas constituem crime de abuso de autoridade quando praticadas pelo agente com a *finalidade específica de prejudicar outrem ou beneficiar a si mesmo ou a terceiro, ou, ainda, por mero capricho ou satisfação pessoal* (art. 1º, § 1º). No art. 322, por outro lado, o dolo consiste na vontade consciente de praticar a violência arbitrária.
- No abandono de função, é corrente a lição de não existir o delito no caso de suspensão, ainda que prolongada, do trabalho por parte de funcionário público quando se trata de ato coletivo buscando reivindicações de categoria, é dizer, nos casos de greve ainda não declarada ilegal.
- Quanto ao crime de violação de sigilo funcional, alerta a doutrina que deve o funcionário público saber do segredo em razão do seu cargo ou função que exerce, isto é, deve estar entre as suas atribuições o conhecimento do fato secreto.

Caso contrário, poderá haver outro crime (art. 154 do CP). Dessa forma, o STF, no famigerado caso da transgressão do painel eletrônico de votação do Senado Federal, rejeitou a denúncia contra dois parlamentares e uma servidora pública federal pela suposta prática do delito de violação do sigilo funcional (art. 325 do CP), entendendo que o crime pressupõe que o fato revelado tenha chegado ao conhecimento do agente *em razão do exercício do cargo*, o que não ocorrera na espécie, já que nenhum dos denunciados possuía acesso à informação violada, sigilosa para todos, em razão da função exercida (Inq. 1.879-DF, rel. Min. Ellen Gracie, j. 10.09.2003).

- Para a caracterização do crime de violação de sigilo funcional, mostra-se indiferente que a revelação se dê a outro funcionário sem acesso ao segredo, ou a um particular estranho à administração.

- O Pacote Anticrime modificou a Lei 11.671/08 (que dispõe sobre os estabelecimentos penais federais de segurança máxima) para incluir regras relativas ao monitoramento no parlatório e nas áreas comuns. De acordo com o art. 3º, § 2º, da Lei 11.671/08, tais áreas devem contar com aparelhos de monitoramento de áudio e vídeo, com a finalidade de preservar a ordem interna e a segurança pública (é vedado, no entanto, o uso dos aparelhos nas celas e no atendimento advocatício, exceto se houver expressa autorização judicial). Segundo o § 5º, a revelação indevida do conteúdo do monitoramento tipifica a violação de sigilo funcional.

- Caso o detetive particular efetue investigações de cunho penal, qual delito comete? A doutrina, antes da Lei nº 13.432/17, divergia, a saber: a) para uma primeira corrente, a investigação particular configurava o crime do art. 328 do Código Penal (usurpação de função pública), não importando a inexistência de função pública com a denominação de detetive; b) outra ensinava não constituir delito, ao conceber como lícito o trabalho exercido pelo detetive particular, que se submetia à legislação própria para a atividade profissional de prestação de serviço de investigação (Lei 3.099, de 24 de fevereiro de 1957). O crime se configuraria, apenas, se o particular se identificasse como policial, agindo como se fosse servidor público executando um ato oficial.

  A Lei 13.432/17 buscou colocar uma pá de cal na discussão, dispondo sobre o exercício da profissão de detetive particular. Para os fins desta Lei, considera-se detetive particular o profissional que, habitualmente, por conta própria ou na forma de sociedade civil ou empresarial, planeje e execute coleta de dados e informações de natureza não criminal, com conhecimento técnico e utilizando recursos e meios tecnológicos permitidos, visando ao esclarecimento de assuntos de interesse privado do contratante (art. 2º). A lei permite, no art. 5º, que o detetive particular colabore com a investigação policial em curso, desde que expressamente autorizado por contrato e aceito pelo delegado de polícia, que poderá rejeitá-lo a qualquer tempo. O diploma, contudo, proíbe o detetive colaborador de participar diretamente das diligências policiais (art. 10, inc. IV), o que ocorreria, por exemplo, caso cumprisse um mandado de busca e apreensão.

  Logo, se o detetive exercer atividades de investigação criminal fora dos casos de colaboração com a autoridade policial, ou agir sem contrato, ou, ainda, continuar atuando depois de rejeitado pela Autoridade Policial, incorrerá nas penas do art. 328 do Código Penal, que trata da usurpação de função pública. O delito se consuma com a efetiva prática de pelo menos um ato inerente ao ofício indevidamente desempenhado, não se exigindo reiteração de condutas ou consequências danosas para a administração. Aliás, no caso de reiteração de comportamentos "se forem praticados vários atos no exercício da função, a lesão típica se protrai e a consumação se desloca no tempo e no lugar em que for realizado o último ato (crime eventualmente permanente)", como explicam Antonio Pagliaro e Paulo José da Costa Jr. (*Dos crimes contra a Administração Pública*, Ed. Malheiros, 1999 p. 186. No caso de o agente auferir, para si ou para terceiro, vantagem (não só as patrimoniais), a pena será majorada, nos termos do parágrafo único do art. 328 do CP.

- No delito de resistência, a oposição deve ser positiva, não se considerando crime a "resistência passiva", destituída de qualquer conduta agressiva por parte do agente (ex.: a fuga, recusa em fornecer nome ou abrir portas, xingamentos), podendo configurar, conforme o caso, crime de desobediência (art. 330) ou desacato (art. 331).

- Em que pese a lição de Hungria, prevalece no nosso ordenamento jurídico (diferentemente de alguns estrangeiros) que a força física caracterizadora do crime de resistência deve consistir num ataque direto à pessoa do executor, não abrangendo o emprego de violência sobre coisa (chutes contra a viatura), ajustando-se, nesse caso, ao delito de dano.

- Para uma parcela da doutrina, estando o agente embriagado, exclui-se o dolo configurador do crime da resistência (*RT* 719/444, 566/321 e 525/366). Para outra, pode o estado de embriaguez excluir o elemento subjetivo do crime quando intenso, isto é, caso de intoxicação alcoólica dominante (*RT* 383/227). Ambas as lições, no entanto, afrontam claramente o disposto no art. 28, II, do CP, servindo a embriaguez como causa de exclusão da imputabilidade somente quando *completa e acidental* (*RT* 541/388, 518/350 e 501/309).

- Quanto aos sujeitos ativos do crime de desobediência, importa destacarmos a lição de Noronha: "Não comungamos da opinião do provecto Bento de Faria, de que necessariamente há de existir relação de subordinação hierárquica do desobediente para com o sujeito passivo (...). Não há tal, mesmo porque o desobediente pode ser o particular, como se falou. Certo é, porém, que o ofendido deve ser *funcionário* competente para emitir *ordem legal*, ou seja, funcionário, cujo conceito é dado pelo direito administrativo, não tendo, agora, aplicação o art. 327 do Código, havendo já, por mais de uma vez, se lembrado que, para o Estatuto dos Funcionários Públicos Civis da União, *funcionário é a pessoa legalmente investida em cargo público, e este é o criado por lei, com denominação própria, em número certo e pago pelos cofres públicos*" (*Direito penal*, v. 4, p. 324).

- Ressaltamos inexistir o crime de desobediência quando a rebeldia se dá para não se produzir prova contra si mesmo, desdobramento lógico da garantia constitucional ao silêncio. Assim, não se cogita do crime na negativa do réu ao exame para a pesquisa e dosagem de álcool de seu sangue (*RT* 435/413); na recusa ao exame hematológico em ação de investigação de paternidade (*RT* 720/448).

- O STJ decidiu que não se caracteriza o crime de desobediência na situação em que o Defensor Público Geral não atende a requisição judicial para a nomeação de defensor público que deveria atuar em ação penal em andamento. De acordo com o tribunal, a imputação do crime neste caso viola a autonomia da Defensoria Pública, que tem exclusiva atribuição para definir os critérios de atuação dos defensores (HC 310.901/SC, DJe 28/06/2016).

- A Terceira Seção do STJ firmou a orientação de que a desobediência à ordem legal de parada, emitida por agentes públicos no policiamento ostensivo para a prevenção e repressão de crimes, constitui o crime de desobediência: "O STJ já decidiu que "os direitos ao silêncio e de não produzir prova contra si mesmo não são absolutos, razão pela qual não podem ser invocados para a prática de outros delitos. Embora por fatos diversos, aplica-se ao presente caso a mesma solução jurídica decidida pela Terceira Seção desta Corte Superior quando do julgamento do REsp n. 1.362.524/MG, submetido à sistemática dos recursos repetitivos, no qual foi fixada a tese de que 'típica é a conduta de atribuir-se falsa identidade perante autoridade policial, ainda que em situação de alegada autodefesa'" (HC 369.082/SC, Rel. Min. Felix Fischer, Quinta Turma, julgado em 27/6/2017, DJe 1º/8/2017). Conforme apontado pelo Ministério Público Federal em seu parecer, "a possibilidade de prisão por outro delito não é suficiente para afastar a incidência da norma penal incriminadora, haja vista que a garantia da não autoincriminação não pode elidir a necessidade de proteção ao bem jurídico tutelado pelo crime de desobediência. [...] O acusado tem direito constitucional de permanecer calado, de não produzir prova contra si e, inclusive, de mentir acerca do fato criminoso. Contudo, a pretexto exercer tais prerrogativas, não pode praticar condutas consideradas penalmente relevantes pelo ordenamento jurídico, pois tal situação caracteriza abuso do direito, desbordando a respectiva esfera protetiva". Assim, o entendimento segundo o qual o indivíduo, quando no seu exercício de defesa, não teria a obrigação de se submeter à ordem legal oriunda de funcionário público pode acarretar o estímulo à impunidade e dificultar, ou até mesmo impedir, o exercício da atividade policial e, consequentemente, da segurança pública" (REsp 1.859.933/SC, j. 09/03/2022).

- Quanto ao crime de desacato, a Exposição de Motivos da Parte Especial do Código Penal (item 85) ressalta: "O desacato se verifica não só quando o funcionário se acha no exercício da função (seja, ou não, o ultraje infligido *propter officium*), senão também quando se acha *extra officium*, desde que a ofensa seja *propter officium*". Assim, conclui-se: o crime configura-se ainda que o funcionário público não esteja no regular exercício de sua função, *mas é ofendido em razão dela* (nexo funcional).
- Nélson Hungria entende que o dolo do desacato é incompatível com o estado de exaltação ou ira. O mesmo fundamento doutrinário é encontrado nas lições Washington de Barros Monteiro (O crime de desacato, *RT* 319/11), para o qual o crime pressupõe do agente ânimo calmo. Ousamos discordar. No crime de desacato, o fato de o agente estar nervoso e ter perdido o autocontrole não é suficiente para afastar o dolo do delito, principalmente considerando que ninguém desacata outrem estando em seu perfeito controle e com ânimo refletido (*RJDTACRIM* 36/176).
- O STJ, no julgamento do REsp 1.640.084/SP (DJe 01/02/2017), proferido pela 5ª Turma, considerou o crime de desacato incompatível com a Convenção Americana sobre os Direitos Humanos porque privilegia a preponderância do Estado sobre o indivíduo.

  Em seguida, no entanto, decidiu-se afetar à Terceira Seção o julgamento do HC 379.269/MS (DJe 30/06/2017) para que a questão fosse pacificada pelo órgão que reúne as duas turmas com competência criminal no STJ.

  Desta feita, o tribunal concluiu que o desacato continua sendo crime. A tipificação penal da ofensa contra o funcionário público no exercício de suas funções é uma proteção adicional que não impede a liberdade de expressão, desde que exercida sem exageros. E afastar a figura criminosa do desacato não traria mudança significativa nos limites do direito de expressão, pois o exagero poderia de qualquer forma ser punido como injúria majorada. Logo, o esforço para discernir a censura do insulto permaneceria. O importante não é afastar *a priori* a possibilidade de punição do desacato, mas, mantendo a proteção ao exercício da função pública, exercer o controle sobre eventuais abusos desse exercício. Noutras palavras, compete ao Poder Judiciário garantir tanto a punição do exagero do direito de crítica à atividade desempenhada pelo funcionário público quanto a punição do abuso na reação do funcionário diante de uma crítica justa proferida pelo cidadão. Posteriormente, o STF encampou a tese de que a tipificação do desacato **permanece hígida**, pois o tratamento conferido à liberdade de expressão pela norma de direito internacional não difere daquele disposto na Constituição Federal. O direito não é absoluto, tanto que o ordenamento constitucional tutela a honra e a intimidade, em face das quais a liberdade de manifestação do pensamento sofre limitações e pode ser objeto de punição no caso de abuso (ADPF 496/DF, Rel. Min. Roberto Barroso, j. 22/06/2020).
- Síntese das distinções havidas entre os crimes de estelionato, tráfico de influência e exploração de prestígio:

| Estelionato – 171 | Tráfico de Influência – 332 | Exploração de Prestígio – 357 |
|---|---|---|
| **Crime contra o patrimônio** | **Crime contra a Administração Pública** | **Crime contra a Administração da Justiça** |
| Crime comum | Crime comum | Crime comum |
| Consiste em "obter" vantagem ilícita em prejuízo alheio mediante fraude (artifício, ardil ou qualquer outro meio fraudulento). | Consiste em solicitar, exigir, cobrar ou obter vantagem ou promessa de vantagem a pretexto de influir em ato praticado por funcionário público | Solicitar ou receber (dinheiro ou utilidade) a pretexto de influir em juiz, jurado, órgão do Ministério Público, funcionário de justiça, perito, tradutor, intérprete ou testemunha |
| O agente visa obter vantagem ilícita em prejuízo alheio | O agente visa obter vantagem ilícita | O agente visa obter vantagem ilícita |
| Consuma-se com o duplo resultado (vantagem ilícita e prejuízo alheio) – o delito é material | Consuma-se com a solicitação, exigência, cobrança (delito formal) ou com a obtenção da vantagem (delito material). | Consuma-se com a solicitação (delito formal) ou com o recebimento (delito material) |

- Inexiste a corrupção ativa quando a oferta ou promessa tem o fim de impedir ou retardar ato *ilegal*. Doutrinariamente se ensina também não haver corrupção ativa nos casos em que o particular se limita a pedir ao servidor "dar um jeitinho" ou "quebrar o galho".
- A possibilidade da tentativa no crime de corrupção ativa depende do *modus operandi* escolhido pelo corruptor, isto é, se a corrupção for praticada por meio verbal ou gestual, o crime será unissubsistente, não comportando fracionamento da execução; já na forma escrita é possível o *conatus* quando interceptada a comunicação, deixando de atingir o servidor destinatário por circunstâncias alheias à vontade do agente.
- Há corrupção ativa quando o agente oferece a policiais vantagem indevida para que deixem de apreender droga trazida para consumo próprio. Em recurso julgado pelo STJ, alegava-se que, diante da inexistência de prisão em flagrante, não havia ato de ofício que obrigasse os agentes públicos. O tribunal, contudo, refutou a tese: "Consoante previsão do artigo 333 do Código Penal, o delito de corrupção ativa ocorre com a conduta de oferecer ou prometer vantagem indevida a funcionário público, para determiná-lo a praticar, omitir ou retardar ato de ofício. Assim, o entendimento de que não há ato de ofício a ser praticado por policiais quando abordam sujeito na posse de drogas está em dissonância com as disposições legais e a jurisprudência desta Corte. O artigo 28 da Lei de Drogas, ainda que não preveja pena privativa de liberdade, permanece como crime. Não houve descriminalização da conduta, mas tão somente sua despenalização, vez que a norma especial conferiu tratamento penal mais brando aos usuários de drogas. Com efeito, este Superior Tribunal de Justiça, alinhando-se ao "entendimento firmado pela Corte Suprema no julgamento do RE 430.150/RJ, sedimentou orientação de que a Lei n. 11.343/2006 não descriminalizou a conduta que tipificou no art. 28, que, portanto, continua a configurar crime. Ocorreu mera despenalização, assim entendida como a ausência de previsão, para o tipo, de pena privativa de liberdade como sanção" (HC 406.905/SP, Rel. Ministro Felix Fischer, Quinta Turma, julgado em 7/11/2017, DJe 13/11/2017)" (AgRg no HC 623.436/SC, Quinta Turma, Rel. Min. Ribeiro Dantas, DJe de 17/12/2021). Em casos dessa natureza, muito embora não se imponha a prisão em flagrante, é obrigação do policial conduzir o autor do fato diretamente ao juízo competente ou, na falta deste, à delegacia, lavrando-se, neste caso, o respectivo termo circunstanciado e providenciando-se as requisições dos exames e perícias necessários, nos termos do

artigo 48, §§ 2º e 3º, da Lei n. 11.343/2006. Cumpre ressaltar, ainda, que para a configuração do delito de corrupção ativa, a norma penal sequer exige que o ato de ofício tenha sido efetivamente praticado, até porque, em se constatando que o funcionário retardou ou omitiu ato de ofício, ou o praticou infringindo dever funcional, incidirá a causa de aumento de pena prevista no parágrafo único do artigo 333 do Código Penal" (AREsp 2.007.599/RJ, Rel. Min. Jesuíno Rissato (Desembargador convocado do TJDFT), j. 03/05/2022).

- Na execução do contrabando (art. 334-A do Código Penal), o agente, mediante qualquer meio, *importa* ou *exporta* mercadoria (coisa móvel), absoluta ou relativamente proibida (não abrangendo produtos de importação temporariamente suspensa). No descaminho (art. 334 do Código Penal), o agente busca *iludir*, mediante artifício, ardil ou qualquer outro meio fraudulento, o pagamento de direito ou imposto devido em face da entrada ou saída da mercadoria *não proibida*. Pratica o crime, segundo exemplifica Noronha (Direito Penal, v. 4, p. 349), aquele que emprega no produto rótulos ou letreiros falsos, não correspondentes à quantidade ou qualidade real da mercadoria.

- A tentativa pode ocorrer tanto no contrabando quanto no descaminho (delitos plurissubsistentes). Na primeira hipótese, a forma tentada estará configurada quando, preparado para entrar ou sair do país com a mercadoria proibida, o agente tem sua conduta interrompida por circunstâncias alheias à sua vontade. Já no descaminho, o agente, embora tenha empregado os meios necessários, não logra êxito em iludir a autoridade.

- Os tribunais superiores têm se manifestado contrariamente à aplicação do princípio da insignificância no crime de contrabando. Diferentemente do descaminho, não se trata apenas de prejuízo tributário, pois a importação de produtos proibidos pode causar danos de maior gravidade. Assim, já se confirmou a tipicidade da importação: a) de cigarros, ainda que em quantidade pequena (STF: HC 131.205/MG, DJe 22/09/2016; STJ: AgRg no AREsp 697.456/SC, DJe 28/10/2016); b) de medicamentos (STJ: AgRg no REsp 1.500.691/SP, DJe 26/10/2016); c) de arma de pressão, independentemente do calibre (STJ: AgRg no REsp 1.479.836/RS, DJe 24/08/2016); d) de colete balístico (STJ: RHC 62.851/PR, DJe 26/02/2016); e) de peças de máquinas de jogo – "caça-níqueis" (STJ: EREsp 1.230.325/RS, DJe 05/05/2015).

- Apesar das decisões acima citadas, o STJ já considerou materialmente atípica a conduta de importação ilegal de medicamento para uso pessoal e em pequena quantidade (AgRg no REsp 1.572.314/RS, DJe 10/02/2017).

- No crime de descaminho, os tribunais superiores admitem a aplicação do princípio da insignificância àquelas hipóteses em que as mercadorias apreendidas são em pequena quantidade, com valores ínfimos e sem destinação comercial. Isto porque, em virtude do baixo valor dos tributos incidentes sobre tais bens, o fisco não promove a execução de seus créditos, utilizando-se do já conhecido argumento de que a instauração de um processo executivo fiscal, diante de um valor irrelevante a ser recebido, não será compensada no momento do pagamento. Havia divergência entre o STF e o STJ a respeito do valor máximo do tributo sonegado. O STF há tempos considera o valor de R$ 20 mil, antes previsto no artigo 20 da Lei 10.522/02, atualizado pelas portarias 75/12 e 130/12 do Ministério da Fazenda (o art. 20 da Lei 10.522/02 foi alterado pela Lei 13.874/19 e não trata mais do valor mínimo para a execução fiscal. Atualmente, o valor é determinado por ato do Procurador-Geral da Fazenda Nacional. A modificação, contudo, não reflete na orientação jurisprudencial sobre a insignificância). Já o STJ insistia na tese de que a insignificância só se aplicava se o valor questionado fosse igual ou inferior a R$ 10 mil, pois o Judiciário devia seguir os parâmetros descritos em lei federal, e não em portaria administrativa da Fazenda Federal. O tribunal, no entanto, acabou por adequar sua orientação à da Corte Suprema num julgamento sob o rito dos recursos repetitivos, cujo tema (157) tem a seguinte redação: "Incide o princípio da insignificância aos crimes tributários federais e de descaminho quando o débito tributário verificado não ultrapassar o limite de R$ 20.000,00, a teor do disposto no artigo 20 da Lei 10.522/2002, com as atualizações efetivadas pelas Portarias 75 e 130, ambas do Ministério da Fazenda". Embora ainda não seja possível falar em nova mudança de orientação, temos decisões do STF sinalizando que o tribunal pode modificar sua postura diante de situações relativas à importação de mercadorias sem o pagamento de impostos. Com efeito, no julgamento do HC 128.063/PR, em 10/04/2018, a Primeira Turma decidiu que norma relativa à ação fiscal não tem influência na atuação do Ministério Público na seara penal. Em seu voto, o ministro Alexandre de Moraes destacou que o altíssimo número de casos de importações irregulares evidencia a inadequação de aplicar o princípio da insignificância com fundamento em norma de execução fiscal, que, inclusive, não veda peremptoriamente a execução abaixo dos limites a que se refere, mas permite que se adote uma estratégia para que sejam cobrados somente os créditos com maior chance de pagamento. Seguiu a mesma linha o julgamento do HC 149.114/PR em (j. 16/10/2018), no qual o ministro Marco Aurélio já havia negado medida liminar lançando mão dos mesmos argumentos utilizados na apreciação do *habeas corpus* anterior. Também neste julgamento, o ministro Alexandre de Moraes se referiu à necessidade de coibição de práticas semelhantes, nas quais são utilizadas "mulas do descaminho", que, já contando que não serão responsabilizadas, tomam o cuidado de importar mercadorias cujo tributo não ultrapasse o limite estabelecido. Tendo em vista os argumentos lançados pelos ministros, nota-se nestas decisões a tendência de pura e simplesmente vedar o princípio da insignificância ao menos na grande maioria dos crimes de descaminho, pois se descartou a influência não só das portarias ministeriais sobre cobrança tributária, mas também de leis relativas à execução fiscal, que não poderiam limitar a ação penal. Assim, somente se inseriria no âmbito da insignificância o não pagamento de tributo de valor realmente baixo, que se adequasse aos mesmos critérios já utilizados em outros crimes para a análise da irrelevância penal.

- Ainda quanto ao descaminho, o princípio da insignificância tem sido afastado no caso de reiteração criminosa, que revela verdadeiro meio de vida criminoso, situação em que a medida se torna socialmente inadequada (AgRg no REsp 1.519.820/PR, DJe 03/04/2018). E não obstante ações penais e inquéritos em andamento não possam ser utilizados para a exasperação da pena, podem fundamentar o afastamento do princípio da insignificância (AgRg no REsp 1.706.031/PR, DJe 02/04/2018).

- O STF tem decidido que o descaminho é crime formal, que, portanto, não pressupõe efetivo prejuízo ao erário para a consumação; basta a ilusão de direito ou imposto. Em decorrência desse entendimento, a orientação do tribunal se dá na direção de que o esgotamento da via administrativa (lançamento definitivo) é dispensável (RHC 135.549AgR/BA, DJe 22/09/2017). O STJ segue a mesma linha (AgRg no AREsp 1.034.891/SP, DJe 23/06/2017).

- Também em razão da natureza formal do descaminho, o STJ tem adotado a orientação de que o parcelamento e o pagamento do tributo não têm nenhum efeito sobre o andamento da ação penal (EDcl no AgRg no AREsp 769.526/SP, DJe 08/03/2018).

- Segundo o STJ, a causa de aumento relativa ao descaminho cometido por via área incide inclusive quando o crime é cometido por meio de voos regulares: "Incide a causa especial de aumento de pena prevista no § 3º do art. 334 do Código Penal quando se tratar de descaminho praticado em transporte aéreo, não sendo relevante o fato de o voo ser regular ou clandestino" (AgRg no AREsp 2.197.959/SP, j. 28/02/2023). Mas o

STF adota orientação diversa: "No cenário atual, não há sentido lógico que justifique um aumento de pena tão expressivo pelo simples fato de ser o crime praticado em transporte regular. Essa posição tornaria a majorante quase a regra na aplicação do tipo penal na realidade prática, o que findaria por desvirtuar a estruturação normativa da norma incriminadora. Diante disso, a majorante somente pode ser aplicada quando houver uma maior reprovabilidade da conduta, caracterizada pela atuação do imputado no sentido de dificultar a fiscalização estatal, por meio da clandestinidade" (HC 162.553 AgR/CE, j. 14/09/2021).

- Caso o contrabando ou o descaminho seja cometido por meio da utilização de veículo automotor, o condenado em decisão judicial transitada em julgado terá cassado seu documento de habilitação ou será proibido de obter a habilitação pelo prazo de cinco anos (art. 278-A do CTB, inserido pela Lei 13.804/19). Decorrido o prazo, o condutor poderá obter nova habilitação, desde que se submeta ao procedimento necessário (§ 1º). E, no caso do condutor preso em flagrante, poderá o juiz, em qualquer fase da investigação ou da ação penal, se houver necessidade para a garantia da ordem pública, como medida cautelar, de ofício, ou a requerimento do Ministério Público, ou ainda mediante representação da autoridade policial, decretar, em decisão motivada, a suspensão da permissão ou da habilitação para dirigir veículo automotor, ou a proibição de sua obtenção (§ 2º).
- Existe tormentosa discussão na doutrina sobre a total ou apenas parcial revogação art. 335 do Código Penal (impedimento, perturbação ou fraude de concorrência). Para Mirabete: "As condutas mencionadas no dispositivo passaram a figurar como infrações penais previstas na Lei 8.666, de 21.06.1993, que regulamenta o art. 37, inciso XXI, da Constituição Federal e institui normas para as licitações e contratos da Administração Pública (arts. 89 a 98). Revogado está, portanto, o art. 335, *caput*, do Código Penal" (*Manual de direito penal*, v. 3, p. 375). No mesmo sentido, Antonio Pagliaro e Paulo José da Costa Jr. (*Dos crimes contra a Administração Pública*, p. 246). Contudo, basta uma simples leitura do artigo para concluirmos que a revogação operada foi apenas parcial, pois as normas criminais relativas às licitações não disciplinam o impedimento, a perturbação ou a fraude em *hasta pública*.
- Sobre o art. 337 do Código Penal, discute-se a consequência da pronta restauração do documento inutilizado, que, para uns, se trata de circunstância a ser considerada pelo magistrado na fixação da pena. Para outros, descaracteriza o crime, permanecendo, conforme o caso, mero desacato. Aliás, Mirabete lembra que já se optou: "Pelo simples desacato na ação do réu que arrebatou e inutilizou auto de prisão em flagrante no momento em que lhe foi apresentado para assinar, sendo imediatamente reconstituído (*RT* 416/101: *RJTJESP* 13/494)" (*Manual de direito penal*, v. 3, p. 380).
- Apesar de a maioria da doutrina classificar a sonegação de contribuição previdenciária como crime *omissivo*, entendemos correta a opinião de Luiz Flávio Gomes, para quem o crime é *comissivo de conduta mista*, assim justificando sua posição: "É comissivo porque a norma final é proibitiva (está proibido suprimir ou reduzir contribuição social). Mas ao mesmo tempo a forma de realização das condutas é omissiva. O que está proibido, no final, não é só o ato da omissão. Mais que isso: é preciso que da omissão surja um resultado jurídico: supressão ou redução da contribuição devida. Assim o bem jurídico resulta lesado" (*Crimes previdenciários*, p. 81).
- Na sonegação de contribuição previdenciária, Cezar Roberto Bitencourt entende indispensável a presença do fim especial do agente. Explica o autor: "Acreditamos ser indispensável o *elemento subjetivo especial do injusto*, representado pelo *especial fim* de fraudar a previdência social" (*Tratado de Direito Penal – Parte Especial*, v. 5, p. 285). No mesmo sentido, Antonio Lopes Monteiro lembra: "Toda a tradição de nosso Direito, em termos de sonegação fiscal, exige que a conduta tenha a finalidade específica de sonegação, e não outra" (*Crimes contra a Previdência Social*, p. 57-58). Mas, assim como ocorre na apropriação indébita previdenciária, o entendimento do STJ é no sentido de que se dispensa finalidade específica por parte do agente (AgRg no AREsp 840.609/SP, DJe 22/03/2017). O mesmo já decidiu o STF (HC 113.418/PB, DJe 17/10/2013).
- O STJ decidia que o princípio da insignificância incidia no crime do art. 337-A quando o valor da contribuição previdenciária não ultrapassasse os R$ 10.000,00, assim como ocorria em outros delitos envolvendo tributos (AgRg no REsp 1.609.757/SP, DJe 08/03/2018). Mas, desde o julgamento dos REsp 1.688.878/SP e 1.709.029/MG pelo rito dos repetitivos, estabeleceu-se a orientação de que se considera materialmente atípico o fato envolvendo sonegação no valor de até R$ 20.000,00 (tema 157: "Incide o princípio da insignificância aos crimes tributários federais e de descaminho quando o débito tributário verificado não ultrapassar o limite de R$ 20.000,00 (vinte mil reais), a teor do disposto no art. 20 da Lei n. 10.522/2002, com as atualizações efetivadas pelas Portarias 75 e 130, ambas do Ministério da Fazenda"). Não obstante, esta conclusão é objeto de crítica e tem sido limitada, pois há entre os ministros quem considere despropositado impedir a aplicação da lei penal com fundamento nos critérios meramente financeiros que norteiam a regra estabelecida sobre a execução fiscal. Em 2019, julgando agravo regimental em revisão criminal, a Terceira Seção do tribunal decidiu que o princípio da insignificância não se aplica nos crimes de apropriação indébita previdenciária e de sonegação de contribuição previdenciária (AgRg na RvCr 4881/RJ, j. 22/05/2019). O tribunal se baseou em precedentes do STF segundo os quais a previdência social é bem supraindividual, incompatível com a tese da bagatela (HC 102.550/PR, j. 20/09/2011).
- Tratando-se de crime material que envolve sonegação de tributos, exige-se o lançamento definitivo para que a ação penal seja deflagrada (STJ: HC 324.131/SP, DJe 23/09/2015).
- A pena do art. 337-B do Código Penal é aumentada de um terço, se, em razão da vantagem recebida ou promessa ou oferta, o funcionário público estrangeiro retarda ou omite ato de ofício, ou o pratica infringindo dever funcional. O que seria mero exaurimento aqui foi erigido à categoria de majorante (causa de aumento de pena), considerando o legislador a maior gravidade espelhada pelos desdobramentos advindos do comportamento do agente.
- O tipo do art. 337-C do Código Penal é idêntico ao previsto no art. 332, com as seguintes *especializantes*: a) o agente alega exercer influência sobre funcionário público estrangeiro (art. 337-D); b) o ato praticado se refere à transação comercial internacional.
- A Lei 14.133/21 (Lei de Licitações e Contratos Administrativos) inseriu no Título XI da Parte Especial do Código Penal o capítulo II-B. A lei transferiu para o Código toda a disciplina dos crimes cometidos nos processos licitatórios e nos contratos administrativos. Foram inseridos onze tipos penais entre os artigos 337-E e 337-O: a) art. 337-E: contratação direta ilegal; b) art. 337-F: frustração do caráter competitivo de licitação; c) art. 337-G: patrocínio de contratação indevida; d) art. 337-H: modificação ou pagamento irregular em contrato administrativo; e) art. 337-I: perturbação de processo licitatório; f) art. 337-J: violação de sigilo em licitação; g) art. 337-K: afastamento de licitante; h) art. 337-L: fraude em licitação ou contrato; i) art. 337-M: contratação inidônea; j) art. 337-N: impedimento indevido; k) art. 337-O: omissão grave de dado ou de informação por projetista.
- Na Lei 8.666/93, todos os crimes eram apenados com detenção, o que impedia o início do cumprimento da pena em regime fechado. Dos novos tipos penais, somente os arts. 337-I e 337-J continuam punidos com detenção. Nos demais, portanto, é admissível o regime inicial fechado na execução da pena.

PENAL

- O art. 89 da Lei 8.666/93 punia, além da indevida contratação fora das hipóteses legais, também deixar de observar as formalidades pertinentes à dispensa ou à inexigibilidade. Esse comportamento, contudo, não foi reproduzido no art. 337-E. Estamos diante de indisfarçável *abolitio criminis* (art. 2º do CP). E, para tanto, existe explicação. Houve um avanço na incorporação do processo administrativo e sua importância na Administração Pública. Não se consegue imaginar um contrato sem prévio procedimento. A Lei 14.133/21, nesse cenário, claramente se desprende de formalismos que não comprometem o interesse público, razão por que não faz qualquer sentido um tipo penal punindo a simples inobservância de solenidades.
- O STJ firmou a orientação de que a punição por dispensar ou inexigir licitação pressupõe tanto a finalidade específica de causar prejuízo ao erário quanto a provocação efetiva do prejuízo: "1. Nos termos da jurisprudência do Superior Tribunal de Justiça firmada a partir do julgamento da APn n. 480/MG, a consumação do crime do art. 89 da Lei n. 8.666/1993 exige a demonstração do dolo específico, ou seja, a intenção de causar dano ao Erário e a efetiva ocorrência de prejuízo aos cofres públicos. 2. Hipótese em que o paciente, prefeito do município, foi condenado como incurso no art. 89 da Lei n. 8.666/1993, por ter, juntamente com os membros da comissão de licitação, fracionado o serviço de transporte escolar em vários roteiros para, considerando o valor isolado de cada uma das linhas, dispensar o processo licitatório, em desacordo com o que determina o art. 23, §§ 2º e 5º e art. 24, II, da Lei n. 8.666/1993. 3. Observa-se, contudo, a existência de condenação baseada no dolo genérico (dispensa ou inexigibilidade de licitação, fora das hipóteses legais, com o objetivo de direcionamento da contratação), o que, segundo a jurisprudência desta Corte, não é suficiente para sustentar o decreto condenatório. 4. A sentença não fez qualquer referência à existência de deliberada intenção de causar prejuízos à Administração Pública ou à efetiva ocorrência do dano. Ao contrário, o magistrado de primeiro grau reconhece que os serviços foram prestados e, ao afastar a conduta prevista no art. 1º, inciso I, do Decreto-Lei n. 201/67, afirma, categoricamente, inexistir nos autos provas suficientes para comprovar o dolo do denunciado de efetuar pagamentos aos contratados superiores aos ajustados, sem qualquer justificativa para tanto" (HC 588.359/PE, j. 08/09/2020).
- O tipo penal do art. 90 da Lei 8.666/93 continha a expressão "mediante ajuste, combinação ou qualquer outro expediente", inexistente no art. 337-F do CP. A ausência desse elemento normativo não tem nenhuma relevância para a incidência do tipo penal, porque, a rigor, tratava-se de uma redundância absolutamente dispensável. De fato, afirmar que a frustração e a fraude devem se dar mediante ajuste, combinação *ou qualquer outro expediente* é afirmar o óbvio: que o crime é de ação livre, e todas as condutas cometidas com o propósito de afastar da licitação o seu caráter competitivo são abrangidas pelo tipo penal.
- No art. 337-F do CP não se exige a efetiva obtenção da vantagem decorrente da adjudicação, nem tampouco que se demonstre o prejuízo ao erário. É a orientação do STJ a respeito da conduta antes tipificada no art. 90 da Lei 8.666/93 (súmula 645).
- Especial em relação ao art. 321, o tipo penal do patrocínio de contratação indevida (art. 337-G) contém elementos distintivos marcantes. Em primeiro lugar, é pressuposto que o ato do servidor público resulte na instauração de licitação ou na celebração de contrato decorrente do processo instaurado. Além disso, o crime somente se perfaz se o Poder Judiciário invalidar a licitação ou o contrato.
- Ao contrário da advocacia administrativa (art. 321 do CP), o art. 337-G não exige que o agente se beneficie da qualidade de funcionário público para praticar o crime.
- O tipo penal do art. 337-H não contém nenhuma referência a finalidade específica. Os motivos que levam o agente a admitir, possibilitar ou dar causa a modificação ou prorrogação ilegal do contrato são indiferentes para a tipicidade, pois o que a lei pretende punir é a inobservância das regras que determinam as possibilidades de alteração ou prorrogação. No entanto, em julgamentos relativos ao art. 92 da Lei 8.666/93 (que também não exigia fim especial de agir), o STJ firmou a orientação de que o agente público deve ser movido pelo propósito de causar prejuízo ao erário (AgRg no REsp 1.883.931/RS, j. 22/09/2020).
- O art. 337-K tipifica o crime de afastamento de licitante. Ao tratar das definições relativas ao processo licitatório, o art. 6º da Lei 8.666/93 não trazia o conceito de licitante, o que provocava certa controvérsia a respeito do que se entendia por licitante para os efeitos da infração penal então tipificada no art. 95 daquela lei. Havia na doutrina quem o definisse como o indivíduo que já tivesse oferecido a proposta no processo licitatório iniciado. Outros enxergavam no tipo penal a possibilidade de incluir o indivíduo capaz de integrar o processo e que houvesse manifestado essa intenção. Com a entrada em vigor da nova Lei de Licitações e Contratos Administrativos, o debate tende a se esgotar, pois o art. 6º, inc. IX define o licitante como a "pessoa física ou jurídica, ou consórcio de pessoas jurídicas, que participa ou manifesta a intenção de participar de processo licitatório, sendo-lhe equiparável, para os fins desta Lei, o fornecedor ou o prestador de serviço que, em atendimento à solicitação da Administração, oferece proposta". Nesse caso não há dúvida de que já se inclui no conceito de licitante quem exterioriza a intenção de integrar o certame.
- Sob a vigência do art. 96 da Lei 8.666/93, dizia-se que a conduta praticada para fraudar a contratação de serviços não era tipificada, pois o dispositivo contemplava expressamente apenas a licitação que tivesse por objeto a aquisição ou venda de bens e mercadorias. Essa restrição não existe mais, pois, no *caput*, o tipo do art. 337-L trata genericamente da fraude à licitação ou ao contrato dela decorrente, sem especificar o objeto do certame ou da avença formalizada. E, nos incisos I e IV, a prestação de serviços é mencionada de forma expressa.
- Para que se perfaça o crime do art. 337-M, a declaração de inidoneidade deve ter sido aplicada em um processo administrativo com decisão definitiva. Se o licitante foi declarado inidôneo, mas ainda há recurso administrativo capaz de reverter a decisão, sua participação em outro certame e sua contratação não podem ser consideradas criminosas. Aliás, tanto o servidor público quanto o particular devem ter conhecimento da inidoneidade. Se, por alguma falha, o agente responsável pelo procedimento licitatório não souber da declaração de inidoneidade, ou se, pelo mesmo motivo, o particular não tiver sido cientificado de que recebeu a sanção, o fato será atípico por ausência de dolo. Note-se, contudo, que um crime não é dependente do outro. Se o servidor público não tem conhecimento da sanção, mas o particular, sabendo que não pode participar da licitação, ainda assim o faz, comete o crime mesmo diante da atipicidade da conduta do servidor. E o inverso, obviamente, também é verdadeiro.
- De acordo com o art. 337-P, a aplicação da pena de multa nos crimes licitatórios segue a metodologia de cálculo prevista no próprio Código Penal para os crimes em geral, observada a regra específica segundo a qual a multa não pode ser inferior a dois por cento do valor do contrato licitado ou celebrado com contratação direta. Dessa forma, se pela metodologia seguida na Parte Geral do Código o total da multa for menor do que o percentual determinado no art. 337-P, o juiz sentenciante deve fazer o ajuste baseado no valor do contrato administrativo celebrado irregularmente.
- Quanto ao art. 338 do Código Penal, ressalte-se que, para haver a tipificação da conduta, é indispensável que, após a edição do decreto de expulsão, o agente tenha efetivamente saído do país, retornando em seguida (não configura o crime a recusa do estrangeiro expulso em deixar o país).

- A respeito da denunciação caluniosa, alertamos que, apesar de a calúnia compor uma das formas do crime, não estamos diante de um crime complexo. Com efeito, é sabido que o crime complexo, propriamente dito, nasce da fusão de dois ou mais tipos legais (art. 101 do CP). Lendo com atenção o art. 339 do CP no que se refere à imputação de crime, logo percebemos a presença de apenas um crime, qual seja, o de calúnia (art. 138 – imputar a alguém falsamente fato definido como crime), acrescido do elemento dar causa à instauração de procedimento oficial contra alguém. Ora, esse elemento, por si só, não constitui delito autônomo. Dentro desse espírito, não há que se falar em crime complexo, mas sim em crime progressivo, no qual o agente, para alcançar o crime desejado, necessariamente viola outra norma penal menos grave (calúnia), que fica absorvida.
- A doutrina tradicional, de forma quase unânime, alerta que, nas situações em que a conduta consiste em imputar falsamente a inocente um delito de ação penal privada ou pública condicionada a representação, somente a vítima (ou seu representante legal) pode praticar o crime do art. 339. Assim, por exemplo, uma denunciação caluniosa versando sobre ameaça só poderia ser praticada pela falsa "vítima" (ou seu representante), titular do direito de representação, condição para o início das investigações e da ação penal. Essa lição tem de ser atualizada com a atual estrutura típica, que contempla outros procedimentos além da investigação criminal, todos de instauração independente da manifestação de vontade do ofendido. Logo, se Beltrano, funcionário público, acusar falsamente Fulano, seu colega, de ter ameaçado Sicrano no exercício da função, Fulano (vítima da denunciação caluniosa) poderá sofrer, por exemplo, um processo administrativo (que não depende da vontade de Sicrano) e configurado estará o delito do art. 339.
- Não se reconhece o crime de denunciação caluniosa quando abolida a ilicitude do fato injustamente imputado a outrem ou quando extinto o direito de punir do Estado, porque nessas hipóteses a autoridade competente não pode agir. Essa lição merece ser atualizada com as Leis 10.028/00 e 14.110/20, pois a circunstância extintiva da punibilidade impede, sem dúvida, a investigação criminal ou o processo penal, mas não inibe, por si só, a instauração dos demais procedimentos referidos no tipo, isto é, o processo administrativo, o processo judicial civil, o inquérito civil ou a ação de improbidade. Dentro desse espírito, a injusta imputação de um crime já prescrito a alguém que se sabe inocente pode, ainda assim, ensejar a instauração de procedimento investigatório extrapenal, configurando o delito de denunciação caluniosa.
- No art. 339, o Código Penal, até o advento da Lei 10.028/2000, previa a punição ao agente que tivesse dado causa à instauração de *investigação policial* ou *processo judicial*. Com o aparecimento dessa lei, foram acrescentadas ao tipo mais três hipóteses que, no entendimento do legislador, faziam jus a proteção penal: o inquérito civil, a investigação administrativa e a ação de improbidade administrativa. A Lei 14.110/20 modificou novamente a redação do tipo, que passou a se referir a inquérito policial, procedimento investigatório criminal, processo judicial, processo administrativo disciplinar, inquérito civil e ação de improbidade administrativa.

  Vejamos, então, cada conduta separadamente:

  **a)** o tipo começa punindo aquele que, mediante notícia mentirosa, dá causa à instauração de *inquérito policial*. Sob a vigência da redação anterior, que se referia apenas a "investigação policial", havia quem sustentasse que a caracterização do crime dependia da efetiva formação do inquérito (*RT* 504/301). Essa orientação não prevalecia na doutrina, para a qual bastava a simples leitura do tipo incriminador para concluir que a imputação causadora de qualquer ato de investigação policial (simples e informal movimentação da autoridade no sentido de apurar os fatos) seria o suficiente para caracterizar o crime. Atualmente, o crime se perfaz apenas com a efetiva instauração do inquérito pela autoridade policial, e não mais com atos de investigação prévios.

  **b)** em seguida, pune-se o agente que, imbuído de má-fé, dá causa à instauração de procedimento investigatório criminal. Trata-se de procedimento tipicamente conduzido pelo Ministério Público para investigar a prática de crimes de ação pública. É disciplinado por meio da Resolução 181/2017 do Conselho Nacional do Ministério Público, e sua finalidade – como o inquérito policial – é preparar e embasar, se for o caso, o ajuizamento da ação penal.

  **c)** pune-se também o ato de provocar o ajuizamento de processo judicial, de natureza civil ou penal.

  **d)** com o advento da Lei 10.028/2000, passou a configurar o crime do art. 339 do CP a conduta daquele que, maliciosamente, desse causa à instauração de *investigação administrativa*. A nova redação conferida pela Lei 14.110/20 trata de *processo administrativo disciplinar*. A doutrina divergia a respeito da abrangência da expressão "investigação administrativa". Havia quem defendesse que se tratava tão somente do processo administrativo instaurado para apurar a conduta do agente público, excluídas, portanto, as sindicâncias, simples procedimentos preparatórios para a investigação interna de condutas anômalas (Masson). Outros já sustentavam que a expressão abrangia tanto as sindicâncias quanto os processos administrativos de toda ordem (Nucci).

  A redação atual sem dúvida restringe o alcance do tipo, que compreende apenas o processo administrativo, excluídos atos instrutórios anteriores.

  **e)** outra inovação trazida pela Lei 10.028/2000 foi a tipificação como denunciação caluniosa do comportamento do agente que, ilicitamente, dá causa à instauração de *inquérito civil*, isto é, procedimento investigatório, previsto na Lei da Ação Civil Pública (Lei 7.347/85), que serve ao Ministério Público (titular exclusivo) para apurar lesão ou perigo de lesão a interesses difusos e coletivos indisponíveis.

  **f)** também por meio da Lei 10.028/2000, entendeu o legislador por bem punir como denunciação caluniosa a conduta daquele que dá causa à instauração de ação de improbidade administrativa, sabendo que o denunciado é inocente.
- Até o advento da Lei 14.110/20, as condutas falsamente imputadas, embora pudessem originar procedimentos de índole extrapenal – como o inquérito civil, o processo administrativo e a ação de improbidade –, deveriam se basear em um crime, pois era exigência expressa do tipo que alguém desse causa a um dos procedimentos oficiais imputando a determinada pessoa, sabidamente inocente, a prática de crime. Atualmente, o tipo também se refere a infração ético-disciplinar e a ato ímprobo. Se, antes, para que fosse punida a conduta de dar causa ao ajuizamento de uma ação de improbidade era necessário que o ato ímprobo falsamente atribuído correspondesse também a um crime – o que nem sempre acontece –, a Lei 14.110/20 mudou o cenário para permitir que a imputação falsa de qualquer ato de improbidade caracterize o crime se disso decorrer a instauração da ação correspondente. Ilustremos com um exemplo: antes, quem imputasse falsamente um ato de peculato de uso a um agente público, dando causa a uma ação de improbidade administrativa, não cometia denunciação caluniosa, porque essa modalidade de peculato, embora punível na esfera da improbidade, não é, em regra, criminosa. Com a alteração do tipo, a mesma imputação caracteriza a denunciação caluniosa, pois não se exige mais que o ato falsamente imputado seja criminoso. Da mesma forma, se alguém imputa falsamente a um funcionário público a prática de infração ético-disciplinar e dá causa à instauração de processo administrativo, comete denunciação caluniosa ainda que a infração não seja também tipificada como crime.
- Em razão das características do tipo do art. 339 antes da Lei 14.110/20, quem desse causa à instauração de ação de improbidade imputando falsamente a alguém um ato exclusiva-

mente ímprobo respondia pelo crime do art. 19 da Lei 8.429/92 ("Constitui crime a representação por ato de improbidade contra agente público ou terceiro beneficiário quando o autor da denúncia o sabe inocente"). Ao conferir maior abrangência ao art. 339 do CP, a Lei 14.110/20 revogou tacitamente o dispositivo da Lei de Improbidade Administrativa.

- Segundo decidiu o STJ, a propositura da ação penal em razão da prática do crime do art. 339 se subordina à conclusão do procedimento a que o agente injustamente deu causa: "4. Ainda que os fatos não deixem de revelar, em verdade, um conflito societário interno nas empresas e seus sócios, e considerada a instauração do segundo inquérito, por suposta denunciação caluniosa, somente se poderia falar nesse crime (denunciação caluniosa) se o primeiro inquérito tivesse terminado com o reconhecimento da inocência do (ora) denunciante, nos termos do art. 339 do Código Penal, o que não é o caso, pois a investigação dos fatos contra o diretor, bem ou mal, ainda se encontra em curso. 5. Somente com o desfecho da primeira investigação, com o arquivamento do inquérito ou a absolvição do imputado no processo penal, é que seria possível vislumbrar a incidência (ou não) das elementares do crime de denunciação caluniosa. Aí sim se saberá se os diretores que pediram a primeira investigação agiram cientes da inocência do investigado" (AgRg no RHC 141.307/SP, Rel. Ministro Olindo Menezes (desembargador convocado do TRF 1ª Região), j. 14/09/2021).

- O STJ considerou caracterizado o crime de denunciação caluniosa em decorrência da conduta de advogado que, sem ter seus interesses – ou de seu cliente – atendidos no decorrer de processo em que atuava, imputou a magistrado, perante órgãos de correição, a prática de diversos crimes, sabendo-os inverídicos. Considerou-se que, não obstante o advogado tenha a prerrogativa de atuar plenamente para atender a pretensão de quem representa, a atuação deve ser pautada pela ética, vedando-se o abuso de direito, de forma que se respeite a honra objetiva e subjetiva, a dignidade, a liberdade de pensamento e a íntima convicção do magistrado (AgRg no HC 339.782/ES, DJe 12/05/2016).

- A Lei 13.834/19 inseriu no Código Eleitoral um tipo muito semelhante à denunciação caluniosa do art. 339 do CP, que se diferencia sobretudo pelo propósito sob o qual atua o agente: a finalidade eleitoral. O tipo está no art. 326-A e consiste no seguinte: *"Dar causa à instauração de investigação policial, de processo judicial, de investigação administrativa, de inquérito civil ou ação de improbidade administrativa, atribuindo a alguém a prática de crime ou ato infracional de que o sabe inocente, com finalidade eleitoral"*.

  O novo tipo penal pune a conduta daquele que dá causa (provoca), direta ou indiretamente (por interposta pessoa) a instauração de procedimento oficial, imputando a *determinada* pessoa, sabidamente inocente, a prática de crime ou ato infracional. Há uma nota distintiva, neste ponto, no tipo da denunciação caluniosa eleitoral: a menção expressa ao ato infracional, inexistente na redação do art. 339 do CP. Assim, se no crime tipificado no Código Penal pode haver discussão sobre a possibilidade de que alguém cometa a denunciação caluniosa imputando falsamente um crime a alguém menor de dezoito anos (que, a rigor, não pode ter contra si um crime imputado), na denunciação caluniosa eleitoral a dúvida é absolutamente afastada.

  Antes da inserção do 326-A no Código Eleitoral, quem cometesse denunciação caluniosa no contexto eleitoral respondia penalmente como incurso no art. 339 do CP, cuja competência era da Justiça Federal, pois, afetada a administração da Justiça Eleitoral, considerava-se prejudicado um interesse da União (art. 109, inc. IV, da Constituição Federal). Com a nova tipificação específica, a competência passa a ser da Justiça Eleitoral.

- Comunicação falsa de crime ou contravenção (art. 340 do Código Penal) perante policiais militares configura o ilícito penal? Mirabete, citando jurisprudência, responde: "Não se deve reconhecer o ilícito na falsa comunicação de crime perante policiais militares, já que a lei se refere a ação da 'autoridade' e não se pode equiparar aqueles a esta, impedindo o princípio da reserva legal tal conceito amplo (*RJDTACRIM* 28/57)" (*Manual de direito penal*, v. 3, p. 398).

- A notícia de fato atípico (dano culposo, por exemplo) ou infração penal não mais punível (prescrição, decadência etc.) está fadada ao insucesso, configurando hipótese de crime impossível (art. 17 do CP).

- No crime de autoacusação falsa (art. 341 do Código Penal), não importam os motivos do agente, conforme escreve Magalhães Noronha. "Podem ser nobres ou torpes e o delito ocorre. Assim, tanto é criminoso quem atribui a si próprio, por compaixão, amor (tal qual ocorre no romance de Jacob Wassermann, o Processo Maurizius) etc., o crime que outrem cometeu, como quem o faz para se livrar de processo por delito mais grave: dizer que agrediu levemente uma pessoa, quando no mesmo instante, em local diverso, assassinou terceiro; se o faz por dinheiro, dádivas etc." (*Direito penal*, v. 4, p. 384).

- Processo anulado faz desaparecer falso testemunho? Noronha responde: "O ser nulo o ato constituído pelo depoimento falso não pode excluir o crime, o que é evidente, pois é justamente a falsidade que se pune. Igual consideração cabe ao prestado perante autoridade incompetente: embora lhe faleça competência, ela está no exercício da função, não se podendo a testemunha furtar ao dever de falar a verdade. Pode acontecer, entretanto, que o depoimento falso seja prestado em processo que depois vem a ser anulado; como também suceder que o próprio testemunho seja nulo por outra razão que não a própria falsidade. Já agora, não ocorre o delito, pois nulo o depoimento não pode produzir efeito" (*Direito penal*, v. 4, p. 390). No mesmo sentido é a lição de Hungria (*Comentários ao Código Penal*, v. 9, p. 485).

- A falsidade, no crime do art. 342 do Código Penal, não se extrai da comparação do depoimento da testemunha e a realidade dos fatos (teoria objetiva), mas sim do contraste do depoimento e a ciência da testemunha (teoria subjetiva). Assim sendo, perfeitamente possível o falso testemunho sobre fato verdadeiro, como no caso do agente que detalha minuciosamente episódios verdadeiros (ocorridos) que jamais presenciou.

- Ensina a maioria da doutrina que somente restará caracterizado o crime de falso testemunho se a falsidade incidir sobre episódio relevante, que possa influenciar no momento decisório (*RT* 674/293), o que não significa que o falso se caracteriza somente quando exerça influência sobre qualquer decisão. O efetivo equívoco do Juiz, como efeito da conduta, mostra-se meramente casual e circunstancial, dele não dependendo a existência do crime (basta a simples possibilidade de dano). Assim, se através de outros elementos, o juiz não foi levado a erro, desprezando, na sua decisão, aquela peça, o fato não se torna impunível (*RT* 787/592).

- O falso testemunho é delito formal ou de consumação antecipada, não exigindo para sua caracterização ato ou evento posterior. Desse modo, consuma-se no momento em que a testemunha (tradutor ou intérprete) termina seu depoimento, lavrando sua assinatura. É pacífico o entendimento do STJ neste sentido (AgRg no AREsp 603.029/SP, DJe 29/05/2017).

- A sentença no processo em que ocorreu o falso testemunho não é condição para que o agente seja processado pelo crime, conforme decidiu o STJ (HC 327.947/RS, DJe 01/08/2016).

- O § 2º do art. 342 do CP prevê extinção de punibilidade nas hipóteses em que o agente se retrata do conteúdo declarado antes de proferida a sentença. A retratação deve ser feita *opportuno tempore*, isto é, antes de prolatada *sentença* no processo do *falsum*, evitando-se, dessa maneira, eventual (mas não necessário) erro judiciário. De acordo com a orientação atualmente majoritária, deve também ser feita no mesmo processo em que foi cometido o falso testemunho (STJ: REsp 1.838.766/SP, j. 11/09/2019).

- Inexiste o delito do art. 343 do Código Penal (corrupção ativa de testemunha, perito, contador, tradutor ou intérprete) quando a pessoa que o agente suborna é a própria vítima do processo. Isto porque, mesmo que esta falseie a verdade a pedido do réu, não comete o crime de falso testemunho.
- A respeito do crime de coação no curso do processo, entende a doutrina (e jurisprudência, *RT* 512/356) que a reiteração de coações, dentro do mesmo contexto fático, não desnatura a unidade do crime, devendo, contudo, ser considerada pelo juiz na fixação da pena (art. 59 do CP).
- Alertamos que, para a caracterização da coação no curso do processo, indispensável se mostra a existência de procedimento em curso, consoante acentua Noronha: "É necessário que a violência física ou moral recaia sobre as pessoas mencionadas – juiz, delegado de polícia, promotor de justiça, autor, réu, perito, testemunha, escrivão, jurado, tradutor, intérprete etc. – quando estejam intervindo em processo ou sejam chamados a intervir. A violência, por exemplo, exercida contra um juiz, sem que ocorra essa circunstância, constituirá outro delito" (*Direito penal*, v. 4, p. 397).
- Imaginemos um corréu ameaçando o outro para que este não confesse o delito praticado (ou que o assuma como único autor): temos nesses casos, sem dúvida, o crime de coação no curso do processo.
- De acordo com o STJ, caracteriza o crime do art. 344 do Código Penal a coação cometida no decurso de Procedimento Investigatório Criminal instaurado no âmbito do Ministério Público, pois, além desse procedimento servir aos mesmos propósitos do inquérito policial, o tribunal já havia reconhecido a ocorrência do delito diante de ameaças proferidas antes ainda da formalização da investigação (HC 315.743/ES, DJe 26/8/2015).
- A Lei 14.245/21 inseriu no art. 344 uma causa de aumento de 1/3 (um terço) até a metade da pena se o processo envolver crime contra a dignidade sexual. Apelidada desde logo como "Lei Mariana Ferrer", essa lei surgiu após a divulgação de imagens de uma audiência em que a vítima de estupro teve sua intimidade inutilmente exposta pela defesa. Seu objetivo central é reprimir e prevenir a chamada "revitimização", ou vitimização secundária. Além de criar a majorante na coação do curso do processo, a lei inseriu os arts. 400-A e 474-A no CPP, e, no art. 81 da Lei 9.099/95, o § 1º-A para dispor que nas audiências de instrução e julgamento – em especial nas que apurem crimes contra a dignidade sexual –, todas as partes e os demais sujeitos processuais presentes no ato devem zelar pela integridade física e psicológica da vítima, sob pena de responsabilização civil, penal e administrativa, cabendo ao juiz garantir o cumprimento da lei, vedadas: a) a manifestação sobre circunstâncias ou elementos alheios aos fatos objeto de apuração nos autos; b) a utilização de linguagem, de informações ou de material que ofendam a dignidade da vítima ou de testemunha.

  No que concerne à majorante, somos obrigados a reconhecer sua pouca utilidade, pois o constrangimento que se busca prevenir e punir, em regra, não ocorre com violência ou grave ameaça, pressuposto do crime de coação no curso do processo. Ocorre mediante outros meios, como humilhação, manipulação, chantagem e ridicularização. Portanto, quando se discute a responsabilidade penal dos sujeitos processuais por ações ou omissões ocorridas na audiência de instrução e julgamento, e, em especial, nas que apurem crimes contra a dignidade sexual de vítima mulher, enxerga-se, com mais ênfase, o delito do art. 147-B do CP (violência psicológica). Claro que não descartamos outras infrações penais, a depender do caso concreto e das condições pessoais da vítima (calúnia, difamação, injúria etc.). No caso de constrangimento cometido por agente público, pode-se cogitar, ainda, o crime do art. 33, *caput*, da Lei de Abuso de Autoridade.
- A doutrina diverge quanto ao momento consumativo do crime de exercício arbitrário das próprias razões. A primeira corrente sustenta que o delito é formal, consumando-se antecipadamente com o emprego dos meios a fim de que seja satisfeita a pretensão. A segunda (majoritária), ensina ser o delito material, exigindo, para a sua caracterização, a efetiva satisfação da pretensão (Nelson Hungria, *Comentários ao Código Penal*. Rio de Janeiro, v. 9 (1959), p. 498; Heleno Fragoso, *de direito penal:* parte especial. São Paulo: José Bushatsky, v. 4 (1959), p. 1.031; e Mirabete, *Manual de direito penal* cit., v. 3, p. 418). Noronha, adepto da primeira (minoritária), assim justifica a sua posição: "Discordamos dos eminentes Profs. Nélson Hungria e Heleno C. Fragoso, ao sustentarem ponto de vista contrário: consuma-se com a satisfação da pretensão. A oração do Código não comporta esse entendimento: tal satisfação é o escopo ou fim do agente, constituindo o dolo específico; não necessita ser alcançado. Completa-se o crime com o emprego ou uso do meio arbitrário com o fim de satisfazer uma pretensão" (*Direito penal*. São Paulo: Saraiva, v. 4 (1972), p. 401).
- A natureza da ação penal no exercício arbitrário das próprias razões varia de acordo com o *modus operandi* intentado pelo agente. Se a ação se der sem a utilização de violência, a ação penal será privada. Entretanto, se empregada violência, a ação passa a ser pública incondicionada.
- Segundo o STJ, há crime de exercício arbitrário das próprias razões – e não roubo – na conduta da prostituta que se apodera, mediante violência, de objeto pertencente a alguém que tenha solicitado serviços sexuais sem efetuar o pagamento (HC 211.888/TO, DJe 7/6/2016).
- Somente estará configurado o delito do art. 346 do Código Penal se a coisa é retirada da esfera de poder do terceiro sem o seu consentimento. Se o terceiro possuidor licitamente concorda com a transferência ao proprietário, o fato será um indiferente penal.
- O crime de fraude processual não se confunde com o estelionato, pois, no caso, o destinatário da fraude não será qualquer pessoa, mas, sim, juiz ou perito. Eis a lição de Damásio de Jesus: "Denominado 'estelionato processual', na verdade a fraude processual se distingue do estelionato. Neste, a fraude visa a permitir que o sujeito venha a obter vantagem ilícita em prejuízo alheio. Na fraude processual a intenção do agente é enganar o juiz ou perito" (*Direito penal – Parte Especial*, v. 4, p. 327).
- A Lei 13.964/19 inseriu no Código de Processo Penal alguns dispositivos que tratam da cadeia de custódia, que, na definição do art. 158-A, é "o conjunto de todos os procedimentos utilizados para manter e documentar a história cronológica do vestígio coletado em locais ou em vítimas de crimes, para rastrear sua posse e manuseio a partir de seu reconhecimento até o descarte". O art. 158-C dispõe, no § 2º, que é proibida a entrada em locais isolados, assim como a remoção de quaisquer vestígios de locais de crime antes da liberação pelo perito responsável, tipificando-se o crime de fraude processual em caso de descumprimento. No entanto, o dispositivo deve ser lido de acordo com as características do tipo penal da fraude processual, que não pode se caracterizar pela simples entrada em local isolado, nem mesmo pela mera retirada de vestígios. O crime pressupõe que o agente atue não apenas com dolo de inovar no processo, mas também com a especial finalidade de induzir em erro o juiz ou o perito. Caso não estejam bem identificados o dolo e o elemento subjetivo específico, o fato será atípico.
- O delito de favorecimento pessoal só ocorre se o auxílio prestado for concreto (efetivo). Desse modo, não responderá por crime o advogado que oculta das autoridades o paradeiro de seu cliente, desde que, evidentemente, não tenha prestado amparo material para que este se escondesse (*RJDTACRIM* 27/240).
- Adverte a doutrina (e a jurisprudência) que o favorecimento pessoal deve ser prestado após a prática do crime anterior. Não há, no caso, contribuição alguma para concepção ou execução do crime anterior, de que o agente só veio a ter conhecimento depois de praticado. Se prometido o auxílio em

momento anterior ou se prestado durante a prática criminosa, não responderá o agente pelo delito previsto no art. 348, mas por coautoria ou participação no crime precedente.

- O comportamento do art. 349 do Código Penal (favorecimento real) não se confunde com aquele descrito no artigo anterior (favorecimento pessoal), extraindo-se a diferença da simples leitura dos tipos penais: no favorecimento *pessoal* se busca a fuga do criminoso (por isso *pessoal*); já no favorecimento *real* presta-se auxílio não ao criminoso em si, mas indiretamente, assegurando, para ele, a ocultação da coisa, proveito do crime (*real*).
- Persiste o crime de favorecimento real ainda que o auxílio seja prestado a menor infrator (ver: Jutacrim 96/311). Assim, agente que se dispõe a descontar cheque subtraído de terceiro por menor infrator, visando assegurar proveito para o adolescente, comete favorecimento real.
- A introdução de aparelho de comunicação no presídio, antes de março de 2007, não gerava, em regra, qualquer consequência para o preso surpreendido na sua posse, para o agente público que omitisse seu dever de vedar a sua entrada ou mesmo para o particular que o introduzisse no sistema penitenciário. Os dois primeiros comportamentos, com o advento da Lei 11.466/2007, foram tipificados como falta grave (art. 50, VII, da LEP) e crime (art. 319-A do CP), respectivamente. O legislador havia se esquecido de tipificar a conduta do particular que introduzisse o aparelho no estabelecimento prisional. Para suprir essa lacuna, promulgou-se a Lei 12.012/2009, que inseriu no Código Penal o art. 349-A.

| Art. 319-A do CP | Art. 349-A do CP | Art. 50, VII, LEP |
|---|---|---|
| Sujeito ativo: Diretor de Penitenciária e/ou agente público. | Sujeito ativo: qualquer pessoa. | Autor: preso (provisório ou definitivo). |
| Conduta criminosa: Deixar de cumprir seu dever de vedar ao preso o acesso a aparelho telefônico, de rádio ou similar, que permita a comunicação com outros presos ou com o ambiente externo: | Conduta criminosa: Ingressar, promover, intermediar, auxiliar ou facilitar a entrada de aparelho telefônico de comunicação móvel, de rádio ou similar, sem autorização legal, em estabelecimento prisional. | Falta disciplinar: ter em sua posse, utilizar ou fornecer aparelho telefônico, de rádio ou similar, que permita a comunicação com outros presos ou com o ambiente externo. |
| Consequência penal: detenção de 3 meses a 1 ano. | Consequência penal: detenção de 3 meses a 1 ano. | Consequência administrativa: sanção disciplinar, perda dos dias remidos e do período permissivo para progressão de regime. |

- No art. 351 do Código Penal, a doutrina dispensa, para a caracterização do delito, a prévia custódia do preso em delegacia ou penitenciária, bastando que esteja custodiado pela autoridade, ainda que em trânsito de um local a outro.
- Apesar de haver decisão em sentido contrário (*RT* 392/329; 484/298), não se pode abranger pela redação do art. 351 do Código Penal a facilitação de fuga do adolescente regularmente apreendido, pois o tipo é omisso, não cabendo integração analógica (art. 1º do CP).
- A fuga *sem violência à pessoa* não configura o crime do art. 352 do Código Penal, podendo, eventualmente, constituir em falta grave, prevista no art. 50, II, da LEP; a fuga *com violência contra a coisa* (p. ex.: grade da cela) pode, conforme o caso, configurar crime de dano (qualificado se a coisa for pública).
- Proibida a analogia incriminadora (art. 1º do CP), não se cogita do crime do art. 353 na hipótese de arrebatamento de pessoa submetida à medida de segurança (ou de adolescente apreendido) com a finalidade de maltratá-la. Em casos tais, a retirada do internado da custódia da autoridade será atípica, respondendo o agente somente por eventual conduta posterior praticada contra o arrebatado (morte, lesões corporais etc.).
- No art. 354 do Código Penal (motim de presos), o não acatamento de uma determinação, por si só, não caracteriza o crime, mas somente transgressão disciplinar.
- Da simples leitura do tipo penal percebe-se que o art. 354 não compreende o motim nos hospitais de custódia ou outro estabelecimento destinado aos indivíduos submetidos à *medida de segurança*. A hipótese, então, configura outro crime (lesões corporais, resistência etc.).
- O patrocínio infiel (art. 355 do Código Penal) deve ser empreendido em causa judicial, pouco importando sua natureza ou espécie (civil, penal, de jurisdição contenciosa ou voluntária etc.). Dentro desse espírito, a atuação *extrajudicial* do profissional (em fase de inquérito policial ou civil, sindicância, mera consulta etc.), não caracteriza o crime, sendo o agente passível, apenas, de punição disciplinar.
- É irrelevante, para a configuração do crime de exploração de prestígio (art. 357 do Código Penal), que a influência seja real, exagerada ou falsa. Basta que o agente anuncie tal poder. Desnecessário, ainda, a identidade do funcionário de quem se alega desfrutar de prestígio, não sendo preciso, sequer, que tenha existência real. Também não é preciso que o apontado seja o funcionário capaz de praticar o ato que leva o agente a obter ou pretender a vantagem.
- Note-se que o art. 359 do Código Penal não se confunde com aquele previsto no art. 330, havendo entre ambos clara relação de especialidade (gênero/espécie). Assim, na desobediência *geral* (art. 330 do CP), o agente desatende ordem legal emanada de funcionário público competente. Já na desobediência *especial* (art. 359 do CP), o sujeito ativo descumpre determinada decisão judicial, mais precisamente, aquela que lhe afasta da função, atividade, direito, autoridade ou múnus que exercia.
- O tipo do art. 359 do Código Penal não abrange as decisões de natureza administrativa, cujo descumprimento pode fundamentar a punição na forma do art. 324 do CP.
- A tipificação dos delitos contra as finanças públicas dá *efetividade* não apenas à Lei de Responsabilidade Fiscal (Lei Complementar 101/2000), mas também ao mandamento constitucional previsto no art. 37, *caput*: "A administração pública direta e indireta de qualquer dos Poderes da União, dos Estados, do Distrito Federal e dos Municípios obedecerá aos princípios da legalidade, impessoalidade, moralidade, publicidade e eficiência (...)". É o socorro do Direito Penal (princípio da subsidiariedade) no resgate da responsabilidade na gestão fiscal (respeito às contas públicas), coibindo a ação ímproba dos responsáveis pela administração dos mais variados entes da Federação.
- Da simples leitura do art. 359-A do Código Penal fica claro que o fato praticado pelo administrador será típico se o compromisso assumido se der *sem autorização legislativa*. Nesse tanto, lembra Bitencourt: "*Autorização legislativa* não se confunde com *autorização legal*. Alguns órgãos públicos não têm seus atos condicionados à autorização legislativa, como autarquias, empresas públicas ou o Poder Judiciário, o Ministério Público etc. Essas instituições, órgãos ou entidades públicas, em regra, têm suas atividades, atos e ações disciplinadas em lei e não apenas em autorização legislativa" (Tratado de Direito Penal, v. 5, p. 462).
- De acordo com a maioria da doutrina (Mirabete, *Manual de direito penal*, v. 3, p. 460); Damásio de Jesus, *Direito Penal – Parte Especial*, v. 4, p. 393), o art. 359-B do Código Penal é crime de mera conduta, consumando-se a partir da vigência da ordem ou com a autorização expedida pelo agente público. Já para Cezar Roberto Bitencourt (*Tratado de Direito Penal – Parte Especial*, v. 5, p. 470), o delito estará consumado somente a partir do momento em que a ordem ou autorização é *executada*, inscrevendo-se a despesa em restos a pagar.
- A condenação pelo art. 359-C do Código Penal deve especificar as despesas contraídas nos dois últimos quadrimestres do

mandato e que não puderam ser pagas no mesmo exercício financeiro ou no exercício seguinte. Essa análise não pode ser global, considerando a iliquidez total do caixa, sob pena de prejudicar a ampla defesa (STJ – HC 723.644/SP, j. 07/03/2023).

- No art. 359-D precisa ser observado que não basta o mero desatendimento ao princípio da legalidade para fazer subsumir a conduta à norma. Indispensável se mostra a lesão ao bem jurídico tutelado. Ensinam Luiz Flávio Gomes e Alice Bianchini: "Pode ocorrer, entretanto, que a despesa, ainda que não autorizada por lei, venha a ser plenamente justificada. A inexistência de autorização constitui, tão somente, indício de irregularidade, havendo necessidade, para se criminalizar a conduta, que se verifique, diretamente, a existência de uma lesão, não justificada, ao bem jurídico. Quando devidamente explicável a despesa, deslegitimada encontra-se a possibilidade de se punir a conduta, ao menos penalmente. O controle a ser exercido pelos órgãos que a LRF designa deve ir além do mero aspecto de legalidade, 'sempre que necessário, para efetivar o comando da legitimidade e eficiência'." (*Crimes de responsabilidade fiscal*, p. 50).
- O crime do art. 359-G não se confunde com aquele previsto no art. 359-C. Diferencia Bitencourt: "A proibição constante do art. 359-C é abrangente, genérica, englobando toda e qualquer despesa, enquanto a criminalização deste art. 359-G é restrita, específica, limitando-se à despesa com pessoal. Por fim, o prazo depurador do primeiro dispositivo é de oito meses (dois quadrimestres), enquanto o do segundo é de seis meses (180 dias). Significa dizer que, embora já esteja proibida a assunção de obrigação a ser resgatada no ano seguinte, a partir do oitavo último mês, será possível efetuar gastos com pessoal, antes de ingressar no sexto mês. E não há nisso nenhum paradoxo, na medida em que a especificidade dos encargos acaba autorizando essa *práxis*" (*Tratado de Direito Penal – Parte Especial*, v. 5, p. 505).
- Para Mirabete (*Manual de direito penal* cit., v. 3, p. 467), o crime do art. 359-H, nas duas primeiras modalidades (*ordenar* ou *autorizar*), consuma-se no momento em que o agente determina ou permite a oferta ou colocação, independentemente da efetiva circulação do título no mercado financeiro, não reconhecendo, desse modo, campo para a tentativa. Já Cezar Bitencourt entende imprescindível o cumprimento da ordem ou autorização (efetiva circulação do título), caso em que o *conatus* parece possível (*Tratado de direito penal:* parte especial, v. 5, p. 509).

## 26. CRIMES CONTRA O ESTADO DEMOCRÁTICO DE DIREITO

- A Lei de Segurança Nacional (7.170/83) foi revogada pela Lei 14.197/21, que, sob o manto da tutela ao Estado Democrático de Direito, confere a devida proteção a bens jurídicos de extrema importância, a saber: *a soberania nacional, as instituições democráticas, o regular funcionamento das instituições democráticas no processo eleitoral, o regular funcionamento dos serviços essenciais e a cidadania.*
- Qual a natureza dos crimes contra o Estado Democrático de Direito? Seriam crimes políticos? A nosso ver, a caracterização de um crime como político depende de seu contexto. Crimes políticos não ocorrem num Estado Democrático de Direito, salvo para defendê-lo, razão pela qual o contexto em que cometida uma infração penal é de fundamental importância para estabelecer sua natureza política. Afirmar que um crime é político apenas porque é visado um determinado bem jurídico, como a soberania, é dar ares de dignidade a imperdoáveis condutas. No Brasil, vivemos na democracia, com todas as suas imperfeições, constituindo-se a República em Estado Democrático de Direito. Desse modo, os crimes que atingem os bens jurídicos tutelados pelo Título XII do CP não são políticos, mas *comuns*.
- De quem é a competência para processo e julgamento dos crimes contra o Estado Democrático de Direito? Depende. É certamente da Justiça Federal a competência para julgar os crimes contra a soberania nacional e os crimes contra as instituições democráticas, pois evidente o interesse da União (art. 109, IV, da CF/88). Já nos crimes contra o funcionamento das instituições democráticas no processo eleitoral, a competência nos parece ser da Justiça Eleitoral. Apenas no caso do crime do art. 359-N, quando atenta contra o exercício do mandato, é da Justiça comum, estadual ou federal, a depender do caso concreto. Impedir ou dificultar, com emprego de violência física, sexual ou psicológica, o exercício do mandato de um parlamentar ou chefe do executivo municipal ou estadual é da competência da Justiça estadual. Se o crime atinge um congressista ou o presidente da República, a competência é da Justiça Federal, pois patente o interesse da União (art. 109, IV, CF/88). O crime de sabotagem (art. 359-R), envolvendo estabelecimentos, instalações ou serviços destinados à defesa nacional, é de competência da Justiça Federal (art. 109, IV, da CF/88). O crime do art. 359-S, vetado pelo presidente da República, é mais um caso em que a competência, da Justiça comum, seria estadual ou federal a depender das circunstâncias do caso concreto, não sendo demais lembrar que o interesse da União não se presume, devendo sempre ser demonstrado.
- O art. 359-I tipifica o atentado à soberania. As condutas guardam similitude com dois tipos penais que estavam presentes na Lei de Segurança Nacional, a saber, os arts. 8º e 9º. Vejamos o quadro comparativo:

| Crimes contra o Estado Democrático de Direito | Lei de Segurança Nacional |
|---|---|
| Atentado à soberania<br>Art. 359-I. Negociar com governo ou grupo estrangeiro, ou seus agentes, com o fim de provocar atos típicos de guerra contra o País ou invadi-lo:<br>Pena – reclusão, de 3 (três) a 8 (oito) anos.<br>§ 1º Aumenta-se a pena de metade até o dobro, se declarada guerra em decorrência das condutas previstas no *caput* deste artigo.<br>§ 2º (...) | Art. 8º - Entrar em entendimento ou negociação com governo ou grupo estrangeiro, ou seus agentes, para provocar guerra ou atos de hostilidade contra o Brasil.<br>Pena: reclusão, de 3 a 15 anos.<br>Parágrafo único - Ocorrendo a guerra ou sendo desencadeados os atos de hostilidade, a pena aumenta-se até o dobro. |
| Atentado à soberania<br>Art. 359-I. (...):<br>§ 2º Se o agente participa de operação bélica com o fim de submeter o território nacional, ou parte dele, ao domínio ou à soberania de outro país:<br>Pena – reclusão, de 4 (quatro) a 12 (doze) anos. | Art. 9º - Tentar submeter o território nacional, ou parte dele, ao domínio ou à soberania de outro país.<br>Pena: reclusão, de 4 a 20 anos.<br>Parágrafo único - Se do fato resulta lesão corporal grave, a pena aumenta-se até um terço; se resulta morte aumenta-se até a metade. |

Pode-se dizer, assim, que há possibilidade de se considerar presente a continuidade normativo-típica.

- Para o cometimento do crime de atentado à soberania, o sujeito ativo não deve necessariamente buscar que o Estado estrangeiro declare guerra contra o Brasil, mas apenas que pratique *atos típicos de guerra*, aqueles cometidos com força armada, que lesionem ou exponham a perigo de lesão a integridade do território brasileiro ou nossa soberania, ou agentes brasileiros.
- As condutas descritas no *caput* e no § 2º do art. 359-I são dolosas. Somente se configuram se o agente negociar com governo estrangeiro ou seus agentes, com intenção de atingir a integridade territorial e a soberania da República Federativa do Brasil, provocando atos de guerra contra nosso país, sua invasão ou submissão do território, ou parte dele, ao domínio ou à soberania de outra nação. Portanto, há no *caput* dois elementos subjetivos do tipo, que são alternativos: a negociação deve ter a finalidade de provocar atos de guerra contra o Brasil ou sua invasão. No § 2º, idem. O intérprete depara-se com os seguintes elementos subjetivos alternativos: o agente deve participar de operação bélica com a finalidade de submeter o território brasileiro, ou parte dele, ao domínio ou à soberania de outro país.

PENAL

- A pena prevista para as condutas do *caput* do art. 359-I é de reclusão de 3 a 8 anos. Porém, se declarada guerra em decorrência delas, o que seria mero exaurimento aparece como majorante, elevando a pena de metade até o dobro, conforme previsto no § 1º do mesmo dispositivo. Nesse tanto, chamamos a atenção para um detalhe. É que provocar atos típicos de guerra ou a invasão do território – resultado dispensável buscado pelo agente e descrito no *caput* – não se confunde com a declaração de guerra, pressuposto da majorante prevista no § 1º. Se, em razão das negociações, efetivamente ocorrerem atos típicos de guerra contra o País ou sua invasão, deve o juiz considerar o crime esgotado na fixação da pena-base (art. 59 do CP). Se, mais do que atos típicos, provocar declaração de guerra, leia-se, ato formal em qualquer país, até em respeito às regras de direito internacional, teremos a incidência da causa de aumento. Para ficar mais claro nosso raciocínio: suponhamos que um país negocie com o agente uma breve incursão ao território brasileiro, apenas por provocação, apesar se tratar de típico ato de guerra. Caso o Brasil não venha a declarar guerra, preferindo o apaziguamento, não haverá a incidência da causa de aumento, não obstante ter a agressão se realizado; se declarada a guerra, aumenta-se a pena, ainda que, depois, nenhum tiro sequer seja disparado.
- O art. 359-J tipifica o atentado à integridade nacional. A conduta guarda similitude com o art. 11 da revogada Lei de Segurança Nacional. Vejamos o quadro comparativo:

| Crimes contra o Estado Democrático de Direito | Lei de Segurança Nacional |
|---|---|
| Atentado à integridade nacional<br>Art. 359-J. Praticar violência ou grave ameaça com a finalidade de desmembrar parte do território nacional para constituir país independente:<br>Pena – reclusão, de 2 (dois) a 6 (seis) anos, além da pena correspondente à violência. | Art. 11 – Tentar desmembrar parte do território nacional para constituir país independente.<br>Pena: reclusão, de 4 a 12 anos. |

Uma diferença salta aos olhos: como o art. 11 tipificava um crime de atentado, qualquer tentativa de desmembramento do território nacional, mesmo que não violenta, poderia configurar o crime. Assim, na hipótese em que o Estado da Federação usasse seu aparato governamental para realizar consulta de caráter oficial à população, com vistas a declarar a separação da Federação, haveria o crime do art. 11, que em nenhum momento exigia a prática de violência ou grave ameaça. Com a Lei 14.197/21, somente pode-se falar em continuidade normativo-típica se eventual conduta anterior tiver sido praticada com violência ou grave ameaça. Não temos notícia disso. Houvesse algum caso concreto, a nova lei deveria ser aplicada retroativamente, pois se revela mais benéfica quanto à pena cominada.

- A simples defesa da ideia da formação de um país independente, por meio do desmembramento do território nacional, não subsume ao disposto no art. 359-J, sendo imprescindível o emprego de violência ou grave ameaça. Ou seja, é necessário que ocorra efetiva tentativa violenta de desmembramento de parte do território nacional para constituir país independente. E consultas populares informais, constituem o crime ora em comento? Também não. É possível que determinado grupo, para disseminar suas ideias separatistas, decida fazer uma consulta informal à população, por meio da *internet* ou mesmo com o oferecimento de urnas e cédulas em "postos de votação". Tais consultas, carentes de qualquer valor jurídico, não constituem atos materiais de tentativa de desmembramento, sendo puramente um modo de propagar determinadas ideias. E estas, por mais estranhas que sejam, não podem ser impedidas de circular (eventualmente, poderá incidir outro tipo penal, o que seria o caso de movimento separatista que tivesse como fundamento ideias racistas). E mesmo que um Estado da Federação, valendo-se do próprio aparato de governo, realizasse consulta oficial à população com vistas a declarar a separação da Federação, em nosso entender, não haveria o crime em tela, pois, para que ocorra a tipicidade, é imprescindível a prática de violência ou grave ameaça. Mas a falta de tipicidade penal não impede que a União intervenha no Estado, com base no art. 34 da CF, para "manter a integridade nacional".
- O crime do art. 359-J é doloso e há previsão de elemento subjetivo do tipo: a finalidade de desmembrar parte do território nacional para constituir país independente, ou seja, para que ali tome lugar um sujeito de direito internacional totalmente distinto da República Federativa do Brasil, com apropriação de parte do território desta.
- Discordamos de que o crime de atentado à integridade nacional desaparecerá se houver sucesso na empreitada, como entendia Guilherme de Souza Nucci, nos comentários da revogada Lei 7.170/83 (Leis Penais e Processuais Penais Comentadas, p. 824). Mesmo ocorrendo o desmembramento, a República Federativa do Brasil continuará existindo, seu ordenamento jurídico terá sido violado e continuará a merecer reparação, podendo os responsáveis ser processados pelo cometimento do crime do art. 359-J. Certamente, vistos como heróis no novo país, aqui deverão ser tratados como criminosos, ainda que, então, na qualidade de "estrangeiros".
- O art. 359-K do CP tipifica o crime de espionagem. O dispositivo traz algumas semelhanças com o agora extinto crime do art. 13 da Lei de Segurança Nacional. Vejamos o quadro comparativo:

| Crimes contra o Estado Democrático de Direito | Lei de Segurança Nacional |
|---|---|
| Espionagem<br>Art. 359-K. Entregar a governo estrangeiro, a seus agentes, ou a organização criminosa estrangeira, em desacordo com determinação legal ou regulamentar, documento ou informação classificados como secretos ou ultrassecretos nos termos da lei, cuja revelação possa colocar em perigo a preservação da ordem constitucional ou a soberania nacional:<br>Pena – reclusão, de 3 (três) a 12 (doze) anos.<br>§ 1º Incorre na mesma pena quem presta auxílio a espião, conhecendo essa circunstância, para subtraí-lo à ação da autoridade pública.<br>§ 2º Se o documento, dado ou informação é transmitido ou revelado com violação do dever de sigilo: | Art. 13 – Comunicar, entregar ou permitir a comunicação ou a entrega, a governo ou grupo estrangeiro, ou a organização ou grupo de existência ilegal, de dados, documentos ou cópias de documentos, planos, códigos, cifras ou assuntos que, no interesse do Estado brasileiro, são classificados como sigilosos.<br>Pena: reclusão, de 3 a 15 anos.<br>Parágrafo único – Incorre na mesma pena quem:<br>I – com o objetivo de realizar os atos previstos neste artigo, mantém serviço de espionagem ou dele participa;<br>II – com o mesmo objetivo, realiza atividade aerofotográfica ou de sensoriamento remoto, em qualquer parte do território nacional; |
| Pena – reclusão, de 6 (seis) a 15 (quinze) anos.<br>§ 3º Facilitar a prática de qualquer dos crimes previstos neste artigo mediante atribuição, fornecimento ou empréstimo de senha, ou de qualquer outra forma de acesso de pessoas não autorizadas a sistemas de informações:<br>Pena – detenção, de 1 (um) a 4 (quatro) anos.<br>§ 4º Não constitui crime a comunicação, a entrega ou a publicação de informações ou de documentos com o fim de expor a prática de crime ou a violação de direitos humanos. | III – oculta ou presta auxílio a espião, sabendo-o tal, para subtraí-lo à ação da autoridade pública;<br>IV – obtém ou revela, para fim de espionagem, desenhos, projetos, fotografias, notícias ou informações a respeito de técnicas, de tecnologias, de componentes, de equipamentos, de instalações ou de sistemas de processamento automatizado de dados, em uso ou em desenvolvimento no País, que, reputados essenciais para a sua defesa, segurança ou economia, devem permanecer em segredo. |

- É estranha a opção feita pelo legislador no *caput* do art. 359-K, pois não se pune o ato, em si, de acesso ou obtenção não autorizada do documento ou informação, o que seria de se esperar, já que, por vezes, o próprio acesso do sujeito ativo a eles já terá o condão de colocar em perigo a preservação da ordem constitucional ou a soberania nacional. Preferiu o legislador, como se vê, punir apenas a entrega, é dizer, a transferência da informação a governo estrangeiro, a seus agentes, ou a organização criminosa estrangeira.
- Quanto ao objeto material, o tipo penal do art. 359-K menciona *documento ou informação classificados como secretos ou ultrassecretos nos termos da lei*. Cremos que a menção a *informação*, ao lado de *documento*, se deve ao fato de que a primeira pode ter sido captada pela simples via oral, sendo assim depois entregue ao ator estrangeiro. A Lei n. 12.527/2011 (regulamentada pelo Decreto n. 7.724/2012), classifica as informações e os documentos conforme o grau (ultrassecreto, secreto e sigiloso) e o tempo de duração do sigilo. Considera imprescindíveis à segurança da sociedade ou do Estado e, portanto, passíveis de classificação, as informações cuja divulgação ou acesso irrestrito possam: (i) pôr em risco a defesa e a soberania nacionais ou a integridade do território nacional; (ii) prejudicar ou pôr em risco a condução de negociações ou as relações internacionais do País, ou as que tenham sido fornecidas em caráter sigiloso por outros Estados e organismos internacionais; (iii) pôr em risco a vida, a segurança ou a saúde da população; (iv) oferecer elevado risco à estabilidade financeira, econômica ou monetária do País; (v) prejudicar ou causar risco a planos ou operações estratégicos das Forças Armadas; (vi) prejudicar ou causar risco a projetos de pesquisa e desenvolvimento científico ou tecnológico, assim como a sistemas, bens, instalações ou áreas de interesse estratégico nacional; (vii) pôr em risco a segurança de instituições ou de altas autoridades nacionais ou estrangeiras e seus familiares; ou (viii) comprometer atividades de inteligência, bem como de investigação ou fiscalização em andamento, relacionadas com a prevenção ou repressão de infrações (art. 25).
- Qual a diferença entre o crime do art. 359-K e o do art. 153, § 1º-A do CP, que tipifica a divulgação de informações sigilosas da administração pública? Nesse parágrafo do art. 153, a ação incriminada é a indevida revelação de informações *sigilosas ou reservadas*, definidas em lei, constantes ou não nos bancos de dados da Administração Pública; no art. 359-K, *caput*, a informação ou documento, além de ser *secreto ou ultrassecreto*, é revelado a governo estrangeiro, ou seu agente, ou a organização criminosa estrangeira. Logo, trata-se de uma revelação a destinatários específicos, delimitados pela lei. Ademais, a revelação deve ser capaz de colocar em perigo a preservação da ordem constitucional ou a soberania nacional, enquanto na indevida divulgação do segredo do § 1º-A do art. 153 não há previsão de dano a outrem, bastando a mera revelação.
- Não obstante o *nomen juris* do art. 359-K, a conduta do § 1º corresponde não a um ato de espionagem propriamente dito, mas a uma especial forma de favorecimento pessoal. Trata-se, assim, de *delito acessório* (ou parasitário) ficando a sua tipificação na dependência da prática de um crime antecedente. Da leitura do tipo penal verifica-se, com clareza, a presença de um requisito indispensável para a sua tipificação: *a atividade anterior de espionagem*, podendo ser tanto a conduta descrita no *caput* quanto no § 3º do art. 359-K. Note-se que não há disposição semelhante à do § 2º do art. 348 do CP, que prevê modalidade de escusa absolutória, tornando imune o agente quando o criminoso auxiliado é seu *ascendente, descendente, cônjuge ou irmão*. Porém, como a escusa citada está fundada na inexigibilidade de conduta diversa, abre-se caminho para a tese supralegal.
- No § 3º do art. 359-K, o que, em regra, seria participação na prática nas demais condutas de espionagem, tipificadas no *caput* e § 1º, incluindo a forma qualificada do § 2º, passa a ser incriminado de forma autônoma, criando o legislador uma figura especial. Excepciona-se a teoria monista ou unitária traduzida pelo art. 29 do CP. A conduta deve ser comparada a uma participação de menor importância nos demais crimes, tendo em vista que o legislador nitidamente procurou sancioná-la de modo bem mais brando, abrindo caminho para a fixação do regime aberto, substituição da pena privativa de liberdade por restritiva de direito e, em tese, até mesmo a suspensão condicional do processo.
- O § 4º do art. 359-K traz causas que excluem a tipicidade: "Não constitui crime a comunicação, a entrega ou a publicação de informações ou de documentos com o fim de expor a prática de crime ou a violação de direitos humanos". O dispositivo foi claramente criado para proteção do interesse público do direito à informação. Com efeito, o Título XII do CP não foi concebido para proteção do Estado – como era o espírito da revogada Lei de Segurança Nacional –, mas do Estado Democrático de Direito, que busca assegurar o respeito a direitos humanos. As práticas de condutas violadoras dos direitos humanos devem ser reveladas, expostas e sancionadas, não se podendo aceitar que fiquem acobertadas por qualquer forma de sigilo, salvo o das investigações ou do processo eventualmente instaurado, se imposto pelo juiz, em caso de necessidade, e desde que em respeito às permissões constitucionais (arts. 5º, LX, e 93, IX, CF). Mesmo assim, a revelação por aquele que não tenha o dever de sigilo, como os membros da imprensa, não configura crime algum.
- O art. 359-L pune a abolição violenta do Estado Democrático de Direito. Trata-se de uma forma de golpe, que não se restringe à mera mudança ilegal de governo, mas do próprio sistema democrático, por meio de ação sobre os poderes constitucionais. O delito guarda semelhança com os tipos penais dos arts. 17 e 18 da revogada Lei de Segurança Nacional:

| Crimes contra o Estado Democrático de Direito | Lei de Segurança Nacional |
|---|---|
| Abolição violenta do Estado Democrático de Direito<br>Art. 359-L. Tentar, com emprego de violência ou grave ameaça, abolir o Estado Democrático de Direito, impedindo ou restringindo o exercício dos poderes constitucionais:<br>Pena – reclusão, de 4 (quatro) a 8 (oito) anos, além da pena correspondente à violência. | Art. 17 - Tentar mudar, com emprego de violência ou grave ameaça, a ordem, o regime vigente ou o Estado de Direito.<br>Pena: reclusão, de 3 a 15 anos.<br>Parágrafo único. Se do fato resulta lesão corporal grave, a pena aumenta-se até a metade; se resulta morte, aumenta-se até o dobro.<br>Art. 18 - Tentar impedir, com emprego de violência ou grave ameaça, o livre exercício de qualquer dos Poderes da União ou dos Estados.<br>Pena: reclusão, de 2 a 6 anos. |

O novo crime do art. 359-L é, na verdade, uma mescla das condutas antes previstas nos arts. 17 e 18 da Lei de Segurança Nacional, havendo continuidade normativo-típica.

- Pode-se dizer que, geralmente, golpe é a mudança de regime por meios violentos ou pela grave ameaça das armas. O art. 359-L busca punir justamente a tentativa dessa mudança inconstitucional e ilegal. É claro que somente pode ser punida a *tentativa* de golpe, visto que, se bem-sucedido o *putsch*, o novo regime jamais puniria seus criminosos. Ao contrário, seriam rotulados como heróis.
- O crime do art. 359-L se consuma com a própria tentativa de golpe, ou seja, com a prática de atos concretos, por meio de violência ou grave ameaça, que busquem a mudança do regime democrático vigente. Não se trata da mera associação de pessoas com tal objetivo, tampouco da realização de discursos ou disseminação dessas ideias. Trata-se, efetivamente, de se tentar o golpe. Sendo crime de atentado, a tentativa é prevista como a própria conduta típica, não sendo possível a aplicação do art. 14, parágrafo único, do CP.

- O golpe de Estado é tipificado no art. 359-M. Guarda semelhança, embora tênue, com o art. 17 da Lei de Segurança Nacional:

| Crimes contra o Estado Democrático de Direito | Lei de Segurança Nacional |
|---|---|
| Golpe de Estado<br>Art. 359-M. Tentar depor, por meio de violência ou grave ameaça, o governo legitimamente constituído:<br>Pena – reclusão, de 4 (quatro) a 12 (doze) anos, além da pena correspondente à violência. | Art. 17 - Tentar mudar, com emprego de violência ou grave ameaça, a ordem, o regime vigente ou o Estado de Direito.<br>Pena: reclusão, de 3 a 15 anos.<br>Parágrafo único. Se do fato resulta lesão corporal grave, a pena aumenta-se até a metade; se resulta morte, aumenta-se até o dobro. |

A semelhança é tênue, dissemos, porque no art. 17 havia menção a mudança violenta, ou mediante grave ameaça, do "regime vigente", que pode ser compreendido como o governo, no âmbito da linguagem usada na época: o "regime" era o cívico-militar, com governos eleitos indiretamente pelo Congresso Nacional, mas, de fato, constituído previamente por deliberação da cúpula militar. O art. 17, assim, pretendia punir a tentativa violenta de mudança de governo/regime e, nessa linha de interpretação, pode-se considerar existir continuidade normativo-típica.

- O tipo do art. 359-M não menciona o governante em si, ou seja, se Presidente da República, Governador ou Prefeito, mas "o governo". Assim, pensamos que o dispositivo em questão se aplica apenas à deposição do governo na esfera da União, pois o dispositivo está sob o *nomen juris* "Golpe de Estado", expressão usada para deposição do chefe de governo do país, do "Estado" enquanto pessoa jurídica de direito internacional. O tipo não pode estar a tratar também de Governador ou Prefeito, pois, ainda que se tente a deposição violenta de um destes, não se terá "golpe de Estado".
- Errou o legislador ao usar a expressão "legitimamente constituído" no art. 359-M, dando azo a interpretações de atipicidade se, na opinião do intérprete, o governo não podia mais ser considerado "legítimo". Ora, sob pena de inconstitucionalidade, legítimo só pode ser o governo eleito democraticamente, dentro dos ditames legais e constitucionais, somente sendo possível a saída do cargo, a partir daí, com a anulação da eleição, renúncia, *impeachment*, prática de crime durante o exercício das funções ou falecimento.
- O crime do art. 359-M se consuma com a própria tentativa de golpe, ou seja, com a prática de atos concretos, por meio de violência ou grave ameaça, que busquem a deposição do governo. Não se trata da mera associação de pessoas com tal objetivo, tampouco a realização de discursos ou disseminação dessas ideias. Trata-se, efetivamente, de se tentar o golpe. Sendo crime de atentado, a tentativa é prevista como a própria conduta típica, não sendo possível a aplicação do art. 14, parágrafo único, do CP.
- O art. 359-N pune a interrupção do processo eleitoral. O objeto material do crime é o sistema eletrônico de votação, leia-se, urna eletrônica, que registra os votos por meio de um display de cédula aliado a componentes mecânicos ou eletro-ópticos que podem ser ativados pelo eleitor (tipicamente botões ou uma tela tátil), processando, assim, os dados por meio de um programa de computador e registrando-os em componentes de memória. Encerrada a eleição, a urna organiza os dados coletados em tabelas armazenadas num componente de memória removível com uma cópia impressa. O sistema também pode fornecer um meio para transmitir boletins de voto individuais ou totais de votos para um local central para consolidar e relatar os resultados de maneira regionalizada. Para a caracterização do crime deve o agente violar esse mecanismo de segurança (senha, chave de segurança, mecanismos de criptografia, assinatura digital, mecanismos de controle e acesso, mecanismos de certificação etc.). A ausência de dispositivo de segurança, ou o seu não acionamento, impede a configuração típica. Comprovando-se que a urna estava desprovida de proteção, por óbvio, todos os votos nela armazenados devem ser descartados. Aliás, esse requisito é o que nos obriga a concluir que o novo crime não revogou o art. 72 da Lei 9.504/97.
- Quanto ao momento consumativo do art. 359-N, há duas orientações possíveis. A primeira é de que o crime é material apenas no verbo *impedir*, demandando o resultado buscado pelo agente. Já em relação ao núcleo *perturbar*, o crime é formal, caso em que o resultado aparece como mero exaurimento. A segunda orientação possível é de que se trata de crime de atentado, punindo-se a tentativa (perturbar) e a consumação (impedir) com a mesma pena, sem espaço para a diminuição no caso do *conatus*. Em tipo semelhante da Lei 12.850/13 (art. 2º, §1º), o STJ decidiu que o crime é material nos dois verbos nucleares (REsp 1.817.416/SC, j. 03/08/2021). Se adotada aqui a mesma orientação, a consumação depende da efetiva obstrução da eleição ou da aferição de seu resultado, admitindo a tentativa.
- O art. 359-P tipifica o crime de violência política. O delito do art. 359-P acabou por revogar o art. 326-B do Código Eleitoral, introduzido pela Lei 14.192, também promulgada em 2021:

| Crimes contra o Estado Democrático de Direito | Código Eleitoral |
|---|---|
| Violência política<br>Art. 359-P. Restringir, impedir ou dificultar, com emprego de violência física, sexual ou psicológica, o exercício de direitos políticos a qualquer pessoa em razão de seu sexo, raça, cor, etnia, religião ou procedência nacional:<br>Pena – reclusão, de 3 (três) a 6 (seis) anos, e multa, além da pena correspondente à violência. | Art. 326-B. Assediar, constranger, humilhar, perseguir ou ameaçar, por qualquer meio, candidata a cargo eletivo ou detentora de mandato eletivo, utilizando-se de menosprezo ou discriminação à condição de mulher ou à sua cor, raça ou etnia, com a finalidade de impedir ou de dificultar a sua campanha eleitoral ou o desempenho de seu mandato eletivo.<br>Pena - reclusão, de 1 (um) a 4 (quatro) anos, e multa.<br>Parágrafo único. Aumenta-se a pena em 1/3 (um terço), se o crime é cometido contra mulher:<br>I - gestante;<br>II - maior de 60 (sessenta) anos;<br>III - com deficiência. |

A mudança legislativa, revogando o art. 326-B do Código Eleitoral, não implica em *abolitio criminis*, mas em continuidade normativo-típica. É que todos os comportamentos descritos no art. 359-P estavam estampados no anterior – mas eram punidos menos rigorosamente. Deve ser observada, portanto, a sanção do crime do art. 326-B do CE para os fatos pretéritos, evitando-se, assim, retroatividade maléfica da norma penal.

- A violência política consiste em *restringir* (limitar), *impedir* (bloquear, inibir) ou *dificultar* (atrapalhar), com emprego de violência física, sexual ou psicológica, o exercício de direitos políticos a qualquer pessoa em razão de seu *sexo*, *raça*, *cor*, *etnia*, *religião* ou *procedência nacional*. Ao prever três núcleos, o legislador criou um crime de ação múltipla ou conteúdo variado. A prática de mais de um núcleo, no mesmo contexto fático, não desnatura a unidade do crime, mas deve ser considerada pelo juiz na fixação da pena-base (art. 59 do CP).
- O art. 359-R tipifica o crime de sabotagem. Guarda alguma semelhança com o art. 15 da revogada Lei de Segurança Nacional, mas foi muito mais econômico, como se nota:

| Crimes contra o Estado Democrático de Direito | Lei de Segurança Nacional |
|---|---|
| Sabotagem<br>Art. 359-R. Destruir ou inutilizar meios de comunicação ao público, estabelecimentos, instalações ou serviços destinados à defesa nacional, com o fim de abolir o Estado Democrático de Direito:<br>Pena – reclusão, de 2 (dois) a 8 (oito) anos. | Art. 15 - Praticar sabotagem contra instalações militares, meios de comunicações, meios e vias de transporte, estaleiros, portos, aeroportos, fábricas, usinas, barragem, depósitos e outras instalações congêneres.<br>Pena: reclusão, de 3 a 10 anos.<br>§ 1º - Se do fato resulta:<br>a) lesão corporal grave, a pena aumenta-se até a metade;<br>b) dano, destruição ou neutralização de meios de defesa ou de segurança; paralisação, total ou parcial, de atividade ou serviços públicos reputados essenciais para a defesa, a segurança ou a economia do País, a pena aumenta-se até o dobro;<br>c) morte, a pena aumenta-se até o triplo.<br>§ 2º - Punem-se os atos preparatórios de sabotagem com a pena deste artigo reduzida de dois terços, se o fato não constitui crime mais grave. |

Houve parcial continuidade normativo-típica em relação à Lei de Segurança Nacional, desde que a conduta eventualmente cometida sob sua égide tenha sido dirigida a meios de comunicação ou instalações militares. Quanto às demais condutas do *caput* e § 1º do art. 15, que não foram repetidas nos novos tipos do Título XII do CP, haverá continuidade normativo-típica com delitos do CP (arts. 121, 129, 163, parágrafo único, III, 260, 261, 265), do CPM (arts. 263, 264), da Lei de Terrorismo (art. 2º, § 1º, IV) ou do Código Brasileiro de Telecomunicações (art. 70). O § 2º do art. 15, que permitia a punição a atos preparatórios, não encontra similar atualmente, visto que constitui exceção em nosso direito penal, que em regra admite a punição apenas se o agente iniciou a execução do crime descrito no tipo penal.

- A palavra "sabotagem" vem somente inscrita no *nomen juris* do art. 359-R, já que os núcleos do tipo são *destruir* (demolir, arruinar, devastar) e *inutilizar* (tornar inválido, comprometer o uso, fazer falhar), ou seja, é um crime de ação múltipla. Andou bem o legislador nesse ponto, evitando o emprego da expressão "praticar sabotagem", que se fazia presente no art. 15 da revogada Lei 7.170/1983. Não era tarefa fácil estabelecer uma definição jurídica para tal expressão, de modo a precisar o seu alcance, o que era absolutamente necessário, visto que a História nos revela ser hábito dos regimes autoritários, quando confrontados com o fracasso de suas políticas ou simplesmente quando veem necessidade de perseguir seus opositores, atribuir a inocentes a culpa por suas próprias falhas, inventando atos de sabotagem. Além do que, tratava-se de uma exigência decorrente do próprio princípio da legalidade.
- O art. 359-R tipifica um crime doloso, acrescido de elemento subjetivo: as condutas devem ser guiadas pela intenção especial de abolir o Estado Democrático de Direito. À falta dessa especial intenção, o fato sai do âmbito de aplicação do art. 359-R e ingressa no art. 163, parágrafo único, III), no CPM (art. 264), na Lei de Terrorismo (art. 2º, § 1º, IV) ou do Código Brasileiro de Telecomunicações (art. 70).
- O art. 359-T anuncia o óbvio: não constitui crime contra o Estado Democrático de Direito a manifestação crítica aos poderes constitucionais nem a atividade jornalística ou a reivindicação de direitos e garantias constitucionais por meio de passeatas, reuniões, greves, aglomerações ou qualquer outra forma de manifestação política com propósitos sociais.

A natureza jurídica do art. 359-T será palco de debate. Certamente uns defenderão que, por ausência de dolo, exclui a tipicidade da conduta. O dolo do agente, um dos elementos para a caracterização do fato típico, não estaria orientado para a prática de atos contra o Estado Democrático, mas dentro desse ambiente – e até mesmo fomentado por ele. Trata-se do exercício do direito à livre manifestação e expressão. Ausente o dolo, a conduta do agente não se amoldaria a qualquer tipo penal do Título XII. Outros vão sustentar o exercício regular de direito (art. 23, III, *in fine*, do CP), uma descriminante diante da atuação do agente conforme o direito. Seguimos, desde logo, a primeira corrente. Não se trata de exercício regular de direito, pois os direitos à liberdade de expressão e de manifestação não constituem uma mera permissão jurídica, razão pela qual seu exercício não pressupõe um fato típico. Nessa perspectiva, a natureza jurídica do art. 359-T se aproxima mais de uma excludente de tipicidade, diante da ausência de dolo orientado à prática de algum dos atos contra o Estado Democrático de Direito.

## 27. LEIS ESPECIAIS

- Há quem sustente, com base no princípio da intervenção mínima, que as contravenções penais, em sua maioria absoluta, são inadequadas e não cumprem o papel reservado ao Direito Penal, de interferência apenas nas situações em que as demais formas de solução de conflitos não sejam suficientes (*ultima ratio*), razão pela qual deveriam ser revogadas e o tratamento de questões consideradas de menor relevância deveria ser restrito a âmbito administrativo. No entanto, o Decreto-lei 3.688/41 tem sido aplicado em diversas situações. O STJ já decidiu, por exemplo, que o porte de arma branca, tipificado no art. 19, ainda está em vigor: "Como cediço, em relação às armas de fogo, o art. 19 da Lei de Contravenção Penal foi tacitamente revogado pelo art. 10 da Lei n. 9.437/1997, que, por sua vez, também foi revogado pela Lei n. 10.826/2003. Assim, o porte ilegal de arma de fogo caracteriza, atualmente, infração aos arts. 14 ou 16 do Estatuto do Desarmamento, conforme seja a arma permitida ou proibida. Entrementes, permaneceu vigente o referido dispositivo do Decreto-lei n. 3.688/1941 quanto ao porte de outros artefatos letais, como as armas brancas. Desse modo, a jurisprudência do STJ é firme no sentido da possibilidade de tipificação da conduta de porte de arma branca como contravenção prevista no art. 19 do Decreto-lei n. 3.688/1941, não havendo que se falar em violação ao princípio da intervenção mínima ou da legalidade" (RHC 56.128/MG, j. 10/03/2020).
- A modalidade do crime contra a economia popular tipificada no inc. IX do art. 2º, da Lei nº 1.521/51 é reconhecida atualmente nas ações de cambistas, daqueles que promovem pirâmides e também em algumas espécies de jogos eletrônicos, como o videopôquer.
- Lesiona-se no genocídio bem jurídico supraindividual, consistente na existência do grupo, bem como bens jurídicos individuais (vida humana) dos membros dos grupos. Estaremos diante de caso de concurso de crimes (genocídio e homicídios), portanto. Não é outro o entendimento do STF (RE 351487/RR, j. 03/08/2006).

Pela descrição do art. 1º da Lei nº 2.889/56, percebemos que o crime de genocídio pode se consumar mediante a prática de crimes contra a vida (art. 1º, *a*) ou não. Caso ocorram os mencionados crimes contra a vida, que atraem a competência do Tribunal do Júri, o crime de genocídio também será julgado pelo mesmo órgão em virtude da conexão. Se, todavia, o genocídio se consumar mediante as demais modalidades enumeradas no dispositivo, haverá a competência do juízo monocrático.

Ainda no que tange à competência para julgamento do crime, importante esclarecer que ela será da Justiça Federal quando envolver direitos indígenas, a teor do art. 109, IX, CF. Por esta razão, o genocídio praticado contra indígenas é crime federal

PENAL

(STF, RE 179485/AM, Rel. Min. Marco Aurélio. j. 06/12/94). Na hipótese mencionada anteriormente, em que o genocídio será julgado pelo Tribunal do Júri, se estivermos diante de crime praticado em detrimento de indígenas teremos o Júri Federal.

- A respeito da aplicação da pena no genocídio, leciona Guilherme de Souza Nucci que "é natural supor que, ilustrando com o homicídio, a morte de uma pessoa, com a finalidade especial supracitada, é suficiente para a aplicação da pena de *um* genocídio, fundada no homicídio qualificado (reclusão, de 12 a 30 anos). Entretanto, se matar cinquenta pessoas, com o mesmo intuito, não deve receber a mesma pena (reclusão, de 12 a 30 anos), como se tivesse cometido um único genocídio, mas, ao contrário, torna-se indispensável a aplicação do concurso de crimes (material, formal ou continuado, conforme o caso)" (Leis Penais e Processuais Penais Comentadas. 10ª ed. Rio de Janeiro: Forense, 2017, vol. 2, p. 477).
- A Lei nº 2.889/56 tipifica no art. 2º uma espécie de associação criminosa para a prática de genocídio. A conduta consiste em associarem-se (agregar-se, reunir-se em sociedade) mais de três pessoas para a prática dos crimes descritos no art. 1º.
- Quanto aos crimes de responsabilidade, note-se que, tratando-se de desvio de verba cuja prestação de contas deveria ser feita a órgão federal, a competência para julgamento é da justiça federal, conforme estabelece a súmula 208 do STJ ("Compete à Justiça Federal processar e julgar prefeito municipal por desvio de verba sujeita a prestação de contas perante órgão federal").
- O crime militar pode ser próprio ou impróprio. Será próprio quando definido apenas no Código Penal Militar e impróprio quando tipificado também em outras normas penais. Ex.: é próprio o crime de criar ou simular incapacidade física que inabilite o convocado para o serviço militar (art. 184); é impróprio o crime de subtrair, para si ou para outrem, coisa alheia móvel (art. 240), igualmente tipificado no Código Penal.
- Em outubro de 2017, entrou em vigor a Lei 13.491, que modificou o conceito de crime militar. De acordo com a nova redação do art. 9º, inciso II, do CPM, consideram-se crimes militares, em tempos de paz, os previstos no próprio CPM **e (inclusive)** os previstos na legislação penal. Antes, o inciso II dispunha que os crimes militares eram aqueles previstos no CPM, **embora também o fossem com igual definição na lei penal comum.** Não mais. Agora são militares os crimes tipificados no CPM **e também** os tipificados na legislação penal comum, desde que praticados na forma de uma das alíneas no inciso II. Diante dessa nova definição, conclui-se que perderam efeito as súmulas 6, 75, 90 e 172 do STJ (neste sentido: Foureaux, Rodrigo. A Lei 13.491/17 e a ampliação da competência da Justiça Militar, disponível em http://s3.meusitejuridico.com.br/2017/10/7029a770-ampliacao--de-competencia-da-justica-militar.pdf).
- De acordo com a modificação introduzida pela Lei nº 13.491/17 no Código Penal Militar, os crimes militares, quando dolosos contra a vida e cometidos por militares contra civil, serão da competência do Tribunal do Júri (art. 9º, § 1º). E os crimes militares, quando dolosos contra a vida e cometidos por militares das Forças Armadas contra civil, serão da competência da Justiça Militar da União, se praticados no contexto: a) do cumprimento de atribuições que lhes forem estabelecidas pelo Presidente da República ou pelo Ministro de Estado da Defesa; b) de ação que envolva a segurança de instituição militar ou de missão militar, mesmo que não beligerante; c) de atividade de natureza militar, de operação de paz, de garantia da lei e da ordem ou de atribuição subsidiária, realizadas em conformidade com o disposto no art. 142 da Constituição Federal e na forma do Código Brasileiro de Aeronáutica, da Lei Complementar nº 97/99, do Código de Processo Penal Militar e do Código Eleitoral (art. 9º, § 2º).
- Na execução penal, o Conselho Penitenciário tem função consultiva (emitir parecer em pedidos de indulto e comutação de pena), função fiscalizatória (inspecionar os estabelecimentos e serviços penais, bem como supervisionar os patronatos) e, ainda, a incumbência de apresentar no 1º (primeiro) trimestre de cada ano, ao Conselho Nacional de Política Criminal e Penitenciária, relatório dos trabalhos efetuados no exercício anterior. Ressalte-se que esse rol não é taxativo, pois dentre os artigos da Lei de Execução Penal existem outras atividades atribuídas ao Conselho (ex.: arts. 137, 143, 144, 145, 146 etc.).
- Não existe previsão de remição pelo trabalho para quem cumpre a pena em regime aberto ou desfruta do livramento condicional.
- Para que seja possível a remição da pena pelo trabalho não basta a atividade esporádica, ocasional. Deve haver certeza de efetivo trabalho do condenado, bem como conhecimento dos dias trabalhados. Exige-se que a atividade seja ordenada, empresarial e, antes de mais nada, remunerada, garantidos ao sentenciado os benefícios da Previdência Social, com o fim de educar o preso, entendendo-se o presídio como verdadeira empresa.
- Síntese das disposições dos artigos 108 e 183 da Lei nº 7.210/84 no que concerne à superveniência de doença mental no condenado:

| Art. 108 da LEP | Art. 183 da LEP |
|---|---|
| Aplicável no caso de anomalia passageira | Aplicável no caso de anomalia não passageira |
| A medida de segurança é reversível | A medida de segurança é irreversível |
| O tempo de internação é computado como de cumprimento de pena (deve observar o prazo da pena corporal imposta) | O tempo de internação não é computado como de cumprimento de pena, seguindo as regras dos arts. 96 e ss. do CP |
| Transcorrido o prazo de duração da pena sem o restabelecimento do internado, a pena deve ser considerada extinta pelo seu cumprimento. | Deve o juiz fixar prazo mínimo de internação, variando de 1 a 3 anos (art. 97, § 1º, CP). |

- O excesso e o desvio de execução não se confundem. Mirabete, lembrando as lições de Renan Severo Teixeira da Cunha, explica: "o excesso está carregado de conteúdo quantitativo e o desvio está carregado de conteúdo qualitativo. Assim ocorre o primeiro quando, por exemplo, a autoridade administrativa ultrapassa, em quantidade, a punição, fazendo com que o condenado cumpra uma sanção administrativa além do limite fixada na lei, enquanto existirá o desvio quando ela se afasta dos parâmetros legais estabelecidos, como por exemplo, manter o condenado em um regime quando já faz jus a outro. Além disso, é de notar-se que o excesso só ocorre com a violação de direito do sentenciado, enquanto no desvio pode ser que seja ele beneficiado. Há desvio, por exemplo, quando se concede permissão de saída em hipótese não prevista, se dispensa injustificadamente o condenado do trabalho prisional, não se instaura o procedimento disciplinar após a prática da falta etc." (*Execução Penal*. 9ª ed. São Paulo: Atlas, 2000).
- O exame criminológico, usado para individualizar determinadas execuções envolvendo fatos mais graves e/ou presos rotulados como perigosos, serve, não raras vezes, para orientar o magistrado nos incidentes de progressão e livramento condicional, não se confundindo com o exame de classificação tratado no artigo 5º da Lei nº 7.210/84. Vejamos, em resumo, as diferenças no quadro abaixo:

| EXAME DE CLASSIFICAÇÃO | exame criminológico |
|---|---|
| **Amplo e genérico** | **Específico** |
| orienta o modo de cumprimento da pena., guia seguro visando a ressocialização. | busca construir um prognóstico de periculosidade – temibilidade – do reeducando, partindo do binômio delito-delinquente. |

| EXAME DE CLASSIFICAÇÃO | exame criminológico |
|---|---|
| **Amplo e genérico** | **Específico** |
| envolve aspectos relacionados à personalidade do condenado, seus antecedentes, sua vida familiar e social, sua capacidade laborativa. | envolve a parte psicológica e psiquiátrica, atestando a maturidade do condenado, sua disciplina e capacidade de suportar frustrações (prognóstico criminológico). |

- O Ministério Público é instituição permanente, essencial à função jurisdicional do Estado, incumbindo-lhe a defesa da ordem jurídica, do regime democrático e dos interesses sociais e individuais indisponíveis (art. 127 CF/88). Dentro desse espírito, determina o art. 67 a obrigatória intervenção do Ministério Público na fase da execução da pena e da medida de segurança, fiscalizando e intervindo nos procedimentos judiciais (recorrendo, requerendo etc.).
- Nos termos do que disposto no art. 196 da LEP, o Ministério Público tem o prazo de 3 (três) dias para manifestação nos autos de execução, quando não figure como requerente da medida.
- A Lei 13.964/19 (Pacote Anticrime) inseriu no art. 52 da Lei de Execução Penal o § 3º para dispor que se houver indícios de que o preso exerce liderança em organização criminosa, associação criminosa ou milícia privada, ou que tenha atuação criminosa em dois ou mais Estados da Federação, o regime disciplinar diferenciado será obrigatoriamente cumprido em estabelecimento prisional federal. Note-se que a mesma lei inseriu no art. 52 o § 1º, o qual dispõe que, além da situação disciplinada no *caput*, o regime disciplinar diferenciado é aplicado aos presos provisórios ou condenados (a) que apresentem alto risco para a ordem e a segurança do estabelecimento penal ou da sociedade; ou (b) sob os quais recaiam fundadas suspeitas de envolvimento ou participação, a qualquer título, em organização criminosa, associação criminosa ou milícia privada, independentemente da prática de falta grave.
- O STF decidiu, na execução das reprimendas aplicadas na ação penal 470, que o pagamento da pena de multa é necessário para o deferimento da progressão de regime. Não se trata, destacamos, de aplicar a norma estabelecida no art. 33, § 4º, do Código Penal, segundo a qual o condenado por crime contra a administração pública tem a progressão de regime condicionada à reparação do dano que causou ou à devolução do produto do ilícito praticado. O tribunal decidiu, efetivamente, sobre a pena de multa, o que, com a devida vênia, não nos parece adequado, pois desvirtua o propósito da Lei 9.268/96, que modificou o tratamento conferido à pena de multa ao vedar sua conversão em privativa de liberdade no caso de não pagamento. Se a inadimplência impede que se decrete a prisão, é certo que não pode impedir a progressão de regime, em cujos requisitos, de resto, não se inclui o adimplemento da pena pecuniária.
- Ainda no tocante à pena de multa, o STF estabeleceu que, em virtude da natureza de sanção penal – não alterada pela Lei 9.268/96 –, cabe ao Ministério Público promover a execução na própria Vara de Execuções Penais. O tribunal apreciou conjuntamente a ADI 3150 e uma questão de ordem na Ação Penal 470. A ação direta de inconstitucionalidade havia sido ajuizada pelo Procurador-Geral da República para que o tribunal conferisse interpretação conforme ao art. 51 do Código Penal e estabelecesse a legitimidade do Ministério Público e a competência da Vara de Execuções Penais para a execução da pena de multa. Já na questão de ordem questionava-se decisão do ministro Barroso, que havia estabelecido, com base no art. 164 da LEP, a legitimidade do Ministério Público para executar multa imposta na AP 470, mas a União sustentava que a Lei 9.268/96 havia revogado tacitamente o disposto na Lei de Execução Penal, razão por que caberia à Procuradoria da Fazenda Nacional executar a sanção imposta naquela condenação. Segundo o ministro Barroso – que foi acompanhado pela maioria –, a alteração promovida pela Lei 9.268/96 não alterou a natureza da pena de multa, que continuou a ser uma espécie de sanção penal, tanto que na própria AP 470 o STF impôs o pagamento da multa como condição para a progressão de regime. O art. 164 da LEP, portanto, continua em vigor e é claro ao estabelecer a legitimidade do Ministério Público, a quem cabe a fiscalização da execução penal. Para adequar o texto legal à decisão do STF, a Lei 13.964/19 (Pacote Anticrime) alterou a redação do art. 51 do CP, que passou a prever expressamente a competência do juízo da execução penal, no qual, evidentemente, deve atuar o Ministério Público. Aboliu-se a legitimidade subsidiária da procuradoria da Fazenda Pública.
- Na esteira da decisão proferida pelo STF na ADI 3150, o STJ modificou sua orientação e concluiu que o inadimplemento da pena de multa impede a extinção da punibilidade: "A Terceira Seção desta Corte Superior, sob a égide dos recursos repetitivos, firmou posicionamento no sentido de que, uma vez extinta, pelo seu cumprimento, a pena privativa de liberdade ou a restritiva de direitos que a substituir, o inadimplemento da pena de multa não obsta a extinção da punibilidade do apenado, porquanto, após a nova redação dada ao art. 51 do Código Penal, pela Lei n. 9.268/1996, a pena pecuniária passou a ser considerada dívida de valor, adquirindo caráter extrapenal. Porém, o Supremo Tribunal Federal, ao julgar a ADI n. 3.150/DF, declarou que, à luz do preceito estabelecido pelo inciso XLVI do art. 5º da Constituição Federal, a multa, ao lado da privação de liberdade e de outras restrições (perda de bens, prestação social alternativa e suspensão ou interdição de direitos), é espécie de pena aplicável em retribuição e em prevenção à prática de crimes, não perdendo sua natureza de sanção penal. Em recente julgado, a Sexta Turma deste Superior Tribunal de Justiça já alterou o entendimento sobre a matéria, acompanhando a Corte Suprema. Dessarte, as declarações de constitucionalidade ou de inconstitucionalidade são dotadas de eficácia contra todos e efeito vinculante em relação aos órgãos do Poder Judiciário. Assim, não se pode mais declarar a extinção da punibilidade pelo cumprimento integral da pena privativa de liberdade quando pendente o pagamento da multa criminal" (AgRg no REsp 1.850.903/SP, j. 28/04/2020). Mas é preciso diferenciar a inadimplência da impossibilidade de efetuar o pagamento em razão da inexistência de recursos financeiros. As decisões que os tribunais superiores vêm proferindo sobre a vinculação entre o pagamento da multa, a progressão de regime e a extinção da pena visam sobretudo a evitar que condenados – especialmente por crimes financeiros e tráfico de drogas – deixem deliberadamente de efetuar o pagamento de multas elevadas e, ainda assim, obtenham benefícios da execução penal e tenham a pena extinta porque cumpriram a privação de liberdade. Mas é injusto igualar essa situação à de indivíduos que simplesmente não dispõem de recursos para efetuar o pagamento. Nesse caso, como a inadimplência é involuntária, não é possível vincular a obtenção de benefícios e a extinção da pena ao pagamento (STJ: REsp 1.785.861/SP, j. 24/11/2021).
- Em razão do cometimento de falta grave, segundo o STJ, é obrigatória a perda dos dias remidos, cabendo ao magistrado apenas o juízo discricionário a respeito da fração da perda (AgRg no REsp 1.430.097/PR, DJe 6/4/2015).
- Sempre que há notícia de falta disciplinar, é indispensável que o condenado tenha a oportunidade de exercer a ampla defesa e o contraditório antes de sofrer as consequências. A esse respeito, o STJ editou a súmula 533, segundo a qual "Para o reconhecimento da prática de falta disciplinar no âmbito da execução penal, é imprescindível a instauração de procedimento administrativo pelo diretor do estabelecimento prisional, assegurado o direito de defesa, a ser realizado por advogado constituído ou defensor público nomeado". Mas a súmula 533 tem sido relativizada em situações nas quais, embora não tenha sido instaurado o procedimento pelo diretor do estabelecimento prisional, o condenado foi ouvido em audiência judicial a respeito de sua falta disciplinar. É a tese firmada pelo STF: "A oitiva do condenado pelo Juízo da Execução Penal, em audiência de justificação realizada na presença do defensor e do Ministério Público, afasta a necessidade de prévio Procedimento Administrativo Disciplinar (PAD), assim como supre eventual ausência ou insuficiência de defesa técnica no PAD instaurado para apu-

rar a prática de falta grave durante o cumprimento da pena" (RE 972.598/RS, j. 04/05/2020). O STJ tem seguido a mesma orientação (AgRg no HC 442.560/PR, j. 02/03/2021).

- Admite-se, de acordo com o STJ, a remição de pena quando o condenado em regime fechado ou semiaberto desempenha atividade laborativa extramuros, pois o art. 126, *caput* e § 1º, inciso I, da Lei 7.210/84, não faz distinção a respeito do local em que o trabalho é exercido (súmula 562).
- A remição só é possível em atividade laboral com controle de frequência, não se admitindo o autocontrole de carga horária: "O STJ consolidou o entendimento de que a realização de trabalho externo deve ser compatível com a fiscalização do cumprimento da pena exigida pela Lei de Execução Penal, no sentido de que 'embora se reconheça o valor do labor na ressocialização e na recuperação da dignidade do apenado, sem indicação do local do trabalho e de algum tipo de controle de horário e de frequência das atividades de vendedor autônomo, de mercadoria própria, não há falar em deferimento do trabalho externo. O pedido é incompatível com a fiscalização do cumprimento da pena exigida pela Lei de Execuções Penais'. (AgRg no HC 490.890/TO, Rel. Ministro Rogério Schietti Cruz, Sexta Turma, DJe 17/6/2020). No caso, o pedido de remição por trabalho é orientado por autodeclaração por ser o apenado o proprietário de propriedade rural e, portanto, explorador de atividade econômica. A hipótese não se subsume ao requisito do art. 126 da LEP, tendo em vista que o pedido é incompatível com a fiscalização do cumprimento da pena exigida pela Lei de Execuções Penais, não se admitindo o auto controle de carga horária como produtor rural" (AgRg no HC 709.901/RJ, j. 27/09/2022).
- Considerando que o art. 126 da Lei nº 7.210/84, que disciplina a remição pelo trabalho e pelo estudo, tem o propósito de garantir a ressocialização do condenado, e tendo ainda em vista o fato de que não é imprescindível que a atividade desempenhada esteja expressa na lei para garantir a remição, o STJ considera possível o benefício em decorrência da leitura e da resenha de livros (HC 413.501/SP, j. 26/06/2018).
- Também decidiu o STJ, por analogia *in bonam partem*, que o desempenho de atividade musical pelo preso atende ao propósito de ressocialização tanto porque promove uma formação profissional quanto porque proporciona ao condenado um aprimoramento cultural, que pode ser um fator a contribuir para sua reinserção social (REsp 1.666.637/ES, j. 26/09/2017).
- O STJ já admitiu a remição pelo estudo desempenhado por meio de cursos do Instituto Universal Brasileiro, seguindo a tendência de promover a abreviação da pena por meio da analogia *in bonam partem*. O ministro Reynaldo Soares da Fonseca fez referência ao parecer emitido pelo Ministério Público, segundo o qual "A LEP não exige fiscalização por parte do estabelecimento prisional – óbice apontado pelo Juízo de 1º grau ao deferimento da remição. Exige, como acima mencionado, a certificação pela autoridade educacional competente do curso frequentado". Desta forma, apresentados os cerificados de conclusão do curso, deferiu-se a remição (HC 418.309/SP, j. 20/02/2018).
- De acordo com o que decidiu o STJ, a remição pelo trabalho beneficia o condenado mesmo na situação em que a atividade laborativa efetivamente desempenhada o tenha sido sem autorização do juízo ou da direção do estabelecimento prisional (HC 346.948/RS, DJe 29/6/2016).
- O art. 127 da Lei de Execução Penal determina a perda de até 1/3 dos dias remidos em caso de falta grave. De acordo com o STJ, a especial gravidade da falta cometida pode justificar a perda na fração máxima (HC 394.884/SC, DJe 23/05/2017).
- Se o agente cumpre pena privativa de liberdade e, no curso da execução, é submetido a medida de segurança em virtude de sentença absolutória imprópria proferida em decorrência de outro fato, não se impõe, segundo o STJ, a conversão em medida de segurança da pena que vinha sendo cumprida. De acordo com o tribunal, é possível, sem ofensa ao sistema vicariante, o cumprimento simultâneo das sanções decorrentes de fatos diversos (HC 275.635/SP, DJe 15/3/2016).
- De acordo com o STJ, o período compreendido entre a publicação do decreto e a decisão que concede o indulto pleno não é abarcado pela extinção da punibilidade, ou seja, deve ser utilizado para a liquidação de novas execuções penais. De acordo com o tribunal, o "indulto não é aplicado de forma automática. Necessita, assim, de um procedimento judicial em que o juiz da execução irá avaliar se o apenado preenche, ou não, os requisitos insculpidos no decreto presidencial. Embora haja doutrina que defenda ser meramente declaratória a decisão concessiva de indulto, os decretos presidenciais, em geral, possuem condições objetivas e subjetivas que necessitam de avaliação judicial. Nessa medida, esse trâmite processual certamente levará um espaço de tempo para ser cumprido, o que afasta a possibilidade de publicação do decreto concessivo do benefício em um dia e, já no dia seguinte, a sua aplicação no caso concreto" (REsp 1.557.408/DF, DJe 24/2/2016).
- A comutação de penas deve ser negada se o apenado tiver praticado falta disciplinar de natureza grave nos doze meses anteriores à publicação do Decreto de indulto, mesmo que a respectiva decisão homologatória tenha sido proferida posteriormente (STJ – EREsp 1.549.544/RS, DJe 30/9/2016).
- Tendo em vista que os requisitos gerais para a concessão do indulto são estabelecidos no próprio decreto presidencial, pois fazem parte da competência privativa do presidente da República, só é possível negar o benefício se o condenado não atender às disposições estritas do decreto. Em razão disso, o STJ decidiu que se o ato de concessão não estabelece que o indulto é incabível se, em algum momento da execução penal, o condenado teve o livramento condicional revogado por descumprir algum dos requisitos, não é possível negar o benefício com esse fundamento (AgRg no HC 537.982/DF, j. 13/04/2020).
- Considerou-se que a decisão do juiz da execução que simplesmente indefere o pedido para retirada do equipamento de monitoramento eletrônico, sem justificar a necessidade da manutenção da vigilância, é ilegal. Não é possível manter a medida com a simples alegação de que se trata da melhor forma de fiscalizar o agente que exerce trabalho externo, sem esclarecimentos acerca do caso concreto (STJ – HC 351.273/CE, DJe 09/02/2017).
- Segundo tem decidido o STJ, a violação de equipamento de monitoramento eletrônico imposto ao condenado caracteriza falta grave e autoriza a regressão de regime, pois a manutenção do aparelho junto ao corpo do agente é ordem à qual se vincula a liberdade vigiada, e, uma vez descumprida a determinação, viola-se o disposto no art. 39, incs. II e IV, da LEP (HC 460.440/RS, j. 18/09/2018). A violação do perímetro permitido para deslocamento também caracteriza falta disciplinar (AgRg no HC 509.270/SP, j. 17/11/2020).
- Também caracteriza falta grave a posse de droga para uso próprio no interior do estabelecimento prisional: "Apesar de o tipo não mais cominar pena privativa de liberdade, não houve descriminalização da conduta prevista no art. 28 da Lei n. 1.343/2006. Assim, a teor dos precedentes desta Corte, a posse de drogas no curso da execução, ainda que para uso próprio, constitui falta grave, nos moldes do art. 52 da LEP, pois o preso que pratica fato previsto como crime doloso durante o resgate das penas não demonstra comportamento adequado, apto a atrair os benefícios do sistema progressivo" (STJ: AgRg no HC 528.947/DF, j. 26/11/2019).
- O STJ também decidiu que a data-base para a progressão de regime é aquela em que cumpridos os requisitos. Com isso, o tribunal não só adequou seu entendimento ao do STF como também passou a adotar a mesma regra que já aplicava para a incidência dos efeitos das faltas graves: o dia do cometimento da falta, não da publicação da decisão que a reconhecia (HC 369.774/RS, DJe 07/12/2016).
- A disciplina da progressão de regime foi radicalmente alterada pela Lei 13.964/19 (Pacote Anticrime). Vejamos, a seguir, as diferenças entre as redações do art. 112 da Lei de Execução Penal:

| Redação antes da Lei 13.964/19 | Redação depois da Lei 13.964/19 |
|---|---|
| Art. 112. A pena privativa de liberdade será executada em forma progressiva com a transferência para regime menos rigoroso, a ser determinada pelo juiz, quando o preso tiver cumprido ao menos um sexto da pena no regime anterior e ostentar bom comportamento carcerário, comprovado pelo diretor do estabelecimento, respeitadas as normas que vedam a progressão.<br>§ 1º A decisão será sempre motivada e precedida de manifestação do Ministério Público e do defensor.<br>§ 2º Idêntico procedimento será adotado na concessão de livramento condicional, indulto e comutação de penas, respeitados os prazos previstos nas normas vigentes.<br>§ 3º No caso de mulher gestante ou que for mãe ou responsável por crianças ou pessoas com deficiência, os requisitos para progressão de regime são, cumulativamente:<br>I – não ter cometido crime com violência ou grave ameaça a pessoa;<br>II – não ter cometido o crime contra seu filho ou dependente;<br>III – ter cumprido ao menos 1/8 (um oitavo) da pena no regime anterior;<br>IV – ser primária e ter bom comportamento carcerário, comprovado pelo diretor do estabelecimento;<br>V – não ter integrado organização criminosa.<br>§ 4º O cometimento de novo crime doloso ou falta grave implicará a revogação do benefício previsto no § 3º deste artigo. | Art. 112. A pena privativa de liberdade será executada em forma progressiva com a transferência para regime menos rigoroso, a ser determinada pelo juiz, quando o preso tiver cumprido ao menos:<br>I – 16% (dezesseis por cento) da pena, se o apenado for primário e o crime tiver sido cometido sem violência à pessoa ou grave ameaça;<br>II – 20% (vinte por cento) da pena, se o apenado for reincidente em crime cometido sem violência à pessoa ou grave ameaça;<br>III – 25% (vinte e cinco por cento) da pena, se o apenado for primário e o crime tiver sido cometido com violência à pessoa ou grave ameaça;<br>IV – 30% (trinta por cento) da pena, se o apenado for reincidente em crime cometido com violência à pessoa ou grave ameaça;<br>V – 40% (quarenta por cento) da pena, se o apenado for condenado pela prática de crime hediondo ou equiparado, se for primário;<br>VI – 50% (cinquenta por cento) da pena, se o apenado for:<br>a) condenado pela prática de crime hediondo ou equiparado, com resultado morte, se for primário, vedado o livramento condicional;<br>b) condenado por exercer o comando, individual ou coletivo, de organização criminosa estruturada para a prática de crime hediondo ou equiparado; ou<br>c) condenado pela prática do crime de constituição de milícia privada;<br>VII – 60% (sessenta por cento) da pena, se o apenado for reincidente na prática de crime hediondo ou equiparado;<br>VIII – 70% (setenta por cento) da pena, se o apenado for reincidente em crime hediondo ou equiparado com resultado morte, vedado o livramento condicional.<br>§ 1º Em todos os casos, o apenado só terá direito à progressão de regime se ostentar boa conduta carcerária, comprovada pelo diretor do estabelecimento, respeitadas as normas que vedam a progressão.<br>§ 2º A decisão do juiz que determinar a progressão de regime será sempre motivada e precedida de manifestação do Ministério Público e do defensor, procedimento que também será adotado na concessão de livramento condicional, indulto e comutação de penas, respeitados os prazos previstos nas normas vigentes. |
|  | § 3º No caso de mulher gestante ou que for mãe ou responsável por crianças ou pessoas com deficiência, os requisitos para progressão de regime são, cumulativamente:<br>I – não ter cometido crime com violência ou grave ameaça a pessoa;<br>II – não ter cometido o crime contra seu filho ou dependente;<br>III – ter cumprido ao menos 1/8 (um oitavo) da pena no regime anterior;<br>IV – ser primária e ter bom comportamento carcerário, comprovado pelo diretor do estabelecimento;<br>V – não ter integrado organização criminosa.<br>§ 4º O cometimento de novo crime doloso ou falta grave implicará a revogação do benefício previsto no § 3º deste artigo.<br>§ 5º Não se considera hediondo ou equiparado, para os fins deste artigo, o crime de tráfico de drogas previsto no § 4º do art. 33 da Lei nº 11.343, de 23 de agosto de 2006.<br>§ 6º O cometimento de falta grave durante a execução da pena privativa de liberdade interrompe o prazo para a obtenção da progressão no regime de cumprimento da pena, caso em que o reinício da contagem do requisito objetivo terá como base a pena remanescente.<br>§ 7º O bom comportamento é readquirido após 1 (um) ano da ocorrência do fato, ou antes, após o cumprimento do requisito temporal exigível para a obtenção do direito. |

- Discute-se se o inc. VII do art. 112 abrange somente a reincidência específica em crime hediondo ou equiparado. Temos corrente lecionando que o dispositivo não cuida da reincidência específica. Sendo o reeducando reincidente, específico ou não, se cumpre pena por crime hediondo ou equiparado deve observar a porcentagem de 60% para progredir de regime. A Terceira Seção do STJ, contudo, firmou a orientação de que o condenado por crime hediondo que seja reincidente só deve cumprir a fração maior para a progressão se a reincidência for específica. Caso contrário, deve cumprir a fração correspondente ao condenado primário (inc. V), tendo em vista que a lei não traz regra própria para sua situação: "1. A Lei n. 13.964/2019, intitulada Pacote Anticrime, promoveu profundas alterações no marco normativo referente aos lapsos exigidos para o alcance da progressão a regime menos gravoso, tendo sido expressamente revogadas as disposições do art. 2º, § 2º, da Lei n. 8.072/1990 e estabelecidos patamares calcados não apenas na natureza do delito, mas também no caráter da reincidência, seja ela genérica ou específica. 2. Evidenciada a ausência de previsão dos parâmetros relativos aos apenados condenados por crime hediondo ou equiparado, mas reincidentes genéricos, impõe-se ao Juízo da execução penal a integração da norma sob análise, de modo que, dado o óbice à analogia in malam partem, é imperiosa a aplicação aos reincidentes genéricos dos lapsos de progressão referentes aos sentenciados primários. 3. Ainda que provavelmente não tenha sido essa a intenção do legislador, é irrefutável que de lege lata, a incidência retroativa do art. 112, V, da Lei n. 7.210/1984, quanto à hipótese da lacuna legal relativa aos apenados condenados por crime hediondo ou equiparado e reincidentes genéricos, instituiu conjuntura mais favorável que o anterior lapso de 3/5, a permitir, então, a retroatividade da lei penal mais benigna.

4. Dadas as ponderações acima, a hipótese em análise trata da incidência de lei penal mais benéfica ao apenado, condenado por estupro, porém reincidente genérico, de forma que é mister o reconhecimento de sua retroatividade, dado que o percentual por ela estabelecido – qual seja, de cumprimento de 40% das reprimendas impostas –, é inferior à fração de 3/5, anteriormente exigida para a progressão de condenados por crimes hediondos, fossem reincidentes genéricos ou específicos. 5. Recurso especial representativo da controvérsia não provido, assentando-se a seguinte tese: É reconhecida a retroatividade do patamar estabelecido no art. 112, V, da Lei n. 13.964/2019, àqueles apenados que, embora tenham cometido crime hediondo ou equiparado sem resultado morte, não sejam reincidentes em delito de natureza semelhante" (REsp 1.910.240/MG, j. 26/05/2021). É a mesma orientação firmada pelo STF em repercussão geral: "Tendo em vista a legalidade e a taxatividade da norma penal (art. 5º, XXXIX, CF), a alteração promovida pela Lei 13.964/2019 no art. 112 da LEP não autoriza a incidência do percentual de 60% (inc. VII) aos condenados reincidentes não específicos para o fim de progressão de regime. Diante da omissão legislativa, impõe-se a analogia in bonam partem, para aplicação, inclusive retroativa, do inciso V do artigo 112 da LEP (lapso temporal de 40%) ao condenado por crime hediondo ou equiparado sem resultado morte reincidente não específico" (ARE 1.327.963/SP, j. 17/09/2021).

- A mesma controvérsia destacada no item anterior se repete no inc. VIII do art. 112: discute-se se o dispositivo abrange somente a reincidência específica em crime hediondo ou equiparado com resultado morte. O STJ já decidiu que, tratando-se de condenação anterior por crime que não seja hediondo ou equiparado com resultado morte, a solução deve ser mais branda para o condenado, que deve cumprir 50% da pena para progredir: "1. Com a entrada em vigor da Lei n. 13.964/19 (Pacote Anticrime), foi revogado expressamente o art. 2º, § 2º, da Lei n. 8.072/90 (art. 19 da Lei n. 13.964/19), passando a progressão de regime, na Lei de Crimes Hediondos, a ser regida pela Lei n. 7.210/84 (Lei de Execução Penal – LEP), a qual, em seu art. 112, modificou a sistemática da progressão de regime, introduzindo critérios e percentuais distintos e específicos para cada grupo, a depender da natureza do crime. 2. No presente caso, o recorrido foi sentenciado por crime hediondo com resultado morte, tendo sido reconhecida sua reincidência devido à condenação definitiva anterior pela prática de crimes comuns. Entretanto, diante da inexistência de previsão a disciplinar a progressão de regime para a hipótese dos autos, uma vez que os percentuais de 60% e 70% foram destinados aos reincidentes específicos, a nova lei deve ser interpretada mediante a analogia in bonam partem, aplicando-se, para o condenado por crime hediondo, com resultado morte, que seja reincidente genérico, o percentual de 50%, previsto no inciso VI do art. 112 da Lei de Execução Penal" (AgRg no REsp 1.932.143/MG. Rel. Min. Joel Ilan Paciornik, j. 14/09/2021).
- A condenada gestante, mãe ou responsável por crianças ou pessoas com deficiência pode se submeter a regras específicas de progressão. São requisitos cumulativos para a progressão especial: *I – não ter cometido crime com violência ou grave ameaça a pessoa; II – não ter cometido o crime contra seu filho ou dependente; III – ter cumprido ao menos 1/8 (um oitavo) da pena no regime anterior; IV – ser primária e ter bom comportamento carcerário, comprovado pelo diretor do estabelecimento; V – não ter integrado organização criminosa.* Há quem sustente que a expressão "organização criminosa" não se refere especificamente à definição da Lei 12.850/13, estendendo-se a qualquer forma de sociedade delitiva, como a associação criminosa (art. 288 do CP) e a associação para o tráfico (art. 35 da Lei 11.343/06). O STJ, contudo, afastou essa possibilidade no caso de uma condenada por associação para o tráfico que pleiteara a progressão de regime sob as regras especiais e teve negado o benefício sob o argumento de que "organização criminosa" é uma expressão genérica que abrangeria outros crimes além daquele tipificado na lei especial. Segundo o tribunal, a expressão tem definição jurídica própria e, na qualidade de norma híbrida, ligada ao *status libertatis*, o inciso V deve ser interpretado de forma restritiva, e não ampliativa (HC 522.651/SP, Rel. Min. Laurita Vaz, j. 04/08/2020).
- No caso de condenações subsequentes que se insiram em diferentes regras do art. 112, o STJ decidiu que é possível a execução em separado: "Após as alterações promovidas pela Lei n. 13.964/2019, é possível a execução em separado de cada uma das guias de execução, de modo que o cálculo para obtenção de benefícios que dizem respeito à execução penal deve considerar a primariedade em parte da pena, a reincidência comum em outra e a reincidência específica apenas nas guias que dizem respeito a crimes de mesma natureza" (HC 654.870/MG, j. 20/09/2022).
- O STJ tem decidido que o condenado por tráfico privilegiado pode ser beneficiado pelo indulto, tendo em vista que esta modalidade do crime não é hedionda: "Nos termos do precedente jurisprudencial da Sexta Turma do STJ,'[e]mbora a conduta delituosa do agente que é beneficiado com a minorante prevista no § 4º do art. 33 da Lei n. 11.343/2006 continue sendo a de tráfico de drogas (haja vista que o § 4º não prevê uma nova conduta típica ou um tipo penal autônomo, mas tão somente uma causa especial de diminuição de pena), é possível favorecê-lo com a concessão de graça ou anistia (e, consequentemente, de indulto), por não existir, em sua conduta, o caráter de acentuado grau de reprovabilidade que é inerente aos crimes hediondos e aos a eles equiparados' (HC 411.328/SP, Rel. Ministro ROGERIO SCHIETTI CRUZ, SEXTA TURMA, julgado em 03/10/2017, DJe 09/10/2017)" (HC 458.735/MG, j. 04/10/2018). Note-se que, para afastar definitivamente qualquer controvérsia no âmbito da progressão de regime, o legislador inseriu na LEP disposição expressa no sentido de que o tráfico privilegiado não é considerado hediondo (art. 112, § 5º, com redação dada pela Lei 13.964/19).
- O STF decidiu ser legítima a decisão judicial que estabelece calendário anual para a concessão de saídas temporárias (HC 130.502/RJ, 21/06/2016).
- Pode ser negado o indulto por falta grave cometida antes da edição do Decreto, ainda que a homologação judicial da falta disciplinar tenha ocorrido depois (STF – RHC 133.443/SC, j. 04/10/2016).
- A contagem do prazo da saída temporária é feita em dias, não em horas, razão pela qual o STF denegou a ordem em *habeas corpus* em que se pretendia a liberação do condenado à 00h do primeiro dia, não às 12h, sob o pretexto de que a liberação tardia prejudicaria a completa fruição do benefício (HC 130.883/SC, j. 31/05/2016).
- Não se aplica limite temporal à análise do requisito subjetivo para concessão de saída temporária, devendo ser considerado todo o período de execução da pena, a fim de se averiguar o mérito do apenado (STJ – HC 795.970/SC, j. 14/03/2023).
- Não há constrangimento ilegal se, não obstante esteja em estabelecimento prisional caracterizado pelo maior rigor, o condenado está apartado dos outros presos, em ala adaptada para o regime legalmente determinado e se está sendo submetido às regras específicas desse regime (STF – Reclamação 25.123/SC, j. 18/04/2017).
- Julgando o *habeas corpus* 406.258/SP (j. 08/02/2018), o STJ afastou a alegação de constrangimento ilegal em virtude da determinação de exame criminológico para que um condenado progredisse do regime fechado ao semiaberto. No caso, o agente havia sido condenado a dezessete anos de reclusão por receptação, roubo e extorsão mediante sequestro com comprovado emprego de violência. Argumentou-se que a longa pena a ser cumprida e a extensa folha de antecedentes justificavam a imposição de critérios mais rígidos para a progressão de regime, baseada, não nos custa recordar, na capacidade demonstrada pelo condenado de se reintegrar à sociedade. Diante de crimes graves cometidos por agentes com histórico criminoso, hão de ser adotadas certas precauções para evitar a soltura (ainda que progressiva) de indivíduos que não têm disposição de viver de acordo com a lei.

- Para o STJ, a maior liberdade de movimentação característica do regime semiaberto não significa que o condenado pode ir aonde quiser. Embora as restrições sejam menores e as regras de disciplina devam ser menos rígidas, trata-se do cumprimento de pena em regime de liberdade ainda restrita, que deve ser disciplinada pelas autoridades da execução penal. Por essa razão, o tribunal negou *habeas corpus* que tratava da situação na qual um condenado a 59 (cinquenta e nove) anos de reclusão, logo após progredir para o regime semiaberto, pediu para realizar visitas periódicas à sua família, mas os juízos da execução e de segunda instância haviam indeferido o pleito sob o argumento de que a progressão ainda era recente e que os benefícios compatíveis com o regime semiaberto deveriam ser concedidos gradativamente, conforme o agente demonstrasse aptidão (AgInt no HC nº 410.342/RJ, DJe 04/12/2017).
- O STJ considerou válida a proibição de visitas de um preso por parte de sua companheira, condenada por tráfico de drogas justamente porque havia tentado ingressar no presídio, num dia de visitação, com noventa e um gramas de maconha. Na decisão, a Sexta Turma do STJ reconheceu a existência de divergência, no âmbito do próprio tribunal, a respeito da possibilidade de proibição de visitas em situações semelhantes. Pontuou-se, no entanto, que as divergências não correspondem à possibilidade abstrata de restringir o direito à visitação, mas dizem respeito à análise dos casos concretos, no quais foram consideradas as circunstâncias para concluir pela possibilidade ou pela impossibilidade de restrição (REsp 1.690.426/DF, j 10/10/2017).
- É possível que, por falha pessoal ou devido à falta de documentos comprobatórios, o juiz deixe de reconhecer a reincidência na sentença condenatória, que transita em julgado e dá ensejo ao início da execução da pena sem que esta importante característica pessoal seja revelada no processo de conhecimento. Mas nada impede que, já no processo de execução da pena, o juiz tome ciência de que o condenado é reincidente. É certo que a sentença condenatória não pode ser corrigida pelo juiz da execução no tocante à quantidade da pena e à forma inicial de execução. Se o juiz que impõe a condenação não aumenta a pena nem estabelece o regime inicial adequado devido a algum equívoco na identificação da reincidência, cabe ao Ministério Público interpor recurso de apelação para a reforma da sentença. Uma vez certificado o trânsito em julgado, não é possível que o órgão de execução refaça o processo trifásico para agravar a pena, nem tampouco que corrija o regime inicial. Ocorre que a reincidência também tem efeitos na execução. O livramento condicional, por exemplo, é concedido após o cumprimento de determinada fração da pena, e esta fração varia conforme o condenado seja primário ou reincidente. Desde a edição da Lei 13.964/19, as regras relativas à progressão de regime também são profundamente influenciadas pela reincidência (art. 112, incisos I a VIII, da LEP), embora já o fossem, em certa medida, mesmo antes da alteração legal, nos casos de crimes hediondos ou equiparados. Nestes casos, havia certa divergência a respeito da possibilidade de o juiz da execução invocar a reincidência não reconhecida na sentença condenatória. No julgamento do EREsp 1.738.968/MG (j. 27/11/2019), a Terceira Seção do STJ decidiu que o procedimento é legal: "A Terceira Seção do STJ, em apreciação aos embargos de divergência, pacificou o entendimento que encontrava dissonância no âmbito das turmas de direito penal sobre o momento da individualização da pena. Decidiu o acórdão embargado, da Quinta Turma, que a reincidência que não esteja expressamente reconhecida no édito condenatório não pode ser proclamada pelo juiz da execução, sob pena de violação à coisa julgada e ao princípio da *non reformatio in pejus*. O acórdão paradigma, da Sexta Turma, por sua vez, entendeu que as condições pessoais do paciente, como a reincidência, devem ser observadas pelo juízo da execução para concessão de benefícios. Tratando-se de sentença penal condenatória, o juízo da execução deve se ater ao teor do referido *decisum*, no que diz respeito ao *quantum* de pena, ao regime inicial, bem como ao fato de ter sido a pena privativa de liberdade substituída ou não por restritiva de direitos, fatores que evidenciam justamente o comando emergente da sentença. Todavia, as condições pessoais do réu, da qual é exemplo a reincidência, devem ser observadas na execução da pena, independente de tal condição ter sido considerada na sentença condenatória, eis que também é atribuição do juízo da execução individualizar a pena. Como se sabe, a individualização da pena se realiza, essencialmente, em três momentos: na cominação da pena em abstrato ao tipo legal, pelo Legislador; na sentença penal condenatória, pelo Juízo de conhecimento; e na execução penal, pelo Juízo das Execuções. Esse entendimento, a propósito, tem sido convalidado pelo Supremo Tribunal Federal, para o qual o 'reconhecimento da circunstância legal agravante da reincidência (art. 61, I, do Código Penal), para fins de agravamento da pena do réu, incumbe ao juiz natural do processo de conhecimento. De outro lado, a aferição dessa condição pessoal para fins de concessão de benefícios da execução penal compete ao juiz da Vara das Execuções Penais. Trata-se, portanto, de tarefas distintas. Nada obsta a ponderação da reincidência no âmbito da execução penal do reeducando, ainda que não lhe tenha sido agravada a pena por esse fundamento, quando da prolação da sentença condenatória'".
- A prisão domiciliar prevista no art. 117 da Lei de Execução Penal não se confunde com aquelas tratadas nos artigos 318 e 318-A do CPP:

| | **Prisão domiciliar** | |
|---|---|---|
| | **Art. 117 LEP:** | **Arts. 318 e 318-A CPP:** |
| **Natureza Jurídica** | Substitui casa do albergado (regime aberto), não substituindo penitenciária (regime fechado) ou colônia agrícola, industrial ou similar (regime semiaberto). | Substitui prisão preventiva. |
| | Prisão penal. | Medida cautelar. |
| **Hipóteses de Cabimento** | Condenado maior de 70 anos (não foi alterado pelo Estatuto da Pessoa Idosa). | Maior de 80 anos. |
| | Condenado acometido de doença grave (doença cujo tratamento fica difícil ou impossível no sistema penitenciário). O STF entendeu que o HIV por si só não é doença grave. | Extremamente debilitado por doença grave. |
| | | Imprescindível aos cuidados especiais de pessoa menor de 6 anos de idade ou com deficiência. |
| | Condenada gestante. | Gestante. |
| | Condenada com filho menor ou deficiente.<br>Obs.: em face do art. 5º, I, CF (isonomia do homem com a mulher), o art. 117, III da LEP também será aplicado ao sentenciado do sexo masculino, desde que comprove a dependência do filho. | Mãe ou responsável por crianças ou pessoas com deficiência. |
| | | Homem, caso seja o único responsável pelos cuidados do filho de até 12 (doze) anos de idade incompletos. |
| **Atenção** | De acordo com o STJ, admite-se a concessão da prisão domiciliar quando o sentenciado se encontra cumprindo pena em estabelecimento destinado ao regime mais rigoroso, por inexistência de vaga, situações que poderiam resultar em desvio de execução. | |

| | Prisão domiciliar | |
|---|---|---|
| | **Art. 117 LEP:** | **Arts. 318 e 318-A CPP:** |
| **Atenção** | O condenado beneficiado pelo art. 117 da LEP pode ser obrigado ao uso de aparelho que permita sua monitoração eletrônica (art. 146-B, IV da LEP). | O preso provisório em regime domiciliar também pode ser obrigado a usar aparelho de monitoração eletrônica (art. 319, IX do CPP). |

- O crime de gestão fraudulenta (art. 4º da Lei nº 7.492/86) é formal, consumando-se independentemente de prejuízo ao patrimônio da instituição financeira ou dos investidores (STJ: AgRg no AREsp 926.372/SP, DJe 02/02/2017).
- Se o agente, com o intuito de enganar representante de instituição bancária para obter financiamento, apresenta documento falso ou comete outro tipo de fraude, pode se caracterizar o crime do art. 19 da Lei nº 7.492/86. Há o crime contra o sistema financeiro – de competência da Justiça Federal – se os recursos obtidos no financiamento tiverem destinação específica, diferenciando-se assim do mútuo realizado a título pessoal (STJ: CC 151.188/SP, DJe 23/06/2017).
- A caracterização do crime de gestão fraudulenta não depende de oferecimento ou negociação de títulos fraudulentos (art. 7º da Lei nº 7.492/86). Por isso, a absolvição do agente quanto a este último delito não impede sua condenação pelo primeiro (STJ: HC 285.587/SP, DJe 28/03/2017).
- Para a tipificação da conduta de gestão fraudulenta de instituição financeira, a operadora de plano de saúde não se equipara à empresa que se constitui sob a forma de seguradora (art. 1º, parágrafo único, I, da Lei nº 7.492/86). Embora seja possível que empresas que operam planos de saúde sejam equiparadas a instituições financeiras, isso só ocorre se sua constituição se der na forma de seguradoras especializadas nesse seguro. Ocorre que empresas operadoras de planos de saúde podem assumir as mais diversas naturezas constitutivas, como cooperativas, sociedades simples, sociedades empresárias ou entidades de autogestão. É analogia *in malam partem* equiparar estas últimas a instituições financeiras (STJ: CC 148.110/MG, j. 23/11/2016).
- O art. 21 da Lei nº 7.492/86 pune as condutas de atribuir-se ou atribuir a terceiro falsa identidade para realização de operação de câmbio. No julgamento do REsp 1.595.546/PR (j. 02/05/2017) o STJ decidiu que o crime se caracteriza inclusive quando o agente determina que terceira pessoa realize a operação de câmbio em seu lugar, ainda que esta pessoa não se apresente com identidade falsa. Considerou-se que a utilização dos denominados "laranjas" caracteriza o crime porque as operações são realizadas nessas circunstâncias para ocultar o verdadeiro titular das moedas cambiadas e, com isso, impedir sua identificação e a efetiva fiscalização das movimentações no mercado de câmbio.
- A respeito dos crimes contra o sistema financeiro, Guilherme de Souza Nucci aponta uma inconsistência no art. 23 da Lei nº 7.492/86: "O tipo não deixa de se apresentar contraditório, ao misturar condutas basicamente omissivas (omitir e retardar) com outra, comissiva, afirmando dever a atuação ou inação ser *contrária à disposição expressa de lei*. Ora, é razoável que o funcionário possa deixar de fazer o que deveria ou atrasar o que não poderia, *contra o disposto em lei*; porém, torna-se bem mais difícil imaginar que o funcionário *pratique* ato de ofício necessário ao regular funcionamento do sistema financeiro e para a preservação dos interesses e valores da ordem econômico-financeira *contra a lei*. Se está realizando ato para preservar o regular funcionamento do sistema financeiro, não teria sentido *agir contra a lei*, a menos que se deduza ser esta um fator de instabilidade contra o sistema financeiro" (*Leis Penais e Processuais Penais Comentadas*, p. 1116).
- A Lei nº 13.441/17 inseriu no Estatuto da Criança e do Adolescente os artigos 190-A, B, C, D e E para dispor a respeito da infiltração virtual de agentes policiais com a finalidade de investigar delitos relativos à dignidade sexual de crianças e adolescentes, cujos atos de execução, ou mesmo preparatórios, sejam cometidos pela internet. Dentre as disposições, podemos destacar:
  a) Os crimes cuja investigação enseja a infiltração virtual são aqueles relativos à pornografia envolvendo crianças e adolescentes, abrangendo-se todas as formas tipificadas na Lei nº 8.069/90, ou seja, a produção e a distribuição do material, a aquisição e o armazenamento, a simulação da participação em cenas de sexo explícito e o aliciamento para praticar ato libidinoso com criança. Além disso, permite-se a infiltração virtual para investigar os crimes de invasão de dispositivo informático, estupro de vulnerável, corrupção de menores, satisfação de lascívia mediante presença de criança ou adolescente e favorecimento da prostituição ou de outra forma de exploração sexual de criança ou adolescente ou de vulnerável.
  b) Tal como ocorre nas demais formas de infiltração, a virtual pressupõe autorização judicial e oitiva do Ministério Público.
  c) O prazo a priori estabelecido para a infiltração é de noventa dias. Isso constitui apenas um parâmetro inicial, nada impedindo, como prevê o texto legal, que prorrogações ocorram na medida em que se revelarem necessárias à elucidação dos fatos, desde que o total não exceda a setecentos e vinte dias.
  d) A necessidade da infiltração deve ser demonstrada, pois se trata de uma espécie de *ultima ratio* dos meios de investigação, ou seja, é uma forma de apuração de crimes da qual se deve lançar mão apenas quando imprescindível, se não houver nada tão ou mais eficiente. Nessa esteira, o § 3º do art. 190-A é expresso no sentido de que a infiltração não será deferida se a prova dos crimes de que trata o *caput* puder ser obtida por outros meios.
  e) O art. 190-C estabelece uma causa de atipicidade em favor do agente que oculta a sua identidade para, por meio da internet, colher indícios de autoria e materialidade dos crimes de que trata o *caput* do art. 190-A. Dessa forma, com a finalidade de identificar determinado criminoso e de comprovar que se trata de alguém que armazena e transmite imagens pornográficas de crianças e adolescentes para posteriormente submetê-los a prostituição ou outra forma de exploração sexual, o agente infiltrado pode receber tais imagens, pode armazená-las para posteriormente juntá-las ao relatório da investigação, como também pode transmiti-las caso seja necessário para não dispersar a confiança dos criminosos investigados. O mesmo pode ser dito de produções pornográficas envolvendo crianças e adolescentes: se o agente policial registra, com finalidade probatória, algo que está sendo transmitido via internet não há crime de sua parte. Se, no entanto, o agente infiltrado, além de lidar com essas imagens, decidir encontrar uma criança ou um adolescente com a finalidade de praticar atos libidinosos, ainda que sob o pretexto da investigação, parece óbvia a caracterização do excesso punível.
- O STJ há muito firmou a orientação de que as medidas socioeducativas podem ser executadas ainda que sobrevenha a maioridade. Para afastar definitivamente qualquer controvérsia, a Terceira Seção do tribunal aprovou a súmula 605, segundo a qual "A superveniência da maioridade penal não interfere na apuração de ato infracional nem na aplicabilidade de medida socioeducativa em curso, inclusive na liberdade assistida, enquanto não atingida a idade de 21 anos". É possível, no entanto, que o juiz fundamente a inocuidade da medida socioeducativa porque o agente, já maior de idade, continua a cometer crimes e está preso preventivamente: "Inicialmente, destaque-se que a Lei n. 12.594/2012, que instituiu o Sistema Nacional de Atendimento Socioeducativo – SINASE, estabelece no art. 46, § 1º, o seguinte: 'no caso de o maior de 18 (dezoito) anos, em cumprimento de medida socioeducativa, responder a processo-crime, caberá à autoridade judiciária decidir sobre eventual extinção da execução, cientificando

da decisão o juízo criminal competente'. No caso, o juízo de piso fundamentou a extinção da medida no fato de o adolescente ter alcançado a maioridade penal e na existência de novo fato delituoso enquanto estava em liberdade, entendendo o magistrado que não restam objetivos pedagógicos na presente execução de medida socioeducativa. Não se verifica manifesta ilegalidade na decisão, visto que a extinção da medida socioeducativa pela superveniência de processo-crime após adolescente completar 18 anos de idade constitui uma faculdade, devendo o julgador fundamentar sua decisão, nos termos do art. 46, §1º, da Lei n. 12.594/2012. Desse modo, o juízo da execução da medida de internação fundamentou validamente a desnecessidade dessa medida, porque já não mais cumpre a finalidade socioeducativa, pois o paciente com 20 anos de idade continua praticando delitos e encontra-se preso preventivamente. Ademais, a finalidade das medidas previstas no Estatuto da Criança e Adolescente é distinta da pena por prática criminosa, pois enquanto aquela visa educar e socializar o adolescente, esta visa retribuir e reprimir condutas delituosas" (HC 551.319/RS, j. 12/05/2020).

- A prescrição também atinge os atos infracionais, como dispõe a súmula 338 do STJ. Aplicam-se analogicamente as disposições do Código Penal, inclusive o art. 115, que diminui de metade o prazo devido à idade do autor na data do fato. Abstratamente, considera-se o prazo máximo da medida socioeducativa de internação – que é de três anos – face ao disposto no art. 109, inc. IV, do Código Penal, que impõe prazo de oito anos, diminuído de metade em virtude da regra do art. 115, resultando, portanto, em quatro anos. Dá-se o mesmo se imposta medida socioeducativa por prazo indeterminado, como tem reiterado o STJ: [...] Diante disso, a jurisprudência desta Corte firmou o entendimento de que, uma vez aplicada medida socioeducativa sem termo final, deve ser considerado o período máximo de 3 anos de duração da medida de internação para o cálculo do prazo prescricional da pretensão socioeducativa, e não o tempo da medida, que poderá efetivamente ser cumprida até que o envolvido complete 21 anos de idade" (AgRg no REsp 1.856.028/SC, j. 12/05/2020). No caso de medida socioeducativa com prazo certo, aplica-se a mesma regra geral, mas agora se considera o tempo da medida efetivamente imposta: "Imposta medida a medida liberdade assistida pelo prazo de seis meses, em sentença transitada em julgado, o lapso prescricional é de 1 (um) ano e 6 (seis), a teor do disposto no art. 109, inciso VI, c.c. art. 115, ambos do Código Penal. Este período transcorreu sem notícia do início do cumprimento da medida pelo adolescente, motivo pelo qual, sem a ocorrência de causas interruptivas, há de se reconhecer a extinção da pretensão socioeducativa" (AgRg no AREsp 1.219.149/SP, j. 10/04/2018).
- A figura criminosa do art. 231 da Lei nº 8.069/90 não se confunde com a anterior. Naquela se pune quem efetua a indevida apreensão do menor, ao passo que nesta a apreensão é regular, pois que deriva de uma situação de flagrância, mas a autoridade se omite no dever de informar a ocorrência ao magistrado e à família do apreendido ou à pessoa indicada por ele.
- O art. 232 da Lei nº 8.069/90 pune a conduta de submeter criança ou adolescente sob sua autoridade, guarda ou vigilância a vexame ou a constrangimento. O dispositivo da lei especial prevalece quando se tratar de fato praticado por agente do Estado, cuja conduta é tipificada no art. 13, inc. II, da Lei 13.869/19.
- O tipo do art. 234 da Lei nº 8.069/90 contém um elemento normativo consistente na imediatidade da liberação. O termo *imediata* contido no dispositivo comporta valoração, sendo certo que, em se tratando de privação da liberdade, a interpretação deve se render à literalidade, ou seja, a liberação deve ocorrer no exato momento em que a autoridade tem conhecimento da ilegalidade.
- No art. 237 da Lei nº 8.069/90, a subtração de criança ou adolescente pode ocorrer tanto na hipótese em que a guarda é estabelecida em virtude de lei (no caso dos pais, por exemplo) como naquela situação em que a guarda decorre de ordem judicial (no caso de suspensão do poder familiar). Dessa forma, a depender da situação jurídica que sustenta a guarda, até mesmo os pais destituídos do poder familiar podem praticar o crime.
- Note-se que o legislador não incluiu como sujeito passivo no art. 241-D da Lei nº 8.069/90 o adolescente, o que, para alguns, se justifica em razão do maior discernimento de que este normalmente dispõe para evitar a ação do agente. Não bastasse, não são todos os casos de contato sexual com menores de idade que configuram, por si sós, crime contra a liberdade sexual, pois quando maior de catorze anos não incide o tipo penal do artigo 217-A do Código Penal.
- Segundo o STJ, em regra não há automática consunção entre o armazenamento e o compartilhamento de material pornográfico infantojuvenil. As condutas se adéquam a tipos penais diversos (art. 241-A e 241-B), e, no julgamento do REsp 1.579.578/PR (j. 04/02/2020), o tribunal decidiu só é possível afirmar que um crime é apenas uma fase para o cometimento de outro se, no caso concreto, houver estreita ligação entre as condutas: "Via de regra, não há automática consunção quando ocorrem armazenamento e compartilhamento de material pornográfico infanto juvenil. Deveras, o cometimento de um dos crimes não perpassa, necessariamente, pela prática do outro, mas é possível a absorção, a depender das peculiaridades de cada caso, quando as duas condutas guardem, entre si, uma relação de meio e fim estreitamente vinculadas. O princípio da consunção exige um nexo de dependência entre a sucessão de fatos. Se evidenciado pelo caderno probatório que um dos crimes é absolutamente autônomo, sem relação de subordinação com o outro, o réu deverá responder por ambos, em concurso material".
- No julgamento do REsp 1.579.578/PR (j. 04/02/2020), relativo a crimes de armazenar e compartilhar material com pornografia infantil, o STJ descartou o aumento da pena-base em razão da personalidade ou da conduta social de um condenado que, segundo o apurado, demonstrava "grande interesse" pelo material apreendido em seu poder. Para o tribunal, ainda que exacerbado, o interesse do agente por imagens ou vídeos de crianças e adolescentes em cenas pornográficas é inerente às figuras criminosas do ECA, razão pela qual já é considerado na cominação da pena-base.
- Na Lei nº 8.069/90, para evitar discussões a respeito da interpretação do que se pode entender como cena de sexo explícito ou pornográfica, o próprio legislador firmou o conceito (art. 241-E). Ocorre que, conforme se pode notar, houve certa delimitação no conceito legal apresentado, podendo ocorrer hipóteses em que mesmo não havendo atividade sexual explícita, real ou simulada, ou mesmo exibição de órgão genital, o material produzido seja inadequado, como, por exemplo, a tomada de imagens em poses sensuais. Guilherme de Souza Nucci critica a atitude do legislador sob o fundamento de que a tentativa de clarificar a redação dos tipos penais acabou por delimitar a sua incidência (*Leis penais e processuais penais comentadas*, 2009, p. 270). Sob outro prisma, todavia, pode ser encarada a iniciativa: o de efetivamente delimitar a incidência dos tipos penais, tornando sua aplicação mais segura e menos receptiva a interpretações por demais extensivas.
- De acordo com o STF, o julgamento dos crimes tipificados nos arts. 241, 241-A e 241-B da Lei nº 8.069/90 é de competência da Justiça Federal quando tais delitos forem cometidos por meio da rede mundial de computadores e: a) o fato esteja previsto como crime no Brasil e no estrangeiro; b) o Brasil seja signatário de convenção ou tratado internacional por meio do qual assume o compromisso de reprimir criminalmente aquela espécie delitiva; e c) a conduta tenha ao menos se iniciado no Brasil e o resultado tenha ocorrido, ou devesse ter ocorrido no exterior, ou reciprocamente. Assim ocorre porque se trata da situação em que, nos termos do art. 109, inciso V, da Constituição Federal, aos juízes federais compete processar e julgar os crimes previstos em tratado ou convenção internacional, quando, iniciada a execução no País, o resultado tenha ou devesse ter ocorrido no estrangeiro, ou reciprocamente (RE 628.624/MG, DJe 09/11/2015). O STJ, explicitando a disciplina da competência para julgamento (e referindo-se, no caso concreto, ao art. 241-A), decidiu, por meio de sua Ter-

ceira Seção, que a competência da Justiça Federal se impõe quando constatada a internacionalidade do delito. Caso contrário, a competência é da Justiça Estadual (CC 150.564/MG, DJe 02/05/2017).

- De se notar que o art. 242 da Lei nº 8.069/90 foi parcialmente revogado pelo art. 16, § 1º, inciso III, da Lei nº 10.826/03. Seu objeto material, agora, abrange instrumento apto para ataque e defesa, desde que não alcançado pelo Estatuto do Desarmamento. Em síntese, somente arma branca, tal como: punhal, adaga, sabres, espadas, floretes, machado de guerra, lança, porrete, cassetete, conjunto arco e flecha, estilingue, soco inglês etc. Compete ao magistrado, no momento da dosagem da pena, aquilatar o grau de perigo da arma branca fornecida ao menor, individualizando a reprimenda.

- O art. 243 da Lei nº 8.069/90 foi modificado pela Lei nº 13.106/15 e passou a punir expressamente as condutas de vender, fornecer, servir, ministrar ou entregar, ainda que gratuitamente, de qualquer forma, a criança ou a adolescente, bebida alcoólica. Em vigor a Lei nº 13.106/15, revogou-se a contravenção penal tipificada no art. 63, inciso I, do Decreto-lei nº 3.688/41, à qual, segundo o STJ, subsumia-se a conduta agora tipificada no Estatuto da Criança e do Adolescente (HC 167.659/MS, j. 07/02/2013).

- O inciso I do art. 2º da Lei 8.072/90 determina que os crimes hediondos e equiparados são insuscetíveis de anistia, graça e indulto. A Constituição Federal, contudo, é menos restritiva, já que, no inciso XLIII do art. 5º, impede somente a concessão de anistia e graça, nada mencionando acerca da proibição do indulto. Diante desse quadro, inevitável o questionamento: a ampliação pelo legislador ordinário é constitucional? Temos duas correntes:

1) se as causas extintivas da punibilidade vedadas no texto constitucional eram duas, não poderia a lei infraconstitucional estatuir uma terceira limitação. Observa-se, ainda, que a concessão do indulto está entre as atribuições privativas do Presidente da República, não podendo o legislador ordinário limitá-lo no exercício dessa atribuição.

2) em sentido contrário, o Supremo Tribunal Federal firmou entendimento no sentido de ser o indulto modalidade do poder de graça do Presidente da República, e, por isso, alcançado pela vedação constitucional. Não bastasse, a Constituição Federal trouxe vedações mínimas, permitindo ao legislador ordinário ampliá-las. Aliás, o Pretório Excelso entende haver ampla aplicação tanto do texto constitucional quanto da Lei 8.072/90 até mesmo para os crimes praticados anteriormente à sua vigência: "Indulto (D. 3.299/99): exclusão da graça dos condenados por crime hediondo, que se aplica aos que hajam cometido antes da Lei 8.072/90 e da Constituição de 1988, ainda quando não o determine expressamente o decreto presidencial: validade, sem ofensa à garantia constitucional da irretroatividade da lei penal mais gravosa, não incidente na hipótese, em que a exclusão questionada traduz exercício do poder do Presidente da República de negar o indulto aos condenados pelos delitos que o decreto especifique: precedentes." (RHC 84572/RJ, 1.ª T., rel. Min. Marco Aurélio, relator p/Acórdão Min. Sepúlveda Pertence, *DJ* 03.12.2004).

- Nos crimes contra o consumidor, há na doutrina quem critique a tipificação da conduta de que trata o art. 70 da Lei nº 8.078/90. Manoel Pedro Pimentel destaca o seguinte: "Imagine-se a hipótese de uma avaria mecânica em um veículo na estrada, em lugar ermo, onde a assistência mecânica só possa ser dada por um prestador de serviços que ali seja encontrado. O proprietário do veículo confia o reparo ao mecânico e ausenta-se do local, durante o trabalho de reparação. O mecânico, não dispondo de peça ou de componente de reposição novos, utiliza-se de produto já usado e procede ao conserto, sem autorização do proprietário. Diante do texto da lei, o crime está cometido, mesmo que o mecânico informe ao proprietário que se utilizou de peça ou componente já usado, por não dispor de outros novos. Se o consumidor concordar, a autorização será dada *a posteriori*, hipótese em que desaparecerá a incriminação. Mas, se o consumidor não concordar, poderá formular acusação contra o prestador de serviços, que se verá em extrema dificuldade para defender-se, porque somente poderá invocar a não exigibilidade de outra conduta, que, sendo excludente de culpabilidade, apenas poderá vir a ser reconhecida no final do processo, ao qual deverá responder o mecânico, circunstância que nos parece extremamente injusta, mas que está admitida pela formulação do tipo penal" (*Aspectos penais do Código de Defesa do Consumidor*, p. 254. *Apud* Nucci, Guilherme de Souza. *Leis Penais e Processuais Penais Comentadas*, p. 144/145).

- A respeito dos crimes materiais contra a ordem tributária da Lei nº 8.137/90, de acordo com o STF, não se sustenta a alegação de retroatividade *in malam partem* na aplicação da súmula vinculante nº 24 aos fatos ocorridos antes de sua edição, pois o tribunal apenas consolidou o entendimento já firmado anteriormente sobre a matéria, sem promover inovação (RHC 122.774/RJ, DJe 11/06/2015).

- De acordo com o STJ, tendo havido a inscrição definitiva do crédito tributário, o reconhecimento da prescrição na execução fiscal não afasta a tipicidade do crime contra a ordem tributária (RHC 67.771/MG, DJe 17/3/2016).

- O art. 2º da Lei 8.137/90 pune, no inciso II, a conduta de deixar de recolher, no prazo legal, valor de tributo ou de contribuição social, descontado ou cobrado, na qualidade de sujeito passivo de obrigação e que deveria recolher aos cofres públicos. Em fatos que envolvem o Imposto sobre Circulação de Mercadorias e Serviços (ICMS), há certa controvérsia a respeito do alcance do tipo, que estabelece uma espécie de apropriação indébita tributária: seria aplicável apenas e tão somente ao substituto tributário ou abarcaria também quem destaca o ICMS na nota fiscal, repassa o valor respectivo ao consumidor, mas não o recolhe ao fisco estadual?

  O tipo penal pune a conduta de deixar de recolher valor de tributo ou de contribuição social descontado **ou cobrado**. Os que advogam a tese de que o crime se caracteriza fora das situações de substituição o fazem baseados no fato de que se trata de um tributo efetivamente cobrado, mas não repassado ao fisco. O tipo, portanto, abarcaria duas situações: o não recolhimento do tributo descontado por substituição e o não recolhimento do tributo cobrado (repassado ao consumidor).

  Havia no STJ certa divergência a respeito da caracterização do crime no caso do tributo cobrado. A Sexta Turma, por exemplo, tem decisões nas quais considera que o autor da conduta é simples inadimplente, não sujeito ativo de crime tributário (REsp 1.543.485/GO, j. 05/04/2016). A Quinta Turma, por outro lado, tem decisões em sentido contrário (RHC 44.465/SC, j. 18/06/2015). Mas, no julgamento do HC 399.109/SC, realizado 22/08/2018, a Terceira Seção do STJ dirimiu a divergência para estabelecer, por maioria, a tipicidade da conduta:

  "1. Para a configuração do delito de apropriação indébita tributária - tal qual se dá com a apropriação indébita em geral – o fato de o agente registrar, apurar e declarar em guia própria ou em livros fiscais o imposto devido não tem o condão de elidir ou exercer nenhuma influência na prática do delito, visto que este não pressupõe a clandestinidade. 2. O sujeito ativo do crime de apropriação indébita tributária é aquele que ostenta a qualidade de sujeito passivo da obrigação tributária, conforme claramente descrito pelo art. 2º, II, da Lei n. 8.137/1990, que exige, para sua configuração, seja a conduta dolosa (elemento subjetivo do tipo), consistente na consciência (ainda que potencial) de não recolher o valor do tributo devido. A motivação, no entanto, não possui importância no campo da tipicidade, ou seja, é prescindível a existência de elemento subjetivo especial. 3. A descrição típica do crime de apropriação indébita tributária contém a expressão "descontado ou cobrado", o que, indiscutivelmente, restringe a abrangência do sujeito ativo do delito, porquanto nem todo sujeito passivo de obrigação tributária que deixa de recolher tributo ou contribuição social responde pelo crime do art. 2º, II, da Lei n. 8.137/1990, mas somente aqueles que "descontam" ou "cobram" o tributo ou contribuição. 4. A interpretação consentânea com a dogmática penal do termo "descontado" é a de que ele se refere aos tributos diretos quando há responsabilidade tributária por substituição, enquanto o termo "cobrado" deve ser compreendido nas relações tributárias havidas com tributos indiretos (incidentes sobre o consumo), de maneira que não possui relevância o fato de o ICMS ser próprio ou por substituição, porquanto, em qualquer hipótese, não haverá ônus financeiro para o contribuinte de direito. 5. É inviável a absolvição sumária pelo crime de apropriação indébita tributária, sob o fundamento de que o não recolhimento do ICMS em operações próprias é atípico, notadamente quando a denúncia descreve fato que contém a necessária adequação típica e não há excludentes de ilicitude, como ocorreu no caso. Eventual dúvida quanto ao dolo de se apropriar há que ser esclarecida com a instrução criminal.6. Habeas corpus denegado".

No julgamento do recurso interposto contra a decisão acima transcrita, o STF chegou à mesma conclusão e firmou a seguinte tese: "O contribuinte que, de forma contumaz e com dolo de apropriação, deixa de recolher o ICMS cobrado do adquirente da mercadoria ou serviço incide no tipo penal do art. 2º, II, da Lei nº 8.137/1990" (RHC 163.334/SC, j. 18/12/2019). Nota-se que a tese firmada pelo tribunal inclui a contumácia como requisito para a tipificação. Com base nisso, ao julgar o AgRg no REsp 1.867.109/SC (j. 25/08/2020), o STJ afastou a punição porque o não recolhimento do tributo havia se limitado a um mês.

- O STJ tem se orientado francamente no sentido de que o crime do art. 7º, inc. IX, da Lei 8.137/90 (vender, ter em depósito para vender ou expor à venda ou, de qualquer forma, entregar matéria-prima ou mercadoria em condições impróprias ao consumo) pressupõe a realização de exame de corpo de delito, razão por que não basta a apreensão de produtos aparentemente impróprios para uso e consumo. Vê-se, desse modo, que para o STJ a disposição do art. 18, § 6º, inciso I, do CDC não tem nenhum efeito na esfera criminal. A presunção, pela lei consumerista, de que o prazo de validade vencido torna o produto impróprio para o consumo visa sobretudo a viabilizar a atuação preventiva dos órgãos de defesa do consumidor e de vigilância sanitária, que podem efetuar a apreensão e adotar as medidas cabíveis na esfera administrativa (multa, interdição, etc.). Mas, no âmbito criminal, a impropriedade do produto deve ser apurada concretamente (AgRg no REsp 1.733.358/SC, j. 11/09/2018).
- Nos crimes contra a ordem tributária, há quem sustente que a Lei nº 12.382/11 dispôs sobre a extinção da punibilidade apenas quanto ao **parcelamento** do débito, sem qualquer efeito sobre § 2º do art. 9º da Lei 10.684/2003, que estabelece a extinção da punibilidade pelo **pagamento**. São situações diversas o pagamento direto e o pagamento precedido de parcelamento do débito tributário, razão por que há duas frentes de extinção da punibilidade nos crimes tributários com características distintas. Note-se que tanto o STJ quanto o STF já decidiram que, no pagamento direto, inclusive a quitação posterior ao trânsito em julgado pode beneficiar o agente, porque a Lei nº 10.684/03 não estabelece marco temporal, e não cabe ao Judiciário julgar lastreado em limites inexistentes (STF: RHC 128.245/SP, DJe 21/10/2016; STJ: HC 362.478/SP, DJe 20/09/2017).
- No que concerne à competência para o julgamento dos crimes contra a ordem econômica tipificados na Lei nº 8.176/91, já decidiu o STF, quanto à venda de gasolina adulterada, competir à justiça estadual apreciar o fato, pois não se aplica, no caso, o artigo 109, inciso VI, da Constituição Federal, que determina a competência da justiça federal para julgar os crimes contra a organização do trabalho e, nos casos determinados por lei, contra o sistema financeiro e a ordem econômico-financeira. Isto porque a Lei nº 8.176/91 não traz regra relativa a respeito, aplicando-se a competência residual estadual (RE 459513).
- Note-se que, por expressa disposição legal, ainda que em outra circunstância fosse considerado de menor potencial ofensivo, o crime praticado no contexto da violência doméstica e familiar contra a mulher impede a proposta de transação penal ou de suspensão condicional do processo (artigo 41 da Lei nº 11.340). Veda-se, também, independentemente das circunstâncias, a substituição da pena privativa de liberdade por restritiva de direitos na lesão corporal cometida no âmbito doméstico e familiar (STF: HC 129.446/MS, DJe 06/11/2015; STJ: súmula 588).
- Nos crimes previstos na Lei nº 9.279/96, intitulados *crimes contra a propriedade industrial*, a ação penal será em regra privada, com exceção do delito tipificado no art. 191, que pune a conduta de reproduzir ou imitar, de modo que possa induzir em erro ou confusão, armas, brasões ou distintivos oficiais nacionais, estrangeiros ou internacionais, sem a necessária autorização, no todo ou em parte, em marca, título de estabelecimento, nome comercial, insígnia ou sinal de propaganda, ou usar essas reproduções ou imitações com fins econômicos. Neste caso, a ação penal será pública incondicionada.
- O art. 1º da Lei 9.455/97 pune a tortura em dois incisos. O inciso I, na alínea *a*, tipifica a denominada *tortura prova*, consistente em constranger alguém com emprego de violência ou grave ameaça, causando-lhe *sofrimento físico ou mental*, com o fim de obter informação, declaração ou confissão da vítima ou de terceira pessoa. Já o inciso II trata da *tortura-castigo*, consistente em submeter alguém, sob sua guarda, poder ou autoridade, com emprego de violência ou grave ameaça, a *intenso* sofrimento físico ou mental, como forma de aplicar castigo pessoal ou medida de caráter preventivo. Nota-se, pois, que as duas condutas se diferenciam pela intensidade do sofrimento causado, inexistente na primeira. Por esta razão, o STJ decidiu que a condenação pela prática da tortura-prova dispensa a comprovação de intenso sofrimento (REsp nº 1.580.470/PA, j. 24/08/2018).
- O artigo 1º, § 4º, da Lei nº 9.455/97 estabelece causas de aumento de pena, sendo que o inciso I majora a reprimenda se o crime é cometido por agente público. Entretanto, nas situações em que o crime é próprio (exigindo do agente qualidade funcional), entende a doutrina que não se aplica a causa de aumento, sob pena de *bis in idem*.
- No art. 1º, § 5º, da Lei nº 9.455/97, temos, como efeito administrativo da condenação, a perda obrigatória do cargo, função ou emprego público e ainda na interdição (também obrigatória) para o seu exercício pelo dobro do prazo da pena aplicada. Diferentemente do que ocorre no art. 92 do Código Penal, aqui os efeitos são automáticos, não sendo necessário que conste da sentença.
- Ainda quanto ao art. 1º, § 5º, da Lei nº 9.455/97, reconhece-se o acerto do legislador ao limitar o tempo de interdição (o dobro da pena aplicada), por não existir no nosso ordenamento nenhuma pena de caráter perpétuo. Logo, decorrido o prazo, o condenado poderá assumir novo cargo, emprego ou função, porém jamais reintegrar-se na situação anterior (apesar do silencio da nova lei, trata-se de decorrência lógica do art. 93, parágrafo único, do CP).
- Sabe-se que o STF considerou incidentalmente inconstitucional, quando do julgamento do HC 111.840/ES, dispositivo da Lei nº 8.072/90 (art. 2º, § 1º) que impunha aos condenados por crime hediondos e equiparados (dentre os quais a tortura) o regime inicial fechado. Em decorrência desse julgamento, passou-se a entender ter perdido efeito o disposto no art. 1º, § 7º, da Lei nº 9.455/97, que contém disposição idêntica. O mesmo STF, todavia, julgando o HC 123316/SE, concluiu não haver incompatibilidade entre o disposto na Lei nº 9.455/97 e sua prévia manifestação a respeito dos crimes hediondos, pois a disciplina relativa à tortura é específica e decorrente de opção do legislador ordinário em consonância com os postulados constitucionais.
- O art. 183 da Lei 9.472/97, pune, com detenção de dois a quatro anos (aumentada de metade se houver danos a terceiros) a conduta de desenvolver clandestinamente atividades de telecomunicação.

PENAL

Segundo já decidiu o STF, a exploração de serviço de internet não autorizado é atípica, pois a atividade desenvolvida irregularmente não se insere na definição de serviço de telecomunicação, mas na de serviço de valor adicionado, que, segundo o art. 61 da Lei 9.472/97, "é a atividade que acrescenta, a um serviço de telecomunicações que lhe dá suporte **e com o qual não se confunde**, novas utilidades relacionadas ao acesso, armazenamento, apresentação, movimentação ou recuperação de informações" – grifamos. Diante disso, e como a tipicidade deve ser estrita, o STF considerou que a conduta não se subsume ao tipo penal que havia sido imputado ao agente (HC 127.978/PB, j. 24/10/2017). O STJ, todavia, vem decidindo em sentido contrário (HC 515.028/SP, j. 20/08/2019).

Estabelecida no STJ a tipicidade em tese da conduta, o tribunal vinha sendo provocado a respeito da incidência do princípio da insignificância, que, segundo o STF, pode ser aplicado na transmissão clandestina de sinal de rádio quando atestada a incapacidade de interferência (HC 126.592/BA, julgado em 24/02/2015). O STJ, no entanto, firmou a orientação de que a tipicidade material está sempre presente no art. 183 da Lei 9.472/97 (súmula 606).

- Originalmente, o art. 302 da Lei nº 9.503/97 punia, no *caput*, com pena de detenção de dois a quatro anos, a conduta de praticar homicídio culposo na direção de veículo automotor e, no parágrafo único, trazia causas de aumento de pena. A partir da vigência da Lei nº 12.971/14, ao *caput* do art. 302 se somaram dois parágrafos: o primeiro dispunha a respeito das mesmas majorantes e o segundo trazia uma qualificadora.

  A nova qualificadora se referia ao fato de o agente causar a morte conduzindo veículo automotor com capacidade psicomotora alterada em razão da influência de álcool ou de outra substância psicoativa que determinasse dependência ou participando, em via, de corrida, disputa ou competição automobilística ou ainda de exibição ou demonstração de perícia em manobra de veículo automotor, não autorizada pela autoridade competente, hipótese em que a pena passava a ser de reclusão de dois a quatro anos. A então nova legislação não alterava o *quantum* da pena em relação ao *caput*, mas modificava sua natureza, que passava de detenção para reclusão, com a clara intenção de possibilitar ao juiz a imposição de regime inicial fechado nos casos de agente reincidente, providência impossível na figura básica do crime diante da vedação a que a pena de detenção tenha seu início no regime mais severo.

  De acordo ainda com a ordenação da Lei nº 12.971/14, o art. 308 passou a conter dois parágrafos: o primeiro qualificando o crime e impondo pena de reclusão de três a seis anos se de sua prática resultar lesão corporal de natureza grave; o segundo, também qualificador, estabelecendo pena de reclusão de cinco a dez anos se da conduta do *caput* resultar a morte. Em ambos os casos, a lei estabelece que estas disposições incidem se as circunstâncias demonstrarem que o agente não quis o resultado nem assumiu o risco de produzi-lo (a lesão ou a morte hão de ser, necessariamente, culposas).

  A modificação introduzida pela Lei nº 12.971/14 no art. 302 causou dois problemas: um relativo ao concurso entre o homicídio e a embriaguez na direção de veículo automotor, outro concernente ao conflito entre o § 2º do art. 302 e o § 2º do art. 308:

  a) Homicídio x embriaguez: a embriaguez na direção de veículo automotor era, originalmente – além de infração penal autônoma tipificada no art. 306 –, causa de aumento de pena do homicídio culposo. Posteriormente, a causa de aumento foi revogada pela Lei nº 11.705/08, com o propósito de tornar possível o concurso de crimes entre o homicídio e a embriaguez. Com a introdução da qualificadora do § 2º do art. 302, promovida pela Lei nº 12.971/14, o concurso de crimes se tornou novamente impossível, pois a embriaguez servia para qualificar o homicídio. Por isso, o concurso entre os delitos seria considerado *bis in idem*.

  b) Homicídio culposo qualificado x competição não autorizada qualificada: vigorando a Lei nº 12.971/14, havia disposições conflitantes a respeito da morte culposa, no contexto de competição não autorizada, cometida na direção de veículo automotor. Neste caso, indagava-se: quando da competição ilegal decorresse a morte, o agente tinha sua conduta subsumida ao art. 302, § 2º ou ao art. 308, § 2º? E havia dois posicionamentos: 1) devia ser aplicado o art. 302 porque, instalado o conflito, era a norma mais favorável ao agente; 2) devia ser aplicado o art. 308, pois, no desencadeamento dos fatos, o que ocorre primeiro é a competição ilegal; o condutor do veículo que participa, em via pública, de competição automobilística não autorizada pela autoridade competente, causando perigo de dano à incolumidade alheia, consuma o crime do art. 308, independentemente de qualquer resultado lesivo a terceiro; se há morte, esta provém daquele fato. Ora, se a morte decorre do fato consumado, é natural que este seja qualificado pelo resultado mais grave. Seria irrazoável, e ilógico, considerar a competição como qualificadora do crime de homicídio se, em todos os casos, a morte havia de ser decorrência involuntária da conduta anterior. Tratava-se, simplesmente, de prestigiar a aplicação do princípio da especialidade.

  Para dirimir estas questões, a Lei nº 13.281/16 revogou o § 2º do art. 302. Assim, o homicídio cometido na direção de veículo automotor por agente embriagado passou a ensejar novamente o concurso entre os arts. 302 e 306. Além disso, ocorrida a morte culposa em competição não autorizada, o crime é o do art. 308, § 2º.

  No entanto, a entrada em vigor da Lei nº 13.546/2017 impõe nova disciplina na relação entre os crimes de homicídio e lesão corporal e o crime de embriaguez ao volante, afastando-se novamente a possibilidade de concurso.

  Com efeito, a nova lei acrescenta nos artigos 302 e 303 parágrafos que tratam a embriaguez como circunstância qualificadora dos crimes de homicídio e lesão corporal culposos.

  No caso do homicídio, se o motorista causador da morte estiver dirigindo sob a influência de álcool ou qualquer outra substância psicoativa que determine dependência, a pena passa a ser de reclusão de cinco a oito anos (art. 302, § 3º). Já no caso da lesão corporal culposa, se o agente estiver com capacidade psicomotora alterada em razão da influência de álcool ou de outra substância psicoativa que determine dependência, e se do crime resultar lesão corporal de natureza grave ou gravíssima, a pena passa a ser de reclusão de dois a cinco anos.

- A Lei nº 13.546/2017 também alterou o *caput* do art. 308 do CTB para incluir, entre as situações nas quais o crime se verifica, a exibição ou demonstração de perícia em manobra de veículo automotor.

  Embora a exibição de perícia caracterizasse infração administrativa no mesmo dispositivo da competição (art. 174 do CTB) e já impedisse a transação penal nos crimes de trânsito (art. 291, § 1º, II, do CTB), não integrava o tipo penal do art. 308. Agora, além da competição ("racha"), é crime efetuar manobras nas quais o motorista pretende demonstrar especial habilidade, como o vulgarmente denominado "cavalo-de-pau", as manobras de contraesterço e a técnica de andar com a motocicleta em apenas uma roda, isso desde que o condutor esteja na via pública, não tenha autorização da autoridade competente e gere situação de risco à incolumidade pública ou privada.

- O art. 298, inciso VII, da Lei nº 9.503/97 agrava a pena do crime de trânsito se cometido sobre faixa de trânsito temporária ou permanentemente destinada a pedestres. Vale observar, contudo, que este dispositivo terá restrita aplicação prática. É que, na imensa maioria dos casos, ele incidirá nos crimes de homicídio culposo ou lesões corporais culposas. Para estes crimes, porém, já está prevista causa de aumento de pena idêntica, como se vê do disposto no inc. II do § 1º art. 302. Por óbvio que não poderá o juiz considerar, primeiro, a agravante genérica em estudo e, depois, a causa de aumento de pena, pois incorreria em inadmissível *bis in idem*. Havendo, portanto, regra específica e tratando-se de homicídio culposo ou lesões corporais culposas, deverá optar pelo reconhecimento, apenas, da causa de aumento de pena, a ser sopesada na terceira fase da dosagem da reprimenda, nos termos do art. 68 do Código Penal. Pode-se imaginar, de qualquer sorte, a agravante genérica sendo aplicada aos crimes do art. 306 (embriaguez ao volante), do art. 308 (participação em "racha"), do art. 309 (falta de habilitação) e do art. 311 (velocidade incompatível com o local).

- O art. 302, § 1º, inc. II, da Lei 9.503/97 majora a pena do homicídio culposo na direção de veículo automotor cometido na calçada. De acordo com o que decidiu o STJ, a incidência da majorante não pressupõe que o motorista esteja de fato trafegando sobre a calçada; basta que, por qualquer razão, o veículo se projete sobre ela e atinja o pedestre (AgRg nos EDcl no REsp 1.499.912/SP, j. 05/03/2020).
- Há quem entenda que a imposição, ao motorista profissional, da suspensão ou proibição de se obter a permissão ou a habilitação para dirigir veículo automotor se traduziria em verdadeira inconstitucionalidade, na medida em que ele se acharia privado de exercer sua profissão. Prevalece, no entanto, o entendimento de que essa pena tem expressa previsão legal e, portanto, sua imposição é obrigatória, em atendimento ao mandamento legal. É a posição do Superior Tribunal de Justiça: "De acordo com a jurisprudência deste Superior Tribunal de Justiça, os motoristas profissionais – mais do que qualquer outra categoria de pessoas – revelam maior reprovabilidade ao praticarem delito de trânsito, merecendo, pois, a reprimenda de suspensão do direito de dirigir, expressamente prevista no art. 302 do CTB, de aplicação cumulativa com a pena privativa de liberdade. Dada a especialização, deles é de se esperar maior acuidade no trânsito" (AgRg no REsp 1.771.437/CE, j. 11/06/2019). No mesmo sentido decidiu o STF em sede de repercussão geral: "É constitucional a imposição da pena de suspensão de habilitação para dirigir veículo automotor ao motorista profissional condenado por homicídio culposo no trânsito" (RE 607.107/MG, j. 12/02/2020).
- Discussão que animou a doutrina, logo após a entrada em vigor da Lei nº 9.503/97, dizia respeito à possibilidade de aplicação do perdão judicial aos crimes de trânsito. Isto porque o art. 300, que trazia esta possibilidade, foi vetado. Surgiram, pois, duas correntes: a daqueles que sustentavam a inaplicabilidade do instituto aos crimes de trânsito e a daqueles que defendiam a aplicação das normas relativas ao homicídio culposo e à lesão corporal culposa estabelecidas no Código Penal. O segundo entendimento acabou por prevalecer, pois, conforme consta das razões do veto ao art. 300, a exclusão se deu porque o Código Penal trata da matéria de forma mais ampla, o que tornaria desnecessária sua inclusão no Código de Trânsito. E que se note: segundo o STJ, o perdão judicial concedido em relação a determinado homicídio culposo não se estende a outro crime pelo simples fato de ambos terem sido cometidos em concurso formal. Afastou-se a causa extintiva da punibilidade sobre um dos homicídios julgados sob o fundamento de que se exige efetiva ligação subjetiva entre o autor do crime e a vítima para que se chegue ao ponto de considerar desnecessária a pena diante do impacto emocional que o resultado provocou no próprio autor (REsp 1.444.699/RS, j. 01/06/2017).
- O art. 304 da Lei nº 9.503/97 pune aquele o condutor de veículo que deixar, na ocasião do acidente, de prestar imediato socorro à vítima, ou, não podendo fazê-lo diretamente, por justa causa, deixar de solicitar auxílio da autoridade pública. O parágrafo único do mesmo dispositivo estabelece a punição mesmo nas situações em que a omissão seja suprida por terceiros ou que se trate de vítima com morte instantânea ou com ferimentos leves. Sendo a morte instantânea, podendo ser constatada de plano, sem qualquer dificuldade, haveria por que exigir do motorista a prestação de socorro ao falecido? Suponha-se um acidente no qual a vítima tenha sua cabeça decepada. De que adiantará o socorro a ela prestado? Bruno Amaral Machado chega mesmo a agitar com a inconstitucionalidade deste dispositivo, nos seguintes termos: "Não se afasta a inconstitucionalidade do mencionado dispositivo legal por flagrante violação ao princípio da lesividade. No art. 304 a objetividade jurídica é a solidariedade que deve existir entre os homens, em especial ao condutor envolvido no acidente. Com isso, por intermédio da imposição penal desse dever, a norma protege também a vida e a incolumidade pessoal do cidadão. Ora, se não há mais vida, não há como se ofender, com a omissão, a objetividade jurídica inerente àquele delito" (*Omissão de socorro e vítima com morte instantânea*. Boletim IBCCRIM. São Paulo, n.66, p. 11, maio 1998).
- Ao julgar a validade da norma insculpida no art. 305 do Código de Trânsito Brasileiro, que pune, com detenção de seis meses a um ano, a conduta de afastar-se o condutor do veículo do local do acidente, para fugir à responsabilidade penal ou civil que lhe possa ser atribuída, o STF a considerou constitucional (RE 971.959). Argumentaram os ministros que o dispositivo não estabelece uma espécie de omissão de socorro. O propósito do art. 305 é forçar o motorista a permanecer no local a fim de não impedir (ou, pelo menos, dificultar), a apuração dos fatos. Aliás, o motorista que permanece no local do acidente não é (e não deve ser) compelido a produzir provas contra si mesmo. Em nenhum momento da apuração do crime, com efeito, pode ser ele obrigado a praticar qualquer ação que lhe incrimine, nem pode ser obrigado a prestar esclarecimentos, porque a ordem constitucional lhe assegura o direito ao silêncio. O que se pretende é simplesmente a manutenção da sede do acidente para que os órgãos responsáveis possam promover a devida apuração. A orientação foi reiterada no julgamento da ADC 35 (j. 13/10/2020).
- Quanto ao art. 308 da Lei nº 9.503/97, deve ser observado que o legislador não se satisfez com a mera prática do "racha", exigindo mais um dado para a tipificação do delito consistente no dano potencial à incolumidade pública ou privada. Mesmo que remoto, esse dano deve ser demonstrado. Quisesse o legislador que a conduta fosse punida pelo simples fato de participar de um "racha" e, seguramente, teria repetido a redação do art. 173 do CTB ("disputar corrida por espírito de emulação") ou do art. 174 do mesmo *codex* ("promover, na via, competição esportiva, eventos organizados, exibição e demonstração de perícia em manobra de veículo, ou deles participar, como condutor, sem permissão da autoridade de trânsito com circunscrição sobre a via"). Nestas duas infrações administrativas não é feita qualquer menção a dano contra terceiros, o simples fato de realizar a conduta já as configura. Quando o legislador incluiu, para caracterização do crime, a expressão "que resulte dano potencial à incolumidade pública ou privada", é porque reclamou um *plus*, sob pena da lei conter palavras mortas, o que não é admitido pela hermenêutica.
- A respeito do art. 309 da Lei nº 9.503/97, segundo Vicente Greco Filho, a expressão *via pública* compreende "não somente as vias de tráfego livre, como também as de tráfego restrito, desde que de utilização comum" (*apud*, Ruy Castro de Barros Monteiro, *Crimes de Trânsito*, p. 167). Para Damásio de Jesus, "é a via por onde transitam os membros da coletividade: autopistas, rodovias, ruas, avenidas, alamedas, travessas, desvios, becos etc." (*Crimes de trânsito*, p. 157). A questão torna-se um pouco mais complicada quando se parte da análise do geral para o particular. Assim, por exemplo, o pátio de estacionamento de um *shopping center* ou de um supermercado, pode ser considerado uma via pública, para os fins previstos no CTB? Destacamos o entendimento de Walter Cruz Swensson, ao alertar que, para que fique caracterizada uma infração de trânsito, "é necessário que os atos sejam praticados enquanto o veículo estiver sendo movimentado, estacionado ou trafegando em via pública ou em local, mesmo em se tratando de imóvel pertencente a particular, ao qual tem

PENAL

acesso ao público (estacionamentos de lojas, restaurantes, supermercados, shopping centers, pátios de postos de serviços, etc.) (*Procedimentos e Prática de Trânsito*. São Paulo: Oliveira Mendes, 1998, p.14).

- O STJ considerou que o crime do art. 310 da Lei nº 9.503/97 (permitir, confiar ou entregar a direção de veículo automotor a pessoa não habilitada, com habilitação cassada ou com o direito de dirigir suspenso) é de perigo abstrato e, ao contrário do art. 309, não pressupõe a geração de perigo de dano (súmula nº 575).
- Tendo em vista que a redação do artigo 311 da Lei nº 9.503/97 não faz menção a "veículo automotor", há quem entenda que esse delito pode ser cometido por quem conduz veículo elétrico ou de tração humana ou animal. Nesse sentido, Ariosvaldo de Campos Pires e Sheila Jorge Selim de Sales (*Crimes de Trânsito na Lei n. 9.503/97*. Belo Horizonte: Del Rey, 1998, p. 22). Não concordamos totalmente com esse posicionamento. Com efeito, o Código trata de veículo automotor, ou seja, aquele que se amolda à definição contida no anexo I do *codex*, assim considerado "todo veículo a motor de propulsão que circule por seus próprios meios, e que serve normalmente para o transporte viário de pessoas e coisas, ou para a tração viária de veículos utilizados para o transporte de pessoas e coisas. O termo compreende os veículos conectados a uma linha elétrica e que não circulam sobre trilhos (ônibus elétrico)". Em tal definição se incluem os veículos elétricos, como os bondes ou ônibus, cujo condutor pode ser sujeito ativo deste crime. Não se incluem, obviamente, os veículos de tração humana ou animal, a exemplo de carroças, charretes etc., quer em virtude de não se incluírem na definição de veículo automotor, quer porque dificilmente ocorreria de alguém ser capaz de com eles trafegar em velocidade incompatível, dada a própria natureza de seus propulsores.
- A Lei 14.071/20 inseriu no Código de Trânsito Brasileiro o art. 312-B com o propósito de vedar a substituição da pena privativa de liberdade em determinadas situações, embora não o tenha feito adequadamente. Com efeito, dispõe o art. 312-B que "Aos crimes previstos no § 3º do art. 302 e no § 2º do art. 303 deste Código não se aplica o disposto no inciso I do *caput* do art. 44 do Decreto-Lei nº 2.848, de 7 de dezembro de 1940 (Código Penal)". Ocorre que o inciso I apenas contém um dos requisitos para que se aplique a pena restritiva de direitos, cuja existência é de fato fundamentada no *caput* do art. 44. Ao dispor que nos referidos crimes não se aplica o inciso I, o art. 312-B na verdade afasta a necessidade de que sejam cumpridas as disposições do próprio inciso I (que, de resto, não influenciavam mesmo a substituição nos crimes culposos, baseada no inciso III). A intenção, obviamente, foi impedir a substituição da pena a favor de quem comete homicídio culposo ou lesão corporal culposa de natureza grave ou gravíssima enquanto dirige embriagado, mas teria sido melhor adotar a fórmula "é vedada a substituição das penas privativas de liberdade por restritivas de direitos", semelhante ao que faz a Lei 11.343/06. Aliás, a menção à Lei 11.343/06 nos faz recordar que o Supremo Tribunal Federal não tem aceitado vedações abstratas a benefícios como a substituição da pena. No julgamento do HC 97.256/RS, o tribunal decidiu "que é vedado subtrair da instância julgadora a possibilidade de se movimentar com certa discricionariedade nos quadrantes da alternatividade sancionatória". Por isso, concedeu a ordem para afastar os impedimentos contidos na parte final do art. 44 e no § 4º do art. 33 da Lei 11.343/06. Caso se questione a Lei 14.071/20 nesse ponto, a tendência é que também seja declarada incompatível com a garantia constitucional da individualização da pena.
- O art. 29, § 2º, da Lei nº 9.605/98, prevê a possibilidade de perdão judicial no caso de guarda doméstica de espécie silvestre não considerada ameaçada de extinção, consideradas as circunstâncias do fato. A Lei, todavia, não especifica quais circunstâncias devem ser tomadas em consideração para fundamentar o perdão. De acordo com Guilherme de Souza Nucci, "o ideal é projetá-las para o contexto do art. 59 do Código Penal. Idealiza-se, pois, um agente que tenha bons antecedentes e conduta social, motivação generosa, além de ter seguido regras sociais convencionais. Em suma, é o perdão judicial previsto para os *donos de papagaios* e animais semelhantes" (*Leis Penais e Processuais Penais Comentadas*, p. 911-912).
- Note-se que a desconsideração da personalidade da pessoa jurídica estabelecida no artigo 4º da Lei nº 9.605/98 diz respeito apenas à esfera cível, não se aplicando à criminal. Com efeito, considerando o princípio da personalidade da pena, para que sejam responsabilizados conjuntamente com a pessoa jurídica, os sócios deverão ser condenados como coautores, respondendo cada qual de acordo com a culpa (em sentido amplo) estritamente estabelecida.
- A Lei nº 13.052/14 modificou a Lei nº 9.605/98 no que concerne à destinação de animais silvestres apreendidos em razão de infrações administrativas e criminais. De acordo com a nova redação do art. 25, § 1º, os animais apreendidos "serão prioritariamente libertados em seu habitat ou, sendo tal medida inviável ou não recomendável por questões sanitárias, entregues a jardins zoológicos, fundações ou entidades assemelhadas, para guarda e cuidados sob a responsabilidade de técnicos habilitados". O § 2º, por sua vez, dispõe que enquanto os animais não forem entregues às instituições mencionadas no § 1º "o órgão autuante zelará para que eles sejam mantidos em condições adequadas de acondicionamento e transporte que garantam o seu bem-estar físico". A propósito, o STF decidiu ser ilegítima a interpretação legal que autorize o abate de animais apreendidos em situação de maus-tratos (ADPF 640/DF, j. 20/09/2021).
- O princípio da insignificância nos crimes ambientais é tema recorrente de julgamentos nos tribunais superiores, que o têm aplicado ou rejeitado com base nas circunstâncias do caso concreto. Dessa forma, o STF já negou o afastamento da tipicidade material num caso de pesca ilegal em que a quantidade de peixes apreendida em poder do agente, contra quem pesavam registros de conduta semelhantes, e a utilização de aparelhos, petrechos, técnicas e métodos não permitidos sinalizavam relevante lesão ao meio ambiente (HC 135.404/PR, DJe 02/08/2017). Mas, em outro processo, o tribunal aplicou a insignificância porque, no caso, o agente estava numa pequena embarcação, pescando com vara, linha e anzol, instrumentos de baixa potencialidade lesiva ao meio ambiente (Inq. 3788/DF, DJe 14/06/2016). O STJ segue a mesma linha: considerou insignificante a conduta do agente que, não obstante estivesse pescando ilegalmente, fazia-o com vara de molinete, linhas e isopor, em clara conduta amadora e em situação na qual os peixes foram devolvidos vivos às águas (REsp 1.409.051/SC, DJe 28/04/2017). Por outro lado, negou em outro caso a insignificância porque, embora nenhum peixe houvesse sido apreendido, a pesca era praticada com petrechos proibidos, capazes de colocar em risco a fauna por alcançar indistintamente os espécimes, nas diversas fases do ciclo vital. Considerou-se que a captura dos animais é mero exaurimento da figura típica da pesca ilegal (AgRg no REsp 1.651.092/SC, DJe 13/06/2017).
- Com fundamento nas disposições constitucionais relativas à proteção ao meio ambiente, decidiu o STF que o crime ambiental de caráter transnacional que envolva animais silvestres ameaçados de extinção e espécimes exóticos ou protegidos por compromissos internacionais assumidos pelo Brasil é de competência da Justiça Federal. Segundo o tribunal, os crimes ambientais devem se submeter à competência da Justiça Federal sempre que: a) atentarem contra bens, serviços ou interesses da União ou de suas entidades autárquicas; b) previstos também em tratado ou convenção internacional, tiverem a execução iniciada no País, mas o resultado tenha ou devesse ter ocorrido no estrangeiro, ou o inverso; c) tiverem

sido cometidos a bordo de navios ou aeronaves; d) houver grave violação de direitos humanos; e) guardarem conexão ou continência com outro crime de competência federal, ressalvada a competência da Justiça Militar e da Justiça Eleitoral (RE 835.558/SP, j. 09/02/2017).

- O STJ decidiu que o crime de poluição (art. 54 da Lei 9.605/98) pode assumir caráter permanente: "Destarte, necessário verificar, no caso aqui tratado, qual o elemento volitivo do autor no que se refere aos efeitos da primeira conduta criminosa – poluição. *In casu*, o que se extrai do aresto hostilizado, às fls. 544/548, é que a empresa agravante armazenou seu lixo industrial, no município de Ulianópolis, e, dessa conduta, resultou poluição grave da área degradada, sendo que, até o momento de prolação do julgado, não teria tomado providências para reparar o dano, caracterizando a continuidade da prática infracional. [...] Ao que se tem, a conduta criminosa ultrapassou a ação inicial, ou seja, os efeitos decorrentes da poluição permaneceram diante da própria omissão da empresa recorrente em corrigir ou diminuir os efeitos geradores da conduta inaugural. Assim, no caso em exame, entendo que o crime de poluição qualificada é permanente, diante da continuidade da prática infracional, ainda que por omissão da parte autora, que foi prontamente notificada a reparar o dano causado – retirar os resíduos e assim não o fez (fl. 596). [...] Esta Corte tem se posicionado pela impossibilidade de aferição do transcurso do lapso prescricional quanto a delito cometido em desfavor do meio ambiente, quando pautado na continuidade das atividades ilícitas. [...] A meu ver, esse posicionamento vem tomando força e deve ser a linha de orientação a ser seguida, considerado o bem jurídico-constitucional de elevado valor a que a lei faz referência – direito ao meio ambiente ecologicamente equilibrado – que legitima a intervenção do Estado no controle das ações praticadas a seu desfavor, devendo ser promovida a efetiva aplicação das normas penais" (REsp 1.847.097/PA, j. 05/03/2020).
- A respeito da lavagem de dinheiro, de acordo com a doutrina, embora a modificação introduzida na Lei nº 9.613/98, quanto aos crimes antecedentes à lavagem, seja positiva por permitir que a ocultação, dissimulação ou integração de bens, direitos ou valores ocorra sobre o objeto de qualquer infração penal, há de se evitar a aplicação da lei sobre fatos antecedentes considerados de bagatela, sob pena de desvirtuar o propósito do legislador. A respeito, pontua Luiz Flávio Gomes: "Não é qualquer ofensa que constitui o delito de lavagem de dinheiro. Os órgãos encarregados da investigação e processamento da lavagem de dinheiro não podem bagatelarizar a lei, admitindo sua incidência em qualquer caso. Da lei não constou nenhum critério objetivo para definir o que é relevante e o que não é. Como linha de princípio, pensamos que o mesmo critério reinante do princípio da insignificância e vigente para os crimes tributários deve valer para a lavagem" (Disponível em http://www.institutoavantebrasil.com.br/artigos-do-prof-lfg/pela-nao-bagatelarizacao-da-lavagem-de-dinheiro-sujo/).
- A respeito dos crimes tipificados no Estatuto da Pessoa Idosa, o STF decidiu, na ação direta de inconstitucionalidade nº 3096-5, conferindo interpretação conforme a Constituição Federal, que se aplica unicamente o rito sumaríssimo disciplinado na Lei nº 9.099/95, vedadas a transação penal e a suspensão condicional do processo. Nucci, no entanto, comentando a Lei nº 10.741/03 antes do julgamento da ação, considerava até mesmo esta interpretação incorreta: "Não se pode subtrair a garantia constitucional da ampla defesa, implementando procedimento célere para crime comum, sob a ótica de ser a vítima pessoa idosa. Ademais, não haverá maior ou menor proteção a quem tenha mais de 60 anos se for adotado o procedimento da Lei 9.099/95, mas somente um estreitamento da amplitude de defesa, o que é inconstitucional. Em nosso prisma, é inaplicável, de toda forma, o art. 94 da Lei 10.741/2003" (*Código Penal comentado*. 6. ed. São Paulo: RT, 2009, p. 660).
- De acordo com decisão proferida pela Corte Especial do STJ, a conduta de manter sob guarda, no interior de sua residência, arma de fogo de uso permitido com registro vencido não configura o crime do art. 12 da Lei 10.826/2003 (APN 686/AP, DJe 29/10/2015). Essa orientação tem sido reiterada (RHC 80.365/SP, DJe 22/03/2017).
- O STF decidiu ser atípica a conduta de quem porta, como pingente, munição desacompanhada de arma de fogo (HC 133984/MG, j. 17.5.2016).
- Tem-se decidido que, em determinadas situações, o porte de ínfima quantidade de munições é atípico pela incidência do princípio da insignificância: "1. Consoante a jurisprudência do Supremo Tribunal Federal e do Superior Tribunal de Justiça, apesar da posse ilegal de munição configurar crime de mera conduta e de perigo abstrato, nas hipóteses de apreensão de pequena quantidade de projéteis desacompanhados de armamento capaz de deflagrá-los, é cabível o reconhecimento da atipicidade material da conduta, haja vista a ausência de lesão ou probabilidade de dano ao bem jurídico tutelado pela norma penal. Precedentes. 2. No caso concreto, denunciado pela prática do crime previsto no art. 16 da Lei n. 10.826/2003, o réu foi absolvido pelo Tribunal de origem, que entendeu sem tipicidade material a conduta de possuir e manter sob a guarda, no interior do imóvel onde reside, apenas 7 (sete) munições de uso restrito, sem a arma de fogo necessária para deflagrá-las" (STJ: AgRg no REsp 1.828.540/SP, j. 22/10/2019).
- O STJ julgou típica a conduta do vigia que, autorizado a exercer sua atividade armado nas dependências da empresa, foi flagrado portando o artefato na via pública (REsp 1.456.633/RS, DJe 13/4/2016).
- O tribunal também julgou típica a conduta de delegado de polícia que havia portado e possuído arma de fogo registrada tão somente em órgão estadual de controle, e em nome de terceiro. Argumentou-se que a autorização legal para o porte não dispensa o cumprimento dos requisitos para a aquisição e o registro de arma de fogo, ou seja, é preciso que os agentes de segurança pública autorizados cumpram o disposto na lei, que não se contenta com o registro em órgãos secundários, mas exige o certificado de registro expedido pela Polícia Federal após autorização do órgão federal de controle de armas (Sinarm). O tribunal também afastou alegação de atipicidade pela incidência dos princípios da adequação social e da lesividade, pois, além de não ser possível considerar socialmente aceito ou tolerado o comportamento de um agente de segurança pública que mantinha arma de fogo ilegal, o caso concreto revelava especial gravidade porque, mesmo no âmbito do órgão de fiscalização estadual, o registro da arma não era atualizado havia anos, indicando que o artefato circulava sem nenhum controle (RHC 70.141/RJ, DJe 16/2/2017).
- É atípica a conduta de colecionador, com registro para a prática desportiva e guia de tráfego, que se dirigia ao clube de tiros sem portar consigo a guia de trânsito da arma de fogo (STJ: AgRg no AgRg no RHC 148.516/SC, j. 09/08/2022).
- Segundo decidiu o STJ, o crime de tráfico internacional de arma de fogo (art. 18 da Lei nº 10.826/03) – de competência da Justiça Federal (STJ: CC 126.235/PR, DJe 18/11/2016) – é autônomo em relação ao porte da arma. No feito julgado sustentava-se que o crime de tráfico só se configuraria em conjunto com o porte, pois, sem esta conduta, não haveria possibilidade de internacionalização. O tribunal, no entanto, afastou a tese afirmando que se trata de delitos que não se atraem, pois têm natureza absolutamente diversa (REsp 1.661.226/RS, DJe 24/05/2017).
- O mesmo tribunal já se pronunciou no sentido de que, independentemente da quantidade de armas, munições ou acessórios traficados, é impossível a desclassificação para o crime de contrabando porque incide, no caso, o princípio da especialidade (AgRg no REsp 1.498.667/PR, DJe 08/05/2017).

- Assim como tem acontecido no crime de porte ilegal de arma, é irrelevante, para a caracterização do tráfico, que a arma ilegalmente importada esteja desacompanhada de munição, pois trata-se de crime de perigo abstrato (STJ: REsp 1.392.567/PR, DJe 28/04/2017).

- A Lei 13.497/17 alterou a Lei 8.072/90 para dispor sobre a hediondez do crime de posse ou porte ilegal de arma de fogo de uso restrito ou proibido (art. 16 da Lei 10.826/03). Posteriormente, a Lei 13.964/19 (Pacote Anticrime) modificou a abrangência da hediondez nos crimes relativos às armas de fogo. De acordo com o art. 1º, parágrafo único, inc. II, III e IV, da Lei 8.072/90, são hediondos: a) a posse ou o porte ilegal de arma de fogo de uso proibido (a lei não menciona mais a arma de uso restrito); b) o comércio ilegal de armas de fogo (art. 17 da Lei 10.826/03); c) o tráfico internacional de arma de fogo, acessório ou munição (art. 18 da Lei 10.826/03).

- Não se confundem o artigo 13 da Lei nº 10.826/03 (Deixar de observar as cautelas necessárias para impedir que menor de 18 (dezoito) anos ou pessoa portadora de deficiência mental se apodere de arma de fogo que esteja sob sua posse ou que seja de sua propriedade) e o artigo 242 da Lei nº 8.069/90 (Vender, fornecer ainda que gratuitamente ou entregar, de qualquer forma, a criança ou adolescente arma, munição ou explosivo). Isto porque o fato tipificado no Estatuto do Desarmamento é omissivo e decorre de culpa, ao passo que o tipificado no Estatuto da Criança e do Adolescente é comissivo e doloso.

- Além da hipótese de cassação do porte e apreensão da arma portada ostensivamente em locais públicos como igrejas, escolas, estádios desportivos, clubes, agências bancárias ou outros locais onde haja aglomeração de pessoas em decorrência de eventos de qualquer natureza, o art. 20, §2º do Decreto 9.847/19 prevê a mesma consequência quando o titular do porte esteja trazendo o armamento em estado de embriaguez ou sob o efeito de drogas ou medicamentos que provoquem alteração do desempenho intelectual ou motor.

- A Lei 13.964/19 modificou a estrutura típica do art. 16 da Lei 10.826/03. Em sua redação original, o dispositivo punia no *caput*, com reclusão de três a seis anos, e multa, condutas relativas à posse e ao porte ilegais de armas de fogo, munições e acessórios de uso proibido e restrito. O parágrafo único trazia condutas equiparadas. Com a modificação, o *caput* se limita a punir condutas praticadas com armas de fogo, munições e acessórios de uso restrito. O § 1º traz as mesmas figuras equiparadas e, no § 2º, há uma qualificadora para as situações em que as condutas anteriores são cometidas com armas de fogo de uso proibido. Neste caso, a pena passa a ser de reclusão de quatro a doze anos.

- Embora o artigo 180 da Lei nº 11.101/05 mencione genericamente que a sentença que decreta a falência, concede a recuperação judicial ou concede a recuperação extrajudicial é condição objetiva de punibilidade das infrações penais descritas neste diploma, há determinadas infrações penais falenciais que não se vinculam a esta condição. São aquelas infrações que necessariamente ocorrem após a decretação da falência ou a concessão da recuperação, como os artigos 172, 174, 175, 176 e 177.

- A respeito da Lei nº 11.340/06, destaca-se que configura a violência doméstica e familiar contra a mulher a violência física (lesão corporal), a violência psicológica (dano emocional e diminuição da autoestima), violência sexual (constrangimento a presenciar, a manter ou a participar de relação sexual não desejada, mediante intimidação, ameaça, coação ou uso da força; induzimento a comercializar ou a utilizar, de qualquer modo, a sua sexualidade; impedimento de usar qualquer método contraceptivo ou constrangimento ao matrimônio, à gravidez, ao aborto ou à prostituição, mediante coação, chantagem, suborno ou manipulação; limitação ou anulação do exercício dos direitos sexuais e reprodutivos); violência patrimonial (qualquer conduta que configure retenção, subtração, destruição parcial ou total de objetos, instrumentos de trabalho, documentos pessoais, bens, valores e direitos ou recursos econômicos, incluindo os destinados a satisfazer as necessidades); violência moral (qualquer conduta que configure calúnia, difamação ou injúria). A violência doméstica e familiar contra a mulher pode se caracterizar independentemente de coabitação (súmula 600 do STJ), impede a aplicação do princípio da insignificância (súmula 589 do STJ) e também obsta a substituição da pena privativa de liberdade por restritiva de direitos (súmula 588 do STJ).

- As medidas protetivas elencadas o artigo 22 da Lei nº 11.340/06 são adjetivadas pelo legislador como de urgência, assim como aquelas previstas no art. 23 e 24. Analisando as cautelares em geral, salienta Antonio Scarance Fernandes que "são providências urgentes, com as quais se busca evitar que a decisão da causa, ao ser obtida, não mais satisfaça o direito da parte, evitando que se realize, assim, a finalidade instrumental do processo, consistente em uma prestação jurisdicional justa" (Processo penal constitucional. 4. ed. São Paulo: RT, 2005. p. 311). Como tal, devem preencher os dois pressupostos tradicionalmente apontados pela doutrina, para a concessão das medidas cautelares, consistentes no *periculum in mora* (perigo da demora) e *fumus bonis iuris* (aparência do bom direito). Destaca Fernando Célio de Brito Nogueira: "Sem que haja pelo menos um começo de prova e uma situação de incontornável urgência, em tese amparada pelo direito positivo, o magistrado não tem como deferir nenhuma das medidas previstas, pois isso traduziria algo temerário" (Notas e reflexões sobre a Lei 11.340/2006, que visa coibir a violência doméstica e familiar contra a mulher. Disponível em <www.jusnavigandi.com.br> 12 novembro 2006). Dessa forma, deve o juiz, ao analisar a conveniência da adoção das medidas, atentar à presença de tais pressupostos, podendo, inclusive, designar a audiência de justificação prévia de que trata o art. 300, § 2º do CPC.

- A medida protetiva estabelecida no art. 22, inciso II, da Lei nº 11.340/06 nada reflete a medida cautelar prevista no art. 7º, § 1º, da Lei do Divórcio (Lei 6.515/77) e no art. 1.562 do Código Civil. Em todas as hipóteses, o provimento abrange apenas aqueles que são casados. Isto é óbvio. Quando o instituto é tratado na Lei do Divórcio, somente pode ser cogitado quando há um casamento. O mesmo se dá em relação ao Código Civil, em que a regra é inserida em capítulo que trata de casamento. Nem por isso se deve concluir que a medida da Lei 11.340/06 não possa proteger, também, a companheira, assim entendida aquela que mantém, com homem, uma união estável, "configurada na convivência pública, contínua e duradoura e estabelecida com o objetivo de constituição de família", na definição do *caput* do art. 1.723 do Código Civil. Tampouco está excluída da esfera de proteção a concubina, que, impedida de casar, mantém uma relação não eventual com um homem, conforme a letra do art. 1.727 do mencionado *Codex*. E é do espírito da lei a proteção, também, da homossexual feminina que demonstre a necessidade de afastamento do lar da companheira.

- Note-se que a Lei 13.827/19 inseriu na Lei Maria da Penha o art. 12-C, segundo o qual, verificada a existência de risco atual ou iminente à vida ou à integridade física ou psicológica da mulher em situação de violência doméstica e familiar, ou de seus dependentes, o agressor será imediatamente afastado do lar, domicílio ou local de convivência com a ofendida: I – pela autoridade judicial; II – pelo delegado de polícia, quando o Município não for sede de comarca; III – pelo policial, quando o Município não for sede de comarca e não houver delegado disponível no momento da denúncia. Não se trata, todavia, de atuação simultânea, mas sim subsidiária, como se extrai claramente do dispositivo legal. Com efeito, no caso de risco atual ou iminente à vida ou à integridade física da vítima, a lei estabelece que, em primeiro lugar, a autoridade judicial aplique a medida de afastamento. Caso o local não seja sede de comarca, isto é, caso se trate de um município (normalmente de pequeno porte) que não conte com varas judiciais e faça parte de comarca instalada em outro município, a medida pode ser concedida pelo delegado de polícia, que, aliás, ao receber a comunicação do crime tem mais condições de avaliar, ainda que superficialmente, as condições físicas e psicológicas da vítima e a real situação a que está submetida. Finalmente, caso o município não seja sede de comarca e, por alguma circunstância, não haja delegado disponível no momento da comunicação do crime, a medida pode ser concedida pelo policial (civil ou militar).

- Em seu art. 12, a Lei 11.340/06 disciplina as medidas que autoridade policial deve adotar em todos os casos de violência doméstica e familiar contra a mulher. São medidas preliminares que possibilitam à autoridade reunir elementos que possam demonstrar os indícios de crime e que justifiquem a tomada de outras providências, como a concessão de medidas protetivas de urgência. Uma dessas medidas é a identificação do agressor e a juntada de folha de antecedentes criminais que indiquem a existência de mandado de prisão e o registro de outras ocorrências policiais contra ele. Pois no ensejo dessas pesquisas a Lei 13.880/19 inseriu no art. 12 o inciso VII-A, que impõe à autoridade policial a obrigação de verificar se há em nome do agressor registro de posse ou porte de arma de fogo, e, em caso positivo, juntar aos autos essa informação, bem como notificar a ocorrência à instituição responsável pela concessão do registro ou da emissão do porte. Desta forma, uma vez praticada uma infração penal que se insira no conceito de violência doméstica e familiar contra a mulher, além das medidas de praxe para viabilizar a investigação a autoridade policial deve pesquisar a existência de registro de arma de fogo em nome do agressor e, uma vez identificado o registro, a mesma autoridade deve notificar a Polícia Federal, que, nos termos do art. 5º, § 1º, da Lei 10.826/03 é o órgão competente para a expedição tanto do registro da arma quanto da autorização para o porte. Uma vez juntada a informação a respeito do registro da arma e adotadas as demais medidas cabíveis na forma do art. 12, os autos são remetidos ao juiz, que, conforme dispõe o novo inciso IV do art. 18 – também inserido pela Lei 13.880/19 – deve determinar a apreensão imediata de arma de fogo que estiver sob a posse do agressor. Não é, portanto, a autoridade policial a legitimada para determinar a apreensão; a ela cabe apenas adotar as providências iniciais para apurar se existe o registro. Note-se que a medida não é exatamente uma novidade, mas sim uma forma de conferir maior efetividade a algo já presente na redação original da Lei 11.340/06. Isto porque o art. 22, que dispõe sobre as medidas protetivas de urgência que obrigam o agressor, traz já no inciso I a suspensão da posse ou restrição do porte de armas, com comunicação ao órgão competente. O que a Lei 13.880/19 permite é que, no mesmo expediente em que a ofendida requer a medida protetiva, o juiz determine simultaneamente a apreensão da arma. Pressupõe-se que as restrições aqui mencionadas se refiram a uma arma regular, ou seja, devidamente registrada e com autorização para porte, se for o caso. Isto porque se a arma for ilegal a situação do agressor se agrava e sua conduta, a partir daí, passa a configurar um dos delitos tipificados nos arts. 12, 14 ou 16 da Lei 10.826/03. E mais, nesses casos, a arma apreendida deverá ser destruída, conforme dispõe o art. 25, *caput*, do Estatuto do Desarmamento.
- As alíneas *a*, *b* e *c*, do inciso III do art. 22 da Lei nº 11.340/06 têm por objetivo preservar a incolumidade da vítima, a fim de evitar qualquer aproximação física entre ela e o agressor. Tais medidas não devem se restringir à casa onde mora a vítima. Ao contrário, devem se estender a outros locais. Pode o juiz, assim, impedir que o agressor se aproxime do local de trabalho da vítima, ou que frequente espaços de lazer ocupados por ela, de forma que, estando a ofendida num clube ou num bar, deve o agente, ao constatar esse fato, não ingressar no local ou imediatamente dele se retirar. Ou, ainda, impedir que ambos se valham do mesmo meio de transporte como ônibus, trens etc. Em suma, são sugestões meramente exemplificativas, já que as possibilidades são inúmeras, dependendo do caso concreto. Exigem do julgador, no entanto, certa dose de cautela, sob pena de inibir qualquer espécie de deambulação do agressor, impedindo-o mesmo de se movimentar livremente e podendo configurar verdadeiro constrangimento ilegal.
- Para garantir a execução das medidas protetivas, é cabível a prisão preventiva quando presentes os requisitos expostos nos arts. 312 e 313 do CPP, dentre eles (principalmente), quando a conduta do agente configurar, além de descumprimento de uma medida protetiva, a prática também de um crime.

  Ocorre que, paralelamente à possibilidade de decretação da prisão preventiva, muito se debateu a respeito da caracterização do crime de desobediência tipificado no art. 330 do Código Penal. Com efeito, muitos advogavam a tese de que descumprir medida protetiva imposta por decisão judicial nada mais era do que desobedecer a uma ordem legal de funcionário público. Há, inclusive, decisão do Tribunal de Justiça do Distrito Federal na qual se reconhece o crime (Embargos Infringentes 2013.06.1.000280-8, j. em 08.07.2013). Esta orientação, todavia, não encontrou ressonância no STJ, que, considerando a natureza progressiva das medidas protetivas, que poderiam evoluir até mesmo à prisão preventiva caso as mais brandas se mostrassem insuficientes para proteger a vítima, vinha afastando o crime (HC 338.613/SC, DJe 19/12/2017).

  A entrada em vigor da Lei 13.641/18 põe fim à celeuma: insere-se na Lei 11.340/06 um tipo penal específico para punir a desobediência a decisões judiciais que impõem medidas protetivas. De acordo com o art. 24-A da Lei 11.340/06, pune-se com detenção de três meses a dois anos a conduta de descumprir decisão judicial que defere medidas protetivas de urgência previstas na mesma lei. O crime é próprio, pois só pode ser cometido por quem deve observância às medidas protetivas decretadas.
- As medidas protetivas de urgência previstas nos incisos I, II e III do art. 22 da Lei Maria da Penha têm natureza de cautelares penais, razão pela qual é dispensável a citação do requerido para apresentar contestação, tampouco se admite a possibilidade de decretação da revelia nos moldes da lei processual civil (STJ: REsp 2.009.402/GO, j. 08/11/2022).
- É ilegal a fixação indefinida de medida protetiva, devendo o magistrado avaliar periodicamente a pertinência da manutenção da cautela imposta (STJ: HC 605.113/SC, j. 08/11/2022).
- O art. 25 da Lei nº 11.340/06 dispõe que o Ministério Público intervirá, quando não for parte, nas causas cíveis e criminais decorrentes da violência doméstica e familiar contra a mulher. Deve ser destacado, todavia, que o promotor de justiça, mesmo oficiando num feito em razão da hipossuficiência (ou incapacidade) de uma das partes, conserva sua liberdade de opinião e não fica adstrito, cegamente, aos interesses da parte assistida, o que torna possível que opine, inclusive, em desfavor dela.
- Segundo o STJ, constatada a situação de vulnerabilidade, a Lei 11.340/06 pode ser aplicada no caso de agressão cometida pelo neto contra sua avó: "A Lei Maria da Penha objetiva proteger a mulher da violência doméstica e familiar que, cometida no âmbito da unidade doméstica, da família ou em qualquer relação íntima de afeto, cause-lhe morte, lesão, sofrimento físico, sexual ou psicológico, e dano moral ou patrimonial. Estão no âmbito de abrangência do delito de violência doméstica, podendo integrar o polo passivo da ação delituosa as esposas, as companheiras ou amantes, bem como a mãe, as filhas, as netas, a sogra, a avó, ou qualquer outra parente que mantenha vínculo familiar ou afetivo com o agressor. Ainda nesse sentido, é necessária a demonstração da motivação de gênero ou da situação de vulnerabilidade que caracterize a conjuntura da relação íntima do agressor com a vítima. Com efeito, se, no âmbito da unidade doméstica, a vítima encontrar-se em situação de vulnerabilidade decorrente de vínculo familiar, configura-se o contexto descrito no artigo 5º da Lei n. 11.340/2006" (AgRg no AREsp 1.626.825/GO, j. 05/05/2020).

- O STJ já decidiu que as medidas protetivas da Lei 11.340/06 são aplicáveis às mulheres trans em situação de violência doméstica: "A aplicação da Lei Maria da Penha não reclama considerações sobre a motivação da conduta do agressor, mas tão somente que a vítima seja mulher e que a violência seja cometida em ambiente doméstico, familiar ou em relação de intimidade ou afeto entre agressor e agredida. Importa enfatizar que o conceito de gênero não pode ser empregado sem que se saiba exatamente o seu significado e de tal modo que acabe por desproteger justamente quem a Lei Maria da Penha deve proteger: mulheres, crianças, jovens, adultas ou idosas e, no caso, também as trans. Para alicerçar a discussão referente à aplicação do art. 5º da Lei Maria da Penha quando tratar-se de mulher trans, necessária é a diferenciação entre os conceitos de gênero e sexo, assim como breves noções de termos transexuais, transgêneros, cisgêneros e travestis, com a compreensão voltada para a inclusão dessas categorias no abrigo da Lei em comento, tendo em vista a relação dessas minorias com a lógica da violência doméstica contra a mulher. A balizada doutrina sobre o tema leva à conclusão de que as relações de gênero podem ser estudadas com base nas identidades feminina e masculina. Gênero é questão cultural, social, e significa interações entre homens e mulheres. Uma análise de gênero pode se limitar a descrever essas dinâmicas. O feminismo vai além, ao mostrar que essas relações são de poder e que produzem injustiça no contexto do patriarcado. Por outro lado, sexo refere-se às características biológicas dos aparelhos reprodutores feminino e masculino, bem como ao seu funcionamento, de modo que, o conceito de sexo, como visto, não define a identidade de gênero. Em uma perspectiva não meramente biológica, portanto, mulher trans mulher é. Estabelecido entendimento de mulher trans como mulher, para fins de aplicação da Lei n. 11.340/2006, vale lembrar que a violência de gênero é resultante da organização social de gênero, a qual atribui posição de superioridade ao homem. A violência contra a mulher nasce da relação de dominação/subordinação, de modo que ela sofre as agressões pelo fato de ser mulher. Com efeito, a vulnerabilidade de uma categoria de seres humanos não pode ser resumida à objetividade de uma ciência exata. As existências e as relações humanas são complexas e o Direito não se deve alicerçar em argumentos simplistas e reducionistas. Assim, é descabida a preponderância de um fator meramente biológico sobre o que realmente importa para a incidência da Lei Maria da Penha, com todo o seu arcabouço protetivo, inclusive a competência jurisdicional para julgar ações penais decorrentes de crimes perpetrados em situação de violência doméstica, familiar ou afetiva contra mulheres" (Processo sob segredo judicial, j. 05/04/2022).

- O art. 28 da Lei 11.343/06 não comina penas privativas ou restritivas de liberdade a quem adquire, guarda, tem em depósito, transporta ou traz consigo droga para consumo pessoal. Há apenas advertência sobre os efeitos das drogas, prestação de serviços à comunidade e medida educativa de comparecimento a programa ou curso educativo. As medidas de prestação de serviços à comunidade e de comparecimento a programa ou curso educativo têm duração máxima de cinco meses (§ 3º). Mas, tratando-se de reincidente, o prazo máximo dobra para dez meses (§ 4º). Segundo decidiu o STJ, somente a condenação pretérita por posse de drogas para uso próprio pode fundamentar o aumento do tempo de cumprimento das penas cominadas no art. 28: "Não obstante a existência de precedente em sentido diverso (AgRg no HC 497.852/RJ, Rel. Ministra Laurita Vaz, Sexta Turma, julgado em 11/06/2019, DJe 25/06/2019) – em que a reincidência genérica era pela prática dos delitos de roubo e de porte de arma –, em revisão de entendimento, embora não conste da letra da lei, forçoso concluir que a reincidência de que trata o § 4º do art. 28 da Lei n. 11.343/2006 é a específica. Com efeito, a melhor exegese, segundo a interpretação topográfica, essencial à hermenêutica, é de que os parágrafos não são unidades autônomas, estando vinculadas ao *caput* do artigo a que se referem. Vale dizer, aquele que reincidir na prática do delito de posse de drogas para consumo pessoal ficará sujeito a penas mais severas – pelo prazo máximo de 10 meses –, não se aplicando, portanto, à hipótese vertente, a regra segundo a qual ao intérprete não cabe distinguir quando a norma não o fez. Desse modo, condenação anterior por crime de roubo não impede a aplicação das penas do art. 28, II e III, da Lei n. 11.343/2006, com a limitação de 5 meses de que dispõe o § 3º do referido dispositivo legal" (REsp 1.771.304/ES, j. 10/12/2019).

- O STJ se orientava no sentido de que a condenação por porte de drogas para consumo próprio (art. 28 da Lei 11.343/06) gerava reincidência, pois, não obstante tenha havido despenalização em relação a esta infração penal, sua natureza criminosa permanece. A Quinta e a Sexta Turmas do tribunal, no entanto, modificaram sua orientação e têm decidido que embora se mantenha o caráter criminoso da infração, é desproporcional, diante da inexistência de sanção privativa de liberdade, sopesar a condenação para os efeitos da reincidência. Considerar, neste caso, em desfavor do agente a reincidência significa lhe conferir tratamento mais severo do que se houvesse sido condenado por contravenção penal, que, passível de prisão simples, não gera reincidência, como se extrai dos artigos 63 do Código Penal e 7º do Decreto-lei 3.688/41 (cf. REsp 1.672.654/SP, j. 21/08/2018 e HC 453.437/SP, j. 04/10/2018). O STF já decidiu no mesmo sentido (RHC 178.512/SP, j. 22/03/2022).

- Embora atualmente o princípio da insignificância tenha ampla aceitação, especialmente sobre crimes patrimoniais praticados sem violência ou grave ameaça, a jurisprudência dos tribunais superiores não o tem admitido no crime de tráfico de drogas (art. 33 da Lei nº 11.343/06), pois a conduta, ainda que envolva pequena quantidade de droga, mantém seu potencial ofensivo. Nesse sentido, é reiterada a jurisprudência do STJ (AgRg no REsp 1.650.876/SP, DJe 30/08/2017) e do STF (HC 91.759/MG, DJe 30/11/2007).

- A mesma postura é adotada pelos tribunais superiores a respeito da posse de drogas para uso próprio (art. 28 da Lei nº 11.343/06), ainda que seja ínfima a quantidade, pois esta circunstância deve ser avaliada em conjunto com o propósito de prevenção do uso indevido de drogas e da atenção e reinserção social de usuários e dependentes de drogas (STJ: AgRg no REsp 1.639.494/SP, DJe 30/08/2017 e STF: HC 102940/ES). A 1ª Turma do STF, não obstante, já decidiu que o princípio da insignificância pode ser aplicado neste caso (HC 110475/SC).

- O STJ tem diversos julgados abordando a importação de sementes de *Cannabis sativa lineu*. Predominava nas duas Turmas com competência criminal a orientação de que as sementes são matéria-prima para a produção de droga, razão pela qual sua importação deveria ser punida na forma do art. 33, § 1º, da Lei 11.343/06 (AgRg no REsp 1.761.768/SP, j. 25/09/2018). Posteriormente, no entanto, instaurou-se certa divergência em razão de decisões que consideraram o fato atípico (AgRg no AgInt no REsp 1.616.707/CE, j. 26/06/2018). Em 2020, dirimindo a controvérsia, a Terceira Seção do tribunal decidiu que a importação de pequena quantidade de sementes de maconha não é crime. Segundo a ministra Laurita Vaz, as condutas submetidas a julgamento "estão adstritas a ações voltadas para o consumo de droga e aos núcleos verbais de semear, cultivar ou colher plantas destinadas à preparação de pequena quantidade de droga, também para consumo pessoal. Sob essa óptica, o ato de importar pequena quantidade de semente configuraria, em tese, mero ato preparatório para o crime do artigo 28, parágrafo 1º – impunível, segundo nosso ordenamento jurídico". A ministra também destacou que a Lei 11.343/06 "prevê como conduta delituosa o semeio, o cultivo ou a colheita da planta proibida (artigo 33, parágrafo 1º, inciso II; e artigo 28, parágrafo 1º). Embora a semente seja um pressuposto necessário para a primeira ação, e a planta para as demais, a importação (ou qualquer dos demais núcleos verbais) da semente não está descrita como conduta típica na Lei de Drogas" (EREsp 1.624.564/SP, j. 14/10/20). O STF, por sua vez, já concedeu habeas corpus (141.161 e 142.987) por considerar atípica a importação de sementes de maconha porque, dentre outras razões, não se pode tê-las por matéria-prima para a produção de droga. Naqueles julgados, afirmou o ministro Edson Fachin que "A matéria-prima e o insumo devem ter condições e qualidades químicas para, mediante transformação ou adição, produzir a droga ilícita, o que não é o caso, uma vez que as sementes não possuem a substância psicoativa".

- A 5ª e a 6ª Turmas do STJ vêm decidindo que é possível ao Poder Juducuário suprir a avaliação da ANVISA para permitir o cultivo doméstico de *Cannabis* para fins medicinais: a) 5ª Turma: "O Tema diz respeito ao direito fundamental à saúde, constante do art. 196 da Carta Magna, que, na hipótese, toca o direito penal, uma vez que o art. 5º, inciso XLIII, da Constituição Federal, determina a repressão ao tráfico e ao consumo de substâncias entorpecentes e psicotrópicas, determinando que essas condutas sejam tipificadas como crime inafiançável e insuscetível de graça e de anistia. Diante da determinação constitucional, foi editada mais recentemente a Lei n. 11.343/2006. Pela simples leitura da epígrafe da referida lei, constata-se que, a contrario sensu, ela não proíbe o uso devido e a produção autorizada. Dessa forma, consta do art. 2º, parágrafo único, que "pode a União autorizar o plantio, a cultura e a colheita dos vegetais referidos no caput deste artigo, exclusivamente para fins medicinais ou científicos, em local e prazo predeterminados, mediante fiscalização, respeitadas as ressalvas supramencionadas". Os dispositivos da Lei de Drogas que tipificam os crimes, trazem um elemento normativo do tipo redigido nos seguintes termos: "sem autorização ou em desacordo com determinação legal ou regulamentar". Portanto, havendo autorização ou determinação legal ou regulamentar, não há se falar em crime, porquanto não estaria preenchido o elemento normativo do tipo. No entanto até o presente momento, não há qualquer regulamentação da matéria, o que tem ensejado inúmeros pedidos perante Poder Judiciário. Diante da omissão estatal em regulamentar o plantio para uso medicinal da maconha, não é coerente que o mesmo Estado, que preza pela saúde da população e já reconhece os benefícios medicinais da cannabis sativa, condicione o uso da terapia canábica àqueles que possuem dinheiro para aquisição do medicamento, em regra importado, ou à burocracia de se buscar judicialmente seu custeio pela União. Desde 2015 a Agência Nacional de Vigilância Sanitária vem autorizando o uso medicinal de produtos à base de cannabis sativa, havendo, atualmente, autorização sanitária para o uso de 18 fármacos. De fato, a ANVISA classificou a maconha como planta medicinal (RDC n. 130/2016) e incluiu medicamentos à base de canabidiol e THC que contenham até 30mg/ml de cada uma dessas substâncias na lista A3 da Portaria n. 344/1998, de modo que a prescrição passou a ser autorizada por meio de Notificação de Receita A e de Termo de Consentimento Informado do Paciente. Trazendo o exame da matéria mais especificamente para o direito penal, tem-se que o bem jurídico tutelado pela Lei de Drogas é a saúde pública, a qual não é prejudicada pelo uso medicinal da cannabis sativa. Dessa forma, ainda que eventualmente presente a tipicidade formal, não se revelaria presente a tipicidade material ou mesmo a tipicidade conglobante, haja vista ser do interesse do Estado, conforme anteriormente destacado, o cuidado com a saúde da população. Dessa forma, apesar da ausência de regulamentação pela via administrativa, o que tornaria a conduta atípica formalmente - por ausência de elemento normativo do tipo -, tem-se que a conduta de plantar para fins medicinais não preenche a tipicidade material, motivo pelo qual se faz mister a expedição de salvo-conduto, desde que comprovada a necessidade médica do tratamento, evitando-se, assim, criminalizar pessoas que estão em busca do seu direito fundamental à saúde. Quanto à importação das sementes para o plantio, tem-se que tanto o Supremo Tribunal Federal quanto o Superior Tribunal de Justiça sedimentaram o entendimento de que a conduta não tipifica os crimes da Lei de Drogas, porque tais sementes não contêm o princípio ativo inerente à cannabis sativa. Ficou assentado, outrossim, que a conduta não se ajustaria igualmente ao tipo penal de contrabando, em razão do princípio da insignificância. Entretanto, considerado o potencial para tipificar o crime de contrabando, importante deixar consignado que, cuidando-se de importação de sementes para plantio com objetivo de uso medicinal, o salvo-conduto deve abarcar referida conduta, para que não haja restrição, por via transversa do direito à saúde" (Processo sob segredo judicial, j. 22/11/2022); b) 6ª Turma: "1. O Direito Penal é conformado pelo princípio da intervenção mínima e seus consectários, a fragmentariedade e a subsidiariedade. Passando pelo legislador e chegando ao aplicador, o Direito Penal, por ser o ramo do direito de mais gravosa sanção pelo descumprimento de suas normas, deve ser ultima ratio. Somente em caso de ineficiência de outros ramos do direito em tutelar os bens jurídicos é que o legislador deve lançar mão do aparato penal. Não é qualquer lesão a um determinado bem jurídico que deve ser objeto de criminalização, mas apenas as lesões relevantes, gravosas, de impacto para a sociedade. 2. A previsão legal acerca da possibilidade de regulamentação do plantio para fins medicinais, art. 2º, parágrafo único, da Lei n. 11.343/2006, permite concluir tratamento legal díspar acerca do tema: enquanto o uso recreativo estabelece relação de tipicidade com a norma penal incriminadora, o uso medicinal, científico ou mesmo ritualístico-religioso não desafia persecução penal dentro dos limites regulamentares. 3. A omissão legislativa em não regulamentar o plantio para fins medicinais não representa "mera opção do Poder Legislativo" (ou órgão estatal competente) em não regulamentar a matéria, que passa ao largo de consequências jurídicas. O Estado possui o dever de observar as prescrições constitucionais e legais, sendo exigível atuações concretas na sociedade. 4. O cultivo de planta psicotrópica para extração de princípio ativo é conduta típica apenas se desconsiderada a motivação e a finalidade. A norma penal incriminadora mira o uso recreativo, a destinação para terceiros e o lucro, visto que, nesse caso, coloca-se em risco a saúde pública. A relação de tipicidade não vai encontrar guarida na conduta de cultivar planta psicotrópica para extração de canabidiol para uso próprio, visto que a finalidade, aqui, é a realização do direito à saúde, conforme prescrito pela medicina. 5. Vislumbro flagrante ilegalidade na instauração de persecução penal de quem, possuindo prescrição médica devidamente circunstanciada, autorização de importação da ANVISA e expertise para produção, comprovada por certificado de curso ministrado por associação, cultiva cannabis sativa para extração de canabidiol para uso próprio" (RHC 147.169/SP, j. 14/06/2022).

- Ainda sobre matérias-primas, insumos e produtos químicos que atraem a figura do tráfico equiparado, o STJ decidiu que nesse âmbito pode se inserir a cafeína. "[...] Impende anotar, ademais, que a lista da Anvisa pontuada pela defesa, elenca produtos químicos, ou seja, substâncias provenientes de laboratório utilizados para a síntese e a fabricação de entorpecentes. Termo que não se confunde com os de "matéria-prima" ou de "insumo", previstos também no parágrafo único do art. 33 da Lei de Drogas, que tratam de quaisquer elementos usados na composição dos entorpecentes. Conforme pontuado em julgado da Sexta Turma, "[...] a expressão 'matéria-prima' abrange não só as substâncias destinadas exclusivamente à preparação de drogas, mas também aquelas que, eventualmente, se prestam a esse objetivo" (HC 45.003/SP, Rel. Ministro OG FERNANDES, SEXTA TURMA, julgado em 17/09/2009, DJe 26/10/2009) [...]" (HC 441.695/SP, j. 15/10/2019).

- A jurisprudência é copiosa no sentido de ser incabível a descriminante do estado de necessidade em se tratando do crime de tráfico de drogas (art. 33 da Lei nº 11.343/06). Ainda na vigência da lei revogada, assim decidiu o Tribunal de Justiça de São Paulo: "Invocar estado de necessidade em tráfico de entorpecentes, sobre constituir em subversão de valores juri-

PENAL

dicamente tutelados, fere o senso de justiça da comunidade" (*JTJ* 141/399. No mesmo sentido: "Dificuldade de subsistência por meios lícitos decorrentes de doença, embora grave, não justifica apelo a recurso ilícito, moralmente reprovável e socialmente perigoso, de se entregar o agente a negociação de tóxicos" (*JUTACRIM* 25/214).

- Para se concluir pela prática do crime de tráfico, não basta, em princípio, a *quantidade* (ou *qualidade*) da droga apreendida. Deve-se atentar, ainda, para outros fatores, tais como o local e as condições em que se desenvolveu a ação criminosa, as circunstâncias da prisão, a conduta, a qualificação e os antecedentes do agente. Aliás, já se decidiu: "Os fatores quantidade e qualidade da droga podem induzir tráfico ou uso próprio, na conformidade de diversos outros fatores" (*RT* 524/403).

- No delito de tráfico (art. 33, *caput*, da Lei nº 11.343/06) e nas formas equiparadas (§ 1º), as penas poderão ser reduzidas de um sexto a dois terços, desde que o agente seja primário (não reincidente), de bons antecedentes e não se dedique às atividades criminosas nem integre organização criminosa (em resumo: abrange somente o traficante, agindo de modo individual e ocasional). Os requisitos são subjetivos e cumulativos, isto é, faltando um deles, inviável a benesse legal. O entendimento dominante era no sentido de que a causa de diminuição de pena não retirava a hediondez do crime, tanto que, em 2014, o STJ editou a súmula nº 512 exatamente nesses termos. Ocorre que, em 23/06/2016, julgando o habeas corpus 118.533/MS, relatado pela Min. Cármen Lúcia, o STF decidiu que o privilégio não se harmoniza com a hediondez do crime de tráfico, razão pela qual, uma vez aplicada a minorante, afasta-se o caráter hediondo do delito. Em razão disso, o STJ cancelou a súmula nº 512. Note-se que, para afastar definitivamente qualquer controvérsia no âmbito da progressão de regime, o legislador inseriu na LEP disposição expressa no sentido de que o tráfico privilegiado não é considerado hediondo (art. 112, § 5º, com redação dada pela Lei 13.964/19).

- De acordo com o que decidiu o STJ, não há concurso entre os crimes dos arts. 33 da Lei nº 11.343/06 e 273 do Código Penal na situação em que o agente mantém em depósito e vende ilegalmente medicamentos e substâncias ilegais manipulados, prescritos, alterados ou comercializados que contenham substâncias psicotrópicas classificadas como drogas. Aplica-se, no caso, o princípio da consunção para afastar a incidência da Lei nº 11.343/06 e punir o agente somente pelo delito contra a saúde pública (REsp 1.537.773/SC, DJe 19/9/2016).

- O STJ decidiu, num caso de tráfico de maconha, que o fato de o laudo toxicológico classificar a substância como *Cannabis sativa*, mas não apontar a presença de *tetrahidrocanabinol* (THC), não faz com que se afaste a tipicidade, pois a norma do Ministério da Saúde que elenca as substâncias classificadas como drogas não excepciona: (REsp 1.444.537/RS, DJe 25/4/2016).

- Para o STJ, o fato de o agente trabalhar em atividade lícita ao mesmo tempo em que se dedica ao tráfico de drogas não autoriza a aplicação da minorante do § 4º do art. 33 da Lei nº 11.343/06 (REsp 1.380.741/MG, DJe 25/4/2016).

- Há certa controvérsia a respeito da aplicação da minorante do tráfico em favor do agente que se dedica a servir de transportador da droga (o conhecido "mula"). Há quem sustente que esta circunstância é indicativo bastante de participação em organização criminosa, fator impeditivo da minorante. O STJ tem tanto decisões nas quais aplica a minorante quanto outras nas quais a afasta, sempre considerando o caso concreto. Em síntese, o tribunal não considera que o fato de o agente servir de transportador da droga caracteriza uma presunção absoluta de que integra a organização criminosa à qual esteja servindo. São as circunstâncias da prática criminosa que indicam a extensão de sua colaboração. E, note-se, este papel pode servir inclusive para balizar a quantidade da diminuição da pena, caso a minorante seja aplicada (AgRg no REsp 1.354.656/SP, DJe 18/08/2017; AgRg no HC 241.072/SP, DJe 18/08/2017). Com isso, o tribunal segue o entendimento firmado pelo STF (HC 134.597/SP, DJe 09/08/2016).

- A Terceira Seção do STJ havia firmado a orientação de que inquéritos policiais e ações penais em curso podiam ser utilizados para afastar a causa de diminuição de pena no tráfico sob o argumento da dedicação do agente a atividades criminosas (EREsp 1.431.091/SP, DJe 01/02/2017). O STF, contudo, vem seguindo orientação diversa: "I – A orientação jurisprudencial da Segunda Turma desta Suprema Corte é no sentido de que deve ser idônea a fundamentação para justificar o afastamento da minorante prevista no art. 33, § 4º, da Lei 11.343/2006, sendo insuficiente, por si só, a utilização de inquéritos policiais ou de ações penais sem trânsito em julgado para comprovar a dedicação do paciente a atividades criminosas. II – Ordem de habeas corpus concedida para determinar ao Juízo competente que proceda à nova dosimetria da pena, aplicando a causa especial de redução prevista no § 4º do art. 33 da Lei 11.343/2006, na fração que entenda adequada e suficiente para reprovação e prevenção do crime, com os demais consectários legais. III – Agravo ao qual se nega provimento" (HC 177.629 AgR/MG, j. 29/11/2019). Em razão disso, a Terceira Seção do STJ modificou sua orientação: "É vedada a utilização de inquéritos e/ou ações penais em curso para impedir a aplicação do art. 33, § 4º, da Lei n. 11.343/2006" (REsp 1.977.027/PR, j. 10/08/2022).

- A apreensão de petrechos para a traficância, a depender das circunstâncias do caso concreto, pode afastar a causa de diminuição de pena do art. 33, § 4º, da Lei 11.343/06 em virtude da dedicação à atividade criminosa (AgRg no HC 773.113/SP, j. 04/10/2022).

- Não há *bis in idem*, segundo o STJ, na consideração da presença de criança ou adolescente para caracterizar o crime de associação para o tráfico e para majorar a pena do tráfico (HC 250.455/RJ, DJe 5/2/2016).

- O Superior Tribunal de Justiça, após anos admitindo a combinação de leis na retroatividade da causa de diminuição no crime de tráfico de drogas, editou a Súmula 501, vedando essa possibilidade, sedimentando seu posicionamento exatamente em cima da presente discussão.

- A Lei 13.964/19 (Pacote Anticrime) inseriu no art. 33 da Lei 11.343/06 uma figura equiparada ao tráfico consistente em vender ou entregar drogas ou matéria-prima, insumo ou produto químico destinado à preparação de drogas, sem autorização ou em desacordo com a determinação legal ou regulamentar, a agente policial disfarçado, quando presentes elementos probatórios razoáveis de conduta criminal preexistente. A nova figura criminal trata do agente disfarçado, que não se confunde com o agente provocador nem com o agente infiltrado. O provocador induz ardilosamente a prática do delito, tornando impossível, pela adoção de providências prévias, a consumação O infiltrado imerge em organização criminosa, envolvendo-se com seus membros e adotando postura estrategicamente complacente com as práticas criminosas. O disfarçado, por sua vez, com aparência de um cidadão comum, sem infiltrar-se no grupo criminoso, oculta sua real identidade e coleta elementos que indiquem a conduta criminosa preexistente do sujeito ativo.

- No julgamento do RE 1.347.158/SP (j. 01/10/2021), o STF reconheceu a repercussão geral sobre a constitucionalidade da pena mínima de multa cominada no art. 33 da Lei 11.343/06 (500 dias-multa). O réu alegava desproporcionalidade entre o piso da multa e a renda média nacional. O tribunal negou provimento ao recurso e estabeleceu a seguinte tese: "A multa mínima prevista no artigo 33 da Lei 11.343/06 é opção legislativa legítima para a quantificação da pena, não cabendo ao Poder Judiciário alterá-la com fundamento nos princípios da proporcionalidade, da isonomia e da individualização da pena".

- O art. 34 da Lei 11.343/06 tipifica condutas relativas ao tráfico de maquinário, aparelho, instrumento ou qualquer objeto destinado à fabricação, preparação, produção ou transformação de drogas. Analisando esse tipo penal em comparação com o do art. 33, vê-se que suas condutas podem ser cometidas tanto no mesmo quanto em contextos fáticos totalmente diversos. Com efeito, é plenamente possível que determinado indivíduo adquira um imóvel, maquinários e instrumentos para fabricar e preparar drogas, adquira a matéria prima, prepare a droga e efetue a venda para que alguém a distribua aos usuários. Temos aqui condutas correspondentes a ambos os tipos penais cometidas no mesmo contexto fático, o que pode fazer incidir o princípio da consunção para que o agente seja punido apenas por sua finalidade última: o tráfico de drogas. Se, no entanto, as múltiplas condutas são cometidas em contextos diversos, impõe-se o concurso de delitos, como ocorre, por exemplo, se constatado que alguém cede um imóvel para o comércio de drogas e, em outro local, toma parte na aquisição de matéria prima para a produção de drogas, enquanto se associa com outra pessoa para vender drogas provenientes de um fornecedor internacional. São três crimes absolutamente distintos, que atraem o concurso. A propósito, decidiu o STJ: "Subsiste a condenação dos crimes previstos nos arts. 33 e 34 da Lei 11.343/2006 na hipótese em que os objetos apreendidos não constituem meios necessários ou fase normal de execução do tráfico de drogas, e os maquinários e instrumentos são utilizados para a produção em larga escala, indicando a existência de um verdadeiro laboratório para o fabrico de entorpecente" (AgRg no HC 632.182/SC, j. 25/05/2021).

- Considerando, como vimos, que o crime do art. 34 da Lei 11.343/06 é subsidiário em relação ao tráfico, não é possível que alguém o pratique se possui maquinário ou outros instrumentos com a finalidade de fabricar ou preparar drogas para uso pessoal: "[...] 4. Portanto, ainda que o crime previsto no art. 34 da Lei n. 11.343/2006 possa subsistir de forma autônoma, não é possível que o agente responda pela prática do referido delito quando a posse dos instrumentos se configura como ato preparatório destinado ao consumo pessoal de entorpecente. 5. Considerando que, nos termos do § 1.º do art. 28 da Lei de Drogas, nas mesmas penas do caput incorre quem cultiva a planta destinada ao preparo de pequena quantidade de substância ou produto (óleo), seria um contrassenso jurídico que a posse de objetos destinados ao cultivo de planta psicotrópica, para uso pessoal, viesse a caracterizar um crime muito mais grave, equiparado a hediondo e punido com pena privativa de liberdade de 3 (três) a 10 (dez) anos de reclusão, além do pagamento de vultosa multa [...]" (RHC 135.617/PR, j. 14/09/2021).
- Os incisos I e V do art. 40 da Lei nº 11.343/06 aumentam de um sexto a dois terços a pena do tráfico quando a natureza, a procedência da droga e as circunstâncias do fato evidenciarem a transnacionalidade, bem como se caracterizado o tráfico entre Estados da Federação ou entre estes e o Distrito Federal. Vigora o entendimento de que a transposição de fronteiras ou de divisas é dispensável, bastando que se demonstre, pelas circunstâncias, a intenção de que a droga se destinaria a outro país ou a outro Estado brasileiro (súmulas 587 e 607 do STJ).
- Tanto o STF quanto o STJ consideram inexistir *bis in idem* na tipificação da conduta do tráfico pela importação ou exportação de drogas com a incidência do aumento da pena em virtude da transnacionalidade (STF: HC 132.459/SP, DJe 13/02/2017; STJ: RHC 59.063/SP, j. 07/06/2018).
- O art. 40, inciso III, da Lei nº 11.343/06 contempla uma majorante relativa à prática do tráfico em transportes públicos. O STJ se orienta no sentido de que o aumento só pode ser aplicado se o transporte público for utilizado (ou se o agente pretender utilizá-lo) para o efetivo comércio da droga. Caso sua intenção seja simplesmente se deslocar com drogas utilizando o sistema de transporte público, não há exasperação de pena (HC 455.652/SP, j. 04/09/2018). É também a orientação seguida pelo STF (HC 120.275/PR, j. 15/05/2018).
- Decidiu o STJ que o tráfico cometido nas imediações de igrejas não pode ser majorado na forma do art. 40, inc. III, da Lei 11.343/06, sob pena de se cometer analogia *in malam partem*, tendo em vista que a enumeração do dispositivo é taxativa: "Assim, caso o legislador quisesse punir de forma mais gravosa também o fato de o agente cometer o delito nas dependências ou nas imediações de igreja, o teria feito expressamente, assim como o fez em relação àquele que pratica o crime nas dependências ou nas imediações de estabelecimentos prisionais, de ensino ou hospitalares, de sedes de entidades estudantis, sociais, culturais, recreativas, esportivas, ou beneficentes, de locais de trabalho coletivo, de recintos onde se realizem espetáculos ou diversões de qualquer natureza, de serviços de tratamento de dependentes de drogas ou de reinserção social, de unidades militares ou policiais ou em transportes públicos. Ademais, no Direito Penal incriminador não se admite a analogia *in malam partem*, não se deve inserir no rol das majorantes o fato de o agente haver cometido o delito nas dependências ou nas imediações de igreja" (HC 528.851/SP, j. 05/05/2020).
- O art. 40, inciso III, da Lei 11.343/06 majora a pena do tráfico cometido nas imediações de estabelecimento de ensino. Não é necessária a comprovação de que o tráfico visa a atingir os estudantes, bastando que ocorra nos arredores. Mas, excepcionalmente, é possível excluir a majorante em razão da ausência de pessoas no estabelecimento: "Sobre a causa especial de aumento de pena em questão, é certo que este Superior Tribunal possui o entendimento de que, "Para a incidência da majorante prevista no art. 40, inciso III, da Lei n. 11.343/2006 é desnecessária a efetiva comprovação de mercancia nos referidos locais, sendo suficiente que a prática ilícita tenha ocorrido em locais próximos, ou seja, nas imediações de tais estabelecimentos, diante da exposição de pessoas ao risco inerente à atividade criminosa da narcotraficância. [...]" (HC 407.487/SP, Rel. Ministra Maria Thereza de Assis Moura, 6ª T., DJe 15/12/2017). Contudo, no caso, verifica-se a presença de uma particularidade que, à luz da *mens legis* da referida majorante, justifica sua não incidência em desfavor do acusado. A razão de ser dessa causa especial de aumento de pena é a de punir, com maior rigor, aquele que, nas imediações ou nas dependências dos locais especificados no inciso III do art. 40 da Lei n. 11.343/2006, dada a maior aglomeração de pessoas, tem como mais ágil e facilitada a prática do tráfico de drogas (aqui incluídos quaisquer dos núcleos previstos no art. 33 da citada lei), justamente porque, em localidades como tais, é mais fácil ao traficante passar despercebido à fiscalização policial, além de ser maior o grau de vulnerabilidade das pessoas reunidas em determinados lugares. Contudo, no caso, o tráfico foi cometido 28/04/2020, momento em que as escolas de ensino do DF estavam fechadas por conta das medidas restritivas de combate à COVID-19, situação que perdurou entre março de 2020 e agosto de 2021, quando as aulas presenciais foram retomadas. Veja-se, portanto, que a proximidade do comércio ilícito de drogas com os estabelecimentos de ensino e esporte foi, na verdade, um elemento meramente acidental, sem nenhuma relação real e efetiva com a traficância. Não há nenhum dado concreto de que haja o réu se aproveitado das facilidades de eventual aglomeração de estudantes, de professores ou mesmo de casual hipossuficiência dos alunos da escola para, a partir delas, implementar o seu negócio ilícito e propagar, com maior facilidade, a venda, a aquisição, a exposição à venda etc. de drogas. Também não creio se haja incrementado o risco a que se poderiam expor os alunos da escola e frequentadores do conjunto poliesportivo em razão da conduta em apreço. Nesse contexto, por mais que tanto a jurisprudência quanto a doutrina entendam ser a majorante descrita no inciso III do art. 40 de caráter precipuamente objetivo (não é, pois, em regra, necessário que se comprove a efetiva mercancia nos locais elencados na lei, tampouco que a substância entorpecente atinja, diretamente, os trabalhadores, os estudantes, as pessoas hospitalizadas etc.), não há como perder de vista a razão de ser da causa especial

de aumento de pena em questão" (AgRg no HC 728.750/DF, j. 17/05/2022).

- Ainda quanto à Lei nº 11.343/06, aumenta-se a pena quando o agente financiar ou custear a prática do crime de tráfico (art. 40, inciso VII). Como conciliar esta majorante com o crime do art. 36? A convivência legítima (e constitucional) dos dispositivos é alcançada interpretando-se o delito de sustento (art. 36) como sendo de natureza *habitual*, isto é, exige reiteração de condutas para sua caracterização, e a majorante do art. 40, VII, meramente ocasional. Deve ser observado que o patamar de aumento determinado pelo art. 40 não pode extrapolar o preceito secundário do crime do art. 36, sob pena de se punir infração menos grave de forma mais severa, ferindo, desse modo, o princípio constitucional da proporcionalidade.

- O art. 40, inc. VI, da Lei 11.343/06 majora a pena dos delitos tipificados nos arts. 33 a 37 se o crime *envolver* ou *visar a atingir criança* (menor de 12 anos) ou *adolescente* (com 12 anos completos, porém menor de 18) ou a quem tenha, por qualquer motivo, *diminuída ou suprimida a capacidade de entendimento e determinação* (alienado metal, enfermo, senil, ébrio etc.). O STJ proferiu diversas decisões no sentido de que a prova da menoridade dispensava a apresentação de certidão de nascimento ou documento semelhante, bastando que a condição do menor fosse demonstrada por qualquer meio dotado de fé pública, inclusive boletim de ocorrência baseado na simples declaração do indivíduo (AgInt no AREsp 852.726/SC, j. 17/05/2016). Mas, como havia divergência entre as turmas com competência criminal, a questão foi submetida à Terceira Seção, que, em 2019, impôs a necessidade de comprovação da menoridade por documento hábil (EREsp 1.763.471/DF, j. 14/08/2019). Em seguida, e agora sob o rito dos recursos repetitivos, o tribunal voltou a se debruçar sobre o tema e reiterou a orientação firmada em 2019: "Recurso provido para restabelecer a incidência da majorante prevista no inciso VI do art. 40 da Lei n. 11.343/2006 e, por conseguinte, readequar a pena imposta ao recorrido, nos termos do voto, assentando-se a seguinte tese: 'Para ensejar a aplicação de causa de aumento de pena prevista no art. 40, VI, da Lei n. 11.343/2006 ou a condenação pela prática do crime previsto no art. 244-B da Lei n. 8.069/1990, a qualificação do menor, constante do boletim de ocorrência, deve trazer dados indicativos de consulta a documento hábil – como o número do documento de identidade, do CPF ou de outro registro formal, tal como a certidão de nascimento'" (REsp nº 1.619.265/MG, j. 07/04/2020).

- O art. 42 da Lei nº 11.343/06, determinando que na aplicação da pena preponderе a natureza e a quantidade da droga sobre as circunstâncias do art. 59 do CP, pode não só balizar a extensão da redução da pena do tráfico (art. 33, § 4º) como também pode impedir sua incidência, como vem decidindo o STJ (HC 400.528/SP, DJe 18/08/2017). Há, no entanto, decisão do STF no sentido de que a quantidade da droga não pode isoladamente induzir à conclusão de que a mercancia seja um meio de vida e de que não se trata de conduta ocasional, ou mesmo de que o agente integre organização criminosa (RHC 138.715/MS, DJe 09/06/2017). Note-se, de qualquer forma, algo importantíssimo: as circunstâncias do art. 42 devem ser utilizadas na primeira **ou** na terceira fase de aplicação da pena. Não é possível utilizar o mesmo expediente nas duas fases porque, segundo decidiu o STF em sede de repercussão geral, há *bis in idem* (ARE 666.334 RG/AM, DJe 06/05/2014).

- A respeito ainda da natureza e da quantidade da droga como fatores de análise para a incidência da minorante, decidiu a Terceira Seção do STJ: "A Terceira Seção do STJ, no julgamento do EREsp 1.887.511/SP, da Relatoria do Ministro João Otávio de Noronha, fixou as seguintes diretrizes para a aplicação do art. 33, § 4º, da Lei n. 11.343/2006: "1 - A natureza e a quantidade das drogas apreendidas são fatores a serem necessariamente considerados na fixação da pena-base, nos termos do art. 42 da Lei n. 11.343/2006. 2 - Sua utilização supletiva na terceira fase da dosimetria da pena, para afastamento da diminuição de pena prevista no § 3º do art. 33 da Lei n. 11.343/2016, somente pode ocorrer quando esse vetor conjugado com outras circunstâncias do caso concreto que, unidas, caracterizem a dedicação do agente à atividade criminosa ou a integração a organização criminosa. 3 - Podem ser utilizadas para modulação da causa de diminuição de pena prevista no § 4º do art. 33 da Lei n. 11.343/2006 quaisquer circunstâncias judiciais não preponderantes, previstas no art. 59 do Código Penal, desde que não utilizadas na primeira etapa, para fixação da pena-base". Embora tenha externado, inúmeras vezes, sobre a impossibilidade de se aplicar a minorante especial da Lei de Drogas nos casos de apreensões de gigantescas quantidades de drogas - p. ex. toneladas, 200 ou 300 kg - por ser deduzível que apenas uma pessoa envolvida habitualmente com a traficância teria acesso a esse montante de entorpecente, a questão não merece discussão, uma vez que está superada, diante do posicionamento contrário do Supremo Tribunal Federal. Todavia, proponho a revisão das orientações estabelecidas nos itens 1 e 2 do EREsp 1.887.511/SP, especificamente em relação à aferição supletiva da quantidade e da natureza da droga na terceira fase da dosimetria. No julgamento do ARE 666.334/AM, de Relatoria do Ministro Gilmar Mendes, o Pleno do STF, em análise da matéria reconhecida como de repercussão geral, reafirmou a jurisprudência de que "as circunstâncias da natureza e da quantidade da droga apreendida devem ser levadas em consideração apenas em uma das fases do cálculo da pena". O resultado do julgado foi assim proclamado: "Tese: As circunstâncias da natureza e da quantidade da droga apreendida devem ser levadas em consideração apenas em uma das fases do cálculo da pena. Tema 712: Possibilidade, em caso de condenação pelo delito de tráfico de drogas, de valoração da quantidade e da natureza da droga apreendida, tanto para a fixação da pena-base quanto para a modulação da causa de diminuição prevista no art. 33, § 4º, da Lei 11.343/2006". Portanto, diante da orientação consolidada há tempos pelas Cortes Superiores, não parece adequado o acolhimento da proposta do uso apenas supletivo da quantidade e da natureza da droga na terceira fase da dosimetria. A adoção de tal posicionamento, resultará, em regra, na imposição de penas diminutas - abaixo do patamar de 4 anos de reclusão, como decorrência da incidência da minorante no grau máximo, ressalvados, obviamente, os casos de traficantes reincidentes ou integrantes de grupos criminosos. Sob tal contexto, propõe-se a manutenção do entendimento anterior desta Corte, acolhido em repercussão geral pelo STF, no julgamento do ARE 666.334/AM, sobre a possibilidade de valoração da quantidade e da natureza da droga apreendida, tanto para a fixação da pena-base quanto para a modulação da causa de diminuição prevista no art. 33, § 4º, da Lei 11.343/2006 - neste último caso ainda que sejam os únicos elementos aferidos -, desde que não tenha sido considerada na primeira fase do cálculo da pena. No caso, o Juiz de origem afastou o redutor do tráfico privilegiado por entender que a expressiva quantidade de droga apreendida (147 quilos de maconha) não qualificaria o réu como pequeno e iniciante no comércio ilícito de entorpecentes. Contudo, o STF tem posicionamento firme de que "A quantidade de droga apreendida não é, por si só, fundamento idôneo para afastamento da minorante do art. 33, § 4º, da Lei n. 11.343/2006" (RHC 138.117 AgR, Relatora: Rosa Weber, Primeira Turma, publicado em 6/4/2021). Assim, verificado o atendimento dos requisitos do art. 33, § 4º, da Lei de Drogas, reduz-se a pena em 1/6, atento ao disposto no art. 42 da Lei n. 11.343.2006 (expressiva quantidade de droga apreendida)" (HC 725.534/SP, j. 27/04/2022).

- O art. 42 também pode ser utilizado como parâmetro para estabelecer o regime inicial do cumprimento da pena, neste caso em conjunto com as disposições do art. 33 do CP. E, a depender da situação, a quantidade e a natureza da droga podem justificar o regime inicial mais severo do que a pena, por si, imporia (STJ: HC 396.447/SP, DJe 01/08/2017).

- Para o STJ, não existe *bis in idem* na utilização da natureza e da quantidade da droga para modular a incidência da minorante no tráfico e para estabelecer o regime inicial de cumprimento da pena. Isso decorre do fato de que o regime inicial é uma etapa à parte da aplicação da pena, isto é, não se insere no sistema trifásico, mas se segue a ele (AgRg no AREsp 670.161/MG, DJe 26/05/2017).
- No julgamento do RE 638.491/PR (DJe 23/08/2017), o STF adotou a orientação de que o confisco pode ocorrer pela simples constatação de que determinado bem foi utilizado para o cometimento do tráfico, independentemente de qualquer prova de habitualidade ou de exclusividade. Para o tribunal, basta que se observe o parágrafo único do art. 243 da Constituição Federal, que determina o perdimento de bens apreendidos *em decorrência do tráfico*. Não há, no texto constitucional, nenhum requisito de habitualidade ou de exclusividade na utilização dos bens apreendidos.
- Quanto ao crime de organização criminosa, no número mínimo de quatro integrantes, deve-se computar o agente infiltrado? Certamente teremos doutrina admitindo. Ousamos discordar. O policial infiltrado não pode ser computado, pois não age com o necessário *animus* associativo. A sua finalidade, aliás, é diametralmente oposta, qual seja, desmantelar a sociedade criminosa.
- Tratando-se de delito autônomo, a punição da organização criminosa independe da prática de qualquer crime pela associação, o qual, ocorrendo, gera o concurso material (art. 69 do CP), cumulando as penas. O que já era pacífico na doutrina (seguida pela jurisprudência), agora está expresso no preceito secundário do art. 2º da Lei nº 12.850/13 (reclusão, de 3 a 8 anos, e multa, *sem prejuízo das penas correspondentes às demais infrações penais praticadas*).
- Não nos parece possível a tentativa de cometer o crime de organização criminosa. Os atos praticados com a finalidade de formá-la (anteriores à execução de qualquer dos núcleos) são meramente preparatórios.
- O art. 2º, § 4º, inciso II, da Lei nº 12.850/13 aumenta a pena do crime de organização criminosa se há concurso de funcionário público. Percebam, como destaca o próprio texto legal, que não basta esta circunstância, pois a organização criminosa deve se valer disso para a prática de infração penal (requisitos cumulativos). Em suma, exige-se que a atuação do funcionário seja útil para a associação na busca da vantagem objetivada pelos seus integrantes.
- O art. 2º, § 6º, da Lei nº 12.850/13 cuida de importante efeito extrapenal da sentença penal definitiva, anunciando que a condenação acarretará ao funcionário público a perda do cargo, função, emprego ou mandato eletivo. Como já ocorre na Lei de Tortura (art. 1º., § 5º, Lei n. 9.455/97), o efeito previsto é automático, dispensando motivação do magistrado sentenciante (diferente da regra geral estampada no art. 92, parágrafo único, do CP).
- A Lei nº 13.260/16, atendendo ao mandado de criminalização contido no art. 5º, XLIII da Constituição Federal, foi editada para disciplinar o terrorismo. De acordo com as disposições do art. 2º, *caput*, o crime de terrorismo consiste na prática, por um ou mais indivíduos, dos atos previstos no § 1º, por razões de: a) xenofobia: aversão ao estrangeiro, consistindo basicamente em preconceito em relação à procedência nacional, embora a isso não se restrinja, podendo abranger também outras culturas ou subculturas; b) discriminação ou preconceito de raça, cor, etnia e religião: a Lei n.º 12.288/2010 define a discriminação racial como "toda distinção, exclusão, restrição ou preferência baseada em raça, cor, descendência ou origem nacional ou étnica que tenha por objeto anular ou restringir o reconhecimento, gozo ou exercício, em igualdade de condições, de direitos humanos e liberdades fundamentais nos campos político, econômico, social, cultural ou em qualquer outro campo da vida pública ou privada". O preconceito, no contexto da Lei nº 13.260/16, revela concepções por meio das quais indivíduos categorizam e desqualificam pessoas em virtude de sua raça, cor, etnia, religião ou procedência nacional.

  Os atos de terrorismo, punidos com reclusão de doze a trinta anos, consistem em: I – usar ou ameaçar usar, transportar, guardar, portar ou trazer consigo explosivos, gases tóxicos, venenos, conteúdos biológicos, químicos, nucleares ou outros meios capazes de causar danos ou promover destruição em massa; II – sabotar o funcionamento ou apoderar-se, com violência, grave ameaça a pessoa ou servindo-se de mecanismos cibernéticos, do controle total ou parcial, ainda que de modo temporário, de meio de comunicação ou de transporte, de portos, aeroportos, estações ferroviárias ou rodoviárias, hospitais, casas de saúde, escolas, estádios esportivos, instalações públicas ou locais onde funcionem serviços públicos essenciais, instalações de geração ou transmissão de energia, instalações militares, instalações de exploração, refino e processamento de petróleo e gás e instituições bancárias e sua rede de atendimento; III – atentar contra a vida ou a integridade física de pessoa.

  De acordo com a lei, para que caracterizem terrorismo tais atos devem ser cometidos com a finalidade de provocar terror social ou generalizado, expondo a perigo pessoa, patrimônio, a paz pública ou a incolumidade pública. Trata-se, portanto, de elemento subjetivo específico do tipo, pois se exige que a conduta seja permeada por uma finalidade especial.
- Há ainda outras condutas tipificadas na Lei nº 13.260/16:

  a) a promoção, constituição, integração ou prestação de auxílio, pessoalmente ou por interposta pessoa, a organização terrorista (art. 3º). Organizações terroristas, segundo definição apresentada pela Lei nº 13.260/16 no art. 1º, § 2º, inciso II, da Lei nº 12.850/13, são aquelas voltadas para a prática dos atos de terrorismo legalmente definidos.

  b) a realização de atos preparatórios de terrorismo com o propósito inequívoco de consumar tal delito (art. 5º). Pune-se neste caso a *preparação da preparação*. Por exemplo: o agente é surpreendido fabricando um explosivo que será utilizado num ato de terrorismo. Pode ser punido com base no art. 5º em virtude de um ato que se encontra numa fase ainda anterior à que normalmente seria tratada como preparação (nesse contexto, aquela fase em que o agente efetivamente se dirige ao local do ato portando o explosivo). No mesmo art. 5º são tipificadas as condutas de recrutar, organizar, transportar ou municiar indivíduos que viajem para país distinto daquele de sua residência ou nacionalidade; e de fornecer ou receber treinamento em país distinto daquele de sua residência ou nacionalidade. Segundo o STJ, tratando-se da punição de atos preparatórios praticados com o "propósito inequívoco" de consumar o crime de terrorismo, devem ser observados os elementos que compõem os aspectos subjetivos desta espécie criminosa, e isto se extrai do art. 2º da Lei 13.260/16. Desta forma, só pode haver ato preparatório de terrorismo se o agente estiver agindo por razões de xenofobia, discriminação ou preconceito de raça, cor, etnia e religião e com a finalidade de provocar terror social ou generalizado. Do contrário, tais atos não podem se subsumir ao art. 5º (HC 537.118/RJ, j. 05/12/2019).

  c) as condutas de receber, prover, oferecer, obter, guardar, manter em depósito, solicitar, investir, de qualquer modo, direta ou indiretamente, recursos, ativos, bens, direitos, valores ou serviços de qualquer natureza, para o planejamento, a preparação ou a execução dos crimes previstos na Lei nº 13.260/16 (art. 6º). Punem-se também os atos de oferecer ou receber, obter, guardar, manter em depósito, solicitar, investir ou de qualquer modo contribuir para a obtenção de ativo, bem ou recurso financeiro, com a finalidade de financiar, total ou parcialmente, pessoa, grupo de pessoas, associação, entidade, organização criminosa que tenha como atividade principal ou secundária, mesmo em caráter eventual, a prática dos crimes previstos na mesma Lei. Trata-se do crime mais grave tipificado nesta Lei, pois enseja reclusão de quinze a trinta anos, contra doze a trinta anos dos atos de terrorismo.

- De acordo com expressa disposição do art. 11 da Lei nº 13.260/16, os crimes de terrorismo são praticados contra o interesse da União. Por isso, a investigação é atribuição da Polícia Federal e a competência de julgamento é da Justiça Federal.
- A Lei nº 13.260/16 manda aplicar aos crimes de terrorismo as técnicas de investigação e os meios extraordinários de obtenção de prova previstos na Lei 12.850/13 – organizações criminosas (art. 3o) – destacando-se: a) colaboração premiada; b) captação ambiental de sinais eletromagnéticos, ópticos ou acústicos; c) ação controlada; d) acesso a registros de ligações telefônicas e telemáticas, a dados cadastrais constantes de bancos de dados públicos ou privados e a informações eleitorais ou comerciais; e) interceptação de comunicações telefônicas e telemáticas, nos termos da legislação específica; f) afastamento dos sigilos financeiro, bancário e fiscal, nos termos da legislação específica; g) infiltração, por policiais, em atividade de investigação; h) cooperação entre instituições e órgãos federais, distritais, estaduais e municipais na busca de provas e informações de interesse da investigação ou da instrução criminal.
- A Lei 13.869/19, que dispõe sobre os crimes de abuso de autoridade, revogou a Lei 4.898/65 (que tipificava os mesmos crimes), o § 2º do art. 150 do CP (que aumentava a pena da violação de domicílio cometida por funcionário público, fora dos casos legais, ou com inobservância das formalidades estabelecidas em lei, ou com abuso do poder) e o art. 350 do CP (que tipificava o crime de ordenar ou executar medida privativa de liberdade individual sem as formalidades legais ou com abuso de poder).
- Logo no seu artigo inaugural, a Lei 13.869/19 anuncia que a existência do crime de abuso de autoridade depende de o agente comportar-se abusivamente com a finalidade específica de prejudicar outrem ou beneficiar a si mesmo ou a terceiro, ou, ainda, por mero capricho ou satisfação pessoal. Desta forma, todos os tipos penais devem ser guiados pela finalidade específica.
- Como forma de evitar a sua reprovação, a Lei 13.869/19 esclarece que a divergência na interpretação de lei ou na avaliação de fatos e provas não configura, por si só, abuso de autoridade. De fato, o projeto que redundou na lei nasceu tipificando o crime de hermenêutica, leia-se, o delito que existe unicamente em virtude da interpretação do operador da lei, sem que haja indícios ou provas da ocorrência de um fato tipificado. A proposta, esdrúxula, não passou pelo crivo dos parlamentares. Ponderamos, porém, que divergências de interpretação ou avaliação, quando patentemente teratológicas, absolutamente anormais, absurdas, assombrosas, não poderão socorrer a autoridade. Vamos imaginar um diretor de penitenciária, interpretando o princípio constitucional da isonomia, entende que nada justifica, no século atual, homens e mulheres cumprirem penas em estabelecimento distintos, colocando ambos os sexos na mesma cela. Essa sua interpretação ao art. 5º da CF é monstruosa. Se ficar demonstrada a finalidade específica de prejudicar outrem ou beneficiar a si mesmo ou a terceiro, ou, ainda, por mero capricho ou satisfação pessoal, responderá pelo abuso (art. 21).
- O *caput* do art. 2º da Lei 13.869/19 dispõe ser sujeito ativo do crime de abuso de autoridade qualquer agente público, servidor ou não, da administração direta, indireta ou fundacional de qualquer dos Poderes da União, dos Estados, do Distrito Federal, dos Municípios e de Território. Em seguida, num *rol meramente exemplificativo*, alerta que a norma inclui mas não se limita a: I – servidores públicos e militares ou pessoas a eles equiparadas; II – membros do Poder Legislativo; III – membros do Poder Executivo; IV – membros do Poder Judiciário; V – membros do Ministério Público; VI – membros dos tribunais ou conselhos de contas. Como se não bastasse, o parágrafo único define "agente público", para os efeitos da lei, como sendo todo aquele que exerce, ainda que transitoriamente ou sem remuneração, por eleição, nomeação, designação, contratação ou qualquer outra forma de investidura ou vínculo, mandato, cargo, emprego ou função em órgão ou entidade abrangido pelo *caput*.
- Em seu art. 4º, a Lei 13.869/19 traz os efeitos da condenação aplicáveis especificamente ao abuso de autoridade: "I – tornar certa a obrigação de indenizar o dano causado pelo crime, devendo o juiz, a requerimento do ofendido, fixar na sentença o valor mínimo para reparação dos danos causados pela infração, considerando os prejuízos por ele sofridos; II – a inabilitação para o exercício de cargo, mandato ou função pública, pelo período de 1 (um) a 5 (cinco) anos; III – a perda do cargo, do mandato ou da função pública. Parágrafo único. Os efeitos previstos nos incisos II e III do caput deste artigo são condicionados à ocorrência de reincidência em crime de abuso de autoridade e não são automáticos, devendo ser declarados motivadamente na sentença".

  Como se percebe, nos incisos do art. 4º o legislador fundiu parte dos arts. 91 e 92 do CP, com o art. 387, IV, do CPP. Mesclou efeitos extrapenais genéricos com específicos, ambos convivendo com a antecipação da reparação de danos líquidos apurados no processo-crime. Acabou, ainda, mesclando efeitos automáticos com não automáticos. Aliás, para estes, criou nova condicionante, qual seja, a reincidência em crimes de abuso de autoridade.

  O primeiro efeito da condenação, trazido pela primeira parte do inciso I do art. 4º, diz respeito a tornar certa a obrigação de indenizar o dano causado pelo crime. Embora sejam independentes as esferas cível e penal, a sentença penal condenatória com trânsito em julgado evidencia, quando possível, o dano causado pelo agente mediante a prática de sua conduta típica, ilícita e culpável, gerando, pois, para a vítima, um título executivo de natureza judicial, conforme previsto pelo inciso VI do art. 515 do Código de Processo Civil. Considerado como efeito automático da sentença penal condenatória com trânsito em julgado, não precisa ser declarado expressamente no *decisum*, pois deflui naturalmente da condenação.

  A segunda parte do inciso I do art. 4º prevê, também, quando houver requerimento do ofendido nesse sentido, a fixação do valor mínimo para reparação dos danos causados pela infração, considerando os prejuízos sofridos. Trata-se, agora, de um efeito específico, não automático da sentença penal condenatória, decorrente da prática de quaisquer dos crimes de abuso de autoridade, devendo, consequentemente, ser expressamente motivado pelo julgador. Na verdade, não havia necessidade de se fazer constar como efeito da condenação essa fixação de valor mínimo para reparação dos danos produzidos pela infração penal e experimentados pela vítima, pois já existe previsão dessa fixação mínima no inciso IV do art. 387 do Código de Processo Penal. No Código de Processo Penal, ao contrário do que ocorre na Lei de Abuso de Autoridade, não há necessidade de qualquer requerimento da vítima para que o juiz fixe esse valor mínimo de reparação dos danos. Como conciliar as duas previsões legais sobre o mesmo tema? Neste caso, deverá ser aplicado o princípio *lex specialis derogat generalis*, ou seja, tratando-se de crime de abuso de autoridade, somente se houver requerimento por parte da vítima é que o julgador deverá fixar esse valor mínimo para a reparação. Se a vítima não tiver feito expressamente o requerimento, caberá tão somente o direito a liquidar, no juízo cível, seu título executivo judicial, vale dizer, a sentença penal condenatória transitada em julgado.

  O inciso II do art. 4º prevê como efeito específico, não automático, dependente de expressa motivação do julgador, a inabilitação para o exercício de cargo, mandato ou função pública, pelo período de 1 (um) a 5 (cinco) anos.

  O inciso III trata da perda do cargo, do mandato ou da função pública. Pode o agente condenado pela prática de abuso de autoridade perder seu cargo, mandato ou função pública sem que, obrigatoriamente, se veja inabilitado para ocupar outro cargo, ou mesmo exercer mandato ou função pública. Os efeitos são, portanto, alternativos ou cumulativos, conforme o caso.

- A Lei de Abuso de Autoridade segue a política de penas alternativas. Em seu art. 5º anuncia que as penas restritivas de direitos substitutivas das privativas de liberdade são as seguintes: I – prestação de serviços à comunidade ou a entidades públicas; II – suspensão do exercício do cargo, da função ou do mandato, pelo prazo de 1 (um) a 6 (seis) meses, com a perda dos vencimentos e das vantagens. Conforme o disposto no parágrafo único do art. 5º, referidas penas restritivas de direito podem ser aplicadas autônoma ou cumulativamente, isto é, o juiz é quem, fundamentadamente, determina a necessidade de aplicação de uma ou mais penas restritivas de direito, aquilatando as circunstâncias do caso concreto, sem ignorar as condições pessoais do sentenciado.
- Como regra geral, a prestação de serviços à comunidade ou a entidades públicas substitui somente penas privativas de liberdade superiores a seis meses. Este piso de seis meses permanece na Lei de Abuso de Autoridade, que é silente a respeito? Para uns, o silêncio da lei especial elimina o requisito, podendo ser aplicada a prestação de serviços à comunidade mesmo para condenações inferiores a seis meses. Para outros, o silêncio obriga o aplicador a observar a norma geral, isto é, o limite mínimo para a substituição. Não atingindo o patamar de seis meses de pena em concreto, o juiz deve substituir a prisão pela suspensão do exercício do cargo, da função ou do mandato, pelo prazo de 1 (um) a 6 (seis) meses, com a perda dos vencimentos e das vantagens. Com espeque no princípio da razoabilidade, ficamos com a primeira corrente e explicamos com um exemplo para melhor compreensão do leitor. Se o agente consuma qualquer dos crimes de abuso de autoridade, sua pena será de no mínimo seis meses, admitindo prestação de serviços à comunidade. Se o delito, no entanto, for tentado, a pena pode ficar aquém de seis meses, só admitindo, de acordo com a segunda corrente, suspensão do exercício do cargo, da função ou do mandato, pelo prazo de 1 (um) a 6 (seis) meses, com a perda dos vencimentos e das vantagens, sanção alternativa rigorosíssima, conforme explicaremos no próximo item. Ora, como pode um crime tentado sofrer sanção restritiva bem mais rigorosa do que um crime consumado? Eis, aqui, a falta de razoabilidade que nos obriga a concordar com a tese de que o silêncio da Lei de Abuso de Autoridade elimina o piso, podendo ser aplicada a prestação de serviços à comunidade mesmo para condenações inferiores a seis meses.
- Ao contrário do que ocorre com o inciso I do art. 5º da Lei de Abuso de Autoridade, em que a pena restritiva de direitos relativa à prestação de serviços à comunidade ou a entidades públicas terá a mesma duração da pena privativa de liberdade substituída, ressalvado o disposto no § 4º do art. 46 do Código Penal, o inciso II do art. 5º determina que, havendo condenação pela prática de algum dos crimes previstos na Lei 13.869/2019, poderá ser aplicada, em substituição à pena privativa de liberdade, suspensão do exercício do cargo, da função ou do mandato pelo prazo de 1 (um) a 6 (seis) meses, com a perda dos vencimentos e das vantagens. Aqui, como se percebe, o condenado pelo abuso de autoridade será tão somente suspenso do seu cargo, função ou mandato pelo período de 1 (um) a 6 (seis) meses, com a perda dos vencimentos e das vantagens. Em se tratando, por exemplo, de alguém concursado, que ocupa um cargo público, o fato de deixar de receber seus vencimentos e vantagens a ele inerentes poderá deixá-lo em situação muito complicada. Assim, imagine-se a hipótese daquele agente que, condenado pelo crime de abuso de autoridade, viu substituída sua privação de liberdade pela suspensão do exercício do seu cargo durante 6 (seis) meses, deixando de receber seus vencimentos e vantagens durante todo o período da suspensão. Para um agente que tem suas obrigações familiares, a exemplo de pagamentos de contas de água, luz, esgoto, condomínio, escolas dos filhos, alimentação etc., ficar sem receber importará em um sacrifício que atingirá não somente ele mesmo, mas também as pessoas que dele dependem. À primeira vista, o que pode parecer uma sanção branda por ser uma alternativa à prisão é, na verdade, uma dura punição para o condenado.
- Com a entrada em vigor da Lei 14.321/22, a Lei de Abuso de Autoridade passou a tipificar o crime de violência institucional, que consiste em submeter a vítima de infração penal ou a testemunha de crimes violentos a procedimentos desnecessários, repetitivos ou invasivos, que a leve a reviver, sem estrita necessidade, a situação de violência ou outras situações potencialmente geradoras de sofrimento ou estigmatização. Cuida-se de forma específica de violência praticada pelas instituições públicas e seus agentes, não obstante o seu dever de promoção da dignidade e dos direitos humanos em diversos contextos da vida em sociedade.

## ✦ SÚMULAS DO SUPREMO TRIBUNAL FEDERAL E DO SUPERIOR TRIBUNAL DE JUSTIÇA

### 1. EFICÁCIA DA LEI PENAL NO TEMPO

#### 1.1. STF

- **Súmula nº 711** – A lei penal mais grave aplica-se ao crime continuado ou ao crime permanente, se a sua vigência é anterior à cessação da continuidade ou da permanência.

#### 1.2. STJ

- **Súmula nº 501** – É cabível a aplicação retroativa da Lei n. 11.343/2006, desde que o resultado da incidência das suas disposições, na íntegra, seja mais favorável ao réu do que o advindo da aplicação da Lei n. 6.368/1976, sendo vedada a combinação de leis.

### 2. EFICÁCIA DA LEI PENAL EM RELAÇÃO ÀS PESSOAS

#### 2.1. STF

- **Súmula vinculante nº 45** – A competência constitucional do Tribunal do Júri prevalece sobre o foro por prerrogativa de função estabelecido exclusivamente pela constituição estadual.
- **Súmula nº 702** – A competência do Tribunal de Justiça para julgar prefeitos restringe-se aos crimes de competência da justiça comum estadual; nos demais casos, a competência originária caberá ao respectivo tribunal de segundo grau.
- **Súmula nº 451** – A competência especial por prerrogativa de função não se estende ao crime cometido após a cessação definitiva do exercício funcional.

### 3. CONSUMAÇÃO E TENTATIVA

#### 3.1. STF

- **Súmula nº 145** – Não há crime, quando a preparação do flagrante pela polícia torna impossível a sua consumação.

### 4. CONCURSO DE PESSOAS

#### 4.1. STF

- **Súmula nº 245** – A imunidade parlamentar não se estende ao corréu sem essa prerrogativa.

## 5. APLICAÇÃO DA PENA

### 5.1. STF

- **Súmula nº 719** – A imposição do regime de cumprimento mais severo do que a pena aplicada permitir exige motivação idônea.
- **Súmula nº 718** – A opinião do julgador sobre a gravidade em abstrato do crime não constitui motivação idônea para a imposição de regime mais severo do que o permitido segundo a pena aplicada.

### 5.2. STJ

- **Súmula nº 636** – A folha de antecedentes criminais é documento suficiente a comprovar os maus antecedentes e a reincidência.
- **Súmula nº 630** – A incidência da atenuante da confissão espontânea no crime de tráfico ilícito de entorpecentes exige o reconhecimento da traficância pelo acusado, não bastando a mera admissão da posse ou propriedade para uso próprio.
- **Súmula nº 545** – Quando a confissão for utilizada para a formação do convencimento do julgador, o réu fará jus à atenuante prevista no art. 65, III, d, do Código Penal.
- **Súmula nº 493** – É inadmissível a fixação de pena substitutiva (art. 44 do CP) como condição especial ao regime aberto.
- **Súmula nº 444** – É vedada a utilização de inquéritos policiais e ações penais em curso para agravar a pena-base.
- **Súmula nº 443** – O aumento na terceira fase de aplicação da pena no crime de roubo circunstanciado exige fundamentação concreta, não sendo suficiente para a sua exasperação a mera indicação do número de majorantes.
- **Súmula nº 442** – É inadmissível aplicar, no furto qualificado, pelo concurso de agentes, a majorante do roubo.
- **Súmula nº 440** – Fixada a pena-base no mínimo legal, é vedado o estabelecimento de regime prisional mais gravoso do que o cabível em razão da sanção imposta, com base apenas na gravidade abstrata do delito.
- **Súmula nº 269** – É admissível a adoção do regime prisional semiaberto aos reincidentes condenados a pena igual ou inferior a quatro anos se favoráveis as circunstâncias judiciais.
- **Súmula nº 241** – A reincidência penal não pode ser considerada como circunstância agravante e, simultaneamente, como circunstância judicial.
- **Súmula nº 231** – A incidência da circunstância atenuante não pode conduzir à redução da pena abaixo do mínimo legal.
- **Súmula nº 171** – Cominadas cumulativamente, em lei especial, penas privativas de liberdade e pecuniária, é defeso a substituição da prisão por multa.
- **Súmula nº 74** – Para efeitos penais, o reconhecimento da menoridade do réu requer prova por documento hábil.

## 6. PENA DE MULTA

### 6.1. STF

- **Súmula nº 693** – Não cabe "habeas corpus" contra decisão condenatória a pena de multa, ou relativo a processo em curso por infração penal a que a pena pecuniária seja a única cominada.

## 7. AÇÃO PENAL

### 7.1. STF

- **Súmula nº 714** – É concorrente a legitimidade do ofendido, mediante queixa, e do Ministério Público, condicionada à representação do ofendido, para a ação penal por crime contra a honra de servidor público em razão do exercício de suas funções.

## 8. CAUSAS EXTINTIVAS DA PUNIBILIDADE

### 8.1. STJ

- **Súmula nº 631** – O indulto extingue os efeitos primários da condenação (pretensão executória), mas não atinge os efeitos secundários, penais ou extrapenais.
- **Súmula nº 18** – A sentença concessiva do perdão judicial é declaratória da extinção da punibilidade, não subsistindo qualquer efeito condenatório.

## 9. PRESCRIÇÃO

### 9.1. STF

- **Súmula nº 497** – Quando se tratar de crime continuado, a prescrição regula-se pela pena imposta na sentença, não se computando o acréscimo decorrente da continuação.

### 9.2. STJ

- **Súmula nº 438** – É inadmissível a extinção da punibilidade pela prescrição da pretensão punitiva com fundamento em pena hipotética, independentemente da existência ou sorte do processo penal.
- **Súmula nº 415** – O período de suspensão do prazo prescricional é regulado pelo máximo da pena cominada.
- **Súmula nº 338** – A prescrição penal é aplicável nas medidas socioeducativas.
- **Súmula nº 220** – A reincidência não influi no prazo da prescrição da pretensão punitiva.
- **Súmula nº 191** – A pronúncia é causa interruptiva da prescrição, ainda que o tribunal do júri venha a desclassificar o crime.

## 10. FURTO

### 10.1. STJ

- **Súmula nº 567** – Sistema de vigilância realizado por monitoramento eletrônico ou por existência de segurança no interior de estabelecimento comercial, por si só, não torna impossível a configuração do crime de furto.
- **Súmula nº 511** – É possível o reconhecimento do privilégio previsto no § 2º do art. 155 do CP nos casos de crime de furto qualificado, se estiverem presentes a primariedade do agente, o pequeno valor da coisa e a qualificadora for de ordem objetiva.

## 11. ROUBO

### 11.1. STF

- **Súmula nº 610** – Há crime de latrocínio, quando o homicídio se consuma, ainda que não realize o agente a subtração de bens da vítima.
- **Súmula nº 603** – A competência para o processo e julgamento de latrocínio é do juiz singular e não do tribunal do júri.

### 11.2. STJ

- **Súmula nº 582** – Consuma-se o crime de roubo com a inversão da posse do bem mediante emprego de violência ou grave ameaça, ainda que por breve tempo e em seguida à perseguição imediata ao agente e recuperação da coisa roubada, sendo prescindível a posse mansa e pacífica ou desvigiada.

## 12. EXTORSÃO

### 12.1. STJ

- **Súmula nº 96** – O crime de extorsão consuma-se independentemente da obtenção da vantagem indevida.

## 13. ESTELIONATO

### 13.1. STF

- **Súmula nº 554** – O pagamento de cheque emitido sem provisão de fundos, após o recebimento da denúncia, não obsta ao prosseguimento da ação penal.
- **Súmula nº 246** – Comprovado não ter havido fraude, não se configura o crime de emissão de cheque sem fundos.

### 13.2. STJ

- **Súmula nº 107** – Compete à Justiça comum estadual processar e julgar crime de estelionato praticado mediante falsificação das guias de recolhimento das contribuições previdenciárias, quando não ocorrente lesão a autarquia federal.
- **Súmula nº 73** – A utilização de papel moeda grosseiramente falsificado configura, em tese, o crime de estelionato, da competência da justiça estadual.
- **Súmula nº 48** – Compete ao juízo do local da obtenção da vantagem ilícita processar e julgar crime de estelionato cometido mediante falsificação de cheque.
- **Súmula nº 24** – Aplica-se ao crime de estelionato em que figure como vítima entidade autárquica da Previdência Social a qualificadora do § 3º do art. 171 do Código Penal.
- **Súmula nº 17** – Quando o falso se exaure no estelionato, sem mais potencialidade lesiva, é por este absorvido.

## 14. CRIMES CONTRA A PROPRIEDADE INTELECTUAL

### 14.1. STJ

- **Súmula nº 574** – Para a configuração do delito de violação de direito autoral e a comprovação de sua materialidade, é suficiente a perícia realizada por amostragem do produto apreendido, nos aspectos externos do material, e é desnecessária a identificação dos titulares dos direitos autorais violados ou daqueles que os representem.
- **Súmula nº 502** – Presentes a materialidade e a autoria, afigura-se típica, em relação ao crime previsto no art. 184, § 2º, do CP, a conduta de expor à venda CDs e DVDs piratas.

## 15. ESTUPRO DE VULNERÁVEL

### 15.1. STJ

- **Súmula nº 593** – O crime de estupro de vulnerável se configura com a conjunção carnal ou prática de ato libidinoso com menor de 14 anos, sendo irrelevante eventual consentimento da vítima para a prática do ato, sua experiência sexual anterior ou existência de relacionamento amoroso com o agente.

## 16. FALSIFICAÇÃO DE DOCUMENTO PÚBLICO

### 16.1. STJ

- **Súmula nº 104** – Compete à justiça estadual o processo e julgamento dos crimes de falsificação e uso de documento falso relativo a estabelecimento particular de ensino.
- **Súmula nº 62** – Compete à justiça estadual processar e julgar o crime de falsa anotação na Carteira de Trabalho e Previdência Social, atribuído a empresa privada.

## 17. USO DE DOCUMENTO FALSO

### 17.1. STF

- **Súmula vinculante nº 36** – Compete à Justiça Federal comum processar e julgar civil denunciado pelos crimes de falsificação e de uso de documento falso quando se tratar de falsificação da Caderneta de Inscrição e Registro (CIR) ou de Carteira de Habilitação de Amador (CHA), ainda que expedidas pela Marinha do Brasil.

### 17.2. STJ

- **Súmula nº 546** – A competência para processar e julgar o crime de uso de documento falso é firmada em razão da entidade ou órgão ao qual foi apresentado o documento público, não importando a qualificação do órgão expedidor.
- **Súmula nº 200** – O juízo federal competente para processar e julgar acusado de crime de uso de passaporte falso e o do lugar onde o delito se consumou.

## 18. FALSA IDENTIDADE

### 18.1. STJ

- **Súmula nº 522** – A conduta de atribuir-se falsa identidade perante autoridade policial é típica, ainda que em situação de alegada autodefesa.

## 19. CRIMES CONTRA A ADMINISTRAÇÃO PÚBLICA

### 19.1. STJ

- **Súmula nº 645** – O crime de fraude à licitação é formal, e sua consumação prescinde da comprovação do prejuízo ou da obtenção de vantagem.
- **Súmula nº 599** – O princípio da insignificância é inaplicável aos crimes contra a administração pública.

## 20. CONTRABANDO E DESCAMINHO

### 20.1. STJ

- **Súmula nº 151** – A competência para o processo e julgamento por crime de contrabando ou descaminho define-se pela prevenção do juízo federal do lugar da apreensão dos bens.

## 21. FALSO TESTEMUNHO

### 21.1. STJ

- **Súmula nº 165** – Compete à justiça federal processar e julgar crime de falso testemunho cometido no processo trabalhista.

## 22. LEIS ESPECIAIS

### 22.1. CONTRAVENÇÕES PENAIS

#### 22.1.1. STJ

- **Súmula nº 38** – Compete à justiça estadual comum, na vigência da Constituição de 1988, o processo por contravenção penal, ainda que praticada em detrimento de bens, serviços ou interesse da União ou de suas entidades.

## 22.2. CRIMES DE RESPONSABILIDADE

### 22.2.1. STF

- **Súmula vinculante nº 46** – A definição dos crimes de responsabilidade e o estabelecimento das respectivas normas de processo e julgamento são da competência legislativa privativa da União.
- **Súmula nº 703** – A extinção do mandato do prefeito não impede a instauração de processo pela prática dos crimes previstos no art. 1° do Decreto-lei 201/1967.

### 22.2.2. STJ

- **Súmula nº 209** – Compete à Justiça Estadual processar e julgar prefeito por desvio de verba transferida e incorporada ao patrimônio municipal.
- **Súmula nº 208** – Compete à Justiça Federal processar e julgar prefeito municipal por desvio de verba sujeita a prestação de contas perante órgão federal.
- **Súmula nº 164** – O prefeito municipal, após a extinção do mandato, continua sujeito a processo por crime previsto no art. 1. do Dec. lei n. 201, de 27/02/67.

## 22.3. EXECUÇÃO PENAL

### 22.3.1. STF

- **Súmula vinculante nº 56** – A falta de estabelecimento penal adequado não autoriza a manutenção do condenado em regime prisional mais gravoso, devendo-se observar, nessa hipótese, os parâmetros fixados no RE 641.320/RS.
- **Súmula vinculante nº 26** – Para efeito de progressão de regime no cumprimento de pena por crime hediondo, ou equiparado, o juízo da execução observará a inconstitucionalidade do art. 2º da Lei nº 8.072, de 25 de julho de 1990, sem prejuízo de avaliar se o condenado preenche, ou não, os requisitos objetivos e subjetivos do benefício, podendo determinar, para tal fim, de modo fundamentado, a realização de exame criminológico.
- **Súmula vinculante nº 9** – O disposto no art. 127 da Lei nº 7.210/1984 (Lei de Execução Penal) foi recebido pela ordem constitucional vigente, e não se lhe aplica o limite temporal previsto no caput do art. 58.
- **Súmula nº 717** – Não impede a progressão de regime de execução da pena, fixada em sentença não transitada em julgado, o fato de o réu se encontrar em prisão especial.
- **Súmula nº 716** – Admite-se a progressão de regime de cumprimento da pena ou a aplicação imediata de regime menos severo nela determinada, antes do trânsito em julgado da sentença condenatória.
- **Súmula nº 715** – A pena unificada para atender ao limite de trinta anos de cumprimento, determinado pelo art. 75 do Código Penal, não é considerada para a concessão de outros benefícios, como o livramento condicional ou regime mais favorável de execução. (Atualmente, o limite do art. 75 é de 40 anos, como determina a Lei 13.964/19.)
- **Súmula nº 700** – É de cinco dias o prazo para interposição de agravo contra decisão do juiz da execução penal.
- **Súmula nº 695** – Não cabe "habeas corpus" quando já extinta a pena privativa de liberdade.
- **Súmula nº 611** – Transitada em julgado a sentença condenatória, compete ao juízo das execuções a aplicação de lei mais benigna.

### 22.3.2. STJ

- **Súmula nº 643** – A execução da pena restritiva de direitos depende do trânsito em julgado da condenação.
- **Súmula nº 639** – Não fere o contraditório e o devido processo decisão que, sem ouvida prévia da defesa, determine transferência ou permanência de custodiado em estabelecimento penitenciário federal.
- **Súmula nº 617** – A ausência de suspensão ou revogação do livramento condicional antes do término do período de prova enseja a extinção da punibilidade pelo integral cumprimento da pena.
- **Súmula nº 562** – É possível a remição de parte do tempo de execução da pena quando o condenado, em regime fechado ou semiaberto, desempenha atividade laborativa, ainda que extramuros.
- **Súmula nº 535** – A prática de falta grave não interrompe o prazo para fim de comutação de pena ou indulto.
- **Súmula nº 534** – A prática de falta grave interrompe a contagem do prazo para a progressão de regime de cumprimento de pena, o qual se reinicia a partir do cometimento dessa infração.
- **Súmula nº 533** – Para o reconhecimento da prática de falta disciplinar no âmbito da execução penal, é imprescindível a instauração de procedimento administrativo pelo diretor do estabelecimento prisional, assegurado o direito de defesa, a ser realizado por advogado constituído ou defensor público nomeado.
- **Súmula nº 527** – O tempo de duração da medida de segurança não deve ultrapassar o limite máximo da pena abstratamente cominada ao delito praticado.
- **Súmula nº 526** – O reconhecimento de falta grave decorrente do cometimento de fato definido como crime doloso no cumprimento da pena prescinde do trânsito em julgado de sentença penal condenatória no processo penal instaurado para apuração do fato.
- **Súmula nº 520** – O benefício de saída temporária no âmbito da execução penal é ato jurisdicional insuscetível de delegação à autoridade administrativa do estabelecimento prisional.
- **Súmula nº 493** – É inadmissível a fixação de pena substitutiva (art. 44 do CP) como condição especial ao regime aberto
- **Súmula nº 491** – É inadmissível a chamada progressão per saltum de regime prisional.
- **Súmula nº 471** – Os condenados por crimes hediondos ou assemelhados cometidos antes da vigência da Lei nº 11.464/2007 sujeitam-se ao disposto no art. 112 da Lei nº 7.210/1984 (Lei de Execução Penal) para a progressão de regime prisional.
- **Súmula nº 441** – A falta grave não interrompe o prazo para obtenção de livramento condicional.
- **Súmula nº 439** – Admite-se o exame criminológico pelas peculiaridades do caso, desde que em decisão motivada.
- **Súmula nº 341** – A frequência a curso de ensino formal é causa de remição de parte do tempo de execução de pena sob regime fechado ou semiaberto.
- **Súmula nº 192** – Compete ao juízo das execuções penais do estado a execução das penas impostas a sentenciados pela justiça federal, militar ou eleitoral, quando recolhidos a estabelecimentos sujeitos à administração estadual.
- **Súmula nº 40** – Para obtenção dos benefícios de saída temporária e trabalho externo, considera-se o tempo de cumprimento da pena no regime fechado.

## 22.4. ESTATUTO DA CRIANÇA E DO ADOLESCENTE

### 22.4.1. STJ

- **Súmula nº 605** – A maioridade penal não interfere na apuração de atos infracionais e na execução de medidas socioeducativas.

- **Súmula nº 500** – A configuração do crime do art. 244-B do ECA independe da prova da efetiva corrupção do menor, por se tratar de delito formal.
- **Súmula nº 492** – O ato infracional análogo ao tráfico de drogas, por si só, não conduz obrigatoriamente à imposição de medida socioeducativa de internação do adolescente.
- **Súmula nº 108** – A aplicação de medidas socioeducativas ao adolescente, pela prática de ato infracional, é da competência exclusiva do juiz.

## 22.5. CRIMES CONTRA A ORDEM TRIBUTÁRIA

### 22.5.1. STF

- **Súmula vinculante nº 24** – Não se tipifica crime material contra a ordem tributária, previsto no art. 1º, incisos I a IV, da lei nº 8.137/90, antes do lançamento definitivo do tributo.

## 22.6. LEI Nº 9.099/95

### 22.6.1. STF

- **Súmula vinculante nº 35** – A homologação da transação penal prevista no artigo 76 da Lei 9.099/1995 não faz coisa julgada material e, descumpridas suas cláusulas, retoma-se a situação anterior, possibilitando-se ao Ministério Público a continuidade da persecução penal mediante oferecimento de denúncia ou requisição de inquérito policial.
- **Súmula nº 723** – Não se admite a suspensão condicional do processo por crime continuado, se a soma da pena mínima da infração mais grave com o aumento mínimo de um sexto for superior a um ano.

### 22.6.2. STJ

- **Súmula nº 243** – O benefício da suspensão do processo não é aplicável em relação às infrações penais cometidas em concurso material, concurso formal ou continuidade delitiva, quando a pena mínima cominada, seja pelo somatório, seja pela incidência da majorante, ultrapassar o limite de um (01) ano.

## 22.7. CRIMES CONTRA O SISTEMA DE TELECOMUNICAÇÕES

### 22.7.1. STJ

- **Súmula nº 606** – Não se aplica o princípio da insignificância aos casos de transmissão clandestina de sinal de internet via radiofrequência que caracterizam o fato típico previsto no artigo 183 da lei 9.472/97.

## 22.8. CRIMES DE TRÂNSITO

### 22.8.1. STF

- **Súmula nº 720** – O art. 309 do Código de Trânsito Brasileiro, que reclama decorra do fato perigo de dano, derrogou o art. 32 da Lei das Contravenções Penais no tocante à direção sem habilitação em vias terrestres.

### 22.8.2. STJ

- **Súmula nº 575** – Constitui crime a conduta de permitir, confiar ou entregar a direção de veículo automotor a pessoa que não seja habilitada, ou que se encontre em qualquer das situações previstas no art. 310 do CTB, independentemente da ocorrência de lesão ou de perigo de dano concreto na condução do veículo.

## 22.9. ARMAS DE FOGO

### 22.9.1. STJ

- **Súmula nº 513** – A 'abolitio criminis' temporária prevista na Lei n. 10.826/2003 aplica-se ao crime de posse de arma de fogo de uso permitido com numeração, marca ou qualquer outro sinal de identificação raspado, suprimido ou adulterado, praticado somente até 23/10/2005.

## 22.10. LEI MARIA DA PENHA

### 22.10.1. STJ

- **Súmula nº 600** – Para a configuração da violência doméstica e familiar prevista no artigo 5º da Lei n. 11.340/2006 (Lei Maria da Penha) não se exige a coabitação entre autor e vítima.
- **Súmula nº 589** – É inaplicável o princípio da insignificância nos crimes ou contravenções penais praticados contra a mulher no âmbito das relações domésticas.
- **Súmula nº 588** – A prática de crime ou contravenção penal contra a mulher com violência ou grave ameaça no ambiente doméstico impossibilita a substituição da pena privativa de liberdade por restritiva de direitos.
- **Súmula nº 542** – A ação penal relativa ao crime de lesão corporal resultante de violência doméstica contra a mulher é pública incondicionada.
- **Súmula nº 536** – A suspensão condicional do processo e a transação penal não se aplicam na hipótese de delitos sujeitos ao rito da Lei Maria da Penha.

## 22.11. LEI DE DROGAS

### 22.11.1. STF

- **Súmula nº 522** – Salvo ocorrência de tráfico para o Exterior, quando, então, a competência será da Justiça Federal, compete à Justiça dos Estados o processo e julgamento dos crimes relativos a entorpecentes.

### 22.11.2. STJ

- **Súmula nº 607** – A majorante do tráfico transnacional de drogas (art. 40, I, da lei 11.343/06) se configura com a prova da destinação internacional das drogas, ainda que não consumada a transposição de fronteiras.
- **Súmula nº 587** – Para a incidência da majorante prevista no art. 40, V, da Lei n. 11.343/2006, é desnecessária a efetiva transposição de fronteiras entre estados da Federação, sendo suficiente a demonstração inequívoca da intenção de realizar o tráfico interestadual.

# Direito Processual Penal

***Danilo da Cunha Sousa***

## TABELA DE INCIDÊNCIA DE QUESTÕES

| Distribuição das questões organizada por ordem didática de assuntos | | |
|---|---|---|
| **Assunto** | **Número de Questões** | **Peso** |
| 1. DISPOSIÇÕES INICIAIS DO PROCESSO PENAL | 1 | 1,26% |
| 2. DO INQUÉRITO POLICIAL | 4 | 5,06% |
| 3. AÇÃO PENAL | 8 | 10,12% |
| 4. AÇÃO CIVIL EX DELICTO | 8 | 10,12% |
| 5. COMPETÊNCIA | 7 | 8,86% |
| 6. QUESTÕES INCIDENTAIS E MEDIDAS ASSECURATÓRIAS | 11 | 13,93% |
| 7. PROVA NO PROCESSO PENAL | 2 | 2,53% |
| 8. DO JUIZ, DO MINISTÉRIO PÚBLICO, DO ACUSADO E DEFENSOR, DOS ASSISTENTES E AUXILIARES DA JUSTIÇA | 11 | 13,93% |
| 9. COMUNICAÇÃO DOS ATOS PROCESSUAIS | 1 | 1,26% |
| 10. PROCEDIMENTOS ORDINÁRIO E SUMÁRIO | 1 | 1,26% |
| 11. PROCEDIMENTO DO TRIBUNAL DO JÚRI | 3 | 3,79% |
| 12. JUIZADO ESPECIAL CRIMINAL (JECRIM) | 2 | 2,53% |
| 13. NULIDADES NO PROCESSO PENAL | 1 | 1,26% |
| 14. RECURSOS E AÇÕES AUTÔNOMAS DE IMPUGNAÇÃO | 14 | 17,75% |
| 15. LEI DE EXECUÇÕES PENAIS | 5 | 6,34% |
| **Total** | **79** | **100%** |

*Danilo da Cunha Sousa*

✦ QUESTÕES

## 1. DISPOSIÇÕES INICIAIS DO PROCESSO PENAL

**01. (FGV – Exame de Ordem 2020.1)** Durante longa investigação, o Ministério Público identificou que determinado senador seria autor de um crime de concussão no exercício do mandato, que teria sido praticado após sua diplomação. Com o indiciamento, o senador foi intimado a, se fosse de sua vontade, prestar esclarecimentos sobre os fatos no procedimento investigatório. Preocupado com as consequências, o senador procurou seu advogado para esclarecimentos.

Considerando apenas as informações narradas e com base nas previsões constitucionais, o advogado deverá esclarecer que

a) o Ministério Público não poderá oferecer denúncia em face do senador sem autorização da Casa Legislativa, pois a Constituição prevê imunidade de natureza formal aos parlamentares.

b) a denúncia poderá ser oferecida e recebida, assim como a ação penal ter regular prosseguimento, independentemente de autorização da Casa Legislativa, que não poderá determinar a suspensão do processo, considerando que o crime imputado é comum, e não de responsabilidade.

c) a denúncia não poderá ser recebida pelo Poder Judiciário sem autorização da Casa Legislativa, em razão da imunidade material prevista na Constituição, apesar de poder ser oferecida pelo Ministério Público independentemente de tal autorização.

d) a denúncia poderá ser oferecida e recebida independentemente de autorização parlamentar, mas deverá ser dada ciência à Casa Legislativa respectiva, que poderá, seguidas as exigências, até a decisão final, sustar o andamento da ação.

**COMENTÁRIOS**

**Alternativa "a":** O Senador da República, depois da diplomação, pode ser denunciado pelo Ministério Público, independentemente de prévia autorização do Senado. Assim, o Ministério Público deve oferecer a denúncia ao STF, o qual pode rejeitá-la ou recebê-la. Caso recebida a denúncia pelo STF, este comunica a Casa respectiva do Congresso Nacional, no caso, o Senado, o qual, por iniciativa de partido político nela representado e pelo voto da maioria de seus membros, poderá, até a decisão final, sustar o andamento da ação (art. 53, § 3º, CF/88).

**Alternativa "b":** O Senado Federal, depois de tomar ciência do recebimento da denúncia pelo STF, poderá determinar a suspensão do processo, desde que por iniciativa de partido político nela representado e pelo voto da maioria de seus membros (art. 53, § 3º, CF/88).

**Alternativa "c":** A imunidade material dos Congressistas se relaciona a fatos decorrentes de quaisquer de suas opiniões, palavras e votos (art. 53, "caput", CF/88). Já a imunidade formal dos Congressistas consiste, no que tange ao trâmite processual, à possibilidade de suspensão do processo pela Casa Legislativa, depois de comunicada do recebimento da denúncia pelo STF, mediante iniciativa de partido político nela representado e pelo voto da maioria de seus membros, poderá, até a decisão final, sustar o andamento da ação (art. 53, § 3º, CF/88).

**Alternativa "d":** Nos termos do art. 53, § 3º, CF/88, o Ministério pode oferecer a denúncia, independentemente, da anuência da Casa Legislativa. Oferecida a denúncia, cabe ao STF fazer juízo de recebimento ou rejeição da peça inicial. Recebida a denúncia, o STF dá ciência à Casa Legislativa respectiva do Congressista, a qual poderá suspender o andamento do processo, até a decisão final, **por iniciativa de partido político nela representado e pelo voto da maioria de seus membros**.

**Alternativa correta: letra "d".**

## 2. DO INQUÉRITO POLICIAL

**02. (FGV – Exame de Ordem 2021.1)** Após concluído inquérito policial para apurar a prática do crime de homicídio em desfavor de Jonas, o Ministério Público requereu o seu arquivamento por falta de justa causa, pois não conseguiu identificar o(s) autor(es) do delito, o que restou devidamente homologado pelo juiz competente. Um mês após o arquivamento do inquérito policial, uma testemunha, que não havia sido anteriormente identificada, compareceu à delegacia de polícia alegando possuir informações quanto ao autor do homicídio de Jonas.

A família de Jonas, ao tomar conhecimento dos fatos, procura você, como advogado(a) da família, para esclarecimentos. Diante da notícia de existência de novas provas aptas a identificar o autor do crime, você deverá esclarecer aos familiares da vítima que o órgão ministerial

a) poderá promover o desarquivamento do inquérito, pois a decisão de arquivamento não faz coisa julgada material independentemente de seu fundamento.

b) não poderá promover o desarquivamento do inquérito, pois a decisão de arquivamento é imutável na presente hipótese.

c) não poderá promover o desarquivamento do inquérito, pois se trata de mera notícia, inexistindo efetivamente qualquer prova nova quanto à autoria do delito.

d) poderá promover o desarquivamento do inquérito, pois a decisão de arquivamento fez apenas coisa julgada formal no caso concreto.

**COMENTÁRIOS**

**Alternativa "a":** Se o fundamento para a promoção do arquivamento do Inquérito Policial tem relação com o mérito da acusação, como, por exemplo, a extinção da punibilidade ou a atipicidade da conduta, há coisa julgada material e o inquérito não pode ser desarquivado. Porém, se o arquivamento tiver como fundamento a insuficiência de provas, há apenas coisa julgada formal e, assim, pode haver o desarquivamento, desde que surjam novas provas (art. 18, CPP).

**Alternativa "b":** Como o arquivamento se deu pelo fato de não se conseguir identificar o autor do fato, não há coisa julgada material. Logo, com o surgimento de novas provas, pode haver o desarquivamento.

**Alternativa "c":** Como a testemunha compareceu à Delegacia de Polícia, tem-se uma nova prova, o que autoriza o desarquivamento do inquérito policial.

**Alternativa "d":** É possível o desarquivamento do inquérito policial, pois o arquivamento prévio se deu por falta de prova quanto à autoria delitiva. Além disso, como, depois do arquivamento, surgiu uma testemunha não identificada anteriormente, com o que se tem uma prova nova, nos termos do art. 18, CPP.

**Alternativa correta: letra "d".**

---

**03. (FGV – Exame de Ordem/2018.3)** Após receber denúncia anônima, por meio de disque- denúncia, de grave crime de estupro com resultado morte que teria sido praticado por Lauro, 19 anos, na semana pretérita, a autoridade policial, de imediato, instaura inquérito policial para apurar a suposta prática delitiva. Lauro é chamado à Delegacia e apresenta sua identidade recém-obtida; em seguida, é realizada sua identificação criminal, com colheita de digitais e fotografias.

Em que pese não ter sido encontrado o cadáver até aquele momento das investigações, a autoridade policial, para resguardar a prova, pretende colher material sanguíneo do indiciado Lauro para fins de futuro confronto, além de desejar realizar, com base nas declarações de uma testemunha presencial localizada, uma reprodução simulada dos fatos; no entanto, Lauro se recusa tanto a participar da reprodução simulada quanto a permitir a colheita de seu material sanguíneo. É, ainda, realizado o reconhecimento de Lauro por uma testemunha após ser-lhe mostrada a fotografia dele, sem que fossem colocadas imagens de outros indivíduos com características semelhantes.

Ao ser informado sobre os fatos, na defesa do interesse de seu cliente, o(a) advogado(a) de Lauro, sob o ponto de vista técnico, deverá alegar que

a) o inquérito policial não poderia ser instaurado, de imediato, com base em denúncia anônima isoladamente, sendo exigida a realização de diligências preliminares para confirmar as informações iniciais.

b) o indiciado não poderá ser obrigado a fornecer seu material sanguíneo para a autoridade policial, ainda que seja possível constrangê-lo a participar da reprodução simulada dos fatos, independentemente de sua vontade.

c) o vício do inquérito policial, no que tange ao reconhecimento de pessoa, invalida a ação penal como um todo, ainda que baseada em outros elementos informativos, e não somente no ato viciado.

d) a autoridade policial, como regra, deverá identificar criminalmente o indiciado, ainda que civilmente identificado, por meio de processo datiloscópico, mas não poderia fazê-lo por fotografias.

**COMENTÁRIOS**

**Alternativa "a":** O STF fixou entendimento no sentido de que é possível a deflagração da persecução penal pela chamada denúncia anônima, desde que esta seja seguida de diligências realizadas para averiguar os fatos nela noticiados **antes da instauração do inquérito policial** (ARE n. 1.112.656, Rel. Min. Luiz Fux). Ou seja, recebida a denúncia anônima, a Autoridade Policial deve realizar diligências preliminares que a confirmem e só em seguida instaurar o inquérito policial.

**Alternativa "b":** no processo penal, ninguém é obrigado a produzir qualquer tipo de prova contra si mesmo (princípio "***nemo tenetur se detegere***"). Assim, o indiciado não é obrigado a colher material de DNA e tampouco participar de reprodução simulada dos fatos.

**Alternativa "c":** no caso, o reconhecimento pessoal não foi feito de acordo com o determinado em lei e, portanto, se trata de prova ilícita, a qual, contudo, não tem o condão de causar a anulação das demais provas colhidas. Anula-se, portanto, apenas o reconhecimento pessoal, mantendo-se as demais provas colhidas independentemente dele.

**Alternativa "d":** O civilmente identificado não será submetido a identificação criminal, salvo nas hipóteses previstas em lei (art. 5º, LVIII, CF/88). Portanto, como Lauro apresentou sua identidade, não precisava ser identificado criminalmente, nos termos da Lei n. 12.037/2009.;

**Alternativa correta: letra "a".**

---

**04. (FGV – Exame de Ordem 2018.2)** Um Delegado de Polícia, ao tomar conhecimento de um suposto crime de ação penal pública incondicionada, determina, de ofício, a instauração de inquérito policial. Após adotar diligência, verifica que, na realidade, a conduta investigada era atípica.

O indiciado, então, pretende o arquivamento do inquérito e procura seu advogado para esclarecimentos, informando que deseja que o inquérito seja imediatamente arquivado. Considerando as informações narradas, o advogado deverá esclarecer que a autoridade policial

a) deverá arquivar imediatamente o inquérito, fazendo a decisão de arquivamento por atipicidade coisa julgada material.

b) não poderá arquivar imediatamente o inquérito, mas deverá encaminhar relatório final ao Poder Judiciário para arquivamento direto e imediato por parte do magistrado.

c) deverá elaborar relatório final de inquérito e, após o arquivamento, poderá proceder a novos atos de investigação, independentemente da existência de provas novas.

d) poderá elaborar relatório conclusivo, mas a promoção de arquivamento caberá ao Ministério Público, havendo coisa julgada em caso de homologação do arquivamento por atipicidade.

**COMENTÁRIOS**

✪ **Nota do autor:** na redação originária do art. 28 do CPP, o MP, enquanto titular da ação penal, manifesta pelo arquivamento do inquérito policial. Se o juiz concordar com o arquivamento, promove decisão de homologação. Caso discorde, ele deve enviar o inquérito ao Procurador Geral. Com a Lei nº 13.694/2019 (Pacote Anticrime), o controle de arquivamento é feito pelo órgão superior do MP, de acordo com o determinado pela Lei Orgânica da Instituição. Nesse caso, não haveria participação do Juiz no controle de arquivamento. Mas, o novo art. 28 do CPP teve a vigência suspensa por decisão liminar na ADI n. 6.298MC/DF, a qual, até o presente momento, não foi ratificada ou revogada pelo Pleno do STF. Assim, a resposta da presente questão se mantém de acordo com a redação originária do art. 28, CPP.

**Alternativa "a":** a Autoridade Policial não tem atribuição de arquivamento do inquérito policial, pois a o titular da ação penal é o Ministério Público. **Memorize: jamais a Autoridade Policial terá atribuição de arquivar o inquérito policial**.

**Alternativa "b":** o titular da ação penal é o Ministério Público e cabe a ele ao receber os autos de inquérito policial decidir pelo arquivamento. O Juiz, em função anômala, exerce o controle do princípio da obrigatoriedade da ação penal pública e, caso descorde, envia os autos ao Procurador Geral do Ministério Público, ou, caso concorde com o arquivamento, promove a sua homologação.

**Alternativa "c":** o arquivamento do inquérito policial é feito pelo Ministério Público. Já o desarquivamento só pode ocorrer se o motivo do arquivamento é falta de provas, desde que surjam provas novas. Já, em caso de arquivamento por atipicidade da conduta, não é possível o desarquivamento, porque, nesse caso, há formação de coisa julgada.

**Alternativa "d":** à Autoridade Policial, cabe a elaboração de relatório em que descreve os principais atos investigatórios. Enviados os autos de inquérito policial ao Ministério Público, enquanto titular da ação penal, pode este oferecer denúncia, promover o arquivamento do inquérito policial ou requisitar novas diligências. Promovido o arquivamento, se o juiz com ele concordar, o homologa. Em regra, essa decisão de homologação não produz coisa julgada, se o arquivamento, por exemplo, se der por falta de provas. Mas, em casos excepcionais, como arquivamento por atipicidade, se forma a coisa julgada.

**Alternativa correta: letra "d".**

---

**05. (FGV – Exame de Ordem 2018.1)** Maria, 15 anos de idade, comparece à Delegacia em janeiro de 2017, acompanhada de seu pai, e narra que João, 18 anos, mediante grave ameaça, teria constrangido-a a manter com ele conjunção carnal, demonstrando interesse, juntamente com seu representante, na responsabilização criminal do autor do fato. Instaurado inquérito policial para apurar o crime de estupro, todas as testemunhas e João afirmaram que a relação foi consentida por Maria, razão pela qual, após promoção do Ministério Público pelo arquivamento por falta de justa causa, o juiz homologou o arquivamento com base no fundamento apresentado. Dois meses após o arquivamento, uma colega de classe de Maria a procura e diz que teve medo de contar antes a qualquer pessoa, mas em seu celular havia filmagem do ato sexual entre Maria e João, sendo que no vídeo ficava demonstrado o emprego de grave ameaça por parte deste. Maria, então, entrega o vídeo ao advogado da família.

Considerando a situação narrada, o advogado de Maria

a) nada poderá fazer sob o ponto de vista criminal, tendo em vista que a decisão de arquivamento fez coisa julgada material.
b) poderá apresentar o vídeo ao Ministério Público, sendo possível o desarquivamento do inquérito ou oferecimento de denúncia por parte do Promotor de Justiça, em razão da existência de prova nova.
c) nada poderá fazer sob o ponto de vista criminal, tendo em vista que, apesar de a decisão de arquivamento não ter feito coisa julgada material, o vídeo não poderá ser considerado prova nova, já que existia antes do arquivamento do inquérito.
d) poderá iniciar, de imediato, ação penal privada subsidiária da pública em razão da omissão do Ministério Público no oferecimento de denúncia em momento anterior.

**COMENTÁRIOS**

**Alternativa "a":** não há coisa julgada material na decisão que homologa o arquivamento de inquérito policial fundado na ausência de justa causa.

**Alternativa "b":** como o Inquérito Policial foi arquivado por falta de justa causa, não há que se falar em coisa julgada e, assim, é possível o desarquivamento desde que haja novas provas, ou seja, provas que eram do desconhecimento das Autoridades quando do arquivamento. Promovendo o desarquivamento, o Ministério Público pode oferecer denúncia, desde que entenda presentes os requisitos legais (prova da materialidade delitiva e indícios suficientes de autoria).

**Alternativa "c":** para efeitos de desarquivamento, prova nova é aquela que não era conhecida pelas autoridades quando do arquivamento do inquérito policial. Era aquela que ainda não havia sido juntada no caderno inquisitório.

**Alternativa "d":** não houve omissão do Ministério Público, o qual promoveu o arquivamento do inquérito policial diante das provas que foram juntadas até aquele momento.

**Alternativa correta: letra "b".**

## 3. AÇÃO PENAL

**06. (FGV – XXXVII Exame OAB)** Sérgio propôs uma ação penal privada contra Ana e Letícia por crime de dano (impossibilidade de qualquer medida penal consensual), isto porque as querelada, dolosamente, quebraram o para-brisa traseiro do seu carro. Finda a instrução criminal restaram comprovadas autoria e materialidade, até mesmo porque, além da prova testemunhal confirmar a imputação contida na queixa-crime, as acusadas confessaram o delito. Em alegações finais orais, Dr. Lúcio, advogado constituído por Sérgio, sem se referir à inicial acusatória, finalizou a sua sustentação apenas pedindo que "fosse feita a melhor justiça." Você, como advogado(a) das quereladas, alegaria como prejudicial de mérito a extinção da punibilidade

a) pelo perdão de Sérgio, pois não se manifestou em alegações finais juntamente com o seu patrono para pedir a condenação.
b) pela renúncia do querelante, haja vista que o seu advogado não ratificou em alegações finais os termos da acusação articulada na queixa-crime.
c) pela perempção, porque o advogado constituído por Sérgio, somente pediu em alegações finais que "fosse feita a melhor justiça", deixando de ratificar a pretensão de que as quereladas fossem condenadas, sequer tendo renovado o pedido de condenação apresentado na queixa-crime.
d) pela retratação do querelante, pois não se manifestou em alegações finais juntamente com o seu patrono para pedir a condenação das quereladas, ou mesmo ratificar o pedido de condenação apresentado na queixa-crime.

**COMENTÁRIOS**

**Alternativa "a":** Não há extinção da punibilidade pelo perdão, pois Sérgio não se manifestou nesse sentido, tampouco houve aceitação das quereladas.

**Alternativa "b":** Na renúncia, o querelante deixa de propor a queixa-crime. No presente caso, houve a apresentação dessa peça inicial e o processo seguiu seu curso até momento de prolação de sentença.

**Alternativa "c":** Ocorre perempção, porque o querelante deixou de formular pedido de condenação na fase de alegações finais (art. 60, III, CPP).

**Alternativa "d":** A retratação ocorre em alguns crimes de ação penal privada, como os crimes contra a honra, em que o querelado se retrata, retira o que falou.

**Alternativa correta: letra "c".**

---

**07. (FGV – Exame de Ordem XXXVI – 2022)** Hamilton, vendedor em uma concessionária de automóveis, mantém Priscila em erro, valendo-se de fraude para obter vantagem econômica ilícita, consistente em valor de comissão maior do que o devido na venda de um veículo automotor. A venda e a obtenção da vantagem ocorrem no dia 20 de novembro de 2019.

O fato chega ao conhecimento da autoridade policial por notícia feita pela concessionária, ainda em novembro de 2019 e, em 2 de março de 2020, o Ministério Público oferece denúncia em face de Hamilton, imputando-lhe a prática do crime de estelionato. Embora tenha sido ouvida em sede policial, Priscila não manifestou sua vontade de ver Hamilton processado pela prática delitiva. A denúncia é recebida e a defesa impetra habeas corpus perante o Tribunal de Justiça.

No caso, assinale a opção que apresenta a melhor tese defensiva a ser sustentada.

a) A ausência de condição específica de procedibilidade, em razão da exigência de representação da ofendida.

b) A ausência de condição da ação, pois caberia à vítima o ajuizamento da ação penal privada no caso concreto.

c) A necessidade de remessa dos autos ao Procurador-geral de Justiça para que haja oferta de acordo de não persecução penal.

d) A atipicidade da conduta, em razão do consentimento da vítima, consistente na ausência de manifestação de ver o acusado processado.

**COMENTÁRIOS**

**Alternativa "a":** A Lei n. 13.964/2019 passou a exigir a representação para o oferecimento da denúncia, quando se trata de crime de estelionato (art. 171, § 5º, CP). Publicada no dia 24 de dezembro de 2019, passou a ter vigência em 23 de janeiro de 2020 (vacatio legis de 30 dias). Mas, o STJ firmou o entendimento de que "a norma do § 5º do artigo 171 do Código Penal, introduzida pela Lei nº 13.964/19, tenha eficácia retroativa, ela não abarca ações penais já instauradas. Isso porque, oferecida a denúncia, não há mais que se cogitar em condição de procedibilidade (AgRg no HC 747157/SP). Portanto, no caso em tela, falta a representação da ofendida, condição da ação.

**Alternativa "b":** A ação penal no crime de estelionato é pública condicionada à representação.

**Alternativa "c":** A ausência de representação impede que seja oferecido acordo de não persecução penal

**Alternativa "d":** O crime de estelionato se consumou e a ação penal deve ser extinta por falta de uma condição da ação penal, qual seja a representação da vítima.

**Alternativa correta: letra "a".**

---

**08. (FGV- XXXV Exame de Ordem-2022)** Magda é servidora pública federal, trabalhando como professora em instituição de Ensino Superior mantida pela União no Estado do Rio de Janeiro. Magda vem a ser vítima de ofensa à sua honra subjetiva em sala de aula, sendo chamada de "piranha" e "vagabunda" por Márcio, aluno que ficara revoltado com sua reprovação em disciplina ministrada por Magda.

Nessa situação, assinale a afirmativa correta.

a) Magda só pode ajuizar queixa-crime contra Márcio, imputando-lhe crime de injúria.

b) Magda só pode oferecer representação contra Márcio, imputando-lhe crime de injúria.

c) Magda não pode ajuizar queixa-crime nem oferecer representação contra Márcio, imputando-lhe crime de injúria.

d) Magda pode optar entre ajuizar queixa-crime ou oferecer representação contra Márcio, imputando-lhe crime de injúria.

**COMENTÁRIOS**

**Alternativa "a":** Em regra, os crimes contra a honra são de ação penal privada. Mas, em se tratando de crime contra a honra de funcionário público, o STF estabeleceu hipótese de legitimidade concorrente: são legitimados tanto o ofendido, mediante queixa-crime, quanto o Ministério Público, mediante denúncia, depois de representação do ofendido.

**Alternativa "b":** Magda pode oferecer queixa-crime (ação penal privada) ou representação ao Ministério Público para oferecer denúncia (ação penal pública condicionada à representação).

**Alternativa "c":** Magda pode oferecer queixa-crime ou representação ao Ministério Público.

**Alternativa "d":** De acordo com a Súmula 714 do STF: "É concorrente a legitimidade do ofendido, mediante queixa, e do ministério público, condicionada à representação do ofendido, para a ação penal por crime contra a honra de servidor público em razão do exercício de suas funções."

**Alternativa correta: letra "d".**

---

**09. (FGV – Exame de Ordem – 2021.2)** Carlos, em relatório final conclusivo de inquérito policial, foi indiciado pela prática do crime de receptação qualificada (Art. 180, §1CP - pena: 3 a 8 anos de reclusão e multa). Recebido o procedimento investigatório, o Promotor de Justiça verificou, na Folha de Antecedentes Criminais, que Carlos possuía uma única anotação e era tecnicamente primário, mas que teria sido beneficiado, oito anos antes da suposta nova prática delitiva, por proposta de suspensão condicional do processo em relação a crime de estelionato.

Considerando as informações expostas, você, como advogado(a) de Carlos, deverá esclarecer que, de acordo com o Código de Processo Penal,

a) poderá ser proposto acordo de não persecução penal, independentemente da confissão do indiciado, podendo, contudo, ser imposto ressarcimento do dano e prestação de serviço à comunidade por tempo limitado em caso de aceitação.

b) não poderá ser proposto o acordo de não persecução penal, tendo em vista que o suposto autor já foi beneficiado com suspensão condicional do processo anteriormente.

c) poderá ser proposto acordo de não persecução penal, considerando a pena e natureza do crime, mas Carlos necessariamente deverá confessar a prática delitiva.

d) não poderá ser proposto o acordo de não persecução penal, em razão da pena máxima prevista para o delito ultrapassar quatro anos de reclusão.

**COMENTÁRIOS**

**Alternativa "a":** O acordo de não persecução penal exige a confissão formal e circunstanciada do fato (art. 28-A, "caput", CPP). Caso fosse possível, poderia ser imposto o ressarcimento do dano e prestação de serviços à comunidade por período correspondente à pena mínima cominada ao delito diminuída de um a dois terços, em local a ser indicado pelo juízo da execução, na forma do art. 46, Código Penal (art. 28-A, I e III, CPP);

**Alternativa "b":** A suspensão condicional do processo só obsta celebração de ANPP, se concedida cinco anos antes (art. 28-A, § 2º, III, CPP). No caso, o benefício fora concedido oito anos antes.

**Alternativa "c":** No ANPP, a pena mínima deve ser inferior a quatro anos; o crime praticado sem violência ou grave ameaça contra a pessoa; haver confissão formal e circunstanciada do fato (art. 28-A, CPP).

**Alternativa "d":** No ANPP, leva-se em conta a pena mínima, que deve ser inferior a quatro anos (art. 28-A, CPP).

**Alternativa correta: letra "c".**

---

**10. (FGV – Exame de Ordem – 2021.2)** Durante uma festa em uma casa noturna, Michele se desentende com sua amiga Flávia e lhe desfere um tapa no rosto, causando-lhe lesão corporal de natureza leve. Flávia, então, se dirige à autoridade policial e registra o fato, manifestando expressamente seu interesse em representar contra Michele, tendo em vista a natureza de ação penal pública condicionada à representação.

Findo o procedimento policial, os autos foram encaminhados ao Juizado Especial competente e o Ministério Público apresentou proposta de transação penal à Michele, que não a aceitou. Após o oferecimento de denúncia pelo Parquet, Flávia se diz arrependida e manifesta ao seu advogado interesse em se retratar da representação oferecida, destacando que ainda não foi recebida a inicial acusatória.

Considerando os fatos acima narrados, você, como advogado(a) de Flávia, deverá esclarecer que

a) a representação será irretratável na hipótese, por já ter sido oferecida a denúncia.
b) a retratação da representação poderá ser realizada até o momento da sentença, não dependendo de formalidades legais.
c) a retratação da representação será cabível até o recebimento da denúncia, em audiência perante o juiz, especialmente designada para tal finalidade.
d) a representação será irretratável, independentemente do momento processual, por se tratar de ação penal de natureza pública, de modo que o Ministério Público continua sendo o titular da ação.

**COMENTÁRIOS**

**Alternativa "a":** A representação será irretratável, depois de oferecida a denúncia (art. 25, CPP).

**Alternativa "b":** A retratação da representação pode ocorrer até o oferecimento da denúncia (art. 25, CPP).

**Alternativa "c":** Nos termos do art. 16 da Lei Maria da Penha, a retratação pode ser até o recebimento da denúncia, em audiência perante o juiz, especialmente designada para tal finalidade. Mas, no caso, não houve violência doméstica contra mulher.

**Alternativa "d":** A representação será irretratável, depois de oferecida a denúncia (art. 25, CPP).

**Alternativa correta: letra "a".**

---

**11. (FGV/OAB/XXX_Exame – 2019)** Após uma partida de futebol amador, realizada em 03/05/2018, o atleta André se desentendeu com jogadores da equipe adversária. Ao final do jogo, dirigiu-se ao estacionamento e encontrou, em seu carro, um bilhete anônimo, em que constavam diversas ofensas à sua honra. Em 28/06/2018, André encontrou um dos jogadores da equipe adversária, Marcelo, que lhe confessou a autoria do bilhete, ressaltando que Luiz e Rogério também estavam envolvidos na ofensa.

André, em 17/11/2018, procurou seu advogado, apresentando todas as provas do crime praticado, manifestando seu interesse em apresentar queixa-crime contra os três autores do fato. Diante disso, o advogado do ofendido, após procuração com poderes especiais, apresenta, em 14/12/2018, queixa-crime em face de Luiz, Rogério e Marcelo, imputando-lhes a prática dos crimes de calúnia e injúria.

Após o recebimento da queixa-crime pelo magistrado, André se arrependeu de ter buscado a responsabilização penal de Marcelo, tendo em vista que somente descobriu a autoria do crime em decorrência da ajuda por ele fornecida. Diante disso, comparece à residência de Marcelo, informa seu arrependimento, afirma não ter interesse em vê-lo responsabilizado criminalmente e o convida para a festa de aniversário de sua filha, sendo a conversa toda registrada em mídia audiovisual.

Considerando as informações narradas, é correto afirmar que o(a) advogado(a) dos querelados poderá

a) questionar o recebimento da queixa-crime, com fundamento na ocorrência de decadência, já que oferecida a inicial mais de 06 meses após a data dos fatos.
b) buscar a extinção da punibilidade dos três querelados, diante da renúncia ao exercício do direito de queixa realizado por André, que poderá ser expresso ou tácito.
c) buscar a extinção da punibilidade de Marcelo, mas não de Luiz e Rogério, em razão da renúncia ao exercício do direito de queixa realizado por André.
d) buscar a extinção da punibilidade dos três querelados, caso concordem, diante do perdão oferecido a Marcelo por parte de André, que deverá ser estendido aos demais coautores.

**COMENTÁRIOS**

**Alternativa "a":** Nos termos do Art. 38, do CPP, o prazo decadencial para o ofendido apresentar queixa-crime será de seis meses contados a partir da data em que o ofendido toma ciência sobre a autoria delitiva, não da data do fato.

**Alternativa "b":** A renúncia ao direito de queixa pode ser expressa ou tácita, mas ocorre antes do ofendido oferecer a queixa-crime, conforme Art. 104, CP, e Art. 50, CPP.

**Alternativa "c":** Não houve renúncia, mas perdão por parte do ofendido. Além disso, na ação penal privada, vige o princípio da indivisibilidade de modo que a extinção da punibilidade de um dos querelados, seja pelo perdão, seja pela renúncia, acarreta a de todos os demais (Arts. 49 e 51, CPP).

**Alternativa "d":** O perdão do ofendido a um dos autores do crime se estende aos demais autores (Art. 51, CPP). Mas, o perdão é ato bilateral, ou seja, só gera efeitos se for aceito pelo autor do fato (Art. 52, CPP). Assim, se Marcelo aceitou o perdão, mas os outros dois não aceitaram, a ação penal prossegue em relação aos outros dois.

**Alternativa correta: letra "d".**

---

**12. (FGV-Exame de Ordem 2019.1)** Gabriel, nascido em 31 de maio 1999, filho de Eliete, demonstrava sua irritação em razão do tratamento conferido por Jorge, namorado de sua mãe, para com esta. Insatisfeito, Jorge, no dia 1º de maio de 2017, profere injúria verbal contra Gabriel.

Após a vítima contar para sua mãe sobre a ofensa sofrida, Eliete comparece, em 27 de maio de 2017, em sede policial e, na condição de representante do seu filho, renuncia ao direito de queixa. No dia 02 de agosto de 2017, porém, Gabriel, contra a vontade da mãe, procura auxílio de advogado, informando que tem interesse em ver Jorge responsabilizado criminalmente pela ofensa realizada.

Diante da situação narrada, o(a) advogado(a) de Gabriel deverá esclarecer que

a) Jorge não poderá ser responsabilizado criminalmente, em razão da renúncia do representante legal do ofendido, sem prejuízo de indenização no âmbito cível.

b) poderá ser proposta queixa-crime em face de Jorge, mas, para que o patrono assim atue, precisa de procuração com poderes especiais.

c) Jorge não poderá ser responsabilizado criminalmente em razão da decadência, tendo em vista que ultrapassados três meses desde o conhecimento da autoria.

d) poderá ser proposta queixa-crime em face de Jorge, pois, de acordo com o Código de Processo Penal, ao representante legal é vedado renunciar ao direito de queixa.

COMENTÁRIOS

**Alternativa "a":** A renúncia feita pelo representante legal do menor de dezoito anos não impede que esse ofereça queixa-crime dentro do prazo decadencial (art. 50, parágrafo único, CPP). Assim, Gabriel pode oferecer queixa-crime contra Jorge, mesmo diante da renúncia feita por sua mãe. No que tange à indenização por danos morais, ela é possível ainda que houvesse a extinção da punibilidade pela renúncia.

**Alternativa "b":** É possível que Gabriel ofereça queixa-crime em face de Jorge, pois (i) a renúncia feita por sua mãe não impede que ele busque a responsabilização penal de seu ofensor (art. 50, parágrafo único, CPP); (ii) ainda não houve a decadência, quando Gabriel completou a maioridade e na data em que ele buscou a orientação de advogado.

**Alternativa "c":** O prazo decadencial é de seis meses a partir do conhecimento inequívoco da autoria do crime. No caso, o ofendido e a sua representante legal sabiam da autoria delitiva, desde o dia do fato. Assim, a decadência ocorreria no dia 30 de outubro de 2017.

**Alternativa "d":** O art. 50, CPP, prevê a possibilidade de o representante legal do ofendido renunciar ao direito de queixa-crime. Porém, em caso de conflito com o ofendido menor, nada impede que esse ofereça a queixa-crime (art. 50, parágrafo único, CPP).

**Alternativa correta: letra "b".**

---

**13. (FGV – Exame de Ordem/2018.3)** Flávio apresentou, por meio de advogado, queixa-crime em desfavor de Gabriel, vulgo "Russinho", imputando-lhe a prática do crime de calúnia, pois Gabriel teria imputado falsamente a Flávio a prática de determinada contravenção penal. Na inicial acusatória, assinada exclusivamente pelo advogado, consta como querelado apenas o primeiro nome de Gabriel, o apelido pelo qual é conhecido, suas características físicas e seu local de trabalho, tendo em vista que Flávio e sua defesa técnica não identificaram a completa qualificação do suposto autor do fato. A peça inaugural não indicou rol de testemunhas, apenas acostando prova documental que confirmaria a existência do crime. Ademais, foi acostada ao procedimento a procuração de Flávio em favor de seu advogado, na qual consta apenas o nome completo de Flávio e seus dados qualificativos, além de poderes especiais para propor eventuais queixas-crime que se façam pertinentes. Após citação de Gabriel em seu local de trabalho para manifestação, considerando apenas as informações expostas, caberá à defesa técnica do querelado pleitear, sob o ponto de vista técnico, a rejeição da queixa-crime,

a) sob o fundamento de que não poderia ter sido apresentada sem a completa qualificação do querelado, sendo insuficiente o fornecimento de características físicas marcantes, apelido e local de trabalho que poderiam identificá-lo.

b) porque, apesar de fornecidos imprescindíveis poderes especiais, a síntese do fato criminoso não consta da procuração.

c) porque a classificação do crime não foi adequada de acordo com os fatos narrados, e a tipificação realizada vincula a autoridade judicial.

d) tendo em vista que não consta, da inicial, o rol de testemunhas.

COMENTÁRIOS

**Alternativa "a":** Quando não há qualificação completa do querelado, basta que, na queixa-crime, haja esclarecimentos pelos quais se possa identificá-lo, como o fornecimento de características físicas marcantes, apelido e local de trabalho que poderiam identificá-lo (art. 41, CPP).

**Alternativa "b":** nos termos do art. 44, CPP, a queixa crime deve ser apresentada por advogado, constituído por procuração na qual devem constar a) poderes especiais; b) o nome do querelante e a menção do fato criminoso, salvo quando tais esclarecimentos dependerem de diligências que devem ser previamente requeridas no juízo criminal. No caso presente, não houve descrição sintética dos fatos.

**Alternativa "c":** no processo penal, o acusado se defende dos fatos descritos na inicial acusatória (denúncia ou queixa-crime). Desse modo, a capitulação, ainda que incorreta (ao invés de calúnia, se trata de difamação, pois o fato não constitui crime, mas contravenção penal) não vincula o órgão julgador, o qual se pode valer do instituto da *emendatio libelli* (art. 383, CPP).

**Alternativa "d":** A ausência do rol de testemunhas na queixa-crime não é motivo para seu indeferimento, ficando, contudo, preclusa a produção de prova testemunhal pelo querelante.

**Alternativa correta: letra "b".**

---

**14. (FGV – Exame de Ordem 2018.1)** Bruna compareceu à Delegacia e narrou que foi vítima de um crime de ameaça, delito este de ação penal pública condicionada à representação, que teria sido praticado por seu marido Rui, em situação de violência doméstica e familiar contra a mulher. Disse, ainda, ter interesse que seu marido fosse responsabilizado criminalmente por seu comportamento.

O procedimento foi encaminhado ao Ministério Público, que ofereceu denúncia em face de Rui pela prática do crime de ameaça (Art. 147 do Código Penal, nos termos da Lei nº 11.340/06). Bruna, porém, comparece à Delegacia, antes do recebimento da denúncia, e afirma não mais ter interesse na responsabilização penal de seu marido, com quem continua convivendo. Posteriormente, Bruna e Rui procuram o advogado da família e informam sobre o novo comparecimento de Bruna à Delegacia.

Considerando as informações narradas, o advogado deverá esclarecer que

a) a retratação de Bruna, perante a autoridade policial, até o momento, é irrelevante e não poderá ser buscada proposta de suspensão condicional do processo.

b) a retratação de Bruna, perante a autoridade policial, até o momento, é válida e suficiente para impedir o recebimento da denúncia.

c) não cabe retratação do direito de representação após o oferecimento da denúncia; logo, a retratação foi inválida.

d) não cabe retratação do direito de representação nos crimes praticados no âmbito de violência doméstica e familiar contra a mulher, e nem poderá ser buscada proposta de transação penal.

COMENTÁRIOS

**Alternativa "a":** nas ações penais públicas condicionadas à representação, em caso de violência doméstica contra a mulher, nos termos do art. 16, da Lei Maria da Penha, é possível a retratação da representação desde que: a) seja feita perante juiz; b) em audiência específica para tal finalidade; c) antes do recebimento da denúncia; d) ouvido o Ministério Público. No caso do problema, a retratação de Bruna não tem validade, porque feita na Delegacia de Polícia, não em Juízo, em audiência específica. Além disso, no art. 41, a Lei Maria da Penha veda a aplicação das medidas despenalizadoras da Lei nº 9.099/95, motivo pelo qual é inviável a suspensão condicional do processo em casos de violência doméstica contra a mulher.

**Alternativa "b":** a retratação de Bruna não é válida, porque não foi feita em juízo, em audiência designada para tal fim.

**Alternativa "c":** a regra geral é que a retratação da representação pode ser feita até o **oferecimento** da denúncia pelo Ministério Público (art. 25, CPP). No caso de violência doméstica contra a mulher, há regra especial: a retratação da representaçao pode ser feita até o **recebimento** da denúncia pelo Juiz (art. 16, da Lei Maria da Penha).

**Alternativa "d":** a Lei Maria da Penha permite a retratação da representação desde que preenchidos os requisitos do seu art. 16. Por outro lado, a Lei Maria da Penha impede a aplicação dos institutos despenalizadores da Lei nº 9.099/95, como a transação penal e a suspensão condicional do processo.

**Alternativa correta: letra "a".**

## 4. COMPETÊNCIA

**15. (FGV – XXXVII Exame OAB)** Gregório é defensor público no Estado do Rio de Janeiro, cuja Constituição lhe assegura foro por prerrogativa de função no Tribunal de Justiça local. Durante o carnaval, na cidade de Salvador/BA, Gregório por acaso se encontra com seu irmão e inimigo capital Sandro em uma rua erma, durante a dispersão de bloco carnavalesco. Gregório então se aproveita da oportunidade para matar Sandro com golpes de espada. Assinale a opção que indica o foro competente para conhecer e julgar esse crime.

a) O Tribunal do Júri da Comarca de Salvador/BA.
b) O Tribunal de Justiça do Estado da Bahia.
c) O Tribunal do Júri da Comarca do Rio de Janeiro/RJ.
d) O Tribunal de Justiça do Estado do Rio de Janeiro.

**COMENTÁRIOS**

**Alternativa "a":** A competência do Tribunal do Júri para o julgamento dos crimes dolosos contra a vida é estabelecida pela Constituição Federal e prevalece em relação a foro por prerrogativa de função previsto em Constituição Estadual.

**Alternativa "b":** A competência é do Tribunal de Júri de Salvador, pois a competência dos crimes contra a vida está estabelecida na Constituição Federal.

**Alternativa "c":** A competência é do Tribunal do Júri da cidade de Salvador, onde ocorreu o crime.

**Alternativa "d":** A competência é do Tribunal de Júri de Salvador, pois a competência dos crimes contra a vida está estabelecida na Constituição Federal, afastando-se a aplicação da Constituição Estadual. Caso crime cometido pelo defensor público não tivesse previsão constitucional para ser julgado (como crime de furto), a competência seria do TJ/RJ.

**Alternativa correta: letra "a".**

**16. (FGV – Exame de Ordem XXXVI – 2022)** O prefeito do Município de Canto Feliz, juntamente com o juiz estadual e o promotor de justiça, todos da mesma comarca (Art. 77, inciso I, do CPP), cometeu um crime contra a administração pública federal - interesse da União -, delito que não era de menor potencial ofensivo e nem cabia, objetivamente, qualquer medida penal consensual. Todos foram denunciados pelo Ministério Público federal perante a 1ª Vara Criminal da Justiça Federal da correspondente Seção Judiciária.

Recebida a denúncia, a fase probatória da instrução criminal foi encerrada, sendo que o Dr. João dos Anjos, que era advogado em comum aos réus (inexistência de colidência de defesas), faleceu, tendo os acusados constituído um novo advogado para apresentar memoriais (Art. 403, § 3º, do CPP) e prosseguir em suas defesas.

Nessa fase de alegações finais, somente há uma matéria de mérito a ser defendida em relação a todos os réus, que é a negativa de autoria. Todavia, antes de adentrar ao mérito, existe uma questão preliminar processual a ser suscitada, relativa à competência, e consequente arguição de nulidade.

Como advogado(a) dos réus, assinale a opção que indica como você fundamentaria a existência dessa nulidade.

a) O processo é nulo, por ser o juízo relativamente incompetente, aproveitando-se os atos instrutórios. Anulado o processo, este deverá prosseguir para todos a partir da apresentação dos memoriais perante uma das Turmas do Tribunal Regional Federal da respectiva Seção Judiciária, por serem os réus detentores de foro especial por prerrogativa de função junto àquele órgão jurisdicional.
b) O processo é nulo, por ser o juízo absolutamente incompetente desde o recebimento da denúncia, devendo ser reiniciado para todos a partir deste momento processual perante o Tribunal de Justiça do respectivo Estado da Federação, por serem os réus detentores de foro especial por prerrogativa de função perante aquela Corte estadual de justiça.
c) O processo é nulo, por ser o juízo relativamente incompetente, aproveitando-se os atos instrutórios. Anulado o processo este deverá prosseguir a partir da apresentação dos memoriais perante o Tribunal de Justiça do respectivo Estado da Federação, por serem todos os réus detentores de foro especial por prerrogativa de função perante aquela Corte estadual de justiça.
d) O processo é nulo, por ser o juízo absolutamente incompetente. Em relação ao Prefeito do Município de Canto Feliz, o processo deverá ser remetido a uma das Turmas do Tribunal Regional Federal da respectiva Seção Judiciária, sendo reiniciado a partir do recebimento da denúncia. Em relação ao Juiz estadual e ao Promotor de Justiça, há nulidade por vício de incompetência absoluta, com a necessidade de desmembramento do processo, devendo ser reiniciado para ambos a partir do recebimento da denúncia, sendo de competência do Tribunal de Justiça do respectivo Estado da Federação.

**COMENTÁRIOS**

**Alternativa "a":** Como se trata de caso de competência por prerrogativa de função, tem-se hipótese de incompetência absoluta, com nulidade de todos os atos praticados pelo juiz Estadual de Primeiro Grau, desde o recebimento da denúncia.

**Alternativa "b":** Em caso de Prefeito Municipal, a prerrogativa é que ele seja julgado por Tribunal de Segundo Grau. Como se trata de crime federal, a competência para o julgamento do Prefeito é o Tribunal Regional Federal.

**Alternativa "c":** O processo é nulo, por se tratar de incompetência absoluta, já que o Prefeito Municipal deve ser julgado pelo TRF, enquanto o juiz e o promotor de Justiça pelo TJ ao qual estejam vinculados.

**Alternativa "d":** Tem-se hipótese de incompetência absoluta, pois se refere à fixação de competência por prerrogativa de função e, portanto, o processo é nulo desde o recebimento da denúncia. No caso de Prefeito Municipal, o art. 29, X, CF/88 estabelece a competência dos Tribunais de Justiça para o julgamento de Prefeitos. Mas, a jurisprudência firmou entendimento que, se ó crime for de competência da Justiça Federal, o Prefeito Municipal será julgado pelo Tribunal Regional Federal. Já, no caso de Juiz de Direito e do Promotor de Justiça, a competência é do Tribunais de Justiça julgar nos crimes comuns e de responsabilidade, ressalvada a competência da Justiça Eleitoral (art. 96, III, CF/88). Assim, mesmo o crime sendo de competência federal, o julgamento será feito pelo Tribunal de Justiça, no caso do juiz e do promotor de justiça estadual.

**Alternativa correta: letra "d".**

---

**17. (FGV- XXXV Exame de Ordem-2022)** Tendo sido admitido a cursar uma universidade nos Estados Unidos da América (EUA), cuja apresentação deveria ocorrer em 05 (cinco) dias, Lucas verificou que o seu passaporte brasileiro estava vencido e entrou em contato com Bento, na cidade de Algarve, no Estado do Paraná, o qual lhe entregaria um passaporte feito pelo mesmo, idêntico ao expedido pelas autoridades brasileiras. Lucas fez a transferência da quantia de R$ 5.000,00 (cinco mil reais) para a conta corrente de Bento numa agência bancária situada na cidade de Vigo (PR). Confirmado o depósito, Lucas se encontrou com Bento no interior de um hospital federal, onde o primeiro aguardava uma consulta, na cidade de Antonésia (PR). Já no aeroporto de São Paulo, Lucas apresentou às autoridades brasileiras o passaporte feito por Bento, oportunidade em que a polícia federal constatou que o mesmo era falso. Lucas foi preso em flagrante delito. O Ministério Público do Estado de São Paulo ofereceu denúncia contra Lucas pelo crime de uso de documento falso, a qual foi recebida pelo juízo da 48ª Vara Criminal da Comarca da Capital (SP), oportunidade em que foi posto em liberdade, sendo-lhe impostas duas medidas cautelares diversas da prisão. O advogado de Lucas foi intimado para apresentar resposta à acusação, oportunidade em que se insurgiu contra a incompetência absoluta do juízo da 48ª Vara Criminal da Comarca da Capital (SP). Assinale a opção que indica a peça processual em que o advogado de Lucas deverá arguir a relatada incompetência.

a) Exceção de incompetência, por entender que o juízo natural seria uma das Varas Criminais da Comarca de Vigo (PR), onde se consumou o crime imputado, haja vista que a compra do passaporte se aperfeiçoou na cidade em que Bento possuía conta bancária e recebeu a quantia de R$ 5.000,00 (cinco mil reais).

b) Na própria resposta à acusação, sustentando que o juízo natural seria uma das Varas Criminais da Comarca de Algarve (PR), onde o passaporte falso foi confeccionado.

c) Na própria resposta à acusação, por entender que o juízo natural seria uma das Varas Criminais Federais da Seção Judiciária do Estado do Paraná, em razão de Bento ter entregue o passaporte falsificado no interior de um hospital federal na cidade de Antonésia (PR), onde Lucas aguardava uma consulta.

d) Exceção de incompetência, por entender que o juízo natural seria uma das Varas Criminais Federais da Seção Judiciária do Estado de São Paulo, em razão de Lucas ter tentado embarcar para os EUA manuseando o passaporte falso confeccionado por Bento.

**COMENTÁRIOS**

**Alternativa "a":** A exceção de incompetência é a peça adequada a questionar a incompetência do Juízo. No caso, o crime se consumou no momento que o agente usou o documento falso, na cidade de São Paulo. Como se trata de documento público emitido por órgão das União, a competência é da Justiça Federal.

**Alternativa "b":** A competência territorial é do juízo da cidade São Paulo, onde o documento falso foi usado. Como tal documento é expedido pela União, a competência absoluta, em razão da matéria, é da Justiça Federal. A peça adequada para arguição de incompetência é a exceção a ser arguida, em peça apartada, no prazo da resposta à acusação.

**Alternativa "c":** A competência é da justiça Federal pelo fato de o passaporte ser documento expedido por órgão federal.

**Alternativa "d":** No caso, a incompetência do Juízo da Comarca de São Paulo é absoluta, pois o passaporte é documento público emitido por órgão da União. Logo, a competência não é da Justiça Estadual, mas de uma das Vara Criminais Federais da Seção Judiciária do Estado de São Paulo. A peça adequada a ser apresentada é a exceção de incompetência, embora, por se tratar de questão de ordem pública, pode ser arguida a qualquer momento, não estando sujeita à preclusão.

**Alternativa correta: letra "d".**

---

**18. (FGV – Exame de Ordem 2021.1)** Caio praticou um crime de furto (Art. 155 – pena: reclusão, de 1 a 4 anos, e multa) no interior da sede da Caixa Econômica Federal, empresa pública, em Vitória (ES), ocasião em que subtraiu dinheiro e diversos bens públicos. Ao sair do estabelecimento, para assegurar a fuga, subtraiu, mediante grave ameaça, o carro da vítima, Cláudia (Art. 157 – pena: reclusão, de 4 a 10 anos, e multa). Houve perseguição policial, somente vindo Caio a ser preso na cidade de Cariacica, onde foi encontrado em seu poder um celular produto de crime anterior (Art. 180 – pena: reclusão, de 1 a 4 anos, e multa).

Considerando a conexão existente entre os crimes de furto simples, roubo simples e receptação, bem como a jurisprudência dos Tribunais Superiores, assinale a opção que indica a Vara Criminal competente para o julgamento de Caio.

a) A Justiça Estadual, em relação aos três crimes, sendo competente, territorialmente, a comarca de Vitória.

b) A Justiça Estadual, em relação aos três crimes, sendo competente, territorialmente, a comarca de Cariacica.

c) A Justiça Federal, em relação ao crime de furto, e a Vara Criminal de Vitória, da Justiça Estadual, no que tange aos crimes de roubo e receptação.

d) A Justiça Federal, em relação a todos os delitos.

**COMENTÁRIOS**

**Alternativa "a":** Como a Caixa Econômica Federal é empresa pública pertencente à União, a competência para apurar os crimes contra ela praticados é da Justiça Federal (art. 109, IV, CF/88). Os demais crimes, a princípio, seriam de competência da Justiça Estadual, porque não atingem bens ou interesses da União, mas, por força da Súmula 122 do STJ, em decorrência da conexão probatória, a unificação dos processos perante a Justiça Federal.

**Alternativa "b":** Como visto, a Competência é da Justiça Federal, pois uma das vítimas é a Caixa Econômica Federal, aplicando-se a Súmula 122 do STJ. Mas, apenas para ilustração, caso a competência fosse da Justiça Estadual, a competência seria da Comarca de Cariacica, onde ocorreu o crime mais grave (art. 78, II, *a*, CPP).

**Alternativa "c":** A competência é da Justiça Federal, tendo em vista a conexão entre um crime praticado contra empresa pública federal e crimes praticados contra particulares, nos termos da Súmula 122 do STJ.

**Alternativa "d":** De acordo com a Súmula n. 122 do STJ, "compete à Justiça Federal o processo e julgamento unificado dos crimes conexos de competência federal e estadual, não se aplicando a regra do art. 78, II, a, do Código de Processo Penal.

**Alternativa correta: letra "d".**

---

**19. (FGV/OAB/XXX_Exame – 2019)** Carlos, advogado, em conversa com seus amigos, na cidade de Campinas, afirmou, categoricamente, que o desembargador Tício exigiu R$ 50.000,00 para proferir voto favorável para determinada parte em processo criminal de grande repercussão, na Comarca em que atuava.

Ao tomar conhecimento dos fatos, já que uma das pessoas que participavam da conversa era amiga do filho de Tício, o desembargador apresentou queixa-crime, imputando a Carlos o crime de calúnia majorada (Art. 138 c/c. o Art. 141, inciso II, ambos do CP. Pena: 06 meses a 2 anos e multa, aumentada de 1/3). Convicto de que sua afirmativa seria verdadeira, Carlos pretende apresentar exceção da verdade, com a intenção de demonstrar que Tício realmente havia realizado a conduta por ele mencionada. Procura, então, seu advogado, para adoção das medidas cabíveis.

Com base apenas nas informações narradas, o advogado de Carlos deverá esclarecer que, para julgamento da exceção da verdade, será competente

a) a Vara Criminal da Comarca de Campinas, órgão competente para apreciar a queixa-crime apresentada.

c) o Juizado Especial Criminal da Comarca de Campinas, órgão competente para apreciar a queixa-crime apresentada.

c) o Tribunal de Justiça do Estado de São Paulo, apesar de não ser o órgão competente para apreciar a queixa-crime apresentada.

d) o Superior Tribunal de Justiça, apesar de não ser o órgão competente para apreciar a queixa-crime apresentada.

**COMENTÁRIOS**

**Alternativa "a":** Em regra, a competência é determinada pelo lugar em que ocorreu a infração. Assim, no caso, seria Campinas, mas, como o ofendido tem foro por prerrogativa de função, a competência para julgamento da exceção de verdade é do STJ (Art. 105, I, *a*, CF/88 e Art. 85, CPP).

**Alternativa "b":** A competência não seria do Juizado Especial, pois, como há causa de aumento de pena que eleva a pena máxima do crime a patamar superior a dois anos, não sendo, portanto, infração de menor potencial ofensivo.

**Alternativa "c":** A competência para julgar a exceção de verdade é do STJ, porque o ofendido é desembargador (Art. 105, I, *a*, CF/88 e Art. 85, CPP).

**Alternativa "d":** Como Tício é Desembargador, ele é detentor de foro por prerrogativa de função, sendo o Superior Tribunal de Justiça competente para o julgamento de crimes praticados por ele (Art. 105, I, *a*, CF/88). Nos termos do Art. 85, CPP, em interpretação conforme a Constituição de 1988, a competência para julgamento da exceção de verdade é do mesmo órgão competente pela prerrogativa função, no caso, portanto, é o STJ. Já a competência para julgar a queixa-crime é a Vara Criminal de Campinas. Assim, interposta a exceção de verdade, a ação penal é suspensa na Vara Criminal de Campinas, até o julgamento da exceção pelo STJ.

**Alternativa correta: letra "d".**

---

**20. (FGV-Exame de Ordem 2019.2)** Anderson, Cláudio e Jorge arquitetam um plano para praticar crime contra a agência de um banco, empresa pública federal, onde Jorge trabalhava como segurança. Encerrado o expediente, em 03/12/2017, Jorge permite a entrada de Anderson e Cláudio no estabelecimento e, em conjunto, destroem um dos cofres da agência e subtraem todo o dinheiro que estava em seu interior.

Após a subtração do dinheiro, os agentes roubam o carro de Júlia, que trafegava pelo local, e fogem, sendo, porém, presos dias depois, em decorrência da investigação realizada.

Considerando que a conduta dos agentes configura os crimes de furto qualificado (pena: 2 a 8 anos e multa) e roubo majorado (pena: 4 a 10 anos e multa, com causa de aumento de 1/3 até metade), praticados em conexão, após solicitação de esclarecimentos pelos envolvidos, o(a) advogado(a) deverá informar que

a) a Justiça Federal será competente para julgamento de ambos os delitos conexos.

b) a Justiça Estadual será competente para julgamento de ambos os delitos conexos.

c) a Justiça Federal será competente para julgamento do crime de furto qualificado e a Justiça Estadual, para julgamento do crime de roubo majorado, havendo separação dos processos.

d) tanto a Justiça Estadual quanto a Federal serão competentes, considerando que não há relação de especialidade entre estas, prevalecendo o critério da prevenção.

**COMENTÁRIOS**

**Alternativa "a":** A competência é da Justiça Federal, porque uma das vítimas é uma empresa pública, de propriedade da União (Art. 109, IV, CF/88). E, nos termos da Súmula 122 do STJ, compete à Justiça Federal o processo e julgamento unificado dos crimes conexos de competência federal e estadual, não se aplicando a regra do art. 78, II, a, do Código de Processo Penal.

**Alternativa "b":** A competência é da Justiça Federal, porque uma das vítimas é uma empresa pública, de propriedade da União (Art. 109, IV, CF/88). E, nos termos da Súmula 122 do STJ, compete à Justiça Federal o processo e julgamento unificado dos crimes conexos de competência federal e estadual, não se aplicando a regra do art. 78, II, a, do Código de Processo Penal.

**Alternativa "c":** A competência é da Justiça Federal e, por ser material, logo, absoluta, atrai a competência para o julgamento do crime de roubo contra Júlia.

**Alternativa "d":** A competência é da Justiça Federal, porque uma das vítimas é uma empresa pública, de propriedade da União (Art. 109, IV, CF/88). E, nos termos da Súmula 122 do STJ, compete à Justiça Federal o processo e julgamento unificado dos crimes conexos de competência federal e estadual, não se aplicando a regra do art. 78, II, a, do Código de Processo Penal.

**Alternativa correta: letra "a".**

---

**21. (FGV-Exame de Ordem 2019.1)** Jucilei foi preso em flagrante quando praticava crime de estelionato (Art. 171 do CP), em desfavor da Petrobras, sociedade de economia mista federal. De acordo com os elementos informativos, a fraude teria sido realizada na cidade de Angra dos Reis, enquanto a obtenção da vantagem ilícita ocorreu na cidade do Rio de Janeiro, sendo Jucilei preso logo em seguida, mas já na cidade de Niterói.

Ainda em sede policial, Jucilei entrou em contato com seu(-sua) advogado(a), que compareceu à Delegacia para acompanhar seu cliente, que seria imediatamente encaminhado para a realização de audiência de custódia perante autoridade judicial.

Considerando as informações narradas, o(a) advogado(a) deverá esclarecer ao seu cliente que será competente para processamento e julgamento de eventual ação penal pela prática do crime do Art. 171 do Código Penal, o juízo junto à

a) Vara Criminal Estadual da Comarca do Rio de Janeiro.
b) Vara Criminal Estadual da Comarca de Angra dos Reis.
c) Vara Criminal Federal com competência sobre a cidade do Rio de Janeiro.
d) Vara Criminal Federal com competência sobre a cidade de Angra dos Reis.

**COMENTÁRIOS**

**Alternativa "a":** Em relação à competência material, a Justiça Estadual é a competente, porque a Petrobrás é uma **sociedade de economia mista**, embora a União seja a sócia majoritária (Súmula 42/STJ). No que se refere à competência territorial, o Juízo do Rio de Janeiro é o competente, pois o crime **se consumou** na Capital, onde o agente obteve a indevida vantagem econômica (art. 70, *caput*, CPP).

**Alternativa "b":** Embora a conduta fraudulenta tenha ocorrido em Angra dos Reis, a obtenção da indevida vantagem econômica, fato que consuma o crime de estelionato, se deu no Rio de Janeiro. A competência territorial no processo penal, em regra, se fixa no local em que se consumou o crime (**teoria do resultado**).

**Alternativa "c":** A competência material não é da Justiça Federal, pois a Petrobrás é sociedade de economia mista.

**Alternativa "d":** A competência material não é da Justiça Federal, pois a Petrobrás é sociedade de economia mista. Além disso, a competência territorial é da cidade do Rio de Janeiro, onde se consumou o crime.

**Alternativa correta: letra "a".**

---

**22. (FGV – Exame de Ordem 2018.2)** Maria recebe ligação de duas delegacias diferentes, informando a prisão em flagrante de seus dois filhos. Após contatar seu advogado, Maria foi informada de que Caio, seu filho mais velho, praticou, em Niterói, um crime de lesão corporal grave consumado, mas somente veio a ser preso no Rio de Janeiro. Soube, ainda, que Bruno, seu filho mais novo, foi preso por praticar um crime de roubo simples (pena: 04 a 10 anos de reclusão e multa) em Niterói e um crime de extorsão majorada (pena: 04 a 10 anos de reclusão, aumentada de 1/3 a 1/2, e multa) em São Gonçalo, sendo certo que a prova do roubo influenciaria na prova da extorsão, já que o carro subtraído no roubo foi utilizado quando da prática do segundo delito.

Considerando apenas as informações constantes do enunciado, o advogado de Maria deverá esclarecer que o(s) juízo(s) competente(s) para julgar Caio e Bruno será(ão),

a) Niterói, nos dois casos, sendo que, entre os crimes de roubo e extorsão, há, de acordo com o Código de Processo Penal, continência.
b) Niterói, nos dois casos, sendo que, entre os crimes de roubo e extorsão, há, de acordo com o Código de Processo Penal, conexão.
c) Rio de Janeiro e São Gonçalo, respectivamente, sendo que, entre os crimes de roubo e extorsão, há, de acordo com o Código de Processo Penal, continência.
d) Niterói e São Gonçalo, respectivamente, sendo que, entre os crimes de roubo e extorsão, há, de acordo com o Código de Processo Penal, conexão.

**COMENTÁRIOS**

✪ **Nota do autor:** a competência territorial é determinada, em regra, pelo local em que se **consumar** o crime (art. 70, CPP). No caso do problema, o crime de lesão corporal praticado por Caio se consumou em Niterói, onde, portanto, deve ser julgado. Já Bruno cometeu dois crimes: roubo, em Niterói, e extorsão majorada, em São Gonçalo. Como há conexão probatória entre ambos os crimes, ele deve ser julgado no local em que se consumou o crime **mais grave** (art. 78, II, *a*, CPP), que, no caso, é São Gonçalo.

**Alternativa "a":** a continência está delineada no art. 77 do CPP: subjetiva: concurso de agentes; e objetiva: concurso formal de crimes – art. 70, CP; erro na execução (*aberratio ictus*) – art. 73, CP; e resultado diverso do pretendido (*aberratio criminis*) – art. 74, CP. A marca da continência é que há **uma única conduta**, embora possa haver mais de um crime. Não houve conduta única nos crimes de roubo e extorsão, logo, não há continência.

**Alternativa "b":** entre os crimes de roubo e extorsão, houve conexão, porque há um liame probatório entre eles (art. 76, III, CPP). Mas, a competência para julgamento dos crimes é comarca de São Gonçalo, onde houve o crime mais grave, conforme aferido pela pena mais grave.

**Alternativa "c":** embora Caio tenha sido preso em flagrante na cidade do Rio de Janeiro, a competência para julgar o crime de lesão corporal grave é da comarca de Niterói, onde ocorreu a consumação. No caso dos crimes de roubo e majorada, a competência se fixa em São Gonçalo em decorrência da conexão probatória.

**Alternativa "d":** o crime cometido por Caio se consumou na cidade de Niterói, onde deve ser julgado. Já os crimes de roubo simples e extorsão majorada devem ser julgados em São Gonçalo, onde ocorreu o crime mais grave, em decorrência da conexão probatória entre eles.

**Alternativa correta: letra "d".**

## 5. QUESTÕES INCIDENTAIS E MEDIDAS ASSECURATÓRIAS

---

**23. (FGV- XXXIV Exame de Ordem-2022)** Matheus está sendo investigado por suposta prática de crime de uso de documento público falso. Após representação da autoridade policial, o juiz deferiu que fosse realizada busca e apreensão na residência do investigado.

Realizadas diversas diligências e concluído o procedimento investigatório, os autos foram encaminhados ao Ministério Público, ocasião em que Lúcia, promotora de justiça junto à 5a Vara Criminal daquela mesma comarca, ofereceu denúncia imputando a Matheus a pratica do crime do Art. 304 (uso de documento falso) do Código Penal.

O magistrado recebeu a denúncia oferecida, e a defesa técnica de Matheus foi intimada, após citação, para a adoção das medidas cabíveis. Ocorre que o advogado de Matheus veio a tomar conhecimento que o denunciado devia R$ 2.000,00 (dois mil reais) a Lúcia, pois, em momento anterior, não havia prestado um serviço contratado e pago pela promotora de justiça.

Considerando as informações narradas e de acordo com as previsões do Código de Processo Penal, o advogado de Matheus poderá

a) apresentar resposta à acusação, mas não exceção, tendo em vista que as causas de suspeição e impedimento do magistrado não são aplicáveis aos membros do Ministério Público.
b) opor exceção de ilegitimidade da parte, diante da constatação de causa de impedimento do membro do Ministério Público que ofereceu denúncia.
c) opor exceção de suspeição, diante da causa de impedimento do membro do Ministério Público que ofereceu a denúncia.
d) opor exceção de suspeição, diante da constatação de causa de suspeição do membro do Ministério Público que ofereceu a denúncia.

**COMENTÁRIOS**

**Alternativa "a":** Aos órgãos do Ministério Público se estendem, no que lhes for aplicável, as prescrições relativas à suspeição e aos impedimentos dos juízes (art. 256, CPP).

**Alternativa "b":** A existência de dívida não é causa de impedimento, mas de suspeição da Promotora de Justiça (art. 254, V, CPP). Tanto no caso de suspeição, como de impedimento, não há incompetência do órgão, que se refere à suas funções.

**Alternativa "c":** Não se tem impedimento, mas causa de suspeição da Promotora de Justiça, porque esta é credora do denunciado (art. 254, V, CPP).

**Alternativa "d":** Nos termos do art. 254, V, CPP, é suspeito o juiz que for credor ou devedor, tutor ou curador, de qualquer das partes. As causas de suspeição dos juízes se aplicam aos membros do Ministério Público (art. 256, CPP). Logo, deve-se interpor exceção de suspeição em face da Promotora de Justiça, credora do denunciado.

**Alternativa correta: letra "d".**

---

**24. (FGV – Exame de Ordem – 2021.1)** Rita foi denunciada pela suposta prática de crime de furto qualificado, pois teria, mediante fraude, subtraído uma bicicleta de sua amiga Regina. Ao ser citada, de imediato Rita procurou seu advogado, informando que, na verdade, a bicicleta seria de sua propriedade e que, inclusive, já era autora de ação cível na qual buscava o reconhecimento da propriedade do objeto, mas que a questão não seria de simples solução.

Com base apenas nas informações expostas, o advogado de Rita poderá buscar

a) a suspensão da ação penal diante da existência de questão prejudicial obrigatória, ficando, nessa hipótese, suspenso também o curso do prazo prescricional.
b) a suspensão da ação penal diante da existência de questão prejudicial facultativa, e, caso o juiz indefira o pedido, caberá recurso em sentido estrito.
c) a suspensão da ação penal diante da existência de questão prejudicial facultativa, podendo o magistrado também decretar a suspensão de ofício.
d) a intervenção do Ministério Público na ação de natureza cível, mas não a suspensão da ação penal, diante da independência entre as instâncias.

**COMENTÁRIOS**

**Alternativa "a":** No processo penal, a questão prejudicial obrigatória se refere ao estado das pessoas (art. 92, CPP).

**Alternativa "b":** Da decisão judicial que negar a suspensão do processo, nesse cabe, não cabe recurso (art. 93, § 2º, CPP).

**Alternativa "c":** A propriedade do bem é fundamental para a tipificação da conduta no crime de furto. Trata-se de questão prejudicial ao mérito a ser decidida no juízo cível. Como não se refere ao estado de pessoa, se trata de questão prejudicial facultativa (art. 93, CPP). A suspensão é decretada pelo juiz, de ofício ou a requerimento da parte (art. 94, CPP).

**Alternativa "d":** Não há motivo para intervenção do Ministério Público na esfera cível, tendo em vista que se trata de questão meramente privada. O juiz pode decretar a suspensão (art. 93, CPP).

**Alternativa correta: letra "c".**

---

**25. (FGV – Exame de Ordem – 2021.1)** Vitor foi denunciado pela suposta prática dos crimes de furto e ameaça, já que teria ingressado em estabelecimento comercial e, enquanto subtraía produtos, teria, para garantir o sucesso da empreitada delitiva, ameaçado o funcionário que realizava sua abordagem. Considerando que o funcionário não compareceu em juízo para esclarecimento dos fatos, Vitor veio a ser absolvido por insuficiência de provas, transitando em julgado a sentença.

Outro promotor de justiça, ao tomar conhecimento dos fatos e localizar o funcionário para ser ouvido em juízo, veio a denunciar Vitor pelo mesmo evento, mas, dessa vez, pelo crime de roubo impróprio.

Após citação, caberá ao(à) advogado(a) de Vitor, sob o ponto de vista técnico,

a) buscar a desclassificação para o crime de furto simples em concurso com o de ameaça no momento das alegações finais, mas não a extinção do processo, considerando que a absolvição anterior foi fundamentada em insuficiência probatória.
b) requerer, em resposta à acusação, a absolvição sumária de Vitor, pois está provado que o fato não ocorreu.
c) apresentar exceção de litispendência, requerendo a extinção do processo.
d) apresentar exceção de coisa julgada, buscando extinção do processo.

**COMENTÁRIOS**

**Alternativa "a":** A sentença absolutória, independentemente do fundamento para absolvição, faz coisa julgada material e formal.

**Alternativa "b":** Não se discute novamente o mérito da causa, pois há sentença transitada em julgado sobre o fato.

**Alternativa "c":** Na litispendência, a ação antecedente ainda se encontra em andamento, sem o trânsito em julgado da sentença.

**Alternativa "d":** Houve o trânsito em julgado da sentença penal absolutória sobre os mesmos fatos em face do mesmo acusado. Com a identidade de elementos da ação penal, há a coisa julgada a ser alegada em exceção de coisa julgada.

**Alternativa correta: letra "d".**

---

**26. (FGV – Exame de Ordem 2021.1)** Rita foi denunciada pela suposta prática de crime de furto qualificado, pois teria, mediante fraude, subtraído uma bicicleta de sua amiga Regina. Ao ser citada, de imediato Rita procurou seu advogado, informando que, na verdade, a bicicleta seria de sua propriedade e que, inclusive, já era autora de ação cível na qual buscava o reconhecimento da propriedade do objeto, mas que a questão não seria de simples solução.

Com base apenas nas informações expostas, o advogado de Rita poderá buscar

a) a suspensão da ação penal diante da existência de questão prejudicial obrigatória, ficando, nessa hipótese, suspenso também o curso do prazo prescricional.

b) a suspensão da ação penal diante da existência de questão prejudicial facultativa, e, caso o juiz indefira o pedido, caberá recurso em sentido estrito.

c) a suspensão da ação penal diante da existência de questão prejudicial facultativa, podendo o magistrado também decretar a suspensão de ofício.

d) a intervenção do Ministério Público na ação de natureza cível, mas não a suspensão da ação penal, diante da independência entre as instâncias.

**COMENTÁRIOS**

**Alternativa "a":** Questão prejudicial obrigatória está prevista no art. 92 do CPP e tem como objeto o estado civil da pessoa. Havendo controvérsia quanto a isso o juiz é obrigado a suspender o processo penal até a resolução da questão no processo cível, período pelo qual não corre a prescrição.

**Alternativa "b":** Trata-se de questão prejudicial facultativa, mas, em caso de indeferimento da suspensão do processo, não cabe recurso em sentido estrito. Este recurso só é cabível em caso de deferimento da suspensão condicional do processo (art. 581, XVI, CPP).

**Alternativa "c":** Trata-se de questão prejudicial facultativa, pois o ponto controvertido não se refere ao estado civil da pessoa, mas ao direito de propriedade da bicicleta, fundamental à configuração do crime de furto. Nos termos do art. 95, CPP, a suspensão do processo por questão processual, obrigatória ou facultativa, deve ser decretada pelo juiz, de ofício ou a requerimento das partes.

**Alternativa "d":** não há necessidade de intervenção do Ministério Público na ação cível, pois a propriedade é direito individual e disponível. É possível a suspensão do processo criminal, pois, se na área cível ficar provada que a bicicleta pertencia à denunciada, não há que se falar em crime de furto, pois o objeto deste crime é coisa alheia.

**Alternativa correta: letra "c".**

---

**27. (FGV – Exame de Ordem 2021.1)** Vitor foi denunciado pela suposta prática dos crimes de furto e ameaça, já que teria ingressado em estabelecimento comercial e, enquanto subtraía produtos, teria, para garantir o sucesso da empreitada delitiva, ameaçado o funcionário que realizava sua abordagem. Considerando que o funcionário não compareceu em juízo para esclarecimento dos fatos, Vitor veio a ser absolvido por insuficiência de provas, transitando em julgado a sentença.

Outro promotor de justiça, ao tomar conhecimento dos fatos e localizar o funcionário para ser ouvido em juízo, veio a denunciar Vitor pelo mesmo evento, mas, dessa vez, pelo crime de roubo impróprio.

Após citação, caberá ao(à) advogado(a) de Vitor, sob o ponto de vista técnico,

a) buscar a desclassificação para o crime de furto simples em concurso com o de ameaça no momento das alegações finais, mas não a extinção do processo, considerando que a absolvição anterior foi fundamentada em insuficiência probatória.

b) requerer, em resposta à acusação, a absolvição sumária de Vitor, pois está provado que o fato não ocorreu.

c) apresentar exceção de litispendência, requerendo a extinção do processo.

d) apresentar exceção de coisa julgada, buscando extinção do processo.

**COMENTÁRIOS**

**Alternativa "a":** No processo penal, há coisa julgada ou litispendência se, em uma ou mais ações, há identidade de sujeitos passivos das ações e de fatos. Ou seja, como se trata de mesmos fatos imputados em face da mesma pessoa, houve no caso coisa julgada material, pois houve o trânsito em julgado de sentença penal condenatória, ainda que fundamentada em insuficiência de provas.

**Alternativa "b":** Na segunda ação penal, não há que se levantar questão relativa ao mérito, pois há coisa julgada, já que há identidade de parte e de fatos com ação penal anterior, na qual houve julgamento absolutório por falta de provas.

**Alternativa "c":** Não há que se falar em litispendência, tendo em vista que esta ocorre se há demanda idêntica em curso. No presente caso, há coisa julgada, pois existe sentença penal transitada em julgado.

**Alternativa "d":** Na coisa julgada em matéria processual penal, há identidade entre partes e fatos apurados, com o trânsito em julgado de sentença condenatória ou absolutória, independentemente do fundamento, como, no caso do problema.

**Alternativa correta: letra "d".**

---

**28. (FGV-Exame de Ordem 2019.2)** Luiz foi denunciado pela prática de um crime de estelionato. Durante a instrução, o ofendido apresentou, por meio de assistente de acusação, documento supostamente assinado por Luiz, que confirmaria a prática delitiva. Ao ter acesso aos autos, Luiz informa ao patrono ter certeza de que aquele documento seria falso, pois não foi por ele assinado.

Com base nas informações narradas, de acordo com as previsões do Código de Processo Penal, o advogado de Luiz poderá

a) alegar apenas a insuficiência de provas e requerer a extração de cópias para o Ministério Público, mas não poderá, neste processo, verificar a veracidade do documento.

b) alegar, desde que seja procurador com poderes especiais, a falsidade do documento para fins de instauração de incidente de falsidade.

c) arguir, com procuração com poderes gerais, a falsidade do documento, gerando incidente de falsidade em autos em apartado.

d) alegar, oralmente, a falsidade do documento, devendo o incidente ser decidido nos autos principais.

**COMENTÁRIOS**

**Alternativa "a":** O réu pode requerer a instauração de incidente de falsidade documental para verificar a veracidade do documento.

**Alternativa "b":** O réu pode requerer a instauração de incidente de falsidade documental para verificar a veracidade do documento. O incidente deve ser instaurado por meio de advogado, cuja procuração deve conter poderes especiais para instaurar o incidente (Art. 146, CPP).

**Alternativa "c":** A instauração de incidente de falsidade será em autos apartados (Art. 145, I, CPP) mas depende de procuração com poderes especiais (Art. 146, CPP).

**Alternativa "d":** A instauração do incidente de falsidade será feita por escrito e em autos apartados (Art. 145, "caput" e I, CPP).

**Alternativa correta: letra "b".**

---

**29. (FGV – Exame de Ordem/2018.3)** Paulo, ofendido em crime contra o patrimônio, apesar de sua excelente condição financeira, veio a descobrir, após a identificação da autoria, que o autor dos fatos adquiriu, com os proventos da infração, determinado bem imóvel. Diante da descoberta, procurou você, na condição de advogado(a), para a adoção das medidas cabíveis.

Com base apenas nas informações expostas, a defesa técnica do ofendido deverá esclarecer ser cabível

a) o sequestro, desde que após o oferecimento da denúncia, mas exige requerimento do Ministério Público ou decisão do magistrado de ofício.

b) o arresto, ainda que antes do oferecimento da denúncia, mas a ação principal deverá ser proposta no prazo máximo de 30 dias, sob pena de levantamento.

c) o sequestro, ainda que antes do oferecimento da denúncia, podendo a decisão judicial ser proferida a partir de requerimento do próprio ofendido.

d) o arresto, que deve ser processado em autos em apartados, exigindo requerimento do Ministério Público ou decisão do magistrado de ofício.

**COMENTÁRIOS**

**Alternativa "a":** O sequestro é a medida cautelar real que pode ser adotada em qualquer fase do processo ou mesmo antes de oferecida a denúncia ou queixa crime. O juiz pode determinar o sequestro de ofício ou a requerimento do ofendido ou do Ministério Público (art. 127, CPP).

**Alternativa "b":** o arresto é a medida cautelar que recai sobre bens lícitos do autor do crime e visa assegurar futura indenização pelo prejuízo decorrente da infração penal. Em se tratando de imóvel, o arresto é a medida preparatória à hipoteca legal (art. 136, CPP). Fosse caso de arresto, ele deve ser levantado se no prazo de quinze dias não for promovido o processo de inscrição da hipoteca legal.

**Alternativa "c":** o sequestro é a medida cautelar cabível, tendo-se em vista que o seu objeto é o bem obtido pelo autor do crime de forma ilícita, já que decorre do produto que obteve com a infração penal. Pode ser requerido pelo ofendido em qualquer fase da persecução penal, mesmo antes de oferecida a denúncia ou queixa-crime.

**Alternativa "d":** Não é o caso de arresto, pois este se reserva a bens obtidos licitamente pelo autor do crime. Como medida antecipatória da hipoteca legal, o arresto pode ser requerido pelo ofendido e seu processamento se dará em autos apartados (arts. 134 e 138, CPP).

**Alternativa correta: letra "c".**

## 6. PROVA NO PROCESSO PENAL

**30. (FGV – Exame de Ordem XXXVI – 2022)** No curso de inquérito que, no início da pandemia de Covid-19, apura a prática do crime contra as relações de consumo descrito no Art. 7º, inciso VI, da Lei nº 8.137/90, a autoridade policial representa pela interceptação do ramal telefônico de João, comerciante indiciado, sustentando a imprescindibilidade da medida para a investigação criminal.

O crime em questão consiste na sonegação ou retenção de insumos e bens, para fim de especulação, e é punido com pena de detenção de 2 a 5 anos ou multa. A interceptação é autorizada pelo prazo de quinze dias, em decisão fundamentada, na qual o juízo considera demonstrada sua necessidade, bem como a existência de indícios suficientes de autoria.

No caso narrado, o(a) advogado(a) do comerciante poderia sustentar a ilegalidade da interceptação das comunicações telefônicas, porque

a) o prazo fixado pelo juiz excede o legalmente permitido.

b) a interceptação não é admitida quando o fato objeto da investigação constitui infração penal punida, no máximo, com pena de detenção.

c) a interceptação não é admitida quando o fato objeto da investigação constitui infração penal cuja pena máxima não seja superior a cinco anos.

d) caberia apenas ao Ministério Público requerê-la.

**COMENTÁRIOS**

**Alternativa "a":** A interceptação telefônica não poderá exceder o prazo de quinze dias, renovável por igual tempo uma vez comprovada a indispensabilidade do meio de prova (art. 5º, Lei n. 9.296/1996.

**Alternativa "b":** A interceptação telefônica exige que o crime seja punido com reclusão, o que não ocorre no caso em tela em que a pena prevista é de detenção (art. 2º, III, Lei n. 9.296/1996). Só se admite a interceptação em crime punido com detenção, se houver conexão com um crime de reclusão.

**Alternativa "c":** A Lei nº 9.296/1996 não impõe o prazo mínimo de pena cominada, mas, sim, a espécies de regime de pena a ser cumprido, não se admitindo nos crimes de detenção.

**Alternativa "d":** Durante a investigação criminal, a Autoridade Policial pode representar pela interceptação telefônica (art. 3º, I, Lei n. 9.296/1996).

**Alternativa correta: letra "b".**

**31. (FGV- XXXIV Exame de Ordem-2022)** Lorena, em 01/01/2019, foi violentamente agredida por seu ex-companheiro Manuel, em razão de ciúmes do novo relacionamento, o que teria deixado marcas em sua barriga.

Policiais militares compareceram ao local dos fatos, após gritos da vítima, e encaminharam os envolvidos à Delegacia, destacando os agentes da lei que não presenciaram a briga e nem verificaram se Lorena estava ou não lesionada. Por sua vez, Lorena, que não precisou de atendimento médico, disse não ter interesse em ver o autor do fato processado, já que seria pai de suas filhas, não esclarecendo o ocorrido. Manuel, arrependido, porém, confessou a agressão na Delegacia, dizendo que desferiu um soco no estômago de Lorena, que lhe deixou marcas.

A vítima foi para sua residência, sem realizar exame técnico, mas, com base na confissão de Manuel, foi o autor do fato denunciado pelo crime de lesão corporal praticada no contexto de violência doméstica e familiar contra a mulher (Art. 129, § 9º, do CP, na forma da Lei no 11.340/06). Durante a instrução, foi juntada apenas a Folha de Antecedentes Criminais de Manuel, sem outras anotações, não comparecendo a vítima à audiência de instrução e julgamento. Os policiais confirmaram apenas que escutaram um grito de Lorena, não tendo presenciado os fatos. Manuel, em seu interrogatório, reitera a confissão realizada em sede policial.

No momento das alegações finais, o novo advogado de Manuel, constituído após audiência, poderá pleitear

a) a absolvição sumária de seu cliente, tendo em vista que não houve a indispensável representação por parte da vítima e a lesão causada seria de natureza leve.

b) a nulidade da decisão que recebeu a denúncia, tendo em vista que não houve a indispensável representação por parte da vítima e a lesão identificada foi de natureza leve.

c) a absolvição de seu cliente, diante da ausência de laudo indicando a existência de lesão, não podendo a confissão do acusado suprir tal omissão.

d) a suspensão condicional da pena, já que não se admite a substituição da pena privativa de liberdade por restritiva de direitos no crime, mas a representação da vítima era dispensável, assim como o corpo de delito.

COMENTÁRIOS

**Alternativa "a": A absolvição sumária deve ser alegada em sede de resposta à acusação, não em alegações finais. Além disso, a falta de representação seria falta de condição da ação penal pública condicionada, sendo causa de rejeição da denúncia (art. 395, II, CPP). De todo caso, como se trata de crime de lesão corporal no ambiente de violência doméstica, a ação penal é pública incondicionada, pois a Lei Maria da Penha (art. 41) afasta a incidência do art. 88 da Lei n. 9.099/95.**

**Alternativa "b": Como se trata de lesão corporal no âmbito de violência doméstica, a ação penal é pública incondicionada, pois a Lei Maria da Penha afasta a incidência da Lei n. 9.099/95, inclusive, no que diz respeito à necessidade de representação nos crimes de lesão corporal leve e culposa (art. 88).**

**Alternativa "c":** O crime de lesão corporal é crime que deixa vestígios e, portanto, a produção de laudo pericial é indispensável. E a condição do acusado não supre a não produção do laudo (art. 158, CPP).

**Alternativa "d":** De fato, não cabe a substituição da pena privativa de liberdade por restritiva de direitos, porque se trata de crime praticado mediante violência (art. 44, I, CP), sendo possível, em tese, o *sursis* (art. 77, CP). A representação da vítima era dispensável, pois o crime de lesão corporal leve no âmbito de violência doméstica é crime de ação penal pública incondicionada. Mas, o laudo pericial deveria ser feito, pois a confissão do acusado não supre a sua ausência.

**Alternativa correta: letra "c".**

---

**32. (FGV- XXXIV Exame de Ordem-2022)** José Francisco foi preso em flagrante, logo após a prática de um crime de furto qualificado, pelo rompimento de obstáculo. Agentes públicos compareceram ao local dos fatos e constataram, por meio de exame pericial, o arrombamento do fecho da janela que protegia a residência de onde os bens foram subtraídos.

No interior da Delegacia, em conversa informal com a autoridade policial, Francisco confessou a prática delitiva, fato que foi registrado em gravação de áudio no aparelho celular pessoal do Delegado. Quando ouvido formalmente, preferiu exercer o direito ao silêncio que lhe foi assegurado naquele momento.

Francisco, reincidente, foi denunciado, sendo juntados pelo Ministério Público, já no início da ação penal, o laudo de exame de local que constatou o arrombamento e o áudio da confissão informal encaminhado pela autoridade policial.

No momento das alegações finais, o advogado de Francisco, sob o ponto de vista técnico, deverá destacar que

a) a condenação não poderá se basear exclusivamente no laudo de exame de local, considerando que não foi produzido sob crivo do contraditório, e o áudio acostado, apesar de não poder ser considerado prova ilícita, se valorado na sentença, deverá justificar o reconhecimento da atenuante da pena da confissão.

b) tanto o áudio com a confissão informal quanto o laudo de exame de local são provas licitas, podendo, inclusive, o magistrado fundamentar eventual condenação com base exclusivamente no exame pericial produzido antes da instrução probatória.

c) a confissão informal foi obtida de maneira ilícita, devendo ser o áudio desentranhado do processo, mas poderá o laudo pericial ser considerado em eventual sentença, apesar de produzido antes de ser instaurado o contraditório.

d) tanto o áudio com a confissão informal quanto o laudo de exame de local são provas ilícitas, devendo ser desentranhados do processo.

COMENTÁRIOS

**Alternativa "a":** O laudo pericial é indispensável para a comprovação da qualificadora do rompimento de obstáculo. A produção do laudo pericial não precisa ser feita na presença do acusado ou da defesa. O contraditório é postergado, já que se pode impugnar o laudo ou pontos específicos dele. Por outro lado, a confissão informal deve ser reconhecida como prova ilícita, já que feita em situação de clara desvantagem para o acusado, o qual, por exemplo, não foi advertido de seus direitos constitucionais ao silêncio e a de não produzir prova contra si mesmo.

**Alternativa "b": O laudo pericial é lícito, sendo que o magistrado pode fundamentar a condenação por furto qualificado com base nele, desde que dada oportunidade para defesa impugná-lo, em momentos em que se manifesta na fase judicial, como na resposta à acusação ou nas alegações finais. A confissão informal é prova ilícita.**

**Alternativa "c":** A confissão informal é ilícita, porque produzida em momento de desvantagem ao acusado e, logo, deve ser desentranhada dos Autos. O laudo pericial foi produzido de forma lícita e pode ser considerado na sentença, porque se trata de prova que não pode ser repetida, já que a materialidade do rompimento de obstáculo é perecível (art. 155, CPP).

**Alternativa "d":** Apenas, a confissão informal deve ser desentranhada dos Autos, porque ilícita. O laudo pericial é prova lícita.

**Alternativa correta: letra "c".**

---

**33. (FGV – Exame de Ordem – 2021.2)** Vanessa foi presa em flagrante, logo após cometer um crime de furto em residência. A proprietária do imóvel, Jurema, 61 anos, informou aos policiais que viu, pelas câmeras de segurança, Vanessa escalando o alto muro da residência e ingressando na casa, acreditando a vítima que a mesma rompeu o cadeado da porta, já que este encontrava-se arrombado. Por determinação da autoridade policial, um perito oficial compareceu à residência de Jurema e realizou laudo pericial para confirmar que o muro que Vanessa pulou era de grande altura e demandava esforço no ato. Deixou, porém, de realizar a perícia no cadeado e na porta por onde Vanessa teria entrado na casa.

Vanessa foi denunciada pelo crime de furto qualificado, sendo imputado pelo Ministério Público a qualificadora da escalada e do rompimento de obstáculo. No curso da instrução, assistida a ré pela Defensoria Pública, as partes tiveram acesso ao laudo pericial e, em seu interrogatório, Vanessa confessou os fatos, inclusive o rompimento do cadeado para ingresso na residência, bem como informou que sabia que a lesada era uma senhora de idade. A vítima Jurema não compareceu, alegando que não poderia deixar sua residência exposta, já que o cadeado da casa ainda estava arrombado, argumentando ser idosa, acostando sua carteira de habilitação, e destacando que as imagens da câmera de segurança, já juntadas ao processo, confirmavam a autoria delitiva.

Você, como advogado(a), foi constituído(a) por Vanessa para a apresentação de alegações finais. Considerando as informações expostas, você deverá alegar que

a) a perícia realizada no muro não poderá ser considerada prova, mas tão só elemento informativo a ser confirmado por provas produzidas sob o crivo do contraditório, tendo em vista que as partes não participaram da elaboração do laudo.
b) deve ser afastada a qualificadora com fundamento no rompimento de obstáculo, já que não foi produzida prova pericial, não sendo suficiente a confissão da acusada.
c) a perícia realizada para demonstrar a escalada foi inválida, pois não foi realizada por dois peritos oficiais, nos termos da determinação do Código de Processo Penal.
d) a idade da vítima não foi comprovada por documento idôneo, não podendo ser reconhecida agravante por tal fundamento.

**COMENTÁRIOS**

**Alternativa "a":** A perícia realizada no muro é válida, porque realizada por um perito oficial, sendo que não se exige a presença das partes para a sua elaboração (art. 159, CPP).

**Alternativa "b":** Como se trata de delito que deixa vestígios, o exame pericial é imprescindível, não servindo a confissão do acusado para supri-lo (art. 158, CPP).

**Alternativa "c":** Quando se trata de perito oficial, basta que seja um só (art. 159, CPP).

**Alternativa "d":** Como a CNH da vítima foi acostada aos Autos, havia documento idôneo para comprovar a idade da vítima.

**Alternativa correta: letra "b".**

---

**34. (FGV – Exame de Ordem 2020.1)** O Ministério Público ofereceu denúncia em face de Tiago e Talles, imputando-lhes a prática do crime de sequestro qualificado, arrolando como testemunhas de acusação a vítima, pessoas que presenciaram o fato, os policiais responsáveis pela prisão em flagrante, além da esposa do acusado Tiago, que teria conhecimento sobre o ocorrido. Na audiência de instrução e julgamento, por ter sido arrolada como testemunha de acusação, Rosa, esposa de Tiago, compareceu, mas demonstrou que não tinha interesse em prestar declarações. O Ministério Público insistiu na sua oitiva, mesmo com outras testemunhas tendo conhecimento sobre os fatos. Temendo pelas consequências, já que foi prestado o compromisso de dizer a verdade perante o magistrado, Rosa disse o que tinha conhecimento, mesmo contra sua vontade, o que veio a prejudicar seu marido. Por ocasião dos interrogatórios, Tiago, que seria interrogado por último, foi retirado da sala de audiência enquanto o corréu prestava suas declarações, apesar de seu advogado ter participado do ato.

Com base nas previsões do Código de Processo Penal, considerando apenas as informações narradas, Tiago

a) não teria direito de anular a instrução probatória com fundamento na sua ausência durante o interrogatório de Talles e nem na oitiva de Rosa na condição de testemunha, já que devidamente arrolada pelo Ministério Público.
b) teria direito de anular a instrução probatória com fundamento na ausência de Tiago no interrogatório de Talles e na oitiva de Rosa na condição de testemunha.
c) não teria direito de anular a instrução probatória com base na sua ausência no interrogatório de Talles, mas deveria questionar a oitiva de Rosa como testemunha, já que ela poderia se recusar a prestar declarações.
d) não teria direito de anular a instrução probatória com base na sua ausência no interrogatório de Talles, mas deveria questionar a oitiva de Rosa como testemunha, pois, em que pese seja obrigada a prestar declarações, deveria ser ouvida na condição de informante, sem compromisso legal de dizer a verdade.

**COMENTÁRIOS**

**Alternativa "a":** Houve nulidade da instrução, pois Rosa, enquanto esposa de Tiago, poderia se recusar a depor, já que, por outro modo, era possível obter-se ou integrar-se a prova do fato e de suas circunstâncias (art. 206, CPP). Ainda que fosse depor, Rosa ficaria dispensada do compromisso de dizer a verdade. Contudo, não há nulidade do interrogatório de corréu, se ele não for feito na presença do outro corréu, pois não há exigência nesse sentido pelo art. 191, CPP (STJ – AgRg no AgRg no AREsp 546.448/PE, Rel. Ministro FELIX FISCHER, QUINTA TURMA, DJe 28/2/2018)

**Alternativa "b":** Não há nulidade do interrogatório de corréu, se ele não for feito na presença do outro corréu, pois não há exigência nesse sentido pelo art. 191, CPP (STJ – AgRg no AgRg no AREsp 546.448/PE, Rel. Ministro FELIX FISCHER, QUINTA TURMA, DJe 28/2/2018). Mas, houve nulidade da instrução, pois Rosa, enquanto esposa de Tiago, poderia se recusar a depor, já que, por outro modo, era possível obter-se ou integrar-se a prova do fato e de suas circunstâncias (art. 206, CPP). Ainda que fosse depor, Rosa fica dispensada do compromisso de dizer a verdade.

**Alternativa "c":** De acordo com o STJ, não há nulidade se o corréu é retirado da sala durante o interrogatório do outro corréu. Isso porque o art. 191, CPP, apenas afirma que o interrogatório dos corréus será feito de forma separada. Nos termos desse entendimento, o contraditório e a ampla defesa são garantidos pela presença do defensor do corréu ausente. Por outro lado, há nulidade na oitiva das pessoas arroladas no art. 206, CPP, entre as quais o cônjuge, se eles são ouvidos como testemunhas, quando há outros meios para comprovação dos fatos.

**Alternativa "d":** Rosa, como esposa de um dos corréus, poderia se recusar a depor, pois há outros meios de prova que possam comprovar os fatos (art. 206, CPP). Caso não houvesse outros meios de prova, Rosa deveria ser ouvida como informante, sem necessidade de compromisso de dizer a verdade.

**Alternativa correta: letra "c".**

---

**35. (FGV-Exame de Ordem 2019.2)** Tomás e Sérgio foram denunciados como incursos nas sanções penais do crime do Art. 217-A do Código Penal (estupro de vulnerável), narrando a acusação que, no delito, teria ocorrido ato libidinoso diverso da conjunção carnal, já que os denunciados teriam passado as mãos nos seios da criança, e que teria sido praticado em concurso de agentes.

Durante a instrução, foi acostado ao procedimento laudo elaborado por um perito psicólogo oficial, responsável pela avaliação da criança apontada como vítima, concluindo que o crime teria, de fato, ocorrido. As partes tiveram acesso posterior ao conteúdo do laudo, apesar de intimadas da realização da perícia anteriormente.

O magistrado responsável pelo julgamento do caso, avaliando a notícia concreta de que Tomás e Sérgio, durante o deslocamento para a audiência de instrução e julgamento, teriam um plano de fuga, o que envolveria diversos comparsas armados, determinou que o interrogatório fosse realizado por videoconferência.

No momento do ato, os denunciados foram ouvidos separadamente um do outro pelo magistrado, ambos acompanhados por defesa técnica no estabelecimento penitenciário e em sala de audiência durante todo ato processual. Insatisfeitos com a atuação dos patronos e acreditando na existência de ilegalidades no procedimento, Tomás e Sérgio contratam José para assistência técnica.

Considerando apenas as informações narradas, José deverá esclarecer que

a) o interrogatório dos réus não poderia ter sido realizado separadamente, tendo em vista que o acusado tem direito a conhecer todas as provas que possam lhe prejudicar.

b) não poderia ter sido realizado interrogatório por videoconferência, mas tão só oitiva das testemunhas na ausência dos acusados, diante do direito de presença do réu e ausência de previsão legal do motivo mencionado pelo magistrado.

c) o laudo acostado ao procedimento foi válido em relação à sua elaboração, mas o juiz não ficará adstrito aos termos dele, podendo aceitá-lo ou rejeitá-lo, no todo ou em parte.

d) o laudo deverá ser desentranhado dos autos, tendo em vista que elaborado por apenas um perito oficial, sendo certo que a lei exige que sejam dois profissionais e que seja oportunizada às partes apresentação de quesitos complementares.

**COMENTÁRIOS**

**Alternativa "a":** Nos termos do Art. 191, CPP, havendo mais de um acusado, serão interrogados separadamente.

**Alternativa "b":** Excepcionalmente, o juiz, por decisão fundamentada, de ofício ou a requerimento das partes, poderá realizar o interrogatório do réu preso por sistema de videoconferência ou outro recurso tecnológico de transmissão de sons e imagens em tempo real, desde que a medida seja necessária para atender, entre outras finalidades, prevenir risco à segurança pública, quando exista fundada suspeita de que o preso integre organização criminosa ou de que, por outra razão, possa fugir durante o deslocamento (Art. 185, § 2º, I, CPP).

**Alternativa "c":** O exame de corpo de delito e outras perícias serão realizados por perito oficial, portador de diploma de curso superior (Art. 159, CPP). O juiz não ficará adstrito ao laudo, podendo aceitá-lo ou rejeitá-lo, no todo ou em parte (Art. 182, CPP).

**Alternativa "d":** O laudo pericial pode ser elaborado por um único perito oficial (Art. 159, CPP). Além disso, não se exige que a parte apresente quesitos, mas podem indicar assistentes técnicos que poderão apresentar pareceres em prazo a ser fixado pelo juiz ou ser inquiridos em audiência (Art. 159, § 5º, II, CPP).

**Alternativa correta: letra "c".**

---

**36. (FGV-Exame de Ordem 2019.2)** Glauber foi denunciado pela prática de um crime de roubo majorado. Durante a audiência de instrução e julgamento, que ocorreu na ausência do réu, em razão do temor da vítima e da impossibilidade de realização de videoconferência, o Ministério Público solicitou que a vítima descrevesse as características físicas do autor do fato. Após a vítima descrever que o autor seria branco e baixo e responder às perguntas formuladas pelas partes, ela foi conduzida à sala especial, para a realização de reconhecimento formal.

No ato de reconhecimento, foram colocados, com as mesmas roupas, lado a lado, Glauber, branco e baixo, Lucas, branco e alto, e Thiago, negro e baixo, apesar de a carceragem do Tribunal de Justiça estar repleta de presos para a realização de audiências, inclusive com as características descritas pela ofendida. A vítima reconheceu Glauber como o autor dos fatos, sendo lavrado auto subscrito pelo juiz, pela vítima e por duas testemunhas presenciais.

Considerando as informações narradas, o advogado de Glauber, em busca de futuro reconhecimento de nulidade da instrução ou absolvição de seu cliente, de acordo com o Código de Processo Penal e a jurisprudência dos Tribunais Superiores, deverá consignar, na assentada da audiência, seu inconformismo em relação ao reconhecimento realizado pela vítima,

a) em razão da oitiva da vítima na ausência do réu, já que o direito de autodefesa inclui o direito de presença em todos os atos do processo.

b) tendo em vista que, de acordo com as previsões do Código de Processo Penal, ela não poderia ter descrito as características do autor dos fatos antes da realização do reconhecimento.

c) em razão das características físicas apresentadas pelas demais pessoas colocadas ao lado do réu quando da realização do ato, tendo em vista a possibilidade de participarem outras pessoas com características semelhantes.

d) tendo em vista que o auto de reconhecimento deveria ter sido subscrito pelo juiz, pelo réu, por seu defensor e pelo Ministério Público, além de três testemunhas presenciais.

**COMENTÁRIOS**

**Alternativa "a":** De acordo com o Art. 217, CPP, se o juiz verificar que a presença do réu poderá causar humilhação, temor, ou sério constrangimento à testemunha ou ao ofendido, de modo que prejudique a verdade do depoimento, fará a inquirição por videoconferência e, somente na impossibilidade dessa forma, determinará a retirada do réu, prosseguindo na inquirição, com a presença do seu defensor. No caso, os direitos do ofendido prevalecem em face do direito de autodefesa do acusado.

**Alternativa "b":** No procedimento de reconhecimento pessoal, o primeiro ato a ser feito é a vítima descrever a pessoa que deva ser reconhecida (Art. 226, I, CPP).

**Alternativa "c":** No procedimento de reconhecimento pessoal, o segundo ato a ser feito é colocar a pessoa, cujo reconhecimento se pretender, se possível, ao lado de outras que com ela tiverem qualquer semelhança, convidando-se quem tiver de fazer o reconhecimento a apontá-la (Art. 226, II, CPP). No caso, era possível colocar o réu na presença de outras pessoas, portanto, o reconhecimento é nulo.

**Alternativa "d":** do ato de reconhecimento lavrar-se-á auto pormenorizado, subscrito pela autoridade, pela pessoa chamada para proceder ao reconhecimento e por duas testemunhas presenciais (Art. 226, IV, CPP).

**Alternativa correta: letra "c".**

---

**37. (FGV-Exame de Ordem 2019.1)** A autoridade policial recebeu denúncia anônima informando que Gabriel seria autor de um crime de apropriação indébita (Art. 168 do CP. Pena: 01 a 04 anos de reclusão e multa). Realizou, então, diligências para verificar a relevância daquela informação e, após constatar que havia motivos para justificar o início de investigação, instaurou inquérito para apurar a infração penal antes mencionada, indiciando Gabriel.

O primeiro ato da investigação foi requerer, ao juízo competente, interceptação das comunicações telefônicas de Gabriel, pedido esse que foi deferido. Após a interceptação, a autoridade policial buscou obter outros elementos informativos, ouvindo a vítima e testemunhas que tinham conhecimento dos fatos e da autoria delitiva.

Após o fim do prazo de 15 dias fixado para interceptação, com nova representação da autoridade policial e requerimento do Ministério Público, o juiz deferiu a prorrogação da medida, reiterando os termos da decisão que autorizou a medida inicial e destacando que aqueles fundamentos persistiam e foram confirmados pelo teor das transcrições das conversas já obtidas.

Gabriel, no curso das investigações, foi intimado para prestar esclarecimentos, momento em que entrou em contato com seu advogado, que obteve acesso ao procedimento.

Considerando as informações narradas, o(a) advogado(a) de Gabriel poderá questionar a interceptação telefônica realizada, porque

a) a primeira notícia do crime foi oriunda de denúncia anônima, o que impede que seja instaurada investigação, ainda que a autoridade policial realize diligências para confirmar a necessidade de iniciar procedimento investigatório.

b) o crime investigado é punido com pena de reclusão que não ultrapassa 04 anos de pena privativa de liberdade.

c) a prova da infração poderia ter sido obtida por outros meios disponíveis.

d) a decisão de prorrogação do prazo da medida utilizou-se de fundamentação *per relationem*, o que não é admitido no Processo Penal brasileiro.

**COMENTÁRIOS**

**Alternativa "a":** A jurisprudência do STF se firmou no sentido de que a denúncia anônima isoladamente não autoriza a interceptação telefônica. Mas, se da delação anônima, a Autoridade Policial realizar diligências preliminares, pode haver a adoção da interceptação (RHC n. 125.217AgR/SP. Rel. Min. Roberto Barroso).

**Alternativa "b":** O art. 2º, III, da Lei n. 9.296/96, autoriza a realização de interceptação telefônica para qualquer crime apenado com **reclusão,** independentemente da quantidade da pena. Não se permite tal medida se o crime é punido com detenção. Observe-se que a doutrina admite a interceptação telefônica em crime apenado com detenção, se este for conexo a um crime apenado com reclusão, também investigado.

**Alternativa "c":** É vedada a interceptação telefônica, se a prova puder ser obtida por outros meios de prova (art. 2º, II, da Lei n. 9.296/96), como aconteceu no caso presente em que foram ouvidas vítima e testemunhas.

**Alternativa "d":** Fundamentação *per relationem* é a motivação em que se faz remissão ou referência às alegações de uma das partes, a precedente ou a decisão anterior nos autos do mesmo processo. No caso do problema, ao deferir a renovação das interceptações telefônicas, fez remissão à sua decisão anterior, motivo pelo qual houve fundamentação *per relationem*. O STF firmou o entendimento que essa forma de fundamentação não ofende o art. 93, IX, CF, o qual exige que as decisões judiciais sejam fundamentadas, pois, ao se fazer remissão a decisão anterior, há motivação da decisão judicial, ainda que suscintamente (RE n. 1.052.094 – AgR/PR. Rel. Min. Alexandre de Moraes).

**Alternativa correta: letra "c".**

---

**38. (FGV-Exame de Ordem 2019.1)** Adolfo e Arnaldo são irmãos e existe a informação de que estão envolvidos na prática de crimes. Durante investigação da suposta prática de crime de tráfico de drogas, foi deferida busca e apreensão na residência de Adolfo, em busca de instrumentos utilizados na prática delitiva.

O oficial de justiça, com mandado regularmente expedido, compareceu à residência de Adolfo às 03.00h, por ter informações de que às 07.00h ele deixaria o local. Apesar da não autorização para ingresso na residência por parte do proprietário, ingressou no local para cumprimento do mandado de busca e apreensão, efetivamente apreendendo um caderno com anotações que indicavam a prática do crime investigado.

Quando deixavam o local, os policiais e o oficial de justiça se depararam, na rua ao lado, com Arnaldo, sendo que imediatamente uma senhora o apontou como autor de um crime de roubo majorado pelo emprego de arma, que teria ocorrido momentos antes.

Diante disso, os policiais realizaram busca pessoal em Arnaldo, localizando um celular, que era produto do crime de acordo com a vítima, razão pela qual efetuaram a apreensão desse bem.

Ao tomar conhecimento dos fatos, a mãe de Adolfo e Arnaldo procurou você, como advogado(a), para a adoção das medidas cabíveis.

Assinale a opção que apresenta, sob o ponto de vista técnico, a medida que você poderá adotar.

a) Pleitear a invalidade da busca e apreensão residencial de Adolfo e a da busca e apreensão pessoal em Arnaldo.

b) Pleitear a invalidade da busca e apreensão residencial de Adolfo, mas não a da busca e apreensão pessoal de Arnaldo.

c) Não poderá pleitear a invalidade das buscas e apreensões.

d) Pleitear a invalidade da busca e apreensão pessoal de Arnaldo, mas não a da busca e apreensão residencial de Adolfo.

**COMENTÁRIOS**

**Alternativa "a":** A busca e apreensão domiciliar é nula, porque foi realizada à noite, sem o consentimento do morador (art. 5º, XI, CF/88). Já a busca pessoal é legal, pois havia suspeitas de que Arnaldo acabara de praticar crime de roubo.

**Alternativa "b":** A busca e apreensão domiciliar é nula, pois o mandado judicial que a autoriza só deve ser cumprido durante o dia. À noite, o Oficial de Justiça e os policiais só poderiam ingressar no domicílio, se houvesse autorização do morador. Já a busca pessoal, que independe de decisão judicial, é válida, pois presentes os pressupostos do art. 244, CPP, já que havia fundada suspeita de que Arnaldo acabara de cometer um crime e, com ele, poderiam ser encontrados objetos relacionados a tais crimes.

**Alternativa "c":** poderá pleitear a invalidade da busca e apreensão domiciliar, pois, para ser realizada à noite, dependeria de autorização do morador ou em caso de flagrante delito (não havia no que se refere a Adolfo) ou desastre. Busca e apreensão em decorrência de mandado judicial só podem ser cumpridas durante o dia.

**Alternativa "d":** A busca e apreensão pessoal em Arnaldo é legal, pois havia fundada suspeita de que ele poderia estar na posse de objeto relacionado a crime que acabara de cometer (art. 224, CPP). No que tange, à busca e apreensão domiciliar, houve ilegalidade, pois o mandado judicial foi cumprido à noite, sem autorização do morador e sem existência de flagrante delito ou desastre (art. 5º, XI, CF/88).

**Alternativa correta: letra "b".**

---

**39. (FGV – Exame de Ordem 2018.2)** Caio vinha sendo investigado pela prática de crime de organização criminosa. Durante os atos de investigação, agentes da Polícia Civil descobriram que ele realizaria ação no exercício da atividade criminosa da organização que deixaria clara a situação de flagrante e permitiria a obtenção de provas. Todavia, a investigação também indicava que nos dias seguintes outros atos do grupo criminoso seriam praticados por Caio, o que permitiria a identificação de outros envolvidos na organização. Diante disso, a autoridade policial determina diretamente e em sigilo que ocorra ação controlada, comunicando apenas ao Ministério Público, retardando a intervenção policial para que a medida se concretizasse de forma

PROCESSUAL PENAL

mais eficaz à formação da prova e obtenção de informações.

Considerando apenas as informações narradas, o advogado de Caio poderá buscar a invalidade da chamada "ação controlada", porque

a) não foi deferido acesso aos autos, antes do encerramento da diligência, à defesa técnica, mas tão só ao Ministério Público e ao delegado.
b) não é instrumento previsto na Lei de Organização Criminosa, diferente da infiltração de agentes, devidamente disciplinada no diploma legal.
c) não houve prévia comunicação ao juiz competente, que nos termos da lei, poderia, inclusive, estabelecer os limites do ato.
d) não poderia haver retardo na realização da prisão em flagrante, sob pena de não mais ser admitida medida cautelar restritiva de liberdade, apesar de ser possível o retardo na formação e obtenção das provas.

COMENTÁRIOS

**Alternativa "a":** a prévia comunicação da diligência à defesa técnica, certamente, implicaria fracasso da ação controlada, motivo pelo qual a lei só exige tal comunicação à Autoridade Judiciária e ao Ministério Público (art. 8º, § 1º, Lei nº 12.850/2013). Aplica-se ao caso a Súmula Vinculante 14: "É direito do defensor, no interesse do representado, ter acesso amplo aos elementos de prova que, **já documentados** em procedimento investigatório realizado por órgão com competência de polícia judiciária, digam respeito ao exercício do direito de defesa".

**Alternativa "b":** a ação controlada e a infiltração de agentes são meios de obtenção de prova previstos na Lei nº 12.850/2013.

**Alternativa "c":** na persecução penal de crime de organização criminosa, a Autoridade Policial não depende de autorização da Autoridade Judiciaria para realização da ação controlada. Porém, deve comunicar a sua prática ao juiz, que poderá estabelecer os seus limites (art. 8º, § 1º, Lei de 12.850/2013).

**Alternativa "d":** em caso de flagrante delito, a Autoridade Policial tem o dever legal de executar a prisão. Porém, a ordem jurídica permite em algumas hipóteses o retardamento da medida, como na ação controlada prevista na Lei nº 12.850/2013, com o fim de se preservar outro interesse público, considerado mais relevante no caso, que é a obtenção de provas contra os membros da organização criminosa.

**Alternativa correta: letra "c".**

**40. (FGV – Exame de Ordem 2018.1)** O Ministério Público ofereceu denúncia em face de Matheus, imputando-lhe a prática de um crime de estelionato. Na cota da denúncia, o Promotor de Justiça solicitou a realização de exame grafotécnico para comparar as assinaturas constantes da documentação falsa, utilizada como instrumento da prática do estelionato, com as de Matheus. Após ser citado, Matheus procura seu advogado e esclarece, em sigilo, que realmente foi autor do crime de estelionato.

Considerando as informações narradas, sob o ponto de vista técnico, o advogado deverá esclarecer que Matheus

a) deverá realizar o exame grafotécnico, segundo as determinações que lhe forem realizadas, já que prevalece no Processo Penal o Princípio da Verdade Real.
b) poderá se recusar a realizar o exame grafotécnico até o momento de seu interrogatório, ocasião em que deverá fornecer padrão para o exame grafotécnico, ainda que com assinaturas diferentes daquelas tradicionalmente utilizadas por ele.
c) deverá realizar o exame grafotécnico, tendo em vista que, no recebimento da denúncia, prevalece o princípio do in dubio pro societatis.
d) poderá se recusar a realizar o exame grafotécnico durante todo o processo, e essa omissão não pode ser interpretada como confissão dos fatos narrados na denúncia.

COMENTÁRIOS

**Alternativa "a":** o princípio da não autoincriminação permite que o acusado não colabore com a investigação ou a instrução. Com isso, ele só colhe o exame grafotécnico, se for por vontade sua, não podendo os órgãos de acusação forçá-lo a tal.

**Alternativa "b":** o princípio da não autoincriminação permite que o acusado não colabore com a investigação ou instrução a qualquer momento.

**Alternativa "c":** a denúncia pode até ser recebida, mas não pode o acusado ser compelido a fornecer o material para exame grafotécnico em nome do princípio da não autoincriminação.

**Alternativa "d":** o direito brasileiro acolheu o princípio da não autoincriminação, que, entre as suas implicações, está o direito de o acusado não colaborar com a investigação ou instrução.

**Alternativa correta: letra "d".**

## 7. DO JUIZ, DO MINISTÉRIO PÚBLICO, DO ACUSADO E DEFENSOR, DOS ASSISTENTES E AUXILIARES DA JUSTIÇA

**41. (FGV – Exame de Ordem XXXVI – 2022)** Maria foi brutalmente assassinada em sua própria casa por seu vizinho, Antônio, que morava em frente à sua casa.

Em julgamento no Tribunal do Júri, o juiz presidente, ao formar o Conselho de Sentença, iniciou os sorteios de costume. Dentre os voluntários para a formação dos jurados, estavam vários outros vizinhos, inclusive o próprio filho de Maria, todos revoltados clamando por justiça e pela condenação de Antônio.

Assim, segundo o Código do Processo Penal, com relação à composição do Tribunal do Júri, assinale a afirmativa correta.

a) As hipóteses de impedimento e suspeição não se aplicam aos jurados, de forma que os vizinhos e o filho da vítima podem compor o Conselho de Sentença.
b) A suspeição dos vizinhos deve ser arguida por petição dirigida ao Tribunal de Justiça, ao passo que o impedimento do filho da vítima deve ser reconhecido de ofício pelo Juiz togado.
c) A suspeição e o impedimento do filho e dos vizinhos devem ser alegados pela parte que aproveita, sendo incabível ao Juiz dela conhecer de ofício.
d) A suspeição dos jurados deve ser arguida oralmente ao Juiz Presidente do Tribunal do Júri.

COMENTÁRIOS

**Alternativa "a": As hipóteses de impedimento ou suspeição de juízes são oponíveis aos jurados (art. 448, § 2º, CPP).**

**Alternativa "b": A suspeição dos jurados deverá ser decidida de plano do presidente do Tribunal do Júri (art. 106, CPP).**

**Alternativa "c": Como o impedimento e a suspeição são questões de ordem pública, a garantir a imparcialidade no**

**julgamento da causa, o juiz Presidente do Tribunal do Júri, pode conhecer de ofício o impedimento e a suspeição dos jurados.**

**Alternativa "d": A suspeição dos jurados deverá ser arguida oralmente (art. 106, CPP).**

**Alternativa correta: letra "d".**

---

**42. (FGV – Exame de Ordem 2018.1)** Zeca e Juca foram denunciados pela prática de crime de sequestro, figurando como vítima Vanda. Por ocasião do interrogatório, Zeca nega a autoria delitiva e diz que nem conhece Juca; já Juca alega que conhece Zeca e que somente este seria o autor do fato, declarando-se inocente. Após a instrução, o juiz profere sentença absolvendo os denunciados. No dia da publicação da sentença, Vanda e Juca procuram seus respectivos advogados e reiteram a certeza quanto à autoria delitiva de Zeca e ao interesse em intervir no processo como assistentes de acusação.

Considerando apenas as informações narradas, assinale a afirmativa correta.

a) O advogado de Juca poderá requerer a intervenção de seu cliente como assistente de acusação, devendo, porém, o Ministério Público ser ouvido previamente sobre a admissão do assistente.

b) Os advogados de Juca e Vanda não poderão requerer a intervenção de seus clientes como assistentes de acusação, tendo em vista que já foi proferida sentença.

c) O advogado de Vanda poderá requerer a intervenção de sua cliente como assistente de acusação, mas não poderá solicitar a realização de nova audiência para elaborar as perguntas que entender pertinentes.

d) O advogado de Vanda poderá requerer a intervenção de sua cliente como assistente de acusação, e do despacho que admitir ou não o assistente caberá recurso em sentido estrito.

**COMENTÁRIOS**

**Alternativa "a":** Juca não pode atuar como assistente de acusação, pois não foi vítima do crime de sequestro, tendo em vista que apenas Vanda foi vítima de tal crime. Além disso, o art. 270, CPP, proíbe a intervenção de corréu como assistente da acusação.

**Alternativa "b":** Vanda pode ser admitida como assistente, pois foi vítima do crime de sequestro. Além disso, a intervenção se admite em qualquer fase, até o trânsito em julgado da sentença.

**Alternativa "c":** poderá intervir como assistente do Ministério Público o ofendido, como é o caso de Vanda. A intervenção pode se dar a qualquer momento, enquanto não transitar em julgado a sentença. O assistente receberá a causa no estado em que se encontra, motivo pelo qual Vanda não poderá requerer a realização de nova audiência, já que o processo se encontra na fase de publicação de sentença. Tudo conforme os arts. 268 e 269, CPP.

**Alternativa "d":** não cabe recurso contra a decisão do juiz que admitir ou não o assistente de acusação (art. 273, CPP).

**Alternativa correta: letra "c".**

## 8. PRISÃO E OUTRAS MEDIDAS CAUTELARES CONTRA A PESSOA DO ACUSADO

---

**43. (FGV – XXXVII Exame OAB)** Nise é acusada em um processo penal pela prática de delito de estelionato (pena: 1 a 5 anos de reclusão) e possui condenação definitiva pelo mesmo delito. Nise é paciente psiquiátrica e laudo pericial constatou a sua completa incapacidade de se autodeterminar de acordo com o entendimento acerca da ilicitude do fato que lhe é imputado. Sobre a influência deste diagnóstico sobre processos atuais ou já julgados, assinale a afirmativa correta.

a) Se a insanidade for contemporânea ao fato delituoso, ainda que eventualmente curada no curso do processo, poderá haver aplicação da medida de segurança.

b) Se a insanidade mental ocorreu no curso da execução penal, e houver a conversão em medida de segurança, o posterior restabelecimento importa na cessação da periculosidade, e consequente extinção da punibilidade.

c) Se a insanidade mental for subsequente aos fatos, constatada durante o curso do processo, ser-lhe-á nomeado curador, sob pena de nulidade, podendo a sentença, ao final, aplicar a medida de segurança ou aplicar pena, deixando-a suspensa.

d) Se a sentença houver aplicado medida de segurança, o Juiz da Execução Penal poderá reconverter as penas em privativa de liberdade, se constatada a cura da doença mental que atingia a segurada.

**COMENTÁRIOS**

**Alternativa "a":** A princípio, a inimputabilidade em decorrência de insanidade mental ao tempo da infração penal implica imposição de medida de segurança de internação, caso o crime seja punido com reclusão (art. 97, CP). Mas, o STJ, admite a mitigação do art. 97, CP, e, assim, **permite a aplicação de medida de segurança de tratamento ambulatorial**, se cessada a periculosidade do agente, em substituição à internação por tratamento ambulatorial (STJ – AgInt no REsp 1805564/MS; HC 469.039/SP.

**Alternativa "b":** Se, ao tempo do crime, a pessoa é imputável, aplica-se a pena privativa de liberdade. Se, no curso da execução, sobrevier doença mental, a pena privativa de liberdade é convertida em medida de segurança, cujo prazo de duração é o tempo que restava da pena privativa de liberdade a ser cumprida. Depois, se cessada a periculosidade, ainda havendo tempo para cumprimento da pena privativa de liberdade, esta é restabelecida; caso não haja mais prazo, a pessoa é colocada em liberdade (STJ - AgRg no HC 519917/SP).

**Alternativa "c":** Se se verificar que a doença mental sobreveio à infração o processo continuará suspenso até que o acusado se restabeleça (art. 152, CPP). Portanto, enquanto não houver o restabelecimento das condições mentais do acusado, não há prolação de sentença.

**Alternativa "d":** Se cessada a periculosidade, o juiz determina a desinternação ou a liberação condicional da sentenciada, devendo ser restabelecida a medida de segurança anterior se o agente, antes do decurso de 1 (um) ano, pratica fato indicativo de persistência de sua periculosidade (art. 97, § 3º. CP).

**Alternativa correta: letra "b".**

**Nota do autor:** Essa questão foi anulada pela comissão examinadora.

PROCESSUAL PENAL

---

**44. (FGV – XXXVII Exame OAB)** No dia 10 de julho de 2020, Pedro, primário, é preso em flagrante delito comercializando ecstasy em uma rua do bairro onde mora. Com ele, são apreendidos 50 comprimidos e dinheiro em espécie. Assim, é imediatamente conduzido à delegacia, onde, no mesmo dia, é lavrado auto de prisão em flagrante pela prática do crime descrito no Art. 33, caput, da Lei nº 11.343/06, punido com pena de reclusão de 5 a 15 anos e multa. O laudo toxicológico provisório atesta que a substância consta da lista de substâncias proscritas. Feitas as comunicações devidas, o auto de prisão é remetido ao juízo competente e, desse modo, no dia 11 de julho, passadas 23 horas da prisão, Pedro é apresentado à autoridade judicial. A audiência é realizada sem a presença de órgão do Ministério Público e após entrevistar o preso e ouvir os requerimentos da defesa técnica, o Magistrado homologa a prisão em flagrante, que é convertida em preventiva, sob o fundamento de que existe risco à ordem pública na liberdade do agente, nos termos do Art. 312 do Código de Processo Penal. Assinale a opção que indica a tese de Direito Processual Penal adequada para se questionar a prisão preventiva de Pedro.

a) A prisão deve ser relaxada em razão da inobservância do prazo para a realização da audiência de custódia.
b) A prisão deve ser substituída por medidas cautelares diversas da prisão, já que suficientes para garantia da ordem pública e conveniência da instrução criminal.
c) A prisão deve ser relaxada, ante a ausência de pedido do Ministério Público, e concedida prisão domiciliar ao acusado para garantia da ordem pública.
d) A prisão deve ser relaxada, pois o magistrado não poderia, diante da ausência de pedido do Parquet, ter convertido a prisão em flagrante em preventiva de ofício.

COMENTÁRIOS

**Alternativa "a":** O Juiz deve realizar a audiência de custódia, no prazo de vinte e quatro horas, após a realização da prisão. Além disso, o STJ tem entendimento de que a realização da audiência após esse prazo não é motivo, por si só, para a ilegalidade da decretação da prisão cautelar (STJ - HC 719287/MG)

**Alternativa "b":** A princípio caberia a decretação de medias cautelares diversas da prisão, porém, a ausência do Ministério Pública inviabiliza a concessão de tais medidas.

**Alternativa "c":** Como não é possível a prisão preventiva, ante a ausência do Ministério Público, também, não é possível a prisão domiciliar, devendo o agente ser colocado em liberdade.

**Alternativa "d":** O Juiz não pode decretar a prisão preventiva de ofício. É necessário o requerimento do Ministério Público, do assistente ou do querelante, ou representação da Autoridade Policial. Como o MP estava ausente da audiência, não poderia o juiz decretar a preventiva se o pedido desse (art. 311, CPP).

**Alternativa correta: letra "d".**

---

**45. (FGV – Exame de Ordem XXXVI – 2022)** Vitor respondia ação penal pela suposta prática do crime de ameaça (pena: 01 a 06 meses de detenção ou multa) contra sua ex- companheira Luiza, existindo medida protetiva em favor da vítima proibindo o acusado de se aproximar dela, a uma distância inferior a 100m.

Mesmo intimado da medida protetiva de urgência, Vitor se aproximou de Luiza e tentou manter com ela contato, razão pela qual a vítima, temendo por sua integridade física, procurou você, como advogado(a), e narrou o ocorrido. Nessa ocasião, Luiza esclareceu que, após a denúncia do crime de ameaça, Vitor veio a ser condenado, definitivamente, pela prática do delito de uso de documento falso por fatos que teriam ocorrido antes mesmo da infração penal cometida no contexto de violência doméstica e familiar contra a mulher.

Com base nas informações expostas, você, como advogado(a) de Luiza, deverá esclarecer à sua cliente que

a) não poderá ser decretada a prisão de Vitor, pois não há situação de flagrância.
b) não poderá ser decretada a prisão preventiva de Vitor, pois o crime de ameaça tem pena inferior a 04 anos e ele é tecnicamente primário.
c) poderá ser decretada a prisão preventiva de Vitor, pois, apesar de o crime de ameaça ter pena máxima inferior a 04 anos, o autor do fato é reincidente.
d) poderá ser decretada a prisão preventiva de Vitor, mesmo sendo tecnicamente primário, tendo em vista a existência de medida protetiva de urgência anterior descumprida.

COMENTÁRIOS

**Alternativa "a": Não há situação de flagrante delito. Contudo, a prisão preventiva pode ser decretada a qualquer momento, mesmo que não haja flagrante.**

**Alternativa "b": A prisão preventiva, a princípio, não poderia ser decretada por ser a ameaça punida com pena máximo em abstrato inferior a quatro anos, bem como pelo fato de o a gente ser primário. Mas, há outro fundamento para a decretação da prisão, como se vê do comentário ao item "d".**

**Alternativa "c": O autor do fato não é reincidente, pois, quando cometera o crime de ameaça, ainda não tinha sido condenado com trânsito em julgado pelo crime de uso de documento falso.**

**Alternativa "d":** A prisão preventiva pode ser decretada, pois o crime envolve violência doméstica e familiar contra a mulher, criança, adolescente, idoso, enfermo ou pessoa com deficiência, para garantir a execução das medidas protetivas de urgência (art. 313, III, CPP).

**Alternativa correta: letra "d".**

---

**46. (FGV- XXXV Exame de Ordem-2022)** Rodrigo responde ação penal pela suposta prática do crime de venda irregular de arma de fogo de uso restrito, na condição de preso. O magistrado veio a tomar conhecimento de que Rodrigo seria pai de uma criança de 11 anos de idade e que seria o único responsável pelo menor, que, inclusive, foi encaminhado ao abrigo por não ter outros familiares ou pessoas amigas capazes de garantir seus cuidados. Com esse fundamento, substituiu, de ofício, a prisão preventiva por prisão domiciliar. Rodrigo, intimado da decisão, entrou em contato com seu(sua) advogado(a) em busca de esclarecimentos sobre o cabimento da medida e suas consequências. A defesa técnica de Rodrigo deverá esclarecer que a concessão da prisão domiciliar foi

a) adequada, e o tempo recolhido em casa justifica o reconhecimento de detração do período de cumprimento, que deverá ser observado na execução da pena, mas não no momento da fixação do regime inicial do cumprimento de pena.
b) adequada, e o tempo recolhido em casa justifica o reconhecimento de detração do período de cumprimento, que poderá ser observado no momento da fixação do regime inicial de cumprimento de pena.
c) inadequada, pois somente admitida para as mulheres que sejam mães de crianças menores de 12 anos.
d) adequada, mas não justifica o reconhecimento de detração.

COMENTÁRIOS

**Alternativa "a":** Como se trata de prisão domiciliar, substituta da prisão preventiva, tem natureza de prisão provisória ou cautelar, o tempo de sua duração será computado para fins de fixação do regime inicial, na sentença condenatória (art. 387, § 2º, CPP).

**Alternativa "b": Cabe** a substituição da prisão preventiva por prisão domiciliar em caso **preso homem**, caso seja o **único responsável** pelos cuidados do filho de até **doze anos de idade incompletos** (art. 318, VI, CPP). Como se trata de prisão provisória, de natureza cautelar, o tempo de sua duração será computado para fins de fixação do regime inicial, na sentença condenatória (art. 387, § 2º, CPP).

**Alternativa "c":** A, homem também é possível a substituição da prisão preventiva por domiciliar, desde que ele seja o único responsável pelos cuidados do filho menor de doze anos incompletos. Por outro lado, não se exige que a mulher seja a única responsável pelos cuidados do filho (art. 318, V, CPP).

**Alternativa "d":** A detração deve ocorrer por força do que dispõe o art. 387, § 2º, CPP), segundo o qual deve haver detração para a fixação do regime inicial de cumprimento de pena, em razão do tempo de prisão provisória cumprida pelo acusado.

**Alternativa correta: letra "b".**

---

**47. (FGV- XXXV Exame de Ordem-2022)** Policiais militares, ao avistarem Jairo roubar um carro no município de Toledo (PB), passaram a persegui-lo logo após a subtração, o que se deu ininterruptamente durante 28 (vinte e oito) horas. Por terem perdido de vista Jairo quando estavam prestes a ingressar no município de Córdoba (PB), os policiais militares se dirigiram à Delegacia de Polícia de Toledo para confecção do Boletim de Ocorrência. Antes que fosse finalizado o Boletim de Ocorrência, a Delegacia Policial de Toledo recebeu uma ligação telefônica do lesado (Luiz), informando que Jairo, na posse do seu carro (roubado), estava sentado numa mesa de bar naquele município tomando cerveja. Os policiais militares e os policiais da Distrital se deslocaram até o referido bar, encontrando Jairo como descrito no telefonema do lesado, apenas de chinelo e bermuda, portando uma carteira de identidade e a quantia de R$ 50,00 (cinquenta) reais. Nada mais foi encontrado com Jairo, que negou a autoria do crime. Jairo foi preso em flagrante delito e lavrado o respectivo auto pelo Delegado de Polícia, cujo despacho que determinou o recolhimento à prisão do indiciado teve como fundamento a situação de quase-flagrante, já que a diligência não havia sido encerrada e nem encerrado o Boletim de Ocorrência. Os policiais militares que efetuaram a perseguição reconheceram Jairo como o motorista que dirigia o carro roubado. O lesado (Luiz) também foi ouvido e reconheceu Jairo pessoalmente. A família de Jairo contratou você, como advogado(a), para participar da audiência de custódia na Comarca de Toledo e requerer a sua liberdade. Assinale a opção que indica o fundamento da sua manifestação nessa audiência para colocar Jairo em liberdade.

a) A prisão de Jairo era ilegal, pois a perseguição, ainda que não cessada como constou do despacho da autoridade policial, exigia que o carro fosse apreendido para comprovar a materialidade do crime.

b) A prisão de Jairo era ilegal, pois, ainda que fosse, inicialmente, uma situação de quase-flagrante (ou flagrante impróprio), a perseguição foi encerrada em Toledo, tanto que os policiais militares se dirigiram à Delegacia de Polícia do município para confecção do Boletim de Ocorrência. Restava cessada a situação a caracterizar um flagrante delito. Posterior prisão cautelar somente caberia por ordem judicial.

c) A prisão de Jairo era ilegal, pois o Código de Processo Penal somente autoriza a prisão em flagrante delito quando o agente está cometendo o crime, acaba de cometê-lo (flagrante real) ou é encontrado, logo depois, com instrumentos, armas, objetos ou papéis que façam presumir ser ele o autor da infração penal (flagrante presumido).

d) A prisão de Jairo era ilegal, pois o Código de Processo Penal autoriza a prisão em flagrante delito quando o agente é perseguido, logo após, pela autoridade em situação que faça presumir ser autor da infração (quase-flagrante), não podendo passar a perseguição de 24 (vinte e quatro) horas.

**COMENTÁRIOS**

**Alternativa "a":** A materialidade delitiva poderia ser comprovada por outros fatos, como os próprios depoimentos da vítima e dos policiais que viram o momento em que Jairo roubava o veículo.

**Alternativa "b": A situação de flagrância foi interrompida, quando os policiais pararam de perseguir o acusado e foram à Delegacia de Polícia registrar o boletim de ocorrência. Não houve assim o chamado quase flagrante (art. 302, III, CPP).**

**Alternativa "c":** O CPP prevê, além do flagrante real e do flagrante presumido, o chamado quase flagrante, no qual o agente é perseguido, logo após, pela autoridade, pelo ofendido ou por qualquer pessoa, em situação que faça presumir ser autor da infração.

**Alternativa "d":** O art. 302, III, CPP, não impõe que a prisão deve ser feita depois de vinte e quatro horas. Impõe-se que, no caso de quase-flagrante, a perseguição seja ininterrupta.

**Alternativa correta: letra "b".**

---

**48. (FGV- XXXIV Exame de Ordem-2022)** Ricardo, motorista profissional e legalizado para transporte escolar, conduzia seu veículo de trabalho por uma rua da Comarca de Celta (MS), sendo surpreendido com a travessia repentina de Igor que conduzia uma bicicleta, vindo com isso a atropelá-lo. Igor ficou caído no chão reclamando de muita dor no peito, não conseguindo levantar-se.

Ricardo, diante das reclamações de dor da vítima, e com receio de agravar o seu estado de saúde, permaneceu no local e pediu ajuda ao Corpo de Bombeiros, ligando para o número 193.

A polícia militar chegou, fez o teste em Ricardo para apurar a concentração de álcool por litro de sangue, sendo 0 (zero) o resultado de miligrama de álcool. Diante da situação de flagrância, Ricardo foi preso e, no dia seguinte, levado à audiência de custódia.

Igor foi socorrido pelo Corpo de Bombeiros constatando-se no hospital, por exame de imagem, que a vítima havia fraturado 03 (três) costelas e o tornozelo direito, sendo operado com sucesso.

Você, como advogado(a) de Ricardo, postularia

a) concessão da liberdade provisória, sem fiança, diante da legalidade da prisão, por se tratar de indiciado primário e de bons antecedentes, além de ter prestado imediato e integral socorro à vítima.

b) somente a imposição da medida cautelar diversa da prisão, consistente no comparecimento periódico em juízo, diante da legalidade da prisão e considerando que a custódia cautelar deve ser a última medida imposta diante do princípio da proporcionalidade.

c) relaxamento da prisão de Ricardo por ser ilegal, haja vista que prestou imediato e integral socorro à vítima.

d) oncessão da liberdade provisória, mediante fiança, arbitrado o menor valor legal, diante da legalidade da prisão, por ser o indiciado primário e de bons antecedentes, bem como em razão da sua capacidade econômica.

**COMENTÁRIOS**

**Alternativa "a": Não é o caso de prisão em flagrante, pois o condutor do veículo prestou pronto atendimento à vítima do crime (art. 301, Código de Trânsito Brasileiro – CTB).**

**Alternativa "b": Como a prisão em flagrante é ilegal, o advogado deve pedir o relaxamento da medida.**

**Alternativa "c":** Ao condutor de veículo, nos casos de acidentes de trânsito de que resulte vítima, não se imporá a prisão em flagrante, nem se exigirá fiança, se prestar pronto e integral socorro àquela (art. 301, CTB). Logo, a prisão em flagrate é ilegal e deve ser relaxada.

**Alternativa "d":** Como o acusado prestou socorro à vítima, a prisão em flagrante é ilegal e a ele não se pode exigir pagamento de fiança.

**Alternativa correta: letra "c".**

**49. (FGV – Exame de Ordem 2021.1)** Em 14/01/2021, Valentim, reincidente, foi denunciado como incurso nas sanções penais do Art. 14 da Lei n º 10.826/03, cuja pena prevista é de reclusão, de 2 a 4 anos, narrando a denúncia que, em 10/01/2017, o denunciado portava, em via pública, arma de fogo de uso permitido.

Após recebimento da denúncia e apresentação de resposta à acusação, o magistrado, verificando que a única outra anotação que constava da Folha de Antecedentes Criminais era referente a delito da mesma natureza, decretou, apesar da ausência de requerimento, a prisão preventiva do denunciado, destacando o risco de reiteração delitiva.

Ao tomar conhecimento dos fatos, sob o ponto de vista técnico, a defesa de Valentim deverá argumentar que a prisão é inadequada porque

a) não poderia ter sido decretada de ofício e pela ausência de contemporaneidade, apesar de a pena máxima, por si só, não impedir o decreto prisional na situação diante da reincidência.
b) não poderia ter sido decretada de ofício, não havia contemporaneidade e porque, considerando a pena máxima, os pressupostos legais não estariam preenchidos.
c) não haveria contemporaneidade, apesar da possibilidade de decretação de ofício pelo momento processual e com base na reincidência.
d) não haveria contemporaneidade e considerando a pena máxima prevista para o delito, apesar de, pelo momento processual, ser possível a decretação de ofício.

**COMENTÁRIOS**

**Alternativa "a":** a prisão preventiva deve ser revogada, pois foi decretada de ofício pelo juiz e sem contemporaneidade, embora seja o acusado reincidente. Assim, a prisão preventiva não pode ser decretada de ofício, mas, por requerimento do Ministério Público, do querelante ou do assistente, ou por representação da autoridade policial (art. 311, CPP). A prisão preventiva deve apresentar contemporaneidade com os fatos que a fundamentam (art. 312, § 2º, do CPP). No caso, os fatos ocorreram em 2017 e a prisão só veio a ser decretada em 2021. Por fim, em caso de reincidência por crime doloso, a prisão preventiva pode ser decretada, independentemente da pena máxima em abstrato prevista para o crime (art. 313, II, CPP).

**Alternativa "b":** A prisão preventiva não pode ser decretada de ofício e deve guardar contemporaneidade com os fatos. A princípio, o art. 313, I, CPP, exige pena privativa de liberdade máxima superior a 4 (quatro) anos. Mas, se o acusado for reincidente, não há esse requisito temporal (art. 313, II, CPP).

**Alternativa "c":** A prisão preventiva não pode ser decretada de ofício pelo juiz (art. 311, CPP). Além disso, exige-se que ela seja contemporânea aos fatos que a ensejam (art. 312, § 2º, CPP). Por fim, a reincidência em crime doloso é motivo para a decretação da prisão preventiva, independentemente da pena máxima cominada pelo legislador ao crime doloso.

**Alternativa "d":** A prisão preventiva não pode ser decretada de ofício pelo juiz (art. 311, CPP). Além disso, exige-se que ela seja contemporânea aos fatos que a ensejam (art. 312, § 2º, CPP). Por fim, a reincidência em crime doloso é motivo para a decretação da prisão preventiva, independentemente da pena máxima cominada pelo legislador ao crime doloso.

**Alternativa correta: letra "a".**

**50. (FGV – Exame de Ordem 2020.1)** Durante escuta telefônica devidamente deferida para investigar organização criminosa destinada ao contrabando de armas, policiais obtiveram a informação de que Marcelo receberia, naquele dia, grande quantidade de armamento, que seria depois repassada a Daniel, chefe de sua facção.

Diante dessa informação, os policiais se dirigiram até o local combinado. Após informarem o fato à autoridade policial, que o comunicou ao juízo competente, eles acompanharam o recebimento do armamento por Marcelo, optando por não o prender naquele momento, pois aguardariam que ele se encontrasse com o chefe da sua organização para, então, prendê-los. De posse do armamento, Marcelo se dirigiu ao encontro de Daniel e lhe repassou as armas contrabandeadas, quando, então, ambos foram surpreendidos e presos em flagrante pelos policiais que monitoravam a operação.

Encaminhados para a Delegacia, os presos entraram em contato com um advogado para esclarecimentos sobre a validade das prisões ocorridas.

Com base nos fatos acima narrados, o advogado deverá esclarecer aos seus clientes que a prisão em flagrante efetuada pelos policiais foi

a) ilegal, por se tratar de flagrante esperado.
b) legal, restando configurado o flagrante preparado.
c) legal, tratando-se de flagrante retardado.
d) ilegal, pois a conduta dos policiais dependeria de prévia autorização judicial.

**COMENTÁRIOS**

**Alternativa "a":** O flagrante esperado é aquele em que, por meio de investigação prévia, a Polícia antecipa-se ao agente criminoso e monta campana, realizando a sua prisão no momento que ele inicia os atos executórios. Essa modalidade de flagrante não encontra expressa previsão legal, mas é considerada lícita, pois seria exemplo de flagrante próprio, previsto no art. 302, I, CPP.

**Alternativa "b":** no flagrante preparado, os agentes policiais induzem o autor do fato a cometer o crime. Essa modalidade de flagrante é considerada ilegal, pois tornaria impossível a consumação do crime, conforme Súmula nº 145 do STF.

**Alternativa "c":** Trata-se de flagrante retardado, pois, mediante prévia investigação, a Autoridade Policial acompanha a execução do crime pelo agente com o fim de colher provas, mas, por conveniência da instrução, pode postergar a prisão do agente para momento posterior. Aqui reside a diferença do flagrante retardado para o esperado, pois, neste, a Autoridade Policial deve efetuar a prisão do agente.

**Alternativa "d":** A Lei de Crime Organizado (Lei nº 12.850/2013) prevê o flagrante esperado no meio de prova denominado ação controlada (arts. 8º e 9º), em que se exige a comunicação da ação ao juiz, sem necessidade, contudo, de sua autorização, porém.

**Alternativa correta: letra "c".**

---

**51. (FGV – Exame de Ordem/2018.3)** Após ser instaurado inquérito policial para apurar a prática de um crime de lesão corporal culposa praticada na direção de veículo automotor (Art. 303 da Lei nº 9.503/97 – pena: detenção de seis meses a dois anos), foi identificado que o autor dos fatos seria Carlos, que, em sua Folha de Antecedentes Criminais, possuía três anotações referentes a condenações, com trânsito em julgado, pela prática da mesma infração penal, todas aptas a configurar reincidência quando da prática do delito ora investigado.

Encaminhados os autos ao Ministério Público, foi oferecida a denúncia em face de Carlos pelo crime antes investigado; diante da reincidência específica do denunciado civilmente identificado, foi requerida a decretação da prisão preventiva. Recebidos os autos, o juiz competente decretou a prisão preventiva, reiterando a reincidência de Carlos e destacando que essa circunstância faria com que todos os requisitos legais estivessem preenchidos.

Ao ser intimado da decisão, o(a) advogado(a) de Carlos deverá requerer

a) a liberdade provisória dele, ainda que com aplicação das medidas cautelares alternativas.
b) o relaxamento da prisão dele, tendo em vista que a prisão, em que pese ser legal, é desnecessária.
c) a revogação da prisão dele, tendo em vista que, em que pese ser legal, é desnecessária.
d) o relaxamento da prisão dele, pois ela é ilegal.

**COMENTÁRIOS**

**Alternativa "a":** Tendo em vista que não é cabível a prisão preventiva (a pena máxima cominada ao crime não é superior a quatro anos – art. 313, I, CPP), não há porque se requerer a sua contracautela, que vem a ser a liberdade provisória, ainda que com aplicação de medidas cautelares alternativas.

**Alternativa "b":** Antes de se adentrar do critério da necessidade de decretação da preventiva, o que levaria ao requerimento de liberdade provisória, há de se requerer o seu relaxamento pelo fato de ser ela ilegal.

**Alternativa "c":** deve-se, antes de tudo, requerer o relaxamento da prisão preventiva, pois esta é ilegal.

**Alternativa "d":** O pedido a ser feito é de relaxamento de prisão de Carlos, pois ele cometeu crime culposo (art. 303, CTB). Como se nota do art. 313, I e II, CPP, a prisão preventiva só será admitida em caso de **crime doloso**.

**Alternativa correta: letra "d".**

---

**52. (FGV – Exame de Ordem 2018.2)** Durante as investigações de um crime de associação criminosa (Art. 288 do CP), a autoridade policial representa pela decretação da prisão temporária do indiciado Jorge, tendo em vista que a medida seria imprescindível para a continuidade das investigações.

Os autos são encaminhados ao Ministério Público, que se manifesta favoravelmente à representação da autoridade policial, mas deixa de requerer expressamente, por conta própria, a decretação da prisão temporária. Por sua vez, o magistrado, ao receber o procedimento, decretou a prisão temporária pelo prazo de 10 dias, ressaltando que a lei admite a prorrogação do prazo de 05 dias por igual período. Fez o magistrado constar, ainda, que Jorge não poderia permanecer acautelado junto com outros detentos que estavam presos em razão de preventivas decretadas.

Considerando apenas as informações narradas, o advogado de Jorge, ao ser constituído, deverá alegar que

a) o prazo fixado para a prisão temporária de Jorge é ilegal.
b) a decisão do magistrado de determinar que Jorge ficasse separado dos demais detentos é ilegal.
c) a prisão temporária decretada é ilegal, tendo em vista que a associação criminosa não está prevista no rol dos crimes hediondos e nem naquele que admite a decretação dessa espécie de prisão.
d) a decretação da prisão foi ilegal, pelo fato de ter sido decretada de ofício, já que não houve requerimento do Ministério Público.

**COMENTÁRIOS**

**Alternativa "a":** não pode o juiz já de imediato decretar a prisão temporária com prazo de dez dias. Inicialmente, ele deve decretar por cinco dias. Findo esse prazo inicial, mediante representação da Autoridade Policial ou requerimento do Ministério Público, a Autoridade Judiciária pode prorrogar por mais cinco dias a prisão (art. 2º da Lei nº 7.960/89).

**Alternativa "b":** de acordo com o art. 3º, da Lei nº 7.960/89, os presos temporários deverão permanecer, obrigatoriamente, separados dos demais detentos. Portanto, nesse ponto, a decisão do juiz é legal.

**Alternativa "c":** o crime de associação criminosa não é considerado hediondo, porque não consta do rol do art. 1º da Lei nº 8.072/90. Contudo, ele está presente no rol do art. 1º, III, *l*, da Lei nº 7.960/89, logo, se admite a decretação da prisão temporária em caso de investigação por crime de associação criminosa, ainda que este não seja hediondo.

**Alternativa "d":** o juiz não pode decretar a prisão temporária de ofício. Depende da representação da Autoridade Policial ou de requerimento do Ministério Público. No caso do problema, a prisão temporária não foi decretada de ofício, mas mediante representação da Autoridade Policial.

**Alternativa correta: letra "a".**

---

**53. (FGV – Exame de Ordem 2018.1)** No dia 15 de maio de 2017, Caio, pai de um adolescente de 14 anos, conduzia um veículo automotor, em via pública, às 14h, quando foi solicitada sua parada em uma blitz. Após consultar a placa do automóvel, os policiais constataram que o veículo era produto de crime de roubo ocorrido no dia 13 de maio de 2017, às 09h. Diante da suposta prática do crime de receptação, realizaram a prisão e encaminharam Caio para a Delegacia.

Em sede policial, a vítima do crime de roubo foi convidada a comparecer e, em observância a todas as formalidades legais, reconheceu Caio como o autor do crime que sofrera. A autoridade policial lavrou auto de prisão em flagrante pelo crime de roubo em detrimento de receptação. O Ministério Público, em audiência de custódia, manifesta-se pela conversão da prisão em flagrante em preventiva, valorizando o fato de Caio ser reincidente, conforme confirmação constante de sua Folha de Antecedentes Criminais.

Quando de sua manifestação, o advogado de Caio, sob o ponto de vista técnico, deverá requerer

a) liberdade provisória, pois, apesar da prisão em flagrante ser legal, não estão presentes os pressupostos para prisão preventiva.
b) relaxamento da prisão, em razão da ausência de situação de flagrante.
c) revogação da prisão preventiva, pois a prisão em flagrante pelo crime de roubo foi ilegal.
d) substituição da prisão preventiva por prisão domiciliar, pois Caio é responsável pelos cuidados de adolescente de 14 anos.

**COMENTÁRIOS**

**Alternativa "a"**: no caso, não é o pedido de liberdade provisória a ser requerido, pois o flagrante não é legal. Logo, o pedido a ser feito é de relaxamento da prisão em flagrante.

**Alternativa "b"**: o flagrante é ilegal, porque, não estão presentes os requisitos do art. 302, CPP, que trata das situações de flagrante delito. Caio não foi preso, quando cometia o crime ou acabara de cometê-lo (inc. I e II), não foi perseguido logo após o cometido do crime em situação que o fizesse autor do crime (inc. III) e, enfim, foi encontrado na posse do veículo roubado dois dias depois do crime, **não logo depois do fato**, como exige o inciso IV.

**Alternativa "c"**: não é o caso de pedir a revogação da prisão preventiva, pois sequer esta foi decretada pelo Juiz de Direito.

**Alternativa "d"**: não é o caso de se pedir a substituição da prisão preventiva por domiciliar, pois sequer a primeira foi decretada. Ainda assim, caso o flagrante fosse legal e, presentes os requisitos da prisão preventiva, não seria o caso de prisão domiciliar, pois esta é cabível, se o agente for **homem**, caso seja ele o **único responsável pelos cuidados do filho de até 12 anos de idade incompletos** (art. 318, VI, CPP).

**Alternativa correta: letra "b".**

## 9. COMUNICAÇÃO DOS ATOS PROCESSUAIS

**54. (FGV- XXXIV Exame de Ordem-2022)** José, primário e de bons antecedentes, foi denunciado pela prática do crime de receptação simples (pena: 01 a 04 anos de reclusão e multa). Após ser certificado que o denunciado estava em local incerto e não sabido, foi publicado edital com objetivo de citá-lo. Mesmo após passado o prazo do edital, José não compareceu em juízo nem constituiu advogado.

O magistrado, informado sobre o fato, determinou a suspensão do processo e do curso do prazo prescricional. Na mesma decisão, decretou a prisão preventiva de José, exatamente por ele não ter sido localizado para citação, além da produção de duas provas, antecipadamente: oitiva de Maria, senhora de 90 anos de idade, que se encontrava internada e com risco de falecer, e da vítima, Bruno, jovem de 22 anos, sob o fundamento de que o decurso do tempo poderia prejudicar essa oitiva e gerar esquecimento. José, dez dias após a decisão, veio a tomar conhecimento dos fatos e entrou em contato com seu advogado.

Considerando apenas as informações expostas, o advogado de José deverá buscar o reconhecimento de que

a) a suspensão do processo após citação por edital foi legal, mas não a suspensão do prazo prescricional, já que o magistrado determinou a produção antecipada de provas.
b) o magistrado poderia ter determinado a produção antecipada de provas em relação à Maria, mas não em relação à oitiva de Bruno, sendo, ainda, inadequada a decretação da prisão preventiva.
c) a prisão foi decretada de maneira inadequada, mas a determinação da oitiva de Maria e de Bruno de maneira antecipada foi correta.
d) não poderiam ser produzidas quaisquer provas antecipadas, já que o processo encontrava-se suspenso, apesar de legal a decretação da prisão preventiva.

**COMENTÁRIOS**

**Alternativa "a": Nos termos do** art. 366, CPP, se o acusado, citado por edital, não comparecer, nem constituir advogado, ficarão suspensos o processo e o curso do prazo prescricional, podendo o juiz determinar a produção antecipada das provas consideradas urgentes.

**Alternativa "b": A antecipação da oitiva de Maria se justifica, porque se trata de prova urgente, uma vez que ela tem 90 anos de idade e está internada e com risco de falecer. Quanto à oitiva de Bruno, o simples argumento de que ele possa esquecer detalhes dos fatos com o decurso do tempo não autoriza, por si só, a produção antecipada de provas. Inteligência da Súmula n. 455/STJ.**

**Alternativa "c"**: A prisão foi decretada de forma ilícita, pois a jurisprudência do STJ "é pacífica no sentido de não ser cabível a decretação da prisão preventiva apenas em virtude da revelia ou da não localização do réu, sem a indicação de elementos concretos que justifiquem a necessidade da custódia cautelar, nos termos do artigo 312 do Código de Processo Penal. (RHC 123.409/MT; HC 553.265/MG; AgRg no RHC 124.293/PE; AgRg no HC 724991/RO)". A oitiva de Maria se mostra lícita, ao contrário da oitiva de Bruno, como se demonstrou acima.

**Alternativa "d"**: Nos termos do art. 366, CPP. É possível a produção antecipada de prova, enquanto suspenso o processo, se devidamente fundamentada a urgência. O simples fato de a pessoa estar em local incerto e não sabido não é motivo idôneo para a decretação da prisão preventiva.

**Alternativa correta: letra "b".**

## 10. PROCEDIMENTOS ORDINÁRIO E SUMÁRIO

**55. (FGV – Exame de Ordem 2020.1)** Caio foi denunciado pela suposta prática do crime de estupro de vulnerável. Ocorre que, apesar da capitulação delitiva, a denúncia apresentava-se confusa na narrativa dos fatos, inclusive não sendo indicada qual seria a idade da vítima. Logo após a citação, Caio procurou seu advogado para esclarecimentos, destacando a dificuldade na compreensão dos fatos imputados.

O advogado de Caio, constatando que a denúncia estava inepta, deve esclarecer ao cliente que, sob o ponto de vista técnico, com esse fundamento poderia buscar

a) a rejeição da denúncia, podendo o Ministério Público apresentar recurso em sentido estrito em caso de acolhimento do pedido pelo magistrado, ou oferecer, posteriormente, nova denúncia.
b) sua absolvição sumária, podendo o Ministério Público apresentar recurso de apelação em caso de acolhimento do pedido pelo magistrado, ou oferecer, posteriormente, nova denúncia.
c) sua absolvição sumária, podendo o Ministério Público apresentar recurso em sentido estrito em caso de acolhimento do pedido pelo magistrado, mas, transitada em julgado a decisão, não poderá ser oferecida nova denúncia com base nos mesmos fatos.

d) a rejeição da denúncia, podendo o Ministério Público apresentar recurso de apelação em caso de acolhimento do pedido pelo magistrado, mas, uma vez transitada em julgado a decisão, não caberá oferecimento de nova denúncia.

**COMENTÁRIOS**

**Alternativa "a":** Nos termos do art. 41, CPP, a denúncia deverá conter todas as circunstâncias que compõem o fato, o que, no crime de estupro de vulnerável, a idade da vítima é indispensável, pois elemento do tipo penal. Ademais, a denúncia deve ser clara ao denunciado, para que lhe seja assegurada a ampla defesa. A inobservância desses requisitos, torna a denúncia inepta, o que autoriza a sua rejeição pelo juiz (art. 395, I, CPP). Se a denúncia não for recebida, o Ministério Público pode interpor recurso em sentido estrito (art. 581, I, CPP). Mas, se se conformar com a decisão que rejeitou a denúncia, poderá oferecer outra, já que se trata de questão processual, que não julga o mérito.

**Alternativa "b":** Rejeição da denúncia está relacionada a questões processuais, arroladas no art. 395, CPP, entre as quais a inépcia da inicial. Já a absolvição sumária está relacionada ao mérito da causa, conforme hipóteses do art. 397, CPP. Contra a decisão que rejeita a denúncia, cabe recurso em sentido estrito. Contra a decisão que absolve sumariamente o réu, cabe apelação (art. 593, I, CPP).

**Alternativa "c":** No caso, como se trata de inépcia da inicial, cabe rejeição da denúncia, não absolvição sumária.

**Alternativa "d":** No caso, como se trata de inépcia da inicial, cabe rejeição da denúncia. Em face dessa decisão, porém, o Ministério Público poderá interpor recurso em sentido estrito, ou, caso se conforme com a decisão judicial, pode oferecer outra denúncia, pois, como se trata de questão processual, não cousa julgada material, mas apenas formal.

**Alternativa correta: letra "a".**

## 11. PROCEDIMENTO DO TRIBUNAL DO JÚRI

**56. (FGV- XXXIV Exame de Ordem-2022)** Ao término da instrução criminal no processo em que Irineu foi denunciado pelo crime de homicídio doloso consumado que vitimou Alberto, o advogado de Irineu teve a palavra em audiência para fazer suas alegações finais (juízo de admissibilidade da acusação).

No curso do inquérito policial o Delegado de Polícia representou ao juízo competente pelo incidente de insanidade mental, cujo laudo afirmou que, na data em que o crime foi praticado, Irineu era inteiramente incapaz de entender o caráter ilícito do fato.

Ouvidas as testemunhas arroladas na denúncia, Roberta, cliente que estava no bar em que aconteceu o crime, declarou que Irineu tinha traços semelhantes àqueles da pessoa que efetuou o disparo de arma de fogo, mas não poderia afirmar com certeza a autoria. No mesmo sentido foi o depoimento de Laércio, que era garçom daquele estabelecimento comercial. Rui, que estava no caixa do bar, e Ana, a gerente, disseram não ter condições de reconhecer o réu.

Irineu sempre negou a autoria do homicídio.

Você, como advogado(a) de defesa de Irineu, em alegações finais, deve sustentar a tese de

a) nulidade do processo desde a decisão que determinou o exame de insanidade mental, pois o Delegado de Polícia não poderia representar pelo incidente de insanidade mental, por não ter qualidade de parte.

b) absolvição sumária, em razão do laudo do exame de insanidade mental ter afirmado que Irineu era absolutamente incapaz, por doença mental, sem condições, à época, de entender o caráter ilícito do fato.

c) impronúncia de Irineu, posto que a prova testemunhal não revelou a existência de indícios suficientes de autoria.

d) despronúncia, em razão das declarações de Rui e Ana, que não reconheceram Irineu como autor do disparo de arma de fogo.

**COMENTÁRIOS**

**Alternativa "a": Na fase de inquérito policial, a Autoridade Policial pode representar ao juiz a realização de incidente de insanidade mental (art. 149, § 1º, CPP).**

**Alternativa "b": Não é causa de absolvição sumária, pois a inimputabilidade não é a única tese defensiva, já que o conjunto probatório se mostra insuficiente para a pronúncia do acusado, ante ausência de indícios suficientes de autoria (art. 415, parágrafo único, CPP).**

**Alternativa "c":** Como as testemunhas não afirmaram que tinham certeza de que Irineu matou a vítima, não há indícios de que ele foi o autor do crime, o que enseja a sua impronúncia (art. 414, CPP).

**Alternativa "d":** Em face da decisão de pronúncia, cabe recurso em sentido estrito. Se este for julgado procedente, haverá a despronúncia do acusado.

**Alternativa correta: letra "c".**

**57. (FGV – Exame de Ordem – 2021.2)** Bartolomeu foi denunciado e pronunciado pela suposta prática de um crime de homicídio qualificado. No dia da sessão plenária do Tribunal do Júri, no momento dos debates orais, o Promotor de Justiça iniciou sua fala lendo o teor da denúncia para que os jurados tivessem conhecimento sobre os fatos imputados. Após, afirmou que estaria presente a prova da materialidade e de autoria, passando a ler a decisão de pronúncia e destacar que esta demonstraria a veracidade do que assegurava sobre a prova da prática do crime por Bartolomeu. Por fim, o Parquet leu reportagem jornalística que apontava Bartolomeu como possível autor do homicídio, sendo certo que tal documentação foi acostada ao procedimento sete dias antes da sessão plenária, tendo a defesa acesso à mesma quatro dias úteis antes do julgamento. Em sua fala, a defesa técnica de Bartolomeu pugnou pela absolvição, negando a autoria, e consignou em ata seu inconformismo com a leitura da denúncia, a menção à pronúncia e a leitura da reportagem jornalística. O réu foi condenado.

Considerando as informações narradas, com base nas previsões legais e sob o ponto de vista técnico, no momento de apresentar recurso de apelação, o(a) advogado(a) de Bartolomeu poderá alegar a existência de nulidade, em razão

a) da leitura da denúncia, da menção à pronúncia e leitura da reportagem jornalística.

b) da menção à pronúncia e leitura da reportagem jornalística, apenas.

c) da leitura da reportagem jornalística, apenas.

d) da menção à pronúncia, apenas.

**COMENTÁRIOS**

**Alternativa "a":** Os jurados recebem cópia da denúncia e, portanto, o MP pode lê-la na sessão plenária. O art. 478, I, CPP, proíbe a leitura da decisão de pronúncia no Plenário, sob pena de nulidade. A reportagem jornalística pode ser lida, desde que juntada três dias antes da sessão de julgamento pelo Plenário do Júri, desde que se dê ciência à parte contrária (art. 479, parágrafo único, CPP).

**Alternativa "b":** O art. 478, I, CPP, proíbe a leitura da decisão de pronúncia no Plenário, sob pena de nulidade. A reportagem jornalística pode ser lida, desde que juntada três dias antes da sessão de julgamento pelo Plenário do Júri, desde que se dê ciência à parte contrária (art. 479, parágrafo único, CPP).

**Alternativa "c":** A reportagem jornalística pode ser lida, desde que juntada três dias antes da sessão de julgamento pelo Plenário do Júri, desde que se dê ciência à parte contrária (art. 479, parágrafo único, CPP).

**Alternativa "d":** O art. 478, I, CPP, proíbe a leitura da decisão de pronúncia no Plenário, sob pena de nulidade.

**Alternativa correta: letra "d".**

**58. (FGV/OAB/XXX_Exame – 2019)** Rogério foi denunciado pela prática de um crime de homicídio qualificado por fatos que teriam ocorrido em 2017. Após regular citação e apresentação de resposta à acusação, Rogério decide não comparecer aos atos do processo, apesar de regularmente intimado, razão pela qual foi decretada sua revelia.

Em audiência realizada na primeira fase do procedimento do Tribunal do Júri, sem a presença de Rogério, mas tão só de sua defesa técnica, foi proferida decisão de pronúncia. Rogério mudou-se e não informou ao juízo o novo endereço, não sendo localizado para ser pessoalmente intimado dessa decisão, ocorrendo, então, a intimação por edital. Posteriormente, a ação penal teve regular prosseguimento, sem a participação do acusado, sendo designada data para realização da sessão plenária.

Ao tomar conhecimento desse fato por terceiros, Rogério procura seu advogado para esclarecimentos, informando não ter interesse em comparecer à sessão plenária.

Com base apenas nas informações narradas, o advogado de Rogério deverá esclarecer que

a) o processo e o curso do prazo prescricional, diante da intimação por edital, deveriam ficar suspensos.
b) a intimação da decisão de pronúncia por edital não é admitida pelo Código de Processo Penal.
c) o julgamento em sessão plenária do Tribunal do Júri, na hipótese, poderá ocorrer mesmo sem a presença do réu.
d) a revelia gerou presunção de veracidade dos fatos e a intimação foi válida, mas a presença do réu é indispensável para a realização da sessão plenária do Tribunal do Júri.

**COMENTÁRIOS**

**Alternativa "a":** O julgamento não será adiado pelo não comparecimento do acusado solto, do assistente ou do advogado do querelante, que tiver sido regularmente intimado (art. 457, CPP).

**Alternativa "b":** O acusado solto que não for encontrado será intimado por edital (art. 420, parágrafo único, CPP).

**Alternativa "c":** Com a Lei nº 11.689/2008, não mais existe crise de instância no processo penal brasileiro. Assim, nos termos do art. 457, CPP, o julgamento não será adiado pelo não comparecimento do acusado solto, do assistente ou do advogado do querelante, que tiver sido regularmente intimado. Como se admite a intimação por edital, no caso, o réu foi intimado regularmente e, em caso de sua ausência, a audiência não será suspensa.

**Alternativa "d":** No processo penal, a revelia não gera a presunção de veracidade dos fatos. A intimação do acusado foi regular, pois se admite a intimação por edital (art. 420, parágrafo único, CPP), sendo possível a realização do julgamento pelo Tribunal do Júri mesmo com a ausência do réu à sessão de julgamento (art. 457, CPP).

**Alternativa correta: letra "c".**

## 12. JUIZADO ESPECIAL CRIMINAL (JECRIM)

**59. (FGV- XXXV Exame de Ordem-2022)** Caio, primário e de bons antecedentes, sem envolvimento pretérito com o aparato policial ou judicial, foi denunciado pela suposta prática do crime de tráfico de drogas.

Em sua entrevista particular com seu advogado, esclareceu que, de fato, estaria com as drogas, mas que as mesmas seriam destinadas ao seu próprio uso. Indagou, então, à sua defesa técnica sobre as consequências que poderiam advir do acolhimento pelo magistrado de sua versão a ser apresentada em interrogatório.

Considerando apenas as informações expostas, o(a) advogado(a) deverá esclarecer ao seu cliente que, caso o magistrado entenda que as drogas seriam destinadas apenas ao uso de Caio, deverá o julgador

a) Condenar o réu, de imediato, pelo crime de porte de drogas para consumo próprio, aplicando o instituto da mutatio libelli.
b) condenar o réu, de imediato, pelo crime de porte de drogas para consumo próprio, aplicando o instituto da emendatio libelli.
c) reconhecer que não foi praticado o crime de tráfico de drogas e encaminhar os autos ao Ministério Público para analisar eventual proposta de transação penal.
d) reconhecer que não foi praticado o crime de tráfico de drogas e encaminhar os autos ao Ministério Público para analisar proposta de suspensão condicional do processo, mas não transação penal, diante do procedimento especial previsto na Lei de Drogas.

**COMENTÁRIOS**

**Alternativa "a":** No caso, seria, a princípio, motivo de mutatio libelli, pois haveria modificação de situação fática descrita na eventual denúncia, já que a droga não seria para o tráfico mas para o consumo próprio. Mas, como o crime do art. 28 da Lei de Drogas, é infração penal de menor potencial ofensivo, é cabível a transação penal.

**Alternativa "b": Não seria o caso de emendatio libelli, pois não haveria mera adequação jurídica da conduta ao tipo penal. Ademais, como se trata de infração penal de menor potencial ofensivo, é cabível a transação penal.**

**Alternativa "c":** Caso haja a desclassificação da conduta do crime de tráfico de drogas para o do art. 28 do CPP, como este é infração de menor potencial ofensivo, o juiz deve enviar os Autos ao Ministério Público para propositura de transação penal.

**Alternativa "d":** A transação penal também se aplica às infrações penais de menor potencial ofensivo previstas em leis especiais, como o art. 28 da Lei de Drogas.

**Alternativa correta: letra "c".**

**60. (FGV – Exame de Ordem 2018.2)** Maicon, na condução de veículo automotor, causou lesão corporal de natureza leve em Marta, desconhecida que dirigia outro automóvel, que inicialmente disse ter interesse em representar em face do autor dos fatos, diante da prática do crime do Art. 303, caput, do Código de Trânsito Brasileiro. Em audiência preliminar, com a presença de Maicon e Marta acompanhados por seus advogados e pelo Ministério Público, houve composição dos danos civis, reduzida a termo e homologada pelo juiz em sentença. No dia seguinte, Marta se arrepende, procura seu advogado e afirma não ter interesse na execução do acordo celebrado.

Considerando apenas as informações narradas, o advogado de Marta deverá

a) interpor recurso de apelação da sentença que homologou a composição dos danos civis.

b) esclarecer que o acordo homologado acarretou renúncia ao direito de representação.

c) interpor recurso em sentido estrito da sentença que homologou composição dos danos civis.

d) esclarecer que, sendo crime de ação penal de natureza pública, não caberia composição dos danos civis, mas sim transação penal, de modo que a sentença é nula.

**COMENTÁRIOS**

**Alternativa "a":** como se trata de sentença meramente homologatória da composição civil firmada entre autor do fato e vítima, não cabe apelação, pois não há sucumbência entre as partes.

**Alternativa "b":** ao crime de lesão corporal culposa na direção de veículo automotor se aplicam os dispositivos despenalizadores da Lei nº 9.099/95, como a composição civil dos danos e a transação penal, além de implicar que a natureza da ação penal seja pública condicional à representação (art. 291, § 1º, CTB). Assim, havendo composição civil dos danos, homologada pelo juiz, há renúncia ao direito de representação pelo ofendido, que não pode mais se manifestar pelo prosseguimento da persecução penal (art. 74, parágrafo único, Lei nº 9.099/95.

**Alternativa "c":** como se trata de sentença meramente homologatória da composição civil firmada entre autor do fato e vítima, não cabe recurso em sentido estrito, o qual sequer é previsto na Lei nº 9.099/95.

**Alternativa "d":** o crime de lesão corporal culposo praticado na direção de veículo automotor é crime de ação penal pública condicionada à representação (art. 291, § 1º, CTB, cc. Art. 88, Lei nº 9.099/95). Nesse caso, como se trata ainda de infração de menor potencial ofensivo, cabe em primeiro lugar a composição civil dos danos entre autor do fato e o ofendido. Não obtida a composição civil e oferecida a representação pelo ofendido, cabe ao Ministério Público oferecer transação penal.

**Alternativa correta: letra "b".**

## 13. NULIDADES NO PROCESSO PENAL

**61. (FGV- XXXV Exame de Ordem-2022)** Joel está sendo processado por crime de estelionato na Vara Criminal da Comarca de Estoril. Na peça de resposta à acusação, o Dr. Roberto, advogado de Joel, arrolou 03 (três) testemunhas. Dentre elas, estava Olinto Silva, residente na Comarca de Vieiras. O juízo da Vara Criminal da Comarca de Estoril determinou a expedição de carta precatória ao juízo da Vara Criminal da Comarca de Vieiras com a finalidade de ser ouvido Olinto Silva, notificando o Promotor de Justiça e o Defensor Público. Na Vara Criminal da Comarca de Vieiras, o juiz designou a audiência para oitiva de Olinto Silva, notificando somente o Ministério Público, não obstante haver Defensor Público na comarca. Realizada a oitiva de Olinto Silva, a deprecata foi devolvida ao Juízo da Vara Criminal da Comarca de Estoril. Recebida a carta precatória, o Dr. Roberto tomou ciência do seu cumprimento. Assinale a opção que apresenta a providência que o advogado de Joel deve tomar em sua defesa.

a) Requerer ao Juízo da Vara Criminal da Comarca de Estoril a declaração de nulidade da audiência de oitiva de Olinto Silva, que se deu na Vara Criminal da Comarca de Vieiras, por ter sido realizado aquele ato processual sem a intimação do Defensor Público.

b) Requerer ao Juízo da Vara Criminal da Comarca de Vieiras a declaração de nulidade da audiência de oitiva de Olinto Silva, em razão de ter ocorrido aquele ato processual sem que tenha sido intimado como advogado de Joel.

c) Requerer ao Juízo da Vara Criminal da Comarca de Vieiras a declaração de nulidade da audiência de oitiva de Olinto Silva, em razão de ter ocorrido aquele ato processual sem que tenha sido intimado o Defensor Público.

d) Requerer ao Juízo da Vara Criminal da Comarca de Estoril a declaração de nulidade do processo a partir da expedição da carta precatória ao Juízo da Vara Criminal da Comarca de Vieiras, como também a dos atos que dela diretamente dependessem ou fossem consequência, haja vista que, como advogado de Joel, não foi intimado da remessa da referida carta ao juízo deprecado.

**COMENTÁRIOS**

**Alternativa "a":** A nulidade decorre do fato de não ter sido o Dr. Roberto, advogado constituído, intimado da expedição da carta precatória.

**Alternativa "b": A nulidade deve ser requerida ao Juízo em que corre o processo principal, no qual ela produz efeitos. Portanto, a competência para o reconhecimento da nulidade é do Juízo de Estoril.**

**Alternativa "c":** A Defensoria Pública foi intimada da expedição da carta precatória, não sendo preciso a sua intimação da data da designação de audiência. Mas, no caso, o acusado tinha defensor constituído, o qual deveria ser intimado da expedição da carta precatória.

**Alternativa "d":** Nos termos do enunciado 273, das Súmulas do STJ. O Dr. Roberto deveria ser intimado da expedição da carta precatória. Assim, são nulos os atos praticados pelo juízo deprecado.

**Alternativa correta: letra "d".**

## 14. RECURSOS E AÇÕES AUTÔNOMAS DE IMPUGNAÇÃO

**62. (FGV – XXXVII Exame OAB)** Antônio Silva foi denunciado pelo Ministério Público do Estado do Rio de Janeiro pelo crime de tráfico de drogas. Essa denúncia foi rejeitada pelo juízo da 50ª Vara Criminal da Comarca do Rio de Janeiro, por falta de prova mínima da autoria e materialidade (justa causa). O órgão ministerial então interpôs recurso em sentido estrito dessa decisão, já arrazoado. Para evitar a caracterização de uma nulidade processual, é correto afirmar que o juízo deve, em seguida,

a) nomear defensor público para apresentar contrarrazões recursais em favor de Antônio.

b) nomear defensor dativo para apresentar contrarrazões recursais em favor de Antônio.

c) notificar Antônio para apresentar contrarrazões recursais.

d) remeter os autos ao Tribunal competente.

**COMENTÁRIOS**

**Alternativa "a":** Antes de nomeação de defensor público, deve-se dar oportunidade para que o réu constitua advogado e apresente contrarrazões de recurso em sentido estrito.

PROCESSUAL PENAL

**Alternativa "b":** Antes de nomeação de defensor dativo, deve-se dar oportunidade para que o réu constitua advogado e apresente contrarrazões de recurso em sentido estrito.

**Alternativa "c":** Como a denúncia foi rejeitada pelo juiz antes da citação do acusado, uma vez interposto o recurso em sentido estrito pelo Ministério Público, deve o denunciado ser notificado para apresentar contrarrazões por meio de defensor constituído, em nome dos princípios da ampla defesa e do contraditório.

**Alternativa "d":** Antes de remessa dos autos ao Tribunal competente para o julgamento do recurso em sentido estrito, deve-se dar oportunidade para o acusado apresentar contrarrazões por defensor constituído, defensor público ou defensor dativo.

**Alternativa correta: letra "c".**

✪ **Nota do autor:** a questão foi anulada pela comissão examinadora.

---

**63. (FGV – XXXVII Exame OAB)** Leonardo praticou um crime que, objetivamente, admitia o acordo de não persecução penal (ANPP). Concluída a investigação criminal, e estando presente a justa causa, o Promotor de Justiça se recusou a fazer a proposta de ANPP, por entender que estava demonstrado que a conduta de Leonardo era habitual. Diante da recusa do Promotor de Justiça em propor o ANPP, o Juiz da Comarca de Cascais, acolhendo o requerimento do advogado de Leonardo, remeteu o investigatório ao Ministério Público para se manifestar sobre o tema. O MP apresentou ao Juiz da Vara Criminal da Comarca de Cascais uma proposta de ANPP para ser homologada. O juiz considerou insuficiente a condição de Leonardo pagar como prestação pecuniária a quantia correspondente a 02 (dois) salários-mínimos a uma entidade pública, a ser indicada pelo juízo da execução, devolvendo os autos ao MP para reformular a proposta nesta parte. O MP manteve a proposta nos termos acordados com Leonardo, razão pela qual o Juiz da Vara Criminal de Cascais recusou-se a homologá-la. Sobre a decisão de não homologação da proposta de ANPP, assinale a opção que indica qual o recurso cabível e quem poderá interpô-lo.

a) Recurso de agravo previsto na Lei de Execução Penal, haja vista que a prestação pecuniária era destinada a uma entidade pública a ser indicada pelo juízo da execução. O legitimado para interpor esse recurso é Leonardo, haja vista que contra o mesmo seria cobrada a prestação pecuniária junto ao juízo da execução.
b) Recurso em sentido estrito, considerando se tratar de um ato judicial de natureza declaratória. Estavam legitimados a recorrer o Ministério Público e Leonardo, por terem, ambos, interesse recursal.
c) Recurso de apelação (residual), por se tratar de uma decisão definitiva. Somente estava legitimado a recorrer o Ministério Público, por ser o autor da proposta, ainda que a ela tenha aderido Leonardo.
d) Recurso de apelação (residual), por se tratar de uma decisão com força de definitiva, e dela poderia recorrer o Promotor de Justiça com atribuição e Leonardo, por terem, ambos, interesse recursal.

**COMENTÁRIOS**

**Alternativa "a":** O recurso de agravo, previsto na Lei de Execução Penal (art. 197), só cabe de decisões proferidas no âmbito das execuções criminais.

**Alternativa "b":** Cabe recurso em sentido estrito em face da decisão judicial que recusar homologação à proposta de acordo de não persecução penal (art. 581, XXV, CF/88). No caso, o MP tem interesse recursal, porque o juiz indeferiu a sua proposta; quanto ao réu o interesse está no fato de o ANPP impedir o prosseguimento da ação.

**Alternativa "c":** O recurso cabível é o recurso em sentido estrito, o que afasta a incidência de apelação. O MP e o acusado têm legitimidade para interposição do referido recursal.

**Alternativa "d":** O recurso cabível é o recurso em sentido estrito, o que afasta a incidência de apelação

**Alternativa correta: letra "b".**

---

**64. (FGV – Exame de Ordem – 2021.2)** Fernando foi preso em flagrante e indiciado pela suposta prática do crime previsto no Art. 306 da Lei 9.503/97 (Código de Trânsito Brasileiro), pois conduzia veículo automotor em via pública sob a influência de álcool.

O magistrado competente, ao analisar o auto de prisão em flagrante, concedeu a liberdade provisória, aplicando a cautelar de suspensão da habilitação para dirigir veículo automotor. Fernando, entendendo que a cautelar prejudicaria seu sustento, já que era motorista de caminhão, solicita que você, como advogado(a), adote as medidas cabíveis para questionar a decisão do magistrado de aplicar a cautelar alternativa de suspensão da habilitação.

Considerando apenas as informações expostas, de acordo com a Lei nº 9.503/97, o(a) advogado(a) de Fernando

a) não poderá apresentar recurso, tendo em vista que a decisão que aplica cautelar alternativa é irrecorrível.
b) poderá apresentar recurso de apelação.
c) poderá apresentar recurso em sentido estrito.
d) poderá apresentar recurso de agravo.

**COMENTÁRIOS**

**Alternativa "a":** Cabe recurso em sentido estrito (art. 294, parágrafo único, CPP).

**Alternativa "b":** Cabe recurso em sentido estrito (art. 294, parágrafo único, CPP).

**Alternativa "c":** Da decisão que decretar a suspensão ou a medida cautelar, ou da que indeferir o requerimento do Ministério Público, caberá recurso em sentido estrito, sem efeito suspensivo (art. 294, parágrafo único, CPP).

**Alternativa "d":** Cabe recurso em sentido estrito (art. 294, parágrafo único, CPP).

**Alternativa correta: letra "c".**

---

**65. (FGV – Exame de Ordem 2020.1)** Ricardo foi pronunciado pela suposta prática do crime de homicídio qualificado. No dia anterior à sessão plenária do Tribunal do Júri, o defensor público que assistia Ricardo até aquele momento acostou ao processo a folha de antecedentes criminais da vítima, matérias jornalísticas e fotografias que poderiam ser favoráveis à defesa do acusado. O Ministério Público, em sessão plenária, foi surpreendido por aquele material do qual não tinha tido ciência, mas o juiz presidente manteve o julgamento para a data agendada e, após o defensor público mencionar a documentação acostada, Ricardo foi absolvido pelos jurados, em 23/10/2018 (terça-feira).

No dia 29/10/2018, o Ministério Público apresentou recurso de apelação, acompanhado das razões recursais, requerendo a realização de novo júri, pois a decisão dos jurados havia sido manifestamente contrária à prova dos autos.

O Tribunal de Justiça conheceu do recurso interposto e anulou o julgamento realizado, determinando nova sessão plenária, sob o fundamento de que a defesa se utilizou em plenário de documentos acostados fora do prazo permitido pela lei. A família de Ricardo procura você, como advogado(a), para patrocinar os interesses do réu.

Considerando as informações narradas, você, como advogado(a) de Ricardo, deverá questionar a decisão do Tribunal, sob o fundamento de que

a) respeitando-se o princípio da amplitude de defesa, não existe vedação legal na juntada e utilização em plenário de documentação pela defesa no prazo mencionado.
b) diante da nulidade reconhecida, caberia ao Tribunal de Justiça realizar, diretamente, novo julgamento, e não submeter o réu a novo julgamento pelo Tribunal do Júri.
c) não poderia o Tribunal anular o julgamento com base em nulidade não arguida, mas tão só reconhecer, se fosse o caso, que a decisão dos jurados era manifestamente contrária à prova dos autos.
d) o recurso foi apresentado de maneira intempestiva, de modo que sequer deveria ter sido conhecido.

**COMENTÁRIOS**

**Alternativa "a":** Embora no procedimento do júri haja incidência do princípio da plenitude de defesa (art. 5º, XXXVIII, *a*, CF/88), deve-se respeitar outro princípio: o do contraditório. Assim, para se evitar surpresa à parte contrária, o art. 479 do CPP estabelece que, durante o julgamento pelo Plenário do Júri, não será permitida a leitura de documento ou a exibição de objeto que não tiver sido juntado aos autos com a antecedência mínima de três dias úteis, dando-se ciência à outra parte.

**Alternativa "b":** no julgamento de apelação contra decisão do Plenário do Júri, em caso de reconhecida qualquer nulidade, não pode o Tribunal de Justiça julgar o mérito da causa, mas reenviar o caso para novo julgamento pelo Tribunal do Júri, em nome do princípio da soberania dos veredictos (art. 5º, XXXVIII, *c*, CF/88).

**Alternativa "c":** como se trata de apelação interposta exclusivamente pelo Ministério Público, não pode o Tribunal de Justiça reconhecer nulidade desfavorável ao réu, que não fora arguida pelo MP. O efeito devolutivo do recurso ministerial, fica delimitado ao arguido pelo "Parquet", qual seja, no caso, a realização de novo júri, pois a decisão dos jurados havia sido manifestamente contrária à prova dos autos.

**Alternativa "d":** o recuso de apelação deve ser interposto no prazo de cinco dias (art. 593, CPP). O MP tomou ciência da decisão dos jurados na data do julgamento (23/10/2018 – terça-feira). Assim, o primeiro dia de contagem do prazo é o dia 24 (quarta) e o quinto dia é 28 (domingo), sendo estendido ao primeiro dia útil (29/10 – segunda), conforme estabelece o art. 798, "caput", CPP, segundo o qual, no processo penal, todos os prazos correrão em cartório e serão contínuos e peremptórios, não se interrompendo por férias, domingo ou dia feriado. Ademais, o art. 798, § 3º, CPP: o prazo que terminar em domingo ou dia feriado considerar-se-á prorrogado até o dia útil imediato.

**Alternativa correta: letra "c".**

---

**66. (FGV – Exame de Ordem 2020.1)** Mariana foi vítima de um crime de apropriação indébita consumado, que teria sido praticado por Paloma. Ao tomar conhecimento de que Paloma teria sido denunciada pelo crime mencionado, inclusive sendo apresentado pelo Ministério Público o valor do prejuízo sofrido pela vítima e o requerimento de reparação do dano, Mariana passou a acompanhar o andamento processual, sem, porém, habilitar-se como assistente de acusação.

No momento em que constatou que os autos estariam conclusos para sentença, Mariana procurou seu advogado para adoção das medidas cabíveis, esclarecendo o temor de ver a ré absolvida e não ter seu prejuízo reparado. O advogado de Mariana deverá informar à sua cliente que

a) não poderá ser fixado pelo juiz valor mínimo a título de indenização, mas, em caso de sentença condenatória, poderá esta ser executada, por meio de ação civil ex delicto, por Mariana ou seu representante legal.
b) poderá ser apresentado recurso de apelação, diante de eventual sentença absolutória e omissão do Ministério Público, por parte de Mariana, por meio de seu patrono, ainda que não esteja, no momento da sentença, habilitada como assistente de acusação.
c) poderá ser fixado pelo juiz valor a título de indenização em caso de sentença condenatória, não podendo a ofendida, porém, nesta hipótese, buscar a apuração do dano efetivamente sofrido perante o juízo cível.
d) não poderá ser buscada reparação cível diante de eventual sentença absolutória, com trânsito em julgado, que reconheça não existir prova suficiente para condenação.

**COMENTÁRIOS**

**Alternativa "a":** nos termos do art. 387, IV, do CPP, o juiz, na sentença penal condenatória, fixará valor mínimo para reparação dos danos causados pela infração, considerando os prejuízos sofridos pelo ofendido.

**Alternativa "b":** caso o Ministério Público, no prazo legal, não interponha recuso de apelação, o ofendido, ainda que não tenha se habilitado como assistente de acusação, poderá apresentar apelação (art. 598, CPP). Nesse caso, o prazo para o ofendido é de quinze dias, contato a partir do termo final que tinha o MP para apresentar o recurso (art. 598, parágrafo único, CPP).

**Alternativa "c":** na sentença penal condenatória, o juiz fixa o valor mínimo de indenização (art. 387, IV, CPP). Sem prejuízo disso, pode a vítima promover a liquidação da sentença para se apurar o efetivo valor do dano que sofrera (art. 63, parágrafo único, CPP).

**Alternativa "d":** em caso de absolvição por falta de provas, a sentença penal não faz coisa julgada no juízo cível. Nesse sentido, o art. 66, CPP, estabelece que não obstante a sentença absolutória no juízo criminal, a ação civil poderá ser proposta quando não tiver sido, **categoricamente**, reconhecida a inexistência material do fato.

**Alternativa correta: letra "b".**

---

**67. (FGV/OAB/XXX_Exame – 2019)** Fred foi denunciado e condenado, em primeira instância, pela prática de crime de corrupção ativa, sendo ele e seu advogado intimados do teor da sentença no dia 05 de junho de 2018, terça-feira. A juntada do mandado de intimação do réu ao processo, todavia, somente ocorreu em 11 de junho de 2018, segunda-feira.

Considerando as informações narradas, o prazo para interposição de recurso de apelação pelo advogado de Fred, de acordo com a jurisprudência dos Tribunais Superiores, será iniciado

a) no dia seguinte à juntada do mandado de intimação (12/06/18), devendo a data final do prazo ser prorrogada para o primeiro dia útil seguinte, caso se encerre no final de semana.
b) no dia da juntada do mandado de intimação (11/06/18), devendo ser cumprido até o final do prazo de 05 dias previsto em lei, ainda que este ocorra no final de semana.
c) no dia da intimação (05/06/18), independentemente da data da juntada do mandado, devendo ser cumprido até

o final do prazo de 05 dias previsto em lei, ainda que este ocorra no final de semana.

d) no dia seguinte à intimação (06/06/18), independentemente da data da juntada do mandado, devendo a data final do prazo ser prorrogada para o primeiro dia útil seguinte, caso se encerre no final de semana.

COMENTÁRIOS

**Alternativa "a":** O prazo se inicia no dia seguinte à intimação (06/06/18).

**Alternativa "b": O** prazo se inicia no dia seguinte à intimação (06/06/18), independentemente da data da juntada do mandado, devendo a data final do prazo ser prorrogada para o primeiro dia útil seguinte, caso se encerre no final de semana.

**Alternativa "c": A** data final do prazo deve ser prorrogada para o primeiro dia útil seguinte, caso se encerre no final de semana.

**Alternativa "d": O** prazo se inicia no dia seguinte à intimação (06/06/18), independentemente da data da juntada do mandado, devendo a data final do prazo ser prorrogada para o primeiro dia útil seguinte, caso se encerre no final de semana. Isso porque, nos termos da Súmula 710, STF, no processo penal, contam-se os prazos da data da intimação, e não da juntada aos autos do mandado ou da carta precatória ou de ordem. Se o prazo terminar em fim de semana, em que não há expediente forense, será prorrogado até o primeiro dia útil seguinte (art. 798, § 3º, CPP).

**Alternativa correta: letra "d".**

---

**68. (FGV/OAB/XXX_Exame – 2019)** O advogado de Josefina, ré em processo criminal, entendendo que, entre o recebimento da denúncia e o término da instrução, ocorreu a prescrição da pretensão punitiva estatal, apresentou requerimento, antes mesmo do oferecimento de alegações finais, de reconhecimento da extinção da punibilidade da agente, sendo o pedido imediatamente indeferido pelo magistrado.

Intimado, caberá ao(à) advogado(a) de Josefina, discordando da decisão, apresentar

a) recurso em sentido estrito, no prazo de 5 dias.
b) recurso de apelação, no prazo de 5 dias.
c) carta testemunhável, no prazo de 48h.
d) reclamação constitucional, no prazo de 15 dias.

COMENTÁRIOS

**Alternativa "a":** cabe **recurso em sentido estrito** em face da decisão que indeferir o pedido de reconhecimento da prescrição ou de outra causa extintiva da punibilidade (art. 581, IX, CPP). O prazo para interposição de recurso é de **cinco dias** (art. 586, CPP).

**Alternativa "b":** o recurso cabível é o sentido estrito no prazo de cinco dias. A apelação cabe no prazo de cinco dias, em face (art. 593, CPP): I – das sentenças definitivas de condenação ou absolvição proferidas por juiz singular; II – das decisões definitivas, ou com força de definitivas, proferidas por juiz singular nos casos em que não caiba recurso em sentido estrito; III – das decisões do Tribunal do Júri, quando: a) ocorrer nulidade posterior à pronúncia; b) for a sentença do juiz-presidente contrária à lei expressa ou à decisão dos jurados; c) houver erro ou injustiça no tocante à aplicação da pena ou da medida de segurança; d) for a decisão dos jurados manifestamente contrária à prova dos autos.

**Alternativa "c":** o recurso cabível é o sentido estrito no prazo de cinco dias. A carta testemunhável cabe I – da decisão que denegar o recurso (com exceção da decisão que denegar apelação, contra a qual cabe apelação – art. 581, XV, CPP); II – da que, admitindo embora o recurso, obstar à sua expedição e seguimento para o juízo ad quem. O prazo de interposição da carta testemunhal é de quarenta e oito horas (arts. 639 e 640, CPP).

**Alternativa "d":** A reclamação constitucional cabe para a preservação de competência e garantia da autoridade de decisões do STF e do STJ (arts. 102, I, *l* e 105, I, *f*, CF/88). Do ato administrativo ou decisão judicial que contrariar a súmula aplicável ou que indevidamente a aplicar, caberá reclamação ao Supremo Tribunal Federal que, julgando-a procedente, anulará o ato administrativo ou cassará a decisão judicial reclamada, e determinará que outra seja proferida com ou sem a aplicação da súmula, conforme o caso (art. 103-A, § 3º, CF/88).

**Alternativa correta: letra "a".**

---

**69. (FGV-Exame de Ordem 2019.2)** Vanessa foi condenada pela prática de um crime de furto qualificado pela 1ª Vara Criminal de Curitiba, em razão de suposto abuso de confiança que decorreria da relação entre a vítima e Vanessa.

Como as partes não interpuseram recurso, a sentença de primeiro grau transitou em julgado. Apesar de existirem provas da subtração de coisa alheia móvel, a vítima não foi ouvida por ocasião da instrução por não ter sido localizada. Durante a execução da pena por Vanessa, a vítima é localizada, confirma a subtração por Vanessa, mas diz que sequer conhecia a autora dos fatos antes da prática delitiva. Vanessa procura seu advogado para esclarecimento sobre eventual medida cabível.

Considerando apenas as informações narradas, o advogado de Vanessa deve esclarecer que

a) não poderá apresentar revisão criminal, tendo em vista que a pena já está sendo executada, mas poderá ser buscada reparação civil.
b) caberá apresentação de revisão criminal, sendo imprescindível a representação de Vanessa por advogado, devendo a medida ser iniciada perante o próprio juízo da condenação.
c) não poderá apresentar revisão criminal em favor da cliente, tendo em vista que a nova prova não é apta a justificar a absolvição de Vanessa, mas tão só a redução da pena.
d) caberá apresentação de revisão criminal, podendo Vanessa apresentar a ação autônoma independentemente de estar assistida por advogado, ou por meio de procurador legalmente habilitado.

COMENTÁRIOS

**Alternativa "a":** De acordo com o Art. 622, CPP, a revisão poderá ser requerida em qualquer tempo, antes da extinção da pena ou após.

**Alternativa "b":** A revisão criminal pode ser apresentada pelo réu, sem necessidade de representação por advogado (Art. 623, CPP), sendo que a competência para o julgamento, no caso presente, é do Tribunal de Justiça do Paraná (Art. 624, II, CPP).

**Alternativa "c":** Uma das hipóteses de cabimento de revisão criminal consiste em quando, após a sentença, se descobrirem novas provas de inocência do condenado ou de circunstância que determine ou autorize diminuição especial da pena (Art. 621, III, CPP).

**Alternativa "d":** De acordo com a jurisprudência do STJ, a revisão criminal pode ser interposta sem necessidade de advogado, conforme Art. 623 (STJ – HC nº 339194/RS. Rel. Min. Ribeiro Dantas. DJ. 10/04/2018).

**Alternativa correta: letra "d".**

**70. (FGV-Exame de Ordem 2019.2)** Vitor foi denunciado pela prática de um crime de peculato. O magistrado, quando da análise da inicial acusatória, decide rejeitar a denúncia em razão de ausência de justa causa.

O Ministério Público apresentou recurso em sentido estrito, sendo os autos encaminhados ao Tribunal, de imediato, para decisão. Todavia, Vitor, em consulta ao sítio eletrônico do Tribunal de Justiça, toma conhecimento da existência do recurso ministerial, razão pela qual procura seu advogado e demonstra preocupação com a revisão da decisão do juiz de primeira instância.

Considerando as informações narradas, de acordo com a jurisprudência do Supremo Tribunal Federal, o advogado de Vitor deverá esclarecer que

a) o Tribunal não poderá conhecer do recurso apresentado, tendo em vista que a decisão de rejeição da denúncia é irrecorrível.
b) o Tribunal não poderá conhecer do recurso apresentado, pois caberia recurso de apelação, e não recurso em sentido estrito.
c) ele deveria ter sido intimado para apresentar contrarrazões, apesar de ainda não figurar como réu, mas tão só como denunciado.
d) caso o Tribunal dê provimento ao recurso, os autos serão encaminhados para o juízo de primeira instância para nova decisão sobre recebimento ou não da denúncia.

**COMENTÁRIOS**

**Alternativa "a":** Caberá recurso, no sentido estrito, da decisão, despacho ou sentença que não receber a denúncia ou a queixa (Art. 581, I, CPP).

**Alternativa "b":** Caberá recurso, no sentido estrito, da decisão, despacho ou sentença que não receber a denúncia ou a queixa (Art. 581, I, CPP).

**Alternativa "c":** Nos termos do Art. 588, parágrafo único, CPP, se o recorrido for o réu, será intimado do prazo na pessoa do defensor. Em face do princípio do contraditório e da ampla defesa, o mesmo direito de apresentar contrarrazões cabe ao denunciado, ainda não réu.

**Alternativa "d":** No recurso em sentido estrito, há a possibilidade de juízo de retratação por parte do juiz que proferiu a decisão. Mas, caso não haja retratação, o recurso será julgado pelo Tribunal ad quem, cuja decisão substitui a do juízo *a quo*.

**Alternativa correta: letra "c".**

---

**71. (FGV-Exame de Ordem 2019.1)** Marcus, advogado, atua em duas causas distintas que correm perante a Vara Criminal da Comarca de Fortaleza. Na primeira ação penal, Renato figura como denunciado em ação penal por crime de natureza tributária, enquanto, na segunda ação, Hélio consta como denunciado por crime de peculato.

Entendendo pela atipicidade da conduta de Renato, Marcus impetra habeas corpus, perante o Tribunal de Justiça, em busca do "trancamento" da ação penal. Já em favor de Hélio, impetra mandado de segurança, também perante o Tribunal de Justiça, sob o fundamento de que o magistrado de primeira instância, de maneira recorrente, não estava permitindo o acesso aos autos do processo.

Na mesma data são julgados o habeas corpus e o mandado de segurança por Câmara Criminal do Tribunal de Justiça do Ceará, sendo que a ordem de habeas corpus não foi concedida por maioria de votos, enquanto o mandado de segurança foi denegado por unanimidade.

Intimado da decisão proferida no habeas corpus e no mandado de segurança, caberá a Marcus apresentar, em busca de combatê-las,

a) Recurso Ordinário Constitucional, nos dois casos.
b) Recurso em Sentido Estrito e Recurso Ordinário Constitucional, respectivamente.
c) Embargos infringentes, nos dois casos.
d) Embargos infringentes e Recurso Ordinário Constitucional, respectivamente.

**COMENTÁRIOS**

**Alternativa "a":** nos termos do art. 105, II, *a* e *b*, CF/88, compete ao **STJ** julgar em **recurso ordinário constitucional** (ROC): os ***habeas corpus*** e os **mandados de segurança** decididos em única ou última instância pelos **TRFs** ou pelos **TJs** dos Estados, do Distrito Federal e Territórios**, quando a decisão for denegatória**. É o que ocorreu no presente caso em que, como única instância, o TJCE **denegou** a ordem em sede de HC e de MS.

**Alternativa "b":** o recurso em sentido estrito (RESE) é julgado por Tribunal de Segunda Instância (TJ, TRF ou TRE) contra uma das decisões enumeradas no art. 581, CPP, proferida na Primeira Instância. Veja-se que, no art. 581, X, CPP, se prevê a possibilidade de RESE contra a decisão de Primeiro Grau que **conceder ou negar a ordem de *habeas corpus*.** Mas, no caso em tela, a ordem foi denegada pelo TJCE, cabendo o ROC ao STJ.

**Alternativa "c":** os Embargos Infringentes (EI) são cabíveis contra decisão não unânime e desfavorável ao réu, proferida em sede de apelação ou de rese (art. 609, parágrafo único do CPP). Trata-se de recurso exclusivo da defesa.

**Alternativa "d":** Em ambos os casos, cabe ROC, pois o TJCE proferiu decisão em sede de HC e MS, não em apelação ou RESE.

**Alternativa correta: letra "a".**

---

**72. (FGV-Exame de Ordem 2019.1)** Miguel foi denunciado pela prática de um crime de extorsão majorada pelo emprego de arma e concurso de agentes, sendo a pretensão punitiva do Estado julgada inteiramente procedente e aplicada sanção penal, em primeira instância, de 05 anos e 06 meses de reclusão e 14 dias multa.

A defesa técnica de Miguel apresentou recurso alegando:

(i) preliminar de nulidade em razão de violação ao princípio da correlação entre acusação e sentença;
(ii) insuficiência probatória, já que as declarações da vítima, que não presta compromisso legal de dizer a verdade, não poderiam ser consideradas;
(iii) que deveria ser afastada a causa de aumento do emprego de arma, uma vez que o instrumento utilizado era um simulacro de arma de fogo, conforme laudo acostado aos autos.

A sentença foi integralmente mantida. Todos os desembargadores que participaram do julgamento votaram pelo não acolhimento da preliminar e pela manutenção da condenação. Houve voto vencido de um desembargador, que afastava apenas a causa de aumento do emprego de arma.

Intimado do teor do acórdão, o(a) advogado(a) de Miguel deverá interpor

a) embargos infringentes e de nulidade, buscando o acolhimento da preliminar, sua absolvição e o afastamento da causa de aumento de pena reconhecida.

b) embargos infringentes e de nulidade, buscando o acolhimento da preliminar e o afastamento da causa de aumento do emprego de arma, apenas.

c) embargos de nulidade, buscando o acolhimento da preliminar, apenas.

d) embargos infringentes, buscando o afastamento da causa de aumento do emprego de arma, apenas.

**COMENTÁRIOS**

✪ **Nota do autor:** os embargos infringentes (ei) e de nulidade (EN) são restritos à parte divergente do Acórdão (art. 609, CPP). Assim, se em um capítulo houver decisão unânime e, em outro, por maioria e desfavorável ao réu, os embargos só são cabíveis em relação a essa segunda figura.

**Alternativa "a":** EN são cabíveis para o julgamento de questões processuais, que poderiam gerar a nulidade do feito. Mas, nesse ponto, o Acórdão foi **unânime**. Já os EI se relacionam a questões de mérito, como tipicidade, autoria e pena. Não cabem EI no ponto em que o Acórdão, por **unanimidade**, afastou a insuficiência de provas. Cabem apenas EI no capítulo em que a decisão, **por maioria**, manteve a causa de aumento de pena.

**Alternativa "b":** não cabe EN, pois a decisão que julgou a preliminar foi desfavorável ao réu, porém, foi dada por unanimidade. Cabe EI em relação à causa de aumento de pena, pois foi desfavorável ao réu por maioria de votos.

**Alternativa "c":** não cabe EN, pois a decisão que julgou a preliminar foi desfavorável ao réu, porém, foi dada por unanimidade.

**Alternativa "d":** No caso, só cabem EI em relação à causa de aumento, pois, nesse capítulo específico, o Acórdão foi desfavorável ao réu e por maioria de votos.

**Alternativa correta: letra "d".**

---

**73. (FGV – Exame de Ordem 2018.2)** Pablo e Leonardo foram condenados, em primeira instância, pela prática do crime de furto qualificado, à pena de 02 anos e 06 meses de reclusão e 12 dias-multa, por fatos que teriam ocorrido quando Pablo tinha 18 anos e Leonardo, 21 anos. A pena-base foi aumentada, não sendo reconhecidas atenuantes ou agravantes nem causas de aumento ou diminuição. Intimados da sentença, o promotor e o advogado de Leonardo não tiveram interesse em apresentar recurso, mas o advogado de Pablo apresentou recurso de apelação. Por ocasião do julgamento do recurso, entenderam os desembargadores por reconhecer que o crime restou tentado, bem como que deveria ser aplicada a atenuante da menoridade relativa a Pablo.

Com base nas informações expostas, os efeitos da decisão do Tribunal

a) não poderão ser estendidos a Leonardo, tendo em vista que houve trânsito em julgado da sua condenação.

b) poderão ser integralmente estendidos a Leonardo, aplicando-se a atenuante e a causa de diminuição de pena da tentativa.

c) poderão ser parcialmente estendidos a Leonardo, aplicando-se a causa de diminuição de pena da tentativa, mas não a atenuante.

d) não poderão ser estendidos a Leonardo, pois, ainda que sem trânsito em julgado, em recurso exclusivo de Pablo não poderia haver reformatio in mellius para o corréu.

**COMENTÁRIOS**

**Alternativa "a":** excepcionalmente, em processo penal, o recurso tem efeito extensivo, desde que a decisão deva ser uniforme aos coautores ou partícipes da infração penal.

**Alternativa "b":** a atenuante da menoridade relativa não se aplica a Leonardo, porque ele possuía vinte e um anos à época dos fatos. Trata-se de circunstância pessoal e exclusiva de Pablo.

**Alternativa "c":** em regra, o recurso só aproveita a quem o interpuser. Mas, no processo penal, há efeito extensivo do recurso interposto por um dos réus, em caso de concurso de agentes, se a solução da questão tiver de ser uniforme a todos os coautores ou partícipes da infração penal. No caso, o reconhecimento da tentativa deve ser uniforme aos dois autores do crime (não é possível reconhecer que há tentativa em relação a Pablo e consumação em relação a Leonardo). De outro lado, a circunstância de ser relativamente menor é circunstância exclusiva e pessoal de Pablo, que não pode ser estendida a Leonardo.

**Alternativa "d":** o reconhecimento da tentativa é uniforme aos dois agentes do crime e, portanto, a causa de diminuição deve ser estendida a Leonardo, havendo *reformatio in mellius*, ainda que a sentença já tenha transitado em julgado para Leonardo.

**Alternativa correta: letra "c".**

---

**74. (FGV – Exame de Ordem/2018.3)** No âmbito de ação penal, foi proferida sentença condenatória em desfavor de Bernardo pela suposta prática de crime de uso de documento público falso, sendo aplicada pena privativa de liberdade de cinco anos. Durante toda a instrução, o réu foi assistido pela Defensoria Pública e respondeu ao processo em liberdade.

Ocorre que Bernardo não foi localizado para ser intimado da sentença, tendo o oficial de justiça certificado que compareceu em todos os endereços identificados. Diante disso, foi publicado edital de intimação da sentença, com prazo de 90 dias. Bernardo, ao tomar conhecimento da intimação por edital 89 dias após sua publicação, descobre que a Defensoria se manteve inerte, razão pela qual procura, de imediato, um advogado para defender seus interesses, assegurando ser inocente.

Considerando apenas as informações narradas, o(a) advogado(a) deverá esclarecer que

a) houve preclusão do direito de recurso, tendo em vista que a Defensoria Pública se manteve inerte.

b) foi ultrapassado o prazo recursal de cinco dias, mas poderá ser apresentada revisão criminal.

c) é possível a apresentação de recurso de apelação, pois o prazo de cinco dias para interposição de apelação pelo acusado ainda não transcorreu.

d) é possível apresentar medida para desconstituir a sentença publicada, tendo em vista não ser possível a intimação do réu sobre o teor de sentença condenatória por meio de edital.

**COMENTÁRIOS**

**Alternativa "a":** Não houve preclusão do direito de recorrer, pois, no processo penal, tanto a defesa técnica, quanto o acusado no exercício da defesa pessoal, devem ser intimados da sentença e têm legitimidade para interposição de apelação. Assim, houve preclusão para a Defensoria Pública, mas não para Bernardo.

**Alternativa "b":** o prazo de cinco dias para apelar se iniciaria com o fim do prazo de noventa dias do edital, o que não ocorreu.

**Alternativa "c":** o prazo para interposição do recurso de apelação começa a correr no caso após o fim do prazo de noventa dias do edital. Portanto, terminado esse prazo de noventa dias, Bernardo teria mais cinco dias para apelar.

**Alternativa "d":** Como o réu foi defendido pela Defensoria Pública, ele deve ser intimado da sentença. Se fosse defendido por defensor constituído por ele por meio de procuração, bastava a intimação do advogado (art. 392, II, CPP). Como Bernardo não foi encontrado nos endereços indicados, a intimação deve se dar por edital (art. 392, IV, CPP).

**Alternativa correta: letra "c".**

---

**75. (FGV – Exame de Ordem 2018.1)** Luiz foi condenado, em primeira instância, pela prática de crime de homicídio qualificado em razão de recurso que dificultou a defesa da vítima. Durante seu interrogatório em Plenário, Luiz confessou a prática delitiva, mas disse que não houve recurso que dificultou a defesa da vítima, tendo em vista que ele estava discutindo com ela quando da ação delitiva. Insatisfeito com o reconhecimento da qualificadora pelos jurados, já que, diferentemente do que ocorreu em relação à autoria, não haveria qualquer prova em relação àquela, o advogado apresentou, de imediato, recurso de apelação.

Considerando apenas as informações narradas, o advogado de Luiz deverá buscar, em sede de recurso,

a) o reconhecimento de nulidade, com consequente realização de nova sessão de julgamento.
b) o reconhecimento de que a decisão dos jurados foi manifestamente contrária à prova dos autos em relação à qualificadora, com consequente realização de nova sessão de julgamento.
c) o afastamento da qualificadora pelo Tribunal de 2ª instância, com imediata readequação, pelo órgão, da pena aplicada pelo juízo do Tribunal do Júri.
d) o afastamento da qualificadora pelo Tribunal de 2ª instância, com baixa dos autos, para que o juízo do Tribunal do Júri aplique nova pena.

**COMENTÁRIOS**

**Alternativa "a":** não se trata de nulidade, porque não consta que houve qualquer vício processual. Caso fosse nulidade, haveria novo julgamento pelo Tribunal do Júri, se a apelação fosse julgada procedente.

**Alternativa "b":** o objeto da apelação contra decisão tomada no julgamento pelo Tribunal do Júri encontra delimitação no rol do art. 593, III, CPP. Em relação à análise da prova, as partes só podem alegar que houve decisão manifestamente contrária ao conjunto probatório. Se o Tribunal de Segundo Grau der provimento ao recurso, deve haver novo Plenário do Júri, em respeito ao princípio da soberania dos veredictos (art. 593, III, *c*, cc. § 2º, CPP).

**Alternativa "c":** o Tribunal de Segunda Instância não pode afastar a qualificadora, ainda que entender que a decisão dos jurados for manifestamente contrária à prova dos Autos. O princípio constitucional da soberania dos veredictos implica que, procedente a apelação, por esse motivo, deve haver novo julgamento por outro Tribunal do Júri.

**Alternativa "d":** se procedente a apelação, novo julgamento de mérito por outros jurados, que não participaram da primeira sessão, deve ser realizado. Não pode o juiz de Primeiro Grau readequar a pena, sem o novo julgamento pelos jurados.

**Alternativa correta: letra "b".**

## 15. LEI DE EXECUÇÕES PENAIS

---

**76. (FGV – Exame de Ordem XXXVI – 2022)** Renata, primária, foi condenada à pena de 5 (cinco) anos de reclusão, em regime fechado, por crime de estelionato, em continuidade delitiva, sendo atestado o seu bom comportamento carcerário.

Rogério, marido de Renata, que cuidava da filha do casal de 10 (dez) anos de idade, veio a falecer, sendo que Renata já havia cumprido 1/8 (um oitavo) da pena no regime fechado.

A filha de Renata está morando provisoriamente com uma amiga de Renata, por não existir qualquer parente para cuidar da criança.

Em relação ao cumprimento de pena por Renata, você, como advogado(a), postularia ao juízo da execução a progressão para o regime

a) semiaberto, em razão de a penitente já ter cumprido a fração de pena estabelecida na Lei de Execução Penal e comprovado o bom comportamento carcerário.
b) semiaberto e a saída temporária, em razão de a penitente já ter cumprido o percentual de pena estabelecido na Lei de Execução Penal e por ter comprovado o bom comportamento carcerário.
c) domiciliar, para que ela cuide da filha de 10 (dez) anos de idade, em observância ao Estatuto da Primeira Infância e por ser medida de caráter humanitário.
d) aberto, em razão de a penitente já ter cumprido 1/8 (um oitavo) da pena estabelecido na Lei de Execução Penal e comprovado o bom comportamento carcerário, somado ao fato de ser a única responsável pela filha menor de 10 (dez) anos de Idade.

**COMENTÁRIOS**

**Alternativa "a": O art. 112, § 3º, LEP, estabelece requisitos específicos pata a progressão de regime em se tratando de mulher gestante ou mãe ou responsável por crianças ou pessoas com deficiência: I - não ter cometido crime com violência ou grave ameaça a pessoa; II - não ter cometido o crime contra seu filho ou dependente; III - ter cumprido ao menos 1/8 (um oitavo) da pena no regime anterior; IV - ser primária e ter bom comportamento carcerário, comprovado pelo diretor do estabelecimento; V - não ter integrado organização criminosa. Requisitos preenchidos por Renata.**

**Alternativa "b": Renata não pode pleitear a saída temporária, porque ainda não cumpriu 1/6 da pena (art. 122, § 2º, LEP).**

**Alternativa "c": A prisão domiciliar só é possível, no curso da execução de pena, se o apenado se encontrar em regime aberto (art. 117, LEP).**

**Alternativa "d":** Não é possível a progressão do regime fechado para o aberto, sem passagem pelo regime semiaberto.

**Alternativa correta: letra "a".**

---

**77. (FGV – Exame de Ordem – 2021.2)** Paulo, advogado, foi intimado de duas decisões proferidas pelo juízo da execução penal do Rio de Janeiro, em relação a dois de seus clientes. Na primeira, foi determinada a perda de 1/5 (um quinto) dos dias remidos por Lúcio, considerando que foi reconhecida, por meio de procedimento regular, observadas as exigências legais, a prática de falta grave pelo mesmo. Na segunda decisão, o pedido de progressão de regime formulado por Paulo em relação ao apenado Flávio foi deferido, tendo o magistrado fixado, como condição a ser observada no regime aberto, o cumprimento de prestação de serviços à comunidade.

Diante das intimações, Paulo poderá apresentar

a) recurso em sentido estrito para questionar as duas decisões do magistrado, que seriam ilegais.

b) agravo para questionar as duas decisões do magistrado, que seriam ilegais.

c) agravo para questionar apenas a decisão que determinou a perda dos dias remidos, que seria ilegal, mas não a que fixou condições especiais para a progressão de regime.

d) agravo para questionar a decisão que fixou a prestação de serviço à comunidade como condição para a progressão para o regime aberto, não havendo ilegalidade, porém, na determinação da perda de 1/5 (um quinto) dos dias remidos por Lúcio.

**COMENTÁRIOS**

**Alternativa "a":** Das decisões proferidas pelo Juiz das execuções cabe agravo, sem efeito suspensivo (art. 197, CP).

**Alternativa "b":** Cabe agravo, mas apenas a decisão que fixou a prestação de serviço à comunidade como condição para a progressão para o regime aberto é ilegal.

**Alternativa "c":** Cabe agravo, mas apenas a decisão que fixou a prestação de serviço à comunidade como condição para a progressão para o regime aberto é ilegal.

**Alternativa "d":** Das decisões proferidas pelo Juiz das execuções cabe agravo, sem efeito suspensivo (art. 197, CP). A decisão que fixou a prestação de serviços à comunidade como condição para o regime aberto é ilegal, pois a imposição de uma pena restritiva de direito (art. 44, CP) implicaria "bis in idem" (Tema 20 – STJ - REsp 1110823/PR). A decisão que determinou a perda dos dias remidos é lícita em face do art. 127 da LEP: "Em caso de falta grave, o juiz poderá revogar até 1/3 (um terço) do tempo remido, observado o disposto no art. 57, recomeçando a contagem a partir da data da infração disciplinar."

**Alternativa correta: letra "d".**

**78. (FGV – Exame de Ordem 2021.1)** Rafael, preso provisório, agride dolosamente o seu companheiro de cela, causando-lhe lesão corporal de natureza grave e gerando grande confusão que iniciou uma subversão da ordem interna. Após procedimento disciplinar, assegurado direito de defesa, o diretor do estabelecimento prisional aplica a Rafael sanção disciplinar consistente na sua inclusão no regime disciplinar diferenciado, pelo período de 45 dias.

Considerando os fatos narrados, o advogado de Rafael poderá buscar o reconhecimento da ilegalidade da sanção aplicada, porque

a) o fato praticado pelo preso não constitui falta grave.

b) a inclusão do preso em regime disciplinar diferenciado depende de decisão do juízo competente.

c) o preso provisório não está sujeito ao regime disciplinar diferenciado.

d) a inclusão no regime disciplinar diferenciado não pode ultrapassar o período inicial de 30 dias, apesar da possível prorrogação por igual período.

**COMENTÁRIOS**

**Alternativa "a":** Nos termos do art. 52 da LEP o cometimento de fato definido como crime constitui falta grave, sendo que não se exige condenação definitiva acerca deste fato (Súmula n. 526 – STJ). Ademais, incitar ou participar de movimento para subverter a ordem ou a disciplina, também, é considerado falta grave (art. 50, I, da LEP). O regime jurídico de faltas graves se aplica aos presos provisórios no que couber (art. 50, parágrafo único, LEP; STJ – HC 390.340/RS, relator Ministro NEFI CORDEIRO, SEXTA TURMA, julgado em 24/10/2017, DJe 6/11/2017).

**Alternativa "b":** Nos termos do art. 60, parte final, da LEP, a inclusão do preso em regime disciplinar diferenciado depende de ordem de Autoridade Judicial. Nos termos do referido art. 60 da LEP, a **Autoridade Administrativa** (Diretor da Penitenciária, p.e) pode apenas decretar o **isolamento preventivo** do preso pelo prazo de dez dias.

**Alternativa "c":** Nos termos do art. 50, "caput", da LEP, o regime disciplinar diferenciado poderá ser decretado em face do preso provisório (prisão em flagrante, preventiva ou temporária) e ao preso definitivo (prisão decorrente de sentença penal condenatória transitada em julgado)

**Alternativa "d":** nos termos do art. 52, § 4º, LEP, na hipótese dos parágrafos anteriores, o regime disciplinar diferenciado poderá ser prorrogado sucessivamente, por períodos de 1 (um) ano.

**Alternativa correta: letra "b".**

**79. (FGV/OAB/XXX_Exame – 2019)** Enquanto cumpria pena em regime fechado, Antônio trabalhava na unidade prisional de maneira regular. Após progressão para o regime semiaberto, o apenado passou a estudar por meio de metodologia de ensino a distância, devidamente certificado pelas autoridades educacionais. Com a obtenção de livramento condicional, passou a frequentar curso de educação profissional. Ocorre que havia contra Antônio procedimento administrativo disciplinar em que se investigava a prática de falta grave durante o cumprimento da pena em regime semiaberto, sendo, após observância de todas as formalidades legais, reconhecida a prática da falta grave. Preocupado, Antônio procura seu advogado para esclarecimentos sobre o tempo de pena que poderá ser remido e as consequências do reconhecimento da falta grave. Considerando as informações narradas, o advogado de Antônio deverá esclarecer que

a) o trabalho na unidade prisional e o estudo durante cumprimento de pena em regime semiaberto justificam a remição da pena, mas não o curso frequentado durante livramento condicional, sendo certo que a falta grave permite perda de parte dos dias remidos.

b) o trabalho somente quando realizado em regime fechado ou semiaberto justifica a remição de pena, mas o estudo a distância e a frequência ao curso poderão gerar remição mesmo no regime aberto ou durante livramento condicional, podendo a punição por falta grave gerar perda de parte dos dias remidos.

c) o reconhecimento de falta grave não permite a perda dos dias remidos com o trabalho na unidade e a frequência a curso em regime semiaberto, mas tão só a regressão do regime de cumprimento da pena.

d) o tempo remido exclusivamente com o trabalho em regime fechado, mas não com o estudo, será computado como pena cumprida, para todos os efeitos, mas, diante da falta grave, poderá haver perda de todos os dias remidos anteriormente.

**COMENTÁRIOS**

**Alternativa "a":** o trabalho na unidade prisional e o estudo durante cumprimento de pena em regime semiaberto justificam a remição da pena (Art. 126, *caput*, LEP). Da mesma forma, o curso frequentado durante livramento condicional também é causa de remição da pena (Art. 126, § 6º, LEP). Em caso de falta grave, o juiz poderá revogar até 1/3 (um terço) do tempo remido, observado o disposto no art. 57, recomeçando a contagem a partir da data da infração disciplinar (Art. 127, LEP).

**Alternativa "b":** o trabalho somente quando realizado em regime fechado ou semiaberto justifica a remição de pena (Art.

126, *caput*, LEP), mas o estudo a distância e a frequência ao curso poderão gerar remição mesmo no regime aberto ou durante livramento condicional (Art. 126, § 6º, LEP), podendo a punição por falta grave gerar perda de parte dos dias remidos (Art. 127, LEP).

**Alternativa "c":** Em caso de falta grave, o juiz poderá revogar até 1/3 (um terço) do tempo remido, observado o disposto no art. 57, recomeçando a contagem a partir da data da infração disciplinar (Art. 127, LEP).

**Alternativa "d": O** trabalho na unidade prisional e o estudo durante cumprimento de pena em regime semiaberto justificam a remição da pena (Art. 126, caput, LEP). Em caso de falta grave, o juiz poderá revogar até 1/3 (um terço) do tempo remido, observado o disposto no art. 57, recomeçando a contagem a partir da data da infração disciplinar (Art. 127, LEP).

**Alternativa correta: letra "b".**

---

**80. (FGV - Exame de Ordem/2018.3)** Vanessa cumpre pena em regime semiaberto em razão de segunda condenação definitiva por crime de tráfico armado. Durante o cumprimento, após preencher o requisito objetivo, requer ao juízo da execução, por meio de seu advogado, a progressão para o regime aberto. Considerando as peculiaridades do caso, a reincidência específica e o emprego de arma, o magistrado, em decisão fundamentada, entende por exigir a realização do exame criminológico. Com o resultado, o magistrado competente concedeu a progressão de regime, mas determinou que Vanessa comparecesse em juízo, quando determinado, para informar e justificar suas atividades; que não se ausentasse, sem autorização judicial, da cidade onde reside; e que prestasse, durante o período restante de cumprimento de pena, serviços à comunidade.

Intimada da decisão, considerando as informações expostas, poderá a defesa técnica de Vanessa apresentar recurso de agravo à execução, alegando que

a) a lei veda a fixação de condições especiais não previstas em lei.

b) poderiam ter sido fixadas condições especiais não previstas em lei, mas não prestação de serviços à comunidade.

c) não poderia ter sido fixada a condição de proibição de se ausentar da cidade em que reside sem autorização judicial.

d) a decisão foi inválida como um todo, porque é vedada a exigência de exame criminológico para progressão de regime, ainda que em decisão fundamentada.

COMENTÁRIOS

**Alternativa "a":** É lícito que o magistrado, observando as particularidades do caso concreto, fixe condições especiais, além das gerais e obrigatórias, para o cumprimento da pena em regime aberto, podendo, também, modificar as condições já estabelecidas, desde que as circunstâncias recomendem a alteração (art. 115, LEP).

**Alternativa "b":** É inadmissível a fixação de pena substitutiva prevista no art. 44, CP, como a prestação de serviços à comunidade, como condição especial ao regime aberto (Súmula 493/STJ). Isso porque haveria indevido *bis in idem*, pois ao condenado, seriam impostas duas penas pelo mesmo fato: uma privativa de liberdade e outra restritiva de direitos.

**Alternativa "c":** a proibição de se ausentar da cidade onde reside, sem autorização judicial, é uma das condições gerais e obrigatórias previstas no art. 115, LEP, impostas ao condenado ao ser-lhe concedido o regime aberto.

**Alternativa "d":** De acordo com Súmula 493, STJ, estabelece que, diante das peculiaridades do caso concreto, o juiz pode determinar a realização de exame criminológico, mediante decisão devidamente fundamentada.

**Alternativa correta: letra "b".**

# Direito Processual Penal

***Danilo da Cunha Sousa***

## ✦ RESUMOS DOUTRINÁRIOS

### 1. PRINCÍPIOS GERAIS: APLICAÇÃO DA LEI PROCESSUAL NO TEMPO, NO ESPAÇO EM RELAÇÃO ÀS PESSOAS; SUJEITOS DA RELAÇÃO PROCESSUAL

- **Sistema processual:** é a natureza de processo penal adotada pelo ordenamento jurídico de um Estado, conforme suas normas processuais penais.

| Sistema Inquisitivo | Sistema Acusatório | Sistema Misto |
|---|---|---|
| As funções de acusar, defender e julgar se concentram em um único órgão. Esse sistema é marcado pela limitação das garantias individuais sob o pretexto de um suposto interesse coletivo na imposição da pena. | Marcado pela separação entre as funções de acusar, defender e julgar. No Brasil, a função de acusar é conferida privativamente ao Ministério Público, a de defender a um advogado habilitado na OAB ou a um Defensor Público (outro órgão estatal) e a de julgar a um membro do Poder Judiciário imparcial. | Há uma primeira fase, inquisitiva, em que o Juiz de instrução busca colher provas sobre o ilícito penal, e uma segunda fase, acusatória, em que há um Juízo de conhecimento, oportunidade em que se aplicam as garantias do réu em sua plenitude. |

- Há doutrinadoras que entendem que o Brasil adota o sistema misto, porque, na fase de inquérito policial, adotaria o sistema inquisitivo e, na fase judicial, o sistema acusatório.
- Mas, é o modelo constitucional que deve prevalecer. E a Constituição estabelece garantias ao investigado desde o inquérito policial, ao acusado durante a ação penal e ao executado na execução penal.
- Com o Pacote Anticrime, o CPP passou a adotar expressamente o sistema acusatório (art. 3º-A, CPP). Esse dispositivo está com a vigência suspensa em decorrência de liminar concedida na ADI n. 6305
- O processo penal, no Brasil, é regido por princípios, implícitos ou explícitos, na Constituição Federal ou em leis infraconstitucionais, os quais têm força normativa.
- **Princípio do devido processo legal:** é o postulado fundamental do processo penal contemporâneo. Sob o aspecto formal, deve-se observar o procedimento previamente estabelecido em lei. Sob o ponto de vista material, o procedimento deve garantir efetivamente o contraditório, a ampla defesa e os demais princípios constitucionais.
- **Princípio do contraditório:** direito de tomar ciência da ação penal que lhe é movida e, a partir disso, apresentar argumentos, produzindo provas e contraprovas, a fim de influenciar o convencimento do juiz.
- **Princípio da ampla defesa**: direito de exercer a defesa técnica e pessoal para impugnar os fatos narrados na denúncia e as provas produzidas contra o acusado.
- **Princípio da plenitude da defesa**: usado no Tribunal do Júri, representa a possibilidade de trazer argumentos extrajurídicos, como o pedido de clemência aos Jurados.
- **Princípio da publicidade**: é a regra no Direito brasileiro. Visa possibilitar às partes tomar conhecimento dos atos processuais, como ainda permitir à sociedade o controle da atividade jurisdicional.
- **Princípio de presunção de inocência**: ninguém poderá ser considerado culpado senão depois do trânsito em julgado da sentença penal condenatória.

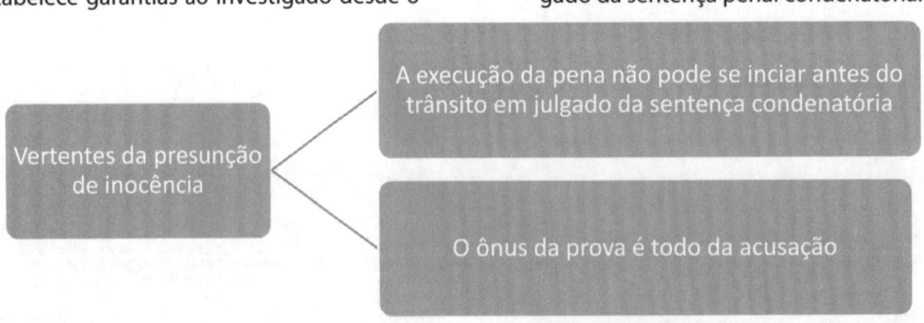


- O STF julgou Ação Declaratória de Constitucionalidade, cujo objeto era o Art. 283 do CPP, concluindo-se pela constitucionalidade do referido dispositivo.
- Com efeito, concluiu-se que **não é possível a execução provisória de pena antes do trânsito em julgado da sentença penal condenatória** em face do princípio constitucional de presunção de inocência.
- Portanto, **antes do trânsito em julgado da sentença penal condenatória**, só é possível a prisão provisória do acusado, ou seja, só são possíveis **a prisão em flagrante, a prisão temporária e a prisão preventiva** desde que presentes os requisitos legais.
- Em consagração ao princípio da presunção de inocência, o Pacote Anticrime estabeleceu no art. 313, § 2º, CPP, que não será admitida a decretação da prisão preventiva com a **finalidade de antecipação de cumprimento de pena** ou como **decorrência imediata de investigação criminal ou da apresentação ou recebimento de denúncia**.
- **Princípio da duração razoável do processo**: o processo não se deve prolongar no tempo com atos processuais

desnecessários, meramente protelatórios. Porém, esse princípio não pode implicar desrespeito ao contraditório e à ampla defesa.

- **Princípio da vedação da prova ilícita:** são inadmissíveis, no processo, as provas obtidas por meios ilícitos. O Estado não se pode valer de ilicitude para a condenação do acusado, mas o réu pode se valer de prova ilícita para a sua absolvição.
- **Aplicação da lei processual no espaço**: segue o princípio da **territorialidade**: lei processual penal, em regra, **é** aplicada na persecução dos ilícitos ocorridos no espaço do territ**ó**rio nacional, ressalvada a incidência de tratados e convenções internacionais, bem como nos casos de crimes cometidos no exterior na forma do art. 7º do Código Penal.
- **Princípio da inércia:** a jurisdição é inerte. Só tem início mediante provocação do interessado. O juiz não pode dar início a um processo para que se mantenha **imparcial.**
- **Princípio do impulso oficial:** iniciada a ação pela parte, o andamento do processo é dado pelo Juiz, sujeito imparcial da relação jurídica processual e presidente do procedimento.
- **Princípio da verdade real:** no processo penal, busca-se a reprodução dos fatos como eles se deram, motivo pelo qual não se admite a presunção de veracidade dos fatos narrados na denúncia em caso de revelia.
- **Princípio do *favor rei* ou *in dubio pro reo*:** ao final da instrução, caso o juiz tenha dúvidas quanto aos fatos descritos na denúncia, deve absolver o réu com fundamento no art. 386, VII, CPP.
- **Princípio da oralidade:** deve-se dar prioridade à transmissão do pensamento por meio da oralidade, que seria reprodução mais fiel da realidade.
- **Princípio da identidade física do juiz:** o juiz que deve prolatar a sentença é aquele que presidiu a instrução.
- **Princípio da concentração:** a audiência deve ser uma com oitiva de testemunhas, interrogatório, debates e julgamento. Excepcionalmente, devem os atos processuais ser desmembrados.
- **Aplicação da lei processual no tempo:** a matéria é regida pelo princípio ***tempus regit actum*** (art. 2º, CPP), o que implica aplicação imediata e irretroativa da nova lei processual penal.
- **Aplicação da lei processual penal em relação às pessoas:** o processo penal é regido pelo CPP em regra. Porém, certas pessoas, em razão do cargo, têm prerrogativas estabelecidas na CF, o que afasta, a princípio, a aplicação do CPP, o qual, contudo, pode ser aplicado subsidiariamente.



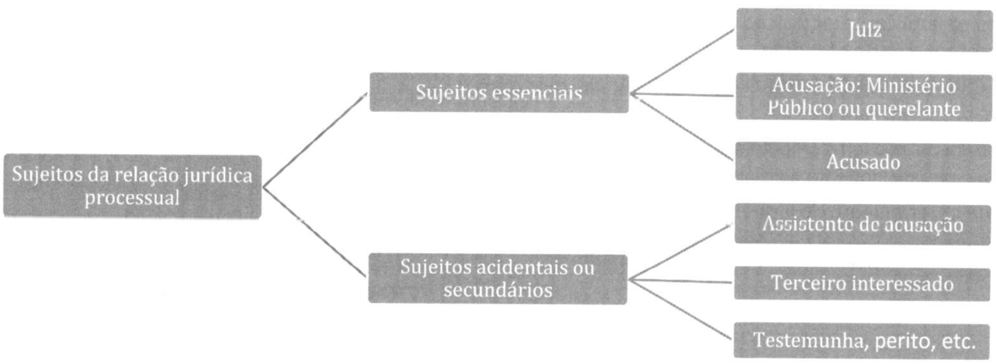


**Jurisprudência sobre princípios processuais penais:** Desde 11/5/2012, após o Plenário do Supremo Tribunal Federal declarar, incidentalmente, a inconstitucionalidade de parte do art. 44 da Lei n. 11.343/2006, a saber, da que proibia a concessão de liberdade provisória nos casos de tráfico de drogas, a fundamentação calcada nesse dispositivo simplesmente perdeu o respaldo. De acordo com o julgamento da Suprema Corte, a regra prevista no referido art. 44 da Lei n. 11.343/2006 é incompatível com o princípio constitucional da presunção de inocência e do devido processo legal, dentre outros princípios. Assim, para se manter a prisão, imprescindível seria a presença de algum dos requisitos do art. 312 do Código de Processo Penal, o que não ocorreu no caso (HC 376802/RJ. Rel. Min. Sebastião Reis Júnior. DJ. 19/12/2017).

## 2. INQUÉRITO POLICIAL

- O Inquérito Policial é um **procedimento administrativo**, presidido pela Autoridade Policial, destinado à produção de provas para que o autor da ação penal forme convicção acerca da autoria e da materialidade delitivas.

| Características do Inquérito Policial | |
|---|---|
| | 1. **Inquisitivo**: o IP é presidido pela Autoridade Policial, que busca a colheita de provas. O contraditório é mitigado. |
| | 2. **Discricionariedade:** a Autoridade Policial tem certo poder de conveniência e oportunidade para instauração de IP. Pode negar, por exemplo, se o crime estiver prescrito. |
| | 3. **Procedimento sigiloso:** O inquérito policial tem o sigilo natural como característica em razão de duas finalidades: a) Eficiência das investigações; b) Resguardar imagem do investigado; |
| | 4. **Procedimento escrito**: tudo deve ser reduzido a termo, inclusive, os elementos informativos produzidos oralmente; |
| | 5. **Indisponível:** a autoridade policial não pode arquivar o inquérito policial ao receber *notitia criminis*. |
| | 6. **Dispensável:** se já existirem elementos de prova suficientes para oferecimento de denúncia ou queixa-crime, não se faz necessária a abertura de IP. |

- Uma das características do Inquérito Policial é o **sigilo** das investigações. Contudo, **o advogado pode ter acesso às provas já produzidas**. Mas o Delegado de Polícia pode manter sigilo em relação às diligências futuras.
- **Incomunicabilidade do investigado preso**: inconstitucional, porque nem mesmo em Estado de Exceção, como o de Defesa e o de Sítio, não se permite, quanto mais em Estado de normalidade constitucional.
- **Atribuições da Autoridade Policial**:

a. fornecer às autoridades judiciárias as informações necessárias à instrução e julgamento dos processos;

**b.** realizar as diligências requisitadas pelo juiz ou pelo Ministério Público;

**c.** cumprir os mandados de prisão expedidos pelas autoridades judiciárias;

**d.** representar acerca da prisão preventiva.

| Formas de instauração de IP pela Autoridade Policial | – De ofício;<br>– Requisição pelo Juiz;<br>– Requisição do MP;<br>– Requerimento do ofendido. |
|---|---|

- ***Notitia criminis:*** forma com que a Autoridade Policial toma conhecimento do fato criminoso.
- **NOTITIA CRIMINIS DE COGNIÇÃO DIRETA OU IMEDIATA:** a autoridade policial toma conhecimento direto do ilícito através de suas atividades de rotina, de jornais, pela descoberta do corpo do delito, por comunicação da polícia preventiva, por investigações da polícia judiciária, etc.
- **NOTITIA CRIMINIS DE COGNIÇÃO INDIRETA OU MEDIATA:** a autoridade policial toma conhecimento do ilícito por meio de algum ato jurídico de comunicação formal do delito. A notitia criminis de cognição indireta pode dar-se por: a. ***Delatio criminis***; b. **Requisição da autoridade judiciária e do Ministério Público**; c. **Requisição do Ministro da Justiça; d. Representação do ofendido.**
- **NOTITIA CRIMINIS DE COGNIÇÃO COERCITIVA**: Ocorre no caso de prisão em flagrante.
- Autoridade Policial não tem competência, mas atribuição para instaurar e presidir inquérito policial.
- **Prazos para encerramento do Inquérito Policial:**

| Hipótese | Legislação | Réu Preso | Réu solto |
|---|---|---|---|
| Inquérito Policial | CPP | 10 dias | 30 dias |
| IP na Polícia Federal | Lei nº 5.010/66 | 15 dias | 30 dias |
| Crimes contra a Economia Popular | Lei nº 1.521/51 | 10 dias | 10 dias |
| Drogas | Lei nº 11.343/06 | 30 dias | 90 dias |
| Inquérito Militar | CPP Militar | 20 dias | 40 dias |

- Em regra, se o investigado estiver **preso**, o prazo para o encerramento do Inquérito Policial é **improrrogável**, devendo ser ele colocado em liberdade.
- Pelo Pacote Anticrime, se o investigado estiver preso, o juiz das garantias poderá, mediante representação da autoridade policial e ouvido o Ministério Público, prorrogar, uma única vez, a duração do inquérito por até 15 (quinze) dias, após o que, se ainda assim a investigação não for concluída, a prisão será imediatamente relaxada (art. 3º-B, § 2º, CPP). Mas, esse dispositivo, por ora, está suspenso pela ADI n. 6.298MC/DF, de Relatoria do Ministro Luiz Fux.
- No caso da Lei de Drogas, o prazo para encerramento pode ser **duplicado ainda que o investigado esteja preso** (art. 51, parágrafo único).

## 2.1. ARQUIVAMENTO DO INQUÉRITO POLICIAL

- O Pacote Anticrime modificou o sistema de arquivamento do inquérito policial. Porém, na ADI n. 6.298MC/DF, de Relatoria do Ministro Luiz Fux, a vigência da nova redação do art. 28 foi suspensa. Desse modo, atualmente, prevalece a redação originária do CPP. Como se trata de medida cautelar, que depende de ratificação, optamos por comentar as duas formas de arquivamento do IP.

### A. SISTEMÁTICA DA REDAÇÃO ORIGINAL DO CPP

**ATENÇÃO:** O inquérito policial **jamais é arquivado pela AUTORIDADE POLICIAL.**

- Nos termos do art. 28 do CPP, o Ministério Público se manifesta pelo arquivamento do Inquérito Policial e o juiz pode ou não homologar o arquivamento.
- Caso não haja homologação do inquérito policial o juiz envia os Autos ao Procurador Geral do Ministério Público, no caso dos Ministérios Públicos Estaduais, ou à Câmara de Coordenação e Revisão, no caso do Ministério Público Federal.
- **Art. 28, CPP**: não homologação do inquérito policial pelo juiz: atividade jurisdicional anômala, porque se trata de fiscalização da atuação do Ministério Público em relação ao **princípio da obrigatoriedade da ação penal pública**.

| Se o juiz discordar do arquivamento, ele envia os Autos ao Procurador-Geral do Ministério Público, que pode tomar três condutas: | a. Mantém o arquivamento;<br>b. Requisita a produção de novas provas;<br>c. Designa outro Promotor de Justiça para apresentar denúncia. O membro designado não pode se recusar a oferecer denúncia, pois age em nome do Procurador-Geral |
|---|---|

### B. SISTEMÁTICA DO ARQUIVAMENTO DE ACORDO COM O PACOTE ANTICRIME

- O órgão de execução do Ministério Público promove o arquivamento do Inquérito Policial.
- Promovido o arquivamento do inquérito policial, os autos são enviados ao órgão Superior do Ministério Público, nos termos da Lei Orgânica da Instituição.
- O membro do Ministério Público que arquivar o IP deve dar ciência à vítima, ao investigado e à autoridade policial.
- Caso discorde do arquivamento, a vítima ou seu representante legal pode pedir a revisão da medida ao órgão superior do Ministério Público.
- Com ou sem pedido de revisão pela vítima, o Órgão Superior do Ministério Público poderá homologar o arquivamento, requisitar novas diligências ou designar outro membro institucional para oferecer denúncia.

### C. DESARQUIVAMENTO DO INQUÉRITO POLICIAL

- Se o arquivamento do inquérito policial tiver como fundamento a **insuficiência de provas**, não se faz coisa julgada.
- Nesse caso, o inquérito policial pode ser desarquivado, desde que surjam **novas provas**, ou seja, provas que não eram do conhecimento dos órgãos de persecução penal, no momento do arquivamento.
- Em algumas hipóteses, o desarquivamento promove coisa julgada, como no caso de reconhecido, definitivamente, que o fato inexistiu ou que o investigado não foi o seu autor.

## 2.2. DO JUIZ DE GARANTIAS

- O Pacote Anticrime introduziu o juiz de garantias no sistema jurídico brasileiro. Por ora, esse instituto está com a vigência suspensa pela ADI n. 6.298MC/DF, de Relatoria do Ministro Luiz Fux. Mas, como se trata de decisão que depende de ratificação pelo Plenário do STF, passa-se a comentá-lo.

- O fundamento jurídico para que exista o juiz de garantias é que, durante a fase inquisitiva, pode haver intervenção do Judiciário para que sejam observadas as garantias do acusado, principalmente, no que se refere à liberdade (decretação de prisão preventiva), à inviolabilidade do domicílio (busca e apreensão domiciliar) e inviolabilidade das comunicações telefônicas).
- Uma vez intervindo nessa fase processual, presume a lei que juiz perde a imparcialidade indispensável para o julgamento do mérito. Por esse motivo, a atuação do juiz de garantias se dá até o **recebimento da denúncia ou da queixa**. Com isso, a instrução do caso em Juízo deve ser feita por outro Juiz.
- Contudo, o juiz que vai presidir a instrução em juízo não fica adstrito às decisões cautelares prolatadas pelo juiz de garantias, podendo revogar aquelas que ainda estejam em vigor, no prazo de dez dias.

### 2.3. DISPOSIÇÕES ESPECIAIS NA FASE DE INQUÉRITO POLICIAL

- Se necessário à prevenção e à repressão dos crimes relacionados ao tráfico de pessoas, o membro do Ministério Público ou o delegado de polícia poderão requisitar, mediante autorização judicial, às empresas prestadoras de serviço de telecomunicações e/ou telemática que disponibilizem imediatamente os meios técnicos adequados – como sinais, informações e outros – que permitam a localização da vítima ou dos suspeitos do delito em curso.
- Nos casos em que servidores vinculados às instituições dispostas no art. 144 da Constituição Federal figurarem como investigados em inquéritos policiais, inquéritos policiais militares e demais procedimentos extrajudiciais, cujo objeto for a investigação de fatos relacionados ao uso da força letal praticados no exercício profissional, de forma consumada ou tentada, incluindo as situações dispostas no art. 23 do Decreto-Lei nº 2.848, de 7 de dezembro de 1940 (Código Penal), o indiciado poderá constituir defensor.

## 3. DA AÇÃO PENAL

**Quadro resumido sobre ação penal:**

| Natureza | Legitimidade ativa | Condição Específica | Exemplos |
|---|---|---|---|
| Pública Incondicionada | Ministério Público | Não tem | É a regra: homicídio, furto, etc. |
| Pública Condicionada à Representação | Ministério Público | Representação do ofendido ou representante legal | Ameaça |
| Pública Condicionada à Requisição do Ministério da Justiça | Ministério Público | Requisição do Ministério da Justiça | Crimes contra a honra do Presidente da República |
| Privada | Ofendido ou seu representante | Não tem | Crimes contra a honra em geral |
| Privada Subsidiária da Pública | Ofendido ou seu representante | Inércia do Ministério Público | Qualquer crime de ação pública |
| Privada Personalíssima | Exclusiva do ofendido | Não tem | Única hipótese: art. 236, CP. |

| Condições da ação penal | a. Legitimidade ativa: é o autor da ação penal (Ministério Público, em regra; excepcionalmente, o ofendido);<br>b. Legitimidade passiva: é autor do crime, aquele contra quem o Estado pretende exercer a pretensão punitiva;<br>c. Interesse de agir: necessidade de intervenção do Judiciário para satisfação da pretensão punitiva e com a escolha da via adequada;<br>d. Justa causa: a inicial da ação penal deve ser acompanhada pelo mínimo de prova a indicar a viabilidade da ação penal, ao final, ser julgada procedente. |
|---|---|

## A. AÇÃO PENAL PÚBLICA

- A ação penal pública é aquela em que o autor da ação é o Ministério Público, conforme dispõe o art. 129, I, CF/88.

| Princípios da ação penal pública | 1. **Princípio da obrigatoriedade**: o Ministério Público tem o dever de promover a ação penal tão só tenha ele notícia do crime e não existam obstáculos que o impeça de atuar. Assim, verificando ser a conduta típica, ilícita e culpável, o Ministério Público estará obrigado a oferecer a denúncia.<br>2. **Princípio da indisponibilidade**: uma vez proposta a ação penal, o MP não pode desistir de seu prosseguimento;<br>3. **Oficialidade:** a ação penal está a cargo do Ministério Público, órgão estatal;<br>4. **(In)divisibilidade** posição majoritária na doutrina: **indivisibilidade**: o MP deve oferecer denúncia contra todos os autores do crime, segundo os indícios colhidos até o momento da propositura da ação. **STF e STJ**: a jurisprudência é no sentido de que vige o princípio da **divisibilidade**, pois o MP pode oferecer denúncia contra um acusado em um momento e contra outro em momento posterior ao surgirem novas provas. |
|---|---|

**Jurisprudência do STJ:** Na ação penal pública, o MP não está obrigado a denunciar todos os envolvidos no fato tido por delituoso, não se podendo falar em arquivamento implícito em relação a quem não foi denunciado. Isso porque, nessas demandas, **não vigora o princípio da indivisibilidade**. Assim, o Parquet é livre para formar sua convicção incluindo na increpação as pessoas que entenda terem praticados ilícitos penais, mediante a constatação de indícios de autoria e materialidade. Ademais, há possibilidade de se aditar a denúncia até a sentença. Precedentes citados: REsp 1.255.224-RJ, Quinta Turma, DJe 7/3/2014; APn 382-RR, Corte Especial, DJe 5/10/2011; e RHC 15.764-SP, Sexta Turma, DJ 6/2/2006. RHC 34.233-SP, Rel. Min. Maria Thereza de Assis Moura, julgado em 6/5/2014.

| **Modalidades de ação penal pública** | a) Ação penal pública incondicionada;<br>b) Ação penal pública condicionada à representação do ofendido;<br>c) Ação penal pública condicionada à requisição do Ministro da Justiça |
|---|---|

- Na ação **penal pública incondicionada**, o Ministério Público age, independentemente de manifestação de vontade da vítima. Ou seja, ele pode oferecer a denúncia, desde que presentes os requisitos legais, ainda que a vítima manifeste que não está de acordo com a propositura da ação.
- Na ação **penal pública condicionada à representação** há condição específica de procedibilidade: a representação do ofendido ou de seu representante legal. Com efeito, o Ministério Público só pode iniciar a ação penal pela denúncia, desde que haja manifestação do ofendido nesse sentido.
- O ofendido pode se retratar à representação, em regra, até o **oferecimento** da denúncia.
- Na Lei Maria da Penha, a retratação pode acontecer até o **recebimento** da denúncia, necessitando-se de audiência específica para tanto.
- A representação tem caráter **objetivo**, ou seja, se refere ao fato, não aos autores dele, devendo o Ministério Público zelar pelo princípio da indivisibilidade.
- A outra modalidade de ação penal pública condicionada é aquela que depende de **requisição do Ministro da Justiça**, como, por exemplo, nos crimes contra a honra do Presidente da República.
- Tanto a representação do ofendido, quanto a requisição do Ministro da Justiça, não vinculam o Ministério Público, que pode não oferecer denúncia, se achar que não há prova da materialidade delitiva ou de indícios suficientes de autoria.

**Jurisprudência do STJ:** A controvérsia disposta nos autos versa acerca da possibilidade de terceiro (avó, no caso), que não seja representante legal, possa representar - no interesse da vítima - na ação penal pública condicionada, em razão da **prescindibilidade de rigores formais** para o ato, no caso de crime sexual contra menor de idade praticado antes da vigência da Lei n. 12.015/2009 - arts. 214 c/c o 224, a, e 226, II, do Código Penal. 2. Doutrina e jurisprudência são uniformes no sentido de que a representação **prescinde de qualquer formalidade**, sendo suficiente a demonstração do interesse da vítima ou seu representante em autorizar a persecução criminal. 3. A **representação tem mais caráter material do que formal, admitindo-se a iniciativa de outras pessoas ligadas à vítima**: avós, tios, irmãos, pais de criação, pessoas encarregadas da guarda, entre outras. 4. Percebe-se que a renúncia contida nos autos, deveu-se a fatores outros, totalmente alheios ao interesse da vítima, sendo imperioso prestigiar-se a legítima pretensão jurídica esboçada, in casu, pela avó da criança, em defesa dos direitos desta (AgRg no REsp nº 1.618.438/MG. Rel. Min. Sebastião Reis Júnior. DJ. 04/05/2017).

## B. AÇÃO PENAL PRIVADA

- Na ação penal privada, a legitimidade extraordinária para propor a ação é do ofendido ou seu representante legal.

| **Princípios da ação penal privada** | 1. Oportunidade ou conveniência: é faculdade da vítima oferecer queixa-crime de acordo com a sua conveniência;<br>2. Disponibilidade: oferecida a queixa-crime, pode o querelante desistir da ação penal;<br>3. Indivisibilidade: o querelante deve promover a ação penal contra todos os autores do crime. |
|---|---|

- **Perempção**: causa de extinção da punibilidade exclusiva da **ação penal privada** e decorre da inércia do querelante.

| **Causas de perempção** | I - quando, iniciada esta, o querelante deixar de promover o andamento do processo durante 30 dias seguidos;<br>II - quando, falecendo o querelante, ou sobrevindo sua incapacidade, não comparecer em juízo, para prosseguir no processo, dentro do prazo de 60 (sessenta) dias, qualquer das pessoas a quem couber fazê-lo, ressalvado o disposto no art. 36;<br>III - quando o querelante deixar de comparecer, sem motivo justificado, a qualquer ato do processo a que deva estar presente, ou deixar de formular o pedido de condenação nas alegações finais;<br>IV - quando, sendo o querelante pessoa jurídica, esta se extinguir sem deixar sucessor. |
|---|---|

- **Renúncia**: antes de iniciada a ação penal, o ofendido manifesta, expressa ou tacitamente, que não vai oferecer queixa-crime, fato que extingue a punibilidade do autor do crime.
- **Perdão**: o ofendido manifesta, expressa ou tacitamente, o perdão ao autor do crime, o qual deve manifestar se anui com o perdão. É um ato bilateral que depende da anuência do autor do crime para gerar efeitos.
- Na **ação penal privada subsidiária da pública**, o ofendido oferece queixa-crime em caso de **inércia** do Ministério Público, que **não oferece denúncia, não arquiva o inquérito policial ou não requer novas diligências.**
- **Atenção:** o **arquivamento** do inquérito policial **não autoriza** o oferecimento de queixa-crime em ação penal privada **subsidiária** da pública, porque **não houve inércia.**
- Na **ação penal privada subsidiária da pública**, se o ofendido não der continuidade à demanda, o Ministério Público deverá assumir o polo ativo da ação em razão do princípio da obrigatoriedade, que vige na ação penal pública (lembre-se que, originalmente, ação penal é pública, havendo mera substituição por privada em decorrência da inércia do MP).
- **Ação penal privada personalíssima:** só pode ser movida pelo próprio ofendido. Em caso de sua morte, outras pessoas não podem iniciar ou continuar a ação penal. Caso único: **Induzimento a erro essencial e ocultação de impedimento (art. 236, CP).**

## C. DO ACORDO DE NÃO PERSCUÇÃO PENAL (ANPP)

- O acordo de não persecução penal foi introduzido no ordenamento jurídico brasileiro pelo Pacote Anticrime.

| | |
|---|---|
| **Requisitos para ANPP** | a) Não é o caso de arquivamento do inquérito policial;<br>b) Confissão formal e circunstanciada da prática da infração penal pelo investigado;<br>c) infração penal sem violência ou grave ameaça e com pena mínima inferior a 4 (quatro) anos.<br>d) A medida é necessária e suficiente para reprovação e prevenção do crime. |
| **Fatos impeditivos para ANPP** | I – se for cabível transação penal de competência dos Juizados Especiais Criminais, nos termos da lei;<br>II – se o investigado for reincidente ou se houver elementos probatórios que indiquem conduta criminal habitual, reiterada ou profissional, exceto se insignificantes as infrações penais pretéritas;<br>III – ter sido o agente beneficiado nos 5 (cinco) anos anteriores ao cometimento da infração, em acordo de não persecução penal, transação penal ou suspensão condicional do processo; e<br>IV – nos crimes praticados no âmbito de violência doméstica ou familiar, ou praticados contra a mulher por razões da condição de sexo feminino, em favor do agressor. |
| **Condições ajustadas cumulativa e alternativamente no ANPP** | I – reparar o dano ou restituir a coisa à vítima, exceto na impossibilidade de fazê-lo;<br>II – renunciar voluntariamente a bens e direitos indicados pelo Ministério Público como instrumentos, produto ou proveito do crime;<br>III – prestar serviço à comunidade ou a entidades públicas por período correspondente à pena mínima cominada ao delito diminuída de um a dois terços, em local a ser indicado pelo juízo da execução, na forma do art. 46 do Decreto-Lei nº 2.848, de 7 de dezembro de 1940 (Código Penal);<br>IV – pagar prestação pecuniária, a ser estipulada nos termos do art. 45 do Decreto-Lei nº 2.848, de 7 de dezembro de 1940 (Código Penal), a entidade pública ou de interesse social, a ser indicada pelo juízo da execução, que tenha, preferencialmente, como função proteger bens jurídicos iguais ou semelhantes aos aparentemente lesados pelo delito; ou<br>V – cumprir, por prazo determinado, outra condição indicada pelo Ministério Público, desde que proporcional e compatível com a infração penal imputada. |

- O juiz pode se recusar a homologar o ANPP, se não presentes os requisitos legais ou se considerar inadequadas, insuficientes ou abusivas as condições dispostas no acordo.
- Descumpridas quaisquer das condições estipuladas no acordo de não persecução penal, o Ministério Público deverá comunicar ao juízo, para fins de sua rescisão e posterior oferecimento de denúncia. Cumprido integralmente o acordo de não persecução penal, o juízo competente decretará a extinção de punibilidade.
- No caso de recusa, por parte do Ministério Público, em propor o acordo de não persecução penal, o investigado poderá requerer a remessa dos autos a órgão superior, na forma do art. 28, §1º do CPP.
- De acordo com entendimento do STJ, como o cumprimento do acordo de não persecução penal extingue a punibilidade, trata-se de norma mista mais benéfica ao acusado. Dessa forma, o novo art. 28-A, CPP, deve retroagir para beneficiar a réu que cometeu o fato antes da vigência do Pacote Anticrime (STJ – PExt no AgRg no HC 575395/RN. Rel. Min. NEFI CORDEIRO).

## D. DISPOSIÇÕES COMUNS À REPRESENTAÇÃO DO OFENDIDO E À QUEIXA-CRIME

| | |
|---|---|
| **Morte do ofendido (legitimidade para oferecer representação ou queixa-crime)** | • **C**ônjuge;<br>• **A**scendente;<br>• **D**escendente;<br>• **I**rmão. |

- **O prazo para representação na ação penal pública condicionada e para oferecimento de queixa-crime na ação penal privada é de seis meses e se inicia a partir do momento em que o ofendido tomou conhecimento da autoria do crime.**
- Em caso de inércia do ofendido ou de seu representante legal, há extinção da punibilidade em razão da **decadência**.
- Quando a vítima for menor de dezoito anos ou incapaz, a representação na ação penal pública ou queixa-crime na ação penal privada deve ser feita pelo seu representante legal, em regra, aquele que detém o poder familiar.
- A partir da vigência do CC/02, o menor de vinte e um anos e maior de dezoito, não depende de representação.
- Se o incapaz não tiver representante legal ou os interesses deles conflitarem, o juiz pode nomear curador especial.
- Há casos na jurisprudência em que se admitiu como representante legal do ofendido incapaz os seus avós, tios, irmãos, vizinhos, etc.

## E. DENÚNCIA E QUEIXA-CRIME (PETIÇÃO INICIAL)

- **Denúncia: é a peça inicial da ação penal pública.**
- **Queixa-crime: é a peça inicial da ação penal privada. Para o advogado apresentar a queixa-crime, deve ter poderes especiais para tanto.**

| | |
|---|---|
| **Requisitos formais da peça inicial, sob pena de inépcia** | • a exposição do fato criminoso, com todas as suas circunstâncias;<br>• a qualificação do acusado ou esclarecimentos pelos quais se possa identificá-lo;<br>• a classificação do crime e;<br>• quando necessário, o rol das testemunhas. |

- **Não presentes esses requisitos é o caso de rejeição de denúncia ou queixa-crime pelo Juiz.**
- O prazo para oferecimento da denúncia, estando o réu preso, será de 5 dias, contado da data em que o órgão do Ministério Público receber os autos do inquérito policial, e de 15 dias, se o réu estiver solto ou afiançado.
- Para oferecimento de queixa-crime, o ofendido depende de advogado.

| Conteúdo da procuração | a. **Poderes especiais**: deve ficar explícito que o mandato é para oferecimento de queixa-crime;<br>b. **Nome do querelante** (ofendido/vítima);<br>c. **Menção ao fato criminoso**, salvo se se depender de futuras diligências. |
|---|---|

## 4. COMPETÊNCIA

### I – Competência Material

- Competência material: determina se a causa vai ser julgada pela Justiça Especializada (Militar ou Eleitoral) ou comum (Federal ou Estadual).
- Crime praticado contra **sociedade de economia mista**, ainda que o ente público seja federal, como é o caso do Banco do Brasil S/A, é de competência da **Justiça Estadual**.
- No caso Lava Jato, a competência da Justiça Federal se fixou porque, apesar da Petrobras ser sociedade de economia mista, há crimes de competência da Justiça Federal, como evasão de divisas.

### II – Competência Territorial

- Em termos de competência territorial, o CPP adotou a teoria do resultado, sendo competente o Juízo do local em que se consumou a infração penal. No caso de tentativa, pelo lugar em que for praticado o último ato de execução.
- No crime de estelionato, mediante depósito, mediante emissão de cheques sem suficiente provisão de fundos em poder do sacado ou com o pagamento frustrado ou mediante transferência de valores, a competência será definida pelo local do domicílio da vítima, e, em caso de pluralidade de vítimas, a competência firmar-se-á pela prevenção.

  Portanto, se trata de à regra geral de que a competência deve ser fixada pelo lugar do crime, pois o critério a ser adotado é o domicílio da vítima.
- No processo penal, o Juiz pode reconhecer a competência relativa de ofício até o momento da absolvição sumária, na fase do art. 397, CPP (Távora, Nestor e Rodrigues Alencar, Rosmar. *Curso de direito processual penal.* 7ª ed. Editora Juspodivm. p. 275).

### III – Competência por Prerrogativa de Função

- A competência por prerrogativa de função é estabelecida em razão do **cargo** e não da pessoa.
- O foro por prerrogativa de função aplica-se apenas aos crimes cometidos **durante o exercício do cargo e relacionados às funções desempenhadas pelo parlamenta**r. Após o final da instrução processual, com a publicação do despacho de intimação para apresentação de alegações finais, a competência para processar e julgar ações penais não será mais afetada em razão de o agente público vir a ocupar outro cargo ou deixar o cargo que ocupava, qualquer que seja o motivo. Esse é o entendimento do Plenário, ao resolver questão de ordem para determinar a baixa de ação penal ao juízo da zona eleitoral para posterior julgamento, tendo em vista que: a) os crimes imputados ao réu não foram cometidos no cargo de deputado federal ou em razão dele; b) o réu renunciou ao cargo para assumir a função de prefeito; e c) a instrução processual se encerrou perante a 1ª instância, antes do deslocamento de competência para o Supremo Tribunal Federal (STF – Informativos 867 e 885).
- Se uma pessoa comete um crime doloso contra a vida e tem foro por prerrogativa de função estabelecido na Constituição **Federal**, será julgado por este foro.
- Se uma pessoa comete um crime doloso contra a vida e tem foro por prerrogativa de função estabelecido na Constituição **Estadual**, será julgado pelo Júri.

### IV – Competência por Prevenção

- Havendo dois juízes igualmente competentes, julgará a causa aquele que primeiro dela tomar conhecimento.
- Em sendo o crime permanente, a competência será determinada pela prevenção. Assim, se a pessoa é sequestrada em São Paulo e mantida em cativeiro em Campinas, será competente o Juízo que primeiro tomar conhecimento do fato, como o que primeiro receber a denúncia ou decretar a prisão preventiva dos agentes.

### V – Competência por Conexão e Continência

- Por questão de **segurança jurídica**, notadamente, para se evitar decisões conflitantes, duas ou mais ações que seriam julgadas separadamente são reunidas no juízo dito prevalente.

| CONEXÃO INTERSUBJETIVA (art. 76, I, CPP) | | |
|---|---|---|
| **Subespécie** | **Conceito** | **Exemplo** |
| Por simultaneidade | Duas ou mais pessoas praticam várias infrações penais simultânea e ocasionalmente | Uma carreta de cerveja tomba na rodovia. Os passantes não socorrem o motorista (omissão de socorro) e furtam a carga |
| Por concurso | Mediante ajuste prévio, em concurso de agentes, duas ou mais pessoas praticam crimes diversos em locais diversos | É o caso de uma quadrilha que pratica diversos roubos em vários locais |
| Por reciprocidade | Duas ou mais pessoas praticam infrações penais umas contra as outras | Injúrias, ameaças e lesões corporais recíprocas |

| CONEXÃO MATERIAL (art. 76, II, do CPP) | |
|---|---|
| **Conceito** | **Exemplo** |
| Duas ou mais infrações penais terem sido praticadas para (a) ocultar as outras; (b) conseguir impunidade ou (c) obter vantagem em qualquer delas | (a) O autor do homicídio oculta o cadáver da vítima; (b) o autor do estupro mata a ***única*** testemunha; (c) o autor da corrupção promove a lavagem de dinheiro obtido criminosamente |

| CONEXÃO PROBATÓRIA (art. 76, III, CPP) | |
|---|---|
| **Conceito** | **Exemplo** |
| As provas relativas a uma infração penal influem na apuração de outras infrações penais | No crime de receptação, geralmente, há conexão com o crime antecedente como o furto, o roubo, etc. |

| CONTINÊNCIA POR CUMULAÇÃO SUBJETIVA (art. 77, I, CPP) | |
|---|---|
| **Conceito** | **Exemplo** |
| Duas ou mais pessoas são acusadas pela mesma infra***ção*** penal | Duas pessoas praticam o mesmo furto, o mesmo roubo etc. |

| CONTINÊNCIA POR CUMULAÇÃO OBJETIVA (art. 77, II, CPP) | |
|---|---|
| **Conceito** | **Exemplo** |
| Decorre dos crimes praticados em (a) concurso formal, (b) erro na execução e (c) resultado diverso do pretendido | (a) em um acidente, um motorista provoca a morte de duas pessoas na direção de veículo automotor; (b) o agente visa matar "A", mas por erro de pontaria, mata "B"; (c) o agente atira uma pedra contra a vitrine de uma loja, visando causar dano, mas atinge o dono da loja, causando-lhe lesão corporal culposa[1] |

| **Havendo conexão e/ou continência entre dois ou mais crimes a ser julgado por justiça de mesma categoria, fixa-se o foro prevalente da seguinte forma:** | a. local da infração **mais grave**;<br>b. infração de igual gravidade, lugar onde ocorreram **maior número de crimes**;<br>c. igual gravidade e quantidade, **juízo prevento**. |
|---|---|

- O Juízo prevalente pode avocar o processo a qualquer momento desde que ainda não haja prolação de sentença no processo desgarrado.[1]
- No caso de conexão entre um crime de competência da Justiça Federal e outro da Justiça Estadual, é competente a Justiça Federal para o julgamento dos dois.
- O Plenário do STF confirmou jurisprudência no sentido da competência da Justiça Eleitoral para processar e julgar crimes comuns que apresentam conexão com crimes eleitorais. A Corte observou ainda que cabe à Justiça especializada analisar, caso a caso, a existência de conexão de delitos comuns aos delitos eleitorais e, em não havendo, remeter os casos à Justiça competente (AgR no Inq. n. 4435/RJ. Rel. Min. Marco Aurélio.)

## 5. QUESTÕES INCIDENTAIS

### 5.1. QUESTÕES PREJUDICIAIS

- Questão prejudicial é aquela que está associada ao mérito da causa e que deve ser resolvida antes dele.
- Assim, no crime de **bigamia** (art. 235 do Código Penal), em caso de eventual dúvida sobre o estado civil do réu (é ou não casado), deve tal questão ser resolvida no Juízo Cível, ficando a **ação penal suspensa**.

### 5.2. CONFLITO DE COMPETÊNCIA

- Como a competência é questão de ordem pública, o conflito pode ser instaurado, além da parte interessada, pelo próprio juiz de ofício ou pelo Ministério Público, ainda que não seja esse autor da ação penal, atuando apenas como fiscal da lei.

### 5.3. MEDIDAS ACAUTELATÓRIAS

- As medidas acautelatórias visam o ressarcimento do ofendido ou mesmo impedir que o agente tire proveito patrimonial de sua conduta ilícita.
- Comparação entre sequestro, arresto e hipoteca legal:

| Medida | Natureza do bem | Origem do bem | Destinação do bem ao fim do processo |
|---|---|---|---|
| Sequestro | Móvel ou imóvel | Proveito do crime | Tesouro Nacional |
| Arresto | Móvel | Lícita | Ressarcimento do ofendido |
| Hipoteca Legal | Imóvel | Lícita | Ressarcimento do ofendido |

### 5.4. INCIDENTE DE INSANIDADE MENTAL

- Efeitos da insanidade mental do agente, considerado inimputável, no momento da prática da infração penal, durante a ação judicial e durante a execução criminal:

| Momento | Efeito |
|---|---|
| **Durante a infração penal** | Imposição de medida de segurança. |
| **Durante a ação penal** | Suspensão do procedimento até o acusado se recuperar. |
| **Durante a execução da pena** | Conversão da pena privativa de liberdade em medida de segurança até o sentenciado se recuperar ou expirar o tempo da pena imposta. |

### 5.5. DA RESTITUIÇÃO DE COISAS APREENDIDAS

- Para que o bem apreendido possa ser restituído, são necessários dois requisitos: a. que o bem não tenha mais interesse à persecução penal; b. que se trate de objeto não sujeito ao confisco pela União
- A restituição pode ser deferida pela própria Autoridade Policial ainda na fase de inquérito policial, desde que a apreensão não mais interesse às investigações, que não haja dúvidas quanto à titularidade do bem e que não tenha sido ele apreendido com terceiro de boa-fé.
- Será decidida a restituição perante o Juízo se houver dúvida quanto à titularidade do bem ou se ele for apreendido na posse de terceiro de boa-fé, hipóteses em que haverá dilação probatória e manifestação do Ministério Público antes da decisão judicial (art. 120 do CPP).
- Ao final da instrução do incidente, permanecendo a dúvida quanto à titularidade, os Autos serão remitidos ao Juízo Cível.
- Os bens que não forem restituídos, seja pela impossibilidade jurídica, seja pela falta de requerimento da parte interessada, serão levados a leilão, cujo produto arrecadado será revertido em favor do Tesouro Nacional.

## 6. DA PROVA

**I – Generalidades**

- A doutrina majoritária distingue:

a) provas **ilícitas** são aquelas derivadas de violação a normas, constitucionais ou infraconstitucionais, de direito material;

b) provas **ilegítimas** são aquelas derivadas de violação a normas, constitucionais ou infraconstitucionais, de direito processual.

- **Teoria dos frutos da** árvore **envenenada**: importada do direito norte-americano (*fruits of the poisonous tree*). "Em um juízo de causa e efeito, tudo o que originário de uma prova ilícita seria imprestável, devendo ser desentranhado dos

PROCESSUAL PENAL

1 NUCCI, Guilherme de Souza. *Código Penal Comentado*. 8ª ed. RT. p. 456.

autos." (Távora, Nestor e Rodrigues Alencar, Rosmar. *Curso de direito processual penal.* 7ª ed. Editora Juspodivm. p. 383).

- Se a prova ilícita beneficiar o réu, não deve ser declarada imprestável e pode ser usada como fundamento à sua absolvição (princípio da proporcionalidade).
- O Pacote Anticrime, acrescentou o § 5º ao art. 157, CPP, segundo o qual o juiz que conhecer do conteúdo da prova declarada inadmissível não poderá proferir a sentença ou acórdão. O legislador buscou manter a imparcialidade do julgador. Não basta a retirada formal da prova dos Autos.
- Esse dispositivo, contudo, teve a sua vigência suspensa pelo Min. Luiz Fux, na ADI n. 6.298MC/DF, cuja decisão ainda depende de apreciação pelo Plenário do STF.
- **Ninguém** é **obrigado a produzir prova contra si mesmo**.
- Mas, se o agente consente em fazer a prova, ela é lícita. Assim, se o motorista é compelido a fazer o bafômetro, a prova obtida é ilícita. Do contrário, se o agente, voluntaria e espontaneamente, assopra o bafômetro, a prova é lícita.

O indivíduo não pode ser compelido a colaborar com os referidos testes do 'bafômetro' ou do exame de sangue, em respeito ao princípio segundo o qual ninguém é obrigado a se autoincriminar (*nemo tenetur se detegere*).

| **Tese 446 – STJ:** O indivíduo não pode ser compelido a colaborar com os referidos testes do 'bafômetro' ou do exame de sangue, em respeito ao princípio segundo o qual ninguém é obrigado a se autoincriminar (nemo tenetur se detegere). |
|---|

No Brasil, se adota o **sistema do livre convencimento motivado ou da persuasão racional**, segundo o qual o juiz é livre para apreciar as provas e, em sequência, formar a sua convicção devidamente fundamentada.

- No sistema do Tribunal do Júri, adota-se o **sistema da** íntima **convicção**, já que os jurados não precisam motivar a decisão que tomaram.

**II – Perícia**

- O Pacote Anticrime introduziu no ordenamento jurídico brasileiro o sistema de **cadeia de custódia da prova**, consistente em um procedimento sistematizado para o fim de preservar o valor probatório da perícia, mais especificamente, no que tange à autenticidade da prova pericial, com a utilização de técnicas científicas, desde o primeiro contato com o elemento de prova até o seu descarte.
- O Pacote Anticrime introduziu no ordenamento jurídico brasileiro o sistema de **cadeia de custódia da prova**, consistente em um procedimento sistematizado para o fim de preservar o valor probatório da perícia, mais especificamente, no que tange à autenticidade da prova pericial.
- O início da cadeia de custódia se dá com: a) preservação do local do crime (isolado local do crime, o desrespeito a tal medida pode configurar crime de fraude processual (art. 158-C, § 2º, CPP); b) procedimentos policiais; c) procedimentos periciais.
- O art. 158-B, CPP, dispõe sobre as etapas de rastreamento dos vestígios.
- De acordo com a doutrina, há duas etapas de rastreamento de vestígios: **a) fase externa:** se estende da preservação do local do crime ou apreensão dos elementos de crime até a chegada dos vestígios ao órgão pericial encarregado de fazer a perícia; **b) fase interna:** compreende todas as etapas entre o ingresso dos vestígios no órgão pericial até a conclusão do laudo e sua remessa ao órgão competente.
- A coleta do vestígio deve ser feita, **preferencialmente**, por perito oficial, ou seja, servidor público concursado com curso superior. Contudo, na impossibilidade, pode outra pessoa fazer a coleta e encaminhamento à central de custódia, que deve ser criada por Instituto de Criminalística, com o objetivo de concentrar a custódia das provas periciadas.
- De acordo com a doutrina, há duas etapas de rastreamento de vestígios: **a) fase externa:** se estende da preservação do local do crime ou apreensão dos elementos de crime até a chegada dos vestígios ao órgão pericial encarregado de fazer a perícia; **b) fase interna:** compreende todas as etapas entre o ingresso dos vestígios no órgão pericial até a conclusão do laudo e sua remessa ao órgão competente.
- Se o crime **deixar vestígios**, é imprescindível a realização do exame de corpo de delito. Vestígio, na lição de Rogério Sanches Cunha, é todo objeto ou material bruto, visível ou latente, constatado ou recolhido, que se relaciona à infração penal.
- **Corpo de delito indireto**: se os vestígios do crime desapareceram, o exame de corpo de delito tem de ser feito, valendo-se o perito de outros meios, como oitiva de testemunhas, a consulta aos laudos médicos realizados no atendimento à vítima, etc.
- É possível a condenação por **homicídio** se o corpo da vítima **desaparecer**, desde que seja produzido **exame de corpo de delito indireto**.
- No exame pericial, é necessária a assinatura de apenas **um perito**, se for este oficial. Se não for oficial, são necessários dois peritos.
- Na **Lei de Drogas** (Lei nº 11.343/06), são realizados dois exames periciais para se provar a materialidade delitiva, se apreendida a droga:
  - Laudo de **constatação ou preliminar**, assinado por um ou dois peritos, oficial ou não;
  - Laudo **definitivo**: assinado por dois peritos, é imprescindível para sentença condenatória.

| **Hipóteses de prioridade nos exames periciais de crimes que envolvam:** | I - violência doméstica e familiar contra mulher; |
|---|---|
| | II - violência contra criança, adolescente, idoso ou pessoa com deficiência. |

**III – Documentos**

- Consideram-se documentos quaisquer escritos, instrumentos ou papéis, públicos ou particulares.
- Os documentos originais, juntos a processo findo, quando não exista motivo relevante que justifique a sua conservação nos autos, poderão, mediante requerimento, e ouvido o Ministério Público, ser entregues à parte que os produziu, ficando traslado nos autos.

**IV – Interrogatório**

- Predomina o entendimento de que o interrogatório é **meio de prova**, pois o juiz vai valorá-lo juntamente com os outros meios de prova para formar seu convencimento, e, **ao mesmo tempo**, é **meio de defesa**, porque, nele, o réu vai exercer a chamada defesa pessoal, apresentando sua versão sobre os fatos.
- No interrogatório, seja o feito pessoalmente, seja o feito por meio de videoconferência, é **assegurada a entrevista do réu com seu defensor**.
- Há entendimento de que o interrogatório por videoconferência viole os princípios do devido processo legal, da ampla defesa e do contraditório entre as partes, pois o interrogatório é oportunidade única do juiz ter contado direto com

o réu, a fim de formar convicção acerca dos fatos apurados, bem como acerca da personalidade do agente.

- Por ocasião do julgamento do HC n. 127.900/AM, ocorrido em 3/3/2016 (DJe 3/8/2016), o Pleno do Supremo Tribunal Federal firmou o entendimento de que o rito processual para o interrogatório, previsto no art. 400 do Código de Processo Penal, deve ser aplicado a todos os procedimentos regidos por leis especiais. Isso porque a Lei n. 11.719/2008 (que deu nova redação ao referido art. 400) prepondera sobre as disposições em sentido contrário previstas em legislação especial, por se tratar de lei posterior mais benéfica ao acusado (lex mitior).
- Dessa maneira, se em Lei Especial há previsão de que o interrogatório é o primeiro ato da instrução, como ocorre no procedimento da Lei de Drogas, de acordo com essa decisão do STF, deve-se aplicar o CPP. Com efeito, o interrogatório deve ser o último ato a ser realizado.

| | |
|---|---|
| **REQUISITOS FORMAIS DA CONFISSÃO** | (a) pessoalidade;<br>(b) expressa;<br>(c) feita à autoridade competente;<br>(d) livre e voluntária;<br>(e) higidez mental do confidente (Cf. (Távora, Nestor e Rodrigues Alencar, Rosmar. Curso de direito processual penal. 7ª ed. Editora Juspodivm. p. 433). |

**V – Prova testemunhal**

- Número de testemunhas: cada parte pode arrolar o número de testemunhas previsto em lei para cada procedimento.
- Esse número é relacionado a **cada fato probante**. Assim, por exemplo, se são dois roubos, pode cada parte arrolar, no máximo dezesseis testemunhas, oito para cada fato:

| Procedimento | NÚMERO |
|---|---|
| Comum Ordinário | 8 |
| Comum Sumário | 5 |
| Sumaríssimo (Lei nº 9.099/95) | 3 |
| Segunda fase do Júri | 5 |
| Lei de drogas (Lei nº 11.343/06) | 5 |

- O STJ já entendeu que, sob pena de **nulidade**, na atual sistemática, em primeiro lugar, devem as partes fazer perguntas às testemunhas e, ao juiz, cabe apenas complementar com outras perguntas, para esclarecimento de pontos que entender necessário.

| | |
|---|---|
| **Pessoas que não são obrigadas a testemunhar (art. 206, CPP)** | o ascendente<br>o descendente,<br>o afim em linha reta,<br>o cônjuge, ainda que desquitado,<br>o irmão e o pai, a mãe, ou o filho adotivo do acusado |

- O art. 206, CPP, excepciona a regra de que todos são obrigados a serem testemunha. O fundamento do legislador é a preservação dos laços familiares. É bom de se ter que o CPP é de 1941 e, portanto, deve-se ter algumas adaptações com o Direito de Família moderno. Assim, os companheiros também podem se recusar a depor. O termo desquitado se refere à separação judicial, mas também deve se estender ao divorciado, se mantido, em certo ponto, os laços de afeto. Além do que, a CF não difere filho adotivo de natural, etc.
- O art. 206, CPP, permite que as pessoas nele arroladas deponham, caso não haja outros meios de provar o fato. Por exemplo: o cônjuge é a única testemunha do estupro que a filha sofria dentro de casa. Nesse caso, **não se colhe o termo de compromisso.**

| | |
|---|---|
| **Pessoas que são proibidas de depor (art. 207, CPP)** | pessoas que, em razão de função, ministério, ofício ou profissão, devam guardar segredo, salvo se, desobrigadas pela parte interessada, quiserem dar o seu testemunho. |

- Por questões de ordem ética, moral ou legal, tais pessoas são proibidas de depor ainda que queiram, salvo se obtenham a autorização da parte interessada. Por exemplo, o paciente autoriza que a psicóloga seja testemunha, abrindo ela, voluntariamente, mão do dever de sigilo profissional. Caso a pessoa opte a prestar depoimento, autorizada pelo interessado, ela tem o dever de dizer a verdade, colhendo-se o seu compromisso.

| | |
|---|---|
| **São dispensados do compromisso de dizer a verdade** | doentes e deficientes mentais<br>menores de 14 (quatorze) anos,<br>pessoas a que se refere o art. 206, CPP. |

**VI – Busca Domiciliar**

| | |
|---|---|
| **Cláusula de reserva de jurisdição (medidas que só podem ser tomadas por Juiz)** | (a) decretar a **prisão** de um cidadão;<br>(b) **interceptação telefônica**;<br>(c) mandado de **busca domiciliar** (inviolabilidade do domicílio). |

- A busca e a apreensão domiciliar, mediante ordem judicial, só pode ser cumprida durante o dia em nome da tutela do direito à inviolabilidade do domicílio.
- Na busca e apreensão realizada em escritório de advocacia, além da ordem judicial, há de ser respeitado o que se segue:

(a) deve ser executada na presença de representante da OAB, que deve ser comunicada previamente e em sigilo;

(b) a busca deve se restringir a objetos relacionados ao fato pelo qual o advogado é investigado;

(c) são invioláveis instrumentos de trabalho, como livros, correspondências e outros objetos relacionados estritamente ao exercício da profissão;

(d) é vedado o acesso a documentos relativos aos clientes do advogado.

**VII – Das provas no crime organizado**

Tendo-se em vista a estrutura e as dificuldades de se combater o crime organizado, a Lei nº 12.850/2013 prevê meios de prova específicos de combate a esse fenômeno.

| | |
|---|---|
| **Meios de prova da Lei nº 12.850/2013** | I - colaboração premiada;<br>II - captação ambiental de sinais eletromagnéticos, ópticos ou acústicos;<br>III - ação controlada;<br>IV - acesso a registros de ligações telefônicas e telemáticas, a dados cadastrais constantes de bancos de dados públicos ou privados e a informações eleitorais ou comerciais;<br>V - interceptação de comunicações telefônicas e telemáticas, nos termos da legislação específica; |

PROCESSUAL PENAL

| Meios de prova da Lei nº 12.850/2013 | VI - afastamento dos sigilos financeiro, bancário e fiscal, nos termos da legislação específica;<br>VII - infiltração, por policiais, em atividade de investigação, na forma do art. 11;<br>VIII - cooperação entre instituições e órgãos federais, distritais, estaduais e municipais na busca de provas e informações de interesse da investigação ou da instrução criminal. |
|---|---|

- **Colaboração premiada**: meio de obtenção de prova por meio do qual integrante da organização criminosa fornece elementos de prova às Autoridades persecutórias do Estado em troca de benefícios penais.

| Benefícios que o juiz pode conceder em caso de colaboração premiada | o perdão judicial,<br>reduzir em até 2/3 (dois terços) a pena privativa de liberdade<br>ou substituí-la por restritiva de direitos |
|---|---|

| Resultados exigidos para eficácia da colaboração premiada | I - a identificação dos demais coautores e partícipes da organização criminosa e das infrações penais por eles praticadas;<br>II - a revelação da estrutura hierárquica e da divisão de tarefas da organização criminosa;<br>III - a prevenção de infrações penais decorrentes das atividades da organização criminosa;<br>IV - a recuperação total ou parcial do produto ou do proveito das infrações penais praticadas pela organização criminosa.<br>V - a localização de eventual vítima com a sua integridade física preservada. |
|---|---|

**Jurisprudência do STJ:** Colaboração premiada. Encontro fortuito de provas. Autoridade com prerrogativa de foro. Competência para homologação do acordo. Teoria do juiz aparente. A homologação de acordo de colaboração premiada por juiz de primeiro grau de jurisdição, que mencione autoridade com prerrogativa de foro no STJ, não traduz em usurpação de competência desta Corte Superior. (Informativo 612).

**Jurisprudência do STJ:** Colaboração premiada. Encontro fortuito de provas. Autoridade com prerrogativa de foro. Remessa imediata dos autos ao foro prevalente. Inexistência. Usurpação de competência. Caracterização. Informativo 612.

- Conclusão: pode o Juiz de Primeiro Grau homologar a colaboração premiada, se nela houver encontro fortuito de provas relativo a autoridade com prerrogativa de foro. Mas, uma vez, encontradas tais provas, os autos devem ser enviados ao Tribunal competente imediatamente, sob pena de usurpação de competência;
- Na colaboração premiada, as tratativas são efetuadas pela Autoridade Policial ou pelo Ministério Público, cabendo ao Juiz apenas zelar pela legalidade da medida, a qual, se constatada, permite a sua homologação.
- **Ação controlada:** há retardamento da intervenção da Autoridade Policial em ato criminoso da organização criminosa para que tal intervenção se dê em momento mais oportuno para as investigações. Independe de autorização judicial prévia, mas deve a autoridade policial responsável enviar relatório circunstanciado da conduta.
- **Infiltração de agentes:** um agente policial é infiltrado na organização criminosa. Depende de prévia autorização judicial e manifestação do Ministério Público, depois de representação circunstanciada da Autoridade Policial responsável.
- Na sistemática da Lei nº 12.850/2013, o agente infiltrado não responde por eventual crime que tenha que cometer, isento de pena por **inexigibilidade de conduta diversa** de acordo com o caso em concreto.
- O procedimento judicial para apuração de organização criminosa a ser adotado é o **ordinário previsto no CPP.**
- Se **o réu estiver preso, o prazo para conclusão do procedimento é de 120 dias, prorrogáveis em até igual período.**

**VIII – Lei nº 9.296/1996 (Interceptação telefônica)**

- A interceptação telefônica depende de ordem judicial e tem o prazo máximo de quinze dias, desde que imprescindível às investigações.
- Para a interceptação telefônica, é imprescindível a autorização judicial (art. 5º, XII, CF/88).

| Requisitos da interceptação telefônica (interpretação *contrario sensu* art. 2º da Lei nº 9.296/96) | a) indícios razoáveis da **autoria** ou participação em **infração penal**;<br>b) a prova **não** puder ser feita por outros meios disponíveis;<br>c) o fato investigado constituir infração penal punida com pena de **reclusão**. |
|---|---|

- Excepcionalmente, o juiz poderá admitir que o pedido seja formulado verbalmente, desde que estejam presentes os pressupostos que autorizem a interceptação, caso em que a concessão será condicionada à sua redução a termo.

**Jurisprudência do STJ:** Não há ilicitude no encontro fortuito de prova em interceptação telefônica, sendo possível o uso do elemento probatório colhido, ainda que o réu não figure como investigado na diligência efetivada e que o crime descoberto não guarde elemento de conexão com aquele que motivou a interceptação. (REsp n.1.465.966/PE. Rel. Min. Sebastião Reis Júnior. DJ. 19/10/2017).

- Apesar do artigo 5º da Lei 9.296/1996 prever o prazo máximo de 15 (quinze) dias para a interceptação telefônica, renovável por mais 15 (quinze), não há qualquer restrição ao número de prorrogações possíveis, exigindo-se apenas que haja decisão fundamentando a necessidade de dilatação do período. Doutrina. Precedentes. (STJ – RHC nº 38.063/MG).
- O art. 6º da Lei n. 9.296/1996 não restringe à polícia civil a atribuição para a execução de interceptação telefônica ordenada judicialmente. Assim, o pedido ao juiz para a interceptação telefônica pode ser feito por outras instituições, como a Polícia Militar.
- É possível a determinação de interceptações telefônicas com base em denúncia anônima, desde que corroborada por outros elementos que confirmem a necessidade da medida excepcional.
- É legítima a prova obtida por meio de interceptação telefônica para apuração de delito punido com detenção, se conexo com outro crime apenado com reclusão.
- Os dados armazenados nos aparelhos celulares decorrentes de envio ou recebimento de dados via mensagens SMS, programas ou aplicativos de troca de mensagens (dentre eles o WhatsApp), ou mesmo por correio eletrônico, dizem respeito à intimidade e à vida privada do indivíduo, sendo, portanto, invioláveis, nos termos do art. 5º, X, da Constituição Federal. Assim, na esteira da jurisprudência do STJ, os dados decorrentes de comunicações realizadas por meio de comunicação telefônica ou pela internet, como

mensagens ou caracteres armazenados em aparelhos celulares, são invioláveis, somente podendo ser acessados mediante prévia autorização judicial. Confira-se: REsp n. 1.661.378/MG, Sexta Turma, Relª. Minª. Maria Thereza de Assis Moura, DJe de 30/05/2017; e RHC n. 75.055/DF, Quinta Turma, Rel. Min. Ribeiro Dantas, DJe de 27/3/2017).

- Ademais importante ressaltar que a jurisprudência das duas Turmas da Terceira Seção do STJ firmou-se no sentido de ser ilícita a prova obtida diretamente dos dados constantes de aparelho celular, decorrentes de mensagens de textos SMS, conversas por meio de programa ou aplicativos ("WhatsApp"), mensagens enviadas ou recebidas por meio de correio eletrônico, obtidos diretamente pela polícia no momento do flagrante, sem prévia autorização judicial para análise dos dados armazenados no telefone móvel. Nesse diapasão: RHC n. 92.009/RS, Quinta Turma, de minha relatoria, DJe de 16/04/2018; RHC n. 73.998/SC, Quina Turma, Rel. Min. Joel Ilan Pacionik, DJe de 19/02/2018; HC n. 366.302/RJ, Quinta Turma, Rel. Min. Jorge Mussi, DJe de 19/12/2017; RHC n. 89.385/SP, Sexta Turma, Rel. Min. Rogerio Schietti Cruz, DJe de 28/08/2018).

## 7. DO JUIZ, DO MINISTÉRIO PÚBLICO, DO ACUSADO E DEFENSOR, DOS ASSISTENTES E AUXILIARES DA JUSTIÇA

- O Juiz é o representante do Estado-Juiz na relação jurídica processual e tem, como característica fundamental, a **imparcialidade.**
- Em relação aos **impedimentos**, são hipóteses **objetivas**, no sentido de que não é possível qualquer valoração por parte do Magistrado para continuar na condução da presidência do processo (art. 252, CPP e 253, CPP).
- Na **suspeição,** há espaço para um **juízo de valoração**, seja porque ao Juiz é permitido se declarar suspeito, de ofício ou após a arguição pela parte, seja porque o fato alegado deve ser demonstrado por meio de provas.
- Por sua vez, as causas de **incompatibilidade** não são previstas expressamente em lei, mas também podem surgir ao longo do processo e, tal como as causas de impedimento e suspeição, influir na imparcialidade no julgamento. É o caso de se alegar questão de foro íntimo para se seguir no feito.
- O Ministério Público é uma instituição **permanente, essencial à Justiça**, incumbindo-lhe a defesa da ordem jurídica, do regime democrático e dos interesses sociais e individuais indisponíveis (art. 127, *caput*, CF/88).
- Vê-se que, de suas elevadas funções constitucionais, extrai-se que o Ministério Público, mais do que acusar, tem a função da defesa do regime democrático, no que se inclui a tutela das garantias constitucionais do acusado.
- O Ministério Público, como **órgão** estatal, também é regido pela **imparcialidade** na execução de suas relevantes funções constitucionais, motivo pelo qual se aplicam a seus membros as causas de **impedimento, suspeição** e **incompatibilidade** dos Juízes (arts. 252 e ss. do CPP).
- **Assistente da acusação:** a vítima ou seus sucessores podem se habilitar ao processo para auxiliarem o Ministério Público na obtenção da sentença penal condenatória.
- Já decidiu o STJ: 1. **A legitimidade do assistente de acusação para apelar, quando inexistente recurso do Ministério Público, é ampla**, podendo impugnar tanto a sentença absolutória quanto a condenatória, visando ao aumento da pena imposta, já que a sua atuação se justifica pelo desejo legítimo de buscar justiça, e não apenas eventual reparação cível. Doutrina. Precedentes do STJ e do STF. (HC 137.339/RS, Rel. Min. Jorge Mussi, 5ª T., DJ. 09/11/2010).

| Classificação | Momento |
|---|---|
| Investigado, suspeito ou indiciado | Inquérito Policial |
| Acusado ou réu | Ação Penal |
| Executado, reeducando ou sentenciado | Execução penal |

- **O direito de defesa técnica é irrenunciável**, pois "nenhum acusado, ainda que ausente ou foragido, será processado ou julgado sem defensor".
- **A ausência do advogado não implica adiamento da audiência**, salvo comprovado impedimento até sua abertura, podendo o Juiz nomear defensor *ad hoc*, apenas para o ato (art. 265, §§ 1º e 2º, CPP).
- Caso o acusado não constitua advogado, o juiz lhe nomeia um defensor dativo. Se o acusado não tiver condições de pagar o advogado, o Estado custeia a defesa. Do contrário, o juiz fixa os honorários, conforme teses do STJ:

> 1ª) As tabelas de honorários elaboradas unilateralmente pelos Conselhos Seccionais da OAB não vinculam o magistrado no momento de arbitrar o valor da remuneração a que faz jus o defensor dativo que atua no processo penal; servem como referência para o estabelecimento de valor que seja justo e que reflita o labor despendido pelo advogado;
>
> 2ª) Nas hipóteses em que o juiz da causa considerar desproporcional a quantia indicada na tabela da OAB em relação aos esforços despendidos pelo defensor dativo para os atos processuais praticados, poderá, motivadamente, arbitrar outro valor;
>
> 3ª) São, porém, vinculativas, quanto aos valores estabelecidos para os atos praticados por defensor dativo, as tabelas produzidas mediante acordo entre o Poder Público, a Defensoria Pública e a seccional da OAB.
>
> 4ª) Dado o disposto no art. 105, parágrafo único, II, da Constituição da República, possui caráter vinculante a Tabela de Honorários da Justiça Federal, assim como tabelas similares instituídas, eventualmente, pelos órgãos competentes das Justiças dos Estados e do Distrito Federal, na forma dos arts 96, I, e 125, § 1º, parte final, da Constituição da República.

- Os funcionários do Judiciários, aos quais, segundo a sistemática do CPP, também se aplicam as regras de suspeição, impedimento e incompatibilidade, notadamente, em relação àqueles que praticam atos de ordinatórios decorrentes de delegação por parte do Juízo.
- Em caso de o **perito deixar de atender as requisições** do Juízo, **ele estará sujeito à aplicação de multa de cem a quinhentos mil réis** (art. 277 do CPP). Para a corrente majoritária, por falta de atualização do valor, esse dispositivo está revogado tacitamente. No entanto, há entendimento no sentido de se aplicarem as astreintes, em decorrência da aplicação subsidiária do art. 461 e seguintes do CPC.
- Destacam-se ainda os **assistentes técnicos, cujo vínculo é com as partes** e não com o Juízo

## 8. DA PRISÃO E DA LIBERDADE PROVISÓRIA

### I. Das medidas cautelares contra a pessoa do acusado

- A Lei nº 12.403/2011 trouxe profundas modificações acerca das medidas cautelares que recaiam sobre a pessoa do acusado, tomando partido no sentido de que a prisão cautelar é a última medida a ser aplicada, reservada às hipóteses em que a outra medida não é eficaz.

- O Pacote Anticrime, ao adotar o sistema acusatório, estabeleceu que as medidas cautelares pessoais devem ser decretadas pelo juiz, na fase judicial. **a requerimento das partes** (Ministério Público, querelante ou assistente de acusação) e, durante a fase de investigação, por **representação da Autoridade Policial ou a requerimento do Ministério Público.**
- Em nome do contraditório, o Pacote Anticrime impôs como regra a necessidade de se ouvir a parte contrária no prazo de cinco dias, antes de acolher o pedido da acusação ou a representação da Autoridade Policial.
- Excepcionalmente, em caso de **urgência ou de perigo de ineficácia da medida**, devidamente fundamentados, o Juiz pode decretar a medida cautelar sem oitiva do acusado. Na maior parte das vezes, na prática, para assegurar a eficácia da medida, o juiz deve acolher o pedido ou a representação sem oitiva do acusado.
- Cláusula ***rebus sic stantibus:*** caso as circunstâncias que autorizarem a decretação da medida cautelar não mais existirem ou se modificarem, o juiz pode alterar a medida cautelar ou revogar a anteriormente concedida. Por exemplo, decreta a proibição de o acusado frequentar determinado lugar. Caso se mostre ineficaz tal medida, o juiz pode substitui-la por outra, como a prisão.
- Em nome do princípio da presunção de inocência a regra é que o acusado responda o processo em **liberdade**; caso necessário, se deve decretar **medidas cautelares diversas da prisão** e, somente, como *ultima ratio*, se decreta a **prisão cautelar**.
- É possível que o juiz decrete mais de uma medida cautelar, caso entenda necessário.

**II. Da prisão cautelar ou provisória**

- No sistema jurídico brasileiro, existem duas modalidades de prisão: a prisão-pena ou prisão sanção e a prisão cautelar.
- A prisão sanção decorre de sentença penal condenatória **transitada em julgado**, em nome do princípio de presunção de inocência.
- Por prisão cautelar ou provisória, se entende aquelas decretadas antes do trânsito em julgado da sentença penal condenatória. São suas espécies: (a) prisão em flagrante; (b) prisão preventiva; (c) prisão temporária.
- Em regra, toda prisão depende de prévia **decisão judicial devidamente fundamentada**, exceto no caso de prisão em flagrante delito, em que o controle judicial da medida é posterior.
- Toda prisão cautelar tem caráter **instrumental.** Desse modo, ela só é cabível em caso de ser cominado ao crime, isolada ou cumulativamente, pena de prisão.
- A prisão pode ser decretada em qualquer dia e horário, desde que respeitadas as restrições que garantem a inviolabilidade do domicílio: art. 5º, XI, CF/88: a casa é asilo inviolável do indivíduo, ninguém nela podendo penetrar **sem consentimento** do morador, **<u>salvo em caso de flagrante delito</u>** ou desastre, ou para prestar socorro, ou, **<u>durante o dia</u>, por determinação judicial**
- Em caso de cumprimento de prisão decorrente de ordem judicial, em se tratando de **crime inafiançável**, não é necessária a apresentação do mandado judicial, quando o preso deverá ser apresentado imediatamente ao juiz que expediu a ordem, em **audiência de custódia**.
- A audiência de custódia foi introduzida no ordenamento jurídico brasileiro, por força normativa do Pacto de São José da Costa Rica e do Pacto Internacional de Direitos Civis e Políticos de Nova Iorque, os quais impõem **a apresentação do preso a um juiz.**
- Inicialmente, a audiência de custódia foi regulamentada pela Resolução nº 213/2015 do Conselho Nacional de Justiça. O Pacote Anticrime introduziu o tema no CPP. Mas, a Resolução continua em vigor, pois, primeiro, se trata de norma primária, compatível com as disposições do CPP.
- De acordo com o Pacote Anticrime, o preso em flagrante ou por força de mandado de prisão provisória será encaminhado à presença do juiz de garantias no prazo de 24 (vinte e quatro) horas, momento em que se realizará audiência com a presença do Ministério Público e da Defensoria Pública ou de advogado constituído, vedado o emprego de vídeo conferência.

  Destaque-se os dispositivos concernentes ao juiz de garantias se encontram suspensos em razão da Medida Cautelar concedida pelo Min. Luiz Fux.

  De qualquer foma, o art. 310, CPP, que se encontra em vigência, determina a realização de audiência de custódia em caso de prisão provisória.

| | | |
|---|---|---|
| **Finalidades da audiência de custódia** | **Prisão em flagrante** | Tutelar a integridade física do preso;<br>Verificar a legalidade da prisão |
| | **Demais modalidades de prisão** | Tutelar a integridade física do preso. |

**II.1. Da prisão em flagrante**

- A prisão em flagrante é aquela que ocorre enquanto presente o chamado estado de flagrância.

| | |
|---|---|
| **Espécies de Flagrante** | (a) o crime está acontecendo ou acabou de acontecer (**flagrante próprio**);<br>(b) o agente é perseguido logo após a infração em situação que o faça presumir ser o autor do fato criminoso (**flagrante impróprio**);<br>(c) o agente é preso logo depois de cometer o crime com objetos que presumam ser ele o autor do crime (**flagrante presumido**). |

- No **flagrante preparado**, o agente é induzido ou instigado a cometer o crime, geralmente, por meio de uma conduta de uma agente do Estado. Nesse caso, não há crime, pois, a **consumação** é **impossível** (Súmula nº 145 do STF).
- No flagrante **esperado ou retardado**, o agente policial deixa de executar a prisão em flagrante por uma questão estratégica, como, por exemplo, esperar a colheita de mais elementos de provas.
- O flagrante esperado é previsto nas **leis de crime organizado** e na **de drogas.**
- Na lei de **crime organizado**, os agentes estatais **não dependem de autorização judicial** e de **prévia oitiva do Ministério Público** para postergar a prisão em flagrante.
- No entanto, a partir da Lei nº 12.850/2013, o Juiz e o Ministério Público devem ser **comunicados** acerca da não intervenção da Polícia, não para autorizar a conduta policial, mas para fiscalizá-la e, se for o caso, impor limites (art. 8º, § 1º).
- Na lei de drogas, **depende-se de previa oitiva** do Ministério Público e de **autorização** judicial.

| Decisões que o juiz pode tomar na audiência de custódia no caso de prisão em flagrante | a) **Relaxamento do flagrante:** ocorre nas hipóteses em que a prisão é **ILEGAL**, seja porque o juiz considere que não estavam presentes os requisitos que caracterizam o estado de flagrância, seja por não se observarem as formalidades na elaboração do Auto de Prisão em Flagrante;<br>b) **Conversão da prisão em flagrante em preventiva:** nesse caso, o juiz entende que o flagrante está em ordem e, diante da presença dos requisitos da prisão preventiva, decreta essa medida, caso não seja eficaz a decretação de medidas cautelares diversas da prisão.<br>c) **Conceder liberdade provisória com ou sem fiança:** é a regra no ordenamento jurídico brasileiro que o acusado responda o processo em liberdade, com ou sem a fixação de fiança, conforme a presença dos requisitos legais. |
|---|---|

**ATENÇÃO:** conforme for o fundamento da ilegalidade, o relaxamento de flagrante não impede que haja a decretação de prisão preventiva e posterior oferecimento de denúncia. Assim, por exemplo, se o acusado é preso na posse de instrumentos do crime, meses depois desse fato, o juiz deve relaxar a prisão em flagrante, mas pode decretar a sua prisão preventiva e receber a denúncia pelo crime, desde que presentes os requisitos previstos em lei.

### II.2. Da prisão preventiva

- A prisão preventiva é aquela decretada na fase de inquérito policial ou na fase judicial, sempre **antes do trânsito em julgado da sentença penal condenatória.**
- Como se trata de medida cautelar, a prisão preventiva deve ser decretada em caso de presentes o *fumus boni iuris* e o *periculum in mora*.

| ***Fumus comissi delicti*** | • Prova da materialidade delitiva;<br>• Indícios suficientes de autoria delitiva |
|---|---|
| ***Periculum in libertatis* (perigo gerado pelo estado de liberdade do imputado)** | • Garantia da ordem pública;<br>• Garantia da ordem econômica;<br>• Conveniência da instrução criminal;<br>• Assegurar a aplicação da lei penal;<br>• Descumprimento de medidas cautelares diversas da prisão. |

- A prisão **preventiva** pode ser decretada **a qualquer momento**. No entanto, encerrada a instrução processual, não pode ter como fundamento no perigo que a liberdade do réu representaria à colheita de prova.
- O juiz não pode decretar a prisão preventiva de ofício. Somente depois de requerimento do Ministério Público, do querelante ou representação da autoridade policial.
- Além dos requisitos acima, a decretação da preventiva deve ser decretada somente se presentes os seguintes pressupostos cautelares.

| **Pressupostos cautelares** | • Crimes dolosos com pena privativa de liberdade máxima superior a quatro anos;<br>• Reincidente em crime doloso;<br>• Violência doméstica contra a mulher, criança, idoso, enfermo ou pessoa com deficiência, para se garantir a aplicação das medidas cautelares de urgência. |
|---|---|

- **Prazo de duração:** a legislação brasileira não estipula um prazo máximo para a manutenção da prisão preventiva, porém, o Pacote Anticrime, estabeleceu no art. 316, parágrafo único, CPP, que: Decretada a prisão preventiva, deverá o órgão emissor da decisão revisar a necessidade de sua manutenção a cada 90 (noventa) dias, mediante decisão fundamentada, de ofício, sob pena de tornar a prisão ilegal.
- No julgamento da ADI n. 6581, o STF firmou os seguintes entendimentos sobre o art. 316, parágrafo único, CPP: a) a não revisão da necessidade da manutenção da prisão preventiva no prazo de 90 dias não implica a revogação automática dessa medida cautelar, devendo o juízo competente ser instado a reavaliar a legalidade e a atualidade de seus fundamentos; b) o art. 316, parágrafo único, CPP aplica-se até o final dos processos de conhecimento, onde há o encerramento da cognição plena pelo Tribunal de segundo grau, não se aplicando às prisões cautelares decorrentes de sentença condenatória de segunda instância ainda não transitada em julgado; c)tal dispositivo aplica-se, igualmente, nos processos onde houver previsão de prerrogativa de foro.
- **Excesso de prazo:** aferição do excesso de prazo reclama a observância da garantia da duração razoável do processo, prevista no art. 5º, LXXVIII, da Constituição Federal. Tal verificação, contudo, não se realiza de forma puramente matemática. Demanda, ao contrário, um juízo de razoabilidade, no qual devem ser sopesados não só o tempo da prisão provisória, mas também as peculiaridades da causa, sua complexidade, bem como quaisquer fatores que possam influir na tramitação da ação penal.
- **Fundamentação:** a decretação da prisão preventiva ou de outra medida cautelar deve ser devidamente fundamentada pelo juiz, que deve indicar a existência de fatos novos ou contemporâneos que justifiquem a aplicação da medida extrema.

| **Não se considera fundamentação inidônea para a decretação da prisão preventiva ou de medida cautelar (art. 315, § 2º, CPP)** | I – limitar-se à indicação, à reprodução ou à paráfrase de ato normativo, sem explicar sua relação com a causa ou a questão decidida;<br>II – empregar conceitos jurídicos indeterminados, sem explicar o motivo concreto de sua incidência no caso;<br>III – invocar motivos que se prestariam a justificar qualquer outra decisão;<br>IV – não enfrentar todos os argumentos deduzidos no processo capazes de, em tese, infirmar a conclusão adotada pelo julgador;<br>V – limitar-se a invocar precedente ou enunciado de súmula, sem identificar seus fundamentos determinantes nem demonstrar que o caso sob julgamento se ajusta àqueles fundamentos;<br>VI – deixar de seguir enunciado de súmula, jurisprudência ou precedente invocado pela parte, sem demonstrar a existência de distinção no caso em julgamento ou a superação do entendimento. |
|---|---|

- O **advogado** preso preventivamente tem direito de permanecer em **Sala de Estado Maior**. Inexistindo essa na localidade, deve ser colocado em **prisão domiciliar** (STF – HC nº 102.128/SP. Rela. Mina. Cármen Lúcia. 22/03/2011).

| **Hipóteses de substituição da prisão preventiva por prisão domiciliar** | • maior de **80 (oitenta) anos**;<br>• extremamente debilitado por motivo de **doença grave**;<br>• imprescindível aos cuidados especiais de **pessoa menor de 6 (seis) anos** de idade ou com **deficiência**; |
|---|---|

PROCESSUAL PENAL

| Hipóteses de substituição da prisão preventiva por prisão domiciliar | • **gestante**;<br>• **mulher** com **filho de até 12 (doze)** anos de idade incompletos;<br>• **homem**, caso seja o único **responsável** pelos cuidados do **filho de até 12 (doze)** anos de idade incompletos. |
|---|---|

- O Supremo Tribunal Federal, no julgamento do HC n. 143.641/SP, concedeu habeas corpus coletivo "para determinar a substituição da prisão preventiva pela domiciliar - sem prejuízo da aplicação concomitante das medidas alternativas previstas no art. 319 do CPP - de todas as mulheres presas, gestantes, puérperas, ou mães de crianças e deficientes sob sua guarda, nos termos do art. 2º do ECA e da Convenção de Direitos das Pessoas com Deficiências (Decreto Legislativo 186/2008 e Lei 13.146/2015), relacionadas nesse processo pelo DEPEN e outras autoridades estaduais, enquanto perdurar tal condição, excetuados os casos de crimes praticados por elas mediante violência ou grave ameaça, contra seus descendentes ou, ainda, em situações excepcionalíssimas, as quais deverão ser devidamente fundamentadas pelos juízes que denegarem o benefício (...)". **(STF, HC n. 143.641/SP, relator Ministro RICARDO LEWANDOWSKI, SEGUNDA TURMA, julgado em 20/2/2018, DJe de 21/2/2018).**
- **Portanto, de acordo com essa decisão do STF, em regra, a mulher gestante, puérperas mães de crianças e deficientes têm direito à substituição da prisão preventiva por prisão domiciliar.**
- A Lei n. 13.769/2018 acrescentou os arts. 318-A e 318-B, CPP, e regulamentou as hipóteses de substituição preventiva por prisão domiciliar à **mulher gestante ou que for mãe ou responsável por crianças ou pessoas com deficiência.**
- A mulher nessas condições **não terá** esse **direito**, se:
  a) Cometeu crime com **violência ou grave ameaça a pessoa**;
  b) Cometeu o crime **contra seu filho ou dependente**.

A substituição da prisão preventiva por domiciliar pode ser acompanhada de outras medidas cautelares diversas da prisão preventiva.

- A Resolução n. 369/2021 do CNJ regulamentou procedimentos e diretrizes para a substituição da privação de liberdade de gestantes, mães, pais e responsáveis por crianças e pessoas com deficiência, nos termos dos arts. 318 e 318-A do Código de Processo Penal, e em cumprimento às ordens coletivas de habeas corpus concedidas pela 2ª Turma do Supremo Tribunal Federal nos HCs no 143.641/SP e no 165.704/DF

### II. 3. Da prisão temporária

- A prisão temporária é espécie de prisão provisória ou cautelar, prevista em lei especial (Lei nº 7.960/89), decretada pelo Juiz a requerimento do Ministério Público ou da Autoridade Policial, durante a fase de **Inquérito Policial**.
- O Juiz **não pode decretar** a prisão temporária de ofício.
- A doutrina majoritária é no sentido de que, para a decretação da prisão temporária, a conduta do agente deve incidir em um dos crimes do rol **taxativo** do art. 1º, III, acumulado com a **imprescindibilidade para as investigações do inquérito policial** (art. 1º, I) **ou** indiciado não tiver **residência fixa** ou não fornecer elementos necessários para sua identificação (art. 1º, II).

| Requisitos definidos pelo STF |
|---|
| 1) for imprescindível para as investigações do inquérito policial, constatada a partir de elementos concretos, e não meras conjecturas, vedada a sua utilização como prisão para averiguações, em violação ao direito à não autoincriminação, ou quando fundada no mero fato de o representado não ter residência fixa; |
| 2) houver fundadas razões de autoria ou participação do indiciado nos crimes descritos no artigo 1º, inciso III, da Lei 7.960/1989, vedada a analogia ou a interpretação extensiva do rol previsto; |
| 3) for justificada em fatos novos ou contemporâneos; |
| 4) for adequada à gravidade concreta do crime, às circunstâncias do fato e às condições pessoais do indiciado; |
| 5) não for suficiente a imposição de medidas cautelares diversas, previstas nos artigos 319 e 320 do Código de Processo Penal (CPP). |

- O prazo máximo de duração da prisão temporária é de cinco dias, prorrogável por igual prazo. Em caso de crimes hediondos, os prazos são de trinta dias.
- Encerrado o prazo, sem prorrogação ou decretação da prisão preventiva, deve o agente ser colocado em liberdade, sob pena de abuso de autoridade.

### II.4. Outras medidas cautelares diversas da prisão

- As reformas do CPP dão prioridade a medidas diversas da prisão cautelar, que passa a ser subsidiárias.
- O **descumprimento** dessas medidas cautelares implica decretação da prisão preventiva.
- **Jurisprudência:** A suspensão do exercício da advocacia não se apresenta desarrazoada ou desproporcional, mormente em se considerando que o réu se valeu de sua profissão para promover os crimes que lhe são imputados, sendo a medida ainda necessária à finalidade de garantir a ordem pública e a instrução criminal, antes atingível apenas com a imposição ao réu de prisão cautelar" (HC n. 673.109/RS, Rel. Ministro SEBASTIÃO REIS JÚNIOR, SEXTA TURMA, julgado em 10/8/2021, DJe 16/8/2021).

**Jurisprudência:** II - A segregação cautelar deve ser considerada exceção, já que tal medida constritiva só se justifica caso demonstrada sua real indispensabilidade para assegurar a ordem pública, a instrução criminal ou a aplicação da lei penal, ex vi do artigo 312 do Código de Processo Penal. III - In casu, a decisão que decretou a prisão preventiva do paciente, não apresenta devida fundamentação, uma vez que a simples invocação da gravidade genérica do delito, nem mesmo a quantidade de droga apreendida (0,6 g de cocaína), não se revelam suficientes para autorizar a segregação cautelar com fundamento na garantia da ordem pública (HC n. 114.661/MG/STF, Primeira Turma, Rel. Min. Marco Aurélio, DJe de 1º/8/2014). IV - Parecer do Ministério Público Federal pela concessão da ordem, tendo em vista a ausência de fundamentação concreta do decreto de prisão preventiva. Habeas Corpus não conhecido. Ordem concedida, de ofício para revogar a prisão preventiva do paciente, salvo se por outro motivo estiver preso, e sem prejuízo da decretação de nova prisão, desde que concretamente fundamentada, ou de outras medidas cautelares diversas da prisão, previstas no art. 319 do Código de Processo Penal.

### III – Liberdade Provisória

- A liberdade provisória é a contracautela à prisão provisória, podendo ser **concedida com ou sem fiança**, ou cumulada com outra medida cautelar prevista no art. 319 do CPP.
- A **Autoridade Policial** pode conceder fiança nos crimes com pena máxima em abstrata igual ou inferior a quatro anos.
- O art. 44 da Lei de Drogas **veda** a concessão de **liberdade provisória** a quem é acusado por crime de **tráfico de drogas**. Porém, o Plenário do **STF**, incidentalmente, por maioria de votos, declarou **inconstitucional** esse dispositivo ao estabelecer que o juiz não pode decretar a prisão provisória **somente com fundamento nele**. Isso é deve fundamentar

a decisão na ocorrência **concreta** de um dos fatos previstos **no art. 312 do Código de Processo Penal**. Ausentes esses, o réu deve ser colocado em liberdade provisória (STF – HC nº 104.339/SP. Rel. Min. Gilmar Mendes. DJ. 10/05/2012).

## 9. ATOS PROCESSUAIS E ATOS JUDICIAIS

- Os atos processuais, as audiências e as sessões devem ser realizados em lugar estabelecido como adequado e próprio para tal fim, e esse lugar é o edifício onde o órgão jurisdicional tenha sua sede. (art. 792, CPP).
- Em caso de necessidade, os atos processuais poderão ser realizados na residência do Juiz, ou em outra casa por ele especialmente designada.
- O processo tem que seguir uma forma preestabelecida na lei, ou seja, deve ser conduzido dentro da moldura da lei

| **Requisitos dos atos processuais** | a) Os atos devem ser escritos em língua portuguesa;<br>b) Escrita;<br>c) Publicidade;<br>d) Assinatura |
|---|---|

- O processo tem que seguir uma forma preestabelecida na lei, ou seja, deve ser conduzido dentro da moldura da lei.
- Os prazos no processo penal são contínuos e peremptórios, não se interrompendo por férias, domingo ou dia feriado.
- Não se aplica a regra do NCPC de que os prazos só correm nos dias úteis.
- No quadro abaixo, se enumeram os atos judiciais

| Pronunciamento | Natureza |
|---|---|
| Despacho de mero expediente | Não tem conteúdo decisório. Visa dar impulso oficial ao processo. |
| Interlocutória simples | Decide questão incidente, mas não relativa ao mérito principal da ação penal |
| Interlocutória mista não terminativa | Decide questão e encerra uma fase do processo, sem julgamento do mérito da causa |
| Interlocutória mista terminativa | Encerra a relação jurídica processual, sem decidir o mérito da causa |
| Definitivas ou sentença em sentido próprio | Solucionam a lide, julgando o mérito da causa |

- No processo penal, vige o **princípio da correlação entre a acusação e a sentença**, ou seja, como o réu se defende em relação aos fatos descritos na denúncia, a sentença deve ser adstrita aos tais fatos.
- ***Emendatio libelli***: (art. 383 do CPP) o juiz entende que os fatos descritos na denúncia ou queixa crime restaram comprovados, mas **discorda da capitulação penal** dada pelo autor da ação penal. Isso é possível, ainda que resulte pena mais grave, pois o réu se defende dos fatos descritos na peça acusatória.
- ***Mutatio libelli***: (art. 384 do CPP) se, durante a instrução, surgir **fatos não descritos na denúncia**, o Ministério Público deverá aditá-la.
- juiz não poderá aditar a denúncia, sob pena de se violar os **princípios da titularidade da ação penal público e da inércia de jurisdição**. Assim, ele deve abrir vista para que o Parquet adite a denúncia, podendo-se valer do que dispõe o art. 28 do CPP, que trata do arquivamento do Inquérito Policial, caso o órgão do Ministério Público entenda que não seja o caso de aditar a denúncia.
- Não cabe *mutatio libelli* em grau de recurso, pois significaria supressão de instância. Nesse caso, o Tribunal anula a sentença e o processo volta à Primeira Instância, onde se procede à *mutatio*.
- A Lei nº 12.736/2012 acrescentou o parágrafo 2º ao art. 387 do CPP, segundo o qual **o Juiz deve levar em consideração o tempo de prisão provisória no momento de fixação do regime de cumprimento de pena**.
- Há divergência na doutrina quanto à natureza desse dispositivo. Para a primeira corrente, é mais um critério para o Juiz fixar o regime de pena, juntamente com outros, como os previstos no art. 33 do Código penal.
- Para a segunda corrente, trata-se de verdadeira **detração penal.** Assim, se uma pessoa é condenada a cinco anos de reclusao, a princípio, o regime imposto seria o semiaberto (art. 33, § 2º, *b*, do Código Penal. Se ele estava preso preventivamente já há um ano e seis meses, o regime de cumprimento de pena deve ser o **aberto**, pois com a detração penal a pena privativa de liberdade seria de três anos e seis meses (art. 33, § 2º, c, CP).
- Na sentença penal condenatória, o juiz deve fixar o valor mínimo da indenização devida pelo réu ao ofendido, desde que garantido o contraditório e a ampla defesa entre as partes.
- Nos termos do que estabelece o CPP, a sentença penal em que se reconhece a inimputabilidade do réu tem natureza de **sentença penal absolutória imprópria**, porque, nela, se declara que o réu praticou um fato típico e antijurídico, é **isento de pena**, devendo-se aplicar **medida de segurança**.

| **Intimação da sentença** | I – ao réu, pessoalmente, se estiver preso;<br>II – ao réu, pessoalmente, ou ao defensor por ele constituído, quando se livrar solto, ou, sendo afiançável a infração, tiver prestado fiança;<br>III – ao defensor constituído pelo réu, se este, afiançável, ou não, a infração, expedido o mandado de prisão, não tiver sido encontrado, e assim o certificar o oficial de justiça;<br>IV – mediante edital, nos casos do no II, se o réu e o defensor que houver constituído não forem encontrados, e assim o certificar o oficial de justiça;<br>V – mediante edital, nos casos do no III, se o defensor que o réu houver constituído também não for encontrado, e assim o certificar o oficial de justiça;<br>VI – mediante edital, se o réu, não tendo constituído defensor, não for encontrado, e assim o certificar o oficial de justiça. |
|---|---|

## 10. ATOS DE COMUNICAÇÃO NO PROCESSO

| **Espécies de citação no processo penal** | a. **pessoalmente** (mandado judicial cumprido por Oficial de Justiça);<br>b. por **hora certa**;<br>c. por **edital**. |
|---|---|

- **Não existe citação por carta no processo penal**.
- Na **citação por hora certa**, se o réu não apresentar resposta e/ou constituir advogado, será nomeado defensor dativo em seu favor e segue o feito. **Não há suspensão do feito**.
- Em caso de **citação por edital**, se o réu não apresentar resposta e/ou constituir advogado, serão **suspensos o processo e o prazo prescricional (art. 366, CPP)**.

PROCESSUAL PENAL

- O período máximo de suspensão da fluência do prazo prescricional corresponde ao que está fixado no art. 109 do CP, observada a pena máxima cominada para a infração penal (STJ – HC nº 159.429/SP. Rel. Min. Félix Fisher. DJ. 15/06/2010).
- O art. 367, CPP, trata da questão do réu que, citado ou intimado **pessoalmente**, deixa de comparecer no processo. De acordo com a doutrina majoritária se trata da hipótese de **revelia** ou **contumácia** no processo penal.
- Ainda que se trate de revelia, **não se gera o efeito material da revelia**, ou seja, ao contrário do que ocorre no processo civil, no processo penal, **não há presunção de veracidade dos fatos alegados pelo autor na inicial**, pois o direito de liberdade é indisponível, motivo pelo qual se nomeia defensor dativo ao acusado.
- A revelia, contudo, gera o efeito processual, pois, nesse caso, o acusado **deixa de ser intimado pessoalmente** para os atos processuais, sendo intimado apenas o seu defensor.
- **Intimação**: ato de comunicação aos sujeitos processuais sobre fatos já realizados.

| | |
|---|---|
| **Intimação pela imprensa oficial** | • defensor constituído;<br>• do advogado do querelante;<br>• e do assistente |
| **Intimação pessoal** | • Defensor dativo;<br>• Ministério Público;<br>• Defensoria Pública;<br>• Réu |

- **Notificação**: Há doutrinadores que não a diferenciam da intimação. Outros doutrinadores porém afirmam que a notificação se refere a atos futuros, como a ciência de audiência.
- Da contagem dos prazos no processo penal.
- Todos os prazos correrão em cartório e serão contínuos e peremptórios, não se interrompendo por férias, domingo ou dia feriado.

**ATENÇÃO: Lei nº 14.365/2022: SUSPENSÃO DOS PRAZOS PROCESSUAIS PENAIS DURANTE O RECESSO FORENSE.**

**Regra:** Suspende-se o curso do prazo processual nos dias compreendidos entre 20 de dezembro e 20 de janeiro, inclusive. Durante o período a que se refere o caput deste artigo, fica vedada a realização de audiências e de sessões de julgamento.

**Exceções:** não se suspendem os prazos e são permitidas as audiências de instrução e julgamento:

I - que envolvam réus presos, nos processos vinculados a essas prisões;

II - nos procedimentos regidos pela Lei nº 11.340, de 7 de agosto de 2006 (Lei Maria da Penha);

III - nas medidas consideradas urgentes, mediante despacho fundamentado do juízo competente.

- Não se computará no prazo o dia do começo, incluindo-se, porém, o do vencimento.

| | |
|---|---|
| Início da contagem dos prazos, salvo disposição expressa em sentido diverso | a) da intimação;<br>b) da audiência ou sessão em que for proferida a decisão, se a ela estiver presente a parte;<br>c) do dia em que a parte manifestar nos autos ciência inequívoca da sentença ou despacho. |

- No processo penal, contam-se os prazos da data da intimação, e não da juntada aos autos do mandado ou da carta precatória ou de ordem (Súmula n. 710, STF).
- O termo inicial da contagem do prazo para impugnar decisão judicial é, para o Ministério Público, a data da entrega dos autos na repartição administrativa do órgão, sendo irrelevante que a intimação pessoal tenha se dado em audiência, em cartório ou por mandado (Tese n. 959 – STJ).

## 11. DOS PROCESSOS EM ESPÉCIE. PROCEDIMENTOS DO CPP. PROCEDIMENTOS ESPECIAIS NA LEGISLAÇÃO EXTRAVAGANTE

### 11.1. PROCEDIMENTO COMUM

- O legislador estabelece que o procedimento será **comum**:
  (a) **ordinário**: sanção máxima cominada igual ou superior a quatro anos;
  (b) **sumária**: sanção máxima inferior a quatro anos;
  (c) **sumaríssimo:** infrações penais de **menor potencial ofensivo**, previsto na Lei nº 9.099/95.

| | |
|---|---|
| **Procedimento comum** | 1) Oferecimento de denúncia ou queixa.<br>2) Recebimento ou Rejeição de denúncia;<br>3) Se recebida a denúncia, citação do réu e apresentação de resposta à acusação.<br>4) Ratificação do recebimento da denúncia ou Absolvição Sumária;<br>5) Ratificado o recebimento da denúncia, há audiência de instrução e julgamento. |

- O juiz faz um juízo **prévio de admissibilidade** da peça acusatória, verificando se estão presentes as condições da ação e pressupostos processuais. Em caso positivo, **recebe a denúncia** (art.396 do CPP). Caso contrário, há **rejeição da denúncia.**

| | |
|---|---|
| **Hipóteses de rejeição de denúncia (condições da ação e pressupostos processuais)** | I - for manifestamente inepta;<br>II - faltar pressuposto processual ou condição para o exercício da ação penal;<br>III - faltar justa causa para o exercício da ação penal. |

- No art. 395, III, do CPP, a **justa causa** é elevada à **condição da ação** de forma expressa. Assim, exige-se que haja um mínimo de prova a indicar a **viabilidade** da ação penal, ou seja, uma **probabilidade** de que o denunciado vá ser condenado ao fim do processo.
- Em caso de rejeição de denúncia ou queixa, o Ministério Público poderá se valer de **recurso em sentido estrito** (art. 581, I, CPP).
- Se o juiz receber a denúncia, o procedimento prossegue com citação do réu para oferecer resposta à acusação.
- Hoje, a resposta à acusação tem maior relevância, pois pode o defensor refutar os fatos apresentados na denúncia para que se proceda à **absolvição sumária**.
- A absolvição sumária ocorre **antes** da instrução processual, de modo que só é possível se as hipóteses do art. 397, CPP, estiverem **manifestamente** demonstradas.

| | |
|---|---|
| **Hipóteses de absolvição sumária** | • a existência manifesta de causa excludente da ilicitude do fato;<br>• a existência manifesta de causa excludente da culpabilidade do agente, salvo inimputabilidade;<br>• que o fato narrado evidentemente não constitui crime; ou<br>• extinta a punibilidade do agente |

- Não sendo o caso de absolvição sumária, o juiz ratifica o recebimento da denúncia, segundo os termos do art. 399 do CPP.
- Em verdade, há um só recebimento da denúncia que é aquele previsto no art. 396 do CPP. No art. **399** do CPP há mera **ratificação** do recebimento da denúncia. Assim, os efeitos do recebimento da denúncia, como interrupção da prescrição, ocorrem no primeiro momento, na fase do art. 396 do CPP.
- Com as reformas do processo penal, o princípio da **oralidade** ganha relevância. De maneira que se dá maior relevância à palavra falada.
- Isso se reflete na **concentração** dos atos processuais (colheita de prova oral, interrogatório, debates e julgamento) em audiência **una**, bem como na adoção do **princípio da identidade física do juiz**, pelo qual, em regra, o juiz que encerra a instrução deve ser aquele que profere a sentença.
- Deveres das partes na audiência, em **especial que apuram crimes contra a dignidade sexual:** zelar pela integridade física e psicológica da vítima, sob pena de responsabilização civil, penal e administrativa, cabendo ao juiz garantir o cumprimento do disposto neste artigo.

| | |
|---|---|
| **CONDUTAS VEDADAS NA AUDIÊNCIA** | I - a manifestação sobre circunstâncias ou elementos alheios aos fatos objeto de apuração nos autos;<br>II - a utilização de linguagem, de informações ou de material que ofendam a dignidade da vítima ou de testemunhas |

## 11.2. PROCEDIMENTOS ESPECIAIS

### I. Procedimento do Tribunal do Júri

- O Tribunal do Júri é uma garantia constitucional, segundo a qual o réu em crimes de sua competência tem o direito de ser julgado por seus iguais, o jurado ou juiz leigo.
- Postulados constitucionais do Tribunal do Júri:

| Postulado | Noção |
|---|---|
| **Plenitude de defesa** | é mais "ampla" que a ampla defesa. Constitui-se de defesa técnica, por meio de advogado, e de autodefesa, feita pelo próprio réu. Ambos podem argumentar os mais variados fatos, ainda que não jurídicos. |
| **Sigilo das votações** | diante da livre formação da convicção dos jurados, estes devem ter a mais ampla liberdade para formar o veredicto, livre de pressões. |
| **Soberania dos veredictos** | a decisão dos jurados vincula a o juiz togado. |
| **Competência para julgamento dos crimes dolosos contra a vida.** | trata-se de uma competência mínima estabelecida pela Constituição Federal. Assim, o legislador pode ampliar a competência do Tribunal do Júri, mas não pode diminuir, excluindo um crime doloso contra a vida. |

- Em nome da plenitude da defesa, pode o Juiz-Presidente **dissolver** o Plenário do Júri em razão de **deficiência** da defesa técnica, designando novos audiências e defensor ao acusado.
- **Não** são de competência do Tribunal do Júri o **latrocínio** (roubo seguido de morte, já que, nesse caso, a tutela penal se refere ao patrimônio) e o **genocídio** (em que o homicídio é apenas meio para o agente alcançar seu intento de eliminar uma determinada raça, crença, cultura, etc.).
- O procedimento do Tribunal do Júri é **escalonado** em duas fases: (a) juízo de **admissibilidade**, sumário de culpa, juízo de acusação ou *judicium accusationis*; (b) juízo de **mérito** ou *judicium causae*.
- Decisões ao final do juízo de admissibilidade:

| Decisão | Motivação | Recurso |
|---|---|---|
| **Pronúncia** | Prova da materialidade e indícios de autoria de crime doloso contra a vida | Recurso em Sentido Estrito |
| **Impronúncia** | O juiz entende que não há prova da materialidade delitiva ou indícios suficientes de autoria por parte do acusado | Apelação |
| **Absolvição Sumária** | o juiz analisa o mérito da causa e, manifestamente presente uma causa de absolvição, a promove. | Apelação |
| **Desclassificação** | o juiz entende que o crime não é doloso contra a vida e, por isso, remete os Autos ao Juízo competente, que não é o Tribunal do Júri. | Recurso em Sentido Estrito |

- **Não há coisa julgada material** no caso de **impronúncia**, já que poderá ser ofertada nova denúncia se surgirem novas provas, desde que não extinta a punibilidade, como a ocorrência de prescrição ou *abolitio criminis*.
- Se o réu comprovadamente **Inimputável** alegar que não foi o autor do fato ou que o praticou em legítima defesa, o juiz não pode absolvê-lo sumariamente, devendo o julgamento ser remetido ao Tribunal do Júri, que analisará essas questões.
- A pronúncia **não** é **uma sentença**, mas é decisão interlocutória mista não terminativa, já que marca o fim de uma fase do processo (juízo de admissibilidade) e o início de uma nova fase (juízo de acusação).
- A **pronúncia** tem a função de **limitar a acusação** no Plenário do Júri. Ou seja, o réu não pode ser julgado no Tribunal do Júri por fato que não esteja previsto na pronúncia.

**INTIMAÇÃO DA PRONÚNCIA**

PROCESSUAL PENAL

| Intimação pessoal | Intimação através de publicação oficial | Intimação por edital |
|---|---|---|
| Ministério Público<br>Defensoria Pública<br>Defensores Dativos<br>Acusado preso<br>Acusado solto | Defensor Constituído<br>Querelante<br>Assistente de Acusação | Acusado não encontrado para intimação pessoal por Oficial de Justiça |

- Com a reforma do CPP, o julgamento pode ocorrer se o réu, devidamente intimado, pessoalmente ou por edital, não comparecer. **Não há mais** a chamada **crise de instância**, em que não se realizava o julgamento se o réu não comparecesse.
- **Desaforamento** é o **deslocamento** da competência territorial do processo do Júri para a Comarca mais próxima da originalmente competente para julgar e ocorre, em razão de segurança do julgamento, seja no que se refere à imparcialidade dos jurados, seja em razão de segurança do réu.
- Se os jurados votarem pela materialidade e autoria delitivas, o juiz é **obrigado** a fazer o seguinte quesito: O jurado absolve o acusado? Refere-se a **todas as teses da defesa**: excludente de culpabilidade, de antijuricidade, clemência, etc.
- Há entendimento de que, caso a absolvição no Plenário se dê a partir desse quesito genérico, não é cabível apelação, ainda que tal decisão se mostre manifestamente contrária a prova dos autos, em nome do princípio da soberania dos vereditos.
- O STF (ADPF n. 779) reconheceu que não é possível a alegação de legítima defesa da honra para absolvição com base nesse quesito genérico, por violar os princípios constitucionais da dignidade da pessoa humana, da proteção à vida e da igualdade de gênero. Acolhendo sugestão do ministro Gilmar Mendes, o voto de Toffoli determina que a defesa, a acusação, a autoridade policial e o juízo não podem utilizar, direta ou indiretamente, o argumento da legítima defesa da honra (ou qualquer argumento que induza à tese) nas fases pré-processual ou processual penais nem durante julgamento perante o Tribunal do Júri, sob pena de nulidade do ato e do julgamento. Na decisão liminar de fevereiro, o impedimento se restringia a advogados de réus.

**EXECUÇÃO PROVISÓRIA DA PENA**

De acordo com o art. 492, I, e, CPP, com redação dada pelo Pacote Anticrime, no caso de condenação a uma pena **igual ou superior a 15 (quinze) anos de reclusão**, determinará a **execução provisória das penas**, com expedição do mandado de prisão, se for o caso, sem prejuízo do conhecimento de recursos que vierem a ser interpostos. Portanto, o legislador adotou o entendimento no sentido de que o princípio da presunção de inocência deve ser mitigado, pois deve ser ponderado com o princípio da soberania dos vereditos.

Em caso de condenação **inferior a quinze anos**, o juiz pode decretar ou manter a prisão preventiva do acusado, manifestando-se expressa e fundamentadamente sobre tal ponto.

**II. Dos crimes praticados por funcionários públicos contra a Administração em Geral (arts. 312 a 326 CP)**

- O procedimento é especial, porque oferecida a denúncia, antes de recebê-la, o juiz determina a **notificação** do denunciado para apresentar defesa **preliminar** e, só depois, recebe a denúncia ou a rejeita. Caso a receba, o procedimento passa a ser o comum.
- A **intimação** para apresentação da **defesa preliminar** é **obrigatória**, **exceto** se a denúncia for baseada em prévio **inquérito policial**.
- Em qualquer caso, o **denunciado não** é **obrigado** a apresentar a defesa preliminar.

## 11.3. PROCEDIMENTOS NA LEGISLAÇÃO EXTRAVAGANTE

**I. Lei nº 9.099/1995 e Lei nº 10.259/2001 e suas alterações (Juizados Especiais Criminais)**

- Admite-se a transação penal em **infrações de menor potencial ofensivo** (as contravenções penais e os crimes a que a lei comine pena máxima não superior a 2 (dois) anos, cumulada ou não com multa).
- Competência territorial: é competente o Juízo em que foi praticada a infração penal.
- Os atos processuais do JECRIM são públicos e primam pela informalidade.
- A citação no JECRIM será pessoa e feita na sede do próprio Juizado ou por meio de Oficial de Justiça.
- Não existe citação ficta em JECRIM.
- Caso frustrada a citação pessoal do autor do fato, os autos serão encaminhados ao Juízo Comum.
- O autor do fato deverá tomar ciência, na citação ou na intimação, de que terá de comparecer acompanhado de advogado e, na ausência deste, será nomeado um *ad hoc* para ele.
- Para apuração das infrações penais de menor potencial ofensivo, não se instaura inquérito policial, mas termo circunstanciado.
- A audiência preliminar visa à conciliação para a composição civil dos danos e para a transação penal.
- **Composição civil dos danos**: se refere a possível acordo entre autor do fato e o ofendido ou seu representante legal.
- Se acontecer a composição civil dos danos, em se tratando de **ação penal pública condicionada à representação** e à **ação penal privada**, implica extinção da punibilidade do autor do crime pela **renúncia** do direito de representar e oferecer queixa-crime.
- Caso não haja composição, o ofendido não precisa oferecer representação ou queixa-crime. A decadência se opera no prazo estipulado em lei.
- Em caso de crime de ação penal pública incondicionada ou havendo representação do ofendido, o MP pode oferecer a transação penal, com a aplicação imediata de pena restritiva de direitos ou multa.
- A sentença homologatória da transação penal, em que se aplica pena restritiva de direitos ou multa, **não gera maus antecedentes** e não forma título executivo na esfera cível.

| **Não** se admite a transação penal, se presente ao menos um dos seguintes fatos | • ter sido o autor da infração condenado, pela prática de crime, à pena privativa de liberdade, por sentença definitiva;<br>• ter sido o agente beneficiado anteriormente, no prazo de cinco anos, pela aplicação de pena restritiva ou multa, nos termos deste artigo;<br>• não indicarem os antecedentes, a conduta social e a personalidade do agente, bem como os motivos e as circunstâncias, ser necessária e suficiente a adoção da medida. |
|---|---|

- A sentença judicial que homologa a transação penal gera coisa formal. No entanto, não faz coisa julgada material e, se o agente descumprir os termos da transação, a ação penal é reiniciada (STF – RE. nº 602.072/RS – Rel. Min. Cezar Peluso. DJ. 19.11.2009 – Com repercussão geral reconhecida pelo Pleno).
- Não obtida ou impossível a transação penal, a Lei nº 9.099/95 prevê o procedimento sumaríssimo.
- Em regra, a denúncia ou a queixa crime deve ser apresentada **oralmente** na audiência preliminar, com fundamento no apurado no termo circunstanciado.
- Na audiência preliminar, o autor do fato criminoso deverá ser intimado sobre a data da audiência de instrução e julgamento.
- Nenhum ato processual na audiência de instrução e julgamento será adiado, devendo o juiz se valer da condução coercitiva, se necessário for.
- Da decisão judicial que **rejeita** denúncia ou queixa-crime e da **sentença**, cabe recurso de **apelação**.
- A apelação será julgada pelo **Colégio Recursal**, formado por três Juízes de Primeiro Grau.
- O prazo para interposição da apelação é de **dez dias**.

| **Casos de embargos de declaração** | • Obscuridade;<br>• Contradição;<br>• Omissão |
|---|---|

- O prazo para interposição da ED é de **cinco dias.**
- **Os embargos de declaração interrompem o prazo para a interposição de recurso.**
- Nas Disposições Finais, a Lei nº 9.099/95 trata da **suspensão condicional do processo**.
- Os crimes que estão sujeitas à suspensão condicional do processo não são apuradas no JECRIM, mas no Juízo Comum.

| **Requisitos da suspensão condicional do processo** | • pena **mínima cominada** for igual ou inferior a um ano;<br>• o acusado não esteja sendo processado ou não tenha sido condenado por outro crime;<br>• demais requisitos da suspensão da pena (art. 77, CP). |
|---|---|

- A suspensão do processo terá um prazo de dois a quatro anos e, nesse período, pode ser revogado, se o agente voltar a ser processado. Nos termos da lei, basta mero processo, mas há entendimento de que se depende de condenação transitada em julgado, sob pena de se violar o princípio de presunção de inocência.
- A Lei Maria da Penha **afasta** a aplicação do procedimento do JECRIM, o que foi considerado constitucional pelo STF dada a condição de hipossuficiência e vulnerabilidade da mulher na sociedade e na história do Brasil.
- Nos crimes previstos no **Estatuto do Idoso**, aplica-se o procedimento **sumaríssimo** aos crimes com **pena máxima** que **não ultrapasse os quatro anos**. Porém, o STF entendeu que **não se aplicam os institutos despenalizadores** da Lei nº 9.099/95, como a transação penal e a suspensão condicional do processo (ADI nº 3096/DF – Rela. Mina. Cármen Lúcia. DJ. 16.06.2010).
- **TEMAS 920 de Recursos repetitivos do STJ:** Recurso especial processado sob o regime previsto no art. 543-C, § 2º, do CPC, c/c o art. 3º do CPP, e na Resolução n. 8/2008 do STJ. PRIMEIRA TESE: Se descumpridas as condições impostas durante o período de prova da suspensão condicional do processo, o benefício poderá ser revogado, mesmo se já ultrapassado o prazo legal, desde que referente a fato ocorrido durante sua vigência. [...] 2. Da exegese do § 4º do art. 89 da Lei n. 9.099/1995 ("a suspensão poderá ser revogada se o acusado vier a ser processado, no curso do prazo, por contravenção, ou descumprir qualquer outra condição imposta), constata-se ser viável a revogação da suspensão condicional do processo ante o descumprimento, durante o período de prova, de condição imposta, mesmo após o fim do prazo legal.
- **TEMAS 930 de Recursos repetitivos do STJ:** Não há óbice a que se estabeleçam, no prudente uso da faculdade judicial disposta no art. 89, § 2º, da Lei n. 9.099/1995, obrigações equivalentes, do ponto de vista prático, a sanções penais (tais como a prestação de serviços comunitários ou a prestação pecuniária), mas que, para os fins do sursis processual, se apresentam tão somente como condições para sua incidência.

**II – Lei Maria da Penha (Lei nº 11.340/2006)**

- A Lei Maria da Penha é fruto de compromisso internacional que o Brasil assumiu com o fim de combater a violência doméstica e familiar contra a mulher, sendo que cabe à família, à sociedade e ao Estado implementar os princípios nela formulados.
- Referida Lei atua com a ideia de prevenção à violência, sendo poucos os seus dispositivos referentes à repressão penal.
- É direito da mulher em situação de violência doméstica e familiar, o atendimento especializado por atendimento policial especializado, de preferência por servidores do sexo feminino, previamente capacitados.
- A oitiva da mulher vítima ou de testemunha se dará de forma a se assegurar a sua integridade física e psíquica.
- Nas ações penais públicas condicionadas à representação da ofendida de que trata esta Lei, só será admitida a renúncia à representação perante o juiz, em audiência especialmente designada com tal finalidade, antes do recebimento da denúncia e ouvido o Ministério Público.
- É vedada a aplicação, nos casos de violência doméstica e familiar contra a mulher, de penas de cesta básica ou outras de prestação pecuniária, bem como a substituição de pena que implique o pagamento isolado de multa.

| Verificada a existência de risco atual ou iminente à vida ou à integridade física da mulher em situação de violência doméstica e familiar, ou de seus dependentes, o agressor será imediatamente afastado do lar, domicílio ou local de convivência com a ofendida: | I – pela autoridade judicial;<br>II – pelo delegado de polícia, quando o Município não for sede de comarca; ou<br>III – pelo policial, quando o Município não for sede de comarca e não houver delegado disponível no momento da denúncia. |
|---|---|

- A Lei Maria da Penha impede a aplicação da Lei nº 9.099/95, o que implica dizer a **impossibilidade de transação penal, suspensão condicional do processo e a ação penal nos crimes de lesão corporal leve e culposo é incondicionada**, em casos de violência doméstica.

| Medidas Protetivas de Urgência | I – conhecer do expediente e do pedido e decidir sobre as medidas protetivas de urgência;<br>II – determinar o encaminhamento da ofendida ao órgão de assistência judiciária, quando for o caso, inclusive para o ajuizamento da ação de separação judicial, de divórcio, de anulação de casamento ou de dissolução de união estável perante o juízo competente;<br>III – comunicar ao Ministério Público para que adote as providências cabíveis.<br>IV – determinar a apreensão imediata de arma de fogo sob a posse do agressor.<br>V – prestação de alimentos provisionais ou provisórios.<br>VI – comparecimento do agressor a programas de recuperação e reeducação; e<br>VII – acompanhamento psicossocial do agressor, por meio de atendimento individual e/ou em grupo de apoio |
|---|---|

| Medidas que podem ser aplicadas pela Autoridade Policial em caso de violência doméstica e familiar contra a mulher | I - ouvir a ofendida, lavrar o boletim de ocorrência e tomar a representação a termo, se apresentada;<br>II - colher todas as provas que servirem para o esclarecimento do fato e de suas circunstâncias;<br>III - remeter, no prazo de 48 (quarenta e oito) horas, expediente apartado ao juiz com o pedido da ofendida, para a concessão de medidas protetivas de urgência;<br>IV - determinar que se proceda ao exame de corpo de delito da ofendida e requisitar outros exames periciais necessários;<br>V - ouvir o agressor e as testemunhas;<br>VI - ordenar a identificação do agressor e fazer juntar aos autos sua folha de antecedentes criminais, indicando a existência de mandado de prisão ou registro de outras ocorrências policiais contra ele; |
|---|---|

| Medidas que podem ser aplicadas pela Autoridade Policial em caso de violência doméstica e familiar contra a mulher | VI-A - verificar se o agressor possui registro de porte ou posse de arma de fogo e, na hipótese de existência, juntar aos autos essa informação, bem como notificar a ocorrência à instituição responsável pela concessão do registro ou da emissão do porte, nos termos da Lei nº 10.826, de 22 de dezembro de 2003 (Estatuto do Desarmamento);<br>VII - remeter, no prazo legal, os autos do inquérito policial ao juiz e ao Ministério Público. |
|---|---|

- O pedido de concessão de medidas protetivas de urgência, feito pelo Ministério Público ou pela ofendida, será decidido pelo juiz, no prazo de quarenta e oito horas após o recebimento dos Autos,

**Jurisprudência do STJ:** As medidas protetivas de urgência da Lei 11.340/2006 (Lei Maria da Penha) podem ser aplicadas em ação cautelar cível satisfativa, independentemente da existência de inquérito policial ou processo criminal contra o suposto agressor (Informativo 535).

**Jurisprudência do STJ:** PENAL E PROCESSO PENAL. RECURSO EM HABEAS CORPUS. LESÃO CORPORAL PRATICADA POR FILHA CONTRA MÃE. INAPLICABILIDADE DA LEI MARIA DA PENHA. AUSÊNCIA DE SUBMISSÃO. DESCARACTERIZAÇÃO DA AÇÃO BASEADA NO GÊNERO. RECURSO PARCIALMENTE PROVIDO. (RHC nº 50636/AL. Rel. Min. Ribeiro Dantas. DJ. 28/11/2017)

Nos casos de violência contra a mulher praticados no âmbito doméstico e familiar, é possível a fixação de valor mínimo indenizatório a título de dano moral, desde que haja pedido expresso da acusação ou da parte ofendida, ainda que não especificada a quantia, e independentemente de instrução probatória.

RECURSO ESPECIAL REPETITIVO REPRESENTATIVO DA CONTROVÉRSIA. [...] 1. A ação penal nos crimes de lesão corporal leve cometidos em detrimento da mulher, no âmbito doméstico e familiar, é pública condicionada à representação da vítima. 2. O disposto no art. 41 da Lei 11.340/2006, que veda a aplicação da Lei 9.099/95, restringe-se à exclusão do procedimento sumaríssimo e das medidas despenalizadoras. 3. Nos termos do art. 16 da Lei Maria da Penha, a retratação da ofendida somente poderá ser realizada perante o magistrado, o qual terá condições de aferir a real espontaneidade da manifestação apresentada. [...] (REsp 1097042 DF, Rel. Ministro NAPOLEÃO NUNES MAIA FILHO, Rel. p/ Acórdão Ministro JORGE MUSSI, TERCEIRA SEÇÃO, julgado em 24/02/2010, DJe 21/05/2010)

### III – Lei de Drogas (Lei nº 11.343/2006)

| Conduta do Art. 28, Lei de Drogas (drogas para uso próprio) | será processado e julgado na forma dos arts. 60 e seguintes da Lei nº 9.099, de 26 de setembro de 1995, que dispõe sobre os Juizados Especiais Criminais.<br>não se imporá prisão em flagrante, devendo o autor do fato ser imediatamente encaminhado ao juízo competente ou, na falta deste, assumir o compromisso de a ele comparecer, lavrando-se termo circunstanciado e providenciando-se as requisições dos exames e perícias necessários.<br>Para os fins do disposto no art. 76 da Lei nº 9.099, de 1995, que dispõe sobre os Juizados Especiais Criminais, o Ministério Público poderá propor a aplicação imediata de pena prevista no art. 28 desta Lei, a ser especificada na proposta. |
|---|---|

| | |
|---|---|
| **Outras condutas da Lei de Drogas (relacionadas ao tráfico de Drogas): fase policial** | **Prisão em Flagrante**: para efeito da lavratura do auto de prisão em flagrante e estabelecimento da materialidade do delito, é suficiente o laudo de constatação da natureza e quantidade da droga, firmado por perito oficial ou, na falta deste, por pessoa idônea.<br>A destruição das drogas apreendidas sem a ocorrência de prisão em flagrante será feita por incineração, no prazo máximo de 30 (trinta) dias contados da data da apreensão, guardando-se amostra necessária à realização do laudo definitivo. |

| | |
|---|---|
| **Meios de obtenção de prova específicos da lei de drogas** | I - a infiltração por agentes de polícia, em tarefas de investigação, constituída pelos órgãos especializados pertinentes;<br>II - a nao atuaçao policial sobre os portadores de drogas, seus precursores químicos ou outros produtos utilizados em sua produção, que se encontrem no território brasileiro, com a finalidade de identificar e responsabilizar maior número de integrantes de operações de tráfico e distribuição, sem prejuízo da ação penal cabível. |

| | |
|---|---|
| **Outras condutas da Lei de Drogas (relacionadas ao tráfico de Drogas): fase judicial** | 1) Oferecimento de denúncia pelo MP;<br>2) Juiz determina a **notificação do denunciado** para apresentação de defesa preliminar no prazo de dez dias;<br>3) **Defesa preliminar**;<br>4) **Recebida a denúncia**, o juiz designará dia e hora para a audiência de instrução e julgamento, ordenará a citação pessoal do acusado, a intimação do Ministério Público, do assistente, se for o caso, e requisitará os laudos periciais<br>5) Audiência de instrução, debates e julgamentos. De acordo com Lei de Drogas, o interrogatório é o primeiro ato da audiência. Porém, o STF firmou o entendimento que, em nome dos princípios constitucionais do contraditório e da ampla defesa, o interrogatório deve ser o último ato da audiência. Caso o juiz não prolate a sentença em audiência, o fará no prazo de dez dias |

**Jurisprudência:** O Pleno do STF (HC 127.900/AM), firmou o entendimento de que o **rito processual para o interrogatório**, previsto no art. 400 do CPP, deve ser aplicado aos procedimentos reqidos por leis especiais, por se tratar de **lei posterior mais benéfica** ao acusado (lex mitior), ressalvados os processos já sentenciados em 3/3/2016, data do julgado pelo STF. Ou seja, o **interrogatório deve ser o último ato dfa instrução, inclusive, na Lei de Drogas.** Mas, a Terceira Seção do STJ (RvCr 5.563/DF), reapreciando a matéria, adotou a compreensão pela necessidade de **comprovação do prejuízo**, vencido o Ministro Rogério Schietti Cruz (vide STJ – AgRg no AREsp 1911962/SC).

## 12. NULIDADES

- A nulidade é absoluta nas hipóteses em que o vício é mais grave e se presume o prejuízo à parte. Decorre, em regra, de violação de norma constitucional.
- Já a nulidade é relativa se o vício é menos grave e a parte deve comprovar que sofreu prejuízo.

| Princípio | Noção |
|---|---|
| **Da transcendência ou *pas nulité sans grief*** | não há nulidade sem prejuízo |
| **Da causalidade** | a nulidade de um ato causa a nulidade dos atos que dele dependam ou são consequência. |
| **Do Interesse** | somente a parte que for beneficiada com a declaração da nulidade tem interesse em argui-la. |
| **Da convalidação** | possibilita a ratificação do ato viciado se foi atingida a sua finalidade. |
| **Instrumentalidade das formas** | não se decreta a nulidade se o ato, apesar de viciado, atinge a sua finalidade ou não tenha influenciado na apuração da verdade real. |

- A **falta** de defesa gera a **nulidade absoluta** do processo penal.
- Porém, a defesa **deficiente** não gera vício, exceto no caso de Tribunal do Júri em nome do princípio da plenitude da defesa.
- **Defesa colidente**: dois ou mais réus de um processo constituem o mesmo defensor, se os acusados apresentarem versões conflitantes, é caso de **nulidade absoluta.**
- A denúncia alternativa, que é aquela que narra uma conduta que poderia constituir em um ou outro tipo penal, é nula absolutamente, pois implica violação ao postulado da ampla defesa.
- Em caso de incompetência relativa, nenhum ato praticado pelo juiz incompetente é nulo. Já, no caso de incompetência absoluta, implica nulidade dos atos decisórios.

PROCESSUAL PENAL

## 13. DOS RECURSOS

- Os recursos encontram fundamento no princípio do duplo grau de jurisdição. Entretanto, esse postulado não é explícito na Constituição Federal, mas está expresso em Convenções Internacionais ratificadas pelo Brasil, como o Pacto de San José da Costa Rica.
- Princípios do sistema de recursal:

| Princípio | Noção |
|---|---|
| **Voluntariedade** | O recurso é ato de iniciativa voluntária da parte sucumbente. |
| **Taxatividade** | O recurso deve estar previsto no ordenamento jurídico. |
| **Unirrecorribilidade** | Em regra, em face de uma decisão, cabe somente um recurso |
| **Fungibilidade** | Se uma parte interpuser o recurso errado, pode-se reconhecê-lo como sendo o certo, desde que não haja má-fé, erro grosseiro e dentro do prazo do recurso certo. |
| **Vedação da *reformatio in pejus*** | A parte que interpôs o recurso não pode ver sua situação piorada em razão deste recurso. |

- Ao Ministério Público, são **vedadas** a renúncia e a desistência dos recursos.
- No processo penal, réu e defensor são intimados para manifestar se desejam ou não recorrer. Em caso de **conflito** entre a defesa pessoal e a técnica (por exemplo, o réu manifesta que quer recorrer e o advogado renúncia ao direito de recorrer) **prevalece a vontade daquele que quer recorrer.**
- **Deserção**: é forma anormal de extinção do recurso ante o não cumprimento pelo recorrente de um ônus processual, como o recolhimento das taxas recursais.

- A fuga do recorrente deixou de ser considerada caso de deserção pela Lei nº 12.403/2011, na esteira de decisões dos Tribunais Superiores no sentido que tal penalidade violava o princípio da ampla defesa.
- **Efeito extensivo do recurso**: em hipótese de concurso de agentes, a decisão do recurso beneficia o réu que não recorreu em questão de caráter não pessoal. Por exemplo: o apelante alega que absolvição porque o fato é atípico. Neste caso, o Tribunal, ao acolher a sua tese, reforma a sentença, absolvendo o recorrente e o réu que não recorreu.
- Prazos de interposição de recursos:

| RECURSO | PRAZO |
|---|---|
| Apelação | 5 dias |
| Apelação em contravenção penal | 3 dias |
| Recurso em sentido estrito | 5 dias |
| Carta testemunhável | 48 horas |
| Correição Parcial | 5 dias |
| Embargos de declaração | 2 dias |
| Embargos Infringentes e de Nulidade | 10 dias |
| Recursos Especial e Extraordinário | 15 dias |
| Agravo em Execução | 5 dias |
| Recurso Apelação (JECRIM) | 10 dias |

- O termo inicial da contagem do prazo para impugnar decisão judicial é, para o Ministério Público, a data da entrega dos autos na repartição administrativa do órgão, sendo irrelevante que a intimação pessoal tenha se dado em audiência, em cartório ou por mandado (Tese 959 do STJ).

**I. Apelação.**

- Sua interposição pode ser feita por meio de **petição** ou por **termo** nos autos, ou seja, não depende de rigor formal, bastando manifestação de inconformismo pela parte com a decisão impugnada.
- O réu pode interpor recurso de apelação, mesmo que não tenha capacidade postulatória (não seja advogado).
- As razões de apelação podem ser apresentadas no mesmo momento da interposição do recurso ou, em separado, no prazo de oito dias.
- A apelação interposta pelo réu pode ser conhecida pelo tribunal ainda que não acompanhada das respectivas razões.
- Os limites da matéria impugnada são definidos nas razões de recurso, quando se instaura a dialética que caracteriza o contraditório (STJ).
- No caso de apelação contra decisão tomada pelo Tribunal do Júri, o princípio da soberania dos veredictos restringe as matérias que podem ser ventiladas no recurso, bem como a competência do Tribunal para reformar a sentença:

| RAZÕES DA APELAÇÃO NO JURI | CONSEQUÊNCIA |
|---|---|
| Nulidade superveniente à pronúncia | Novo julgamento pelo Tribunal do Júri |
| A sentença do Juiz-Presidente contrariar dispositivo legal ou a decisão dos jurados | O Tribunal de Segundo Grau competente para julgar o recurso corrige a interpretação feita pelo Juiz. |
| Ocorrer equívoco na imposição da pena ou da medida de segurança | O Tribunal de Segundo Grau competente para julgar o recurso corrige a interpretação feita pelo Juiz. |
| A decisão dos jurados for manifestamente contrária às provas dos autos. | Novo julgamento pelo Tribunal do Júri. |

- A apelação interposta com fundamento na decisão dos jurados manifestamente contrária às provas dos autos só pode ser interposta uma única vez.
- A apelação contra sentença absolutória nunca terá efeito suspensivo, devendo ser o réu colocado em liberdade.
- A apelação contra sentença condenatória ou absolutória imprópria (impõe medida de segurança) terá efeito suspensivo, em face do princípio de presunção de inocência.

**II. Recurso em sentido estrito (RESE)**

- O RESE é cabível somente diante das decisões previstas no **rol taxativo** do art. 581 do CPP.
- Cabe RESE contra a decisão ou despacho que **não receber** a denúncia ou queixa. Contra a decisão que **receber** a denúncia ou queixa **não cabe recurso, mas *habeas corpus*.**
- No **JECRIM**, contra a decisão que rejeitar a denúncia ou queixa, cabe **recurso de apelação.**
- Contra qualquer decisão tomada no Juízo das Execuções Penais, não cabe mais RESE e, sim, **Agravo em Execução.**
- No RESE, há **efeito regressivo**. Assim, o juiz que proferiu a decisão impugnada pode se retratar.

**III. Carta testemunhável.**

- Só pode ser interposta por petição dirigida ao **escrivão ou diretor** de secretária da Vara.
- Cabe contra a decisão do juiz que **não admitir** o prosseguimento de um **recurso** interposto, com **exceção** da decisão que não conhecer o recurso de **apelação** contra a qual caberá **RESE**.

**IV. Correção parcial**

- A correição parcial cabe contra decisão que **tumultue** o andamento do processo, desde que não caiba outro recurso contra a mesma decisão.
- Seu procedimento não está previsto no CPP, mas nos **Regimentos Internos** dos Tribunais.

**V. Embargos de declaração (ED)**

- Interpostos contra a decisão obscura, contraditória, omissa ou ambígua.
- Em regra, não tem efeito modificativo (infringente) sobre a decisão impugnada. Pode haver tal efeito, se for consequência da correção da irregularidade, quando deve-se oportunizar a prévia manifestação da parte contrária.
- A interposição do ED **interrompe** o prazo do recurso principal. Assim, apresentados ED contra a sentença, o prazo para apelação é interrompido, começando a correr novamente da intimação da decisão que julgou os ED.
- No JECRIM, a partir das alterações feitas pelo novo CPC, a interposição de ED **interrompe** o prazo para interposição do recurso inominado.

**VI. Embargos de nulidade e/ou infringentes.**

- Trata-se de recurso **privativo da defesa** e cabe contra Acórdão não unânime do Tribunal que for desfavorável ao réu, proferido em Apelação ou RESE.
- Trata-se de um mesmo recurso, sendo infringentes em relação ao mérito da causa e de nulidade se refere a algum vício processual.

**VII. Recurso especial e recurso extraordinário**

- Trata-se de **exceção** ao princípio recursal da **unirrecorribilidade** na medida em que, contra a decisão podem ser interpostos um recurso ao STJ e outro ao STF.
- Não se discutem mais os fatos decididos pelo Tribunal, mas apenas o Direito, constitucional (STF) ou infraconstitucional (STJ).
- No entanto, o STF decidiu, recentemente, por maioria de votos, que a interposição de recurso especial e/ou de recurso extraordinário não impedem o início de cumprimento de pena.

**VIII. Agravo em execução**

- Recurso a ser interposto **contra qualquer decisão em incidente de execução penal**, como a decisão que nega a unificação de penas ou a progressão de regimes, etc.

## 14. AÇÕES AUTÔNOMAS DE IMPUGNAÇÃO

**I. *Habeas corpus* e seu processo.**

- Pode ser interposto **a qualquer momento**: Inquérito Policial, durante a Ação Judicial ou mesmo após o trânsito em julgado da sentença penal condenatória desde que vise sanar **ameaça ou violação ao direito de liberdade de locomoção**.
- **Não cabe** *habeas corpus* em que a única pena cominada ou aplicada for a de **multa**.
- Em regra, para o **trancamento do Inquérito Policial**, cabe *habeas corpus* ao **Juízo de Direito de Primeiro Grau**.
- Mas, se o inquérito for instaurado por meio de **requisição do Juiz ou do Ministério Público** caberá *habeas corpus* ao **Tribunal de Segundo Grau**.
- Tem-se por **paciente a pessoa física** cuja liberdade se visa resguardar.
- Pessoa jurídica **não pode ser paciente em HC, mesmo em relação aos crimes ambientais, pois a ela não se aplicam penas privativas de liberdade.**
- o Ministério Público, na qualidade de fiscal da correta aplicação da lei penal e processual penal (*custos legis*) **tem legitimidade** ativa para impetrar com *habeas corpus* em favor do réu.
- o Delegado de Polícia **não pode** impetrar com *habeas corpus* em favor do investigado
- o Juiz de Direito **não tem legitimidade** para impetrar *habeas corpus*, pois ele goza de poder jurisdicional para cessar a ilegalidade do ato, concedendo a ordem de ofício ou mediante provocação

| Espécies | Conceito |
|---|---|
| **Preventivo** | Há ameaça iminente de coação ilegal |
| **Repressivo** | O paciente se encontra preso ilegalmente |
| **Suspensivo** | Já existe o constrangimento ilegal, mas a pessoa ainda não foi presa |
| **Profilático** | Imediatamente, visa sanar a nulidade e, mediatamente, evitar a coação decorrente dessa nulidade |

- A tramitação do *habeas corpus* é marcada pela celeridade. Dessa forma, não há espaço para produção de provas, devendo os fatos que fundamentam o pedido do autor estar demonstrados no momento da impetração do *writ*, geralmente, por meio de prova documental
- Em regra, não cabe *habeas corpus* contra decisão liminar tomada monocraticamente por Ministro Relator de Tribunal Superior (Súmula 691, STF). Somente, se a violação ao direito de locomoção for flagrante é que se torna possível o STF conceder a ordem contra decisão liminar de relator.

**II. Revisão criminal**

- Não se trata de um recurso, mas de ação autônoma que visa desconstituir sentença penal transitada em julgado.

| | |
|---|---|
| **Hipóteses de revisão** | I – quando a sentença condenatória for contrária ao texto expresso da lei penal ou à evidência dos autos;<br>II – quando a sentença condenatória se fundar em depoimentos, exames ou documentos comprovadamente falsos;<br>III – quando, após a sentença, se descobrirem novas provas de inocência do condenado ou de circunstância que determine ou autorize diminuição especial da pena. |

- A revisão poderá ser requerida em qualquer tempo, antes da extinção da pena ou após.
- A revisão poderá ser pedida pelo próprio réu ou por procurador legalmente habilitado ou, no caso de morte do réu, pelo cônjuge, ascendente, descendente ou irmão.
- Julgando procedente a revisão, o tribunal poderá alterar a classificação da infração, absolver o réu, modificar a pena ou anular o processo.
- Também poderá ser fixada indenização no caso de comprovados danos ao condenado que pediu a revisão criminal.

| | |
|---|---|
| **NÃO cabe indenização** | a) se o erro ou a injustiça da condenação proceder de ato ou falta imputável ao próprio impetrante, como a confissão ou a ocultação de prova em seu poder;<br>b) se a acusação houver sido meramente privada. |

**III. MANDADO DE SEGURANÇA**

- O mandado de segurança tem aplicação subsidiária: só é cabível, se não for o caso de habeas corpus ou habeas data.
- Aqui, cabe enumerar alguns casos em que o mandado de segurança é o remédio constitucional adequado para afastar lesão ou ameaça a direito líquido e certo em matéria processual penal.
- Temos, em primeiro lugar, o cabimento do mandado de segurança, quando o paciente for pessoa jurídica. A estas, não se aplicam penas privativas de liberdade. Logo, não é possível a impetração de habeas corpus em seu favor, sendo manejável o mandado de segurança, para o trancamento de inquérito policial ou no curso de ação penal, que apuram crime ambiental.
- O mandado de segurança também é cabível nas hipóteses em que a lei não prevê recurso contra a decisão da autoridade judicial, como, por exemplo, contra a decisão que indefere a habilitação do assistente de acusação, da decisão que decretar o sequestro do bem ou ainda que indeferir a restituição da coisa apreendida.
- Por outro lado, caso caiba recurso contra a decisão, não se admite o mandado de segurança se a parte perdeu o prazo processual ou, de qualquer outra forma, a decisão judicial foi atingida pela preclusão.
- Nada impede o manejo do *mandamus* para que se dê efeito suspensivo ao recurso anteriormente interposto pela parte.
- Além disso, é possível a impetração de mandado de segurança ainda em sede de inquérito policial, quando, por exemplo, a autoridade policial não permitir que o

advogado tenha acesso aos autos da investigação, em desrespeito à Súmula Vinculante nº 14 do STF.

## 15. PROCEDIMENTOS DA EXECUÇÃO PENAL

- A execução penal, que visa dar cumprimento à pena ou medida de segurança imposta na sentença penal, tem natureza **híbrida**:
  (a) **jurisdicional**: é a característica fundamental e se revela em decisões de cunho judicial, como as decisões de progressão de regime, unificação de penas, indulto;
  (b) **administrativa:** o próprio Juiz da execução adota medidas dessa natureza, como a expedição de guia de recolhimento, bem como envolve questões relacionadas à Administração Penitenciária, afeta ao Poder Executivo.
- A **competência** do processo de execução é do Juízo em que o sentenciado **vai cumprir a pena.**

| | |
|---|---|
| **Princípios da execução penal** | I) **Humanidade das penas**: afasta da execução qualquer punição que vai de encontro à dignidade humana, tais como as penas de morte, de caráter perpétuo e cruéis (art. 5º, III e XLVII, CF/88);<br>II) **Legalidade**: ao condenado e ao internado serão assegurados todos os direitos não atingidos pela sentença ou pela lei (art. 3º, LEP)<br>III) **Personalização da pena**: imposição da pena ao acusado em função de sua culpabilidade, de modo que ela seja executada segundo sua personalidade e seus antecedentes (art. 5º, da LEP);<br>IV) **Proporcionalidade da pena**: estabelece a efetiva correspondência entre a classificação do preso e o modo pelo qual a pena será executada, de acordo com o art. 5º, LEP.<br>V) **Isonomia**: não haverá qualquer distinção entre os presos de cunho racial, social ou político (art. 3º, parágrafo único, da LEP);<br>VI) **Jurisdicionalidade**: convém reiterar a questão da natureza complexa da execução penal, compreendendo-se que ela é predominantemente jurisdicional.<br>VII) **Vedação ao excesso de execução**: os atos executórios devem seguir o que fora determinado na sentença e a situação do executado deve seguir o que determina a lei<br>VIII) Ressocialização: a execução tem por objetivo proporcionar condições para a harmônica integração social do condenado.<br>**IX) Ampla defesa e contraditório**: são garantias de todos os processos judiciais e administrativos. Desse modo, nos incidentes processuais ao acusado deve-se garantir, por exemplo, a produção de prova em seu favor.<br>**X) Fundamentação das decisões judiciais**: todas as decisões judiciais devem ser fundamentadas, inclusive, aquelas prolatadas pelo juízo da execução. |

- Na execução das penas privativas de liberdade, transitando em julgado a sentença que aplicar pena privativa de liberdade, se o réu estiver ou vier a ser preso, o Juiz ordenará a expedição de **guia de recolhimento para a execução, da qual o MP tomará ciência.**
- O condenado a quem sobrevier doença mental será internado em Hospital de Custódia e Tratamento Psiquiátrico.
- O início do cumprimento de pena se dará no regime inicial fixado na sentença.
- Quando houver condenação por mais de um crime, no mesmo processo ou em processos distintos, a determinação do regime de cumprimento será feita pelo resultado da **soma ou unificação das penas**, observada, quando for o caso, **a detração ou remição.**
- A pena privativa de liberdade será executada em forma progressiva com a transferência para regime menos rigoroso, a ser determinada pelo juiz, quando o preso tiver cumprido ao menos a quantidade de pena estabelecida no rol do art. 112 da LEP.
- A decisão será sempre motivada e precedida de manifestação do Ministério Público e do defensor.

| | |
|---|---|
| Progressão do regime no caso de mulher gestante | I - não ter cometido crime com violência ou grave ameaça a pessoa;<br>II - não ter cometido o crime contra seu filho ou dependente;<br>III - ter cumprido ao menos 1/8 (um oitavo) da pena no regime anterior;<br>IV - ser primária e ter bom comportamento carcerário, comprovado pelo diretor do estabelecimento;<br>V - não ter integrado organização criminosa. |

| | |
|---|---|
| Requisitos para o regime aberto: condenado que | I - estiver trabalhando ou comprovar a possibilidade de fazê-lo imediatamente;<br>II - apresentar, pelos seus antecedentes ou pelo resultado dos exames a que foi submetido, fundados indícios de que irá ajustar-se, com autodisciplina e senso de responsabilidade, ao novo regime. |

| | |
|---|---|
| O Juiz poderá estabelecer condições especiais para a concessão de regime aberto, sem prejuízo das seguintes condições gerais e obrigatórias | I - permanecer no local que for designado, durante o repouso e nos dias de folga;<br>II - sair para o trabalho e retornar, nos horários fixados;<br>III - não se ausentar da cidade onde reside, sem autorização judicial;<br>IV - comparecer a Juízo, para informar e justificar as suas atividades, quando for determinado. |

| | |
|---|---|
| Cumprimento de pena em **residência** por condenado que cumpre pena em **regime aberto** | I - condenado maior de 70 (setenta) anos;<br>II - condenado acometido de doença grave;<br>III - condenada com filho menor ou deficiente físico ou mental;<br>IV - condenada gestante. |

**Jurisprudência:** "1- A jurisprudência desta Corte tem se orientado no sentido de que deve ser dada uma **interpretação extensiva** tanto ao julgado proferido pelo Supremo Tribunal Federal no Habeas Corpus coletivo n. 143.641, que somente tratava de prisão preventiva de mulheres gestantes ou mães de crianças de até 12 anos, quanto ao art. 318-A do Código de Processo Penal, **para autorizar também a concessão de prisão domiciliar às rés em execução provisória ou definitiva da**

pena, ainda que em **regime fechado** (Rcl n. 40.676/SP, Ministro Reynaldo Soares da Fonseca, Terceira Seção, DJe 1º/12/2020) [...] (RHC n. 145.931/MG, relator Ministro Sebastião Reis Júnior, Terceira Seção, DJe de 16/3/2022.). 2- Apesar da literalidade da lei (art.117, III, da LEP) abarcar somente a hipótese de regime aberto para a concessão da prisão domiciliar, o objetivo da norma (interpretação finalística da norma, que vai além da literal, segundo a Hermenêutica Jurídica), é de se atender o **melhor interesse da criança**, sendo cabível, portanto, **a prisão domiciliar em regimes diversos do aberto**, desde que seja feita a ponderação do risco com a conduta e a personalidade da presa. 3- [...] In casu, embora tenha sido demonstrado que a paciente é reincidente específica no delito de tráfico de drogas, em atenção às circunstâncias do caso concreto, a concessão da substituição da prisão preventiva por domiciliar é medida que se impõe, diante das particularidades expostas. A paciente foi presa em razão da prática de ilícito cometido durante sua gestação, em 20 de outubro de 2017, e, além de ter permanecido em cárcere durante toda a gravidez, continua encarcerada com uma criança recém-nascida. [...] (HC 454.256/SP, de minha relatoria, QUINTA TURMA, julgado em 04/09/2018, DJe 13/09/2018). 4- No caso concreto, embora a apenada cumpra pena no regime fechado e seja reincidente, não praticou crime de violência ou grave ameaça, nem contra crianças (tráfico de drogas), não registra infrações de natureza grave, nem há indicativo de que faça parte de organização criminosa, fatores que autorizam o deferimento do benefício da prisão domiciliar, tendo em vista a necessidade presumida dos cuidados maternos em relação aos infantes. 5- Agravo regimental improvido (AgRg no HC 769008/SP. DJ: AgRg no HC 769008/SP).

| | |
|---|---|
| **Causas de regressão de regime** | I - praticar fato definido como crime doloso ou falta grave;<br>II - sofrer condenação, por crime anterior, cuja pena, somada ao restante da pena em execução, torne incabível o regime;<br>III – condenado no regime aberto que, além das hipóteses referidas nos incisos anteriores, frustrar os fins da execução ou não pagar, podendo, a multa cumulativamente imposta. |

- O Pacote Anticrime estabeleceu a obrigatoriedade da identificação do perfil genético do condenado por crime doloso praticado com violência grave contra a pessoa, bem como por crime contra a vida, contra a liberdade sexual ou por crime sexual contra vulnerável.
- O material deve ser colhido no momento em que o condenado ingressa no sistema prisional.
- A amostra biológica coletada só poderá ser utilizada para o único e exclusivo fim de permitir a identificação pelo perfil genético, não estando autorizadas as práticas de fenotipagem genética ou de busca familiar.
- A identificação genética vai ser inserida em banco de dados e poderá ser excluída somente depois de vinte anos de cumprimento da pena
- Se o condenado se recusar a colher o material, comete falta grave.
- Há entendimento de que se trata de norma inconstitucional, pois violam-se os princípios da dignidade da pessoa humana e da não autoincriminação.
- As **faltas graves** são aquelas previstas na **LEP**.

| | |
|---|---|
| **Faltas graves (art. 50, LEP)** | I - incitar ou participar de movimento para subverter a ordem ou a disciplina;<br>II - fugir;<br>III - possuir, indevidamente, instrumento capaz de ofender a integridade física de outrem;<br>IV - provocar acidente de trabalho;<br>V - descumprir, no regime aberto, as condições impostas;<br>VI - inobservar os deveres previstos nos incisos II e V, do artigo 39, desta Lei.<br>VII – tiver em sua posse, utilizar ou fornecer aparelho telefônico, de rádio ou similar, que permita a comunicação com outros presos ou com o ambiente externo.<br>VIII – recusar submeter-se ao procedimento de identificação de perfil genético |

- As faltas **médias e leves** são de competência dos **Estados-membros** para sua fixação.
- **Regime disciplinar diferenciado:** Trata-se de regime mais severo, aplicado excepcionalmente, a presos definitivos ou provisórios, nacionais ou estrangeiros.

| | |
|---|---|
| **Hipóteses de cabimento do RDD** | I – prática de fato previsto como crime doloso constitui falta grave, quando ocasionar subversão da ordem ou disciplina internas;<br>II – presos provisórios ou condenados, nacionais ou estrangeiros:<br>a) que apresentem alto risco para a ordem e a segurança do estabelecimento penal ou da sociedade;<br>b) sob os quais recaiam fundadas suspeitas de envolvimento ou participação, a qualquer título, em organização criminosa, associação criminosa ou milícia privada, independentemente da prática de falta grave. |

| | |
|---|---|
| **Características do RDD** | I – duração máxima de até 2 (dois) anos, sem prejuízo de repetição da sanção por nova falta grave de mesma espécie;<br>II – recolhimento em cela individual;<br>III – visitas quinzenais, de 2 (duas) pessoas por vez, a serem realizadas em instalações equipadas para impedir o contato físico e a passagem de objetos, por pessoa da família ou, no caso de terceiro, autorizado judicialmente, com duração de 2 (duas) horas;<br>IV – direito do preso à saída da cela por 2 (duas) horas diárias para banho de sol, em grupos de até 4 (quatro) presos, desde que não haja contato com presos do mesmo grupo criminoso;<br>V – entrevistas sempre monitoradas, exceto aquelas com seu defensor, em instalações equipadas para impedir o contato físico e a passagem de objetos, salvo expressa autorização judicial em contrário;<br>VI – fiscalização do conteúdo da correspondência;<br>VII – participação em audiências judiciais preferencialmente por videoconferência, garantindo-se a participação do defensor no mesmo ambiente do preso. |

## ✦ SÚMULAS APLICÁVEIS

## ✦ STF

### INQUÉRITO POLICIAL

- **Súmula Vinculante 14:** É direito do defensor, no interesse do representado, ter acesso amplo aos elementos de prova que, já documentados em procedimento investigatório realizado por órgão de com competência de polícia judiciária, digam respeito ao exercício do direito de defesa.
- **Súmula 524 do STF**: Arquivado o inquérito policial, por despacho do juiz, a requerimento do Promotor de Justiça, não pode a ação penal ser iniciada, sem novas provas.

### AÇÃO PENAL

- **Súmula 554 do STF:** O pagamento de cheque emitido sem provisão de fundos, após o recebimento da denúncia, não obsta ao prosseguimento da ação penal.
- **Súmula 609 do STF:** É pública incondicionada a ação penal por crime de sonegação fiscal.
- **Súmula 709 do STF:** Salvo quando nula a decisão de primeiro grau, o acórdão que provê o recurso contra a rejeição da denúncia vale, desde logo, pelo recebimento dela.
- **Súmula 714 do STF:** É concorrente a legitimidade do ofendido, mediante queixa, e do Ministério Público, condicionada à representação do ofendido, para a ação penal por crime contra a honra de servidor público em razão do exercício de suas funções.
- **Súmula 594 do STF:** Os direitos de queixa e de representação podem ser exercidos, independentemente, pelo ofendido ou por seu representante legal.

### COMPETÊNCIA

- **Súmula Vinculante 36:** Compete à Justiça Federal comum processar e julgar civil denunciado pelos crimes de falsificação e de uso de documento falso quando se tratar de falsificação da Caderneta de Inscrição e Registro (CIR) ou de Carteira de Habilitação de Amador (CHA), ainda que expedidas pela Marinha do Brasil.
- **Súmula 555 do STF:** É competente o tribunal de justiça para julgar conflito de jurisdição entre juiz de direito do Estado e a justiça militar local.
- **Súmula 522 do STF:** Salvo ocorrência de tráfico com o exterior, quando, então, a competência será da Justiça Federal, compete à justiça dos Estados o processo e o julgamento dos crimes relativos a entorpecentes.
- **Súmula 521 do STF:** O foro competente para o processo e julgamento dos crimes de estelionato, sob a modalidade da emissão dolosa de cheque sem provisão de fundos, é o do local onde se deu a recusa do pagamento pelo sacado.
- **Súmula 498 do STF:** Compete à justiça dos Estados, em ambas as instâncias, o processo e o julgamento dos crimes contra a economia popular.
- **Súmula 704 do STF:** Não viola as garantias do juiz natural, da ampla defesa e do devido processo legal a atração por continência ou conexão do processo do corréu ao foro por prerrogativa de função de um dos denunciados.
- **Súmula 703 do STF**: A extinção do mandato do prefeito não impede a instauração de processo pela prática dos crimes previstos no art. 1º do DL 201/67.
- **Súmula 702 do STF:** A competência do tribunal de justiça para julgar prefeitos restringe-se aos crimes de competência da justiça comum estadual; nos demais casos, a competência originária caberá ao respectivo tribunal de segundo grau.
- **Súmula 451 do STF:** A competência especial por prerrogativa de função não se estende ao crime cometido após a cessação definitiva do exercício funcional.

### PRISÃO E OUTRAS MEDIDAS CAUTELARES CONTRA A PESSOA DO ACUSADO

- **Súmula Vinculante 11:** Só é lícito o uso de algemas em casos de resistência e de fundado receio de fuga ou de perigo à integridade física própria ou alheia, por parte do preso ou de terceiros, justificada a excepcionalidade por escrito, sob pena de responsabilidade disciplinar, civil e penal do agente ou da autoridade e de nulidade da prisão ou do ato processual a que se refere, sem prejuízo da responsabilidade civil do Estado.
- **Súmula 697 do STF:** A proibição de liberdade provisória nos processos por crimes hediondos não veda o relaxamento da prisão processual por excesso de prazo.

### DOS ATOS DE COMUNICAÇÃO DOS ATOS PROCESSUAIS

- **Súmula 273 do STF:** Intimada a defesa da expedição da carta precatória, torna-se desnecessária intimação da data da audiência no juízo deprecado.
- **Súmula 710 do STF:** No processo penal, contam-se os prazos da data da intimação, e não da juntada aos autos do mandado ou da carta precatória ou de ordem

### DA SENTENÇA

- **Súmula 453 do STF:** Não se aplicam à segunda instância o art. 384 e parágrafo único do Código de Processo Penal, que possibilitam dar nova definição jurídica ao fato delituoso, em virtude de circunstância elementar não contida, explícita ou implicitamente, na denúncia ou queixa.

### PROCEDIMENTO DO TRIBUNAL DO JÚRI

- **Súmula 721 do STF:** A competência constitucional do tribunal do júri prevalece sobre o foro por prerrogativa de função estabelecido exclusivamente pela constituição estadual.
- **Súmula 603 do STF:** A competência para o processo e julgamento de latrocínio é do juiz singular e não do tribunal do júri.
- **Súmula 206 do STF:** É nulo o julgamento ulterior pelo júri com a participação de jurado que funcionou em julgamento anterior do mesmo processo.
- **Súmula 156 do STF:** É absoluta a nulidade do julgamento, pelo júri, por falta de quesito obrigatório.

### DO JUIZADO ESPECIAL CRIMINAL (JECRIM)

- **Súmula Vinculante 35:** A homologação da transação penal prevista no artigo 76 da Lei 9.099/1995 não faz coisa julgada material e, descumpridas suas cláusulas, retoma-se a situação anterior, possibilitando-se ao Ministério Público a continuidade da persecução penal mediante oferecimento de denúncia ou requisição de inquérito policial.
- **Súmula 723 do STF:** Não se admite a suspensão condicional do processo por crime continuado, se a soma da pena mínima da infração mais grave com o aumento mínimo de um sexto for superior a um ano.
- **Súmula 696 do STF:** Reunidos os pressupostos legais permissivos da suspensão condicional do processo, mas

se recusando o promotor de justiça a propô-la, o juiz, dissentindo, remeterá a questão ao procurador-geral, aplicando-se por analogia o art. 28 do Código de Processo Penal.

## NULIDADES NO PROCESSO PENAL

- **Súmula 712 do STF:** É nula a decisão que determina o desaforamento de processo da competência do júri sem audiência da defesa.
- **Súmula 708 do STF:** É nulo o julgamento da apelação se, após a manifestação nos autos da renúncia do único defensor, o réu não foi previamente intimado para constituir outro.
- **Súmula 707 do STF:** Constitui nulidade a falta de intimação do denunciado para oferecer contrarrazões ao recurso interposto da rejeição da denúncia, não a suprindo a nomeação de defensor dativo.
- **Súmula 706 do STF:** É relativa a nulidade decorrente da inobservância da competência penal por prevenção.
- **Súmula 523 do STF:** No processo penal, a falta da defesa constitui nulidade absoluta, mas a sua deficiência só o anulará se houver prova de prejuízo para o réu.
- **Súmula 366 do STF:** Não é nula a citação por edital que indica o dispositivo da lei penal, embora não transcreva a denúncia ou queixa, ou não resuma os fatos em que se baseia.
- **Súmula 351 do STF:** É nula a citação por edital de réu preso na mesma unidade da federação em que o juiz exerce a sua jurisdição.
- **Súmula 160 do STF:** É nula a decisão do tribunal que acolhe, contra o réu, nulidade não arguida no recurso da acusação, ressalvados os casos de recurso de ofício.
- **Súmula 155 do STF:** É relativa a nulidade do processo criminal por falta de intimação da expedição de precatória para inquirição de testemunha.

## RECURSOS E AÇÕES AUTÔNOMAS DE IMPUGNAÇÃO

- **Súmula 713 do STF:** O efeito devolutivo da apelação contra decisões do júri é adstrito aos fundamentos da sua interposição.
- **Súmula 705 do STF:** A renúncia do réu ao direito de apelação, manifestada sem a assistência do defensor, não impede o conhecimento da apelação por este interposta.
- **Súmula 700 do STF:** É de cinco dias o prazo para interposição de agravo contra decisão do juiz da execução penal.
- **Súmula 699 do STF:** O prazo para interposição de agravo, em processo penal, é de cinco dias, de acordo com a Lei 8.038/90, não se aplicando o disposto a respeito nas alterações da Lei 8.950/94 ao Código de Processo Civil.
- **Súmula 448 do STF:** O prazo para o assistente recorrer, supletivamente, começa a correr imediatamente após o transcurso do prazo do Ministério Público.
- **Súmula 431 do STF:** É nulo o julgamento de recurso criminal, na segunda instância, sem prévia intimação, ou publicação da pauta, salvo em habeas-corpus.
- **Súmula 210 do STF:** O assistente do Ministério Público pode recorrer, inclusive extraordinariamente, na ação penal, nos casos dos arts. 584, § 1º e 598 do Código de Processo Penal.
- **Súmula 393 do STF:** Para requerer revisão criminal, o condenado não é obrigado a recolher-se à prisão.
- **Súmula 695 do STF:** Não cabe habeas corpus quando já extinta a pena privativa de liberdade.
- **Súmula 694 do STF:** Não cabe habeas corpus contra a imposição da pena de exclusão de militar ou de perda de patente ou de função pública.
- **Súmula 693 do STF:** Não cabe habeas corpus contra decisão condenatória a pena de multa, ou relativo a processo em curso por infração penal a que a pena pecuniária seja a única cominada.
- **Súmula 692 do STF:** Não se conhece de habeas corpus contra omissão de relator de extradição, se fundado em fato ou direito estrangeiro cuja prova não constava dos autos, nem foi ele provocado a respeito.
- **Súmula 691 do STF:** Não compete ao Supremo Tribunal Federal conhecer de habeas corpus impetrado contra decisão do relator que, em habeas corpus requerido a tribunal superior, indefere a liminar.
- **Súmula 606 do STF:** Não cabe habeas corpus originário para o Tribunal Pleno de decisão de turma, ou do plenário, proferida em habeas corpus ou no respectivo recurso.
- **Súmula 395 do STF:** Não se conhece de recurso de habeas corpus cujo objeto seja resolver sobre o ônus das custas, por não estar mais em causa a liberdade de locomoção.
- **Súmula 344 do STF:** Sentença de primeira instância concessiva de "habeas corpus", em caso de crime praticado em detrimento de bens, serviços ou interesses da União, está sujeita a recurso "ex officio".
- **Súmula 208 do STF:** O assistente do Ministério Público não pode recorrer, extraordinariamente, de decisão concessiva de habeas-corpus.

## EXECUÇÃO CRIMINAL

- **Súmula Vinculante 9:** O disposto no artigo 127 da Lei nº 7.210/1984 (Lei de Execução Penal) foi recebido pela ordem constitucional vigente, e não se lhe aplica o limite temporal previsto no caput do artigo 58.
- **Súmula Vinculante 26:** Para efeito de progressão de regime no cumprimento de pena por crime hediondo, ou equiparado, o juízo da execução observará a inconstitucionalidade do art. 2º da Lei n. 8.072, de 25 de julho de 1990, sem prejuízo de avaliar se o condenado preenche, ou não, os requisitos objetivos e subjetivos do benefício, podendo determinar, para tal fim, de modo fundamentado, a realização de exame criminológico.
- **Súmula Vinculante 56:** A falta de estabelecimento penal adequado não autoriza a manutenção do condenado em regime prisional mais gravoso, devendo-se observar, nessa hipótese, os parâmetros fixados no RE 641.320/RS.

## + STJ

## INQUÉRITO POLICIAL

- **Súmula 234 do STJ:** A participação de membro do Ministério Público na fase investigatória criminal não acarreta o seu impedimento ou suspeição para o oferecimento da denúncia.

## COMPETÊNCIA

- **Súmula 542 do STJ:** A ação penal relativa ao crime de lesão corporal resultante de violência doméstica contra a mulher é pública incondicionada.
- **Súmula 209 do STJ:** Compete à justiça estadual processar e julgar prefeito por desvio de verba transferida e incorporada ao patrimônio municipal.
- **Súmula 208 do STJ:** Compete à justiça federal processar e julgar prefeito municipal por desvio de verba sujeita a prestação de contas perante órgão federal.
- **Súmula 172 do STJ:** Compete à justiça comum processar e julgar militar por crime de abuso de autoridade, ainda que praticado em serviço.

- **Súmula 90 do STJ:** Compete à justiça estadual militar processar e julgar o policial militar pela prática do crime militar, e à comum pela prática do crime comum simultâneo àquele.
- **Súmula 75 do STJ:** Compete à justiça comum estadual processar e julgar o policial militar por crime de promover ou facilitar a fuga de preso de estabelecimento penal.
- **Súmula 53 do STJ:** Compete à justiça comum estadual processar e julgar civil acusado de prática de crime contra instituições militares estaduais.
- **Súmula 6 do STJ:** Compete à justiça comum estadual processar e julgar delito decorrente de acidente de trânsito envolvendo viatura de polícia militar, salvo se autor e vítima forem policiais militares em situação de atividade.
- **Súmula 147 do STJ:** Compete à justiça federal processar e julgar os crimes praticados contra funcionário público federal, quando relacionados com o exercício da função.
- **Súmula 140 do STJ:** Compete à justiça comum estadual processar e julgar crime em que o indígena figure como autor ou vítima.
- **Súmula 122 do STJ:** Compete à justiça federal o processo e julgamento unificado dos crimes conexos de competência federal e estadual, não se aplicando a regra do art. 78, II, "a", do Código de Processo Penal.
- **Súmula 107 do STJ:** Compete à justiça comum estadual processar e julgar crime de estelionato praticado mediante falsificação das guias de recolhimento das contribuições previdenciárias, quando não ocorrente lesão à autarquia federal.
- **Súmula 104 do STJ:** Compete à justiça estadual o processo e julgamento dos crimes de falsificação e uso de documento falso relativo a estabelecimento particular de ensino.
- **Súmula 62 do STJ:** Compete à justiça estadual processar e julgar o crime de falsa anotação na Carteira de Trabalho e Previdência Social, atribuído a empresa privada.
- **Súmula 42 do STJ:** Compete à justiça comum estadual processar e julgar as causas cíveis em que é parte sociedade de economia mista e os crimes praticados em seu detrimento.
- **Súmula 38 do STJ:** Compete à justiça estadual comum, na vigência da Constituição de 1988, o processo por contravenção penal, ainda que praticada em detrimento de bens, serviços ou interesse da União ou de suas entidades.
- **Súmula 244 do STJ:** Compete ao foro do local da recusa processar e julgar o crime de estelionato mediante cheque sem provisão de fundos.
- **Súmula 200 do STJ:** O juízo federal competente para processar e julgar acusado de crime de uso de passaporte falso é o do lugar onde o delito se consumou.
- **Súmula 165 do STJ:** Compete à justiça federal processar e julgar crime de falso testemunho cometido no processo trabalhista.
- **Súmula 151 do STJ:** A competência para o processo e julgamento por crime de contrabando ou descaminho define-se pela prevenção do juízo federal do lugar da apreensão dos bens.
- **Súmula 59 do STJ:** Não há conflito de competência se já existe sentença com trânsito em julgado, proferida por um dos juízos conflitantes.
- **Súmula 48 do STJ:** Compete ao juízo do local da obtenção da vantagem ilícita processar e julgar crime de estelionato cometido mediante falsificação de cheque.
- **Súmula 546 do STJ:** A competência para processar e julgar o crime de uso de documento falso é firmada em razão da entidade ou órgão ao qual foi apresentado o documento público, não importando a qualificação do órgão expedidor.

## PROVA NO PROCESSO PENAL

- **Súmula 455 do STJ:** A decisão que determina a produção antecipada de provas com base no art. 366 do CPP deve ser concretamente fundamentada, não a justificando unicamente o mero decurso do tempo.

## PRISÃO E OUTRAS MEDIDAS CAUTELARES CONTRA A PESSOA DO ACUSADO

- **Súmula 64 do STJ:** Não constitui constrangimento ilegal o excesso de prazo na instrução, provocado pela defesa.
- **Súmula 52 do STJ:** Encerrada a instrução criminal, fica superada a alegação de constrangimento por excesso de prazo.
- **Súmula 21 do STJ:** Pronunciado o réu, fica superada a alegação do constrangimento ilegal da prisão por excesso de prazo na instrução.
- **Súmula 81 do STJ:** Não se concede fiança quando, em concurso material, a soma das penas mínimas cominadas for superior a dois anos de reclusão.

## DA SENTENÇA

- **Súmula 545 do STJ:** Quando a confissão for utilizada para a formação do convencimento do julgador, o réu fará jus à atenuante prevista no art. 65, III, d, do Código Penal.
- **Súmula 347 do STJ:** O conhecimento de recurso de apelação do réu independe de sua prisão.

## PROCEDIMENTOS ESPECIAIS

- **Súmula 330 do STJ:** É desnecessária a resposta preliminar de que trata o art. 514 do Código de Processo Penal, na ação penal instruída por inquérito policial.

## DO JUIZADO ESPECIAL CRIMINAL (JECRIM)

- **Súmula 337 do STJ:** É cabível a suspensão condicional do processo na desclassificação do crime e na procedência parcial da pretensão punitiva.
- **Súmula 243 do STJ:** O benefício da suspensão do processo não é aplicável em relação às infrações penais cometidas em concurso material, concurso formal ou continuidade delitiva, quando a pena mínima cominada, seja pelo somatório, seja pela incidência da majorante, ultrapassar o limite de um (01) ano.
- **Súmula 536 do STJ:** A suspensão condicional do processo e a transação penal não se aplicam na hipótese de delitos sujeitos ao rito da Lei Maria da Penha.

## RECURSOS E AÇÕES AUTÔNOMAS DE IMPUGNAÇÃO

- **Súmula 604 do STJ:** O mandado de segurança não se presta para atribuir efeito suspensivo a recurso criminal interposto pelo Ministério Público.
- **Súmula 347 do STJ:** O conhecimento de recurso de apelação do réu independe de sua prisão.

## EXECUÇÃO CRIMINAL

- **Súmula 639 do STJ:** Não fere o contraditório e o devido processo decisão que, sem ouvida prévia da defesa, determine transferência ou permanência de custodiado em estabelecimento penitenciário federal.
- **Súmula 643 do STJ:** A execução da pena restritiva de direitos depende do trânsito em julgado da condenação.

- **Súmula 491 do STJ:** É inadmissível a chamada progressão per saltum de regime prisional.
- **Súmula 535 do STJ:** A prática de falta grave não interrompe o prazo para fim de comutação de pena ou indulto.
- **Súmula 534 do STJ:** A prática de falta grave interrompe a contagem do prazo para a progressão de regime de cumprimento de pena, o qual se reinicia a partir do cometimento dessa infração.
- **Súmula 533 do STJ:** Para o reconhecimento da prática de falta disciplinar no âmbito da execução penal, é imprescindível a instauração de procedimento administrativo pelo diretor do estabelecimento prisional, assegurado o direito de defesa, a ser realizado por advogado constituído ou defensor público nomeado.
- **Súmula 526 do STJ:** O reconhecimento de falta grave decorrente do cometimento de fato definido como crime doloso no cumprimento da pena prescinde do trânsito em julgado de sentença penal condenatória no processo penal instaurado para apuração do fato.
- **Súmula 520 do STJ:** O benefício de saída temporária no âmbito da execução penal é ato jurisdicional insuscetível de delegação à autoridade administrativa do estabelecimento prisional.
- **Súmula 562 do STJ:** É possível a remição de parte do tempo de execução da pena quando o condenado, em regime fechado ou semiaberto, desempenha atividade laborativa, ainda que extramuros.

*Henrique Correia*

## TABELA DE INCIDÊNCIA DE QUESTÕES

| **Distribuição das questões organizada por ordem didática de assuntos** | | |
|---|---|---|
| **Assunto** | **Número de Questões** | **Peso** |
| 1. INTRODUÇÃO AO DIREITO DO TRABALHO | 3 | 2,21% |
| 2. SUJEITOS DA RELAÇÃO DE TRABALHO | 15 | 11,03% |
| 3. RELAÇÕES DE TRABALHO QUE NÃO CONFIGURAM VÍNCULO EMPREGATÍCIO | 4 | 2,94% |
| 4. EMPREGADOR | 4 | 2,94% |
| 5. TERCEIRIZAÇÃO | 3 | 2,21% |
| 6. CONTRATO INDIVIDUAL DO TRABALHO | 22 | 16,18% |
| 7. DURAÇÃO DO TRABALHO | 21 | 15,44% |
| 8. INTERVALOS | 1 | 0,74% |
| 9. DESCANSO SEMANAL REMUNERADO E FÉRIAS | 4 | 2,94% |
| 10. SALÁRIO E REMUNERAÇÃO | 18 | 13,24% |
| 11. ESTABILIDADE | 8 | 5,88% |
| 12. FGTS | 4 | 2,94% |
| 13. SEGURANÇA E MEDICINA DO TRABALHO | 1 | 0,74% |
| 14. AVISO-PRÉVIO | 2 | 1,47% |
| 15. TÉRMINO DO CONTRATO DE TRABALHO | 15 | 11,03% |
| 16. PRESCRIÇÃO E DECADÊNCIA | 1 | 0,74% |
| 17. DIREITO COLETIVO DO TRABALHO | 10 | 7,35% |
| **Total** | **136** | **100%** |

# Direito do Trabalho

*Henrique Correia*

✦ QUESTÕES

## 1. INTRODUÇÃO AO DIREITO DO TRABALHO

### 1.1. COMISSÃO DE CONCILIAÇÃO PRÉVIA

▸ Art. 625-A ao 625-H, CLT

**01. (FGV – Exame de Ordem 2013.2)** Félix trabalhou na empresa Só Patinhas Pet Shop de 03.01.2011 a 15.06.2011, quando recebeu aviso prévio indenizado. Em 10.07.2013 procurou a comissão de conciliação prévia de sua categoria, reclamando contra a ausência de pagamento de algumas horas extras. A sessão foi designada para 20.07.2013, mas a empresa não compareceu. Munido de declaração neste sentido, Félix ajuizou reclamação trabalhista em 22.07.2013 postulando as referidas horas extraordinárias. Em defesa, a ré arguiu prescrição bienal.

A partir dessa situação, assinale a afirmativa correta.

a) Ocorreu prescrição porque a ação foi ajuizada após dois anos do rompimento do contrato.

b) Não se cogita de prescrição no caso apresentado, pois com o ajuizamento da demanda perante a Comissão de Conciliação Prévia, o prazo prescricional foi suspenso.

c) Está prescrito porque o período do aviso prévio não é computado para a contagem de prescrição, pois foi indenizado, e a apresentação de demanda na Comissão de Conciliação Prévia não gera qualquer efeito.

d) Não se cogita de prescrição no caso apresentado, pois com o ajuizamento da demanda perante a Comissão de Conciliação Prévia, o prazo foi interrompido.

**COMENTÁRIOS**

✪ **Nota do autor:** A questão aborda o tema da Comissão de Conciliação Prévia. Ademais, apresenta maior grau de complexidade, uma vez que exigia conhecimentos específicos do tema, do termo inicial após o aviso-prévio e do cômputo do prazo prescricional.

**Alternativa "b".** *Comentário serve para as demais alternativas, uma vez que versam sobre o mesmo assunto.* "O prazo prescricional será suspenso a partir da provocação da Comissão de Conciliação Prévia, recomeçando a fluir, pelo que lhe resta, a partir da tentativa frustrada de conciliação ou do esgotamento do prazo previsto no art. 625-F." (art. 625-G, CLT). Inicialmente, cumpre destacar que o termo inicial do prazo prescricional de Félix ocorreu com o término do prazo do aviso-prévio. Em que pese o aviso tenha sido indenizado, o prazo de 30 dias a que Félix teria direito é computado para o início da contagem do prazo prescricional, ou seja, no dia 15.07.2011. Nesse sentido, a Orientação Jurisprudencial nº 82 da SDI-I do TST: "A data de saída a ser anotada na CTPS deve corresponder à do término do prazo do aviso prévio, ainda que indenizado".

Com isso, no dia 10.07.2013, Félix ainda tinha o prazo de 5 dias para ajuizar a reclamação trabalhista antes que ocorresse a prescrição bienal. No entanto, a partir dessa data, o prazo prescricional foi suspenso com a convocação da Comissão de Conciliação prévia. Dessa forma, o prazo apenas recomeçou a fluir a partir da tentativa frustrada de negociação, isto é, em 20.07.2013. Tendo em vista que a reclamação foi proposta na data de 22.07.2013, apenas 2 dias após o reinicio do prazo prescricional, não se verificou a prescrição bienal trabalhista.

Ressalta-se que no ano de 2018, o STF decidiu as ADINs de nº 2139, 2160 e 2237, entendendo que a conciliação em Comissão de Conciliação Prévia, prevista no art. 625-D da CLT, não é requisito essencial para propositura da ação trabalhista.

**Alternativa correta: letra "b".**

### 1.2. MEIOS DE SOLUÇÃO DE CONFLITOS

**02. (FGV – Exame de Ordem 2020.1)** Gervásia é empregada na Lanchonete Pará desde fevereiro de 2018, exercendo a função de atendente e recebendo o valor correspondente a um salário mínimo por mês. Acerca da cláusula compromissória de arbitragem que o empregador pretende inserir no contrato da empregada, de acordo com a CLT, assinale a afirmativa correta.

a) A inserção não é possível, porque, no Direito do Trabalho, não cabe arbitragem em lides individuais.

b) A cláusula compromissória de arbitragem não poderá ser inserida no contrato citado, em razão do salário recebido pela empregada.

c) Não há mais óbice à inserção de cláusula compromissória de arbitragem nos contratos de trabalho, inclusive no de Gervásia.

d) A cláusula de arbitragem pode ser inserida em todos os contratos de trabalho, sendo admitida de forma expressa ou tácita.

**COMENTÁRIOS**

✪ **Nota do autor:** A questão aborda o tema da arbitragem nas relações de trabalho e exigia que o candidato tivesse conhecimento acerca das modificações trazidas pela Reforma Trabalhista na inclusão do art. 507-A da CLT. Lembre-se de que o empregado hipersuficiente, figura criada pela Reforma Trabalhista no art. 444, parágrafo único, da CLT, tem amplos poderes de negociação com seu empregador nas mesmas condições do sindicato da categoria profissional.

**Alternativa "b".** *Comentário responde todas as alternativas.* "Nos contratos individuais de trabalho cuja remuneração seja superior a duas vezes o limite máximo estabelecido para os benefícios do Regime Geral de Previdência Social, poderá ser pactuada cláusula compromissória de arbitragem, desde que por iniciativa do empregado ou mediante a sua concordância expressa, nos termos previstos na Lei no 9.307, de 23 de setembro de 1996." (art. 507-A da CLT). Com base nos valores previstos para 2022, somente poderá celebrar cláusula compromissória de arbitragem o empregado que tenha remuneração superior a 2 vezes o limite dos benefícios do RGPS, que corresponde a R$ 14.174,44. Como Gervásia recebe apenas um salário mínimo, não pode resolver os conflitos da relação de trabalho por arbitragem.

**Alternativa correta: letra "b"**

**03. (FGV – Exame de Ordem 2018.1)** Jerônimo Fernandes Silva foi admitido pela sociedade empresária Usina Açúcar Feliz S.A. em 12 de fevereiro de 2018 para exercer a função de gerente regional, recebendo salário de R$ 22.000,00 mensais.

Jerônimo cuida de toda a Usina, analisando os contratos de venda dos produtos fabricados, comprando insumos e materiais, além de gerenciar os 80 empregados que a sociedade empresária possui.

A sociedade empresária pretende inserir cláusula compromissória de arbitragem no contrato de trabalho. Diante da situação retratada e dos preceitos da CLT, assinale a afirmativa correta.

a) A cláusula compromissória de arbitragem pode ser estipulada no momento da contratação, desde que o empregado manifeste concordância expressa.

b) A cláusula compromissória de arbitragem é viável, se o empregado for portador de diploma de nível superior.

c) Não cabe arbitragem nas lides trabalhistas individuais, pelo que nula eventual estipulação nesse sentido.

d) É possível a estipulação de cláusula compromissória de arbitragem, desde que isso seja homologado pelo sindicato de classe.

**COMENTÁRIOS**

✪ **Nota do autor:** A questão aborda o tema arbitragem e poderia ser cobrado tanto em Direito do Trabalho como em Processo do Trabalho. A arbitragem ocorre quando um terceiro escolhido ou indicado pelas partes é responsável por decidir o conflito. Note-se, portanto, que a arbitragem é facultativa, ou seja, em que pese um terceiro seja o prolator da decisão, as partes é que deverão, antes ou após o início do conflito, submetê-lo à arbitragem. Difere-se da conciliação e da mediação pelo fato de que o árbitro não terá a função de orientar as partes para que cheguem a uma decisão, mas, após a instrução do processo arbitral, irá proferir uma decisão que colocará fim ao conflito.

**Alternativa "a":** A Reforma Trabalhista passou a admitir a arbitragem para os empregados que recebem remuneração superior a duas vezes o limite máximo dos benefícios da Previdência Social, o que atualmente corresponde a R$ 14.174,44. Como descreve o art. 507-A da CLT, o compromisso arbitral pressupõe "iniciativa do empregado ou mediante a sua concordância expressa, nos termos previstos na Lei nº 9.307, de 23 de setembro de 1996". Decorre, portanto, de **ato voluntário da parte**, isto é, não pode ser compulsória:

> **Art. 507-A da CLT (inserido pela Reforma Trabalhista).** Nos contratos individuais de trabalho cuja remuneração seja superior a duas vezes o limite máximo estabelecido para os benefícios do Regime Geral de Previdência Social, poderá ser pactuada cláusula compromissória de arbitragem, desde que por iniciativa do empregado ou mediante a sua concordância expressa, nos termos previstos na Lei nº 9.307, de 23 de setembro de 1996.

**Alternativa "b".** O art. 507-A da CLT, introduzido pela Lei nº 13.467/2017, passa a admitir a arbitragem para os empregados que possuem remuneração superior a duas vezes o limite máximo estabelecido para os benefícios do Regime Geral de Previdência Social. Não há exigência para que o empregado tenha diploma de nível superior. É importante que o candidato não confunda o dispositivo com o art. 444, parágrafo único da CLT que prevê a figura do empregado hipersuficiente. Esse trabalhador pode negociar diretamente com seu empregador nas mesmas condições conferidas aos sindicatos. Ocorre que o art. 444, parágrafo único, exige dois requisitos:

1) Salário igual ou superior a duas vezes o limite máximo dos benefícios do Regime Geral de Previdência Social; e

2) Ser portador de diploma de nível superior.

Portanto, a Reforma Trabalhista exige o diploma de nível superior apenas ao empregado hipersuficiente, enquanto que a arbitragem pode ser realizada sem esse requisito.

**Alternativa "c".** No processo do trabalho, a arbitragem era prevista tão somente para os conflitos coletivos, conforme prevê o art. 114, § 1º, da CF/88: "Frustrada a negociação coletiva, as partes poderão eleger árbitros". No entanto, o art. 507-A da CLT, introduzido pela Lei nº 13.467/2017 (Reforma Trabalhista), passa a admitir a arbitragem para os empregados que possuem remuneração superior a duas vezes o limite máximo estabelecido para os benefícios do Regime Geral de Previdência Social.

**Alternativa "d".** Para estipulação de cláusula compromissória de arbitragem previsto no art. 507-A da CLT, não há necessidade de homologação pelo sindicato, devendo haver iniciativa do empregado ou sua concordância expressa.

**Alternativa correta: letra "a".**

## 2. SUJEITOS DA RELAÇÃO DE TRABALHO

### 2.1. EMPREGADO

**04. (FGV – Exame de Ordem 2014.1)** A empresa Infohoje Ltda. firmou contrato com Paulo, pelo qual ele prestaria consultoria e suporte de serviços técnicos de informática a clientes da empresa. Para tanto, Paulo receberia 20% do valor de cada atendimento, sendo certo que trabalharia em sua própria residência, realizando os contatos e trabalhos por via remota ou telefônica. Paulo deveria estar conectado durante o horário comercial de segunda a sexta-feira, sendo exigida sua assinatura digital pessoal e intransferível para cada trabalho, bem como exclusividade na área de informática.

Sobre o caso sugerido, assinale a afirmativa correta.

a) Paulo é prestador de serviços autônomo, não tendo vínculo de emprego, pois ausente a subordinação, já que inexistente fiscalização efetiva física.

b) Paulo é prestador de serviços autônomo, não tendo vínculo de emprego, pois ausente o pagamento de salário fixo.

c) Paulo é prestador de serviços autônomo, não tendo vínculo de emprego, pois ausente o requisito da pessoalidade, já que impossível saber se era Paulo quem efetivamente estaria trabalhando.

d) Paulo é empregado da empresa, pois presentes todos os requisitos caracterizadores da relação de emprego.

**COMENTÁRIOS**

✪ **Nota do autor:** A questão aborda o tema dos requisitos para configuração da relação de emprego. Questão muito interessante, uma vez que exigia o conhecimento de cada requisito aplicado a um caso concreto. Ademais, lembre-se que não há na CLT exigência de que o empregado preste serviços com exclusividade. Não é requisito para configurar o vínculo empregatício que ele trabalhe para apenas um único empregador. Há possibilidade de vários contratos de trabalho, com empresas diversas, simultaneamente.

**Alternativa "d".** *Comentário serve para as demais alternativas, uma vez que versam sobre o mesmo assunto.* "Considera-se empregado toda pessoa física que prestar serviços de natureza não eventual a empregador, sob a dependência deste e mediante salário." (art. 3º, *caput*, CLT). Note-se que estão presentes os requisitos necessários para a configuração da relação de emprego de Paulo com a empresa Infohoje Ltda.:

1) **Pessoalidade:** o empregado Paulo não pode se fazer substituir por um terceiro;
2) **Não eventualidade:** o trabalho é realizado de forma a se prolongar no tempo com jornada de trabalho de segunda a sexta-feira, ou seja, não é meramente ocasional;
3) **Onerosidade:** Em que pese Paulo não venha a receber salário fixo, a CLT permite o recebimento de comissão como salário. Trata-se do empregado comissionista puro. Nesse sentido, dispõe o art. 457, § 1º, CLT, com redação dada pela Reforma Trabalhista: "§ 1º Integram o salário a importância fixa estipulada, as gratificações legais e as comissões pagas pelo empregador."
4) **Subordinação:** Verifica-se também o preenchimento desse requisito na medida em que está sujeito ao controle de seu serviço por meios telemáticos e informatizados. Nesse sentido, a CLT já previa o teletrabalho no art. 6º. Com a Reforma Trabalhista, o tema foi regulamentado no título II, capítulo II-A da CLT. Além disso, o empregado submetido ao regime de teletrabalho foi excluído do controle de jornada, nos termos do art. 62, III da CLT, que também foi inserido pela Reforma Trabalhista.

**Alternativa correta: letra "d".**

## 2.2. CTPS – CARTEIRA DE TRABALHO E PREVIDÊNCIA SOCIAL

**05. (FGV – Exame de Ordem 2020.1)** Renato é um empregado doméstico que atua como caseiro no sítio de lazer do seu empregador. Contudo, a CTPS de Renato foi assinada como sendo operador de máquinas da empresa de titularidade do seu empregador. Renato tem receio de que, no futuro, não possa comprovar experiência na função de empregado doméstico e, por isso, intenciona ajuizar reclamação trabalhista para regularizar a situação. Considerando a situação narrada e o entendimento consolidado do TST, assinale a afirmativa correta.

a) Caso comprove que, de fato, é doméstico, Renato conseguirá a retificação na CTPS, pois as anotações nela lançadas têm presunção relativa.
b) Somente o salário poderia ser objeto de demanda judicial para se comprovar que o empregado recebia valor superior ao anotado, sendo que a alteração na função não é prevista, e a demanda não terá sucesso.
c) Caso Renato comprove que é doméstico, o pedido será julgado procedente, mas a alteração será feita com modulação de efeitos, com retificação da data da sentença em diante.
d) Renato não terá sucesso na sua reclamação trabalhista, porque a anotação feita na carteira profissional tem presunção absoluta.

**COMENTÁRIOS**

**Nota do autor:** A questão aborda o tema das anotações na CTPS do empregado. A Lei nº 13.874/2019 (Lei da Liberdade Econômica) alterou a redação do art. 14 da CLT para prever a emissão de CTPS em meio eletrônico. É importante mencionar que a criação da Carteira de Trabalho Digital tem o intuito de desburocratizar e de facilitar as anotações da CTPS dos empregados. Ainda, importante ressaltar que a lei nº 14.438, de 24 de agosto de 2022, entre outras providências, incluiu os arts. 29-A e 29-B à CLT, fixando valores de multa aos empregadores que não procederem com a anotação adequada da CTPS de seus empregados:

> *a) Multa de R$ 3000,00 ao empregador que não especificar o salário, qualquer que seja sua forma de pagamento, seja ele em dinheiro ou em utilidades, bem como a estimativa da gorjeta, conforme determinado no art. 29, caput e § 1º, da CLT (a multa será de R$ 800,00 no caso de microempresa ou de empresa de pequeno porte); e*
>
> *b) Multa de R$ 600,00 pelo descumprimento de prazo das anotações especificadas no art. 29, § 2º, da CLT*

**Alternativa "a".** *Comentário responde todas as alternativas.* De acordo com o art. 456 da CLT, as anotações nela presentes provam a existência do contrato individual de trabalho. As anotações colocadas na CTPS são, em regra, tomadas por verdadeiras, mas há a possibilidade de prova em contrário. Nesse sentido, a jurisprudência do TST:

> **Súmula nº 12 do TST:** "As anotações apostas pelo empregador na carteira profissional do empregado não geram presunção juris et de jure, mas apenas juris tantum."

Registre-se que as anotações são formuladas pelo empregador, o que significa que a presunção relativa inicialmente é direcionada ao empregado. Noutras palavras, sendo a anotação da CTPS um ato unilateral do empregador, pode o empregado a qualquer tempo a questionar, tendo, porém, o ônus de provar suas alegações. É evidente que o peso das anotações diante do empregador é maior, porquanto realizada por ele mesmo.

Portanto, Renato pode ajuizar reclamação trabalhista para retificação da sua CTPS para que conste a sua condição de empregado doméstico.

**Alternativa correta: letra "a".**

**06. (FGV – Exame de Ordem 2016.3)** O restaurante Prato Cheio Ltda. resolveu contratar Gustavo para atuar como garçom. Gustavo receberá, como contraprestação, o valor de dois salários mínimos e as gorjetas cobradas na nota dos clientes que atender. Em relação à carteira profissional de Gustavo, de acordo com a CLT, assinale a afirmativa correta.

a) O empregador deverá anotar a CTPS em 24 horas, não havendo necessidade de anotar as gorjetas, mesmo porque elas variam a cada mês.
b) A CTPS do empregado deverá ser anotada em 48 horas e nela deverá ser anotado o salário e a estimativa das gorjetas.
c) O empregador tem 30 dias para anotar a carteira profissional e, na hipótese, deve anotar apenas a parte fixa da remuneração.
d) A CTPS, na ausência de prazo legal, deve ser anotada em 5 dias com o valor da média das gorjetas.

**COMENTÁRIOS**

**Nota do autor:** A questão aborda o tema da Carteira de Trabalho e Previdência Social. Esse assunto foi modificado pela Lei nº 13.874/2019 (Lei de Liberdade Econômica), que passou a prever a Carteira de Trabalho Digital, além de ampliar os prazos para a anotação da CTPS do empregador. Apesar de desatualizada, optamos pela manutenção da questão para fins didáticos da nova legislação.

**Alternativa "b".** *Comentário responde todas as alternativas.* De acordo com a antiga redação do art. 29, "caput", da CLT, o prazo para assinatura da carteira de trabalho era de **48 horas,** não se admitindo prorrogação, salvo motivo de força maior[1]. Ressalta-se que as demais anotações, durante o contrato de trabalho, como reajuste salarial, anotações das férias *etc.*, também deveriam respeitar o prazo de 48 horas, sob pena de pagamento de multa. A Lei de Liberdade Econômica alterou a redação do "caput" do dispositivo para prever que o empregador tem o prazo de 5 dias úteis para proceder à anotação da CTPS do trabalhador. Note-se que a alteração ocorre no sentido de desburocratizar o curto prazo de 48 horas previsto para a anotação na redação anterior.

A atual redação prevê também a possibilidade de adoção de sistema manual, mecânico ou eletrônico conforme instruções a serem expedidas pelo Ministério do Trabalho e Emprego. Portanto, a partir da Lei de Liberdade Econômica, os empregadores **têm o prazo de 5 dias úteis para a anotação na CTPS em meio eletrônico.**

No entanto, permanece inalterada a redação do § 1º do art. 29 da CLT que determina que a CTPS seja anotada no tocante ao salário, qualquer que seja sua forma de pagamento, bem como a estimativa da gorjeta.

**Alternativa correta: letra "b" (atualmente incorreta).** Por atualização legislativa, todas as alternativas estão incorretas.

## 2.3. EMPREGADO RURAL

- Lei nº 5.889/1973
- Art. 7º, "caput", CF/88 (EC/72-2013)

✪ **Nota do autor:** A Reforma Trabalhista alterou, em especial, artigos da CLT. Nesse sentido, não houve grande impacto em leis específicas, como é o caso da Lei nº 5.889/73 e da LC nº 150/2015. Entretanto, a aplicação da CLT a referidas leis é subsidiária. No caso de inexistência de regra específica, aplica-se a CLT, portanto.

**07. (FGV – Exame de Ordem 2016.1)** Pedro é empregado rural na Fazenda Granja Nova. Sua jornada é de segunda a sexta-feira, das 21 às 5h, com intervalo de uma hora para refeição.

Considerando o caso retratado, assinale a afirmativa correta.

a) A hora noturna de Pedro será computada como tendo 60 minutos.
b) A hora noturna rural é reduzida, sendo de 52 minutos e 30 segundos.
c) A hora noturna de Pedro será acrescida de 20%.
d) Não há previsão de redução de hora noturna nem de adicional noturno para o rural.

**COMENTÁRIOS**

✪ **Nota do autor:** A questão aborda os temas do empregado rural e trabalho noturno. Lembre-se de que o ponto essencial para identificar o trabalhador rural é prestar serviços ao empregador rural, que, de acordo com a lei, é a pessoa física ou jurídica que explore a atividade agroeconômica. Assim sendo, mesmo que o prédio esteja localizado em área urbana, se a sua destinação envolver exploração agrícola ou pecuária, o empregado será rural.

**Alternativa "a".** *Comentário serve para as demais alternativas, uma vez que versam sobre o mesmo assunto.* O horário noturno será de acordo com a atividade desenvolvida: a) na pecuária inicia-se às 20 horas e termina às 4 horas; b) na agricultura, a jornada será das 21 horas às 5 horas. A hora noturna rural, ao contrário do trabalhador urbano, não é reduzida, ou seja, a hora terá duração de 60 minutos. Durante a jornada noturna há necessidade de pagamento de adicional noturno de, no mínimo, 25% a mais que a hora diurna.

**Alternativa correta: letra "a".**

## 2.4. EMPREGADO DOMÉSTICO

- Lei Complementar nº 150/2015
- Art. 7º, parágrafo único, CF/88 (EC/72-2013)

✪ **Nota do autor:** a Reforma Trabalhista alterou, em especial, artigos da CLT. Nesse sentido, não houve grande impacto em leis específicas, como é o caso da Lei nº 5.889/73 e da LC nº 150/2015. Entretanto, a aplicação da CLT a referidas leis é subsidiária. No caso de inexistência de regra específica e desde que observadas as peculiaridades do trabalho doméstico, aplica-se a CLT, portanto.

**08. (FGV – Exame de Ordem/2018.3)** Paula trabalha na residência de Sílvia três vezes na semana como passadeira. Em geral, comparece às segundas, quartas e sextas, mas, se necessário, mediante comunicação prévia, comparece em outro dia da semana, exceto sábados, domingos e feriados.

A CTPS não foi assinada e o pagamento é por dia de trabalho. Quando Paula não comparece, não recebe o pagamento e não sofre punição, mas Sílvia costuma sempre pedir que a ausência seja previamente comunicada.

Paula procura você, como advogado(a), com dúvida acerca da sua situação jurídica. À luz da legislação específica em vigor, assinale a opção que contempla a situação de Paula.

a) Paula é diarista, pois trabalha apenas 3 vezes na semana.
b) Paula é autônoma, porque gerencia seu próprio trabalho, dias e horários.
c) Paula é empregada eventual.
d) Paula é empregada doméstica.

**COMENTÁRIOS**

✪ **Nota do autor:** A questão versa sobre o tema do empregado doméstico. Lembre-se de que a LC nº 150/2015 traz a disciplina jurídica aplicável a esses empregados. É imprescindível o conhecimento dos requisitos para configuração do vínculo de empregado doméstico previstos no art. 1º dessa lei.

**Alternativa "a".** De acordo com o art. 1º da LC nº 150/2015, O empregado doméstico é aquele que presta serviços de natureza contínua, subordinada, pessoal, onerosa e de finalidade não lucrativa à pessoa ou à família em âmbito residencial por período superior a 2 dias por semana. Assim, não há dúvidas de que, se os serviços forem prestados em 1 ou 2 dias por semana, ficará configurada a "faxineira" ou a "diarista", que representam trabalhadoras autônomas, sem direitos trabalhistas. Assim, Paula não pode ser considerada diarista, pois exerce trabalho em período superior a 2 vezes por semana.

1 MOURA, Marcelo. Consolidação das Leis do Trabalho para concursos: doutrina, jurisprudência e questões de concursos. Salvador: Juspodivm, 2018. p. 106.

**Alternativa "b".** O trabalhador autônomo é, em geral, o dono das ferramentas e demais equipamentos indispensáveis para a realização das suas atividades, possui ampla liberdade para escolher o horário de trabalho e fixar o preço de seus serviços. Verifica-se, assim, que falta ao trabalhador autônomo o requisito da subordinação para que se configure a relação empregatícia. Paula não é trabalhadora autônoma, pois há a presença do requisito da subordinação, já que tem o dever de comunicar Sílvia sobre sua ausência e de comparecer, pelo menos, 3 vezes por semana na residência.

**Alternativa "c".** O trabalhador eventual é aquele que presta serviços ocasionais, esporádicos. Ademais, outro critério para identificar o trabalhador eventual é que ele atue em atividades não permanentes da empresa. Verifica-se, no trabalho eventual, a ausência de expectativa de retorno ao local de trabalho, portanto falta o requisito da não eventualidade para configurar o vínculo empregatício. Note-se que Paula não é trabalhadora eventual, pois tinha a expectativa de retornar ao trabalho, além de prestar os serviços por, no mínimo, 3 vezes por semana.

**Alternativa "d".** *Paula é empregada doméstica, pois, além da presença dos requisitos do vínculo de emprego, há o preenchimento das hipóteses previstas na Lei dos Domésticos (LC nº 150/2015).* O empregado doméstico é aquele que presta serviços de natureza contínua, subordinada, pessoal, onerosa e de finalidade não lucrativa à pessoa ou à família em âmbito residencial por período superior a 2 dias por semana (art. 1º, *caput*, LC nº 150/2015). Note-se que Paula trabalhava pelo menos 3 vezes por semana no âmbito da residência de Sílvia e em atividades sem finalidade lucrativa (passadeira). Além disso, recebia salário pela prestação dos serviços e estava subordinada às ordens de Sílvia.

Por fim, é importante mencionar que a ausência de anotação da CTPS não impede o reconhecimento do vínculo de emprego. Assim, presentes os requisitos do art. 1º da LC nº 150/2015, Sílvia deve ser considerada empregada doméstica.

**Alternativa correta: "d".**

---

**09. (FGV – Exame de Ordem 2017.1)** Suely trabalha na casa de Rogério como cuidadora de seu pai, pessoa de idade avançada e enferma, comparecendo de segunda a sexta-feira, das 8:00 às 17:00 h, com intervalo de uma hora para refeição.

De acordo com o caso narrado e a legislação de regência, assinale a afirmativa correta.

a) O controle escrito não é necessário, porque menos de 10 empregados trabalham na residência de Rogério.

b) A lei de regência prevê que as partes podem acertar, por escrito, a isenção de marcação da jornada normal, assinalando apenas a eventual hora extra.

c) A Lei é omissa a respeito, daí por que a existência de controle deve ser acertado entre as partes envolvidas no momento da contratação.

d) Rogério deve, por força de Lei, manter controle escrito dos horários de entrada e saída da empregada doméstica.

COMENTÁRIOS

**Nota do autor:** A questão versa sobre o tema empregada doméstica e necessidade de controle de horários desta. É indispensável o conhecimento das principais diferenças entre direitos dos trabalhadores regidos pela CLT e os domésticos.

**Alternativa "d".** *Comentário serve para as demais alternativas, uma vez que versam sobre o mesmo assunto.* Em primeiro lugar, para que pudesse responder à questão, o aluno precisava identificar se tratar de relação de emprego doméstico. Para que esta se configure, devem estar presentes, além dos requisitos comuns à relação de emprego (continuidade, onerosidade, pessoalidade, subordinação) os seguintes requisitos:

- **Prestação de serviço para pessoa ou família**. É vedado que o trabalhador doméstico preste serviços para pessoas jurídicas, como empresas, associações ou cooperativas.
- **Prestação de serviços em âmbito residencial**. As atividades desenvolvidas pelos trabalhadores domésticos são prestadas, em regra, na residência de quem os contrata.
- **Finalidade não lucrativa**. É vedado que o doméstico esteja inserido em uma atividade lucrativa da família, ou seja, não poderá prestar serviços a terceiros, mas apenas à família.
- **Trabalho realizado por período superior a 2 dias por semana**: A antiga lei dos domésticos (Lei nº 5.859/1972) apenas se utilizava do termo natureza contínua, em vez de não eventualidade prevista na CLT. Assim sendo, havia grande discussão na doutrina e jurisprudência sobre o período mínimo necessário para que se caracterizasse a continuidade na relação de emprego doméstico. Prevalecia, na doutrina e na jurisprudência do TST, a exigência de prestação de serviços contínuos (sem interrupções), no mínimo, 3 vezes ou 4 dias por semana, para configurar o vínculo empregatício doméstico. Contudo, o art. 1º, *caput*, da recém-promulgada LC nº 150/2015 estabelece que será configurado o trabalho doméstico quando realizado por período superior a 2 dias:

> **Art. 1º:** *Ao empregado doméstico, assim considerado aquele que presta serviços de forma contínua, subordinada, onerosa e pessoal e de finalidade não lucrativa à pessoa ou à família, no âmbito residencial destas, por mais de 2 (dois) dias por semana, aplica-se o disposto nesta Lei. (grifos acrescidos)*

Em razão do cumprimento desses requisitos, é obrigação do empregador o controle dos horários de entrada e saída de Suely. Nesse sentido o art. 12 da LC nº 150/2015:

> **Art. 12 da LC nº 150/2015:** *É obrigatório o registro do horário de trabalho do empregado doméstico por qualquer meio manual, mecânico ou eletrônico, desde que idôneo.*

Diferentemente dos domésticos, a CLT prevê a obrigação de controle do horário de trabalho apenas para os estabelecimentos com mais de 20 empregados nos termos do art. 74, § 2º, da CLT com redação dada pela Lei nº 13.874/2019.

**Alternativa correta: letra "d".**

---

**10. (FGV – Exame de Ordem 2016.2 – Prova reaplicada Salvador-BA)** Denise é empregada doméstica e labora em sistema de escala de 12 horas seguidas por 36 horas ininterruptas de descanso na residência da sua empregadora. Em relação ao caso concreto, e de acordo com a Lei de Regência, assinale a afirmativa correta.

a) O sistema de 12x36 horas para o doméstico depende da assinatura de acordo coletivo ou da convenção coletiva de trabalho.

b) É vedada a adoção do sistema 12x36 horas para os empregados domésticos, daí porque inválido o horário adotado.

c) A Lei de regência é omissa a respeito, daí porque, em razão da proteção, não se admite o sistema de escala para o doméstico.

d) É possível a fixação do sistema de escala de 12x36 horas para o doméstico, desde que feito por acordo escrito individual.

COMENTÁRIOS

✪ **Nota do autor:** A questão aborda o tema do empregado doméstico. Após a promulgação da EC nº 72/2013, o empregado doméstico passou a ter direito ao recebimento do adicional noturno, conforme previsto no art. 7º, parágrafo único, da CF/88. A regulamentação desse direito, realizada pela LC nº 150/2015, é a mesma prevista na CLT, com hora reduzida de 52 minutos e 30 segundos para aqueles que trabalham das 22 horas de um dia até às 5 horas de outro, sendo devido o pagamento de adicional de, no mínimo, 20% sobre a hora normal (art. 14, LC nº 150/2015).

**Alternativa "d".** *Comentário serve para as demais alternativas, uma vez que versam sobre o mesmo assunto.* "É facultado às partes, **mediante acordo escrito entre essas**, estabelecer horário de trabalho de 12 (doze) horas seguidas por 36 (trinta e seis) horas ininterruptas de descanso, observados ou indenizados os intervalos para repouso e alimentação." (art. 10, "caput", LC nº 150/2015 – grifos acrescidos). Portanto, basta a previsão em acordo escrito entre empregado e empregador para o estabelecimento de jornada 12 x 36. Por sua vez, com o advento da Reforma Trabalhista, o regime 12x36 passa a ter previsão legal para os trabalhadores regidos pela CLT, admitindo-se sua pactuação mediante acordo escrito individual, convenção coletiva ou acordo coletivo, nos termos do art. 59-A da CLT:

> **Art. 59-A da CLT (inserido pela Reforma Trabalhista):** *Em exceção ao disposto no art. 59 desta Consolidação, é facultado às partes, mediante acordo individual escrito, convenção coletiva ou acordo coletivo de trabalho, estabelecer horário de trabalho de doze horas seguidas por trinta e seis horas ininterruptas de descanso, observados ou indenizados os intervalos para repouso e alimentação.*
>
> *Parágrafo único. A remuneração mensal pactuada pelo horário previsto no caput deste artigo abrange os pagamentos devidos pelo descanso semanal remunerado e pelo descanso em feriados, e serão considerados compensados os feriados e as prorrogações de trabalho noturno, quando houver, de que tratam o art. 70 e o § 5º do art. 73 desta Consolidação.*

**Alternativa correta: letra "d".**

## 2.5. EMPREGADO PÚBLICO

**11. (FGV – IX Exame Unificado da Ordem dos Advogados do Brasil – 2012.3)** De acordo com o entendimento consolidado da jurisprudência, a mudança de regime jurídico do empregado celetista para estatutário

a) não gera alteração no contrato de trabalho, que permanece intacto.

b) gera a suspensão do contrato de trabalho pelo período de três anos, prazo necessário para que o servidor público adquira estabilidade.

c) gera extinção do contrato de trabalho, iniciando-se o prazo prescricional com a alteração.

d) não gera alteração no contrato de trabalho, mesmo porque o empregado não é obrigado a aceitar a alteração de regime jurídico.

COMENTÁRIOS

✪ **Nota do autor:** A questão aborda uma situação atípica, em que o empregado, embora tenha seu contrato de trabalho extinto, continuará a prestar serviço.

**Alternativa "c".** *Comentário serve para as demais alternativas, uma vez que versam sobre o mesmo assunto.* "A transferência do regime jurídico de celetista para estatutário implica extinção do contrato de trabalho, fluindo o prazo da prescrição bienal a partir da mudança de regime" (Súmula nº 382 do TST). A alteração de regime celetista para o estatutário acarreta o término do contrato de trabalho. Consequentemente, inicia-se a contagem do prazo prescricional de 2 anos para que o antigo empregado, hoje estatutário, reivindique seus direitos trabalhistas. O ex-empregado poderá pleitear os últimos 5 anos a contar da propositura da ação judicial.

**Alternativa correta: letra "c".**

## 2.6. PROTEÇÃO DO TRABALHO DA MULHER

✪ **Nota do autor:** A Reforma Trabalhista promoveu algumas alterações no que toca à proteção do trabalho da mulher. Dentre as principais mudanças, podemos citar:

i) Revogação do art. 384 da CLT que dispunha sobre a necessidade de concessão de intervalo de 15 minutos ao final da jornada e início da jornada extraordinária;

ii) Possibilidade de acordo para a concessão do melhor horário para amamentação, nos termos do art. 396, §2º da CLT;

iii) Afastamento da gestante ou lactante do ambiente insalubre. Ressalta-se que no dia 29/05/2019, o plenário do STF, por maioria de 10 votos a 1, decidiu pela inconstitucionalidade de trecho do art. 394-A da CLT, que previa nos incisos II e III ""quando apresentar atestado de saúde, emitido por médico de confiança da mulher, que recomende o afastamento". De acordo com o relator, a proteção à maternidade e à criança não podem ser afastadas pela simples apresentação de atestado médico. Com a decisão na ADI 5.938, as empregadas gestantes e lactantes sempre deverão ser afastadas das atividades insalubres independentemente do grau de insalubridade.

iv) No dia 24/10/2022, o Tribunal, por unanimidade, julgou procedente a ADI 6327/DF para conferir interpretação conforme à Constituição ao art. 392, § 1º, da CLT, assim como ao art. 71 da Lei nº 8.213/91 e, por arrastamento, ao art. 93 do seu Regulamento (Decreto nº 3.048/99), de modo a se considerar como **termo inicial da licença-maternidade e do respectivo salário-maternidade a alta hospitalar do recém-nascido e/ou de sua mãe**, o que ocorrer por último. Ainda, segundo a Corte, a melhor interpretação é que se prorrogue em todo o período o benefício, quando a internação exceder as duas semanas previstas no art. 392, § 2º, da CLT, e no art. 93, § 3º, do Decreto nº 3.048/99. Conforme Acórdão, publicado em 07/11/2022, o pagamento do benefício, no caso de licenças prolongadas, ficará a cargo da Previdência Social, pois o benefício e sua fonte de custeio já existem.

**12. (FGV – Exame de Ordem 2020.1)** Rafaela trabalha em uma empresa de calçados. Apesar de sua formação como estoquista, foi preterida em uma vaga para tal por ser mulher, o que seria uma promoção e geraria aumento salarial. Um mês depois, a empresa exigiu que todas as funcionárias do sexo feminino apresentassem atestado médico de gravidez. Rafaela, 4 meses após esse fato, engravidou e, após apresentação de atestado médico, teve a jornada reduzida em duas horas, por se tratar de uma gestação delicada, o que acarretou a redução salarial proporcional. Sete meses após o parto, Rafaela foi dispensada. Como advogado(a) de Rafaela, de acordo com a legislação trabalhista em vigor, assinale a opção que contém todas as violações aos direitos trabalhistas de Rafaela.

a) Recusa, fundamentada no sexo, da promoção para a função de estoquista.

b) Recusa, fundamentada no sexo, da promoção para a função de estoquista, exigência de atestado de gravidez e redução salarial.

c) Recusa, fundamentada no sexo, da promoção para a função de estoquista, exigência de atestado de gravidez, redução salarial e dispensa dentro do período de estabilidade gestante.

d) Dispensa dentro do período de estabilidade gestante.

**COMENTÁRIOS**

✪ **Nota do autor:** A questão aborda o tema da proteção do trabalho da mulher. Note-se que, de acordo com o art. 394-A da CLT, as empregadas gestantes e lactantes devem ser afastadas de atividades insalubres.

Vale ressaltar que o STF declarou a inconstitucionalidade de trecho do art. 394-A da CLT para prever que o afastamento de atividades insalubres deve ocorrer para todas as gestantes e lactantes em atividades insalubres.

**Alternativa "b".** *Comentário responde todas as alternativas.* A empresa de calçados praticou três violações aos direitos trabalhistas de Rafaela, sendo duas condutas discriminatórias e a outra que viola o princípio da irredutibilidade salarial. De acordo com o art. 373-A, III e IV da CLT, é vedado à empresa considerar o sexo como variável determinante para fins de remuneração, formação profissional e oportunidades de ascensão profissional e também de exigir atestado de gravidez na permanência do emprego. Note-se, portanto, que a empresa não poderia ter recusado a promoção da estoquista fundamentada no sexo e também não podia exigir atestado de gravidez:

> **Art. 373-A, da CLT.** *Ressalvadas as disposições legais destinadas a corrigir as distorções que afetam o acesso da mulher ao mercado de trabalho e certas especificidades estabelecidas nos acordos trabalhistas, é vedado:*
>
> *III – considerar o sexo, a idade, a cor ou situação familiar como variável determinante para fins de remuneração, formação profissional e oportunidades de ascensão profissional;*
>
> *IV – exigir atestado ou exame, de qualquer natureza, para comprovação de esterilidade ou gravidez, na admissão ou permanência no emprego;*

Além disso, de acordo com o art. 7º, IV, da CF/88, o salário do empregado é irredutível salvo acordo ou convenção coletiva de trabalho. Destaca-se que, somente durante a vigência da Lei nº 14.020/2020 até o fim do estado de calamidade pública decorrente da pandemia do novo coronavírus, foi possível a redução de salários e de jornada por acordo individual, o que se encerrou em 31/12/2020. Portanto, a redução de salários e de jornada da empregada não é permitida.

**Alternativa correta: letra "b".**

## 2.7. APRENDIZ

▸ Arts. 428 a 433, CLT

✪ **Nota do autor:** No dia 04 de maio de 2022, foi publicada a MP n.º 1.116/2022, que realizava alterações estruturais no contrato de aprendizagem. No mesmo dia, foi editado pelo Poder Executivo o Decreto nº 11.061/2022, que, entre outras medidas, altera o Decreto da aprendizagem (Decreto nº 9.579/2018), adequando o seu texto às mudanças na CLT realizadas pela MP n.º 1.116/2022.

Dentre as principais alterações realizadas pela MP, podemos citar a alteração do prazo do contrato de aprendizagem para 03 (três) e, em alguns casos , 04 (quatro) anos; a possibilidade de contagem em dobro da cota legal; e a cota continuada, para estabelecer que, caso o aprendiz seja contratado como empregador regular (contrato por prazo indeterminado), isto é, efetivado após o término do contrato de aprendizagem, continuará a ser contabilizado para fins de cumprimento da cota de aprendizagem pelo prazo máximo de doze meses.

Durante o seu trâmite no Congresso Nacional, o texto original da MP nº 1.116/2022 sofreu inúmeras alterações e o texto aprovado, posteriormente convertido na Lei nº 14.457, de 2022, **não modificou os dispositivos da CLT que tratam sobre o contrato de aprendizagem**. Portanto, mesmo com a conversão em lei da referida MP, a regulamentação do trabalho do aprendiz na CLT permaneceu inalterada, tal qual era antes da MP.

Contudo, essas alterações permanecem no Decreto nº 9.579/18. Os novos prazos estão dispostos no art. 45 e §§; a cota em dobro, no art. 51-C; e a cota continuada, no art. 51-B. Assim, muitas das alterações promovidas pelo Decreto nº 11.061/2022, com a aprovação da MP sem a parte que alterava o contrato de aprendizagem, **perderam o lastro de legalidade**.

---

**13. (FGV – Exame de Ordem 2013.2)** A empresa Gomes Sardinha Móveis Ltda. é procurada por um jovem portador de deficiência, que tem 30 anos, e deseja ser contratado como aprendiz de marceneiro. A empresa tem dúvida sobre a possibilidade legal dessa contratação.

A partir do caso relatado, assinale a afirmativa correta.

a) Não se aplica a idade máxima ao aprendiz portador de deficiência, de modo que a contratação é possível.

b) A idade máxima do aprendiz é de 24 anos, não havendo exceção, pelo que não é possível a contratação.

c) Havendo autorização da Superintendência Regional do Trabalho, o jovem poderá ser contratado como aprendiz, haja vista sua situação especial.

d) Não existe idade máxima para a contratação de aprendizes, daí porque, em qualquer hipótese, a admissão é possível.

**COMENTÁRIOS**

✪ **Nota do autor:** A questão aborda o tema do aprendiz, que é considerado empregado uma vez que presentes todos os requisitos da relação empregatícia. Entretanto, trata-se de um contrato de trabalho especial que permite o trabalho a partir dos 14 anos de idade. Ademais, ao aprendiz, salvo condição mais favorável, será garantido o salário-mínimo hora. Entende-se por condição mais favorável aquela fixada no contrato de aprendizagem ou prevista em convenção ou acordo coletivo.

**Alternativa "a".** *Comentário serve para as demais alternativas, uma vez que versam sobre o mesmo assunto.* A idade permitida para o contrato de aprendizagem é do maior de 14 anos e do menor de 24 anos. Esse limite máximo, 24 anos, não se aplica aos aprendizes com deficiência. (art. 428, § 5º, CLT). Ademais, lembre-se de que o contrato de aprendizagem é por prazo determinado. Assim sendo, não poderá ser firmado por mais de dois anos, com o mesmo empregador. Se extrapolado o limite de dois anos, o contrato será automaticamente convertido em prazo indeterminado. Esse limite máximo de dois anos também não se aplica ao aprendiz com deficiência.

**Alternativa correta: letra "a".**

## 2.8. ATLETA PROFISSIONAL

▸ Lei nº 9.615/1998

**14. (FGV- XXXV Exame de Ordem-2022)** Pedro Paulo joga futebol em um clube de sua cidade, que é classificado como formador, e possui com o referido clube um contrato de formação. Recentemente, recebeu uma proposta para assinar seu primeiro contrato profissional.

Sabedor de que não há nenhum outro clube interessado em assinar um primeiro contrato especial de trabalho desportivo como profissional, Pedro Paulo consultou você, como advogado(a), para saber acerca da duração do referido contrato.

Diante disso, observada a Lei Geral do Desporto, assinale a afirmativa correta.

a) O contrato poderá ter prazo indeterminado.

b) O contrato poderá ter duração máxima de cinco anos.

c) O contrato poderá ter duração máxima de três anos.

d) Não há prazo máximo estipulado, desde que seja por prazo determinado.

COMENTÁRIOS

✪ **Nota do autor:** A questão aborda o contrato especial de trabalho desportivo, tema regulamentado pela Lei Pelé (Lei nº 9.615/98). A questão, em si, não é difícil, pois exigiu do candidato apenas o conhecimento da literalidade da lei. Contudo, não é um tema recorrente nas provas da OAB e, por isso, pegou muita gente desprevenida.

**Alternativa "b".** *Comentário serve para as demais alternativas, uma vez que versam sobre o mesmo assunto.* Conforme consta do enunciado, o clube da cidade em que Pedro Paulo é uma entidade formadora de atleta. Nos termos da legislação, para que seja considerada uma entidade formadora, o clube deverá fornecer aos atletas programas de treinamento nas categorias de base e complementação educacional e cumprir com uma série de exigências legais cumulativas, como garantir assistência educacional, psicológica, médica e odontológica, assim como alimentação, transporte e convivência familiar dos atletas em formação e manter corpo de profissionais especializados em formação tecnicodesportiva (art. 29, § 2º, Lei Pelé). Em contrapartida, entidade de prática desportiva formadora do atleta terá o **direito** de assinar com ele, a partir de 16 (dezesseis) anos de idade, o primeiro contrato especial de trabalho desportivo, cujo prazo máximo será de 5 (cinco) anos (art. 29, caput, Lei Pelé).

**Alternativa correta: letra "b".**

## 2.9. EMPREGADOR

**15. (FGV – Exame de Ordem XXXVI – 2022)** A sociedade empresária Mangiare Bene, do ramo de serviços de alimentação, tem um plano de expansão em que pretende assumir as atividades de outros restaurantes, passando a deter a maioria do capital social destes. Preocupada com os contratos de trabalho dos futuros empregados, ela consulta você, na condição de advogado(a). Em relação à consulta feita, considerando a CLT em vigor, assinale a afirmativa correta.

a) A mudança na propriedade ou na estrutura jurídica da sociedade não afetará os contratos de trabalho dos respectivos empregados, mas, em caso de sucessão de empregadores, as obrigações trabalhistas, inclusive as contraídas à época em que os empregados trabalhavam para a empresa sucedida, são de responsabilidade do sucessor.

b) A mudança na propriedade ou na estrutura jurídica da empresa não afetará os contratos de trabalho dos respectivos empregados, mas, operando-se a sucessão de empregadores, as obrigações trabalhistas contraídas à época em que os empregados trabalhavam para a empresa sucedida serão de responsabilidade desta; já as obrigações trabalhistas posteriores à sucessão são de responsabilidade do sucessor.

c) Em caso de comprovação de fraude na sucessão de empregadores, a empresa sucessora responde como devedora principal, e a sucedida responderá subsidiariamente.

d) Em caso de sucessão trabalhista, esta implicará novação dos contratos de trabalho dos empregados admitidos antes da sucessão, de modo que poderão ocorrer alterações contratuais pelo atual empregador por se entender como novo contrato, respeitado apenas o tempo de serviço.

COMENTÁRIOS

✪ **Nota do autor:** A questão aborda a responsabilidade na sucessão empregadores. Trata-se de uma questão corriqueira na prática trabalhistas. Então, muita atenção, além de ser um conhecimento valioso para o Exame da Ordem, você certamente irá se deparar com uma situação dessa na sua atuação profissional.

**Alternativas "a".** *Comentário serve para as demais alternativas, uma vez que versam sobre o mesmo assunto.* Para que de fato possamos falar em sucessão de empregadores, é preciso a ocorrência de 2 requisitos: a) transferência do estabelecimento, da parte produtiva, da unidade econômico-jurídica; e ocorrência de paralisação da atividade. Preenchidos esses dois requisitos, o sucessor **responderá** pelos débitos trabalhistas, inclusive os contraídos à época em que os empregados trabalhavam para a empresa sucedida. O sucessor, portanto, assumirá o bônus (riquezas produzidas pela empresa sucedida) e o ônus (débitos trabalhistas) decorrentes da sucessão:

> **Art. 10.** Qualquer alteração na estrutura jurídica da empresa não afetará os direitos adquiridos por seus empregados.
>
> **Art. 448.** A mudança na propriedade ou na estrutura jurídica da empresa não afetará os contratos de trabalho dos respectivos empregados.
>
> **Art. 448-A.** Caracterizada a sucessão empresarial ou de empregadores prevista nos arts. 10 e 448 desta Consolidação, as obrigações trabalhistas, inclusive as contraídas à época em que os empregados trabalhavam para a empresa sucedida, são de responsabilidade do sucessor.

No caso de fraude na transferência das empresas, a responsabilidade será solidária:

> **Art. 448-A, parágrafo único.** A empresa sucedida responderá solidariamente com a sucessora quando ficar comprovada fraude na transferência.

**Alternativa correta: letra "a".**

**16. (FGV – Exame de Ordem 2020.1)** Paulo trabalhou para a Editora Livro Legal Ltda. de 10/12/2017 a 30/08/2018 sem receber as verbas rescisórias ao final do contrato, sob a alegação de dificuldades financeiras da empregadora. Em razão disso, ele pretende ajuizar ação trabalhista e procurou você, como advogado(a). Sabe-se que a empregadora de Paulo estava sob o controle e a direção da sócia majoritária, a Editora Mundial Ltda. Assinale a afirmativa que melhor atende à necessidade e à segurança de satisfazer o crédito do seu cliente.

a) Poderá incluir a sociedade empresária controladora no polo passivo da demanda, e esta responderá solidariamente com a empregadora, pois se trata de grupo econômico.

b) Poderá incluir a sociedade empresária controladora no polo passivo da demanda, e esta responderá subsidiariamente com a empregadora, pois se trata de grupo econômico.

c) Não há relação de responsabilização entre as sociedades empresárias, uma vez que possuem personalidades jurídicas distintas, o que afasta a caracterização de grupo econômico.

d) Não se trata de grupo econômico, porque a mera identidade de sócios não o caracteriza; portanto, descabe a responsabilização da segunda sociedade empresária.

**COMENTÁRIOS**

**Nota do autor:** A questão aborda o tema do grupo econômico. Lembre-se de que a Reforma Trabalhista passou a admitir a formação de grupo econômico por subordinação (quando uma empresa é subordinada a outra) e por coordenação (novidade trazida que permite a formação do grupo ainda que cada empresa tenha autonomia, desde que haja interesse integrado, comunhão de interesse e atuação conjunta das empresas integrantes do grupo)

**Alternativa "a".** *Comentário responde todas as alternativas.* "Sempre que uma ou mais empresas, tendo, embora, cada uma delas, personalidade jurídica própria, estiverem sob a direção, controle ou administração de outra, ou ainda quando, mesmo guardando cada uma sua autonomia, integrem grupo econômico, serão responsáveis solidariamente pelas obrigações decorrentes da relação de emprego." (art. 2º, § 2º, da CLT). Note-se que o enunciado é claro ao afirmar que a Editora Livro Legal LTDA era controlada pela empresa Editora Mundial Ltda, o que demonstra a relação de subordinação suficiente para a configuração do grupo econômico. Nesse caso, Paulo poderá incluir a sociedade empresária controladora no polo passivo da demanda e a consequência jurídica da formação do grupo econômico é a responsabilidade solidária entre as empresas integrantes.

**Alternativa correta: letra "a"**

---

**17. (Exame de Ordem 2017.3 – FGV)** José trabalhou como despachante para a sociedade empresária Vinhos do Sul Ltda. Frequentemente ele reparava que, nas notas de despacho, constava também a razão social da sociedade empresária Vinhos e Sucos de Bento Gonçalves Ltda. Os CNPJs das sociedades empresárias eram distintos, assim como suas respectivas personalidades jurídicas, porém, os sócios de ambas eram os mesmos, sendo certo que a sociedade empresária Vinhos e Sucos de Bento Gonçalves Ltda. era sócia majoritária da sociedade empresária Vinhos do Sul Ltda., além dos sócios pessoas físicas. Com base no caso narrado, assinale a opção que apresenta a figura jurídica existente entre as sociedades empresárias e o efeito disso perante o contrato de trabalho de João, em caso de eventual ação trabalhista.

a) Trata-se de consórcio de empregadores, havendo responsabilidade solidária.

b) Trata-se de consórcio de empregadores, havendo responsabilidade subsidiária.

c) Trata-se de grupo econômico, havendo responsabilidade solidária.

d) Trata-se de grupo econômico, havendo responsabilidade subsidiária.

**COMENTÁRIOS**

**Nota do autor:** A questão exigia o conhecimento dos requisitos para configuração de grupo econômico, tema que foi afetado pela Reforma Trabalhista. Antes da Lei nº 13.467/2017, havia, apenas, a previsão legal de grupo econômico por subordinação na CLT.

Com o advento da Reforma Trabalhista, entretanto, admite-se a configuração de grupo econômico por coordenação, que ocorre quando as empresas guardem cada uma sua autonomia. Lembre-se de que, para a configuração de grupo econômico não é suficiente a mera identidade de sócios, devendo ainda, estar presentes os seguintes requisitos:

a) interesse integrado;

b) comunhão de interesses;

c) atuação conjunta das empresas integrantes do grupo.

**Alternativa "c".** *Comentário serve para as demais alternativas, uma vez que versam sobre o mesmo assunto.* A Reforma Trabalhista não foi objeto da prova em questão. De qualquer modo, mesmo diante do seu advento, mostra-se plenamente possível a caracterização do grupo econômico no caso concreto, o que traz como consequência a figura do empregador único, assim como a responsabilidade solidária pelos débitos trabalhistas.

Apesar disso, deve-se ressaltar que a mera identidade de sócios não caracteriza, por si só, o grupo econômico, devendo estar presentes, nos termos do art. 2º, §3º da CLT, o interesse integrado, a efetiva comunhão de interesses e a atuação conjunta das empresas.

Veja como ficou a redação do art. 2º da CLT sobre o assunto:

> **Art. 2º, § 2º da CLT (com redação dada pela Reforma Trabalhista):** *Sempre que uma ou mais empresas, tendo, embora, cada uma delas, personalidade jurídica própria, estiverem sob a direção, controle ou administração de outra, ou ainda quando, mesmo guardando cada uma sua autonomia, integrem grupo econômico, serão responsáveis solidariamente pelas obrigações decorrentes da relação de emprego.*
>
> *§ 3º Não caracteriza grupo econômico a mera identidade de sócios, sendo necessárias, para a configuração do grupo, a demonstração do interesse integrado, a efetiva comunhão de interesses e a atuação conjunta das empresas dele integrantes.*

Por sua vez, o consórcio de empregadores é figura presente no âmbito rural, que, nos termos do art. 25 A da Lei nº 8.212/91 é "formado pela união de produtores rurais pessoas físicas, que outorgar a um deles poderes para contratar, gerir e demitir trabalhadores para prestação de serviços, exclusivamente, aos seus integrantes, mediante documento registrado em cartório de títulos e documentos", não se confundindo com o grupo econômico.

Referida figura, segundo Maurício Godinho Delgado, pode estar presente em âmbito urbano, além de implicar a responsabilidade solidária entre os consorciados[2].

**Alternativa correta: letra "c".**

---

**18. (Exame de Ordem 2017.3 – FGV)** Carlos, professor de educação física e fisioterapeuta, trabalhou para a Academia Boa Forma S/A, que assinou sua CTPS. Cumpria jornada de segunda a sexta-feira, das 7h às 16h, com uma hora de intervalo para

2 DELGADO, Maurício Godinho. Curso de Direito do Trabalho. 15. ed. São Paulo: Ltr, 2016. P. 484.

TRABALHO

almoço. Ao longo da jornada de trabalho, ele ministrava quatro aulas de ginástica com 50 minutos de duração cada, e, também, fazia atendimentos fisioterápicos previamente marcados pelos alunos da Academia, na sociedade empresária Siga em Boa Forma Ltda., do mesmo grupo econômico da Academia, sem ter sua CTPS anotada. Dispensado, Carlos pretende ajuizar ação trabalhista. Diante disso, em relação ao vínculo de emprego de Carlos assinale a afirmativa correta.

a) O caso gera a duplicidade de contratos de emprego, sendo as empresas responsáveis solidárias dos débitos trabalhistas.

b) O caso gera a duplicidade de contratos de emprego, sendo as empresas responsáveis subsidiárias dos débitos trabalhistas.

c) O caso gera duplicidade de contratos de emprego, cada empresa com sua responsabilidade.

d) O caso não gera coexistência de mais de um contrato de trabalho.

COMENTÁRIOS

**Nota do autor:** O tema grupo econômico recebeu novas disposições legais com a Reforma Trabalhista.

Com o advento da Reforma Trabalhista, entretanto, admite-se a configuração de grupo econômico por coordenação, que ocorre quando as empresas guardem cada uma sua autonomia.

Lembre-se de que, para a configuração de grupo econômico não é suficiente a mera identidade de sócios, devendo ainda, estar presentes os seguintes requisitos:

a) interesse integrado;

b) comunhão de interesses;

c) atuação conjunta das empresas integrantes do grupo.

| ANTES DA REFORMA | APÓS A REFORMA | |
|---|---|---|
| GRUPO ECONÔMICO POR SUBORDINAÇÃO | GRUPO ECONÔMICO POR SUBORDINAÇÃO | GRUPO ECONÔMICO POR COORDENAÇÃO |
| Direção, controle ou administração de outra | Direção, controle ou administração de outra | Ou ainda quando, mesmo guardando cada uma sua autonomia |

**Alternativa "d".** *Comentário serve para as demais alternativas, uma vez que versam sobre o mesmo assunto.* "A prestação de serviços a mais de uma empresa do mesmo grupo econômico, durante a mesma jornada de trabalho, não caracteriza a coexistência de mais de um contrato de trabalho, salvo ajuste em contrário." (Súmula nº 129 do TST). Uma das consequências da caracterização do grupo econômico é a existência de contrato único entre empregado e empresas interligadas pelo grupo. Dessa forma, se o empregado for contratado por uma das empresas, mas seu trabalho estiver sendo aproveitado pelas demais, por exemplo, no período da manhã trabalha para empresa A, e, à tarde, presta serviços para a empresa B, do mesmo grupo, terá um único contrato de trabalho, ou seja, sua carteira de trabalho não será assinada pelas duas empregadoras, mas apenas uma delas. Assim sendo, mesmo prestando serviços para duas empresas, a jurisprudência do TST tem entendido tratar-se de empregador único, ou seja, o grupo é o empregador. Nesse mesmo sentido, se o empregado receber pagamento de outra empresa pertencente ao mesmo grupo, em razão de serviços executados durante a sua jornada de trabalho, o valor recebido deverá integrar a remuneração do trabalhador.

**Alternativa correta: letra "d".**

## 3. RELAÇÕES DE TRABALHO QUE NÃO CONFIGURAM VÍNCULO EMPREGATÍCIO

**19. (Exame de Ordem 2012.3 – FGV)** Segundo expressa previsão em nossa ordem jurídica, assinale a afirmativa que indica o trabalhador que possui igualdade de direitos com os que têm vínculo empregatício permanente.

a) Trabalhador doméstico.

b) Trabalhador voluntário.

c) Trabalhador avulso.

d) Trabalhador eventual.

COMENTÁRIOS

**Nota do autor:** A questão aborda os direitos básicos dos trabalhadores, previstos no art. 7º da CF/88. Aliás, o candidato deveria estar atento aos trabalhadores sem vínculo empregatício, como trabalho voluntário, eventual e avulso. Lembre-se de que esses trabalhadores não são considerados empregados porque não estão presentes todos os requisitos essenciais à configuração do vínculo. Logo, essas relações de trabalho não apresentam o sistema protetivo previsto na CLT.

**Alternativa "a".** Em 2013, o art. 7, parágrafo único da CF/88 foi alterado. Agora, **empregados domésticos** gozam de novos direitos. Em razão das peculiaridades desse trabalho, não foram abrangidos direitos como: proteção em face da automação ou redução da jornada em virtude de turnos ininterruptos de revezamento, mas não se pode afirmar que os domésticos possuem direitos reduzidos, atualmente. Ademais, recomenda-se a leitura da LC nº 150/2015 (Lei dos Domésticos) que, provavelmente, será objeto das próximas questões em Direito do Trabalho.

**Alternativa "b".** No trabalho **voluntário** não há o requisito da onerosidade. Nesse caso, o prestador de serviços não tem a intenção em receber qualquer contraprestação pelo trabalho prestado. Logo, não há vínculo empregatício e nem direitos básicos trabalhistas. Exemplo: pessoa que presta serviços num lar de idosos ou, ainda, a distribuição de remédios e alimentos para pessoas carentes. Nesse sentido, há a Lei nº 9.608/1998, que trata sobre o serviço voluntário:

> **Art. 1º.** *Considera-se serviço voluntário, para os fins desta Lei, a atividade não remunerada prestada por pessoa física a entidade pública de qualquer natureza ou a instituição privada de fins não lucrativos que tenha objetivos cívicos, culturais, educacionais, científicos, recreativos ou de assistência à pessoa. (Redação dada pela Lei nº 13.297, de 2016)*

**Alternativa "c".** A característica principal do trabalho avulso é a presença da intermediação de mão de obra, ou seja, o **trabalhador avulso** é colocado no local de trabalho com a intermediação do sindicato da categoria ou por meio do Órgão Gestor de Mão de Obra – OGMO. Embora esse trabalhador não seja empregado, nem do sindicato, nem do OGMO, o art. 7º, XXXIV, da CF/88 estendeu a ele todos os direitos previstos aos empregados. Diante disso, o trabalhador avulso terá direito a férias, décimo terceiro salário, depósitos do FGTS etc.

**Alternativa "d".** O **trabalhador eventual** é aquele que presta serviços ocasionais, esporádicos. Ademais, outro critério para identificar o trabalhador eventual é que ele atue em atividades não permanentes da empresa. Exemplo: faculdade de direito contrata programador de sistemas por três dias, para atualização dos computadores. Veja que esse trabalho não é uma atividade permanente da faculdade, e, ainda, não há repetição das atividades desse profissional. Verifica-se, no trabalho eventual, a ausência de expectativa de retorno ao local de trabalho, portanto falta o requisito da não eventualidade para configurar o vínculo empregatício. Logo, não possui direitos básicos trabalhistas.

**Alternativa correta: letra "c".**

## 3.1. ESTÁGIO

▸ Lei nº 11.788/08

**20. (FGV – Exame de Ordem – 2021.2)** Carlos foi contratado como estagiário, em 2018, por uma indústria automobilística, pelo prazo de dois anos. Todas as exigências legais foram atendidas, e o estágio era remunerado. Após um ano de vigência do contrato, ele procura você, como advogado(a), para saber se terá direito a férias nos 12 meses seguintes.

Sobre a situação narrada, de acordo com a Lei de regência, assinale a afirmativa correta.

a) Não haverá direito a qualquer paralisação, porque somente o empregado tem direito a férias.

b) O estagiário tem direito a férias normais acrescidas do terço constitucional.

c) Uma vez que a Lei é omissa a respeito, caberá ao empregador conceder, ou não, algum período de descanso a Carlos.

d) Carlos terá direito a um recesso remunerado de 30 dias, mas sem direito ao acréscimo de 1/3(um terço).

**COMENTÁRIOS**

✪ **Nota do autor:** A questão aborda o tema do estágio. Lembre-se de que o estágio poderá ser obrigatório ou não obrigatório, conforme determinação das diretrizes curriculares da etapa, modalidade e área de ensino e do projeto pedagógico do curso.

**Alternativa "a".** "É assegurado ao estagiário, sempre que o estágio tenha duração igual ou superior a 1 (um) ano, período de recesso de 30 (trinta) dias, a ser gozado preferencialmente durante suas férias escolares." (art. 13 da Lei nº 11.788/2008). Realmente, somente o empregado tem direito de férias com acréscimo de 1/3. No entanto, o erro da alternativa está em afirmar que o estagiário não terá direito a nenhuma paralisação, pois tem direito a recesso de 30 dias.

**Alternativa "b".** O estagiário não tem direito às férias acrescidas do terço constitucional que é direito assegurado constitucionalmente aos trabalhadores urbanos e rurais e estendidas aos empregados domésticos e trabalhadores avulsos.

**Alternativa "c".** A lei não é omissa como afirma a alternativa, pois prevê no art. 13 da Lei nº 11.788/2008, direito ao recesso de 30 dias ao estagiário.

**Alternativa "d".** "É assegurado ao estagiário, sempre que o estágio tenha duração igual ou superior a 1 (um) ano, período de recesso de 30 (trinta) dias, a ser gozado preferencialmente durante suas férias escolares." (art. 13 da Lei nº 11.788/2008). O recesso de 30 dias é pago sem o terço constitucional, pois não se confunde com as férias.

**Alternativa correta: letra "d".**

## 3.2. COOPERADO

▸ Lei nº 12.690/2012

**21. (FGV – Exame de Ordem 2016.2 – Prova reaplicada Salvador-BA)** Um grupo de trabalhadores que atua voluntariamente na área de informática se reúne, e seus integrantes, desejosos de não se manterem na condição de empregados, resolvem criar uma cooperativa de serviço, na qual existe participação e ganho de todos, sendo conjunta a deliberação dos destinos da cooperativa.

Sobre a situação narrada, de acordo com a Lei de Regência, assinale a afirmativa correta.

a) A cooperativa não poderá participar de licitações públicas.

b) A quantidade mínima de sócios, para ser constituída a cooperativa, é de 7 (sete).

c) O cooperativado que trabalhar entre 22h00min e 5h00min não receberá retirada noturna superior, porque não é empregado.

d) O cooperativado é contribuinte facultativo da Previdência Social.

**COMENTÁRIOS**

✪ **Nota do autor:** A questão aborda o tema do trabalho cooperado. Ademais, apresenta maior nível de dificuldade, uma vez que exigia o conhecimento da legislação específica acerca das cooperativas.

**Alternativa "a".** "A Cooperativa de Trabalho não poderá ser impedida de participar de procedimentos de licitação pública que tenham por escopo os mesmos serviços, operações e atividades previstas em seu objeto social." (art. 10, § 2º, Lei nº 12.690/2012).

**Alternativa "b".** "A Cooperativa de Trabalho poderá ser constituída com número mínimo de 7 (sete) sócios." (art. 6º, Lei nº 12.690/2012).

**Alternativa "c".** "A Cooperativa de Trabalho deve garantir aos sócios os seguintes direitos, além de outros que a Assembleia Geral venha a instituir: retirada para o trabalho noturno superior à do diurno." (art. 7º, V, Lei nº 12.690/2012).

**Alternativa "d".** O cooperado é considerado contribuinte obrigatório da Previdência Social:

> *Art. 9º, V, "n", Decreto nº 3.048/1999: São segurados obrigatórios da Previdência Social as seguintes pessoas físicas: como contribuinte individual: o cooperado de cooperativa de produção que, nesta condição, presta serviço à sociedade cooperativa mediante remuneração ajustada ao trabalho executado.*

**Alternativa correta: letra "b".**

## 3.3. REPRESENTANTE COMERCIAL

**22. (FGV – Exame de Ordem 2017.2)** Um representante comercial ajuíza ação na Justiça do Trabalho pedindo a devolução de descontos. Ele explica que sua comissão sobre as vendas é de 5%, mas que pode optar pelo percentual de 10%, desde que se comprometa a pagar o valor da venda, caso o comprador fique inadimplente. Alega que sempre fez a opção pelos 10%, e que, nos casos de inadimplência, teve de pagar o valor do negócio para depois tentar reaver a quantia do comprador, o que caracterizaria transferência do risco da atividade econômica.

Diante do caso apresentado e da lei de regência, assinale a afirmativa correta.

a) A prática é válida porque o representante não é empregado nos moldes da CLT, além de ter sido uma opção por ele tomada.

b) O caso traduz um truck system, sendo que a lei limita o prejuízo do representante comercial a 50% da venda não paga.

c) A norma de regência é omissa a respeito desta situação, razão pela qual é válida, na medida em que se trata de relação de direito privado.

d) A situação caracteriza a cláusula del credere, vedada pela Lei de Representação Comercial.

COMENTÁRIOS

✪ **Nota do autor:** A questão aborda o tema representação comercial e é considerada difícil, pois exigia o conhecimento da Lei nº 4.886/65. Os representantes comerciais não possuem vínculo empregatício, seja por expressa determinação legal, seja porque ausente o requisito da subordinação jurídica, necessário para a configuração da relação de emprego.

**Alternativa "d".** *Comentário serve para as demais alternativas, uma vez que versam sobre o mesmo assunto.* "É vedada no contrato de representação comercial a inclusão de cláusulas *del credere*" (Art. 43 da Lei nº 4.886/65).

A cláusula em questão tem o condão de tornar o empregado solidariamente responsável pelos riscos do empregador. Por esta cláusula, o empregador paga uma sobrecomissão ao vendedor, assegurando-se de que o empregado lhe pagaria uma quantia sobre o montante da venda não efetuada[3]. Referida cláusula não pode ser inserida no contrato de representação comercial, por expressa vedação legal.

**Alternativa correta: letra "d".**

## 4. EMPREGADOR

- Art. 2º, CLT
- Art. 468, CLT

### 4.1. RESPONSABILIDADE DO SÓCIO RETIRANTE

**23. (FGV-Exame de Ordem 2019.1)** Alaor, insatisfeito com o pequeno lucro do restaurante do qual era sócio, retirou-se da sociedade empresária e averbou, na respectiva junta comercial, novo contrato social, onde constava sua retirada.

O empresário, 36 meses após esse fato, foi surpreendido com sua citação em uma reclamação trabalhista ajuizada dias antes.

Sobre a hipótese apresentada, considerando a atual redação da CLT, assinale a afirmativa correta.

a) Alaor responde solidariamente pelos débitos da sociedade na ação trabalhista em referência.

b) Alaor responde subsidiariamente pelos débitos da sociedade na ação trabalhista em referência.

c) Alaor não mais responde, na ação trabalhista em referência, pelos débitos da sociedade.

d) No caso, primeiro responde a empresa devedora, depois, os sócios atuais e, em seguida, os sócios retirantes, que é o caso de Alaor.

COMENTÁRIOS

✪ **Nota do autor:** A questão aborda o tema da responsabilidade do sócio retirante. De acordo com o art. 1.029 do Código Civil, qualquer sócio pode retirar-se da sociedade. Se a sociedade for celebrada por prazo indeterminado, deve ser realizada a notificação dos demais sócios, com antecedência mínima de 60 dias. Por sua vez, se for de prazo determinado, deve ser demonstrada judicialmente justa causa para a sua retirada da sociedade.

**Alternativa "c".** *Comentário serve para as demais alternativas, uma vez que versam sobre o mesmo assunto.* A Reforma Trabalhista passou a regulamentar a responsabilidade do sócio retirante no novo art. 10-A da CLT:

> **Art. 10-A da CLT:** *O sócio retirante responde subsidiariamente pelas obrigações trabalhistas da sociedade relativas ao período em que figurou como sócio, somente em ações ajuizadas até dois anos depois de averbada a modificação do contrato, observada a seguinte ordem de preferência:*
>
> *I – a empresa devedora;*
>
> *II – os sócios atuais; e*
>
> *III – os sócios retirantes.*
>
> *Parágrafo único. O sócio retirante responderá solidariamente com os demais quando ficar comprovada fraude na alteração societária decorrente da modificação do contrato.*

De acordo com o dispositivo, o sócio retirante responde subsidiariamente pelas obrigações trabalhistas da sociedade relativas ao período em que figurou como sócio. **Para a responsabilização do sócio, é necessário que a reclamação trabalhista seja ajuizada no período de até 2 anos depois de averbada a modificação do contrato.** A responsabilidade subsidiária é determinada por um benefício de ordem, ou seja, o empregado somente pode exigir dos sócios retirantes caso sigam a ordem de preferência exigida em lei:

1) **Empresa devedora:** Em primeiro lugar, deve ser cobrada a empresa devedora, pois é a empregadora.

2) **Atuais sócios da empresa devedora:** Caso não sejam encontrados bens suficientes para o pagamento dos débitos, é possível a cobrança dos atuais sócios da empresa, que são aqueles que permanecem na sociedade empresarial (desconsideração da personalidade jurídica).

3) **Sócios retirantes:** Os sócios retirantes devem ser os últimos a serem cobrados e a responsabilidade dessas pessoas somente ocorrerá se a ação for ajuizada em até 2 anos depois de averbada a modificação do contrato, contendo sua retirada da sociedade empresarial.

Haverá responsabilidade solidária, sem benefício de ordem, quando ficar comprovada fraude na alteração societária decorrente da modificação do contrato social da empresa. Da mesma forma que a sucessão de empresas, se houver fraude na alteração societária para impedir a cobrança de um de seus sócios, haverá responsabilização solidária dos sócios da empresa.

Note-se, portanto, que tendo sido ajuizada a reclamação trabalhista em período superior a 2 anos da retirada do sócio, Alaor não mais responde pelas obrigações trabalhistas.

**Alternativa correta: letra "c".**

### 4.2. PODER DE ORGANIZAÇÃO E PODER REGULAMENTAR

**24. (FGV – Exame de Ordem 2018.2)** Lucas trabalhava em uma empresa estatal, cuja norma interna regulamentar previa a necessidade de sindicância administrativa para apuração de falta e aplicação de suspensão. Após quatro anos de contrato sem qualquer intercorrência, em determinada semana, Lucas faltou sem qualquer comunicação ou justificativa por dois dias consecutivos. Diante disso, logo após o seu retorno ao trabalho, seu superior hierárquico aplicou a pena de suspensão por três dias.

3 DELGADO, Maurício Godinho. Curso de Direito do Trabalho. 14. ed. São Paulo: Ltr, 2015. P. 851.

Na qualidade de advogado de Lucas, que tem interesse em manter o emprego, você deverá requerer

a) a rescisão indireta do contrato por punição excessiva.

b) a nulidade da punição, pois não foi observada a norma regulamentar da empresa.

c) a conversão da suspensão em advertência.

d) a ausência de nexo de causalidade e o decurso de tempo entre a punição e a falta.

**COMENTÁRIOS**

**Nota do autor:** A questão aborda o tema poder de organização do empregador. O poder do empregador está previsto no art. 2º da CLT, pois o empregador "dirige a prestação pessoal de serviços". Como ele assume, exclusivamente, os riscos da atividade econômica, há necessidade de organizar e controlar a prestação de serviços, mesmo que, para isso, seja necessária a aplicação de penalidades aos trabalhadores.

**Alternativa: letra "b".** *Comentário serve para as demais alternativas, uma vez que versam sobre o mesmo assunto.* O poder de organização consiste na distribuição das tarefas aos empregados, fixação do horário de trabalho, utilização de uniformes etc. Dentro desse poder de organização, pode-se acrescentar a possibilidade dada ao empregador de expedir ordens gerais, por meio do regulamento da empresa. Essa atribuição é chamada de Poder Regulamentar. Esse regulamento é na verdade uma "lei interna" da empresa. Ele prevê regras ligadas às questões técnicas (forma de desempenhar as atividades, horário de trabalho, utilização de EPIs), disciplinares (hipóteses de aplicação da advertência e suspensão, instauração de inquérito para apuração da falta cometida). Nesse sentido, caso haja previsão em regulamento acerca da necessidade de prévio inquérito ou sindicância em caso de punição do empregado e tais requisitos não sejam cumpridos, a punição será nula, devendo o empregado ser reintegrado à empresa:

> **Súmula nº 77 do TST:** *Nula é a punição de empregado se não precedida de inquérito ou sindicância internos a que se obrigou a empresa por norma regulamentar.*

**Alternativa correta: letra "b".**

---

**25. (FGV- XXXV Exame de Ordem-2022)** A sociedade empresária Transportes Canela Ltda., que realiza transporte rodoviário de passageiros, abriu processo seletivo para a contratação de motoristas profissionais e despachantes.

Interessados nos cargos ofertados, Sérgio se apresentou como candidato ao cargo de motorista e Bárbara, ao cargo de despachante. A sociedade exigiu de ambos a realização de exame toxicológico para detecção de drogas ilícitas como condição para a admissão.

Considerando a situação de fato e a previsão legal, assinale a afirmativa correta.

a) Em hipótese alguma, o exame poderia ser feito, uma vez que viola a intimidade dos trabalhadores.

b) O exame pode ser feito em ambos os empregados, desde que haja prévia autorização judicial.

c) O exame seria válido para Sérgio por expressa previsão legal, mas seria ilegal para Bárbara.

d) É possível o exame em Bárbara se houver fundada desconfiança da empresa, mas, para Sérgio, não pode ser realizado.

**COMENTÁRIOS**

**Nota do autor:** A questão aborda a temática ampla dos **Poderes do Empregador**. Questões evolvendo os poderes do empregador e, principalmente, seus limites são recorrentes no Exame da Ordem, inclusive em segundas fases. Portanto, atenção!

**Alternativa "c".** *Comentário serve para as demais alternativas, uma vez que versam sobre o mesmo assunto.* O poder do empregador está previsto no art. 2º da CLT, pois o empregador "dirige a prestação pessoal de serviços". Como ele assume, exclusivamente, os riscos da atividade econômica, há necessidade de organizar e controlar a prestação de serviços, mesmo que, para isso, seja necessária a aplicação de penalidades aos trabalhadores. Importante frisar que esses poderes, conferidos ao empregador, não são absolutos. Há limites previstos na CLT e na CF/88, por exemplo, respeitar a intimidade e a dignidade do empregado.

É o que acontece, por exemplo, no caso Bárbara, candidata ao cargo de despachante. As atividades desenvolvidas por despachantes documentalistas são serviços administrativos, que não exigem atenção e cuidado especial a ponto de tornar razoável a exigência de exame toxicológico.

Já no caso de Sérgio, candidato ao cargo de motorista, referida exigência é razoável e necessária, pois a condução de veículos sob o efeito de entorpecentes coloca em risco a saúde e a integridade física do condutor e de outros cidadãos. Tanto assim o é que a própria legislação prescreve a necessidade do exame toxicológico, com janela de detecção mínima de 90 (noventa) dias, para motoristas profissionais quando da admissão e término do contrato de trabalho, bem como de periódicas renovações:

> ***Art. 168, § 6º, CLT:*** Serão exigidos exames toxicológicos, **previamente à admissão e por ocasião do desligamento**, quando se tratar de motorista profissional, assegurados o direito à contraprova em caso de resultado positivo e a confidencialidade dos resultados dos respectivos exames. (Incluído pela Lei nº 13.103, de 2015) (grifamos)
>
> § 7º Para os fins do disposto no § 6o, será obrigatório exame toxicológico com janela de detecção mínima de 90 (noventa) dias, específico para substâncias psicoativas que causem dependência ou, comprovadamente, comprometam a capacidade de direção, podendo ser utilizado para essa finalidade o exame toxicológico previsto na Lei no 9.503, de 23 de setembro de 1997 - Código de Trânsito Brasileiro, desde que realizado nos últimos 60 (sessenta) dias. (Incluído pela Lei nº 13.103, de 2015)
>
> ***Art. 235-B, CLT:*** São deveres do motorista profissional empregado:
>
> (...) VII – submeter-se a exames toxicológicos com janela de detecção mínima de 90 (noventa) dias e a programa de controle de uso de droga e de bebida alcoólica, instituído pelo empregador, com sua ampla ciência, pelo menos uma vez a cada 2 (dois) anos e 6 (seis) meses, podendo ser utilizado para esse fim o exame obrigatório previsto na Lei nº 9.503, de 23 de setembro de 1997 – Código de Trânsito Brasileiro, desde que realizado nos últimos 60 (sessenta) dias.
>
> Parágrafo único. A recusa do empregado em submeter-se ao teste ou ao programa de controle de uso de droga e de bebida alcoólica previstos no inciso VII será considerada infração disciplinar, passível de penalização nos termos da lei.

Aliás, há julgado do TRT da 3ª Região responsabilizando a empresa pela não exigência do exame toxicológico no caso de acidente de trânsito. Segundo a 3ª Turma do Tribunal, as empresas foram, no mínimo, coniventes com o uso de substâncias

TRABALHO

ilícitas pelo trabalhador, pois não exigiram a renovação de sua CNH, deixando de submetê-lo ao exame toxicológico exigido por Lei (TRT-4 - RO: 00202732020155040751, Data de Julgamento: 25/10/2017, 3ª Turma).

**Alternativa correta: letra "c".**

## 4.3. PODER DISCIPLINAR

- Art. 2º, CLT
- Art. 474, CLT
- Art. 482, CLT
- Súmula nº 77 do TST

**26. (FGV – Exame de Ordem 2021.1)** Bruno era empregado em uma sociedade empresária, na qual atuava como teleoperador de vendas on-line de livros e artigos religiosos, usando, em sua estação de trabalho, computador e headset. Em determinado dia, o sistema de câmeras internas flagrou Bruno acessando, pelo computador, um site pornográfico por 30 minutos, durante o horário de expediente. Esse fato foi levado à direção no dia seguinte, que, indignada, puniu Bruno com suspensão por 40 dias, apesar de ele nunca ter tido qualquer deslize funcional anterior.

Diante da situação apresentada e dos termos da CLT, assinale a afirmativa correta.

a) A punição, tal qual aplicada pela empresa, importa na rescisão injusta do contrato de trabalho.

b) A punição é compatível com a gravidade da falta, devendo Bruno retornar ao emprego após os 40 dias de suspensão.

c) A empresa deveria dispensar Bruno por justa causa, porque pornografia é crime, e, como não o fez, considera-se perdoada a falta.

d) A empresa errou, porque, sendo a primeira falta praticada pelo empregado, a Lei determina que se aplique a pena de advertência.

**COMENTÁRIOS**

**Nota do autor:** A questão aborda o tema dos poderes do empregador. O empregado está subordinado às ordens dadas pelo empregador, como forma de dinamizar e organizar os trabalhos desenvolvidos na empresa. Se verificada a desobediência às regras impostas, caberão as seguintes penalidades: a) advertência verbal ou escrita; b) suspensão disciplinar; e c) dispensa por justa causa.

**Alternativa "a".** "A suspensão do empregado por mais de 30 (trinta) dias consecutivos importa na rescisão injusta do contrato de trabalho." (art. 474 da CLT). A punição aplicada pelo empregador foi compatível com a conduta. No entanto, o prazo máximo de suspensão é de 30 dias. Como foram aplicados 40 dias de suspensão, há rescisão indireta do contrato de trabalho.

**Alternativa "b".** Como visto, o prazo máximo era de 30 dias para a suspensão disciplinar do contrato de trabalho.

**Alternativa "c".** A empresa poderia dispensar Bruna por justa causa pela falta cometida ao assistir pornografia no trabalho. O erro da alternativa consiste em afirmar que pornografia é crime.

**Alternativa "d".** Não há necessidade de se observar um escalonamento nas punições. Assim, se houver a prática de falta grave, é possível que seja aplicada diretamente a dispensa por justa causa.

**Alternativa correta: letra "a".**

## 5. TERCEIRIZAÇÃO

- Lei nº 6.019/74
- Súmula nº 331 do TST

**27. (FGV – Exame de Ordem XXXVI – 2022)** Lúcio Lima foi contratado para trabalhar em uma empresa no ramo da construção civil. Seu empregador descumpriu inúmeros direitos trabalhistas, e, notadamente, deixou de pagar as verbas rescisórias. No período, Lúcio Lima prestou serviços em um contrato de subempreitada, já que seu empregador fora contratado pelo empreiteiro principal para realizar determinada obra de reforma.

Diante desse cenário, Lúcio Lima contratou você, como advogado(a), para ajuizar uma reclamação trabalhista. Sobre a hipótese, segundo o texto legal da CLT em vigor, assinale a afirmativa correta.

a) Cabe ação em face de ambas as sociedades empresárias, que figurarão no polo passivo da demanda.

b) Trata-se de grupo econômico, o que induz obrigatoriamente à responsabilidade solidária de ambas as sociedades empresárias.

c) Cabe apenas ação em face do efetivo empregador, já que não se trata de terceirização de mão de obra.

d) A subempreitada é atividade ilícita por terceirizar atividade fim, razão pela qual se opera a sucessão de empregadores, configurando-se fraude.

**COMENTÁRIOS**

**Nota do autor:** O candidato poderia chegar à resposta correta apenas com o conhecimento do art. 455 da CLT. Contudo, as alternativas tratam de variados temos, misturando várias hipóteses de responsabilidade pelo pagamento de verbas trabalhistas. Isso pode confundir o aluno, o que eleva o nível de dificuldade da questão. A minha dica é que, após uma leitura superficial de cada alternativa, o candidato retorne e faça a leitura individualizada de cada questão, sem a pretensão de comparar uma alternativa com as demais. Prossiga, falseando ou confirmando cada uma das assertivas, até que sobre apenas a correta.

**Alternativas "a, c e d".** Durante a construção ou reforma de um imóvel, é comum que a empresa responsável pela construção do prédio, chamada de empreiteira, terceirize serviços de carpintaria, gesso, ferragens etc. Se ocorrer essa terceirização, estará configurada a subempreitada. É exatamente o caso de Lúcio Lima, cujo empregador fora contratado pelo empreiteiro principal para realizar determinada obra de reforma. Nesse caso, conforme art. 455, *caput* e parágrafo único da CLT, o empreiteiro principal será responsável por esses débitos trabalhistas:

> **Art. 455 da CLT** - Nos contratos de subempreitada responderá o subempreiteiro pelas obrigações derivadas do contrato de trabalho que celebrar, cabendo, todavia, aos empregados, o direito de reclamação contra o empreiteiro principal pelo inadimplemento daquelas obrigações por parte do primeiro.
>
> **Parágrafo único** - Ao empreiteiro principal fica ressalvada, nos termos da lei civil, ação regressiva contra o subempreiteiro e a retenção de importâncias a este devidas, para a garantia das obrigações previstas neste artigo.

Ademais, o empreiteiro principal poderá, após o pagamento da dívida, ingressar com ação de regresso contra o devedor principal (subempreiteiro).

Por fim, de acordo com o STF "É lícita a terceirização ou qualquer outra forma de divisão do trabalho entre pessoas jurídicas distintas, independentemente do objeto social das empresas envolvidas, mantida a responsabilidade subsidiária da empresa contratante." (Tema nº 725 da repercussão geral).

**Alternativas "b".** Registramos, ainda, não se tratar a hipótese de formação de grupo econômico, já que sua configuração depende do preenchimento de três requisitos: a) interesse integrado; b) a efetiva comunhão de interesses; e c) a atuação conjunta das empresas integrantes. No caso, há apenas um contrato de natureza comercial, de terceirização de serviços, entre o empregador de Lúcio Lima e o empreiteiro principal.

**Alternativa correta: letra "a".**

---

**28. (FGV – Exame de Ordem 2014.1)** ABC Manutenção e Limpeza manteve contrato de fornecimento de mão de obra de limpeza com Aeroportos Brasileiros, empresa pública federal. Por ocasião da ruptura do contrato entre as empresas, Paulo, funcionário da ABC Manutenção e Limpeza, e que prestava serviços para Aeroportos Brasileiros, foi dispensado sem receber as verbas rescisórias. Ajuizou ação trabalhista em face de ambas as empresas, sendo a empregadora revel. A tomadora dos serviços apresentou defesa com robusta documentação, demonstrando a efetiva fiscalização do cumprimento do contrato e de aspectos legais, sendo certo que o contrato foi cancelado justamente em razão desta fiscalização.

Diante deste caso, assinale a afirmativa correta.

a) A empresa pública federal responde solidariamente por força da terceirização.

b) A empresa pública federal responde subsidiariamente por força da terceirização, haja vista o inadimplemento das obrigações trabalhistas por parte do empregador.

c) A empresa pública federal é parte ilegítima para figurar no polo passivo da demanda porque não tem vínculo de emprego com Paulo.

d) A empresa pública federal não responde pelo inadimplemento das verbas trabalhistas porque sua responsabilidade não decorre do simples inadimplemento contratual, tendo ficado provado, no caso, que houve efetiva fiscalização por parte da tomadora dos serviços.

**COMENTÁRIOS**

**Nota do autor:** A questão aborda o tema da terceirização. Lembre-se que, na terceirização, há três pessoas envolvidas na relação jurídica: trabalhador, empresa prestadora de serviços a terceiros e empresa contratante (Terminologia adotada pela Lei nº 13.429/2017). Verifica-se, assim, que a relação é triangular. O vínculo empregatício ocorre entre trabalhador e empresa prestadora de serviços, embora o trabalhador preste serviços em outro local, na empresa contratante.

**Alternativa "d".** *Comentário serve para as demais alternativas, uma vez que versam sobre o mesmo assunto.* "Os entes integrantes da Administração Pública direta e **indireta** respondem subsidiariamente, nas mesmas condições do item IV, caso evidenciada a sua conduta culposa no cumprimento das obrigações da Lei n.º 8.666, de 21.06.1993, especialmente na **fiscalização do cumprimento das obrigações contratuais** e legais da prestadora de serviço como empregadora. A aludida responsabilidade não decorre de mero inadimplemento das obrigações trabalhistas assumidas pela empresa regularmente contratada." (Súmula nº 331, item V, TST). Note-se que a empresa pública federal integra a Administração Pública indireta e, portanto, somente responderia pelos débitos trabalhistas caso não tivesse realizado a fiscalização no cumprimento do contrato ou caso não houvesse processo licitatório regular.

No dia 1º de abril de 2021, foi promulgada a Lei nº 14.133/2021, que estabeleceu a nova lei de licitações e contratos administrativos e revogou a famosa Lei nº 8.666/1993, que disciplinava o tema. Por ser legislação destinada especialmente ao Direito Administrativo, ressalta-se que serão comentados somente os dispositivos que impactaram diretamente as relações de trabalho.

Os principais impactos trabalhistas da Nova Lei de Licitações referem-se à responsabilidade do Poder Público na terceirização de serviços, assumindo destaque os art. 50 e 121 desse diploma legislativo.

De acordo com o art. 121, "caput" e § 1º da nova lei, quando a Administração Pública celebrar contrato administrativo com particular, somente o contratado será responsável pelos encargos trabalhistas, previdenciários, fiscais e comerciais. Nesse caso, não há transferência dos encargos à Administração Pública na hipótese de inadimplência do particular.

Os § 2º e 3º do art. 121 regulamentam a responsabilidade da Administração Pública nos contratos de terceirização de serviços, que envolvem a prestação de serviços contínuos com regime de dedicação exclusiva de mão de obra. Nesse caso, há responsabilidade solidária pelos encargos previdenciários e subsidiária pelos encargos trabalhistas se comprovada falha na fiscalização do cumprimento das obrigações do contratado.

Note-se, portanto, que a nova lei apenas consolidou o posicionamento que já estava expresso no item V da Súmula nº 331 do TST. A responsabilidade subsidiária não é automática e depende da falha da fiscalização do cumprimento das obrigações trabalhistas.

**Alternativa correta: letra "d".**

## 5.1. TRABALHO TEMPORÁRIO

- Lei nº 6.019/74

---

**29. (FGV – Exame de Ordem 2021.1)** Uma indústria de chocolates constatou que precisava de mais trabalhadores para produzir ovos de Páscoa e, em razão disso, contratou vários trabalhadores temporários, pelo prazo de 30 dias, por meio de uma empresa de trabalho temporário. Maria era uma dessas trabalhadoras temporárias. Ocorre que a empresa contratada (a empresa de trabalho temporário) teve a falência decretada pela Justiça e não pagou nada a esses trabalhadores temporários.

Maria procura você, como advogado(a), para saber se a indústria de chocolates, tomadora do serviço, teria alguma responsabilidade.

Sobre a hipótese, de acordo com a norma de regência, assinale a afirmativa correta.

a) A indústria de chocolates contratante terá responsabilidade solidária.

b) Não haverá qualquer tipo de responsabilidade da contratante, porque a terceirização foi lícita.

c) A então contratante se tornará empregadora dos trabalhadores temporários em razão da falência da empresa contratada.

TRABALHO

d) A indústria de chocolates contratante terá responsabilidade subsidiária se isso estiver previsto no contrato que entabulou com a empresa prestadora dos serviços.

**COMENTÁRIOS**

✪ **Nota do autor:** A questão aborda o tema do trabalho temporário. Lembre-se de que a intermediação de mão de obra está presente no trabalho temporário. Nela, a empresa prestadora de serviços possibilita que um trabalhador temporário preste serviços em outra empresa, denominada tomadora. O temporário presta os serviços ao lado de outro empregado da tomadora.

**Alternativa "a".** *Comentário serve para as demais alternativas, pois versam sobre o mesmo assunto.* "No caso de falência da empresa de trabalho temporário, a empresa tomadora ou cliente é solidariamente responsável pelo recolhimento das contribuições previdenciárias, no tocante ao tempo em que o trabalhador esteve sob suas ordens, assim como em referência ao mesmo período, pela remuneração e indenização previstas nesta Lei." (art. 16 da Lei nº 6.019/1974). No tocante à responsabilidade do tomador de serviços, a Lei do Trabalho Temporário estabelece que, em caso de falência da empresa de trabalho temporário, a tomadora dos serviços responde solidariamente pelo recolhimento das contribuições previdenciárias, pela remuneração do empregado e pelo recebimento de indenização.

Por sua vez, nas demais hipóteses de inadimplemento das obrigações trabalhistas, prevalece a previsão do art. 10, § 7º, Lei nº 6.019/1974 e da Súmula nº 331, IV, do TST, que prevê a responsabilidade subsidiária da tomadora dos serviços.

**Alternativa correta: letra "a".**

## 6. CONTRATO INDIVIDUAL DO TRABALHO

▸ Arts. 442 a 510 (Título IV), CLT

✪ **Nota do autor:** A Lei nº 13.467/2017 passou a prever um novo tipo de contrato de trabalho, denominado intermitente. Essa alteração causará profundos impactos na estrutura do Direito do Trabalho, pois cria nova modalidade contratual com disciplina jurídica própria não existente na seara trabalhista. De acordo com o novo dispositivo legal, o trabalho intermitente compreende o contrato de trabalho, cuja prestação dos serviços ocorre com subordinação, mas não é contínua, havendo alternância de períodos de prestação de serviços e de inatividade. A prestação dos serviços pode ser determinada em horas, dias ou meses, independentemente da atividade desenvolvida pelo empregado ou pelo empregador.

Por fim, é importante que o candidato estude os principais pontos acerca da Lei Geral de Proteção de Dados Pessoais (LGPD), pois o seu conteúdo consta expressamente do edital. Confira o capítulo de Dicas com os principais assuntos da nova lei referentes ao Direito do Trabalho.

---

**30. (FGV – XXXVII Exame OAB)** João Luiz trabalha desde os 18 anos no Banco Dinheiro Futuro S/A. Começou como caixa em 1990. Devido ao seu desempenho brilhante, agora, no dia 30/05/2022, foi eleito diretor. Em razão dessa nova condição, consultou você, na qualidade de advogado(a), acerca dos desdobramentos jurídicos relacionados ao seu contrato de trabalho. Sobre a hipótese, considerando o teor das normas trabalhistas em vigor e o entendimento jurisprudencial consolidado do TST, assinale a afirmativa correta.

a) O empregado eleito para ocupar cargo de diretor tem o respectivo contrato de trabalho suspenso, não se computando o tempo de serviço deste período, salvo se permanecer a subordinação jurídica inerente à relação de emprego.
b) Com a eleição do empregado para o cargo de diretor, o respectivo contrato de trabalho será extinto com o pagamento dos direitos rescisórios pertinentes.
c) A eleição de empregado para o cargo de diretor não induz suspensão ou interrupção do contrato de trabalho, uma vez que se considera promoção, podendo haver a reversão ao cargo efetivo após o término do mandato.
d) O contrato de trabalho ficará interrompido, já que permanecem as obrigações de pagamento de remuneração, contagem do tempo de serviço e de recolhimento do FGTS.

**COMENTÁRIOS**

✪ **Nota do autor:** A questão exige conhecimentos sobre a jurisprudência Sumulada do TST. Na área trabalhista, Súmulas e OJs do TST são tão importantes, senão mais importantes, quanto a legislação. Inclua no seu cronograma de estudos um tempinho para a leitura das Súmulas e OJs do TST, que deverá ser estudadas da mesma forma que você estuda legislação.

**Alternativa "a".** *Comentário responde todas as alternativas.* Nos termos da jurisprudência do TST, "O empregado eleito para ocupar cargo de diretor tem o respectivo contrato de trabalho suspenso, não se computando o tempo de serviço desse período, salvo se permanecer a subordinação jurídica inerente à relação de emprego." (**Súmula nº 269 do TST**).

**Alternativa correta: letra "a"**

---

**31. (FGV- XXXV Exame de Ordem-2022)** Paulo Sampaio foi chamado para uma entrevista de emprego em uma empresa de tecnologia. Sabendo que, se contratado, desenvolverá projetos de aplicativos para smartphones, dentre outras invenções, resolveu consultar você, como advogado(a), para saber sobre a propriedade intelectual sobre tais invenções, sendo certo que não foi tratada nenhuma condição contratual até agora.

Diante disso, de acordo com a redação da CLT em vigor, assinale a afirmativa correta.

a) Na qualidade de empregado, toda a propriedade sobre as invenções será do empregador.
b) No curso do contrato de trabalho, as invenções realizadas pessoalmente pelo empregado, mas com utilização de equipamentos fornecidos pelo empregador, serão de propriedade comum, em partes iguais, salvo se o contrato de trabalho tiver por objeto pesquisa científica.
c) O empregador poderá explorar a invenção a qualquer tempo sem limitação de prazo após a concessão da patente, uma vez que se trata de contrato de trabalho.
d) A propriedade do invento deverá ser dividida proporcionalmente após a apuração da contribuição do empregado e o investimento em equipamentos feito pelo empregador.

**COMENTÁRIOS**

✪ **Nota do autor:** A questão aborda a temática do contrato de trabalho, mais especificamente os **efeitos do contrato de trabalho**. A alternativa correta basicamente replica o texto da CLT, motivo pelo qual entendemos trata-se de uma questão com baixo nível de complexidade.

**Alternativa "b".** *Comentário serve para as demais alternativas, uma vez que versam sobre o mesmo assunto.* O contrato de trabalho gera obrigações tanto para o empregado, que assume a obrigação de prestar serviços não eventuais e subordinados, como para o empregador, que assume a obrigação de pagar o salário. Nesse sentido, surgem diversos efeitos decorrentes da relação jurídica. De acordo com Maurício Godinho Delgado[4], é possível a divisão desses efeitos em:

a) efeitos próprios ao contrato de trabalho e;

b) efeitos conexos ao contrato de trabalho.

Efeitos próprios são aqueles que decorrem da natureza do contrato de trabalho e da conjuntura natural das cláusulas contratuais.

Já os efeitos conexos são aqueles que não decorrem propriamente da natureza do contrato, mas que poderão se juntar a ele por conexão ou acessoriedade, ou seja, efeitos de natureza não trabalhista que surgem em função ou em vinculação ao contrato de trabalho, como os direitos intelectuais. Esses direitos desdobram-se em tipos específicos, tais como os direitos de autor, regulamentados pela Lei nº 9.610/1998, os direitos de propriedade intelectual, regidos pela Lei nº 9.279/1992, e, por fim, os direitos intelectuais relativos à criação e utilização de software (Lei nº 9.609/1998)[5], sendo essa última a hipótese descrita no enunciado.

A questão, contudo, foi menos específica, podendo ser resolvida com a literalidade da CLT, que, em seu art. 454, prevê que "Na vigência do contrato de trabalho, as invenções do empregado, quando decorrentes de sua contribuição pessoal e da instalação ou equipamento fornecidos pelo empregador, serão de propriedade comum, em partes iguais, salvo se o contrato de trabalho tiver por objeto, implícita ou explicitamente, pesquisa científica".

Portanto, os projetos de aplicativos para smartphones desenvolvidos por Paulo Sampaio no curso do contrato de trabalho e com equipamentos fornecidos pelo empregador serão de propriedade comum, em partes iguais.

**Alternativa correta: letra "b".**

---

**32. (FGV – Exame de Ordem 2015.1)** Determinado empregado foi contratado para criar e desenvolver programas de software, criando novas soluções para as demandas dos clientes do seu empregador. Em sua atividade normal, esse empregado inventou um programa original, muito útil e prático, para que os empresários controlassem à distância seus estoques, o que possibilitou um aumento nas vendas.

Diante da situação retratada, assinale a afirmativa correta.

a) O empregado terá direito, conforme a Lei, a uma participação sobre o lucro obtido nessas vendas.

b) A Lei é omissa a esse respeito, de modo que, caso não haja consenso entre as partes, será necessário o ajuizamento de ação trabalhista para resolver o impasse.

c) Todo o lucro obtido pelo invento será do empregado.

d) O empregado terá direito apenas ao seu salário normal, exceto se o seu contrato de trabalho tiver previsão de participação no lucro do seu invento.

**COMENTÁRIOS**

**Nota do autor:** A questão aborda o tema dos efeitos conexos do contrato individual de trabalho. Os efeitos conexos ao contrato de trabalho são efeitos de natureza não trabalhista que surgem em função ou em vinculação ao contrato de trabalho.

**Alternativa "d".** *Comentário serve para as demais alternativas, uma vez que versam sobre o mesmo assunto.* "Salvo estipulação em contrário, pertencerão exclusivamente ao empregador, contratante de serviços ou órgão público, os direitos relativos ao programa de computador, desenvolvido e elaborado durante a vigência de contrato ou de vínculo estatutário, expressamente destinado à pesquisa e desenvolvimento, ou em que a atividade do empregado, contratado de serviço ou servidor seja prevista, ou ainda, que decorra da própria natureza dos encargos concernentes a esses vínculos." (art. 4º, Lei nº 9.609/1998). Na produção intelectual que decorre do contrato de trabalho ou da natureza dos serviços prestados, a invenção pertence **exclusivamente** ao empregador. Salvo previsão expressa em contrário, o empregado terá direito somente ao salário ajustado.

**Alternativa correta: letra "d".**

## 6.1. EXPERIÊNCIA PRÉVIA

- Art. 442-A, CLT

---

**33. (FGV – IX Exame Unificado da Ordem dos Advogados do Brasil – 2012.3)** Buscando profissionais experientes para manusear equipamentos de alta tecnologia e custo extremamente elevado, uma empresa anuncia a existência de vagas para examinandos que possuam dois anos de experiência prévia em determinada atividade.

A partir da hipótese apresentada, assinale a afirmativa correta.

a) A manifestação é inválida porque o máximo de experiência que pode ser exigida é de seis meses.

b) A manifestação é inválida, pois o empregador não tem o direito de exigir experiência pretérita do examinando a emprego

c) A manifestação é inválida porque o máximo de experiência que pode ser exigida é de um ano.

d) A manifestação é válida, em razão do valor do equipamento, visando à proteção do patrimônio do empregador.

**COMENTÁRIOS**

**Nota do autor:** A questão aborda o tema da experiência prévia. Ademais, não possui complexidade, exigindo do examinando memorização do texto da lei.

**Alternativa "a".** *Comentário serve para as demais alternativas, uma vez que versam sobre o mesmo assunto.* "Para fins de contratação, o empregador não exigirá do examinando a emprego comprovação de experiência prévia por tempo superior a 6 (seis) meses no mesmo tipo de atividade" (art. 442-A, CLT). A razão desse dispositivo foi facilitar a inserção do jovem no mercado de trabalho, uma vez que era muito comum se exigir anos de experiência para admissão.

**Alternativa correta: letra "a".**

## 6.2. CONTRATO POR PRAZO DETERMINADO

- Art. 443, §§ 1º e 2º, CLT
- Art. 445, CLT
- Art. 451, CLT



4. DELGADO, Maurício Godinho. *Curso de Direito do Trabalho*. 14. ed. São Paulo: LTr, 2015. p. 659.

5. DELGADO, Maurício Godinho. *Curso de Direito do Trabalho*. 14. ed. São Paulo: LTr, 2015. p. 662.

**34. (FGV – Exame de Ordem 2015.2)** Verônica foi contratada, a título de experiência, por 30 dias. Após 22 dias de vigência do contrato, o empregador resolveu romper antecipadamente o contrato, que não possuía cláusula assecuratória do direito recíproco de rescisão. Sobre o caso, de acordo com a Lei de Regência, assinale a opção correta.

a) O contrato é irregular, pois o contrato de experiência deve ser feito por 90 dias.

b) Verônica terá direito à remuneração, e por metade, a que teria direito até o termo do contrato.

c) Verônica, como houve ruptura antecipada, terá direito ao aviso prévio e à sua integração ao contrato de trabalho.

d) O contrato se transformou em contrato por prazo indeterminado, porque ultrapassou metade da sua vigência.

**COMENTÁRIOS**

✪ **Nota do autor:** A questão aborda o tema do contrato por prazo determinado. Lembre-se de que o prazo máximo para celebração do contrato de experiência é de 90 dias ao passo que, no trabalho temporário, o prazo máximo é de 180 dias prorrogáveis por mais 90 dias.

**Alternativa "a".** "O contrato de experiência não poderá exceder de 90 (noventa) dias." (art. 445, parágrafo único, CLT). O contrato de experiência pode ser celebrado pelo prazo de, no máximo, 90 dias. Contudo, nada impede que seja realizado por período inferior.

**Alternativa "b".** "Nos contratos que tenham termo estipulado, o empregador que, sem justa causa, despedir o empregado será obrigado a pagar-lhe, a título de indenização, e por metade, a remuneração a que teria direito até o termo do contrato." (art. 479, CLT). Nesse caso, estará obrigado a pagar, a título de indenização, a metade da remuneração a que o empregado teria direito até o fim do contrato de trabalho fixado anteriormente. Além dessa indenização prevista na CLT, deverá pagar as verbas rescisórias, acrescidas da multa de 40% sobre os depósitos do FGTS.

**Alternativa "c".** "Aos contratos por prazo determinado, que contiverem cláusula assecuratória do direito recíproco de rescisão antes de expirado o termo ajustado, aplicam-se, caso seja exercido tal direito por qualquer das partes, os princípios que regem a rescisão dos contratos por prazo indeterminado." (art. 481, CLT). O contrato que possui cláusula assecuratória de direito recíproco obriga a parte (empregado ou empregador) que decidir terminar o contrato antes do prazo fixado a conceder o aviso-prévio. Lembre-se de que não há, no contrato por prazo determinado, a necessidade de conceder o aviso-prévio, exceto se as partes estipularem a cláusula assecuratória de direito recíproco (cláusula de aviso-prévio), o que não ocorreu no contrato de Verônica.

**Alternativa "d".** O contrato por prazo determinado deve ser interpretado restritivamente, pois se trata de uma exceção. Assim sendo, se extrapolados os prazos previstos em lei ou, ainda, se prorrogado mais de uma vez, o contrato será automaticamente transformado em contrato por prazo indeterminado. Assim, o contrato de experiência de Verônica somente seria transformado em contrato por prazo indeterminado caso a prestação dos serviços permanecesse mesmo após o término de sua vigência, no caso, de 90 dias.

**Alternativa correta: letra "b".**

## 6.3. CONTRATO DE TRABALHO INTERMITENTE

▸ Art. 452-A da CLT

**35. (FGV- XXXV Exame de Ordem-2022)** A churrascaria Boi Gordo tem movimento variado ao longo dos diversos meses do ano. A variação também ocorre em algumas semanas, razão pela qual decidiu contratar alguns empregados por meio do chamado contrato intermitente. Diante disso, esses pretensos empregados ficaram com dúvidas e consultaram você, como advogado(a), para esclarecer algumas questões.

Assinale a opção que indica, corretamente, o esclarecimento prestado.

a) O tempo de resposta do empregado em relação à convocação para algum trabalho é de um dia útil para responder ao chamado, e o silêncio gera presunção de recusa.

b) O empregador poderá convocar o empregado de um dia para o outro, sendo a antecedência de um dia útil, portanto.

c) Para o empregado existe um limite de recusas por mês. Extrapolado o número de três recusas no mês, considerar-se-á rompido o contrato.

d) O contrato intermitente pode ser tácito ou expresso, verbal ou escrito.

**COMENTÁRIOS**

✪ **Nota do autor:** A questão aborda a temática do contrato de trabalho intermitente, nova modalidade de contratação criada pela Reforma Trabalhista, cuja principal característica é a imprevisibilidade quanto à prestação de serviços e, consequente, a remuneração.

**Alternativa "a".** *Comentário serve para as demais alternativas, uma vez que versam sobre o mesmo assunto.* A Reforma Trabalhista criou um novo tipo de contrato de trabalho denominado intermitente, que compreende a modalidade de contratação do trabalho por horas, dias ou meses, havendo períodos alternados de prestação de serviços e de inatividade. O art. 452-A da CLT foi inserido pela Reforma Trabalhista, apresentando as especificidades e efeitos dessa modalidade de contratação na relação de emprego. Conforme § 2º do dispositivo, recebida a convocação, por qualquer meio de comunicação eficaz, para a prestação de serviços, o empregado terá o prazo de um dia útil para responder ao chamado, presumindo-se, no silêncio, a recusa.

**Alternativa correta: letra "a".**

## 6.4. NULIDADES DO CONTRATO DE TRABALHO

**36. (FGV/OAB/XXX_Exame – 2019)** Vera Lúcia tem 17 anos e foi contratada como atendente em uma loja de conveniência, trabalhando em escala de 12x36 horas, no horário de 19 às 7h, com pausa alimentar de 1 hora. Essa escala é prevista no acordo coletivo assinado pela loja com o sindicato de classe, em vigor.

A empregada teve a CTPS assinada e tem, como atribuições, auxiliar os clientes, receber o pagamento das compras e dar o troco quando necessário.

Diante do quadro apresentado e das normas legais, assinale a afirmativa correta.

a) A hipótese trata de trabalho proibido.

b) O contrato é plenamente válido.

c) A situação retrata caso de atividade com objeto ilícito.

d) Por ter 17 anos, Vera Lúcia fica impedida de trabalhar em escala 12x36 horas, devendo ser alterada a jornada.

COMENTÁRIOS

✪ **Nota do autor:** A questão aborda o tema das nulidades do contrato de trabalho. Ademais, exigia também o conhecimento sobre as normas de proteção do trabalho do adolescente previstas na Constituição Federal.

**Alternativa "a".** *Comentário serve para as demais alternativas, uma vez que versam sobre o mesmo assunto.* "São direitos dos trabalhadores urbanos e rurais, além de outros que visem à melhoria de sua condição social: proibição de trabalho noturno, perigoso ou insalubre a menores de dezoito e de qualquer trabalho a menores de dezesseis anos, salvo na condição de aprendiz, a partir de quatorze anos." (art. 7º, XXXIII, CF/88). Note-se, portanto, que há expressa previsão constitucional vedando o trabalho noturno para empregados com menos de 18 anos. O trabalho de Vera Lúcia é considerado proibido, pois é prestado em condições que agridem a saúde e a segurança do trabalhador, ou seja, desrespeita normas de proteção trabalhista. A lei proíbe que esse tipo de trabalho se desenvolva de forma válida.

Como forma de evitar o enriquecimento ilícito do empregador e, ainda, diante da impossibilidade de devolver ao trabalhador a mão de obra já despendida, há necessidade, no caso de trabalho proibido, de pagamento dos salários e demais verbas trabalhistas. Isso possibilita que todos os direitos trabalhistas sejam pagos ao empregado que esteja laborando em situação contrária à legislação. Interpretação contrária a essa causaria dupla punição ao trabalhador.

**Alternativa correta: letra "a".**

---

**37. (FGV – Exame de Ordem 2018.2)** Paulo é policial militar da ativa da Brigada Militar do Rio Grande do Sul. Como policial militar, trabalha em regime de escala 24h x 72h. Nos dias em que não tem plantão no quartel, atua como segurança em uma joalheria de um shopping center, onde tem que trabalhar três dias por semana, não pode se fazer substituir por ninguém, recebe remuneração fixa mensal e tem que cumprir uma rotina de 8 horas a cada dia laborado. Os comandos do trabalho lhe são repassados pelo gerente-geral da loja, sendo que ainda ajuda nas arrumações de estoque, na conferência de mercadorias e em algumas outras funções internas. Paulo não teve a CTPS anotada pela joalheria.

Diante dessa situação, à luz das normas da CLT e da jurisprudência consolidada do TST, assinale a afirmativa correta.

a) Estão preenchidos os requisitos da relação de emprego, razão pela qual Paulo tem vínculo empregatício com a joalheria, independentemente do fato de ser policial militar da ativa, e de sofrer eventual punição disciplinar administrativa prevista no estatuto do Policial Militar.

b) Estão preenchidos os requisitos da relação de emprego, mas Paulo não poderá ter vínculo empregatício com a joalheria, em razão da punição disciplinar administrativa prevista no estatuto do Policial Militar.

c) Não estão presentes os requisitos da relação de emprego, uma vez que Paulo poderá ser requisitado pela Brigada Militar e não poderá trabalhar nesse dia para a joalheria.

d) Estão preenchidos os requisitos da relação de emprego, sendo indiferente à relação de emprego uma eventual punição disciplinar administrativa prevista no estatuto do Policial Militar, mas Paulo não pode ter vínculo empregatício com a joalheria tendo em vista que a função pública exige dedicação exclusiva.

COMENTÁRIOS

✪ **Nota do autor:** A questão aborda o tema das nulidades do contrato de trabalho. Lembre-se de que o trabalho proibido é aquele prestado em condições que agridem a saúde e a segurança do trabalhador, ou seja, desrespeitam normas de proteção trabalhista. Por sua vez, no trabalho ilícito, a prestação de serviços afronta a lei penal.

**Alternativa "a".** *Comentário serve para as demais alternativas, uma vez que versam sobre o mesmo assunto.* "Preenchidos os requisitos do art. 3º da CLT, é legítimo o reconhecimento de relação de emprego entre policial militar e empresa privada, independentemente do eventual cabimento de penalidade disciplinar prevista no Estatuto do Policial Militar." (Súmula nº 386 do TST).

Em razão dos baixíssimos salários recebidos pelos policiais militares, é comum que haja prestação de serviços desses servidores públicos às empresas privadas, oferecendo serviços ligados à segurança privada. A execução desses serviços gera reflexos na esfera administrativa, ou seja, o servidor poderá sofrer penalidade disciplinar. Como visto, o trabalho proibido, diferentemente do trabalho ilícito, gera efeitos na esfera trabalhista. No caso específico do policial militar, a Justiça do Trabalho irá declarar o vínculo desde que presentes os requisitos do art. 3º da CLT, reconhecendo, portanto, todos os direitos trabalhistas para o militar que presta serviços à empresa privada.

**Alternativa correta: letra "a".**

## 6.5. ALTERAÇÃO DO CONTRATO DE TRABALHO

▸ Arts. 468, CLT

---

**38. (FGV – Exame de Ordem XXXVI – 2022)** Sua cliente é uma empresa do setor calçadista com sede em Sapiranga, no Rio Grande do Sul, e lhe procurou indagando acerca da possibilidade de transferir alguns empregados para outras localidades.

Diante disso, considerando o texto da CLT em vigor e o entendimento jurisprudencial consolidado do TST, assinale a afirmativa correta.

a) O empregado com contrato de trabalho no qual consta cláusula expressa de transferência decorrente de comprovada real necessidade de serviço obrigatoriamente deve aquiescer com a transferência, sendo tal concordância requisito indispensável para a validade da transferência.

b) Apenas serão consideradas transferências aquelas que acarretarem, necessariamente, a mudança de domicílio do empregado.

c) Em caso de necessidade de serviço, o empregador será livre para transferir o empregado provisoriamente, desde que com a aquiescência deste, sendo desnecessário o pagamento de qualquer outra vantagem ou benefício ao empregado, exceto a ajuda de custo para a mudança.

d) Havendo transferência provisória com o pagamento do respectivo adicional, as despesas resultantes da transferência serão do empregado, uma vez que já indenizada a transferência pelo adicional respectivo.

COMENTÁRIOS

✪ **Nota do autor:** A questão trata sobre a transferência de empregados. Não é um assunto simples, pois possui algumas peculiaridades: em alguns casos a transferência é lícita, em outros, não; em alguns casos o empregado é remunerado com adicional de transferência, em outros, não. Dessa forma, apesar da questão ser facilmente resolvida com a literalidade da CLT, procurei ser mais profundo e fornecer uma visão completa sobre o tema.

**Alternativa "a".** A assertiva está errada. Nos termos do *caput* do art. 469 da CLT, em regra, a transferência será possível desde que tenha anuência do empregado. Contudo, o § 1º excepciona da regra, permitindo a transferência por ato unilateral do empregado, aqueles empregados cujos contratos tenham como condição, implícita ou explícita, a transferência, quando esta decorra de real necessidade de serviço.

**Alternativa "b".** A assertiva está correta. Conforme parte final do *caput* do art. 469 da CLT, não se considera transferência a que não acarretar necessariamente a mudança do seu domicílio. Portanto, para configurar transferência, é necessário que acarrete mudança de domicílio do empregado.

**Alternativa "c".** A assertiva está errada. No caso de real necessidade de serviço, com fundamento no princípio da lealdade contratual, caberá ao empregado colaborar com a empresa. Dessa forma, pode o empregador, por ato unilateral (hipótese de *jus variandi*), determinar sua transferência provisória. Ainda, mesmo em se tratando de cargo de confiança e condição implícita ou explícita no contrato, no caso de transferência provisória o empregador ficará obrigado a pagar adicional de, no mínimo, 25%, dos salários que o empregado recebia na localidade de origem, enquanto durar a transferência. Se ocorrer transferência definitiva, o empregado não terá direito ao adicional:

> **Art. 469, § 3º, CLT** - Em caso de necessidade de serviço o empregador poderá transferir o empregado para localidade diversa da que resultar do contrato, não obstante as restrições do artigo anterior, mas, nesse caso, ficará obrigado a um pagamento suplementar, nunca inferior a 25% (vinte e cinco por cento) dos salários que o empregado percebia naquela localidade, enquanto durar essa situação.

**Alternativa "d".** A assertiva está errada. Nos termos do art. 470 da CLT, "As despesas resultantes da transferência correrão por conta do empregador".

**Alternativa correta: letra "b".**

---

**39. (FGV- XXXIV Exame de Ordem-2022)** Eduarda é auditora contábil e trabalha na sociedade empresarial Calculadora Certa Ltda., exercendo sua atividade junto aos vários clientes do seu empregador. Por necessidade de serviço, e tendo em vista a previsão expressa em seu contrato de trabalho, Eduarda será transferida por 4 (quatro) meses para um distante Estado da Federação, pois realizará a auditoria física no maior cliente do seu empregador.

Considerando essa situação e os termos da CLT, assinale a afirmativa correta.

a) A transferência é nula, porque o empregado tem a expectativa de permanecer em um só lugar.

b) A empregada pode ser transferida e receberá um adicional de 10% (dez por cento), que será incorporado ao seu salário mesmo após o retorno.

c) A transferência somente será possível se houver prévia autorização judicial e, caso permitida, Eduarda fará jus a um adicional mínimo de 50% (cinquenta por cento).

d) Eduarda poderá ser transferida e terá direito a um adicional não inferior a 25% (vinte e cinco por cento) sobre seu salário, enquanto estiver na outra localidade.

**COMENTÁRIOS**

✪ **Nota do autor:** A questão trata sobre a transferência de empregados. Não é um assunto simples, pois possui algumas peculiaridades: em alguns casos a transferência é lícita, em outros, não; em alguns casos o empregado é remunerado com adicional de transferência, em outros, não. Dessa forma, apesar da questão ser facilmente resolvida com a literalidade da CLT, procurei ser mais profundo e fornecer uma visão completa sobre o tema.

**Alternativa "d".** *Comentário serve para as demais alternativas, uma vez que versam sobre o mesmo assunto.* Entre as possibilidades do *jus variandi* está a transferência de empregados. Em regra, a transferência unilateral é vedada. Essa transferência será possível desde que tenha anuência do empregado. Para configurar transferência, é necessário que acarrete mudança de domicílio do empregado. Excepcionalmente, poderá ocorrer a transferência unilateral do empregado, se respeitados os limites impostos por lei. A seguir, as hipóteses admitidas:

a) Empregados que exerçam cargos de confiança. Inclusive para esses empregados, é necessário que o empregador demonstre a necessidade do serviço.

b) Empregados cujo contrato tenham como condição implícita ou explícita a necessidade de transferência. Também nessa hipótese será necessária comprovação de real necessidade de serviço, no mesmo sentido da hipótese anterior. Exemplo de condição implícita: empregados do circo. Condição explícita: essa é a situação de Eduarda, cujo contrato de trabalho contém cláusula expressa autorizando a transferência provisória para realização de auditoria física nas dependências do empregador.

c) Extinção do estabelecimento. Nesse caso, a transferência unilateral é permitida para evitar o término do contrato de trabalho.

d) Transferência provisória por necessidade de serviço. Nesse caso, com fundamento no princípio da lealdade contratual, caberá ao empregado colaborar com a empresa. Há necessidade, entretanto, de que essa necessidade seja fundamentada na real necessidade de serviço.

No caso de transferência provisória por necessidade de serviço, mesmo em se tratando de cargo de confiança e condição implícita ou explícita no contrato, o empregador ficará obrigado a pagar adicional de, no mínimo, 25%, dos salários que o empregado recebia na localidade de origem, enquanto durar a transferência. Se ocorrer transferência definitiva, o empregado não terá direito ao adicional (art. 469 § 3º, da CLT).

**Alternativa correta: letra "d".**

---

**40. (FGV – Exame de Ordem – 2021.2)** Genilson e Carla trabalham como operadores de atendimento em uma sociedade empresária de telemarketing. Ambos possuem plano de saúde empresarial, previsto no regulamento interno e custeado integralmente pelo empregador, com direito a uma ampla rede credenciada e quarto particular em caso de eventual internação. Ocorre que a sociedade empresária, desejando reduzir seus custos, alterou o regulamento e informou seus empregados que o plano foi modificado, com redução significativa da rede credenciada e que, eventual internação hospitalar, seria feita em enfermaria - e não mais em quarto particular. Sobre a alteração efetuada e de acordo com a CLT, assinale a afirmativa correta.

a) A alteração não é válida para Genilson e Carla, porque só pode ser efetivada para aqueles admitidos após a mudança.

b) A alteração é válida para Genilson e Carla, porque o plano de saúde continuou a ser mantido, ainda que em condições diferentes.

c) A alteração somente será válida para os admitidos anteriormente à mudança.

d) A alteração, que alcança apenas os admitidos após a mudança, deve ser homologada judicialmente.

**COMENTÁRIOS**

**Nota do autor:** A questão aborda o tema do regulamento de empresa e dos princípios do Direito do Trabalho. Lembre-se de que o regulamento de empresas é o conjunto de regras elaboradas pelo empregador para mais bem organizar a empresa. Será considerado fonte formal se as regras formuladas pelo empregador forem de caráter geral e impessoal, como concessão de prêmios para trabalhadores que atingirem certas metas, fixação de horários e utilização de EPIs ou, ainda, plano de cargos e salários etc.

**Alternativa "a".** *Comentário serve para as demais alternativas, pois versam sobre o mesmo assunto.* "As cláusulas regulamentares, que revoguem ou alterem vantagens deferidas anteriormente, só atingirão os trabalhadores admitidos após a revogação ou alteração do regulamento." (Súmula nº 51, I, do TST). Pelo princípio da condição mais benéfica e da inalterabilidade contratual lesiva, as cláusulas de regulamento de empresa não podem ser modificadas para os atuais empregados e somente poderão atingir os empregados admitidos após a mudança.

**Alternativa correta: letra "a".**

---

**41. (FGV/OAB/XXX_Exame – 2019)** João e Maria são casados e trabalham na mesma empresa, localizada em Fortaleza/CE. Maria ocupa cargo de confiança e, por absoluta necessidade do serviço, será transferida para Porto Alegre/RS, lá devendo fixar residência, em razão da distância.

Diante da situação retratada e da legislação em vigor, assinale a afirmativa correta.

a) A transferência não poderá ser realizada, porque o núcleo familiar seria desfeito, daí ser vedada por Lei.

b) A transferência poderá ser realizada, mas, como o casal ficará separado, isso deverá durar, no máximo, 1 ano.

c) João terá direito, pela CLT, a ser transferido para o mesmo local da esposa e, com isso, manter a família unida.

d) Não há óbice para a transferência, que poderá ser realizada sem que haja obrigação de a empresa transferir João.

**COMENTÁRIOS**

**Nota do autor:** A questão aborda o tema da transferência de empregados. Em regra, a transferência unilateral é vedada. Essa transferência será possível desde que tenha anuência do empregado. Para configurar transferência, é necessário que acarrete mudança de domicílio do empregado.

**Alternativa "d".** *Comentário serve para as demais alternativas, uma vez que versam sobre o mesmo assunto.* "Não estão compreendidos na proibição deste artigo: os empregados que exerçam cargo de confiança e aqueles cujos contratos tenham como condição, implícita ou explícita, a transferência, quando esta decorra de real necessidade de serviço." (art. 469, § 1º, da CLT). Excepcionalmente, poderá ocorrer a transferência unilateral do empregado, se respeitados os limites impostos por lei. Admite-se a transferência unilateral por necessidade do serviço. Nesse caso, com fundamento no princípio da lealdade contratual, caberá ao empregado colaborar com a empresa. Há necessidade, entretanto, de que essa necessidade seja fundamentada na real necessidade de serviço. Por fim, não há previsão para que ambos os empregados de uma mesma família sejam transferidos conjuntamente.

**Alternativa correta: letra "d".**

---

**42. (FGV-Exame de Ordem 2019.2)** Plínio foi contratado, em 30/11/2017, como auxiliar administrativo de uma fábrica de motores. Graças ao seu ótimo desempenho, foi promovido, passando a gerente de operações, cargo dispensado do registro de horário, com padrão salarial cinco vezes mais elevado que o cargo efetivo imediatamente abaixo. Plínio era o responsável pela empresa, apenas enviando relatório mensal à diretoria. Em razão da nova função, Plínio passou a receber uma gratificação equivalente a 50% do salário básico recebido na função anteriormente exercida.

O rendimento de Plínio, oito meses após a promoção, deixou de ser satisfatório, por questões pessoais. Em decorrência disso, a empresa retirou de Plínio a função gerencial e ele voltou à função que exercia antes, deixando de receber a gratificação de função.

Diante disso, assinale a afirmativa correta.

a) O cargo que Plínio passou a ocupar não era de confiança, razão pela qual a alteração contratual equivale a rebaixamento, sendo, portanto, ilícita.

b) O cargo que Plínio passou a ocupar era de confiança, porém não poderia haver o retorno ao cargo anterior com a perda da gratificação de função, razão pela qual a alteração contratual equivale a rebaixamento, sendo, portanto, ilícita.

c) O cargo que Plínio passou a ocupar era de confiança, e a reversão ao cargo efetivo foi lícita, mas não a perda da remuneração, pois equivale a diminuição salarial, o que é constitucionalmente vedado.

d) O cargo que Plínio passou a ocupar era de confiança, razão pela qual se admite a reversão ao cargo anterior, sendo lícita a perda da gratificação de função.

**COMENTÁRIOS**

**Nota do autor:** A questão aborda o tema da alteração do contrato de trabalho. Com fundamento no poder diretivo, art. 2º da CLT, cabe ao empregador efetuar algumas alterações para mais bem organizar a atividade empresarial. Aliás, como é o empregador que assume os riscos da atividade econômica, nada mais justo que exerça algumas modificações no contrato de trabalho. Essas alterações promovidas pelo empregador, sem o prévio consentimento do empregado, são chamadas *jus variandi*.

**Alternativa "d".** *Comentário serve para as demais alternativas, uma vez que versam sobre o mesmo assunto.* "Não se considera alteração unilateral a determinação do empregador para que o respectivo empregado reverta ao cargo efetivo, anteriormente ocupado, deixando o exercício de função de confiança." (art. 468, § 1º, da CLT). A CLT admite a reversão do empregado que ocupa função de confiança ao cargo anteriormente ocupado. Lembre-se de que o empregador não é obrigado a manter o empregado nessa função, que depende exclusivamente da confiança em relação ao trabalhador.

Plínio exercia função de confiança, podendo ser enquadrado como gerente nos termos do art. 62, II e parágrafo único da CLT:

> **Art. 62 da CLT** – *Não são abrangidos pelo regime previsto neste capítulo:*
>
> *II – os gerentes, assim considerados os exercentes de cargos de gestão, aos quais se equiparam, para efeito do disposto neste artigo, os diretores e chefes de departamento ou filial.*
>
> *Parágrafo único – O regime previsto neste capítulo será aplicável aos empregados mencionados no inciso II*

TRABALHO

*deste artigo, quando o salário do cargo de confiança, compreendendo a gratificação de função, se houver, for inferior ao valor do respectivo salário efetivo acrescido de 40% (quarenta por cento).*

Por fim, destaca-se que o § 2º do art. 468 da CLT, acrescentado pela Reforma Trabalhista, prevê a possibilidade de retirada da gratificação de função do empregado revertido ao cargo originalmente ocupado, independentemente do tempo de exercício da função de confiança:

**Art. 468, § 2º, da CLT:** *A alteração de que trata o § 1º deste artigo, com ou sem justo motivo, não assegura ao empregado o direito à manutenção do pagamento da gratificação correspondente, que não será incorporada, independentemente do tempo de exercício da respectiva função.*

**Alternativa correta: letra "d".**

---

**43. (FGV – Exame de Ordem 2017.1)** Célio e Paulo eram funcionários da sociedade empresária Minério Ltda. e trabalhavam no município do Rio de Janeiro. Por necessidade de serviço, eles foram deslocados para trabalhar em outros municípios.

Célio continuou morando no mesmo lugar, porque o município em que passou a laborar era contíguo ao Rio de Janeiro. Paulo, no entanto, mudou-se definitivamente, com toda a família, para o município em que passou a trabalhar, distante 350 km do Rio de Janeiro.

Dois anos depois, ambos foram dispensados. A sociedade empresária nada pagou aos funcionários quando das transferências de locais de trabalho, salvo a despesa com a mudança de Paulo. Ambos ajuizaram ações trabalhistas.

A partir da hipótese sugerida, assinale a afirmativa correta.

a) Célio e Paulo não têm direito ao adicional de transferência.

b) Apenas Paulo tem direito ao adicional de transferência.

c) Apenas Célio tem direito ao adicional de transferência.

d) Ambos têm direito ao adicional de transferência.

**COMENTÁRIOS**

✪ **Nota do autor:** A questão versa sobre o tema alteração do contrato e cabimento do respectivo adicional de transferência e é considerada fácil, pois bastava o conhecimento do art. 469 da CLT.

**Alternativa "a".** *Comentário serve para as demais alternativas, uma vez que versam sobre o mesmo assunto.*

Como **Célio** não teve seu domicílio alterado, não há configuração de transferência e, por esta razão, não há que se falar no respectivo adicional. Além disso, só é cabível o adicional de transferência de 25% no caso de transferência provisória, o que não é o caso da questão.

Assim, não é devido adicional de transferência a Paulo e a Célio.

Entre as possibilidades do *jus variandi* está a transferência de empregados. Em regra, a transferência unilateral é vedada. Essa transferência será possível desde que tenha **anuência do empregado**. Para configurar transferência, é necessário que acarrete mudança de domicílio do empregado, nos termos expressos no art. 469 da CLT.

Excepcionalmente, poderá ocorrer a transferência unilateral do empregado, se respeitados os limites impostos por lei. A seguir, as hipóteses admitidas:

1. Empregados que exerçam cargos de confiança.
2. Empregados cujo contrato tenha como condição implícita ou explícita a necessidade de transferência.
3. Extinção do estabelecimento.
4. Transferência provisória por necessidade de serviço.

O empregador, portanto, está obrigado a indicar os motivos da transferência. Essa exigência é um dos raros casos em que o empregador deverá motivar sua decisão.

No caso de **transferência provisória** por necessidade de serviço, mesmo em se tratando de cargo de confiança e condição implícita ou explícita no contrato, o empregador ficará obrigado a pagar adicional de, no mínimo, 25%, dos salários que o empregado recebia na localidade de origem, enquanto durar a transferência. A jurisprudência majoritária defende o pagamento desse adicional somente no caso de transferência provisória[6]. Assim sendo, se ocorrer transferência definitiva, o empregado não terá direito ao adicional, como é o caso de Paulo.

**Alternativa correta: letra "a".**

---

**44. (FGV – Exame de Ordem 2016.1)** Jonilson trabalhava na sociedade empresária XYZ Ltda. e atuava como analista financeiro. Mostrando bom desempenho, o empregador o promoveu ao cargo de confiança de gerente financeiro e, dali em diante, passou a lhe pagar, além do salário, uma gratificação de função de 50% do salário. Oito anos após, a empresa resolveu retornar Jonilson ao cargo de origem e suprimiu a gratificação de função.

Diante da situação apresentada, nos termos da CLT, assinale a afirmativa correta.

a) Uma alteração desse vulto necessitaria de ordem judicial, a ser declarada em ação revisional.

b) A reversão é válida, pois não há estabilidade em cargos de gerência.

c) Pode haver a reversão, mas a gratificação de função não pode ser suprimida.

d) A alteração contratual é nula, tratando-se na verdade de rebaixamento.

**COMENTÁRIOS**

✪ **Nota do autor:** A questão aborda o tema da alteração do contrato de trabalho. Lembre-se de que, em regra, a alteração somente é válida quando há consentimento do empregado e ausência de prejuízos diretos e indiretos ao trabalhador.

**Alternativa "b".** *Comentário serve para as demais alternativas, uma vez que versam sobre o mesmo assunto.* "Não se considera alteração unilateral a determinação do empregador para que o respectivo empregado reverta ao cargo efetivo, anteriormente ocupado, deixando o exercício de função de confiança." (art. 468, § 1º, CLT – Renumerado pela Lei nº 13.467/2017). O empregado que ocupa cargo de confiança poderá ser revertido ao cargo anterior, com a retirada da gratificação de função, sem que essa reversão acarrete nulidade. Nesse caso, quando o trabalhador não corresponde às expectativas do empregador e como envolve função de confiança, há previsão na própria lei, que autoriza o retorno à função anterior, sem que esse ato seja nulo.

Antes das alterações promovidas pela Reforma Trabalhista, havia incorporação da gratificação de função, caso esta fosse percebida por 10 anos ou mais:

**Súmula nº 372 do TST.** *Gratificação de função. Supressão ou redução. Limites*

*I – Percebida a gratificação de função por dez ou mais*

---

6 Orientação Jurisprudencial nº 113 da SDI-I do TST: "O fato de o empregado exercer cargo de confiança, e a existência de previsão de transferência no contrato de trabalho, não exclui o direito ao adicional. O pressuposto legal apto a legitimar a percepção do mencionado adicional é a transferência provisória."

*anos pelo empregado, se o empregador, sem justo motivo, revertê-lo a seu cargo efetivo, não poderá retirar-lhe a gratificação tendo em vista o princípio da estabilidade financeira.*

*II – Mantido o empregado no exercício da função comissionada, não pode o empregador reduzir o valor da gratificação.*

Esta Súmula, entretanto, passará por alterações, tendo em vista a expressa previsão legal no sentido da não incorporação da gratificação de função, independentemente do tempo em que o empregado exerceu a função comissionada:

**Art. 468, § 2º da CLT (inserido pela Reforma Trabalhista):** *A alteração de que trata o § 1º deste artigo, com ou sem justo motivo, não assegura ao empregado o direito à manutenção do pagamento da gratificação correspondente, que não será incorporada, independentemente do tempo de exercício da respectiva função.*

**Alternativa correta: letra "b".**

---

**45. (FGV – Exame de Ordem 2015.2)** Maria trabalha para a sociedade empresária Alfa S.A. como chefe de departamento. Então, é informada pelo empregador que será transferida de forma definitiva para uma nova unidade da empresa, localizada em outro estado da Federação. Para tanto, Maria, obrigatoriamente, terá de alterar o seu domicílio.

Diante da situação retratada e do entendimento consolidado do TST, assinale a afirmativa correta.

a) Maria receberá adicional de, no mínimo, 25%, mas tal valor, por ter natureza indenizatória, não será integrado ao salário para fim algum.
b) A empregada não fará jus ao adicional de transferência porque a transferência é definitiva, o que afasta o direito.
c) A obreira terá direito ao adicional de transferência, mas não à ajuda de custo, haja vista o caráter permanente da alteração.
d) Maria receberá adicional de transferência de 25% do seu salário enquanto permanecer na outra localidade.

**COMENTÁRIOS**

✪ **Nota do autor:** A questão aborda o tema da transferência de empregados. Em regra, a transferência unilateral é vedada. Essa transferência será possível desde que tenha anuência do empregado. Para configurar transferência, é necessário que acarrete mudança de domicílio do empregado.

**Alternativa "b".** *Comentário serve para as demais alternativas, uma vez que versam sobre o mesmo assunto.* "O fato de o empregado exercer cargo de confiança, e a existência de previsão de transferência no contrato de trabalho, não exclui o direito ao adicional. O pressuposto legal apto a legitimar a percepção do mencionado adicional é a transferência provisória." (Orientação Jurisprudencial nº 113 da SDI-I do TST). Assim, somente na transferência provisória é devido o adicional de insalubridade. Cumpre ressaltar que é possível a transferência unilateral de Maria, uma vez que é ocupante de cargo de confiança. No entanto, mesmo nessa hipótese é necessário que se demonstre a real necessidade do serviço:

**Art. 469 da CLT** – *Ao empregador é vedado transferir o empregado, sem a sua anuência, para localidade diversa da que resultar do contrato, não se considerando transferência a que não acarretar necessariamente a mudança do seu domicílio.*

*§ 1º – Não estão compreendidos na proibição deste artigo: os empregados que exerçam cargo de confiança e aqueles cujos contratos tenham como condição, implícita ou explícita, a transferência, quando esta decorra de real necessidade de serviço.*

Por fim, a ajuda de custo com as despesas com a transferência deve ser paga pelo empregador (art. 470 da CLT).

**Alternativa correta: letra "b".**

## 6.6. SUSPENSÃO E INTERRUPÇÃO DO CONTRATO DE TRABALHO

- Arts. 471 a 476-A, CLT
- Súmula nº 155 do TST
- Súmula nº 160 do TST

✪ **Nota do autor:** A Lei nº 13.767/2018 acrescentou nova hipótese de interrupção do contrato de trabalho prevista no art. 473, XII, da CLT: até 3 (três) dias, em cada 12 (doze) meses de trabalho, em caso de realização de exames preventivos de câncer devidamente comprovada. É importante ressaltar que a Lei nº 14.020/2020 previu a possibilidade de suspensão temporária do contrato de trabalho durante o estado de calamidade pública decorrente da pandemia do novo coronavírus, que se encerrou em 31/12/2020. Nesse mesmo sentido, em agosto de 2022, o Congresso Nacional aprovou a MP nº 1.109/2022 (convertida na Lei nº 14.437/2022), que institucionaliza autorização genérica para a adoção de medidas trabalhistas de enfrentamento a momentos de crise. Para mais informações, confira o Capítulo de Dicas.

---

**46. (FGV – Exame de Ordem 2020.1)** Enzo é professor de Matemática em uma escola particular, em que é empregado há 8 anos. Após 2 anos de namoro e 1 ano de noivado, irá se casar com Carla, advogada, empregada em um escritório de advocacia há 5 anos.

Sobre o direito à licença pelo casamento, de acordo com a CLT, assinale a afirmativa correta.

a) O casal poderá faltar aos seus empregos respectivos por até 3 dias úteis para as núpcias.
b) Carla, por ser advogada, terá afastamento de 5 dias e Enzo, por ser professor, poderá faltar por 2 dias corridos.
c) Enzo poderá faltar ao serviço por 9 dias, enquanto Carla poderá se ausentar por 3 dias consecutivos.
d) Não há previsão específica, devendo ser acertado o período de afastamento com o empregador, observado o limite de 10 dias.

**COMENTÁRIOS**

✪ **Nota do autor:** A questão aborda o tema da interrupção do contrato de trabalho e apresentava maior nível de dificuldade, pois exigia do candidato o conhecimento acerca das diferenças específicas acerca da profissão do professor.

**Alternativa "c".** *Comentário responde todas as alternativas.* De acordo com a regra geral aplicada aos empregados prevista no art. 473, II, da CLT, o empregado pode faltar ao trabalho sem prejuízo de seu salário por até 3 dias consecutivos em virtude de casamento. No entanto, os professores têm regras específica no art. 320, § 3º, da CLT, que permite a falta ao serviço por 9 dias em razão de casamento (gala):

***Art. 320, § 3º, da CLT:*** *Não serão descontadas, no decurso de 9 (nove) dias, as faltas verificadas por motivo de gala ou de luto em conseqüência de falecimento do cônjuge, do pai ou mãe, ou de filho.*

**Alternativa correta: letra "c".**

TRABALHO

**47. (FGV-Exame de Ordem 2019.1)** Determinada sociedade empresária ampliou os benefícios de seus empregados para fidelizá-los e evidenciar sua responsabilidade social. Dentre outras medidas, aderiu voluntariamente ao programa de empresa cidadã e, assim, aumentou o período de licença maternidade e o de licença paternidade de seus empregados.

Marcondes, empregado da referida empresa, que será pai em breve, requereu ao setor de recursos humanos a ampliação do seu período de licença paternidade, e agora deseja saber quanto tempo ficará afastado.

Assinale a opção que, de acordo com a Lei, indica o período total da licença paternidade que Marcondes aproveitará.

a) 5 dias.

b) 10 dias.

c) 15 dias.

d) 20 dias.

**COMENTÁRIOS**

✪ **Nota do autor:** A questão aborda o tema da licença paternidade, que configura hipótese de interrupção do contrato de trabalho. A Lei nº 13.767/2018 acrescentou nova hipótese de interrupção, que permite ao empregado faltar ao serviço sem prejuízo de seu salário por até 3 dias, em cada 12 meses de trabalho, em caso de realização de exames preventivos de câncer devidamente comprovados (art. 473, XII, da CLT).

**Alternativa "d":** *Comentário serve para as demais alternativas, uma vez que versam sobre o mesmo assunto.* A licença paternidade tem duração normal de 5 dias, conforme art. 10, §1º do ADCT:

> **Art. 10, § 1º, do ADCT:** *Até que a lei venha a disciplinar o disposto no art. 7º, XIX, da Constituição, o prazo da licença-paternidade a que se refere o inciso é de cinco dias.*

Com a promulgação da Lei de políticas públicas para a primeira infância (Lei nº 13.257/2016), foi introduzida a possibilidade de prorrogação da licença paternidade em 15 dias na Lei nº 11.770/2008 (Programa Empresa Cidadã), totalizando o período de 20 dias. Para se ter direito à prorrogação, é necessário o preenchimento de alguns requisitos:

1) empregador deve integrar o Programa Empresa Cidadã;
2) benefício de prorrogação deve ser requerido no prazo de até 2 dias úteis após o parto;
3) comprovação de participação em programa ou atividade de orientação sobre paternidade responsável;
4) impossibilidade de exercer atividade remunerada durante o período.

Por fim, cumpre ressaltar que o Programa Empresa Cidadã possibilita, também, prorrogação do período da licença-maternidade, por mais 60 dias. Nesse ponto, a Lei nº 14.457/2022 promoveu alterações no Programa Empresa Cidadã, para estabelecer que essa prorrogação poderá ser compartilhada entre a empregada e o empregado, desde que ambos sejam empregados de pessoa jurídica aderente ao Programa e que a decisão seja adotada conjuntamente.

**Alternativa correta: letra "d".**

**48. (FGV – Exame de Ordem 2016.3)** Paula e Joyce são empregadas de uma mesma sociedade empresária. O irmão de Paula faleceu e o empregador não autorizou sua ausência ao trabalho. Vinte dias depois, Joyce se casou e o empregador também não autorizou sua ausência ao trabalho em nenhum dia.

Como advogado(a) das empregadas, você deverá requerer

a) em ambos os casos, a ausência ao trabalho por três dias consecutivos.

b) um dia de ausência ao trabalho para Paula e de três dias para Joyce.

c) a ausência ao trabalho por dois dias consecutivos, no caso de Paula e, de até três dias, para Joyce.

d) a ausência ao trabalho por dois úteis dias no caso de Paula e, de até três dias úteis, para Joyce.

**COMENTÁRIOS**

✪ **Nota do autor:** A questão aborda o tema da suspensão e interrupção do contrato de trabalho. A principal diferença existente entre interrupção e suspensão consiste no pagamento dos salários. Na interrupção, repita-se, o empregador deverá pagar salário ao trabalhador.

**Alternativa "c".** *Comentário serve para as demais alternativas, pois versam sobre o mesmo assunto.* Nesse sentido, prevê o art. 473, I e II da CLT:

> *Art. 473, CLT: O empregado poderá deixar de comparecer ao serviço sem prejuízo do salário:*
>
> *I – até 2 (dois) dias consecutivos, em caso de falecimento do cônjuge, ascendente, descendente, irmão ou pessoa que, declarada em sua carteira de trabalho e previdência social, viva sob sua dependência econômica;*
>
> *II – até 3 (três) dias consecutivos, em virtude de casamento;*

Assim, Paula tem direito de se ausentar do serviço sem prejuízo de seu salário pelo período de 2 dias consecutivos em razão do falecimento de seu irmão. Por sua vez, Joyce pode se ausentar pelo período de 3 dias consecutivos em razão de seu casamento. Essas duas hipóteses configuram interrupção do contrato de trabalho.

| INTERRUPÇÃO | |
|---|---|
| **IN** | clui salário |
| **IN** | clui contagem de tempo de serviço |

**Alternativa correta: letra "c".**

**49. (FGV – Exame de Ordem 2016.2)** Após ter sofrido um acidente do trabalho reconhecido pela empresa, que emitiu a competente CAT, um empregado afastou-se do serviço e passou a receber auxílio-doença acidentário.

Sobre a situação descrita, em relação ao período no qual o empregado recebeu benefício previdenciário, assinale a afirmativa correta.

a) A situação retrata caso de suspensão contratual e a empresa ficará desobrigada de depositar o FGTS na conta vinculada do trabalhador.

b) Ocorrerá interrupção contratual e a empresa continua com a obrigação de depositar o FGTS para o empregado junto à CEF.

c) Ter-se-á suspensão contratual e a empresa continuará obrigada a depositar o FGTS na conta vinculada do trabalhador.

d) Haverá interrupção contratual e a empresa estará dispensada de depositar o FGTS na conta vinculada do trabalhador.

COMENTÁRIOS

✪ **Nota do autor:** A questão aborda o tema da suspensão e interrupção do contrato de trabalho. Lembre-se de que a principal diferença existente entre interrupção e suspensão consiste no pagamento dos salários. Na interrupção, repita-se, o empregador deverá pagar salário ao trabalhador.

**Alternativa "c".** *Comentário serve para as demais alternativas, uma vez que versam sobre o mesmo assunto.* "O depósito de que trata o *caput* deste artigo é obrigatório nos casos de afastamento para prestação do serviço militar obrigatório e licença por acidente do trabalho." (art. 15, § 5º, Lei nº 8.036/1990). O recebimento de benefícios previdenciários como o auxílio-doença e a aposentadoria por invalidez configura suspensão do contrato de trabalho, pois o salário será pago pelo INSS e não haverá contagem do tempo de serviço. Além disso, a Lei do FGTS expressamente determina a obrigatoriedade na manutenção do pagamento do FGTS na hipótese de acidente de trabalho.

**Alternativa correta: letra "c".**

---

**50. (FGV – Exame de Ordem 2016.1)** Maria trabalha para a sociedade empresária Beta e recentemente foi aposentada por invalidez. Diante desse fato, a empresa cancelou o plano de saúde de Maria.

Em relação à hipótese retratada e de acordo com a lei e o entendimento sumulado do TST, assinale a afirmativa correta.

a) A sociedade empresária agiu corretamente, pois a aposentadoria por invalidez rompeu o contrato de trabalho.

b) A sociedade empresária poderia, diante da situação retratada e a seu exclusivo critério, manter ou não o plano de saúde.

c) A sociedade empresária terá obrigação de manter o plano por 12 meses, quando terminaria a estabilidade da obreira.

d) A sociedade empresária se equivocou, porque o contrato está suspenso, devendo ser mantido o plano de saúde.

COMENTÁRIOS

✪ **Nota do autor:** A questão aborda o tema da suspensão do contrato de trabalho. Na suspensão do contrato de trabalho não há prestação de serviços pelo trabalhador. Nesse caso, não ocorre o pagamento de salário e a contagem do tempo de serviço do empregado.

**Alternativa "d".** Comentário serve para as demais alternativas, uma vez que versam sobre o mesmo assunto. "Assegura-se o direito à manutenção de plano de saúde, ou de assistência médica, oferecido pela empresa ao empregado, não obstante suspenso o contrato de trabalho em virtude de auxílio-doença acidentário ou de aposentadoria por invalidez." (Súmula nº 440 do TST). Ademais, cumpre ressaltar que a aposentadoria por invalidez é hipótese de suspensão do contrato de trabalho e, portanto, o pagamento de salário e a contagem do tempo de serviço ficam suspensos.

**Alternativa correta: letra "d".**

## 6.7. REPARAÇÃO DO DANO NAS RELAÇÕES DE TRABALHO

---

**51. (FGV – Exame de Ordem XXXVI – 2022)** João da Silva se submeteu, em novembro de 2021, a um processo seletivo para ingresso em um banco privado. Meses depois, recebeu um e-mail do banco informando que ele havia sido selecionado para a vaga. O e-mail solicitava a apresentação na sede do banco em 5 dias, com a carteira de trabalho e demais documentos pessoais, e, por causa disso, João da Silva recusou a participação em outros dois processos seletivos para os quais foi chamado, resolvendo focar as energias no futuro emprego no banco. Ocorre que, no dia em que se apresentou no banco, o gerente do setor de Recursos Humanos pediu desculpas e alegou ter havido um engano: segundo ele, o selecionado foi realmente João da Silva, mas um homônimo, e, por descuido do setor, enviaram a informação da aprovação para o e- mail errado. Nenhum documento foi exibido a João da Silva, sendo que o gerente renovou o pedido de desculpas e desejou boa sorte a João da Silva. Diante dos fatos narrados e das normas de regência, assinale a afirmativa correta.

a) Nada há a fazer, pois a empresa se justificou, pediu desculpas e não houve prejuízo a João da Silva.

b) O banco deverá ser obrigado a contratar João da Silva, em razão da promessa constante do e-mail.

c) A situação envolve dano pré-contratual, de competência da Justiça do Trabalho.

d) Uma vez que não houve contrato formalizado, a eventual responsabilidade civil deverá ser analisada pela Justiça Comum.

COMENTÁRIOS

✪ **Nota do autor:** A questão, apesar de alocada na parte de Direito Material do Trabalho (Questão 72 do Caderno Tipo I – Branco, do Exame de Ordem XXXVI – 2022), tem forte interrelação com Direito Processual do Trabalho. Questões multidisciplinares têm sido tendência nas últimas provas da OAB. Atente-se a isso e, desde já, passa a pensar o Direito como um sistema único, integrado, interdependente, e não como blocos de matérias desconexas que estudamos durante 10 semestres na faculdade.

**Alternativa "c".** *Comentário serve para as demais alternativas, uma vez que versam sobre o mesmo assunto.* Os deveres do empregado e do empregador decorrem da celebração do contrato de trabalho. Portanto, com a celebração do contrato de trabalho surgem direitos e deveres às partes da relação de emprego que deverão ser observadas ao longo de toda a duração do vínculo de emprego. No entanto, é importante ressaltar que **existem deveres que antecedem a existência do próprio contrato de trabalho e deverão ser observados pelo empregado e pela empresa durante o processo de contratação**. É o que se denomina deveres pré-contratuais. Os deveres pré-contratuais devem ser observados no processo de admissão do empregado na empresa e decorrem da necessidade de se observar a boa-fé objetiva, a lealdade e a probidade entre a empresa e os candidatos à vaga de emprego.

No caso descrito no enunciado, tem-se que banco privado não observou a boa-fé objetiva, pois, por falha interna (no setor de Recursos Humanos), a informação de que João da Silva seria contratado acabou por frustrar a chance que teria de efetivamente conseguir um emprego em outros processos seletivos. Nesse sentido, o banco deve ser responsabilizado a indenizar João da Silva com fundamento na teoria da perda de uma chance. Note-se que essa teoria é baseada na **probabilidade** que a vítima teria de um determinado evento ocorrer, ou seja, a chance perdida deve ser séria ou real.

Por fim, conforme explica Élisson Miessa[7], "A competência da Justiça Especializada subsiste para as lesões pré e pós-contratuais, desde que a causa de pedir esteja embasada na

7. MIESSA, Élisson. **Curso de Direito Processual do Trabalho**. 8. ed. rev., ampl. e atual. São Paulo: JusPodivm, 2021, p. 216.

relação de trabalho, ou seja, ainda que o contrato de trabalho não tenha se firmado ou já tenha sido extinto. Noutras palavras, tratando o art. 114, VI, da CF/88 de competência material, o que lhe dá suporte é a ação decorrente da relação de trabalho, independentemente de estar firmado ou não o contrato de trabalho. Assim, ocorrendo um dano (moral ou patrimonial) nas fases pré e pós-contratual a competência será da Justiça do Trabalho".

**Alternativa correta: letra "c".**

## 7. DURAÇÃO DO TRABALHO

- Art. 7º, inciso XIII, CF/88
- Arts. 57 a 75, CLT
- Súmula nº 429 do TST

**52. (FGV – XXXVII Exame OAB)** Rachel foi contratada como empregada em 2019 por uma sociedade empresária fabricante de automóveis. Ocorre que a fábrica fica em um lugar longínquo, não servido por transporte público regular, e por isso a sociedade empresária disponibiliza um ônibus para buscar os empregados pela manhã e deixá-los em casa, ao final da jornada. Raquel gasta diariamente, em média, 50 minutos para chegar ao emprego e outros 50 minutos para retorno. Considerando esses fatos e o que dispõe a CLT, assinale a afirmativa correta.

a) Os 50 minutos gastos na ida e os 50 minutos gastos na volta devem ser pagos como horas extras, na condição de hora in itinere.

b) O tempo despendido pelo empregado desde sua residência até o posto de trabalho e para seu retorno não será computado na jornada de trabalho.

c) O tempo gasto no transporte deverá ser pago porque será computado na jornada de trabalho, mas sem adicional.

d) O juiz, no caso concreto, após a análise da geografia do local, deverá decidir se o tempo gasto no transporte deverá, ou não, ser quitado como hora extra.

**COMENTÁRIOS**

✪ **Nota do autor:** A questão trata horas *in itinere*, assunto que foi fortemente impactado pela Reforma Trabalhista (Lei nº 13.467/2017).

**Alternativa "b".** *Comentário responde todas as alternativas.* Nos termos da redação anterior do art. 58 da CLT, o tempo despendido entre o local de trabalho e seu retorno, por qualquer meio de transporte, não era, em regra, computado na jornada de trabalho. Essas horas de percurso, chamadas *in itinere*, não estavam, em regra, inseridas no tempo "à disposição do empregador". **Excepcionalmente**, o dispositivo previa a possibilidade das horas in itinere estarem inseridas na jornada, se preenchidos dois requisitos:

a) Local de difícil acesso; e

b) Condução fornecida pelo empregador.

A Reforma Trabalhista alterou significativamente a disciplina jurídica das horas *in itinere*. De acordo com a atual redação do § 2º do artigo em comento, o tempo despendido pelo empregado desde sua residência até a efetiva ocupação do posto de trabalho e para o seu retorno não será computado na jornada de trabalho, ainda que o empregador forneça o transporte, por não ser tempo à disposição do empregador.

Dessa forma, tendo sido contratada pós Reforma Trabalhista, Rachel não deve ser remunerada pelo tempo despendido desde sua residência até o posto de trabalho e para seu retorno, pois não é computado na jornada de trabalho.

**Alternativa correta: letra "b"**

**53. (FGV – XXXVII Exame OAB)** Sabrina era empregada de um grande escritório de contabilidade desde 2021, e sempre chegava ao local de trabalho com 5 minutos de antecedência em relação ao horário contratual para trocar a roupa e colocar o uniforme da sociedade empresária. O empregador permitia que o empregado chegasse uniformizado, mas Sabrina achava melhor trocar a roupa na empresa por questão de segurança. Da mesma forma, após terminar o horário contratual, Sabrina permanecia mais 5 minutos no emprego para tirar o uniforme e colocar a sua roupa pessoal. Sabrina foi dispensada em fevereiro de 2023 e ajuizou reclamação trabalhista postulando 10 minutos diários de horas extras relativas às trocas de roupa. Sobre a hipótese apresentada, diante do que dispõe a CLT, assinale a afirmativa correta.

a) Sabrina está correta na postulação e, caso comprovada, ensejará o pagamento de horas extras.

b) A sociedade empresária deverá pagar metade do período como hora extra, uma vez que o excesso era de 10 minutos diários e o objetivo era a troca de uniforme.

c) Sabrina terá direito ao pagamento dos 10 minutos diários, mas não do adicional de 50%.

d) Sabrina está errada, pois esse período não será descontado nem computado como jornada extraordinária.

**COMENTÁRIOS**

✪ **Nota do autor:** A questão trata sobre tempo à disposição do empregador. É um ponto muito relevante do Direito Individual do Trabalho para as provas da Ordem. Contudo, poderia ser respondida com o conhecimento da CLT, de sorte que tem baixo nível de complexidade. Ressalto, ainda, que o TST tem posicionamento sumulado no sentido de que, independentemente das atividades a serem desenvolvidas pelo empregado, se ultrapassado o limite de 10 minutos diários seria devido o pagamento de horas extras (Súmula nº 366 do TST). Ocorre que esse entendimento deve ser alterado em breve em decorrência da inserção do § 2º do art. 4º da CLT pela Reforma Trabalhista, conforme comentário abaixo.

**Alternativa "d".** *Comentário responde todas as alternativas.* A Reforma Trabalhista (Lei nº 13.467/2017) inseriu o § 2º ao artigo 4º da CLT para prever que **não será computado como período extraordinário** o que exceder a jornada normal, ainda que ultrapasse o limite de 10 minutos diários (5 na entrada e 5 na saída), por não ser considerado tempo à disposição do empregador, quando o empregado, **por escolha própria**, buscar proteção pessoal, em caso de insegurança nas vias públicas ou más condições climáticas, bem como adentrar ou permanecer nas dependências da empresa para exercer atividades particulares, entre outras:

I – práticas religiosas;

II – descanso;

III – lazer;

IV – estudo;

V – alimentação;

VI – atividades de relacionamento social;

VII – higiene pessoal;

VIII – troca de roupa ou uniforme, quando não houver obrigatoriedade de realizar a troca na empresa.

Conforme consta do enunciado, Sabrina realizava a troca do uniforme nas dependências da empresa por livre e espontânea vontade, sendo permitido que já chegasse trocada. Dessa forma, o tempo extra despendido com a troca de uniformes não é considerado tempo à disposição do empregador e não será remunerado.

**Alternativa correta: letra "d"**

---

**54. (FGV- XXXIV Exame de Ordem-2022)** Milton possui uma fábrica de massas que conta com 23 (vinte e três) empregados. Em fevereiro de 2021, Milton conversou individualmente com cada empregado e propôs, para trazer maior agilidade, que dali em diante cada qual passasse a marcar ponto por exceção, ou seja, só marcaria a eventual hora extra realizada. Assim, caso a jornada fosse cumprida dentro das 8 (oito) horas diárias, não haveria necessidade de marcação. Diante da concordância, foi feito um termo individual para cada empregado, que foi assinado.

Sobre a hipótese apresentada, de acordo com o disposto na CLT, assinale a afirmativa correta.

a) O acordo é inválido, porque somente poderia ser feito por norma coletiva, e não individual.

b) O acerto é válido, porque o registro de ponto por exceção à jornada regular de trabalho pode ser feito por meio de acordo individual.

c) A alteração, para ter validade, depende da homologação do Poder Judiciário, por meio de uma homologação de acordo extrajudicial.

d) Para o acerto da marcação por exceção, é obrigatória a criação de uma comisssão de empregados, que irá negociar com o empregador, e, em contrapartida, a empresa deve conceder alguma vantagem.

**COMENTÁRIOS**

✪ **Nota do autor:** A questão trata sobre jornada de trabalho, mais especificamente sobre o controle da jornada de trabalho. A Lei nº 13.874/2019, que instituiu a Declaração de Direitos de Liberdade Econômica, modificou a redação do art. 74 da CLT acerca do registro de ponto dos empregados. De acordo com a redação do § 2º do art. 74 da CLT, é **obrigatória** a anotação de entrada e saída, em registro manual, mecânico ou eletrônico, nos estabelecimentos com mais de 20 empregados. Antes da promulgação dessa lei, eram obrigadas a realizar o registro as empresas com mais de 10 empregados.

Alternativa "b". *Comentário serve para as demais alternativas, uma vez que versam sobre o mesmo assunto.* A Lei nº 13.874/2019 prevê a possibilidade de registro de ponto por exceção firmado mediante **acordo individual ou instrumento coletivo de trabalho**. Nesse caso, somente serão anotadas as exceções na jornada, como faltas, horas extras, intervalos diferentes. É a inversão da lógica do registro de ponto. Cumpre ressaltar que o TST já havia decidido pela validade dessa modalidade de registro desde que prevista em acordo ou convenção coletiva de trabalho (Processo nº TST-ARR-80700-33.2007.5.02.0261. Rel. Min. Caputo Bastos. Data de julgamento: 26/10/2018).

**Alternativa correta: letra "b".**

---

**55. (FGV- XXXV Exame de Ordem-2022)** Rogéria trabalha como eletricista na companhia de energia elétrica da sua cidade, cumprindo jornada diária de 6 horas, de 2a a 6a feira, com intervalo de 1 hora para refeição. Em um sábado por mês, Rogéria precisa permanecer na sede da companhia por 12 horas para atender imediatamente a eventuais emergências (queda de energia, estouro de transformador ou outras urgências). Para isso, a empresa mantém um local reservado com cama, armário e espaço de lazer, até porque não se sabe se haverá, de fato, algum chamado.

De acordo com a CLT, assinale a opção que indica a denominação desse período no qual Rogéria permanecerá na empresa aguardando eventual convocação para o trabalho e como esse tempo será remunerado.

a) Sobreaviso; será pago na razão de 1/3 do salário normal.

b) Prontidão; será pago na razão de 2/3 do salário-hora normal.

c) Hora extra; será pago com adicional de 50%.

d) Etapa; será pago com adicional de 100%.

**COMENTÁRIOS**

✪ **Nota do autor:** A questão trata sobre jornada de trabalho, mais especificamente sobre o tempo à disposição do empregador, ou seja, o período em que o trabalhador aguarda ou executa ordens. Competia ao candidato, para resolver a questão, saber a diferença conceitual de prontidão e sobreaviso e a forma com que cada regime é remunerado.

**Alternativa "b".** *Comentário serve para as demais alternativas, uma vez que versam sobre o mesmo assunto.* No regime de prontidão, o empregado permanece nas dependências da empresa aguardando ordens. Nesse caso, o trabalhador não prestará serviços, mas receberá 2/3 do horário normal em razão do tempo à disposição. Poderá permanecer em prontidão por, no máximo, 12 horas. Já quando de sobreaviso, o empregado permanecer em sua residência ou outro local combinado aguardando ordens da empresa. Nesse caso, receberá apenas 1/3 da hora normal e poderá ficar nesse regime por, no máximo, 24 horas. A utilização de aparelhos eletrônicos (telefone celular, pager, bip etc.), por si só, não configura as horas de sobreaviso. Entretanto, configura horas de sobreaviso se a utilização dos instrumentos informatizados, como celular, pager etc.: a) mantiverem o empregado sob o controle do empregador; b) deixarem o trabalhador conectado e ligado à empresa, como responder e-mails durante a noite etc.; e c) submeterem o empregado a regime de plantão, podendo ser acionado a qualquer momento convenção e acordo coletivo prevalecerão sobre a lei quando dispuserem sobre regime de sobreaviso (art. 611-A, VIII da CLT).

**Alternativa correta: letra "b".**

---

**56. (FGV-Exame de Ordem 2019.2)** Fábio trabalha em uma mineradora como auxiliar administrativo. A sociedade empresária, espontaneamente, sem qualquer previsão em norma coletiva, fornece ônibus para o deslocamento dos funcionários para o trabalho, já que ela se situa em local cujo transporte público modal passa apenas em alguns horários, de forma regular, porém insuficiente para a demanda. O fornecimento do transporte pela empresa é gratuito, e Fábio despende cerca de uma hora para ir e uma hora para voltar do trabalho no referido transporte. Além do tempo de deslocamento, Fábio trabalha em uma jornada de 8 horas, com uma hora de pausa para repouso e alimentação.

Insatisfeito, ele procura você, como advogado(a), a fim de saber se possui algum direito a reclamar perante a Justiça do Trabalho.

Considerando que Fábio foi contratado em dezembro de 2017, bem como a legislação em vigor, assinale a afirmativa correta.

a) Fábio faz jus a duas horas extras diárias, em razão do tempo despendido no transporte.

b) Fábio não faz jus às horas extras, pois o transporte fornecido era gratuito.

c) Fábio faz jus às horas extras, porque o transporte público era insuficiente, sujeitando o trabalhador aos horários estipulados pelo empregador.

d) Fábio não faz jus a horas extras, porque o tempo de transporte não é considerado tempo à disposição do empregador.

COMENTÁRIOS

✪ **Nota do autor:** A questão aborda o tema das horas "in itinere". Lembre-se de que, antes da Reforma Trabalhista, o tempo despendido entre o local de trabalho e seu retorno, por qualquer meio de transporte, não era, **em regra**, computado na jornada de trabalho. Essas horas de percurso, chamadas *in itinere*, não estavam, em regra, inseridas no tempo "à disposição do empregador". Excepcionalmente, o dispositivo previa a possibilidade das horas *in itinere* estarem inseridas na jornada, se preenchidos dois requisitos: a) local de difícil acesso; e b) condução fornecida pelo empregador.

**Alternativa "d".** *Comentário serve para as demais alternativas, uma vez que versam sobre o mesmo assunto.* A Reforma Trabalhista alterou significativamente a disciplina jurídica das horas *in itinere*. De acordo com a nova redação do § 2º do artigo em comento, o tempo despendido pelo empregado desde sua residência até a efetiva ocupação do posto de trabalho e para o seu retorno **não será computado na jornada de trabalho**, ainda que o empregador forneça o transporte, por não ser tempo à disposição do empregador:

> **Art. 58, § 2º, da CLT** *(redação dada pela Lei nº 13.467/2017)***:** *O tempo despendido pelo empregado desde a sua residência até a efetiva ocupação do posto de trabalho e para o seu retorno, caminhando ou por qualquer meio de transporte, inclusive o fornecido pelo empregador, não será computado na jornada de trabalho, por não ser tempo à disposição do empregador.*

O novo dispositivo passou a prever que as horas *in itinere* não têm relevância para fins de cômputo da jornada de trabalho e remuneração de horas extras. Mesmo que o empregador, para viabilizar seu próprio empreendimento, forneça o transporte dos trabalhadores até o local de trabalho como uma ferramenta indispensável ao trabalho, beneficiando o próprio empreendimento, não deverá computar o período do deslocamento na jornada de trabalho, que somente se iniciará quando o trabalhador estiver em seu posto de trabalho.

**Alternativa correta: letra "d".**

---

**57. (FGV-Exame de Ordem 2019.1)** Você, como advogado(a), foi procurado por Pedro para ajuizar ação trabalhista em face da ex-empregadora deste.

Pedro lhe disse que após encerrar o expediente e registrar o efetivo horário de saída do trabalho, ficava na empresa em razão de eventuais tiroteios que ocorriam na região. Nos meses de verão, ocasionalmente, permanecia na empresa para esperar o escoamento da água decorrente das fortes chuvas. Diariamente, após o expediente, havia culto ecumênico de participação voluntária e, dada sua atividade em setor de contaminação radioativa, era obrigado a trocar de uniforme na empresa, o que levava cerca de 20 minutos.

Considerando o labor de Pedro, de 10/12/2017 a 20/09/2018, e a atual legislação em vigor, assinale a afirmativa correta.

a) Apenas o período de troca de uniforme deve ser requerido como horário extraordinário.

b) Todo o tempo que Pedro ficava na empresa gera hora extraordinária, devendo ser pleiteado como tal em sede de ação trabalhista.

c) Nenhuma das hipóteses gera labor extraordinário.

d) Como apenas a questão religiosa era voluntária, somente essa não gera horário extraordinário.

COMENTÁRIOS

✪ **Nota do autor:** A questão aborda o tema do tempo à disposição do empregador e vem sendo cobrado nos últimos Exames de Ordem. É imprescindível a memorização da nova redação do art. 4º da CLT conferida pela Reforma Trabalhista. Não deixe de conferir o assunto nas dicas de Direito do Trabalho.

**Alternativa "a":** *Comentário serve para as demais alternativas, uma vez que versam sobre o mesmo assunto.* As variações no registro de ponto não excedentes a 5 minutos, observado o limite máximo de 10 minutos, não serão descontadas nem consideradas jornada extraordinária (art. 58, § 1º, da CLT). Assim sendo, em razão do grande número de empregados para marcar o cartão de ponto, poderão ocorrer variações no horário de entrada e saída. Desde que respeitados os limites anteriores, o empregador não estará obrigado a remunerar esses minutos excedentes como extras. Se ultrapassados os 10 minutos, serão remunerados como hora suplementar em sua totalidade.

Ocorre que a Reforma Trabalhista passou a prever no art. 4º, § 2º da CLT duas hipóteses em que o limite de tolerância de 5 minutos previsto no art. 58, § 1º, da CLT pode ser ultrapassado sem que o período seja considerado tempo à disposição do empregador:

1) **Proteção pessoal:** Caso o empregado permaneça no local de trabalho, por escolha própria, para buscar proteção pessoal em caso de insegurança nas vias públicas ou más condições climáticas, o tempo que ultrapassar o limite de tolerância não será considerado tempo à disposição do empregador. Cabe destacar que, por aplicação do princípio da primazia da realidade, as horas extras serão devidas caso comprovado que o empregado permaneceu na empresa e continuou prestando serviços ao empregador. Nesse caso, o empregado não está apenas buscando proteção pessoal, mas se encontra à disposição da empresa.

2) **Atividades particulares.** Se o trabalhador adentrar ou permanecer na empresa para o desenvolvimento de atividades particulares, o período também não será considerado tempo à disposição do empregador. Vale destacar que o legislador trouxe um rol exemplificativo das hipóteses consideradas atividades particulares do empregado. Portanto, é fundamental para a caracterização da atividade como particular a análise concreta da natureza dessa atividade. Pela aplicação do princípio da primazia da realidade, independentemente se o empregador considerar a atividade particular ou não, será analisado se o empregado permanece aguardando ou executando ordens. As atividades elencadas exemplificativamente são as seguintes:

I – práticas religiosas;

II – descanso;

III – lazer;

IV – estudo;

V – alimentação;

VI – atividades de relacionamento social;

VII – higiene pessoal;

VIII – troca de roupa ou uniforme, quando não houver obrigatoriedade de realizar a troca na empresa.

Dessa forma, a permanência do empregado Pedro na empresa para proteção pessoal em razão de insegurança nas vias públicas decorrentes dos tiroteios e devido às fortes chuvas não são consideradas tempo à disposição do empregador e não serão computadas como horas extras. Além disso, o período destinado à participação de práticas religiosas é considerado como atividade particular e não enseja o cômputo do período na jornada de trabalho.

Entretanto, de acordo com o art. 4º, § 2º, VIII, da CLT, a troca de uniforme decorrente de imposição do empregador configura tempo à disposição e poderá ser requerido como hora extraordinária.

**Alternativa correta: letra "a".**

---

**58. (FGV – Exame de Ordem/2018.3)** Renato trabalha na empresa Ramos Santos Ltda. exercendo a função de técnico de manutenção. De segunda a sexta-feira, ele trabalha das 8h às 17h, com uma hora de almoço, e, aos sábados, das 8h às 12h, sem intervalo.

Ocorre que, por reivindicação de alguns funcionários, a empresa instituiu um culto ecumênico toda sexta-feira, ao final do expediente, cujo comparecimento é facultativo. O culto ocorre das 17h às 18h, e Renato passou a frequentá-lo.

Diante dessa situação, na hipótese de você ser procurado como advogado(a) em consulta formulada por Renato sobre jornada extraordinária, considerando o enunciado e a legislação trabalhista em vigor, assinale a afirmativa correta.

a) Renato não faz jus a qualquer valor de horas extras.

b) Renato tem direito a uma hora extra semanal, pois o culto foi instituído pela empregadora.

c) Renato tem direito a uma hora extra diária, de segunda a sexta-feira, em razão do horário de trabalho das 8h às 17h.

d) Renato tem direito a nove horas extras semanais, sendo cinco de segunda a sexta-feira e mais as 4 aos sábados.

**COMENTÁRIOS**

✪ **Nota do autor:** A questão aborda o tema do tempo à disposição do empregador. Sobre o assunto, é importante destacar a figura do tempo de espera do motorista profissional. Esse período corresponde ao período em que o motorista profissional ficar aguardando carga ou descarga do veículo, bem como o período gasto com a fiscalização da mercadoria transportada. Esse período não é computado na jornada de trabalho e não será devido como horas extraordinárias. As horas relativas ao tempo de espera serão indenizadas na proporção de 30% (trinta por cento) do salário-hora normal.

**Alternativa "a".** *Comentário serve para as demais alternativas, uma vez que versam sobre o mesmo assunto.* As variações no registro de ponto não excedentes a 5 minutos, observado o limite máximo de 10 minutos, não serão descontadas nem consideradas jornada extraordinária (art. 58, § 1º, da CLT). Assim sendo, em razão do grande número de empregados para marcar o cartão de ponto, poderão ocorrer variações no horário de entrada e saída. Desde que respeitados os limites anteriores, o empregador não estará obrigado a remunerar esses minutos excedentes como extras. Se ultrapassados os 10 minutos, serão remunerados como hora suplementar em sua totalidade.

Ocorre que a Reforma Trabalhista passou a prever no art. 4º, § 2º da CLT duas hipóteses em que o limite de tolerância de 5 minutos previsto no art. 58, § 1º, da CLT pode ser ultrapassado sem que o período seja considerado tempo à disposição do empregador:

1) **Proteção pessoal:** Caso o empregado permaneça no local de trabalho, por escolha própria, para buscar proteção pessoal em caso de insegurança nas vias públicas ou más condições climáticas, o tempo que ultrapassar o limite de tolerância não será considerado tempo à disposição do empregador. Exemplo: Na hipótese de alagamentos nas grandes cidades que impede o deslocamento do trabalhador com segurança para sua residência, é possível a permanência na empresa. No entanto, esse período não será computado como horas extras. Cabe destacar que, por aplicação do princípio da primazia da realidade, as horas extras serão devidas caso comprovado que o empregado permaneceu na empresa e continuou prestando serviços ao empregador. Nesse caso, o empregado não está apenas buscando proteção pessoal, mas se encontra à disposição da empresa.

2) **Atividades particulares.** Se o trabalhador adentrar ou permanecer na empresa para o desenvolvimento de atividades particulares, o período também não será considerado tempo à disposição do empregador. Vale destacar que o legislador trouxe um rol exemplificativo das hipóteses consideradas atividades particulares do empregado. Portanto, é fundamental para a caracterização da atividade como particular a análise concreta da natureza dessa atividade. Pela aplicação do princípio da primazia da realidade, independentemente se o empregador considerar a atividade particular ou não, será analisado se o empregado permanece aguardando ou executando ordens. As atividades elencadas exemplificativamente são as seguintes:

I – práticas religiosas;

II – descanso;

III – lazer;

IV – estudo;

V – alimentação;

VI – atividades de relacionamento social;

VII – higiene pessoal;

VIII – troca de roupa ou uniforme, quando não houver obrigatoriedade de realizar a troca na empresa.

Dessa forma, como Renato participa de práticas religiosas na empresa, previstas de forma facultativa, o período não será computado como horas extras, pois não será considerado tempo à disposição do empregador nos termos do art. 4º, § 2º, I, da CLT.

**Alternativa correta: letra "a".**

---

**59. (FGV – Exame de Ordem 2018.1)** Lúcio foi dispensado do emprego, no qual trabalhou de 17/11/2017 a 20/03/2018, por seu empregador. Na sociedade empresária em que trabalhou, Lúcio batia o cartão de ponto apenas no início e no fim da jornada efetiva de trabalho, sem considerar o tempo de café da manhã, de troca de uniforme (que consistia em vestir um jaleco branco e tênis comum, que ficavam na posse do empregado) e o tempo em que jogava pingue-pongue após almoçar, já que o fazia em 15 minutos, e poderia ficar jogando até o término do intervalo integral. Você foi procurado por Lúcio para, como advogado, ingressar com ação pleiteando horas extras pelo tempo indicado no enunciado não constante dos controles de horário.

Sobre o caso, à luz da CLT, assinale a afirmativa correta.

a) Lúcio não faz jus às horas extras pelas atividades indicadas, pois as mesmas não constituem tempo à disposição do empregador.

TRABALHO

b) Lúcio faz jus às horas extras pelas atividades indicadas, pois as mesmas constituem tempo à disposição do empregador, já que Lúcio estava nas dependências da empresa.

c) Apenas o tempo de alimentação e café da manhã devem ser considerados como tempo à disposição, já que o outro representa lazer do empregado.

d) Apenas o tempo em que ficava jogando poderá ser pretendido como hora extra, pois Lúcio não desfrutava integralmente da pausa alimentar.

**COMENTÁRIOS**

✪ **Nota do autor:** A questão trata do tema tempo à disposição do empregador. É importante ressaltar que a jornada de trabalho do empregado abrange o tempo em que está à **disposição do empregador**, executando serviços ou aguardando ordens, de acordo com o art. 4º da CLT.

**Alternativa "a".** *Comentário serve para as demais alternativas, uma vez que versam sobre o mesmo assunto.* Segundo o § 2º do art. 4º da CLT, inserido pela Reforma Trabalhista, não serão considerados tempo à disposição os minutos que excedem à hora normal de trabalho quando o empregado buscar proteção pessoal, por escolha própria ou quando permanecer na empresa para exercer atividades pessoais. Dessa forma, Lúcio não fará jus ao adicional de hora extraordinária, tendo em vista as atividades citadas não consistirem em tempo à disposição do empregador:

> **Art. 4º da CLT (inserido pela Reforma Trabalhista):** *Considera-se como de serviço efetivo o período em que o empregado esteja à disposição do empregador, aguardando ou executando ordens, salvo disposição especial expressamente consignada.*
>
> *§ 2º Por não se considerar tempo à disposição do empregador, não será computado como período extraordinário o que exceder a jornada normal, ainda que ultrapasse o limite de cinco minutos previsto no § 1º do art. 58 desta Consolidação, quando o empregado, por escolha própria, buscar proteção pessoal, em caso de insegurança nas vias públicas ou más condições climáticas, bem como adentrar ou permanecer nas dependências da empresa para exercer atividades particulares, entre outras:*
>
> *I – práticas religiosas;*
>
> *II – descanso;*
>
> *III – lazer;*
>
> *IV – estudo;*
>
> *V – alimentação;*
>
> *VI – atividades de relacionamento social;*
>
> *VII – higiene pessoal;*
>
> *VIII – troca de roupa ou uniforme, quando não houver obrigatoriedade de realizar a troca na empresa.*

**Alternativa correta: letra "a".**

---

**60. (FGV – Exame de Ordem 2015.1)** Paulo é operador de máquinas de uma montadora de automóveis. Seu horário de trabalho é das 7:00 às 16:00, dispondo de uma hora de intervalo. O aparelho para registro do ponto eletrônico fica situado ao lado da máquina operada por Paulo e os controles são marcados no início e no fim da efetiva jornada de trabalho. Paulo diariamente chega ao trabalho às 6:15, horário em que sai da condução que o deixa na porta da empresa. Porém, tem que caminhar por cerca de trinta minutos até o local de início efetivo do trabalho. Insatisfeito, Paulo decidiu mover uma reclamação trabalhista em face de seu empregador.

Considerando o caso acima, assinale a afirmativa correta.

a) Paulo não tem direito às horas extras, pois não havia excesso de jornada.

b) Tendo havido extrapolação de 5 (cinco) minutos no tempo de deslocamento entre o portão e o local de trabalho, Paulo faz jus a 10 (dez) minutos extras no início e no fim da jornada.

c) Paulo tem direito às horas extras (minutos) no início e no fim da jornada, dada a distância entre o portão da empresa e o local de trabalho, que supera 10 (dez) minutos de deslocamento.

d) Paulo tem direito às horas extras registradas em seu cartão de ponto.

**COMENTÁRIOS**

✪ **Nota do autor:** A questão aborda o tema da duração do trabalho. Lembre-se de que cabe ao empregador fiscalizar a jornada de trabalho de seus empregados. É obrigatória, inclusive, a anotação de entrada e saída, em registro manual, mecânico ou eletrônico, nas empresas com mais de vinte empregados, conforme nova redação dada ao art. 74, § 2º, da CLT pela Lei de Liberdade Econômica.

Com a Reforma Trabalhista, há previsão no sentido de que a convenção e o acordo coletivo de trabalho prevalecerão sobre a lei quando tratarem sobre modalidade de registro de jornada de trabalho:

> **Art. 611-A da CLT (inserido pela Reforma Trabalhista):** *A convenção coletiva e o acordo coletivo de trabalho têm prevalência sobre a lei quando, entre outros, dispuserem sobre:*
>
> *(...)*
>
> *X – modalidade de registro de jornada de trabalho;*

No tocante à relação de trabalho doméstico, cumpre destacar que a LC nº 150/2015 estabeleceu que a obrigação do empregador em realizar a anotação de entrada e saída, em registro manual, mecânico ou eletrônico de todos os domésticos independentemente do número de empregados (art. 12, LC nº 150/2015).

**Alternativa "c".** *Comentário serve para as demais alternativas, uma vez que versam sobre o mesmo assunto.* "Considera-se à disposição do empregador, na forma do art. 4º da CLT, o tempo necessário ao deslocamento do trabalhador entre a portaria da empresa e o local de trabalho, desde que supere o limite de 10 minutos diários." (Súmula nº 429 do TST).

O TST, embora não haja previsão em lei, trouxe uma inovação importante ao prever que deslocamento do trabalhador entre a portaria da empresa e o local de trabalho pode ser considerado tempo à disposição do empregador caso supere o limite de 10 minutos diários (Súmula nº 429 do TST). A interpretação dada pelo TST tem como fundamento o princípio da razoabilidade. Entendemos que, mesmo após a Reforma Trabalhista, esse limite de tolerância de 10 minutos, previsto no art. 58, § 1º, da CLT, não poderá ser ampliado, nem mesmo se houver previsão em negociação coletiva. A cláusula em acordo coletivo, por exemplo, que fixa em 30 minutos de tolerância, não será válida. Nesse sentido, permanece a aplicação da jurisprudência consolidada do TST.

Assim, tendo em vista o deslocamento de Paulo até o local de trabalho ser de 30 minutos, terá direito ao recebimento das horas extras correspondentes.

**Alternativa correta: letra "c".**

## 7.1. TURNOS ININTERRUPTOS DE REVEZAMENTO

- Art. 7º, inciso XIV, CF/88
- Orientação jurisprudencial nº 360 da SDI – I do TST
- Súmula nº 360 do TST
- – OJ nº 360 do TST

**61. (FGV-Exame de Ordem 2019.2)** Os empregados de uma sociedade empresária do setor metalúrgico atuavam em turnos ininterruptos de revezamento, cumprindo jornada de 6 horas diárias, conforme previsto na Constituição Federal, observado o regular intervalo.

O sindicato dos empregados, provocado pela sociedade empresária, convocou assembleia no ano de 2018, e, após debate e votação, aprovou acordo coletivo para que a jornada passasse a ser de 8 horas diárias, com o respectivo acréscimo salarial, observado o regular intervalo, mas sem que houvesse qualquer vantagem adicional para os trabalhadores.

Diante da situação apresentada e de acordo com a previsão da CLT, assinale a afirmativa correta.

a) É nulo o acordo coletivo em questão, e caberá ao interessado nessa declaração ajuizar ação de cumprimento.

b) A validade de tal estipulação, por não prever benefício para os trabalhadores, depende de homologação da Justiça do Trabalho.

c) É obrigatório que a contrapartida seja a estabilidade de todos os funcionários na vigência do acordo coletivo.

d) O acordo coletivo é válido, porque sua estipulação não depende da indicação de vantagem adicional para os empregados.

**COMENTÁRIOS**

✪ **Nota do autor:** A questão aborda o tema dos turnos ininterruptos de revezamento. Sobre o assunto, é importante frisar que o acordo ou convenção coletiva não tem o poder de dar quitação retroativa ao empregador que não pagou corretamente horas extras decorrentes da jornada reduzida (6h) do turno ininterrupto de revezamento.

**Alternativa "d".** *Comentário serve para as demais alternativas, uma vez que versam sobre o mesmo assunto.* "A inexistência de expressa indicação de contrapartidas recíprocas em convenção coletiva ou acordo coletivo de trabalho não ensejará sua nulidade por não caracterizar um vício do negócio jurídico." (art. 611-A, § 2º, CLT). Os empregados submetidos ao turno ininterrupto de revezamento têm desgaste biológico maior. Ademais, o convívio social e familiar fica diretamente prejudicado em razão dessa alternância no horário. Diante disso, para esses trabalhadores há jornada reduzida de 6 horas. Nessa jornada especial, se houver trabalho após a sexta hora, será considerada hora extra. Excepcionalmente, a própria Constituição Federal autoriza que, via negociação coletiva (acordo ou convenção), essa jornada seja aumentada. Assim, de acordo com o TST, se houver negociação coletiva, há possibilidade da jornada de 8 horas[8] para os empregados que trabalhem em turnos ininterruptos de revezamento.

Portanto, o aumento na jornada de trabalho com o respectivo aumento salarial não exige outra contrapartida aos trabalhadores por expressa autorização constitucional. Além disso, a Reforma Trabalhista indica expressamente que não há necessidade de contrapartidas recíprocas em instrumentos coletivos de trabalho no art. 611-A, § 2º da CLT.

**Alternativa correta: letra "d".**

## 7.2. TELETRABALHO

- Art. 62, III e 75-A a 75-F da CLT

✪ **Nota introdutória ao tema:** A CLT foi alterada em 2011, para prever o teletrabalho, ou seja, o trabalho executado a distância. Nesse caso, se as ordens são passadas pelo celular ou e-mail (meios telemáticos), configuram-se a subordinação e, consequentemente, o vínculo empregatício (art. 6º CLT). A Reforma Trabalhista (Lei nº 13.467/2017) regulamentou o tema em seu título II, capítulo II-A (arts. 75-A a 75-E). Em 2022, a Lei nº 14.442/2022, entre outras providências, alterou significativamente a regulamentação do teletrabalho. As questões abaixo são anteriores às alterações promovidas pela Lei nº 14.442/2022, mas os comentários foram devidamente atualizados. Fique atento!! A FGV adora cobrar novidades nas provas de Direito do Trabalho.

**62. (FGV- XXXV Exame de Ordem-2022)** Júlia é analista de sistemas de uma empresa de tecnologia e solicitou ao empregador trabalhar remotamente.

Sobre a pretensão de Júlia, observados os termos da CLT, assinale a afirmativa correta.

a) O teletrabalho só pode ser assim considerado se a prestação de serviços for totalmente fora das dependências da empresa.

b) O ajuste entre Júlia e seu empregador poderá ser tácito, assim como ocorre com o próprio contrato de trabalho.

c) O computador e demais utilidades que se fizerem necessárias para o trabalho remoto de Júlia não integrarão sua remuneração.

d) O ajuste entre as partes para o trabalho remoto deverá ser por mútuo consentimento, assim como o retorno ao trabalho presencial.

**COMENTÁRIOS**

✪ **Nota do autor:** A CLT foi alterada em 2011, para prever o teletrabalho, ou seja, o trabalho executado a distância. Nesse caso, se as ordens são passadas pelo celular ou e-mail (meios telemáticos), configuram-se a subordinação e, consequentemente, o vínculo empregatício (art. 6º CLT). A Reforma Trabalhista (Lei nº 13.467/2017) regulamentou o tema em seu título II, capítulo II-A (arts. 75-A a 75-E). Em 2022, a Lei nº 14.442/2022, entre outras providências, alterou significativamente a regulamentação do teletrabalho. Apesar das alterações posteriores, a questão continua válida e atual e, por isso, optamos por comentá-la.

**Alternativa "a".** Ainda com a regulamentação trazida pela Reforma Trabalhista, era considerado teletrabalho a prestação de serviços preponderantemente fora das dependências do empregador. Dessa forma, o comparecimento do empregado à empresa para a realização de atividades específicas não descaracterizava o regime de teletrabalho (art. 75-B, CLT, redação antiga). Atualmente, com as alterações promovidas pela Lei nº 14.442/2022, "Considera-se teletrabalho ou trabalho remoto a

8 Súmula nº 423 do TST. "Estabelecida jornada superior a seis horas e limitada a oito horas por meio de regular negociação coletiva, os empregados submetidos a turnos ininterruptos de revezamento não têm direito ao pagamento da 7ª e 8ª horas como extras."

TRABALHO

prestação de serviços fora das dependências do empregador, de maneira preponderante ou não, com a utilização de tecnologias de informação e de comunicação, que, por sua natureza, não configure trabalho externo" (art. 75-B, CLT, redação vigente). Ainda, conforme § 1º do dispositivo, "O comparecimento, ainda que de modo habitual, às dependências do empregador para a realização de atividades específicas que exijam a presença do empregado no estabelecimento não descaracteriza o regime de teletrabalho ou trabalho remoto".

**Alternativa "b".** Para a contratação de empregado na modalidade de teletrabalho, a legislação exige solenidade, pois a condição de teletrabalhador deve constar expressamente do contrato individual de trabalho. Esse ponto não foi impactado pela Lei nº 14.442/2022, m**as, com a nova regulamentação, não há mais a expressa necessidade de que o empregador** especifique detalhadamente as atividades que o empregado deve exercer no contrato (ou aditivo) solene de teletrabalho.

**Alternativa "c".** Nos termos do art. 75-D à CLT, *caput* e parágrafo único, a responsabilidade pela aquisição, manutenção ou fornecimento dos equipamentos tecnológicos e da infraestrutura necessária e adequada à prestação do trabalho remoto, além do reembolso de despesas arcadas pelo trabalhador, poderá ser regulada por acordo escrito entre empregado e empregador, sendo que tais utilidades não integram a remuneração do empregado. Esse ponto não foi impactado pela Lei nº 14.442/2022.

**Alternativa "d".** A Reforma Trabalhista permite que o empregado passe a trabalhar na condição de teletrabalhador desde que haja:

a) mútuo acordo entre as partes;

b) acordo escrito em aditivo contratual.

Quanto à alteração do regime de teletrabalho para o regime presencial, há novo caso de *jus variandi*, independendo de prévio acordo entre as partes, já que pode ser realizada por ato unilateral do empregador. Para essa alteração ser válida, é necessário o atendimento dos seguintes requisitos:

a) Prazo de transição mínimo de 15 dias: O empregador pode determinar unilateral a alteração do regime de teletrabalho para o presencial, mas deverá conceder o prazo mínimo de 15 dias para o trabalhador realizar a modificação.

b) Aditivo contratual.

Esse ponto não foi impactado pela Lei nº 14.442/2022.

**Alternativa correta: letra "c".**

---

**63. (FGV – Exame de Ordem 2021.1)** Luiz e Selma são casados e trabalham para o mesmo empregador. Ambos são teletrabalhadores, tendo o empregador montado um home office no apartamento do casal, de onde eles trabalham na recepção e no tratamento de dados informatizados.

Para a impressão dos dados que serão objeto de análise, o casal necessitará de algumas resmas de papel, assim como de toner para a impressora que utilizarão.

Assinale a opção que indica quem deverá arcar com esses gastos, de acordo com a CLT.

a) Cada parte deverá arcar com 50% desse gasto.

b) A empresa deverá arcar com o gasto porque é seu o risco do negócio.

c) A responsabilidade por esse gasto deverá ser prevista em contrato escrito.

d) O casal deverá arcar com o gasto, pois não há como o empregador fiscalizar se o material será utilizado apenas no trabalho.

COMENTÁRIOS

✪ **Nota do autor:** A questão aborda o tema do teletrabalho. Para a contratação de empregado na modalidade de teletrabalho, a legislação exige solenidade, pois a condição de teletrabalhador deve constar expressamente do contrato individual de trabalho. Em 2022, a Lei nº 14.442/2022, entre outras providências, alterou significativamente a regulamentação do teletrabalho. Confira as principais novidades no capítulo de dicas.

**Alternativa "c".** *Comentário serve para as demais alternativas, pois versam sobre o mesmo assunto.* A Reforma Trabalhista acrescentou o art. 75-D à CLT para prever a possibilidade de se firmar acordo escrito que estabeleça a responsabilidade do empregado pela aquisição, manutenção ou fornecimento dos equipamentos tecnológicos e da infraestrutura necessária e adequada à prestação do trabalho remoto, além do reembolso de despesas arcadas pelo trabalhador.

> **Art. 75-D da CLT** *(com redação dada pela Reforma Trabalhista): As disposições relativas à responsabilidade pela aquisição, manutenção ou fornecimento dos equipamentos tecnológicos e da infraestrutura necessária e adequada à prestação do trabalho remoto, bem como ao reembolso de despesas arcadas pelo empregado, serão previstas em contrato escrito.*
>
> *Parágrafo único. As utilidades mencionadas no caput deste artigo não integram a remuneração do empregado.*

Note-se, portanto, que Luiz e Selma devem celebrar contrato escrito com seu empregador que preveja a responsabilidade pelo gasto com as resmas de papel e toner de impressão.

Esse ponto não foi impactado pela Lei nº 14.442/2022.

**Alternativa correta: letra "c".**

---

**64. (FGV-Exame de Ordem 2019.2)** Rogério foi admitido, em 08/12/2017, em uma locadora de automóveis, como responsável pelo setor de contratos, razão pela qual não necessitava comparecer diariamente à empresa, pois as locações eram feitas on-line. Rogério comparecia à locadora uma vez por semana para conferir e assinar as notas de devolução dos automóveis.

Assim, Rogério trabalhava em sua residência, com todo o equipamento fornecido pelo empregador, sendo que seu contrato de trabalho previa expressamente o trabalho remoto a distância e as atividades desempenhadas.

Após um ano trabalhando desse modo, o empregador entendeu que Rogério deveria trabalhar nas dependências da empresa. A decisão foi comunicada a Rogério, por meio de termo aditivo ao contrato de trabalho assinado por ele, com 30 dias de antecedência.

Ao ser dispensado em momento posterior, Rogério procurou você, como advogado(a), indagando sobre possível ação trabalhista por causa desta situação.

Sobre a hipótese de ajuizamento, ou não, da referida ação, assinale a afirmativa correta.

a) Não se tratando da modalidade de teletrabalho, deverá ser requerida a desconsideração do trabalho em domicílio, já que havia comparecimento semanal nas dependências do empregador.

b) Não deverá ser requerido o pagamento de horas extras pelo trabalho sem limite de horário, dado o trabalho em domicílio, porém poderá ser requerido trabalho extraordinário em virtude das ausências de intervalo de 11h entre os dias de trabalho, bem como o intervalo para repouso e alimentação.

c) Em vista da modalidade de teletrabalho, a narrativa não demonstra qualquer irregularidade a ser requerida em eventual demanda trabalhista.

d) Deverá ser requerido que os valores correspondentes aos equipamentos usados para o trabalho em domicílio sejam considerados salário-utilidade.

COMENTÁRIOS

✪ **Nota do autor:** A questão aborda o tema do teletrabalho. Lembre-se de que empregado pode ser responsável pela compra dos recursos necessários para o desenvolvimento de seu trabalho, podendo ou não ser reembolsado pelo empregador desde que previsto em acordo escrito. A legislação não estabelece a obrigação do empregador em arcar com esses gastos, nem mesmo de reembolsar o trabalhador pelas despesas efetuadas. A regulamentação do teletrabalho foi fortemente impactada pela Lei nº 14.442/2022, de modo que os comentários já estão atualizados com a nova normativa.

**Alternativa "c".** *Comentário serve para as demais alternativas, uma vez que versam sobre o mesmo assunto.* "Considera-se teletrabalho ou trabalho remoto a prestação de serviços fora das dependências do empregador, de maneira preponderante ou não, com a utilização de tecnologias de informação e de comunicação, que, por sua natureza, não configure trabalho externo." (art. 75-B da CLT com redação dada pela Lei nº 14.442, de 2022). Além da possibilidade de reconhecimento do vínculo de emprego na hipótese de teletrabalho, a Reforma Trabalhista dedicou capítulo exclusivo ao tema no tocante à duração do trabalho.

Para a contratação de empregado na modalidade de teletrabalho, a legislação exige solenidade, pois a condição de teletrabalhador deve constar expressamente do contrato individual de trabalho. A redação original do art. 75-C da CLT dispunha a necessidade de o empregador especificar as atividades que fossem realizadas pelo empregado. A Lei nº 14.442/2022 suprimiu essa exigência, mas permanece a solenidade na adoção do teletrabalho.

Pode-se concluir, portanto, que a legislação retirou a possibilidade de contratação tácita de empregado em regime de teletrabalho. Note-se, que Rogério foi contratado na modalidade de teletrabalho, condição que constava de forma expressa de seu contrato. Além disso, o comparecimento apenas uma vez por semana na empresa não desconfigura o teletrabalho.

Nesse ponto, aliás, a Lei nº 14.442/2022 alterou o conceito de teletrabalho para defini-lo como a prestação de serviços fora das dependências do empregador, **de maneira preponderante ou não**, com a utilização de tecnologias de informação e de comunicação, que, por sua natureza, não configure trabalho externo.

Ademais, de acordo com a redação original do inciso III do art. 62 da CLT, acrescentado pela Reforma Trabalhista, os empregados em regime de teletrabalho não têm direito à limitação de jornada. Esse foi outro ponto impactado pela Lei 14.442/2022. Com a nova regulamentação, somente o teletrabalho por produção ou tarefa está excluído do controle de jornada, não havendo, portanto, limitação da jornada em 8 horas diária ou 44 horas semanais, intervalos intra e interjornada, nem horas extras ou adicional noturno.

Quanto à alteração do regime de teletrabalho para o regime presencial, há novo caso de *jus variandi*, independendo de prévio acordo entre as partes, já que pode ser realizada por ato unilateral do empregador. A Reforma Trabalhista prevê que a alteração para o regime presencial não traz prejuízo ao trabalhador, pois é possível a alteração unilateral do empregador como forma de melhor organizar sua atividade econômica. Para essa alteração ser válida, é necessário o atendimento dos seguintes requisitos:

1) **Prazo de transição mínimo de 15 dias:** O empregador pode determinar unilateral a alteração do regime de teletrabalho para o presencial, mas deverá conceder o prazo mínimo de 15 dias para o trabalhador realizar a modificação. A definição de um prazo de transição é excelente, pois não deixa o trabalhador surpreendido e permite que se adapte à necessidade de se deslocar até a empresa, como a aquisição de vales-transporte;
2) **Aditivo contratual:** A alteração somente será válida caso conste em aditivo ao contrato de trabalho. Exige-se, portanto, a formalidade escrita para evitar o cometimento de abusos em relação ao trabalhador. Novamente, destaca-se que, para essa modalidade, não é necessário o acordo entre empregado e empregador.

Esse ponto não foi impactado pela Lei nº 14.442/2022.

Portanto, não houve nenhuma irregularidade do empregador quanto ao contrato de trabalho de Rogério, que seguiu expressamente as novas regras de teletrabalho previstas pela Reforma Trabalhista.

**Alternativa correta: letra "c".**

## 7.3. REGIME POR TEMPO PARCIAL

▸ Art. 58-A da CLT

✪ **Nota do autor:** a modalidade de jornada por tempo parcial sofreu alterações importantes com a Reforma Trabalhista. Dentre as principais mudanças, podemos citar:

i) **Jornada de trabalho superior a 26 horas e limitada a 30 horas semanais:** nesse caso, não haverá possibilidade de prestação de horas extras.
ii) **Jornada de trabalho até 26 horas semanais:** nesse caso, é possível que haja a prestação de até 6 horas extras semanais.
iii) **Férias:** regime de férias passa a ser regido pelo art. 130 da CLT, sendo possível a conversão de 1/3 do período de férias em abono pecuniário.

---

**65. (FGV- XXXIV Exame de Ordem-2022)** Determinada sociedade empresária propôs, em 2022, a um grupo de candidatos a emprego, um contrato de trabalho no qual a duração máxima seria de 30 (trinta) horas semanais, sem a possibilidade de horas extras. Como alternativa, propôs um contrato com duração de 26 (vinte e seis) horas semanais, com a possibilidade de, no máximo, 6 (seis) horas extras semanais.

Um dos candidatos consultou você, na qualidade de advogado(a), sobre os contratos de trabalho oferecidos. Assinale a opção que apresenta, corretamente, sua resposta.

a) Os dois casos apresentam contratos de trabalho em regime de tempo parcial.

b) No primeiro caso, trata-se de contrato de trabalho em regime de tempo parcial; no segundo, trata-se de contrato de trabalho comum, dada a impossibilidade de horas extras nessa modalidade contratual.

c) Os dois casos não são contratos em regime de tempo parcial, já que o primeiro excede o tempo total de horas semanais e, o segundo, contém horas extras, o que não é cabível.

d) Não se trata de contrato por tempo parcial, pois, na hipótese, admite-se tempo inferior ao limite máximo, quando na modalidade de regime por tempo parcial os contratos só poderão ter 30 (trinta) ou 26 (vinte e seis) horas.

TRABALHO

COMENTÁRIOS

✪ **Nota do autor:** A questão trata o regime de trabalho por de tempo parcial, que foi inserido na CLT pela Medida Provisória nº 2.164-41/2001, como forma de incentivar o aumento dos postos de trabalho. A matéria foi profundamente alterada pela Reforma Trabalhista.

**Alternativa "a".** *Comentário serve para as demais alternativas, uma vez que versam sobre o mesmo assunto.* A Reforma Trabalhista alterou profundamente a disciplina do regime de trabalho por de tempo parcial. Com a modificação do art. 58-A da CLT, foram previstas duas modalidades distintas de regime de tempo parcial:

**a) Jornada de trabalho superior a 26 horas e limitada a 30 horas semanais:** Nessa hipótese, não é permitida a exigência de horas extras dos empregados. Note-se que houve ampliação da jornada de trabalho para a configuração do regime de tempo parcial, passando de 25 horas semanais para o limite de até 30 horas. Se houver trabalho, acima das 30 horas semanais permitidas, o empregador está obrigado ao pagamento do valor da hora normal acrescida do respectivo adicional de, no mínimo, 50%, pois os empregados não podem sofrer o prejuízo. Ademais, a empresa poderá ser multada pela fiscalização do trabalho por descumprimento da legislação trabalhista.

**b) Jornada de trabalho até 26 horas semanais:** Se previstas jornadas de até 26 horas semanais, é possível a prestação de até 6 horas extras semanais. Exemplo: Empregado é contratado para prestar 24 horas extras semanais e, poderá em uma mesma semana, prestar 6 horas extras. Perceba que as horas extras poderão ser prestadas inclusive se a jornada for inferior a 26 horas.

**Alternativa correta: letra "a".**

---

**66. (FGV – Exame de Ordem 2016.2 – Prova reaplicada Salvador-BA)** Leônidas trabalha 44 horas semanais como churrasqueiro em um restaurante e recebe salário de R$ 1.400,00 mensais. Considerando o aumento da clientela, o restaurante contratou Vinícius, também como churrasqueiro, a tempo parcial, para que ele cumpra jornada de 22 horas semanais e receba R$ 700,00 por mês.

Diante da hipótese retratada e de acordo com a CLT e o entendimento do TST, assinale a afirmativa correta.

a) O salário pago a Vinicius é ilegal porque inferior ao salário mínimo nacional, cabendo então reivindicar a diferença correspondente.

b) O salário é de livre estipulação em cada contrato, daí porque não cabe ao Judiciário interferir nos valores fixados livremente pelas partes.

c) A situação retrata discriminação salarial, pois não pode haver divergência salarial entre empregados que exercem a mesma função.

d) É possível a estipulação do salário de Vinicius nessa base, pois ele guarda relação com o de Leônidas, que cumpre a jornada constitucional.

COMENTÁRIOS

✪ **Nota do autor:** A questão aborda o tema do regime de trabalho por tempo parcial. Importante frisar que a Reforma Trabalhista trouxe inúmeras alterações no que toca ao regime por tempo parcial. Recomenda-se a leitura do art. 58-A da CLT.

**Alternativa "d".** *Comentário serve para as demais alternativas, uma vez que versam sobre o mesmo assunto.* "O salário a ser pago aos empregados sob o regime de tempo parcial será proporcional à sua jornada, em relação aos empregados que cumprem, nas mesmas funções, tempo integral." (art. 58-A, § 1º, CLT). A remuneração dos empregados submetidos a regime de tempo parcial será proporcional à remuneração recebida pelos empregados que cumprem, nas mesmas funções, tempo integral. Esse dispositivo não sofreu alterações pela Reforma Trabalhista. A utilização do trabalho em regime de tempo parcial pode ser uma medida efetiva no combate ao desemprego, por proporcionar o aumento na contratação diante da redução da jornada de trabalho.

> **Orientação Jurisprudencial nº 358, I, da SDI-I do TST:** *Havendo contratação para cumprimento de jornada reduzida, inferior à previsão constitucional de 8 horas diárias ou 44 semanais, é lícito o pagamento do piso salarial ou do salário-mínimo proporcional ao tempo trabalhado.*

Lembre-se de que, com a Reforma Trabalhista, passa a haver duas modalidades de regime de tempo parcial:

1) **Jornada de trabalho superior a 26 horas e limitada a 30 horas semanais:** Nesse caso, o empregado não poderá prestar horas extras. Se houver trabalho além das 30 horas semanais permitidas, o empregador está obrigado ao pagamento da hora normal acrescida do adicional de hora extra de, no mínimo, 50%, pois o empregado não pode sofrer prejuízo. Além disso, estará sujeito à multa pela fiscalização do trabalho.

2) **Jornada de trabalho até 26 horas semanais:** Se a jornada não ultrapassar 26 horas semanais, é possível a prestação de até 6 horas extras semanais. Mesmo na ausência de previsão legal, entendo que o trabalhador não poderá prestar serviço extraordinário além das 2 horas extras diárias permitidas na CLT (art. 59 da CLT).

**Alternativa correta: letra "d".**

## 7.4. TRABALHO EXTRAORDINÁRIO (PRORROGAÇÃO DE JORNADA)

- Arts. 59 a 61, CLT
- Súmula nº 85 do TST (Compensação de jornada)

✪ **Nota do autor:** a Reforma Trabalhista trouxe importantes alterações no que toca à compensação de jornada e banco de horas. Recomenda-se a leitura do art. 59 da CLT.

Para que a compensação seja lícita, é necessário o cumprimento dos seguintes requisitos:

a) **Acordo individual tácito ou escrito.** Conforme previsto na Constituição Federal, é permitida a compensação mediante "acordo ou convenção coletiva".

b) **Observância do limite máximo de 10 horas diárias.** Permanece a vedação a jornadas superiores a 10 horas diárias na hipótese de compensação de jornada.

c) **Compensação das horas trabalhadas no período de, no máximo, um mês.** Antes da Reforma Trabalhista, havia discussão acerca do prazo para a compensação de jornada, se deveria ocorrer no período máximo de uma semana ou de um mês. Com a inclusão do § 6º do art. 59, é possível a compensação individual dentro do período máximo de um mês. A prestação de trabalho extraordinário acima do limite permitido não desconfigura o sistema de compensação de acordo com o novo posicionamento do art. 59-B, parágrafo único da CLT:

> **Art. 59-B, parágrafo único, CLT:** *A prestação de horas extras habituais não descaracteriza o acordo de compensação de jornada e o banco de horas.*

Quanto ao banco de horas, a Reforma Trabalhista permitiu a estipulação de banco de horas anual e semestral:

a) **Banco de horas anual:** Para o estabelecimento dessa modalidade de banco de horas, o § 2º do art. 59 prevê a necessidade de previsão em acordo ou convenção coletiva de trabalho, desde que o excesso de horas em um dia seja compensado em outro, de modo que a soma das jornadas semanais de trabalho seja respeitada no período máximo de 1 ano. Além disso, é necessário o respeito ao limite de 10 horas diárias de trabalho. Por ser mais gravosa, exigia-se (e ainda se exige) a formalização por instrumento coletivo de trabalho.

b) **Banco de horas semestral:** A novidade trazida pela Reforma Trabalhista consistiu na possibilidade de se estabelecer banco de horas por meio de acordo individual escrito entre empregado e empregador. Nesse caso, o prazo máximo para a compensação é de 6 meses. Portanto, além de permitir a compensação individual tácita mensal, a legislação passou a admitir a previsão de banco de horas individual desde que conste em acordo escrito e realizado no prazo máximo de 6 meses.

---

**67. (FGV – XXXVII Exame OAB)** A sociedade empresária Soluções Perfeitas Ltda. pretende implantar banco de horas com compensação das eventuais horas extras cumpridas em até 2 meses e, caso não compensadas, com pagamento ao empregado com adicional legal. Considerando esses fatos e o que dispõe a CLT, assinale a afirmativa correta.

a) A instituição do banco de horas depende de norma coletiva para sua validade, porque a compensação será superior a 30 dias.

b) O banco de horas poderá ser pactuado por acordo individual escrito, porque a compensação será feita em menos de 6 meses.

c) O banco de horas é proibido por Lei, independentemente do tempo previsto para compensação das horas.

d) O banco de horas pode ser feito por acordo individual ou coletivo independentemente do tempo para compensação, desde que seja pago o adicional legal para as horas não compensadas.

**COMENTÁRIOS**

**Nota do autor:** A questão trata sobre compensação de jornada e banco de horas, assuntos muito relevantes nas provas de Exame da Ordem.

**Alternativa "b".** *Comentário responde todas as alternativas.* O banco de horas sofreu alterações Reforma Trabalhista. Importante frisar que havia posicionamento jurisprudencial do TST defendendo que os termos compensação e banco de horas eram diferentes. Com a Reforma trabalhista e a consequente modificação do artigo 59 da CLT, o legislador deixou clara a diferença existente entre os dois institutos:

> **Art. 59, CLT** *(redação dada pela Lei nº 13.467/2017). (...)*
>
> *§ 2º. Poderá ser dispensado o acréscimo de salário se, por força de acordo ou convenção coletiva de trabalho, o excesso de horas em um dia for compensado pela correspondente diminuição em outro dia, de maneira que não exceda, no período máximo de um ano, à soma das jornadas semanais de trabalho previstas, nem seja ultrapassado o limite máximo de dez horas diárias.*
>
> *§ 3º. Na hipótese de rescisão do contrato de trabalho sem que tenha havido a compensação integral da jornada extraordinária, na forma dos §§ 2º e 5º deste artigo, o trabalhador terá direito ao pagamento das horas extras não compensadas, calculadas sobre o valor da remuneração na data da rescisão.*
>
> *§ 5º. O banco de horas de que trata o § 2º deste artigo poderá ser pactuado por acordo individual escrito, desde que a compensação ocorra no período máximo de seis meses.*

Dessa forma, a **compensação** pode ser realizada entre empregado e empregador em acordo de compensação tácito ou escrito, devendo ser realizada dentro do período de um mês. Portanto, a compensação de jornada é mensal.

Por sua vez, os §§ 2º, 3º e 5º do art. 59 da CLT estabelecem a disciplina jurídica direcionada especificamente ao banco de horas, que foi dividido em duas modalidades: banco de horas anual e semestral:

**a) Banco de horas anual**: Para o estabelecimento dessa modalidade de banco de horas, o § 2º do artigo em apreço prevê a necessidade de previsão em acordo ou convenção coletiva de trabalho, desde que o excesso de horas em um dia seja compensado em outro, de modo que a soma das jornadas semanais de trabalho seja respeitada no período máximo de 1 ano. Além disso, é necessário o respeito ao limite de 10 horas diárias de trabalho. Por ser mais gravosa, exigia-se (e ainda se exige) a formalização por instrumento coletivo de trabalho.

**b) Banco de horas semestral:** A novidade trazida pela Reforma Trabalhista consistiu na possibilidade de se estabelecer banco de horas por meio de acordo individual escrito entre empregado e empregador. Nesse caso, o prazo máximo para a compensação é de 6 meses. Portanto, além de permitir a compensação individual tácita mensal, a legislação passou a admitir a previsão de banco de horas individual desde que conste em acordo escrito e realizado no prazo máximo de 6 meses.

**Alternativa correta: letra "b"**

---

**68. (FGV – Exame de Ordem XXXVI – 2022)** Gael foi contratado pela Sociedade Empresária Aldeia da Pipoca Ltda. em fevereiro de 2022 como cozinheiro. No contrato de trabalho de Gael, há uma cláusula prevendo que a jornada de trabalho será de 8 horas diárias de 2ª a 6ª feira, com intervalo de 1 hora, e de 4 horas aos sábados, sem intervalo. Na mesma cláusula, há previsão de que, havendo realização de horas extras, elas irão automaticamente para um banco de horas e deverão ser compensadas em até 5 meses. Em conversas informais com os colegas, Gael ficou sabendo que não existe nenhuma previsão de banco de horas em norma coletiva da sua categoria profissional.

Considerando a situação retratada e os termos da CLT, assinale a afirmativa correta.

a) Trata-se de cláusula nula, porque a instituição do banco de horas precisa ser feita em convenção coletiva de trabalho.

b) É possível a pactuação individual do banco de horas desde que a compensação seja feita em até 12 meses.

c) A cláusula é válida, porque a compensação ocorrerá em menos de 6 meses, cabendo acerto individual com o empregado para a instituição do banco de horas.

d) Trata-se de cláusula nula, porque a instituição do banco de horas precisa ser feita em acordo coletivo de trabalho.

**COMENTÁRIOS**

**Nota do autor:** A questão aborda a Duração do Trabalho, mais especificamente o tema banco de horas. Esse assunto apresenta diversas nuances, mas a questão ora comentada se ateve a pontos mais genéricos, sendo, assim, uma pergunta de baixa complexidade.

**Alternativa "c".** *Comentário serve para as demais alternativas, uma vez que versam sobre o mesmo assunto.* Primeiramente, tome cuidado para não confundir banco de horas com a clássica compensação de jornada. Com a Reforma Trabalhista, o regime de compensação de jornadas pode ser estabelecido por acordo individual tácito ou escrito, para compensação no mesmo mês. Já o banco de horas pode ser pactuado por acordo individual escrito, desde que a compensação ocorra no período máximo de seis meses. Se pactuado mediante negociação coletiva, as horas podem ser compensadas no prazo de 1 ano:

> **Art. 59 da CLT (inserido pela Reforma Trabalhista).** *A duração diária do trabalho poderá ser acrescida de horas extras, em número não excedente de duas, por acordo individual, convenção coletiva ou acordo coletivo de trabalho.*
>
> (...)
>
> *§ 5º O* ***banco de horas*** *de que trata o § 2º deste artigo poderá ser pactuado por acordo individual escrito, desde que a compensação ocorra no período máximo de seis meses.*
>
> *§ 6º É lícito o regime de* ***compensação de jornada*** *estabelecido por acordo individual, tácito ou escrito, para a compensação no mesmo mês.*

Dessa forma, a cláusula constante do contrato de Gael é válida, pois estabelece regime de banco de horas por acordo individual entre empregado e empregado, sendo que a compensação ocorrerá dentro do prazo máximo estabelecido em lei (em até 6 meses).

**Alternativa correta: letra "c".**

---

**69. (FGV – Exame de Ordem 2018.2)** Felisberto foi contratado como técnico pela sociedade empresária Montagens Rápidas Ltda., em janeiro de 2018, recebendo salário correspondente ao mínimo legal. Ele não está muito satisfeito, mas espera, no futuro, galgar degraus dentro da empresa.

O empregado em questão trabalha na seguinte jornada: de segunda a sexta-feira, das 10h às 19h48min com intervalo de uma hora para refeição, tendo assinado acordo particular por ocasião da admissão para não trabalhar aos sábados e trabalhar mais 48 minutos de segunda a sexta-feira.

Com base na situação retratada e na Lei, considerando que a norma coletiva da categoria de Felisberto é silente a respeito, assinale a afirmativa correta.

a) Há direito ao pagamento de horas extras, porque a compensação de horas teria de ser feita por acordo coletivo ou convenção coletiva, não se admitindo acordo particular para tal fim.

b) Não existe direito ao pagamento de sobrejornada, porque as partes podem estipular qualquer quantidade de jornada, independentemente de limites.

c) A Lei é omissa a respeito da forma pela qual a compensação de horas deva ser realizada, razão pela qual caberá ao juiz, valendo-se de bom senso e razoabilidade, julgar por equidade.

d) A situação não gera direito a horas extras, porque é possível estipular compensação semanal de horas, inclusive por acordo particular, como foi o caso.

**COMENTÁRIOS**

✪ **Nota do autor:** A questão trata da possibilidade de se pactuar acordo de compensação de jornada mediante pactuação individual. Nesse regime o empregado trabalhará além da jornada normal em alguns dias, para descansar em outros (art. 59, § 2º, da CLT). Exemplo: trabalha-se uma hora a mais de segunda a quinta-feira para descansar no sábado. Note-se que, na compensação, há verdadeira redistribuição de horas, não sendo devido o adicional de 50%, pois o trabalho prestado além do horário normal será compensado com descanso.

**Alternativa: letra "d".** *Comentário serve para as demais alternativas, uma vez que versam sobre o mesmo assunto.* A compensação pode ser realizada entre empregado e empregador em acordo de compensação tácito ou escrito, devendo ser realizada dentro do período de um mês. Portanto, a **compensação de jornada é mensal.** Para que a compensação seja lícita, é necessário o cumprimento dos seguintes requisitos:

a) **Acordo individual tácito ou escrito.** Conforme previsto na Constituição Federal, é permitida a compensação mediante "acordo ou convenção coletiva". Antes da Reforma Trabalhista, já se admitia, além da negociação coletiva, o acordo individual escrito, firmado diretamente entre empregado e empregador. Nesse sentido, estabelece a jurisprudência consolidada do TST:

> **Súmula nº 85, I, do TST:** *A compensação de jornada de trabalho deve ser ajustada por acordo individual escrito, acordo coletivo ou convenção coletiva.*

Ocorre que o § 6º do art. 59 da CLT, acrescentado pela Reforma Trabalhista, prevê a possibilidade de o regime de compensação ser estabelecido por acordo individual tácito ou escrito entre empregado e empregador. Note-se, portanto, que, ainda que as partes não tenham formalizado documento permitindo a compensação de jornada, é possível o reconhecimento da validade da compensação de jornada caso o acordo tenha ocorrido de forma tácita. Trata-se de hipótese de flexibilização das normas atinentes à duração do trabalho.

Entendemos que a adoção dessa prática não é recomendável nem aos empregadores e nem aos trabalhadores, pois haverá insegurança e dificuldade em pagar efetivamente as horas trabalhadas. A ausência de prova que demonstre a aceitação do trabalhador em se submeter à compensação de jornada pode levar ao questionamento acerca da ausência de consentimento ou ainda de eventual vício no consentimento do trabalhador.

b) **Observância do limite máximo de 10 horas diárias.** Permanece a vedação às jornadas superiores a 10 horas diárias na hipótese de compensação de jornada. Ainda que o empregado descanse o período trabalhado, os valores que ultrapassarem as 10 horas diárias serão devidos como horas extras.

c) **Compensação das horas trabalhadas no período de, no máximo, um mês.** Antes da Reforma Trabalhista, havia discussão acerca do prazo para a compensação de jornada, se deveria ocorrer no período máximo de uma semana ou de um mês. Com a inclusão do § 6º do art. 59 da CLT, é possível a compensação individual dentro do período máximo de um mês. Dessa forma, a redistribuição de horas deverá respeitar o limite de 220 horas mensais. A prestação de trabalho extraordinário acima do limite permitido não desconfigura o sistema de compensação de acordo com o novo posicionamento do art. 59-B, parágrafo único da CLT:

> **Art. 59-B, parágrafo único, CLT:** *A prestação de horas extras habituais não descaracteriza o acordo de compensação de jornada e o banco de horas.*

**Alternativa correta: letra "d".**

---

**70. (FGV – Exame de Ordem 2016.1)** Maria trabalha como soldadora em uma empresa há 7 anos. Sua jornada contratual deveria ser de segunda a sexta-feira, das 9 às 18h, com intervalo de uma hora para refeição e, aos sábados, das 8 às 12h. Nos últimos 3 anos, no entanto, o empregador vem exigindo de Maria a realização de uma hora extra diária, pois realizou um grande negócio de exportação e precisa cumprir rigorosamente os prazos fixados. Findo o contrato de exportação, o empregador determinou que Maria retornasse à sua jornada contratual original.

Nesse caso, considerando o entendimento consolidado do TST, assinale a afirmativa correta.

a) As horas extras se incorporaram ao salário de Maria e dela não podem ser retiradas, sendo vedada a alteração maléfica.

b) O empregador deverá pagar a Maria uma indenização de 1 mês de horas extras por cada ano de horas extras trabalhadas e, assim, suprimir o pagamento da sobrejornada.

c) O empregador deverá conceder uma indenização à empregada pelo prejuízo financeiro, que deverá ser arbitrada de comum acordo entre as partes e homologada no sindicato.

d) Maria terá de continuar a trabalhar em regime de horas extras, pois não se admite a novação objetiva na relação de emprego.

**COMENTÁRIOS**

**Nota do autor:** A questão aborda o tema do adicional de horas extras. Lembre-se de que o pagamento da hora extraordinária será: hora normal acrescida de adicional de, no mínimo, 50%.

**Alternativa "b".** *Comentário serve para as demais alternativas, uma vez que versam sobre o mesmo assunto.* "A supressão total ou parcial, pelo empregador, de serviço suplementar prestado com habitualidade, durante pelo menos 1 (um) ano, assegura ao empregado o direito à indenização correspondente ao valor de 1 (um) mês das horas suprimidas, total ou parcialmente, para cada ano ou fração igual ou superior a seis meses de prestação de serviço acima da jornada normal. O cálculo observará a média das horas suplementares nos últimos 12 (doze) meses anteriores à mudança, multiplicada pelo valor da hora extra do dia da supressão." (Súmula nº 291 do TST).

Assim, tendo em vista que se trata de salário-condição, o adicional de horas extras somente é devido enquanto forem prestadas as horas extras. A questão foi mal redigida nesse ponto, uma vez que induz ao entendimento de que, se não houver o pagamento da indenização, subsiste o pagamento do adicional mesmo não sendo prestadas horas extras, o que não é correto. Em resumo, o adicional de hora extraordinário somente é pago enquanto o empregado prestar efetivamente as horas extras. A consequência, contudo, dessa supressão é a necessidade de pagamento de indenização no valor de 1 mês das horas suprimidas para cada ano ou fração superior a 6 meses de prestação de horas extras pelo empregado.

**Alternativa correta: letra "b".**

---

**71. (FGV – Exame de Ordem 2015.2)** Lúcio é enfermeiro num hospital e, após cumprir seu expediente normal de 8 horas de serviço, tratando dos pacientes enfermos, recebe solicitação para prosseguir no trabalho, realizando hora extra. Lúcio se nega, afirmando que a prorrogação não foi autorizada pelo órgão competente do Ministério do Trabalho e do Emprego.

Diante desse impasse e de acordo com a CLT, marque a afirmativa correta.

a) Lúcio está errado, pois seu dever é de colaboração para com o empregador. A resistência injustificada à sobrejornada dá margem à ruptura por justa causa, por ato de insubordinação.

b) Lúcio está correto, pois é pacífico e sumulado o entendimento de que nenhum empregado é obrigado a realizar horas extras.

c) Lúcio está errado, pois a legislação em vigor não exige que eventual realização de hora extra seja antecedida de qualquer autorização de órgão governamental.

d) Lúcio está correto, pois, tratando-se de atividade insalubre, a prorrogação de jornada precisa ser previamente autorizada pela autoridade competente.

**COMENTÁRIOS**

**Nota do autor:** A questão aborda o tema das horas extras e das atividades insalubres. Ademais, apresenta maior nível de dificuldade, uma vez que exigia o conhecimento de aspecto específico sobre o assunto. Lembre-se de que as atividades insalubres são aquelas que expõem o empregado a agentes nocivos à sua saúde e que ultrapassam o seu limite de tolerância. Exemplo: agentes **químicos** (chumbo), **biológicos** (bactérias) e **físicos** (ruídos).

**Alternativa "d".** *Comentário serve para as demais alternativas, uma vez que versam sobre o mesmo assunto.* "**Nas atividades insalubres**, assim consideradas as constantes dos quadros mencionados no capítulo "Da Segurança e da Medicina do Trabalho", ou que neles venham a ser incluídas por ato do Ministro do Trabalho, Indústria e Comercio, quaisquer **prorrogações só poderão ser acordadas mediante licença prévia das autoridades competentes em matéria de higiene do trabalho**, as quais, para esse efeito, procederão aos necessários exames locais e à verificação dos métodos e processos de trabalho, quer diretamente, quer por intermédio de autoridades sanitárias federais, estaduais e municipais, com quem entrarão em entendimento para tal fim." (art. 60 da CLT – grifos acrescidos).

Nesse sentido, a regra geral do art. 60, "caput", da CLT determina a obrigação de inspeção prévia pela autoridade competente para a prorrogação de jornada em atividades insalubres. Contudo, a Reforma Trabalhista excepciona dessa regra os empregados submetidos a jornada 12 por 36, talvez porque considere que não há horas extras ao final da jornada semanal:

> **Art. 60, parágrafo único, da CLT.** *Excetuam-se da exigência de licença prévia as jornadas de doze horas de trabalho por trinta e seis horas ininterruptas de descanso.*

Com a Reforma, a prorrogação da jornada e o regime de compensação passam a ser admitidos em atividades insalubres independentemente da autorização dos órgãos fiscalizatórios competentes se existir instrumento coletivo. Tal entendimento choca-se com o conteúdo da Súmula nº 85, VI do TST:

> **Art. 611-A da CLT.** *A convenção coletiva e o acordo coletivo de trabalho têm prevalência sobre a lei quando, entre outros, dispuserem sobre:*
>
> *(...)*
>
> *XIII – prorrogação de jornada em ambientes insalubres, sem licença prévia das autoridades competentes do Ministério do Trabalho;*

Diante dessa alteração legislativa, a Súmula nº 85, VI do TST pode ser alterada em breve para prever a possibilidade de supressão da licença-prévia da autoridade competente na hipótese de trabalho extraordinário em atividade insalubre.

**Alternativa correta: letra "d".**

## 7.5. JORNADA 12 X 36

- Art. 59-A da CLT
- Súmula nº 444 do TST

TRABALHO

**72. (FGV-Exame de Ordem 2019.1)** Rita de Cássia é enfermeira em um hospital desde 10/01/2018, no qual trabalha em regime de escala de 12x36 horas, no horário das 7.00 às 19.00 horas. Tal escala encontra- se prevista na convenção coletiva da categoria da empregada. Alguns plantões cumpridos por Rita de Cássia coincidiram com domingos e outros, com feriados. Em razão disso, a empregada solicitou ao seu gestor que as horas cumpridas nesses plantões fossem pagas em dobro.

Sobre a pretensão da empregada, diante do que preconiza a CLT, assinale a afirmativa correta.

a) Ela fará jus ao pagamento com adicional de 100% apenas nos feriados.

b) Ela não terá direito ao pagamento em dobro nem nos domingos nem nos feriados.

c) Ela terá direito ao pagamento em dobro da escala que coincidir com o domingo.

d) Ela receberá em dobro as horas trabalhadas nos domingos e feriados.

**COMENTÁRIOS**

✪ **Nota do autor:** A questão aborda o tema da jornada 12 x 36. Lembre-se de que, no regime denominado compensação, o empregado trabalhará além da jornada normal em alguns dias, para descansar em outros. Como já visto, na compensação, há verdadeira redistribuição de horas, não sendo devido o adicional de 50%, pois o trabalho prestado além do horário normal será compensado com descanso.

**Alternativa "b":** *Comentário serve para as demais alternativas, pois versam sobre o mesmo assunto.* A jornada 12 x 36 é uma modalidade de compensação de jornada. Nesse sistema, o empregado trabalha além das 8 horas permitidas, ficando 12 horas prestando serviços. Por outro lado, goza de um descanso bastante prolongado de 36 horas consecutivas.

Como o descanso é prolongado de 36 horas, o DSR já está incluído nessas 36 horas. Esse entendimento já era previsto na Súmula nº 444 do TST e foi reproduzido no parágrafo único do art. 59-A da CLT pela Reforma Trabalhista. Portanto, se o trabalho coincidir com o domingo, não há pagamento em dobro:

> **Art. 59-A, parágrafo único, CLT:** *A remuneração mensal pactuada pelo horário previsto no caput deste artigo abrange os pagamentos devidos pelo descanso semanal remunerado e pelo descanso em feriados, e serão considerados compensados os feriados e as prorrogações de trabalho noturno, quando houver, de que tratam o art. 70 e o § 5º do art. 73 desta Consolidação.*

Com relação aos feriados, houve alteração de tratamento jurídico com a Reforma Trabalhista. A Súmula nº 444 do TST estabelecia a necessidade de respeitar os feriados. Se coincidisse o trabalho com o feriado, o empregador deveria conceder folga compensatória em outro dia ou pagá-lo em dobro.

Todavia, a Reforma Trabalhista passou a prever a desnecessidade de se conceder o descanso ao empregado caso o dia de sua escala de trabalho coincidisse com dia de feriado. Conforme redação do novo dispositivo, os feriados, assim como o DSR, já são considerados compensados e, portanto, não implicam a concessão de descanso ao empregado.

Portanto, Rita de Cássia não terá direito ao recebimento da remuneração em dobro por ter trabalho nos domingos e nos feriados.

**Alternativa correta: letra "b".**

## 8. INTERVALOS

- Art. 66, CLT
- Arts. 71 e 72, CLT

✪ **Nota do autor:** com a Reforma Trabalhista, estipulou-se, no art. 611-B, parágrafo único da CLT, que as regras sobre intervalo não são consideradas como norma de segurança e saúde no trabalho.

Além disso, a não concessão ou a concessão parcial do intervalo intrajornada mínimo implicará o pagamento apenas do período suprimido, com acréscimo de 50% sobre o valor da remuneração da hora normal do trabalho (art. 71, §4º da CLT).

Por fim, existe a possibilidade de redução do intervalo intrajornada a 30 minutos, àqueles empregados submetidos a uma jornada superior a 6 horas diárias (art. 611-A, III da CLT).

**73. (FGV – Exame de Ordem 2018.1)** Jorge trabalhou para a Sapataria Bico Fino Ltda., de 16/11/2017 a 20/03/2018. Na ocasião realizava jornada das 9h às 18h, com 15 minutos de intervalo. Ao ser dispensado ajuizou ação trabalhista, reclamando o pagamento de uma hora integral pela ausência do intervalo, além dos reflexos disso nas demais parcelas intercorrentes do contrato de trabalho.

Diante disso, e considerando o texto da CLT, assinale a afirmativa correta.

a) Jorge faz jus a 45 minutos acrescidos de 50%, porém sem os reflexos, dada a natureza jurídica indenizatória da parcela.

b) Jorge faz jus a 45 minutos acrescidos de 50%, além dos reflexos, dada a natureza jurídica salarial da parcela.

c) Jorge faz jus a uma hora integral acrescida de 50%, porém sem os reflexos, dada a natureza jurídica indenizatória da parcela.

d) Jorge faz jus a uma hora integral acrescida de 50%, porém sem os reflexos, dada a natureza jurídica salarial da parcela.

**COMENTÁRIOS**

✪ **Nota do autor:** A questão aborda as consequências da não concessão ou concessão parcial do intervalo intrajornada mínimo devido ao empregado. Lembre-se de que o intervalo intrajornada é concedido de forma proporcional à jornada do empregado.

Assim, no caso de empregado com jornada de 4 horas diárias, não será devido o intervalo intrajornada. O empregado sujeito à jornada de 6 horas diárias faz jus a 15 minutos de intervalo intrajornada. Por fim, o empregado que trabalhe 8 horas diárias terá direito ao mínimo de 1 hora e máximo de 2 horas de intervalo intrajornada. Neste último caso, poderá haver redução do intervalo para 30 minutos, mediante negociação coletiva (art. 611-A, III da CLT).

**Alternativa "a".** *Comentário serve para as demais alternativas, uma vez que versam sobre o mesmo assunto.* A Reforma Trabalhista promoveu duas grandes alterações no § 4º do art. 71 da CLT, uma no tocante à natureza da parcela devida na hipótese de supressão ou redução do intervalo e a outra no que se refere ao período devido em razão dessa supressão:

a) **Natureza indenizatória**: Com a nova redação do dispositivo, retirou-se a natureza salarial do valor pago em razão da supressão ou redução indevida do intervalo intrajornada. Dessa forma, paga-se como multa, sem reflexos em outras parcelas. Essa modificação causa espanto, pois o empregado prestará serviços durante o período que deveria ser de descanso e esse tempo trabalhado será pago como indenizatório.

b) **Pagamento apenas do período suprimido:** De acordo com a redação anterior, se o empregador apenas concedesse parcialmente o intervalo intrajornada, seria devido como horas extras todo o período do intervalo e não apenas aquilo que foi suprimido. Exemplo: Empregado tem direito a 1 hora de intervalo intrajornada, mas foram concedidos apenas 30 minutos. Pelo posicionamento anterior, seria devido como hora extra, todo o período de 1 hora do intervalo, acrescido com adicional de 50%. Trata-se de uma hora extra ficta.

Pela nova redação do artigo, somente o período suprimido deve ser pago com adicional de 50% sobre o valor da hora normal de trabalho. Portanto, no exemplo anterior, o empregado teria direito à remuneração correspondente a 30 minutos acrescido do adicional de 50%. Lembre-se de que esse valor não apresenta mais natureza salarial.

Entendemos que essa disposição é prejudicial ao trabalhador, pois a redação anterior impunha ao empregador uma punição mais severa no caso de descumprimento do intervalo intrajornada. O novo posicionamento permite ao empresário calcular se compensa suprimir o intervalo intrajornada, pois somente pagará pelo período suprimido, sem que haja reflexo nas demais verbas salariais. Incentiva-se, portanto, o descumprimento da legislação. Aliás, a Súmula 437 do TST[9] será fortemente impactada pelo novo texto legal:

> **Art. 71, § 4º, CLT (redação dada pela Lei nº 13.467/2017):** *A não concessão ou a concessão parcial do intervalo intrajornada mínimo, para repouso e alimentação, a empregados urbanos e rurais, implica o pagamento, de natureza indenizatória, apenas do período suprimido, com acréscimo de 50% (cinquenta por cento) sobre o valor da remuneração da hora normal de trabalho.*

**Alternativa correta: letra "a".**

## 9. DESCANSO SEMANAL REMUNERADO E FÉRIAS

### 9.1. DESCANSO SEMANAL REMUNERADO

- Art. 7º, inciso XV, CF/88
- Arts. 67 e 68, CLT
- Lei nº 605/49
- Súmula 146 do TST
- Orientação Jurisprudencial nº 410 da SDI – I do TST

**74. (FGV – Exame de Ordem 2014.2)** Dentre as opções listadas a seguir, assinale aquela que indica o empregado que já tem os dias de repouso remunerados em seu salário, sem que haja o acréscimo da remuneração do seu repouso semanal.

a) Germano, que é empregado horista.

b) Gabriela, que é empregada diarista.

c) Robson, que é empregado mensalista.

d) Diego, que é empregado comissionista puro.

9 Súmula nº 437, III, do TST: Possui natureza salarial a parcela prevista no art. 71, § 4º, da CLT, com redação introduzida pela Lei nº 8.923, de 27 de julho de 1994, quando não concedido ou reduzido pelo empregador o intervalo mínimo intrajornada para repouso e alimentação, repercutindo, assim, no cálculo de outras parcelas salariais.

COMENTÁRIOS

**Nota do autor:** A questão aborda o tema do descanso semanal remunerado. Lembre-se que as horas extras, habitualmente prestadas, refletem-se no valor do DSR. Assim, se o trabalhador presta horas suplementares, terá acrescido o valor do descanso.

**Alternativa "c".** *Comentário serve para as demais alternativas, uma vez que versam sobre o mesmo assunto.* "Consideram-se já remunerados os dias de repouso semanal do empregado mensalista ou quinzenalista cujo cálculo de salário mensal ou quinzenal, ou cujos descontos por falta sejam efetuados na base do número de dias do mês ou de 30 (trinta) e 15 (quinze) diárias, respectivamente." (art. 7º, § 2º, Lei nº 605/1949). Para os empregados que recebem o salário por mês ou por quinzena, consideram-se já remunerados os dias do DSR. Ademais, o art. 7º da Lei nº 605/1949 estabelece a remuneração do DSR:

> **Art. 7º, Lei nº 605/1949:** *A remuneração do repouso semanal corresponderá:*
>
> *a) para os que trabalham por dia, semana, quinzena ou mês, à de um dia de serviço, computadas as horas extraordinárias habitualmente prestadas;*
>
> *b) para os que trabalham por hora, à sua jornada norma de trabalho, computadas as horas extraordinárias habitualmente prestadas;*
>
> *c) para os que trabalham por tarefa ou peça, o equivalente ao salário correspondente às tarefas ou peças feitas durante a semana, no horário normal de trabalho, dividido pelos dias de serviço efetivamente prestados ao empregador;*
>
> *d) para o empregado em domicílio, o equivalente ao quociente da divisão por 6 (seis) da importância total da sua produção na semana.*

**Alternativa correta: letra "c".**

**75. (FGV – Exame de Ordem 2014.2)** Jefferson é balconista numa loja e, por determinação do empregador e necessidade do serviço, precisou trabalhar 8 horas em um domingo. Agora Jefferson fará, na mesma semana, a compensação dessas horas.

Sobre essa situação, assinale a opção correta.

a) Uma vez que as horas foram prestadas no dia de domingo, a compensação deverá ser feita em dobro, ou seja, em 16 horas.

b) Por imposição legal, as horas devidas devem ser compensadas e pagas ao trabalhador, com acréscimo de 100%, em função do seu sacrifício.

c) A compensação deve ser feita pela hora simples (8 horas), pois não deve ser confundida com o pagamento, que, no caso, receberia acréscimo de 100%.

d) Se a empresa estivesse em dificuldade financeira e não quisesse realizar a compensação, poderia criar um banco de horas extras diretamente com o empregado, e lançar nelas as horas extraordinárias.

COMENTÁRIOS

**Nota do autor:** A questão aborda o tema do descanso semanal remunerado. Lembre-se que esse período é de, no mínimo, vinte e quatro horas consecutivas, e será concedido pelo menos uma vez por semana, **preferencialmente** aos domingos. Independentemente da jornada do empregado (mesmo que trabalhe seis horas por dia), terá direito ao descanso de vinte e quatro horas consecutivas.

**Alternativa "a".** Como visto no comentário à alternativa "c", se o trabalho é realizado no descanso semanal remunerado, que ocorre **preferencialmente** (mas não necessariamente no domingo), e não houver compensação, deverá ser remunerado com adicional de 100% sobre o valor da hora normal. Não deverá, portanto, trabalhar o dobro tal como afirma a alternativa.

**Alternativa "b".** Se as horas forem compensadas, não há que se falar em pagamento de adicional de 100% sobre a hora normal. Contudo, ressalta-se que essa compensação deve ser realizada em outro dia da mesma semana para se assegurar o cumprimento do descanso semanal remunerado ao empregado.

**Alternativa "c".** "O trabalho prestado em domingos e feriados, não compensado, deve ser pago em dobro, sem prejuízo da remuneração relativa ao repouso semanal." (Súmula nº 146 do TST). O descanso semanal foi criado para evitar o cansaço excessivo, constituindo norma de proteção à saúde do trabalhador. Assim sendo, se houver trabalho no dia destinado ao repouso, há necessidade de folga compensatória em outro dia da semana. **Se o empregado descansar em outro dia, não há pagamento de nenhuma indenização.** Na ausência da folga compensatória, o empregador estará obrigado a pagar remuneração em dobro, ou seja, além da remuneração normal, já contratada, deverá pagar a hora trabalhada mais adicional de 100%.

**Alternativa "d".** Com a Reforma Trabalhista passou a ser permitida a pactuação do banco de horas via acordo individual, desde que haja compensação no período máximo de seis meses:

> **Art. 59, § 5º da CLT (com redação dada pela Reforma Trabalhista):** *O banco de horas de que trata o § 2º deste artigo poderá ser pactuado por acordo individual escrito, desde que a compensação ocorra no período máximo de seis meses.*

Ocorre que as horas prestadas em dia de descanso semanal remunerado não podem ser compensadas no mesmo sistema da compensação de horas extras, pois o empregado necessita do descanso de 24 horas previsto constitucional, que deve ser concedido no período de uma semana.

**Alternativa correta: letra "c".**

## 9.2. FÉRIAS

- Art. 7º, inciso XVII, CF/88
- Arts. 129 a 141, CLT
- Súmula nº 46 do TST
- Súmula nº 328 do TST
- Súmula nº 450 do TST

✪ **Nota do autor:** as férias sofreram alterações pela Reforma Trabalhista. Seguem as principais alterações no tema:

i) parcelamento das férias em até 3 períodos: a Reforma Trabalhista permitiu o parcelamento das férias em até 3 períodos, desde que haja concordância do empregado. Um dos períodos não poderá ser inferior a 14 dias e os demais não poderão ser inferiores a 5 dias. Este fracionamento é possível, inclusive, aos menores de 18 anos e maiores de 50 anos, haja vista a revogação do art. 134, §2º da CLT.

ii) é vedado o início das férias no período de 2 dias que anteceda feriado ou DSR.

Não deixe de conferir a nova redação do art. 134 da CLT!

Ainda, chamo sua atenção à **ADPF 501-SC**, na qual o Plenário do STF, por 7 votos a 4, no julgamento virtual finalizado em 05/08/202, declarou a inconstitucionalidade da Súmula 450 do Tribunal Superior do Trabalho, que determina a dobra das férias em caso de atraso na sua remuneração. Para mais informações, consulte o capítulo de dicas.

---

**76. (FGV – Exame de Ordem 2018.2)** Considerando a grave crise financeira que o país atravessa, a fim de evitar a dispensa de alguns funcionários, a metalúrgica Multiforte Ltda. pretende suspender sua produção por um mês.

O Sindicato dos Empregados da indústria metalúrgica contratou você para, como advogado, buscar a solução para o caso.

Segundo o texto da CLT, assinale a opção que apresenta a solução de acordo mais favorável aos interesses dos empregados.

a) Implementar a suspensão dos contratos de trabalho dos empregados por 30 dias, por meio de acordo individual de trabalho.
b) Conceder férias coletivas de 30 dias.
c) Promover o lockout.
d) Implementar a suspensão dos contratos de trabalho dos empregados por 30 dias, por meio de acordo coletivo de trabalho.

**COMENTÁRIOS**

✪ **Nota do autor:** A questão aborda a possibilidade de suspensão de produção de uma empresa para que se evite a dispensa de empregados.

**Alternativa "a".** A suspensão dos contratos de trabalho só poderá se dar nos casos previstos em lei, não podendo ser flexibilizada via acordo ou convenção coletiva. Nesse sentido, como exemplo de hipótese de suspensão do contrato de trabalho temos o *lay off*, em que ocorre a suspensão pelo período de 2 a 5 meses para que o empregado participe de curso de qualificação profissional, na qual não será devido o pagamento de salários.

Outra hipótese consiste no Programa Seguro-Emprego (Lei nº 13.189/2015). De acordo com essa regulamentação, permite-se que a empresa reduza a jornada de trabalho de seus empregados em até 30% com a correspondente diminuição do salário. O valor pago pelo empregador após a redução não pode ser inferior ao salário mínimo. Para que essa redução seja válida, é necessária a celebração de acordo coletivo com o sindicato profissional. A redução pode ter duração de até 6 meses, prorrogáveis até o limite de 24 meses.

**Alternativa "b".** As férias coletivas poderão ser concedidas a todos os empregados da empresa ou apenas a setores da empresa, nos termos do art. 139 da CLT. Verifica-se que o empregador é quem decidirá sobre a concessão ou não das férias coletivas. Não há obrigatoriedade nessa forma de concessão. Note-se que quanto a tal ponto, não houve alteração promovida pela Reforma Trabalhista, que continua a prever a possibilidade de fracionamento em 2 períodos anuais, desde que nenhum deles seja inferior a 10 dias corridos:

> **Art. 139 da CLT:** *Poderão ser concedidas férias coletivas a todos os empregados de uma empresa ou de determinados estabelecimentos ou setores da empresa.*
>
> *§ 1º. As férias poderão ser gozadas em 2 (dois) períodos anuais desde que nenhum deles seja inferior a 10 (dez) dias corridos.*

**Alternativa "c".** A figura do *lockout* é vedada pela lei de greve e consiste na paralisação das atividades empresariais por iniciativa do empregador, a fim de frustrar uma negociação coletiva.

**Alternativa "d".** A suspensão dos contratos de trabalho só poderá se dar nos casos previstos em lei, não podendo ser flexibilizada via acordo ou convenção coletiva. Nesse sentido, como exemplo de hipótese de suspensão do contrato de trabalho temos o *layoff*, em que ocorre a suspensão pelo período de 2 a 5 meses para que o empregado participe de curso de qualificação profissional, na qual não será devido o pagamento de salários.

**Alternativa correta: letra "b".**

---

**77. (FGV – Exame de Ordem 2015.3)** Jorge, Luiz e Pedro trabalham na mesma empresa. Na época designada para o gozo das férias, eles foram informados pelo empregador que Jorge não teria direito às férias porque havia faltado, injustificadamente, 34 dias ao longo do período aquisitivo; que Luiz teria que fracionar as férias em três períodos de 10 dias e que Pedro deveria converter 2/3 das férias em abono pecuniário, podendo gozar de apenas 1/3 destas, em razão da necessidade de serviço do setor de ambos.

Diante disso, assinale a afirmativa correta.

a) A informação do empregador foi correta nos três casos.

b) Apenas no caso de Jorge o empregador está correto.

c) O empregador agiu corretamente nos casos de Jorge e de Luiz, mas não no de Pedro.

d) O empregador está errado nas três hipóteses.

**COMENTÁRIOS**

✪ **Nota do autor:** A questão aborda o tema das férias. O descanso durante o período de férias tem como objetivo evitar o cansaço excessivo e preservar a saúde do trabalhador. Nesse período de descanso prolongado, não há prestação de serviços, mas há pagamento de salário e o período de afastamento é contado para todos os efeitos. Aliás, as férias não serão iniciadas no DSR ou no dia em que houver feriado.

**Alternativa "b".** *Comentário serve para as demais alternativas, uma vez que versam sobre o mesmo assunto.* "Após cada período de 12 (doze) meses de vigência do contrato de trabalho, o empregado terá direito a férias, na seguinte proporção: 12 (doze) dias corridos, quando houver tido de 24 (vinte e quatro) a 32 (trinta e duas) faltas." (art. 130, IV, CLT). O limite máximo de faltas para que a pessoa permaneça com o direito às férias é de 32 faltas. Portanto, faltas acima desse valor, como no caso de Jorge, ocasionam a perda das férias.

| Duração das férias do empregado (art. 130) | |
|---|---|
| **Número de faltas** | **Dias de Férias** |
| Até 5 faltas | 30 dias |
| 6 a 14 faltas | 24 dias |
| 15 a 23 faltas | 18 dias |
| 24 a 32 faltas | 12 dias |
| Acima de 32 faltas | Não há férias a usufruir |

Com relação a Luiz, é importante destacar que a Reforma Trabalhista passou a admitir o fracionamento das férias em até 3 períodos. No entanto, o fracionamento das férias de Luiz não poderia ter ocorrido da forma apresentada na questão. Isso porque, embora se tenha admitido o fracionamento das férias em até 3 períodos, este só poderá se dar mediante concordância do empregado e, desde que um dos períodos não seja inferior a 14 dias e os demais não sejam inferiores a 5 dias:

> **Art. 134, § 1º da CLT (com redação dada pela Reforma Trabalhista):** *Desde que haja concordância do empregado, as férias poderão ser usufruídas em até três períodos, sendo que um deles não poderá ser inferior a quatorze dias corridos e os demais não poderão ser inferiores a cinco dias corridos, cada um.*

Por fim, é **faculdade** do empregado converter **1/3** de suas férias em abono pecuniário. Assim, o empregador não pode impor essa conversão ao empregado que está limitada em 1/3 do período total a que tem direito:

> **Art. 143, "*caput*", CLT:** *É facultado ao empregado converter 1/3 (um terço) do período de férias a que tiver direito em abono pecuniário, no valor da remuneração que lhe seria devida nos dias correspondentes.*

Note-se que diante da reforma Trabalhista, é possível que o empregado sujeito ao regime de tempo parcial converta 1/3 de suas férias em abono pecuniário:

> **Art. 58-A, §6º da CLT (com redação dada pela Reforma Trabalhista):** *É facultado ao empregado contratado sob regime de tempo parcial converter um terço do período de férias a que tiver direito em abono pecuniário.*

Além disso, o empregado sujeito a regime de tempo parcial, estará sujeito ao mesmo regime de férias dos demais empregados, a eles se aplicando o art. 130 da CLT.

**Alternativa correta: letra "b".**

## 10. SALÁRIO E REMUNERAÇÃO

▸ Arts. 457 a 467, CLT

✪ **Nota do autor:** o tema "salário" foi amplamente alterado pela Reforma Trabalhista, que reduziu, de forma significativa, as verbas de natureza salarial. Recomenda-se a leitura atenta do art. 457 da CLT. É importante ressaltar que a Lei nº 14.020/2020 previu a possibilidade de redução proporcional de salários e de jornada durante o estado de calamidade pública decorrente da pandemia do novo coronavírus, que se encerrou em 31/12/2020. Nesse mesmo sentido, a Lei nº 14.437/2022, fruto da conversão da MP nº 1.109/2022, institucionaliza autorização genérica para a adoção de medidas trabalhistas de enfrentamento a momentos de crise, dentre elas: a redução proporcional da jornada de trabalho e do salário. Para mais informações, confira o Capítulo de Dicas.

---

**78. (FGV – Exame de Ordem XXXVI – 2022)** A partir de 2021, uma determinada sociedade empresária passou a oferecer aos seus empregados, gratuitamente, plano de saúde em grupo como forma de fidelizar a sua mão de obra e para que o empregado se sinta valorizado. O plano oferece uma boa rede credenciada e internação, se necessária, em enfermaria. Tanto o empregado quanto os seus dependentes são beneficiários. Todos os empregados se interessaram pelo plano e assinaram o documento respectivo de adesão.

Em relação a essa vantagem, de acordo com a CLT, assinale a afirmativa correta.

a) O benefício não é considerado salário utilidade e, assim, não haverá qualquer reflexo.

b) O plano, por se tratar de salário in natura, vai integrar o salário dos empregados pelo seu valor real.

c) O valor do plano deverá ser integrado ao salário dos empregados pela metade do seu valor de mercado.

d) O valor relativo ao empregado não será integrado ao salário, mas o valor referente aos dependentes refletirá nos demais direitos do trabalhador.

COMENTÁRIOS

✪ **Nota do autor:** A questão aborda o tema **remuneração.** Para o estudo da remuneração torna-se imprescindível a diferenciação das parcelas salariais e as verbas recebidas sem natureza salarial (parcelas indenizatórias). Essa diferença é importante porque as primeiras refletem nas demais verbas trabalhistas:

1) Parcelas salariais: refletem nas demais verbas trabalhistas. Nesse caso, os valores pagos farão parte do cálculo de outras verbas, aumentando o valor recebido pelo trabalhador. Exemplo: adicional de insalubridade compõe a base de cálculo das férias do empregado, por exemplo. Assim, se o empregado recebe R$ 1000,00 de salário e R$ 200,00 de adicional de insalubridade, sua remuneração será de R$ 1200,00 e este será o valor a ser levado em conta no cálculo das férias. O valor das férias será, portanto, maior.

2) Parcelas indenizatórias: As parcelas indenizatórias não refletem nas demais verbas trabalhistas. Assim, se o empregado receber participação nos lucros e resultados da empresa, o valor não será usado para o cálculo das demais verbas trabalhistas.

**Alternativa "a".** *Comentário serve para as demais alternativas, uma vez que versam sobre o mesmo assunto.* O salário do empregado poderá ser pago em dinheiro e parte em utilidades. No salário-utilidade ou in natura ocorre substituição de parte paga em dinheiro por utilidades que seriam adquiridas pelo empregado. Exemplo: vestuários, equipamentos e outros acessórios fornecidos aos empregados e utilizados no local de trabalho, para a prestação do serviço

Se a utilidade fornecida é para o trabalho, ou seja, como ferramenta indispensável à realização dos serviços, não terá natureza salarial, mas sim de indenização. Exemplo: energia elétrica[10], EPIs, enxada e facão, carro fornecido para o vendedor da empresa etc:

| SALÁRIO *IN NATURA* | |
|---|---|
| PELO | Salário-utilidade (contraprestação) |
| PARA | Não é salário-utilidade (ferramenta de trabalho) |

Há, ainda, previsão expressa na CLT de algumas utilidades que, em regra, não possuem natureza salarial quando fornecidas pelo empregador, como é o caso, justamente, de assistência médica, hospitalar e odontológica, prestada diretamente ou mediante seguro-saúde. De acordo com o art. 458, § 2º, IV, CLT:

> **Art. 458, CLT.** Além do pagamento em dinheiro, compreende-se no salário, para todos os efeitos legais, a alimentação, habitação, vestuário ou outras prestações in natura que a empresa, por força do contrato ou do costume, fornecer habitualmente ao empregado. Em caso algum será permitido o pagamento com bebidas alcoólicas ou drogas nocivas.
>
> (...)
>
> § 2º. Para os efeitos previstos neste artigo, não serão consideradas salário as seguintes utilidades concedidas pelo empregador:
>
> (...)
>
> IV – assistência médica, hospitalar e odontológica, prestada diretamente ou mediante seguro-saúde;

Portanto, o plano de saúde em grupo gratuitamente ofertado aos empregados não é considerado salário utilidade e, assim, não haverá qualquer reflexo.

**Alternativa correta: letra "a".**

---

**79. (FGV- XXXIV Exame de Ordem-2022)** Na reclamação trabalhista movida por Paulo contra a sociedade empresária Moda Legal Ltda., o juiz prolator da sentença reconheceu que o autor tinha direito ao pagamento das comissões, que foram prometidas mas jamais honradas, mas indeferiu o pedido de integração das referidas comissões em outras parcelas (13º salário, férias e FGTS) diante da sua natureza indenizatória.

Considerando a situação de fato e a previsão legal, assinale a afirmativa correta.

a) Correta a decisão, porque todas as verbas que são deferidas numa reclamação trabalhista possuem natureza indenizatória.

b) Errada a decisão que indeferiu a integração, porque comissão tem natureza jurídica salarial, daí repercute em outras parcelas.

c) Correta a decisão, pois num contrato de trabalho as partes podem atribuir a natureza das parcelas desde que haja acordo escrito neste sentido assinado pelo empregado.

d) A decisão está parcialmente correta, porque a CLT determina que, no caso de reconhecimento judicial de comissões, metade delas terá natureza salarial.

COMENTÁRIOS

✪ **Nota do autor:** A questão aborda o tema **remuneração.** Para o estudo da remuneração torna-se imprescindível a diferenciação das parcelas salariais e as verbas recebidas sem natureza salarial (parcelas indenizatórias). Essa diferença é importante porque as primeiras refletem nas demais verbas trabalhistas:

1) Parcelas salariais: refletem nas demais verbas trabalhistas. Nesse caso, os valores pagos farão parte do cálculo de outras verbas, aumentando o valor recebido pelo trabalhador. Exemplo: adicional de insalubridade compõe a base de cálculo das férias do empregado, por exemplo. Assim, se o empregado recebe R$ 1000,00 de salário e R$ 200,00 de adicional de insalubridade, sua remuneração será de R$ 1200,00 e este será o valor a ser levado em conta no cálculo das férias. O valor das férias será, portanto, maior.

2) Parcelas indenizatórias: As parcelas indenizatórias não refletem nas demais verbas trabalhistas. Assim, se o empregado receber participação nos lucros e resultados da empresa, o valor não será usado para o cálculo das demais verbas trabalhistas.

**Alternativa "b".** *Comentário serve para as demais alternativas, uma vez que versam sobre o mesmo assunto.* As comissões são parcelas com valores fixos recebidas em razão da venda de determinado produto, diferentemente das percentagens, que constituem determinado percentual que incide sobre o valor da venda do produto. O empregado que recebe exclusivamente por comissão é chamado de comissionista puro. Já o comissionista misto recebe parte do salário em comissão e a outra em salário fixo. Cabe frisar que o empregado que recebe comissões ou percentagens possui remuneração variável. Diante disso, mesmo nos meses em que não houver venda, o salário mínimo ou piso da categoria deverá ser pago[11]. Nesse sentido, o art. 7º, VII, da CF/88 garante:

---

10. MARTINS, Sergio Pinto. Direito do Trabalho. 24. ed. São Paulo: Atlas, 2008. p. 213.

11. De acordo com o art. 3º da Lei nº 8.716/93, é vedado ao empregador fazer qualquer tipo de desconto em mês subsequente a título de

> **Art. 7º, VII, CF/88:** São direitos dos trabalhadores urbanos e rurais, além de outros que visem à melhoria de sua condição social: garantia de salário, nunca inferior ao mínimo, para os que percebem remuneração variável.

Por fim, conforme redação do art. 457, § 1º, CLT, as comissões pagas pelo empregador integram o salário do empregado, refletindo, portanto, em outras parcelas (13º salário, férias e FGTS). Dessa forma, errada a decisão que indeferiu a integração a Paulo, pois as comissões são parcelas salariais, daí repercutem em outras parcelas.

**Alternativa correta: letra "b".**

---

**80. (FGV – Exame de Ordem 2017.2)** Um grupo econômico é formado pelas sociedades empresárias X, Y e Z. Com a crise econômica que assolou o país, todas as empresas do grupo procuraram formas de reduzir o custo de mão de obra. Para evitar dispensas, a sociedade empresária X acertou a redução de 10% dos salários dos seus empregados por convenção coletiva; Y acertou a mesma redução em acordo coletivo; e Z fez a mesma redução, por acordo individual escrito com os empregados.

Diante da situação retratada e da norma de regência, assinale a afirmativa correta.

a) As empresas estão erradas, porque o salário é irredutível, conforme previsto na Constituição da República.

b) Não se pode acertar redução de salário por acordo coletivo nem por acordo individual, razão pela qual as empresas Y e Z estão erradas.

c) A empresa Z não acertou a redução salarial na forma da lei, tornando-a inválida.

d) As reduções salariais em todas as empresas do grupo foram negociadas e, em razão disso, são válidas.

**COMENTÁRIOS**

**Nota do autor:** A questão aborda o tema redução salarial. De acordo com o princípio da irredutibilidade salarial previsto no art. 7º, VI, CF/88, é vedada a redução (diminuição) dos salários dos trabalhadores, exceto por convenção ou acordo coletivo.

**Alternativa "c".** *Comentário serve para as demais alternativas, uma vez que versam sobre o mesmo assunto.* "Art. 7º da CF/88: São direitos dos trabalhadores urbanos e rurais, além de outros que visem à melhoria de sua condição social: (...) VI – irredutibilidade do salário, salvo o disposto em convenção ou acordo coletivo";

Com a Reforma Trabalhista, caso haja cláusula que pactue redução do salário ou da jornada, deverá prever a proteção dos empregados contra dispensa imotivada no prazo de vigência do instrumento coletivo:

> **Art. 611-A, § 3o da CLT (inserido pela Reforma Trabalhista):** *Se for pactuada cláusula que reduza o salário ou a jornada, a convenção coletiva ou o acordo coletivo de trabalho deverão prever a proteção dos empregados contra dispensa imotivada durante o prazo de vigência do instrumento coletivo.*

**Alternativa correta: letra "c".**

## 10.1. PARCELAS SALARIAIS

▸ Art. 457, § 1º, CLT

---

compensação de eventuais complementações feitas em meses anteriores para completar o valor do salário mínimo.

**Nota do autor:** com a Reforma Trabalhista, é importante a memorização das parcelas de natureza salarial, haja vista a alteração do art. 457 da CLT. Nesse sentido, veja tabela contendo as verbas de natureza salarial e não salarial:

| Parcelas salariais | Parcelas indenizatórias |
|---|---|
| (Refletem nas demais verbas, como férias, 13º e aviso)<br>• Comissões<br>• Gratificações legais<br>• Quebra de caixa<br>• Adicionais salariais:<br>– Adicional hora extra<br>– Adicional noturno<br>– Adicional de transferência<br>– Adicional de insalubridade<br>– Adicional de periculosidade<br>Obs.: Ao efetuar o pagamento dessas parcelas, o empregador deverá efetuar o respectivo depósito do FGTS. | (Não há reflexo nas demais parcelas. Sobre o valor não incidem depósitos do FGTS)<br>• PLR – Participação nos Lucros e Resultados<br>• Ajuda de custo<br>• Diárias para viagem<br>• Abonos<br>• Prêmios<br>• Vale-transporte<br>• Salário-família<br>• Seguro-desemprego<br>• PIS/Pasep<br>• Stock option<br>• Parcelas recebidas em razão da exploração de direito intelectual |
| **Caso controvertido** | |
| • Gueltas (remuneratória – equiparada à gorjeta) | |



---

**81. (FGV – Exame de Ordem 2021.1)** Desde abril de 2019, Denilson é empregado em uma indústria de cosméticos, com carteira profissional assinada. No último contracheque de Denilson verifica-se o pagamento das seguintes parcelas: abono, prêmio, comissão e diária para viagem.

Considerando essa situação, assinale a opção que indica a verba que, de acordo com a CLT, integra o salário e constitui base de incidência de encargo trabalhista.

a) Abono.

b) Prêmio.

c) Comissão.

d) Diária para viagem.

**COMENTÁRIOS**

**Nota do autor:** A questão aborda o tema das parcelas salariais e indenizatórias do empregado. Lembre-se de que as **parcelas salariais** refletem nas demais verbas trabalhistas. Nesse caso, os valores pagos farão parte do cálculo de outras verbas, aumentando o valor recebido pelo trabalhador.

Já as **parcelas indenizatórias** não refletem nas demais verbas trabalhistas. Assim, se o empregado receber participação nos lucros e resultados da empresa, o valor não será usado para o cálculo das demais verbas trabalhistas.

**Alternativa "a".** "As importâncias, ainda que habituais, pagas a título de ajuda de custo, auxílio-alimentação, vedado seu pagamento em dinheiro, diárias para viagem, prêmios e abonos não integram a remuneração do empregado, não se incorporam ao contrato de trabalho e não constituem base de incidência de qualquer encargo trabalhista e previdenciário." (art. 457, § 2º, da CLT). Abonos são parcelas pagas em decorrência de ato de liberalidade do empregado, correspondente a um acréscimo efetuado em parcela única sem a necessidade de um motivo específico para seu recebimento[12]. Essas parcelas, com a Reforma Trabalhista, deixam de ter natureza salarial.

**Alternativa "b".** Os prêmios decorrem da produtividade do trabalhador, dizendo respeito a fatores de ordem pessoal dele, como a produção, a assiduidade, a qualidade. Não podem, porém, ser a única forma de pagamento do salário, por serem dependentes de uma condição, devendo o obreiro perceber pelo menos um salário fixo[13]. Com a Reforma Trabalhista, os prêmios passaram a ser considerados parcelas sem natureza salarial por expressa previsão do § 2º do art. 457 da CLT.

**Alternativa "c". As comissões são parcelas salariais por expressa previsão no art. 457, § 1º, da CLT:** "Integram o salário a importância fixa estipulada, as gratificações legais e as comissões pagas pelo empregador."

**Alternativa "d".** As diárias para viagem compreendem a parcela recebida em razão das despesas gastas pelo empregado em viagens. Antes da Reforma Trabalhista, se as diárias excediam a 50% do salário do empregado, havia a presunção de fraude, e neste caso teria natureza salarial. Por outro lado, se o valor era inferior a 50%, diante de seu caráter de ressarcimento de despesas, eram consideradas parcelas sem natureza salarial. Com as modificações trazidas pela Reforma Trabalhista, as diárias são sempre consideradas parcelas sem natureza salarial, inexistindo percentual máximo para a alteração de sua natureza jurídica.

**Alternativa correta: letra "c".**

---

**82. (FGV – Exame de Ordem 2021.1)** Godofredo foi contratado como vendedor de automóveis usados pela sociedade empresária Carango de Ouro Ltda., em julho de 2019. Godofredo recebia salário fixo acrescido de 5% sobre as vendas por ele efetuadas. Em março de 2020, Godofredo vendeu um automóvel por R$ 30.000,00, divididos em 10 parcelas de R$ 3.000,00 mensais. Ocorre que Godofredo foi dispensado, por justa causa, dois meses após.

Sobre a situação retratada, segundo os termos da CLT, assinale a afirmativa correta.

a) O empregado perderá o direito à comissão vincenda, em razão da falta grave que motivou a dispensa por justa causa.

b) Godofredo terá direito a receber antecipadamente a comissão sobre as parcelas futuras, porque o motivo da ruptura contratual é irrelevante.

c) O empregador poderá pagar a comissão ao empregado dispensado, de acordo com a respectiva liquidação, ao longo do tempo.

d) A Lei determina o pagamento de metade da comissão vincenda, uma vez que Godofredo praticou falta grave.

COMENTÁRIOS

✪ **Nota do autor:** A questão aborda o tema do pagamento das comissões do empregado. As **comissões** são parcelas com valores fixos recebidas em razão da venda de determinado produto. Já **percentagens** constituem determinado percentual que incide sobre o valor da venda do produto. Esses conceitos são frequentemente desvirtuados na prática.

**Alternativa "a".** O recebimento das comissões é direito adquirido do trabalhador e, portanto, não é afetado pela forma do término do contrato de trabalho, ainda que tenha ocorrido falta grave.

**Alternativa "b".** O erro da alternativa consiste em afirmar que o pagamento será realizado de forma antecipada, pois deverá seguir a sistemática do art. 466 da CLT com o recebimento na época própria.

**Alternativa "c".** Nas vendas a prazo, o empregado receberá suas comissões e percentagens de forma parcelada. Ademais, o término do contrato de trabalho não prejudica o recebimento dos valores já adquiridos. Nesse sentido, estabelece o art. 466 da CLT:

> **Art. 466 da CLT** - *O pagamento de comissões e percentagens só é exigível depois de ultimada a transação a que se referem.*
>
> *§ 1º - Nas transações realizadas por prestações sucessivas, é exigível o pagamento das percentagens e comissões que lhes disserem respeito proporcionalmente à respectiva liquidação.*
>
> *§ 2º - A cessação das relações de trabalho não prejudica a percepção das comissões e percentagens devidas na forma estabelecida por este artigo.*

Há grande discussão doutrinária e jurisprudencial acerca do pagamento das comissões após o fim do contrato de trabalho, se deve ser realizada de forma antecipada ou de forma parcela após a extinção do contrato. Por essa razão, a questão é polêmica e poderia gerar dúvidas nos candidatos. Por essa razão, entendemos que a alternativa também está incorreta.

**Alternativa "d".** Não há previsão de pagamento pela metade das comissões na hipótese de prática de falta grave.

**Alternativa correta: Questão anulada pela banca examinadora.**

---

**83. (FGV – Exame de Ordem 2018.2)** Jorge era caixa bancário e trabalhava para o Banco Múltiplo S/A. Recebia salário fixo de R$ 4.000,00 mensais. Além disso, recebia comissão de 3% sobre cada seguro de carro, vida e previdência oferecido e aceito pelos clientes do Banco, o que fazia concomitantemente com suas atividades de caixa, computando-se o desempenho para suas metas e da agência. Os produtos em referência não eram do banco, mas, sim, da Seguradora Múltiplo S/A, empresa do mesmo grupo econômico do empregador de Jorge.

Diante disso, observando o entendimento jurisprudencial consolidado do TST, bem como as disposições da CLT, assinale a afirmativa correta.

a) Os valores recebidos a título de comissão não devem integrar a remuneração de Jorge, por se tratar de liberalidade.

b) Os valores recebidos a título de comissão não devem integrar a remuneração de Jorge, porque relacionados a produtos de terceiros.

c) Os valores recebidos a título de comissão devem integrar a remuneração de Jorge.

d) Os valores recebidos a título de comissão não devem integrar a remuneração de Jorge, uma vez que ocorreram dentro do horário normal de trabalho, para o qual Jorge já é remunerado pelo banco.

COMENTÁRIOS

✪ **Nota do autor:** A questão aborda o tema remuneração, fortemente impactado pelo advento da Reforma Trabalhista, que reduziu consideravelmente as parcelas de natureza salarial. Para o estudo da remuneração torna-se imprescindível a diferenciação das parcelas salariais e as verbas recebidas sem natureza salarial (parcelas indenizatórias). Essa diferença é

---

12 CAIRO JÚNIOR, José. Curso de Direito do Trabalho. Direito Individual e Direito Coletivo de Trabalho. 4. ed. Salvador: Editora JusPodivm, 2009. p. 342.

13 MARTINS, Sérgio Pinto. Direito do Trabalho. 24. ed. São Paulo: Atlas, 2008. p. 257.

importante porque as primeiras refletem nas demais verbas trabalhistas. Exemplo: para o empregado que recebe horas extras, ocorrerá reflexo no valor das férias e nos depósitos do FGTS.

**Alternativa "c".** *Comentário serve para as demais alternativas, uma vez que versam sobre o mesmo assunto.* A Reforma Trabalhista alterou a redação dos § 1º e 2º do art. 457 da CLT e reduziu consideravelmente as parcelas que são consideradas salariais, pois passou a estabelecer que apenas as **gratificações legais** e as **comissões** pagas pelo empregador integram o salário juntamente com a importância fixa estipulada:

> **Art. 457, CLT (redação dada pela Reforma Trabalhista).** *Compreendem-se na remuneração do empregado, para todos os efeitos legais, além do salário devido e pago diretamente pelo empregador, como contraprestação do serviço, as gorjetas que receber.*
>
> *§ 1º. Integram o salário a importância fixa estipulada, as gratificações legais e as comissões pagas pelo empregador.*
>
> *§ 2º. As importâncias, ainda que habituais, pagas a título de ajuda de custo, auxílio-alimentação, vedado seu pagamento em dinheiro, diárias para viagem, prêmios e abonos não integram a remuneração do empregado, não se incorporam ao contrato de trabalho e não constituem base de incidência de qualquer encargo trabalhista e previdenciário.*

Lembre-se de que as **comissões** são parcelas com valores fixos recebidas em razão da venda de determinado produto.

**Alternativa correta: letra "c".**

## 10.2. DÉCIMO TERCEIRO SALÁRIO

**84. (FGV/OAB/XXX_Exame – 2019)** Reinaldo é empregado da padaria Cruz de Prata Ltda., na qual exerce a função de auxiliar de padeiro, com jornada de segunda a sexta-feira, das 12h às 17h, e pausa alimentar de 15 minutos. Aproxima-se o final do ano, e Reinaldo aguarda ansiosamente pelo pagamento do 13º salário, pois pretende utilizá-lo para comprar uma televisão.

A respeito do 13º salário, assinale a afirmativa correta.

a) Com a reforma da CLT, a gratificação natalina poderá ser paga em até três vezes, desde que haja concordância do empregado.

b) A gratificação natalina deve ser paga em duas parcelas, sendo a primeira entre os meses de fevereiro e novembro e a segunda, até o dia 20 de dezembro de cada ano.

c) Atualmente é possível negociar a supressão do 13º salário em convenção coletiva de trabalho.

d) O empregado tem direito a receber a primeira parcela do 13º salário juntamente com as férias, desde que a requeira no mês de março.

**COMENTÁRIOS**

✪ **Nota do autor:** A questão aborda o tema do décimo terceiro salário. O décimo terceiro salário é uma gratificação salarial obrigatória prevista na CF/88 e na Lei nº 4.090/1962. São destinatários dessa gratificação empregados urbanos e rurais, os trabalhadores avulsos e os empregados domésticos.

**Alternativa "a".** Não há na CLT previsão para que o 13º salário seja pago em três parcelas. Com relação a essa parcela salarial, a Reforma Trabalhista apenas estabeleceu que não pode ser objeto de instrumento coletivo de trabalho a supressão ou redução do valor nominal do 13º salário (art. 611-B, V, CLT)

**Alternativa "b".** O pagamento do 13º salário deverá ocorrer até o dia 20 de dezembro, e corresponderá a um doze avos da remuneração devida em dezembro, por mês trabalhado ou fração igual ou superior a quinze dias. Entre os meses de fevereiro e novembro, o empregador pagará, de uma só vez, em razão do adiantamento do décimo terceiro, metade do salário recebido pelo empregado no mês anterior. Esse adiantamento é obrigatório, e não é necessário que seja pago a todos os empregados da empresa no mesmo mês. É possível, ainda, que o adiantamento seja pago juntamente com as férias, desde que o empregado requeira esse direito no mês de janeiro do correspondente ano.

**Alternativa "c".** Conforme já salientado nos comentários à alternativa "a", o art. 611-B, V, da CLT veda a supressão do valor nominal do 13º salário.

**Alternativa "d".** "O adiantamento será pago ao ensejo das férias do empregado, sempre que este o requerer no mês de janeiro do correspondente ano." (art. 2º, § 2º, da Lei nº 4.749/1965)

**Alternativa correta: letra "b".**

## 10.3. ADICIONAL DE PERICULOSIDADE

- Art. 7º, inciso XXIII, CF/88
- Art. 193, CLT
- Súmula nº 364 do TST

**85. (FGV/OAB/XXX_Exame – 2019)** Edimilson é vigia noturno em um condomínio residencial de apartamentos. Paulo é vigilante armado de uma agência bancária. Letícia é motociclista de entregas de uma empresa de logística.

Avalie os três casos apresentados e, observadas as regras da CLT, assinale a afirmativa correta.

a) Paulo e Letícia exercem atividade perigosa e fazem jus ao adicional de periculosidade. A atividade de Edimilson não é considerada perigosa, e, por isso, ele não deve receber adicional.

b) Considerando que os três empregados não lidam com explosivos e inflamáveis, salvo por disposição em norma coletiva, nenhum deles terá direito ao recebimento de adicional de periculosidade.

c) Os três empregados fazem jus ao adicional de periculosidade, pois as profissões de Edimilson e Paulo estão sujeitas ao risco de violência física e, a de Letícia, a risco de vida.

d) Apenas Paulo e Edimilson têm direito ao adicional de periculosidade por conta do risco de violência física.

**COMENTÁRIOS**

✪ **Nota do autor:** A questão aborda o tema do adicional de periculosidade. Lembre-se de que a atividade perigosa é comprovada mediante perícia (art. 195 da CLT).

**Alternativa "a".** *Comentário serve para as demais alternativas, uma vez que versam sobre o mesmo assunto.* As atividades perigosas ocorrem quando se verifica a presença de risco acentuado na atividade desenvolvida pelo empregado. Assim, de acordo com a CLT, a atividade perigosa é aquela em que há contato permanente com explosivos, inflamáveis ou energia elétrica em condições de risco acentuado. A CLT foi alterada duas vezes para incluir, como atividades perigosas, aquelas desenvolvidas por trabalhador em motocicleta ("motoboy") e também os trabalhadores sujeitos a roubos e violência física, como ocorre com os vigilantes e os seguranças. Portanto, Paulo terá direito ao adicional de periculosidade, pois está sujeito a roubos e violência física. Por sua vez, Letícia tem direito por desenvolver suas atividades em motocicleta (art. 193, § 4º da CLT). Já Edmilson atua como vigia noturno e não está exposto a nenhuma atividade perigosa.

**Alternativa correta: letra "a".**

**86. (FGV – Exame de Ordem 2017.3)** Solange é comissária de bordo em uma grande empresa de transporte aéreo e ajuizou reclamação trabalhista postulando adicional de periculosidade, alegando que permanecia em área de risco durante o abastecimento das aeronaves porque ele era feito com a tripulação a bordo. Iracema, vizinha de Solange, trabalha em uma unidade fabril recebendo adicional de insalubridade, mas, após cinco anos, sua atividade foi retirada da lista de atividades insalubres, por ato da autoridade competente. Sobre as duas situações, segundo a norma de regência e o entendimento consolidado do TST, assinale a afirmativa correta.

a) Solange não tem direito ao adicional de periculosidade e Iracema perderá o direito ao adicional de insalubridade.

b) Solange tem direito ao adicional de periculosidade e Iracema manterá o adicional de insalubridade por ter direito adquirido.

c) Solange não tem direito ao adicional de periculosidade e Iracema manterá o direito ao adicional de insalubridade.

d) Solange tem direito ao adicional de periculosidade e Iracema perderá o direito ao adicional de insalubridade.

COMENTÁRIOS

✪ **Nota do autor:** A questão exigia do candidato o conhecimento das súmulas do TST sobre o assunto. Note-se que referidas súmulas não devem ser alteradas pelo advento da Reforma Trabalhista.

**Alternativa "a".** *Comentário serve para as demais alternativas, uma vez que versam sobre o mesmo assunto.* Atividades insalubres são aquelas que expõem o empregado a agentes nocivos à sua saúde e que ultrapassam o seu limite de tolerância. Exemplo: agentes químicos (chumbo), biológicos (bactérias) e físicos (ruídos). Para a obtenção do adicional de insalubridade, há necessidade de preencher dois requisitos:

a) Atividade nociva deverá ser constatada via perícia por profissional habilitado, médico ou engenheiro do trabalho;

b) É necessário que o agente nocivo à saúde esteja incluído na relação oficial do Ministério do Trabalho.

Nesse sentido, a Súmula nº 448 do TST:

> **Súmula nº 448, I do TST:** *Não basta a constatação da insalubridade por meio de laudo pericial para que o empregado tenha direito ao respectivo adicional, sendo necessária a classificação da atividade insalubre na relação oficial elaborada pelo Ministério do Trabalho.*

Nesse sentido, ante a exclusão da atividade insalubre pela autoridade competente, **Iracema** não mais fará jus ao adicional de insalubridade.

Além disso, segundo a Súmula nº 447 do TST:

> *Os tripulantes e demais empregados em serviços auxiliares de transporte aéreo que, no momento do abastecimento da aeronave, permanecem a bordo não têm direito ao adicional de periculosidade a que aludem o art. 193 da CLT e o Anexo 2, item 1, "c", da NR 16 do MTE.*

Nesse sentido, **Solange** não fará jus ao adicional de periculosidade.

**Alternativa correta: letra "a".**

**87. (FGV – Exame de Ordem 2017.1)** Na convenção coletiva de determinada categoria, ficou estipulado que o adicional de periculosidade seria pago na razão de 15% sobre o salário-base, pois, comprovadamente, os trabalhadores permaneciam em situação de risco durante metade da jornada cumprida.

Sobre a cláusula em questão, assinale a afirmativa correta.

a) A cláusula não é válida, pois se trata de norma de ordem pública.

b) A validade da cláusula depende de homologação judicial.

c) A cláusula é válida, porque a Constituição da República garante eficácia aos acordos e às convenções coletivas.

d) A legalidade da cláusula será avaliada pelo juiz, porque a Lei e o TST são silentes a respeito.

COMENTÁRIOS

✪ **Nota do autor:** A questão versa sobre a possibilidade de flexibilização por meio negociação coletiva, envolvendo a noção de indisponibilidade de direitos e normas de ordem pública. Demandava do aluno o conhecimento da Súmula nº 364 do TST.

**Alternativa "a".** *Comentário serve para as demais alternativas, uma vez que versam sobre o mesmo assunto.* As normas que tratam de saúde e segurança dos trabalhadores são normas de ordem pública ou, conforme posicionamento do professor Maurício Godinho Delgado, são normas de indisponibilidade absoluta, não comportando transação entre as partes.

Nesse sentido a Súmula nº 364 do TST:

> **Súmula nº 364, II do TST:** *Não é válida a cláusula de acordo ou convenção coletiva de trabalho fixando o adicional de periculosidade em percentual inferior ao estabelecido em lei e proporcional ao tempo de exposição ao risco, pois tal parcela constitui medida de higiene, saúde e segurança do trabalho, garantida por norma de ordem pública (arts. 7º, XXII e XXIII, da CF e 193, §1º, da CLT).*

Em razão disso, os percentuais mínimos dos adicionais de periculosidade, insalubridade, noturno, fixados na CLT, ou de hora extra, fixado na CF/88, não podem ser reduzidos ou suprimidos, pois envolve direito mínimo dos trabalhadores, intimamente ligado à sua dignidade e integridade física. A redução, representa grave retrocesso social.

Nesse sentido, a Reforma Trabalhista estabeleceu que constituirá objeto ilícito de convenção coletiva ou acordo coletivo a supressão ou redução do adicional de periculosidade:

> **Art. 611-B da CLT (inserido pela Reforma Trabalhista):** *Constituem objeto ilícito de convenção coletiva ou de acordo coletivo de trabalho, exclusivamente, a supressão ou a redução dos seguintes direitos: (...) XVIII – adicional de remuneração para as atividades penosas, insalubres ou perigosas;*

**Alternativa correta: letra "a".**

## 10.4. ADICIONAL DE INSALUBRIDADE

- Art. 7º, inciso XXIII, CF/88
- Arts. 189 a 192, CLT
- Súmula nº 139 do TST

**88. (FGV – Exame de Ordem – 2021.2)** Um grupo de investidores está estimando custos para montar empresas em diversos ramos. Por isso, procuraram você, como advogado(a), para serem informados sobre os custos dos adicionais de periculosidade e insalubridade nas folhas de pagamento.

Sobre a orientação dada, de acordo com o texto da CLT, assinale a afirmativa correta.

a) O adicional de insalubridade varia entre os graus mínimo, médio e máximo sobre o salário mínimo; o de periculosidade tem percentual fixo: 30% do salário básico do empregado.

b) Os adicionais de periculosidade e insalubridade variam entre os graus mínimo, médio e máximo, sendo, respectivamente, de 10%, 20% e 30% do salário dos empregados.

c) As atividades com inflamáveis, explosivos e energia elétrica são consideradas as de maior risco, com um adicional de 50% sobre as remunerações dos empregados.

d) O direito do empregado ao adicional de insalubridade ou periculosidade só pode cessar com a mudança de função ou por determinação judicial.

**COMENTÁRIOS**

✪ **Nota do autor:** A questão aborda o tema dos adicionais de periculosidade e de insalubridade. Lembre-se de que a caracterização e a classificação da insalubridade e da periculosidade, segundo as normas do Ministério do Trabalho, far-se-ão através de perícia a cargo de Médico do Trabalho ou Engenheiro do Trabalho, registrados no Ministério do Trabalho.

**Alternativa "a".** O adicional de insalubridade é calculado nos percentuais de 10%, 20% e 40% do salário mínimo nos graus mínimo, médio e máximo de insalubridade, respectivamente:

> **Art. 192 da CLT** - *O exercício de trabalho em condições insalubres, acima dos limites de tolerância estabelecidos pelo Ministério do Trabalho, assegura a percepção de adicional respectivamente de 40% (quarenta por cento), 20% (vinte por cento) e 10% (dez por cento) do salário-mínimo da região, segundo se classifiquem nos graus máximo, médio e mínimo.*

Por sua vez, o adicional de periculosidade é sempre calculado no percentual de 30% do salário básico do empregado, ou seja, sem considerar os acréscimos resultantes de gratificações, prêmios ou participações nos lucros da empresa:

> **Art. 193, § 1º, da CLT:** *O trabalho em condições de periculosidade assegura ao empregado um adicional de 30% (trinta por cento) sobre o salário sem os acréscimos resultantes de gratificações, prêmios ou participações nos lucros da empresa.*

**Alternativa "b".** A alternativa apresenta dois erros, pois o adicional de periculosidade não varia de acordo com o nível e os percentuais do adicional de insalubridade são 10%, 20% e 40%.

**Alternativa "c".** Não há diferenciação entre os riscos das atividades perigosas para fins de recebimento de adicional de periculosidade, pois todas serão devidas no percentual de 30% do salário básico. De acordo com a CLT, a atividade perigosa é aquela em que há contato permanente com explosivos, inflamáveis ou energia elétrica em condições de risco acentuado. A CLT foi alterada duas vezes para incluir, como atividades perigosas, aquelas desenvolvidas por trabalhador em motocicleta ("motoboy") e também os trabalhadores sujeitos a roubos e violência física, como ocorre com os vigilantes e os seguranças.

**Alternativa "d".** "O direito do empregado ao adicional de insalubridade ou de periculosidade cessará com a eliminação do risco à sua saúde ou integridade física, nos termos desta Seção e das normas expedidas pelo Ministério do Trabalho." (art. 194 da CLT). Note-se, portanto, que o direito aos adicionais pode cessar com a eliminação do risco à saúde ou integridade física e não somente com determinação judicial ou mudança de função como afirma a alternativa.

**Alternativa correta: letra "a".**

## 10.5. ADICIONAL NOTURNO

- Art. 5º, inciso IX, CF/88
- Art. 73, CLT
- Súmula 60, item I, do TST

---

**89. (FGV – IX Exame Unificado da Ordem dos Advogados do Brasil – reaplicação Ipatinga/MG – 2012.3)** Acerca do trabalho noturno, assinale a afirmativa incorreta.

a) O adicional noturno constitui base de cálculo das horas extras prestadas dentro do módulo noturno.

b) O adicional de periculosidade, pago pela exposição do trabalhador em período integral à condições perigosas, não é considerado base de cálculo do adicional noturno.

c) A remuneração do trabalho noturno implica pagamento de adicional legal de, no mínimo, 20% sobre o valor da hora do trabalho diurno.

d) No caso de a jornada trabalhada na integralidade do período noturno ultrapassar o horário assim considerado pela lei, é devida a remuneração do adicional pelas horas que ultrapassarem o módulo noturno.

**COMENTÁRIOS**

✪ **Nota do autor:** A questão aborda o tema do adicional noturno. Ademais, o examinando precisa estar atento para o fato de que a questão exige que seja assinalada a alternativa cujo conteúdo esteja incorreto. Lembre-se de que o trabalhado prestado no período noturno será remunerado em valor superior ao trabalhado diurno.

De acordo com a Reforma Trabalhista, constituirá objeto ilícito de convenção ou acordo coletivo, a supressão ou redução da remuneração do trabalho noturno superior à do diurno (Art. 611-B, VI da CLT).

**Alternativa "a".** "O adicional noturno integra a base de cálculo das horas extras prestadas no período noturno" (Orientação Jurisprudencial nº 97 da SDI – I do TST). Primeiro, o adicional noturno é somado à hora normal, e somente depois é acrescentado o adicional de horas (hora normal +adicional noturno + adicional de hora extra).

**Alternativa "b".** "O adicional de periculosidade deve compor a base de cálculo do adicional noturno, já que também neste horário o trabalhador permanece sob as condições de risco" (Orientação Jurisprudencial nº 259 da SDI – I do TST). O empregado que trabalha no período noturno e lida com atividade perigosa receberá os dois adicionais cumulativamente. Calcula-se primeiro o valor da hora normal somado com o adicional de periculosidade, posteriormente soma-se o adicional noturno (hora normal + adicional de periculosidade + adicional noturno).

**Alternativa "c".** "Salvo nos casos de revezamento semanal ou quinzenal, o trabalho noturno terá remuneração superior a do diurno e, para esse efeito, sua remuneração terá um acréscimo de 20 % (vinte por cento), pelo menos, sobre a hora diurna" (art. 73, *caput*, CLT).

**Alternativa "d".** "Cumprida integralmente a jornada no período noturno e prorrogada esta, devido é também o adicional quanto às horas prorrogadas. Exegese do art. 73, § 5º, da CLT" (Súmula nº 60, item II, do TST).

**Alternativa correta: letra "b".**

---

**90. (FGV- XXXIV Exame de Ordem-2022)** Rita trabalha, desde a contratação, das 22h às 5h, como recepcionista em um

TRABALHO

hospital. Tendo surgido uma vaga no horário diurno, a empresa pretende transferir Rita para o horário diurno.

Diante disso, de acordo com o entendimento consolidado da jurisprudência do TST, assinale a afirmativa correta.

a) A alteração do turno de trabalho do empregado é vedada, pois implica redução remuneratória pela perda do respectivo adicional.

b) A alteração do turno noturno para o diurno é lícita, mesmo com a supressão do adicional noturno.

c) A alteração de turno depende do poder diretivo do empregador, mas o adicional noturno não pode ser suprimido.

d) A alteração do turno de trabalho será lícita, desde que haja a incorporação definitiva do adicional ao salário de Rita.

COMENTÁRIOS

✪ **Nota do autor:** A questão trata sobre o tema do trabalho noturno. É um assunto recorrente nas provas da OAB, inclusive nas segundas fases. Portanto, atenção!

**Alternativa "b".** *Comentário serve para as demais alternativas, uma vez que versam sobre o mesmo assunto.* O ser humano não possui hábitos noturnos. Assim sendo, o trabalho noturno deve conter aspectos mais protetivos e possuir remuneração superior a do diurno, pois, naturalmente prejudicial à saúde fica e mental dos trabalhadores. Para os **trabalhadores urbanos,** como o caso de Rita, é considerado trabalho noturno aquele realizado entre 22h e 5h, o adicional é de, no mínimo, 20% sobre a hora diurna, e a hora noturna será reduzida - terá 52 minutos e 30 segundos. Já para os **trabalhadores rurais**, o trabalho noturno depende da atividade desenvolvida: a jornada noturna inicia-se às 20 h e termina às 4 h na pecuária e, na lavoura, às 21 h até as 5 h; o adicional noturno é de, no mínimo, 25% superior à hora diurna e a hora noturna não é reduzida, ou seja, possui 60 minutos.

Ainda, importante ressaltar que o adicional noturno é hipótese de "salário condição", ou seja, o empregado apenas receberá o adicional enquanto estiver prestando serviços em horário noturno. Cessada a jornada noturna, cessa o recebimento do adicional pelo empregado, sem que isso represente redução salarial.

Por fim, segundo a jurisprudência sumulada do TST, é possível a transferência do empregado do período noturno para diurno por determinação unilateral do empregador, constituindo essa hipótese de *jus variandi*, pois o trabalho diurno é menos prejudicial à saúde que o trabalho noturno:

> **Súmula nº 265 do TST:** *A transferência para o período diurno de trabalho implica a perda do direito ao adicional noturno.*

**Alternativa correta: letra "b".**

## 10.6. SALÁRIO *IN NATURA*

- Art. 458, CLT
- Súmula nº 367 do TST

**91. (FGV – Exame de Ordem 2017.1)** Lino trabalha como diagramador na sociedade empresária XYZ Ltda., localizada em um grande centro urbano, e recebe do empregador, além do salário, moradia e plano de assistência odontológica, graciosamente.

Sobre o caso narrado, de acordo com a CLT, assinale a afirmativa correta.

a) Ambos os benefícios serão incorporados ao salário de Lino.

b) Somente o benefício da habitação será integrado ao salário de Lino.

c) Nenhum dos benefícios será incorporado ao salário de Lino.

d) Somente o benefício do plano de assistência odontológica será integrado ao salário de Lino.

COMENTÁRIOS

✪ **Nota do autor:** A questão versa sobre o tema salário-utilidade e é considerada simples, já que a leitura da CLT era suficiente para respondê-la.

**Alternativa "b".** *Comentário serve para as demais alternativas, uma vez que versam sobre o mesmo assunto.* Torna-se imprescindível verificar se a utilidade recebida pelo empregado possui natureza salarial, pois, uma vez reconhecido esse caráter, integra as demais parcelas. Exemplo: o transporte fornecido pelo empregador é salário-utilidade ou apenas ferramenta de trabalho?

Requisitos para configurar salário-utilidade:

a) Utilidade deverá ser fornecida **habitualmente**.

b) Utilidade fornecida terá caráter de **contraprestação**, ou seja, é paga **pelo** trabalho desempenhado pelo empregado.

Há autores que apontam um terceiro requisito: a gratuidade. De acordo com esse posicionamento, se houver desconto no salário do empregado, perde-se a natureza de salário-utilidade.

Há previsão de algumas utilidades que, em regra, não possuem natureza salarial quando fornecidas pelo empregador. Nesse sentido o art. 458, *caput* e §2º, inciso IV da CLT:

> **Art. 458 da CLT** – *Além do pagamento em dinheiro, compreende-se no salário, para todos os efeitos legais, a alimentação, habitação, vestuário ou outras prestações "in natura" que a empresa, por força do contrato ou do costume, fornecer habitualmente ao empregado. Em caso algum será permitido o pagamento com bebidas alcoólicas ou drogas nocivas.*
>
> *(...)*
>
> *§ 2º Para os efeitos previstos neste artigo, não serão consideradas como salário as seguintes utilidades concedidas pelo empregador:*
>
> *(...)*
>
> *IV – assistência médica, hospitalar e odontológica, prestada diretamente ou mediante seguro-saúde;*

Nesse sentido, a habitação integra o salário de Lino, enquanto que a assistência odontológica não é considerada salário-utilidade, não integrando seu salário por expressa determinação legal (art. 458, § 2º, IV, CLT).

O § 5º do art. 458 da CLT foi além e previu que o valor pago não deve ser considerado nem mesmo para o cálculo do salário de contribuição do trabalhador para fins previdenciários, conforme previsto no art. 28, § 9º, "q", da Lei nº 8.212/1991:

> **Art. 28, § 9º, Lei nº 8.212/1991 (Redação dada pela Reforma Trabalhista):** *Não integram o salário-de-contribuição para os fins desta Lei, exclusivamente:*
>
> *(...)*
>
> *q) o valor relativo à assistência prestada por serviço médico ou odontológico, próprio da empresa ou por ela conveniado, inclusive o reembolso de despesas com medicamentos, óculos, aparelhos ortopédicos, próteses, órteses, despesas médico hospitalares e outras similares;*

**Alternativa correta: letra "b".**

**92. (FGV – Exame de Ordem 2016.2)** Flávio trabalhou na sociedade empresária Sul Minas Ltda., e recebia R$ 1.500,00 mensais. Além disso, desfrutava de plano de saúde custeado integralmente pela empregadora, no valor de R$ 500,00. Em sede de ação trabalhista, Flávio pede a integração do valor à sua remuneração.

Com base na hipótese apresentada, na qualidade de advogado da sociedade empresária, assinale a afirmativa correta.

a) A contestação deverá aduzir apenas que o plano de saúde não tem caráter de contraprestação, sendo concedido como ferramenta de trabalho, por isso não integra a remuneração.

b) A contestação deverá sustentar a inexistência de caráter remuneratório do benefício, o que está expressamente previsto em lei.

c) A contestação deverá alegar que as verbas rescisórias foram pagas observando o reflexo do valor do plano de saúde.

d) A contestação deverá alegar apenas que a possibilidade de o empregado continuar com o plano de saúde após a ruptura do contrato retira do mesmo o caráter remuneratório.

**COMENTÁRIOS**

**Nota do autor:** A questão aborda o tema do salário *in natura*. É imprescindível a prévia leitura e memorização das hipóteses previstas na CLT que não configuram salário-utilidade (art. 458, § 2º, CLT).

**Alternativa "b".** *Comentário serve para as demais alternativas, uma vez que versam sobre o mesmo assunto.* "Para os efeitos previstos neste artigo, não serão consideradas como salário as seguintes utilidades concedidas pelo empregador: assistência médica, hospitalar e odontológica, prestada diretamente ou mediante seguro-saúde." (art. 458, § 2º, IV, CLT). Por expressa previsão legal, o plano de saúde médico e odontológico não é considerado como salário utilidade e, por isso, apresenta natureza indenizatória.

O § 5º do art. 458 da CLT foi além e previu que o valor pago não deve ser considerado nem mesmo para o cálculo do salário de contribuição do trabalhador para fins previdenciários, conforme previsto no art. 28, § 9º, "q", da Lei nº 8.212/1991:

> **Art. 28, § 9º, Lei nº 8.212/1991 (Redação dada pela Reforma Trabalhista):** *Não integram o salário-de-contribuição para os fins desta Lei, exclusivamente:*
>
> *(...)*
>
> *q) o valor relativo à assistência prestada por serviço médico ou odontológico, próprio da empresa ou por ela conveniado, inclusive o reembolso de despesas com medicamentos, óculos, aparelhos ortopédicos, próteses, órteses, despesas médico hospitalares e outras similares;*

**Alternativa correta: letra "b".**

## 10.7. DESCONTOS NO SALÁRIO

▸ Art. 462, CLT

**93. (FGV – Exame de Ordem 2021.1)** Regina foi admitida pela sociedade empresária Calçados Macios Ltda., em abril de 2020, para exercer a função de estoquista. No processo de admissão, foi ofertado a Regina um plano de previdência privada, parcialmente patrocinado pelo empregador. Uma vez que as condições pareceram vantajosas, Regina aderiu formalmente ao plano em questão. No primeiro contracheque, Regina, verificou que, na parte de descontos, havia subtrações a título de INSS e de previdência privada.

Assinale a opção que indica, de acordo com a CLT, a natureza jurídica desses descontos.

a) Ambos são descontos legais.

b) INSS é desconto legal e previdência privada, contratual.

c) Ambos são descontos contratuais.

d) INSS é desconto contratual e previdência privada, legal.

**COMENTÁRIOS**

**Nota do autor:** A questão aborda o tema dos descontos no salário do empregado. Lembre-se de pelo princípio da intangibilidade salarial, são vedados descontos ilegais e abusivos pelo empregador no salário. Excepcionalmente, alguns descontos são permitidos, desde que tenha previsão em lei ou sejam admitidos em razão de salário utilidade, dano causado pelo empregado, adiantamentos salariais e para concessão de plano de saúde, odontológico e para previdência privada.

**Alternativa "b".** *Comentário serve para as demais alternativas, uma vez que versam sobre o mesmo assunto.* Os empregados são segurados obrigatórios da Previdência Social e dela participam por meio de contribuição. Nesse caso, de acordo com o art. 28 da Lei nº 8.212/1991, é realizado desconto no salário dos empregados a título de contribuição previdenciária, que popularmente é conhecida como contribuição ao INSS ou simplesmente desconto do INSS. Por decorrer de expressa previsão legal e constitucional, enquadra-se na categoria de descontos legais.

Por sua vez, a previdência privada é facultativa e a sua adesão depende da concordância do trabalhador. No caso versado, foi celebrado contrato por Regina para adesão ao plano de previdência. A previdência privada é paga parcialmente pela trabalhadora e por seu empregador. Portanto, o desconto realizado tem natureza contratual.

**Alternativa correta: letra "b".**

**94. (FGV – Exame de Ordem 2015.3)** Plácido, empregado de um restaurante, sem qualquer motivo, passou a agredir verbalmente seu superior, até que, violentamente, quebrou uma mesa e uma cadeira que estavam próximas. Contornada a situação, Plácido foi dispensado e a empresa descontou no seu TRCT os valores do prejuízo com os móveis, que correspondiam a 60% do salário do trabalhador.

Sobre o episódio apresentado, assinale a opção correta.

a) A empresa pode descontar o valor mesmo sem previsão contratual para tanto, pois a atitude de Plácido, ao praticar o dano, foi dolosa.

b) O desconto na remuneração do empregado relativo ao dano causado é vedado em qualquer hipótese.

c) A empresa só poderia descontar o valor do dano causado por Plácido se houvesse previsão contratual nesse sentido.

d) Não estando a parcela relacionada a um desconto tipificado em lei, não pode haver o desconto nas verbas devidas a Plácido.

**COMENTÁRIOS**

**Nota do autor:** A questão aborda o tema dos descontos no salário do empregado. Dentre as características do salário, destaca-se sua natureza alimentar, pois ele tem finalidade de

TRABALHO

garantir o sustento do trabalhador e de sua família. Diante disso, o salário é protegido contra eventuais abusos cometidos pelo empregador e, ainda, protegido em face dos credores do empregador e dos credores do próprio empregado.

Qualquer desconto no salário dos empregados previsto em convenção ou acordo coletivo de trabalho deve ter a prévia anuência expressa do trabalhador para ser efetivado. Assim, no caso de ser estabelecida contribuição destinada a custear os sindicatos, como contribuição confederativa ou assistência, somente será possível o desconto no salário caso o trabalhador manifeste prévia e expressamente pelo desconto.

> **Art. 611-B da CLT (inserido pela Reforma Trabalhista):** *Constituem objeto ilícito de convenção coletiva ou de acordo coletivo de trabalho, exclusivamente, a supressão ou a redução dos seguintes direitos: (...) XXVI – liberdade de associação profissional ou sindical do trabalhador, inclusive o direito de não sofrer, sem sua expressa e prévia anuência, qualquer cobrança ou desconto salarial estabelecidos em convenção coletiva ou acordo coletivo de trabalho;*

**Alternativa "a".** *Comentário serve para as demais alternativas, uma vez que versam sobre o mesmo assunto.* "Em caso de dano causado pelo empregado, o desconto será lícito, desde de que esta possibilidade tenha sido acordada ou na ocorrência de dolo do empregado." (art. 462, § 1º, CLT). Neste caso, como o dano foi cometido por dolo, ou seja, de forma intencional, desconto é sempre possível, em razão da falta de lealdade do trabalhador. Se cometido por culpa (sem intenção), o desconto será possível desde que previsto no contrato de trabalho ou norma coletiva (ajuste feito entre as partes).

**Alternativa correta: letra "a".**

## 10.8. EQUIPARAÇÃO SALARIAL

- Art. 7º, inciso XXX, CF/88
- Art. 461, CLT
- Súmula nº 6 do TST

**Nota do autor:** o tema equiparação salarial foi muito impactado pela Reforma Trabalhista. Nesse sentido, passam a ser requisitos para a equiparação salarial:

| REQUISITOS PARA A EQUIPARAÇÃO SALARIAL |
|---|
| 1. Identidade de empregadores |
| 2. Trabalho no mesmo estabelecimento empresarial (Alteração pela Reforma Trabalhista). |
| 3. Empregados devem possuir a mesma função. |
| 4. Trabalhos de igual valor. |
| 5. Tempo no serviço não poderá ser superior a 4 anos (Alteração pela Reforma Trabalhista). |
| 6. Tempo na função não poderá ser superior a 2 anos. |
| 7. Inexistência de quadro de carreira ou de plano de cargos e salários (Alteração pela Reforma Trabalhista). |

**95. (Exame de Ordem 2012.1 – FGV)** Carlos Manoel Pereira Nunes foi chamado pelo seu chefe Renato de Almeida para substituí-lo durante as suas férias. Satisfeito, Carlos aceitou o convite e, para sua surpresa, recebeu, ao final do mês de substituição, o salário no valor equivalente ao do seu chefe, no importe de R$ 20.000,00. Pouco tempo depois, Renato teve que se ausentar do país por dois meses, a fim de representar a empresa numa feira de negócios. Nessa oportunidade, convidou Carlos mais uma vez para substituí-lo, o que foi prontamente aceito. Findo os dois meses, Carlos retornou à sua função habitual, mas o seu chefe Renato não mais retornou. No dia seguinte, o presidente da empresa chamou Carlos ao seu escritório e o convidou para assumir definitivamente a função de chefe, uma vez que Renato havia pedido demissão. Carlos imediatamente aceitou a oferta e já naquele instante iniciou sua nova atividade. Entretanto, ao final do mês, Carlos se viu surpreendido com o salário de R$ 10.000,00, metade do que era pago ao chefe anterior. Inconformado, foi ao presidente reclamar, mas não foi atendido. Sentindo-se lesado no seu direito, Carlos decidiu ajuizar ação trabalhista, postulando equiparação salarial com o chefe anterior, a fim de que passasse a receber salário igual ao que Renato percebia.

Com base na situação acima descrita, é correto afirmar que Carlos

a) faz jus à equiparação salarial com Renato, uma vez que passou a exercer as mesmas tarefas e na mesma função de chefia que o seu antecessor.
b) faz jus à equiparação salarial, uma vez que, quando substituiu Renato nas suas férias e durante sua viagem a trabalho, recebeu salário igual ao seu, devendo a mesma regra ser observada na hipótese de substituição definitiva.
c) não faz jus à equiparação salarial com Renato, uma vez que a substituição definitiva não gera direito a salário igual ao do antecessor, além de ser impossível a equiparação salarial que não se relacione a situação pretérita.
d) não faz jus à equiparação, uma vez que substituiu Renato apenas eventualmente, não se caracterizando a substituição definitiva geradora do direito ao igual salário para igual tarefa.

COMENTÁRIOS

**Nota do autor:** A questão aborda os temas do salário-substituição e da equiparação salarial. O candidato deve estar atento à Súmula nº 159 do TST. Nesse caso, o empregado substituto terá direito ao salário contratual do substituído, como ocorre nas férias e outros afastamentos. A substituição não poderá, entretanto, ser meramente eventual, como substituição de apenas dois ou três dias. Cabe frisar que, se o cargo estiver vago, e for ocupado de forma definitiva, o trabalhador ocupante não terá direito ao salário-substituição.

**Alternativa "a".** A alternativa afirma a possibilidade da equiparação com paradigma não mais nos quadros da empresa. Logo, está incorreta, por não tratar de equiparação salarial. Além disso, verifica-se que Carlos retornou à sua função original e, após, houve vacância no cargo de gerente, o que configura hipótese de alteração contratual e autoriza a contratação em salário inferior ao antecessor (Súmula nº 159, item II, do TST).

**Alternativa "b".** Como visto na alternativa "a", não houve equiparação uma vez que Carlos exercia sua função original ao tempo da promoção e, assim, seria possível a contratação em salário inferior ao antecessor (Súmula nº 159, item II, do TST).

**Alternativa "c".** O cerne da questão é a ausência do requisito simultaneidade. Pois, enquanto o trabalho for para suprir a ausência do paradigma, o empregado substituto tem direito ao pagamento equivalente ao do substituído (Súmula nº 159, item I, do TST). Diante do pedido de demissão do paradigma, rompe-se o vínculo obrigacional no tocante ao salário do futuro substituto. Dessa forma, vigora o direito diretivo da empresa em contratar o substituto com salário inferior ao antecessor (Súmula nº 159, item II, do TST).

**Alternativa "d".** Muito embora de fato, o início da assertiva destacar não haver o direito à equiparação, seu fundamento não condiz com a verdade, pois, no caso em questão, a eventualidade da substituição não traz consigo o direito a equiparação salarial, pois o contrato do paradigma já tinha sido extinto.

**Alternativa correta: letra "c".**

## 11. ESTABILIDADE

✪ **Nota do autor:** A Reforma Trabalhista inseriu nova hipótese de estabilidade, qual seja, a dos membros da comissão de representantes dos empregados, desde o registro da candidatura até um ano após o fim do mandato (art. 510-D, §3º da CLT).

---

**96. (FGV – Exame de Ordem – 2021.2)** Jorge e Manoel integram a Comissão Interna de Prevenção de Acidentes (CIPA) da empresa na qual trabalham. Jorge é representante do empregador e Manoel, representante dos empregados. Durante a vigência dos seus mandatos, ambos foram dispensados, sem justa causa, na mesma semana, recebendo aviso prévio indenizado.

Considerando a situação de fato e a previsão da CLT, assinale a afirmativa correta.

a) Não há empecilho à dispensa de Jorge, mas Manoel tem garantia no emprego e não poderia ser desligado sem justa causa.

b) Ambos os empregados podem ser dispensados, porque o empregador concedeu aviso prévio indenizado.

c) Jorge, por ser representante do empregador junto à CIPA e dele ter confiança, não poderá ser dispensado, exceto por justa causa.

d) Nenhum empregado integrante da CIPA pode ser dispensado sem justa causa durante o mandato e até 1 ano após.

**COMENTÁRIOS**

✪ **Nota do autor:** A questão aborda o tema da estabilidade dos membros da CIPA. Ao membro suplente que tiver participado de menos da metade de reuniões não será permitida a reeleição.

Em 2022, foi publicada Lei 14.457/2022 que, entre outras providência, conferiu mais uma atribuição à Comissão Interna de Prevenção de Acidentes e, agora, de Assédio (CIPA): combate ao assédio sexual e a outras formas de violência no âmbito do trabalho. Portanto, para se evitar a responsabilização trabalhista, os departamentos de *compliance* em atuação conjunta com a CIPA podem conscientizar os empregados no cumprimento das normas de saúde e segurança do trabalho, garantir o fornecimento de equipamento de proteçao individual, estabelecer sanções aos empregados e dirigentes que não seguirem essas normas de proteção ao meio ambiente de trabalho, e combater o assédio sexual e a outras formas de violência no âmbito do trabalho.

**Alternativa "a".** *Comentário serve para as demais alternativas, pois versam sobre o mesmo assunto.* "Os titulares da representação dos empregados nas CIPA (s) não poderão sofrer despedida arbitrária, entendendo-se como tal a que não se fundar em motivo disciplinar, técnico, econômico ou financeiro." (art. 165 da CLT). A Comissão Interna de Prevenção a Acidentes desempenha importante papel para manter um ambiente de trabalho saudável. Na constituição dessas comissões haverá representantes dos empregados (eleitos pelos demais trabalhadores da empresa) e dos empregadores (indicados). Esse órgão é presidido por empregado indicado pelo empregador, e o vice-presidente será empregado eleito pelos trabalhadores.

Os empregados representantes dos trabalhadores eleitos para cargo de direção da Cipa possuem garantia provisória de emprego, desde o registro da candidatura até um ano após o mandato (art. 10, II, a, do ADCT). Dessa forma, somente Manoel tem direito à garantia provisória no emprego do cipeiro.

---

**97. (FGV-Exame de Ordem 2019.2)** Em uma grande empresa que atua na prestação de serviços de telemarketing e possui 250 funcionários, trabalham as empregadas listadas a seguir:

Alice, que foi contratada a título de experiência, e, um pouco antes do término do seu contrato, engravidou;

Sofia, que foi contratada a título temporário, e, pouco antes do termo final de seu contrato, sofreu um acidente do trabalho;

Larissa, que foi indicada pelo empregador para compor a CIPA da empresa;

Maria Eduarda, que foi eleita para a comissão de representantes dos empregados, na forma da CLT alterada pela Lei nº 13.467/17 (reforma trabalhista).

Diante das normas vigentes e do entendimento consolidado do TST, assinale a opção que indica as empregadas que terão garantia no emprego.

a) Sofia e Larissa, somente.

b) Alice e Maria Eduarda, somente.

c) Alice, Sofia e Maria Eduarda, somente.

d) Alice, Sofia, Larissa e Maria Eduarda.

**COMENTÁRIOS**

✪ **Nota do autor:** A questão aborda o tema das garantias provisórias no emprego. Lembre-se de que, como forma de proteger o mercado de trabalho da mulher, bem como garantir uma gestação tranquila, a empregada gestante possui estabilidade provisória desde a confirmação da gravidez até 5 meses após o parto (art. 10, II, "b", ADCT). Houve questionamento no TST se a trabalhadora temporária teria direito à estabilidade provisória. Conforme Informativo nº 211, o TST firmou a seguinte tese em incidente de assunção de competência, precedente judicial obrigatório: "é inaplicável ao regime de trabalho temporário, disciplinado pela Lei n.º 6.019/74, a garantia de estabilidade provisória à empregada gestante, prevista no art. 10, II, b, do Ato das Disposições Constitucionais Transitórias".

**Alternativa "c".** *Comentário serve para as demais alternativas, uma vez que versam sobre o mesmo assunto.* Apenas Alice, Sofia e Maria Eduarda terão garantia provisória no emprego:

**1) Alice:** Alice terá garantia provisória da gestante ainda que tenha sido contratada a título de experiência nos termos da Súmula nº 244, III, do TST. "A empregada gestante tem direito à estabilidade provisória prevista no art. 10, inciso II, alínea "b", do Ato das Disposições Constitucionais Transitórias, mesmo na hipótese de admissão mediante contrato por tempo determinado." Lembre-se de que o contrato de experiência é uma das espécies de contrato de trabalho por prazo determinado previstas no art. 443, § 2º, da CLT. Destaca-se que a 4ª Turma do TST entendeu que o STF excluiu da estabilidade provisória da gestante outras formas de terminação do contrato, como pedido de demissão, a dispensa por justa causa, a terminação do contrato por prazo determinado, entre outras. Vale ressaltar que essa não é a posição do TST, mas somente da 4ª Turma do órgão. No entanto, essa decisão reabrirá as discussões sobre a estabilidade da gestante contratada por prazo determinado.

**2) Sofia:** De acordo com o item III da Súmula nº 378 do TST, o empregado submetido a contrato por prazo determinado tem direito à estabilidade provisória do acidentado: "O empregado submetido a contrato de trabalho por tempo determinado goza da garantia provisória de emprego decorrente de acidente de trabalho prevista no art. 118 da Lei nº 8.213/91."

**3) Larissa:** Larissa não gozará da estabilidade destinado aos membros da CIPA, pois, de acordo com a CLT, somente terão direito à estabilidade os empregados representantes dos trabalhadores. Como Larissa foi indicada pelo empregador, não tem garantia no emprego: "**Art. 165 da CLT:** Os titulares da **representação dos empregados** nas CIPA (s) não poderão sofrer despedida arbitrária, entendendo-se como tal a que não se fundar em motivo disciplinar, técnico, econômico ou financeiro." (grifos acrescidos)

**4) Maria Eduarda:** Maria Eduarda tem assegurada a estabilidade prevista no art. 510-D, § 3º, da CLT:" Desde o registro da candidatura até um ano após o fim do mandato, o membro da comissão de representantes dos empregados não poderá sofrer despedida arbitrária, entendendo-se como tal a que não se fundar em motivo disciplinar, técnico, econômico ou financeiro.

**Alternativa correta: letra "c".**

**98. (FGV – Exame de Ordem 2016.1)** Os empregados da sociedade empresária ABC Ltda. criaram uma sociedade cooperativa de crédito que busca dar acesso a empréstimos com juros bastante reduzidos para os próprios empregados da empresa ABC. Renata, que trabalha na empresa em questão, foi eleita diretora suplente dessa sociedade cooperativa de crédito e, dois meses depois, foi dispensada sem justa causa.

Com base na hipótese apresentada, de acordo com o entendimento consolidado do TST, assinale a afirmativa correta.

a) Renata é estável por ter sido eleita, razão pela qual deverá ser reintegrada.

b) Não se cogitará de reintegração, seja do titular ou do suplente, porque esse caso não é previsto na lei como gerador de estabilidade.

c) A condição legal para que Renata seja estável é que contraia ao menos um empréstimo junto à cooperativa.

d) Renata não terá garantia no emprego por ser suplente, e a estabilidade alcança apenas o titular.

COMENTÁRIOS

✪ **Nota do autor:** A questão aborda o tema da estabilidade provisória de emprego. A questão apresenta maior nível de dificuldade, uma vez que exigia posicionamento consolidado do TST sobre estabilidade dos cooperados.

**Alternativa "d".** Comentário serve para as demais alternativas, uma vez que versam sobre o mesmo assunto. "O art. 55 da Lei nº 5.764/71 assegura a garantia de emprego apenas aos empregados eleitos diretores de Cooperativas, não abrangendo os membros suplentes." (Orientação Jurisprudencial nº 253 da SDI-I do TST). "Os empregados de empresas que sejam eleitos diretores de sociedades cooperativas pelos mesmos criadas, gozarão das garantias asseguradas aos dirigentes sindicais pelo artigo 543 da Consolidação das Leis do Trabalho (Decreto-Lei n. 5.452, de 1° de maio de 1943)." (art. 55, Lei nº 5.764/1971)

**Alternativa correta: letra "d".**

## 11.1. ESTABILIDADE DO DIRIGENTE SINDICAL

- Art. 8º, inciso VIII, CF/88
- Súmula nº 369 do TST
- Súmula nº 379 do TST

**99. (FGV – Exame de Ordem 2018.1)** Em março de 2015, Lívia foi contratada por um estabelecimento comercial para exercer a função de caixa, cumprindo jornada de segunda-feira a sábado das 8h às 18h, com intervalo de 30 minutos para refeição. Em 10 de março de 2017, Lívia foi dispensada sem justa causa, com aviso prévio indenizado, afastando-se de imediato. Em 30 de março de 2017, Lívia registrou sua candidatura a dirigente sindical e, em 8 de abril de 2017, foi eleita vice-presidente do sindicato dos comerciários da sua região. Diante desse fato, Lívia ponderou com a direção da empresa que não seria possível a sua dispensa, mas o empregador insistiu na manutenção da dispensa afirmando que o aviso prévio não poderia ser considerado para fins de garantia no emprego.

Sobre a hipótese narrada, de acordo com a CLT e com o entendimento consolidado do TST, assinale a afirmativa correta.

a) O período do aviso prévio é integrado ao contrato para todos os fins, daí porque Lívia, que foi eleita enquanto o pacto laboral estava em vigor, não poderá ser dispensada sem justa causa.

b) Não se computa o aviso prévio para fins de tempo de serviço nem anotação na CTPS do empregado e, em razão disso, Lívia não terá direito à estabilidade oriunda da eleição para dirigente sindical.

c) O aviso prévio é computado para todos os fins, mas, como a candidatura da empregada ocorreu no decorrer do aviso prévio, Lívia não terá garantia no emprego.

d) A Lei e a jurisprudência não tratam dessa situação especial, razão pela qual caberá ao magistrado, no caso concreto, decidir se o aviso prévio será computado ao contrato.

COMENTÁRIOS

✪ **Nota do autor:** A questão aborda o tema estabilidade do dirigente sindical durante o curso do aviso-prévio. O art. 8º, VIII[14], da CF/88 prevê a estabilidade para o dirigente sindical. Esse direito dado ao dirigente sindical tem por objetivo proteger não só o empregado, mas também toda a categoria que ele representa, pois proporciona tranquilidade e independência na defesa dos interesses dos trabalhadores. A estabilidade terá início com o registro da candidatura para o cargo de dirigente sindical. Se eleito, a estabilidade persistirá até um ano após o fim do mandato. O mandato do dirigente sindical é de 3 anos, conforme o art. 515, *b*, da CLT.

**Alternativa "c":** *Comentário serve para as demais alternativas, uma vez que versam sobre o mesmo assunto.* Lívia não terá garantia de emprego, pois o registro de sua candidatura se deu durante o período de aviso prévio[15]. Se o registro da candidatura ocorrer durante o período de aviso-prévio, ainda que indenizado, não haverá estabilidade do empregado, conforme previsto na Súmula nº 369, V, do TST:

> **Súmula nº 369, V do TST:** *O registro da candidatura do empregado a cargo de dirigente sindical durante o período de aviso prévio, ainda que indenizado, não lhe assegura a estabilidade, visto que inaplicável a regra do § 3º do art. 543 da Consolidação das Leis do Trabalho.*

O fundamento utilizado é que a projeção do aviso gera efeitos meramente econômicos como previsto na Súmula nº 371

14 Art. 8º, VIII, da CF/88: "É vedada a dispensa do empregado sindicalizado a partir do registro da candidatura a cargo de direção ou representação sindical e, se eleito, ainda que suplente, até um ano após o final do mandato, salvo se cometer falta grave nos termos da lei."

15 Súmula nº 348 do TST: É inválida a concessão do aviso prévio na fluência da garantia de emprego, ante a incompatibilidade dos dois institutos.

do TST[16]. Outra hipótese, contudo, é aquela em que o empregado formaliza sua candidatura antes de receber a notificação do aviso-prévio, mas somente comunica seu empregador durante o cumprimento do aviso. Nesse caso, será assegurada a estabilidade provisória ao empregado.

**Alternativa correta: letra "c".**

---

**100. (FGV – Exame de Ordem 2015.2)** Jonas é empregado da sociedade empresária Ômega. Entendendo seu empregador por romper seu contrato de trabalho, optou por promover sua imediata demissão, com pagamento do aviso prévio na forma indenizada. Transcorridos 10 dias de pagamento das verbas rescisórias, Jonas se candidatou a dirigente do sindicato da sua categoria e foi eleito presidente na mesma data.

Sobre a hipótese apresentada, de acordo com o entendimento consolidado do TST, assinale a afirmativa correta.

a) Jonas poderá ser desligado ao término do aviso prévio, pois não possui garantia no emprego.
b) Jonas tem garantia no emprego por determinação legal, porque, pelo fato superveniente, o aviso prévio perde seu efeito.
c) Jonas passou a ser portador de garantia no emprego, não podendo ter o contrato rompido.
d) Jonas somente poderá ser dispensado se houver concordância do sindicato de classe obreiro.

COMENTÁRIOS

**Nota do autor:** A questão aborda o tema da estabilidade do dirigente sindical. Esse direito dado ao dirigente sindical tem por objetivo proteger não só o empregado, mas também toda a categoria que ele representa, pois proporciona tranquilidade e independência na defesa dos interesses dos trabalhadores. A estabilidade terá início com o registro da candidatura para o cargo de dirigente sindical. Se eleito, a estabilidade persistirá até um ano após o fim do mandato. O mandato do dirigente sindical é de 3 anos, conforme art. 515, *b*, da CLT.

**Alternativa "a".** *Comentário serve para as demais alternativas, uma vez que versam sobre o mesmo assunto.* "O registro da candidatura do empregado a cargo de dirigente sindical durante o período de aviso prévio, ainda que indenizado, não lhe assegura a estabilidade, visto que inaplicável a regra do § 3º do art. 543 da Consolidação das Leis do Trabalho." (Súmula nº 369, V, TST). Se o registro da candidatura a dirigente sindical ocorrer durante o período de aviso-prévio, ainda que indenizado, não assegura a estabilidade do empregado. Os fundamentos utilizados são que as partes já sabiam previamente do término do contrato de trabalho e, ainda, a projeção do aviso gera efeitos meramente econômicos como previsto na Súmula nº 371 do TST:

> **Súmula nº 371 do TST.** *A projeção do contrato de trabalho para o futuro, pela concessão do aviso-prévio indenizado, tem efeitos limitados às vantagens econômicas obtidas no período de pré-aviso, ou seja, salários, reflexos e verbas rescisórias. No caso de concessão de auxílio-doença no curso do aviso-prévio, todavia, só se concretizam os efeitos da dispensa depois de expirado o benefício previdenciário.*

**Alternativa correta: letra "a".**

## 11.2. ESTABILIDADE DA GESTANTE

- Art. 10, inciso II, alínea "b", ADCT
- Art. 391-A, CLT
- Súmula nº 244 do TST
- Orientação Jurisprudencial nº 30 da SDC do TST

---

**101. (FGV – X Exame Unificado da Ordem dos Advogados do Brasil – 2013.1)** Fernanda é contratada pela empresa Master, a título temporário, com base na Lei n. 6.019/74, pelo prazo certo de 3 meses. Quando do término deste período e ciente de que o empregador não pretende renovar o contrato, ela informa que se encontra grávida de 6 semanas.

A respeito do caso proposto, de acordo com o entendimento do TST, assinale a afirmativa correta.

a) Fernanda pode ter o contrato extinto porque o pacto foi feito a termo, de modo que no seu implemento a ruptura se impõe.
b) Fernanda não poderá ser dispensada, pois, em razão da gravidez, possui garantia no emprego, mesmo sendo o contrato a termo.
c) Fernanda poderá ser desligada porque a natureza jurídica da ruptura não será resilição unilateral, mas caducidade do contrato.
d) Fernanda não pode ter o contrato rompido, pois em razão da gravidez tem garantia no emprego durante 12 meses.

COMENTÁRIOS

**Nota do autor:** A questão aborda o tema da estabilidade da gestante e está desatualizada com base no entendimento do TST em incidente de assunção de competência. Lembre-se que o empregado que sofre acidente, durante o contrato por prazo determinado, também tem direito à estabilidade – veja as súmulas nº 244 e 378 do TST!

Note-se que a questão foi elaborada antes das alterações promovidas à Lei nº 6.019/74. Assim, passou-se a permitir que o contrato temporário seja efetuado no prazo de 180 dias, prorrogáveis por mais 90 dias. Nesse sentido:

> **Art. 10 da Lei nº 6.019/74 (com redação dada pela Lei nº 13.429/17):** *Qualquer que seja o ramo da empresa tomadora de serviços, não existe vínculo de emprego entre ela e os trabalhadores contratados pelas empresas de trabalho temporário.*
>
> *§ 1º O contrato de trabalho temporário, com relação ao mesmo empregador, não poderá exceder ao prazo de cento e oitenta dias, consecutivos ou não.*
>
> *§ 2º O contrato poderá ser prorrogado por até noventa dias, consecutivos ou não, além do prazo estabelecido no § 1º deste artigo, quando comprovada a manutenção das condições que o ensejaram.*

**Alternativa "b".** *Comentário serve para as demais alternativas, uma vez que versam sobre o mesmo assunto.* O trabalho temporário é uma modalidade de terceirização expressamente prevista em lei. A intermediação de mão de obra está presente no trabalho temporário. Nela, a empresa prestadora de serviços possibilita que um trabalhador temporário preste serviços em outra empresa, denominada tomadora. Os direitos desse trabalhador estão previstos em legislação específica (Lei nº 6.019/1974). Somente será admitida essa modalidade de prestação de serviços nas seguintes hipóteses:

TRABALHO

---

16 Súmula nº 371 do TST. "A projeção do contrato de trabalho para o futuro, pela concessão do aviso-prévio indenizado, tem efeitos limitados às vantagens econômicas obtidas no período de pré-aviso, ou seja, salários, reflexos e verbas rescisórias. No caso de concessão de auxílio-doença no curso do aviso-prévio, todavia, só se concretizam os efeitos da dispensa depois de expirado o benefício previdenciário."

**1) Necessidade de substituição transitória de pessoal permanente;**

**2) Demanda complementar de serviços:** somente será considerada como demanda complementar aquela que decorrer de: fatores imprevisíveis ou fatores previsíveis, mas que tenham natureza intermitente, periódica ou sazonal.

Houve questionamento no TST se a trabalhadora temporária teria direito à estabilidade provisória. Conforme Informativo nº 211, o TST firmou a seguinte tese em incidente de assunção de competência, precedente judicial obrigatório: "é inaplicável ao regime de trabalho temporário, disciplinado pela Lei n.º 6.019/74, a garantia de estabilidade provisória à empregada gestante, prevista no art. 10, II, b, do Ato das Disposições Constitucionais Transitórias".

Os principais argumentos que embasaram a tese foram o de que o contrato temporário tem regramento próprio e excepcionalíssimo que não se coaduna com a garantia de emprego da gestante e de que as decisões que embasaram a criação do item III da Súmula nº 244 do TST não guardam relação com essa modalidade de contratação.

A nosso ver, as condições transitórias de contratação de trabalhadoras temporárias guardam relação com as hipóteses de contratação por prazo determinado previstas na CLT. Apesar de a trabalhadora temporária não ser empregada da empresa tomadora, o vínculo é formado diretamente com a empresa de trabalho temporário e esta deveria ser responsável por assegurar o pagamento dos direitos decorrentes da estabilidade provisória.

**Alternativa correta à época do concurso: letra "b". (atualmente incorreta)**

---

**102. (FGV- XXXV Exame de Ordem-2022)** Sheila e Irene foram admitidas em uma empresa de material de construção, sendo Sheila mediante contrato de experiência por 90 dias e Irene, contratada por prazo indeterminado.

Ocorre que, 60 dias após o início do trabalho, o empregador resolveu dispensar ambas as empregadas porque elas não mostraram o perfil esperado, dispondo-se a pagar todas as indenizações e multas previstas em Lei para extinguir os contratos. No momento da comunicação do desligamento, ambas as empregadas informaram que estavam grávidas com 1 mês de gestação, mostrando os respectivos laudos de ultrassonografia.

Considerando a situação de fato, a previsão legal e o entendimento consolidado do TST, assinale a afirmativa correta.

a) As duas empregadas poderão ser dispensadas.

b) Somente Sheila poderá ser desligada porque o seu contrato é a termo.

c) Sheila e Irene não poderão ser desligadas em virtude da gravidez.

d) Apenas Irene poderá ser desligada, desde que haja autorização judicial.

**COMENTÁRIOS**

✪ **Nota do autor:** A questão trata a estabilidade da gestante, tema recorrente no Exame da Ordem, inclusive em segundas fases. Portanto, atenção!

**Alternativa "c".** *Comentário serve para as demais alternativas, uma vez que versam sobre o mesmo assunto.* Como forma de proteger o mercado de trabalho da mulher, bem como garantir uma gestação tranquila, a empregada gestante possui estabilidade provisória desde a confirmação da gravidez até 5 meses após o parto (art. 10, II, "b", ADCT). Esse direito foi estendido também às empregadas domésticas (art. 25, parágrafo único, LC nº 150/2015). Conforme tese de repercussão geral fixada pelo STF, em 2018, "A incidência da estabilidade prevista no art. 10, inc. II, do ADCT, somente exige a anterioridade da gravidez à dispensa sem justa causa". Dessa forma, não é necessário que o empregador tenha conhecimento do estado gravídico da mulher, bastando que a gravidez tenha se dado no curso do contrato de trabalho. Ainda, De acordo com a atual jurisprudência do TST, a empregada gestante terá direito à estabilidade, mesmo se se tratar de contrato por prazo determinado, como o contrato de experiência:

> ***Súmula nº 244, III, do TST:*** *A empregada gestante tem direito à estabilidade provisória prevista no art. 10, inciso II, alínea b, do ADCT, mesmo na hipótese de admissão mediante contrato por tempo determinado.*

**Alternativa correta: letra "c".**

## 11.3. EMPREGADO ACIDENTADO

---

**103. (FGV – Exame de Ordem 2016.1)** Jorge é um teletrabalhador e cumpre jornada preestabelecida pelo empregador, que o monitora por meio de meios telemáticos. A empresa montou um home office na residência do empregado, fornecendo móveis (mesa e cadeira ergonômica), computador e impressora. Em determinado dia de trabalho, quando conferia relatórios, a cadeira em que Jorge estava sentado quebrou e ele, devido à queda violenta, machucou-se.

Na hipótese, de acordo com a Lei,

a) ocorreu acidente do trabalho, sendo irrelevante se o trabalho é prestado na residência do empregado.

b) não se pode cogitar de acidente do trabalho no teletrabalho, pois o empregado está em seu domicílio e não sob as vistas do empregador.

c) o evento jamais poderá ser considerado acidente do trabalho, uma vez que a situação não foi testemunhada por ninguém.

d) todo acidente domiciliar é acidente do trabalho, segundo a legislação previdenciária.

**COMENTÁRIOS**

✪ **Nota do autor:** A questão aborda o tema do acidente de trabalho. Lembre-se de que o empregado acidentado que fique afastado por período superior a 15 dias e que goze de auxílio-doença acidentário tem direito à estabilidade pelo período de 12 meses após a cessão do benefício previdenciário.

**Alternativa "a".** *Comentário serve para as demais alternativas, uma vez que versam sobre o mesmo assunto.* "Não se distingue entre o trabalho realizado no estabelecimento do empregador, o executado no domicílio do empregado e o realizado a distância, desde que estejam caracterizados os pressupostos da relação de emprego." (art. 6º, "caput", CLT). A prova do acidente de trabalho na residência do empregado é de difícil comprovação, uma vez que não há, muitas vezes, como demonstrar que o acidente ocorreu em razão da prestação dos serviços, uma vez que as atividades do dia-a-dia do empregado confundem-se com as atividades de trabalho. Contudo, a questão deixa claro, nesse caso, que todo o material foi fornecido pela empresa e que havia controle da jornada de trabalho do empregado, o que traz maior segurança para a prova do acidente de trabalho.

Com o advento da Reforma Trabalhista, o teletrabalho foi regulamentado, de forma a prever, inclusive, a obrigatoriedade de o empregador instruir, de forma expressa e ostensiva, quanto às precauções a serem tomadas para que se evitem acidentes de trabalho:

**Art. 75-E da CLT (inserido pela Reforma Trabalhista):** *O empregador deverá instruir os empregados, de maneira expressa e ostensiva, quanto às precauções a tomar a fim de evitar doenças e acidentes de trabalho.*

*Parágrafo único. O empregado deverá assinar termo de responsabilidade comprometendo-se a seguir as instruções fornecidas pelo empregador.*

A Lei nº 14.442, de setembro de 2022, entre outras providências, alterou estruturalmente a regulamentação do teletrabalho. Esse ponto, contudo, não foi impactado.

Entendemos que apesar da assinatura do termo de responsabilidade, eventuais doenças ocupacionais e a ocorrência de acidentes de trabalho não eximem o empregador quanto à responsabilização pelo dano sofrido pelo empregado, pois, em que pese possa ser privado da fiscalização do local de trabalho, o trabalhador sofreu o acidente ou adquiriu a doença durante o exercício da atividade do empregador, cujos riscos devem ser suportados exclusivamente por este. Problemas ligados ao ambiente de trabalho como a LER, o assédio moral à distância terão as mesmas repercussões, com direito à indenização e estabilidade no emprego por acidente de trabalho.

**Alternativa correta: letra "a".**

## 12. FGTS

▸ Lei nº 8.036/90

✪ **Nota do autor:** a Reforma Trabalhista inseriu nova hipótese de saque do FGTS, que se dará no caso de distrato – quando o contrato de trabalho é extinto por acordo entre empregado e empregador – permitindo a movimentação de até 80% do valor dos depósitos (Art. 484-A da CLT).

Ainda, importante mencionar a Lei nº 14.438, de 24 de agosto de 2022 (fruto da conversão da MP nº 1.107/2022), que altera a data limite para o depósito dos valores do FGTS, antes até o dia 7 de cada mês, para até o **vigésimo dia de cada mês**. Contudo, a produção de efeitos dessa alteração está condicionada ao início, pelo empregador, da elaboração da folha de pagamento e a declaração os dados relacionados aos valores do FGTS e outras informações de interesse do Poder Público por meio de eSocial entrada do FGTS digital[17].

---

**104. (FGV/OAB/XXX_Exame – 2019)** Uma indústria de calçados, que se dedica à exportação, possui 75 empregados. No último ano, Davi foi aposentado por invalidez, Heitor pediu demissão do emprego, Lorenzo foi dispensado por justa causa e Laura rompeu o contrato por acordo com o empregador, aproveitando-se da nova modalidade de ruptura trazida pela Lei nº 13.467/17 (Reforma Trabalhista).

De acordo com a norma de regência, assinale a opção que indica, em razão dos eventos relatados, quem tem direito ao saque do FGTS.

a) Davi e Laura, somente.

b) Todos poderão sacar o FGTS.

c) Laura, somente.

d) Davi, Heitor e Lorenzo, somente.

**COMENTÁRIOS**

✪ **Nota do autor:** A questão aborda o tema depósito do FGTS e exigia o conhecimento dos casos em que este é de obrigatoriedade da empresa. Para tanto, era necessário o conhecimento da 8.036/1990.

**Alternativa "a".** *Comentário serve para as demais alternativas, uma vez que versam sobre o mesmo assunto.* As hipóteses de saque estão previstas no art. 20 da Lei nº 8.036/1990. No caso apresentado, apenas Davi e Laura terão direito ao saque do FGTS:

**Davi:** De acordo com o art. 20, III, da Lei nº 8.036/1990, a conta vinculada do FGTS poderá ser movimentada na hipótese de aposentadoria concedida pela Previdência Social. Tendo em vista que Davi foi aposentado por invalidez, terá direito ao saque do FGTS.

**Heitor:** O pedido de demissão não é uma hipótese prevista na Lei nº 8.036/1990 que autoriza o saque do FGTS. Portanto, Heitor não poderá sacar os depósitos do FGTS em razão de seu pedido de demissão.

**Lorenzo:** Tendo em vista o cometimento de falta grave pelo empregado dispensado por justa causa, o trabalhador não tem direito ao saque do FGTS. Além disso, a dispensa por justa causa não é hipótese prevista na legislação para o saque do FGTS.

**Laura:** De acordo com o art. 484-A, § 1º da CLT e art. 20, I-A, da Lei nº 8.036/1990, é possível o saque do FGTS na hipótese de celebração de distrato. No entanto, nesse caso, o valor do saque é limitado a 80% dos valores depositados.

**Alternativa correta: letra "a".**

---

**105. (FGV – Exame de Ordem 2017.2)** Os Irmãos Pedro e Júlio Cesar foram contratados como empregados pela sociedade empresária Arco Doce S/A e lá permaneceram por dois anos. Como foram aprovados em diferentes concursos públicos da administração direta, eles pediram demissão e, agora, com a possibilidade concedida pelo Governo, dirigiram-se à Caixa Econômica Federal (CEF) para sacar o FGTS.

Na agência da CEF foram informados que só havia o depósito de FGTS de 1 ano, motivo por que procuraram o contador da Arco Doce para uma explicação. O contador informou que não havia o depósito porque, no último ano, Pedro afastara-se para prestar serviço militar obrigatório e Júlio Cesar afastara-se pelo INSS, recebendo auxílio-doença comum (código B-31). Diante desses fatos, confirmados pelos ex-empregados, o contador ponderou que não havia obrigação de a empresa depositar o FGTS durante 1 ano para ambos.

Sobre a questão retratada e de acordo com a legislação em vigor, assinale a afirmativa correta.

a) A sociedade empresária tem razão na justificativa de Júlio Cesar, mas está errada em relação a Pedro.

b) A sociedade empresária está errada em relação a ambos os empregados.

c) No que tange a Pedro, a sociedade empresária está certa, mas, no tocante a Julio Cesar, não tem razão.

d) A pessoa jurídica está correta em relação a Pedro e a Júlio Cesar.

**COMENTÁRIOS**

✪ **Nota do autor:** A questão aborda o tema depósito do FGTS e exigia o conhecimento dos casos em que este é de obrigatoriedade da empresa. Para tanto, era necessário o conhecimento da Lei nº 8.036/1990.

TRABALHO

17. De acordo com o site do Ministério do Trabalho e Emprego, "A data de implantação do FGTS Digital será divulgada em breve. O desenvolvimento do sistema está em ritmo acelerado.". Disponível em: https://www.gov.br/trabalho-e-previdencia/pt-br/servicos/empregador/fgtsdigital/conheca-o-fgts-digital/cronograma-de-implantacao. Acesso em: 18/01/2023.

**Alternativa "a".** *Comentário serve para as demais alternativas, uma vez que versam sobre o mesmo assunto.*

Quanto a Pedro, o depósito do FGTS era obrigatório. Durante a prestação de serviço militar obrigatório, o empregador não está obrigado a pagar salário, mas a obrigatoriedade dos depósitos do FGTS persiste:

> **Art. 15 da Lei nº 8.036/90:** *Para os fins previstos nesta Lei, todos os empregadores ficam obrigados a depositar, até o vigésimo dia de cada mês, em conta vinculada, a importância correspondente a 8% (oito por cento) da remuneração paga ou devida, no mês anterior, a cada trabalhador, incluídas na remuneração as parcelas de que tratam os arts. 457 e 458 da Consolidação das Leis do Trabalho (CLT), aprovada pelo Decreto-Lei nº 5.452, de 1º de maio de 1943, e a Gratificação de Natal de que trata a Lei nº 4.090, de 13 de julho de 1962. (Redação dada pela Lei nº 14.438, de 2022) (...)*
>
> *§ 5º O depósito de que trata o caput deste artigo é obrigatório nos casos de afastamento para prestação do serviço militar obrigatório e licença por acidente do trabalho.*

Perceba que o *caput* do art. 15 da Lei nº 8.036/1990 foi alterado pela Lei nº 14.438/2022, alterando a data limite para o depósito dos valores do FGTS, antes até o dia 7 de cada mês, para até o **vigésimo dia de cada mês**. A obrigatoriedade de recolhimento do depósito fundiário durante o período de afastamento por conta de serviço militar obrigatório, contudo, permanece.

Em razão dessa obrigatoriedade, há discussão se esse afastamento configura hipótese de suspensão ou interrupção. Prevalece o entendimento que defende hipótese de **suspensão** do contrato de trabalho, porque o empregado não recebe salário (art. 4º, parágrafo único, e art. 472, ambos da CLT).

Já quanto a Júlio César, a empresa agiu corretamente ao não depositar o FGTS em sua conta, tendo em vista se tratar de recebimento de auxílio-doença comum e não auxílio-doença acidentário, sendo que, apenas no caso deste último, o depósito seria devido.

**Alternativa correta: letra "a".**

---

**106. (FGV – Exame de Ordem 2017.1)** Um aprendiz de marcenaria procura um advogado para se inteirar sobre o FGTS que vem sendo depositado mensalmente pelo empregador na sua conta vinculada junto à CEF, na razão de 2% do salário, e cujo valor é descontado juntamente com o INSS.

Com relação ao desconto do FGTS, assinale a afirmativa correta.

a) O FGTS deveria ser depositado na ordem de 8% e não poderia ser descontado.

b) A empresa, por se tratar de aprendiz, somente poderia descontar metade do FGTS depositado.

c) A empresa está equivocada em relação ao desconto, pois o FGTS é obrigação do empregador.

d) A conduta da empresa é regular, tanto em relação ao percentual quanto ao desconto.

**COMENTÁRIOS**

✪ **Nota do autor:** A questão versa sobre FGTS devido ao aprendiz e demandava o conhecimento da Lei nº 8.036/90.

**Alternativa "c".** *Comentário serve para as demais alternativas, uma vez que versam sobre o mesmo assunto.* O FGTS[18] é uma "poupança forçada" suportada exclusivamente pelo empregador. Todos os meses, ao quitar o salário e demais adicionais, o empregador deverá depositar numa conta vinculada do trabalhador 8% da sua remuneração ou 2% no caso do aprendiz (art. 15, § 7º da Lei nº 8.036/90).

Veja que, para fins de FGTS, não há desconto a ser suportado pelo trabalhador, já que se trata de obrigação do empregador e direito do empregado (art. 7º, III da CF/88 e art. 15 da Lei nº 8.036/90). Esses depósitos destinam-se à indenização por tempo de serviço do empregado.

**Alternativa correta: letra "c".**

---

**107. (FGV – Exame de Ordem 2016.2)** Lúcia trabalha na sede de uma estatal brasileira que fica em Brasília. Seu contrato vigora há 12 anos e, em razão de sua capacidade e experiência, Lúcia foi designada para trabalhar na nova filial do empregador que está sendo instalada na cidade do México, o que foi imediatamente aceito.

Em relação à situação retratada e ao FGTS, à luz do entendimento consolidado do TST, assinale a afirmativa correta.

a) Lúcia terá direito ao depósito do FGTS enquanto estiver trabalhando no México, que deverá continuar sendo depositado na sua conta vinculada no Brasil.

b) Usando-se a teoria atomista, chega-se à conclusão que Lúcia terá direito à metade do FGTS, que será depositado na sua conta vinculada.

c) Uma vez que na legislação do México não há previsão de FGTS, Lúcia não terá esse direito assegurado.

d) Para que Lúcia tenha direito ao FGTS, deverá assinar documento próprio para tal fim, devidamente traduzido.

**COMENTÁRIOS**

✪ **Nota do autor:** A questão aborda o tema do FGTS. Lembre-se de que o empregador está obrigado a depositar até o vigésimo dia de cada mês (antes, o depósito deveria ser realizado até o dia 7 de cada mês - alteração trazida pela Lei nº 14.438/2022), na conta vinculada do empregado, 8% da remuneração paga no mês anterior. É vedado o pagamento direto ao trabalhador. No contrato de aprendizagem, o percentual é reduzido para 2%.

**Alternativa "a".** *Comentário serve para as demais alternativas, uma vez que versam sobre o mesmo assunto.* "O FGTS incide sobre todas as parcelas de natureza salarial pagas ao empregado em virtude de prestação de serviços no exterior." (Orientação Jurisprudencial nº 232 da SDI-I do TST). Havia discussão sobre a necessidade ou não dos depósitos no FGTS quando o empregado fosse transferido para o exterior, pois seria aplicada a lei trabalhista do local da prestação de serviços, conforme a cancelada Súmula nº 207 do TST. O posicionamento que prevaleceu, entretanto, foi de que o empregado contratado no Brasil para prestar serviços no exterior continuará tendo os depósitos do FGTS depositados mensalmente, por força do art. 3º, II, da Lei nº 7.064/82:

> **Art. 3º, Lei nº 7.064/1982:** *A empresa responsável pelo contrato de trabalho do empregado transferido*

18 "O FGTS é um depósito bancário destinado a formar uma poupança para o trabalhador, que poderá ser sacada nas hipóteses previstas na lei, principalmente quando é dispensado sem justa causa. Outrossim, servem os depósitos como forma de financiamento para aquisição de moradia pelo Sistema Financiamento da Habitação." MARTINS, Sérgio Pinto. Direito do Trabalho. 24. ed. São Paulo: Atlas, 2008. p. 435.

*assegurar-lhe-á, independentemente da observância da legislação do local da execução dos serviços:*

*(...)*

*II – a aplicação da legislação brasileira de proteção ao trabalho, naquilo que não for incompatível com o disposto nesta Lei, quando mais favorável do que a legislação territorial, no conjunto de normas e em relação a cada matéria.*

Hoje, com a alteração da Lei nº 7.064/82, que trata de todos os empregados que prestam serviços no exterior, aplica-se a legislação brasileira quando for a mais favorável. Logo, o FGTS continuará sendo depositado sobre as parcelas com natureza salarial.

**Alternativa correta: letra "a".**

## 13. SEGURANÇA E MEDICINA DO TRABALHO

**Nota do autor:** Segundo a Reforma Trabalhista, constituirão objeto ilícito da convenção ou negociação coletiva normas de saúde, higiene e segurança do trabalho previstas em lei ou normas regulamentadoras do Ministério do Trabalho (Art. 611-B, XVII da CLT).

### 13.1. ACIDENTE DO TRABALHO

- Art. 19 a 21 da Lei nº 8.213/91

---

**108. (FGV – Exame de Ordem 2017.3)** Sílvio é empregado da sociedade empresária Onda Azul Ltda. e, em determinado dia, no horário de almoço, ao se dirigir a um restaurante para fazer sua refeição, foi atropelado por um veículo, sofrendo lesões que o afastaram do serviço por 30 dias, inclusive com recebimento de benefício previdenciário. Diante da situação apresentada, assinale a afirmativa correta.

a) O fato não caracteriza acidente do trabalho, porque não aconteceu na empresa nem em deslocamento a serviço.

b) O fato caracteriza acidente do trabalho, e, ao retornar, Sílvio tem garantia no emprego de 12 meses.

c) A Lei é omissa a respeito, daí porque caberá ao juiz, no caso concreto, dizer se o evento foi acidente de trabalho.

d) A empresa será obrigada a ressarcir o empregado, porque tem o dever de fornecer alimentação.

**COMENTÁRIOS**

**Nota do autor:** A questao exigia o conhecimento da legislação previdenciária sobre o assunto. Recomenda-se a leitura dos arts. 20 e 21 da Lei nº 8.213/91.

**Alternativa "b".** *Comentário serve para as demais alternativas, uma vez que versam sobre o mesmo assunto.* Segundo a Lei nº 8.213/91:

> **Art. 21, § 1º, Lei nº 8.213/91:** *Nos períodos destinados a refeição ou descanso, ou por ocasião da satisfação de outras necessidades fisiológicas, no local do trabalho ou durante este, o empregado é considerado no exercício do trabalho.*

A lei de benefícios previdenciários estabelece um rol de hipóteses equiparadas ao acidente de trabalho, seja por doenças ocupacionais (art. 20) ou eventos acidentários que não são incluídos no conceito típico (art. 21). Alguns autores[19] realizam a divisão terminológica entre acidentes de trabalho atípicos, que compreendem as doenças ocupacionais, e acidentes de trabalho por equiparação ao se referirem às demais hipóteses de acidente de trabalho previstas no art. 21 da Lei nº 8.213/1991.

**Alternativa correta: letra "b".**

## 14. AVISO-PRÉVIO

- Art. 7º, inciso XXI, CF/88
- Lei nº 12.506/11
- Arts. 487 a 491, CLT

**Nota do autor:** segundo a Reforma Trabalhista, será considerado objeto ilícito convenção ou acordo coletivo que reduza ou suprima aviso prévio proporcional ao tempo de serviço, de no mínimo 30 dias (Art. 611-B, XVI da CLT).

---

**109. (FGV – Exame de Ordem 2020.1)** Eduardo e Carla são empregados do Supermercado Praiano Ltda., exercendo a função de caixa. Após 10 meses de vigência do contrato, ambos receberam aviso prévio em setembro de 2019, para ser cumprido com trabalho. Contudo, 17 dias após, o Supermercado resolveu reconsiderar a sua decisão e manter Eduardo e Carla no seu quadro de empregados. Ocorre que ambos não desejam prosseguir, porque, nesse período, distribuíram seus currículos e conseguiram a promessa de outras colocações num concorrente do Supermercado Praiano, com salário um pouco superior.

Diante da situação posta e dos termos da CLT, assinale a afirmativa correta.

a) Os empregados não são obrigados a aceitar a retratação, que só gera efeito se houver consenso entre empregado e empregador.

b) Os empregados são obrigados a aceitá-la, uma vez que a retratação foi feita pelo empregador ainda no período do aviso prévio.

c) A retratação deve ser obrigatoriamente aceita pela parte contrária se o aviso prévio for trabalhado, e, se for indenizado, há necessidade de concordância das partes.

d) O empregador jamais poderia ter feito isso, porque a CLT não prevê a possibilidade de reconsideração de aviso prévio, que se torna irreversível a partir da concessão.

**COMENTÁRIOS**

**Nota do autor:** A questão aborda o tema do aviso prévio. Lembre-se de que o aviso prévio é proporcional ao tempo de serviço e calculado com base em 30 dias, acrescidos 3 dias na duração do aviso, até o limite de 60 dias. Assim sendo, a duração do aviso-prévio poderá ter até 90 dias (prazo mínimo de 30 dias + 60 dias do aviso proporcional).

**Alternativa "a".** *Comentário responde todas as alternativas.* A reconsideração do aviso prévio somente é possível se houver aceitação da outra parte. Portanto, somente com a concordância dos empregados Eduardo e Carlos seria possível reconsiderar o aviso no Supermercado Praiano Ltda.:

> **Art. 489, CLT** – *Dado o aviso prévio, a rescisão torna-se efetiva depois de expirado o respectivo prazo, mas, se a parte notificante reconsiderar o ato, antes de seu termo, à outra parte é facultado aceitar ou não a reconsideração.*

---

19 MENEZES, Adriana. Direito Previdenciário. Coleção Tribunais. 6ª Edição. Salvador: Juspodivm, 2016. p. 260-262.

TRABALHO

> *Parágrafo único – Caso seja aceita a reconsideração ou continuando a prestação depois de expirado o prazo, o contrato continuará a vigorar, como se o aviso prévio não tivesse sido dado.*

**Alternativa correta: letra "a".**

**110. (FGV – Exame de Ordem 2015.1)** Patrícia recebeu a comunicação de sua dispensa em 05/05/2013, e na carta constava que o aviso prévio seria trabalhado. Após 15 (quinze) dias do curso do aviso prévio, Patrícia adoeceu gravemente, entrando em gozo de benefício previdenciário de auxílio-doença por 60 (sessenta) dias. Entretanto, ao que seria o prazo final do aviso prévio, Patrícia foi dispensada e a empresa consignou as verbas rescisórias, não pagando o reajuste da data-base da categoria, ocorrida no curso do aviso prévio.

Sobre o caso apresentado, assinale a afirmativa correta.

a) Os efeitos da dispensa, no caso de concessão de auxílio-doença no curso do aviso prévio, só se concretizam depois de expirado o benefício previdenciário. Portanto, a empresa só poderia dispensar Patrícia depois disso, devendo pagar a diferença salarial decorrente do reajuste da data-base, com reflexos nas verbas rescisórias.

b) A empresa errou apenas com relação a não pagar as diferenças salariais do reajuste da data-base, pois ocorreu no curso do contrato de emprego, dada a projeção do aviso prévio. No mais, não há efeitos, já que o auxílio– doença não tem o condão de prorrogar o contrato de trabalho já terminado.

c) A empresa está correta, já que a manifestação de vontade de dispensa se deu antes do auxílio-doença e antes da data-base da categoria, logo configurado ato jurídico perfeito.

d) A dispensa fica prorrogada, mas não há alteração pecuniária, pois a comunicação da dispensa já havia ocorrido e a projeção do aviso prévio é mera ficção jurídica.

**COMENTÁRIOS**

**✪ Nota do autor:** A questão aborda o tema do aviso prévio. Lembre-se de que o aviso-prévio é um dever recíproco das partes. Quando for dado pelo empregador, na dispensa sem justa causa, há necessidade de redução na duração do trabalho, possibilitando que o trabalhador procure outro emprego. O empregado poderá optar por: a) redução de duas horas diárias; b) redução de sete dias consecutivos.

**Alternativa "a".** "A projeção do contrato de trabalho para o futuro, pela concessão do aviso prévio indenizado, tem efeitos limitados às vantagens econômicas obtidas no período de pré-aviso, ou seja, salários, reflexos e verbas rescisórias. No caso de concessão de auxílio-doença no curso do aviso prévio, todavia, só se concretizam os efeitos da dispensa depois de expirado o benefício previdenciário." (Súmula nº 371 do TST). A segunda parte da Súmula nº 371 prevê que eventual causa de suspensão, por exemplo, o auxílio-doença, cancela os efeitos da dispensa. O término vai se concretizar quando cessada a causa suspensiva. Ao retornar ao trabalho após o gozo do benefício previdenciário, será efetuado o término do contrato, não ocorrendo mais prestação de serviços pelo período restante do aviso-prévio. Em resumo, não há cumprimento do restante do aviso, o término se concretiza imediatamente após o retorno do empregado. Ademais, terá direito ao reajusta salarial da categoria conforme estabelece a CLT:

> **Art. 487, § 6º, CLT:** *O reajustamento salarial coletivo, determinado no curso do aviso prévio, beneficia o empregado pré-avisado da despedida, mesmo que tenha recebido antecipadamente os salários correspondentes ao período do aviso, que integra seu tempo de serviço para todos os efeitos legais.*

**Alternativa correta: letra "a".**

## 15. TÉRMINO DO CONTRATO DE TRABALHO

▸ Arts. 477 a 486, CLT

**✪ Nota do autor:** A Reforma Trabalhista inseriu uma nova hipótese de término do contrato de trabalho, denominada distrato. A existência de consenso entre as partes da relação de emprego é o requisito fundamental e indispensável dessa modalidade de término do contrato de trabalho. Não deixe de conferir a redação do art. 484-A da CLT.

**111. (FGV – Exame de Ordem – 2021.2)** Walmir foi empregado da sociedade empresária Lanchonete Chapa Quente Ltda., na qual atuou como atendente por um ano e três meses, sendo dispensado sem justa causa em julho de 2021.

A sociedade empresária procura você, como advogado(a), para saber o modo de pagamento dos direitos devidos a Walmir.

De acordo com o que dispõe a CLT, sabendo-se que a norma coletiva nada dispõe a respeito, assinale a afirmativa correta.

a) Uma vez que o contrato vigorou por mais de um ano, deve ser feita a homologação perante o sindicato de classe do empregado ou perante o Ministério do Trabalho.

b) O pagamento poderá ocorrer na própria empresa, pois não há mais necessidade de homologação da rescisão contratual pelo sindicato profissional ou pelo Ministério do Trabalho.

c) Não havendo discórdia sobre o valor devido a Walmir, deverá ser apresentada uma homologação de acordo extrajudicial na Justiça do Trabalho, com assinatura de advogado comum.

d) A sociedade empresária, ao optar por fazer o pagamento em suas próprias instalações, deverá obrigatoriamente depositar o valor na conta do trabalhador para ter a prova futura do adimplemento.

**COMENTÁRIOS**

**✪ Nota do autor:** A questão aborda o tema das obrigações decorrentes do término do contrato de trabalho. Lembre-se de que, de acordo com o art. 477, § 6º, da CLT, a entrega ao empregado de documentos que comprovem a comunicação da extinção contratual aos órgãos competentes bem como o pagamento dos valores constantes do instrumento de rescisão ou recibo de quitação deverão ser efetuados até dez dias contados a partir do término do contrato.

**Alternativa "a".** Entre as obrigações decorrentes da extinção do contrato de trabalho, destacava-se, antes da Reforma Trabalhista, a exigência de homologação das verbas trabalhistas. O pedido de demissão ou recibo de quitação de rescisão do contrato de trabalho, firmado por empregado com mais de um ano de serviço, só era válido quando feito com a assistência do respectivo sindicato ou perante a autoridade do Ministério do Trabalho. A Reforma Trabalhista extinguiu a necessidade de homologação da rescisão do contrato pelo sindicato ou pelo Ministério do trabalho.

**Alternativa "b".** A Reforma Trabalhista revogou o § 1º e 3º do presente artigo, que previam a homologação das verbas rescisórias para os trabalhadores com mais de um ano de serviço e passou a estabelecer apenas a necessidade de comunicação da dispensa aos órgãos competentes. Em resumo, com a Lei nº 13.467/2017, houve a extinção da solenidade de homologação das verbas trabalhistas e caberá ao próprio empregado verificar o valor das verbas rescisórias devidas.

**Alternativa "c".** O o fim da homologação das verbas rescisórias no final do contrato de trabalho possibilita celebrar acordo extrajudicial homologado pelo Poder Judiciário em processo de jurisdição voluntária, criado nos arts. 855-B a 855-E da CLT:

> **Art. 855-B a CLT.** *O processo de homologação de acordo extrajudicial terá início por petição conjunta, sendo obrigatória a representação das partes por advogado.*
>
> *§ 1º. As partes não poderão ser representadas por advogado comum.*

Note-se que esse procedimento é facultativo e não obrigatório como sugere a alternativa. Além disso, é vedada a assinatura do acordo por meio de advogado comum.

**Alternativa "d".** As regras sobre o pagamento das verbas rescisórias estão previstas no art. 477, § 4º da CLT:

> **Art. 477, § 4º, da CLT.** *O pagamento a que fizer jus o empregado será efetuado:*
>
> *I - em dinheiro, depósito bancário ou cheque visado, conforme acordem as partes; ou*
>
> *II - em dinheiro ou depósito bancário quando o empregado for analfabeto.*

Note-se, portanto, que não há exigência para que seja efeituado o pagamento mediante depósito na conta do trabalhador, sendo possível o pagamento em dinheiro ou cheque visado.

**Alternativa correta: letra "b".**

---

**112. (FGV – Exame de Ordem – 2021.2)** Suelen trabalhava na Churrascaria Boi Mal Passado Ltda. como auxiliar de cozinha, recebendo salário fixo de R$ 1.500,00 (um mil e quinhentos reais) mensais. Por encontrar- se em dificuldade financeira, Suelen pediu ao seu empregador um empréstimo de R$ 4.500,00 (quatro mil e quinhentos reais) para ser descontado em parcelas de R$ 500,00 (quinhentos reais) ao longo do tempo. Sensibilizado com a situação da empregada, a sociedade empresária fez o empréstimo solicitado, mas 1 mês após Suelen pediu demissão, sem ter pago qualquer parcela do empréstimo. Considerando a situação de fato, a previsão da CLT e que a empresa elaborará o termo de rescisão do contrato de trabalho (TRCT), assinale a afirmativa correta.

a) A sociedade empresária poderá descontar todo o resíduo do empréstimo do TRCT.

b) A sociedade empresária poderá, no máximo, descontar no TRCT o valor de R$ 1.500,00 (um mil e quinhentos reais).

c) Não pode haver qualquer desconto no TRCT, porque o empréstimo tem a natureza de contrato civil, de modo que a sociedade empresária deverá cobrá-lo na justiça comum.

d) Por Lei, a sociedade empresária tem direito de descontar no TRCT o dobro da remuneração do empregado por eventual dívida dele.

**COMENTÁRIOS**

**Nota do autor:** A questão aborda o tema das obrigações decorrentes do término do contrato de trabalho. A anotação da extinção do contrato na Carteira de Trabalho e Previdência Social é documento hábil para requerer o benefício do seguro-desemprego e a movimentação da conta vinculada no Fundo de Garantia do Tempo de Serviço, nas hipóteses legais, desde que a comunicação aos órgãos responsáveis tenha sido realizada.

**Alternativa "a".** "Qualquer compensação no pagamento de que trata o parágrafo anterior não poderá exceder o equivalente a um mês de remuneração do empregado." (art. 477, § 5º, da CLT). Não se admite a compensação superior a um mês e remuneração do empregado. Assim, não é possível o desconto do valor de R$ 4.500,00 do empréstimo no TRCT.

**Alternativa "b".** "Qualquer compensação no pagamento de que trata o parágrafo anterior não poderá exceder o equivalente a um mês de remuneração do empregado." (art. 477, § 5º, da CLT). De acordo com o dispositivo da CLT, somente é possível a compensação dos valores recebidos das verbas rescisórias até o limite equivalente a um mês de remuneração do empregado, portanto, até R$ 1.500,00. A alternativa está correta.

**Alternativa "c".** O tema da competência para cobrança dos valores decorrentes do empréstimo tomado pelo trabalhador é polêmico. Entendemos que será competente a Justiça Comum para a exigência dos valores que ultrapassarem os R$ 1.500,00 que forem descontados do TRCT da empregada.

**Alternativa "d".** Não há essa previsão em lei de desconto em dobro, mas justamente o desconto do valor de uma remuneração do empregado.

**Alternativa correta: letra "b"**

---

**113. (FGV – Exame de Ordem/2018.3)** Gilda e Renan são empregados da sociedade empresária Alfa Calçados Ltda. há 8 meses, mas, em razão da crise econômica no setor, o empregador resolveu dispensá-los em outubro de 2018. Nesse sentido, concedeu aviso prévio indenizado de 30 dias a Gilda e aviso prévio trabalhado de 30 dias a Renan.

Em relação ao prazo máximo, previsto na CLT, para pagamento das verbas devidas pela extinção, assinale a afirmativa correta.

a) Ambos os empregados receberão em até 10 dias contados do término do aviso prévio.

b) Gilda receberá até o 10° dia do término do aviso e Renan, até o 1° dia útil seguinte ao término do aviso prévio.

c) Gilda e Renan receberão seus créditos em até 10 dias contados da concessão do aviso prévio.

d) Gilda receberá até o 1° dia útil seguinte ao término do aviso prévio e Renan, até o 10° dia do término do aviso.

**COMENTÁRIOS**

**Nota do autor:** A questão aborda o tema do término do contrato de trabalho. Lembre-se de que, entre as obrigações decorrentes da extinção do contrato de trabalho, destacava-se, antes da Reforma Trabalhista, a exigência de homologação das verbas trabalhistas. O pedido de demissão ou recibo de quitação de rescisão do contrato de trabalho, firmado por empregado com mais de um ano de serviço, só era válido quando feito com a assistência do respectivo sindicato ou perante a autoridade do Ministério do Trabalho. A Reforma Trabalhista revogou o § 1º e 3º do art. 477 da CLT, que previam a homologação das verbas rescisórias para os trabalhadores com mais de um ano de serviço e passou a estabelecer apenas a necessidade de comunicação da dispensa aos órgãos competentes.

**Alternativa "a".** *Comentário serve para as demais alternativas, pois versam sobre o mesmo assunto.* A antiga redação do § 6º do artigo em comento estabelecia dois prazos distintos para o pagamento. O prazo para o pagamento das verbas rescisórias, que deveria ser realizado até:

**1)** o 1º dia útil imediato ao término do contrato nas hipóteses de aviso-prévio trabalhado ou contrato por prazo determinado.

**2)** o décimo dia, contado da data em que o empregado foi informado da dispensa, nas hipóteses de aviso-prévio indenizado, dispensa por justa causa ou no caso de o empregado

TRABALHO

que pede demissão ser liberado do cumprimento do aviso-prévio.

Com a Reforma Trabalhista, o prazo foi unificado para 10 dias contados a partir do término do contrato de trabalho, devendo o empregador dentro desse período:

1) realizar a entrega ao empregado de documentos, que comprovem a comunicação da extinção do contrato de trabalho aos órgãos competentes; e
2) efetuar o pagamento dos valores constantes do instrumento de rescisão ou recibo de quitação.

A unificação dos prazos assegura maior segurança jurídica ao empregador, pois não há diferença no tratamento em relação à modalidade de extinção do contrato de trabalho, devendo ser realizado dentro do prazo de 10 dias contados do término do contrato de trabalho. Lembre-se de que o contrato de trabalho somente se extingue após o transcurso do prazo do aviso prévio, seja ele trabalhado ou indenizado.

**Alternativa correta: "a".**

---

**114. (FGV – Exame de Ordem 2017.2)** João era proprietário de uma padaria em uma rua movimentada do centro da cidade. Em razão de obras municipais, a referida rua foi interditada para veículos e pedestres. Por conta disso, dada a ausência de movimento, João foi obrigado a extinguir seu estabelecimento comercial, implicando a paralisação definitiva do trabalho.

Acerca da indenização dos empregados pela extinção da empresa, à luz da CLT, assinale a afirmativa correta.

a) Caberá indenização ao empregado, a ser paga pelo Município.
b) Caberá indenização ao empregado, a ser paga pela União.
c) Caberá indenização ao empregado, a ser paga pelo empregador, sem possibilidade de ressarcimento.
d) Tratando-se de motivo de força maior, não há pagamento de indenização.

**COMENTÁRIOS**

✪ **Nota do autor:** A questão exigia que o candidato identificasse qual o tipo de término do contrato de trabalho ocorrido no caso concreto. Identificando se tratar de fato do príncipe, bastava o conhecimento do art. 486 da CLT.

**Alternativa "a".** *Comentário serve para as demais alternativas, uma vez que versam sobre o mesmo assunto.* Ocorre fato do príncipe quando a Administração Pública é a responsável pela paralisação empresarial, nos termos do art. 486 da CLT. Nesse caso, o ente estatal será o responsável pelo pagamento das verbas trabalhistas provenientes da ruptura do contrato (aviso-prévio e indenização do FGTS). A diferença está presente no responsável pelo pagamento de cada parcela:

**a) Parcelas pagas pelo empregador:**

- Saldo de salário (dias efetivamente trabalhados);
- Décimo terceiro salário proporcional;
- Férias + 1/3 vencidas, se houver;
- Férias + 1/3 proporcionais;
- Saque dos depósitos do FGTS;
- Direito ao benefício do seguro-desemprego, desde que atenda aos requisitos próprios estabelecidos na legislação previdenciária.

**b) Parcelas pagas pelo Estado:**

- Aviso-prévio;
- Indenização de 40% sobre os depósitos do FGTS.

**Alternativa correta: letra "a".**

**115. (FGV – Exame de Ordem 2016.3)** O empregado Júlio foi vítima de um assalto, fora do local de trabalho, sem qualquer relação com a prestação das suas atividades, sendo baleado e vindo a falecer logo após. O empregado deixou viúva e quatro filhos, sendo dois menores impúberes e dois maiores e capazes.

Dos direitos abaixo listados, indique aquele que não é devido pela empresa e, de acordo com a lei de regência, a quem a empresa deve pagar os valores devidos ao falecido.

a) A indenização de 40% sobre o FGTS não é devida e os valores devidos ao falecido serão pagos aos dependentes habilitados perante a Previdência Social.
b) As férias proporcionais não são devidas e os valores devidos ao falecido serão pagos aos herdeiros.
c) O aviso prévio não é devido e os valores devidos ao falecido serão pagos aos herdeiros.
d) O 13° salário proporcional não é devido e os valores devidos ao falecido serão pagos aos dependentes habilitados perante a Previdência Social.

**COMENTÁRIOS**

✪ **Nota do autor:** A questão aborda o tema do término do contrato de trabalho. Ademais, apresenta elevado grau de dificuldade, uma vez que exigia o conhecimento de legislação específica acerca do assunto.

**Alternativa "a".** *Comentário serve para as demais alternativas, pois versam sobre o mesmo assunto.* "Os valores devidos pelos empregadores aos empregados e os montantes das contas individuais do Fundo de Garantia do Tempo de Serviço e do Fundo de Participação PIS-PASEP, não recebidos em vida pelos respectivos titulares, serão pagos, em quotas iguais, aos dependentes habilitados perante a Previdência Social ou na forma da legislação específica dos servidores civis e militares, e, na sua falta, aos sucessores previstos na lei civil, indicados em alvará judicial, independentemente de inventário ou arrolamento." (art. 1º, Lei nº 6.858/1980). Portanto, os valores devem ser pagos aos habilitados perante a Previdência Social. Ressalta-se que a multa de 40% sobre os depósitos do FGTS não é devida, pois o empregador não teve culpa no evento que ocasionou a extinção do contrato de trabalho.

**Alternativa correta: letra "a".**

## 15.1. TÉRMINO DO CONTRATO DE TRABALHO – RESILIÇÃO

---

**116. (FGV – Exame de Ordem 2018.1)** Ferdinando trabalha na sociedade empresária Alfa S.A. há 4 anos, mas anda desestimulado com o emprego e deseja dar um novo rumo à sua vida, retornando, em tempo integral, aos estudos para tentar uma outra carreira profissional. Imbuído desta intenção, Ferdinando procurou seu chefe, em 08/03/2018, e apresentou uma proposta para, de comum acordo, ser dispensado da empresa, com formulação de um distrato.

Diante do caso apresentado e dos termos da CLT, assinale a afirmativa correta.

a) A realização da extinção contratual por vontade mútua é viável, mas a indenização será reduzida pela metade e o empregado não receberá seguro desemprego.
b) A ruptura contratual por consenso pode ser feita, mas depende de homologação judicial ou do sindicato de classe do empregado.

c) O contrato não pode ser extinto por acordo entre as partes, já que falta previsão legal para tanto, cabendo ao empregado pedir demissão ou o empregador o dispensar sem justa causa.

d) O caso pode ser considerado desídia por parte do empregado, gerando então a dispensa por justa causa, sem direito a qualquer indenização.

COMENTÁRIOS

✪ **Nota do autor:** A questão aborda o tema distrato, que recebeu previsão com o advento da Lei nº 13.467/2017 (Reforma Trabalhista). A resilição bilateral (distrato) compreende o acordo entre as partes contratantes que colocam fim ao contrato de trabalho[20]. Antes da Reforma Trabalhista não se admitia o distrato, cabendo aos empregados apresentar pedido de demissão ou aos empregadores realizar a dispensa sem justa causa.

**Alternativa "a":** *Comentário serve para as demais alternati vas, uma vez que versam sobre o mesmo assunto.* Conforme se depreende da leitura da alternativa, será possível a resilição bilateral (distrato). A Lei nº 13.467/2017 passou a admitir o distrato como forma de término do contrato de trabalho, o que deve prevenir o cometimento dessas fraudes na relação de trabalho. A regulamentação do distrato com o estabelecimento permite que as partes da relação de emprego tenham conhecimento dos limites para adoção dessa modalidade de extinção contratual.

A existência de consenso entre as partes da relação de emprego é o requisito fundamental e indispensável dessa modalidade de término do contrato de trabalho. A ausência de acordo ou o vício na manifestação de vontade dos trabalhadores inviabiliza o distrato e obriga o reconhecimento da dispensa sem justa causa.

Na hipótese de celebração de distrato, os trabalhadores terão direito ao recebimento das seguintes verbas rescisórias:

- 50% do aviso prévio, se for indenizado. Na hipótese de aviso prévio trabalhado, terá direito ao recebimento de seu valor integral.
- 20% de multa sobre os depósitos do FGTS;
- Saldo de salário (dias efetivamente trabalhadores);
- Décimo terceiro salário proporcional;
- Férias + 1/3 vencidas, se houver;
- Férias + 1/3 proporcionais;

De acordo com o § 2º do art. 484-A da CLT, o empregado que celebra distrato para extinguir seu contrato de trabalho não tem direito ao recebimento de seguro-desemprego. Tendo em vista que esse benefício é voltado para o desemprego involuntário e que o empregado concordou com o término do contrato de trabalho, não tem direito ao recebimento de seguro-desemprego.

**Alternativa correta: letra "a".**

## 15.2. TÉRMINO DO CONTRATO DE TRABALHO – DEMISSÃO

**117. (Exame de Ordem 2011.2 – FGV)** A respeito do pagamento das verbas rescisórias, assinale a alternativa correta.

a) No caso de pedido de demissão em contrato por prazo indeterminado, o prazo para pagamento das verbas rescisórias é de 10 dias contados da data da notificação da demissão, quando dispensado o empregado do cumprimento do aviso prévio pelo empregador.

b) O empregador que descumpre o prazo de pagamento das verbas rescisórias deverá pagá-las posteriormente acrescidas de 50% de multa, nos termos do artigo 467 da Consolidação das Leis do Trabalho.

c) O pagamento das verbas rescisórias ocorrerá no primeiro dia útil imediato ao término do contrato de trabalho quando o empregador indenizar o aviso prévio.

d) As verbas rescisórias devidas após decurso normal de prazo de contrato a termo deverão ser pagas até o décimo dia contado do término, em face da inexistência do aviso prévio.

COMENTÁRIOS

✪ **Nota do autor:** A questão aborda os prazos para pagamento das verbas rescisórias e as consequências do pagamento fora do prazo previsto em lei. A inserção da questão nesse tópico justifica-se pelo fato de que a alternativa correta versa sobre a demissão do empregado.

**Alternativa "a".** *Comentário serve para as demais alternativas, uma vez que versam sobre o mesmo assunto.* Quando o empregado pede demissão e é dispensado do cumprimento do aviso-prévio, o empregador terá 10 dias para o pagamento das verbas rescisórias.

De acordo com a antiga redação do art. 477, § 6º da CLT, existiam dois prazos diferentes para o pagamento das verbas rescisórias:

- Até o primeiro dia útil após o término do contrato, em caso de cumprimento de aviso prévio.
- Até o décimo dia após o termino do contrato, em caso de ausência do aviso prévio, indenização do mesmo ou dispensa de seu cumprimento.

Com a **Reforma Trabalhista**, o prazo foi unificado para 10 dias contados a partir do término do contrato de trabalho, devendo o empregador dentro desse período:

a) realizar a entrega ao empregado de documentos, que comprovem a comunicação da extinção do contrato de trabalho aos órgãos competentes; e

b) efetuar o pagamento dos valores constantes do instrumento de rescisão ou recibo de quitação.

Assim, com a Reforma Trabalhista, não mais discussão acerca do prazo para pagamento das verbas rescisórias.

**Alternativa correta: letra "a".**

## 15.3. PLANO DE INCENTIVO À DEMISSÃO VOLUNTÁRIA (PIDV)

**118. (FGV-Exame de Ordem 2019.2)** A sociedade empresária Ômega Ltda. deseja reduzir em 20% o seu quadro de pessoal, motivo pelo qual realizou um acordo coletivo com o sindicato de classe dos seus empregados, prevendo um Programa de Demissão Incentivada (PDI), com vantagens econômicas para aqueles que a ele aderissem.

Gilberto, empregado da empresa havia 15 anos, aderiu ao referido Programa em 12/10/2018, recebeu a indenização prometida sem fazer qualquer ressalva e, três meses depois, ajuizou reclamação trabalhista contra o ex- empregador. Diante da situação apresentada e dos termos da CLT, assinale a afirmativa correta.

a) A adesão ao Programa de Demissão Incentivada (PDI) não impede a busca, com sucesso, por direitos lesados.

TRABALHO

20 CASSAR, Vólia Bomfim. Direito do Trabalho. 11ª Edição. Rio de Janeiro: Forense, 2015. p. 1.019.

b) A quitação plena e irrevogável pela adesão ao Programa de Demissão Incentivada (PDI) somente ocorreria se isso fosse acertado em convenção coletiva, mas não em acordo coletivo.

c) O empregado não terá sucesso na ação, pois conferiu quitação plena.

d) A demanda não terá sucesso, exceto se Gilberto previamente devolver em juízo o valor recebido pela adesão ao Programa de Demissão Incentivada (PDI).

COMENTÁRIOS

✪ **Nota do autor:** A questão aborda o tema do Programa de Demissão Voluntária. O objetivo da Lei nº 13.467/2017 foi trazer "segurança" ao empregador. Com a quitação plena e irrevogável dos direitos decorrentes da relação de emprego, o legislador pretendeu evitar ações judiciais questionando verbas inadimplidas (horas extras, por exemplo). Da forma como consta no novo dispositivo, não será possível discutir judicialmente a menos que seja demonstrada a presença de vício no consentimento ou fraude na elaboração do PDV.

**Alternativa "c".** *Comentário serve para as demais alternativas, uma vez que versam sobre o mesmo assunto.* De acordo com a redação do novo art. 477-B da CLT, o plano de demissão voluntária ou incentivada, para dispensa individual, plúrima ou coletiva, enseja a quitação plena e irrevogável dos direitos da relação de emprego **desde que previsto em convenção coletiva ou acordo coletivo de trabalho**:

> **Art. 477-B, CLT** *(acrescentado pela Lei nº 13.467/2017). Plano de Demissão Voluntária ou Incentivada, para dispensa individual, plúrima ou coletiva, previsto em convenção coletiva ou acordo coletivo de trabalho, enseja quitação plena e irrevogável dos direitos decorrentes da relação empregatícia, salvo disposição em contrário estipulada entre as partes.*

Trata-se de mais um artigo que enfatiza a força dos instrumentos coletivos de trabalho. Essa previsão em acordo ou convenção coletiva de trabalho poderá levar à renúncia de direitos trabalhistas pelo empregado caso aceitem a adesão ao PDV. Dessa forma, por ter aderido ao PDV previsto em acordo coletivo do trabalho, Gilberto deu quitação plena e irrevogável dos direitos da relação de emprego.

**Alternativa correta: letra "c".**

## 15.4. DISPENSA OU DESPEDIDA SEM JUSTA CAUSA

**119. (Exame de Ordem 2012.1 – FGV)** O trabalhador José foi dispensado, sem justa causa, em 01/06/2011, quando percebia o salário mensal de R$ 800,00 (oitocentos reais). Quando da homologação de sua rescisão, o sindicato de sua categoria profissional determinou à empresa o refazimento do termo de quitação, sob o fundamento de que o empregador compensou a maior, no pagamento que pretendia efetuar, a quantia de R$ 1.200,00 (hum mil e duzentos reais), correspondente a um empréstimo concedido pela empresa ao trabalhador no mês anterior. Diante do exposto, assinale a alternativa correta.

a) O sindicato agiu corretamente. A compensação não pode ser feita no valor fixado, devendo se limitar ao valor de R$ 800,00 (oitocentos reais), o que importa na necessidade de refazimento do termo de quitação, para o ajuste.

b) O sindicato agiu corretamente. A compensação não pode ser feita no valor fixado, devendo se limitar ao equivalente a 50% (cinquenta por cento) de um mês de remuneração do empregado, devendo o termo ser refeito para o ajuste.

c) O sindicato agiu incorretamente. A compensação pode ser feita no valor fixado.

d) O sindicato agiu incorretamente. A compensação pode ser feita em qualquer valor, inexistindo limite legalmente fixado.

COMENTÁRIOS

**Alternativa "a".** Conforme interpretação do artigo 477, §5º, da CLT, o sindicato da categoria agiu corretamente, uma vez que é expressa a proibição de desconto superior a 1 (um) mês de remuneração do empregado.

**Alternativa "b".** O artigo 477, §5º, da CLT é expresso ao limitar eventuais descontos a um salário do trabalhador, não havendo que se falar na limitação de 50% disposta na questão.

Note-se que, com o advento da Reforma Trabalhista, não há que se falar em homologação das verbas trabalhistas. A Reforma Trabalhista revogou o § 1º e 3º do art. 477 da CLT, que previam a homologação das verbas rescisórias para os trabalhadores com mais de um ano de serviço e passou a estabelecer apenas a necessidade de comunicação das dispensas aos órgãos competentes.

**Alternativas "c".** Com base no mesmo fundamento do artigo 477, §5º, da CLT a compensação de fato não poderia ter sido fixada no valor do problema (R$ 1.200,00), pois, esse dispositivo estabelece que qualquer compensação não poderá exceder o equivalente a 1 (um) mês de remuneração, no caso, R$ 800,00.

**Alternativa "d".** A assertiva, como visto está incorreta, porque não poderia ultrapassar o valor equivalente a um mês de remuneração, conforme art. 477 da CLT. Aliás, a compensação somente poderá ocorrer se as obrigações forem de caráter trabalhista, ou seja, adiantamentos feitos pelo empregador ao empregado etc. Não cabe compensação se a dívida do trabalhador é estranha à relação de emprego como, no caso de o empregador ser fiador, avalista do empregado. Nesse sentido, prevê a Súmula n. 18 do TST: "A compensação, na Justiça do Trabalho, está restrita a dívidas de natureza trabalhista".

**Alternativa correta: letra "a".**

## 15.5. DISPENSA EM MASSA

✪ **Nota do autor:** A dispensa em massa deve ser encarada em três momentos distintos:

I) Antes da Reforma Trabalhista, o TST havia entendimento de que havia necessidade de prévia negociação coletiva para a dispensa em massa.

II) Com a Reforma Trabalhista, houve a equiparação entre todas as formas de dispensa, sejas elas individuais, plúrimas ou coletivas.

III) Conforme **tema 638 da Repercussão Geral do STF (2022)**, a validade das dispensas em massa depende da participação do sindicato dos empregados nesse processo, mas não de sua autorização ou da celebração de acordo ou convenção coletiva de trabalho.

Para mais informações, consulte o capítulo de dicas.

**120. (FGV-Exame de Ordem 2019.1)** A sociedade empresária Beta Ltda. está passando por grave crise econômica e financeira e, em razão disso, resolveu reduzir drasticamente suas atividades, encerrando unidades e terceirizando grande parte dos seus serviços. Por conta disso, a empresa, que possuía 500 empregados, dispensou 450 deles no dia 23 de janeiro de 2018.

Diante do caso apresentado e dos preceitos da CLT, assinale a afirmativa correta.

a) Trata-se de dispensa em massa, sendo nula porque não autorizada em norma coletiva.

b) Equivocou-se a empresa, porque para realizar a dispensa coletiva ela é obrigada a oferecer antes adesão ao Programa de Demissão Voluntária (PDV).

c) A ordem de antiguidade obrigatoriamente deve ser respeitada, pelo que os 50 empregados mais antigos não poderão ser dispensados.

d) A dispensa ocorreu validamente, pois a dispensa coletiva é equiparada à dispensa individual.

**COMENTÁRIOS**

**Nota do autor:** A questão aborda o tema da dispensa em massa. A resilição é uma das hipóteses de término do contrato de trabalho e consiste na manifestação unilateral ou bilateral imotivada que coloca fim ao contrato de trabalho. A resilição unilateral sempre foi admitida pelo ordenamento jurídico brasileiro e compreende as hipóteses de demissão e da dispensa sem justa causa. Admite-se a livre resilição, pois ninguém é obrigado a manter-se vinculado permanentemente. Trata-se de direito potestativo de empregados e empregadores. O empregador tem o direito de terminar o contrato de trabalho unilateral, independentemente da manifestação de vontade do trabalhador, hipótese que configura a dispensa sem justa causa. Salvo nos casos de garantia provisória de emprego (gestante, membro da Cipa etc.), o empregado não poderá se opor a essa decisão.

**Alternativa "a":** A dispensa em massa configura-se pela dispensa de um elevado número de trabalhadores. Cabe ressaltar que não há na doutrina e na jurisprudência trabalhista um valor objetivo que estabelece o número de trabalhadores dispensados para se configurar a dispensa em massa. No entanto, tendo em vista que, no caso apresentado em prova, 450 trabalhadores foram dispensados de um total de 500 empregados, está configurada a dispensa em massa.

Antes da Reforma Trabalhista, o TST tinha o entendimento de que era necessária prévia negociação coletiva para a ocorrência da dispensa em massa. Cumpre ressaltar que a ausência de negociação coletiva prévia, nesse caso, garantia a reintegração dos empregados dispensados. Com a Reforma Trabalhista, reconheceu-se que o empregador tem o direito potestativo de dispensar seus empregados independentemente da modalidade de término, seja ela individual, plúrima ou coletiva. Portanto, todas seriam iguais. Dessa forma, exclui-se expressamente a necessidade de negociação coletiva prévia e do estabelecimento de acordo ou convenção coletiva de trabalho para a dispensa em massa.

Contudo, conforme tese fixada pelo STF no Tema 638 da Repercussão Geral (2022), a **validade** das dispensas em massa depende da participação do sindicato dos empregados nesse processo, mas não de sua autorização ou da celebração de acordo ou convenção coletiva de trabalho. Mesmo com tese fixada pelo STF, a assertiva continua incorreta, pois, conforme explicado pelo Ministro Dias Toffoli em seu voto, a necessidade de negociação com o sindicato da categoria profissional não se trata de um pedido de autorização por parte da empresa, mas da necessidade de envolver a entidade coletiva no processo de dispensa igualmente coletivo e, talvez, encontrar alternativas que preservem empregos, que evitem a aplicação de multa e que contribuam para a recuperação e o crescimento econômico e social do país, valorizando o trabalhado e o trabalhador, fazendo valer a função social da empresa.

**Alternativa "b":** Não há na legislação ou na jurisprudência previsão que determina a adesão ao Programa de Demissão Voluntária para a ocorrência da dispensa em massa.

**Alternativa "c":** Igualmente, não há previsão legal ou jurisprudencial para a preservação dos empregados mais antigos, que poderão ser dispensados.

**Alternativa "d":** Na época em que prova foi aplicada, a assertiva estava correta, pois, nos termos do art. 477-A da CLT, "As dispensas imotivadas individuais, plúrimas ou coletivas equiparam-se para todos os fins, não havendo necessidade de autorização prévia de entidade sindical ou de celebração de convenção coletiva ou acordo coletivo de trabalho para sua efetivação." Atualmente, poderíamos argumentar que a dispensa não foi válida, pois não houve a participação do sindicato da categoria profissional nesse processo. Isso porque, conforme a tese fixada pelo STF no julgamento do Tema 638 da Repercussão Geral (2022), a **validade** das dispensas em massa depende da participação do sindicato dos empregados nesse processo, mas não de sua autorização ou da celebração de acordo ou convenção coletiva de trabalho.

**Alternativa correta na data de aplicação da prova: letra "d" (atualmente incorreta).**

## 15.6. DISPENSA POR JUSTA CAUSA

**Nota do autor:** A Reforma Trabalhista inseriu uma nova hipótese ao art. 482 da CLT, que consiste na perda de habilitação ou dos requisitos para o exercício da profissão, em razão da conduta dolosa do empregador.

---

**121. (FGV-Exame de Ordem 2019.1)** Gerson Filho é motorista rodoviário e trabalha na sociedade empresária Viação Canela de Ouro Ltda. No dia 20 de agosto de 2018, ele se envolveu em grave acidente automobilístico, sendo, ao final da investigação, verificado que Gerson foi o responsável pelo sinistro, tendo atuado com dolo no evento danoso. Em razão disso, teve a perda da sua habilitação determinada pela autoridade competente.

O empregador procura você, como advogado(a), afirmando que não há vaga disponível para Gerson em outra atividade na empresa e desejando saber o que deverá fazer para solucionar a questão da maneira mais econômica e em obediência às normas de regência.

Diante desta situação e dos termos da CLT, assinale a afirmativa correta.

a) O contrato de Gerson deverá ser suspenso.

b) O empregador deverá interromper o contrato de Gerson.

c) O contrato do empregado deverá ser rompido por justa causa.

d) A empresa deverá dispensar Gerson sem justa causa.

**COMENTÁRIOS**

**Nota do autor:** A questão aborda o tema do término do contrato de trabalho. Lembre-se de que a Reforma Trabalhista passou a regulamentar a eficácia da adesão ao Plano de Demissão Voluntária (PDV). O PDV tem por objetivo conceder uma vantagem pecuniária ao empregado que se desligar do trabalho voluntariamente. É utilizado para reduzir os quadros da empresa e também para colocar fim ao contrato de trabalho. De acordo com a redação do novo dispositivo em análise, o plano de demissão voluntária ou incentivada, para dispensa individual, plúrima ou coletiva, enseja a quitação plena e irrevogável dos direitos da relação de emprego, desde que previstos em convenção coletiva ou acordo coletivo de trabalho.

**Alternativa "c":** *Comentário serve para as demais alternativas, pois versam sobre o mesmo assunto.* A dispensa por justa causa é hipótese de resolução do contrato de trabalho. Na resolução, o contrato é extinto em razão do ato faltoso de uma das partes. Assim sendo, por motivo de falta praticada pelo empregado (dispensa por justa causa), ou pelo empregador (rescisão indireta) ou por ambas (culpa recíproca), ocorrerá o fim do contrato de trabalho. Nesse sentido, a Reforma Trabalhista acrescentou nova hipótese de dispensa por justa causa do empregado:

> **Art. 482 da CLT.** *Constituem justa causa para rescisão do contrato de trabalho pelo empregador:*
>
> *m) perda da habilitação ou dos requisitos estabelecidos em lei para o exercício da profissão, em decorrência de conduta dolosa do empregado.*

O dispositivo traz a hipótese do empregado cuja profissão exige o preenchimento de determinados requisitos legais ou habilitação para seu exercício. Caso esse empregado venha a perder a habilitação ou o requisito legal exigido, por conduta dolosa, haverá hipótese de justa causa para a dispensa do trabalhador.

É interessante destacar que, caso a perda da habilitação e dos requisitos legais decorra de conduta culposa ou por força maior, a legislação não autoriza a dispensa por justa causa do empregado, que poderá ter o contrato extinto caso dispensado sem justa causa, com o pagamento de todas as verbas rescisórias devidas nessa modalidade de término do contrato de trabalho.

Note-se que Gerson Filho perdeu sua habilitação para o exercício da profissão de motorista rodoviário por conduta dolosa. Nesse caso, poderá ser dispensado por justa causa por se enquadrar no art. 482, "m", da CLT.

**Alternativa correta: letra "c".**

## 15.7. RESCISÃO INDIRETA

**122. (FGV – Exame de Ordem 2016.3)** Plínio é empregado da empresa Vigilância e Segurança Ltda., a qual não lhe paga salário há dois meses e não lhe fornece vale transporte há cinco meses. Plínio não tem mais condições de ir ao trabalho e não consegue prover seu sustento e de sua família.

Na qualidade de advogado(a) de Plínio, de acordo com a CLT, assinale a opção que melhor atende aos interesses do seu cliente.

a) Propor uma ação trabalhista pedindo a rescisão indireta em razão do descumprimento do contrato por não concessão do vale transporte, podendo permanecer, ou não, no serviço até decisão do processo.

b) Propor uma ação trabalhista pedindo a rescisão indireta em razão do descumprimento do contrato por mora salarial.

c) Propor uma ação trabalhista pedindo a rescisão indireta em razão do descumprimento do contrato por não concessão do vale transporte, mas deverá continuar trabalhando até a data da sentença.

d) Propor uma ação trabalhista pedindo as parcelas decorrentes da ruptura contratual por pedido de demissão, além do vale transporte e salários atrasados e indenização por dano moral, mas seu cliente deve pedir demissão.

**COMENTÁRIOS**

✪ **Nota do autor:** A questão aborda o tema da rescisão indireta. Em razão da conduta do empregador, é permitido ao trabalhador colocar fim ao contrato de trabalho como se houvesse dispensa sem justa causa. A rescisão indireta é chamada, também, de justa causa patronal.

**Alternativa "a".** Essa questão deveria ser anulada, pois as alternativas "a" e "b" estão corretas. *Comentário serve para as demais alternativas, pois versam sobre o mesmo assunto.* "O empregado poderá considerar rescindido o contrato e pleitear a devida indenização quando: não cumprir o empregador as obrigações do contrato."(art. 483, "d", CLT). O descumprimento das obrigações do contrato deve ser interpretado de forma ampla, pois o empregador, quando descumpre a legislação trabalhista, acordos e convenções coletivas, possibilita que o empregado peça rescisão indireta. Dessa forma, o atraso no pagamento dos salários e do vale-transporte justifica a rescisão indireta do contrato de trabalho. Havia o posicionamento antigo da jurisprudência trabalhista que exigia o prazo de 3 meses no atraso dos salários para a declaração da mora salarial. Esse posicionamento está superado e o atraso em 1 mês nos salários justifica a rescisão indireta por mora salarial.

Há duas situações, expressamente previstas na CLT, que possibilitam que o trabalhador permaneça prestando serviços até que seja declarada judicialmente a rescisão indireta:

**a)** quando o empregador descumprir as obrigações contratuais;

**b)** quando houver redução do trabalho por peça ou tarefa.

Assim, cabe ao empregado escolher se aguarda o julgamento da reclamação trabalhista ou se as atividades devem ser cessadas.

**Alternativa correta: letra "a".**

## 15.8. CULPA RECÍPROCA

- Art. 484, CLT
- Súmula n. 14 do TST

**123. (FGV – X Exame Unificado da Ordem dos Advogados do Brasil – 2013.1)** Em determinada reclamação trabalhista o juiz, à luz das provas produzidas, considera que a natureza jurídica da extinção contratual foi culpa recíproca (de ambas as partes).

Para a hipótese, as alternativas a seguir apresentam direitos deferidos ao trabalhador, à exceção de uma. Assinale-a.

a) Metade do aviso prévio.

b) Metade do 13° salário proporcional.

c) Seguro desemprego.

d) Indenização de 20% sobre o FGTS.

**COMENTÁRIOS**

✪ **Nota do autor:** A questão aborda o tema da culpa recíproca. Ademais, exige-se o conhecimento acerca de quais são as verbas devidas em caso de resolução do contrato de trabalho por culpa recíproca.

As verbas devidas na culpa recíproca não se confundem com aquelas devidas no distrato. Na hipótese de celebração de distrato, os trabalhadores terão direito ao recebimento das seguintes verbas rescisórias:

- 50% do aviso prévio, se for indenizado. Na hipótese de aviso prévio trabalhado, terá direito ao recebimento de seu valor integral.
- 20% de multa sobre os depósitos do FGTS;
- Saldo de salário (dias efetivamente trabalhadores);
- Décimo terceiro salário proporcional;
- Férias + 1/3 vencidas, se houver;
- Férias + 1/3 proporcionais;

Note-se, portanto, que o distrato não gera os mesmos efeitos econômicos do reconhecimento judicial da culpa recíproca, hipótese de término do contrato de trabalho em razão da prática de faltas graves concomitantes (ao mesmo tempo) entre empregado e empregador. Enquanto na culpa recíproca o empregado tem direito aos 50% do aviso, do décimo terceiro e das férias proporcionais e 20% de indenização sobre o FGTS, no distrato a redução pela **metade** abrange somente o aviso prévio **indenizado** e a indenização sobre o FGTS.

**Alternativa "a".** "Reconhecida a culpa recíproca na rescisão do contrato de trabalho (art. 484 da CLT), o empregado tem direito a **50% (cinquenta por cento) do valor do aviso prévio, do décimo terceiro salário** e das férias proporcionais" (Súmula nº 14 do TST – grifos acrescidos).

**Alternativa "b".** Como visto na alternativa "a", será devido metade do valor do 13º salário proporcional.

**Alternativa "c".** Só terá direito ao seguro-desemprego o empregado que for dispensado sem justa causa (ou em caso de rescisão indireta), em conformidade com a Lei nº 7.998/90:

> **Art. 2º** *O Programa de Seguro-Desemprego tem por finalidade:*
>
> *I – prover assistência financeira temporária ao trabalhador desempregado em virtude de dispensa sem justa causa, inclusive a indireta, e ao trabalhador comprovadamente resgatado de regime de trabalho forçado ou da condição análoga à de escravo;*
>
> *II – auxiliar os trabalhadores na busca ou preservação do emprego, promovendo, para tanto, ações integradas de orientação, recolocação e qualificação profissional. (grifos acrescidos)*

**Alternativa "d".** "Quando ocorrer despedida por culpa recíproca ou força maior, reconhecida pela Justiça do Trabalho, o percentual de que trata o § 1º [multa fundiária] será de **20 (vinte) por cento**" (art. 18, § 2º, Lei nº 8.036/90).

**Alternativa correta: letra "c".**

## 15.9. DISPENSA DISCRIMINATÓRIA

**124. (FGV – Exame de Ordem 2014.3)** Paulo, empregado de uma empresa siderúrgica, é portador do vírus HIV. Tomando conhecimento dessa notícia, o empregador o dispensou imotivadamente e pagou todas as verbas rescisórias. No momento da dispensa, o chefe de Paulo afirmou que a dispensa somente ocorreu em razão de sua doença, apesar de ser um excelente profissional. Paulo, inconformado, ajuizou ação trabalhista para resguardar o seu direito.

No caso, se o pedido for julgado procedente, Paulo tem direito a

a) ser reintegrado.

b) ser readmitido.

c) receber apenas os salários do período de afastamento.

d) receber apenas indenização por dano moral.

**COMENTÁRIOS**

✪ **Nota do autor:** A questão aborda o tema da dispensa discriminatória. Para respondê-la era necessário o conhecimento da Súmula nº 443 do TST. Vale ressaltar que, nos termos dos arts. 2º e 6º da Lei nº 14.289/2022, caso essa dispensa discriminatória exponha a condição de pessoa que vive com infecção pelos vírus da imunodeficiência humana (HIV) em seu local de trabalho, o empregador, responsável por manter sigilo sobre essa condição, estará sujeito às sanções previstas no art. 52 da Lei Geral de Proteção de Dados, bem como às demais sanções administrativas cabíveis, além de ser obrigado indenizar a vítima por danos materiais e morais, nos termos do art. 927 do Código Civil.

**Alternativa "a".** *Comentário serve para as demais alternativas, uma vez que versam sobre o mesmo assunto.* "Presume-se discriminatória a despedida de empregado portador do vírus HIV ou de outra doença grave que suscite estigma ou preconceito. Inválido o ato, o empregado tem direito à reintegração no emprego." (Súmula nº 443 do TST). Aliás, essa a publicação dessa súmula, demonstra o ativismo judicial do TST, ou seja, sua postura proativa, capaz de influenciar os demais Poderes e decisões judiciais.

**Alternativa correta: letra "a".**

## 15.10. RETORNO AO TRABALHO

**125. (FGV – Exame de Ordem 2018.1)** Efigênia foi empregada da sociedade empresária Luz Eterna S.A., exercendo, por último, o cargo de chefe do setor de Recursos Humanos.

Após décadas de dedicação à empresa, Efigênia se aposentou por tempo de contribuição e saiu do emprego por vontade própria, recebendo a indenização legal.

Ocorre que, após seis meses da jubilação, Efigênia passou a sentir falta da rotina que o seu trabalho gerava e também do convívio com os colegas de trabalho, daí porque manifestou desejo de retornar ao mercado de trabalho. Ciente disso, a ex-empregadora ofereceu novamente o emprego a Efigênia, nas mesmas condições vigentes antes da aposentadoria, já que ela era excelente empregada e tinha profundo conhecimento das rotinas do setor de RH.

Com base na situação retratada e na Lei, assinale a afirmativa correta.

a) Uma vez que Efigênia se aposentou, ela não pode assumir emprego na mesma sociedade empresária na qual se jubilou, por vedação legal expressa, sob pena de nulidade do segundo contrato.

b) Se Efigênia voltar a trabalhar na sociedade empresária, o seu contracheque terá o desconto do INSS mensal, sendo irrelevante que ela seja aposentada.

c) A ex-empregada pode voltar a trabalhar porque sua liberdade é garantida pela Constituição da República, mas deverá optar entre receber o salário do empregador ou a aposentadoria pelo INSS, já que não é possível o acúmulo.

d) O tempo trabalhado antes da aposentadoria, caso seja quitado pela sociedade empresária, será considerado para fins de pagamento de adicional por tempo de serviço no segundo contrato.

**COMENTÁRIOS**

✪ **Nota do autor:** A questão em comento não encontra respaldo legal ou jurisprudencial, tratando-se de caso que se relaciona mais com o Direito Previdenciário do que com Direito do Trabalho propriamente dito.

**Alternativa "b".** *Comentário serve para as demais alternativas, uma vez que versam sobre o mesmo assunto.* A aposentadoria é compatível com o exercício do trabalho, de forma que prevalece o entendimento no sentido de que o art. 453, §2º da CLT estaria tacitamente revogado:

> **Art. 453, § 2º da CLT:** *O ato de concessão de benefício de aposentadoria a empregado que não tiver completado 35 (trinta e cinco) anos de serviço, se homem, ou trinta, se mulher, importa em extinção do vínculo empregatício.*

Nesse sentido, caso o empregado se aposente e opte por continuar trabalhando, terá descontos do INSS em seu salário, tendo em vista se tratar de segurado obrigatório da Previdência Social:

> **Art. 11 da Lei nº 8.213/1991:** *São segurados obrigatórios da Previdência Social as seguintes pessoas físicas:*
>
> *I – como empregado:*
>
> *a) aquele que presta serviço de natureza urbana ou rural à empresa, em caráter não eventual, sob sua subordinação e mediante remuneração, inclusive como diretor empregado;*

**Alternativa correta: letra "b".**

# 16. PRESCRIÇÃO E DECADÊNCIA

✪ **Nota do autor:** A Reforma Trabalhista acrescentou o § 2º ao art. 11 da CLT para regulamentar a prescrição total e parcial no Direito do Trabalho, antes prevista apenas na jurisprudência consolidada do TST. Na prescrição total, o trabalhador terá 5 anos para ingressar com a reclamação a contar do ato único do empregador. Por sua vez, na prescrição parcial as parcelas podem ser exigidas no período de 5 anos a contar do ajuizamento ação, pois as prestações possuem previsão em lei. Além disso, a Lei nº 13.467/2017 permitiu a ocorrência da prescrição intercorrente no Direito do Trabalho, nos termos do art. 11-A da CLT.

**126. (FGV – Exame de Ordem 2016.2)** João pretende se aposentar e, para tal fim, dirigiu-se ao órgão previdenciário. Lá ficou sabendo que o seu tempo de contribuição ainda não era suficiente para a aposentadoria, necessitando computar, ainda, 18 meses de contribuição. Ocorre que João, 25 anos antes, trabalhou por dois anos como empregado para uma empresa, mas não teve a CTPS assinada. De acordo com a CLT, sobre uma eventual reclamação trabalhista, na qual João viesse a postular a declaração de vínculo empregatício para conquistar a aposentadoria, assinale a afirmativa correta.

a) Se a empresa arguir a prescrição a seu favor, ela será conhecida pelo juiz, já que ultrapassado o prazo de 2 anos para ajuizamento da ação.

b) Não há o instituto da prescrição na seara trabalhista porque prevalece o princípio da proteção ao empregado.

c) O prazo, na hipótese, seria de 5 anos e já foi ultrapassado, de modo que a pretensão estaria fulminada pela prescrição total.

d) Não haverá prescrição, pois a demanda tem por objeto anotações para fins de prova junto à Previdência Social.

**COMENTÁRIOS**

✪ **Nota do autor:** A questão aborda o tema da prescrição no Direito do Trabalho. Cabe frisar, ainda, que os art. 332, § 1º, e 487, parágrafo único, do CPC preveem a possibilidade de reconhecimento da prescrição de ofício, pelo juiz de direito, desde que garantido o contraditório das partes (arts. 332, § 1º, e 487, parágrafo único, do CPC). Assim sendo, com base na celeridade processual e para evitar gastos de dinheiro público, o juiz, uma vez identificado que o direito não poderia ser exigido, pois se encontra prescrito, poderia declarar a prescrição e extinguir o processo com relação a esse pedido.

**Alternativa "d".** *Comentário serve para as demais alternativas, uma vez que versam sobre o mesmo assunto.* "O disposto neste artigo não se aplica às ações que tenham por objeto anotações para fins de prova junto à Previdência Social." (art. 11, § 1º, CLT). É **imprescritível** a ação judicial para a anotação da CTPS, para fins previdenciários, ou seja, comprovar junto ao INSS que manteve vínculo empregatício em determinado período com o objetivo de contagem do tempo de serviço. Nesse caso, a decisão será meramente declaratória.

**Alternativa correta: letra "d".**

## 17. DIREITO COLETIVO DO TRABALHO

✪ **Nota do autor:** o Direito Coletivo do Trabalho ganha especial relevância no estudo do Direito do Trabalho. Isso porque, com as alterações trazidas pela Reforma Trabalhista, há prevalência do negociado sobre o legislado, nos termos do art. 611-A da CLT. Além disso, houve alteração na contribuição sindical, que deixa de ser obrigatória, passando a ser facultativa e dependendo de prévia e expressa autorização para que haja o respectivo desconto.

Não deixe de ler os arts. 578, 579, 582, 583, 587, 602, 611-A, 611-B, 614 e 620 da CLT!

**127. (FGV – Exame de Ordem 2017.2)** Uma instituição bancária construiu uma escola para que os filhos dos seus empregados pudessem estudar. A escola tem a infraestrutura necessária, e o banco contratou as professoras que irão dar as aulas nos primeiros anos do Ensino Fundamental. Não existe controvérsia entre empregador e empregadas acerca do enquadramento sindical.

Diante dessa situação, assinale a afirmativa correta.

a) Sendo o empregador das professoras um banco, elas são bancárias e estão vinculadas à convenção coletiva dessa categoria profissional.

b) O professor integra categoria conexa, cabendo às professoras definir a que sindicatos pretendem se filiar.

c) Uma vez que a atividade desenvolvida pelas professoras não é bancária, caberá à Justiça do Trabalho definir as regras que deverão permear os seus contratos.

d) As professoras não são bancárias, porque integram categoria diferenciada.

**COMENTÁRIOS**

✪ **Nota do autor:** A questão exigia a correta identificação de que os professores não se tratam de bancários, compondo categoria profissional diferenciada, em razão do exposto na CLT, em seus arts. 317 a 323.

**Alternativa "d".** *Comentário serve para as demais alternativas, uma vez que versam sobre o mesmo assunto.* Os professores integram categoria profissional diferenciada.

Categoria profissional diferenciada é a que se forma dos empregados que exerçam profissões ou funções diferenciadas por força do estatuto profissional especial ou em consequência de condições de vida singulares. Entendemos que somente é possível identificar uma categoria profissional diferenciada se houver sido criado, mediante aprovação de lei, estatuto profissional próprio. Em que pese a CLT estabelecer as condições de vida singulares como uma das hipóteses para o surgimento dessas categorias, observa-se que sua efetivação na prática se mostra incerta, uma vez que não existem parâmetros para se determinar que profissão apresenta condições de vida singulares. Em resumo, o termo "condições de vida singulares" está superado, e, ainda, para deixar um critério mais objetivo e claro ao operador do Direito do Trabalho, o termo "estatuto profissional próprio" é sinônimo de lei.

**Alternativa correta: letra "d".**

**128. (FGV – Exame de Ordem 2017.2)** Um empregado recebeu o contracheque de determinado mês com descontos, a título de contribuição confederativa e de contribuição sindical. Por não ser sindicalizado, reclama junto ao empregador contra ambas as subtrações e este encaminha o caso ao setor jurídico para análise.

Diante da situação retratada, de acordo com a CLT e o entendimento consolidado do TST e do STF, assinale a afirmativa correta.

a) O desconto de contribuição sindical não é válido, mas o da contribuição confederativa está correto, posto que obrigatório.

b) Os descontos são inválidos, porque o empregado não é sindicalizado e, portanto, não pode ser obrigado a contribuir.

c) O desconto de contribuição sindical é válido, mas o da contribuição confederativa, não, porque o empregado não é sindicalizado.

d) As subtrações são válidas, porque o empregado, mesmo não sendo sindicalizado, beneficia-se da convenção coletiva.

COMENTÁRIOS

**Nota do autor:** A questão aborda o tema contribuições sindicais, encontrando-se desatualizada com o advento da Reforma Trabalhista. Isso porque, com a Lei nº 13.467/2017, a contribuição sindical passa a ser facultativa, dependendo de prévia e expressa autorização do empregado, empregador ou profissional liberal para que haja o desconto respectivo (arts. 578 a 602 da CLT). Além disso, a legislação veda expressamente a cobrança compulsória de todos os empregados e empregadores por negociação coletiva, assembleia geral ou outro meio previsto no Estatuto do sindicato. Acabou, também, com a possibilidade do direito de oposição.

**Alternativa "c".** *Comentário serve para as demais alternativas, uma vez que versam sobre o mesmo assunto.* À época da prova, a alternativa "c" era considerada correta. A Reforma Trabalhista alterou a redação dos arts. 545, 578, 579, 582, 583, 587 e 602 da CLT, além de revogar os art. 601 e 604 desse diploma legislativo para prever que as contribuições destinadas aos sindicatos devem ser **prévia e expressamente autorizadas** pelos empregados, empregadores e profissionais liberais em suas respectivas categorias.

O principal efeito dessa modificação nos dispositivos mencionados consistiu na extinção da compulsoriedade da contribuição sindical obrigatória. É importante destacar que a Lei nº 13.467/2017 **não revogou a contribuição sindical, pois os artigos referentes à sua cobrança e destinação permanecem vigentes**, mas somente serão aplicados caso haja a prévia e expressa autorização dos integrantes das categorias profissionais, econômicas e de profissionais liberais. A Reforma Trabalhista tornou, portanto, facultativa a contribuição sindical.

**Alternativa correta: letra "c".**

## 17.1. NEGOCIAÇÃO COLETIVA

**129. (FGV – XXXVII Exame OAB)** Um sindicato de categoria profissional, após ser procurado por uma sociedade empresária e seguir os trâmites legais, pretende assinar com ela um acordo coletivo que, entre outras cláusulas, fixa redução em 20% da jornada e 20% do salário durante 1 ano para todos os empregados. Em relação a esse acordo coletivo, considerando a previsão da CLT, assinale a afirmativa correta.

a) O acordo coletivo deverá prever a proteção dos empregados contra dispensa imotivada durante o prazo de vigência do instrumento coletivo.

b) O acordo coletivo será nulo porque deveria ser pactuado por, no mínimo, 2 anos.

c) O acordo coletivo será inconstitucional, porque não pode haver redução do salário, haja vista o prejuízo direto que isso causa ao trabalhador.

d) A redução da jornada e do salário somente seria válida se fosse prevista em convenção coletiva, pois essa previsão é vedada pela CLT no acordo coletivo.

COMENTÁRIOS

**Nota do autor:** Nos últimos Exames da Ordem, a FGV não exigiu muitas questões sobre Direitos Coletivo do Trabalho apesar de ser um assunto de extrema importância. A questão acima pode ser resolvida com o conhecimento de importantes artigos da CF/88 e da CLT.

**Alternativa "a".** *Comentário responde todas as alternativas.* Na vigência do contrato de trabalho, os direitos trabalhistas são, em regra, irrenunciáveis, porque há presença da subordinação do empregado perante o empregador. Veda-se, em regra, a redução (diminuição) dos salários dos trabalhadores (**princípio da irredutibilidade salarial**), **exceto convenção ou acordo coletivo (artigo 7º, inciso VI, da Constituição Federal).** Portanto, para que essa redução salarial seja válida, há necessidade da participação do sindicato dos trabalhadores. Caso seja pactuada cláusula que reduza o salário do empregado, deverá haver garantia de que ele não será dispensado sem justa causa no prazo de vigência do instrumento coletivo, nos termos do art. 611-A, § 3º, incluído pela Reforma Trabalhista:

> **Art. 611-A, § 3º da CLT** (Inserido pela Reforma Trabalhista): Se for pactuada cláusula que reduza o salário ou a jornada, a convenção coletiva ou o acordo coletivo de trabalho deverão prever a proteção dos empregados contra dispensa imotivada durante o prazo de vigência do instrumento coletivo.

**Alternativa correta: letra "a"**

**130. (FGV/OAB/XXX_Exame – 2019)** O sindicato dos empregados X entabulou, com o sindicato dos empregadores Y, uma convenção coletiva de trabalho para vigorar de julho de 2019 a junho de 2021. Nela ficou acertado que a jornada seria marcada pelos trabalhadores por meio de um aplicativo desenvolvido pelos sindicatos; que haveria instituição de banco de horas anual; que, nas jornadas de trabalho de até 7 horas diárias, haveria intervalo para refeição de 20 minutos; e que a participação nos lucros seria dividida em 4 parcelas anuais.

Considerando o teor da norma coletiva e suas cláusulas, e considerando o disposto na CLT, assinale a afirmativa correta.

a) A convenção é nula quanto à participação nos lucros, que não pode ser dividida em mais de 2 parcelas anuais.

b) É nula a fixação de pausa alimentar inferior a 30 minutos para jornadas superiores a 6 horas, mesmo que por norma coletiva.

c) Inválida a cláusula referente à modalidade de registro da jornada de trabalho, que não pode ser feito por meio de um aplicativo.

d) Inválido o banco de horas estipulado, pois, em norma coletiva, ele somente pode ser realizado para compensação semestral.

COMENTÁRIOS

**Nota do autor:** A questão aborda o tema da negociação coletiva. A análise atenta aos art. 611-A e 611-B será imprescindível nas futuras negociações. Caso haja conflito entre eles, deve sempre prevalecer o art. 611-B, que traz os limites à negociação coletiva. Dessa forma, assegura-se princípios básicos constitucionais como a dignidade da pessoa humana e a máxima eficácia do texto constitucional.

**Alternativa: "a".** "A convenção coletiva e o acordo coletivo de trabalho têm prevalência sobre a lei quando, entre outros, dispuserem sobre: participação nos lucros ou resultados da empresa." (art. 611-A, XV, CLT). Com a Reforma Trabalhista, a forma do pagamento do PLR poderá ser pactuado via negociação coletiva, de modo que a periodicidade poderá ocorrer em período inferior a um semestre, sem que, com isso, seja atribuída natureza salarial à referida parcela.

**Alternativa "b".** "A convenção coletiva e o acordo coletivo de trabalho têm prevalência sobre a lei quando, entre outros, dispuserem sobre: intervalo intrajornada, respeitado o limite mínimo de trinta minutos para jornadas superiores a seis horas." (art. 611-A, III, CLT). De acordo com o art. 71 da CLT, os empregados com jornada superiores 6 horas diárias tem direito a intervalo

TRABALHO

intrajornada de, no mínimo, 1 hora até 2 horas. Ocorre que a Reforma Trabalhista passou a admitir a redução do intervalo intrajornada desde que respeitado o limita mínimo de 30 minutos.

**Alternativa "c".** "A convenção coletiva e o acordo coletivo de trabalho têm prevalência sobre a lei quando, entre outros, dispuserem sobre: modalidade de registro de jornada de trabalho." (art. 611-A, X, da CLT)

**Alternativa "d".** "A convenção coletiva e o acordo coletivo de trabalho têm prevalência sobre a lei quando, entre outros, dispuserem sobre: banco de horas anual."

**Alternativa correta: letra "b".**

**131. (FGV – Exame de Ordem/2018.3)** O sindicato dos empregados em tinturaria de determinado município celebrou, em 2018, acordo coletivo com uma tinturaria, no qual, reconhecendo-se a condição financeira difícil da empresa, aceitou a redução do percentual de FGTS para 3% durante 2 anos.

Sobre o caso apresentado, de acordo com a previsão da CLT, assinale a afirmativa correta.

a) É válido o acerto realizado porque fruto de negociação coletiva, ao qual a reforma trabalhista conferiu força legal.
b) Somente se houver homologação do acordo coletivo pela Justiça do Trabalho é que ele terá validade em relação ao FGTS.
c) A cláusula normativa em questão é nula, porque constitui objeto ilícito negociar percentual de FGTS.
d) A negociação acerca do FGTS exigiria que, ao menos, fosse pago metade do valor devido, o que não aconteceu no caso apresentado.

**COMENTÁRIOS**

✪ **Nota do autor:** A questão aborda o tema da negociação coletiva. Sobre o assunto, é importante estabelecer a distinção entre flexibilização e desregulamentação trabalhista. Na flexibilização permanecem as normas básicas de proteção ao trabalhador, mas permite-se maior amplitude dos acordos e convenções para adaptação das cláusulas contratuais às realidades econômicas da empresa e às realidades regionais. Por sua vez, a desregulamentação ocorre quando há ausência total da legislação protetiva, isto é, substituição do legislado pelo negociado. Nesse caso, não haveria a intervenção do Estado na elaboração das leis, deixando para as partes a criação das condições de trabalho.

**Alternativa: "c".** *Comentário serve para as demais alternativas, pois versam sobre o mesmo assunto.* Constituem objeto ilícito de convenção coletiva ou de acordo coletivo de trabalho, exclusivamente, a supressão ou a redução dos seguintes direitos: valor dos depósitos mensais e da indenização rescisória do Fundo de Garantia do Tempo de Serviço (FGTS)." (art. 611-B da CLT). A Reforma Trabalhista foi pautada na valorização da negociação coletiva e na ampliação das hipóteses de flexibilização trabalhista. Conforme salientado nos comentários ao art. 611-A da CLT, houve ampliação significativa das hipóteses em que a convenção e o acordo coletivo de trabalho prevalecem sobre a legislação, podendo inclusive prever condições prejudiciais aos trabalhadores.

Ocorre que a negociação coletiva tem limites que devem ser observados, ainda que ampliadas significativamente as hipóteses de valorização do negociado. Os direitos assegurados pela Constituição Federal, excepcionadas as hipóteses que o próprio texto constitucional permite, não são passíveis de flexibilização por meio de negociação coletiva, pois a Reforma Trabalhista foi aprovada como lei ordinária, tendo *status* infraconstitucional.

Ainda na tentativa de traçar limites ao alcance da negociação coletiva, o legislador da Reforma Trabalhista acrescentou o art. 611-B à CLT. Esse dispositivo é responsável por apresentar os direitos que não podem ser suprimidos ou reduzidos, pois constituem objeto ilícito de norma coletiva. A análise atenta a esses dois artigos – 611-A e 611-B – será imprescindível nas futuras negociações. Caso haja conflito entre eles, deve prevalecer o art. 611-B, para garantir princípios básicos constitucionais como da dignidade da pessoa humana e da máxima eficácia do texto constitucional.

Dentre as hipóteses em que se veda a supressão ou redução dos direitos via negociação coletiva diz respeito aos valores pagos ao trabalhador referentes ao FGTS e à multa rescisória.

**Alternativa correta: letra "c".**

**132. (FGV – Exame de Ordem/2018.3)** Em determinada localidade, existe a seguinte situação: a convenção coletiva da categoria para o período 2018/2019 prevê o pagamento de adicional de 70% sobre as horas extras realizadas de segunda-feira a sábado. Ocorre que a sociedade empresária Beta havia assinado um acordo coletivo para o mesmo período, porém alguns dias antes, prevendo o pagamento dessas horas extras com adicional de 60%. De acordo com a CLT, assinale a opção que indica o adicional que deverá prevalecer.

a) Prevalecerá o adicional de 70%, por ser mais benéfico aos empregados.
b) Diante da controvérsia, valerá o adicional de 50% previsto na Constituição Federal.
c) Deverá ser respeitada a média entre os adicionais previstos em ambas as normas coletivas, ou seja, 65%.
d) Valerá o adicional de 60% previsto em acordo coletivo, que prevalece sobre a convenção.

**COMENTÁRIOS**

✪ **Nota do autor:** A questão aborda o tema da negociação coletiva. Lembre-se de que o mote da Reforma Trabalhista consistiu na valorização do negociado sobre o legislado nos termos do art. 611-A da CLT. Além disso, é imprescindível a memorização das hipóteses de limitação aos instrumentos coletivos de trabalho previstas no art. 611-B da CLT.

**Alternativa: "d".** *Comentário serve para as demais alternativas, uma vez que versam sobre o mesmo assunto.* A Reforma Trabalhista alterou a redação do art. 620 da CLT para prever que o acordo coletivo de trabalho sempre prevalecerá sobre a convenção coletiva de trabalho:

> **Art. 620 da CLT (Alterado pela Reforma Trabalhista).** *As condições estabelecidas em acordo coletivo de trabalho sempre prevalecerão sobre as estipuladas em convenção coletiva de trabalho. (grifo nosso)*

Antes da Reforma Trabalhista, o dispositivo em comento previa a prevalência da convenção coletiva caso fosse mais favorável do que o acordo coletivo:

> **Art. 620 da CLT (Redação anterior à Reforma Trabalhista).** *As condições estabelecidas em Convenção quando mais favoráveis, prevalecerão sobre as estipuladas em Acordo.*

Removeu-se do texto do artigo a ressalva de que essa prevalência somente seria possível caso fosse mais favorável. Privilegiou, portanto, a negociação que está mais próxima do dia a dia da empresa. O que se pretendeu com as mudanças foi estabelecer uma hierarquia estática, fixa, entre convenção e acordo coletivos de trabalho. Ainda que as normas contidas no acordo coletivo sejam prejudiciais ao trabalhador, deverão prevalecer sobre as disposições contidas em convenção coletiva, caso haja conflito entre as duas.

Esse posicionamento consistiu em uma tentativa do legislador em violar o princípio da norma mais favorável. Assim, de acordo com a nova redação, o acordo coletivo sempre deverá prevalecer, não mais sendo aplicável o princípio da norma mais favorável quando estiverem em conflito acordo coletivo e convenção coletiva. Ainda que o acordo coletivo seja mais específico, a alteração pode ser extremamente prejudicial aos trabalhadores. No caso em tela, será aplicado o adicional de 60% previsto no acordo coletivo ainda que a convenção coletiva seja mais benéfica.

**Alternativa correta: "d".**

---

**133. (FGV – Exame de Ordem 2018.2)** Em 2018, um sindicato de empregados acertou, em acordo coletivo com uma sociedade empresária, a redução geral dos salários de seus empregados em 15% durante 1 ano.

Nesse caso, conforme dispõe a CLT,

a) uma contrapartida de qualquer natureza será obrigatória e deverá ser acertada com a sociedade empresária.

b) a contrapartida será a garantia no emprego a todos os empregados envolvidos durante a vigência do acordo coletivo.

c) a existência de alguma vantagem para os trabalhadores para validar o acordo coletivo será desnecessária.

d) a norma em questão será nula, porque a redução geral de salário somente pode ser acertada por convenção coletiva de trabalho.

**COMENTÁRIOS**

**Nota do autor:** A questão aborda novidade trazida pela Reforma Trabalhista. A Reforma Trabalhista pôs fim à discussão acerca do princípio da contrapartida ao estabelecer que a inexistência de expressa indicação de contrapartidas recíprocas em convenção coletiva ou acordo coletivo de trabalho, não ensejará sua nulidade por não caracterizar um vício do negócio jurídico.

Com isso, entende-se que se possibilita a supressão ou redução dos direitos trabalhistas expostos no art. 611-A, sem que haja a comprovação de contrapartida. Exemplo: possibilita-se a redução de intervalo intrajornada para aqueles que trabalham por mais de 6 horas diárias, sem que, para isso, seja necessário conceder outro direito aos empregados. A previsão em comento é prejudicial ao trabalhador, pois pode permitir a redução de direitos sem garantias adicionais aos empregados.

Nesse sentido, no julgamento do **Tema 1.046 da Repercussão Geral**, o STF validou a prevalência do negociado sobre o legislado, **sem a necessidade de contrapartida**, ressalvados os direitos absolutamente indisponíveis.

**Alternativa: letra "b".** *Comentário serve para as demais alternativas, uma vez que versam sobre o mesmo assunto.* O § 3º do art. 611-A da CLT dispõe que, caso seja pactuada cláusula que reduza o salário ou jornada, a convenção ou acordo coletivo deverão prever a proteção dos empregados contra dispensa imotivada durante o prazo de vigência do instrumento coletivo correspondente. É a única exceção legal que obriga a previsão de contrapartida no instrumento coletivo de trabalho:

> **Art. 611, § 3º, CLT (acrescentado pela Reforma Trabalhista):** *Se for pactuada cláusula que reduza o salário ou a jornada, a convenção coletiva ou o acordo coletivo de trabalho deverão prever a proteção dos empregados contra dispensa imotivada durante o prazo de vigência do instrumento coletivo.*

A possibilidade de redução de salário e de jornada já estava prevista na Constituição Federal, consistindo em espécie de flexibilização trabalhista expressa em lei. Nesse sentido, estabelece a Constituição pátria, em seu art. 7º, incisos VI e XIII:

> **Art. 7º da CF/88:** *São direitos dos trabalhadores urbanos e rurais, além de outros que visem à melhoria de sua condição social:*
>
> *(...)*
>
> *VI – irredutibilidade do salário, salvo o disposto em convenção ou acordo coletivo;*
>
> *(...)*
>
> *XIII – duração do trabalho normal não superior a oito horas diárias e quarenta e quatro semanais, facultada a compensação de horários e a redução da jornada, mediante acordo ou convenção coletiva de trabalho;*

A alteração ratifica a possibilidade de redução de salários e jornada prevista na Constituição Federal, mas cria a necessidade, para esses casos específicos, a contrapartida de se assegurar a proteção contra dispensa imotivada durante o prazo de vigência do instrumento coletivo de trabalho. Trata-se da hipótese cujo princípio da contrapartida está expresso na CLT.

**Alternativa correta: letra "b".**

---

**134. (FGV – Exame de Ordem 2016.2 – Prova reaplicada Salvador-BA)** A convenção coletiva dos gráficos de Porto Alegre (RS) teve vigência por 1 ano, com início em dezembro de 2014, e nela estava prevista a entrega de ticket refeição. Após o dies ad quem, não houve elaboração de nova norma coletiva.

Sobre a hipótese apresentada, de acordo com o entendimento consolidado do TST, assinale a afirmativa correta.

a) Tratando-se de pacto extrajudicial coletivo a termo, as cláusulas automaticamente perdem a vigência no dies ad quem, inclusive o ticket.

b) A norma coletiva anterior terá ultratividade e suas cláusulas serao mantidas nos contratos individuais de trabalho, inclusive o ticket.

c) A convenção coletiva anterior poderá ter ultratividade, desde que as partes requeiram judicialmente ao Poder Judiciário, no 1º grau de jurisdição, a manutenção do ticket.

d) A convenção coletiva anterior, na hipótese do vácuo, terá eficácia por mais 1 ano, que é o mesmo tempo da pactuação original, período no qual a empresa continuará responsável pela entrega do ticket.

**COMENTÁRIOS**

**Nota do autor:** A questão aborda o tema da negociação coletiva. É importante destacar que a celebração do instrumento coletivo é um ato formal, solene, ou seja, deverá ser necessariamente escrito, sem emendas ou rasuras, em tantas vias quantos forem os sindicatos convenentes ou as empresas acordantes, além de uma via destinada ao registro no Ministério do Trabalho e Emprego. Com o advento da Reforma Trabalhista, a questão se encontra desatualizada.

**Alternativa "b".** *Comentário serve para as demais alternativas, uma vez que versam sobre o mesmo assunto.* "As cláusulas normativas dos acordos coletivos ou convenções coletivas integram os contratos individuais de trabalho e somente poderão ser modificadas ou suprimidas mediante negociação coletiva de trabalho." (Súmula nº 277 do TST). No ano de 2016, em sede liminar, o Ministro Gilmar Mendes suspendeu todos os processos que versavam sobre a Súmula nº 277 do TST até a análise de sua constitucionalidade pelo plenário do STF (ADPF 323/DF).

Com a Reforma Trabalhista, entretanto, o art. 614 da CLT foi alterado para prever a teoria da aderência limitada ao prazo:

> **Art. 614, § 3º da CLT (com redação dada pela Reforma Trabalhista):** *Não será permitido estipular duração de convenção coletiva ou acordo coletivo de trabalho superior a dois anos, sendo vedada a ultratividade.*

Finalmente, em 2022, no julgamento virtual da ADPF 323, o STF, por maioria, decidiu pela **inconstitucionalidade da Súmula nº 277 do TST e das decisões judiciais que interpretam o art. 114, § 2º, CF/88, como autorização à aplicação do princípio da ultratividade das normas coletivas.**

Nesse sentido, findo o prazo do acordo ou convenção coletiva, as condições nela propostas perdem sua validade.

**Alternativa correta: letra "b" (Atualmente incorreta).**

---

**135. (FGV – Exame de Ordem 2015.3)** Em normas coletivas firmadas pela empresa Montagens Industriais Ltda., há previsão de multa por descumprimento de cláusulas normativas que foram efetivamente descumpridas pela empresa.

Diante disso, assinale a afirmativa correta.

a) O empregado terá de ajuizar tantas ações quantas forem as lesões, postulando, em cada uma delas, a multa pelo descumprimento de obrigações previstas nas respectivas cláusulas.

b) Tratando-se de multa prevista em instrumento normativo em decorrência de descumprimento de cláusula que reproduz texto de lei, a multa é incabível.

c) Tendo em vista a reprodução de textos de lei em cláusulas de instrumentos normativos diversos, ficará a critério do juiz definir se pode haver esse acúmulo.

d) O descumprimento de qualquer cláusula constante de instrumentos normativos diversos não submete o empregado a ajuizar várias ações, pleiteando, em cada uma, o pagamento de multa referente ao descumprimento de obrigações previstas nas respectivas cláusulas.

**COMENTÁRIOS**

✪ **Nota do autor:** A questão aborda o tema da negociação coletiva. Importante frisar que a CLT exige conteúdo obrigatório de cláusulas de acordo e convenção. Dentre as cláusulas que devem figurar no instrumento, encontram-se as penalidades para os sindicatos convenentes e as empresas em caso de violação de seus dispositivos.

**Alternativa "a".** Não é necessário o ajuizamento de várias ações pleiteando em cada uma delas a multa pelo descumprimento das obrigações, nos termos da Súmula nº 384, I do TST.

**Alternativa "b".** "É aplicável multa prevista em instrumento normativo (sentença normativa, convenção ou acordo coletivo) em caso de descumprimento de obrigação prevista em lei, mesmo que a norma coletiva seja mera repetição de texto legal." (Súmula nº 384, II, TST). É possível que a multa prevista no instrumento coletivo seja apenas uma mera repetição do texto de lei, como a multa prevista no art. 477 da CLT, que estabelece o pagamento de um salário do empregado caso as verbas rescisórias não sejam quitadas no prazo. De acordo com o TST, a cobrança da multa será válida.

**Alternativa "c".** Como visto na alternativa "b", a multa que reproduz texto de lei pode ser exigida independentemente de autorização judicial.

**Alternativa "d".** "O descumprimento de qualquer cláusula constante de instrumentos normativos diversos não submete o empregado a ajuizar várias ações, pleiteando em cada uma o pagamento da multa referente ao descumprimento de obrigações previstas nas cláusulas respectivas." (Súmula nº 384, I, TST).

**Alternativa correta: letra "d".**

## 17.2. GREVE

- Lei nº 7.783/89
- Orientação Jurisprudencial nº 10 da SDC do TST
- Orientação Jurisprudencial nº 11 da SDC do TST
- Orientação Jurisprudencial nº 38 da SDC do TST

---

**136. (FGV – Exame de Ordem 2014.3)** Os empregados da empresa Calçados Ribeiro Ltda. decidem entrar em greve para reivindicar aumento de salário. A greve foi deliberada e votada em assembleia convocada apenas para tal, tendo o empregador sido comunicado com 48 horas de antecedência acerca do movimento paredista.

Durante a greve, de acordo com a Lei,

a) os contratos de trabalho ficarão interrompidos.

b) não há uma diretriz própria, na medida em que a Lei é omissa a respeito, cabendo ao Judiciário decidir.

c) o empregador pode contratar imediatamente substitutos para o lugar dos grevistas.

d) os contratos de trabalho ficarão suspensos.

**COMENTÁRIOS**

✪ **Nota do autor:** A questão aborda o tema do direito de greve. Lembre-se que, além de um comportamento pacífico durante a greve, há necessidade de os trabalhadores manterem funcionando os maquinários da empresa, cuja paralisação resulte em prejuízos ao empregador. Caso não haja acordo para a continuidade desses serviços, o empregador poderá contratar novos empregados.

**Alternativa "d".** *Comentário serve para as demais alternativas, uma vez que versam sobre o mesmo assunto.* "Observadas as condições previstas nesta Lei, a participação em greve suspende o contrato de trabalho, devendo as relações obrigacionais, durante o período, ser regidas pelo acordo, convenção, laudo arbitral ou decisão da Justiça do Trabalho." (art. 7º, Lei nº 7.783/1989). Dessa forma, verifica-se que os requisitos apresentados na questão foram cumpridos de acordo com a lei de greve (convocação de assembleia geral e comunicação prévia de 48 horas), o que permite a deflagração do movimento grevista, que tem como consequência a suspensão do contrato de trabalho. Ressalta-se, contudo, que é possível mediante negociação coletiva estabelecer a interrupção do contrato.

**Alternativa correta: letra "d".**

*Henrique Correia*

✦ RESUMOS DOUTRINÁRIOS

## 1. DOS PRINCÍPIOS E FONTES DO DIREITO DO TRABALHO

### 1.1. PRINCÍPIOS DO DIREITO DO TRABALHO

- O Direito do Trabalho possui princípios específicos, que desempenham funções essenciais para a interpretação e aplicação das normas trabalhistas. Não há consenso sobre quantos são os princípios do Direito do Trabalho, pois varia de um autor para outro, mas podemos destacar os mais citados pela doutrina:
- **Princípio da norma mais favorável:** entre duas ou mais normas possíveis de ser aplicadas, utiliza-se a mais favorável em relação ao trabalhador. A aplicação de uma norma leva à renúncia da outra. A Reforma Trabalhista, entretanto, passou a prever a prevalência do negociado sobre o legislado. Dessa forma, havendo conflito entre acordo coletivo e convenção coletiva, aquele deverá prevalecer (Art. 620 da CLT).

  Ainda, os instrumentos coletivos são superiores à lei nos casos do art. 611-A da CLT. Note-se, portanto, que ainda que a lei venha a ser mais favorável, a Reforma Trabalhista permite a aplicação do instrumento coletivo em seu detrimento. Esse dispositivo causará impactos significativos ao Direito do Trabalho. Para mais informações, confira o tópico de negociação coletiva.
- **Princípio da condição mais benéfica:** esse princípio assegura ao empregado as vantagens conquistadas durante o contrato de trabalho, conforme previsto no art. 468 da CLT. Diante disso, essas conquistas não poderão ser alteradas para pior.
- Nesse ponto, interessante mencionar que, julgamento virtual da ADPF 323, finalizado no dia 27/05/2022, o STF, por maioria, decidiu pela inconstitucionalidade da Súmula nº 277 do TST e das decisões judiciais que interpretam o art. 114, § 2º, CF/88, como autorização à aplicação do princípio da ultratividade das normas coletivas. Dessa forma, não há impedimento para que um benefício concedido por instrumento coletivo de trabalho deixe de ser aplicado ao contrato de trabalho após o fim da vigência norma coletiva. Lembre-se de que, após a Reforma Trabalhista, fica vedada a manutenção das cláusulas de acordo ou convenção coletiva após o fim de seu prazo (vedação à ultratividade).
- **Princípio da primazia da realidade:** a realidade se sobrepõe às disposições contratuais escritas. Deve-se, portanto, verificar se o conteúdo do documento coincide com os fatos. Exemplo: recibo assinado em branco no ato da contratação, posteriormente apresentado em juízo como prova de pagamento das verbas trabalhistas.
- **Princípio da imperatividade das normas trabalhistas:** No Direito do Trabalho prevalecem as regras cogentes, obrigatórias. Diante desse princípio, há restrição da autonomia das partes em modificar as cláusulas contratuais previstas no contrato de trabalho. Com a Reforma Trabalhista, referido princípio é mitigado, pois há valorização do negociado sobre o legislado, especialmente nas hipóteses previstas no art. 611-A da CLT[1]. Além disso, a Lei nº 13.467/2017 amplia as hipóteses de acordo individual entre empregado e empregador, o que também relativiza a aplicação do princípio da imperatividade.
- **Princípio da inalterabilidade contratual lesiva:** é vedada qualquer alteração contratual que seja lesiva ao empregado, mesmo se houver consentimento deste (artigo 468, caput, da CLT). Assim, conforme previsto no art. 2º da CLT, os riscos do empreendimento são suportados exclusivamente pelo empregador, não sendo permitido a ele dividir os prejuízos com seus trabalhadores. A Lei nº 13.467/2017 cria o trabalho intermitente, nova modalidade de contrato de trabalho que é caracterizada pela alternância entre períodos de prestação de serviços e de inatividade. Nesse caso, o trabalhador somente prestará os serviços quando convocado por seu empregador. Dessa forma, os riscos do empreendimento passam a ser suportados inclusive pelo trabalhador, pois o empregado não trabalhará e, portanto, não receberá seu salário nos momentos de dificuldade financeira e econômica da empresa. Para mais informações, confira os comentários ao trabalho intermitente no tópico 9.5, destas dicas.
- **Princípio da continuidade da relação de emprego:** Em regra, o contrato de trabalho é firmado por tempo indeterminado, ou seja, não há prazo previamente fixado para seu fim. Aliás, é de interesse público que esses contratos sejam firmados para prazos de longa duração, pois, enquanto o empregado estiver trabalhando, haverá fonte de sustento, garantindo sua dignidade. Em razão desse princípio, a obrigação de provar a ruptura do contrato de trabalho é do empregador, isto é, em regra presume-se que o empregado não deu causa ao término do contrato de trabalho (Súmula nº 212 do TST).

  Este princípio também é mitigado pela criação da figura do trabalhador intermitente (Art. 452-A da CLT). Para mais informações, confira os comentários ao trabalho intermitente no tópico 9.5, destas dicas.
- **Princípio da irrenunciabilidade ou indisponibilidade dos direitos trabalhistas:** na vigência do contrato de trabalho, os direitos trabalhistas são, em regra, irrenunciáveis, porque há presença da subordinação do empregado perante o empregador. Assim sendo, mesmo que o ato seja bilateral (comum acordo entre as partes), se houver prejuízo ao empregado, esse ato deverá ser declarado nulo, pois o empregado não pode renunciar aos direitos e vantagens assegurados em lei. Ao estudar o princípio da irrenunciabilidade, cabe destacar dois princípios:

  **a) Princípio da irredutibilidade salarial.** Veda-se a redução (diminuição) dos salários dos trabalhadores, exceto por convenção ou acordo coletivo (artigo 7º, inciso VI, da Constituição Federal). Portanto, para que essa redução salarial seja válida, há necessidade da participação do sindicato dos trabalhadores.

  Com a Lei nº 13.467/2017, caso venha a ser pactuada cláusula que reduza o salário do empregado, deverá

1. Ver também os comentários ao Tema 1.046 da Repercussão Geral do STF na parte de Direito Coletivo do Trabalho.

haver garantia de que ele não será dispensado sem justa causa no prazo de vigência do instrumento coletivo, nos termos do novo art. 611-A, § 3º, incluído pela Reforma Trabalhista:

> **Art. 611-A, § 3º da CLT:** *Se for pactuada cláusula que reduza o salário ou a jornada, a convenção coletiva ou o acordo coletivo de trabalho deverão prever a proteção dos empregados contra dispensa imotivada durante o prazo de vigência do instrumento coletivo.*

b) **Princípio da intangibilidade salarial.** Vedam-se descontos no salário, exceto nos casos previstos em lei ou norma coletiva. Esse princípio protege o trabalhador contra seus próprios credores, pois o salário é, em regra, impenhorável.

- **Impactos das medidas trabalhistas alternativas de enfrentamento à pandemia de COVID-19 e da legislação de exceção (Lei nº 14.437/2022) nos princípios do Direito do Trabalho.** Por fim, importante mencionar que as medidas trabalhistas alternativas de enfrentamento à COVID-19, uma vez que flexibilizaram normas imperativas trabalhistas, impactaram diversos princípios do Direito do Trabalho, como o princípio da imperatividade das normas trabalhistas e da inalterabilidade contratual lesiva ao empregado. O mesmo fenômeno pode ser observado com a legislação de exceção (Lei nº 14.437/2022, fruto da conversão em lei da MP nº 1.109/2022), ao permitir a adoção do teletrabalho; a antecipação de férias individuais; a concessão de férias coletivas; o aproveitamento e a antecipação de feriados; o banco de horas; e a suspensão da exigibilidade dos recolhimentos do Fundo de Garantia do Tempo de Serviço (FGTS); a suspensão temporária do contrato de trabalho; e a redução proporcional de salário e jornada. Essas medidas podem ser implementadas por meio de acordo individual escrito ou de negociação coletiva.
- Dessa forma, agora, mesmo superado o momento de crise ocasionado pela pandemia de COVID-19, no Direito do Trabalho, é possível a redução de salários e a suspensão do contrato de trabalho por meio de acordo individual entre empregado e empregador. Ainda que reservada essa possibilidade aos períodos de reconhecida calamidade, temos sérias dúvidas quanto à constitucionalidade dessas normas, pois a Constituição Federal autoriza a redução salarial apenas por meio de convenção ou acordo coletivo de trabalho (art. 7º, VI).
- Para a semana antes da prova, segue o quadrinho de memorização dos princípios do Direito do Trabalho:

**PRINCÍPIOS DO DIREITO DO TRABALHO**

**P**rotetivo
- *in dubio pro operario*
- norma mais favorável
- condição mais benéfica

**I**mperatividade

**P**rimazia

**I**nalterabilidade contratual lesiva

**C**ontinuidade da relação de emprego

**I**rrenunciabilidade
- irredutibilidade salarial
- intangibilidade salarial

**IMPACTOS DA REFORMA TRABALHISTA**

- **Prevalência do negociado sobre o legislado**: A Reforma Trabalhista prevê a valorização dos instrumentos coletivos. Nesse sentido, o art. 611-A da CLT estabelece diversas hipóteses que prevalecerão sobre a legislação.
- No julgamento do **Tema 1.046 da Repercussão Geral**, o STF validou a prevalência do negociado sobre o legislado, sem a necessidade de contrapartida, ressalvados os direitos absolutamente indisponíveis.
- **Princípio da irredutibilidade salarial**: A Constituição Federal já permitia a redução dos salários por meio de negociação coletiva. A Reforma Trabalhista passou a exigir contrapartida nessa hipótese. Os salários poderão ser reduzidos por instrumento coletivo, desde que haja garantia contra a dispensa imotivada no prazo em que vigorar a norma coletiva. Ainda, as medidas trabalhistas alternativas de enfrentamento à pandemia de COVID-19 e a legislação de exceção (Lei nº 14.437/2022) impactaram fortemente o princípio em questão. Agora, mesmo superado o momento de crise ocasionado pela pandemia de COVID-19, no Direito do Trabalho, é possível a redução de salários e a suspensão do contrato de trabalho por meio de acordo individual entre empregado e empregador.

## 1.2. FONTES

- **Fontes materiais:** são fatores ou acontecimentos sociais, políticos, econômicos e filosóficos que inspiram o legislador (deputados e senadores) na elaboração das leis. Esses movimentos influenciam diretamente o surgimento ou a modificação das leis.
- **Fontes formais**: são a exteriorização das normas jurídicas, ou seja, as fontes formais são normas de observância obrigatória pela sociedade. Todos devem cumpri-las, pois são imperativas. Exemplo: convenção, acordo coletivo e leis.
- Há 2 tipos de fontes formais: **1. Fontes formais autônomas**: são discutidas e confeccionadas pelas partes diretamente interessadas pela norma. Há, portanto, a vontade expressa das partes em criar essas normas. Exemplo: uma determinada negociação coletiva entre sindicato e empresa resulta em um acordo coletivo. **2. Fontes formais heterônomas**: nas fontes heterônomas não há participação direta dos destinatários, ou seja, essas fontes possuem origem estatal (Legislativo, Executivo ou Judiciário).
- **O regulamento de empresa é fonte formal do Direito do Trabalho?** O Regulamento de empresa é o conjunto de regras elaboradas pelo empregador para mais bem organizar a empresa.

- **Regulamento como fonte formal:** Será considerado fonte formal se as regras formuladas pelo empregador forem de caráter geral e impessoal, como fixação de horários e utilização de EPIs ou, ainda, plano de cargos e salários etc.
- **Hierarquia entre as fontes do Direito do Trabalho.** Nos demais ramos do direito (D. Constitucional, D. Administrativo etc.) há uma rígida hierarquia das fontes formais (CF prevalece sobre as leis; leis são superiores aos decretos etc.). No Direito do Trabalho, por força do princípio da norma mais favorável, aplica-se a fonte mais favorável aos trabalhadores. Com a Reforma Trabalhista, há valorização do negociado sobre o legislado, prevalecendo o disposto nos instrumentos coletivos de trabalho sobre a legislação nas hipóteses previstas no art. 611-A da CLT. Ademais, em caso de conflito entre acordo e convenção coletiva, aquele deverá prevalecer, nos termos do art. 620 da CLT, também alterado pela Reforma Trabalhista.
- Nesse ponto, importante ressaltar o **Tema 1.046 da Repercussão Geral**, em que o STF validou a prevalência do negociado sobre o legislado, sem a necessidade de contrapartida, ressalvados os direitos absolutamente indisponíveis.
- **Conflito entre as fontes.** Ocorre, com frequência, o conflito entre fontes formais do direito e a resposta dependerá da teoria adotada:
  - A **teoria do conglobamento** defende a aplicação de apenas uma fonte em sua totalidade. Assim sendo, o intérprete deverá analisá-la no conjunto. Essa teoria é a majoritária na jurisprudência e doutrina[2].
  - A **teoria da acumulação**, por sua vez, é no sentido de que o intérprete deverá aplicar todas as fontes no caso concreto, utilizando-se ao mesmo tempo dos artigos e cláusulas que são favoráveis ao trabalhador, desprezando os dispositivos desfavoráveis. A aplicação dessa teoria onera o empregador e fragmenta o sistema jurídico. É, portanto, a teoria minoritária.
  - A **teoria do Conglobamento mitigado**, por fim, estabelece a aplicação de normas que estejam agrupadas em um determinado instituto jurídico. Dessa forma, a análise não ocorrerá atomisticamente tal como prevê a teoria da acumulação ou sobre todo o instrumento coletivo como a teoria do conglobamento. A verificação da norma mais favorável ocorre sobre um conjunto de normas de determinado assunto[3]. Contudo, essa teoria também recebe críticas. De acordo com Sérgio Pinto Martins[4], a análise de instituto por instituto também deve ser considerada como teoria da acumulação, uma vez que o conglobamento exige a verificação do conjunto da norma para se aferir o que é mais favorável. Para o autor, a convenção coletiva é realizada em equilíbrio, pois, ao mesmo tempo em que se confere uma condição, negocia-se outra menos benéfica. Se selecionarmos instituto por instituto, ora da convecção coletiva, ora do acordo coletivo, ocorrerá desequilíbrio em relação ao que foi negociado pelos entes sindicais.

  Esta teoria é aplicada aos trabalhadores contratados no Brasil para a prestação de serviços no exterior, nos termos do art. 3º, II da Lei nº 7.064/1982.

**IMPACTOS DA REFORMA TRABALHISTA**

- **Conflito entre fontes formais:** A Reforma Trabalhista modificou as regras acerca do conflito entre fontes do Direito do Trabalho. Eventual conflito deve ser solucionado da seguinte forma:
  - **I. Conflito entre acordo coletivo e convenção coletiva:** Nesse caso, deve sempre prevalecer o acordo coletivo;
  - **II. Conflito entre instrumento coletivo e lei:** nas hipóteses previstas no art. 611-A da CLT deve prevalecer a norma coletiva sobre a legislação;
  - **III. Nos demais conflitos**, prevalece a teoria do conglobamento, onde serão aplicadas apenas uma fonte em sua totalidade.

- **Para a semana antes da prova**, segue o quadrinho de resumo sobre as fontes de Direito do Trabalho:

Fontes
- Materiais
  - não são obrigatórias
  - fase prévia ao surgimento das normas
  - fatores sociais, econômicos que influenciam a elaboração das normas (reivindicação dos trabalhadores e das empresas)
- Formais (Obrigatórias)
  - Autônomas
    - elaborada pelas partes interessadas
    - Exemplos: acordo e convenção coletiva
  - Heterônomas
    - origem estatal
    - Exemplos: CF, leis e decretos
- Prevalência do negociado sobre o legislado
- Conflito das fontes formais
  - Teoria do conglobamento
  - Teoria da acumulação

## 1.3. INTEGRAÇÃO

- **Integração:** Diante da complexidade da sociedade contemporânea e de suas constantes mudanças, o legislador não possui condições de prever todos os acontecimentos sociais e de editar lei específica para todos os eventos que venham a ocorrer na sociedade. A fim de evitar que o conflito fique sem solução, surge a importante tarefa dos juristas de integrar o ordenamento jurídico, criando-se a ideia de completude do ordenamento. Portanto, integrar significa completar as lacunas deixadas pelo legislador.
- **Tipos de integração:** De acordo com o art. 8º da CLT, na ausência de legislação ou disposição contratual, a Justiça do Trabalho e as autoridades administrativas poderão se valer de técnicas de integração. Se houver um caso ainda não previsto em lei, o juiz estará obrigado a julgá-lo, pois a função do magistrado é pacificar os conflitos, mesmo não existindo lei específica para aquele caso. São técnicas de integração:
  - **a) Analogia:** ocorre quando uma lei semelhante é utilizada para regular o caso em que não há lei específica;
  - **b) Equidade:** deve ser entendida como a justiça aplicada com bom senso, com razoabilidade. Nesse caso, permite-se a criação de norma jurídica ao caso concreto, pautada por critérios de justiça sem que haja nenhuma previsão legal a respeito[5];
  - **c) Princípios gerais de Direito:** exercem importante função integrativa, pois coexistem com as regras jurídicas, podendo suprir eventual lacuna.



2 "A teoria do conglobamento é certamente a mais adequada à operacionalização do critério hierárquico normativo preponderante no Direito do Trabalho. A seu favor tem a virtude de não incorporar as apontadas distorções da teoria da acumulação, além de ser a única teoria a harmonizar a flexibilidade do critério hierárquico justrabalhista com a essencial noção de *sistema* inerente à ideia de Direito – e de ciência." DELGADO, Maurício Godinho. *Curso do Direito do Trabalho*. 7. ed. São Paulo: LTr, 2008. p. 183.

3 CASSAR, Vólia Bomfim. *Direito do Trabalho*. 8. ed. São Paulo: Método, 2013. p. 95.

4 MARTINS, Sérgio Pinto. *Comentários à CLT*. 19. ed. São Paulo: Atlas, 2015. p. 713-714.

5 GARCIA, Gustavo Filipe Barbosa. *Curso de Direito do Trabalho*. 7. ed. Rio de Janeiro: Forense, 2013. p. 71.

d) **Costumes:** compreendem a prática reiterada de uma conduta em dada região ou empresa, por exemplo, o costume em determinada atividade de pagar gorjetas. Assim, na ausência de dispositivo legal a respeito de determinado assunto e desde que não contrarie a Constituição Federal ou outra legislação, permite-se a utilização dos costumes para suprir a lacuna da lei trabalhista.

e) **Direito comparado:** refere-se ao confronto das leis de diversos Estados em diversos momentos históricos para estabelecer diferenças e semelhanças entre ordens jurídicas. Se verificada determinada lacuna no ordenamento brasileiro, é possível supri-la pela análise de outros ordenamentos quando for possível encontrar uma tendência para a solução de determinado conflito.

f) **Jurisprudência:** é a decisão reiterada no mesmo sentido sobre a mesma matéria. Discute-se se a jurisprudência pode ser considerada como fonte de integração. Há duas correntes sobre o tema:

1) A primeira delas, tradicional e majoritária, defende que não, pois as decisões reiteradas dos Tribunais não têm força normativa;

2) A segunda corrente é no sentido de que, com base no do artigo 8º da CLT, há possibilidade de utilização da jurisprudência como norma. Aliás, na prática trabalhista, os juízes utilizam-se das súmulas e OJs do TST como forma de suprir as diversas lacunas deixadas pela CLT.

- **Reforma Trabalhista:** A Reforma Trabalhista modificou o art. 8º da CLT e trouxe impactos no âmbito da integração do Direito do Trabalho:

| IMPACTOS DA REFORMA TRABALHISTA |
|---|
| • **Direito comum como fonte subsidiária.** A Reforma Trabalhista remove a exigência de compatibilidade com os princípios do Direito do Trabalho para a aplicação do direito comum como fonte subsidiária. |
| • **Antes da Reforma Trabalhista:** A redação do art. 8º, parágrafo único, da CLT previa o direito comum como fonte subsidiária do Direito do Trabalho, somente naquilo que não fosse incompatível com os princípios fundamentais desse ramo do Direito. |
| • **Restrição à jurisprudência consolidada do TST e dos TRTs.** A Lei nº 13.467/17 (Reforma Trabalhista) acrescentou o § 2º ao art. 8º da CLT, estabelecendo que súmulas e outros enunciados de jurisprudência editadas pelo TST e pelos TRTs não podem restringir direitos legalmente previstos nem criar obrigações que não estejam previstas em lei. |
| • **Antes da Reforma Trabalhista:** A CLT não possuía dispositivo que limitava a possibilidade de criação de súmulas e orientações jurisprudências do TST e dos TRTs. |
| • **Controle dos instrumentos coletivos de trabalho.** Foi ainda acrescentado o § 3º ao art. 8º da CLT, o qual estabelece uma limitação no controle do Poder Judiciário dos instrumentos coletivos de trabalho. De acordo com o dispositivo, no exame da convenção coletiva ou do acordo coletivo, a Justiça do Trabalho deve analisar exclusivamente a conformidade dos elementos essenciais do negócio jurídico, balizando sua atuação pelo princípio da intervenção mínima na autonomia da vontade coletiva. |
| • **Antes da Reforma Trabalhista:** A CLT não possuía nenhuma restrição quanto à análise dos instrumentos coletivos de trabalho – acordo coletivo e convenção coletiva – pelo Poder Judiciário. |

## 1.4. FLEXIBILIZAÇÃO

- **Flexibilização:** redução da rigidez das leis trabalhistas pela negociação coletiva, ou seja, é dar ênfase ao negociado em detrimento do legislado. Na flexibilização permanecem as normas básicas de proteção ao trabalhador, mas permite-se maior amplitude dos acordos e convenções para adaptação das cláusulas contratuais às realidades econômicas da empresa e às realidades regionais. Foi o que ocorreu com a Reforma Trabalhista, pois foram criadas normas que preveem a valorização do negociado sobre o legislado (art. 611-A, CLT).
- **Desregulamentação:** ocorre quando há ausência total da legislação protetiva, isto é, substituição do legislado pelo negociado. Nesse caso, não haveria a intervenção do Estado na elaboração das leis, deixando para as partes a elaboração das condições de trabalho.
- ***Lay off*:** Diante de retrações no mercado e crises econômicas, é comum que empresas reduzam o número de empregados para viabilizar a continuação da atividade produtiva. Nesse sentido, para evitar a ocorrência de demissões em massa de empregados e permitir maior qualificação profissional dos empregados, é necessário adotar medidas que garantam a manutenção dos contratos de trabalho mesmo em momentos de crise. Uma dessas hipóteses é o denominado *lay off*, que se refere ao afastamento temporário do empregado mediante recebimento de licença remunerada.

  Nesse sentido, o art. 476-A da CLT estabelece hipótese de suspensão do contrato de trabalho pelo período de 2 a 5 meses para que o empregado participe de curso de qualificação profissional, na qual não será devido o pagamento de salários.
- Em 21 de setembro de 2022, foi publicada a Lei nº 14.457, de 2022 (fruto da conversão da Medida Provisória nº 1.116, de 2022), que institui o **Programa Emprega + Mulheres**, cujo objetivo é a inserção e manutenção de mulheres no mercado de trabalho por meio da implementação de diversas medidas, dentre elas: a suspensão do contrato de trabalho da mulher para qualificação profissional e a suspensão do contrato de trabalho de pais empregados. Essas hipóteses de *lay off* (i) dependerão de requisição formal do empregado interessado; (ii) serão formalizadas por meio de acordo individual, de acordo coletivo ou de convenção coletiva de trabalho; (iii) ocorrerão nos termos do art. 476-A da CLT; (iv) haverá a incidência de multa caso ocorra a dispensa do empregado durante a suspensão do contrato ou nos 6 meses subsequentes ao seu retorno ao trabalho etc. A suspensão do contrato de trabalho do pai empregado somente poderá ocorrer após o término da licença-maternidade da esposa ou companheira. Conforme consta da própria Lei, seu objetivo é possibilitar que os pais possam prestar cuidados e estabelecer vínculos com os filhos; acompanhar o desenvolvimento dos filhos; e apoiar o retorno ao trabalho de sua esposa ou companheira.

# 2. DIREITOS CONSTITUCIONAIS DOS TRABALHADORES

Os direitos constitucionais dos trabalhadores estão previstos especialmente nos arts. 7º a 11 da CF/88. É imprescindível que o candidato faça a leitura prévia desses artigos antes de sua prova.

Além disso, o candidato deve estar atento ao previsto no arts. 5º, I a VI, VIII a XVIII, XX, XXIII, XXIX, 6º, 37, II e 170, da CF/88 e 10, I e 19, do ADCT da CF/88.

Optamos por incluir a transcrição dos artigos para facilitar os estudos:

**Constituição Federal**

**Art. 5º** Todos são iguais perante a lei, sem distinção de qualquer natureza, garantindo-se aos brasileiros e aos estrangeiros residentes no País a inviolabilidade do direito à vida, à liberdade, à igualdade, à segurança e à propriedade, nos termos seguintes:

I – homens e mulheres são iguais em direitos e obrigações, nos termos desta Constituição;

II – ninguém será obrigado a fazer ou deixar de fazer alguma coisa senão em virtude de lei;

III – ninguém será submetido a tortura nem a tratamento desumano ou degradante;

IV – é livre a manifestação do pensamento, sendo vedado o anonimato;

V – é assegurado o direito de resposta, proporcional ao agravo, além da indenização por dano material, moral ou à imagem;

VI – é inviolável a liberdade de consciência e de crença, sendo assegurado o livre exercício dos cultos religiosos e garantida, na forma da lei, a proteção aos locais de culto e a suas liturgias;

(...)

VIII – ninguém será privado de direitos por motivo de crença religiosa ou de convicção filosófica ou política, salvo se as invocar para eximir-se de obrigação legal a todos imposta e recusar-se a cumprir prestação alternativa, fixada em lei;

IX – é livre a expressão da atividade intelectual, artística, científica e de comunicação, independentemente de censura ou licença;

X – são invioláveis a intimidade, a vida privada, a honra e a imagem das pessoas, assegurado o direito a indenização pelo dano material ou moral decorrente de sua violação;

XI – a casa é asilo inviolável do indivíduo, ninguém nela podendo penetrar sem consentimento do morador, salvo em caso de flagrante delito ou desastre, ou para prestar socorro, ou, durante o dia, por determinação judicial;

XII – é inviolável o sigilo da correspondência e das comunicações telegráficas, de dados e das comunicações telefônicas, salvo, no último caso, por ordem judicial, nas hipóteses e na forma que a lei estabelecer para fins de investigação criminal ou instrução processual penal;

XIII – é livre o exercício de qualquer trabalho, ofício ou profissão, atendidas as qualificações profissionais que a lei estabelecer;

XIV – é assegurado a todos o acesso à informação e resguardado o sigilo da fonte, quando necessário ao exercício profissional;

XV – é livre a locomoção no território nacional em tempo de paz, podendo qualquer pessoa, nos termos da lei, nele entrar, permanecer ou dele sair com seus bens;

XVI – todos podem reunir-se pacificamente, sem armas, em locais abertos ao público, independentemente de autorização, desde que não frustrem outra reunião anteriormente convocada para o mesmo local, sendo apenas exigido prévio aviso à autoridade competente;

XVII – é plena a liberdade de associação para fins lícitos, vedada a de caráter paramilitar;

XVIII – a criação de associações e, na forma da lei, a de cooperativas independem de autorização, sendo vedada a interferência estatal em seu funcionamento;

(...)

XX – ninguém poderá ser compelido a associar-se ou a permanecer associado;

(...)

XXIII – a propriedade atenderá a sua função social;

(...)

XXIX – a lei assegurará aos autores de inventos industriais privilégio temporário para sua utilização, bem como proteção às criações industriais, à propriedade das marcas, aos nomes de empresas e a outros signos distintivos, tendo em vista o interesse social e o desenvolvimento tecnológico e econômico do País;

(...)

**Art. 6º** São direitos sociais a educação, a saúde, a alimentação, o trabalho, a moradia, o transporte, o lazer, a segurança, a previdência social, a proteção à maternidade e à infância, a assistência aos desamparados, na forma desta Constituição.

**Art. 7º** São direitos dos trabalhadores urbanos e rurais, além de outros que visem à melhoria de sua condição social:

I – relação de emprego protegida contra despedida arbitrária ou sem justa causa, nos termos de lei complementar, que preverá indenização compensatória, dentre outros direitos;

II – seguro-desemprego, em caso de desemprego involuntário;

III – fundo de garantia do tempo de serviço;

IV – salário mínimo , fixado em lei, nacionalmente unificado, capaz de atender a suas necessidades vitais básicas e às de sua família com moradia, alimentação, educação, saúde, lazer, vestuário, higiene, transporte e previdência social, com reajustes periódicos que lhe preservem o poder aquisitivo, sendo vedada sua vinculação para qualquer fim;

V – piso salarial proporcional à extensão e à complexidade do trabalho;

VI – irredutibilidade do salário, salvo o disposto em convenção ou acordo coletivo;

VII – garantia de salário, nunca inferior ao mínimo, para os que percebem remuneração variável;

VIII – décimo terceiro salário com base na remuneração integral ou no valor da aposentadoria;

IX – remuneração do trabalho noturno superior à do diurno;

X – proteção do salário na forma da lei, constituindo crime sua retenção dolosa;

XI – participação nos lucros, ou resultados, desvinculada da remuneração, e, excepcionalmente, participação na gestão da empresa, conforme definido em lei;

XII – salário-família pago em razão do dependente do trabalhador de baixa renda nos termos da lei;

XIII – duração do trabalho normal não superior a oito horas diárias e quarenta e quatro semanais, facultada a compensação de horários e a redução da jornada, mediante acordo ou convenção coletiva de trabalho;

XIV – jornada de seis horas para o trabalho realizado em turnos ininterruptos de revezamento, salvo negociação coletiva;

XV – repouso semanal remunerado, preferencialmente aos domingos;

XVI – remuneração do serviço extraordinário superior, no mínimo, em cinquenta por cento à do normal;

XVII – gozo de férias anuais remuneradas com, pelo menos, um terço a mais do que o salário normal;

XVIII – licença à gestante, sem prejuízo do emprego e do salário, com a duração de cento e vinte dias;

XIX – licença-paternidade, nos termos fixados em lei;

XX – proteção do mercado de trabalho da mulher, mediante incentivos específicos, nos termos da lei;

XXI – aviso prévio proporcional ao tempo de serviço, sendo no mínimo de trinta dias, nos termos da lei;

XXII – redução dos riscos inerentes ao trabalho, por meio de normas de saúde, higiene e segurança;

XXIII – adicional de remuneração para as atividades penosas, insalubres ou perigosas, na forma da lei;

XXIV – aposentadoria;

XXV – assistência gratuita aos filhos e dependentes desde o nascimento até 5 (cinco) anos de idade em creches e pré-escolas;

XXVI – reconhecimento das convenções e acordos coletivos de trabalho;

XXVII – proteção em face da automação, na forma da lei;

XXVIII – seguro contra acidentes de trabalho, a cargo do empregador, sem excluir a indenização a que este está obrigado, quando incorrer em dolo ou culpa;

XXIX – ação, quanto aos créditos resultantes das relações de trabalho, com prazo prescricional de cinco anos para os trabalhadores urbanos e rurais, até o limite de dois anos após a extinção do contrato de trabalho;

a) (Revogada).

b) (Revogada).

XXX – proibição de diferença de salários, de exercício de funções e de critério de admissão por motivo de sexo, idade, cor ou estado civil;

XXXI – proibição de qualquer discriminação no tocante a salário e critérios de admissão do trabalhador portador de deficiência;

XXXII – proibição de distinção entre trabalho manual, técnico e intelectual ou entre os profissionais respectivos;

XXXIII – proibição de trabalho noturno, perigoso ou insalubre a menores de dezoito e de qualquer trabalho a menores de dezesseis anos, salvo na condição de aprendiz, a partir de quatorze anos;

XXXIV – igualdade de direitos entre o trabalhador com vínculo empregatício permanente e o trabalhador avulso.

Parágrafo único. São assegurados à categoria dos trabalhadores domésticos os direitos previstos nos incisos IV, VI, VII, VIII, X, XIII, XV, XVI, XVII, XVIII, XIX, XXI, XXII, XXIV, XXVI, XXX, XXXI e XXXIII e, atendidas as condições estabelecidas em lei e observada a simplificação do cumprimento das obrigações tributárias, principais e acessórias, decorrentes da relação de trabalho e suas peculiaridades, os previstos nos incisos I, II, III, IX, XII, XXV e XXVIII, bem como a sua integração à previdência social.

**Art. 8º** É livre a associação profissional ou sindical, observado o seguinte:

I – a lei não poderá exigir autorização do Estado para a fundação de sindicato, ressalvado o registro no órgão competente, vedadas ao Poder Público a interferência e a intervenção na organização sindical;

II – é vedada a criação de mais de uma organização sindical, em qualquer grau, representativa de categoria profissional ou econômica, na mesma base territorial, que será definida pelos trabalhadores ou empregadores interessados, não podendo ser inferior à área de um Município;

III – ao sindicato cabe a defesa dos direitos e interesses coletivos ou individuais da categoria, inclusive em questões judiciais ou administrativas;

IV – a assembléia geral fixará a contribuição que, em se tratando de categoria profissional, será descontada em folha, para custeio do sistema confederativo da representação sindical respectiva, independentemente da contribuição prevista em lei;

V – ninguém será obrigado a filiar-se ou a manter-se filiado a sindicato;

VI – é obrigatória a participação dos sindicatos nas negociações coletivas de trabalho;

VII – o aposentado filiado tem direito a votar e ser votado nas organizações sindicais;

VIII – é vedada a dispensa do empregado sindicalizado a partir do registro da candidatura a cargo de direção ou representação sindical e, se eleito, ainda que suplente, até um ano após o final do mandato, salvo se cometer falta grave nos termos da lei.

Parágrafo único. As disposições deste artigo aplicam-se à organização de sindicatos rurais e de colônias de pescadores, atendidas as condições que a lei estabelecer.

**Art. 9º** É assegurado o direito de greve, competindo aos trabalhadores decidir sobre a oportunidade de exercê-lo e sobre os interesses que devam por meio dele defender.

§ 1º A lei definirá os serviços ou atividades essenciais e disporá sobre o atendimento das necessidades inadiáveis da comunidade.

§ 2º Os abusos cometidos sujeitam os responsáveis às penas da lei.

**Art. 10.** É assegurada a participação dos trabalhadores e empregadores nos colegiados dos órgãos públicos em que seus interesses profissionais ou previdenciários sejam objeto de discussão e deliberação.

**Art. 11.** Nas empresas de mais de duzentos empregados, é assegurada a eleição de um representante destes com a finalidade exclusiva de promover-lhes o entendimento direto com os empregadores.

(...)

**Art. 37.** A administração pública direta e indireta de qualquer dos Poderes da União, dos Estados, do Distrito Federal e dos Municípios obedecerá aos princípios de legalidade, impessoalidade, moralidade, publicidade e eficiência e, também, ao seguinte:

(...)

II – a investidura em cargo ou emprego público depende de aprovação prévia em concurso público de provas ou de provas e títulos, de acordo com a natureza e a complexidade do cargo ou emprego, na forma prevista em lei, ressalvadas as nomeações para cargo em comissão declarado em lei de livre nomeação e exoneração;

**Art. 170.** A ordem econômica, fundada na valorização do trabalho humano e na livre iniciativa, tem por fim assegurar a todos existência digna, conforme os ditames da justiça social, observados os seguintes princípios:

I – soberania nacional;

II – propriedade privada;

III – função social da propriedade;

IV – livre concorrência;

V – defesa do consumidor;

VI – defesa do meio ambiente, inclusive mediante tratamento diferenciado conforme o impacto ambiental dos produtos e serviços e de seus processos de elaboração e prestação;

VII – redução das desigualdades regionais e sociais;

VIII – busca do pleno emprego;

IX – tratamento favorecido para as empresas de pequeno porte constituídas sob as leis brasileiras e que tenham sua sede e administração no País.

Parágrafo único. É assegurado a todos o livre exercício de qualquer atividade econômica, independentemente de autorização de órgãos públicos, salvo nos casos previstos em lei.

**ADCT**

**Art. 10.** Até que seja promulgada a lei complementar a que se refere o art. 7º, I, da Constituição:

I – fica limitada a proteção nele referida ao aumento, para quatro vezes, da porcentagem prevista no art. 6º, "caput" e § 1º, da Lei nº 5.107, de 13 de setembro de 1966;

II – fica vedada a dispensa arbitrária ou sem justa causa:

a) do empregado eleito para cargo de direção de comissões internas de prevenção de acidentes, desde o registro de sua candidatura até um ano após o final de seu mandato;

b) da empregada gestante, desde a confirmação da gravidez até cinco meses após o parto.

(...)

**Art. 19.** Os servidores públicos civis da União, dos Estados, do Distrito Federal e dos Municípios, da administração direta, autárquica e das fundações públicas, em exercício na data da promulgação da Constituição, há pelo menos cinco anos continuados, e que não tenham sido admitidos na forma regulada no art. 37, da Constituição, são considerados estáveis no serviço público.

§ 1º O tempo de serviço dos servidores referidos neste artigo será contado como título quando se submeterem a concurso para fins de efetivação, na forma da lei.

§ 2º O disposto neste artigo não se aplica aos ocupantes de cargos, funções e empregos de confiança ou em comissão, nem aos que a lei declare de livre exoneração, cujo tempo de serviço não será computado para os fins do "caput" deste artigo, exceto se se tratar de servidor.

§ 3º O disposto neste artigo não se aplica aos professores de nível superior, nos termos da lei.

## 3. SUJEITOS DO CONTRATO DE TRABALHO

### 3.1. EMPREGADO

- **Necessária distinção:**
  - **A) Relação de trabalho:** É gênero e trata de relação de trabalho de forma ampla;
  - **B) Relação de emprego:** É espécie do gênero relação de trabalho e possui como característica principal a presença de subordinação do empregado
- **Importância de identificar o empregado.** A relação de emprego tem como principal característica a presença do empregado, parte mais fraca da relação jurídica. O Direito do Trabalho foi pensado e criado exatamente para proteger a figura desse trabalhador. Há necessidade, entretanto, de diferenciar o trabalhador em sentido amplo e o trabalhador com vínculo empregatício. A CLT e as demais normas trabalhistas são voltadas apenas à proteção dos direitos do empregado, ou seja, jornada de trabalho, FGTS, férias, descanso semanal remunerado, entre outros direitos, são direcionados aos empregados, por isso a importância de diferenciá-los dos trabalhadores autônomos, eventuais, estagiários etc. Veja o quadro a seguir, com os 4 requisitos para identificar o empregado:



**PROTEÇÃO PREVISTA NA CF/88 E NA CLT**

**Princípios protetivos:**
- Salário-mínimo
- Limitação da jornada (8 horas diárias)
- Intervalos
- Descanso semanal e férias
- Estabilidade
- Demais direitos trabalhistas

**Empregado**

**Requisitos:**
- Pessoa física (Pessoalidade)
- Não eventualidade
- Onerosidade
- Subordinação

**Importante diferenciá-lo dos demais trabalhadores, porque os direitos trabalhistas são direcionados ao empregado.*

1) **Pessoa física:** O empregado é pessoa física ou natural. A lei trabalhista foi criada para proteger o ser humano. Assim, excluem-se da figura do empregado a pessoa jurídica (empresa, associação, cooperativa etc.) e a prestação de serviços por animais.
   - **Pessoalidade:** O empregado é contratado em razão de suas qualidades pessoais (eficiência, lealdade, conhecimentos técnicos, moral etc.). Diante disso, não se pode fazer substituir por um terceiro.

2) **Não eventualidade:** Para configurar o vínculo empregatício, é necessário que o trabalho realizado não seja eventual, ocasional. O contrato de trabalho é de trato sucessivo, ou seja, há continuidade no tempo. Logo, haverá expectativa de que o empregado retorne ao local de trabalho. A não eventualidade na prestação de serviços não se confunde com trabalho realizado diariamente.

   **Obs.: Continuidade:** não se confunde com habitualidade, pois o trabalho contínuo é aquele que não admite referido fracionamento, exigindo certa regularidade na prestação dos serviços.

   **Trabalho contínuo na legislação do doméstico:** somente será configurado o trabalho doméstico quando realizado por período superior a 2 dias por semana (art. 1º, "caput", LC nº 150/2015).

3) **Onerosidade:** O contrato de trabalho é oneroso, como prevê o art. 3º da CLT: "mediante salário". Em regra, presume-se que a prestação de serviços é onerosa, pois de um

lado o empregado assume a obrigação de prestar serviços; de outro, o empregador, a obrigação de pagar salário.

**Forma de pagamento de salário:** é irrelevante para a configuração da onerosidade. Portanto, o empregado pode receber o salário fixo, variável, por comissão e percentagem ou mesmo "in natura".

4) **Subordinação:** A característica mais importante da relação empregatícia é a subordinação ou, ainda, de acordo com o texto da CLT: "empregado trabalha sob a dependência do empregador". Se o empregador assume todos os riscos do empreendimento, ele terá o poder de organizar e dirigir a prestação de serviços.

**Teorias da subordinação:**

1. **Subordinação técnica:** a subordinação existe porque o empregador detém todo o conhecimento técnico dos meios de produção.
2. **Subordinação econômica:** essa teoria defende a subordinação em razão da dependência do salário para o empregado sobreviver.
3. **Subordinação jurídica:** é a tese aceita atualmente. A subordinação do empregado decorre de lei. Assim, quando aceita trabalhar para o empregador, consequentemente aceitará as regras e orientações dadas pelo empregador.

**Obs.: Alteridade:** alguns autores destacam a **alteridade** como requisito do vínculo empregatício (Sérgio Pinto Martins). A alteridade obriga que todos os riscos do empreendimento sejam suportados exclusivamente pelo empregador.

Assim sendo, em momentos de crise financeira mundial, os prejuízos da empresa serão exclusivos do empregador, não se podendo dividi-los com os trabalhadores. O salário deve ser pago, portanto, tendo a empresa lucros ou prejuízos.

### 3.1.1. REQUISITOS NÃO ESSENCIAIS AO VÍNCULO DE EMPREGO

- **Exclusividade.** Não há, na CLT, exigência de que o empregado preste serviços com exclusividade. Não é requisito para configurar o vínculo empregatício que ele trabalhe para apenas um único empregador. Há possibilidade de vários contratos de trabalho, com empresas diversas, simultaneamente.
- Exemplo: empregado presta serviços na padaria, pela manhã. À tarde, é empregado da central de telemarketing. Nesse caso, a Carteira de Trabalho será assinada pelos dois empregadores, possuindo o empregado dois contratos de trabalho ao mesmo tempo.
- Cláusula de não concorrência ("quarentena"): Nesse caso, o empregado se comprometeria, após o término do contrato de trabalho, a não exercer a mesma atividade econômica do empregador durante um prazo determinado.
- Diante da livre pactuação das cláusulas contratuais, a jurisprudência trabalhista tende a aceitar a validade dessas cláusulas como decorrência do princípio da lealdade e boa-fé do trabalhador, desde que haja justo pagamento durante o período (TRT-2 – RO: 16201820125020 SP, Relator: Patricia Therezinha de Toledo, Data de Julgamento: 22/10/2013, 4ª Turma, Data de Publicação: 30/10/2013)
- **Profissionalidade:** a profissionalidade é outro elemento não essencial à caracterização da relação de emprego. Nesse sentido, será empregado tanto o trabalhador braçal como o alto executivo, artista, médico, advogado, desde que presentes os quatro requisitos do vínculo empregatício (pessoa física, habitualidade, onerosidade e subordinação).
- **Experiência prévia (art. 442-A da CLT).** A CLT foi alterada para incentivar o ingresso de novos profissionais no mercado de trabalho. Como forma de proporcionar que trabalhadores, ainda sem experiência, possam ocupar novos postos de trabalho, o empregador está proibido de exigir do candidato comprovação de experiência prévia por tempo superior a 6 meses.
- **Local da prestação de serviços.** O local da prestação de serviços também é irrelevante para configurar o vínculo empregatício. Veja, por exemplo, o trabalhador que presta serviços em domicílio desenvolvendo programas de computador; nessa situação, se houver a presença dos requisitos da relação empregatícia (habitualidade, onerosidade e subordinação), será configurada a relação de emprego, com o pagamento de todos os direitos trabalhistas.

#### 3.1.1.1. TRABALHO EM DOMICÍLIO E TELETRABALHO

- **Teletrabalho.** A CLT foi alterada em 2011, para prever o teletrabalho, ou seja, o trabalho executado a distância. Nesse caso, se as ordens são passadas pelo celular ou *e-mail*, configuram-se a subordinação e, consequentemente, o vínculo empregatício (art. 6º CLT).
- **Teletrabalho e a Reforma Trabalhista**: A Lei nº 13.467/2017 regulamenta o tema em seu título II, capítulo II-A (arts. 75-A a 75-E) e define o teletrabalho como a prestação de serviços preponderantemente fora das dependências do empregador. De acordo com a regulamentação trazida pela Reforma Trabalhista, o teletrabalhador não se sujeita às regras de duração do trabalho, ou seja, não terá direito a horas extras, pagamento de adicional noturno e intervalos, nos termos do art. 62, III, da CLT. Ademais, o acordo ou convenção coletiva que dispuser sobre o teletrabalho terá prevalência sobre o disposto na legislação trabalhista (art. 611-A, VIII da CLT).
- **Contrato solene:** Para a contratação de empregado na modalidade de teletrabalho, a legislação exige solenidade, pois a condição de teletrabalhador deve constar expressamente do contrato individual de trabalho. Ainda, havia expressa exigência de que o empregador especificasse detalhadamente as atividades que o empregado deveria exercer.
- Com as alterações promovidas pela Lei nº 14.442, de 2022, detalhadas no tópico abaixo, não há mais a expressa necessidade de que o empregador especifique detalhadamente as atividades que o empregado deve exercer no contrato (ou aditivo) solene de teletrabalho.
- **Alteração de trabalho presencial para teletrabalho.** A Reforma Trabalhista permite que o empregado passe a trabalhar na condição de teletrabalhador desde que haja:
  a) mútuo acordo entre as partes;
  b) acordo escrito em aditivo contratual.
- **Alteração de teletrabalho para trabalho presencial.** Também é possível a alteração do regime de teletrabalho para o presencial. Todavia, nesse caso, a alteração se dá por determinação do empregador, sendo necessário o preenchimento dos seguintes requisitos:
  a) prazo de transição mínimo de 15 dias;
  b) aditivo contratual.
- **Responsabilidade pela aquisição, manutenção ou fornecimento dos equipamentos.** Nos termos do art. 75-D à CLT, a responsabilidade pela aquisição, manutenção ou fornecimento dos equipamentos tecnológicos e da infraestrutura necessária e adequada à prestação do trabalho remoto, além do reembolso de despesas arcadas pelo

trabalhador, poderá ser regulada por acordo escrito entre empregado e empregador.

- **Meio ambiente do trabalho.** Por fim, O empregador deverá instruir os empregados, de maneira expressa e ostensiva, quanto às precauções a tomar a fim de evitar doenças e acidentes de trabalho, e o empregado deverá assinar termo de responsabilidade comprometendo-se a seguir as instruções fornecidas pelo empregador (art. 75-E, CLT)

**3.1.1.1.1. Nova regulamentação do teletrabalho dada pela Lei nº 14.442/2022 (fruto da conversão em lei da MP nº 1.108, de 25 de março de 2022)**

- **A Lei nº 14.442/2022** dispõe sobre o pagamento de auxílio-alimentação e altera estruturalmente as regras relativas ao teletrabalho.
- **Novo conceito.** "teletrabalho" ou "trabalho remoto" é a prestação de serviços fora das dependências do empregador, **de maneira preponderante ou não**, com a utilização de tecnologias de informação e de comunicação, que, por sua natureza, não se configure como trabalho externo (art. 75-B, da CLT, com redação dada pela Lei nº 14.442/2022).
- Ressalta-se, ainda, que o comparecimento do empregado às dependências da empresa, **ainda que de modo habitual**, não descaracteriza o regime de teletrabalho.
- **Controle de jornada.** A Lei nº 14.442/2022 criou duas modalidades de teletrabalho:

  **1) Teletrabalho por jornada:** nesse caso, com duração de 8h nos moldes tradicionais (intervalos, horas extras etc.); e

  **2) Teletrabalho por produção e tarefa (novidade).**
- Somente o teletrabalho por produção ou tarefa está excluído do controle de jornada, não havendo, portanto, limitação da jornada em 8 horas diária ou 44 horas semanais, intervalos intra e interjornada, nem horas extras ou adicional noturno.:

  > **Art. 62 da CLT (*Redação dada pela Lei nº 14.442, de 2022*):** Não são abrangidos pelo regime previsto neste capítulo: (...)
  >
  > III os empregados em regime de teletrabalho que prestam serviço por produção ou tarefa.
- **Operador de telemarketing.** Não se enquadra ao regime de teletrabalho a ocupação de operador de telemarketing.
- **Tempo à disposição.** O uso dos equipamentos tecnológicos e de infraestrutura utilizados para o teletrabalho, fora da jornada de trabalho normal do empregado, não constitui tempo à disposição, regime de prontidão ou de sobreaviso, exceto se houver previsão em acordo individual ou em acordo ou convenção coletiva de trabalho.
- **Aprendizes e estagiários.** Agora há autorização para que aprendizes e estagiários trabalhem em regime de teletrabalho.
- Necessidade de controle de jornada. Como há regras específicas sobre a jornada de trabalho dos aprendizes e estagiários, entendemos que esses trabalhadores não poderão ser excluídos da duração do trabalho (teletrabalho por produção ou tarefa).
- **Aplicação territorial da lei e das normas coletivas.** Aplicam-se ao empregado em teletrabalho as regras locais e as convenções e acordos coletivos de trabalho relativas à base territorial do estabelecimento do empregado.
- **Trabalhador contratado no Brasil que opta por prestar serviços fora do país.** aplica-se a legislação brasileira, salvo disposição em contrário estipulada entre as partes.
- Não se aplica para a situação de trabalhadores contratados no Brasil ou transferidos por seus empregadores para prestar serviço no exterior (Lei nº 7.064/82)
- **Horários e os meios de comunicação entre empregado e empregador.** Poderão ser regulados por acordo individual, desde que assegurados os repousos legais.
- **Prioridade de vagas.** Empresas deverão priorizar as vagas de teletrabalho aos empregados com deficiência e empregados e empregadas com filhos ou criança sob guarda judicial até quatro anos de idade.

## 3.1.2. EMPREGADO "HIPERSUFICIENTE"

- **Empregado "hipersuficiente":** Com a Reforma Trabalhista, criou-se a figura do empregado "hipersuficiente", permitindo a estipulação contratual com maior liberdade entre este e o empregador, nas hipóteses do art. 611-A, da CLT.

  > **Art. 444 da CLT (Alterado pela Reforma Trabalhista):** *As relações contratuais de trabalho podem ser objeto de livre estipulação das partes interessadas em tudo quanto não contravenha às disposições de proteção ao trabalho, aos contratos coletivos que lhes sejam aplicáveis e às decisões das autoridades competentes.*
  >
  > *Parágrafo único. A livre estipulação a que se refere o caput deste artigo aplica-se às hipóteses previstas no art. 611-A desta Consolidação, com a mesma eficácia legal e preponderância sobre os instrumentos coletivos, no caso de empregado* **portador de diploma de nível superior e que perceba salário mensal igual ou superior a duas vezes o limite máximo dos benefícios do Regime Geral de Previdência Social.** *(grifo nosso)*

Ao contrário dos demais trabalhadores que necessitam de seus sindicatos para negociar as hipóteses de prevalência do negociado sobre o legislado, esses empregados podem negociar individualmente com seus empregadores. As cláusulas negociadas terão a mesma eficácia e a mesma preponderância dos instrumentos coletivos. Para a caracterização do empregado "hipersuficiente", é necessário o preenchimento de dois requisitos:

**a)** **Nível de escolaridade:** empregado deve ser portador de diploma de nível superior. Portanto, os empregados com menor grau de escolaridade não têm direito a negociar as cláusulas contratuais com seu empregador, que serão realizadas pelo sindicato de sua categoria;

**b)** **Valor do salário:** empregado deve receber salário superior a duas vezes o limite máximo dos benefícios do Regime Geral de Previdência Social. Em 2023, o teto previdenciário passou a ser de R$ 7.507,49[6]. Portanto, o empregado somente poderá negociar diretamente com seu empregador caso seu salário seja igual ou superior a R$ 15.014,98.

- **Arbitragem nas relações de trabalho:** a arbitragem era prevista tão somente para os conflitos coletivos. No entanto, o art. 507-A da CLT, introduzido pela Lei nº 13.467/2017, passa a admitir a arbitragem para os empregados que possuem remuneração superior a duas vezes o limite máximo estabelecido para os benefícios do Regime Geral de Previdência Social.

  Obs.: Nesse caso, não se exige que o empregado tenha escolaridade de nível superior.

---

6. Disponível em: https://www.gov.br/inss/pt-br/assuntos/noticias-ministerio-da-previdencia/beneficios-com-valor-acima-do-salario-minimo-sao-reajustados-em-5-93. Acesso em: 06/02/2023.

TRABALHO

## 3.2. CARTEIRA DE TRABALHO E PREVIDÊNCIA SOCIAL

- **Documento obrigatório.** Não há formalidade específica para contratar o empregado, pois o contrato de trabalho poderá ser celebrado, inclusive, de forma verbal. Há, entretanto, exigência de um documento obrigatório do empregado, chamado de Carteira de Trabalho e Previdência Social – CTPS. A falta de anotação da CTPS não afasta o vínculo empregatício, mas possibilita que a empresa seja autuada pela fiscalização.
- **CTPS Digital:** A Lei nº 13.874/2019 (Lei da Liberdade Econômica) alterou a redação do art. 14 da CLT para prever a emissão de CTPS em meio eletrônico. Ademais, os procedimentos referentes à emissão da CTPS serão estabelecidos pelo Ministério da Economia[7] em regulamento próprio.
- Ressalta-se que nem todas as CTPS serão digitais, pois o parágrafo único do art. 14 da CLT traz 3 órgãos e entidades legitimadas para a emissão em meio físico:

  *I – nas unidades descentralizadas do Ministério da Economia que foram habilitadas para tanto;*

  *II – mediante convênio, por órgãos federais, estaduais e municipais da administração direta ou indireta; e*

  *III – mediante convênio com serviços notariais e de registro, sem custos para a administração, garantias as condições de segurança das informações.*
- **Portaria nº 671/2021 do Ministério do Trabalho:** determina que a Carteira de Trabalho Digital está previamente emitida a todos os inscritos no CPF, sendo necessária sua habilitação.
- **Valor da anotação da CTPS:** A nova redação do art. 40 da CLT, dada pela Lei da Liberdade Econômica, retirou duas hipóteses que a CTPS serve como prova e passou a estabelecer que poderá ser usada para:

  a) comprovação de salário, gozo de férias ou tempo de serviço nas reclamações trabalhistas; ou

  b) para o cálculo de indenização por acidente de trabalho ou moléstia profissional.

  Note-se, portanto, que a CTPS deixa de ser documento hábil a ser apresentado em atos em que sejam exigidas carteiras de identidade. Essa hipótese deixou de ser possível, pois a CTPS passou a ser emitida preferencialmente em meio eletrônico e, portanto, não servirá como prova nos atos que dependam da apresentação de um documento de identidade em meio físico.

  Além disso, a CTPS deixa de ser documento capaz de provar a dependência perante a Previdência Social, pois poderá não conter as informações necessárias ao INSS ou ainda impossibilitar sua análise por ser emitida em meio eletrônico.

  Por outro lado, os valores recebidos pelos trabalhadores a título de salário, as datas de gozo de férias ou tempo de serviço poderão ser utilizadas como prova em reclamações trabalhistas e também para o cálculo de indenização por acidente de trabalho ou moléstia profissional.

- **Prazo para anotação na CTPS.** De acordo com a antiga redação do art. 29, "caput", da CLT, o prazo para assinatura da carteira de trabalho era de **48 horas,** não se admitindo prorrogação, salvo motivo de força maior. Ressalta-se que as demais anotações, durante o contrato de trabalho, como reajuste salarial, anotações das férias *etc.*, também deveriam respeitar o prazo de 48 horas, sob pena de pagamento de multa. A Lei de Liberdade Econômica alterou a redação do "caput" do dispositivo para prever que o empregador tem o **prazo de 5 dias úteis** para proceder à anotação da CTPS do trabalhador. Note-se que a alteração ocorre no sentido de desburocratizar o curto prazo de 48 horas previsto para a anotação na redação anterior.
- **Anotações sobre remuneração.** As anotações devem especificar a forma de remuneração do empregado, o salário, a estimativa da gorjeta e as utilidades concedidas pelo empregador.
- **Lei nº 14.438, de 24 de agosto de 2022 (fruto da conversão da MP nº 1.107/2022):** entre outras providências, incluiu os arts. 29-A e 29-B à CLT, fixando valores de multa aos empregadores que não procederem com a anotação adequada da CTPS de seus empregados:

  a) Multa de R$ 3000,00 ao empregador que não especificar o salário, qualquer que seja sua forma de pagamento, seja ele em dinheiro ou em utilidades, bem como a estimativa da gorjeta, conforme determinado no art. 29, caput e § 1º, da CLT (a multa será de R$ 800,00 no caso de microempresa ou de empresa de pequeno porte); e

  b) Multa de R$ 600,00 pelo descumprimento de prazo das anotações especificadas no art. 29, § 2º, da CLT
- **Anotações desabonadoras.** É proibido ao empregador efetuar anotações desabonadoras à conduta do empregado. Exemplo: empregado que é dispensado por justa causa, com suspeita de furto na empresa ou, ainda, o empregado que falta ao trabalho injustificadamente. O empregador, mesmo diante dessas condutas, não poderá descrevê-las na CTPS do empregado.
- **Registros eletrônicos equivalentes às anotações:** A Lei de Liberdade Econômica passou a prever também que os registros eletrônicos gerados pelo empregador nos sistemas informatizados da CTPS em meio digital equivalem às anotações a que se refere a CTPS. Tendo em vista a instituição da CTPS digital, as anotações da CTPS passarão a ocorrer exclusivamente em meio eletrônico servindo como prova os registros eletrônicos no sistema informatizado que será criado para a sua emissão. Por fim, a redação do novo § 3º do art. 135 da CLT estabelece que as anotações das férias do empregado ocorrerão nos sistemas informatizados da CTPS em meio eletrônico.
- **Prazo para acesso às informações de anotação:** O novo §8º do art. 29 da CLT estabeleceu que o trabalhador terá acesso às informações de sua CTPS no prazo de até 48 horas a partir de sua anotação. Portanto, o empregador terá 5 dias úteis para proceder à anotação da CTPS em meio digital. Feita a anotação, o trabalhador deverá ter acesso à CTPS atualizado em até 48 horas.
- **Prescrição e CTPS.** Na anotação da CTPS, para fins de comprovação perante o INSS, não se aplica o prazo previsto da Constituição Federal, ou seja, o prazo de 2 anos a partir do término do contrato de trabalho. Esse direito é imprescritível, conforme previsto no art. 11, § 1º, da CLT.
- **Registro de empregados:** Diferentemente da CTPS, que é documento pessoal do trabalhador, o empregador é obrigado a efetuar o registro de seus empregados em livros, fichas ou sistemas eletrônicos, o que corresponde a

---

7. *Ao longo desta obra, o leitor irá se deparar com dispositivos legais, decisões judiciais e referências doutrinárias que fazem menção a Ministério do Trabalho, Ministério do Trabalho e Previdência, Ministério do Trabalho e Previdência Social e, até mesmo, Ministério da Economia. Tenha em mente que, hoje, essas atribuições estão concentradas no órgão que se chama Ministério do Trabalho e Emprego (conforme art. 17, XXVIII da MP nº 1.154, de 1º de janeiro de 2023). Quando, de fato, estivermos falando de competência que é de outro Órgão, deixaremos claro no texto.*

documento interno da empresa (próprio do empregador). A falta desse registro possibilita a aplicação de multa pela fiscalização do trabalho.

- **Valor da multa por ausência de registro:** Com a Reforma Trabalhista, caso não haja o registro, o valor da multa será de R$ 3.000,00 por empregado não registrado, acrescido de igual valor em caso de reincidência (art. 47 da CLT, alterado pela Reforma Trabalhista). Tratando-se de microempresa ou empresa de pequeno porte, a multa será de R$ 800,00.
- **Reajuste da multa.** É importante destacar que a nova redação do art. 634, § 2º da CLT dada pela Reforma Trabalhista assegura o reajuste no valor das multas estabelecidas em moeda corrente de acordo com a Taxa Referencial divulga pelo Banco Central:

> **Art. 634, § 2º da CLT** *(Redação dada pela Lei de Reforma Trabalhista): Os valores das multas administrativas expressos em moeda corrente serão reajustados anualmente pela Taxa Referencial divulgada pelo Banco Central do Brasil, ou pelo índice que vier a substituí-lo.*

- Tendo em vista que a Taxa Referencial não repõe o valor da inflação anual, os valores previstos às multas trabalhistas perderão valor real com o passar dos anos e passarão a ter cada vez menos impacto no caso de descumprimento pelo empregador.

## 3.3. EMPREGADO RURAL (LEI Nº 5.889/73)

- **Direitos equiparados.** Inicialmente, o empregado rural não possuía os mesmos direitos dos empregados urbanos. Com a promulgação da Constituição Federal de 1988, ocorreu a equiparação de direitos entre empregados urbanos e rurais.
- **Reforma Trabalhista:** não modificou nenhum dispositivo da Lei do Rural – Lei nº 5.889/1973. Entretanto, haverá impactos indiretos da Lei nº 13.467/2017 à regulamentação dos direitos dos empregados rurais, pois a CLT tem aplicação naquilo em que não colidir com a legislação específica.
- **Identificação do emprego rural:** O ponto essencial para identificar o trabalhador rural é prestar serviços ao empregador rural.
- **Empregador rural:** De acordo com a lei, é a pessoa física ou jurídica que explore a atividade agroeconômica. Assim sendo, mesmo que o prédio esteja localizado em área urbana, se a sua destinação envolver exploração agrícola ou pecuária, o empregado será rural.
- **Prescrição para o empregado rural.** Houve alteração do art. 7º, XXIX, da CF/88, e o prazo prescricional do trabalhador rural passou a ser o mesmo do urbano: 2 anos para ingressar com a ação judicial, após a extinção do contrato, com possibilidade de pleitear os direitos trabalhistas dos últimos 5 anos, a contar da propositura da ação.
- A redação do art. 11 da CLT foi alterada pela Reforma Trabalhista para se adequar à Constituição Federal:

> **Art. 11 da CLT (com redação dada pela Reforma Trabalhista):** *A pretensão quanto a créditos resultantes das relações de trabalho prescreve em cinco anos para os trabalhadores urbanos e rurais, até o limite de dois anos após a extinção do contrato de trabalho.*

- Em outubro de 2015, foi incluída na atividade econômica prevista no caput do art. 3º – que conceitua empregador rural – a exploração do turismo rural acessório à exploração agroeconômica (art. 3º, § 1º da Lei nº 5.889/73).

### 3.3.1. PECULIARIDADES DOS EMPREGADOS RURAIS

- **Aviso-prévio.** O aviso-prévio é dado pela parte (empregado ou empregador) que decidir pôr fim à relação empregatícia. Se a iniciativa partir do empregador, a legislação trabalhista prevê a redução da jornada de trabalho, como forma de proporcionar ao trabalhador a busca por um outro emprego. O empregado rural notificado da dispensa sem justa causa tem direito à redução de 1 dia por semana para buscar novo emprego, sem prejuízo da sua remuneração.
- **Intervalo intrajornada.** O intervalo concedido ao empregado rural para descanso e refeição, na jornada superior a 6 horas, será de acordo com os usos e costumes da região. Cabe frisar, entretanto, que o TST tem se posicionado no sentido de que o empregado rural que tenha jornada superior a 6 horas diárias possui o direito ao **intervalo de, no mínimo, 1 hora**, o que pode ser alterado em razão do previsto no art. 611-A, III da CLT. Caso não seja concedido esse intervalo mínimo, haverá o pagamento de horas extras, com base no art. 71, § 4º, da CLT. Com a Reforma Trabalhista, há alteração na natureza jurídica da parcela devida na hipótese de supressão ou redução do intervalo intrajornada, que será indenizatória, não refletindo nas demais verbas trabalhistas. Além disso, somente será devido o período suprimido do intervalo. Por fim, a Reforma Trabalhista permite a redução do intervalo intrajornada por convenção ou acordo coletivo para o mínimo de 30 minutos, a empregados com jornada superior a 6 horas.
- **Serviços intermitentes:** Outra particularidade diz respeito aos serviços intermitentes, em que há possibilidade de intervalos mais longos, como dos empregados que trabalham com gado leiteiro, que saem de madrugada para a primeira ordenha e voltam apenas no fim da tarde para a segunda. Esses intervalos de, no mínimo, 5 horas (art. 10, parágrafo único, Decreto nº 73.626/1974), não são computados na jornada de trabalho do empregado rural, mas devem estar expressamente ressalvados na CTPS do rural.
- **Trabalho noturno.** O ser humano não possui hábitos noturnos. Assim sendo, o trabalho noturno deve conter aspectos mais protetivos e possuir remuneração superior à do diurno. O horário noturno será de acordo com a atividade desenvolvida: a) na pecuária inicia-se às 20 horas e termina às 4 horas; b) na agricultura, a jornada será das 21 horas às 5 horas. A hora noturna rural, ao contrário do que acontece com o trabalhador urbano, não é reduzida, ou seja, a hora terá duração de 60 minutos. Durante a jornada noturna há necessidade de pagamento de adicional noturno de, no mínimo, 25% a mais que a hora diurna.
- **Salário-utilidade ou salário *in natura*.** O salário poderá ser pago em dinheiro ou, ainda, em utilidades, como alimentação e moradia. Essa forma de pagamento é chamada de salário *in natura* ou utilidades. Há possibilidade de desconto do salário mínimo para o pagamento das utilidades, respeitando os seguintes percentuais: a) até 20%, moradia; b) até 25%, pelo fornecimento de alimentação sadia e farta, atendidos os preços vigentes na região. Para esses descontos, há necessidade de prévia autorização do empregado rural; sem tal autorização, essas deduções serão nulas de pleno direito.

### 3.3.2. CONTRATO TEMPORÁRIO RURAL (ART. 14-A DA LEI Nº 5.889/73)

- **Quem pode contratar?** Houve alteração na lei para disciplinar a contratação por pequeno prazo do trabalhador rural, na tentativa de formalizar as contratações dos "diaristas do

TRABALHO

campo". Apenas o empregador pessoa física poderá contratar sob essa modalidade, o que exclui as empresas rurais, cooperativas e demais pessoas jurídicas.

- **Contrato por prazo determinado.** Esse contrato será por prazo determinado, com duração máxima de 2 meses dentro do período de um ano. Veja que esse contrato possibilita vários períodos descontínuos.
- **CTPS opcional.** O empregador rural é obrigado a recolher as contribuições previdenciárias e efetuar os depósitos do FGTS – Fundo de Garantia do Tempo de Serviço. Ademais, deverá anotar na CTPS – Carteira de Trabalho e Previdência Social – ou poderá fazer contrato escrito com o trabalhador rural.
- **Direitos trabalhistas.** O trabalhador rural contratado por curto período terá direito à remuneração equivalente à do trabalhador rural permanente, e todos os demais direitos de natureza trabalhista, relativos ao contrato por prazo determinado. Essas parcelas serão calculadas dia a dia e pagas diretamente ao trabalhador.
- **Para a semana antes da prova** segue o quadro de resumo sobre empregado rural:

| EMPREGADO RURAL (Lei nº 5.889/73) | |
|---|---|
| **Empregado rural** | equiparação de direitos como os urbanos (art. 7º, CF/88). |
| | identificação: trabalha para empregador rural. |
| | prescrição: mesmo período dos trabalhadores urbanos (2 anos para ingressar na justiça/pedido dos últimos 5 anos). |
| **Peculiaridades do trabalhador rural** | aviso-prévio: redução de 1 dia por semana (iniciativa do empregador). |
| | intervalo: de acordo com usos e costumes da região. |
| | trabalho noturno (hora de 60 min):<br>• pecuária 20 h às 4 h.<br>• agricultura 21 h às 5 h.<br>• adicional noturno: 25%. |
| | salário-utilidade (desconto sobre salário mínimo):<br>• 20% moradia.<br>• 25% alimentação.<br>• prévia autorização. |
| **Contrato temporário rural (art. 14-A, Lei Rural)** | empregador: pessoa física. |
| | duração: 2 meses dentro do período de 1 ano. |
| | recolher FGTS e contribuições previdenciárias. |
| | mesmos direitos dos demais empregados permanentes. |

## 3.4. TRABALHO DOMÉSTICO

- **Previsão Constitucional.** Em relação ao empregado doméstico, é importante que o candidato saiba que seus direitos estão listados no art. 7º, parágrafo único da Constituição. Dessa forma, é indispensável a leitura atenta do art. 7º e seus incisos. Para facilitar seus estudos, ao longo deste tópico, elaborar vários quadrinhos para memorização.
- **Obs.:** não houve equiparação de direitos do doméstico em relação ao empregado urbano e rural, pois alguns direitos ainda não foram estendidos aos empregados domésticos.
- O Brasil deu um importante passo rumo à efetivação dos direitos fundamentais trabalhistas, reconhecendo direitos básicos do empregado doméstico via EC-72 – 2013.
- Em junho de 2015, foi promulgada a **Lei Complementar nº 150/2015**, que passou a regulamentar o trabalho doméstico a partir dos novos direitos assegurados pela EC nº 72/2013 e trouxe diversas mudanças na disciplina dessa relação de emprego.
- **Aplicação subsidiária da CLT à relação de emprego doméstico:** o art. 19 da nova Lei inovou ao prever a aplicação subsidiária da CLT à relação de emprego doméstico, respeitadas as peculiaridades inerentes a esses contratos.
- **Reforma Trabalhista:** não modificou nenhum dispositivo da Lei dos Domésticos – LC nº 150/2015. Entretanto, haverá impactos indiretos da Lei nº 13.467/2017 à regulamentação dos direitos dos empregados domésticos em razão dessa aplicação subsidiária da CLT.
- **Requisitos específicos para identificar o empregado doméstico permanecem intactos, mesmo após a alteração constitucional (EC/72-2013).** O empregado doméstico tem os 4 requisitos "clássicos" para configurar o vínculo empregatício (pessoa física, onerosidade, subordinação e *continuidade*). Entretanto, para esse trabalhador há duas particularidades que o candidato deve sempre lembrar:

  1) **Finalidade não lucrativa.** É vedado que o empregado doméstico esteja inserido em uma atividade lucrativa da família, ou seja, não poderá prestar serviços a terceiros, mas apenas à família.

  2) **Trabalho contínuo.** O art. 1º, *caput*, da recém-promulgada LC nº 150/2015 estabelece que será configurado o trabalho doméstico quando realizado por período **superior a 2 dias.** Em razão dessa previsão, entendemos pela impossibilidade de contratação de empregado doméstico em trabalho intermitente, modalidade de contrato de trabalho criada pela Reforma Trabalhista. O trabalho intermitente é caracterizado pela alternância entre períodos de prestação de serviços e períodos de inatividade. Tendo em vista que a legislação do doméstico exige o trabalho por mais de 2 dias na semana, não será possível a contratação em regime de trabalho intermitente.

- Assim, não há dúvidas de que, se os serviços forem prestados em 1 ou 2 dias por semana, ficará configurada a "faxineira" ou a "diarista", que representam trabalhadoras autônomas, sem direitos trabalhistas.
- No ano de 2018, ainda, houve a edição da Lei nº 13.699/2018 que estabelece a garantia de condições de "acessibilidade, utilização e conforto nas dependências internas das edificações urbanas, inclusive nas destinadas à moradia e ao serviço dos trabalhadores domésticos, observados requisitos mínimos de dimensionamento, ventilação, iluminação, ergonomia, privacidade e qualidade dos materiais empregados" (art. 2º, XIX da Lei nº 10.257/2001).
- **Idade mínima para o trabalho doméstico:** era também um importante ponto, alvo de discussão pela doutrina. Parte da doutrina defendia a idade mínima de 16 anos, em razão de o art. 7º da CF possibilitar o trabalho a partir dessa idade. Outros entendiam que, devido à limitação de 18 anos prevista na Convenção nº 182 da OIT, era esse posicionamento que deveria prevalecer.

- **LC nº 150/2015:** a questão foi completamente pacificada. A idade mínima para contratação de trabalhadores domésticos é 18 anos.
- Na tentativa de tornar mais didática essa nova matéria ligada ao empregado doméstico, vamos dividir o tema em **5 partes**. Isso tornará mais fácil a memorização para seu concurso público:
  1. direitos clássicos previstos na CF e na Lei dos Domésticos antes da EC-72/2013;
  2. novos direitos incluídos pela EC-72/2013, com aplicação imediata;
  3. novos direitos concedidos, que agora são aplicados em razão da regulamentação efetuada pela Lei Complementar nº 150/2015;
  4. direitos não estendidos aos domésticos;
  5. discussão a respeito do instituto da prescrição; no entanto, com a LC nº 150/2015, a matéria está regulamentada.

**1. Direitos clássicos previstos anteriormente à EC/72-2013, ou seja, eram assegurados desde a promulgação da Constituição Federal ocorrida em 5.10.1988:**

a) Salário mínimo;
b) Irredutibilidade do salário;
c) Décimo terceiro salário;
d) Repouso semanal remunerado (regulamentado pela LC nº 150/2015);
e) Férias acrescidas de 1/3 a mais da remuneração (regulamentado pela LC nº 150/2015);
f) Licença-gestante de 120 dias (regulamentado pela LC nº 150/2015);
g) Licença-paternidade (5 dias);
h) Aviso-prévio (regulamentado pela LC nº 150/2015);
i) Aposentadoria.

**2. Novos direitos, com eficácia IMEDIATA do empregado doméstico previstos no art. 7º, parágrafo único, da CF/88:**

A partir de 3.4.2013, já estão assegurados aos empregados domésticos os novos direitos a seguir:

a) jornada de trabalho de até 8 horas diárias e 44 horas semanais (regulamentado pela LC nº 150/2015);
b) horas extras remuneradas com adicional mínimo de 50% (regulamentado pela LC nº 150/2015);
c) garantia de salário mínimo para os que recebem salário variável;
d) proteção legal ao salário;
e) redução dos riscos inerentes ao trabalho por meio de normas de higiene, saúde e segurança;
f) reconhecimento das convenções e dos acordos coletivos de trabalho;
g) proibição de diferença de salários, de exercício de funções e de critérios de admissão por motivo de sexo, idade, cor ou estado civil;
h) proibição de discriminação no tocante a salário e critérios de admissão de portadores de deficiência[8];
i) proibição de trabalho noturno, insalubre e perigoso ao menor de 18 anos e de qualquer trabalho ao menor de 16 anos (regulamentado pela LC nº 150/2015).

**3. Outros direitos concedidos aos domésticos pela EC/72-2013, que agora se encontram em vigor em razão da regulamentação da LC nº 150/2015. São eles:**

a) proteção da relação de emprego contra a dispensa arbitrária ou sem justa causa;
b) seguro-desemprego em caso de desemprego involuntário (regulamentado pela LC nº 150/2015);
c) obrigatoriedade do Fundo de Garantia do Tempo de Serviço (FGTS) (regulamentado pela LC nº 150/2015);
d) remuneração do trabalho noturno superior à do diurno (regulamentado pela LC nº 150/2015);
e) salário-família;
f) assistência gratuita aos filhos e dependentes até 5 anos de idade em creches e pré-escolas;
g) seguro contra acidentes do trabalho a cargo do empregador, sem excluir a indenização a que este está obrigado, quando incorrer em dolo ou culpa.

**4. Alguns direitos constitucionalmente assegurados aos trabalhadores em geral não foram estendidos à categoria dos empregados domésticos. São eles:**

a) piso salarial proporcional à extensão e à complexidade do trabalho;
b) participação nos lucros ou resultados (já que a sua atividade não tem fim lucrativo);
c) jornada de 6 horas em turnos ininterruptos de revezamento (já que essa condição não ocorre na residência familiar);
d) proteção do mercado de trabalho da mulher mediante incentivos específicos nos termos da lei;
e) adicional de insalubridade, penosidade e periculosidade;
f) proteção em face da automação, na forma da lei;
g) proibição de distinção entre o trabalho manual, técnico e intelectual ou entre os profissionais respectivos.

**5. Existia a discussão sobre a aplicação do direito a seguir. No entanto, a LC nº 150/2015 regulamentou a prescrição aplicável aos empregados domésticos:**

a) **PRESCRIÇÃO**: "ação quanto aos créditos resultantes das relações de trabalho, com prazo prescricional de 5 anos até o limite de 2 anos após a extinção do contrato de trabalho." Nesse caso, o instituto da prescrição, não se trata de direito trabalhista, mas norma ligada à paz social. O prazo prescricional, mesmo antes da EC/72-2013, era o previsto no art. 7º da CF. O art. 43 da LC nº 150/2015 pacificou a questão, uma vez que foram expressamente previstas as prescrições bienal e quinquenal para o empregado doméstico: "O direito de ação quanto a créditos resultantes das relações de trabalho prescreve em 5 (cinco) anos até o limite de 2 (dois) anos após a extinção do contrato de trabalho."

- **Para a semana antes da prova**, segue o quadro de resumo sobre as principais diferenças entre a Nova Lei dos Domésticos e as regras celetistas previstas aos demais empregados:

TRABALHO

8. Com a promulgação da Lei nº 13.146/2015 (Estatuto da Pessoa com Deficiência) e sua entrada em vigor em janeiro de 2016, verificou-se mudança na terminologia adotada, uma vez que os termos "pessoa portadora de deficiência" e "pessoa com necessidades especiais" foram substituídos pelo termo mais apropriado, "pessoa com deficiência".

| | Empregado Doméstico (LC nº 150/2015) | Demais empregados (CLT) |
|---|---|---|
| **Requisitos para configuração da relação de emprego** | – Pessoalidade;<br>– Subordinação;<br>– Continuidade (mais de 2 vezes por semana);<br>– Onerosidade;<br>– Prestação de serviço para pessoa ou família;<br>– Serviços prestados em âmbito residencial;<br>– Finalidade não lucrativa. | – Pessoalidade;<br>– Subordinação;<br>– Não eventualidade;<br>– Onerosidade. |
| **Idade mínima para contratação** | – 18 anos (art. 1º, parágrafo único). | – A partir de 16 anos (art. 7º, XXXIII, CF/88, e art. 403, CLT);<br>– *Exceção*: aprendizes (maiores de 14 anos). |

| | Empregado Doméstico (LC nº 150/2015) | Demais empregados (CLT) |
|---|---|---|
| **Hipóteses de contratação por prazo determinado** | 1) Contrato de experiência (art. 4º, I);<br>2) Atendimento de necessidades familiares de natureza transitória (art. 4º, II);<br>3) Substituição temporária de empregado doméstico com contrato de trabalho interrompido (art. 4º, II). | 1) Contrato de experiência (art. 443, § 2º, III);<br>2) Atividades empresariais de caráter transitório (art. 443, § 2º, II);<br>3) Serviço cuja natureza ou transitoriedade justifique a predeterminação do prazo (art. 443, § 2º, I).<br>**Obs.: Reforma Trabalhista cria nova modalidade: trabalho intermitente (art. 443, § 3º e 452-A da CLT)** |
| **Cláusula assecuratória de direito recíproco** | – Não há previsão de pagamento de aviso-prévio no contrato por prazo determinado (art. 9º). | – Faculta às partes estabelecerem a cláusula assecuratória de direito recíproco (art. 481, CLT). |
| **Controle de jornada** | – Obrigatório o controle para todos empregados domésticos (art. 12). | – Estabelecimentos com mais de 20 empregados (art. 74, § 2º - redação dada pela Lei nº 13.874/2019). |
| **Compensação de jornada** | – Acordo escrito entre as partes. (art. 2º, § 4º);<br>– Primeiras 40 horas devem ser remuneradas como extras, salvo compensação em outro dia da semana (art. 2º, § 5º, I e II);<br>– Horas excedentes às primeiras 40 horas extras devem ser compensadas no prazo máximo de 1 ano (art. 2º, § 5º, III). | **Reforma Trabalhista:** – Compensação de jornada pode ser realizada dentro do período de 1 mês por acordo tácito ou escrito.<br>– Para o banco de horas, é exigida a compensação no prazo máximo de 6 meses, por acordo individual escrito ou 1 ano por negociação coletiva. |
| **Jornada de Trabalho 12x36** | – Suficiente a realização de acordo escrito entre as partes (art. 10, *caput*);<br>– Necessidade de se respeitar ou de indenizar os intervalos para repouso e alimentação;<br>– Descanso de 36 horas compensa o trabalho no DSR e nos **feriados**. Não há pagamento em dobro. | Com a Lei nº 13.467/2017, é possível a formalização mediante acordo individual escrito, convenção coletiva ou acordo coletivo.<br>– Há a possibilidade de se respeitar ou indenizar os intervalos para repouso e alimentação.<br>– Descanso de 36 horas compensará o trabalho no DSR e nos feriados. Não há pagamento em dobro. |
| **Trabalho em regime de tempo parcial (máximo de 25 horas semanais)** | – Possibilidade de realização de 1 hora extra diária, desde que respeitado o limite máximo de 6 horas diárias e mediante acordo escrito entre as partes (art. 3º, § 2º). | – **Reforma Trabalhista:** Possibilidade de realização de horas extras aos empregados que trabalharem entre 26 horas e 30 horas semanais (art. 58-A) |
| **Intervalos** | – Possibilidade de **redução** do intervalo intrajornada de 1 hora para 30 minutos mediante acordo escrito entre as partes (art. 13, *caput*);<br>– Se o empregado residir no local de trabalho, é possível o **fracionamento** do intervalo intrajornada em 2 períodos de no mínimo 1 hora cada um (art. 13, § 1º);<br>– **Prenotação**: Se houver fracionamento, é proibida a prenotação do intervalo no registro diário de horário (art. 13, § 2º). | – **Reforma Trabalhista:** Possibilidade de redução do intervalo intrajornada para trinta minutos, mediante acordo coletivo ou convenção coletiva (art. 611-A, III) |
| **Fracionamento das férias** | – Fracionamento a critério do empregador por período não inferior a 14 dias. Não se exige a excepcionalidade (art. 17, § 2º); | – **Reforma Trabalhista:** Mediante concordância do empregado, as férias poderão ser fracionadas em até 3 períodos (Art. 134, § 1º – Redação dada pela Lei nº 13.467/2017).<br>– Um dos períodos não deve ser inferior a 14 dias e os demais não poderão ser inferiores a 5 dias cada um (Art. 134, § 1º – Redação dada pela Lei nº 13.467/2017). |

| | **Empregado Doméstico (LC nº 150/2015)** | **Demais empregados (CLT)** |
|---|---|---|
| **Abono pecuniário de férias** | – Deve ser requerido até 30 dias do término do período aquisitivo de férias (art. 17, § 3º). | – Deve ser requerido até 15 dias do término do período aquisitivo de férias (art. 143, § 1º). |
| **Vale-transporte** | – Permite o pagamento dos vales em dinheiro ao empregado mediante recibo (art. 19, parágrafo único). | – Não é possível o pagamento em dinheiro. É necessária a aquisição dos vales-transportes (art. 4º da Lei nº 7.418/1985). |
| **Indenização compensatória da perda do emprego** | – Obrigação do empregador doméstico de depositar mensalmente a quantia de 3,2% da remuneração devida ao empregado na conta vinculado do empregado doméstico em variação distinta dos depósitos do FGTS (art. 22).<br>– Multa de 40% sobre os depósitos de FGTS não é devida ao doméstico. | – Pagamento de multa de 40% sobre os depósitos do FGTS nas hipóteses de dispensa sem justa causa ou rescisão indireta (art. 18, § 1º, Lei nº 8.036/1990);<br>– Pagamento de multa de 20% para as hipóteses de término do contrato de trabalho por força maior culpa recíproca e distrato (art. 484-A da CLT – incluído pela Lei nº 13.467/2017). |
| **Dispensa por justa causa (falta grave do empregado)** | – Nova hipótese de dispensa por justa causa que não é aplicada aos demais empregados diante da relação de estrita confiança do trabalho doméstico:<br>1) submissão a maus-tratos de idoso, de enfermo, de pessoa com deficiência ou de criança sob cuidado direto ou indireto do empregado (art. 27, I);<br>– As hipóteses que dizem respeito ao resguardo da atividade econômica do empregador previstas na CLT não são reproduzidas na lei dos domésticos em razão da ausência de finalidade lucrativa inerente a essa relação de emprego. | – Art. 482, CLT.<br>– Inserção de nova hipótese pela Reforma Trabalhista:<br>• perda da habilitação ou dos requisitos estabelecidos em lei para o exercício da profissão, em decorrência de conduta dolosa do empregado (art. 482, m). |
| **Seguro-Desemprego** | – Tem direito ao recebimento do seguro-desemprego no valor de 1 salário mínimo pelo período máximo de 3 meses, de forma contínua ou alternada a cada período aquisitivo de 16 meses (art. 26 da LC nº 150/2015 e art. 6º, Resolução Codefat nº 754/2015). | – A quantidade de parcelas a ser concedida ao segurado é variável de acordo com o número de solicitações do benefício e a quantidade de meses trabalhados:<br>**1)** Se for a **1ª solicitação** do benefício:<br>a) o empregado tem direito a 4 parcelas caso tenha trabalho, mínimo, 12 e, no máximo, 24 meses;<br>b) o empregado tem direito a 5 parcelas caso tenha trabalhado, no mínimo, 24 meses.<br>**2)** Se for a **2ª solicitação** do benefício:<br>a) o empregado tem direito a 3 parcelas caso tenha trabalhado, no mínimo, 9 meses e no máximo 11 meses;<br>b) o empregado tem direito a 4 parcelas caso tenha trabalhado, no mínimo, 12 meses e no máximo 23 meses;<br>c) o empregado tem direito a 5 parcelas caso tenha trabalhado, no mínimo, 24 meses;<br>**3)** A partir da **3ª solicitação** do benefício:<br>a) o empregado tem direito a 3 parcelas caso tenha trabalhado, no mínimo, 6 meses e, no máximo, 11 meses;<br>b) o empregado tem direito a 4 parcelas caso tenha trabalhado, no mínimo, 12 e no máximo 23 meses;<br>c) o empregado tem direito a 5 parcelas caso tenha trabalhado, no mínimo, 24 meses;<br>– Valor pago[9]:<br>1) Salário de até R$ 1.968,36: multiplica-se o salário médio por 0.8 (80%).<br>2) Salário de R$ 1.968,37 até R$ 3.280,93: o que exceder a R$ 1.968,36 multiplica-se por 0,5 (50%) e soma-se R$ 1.574,69.<br>3) Salário acima de R$ 3.280,93: o valor da parcela será de R$ 2.230,97. |

9. Disponível em: https://www.gov.br/trabalho-e-previdencia/pt-br/noticias-e-conteudo/trabalho/2023/janeiro/divulgada-tabela-anual-do-seguro-desemprego-para-o-ano-de-2023. Acesso em: 06/02/2023.

| | Empregado Doméstico (LC nº 150/2015) | Demais empregados (CLT) |
|---|---|---|
| **Rescisão indireta (falta grave do empregador)** | – Nova hipótese de rescisão indireta que não é aplicada aos demais empregados:<br>1) o empregador praticar qualquer das formas de violência doméstica ou familiar contra mulheres (Lei Maria da Penha). | – Art. 483, CLT. |

## 3.5. CONTRATOS DE TRABALHO ESPECIAIS

### 3.5.1. BANCÁRIO

- **Peculiaridades.** A execução das atividades bancárias possui aspectos peculiares, quanto à natureza e à responsabilidade, exigindo dos empregados atenção constante no exercício de suas funções.
- **Jornada de trabalho.** O empregado bancário conquistou ao longo do tempo o direito à jornada reduzida de 6 horas diárias e 30 horas semanais, conforme previsto no art. 224 da CLT. A duração normal do trabalho ficará compreendida entre 7 h e 22 h, assegurando-se ao empregado um intervalo de 15 minutos para alimentação.
- **Cargo de confiança específica.** O bancário ocupante de cargo de confiança específica, ou seja, que exerça função de gerência, chefia, ou ainda cargo de confiança não terá direito à jornada reduzida de 6 horas e 30 horas semanais. Para configurar essa confiança específica, o gerente deverá preencher dois requisitos cumulativos:
  a) exercer funções de direção, gerência, fiscalização, chefia e equivalentes ou desempenhar cargo de confiança; e
  b) receber gratificação não inferior a 1/3 do salário do cargo efetivo.
- **Jornada do gerente.** Uma vez preenchidos esses dois requisitos, o gerente terá jornada de trabalho de 8 horas diárias e 40 horas semanais, conforme previsto no art. 255, da CLT.
- **Gerente-geral de agência bancária.** Seus poderes equiparam-se ao próprio empregador – toma decisões importantes para o andamento da empresa, contratar e dispensar empregados, por exemplo –, não terá nenhuma limitação de jornada, aplicando-se o art. 62, II, da CLT.
- **Divisor do salário-hora.** A jurisprudência do TST, tradicionalmente, considerou o sábado do bancário como dia útil não trabalhado. Portanto, foi essa a regra adotada na prática trabalhista (Súmula nº 113 do TST). Em novembro de 2016, o TST decidiu, em incidente de recursos de revista repetitivos, que a alteração do sábado para dia de repouso semanal remunerado não acarreta a alteração no divisor utilizado para o cálculo de horas extras, o que gerou a alteração da Súmula nº 124 do TST:

> **Súmula nº 124 do TST:** *I – o divisor aplicável para o cálculo das horas extras do bancário será:*
>
> *a) 180, para os empregados submetidos à jornada de seis horas prevista no caput do art. 224 da CLT;*
>
> *b) 220, para os empregados submetidos à jornada de oito horas, nos termos do § 2º do art. 224 da CLT.*
>
> *II – Ressalvam-se da aplicação do item anterior as decisões de mérito sobre o tema, qualquer que seja o seu teor, emanadas de Turma do TST ou da SBDI-I, no período de 27/09/2012 até 21/11/2016, conforme a modulação aprovada no precedente obrigatório firmado no Incidente de Recursos de Revista Repetitivos nº TST-IRR-849-83.2013.5.03.0138, DEJT 19.12.2016.*

- Para a semana antes da prova:

<table>
<tr><th colspan="2">BANCÁRIO (Resumo)</th></tr>
<tr><td colspan="2">1. Jornada: 6 horas diárias e 30 horas semanais. Intervalo de 15 minutos não remunerado.<br>2. Sábado: dia útil não trabalhado.<br>3. Gerente: entre 8 e 40 horas semanais, desde que:<br>a) poderes de chefia/cargo de confiança;<br>b) receber gratificação não inferior a 1/3.<br>4. Gerente-geral de agência: não tem limitação de jornada.<br>5. Caixa: jornada de 6 horas.</td></tr>
<tr><th>Equiparados aos bancários (6h)</th><th>Não são equiparados aos bancários</th></tr>
<tr><td>• Empregados do mesmo grupo econômico (Súm. 239)<br>• Empregados de financeiras (Súm. 55)<br>• Empregados de portaria e limpeza contratados diretamente pelo banco (art. 226, CLT)</td><td>• Empregados de corretoras de títulos e valores mobiliários (Súm. 119)<br>• Empregados de cooperativas de crédito (OJ 379)<br>• Vigilante (Súm. 257)<br>• Categoria diferenciada (Súm. 117)</td></tr>
</table>

### 3.5.2. BOMBEIRO CIVIL

- **Legislação específica.** A profissão de bombeiro civil é regulamentada pela Lei nº 11.901/2009. Para o exercício da profissão, a legislação exige habilitação e exercício em caráter habitual, função remunerada e exclusiva de prevenção e combate a incêndio. O conceito de bombeiro civil está previsto no art. 2º dessa legislação:

> **Art. 2º, Lei nº 11.901/2009:** *Considera-se Bombeiro Civil aquele que, habilitado nos termos desta Lei, exerça, em caráter habitual, função remunerada e exclusiva de prevenção e combate a incêndio, como empregado contratado diretamente por empresas privadas ou públicas, sociedades de economia mista, ou empresas especializadas em prestação de serviços de prevenção e combate a incêndio.*

- **Jornada 12x36.** A Lei do Bombeiro Profissional estabelece que a jornada do empregado é de 12 horas de trabalho por 36 horas de descanso:

> **Art. 5º da Lei nº 11.901/2009:** *A jornada do bombeiro civil é de 12 (doze) horas de trabalho por 36 (trinta e seis) horas de descanso, num total de 36 (trinta e seis) horas semanais.*

- **Adicional de periculosidade.** É assegurado ao bombeiro, o recebimento de adicional de periculosidade no percentual de 30% sobre o salário básico, sem os demais acréscimos salariais (art. 6º, III, Lei nº 11.901/2009).

### 3.5.3. MOTORISTA PROFISSIONAL

- **Motoristas profissionais.** Os motoristas eram citados como exemplos de empregados sem direito à jornada de trabalho, em razão da prestação de serviços externos, art. 62 da CLT. Em março de 2015, foi promulgada a nova Lei dos

Motoristas Profissionais – Lei nº 13.103/2015 –, que alterou a regulamentação da profissão, especialmente no tocante à jornada de trabalho. De acordo com a nova redação da CLT, a jornada do motorista profissional será de 8 horas diárias, sendo permitida a prorrogação por até 2 horas extras. Se for celebrado acordo ou convenção coletiva, é possível a realização de até 4 horas extras diárias. Tendo em vista o estabelecimento de jornada de trabalho para esses profissionais, verifica-se que o art. 62, inciso I, CLT tornou-se incompatível com o art. 235-C, caput, CLT. Segue quadro resumindo as principais diferenças na disciplina jurídica dos motoristas profissionais em relação aos demais empregados:

| | MOTORISTA PROFISSIONAL (arts. 235-A a 235-G da CLT) | DEMAIS EMPREGADOS (CLT) |
|---|---|---|
| **Jornada de trabalho** | – 8 horas diárias com possibilidade de prorrogação em (art. 235-C, *caput*):<br>a) 2 horas extras; ou<br>b) 4 horas extras, desde que celebrado acordo ou convenção coletiva de trabalho. | – 8 horas diárias e 44 horas semanais (art. 7º, XIII, CF/88), sendo possível a prorrogação em, no máximo, 2 horas diárias (art. 59, *caput*). |
| **Flexibilização do tempo à disposição do empregador** | – **Tempo de espera** (art. 235-C, § 9º, CLT): carga ou descarga do veículo, bem como fiscalização da mercadoria transportada. Indenização do período na proporção de 30% do salário-hora normal. Não computado na jornada de trabalho. | **Sobreaviso:** aguardando ordens do empregador em casa ou em outro local combinado. Recebimento de 1/3 da hora normal. Duração máxima de 24 horas.<br>– **Prontidão:** aguardando ordens na empresa. Recebimento de 2/3 da hora normal. Duração máxima de 12 horas |
| **Jornada 12 x 36** | – Previsão expressa dessa modalidade com o requisito de que seja instituído mediante acordo ou convenção coletiva (art. 235-F, CLT). | – Necessária previsão em lei ou em instrumento coletivo (Súmula nº 444 do TST).<br>– Reforma Trabalhista: Possibilidade de estipulação individual da jornada 12x36 (Art. 59-A da CLT, Inserido pela Reforma Trabalhista)<br>– **Obs.: Doméstico**: possibilidade de instituição mediante acordo escrito entre as partes. |
| **Redução e fracionamento do Intervalo intrajornada** | – Redução e fracionamento do intervalo intrajornada de 1 hora dos motoristas do setor de transporte coletivo de passageiros, desde que o intervalo seja concedido entre o término da primeira hora trabalhada e o início da última hora de trabalho (art. 71, § 5º, CLT). | – **Reforma Trabalhista:** Intervalo poderá ser reduzido via acordo ou convenção coletiva, respeitado o limite mínimo de 30 minutos (art. 611-A, III da CLT, inserido pela Lei nº 13.467/2017)<br>– **Obs.: Empregados domésticos**: possibilidade de redução do intervalo de 1 hora para 30 minutos por acordo escrito entre as partes (art. 13, *caput*, LC nº 150/2015).<br>Se o empregado doméstico residir no local de trabalho, é possível o fracionamento do intervalo em 2 períodos, desde que cada um deles tenha, no mínimo, 1 hora até o limite de 4 horas diárias (art. 13, § 1º, LC nº 150/2015). |
| **Intervalo inter-jornada** | – Intervalo interjornada de 11 horas, sendo possível seu fracionamento desde que garantidos o mínimo de 8 horas ininterruptas no primeiro período do fracionamento e o gozo do restante dentro das 16 horas seguintes ao final do primeiro período (art. 235-C, § 3º, CLT). | – Intervalo interjornada de 11 horas consecutivas, sendo vedados o fracionamento e a redução (art. 66 da CLT). |
| **DSR** | – Repouso semanal remunerado de 24 horas (art. 235-D, § 1º, CLT).<br>– Possibilidade de fracionamento do DSR em 2 períodos, sendo um deles de, no mínimo, 30 horas ininterruptas cumulado com o intervalo interjornada diário. Além disso, é necessário que os 2 períodos sejam cumpridos na mesma semana (art. 235-D, § 1º, CLT). | – Repouso semanal remunerado de 24 horas concedido preferencialmente aos domingos (art. 7º, XV, CF/88).<br>– Impossibilidade de redução ou fracionamento do DSR.<br>– Pagamento em dobro se não concedido DSR ou se concedido após o 7º dia (Súmula nº 146 do TST e OJ nº 410 da SDI-I do TST). |

### 3.5.4. ATLETA PROFISSIONAL

- **Legislação específica.** A atividade do atleta profissional é regulamentada pela Lei nº 9.615/1998, também conhecida como Lei Pelé. Para o desenvolvimento dessa atividade, exige-se a pactuação de contrato especial de trabalho desportivo, realizado entre a entidade de prática desportiva e o atleta profissional.
- **Cláusula penal no contrato.** De acordo com o Maurício Godinho Delgado, a antiga redação do art. 28, "caput", da Lei Pelé, determinava a aplicação de cláusula penal nos contratos do atleta profissional para a hipótese de descumprimento contratual. Contudo, o autor sustenta que, com a promulgação da Lei nº 12.395/2011, a multa punitiva foi removida do ordenamento jurídico brasileiro, pois a nova redação do art. 28 da Lei Pelé não mais se referiu à cláusula penal decorrente de simples descumprimento do contrato:

> **Art. 28, Lei nº 9.615/1998 (REDAÇÃO ATUAL).** *A atividade do atleta profissional é caracterizada por remuneração pactuada em contrato especial de trabalho desportivo, firmado com entidade de prática desportiva, no qual deverá constar, obrigatoriamente:*
>
> *I – cláusula indenizatória desportiva, devida exclusivamente à entidade de prática desportiva à qual está vinculado o atleta, nas seguintes hipóteses:*

TRABALHO

*a) transferência do atleta para outra entidade, nacional ou estrangeira, durante a vigência do contrato especial de trabalho desportivo; ou*

*b) por ocasião do retorno do atleta às atividades profissionais em outra entidade de prática desportiva, no prazo de até 30 (trinta) meses; e*

*II – cláusula compensatória desportiva, devida pela entidade de prática desportiva ao atleta, nas hipóteses dos incisos III a V do § 5º.*

*(...)*

### 3.5.5. ARTISTA

- **Conceito.** A profissão do artista empregado está regulamentada pela Lei nº 6.533/1978 e compreende "o profissional que cria, interpreta ou executa obra de caráter cultural de qualquer natureza, para efeito de exibição ou divulgação pública, através de meios de comunicação de massa ou em locais onde se realizam espetáculos de diversão pública."

### 3.5.6. JORNALISTA

- **Empregado ou autônomo.** A profissão de jornalista pode ser desempenhada com subordinação e, portanto, estaria configurado o vínculo de emprego ou realizado o trabalho por conta própria na condição de trabalhador autônomo. O art. 302, § 1º da CLT estabelece o conceito de jornalista como "o trabalhador intelectual cuja função se estende desde a busca de informações até a redação de notícias e artigos e a organização, orientação e direção desse trabalho".
- **Exigência de diploma de jornalismo.** O STF decidiu pela inconstitucionalidade da exigência de diploma de jornalismo e registro profissional do Ministério do Trabalho como condição para o exercício da função, pois essa obrigação violaria a liberdade de imprensa e o direito à livre manifestação do pensamento.

### 3.5.7. PROFESSOR

- **Jornada de trabalho do professor.** A jornada de trabalho dos professores foi alterada pela Lei nº 13.415/2017, também denominada Lei do Ensino Médio. De acordo com a antiga redação do art. 318 da CLT, a jornada de trabalho do professor era de, no máximo, 4 aulas consecutivas ou 6 aulas intercaladas:

> **Art. 318 da CLT (REDAÇÃO ANTIGA):** *"Num mesmo estabelecimento de ensino não poderá o professor dar, por dia, mais de 4 aulas consecutivas, nem mais de 6 intercaladas".*

- Ocorre que, em 17/02/2017, foi promulgada a Lei nº 13.415/2017 que alterou a redação do art. 318 da CLT. De acordo com o novo texto da norma, não persiste a limitação da jornada do professor pelo número de aulas prestadas, contínuas ou intercaladas, mas passa a ser permitido que o professor lecione em um mesmo estabelecimento por mais de um turno, desde que não ultrapasse a jornada de trabalho semanal estabelecida legalmente. A jornada semanal máxima permitida está prevista no art. 7º, XIII, da Constituição Federal de 1988 no total de 44 horas semanais:

> **Art. 318 da CLT (REDAÇÃO ATUAL).** *O professor poderá lecionar em um mesmo estabelecimento por mais de um turno, desde que não ultrapasse a jornada de trabalho semanal estabelecida legalmente, assegurado e não computado o intervalo para refeição.*

- **Intervalo intrajornada.** Com a nova regulamentação, o professor pode, por exemplo, prestar serviços em uma mesma escola no período da manhã e da tarde até o limite semanal de 44 horas. Além disso, deve ser assegurado intervalo intrajornada de acordo com a jornada prevista:

> **a) Jornada de até 4 horas: não há previsão em lei de intervalo intrajornada.**
>
> **b) Jornada que excede 4 horas, com limite de 6 horas:** *intervalo de 15 minutos. Se o empregador exigir horas extras habituais, excedendo a jornada de 6 horas diárias, deverá conceder intervalo mínimo de 1 hora.*
>
> **c) Jornada que excede 6 horas:** *mínimo de 1 hora e máximo de 2 horas.*

- **Prorrogação de jornada.** Diante da imprecisão do dispositivo legal ao apenas mencionar a limitação semanal da jornada de trabalho, surgem dúvidas quanto ao limite diário de jornada que passou a ser permitida a esse trabalhador. Entendemos que a jornada de trabalho não pode ultrapassar as 8 horas diárias com possibilidade de prorrogação por mais 2 horas, nos mesmos moldes aplicados aos demais empregados em acordo de prorrogação de jornada.
- **Jornada 12x36.** Outra questão diz respeito à possibilidade de se estabelecer a jornada de 12 horas de trabalho por 36 horas de descanso ao professor. A nova redação do art. 318 da CLT, apesar de apenas garantir limite semanal de jornada, não prevê expressamente a possibilidade de se estabelecer a jornada 12x36. Diante da excepcionalidade dessa modalidade de jornada, entendemos que somente seria possível sua implementação caso prevista em instrumento coletivo de trabalho e que a atividade desenvolvida justifique a o aumento no número de horas trabalhadas.

  Entretanto, devemos ressaltar que a Reforma Trabalhista permite a estipulação via acordo individual da jornada 12x36 (art. 59-A da CLT – incluído pela Lei nº 13.467/2017). Dessa forma, essa modalidade passa a ser admitida também aos professores.
- **Salário proporcional.** Além das discussões acerca da jornada de trabalho, a alteração da redação do art. 318 da CLT causará impactos também no tocante ao salário proporcional do professor. O salário proporcional à jornada de trabalho é lícito e aceito pela jurisprudência do TST na OJ nº 358 da SDI-I:

> **OJ nº 358 da SDI-I do TST. I –** *Havendo contratação para cumprimento de jornada reduzida, inferior à previsão constitucional de oito horas diárias ou quarenta e quatro semanais, é lícito o pagamento do piso salarial ou do salário mínimo proporcional ao tempo trabalhado.*
>
> *II – Na Administração Pública direta, autárquica e fundacional não é válida remuneração de empregado público inferior ao salário mínimo, ainda que cumpra jornada de trabalho reduzida. Precedentes do Supremo Tribunal Federal.*

- Assim sendo, se o empregado for contratado para trabalhar em jornada inferior à duração normal de 8 horas diárias e 44 horas semanais, ele receberá o salário-mínimo proporcional ou o piso salarial proporcional aos dias (1/30) ou às horas trabalhadas (1/220 para jornada de 8 horas ou 1/180 para jornada de 6 horas). Em razão dos baixos salários pagos a essa categoria profissional, havia discussão sobre a possibilidade de pagamento do salário-mínimo proporcional ao professor. O TST publicou a OJ nº 393 da SDI-I no sentido de que o professor que trabalhasse a jornada máxima de 4 aulas consecutivas ou 6 aulas intercaladas, deveria ter garantido um salário-mínimo integral. Nesse caso, portanto, não poderia ser pago salário proporcional à jornada de 8 horas previstas na CF/88, porque os professores gozavam de jornada especial.

- Com a mudança no artigo 318 da CLT, prevendo apenas a limitação semanal da jornada de trabalho, é possível que os professores sejam contratados para jornada de trabalho de 8 horas diárias e 44 horas semanais. Assim, deixou de existir a previsão de jornada específica para esses trabalhadores, o que permite o pagamento de salário mínimo proporcional à jornada de trabalho, conforme previsto aos demais empregados na OJ nº 358, I, da SDI-I do TST.

### 3.5.8. AERONAUTA

- **Regulamentação.** A profissão de aeronauta está regulamentada pela Lei nº 13.475/2017 e compreende todos os profissionais habilitados pelo Ministério da Aeronáutica, que exercem atividade a bordo de aeronave, mediante contrato de trabalho. O art. art. 7º da Lei nº 13.475/2017 estabelece aqueles que são considerados tripulantes:

> **Art. 7º** *Os tripulantes de voo exercem as seguintes funções a bordo da aeronave.*
>
> *I - comandante: piloto responsável pela operação e pela segurança da aeronave, exercendo a autoridade que a legislação lhe atribui;*
>
> *II - copiloto: piloto que auxilia o comandante na operação da aeronave; e*
>
> *III - mecânico de voo: auxiliar do comandante, encarregado da operação e do controle de sistemas diversos, conforme especificação dos manuais técnicos da aeronave.*
>
> *§ 1º Sem prejuízo das atribuições originalmente designadas, o comandante e o mecânico de voo poderão exercer cumulativamente outras prerrogativas decorrentes de qualificação ou credenciamento, previstas nos regulamentos aeronáuticos, desde que autorizados pela autoridade de aviação civil brasileira.*
>
> *§ 2º O comandante será designado pelo operador da aeronave e será seu preposto durante toda a viagem.*
>
> *§ 3º O copiloto é o substituto eventual do comandante nas tripulações simples, não o sendo nos casos de tripulação composta ou de revezamento.*

- **Reforma Trabalhista:** o contrato de trabalho não poderá ser estipulado na forma intermitente ao aeronauta (Art. 443, § 3º da CLT).

### 3.5.9. AEROVIÁRIO

- **Conceito e diferenças em relação ao aeronauta.** As empresas de administração de aeroportos têm funções principais e auxiliares. Os integrantes da tripulação mencionados no item anterior referem-se aos aeronautas. Por sua vez, todas as demais atividades executadas são realizadas pelos aeroviários, cuja regulamentação está presente no Decreto nº 1.232/1962:

> **Art. 1º do Decreto nº 1.232/1962:** *É aeroviário o trabalhador que, não sendo aeronauta, exerce função remunerada nos serviços terrestres de Empresa de Transportes Aéreos.*

- **Jornada de trabalho.** A jornada de trabalho dos aeroviários é limitada a 44 horas semanais como os demais empregados, conforme previsto no art. 7º, XIII, CF/88.

### 3.5.10. SERVIÇOS EM FRIGORÍFICOS

- **Intervalo remunerado (art. 253 da CLT).** Tendo em vista que a mudança de temperatura é prejudicial à saúde do trabalhador, após 1 hora e 40 minutos de trabalho contínuo, o empregado que presta serviços em frigoríficos e câmaras frias terá direito ao intervalo de 20 minutos, computado como tempo efetivo de trabalho. Para que o empregado tenha direito a esse intervalo não é necessário que exerça suas atividades necessariamente em frigoríficos, mas fique comprovada a existência de ambiente frio. Nesse sentido, prevê a jurisprudência do TST:

> **Súmula n. 438 do TST.** *O empregado submetido a trabalho contínuo em ambiente artificialmente frio, nos termos do parágrafo único do art. 253 da CLT, ainda que não labore em câmara frigorífica, tem direito ao intervalo intrajornada previsto no caput do art. 253 da CLT.*

### 3.5.11. TRABALHO EM MINAS DE SUBSOLO

- **Jornada de trabalho.** Os trabalhadores em minas de subsolo têm jornada de trabalho limitada a 6 horas diárias e 36 horas semanais em razão dos prejuízos que a atividade pode causar à saúde do trabalhador.
- **Intervalo remunerado (art. 298 da CLT).** Em razão das atividades peculiares, o empregado terá direito, após 3 horas consecutivas de trabalho, a um intervalo de 15 minutos.

### 3.5.12. ÁRBITROS

- **Vínculo de emprego.** Havia grande discussão jurisprudencial acerca do reconhecimento do vínculo de emprego entre o árbitro profissional e a federação a que estiver vinculado para a realização do trabalho. O posicionamento atual do TST tende a excluir o vínculo empregatício para lhe assegurar a condição de trabalhador autônomo sob a justificativa de que não está subordinado à federação, pois apenas está sujeito a instruções e fiscalizações quanto às regras do jogo.

TRABALHO

### 3.5.13. TRABALHO AQUAVIÁRIO

- **Aquaviário** é definido pela Lei nº 9.537/97 como todo aquele com habilitação certificada pela autoridade marítima para operar embarcações em caráter profissional. Os conceitos a seguir estão estampados no art. 1º do Decreto nº 2.596/1998:
  a) Marítimos: tripulantes que operam embarcações classificadas para navegação em mar aberto, apoio portuário e para a navegação interior nos canais, lagoas, baías, angras, enseadas e áreas marítimas consideradas abrigadas;
  b) Fluviários: tripulantes que operam embarcações classificadas para a navegação interior nos lagos, rios e de apoio fluvial;
  c) Pescadores: tripulantes que exercem atividades a bordo de embarcação de pesca;
  d) Mergulhadores: tripulantes ou profissionais não tripulantes com habilitação certificada pela autoridade marítima para exercer atribuições diretamente ligadas à operação da embarcação e prestar serviços eventuais a bordo às atividades subaquáticas;
  e) Práticos: Aquaviários não tripulantes que prestam serviços de praticagem embarcados;
  f) Agentes de Manobra e Docagem: aquaviários não tripulantes que manobram navios nas fainas em diques, estaleiros e carreiras.
- **Diferenças entre marítimo e portuário.** O trabalhador portuário não pode ser confundido com o marítimo, uma vez que este tem vínculo de emprego, normalmente mora na embarcação e executa serviços profissionais necessários

à navegação. Já o portuário é o responsável pela movimentação de mercadorias nos portes decorrentes do transporte aquaviário (avulso).

## 4. EMPREGADOR

| Empregador | Grupo econômico |
|---|---|
| | Sucessão trabalhista |
| | Sócio retirante |
| | Poderes do empregador |

- **Conceito.** O conceito de empregador está previsto no art. 2º da CLT:

> **Art. 2º da CLT:** *Considera-se empregador a empresa, individual ou coletiva, que, assumindo os riscos da atividade econômica, admite, assalaria e dirige a prestação pessoal de serviços.*

- **Princípio da alteridade.** O empregado não divide os riscos da atividade econômica com o empregador. Assim sendo, momentos de crise mundial, baixa produtividade, vendas abaixo das expectativas não autorizam o empregador a reduzir ou descontar salários de seus empregados. Não poderia ser diferente, pois as empresas não estão obrigadas a dividir os lucros com seus trabalhadores, logo os prejuízos também não poderão ser repartidos. A responsabilidade exclusiva da empresa pelos prejuízos ou fracasso do empreendimento é chamada de princípio da alteridade.
- **Pandemia da COVID-19 e legislação de exceção.** As medidas excepcionais trabalhistas tiveram também importante papel na flexibilização do princípio da alteridade. Diversos dispositivos das medidas provisórias de enfrentamento à pandemia deram mais forças ao empregador para alterações no contrato de trabalho, atingindo o princípio da alteridade. Nesse mesmo sentido, em agosto de 2022, o Congresso Nacional aprovou a MP nº 1.109/2022, convertida na Lei nº 14.437, de 15.8.2022, que institucionaliza autorização genérica para a adoção de medidas trabalhistas de enfrentamento a momentos de crise. Ex.: redução de salário, teletrabalho, antecipação de férias individuais, adoção de banco de horas antecipado, dentre outras.

### 4.1. GRUPO ECONÔMICO

- Ocorre grupo econômico quando as empresas estão ligadas entre si, ou seja, quando há "empresa-mãe e empresas-irmãs"[10]. Nesse caso, cada uma dessas empresas possui personalidade jurídica própria, isto é, CNPJ próprio, quadro de pessoal próprio, exercem atividades econômicas diversas etc. Com a Lei nº 13.467/2017, a redação dada ao § 2º do art. 2º da CLT estabelece o reconhecimento de duas formas de grupo econômico:

> – **Grupo econômico por subordinação:** *Essa modalidade já era prevista na redação do art. 2º, § 2º da CLT. No caso, o grupo pode ser formado na hipótese de existência de hierarquia entre as empresas. Para a prova de formação do grupo econômico por subordinação, é indispensável, portanto, demonstrar que há uma relação de controle entre uma ou mais empresas em relação às demais integrantes.*
>
> – **Grupo econômico por coordenação:** *A Reforma Trabalhista inovou ao prever a possibilidade de formação de grupo econômico por coordenação. De acordo com o novo dispositivo, mesmo que as empresas guardem cada uma sua autonomia, estará configurado o grupo econômico.*

- Contudo, conforme preceitua o § 3º do artigo 2º da CLT, não há caracterização do grupo econômico apenas pela mera identidade de sócios entre as empresas, sendo necessária a demonstração do preenchimento de três requisitos:

> *a) interesse integrado;*
>
> *b) a efetiva comunhão de interesses; e*
>
> *c) a atuação conjunta das empresas integrantes.*

- **Documento para configurar o Grupo Econômico.** Ressalta-se que a CLT não exige um documento ou prova específica para configuração do grupo econômico. Essa prova será feita levando em conta a análise do caso concreto, como sócios e administradores em comum entre as empresas, utilização do mesmo imóvel, mesmo recursos humanos para contratação dos empregados etc.
- **Contrato único.** Se o empregado for contratado por uma das empresas, mas seu trabalho estiver sendo aproveitado pelas demais, por exemplo, no período da manhã trabalha para empresa A, e, à tarde, presta serviços para a empresa B, do mesmo grupo, terá um único contrato de trabalho, ou seja, sua carteira de trabalho não será assinada pelas duas empregadoras, mas apenas uma delas. Assim sendo, mesmo prestando serviços para duas empresas, a jurisprudência do TST tem entendido tratar-se de empregador único, ou seja, o grupo é o empregador. Nesse mesmo sentido, se o empregado receber pagamento de outra empresa pertencente ao mesmo grupo, em razão de serviços executados durante a sua jornada de trabalho, o valor recebido deverá integrar a remuneração do trabalhador.

#### 4.1.1. RESPONSABILIDADE SOLIDÁRIA E SUBSIDIÁRIA

- O candidato deve estar atento para não confundir responsabilidade solidária e responsabilidade subsidiária. Na primeira, todas as empresas são responsáveis integralmente pelo débito, podendo o trabalhador cobrar de apenas uma empresa ou de todas elas ao mesmo tempo; cabe ao empregado essa decisão. É a hipótese de configuração do grupo econômico, onde todas as empresas podem ser acionadas.
- Por sua vez, na responsabilidade subsidiária, há uma ordem de preferência, isto é, aciona-se primeiro o devedor principal, somente se este não pagar, cobra-se dos demais.

### 4.2. SUCESSÃO DE EMPREGADORES

- O fundamento legal da sucessão trabalhista está previsto nos seguintes artigos da CLT:

> **Art. 10.** *Qualquer alteração na estrutura jurídica da empresa não afetará os direitos adquiridos por seus empregados.*
>
> **Art. 448.** *A mudança na propriedade ou na estrutura jurídica da empresa não afetará os contratos de trabalho dos respectivos empregados.*
>
> **Art. 448-A.** *Caracterizada a sucessão empresarial ou de empregadores prevista nos arts. 10 e 448 desta Consolidação, as obrigações trabalhistas, inclusive as*

10. "No caso do grupo econômico, uma figura em zigue-zague, quase em formato das árvores genealógicas que aprendemos com as ciências biológicas (empregado-empregador em linha reta e empregador com as empresas-irmãs e com a empresa-mãe, se houver, dele se ramificando)." SILVA. Homero Batista Mateus da. *Curso de Direito do Trabalho aplicado*, vol. 1: *Parte Geral*. Rio de Janeiro: Elsevier, 2009. p. 142.

*contraídas à época em que os empregados trabalhavam para a empresa sucedida, são de responsabilidade do sucessor.*

*Parágrafo único. A empresa sucedida responderá solidariamente com a sucessora quando ficar comprovada fraude na transferência.*

**Requisitos**. Para que seja configurada a sucessão trabalhista, é necessária a presença de 2 requisitos:

a) **Transferência do estabelecimento**: há necessidade de transferência da parte produtiva (unidade econômico-jurídica), possibilitando que o sucessor (que adquiriu o estabelecimento) continue explorando a atividade econômica do sucedido. A transferência apenas de partes separadas da sucedida (venda de equipamentos isolados para diversos compradores, um carro para determinado comprador, equipamentos eletrônicos para outro etc.), sem que proporcione a continuidade da atividade, não configura a sucessão. A transferência da unidade produtiva ocorre com a cessão do ponto comercial e da clientela, equipamentos, marca, banco de dados etc. Essa transferência poderá ser realizada mediante venda, incorporação, arrendamento, cisão, fusão etc.

b) **Não ocorrência de paralisação da atividade:** após a sucessão, o sucessor deverá dar continuidade ao empreendimento, sem que fique paralisado por muito tempo[11].

- **Consequência da sucessão trabalhista.** Preenchidos os requisitos anteriores, o sucessor responderá pelos débitos trabalhistas. O sucessor, portanto, assumirá o bônus (riquezas produzidas pela empresa sucedida) e o ônus (débitos trabalhistas) decorrentes da sucessão.
- **Reforma Trabalhista:** Estabelece expressamente que o sucessor responde por todas as obrigações trabalhistas na redação do novo art. 448-A da CLT. No caso de fraude na transferência das empresas, a responsabilidade será solidária.
- **Grupo econômico e sucessão trabalhista.** A formação do grupo econômico gera responsabilidade solidária entre as pessoas jurídicas que compõem o grupo. Desse modo, há discussão em torno da responsabilidade solidária entre o **sucessor** (novo empregador) que adquiriu apenas uma das empresas pertencentes ao grupo, e o **grupo econômico**, por débitos de empresas não adquiridas. O TST já entendeu que não há responsabilidade solidária do novo empregador com o grupo econômico, exceto se comprovada má-fé ou fraude na sucessão (OJ nº 411 da SDI-I do TST).
- **Falência e sucessão trabalhista.** A Lei de Falências[12] alterou profundamente o instituto da sucessão. Após a vigência dessa lei, a aquisição do estabelecimento em leilão ou hasta pública, seja no caso de recuperação judicial ou, ainda, na falência, não acarretará ônus ao comprador. Assim sendo, com fundamento na segurança jurídica para os compradores e na continuidade dos postos de trabalho, quando a transferência do empreendimento tiver origem na falência ou na recuperação judicial, não se configurará a sucessão trabalhista.
- **Entes de Direito Público.** Não haverá sucessão trabalhista entre entes de direito público. Exemplo: no desmembramento de municípios, o novo município não assumirá os débitos trabalhistas decorrentes do desmembramento[13]. Dessa forma, o antigo município é o responsável pelos direitos trabalhistas dos empregados que lhe prestavam serviços antes do desmembramento.
- **Privatização.** Cabe destacar que ocorrerá sucessão quando ocorrer a **privatização** de empresa pública da Administração Indireta. A privatização ocorre quando uma empresa pública é adquirida pelo setor privado. Esse fenômeno também é conhecido por desestatização. Exemplos: Vale do Rio Doce foi adquirida e se tornou a empresa Vale; o banco Banespa foi comprado pela Santander. Na hipótese de privatização, as antigas contratações sem o prévio concurso serão convalidadas, pois não se exige, na iniciativa privada, o requisito do concurso. Assim sendo, o servidor que antes estava trabalhando de forma irregular, por ausência do prévio concurso público, após a privatização, terá todos os direitos trabalhistas garantidos. Consequentemente, o novo adquirente (sucessor) assumirá todos os débitos trabalhistas do antigo proprietário (Estado). Deverá pagar os contratos de trabalho, inclusive dos empregados admitidos sem concurso público.

## 4.3. SÓCIO RETIRANTE

- **Responsabilidade.** Apesar de a pessoa jurídica não se confundir com a figura de seu sócio, este tem responsabilidade secundária, ou seja, seu patrimônio poderá ser atingido para arcar com o pagamento da dívida da pessoa jurídica. Trata-se da chamada desconsideração da personalidade jurídica. Nesse caso, levanta-se o "véu" da pessoa jurídica para adentrar no patrimônio do sócio, sem que com isso se retire a personalidade jurídica da sociedade. É por isso que se fala em desconsideração da personalidade jurídica e não em despersonalização.
- **Sócio retirante**: A Reforma Trabalhista passa a regulamentar a figura do sócio retirante no art. 10-A da CLT, que compreende aquele que se retira da sociedade mediante notificação prévia aos demais sócios, devendo ocorrer alteração no contrato social da empresa. O sócio retirante responderá subsidiariamente pelas obrigações trabalhistas da sociedade relativas ao período em que figurou como sócio. Para a responsabilização do sócio, é necessário que a reclamação trabalhista seja ajuizada no período de até 2 anos depois de averbada a modificação do contrato. A responsabilidade subsidiária é determinada por um benefício de ordem, ou seja, o empregado somente poderá exigir dos sócios retirantes caso sigam a ordem de preferência exigida em lei:

*I – Empresa devedora;*

*II – Sócios atuais;*

*III – Sócios retirantes.*

## 4.4. PODERES DO EMPREGADOR

- **Poderes do empregador:** O poder do empregador está previsto no art. 2º da CLT, pois o empregador "dirige a

---

11. De acordo com Délio Maranhão: "Para que exista a sucessão de empregadores, são os requisitos indispensáveis: a) que um estabelecimento, como unidade econômico-jurídica, passe de um para outro titular; b) que a prestação de serviço pelos empregadores não sofra solução de continuidade." SUSSEKIND, Arnaldo et al. Instituições de Direito do Trabalho, vol. I. 21. ed. São Paulo: LTr, 2004. p. 305.

12. Lei nº 11.101/2005, ver art. 60, parágrafo único e art. 141, II, ambos com redação dada pela Lei nº 14.112, de 2020, que preveem que a venda do estabelecimento na recuperação judicial e na falência é livre de qualquer ônus, não havendo sucessão do arrematante nas obrigações do devedor de qualquer natureza, incluídas, mas não exclusivamente, as de natureza ambiental, regulatória, administrativa, penal, anticorrupção, tributária e trabalhista.

13. **Orientação Jurisprudencial nº 92 da SDI-I do TST:** "Em caso de criação de novo município, por desmembramento, cada uma das novas entidades responsabiliza-se pelos direitos trabalhistas do empregado no período em que figurarem como real empregador."

prestação pessoal de serviços". Como ele assume exclusivamente os riscos da atividade econômica, há necessidade de organizar e controlar a prestação de serviços, mesmo que, para isso, seja necessária a aplicação de penalidades aos trabalhadores. Se de um lado há presença do poder de direção, por parte do empregado há também a presença da subordinação.

- **Poderes não são absolutos:** limites previstos na CLT e na CF/88, por exemplo, respeitar a intimidade e a dignidade do empregado. Aliás, se transmitida ordem ilegal (comprar entorpecentes, fazer sexo com clientes da empresa), alheia ao contrato (empregado contratado como professor de inglês, sendo exigido que transporte os filhos do empregador para escola e que faça suas compras de supermercado), ou desproporcional (trabalhar 18 horas por dia, ou sem equipamentos básicos de proteção), o empregado poderá se recusar[14] a cumprir a ordem dada.
- **Limitação ao uso do banheiro:** o TST entendeu que ocorre abuso do poder de direção quando o empregador impede o empregado de utilizar o banheiro para evitar interrupção na produção[15]. De acordo com o tribunal, a limitação ao uso do banheiro, ainda que seja nas "linhas de produção", acarreta risco à saúde do empregado ao comprometer o atendimento às necessidades fisiológicas impostergáveis.

### 4.4.1. PODER DE ORGANIZAÇÃO

- Consiste na distribuição das tarefas aos empregados, fixação do horário de trabalho, utilização de uniformes etc. Dentro desse poder de organização, pode-se acrescentar a possibilidade dada ao empregador de expedir ordens gerais, por meio do regulamento da empresa. Essa atribuição é chamada de Poder Regulamentar.

> **ATENÇÃO!**
> O tema a seguir foi impactado pela Reforma Trabalhista!

- **Padrão de vestimentas:** A jurisprudência do TST tinha o posicionamento majoritário de que o uso de uniforme com marcas de fornecedores e propaganda de produtos configurava dano à imagem do empregado, sendo cabível indenização por danos morais ao trabalhador.
- Com a Reforma Trabalhista, é direito do empregador definir o padrão de vestimenta no meio ambiente de trabalho, sendo lícita a inclusão no uniforme dos empregados de logomarcas da própria empresa ou de empresas parceiras e de outros itens de identificação relacionados à atividade desempenhada. Note-se que o uniforme não se trata de salário-utilidade. Se a utilidade fornecida é para o trabalho, ou seja, como ferramenta indispensável à realização dos serviços, não terá natureza salarial, mas sim de indenização. Portanto, os uniformes são ferramentas de trabalho e não configuram hipótese de salário in natura. De acordo com o parágrafo único do novo artigo 456-A da CLT, inserido pela Lei nº 13.467/2017, a higienização do uniforme é, em regra, de responsabilidade do trabalhador, salvo nas hipóteses em que forem necessários procedimentos ou produtos diferentes daqueles usados para a limpeza de vestimentas de uso comum.

> **Art. 456-A da CLT.** *Cabe ao empregador definir o padrão de vestimenta no meio ambiente laboral, sendo lícita a inclusão no uniforme de logomarcas da própria empresa ou de empresas parceiras e de outros itens de identificação relacionados à atividade desempenhada.*
>
> *Parágrafo único. A higienização do uniforme é de responsabilidade do trabalhador, salvo nas hipóteses em que forem necessários procedimentos ou produtos diferentes dos utilizados para a higienização das vestimentas de uso comum.*

### 4.4.2. PODER DE CONTROLE

- Por meio do controle, o empregador fiscaliza as tarefas executadas, verifica o cumprimento da jornada de trabalho e protege seu patrimônio, mediante o controle de estoque, produtividade etc. Os aspectos mais polêmicos desse poder serão a seguir analisados.
- **Fiscalização do correio eletrônico.** Há discussão sobre a possibilidade de fiscalizar o correio eletrônico (*e-mail*) do empregado. Prevalece o entendimento de que, se o *e-mail* é da empresa (corporativo), utilizado como ferramenta de trabalho, há possibilidade de fiscalização, pois é responsabilidade da própria empresa verificar o conteúdo dessas mensagens. O controle, entretanto, não pode recair sobre o correio eletrônico pessoal/particular do trabalhador, sob pena de configurar afronta à intimidade.
- **Revistas íntimas.** Outra questão que poderá ser cobrada no concurso é a possibilidade de revistas íntimas e pessoais dos empregados. O(a) trabalhador(a) que lida com joias ou munição de armas poderá ser revistado? Há expressa previsão em lei vedando revistas íntimas nas mulheres, art. 373-A, VI, da CLT. Essa proibição à revista íntima tem sido estendida também aos empregados do sexo masculino, com fundamento no princípio da igualdade. Em abril de 2016, foi promulgada a Lei nº 13.271/2016, que estabelece a proibição de revistas íntimas de funcionários e clientes do sexo feminino por empresas privadas e órgãos e entidades da Administração Pública:

> **Art. 1º** *As empresas privadas, os órgãos e entidades da Administração Pública, Direta e Indireta, ficam proibidos de adotar qualquer prática de revista íntima de suas funcionárias e de clientes do sexo feminino.*
>
> **Art. 2º** *Pelo não cumprimento do art. 1º, ficam os infratores sujeitos a:*
>
> *I – multa de R$ 20.000,00 (vinte mil reais) ao empregador, revertidos aos órgãos de proteção dos direitos da mulher;*
>
> *II – multa em dobro do valor estipulado no inciso I, em caso de reincidência, independentemente da indenização por danos morais e materiais e sanções de ordem penal.*

- **Revistas pessoais.** Quando realizadas com razoabilidade, sem que envolvam nudez, têm sido admitidas, desde que a atividade exercida justifique esse controle. O TST tem aceitado essas revistas pessoais, de bolsas, mochilas e sacolas, desde que não submeta o trabalhador a situação constrangedora. Aliás, a revista generalizada e impessoal desses pertences do empregado pode, segundo a jurisprudência do TST, ser realizada por pessoa do sexo oposto, por exemplo, segurança do sexo masculino fiscaliza a bolsa da empregada (sem que haja contato físico com a trabalhadora).

---

14. De acordo com Délio Maranhão, o direito de resistência ou jus resistentiae: "A personalidade do empregado não se anula com o contrato de trabalho, razão pela qual lhe é reconhecido certo jus resistentiae no que respeita às determinações do empregador. Assim, pode ele, legitimamente, recusar-se ao cumprimento de uma ordem, por exemplo, que o coloque em grave risco, que fuja à natureza do trabalho contratado, que o humilhe ou diminua moralmente, ou seja ilícita, ilegal ou de execução extraordinariamente difícil."
15. Informativo nº 120 do TST (confira texto integral no final do capítulo).

- **Revista em armários sem conhecimento do empregado:** De acordo com a 2ª Turma do TST (Informativo nº 210), é cabível a indenização por danos morais em razão de revistas realizadas no armário do empregado sem o seu conhecimento. De acordo com o Tribunal, ainda que a revista não tenha ocorrido com contato físico, houve violação à intimidade e à dignidade do trabalhador ao se realizar a revista ao armário com os pertences sem o consentimento do empregado. Nesse caso, há abuso do poder fiscalizatório do empregador e merece reparação.
- **Fiscalização por câmeras:** De acordo com o Informativo nº 223 do TST, o monitoramento do ambiente de trabalho por câmeras é possível, desde que não haja o cometimento de excessos como câmeras espiãs ou a instalação de câmeras que possam expor as partes íntimas dos empregados como banheiros ou vestiários ou em recintos destinados ao repouso.
- **Uso de polígrafo (detector de mentiras):** o TST decidiu no Informativo nº 170 que a utilização de polígrafo (detector de mentiras) nas relações de trabalho é ato ilícito do empregador, pois viola a dignidade humana e os direitos da personalidade do empregado, em especial, a honra, a vida privada e a intimidade. Nesse caso, o empregado submetido ao polígrafo tem direito à indenização por danos morais.
- **Restrições ao porte e uso do celular.** Para a corrente majoritária, a restrição ao porte e ao uso do celular durante a jornada de trabalho e/ou nas dependências da empresa está dentro do poder de fiscalização e controle do empregador e, portanto, é permitido. Essa limitação, contudo, deve ser pautada pelos princípios da razoabilidade, proporcionalidade e boa-fé objetiva. O empregador deve esclarecer os motivos da proibição, utilizando como fundamentos a proibição, por exemplo: 1. Serviços que exigem especial concentração do empregado (como no caso de caixa bancário); 2. Proteção de dados de terceiros (como no caso de empregado que trabalho no Serasa); e 3. Proibição legal (como no caso de empregados que trabalham dirigindo).
- **Exigência de apresentação ao serviço com cabelo e barba aparados.** Conforme posicionamento da 3ª Turma do TST, no informativo nº 250, é discriminatória a exigência do empregador de que seus empregados se apresentem ao serviço com cabelo e barba aparados. Segundo a Corte, a restrição discriminatória quanto à imagem pessoal dos empregados do setor de vigilância contraria a conquista e afirmação da dignidade da pessoa humana, que não mais podem se restringir à sua liberdade e intangibilidade física e psíquica, envolvendo também a conquista e afirmação de sua individualidade no meio econômico e social, considerado o conjunto mais amplo e diversificado das pessoas, mediante o trabalho e, particularmente, o emprego. Dessa forma, está fora dos limites dos poderes do empregador a exigência de apresentação ao serviço com cabelo e barba aparados.

### 4.4.3. PODER DISCIPLINAR

- Conforme visto, o empregado está subordinado às ordens dadas pelo empregador, como forma de dinamizar e organizar os trabalhos desenvolvidos na empresa. Se verificada a desobediência às regras impostas, caberão as seguintes penalidades:

a) *Advertência verbal ou escrita. Embora a advertência não esteja prevista na CLT[16], é admitida pela doutrina e jurisprudência, pois é, entre as penalidades, a mais benéfica ao empregado.*

b) *Suspensão disciplinar de, no máximo, 30 dias consecutivos (art. 474 da CLT). Nesse caso, o empregado ficará afastado das suas atividades, não receberá remuneração nem terá contado seu tempo de serviço, para adquirir férias, por exemplo.*

c) *Dispensa por justa causa (art. 482 da CLT). Essa é a penalidade mais grave, colocando fim ao contrato de trabalho.*

Segue quadro para facilitar a memorização sobre o tema: empregador.

| EMPREGADOR | |
|---|---|
| **Princípio da alteridade** | empregador assume exclusivamente os riscos da atividade econômica. Não divide os prejuízos com os empregados. |
| **Empregador por equiparação** | também são empregadores os profissionais liberais e outras instituições sem fins lucrativos. |
| **Grupo econômico** | a) duas ou mais empresas estiverem sobre o comando único ou coordenadas;<br>b) consequência: responsabilidade solidária entre as empresas do grupo. |
| **Sucessão trabalhista (arts. 10 e 448 da CLT)** | a) transferência do estabelecimento;<br>b) não ocorrência de paralisação das atividades;<br>c) consequência: sucessor assume os débitos trabalhistas (art. 448-A, da CLT). |
| **Poderes do empregador** | a) poder de organização:<br>– poder regulamentar.<br>b) poder de controle;<br>c) poder disciplinar:<br>– advertência verbal ou escrita;<br>– suspensão de até 30 dias;<br>– dispensa por justa causa, art. 482 da CLT. |

## 5. RELAÇÕES DE TRABALHO *LATO SENSU*

- **Trabalhador autônomo[17]:** O trabalhador autônomo é o prestador de serviços que atua como patrão de si mesmo[18], ou seja, é a pessoa física que presta serviços por conta própria, assumindo os riscos do empreendimento. Exemplos de trabalhadores autônomos: médico, pedreiro, taxista, veterinário, diarista etc.
- Em geral, esse trabalhador é o dono das ferramentas e demais equipamentos indispensáveis para a realização das suas atividades, possui ampla liberdade para escolher o horário de trabalho e fixar o preço de seus serviços. Verifica-se, assim, que falta ao trabalhador autônomo o requisito da subordinação para que se configure a relação empregatícia.
- **Reforma Trabalhista:** A Lei nº 13.467/23017 insere o art. 442-B à CLT para prever que a contratação de autônomo, cumpridas as formalidades legais, com ou sem exclusividade, de forma contínua ou não, afasta a condição de empregado. Entendemos que haverá a incidência do prin-

16. Ressalta-se que a advertência tem previsão expressa na lei que regulamenta o exercício da atividade de Mãe Social (Lei nº 7.644/1987): "Art. 14. As mães sociais ficam sujeitas às seguintes penalidades aplicáveis pela entidade empregadora: I – advertência; II – suspensão; III – demissão" (grifos acrescidos).
17. O tema encontra previsão na Portaria do MTP nº 671/2021.
18. BARROS, Alice Monteiro. *Curso de Direito do Trabalho*. 2. ed. São Paulo: LTr, 2006. p. 204.

cípio da primazia da realidade em caso de discussão de vínculo trabalhista, já que, configurada a subordinação, estará caracterizada a relação de emprego.

> **Art. 442-B da CLT:** *A contratação do autônomo, cumpridas por este todas as formalidades legais, com ou sem exclusividade, de forma contínua ou não, afasta a qualidade de empregado prevista no art. 3o desta Consolidação.*

- **Trabalhador eventual:** O trabalhador eventual é aquele que presta serviços ocasionais, esporádicos. Ademais, outro critério para identificar o trabalhador eventual é que ele atue em atividades não permanentes da empresa. Exemplo: faculdade de direito contrata programador de sistemas por três dias, para atualização dos computadores. Veja que esse trabalho não é uma atividade permanente da faculdade, e, ainda, não há repetição das atividades desse profissional.
- Verifica-se, no trabalho eventual, a ausência de expectativa de retorno ao local de trabalho, portanto falta o requisito da não eventualidade para configurar o vínculo empregatício.
- **Trabalhador avulso:** A característica principal do trabalho avulso é a presença da intermediação de mão de obra, ou seja, o trabalhador avulso é colocado no local de trabalho com a intermediação do sindicato da categoria ou por meio do Órgão Gestor de Mão de Obra – OGMO.
- Embora esse trabalhador não seja empregado, nem do sindicato, nem do OGMO, uma vez que exerce a atividade a diversos operadores portuários (ausência do requisito de pessoalidade), o art. 7º, XXXIV, da CF/88 estendeu a ele todos os direitos previstos aos empregados. Diante disso, o trabalhador avulso terá direito a férias, décimo terceiro salário, depósitos do FGTS etc.
- **Trabalhador voluntário:** no trabalho voluntário, não há o requisito onerosidade. É possível o ressarcimento do trabalhador pelas despesas que realizou no trabalho, as quais não configuram contraprestação pelo serviço prestado.

## 6. PROTEÇÃO DO TRABALHO DA CRIANÇA E DO ADOLESCENTE[19]

- **Doutrina de Proteção Integral e da Prioridade Absoluta**: consiste em prestigiar a prioridade da criança e do adolescente, a garantir seus direitos, com a destinação de recursos para a produção do bem comum desses sujeitos, a fim de que o orçamento prestigie e proteja os direitos assegurados pela lei[20].
- **Idade para trabalho.** A Constituição Federal e a CLT possuem normas protetivas ao empregado com menos de 18 anos em razão da sua condição peculiar de desenvolvimento. Essas normas têm a finalidade de lhe proporcionar o pleno desenvolvimento físico, mental e social. O trabalho, no Brasil, é permitido a partir dos 16 anos de idade, com exceção do aprendiz com 14 anos. Para o empregado doméstico, a Lei Complementar nº 150/2015 determinou a idade mínima de 18 anos:

> **Art. 1º, Parágrafo único:** É vedada a contratação de menor de 18 (dezoito) anos para desempenho de trabalho doméstico, de acordo com a Convenção no 182, de 1999, da Organização Internacional do Trabalho (OIT) e com o Decreto no 6.481, de 12 de junho de 2008.

- **Lista TIP:** Destaca-se que o Brasil ratificou a Convenção nº 182 da OIT, que visa à eliminação das piores formas de trabalho infantil, em caráter de urgência. Nesse sentido, o Decreto nº 6.481/2008 estabelece a Lista das Piores Formas de Trabalho Infantil (Lista TIP), que contém a classificação das atividades, locais e trabalhos prejudiciais à saúde, à segurança e à moral da criança e do adolescente.
- **Profissões com idades diferenciadas:** Destaca-se que algumas profissões apresentam restrição de idade diferenciada diante das condições exigidas para o trabalho. Note-se que essas limitações são sempre para ampliar a idade mínima permitida, e nunca permitindo trabalho com idade inferior à prevista Constituição Federal. Nesse sentido, a idade mínima para o empregado doméstico é de 18 anos (art. 1º, parágrafo único, LC nº 150/2015), 21 anos para a profissão de vigilante (art. 16, II, Lei nº 7.102/1983) e 25 anos para a atividade de Mãe Social (art. 9º, a, Lei nº 7.644/1987).
- **Prestação de serviços em locais prejudiciais à moralidade, à saúde e segurança do adolescente:** Entre os locais e atividades em que é vedado o trabalho do adolescente, em razão de serem considerados prejudiciais à moralidade, destacam-se os expressos no art. 405 da CLT e na Lista de Piores Formas de Trabalho Infantil (TIP), contida no Decreto nº 6.481/2008:
  - **a)** teatro de revista, cinemas, boates, cassinos, cabarés, *dancings* e estabelecimentos análogos;
  - **b)** empresas circenses, em funções de acrobata, saltimbanco, ginasta e outras semelhantes;
  - **c)** produção, composição, entrega ou venda de escritos impressos, cartazes, desenhos, gravuras, pinturas, emblemas, imagens e quaisquer outros objetos que possam, a juízo da autoridade competente, prejudicar sua formação moral;
  - **d)** venda, a varejo, de bebidas alcoólicas.
  - **e)** com exposição a abusos físicos, psicológicos ou sexuais.
- **Trabalho infantil artístico:** Vale destacar, ainda. que é comum o trabalho artístico de pessoas com menos de 14 anos em programas de televisão e teatro. No entanto, esse trabalho somente pode ser autorizado judicialmente caso constatado que não haverá nenhum prejuízo ao adolescente.
- **Requisitos:** No caso de autorização para trabalho artístico e configurados os requisitos da relação de emprego, deve haver anotação da CTPS, realização de exames admissionais e periódicos para que se avalie o estado de saúde do trabalhador com menos de 18 anos e comprovação de continuidade das atividades escolares. Quanto à retribuição, deve-se determinar que ao menos 50% da remuneração seja depositada em caderneta de poupança de banco oficial, que só poderá ser movimentada quando o trabalhador completar 18 anos, ou antes dos 18 anos mediante análise pelo Ministério Público do Trabalho e autorização por alvará judicial.
- **Competência:** Havia grande discussão acerca do órgão judicial competente para a autorização do trabalho de crianças e adolescentes. O tema foi pacificado pelo STF

---

19. Apesar de a CLT utilizar o termo "menor", optamos pela utilização da terminologia mais moderna que está em adequação ao ECA ao se referir ao trabalho do adolescente.
20. MARQUES, Geny Helena Barroso; JOSVIAK, Mariane; BESSA, Sueli Teixeira. Aprendizagem e qualificação profissional de adolescentes em cumprimento de medidas socioeducativas em meio aberto e fechado. In: CARELLI, Rodrigo de Lacerda et al (Ed.). Revista do Ministério Público do Trabalho. Brasília: Procuradoria Geral do Trabalho, 2014. p. 262.

na ADI nº 5.326/DF. O Ministro Marco Aurélio Mello, em medida liminar, suspendeu a eficácia de recomendações que previam a competência da Justiça do Trabalho para autorização do trabalho do menor em atividades artísticas. Após apreciar a ADI, o Tribunal, por maioria, decidiu que é competência da Justiça Comum apreciar pedido de autorização visando a participação de crianças e adolescentes em eventos de caráter artístico.

- **Trabalho educativo:** O trabalho educativo está previsto no art. 68 do Estatuto da Criança e do Adolescente:

> **Art. 68, Lei nº 8.069/1990.** *O programa social que tenha por base o trabalho educativo, sob responsabilidade de entidade governamental ou não-governamental sem fins lucrativos, deverá assegurar ao adolescente que dele participe condições de capacitação para o exercício de atividade regular remunerada.*
>
> *§ 1º. Entende-se por trabalho educativo a atividade laboral em que as exigências pedagógicas relativas ao desenvolvimento pessoal e social do educando prevalecem sobre o aspecto produtivo.*
>
> *§ 2º. A remuneração que o adolescente recebe pelo trabalho efetuado ou a participação na venda dos produtos de seu trabalho não desfigura o caráter educativo.*

- Dessa forma, o trabalho educativo consiste no desenvolvimento de atividades em que as exigências pedagógicas prevalecem sobre o aspecto produtivo, sendo que o recebimento de remuneração não modifica sua natureza e **não gera vínculo empregatício**[21].
- **Jornada de trabalho do adolescente:** A jornada de trabalho do adolescente possui a mesma duração que a do trabalhador adulto, ou seja, limitada a 8 horas diárias e 44 horas semanais. A diferença consiste na proibição ao menor de prestar horas extras. Há, entretanto, duas exceções, em que é permitido o trabalho em regime extraordinário.
- **Hora extra.** De acordo com o art. 413 da CLT, o empregado com menos de 18 anos poderá prorrogar a jornada somente em duas hipóteses excepcionais: a) compensação de jornada, desde que: 1. haja negociação coletiva; e 2. não ultrapasse 44 horas semanais; b) Força maior, desde que não ultrapasse 12 horas diárias e haja pagamento de adicional de serviço extraordinário de, no mínimo, 50%. Fora esses 2 casos excepcionais, o adolescente não poderá prestar serviços suplementares (horas extras).
- **Intervalo de 15 minutos.** Importante ressaltar que o intervalo de 15 minutos entre o final da jornada de trabalho e o início da jornada extraordinária não é mais devido aos adolescentes e às mulheres, tendo em vista a revogação do art. 384 da CLT pela Reforma Trabalhista.
- **Jornadas somadas.** Caso o adolescente preste serviços a mais de uma empresa, ou seja, haja contratos de trabalho simultâneos, as horas de trabalho em cada uma delas serão somadas, conforme previsto no art. 414 da CLT. Exemplo: empregado adolescente, 17 anos de idade, trabalha 4 horas diárias em um supermercado. Foi contratado para trabalhar em uma papelaria à tarde. Poderá cumular os contratos, desde que tenha jornada, na papelaria, de até 4 horas diárias, pois não poderá ultrapassar as 8 horas, somados os horários.

21. ROSSATO, Luciano Alves; LÉPORE, Paulo Eduardo; CUNHA, Rogério Sanches. Estatuto da criança e do adolescente comentado artigo por artigo. 7. ed. São Paulo: Saraiva, 2015, p. 237.

- **Assistência para quitação.** Para a assinatura do recibo de quitação das verbas rescisórias, há a necessidade de assistência dos representantes legais, sob pena de nulidade, conforme previsto no art. 439 da CLT.
- **Prescrição.** Contra a pessoa com menos de 18 anos não corre prazo prescricional, ou seja, há uma causa impeditiva de contagem do prazo. Exemplo: o término do contrato ocorreu quando o trabalhador completou 17 anos de idade. Não correrá o prazo prescricional até que ele complete 18 anos. Ao completar essa idade, inicia-se o prazo de 2 anos para ingressar com a ação na Justiça do Trabalho. Ressalta-se que não é vedado ao adolescente ingressar com a reclamação trabalhista antes de completar 18 anos.
- **Meio ambiente do trabalho.** As normas referentes ao meio ambiente de trabalho da mulher previstas na CLT são aplicadas subsidiariamente aos adolescentes. Nesse sentido, destaca-se a limitação de força muscular (art. 405, § 5º, CLT). Lembre-se de que a Reforma Trabalhista revogará o art. 384 da CLT, deixando de existir o intervalo na hipótese de prorrogação de jornada.

## 6.1. SALÁRIO DO ADOLESCENTE

- O art. 7º, inciso XXX, da CF/88 proíbe que os trabalhadores com menos de 18 anos tenham salários diferentes no exercício de funções idênticas se comparados com o salário de um empregado adulto. Nesse sentido:

> **Art. 7º, inciso XXX, CF/88:** *São direitos dos trabalhadores urbanos e rurais, além de outros que visem à melhoria de sua condição social: proibição de diferença de salários, de exercício de funções e de critério de admissão por motivo de sexo, idade, cor ou estado civil.*

- Além disso, a própria jurisprudência do TST determina que não é possível a fixação de salário mínimo profissional diferenciado aos adolescentes:

> **Orientação Jurisprudencial nº 26 da SDC do TST:** *Os empregados menores não podem ser discriminados em cláusula que fixa salário mínimo profissional para a categoria.*

- Dessa forma, o art. 11, parágrafo único, Lei nº 5.889/1973 (empregado rural), que possibilita ao trabalhador com menos de 16 anos salário mínimo fixado em valor correspondente à metade do salário mínimo de um empregado adulto não foi recepcionado com a promulgação da Constituição Federal de 1988. Portanto, é assegurado a todos os empregados com menos de 18 anos o mesmo salário recebido por um empregado adulto no exercício da mesma função.

## 6.2. DAS FÉRIAS DO EMPREGADO ADOLESCENTE

- **Fracionamento.** Com a Reforma Trabalhista, há a revogação do art. 134, § 2º da CLT que estabelecia essa vedação de fracionamento de férias ao menor de 18 anos. Dessa forma, é permitido a todos os empregados, inclusive aos adolescentes, o fracionamento das férias individuais.

> **Art. 134, § 1º da CLT:** *Desde que haja concordância do empregado, as férias poderão ser usufruídas em até três períodos, sendo que um deles não poderá ser inferior a quatorze dias corridos e os demais não poderão ser inferiores a cinco dias corridos, cada um.*

- **Coincidência com as férias escolares.** O adolescente tem o direito de fazer coincidir as férias no trabalho com o período das férias escolares.

- **Para a semana antes da prova**, segue o quadro de resumo sobre empregado menor de 18 anos:

| Trabalho do ADOLESCENTE | |
|---|---|
| **Trabalho a partir dos 16 anos, exceto:** | – **N**oturno<br>– **I**nsalubre<br>– **P**erigoso |
| **A partir dos 14 anos:** | – somente como aprendiz |
| **Proibido trabalhar em horas extras, exceto:** | – compensação – máximo 2 horas extras diárias<br>– força maior – até 12 horas |
| **Intervalo de 15 minutos entre jornada normal e horas extras:** | Com o advento da Reforma Trabalhista, não há mais que se falar no intervalo de 15 minutos entre o final da jornada normal e o início das horas extras. |
| **Trabalho em mais de uma empresa:** | – 8 horas somadas |
| **Representante legal:** | – assistência na quitação das verbas rescisórias |
| **Férias:** | – A Reforma Trabalhista permite o fracionamento a todos os empregados<br>– direito de coincidir férias no trabalho com as férias escolares |

### 6.2.1. DOS DIREITOS À PROFISSIONALIZAÇÃO E À PROTEÇÃO DO TRABALHO. ESTATUTO DA CRIANÇA E DO ADOLESCENTE (LEI Nº 8.069/90 E ALTERAÇÕES)[22-23]

- De acordo com previsão expressa no ECA, é considerada criança a pessoa com até 12 anos incompletos e adolescente aquela entre 12 e 18 anos de idade.

> **Art. 2º do ECA:** *Considera-se criança, para os efeitos desta Lei, a pessoa até doze anos de idade incompletos, e adolescente aquela entre doze e dezoito anos de idade.*
>
> *Parágrafo único. Nos casos expressos em lei, aplica-se excepcionalmente este Estatuto às pessoas entre dezoito e vinte e um anos de idade.*

- Excepcionalmente, o ECA é aplicado a pessoas entre 18 e 21 anos de idade. Os artigos indicados no Estatuto da Criança e do Adolescente sobre esse tópico são: artigos 60 ao artigo 69. O candidato ao ler esses artigos deve ficar atento:

a) a idade mínima do aprendiz é 14 anos. Não se admite aprendiz com menos de 14 anos, conforme previsto na CF[24];

b) proibição do trabalho penoso a pessoas com menos de 18 anos;

c) previsão do trabalho educativo em que as condições pedagógicas devem prevalecer sobre o aspecto produtivo.

**Ademais, segundo o art. 63 do ECA,** a formação técnico-profissional obedecerá aos seguintes princípios:

I - garantia de acesso e frequência obrigatória ao ensino regular;

II - atividade compatível com o desenvolvimento do adolescente;

III - horário especial para o exercício das atividades.

- Por fim, trabalho educativo não se confunde com aprendizagem, sendo definido como "atividade laboral em que as exigências pedagógicas relativas ao desenvolvimento pessoal e social do educando prevalecem sobre o aspecto produtivo". Todavia, o recebimento de remuneração pelo trabalho ou pela venda de produtos de seu trabalho não desconfigura o trabalho educativo.
- O programa social que tenha por base o trabalho educativo, sob responsabilidade de entidade governamental ou não governamental sem fins lucrativos, deverá assegurar ao adolescente que dele participe condições de capacitação para o exercício de atividade regular remunerada.

## 6.3. APRENDIZ

- **Nota introdutória:** No dia 04 de maio de 2022, foi publicada a MP n.º 1.116/2022, que realizava alterações estruturais no contrato de aprendizagem. No mesmo dia, foi editado pelo Poder Executivo o Decreto nº 11.061/2022, que, entre outras medidas, altera o Decreto da aprendizagem (Decreto nº 9.579/2018), adequando o seu texto às mudanças na CLT realizadas pela MP n.º 1.116/2022.
- Dentre as principais alterações realizadas pela MP, podemos citar a alteração do prazo do contrato de aprendizagem para 03 (três) e, em alguns casos[25], 04 (quatro) anos; a possibilidade de contagem em dobro da cota legal[26]; e a cota continuada, para estabelecer que, caso o aprendiz seja contratado como empregador regular (contrato por prazo indeterminado), isto é, efetivado após o término do contrato de aprendizagem, continuará a ser contabilizado para fins de cumprimento da cota de aprendizagem pelo prazo máximo de doze meses.
- Durante o seu trâmite no Congresso Nacional, o texto original da MP nº 1.116/2022 sofreu inúmeras alterações e o texto aprovado, posteriormente convertido na Lei nº 14.457, de 2022, **não modificou os dispositivos da CLT que tratam sobre o contrato de aprendizagem**. Portanto, mesmo com a conversão em lei da referida MP, a regulamentação do trabalho do aprendiz na CLT permaneceu inalterada, tal qual era antes da MP.
- Contudo, essas alterações permanecem no Decreto nº 9.579/18. Os novos prazos estão dispostos no art. 45 e §§; a cota em dobro, no art. 51-C; e a cota continuada, no art. 51-B. Assim, muitas das alterações promovidas pelo Decreto nº 11.061/2022, com a aprovação da MP sem a

22. Indico o melhor livro de ECA para leitura complementar: Estatuto da Criança e do Adolescente Comentado. Luciano Rossato, Paulo Lépore e Rogério Sanches. 4 ed. Editora RT.
23. Os artigos indicados no Estatuto da Criança e do Adolescente sobre esse tópico são: artigos 60 ao artigo 69.
24. Importante destacar que o art. 60 do ECA, que estabelece a possibilidade de trabalho do **adolescente com menos de 14 anos** enquanto aprendiz, não foi recepcionado pela CF/88, após a promulgação da EC nº 20/1998, que estabeleceu a idade mínima de 14 anos para o trabalho na aprendizagem.
25. Caso o aprendiz fosse contratado com idade entre 14 e 15 anos incompletos, nas situações especiais previstas no § 5º do art. 429 da CLT (Incluído pela Medida Provisória nº 1.116, de 2022) e nas hipóteses de continuidade de itinerário formativo.
26. Nos seguintes casos: 1. Egressos do sistema socioeducativo ou em cumprimento de medidas socioeducativas; 2. PcD; 3. Cumprimento de pena no sistema prisional; 4. Integrantes de famílias que recebam Auxílio Brasil; 5. Regime de acolhimento institucional; 6. Protegidos no âmbito do Programa de Proteção a Crianças e Adolescentes Ameaçados de Morte; e 7. Egressos do trabalho infantil.

parte que alterava o contrato de aprendizagem, **perderam o lastro de legalidade**.

- **Aprendiz:** o aprendiz é empregado; logo, estão presentes os requisitos essenciais da relação de emprego. A particularidade do contrato de aprendizagem consiste em permitir o trabalho a partir dos 14 anos. Para os maiores de 14 e menores de 16 anos, somente é permitido o trabalho na aprendizagem.
- **Idade.** A idade permitida para o contrato de aprendizagem é entre 14 e 24 anos idade. Esse limite máximo, 24 anos, não se aplica aos aprendizes com deficiência.
- A contratação de aprendizes deverá atender, prioritariamente, os adolescentes entre 14 e 18 anos. Atividades relacionadas à insalubridade, à periculosidade ou se incompatíveis com o desenvolvimento físico e moral dos adolescentes deverão ser ministradas para os jovens de 18 a 24 anos.
- **Requisitos indispensáveis para configurar o contrato de aprendizagem.** Esses requisitos estão previstos no art. 428 da CLT:

> **Art. 428.** *Contrato de aprendizagem é o contrato de trabalho especial, ajustado por* **escrito** *e por prazo determinado, em que o empregador se compromete a assegurar ao* **maior de 14** *(quatorze) e* **menor de 24** *(vinte e quatro) anos inscrito em* **programa de aprendizagem** *formação técnico-profissional metódica, compatível com o seu desenvolvimento físico, moral e psicológico, e o aprendiz, a executar com zelo e diligência as tarefas necessárias a essa formação (grifos acrescidos).*

- **1º Requisito:** O contrato de aprendizagem deve ser obrigatoriamente escrito;
- **2º Requisito:** A CTPS do empregado deve ser devidamente anotada constando a aprendizagem. Note-se que, atualmente, a CTPS é emitida preferencialmente em meio eletrônico após as alterações promovidas pela Lei 13.874/2019.
- **3º Requisito:** Matrícula e frequência do aprendiz na escola caso não tenha concluído o ensino médio. Note-se, portanto, que a aprendizagem é possível desde que a formação escolar seja garantida. Nas localidades onde não houver oferta de ensino médio, a contratação do aprendiz poderá ocorrer sem a frequência à escola, desde que ele já tenha concluído o ensino fundamental.
- **Atenção!** Nos termos do art. 428, § 6º, da CLT, a comprovação da escolaridade do aprendiz com deficiência deve considerar as habilidades e competência relacionadas com a profissionalização. Além disso, para o aprendiz com deficiência com 18 (dezoito) anos ou mais, a validade do contrato de aprendizagem pressupõe anotação na CTPS e matrícula e frequência em programa de aprendizagem desenvolvido sob orientação de entidade qualificada em formação técnico-profissional metódica.
- **4º Requisito:** Inscrição em programa de aprendizagem desenvolvido sob orientação de entidade qualificada em formação técnico-profissional metódica.
- **Requisitos para validade do contrato de aprendizagem para pessoas com mais de 18 anos.** A Lei nº 13.146/2015 (Estatuto da Pessoa com Deficiência) acrescentou o § 8º do art. 428 da CLT, que prevê a necessidade de anotação na CTPS e frequência em programa de aprendizagem desenvolvido por entidade qualificada em formação técnico-profissional metódica.
- **Entidades qualificadas em formação técnico-profissional metódica:** os cursos e formação deverão ser ministrados especialmente pelos Serviços Nacionais de Aprendizagem como SESC, SENAI, SENAC, SESI, dentre outros. No entanto, se os cursos não forem oferecidos ou se não houver vagas suficientes para atender à demanda dos estabelecimentos, é possível suprir por outras entidades qualificadas em formação técnico-profissional metódica nos termos do art. 430 da CLT:

I – Escola Técnicas de Educação;

II – entidades sem fins lucrativos, que tenham por objetivo a assistência ao adolescente à educação profissional, registradas no Conselho Municipal dos Direitos da Criança e do Adolescente. Deve cadastrar cursos, turmas e aprendizes no Ministério do Trabalho.

III – entidades de prática desportiva das diversas modalidades filiadas ao Sistema Nacional do Desporto e aos Sistemas de Desporto dos Estados, do Distrito Federal e dos municípios. Devem cadastrar cursos, turmas e aprendizes no Ministério do Trabalho.

- **Descumprimento dos requisitos de validade do contrato de aprendizes:** De acordo com o art. 9º da CLT e 47 do Decreto nº 9.579/2018, o descumprimento desses requisitos importará a nulidade do contrato de aprendizagem, estabelecendo-se o vínculo empregatício diretamente com o empregador responsável pelo cumprimento da cota de aprendizagem, com exceção da pessoa jurídica de direito público
- **Salário mínimo hora.** Em 13/03/2017, foi promulgada a Lei nº 13.420/2017, que alterou a redação de diversos artigos da CLT sobre a aprendizagem. A antiga redação do art. 428, § 2º, CLT determinava que, ao menor aprendiz, deveria ser assegurado salário mínimo hora salvo condição mais favorável. A Lei nº 13.420/2017 estendeu essa previsão não apenas ao menor aprendiz, mas a todos os aprendizes. Lembre-se de que a aprendizagem é permitida entre 14 e 24 anos, sendo que não há limitação de idade para pessoas com deficiência. Ocorre que, desde a promulgação da CF/88, é assegurado a todos os trabalhadores, inclusive aos aprendizes, o recebimento nunca inferior ao salário mínimo hora. Trata-se, portanto, de alteração apenas na redação do art. 428, § 2º, da CLT para se adequar ao texto constitucional:

> **Art. 428, § 2º, CLT (NOVA REDAÇÃO):** *Ao aprendiz, salvo condição mais favorável, será garantido o salário mínimo hora.*

- **Jornada de trabalho:** é reduzida, em regra, a 6 horas diárias. Excepcionalmente, poderá ser ampliada para 8 horas, se o aprendiz já tiver completado o Ensino Fundamental, e, ainda, se nessas horas forem computadas as horas destinadas à aprendizagem teórica.
- **Vedação à prorrogação de jornada e à compensação de jornada:** De qualquer forma, é vedada a prorrogação da jornada (horas extras) e a compensação de horas aos aprendizes.
- **Prazo determinado.** O contrato de aprendizagem é por prazo determinado. Assim sendo, não poderá ser firmado por mais de **2 anos** com o mesmo empregador. Se extrapolado o limite de 2 anos, o contrato será automaticamente convertido em prazo indeterminado. Esse limite máximo de 2 anos não se aplica ao aprendiz com deficiência.
- **FGTS.** Os depósitos do FGTS – Fundo de Garantia do Tempo de Serviço – são suportados exclusivamente pelo empregador. A alíquota do aprendiz é de apenas 2% sobre a remuneração. O percentual dos demais empregados é de 8% sobre a remuneração.
- **Obrigatoriedade na contratação de aprendizes.** Como forma de incentivar a inserção de novos profissionais no

mercado de trabalho, a CLT prevê obrigatoriedade na contratação desses profissionais. As empresas estão obrigadas a contratar, no mínimo, 5% e, no máximo, 15% do quadro de trabalhadores como aprendizes. Essa obrigatoriedade não se aplica aos empregadores sem fins lucrativos, às microempresas e às empresas de pequeno porte.

- **Vínculo empregatício do aprendiz.** O vínculo empregatício do aprendiz poderá ocorrer:

  **a)** diretamente com a empresa para a qual ele presta serviços. Nesse caso, o estabelecimento assumirá a condição de empregador, devendo inscrever o aprendiz em programa de aprendizagem a ser ministrado pelos cursos dos Serviços Nacionais de Aprendizagem. Se não houver vagas suficientes nesses Serviços, é possível que o curso seja ministrado por:

  1) Escolas Técnicas de Educação;

  2) Entidades sem fins lucrativos, que tenham por objetivo a assistência ao adolescente e à educação profissional, registradas no Conselho Municipal dos Direitos da Criança e do Adolescente e;

  3) Entidades de prática desportiva das diversas modalidades filiadas ao Sistema Nacional do Desporto e aos Sistemas de Desporto dos Estados, do Distrito Federal e dos Municípios. Essas entidades foram incluídas em 13/03/2017 pela Lei nº 13.420/2017.

  **b)** supletivamente, com as entidades sem fins lucrativos[27], simultaneamente ao desenvolvimento do programa de aprendizagem. Essas entidades atuam como intermediadoras de mão de obra, ou seja, embora formalmente empregadoras, os aprendizes prestam serviços (experiência prática) nas empresas tomadoras de serviços. Nesse caso, haverá contrato entre entidade sem fins lucrativos e empresa tomadora de serviços de aprendizagem. A Lei nº 13.420/2017 passou a prever que o contrato de aprendizagem também pode ser firmado, com as entidades de prática desportiva das diversas modalidades filiadas ao Sistema Nacional do Desporto e aos Sistemas de Desporto dos Estados, do Distrito Federal e dos Municípios.

- **Extinção do contrato de aprendizagem.** A extinção poderá ocorrer normalmente, nos casos de término do prazo do contrato de dois anos, ou ainda se o aprendiz completar 24 anos, conforme o art. 428, *caput* e § 3º, da CLT.

  Ocorre, entretanto, a possibilidade de rescisão antecipada (art. 433, CLT) nos casos de:

  > *I. desempenho insuficiente ou inadaptação do aprendiz, salvo para o aprendiz com deficiência quando desprovido de recursos de acessibilidade, de tecnologias assistivas e de apoio necessário ao desempenho de suas atividades. Essa exceção ao aprendiz com deficiência foi acrescentada pelo Estatuto da Pessoa com Deficiência (Lei nº 13.146/2015);*
  >
  > *II. falta disciplinar grave;*
  >
  > *III. ausência injustificada à escola que implique perda do ano letivo;*
  >
  > *IV. pedido do aprendiz.*

- **Para a semana antes da prova**, segue o quadro de resumo sobre aprendiz:

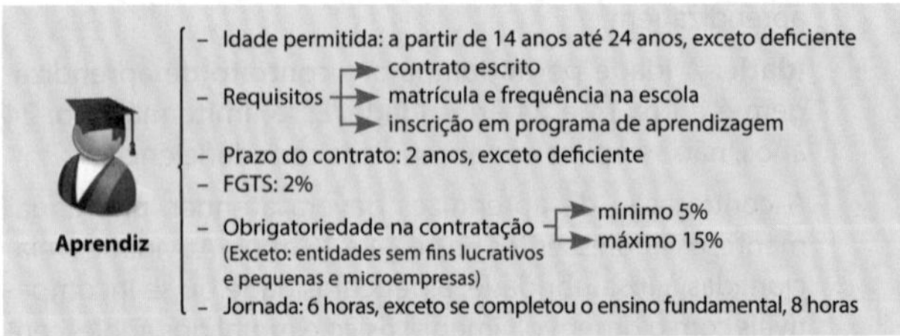


## 7. PROTEÇÃO DO TRABALHO DA MULHER

- **Igualdade entre homens e mulheres:** é direito fundamental previsto no art. 5º, I, CF/88. Há, entretanto, diferenças que justificam o tratamento diferenciado dado à mulher nas relações de trabalho, sobretudo no tocante à proteção à maternidade e dos efeitos da dupla jornada de trabalho.

- **Ações afirmativas (art. 7º, XX, CF/88):** prevê a necessidade de proteção do mercado de trabalho da mulher mediante incentivos específicos. Após mais de 33 anos da promulgação da CF/88, o dispositivo não foi regulamentado.

- **Proteção à maternidade.** Durante a gravidez é garantida à empregada gestante e adotante a dispensa do horário de trabalho pelo tempo necessário para a realização de, no mínimo, 6 consultas médicas e demais exames complementares. Importa destacar que a Lei nº 13.509/2017 estendeu referida garantia à adotante.

- **Afastamento de atividades insalubres:** O tema é regulamentado pela Lei nº 13.467/2017 – Reforma Trabalhista. De acordo com a nova lei, o afastamento das atividades insalubres da gestante e lactante persiste, mas os efeitos serão diversos em relação ao grau de insalubridade e entre empregada gestante e lactante:

| AFASTAMENTO EM ATIVIDADES INSALUBRES | | |
|---|---|---|
| **Empregada** | **Grau de insalubridade** | **Afastamento** |
| Gestante | Insalubridade em grau máximo | Afastamento obrigatório |
| | Insalubridade em graus médio e mínimo | Afastamento com atestado de médico de confiança da mulher |
| Lactante | Qualquer grau de insalubridade | Afastamento com atestado de médico de confiança da mulher |

- **Decisão do STF:** No dia 29/05/2019, o plenário do STF, por maioria de 10 votos a 1, decidiu pela inconstitucionalidade de trecho do art. 394-A da CLT, que previa nos incisos II e III: "quando apresentar atestado de saúde, emitido por médico de confiança da mulher, que recomende o afastamento. De acordo com o relator, a proteção à maternidade e à criança não podem ser afastadas pela simples apresentação de ates-

---

27. **Art. 57 do Decreto 9.579/2018** (com redação dada pelo Decreto nº 11.061/2022). A contratação do aprendiz poderá ser efetivada: I - de forma direta pelo estabelecimento que fique obrigado ao cumprimento da cota de aprendizagem profissional; e II - de forma indireta: a) pelas entidades a que se referem os incisos III e IV do **caput** do art. 50; b) por entidades sem fins lucrativos não abrangidas pelo disposto na alínea "a", entre outras, de: 1. assistência social; 2. cultura; 3. educação; 4. saúde; 5. segurança alimentar e nutricional; 6. proteção do meio ambiente e promoção do desenvolvimento sustentável; 7. ciência e tecnologia; 8. promoção da ética, da cidadania, da democracia e dos direitos humanos; 9. desporto; ou 10. atividades religiosas; ou c) por microempresas ou empresas de pequeno porte.

tado médico. Com a decisão na ADI 5.938, as empregadas gestantes e lactantes sempre deverão ser afastadas das atividades insalubres independentemente do grau de insalubridade.

- No período de afastamento, a empregada continua recebendo sua remuneração, bem como o adicional de insalubridade, por expressa previsão legal (art. 394-A da CLT – alterado pela Reforma Trabalhista).
- **Gravidez de risco:** Na impossibilidade de transferir a gestante ou a lactante para atividade salubre na empresa, a empregada terá direito à percepção de salário maternidade, pois a gravidez será considerada de risco. Nesse caso, durante todo o período de afastamento, a empregada perceberá o benefício previdenciário. Note-se que, diferentemente do prazo habitual da licença-maternidade de 120 dias, a Reforma Trabalhista cria uma espécie de "super salário-maternidade", pois a empregada poderá perceber o benefício durante os 9 meses de gestação além dos meses necessários à lactação da criança. Criou-se, portanto, previsão de recebimento de benefício previdenciário sem prévia fonte de custeio.
- **Transferência de função (art. 392, § 4º, I, CLT):** É assegurada, também, a transferência de função, quando as condições de saúde o exigirem, tendo garantida a retomada da função anteriormente exercida logo após o retorno ao trabalho.
- **Amamentação.** Outra garantia dada à mulher, mesmo após a gestação, é amamentar o próprio filho, até que este complete 6 meses de idade. Nesse caso, terá direito, durante a jornada de trabalho, a 2 descansos especiais de meia hora cada um. Aliás, nos estabelecimentos com pelo menos **30 mulheres com mais de 16 anos** de idade, estas terão local apropriado onde seja permitido guardar, sob vigilância e assistência, os seus filhos no período da amamentação. O empregador, entretanto, tem a opção de manter convênio com entidades públicas ou privadas para suprir a exigência da creche no próprio estabelecimento (art. 389, §§ 1º e 2º, da CLT). Com a Reforma Trabalhista, os períodos para amamentação deverão ser definidos por acordo individual entre a mulher e o empregador. Com o advento da Lei nº 13.509/2017, o intervalo para amamentação foi estendido à empregada adotante:

  > "***Art. 396 da CLT:*** *Para amamentar seu filho, inclusive se advindo de adoção, até que este complete 6 (seis) meses de idade, a mulher terá direito, durante a jornada de trabalho, a 2 (dois) descansos especiais de meia hora cada um.*

- **Aborto não criminoso.** No caso de aborto não criminoso, devidamente comprovado por exame médico oficial, a mulher terá direito a um repouso remunerado de duas semanas, ficando-lhe assegurado o direito de retornar à função que ocupava antes de seu afastamento.
- **Locais para guarda dos filhos durante amamentação (art. 389, § 1º, CLT):** os estabelecimentos com pelo menos 30 mulheres com mais de 16 anos de idade terão local apropriado onde seja permitido às empregadas guardar sob vigilância e assistência os seus filhos no período da amamentação.
- **Programa Emprega + Mulheres:** No dia 21 de setembro de 2022, foi publicada a Lei nº 14.457/2022, que, entre outras providências, institui o Programa Emprega + Mulheres, destinado à inserção e à manutenção de mulheres no mercado de trabalho. Segundo o texto, os empregadores poderão adotar **reembolso-creche** para trabalhadores que possuam filhos com até 5 anos e 11 meses de idade, por meio de acordo individual ou negociação coletiva. Os empregadores que adotarem esse benefício, ficam desobrigados de da instalação de local apropriado para a guarda e a assistência de filhos de empregadas no período da amamentação.
- **Convênios:** O empregador, entretanto, tem a opção de manter convênio com entidades públicas ou privadas para suprir a exigência da creche no próprio estabelecimento (art. 389, §§ 1º e 2º, da CLT).

## 7.1. LICENÇA-MATERNIDADE

- **Licença-maternidade.** A licença-maternidade compreende o afastamento remunerado da gestante, com duração de 120 dias. Sabe-se que, mesmo em caso de parto antecipado, a mulher terá direito à licença. Ademais, essa licença não está condicionada ao nascimento da criança com vida, porque, nesse caso, a empregada terá o repouso de 120 dias para se recuperar do trauma.
- **Aumento da duração da licença (art. 392, § 2º, CLT):** Os períodos de repouso, antes e depois do parto, poderão ser aumentados de 2 (duas) semanas cada um, mediante atestado médico.
- **Vedação à supressão ou redução da licença maternidade (art. 611-B, XIII, CLT):** A Reforma Trabalhista veda que a licença maternidade possa ser objeto de instrumento coletivo para a redução desse direito.
- **Adoção.** Além da empregada gestante, tem direito à licença-maternidade a empregada que adotar ou obtiver guarda judicial para fins de adoção. Ressalta-se que essa licença somente será concedida mediante apresentação do termo judicial de guarda à adotante ou guardiã. Atualmente, após a alteração da lei, a duração de licença para essa empregada será também de 120 dias. Com o advento da Lei nº 13.509/2017, conferiu-se nova redação ao art. 392-A da CLT, para estender a licença-maternidade à adotante de crianças e de adolescentes:

  > ***Art. 392-A da CLT:*** *À empregada que adotar ou obtiver guarda judicial para fins de adoção de criança ou adolescente será concedida licença-maternidade nos termos do art. 392 desta Lei.*

- **Guarda conjunta.** Se a guarda judicial for conjunta, apenas um dos adotantes terá direito à licença. Aliás, mesmo que o adotante seja do sexo masculino, passa a ter direito à licença remunerada de 120 dias. Lembre-se que a jurisprudência do STF não permite qualquer forma de discriminação para casais do mesmo sexo (união homoafetiva). Logo, o empregado que adotar uma criança, qualquer que seja sua opção sexual, solteiro ou casado, terá direito à "licença-maternidade".
- **Mulher que morre durante a licença.** Caso a empregada venha a falecer no parto ou durante a licença-maternidade, o marido ou companheiro poderá usufruir da licença integralmente (120 dias) ou pelo período restante.
- **Prorrogação da licença-maternidade.** Cabe ressaltar a possibilidade de prorrogação do período da licença-maternidade, por mais 60 dias, com a promulgação da Lei nº 11.770/2008. Nem todas as empregadas, entretanto, terão direito à prorrogação. Somente se preenchidos os 2 requisitos a seguir:

  I. empregada da pessoa jurídica que tenha aderido ao Programa da Empresa Cidadã;

  II. pedido de prorrogação deve ser feito, pela empregada, até o fim do 1º mês após o parto.

- A Lei nº 14.457/2022 promoveu alterações no Programa Empresa Cidadã, para estabelecer que essa prorrogação **poderá ser compartilhada entre a empregada e o empregado**, desde que ambos sejam empregados de pessoa jurídica aderente ao Programa e que a decisão seja adotada conjuntamente.

- Ainda, a empresa participante do Programa Empresa Cidadã autorizada a **substituir o período de prorrogação** da licença-maternidade **pela redução de jornada de trabalho em 50%** pelo período de 120 dias. Para tanto, dois são os requisitos:
  - I. pagamento integral do salário à empregada ou ao empregado pelo período de 120 dias; e
  - II. acordo individual firmado entre o empregador e a empregada ou o empregado interessados em adotar a medida.
- **Exigências:** Durante a prorrogação da licença, a empregada não poderá exercer atividade remunerada, e a criança não poderá ser mantida em creche, sob pena de perder o direito à prorrogação.
- **Benefícios às empresas pela prorrogação:** Em contrapartida, as empresas tributadas com base no lucro real poderão deduzir do imposto devido o total da remuneração paga nos dias de prorrogação.
- **Pagamento do benefício de salário maternidade:** Em regra, o benefício é pago pelo empregador e será reembolsado pela Previdência Social com o recolhimento das contribuições previdenciárias. Para as empregadas de microempreendedor individual e para as demais seguradas da Previdência Social, o benefício é pago diretamente pela Previdência Social.
- **Empregadas domésticas:** tem assegurado o direito à licença-maternidade (art. 25 da LC nº 150/2015). Ressalta-se que esse direito era assegurado antes mesmo da EC 72/2013.

### 7.1.1. DATA DE INÍCIO DA LICENÇA-MATERNIDADE (ADI Nº 6327/DF)

- De acordo com a literalidade do art. 392, § 1º, da CLT, o início do afastamento da gestante poderá ocorrer entre o 28º dia antes do parto e ocorrência deste. Ainda, os períodos de repouso, antes e depois do parto, poderão ser aumentados de 2 (duas) semanas cada um, mediante atestado médico (art. 392, § 2º, da CLT).
- Em muitos casos, a mulher ou o recém-nascido precisam estender sua estadia no hospital para os devidos cuidados médicos. Essa prolongação da internação dificulta que mãe e filho desenvolvam laços afetivos, bem como impede a convivência comunitária. Além disso, não se pode considerar o tempo em ambiente hospitalar como período de efetivo descanso e recuperação para a mãe. Nesse sentido, o partido SOLIDARIEDADE ingressou com a ADI nº 6327, no STF, questionando o termo inicial da licença-maternidade.
- No dia 24/10/2022, o Tribunal, por unanimidade, julgou procedente a ADI 6327/DF para conferir interpretação conforme à Constituição ao art. 392, § 1º, da CLT, assim como ao art. 71 da Lei nº 8.213/91 e, por arrastamento, ao art. 93 do seu Regulamento (Decreto nº 3.048/99), de modo a se considerar como **termo inicial da licença-maternidade e do respectivo salário-maternidade a alta hospitalar do recém-nascido e/ou de sua mãe**, o que ocorrer por último. Ainda, segundo a Corte, a melhor interpretação é que se prorrogue em todo o período o benefício, quando a internação exceder as duas semanas previstas no art. 392, § 2º, da CLT, e no art. 93, § 3º, do Decreto nº 3.048/99. Conforme Acórdão, publicado em 07/11/2022, o pagamento do benefício, no caso de licenças prolongadas, ficará a cargo da Previdência Social, pois o benefício e sua fonte de custeio já existem.

## 7.2. ESTABILIDADE DA GESTANTE

- **Estabilidade da gestante.** A estabilidade, ou garantia provisória de emprego, veda que o empregador dispense arbitrariamente ou sem justa causa a empregada gestante, desde a confirmação da gravidez até 5 meses após o parto. A confirmação da gravidez não se confunde com a comunicação ao empregador, pois, mesmo se ele não tiver conhecimento da gestação, não poderá dispensar a trabalhadora. Este entendimento foi reforçado pelo STF, em julgamento do RE nº 629.053, em 10 de outubro de 2018. Segundo o STF, basta que a gravidez seja anterior à dispensa para que se fale em estabilidade: "A incidência da estabilidade prevista no art. 10, II, do ADCT, somente exige a anterioridade da gravidez à dispensa sem justa causa".
- **STF:** No dia 10/10/2018, o STF, negou provimento ao RE 629.053 e fixou a tese com repercussão geral: "A incidência da estabilidade prevista no art. 10, inc. II, do ADCT, somente exige a anterioridade da gravidez à dispensa sem justa causa".
- **Estabilidade da adotante:** Adotante tem direito à estabilidade provisória no emprego (art. 391-A, parágrafo único, CLT – acrescentado pela Lei nº 13.509/2017).
- **Estabilidade remanescente (LC nº 146/2014):** estendeu o direito à estabilidade provisória do art. 10, inciso, alínea "b", do ADCT, no caso de falecimento da genitora, àquele que detiver a guarda de seu filho (independentemente de ser o pai ou companheiro da empregada).
- **Qual é a data inicial da estabilidade?** De acordo com a jurisprudência trabalhista sobre o tema é a data da concepção, que corresponde ao momento em que o espermatozoide fecunda o óvulo, dando início ao processo de gestação.
- Assim, os exames que confirmam a gravidez exercem a função apenas de declarar situação pré-existente (TST - RR: 2982-85.2010.5.03.0144, Relator: Kátia Magalhães Arruda, Data de Julgamento: 07/12/2011, 5ª Turma, Data de Publicação: DEJT 16/12/2011)
- **Hipóteses de término do contrato da empregada gestante:** pedido de demissão ou dispensa por justa causa. Nesse caso, não há a exigência de instauração de inquérito para apuração de falta grave.
- **Jurisprudência do TST** - Assistência sindical na demissão: o pedido de demissão da gestante está condicionado à homologação no sindicato da categoria profissional ou na gerência regional do trabalho nos termos do art. 500 da CLT. (TST - RR: 10018529520175020315, Relator: Dora Maria Da Costa, Data de Julgamento: 18/11/2020, 8ª Turma, Data de Publicação: 20/11/2020)
- **Extinção do estabelecimento e estabilidade da gestante:** o empregador terá de pagar todas as verbas trabalhistas como se tivesse dispensado sem justa causa, pois os riscos do empreendimento correm por conta do empregador.
- **Súmula nº 244, II, do TST:** A garantia de emprego à gestante só autoriza a reintegração se esta se der durante o período de estabilidade. Do contrário, a garantia restringe-se aos salários e demais direitos correspondentes ao período de estabilidade.

- **Estabilidade durante o contrato por prazo determinado.** O TST mudou o posicionamento, para confirmar que a gestante adquire o direito à estabilidade se o contrato for por prazo determinado ou contrato de experiência. Aliás, há expressa previsão no art. 391-A, da CLT.
- **Reintegração e indenização.** Se a gestante for dispensada durante o período da gestação, a empregada poderá pleitear a **reintegração** ao trabalho, pois essa dispensa será irregular. Após o período da estabilidade, a empregada fará jus aos direitos trabalhistas, ou seja, à indenização do período.
- **Ingresso da ação trabalhista após o período de estabilidade.** O ajuizamento de ação trabalhista após decorrido o período de garantia de emprego não configura abuso do exercício do direito de ação, pois este está submetido apenas ao prazo prescricional inscrito no art. 7º, XXIX, da CF/1988, sendo devida a indenização desde a dispensa até a data do término do período estabilitário.
- **Morte da gestante.** Foi promulgada a Lei Complementar nº 146/2014, que estendeu a estabilidade provisória da gestante nos casos de morte desta a quem detiver a guarda de seu filho.
- **A trabalhadora temporária tem direito à estabilidade provisória da gestante?** O tema era controverso na jurisprudência do TST.
- **Incidente de assunção de competência:** O incidente de assunção de competência é admitido "quando o julgamento de recurso, de remessa necessária ou de processo de competência originária envolver relevante questão de direito, com grande repercussão social, sem repetição em múltiplos processos" (CPC/15, art. 947, caput). A tese firmada nesse incidente é considerada precedente obrigatório a ser observado pelos tribunais.
- **Tese firmada em Incidente de Assunção de Competência (18/11/2019):** "é inaplicável ao regime de trabalho temporário, disciplinado pela Lei n.º 6.019/74, a garantia de estabilidade provisória à empregada gestante, prevista no art. 10, II, b, do Ato das Disposições Constitucionais Transitórias".
- **Argumentos:** contrato temporário tem regramento próprio e excepcionalíssimo que não se coaduna com a garantia de emprego da gestante e de que as decisões que embasaram a criação do item III da Súmula nº 244 do TST não guardam relação com essa modalidade de contratação.
- **Críticas à decisão do TST:** A nosso ver, as condições transitórias de contratação de trabalhadoras temporárias guardam relação com as hipóteses de contratação por prazo determinado previstas na CLT. Apesar de a trabalhadora temporária não ser empregada da empresa tomadora, o vínculo é formado diretamente com a empresa de trabalho temporário e esta deveria ser responsável por assegurar o pagamento dos direitos decorrentes da estabilidade provisória.
- **Decisão da 4ª Turma do TST:** entendeu que o STF somente assegurou a estabilidade na hipótese de dispensa sem justa causa. Assim, a gestante não teria estabilidade no pedido de demissão, na dispensa por justa causa, no término do contrato por prazo determinado, entre outras.
- Vale ressaltar que essa não é a posição do TST, mas somente da 4ª Turma do órgão. No entanto, essa decisão reabrirá as discussões sobre a estabilidade da gestante contratada por prazo determinado.
- **Estabilidade da gestante (art. 10, III, da Lei nº 14.020/2020):** a gestante terá estabilidade no emprego por período equivalente ao acordado para a redução da jornada de trabalho e do salário ou para a suspensão temporária, contado a partir do término do período da garantia provisória da gestante (gravidez até 5 meses após o parto).
- **Para a semana antes da prova**, segue o quadro de resumo sobre **estabilidade**:



| Estabilidade da Gestante | |
|---|---|
| **Duração:** | inicia-se com a confirmação da gravidez e permanece até 5 meses após o parto. |
| **Desconhecimento da gravidez pelo empregador:** | não afasta o direito à estabilidade. |
| **Contrato por prazo determinado:** | adquire estabilidade, inclusive no contrato previsto na Lei nº 9.601/98. |
| **Gravidez durante o aviso-prévio:** | Gera estabilidade (art. 391-A, CLT). |
| **Dispensa sem justa causa:** | **a) reintegração:** somente se a decisão ocorrer durante o período estabilitário;<br>**b) indenização:** se a decisão for dada após o período estabilitário. |

**ESTABILIDADE**
(Reintegração/Indenização/Abuso de direito)

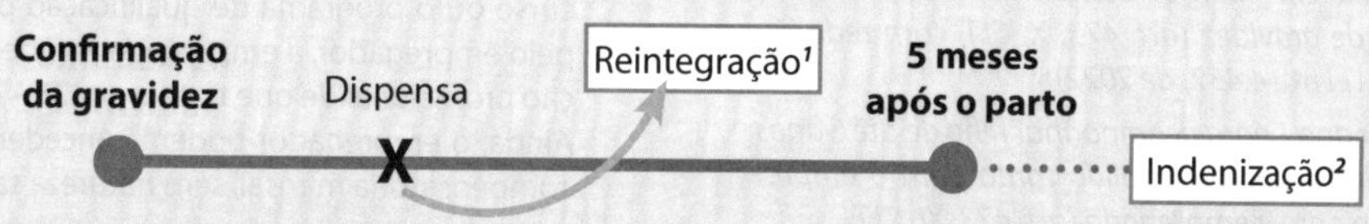


1. Somente ocorrerá a **reintegração** se a decisão ocorrer dentro do período estabilitário
2. Se a decisão ou ingresso da reclamação for posterior ao período de estabilidade, a empregada será **indenizada**
3. Não há **abuso de direito**, se a empregada ingressar com reclamação trabalhista após o período estabilitário (OJ 399)

## 7.3. MEIO AMBIENTE DE TRABALHO

- **Trabalho das mulheres em locais insalubres e perigosos.** É permitido às mulheres prestar serviços em locais insalubres e perigosos e no período noturno, assim como aos demais trabalhadores do sexo masculino. A proibição desses trabalhos, para as mulheres, não mais existe. A única restrição diz respeito à empregada gestante ou lactante, que deve ser afastada de atividades, operações e locais insalubres da forma exposta no item 7 (art. 394-A, CLT).
- **Descanso semanal remunerado:** Há outra distinção no tocante ao **descanso semanal remunerado**. Havendo trabalho aos domingos, será organizada uma escala de revezamento quinzenal que favoreça o repouso dominical (semanal), conforme previsto no art. 386 da CLT.
- Nesse ponto, o posicionamento adotado pelo STF, quando negou provimento ao recurso extraordinário (RE 1403904/SC) de uma grande loja varejista do ramo têxtil, foi pela constitucionalidade do art. 386 da CLT. Em decisão monocrática publicada no dia 13/10/2022, a Min. Carmén Lúcia assentou o entendimento de que a proteção diferenciada e concreta ao trabalho da mulher tem o objetivo de resguardar a saúde da trabalhadora, considerando suas condições específicas impostas pela realidade social e familiar, afastando qualquer ofensa ao princípio da isonomia.
- **Discriminação.** É vedado qualquer tipo de discriminação em razão do sexo, cor, estado civil etc. A empregada, portanto, tem proteção pré-contratual, como a proibição da exigência de teste de gravidez como requisito para preenchimento da vaga de emprego. E, ainda, a mulher terá direito à reintegração ou indenização no caso de dispensa discriminatória.
- **Intervalo.** A empregada tinha direito, em razão de sua condição física, a tratamento diferenciado do dos homens. Dentre esses direitos destaca-se o intervalo intrajornada de 15 minutos concedido entre o horário normal de trabalho e horas suplementares. O art. 384 da CLT que trazia esta previsão, entretanto, foi revogado pela Reforma Trabalhista, não sendo mais devido o intervalo às mulheres.
- **Hipóteses de interrupção do contrato de trabalho.** A Lei nº 13.257/2016, que dispõe sobre as políticas públicas para a primeira infância, estabeleceu duas novas hipóteses de interrupção do contrato de trabalho para permitir o acompanhamento da gestante em consultas médicas e exames complementares, bem como para as consultas médicas de filhos até os 6 anos de idade. Nesse sentido, seguem os prazos conferidos pela legislação:

  > *a) **pelo tempo necessário** para acompanhar sua esposa ou companheira em até 6 (seis) consultas médicas, ou em exames complementares, durante o período de gravidez (art. 473, X, CLT, com redação dada pela Lei nº 14.457, de 2022);*
  >
  > *b) 1 dia por ano – para acompanhar filho de até 6 anos em consulta médica e é válido tanto para o empregado como para a empregada (art. 473, XI, CLT).*

- **Força muscular.** No tocante à forma muscular, há previsão específica no art. 390 da CLT: "Ao empregador é vedado empregar a mulher em serviço que demande o emprego de força muscular superior a vinte (20) quilos, para o trabalho contínuo, ou vinte e cinco (25) quilos, para o trabalho ocasional. Não está compreendida na determinação deste artigo a remoção de material feita por impulsão ou tração de vagonetes sobre trilhos, de carros de mão ou quaisquer aparelhos mecânicos."

## 7.4. PROGRAMA EMPREGA + MULHERES (LEI Nº 14.457/2022)

- No dia 21 de setembro de 2022, foi publicada a Lei nº 14.457/2022, que, entre outras providências, institui o **Programa Emprega + Mulheres,** altera a CLT e o Programa Empresa Cidadã. Conforme dispõe seu art. 1º, o Programa Emprega + Mulheres tem o objetivo de promover a inserção e a manutenção de mulheres no mercado de trabalho, dando especial atenção à parentalidade[28].

### 7.4.1. DO APOIO À PARENTALIDADE NA PRIMEIRA INFÂNCIA

- **Reembolso-Creche.** O empregador poderá adotar benefício destinado ao pagamento de creche ou de pré-escola de livre escolha da empregada ou do empregado que possua filhos com até 5 anos e 11 meses de idade, bem como ao ressarcimento de gastos com outra modalidade de prestação de serviços de mesma natureza, comprovadas as despesas realizadas. Nesse caso, ficará desobrigado da instalação de local apropriado para a guarda e a assistência de filhos de empregadas no período da amamentação que prevê o art. 389, § 1º, da CLT.

### 7.4.2. DO APOIO À PARENTALIDADE POR MEIO DA FLEXIBILIZAÇÃO DO REGIME DE TRABALHO

- A legislação traz diversas possibilidades de flexibilização do regime de trabalho. Contudo, na maior parte dessas medidas, a Lei nº 14.457/2022 remete à regulamentação dada pela CLT, sem disciplinar maiores detalhes, o que nos leva a crer que não há nenhuma peculiaridade quando da adoção dessas medidas, tratando-se, assim, apenas de um incentivo à implementação de mediadas que possam contribuir para a criação e o fortalecimento do vínculo entre pais e filhos.

### 7.4.3. DAS MEDIDAS PARA QUALIFICAÇÃO DE MULHERES

- **Suspensão do contrato de trabalho para qualificação profissional.** A legislação pretende estimular a qualificação de mulheres e o desenvolvimento de habilidades e de competências em áreas estratégicas ou com menor participação feminina, tais como ciência, tecnologia, desenvolvimento e inovação. Para tanto, poderá haver a suspensão do contrato de trabalho para qualificação profissional, que dependerá de requisição formal da empregada interessada e será formalizado por meio de acordo individual, de acordo coletivo ou de convenção coletiva de trabalho, nos termos do art. 476-A da CLT.
- **Bolsa de qualificação profissional.** Durante o período de suspensão do contrato de trabalho para a realização de curso ou o programa de qualificação profissional oferecido pelo empregador, a empregada receberá bolsa de qualificação profissional de que trata o art. 2º-A da Lei nº 7.998/1990. Ainda, o empregador poderá conceder à empregada ajuda compensatória mensal, sem natureza salarial.
- **Garantia provisória ao emprego.** Se ocorrer a dispensa da empregada durante a suspensão do contrato ou nos 6

---

28. Art. 1º, parágrafo único, Lei nº 14.457/2022. Para os efeitos desta Lei, parentalidade é o vínculo socioafetivo maternal, paternal ou qualquer outro que resulte na assunção legal do papel de realizar as atividades parentais, de forma compartilhada entre os responsáveis pelo cuidado e pela educação das crianças e dos adolescentes, nos termos do parágrafo único do art. 22 da Lei nº 8.069, de 13 de julho de 1990 (Estatuto da Criança e do Adolescente).

meses subsequentes ao seu retorno ao trabalho, o empregador pagará à empregada as parcelas indenizatórias, além de multa a ser estabelecida em convenção ou em acordo coletivo, que será de, no mínimo, 100% do valor da última remuneração mensal anterior à suspensão do contrato de trabalho.

### 7.4.4. DO APOIO AO RETORNO AO TRABALHO APÓS O TÉRMINO DA LICENÇA-MATERNIDADE

- **Da suspensão do contrato de trabalho de pais empregados.** Ocorrerá nos mesmos moldes da suspensão do contrato de trabalho da mulher para qualificação profissional. A grande diferença está no momento em que se autoriza essa hipótese de suspensão do contrato de trabalho: após o término da licença-maternidade da esposa ou companheira do empregado. Percebe-se, portanto, que é uma medida protetiva à mulher, ao recém nascido e à parentalidade, muito mais do que ao pai.
- **Das alterações no Programa Empresa Cidadã.** A Lei nº 14.457/2022 promove alterações no Programa Empresa Cidadã, para estabelecer que a prorrogação do período da licença-maternidade (de 120 dias), por mais 60 dias, possa ser compartilhada entre a empregada e o empregado, desde que ambos sejam empregados de pessoa jurídica aderente ao Programa e que a decisão seja adotada conjuntamente.
- Ainda, a empresa participante do Programa Empresa Cidadã autorizada a substituir o período de prorrogação da licença-maternidade pela redução de jornada de trabalho em 50% pelo período de 120 dias. Para tanto, dois são os requisitos:

  I. pagamento integral do salário à empregada ou ao empregado pelo período de 120 dias; e

  II. acordo individual firmado entre o empregador e a empregada ou o empregado interessados em adotar a medida.

### 7.4.5. DAS MEDIDAS DE PREVENÇÃO E DE COMBATE AO ASSÉDIO SEXUAL E A OUTRAS FORMAS DE VIOLÊNCIA NO ÂMBITO DO TRABALHO

- **Comissão Interna de Prevenção de Acidentes e de Assédio.** Com a publicação da Lei, a CIPA, que agora se chama Comissão Interna de Prevenção de Acidentes e de Assédio, tem mais uma atribuição: a promoção de um ambiente laboral sadio, seguro e que favoreça a inserção e a manutenção de mulheres no mercado de trabalho.

### 7.4.6. DO SELO EMPREGA + MULHER

- Foi instituído o **Selo Emprega + Mulher** para reconhecer as empresas que se destaquem pela organização, pela manutenção e pelo provimento de creches e pré-escolas para atender às necessidades de suas empregadas e de seus empregados; e reconhecer as boas práticas de empregadores que visem, entre outros objetivos, estímulo à contratação, à ocupação de postos de liderança e à ascensão profissional de mulheres, divisão igualitária das responsabilidades parentais e promoção da cultura de igualdade entre mulheres e homens.
- As empresas detentoras do Selo Emprega + Mulher poderão utilizá-lo para os fins de divulgação de sua marca, produtos e serviços, vedada a extensão do uso para grupo econômico ou em associação com outras empresas que não detenham o selo.

### 7.5. LEI Nº 9.029/1995

- A lei em questão proíbe a adoção de prática discriminatória para efeito de acesso ao trabalho e à sua manutenção por motivo de sexo, raça, origem, dentre outros.
- Segundo o art. 2º da lei, haverá crime quando se configurarem as seguintes práticas discriminatórias:

  *I – a exigência de teste, exame, perícia, laudo, atestado, declaração ou qualquer outro procedimento relativo à esterilização ou a estado de gravidez;*

  *II – a adoção de quaisquer medidas, de iniciativa do empregador, que configurem;*

  *a) indução ou instigamento à esterilização genética;*

  *b) promoção do controle de natalidade, assim não considerado o oferecimento de serviços e de aconselhamento ou planejamento familiar, realizados através de instituições públicas ou privadas, submetidas às normas do Sistema Único de Saúde (SUS).*

- **Para a semana antes da prova**, segue o quadro de resumo sobre **trabalho da mulher, de acordo com a Reforma Trabalhista**:

| Proteção do Trabalho da Mulher | |
|---|---|
| **Proteção à maternidade** | Empregada gestante terá direito à dispensa do horário para realização de, no mínimo, 6 consultas médicas. |
| | Transferência de função (motivo saúde). |
| | **Reforma Trabalhista:**<br>– Afastamento obrigatório da gestante de atividades, operações e locais insalubres independentemente do grau de insalubridade (art. 394-A, CLT e STF – ADI 5938). |
| | Amamentação até 6 meses de idade: 2 intervalos de meia hora. |
| | Aborto não criminoso: 2 semanas de repouso. |
| **Licença-maternidade** | **Duração:** 120 dias. |
| | Prorrogação 60 dias:<br>**(1)** Pessoa jurídica que aderiu ao Programa Empresa Cidadã;<br>**(2)** Pedido de prorrogação até o final do 1º mês após o parto. |
| | **Termo inicial da licença-maternidade e do respectivo salário-maternidade:** a alta hospitalar do recém-nascido e/ou de sua mãe, o que ocorrer por último (ADI 6327/DF). |
| **Estabilidade** | **Duração:** início confirmação da gravidez até 5 meses após o parto. |
| | Terá direito à estabilidade nos contratos por prazo determinado e também durante o aviso-prévio (art. 391-A da CLT e Súmula n. 244 do TST). |
| | Se houver dispensa sem justa causa, a empregada terá direito à reintegração (Súmula 244 do TST). |

# 8. TERCEIRIZAÇÃO

## 8.1. GENERALIDADES

- **Diferenças entre a simples intermediação de mão de obra e a terceirização.** A intermediação de mão de obra está presente no trabalho temporário. Nela, a empresa prestadora de serviços possibilita que um trabalhador temporário preste serviços em outra empresa, denominada tomadora. Por outro lado, a terceirização compreende a transferência de um serviço ou atividade específico de uma empresa a outra, ou seja, não se busca apenas um trabalhador para substituir outro que entrou em férias, por exemplo, mas, na terceirização, há verdadeira delegação de um setor da empresa para que outra possa atuar com seus próprios empregados terceirizados. Nesse sentido, surge a obrigação de que a empresa de prestação de serviços a terceiros preste serviços determinados e específicos.
- **CLT.** A Consolidação das Leis Trabalhistas, não sofreu nenhuma alteração decorrente da promulgação da Lei nº 13.429/2017 e da Lei nº 13.467/2017.
- **Alterações na Lei nº 6.019/1974:** A Lei nº 13.429/2017 alterou diversos dispositivos da Lei nº 6.019/1974, que versa sobre o trabalho temporário e também passou a dispor sobre as relações de trabalho na empresa de prestação de serviços a terceiros (terceirização). Portanto, há na mesma lei, a regulamentação do trabalho temporário e da terceirização em sentido estrito. Lembre-se de que as empresas prestadoras de serviços temporários e de terceirização permanecem obrigadas a pagar todos os direitos trabalhistas previstos na Constituição Federal e na CLT, pois são as reais empregadoras dos empregados temporários e terceirizados. A Reforma Trabalhista também altera alguns dispositivos da Lei nº 6.019/1974.
- **Lei da terceirização.** Até o final de março de 2017, não havia regulamentação em lei acerca da terceirização. A disciplina jurídica era realizada pela Súmula nº 331 do TST. Portanto, coube ao Poder Judiciário estabelecer os parâmetros e limites para a terceirização de serviços:

> **Súmula nº 331 do TST:** *Contrato de prestação de serviços. Legalidade.*
>
> *I – A contratação de trabalhadores por empresa interposta é ilegal, formando-se o vínculo diretamente com o tomador dos serviços, salvo no caso de trabalho temporário (Lei nº 6.019, de 03.01.1974).*
>
> *II – A contratação irregular de trabalhador, mediante empresa interposta, não gera vínculo de emprego com os órgãos da Administração Pública direta, indireta ou fundacional (art. 37, II, da CF/1988).*
>
> *III – Não forma vínculo de emprego com o tomador a contratação de serviços de vigilância (Lei nº 7.102, de 20.06.1983) e de conservação e limpeza, bem como a de serviços especializados ligados à atividade-meio do tomador, desde que inexistente a pessoalidade e a subordinação direta.*
>
> *IV – O inadimplemento das obrigações trabalhistas, por parte do empregador, implica a responsabilidade subsidiária do tomador dos serviços quanto àquelas obrigações, desde que haja participado da relação processual e conste também do título executivo judicial.*
>
> *V – Os entes integrantes da Administração Pública direta e indireta respondem subsidiariamente, nas mesmas condições do item IV, caso evidenciada a sua conduta culposa no cumprimento das obrigações da Lei n.º 8.666, de 21.06.1993, especialmente na fiscalização do cumprimento das obrigações contratuais e legais da prestadora de serviço como empregadora. A aludida responsabilidade não decorre de mero inadimplemento das obrigações trabalhistas assumidas pela empresa regularmente contratada.*
>
> *VI – A responsabilidade subsidiária do tomador de serviços abrange todas as verbas decorrentes da condenação referentes ao período da prestação laboral.*

- Ocorre que, no dia 31/03/2017, foi promulgada a Lei nº 13.429/2017, que alterou e acrescentou diversos dispositivos à Lei nº 6.019/1974 para tratar sobre a terceirização. Essa lei corresponde, portanto, à primeira legislação a regulamentar o assunto. Entretanto, essa norma sofreu diversas críticas, pois, além de ser decorrência de um projeto de lei que tramitava há mais de 20 anos no Congresso Nacional, deixou omissos diversos pontos centrais, o que gerou insegurança jurídica.
- **Pessoas envolvidas na terceirização.** Na terceirização, há três pessoas envolvidas na relação jurídica: trabalhador terceirizado, empresa de prestação de serviços a terceiros (intermediadora ou contratada) e a empresa contratante (tomadora de serviços). Essa terminologia passou a ser adotada pela Lei nº 13.429/2017, que passou a regulamentar o assunto. Verifica-se, assim, que a relação é triangular. O vínculo empregatício ocorre entre trabalhador e empresa prestadora de serviços a terceiros (contratada), embora o trabalhador preste serviços em outro local, na empresa contratante. Veja ilustração abaixo:

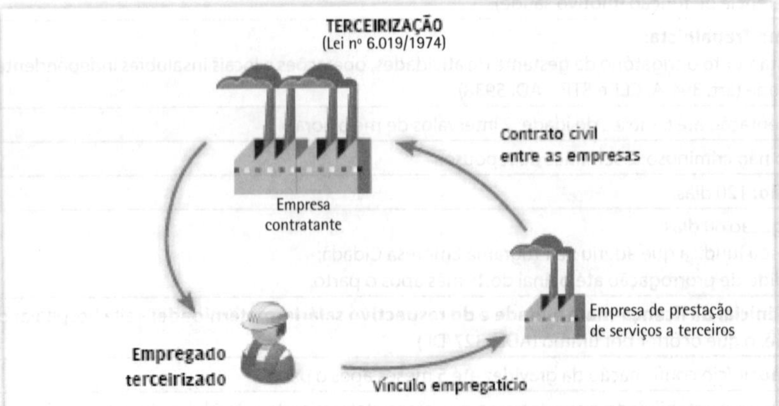

## 8.2. TERCEIRIZAÇÃO DAS ATIVIDADES-FIM DA EMPRESA

### 8.2.1. TERCEIRIZAÇÃO NA SÚMULA Nº 331 DO TST

- A Súmula nº 331 do TST não permitia a terceirização das atividades-fim ou principais da empresa e determinava que não poderia haver pessoalidade e subordinação entre o trabalhador terceirizado e a empresa contratante (tomadora). Com as modificações trazidas pela Lei nº 13.429/2017 e, agora, com a Reforma Trabalhista, a Súmula nº 331 do TST deverá ser, em breve, cancelada ou revista pelo TST.

> **Súmula nº 331, III, do TST:** *Não forma vínculo de emprego com o tomador a contratação de serviços de vigilância (Lei nº 7.102/83) e de conservação e limpeza, bem como a de serviços especializados ligados à atividade-meio do tomador, desde que inexistente a pessoalidade e a subordinação direta.*

### 8.2.2. REGULAMENTAÇÃO PELA LEI Nº 13.429/2017 (31/03/2017)

- A Lei nº 13.429/2017 não restringiu os serviços passíveis de terceirização apenas à atividade-meio da empresa, o que levou à interpretação de que havia sido autorizada a terceirização nas atividades-fim das empresas, inclusive pelos debates dos parlamentares que antecederam a votação do projeto. Apesar da ampla possibilidade de terceirização, a legislação era omissa quanto à possibilidade de terceirização da atividade-fim e gerava insegurança jurídica, pois a imprecisão da norma em admitir (ou não) a terceirização em atividade-fim levava à discussão sobre sua permissão ou não no ordenamento jurídico.

### 8.2.3. REFORMA TRABALHISTA – LEI Nº 13.467/2017

- A Reforma Trabalhista estabelece que a prestação de serviços a terceiros compreende a transferência de qualquer das atividades da contratante, inclusive sua atividade principal, à pessoa jurídica de direito privado prestadora de serviços. O objetivo da Reforma Trabalhista foi trazer clareza e não deixar dúvidas quanto à possibilidade de terceirização nas atividades-fim:

> **Art. 4º-A, "caput", Lei nº 6.019/1974** *(redação dada ela Lei nº 13.467/2017). Considera-se prestação de serviços a terceiros a transferência feita pela contratante da execução de quaisquer de suas atividades, inclusive sua atividade principal, à pessoa jurídica de direito privado prestadora de serviços que possua capacidade econômica compatível com a sua execução.*
>
> **Art. 5º-A, "caput", Lei nº 6.019/1974** *(redaçao dada ela Lei nº 13.467/2017). Contratante é a pessoa física ou jurídica que celebra contrato com empresa de prestação de serviços relacionados a quaisquer de suas atividades, inclusive sua atividade principal.*

- Assim, uma escola pode ter todos seus professores terceirizados, ou seja, serão empregados de uma empresa de prestação de serviços a terceiros.
- Em resumo, com a Reforma Trabalhista, dois são os requisitos da terceirização lícita:

> *a) Ausência de pessoalidade e subordinação entre terceirizado e empresa contratante (tomadora); e*
>
> *b) Capacidade econômica da empresa prestadora de serviços a terceiros.*

- **Julgamento do STF e a terceirização nas atividades-fim:** No dia 30/08/2018, o STF julgou a ADPF nº 324 e o Recurso Extraordinário em repercussão geral nº 958252, que versavam sobre a possibilidade de terceirização em todas as atividades da empresa. Por maioria de 7 votos contra 4 contrários, o Tribunal julgou que é lícita a terceirização em todas as etapas do processo produtivo, sejam elas em atividades-meio ou fim. Nesse sentido, a modificação realizada pela Reforma Trabalhista passa a ser reconhecida pelo STF, cuja decisão tem efeito vinculante para todo o Poder Judiciário.
- Do julgamento do Recurso Extraordinário nº 958252 foi firmada a seguinte tese de repercussão geral:

> É lícita a terceirização ou qualquer outra forma de divisão do trabalho entre pessoas jurídicas distintas, independentemente do objeto social das empresas envolvidas, mantida a responsabilidade subsidiária da empresa contratante.

- Dessa forma, a terceirização de serviços, independente do objeto social das empresas envolvidas, seja em atividades-meio ou fim, é lícita. Vale ressaltar que o STF manteve a responsabilidade subsidiária da empresa contratante já prevista no art. 5º-A, § 5º da Lei nº 6.019/1974. Se ausente o pagamento das verbas trabalhistas do empregado terceirizado, a empresa tomadora será subsidiariamente responsável.

## 8.3. QUARTEIRIZAÇÃO

- **Quarteirização:** A quarteirização compreende a transferência de parte da gestão dos serviços de uma empresa terceirizada para uma outra empresa. Assim, além da relação que existe entre prestadora de serviço e tomadora (terceirizaçao), verifica-se a transferência de um setor da empresa terceirizada para uma nova empresa (quarteirizada). De acordo com o posicionamento antes da nova lei de terceirização, a jurisprudência trabalhista tinha o posicionamento de que essa medida constituía fraude e acarretava responsabilidade solidária das empresas envolvidas. Ocorre que a Lei nº 13.429/2017 passou a permitir, expressamente, a quarteirização:

> **Art. 4º-A, § 1º, da Lei nº 6.019/1974** *(Acrescentado pela Lei nº 13.429/2017): A empresa prestadora de serviços contrata, remunera e dirige o trabalho realizado por seus trabalhadores, ou subcontrata outras empresas para realização desses serviços.*

## 8.4. REQUISITOS PARA O FUNCIONAMENTO DA EMPRESA DE PRESTAÇÃO DE SERVIÇOS A TERCEIROS

- **Requisitos mínimos para funcionamento da empresa de prestação de serviços a terceiros:** A Lei nº 13.429/2017 estabelece alguns requisitos para o funcionamento da empresa de prestação de serviços a terceiros, que contrata e fornece mão de obra terceirizada, como inscrição no CNPJ, registro na Junta Comercial e capital social mínimo de acordo com o número de trabalhadores:

> **Art. 4º-B, Lei nº 6.019/1974** *(Acrescentado pela Lei nº 13.429/2017): São requisitos para o funcionamento da empresa de prestação de serviços a terceiros:*
>
> *I – prova de inscrição no Cadastro Nacional da Pessoa Jurídica (CNPJ);*
>
> *II – registro na Junta Comercial;*
>
> *III – capital social compatível com o número de empregados, observando-se os seguintes parâmetros:*
>
> *a) empresas com até dez empregados – capital mínimo de R$ 10.000,00 (dez mil reais);*
>
> *b) empresas com mais de dez e até vinte empregados – capital mínimo de R$ 25.000,00 (vinte e cinco mil reais);*

*c) empresas com mais de vinte e até cinquenta empregados – capital mínimo de R$ 45.000,00 (quarenta e cinco mil reais);*

*d) empresas com mais de cinquenta e até cem empregados – capital mínimo de R$ 100.000,00 (cem mil reais); e*

*e) empresas com mais de cem empregados – capital mínimo de R$ 250.000,00 (duzentos e cinquenta mil reais).*

## 8.5. REQUISITOS DO CONTRATO DE TERCEIRIZAÇÃO

- De acordo com a nova legislação de março de 2017 (Lei nº 13.429/2017), será necessário atender a alguns requisitos para a celebração do contrato de prestação de serviços. Dessa forma, o contrato pode ser classificado como solene, pois exige uma forma estabelecida em lei para sua celebração. Os requisitos estarão previstos no art. 5º-B da Lei nº 6.019/1974:

**Art. 5º-B, Lei nº 6.019/1974** *(Acrescentado pela Lei nº 13.429/2017): O contrato de prestação de serviços conterá:*

*I – qualificação das partes;*

*II – especificação do serviço a ser prestado;*

*III – prazo para realização do serviço, quando for o caso;*

*IV – valor.*

## 8.6. RESPONSABILIDADE DA TOMADORA

- A empresa contratante, como já visto, não é a empregadora, mas o trabalho realizado pelos terceirizados a beneficia diretamente. Logo, se a empresa prestadora de serviços não pagar aos trabalhadores, restará à tomadora os pagamentos dos encargos trabalhistas. Essa responsabilidade é chamada de subsidiária e ocorrerá apenas na hipótese de a empregadora não honrar com o pagamento dos direitos trabalhistas de seus empregados. De acordo com a nova legislação:

**Art. 5º-A, § 5º, Lei nº 6.019/1974.** *A empresa contratante é subsidiariamente responsável pelas obrigações trabalhistas referentes ao período em que ocorrer a prestação de serviços, e o recolhimento das contribuições previdenciárias observará o disposto no art. 31 da Lei nº 8.212, de 24 de julho de 1991. (Incluído pela Lei nº 13.429, de 2017)*

- Para que a tomadora de serviços seja obrigada a pagar os débitos remanescentes, é necessário, de acordo com TST, que tenha tido oportunidade de manifestar-se no processo judicial, como forma de garantir o contraditório e a ampla defesa. Além disso, responderá por todas as verbas devidas ao empregado, ou seja, a sua **responsabilidade é total** (verbas salariais e indenizatórias). É esse o entendimento da jurisprudência, conforme a Súmula nº 331 do TST:

**Súmula nº 331 do TST:** *(...)*

*IV – O inadimplemento das obrigações trabalhistas, por parte do empregador, implica a responsabilidade subsidiária do tomador dos serviços quanto àquelas obrigações, desde que haja participado da relação processual e conste também do título executivo judicial.*

*(...)*

*VI – A responsabilidade subsidiária do tomador de serviços abrange todas as verbas decorrentes da condenação referentes ao período da prestação laboral.*

- Persiste inalterado, portanto, o disposto nos itens IV e VI da Súmula nº 331 do TST, após as alterações promovidas pelas Leis nº 13.429/2017 e 13.467/2017.

## 8.7. DIREITOS DOS TERCEIRIZADOS

- Os direitos previstos aos empregados terceirizados são aqueles pertencentes à categoria profissional da empresa prestadora de serviços.
- Se constatada a **fraude na terceirização**, as consequências trabalhistas serão distintas caso o trabalhador preste seus serviços em empresa privada ou em ente público:

**a) Prestação dos serviços em empresa privada:** Se a empresa tomadora de serviços for entidade privada e a terceirização for considerada ilícita, haverá reconhecimento do vínculo de emprego do terceirizado com a empresa tomadora.

**b) Prestação dos serviços na Administração Pública:** Diante da impossibilidade do reconhecimento do vínculo de emprego com a Administração Pública (art. 37, II, CF/88, e Súmula nº 331, II, TST), caso se verifique a fraude na terceirização, haverá a possibilidade de o terceirizado requerer o mesmo salário do empregado da tomadora, se constatada a igualdade de funções com o funcionário do ente público.

## 8.8. CONDIÇÕES DE TRABALHO

### 8.8.1. SÚMULA Nº 331 DO TST

- Com a Súmula nº 331 do TST não havia menção de mesmas condições de trabalho por se tratarem de empregadores diversos. O terceirizado estava sujeito às condições fornecidas pela empresa prestadora, enquanto que a tomadora dos serviços somente tinha obrigação de assegurar as condições de trabalho a seus próprios empregados.

### 8.8.2. LEI Nº 13.429/2017

- A Lei do final de março de 2017 deu o primeiro passo na garantia das mesmas condições de trabalho entre terceirizados e empregados da empresa contratante. No entanto, apenas assegurava a faculdade de concessão do mesmo atendimento médico, ambulatorial e de refeição

| TEMPORÁRIOS | TERCEIRIZADOS |
|---|---|
| **Art. 9º, § 2º, Lei nº 6.019/1974:** A contratante **estenderá** ao trabalhador da empresa de trabalho temporário o mesmo atendimento médico, ambulatorial e de refeição destinado aos seus empregados, existente nas dependências da contratante, ou local por ela designado (grifo acrescido). | **Art. 5º-A, § 4º, Lei nº 6.019/1974** *(Redação dada pela Lei nº 13.429/2017):* A contratante **poderá estender** ao trabalhador da empresa de prestação de serviços o mesmo atendimento médico, ambulatorial e de refeição destinado aos seus empregados, existente nas dependências da contratante, ou local por ela designado. (grifos acrescidos) |

### 8.8.3. REGULAMENTAÇÃO PELA LEI Nº 13.467/2017 (REFORMA TRABALHISTA)

- A Lei nº 13.467/2017 (Reforma Trabalhista) inseriu o art. 4º-C à Lei nº 6.019/1974 para prever a **obrigação** de a contratante assegurar aos terceirizados as seguintes condições que devem ser observadas quando e enquanto os serviços forem prestados nas dependências da tomadora de serviços:

> **1)** *Mesmas condições referentes à alimentação garantida aos seus empregados, quando oferecida em refeitórios;*
>
> **2)** *Direito de utilizar os serviços de transporte;*
>
> **3)** *Atendimento médico ou ambulatorial existente nas dependências da contratante ou local por ela designado;*
>
> **4)** *Treinamento adequado fornecido pela contratada quando a atividade o exigir;*
>
> **5)** *Garantia das mesmas condições sanitárias, de medidas de proteção à saúde e de segurança no trabalho e de instalações adequadas à prestação do serviço.*

- Por sua vez, conforme prevê o § 2º do art. 4º-C da Lei nº 6.019/1974, nos contratos que impliquem mobilização de terceirizados em número igual ou superior a 20% dos empregadores da contratante, devem ser asseguradas as mesmas condições de trabalho, mas os serviços de alimentação e atendimento ambulatorial podem ser disponibilizados em outro local para manter o pleno funcionamento dos serviços existentes.
- Tendo em vista que a empresa contratante é **obrigada a fornecer as mesmas condições de alimentação em refeitórios e de atendimento médico ou ambulatorial** aos empregados terceirizados, há nítida contradição entre o disposto no art. 4º-C da Lei nº 6.019/1974, acrescentado pela Reforma Trabalhista e aquilo que prevê o art. 5º-A, § 4º, da Lei nº 6.019/1974:

> **Art. 5º-A, § 4º, Lei nº 6.019/1974** *(acrescentado pela Lei nº 13.429/2017): A contratante* **poderá estender** *ao trabalhador da empresa de prestação de serviços o mesmo atendimento médico, ambulatorial e de refeição destinado aos seus empregados, existente nas dependências da contratante, ou local por ela designado. (grifos acrescidos)*

- Em resumo, o art. 4º-C, da Lei nº 6.019/1974, estabeleceu diversas condições de trabalho que devem ser **obrigatoriamente** observadas pela empresa contratante aos trabalhadores terceirizados, tais como condições de alimentação, atendimento médico ou ambulatorial, transporte e medidas de proteção à saúde e segurança no trabalho.

## 8.9. SALÁRIO EQUIVALENTE

- **Direitos dos terceirizados:** "Os direitos previstos aos empregados terceirizados são aqueles pertencentes à categoria profissional da empresa prestadora de serviços. A corrente doutrinária tradicional, portanto, defendia que não havia possibilidade de um terceirizado requerer equiparação salarial indicando como parâmetro o salário do empregado da tomadora, pois eram empregadores diversos." (CORREIA, 2021)
- **TST:** tinha o posicionamento que defendia a equiparação salarial de terceirizados e empregados da tomadora quando exercessem as **mesmas funções ligadas à atividade-fim**. Nessa situação, como o trabalho desempenhado é idêntico, haveria fraude na terceirização dos serviços.

> **Orientação Jurisprudencial nº 383 da SDI – I do TST.** *Terceirização. Empregados da empresa prestadora de serviços e da tomadora. Isonomia. Art. 12, "a", da Lei n.º 6.019, de 3.1.1974*
>
> *A contratação irregular de trabalhador, mediante empresa interposta, não gera vínculo de emprego com ente da Administração Pública, não afastando, contudo, pelo princípio da isonomia, o direito dos empregados terceirizados às mesmas verbas trabalhistas legais e normativas asseguradas àqueles contratados pelo tomador dos serviços, desde que presente a igualdade de funções. Aplicação analógica do art. 12, "a", da Lei nº 6.019, de 3.1.1974.*

- **Tema 383 de Repercussão Geral do STF:** No dia 26/03/2021, o STF fixou a tese de repercussão geral que veda expressamente a equiparação de remuneração entre empregados da empresa tomadora e empregados da empresa contratada (terceirizadas):

> **Tema nº 383 de Repercussão Geral do STF:** *"A equiparação de remuneração entre empregados da empresa tomadora de serviços e empregados da empresa contratada (terceirizada) fere o princípio da livre iniciativa, por se tratarem de agentes econômicos distintos, que não podem estar sujeitos a decisões empresariais que não são suas"*

- De acordo com o Tribunal, a equiparação salarial entre empregados de agentes econômicos distintos (tomadora e prestadora) viola o princípio da livre iniciativa.

## 8.10. QUARENTENA E REFORMA TRABALHISTA

- A Reforma Trabalhista trouxe inovação quanto à previsão de período de "quarentena" para que fosse possível celebrar contrato de terceirização com empresa prestadora, cujos sócios ou titulares tenham sido empregados ou trabalhadores sem vínculo empregatício da empresa contratante.

### 8.10.1. SÚMULA Nº 331 DO TST

- Até março de 2017, não havia regulamentação legal da terceirização de serviços, tarefa essa que foi desempenhada pelo TST na Súmula nº 331. Essa jurisprudência consolidada não estabelecia período de quarentena para contratação de empresa prestadora de serviços.

### 8.10.2. REGULAMENTAÇÃO PELA LEI Nº 13.429/2017 (31/03/2017)

- A Lei nº 13.429/2017, de 31/03/2017, que passou a regulamentar a terceirização, não estabeleceu nenhum requisito ou prazo para que o empregado ou o trabalhador sem vínculo empregatício da empresa contratante pudessem integrar a sociedade que forma a empresa prestadora de serviços.

### 8.10.3. REFORMA TRABALHISTA – LEI Nº 13.467/2017

- Para evitar a dispensa dos trabalhadores e viabilizar a licitude da terceirização, a Reforma Trabalhista (Lei nº 13.467/2017) estabeleceu um prazo de **quarentena de 18 meses** para que os empregados ou trabalhadores sem vínculo empregatício possam figurar como sócios ou titulares da empresa contratada:

> **Art. 5º-C, Lei nº 6.019/1974** *(acrescentado pela Lei nº 13.467/2017). Não pode figurar como contratada, nos termos do art. 4º-A desta Lei, a pessoa jurídica cujos titulares ou sócios tenham, nos últimos dezoito meses, prestado serviços à contratante na qualidade de empregado ou trabalhador sem vínculo empregatício, exceto se os referidos titulares ou sócios forem aposentados.*

- Exemplo: Se um empregado for dispensado sem justa causa, somente poderá figurar como empresa contratada em eventual terceirização de serviços na empresa contratante após o decurso de 18 meses da data do término do contrato de trabalho.

TRABALHO

## 8.11. PERÍODO DE QUARENTENA DO EMPREGADO TERCEIRIZADO

- A Reforma Trabalhista trouxe inovação quanto à previsão de período de quarentena para que empregado "demitido" possa prestar os serviços para a mesma empresa na condição de terceirizado, ou seja, como empregado da empresa prestadora de serviços.

### 8.11.1. SÚMULA Nº 331 DO TST

- Até março de 2017, não havia regulamentação legal da terceirização de serviços, tarefa essa que foi desempenhada pelo TST na Súmula nº 331. Essa jurisprudência consolidada não estabelecia período de quarentena para que empregado dispensado da tomadora pudesse voltar a prestar serviços a essa empresa como terceirizado.

### 8.11.2. REGULAMENTAÇÃO PELA LEI Nº 13.429/2017 (31/03/2017)

- A Lei nº 13.429/2017, que regulamentou a terceirização de serviços, não estabeleceu nenhum prazo ou requisito a ser observado para que os empregados dispensados da empresa contratante pudessem prestar novamente os serviços à empresa na condição de terceirizados.

### 8.11.3. QUARENTENA NA REFORMA TRABALHISTA (LEI Nº 13.467/2017)

- Nesse sentido, a Reforma Trabalhista estabeleceu o prazo de **quarentena de 18 meses**, contados a partir de sua demissão, para que o empregado "demitido" possa prestar os serviços para a mesma empresa na condição de terceirizado, ou seja, como empregado da empresa prestadora de serviços:

> **Art. 5º-D da Lei nº 13.467/2017:** *O empregado que for demitido não poderá prestar serviços para esta mesma empresa na qualidade de empregado de empresa prestadora de serviços antes do decurso de prazo de dezoito meses, contados a partir da demissão do empregado.*

## 8.12. INAPLICABILIDADE DA LEGISLAÇÃO ÀS EMPRESAS DE VIGILÂNCIA E TRANSPORTE DE VALORES

- Tendo em vista as especificidades dos serviços de vigilância e transporte de valores e pela existência de legislação especial regulamentando o assunto, a Lei nº 6.019/1974 não será aplicada para essas relações de trabalho. Para os trabalhadores desse setor, permanece a aplicação da Lei nº 7.102/1983 e, subsidiariamente, da CLT.

## 8.13. CONSEQUÊNCIAS DA LEI Nº 13.429/2017 PARA A ADMINISTRAÇÃO PÚBLICA

- A Lei nº 13.429/2017 foi silente quanto ao assunto, o que deve gerar diversas discussões. É importante salientar que o foco da nova disciplina jurídica da legislação é a regulamentação do trabalho temporário e da terceirização **nas empresas**. Portanto, a lei não foi criada para aplicação na administração direta, autarquias e fundações públicas por não se equipararem às empresas privadas. Além disso, há previsão constitucional estabelecendo a necessidade de concurso público para provimento dos cargos e empregos públicos criados:

> **Art. 37, da Constituição Federal:** *A administração pública direta e indireta de qualquer dos Poderes da União, dos Estados, do Distrito Federal e dos Municípios obedecerá aos princípios de legalidade, impessoalidade, moralidade, publicidade e eficiência e, também, ao seguinte: (...) II – a investidura em cargo ou emprego público depende de aprovação prévia em concurso público de provas ou de provas e títulos, de acordo com a natureza e a complexidade do cargo ou emprego, na forma prevista em lei, ressalvadas as nomeações para cargo em comissão declarado em lei de livre nomeação e exoneração.*

- Tendo em vista que a Constituição Federal é hierarquicamente superior à legislação ordinária, seja na forma quanto no seu conteúdo, as disposições da nova legislação do trabalho temporário e terceirizado não excluirá a necessidade de concurso público para a investidura em cargo ou emprego público. Além disso, há posicionamento no sentido de que as atividades típicas e centrais do Estado não podem ser terceirizadas, como a segurança pública, cargos do Poder Judiciário, do Ministério Público, cargos de fiscalização, Tribunal de Contas e de agências reguladoras. Nesses casos, permanece, sem dúvidas, a exigência do concurso público e da relação direta com a Administração Pública.
- Em resumo, se já existe cargo ou emprego público criado por lei, não é possível a terceirização pela Administração Pública. Por outro lado, o STF no julgamento da ADI nº 1.923/DF[29], decidiu que a Lei nº 9.637/1998, que regulamenta as denominadas organizações sociais, é constitucional. Uma das formas previstas atualmente para ampliação da participação do setor privado consiste na transferência dos recursos públicos a um particular que atua em colaboração com o Poder Público. É nesse contexto que surgem as organizações sociais, que terão sua atividade voltada ao desenvolvimento tecnológico, do ensino, pesquisa e proteção do meio ambiente, da cultura e saúde.
- Trata-se, portanto, de verdadeira possibilidade legalmente permitida da Administração Pública repassar a um terceiro a prestação de serviços públicos essenciais ao Estado, como a saúde e educação. Ocorre, na prática, a terceirização da atividade-fim do Estado, que consiste em assegurar o bem-estar social. Esses serviços públicos deveriam ser prestados diretamente pelo Poder Público sem nenhum intermediário, ou ainda mediante permissão, autorização ou concessão de serviço público. Entretanto, a prestação direta ou a concessão de serviço público não ocorrem. Com a decisão do STF, a terceirização da atividade-fim do Poder Público criada pela instituição das organizações sociais tornou-se legal.
- **Responsabilidade da Administração Pública:** O item V da Súmula nº 331 e o Tema 246 de Repercussão Geral do STF versam sobre a responsabilidade da Administração Pública pelo inadimplemento das obrigações trabalhistas:

> **Súmula nº 331, V, do TST –** *Os entes integrantes da administração pública direta e indireta respondem subsidiariamente, nas mesmas condições do item IV, caso evidenciada a sua conduta culposa no cumprimento das obrigações da Lei n. 8.666/93, especialmente na fiscalização do cumprimento das obrigações contratuais e legais da prestadora de serviço como empregadora. A aludida responsabilidade não decorre de mero inadimplemento das obrigações trabalhistas assumidas pela empresa regularmente contratada.*

> **Tema 246 de Repercussão Geral do STF.** *O inadimplemento dos encargos trabalhistas dos empregados do contratado não transfere automaticamente ao*

29. ADI nº 1.923/DF: Relator: Min. Ayres Britto. Data de julgamento: 16/04/2015.

*Poder Público contratante a responsabilidade pelo seu pagamento, seja em caráter solidário ou subsidiário, nos termos do art. 71, § 1º, da Lei nº 8.666/93.*

- **Irresponsabilidade como regra:** Deve-se ressaltar que, se a empresa intermediadora (contratada) não pagar aos trabalhadores terceirizados, a Administração contratante não responde, em regra, pelo pagamento dos encargos trabalhistas, ou seja, a Administração não será a responsável subsidiária. Em decisão do Supremo Tribunal Federal, na Ação Direta de Constitucionalidade nº 16, foi reconhecida a constitucionalidade do art. 71 da Lei de Licitações[30]. Os fundamentos dos defensores da tese de que o Estado não tem responsabilidade trabalhista consiste em:
  - **a)** o processo licitatório afasta a culpa do Estado;
  - **b)** a responsabilidade subsidiária representaria um duplo pagamento pelos encargos trabalhistas, uma vez que o Poder Público já havia pago pelos serviços prestados;
  - **c)** a Administração segue o princípio da legalidade, respeita o art. 71 da Lei de Licitações (atual art. 121 da Nova Lei de Licitações).
- Ademais, de acordo com a tese de repercussão geral em análise, o inadimplemento dos encargos trabalhistas pela empresa prestadora de serviços não transfere automaticamente ao Poder Público contratante a responsabilidade pelo seu pagamento, em caráter solidário ou subsidiário, nos termos do art. 71, § 1º, da Lei nº 8.666/1993.
- **Exceção – Culpa *in vigilando*:** De acordo com o item V da Súmula nº 331 do TST, a Administração somente será responsável se comprovada culpa, isto é, se não fiscalizar o contrato de prestação de serviços.
- **Informativo nº 220:** o TST reforçou seu posicionamento ao manifestar que o mero inadimplemento das obrigações trabalhistas por parte do prestador de serviços não é suficiente para a responsabilização do ente público tomador de serviços. No entanto, a responsabilidade subsidiária ocorrerá quando se verificar a conduta culposa da administração na correta fiscalização do cumprimento da legislação trabalhista.
- Ônus de provar a fiscalização: De acordo com decisão do dia 22/05/2020, o TST aplicou a teoria dinâmica do ônus da prova, atribuindo esse dever ao ente público, pois tem maior aptidão para a produção da prova nos termos do art. 818, § 1º, da CLT. Aliás, o TST entendeu que o ônus quanto à fiscalização ou não do contrato não pode ser atribuído ao trabalhador, tendo em vista a dificuldade e, até mesmo, a impossibilidade que ele terá na obtenção dos documentos.
- **Nova Lei de Licitações e reflexos trabalhistas:** No dia 1º de abril de 2021, foi promulgada a Lei nº 14.133/2021, que estabeleceu a nova lei de licitações e contratos administrativos e revogou diversos dispositivos da famosa Lei nº 8.666/1993, que disciplina o tema[31]. Por ser legislação destinada especialmente ao Direito Administrativo, ressalta-se que serão comentados somente os dispositivos que impactaram diretamente as relações de trabalho.
- **Responsabilidade do poder público na terceirização de serviços:** De acordo com o art. 121, "caput" e § 1º da nova lei, quando a Administração Pública celebrar contrato administrativo com particular, somente o contratado será responsável pelos encargos trabalhistas, previdenciários, fiscais e comerciais. Nesse caso, não há transferência dos encargos à Administração Pública na hipótese de inadimplência do particular.
- **Falha na fiscalização do cumprimento das obrigações do contratado:** Os § 2º e 3º do art. 121 regulamentam a responsabilidade da Administração Pública nos contratos de terceirização de serviços, que envolvem a prestação de serviços contínuos com regime de dedicação exclusiva de mão de obra. Nesse caso, há responsabilidade solidária pelos encargos previdenciários e subsidiária pelos encargos trabalhistas se comprovada falha na fiscalização do cumprimento das obrigações do contratado.
- **Documentos que comprovem o cumprimento das obrigações:** Nas contratações envolvendo terceirização de serviços, o contrato deverá apresentar à Administração Pública, sob pena de multa, comprovação do cumprimento das obrigações trabalhistas e do FGTS, especialmente sobre:

  I – registro de ponto;

  II – recibo de pagamento de salários, adicionais, horas extras, repouso semanal remunerado e décimo terceiro salário;

  III – comprovante de depósito do FGTS;

  IV – recibo de concessão e pagamento de férias e do respectivo adicional;

  V – recibo de quitação de obrigações trabalhistas e previdenciárias dos empregados dispensados até a data da extinção do contrato;

  VI – recibo de pagamento de vale-transporte e vale-alimentação, na forma prevista em norma coletiva.
- Além dos documentos acima, para se resguardar e assegurar o cumprimento das obrigações trabalhistas, a Administração Pública pode exigir, desde que previsto em edital ou contrato, as seguintes medidas:

  I – exigir caução, fiança bancária ou contratação de seguro-garantia com cobertura para verbas rescisórias inadimplidas;

  II – condicionar o pagamento à comprovação de quitação das obrigações trabalhistas vencidas relativas ao contrato;

  III – efetuar o depósito de valores em conta vinculada;

  IV – em caso de inadimplemento, efetuar diretamente o pagamento das verbas trabalhistas, que serão deduzidas do pagamento devido ao contratado;

  V – estabelecer que os valores destinados a férias, a décimo terceiro salário, a ausências legais e a verbas rescisórias dos empregados do contratado que participarem da execução dos serviços contratados serão pagos pelo contratante ao contratado somente na ocorrência do fato gerador.
- Em resumo, a Administração Pública somente responderá subsidiariamente pelas obrigações trabalhistas dos terceirizados se houver falha na fiscalização do cumprimento das obrigações trabalhistas. Os arts. 50 e 121, § 3º, da Nova Lei elencam as medidas que devem ser adotadas pela Administração para essa fiscalização. Entendemos que, uma vez adotadas todas as medidas dispostas na nova lei, estará afastada a responsabilidade do poder público na terceirização pública.

## 8.14. DONO DA OBRA

- **Dono da obra**. Ele assume a responsabilidade pelos empregados da empreiteira ou construtora que lhe presta serviços? Em regra, o dono da obra não assume nenhuma responsabilidade pelos empregados da empreiteira. Há,

30. Equivalente, em partes, aos arts. 50 e 121 da Nova Lei de Licitações (14.133/2021).
31. Conforme art. 193, II, da Nova Lei de Licitações (14.133/2021), a Lei nº 8.666/1993 estará revogada a partir de 1º de abril de 2023.

entretanto, uma exceção. Se o dono da obra é empresa construtora ou incorporadora e exerce a construção com finalidade lucrativa, atividade-fim, terá responsabilidade subsidiária pelos débitos trabalhistas. Nesse caso, se a empreiteira ou construtora, contratada para prestar serviços, não quitar as dívidas trabalhistas com seus empregados, o dono da obra será o responsável.

- Em Incidente de Recurso de Revista Repetitivo do Processo Paradigma nº 190-53.2015.5.03.0090, o TST entendeu que as empresas de médio e grande porte, assim como entes públicos, não são responsáveis pelas obrigações trabalhistas dos empregados da empreiteira ou construtora que lhe presta serviços. O TST nas teses IV e V do julgamento do recurso de revista repetitivo estabeleceu a responsabilidade subsidiária do dono da obra na hipótese de inidoneidade econômico-financeira do empreiteiro contratado. Nesse caso, houve ampliação da responsabilidade em relação ao que já era previsto na OJ nº 191 da SDI-I do TST. Entendemos que o dono da obra tem o dever de atestar a idoneidade do empreiteiro tanto no momento da contratação quanto durante a execução da obra.

## 8.15. TRABALHO TEMPORÁRIO

- Trabalhador temporário não se confunde com empregado contratado por prazo determinado, art. 443 da CLT. O trabalho temporário está previsto na Lei nº 6.019/74. Trata-se de modalidade de terceirização expressamente prevista em lei. Há, nesse caso, uma relação triangular de trabalho:

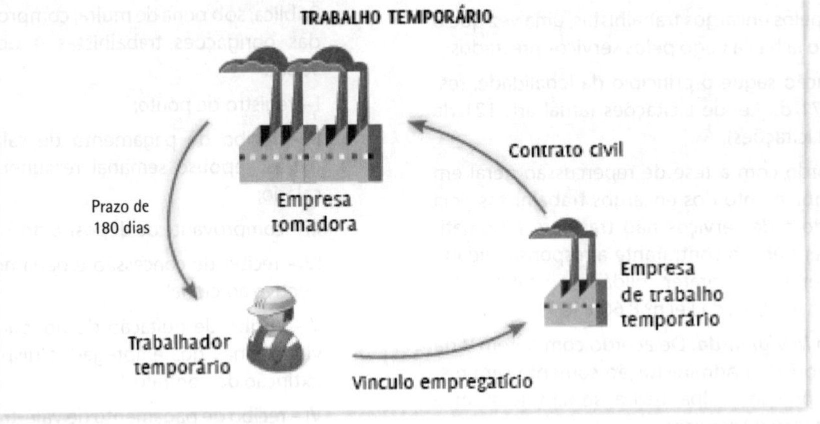


- **Hipóteses de contratação.** O trabalhador temporário é contratado por uma empresa de trabalho temporário para prestar serviços em outra empresa, denominada empresa tomadora de serviços. Entretanto, não é permitida a contratação indiscriminada de trabalhadores temporários, pois somente será admitida essa modalidade de prestação de serviços nas seguintes hipóteses conforme nova redação do art. 2º da Lei nº 6.019/1974, conferida pela Lei nº 13.429/2017:

  1) **Necessidade de substituição transitória de pessoal permanente:** Não há nessa hipótese nenhuma novidade em relação ao que já era previsto na redação antiga do art. 2º da Lei nº 6.019/1974. Diante de afastamento do pessoal permanente, é possível a contratação de trabalhadores temporários para substituí-los e permitir que a empresa continue operando normalmente.
  2) **Demanda complementar de serviços:** Apesar dessa hipótese de contratação não estar prevista no conceito anterior de trabalho temporário, guarda relação com o termo "acréscimo extraordinário de serviços". Ocorre que, diferentemente da antiga previsão legal, a Lei nº 13.429/2017 acrescentou o § 2º ao art. 2º da Lei nº 6.019/1974, que traz o conceito de demanda complementar de serviços, o que assegura maior segurança jurídica. Somente será considerada como demanda complementar aquela que decorrer de:
     - **Fatores imprevisíveis:** será possível a contratação de temporários quando se verificar a ocorrência de eventos que não eram previstos pela empresa tomadora de serviços e que exijam a contratação temporária de mão de obra. Por exemplo, uma empresa que se vê obrigada a acelerar a produção de um determinado produto em decorrência de um evento da natureza, poderia em razão da imprevisibilidade do evento, se utilizar de mão de obra temporária por meio de contrato com empresa de trabalho temporário para evitar prejuízos em sua produção. Essa situação guarda estreita relação com a ocorrência de eventos de força maior, cujo conceito está previsto no art. 501 da CLT:

       **Art. 501, CLT:** *Entende-se como força maior todo acontecimento inevitável, em relação à vontade do empregador, e para a realização do qual este não concorreu, direta ou indiretamente.*
     - **Fatores previsíveis, mas que tenham natureza intermitente, periódica ou sazonal:** é possível a contratação de empresa de trabalho temporário mesmo quando o fator que exija complementação da mão de obra seja previsível, desde que tenham natureza intermitente, periódica ou sazonal. Trata-se da hipótese de contratação quando ocorre um aumento no volume de trabalho em determinadas épocas do ano. Por exemplo, a contratação de mais vendedores no período natalino, pois o número de vendas aumenta consideravelmente nesse período do ano.

- Em suma, a Lei nº 13.429/2017 manteve a essência do conceito de trabalho temporário, enquanto modalidade de intermediação de mão de obra, que permite que um trabalhador contratado por uma empresa de trabalho temporário preste serviços por prazo determinado a uma tomadora de serviços desde que esta última respeite as hipóteses expressamente previstas para essa contratação.
- **Abrangência do trabalho temporário:** Por outro lado, a Lei nº 13.429/2017 estabelece de forma expressa que o trabalho temporário poderá ser realizado tanto nas atividades-meio como nas atividades-fim das empresas:

**Art. 9º, § 3º, Lei nº 6.019/1974** *(Acrescentado pela Lei nº 13.429/2017): O contrato de trabalho temporário pode versar sobre o desenvolvimento de atividades-meio e atividades—fim a serem executadas na empresa tomadora de serviços.*

- **Ampliação do prazo do trabalho temporário:** Uma das principais alterações na disciplina do contrato de trabalho temporário consistiu na ampliação do prazo de 3 meses, prorrogáveis por mais 3 ou 6 meses a depender da hipótese contratada, previsto na redação anterior do art. 10 da Lei nº 6.019/1974 para 180 dias, podendo ser prorrogado por até 90 dias, consecutivos ou não. Felizmente, o Presidente da República vetou o § 3º do art. 10 da Lei nº 6.019/1974 que possibilitava que o prazo de 180 dias fosse alterado por meio de acordo ou convenção coletiva. Essa ampliação do prazo, via instrumento coletivo, seria algo prejudicial aos trabalhadores, pois seria possível que uma empresa contratasse indefinidamente trabalhadores temporários com a prorrogação do prazo mediante acordo ou convenção coletiva de trabalho.
- **Proibição de contratação de trabalhador temporário em greves:** A nova redação da Lei nº 6.019/1974 traz a proibição expressa da contratação de trabalhador temporário durante o movimento grevista, salvos as hipóteses expressamente previstas em lei. Assim, são duas as hipóteses previstas na Lei de Greve que admitem a contratação de trabalhos substitutos, inclusive de temporários:
  - **Dever de manutenção do maquinário:** a lei estabelece o dever do sindicato ou trabalhadores de manter funcionando os maquinários da empresa cuja paralisação resulte em prejuízo ao empregador. No entanto, se descumprida a determinação, o empregador poderá contratar novos empregados para cumprir essa tarefa.
  - **Abusividade do movimento grevista:** o direito de greve não é absoluto e, portanto, deverá ser exercido dentro dos limites estabelecidos pelo ordenamento jurídico brasileiro. Assim, é necessário que sejam cumpridos os requisitos previstos na Lei nº 7.783/1989 para que a greve não seja declarada abusiva. Por exemplo, se não são mantidas as necessidades básicas da população, a greve deve ser declarada abusiva e é permitida a contratação de trabalhadores substitutos caso os grevistas não retornem ao trabalho.
- **Tese em incidente de assunção de competência:** Houve questionamento no TST se a trabalhadora temporária teria direito à estabilidade provisória. Conforme Informativo nº 211, o TST firmou a seguinte tese em incidente de assunção de competência, precedente judicial obrigatório: "é inaplicável ao regime de trabalho temporário, disciplinado pela Lei n.º 6.019/74, a garantia de estabilidade provisória à empregada gestante, prevista no art. 10, II, *b*, do Ato das Disposições Constitucionais Transitórias".
- **Principais diferenças existentes entre terceirização e trabalho temporário após as alterações promovidas na Lei nº 6.019/1974:**

| Terceirização | Trabalho temporário |
|---|---|
| – não há prazo determinado para a realização dos serviços | – prazo do trabalho temporário: 180 meses<br>Obs.: O prazo poderá ser prorrogado por 90 dias consecutivos ou não. |
| – A contratação é livre, não havendo hipóteses legais que permitem a contratação.<br>Obs.: trabalhador terceirizado presta serviços na atividade-meio ou na atividade-fim da empresa contratante (expressa previsão legal nesse sentido, com a Reforma Trabalhista) | – A contratação somente poderá ocorrer nas 2 hipóteses expressamente previstas em lei.<br>Obs.: trabalhador temporário presta serviços na atividade-fim ou na atividade-meio da empresa tomadora (expressão previsão legal nesse sentido) |
| **– Antes da Reforma Trabalhista:** não havia previsão legal de que os terceirizados tinham direito ao mesmo salário e jornada dos empregados da tomadora. Se constatada identidade de funções, caberá equiparação salarial, OJ 383.<br>– **Reforma Trabalhista:** contratante e contratada poderão estabelecer que os empregados da contratada farão jus a salário equivalente ao pago aos empregados da contratante, além de outros direitos, que também podem ser previstos. | – salário equivalente ao percebido pelos empregados que trabalham na mesma função ou cargo da tomadora |

## 9. CONTRATO DE TRABALHO E RELAÇÃO DE TRABALHO

### 9.1. RELAÇÃO DE TRABALHO X RELAÇÃO DE EMPREGO

- ***Relação de trabalho:*** O termo relação de trabalho é utilizado como gênero e trata da relação de trabalho de forma ampla. Todo trabalho humano (pessoa física) prestado ao tomador de serviços (pessoa física ou jurídica) é uma relação de trabalho. Exemplo: trabalho autônomo, atividade de estágio, trabalho eventual, temporário e o próprio vínculo empregatício.
- ***Relação de emprego:*** Por outro lado, relação de emprego é uma das espécies do gênero relação de trabalho. A característica principal daquela relação consiste na presença da subordinação jurídica exercida sobre a figura do empregado. A CLT e demais leis trabalhistas foram criadas para proteger o empregado, que trabalha sob subordinação. Verifica-se, assim, que toda relação de emprego corresponde a uma relação de trabalho, mas nem toda relação de trabalho é uma relação de emprego.

### 9.2. CONTRATO DE TRABALHO

- Para identificar uma relação de emprego é formado o contrato de emprego. A expressão, entretanto, consagrada na prática e nos concursos públicos é contrato de trabalho (sinônimos: contrato de trabalho stricto senso, vínculo empregatício e relação de emprego). Assim sendo, o contrato de trabalho é o ajuste verbal ou escrito, tácito ou expresso, firmado entre o empregado, que assume a obrigação de prestar serviços não eventuais e subordinados, e o empregador, que assume a obrigação de pagar salário.
- **Reforma Trabalhista:** A Lei nº 13.467/2017, passa a prever um novo tipo de contrato de trabalho, denominado intermitente. Essa alteração causará profundos impactos na estrutura do Direito do Trabalho, pois cria nova modalidade contratual com disciplina jurídica própria não existente na

seara trabalhista. De acordo com o novo dispositivo legal, o trabalho intermitente compreende o contrato de trabalho, cuja prestação dos serviços ocorre com subordinação, mas não é contínua, havendo alternância de períodos de prestação de serviços e de inatividade. A prestação dos serviços pode ser determinada em horas, dias ou meses, independentemente da atividade desenvolvida pelo empregado ou pelo empregador.

> **Art. 443 da CLT (Inserido pela Reforma Trabalhista).** *O contrato individual de trabalho poderá ser acordado tácita ou expressamente, verbalmente ou por escrito, por prazo determinado ou indeterminado, ou para prestação de trabalho intermitente.*
>
> *(...)*
>
> *§ 3º Considera-se como intermitente o contrato de trabalho no qual a prestação de serviços, com subordinação, não é contínua, ocorrendo com alternância de períodos de prestação de serviços e de inatividade, determinados em horas, dias ou meses, independentemente do tipo de atividade do empregado e do empregador, exceto para os aeronautas, regidos por legislação própria.*

## 9.3. CARACTERÍSTICAS DO CONTRATO DE TRABALHO

- Dentre as características principais do contrato de trabalho, pode-se destacar que esse contrato é:

a) **bilateral ou sinalagmático**: envolve obrigações para ambas as partes. O empregado está obrigado a prestar serviços, o empregador possui a obrigação de pagar salário.

b) **consensual**: não há forma especial para o contrato de trabalho, podendo ser celebrado de forma tácita ou expressa.

c) **trato sucessivo**: continuidade no tempo, ou seja, não se esgota em um único ato, como contrato de compra e venda, por exemplo. Na relação de trabalho há um débito permanente, uma parte em prestar serviços e outra em pagar salário.

d) **oneroso**: no contrato de trabalho há necessidade de pagar contraprestação em virtude dos serviços prestados.

e) **comutativo**: as partes (empregado e empregador) conseguem verificar, no momento da contratação, as vantagens e os sacrifícios que terão de enfrentar durante a vigência do contrato de trabalho.

f) **personalíssimo ou *intuito personae***: essa característica é voltada apenas para o empregado, que foi contratado em razão das suas virtudes pessoais (eficiência, confiança, moral etc.).

## 9.4. CLASSIFICAÇÃO DOS CONTRATOS DE TRABALHO

- O contrato de trabalho será, em regra, firmado por prazo indeterminado. Dessa forma, com base no princípio da continuidade da relação de emprego, não há data certa para o fim do vínculo empregatício. Excepcionalmente, nas hipóteses expressamente previstas em lei, é possível o contrato firmado por prazo determinado. Com a Reforma Trabalhista, também será possível a contratação de trabalho intermitente. Para mais informações, confira o próximo tópico dessas dicas.
- Importante ressaltar que o contrato expresso é aquele que não deixa dúvidas para as partes envolvidas. Poderá ser firmado expressamente de forma verbal ou escrita. Já o contrato tácito, como já dito, decorre de um comportamento entre as partes envolvidas. E, ainda, o contrato poderá ser firmado por prazo indeterminado (regra) ou determinado (exceção).
- Segue quadro de memorização acerca do contrato de trabalho por prazo determinado:

**CONTRATO POR PRAZO DETERMINADO**

- **Hipóteses previstas na CLT:**
  a) Serviços cuja natureza justifique a predeterminação do prazo (prazo máximo: 2 anos);
  b) Atividades empresariais de caráter transitório (2 anos);
  c) Contrato de experiência (90 dias).
- **Hipóteses previstas na legislação do doméstico (LC nº 150/2015):**
  a) Atendimento de necessidades familiares de natureza transitória (2 anos);
  b) Substituição temporária de empregado doméstico com contrato de trabalho interrompido (2 anos);
  c) Contrato de experiência (90 dias).
- **Prorrogação:** apenas uma única vez dentro do período máximo
- **Estabilidade:** não há, em regra, direito à estabilidade no contrato por prazo determinado (exceto: gestante e acidente do trabalho)
- **Nova contratação:** respeitar prazo de 6 meses, exceto:
  a) execução de serviços especializados;
  b) realização de certos acontecimentos.
- **Términos do contrato por prazo determinado na CLT:**
  **a) Extinção normal**: não há pagamento de indenização;
  **b) Extinção antecipada**:
  1) Iniciativa **empregador**: pagamento de indenização no valor da **metade da remuneração** (art. 479 da CLT);
  2) Iniciativa **empregado**: indenização dos **prejuízos** que esse desligamento causar à empresa (art. 480 da CLT).
  **c) Cláusula assecuratória de direito recíproco**
  1) rescisão antecipada será de acordo com os contratos por prazo indeterminado;
  2) as partes ficam obrigadas a conceder aviso-prévio, se houver término antecipado.
- **Término do contrato por prazo determinado na legislação do doméstico:**
  a) Extinção antecipada:
  1) Iniciativa **empregador doméstico**: indenização no valor da **metade da remuneração** (art. 6º da LC nº 150/2015)
  2) Iniciativa **empregado doméstico**: indenização dos **prejuízos** que causar ao empregador doméstico (art. 7º da LC nº 150/2015)
  b) Impossibilidade de celebração de cláusula assecuratória de direito recíproco: segundo a LC não há direito ao recebimento de aviso-prévio nos contratos a termo (art. 9º da LC nº 150/2015)
- **Término antecipado do contrato de aprendizagem:**
  a) desempenho insuficiente ou inadaptação do aprendiz, salvo para o aprendiz com deficiência quando desprovido de recursos de acessibilidade, de tecnologias assistivas e de apoio necessário ao desempenho de suas atividades (Redação dada pela Lei nº 13.146/2015);
  b) falta disciplinar grave;
  c) ausência injustificada à escola que implique perda do ano letivo;
  d) pedido do aprendiz.

## 9.5. CONTRATO PARA PRESTAÇÃO DE TRABALHO INTERMITENTE

- A Reforma Trabalhista cria um novo tipo de contrato de trabalho denominado intermitente, que compreende a modalidade de contratação do trabalho por horas, dias ou meses, havendo períodos alternados de prestação de serviços e de inatividade:
- O art. 452-A da CLT foi inserido pela Reforma Trabalhista e regulamentará o trabalho intermitente, apresentando suas especificidades e seus efeitos na relação de emprego. O "caput" do dispositivo estabelecerá algumas formalidades que devem ser observados na celebração do contrato de trabalho. O trabalho intermitente será um contrato de trabalho solene, pois deverá ser necessariamente firmado por escrito e deverá conter o valor da hora de trabalho, que não poderá ser inferior ao valor horário do salário mínimo ou àquele devido aos demais empregados do estabelecimento que exerçam a mesma função em contrato intermitente.
- **Não obrigatoriedade da convocação:** Contudo, é importante destacar que, no trabalho intermitente, o empregador não será obrigado a convocar o trabalhador para prestar os serviços, o que poderá reduzir significativamente a remuneração desse empregado, ainda que seja proporcionalmente igual ao valor recebido pelos demais empregados.
- **Procedimento de convocação:** De acordo com o § 1º do novo art. 452-A da CLT, o empregador deverá convocar o empregado para a prestação dos serviços com, pelo menos, 3 dias corridos de antecedência. A comunicação poderá ser realizada por qualquer meio de comunicação eficaz. Além disso, na própria convocação do empregado deverá ser informada a jornada de trabalho que será realizada pelo trabalhador na ocasião de sua prestação de serviços. É importante ressaltar que a jornada não poderá ultrapassar o limite constitucional de 8 horas diárias ou 44 horas semanais, ainda que o empregado venha a trabalhar apenas por alguns dias. Preenchidos os requisitos necessários para a convocação e recebida pelo empregado, o § 2º do presente artigo assegura o prazo de 1 dia útil para que o empregado responda ao chamado.
- **Resposta do empregado:** Caso permaneça em silêncio e não se manifeste quanto à convocação, haverá presunção da recusa na prestação dos serviços. Por sua vez, o § 3º do artigo determina que a recusa da oferta pelo empregado não descaracterizará a subordinação para fins do contrato de trabalho intermitente. Portanto, ainda que o empregado recuse a prestação de serviços, a subordinação permanece, assim como o vínculo de empregado entre as partes. Outro efeito decorrente é a impossibilidade de dispensa por justa causa do empregado por ato de insubordinação diante da recusa na prestação dos serviços, pois é direito do trabalhador recusar sem que haja violação à subordinação.
- **Multa por descumprimento do acordado:** Aceita a oferta de trabalho intermitente pelo empregado, as partes que descumprirem o acordo, sem justo motivo, estarão sujeitas ao pagamento de multa à outra parte no valor de 50% da remuneração que seria devida no prazo de 30 dias, sendo possível a compensação no mesmo prazo.
- **Direitos do empregado em trabalho intermitente:** Tendo em vista a existência de vínculo empregatício, o empregado terá direito ao recebimento dos direitos trabalhistas previstos no art. 7º da Constituição Federal. O § 6º do art. 452-A da CLT dispõe o rol de direitos que deverão ser pagos ao trabalhador logo ao final de cada período de prestação de serviço:
  - Remuneração;
  - Férias proporcionais com acréscimo de um terço;
  - 13º salário proporcional;
  - Repouso semanal remunerado;
  - Adicionais legais

## 9.6. ALTERAÇÃO DO CONTRATO INDIVIDUAL DE TRABALHO

- **Imperatividade, inalterabilidade contratual lesiva e condição mais benéfica.** O contrato de trabalho possui normas de caráter imperativo que não comportam transação entre as partes. Limita-se, assim, a autonomia da vontade, para garantir o mínimo de dignidade ao empregado. Devem-se respeitar os princípios da inalterabilidade contratual lesiva e da condição mais benéfica. Esse último assegura ao empregado as vantagens conquistadas durante o contrato de trabalho, que não poderão ser alteradas para pior.
- **Diferenças entre cláusulas contratuais e cláusulas coletivas.** Cabe destacar que as cláusulas contratuais se diferenciam das cláusulas coletivas. O que foi ajustado entre empregado e empregador não pode ser alterado para prejudicar o empregado, conforme o art. 468 da CLT. Já nas normas coletivas há maior possibilidade de negociação em razão da paridade existente entre os entes coletivos (empresas e sindicatos profissionais e econômicos), inclusive com possibilidade de alteração prejudicial aos empregados, como a redução salarial, prevista expressamente no Texto Constitucional.
- **Alteração bilateral.** No âmbito individual, há necessidade de observar dois requisitos para que a alteração do contrato de trabalho seja válida (art. 468 da CLT):
  a) Consentimento do empregado.
  b) Essa alteração não pode acarretar prejuízos diretos ou indiretos ao trabalhador.
- **Alteração unilateral (*jus variandi*).** Com fundamento no poder diretivo, art. 2º da CLT, cabe ao empregador efetuar algumas alterações para mais bem organizar a atividade empresarial. Aliás, como é o empregador que assume os riscos da atividade econômica, nada mais justo que exerça algumas modificações no contrato de trabalho. Essas alterações promovidas pelo empregador são chamadas *jus variandi*.
- ***Jus resistentiae.*** Esse poder de modificar o contrato de trabalho, *jus variandi*, deverá ser exercido dentro dos limites impostos por lei, sob pena de configurar alteração abusiva. Caso fique comprovado que o empregador exigiu serviços alheios ao contrato, serviços ilegais, imorais ou abusivos, o empregado tem o direito de não cumprir a determinação imposta pelo empregador, e ainda poderá pleitear rescisão indireta, com fundamento no art. 483 da CLT. Essa recusa é chamada direito de resistência ou *jus resistentiae*.
- **Alteração subjetiva e objetiva.** As alterações subjetivas compreendem as modificações referentes aos sujeitos do contrato de trabalho. Por sua vez, a alteração objetiva atinge as cláusulas contratuais, cujo conteúdo é modificado ao longo do contrato de trabalho[32].

TRABALHO

32. DELGADO, Maurício Godinho. *Curso de Direito do Trabalho*. 16. ed. São Paulo: LTr, 2017. p. 1.147.

- **Reversão.** O empregado que ocupa cargo de confiança poderá ser revertido ao cargo anterior, com a retirada da gratificação de função, sem que essa reversão acarrete nulidade. Nesse caso, quando o trabalhador não corresponde às expectativas do empregador e como envolve função de confiança, há previsão na própria lei que autoriza o retorno à função anterior, sem que esse ato seja nulo.
- **Retirada da gratificação de função de confiança.** Com a Reforma Trabalhista, é possível a retirada da gratificação da função de confiança, que não será incorporada, independentemente do tempo de exercício da função (Art. 468, § 2º da CLT).

> **Art. 468 da CLT.** (...)
>
> *§ 1º Não se considera alteração unilateral a determinação do empregador para que o respectivo empregado reverta ao cargo efetivo, anteriormente ocupado, deixando o exercício de função de confiança.*
>
> *§2º A alteração de que trata o § 1º deste artigo, com ou sem justo motivo, não assegura ao empregado o direito à manutenção do pagamento da gratificação correspondente, que não será incorporada, independentemente do tempo de exercício da respectiva função.*

- **Rebaixamento.** É o retorno do empregado ao cargo efetivo anterior com caráter punitivo, sendo que o trabalhador ocupava cargo efetivo mais alto. Essa medida é ilícita, pois viola o princípio da inalterabilidade contratual lesiva do trabalhador previsto no art. 468 da CLT[33].
- **Promoção.** É o ato pelo qual o empregado é transferido em caráter permanente para um cargo superior com o recebimento de efetivas vantagens. Caso prevista em regulamento de empresa, é obrigação do empregado aceitar a promoção, salvo hipóteses justificáveis para permanecer em cargo inferior[34].
- **Remoção.** Configura-se com a alteração do local de trabalho do empregado, sendo exigida sua mudança de residência[35]. Para mais informações, confira o próximo tópico acerca da alteração do local de trabalho.
- **Redução salarial**. Não é permitida a redução salarial do empregado por ato unilateral ou mesmo por acordo individual entre as partes. A Constituição permite a redução do salário apenas na hipótese de celebração de convenção ou acordo coletivos de trabalho:

> **Art. 7º, CF/88.** São direitos dos trabalhadores urbanos e rurais, além de outros que visem à melhoria de sua condição social:
>
> (...)
>
> *VI – irredutibilidade do salário, salvo o disposto em convenção ou acordo coletivo;*

- Caso haja redução salarial via negociação coletiva, deverá ser garantido o emprego durante o período de vigência do instrumento coletivo, nos termos do art. 611-A, §3º da CLT:

> **Art. 611-A, §3º da CLT:** *Se for pactuada cláusula que reduza o salário ou a jornada, a convenção coletiva ou o acordo coletivo de trabalho deverão prever a proteção dos empregados contra dispensa imotivada durante o prazo de vigência do instrumento coletivo.*

- **Legislação de exceção.** Em agosto de 2022, o Congresso Nacional aprovou a MP nº 1.109/2022 (convertida na Lei nº 14.437/2022), que institucionaliza autorização genérica para a adoção de medidas trabalhistas de enfrentamento a momentos de crise, dentre elas: a redução da jornada de trabalho e do salário e a suspensão temporária do contrato de trabalho. Basta, para tanto, a declaração de estado de calamidade pública em âmbito nacional ou em âmbito estadual, distrital ou municipal reconhecido pelo Poder Executivo federal. Destacamos que essas medidas poderão ser implementadas por meio de acordo individual escrito ou de negociação coletiva. Dessa forma, agora, mesmo superado o momento de crise ocasionado pela pandemia de COVID-19, no Direito do Trabalho, é possível a redução de salários e a suspensão do contrato de trabalho por meio de acordo individual entre empregado e empregador. Ainda que reservada essa possibilidade aos períodos de reconhecida calamidade, temos sérias dúvidas quanto à constitucionalidade dessas normas, pois a Constituição Federal autoriza a redução salarial apenas por meio de convenção ou acordo coletivo de trabalho (art. 7º, VI).
- **Redução salarial do professor.** Há discussão sobre a possibilidade de redução do número de aulas do **professor**, em razão da diminuição do número de alunos. O TST, conforme OJ nº 244 da SDI-I, tem o entendimento de que, se preservado o valor da hora-aula, é possível a redução do número de aulas. Tal mudança no contrato de trabalho não afronta o art. 468 da CLT, pois o valor da hora-aula não foi alterado.
- **Alteração do horário e jornada de trabalho.** A alteração do horário é um exemplo frequente nas questões de concurso na área trabalhista acerca da alteração contratual. Se o empregado foi contratado para trabalhar 4 horas, o empregador, em regra, não poderá ampliar essa jornada, porque essa alteração é prejudicial ao trabalhador. Outro exemplo é o empregado que trabalhava 8 horas, mas, durante o contrato, o seu horário foi reduzido para 6 horas. Nesse caso, o empregador não poderá exigir a jornada anterior, sob pena de afrontar o art. 468 da CLT e o princípio da condição mais benéfica. Essa proibição de retorno à jornada inicialmente contratada não se aplica ao servidor público, pois seu horário é definido em lei.
- **Readaptação funcional.** O empregado com deficiência física ou mental superveniente à contratação pode ser readaptado em outra função exercida quando for atestado por órgão previdenciário e participar de programa de reabilitação profissional. Surge o questionamento se seria possível a redução do salário em razão da alteração de função. Parte da doutrina entende que é possível a redução proporcional ao valor do benefício previdenciário recebido pelo trabalhador. Por outro lado, o posicionamento majoritário é no sentido de não admitir a redução salarial desse empregado[36].

**Para a semana antes da prova**, segue o quadro de resumo sobre alteração do contrato:

33. DELGADO, Maurício Godinho. *Curso de Direito do Trabalho.* 16. ed. São Paulo: LTr, 2017. p. 1.167.
34. DELGADO, Maurício Godinho. *Curso de Direito do Trabalho.* 16. ed. São Paulo: LTr, 2017. p. 1.170.
35. DELGADO, Maurício Godinho. *Curso de Direito do Trabalho.* 16. ed. São Paulo: LTr, 2017. p. 1.170.
36. DELGADO, Maurício Godinho. *Curso de Direito do Trabalho.* 16. ed. São Paulo: LTr, 2017. p. 1.169.

| Alteração do Contrato | | |
|---|---|---|
| **1. A alteração é permitida apenas** | **2. Possibilidade de reversão** | **3. *Jus variandi* – alteração unilateral do contrato** |
| **a)** com consentimento do empregado;<br>**b)** se não acarretar prejuízos diretos e indiretos. | Reversão ao cargo de confiança ao cargo anteriormente ocupado é permitido por lei. Essa modificação não é considerada ilegal. Obs.: Com a Reforma Trabalhista, o valor de gratificação não é incorporado (Art. 468, § 2º da CLT). | Hipóteses de alteração unilateral do contrato (*jus variandi*):<br>**a)** Transferência do horário noturno para o diurno;<br>**b)** Alteração da data do pagamento, desde que respeitado o 5º dia útil;<br>**c)** Transferência, desde que observados os limites impostos em lei. |

## 9.7. TRANSFERÊNCIA DE LOCAL DE TRABALHO

- **Requisitos:** A transferência será possível desde que tenha anuência do empregado. Para configurar transferência, é necessário que acarrete mudança de domicílio do empregado.
- **Dirigente sindical:** É vedada a transferência do empregado eleito para dirigente sindical, conforme previsto no art. 543 da CLT.
- **Transferência unilateral:** Excepcionalmente, poderá ocorrer a transferência unilateral do empregado, se respeitados os limites impostos por lei. A seguir, as hipóteses admitidas:
  - a) **Empregados que exerçam cargos de confiança.** Inclusive para esses empregados, é necessário que o empregador demonstre a necessidade do serviço.
  - b) **Empregados cujo contrato tenham como condição implícita ou explícita a necessidade de transferência.** Também nessa hipótese será necessária comprovação de real necessidade de serviço, no mesmo sentido da hipótese anterior. Exemplo de condição implícita: empregados do circo. Condição explícita: no ato da contratação fica expresso que é condição, na prestação de serviços, a possibilidade de transferência do empregado, como ocorre em alguns bancos e em empresas com diversas filiais.
  - c) **Extinção do estabelecimento.** Nesse caso, a transferência unilateral é permitida para evitar o término do contrato de trabalho.
  - d) **Transferência provisória por necessidade de serviço.** Nesse caso, com fundamento no princípio da lealdade contratual, caberá ao empregado colaborar com a empresa. Há necessidade, entretanto, de que essa necessidade seja fundamentada na real necessidade de serviço.
- **Adicional de transferência.** No caso de transferência provisória por necessidade de serviço, mesmo em se tratando de cargo de confiança e condição implícita ou explícita no contrato, o empregador ficará obrigado a pagar adicional de, no mínimo, 25%, dos salários que o empregado recebia na localidade de origem, enquanto durar a transferência. Se ocorrer transferência definitiva, o empregado não terá direito ao adicional.
- Para a semana antes da prova, segue esse quadrinho de resumo sobre a transferência do empregado:

| Transferência |
|---|
| **Possibilidades de transferência:**<br>• Desde que tenha consentimento (anuência) do empregado<br>• Transferência unilateral (necessidade de comprovar a necessidade de serviço)<br>a) Cargo de confiança;<br>b) Contrato que tenha condição implícita ou explícita;<br>c) Extinção do estabelecimento;<br>d) Necessidade de serviço. |
| • **Adicional de transferência (art. 469 § 3º, da CLT)**<br>a) Apenas para transferências provisórias;<br>b) Empregados que exercem cargo de confiança também têm direito ao adicional;<br>c) Esse adicional possui natureza salarial.<br>• **Ajuda de custo (art. 470 da CLT)**<br>a) Despesas resultantes da transferência;<br>b) Natureza indenizatória; |

## 9.8. SUSPENSÃO E INTERRUPÇÃO DO CONTRATO DE TRABALHO

- **Conceito.** A **interrupção** do contrato de trabalho consiste na ausência provisória da prestação de serviços, em que são devidos o pagamento de salário e a contagem do tempo. Cessa a obrigação do empregado, mas persiste a obrigação da empresa. Por outro lado, a **suspensão** do contrato de trabalho é a ausência provisória da prestação de serviços, sem que haja o pagamento de salário nem a contagem do tempo. Nesse caso, cessa a obrigação tanto da empresa como do empregado.
- **Para a semana antes da prova**, segue esse importante quadro de resumo com as hipóteses de interrupção e suspensão do contrato de trabalho (importantíssimo memorizar!):

| Hipóteses de interrupção (pagamento de salário) | Hipóteses de suspensão (não há pagamento de salário) |
|---|---|
| • 2 dias falecimento<br>• 3 dias – casamento<br>• 9 dias – professor (casamento e falecimento)<br>• 1 dia a cada 12 meses – doação de sangue<br>• 2 dias – alistamento eleitoral<br>• Pelo tempo necessário – acompanhar sua esposa ou companheira em até 6 (seis) consultas médicas, ou em exames complementares, durante o período de gravidez[37]; | • Encargo público<br>• Mandato Sindical<br>• Greve<br>• Suspensão disciplinar<br>• Benefícios previdenciários<br>• Diretor de S/A (não empregado – Súm. nº 269 do TST) |

37. Alteração promovida pela Lei nº 14.457, de 2022. A redação original do art. 473, X, da CLT falava em 2 dias.

TRABALHO

| Hipóteses de interrupção (pagamento de salário) | Hipóteses de suspensão (não há pagamento de salário) |
|---|---|
| • 1 dia por ano – acompanhar filho de até 6 anos em consulta médica – válido para o empregado ou empregada para cada filho que tiver<br>• 3 dias a cada 12 meses – para realização de exames preventivos de câncer devidamente comprovada<br>• Tempo necessário:<br>– serviço militar<br>– vestibular<br>– comparecimento em juízo<br>– reunião/organismo internacional (dirigente sindical)<br>• Paralisação da empresa<br>• Acidente nos primeiros 15 dias<br>• Férias<br>• RSR e Feriados<br>• Intervalos intrajornadas remunerados.<br>• Licença-paternidade 5 dias para todos os empregados. E ainda, com possibilidade de prorrogação por mais 15 dias (total de 20 dias) se o Empregador aderir ao Programa Empresa Cidadã<br>• Gestante: consultas médicas<br>• Participação nas comissões de conciliação prévia<br>• Prontidão e sobreaviso<br>• *Lock out*<br>• Participação no Conselho Curador do FGTS | • Intervalos<br>• Prisão (sem trânsito em julgado)<br>• Violência doméstica<br>• Inquérito para apuração de falta grave<br>• Qualificação profissional (art. 476-A da CLT)<br>• Períodos de inatividade no trabalho intermitente<br>• Suspensão temporária do contrato de trabalho durante a pandemia de coronavírus e legislação de exceção<br>• Programa Emprega + Mulheres – suspensão do contrato de trabalho da mulher para qualificação profissional<br>• Programa Emprega + Mulheres – suspensão do contrato de trabalho de pais empregados |
| **Casos controvertidos** | |
| • Licença-maternidade (interrupção)<br>• Aborto não criminoso (interrupção)<br>• Serviço militar obrigatório (suspensão)<br>• Acidente do trabalho após 15 primeiros dias (suspensão) | |

- **Licença-paternidade de 5 dias.** Essa licença é válida tanto para o pai casado como para o solteiro, e deve ser gozada no decorrer da primeira semana após o parto[38] (art. 473 da CLT e art. 10, § 1º, ADCT). Com a promulgação da Lei de políticas públicas para a primeira infância (Lei nº 13.257/2016), foi introduzida a possibilidade de prorrogação da licença-paternidade em 15 dias na Lei nº 11.770/2008 (Programa Empresa Cidadã), totalizando o período de 20 dias. Para se ter direito à prorrogação, é necessário o preenchimento de alguns requisitos:
  1) empregador deve integrar o Programa Empresa Cidadã;
  2) benefício de prorrogação deve ser requerido no prazo de até 2 dias úteis após o parto;
  3) comprovação de participação em programa ou atividade de orientação sobre paternidade responsável;
  4) impossibilidade de exercer atividade remunerada durante o período.
- No dia 21 de setembro de 2022, foi publicada a Lei nº 14.457/2022, que, entre outras providências, institui o Programa Emprega + Mulheres, altera a CLT e o Programa Empresa Cidadã. A Lei nº 14.457/2022 promove alterações no Programa Empresa Cidadã, para estabelecer que essa prorrogação possa ser compartilhada entre a empregada e o empregado, desde que ambos sejam empregados de pessoa jurídica aderente ao Programa e que a decisão seja adotada conjuntamente. Ainda, a empresa participante do Programa Empresa Cidadã autorizada a substituir o período de prorrogação da licença-maternidade pela redução de jornada de trabalho em 50% pelo período de 120 dias. Para tanto, dois são os requisitos:
  I. pagamento integral do salário à empregada ou ao empregado pelo período de 120 dias; e
  II. acordo individual firmado entre o empregador e a empregada ou o empregado interessados em adotar a medida.
- **Reforma Trabalhista:** constitui objeto ilícito da convenção ou acordo coletivo, a supressão ou redução da licença-paternidade, nos termos fixados em lei (art. 611-B, XIV da CLT).

## 9.9. EFEITOS DO CONTRATO DE TRABALHO

- **Efeitos do contrato (obrigações do contrato de trabalho).** O contrato de trabalho gera obrigações tanto para o **empregado**, que assume a obrigação de prestar serviços não eventuais e subordinados, como para o **empregador**, que assume a obrigação de pagar salário. Nesse sentido, surgem diversos efeitos decorrentes da relação jurídica. De acordo com Maurício Godinho Delgado[39], é possível a divisão desses efeitos em:
  **a)** efeitos próprios ao contrato de trabalho e;
  **b)** efeitos conexos ao contrato de trabalho.
- **Efeitos próprios.** São aqueles que decorrem da natureza do contrato de trabalho e da conjuntura natural das cláusulas contratuais.
- **Efeitos conexos.** São aqueles que não decorrem propriamente da natureza do contrato, mas que poderão se juntar a ele por conexão ou acessoriedade. São efeitos de natureza não trabalhista que surgem em função ou em vinculação ao contrato de trabalho.
- **Direitos intelectuais e invenções do empregado.** Os direitos intelectuais, como o próprio nome sugere, são aqueles que decorrem da produção intelectual de um

38. JORGE NETO, Francisco Ferreira; CAVALCANTE, Jouberto de Quadros Pessoa. *Curso de Direito do Trabalho*. São Paulo: Atlas, 2009. p. 251.

39. DELGADO, Maurício Godinho. Curso de Direito do Trabalho. 14. ed. São Paulo: LTr, 2015. p. 659.

indivíduo. As criações e produções científicas, literárias e artísticas são tuteladas pelo direito por normas específicas diante da importância dessas manifestações no ordenamento jurídico. Esses direitos desdobram-se em tipos específicos, tais como os direitos de autor, regulamentados pela Lei nº 9.610/1998, os direitos de propriedade intelectual, regidos pela Lei nº 9.279/1992, e, por fim, os direitos intelectuais relativos à criação e utilização de *software* (Lei nº 9.609/1998)[40].

- **Produção intelectual decorre do contrato de trabalho ou da natureza dos serviços prestados.** Nesse caso, o empregado é contratado com a finalidade específica de desenvolver o invento. Para tanto, receberá seu salário mensal (e demais verbas salariais e indenizatórias) até que o novo produto seja lançado, num desenvolvimento que pode levar anos. A invenção pertencerá **exclusivamente** ao empregador, salvo previsão expressa em contrário. Contudo, permite-se que o acordo entre as partes da relação empregatícia para que o empregado participe dos ganhos econômicos decorrentes da exploração da patente.
- **Produção intelectual desvinculada do contrato de trabalho sem a utilização de recursos do empregador.** Nesse caso, a invenção ou modelo de utilidade criado pertencerá apenas ao empregado, uma vez que o empregador em nada colaborou para sua criação. Ressalta-se que há presunção relativa de que foi desenvolvida durante o contrato de trabalho a patente de invenção requerida até 1 ano após a extinção do vínculo empregatício.
- **Produção intelectual decorrente da contribuição pessoal do empregado com a utilização de recursos do empregador.** Salvo disposição expressa em contrário, se houver concorrência entre a contribuição pessoal do empregado e os recursos do empregador, a propriedade do invento será comum, em partes iguais, entre empregado e empregador. Será garantido ao empregador o direito exclusivo de exploração, e ao empregado, a justa remuneração resultante dessa exploração. Destaca-se que o empregador, salvo justo motivo, terá 1 ano para iniciar a exploração, sob pena de passar a exclusividade na exploração ao empregado.

## 9.9.1. DANO MATERIAL E MORAL

- **Dano material.** O dano material atinge diretamente o patrimônio do ofendido. A reparação deve abranger os **danos emergentes** ou prejuízos efetivos e imediatos, isto é, o montante que o empregado efetivamente perdeu. E ainda, os **lucros cessantes** que refletem no futuro, ou seja, com a diminuição potencial do patrimônio do trabalhador. Em ambos os casos, de danos emergentes ou de lucros cessantes, torna-se necessário fazer prova, por exemplo, por documentos e recibos, do que efetivamente perdeu e deixou de ganhar, para que o empregado possa ter direito à reparação.
- **Dano moral.** Dano moral é a lesão a direitos da personalidade[41], ou seja, direitos extrapatrimoniais como violação da honra, intimidade, privacidade e outros direitos ligados à dignidade da pessoa humana. Essa lesão causa sofrimento, tristeza, depressão etc. Ao contrário da indenização por danos materiais, facilmente comprovados com documentos, a prova para comprovar o dano moral torna-se praticamente impossível, pois não se comprovam a tristeza, a raiva, a angústia, o sofrimento etc. Assim sendo, o que se comprova, para que possa haver a reparação, são os fatos que originaram o ato lesivo/ilícito.
- **Fixação da indenização.** A indenização arbitrada pelo juiz do trabalho deve ser razoável e justa, ou seja, não pode promover o enriquecimento ilícito do trabalhador. Ao mesmo tempo, não pode ser fixada em valor insignificante que incentive o empregador a persistir nas condutas ilícitas. Essa reparação, portanto, além de ter o objetivo de assegurar vantagens pecuniárias ao ofendido, tem a finalidade de servir de punição ao ofensor.
- **Reforma Trabalhista:** Com o advento da Lei nº 13.467/2017, há regulamentação do tema "dano extrapatrimonial" no Título II-A da CLT, podendo ser sujeito passivo do dano tanto a pessoa física, nos casos do art. 223-C da CLT, quanto a pessoa jurídica, nos casos do art. 223-D da CLT.

Segundo as alterações, são bens jurídicos tutelados das pessoas físicas e jurídicas:

a) **pessoa física (art. 223-C da CLT):** a honra, a imagem, a intimidade, a liberdade de ação, a autoestima, a sexualidade, a saúde, o lazer e a integridade física

b) **pessoa jurídica (art. 223-D da CLT):** a imagem, a marca, o nome, o segredo empresarial e o sigilo da correspondência

- Serão responsáveis pelo dano extrapatrimonial todos os que tenham contribuído para a ofensa ao bem jurídico, na proporção da ação ou omissão (Art. 223-E da CLT).
- A Súmula nº 37 do STJ já permitia a cumulação dos pedidos de dano moral e material, haja vista se tratarem de causas de pedir distintas, o que é corroborado pelo art. 223-F da CLT, inserido pela Reforma Trabalhista.
- Além disso, a Reforma Trabalhista estabelece um sistema de tarifação do dano moral, já que estipula parâmetros para a fixação de sua indenização:

| SISTEMA DE TARIFAÇÃO DO DANO EXTRAPATRIMONIAL | |
|---|---|
| **Gravidade da ofensa** | **Limitação da indenização** |
| Natureza leve | Até 3x o último salário contratual |
| Natureza média | Até 5x o último salário contratual |
| Natureza grave | Até 20x o último salário contratual |
| Natureza gravíssima | Até 50x o último salário contratual |

- Importa ressaltar que o critério levará em conta o salário contratual do ofendido ou do ofensor, o que fere o princípio da isonomia, já que 2 empregados poderão receber quantias distintas, mesmo que se encontrem em situações idênticas. Assim, por exemplo, se 2 empregados sofrem acidente de trabalho e perdem um dos membros superiores, sendo que 1 deles recebia o valor de R$ 1200,00 e o outro R$ 5.000,00, o valor da indenização do primeiro poderá chegar a R$ 60.000,00 (50x o salário contratual) e do segundo a R$ 250.000,00.
- Ademais, ao apreciar o pedido, o juiz considerará (Art. 223-G da CLT):

*I - a natureza do bem jurídico tutelado;*

*II - a intensidade do sofrimento ou da humilhação;*

40. DELGADO, Maurício Godinho. Curso de Direito do Trabalho. 14. ed. São Paulo: LTr, 2015. p. 662.

41. MELO, Raimundo Simão. *Ações acidentárias na Justiça do Trabalho: Teoria e Prática*. São Paulo, LTr, 2011.

*III - a possibilidade de superação física ou psicológica;*

*IV - os reflexos pessoais e sociais da ação ou da omissão;*

*V - a extensão e a duração dos efeitos da ofensa;*

*VI - as condições em que ocorreu a ofensa ou o prejuízo moral;*

*VII - o grau de dolo ou culpa;*

*VIII - a ocorrência de retratação espontânea;*

*IX - o esforço efetivo para minimizar a ofensa;*

*X - o perdão, tácito ou expresso;*

*XI - a situação social e econômica das partes envolvidas;*

*XII - o grau de publicidade da ofensa.*

- Por fim, na reincidência entre partes idênticas o juiz poderá elevar ao dobro o valor da indenização. Exemplo: João foi ofendido em sua honra e ingressa com ação pleiteando indenização por danos morais em face da empresa "ABC" Ltda. Julgada procedente a ação, após 2 anos, João ingressa novamente com ação em razão do término de seu contrato de trabalho e pleiteia indenização por danos morais tendo em vista a ocorrência de acidente de trabalho. Nesse caso o juiz poderá elevar o valor da indenização ao dobro.

| IMPACTOS DA REFORMA TRABALHISTA |
|---|
| • **Tarifação do dano moral:** Com a Reforma Trabalhista, o dano moral está sujeito à tarifação. O juiz levará em conta os critérios adotados na CLT para fixar um valor indenizatório o sujeito lesado. |
| • **Antes da Reforma Trabalhista:** o valor da indenização é fixado pelo juiz, levando-se em conta critérios de razoabilidade. |

## 9.9.2. LEI GERAL DE PROTEÇÃO DE DADOS NAS RELAÇÕES DE TRABALHO

- **Lei nº 13.709, de 14 de agosto de 2018:** Lei Geral de Proteção de Dados Pessoais (LGPD), nomenclatura conferida pela Lei nº 13.853/2019. De acordo com o seu art. 1º, esta legislação é voltada ao tratamento de dados pessoais, inclusive nos meios digitais, por pessoa natural ou por pessoa jurídica de direito público ou privado, com o objetivo de proteger os direitos fundamentais de liberdade e de privacidade e o livre desenvolvimento da personalidade da pessoa natural.
- **Emenda Constitucional nº 115/2022:** Nesse ponto, ressalta-se que agora é expressa a previsão do direito à proteção dos dados pessoais, inclusive nos meios digitais, no rol de direitos fundamentais, por meio da inclusão do inciso LXXIX ao art. 5º da Constituição de 1988 com a promulgação da EC 115/2022.
- **Aplicação nas relações de trabalho:** Por se tratar de uma lei geral, a LGPD não traz nenhum dispositivo expresso que se refere especificamente à proteção de dados pessoas nas relações de trabalho, o que poderia suscitar discussões quanto ao seu alcance na seara trabalhista. No entanto, o próprio art. 1º da LGPD deixa claro que a lei é voltada para proteger os dados pessoais de pessoas naturais que sejam tratados por pessoas físicas ou jurídica de direito público ou privado:

  **Art. 1º da LGPD:** *Esta Lei dispõe sobre o tratamento de dados pessoais, inclusive nos meios digitais, por pessoa natural ou por pessoa jurídica de direito público ou privado, com o objetivo de proteger os direitos fundamentais de liberdade e de privacidade e o livre desenvolvimento da personalidade da pessoa natural.*

- Assim, a LGPD deve ser utilizada nas relações de trabalho para a proteção dos dados pessoais dos empregados, que são tratados constantemente pelos empregadores e que o uso indiscriminado pode causar prejuízos aos seus titulares.
- Entretanto, a relação de emprego é uma relação assimétrica juridicamente e marcada pela hipossuficiência do empregado. Assim, como a LGPD é uma lei geral, ela incidirá nas relações de trabalho, mas o Direito do Trabalho é ramo especial que tem regras e princípios próprios.
- **Tratamento de dados pessoais:** De acordo com o art. 5º, X, da LGPD, tratamento de dados é toda operação realizada com dados pessoais, como (rol exemplificativo) as de coleta, produção, recepção, classificação, utilização, acesso, reprodução, transmissão, distribuição, processamento, arquivamento, armazenamento, eliminação, avaliação ou controle da informação, modificação, comunicação, transferência, difusão ou extração.
- Em resumo, tudo o que é feito com dados pessoais é tratamento de dados, ainda que o uso ocorra sem o armazenamento desses dados. Por exemplo, aferir a temperatura na entrada de um estabelecimento, solicitar o RG do empregado para preenchimento da admissão são hipóteses de tratamento de dados pessoais mesmo que nenhuma informação seja armazenada.
- **Dados pessoais:** Por sua vez, os dados pessoais são toda informação relacionada a pessoa natural identificada ou identificável. Note-se que a LGPD não protege os dados de pessoas jurídicas. Esses dados são protegidos por outros diplomas normativos como os referentes à propriedade industrial.
- **Pessoas envolvidas no tratamento de dados:** Ainda no tocante aos conceitos essenciais da LGPD, é indispensável apresentar as pessoas envolvidas no tratamento de dados:

  **a) Titular dos dados pessoais (empregado):** é a pessoa natural a quem se referem os dados pessoais que são objeto de tratamento;

  **b) Controlador (empregador):** é a pessoa natural ou jurídica, de direito público ou privado, a quem competem as decisões referentes ao tratamento de dados pessoais. O dado não **é** dele, mas está sobre o seu controle. O controlador é a pessoa que tem a decisão sobre o que fazer com o dado.

  **c) Operador:** é a pessoa natural ou jurídica, de direito público ou privado, que realiza o tratamento de dados pessoais em nome do controlador. É uma empresa ou autônomo contratado para tratar os dados, como armazenar, categorizar etc. (ex.: escritório de contabilidade, empresa terceirizada).

  **É importante ressaltar que o empregado que** trata dados dentro da empresa não pode ser considerado operador de dados de acordo com o posicionamento adotado pela Autoridade Nacional de Proteção de Dados.

  **d) Encarregado:** pessoa indicada pelo controlador e operador para atuar como canal de comunicação entre o controlador, os titulares dos dados e a Autoridade Nacional de Proteção de Dados (ANPD). O encarregado pode ser uma pessoa natural ou jurídica, inclusive um empregado do controlador.

- **Autoridade Nacional de Proteção de Dados (ANPD):** Inicialmente, a ANPD era órgão integrante da Presidência da República e de natureza transitória, podendo ser transformada pelo Poder Executivo em entidade da administração pública federal indireta, submetida a regime autárquico especial e vinculada à Presidência da República (art. 55-A, § 1º, da LGPD). Eis que, no dia 25 de outubro de 2022, foi publicada a Lei nº 14.460/2022, que, entre outras providências, transformou a Autoridade Nacional de Proteção de Dados (ANPD) em autarquia de natureza especial. Assim, nos termos da atual redação do art. 55-A da LGPD (dada pela Lei nº 14.460, de 2022) a Autoridade Nacional de Proteção de Dados (ANPD), autarquia de natureza especial, dotada de autonomia técnica e decisória, com patrimônio próprio e com sede e foro no Distrito Federal.

- **Atribuições:** A Autoridade Nacional é o órgão responsável, por exemplo, pela apuração de vazamento de dados pelas empresas, pela fiscalização do tratamento de dados pessoais pelos controladores e operadores e por se comunicar diretamente com o encarregado de dados. Caso identificada irregularidades, tem atribuição para aplicação de sanções às pessoas jurídicas como advertências, multas, bloqueio de dados pessoais, suspensão de funcionamento de bancos de dados, proibição do tratamento de dados, dentre outras.
- **Parâmetros para o tratamento dos dados pessoais:** A Lei Geral de Proteção de Dados Pessoais estabeleceu parâmetros para o tratamento de dados pessoais que devem ser seguidos por controladores e operadores. Um dado pessoal somente pode ser tratado quando se enquadrar em uma das bases legais de tratamento de dados previstas na LGPD (art. 7º e 11) e quando atender aos princípios da LGPD.
- Note-se, portanto, que são dois requisitos prévios para que os dados sejam tratados:
  1) Enquadramento em umas hipóteses legais de base de tratamento de dados (art. 7º e 11); e
  2) Atendimento aos princípios da LGPD (art. 6º)
- Essa fórmula é um parâmetro mínimo de análise, mas pode trazer insegurança diante da subjetividade de análise. Sendo assim, é importante analisar também os princípios e normas trabalhistas.
- **Bases de tratamento de dados pessoais:** Como salientado, o primeiro requisito para se tratar um dado pessoal é o seu enquadramento em uma das bases de tratamento previstas na LGPD. Existem duas bases de tratamento previstas e se dividem em:

**a) Base de tratamento de dados não sensíveis (art. 7º da LGPD);**

A base de tratamento de dados considerados não sensíveis está prevista no art. 7º da LGPD:

> **Art. 7º da LGPD:** *O tratamento de dados pessoais somente poderá ser realizado nas seguintes hipóteses:*
>
> *I - mediante o fornecimento de consentimento pelo titular;*
>
> *II - para o cumprimento de obrigação legal ou regulatória pelo controlador;*
>
> *III - pela administração pública, para o tratamento e uso compartilhado de dados necessários à execução de políticas públicas previstas em leis e regulamentos ou respaldadas em contratos, convênios ou instrumentos congêneres, observadas as disposições do Capítulo IV desta Lei;*
>
> *IV - para a realização de estudos por órgão de pesquisa, garantida, sempre que possível, a anonimização dos dados pessoais;*
>
> *V - quando necessário para a execução de contrato ou de procedimentos preliminares relacionados a contrato do qual seja parte o titular, a pedido do titular dos dados;*
>
> *VI - para o exercício regular de direitos em processo judicial, administrativo ou arbitral, esse último nos termos da Lei nº 9.307, de 23 de setembro de 1996 (Lei de Arbitragem);*
>
> *VII - para a proteção da vida ou da incolumidade física do titular ou de terceiro;*
>
> *VIII - para a tutela da saúde, exclusivamente, em procedimento realizado por profissionais de saúde, serviços de saúde ou autoridade sanitária;*
>
> *IX - quando necessário para atender aos interesses legítimos do controlador ou de terceiro, exceto no caso de prevalecerem direitos e liberdades fundamentais do titular que exijam a proteção dos dados pessoais; ou*
>
> *X - para a proteção do crédito, inclusive quanto ao disposto na legislação pertinente.*

**b) Base de tratamento de dados sensíveis (art. 11 da LGPD):** Para o estudo da base de tratamento de dados sensíveis, é indispensável o estudo do conceito dos dados pessoais sensíveis. A LGPD não definiu dado pessoal sensível, apenas trouxe exemplos em rol exemplificativo. No entanto, é possível defini-los como os dados que apresentam potencial discriminatório.

> **Art. 5º, II, da LGPD** - *dado pessoal sensível: dado pessoal sobre origem racial ou étnica, convicção religiosa, opinião política, filiação a sindicato ou a organização de caráter religioso, filosófico ou político, dado referente à saúde ou à vida sexual, dado genético ou biométrico, quando vinculado a uma pessoa natural;*

- Além dos dados elencados no dispositivo, é possível mencionar outros que também são sensíveis tais como peso, altura, antecedentes criminais etc. Diante da possibilidade de uso discriminatório desses dados, as bases e hipóteses de tratamento são mais restritas e estão elencadas no art. 11 da LGPD:

> **Art. 11 da LGPD.** *O tratamento de dados pessoais sensíveis somente poderá ocorrer nas seguintes hipóteses:*
>
> *I - quando o titular ou seu responsável legal consentir, de forma específica e destacada, para finalidades específicas;*
>
> *II - sem fornecimento de consentimento do titular, nas hipóteses em que for indispensável para:*
>
> *a) cumprimento de obrigação legal ou regulatória pelo controlador;*
>
> *b) tratamento compartilhado de dados necessários à execução, pela administração pública, de políticas públicas previstas em leis ou regulamentos;*
>
> *c) realização de estudos por órgão de pesquisa, garantida, sempre que possível, a anonimização dos dados pessoais sensíveis;*
>
> *d) exercício regular de direitos, inclusive em contrato e em processo judicial, administrativo e arbitral, este último nos termos da Lei nº 9.307, de 23 de setembro de 1996 (Lei de Arbitragem);*
>
> *e) proteção da vida ou da incolumidade física do titular ou de terceiro;*
>
> *f) tutela da saúde, exclusivamente, em procedimento realizado por profissionais de saúde, serviços de saúde ou autoridade sanitária; ou*
>
> *g) garantia da prevenção à fraude e à segurança do titular, nos processos de identificação e autenticação de cadastro em sistemas eletrônicos, resguardados os direitos mencionados no art. 9º desta Lei e exceto no caso de prevalecerem direitos e liberdades fundamentais do titular que exijam a proteção dos dados pessoais.*

- **Principais diferenças entre as bases de tratamento no âmbito trabalhista:** A seguir, apresentaremos as duas principais diferenças da base de tratamento de dados sensíveis em relação à base de tratamento de dados não sensíveis que poderão ter impactos no âmbito trabalhista:

1) Não há a possibilidade de tratamento de dados por interesse legítimo do empregador – empresa não poderá se valer do conceito aberto do art. 7º;
2) Não há possibilidade de tratamento de dados para a execução do contrato ou procedimentos preliminares relacionados ao contrato – não poderão ser exigidos no currículo do empregado.

- **Princípios da LGPD:** Todo tratamento de dados, após o enquadramento em uma das bases de tratamento, deverá respeitar os princípios previstos no art. 6º da LGPD:

> **Art. 6º da LGPD** *As atividades de tratamento de dados pessoais deverão observar a boa-fé e os seguintes princípios:*
>
> *I - finalidade: realização do tratamento para propósitos legítimos, específicos, explícitos e informados ao titular, sem possibilidade de tratamento posterior de forma incompatível com essas finalidades;*
>
> *II - adequação: compatibilidade do tratamento com as finalidades informadas ao titular, de acordo com o contexto do tratamento;*
>
> *III - necessidade: limitação do tratamento ao mínimo necessário para a realização de suas finalidades, com abrangência dos dados pertinentes, proporcionais e não excessivos em relação às finalidades do tratamento de dados;*
>
> *IV - livre acesso: garantia, aos titulares, de consulta facilitada e gratuita sobre a forma e a duração do tratamento, bem como sobre a integralidade de seus dados pessoais;*
>
> *V - qualidade dos dados: garantia, aos titulares, de exatidão, clareza, relevância e atualização dos dados, de acordo com a necessidade e para o cumprimento da finalidade de seu tratamento;*
>
> *VI - transparência: garantia, aos titulares, de informações claras, precisas e facilmente acessíveis sobre a realização do tratamento e os respectivos agentes de tratamento, observados os segredos comercial e industrial;*
>
> *VII - segurança: utilização de medidas técnicas e administrativas aptas a proteger os dados pessoais de acessos não autorizados e de situações acidentais ou ilícitas de destruição, perda, alteração, comunicação ou difusão;*
>
> *VIII - prevenção: adoção de medidas para prevenir a ocorrência de danos em virtude do tratamento de dados pessoais;*
>
> *IX - não discriminação: impossibilidade de realização do tratamento para fins discriminatórios ilícitos ou abusivos;*
>
> *X - responsabilização e prestação de contas: demonstração, pelo agente, da adoção de medidas eficazes e capazes de comprovar a observância e o cumprimento das normas de proteção de dados pessoais e, inclusive, da eficácia dessas medidas.*

- Quando ao princípio da **finalidade,** a empresa tem o dever de informar ao empregado que irá tratar seus dados e indicar para qual finalidade específica. Há desvio de finalidade se uma empresa solicita o currículo para informar futuras vagas e encaminha e-mail publicitário ao candidato.
- Por sua vez, o princípio da **adequação** exige a compatibilidade do tratamento com as finalidades informadas ao titular, de acordo com o contexto do tratamento. A **necessidade** (também chamado de princípio da minimização) estabelece a limitação do tratamento ao mínimo necessário para a realização de suas finalidades, com abrangência dos dados pertinentes, proporcionais e não excessivos em relação às finalidades do tratamento de dados. Deve-se questionar a necessidade do dado pessoal para a empresa.
- Quando ao **livre acesso**, deve-se assegurar a garantia, aos titulares, de consulta facilitada e gratuita sobre a forma e a duração do tratamento, bem como sobre a integralidade de seus dados pessoais. Ressalta-se que é permitido o acesso, mas não há necessidade de fornecimento de cópias, se gerar custos adicionais, que poderão ser cobradas.
- Por fim, quanto à **transparência**, há garantia, aos titulares, de informações claras, precisas e facilmente acessíveis sobre a realização do tratamento e os respectivos agentes de tratamento, observados os segredos comercial e industrial;
- **Tratamento de dados de empregados adolescentes:** A LGPD dedicou tópico específico acerca do tratamento de dados de crianças e adolescentes. De acordo com o art. 14 da lei, os dados de criança e adolescentes devem ser tratados sem em seu melhor interesse. Além disso, é indispensável que haja consentimento específico e em destaque dados por pelo menos um dos pais ou responsável legal. É dispensado o consentimento somente para que seja possível, uma única vez e sem armazenamento, para que o controlador entre em contato com os pais ou representantes legais.

## 10. DURAÇÃO DO TRABALHO E JORNADA DE TRABALHO

- **Limitação da jornada na CF/88.** A limitação da jornada de trabalho é uma das maiores vitórias conquistadas pelos empregados. Atualmente, a duração máxima é limitada a 8 horas diárias e 44 horas semanais, tanto aos homens quanto às mulheres.
- **Empregados domésticos:** Até 2013, não tinham limitação da jornada de trabalho. Com a EC nº 72/2013, passaram a ter direito à jornada de 8 horas diárias e 44 horas semanais.
- **Reforma Trabalhista (art. 611-A, CLT):** permite que a negociação coletiva com o sindicato preveja novas modalidades de jornada, desde que respeite o limite constitucional.
- **Jornada de trabalho:** compreende o tempo em que o empregado está à disposição do empregador.
- **Transação e flexibilização da jornada.** A Constituição Federal admite a flexibilização da jornada de trabalho pela negociação coletiva:

> **Art. 7º, CF/88:** São direitos dos trabalhadores urbanos e rurais, além de outros que visem à melhoria de sua condição social:
>
> (...)
>
> XIII – duração do trabalho normal não superior a oito horas diárias e quarenta e quatro semanais, facultada a compensação de horários e a redução da jornada, mediante acordo ou convenção coletiva de trabalho.
>
> XIV – jornada de seis horas para o trabalho realizado em turnos ininterruptos de revezamento, salvo negociação coletiva.

- **O art. 611-B, parágrafo único, da CLT (incluído pela Reforma Trabalhista)** estabelece que as normas sobre duração de trabalho e intervalos não são normas de saúde e segurança do trabalhador. Nesse sentido, pode surgir o posicionamento que admite ampla flexibilização dessas normas. Entendemos que, mesmo após a Reforma Trabalhista, por se tratar de norma de caráter de ordem pública e, cuja inobservância pode acarretar sérios prejuízos à saúde do trabalhador, não seria possível admitir a supressão ou redução de direitos relacionados à duração do trabalho ou aos intervalos.

- **Legislação de exceção.** Durante a pandemia de COVID-19, a Lei nº 14.020/2020 e a MP nº 1.045/2021 estabeleceram programas emergenciais de manutenção do emprego e da renda, que consistiu na possibilidade de redução proporcional de jornada e de salários e da suspensão temporária do contrato de trabalho. Caso adotadas quaisquer dessas medidas, o empregado passava a ter direito ao recebimento de benefício emergencial de preservação do empregado e da renda. Nesse mesmo sentido, em agosto de 2022, o Congresso Nacional aprovou a MP nº 1.109/2022 (convertida na Lei nº 14.437/2022), que institucionaliza autorização genérica para a adoção de medidas trabalhistas de enfrentamento a momentos de crise, dentre elas: a redução proporcional da jornada de trabalho e do salário; e a suspensão temporária do contrato de trabalho. Destacamos que essas medidas poderão ser implementadas por meio de acordo individual escrito ou de negociação coletiva. Dessa forma, agora, mesmo superado o momento de crise ocasionado pela pandemia de COVID-19, no Direito do Trabalho, é possível a redução de salários e a suspensão do contrato de trabalho por meio de acordo individual entre empregado e empregador. Ainda que reservada essa possibilidade aos períodos de reconhecida calamidade, temos sérias dúvidas quanto à constitucionalidade dessas normas, pois a Constituição Federal autoriza a redução salarial apenas por meio de convenção ou acordo coletivo de trabalho (art. 7º, VI).
- **Tempo à disposição (art. 4º da CLT):** é o período em que o empregado está executando ou aguardando ordens de seu empregador.
- **Flexibilização do tempo à disposição do empregador:** 1) tempo de espera do motorista profissional; 2) Sobreaviso; 3) prontidão.
- **Motorista profissional:** Em março de 2015, foi promulgada a nova Lei dos Motoristas Profissionais – Lei nº 13.103/2015, que alterou a regulamentação da profissão, especialmente no tocante à jornada de trabalho.
- **Tempo de espera (art. 235-C, § 8º, CLT):** corresponde ao período em que o motorista profissional fica aguardando carga ou descarga do veículo, bem como o período gasto com a fiscalização da mercadoria transportada. Esse período não é computado na jornada de trabalho e não será devido como horas extraordinárias. As horas relativas ao tempo de espera serão indenizadas na proporção de 30% (trinta por cento) do salário-hora normal.
- **Prontidão:** Nas chamadas horas de prontidão, o empregado permanece nas dependências da empresa aguardando ordens. Nesse caso, o trabalhador não prestará serviços, mas receberá 2/3 do horário normal em razão do tempo à disposição. Poderá permanecer em prontidão por, no máximo, 12 horas.
- **Sobreaviso:** consistem na possibilidade de o empregado permanecer em sua residência ou outro local combinado aguardando ordens da empresa. Nesse caso, receberá apenas 1/3 da hora normal e poderá ficar nesse regime por, no máximo, 24 horas.

**Sobreaviso**
- Em casa
- Escala de 24h
- 1/3 do salário normal

**Prontidão**
- Dependências da empresa
- Escala de 12h
- 2/3 do salário normal

**Tempo de espera**
- Aguardando carga ou descarga do veículo, bem como o período gasto com a fiscalização da mercadoria transportada
- Não é computado na jornada de trabalho e não será devido como horas extraordinárias.
- Indenizadas na proporção de 30% (trinta por cento) do salário-hora normal.

- **Trânsito aéreo (Informativo nº 219 do TST):** o TST decidiu que o período de trânsito aéreo, bem como aquele expendido no aeroporto aguardando o embarque desde que limitado este último a 1 hora devem ser considerados tempo à disposição do empregador na hipótese de viagens do empregado para participação em cursos de treinamento e capacitação exigidos pela empresa.
- **Controle de jornada e registro de ponto:**
  a) **Antes da Lei da Liberdade Econômica:** obrigatório para estabelecimentos com mais de 10 empregados.
  b) **Nova redação:** passou a ser exigido apenas de estabelecimentos com mais de 20 empregados (art. 74, § 2º, da CLT).
- **Registro de ponto por exceção:** A Lei nº 13.874/2019 passou a permitir o registro de ponto por exceção firmado mediante acordo individual ou instrumento coletivo de trabalho.
- **Como funciona o registro por exceção?** Somente serão anotadas as exceções na jornada, como faltas, horas extras, intervalos diferentes. É a inversão da lógica do registro de ponto.

- **TST:** já havia decidido pela validade dessa modalidade de registro desde que prevista em acordo ou convenção coletiva de trabalho (Processo nº TST-ARR-80700-33.2007.5.02.0261. Rel. Min. Caputo Bastos. Data de julgamento: 26/10/2018).
- **Marco Regulatório Trabalhista Infralegal e Registro de ponto (art. 31 do Decreto 10.854/2021):** Dentre os diversos temas regulamentados pelo Marco Regulatório, o Registro eletrônico de ponto também constou do ato normativo.
- **Registro eletrônico de controle de jornada (art. 31):** será realizado por meio de sistemas e equipamentos que atendem aos requisitos técnicos e impeçam o cometimento de fraudes
- **Requisitos do registro eletrônico:** devem registrar fielmente as marcações e não permitir:
  a) a alteração ou eliminação dos dados registrados,
  b) restrições de horário às marcações de ponto e
  c) marcações automáticas de pontos como horário predeterminado ou contratual.
- **Atenção!** O Decreto permite o registro de ponto por exceção e a pré-assinalação do período de repouso.

## 10.1. LIMITE DE TOLERÂNCIA

- **Tempo de deslocamento (portaria – Local do trabalho).** O TST, embora não haja previsão em lei, trouxe uma inovação importante ao prever que deslocamento do trabalhador entre a portaria da empresa e o local de trabalho pode ser considerado tempo à disposição do empregador caso supere o limite de 10 minutos diários (Súmula nº 429 do TST). A interpretação dada pelo TST tem como fundamento o princípio da razoabilidade. Entendemos que, mesmo após a Reforma Trabalhista, esse limite de tolerância de 10 minutos, previsto no art. 58, § 1º, da CLT, não poderá ser ampliado, nem mesmo se houver previsão em negociação coletiva. A cláusula em acordo coletivo, por exemplo, que fixa em 30 minutos de tolerância, não será válida. Nesse sentido, permanece a aplicação da jurisprudência consolidada do TST.
- Com a Reforma Trabalhista, há a inserção do § 2º ao art. 4º da CLT. O novo dispositivo apresentará duas hipóteses em que o limite de tolerância de 10 minutos diários previsto no art. 58, § 1º, da CLT pode ser ultrapassado sem que o período seja considerado como tempo à disposição do empregador:

  **a) Proteção pessoal:** Caso o empregado permaneça no local de trabalho, por escolha própria, para buscar proteção pessoal em caso de insegurança nas vias públicas ou más condições climáticas, o tempo que ultrapassar o limite de tolerância não será considerado como tempo à disposição do empregador. Exemplo: Na hipótese de alagamentos nas grandes cidades que impede o deslocamento do trabalhador com segurança para sua residência, é possível a permanência na empresa. No entanto, esse período não será computado como horas extras. Essa medida é interessante, pois permite que o trabalhador permaneça com segurança no local de trabalho sem que o empregador tenha que remunerar o período em que o empregado não está aguardando ou executando ordens.

  Por outro lado, por aplicação do princípio da primazia da realidade, as horas extras serão devidas caso comprovado que o empregado permaneceu na empresa e continuou prestando serviços ao empregador. Nesse caso, o empregado não está apenas buscando proteção pessoal, mas se encontra à disposição do empregador.

  **b) Atividades particulares.** Se o trabalhador adentrar ou permanecer na empresa para o desenvolvimento de atividades particulares, o período também não será considerado como tempo à disposição do empregador. Vale destacar que o legislador trouxe um rol exemplificativo das hipóteses consideradas como atividades particulares do empregado. Portanto, é fundamental para a caracterização da atividade como particular a análise concreta da natureza dessa atividade. Pela aplicação do princípio da primazia da realidade, independentemente de o empregador considerar a atividade como particular ou não, será analisado se o empregado permanece aguardando ou executando ordens. As atividades elencadas exemplificativamente são as seguintes:

  *I – práticas religiosas;*
  *II – descanso;*
  *III – lazer;*
  *IV – estudo;*
  *V – alimentação;*
  *VI – atividades de relacionamento social;*
  *VII – higiene pessoal;*
  *VIII – troca de roupa ou uniforme, quando não houver obrigatoriedade de realizar a troca na empresa.*

## 10.2. EMPREGADOS NÃO SUBMETIDOS À LIMITAÇÃO DE JORNADA

- **Empregados não submetidos à limitação de jornada:**
  a) **Empregados que exercem atividade externa incompatível com a fixação de horário de trabalho.** Para esses trabalhadores que exercem atividades externas não há limite de 8 horas, logo não terão direito às horas extras, adicional noturno e intervalos. Essa exclusão existe diante da impossibilidade de fiscalização da jornada.
  b) **Gerentes que exercem cargos de gestão e recebem gratificação de função não inferior a 40% do respectivo salário efetivo.** Há necessidade de o gerente exercer poderes de gestão, ou seja, contratar e dispensar empregados, dar ordens, controlar estoque de mercadorias etc. Em resumo, ter poderes de gestão significa representar a figura do empregador. Ademais, a lei equipara ao gerente, para exclusão da limitação de jornada, os diretores e chefes de departamento e/ou filial. Cabe ressaltar que a fiscalização do horário é incompatível com o cargo de gerente. Assim sendo, esses empregados devem ter ampla liberdade nos horários de chegada, saída etc. Para os gerentes que exercem poderes de gestão não há limite de 8 horas, logo não terão direito às horas extras, adicional noturno e intervalos.
  c) **Teletrabalho:** Com a Reforma Trabalhista, **os empregados em regime de teletrabalho** também foram excluídos do controle de jornada (art. 62, III da CLT)

     - Com a nova regulamentação do teletrabalho dada pela Lei nº 14.442/2022, **somente o teletrabalho por produção ou tarefa está excluído do controle de jornada**, não havendo, portanto, limitação da jornada em 8 horas diária ou 44 horas semanais, intervalos intra e interjornada, nem horas extras ou adicional noturno.

### 10.3. REGIME DE TEMPO PARCIAL

- **Regime por tempo parcial.** Este regime foi criado como forma de incentivar o aumento dos postos de trabalho. Além disso, a remuneração dos empregados submetidos a essa jornada reduzida será proporcional à remuneração recebida pelos empregados que cumprem, nas mesmas funções, tempo integral.
- **Com a Reforma Trabalhista**, será considerado trabalho em regime de tempo parcial o que não exceder a 30 horas semanais, quando não poderão ser prestadas horas extras ou 26 horas semanais, em que se possibilitará o acréscimo de até 6 horas suplementares semanais. Note-se que mesmo que estipulada por tempo inferior a 26 horas, as horas suplementares serão consideradas horas extras.
- **Abono pecuniário de férias.** Importante frisar, ainda, que com a nova legislação, será facultado ao empregado contratado sob o regime de tempo parcial converter 1/3 do período de férias a que tiver direito em abono pecuniário, ou seja, poderá converter até 1/3 dos dias de férias em dinheiro (Art. 58-A, § 6º da CLT, com redação dada pela Reforma Trabalhista).
- Com a entrada em vigor da Lei nº 13.467/2017, as férias do regime de tempo parcial serão regidas pelo art. 130 da CLT, na mesma proporção devida aos demais empregados. Nesse sentido, o art. 130-A da CLT foi revogado:

| Duração das férias do empregado (art. 130) | |
|---|---|
| **Número de faltas** | **Dias de Férias** |
| Até 5 faltas | 30 dias |
| 6 a 14 faltas | 24 dias |
| 15 a 23 faltas | 18 dias |
| 24 a 32 faltas | 12 dias |
| Acima de 32 faltas | Não há férias a usufruir |

- **Alteração para o regime por tempo parcial.** Por fim, para os atuais empregados, já contratados, a adesão ao regime por tempo parcial deverá ocorrer mediante seu consentimento, e, ainda, ser submetida à negociação coletiva (acordo ou convenção coletiva), porque há possibilidade de acarretar redução salarial. De acordo com o § 2º do art. 58-A da CLT: "Para os atuais empregados, a adoção do regime de tempo parcial será feita mediante opção manifestada perante a empresa, na forma prevista em instrumento decorrente de negociação coletiva."

### 10.4. TURNOS ININTERRUPTOS DE REVEZAMENTO

- **Turnos ininterruptos de revezamento.** Ocorre quando há **alternância de horários** dos empregados. Exemplo: trabalhador presta serviços no horário **diurno** durante os primeiros 15 dias do mês de abril. Nos outros 15 dias, é transferido para o período **noturno**. Veja que não há obrigatoriedade de esse empregado laborar em todos os períodos disponíveis na empresa; a mera alternância – noturno e diurno – já caracteriza o turno ininterrupto.

  No caso do trabalhador contratado nessa modalidade, a jornada de trabalho será se 6 horas diárias, salvo o disposto em negociação coletiva (Art. 7º, XIV da CF/88).
- **Jornada reduzida.** Os empregados submetidos ao turno ininterrupto de revezamento têm desgaste biológico maior. Ademais, o convívio social e familiar fica diretamente prejudicado, em razão dessa alternância no horário.
- **Para a semana antes da prova** (importante memorizar essa parte geral de duração do trabalho, porque há grande chance de ser cobrada no seu concurso):

TRABALHO

| DURAÇÃO DO TRABALHO | |
|---|---|
| **Limitação da jornada prevista na CF/88** | – 8 horas diárias.<br>– 44 horas semanais. |
| **Controle da jornada** | a) Obrigatório nas empresas com mais de 20 empregados (Lei de Liberdade Econômica).<br>**Obs.:** Doméstico: controle obrigatório independentemente do número de empregados.<br>b) Presunção relativa de veracidade nas declarações do empregado:<br>– empresas não apresentam os controles de frequência;<br>– horários de entrada e saída uniformes. |
| **Prontidão** | – Empregado permanece nas dependências da empresa.<br>– Receberá 2/3 do horário normal.<br>– Máximo de 12 horas. |
| **Sobreaviso** | – Permanece em sua residência, aguardando ordens.<br>– Receberá 1/3 do horário normal.<br>– Máximo de 24 horas. |
| **Não possuem limitação ou jornada (art. 62 da CLT)** | – Atividade externa e incompatível com a fiscalização:<br>– Gerentes com poderes de gestão e gratificação 40%.<br>– Teletrabalhador (Reforma Trabalhista) |
| **Regime tempo parcial** | **Reforma Trabalhista:**<br>– Duração máxima de 30 horas semanais, sem a possibilidade de horas extras.<br>– Duração de até 26 horas, com a possibilidade de até 6 horas extras suplementares semanais.<br>– Faculdade do empregado converter 1/3 das férias em abono pecuniário de férias.<br>– Regime de férias: art. 130 da CLT. |

| DURAÇÃO DO TRABALHO | |
|---|---|
| **Turnos ininterruptos de revezamento (alternância de horários)** | – Jornada reduzida de 6 horas, exceto negociação coletiva (8 horas).<br>– A mera alternância entre o período diurno e noturno gera a jornada reduzida de 6 horas (OJ 360).<br>– Jornada reduzida de 6 horas é compatível com hora noturna reduzida de 52:30 (OJ 395). |

## 10.5. HORAS *IN ITINERE*

- **Regulamentação anterior à Reforma Trabalhista:** Antes da Reforma Trabalhista, o período de deslocamento não era computado na jornada de trabalho, exceto se a empresa estivesse em local de difícil acesso ou não servido por transporte público e o empregador fornecesse o transporte ao empregado.
- A mera insuficiência de transporte público, no entanto, não ensejava o pagamento das horas *in itinere*.
- Restando configurados os requisitos, as horas *in itinere* eram computadas na jornada de trabalho.
- Havia, ainda, a possibilidade de previsão de tempo médio das horas *in itinere*.
- **Reforma Trabalhista:** Não há mais previsão de horas *in itinere*, já que, durante este período, o empregado não se encontra à disposição do empregador:

> **Art. 58 da CLT**- *A duração normal do trabalho, para os empregados em qualquer atividade privada, não excederá de 8 (oito) horas diárias, desde que não seja fixado expressamente outro limite.*
>
> *(...)*
>
> *§ 2º O tempo despendido pelo empregado desde a sua residência até a efetiva ocupação do posto de trabalho e para o seu retorno, caminhando ou por qualquer meio de transporte, inclusive o fornecido pelo empregador,* **não será computado na jornada de trabalho, por não ser tempo à disposição do empregador.** *(grifo nosso)*

## 10.6. TRABALHO NOTURNO

- Considera-se noturno o trabalho executado entre as 22 horas de um dia e as 5 horas do dia seguinte (trabalhadores urbanos)[42]. Durante esse período, o empregado receberá adicional de, no mínimo, 20% sobre a hora diurna. Esse adicional possui natureza salarial, portanto reflete nas demais verbas trabalhistas.
- A hora noturna para o trabalhador urbano é reduzida, ou seja, uma hora noturna será computada como de 52 minutos e 30 segundos. Os empregados rurais e os petroleiros não têm direito à hora reduzida. No tocante ao rural, a jornada noturna inicia-se às 20h e termina às 4h na pecuária. Na lavoura, será das 21h até as 5h. Adicional noturno é de, no mínimo, 25% superior à hora diurna.

**TRABALHO NOTURNO**

**Pecuária**

- 20h
- Adicional 25%
- 4h

**Agricultura**

- 21h
- Adicional 25%
- 5h

- ***Horários mistos:*** Ocorrerá o horário misto quando o empregado prestar serviços no período diurno e noturno. Exemplo: inicia o trabalho às 20 horas e vai até às 4 horas. Veja que nesse caso, o período entre 20 h e 22 h será pago como hora diurna. Ao ultrapassar as 22 horas, incide o adicional noturno e a redução da hora para 52 minutos e 30 segundos.
- **Prorrogação do horário noturno:** A prorrogação, por sua vez, ocorre quando houver a continuidade da prestação de serviços além do limite previsto em lei, ou seja, 5 horas da manhã. Nesse caso, o empregado continuará recebendo o adicional noturno e terá direito à hora reduzida, salvo no caso de empregado submetido à jornada 12x36 (art. 59-A, parágrafo único da CLT – inserido pela Reforma Trabalhista)

## 10.7. TRABALHO EXTRAORDINÁRIO

- O trabalho que ultrapassar a jornada normal será remunerado com adicional de, no mínimo, 50% sobre a hora normal.
- Cabe frisar que as variações no registro de ponto não excedentes a cinco minutos, observado o limite máximo de dez minutos, não serão descontadas, nem consideradas como jornada extraordinária (art. 58, § 1º, da CLT).
- **Acordo de prorrogação:** Nesse caso, para que a prestação de horas extraordinárias seja lícita, há necessidade de dois requisitos (art. 59 da CLT):
  1) **acordo escrito entre empregado e empregador.** Poderá ser autorizado via negociação coletiva (acordo ou convenção).
  2) **prorrogação máxima de duas horas diárias.** Se houver prestação de horas suplementares sem a observância do acordo escrito, ou ainda, além das duas horas diárias, a empresa será autuada pela fiscalização.
- **Prorrogação da jornada por necessidade imperiosa**: A CLT prevê hipótese de prorrogação da jornada de trabalho por necessidade imperiosa. De acordo com a doutrina[43], necessidade imperiosa é considerada gênero, do qual são espécies prorrogação por motivo de força maior e prorrogação para conclusão de serviços inadiáveis ou cuja inexecução possa acarretar prejuízos ao empregador.

42. Sobre o trabalho noturno dos empregados rurais, consulte o item **3.3.1. Peculiaridades dos empregados rurais.**
43. Nesse sentido: CASSAR, Vólia Bomfim. *Direito do Trabalho*. 11. ed. São Paulo: Método, 2015. p. 680; GARCIA, Gustavo Filipe Barbosa. *CLT comentada*. São Paulo: Método, 2015. p. 91; e MARTINS, Sérgio Pinto. *Comentários à CLT*. 19. ed. São Paulo: Atlas, 2015. p. 103.

- **Comunicação ao Ministério do Trabalho e Emprego:** De acordo com o § 1º do artigo 61 da CLT, as horas extras prestadas nas hipóteses mencionadas no presente artigo podem ser exigidas independentemente de acordo ou convenção coletiva de trabalho desde que houvesse comunicação ao extinto Ministério do Trabalho no prazo de 10 dias ou, antes desse prazo, quando a justificativa fosse necessária no momento da fiscalização. Com a alteração da Reforma Trabalhista, remove-se a exigência de comunicação prévia à autoridade em matéria de trabalho. Além disso, permanece a desnecessidade de acordo ou convenção coletiva de trabalho para a prestação de horas extras nas hipóteses elencadas no art. 61 da CLT.

## 10.8. COMPENSAÇÃO

- **Compensação.** Nesse regime o empregado trabalhará além da jornada normal em alguns dias, para descansar em outros (art. 59, § 2º, da CLT).
- **Observância do limite máximo de 10 horas diárias.** A prestação de trabalho extraordinário acima do limite permitido desconfigura o sistema de compensação. Nesse caso, as horas extraordinárias compensadas, com descanso, serão pagas apenas acrescidas do adicional de 50%. Por outro lado, as horas que ultrapassarem a jornada semanal serão pagas como horas extras (paga-se a hora normal acrescida do adicional de 50%).
- Com a Reforma Trabalhista, esse regime de compensação poderá ocorrer mediante acordo individual, tácito ou escrito, desde que a compensação se dê no mesmo mês (Art. 59, § 6º da CLT, com redação dada pela Reforma Trabalhista).
- **Diferença de banco de horas e compensação.**
- Com a Reforma Trabalhista, o regime de compensação de jornadas pode ser estabelecido por acordo individual tácito ou escrito, para compensação no mesmo mês.
- Já o banco de horas pode ser pactuado por acordo individual escrito, desde que a compensação ocorra no período máximo de seis meses. Se pactuado mediante negociação coletiva, as horas podem ser compensadas no prazo de 1 ano.

> **Art. 59 da CLT (inserido pela Reforma Trabalhista).** *A duração diária do trabalho poderá ser acrescida de horas extras, em número não excedente de duas, por acordo individual, convenção coletiva ou acordo coletivo de trabalho.*
>
> *(...)*
>
> *§ 5º O banco de horas de que trata o § 2º deste artigo poderá ser pactuado por acordo individual escrito, desde que a compensação ocorra no período máximo de seis meses.*
>
> *§ 6º É lícito o regime de compensação de jornada estabelecido por acordo individual, tácito ou escrito, para a compensação no mesmo mês.*

- Além disso, com a Reforma Trabalhista a prestação de horas extras habituais não descaracteriza o acordo de compensação de jornada e o banco de horas.
- **Compensação de jornada em atividades insalubres.** Havia discussão quanto à aplicação do art. 60 da CLT que prevê requisito específico para autorizar a prestação de serviços extraordinários em atividades insalubres. De acordo com a CLT, deve-se obter a **prévia permissão da autoridade competente** em matéria de segurança e higiene do trabalho, no caso, o Ministério do Trabalho e Emprego. Antes do advento da Reforma Trabalhista, o item VI da Súmula nº 85, o TST estabelecia que era indispensável a realização da inspeção prévia e da autorização da autoridade competente para que seja válido o acordo de compensação de jornada em atividade insalubre.

  Com o advento da Reforma Trabalhista, caso haja negociação coletiva, poderá ser dispensada licença prévia das autoridades competentes do Ministério do Trabalho, no caso de prorrogação de jornada (art. 611-A, XIII).

  Ademais, com a Reforma Trabalhista, não é exigida licença prévia nas jornadas de 12x36, nos termos do novo art. 60, parágrafo único.
- **Compensação para pessoas com menos de 18 anos .** Ainda sobre esse tópico, cabe destacar que o empregado **com menos de 18 anos** poderá prestar serviços além das 8 horas para fins de compensação de jornada. Nesse caso, é exigida norma coletiva para que o ajuste seja válido.
- **Semana espanhola.** O TST admite a chamada **semana espanhola**, em que há alternância de 40 h de trabalho numa semana e 48 h na semana seguinte. Esse sistema de compensação é utilizado para que o empregado não trabalhe aos sábados.
- **Jornada 12 x 36.**
- Com a Reforma Trabalhista, é facultado às partes, mediante acordo individual escrito, convençao ou acordo coletivo, estabelecer horário de trabalho de 12X36, observados ou indenizados os intervalos para repouso e alimentação. A remuneração pactuada pelo horário em questão abrangerá o pagamento devido pelo descanso semanal remunerado e pelo descanso em feriados. Além disso, excetuam-se de licença prévia as jornadas de 12x36, nos termos do art. 60, parágrafo único.

> **Art. 60, Parágrafo único da CLT:** *Excetuam-se da exigência de licença prévia as jornadas de doze horas de trabalho por trinta e seis horas ininterruptas de descanso.*

## 10.9. PERÍODOS DE DESCANSO

### 10.9.1. INTERVALOS

- **Intervalo intrajornada.** O intervalo intrajornada ocorre durante a jornada de trabalho. É o período destinado ao descanso e refeição. Em regra, os períodos destinados aos intervalos não são computados na jornada de trabalho, isto é, não são remunerados pelo empregador.

| **Jornada normal (8 h diárias)** | = | **4 h de trabalho** | + | **no mín., 1 h; no máx., 2 h de intervalo** (não é remunerado) | + | **4 h de trabalho** |
|---|---|---|---|---|---|---|

- A duração do intervalo está intimamente ligada à jornada de trabalho. Tempo destinado ao intervalo para descanso e refeição:

**a)** **Jornada de até 4 horas:** não há previsão em lei de intervalo intrajornada.

**b)** **Jornada que excede 4 horas, com limite de 6 horas:** intervalo de 15 minutos. Se o empregador exigir horas extras habituais, excedendo a jornada de 6 horas diárias, deverá conceder intervalo mínimo de 1 hora.

**c)** **Jornada que excede 6 horas:** mínimo de 1 hora e máximo de 2 horas. Existe previsão no art. 71 da CLT de intervalo superior a 2 horas, mas haverá necessidade de prévia negociação coletiva (acordo ou convenção coletiva).

TRABALHO

- Com a Reforma Trabalhista, o intervalo intrajornada pode ser pactuado via negociação coletiva, devendo ser respeitado o limite mínimo de trinta minutos para jornadas superiores a 6 horas (Art. 611-A, III, da CLT, inserido pela Reforma Trabalhista).

d) **Intervalos não previstos em lei:** serão considerados tempo efetivo à disposição do empregador. Nesse caso, se a empresa conceder intervalo de 15 minutos no período da manhã, e mais 15 minutos no período da tarde, e extrapolar as 8 horas em que o trabalhador está à disposição do empregador, o tempo referente aos intervalos concedidos, 30 minutos, deverá ser remunerado como hora extraordinária, acrescido do pagamento de adicional de, no mínimo, 50% sobre a hora normal.

- **Redução do intervalo e as consequências da sua supressão ou redução**

– **Redução.** Em regra, era vedada a redução do intervalo para descanso e refeição, cabendo à empresa observar os limites mínimos citados anteriormente (15 minutos e 1 hora), porque são normas ligadas à saúde do trabalhador.

- Entretanto, com a Reforma Trabalhista, a redução do intervalo intrajornada passa a ser para todos os empregados, devendo ser respeitado o limite mínimo de trinta minutos para jornadas superiores a 6 horas (Art. 611-A, III da CLT, inserido pela Reforma Trabalhista). Além disso, a Reforma Trabalhista estabelece, de forma expressa, que as regras sobre duração do trabalho não serão consideradas como normas de saúde, higiene e segurança do trabalho, para fins do art. 611-B da CLT (inserido pela Reforma Trabalhista), de forma que poderão ser objeto de negociação coletiva.

– **Possibilidades de redução.** Além da previsão contida na Reforma Trabalhista, existem 3 casos que já permitiam a redução do intervalo, sendo que duas delas estão previstas na CLT:

a) **Motoristas do setor de transporte coletivo de passageiros:** a Lei nº 13.103/2015 passou a permitir o fracionamento e a redução do intervalo intrajornada desses trabalhadores:

> **Art. 71, § 5º, CLT:** *O intervalo expresso no caput poderá ser* **reduzido e/ou fracionado**, *e aquele estabelecido no § 1º poderá ser* **fracionado**, *quando compreendidos entre o término da primeira hora trabalhada e o início da última hora trabalhada, desde que previsto em convenção ou acordo coletivo de trabalho, ante a natureza do serviço e em virtude das condições especiais de trabalho a que são submetidos estritamente os motoristas, cobradores, fiscalização de campo e afins nos serviços de operação de veículos rodoviários, empregados no setor de transporte coletivo de passageiros, mantida a remuneração e concedidos* **intervalos para descanso menores ao final de cada viagem** *(grifos acrescidos)*.

- É válido ressaltar, entretanto, que a Lei nº 13.103/2015 alterou a CLT para prever não somente a hipótese de fracionamento dos intervalos intrajornadas de 1 hora ou de 15 minutos, como também sua **redução no caso do intervalo de 1 hora**. Contudo, o intervalo de 15 minutos para os motoristas de transporte coletivo não pode ser reduzido, mas somente fracionado.

b) **Autorização do Ministério do Trabalho:** o art. 71, § 3º, CLT estabelece a possibilidade de reduzir o intervalo de 1 hora (redução do intervalo de 15 minutos não é permitida) desde que observados 3 requisitos:

1) estabelecimento deve atender integralmente às exigências acerca de refeitórios;
2) empregados não estiverem prestando horas extraordinárias;
3) prévia autorização do Ministério do Trabalho e Emprego.

c) **Empregado doméstico.** Além dessas hipóteses, a LC nº 150/2015 trouxe a possibilidade de redução e fracionamento do intervalo intrajornada dos empregados domésticos. De acordo com a nova regulamentação, o empregado doméstico cuja jornada diária é superior a 6 horas tem direito ao intervalo de, no mínimo, 1 hora e, no máximo, 2 horas. Contudo, existe previsão no art. 13 da LC nº 150/2015 de **redução do intervalo** para 30 minutos desde que haja acordo escrito entre empregado e empregador. Não é exigida, portanto, negociação coletiva para a redução no intervalo.

- Além disso, se o empregado doméstico residir no local de trabalho, é possível o **fracionamento do intervalo** intrajornada em 2 períodos, desde que cada um deles tenha, no mínimo, 1 hora até o limite de 4 horas diárias.

– **Consequências da supressão ou redução do intervalo.**

- Com a Reforma Trabalhista, caso o intervalo intrajornada não venha a ser gozado ou ainda gozado apenas parcialmente por empregados urbanos e rurais, haverá o pagamento apenas do período suprimido, com o adicional de 50% sobre o valor da remuneração da hora de trabalho, verba esta que terá natureza indenizatória, nos termos do art. 71, § 4º da CLT.

- **Limite de tolerância no intervalo intrajornada:** Há discussão se o período de tolerância pode ser estendido ao intervalo intrajornada, permitindo a redução ou a ampliação desse intervalo sem que haja consequências jurídicas à relação de emprego. No julgamento do incidente de Recurso de Revista Repetitivo (Processo nº 0001384-61.2012.5.04.0512 – Data de julgamento: 25/03/2019), precedente judicial obrigatório, o TST firmou a tese de que a redução eventual e ínfima do intervalo intrajornada é admitida desde que limitada até 5 minutos no total, somados os início e término do intervalo, não importa no pagamento do período suprimido com adicional de 50%. Segue a tese firmada no incidente:

- A redução eventual e ínfima do intervalo intrajornada, assim considerada aquela de até 5 (cinco) minutos no total, somados os do início e término do intervalo, decorrentes de pequenas variações de sua marcação nos controles de ponto, não atrai a incidência do artigo 71, § 4º, da CLT. A extrapolação desse limite acarreta as consequências jurídicas previstas na lei e na jurisprudência

- Pela análise da tese jurídica firmada, o limite de tolerância do intervalo intrajornada será válido se atender aos seguintes requisitos:

a) A variação do intervalo deve ser limitada até 5 minutos no total;

b) A variação não pode ultrapassar os 10 minutos diários permitido para variações de registro de ponto;

c) a variação somente será válida se realizada de forma eventual.

**Para a semana antes da prova, segue quadro de memorização:**

<table>
<tr><th colspan="2">Intervalo intrajornada</th></tr>
<tr><td colspan="2">• Ocorre durante a jornada de trabalho<br>• Intervalo não é inserido na jornada de trabalho (suspensão do contrato)</td></tr>
<tr><td>Duração do intervalo dependerá da jornada</td><td>a) jornada de até 6 horas: no mínimo 15 minutos;<br>b) jornada superior a 6 horas: no mínimo 1 hora, no máximo 2 horas.<br>Reforma Trabalhista: Possibilidade de negociação coletiva para redução até, no mínimo, 30 minutos (Art. 611-A, III da CLT).<br>• Intervalo não previsto em lei: tempo à disposição do empregador (Súmula nº 118 do TST)</td></tr>
<tr><td>Redução do intervalo intrajornada</td><td>a) em regra, não é admitida, mesmo que haja negociação coletiva.<br>• Intervalo não previsto em lei: tempo à disposição do empregador (Súmula nº 118 do TST);<br>• Redução do intervalo intrajornada:<br>Reforma: Trabalhista: Permite a redução via negociação coletiva para 30 minutos.<br>b) Casos que já possibilitavam a redução do intervalo para almoço:<br>1) Motoristas do setor de transporte coletivo de passageiros: art. 71, § 5º, CLT;<br>2) Autorização do Ministério do Trabalho e Emprego: art. 71, § 3º, CLT.<br>– Necessário atender 3 requisitos:<br>a. estabelecimento atenda às exigências dos refeitórios;<br>b. empregador não exija horas extras;<br>c. autorizaçao do Ministério do Trabalho e Emprego.<br>3) Lei dos Domésticos (LC nº 150/2015): Redução do intervalo de 1 hora para 30 minutos por acordo escrito entre as partes;<br>b) sobre o tema redução do intervalo, o candidato deve estar muito atento ao texto da Súmula nº 437 do TST.<br>Importante! Com a Reforma Trabalhista, se houver a redução ou supressão do intervalo intrajornada, (1) o empregador deverá pagar apenas o período suprimido; (2) esse pagamento tem natureza indenizatória.</td></tr>
<tr><td>Intervalos remunerados</td><td>a) mecanografia e digitação (10 minutos);<br>b) frigoríficos (20 minutos);<br>c) minas de subsolo (15 minutos);<br>d) amamentação (2 intervalos de meia hora cada um deles).</td></tr>
</table>

### 10.9.2. DESCANSO SEMANAL REMUNERADO (DSR)

- Descanso semanal remunerado (DSR) ou repouso semanal remunerado (RSR) está previsto no art. 7º, XV, da CF, sendo garantido aos empregados urbanos e rurais e aos trabalhadores avulsos. Esse período é de, no mínimo, 24 horas consecutivas, e será concedido pelo menos uma vez por semana, **preferencialmente** aos domingos.
- Para ter direito à remuneração durante o descanso semanal, é necessário que o empregado preencha 2 requisitos:

a) **Frequência no trabalho,** na semana em que ocorrer o descanso. Assim sendo, faltas injustificadas possibilitam o desconto do dia em que houve a falta e do DSR. Faltas justificadas, como doação de sangue, comparecimento a audiência judicial, falecimento do cônjuge, não autorizam nenhum desconto.

b) **Pontualidade do empregado.** Atrasos injustificados durante a semana possibilitam o não pagamento do DSR.

- ***Consequências do trabalho no DSR:*** O descanso semanal foi criado para evitar o cansaço excessivo, constituindo norma de proteção à saúde do trabalhador. Assim sendo, se houver trabalho no dia destinado ao repouso, há necessidade de folga compensatória em outro dia da semana. Se o empregado descansar em outro dia, não há pagamento de nenhuma indenização.
- Na ausência da folga compensatória, o empregador estará obrigado a pagar remuneração em dobro, ou seja, além da remuneração normal, já contratada, deverá pagar a hora trabalhada mais adicional de 100%. Essa regra é aplicada ao trabalho no DSR e também nos **feriados**. Aliás, se o descanso for concedido após o sétimo dia consecutivo de trabalho, também haverá pagamento em dobro.

### 10.10. FÉRIAS

- O descanso durante o período de férias tem como objetivo evitar o cansaço excessivo e preservar a saúde do trabalhador. Nesse período de descanso prolongado, não há prestação de serviços, mas há pagamento de salário e o período de afastamento é contado para todos os efeitos.

### 10.10.1. DIREITOS ÀS FÉRIAS E SUA DURAÇÃO

- ***Período aquisitivo:*** Para que o empregado tenha direito às férias, é necessário que preste doze meses de serviços. Após esse período terá adquirido o direito de férias. Esse intervalo de doze meses para aquisição do direito de férias é chamado de período aquisitivo.
- ***Duração do período de férias:*** A duração das férias estará intimamente ligada às faltas injustificadas cometidas pelo empregado ao longo do período aquisitivo. Com a Reforma Trabalhista, o prazo de duração de férias será o mesmo para todos os empregados. Segue quadro de memorização acerca da duração das férias do empregado:

| Duração das férias do empregado (art. 130) | |
|---|---|
| **Número de faltas** | **Dias de Férias** |
| Até 5 faltas | 30 dias |
| 6 a 14 faltas | 24 dias |
| 15 a 23 faltas | 18 dias |
| 24 a 32 faltas | 12 dias |
| Acima de 32 faltas | Não há férias a usufruir |

### 10.10.2. CONCESSÃO E ÉPOCA DAS FÉRIAS

- **Período concessivo**: é o ato exclusivo de o empregador determinar quando o trabalhador terá direito a gozar de

TRABALHO

suas férias. Há, entretanto, exceção no tocante ao empregado estudante menor de idade que terá **direito** de fazer coincidir suas férias com as férias escolares. Já os membros da mesma família que trabalharem na mesma empresa terão direito de gozar as férias no mesmo período, desde que não resulte prejuízo para o serviço.

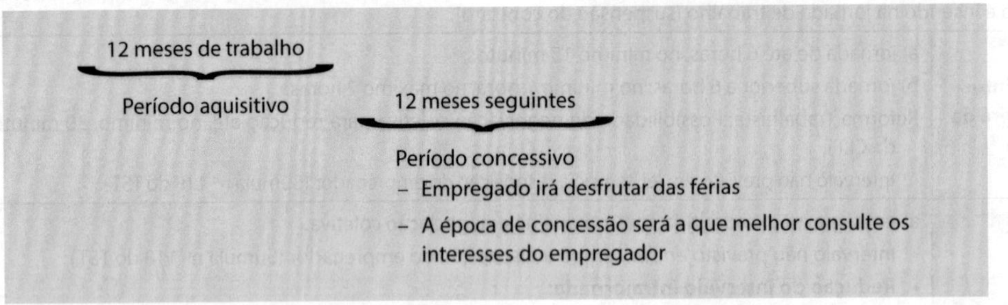


- **Fracionamento das férias:** Com a Reforma Trabalhista, é possível o fracionamento das férias em até 3 períodos, desde que haja concordância do empregado, sendo que um dos períodos não poderá ser inferior a 14 dias corridos e os demais não poderão ser inferiores a 5 dias corridos. Além disso, é vedado o início das férias no período de 2 dias que antecede feriado ou DSR.

## 10.10.3.REMUNERAÇÃO DAS FÉRIAS

- **Remuneração das férias:** O empregado receberá, durante as férias, a remuneração devida na data de sua concessão, e não aquela que recebia quando da aquisição do direito.

O pagamento das férias vem acompanhado do adicional de 1/3 previsto na Constituição Federal. Assim, se o empregado possui salário de R$ 900,00, no mês das férias receberá R$ 1.200,00 (R$900,00 de salário acrescidos 1/3 constitucional de R$ 300,00).

- Se o empregado receber adicionais legais como hora extra, adicional noturno, adicional de insalubridade e periculosidade, eles irão refletir no valor das férias. Se, no momento das férias, o empregado já não estiver mais recebendo o adicional ou, ainda, se o adicional não for uniforme, será feita a média dos doze meses do período aquisitivo.

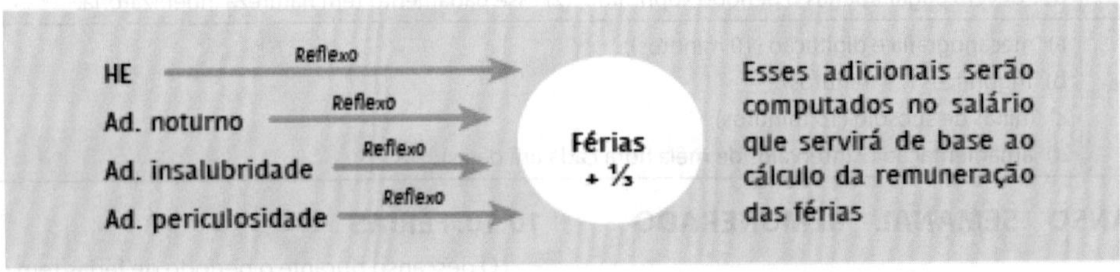


- **Súmula nº 450 do TST.** Publicada em maio de 2014 pelo TST, corresponde à conversão literal da OJ nº 386 da SDI-I, prevê que a concessão das férias, sem o devido pagamento do salário e do adicional de 1/3, com dois dias de antecedência, além de ensejar multa administrativa, leva ao pagamento da dobra do valor das férias.
- **ADPF 501-SC.** O Plenário do STF, por 7 votos a 4, no julgamento virtual finalizado em 05/08/202, julgou procedente a ADPF 501 para:
  (a) declarar a inconstitucionalidade da Súmula 450 do Tribunal Superior do Trabalho; e
  (b) invalidar decisões judiciais não transitadas em julgado que, amparadas no texto sumular, tenham aplicado a sanção de pagamento em dobro com base no art. 137 da CLT.

## 10.10.4. ABONO PECUNIÁRIO DE FÉRIAS

- ***Abono pecuniário de férias:*** O empregado tem o direito de converter 1/3 de férias em abono pecuniário, no valor da remuneração que lhe seria devida nos dias correspondentes. Na prática, esse direito do empregado é chamado de "vender as férias". É importante frisar que o abono pecuniário não se confunde com o adicional de 1/3, previsto na Constituição.
- O empregador não poderá se opor ao pagamento do abono pecuniário, desde que solicitado dentro do prazo de até **quinze dias** antes do término do período aquisitivo. O pagamento das férias, bem como do abono pecuniário, deverá ocorrer em até dois dias antes do início das férias.

Para os empregados domésticos, a LC nº 150/2015 também previu a possibilidade de conversão de 1/3 das férias. No entanto, o pedido de conversão deve ser realizado até 30 dias antes do término do período aquisitivo.

- Os empregados que trabalhem no regime de tempo parcial, duração do trabalho de no máximo vinte e cinco horas semanais, antes da Reforma Trabalhista, não tinham direito ao abono de férias.
- Com a Lei nº 13.467/2017, haverá a equiparação do período de férias com os empregados submetidos à jornada normal de trabalho, o abono pecuniário de férias passa a ser direito dos empregados submetidos ao regime de tempo parcial.

## 10.10.5. TÉRMINO DO CONTRATO DE TRABALHO E PAGAMENTO DAS FÉRIAS PROPORCIONAIS

- As férias cujo período aquisitivo já esteja completo são sempre devidas na rescisão, pois já fazem parte do patrimônio do empregado. Note-se que mesmo que esse empregado seja dispensado por justa causa (furtou a empresa, agrediu empregador, violou segredo etc.), o pagamento das férias vencidas será devido.
- **Férias proporcionais:** No tocante às **férias proporcionais**, ou seja, quando o período aquisitivo ainda não estava completo e houve o término do contrato de trabalho, o cálculo será feito de um doze avos por mês ou fração superior a quatorze dias trabalhado.
- **Posicionamento de acordo com o TST**: mesmo que o empregado tenha trabalhado período inferior a doze

meses, terá direito a férias proporcionais[44], na proporção de um doze avos por mês trabalhado. Somente será excluído esse direito na dispensa por justa causa. Exemplo: empregado trabalha 4 meses e pede demissão[45]. Terá direito a 4/12 de férias proporcionais (se houver aviso-prévio, terá direito a 5/12). Se ocorrer hipótese de culpa recíproca[46], em que empregado e empregador tiveram parcela de culpa pelo término, há necessidade de pagamento de 50% das férias proporcionais.

### 10.10.6. FÉRIAS COLETIVAS

- ***Férias coletivas:*** As férias coletivas poderão ser concedidas a todos os empregados da empresa ou apenas a setores da empresa, nos termos do art. 139 da CLT. Verifica-se que o empregador é quem decidirá sobre a concessão ou não das férias coletivas. Não há obrigatoriedade nessa forma de concessão.
- O prazo para o pagamento, dois dias antes do início das férias, bem como a obrigatoriedade do adicional de um terço constitucional, segue a mesma sistemática das férias individuais.
- A comunicação das férias também é realizada de forma diversa. Para férias coletivas, é necessária a comunicação prévia, no **prazo de quinze dias**, ao Ministério do Trabalho. Nessa comunicação, a empresa deverá informar as datas de início e fim das férias e quais estabelecimentos ou setores serão abrangidos pela medida. Nesse mesmo prazo de quinze dias, o empregador deverá comunicar o sindicato representativo da categoria profissional (sindicato dos trabalhadores) e afixar avisos nos locais de trabalho.
- Os empregados admitidos a menos de doze meses gozarão férias *proporcionais* com os demais trabalhadores da empresa. Neste caso, o empregado terá direito ao pagamento do salário acrescido do adicional constitucional de um terço, apenas nos dias em que já conquistou o direito às férias. Nos demais, o empregador pagará salário normal, tornando-se licença remunerada ao trabalhador.

**FÉRIAS**

**Memorização dos prazos**

- Comunicação das férias: antecedência de 30 dias
- Prazo para pagamento das férias: 2 dias antes do seu início
- Prazo para pagamento do abono de férias: 2 dias antes do início
- Prazo para requerer o abono pecuniário: 15 dias antes de terminado o período aquisitivo
- Férias coletivas – comunicação prévia: 15 dias
- Fracionamento das férias:

a) Com a reforma Trabalhista, as férias individuais poderão ser fracionadas em 3 períodos, sendo que um deles não pode ser inferior a 14 dias.

b) Coletivas: nenhum dos períodos poderá ser inferior a 10 dias

## 11. SALÁRIO E REMUNERAÇÃO

- **Salário** é a contraprestação paga diretamente pelo empregador.
- **Remuneração** é a contraprestação paga diretamente pelo empregador e, ainda, por terceiros, por meio de gorjetas. As gorjetas são pagas de forma espontânea ou obrigatória, não integrando o salário, mas a remuneração do empregado. Nesse sentido:

| Remuneração | = | Salário | + | Gorjetas |
|---|---|---|---|---|

- **Reflexo das gorjetas sobre as demais parcelas.** Esse valor, calculado sobre a média, reflete-se nas demais verbas trabalhistas, calculadas com base na remuneração, como: férias + 1/3, décimo terceiro salário e FGTS. Não integra, contudo, as seguintes verbas: aviso-prévio, adicional noturno, hora extra e descanso semanal remunerado.
- **Lei das Gorjetas.** Em 13/03/2017, foi promulgada a Lei nº 13.419/2017, também denominada "Lei das Gorjetas", que passará a vigorar em 60 dias da sua publicação oficial. Essa legislação alterou a redação do art. 457 da CLT e trouxe a regulamentação do pagamento das gorjetas, antes omisso na CLT. Nesse sentido, ganha destaque a obrigação legal de reverter toda a gorjeta aos empregados. A nova redação do art. 457, § 3º e 4º da CLT esclarece que o valor recebido a título de gorjetas, seja como serviço ou adicional, constitui receita exclusiva dos empregados:

> **Art. 457, da CLT:** *(...)*
>
> *§ 3º Considera-se gorjeta não só a importância espontaneamente dada pelo cliente ao empregado, como também o valor cobrado pela empresa, como serviço ou adicional, a qualquer título, e destinado à distribuição aos empregados.*

- **Revogação das normas sobre gorjetas:** Devido à má técnica legislativa, o legislador da Reforma Trabalhista revogou os dispositivos acerca da regulamentação das gorjetas (art. 457, § 5º ao 11 da CLT). Para rever essa situação, a MP nº 808/2017 havia trazido de volta as normas sobre o assunto. Com a perda de vigência da Medida Provisória no dia 23/04/2018, a CLT deixa de apresentar regulamentação específica sobre as gorjetas. Contudo, o rateio e a distribuição das gorjetas aos empregados devem se manter na forma dos usos e costumes, diante da ausência de previsão legal.
- **Prêmios:** Com a Reforma Trabalhista, o art. 457, § 4º da CLT foi substituído pela seguinte redação:

> **Art. 457, § 4º da CLT (com redação dada pela Reforma Trabalhista):** *Consideram-se prêmios as liberalidades concedidas pelo empregador em forma de bens, serviços ou valor em dinheiro a empregado ou a grupo de empregados, em razão de desempenho superior ao ordinariamente esperado no exercício de suas atividades.*
>
> **Art. 611-A da CLT.** *A convenção coletiva e o acordo coletivo de trabalho têm prevalência sobre a lei quando, entre outros, dispuserem sobre: XIV - prêmios de incentivo em bens ou serviços, eventualmente concedidos em programas de incentivo;*

- Portanto, os prêmios não são parcelas que podem ser exigidas pelos trabalhadores, sendo pagas em razão de liberalidade do empregador caso pelo desempenho superior de um ou mais trabalhador. Caso atingidas metas de produção, por exemplo, é possível que o empregador dê prêmios a seus empregados pelo desempenho em suas atividades. Note-se que o prêmio pode ser entregue por meio de bens, serviços ou dinheiro. Em nenhuma dessas hipóteses, o valor recebido terá natureza salarial.

TRABALHO

44. **Súmula nº 171 do TST.** "Salvo na hipótese de dispensa do empregado por justa causa, a extinção do contrato de trabalho sujeita o empregador ao pagamento da remuneração das férias proporcionais, ainda que incompleto o período aquisitivo de 12 (doze) meses.
45. **Súmula nº 261 do TST.** "O empregado que se demite antes de completar 12 (doze) meses de serviço tem direito a férias proporcionais."
46. **Súmula nº 14 do TST.** "Reconhecida a culpa recíproca na rescisão do contrato de trabalho (art. 484 da CLT), o empregado tem direito a 50% (cinquenta por cento) do valor do aviso-prévio, do décimo terceiro salário e das férias proporcionais."

## 11.1. SALÁRIO MÍNIMO

- **Salário mínimo**[47] é o patamar mais baixo que um empregado pode ganhar. Lembre-se de que esse patamar mínimo é estendido também ao menor de 18 anos, inclusive aprendizes. E ainda, de acordo com o art. 39, § 3º, da CF, os servidores públicos terão direito ao salário mínimo.
- **Servidor público.** Nos termos dos arts. 7º, IV, e 39, §3º, CF/88; do item II da OJ nº 358 da SDI-I do TST; e da tese fixada pelo STF no julgamento do Tema 900 da repercussão geral, a remuneração do servidor público não pode ser inferior ao salário mínimo.

  **Súmula Vinculante nº 16 do STF:** Os artigos 7º, IV, e 39, § 3º (redação da EC 19/98), da Constituição, referem-se ao total da remuneração percebida pelo servidor público.

- O salário mínimo deverá ser previsto em **lei** e será **nacionalmente unificado**. Nada impede que seja fixado em valor superior ao mínimo fixado em lei, como ocorre em alguns estados da Federação onde existe o piso estadual. Ademais, é vedada a utilização do salário mínimo como **indexador**, ou seja, é "**vedada sua vinculação para qualquer fim**". Veja resumo a seguir, para memorização:

| | |
|---|---|
| **Salário mínimo** | • Previsto em lei<br>• Nacionalmente unificado<br>• Reajustes periódicos<br>• Vedada sua vinculação para qualquer fim<br>• Irredutibilidade nominal |
| **Necessidades básicas** | • Moradia<br>• Alimentação<br>• Educação<br>• Saúde<br>• Lazer<br>• Vestuário<br>• Higiene<br>• Transporte<br>• Previdência Social |

- Note-se que havia previsão de salário-mínimo regional nos artigos 84 e 86 da CLT. Referidos artigos não foram recepcionados pela Constituição Federal, que exige o salário mínimo nacionalmente unificado. Dessa forma, não tem aplicação o previsto no dispositivo diante de sua incompatibilidade com o texto constitucional. A Lei nº 13.467/2017 – Reforma Trabalhista revoga expressamente os artigos. Ressalta-se que a alteração não trará efeitos práticos, pois o salário mínimo regional não é aplicado desde 1988.

## 11.2. MODALIDADES DE SALÁRIO

- **Piso salarial.** Consiste no patamar mínimo para determinada categoria, previsto em norma coletiva (acordo ou convenção). O parâmetro para a fixação do piso salarial é a categoria a que pertence o trabalhador (metalúrgicos, por exemplo), e não a sua profissão. Nesse caso, o empregador somente estará obrigado a respeitar o valor do piso normativo se participou da negociação coletiva.
- **Salário Profissional:** Algumas profissões organizadas possuem patamar mínimo fixado em lei. São os chamados **salários profissionais**. Esses salários independem de negociação coletiva (acordo ou convenção). Exemplo: os médicos possuem salário profissional previsto na Lei nº 3.999/1961[48]. Assim sendo, o salário profissional do médico não leva em conta a categoria em que o profissional trabalha, e sim a sua profissão.
- Piso nacional da enfermagem. No dia 4 de agosto de 2022, foi publicada a Lei nº 14.434/2022, que institui o piso salarial nacional do Enfermeiro, do Técnico de Enfermagem, do Auxiliar de Enfermagem e da Parteira. Segundo a novidade legislativa, piso salarial nacional, tanto aqueles contratados sob o regime da CLT como aqueles contratados sob o regime dos servidores públicos da Administração Pública Direta, autárquica e fundacional é:

  **a) Para os Enfermeiros:** de R$ 4.750,00 (quatro mil setecentos e cinquenta reais) mensais;

  **b) Para os Técnicos de Enfermagem:** de R$ 3.325,00 (três mil trezentos e vinte e cinco reais) mensais; e

  **c) Para os Auxiliares de Enfermagem e Parteiras:** de R$ 2.375,00 (dois mil trezentos e setenta e cinco reais) mensais.

- ADI 7222. A Confederação Nacional de Saúde, Hospitais e Estabelecimentos e Serviços – CNSAÚDE ingressou no STF com a Ação Direta de Inconstitucionalidade (ADI 7222) contra o referido diploma, alegando vícios formais (como vício de iniciativa) e vícios materiais (teoria da reserva do possível).
- No dia 4 de setembro de 2022, o relator, Ministro Roberto Barroso, em decisão monocrática, posteriormente referendada pelo Plenário da Corte, concedeu medida cautelar para suspender os efeitos da Lei nº 14.434/2022, até que sejam avaliados os seus impactos sobre (i) a situação financeira de Estados e Municípios, (ii) a empregabilidade e (iii) a qualidade dos serviços de saúde, tudo com base em informações a serem prestadas, no prazo de 60 (sessenta) dias, pelos entes estatais, órgãos públicos e entidades representativas das categorias e setores afetados, identificados ao final da decisão.
- Emenda Constitucional nº 127/22: No dia 22/12/2022, o Congresso Nacional promulgou EC que viabiliza o pagamento do piso. O texto garante o repasse de recursos do superávit financeiro de fundos públicos e do Fundo Social para financiar o piso salarial nacional da enfermagem no setor público, nas entidades filantrópicas e de prestadores de serviços, com um mínimo de atendimento de 60% de pacientes do Sistema Único de Saúde (SUS) (fonte: Agência Câmara de Notícias).
- Conforme assinalado pelo Ministro Barroso, a previsão da prestação de assistência financeira pela União Federal aos Estados, ao Distrito Federal, aos Municípios e às entidades filantrópicas se dará nos termos da lei. Dessa forma, solicitou informações à Câmara dos Deputados e ao Senado Federal acerca da tramitação da lei prevista na Emenda Constitucional. Até o fechamento dessa edição, as informações estavam sendo apresentadas por diversos participantes do processo.
- **Salário normativo.** É aquele fixado em sentença normativa proferida em dissídio coletivo pelos Tribunais da Justiça do Trabalho. Essa Justiça especializada possui o poder de criar normas jurídicas em determinadas situações, chamado poder normativo.

47. "Da mesma forma, o salário mínimo será devido em 13 vezes por ano. Porque não exclui o direito ao décimo terceiro salário, sofre o acréscimo de um terço do pagamento das férias, produz incidência no fundo de garantia e é acoplado de todos os adicionais condicionais existentes na legislação, como o adicional de insalubridade, o adicional de periculosidade, o adicional noturno e o que mais houver, não se podendo dizer que ele já contenha algum adicional embutido. Somente não terá o pagamento em separado dos descansos semanais remunerados, porque, como estudado no art. 67 da CLT, a parcela mensal já os quita em seu bojo, na forma do art. 7º, § 2º, da Lei nº 605/1949." SILVA, Homero Batista Mateus da. *Curso de Direito do Trabalho aplicado*, vol. 2: Jornadas e Pausas. Rio de Janeiro: Elsevier, 2009. p. 238.

48. **Súmula nº 370 do TST.** Tendo em vista que as Leis nº 3.999/1961 e 4.950-A/1966 não estipulam a jornada reduzida, mas apenas estabelecem o salário mínimo da categoria para uma jornada de 4 horas para os médicos e de 6 horas para os engenheiros, não há que se falar em horas extras, salvo as excedentes à oitava, desde que seja respeitado o salário mínimo/horário das categorias.

- **Salário proporcional.** Se o trabalhador for contratado para trabalhar em jornada inferior à duração normal de 8 horas diárias e 44 horas semanais, ele receberá o **salário mínimo proporcional** ou o piso salarial proporcional às horas trabalhadas. No entanto, em fevereiro de 2016, o TST inseriu o item II à OJ nº 358 para prever que o empregado público da Administração Direta, autárquica e fundacional, tem direito ao recebimento de remuneração nunca inferior ao salário mínimo, ainda que trabalhe em jornada reduzida.
- **Salário proporcional do professor.** Em 17/02/2017, foi promulgada a Lei nº 13.415/2017 que alterou a redação do art. 318 da CLT. Assim, a jornada do professor passou a ser a mesma dos demais empregados regidos pela CLT, qual seja, 8 horas diárias e 44 horas semanais.

> **Art. 318 da CLT**: *O professor poderá lecionar em um mesmo estabelecimento por mais de um turno, desde que não ultrapasse a jornada de trabalho semanal estabelecida legalmente, assegurado e não computado o intervalo para refeição.*

- Em razão disso, deve ser aplicada a previsão do salário-mínimo proporcional, com a possível alteração na OJ nº 393 da SDI-I do TST, que parece superada. Nesse sentido:

> **OJ nº 393 da SDI-I do TST:** *A contraprestação mensal devida ao professor, que trabalha no limite máximo da jornada prevista no art. 318 da CLT, é de um salário-mínimo integral, não se cogitando do pagamento proporcional em relação à jornada prevista no art. 7º, XIII, da Constituição Federal.*

- **Salário complessivo.** O pagamento do salário deve ser realizado de forma clara e transparente. Desse modo, o empregado saberá exatamente o que está recebendo. É vedado o salário complessivo, ou seja, o pagamento sem que haja discriminação, detalhamento de cada uma das verbas recebidas.
- Em resumo, sobre o tema **salário**:

| Salário (parcela paga diretamente pelo empregador) | |
|---|---|
| **Salário profissional** | fixado por lei (exemplos: médicos e engenheiros) |
| **Piso salarial** | fixado por instrumento coletivo (acordo ou convenção) |
| **Salário normativo** | fixado via sentença normativa (TRT ou TST) |
| **Salário proporcional** | salário mínimo ou piso salarial proporcional ao tempo trabalhado (OJ 358, I), exceto empregado público da Administração Direta, autárquica e fundacional (OJ 358, II) |
| **Salário complessivo** | pagamento realizado sem detalhar as parcelas. Não é cabível (Súmula 91) |

## 11.3. PARCELAS SALARIAIS (COMPOSIÇÃO DO SALÁRIO)

- **Reflexos.** Para o estudo da remuneração torna-se imprescindível a diferenciação das parcelas salariais e as verbas recebidas sem natureza salarial (parcelas indenizatórias). Essa diferença é importante porque as primeiras se refletem nas demais verbas trabalhistas. Segue quadro que facilita a memorização:

| Parcelas salariais | Parcelas indenizatórias |
|---|---|
| (Refletem nas demais verbas, como férias, 13º e aviso)<br>• Comissões<br>• Gratificações legais<br>• Quebra de caixa<br>• Adicionais salariais:<br>– Adicional hora extra<br>– Adicional noturno<br>– Adicional de transferência<br>– Adicional de insalubridade<br>– Adicional de periculosidade<br>***Obs.:*** *Ao efetuar o pagamento dessas parcelas, o empregador deverá efetuar o respectivo depósito do FGTS.* | (Não há reflexo nas demais parcelas. Sobre o valor não incidem depósitos do FGTS)<br>• PLR – Participação nos Lucros e Resultados<br>• Ajuda de custo<br>• Diárias para viagem<br>• Abonos<br>• Prêmios<br>• Vale-transporte<br>• Salário-família<br>• Seguro-desemprego<br>• PIS/Pasep<br>• *Stock option*<br>• Parcelas recebidas em razão da exploração de direito intelectual |
| **Caso controvertido** | |
| • *Gueltas* (remuneratória – equiparada à gorjeta) | |

- **Comissões.** As comissões são parcelas com valores fixos recebidas em razão da venda de determinado produto.

Com a Reforma Trabalhista, as comissões continuam integrando o salário:

> **Art. 457, § 1º, da CLT (alterado pela Reforma Trabalhista):** *Integram o salário a importância fixa estipulada, as gratificações legais e as comissões pagas pelo empregador.*

- **Comissionista puro.** É chamado de comissionista puro o empregado que recebe, exclusivamente, por comissão. Já o comissionista misto recebe parte do salário em comissão e a outra, em salário fixo. Para esses trabalhadores que recebem por produção também é garantido o direito ao descanso semanal remunerado e feriados.
- **Comissionista puro e horas extras.** Se o **comissionista puro** é sujeito ao controle de horários, o pagamento das suas horas extraordinárias é diferente do pagamento dos demais empregados. Como esse empregado continua recebendo as comissões durante as horas que ultrapassarem o horário normal, ele receberá apenas o adicional de, no mínimo, 50%, pois as horas trabalhadas já estão sendo pagas pelo valor da comissão. Lembre-se de que os demais empregados recebem: valor da hora normal + 50% de adicional. O comissionista, segundo o TST, recebe apenas o adicional de 50% (a hora trabalhada já estaria sendo paga com o valor das comissões).
- **Cortador de cana-de-açúcar.** Importante ressaltar que o **cortador de cana-de-açúcar** que é remunerado por produção (comissão) receberá horas extras (hora normal + adicional de 50%), pois seu trabalho é exaustivo. Ressalta-se que, de acordo com o art. 611-A, IX, da CLT, acrescentado pela Reforma Trabalhista, a convenção e o acordo coletivo de trabalho têm prevalência sobre a legislação quando versar sobre a remuneração por produtividade. Caso previsto em norma coletiva, é possível, portanto, que esses trabalhadores tenham direito apenas ao adicional de horas extras, como os demais trabalhadores por recebem por produção.
- **Comissionista misto.** Se se tratar de **comissionista misto** (parte do salário fixo e a outra variável), o empregado receberá horas extras da seguinte forma: **a)** hora normal, acrescida de adicional de 50% relativa ao salário fixo; **b)** apenas o adicional, em relação ao salário variável (comissão).

## 11.4. GRATIFICAÇÕES

- **Conceito e reflexos.** Trata-se de contraprestação paga pelo serviço prestado em certas condições, ou em ocasiões

TRABALHO

especiais diferenciadas, como a gratificação de função, a gratificação de tempo etc. De acordo com a **Reforma Trabalhista**, somente as gratificações legais integram o salário dos empregados.

- **Gratificações ajustadas e firmadas de forma tácita.** Essas gratificações poderão ocorrer de forma expressa ou tácita. De forma expressa, é o pagamento realizado em razão do ajuste entre empregado e empregador. Exemplo: a empresa paga a todos os empregados o 14º salário em dezembro. Poderá ocorrer, ainda, o pagamento habitual de certa quantia, em razão de metas conquistadas, sem que haja qualquer menção prévia do empregador a respeito. Essa habitualidade no pagamento caracteriza a forma tácita. Estas gratificações não integram o salário do empregado (art. 457, § 1º da CLT).
- **Gratificação de função e integração permanente ao contrato de trabalho.** Caso ocorra o pagamento da gratificação, em razão de função de confiança na empresa (gerente, por exemplo), ela poderá ser retirada, com o retorno do empregado ao cargo anterior. A reversão não configura alteração ilícita do contrato, conforme o art. 468, parágrafo único, da CLT.

  A Reforma Trabalhista altera a redação do art. 468, parágrafo único da CLT para prever que o empregado que ocupe função de confiança não terá a gratificação incorporada em se salário, independentemente do tempo de exercício da respectiva função.
- **Gratificações por tempo de serviço.** A **gratificação ou adicional por tempo de serviço** não é prevista na CLT. Ela tem o objetivo de beneficiar o empregado que permanece por anos na empresa, retribuindo o tempo de serviço prestado ao empregador. Com a Reforma Trabalhista, tendo em vista a ausência de previsão legal, não será considerada verba de natureza salarial.
- **Existência de duas gratificações.** Caso haja a existência ao mesmo tempo de duas gratificações por tempo de serviço, uma prevista no regulamento interno e outra em instrumento coletivo, caberá ao empregado **optar pela norma mais favorável**. A escolha de uma ocasionará a renúncia da outra gratificação, sob pena de o empregador pagar a mesma parcela duas vezes.

## 11.5. DÉCIMO TERCEIRO SALÁRIO

- **Conceito e destinação.** O décimo terceiro salário é uma gratificação salarial obrigatória prevista na CF/88 e na Lei nº 4.090/1962. São destinatários dessa gratificação empregados urbanos e rurais, os trabalhadores avulsos e os empregados domésticos. De acordo com o art. 7º, VIII, da CF/88: "São direitos dos trabalhadores urbanos e rurais, além de outros que visem à melhoria de sua condição social: décimo terceiro salário com base na remuneração integral ou no valor da aposentadoria".
- **Data do pagamento.** O pagamento deverá ocorrer até o dia 20 de dezembro, e corresponderá a um doze avos da remuneração devida em dezembro, por mês trabalhado ou fração igual ou superior a quinze dias.
- **Adiantamento.** Entre os meses de fevereiro e novembro, o empregador pagará, de uma só vez, em razão do adiantamento do décimo terceiro, metade do salário recebido pelo empregado no mês anterior. Esse adiantamento é obrigatório e não é necessário que seja pago a todos os empregados da empresa no mesmo mês. É possível, ainda, que o adiantamento seja pago juntamente com as férias, desde que o empregado requeira esse direito no mês de janeiro do correspondente ano.

## 11.6. ADICIONAIS SALARIAIS

- **Salário-condição.** Os adicionais descritos a seguir (horas extras, noturno, transferência, insalubridade e periculosidade) são pagos em razão de trabalho prestado em situações prejudiciais à saúde ou, ainda, que prejudiquem o convívio familiar e social. Esses adicionais são chamados salário-condição, isto é, paga-se o adicional enquanto o empregado estiver em condição prejudicial, por exemplo, prestando horas extras, ou trabalhando no período noturno. Cessada a condição gravosa, cessa o adicional sem que esse fato configure alteração prejudicial.
- **Reflexos.** Serão pagos sobre o salário do empregado e, quando os serviços nessas situações são prestados de forma habitual, irão se refletir nas demais verbas trabalhistas, como férias, décimo terceiro salário, depósitos do FGTS etc.

### 11.6.1. ADICIONAL DE HORA EXTRAORDINÁRIO

- **Conceito de horas extraordinárias.** A duração normal do tempo de trabalho do empregado é de 8 horas diárias e 44 horas semanais. Se ultrapassado esse período, terá incidência de adicional, chamado de hora extraordinária ou suplementar. De acordo com o art. 7º, XVI, da CF/88: São direitos dos trabalhadores urbanos e rurais, além de outros que visem à melhoria de sua condição social: remuneração do serviço extraordinário superior, no mínimo, em cinquenta por cento à do normal.

De acordo com a Reforma Trabalhista, o intervalo intrajornada não gozado ou gozado parcialmente será pago como hora extra somente no período suprimido, porém, terá caráter indenizatório e não salarial (art. 71, § 4º da CLT – com redação dada pela Reforma Trabalhista).

### 11.6.2. ADICIONAL NOTURNO

- **Adicional noturno do empregado urbano:** jornada noturna inicia-se às 22 h e termina às 5 h. Adicional de, no mínimo, **20%** sobre a hora diurna. Ademais, a hora noturna será reduzida, ou seja, terá 52 minutos e 30 segundos.
- **Adicional noturno do empregado rural:** jornada noturna inicia-se às 20 h e termina às 4 h na pecuária. Na lavoura, será das 21 h até as 5 h. Adicional noturno é de, no mínimo, **25%** superior à hora diurna. Por fim, a hora noturna não é reduzida, ou seja, possui 60 minutos.
- **Reflexos do adicional noturno:** O adicional noturno possui natureza salarial, refletindo-se nas demais verbas trabalhistas. Assim sendo, o valor recebido em razão desse adicional irá integrar as parcelas demonstradas a seguir.

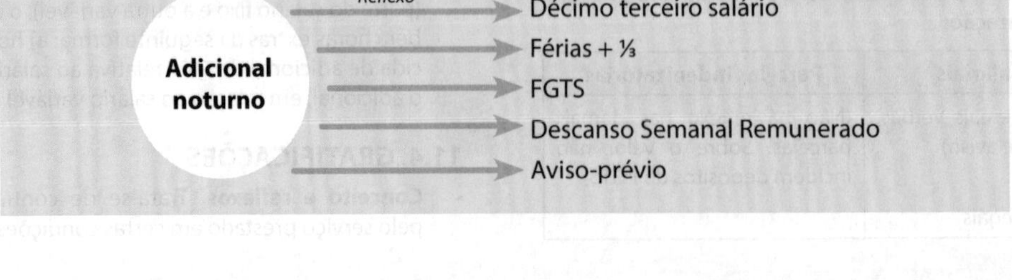

### 11.6.3. ADICIONAL DE TRANSFERÊNCIA

- **Conceito.** Esse adicional é pago em razão da transferência **provisória** do empregado. Também é pago ao empregado que exerce cargo de confiança na empresa ou, ainda, se houver previsão de transferência no contrato de trabalho. O valor é de, no mínimo, **25%** do salário que o empregado recebia no local anterior.
- **Reflexos do adicional de transferência.** O adicional de transferência possui natureza salarial, refletindo-se nas demais verbas trabalhistas. Assim sendo, o valor recebido em razão desse adicional irá integrar as demais verbas.

### 11.6.4. ADICIONAL DE PERICULOSIDADE

- **Previsão constitucional.** O pagamento dos adicionais de periculosidade e insalubridade tem previsão constitucional. De acordo com o art. 7º, XXIII, da CF/88. São direitos dos trabalhadores urbanos e rurais, além de outros que visem à melhoria de sua condição social: adicional de remuneração para as atividades penosas, insalubres ou perigosas, na forma da lei.
- **Conceito.** Atividade perigosa é aquela em que há contato permanente com explosivos ou inflamáveis em condições de risco acentuado. A atividade perigosa é comprovada mediante perícia (art. 195 da CLT). Exemplos: empregados em contato com energia elétrica, operadores de bomba de gasolina, instaladores de linhas e aparelhos de telefonia e exposição a substância radioativa e armazenamento de líquido inflamável no prédio.
- **Atividades de risco (incluídas na CLT).** Com a edição das Leis nºs 12.740/2012 e 12.997/2014, o art. 193 da CLT foi alterado para prever que também serão consideradas atividades de risco aquelas que exponham o trabalhador ao perigo de roubos ou violência física e para aqueles que exerçam atividade em motocicleta ("motoboy").
- **Radiações ionizantes ou substâncias radioativas.** Conforme OJ nº 345 da SDI-I do TST, a exposição do empregado à radiação ionizante ou à substância radioativa enseja a percepção do adicional de periculosidade. Em 2019, ao julgar incidente de recurso de revista repetitivo (Tema nº 10), o TST estabeleceu que não é devido o adicional de periculosidade a trabalhador que, sem operar o equipamento móvel de Raios X, permaneça, habitual, intermitente ou eventualmente, nas áreas de seu uso.
- **[PERICULOSIDADE] Agente de Apoio Socioeducativo da Fundação Casa.** No final de 2021, em sede de recurso de revista repetitivo (Tema nº 16), o Tribunal entendeu que os Agentes de Apoio Socioeducativo da Fundação Casa (nomenclatura que abarca os antigos cargos de Agente de Apoio Técnico e de Agente de Segurança) têm direito ao recebimento do adicional de periculosidade, pois exercem atividades com risco acentuado em virtude de exposição permanente à violência física no desempenho das atribuições profissionais de segurança pessoal e patrimonial em fundação pública estatal.
- **[INSALUBRIDADE] Agente de Apoio Socioeducativo da Fundação Casa.** Na Tese nº 8, o TST decidiu que os Agentes de Apoio Socioeducativo da Fundação Casa **não têm direito ao adicional de insalubridade** pelo eventual risco de contato com adolescentes que possuem doenças infectocontagiosas. Conforme razões da Corte, no local da prestação de serviços desses trabalhadores ocorrem atividades ligadas à tutela de adolescentes em conflito com a lei, e não de cuidados da saúde humana. Além disso, a atividade do Agente de Apoio Socioeducativo da Fundação Casa não consta do anexo 14 da NR-15. Por fim, não é possível afirmar que há contato permanente com os adolescentes com doenças infectocontagiosas.

| ATIVIDADES PERIGOSAS |
|---|
| **Atividades perigosas previstas na CLT (art. 193 e 200):** |
| > Inflamáveis; |
| > Explosivos; |
| > Energia elétrica; |
| > Roubos ou outras espécies de violência física nas atividades profissionais de segurança pessoal ou patrimonial; |
| > Atividades de trabalhador em motocicleta; |
| **Atividades perigosas segundo a jurisprudência consolidada do TST:** |
| > Radiações ionizantes ou substâncias radioativas (Art. 200, CLT e OJ nº 345 da SDI-I do TST). |
| > Agente de Apoio Socioeducativo da Fundação Casa, a partir de 03/12/2013 (Tema nº 16). |

- **Quando o pagamento será devido?** O adicional de periculosidade é **devido** quando a exposição ao risco é permanente ou intermitente. É **indevido** se o contato for meramente eventual ou se, mesmo que habitual, ocorrer por tempo extremamente reduzido.
- **Valor do adicional.** O adicional de periculosidade é de **30% sobre o salário-base**, ou seja, o cálculo não leva em conta outros acréscimos.
- **Eletricitários:** Os eletricitários, tradicionalmente, tiveram o adicional de periculosidade calculado sobre o salário + adicionais, por expressa previsão na revogada Lei nº 7.369/1985. Tendo em vista que a energia elétrica passou a ser prevista como atividade perigosa no art. 193, I, da CLT, surgiu a discussão se deveria ou não incidir sobre o salário-base ou sobre o complexo salarial. Em 30/11/2016, o TST alterou a redação da Súmula nº 191 e cancelou a OJ nº 279 da SDI-I do TST acerca da base de cálculo do adicional de periculosidade aos eletricitários. Segue a nova redação da Súmula:

> **Súmula nº 191 do TST:** *Adicional de periculosidade. Incidência. Base de cálculo*
>
> *I – O adicional de periculosidade incide apenas sobre o salário básico e não sobre este acrescido de outros adicionais.*
>
> *II – O adicional de periculosidade do empregado eletricitário, contratado sob a égide da Lei nº 7.369/1985, deve ser calculado sobre a totalidade das parcelas de natureza salarial. Não é válida norma coletiva mediante a qual se determina a incidência do referido adicional sobre o salário básico.*
>
> *III – A alteração da base de cálculo do adicional de periculosidade do eletricitário promovida pela Lei nº 12.740/2012 atinge somente contrato de trabalho firmado a partir de sua vigência, de modo que, nesse caso, o cálculo será realizado exclusivamente sobre o salário básico, conforme determina o § 1º do art. 193 da CLT.*

- De acordo com a nova redação da Súmula nº 191 do TST, o adicional de periculosidade será calculado de forma distinta em relação aos empregados contratados antes e após a revogação da Lei nº 7.369/1985 da seguinte forma:

1) **Empregados contratados na vigência da Lei nº 7.369/1985:** o pagamento do adicional de periculosidade deve ser calculado sobre a totalidade das parcelas de natureza salarial (salário + acréscimos). Nesse caso, não é válida norma coletiva que restringe a incidência apenas ao salário básico;

TRABALHO

2) **Empregados contratados após a inserção da energia elétrica como atividade perigosa no art. 193 da CLT (revogação da Lei nº 7.369/1985):** Nesse caso, o cálculo do adicional de periculosidade para os eletricitários é realizado sobre o salário-base, ou seja, o cálculo não leva em conta outros acréscimos. (art. 193, § 1º, CLT).

- **Perícia.** A atividade perigosa é comprovada **mediante perícia** (art. 195 da CLT). Assim sendo, a prova técnica é, em regra, um dos requisitos para o recebimento do adicional, pois nem o juiz nem os procuradores do trabalho e advogados têm condições de atestar, com certeza, se o ambiente coloca ou não em risco a integridade física do trabalhador.
- **Dispensa da perícia.** Quando o pagamento do adicional de periculosidade já vem sendo pago, de forma espontânea pelo empregador, torna-se incontroverso que o trabalho é realizado em condições perigosas. Dessa forma, dispensa-se a produção de perícia. Ademais, quando o estabelecimento já se encontra encerrado, a perícia também é dispensada. Segue quadro que facilita a memorização:

| Adicional de Periculosidade |
|---|
| • Necessidade de prova técnica: perícia (art. 195, CLT). |
| • Em dois casos a perícia é dispensada:<br>– Pagamento espontâneo pelo empregador (Súmula nº 453 do TST);<br>– Local desativado (OJ nº 278 da SDI-I do TST). |

- **Reflexos do adicional de periculosidade.** Esse adicional integra as demais verbas trabalhistas. Assim sendo, o valor recebido em razão desse adicional irá integrar as demais parcelas, como férias, décimo terceiro, FGTS, aviso-prévio. Ressalta-se que o adicional de periculosidade não se reflete no DSR.
- **Cumulação dos adicionais: periculosidade + insalubridade.** Na hipótese de o empregado laborar em atividade insalubre e perigosa, prevalece o entendimento de que **não** há possibilidade de cumulação desses 2 adicionais. Dessa forma, cabe ao empregado optar por um deles. Ademais, se o empregado estiver em sobreaviso, ou seja, aguardando em sua casa eventual chamado da empresa, não está em situação de risco, logo não receberá o adicional de periculosidade.
- **Tese firmada em Recurso de Revista Repetitivo (26/09/2019):** o art. 193, § 2º, da CLT foi recepcionado pela Constituição Federal e veda a cumulação dos adicionais de insalubridade e de periculosidade, ainda que decorrentes de fatos geradores distintos e autônomos.
- **Tempo de contato com atividades perigosas:** O adicional de periculosidade é devido quando a exposição ao risco é permanente ou intermitente (com intervalos). É indevido se o contato for meramente eventual ou se, mesmo que habitual, ocorrer por tempo extremamente reduzido, conforme prevê a Súmula nº 364, I, do TST.
- **Redução do adicional e pagamento proporcional ao tempo de exposição.** Em 31/05/2016, foi acrescentado o item II à Súmula nº 364, estabelecendo expressamente a impossibilidade de redução do percentual de periculosidade em patamar inferior aos 30% do salário básico ou seu pagamento proporcional ao tempo de exposição.

**Para a semana antes da prova**, segue quadro para memorização:

| Pagamento do Adicional de Periculosidade (30% sobre o salário básico) | |
|---|---|
| Tempo de contato com atividades perigosas | Adicional de periculosidade |
| Permanente | Adicional devido |
| Intermitente, desde que sujeito às condições de risco | Adicional devido |
| Eventual (fortuito) | Adicional não é devido |
| Habitual, mas com contato extremamente reduzido | Adicional não é devido |
| **Obs. 1:** A norma coletiva não tem o poder de fixar o pagamento do adicional proporcional ao tempo de exposição. | |
| **Obs.2:** Impossibilidade de supressão ou redução, via instrumento coletivo, de percentual inferior a 30% (art. 611-B, XVIII da CLT). | |

### 11.6.5. ADICIONAL DE INSALUBRIDADE

- **Atividades insalubres.** São aquelas que expõem o empregado a agentes nocivos à sua saúde e que ultrapassam o seu limite de tolerância. Exemplo: agentes **químicos** (chumbo), **biológicos** (bactérias) e **físicos** (ruídos).
- **Requisitos.** Para a obtenção do adicional de insalubridade, há necessidade de preencher 2 requisitos:
  - **a)** Atividade nociva deverá ser constatada via **perícia** por profissional habilitado, médico ou engenheiro do trabalho;
  - **b)** É necessário que o agente nocivo à saúde esteja incluído na **relação oficial do Ministério do Trabalho e Emprego**. Se a atividade desenvolvida pelo empregado não estiver prevista nessa listagem, o empregado não terá direito ao adicional. Aliás, eventual reclassificação ou descaracterização da insalubridade, pelo Ministro do Trabalho (autoridade competente), repercutirá no recebimento do adicional, ou seja, o empregado somente receberá enquanto a atividade desenvolvida estiver enquadrada como insalubre.
- **Valor do adicional.** O adicional de insalubridade era calculado com base no salário mínimo, variando de acordo com a agressividade do agente nocivo. Está previsto no art. 192 da CLT:

> **Art. 192 da CLT:** *O exercício de trabalho em condições insalubres, acima dos limites de tolerância estabelecidos pelo Ministério do Trabalho, assegura a percepção de adicional respectivamente de 40% (quarenta por cento), 20% (vinte por cento) e 10% (dez por cento) do salário mínimo da região, segundo se classifiquem nos graus máximo, médio e mínimo.*

- **Posicionamento do STF sobre a vinculação ao salário mínimo.** Em abril de 2018, o Supremo Tribunal Federal estabeleceu que até que seja editada norma legal ou convencional estabelecendo parâmetro distinto do salário-mínimo para calcular o adicional de insalubridade, **continuará a ser considerado o salário-mínimo para o cálculo desse adicional.** Nesse sentido, o ministro do STF Ricardo Lewandowski, cassou parte da súmula nº 228 do TST, que estipula o salário básico do trabalhador como base de cálculo do adicional de insalubridade. Ainda segundo o ministro, o judiciário não poderia adotar um critério até que seja superada a inconstitucionalidade do art. 192 da CLT, que adota o salário mínimo como base de cálculo para a incidência de referido adicional[49].
- **Reflexos do adicional de insalubridade.** Esse adicional integra as demais verbas trabalhistas. Assim sendo, o valor rece-

49. Disponível em: <http://www.migalhas.com.br/Quentes/17,MI278458,91041-Lewandowski+anula+parte+de+sumula+do+TST+sobre+base+de+calculo+do>. Acesso em 19 abr. 2018.

bido em razão desse adicional irá integrar as demais parcelas, como férias, décimo terceiro, FGTS, aviso-prévio. Ressalta-se que o adicional de insalubridade não se reflete no DSR.

- **Contato intermitente.** Vale ressaltar que o trabalho eventual em condições insalubres não dá direito ao adicional. Entretanto, se executado em caráter intermitente (descontínuo, mas diário), terá direito à percepção do adicional de insalubridade, conforme previsto na Súmula nº 47.
- **Fornecimento de EPIs.** O mero fornecimento de EPIs – equipamentos de proteção individual – não exime o empregador de continuar pagando o adicional.
- **Jurisprudência do TST:** Em julgamento de Recurso Repetitivo, o TST decidiu, no acórdão paradigma nº 356-84.2013.5.04.0007, que aos operadores de telemarketing que trabalham em atividade com utilização constante de fone de ouvido, não é devido o adicional de insalubridade.
- **Enquadramento do grau de insalubridade:** Com a Reforma Trabalhista, o enquadramento do grau de insalubridade poderá ser fixado via acordo ou convenção coletiva (art. 611-A, XII da CLT – com redação dada pela Reforma Trabalhista). Entretanto, constituem objeto ilícito da negociação coletiva a supressão ou redução do adicional de remuneração para atividades insalubres (art. 611-B, XVIII da CLT). Há, portanto, contradição entre os dispositivos, devendo prevalecer o disposto no art. 611-B, XVIII, que restringe a negociação coletiva para proteção do trabalhador.
- **Para a semana antes da prova**, segue esse importante quadro de resumo com os adicionais e os respectivos percentuais (importantíssimo memorizar!):

| **Adicionais Pagos sobre o salário do empregado – salário--condição** | |
|---|---|
| **Adicional de hora extra** | Adicional de, no mínimo, **50%** sobre a hora normal.<br>Calculado sobre a globalidade salarial (hora normal acrescida de adicionais). |
| **Adicional noturno** | • Empregado urbano: **20%** sobre a hora diurna.<br>• Empregado rural: **25%** sobre a hora diurna. |
| **Adicional de transferência** | Pago em razão da transferência provisória.<br>Valor de, no mínimo, **25%** dos salários que o empregado recebia no local anterior. |
| **Adicional de periculosidade** | Condições de risco acentuado.<br>Adicional de, no mínimo, **30%** do salário-base. |
| **Adicional de insalubridade** | Adicional calculado sobre o salário mínimo, variando de acordo com a agressividade do agente nocivo: 10% (grau mínimo), 20% (grau médio) e 40% (grau máximo)<br>Requisitos para obtenção: a) perícia por profissional habilitado; b) agente deve constar da relação oficial do Ministério do Trabalho e Emprego.<br>A Súmula Vinculante nº 4 do STF proíbe que esse adicional seja calculado sobre o salário mínimo.<br>Com a Reforma Trabalhista, será possível a fixação do enquadramento do grau de insalubridade via acordo ou negociação coletiva. |

## 11.7. PARCELAS SEM NATUREZA SALARIAL (INDENIZATÓRIAS)

- **Conceito.** As parcelas a seguir não terão reflexo nas demais verbas trabalhistas, sendo pagas a título de indenização, ou seja, não integram outras parcelas nem se refletem nelas, como férias, décimo terceiro etc.
- A Reforma Trabalhista aumenta o rol de parcelas indenizatórias em seu art. 457, § 2º da CLT. Nesse sentido, serão inseridas nos tópicos a seguir as parcelas que, a partir da entrada em vigor da Lei nº 13.467/2017, serão consideradas sem natureza salarial.

### 11.7.1. PARTICIPAÇÃO NOS LUCROS E RESULTADOS – PLR

- **Previsão constitucional e ausência de reflexos.** Há expressa previsão da participação nos lucros e resultados na Constituição Federal, inclusive prevendo a natureza indenizatória dessa parcela. Verifica-se que a PLR não substitui nem complementa a remuneração do empregado. Assim sendo, não a integra para nenhum efeito trabalhista (art. 7º, XI, CF/88).
- **Direito ao PLR.** Nem todos os empregados possuem direito ao pagamento da PLR. De acordo com a Lei nº 10.101/2000, que regulamentou essa matéria, há necessidade de negociação entre a empresa e seus empregados, mediante negociação coletiva (acordo ou convenção coletiva) ou comissão escolhida pelas partes, para que seja fixada a PLR.
- **Pagamento proporcional da PLR e princípio da igualdade.** O empregado que contribuiu com a empresa para a obtenção do resultado positivo terá direito à participação nos lucros, mesmo se extinto o contrato antes da data prevista para o pagamento da parcela. A negociação coletiva, segundo o TST, não poderá retirar do empregado o direito à PLR.
- **Reforma Trabalhista:** A convenção e o acordo coletivo prevalecerão sobre a lei quando dispuser sobre participação nos lucros ou resultados da empresa (art. 611-A, XV da CLT).

TRABALHO

### 11.7.2. AJUDA DE CUSTO

- **Conceito e ausência de reflexos.** A ajuda de custo é outra parcela com natureza nitidamente indenizatória[50]. Sua finalidade é reembolsar despesas efetuadas pelo empregado. Exemplo: despesas realizadas em razão da transferência, conforme previsto no art. 470 da CLT: As despesas resultantes da transferência correrão por conta do empregador. A natureza indenizatória da ajuda de custo permanece mesmo após a entrada em vigor da Lei nº 13.467/2017.

### 11.7.3. DIÁRIAS PARA VIAGEM

- **Conceito e ausência de reflexos.** Compreendem a parcela recebida em razão das despesas gastas pelo empregado em viagens. Antes da Reforma Trabalhista, se as diárias excedessem a 50% do salário do empregado, havia a presunção de fraude, e neste caso teriam natureza salarial. Por outro lado, se o valor fosse inferior a 50%, diante de seu caráter de ressarcimento de despesas, seriam consideradas parcelas sem natureza salarial.
- Com as modificações trazidas pela Lei nº 13.467/2017, as diárias serão **sempre** consideradas parcelas **sem natureza salarial**, inexistindo percentual máximo para a alteração de sua natureza jurídica.

50. "Tal como as diárias de viagem, também as ajudas de custo constituem indenização e não salário. Realmente, elas se destinam a indenizar as despesas do empregado, oriundas de sua transferência para local diverso daquele em que tem domicílio." SUSSEKIND, Arnaldo *et al. Instituições de Direito do Trabalho*. 21. ed. São Paulo: LTr, 2004. vol. I. p. 382.

### 11.7.4. VALE-TRANSPORTE

- **Conceito.** O vale-transporte é pago pelo empregador de forma antecipada e tem como objetivo cobrir as despesas de deslocamento da residência para o trabalho, por meio do sistema de transporte coletivo público. Todos os empregados urbanos e rurais têm direito de receber essa quantia. Cabe ressaltar que o empregado doméstico terá direito ao recebimento do vale-transporte previsto na Lei nº 7.418/1985 conforme estabelece o art. 19 da LC nº 150/2015. Contudo, é permitido ao empregador substituir a aquisição dos vales-transportes, obrigação prevista no art. 4º da Lei nº 7.418/1985, pelo **pagamento em dinheiro**, mediante recibo, dos valores necessários para a aquisição das passagens utilizadas para o deslocamento da residência ao trabalho e para seu retorno.
- **Ausência de reflexos.** Essa parcela, por expressa previsão em lei, não possui natureza salarial nem se incorpora à remuneração para quaisquer efeitos. Consequentemente, não é base de incidência de contribuição previdenciária ou de FGTS.

### 11.7.5. AUXÍLIO-ALIMENTAÇÃO

- De acordo com a Reforma trabalhista, o auxílio-alimentação passa a ser considerado como parcela sem natureza salarial. Além disso, é vedado seu pagamento em dinheiro.
- **Lei nº 14.442, de 2022.** As importâncias pagas sob essa rubrica devem ser usadas exclusivamente para o pagamento de refeições em restaurantes e estabelecimentos similares ou para a aquisição de gêneros alimentícios em estabelecimentos comerciais.
- Além disso, a execução inadequada, o desvio ou o desvirtuamento das finalidades do auxílio-alimentação podem acarretar multa de R$ 5.000,00 (cinco mil reais) a R$ 50.000,00 (cinquenta mil reais) às empresas contratantes e fornecedores dos tíquetes, que serão aplicadas em dobro em caso de reincidência ou embaraço à fiscalização.

### 11.7.6. PRÊMIOS

- Os prêmios decorrem da produtividade do trabalhador, dizendo respeito a fatores de ordem pessoal, como a produção, a assiduidade, a qualidade. Não podem, porém, ser a única forma de pagamento do salário, por serem dependentes de uma condição, devendo o obreiro perceber pelo menos um salário fixo[51]. Apesar de não previsto na CLT antes da Reforma Trabalhista, havia o entendimento de que os prêmios eram parcelas salariais. Com a regulamentação do assunto pela Reforma Trabalhista, foi estabelecida a natureza não salarial dessa parcela.

### 11.7.7. ABONOS

- São parcelas pagas em decorrência de ato de liberalidade do empregado, correspondente a um acréscimo efetuado em parcela única se a necessidade de um motivo específico para seu recebimento[52]. Com a Reforma Trabalhista, os abonos também passarão a integrar as parcelas sem natureza salarial.

### 11.7.8. SALÁRIO-FAMÍLIA

- **Conceito:** É um benefício previdenciário concedido aos segurados de baixa renda (artigos 65 a 70 da Lei nº 8213/91), em razão dos filhos menores de 14 anos ou inválidos de qualquer idade. A sua finalidade é ajudar os pais a custear a educação dos filhos. Esse benefício **não** possui natureza salarial, e para a sua obtenção há necessidade de preencher dois requisitos:
  - **a)** Trabalhador de **baixa renda**. O trabalhador de baixa renda é aquele que, em 2022, possuía remuneração mensal de até R$ 1.655,98[53]. Diante disso, o empregado ou trabalhador avulso que possuir remuneração superior a essa não terá direito ao benefício.
  - **b)** Filhos com menos de 14 anos, ou inválidos[54] de qualquer idade.
- Os empregados urbanos e rurais[55] e trabalhadores avulsos têm direito a esse benefício previdenciário. Os empregados domésticos, com a nova EC/72-2013, que alterou o art. 7º, parágrafo único, da CF/88, passaram a ter esse direito. A LC nº 150/2015 alterou a Lei nº 8.213/1991 para assegurar o benefício também aos domésticos.
- O pagamento do salário-família é feito pelo empregador ao empregado. Posteriormente, o valor é compensado pelo INSS. Para o trabalhador avulso, o pagamento é realizado diretamente pelo INSS.

### 11.7.9. SALÁRIO-EDUCAÇÃO

- Trata-se de modalidade de recolhimento parafiscal, que se relaciona às obrigações empresariais relativas à prestação de facilidades de educação e ensino. Tem natureza de contribuição social[56].

### 11.7.10. PIS/PASEP

- **Pasep** – Programa de Formação do Patrimônio do Servidor Público. Os participantes do Pasep são os funcionários públicos ou empregados públicos (celetistas).
- **PIS** quer dizer Programa de Integração Nacional. Há expressa previsão desse programa no art. 239 da CF. O PIS é calculado sobre o faturamento da empresa e não sobre o lucro, o que o diferencia da PLR – Participação nos Lucros e Resultados.
- Após a CF/88, o abono do PIS, no valor de um salário mínimo por ano, é devido aos trabalhadores, urbanos, rurais e trabalhadores avulsos, cadastrados há 5 anos no Fundo de Participação PIS/Pasep ou no Cadastro Nacional de Trabalho e tenham ganho de até dois salários mínimos mensais. Ademais, o valor do abono salarial será calculado proporcionalmente ao número de meses trabalhados ao longo do ano anterior (ano-base).
- Atualmente, o abono do Pasep (funcionários públicos) é pago no Banco do Brasil, e o do PIS é feito na Caixa Econômica Federal.

---

51. MARTINS, Sérgio Pinto. *Direito do Trabalho*. 24. ed. São Paulo: Atlas, 2008. p. 257.
52. CAIRO JÚNIOR, José. *Curso de Direito do Trabalho. Direito Individual e Direito Coletivo de Trabalho*. 4. ed. Salvador: Editora Juspodivm, 2009. p. 342.
53. Disponível em: https://www.gov.br/inss/pt-br/saiba-mais/salario-familia/valor-limite-para-direito-ao-salario-familia. Acesso em: 06/02/2023.
54. Cabe ressaltar que, após a promulgação do Estatuto da Pessoa com Deficiência (Lei nº 13.146/2015), a nomenclatura correta que deveria ser empregada é "pessoa com deficiência" em vez do uso do termo "inválido", o que requer alteração legislativa. Nesse sentido, confirma a previsão legal: **Art. 66, Lei nº 8.213/1991:** "O valor da cota do salário-família por filho ou equiparado de qualquer condição, até 14 (quatorze) anos de idade ou inválido de qualquer idade é de: (...)"
55. **Súmula nº 344 do TST.** "O salário-família é devido aos trabalhadores rurais somente após a vigência da Lei nº 8.213/91."
56. DELGADO, Maurício Godinho. Curso de Direito do Trabalho. 15. ed. São Paulo: Ltr, 2016. P. 789.

- A Lei nº 9.715/1998 estabelece que a contribuição para o PIS/PASEP será apurada mensalmente:
  - i) pelas pessoas jurídicas de direito privado e as que lhes são equiparadas pela legislação do imposto de renda, inclusive as empresas públicas e as sociedades de economia mista e suas subsidiárias, com base no faturamento do mês;
  - ii) pelas pessoas jurídicas de direito público interno, com base no valor mensal das receitas correntes arrecadadas e das transferências correntes e de capital recebidas. Não se incluem os valores correspondentes à folha de pagamento dessas instituições, custeadas com recursos originários do Orçamento Fiscal e da Seguridade Social.
- As sociedades cooperativas, além da contribuição sobre a folha de pagamento mensal, pagarão, também, a contribuição calculada na forma do Item I acima citado, em relação às receitas decorrentes de operações praticadas com não associados.

## 11.8. SALÁRIO-UTILIDADE OU SALÁRIO *IN NATURA*

- O salário poderá ser pago em dinheiro ou, ainda, em utilidades, como alimentação e moradia. Essa forma de pagamento é chamada de salário in natura ou utilidades. Há possibilidade de desconto do salário mínimo para o pagamento das utilidades, respeitando os seguintes percentuais, no caso dos rurais: a) até 20%, moradia; b) até 25%, pelo fornecimento de alimentação sadia e farta, atendidos os preços vigentes na região. Para esses descontos, há necessidade de prévia autorização do empregado rural; sem tal autorização essas deduções serão nulas de pleno direito.
- A título de comparação, os limites máximos permitidos para os empregados urbanos são: 25% para habitação e 20% para alimentação; esses descontos serão sobre o salário contratual do empregado, de acordo com § 3º do art. 458 da CLT. Não há, na CLT, previsão de prévia autorização do trabalhador urbano.
- **Requisitos para configurar salário-utilidade:**
  - a) Utilidade deverá ser fornecida habitualmente. Exemplo: empregado recebe todos os meses duas cestas básicas.
  - b) Utilidade fornecida terá caráter de contraprestação, ou seja, é paga pelo trabalho desempenhado pelo empregado.

  *Obs.*: Se a utilidade fornecida é para o trabalho, ou seja, como ferramenta indispensável à realização dos serviços, nao terá natureza salarial, mas sim de indenização.

| **SALÁRIO *IN NATURA*** | | |
|---|---|---|
| | | |
| **PELO** | = | Salário-utilidade (contraprestação) |
| | | |
| **PARA** | = | Não é salário-utilidade (ferramenta de trabalho) |

- **Utilidades não salariais.** Há previsão de algumas utilidades que, em regra, não possuem natureza salarial quando fornecidas pelo empregador. A previsão dessas utilidades não consideradas salário in natura são muito importantes ao seu concurso, pois são exigidas com frequência. Aliás, houve alteração na lei prevendo o vale-cultura como parcela indenizatória (não salarial). De acordo com o art. 458, § 2º, da CLT:

  **Art. 458 da CLT.** *Além do pagamento em dinheiro, compreende-se no salário, para todos os efeitos legais, a alimentação, habitação, vestuário ou outras prestações in natura que a empresa, por força do contrato ou do costume, fornecer habitualmente ao empregado. Em caso algum será permitido o pagamento com bebidas alcoólicas ou drogas nocivas.*

  *§ 1º Os valores atribuídos às prestações in natura deverão ser justos e razoáveis, não podendo exceder, em cada caso, os dos percentuais das parcelas componentes do salário mínimo (arts. 81 e 82).*

  *§ 2º Para os efeitos previstos neste artigo, não serão consideradas salário as seguintes utilidades concedidas pelo empregador:*

  *I – vestuários, equipamentos e outros acessórios fornecidos aos empregados e utilizados no local de trabalho, para a prestação do serviço;*

  *II – educação, em estabelecimento de ensino próprio ou de terceiros, compreendendo os valores relativos a matrícula, mensalidade, anuidade, livros e material didático;*

  *III – transporte destinado ao deslocamento para o trabalho e retorno, em percurso servido ou não por transpor-te público;*

  *IV – assistência médica, hospitalar e odontológica, prestada diretamente ou mediante seguro-saúde;*

  *V – seguros de vida e de acidentes pessoais;*

  *VI – previdência privada;*

  *VII – (Vetado)*

  *VIII – o valor correspondente ao vale-cultura.*

- **Reforma Trabalhista:** Além desses casos, a Reforma Trabalhista inclui um novo parágrafo ao art. 458 da CLT. Com esse novo dispositivo, o legislador da Reforma Trabalhista estabelece que todos os valores referentes à assistência prestada por serviço médico ou odontológico não integrarão o salário do empregado, inclusive no tocante ao reembolso de despesas com medicamentos, óculos, aparelhos ortopédicos, próteses, órteses, despesas médico-hospitalares e outras similares:

  **Art. 458, § 5º da CLT (redação dada pela Reforma Trabalhista):** *O valor relativo à assistência prestada por serviço médico ou odontológico, próprio ou não, inclusive o reembolso de despesas com medicamentos, óculos, aparelhos ortopédicos, próteses, órteses, despesas médico-hospitalares e outras similares, mesmo quando concedido em diferentes modalidades de planos e coberturas, não integram o salário do empregado para qualquer efeito nem o salário de contribuição, para efeitos do previsto na alínea q do § 9o do art. 28 da Lei no 8.212, de 24 de julho de 1991.*

## 11.9. FORMAS E MEIOS DE PAGAMENTO DO SALÁRIO

- O salário poderá ser fixado de 3 formas:

**a)** **Salário por unidade de tempo.** O empregado receberá pelos minutos e horas que estiver à disposição do empregador, aguardando ou executando ordens. Nesse caso, o salário independe da produtividade do trabalhador.

**b)** **Salário por unidade de obra ou salário por produção**: empregado receberá de acordo com a quantidade produzida, ou seja, o salário estará intimamente ligado ao seu desempenho pessoal, independentemente do tempo gasto.

**c)** **Salário por tarefa**. Forma mista de pagamento. Receberá conforme o serviço prestado (produção) e em período previamente fixado (tempo).

- **Periodicidade do pagamento:** deverá ocorrer em intervalos não superiores a um mês, exceto o pagamento das gratificações, comissões e percentagens. O salário poderá ser pago por dia, semana, quinzena ou mês. Se fixado por mês, o pagamento deve ser efetuado até o 5º dia útil subsequente ao mês vencido.
- Segue importante quadro de resumo acerca das formas e meios de pagamento do salário do empregado.

| SALÁRIO |
|---|
| • **Salário poderá ser fixado:** |
| – por tempo |
| – por produção |
| – por tarefa |
| • **Periodicidade:** |
| – prazo não superior a um mês, exceto comissões, percentagens e gratificações |
| – pagamento mensal: até 5º dia útil |
| • **Pagamento em moeda corrente – real** |

## 11.10. EQUIPARAÇÃO SALARIAL

- **Princípio da igualdade de salário.** Com base no princípio da igualdade, é vedado o tratamento diferenciado para trabalhadores que exerçam a mesma função. Há previsão do direito à equiparação salarial, nas hipóteses de tratamento diferenciado.
- **Requisitos da equiparação salarial (Lei nº 13.467/2017).** Com a Reforma Trabalhista, os requisitos para a equiparação salarial foram alterados, dificultando a sua aplicação. Para que haja equiparação salarial, desta forma, devem estar presentes os seguintes requisitos de forma cumulativa:
  - **a.** Identidade de empregadores
  - **b.** Trabalho no mesmo estabelecimento empresarial (Alteração pela Reforma Trabalhista).
  - **c.** Empregados devem possuir a mesma função.
  - **d.** Trabalhos de igual valor.
  - **e.** Tempo no serviço não poderá ser superior a 4 anos (Alteração pela Reforma Trabalhista).
  - **f.** Tempo na função não poderá ser superior a 2 anos.
  - **g.** Inexistência de quadro de carreira ou de plano de cargos e salários (Alteração pela Reforma Trabalhista).
- **Identidade de empregadores:** compreende a exigência de que o trabalho exercido pelo empregado requerente (trabalhador equiparando) e o empregado paradigma (pessoa com quem se pretende a equiparação) deve ser prestado para o mesmo empregador.
- **Trabalho no mesmo estabelecimento do empregador (alteração pela Lei nº 13.467/2017):** É importante destacar a diferença entre empresa e estabelecimento. A empresa é a unidade econômica produtiva, que consiste na atividade exercida pelo empresário. Por sua vez, o estabelecimento corresponde ao complexo de bens que viabilizam o exercício dessa atividade[57]. A justificativa apresentada para a alteração na redação do dispositivo consistiu no fato de que a expressão "mesma localidade" seria abrangente e não definiria adequadamente o conceito. Para isso, optou-se pela adoção do termo "mesmo estabelecimento". Dessa forma, se uma empresa tiver em uma mesma cidade dois estabelecimentos diferentes, não seria assegurado o direito à equiparação salarial. O requisito para a equiparação salarial deixa de ser a localidade e passa a ser o estabelecimento onde é prestado os serviços.
- **Identidade de funções:** Equiparando e paradigma devem exercer funções idênticas. É irrelevante que a terminologia utilizada pela empresa seja diversa. Exemplo: paradigma exerce a função de "encarregado de vendas", já o equiparando atua como "divulgador dos novos produtos", mas se verificado, na prática, que exercem a mesma função, há direito à equiparação salarial.
- **Trabalho de igual valor:** É necessário, ainda, que as mesmas funções sejam desempenhadas com a mesma perfeição técnica (qualidade) e produtividade (quantidade), isto é, o trabalho exercido por equiparando e paradigma tenha igual valor. É o que estabelece a parte inicial do § 1º do art. 461 da CLT. Dessa forma, o empregado que detém maiores conhecimentos com a realização de cursos técnicos e profissionalizantes não pode servir como paradigma, para fins de equiparação.
- **Diferença de tempo de serviço de, no máximo, 4 anos e na mesma função de, no máximo, 2 anos:** Com a Reforma Trabalhista, o tempo de serviço ou o tempo do empregado no emprego deve ser também considerado para fins de equiparação salarial. Assim, novo requisito foi acrescentado, exigindo que o empregado não tenha tempo de serviço superior a 4 anos em relação ao paradigma para se viabilizar a equiparação salarial. Mesmo que o empregado tenha menos de 2 anos de diferença no exercício de determinada função, se houver diferença superior a 4 anos em relação ao tempo de serviço na empresa, não terá direito à equiparação. Exemplo: O empregado João acaba de ser contratado para trabalhar como balconista e recebe salário de R$ 1.000,00. Por sua vez, a empregada Ana, que exerce a mesma função de balconista há apenas 6 meses, recebe o salário de R$ 1.500,00. Antes de ser balconista, Ana exerceu outras funções e já trabalha há 5 anos para esse mesmo empregador. Na hipótese narrada, apesar de Ana e João exercerem a mesma função com diferença de tempo inferior a 2 anos, Ana já tem tempo de serviço superior a 4 anos em relação a João, não tendo este empregado direito à equiparação salarial.
- **Inexistência de quadro de carreira ou de plano de cargos e salários:** Com a Reforma Trabalhista, foram previstos dois instrumentos diferentes que impedem a equiparação salarial:

a) Existência de pessoal organizado em quadro de carreira; ou

b) Plano de cargos e salários adotado em norma interna da empresa ou mediante negociação coletiva.

Portanto, caso existente documento estabelecendo quadro de carreira ou plano de cargos e salários, fica excluída a possibilidade de equiparação salarial entre empregados que exerçam a mesma função em trabalho de igual valor, para o mesmo empregador, em um determinado estabelecimento. Ressalta-se que a convenção coletiva e o acordo coletivo terão prevalência sobre a lei no tocante à adoção de plano de cargos, salários e funções conforme prevê o art. 611-A, V, da CLT.

Além do estabelecimento desse novo instrumento que viabiliza a exclusão da equiparação salarial, a nova redação do dispositivo prevê a desnecessidade de homologação ou registro em órgão público. Portanto, para a validade do quadro de carreira ou do plano de cargos e salários, não é necessária sua homologação pelo antigo Ministério do Trabalho.

- **Readaptado.** O empregado readaptado não poderá servir como paradigma, em razão das peculiaridades de suas condições pessoais.

---

57. CASSAR, Vólia Bomfim. *Direito do Trabalho*. 11. ed. Rio de Janeiro: Forense, 2015. p. 420.

- **Servidor público estatutário.** O instituto da equiparação salarial não é aplicado aos servidores da Administração Direta, autárquica ou fundacional, por força do art. 37, XIII, da CF/88. As regras da equiparação salarial, entretanto, são aplicáveis aos empregados públicos de sociedades de economia mista e empresas públicas. Essas empresas são organizadas com regras próprias das empresas privadas.
- **Equiparação por equivalência.** O art. 460 da CLT prevê a equiparação por equivalência, ou seja, trata-se de uma forma de arbitrar o valor da remuneração. De acordo com essa norma, diante da ausência de estipulação do salário, ou inexistência de prova sobre a importância ajustada entre as partes, paga-se o mesmo que outro trabalhador receber nas mesmas condições.
- **Salário-substituição.** Nesse caso, o empregado substituto terá direito ao salário contratual do substituído, como ocorre nas férias e outros afastamentos. A substituição não poderá, entretanto, ser meramente eventual, como substituição de apenas 2 ou 3 dias. Cabe frisar que, se o cargo estiver vago e for ocupado de forma definitiva, o trabalhador ocupante não terá direito ao salário-substituição.
- **Vedação à indicação de paradigmas remotos:** De acordo com a jurisprudência do TST, o empregado, desde que atendidos os requisitos previstos no artigo em análise, tinha direito à equiparação salarial, mesmo que o paradigma tenha obtido aumento salarial via decisão judicial. De acordo com o item VI da súmula nº 6 do TST, é irrelevante se o desnível salarial tenha origem em decisão judicial. No entanto, a Reforma Trabalhista, ao inserir o § 5º ao art. 461 da CLT, passa a proibir a equiparação salarial em cadeia, pois exige como novo requisito da equiparação salarial a contemporaneidade no cargo ou na função entre paradigma e equiparando, não sendo permitida a indicação de paradigma remoto.
- **Multa por discriminação:** Por fim, a **Reforma Trabalhista** passa a prever a aplicação de multa pelo Judiciário na hipótese de restar comprovada a discriminação por motivo de sexo ou etnia do trabalhador. O empregado terá direito, além do pagamento das diferenças salariais devidas, ao recebimento de multa no valor de 50% do limite máximo dos benefícios do Regime Geral de Previdência Social. A legislação não prevê a graduação da multa em razão da discriminação sofrida.

| Equiparação salarial (Resumo) | |
|---|---|
| **Empregado readaptado** | não poderá servir de paradigma. |
| **Trabalho intelectual** | cabe equiparação desde que haja critérios objetivos. |
| **Prescrição** | equiparação é parcial, renova-se mês a mês. |
| **Administração Pública** | a) não cabe equiparação de servidores públicos (OJ 297);<br>b) cabe equiparação de empregados de economia mista e empresa pública (Súmula nº 455). |
| **Cessão de empregados** | cabe equiparação desde que o órgão cessionário seja o responsável pelos pagamentos. |

### 11.11. DESVIO E ACÚMULO DE FUNÇÃO

- Ocorre o **desvio de função** quando o empregado que deveria estar desempenhando uma determinada função está prestando serviços esporádicos em outra, com salário mais elevado. Uma vez comprovado o desvio, dará ao empregado remuneração mais elevada enquanto esteve desempenhando aquela atividade que não era originariamente sua. O empregado será designado, novamente, para a antiga atividade, sem que esse fato acarrete redução salarial ilícita.
- **Acúmulo de função.** Diferentemente do desvio de função, o acúmulo de função compreende o exercício de atividades funcionais diferentes daquelas para as quais o trabalhador foi contratado. Há discussão quanto à possibilidade de acréscimo salarial quando o empregado exerce outras funções que possam abalar suas condições físicas e psíquicas.

## 12. AVISO-PRÉVIO

- **Conceito.** O aviso-prévio tem como finalidade indicar a data do término do contrato de trabalho. O período do aviso possibilita ao trabalhador procurar outro emprego, e, ainda, ao empregador buscar um substituto para o cargo vago. Dessa forma, torna-se possível que uma parte não seja surpreendida com a ruptura do contrato por ato unilateral da outra. Afasta-se, portanto, o evento-surpresa.
- **Formalidade.** A CLT não exige formalidade específica para concessão do aviso prévio. Dessa forma, pelo menos em tese, caberia a notificação do aviso verbalmente. A concessão verbal, embora admitida, dificulta a comprovação de que ele tenha sido efetivamente dado.
- **Duração.** A parte que decidir colocar fim ao contrato deverá avisar a outra com **antecedência mínima de 30 dias.** Nesse sentido, estabelece o art. 7º, XXI, da CF/88: São direitos dos trabalhadores urbanos e rurais, além de outros que visem à melhoria de sua condição social: aviso-prévio proporcional ao tempo de serviço, **sendo no mínimo de 30 dias**, nos termos da lei (grifos acrescidos).
- **Proporcionalidade.** Em razão dessa previsão constitucional, o aviso-prévio é proporcional ao tempo de serviço. Para empregados com até um ano de contrato, o aviso-prévio será de 30 dias. A cada ano de contrato, serão acrescidos 3 dias na duração do aviso, até o limite de 60 dias. Assim sendo, a duração do aviso-prévio poderá ter até 90 dias (prazo mínimo de 30 dias + 60 dias do aviso proporcional). Esse dispositivo foi regulamentado pela Lei nº 12.506, de 11 de outubro de 2011.
- **Reforma Trabalhista:** A nova legislação cria a possibilidade de término do contrato de trabalho por meio de distrato[58], que compreende um acordo entre as partes da relação de emprego que põe fim ao contrato de trabalho. Ressalta-se que o novo art. 484-A que regulamenta o assunto prevê o pagamento de metade do aviso prévio ao trabalhador caso seja indenizado. Essa alteração trará diversas discussões quanto a sua constitucionalidade, pois a CF/88 determina o pagamento de aviso prévio de, no mínimo, 30 dias.

  Além disso, há previsão no art. 611-B da CLT (inserido pela Lei nº 13.467/2017) de que a redução ou supressão do aviso-prévio proporcional ao tempo de serviço de no mínimo 30 dias constitui objeto ilícito da convenção ou acordo coletivo.
- **Em resumo, antes da prova, sobre aviso-prévio:**

| Aviso-prévio proporcional ao tempo de serviço (Lei nº 12.506/2011) | |
|---|---|
| **Duração mínima** | 30 dias |

58. Sobre o tema distrato conferir o item 15.4

| Aviso-prévio proporcional ao tempo de serviço (Lei nº 12.506/2011) | |
|---|---|
| Proporcionalidade | – A cada ano de contrato: acrescem-se 3 dias<br>– Acréscimo máximo de 60 dias |
| Total do período | 90 dias (30 dias iniciais + 60 dias da proporcionalidade) |
| Observação | Posicionamento majoritário de que a ampliação do prazo é apenas direito do empregado (não é direito do empregador) |

| Hipóteses em que é devido o aviso-prévio |
|---|
| • Dispensa sem justa causa.<br>• Rescisão indireta (art. 483 da CLT).<br>• Pedido de demissão feito pelo empregado.<br>• Extinção do estabelecimento (Súmula 44 do TST).<br>• Contrato por prazo determinado com cláusula assecuratória de direito recíproco (art. 481 da CLT).<br>• Culpa recíproca: empregado tem direito a 50% do valor do aviso (Súmula 14 do TST).<br>• Acordo entre empregado e empregador: 50% do aviso-prévio, se indenizado (art. 484-A da CLT – com redação dada pela Reforma Trabalhista).<br>**Obs.: Não será devido o aviso-prévio:**<br>a) contratos por prazo determinado.<br>b) dispensa por justa causa (art. 482 da CLT).<br>c) morte do empregado. |

| Aviso-prévio (Resumo) | |
|---|---|
| Conceito | evitar que uma parte seja surpreendida com a ruptura do contrato por ato unilateral da outra. |
| Prazo | no mínimo, 30 dias. |
| Concedido pelo empregador | a) empregado urbano terá redução de 2 horas diárias ou 7 dias consecutivos;<br>b) empregado rural terá direito a redução de 1 dia por semana. |
| Concedido pelo empregado | a) obrigado a conceder o aviso na hipótese de pedido de demissão;<br>b) se não for concedido, possibilita desconto no salário do empregado. |
| Aviso-prévio indenizado | ocorre a substituição do período trabalhado por indenização pecuniária. Esse período é projetado no contrato para todos os fins. |
| Reconsideração | ato bilateral, depende do consentimento da parte contrária. |

## 13. FUNDO DE GARANTIA DO TEMPO DE SERVIÇO – FGTS

- **Conceito.** O FGTS é uma "poupança forçada" suportada exclusivamente pelo empregador. Todos os meses, ao quitar o salário e demais adicionais, o empregador deverá depositar, numa conta vinculada do trabalhador, 8% da sua remuneração. Exemplo: empregado recebe R$ 1.000,00 de salário. Logo, o **empregador** deverá depositar R$ 80,00 na conta vinculada do trabalhador, a título de FGTS. Veja que, para fins de FGTS, não há desconto a ser suportado pelo trabalhador. Esses depósitos destinam-se à indenização por tempo de serviço do empregado.
- Os depósitos efetuados nas contas vinculadas serão **corrigidos monetariamente** com base nos parâmetros fixados para atualização dos saldos dos depósitos de poupança e capitalização de **juros de 3% ao ano**.
- **Reforma Trabalhista:** O valor dos depósitos mensais e de indenização rescisória do FGTS constituem objeto ilícito de convenção ou acordo coletivo de trabalho (Art. 611-B da CLT – com redação dada pela Reforma Trabalhista).
- **Lei nº 14.438, de 24 de agosto de 2022 (fruto da conversão da MP nº 1.107/2022):** aprovada pelo Congresso Nacional na forma de Projeto de Lei de Conversão em agosto de 2022, altera a data limite para o depósito dos valores do FGTS para até o **vigésimo dia de cada mês**. Contudo, a produção de efeitos dessa alteração está condicionada ao início, pelo empregador, da elaboração da folha de pagamento e a declaração os dados relacionados aos valores do FGTS e outras informações de interesse do Poder Público por meio de eSocial entrada do FGTS digital[59].

### 13.1. HIPÓTESES DE SAQUE DOS DEPÓSITOS

- **Conta vinculada e hipóteses de saque.** A conta corrente do trabalhador, fruto dos depósitos do FGTS, é chamada de conta vinculada. Vinculada porque o empregado não tem a liberdade de sacar o dinheiro quando bem entender, mas somente nas hipóteses expressamente previstas em lei. Assim, não lhe é dada ampla disponibilidade sobre o dinheiro lá depositado, porém pode movimentar a conta nas seguintes hipóteses:

| Art. 19-A: | – Contrato nulo (Súmula nº 363 do TST) |
|---|---|
| Art. 20: | – Aposentadoria pela Previdência Social.<br>– Compra da casa própria.<br>– Doenças graves ou raras do trabalhador e de seus dependentes (terminal, AIDS e câncer).<br>– Compra de ações (disponíveis para esse fim – exemplo, ações da Vale e Eletrobras).<br>– 70 anos ou mais.<br>– Calamidades públicas – recuperar os bens perdidos.<br>– Término do contrato de trabalho, exceto se ocorrer por justa causa ou pedido de demissão.<br>– Extinção total da empresa, fechamento de quaisquer de seus estabelecimentos, filiais ou agências, supressão de parte de suas atividades ou ainda falecimento do empregador individual sempre que qualquer dessas ocorrências implique rescisão de contrato de trabalho.<br>– Término do contrato a termo, inclusive o dos trabalhadores temporários;<br>– Término do contrato de trabalho por distrato (art. 20, I-A – acrescentado pela Reforma Trabalhista)<br>– Conta inativa após 3 anos ininterruptos.<br>– Falecimento do trabalhador.<br>– Suspensão total do trabalho avulso por período igual ou superior a 90 dias, comprovada por declaração do sindicato.<br>– Aquisição de órtese ou prótese por trabalhador com deficiência para promoção de acessibilidade e de inclusão social (Lei nº 13.146/2015). |

59. De acordo com o site do Ministério do Trabalho e Emprego, "A data de implantação do FGTS Digital será divulgada em breve. O desenvolvimento do sistema está em ritmo acelerado.". Disponível em: https://www.gov.br/trabalho-e-previdencia/pt-br/servicos/empregador/fgtsdigital/conheca-o-fgts-digital/cronograma-de-implantacao. Acesso em: 18/01/2023.

| | |
|---|---|
| **Art. 20:** | - Pagamento total ou parcial do preço de aquisição de imóveis da União inscritos em regime de ocupação ou aforamento, a que se referem o art. 4º da Lei no 13.240, de 30 de dezembro de 2015, e o art. 16-A da Lei no 9.636, de 15 de maio de 1998, observadas as condições legais.<br>- Anualmente no mês de aniversário do trabalhador.<br>- A qualquer tempo, quando seu saldo for inferior a R$ 80,00 (oitenta reais) e não houver ocorrido depósitos ou saques por, no mínimo, 1 (um) ano.<br>- Integralização de cotas do FI-FGTS;<br>- Quando o trabalhador ou qualquer de seus dependentes for, nos termos do regulamento, pessoa com doença rara, consideradas doenças raras aquelas assim reconhecidas pelo Ministério da Saúde, que apresentará, em seu sítio na internet, a relação atualizada dessas doenças. |

- **Indenização pela perda do emprego doméstico:** Segue quadro com as hipóteses de levantamento do percentual de 3,2% pago ao empregado doméstico como indenização pela perda do emprego:

| Hipóteses de saque da Multa de 3,2% do FGTS Empregado doméstico | |
|---|---|
| **Forma do término do contrato de trabalho** | **Responsável pelo levantamento dos depósitos** |
| Dispensa sem justa causa | Empregado doméstico (indenização devida) |
| Rescisão indireta | Empregado doméstico (indenização devida) |
| Término antecipado do contrato por prazo determinado por culpa do empregador | Empregado doméstico (indenização devida) |
| Pedido de demissão | Empregador |
| Dispensa por justa causa | Empregador |
| Término normal do contrato por prazo determinado | Empregador |
| Aposentadoria | Empregador |
| Falecimento do doméstico | Empregador |
| Culpa recíproca | ½ Empregado e ½ Empregador |

- **Para a semana antes da prova**, segue quadros referentes ao FGTS:

| FGTS (Resumo) | |
|---|---|
| **Conceito** | poupança forçada. Suportada exclusivamente pelo empregador. |
| **Direito ao FGTS** | empregados urbanos e rurais e trabalhadores avulsos.<br>- **Empregado doméstico:** foi garantido (obrigatório) pela Nova Lei dos Domésticos, que regulamentou os direitos prescritos aos domésticos após a EC nº 72/2013 |
| **FGTS facultativo** | Diretor não empregado (art. 16, Lei nº 8.036/1990 e Súmula nº 269 do TST). |
| **Alíquota** | 8% sobre a remuneração. Aprendiz, a alíquota é de 2% sobre a remuneração. |
| **Prazo para o depósito** | até o dia vigésimo dia de cada mês (lei nº 14.438/2022). |

| FGTS (Resumo) | |
|---|---|
| **Indenização de 40% sobre o FGTS** | dispensa sem justa causa e rescisão indireta. |
| **Indenização de 20%** | - culpa recíproca e força maior.<br>- acordo entre empregado e empregador (distrato). |
| **Empréstimo consignado com o FGTS** | Limites (Lei nº 13.313/2016):<br>- 10% do saldo na conta vinculada do FGTS; e<br>- Até 100% do valor da multa do FGTS paga pelo empregador na hipótese de despedida sem justa causa ou de despedida por culpa recíproca ou força maior. |
| **Parcelas indenizatórias** | não há incidência do FGTS, exceto aviso-prévio indenizado. |
| **Prescrição** | 2 anos a contar da extinção do contrato para ingressar na justiça. Poderá pleitear os últimos 5 anos (Súm. 362 – nova redação). STF[14] (novembro/2014): reduziu o prazo de 30 anos para 5 anos (art. 7º, inciso XXIX, CF/88). |

## 14. ESTABILIDADE

- **Conceito.** Estabilidade é o direito do trabalhador de permanecer no emprego, mesmo contra a vontade do empregador.

TRABALHO

### 14.1. DIRIGENTE SINDICAL

- **Início e fim da estabilidade.** O art. 8º, VIII, da CF/88 prevê a estabilidade para o dirigente sindical. A estabilidade terá início com o registro da candidatura para o cargo de dirigente sindical. Se eleito, a estabilidade persistirá até um ano após o fim do mandato. Se o empregado não for eleito, não terá a garantia da estabilidade. O mandato do dirigente sindical é de 3 anos, conforme o art. 515, *b*, da CLT. Ademais, não persiste a estabilidade se houver extinção do estabelecimento.
- **Número de membros com estabilidade.** O suplente do cargo de direção ou representação sindical também terá direito à estabilidade. O número de dirigentes sindicais, com estabilidade, é limitado a 7 membros titulares e 7 membros suplentes. A estabilidade abrange apenas os membros que atuam na defesa da categoria, excluindo, portanto, os membros do conselho fiscal e delegados sindicais.
- **Contrato por prazo determinado.** Em regra, não gera direito à estabilidade o fato de a candidatura ser realizada durante o contrato por prazo determinado, exceto se se tratar do contrato por prazo determinado previsto na Lei nº 9.601/98. Nessa lei há expressa previsão de estabilidade para o dirigente sindical (art. 1º, § 4º), na vigência do contrato.
- **Aviso-prévio.** Se o registro da candidatura ocorrer durante o período de aviso-prévio, ainda que indenizado, não assegura a estabilidade do empregado.
- **Inquérito para apuração da falta greve.** O dirigente sindical somente poderá ser dispensado por falta grave mediante a apuração em inquérito judicial. Esse "inquérito" é uma ação judicial que será proposta na Justiça do Trabalho, conforme prevê o art. 853 da CLT. De acordo com esse artigo, o prazo para ingressar com a ação é de trinta dias, a contar da suspensão do trabalhador. Sem a observância ao inquérito para apuração da falta grave, a dispensa é inválida.
- **Empresas com mais de 200 empregados.** Os representantes eleitos nas empresas com mais de 200 empregados gozam de estabilidade, por expressa previsão na Lei nº 13.467/2017. Para mais informações, consulte o tópico 20 dessas dicas.

## 14.2. EMPREGADO REPRESENTANTE DA CIPA

- **Conceito e estabilidade.** A Comissão Interna de Prevenção a Acidentes e Assédio desempenha importante papel para manter um ambiente de trabalho saudável, seguro e que favoreça a inserção e a manutenção de mulheres no mercado de trabalho[60].
- Na constituição dessas comissões haverá representantes dos empregados (eleitos pelos demais trabalhadores da empresa) e dos empregadores (indicados). Os empregados eleitos para cargo de direção da CIPA possuem garantia provisória de emprego, desde o registro da candidatura até um ano após o mandato (art. 10, II, *a*, do ADCT).
- **Suplente.** O art. 10, II, *a*, do ADCT não estende o direito à estabilidade ao suplente do diretor eleito, mas o TST possui entendimento majoritário ampliando essa garantia de emprego ao suplente do empregado eleito para representar a CIPA.
- **Extinção do estabelecimento.** A estabilidade provisória do cipeiro não constitui vantagem pessoal, mas garantia para as atividades dos membros da CIPA, que somente tem razão de ser quando em atividade a empresa. Extinto o estabelecimento, não se verifica a despedida arbitrária, sendo impossível a reintegração e indevida a indenização do período estabilitário.

## 14.3. EMPREGADO ACIDENTADO

- **Prazo da estabilidade.** Como forma de incentivar o retorno ao trabalho e garantir prazo para readaptação ao serviço, foi dado ao empregado acidentado o direito à estabilidade provisória de doze meses após a cessação do auxílio-doença. Esse período de doze meses não poderá ser reduzido via negociação coletiva.
- **Requisitos.** Para adquirir essa garantia provisória, há necessidade de preencher, cumulativamente, os seguintes requisitos:
  a) afastamento ser superior a 15 dias. Dessa forma, o empregado acidentado que retornou ao trabalho em menos de quinze dias não é detentor dessa garantia provisória de emprego;
  b) percepção de auxílio-doença acidentário.
- **Doenças decorrentes do trabalho.** Nesse caso, mesmo que o trabalhador não tenha recebido auxílio-doença, pois os afastamentos foram de poucos dias, terá direito à estabilidade. Isso porque a doença do trabalho ou profissional tem ligação com o trabalho desenvolvido na empresa.
- **Contrato por prazo determinado.** Atualmente o empregado submetido a contrato de trabalho por tempo determinado goza da garantia provisória de emprego, decorrente de acidente de trabalho (Súmula nº 378, III, do TST).

## 14.4. EMPREGADO PÚBLICO

- **Estabilidade aos empregados públicos.** O posicionamento do TST é mais abrangente, estendendo a estabilidade aos celetistas que ingressam via concurso público na Administração Direta, autárquica ou fundacional. Por outro lado, os empregados públicos de empresas públicas (Infraero, por exemplo) ou sociedades de economia mista (Banco do Brasil, por exemplo) não terão direito à estabilidade, mesmo que admitidos via concurso público. Aliás, o TST entende que é possível a dispensa desses empregados sem justa causa.
- **Dispensa de empregados da Empresa de Correios e Telégrafos (ECT):** No dia 10/10/2018, o STF, no RE nº 589.998, fixou a seguinte tese com repercussão geral: "A Empresa Brasileira de Correios e Telégrafos (ECT) tem o dever jurídico de motivar, em ato formal, a demissão de seus empregados". Para que haja a dispensa, dessa forma, o ato deverá ser motivado, seja por queda de arrecadação, rearranjo interno de cargos ou outra razão. Importa destacar que a decisão se restringe aos funcionários celetistas da ECT, que é empresa pública.
- O entendimento reforça o posicionamento adotado pela jurisprudência do STF, que já sustentava a necessidade de fundamentação da dispensa de empregados públicos, não havendo que se falar na aplicação do art. 41 da CF/88. Ou seja, não há estabilidade, não sendo necessária a instauração de processo administrativo, mas apenas a motivação do ato de dispensa do empregado.

## 14.5. ESTABILIDADE DA GESTANTE E ADOTANTE (LEI Nº 13.509/2017)

- **Duração:** inicia-se com a confirmação da gravidez e permanece até 5 meses após o parto.
- **Desconhecimento da gravidez pelo empregador:** não afasta o direito à estabilidade.
- **Adotante:** A Lei nº 13.509/2017 passou a assegurar a estabilidade provisória no emprego à adotante (novo art. 391-A, parágrafo único, da CLT).
- **Contrato por prazo determinado:** adquire estabilidade (Súmula nº 244 do TST e art. 391-A da CLT), inclusive no contrato previsto na Lei nº 9.601/98.
- **Gravidez durante o aviso-prévio, inclusive indenizado:** o TST já vinha decidindo que gerava estabilidade. Hoje a matéria está prevista no art. 391-A da CLT.
- **Morte da gestante:** A Lei Complementar nº 146/2014 estendeu a estabilidade provisória da gestante, nos casos de morte desta, a quem detiver a guarda de seu filho.
- **STF e gravidez no curso do emprego:** No dia 10/10/2018, o STF, negou provimento ao RE 629.053 e fixou a tese com repercussão geral: "A incidência da estabilidade prevista no art. 10, inc. II, do ADCT, somente exige a anterioridade da gravidez à dispensa sem justa causa". Dessa forma, não é necessário que o empregador tenha conhecimento do estado gravídico da mulher, bastando que a gravidez tenha se dado no curso do contrato de trabalho.
- Dessa forma, fica mantido o entendimento adotado pela Súmula nº 244 do TST, no sentido de que o desconhecimento do empregador do estado gravídico da mulher, não afasta o direito ao pagamento da indenização decorrente da estabilidade.
- Cumpre destacar, por fim, que a empregada somente perderá o direito à estabilidade se cometer falta grave, prevista no art. 482 da CLT. Cabe ressaltar que a gestante poderá pedir demissão a qualquer momento. A estabilidade não exige que ela permaneça prestando serviços obrigatoriamente, o que contrariaria o direito de liberdade de trabalho. Nesse caso, receberá as verbas trabalhistas decorrentes do pedido de demissão. Lembre-se de que é direito potestativo do(a) empregado(a) pleitear a demissão a qualquer momento. Esse direito, portanto, não depende da vontade do empregador. Contudo, ainda que o pedido de demissão da gestante ocorra em período inferior a um ano, será necessária a assistência do sindicato na homologação das verbas rescisórias, utilizando-se do entendimento previsto no art. 500 da CLT.

## 14.6. ESTABILIDADE DO REPRESENTANTE DOS EMPREGADOS (REFORMA TRABALHISTA)

- A Lei nº 13.467/2017 acaba com a discussão em torno da estabilidade do representante dos empregados – cuja elei-

---

60. Veja, também, os comentários à Lei nº 14.457/2022, que, entre outas providência, alterou a regulamentação da Comissão Interna de Prevenção de Acidentes e, agora, de Assédio (CIPA).

ção é obrigatória nas empresas com mais de 200 empregados por expressa determinação no art. 11 da Constituição Federal – pois passa a prever de forma expressa a estabilidade do membro da comissão de representante dos empregados, que terá garantia contra despedida arbitrária desde o registro de sua candidatura até um ano após o fim do mandato. A despedida arbitrária é aquela que não se fundar em motivo disciplinar, técnico, econômico ou financeiro.

- A estabilidade prevista aos membros da comissão de representantes é a mesma aplicada aos cipeiros:

> **Art. 165, CLT** – *Os titulares da representação dos empregados nas CIPA (s) não poderão sofrer despedida arbitrária, entendendo-se como tal a que não se fundar em motivo disciplinar, técnico, econômico ou financeiro*

## 14.7. DESPEDIDA E REINTEGRAÇÃO DO EMPREGADO ESTÁVEL

- **Dispensa sem justa causa:**

  **a) reintegração:** somente se a decisão ocorrer durante o período estabilitário;

  **b) Indenização:** se a decisão for dada após o período estabilitário;

**Para a semana antes da prova**, segue quadro referente à estabilidade:

| Estabilidade | |
|---|---|
| **Estabilidade decenal** | Após 10 de efetivo serviço.<br>Não optante pelo FGTS.<br>Após CF/88 não está em vigor. |
| **Dirigente sindical** | • Início da estabilidade ocorre com o registro da candidatura e permanece até 1 ano após o mandato.<br>– Estabilidade aos titulares e suplentes.<br>– Dirigentes com estabilidade: 7 membros titulares e 7 suplentes.<br>– Não gera direito à estabilidade se a candidatura ocorre durante: a) contrato por prazo determinado; b) aviso-prévio.<br>• Comunicação do registro da candidatura ao empregador: durante a vigência do contrato de trabalho. |

| Estabilidade | |
|---|---|
| **Dirigente sindical** | • Somente poderá ser dispensado se cometer falta grave. Há necessidade de prévio inquérito para apuração dessa falta grave. |
| **Empregada gestante e adotante** | Início com a confirmação da gravidez até 5 meses após o parto ou da guarda provisória.<br>Empregadas domésticas também possuem esse direito. |
| **Empregado acidentado** | Estabilidade de 12 meses após o término do auxílio-doença.<br>Requisitos: a) Afastamento superior a 15 dias. b) Percepção do auxílio-doença. |
| **Empregado representante da CIPA** | Apenas o representante dos empregados (eleitos).<br>Início com o registro do candidato até 1 ano.<br>Titulares e suplentes (Súmula nº 399). |
| **Empregado representante da CCP** | Apenas representantes dos empregados (eleitos).<br>Início com a eleição até 1 ano após o mandato.<br>Titulares e suplentes. |
| **Representante dos empregados (Reforma Trabalhista)** | Desde o início da candidatura até um ano após o fim do mandato. |

## 15. TÉRMINO DO CONTRATO DE TRABALHO

- **Resilição:** É o término do contrato de trabalho pela manifestação da vontade das partes. Pode ser unilateral (pedido de demissão e dispensa sem justa causa) ou bilateral (distrato). A legislação atual permite tão somente a resilição unilateral. Com a Reforma Trabalhista, passou a ser permitida a resilição por distrato no art. 484-A da CLT.
- **Resolução:** A extinção do contrato de trabalho ocorre pela prática de ato culposo pelas partes do contrato. Nesse caso, são três as espécies de resoluçao: dispensa por justa causa, rescisão indireta e culpa recíproca.
- **Rescisão:** A extinção contratual ocorre pela nulidade do contrato de trabalho.

**TÉRMINO DO CONTRATO DE TRABALHO**

**Resilição** (manifestação unilateral ou bilateral)
- Pedido de demissão (empregado).
- Dispensa sem justa causa (empregador).
- Distrato.

**Resolução** (alto faltoso)
- Dispensa por justa causa (falta praticada pelo empregador – art. 482 da CLT).
- Rescisão indireta (falta praticada pelo empregador – art. 483 da CLT
- Culpa recíproca (ambos praticam a falta grave – art. 484 e Súmula nº 14 do TST).

**Rescisão**
- Nulidade do contrato de trabalho

## 15.1. DISPENSA SEM JUSTA CAUSA OU ARBITRÁRIA

- Ocorre quando o empregador é quem decide colocar fim ao contrato sem motivação. Salvo nos casos de garantia provisória de emprego (gestante, membro da Cipa etc.), o empregado não poderá se opor a essa decisão. Nesse caso, receberá a totalidade das verbas rescisórias:
  - Saldo de salário (dias efetivamente trabalhados).
  - Décimo terceiro salário proporcional.
  - Férias + 1/3 vencidas, se houver.
  - Férias + 1/3 proporcionais.
  - Aviso-prévio.
  - Saque dos depósitos do FGTS.
  - Indenização de 40% sobre os depósitos do FGTS.
  - Direito ao benefício do seguro-desemprego, desde que atenda aos requisitos próprios estabelecidos na legislação previdenciária.

## 15.2. MOTIVAÇÃO DA DISPENSA E CONVENÇÃO Nº 158 DA OIT

- **Dispensa motivada:** A Convenção nº 158 da OIT, não incorporada ao ordenamento jurídico brasileiro, prevê a hipótese de dispensa sem justa causa, mas motivada. Nesse caso, o diploma internacional defende que a decisão de terminar o contrato de trabalho permanece do empregador, mas é necessário a apresentação de motivações razoáveis para o fim do contrato[61].
- Com a Reforma Trabalhista, ficou consignado que as dispensas imotivadas, sejam elas plúrimas, individuais ou coletivas, equiparam-se para todos os fins (art. 477-A da CLT).
- Tema 638 da Repercussão Geral (STF). Conforme tese fixada pelo STF, a validade das dispensas em massa depende da participação do sindicato dos empregados nesse processo, mas não de sua autorização ou da celebração de acordo ou convenção coletiva de trabalho[62].
- **Dispensa arbitrária.** Há previsão no art. 7º, I, da CF/88 da proibição da despedida arbitrária: "(...) a relação de emprego protegida contra despedida arbitrária ou sem justa causa, nos termos de lei complementar, que preverá indenização compensatória, dentre outros direitos". Esse inciso ainda não foi regulamentado, assim sendo há entendimento majoritário de que a garantia contra a despedida arbitrária ainda não pode ser aplicada[63].

## 15.3. PEDIDO DE DEMISSÃO

- **Demissão.** Ocorre quando o empregado decide colocar fim ao contrato. Independe de qualquer motivação. O empregador não poderá se opor a essa decisão do trabalhador. Nessa hipótese de pedido de demissão, o empregado terá direito às seguintes verbas rescisórias:
- Saldo de salário (dias efetivamente trabalhados);
- Décimo terceiro salário proporcional;
- Férias + 1/3 vencidas, se houver;
- Férias + 1/3 proporcionais.

  *Obs.*: No pedido de demissão, o empregado não saca os depósitos do FGTS e deverá conceder aviso-prévio de 30 dias ao empregador. Por fim, ressalta-se que perderá a estabilidade provisória de emprego que eventualmente possuía no caso de formulação de pedido de demissão.

## 15.4. DISTRATO (REFORMA TRABALHISTA)

- A resilição bilateral compreende o acordo entre as partes contratantes que colocam fim ao contrato de trabalho e que se denomina distrato[64]. Antes da Reforma Trabalhista não se admitia o distrato, cabendo aos empregados apresentar pedido de demissão ou aos empregadores realizar a dispensa sem justa causa.
- A Reforma Trabalhista passou a admitir o distrato como nova hipótese de término do contrato de trabalho no art. 484-A da CLT. Na hipótese de celebração de distrato, os trabalhadores terão direito ao recebimento das seguintes verbas rescisórias:
  - 50% do aviso prévio, se for indenizado. Na hipótese de aviso prévio trabalhado, terá direito ao recebimento de seu valor integral.
  - 20% de multa sobre os depósitos do FGTS;
  - Saldo de salário (dias efetivamente trabalhadores);
  - Décimo terceiro salário proporcional;
  - Férias + 1/3 vencidas, se houver;
  - Férias + 1/3 proporcionais;
- Antes da Reforma Trabalhista não se admitia o saque dos depósitos do FGTS baseado no distrato realizado entre empregado e empregador, pois essa modalidade de extinção contratual não era prevista no ordenamento jurídico. Com a regulamentação da nova lei trabalhista. o trabalhador poderá movimentar sua conta vinculada do FGTS até o limite de 80% do valor dos depósitos (art. 484-A, § 1º, CLT).
- Cumpre ressaltar que o art. 20 da Lei nº 8.036/1990, que estabelece as hipóteses de saque dos depósitos do FGTS, foi alterado para prever o distrato como nova modalidade:

  > **Art. 20, I-A, Lei nº 8.036/1990.** *A conta vinculada do trabalhador no FGTS poderá ser movimentada nas seguintes situações: extinção do contrato de trabalho prevista no art. 484-A da Consolidação das Leis do Trabalho (CLT), aprovada pelo Decreto-Lei nº 5.452, de 1º de maio de 1943.*

- O empregado que celebrar distrato para extinguir seu contrato de trabalho não terá direito ao recebimento de seguro-desemprego.

## 15.5. JUSTA CAUSA: DISPENSA POR JUSTA CAUSA, RESCISÃO INDIRETA E CULPA RECÍPROCA

- **Justa causa.** O contrato poderá terminar em razão de conduta grave de uma das partes ou, ainda, de ambas as partes. Ocorrerá, portanto, a **dispensa por justa causa** (quando empregado cometer falta grave), **a rescisão indireta** (quando o empregador praticar conduta grave) ou, ainda, a **culpa recíproca**, quando ambos praticarem a conduta grave.
- **Resumo para a prova:**

61. DELGADO, Maurício Godinho. *Curso de Direito do Trabalho*. 16. ed. São Paulo: LTr, 2017. p. 1.307.
62. Para mais informações, consulte o item **15.7 deste Capítulo**.
63. Há posicionamentos doutrinários minoritários que defendem a aplicação desse inciso I, art. 7º, da CF/88. Entretanto, para as provas objetivas (testes), é importante memorizar os exatos termos da CF e das leis, diante da impossibilidade de dissertação. Dessa forma, o posicionamento majoritário é no sentido de que é cabível a dispensa sem justa causa no Brasil.
64. CASSAR, Vólia Bomfim. *Direito do Trabalho*. 11ª Edição. Rio de Janeiro: Forense, 2015. p. 1.019.

| Resolução (falta grave) | |
|---|---|
| **Dispensa por justa causa (art. 482 da CLT)** | **Rescisão indireta (art. 483 da CLT)** |
| – Ato de improbidade<br>– Incontinência de conduta<br>– Mau procedimento<br>– Negociação habitual ou concorrência à empresa<br>– Condenação criminal sem suspensão da execução da pena<br>– Desídia<br>– Embriaguez<br>– Violação de segredo da empresa<br>– Indisciplina ou insubordinação<br>– Abandono de emprego<br>– Ato lesivo à honra e à boa fama<br>– Ofensa física, exceto legítima defesa<br>– Prática de jogos de azar<br>– Prática de atos atentatórios à segurança nacional | – Serviços:<br>• superiores às forças do trabalhador<br>• defesos em lei<br>• contrários aos bons costumes<br>• alheios ao contrato<br>– Rigor excessivo<br>– Possibilidade de perigo<br>– Descumprimento das obrigações do contrato<br>– Ato lesivo à honra e à boa fama<br>– Ofensa física, exceto legítima defesa<br>– Redução do trabalho pago por peça ou tarefa |
| **Obs.:** Reforma Trabalhista cria nova hipótese:<br>– perda da habilitação ou dos requisitos estabelecidos em lei para o exercício da profissão, em decorrência de conduta dolosa do empregado. | |
| **Hipóteses de faltas graves do empregado não previstas no art. 482 da CLT** | **Hipótese de falta grave do empregador não prevista no art. 483 da CLT** |

| Resolução (falta grave) | |
|---|---|
| – **Empregado doméstico:** maus-tratos de idoso, de enfermo, de pessoa com deficiência ou de criança sob cuidado direto ou indireto do empregado (art. 27, I, LC nº 150/2015);<br>– **Greve:** Abuso do direito de greve (art. 14, Lei nº 7.783/1989);<br>– **Recusa em usar EPI:** Empregado que se recusa a usar EPI ou a cumprir demais normas de segurança e medicina do trabalho (art. 158 da CLT); | – **Empregador doméstico:** empregador praticar qualquer das formas de violência doméstica ou familiar contra mulheres (art. 27, parágrafo único, VII, LC nº 150/2015. e art. 5º, Lei nº 11.340/2006). |
| – **Motorista profissional:** recusa em se submeter a testes e programa de controle de drogas e de bebida alcoólica (art. 235-B, VII e parágrafo único, CLT);<br>– **Ferroviário:** Recusa do ferroviário à realização de horas extras em situações de urgência e acidente (art. 240, *caput*, CLT). | |

| Culpa recíproca (art. 484 da CLT e Súmula nº 14 do TST) |
|---|
| a) Empregado e empregador praticam, simultaneamente, falta grave (*arts. 482 e 483 da CLT ao mesmo tempo*);<br>b) Reconhecida pela Justiça do Trabalho;<br>c) Empregado terá direito a 50% de:<br>• Aviso-prévio;<br>• 13º salário;<br>• Férias proporcionais;<br>• 20% indenização do FGTS.<br>**Obs. 1:** Nesse caso, o empregado saca os depósitos na conta vinculado do FGTS. |
| **Obs. 2:** Não tem direito ao seguro-desemprego. |

| Verbas rescisórias devidas ao trabalhador nas diferentes formas de término do contrato | | | | |
|---|---|---|---|---|
| **Dispensa por justa causa (Falta grave – art. 482 da CLT)** | **Dispensa sem justa causa e rescisão indireta** | **Pedido de demissão** | **Distrato** | **Culpa Recíproca** |
| • Saldo de salário (dias efetivamente trabalhados).<br>• Férias vencidas + 1/3.<br>***Obs.:*** *Não terá direito ao seguro-desemprego, pois não se trata de desemprego involuntário.* | • Saldo de salário (dias efetivamente trabalhados).<br>• 13º salário proporcional.<br>• Férias + 1/3 vencidas.<br>• Férias + 1/3 proporcionais.<br>• Aviso-prévio.<br>• Saque dos depósitos do FGTS.<br>• Indenização de 40% sobre os depósitos do FGTS.<br>• Seguro-desemprego, *desde que atenda aos requisitos próprios estabelecidos na legislação previdenciária.* | • Saldo de salário (dias efetivamente trabalhados).<br>• 13º salário proporcional.<br>• Férias + 1/3 vencidas.<br>• Férias + 1/3 proporcionais.<br>• ***Obs.1:*** *Empregado deve conceder o aviso-prévio ao empregador.*<br>• ***Obs.2:*** *Não saca os valores depositados na conta do FGTS.*<br>• ***Obs.3:*** *Não terá direito ao seguro-desemprego, pois não se trata de desemprego involuntário.* | – 50% do aviso prévio, se for indenizado. Na hipótese de aviso prévio trabalhado, terá direito ao recebimento de seu valor integral.<br>– 20% de multa sobre os depósitos do FGTS;<br>– Saldo de salário (dias efetivamente trabalhadores);<br>– Décimo terceiro salário proporcional;<br>– Férias + 1/3 vencidas, se houver;<br>– Férias + 1/3 proporcionais; | – 50% do aviso-prévio, do 13º e das férias proporcionais<br>– 20% de indenização sobre o FGTS<br>– saldo salarial, as férias e o décimo terceiro vencidos serão pagos integralmente |

TRABALHO

## 15.6. DEMAIS HIPÓTESES DE TÉRMINO DO CONTRATO DE TRABALHO

### 15.6.1. TÉRMINO DO CONTRATO POR PRAZO DETERMINADO

- O término do contrato por prazo determinado poderá ocorrer de duas formas: a) extinção normal e b) extinção antecipada. Há, ainda, a possibilidade de se estabelecer c) cláusula assecuratória de direito recíproco.

**A) Extinção normal:** A primeira delas ocorre no momento previamente fixado pelas partes. Nesse caso, não há necessidade de pagamento de indenização, nem mesmo de conceder aviso-prévio. O empregador deverá pagar as verbas rescisórias referentes ao período de trabalho. São elas:

- Saldo de salário dos dias trabalhados;
- 13º salário proporcional ao tempo trabalhado;
- Férias + 1/3 proporcional ao tempo trabalhado.

Obs.: Nesse caso, o empregado terá direito de levantar os depósitos do FGTS.

**B) Extinção antecipada:** A segunda forma de término do contrato poderá ocorrer de maneira antecipada, ou seja, antes do prazo fixado pelas partes. Nesse caso, há pagamento de indenização. Para o pagamento dessa indenização, será necessário verificar quem deu causa ao desligamento.

**1) Término antecipado por iniciativa do empregador:** Nesse caso, o empregador estará obrigado a pagar, a título de indenização, a metade da remuneração a que o empregado teria direito até o fim do contrato de trabalho fixado anteriormente (art. 479, CLT). Além dessa indenização prevista na CLT, deverá pagar as verbas rescisórias, acrescidas da multa de 40% sobre os depósitos do FGTS (art. 14 do Decreto nº 99.684/90), conforme demonstrado a seguir:

- Saldo de salário;
- 13º salário proporcional ao tempo trabalhado;
- Férias + 1/3 proporcional ao tempo trabalhado;
- Direito de levantar os depósitos do FGTS + multa de 40% sobre os depósitos efetuados;
- Indenização prevista no art. 479 da CLT (metade da remuneração a que teria direito até o fim do contrato por prazo determinado).

**2) Término antecipado por iniciativa do empregado**: Se o empregado der causa ao término do contrato antes do prazo fixado, deverá pagar indenização ao empregador pelos prejuízos que esse desligamento antecipado causar à empresa (art. 480, CLT). O valor do prejuízo não poderá ultrapassar àquela indenização a que o empregado teria direito, prevista no art. 479 da CLT. Nesse caso, conforme demonstrado a seguir, o trabalhador não terá direito de levantar os depósitos do FGTS:

- Saldo de salário;
- 13º salário proporcional ao tempo trabalhado;
- Férias + 1/3 proporcional ao tempo trabalhado.

Obs.: Caberá ao empregado o pagamento de indenização pelos prejuízos que o pedido da demissão causar à empresa.

**C) Cláusula assecuratória de direito recíproco (art. 481, CLT):** O contrato que possui essa cláusula obriga a parte (empregado ou empregador) que decidir terminar o contrato antes do prazo fixado a conceder o aviso-prévio. Lembre-se de que não há, no contrato por prazo determinado, a necessidade de conceder o aviso-prévio, exceto se as partes estipularem a cláusula assecuratória de direito recíproco (cláusula de aviso-prévio).

**1) Iniciativa do empregado:** o empregado que decidir colocar fim ao contrato antes do prazo (pedido de demissão) deverá prestar serviços por mais 30 dias, sob pena de ver seu salário descontado nesse período. Nesse caso, não estará obrigado a pagar a indenização pelos prejuízos causados (art. 480 da CLT), e receberá as verbas a seguir:

- Saldo de salário;
- 13º salário proporcional ao tempo trabalhado;
- Férias + 1/3 proporcional ao tempo trabalhado.

Obs.: Empregado estará obrigado a conceder o aviso-prévio, ou seja, deverá permanecer trabalhando por 30 dias.

**2) Iniciativa do empregador:** o empregador, ao dispensar o empregado antes do prazo final, deverá conceder-lhe aviso-prévio de 30 dias e, nesse caso, as verbas rescisórias serão iguais ao contrato por prazo indeterminado. Importante ressaltar que a presença dessa cláusula não transforma o contrato por prazo determinado em prazo indeterminado, mas, se houver rescisão antecipada, será nos moldes do contrato por prazo indeterminado, sem a multa prevista no art. 479 (pagamento de metade da remuneração), conforme a seguir demonstrado:

- Pagamento do aviso-prévio (trabalhado ou indenizado);
- Saldo de salário;
- 13º salário proporcional ao tempo trabalhado;
- Férias + 1/3 proporcional ao tempo trabalhado;
- Direito de levantar os depósitos do FGTS + multa de 40% sobre os depósitos efetuados.

Obs.: Nesse caso, não há pagamento da multa prevista no art. 479 da CLT (metade da remuneração).

### 15.6.2. FORÇA MAIOR

- **Força maior:** É o acontecimento inevitável, em relação à vontade do empregador, e para cuja realização este não concorreu direta ou indiretamente (art. 501 da CLT). Uma vez configurada a hipótese de força maior, o empregado terá direito à indenização pela metade, isto é, 20% da indenização do FGTS. O pagamento das demais verbas rescisórias, inclusive o pagamento do aviso-prévio, devem ser suportadas pelo empregador. Dessa maneira, o empregado possui o direito às seguintes verbas rescisórias:
- Saldo de salário (dias efetivamente trabalhados);
- Décimo terceiro salário proporcional;
- Férias vencidas e proporcionais, ambas com o terço constitucional (Súmula nº 328, TST);
- Aviso-prévio indenizado, conforme Súmula nº 44 do TST;
- Saque de depósitos do FGTS e multa de 20% sobre os valores do depósito;
- Seguro-desemprego, caso atendidos os requisitos da legislação previdenciária.
- **Pandemia de COVID-19.** A pandemia de Covid-19 suscitou diversos questionamentos acerca da dispensa dos trabalhadores. Nesse sentido, seria possível reconhecer a dispensa por força maior? Entendemos que, se houver encerramento da atividade empresarial por conta da pandemia de coronavírus, é cabível a aplicação da força maior na dispensa dos empregados. Nesse mesmo sentido, a 5ª Turma do TST, em 23/03/2022, decidiu que a pandemia de Covid-19 somente é justificativa para o término do

contrato de trabalho por motivo de força maior quando demonstrado pelo empregador o impacto substancial na saúde econômica e financeira da empresa, caracterizado pela sua extinção ou pelo fechamento do estabelecimento em que o empregado trabalhe[65].

### 15.6.3. MORTE DO EMPREGADOR

- A morte do empregador pode ou não levar ao término do contrato de trabalho. Em regra, não leva à extinção do contrato de trabalho, pois mudanças jurídicas da empresa não afetam os contratos em curso (arts. 10 e 448, ambos da CLT).

### 15.6.4. MORTE DO EMPREGADOR PESSOA FÍSICA (EXTINÇÃO DO ESTABELECIMENTO)

- A morte do empregador pessoa física (pessoa jurídica não morre), entretanto, pode gerar duas hipóteses de término do contrato de trabalho. A primeira delas, prevista no art. 485, CLT, ocorre com o fechamento da empresa e cessação da atividade empresarial. Dessa forma, o empregado será dispensado e o contrato de trabalho será extinto, o que equivale à dispensa sem justa causa, e todas as verbas rescisórias devem ser pagas. Nesse caso, o empregado possui as mesmas verbas rescisórias como se fosse dispensado sem justa causa, pois houve o fim do contrato:

- Saldo de salário (dias efetivamente trabalhados);
- Décimo terceiro salário proporcional;
- Férias vencidas e proporcionais, ambas com o terço constitucional (Súmula nº 328, TST);
- Aviso-prévio indenizado, conforme Súmula nº 44 do TST;
- Saque de depósitos do FGTS e multa de 40% (art. 18, § 1º, Lei do FGTS);
- Seguro-desemprego, caso atendidos os requisitos da legislação previdenciária.

### 15.6.5. MORTE DO EMPRESÁRIO INDIVIDUAL

- Com a morte do empresário individual, se outra pessoa continua o negócio, há a possibilidade de o empregado continuar ou terminar o vínculo empregatício (art. 483, § 2º, CLT). Trata-se, portanto, de uma mera faculdade do trabalhador. Se decidir terminar o vínculo, será pedido de demissão. Receberá as verbas decorrentes desse pedido. Prevalece, na doutrina, que nesse caso não há necessidade de conceder o aviso-prévio[66].

### 15.6.6. FATO DO PRÍNCIPE OU *FACTUM PRINCIPIS* (PARALISAÇÃO TEMPORÁRIA OU DEFINITIVA DO TRABALHO)

- **Conceito:** Ocorre fato do príncipe quando a Administração Pública é a responsável pela paralisação empresarial, art. 486 da CLT. É interessante destacar que somente se configura fato do príncipe quando se verifica a ocorrência de fato inevitável que impeça completamente a continuidade da atividade empresarial desenvolvida.
- **Efeitos:** Nesse caso, o ente estatal será o responsável pelo pagamento das verbas trabalhistas provenientes da ruptura do contrato (aviso-prévio e indenização do FGTS). As demais parcelas, provenientes da prestação de serviços, serão suportadas pelo empregador, pois é ele o responsável pelo pagamento das férias, décimo terceiro e depósitos do FGTS. Assim, o empregado tem direito ao recebimento da totalidade das verbas rescisórias como se houvesse dispensa sem justa causa.
- **Fato do príncipe e pandemia:** Havia discussão se o fechamento e paralisação de empresas por medidas de isolamento e "lockdown" configurariam fato do príncipe. Essa discussão foi pacificada pela Lei nº 14.020/2020, que estabeleceu o Programa Emergencial de Manutenção do Emprego e da Renda. De acordo com seu art. 29, a dispensa por fato do príncipe não pode ser aplicada na hipótese de paralisação de atividades empresariais determinada por ato de autoridade pública para o enfrentamento do estado de calamidade pública decorrente da pandemia do novo coronavírus:

> **Art. 29 da Lei nº 14.020/2020:** *Não se aplica o disposto no art. 486 da CLT, aprovada pelo Decreto-Lei nº 5.452, de 1º de maio de 1943, na hipótese de paralisação ou suspensão de atividades empresariais determinada por ato de autoridade municipal, estadual ou federal para o enfrentamento do estado de calamidade pública reconhecido pelo Decreto Legislativo nº 6, de 20 de março de 2020, e da emergência de saúde pública de importância internacional decorrente do coronavírus, de que trata a Lei nº 13.979, de 6 de fevereiro de 2020.*

## 15.7. DISPENSA COLETIVA

- **Antes da Reforma Trabalhista.** O TST havia entendimento de que havia necessidade de prévia negociação coletiva para a dispensa em massa. Esse posicionamento jurisprudencial surgiu em razão das repercussões econômicas e sociais causadas por essa dispensa coletiva que, aliás, extrapola o vínculo empregatício, alcançando a coletividade dos trabalhadores, bem como a comunidade e a economia locais[67]. Cumpre ressaltar que a ausência de negociação coletiva prévia, nesse caso, poderia garantir a reintegração dos empregados dispensados. Tanto o sindicato da categoria profissional (trabalhadores) como o Ministério Público do Trabalho têm legitimidade para ingressar com a ação civil pública.
- **Com a Reforma Trabalhista.** Reconhece-se que o empregador tem o direito potestativo de dispensar seus empregados independentemente da hipótese de dispensa, seja ela individual, plúrima ou coletiva. Dessa forma, exclui-se expressamente a necessidade de negociação coletiva e do estabelecimento de acordo ou convenção coletiva de trabalho para a dispensa em massa:

> **Art. 477-A da CLT (inserido pela Reforma Trabalhista):** As dispensas imotivadas individuais, plúrimas ou coletivas equiparam-se para todos os fins, não havendo necessidade de autorização prévia de entidade sindical ou de celebração de convenção coletiva ou acordo coletivo de trabalho para sua efetivação.

- **Tema 638 da Repercussão Geral (STF).** Conforme tese fixada pelo STF, a validade das dispensas em massa depende da participação do sindicato dos empregados nesse processo, mas não de sua autorização ou da celebração de acordo ou convenção coletiva de trabalho.

## 15.8. HOMOLOGAÇÃO DAS VERBAS TRABALHISTAS E OBRIGAÇÕES DECORRENTES DA EXTINÇÃO DO CONTRATO DE TRABALHO

- A Lei nº 13.467/2017 revogou os §§ 1º e 3º do art. 477, que previam a homologação das verbas rescisórias para os tra-

65. Informativo nº 252 do TST.
66. MARTINS, Sérgio Pinto. *Comentários à CLT*. 28. ed. São Paulo: Atlas, 2014. p. 559.
67. Informativo n. 34 do TST.

balhadores com mais de um ano de serviço e passa a estabelecer apenas a necessidade de comunicação da dispensa aos órgãos competentes. Além disso, o empregador deverá realizar o pagamento das verbas rescisórias.

- Com a extinção da homologação das verbas rescisórias, o § 7º do art. 477 da CLT também foi revogado pela Reforma Trabalhista, pois não existe mais ato de assistência na rescisão do contrato de trabalho, seja pelo sindicato ou pelo antigo Ministério do Trabalho.
- Com a Reforma Trabalhista a quitação passa a ser realizada sem a assistência do sindicato ou do antigo Ministério do Trabalho. As parcelas que expressamente constarem no recibo terão a eficácia liberatória. No tocante a essas parcelas quitadas, não cabe, em regra, ação judicial.
- Segue quadro que resume as hipóteses de eficácia liberatória do contrato de trabalho:

| EFICÁCIA LIBERATÓRIA DO CONTRATO |
|---|
| – **Comissão de Conciliação Prévia**: eficácia liberatória geral, com exceção das parcelas expressamente ressalvadas (art. 625-E, parágrafo único, CLT e Informativo 29 TST).<br>– **Programa de Demissão Voluntária (PDV):** eficácia liberatória somente em relação às parcelas expressamente consignadas (OJ nº 270 da SDI-I do TST). Na existência de acordo ou convenção coletiva, terá eficácia liberatória geral (art. 477-B da CLT – acrescentado pela Lei nº 13.467/2017).<br>– **Quitação anual das verbas trabalhistas:** A celebração de termo de quitação anual das obrigações trabalhistas perante o sindicato profissional tem eficácia liberatória em relação às parcelas expressamente especificadas (art. 507-B da CLT).<br>– **Homologação em juízo:** De acordo com a OJ nº 132 da SDI-II do TST, é possível que, mediante acordo judicial, seja conferida eficácia liberatória geral das verbas trabalhistas. Nesse sentido, o acordo judicial em que o empregado daria plena e ampla quitação, sem nenhuma ressalva, alcançaria todos os direitos decorrentes do contrato de trabalho. Com a vigência da Lei nº 13.467/17, há necessidade de alteração dessa orientação jurisprudencial, uma vez que o novo art. 855-E prevê que apenas há a suspensão do prazo prescricional com relação aos **direitos nela especificados**. Assim, os direitos decorrentes do contrato de trabalho que não forem expressamente objeto do acordo extrajudicial não terão a prescrição suspensa, podendo, consequentemente, ser objeto de nova reclamação trabalhista. Possibilita-se, portanto, que a parte ingresse com reclamação trabalhista para a discussão dos direitos que não estiverem expressamente integrados ao acordo extrajudicial, sem que isso viole a coisa julgada. |
| – ***Obs.: Recibo de quitação ou instrumento de rescisão:*** *O recibo de quitação deve especificar as parcelas paga ao empregado, sendo válida a quitação apenas quanto às parcelas especificadas (art. 477, § 2º, da CLT). Ressalta-se que, com a Reforma Trabalhista, não há mais homologação das verbas trabalhistas no final do contrato de trabalho. O recibo de quitação não assegura eficácia liberatória geral, podendo o empregado discutir em juízo os valores e as parcelas pagos.* |

- **Obrigações decorrentes do término do contrato de trabalho:** A Reforma Trabalhista altera a redação do "caput" do artigo 477 para estabelecer as três principais obrigações aos empregadores após o término do contrato de trabalhado:

a) Anotação do término do contrato de trabalho na CTPS do empregado;

b) Comunicação da dispensa aos órgãos competentes: essa exigência tem a função de permitir aos empregados o saque do FGTS e o requerimento do benefício do seguro-desemprego; e

c) Pagamento das verbas rescisórias no prazo estabelecido.

- A anotação da CTPS deve ser realizada no prazo de até 5 dias e devolvida ao trabalhador.
- Não há necessidade do pagamento das verbas rescisórias no ato de homologação da rescisão do contrato de trabalho. O empregado deve receber o valor em dinheiro, depósito bancário ou cheque visado na forma como for acordado entre as partes. Por sua vez, para os trabalhadores analfabetos, é obrigatório o pagamento em dinheiro ou depósito bancário.
- **Prazo para pagamento das verbas rescisórias:** Antes da Reforma Trabalhista, o prazo para o pagamento das verbas rescisórias deveria ser realizado até:

a) o 1º dia útil imediato ao término do contrato nas hipóteses de aviso-prévio trabalhado ou contrato por prazo determinado.

b) o décimo dia, contado da data em que o empregado foi informado da dispensa, nas hipóteses de aviso-prévio indenizado, dispensa por justa causa ou no caso de o empregado que pede demissão ser liberado do cumprimento do aviso-prévio.

- Com a **Reforma Trabalhista**, o prazo é unificado para 10 dias contados a partir do término do contrato de trabalho, devendo o empregador realizar dentro desse período:

a) realizar a entrega ao empregado de documentos, que comprovem a comunicação da extinção do contrato de trabalho aos órgãos competentes; e

b) efetuar o pagamento dos valores constantes do instrumento de rescisão ou recibo de quitação.

- **Multa do art. 477, § 8º, CLT.** Se o empregador descumprir o prazo para pagamento das verbas rescisórias, será obrigado ao pagamento de **multa** no valor equivalente ao salário do empregado, exceto se, comprovadamente, o trabalhador foi quem deu causa ao atraso do pagamento. Importante ressaltar que essa multa, prevista no art. 477 da CLT, incide nos contratos por prazo determinado e indeterminado, inclusive nos casos em que a rescisão contratual tenha ocorrido por justa causa do trabalhador.
- **Reconhecimento judicial do vínculo empregatício.** Em 31/05/2016, o TST editou a Súmula nº 462, que estabelece o pagamento da **multa do art. 477, § 8º, CLT, mesmo na hipótese de reconhecimento do vínculo de emprego pelo Judiciário Trabalhista**. O fato que enseja o pagamento da multa do art. 477 da CLT não depende da data de reconhecimento do vínculo de emprego, seja de forma judicial ou não, mas tão somente o desrespeito aos prazos para pagamento das verbas rescisórias.
- **Administração Pública.** Deve respeitar os prazos previstos no art. 477 da CLT, sob pena de pagar a multa de um salário do empregado público.
- **Massa falida:** não está sujeita à multa do art. 477 da CLT. Já a empresa em recuperação judicial não está isenta dessa multa.
- **Responsabilidade jurídica pós-contratual:** Após o término do contrato de trabalho, as partes devem agir de acordo com o princípio da boa-fé. Aquele que causar dano à outra parte por violação do dever de lealdade e probidade tem o dever de ressarci-lo, ainda que o contrato já tenha sido extinto. É o caso do empregado que fornece segredos comerciais de sua empresa para uma concorrente, em violação à boa-fé nas relações entre as partes. Sempre que guardar vinculação com o contrato de trabalho, a Justiça do Trabalho será competente para processar e

julgar as ações envolvendo a responsabilidade jurídica pós-contratual.

- O art. 477, § 10º da CLT (inserido pela Reforma Trabalhista) prevê que a anotação da extinção do contrato de trabalho na CTPS é documento suficiente para que o empregado requeira o seguro-desemprego e a movimentação de sua conta vinculada do FGTS caso o empregador tenha efetuado a comunicação da extinção do contrato de trabalho aos órgãos competentes.

## 15.9. QUITAÇÃO ANUAL DAS OBRIGAÇÕES TRABALHISTAS

- **Quitação anual das obrigações trabalhistas.** A Lei nº 13.467/2017 faculta aos empregados e empregadores firmar o termo de quitação anual de obrigações trabalhistas perante o sindicato dos empregados da categoria (art. 507-B). O termo deverá discriminar as obrigações de dar e fazer cumpridas mensalmente e terá eficácia liberatória das parcelas nele especificadas. A quitação com a devida assistência do órgão sindical possibilitará a eficácia liberatória em relação às parcelas expressamente previstas. No tocante a essas parcelas quitadas, não caberá, em regra, ação judicial. Somente seria possível questionar a validade do termo de quitação caso comprovado em juízo a existência de vício de consentimento do empregado, como a ocorrência de erro, dolo, coação, dentre outros. Por outro lado, as parcelas não consignadas no termo de quitação poderão ser discutidas futuramente na Justiça do Trabalho.

## 15.10. ESTADO DE CALAMIDADE E LEGISLAÇÃO DE EXCEÇÃO

- Os anos de 2020 e 2021 foram marcados pelo enfrentamento mundial da pandemia de coronavírus. De acordo com informações do site do Ministério da Saúde, o novo agente do coronavírus foi descoberto em 31/12/19, após casos registrados na China, e é responsável pela doença chamada COVID-19. Com a declaração de pandemia pela Organização Mundial de Saúde (OMS) e do estado de calamidade pública no Brasil, diversas medidas foram adotadas para a contenção e tratamento da doença, que trouxeram consequências para as relações de trabalho.
- **Lei nº 14.020/2020 e MP 1.045/2021, rejeitada**
- **Programa Emergencial de Manutenção do Emprego e da Renda.** No dia 1º de abril de 2020, foi publicada a MP nº 936/2020, que instituiu e medidas trabalhistas complementares para enfrentamento do estado de calamidade pública reconhecido pelo Decreto Legislativo nº 6, de 20 de março de 2020, e da emergência de saúde pública de importância internacional decorrente do coronavírus (covid-19). Em 16/06/2020, o texto foi aprovado pelo Senado Federal com algumas modificações e enviado para a sanção presidencial. No dia 06/07/2020, foi sancionada com vetos a Lei nº 14.020/2020, que passou a regulamentar as hipóteses de redução salarial e suspensão temporária do contrato de trabalho. As medidas previstas na Lei nº 14.020/2020 foram suspensas em 31/12/2020.
- No dia 28/04/2021, foi publicada a medida provisória nº 1.045/2021, que regulamentou o Novo Programa Emergencial de Manutenção do Emprego e da Renda. Essa medida foi rejeitada pelo Senado Federal e teve vigência limitada de 120 dias.
- O art. 3º da lei nº 14.020/2020 elenca as 3 medidas adotadas com o programa:

  I – o pagamento de benefício emergencial de preservação do emprego e da renda;

  II – a redução proporcional de jornada de trabalho e de salários; e

  III – a suspensão temporária do contrato de trabalho.

- **Suspensão temporária do contrato de trabalho.** Vejamos os principais pontos:

  1) A lei nº 14.020/2020 permitia a suspensão do contrato de trabalho por acordo individual entre empregado e empregador e exigia a comunicação ao trabalhador com antecedência de, no mínimo, dois dias corridos. Sobre o tema, o partido político Rede Sustentabilidade ingressou no STF com a Ação Direta de Inconstitucionalidade nº 6.363 em face da Medida Provisória nº 936/2020. Nesse sentido, foi requerida medida liminar para suspender o uso de acordo individual para dispor sobre as medidas de redução de salário e suspensão de contrato de trabalho. No dia 17/04/2020, o STF, por maioria de 7 votos a 3, manteve intacta a redação da MP nº 936/2020 com validade imediata dos acordos individuais de redução de jornada e de suspensão contratual.

  2) Previa distinções na possibilidade de suspensão do contrato a depender da receita bruta da empresa em 2019 e o salários dos empregados.

  3) O valor do benefício equivalia a 100% do valor do seguro-desemprego para as empresas com receita bruta de até R$ 4.800.000,00 e de 70% do valor do seguro-desemprego para as empresas com receita bruta anual superior a esse valor. Nesse último caso, a empresa ficava obrigado ao pagamento de ajuda mensal compensatória valor de 30% do salário do empregado.

  4) Foi assegurada garantia provisória no emprego ao empregado que recebeu o benefício emergencial em decorrência da redução da jornada de trabalho e de salário ou suspensão temporária do contrato de trabalho. Essa garantia provisória no emprego foi devida durante todo o período suspensão contratual e estendida, após o fim dessas restrições por período equivalente ao acordado para a redução ou a suspensão

- **Redução proporcional dos salários e de jornada.**

  1) A Lei nº 14.020/2020 permitia a redução de salários e de jornada por acordo individual entre empregado e empregador e exigia a comunicação ao trabalhador com antecedência de, no mínimo, dois dias corridos.

  2) Previa distinções na possibilidade de redução a depender da receita bruta da empresa em 2019 e o salários dos empregados.

  3) Havia a obrigação legal para que o valor do salário-hora de trabalho fosse mantido em eventual redução salarial. Assim, um empregado que recebesse R$ 2.200,00 mensais para trabalhar 8 horas diárias e 44 horas semanais, tinha o salário-hora de R$ 10,00 (divisor 220). Nesse caso, era possível a redução de seu salário para R$ 1.100,00 (redução de 50%) desde que sua jornada também fosse reduzida proporcionalmente em 50%, mantendo-se o mesmo salário hora de R$ 10,00. Para isso, o empregado trabalharia 4 horas diárias e 22 horas semanais.

  4) O salário e a jornada do empregado poderiam ser reduzidos, exclusivamente, nos seguintes percentuais quando celebrado acordo individual escrito entre empregado e empregador: 25%, 50% e 70%. O percentual deveria constar expressamente do acordo individual escrito entre empregado e empregador.

  5) O valor do benefício era calculado aplicando-se sobre a base de cálculo o percentual da redução correspondente e correspondia ao valor devido do seguro-desemprego.

| Valor do Benefício Emergencial em caso de redução de salário e jornada | |
|---|---|
| **Percentual de redução do salário** | **valor do benefício emergencial de preservação do emprego e da renda** |
| 25% | 25% do seguro-desemprego |
| 50% | 50% do seguro-desemprego |
| 70% | 70% do seguro-desemprego |

6) Os seguintes empregados não tinham direito ao benefício:

a) também estivesse ocupando cargo ou emprego público, cargo em comissão de livre nomeação e exoneração, ou fosse, titular de mandato eletivo;

b) tivesse o contrato de trabalho celebrado após a data de entrada em vigor da Medida Provisória 936, de 2020 (Portaria nº 10.486/2020 do Ministério da Economia, que regulamentou o benefício);

c) estivesse em gozo de:

i) benefício de prestação continuada do Regime Geral de Previdência Social ou dos Regimes Próprios de Previdência Social, ressalvados os benefícios de pensão por morte e auxílio acidente.

ii) seguro-desemprego, em qualquer de suas modalidades; ou

iii) bolsa de qualificação profissional de que trata o art. 2º-A da Lei nº 7.998, de 1990.

7) Foi assegurada garantia provisória no emprego ao empregado que recebeu o benefício emergencial em decorrência da redução da jornada de trabalho e de salário ou suspensão temporária do contrato de trabalho. Essa garantia provisória no emprego foi devida durante todo o período suspensão contratual e estendida, após o fim dessas restrições por período equivalente ao acordado para a redução ou a suspensão

- **Outras medidas alternativas.** A legislação de exceção, em tempos de pandemia, permitiu, ainda, outras medidas trabalhistas para o enfrentamento da crise, como a adoção unilateral de teletrabalho, a antecipação de férias individuais ou a concessão de férias coletivas e até mesmo o estabelecimento de banco de horas antecipado.
- Lei nº 14.437/2022 (fruto da conversão da MP nº 1.109/2022)
- Nesse ponto, interessante anotar que, em agosto de 2022, o Congresso Nacional aprovou a MP nº 1.109/2022 (convertida na Lei nº 14.437/2022), que institucionaliza autorização genérica para a adoção de medidas trabalhistas de enfrentamento a momentos de crise, dentre elas: o teletrabalho; a antecipação de férias individuais; a concessão de férias coletivas; o aproveitamento e a antecipação de feriados; o banco de horas; a suspensão da exigibilidade dos recolhimentos do Fundo de Garantia do Tempo de Serviço – FGTS; a redução proporcional da jornada de trabalho e do salário; e a suspensão temporária do contrato de trabalho.
- Destacamos que essas medidas poderão ser implementadas por meio de acordo individual escrito ou de negociação coletiva. Dessa forma, agora, mesmo superado o momento de crise ocasionado pela pandemia de COVID-19, no Direito do Trabalho, é possível a redução de salários e a suspensão do contrato de trabalho por meio de acordo individual entre empregado e empregador. Ainda que reservada essa possibilidade aos períodos de reconhecida calamidade, temos sérias dúvidas quanto à constitucionalidade dessas normas, pois a Constituição Federal autoriza a redução salarial apenas por meio de convenção ou acordo coletivo de trabalho (art. 7º, VI).
- Ainda, uma última observação se faz importante: na regulamentação anterior do BEm, referente à pandemia de COVID-19, as fraudes relativas ao recebimento do benefício eram de responsabilidade do empregador, autorizada, inclusive, a inscrição na dívida ativa da União dos créditos constituídos em decorrência de Benefício Emergencial de Preservação do Emprego e da Renda pago indevidamente ou além do devido (art. 5º, § 7º da Lei 14.020/2020). A nova regulamentação trazida pela MP inverte essa lógica e passa a prever, de maneira expressa, que a responsabilidade pelo recebimento indevido do BEm é do trabalhador, que estará sujeito à compensação automática com eventuais parcelas devidas do referido Benefício ou com futuras parcelas de abono salarial ou de seguro-desemprego a que tiver direito (art. 38 da MP 1.109/2022).

## 16. PRESCRIÇÃO E DECADÊNCIA

- **Prazo.** O prazo para ingressar com a reclamação trabalhista está previsto no art. 7º, XXIX, da CF/88: "São direitos dos trabalhadores urbanos e rurais, além de outros que visem à melhoria de sua condição social: ação, quanto aos créditos resultantes das relações de trabalho, com prazo prescricional de **cinco anos** para os trabalhadores urbanos e rurais, até o limite de **dois anos** após a extinção do contrato" (grifos acrescidos).
- Com a Reforma Trabalhista, a redação do artigo 11 da CLT foi atualizada de forma a se compatibilizar com o ordenamento constitucional:

> **Art. 11 da CLT (com redação dada pela Reforma Trabalhista):** *A pretensão quanto a créditos resultantes das relações de trabalho prescreve em cinco anos para os trabalhadores urbanos e rurais, até o limite de dois anos após a extinção do contrato de trabalho.*

- **Início do prazo prescricional.** O empregado poderá pleitear os direitos trabalhistas dos **últimos 5 anos a contar do ajuizamento da reclamação, até o limite de 2 anos após a extinção do contrato de trabalho.** Ressalta-se que o pedido dos últimos 5 anos não conta da extinção do contrato, mas do ingresso da reclamação trabalhista. Assim sendo, se demorar para ingressar com a ação judicial, consequentemente estará deixando escoar o período pleiteado.
- **Para a semana antes da prova:**

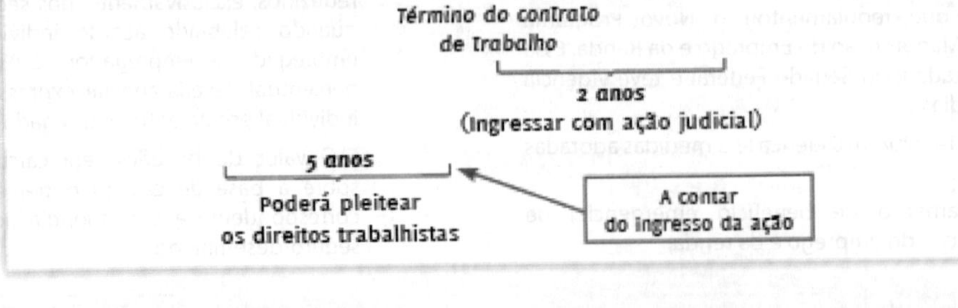

- **Causas que interferem na contagem do prazo.** A contagem do prazo prescricional poderá ser afetada em razão de causas impeditivas, suspensivas e interruptivas
- **Causa suspensiva.** O prazo, nesse caso, ficará congelado, ou seja, haverá uma parada temporária até que seja cessado o obstáculo. Após o término do obstáculo, retoma-se a contagem. Exemplo: ingresso do empregado com pedido de conciliação na Comissão de Conciliação Prévia.
- **Suspensão do prazo prescricional.** Importante destacar que a suspensão do contrato de trabalho, por exemplo, o afastamento do empregado para o recebimento de auxílio-doença, não suspende a contagem do prazo prescricional, exceto se o trabalhador estiver impossibilitado, física ou mentalmente, de comparecer à Justiça do Trabalho.
- **Causa interruptiva.** Ocorre quando o prazo reinicia a contagem por inteiro. Exemplo: empregador, ao ingressar com a ação judicial (reclamação trabalhista) ou protesto judicial, interrompe o prazo prescricional.
- **Reforma Trabalhista:** De acordo com o novo § 3º do art. 11 da CLT, acrescentado pela Reforma Trabalhista, a interrupção da prescrição somente ocorrerá pelo ajuizamento de reclamação trabalhista, mesmo se for realizada em juízo incompetente. Nesse caso, ainda que venha a ser extinta sem resolução do mérito, haverá interrupção da prescrição, produzindo efeitos apenas em relação aos pedidos idênticos.
- **Causa impeditiva.** Nessa hipótese, não há início da contagem do prazo. Exemplo: não corre prazo prescricional contra o empregado com menos de 18 anos, conforme previsto no art. 440 da CLT.
- **Prescrição do FGTS.** Importante ressalvar que o prazo para requerer os depósitos do **FGTS** é de 2 anos para ingressar com a reclamatória, a contar do término do contrato. A antiga redação da Súmula nº 362 do TST dispunha que, se observado o prazo de 2 anos para ingresso com a reclamação trabalhista, o trabalhador poderá pleitear os últimos trinta anos. Era a chamada prescrição trintenária. Cabe ressaltar, entretanto, que, em novembro de 2014, o STF[68] determinou, por maioria de votos, a redução do prazo de prescrição dos depósitos do FGTS para 5 anos. Abandonou-se, portanto, a tese da prescrição trintenária. Foi utilizado como argumento para defender a redução a discussão em torno da natureza jurídica do fundo. Para os ministros, os valores devidos ao FGTS apresentam natureza jurídica trabalhista, e deve ser aplicado prazo do art. 7º, inciso XXIX, da CF/88 (5 anos). Diante da nova posição assumida pelo STF, o TST alterou, em junho de 2015, o teor da Súmula nº 362 do TST para também prever a prescrição quinquenal (5 anos) para o direito de reclamar o não recolhimento dos depósitos do FGTS.
- **Momento da arguição.** Aliás, a prescrição na área trabalhista somente é decretada se alegada na vara do trabalho ou no TRT (instâncias ordinárias), conforme posicionamento da jurisprudência:

> **Súmula nº 153 do TST.** *Não se conhece de prescrição não argüida na instância ordinária*

- **Prescrição intercorrente.** Essa prescrição ocorreria no curso da execução, depois do trânsito em julgado, em razão da paralisação do processo por muito tempo. De acordo com a Súmula nº 114 do TST, é inaplicável na Justiça do Trabalho a prescrição intercorrente.
- Com a Reforma Trabalhista, entretanto, essa prescrição passa a ser possível, podendo ser, inclusive, declarada de ofício em qualquer grau de jurisdição, nos termos do art. 11-A da CLT:

> **Art. 11-A da CLT (com redação dada pela Reforma Trabalhista):** *Ocorre a prescrição intercorrente no processo do trabalho no prazo de dois anos.*
>
> *§ 1º A fluência do prazo prescricional intercorrente inicia-se quando o exequente deixa de cumprir determinação judicial no curso da execução.*
>
> *§ 2º A declaração da prescrição intercorrente pode ser requerida ou declarada de ofício em qualquer grau de jurisdição.*

- **Prescrição total e parcial no Direito do Trabalho:** O § 2º do art. 11 da CLT foi acrescentado pela Lei de Reforma Trabalhista e aborda a tese da prescrição total e parcial no Direito do Trabalho, antes omissa na CLT. O novo texto assemelha-se ao que já era previsto pelo TST na Súmula nº 294:

> **Súmula nº 294 do TST:** *Tratando-se de demanda que envolva pedido de prestações sucessivas decorrente de alteração do pactuado, a prescrição é total, exceto quando o direito à parcela esteja também assegurado por preceito de lei.*

- A prescrição total e parcial refere-se à lesão do direito e decurso do prazo enquanto o empregado estiver prestando serviços. Se o contrato estiver em curso, o empregado terá o prazo de 5 anos para ingressar com a reclamatória, contado a partir da violação do direito.
- Na prescrição total, de acordo com o TST, o trabalhador terá 5 anos para ingressar com a reclamação a contar do ato único do empregador. Esse ato do trabalhador decorre da alteração contratual lesiva de suprimir direito não previsto em lei, como no caso de redução do percentual de comissão. Nesse caso, a partir desse ato ilícito (ato único), inicia-se a contagem do prazo.
- Em resumo, o empregador, ao retirar ou reduzir as prestações que vinham sendo pagas de forma periódica, descumpre o que foi pactuado com o empregado, iniciando-se a contagem do prazo. Aliás, poderia ensejar, ainda, o pedido de rescisão indireta.

| Prescrição |
|---|
| – **Causas que interferem na contagem do prazo prescricional**<br>**a) Impeditiva:** Não se inicia a contagem do prazo. Ex.: Empregado com menos de 18 anos (art. 440, CLT).<br>**b) Suspensiva:** Parada temporária na contagem do prazo. Ex.: Pedido de conciliação na Comissão de Conciliação Prévia (art. 625-G, CLT). |
| **Obs.:** Auxílio-doença não suspende a prescrição, salvo impossibilidade de comparecimento à Justiça do Trabalho.<br>**c) Interruptiva:** Contagem do prazo é reiniciada. Ex.: Ingresso com ação judicial (art. 11, § 3º da CLT e Súm. 268, TST).<br>– **Depósitos do FGTS:** 2 anos a contar da extinção do contrato para ingressar na justiça. Poderá pleitear os últimos 5 anos (Súm. 362 – nova redação[69]). STF (novembro/2014): reduziu o prazo de 30 anos para 5 anos (art. 7º, inciso XXIX, CF/88).<br>– **CTPS:** Imprescritível o reconhecimento do vínculo para fins previdenciários.<br>– **Prescrição de ofício** (art. 11-A, §2º da CLT): A declaração da prescrição intercorrente pode ser requerida ou declarada de ofício em qualquer grau de jurisdição. |

68. Ver ARE 709.212/DF. Relator: Ministro Gilmar Mendes. Data de Julgamento: 13/11/2014.

69. Súmula nº 362 do TST: FGTS. Prescrição. I – Para os casos em que a ciência da lesão ocorreu a partir de 13.11.2014, é quinquenal a pres-

## 17. SEGURANÇA E MEDICINA DO TRABALHO (MEIO AMBIENTE DE TRABALHO)

- **Meio ambiente de trabalho.** Mais que o local onde o trabalhador presta serviços, ambiente de trabalho é a relação de interdependência que o trabalhador tem com os elementos animados e inanimados, corpóreos e intangíveis que fazem parte do ambiente em que se ativa. Em razão disso, é dever do empregador manter esse ambiente o mais seguro possível, evitando acidentes de trabalho.
- **Princípio da indisponibilidade das normas de saúde e segurança do trabalho.** As normas que tratam da proteção à saúde e à segurança do trabalho são de ordem pública, portanto, são normas de indisponibilidade absoluta, e não cabe flexibilização para a redução de direitos dos empregados nesse aspecto de segurança. Essas normas representam cláusulas implícitas ao contrato de trabalho, não havendo a necessidade de previsão expressa no contrato.
- Com a Reforma Trabalhista, as normas de saúde, higiene e segurança do trabalho previstas em lei ou em normas regulamentadoras do Ministério do Trabalho constituem objeto ilícito de convenção ou acordo coletivo, nos termos do art. 611-B XVII da CLT.
- Entretanto, de acordo com o parágrafo único do art. 611-B em questão, as regras sobre duração do trabalho e intervalos não são consideradas como normas de saúde, higiene e segurança do trabalho para os fins do disposto neste artigo.
- Além disso, o enquadramento do grau de insalubridade poderá ser disposto por convenção e acordo coletivo, nos termos do art. 611-A, XII da CLT.
- **Proteção legal.** A CLT estabelece no Capítulo V do Título II normas que abordam a saúde e segurança do trabalho. Essas disposições são complementadas com diversas normativas internacionais como as convenções da OIT e também por Portaria do Ministério do Trabalho e Emprego que estabelecem Normas Regulamentadoras das relações de trabalho.

### 17.1. DEVERES DO EMPREGADOR

- Compete ao empregador manter o ambiente de trabalho seguro e saudável. Deve, portanto, adotar todas as normas preventivas como forma de proteger a integridade física e psíquica dos trabalhadores.
- **Entrega de EPIs**: Conforme o inciso I do art. 157 da CLT, o empregador deverá cumprir as normas de saúde e medicina do trabalho. Uma dessas normas é entregar, gratuitamente, equipamentos de proteção. Cabe ressaltar que o simples fornecimento de EPI não afasta a obrigatoriedade do pagamento do adicional de periculosidade ou insalubridade. Para cessar o pagamento desses adicionais, o empregador deverá eliminar, por completo, o agente nocivo e perigoso (Súmula nº 289 do TST).
- **Trabalho em condições prejudiciais à saúde e à segurança.** Se houver trabalho em atividades insalubres ou perigosas, é obrigação do empregador efetuar o pagamento dos adicionais de insalubridade ou periculosidade a seus empregados e adotar medidas para reduzir os prejuízos à saúde do trabalhador. Para mais informações acerca desses adicionais, consulte o tópico de adicionais salariais.
- **Serviços especializados em segurança e medicina do trabalho (SESMT).** O art. 162 da CLT estabelece a necessidade de as empresas estabelecerem serviços especializados em segurança e medicina do trabalho. Esses órgãos devem promover a saúde e proteger a integridade do trabalhador no local de trabalho (art. 1º da Norma Regulamentadora nº 4 do Ministério do Trabalho).
- **Programa de Controle Médico de Saúde Ocupacional (PCMSO).** A Norma Regulamentadora nº 7 do Ministério do Trabalho estabelece a obrigatoriedade por parte dos empregadores de elaborar e implementar o Programa de Controle Médico de Saúde Ocupacional que tem o objetivo de promover e preservar a saúde do conjunto de seus trabalhadores. Esse programa deve ter caráter de prevenção, rastreamento e diagnóstico precoce dos agravos à saúde relacionados ao trabalho, inclusive pela constatação de doenças profissionais ou danos irreversíveis à saúde do trabalhador.
- **Programa de Gerenciamento de Riscos (PGR).** A Norma Regulamentadora nº 9 do Ministério do Trabalho previa a obrigatoriedade na elaboração e implementação do Programa de Prevenção de Riscos Ambientais (PPRA) que tinha como função antecipar, reconhecer e avaliar os riscos ambientais existentes ou que possam surgir no ambiente de trabalho. Contudo, em 2020, foi publicada a Portaria 6.730/2020 (com início de vigência em 03/01/2022), aprovando nova redação à NR-01 e instituindo o Programa de Gerenciamento de Riscos (PGR), que substitui o PPRA (tratado na NR-09). A principal diferença em relação ao seu antecessor (PPRA) é que o PGR não precisa ser renovado todos os anos. A renovação será necessária em 03 hipóteses: 1) Quando houver mudança no ambiente de trabalho; 2) A cada dois anos, quando não se verificar mudanças no meio ambiente do trabalho; ou 3) A cada ou três anos para empresas que tenham certificação em sistema de gestão de Segurança e Saúde no Trabalho, quando não se verificar mudanças no meio ambiente do trabalho.

### 17.2. DEVERES DO EMPREGADO

- Compete aos trabalhadores obedecer às normas de medicina e segurança e colaborar com a empresa para a aplicação dessas normas. Aliás, deverá utilizar os equipamentos de proteção fornecidos pelo empregador. Se o empregado se recusa, injustificadamente, ao cumprimento das normas de segurança e à utilização dos equipamentos de proteção, caberá dispensa por justa causa, como determina o art. 158 da CLT.

### 17.3. MINISTÉRIO DO TRABALHO E NORMAS REGULAMENTADORAS SOBRE SEGURANÇA E SAÚDE DO TRABALHO

- **Competência.** a competência para legislar sobre direito do trabalho é privativa da União, conforme o art. 22, I, da CF/88. Já a competência legislativa acerca de norma de saúde e segurança é **concorrente**, competindo à União, estados e DF, nos termos do art. 24, XII, CF/88.
- **Normas regulamentadoras.** A CLT delegou à autoridade administrativa (atualmente Ministério do Trabalho e Emprego) a regulamentação detalhada das normas de saúde e segurança. O Ministério do Trabalho e Emprego tem competência para expedir as Normas Regulamentadoras (NR), que regulamentam matérias específicas sobre normas de saúde e segurança, como a NR nº 18, que trata da construção civil; a NR nº 15, que trata das atividades insalubres etc.
- **Fiscalização.** A fiscalização do trabalho tem a atribuição de verificar se as normas trabalhistas estão sendo respeitadas.

crição do direito de reclamar contra o não recolhimento de contribuição para o FGTS, observado o prazo de dois anos após o término do contrato; II – Para os casos em que o prazo prescricional já estava em curso em 13.11.2014, aplica-se o prazo prescricional que se consumar primeiro: trinta anos, contados do termo inicial, ou cinco anos, a partir de 13.11.2014 (STF-ARE-709212/DF).

Caso haja descumprimento, caberá a aplicação de multa. As microempresas também estão sujeitas à fiscalização quanto ao meio ambiente de trabalho

## 17.4. INTERDIÇÃO OU EMBARGO E INSPEÇÃO PRÉVIA

- **Inspeção prévia.** A inspeção prévia ocorre antes do início das atividades de qualquer estabelecimento, e é realizada pelo Ministério do Trabalho e Emprego, nos termos do art. 160 da CLT. Todos os novos empreendimentos devem ser vistoriados pela autoridade competente. Novas inspeções devem ser realizadas quando ocorrer modificação substancial em sua estrutura.
- Ocorre que o art. 2º da Portaria nº 915, de 30 de julho de 2019, da Secretaria Especial de Previdência e Trabalho do Ministério da Economia revogou a Norma Regulamentadora nº 2 – Inspeção Prévia:

> **Art. 2º da Portaria nº 915/2019:** *Revogar as Portarias SSMT nº 06, de 09 de março de 1983, nº 35, de 28 de dezembro de 1983, que deu redação à NR2 - Inspeção Prévia, nº 03, de 07 de fevereiro de 1988, o art. 1º da Portaria SSST nº 13, de 17 de setembro de 1993 e a Portaria SIT nº 84, de 04 de março de 2009.*

- Note-se, portanto, que, desde 30/07/2019, não há norma do Ministério do Trabalho que regulamentasse a inspeção prévia prevista no art. 160 da CLT. A justificativa do governo para a revogação consistiu na necessidade de atualização e modernização da legislação infralegal trabalhista, que estimulassem a economia e a criação de empregos[70]. Portanto, os Auditores Fiscais do Trabalho não tinham mais as determinações para a realização da inspeção prévia em todo estabelecimento novo.
- **Interdição ou embargo está previsto na NR 3.** A **interdição** ocorre em estabelecimentos ou setores da empresa, ao passo que os **embargos** são utilizados quando há obra em construção. Essas distinções entre interdição e embargos foram elaboradas pelo professor Sérgio Pinto Martins.

## 17.5. ACIDENTE DE TRABALHO

- **Acidente de trabalho típico**. A Lei nº 8.213/1991, que dispõe sobre os Planos de Benefícios da Previdência Social, estabelece o conceito de acidente de trabalho para fins previdenciários. O acidente de trabalho típico é aquele que ocorre pelo exercício do trabalho a serviço de determinada empresa que venha a provocar lesão corporal ou perturbação funcional que cause a morte ou a perda ou redução da capacidade laboral. Lesão corporal ocorre quando o dano atinge a integridade física do indivíduo, causando-lhe um dano físico-anatômico, enquanto perturbação funcional corresponde a um ano fisiológico ou psíquico, relacionado com órgãos ou funções específicas do organismo humano, sem aparentar lesão física[71].
- **Acidente de trabalho equiparado**. Além disso, a lei de benefícios previdenciários estabelece um rol de hipóteses equiparadas ao acidente de trabalho, seja por doenças ocupacionais (art. 20) ou eventos acidentários que não são incluídos no conceito típico (art. 21). Alguns autores[72] realizam a divisão terminológica entre acidentes de trabalho atípicos, que compreendem as doenças ocupacionais, e acidentes de trabalho por equiparação ao se referir às demais hipóteses de acidente de trabalho previstas no art. 21 da Lei nº 8.213/1991. Cumpre ressaltar que a equiparação com o acidente de trabalho ocorre para que os efeitos jurídicos aplicados ao acidente de trabalho sejam estendidos para essas outras modalidades. Entretanto, apresentam conceitos totalmente diversos do acidente de trabalho típico.
- **Doenças ocupacionais.** As doenças ocupacionais – doença profissional e do trabalho – não se configuram como fatos repentinos, violentos, abruptos que causam a morte ou incapacidade do indivíduo, mas compreendem situações que, progredindo no tempo, mantém nexo de causalidade com a redução ou fim da capacidade laborativa[73].
  - **a) doença profissional:**, é aquela peculiar a determinada atividade ou profissão, cujo exercício pode produzir ou desencadear certar patologias no trabalhador. Nesse caso, o nexo causal da doença com a atividade é presumido[74].
  - **b) doença do trabalho:** ocorre em razão de determinadas condições em que o trabalho é realizado e não é vinculada a determinada atividade ou profissão. Seu aparecimento decorre da forma em que o trabalho é realizado ou das condições do meio ambiente do trabalho.
- **Responsabilidade civil.** A responsabilidade civil brasileira sempre esteve fundamentada no delito ou quase-delito, ou seja, aquele que pratica um ato ilícito deverá indenizar a parte contrária quando esse ato for praticado por culpa ou dolo do agente. Entretanto, conforme salienta Raimundo Simão de Melo[75], após a promulgação do Código Civil de 2002, é possível afirmar que o legislador adotou tanto a teoria da responsabilidade civil subjetiva como a teoria da responsabilidade objetiva baseada no risco da atividade desenvolvida.
- **Responsabilidade civil subjetiva.** Os pressupostos para a responsabilidade subjetiva são: a) ação ou omissão do agente; b) o elemento subjetivo (culpa ou dolo); c) o nexo de causalidade entre a conduta e o resultado; e d) ocorrência de um dano efetivo.
- **Responsabilidade civil objetiva.** A responsabilidade civil objetiva não é presumida, uma vez que decorre de lei ou de atividade de risco. Além disso, vale ressaltar que os pressupostos para sua caracterização são idênticos ao da responsabilidade subjetiva, com exclusão da culpa ou dolo[76].
- **Responsabilidade civil por acidente de trabalho.** A tendência da jurisprudência trabalhista é a adoção da responsabilidade objetiva do empregador decorrente de acidente de trabalho para as atividades de risco. Para as demais atividades, permanece a necessidade de se comprovar a culpa ou dolo do empregador em caso de acidente de trabalho (responsabilidade subjetiva).
- **Tema 932 de Repercussão Geral do STF.** O artigo 927, parágrafo único, do Código Civil é compatível com o artigo 7º, XXVIII, da Constituição Federal, sendo constitucional a responsabilização objetiva do empregador por danos decor-

70. https://www.migalhas.com.br/Quentes/17,MI307762,91041-Bolsonaro+altera+normas+de+seguranca+e+saude+no+trabalho.
71. MENEZES, Adriana. *Direito Previdenciário*. Coleção Tribunais. 6ª Edição. Salvador: Juspodivm, 2016. p. 260.
72. MENEZES, Adriana. *Direito Previdenciário*. Coleção Tribunais. 6ª Edição. Salvador: Juspodivm, 2016. p. 260-262.
73. MENEZES, Adriana. *Direito Previdenciário*. Coleção Tribunais. 6ª Edição. Salvador: Juspodivm, 2016. p. 260.
74. OLIVEIRA, Sebastião Geraldo. *Indenizações por acidente do trabalho ou doença ocupacional*. 7. ed. São Paulo: LTr, 2013. p. 51.
75. MELO, Raimundo Simão. *Ações acidentárias na Justiça do Trabalho*. São Paulo: LTr, 2011. p. 28.
76. MELO, Raimundo Simão. *Ações acidentárias na Justiça do Trabalho*. São Paulo: LTr, 2011. p. 44.

rentes de acidentes de trabalho, nos casos especificados em lei, ou quando a atividade normalmente desenvolvida, por sua natureza, apresentar exposição habitual a risco especial, com potencialidade lesiva e implicar ao trabalhador ônus maior do que aos demais membros da coletividade.

- **Nexo de causalidade.** Para a configuração da responsabilidade do empregador por acidente de trabalho, é indispensável a causalidade entre a conduta do empregador e o dano sofrido pelo empregado. Essa conduta deve ser a causa do dano do empregado. Assim, há nexo de causalidade, por exemplo, quando o empregado sofre acidente de trabalho com amputação de um membro caso o empregador tenha deixado de efetuar reparos de segurança em seu maquinário.
- **Concausalidade.** Vale ressaltar que é possível ocorrer diversas causas que concorram para a lesão no trabalhador, sendo algumas, inclusive, fora de qualquer conduta do empregador. É o que se denomina multicausalidade ou concausalidade. A existência de diversas causas que concorrem para o acontecimento da lesão não elimina a presença do nexo de causalidade desde que haja fator próprio do ambiente de trabalho que tenha concorrido para a ocorrência do dano.
- **Culpa exclusiva da vítima.** A configuração de culpa exclusiva da vítima pelo acidente que decorrer de fato imprevisível e inevitável, que não poderia ser controlado pelo empregador, exclui o nexo causal e, portanto, não se verifica a ocorrência de acidente de trabalho. Não haverá, nesse caso, dever de indenização pelo empregador[77].
- **Culpa exclusiva de terceiro.** A configuração de culpa exclusiva de terceiro pelo acidente que decorrer de fato imprevisível e inevitável, que não poderia ser controlado pelo empregador, é outra excludente do nexo causal e, também, obsta a ocorrência de acidente de trabalho. Não haverá, nesse caso, dever de indenização pelo empregador[78].
- **Caso fortuito e força maior.** São outros dois exemplos de excludentes do nexo causal, caracterizados pela externalidade (fato externo à conduta do agente, no caso, do empregador) e a inevitabilidade (que não poderia ser controlado pelo empregador). O que diferencia as duas excludentes, segundo a clássica doutrina civilista, é que a força maior se relaciona a eventos produzidos pelas forças da natureza (por exemplo, enchentes, deslizamentos), enquanto o caso fortuito de relaciona à fatores humanos não individualizados (por exemplo, rebeliões, conflitos armados)[79]. De qualquer maneira, na ocorrência de caso fortuito ou de força maior, não haverá dever de indenização pelo empregador:

> **Art. 393, CC.** O devedor não responde pelos prejuízos resultantes de caso fortuito ou força maior, se expressamente não se houver por eles responsabilizado.
>
> Parágrafo único. O caso fortuito ou de força maior verifica-se no fato necessário, cujos efeitos não era possível evitar ou impedir.

- **Reparação do dano decorrente de acidentes de trabalho.** O empregado tem direito ao recebimento de indenização em razão de dano material ou moral decorrente de acidentes de trabalho. Para mais informações consulte o tópico de danos morais e materiais.
- **Indenização por morte da vítima.** O art. 948 do CC/02 estabelece uma pensão a ser paga às pessoas que dependiam da vítima. Verifica-se que não houve nenhuma fixação de prazo para esse pagamento, tendo somente se referido à duração provável da vida da vítima. Assim, caberá ao juiz analisar caso a caso para definir o período em que será paga a pensão. Diversos parâmetros podem ser adotados pelo juiz, mas há autores que recomendam a aplicação do índice de sobrevida da vítima baseado em estatísticas realizadas pelo IBGE. O valor a ser pago como pensão alimentar deve ser realizado com base na renda obtida pela vítima antes de seu falecimento, uma vez que essa pensão tem natureza indenizatória, ou seja, reparar o prejuízo causado pela morte do empregado no caso de acidente de trabalho.
- **Indenização por incapacidade transitória.** No mesmo sentido da indenização por morte da vítima, será devida indenização quando ocorrer incapacidade decorrente de acidente de trabalho. Nesse caso, será devido pagamento de uma quantia, a título de lucros cessantes, ao acidentado no caso de ficar afastado de seu trabalho por determinado período. O valor deverá incluir toda a verba a que teria direito o empregado até o momento em que é possível o retorno ao trabalho.
- **Indenização por incapacidade permanente (invalidez).** A lesão causada à vítima em decorrência do acidente de trabalho poderá deixar sequelas e, dessa forma, permanecerá com a incapacidade mesmo após cessados os principais efeitos danosos do ato. O empregador terá o dever de pagar as despesas com o tratamento e lucros cessantes até que o empregado esteja com a saúde recuperada. Entretanto, lembre-se de que, nesse caso, diferentemente da incapacidade transitória, será devida pensão ainda que parcial ao empregado em razão das sequelas deixadas pelo ato danoso. Em que pese a recuperação do empregado, poderá haver sequelas que impedem ou dificultam a realização de trabalhos pelo empregado.
- **Dano estético.** O dano estético deve ser entendido como a alteração corporal externa que venha a trazer desagrado e repulsa não apenas àquele que sofreu o dano como também a quem o observa. Assim, se uma lesão prejudicar a vida social e pessoal da vítima pelo sentimento de desprezo à sua imagem, será possível a indenização por dano estético. Não é necessário, entretanto, que haja grande deformidade, bastando que haja modificação corporal permanente e aparente.

## 17.6. CIPA – COMISSÃO INTERNA DE PREVENÇÃO DE ACIDENTES E ASSÉDIO

- A **CIPA** é órgão de caráter preventivo e está previsto no art. 163 da CLT e na NR nº 5. Em regra, todos os empregadores, sejam de natureza pública ou privada, estão obrigados a constituir a CIPA. Essa obrigatoriedade dependerá, entretanto, do número de empregados e do grau de risco da atividade desenvolvida, conforme previsão no Quadro I – Dimensionamento da CIPA da NR nº 5 (empresas com menos de 20 empregados, em regra, não estão obrigadas a constituir esse órgão protetivo). Aliás, a CIPA também é obrigatória para as atividades rurais, conforme a NR nº 31.
- **Da composição da CIPA:** Esse órgão é presidido por empregado indicado pelo empregador, e o vice-presidente será empregado eleito pelos trabalhadores. A eleição é secreta e dela podem participar todos os empregados, independentemente de filiação sindical.
- **Mandato do Cipeiro.** O mandato tem duração de 1 ano, sendo permitida uma reeleição. Ao membro suplente que tiver participado de menos da metade de reuniões não será permitida a sua reeleição.

77. TRT-2 10011947720215020009 SP, Relator: ELIANE APARECIDA DA SILVA PEDROSO, 17ª Turma - Cadeira 4, Data de Publicação: 26/05/2022.
78. TRT-12 - RO: 00008540420185120034 SC, Relator: NIVALDO STANKIEWICZ, Data de Julgamento: 12/08/2020, Gab. Des. Nivaldo Stankiewicz.
79. FARIAS, Cristiana Chaves de; ROSENVALD, Nelson; NETTO, Felipe Peixoto Braga. *Curso de Direito Civil: responsabilidade civil.* 4. ed. rev. e atual. Salvador: JusPodivm, 2017. p. 420-421.

- **Estabilidade.** Os representantes dos empregados na Cipa, titulares e suplentes, gozam de estabilidade, desde o registro da candidatura até 1 ano após o mandato. Somente poderão ser dispensados por justa causa. Essa estabilidade não persiste no caso de extinção do estabelecimento. Com o término do estabelecimento, portanto, o empregado não tem direito a indenização pelo período remanescente do mandato.
- Em 2022, foi publicada Lei 14.457/2022 que, entre outas providência, conferiu mais uma atribuição à Comissão Interna de Prevenção de Acidentes e, agora, de Assédio (CIPA): a promoção de um ambiente laboral sadio, seguro e que favoreça a inserção e a manutenção de mulheres no mercado de trabalho. Para tanto, deverão ser adotas medidas como a) inclusão de regras de conduta a respeito do assédio sexual e de outras formas de violência nas normas Internas da empresa, com ampla dlvulgação do seu conteúdo aos empregados e às empregadas; e b) fixação de procedimentos para recebimento e acompanhamento de denúncias, para apuração dos fatos e, quando for o caso, para aplicação de sanções administrativas aos responsáveis diretos e indiretos pelos atos de assédio sexual e de violência, garantido o anonimato da pessoa denunciante, sem prejuízo dos procedimentos jurídicos cabíveis.

## 17.7. DA COMPETÊNCIA PARA APRECIAR E JULGAR QUESTÕES LIGADAS AO AMBIENTE DE TRABALHO

- Os conflitos ligados ao ambiente de trabalho serão apreciados pela Justiça do Trabalho, conforme art. 114, I, da CF/88. Aliás, será também da competência dessa justiça especializada a apreciação de ações anulatórias de autos de infração que multaram o empregador por descumprimento de normas ligadas à saúde e medicina do trabalho. Compete à Justiça do Trabalho processar e julgar causas envolvendo o ambiente de trabalho dos empregados públicos, como a falta de EPI ou CIPA nas mais diversas repartições públicas da união, estados-membros e dos municípios. Nesse sentido:

> **Súmula nº 736 do STF**: *Compete à Justiça do Trabalho julgar as ações que tenham como causa de pedir o descumprimento de normas trabalhistas relativas à segurança, higiene e saúde dos trabalhadores.*

## 18. DIREITO COLETIVO

- **Principais pontos.** Recomenda-se ao candidato uma leitura atenta da matéria, e principalmente a memorização dos arts. 8º, 9º, 10 e 11 da Constituição Federal.

  Em resumo, os pontos principais sobre Direito Coletivo:

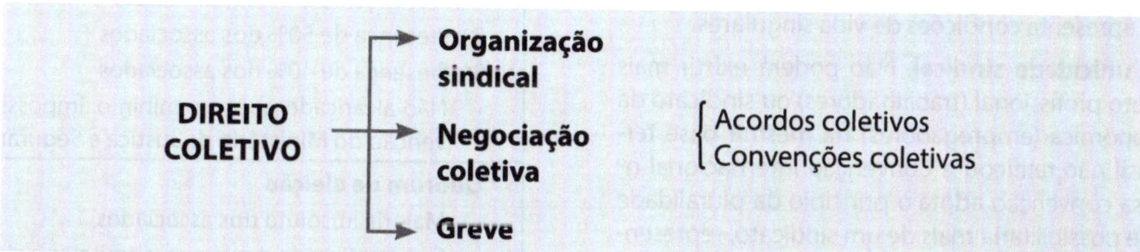


- **Sistema confederativo.** A organização sindical brasileira é dividida entre sindicatos e entidades de grau superior, que são as federações e as confederações. Essa divisão é chamada de sistema confederativo. Veja a seguir:

## 18.1. LIBERDADE SINDICAL (CONVENÇÃO Nº 87 DA OIT)

- A liberdade sindical é o princípio estruturante do direito coletivo do trabalho em um Estado Democrático de Direito. É pautada na democracia e no pluralismo das relações sindicais. De acordo com esse princípio, **o Estado não poderá intervir ou interferir na entidade sindical**. O sindicato é, portanto, livre quanto a sua fundação, organização e filiação.
- Contudo, é necessário ressaltar que a liberdade sindical não é plena no Brasil. Ainda hoje, é aplicado o **princípio da unicidade sindical** (art. 8º, II e IV, da Constituição Federal). O princípio da unicidade sindical restringe a liberdade sindical porque impede a criação de mais de um sindicato, seja representativo de categoria profissional (trabalhadores), seja da categoria econômica (empregadores) uma mesma base territorial. Limita, portanto, o direito de escolha dos trabalhadores. Em razão disso, o Brasil é criticado por não ter ratificado a Convenção nº 87 da OIT que prevê a plena liberdade sindical.
- Com a Reforma Trabalhista, a compulsoriedade da contribuição sindical obrigatória deixa de existir, pois o desconto do valor passa a ser condicionado à expressa e prévia autorização do trabalhador ou empregador. Ressalta-se que o princípio da unicidade sindical permanece em vigor mesmo após a entrada em vigor da Lei nº 13.467/2017, pois está previsto no texto constitucional (art. 8º, II, CF/88).

## 18.2. ORGANIZAÇÃO SINDICAL BRASILEIRA

- **Divisão em categorias:** A organização dos sindicatos é feita com base no sistema de categorias. Há sindicatos que defendem interesses da categoria profissional (trabalhadores) e os que representam e defendem interesses da categoria econômica (empregadores). Existem, ainda, sindicatos que representam categorias profissionais diferenciadas. Para identificar a qual categoria pertence o trabalhador, é necessário identificar a atividade principal ou preponderante da empresa. Vale ressaltar:

a) **Categoria econômica (art. 511, § 1º, da CLT):** ocorre quando há solidariedade de interesses econômicos dos que empreendem atividades idênticas, similares ou conexas, constituindo vínculo social básico entre essas pessoas.

b) **Categoria profissional (art. 511, § 2º, da CLT):** ocorre quando há similitude de condições de vida oriunda da profissão ou trabalho em comum, em situação de emprego na mesma atividade econômica ou em atividades econômicas similares ou conexas. Para identificar a categoria profissional, é necessário, primeiro, verificar a categoria econômica, ou seja, qual a atividade da empresa.

c) **Categoria profissional diferenciada (art. 511, § 3º, da CLT):** é a que se forma dos empregados que exerçam profissões ou funções diferenciadas por força do estatuto profissional especial ou em consequência de condições de vida singulares. Entendemos que somente é possível identificar uma categoria profissional diferenciada se houver sido criado, mediante aprovação de lei, estatuto profissional próprio. Em que pese a CLT estabelecer as condições de vida singulares como uma das hipóteses para o surgimento dessas categorias, observa-se que sua efetivação na prática se mostra incerta, uma vez que não existem parâmetros para se determinar que profissão apresenta condições de vida singulares.

- **Princípio da unicidade sindical.** Não poderá existir mais de um sindicato profissional (trabalhadores) ou sindicato da categoria econômica (empregadores) na mesma base territorial. O Brasil não ratificou a Convenção Internacional nº 87 da OIT. Essa convenção adota o princípio da pluralidade sindical, o que possibilitaria mais de um sindicato, representante da mesma categoria, na mesma base territorial.

- **Pluralidade e unidade sindicais.** A pluralidade sindical possibilita a existência de mais de um sindicato, representante da mesma categoria, na mesma base territorial. Por sua vez, a unidade sindical é um fenômeno que decorre da prática histórica do sindicalismo em determinado país, segundo a qual um sindicato único é formado para representar determinado grupo de trabalhadores sem que haja imposição legal, ou seja, decorre da própria maturidade da organização sindical. Esses dois modelos não podem ser aplicados no Brasil pela exigência da unicidade sindical pelo art. 8º, II, da Constituição Federal.

- **Registro no órgão competente.** Em razão dessa obrigatoriedade de sindicato único, há necessidade de registro do sindicato no Ministério do Trabalho e Emprego[80], para que esse órgão fiscalize se a unicidade sindical está sendo cumprida (Súmula nº 677 do STF). Apenas após o registro é que o sindicato adquire natureza sindical, isto é, terá legitimidade para defender a categoria. Em resumo, a lei não pode exigir formalidade para a criação de sindicato, exceto o registro no órgão competente (MTE).

- **Diretoria do sindicato.** A diretoria tem a função de administrar o sindicato e é composta por, no mínimo, 3 e, no máximo, 7 membros eleitos pela assembleia geral. A estabilidade alcança apenas os membros que representam a categoria, em número não superior a 7 membros titulares e mais 7 membros suplentes, conforme prevê o art. 522 da CLT e a Súmula nº 369, II, do TST.

- **Conselho fiscal do sindicato.** O conselho fiscal tem a atribuição de fiscalizar as contas e gastos do sindicato. Esse órgão é formado por 3 membros eleitos pela assembleia geral. De acordo com o posicionamento do TST (OJ 365), esses membros do conselho fiscal não gozam de estabilidade, pois não representam a categoria.

- Segue quadro com resumo acerca do processo eleitoral da diretoria e do conselho fiscal do sindicato:

| PROCESSO ELEITORAL |
|---|
| • **Assembleia eleitoral**<br>– Eleição dos cargos: diretoria e conselho fiscal do sindicato<br>– CLT: parâmetro para os dispositivos do estatuto do sindicato<br>– Voto secreto por 6 horas contínuas – sede ou delegacias sindicais<br>– Impossibilidade de intervenção do Ministério da Justiça e Segurança Pública e MPT no processo eleitoral (liberdade sindical)<br>– Presidência da mesa apuradora dos votos: indicação dos integrantes em estatuto<br>• **Quórum de instalação e votação**<br>– 3 convocações:<br>1ª: Presença de 2/3 dos associados<br>2ª: Presença de 50% dos associados<br>3ª: Presença de 40% dos associados<br>– Não alcançado quórum mínimo: impossibilidade de intervenção do Ministério da Justiça e Segurança Pública |
| • **Quórum de eleição**<br>– Maioria absoluta dos associados<br>– Se não atingido o quórum, admite-se a eleição pela maioria relativa (maioria entre os presentes)<br>• **Condições de elegibilidade (art. 529 da CLT)**<br>a) 6 meses de inscrição no sindicato e 2 anos de atividade profissional ou econômica;<br>b) Idade mínima de 18 anos;<br>c) Gozo dos direitos sindicais;<br>d) Possibilidade de sucessivas reeleições;<br>e) Estatuto pode prever novas regras; |

### 18.2.1. CONTRIBUIÇÕES DEVIDAS AO SINDICATO

- **Fontes de custeio do sindicato.** Há quatro espécies de contribuição para o custeio do sistema sindical. As fontes de custeio têm a finalidade de fornecer as condições financeiras possíveis para que o sindicato exerça plenamente suas funções e prerrogativas na defesa dos interesses da categoria. Assim, a arrecadação é responsável pela manutenção da estrutura da entidade, pagamento da remuneração dos empregados dos sindicatos etc.

- **Contribuição sindical.** Era chamada, antigamente, de imposto sindical. É prevista em lei e no texto constitucional sendo e, antes da Reforma Trabalhista era obrigatória para todos os empregados, profissionais liberais e, ainda, aos empregadores, conforme previsto nos artigos 578 a 610 da CLT. Essa contribuição compulsória tinha natureza de tributo.

- Com a Reforma Trabalhista, a contribuição sindical passa a ser **facultativa**, pois dependerá de prévia e expressa autorização dos empregados, empregadores e trabalhadores autônomos para que seu desconto possa ser realizado. A contribuição sindical passa a ter natureza trabalhista e ser objeto do direito coletivo do trabalho, exatamente como ocorre com outras cobranças sindicais, tais como as contribuições confederativa e assistencial, bem como as taxas associativas.

80. *Ao longo desta obra, o leitor irá se deparar com dispositivos legais, decisões judiciais e referências doutrinárias que fazem menção a Ministério do Trabalho, Ministério do Trabalho e Previdência, Ministério do Trabalho e Previdência Social e, até mesmo, Ministério da Economia. Tenha em mente que, hoje, essas atribuições estão concentradas no órgão que se chama Ministério do Trabalho e Emprego (conforme art. 17, XXVIII da MP nº 1.154, de 1º de janeiro de 2023). Quando, de fato, estivermos falando de competência que é de outro Órgão, deixaremos claro no texto.*

- **Julgamento do STF.** Em 29/06/2018, o STF decidiu, no julgamento da ADI nº 5794[81], por maioria de 6 votos contra 3 contrários, pela constitucionalidade dos dispositivos da Reforma Trabalhista que extinguiram a obrigatoriedade da contribuição sindical. Votaram a favor da mudança promovida pela Reforma os Ministros Luiz Fux, Alexandre de Moraes, Luís Roberto Barroso, Marco Aurélio Mello, Gilmar Mendes e Carmem Lúcia e, de forma contrária, os Ministros Edson Fachin, Rosa Weber e Dias Toffoli. Estiveram ausentes justificadamente os Ministros Ricardo Lewandowski e Celso de Mello. Ressalta-se que todas as ADIs e a ADC tramitaram conjuntamente e, portanto, a decisão do STF será aplicada a todos esses processos. Dessa forma, ao menos no âmbito jurisprudencial, foi pacificada a questão atinente à facultatividade da contribuição sindical.
- Segue quadro com informações acerca do rateio da contribuição sindical obrigatória recolhida dos empregados e do empregador:

| RATEIO DA CONTRIBUIÇÃO SINDICAL OBRIGATÓRIA | |
|---|---|
| Empregados (art. 589, II, CLT) | Empregador (art. 589, I, CLT) |
| 5% para as confederações | 5% para as confederações; |
| 10% para centrais sindicais; | 15% para as federações; |
| 15% para as federações; | 60% para os sindicatos; |
| 60% para os sindicatos; | 20% para a "Conta Especial Emprego e Salário"; |
| 10% restantes para Conta Especial do Emprego e Salário. | |

- **Contribuição confederativa.** A contribuição confederativa serve para custear o sistema confederativo, isto é, sindicatos, federações e confederações. Há expressa previsão constitucional que possibilita a contribuição confederativa, art. 8, IV, CF/88. É fixada mediante decisão da assembleia geral, e o desconto é feito na folha de pagamento dos empregados. Diferentemente da contribuição sindical, a confederativa nunca teve natureza jurídica de tributo, portanto não pode ser cobrada de trabalhadores não associados ao sindicato, sob pena de grave violação à liberdade sindical. Com a publicação da Súmula Vinculante nº 40, O STF já havia colocado fim a uma antiga discussão sobre a possibilidade ou não de cobrança de não filiados. Atualmente, somente pode ser cobrada contribuição confederativa dos filiados ao sindicato.
- **Contribuição assistencial:** A contribuição assistencial ou taxa de reversão é prevista no art. 513, e, da CLT. Essa contribuição tem como finalidade compensar os custos decorrentes da participação nas negociações coletivas e, ainda, em razão da conquista de condições mais benéficas aos trabalhadores. Não tem natureza de tributo, portanto será cobrada apenas dos filiados ao sindicato. Assim, a contribuição assistencial ou confederativa não pode ser cobrada ou mesmo descontada dos empregados não associados ao sindicato. Se houver desrespeito a esse posicionamento do TST, também manifestado na Súmula Vinculante nº 40 do STF, será devida a restituição dos valores descontados a título de manutenção do sistema confederativo que não seja a própria contribuição sindical.
- **Mensalidade sindical:** Mensalidade sindical ou estatutária está prevista no art. 548, *b*, da CLT. É contribuição prevista no estatuto do sindicato e cobrada apenas do trabalhador filiado. É voltada para a manutenção de atividades recreativas e assistenciais do sindicato. Ex.: manutenção de clubes, dentista, colônias de férias etc.

81. Para mais informações, confira a ADI nº 5794, de Relatoria do Ministro Edson Fachin, Data de julgamento: 29/06/2018.

## 18.2.2. ASSOCIAÇÕES SINDICAIS DE GRAU SUPERIOR

- **Federações.** As federações são organizadas nos estados-membros, art. 534 da CLT. São entidades de segundo grau, compostas de, no mínimo, 5 sindicatos que representem a maioria absoluta de um grupo de atividades ou profissões idênticas, similares ou conexas. O objetivo da federação é coordenar interesses e reunir os sindicatos.
- **Confederações.** As confederações são entidades de âmbito nacional, com sede em Brasília. São formadas por, no mínimo, 3 federações. Têm como objetivo coordenar as federações e sindicatos do seu setor. Exemplo: Confederação Nacional da Indústria. Cabe frisar que a confederação possui legitimidade para propor ação direta de inconstitucionalidade, conforme previsto no art. 103, IX, da CF/88.
- **Centrais sindicais.** São entidades abrangentes, que não representam um grupo ou categoria específica, por exemplo, podem a elas se filiar sindicatos dos trabalhadores rurais e do comércio. Ademais, tanto os sindicatos como as federações e confederações poderão se filiar às centrais sindicais. Por fim, essas entidades representam apenas os trabalhadores, pois são formadas apenas por categorias profissionais. Não há, portanto, centrais sindicais de empregadores.
- **Estabilidade e negociação coletiva das centrais sindicais.** Os dirigentes das centrais sindicais não gozam de estabilidade, em razão da ausência de previsão em lei. Ademais, as centrais sindicais não têm legitimidade para celebrar acordos ou convenções coletivas, ingressar com ação de cumprimento ou instaurar dissídio coletivo.

**Como forma de facilitar a memorização na semana da prova, segue quadro:**

| | Entidades de grau superior |
|---|---|
| Federações | organizadas nos estados-membros |
| | composta de, no mínimo, 5 sindicatos |
| | objetivo é coordenar e reunir os sindicatos |
| Confederações | entidade de âmbito nacional (sede em Brasília) |
| | compostas de, no mínimo, 3 federações |
| | possuem legitimidade para propor ADIn (art. 103, IX, da CF/88) |
| Órgãos internos das federações e confederações | conselho de representantes – formado por delegações dos sindicatos e das federações |
| | diretoria – no mínimo, 3 membros |
| | conselho fiscal – composto por 3 membros |

**CENTRAIS SINDICAIS**

- Entidades abrangentes, formadas por sindicatos, federações e confederações.
- Representam apenas os trabalhadores.
- Atribuições:
  a) coordenar a representação dos trabalhadores;
  b) participar de negociação em que haja interesse dos trabalhadores.
- Não têm legitimidade para celebrar acordos e convenções coletivas.

## 18.3. NEGOCIAÇÃO COLETIVA (ACORDOS E CONVENÇÕES COLETIVAS DE TRABALHO)

- **Princípio da autorregulamentação.** Esse princípio é também conhecido como **princípio da autonomia coletiva**

TRABALHO

**dos particulares**[82] e **princípio da criatividade jurídica nas negociações coletivas**[83]. É o poder conferido ao sindicato de estabelecer normas coletivas que serão aplicadas no contrato de trabalho. Os instrumentos coletivos (acordos e convenções) são fontes formais autônomas, cogentes e imperativas do direito do trabalho.

- **Direito de negociação coletiva.** Destaca-se que a Declaração da OIT sobre os Princípios e Direitos Fundamentais no Trabalho estabeleceu a obrigação dos Estados-Membros da Organização Internacional do Trabalho de reconhecer efetivamente o direito de negociação coletiva como um princípio fundamental, ainda que as Convenções nº 87 OIT não tenha sido ratificada.
- **Acordo coletivo (AC).** Instrumento normativo que decorre da negociação coletiva, firmado pelo sindicato da categoria profissional (trabalhadores) com uma ou mais empresas.
- **Convenção coletiva (CC).** Instrumento normativo que decorre da negociação coletiva, firmado pelos **sindicatos** da categoria profissional e sindicato da categoria econômica.
- **O ponto em comum entre acordo e convenção.** Acordos e convenções coletivas de trabalho são negócios jurídicos pactuado entre sujeitos privados, mas com caráter coletivo, pelos quais serão fixadas condições de trabalho a serem aplicadas aos contratos individuais de trabalho, como utilização de EPIs, reajuste salarial, estabilidades etc., ou seja, serão ajustadas normas jurídicas[84]. Uma vez firmado o acordo ou convenção coletiva, os direitos, vantagens e obrigações serão aplicados a todos os trabalhadores, filiados e não filiados ao sindicado. O instrumento coletivo tem, portanto, efeitos *erga omnes*.
- **A diferença entre acordos e convenções** reside no fato de a convenção coletiva ser mais abrangente, pois envolve os sindicatos de ambas as categorias. Já o acordo tem abrangência mais restrita, envolvendo apenas os empregados da empresa ou empresas que o celebraram. No acordo coletivo são discutidas questões do dia a dia da empresa, como locais de amamentação, posicionamento das máquinas na empresa e uso do telefone e *e-mail*.
- Com a Reforma Trabalhista, as condições estabelecidas em acordo coletivo **sempre** prevalecerão sobre as estipuladas em convenção coletiva (nova redada dada ao art. 620 da CLT).

## 18.3.1. NEGOCIAÇÃO COLETIVA (ACORDOS E CONVENÇÕES COLETIVAS DE TRABALHO)

- **Prevalência do negociado sobre o legislado:** O mote da reforma trabalhista consistiu na valorização dos instrumentos coletivos de trabalho. Em diversas hipóteses previstas pela Reforma Trabalhista, verifica-se a prevalência do negociado sobre o legislado, o que assegura maior poder de negociação e representação dos trabalhadores pelos sindicatos. Nesse caso, as próprias partes da relação jurídica coletiva podem transacionar com maior liberdade, pois, em um dos polos da relação jurídica está o sindicato da categoria profissional. A convenção coletiva e acordo coletivo prevalecerão sobre a lei, nos termos do art. 611-A da CLT, quando tratarem sobre:

> I – pacto quanto à jornada de trabalho, observados os limites constitucionais;
> II – banco de horas anual;
> III – intervalo intrajornada, respeitado o limite mínimo de trinta minutos para jornadas superiores a seis horas;
> IV – adesão ao Programa Seguro-Emprego (PSE), de que trata a Lei no 13.189, de 19 de novembro de 2015;
> V – plano de cargos, salários e funções compatíveis com a condição pessoal do empregado, bem como identificação dos cargos que se enquadram como funções de confiança;
> VI – regulamento empresarial;
> VII – representante dos trabalhadores no local de trabalho;
> VIII – teletrabalho, regime de sobreaviso, e trabalho intermitente;
> IX – remuneração por produtividade, incluídas as gorjetas percebidas pelo empregado, e remuneração por desempenho individual;
> X – modalidade de registro de jornada de trabalho;
> XI – troca do dia de feriado;
> XII – enquadramento do grau de insalubridade;
> XIII – prorrogação de jornada em ambientes insalubres, sem licença prévia das autoridades competentes do Ministério do Trabalho;
> XIV – prêmios de incentivo em bens ou serviços, eventualmente concedidos em programas de incentivo;
> XV – participação nos lucros ou resultados da empresa.

**IMPACTOS DA REFORMA TRABALHISTA**

- **Negociado sobre o legislado.** Com a Reforma Trabalhista, o acordo coletivo prevalecerá sobre a convenção coletiva. Da mesma forma, os instrumentos coletivos prevalecerão sobre a lei nas hipóteses do art. 611-A da CLT.
- **Antes da Reforma Trabalhista:** As condições previstas em convenção coletiva, quando mais favoráveis, prevaleciam sobre o acordo coletivo. Além disso, era aplicado o princípio da norma mais favorável quando houvesse conflito entre a lei e a convenção ou acordo coletivo.

- **Tema 1.046 da Repercussão Geral.** O STF, no julgamento ARE 1121633 finalizado no dia 02/06/2022, fixou a seguinte tese:

> **Tema 1.046 da repercussão geral:** "São constitucionais os acordos e as convenções coletivos que, ao considerarem a adequação setorial negociada, pactuam limitações ou afastamentos de direitos trabalhistas, independentemente da explicitação especificada de vantagens compensatórias, desde que respeitados os direitos absolutamente indisponíveis".

- Na prática, o STF validou a prevalência do negociado sobre o legislado, sem a necessidade de contrapartida, ressalvados os direitos absolutamente indisponíveis.
- **Restrições a políticas públicas afirmativas: flexibilização de cotas de aprendizes e de pessoas com deficiência.** Conforme o relator, Min. Gilmar Mendes, acompanhado pela maioria, a prevalência do negociado sobre o legislado não abrange políticas públicas de inclusão de pessoa com deficiência e dos jovens e adolescentes no mercado de trabalho. Dessa forma, vedou-se expressamente a flexibilização da cota de aprendizagem e de pessoas com deficiência.
- **Controle dos instrumentos coletivos:** As cláusulas das convenções e dos acordos coletivos de trabalho podem ser discutidas no âmbito do Poder Judiciário, de forma incidental em reclamação trabalhista individual ou por meio de ação anulatória. Nesse sentido, se verificada a violação de liberdades individuais ou coletivas ou dos direitos individuais indisponíveis, o art. 83, IV, da LC nº 75/93 confere legitimidade ao MPT para a propositura de ação anulatória de cláusulas convencionais perante os tribunais, adotando a mesma sistemática da competência para o ajuizamento do dissídio coletivo.

---

82. CASSAR, Vólia Bomfim. *Direito do Trabalho*. 8. ed. São Paulo: Método, 2013. p. 1.213.
83. DELGADO, Maurício Godinho. *Curso de Direito do Trabalho*. 14. ed. São Paulo: LTr, 2015. p. 1.417.
84. FREITAS, Cláudio. *Direito Coletivo do Trabalho*. 2. ed. rev. e atual. São Paulo: JusPodivm, 2021. p. 191.

- No entanto, os arts. 8º, § 3º e 611-A, § 1º da CLT estabeleceram uma limitação no controle do Poder Judiciário desses instrumentos coletivos de trabalho:

> **Art. 8º, § 3º, CLT:** No exame de convenção coletiva ou acordo coletivo de trabalho, a Justiça do Trabalho analisará exclusivamente a conformidade dos elementos essenciais do negócio jurídico, respeitado o disposto no art. 104 da Lei nº 10.406, de 10 de janeiro de 2002 (Código Civil), e balizará sua atuação pelo princípio da intervenção mínima na autonomia da vontade coletiva.

- Assim, no exame da convenção ou acordo coletivo, a Justiça do Trabalho apenas poderá analisar se foram cumpridos os requisitos do art. 104 do Código Civil, entre os quais está elencado o objeto lícito, possível, determinado ou determinável.
- Nesse ponto, importante ressaltar que o STF, no julgamento ARE 1121633, oportunidade em que fixou a tese de que acordos e convenções coletivas de trabalho podem restringir direitos trabalhistas não constitucionalmente assegurados (Tema 1046 da Repercussão Geral), não restringiu a possibilidade de o Poder Judiciário exercer o controle da legalidade das normas coletivas, mas indicou alguns limites a essa intervenção. A negociação coletiva não pode atingir direitos constitucionalmente assegurados nem flexibilizar normas de indisponibilidade absoluta. Caso assim proceda, o Poder Judiciário poderá declarar sua invalidade.
- **Limites ao negociado.** Em seus incisos, o art. 611-B estabelece um rol de direitos que não poderão ser suprimidos ou reduzidos via negociação ou acordo coletivo, os quais, em sua maioria, tratam-se de uma mera repetição do rol exposto no art. 7º da Constituição Federal/1988:

> I – normas de identificação profissional, inclusive as anotações na Carteira de Trabalho e Previdência Social;
> II – seguro-desemprego, em caso de desemprego involuntário;
> III – valor dos depósitos mensais e da indenização rescisória do Fundo de Garantia do Tempo de Serviço (FGTS);
> IV – salário mínimo;
> V – valor nominal do décimo terceiro salário;
> VI – remuneração do trabalho noturno superior à do diurno;
> VII – proteção do salário na forma da lei, constituindo crime sua retenção dolosa;
> VIII – salário-família;
> IX – repouso semanal remunerado;
> X – remuneração do serviço extraordinário superior, no mínimo, em 50% (cinquenta por cento) à do normal;
> XI – número de dias de férias devidas ao empregado;
> XII – gozo de férias anuais remuneradas com, pelo menos, um terço a mais do que o salário normal;
> XIII – licença-maternidade com a duração mínima de cento e vinte dias;
> XIV – licença-paternidade nos termos fixados em lei;
> XV – proteção do mercado de trabalho da mulher, mediante incentivos específicos, nos termos da lei;
> XVI – aviso prévio proporcional ao tempo de serviço, sendo no mínimo de trinta dias, nos termos da lei;
> XVII – normas de saúde, higiene e segurança do trabalho previstas em lei ou em normas regulamentadoras do Ministério do Trabalho;
> XVIII – adicional de remuneração para as atividades penosas, insalubres ou perigosas;
> XIX – aposentadoria;
> XX – seguro contra acidentes de trabalho, a cargo do empregador;
> XXI – ação, quanto aos créditos resultantes das relações de trabalho, com prazo prescricional de cinco anos para os trabalhadores urbanos e rurais, até o limite de dois anos após a extinção do contrato de trabalho;
> XXII – proibição de qualquer discriminação no tocante a salário e critérios de admissão do trabalhador com deficiência;
> XXIII – proibição de trabalho noturno, perigoso ou insalubre a menores de dezoito anos e de qualquer trabalho a menores de dezesseis anos, salvo na condição de aprendiz, a partir de quatorze anos;
> XXIV – medidas de proteção legal de crianças e adolescentes;
> XXV – igualdade de direitos entre o trabalhador com vínculo empregatício permanente e o trabalhador avulso;
> XXVI – liberdade de associação profissional ou sindical do trabalhador, inclusive o direito de não sofrer, sem sua expressa e prévia anuência, qualquer cobrança ou desconto salarial estabelecidos em convenção coletiva ou acordo coletivo de trabalho;
> XXVII – direito de greve, competindo aos trabalhadores decidir sobre a oportunidade de exercê-lo e sobre os interesses que devam por meio dele defender;
> XXVIII – definição legal sobre os serviços ou atividades essenciais e disposições legais sobre o atendimento das necessidades inadiáveis da comunidade em caso de greve;
> XXIX – tributos e outros créditos de terceiros;
> XXX – as disposições previstas nos arts. 373-A, 390, 392, 392-A, 394, 394-A, 395, 396 e 400 desta Consolidação.
> Parágrafo único. Regras sobre duração do trabalho e intervalos não são consideradas como normas de saúde, higiene e segurança do trabalho para os fins do disposto neste artigo

- Segue quadro com o resumo acerca da legitimidade para celebrar acordo ou convenção coletiva:

> **LEGITIMIDADE ACORDO OU CONVENÇÃO COLETIVA**
> **Regra:** Sindicato (art. 8º, VI, CF/88)
> **Exceções:**
> **1) Recusa do sindicato** (art. 617, § 1º, CLT, e Inf. 54 do TST) e prazo para assumir as negociações:
> **2) Ausência do sindicato** (art. 611, § 2º, CLT, e Inf. 8 TST):
> – Federação;
> – Na ausência de federação, confederação.

## 18.3.2. VIGÊNCIA DOS INSTRUMENTOS COLETIVOS

- **Prazo de vigência.** Para facilitar os estudos, vamos dividir o estudo quanto à vigência dos instrumentos coletivos em 5 períodos:
- **Antes da alteração da Súmula nº 277 do TST.** Antes da alteração promovida pelo TST (setembro/2012), o prazo de vigência dos acordos e convenções não poderia ser superior a 2 anos, de acordo com o art. 614, § 3º, da CLT. O objetivo desse prazo é fomentar negociações periódicas, adequando os instrumentos à realidade economica e regional. O TST, antes da alteração da Súmula nº 277, adotava a **teoria da aderência limitada ao prazo.**
- **Após a alteração da Súmula nº 277 do TST.** Mesmo antes da alteração promovida pelo TST, havia uma corrente doutrinária que defendia a teoria da **aderência limitada por revogação**[85], ou seja, enquanto não houvesse um novo acordo

85. "A ultra-atividade segue ao menos dois modelos, que se distinguem pelo seu caráter condicionado ou incondicionado: a ultra-atividade incondicionada dá-se em alguns países nos quais uma conquista obreira obtida mediante negociação coletiva não pode ser jamais suprimida, incorporando-se definitivamente ao patrimônio dos trabalhadores; noutros países, a ultra-atividade da cláusula resultante de negociação coletiva está condicionada à inexistência de norma coletiva posterior que a revogue, ou seja, a cláusula normativa pode ser suprimida ou quiçá ter o seu alcance reduzido mediante norma coletiva superveniente, imunizando-se seu conteúdo somente quanto à incidência das alterações individuais do contrato de trabalho." GODINHO, Maurício Delgado; CARVALHO, Augusto César Leite; ARRUDA,

TRABALHO

ou convenção que modificasse a situação do instrumento ajustado, ele continuava em vigor, mesmo após terminado o seu prazo de vigência. De acordo com o professor Maurício Godinho Delgado: "os dispositivos dos diplomas negociados vigoram até que novo diploma negocial os revogue"[86]. Com a redação dada à Súmula nº 277 do TST em 2012, as conquistas obtidas deveriam vigorar até que um novo instrumento coletivo as revogasse ou alterasse:

> **Súmula nº 277 do TST:** As cláusulas normativas dos acordos coletivos ou convenções coletivas integram os contratos individuais de trabalho e somente poderão ser modificadas ou suprimidas mediante negociação coletiva de trabalho.

- **Liminar do STF (APDF 323/DF).** No julgamento da ADPF 323-DF, o STF concedeu medida liminar para suspender todos os processos e decisões judiciais proferidas pela Justiça do Trabalho acerca da Súmula nº 277 do TST, enquanto estivesse pendente o julgamento de constitucionalidade de referida súmula. Na decisão monocrática, o Ministro Gilmar Mendes sustentou que a Súmula nº 277 do TST fere os princípios da legalidade e da separação dos poderes, pois ausente previsão legal ou constitucional que permita a ultratividade da norma coletiva (aderência limitada por revogação).
- **Alteração promovida pela Reforma Trabalhista.** Com o advento da Reforma Trabalhista, o art. 614, § 3º da CLT teve sua redação alterada para prever a vedação da ultratividade das convenções e acordos coletivos, que terão seus efeitos cessados após o prazo final de vigência do instrumento coletivo que não poderá ser superior a 2 anos. Cumpre destacar que essa modificação retorna a vigência do instrumento coletivo de trabalho à **teoria da aderência limitada ao prazo**, pois as conquistas somente vigoram pelo prazo fixado na norma coletiva.

> **Art. 614, § 3º da CLT:** Não será permitido estipular duração de convenção coletiva ou acordo coletivo de trabalho superior a dois anos, sendo vedada a ultratividade.

- **Decisão final do STF (APDF 323/DF.** No julgamento da ADPF nº 323/DF, o STF, por maioria, decidiu pela inconstitucionalidade da Súmula nº 277 do TST e das decisões judiciais que interpretam o art. 114, § 2º, CF/88, como autorização à aplicação do princípio da ultratividade das normas coletivas. Segundo o voto do Relator, Ministro Gilmar Mendes, a Súmula nº 277 do TST não é compatível com os princípios da legalidade, da separação dos Poderes e da segurança jurídica. Reforçou-se, assim, o posicionamento trazido pela Reforma Trabalhista, no sentido de vedar a ultratividade das normas coletivas, concretizando nas relações de trabalho a teoria da aderência limitada ao prazo.

## 18.4. DISPENSA COLETIVA E PROTEÇÃO SOCIAL

- **Antes da Reforma Trabalhista.** O TST havia entendimento de que havia necessidade de prévia negociação coletiva para a dispensa em massa. Esse posicionamento jurisprudencial surgiu em razão das repercussões econômicas e sociais causadas por essa dispensa coletiva que, aliás, extrapola o vínculo empregatício, alcançando a coletividade dos trabalhadores, bem como a comunidade e a economia locais[87]. Cumpre ressaltar que a ausência de negociação coletiva prévia, nesse caso, poderia garantir a reintegração dos empregados dispensados. Tanto o sindicato da categoria profissional (trabalhadores) como o Ministério Público do Trabalho têm legitimidade para ingressar com a ação civil pública.
- **Com a Reforma Trabalhista.** Reconhece-se que o empregador tem o direito potestativo de dispensar seus empregados independentemente da hipótese de dispensa, seja ela individual, plúrima ou coletiva. Dessa forma, exclui-se expressamente a necessidade de negociação coletiva e do estabelecimento de acordo ou convenção coletiva de trabalho para a dispensa em massa.
- **Tema 638 da Repercussão Geral (STF).** Conforme tese fixada pelo STF, a validade das dispensas em massa depende da participação do sindicato dos empregados nesse processo, mas não de sua autorização ou da celebração de acordo ou convenção coletiva de trabalho. Segundo o Ministro Dias Toffoli, em seu voto, a necessidade de negociação com o sindicato da categoria profissional não se trata de um pedido de autorização por parte da empresa, mas da necessidade de envolver a entidade coletiva no processo de dispensa igualmente coletivo e, talvez, encontrar alternativas que preservem empregos, que evitem a aplicação de multa e que contribuam para a recuperação e o crescimento econômico e social do país, valorizando o trabalhado e o trabalhador, fazendo valer a função social da empresa.

## 18.5. GREVE

- **Greve.** A greve é uma espécie de autotutela e consiste na paralisação coletiva, pacífica e temporária do trabalho com o objetivo de defender interesses profissionais. É uma arma poderosa de reivindicação dos direitos trabalhistas, sendo classificada também como forma de solução de conflitos, pois é um meio da pressão exercida sobre o empregador para atender aos pedidos dos trabalhadores e, consequentemente, colocar fim à discussão. A Lei nº 7.783/89 regulamenta o exercício de direito de greve. Segundo o art. 611-B, XXVII da CLT, constitui objeto ilícito da convenção ou acordo coletivo a supressão ou redução do direito de greve, competindo aos trabalhadores decidir sobre a oportunidade de exercê-lo e sobre os interesses que devam por meio dele defender.
- **Locaute:** a greve não se confunde com locaute. O locaute ocorre quando há paralisação das atividades da empresa por ordem do empregador, com intuito de exercer pressão sobre o trabalhador, frustrando a negociação coletiva ou as reivindicações dos operários. Sua causa e seus objetivos são, portanto, anticoletivos. Tende a ser genericamente proibido, mesmo em ordens democráticas. A lei brasileira proíbe o Locaute (art. 17 da Lei nº 7.783/1989)
- **Greve abusiva.** A greve poderá ser classificada como abusiva, contrária à legislação, ou não abusiva, exercida com razoabilidade e de acordo com a legislação. A greve **abusiva** não atende às necessidades básicas da população. Exemplo é a paralisação de 100% dos atendimentos do hospital ou, ainda, a falta de prévia comunicação à sociedade e ao empregador sobre o início da greve. Aliás, se a greve for declarada abusiva pela Justiça do Trabalho, não serão reconhecidos os direitos e vantagens pleiteados pelo movimento grevista. Também será considerada abusiva se iniciado o movimento grevista sem tentativa prévia de negociação. Ressalta-se que também será **abusiva** a manutenção da greve após a celebração de acordo, convenção coletiva ou decisão normativa. Com a assinatura do instrumento coletivo ou da decisão da Justiça do Trabalho,

---

Kátia Magalhães. *A Súmula nº 277 e a Defesa da Constituição.* Artigo retirado do site do TST: www.tst.jus.br.

86. DELGADO, Maurício Godinho. *Direito Coletivo do Trabalho.* 4. ed. São Paulo: LTr, 2011. p. 173.

87. Informativo n. 34 do TST.

é necessário que os grevistas coloquem fim à paralisação, conforme previsto no art. 14 da Lei de Greve.

### 18.5.1. GREVE EM SERVIÇOS ESSENCIAIS

- De acordo com a Constituição Federal, a lei definirá os serviços essenciais. Verifica-se, assim, que o próprio texto constitucional possibilitou a greve em serviços ou atividades essenciais. A Lei de Greve, no art. 10, elenca 11 atividades essenciais.
- **Reforma Trabalhista:** segundo o art. 611-B, XXVIII da CLT constitui objeto ilícito da convenção ou acordo coletivo, supressão ou redução da definição legal sobre serviços ou atividades essenciais e disposições legais sobre o atendimento das necessidades inadiáveis da comunidade em caso de greve.
- É obrigatório que sejam atendidos os serviços inadiáveis à população. Os serviços inadiáveis estão ligados à saúde, segurança e sobrevivência. Esse limite mínimo de atendimento não é fixado por lei, mas estipulado por comum acordo entre empregadores, empregados e sindicatos. Caso não seja garantido o mínimo de atendimento à população, a greve será considerada abusiva.

| GREVE | |
|---|---|
| **Serviços das atividades essenciais previstas em lei (art. 10 da Lei de Greve)** | – abastecimento de água, energia e gás;<br>assistência médica;<br>– distribuição de alimentos e medicamentos;<br>– funerários;<br>– transporte coletivo;<br>– esgoto e lixo;<br>– telecomunicações;<br>– substâncias radioativas;<br>tráfego aéreo;<br>– compensação bancária;<br>– processamentos de dados ligados a serviços essenciais.<br>– atividades médico-periciais relacionadas com o regime geral de previdência social e a assistência social; (Incluído pela Lei nº 13.846, de 2019)<br>– atividades médico-periciais relacionadas com a caracterização do impedimento físico, mental, intelectual ou sensorial da pessoa com deficiência, por meio da integração de equipes multiprofissionais e interdisciplinares, para fins de reconhecimento de direitos previstos em lei, em especial na Lei nº 13.146, de 6 de julho de 2015 (Estatuto da Pessoa com Deficiência); (Incluído pela Lei nº 13.846, de 2019)<br>– outras prestações médico-periciais da carreira de Perito Médico Federal indispensáveis ao atendimento das necessidades inadiáveis da comunidade;<br>– atividades portuárias. (Incluído pela Lei nº 14.047, de 2020) |
| **Atendimento básico** | será fixado em comum acordo entre sindicato, empresa e trabalhador. |
| **Requisitos para a greve** | a) convocação de assembleia geral;<br>b) tentativa de solução amigável;<br>c) comunicação prévia (72 h serviços essenciais e 48 h para os demais). |

| GREVE ABUSIVA (Resumo) |
|---|
| 1. Lei de Greve (art. 14): Greve abusiva é aquela que não cumpre os requisitos previstos em lei.<br>2. Raimundo Simão de Melo: Conceito apresentado na Lei de Greve é insuficiente. Greve abusiva é aquela que não atende ao seu fim econômico e social, aos bons costumes e à boa-fé (art. 187 CC).<br>3. Principais hipóteses de abusividade da greve:<br>**a)** Não atendimento das necessidades básicas da população na greve de serviços essenciais (OJ 38, SDC);<br>**b)** Início da greve sem a tentativa prévia de negociação (OJ 11, SDC);<br>**c)** Manutenção da greve após a celebração de acordo, convenção coletiva ou de sentença normativa (greve dos dissidentes), salvo quando se pretenda exigir o cumprimento de cláusula ajustada ou em razão de fatos supervenientes (art. 14, Lei de Greve);<br>**d)** Prática de atos violentos pelos grevistas.<br>4. MPT: ajuizamento de dissídio coletivo de greve se houver lesão ao interesse público nas greves em atividades essenciais (art. 114, § 3º, CF/88). |

### 18.5.2. GREVE NO SERVIÇO PÚBLICO

- **Greve no serviço público.** A primeira Constituição Federal brasileira a permitir o direito de greve dos servidores públicos foi a atual, de 1988. Conforme previsto no art. 37, VII, da CF/88, a greve é autorizada nos limites de lei específica. Contudo, não há legislação específica que regulamente os limites do direito de greve para os servidores públicos. Verifica-se, assim, uma omissão legislativa. Após vários mandados de injunção, o Supremo Tribunal Federal decidiu aplicar, por analogia, a Lei de Greve (nº 7.783/89) para os servidores estatutários, atendendo às peculiaridades do serviço público.
- Pela aplicação analógica da Lei de Greve, os grevistas deverão respeitar o princípio da continuidade dos serviços públicos e a notificação prévia da Administração com antecedência de 72 horas sobre o início da greve.
- Em 27/10/2016, o STF julgou, em repercussão geral reconhecida, o RE nº 693.456-RJ de relatoria do Ministro Dias Toffoli, que discutia a constitucionalidade do desconto dos dias parados em razão de greve de servidor público. Pela maioria de 6 votos a 4 dos Ministros do Tribunal, foi firmada a seguinte tese: "A administração pública deve proceder ao desconto dos dias de paralisação decorrentes do exercício

do direito de greve pelos servidores públicos, em virtude da suspensão do vínculo funcional que dela decorre, permitida a compensação em caso de acordo. O desconto será, contudo, incabível se ficar demonstrado que a greve foi provocada por conduta ilícita do Poder Público".

- **Greve no serviço militar.** A legislação brasileira proíbe expressamente o direito de greve e a sindicalização dos servidores militares, conforme previsto na Constituição Federal de 1988:

> **Art. 142, § 3º, IV, CF/88:** *Os membros das Forças Armadas são denominados militares, aplicando-se-lhes, além das que vierem a ser fixadas em lei, as seguintes disposições: ao militar são proibidas a sindicalização e a greve.*

## 19. COMISSÃO DE CONCILIAÇÃO PRÉVIA

- **Finalidade.** As Comissões de Conciliação Prévia foram criadas como forma de tentar solucionar os conflitos existentes entre empregados e empregadores. Poderão ser criadas pelas empresas ou pelos sindicatos e, caso existam, na mesma localidade e para a mesma categoria, Comissão de Empresa e Comissão Sindical, o interessado deve optar por uma delas. De acordo com o art. 625-A da CLT: "As empresas e os sindicatos podem instituir Comissões de Conciliação Prévia, de composição paritária, com representantes dos empregados e dos empregadores, com a atribuição de tentar conciliar os conflitos individuais do trabalho."
- **Conflitos individuais.** Essa comissão poderá conciliar apenas conflitos individuais de trabalho, ou seja, não tem atribuição para firmar acordos em dissídios coletivos. Aliás, é a única forma, prevista em lei, de transação individual (entre empregado e empregador) de verbas trabalhistas.
- **Composição e número de membros.** A composição dos membros da Comissão de Conciliação Prévia será paritária, ou seja, o mesmo número de representantes dos trabalhadores e de representantes do empregador. A composição da comissão em âmbito sindical terá sua constituição e normas definidas em acordo ou convenção coletiva. O número de membros, em **âmbito empresarial**, será de, no mínimo, 2 e, no máximo, 10 membros.
- **Representante dos empregados.** Importante destacar que os representantes dos trabalhadores serão eleitos em votação secreta. Em razão disso, para que não haja perseguição, titulares e suplentes possuirão garantia provisória de emprego (estabilidade) até um ano após o fim do mandato, salvo se cometerem falta grave. Nesse caso, o art. 625-B, § 1º, da CLT não prevê a estabilidade dos representantes dos empregados a partir do registro da candidatura; portanto, nas provas objetivas, importante memorizar nos exatos termos da lei.
- **Necessidade de submeter a demanda à Comissão de Conciliação Prévia.** Nas localidades onde houver Comissão de Conciliação Prévia, a demanda será submetida à tentativa de conciliação antes de ingressar com a reclamação trabalhista na Justiça do Trabalho (art. 625-D da CLT). Entretanto, o Supremo Tribunal Federal – STF – em agosto de 2018, entendeu que a CCP é meio legítimo de solução de conflitos, mas não obrigatório, sendo facultativa ao trabalhador a tentativa de conciliação perante a CCP, ou seja, ele poderá ingressar diretamente na Justiça do Trabalho.
- **Prazo e prescrição.** Ao submeter a demanda à comissão, há um prazo de 10 dias para realizar a sessão de tentativa de conciliação. Durante esse prazo, a prescrição ficará suspensa. Se não houver conciliação, será fornecida às partes declaração da tentativa conciliatória frustrada, que deverá ser juntada à futura reclamação trabalhista.
- **Termo de conciliação.** Se as partes aceitarem a conciliação, será lavrado termo de conciliação. Esse termo terá **eficácia liberatória geral**, ou seja, o empregado não poderá rediscutir as matérias objeto de conciliação na Justiça do Trabalho, pois já houve acordo entre as partes. Há exceção, entretanto, no tocante às parcelas expressamente ressalvadas.
- **Eficácia do termo de conciliação.** Esse documento terá força de **título executivo extrajudicial**, isto é, poderá ser executado diretamente na Justiça do Trabalho. A título de exemplo, o termo de conciliação vale como "cheque" dado pelo empregador: se não for pago, será executado. Na reclamação trabalhista, há necessidade de juntar provas (documentos, testemunhas etc.), por isso o processo é mais demorado. Já na execução, o processo é rápido, pois a instrução é realizada com o título executivo.

**Para a semana antes da prova**, segue o quadro de resumo sobre CCP:

**Comissão de Conciliação Prévia**

- Objetivo de solucionar conflitos entre empregados e empregadores
- Podem ser criadas em âmbito empresarial ou sindical

→ **Composição da CCP:**
- composição paritária → Representantes dos empregados / Representante dos empregadores
- mínimo 2 e máximo 10
- eleição: representantes dos empregados
- estabilidade titulares e suplentes (representantes dos empregados)
- mandato de 1 ano permitido uma recondução

→ **Submeter a demanda à CCP:**
- Art. 625-D: demanda "será submetida"
- Posicionamento do STF: opção do trabalhador
- Prazo de 10 dias: tentativa de conciliação
- Termo de conciliação:
  a) Eficácia liberatória geral
  b) Título executivo extrajudicial

## 20. DA REPRESENTAÇÃO DOS EMPREGADOS (REFORMA TRABALHISTA)

- **Obrigatoriedade da eleição de representante de empregados:** a eleição de um representante dos trabalhadores nas empresas com mais de 200 empregados é obrigatória, nos termos do art. 11 da CF/88.
- A representação dos empregados foi regulamentada pela Reforma Trabalhista, em seus arts. 510-A a 510-D da CLT.
- De acordo com a nova legislação, será eleita uma comissão para representação dos empregados, nas empresas com mais de 200 empregados. A composição da comissão varia de acordo com o total de empregados das empresas:
  - Em empresas com mais de 200 e até 3.000 empregados: 3 membros;
  - Em empresas com mais de 3.000 e até 5.000 empregados: 5 membros;
  - Em empresas com mais de 5.000 empregados: 7 membros.
- **Atribuições da comissão de representantes**:

  **I – representar os empregados perante a administração da empresa:** A comissão eleita exerce a função de representação dos empregados perante a administração da empresa. Dessa forma, permite-se ao órgão a apresentação de demandas, questionamentos ou pedidos aos administradores da empresa em benefício de todos os seus representados. Podem e devem ser recebidos pelo empregador para exercerem suas funções na busca pelo entendimento direto com este;

  **II – aprimorar o relacionamento entre a empresa e seus empregados com base nos princípios da boa-fé e do respeito mútuo:** Em empresas com mais de 200 empregados, é possível que haja falta de comunicação entre os anseios da empresa e as necessidades dos empregados. Portanto, a comissão de representantes dos empregados deve buscar aprimorar o relacionamento da empresa com seus funcionários, apontando as queixas e necessidades dos trabalhadores e explicando a estes as medidas que estão sendo tomadas pela empresa na solução dos problemas;

  **III – promover o diálogo e o entendimento no ambiente de trabalho com o fim de prevenir conflitos:** Em consonância com a atribuição anterior, a comissão de representantes é um órgão intermediador entre o empregado e empregador e pode, por meio do diálogo, evitar a ocorrência de conflitos, seja pela correta apresentação dos problemas identificados pelos trabalhadores no ambiente de trabalho, jornada e remuneração, seja pela explicação das medidas tomadas pelo empregador;

  **IV – buscar soluções para os conflitos decorrentes da relação de trabalho, de forma rápida e eficaz, visando à efetiva aplicação das normas legais e contratuais:** Além de intervir para a prevenção de conflitos, a comissão também tem a atribuição de tentar apresentar soluções para os conflitos existentes nas relações de trabalho, prezando pela rapidez e eficácia sempre em atendimento das normas legais e contratuais;

  **V – assegurar tratamento justo e imparcial aos empregados, impedindo qualquer forma de discriminação por motivo de sexo, idade, religião, opinião política ou atuação sindical:** A comissão deve sempre atuar com imparcialidade em relação aos empregados, não podendo buscar soluções voltadas a apenas alguns trabalhadores em detrimentos de outros, quando pautada por conduta discriminatória, seja ela motivada por sexo, idade, religião, opinião política ou atuação sindical.

  **VI – encaminhar reivindicações específicas dos empregados de seu âmbito de representação:** Não se exige que a comissão apresente apenas as reivindicações gerais dos trabalhadores ou de um grupo de trabalhadores à empresa, podendo encaminhar também reivindicações específicas dos empregados, ainda que de apenas um deles, desde que não haja tratamento discriminatório na atuação como preceitua a atribuição anterior;

  **VII – acompanhar o cumprimento das leis trabalhistas, previdenciárias e das convenções coletivas e acordos coletivos de trabalho:** A comissão de representantes tem a importante atribuição de acompanhar o cumprimento das leis trabalhistas, previdenciária e das convenções e acordos coletivos de trabalho. Essas comissões permitem que o órgão seja mais um instrumento na defesa de seus direitos, podendo apresentar ao empregador eventuais irregularidades identificadas, bem como denunciar práticas ilícitas à fiscalização do trabalho ao Ministério Público do Trabalho. Tendo em vista que a Reforma Trabalhista valoriza o negociado sobre o legislador, é um importante órgão para se verificar o cumprimento correto e eventual abuso presente nos instrumentos coletivos de trabalho.
- **Eleições:**
  - as eleições serão convocadas com antecedência mínima de 30 dias contados do término do mandato anterior;
  - será formada comissão eleitoral integrada por 5 empregados não candidatos para organização e acompanhamento do processo eleitoral;
  - não poderão se candidatar empregados com contrato de trabalho por prazo determinado, com contrato suspenso ou que estejam em período de aviso prévio, ainda que indenizado,
  - serão eleitos os candidatos mais votados, em votação secreta;
  - a comissão tomará posse no 1º dia útil seguinte à eleição ou ao término do mandato anterior;
  - não havendo candidatos suficientes, a comissão de representantes poderá ser formada com número inferior ao do art. 510-A da CLT;
  - não havendo candidatura, haverá nova eleição no prazo de 1 ano.
- **Mandato dos membros da comissão:** será de 1 ano, vedada a candidatura nos 2 períodos subsequentes. O mandato não implica interrupção ou suspensão do contrato de trabalho, devendo o empregado permanecer no exercício de suas funções.
- **Estabilidade do membro da comissão:** o membro da comissão terá estabilidade desde o registro da candidatura até um ano após o fim do mandato. Ressalta-se que, diante da inexistência de previsão de eleição de suplentes, a estabilidade somente é aplicada aos membros titulares.

## 21. RENÚNCIA E TRANSAÇÃO

- Em razão do Princípio da Irrenunciabilidade e da Indisponibilidade que vigora no direito do trabalho, há restrição da autonomia da vontade, isto é, limita-se a possibilidade de negociação de direitos trabalhistas entre empregado e empregador. Ressalta-se que nesse tópico não será tratada a negociação coletiva (com participação do sindicato), pois nela há ampla possibilidade de transação, inclusive redução de direitos dos trabalhadores.
- Com a Reforma Trabalhista não poderão ser objeto de acordo ou convenção coletiva o disposto no art. 611-B da CLT.

TRABALHO

- **Pandemia de coronavírus e legislação de exceção:** ampliaram significativamente as hipóteses de negociação direta entre empregado e empregador sobre direitos trabalhistas ou de "jus variandi".
- Ex.: alteração do regime presencial para teletrabalho, redução de salário e de jornada ou suspensão do contrato de trabalho, antecipação de férias etc.
- **Lei nº 14.437, de 15.8.2022 (fruto da conversão da MP nº 1.109/2022):** institucionaliza autorização genérica para a adoção de medidas trabalhistas de enfrentamento a momentos de crise, dentre elas: a redução proporcional da jornada de trabalho e do salário; e a suspensão temporária do contrato de trabalho. Ainda que reservada essa possibilidade aos períodos de reconhecida calamidade, temos sérias dúvidas quanto à constitucionalidade dessas normas, pois a Constituição Federal autoriza a redução salarial apenas por meio de convenção ou acordo coletivo de trabalho (art. 7º, VI).
- **Renúncia** é um ato unilateral que recai sobre direito certo e atual, por exemplo, o empregado conquistou o direito de férias após um ano de trabalho e abriria mão (renunciaria) desse direito já conquistado, o que não é válido no direito do trabalho (conforme previsto no art. 9º da CLT).
  - A) **Transferência do dirigente sindical (543, § 1º, da CLT):** se aceita pelo empregado, há perda do direito à estabilidade provisória.
  - B) **Audiência judicial:** diante das explicações do juiz, o empregado poderia renunciar a direitos já conquistados;
  - C) **Aviso prévio (Súmula 276 TST):** é possível a renúncia se encontrar novo emprego.
  - D) **Empregado hipersuficiente (art. 444, parágrafo único, CLT):** negociar com maior liberdade com seu empregador. Deve ter ensino superior completo e receber mais de 2 vezes o teto da Previdência Social.
- A **transação**, por sua vez, recai sobre direito duvidoso e requer um ato bilateral das partes, concessões recíprocas. Na transação há direitos disponíveis, cujos interesses são meramente particulares. Hipóteses:
  - A) **Comissão de Conciliação Prévia (art. 625-A da CLT):** é possível que o trabalhador, individualmente, transacione, diretamente com seu empregador, seus direitos trabalhistas. Se as partes aceitarem a conciliação realizada pela Comissão, o termo de conciliação terá eficácia liberatória geral.
  - B) **Homologação de acordo extrajudicial (art. 855-B a 855-E da CLT – Reforma Traba-lhista):** Na celebração do acordo extrajudicial, permite-se que as partes transacionem direitos trabalhistas. Ressalta-se que o controle do conteúdo firmado pelas partes será realizado na homologação pelo Juiz do Trabalho.
  - C) **Plano de Demissão Voluntária (PDV - art. 477-B da CLT):** é tratado, por alguns autores, como hipótese de transação individual de direitos trabalhistas. O PDV tem por obje-tivo conceder uma vantagem pecuniária ao empregado que se desligar do trabalho vo-luntariamente. É utilizado para reduzir os quadros da empresa e também para colocar fim ao contrato de trabalho. Importante destacar, entretanto, que o TST tem posicionamento no sentido de que a indenização paga no PDV não pode substituir as verbas tra-balhistas decorrentes do contrato de trabalho (OJ nº 356 da SDI-I do TST). Aliás, o em-pregado que adere ao PDV não concede quitação geral do contrato, podendo, no futuro, discutir parcelas que não foram devidamente quitadas.
- **Quitação geral do contrato – PDV (Previsão em instrumento coletivo)**. Em abril de 2015, o plenário do STF[88] adotou posição contrária à OJ nº 270 da SDI-I do TST ao decidir pela **validade da cláusula de quitação geral ampla e irrestrita das verbas trabalhistas** decorrentes do contrato de trabalho, desde que **previstas em acordo coletivo** e nos demais instrumentos assinados pelo empregado. Sustentou-se que a igualdade existente entre os entes coletivos (sindicato da categoria profissional e a empresa) possibilitaria a quitação geral das verbas trabalhistas no PDV. Em resumo, a regra persiste, ou seja, o empregado que adere ao PDV não concede quitação geral do contrato, exceto se houver previsão dessa quitação em instrumento coletivo.
- Com a Reforma Trabalhista, o plano de demissão voluntária, para dispensa individual, plúrima ou coletiva, ensejará a quitação plena e irrevogável dos direitos da relação de emprego desde que previsto em convenção coletiva ou acordo coletivo de trabalho (art. 477-B da CLT). Trata-se de mais um artigo que enfatiza a força dos instrumentos coletivos de trabalho, pois a previsão em acordo ou convenção coletiva de trabalho pode levar à renúncia de direitos trabalhistas pelo empregado caso aceitem a adesão ao PDV.
- **Empregado "hipersuficiente":** Com a criação do empregado "hipersuficiente", a Reforma Trabalhista permite a estipulação contratual com maior liberdade entre este empregado e o empregador.

> **Art. 444 da CLT** – *As relações contratuais de trabalho podem ser objeto de livre estipulação das partes interessadas em tudo quanto não contravenha às disposições de proteção ao trabalho, aos contratos coletivos que lhes sejam aplicáveis e às decisões das autoridades competentes.*
>
> *Parágrafo único. A livre estipulação a que se refere o* **caput** *deste artigo aplica-se às hipóteses previstas no art. 611-A desta Consolidação, com a mesma eficácia legal e preponderância sobre os instrumentos coletivos, no caso de empregado portador de diploma de nível superior e que perceba salário mensal igual ou superior a duas vezes o limite máximo dos benefícios do Regime Geral de Previdência Social.*

- Para a caracterização do empregado "hipersuficiente", é necessário o preenchimento de dois requisitos:

  **a) Nível de escolaridade:** empregado deve ser portador de diploma de nível superior. Portanto, os empregados com menor grau de escolaridade não tem direito a negociar as cláusulas contratuais com seu empregador, que serão realizadas pelo sindicato de sua categoria;

  **b) Valor do salário:** empregado deve receber salário superior a duas vezes o limite máximo dos benefícios do Regime Geral de Previdência Social. Em 2023, o teto previdenciário passou a ser de R$ 7.507,49[89]. Portanto, o empregado somente poderá negociar diretamente com seu empregador caso seu salário seja igual ou superior a R$ 15.014,98.
- **Posicionamento doutrinário sobre transação.** De acordo com o professor Maurício Godinho Delgado, para as normas de **indisponibilidade absoluta** não cabe transação

88. RE nº 590415/SC – Relator Min. Roberto Barroso – Data de julgamento: 30/04/2015.
89. Disponível em: https://www.gov.br/inss/pt-br/assuntos/noticias-ministerio-da-previdencia/beneficios-com-valor-acima-do-salario-minimo-sao-reajustados-em-5-93. Acesso em: 06/02/2023.

individual por atingirem o patamar mínimo civilizatório, por exemplo, o direito à anotação da CTPS, ao salário mínimo, à incidência das normas de proteção à saúde e segurança do trabalhador[90]. As normas de **indisponibilidade relativa**, por sua vez, não atingem o patamar mínimo civilizatório, o interesse é meramente particular. Exemplo de possibilidade de transação individual: forma de pagamento do salário (salário fixo ou salário variável). As parcelas de indisponibilidade relativa não podem ser objeto de renúncia.

- **Tema nº 1.046 da Repercussão Geral do STF.** o STF, no julgamento ARE 1121633, oportunidade em que fixou a tese de que acordos e convenções coletivas de trabalho podem restringir direitos trabalhistas não constitucionalmente assegurados (Tema 1.046 da Repercussão Geral), adotou expressamente a tese de Maurício Godinho Delgado no sentido de impossibilitar a transação sobre normas de indisponibilidade absoluta.
- Além disso, a Reforma Trabalhista ampliou significativamente a possibilidade de ajuste individual entre empregado e empregador. Nesse sentido, segue quadro com essas hipóteses trazidas pela nova legislação:

| Hipóteses de acordo individual entre empregado e empregador previstas na Reforma Trabalhista |
|---|
| A Reforma Trabalhista ampliou significativamente as possibilidades de ajuste entre empregados e empregadores em 13 hipóteses: |
| 1) Compensação de jornada (art. 59, § 6º, CLT) |
| 2) Banco de horas semestral (art. 59, § 5º, CLT) |
| 3) Jornada 12 x 36 (art. 59-A, CLT) |
| 4) Alteração do regime presencial para o teletrabalho (art. 75-C, § 1º, CLT) |
| 5) Compra e manutenção de equipamentos necessários ao teletrabalho (art. 75-D, CLT) |
| 6) Fracionamento das férias (art. 134, § 1º, CLT) |
| 7) Intervalo para amamentação (art. 396, CLT) |
| 8) Empregado "hipersuficiente" (art. 444, parágrafo único e 611-A da CLT) |
| 9) Forma de pagamento das verbas rescisórias (art. 477, § 4º, I, da CLT) |
| 10) Eficácia liberatória no Plano de Demissão Voluntária (art. 477-B, parte final, CLT) |
| 11) Distrato (art. 484-A, CLT) |
| 12) Celebração da cláusula compromissória de arbitragem (art. 507-A, CLT) |
| 13) Quitação anual de obrigações trabalhistas (art. 507-B, CLT) |

## 22. DIREITOS DIFUSOS E COLETIVOS

- Os direitos difusos e coletivos são tutelados por ação civil pública, por meio da aplicação da Lei nº 7.347/85 e do Código de Defesa do Consumidor. No âmbito da Justiça do Trabalho[91], o art. 83, III da LC nº 75/93 prevê que compete ao Ministério Público Federal promover a ação civil pública no âmbito da Justiça do Trabalho, para defesa de interesses coletivos, quando desrespeitados os direitos sociais constitucionalmente garantidos"
- Apesar da vedação contida no art. 1º da Lei nº 7.347/85, no sentido de que a ação civil pública não seria cabível para veicular pretensões que envolvam FGTS, a doutrina majoritária entende pela inconstitucionalidade do dispositivo, levando-se em conta o princípio da inafastabilidade da jurisdição[92].
- A definição do que sejam direitos difusos e direitos coletivos está prevista no art. 81 do CDC:
  - **a) Interesses ou direitos difusos**: são direitos transindividuais, de natureza indivisível, com titulares indeterminados e ligados por circunstância de fato. Ex.: MPT ajuíza ação para que empresa pública contrate trabalhadores por meio de concurso público[93].
  - **b) interesses ou direitos coletivos:** são direitos transindividuais, de natureza indivisível, cujos titulares são grupos, categoria ou classe de pessoas ligadas entre si ou com a parte contrária, por uma relação jurídica base. Ex: MPT ajuíza ação civil pública para impor obrigação de fazer à determinada empresa para que instale equipamento de proteção coletivo na empresa[94].
  - **c) Interesses ou direitos individuais homogêneos:** são direitos individuais e divisíveis, de origem comum, não sendo necessária a ligação entre as partes. Ex: Sindicato ajuíza ação coletiva requerendo a condenação da empresa ao pagamento do adicional de insalubridade a todos os trabalhadores do setor X[95].

| | **Difusos** | **Coletivos** | **Individuais homogêneos** |
|---|---|---|---|
| DIREITOS | Transindividuais | Transindividuais | Individuais |
| **NATUREZA** | Indivisível | Indivisível | Divisível |
| **TITULARIDADE** | Pessoas indeterminadas, ligadas por circunstância de fato | Grupo, categoria ou classe de pessoas, ligadas entre si ou com a parte contrária por uma relação jurídica base | Sujeitos plúrimos e determinados. |

## ✦ SÚMULAS DO TRIBUNAL SUPERIOR DO TRABALHO

## REGULAMENTO DE EMPRESA (NORMA REGULAMENTAR)

**Súmula nº 51 do TST[96]. *Norma regulamentar. Vantagens e opção pelo novo regulamento. Art. 468 da CLT.***

I – As cláusulas regulamentares, que revoguem ou alterem vantagens deferidas anteriormente, só atingirão os trabalhadores admitidos após a revogação ou alteração do regulamento.

II – Havendo a coexistência de dois regulamentos da empresa, a opção do empregado por um deles tem efeito jurídico de renúncia às regras do sistema do outro.

90. DELGADO, Maurício Godinho. *Curso do Direito do Trabalho*. 9. ed. São Paulo: LTr, 2010. p. 201.
91. MIESSA, Élisson. **Processo do Trabalho:** para concursos. 4. ed. Salvador: Juspodivm, 2017. p. 1177.
92. MIESSA, Élisson. **Processo do Trabalho:** para concursos. 4. ed. Salvador: Juspodivm, 2017. p. 1177.
93. MIESSA, Élisson. **Processo do Trabalho:** para concursos. 4. ed. Salvador: Juspodivm, 2017. p. 1178.
94. MIESSA, Élisson. **Processo do Trabalho:** para concursos. 4. ed. Salvador: Juspodivm, 2017. p. 1178.
95. MIESSA, Élisson. **Processo do Trabalho:** para concursos. 4. ed. Salvador: Juspodivm, 2017. p. 1178.
96. Esta súmula pode ser impactada pelo art. 611-A, VI da CLT acrescentado pela Reforma Trabalhista – Lei nº 13.467/2017.

**➘ Súmula nº 202 do TST[97]. *Gratificação por tempo de serviço. Compensação.***

Existindo, ao mesmo tempo, gratificação por tempo de serviço outorgada pelo empregador e outra da mesma natureza prevista em acordo coletivo, convenção coletiva ou sentença normativa, o empregado tem direito a receber, exclusivamente, a que lhe seja mais benéfica.

**➘ Súmula nº 77 do TST. *Punição.***

Nula é a punição de empregado se não precedida de inquérito ou sindicância internos a que se obrigou a empresa por norma regulamentar.

**➘ Súmula nº 186 do TST. *Licença-prêmio. Conversão em pecúnia. Regulamento da empresa.***

A licença-prêmio, na vigência do contrato de trabalho, não pode ser convertida em pecúnia, salvo se expressamente admitida a conversão no regulamento da empresa.

## COMPLEMENTAÇÃO DE APOSENTADORIA

**➘ Súmula nº 288 do TST. *Complementação dos proventos da aposentadoria***

I - A complementação dos proventos de aposentadoria, instituída, regulamentada e paga diretamente pelo empregador, sem vínculo com as entidades de previdência privada fechada, é regida pelas normas em vigor na data de admissão do empregado, ressalvadas as alterações que forem mais benéficas (art. 468 da CLT);

II - Na hipótese de coexistência de dois regulamentos de planos de previdência complementar, instituídos pelo empregador ou por entidade de previdência privada, a opção do beneficiário por um deles tem efeito jurídico de renúncia às regras do outro;

III - Após a entrada em vigor das Leis Complementares n.ºs 108 e 109 de 29/5/2001, reger-se-á a complementação dos proventos de aposentadoria pelas normas vigentes na data da implementação dos requisitos para obtenção do benefício, ressalvados o direito adquirido do participante que anteriormente implementara os requisitos para o benefício e o direito acumulado do empregado que até então não preenchera tais requisitos.

IV - O entendimento da primeira parte do item III aplica-se aos processos em curso no Tribunal Superior do Trabalho em que, em 12/4/2016, ainda não haja sido proferida decisão de mérito por suas Turmas e Seções.

**➘ Súmula nº 87 do TST. *Previdência privada***

Se o empregado, ou seu beneficiário, já recebeu da instituição previdenciária privada, criada pela empresa, vantagem equivalente, é cabível a dedução de seu valor do benefício a que faz jus por norma regulamentar anterior.

**➘ Súmula nº 92 do TST. *Aposentadoria***

O direito à complementação de aposentadoria, criado pela empresa, com requisitos próprios, não se altera pela instituição de benefício previdenciário por órgão oficial.

**➘ Súmula nº 97 do TST. *Aposentadoria. Complementação***

Instituída complementação de aposentadoria por ato da empresa, expressamente dependente de regulamentação, as condições desta devem ser observadas como parte integrante da norma.

**➘ Súmula nº 72 do TST. *Aposentadoria***

O prêmio-aposentadoria instituído por norma regulamentar da empresa não está condicionado ao disposto no § 2º do art. 14 da Lei nº 8.036, de 11.05.1990.

**➘ Súmula nº 313 do TST. *Complementação de aposentadoria. Proporcionalidade. Banespa***

A complementação de aposentadoria, prevista no art. 106, e seus parágrafos, do regulamento de pessoal editado em 1965, só é integral para os empregados que tenham 30 (trinta) ou mais anos de serviços prestados exclusivamente ao banco.

**➘ Súmula nº 332 do TST. *Complementação de aposentadoria. Petrobras. Manual de pessoal. Norma programática***

As normas relativas à complementação de aposentadoria, inseridas no Manual de Pessoal da Petrobras, têm caráter meramente programático, delas não resultando direito à referida complementação.

## PRINCÍPIO DA IRRETROATIVIDADE DA LEI

**➘ Súmula nº 307 do TST. *Juros. Irretroatividade do Decreto-lei nº 2.322, de 26.02.1987***

A fórmula de cálculo de juros prevista no Decreto-Lei nº 2.322, de 26.02.1987 somente é aplicável a partir de 27.02.1987. Quanto ao período anterior, deve-se observar a legislação então vigente.

## DIRETOR ELEITO

**➘ Súmula nº 269 do TST. *Diretor eleito. Cômputo do período como tempo de serviço***

O empregado eleito para ocupar cargo de diretor tem o respectivo contrato de trabalho suspenso, não se computando o tempo de serviço desse período, salvo se permanecer a subordinação jurídica inerente à relação de emprego.

## EMPREGADO BANCÁRIO

**➘ Súmula nº 287 do TST. *Jornada de trabalho. Gerente bancário***

A jornada de trabalho do empregado de banco gerente de agência é regida pelo art. 224, § 2º, da CLT. Quanto ao gerente-geral de agência bancária, presume-se o exercício de encargo de gestão, aplicando-se-lhe o art. 62 da CLT.

**➘ Súmula nº 102 do TST. *Bancário. Cargo de confiança***

I – A configuração, ou não, do exercício da função de confiança a que se refere o art. 224, § 2º, da CLT, dependente da prova das reais atribuições do empregado, é insuscetível de exame mediante recurso de revista ou de embargos.

II – O bancário que exerce a função a que se refere o § 2º do art. 224 da CLT e recebe gratificação não inferior a um terço de seu salário já tem remuneradas as duas horas extraordinárias excedentes de seis.

III – Ao bancário exercente de cargo de confiança previsto no artigo 224, § 2º, da CLT são devidas as 7ª e 8ª horas, como extras, no período em que se verificar o pagamento a menor da gratificação de 1/3.

IV – O bancário sujeito à regra do art. 224, § 2º, da CLT cumpre jornada de trabalho de 8 (oito) horas, sendo extraordinárias as trabalhadas além da oitava.

V – O advogado empregado de banco, pelo simples exercício da advocacia, não exerce cargo de confiança, não se enquadrando, portanto, na hipótese do § 2º do art. 224 da CLT.

VI – O caixa bancário, ainda que caixa executivo, não exerce cargo de confiança. Se perceber gratificação igual ou superior a um terço do salário do posto efetivo, essa remunera apenas a maior responsabilidade do cargo e não as duas horas extraordinárias além da sexta.

VII – O bancário exercente de função de confiança, que percebe a gratificação não inferior ao terço legal, ainda que norma coletiva contemple percentual superior, não tem direito às sétima e oitava horas como extras, mas tão somente às diferenças de gratificação de função, se postuladas.

**➘ Súmula nº 109 do TST. *Gratificação de função***

O bancário não enquadrado no § 2º do art. 224 da CLT, que receba gratificação de função, não pode ter o salário relativo a horas extraordinárias compensado com o valor daquela vantagem.

**➘ Súmula nº 199 do TST. *Bancário. Pré-contratação de horas extras***

I – A contratação do serviço suplementar, quando da admissão do trabalhador bancário, é nula. Os valores assim ajustados apenas remuneram a jornada normal, sendo devidas as horas extras com o adicional de, no mínimo, 50% (cinquenta por cento), as quais não configuram pré-contratação, se pactuadas após a admissão do bancário.

II – Em se tratando de horas extras pré-contratadas, opera-se a prescrição total se a ação não for ajuizada no prazo de cinco anos, a partir da data em que foram suprimidas.

97. Esta súmula pode ser impactada pelo art. 611-A, VI da CLT acrescentado pela Reforma Trabalhista – Lei nº 13.467/2017.

**Súmula nº 124 do TST[98]. *Bancário. Salário-hora. Divisor***

I - o divisor aplicável para o cálculo das horas extras do bancário será:

a) 180, para os empregados submetidos à jornada de seis horas prevista no caput do art. 224 da CLT;

b) 220, para os empregados submetidos à jornada de oito horas, nos termos do § 2º do art. 224 da CLT.

II – Ressalvam-se da aplicação do item anterior as decisões de mérito sobre o tema, qualquer que seja o seu teor, emanadas de Turma do TST ou da SBDI-I, no período de 27/09/2012 até 21/11/2016, conforme a modulação aprovada no precedente obrigatório firmado no Incidente de Recursos de Revista Repetitivos nº TST-IRR-849-83.2013.5.03.0138, DEJT 19.12.2016.

**Súmula nº 113 do TST[99]. *Bancário. Sábado. Dia útil***

O sábado do bancário é dia útil não trabalhado, não dia de repouso remunerado. Não cabe a repercussão do pagamento de horas extras habituais em sua remuneração.

**Súmula nº 226 do TST[100]. *Bancário. Gratificação por tempo de serviço. Integração no cálculo das horas extras***

A gratificação por tempo de serviço integra o cálculo das horas extras.

**Súmula nº 240 do TST. *Bancário. Gratificação de função e adicional por tempo de serviço***

O adicional por tempo de serviço integra o cálculo da gratificação prevista no art. 224, § 2º, da CLT.

**Súmula nº 247 do TST. *Quebra de caixa. Natureza jurídica***

A parcela paga aos bancários sob a denominação "quebra de caixa" possui natureza salarial, integrando o salário do prestador de serviços, para todos os efeitos legais.

**Súmula nº 93 do TST. *Bancário***

Integra a remuneração do bancário a vantagem pecuniária por ele auferida na colocação ou na venda de papéis ou valores mobiliários de empresas pertencentes ao mesmo grupo econômico, se exercida essa atividade no horário e no local de trabalho e com o consentimento, tácito ou expresso, do banco empregador.

**Súmula nº 239 do TST. *Bancário. Empregado de empresa de processamento de dados***

É bancário o empregado de empresa de processamento de dados que presta serviço a banco integrante do mesmo grupo econômico, exceto quando a empresa de processamento de dados presta serviços a banco e a empresas não bancárias do mesmo grupo econômico ou a terceiros.

**Súmula nº 55 do TST. *Financeiras***

As empresas de crédito, financiamento ou investimento, também denominadas financeiras, equiparam-se aos estabelecimentos bancários para os efeitos do art. 224 da CLT.

**Súmula nº 119 do TST. *Jornada de trabalho***

Os empregados de empresas distribuidoras e corretoras de títulos e valores mobiliários não têm direito à jornada especial dos bancários.

**Súmula nº 257 do TST. *Vigilante***

O vigilante, contratado diretamente por banco ou por intermédio de empresas especializadas, não é bancário.

**Súmula nº 117 do TST. *Bancário. Categoria diferenciada***

Não se beneficiam do regime legal relativo aos bancários os empregados de estabelecimento de crédito pertencentes a categorias profissionais diferenciadas.

## SALÁRIO-FAMÍLIA RURÍCOLA

**Súmula nº 344 do TST. *Salário-família. Trabalhador rural***

O salário-família é devido aos trabalhadores rurais somente após a vigência da Lei nº 8.213, de 24.07.1991.

## EMPREGADO DOMÉSTICO

**Súmula nº 377 do TST[101]. *Preposto. Exigência da condição de empregado***

Exceto quanto à reclamação de empregado doméstico, ou contra micro ou pequeno empresário, o preposto deve ser necessariamente empregado do reclamado. Inteligência do art. 843, § 1º, da CLT e do art. 54 da Lei Complementar nº 123, de 14 de dezembro de 2006.

## EMPREGADOR

**Súmula nº 129 do TST[102]. *Contrato de trabalho. Grupo econômico***

A prestação de serviços a mais de uma empresa do mesmo grupo econômico, durante a mesma jornada de trabalho, não caracteriza a coexistência de mais de um contrato de trabalho, salvo ajuste em contrário.

**Súmula nº 430 do TST. *Administração pública indireta. Contratação. Ausência de concurso público. Nulidade. Ulterior privatização. Convalidação. Insubsistência do vício.***

Convalidam-se os efeitos do contrato de trabalho que, considerado nulo por ausência de concurso público, quando celebrado originalmente com ente da Administração Pública Indireta, continua a existir após a sua privatização.

**Súmula nº 51 do TST[103]. *Norma regulamentar. Vantagens e opção pelo novo regulamento. Art. 468 da CLT***

I – As cláusulas regulamentares, que revoguem ou alterem vantagens deferidas anteriormente, só atingirão os trabalhadores admitidos após a revogação ou alteração do regulamento.

II – Havendo a coexistência de dois regulamentos da empresa, a opção do empregado por um deles tem efeito jurídico de renúncia às regras do sistema do outro.

**Súmula nº 77 do TST. *Punição***

Nula é a punição de empregado se não precedida de inquérito ou sindicância internos a que se obrigou a empresa por norma regulamentar.

## TERCEIRIZAÇÃO

**Nota:** A terceirização das relações de trabalho sofreu profundas alterações pelas Leis nº 13.429/2017 e Lei nº 13.467/2017 (Reforma Trabalhista), sendo permitida expressamente a terceirização das atividades-fim das empresas. Para mais informações, confira a redação da Lei nº 6.019/1974 que passou a regulamentar o tema.

**Súmula nº 331 do TST[104]. *Contrato de prestação de serviços. Legalidade***

I – A contratação de trabalhadores por empresa interposta é ilegal, formando-se o vínculo diretamente com o tomador dos serviços, salvo no caso de trabalho temporário (Lei nº 6.019, de 03.01.1974).

II – A contratação irregular de trabalhador, mediante empresa interposta, não gera vínculo de emprego com os órgãos da administração pública direta, indireta ou fundacional (art. 37, II, da CF/1988).

III – Não forma vínculo de emprego com o tomador a contratação de serviços de vigilância (Lei nº 7.102, de 20.06.1983) e de conservação e limpeza, bem como a de serviços especializados ligados à

98. Para mais informações, confira o Informativo nº 149 do TST acerca do Incidente de Recursos de Revista Repetitivos nº TST-IRR-849-83.2013.5.03.0138, DEJT 19.12.2016.

99. Para mais informações, confira o Informativo nº 149 do TST acerca do Incidente de Recursos de Revista Repetitivos nº TST-IRR-849-83.2013.5.03.0138, DEJT 19.12.2016.

100. Esta súmula pode ser impactada pela nova redação dada ao art. 457, § 1º da CLT pela Reforma Trabalhista – Lei nº 13.467/2017.

101. Esta súmula pode ser impactada pelo art. 843, § 3º da CLT acrescentado pela Reforma Trabalhista – Lei nº 13.467/2017.

102. Esta súmula pode ser impactada pelo art. 8º, § 2º da CLT acrescentado pela Reforma Trabalhista – Lei nº 13.467/2017.

103. Esta súmula pode ser impactada pelo art. 611-A, VI da CLT acrescentado pela Reforma Trabalhista – Lei nº 13.467/2017.

104. Esta súmula pode ser impactada pela Lei nº 6.019/1974 acrescentado pela Lei nº 13.467/2017 (Reforma Trabalhista).

atividade-meio do tomador, desde que inexistente a pessoalidade e a subordinação direta.

IV – O inadimplemento das obrigações trabalhistas, por parte do empregador, implica a responsabilidade subsidiária do tomador dos serviços, quanto àquelas obrigações, desde que hajam participado da relação processual e constem também do título executivo judicial (art. 71 da Lei nº 8.666, de 21.06.1993).

V – Os entes integrantes da administração pública direta e indireta respondem subsidiariamente, nas mesmas condições do item IV, caso evidenciada a sua conduta culposa no cumprimento das obrigações da Lei nº 8.666/93, especialmente na fiscalização do cumprimento das obrigações contratuais e legais da prestadora de serviço como empregadora. A aludida responsabilidade não decorre de mero inadimplemento das obrigações trabalhistas assumidas pela empresa regularmente contratada.

VI – A responsabilidade subsidiária do tomador de serviços abrange todas as verbas decorrentes da condenação referentes ao período da prestação laboral.

## IDENTIFICAÇÃO PROFISSIONAL DE EMPREGADO. CARTEIRA DE TRABALHO E PREVIDÊNCIA SOCIAL – CTPS

**Súmula nº 12 do TST. *Carteira profissional***

As anotações apostas pelo empregador na carteira profissional do empregado não geram presunção *juris et de jure*, mas apenas *juris tantum*.

## CONTRATO DE EXPERIÊNCIA E CONTRATO POR PRAZO DETERMINADO

**Súmula nº 188 do TST. *Contrato de trabalho. Experiência. Prorrogação***

O contrato de experiência pode ser prorrogado, respeitado o limite máximo de 90 dias.

**Súmula nº 163 do TST. *Aviso-prévio. Contrato de experiência***

Cabe aviso prévio nas rescisões antecipadas dos contratos de experiência, na forma do art. 481 da CLT (ex-Prejulgado nº 42).

**Súmula nº 125 do TST. *Contrato de trabalho. Art. 479 da CLT***

O art. 479 da CLT aplica-se ao trabalhador optante pelo FGTS admitido mediante contrato por prazo determinado, nos termos do art. 30, § 3º, do Decreto nº 59.820, de 20.12.1966.

## DA NULIDADE DO CONTRATO DE TRABALHO

**Súmula nº 363 do TST. *Contrato nulo. Efeitos***

A contratação de servidor público, após a CF/1988, sem prévia aprovação em concurso público, encontra óbice no respectivo art. 37, II e § 2º, somente lhe conferindo direito ao pagamento da contraprestação pactuada, em relação ao número de horas trabalhadas, respeitado o valor da hora do salário mínimo, e dos valores referentes aos depósitos do FGTS.

**Súmula nº 386 do TST. *Policial militar. Reconhecimento de vínculo empregatício com empresa privada***

Preenchidos os requisitos do art. 3º da CLT, é legítimo o reconhecimento de relação de emprego entre policial militar e empresa privada, independentemente do eventual cabimento de penalidade disciplinar prevista no Estatuto do Policial Militar.

**Súmula nº 430 do TST – *Administração pública indireta. Contratação. Ausência de concurso público. Nulidade. Ulterior privatização. Convalidação. Insubsistência do vício.***

Convalidam-se os efeitos do contrato de trabalho que, considerado nulo por ausência de concurso público, quando celebrado originalmente com ente da Administração Pública Indireta, continua a existir após a sua privatização.

## ALTERAÇÃO DO CONTRATO DE TRABALHO

**Súmula nº 372 do TST[105]. *Gratificação de função. Supressão ou redução. Limites***

I – Percebida a gratificação de função por dez ou mais anos pelo empregado, se o empregador, sem justo motivo, revertê-lo a seu cargo efetivo, não poderá retirar-lhe a gratificação tendo em vista o princípio da estabilidade financeira.

II – Mantido o empregado no exercício da função comissionada, não pode o empregador reduzir o valor da gratificação.

**Súmula nº 265 do TST. *Adicional noturno. Alteração de turno de trabalho. Possibilidade de supressão***

A transferência para o período diurno de trabalho implica a perda do direito ao adicional noturno.

**Súmula nº 381 do TST. *Correção monetária. Salário. Art. 459 da CLT***

O pagamento dos salários até o 5º dia útil do mês subsequente ao vencido não está sujeito à correção monetária. Se essa data limite for ultrapassada, incidirá o índice da correção monetária do mês subsequente ao da prestação dos serviços, a partir do dia 1º.

**Súmula nº 43 do TST. *Transferência***

Presume-se abusiva a transferência de que trata o § 1º do art. 469 da CLT, sem comprovação da necessidade do serviço.

**Súmula nº 29 do TST. *Transferência***

Empregado transferido, por ato unilateral do empregador, para local mais distante de sua residência, tem direito a suplemento salarial correspondente ao acréscimo da despesa de transporte.

## SUSPENSÃO E INTERRUPÇÃO DO CONTRATO DE TRABALHO

**Súmula nº 155 do TST. *Ausência ao serviço***

As horas em que o empregado falta ao serviço para comparecimento necessário, como parte, à Justiça do Trabalho não serão descontadas de seus salários.

**Súmula nº 160 do TST. *Aposentadoria por invalidez***

Cancelada a aposentadoria por invalidez, mesmo após cinco anos, o trabalhador terá direito de retornar ao emprego, facultado, porém, ao empregador, indenizá-lo na forma da lei.

**Súmula nº 440 do TST[106]. *Auxílio-doença acidentário. Aposentadoria por invalidez. Suspensão do contrato de trabalho. Reconhecimento do direito à manutenção de plano de saúde ou de assistência médica***

Assegura-se o direito à manutenção de plano de saúde, ou de assistência médica, oferecido pela empresa ao empregado, não obstante suspenso o contrato de trabalho em virtude de auxílio-doença acidentário ou de aposentadoria por invalidez.

## DURAÇÃO DO TRABALHO

**Súmula nº 429 do TST[107]. *Tempo à disposição do empregador. Art. 4º da CLT. Período de deslocamento entre a portaria e o local de trabalho.***

Considera-se à disposição do empregador, na forma do art. 4º da CLT, o tempo necessário ao deslocamento do trabalhador entre a portaria da empresa e o local de trabalho, desde que supere o limite de 10 minutos diários.

## SOBREAVISO

**Súmula nº 229 do TST. *Sobreaviso. Eletricitários***

Por aplicação analógica do art. 244, § 2º, da CLT, as horas de sobreaviso dos eletricitários são remuneradas à base de 1/3 sobre a totalidade das parcelas de natureza salarial.

105. Esta súmula pode ser impactada pelo art. 468, § 2º da CLT acrescentado pela Reforma Trabalhista – Lei nº 13.467/2017.

106. Esta súmula pode ser impactada pelo art. 8º, § 2º da CLT acrescentado pela Reforma Trabalhista – Lei nº 13.467/2017.

107. Esta súmula pode ser impactada pelo art. 8º, § 2º, da CLT acrescentado pela Reforma Trabalhista – Lei nº 13.467/2017.

**Súmula nº 428 do TST[108]. *Sobreaviso. Aplicação analógica do art. 244, § 2º, da CLT***

I – O uso de instrumentos telemáticos ou informatizados fornecidos pela empresa ao empregado, por si só, não caracteriza regime de sobreaviso.

II – Considera-se em sobreaviso o empregado que, à distância e submetido a controle patronal por instrumentos telemáticos ou informatizados, permanecer em regime de plantão ou equivalente, aguardando a qualquer momento o chamado para o serviço durante o período de descanso.

## FISCALIZAÇÃO DA JORNADA

**Súmula nº 338 do TST[109]. *Fiscalização da jornada. Registro. Ônus da prova.***

I – É ônus do empregador que conta com mais de 10 (dez) empregados o registro da jornada de trabalho na forma do art. 74, § 2º, da CLT. A não apresentação injustificada dos controles de frequência gera presunção relativa de veracidade da jornada de trabalho, a qual pode ser elidida por prova em contrário.

II – A presunção de veracidade da jornada de trabalho, ainda que prevista em instrumento normativo, pode ser elidida por prova em contrário.

III – Os cartões de ponto que demonstram horários de entrada e saída uniformes são inválidos como meio de prova, invertendo-se o ônus da prova, relativo às horas extras, que passa a ser do empregador, prevalecendo a jornada da inicial se dele não se desincumbir.

**Súmula nº 366 do TST[110]. *Cartão de ponto. Registro. Horas extras. Minutos que antecedem e sucedem a jornada de trabalho***

Não serão descontadas nem computadas como jornada extraordinária as variações de horário do registro de ponto não excedentes de cinco minutos, observado o limite máximo de dez minutos diários. Se ultrapassado esse limite, será considerada como extra a totalidade do tempo que exceder a jornada normal, pois configurado tempo à disposição do empregador, não importando as atividades desenvolvidas pelo empregado ao longo do tempo residual (troca de uniforme, lanche, higiene pessoal, etc.).

**Súmula nº 449 do TST. *Minutos que antecedem e sucedem a jornada de trabalho. Lei nº 10.243, de 19.06.2001. Norma coletiva. Flexibilização. Impossibilidade***

A partir da vigência da Lei nº 10.243, de 27.06.2001, que acrescentou o § 1º ao art. 58 da CLT, não mais prevalece cláusula prevista em convenção ou acordo coletivo que elastece o limite de 5 minutos que antecedem e sucedem a jornada de trabalho para fins de apuração das horas extras.

## HORAS *IN ITINERE*

**Súmula nº 90 do TST[111]. *Horas in itinere. Tempo de serviço***

I – O tempo despendido pelo empregado, em condução fornecida pelo empregador, até o local de trabalho de difícil acesso, ou não servido por transporte público regular, e para o seu retorno é computável na jornada de trabalho.

II – A incompatibilidade entre os horários de início e término da jornada do empregado e os do transporte público regular é circunstância que também gera o direito às horas *"in itinere"*.

III – A mera insuficiência de transporte público não enseja o pagamento de horas *"in itinere"*.

IV – Se houver transporte público regular em parte do trajeto percorrido em condução da empresa, as *horas "in itinere"* remuneradas limitam-se ao trecho não alcançado pelo transporte público.

V – Considerando que as horas *"in itinere"* são computáveis na jornada de trabalho, o tempo que extrapola a jornada legal é considerado como extraordinário e sobre ele deve incidir o adicional respectivo.

**Súmula nº 320 do TST[112]. *Horas* in itinere. *Obrigatoriedade de cômputo na jornada de trabalho***

O fato de o empregador cobrar, parcialmente ou não, importância pelo transporte fornecido, para local de difícil acesso ou não servido de transporte regular, não afasta o direito à percepção das *horas in itinere*.

## MOTORISTA, GERENTE E FERROVIÁRIO SUBMETIDOS AO ART. 62 DA CLT

**Súmula nº 287 do TST. *Jornada de trabalho. Gerente bancário***

A jornada de trabalho do empregado de banco gerente de agência é regida pelo art. 224, § 2º, da CLT. Quanto ao gerente-geral de agência bancária, presume-se o exercício de encargo de gestão, aplicando-se-lhe o art. 62 da CLT.

**Súmula nº 61 do TST. *Ferroviário***

Aos ferroviários que trabalham em estação do interior, assim classificada por autoridade competente, não são devidas horas extras (art. 243 da CLT).

## TURNOS ININTERRUPTOS DE REVEZAMENTO

**Súmula nº 423 do TST. *Turno ininterrupto de revezamento.***

Fixação de jornada de trabalho mediante negociação coletiva. Validade.

Estabelecida jornada superior a seis horas e limitada a oito horas por meio de regular negociação coletiva, os empregados submetidos a turnos ininterruptos de revezamento não têm direito ao pagamento da 7ª e 8ª horas como extras.

**Súmula nº 360 do TST. *Turnos ininterruptos de revezamento. Intervalos intrajornada e semanal***

A interrupção do trabalho destinada a repouso e alimentação, dentro de cada turno, ou o intervalo para repouso semanal, não descaracteriza o turno de revezamento com jornada de 6 (seis) horas previsto no art. 7º, XIV, da CF/1988.

**Súmula nº 391 do TST. *Petroleiros. Lei nº 5.811/1972. Turno ininterrupto de revezamento. Horas extras e alteração da jornada para horário fixo***

I – A Lei nº 5.811/1972 foi recepcionada pela CF/88 no que se refere à duração da jornada de trabalho em regime de revezamento dos petroleiros.

II – A previsão contida no art. 10 da Lei nº 5.811/1972, possibilitando a mudança do regime de revezamento para horário fixo, constitui alteração lícita, não violando os arts. 468 da CLT e 7º, VI, da CF/1988.

## TRABALHO NOTURNO

**Súmula nº 265 do TST. *Adicional noturno. Alteração de turno de trabalho. Possibilidade de supressão***

A transferência para o período diurno de trabalho implica a perda do direito ao adicional noturno.

**Súmula nº 112 do TST. *Trabalho noturno. Petróleo***

O trabalho noturno dos empregados nas atividades de exploração, perfuração, produção e refinação do petróleo, industrialização do xisto, indústria petroquímica e transporte de petróleo e seus derivados, por meio de dutos, é regulado pela Lei 5.811/72, não se lhe aplicando a hora reduzida de 52 (cinquenta e dois) minutos e 30 (trinta) segundos do art. 73, § 2º, da CLT.

108. Esta súmula pode ser impactada pelo art. 611-A, VIII da CLT acrescentado pela Reforma Trabalhista – Lei nº 13.467/2017.

109. Esta súmula pode ser impactada pelo art. 611-A, X da CLT acrescentado pela Reforma Trabalhista – Lei nº 13.467/2017.

110. Esta súmula pode ser impactada pelo art. 4º, § 2º da CLT acrescentado pela Reforma Trabalhista – Lei nº 13.467/2017.

111. Esta súmula pode ser profundamente impactada pelo art. 58, § 2º da CLT modificado pela Reforma Trabalhista – Lei nº 13.467/2017.

112. Esta súmula pode ser profundamente impactada pelo art. 58, § 2º da CLT modificado pela Reforma Trabalhista – Lei nº 13.467/2017.

## COMPENSAÇÃO DE JORNADA

**➘ Súmula nº 85 do TST[113]. *Compensação de jornada***

I – A compensação de jornada de trabalho deve ser ajustada por acordo individual escrito, acordo coletivo ou convenção coletiva.

II – O acordo individual para compensação de horas é válido, salvo se houver norma coletiva em sentido contrário.

III – O mero não-atendimento das exigências legais para a compensação de jornada, inclusive quando encetada mediante acordo tácito, não implica a repetição do pagamento das horas excedentes à jornada normal diária, se não dilatada a jornada máxima semanal, sendo devido apenas o respectivo adicional.

IV – A prestação de horas extras habituais descaracteriza o acordo de compensação de jornada. Nesta hipótese, as horas que ultrapassarem a jornada semanal normal deverão ser pagas como horas extraordinárias e, quanto àquelas destinadas à compensação, deverá ser pago a mais apenas o adicional por trabalho extraordinário.

V – As disposições contidas nesta súmula não se aplicam ao regime compensatório na modalidade "banco de horas", que somente pode ser instituído por negociação coletiva.

VI - Não é válido acordo de compensação de jornada em atividade insalubre, ainda que estipulado em norma coletiva, sem a necessária inspeção prévia e permissão da autoridade competente, na forma do art. 60 da CLT.

**➘ Súmula nº 444 do TST[114]. *Jornada de trabalho. Escala 12 por 36. Validade***

É válida, em caráter excepcional, a jornada de 12 horas de trabalho por trinta e seis de descanso, prevista em lei ou ajustada exclusivamente mediante acordo coletivo de trabalho ou convenção coletiva de trabalho, assegurada a remuneração em dobro dos feriados trabalhados. O empregado não tem direito ao pagamento de adicional referente ao labor prestado na décima primeira e décima segunda horas

## JORNADA DO TELEFONISTA, JORNALISTA E ADVOGADO

**➘ Súmula nº 178 do TST. *Telefonista. Art. 227, e parágrafos, da CLT. Aplicabilidade***

É aplicável à telefonista de mesa de empresa que não explora o serviço de telefonia o disposto no art. 227, e seus parágrafos, da CLT

## INTERVALOS

**➘ Súmula nº 118 do TST. *Jornada de trabalho. Horas extras***

Os intervalos concedidos pelo empregador na jornada de trabalho, não previstos em lei, representam tempo à disposição da empresa, remunerados como serviço extraordinário, se acrescidos ao final da jornada.

**➘ Súmula nº 437 do TST[115]. *Intervalo intrajornada para repouso e alimentação. Aplicação do art. 71 da CLT.*** *(Conversão das Orientações Jurisprudenciais n.os 307, 342, 354, 380 e 381 da SBDI-1)*

I – Após a edição da Lei nº 8.923/94, a não concessão total ou a concessão parcial do intervalo intrajornada mínimo, para repouso e alimentação a empregados urbanos e rurais, implica o pagamento total do período correspondente, e não apenas daquele suprimido, com acréscimo de, no mínimo, 50% sobre o valor da remuneração da hora normal de trabalho (art. 71 da CLT), sem prejuízo do cômputo da efetiva jornada de labor para efeito de remuneração.

II – É inválida cláusula de acordo ou convenção coletiva de trabalho contemplando a supressão ou redução do intervalo intrajornada porque este constitui medida de higiene, saúde e segurança do trabalho, garantida por norma de ordem pública (art. 71 da CLT e art. 7º, XXII, da CF/1988), infenso à negociação coletiva.

III – Possui natureza salarial a parcela prevista no art. 71, § 4º, da CLT, com redação introduzida pela Lei nº 8.923, de 27 de julho de 1994, quando não concedido ou reduzido pelo empregador o intervalo mínimo intrajornada para repouso e alimentação, repercutindo, assim, no cálculo de outras parcelas salariais.

IV – Ultrapassada habitualmente a jornada de seis horas de trabalho, é devido o gozo do intervalo intrajornada mínimo de uma hora, obrigando o empregador a remunerar o período para descanso e alimentação não usufruído como extra, acrescido do respectivo adicional, na forma prevista no art. 71, caput e § 4º, da CLT."

**➘ Súmula nº 446 do TST. *Maquinista ferroviário. Intervalo intrajornada. Supressão parcial ou total. Horas extras devidas. Compatibilidade entre os arts. 71, § 4º, e 238, § 5º, da CLT.***

A garantia ao intervalo intrajornada, prevista no art. 71 da CLT, por constituir-se em medida de higiene, saúde e segurança do empregado, é aplicável também ao ferroviário maquinista integrante da categoria "c" (equipagem de trem em geral), não havendo incompatibilidade entre as regras inscritas nos arts. 71, § 4º, e 238, § 5º, da CLT.

**➘ Súmula nº 346 do TST. *Digitador. Intervalos intrajornada. Aplicação analógica do art. 72 da CLT***

Os digitadores, por aplicação analógica do art. 72 da CLT, equiparam-se aos trabalhadores nos serviços de mecanografia (datilografia, escrituração e cálculo), razão pela qual têm direito a intervalos de descanso de 10 (dez) minutos a cada 90 (noventa) de trabalho consecutivo.

**➘ Súmula nº 438 do TST. *Intervalo para recuperação térmica do empregado. Ambiente artificialmente frio. Horas extras. Art. 253 da CLT. Aplicação analógica***

O empregado submetido a trabalho contínuo em ambiente artificialmente frio, nos termos do parágrafo único do art. 253 da CLT, ainda que não labore em câmara frigorífica, tem direito ao intervalo intrajornada previsto no caput do art. 253 da CLT.

**➘ Súmula nº 110 do TST. *Jornada de trabalho. Intervalo.***

No regime de revezamento, as horas trabalhadas em seguida ao repouso semanal de 24 horas, com prejuízo do intervalo mínimo de 11 horas consecutivas para descanso entre jornadas, devem ser remuneradas como extraordinárias, inclusive com o respectivo adicional.

## DESCANSO SEMANAL REMUNERADO E FERIADOS (LEI Nº 605/1949)

**➘ Súmula nº 15 do TST. *Atestado médico***

A justificação da ausência do empregado motivada por doença, para a percepção do salário-enfermidade e da remuneração do repouso semanal, deve observar a ordem preferencial dos atestados médicos estabelecida em lei.

**➘ Súmula nº 282 do TST. *Abono de faltas. Serviço médico da empresa***

Ao serviço médico da empresa ou ao mantido por esta última mediante convênio compete abonar os primeiros 15 (quinze) dias de ausência ao trabalho.

**➘ Súmula nº 146 do TST. *Trabalho em domingos e feriados, não compensado***

O trabalho prestado em domingos e feriados, não compensado, deve ser pago em dobro, sem prejuízo da remuneração relativa ao repouso semanal.

**➘ Súmula nº 225 do TST. *Repouso semanal. Cálculo. Gratificações por tempo de serviço e produtividade***

As gratificações por tempo de serviço e produtividade, pagas mensalmente, não repercutem no cálculo do repouso semanal remunerado.

---

113. Esta súmula pode ser impactada pelos art. 59, 59-A e 59-B da CLT alterados pela Reforma Trabalhista – Lei nº 13.467/2017.

114. Esta súmula pode ser impactada pelo art. 59-A da CLT acrescentado pela Reforma Trabalhista – Lei nº 13.467/2017.

115. Esta súmula pode ser impactada pela redação do art. 71, § 4º da CLT e pelo art. 611-A, III da CLT acrescentado pela Reforma Trabalhista – Lei nº 13.467/2017.

**Súmula nº 172 do TST. *Repouso remunerado. Horas extras. Cálculo***

Computam-se no cálculo do repouso semanal remunerado as horas extras habitualmente prestadas.

**Súmula nº 27 do TST. *Comissionista***

É devida a remuneração do repouso semanal remunerado e dos dias feriados ao empregado comissionista, ainda que pracista.

**Súmula nº 354 do TST[116]. *Gorjetas. Natureza jurídica. Repercussões***

As gorjetas, cobradas pelo empregador na nota de serviço ou oferecidas espontaneamente pelos clientes, integram a remuneração do empregado, não servindo de base de cálculo para as parcelas de aviso-prévio, adicional noturno, horas extras e repouso semanal remunerado.

**Súmula nº 351 do TST. *Professor. Repouso semanal remunerado. Art. 7º, § 2º, da Lei nº 605, de 05.01.1949 e art. 320 da CLT***

O professor que recebe salário mensal à base de hora-aula tem direito ao acréscimo de 1/6 a título de repouso semanal remunerado, considerando-se para esse fim o mês de quatro semanas e meia.

**Súmula nº 113 do TST. *Bancário. Sábado. Dia útil***

O sábado do bancário é dia útil não trabalhado, não dia de repouso remunerado. Não cabe a repercussão do pagamento de horas extras habituais em sua remuneração.

## FÉRIAS

**Súmula nº 89 do TST. *Falta ao serviço***

Se as faltas já são justificadas pela lei, consideram-se como ausências legais e não serão descontadas para o cálculo do período de férias.

**Súmula nº 46 do TST. *Acidente de trabalho***

As faltas ou ausências decorrentes de acidente do trabalho não são consideradas para os efeitos de duração de férias e cálculo da gratificação natalina.

**Súmula nº 328 do TST. *Férias. Terço constitucional***

O pagamento das férias, integrais ou proporcionais, gozadas ou não, na vigência da CF/88, sujeita-se ao acréscimo do terço previsto no respectivo art. 7º, XVII.

**Súmula nº 149 do TST. *Tarefeiro. Férias***

A remuneração das férias do tarefeiro deve ser calculada com base na média da produção do período aquisitivo, aplicando-se-lhe a tarifa da data da concessão.

**Súmula nº 81 do TST. *Férias***

Os dias de férias gozados após o período legal de concessão deverão ser remunerados em dobro.

**Súmula nº 450 do TST[117]. *Férias. Gozo na época própria. Pagamento fora do prazo. Dobra devida. Arts. 137 e 145 da CLT.***

É devido o pagamento em dobro da remuneração de férias, incluído o terço constitucional, com base no art. 137 da CLT, quando, ainda que gozadas na época própria, o empregador tenha descumprido o prazo previsto no art. 145 do mesmo diploma legal.

**Súmula nº 7 do TST. *Férias***

A indenização pelo não-deferimento das férias no tempo oportuno será calculada com base na remuneração devida ao empregado na época da reclamação ou, se for o caso, na da extinção do contrato.

116. Esta súmula pode ser impactada pelo art. 611-A, IX da CLT acrescentado pela Reforma Trabalhista – Lei nº 13.467/2017.

117. O Plenário do STF, por 7 votos a 4, no julgamento virtual finalizado em 05/08/202, julgou procedente a ADPF 501 para: (a) declarar a inconstitucionalidade da Súmula 450 do Tribunal Superior do Trabalho; e (b) invalidar decisões judiciais não transitadas em julgado que, amparadas no texto sumular, tenham apli-cado a sanção de pagamento em dobro com base no art. 137 da CLT.

**Súmula nº 171 do TST. *Férias proporcionais. Contrato de trabalho. Extinção***

Salvo na hipótese de dispensa do empregado por justa causa, a extinção do contrato de trabalho sujeita o empregador ao pagamento da remuneração das férias proporcionais, ainda que incompleto o período aquisitivo de 12 (doze) meses.

**Súmula nº 261 do TST. *Férias proporcionais. Pedido de demissão. Contrato vigente há menos de um ano***

O empregado que se demite antes de completar 12 (doze) meses de serviço tem direito a férias proporcionais.

**Súmula nº 10 do TST. *Professor. Dispensa sem justa causa. Término do ano letivo ou no curso de férias escolares. Aviso-prévio***

O direito aos salários assegurados (artigo 322, caput e parágrafo 3º da CLT) não exclui o direito também ao aviso-prévio, na hipótese de dispensa sem justa causa ao término do ano letivo ou no curso das férias escolares.

## SALÁRIO E REMUNERAÇÃO

**Súmula nº 354 do TST[118]. *Gorjetas. Natureza jurídica. Repercussões***

As gorjetas, cobradas pelo empregador na nota de serviço ou oferecidas espontaneamente pelos clientes, integram a remuneração do empregado, não servindo de base de cálculo para as parcelas de aviso-prévio, adicional noturno, horas extras e repouso semanal remunerado.

**Súmula nº 370 do TST. *Médico e engenheiro. Jornada de trabalho. Leis nºs 3.999/1961 e 4.950-A/1966***

Tendo em vista que as Leis nº 3.999/1961 e 4.950-A/1966 não estipulam a jornada reduzida, mas apenas estabelecem o salário mínimo da categoria para uma jornada de 4 horas para os médicos e de 6 horas para os engenheiros, não há que se falar em horas extras, salvo as excedentes à oitava, desde que seja respeitado o salário mínimo/horário das categorias.

**Súmula nº 143 do TST. *Salário profissional***

O salário profissional dos médicos e dentistas guarda proporcionalidade com as horas efetivamente trabalhadas, respeitado o mínimo de 50 (cinquenta) horas.

**Súmula nº 358 do TST. *Radiologista. Salário profissional. Lei nº 7.394, de 29.10.1985***

O salário profissional dos técnicos em radiologia é igual a 2 (dois) salários mínimos e não a 4 (quatro).

**Súmula nº 91 do TST. *Salário complessivo***

Nula é a cláusula que fixa determinada importância ou percentagem para atender englobadamente vários direitos legais ou contratuais do trabalhador.

## AUMENTO SALARIAL CONCEDIDO PELA EMPRESA E SALÁRIO UTILIDADE

**Súmula nº 258 do TST. *Salário-utilidade. Percentuais***

Os percentuais fixados em lei relativos ao salário *in natura* apenas se referem às hipóteses em que o empregado percebe salário-mínimo, apurando-se, nas demais, o real valor da utilidade.

**Súmula nº 367 do TST. *Utilidades "in natura". Habitação. Energia elétrica. Veículo. Cigarro. Não integração ao salário***

I – A habitação, a energia elétrica e veículo fornecidos pelo empregador ao empregado, quando indispensáveis para a realização do trabalho, não têm natureza salarial, ainda que, no caso de veículo, seja ele utilizado pelo empregado também em atividades particulares.

II – O cigarro não se considera salário-utilidade em face de sua nocividade à saúde.

118. Esta súmula pode ser impactada pelo art. 611-A, IX da CLT acrescentado pela Reforma Trabalhista – Lei nº 13.467/2017.

**Súmula nº 241 do TST[119]. *Salário-utilidade. Alimentação***

O vale refeição, fornecido por força do contrato de trabalho, tem caráter salarial, integrando a remuneração do empregado para todos os efeitos legais.

## COMISSÕES

**Súmula nº 27 do TST. *Comissionista***

É devida a remuneração do repouso semanal remunerado e dos dias feriados ao empregado comissionista, ainda que pracista.

**Súmula nº 340 do TST. *Comissionista. Horas extras***

O empregado, sujeito a controle de horário, remunerado à base de comissões, tem direito ao adicional de, no mínimo, 50% (cinquenta por cento) pelo trabalho em horas extras, calculado sobre o valor-hora das comissões recebidas no mês, considerando-se como divisor o número de horas efetivamente trabalhadas.

## GRATIFICAÇÕES

**Súmula nº 152 do TST. *Gratificação. Ajuste tácito***

O fato de constar do recibo de pagamento de gratificação, o caráter de liberalidade não basta, por si só, para excluir a existência de um ajuste tácito.

**Súmula nº 225 do TST. *Repouso semanal. Cálculo. Gratificações por tempo de serviço e produtividade***

As gratificações por tempo de serviço e produtividade, pagas mensalmente, não repercutem no cálculo do repouso semanal remunerado.

**Súmula nº 203 do TST[120]. *Gratificação por tempo de serviço. Natureza salarial***

A gratificação por tempo de serviço integra o salário para todos os efeitos legais.

**Súmula nº 226 do TST[121]. *Bancário. Gratificação por tempo de serviço. Integração no cálculo das horas extras***

A gratificação por tempo de serviço integra o cálculo das horas extras.

**Súmula nº 202 do TST[122]. *Gratificação por tempo de serviço. Compensação***

Existindo, ao mesmo tempo, gratificação por tempo de serviço outorgada pelo empregador e outra da mesma natureza prevista em acordo coletivo, convenção coletiva ou sentença normativa, o empregado tem direito a receber, exclusivamente, a que lhe seja mais benéfica.

**Súmula nº 372 do TST[123]. *Gratificação de função. Supressão ou redução. Limites***

I – Percebida a gratificação de função por dez ou mais anos pelo empregado, se o empregador, sem justo motivo, revertê-lo a seu cargo efetivo, não poderá retirar-lhe a gratificação tendo em vista o princípio da estabilidade financeira.

II – Mantido o empregado no exercício da função comissionada, não pode o empregador reduzir o valor da gratificação.

**Súmula nº 67 do TST. *Gratificação. Ferroviário***

Chefe de trem, regido pelo estatuto dos ferroviários (Decreto nº 35.530, de 19.09.1959), não tem direito à gratificação prevista no respectivo art. 110.

## ADICIONAL POR TEMPO DE SERVIÇO E ADICIONAL REGIONAL

**Súmula nº 52 do TST. *Tempo de serviço***

O adicional de tempo de serviço (quinquênio) é devido, nas condições estabelecidas no art. 19 da Lei nº 4.345, de 26.06.1964, aos contratados sob o regime da CLT, pela empresa a que se refere a mencionada lei, inclusive para o fim de complementação de aposentadoria.

**Súmula nº 84 do TST. *Adicional regional***

O adicional regional, instituído pela Petrobras, não contraria o art. 7º, XXXII, da CF/1988.

## GRATIFICAÇÃO NATALINA OU DÉCIMO TERCEIRO SALÁRIO

**Súmula nº 45 do TST. *Serviço suplementar***

A remuneração do serviço suplementar, habitualmente prestado, integra o cálculo da gratificação natalina prevista na Lei nº 4.090/62.

**Súmula nº 253 do TST[124]. *Gratificação semestral. Repercussões***

A gratificação semestral não repercute no cálculo das horas extras, das férias e do aviso-prévio, ainda que indenizados. Repercute, contudo, pelo seu duodécimo na indenização por antiguidade e na gratificação natalina.

**Súmula nº 46 do TST. *Acidente de trabalho***

As faltas ou ausências decorrentes de acidente do trabalho não são consideradas para os efeitos de duração de férias e cálculo da gratificação natalina.

**Súmula nº 157 do TST. *Gratificação***

A gratificação instituída pela Lei nº 4.090, de 13.7.62, é devida na resilição contratual de iniciativa do empregado.

**Súmula nº 14 do TST. *Culpa recíproca***

Reconhecida a culpa recíproca na rescisão do contrato de trabalho (art. 484 da CLT), o empregado tem direito a 50% (cinquenta por cento) do valor do aviso prévio, do décimo terceiro salário e das férias proporcionais.

**Súmula nº 148 do TST. *Gratificação natalina***

É computável a gratificação de Natal para efeito de cálculo de indenização.

**Súmula nº 242 do TST. *Indenização adicional. Valor***

A indenização adicional, prevista no art. 9º da Lei nº 6.708, de 30.10.1979 e no art. 9º da Lei nº 7.238 de 28.10.1984, corresponde ao salário mensal, no valor devido na data da comunicação do despedimento, integrado pelos adicionais legais ou convencionados, ligados à unidade de tempo mês, não sendo computável a gratificação natalina.

**Súmula nº 50 do TST. *Gratificação natalina***

A gratificação natalina, instituída pela Lei nº 4.090, de 13.07.1962, é devida pela empresa cessionária ao servidor público cedido enquanto durar a cessão.

## ADICIONAL DE HORAS EXTRAORDINÁRIAS

**Súmula nº 347 do TST. *Horas extras habituais. Apuração. Média física***

O cálculo do valor das horas extras habituais, para efeito de reflexos em verbas trabalhistas, observará o número de horas efetivamente prestadas e a ele aplica-se o valor do salário-hora da época do pagamento daquelas.

**Súmula nº 264 do TST. *Hora suplementar. Cálculo***

A remuneração do serviço suplementar é composta do valor da hora normal, integrado por parcelas de natureza salarial e acrescido

119. Esta súmula pode ser impactada pela redação dada ao art. 457, § 2º da CLT pela Reforma Trabalhista – Lei nº 13.467/2017.

120. Esta súmula pode ser impactada pela redação dada ao art. 457, § 1º da CLT pela Reforma Trabalhista – Lei nº 13.467/2017.

121. Esta súmula pode ser impactada pela redação dada ao art. 457, § 1º da CLT pela Reforma Trabalhista – Lei nº 13.467/2017.

122. Esta jurisprudência pode ser impactada pelo art. 611-A, VI da CLT acrescentado pela Reforma Trabalhista – Lei nº 13.467/2017.

123. Esta súmula pode ser impactada pelo art. 468, § 2º da CLT acrescentado pela Reforma Trabalhista – Lei nº 13.467/2017.

124. Esta súmula pode ser impactada pela redação dada ao art. 457, § 1º da CLT pela Reforma Trabalhista – Lei nº 13.467/2017.

do adicional previsto em lei, contrato, acordo, convenção coletiva ou sentença normativa.

**Súmula nº 132 do TST.** ***Adicional de periculosidade. Integração***

I – O adicional de periculosidade, pago em caráter permanente, integra o cálculo de indenização e de horas extras.

II – Durante as horas de sobreaviso, o empregado não se encontra em condições de risco, razão pela qual é incabível a integração do adicional de periculosidade sobre as mencionadas horas.

**Súmula nº 376 do TST.** ***Horas extras. Limitação. Art. 59 da CLT. Reflexos***

I – A limitação legal da jornada suplementar a duas horas diárias não exime o empregador de pagar todas as horas trabalhadas.

II – O valor das horas extras habitualmente prestadas integra o cálculo dos haveres trabalhistas, independentemente da limitação prevista no "caput" do art. 59 da CLT.

**Súmula nº 172 do TST.** ***Repouso remunerado. Horas extras. Cálculo***

Computam-se no cálculo do repouso semanal remunerado as horas extras habitualmente prestadas.

**Súmula nº 45 do TST.** ***Serviço suplementar***

A remuneração do serviço suplementar, habitualmente prestado, integra o cálculo da gratificação natalina prevista na Lei nº 4.090/62.

**Súmula nº 63 do TST.** ***Fundo de Garantia***

A contribuição para o Fundo de Garantia do Tempo de Serviço incide sobre a remuneração mensal devida ao empregado, inclusive horas extras e adicionais eventuais.

**Súmula nº 115 do TST[125].** ***Horas extras. Gratificações semestrais***

O valor das horas extras habituais integra a remuneração do trabalhador para cálculo das gratificações semestrais.

**Súmula nº 253 do TST[126].** ***Gratificação semestral. Repercussões***

A gratificação semestral não repercute no cálculo das horas extras, das férias e do aviso-prévio, ainda que indenizados. Repercute, contudo, pelo seu duodécimo na indenização por antiguidade e na gratificação natalina.

**Súmula nº 24 do TST.** ***Serviço extraordinário***

Insere-se no cálculo da indenização por antiguidade o salário relativo a serviço extraordinário, desde que habitualmente prestado.

**Súmula nº 291 do TST[127].** ***Horas extras. Habitualidade. Supressão. Indenização***

A supressão total ou parcial, pelo empregador, do serviço suplementar prestado com habitualidade, durante pelo menos 1 (um) ano, assegura ao empregado o direito à indenização correspondente ao valor de 1 (um) mês das horas suprimidas, total ou parcialmente, para cada ano ou fração igual ou superior a seis meses de prestação de serviço acima da jornada normal. O cálculo observará a média das horas suplementares efetivamente trabalhadas nos últimos 12 (doze) meses, anteriores à mudança, multiplicada pelo valor da hora extra do dia da supressão.

**Súmula nº 96 do TST.** ***Marítimo***

A permanência do tripulante a bordo do navio, no período de repouso, além da jornada, não importa presunção de que esteja à disposição do empregador ou em regime de prorrogação de horário, circunstâncias que devem resultar provadas, dada a natureza do serviço.

**Súmula nº 431 do TST.** ***Salário hora. Empregado sujeito ao regime geral de trabalho. (art. 58, caput, da CLT). 40 horas semanais. Cálculo. Aplicação do divisor 200.***

Para os empregados a que alude o art. 58, caput, da CLT, quando sujeitos a 40 horas semanais de trabalho, aplica-se o divisor 200 para o cálculo do valor do salário hora.

## CÁLCULO DAS HORAS EXTRAS

**Súmula nº 124 do TST.** ***Bancário. Salário-hora. Divisor***

I - o divisor aplicável para o cálculo das horas extras do bancário será:

a) 180, para os empregados submetidos à jornada de seis horas prevista no caput do art. 224 da CLT;

b) 220, para os empregados submetidos à jornada de oito horas, nos termos do § 2º do art. 224 da CLT.

II – Ressalvam-se da aplicação do item anterior as decisões de mérito sobre o tema, qualquer que seja o seu teor, emanadas de Turma do TST ou da SBDI-I, no período de 27/09/2012 até 21/11/2016, conforme a modulação aprovada no precedente obrigatório firmado no Incidente de Recursos de Revista Repetitivos nº TST-IRR-849-83.2013.5.03.0138, DEJT 19.12.2016.

## ADICIONAL NOTURNO

**Súmula nº 60 do TST.** ***Adicional noturno. Integração no salário e prorrogação em horário diurno***

I – O adicional noturno pago com habitualidade integra o salário do empregado para todos os efeitos.

II – Cumprida integralmente a jornada no período noturno e prorrogada esta, devido é também o adicional quanto às horas prorrogadas. Exegese do art. 73, § 5º, da CLT.

**Súmula nº 140 do TST.** ***Vigia***

É assegurado ao vigia, sujeito ao trabalho noturno, o direito ao respetivo adicional.

**Súmula nº 65 do TST.** ***Vigia***

O direito à hora reduzida de 52 minutos e 30 segundos aplica-se ao vigia noturno.

## ADICIONAL DE TRANSFERÊNCIA

**Súmula nº 29 do TST.** ***Transferência***

Empregado transferido, por ato unilateral do empregador, para local mais distante de sua residência, tem direito a suplemento salarial correspondente ao acréscimo da despesa de transporte.

## ADICIONAL DE PERICULOSIDADE

**Súmula nº 364 do TST.** ***Adicional de periculosidade. Exposição eventual, permanente e intermitente***

I - Tem direito ao adicional de periculosidade o empregado exposto permanentemente ou que, de forma intermitente, sujeita-se a condições de risco. Indevido, apenas, quando o contato dá-se de forma eventual, assim considerado o fortuito, ou o que, sendo habitual, dá-se por tempo extremamente reduzido.

II - Não é válida a cláusula de acordo ou convenção coletiva de trabalho fixando o adicional de periculosidade em percentual inferior ao estabelecido em lei e proporcional ao tempo de exposição ao risco, pois tal parcela constitui medida de higiene, saúde e segurança do trabalho, garantida por norma de ordem pública (arts. 7º, XXII e XXIII, da CF e 193, §1º, da CLT).

## INTEGRAÇÃO DO ADICIONAL DE PERICULOSIDADE

**Súmula nº 132 do TST.** ***Adicional de periculosidade. Integração***

I – O adicional de periculosidade, pago em caráter permanente, integra o cálculo de indenização e de horas extras.

II – Durante as horas de sobreaviso, o empregado não se encontra em condições de risco, razão pela qual é incabível a integração do adicional de periculosidade sobre as mencionadas horas.

---

125. Esta súmula pode ser impactada pela redação dada ao art. 457, § 1º da CLT pela Reforma Trabalhista – Lei nº 13.467/2017.

126. Esta súmula pode ser impactada pela redação dada ao art. 457, § 1º da CLT pela Reforma Trabalhista – Lei nº 13.467/2017.

127. Esta súmula pode ser impactada pelo art. 8º, § 2º da CLT acrescentado pela Reforma Trabalhista – Lei nº 13.467/2017.

TRABALHO

**➘ Súmula nº 70 do TST. *Adicional de periculosidade***

O adicional de periculosidade não incide sobre os triênios pagos pela Petrobras.

## ELETRICITÁRIOS

**➘ Súmula nº 191 do TST. *Adicional de Periculosidade. Incidência. Base de cálculo.***

I – O adicional de periculosidade incide apenas sobre o salário básico e não sobre este acrescido de outros adicionais.

II – O adicional de periculosidade do empregado eletricitário, contratado sob a égide da Lei nº 7.369/1985, deve ser calculado sobre a totalidade das parcelas de natureza salarial. Não é válida norma coletiva mediante a qual se determina a incidência do referido adicional sobre o salário básico.

III - A alteração da base de cálculo do adicional de periculosidade do eletricitário promovida pela Lei nº 12.740/2012 atinge somente contrato de trabalho firmado a partir de sua vigência, de modo que, nesse caso, o cálculo será realizado exclusivamente sobre o salário básico, conforme determina o § 1º do art. 193 da CLT.

**➘ Súmula nº 361 do TST. *Adicional de periculosidade. Eletricitários. Exposição intermitente***

O trabalho exercido em condições perigosas, embora de forma intermitente, dá direito ao empregado a receber o adicional de periculosidade de forma integral, porque a Lei n. 7.369/85 não estabeleceu nenhuma proporcionalidade em relação ao seu pagamento.

## BOMBA DE GASOLINA

**➘ Súmula nº 39 do TST. *Periculosidade***

Os empregados que operam em bomba de gasolina têm direito ao adicional de periculosidade (Lei nº 2.573, de 15.8.55).

## PERMANÊNCIA A BORDO DE AERONAVES

**➘ Súmula nº 447 do TST. *Adicional de periculosidade. Permanência a bordo durante o abastecimento da aeronave. Indevido.***

Os tripulantes e demais empregados em serviços auxiliares de transporte aéreo que, no momento do abastecimento da aeronave, permanecem a bordo não têm direito ao adicional de periculosidade a que aludem o art. 193 da CLT e o Anexo 2, item 1, "c", da NR 16 do MTE.

## PERÍCIA

**➘ Súmula nº 453 do TST. *Adicional de periculosidade. Pagamento espontâneo. Caracterização de fato incontroverso. Desnecessária a perícia de que trata o art. 195 da CLT***

O pagamento de adicional de periculosidade efetuado por mera liberalidade da empresa, ainda que de forma proporcional ao tempo de exposição ao risco ou em percentual inferior ao máximo legalmente previsto, dispensa a realização da prova técnica exigida pelo art. 195 da CLT, pois torna incontroversa a existência do trabalho em condições perigosas.

## INTEGRAÇÃO

**➘ Súmula nº 139 do TST. *Adicional de insalubridade***

Enquanto percebido, o adicional de insalubridade integra a remuneração para todos os efeitos legais.

**➘ Súmula nº 47 do TST. *Hora extra. Adicional de insalubridade. Base de cálculo***

O trabalho executado em condições insalubres, em caráter intermitente, não afasta, só por essa circunstância, o direito à percepção do respectivo adicional.

## BASE DE CÁLCULO

**➘ Súmula nº 228 do TST. *Adicional de insalubridade. Base de cálculo. Súmula cuja eficácia está suspensa por decisão liminar do Supremo Tribunal Federal***

A partir de 9 de maio de 2008, data da publicação da Súmula Vinculante nº 4 do Supremo Tribunal Federal, o adicional de insalubridade será calculado sobre o salário básico, salvo critério mais vantajoso fixado em instrumento coletivo.

## INSTALAÇÕES SANITÁRIAS

**➘ Súmula nº 448 do TST. *Caracterização. Previsão na Norma Regulamentadora nº 15 da Portaria do Ministério do Trabalho nº 3.214/78. Instalações sanitárias.***

I – Não basta a constatação da insalubridade por meio de laudo pericial para que o empregado tenha direito ao respectivo adicional, sendo necessária a classificação da atividade insalubre na relação oficial elaborada pelo Ministério do Trabalho.

II – A higienização de instalações sanitárias de uso público ou coletivo de grande circulação, e a respectiva coleta de lixo, por não se equiparar à limpeza em residências e escritórios, enseja o pagamento de adicional de insalubridade em grau máximo, incidindo o disposto no Anexo 14 da NR-15 da Portaria do MTE nº 3.214/78 quanto à coleta e industrialização de lixo urbano.

## DIREITO ADQUIRIDO

**➘ Súmula nº 248 do TST. *Adicional de insalubridade. Direito adquirido***

A reclassificação ou a descaracterização da insalubridade, por ato da autoridade competente, repercute na satisfação do respectivo adicional, sem ofensa a direito adquirido ou ao princípio da irredutibilidade salarial.

## FORNECIMENTO DE APARELHO DE PROTEÇÃO

**➘ Súmula nº 289 do TST. *Insalubridade. Adicional. Fornecimento do aparelho de proteção. Efeito***

O simples fornecimento do aparelho de proteção pelo empregador não o exime do pagamento do adicional de insalubridade. Cabe-lhe tomar as medidas que conduzam à diminuição ou eliminação da nocividade, entre as quais as relativas ao uso efetivo do equipamento pelo empregado.

**➘ Súmula nº 80 do TST. *Insalubridade***

A eliminação da insalubridade mediante fornecimento de aparelhos protetores aprovados pelo órgão competente do Poder Executivo exclui a percepção do respectivo adicional.

## CAUSA DE PEDIR

**➘ Súmula nº 293 do TST. *Adicional de insalubridade. Causa de pedir. Agente nocivo diverso do apontado na inicial***

A verificação mediante perícia de prestação de serviços em condições nocivas, considerado agente insalubre diverso do apontado na inicial, não prejudica o pedido de adicional de insalubridade.

## PARTICIPAÇÃO NOS LUCROS E RESULTADOS

**➘ Súmula nº 451 do TST. *Participação nos lucros e resultados. Rescisão contratual anterior à data da distribuição dos lucros. Pagamento proporcional aos meses trabalhados. Princípio da isonomia***

Fere o princípio da isonomia instituir vantagem mediante acordo coletivo ou norma regulamentar que condiciona a percepção da parcela participação nos lucros e resultados ao fato de estar o contrato de trabalho em vigor na data prevista para a distribuição dos lucros. Assim, inclusive na rescisão contratual antecipada, é devido o pagamento da parcela de forma proporcional aos meses trabalhados, pois o ex-empregado concorreu para os resultados positivos da empresa.

## DIÁRIAS

**➘ Súmula nº 101 do TST[128]. *Diárias de viagem. Salário***

Integram o salário, pelo seu valor total e para efeitos indenizatórios, as diárias de viagem que excedam a 50% (cinquenta por cento) do salário do empregado, enquanto perdurarem as viagens.

128. Esta súmula pode ser impactada pela redação dada ao art. 457, § 1º e 2º da CLT pela Reforma Trabalhista – Lei nº 13.467/2017.

**Súmula nº 318 do TST[129]. *Diárias. Base de cálculo para sua Integração no salário***

Tratando-se de empregado mensalista, a integração das diárias no salário deve ser feita tomando-se por base o salário mensal por ele percebido e não o valor do dia de salário, somente sendo devida a referida integração quando o valor das diárias, no mês, for superior à metade do salário mensal.

## SALÁRIO-FAMÍLIA

**Súmula nº 344 do TST. *Salário-família. Trabalhador rural.***

O salário-família é devido aos trabalhadores rurais somente após a vigência da Lei nº 8.213/91.

**Súmula nº 254 do TST. *Salário-família. Termo inicial da obrigação***

O termo inicial do direito ao salário-família coincide com a prova da filiação. Se feita em juízo, corresponde à data de ajuizamento do pedido, salvo se comprovado que anteriormente o empregador se recusara a receber a respectiva certidão.

## SEGURO-DESEMPREGO

**Súmula nº 389 do TST. *Seguro-desemprego. Competência da justiça do trabalho. Direito à indenização por não liberação de guias***

I - Inscreve-se na competência material da Justiça do Trabalho a lide entre empregado e empregador tendo por objeto indenização pelo não-fornecimento das guias do seguro-desemprego.

II - O não-fornecimento pelo empregador da guia necessária para o recebimento do seguro-desemprego dá origem ao direito à indenização.

## EQUIPARAÇÃO SALARIAL

**Súmula nº 6 do TST[130]. *Equiparação salarial. Art. 461 da CLT***

I - Para os fins previstos no § 2º do art. 461 da CLT, só é válido o quadro de pessoal organizado em carreira quando homologado pelo Ministério do Trabalho, excluindo-se, apenas, dessa exigência o quadro de carreira das entidades de direito público da administração direta, autárquica e fundacional aprovado por ato administrativo da autoridade competente.

II - Para efeito de equiparação de salários em caso de trabalho igual, conta-se o tempo de serviço na função e não no emprego.

III - A equiparação salarial só é possível se o empregado e o paradigma exercerem a mesma função, desempenhando as mesmas tarefas, não importando se os cargos têm, ou não, a mesma denominação.

IV - É desnecessário que, ao tempo da reclamação sobre equiparação salarial, reclamante e paradigma estejam a serviço do estabelecimento, desde que o pedido se relacione com situação pretérita.

V - A cessão de empregados não exclui a equiparação salarial, embora exercida a função em órgão governamental estranho à cedente, se esta responde pelos salários do paradigma e do reclamante.

VI - Presentes os pressupostos do art. 461 da CLT, é irrelevante a circunstância de que o desnível salarial tenha origem em decisão judicial que beneficiou o paradigma, exceto: a) se decorrente de vantagem pessoal ou de tese jurídica superada pela jurisprudência de Corte Superior; b) na hipótese de equiparação salarial em cadeia, suscitada em defesa, se o empregador produzir prova do alegado fato modificativo, impeditivo ou extintivo do direito à equiparação salarial em relação ao paradigma remoto, considerada irrelevante, para esse efeito, a existência de diferença de tempo de serviço na função superior a dois anos entre o reclamante e os empregados paradigmas componentes da cadeia equiparatória, à exceção do paradigma imediato.VII - Desde que atendidos os requisitos do art. 461 da CLT, é possível a equiparação salarial de trabalho intelectual, que pode ser avaliado por sua perfeição técnica, cuja aferição terá critérios objetivos.

VIII - É do empregador o ônus da prova do fato impeditivo, modificativo ou extintivo da equiparação salarial.

IX - Na ação de equiparação salarial, a prescrição é parcial e só alcança as diferenças salariais vencidas no período de 5 (cinco) anos que precedeu o ajuizamento.

X - O conceito de "mesma localidade" de que trata o art. 461 da CLT refere-se, em princípio, ao mesmo município, ou a municípios distintos que, comprovadamente, pertençam à mesma região metropolitana.

**Súmula nº 455 do TST. *Equiparação salarial. Sociedade de economia mista. Art. 37, XIII, da CF/1988. Possibilidade***

À sociedade de economia mista não se aplica a vedação à equiparação prevista no art. 37, XIII, da CF/1988, pois, ao admitir empregados sob o regime da CLT, equipara-se a empregador privado, conforme disposto no art. 173, § 1º, II, da CF/1988.

**Súmula nº 159 do TST. *Substituição de caráter não eventual e vacância do cargo***

I - Enquanto perdurar a substituição que não tenha caráter meramente eventual, inclusive nas férias, o empregado substituto fará jus ao salário contratual do substituído.

II - Vago o cargo em definitivo, o empregado que passa a ocupá-lo não tem direito a salário igual ao do antecessor.

**Súmula nº 301 do TST. *Auxiliar de laboratório. Ausência de diploma. Efeitos***

O fato de o empregado nao possuir diploma de profissionalização de auxiliar de laboratório não afasta a observância das normas da Lei nº 3.999, de 15.12.1961, uma vez comprovada a prestação de serviços na atividade.

**Súmula nº 19 do TST. *Quadro de carreira***

A Justiça do Trabalho é competente para apreciar reclamação de empregado que tenha por objeto direito fundado em quadro de carreira

**Súmula nº 127 do TST[131]. *Quadro de carreira***

Quadro de pessoal organizado em carreira, aprovado pelo órgão competente, excluída a hipótese de equiparação salarial, não obsta reclamação fundada em preterição, enquadramento ou reclassificação.

## DESCONTOS SALARIAIS

**Súmula nº 342 do TST[132]. *Descontos salariais. Art. 462 da CLT***

Descontos salariais efetuados pelo empregador, com a autorização prévia e por escrito do empregado, para serem integrados em planos de assistência odontológica, médico-hospitalar, de seguro, de previdência privada, ou de entidade cooperativa, cultural ou recreativo-associativa de seus trabalhadores, em seu benefício e de seus dependentes, não afrontam o disposto no art. 462 da CLT, salvo se ficar demonstrada a existência de coação ou de outro defeito que vicie o ato jurídico.

## MULTA PREVISTA NOS ARTIGOS 467 E 477

**Súmula nº 388 do TST. *Massa falida. Arts. 467 e 477 da CLT. Inaplicabilidade***

A Massa Falida não se sujeita à penalidade do art. 467 e nem à multa do § 8º do art. 477, ambos da CLT.

## RESCISÃO DO CONTRATO. PAGAMENTO DAS VERBAS RESCISÓRIAS

**Súmula nº 69 do TST. *Rescisão do contrato***

A partir da Lei nº 10.272, de 05.09.2001, havendo rescisão do contrato de trabalho e sendo revel e confesso quanto à matéria de fato,

129. Esta súmula pode ser impactada pela redação dada ao art. 457, § 1º e 2º da CLT pela Reforma Trabalhista - Lei nº 13.467/2017.

130. Esta súmula pode ser impactada pela nova redação dada ao art. 461 da CLT pela Reforma Trabalhista - Lei nº 13.467/2017.

131. Esta súmula pode ser impactada pela redação dada ao art. 461, § 2º da CLT pela Reforma Trabalhista - Lei nº 13.467/2017.

132. Esta súmula pode ser impactada pelo art. 458, §5º da CLT pela Reforma Trabalhista - Lei nº 13.467/2017.

deve ser o empregador condenado ao pagamento das verbas rescisórias, não quitadas na primeira audiência, com acréscimo de 50% (cinquenta por cento).

## INADIMPLEMENTO DE VERBAS TRABALHISTAS. FRUTOS. POSSE DE MÁ-FÉ

**Súmula nº 445 do TST. *Inadimplemento de verbas trabalhistas. Frutos. Posse de má-fé. Art. 1.216 do Código Civil. Inaplicabilidade ao Direito do Trabalho - Res. 189/2013, DEJT divulgado em 13, 14 e 15.03.2013***

A indenização por frutos percebidos pela posse de má-fé, prevista no art. 1.216 do Código Civil, por tratar-se de regra afeta a direitos reais, mostra-se incompatível com o Direito do Trabalho, não sendo devida no caso de inadimplemento de verbas trabalhistas.

## REAJUSTES SALARIAIS E PLANOS ECONÔMICOS

**Súmula nº 375 do TST. *Reajustes salariais previstos em norma coletiva. Prevalência da legislação de política salarial***

Os reajustes salariais previstos em norma coletiva de trabalho não prevalecem frente à legislação superveniente de política salarial.

**Súmula nº 322 do TST. *Diferenças salariais. Planos econômicos. Limite***

Os reajustes salariais decorrentes dos chamados "gatilhos" e URPs, previstos legalmente como antecipação, são devidos tão-somente até a data-base de cada categoria.

**Súmula nº 315 do TST. *IPC de março/1990. Lei nº 8.030, de 12.04.1990 (Plano Collor). Inexistência de direito adquirido***

A partir da vigência da Medida Provisória nº 154, de 15.03.1990, convertida na Lei nº 8.030, de 12.04.1990, não se aplica o IPC de março de 1990, de 84,32% (oitenta e quatro vírgula trinta e dois por cento), para a correção dos salários, porque o direito ainda não se havia incorporado ao patrimônio jurídico dos trabalhadores, inexistindo ofensa ao inciso XXXVI do art. 5º da CF/1988.

**Súmula nº 319 do TST. *Reajustes salariais ("gatilhos"). Aplicação aos servidores públicos contratados sob a égide da legislação trabalhista***

Aplicam-se aos servidores públicos, contratados sob o regime da CLT, os reajustes decorrentes da correção automática dos salários pelo mecanismo denominado "gatilho", de que tratam os Decretos-Leis nºs 2.284, de 10.03.1986 e 2.302, de 21.11.1986.

**Súmula nº 336 do TST. *Constitucionalidade. § 2º do art. 9º do Decreto-lei nº 1.971, de 30.11.1982***

É constitucional o § 2º do art. 9º do Decreto-Lei nº 1.971, de 30.11.1982, com a redação dada pelo Decreto-Lei nº 2.100, de 28.12.1983.

## ESTABILIDADE PROVISÓRIA

**Súmula nº 396 do TST. *Estabilidade provisória. Pedido de reintegração. Concessão do salário relativo ao período de estabilidade já exaurido. Inexistência de julgamento extra petita***

I - Exaurido o período de estabilidade, são devidos ao empregado apenas os salários do período compreendido entre a data da despedida e o final do período de estabilidade, não lhe sendo assegurada a reintegração no emprego.

II - Não há nulidade por julgamento *extra petita* da decisão que deferir salário quando o pedido for de reintegração, dados os termos do art. 496 da CLT.

**Súmula nº 28 do TST. *Indenização***

No caso de converter a reintegração em indenização dobrada, o direito aos salários é assegurado até a data da primeira decisão que determinou essa conversão.

## ESTABILIDADE PREVISTA NA CLT (DECENAL)

**Súmula nº 54 do TST. *Optante***

Rescindindo por acordo seu contrato de trabalho, o empregado estável optante tem direito ao mínimo de 60% (sessenta por cento) do total da indenização em dobro, calculada sobre o maior salário percebido no emprego. Se houver recebido menos do que esse total, qualquer que tenha sido a forma de transação, assegura-se-lhe a complementação até aquele limite.

**Súmula nº 98 do TST. *FGTS. Indenização. Equivalência. Compatibilidade***

I - A equivalência entre os regimes do Fundo de Garantia do Tempo de Serviço e da estabilidade prevista na CLT é meramente jurídica e não econômica, sendo indevidos valores a título de reposição de diferenças.

II - A estabilidade contratual ou a derivada de regulamento de empresa são compatíveis com o regime do FGTS. Diversamente ocorre com a estabilidade legal (decenal, art. 492 da CLT), que é renunciada com a opção pelo FGTS.

## DIRIGENTE SINDICAL

**Súmula nº 379 do TST. *Dirigente sindical. Despedida. Falta grave. Inquérito judicial. Necessidade***

O dirigente sindical somente poderá ser dispensado por falta grave mediante a apuração em inquérito judicial, inteligência dos arts. 494 e 543, § 3º, da CLT.

**Súmula nº 369 do TST. *Dirigente sindical. Estabilidade provisória***

I - É assegurada a estabilidade provisória ao empregado dirigente sindical, ainda que a comunicação do registro da candidatura ou da eleição e da posse seja realizada fora do prazo previsto no art. 543, § 5º, da CLT, desde que a ciência ao empregador, por qualquer meio, ocorra na vigência do contrato de trabalho.

II - O art. 522 da CLT foi recepcionado pela Constituição Federal de 1988. Fica limitada, assim, a estabilidade a que alude o art. 543, § 3.º, da CLT a sete dirigentes sindicais e igual número de suplentes.

III - O empregado de categoria diferenciada eleito dirigente sindical só goza de estabilidade se exercer na empresa atividade pertinente à categoria profissional do sindicato para o qual foi eleito dirigente.

IV - Havendo extinção da atividade empresarial no âmbito da base territorial do sindicato, não há razão para subsistir a estabilidade.

V - O registro da candidatura do empregado a cargo de dirigente sindical durante o período de aviso prévio, ainda que indenizado, não lhe assegura a estabilidade, visto que inaplicável a regra do § 3º do art. 543 da Consolidação das Leis do Trabalho.

## GESTANTE

**Súmula nº 244 do TST. *Gestante. Estabilidade provisória***

I - O desconhecimento do estado gravídico pelo empregador não afasta o direito ao pagamento da indenização decorrente da estabilidade (art. 10, II, "b" do ADCT).

II - A garantia de emprego à gestante só autoriza a reintegração se esta se der durante o período de estabilidade. Do contrário, a garantia restringe-se aos salários e demais direitos correspondentes ao período de estabilidade.

III - A empregada gestante tem direito à estabilidade provisória prevista no art.10, inciso II, alínea b, do ADCT, mesmo na hipótese de admissão mediante contrato por tempo determinado.

## ESTABILIDADE DECORRENTE DE ACIDENTE DO TRABALHO

**Súmula nº 378 do TST. *Estabilidade provisória. Acidente do trabalho. Art. 118 da Lei nº 8.213/1991. Constitucionalidade. Pressupostos***

I - É constitucional o artigo 118 da Lei n. 8.213/91 que assegura o direito à estabilidade provisória por período de 12 meses após a cessação do auxílio-doença ao empregado acidentado.

II - São pressupostos para a concessão da estabilidade o afastamento superior a 15 dias e a consequente percepção do auxílio-doença acidentário, salvo se constatada, após a dispensa, doença profissional que guarde relação de causalidade com a execução do contrato de emprego.

III – O empregado submetido a contrato de trabalho por tempo determinado goza da garantia provisória de emprego, decorrente de acidente de trabalho, prevista no art. 118 da Lei nº 8.213/1991.

## CIPA

**Súmula nº 339 do TST.** ***CIPA. Suplente. Garantia de emprego. CF/1988.***

I – O suplente da CIPA goza da garantia de emprego prevista no art. 10, II, "a", do ADCT a partir da promulgação da Constituição Federal de 1988.

II – A estabilidade provisória do cipeiro não constitui vantagem pessoal, mas garantia para as atividades dos membros da CIPA, que somente tem razão de ser quando em atividade a empresa. Extinto o estabelecimento, não se verifica a despedida arbitrária, sendo impossível a reintegração e indevida a indenização do período estabilitário.

## SERVIDOR PÚBLICO CELETISTA. EMPREGADO DE EMPRESA PÚBLICA E SOCIEDADE DE ECONOMIA MISTA

**Súmula nº 390 do TST.** ***Estabilidade. Art. 41 da CF/1988. Celetista. Administração direta, autárquica ou fundacional. Aplicabilidade. Empregado de empresa pública e sociedade de economia mista. Inaplicável***

I – O servidor público celetista da administração direta, autárquica ou fundacional é beneficiário da estabilidade prevista no art. 41 da CF/88.

II – Ao empregado de empresa pública ou de sociedade de economia mista, ainda que admitido mediante aprovação em concurso público, não é garantida a estabilidade prevista no art. 41 da CF/88.

## ESTABILIDADE PREVISTA EM REGULAMENTO INTERNO

**Súmula nº 345 do TST.** ***BANDEPE. Regulamento interno de pessoal não confere estabilidade aos empregados.***

O Regulamento Interno de Pessoal (RIP) do Banco do Estado de Pernambuco – BANDEPE, na parte que trata de seu regime disciplinar, não confere estabilidade aos seus empregados.

**Súmula nº 355 do TST.** ***CONAB. Estabilidade. Aviso DIREH nº 2 de 12.12.1984***

O aviso DIREH nº 2, de 12.12.1984, que concedia estabilidade aos empregados da CONAB, não tem eficácia, porque não aprovado pelo Ministério ao qual a empresa se subordina.

## INCIDÊNCIA DO FGTS

**Súmula nº 63 do TST. Fundo de Garantia**

A contribuição para o Fundo de Garantia do Tempo de Serviço incide sobre a remuneração mensal devida ao empregado, inclusive horas extras e adicionais eventuais.

**Súmula nº 305 do TST.** ***Fundo de garantia do tempo de serviço. Incidência sobre o aviso – prévio***

O pagamento relativo ao período de aviso-prévio, trabalhado ou não, está sujeito à contribuição para o FGTS.

**Súmula nº 125 do TST.** ***Contrato de trabalho. Art. 479 da CLT***

O art. 479 da CLT aplica-se ao trabalhador optante pelo FGTS admitido mediante contrato por prazo determinado, nos termos do art. 30, § 3º, do Decreto nº 59.820, de 20.12.1966.

## CONTRATO NULO

**Súmula nº 363 do TST.** ***Contrato nulo. Efeitos***

A contratação de servidor público, após a CF/1988, sem prévia aprovação em concurso público, encontra óbice no respectivo art. 37, II e § 2º, somente lhe conferindo direito ao pagamento da contraprestação pactuada, em relação ao número de horas trabalhadas, respeitado o valor da hora do salário mínimo, e dos valores referentes aos depósitos do FGTS.

## PRESCRIÇÃO

**Súmula nº 362 do TST.** ***FGTS. Prescrição***

I – Para os casos em que a ciência da lesão ocorreu a partir de 13.11.2014, é quinquenal a prescrição do direito de reclamar contra o não-recolhimento de contribuição para o FGTS, observado o prazo de dois anos após o término do contrato;

II – Para os casos em que o prazo prescricional já estava em curso em 13.11.2014, aplica-se o prazo prescricional que se consumar primeiro: trinta anos, contados do termo inicial, ou cinco anos, a partir de 13.11.2014 (STF-ARE-709212/DF).

**Súmula nº 206 do TST.** ***Incidência sobre parcelas prescritas***

A prescrição da pretensão relativa às parcelas remuneratórias alcança o respectivo recolhimento da contribuição para o FGTS.

## AVISO-PRÉVIO

**Súmula nº. 441 do TST.** ***Aviso-prévio. Proporcionalidade***

O direito ao aviso-prévio proporcional ao tempo de serviço somente é assegurado nas rescisões de contrato de trabalho ocorridas a partir da publicação da Lei nº 12.506, em 13 de outubro de 2011.

**Súmula nº 380 do TST.** ***Aviso prévio. Início da contagem. Art. 132 do Código Civil de 2002***

Aplica-se a regra prevista no *caput* do art. 132 do Código Civil de 2002 à contagem do prazo do aviso-prévio, excluindo-se o dia do começo e incluindo o do seu vencimento.

**Súmula nº 276 do TST.** ***Aviso prévio. Renúncia pelo empregado***

O direito ao aviso-prévio é irrenunciável pelo empregado. O pedido de dispensa de cumprimento não exime o empregador de pagar o respectivo valor, salvo comprovação de haver o prestador dos serviços obtido novo emprego.

**Súmula nº 348 do TST.** ***Aviso prévio. Concessão na fluência da garantia de emprego. Invalidade***

É inválida a concessão do aviso prévio na fluência da garantia provisória de emprego, ante a incompatibilidade dos dois institutos.

**Súmula nº 230 do TST.** ***Aviso prévio. Substituição pelo pagamento das horas reduzidas da jornada de trabalho***

É ilegal substituir o período que se reduz da jornada de trabalho, no aviso-prévio, pelo pagamento das horas correspondentes.

**Súmula nº 163 do TST.** ***Aviso prévio. Contrato de experiência***

Cabe aviso prévio nas rescisões antecipadas dos contratos de experiência, na forma do art. 481 da CLT (ex-Prejulgado nº 42).

**Súmula nº 44 do TST.** ***Aviso-prévio***

A cessação da atividade da empresa, com o pagamento da indenização, simples ou em dobro, não exclui, por si só, o direito do empregado ao aviso-prévio.

**Súmula nº 305 do TST.** ***Fundo de Garantia do Tempo de Serviço. Incidência sobre o aviso prévio.***

O pagamento relativo ao período de aviso-prévio, trabalhado ou não, está sujeito a contribuição para o FGTS.

**Súmula nº 371 do TST.** ***Aviso-prévio indenizado. Efeitos. Superveniência de auxílio-doença no curso deste***

A projeção do contrato de trabalho para o futuro, pela concessão do aviso-prévio indenizado, tem efeitos limitados às vantagens econômicas obtidas no período de pré-aviso, ou seja, salários, reflexos e verbas rescisórias. No caso de concessão de auxílio-doença no curso do aviso-prévio, todavia, só se concretizam os efeitos da dispensa depois de expirado o benefício previdenciário.

**Súmula nº 14 do TST.** ***Culpa recíproca***

Reconhecida a culpa recíproca na rescisão do contrato de trabalho (art. 484 da CLT), o empregado tem direito a 50% (cinquenta por cento) do valor do aviso-prévio, do décimo terceiro salário e das férias proporcionais.

**➘ Súmula nº 73 do TST. *Despedida. Justa causa***

A ocorrência de justa causa, salvo a de abandono de emprego, no decurso do prazo de aviso-prévio dado pelo empregador, retira do empregado qualquer direito às verbas rescisórias de natureza indenizatória.

**➘ Súmula nº 10 do TST. *Professor. Dispensa sem justa causa. Término do ano letivo ou no curso de férias escolares. Aviso-prévio***

O direito aos salários assegurados (artigo 322, caput e parágrafo 3º da CLT) não exclui o direito também ao aviso-prévio, na hipótese de dispensa sem justa causa ao término do ano letivo ou no curso das férias escolares.

**➘ Súmula nº 182 do TST. *Aviso-prévio. Indenização compensatória. Lei nº 6.708, de 30.10.1979***

O tempo do aviso prévio, mesmo indenizado, conta-se para efeito da indenização adicional prevista no art. 9º da Lei nº 6.708/1979.

**➘ Súmula nº 242 do TST. *Indenização adicional. Valor***

A indenização adicional, prevista no art. 9º da Lei nº 6.708, de 30.10.1979 e no art. 9º da Lei nº 7.238 de 28.10.1984, corresponde ao salário mensal, no valor devido na data da comunicação do despedimento, integrado pelos adicionais legais ou convencionados, ligados à unidade de tempo mês, não sendo computável a gratificação natalina.

**➘ Súmula nº 314 do TST. *Indenização adicional. Verbas rescisórias. Salário corrigido***

Se ocorrer a rescisão contratual no período de 30 dias que antecede à data-base, o pagamento das verbas rescisórias com o salário já corrigido não afasta o direito à indenização adicional.

## FÉRIAS PROPORCIONAIS

**➘ Súmula nº 171 do TST. *Férias proporcionais. Contrato de trabalho. Extinção***

Salvo na hipótese de dispensa do empregado por justa causa, a extinção do contrato de trabalho sujeita o empregador ao pagamento da remuneração das férias proporcionais, ainda que incompleto o período aquisitivo de 12 (doze) meses.

**➘ Súmula nº 261 do TST. *Férias proporcionais. Pedido de demissão. Contrato vigente há menos de um ano***

O empregado que se demite antes de completar 12 (doze) meses de serviço tem direito a férias proporcionais.

## DISPENSA DISCRIMINATÓRIA

**➘ Súmula nº 443 do TST[133]. *Dispensa discriminatória. Presunção. Empregado portador de doença grave. Estigma ou preconceito. Direito à reintegração.***

Presume-se discriminatória a despedida de empregado portador do vírus HIV ou de outra doença grave que suscite estigma ou preconceito. Inválido o ato o empregado tem direito à reintegração no emprego.

## FALTA GRAVE

**➘ Súmula nº 32 do TST. *Abandono de emprego***

Presume-se o abandono de emprego se o trabalhador não retornar ao serviço no prazo de 30 dias após a cessação do benefício previdenciário nem justificar o motivo de não o fazer.

**➘ Súmula nº 13 do TST. *Mora***

O só pagamento dos salários atrasados em audiência não elide a mora capaz de determinar a rescisão do contrato de trabalho.

133. Esta súmula pode ser afetada pelo art. 8º, §2º da CLT, inserido pela Reforma Trabalhista – Lei nº 13.467/2017.

## CULPA RECÍPROCA

**➘ Súmula nº 14 do TST. *Culpa recíproca***

Reconhecida a culpa recíproca na rescisão do contrato de trabalho (art. 484 da CLT), o empregado tem direito a 50% (cinquenta por cento) do valor do aviso prévio, do décimo terceiro salário e das férias proporcionais.

## READMISSÃO

**➘ Súmula nº 138 do TST. *Readmissão***

Em caso de readmissão, conta-se a favor do empregado o período de serviço anterior, encerrado com a saída espontânea.

## MULTA PREVISTA NO ART. 477 DA CLT

**➘ Súmula nº 462 do TST. *Multa do art. 477, § 8º, da CLT. Incidência. Reconhecimento judicial da relação de emprego.***

A circunstância de a relação de emprego ter sido reconhecida apenas em juízo não tem o condão de afastar a incidência da multa prevista no art. 477, §8º, da CLT. A referida multa não será devida apenas quando, comprovadamente, o empregado der causa à mora no pagamento das verbas rescisórias.

## TÉRMINO DAS ATIVIDADES EMPRESARIAIS. PAGAMENTO DO SALÁRIO

**➘ Súmula nº 173 do TST. *Salário. Empresa. Cessação das atividades***

Extinto, automaticamente, o vínculo empregatício com a cessação das atividades da empresa, os salários só são devidos até a data da extinção.

## CONTRATO NULO

**➘ Súmula nº 363 do TST. *Contrato nulo. Efeitos***

A contratação de servidor público, após a CF/1988, sem prévia aprovação em concurso público, encontra óbice no respectivo art. 37, II e § 2º, somente lhe conferindo direito ao pagamento da contraprestação pactuada, em relação ao número de horas trabalhadas, respeitado o valor da hora do salário mínimo, e dos valores referentes aos depósitos do FGTS.

## QUITAÇÃO E COMPENSAÇÃO

**➘ Súmula nº 330 do TST[134]. *Quitação. Validade***

A quitação passada pelo empregado, com assistência da entidade sindical de sua categoria, ao empregador, com observância dos requisitos exigidos nos parágrafos do art. 477, da CLT, tem eficácia liberatória em relação às parcelas expressamente consignadas no recibo, salvo se oposta ressalva expressamente e especificada ao valor dado à parcela ou parcelas impugnadas.

I – A quitação não abrange parcelas não consignadas no recibo de quitação e, consequentemente, seus reflexos em outras parcelas, ainda que essas constem desse recibo.

II – Quanto a direitos que deveriam ter sido satisfeitos durante a vigência do contrato de trabalho, a quitação é válida em relação ao período expressamente consignado no recibo de quitação.

**➘ Súmula nº 18 do TST. *Compensação***

A compensação, na Justiça do Trabalho, está restrita a dívidas de natureza trabalhista.

## PRESCRIÇÃO

**➘ Súmula nº 153 do TST[135]. *Prescrição***

Não se conhece de prescrição não arguida na instância ordinária

**➘ Súmula nº 156 do TST. *Prescrição. Prazo***

Da extinção do último contrato começa a fluir o prazo prescricional do direito de ação em que se objetiva a soma de períodos descontínuos de trabalho.

134. Esta súmula pode ser impactada pelos art. 477 e 507-B da CLT acrescentado pela Reforma Trabalhista – Lei nº 13.467/2017.

135. Esta súmula pode ser impactada pelo art. 11-A, § 2º da CLT acrescentado pela Reforma Trabalhista – Lei nº 13.467/2017.

**Súmula nº 308 do TST.** ***Prescrição quinquenal***

I – Respeitado o biênio subsequente à cessação contratual, a prescrição da ação trabalhista concerne às pretensões imediatamente anteriores a cinco anos, contados da data do ajuizamento da reclamação e, não, às anteriores ao quinquênio da data da extinção do contrato.

II – A norma constitucional que ampliou o prazo de prescrição da ação trabalhista para 5 (cinco) anos é de aplicação imediata e não atinge pretensões já alcançadas pela prescrição bienal quando da promulgação da CF/1988.

## PRESCRIÇÃO TOTAL

**Súmula nº 294 do TST[136].** ***Prescrição. Alteração contratual. Trabalhador urbano***

Tratando-se de ação que envolva pedido de prestações sucessivas decorrente de alteração do pactuado, a prescrição é total, exceto quando o direito à parcela esteja também assegurado por preceito de lei.

**Súmula nº 199 do TST.** ***Bancário. Pré-contratação de horas extras***

I – A contratação do serviço suplementar, quando da admissão do trabalhador bancário, é nula. Os valores assim ajustados apenas remuneram a jornada normal, sendo devidas as horas extras com o adicional de, no mínimo, 50% (cinquenta por cento), as quais não configuram pré-contratação, se pactuadas após a admissão do bancário.

II – Em se tratando de horas extras pré-contratadas, opera-se a prescrição total se a ação não for ajuizada no prazo de cinco anos, a partir da data em que foram suprimidas.

**Súmula nº 275 do TST.** ***Prescrição. Desvio de função e reenquadramento***

I – Na ação que objetive corrigir desvio funcional, a prescrição só alcança as diferenças salariais vencidas no período de 5 (cinco) anos que precedeu o ajuizamento.

II – Em se tratando de pedido de reenquadramento, a prescrição é total, contada da data do enquadramento do empregado.

**Súmula nº 326 do TST.** ***Complementação de aposentadoria. Prescrição total***

A pretensão à complementação de aposentadoria jamais recebida prescreve em 2 (dois) anos contados da cessação do contrato de trabalho.

## PRESCRIÇÃO PARCIAL

**Súmula nº 294 do TST[137].** ***Prescrição. Alteração contratual. Trabalhador urbano***

Tratando-se de ação que envolva pedido de prestações sucessivas decorrente de alteração do pactuado, a prescrição é total, exceto quando o direito à parcela esteja também assegurado por preceito de lei.

**Súmula nº 6, IX, do TST.**

Na ação de equiparação salarial, a prescrição é parcial e só alcança as diferenças salariais vencidas no período de 5 (cinco) anos que precedeu o ajuizamento.

**Súmula nº 452 do TST.** ***Diferenças salariais. Plano de cargos e salários. Descumprimento. Critérios de promoção não observados. Prescrição parcial.***

Tratando-se de pedido de pagamento de diferenças salariais decorrentes da inobservância dos critérios de promoção estabelecidos em Plano de Cargos e Salários criado pela empresa, a prescrição aplicável é a parcial, pois a lesão é sucessiva e se renova mês a mês.

**Súmula nº 327 do TST.** ***Complementação de aposentadoria. Diferenças. Prescrição parcial***

A pretensão a diferenças de complementação de aposentadoria sujeita-se à prescrição parcial e quinquenal, salvo se o pretenso direito decorrer de verbas não recebidas no curso da relação de emprego e já alcançadas pela prescrição, à época da propositura da ação.

**Súmula nº 373 do TST.** ***Gratificação semestral. Congelamento. Prescrição parcial***

Tratando-se de pedido de diferença de gratificação semestral que teve seu valor congelado, a prescrição aplicável é a parcial.

## AÇÃO RESCISÓRIA. PRESCRIÇÃO TOTAL E PARCIAL

**Súmula nº 409 do TST.** ***Ação rescisória. Prazo prescricional. Total ou parcial. Violação do art. 7º, XXIX, da CF/1988. Matéria infraconstitucional***

Não procede ação rescisória calcada em violação do art. 7º, XXIX, da CF/1988 quando a questão envolve discussão sobre a espécie de prazo prescricional aplicável aos créditos trabalhistas, se total ou parcial, porque a matéria tem índole infraconstitucional, construída, na Justiça do Trabalho, no plano jurisprudencial.

## INTERRUPÇÃO DA PRESCRIÇÃO

**Súmula nº 268 do TST[138].** ***Prescrição. Interrupção. Ação trabalhista Arquivada***

A ação trabalhista, ainda que arquivada, interrompe a prescrição somente em relação aos pedidos idênticos.

## PRESCRIÇÃO INTERCORRENTE

**Súmula nº 114 do TST[139].** ***Prescrição intercorrente***

É inaplicável na Justiça do Trabalho a prescrição intercorrente.

## FGTS

**Súmula nº 362 do TST.** ***FGTS. Prescrição***

I – Para os casos em que a ciência da lesão ocorreu a partir de 13.11.2014, é quinquenal a prescrição do direito de reclamar contra o não-recolhimento de contribuição para o FGTS, observado o prazo de dois anos após o término do contrato;

II – Para os casos em que o prazo prescricional já estava em curso em 13.11.2014, aplica-se o prazo prescricional que se consumar primeiro: trinta anos, contados do termo inicial, ou cinco anos, a partir de 13.11.2014 (STF-ARE-709212/DF).

**Súmula nº 206 do TST.** ***Incidência sobre parcelas prescritas***

A prescrição da pretensão relativa às parcelas remuneratórias alcança o respectivo recolhimento da contribuição para o FGTS.

## AÇÃO DE CUMPRIMENTO

**Súmula nº 350 do TST.** ***Prescrição. Termo inicial. Ação de cumprimento. Sentença normativa***

O prazo de prescrição com relação à ação de cumprimento de decisão normativa flui apenas da data de seu trânsito em julgado.

## MUDANÇA DO REGIME CELETISTA PARA ESTATUTÁRIO

**Súmula nº 382 do TST.** ***Mudança de regime celetista para estatutário. Extinção do contrato. Prescrição bienal***

A transferência do regime jurídico de celetista para estatutário implica extinção do contrato de trabalho, fluindo o prazo da prescrição bienal a partir da mudança de regime.

136. Esta súmula pode ser impactada pelo art. 11, § 2º da CLT acrescentado pela Reforma Trabalhista – Lei nº 13.467/2017.

137. Esta súmula pode ser impactada pelo art. 11, § 2º da CLT acrescentado pela Reforma Trabalhista – Lei nº 13.467/2017.

138. Esta súmula pode ser impactada pelo art. 11, § 3º da CLT acrescentado pela Reforma Trabalhista – Lei nº 13.467/2017.

139. Esta súmula pode ser impactada pelo art. 11-A da CLT acrescentado pela Reforma Trabalhista – Lei nº 13.467/2017.

**➘ Súmula nº 243 do TST.** ***Opção pelo regime trabalhista. Supressão das vantagens estatutárias***

Exceto na hipótese de previsão contratual ou legal expressa, a opção do funcionário público pelo regime trabalhista implica a renúncia dos direitos inerentes ao regime estatutário.

## DECADÊNCIA

**➘ Súmula nº 62 do TST.** ***Abandono de emprego***

O prazo de decadência do direito do empregador de ajuizar inquérito em face do empregado que incorre em abandono de emprego é contado a partir do momento em que o empregado pretendeu seu retorno ao serviço.

## PODER NORMATIVO DO TST

**➘ Súmula nº 190 do TST.** ***Poder normativo do TST. Condições de trabalho. Inconstitucionalidade. Decisões contrárias ao STF***

Ao julgar ou homologar ação coletiva ou acordo nela havido, o Tribunal Superior do Trabalho exerce o poder normativo constitucional, não podendo criar ou homologar condições de trabalho que o Supremo Tribunal Federal julgue iterativamente inconstitucionais.

## VIGÊNCIA DA CONVENÇÃO E DO ACORDO COLETIVO DE TRABALHO. ULTRATIVIDADE

**➘ Súmula nº 277 do TST[140].** ***Convenção coletiva de trabalho ou acordo coletivo de trabalho. Eficácia. Ultratividade.***

As cláusulas normativas dos acordos coletivos ou convenções coletivas integram os contratos individuais de trabalho e somente poderão ser modificadas ou suprimidas mediante negociação coletiva de trabalho.

## CATEGORIA DIFERENCIADA

**➘ Súmula nº 374 do TST.** ***Norma coletiva. Categoria diferenciada. Abrangência***

Empregado integrante de categoria profissional diferenciada não tem o direito de haver de seu empregador vantagens previstas em instrumento coletivo no qual a empresa não foi representada por órgão de classe de sua categoria.

## MULTA PREVISTA EM INSTRUMENTO NORMATIVO

**➘ Súmula nº 384 do TST.** ***Multa convencional. Cobrança***

I – O descumprimento de qualquer cláusula constante de instrumentos normativos diversos não submete o empregado a ajuizar várias ações, pleiteando em cada uma o pagamento da multa referente ao descumprimento de obrigações previstas nas cláusulas respectivas.

II – É aplicável multa prevista em instrumento normativo (sentença normativa, convenção ou acordo coletivo) em caso de descumprimento de obrigação prevista em lei, mesmo que a norma coletiva seja mera repetição de texto legal.

## CONTRIBUIÇÃO SINDICAL, CONFEDERATIVA E ASSISTENCIAL

**➘ Súmula nº 432 do TST[141].** ***Contribuição sindical rural. Ação de cobrança. Penalidade por atraso no recolhimento. Inaplicabilidade do art. 600 da CLT. Incidência do art. 2º da Lei nº 8.022/1990.***

O recolhimento a destempo da contribuição sindical rural não acarreta a aplicação da multa progressiva prevista no art. 600 da CLT, em decorrência da sua revogação tácita pela Lei nº 8.022, de 12 de abril de 1990.

## ✦ STF

## BASE DE CÁLCULO

**➘ *Súmula Vinculante nº 4 do STF.***

Salvo nos casos previstos na Constituição, o salário-mínimo não pode ser usado como indexador de base de cálculo de vantagem de servidor público ou de empregado, nem ser substituído por decisão judicial.

**➘ *Súmula Vinculante nº 40 do STF***

A contribuição confederativa de que trata o art. 8º, IV, da Constituição, só é exigível dos filiados ao sindicato respectivo.

Assim, a SBDI-I, por unanimidade, conheceu do recurso de embargos, por divergência jurisprudencial, e, no mérito, por maioria, negou-lhe provimento, mantendo a decisão da Turma que ratificara a condenação ao ressarcimento das despesas efetuadas pelo reclamante com a lavagem de uniformes. Vencidos os Ministros Guilherme Caputo Bastos, relator, Ives Gandra Martins Filho, Márcio Eurico Vitral Amaro e Cláudio Mascarenhas Brandão, que davam provimento aos embargos para julgar improcedente o pedido de ressarcimento das despesas com a lavagem do fardamento, ao fundamento de que a higienização ordinária de uniformes não causa prejuízo indenizável, nem transfere os riscos do empreendimento ao empregado. *TST-E--RR-12-47.2012.5.04.0522, SBDI-I, rel. Min. Guilherme Augusto Caputo Bastos, red. p/ acórdão Min. João Oreste Dalazen, 12.3.2015 (Informativo nº 101)*

140. No julgamento da ADPF nº 323/DF, o STF, por maioria, decidiu pela inconstitucionalidade da Súmula nº 277 do TST.

141. Esta súmula pode ser impactada pela redação dada aos art. 545 578, 579, 582, 583, 587 e 602 da CLT pela Reforma Trabalhista – Lei nº 13.467/2017.

# Direito Processual do Trabalho

*Élisson Miessa*

## TABELA DE INCIDÊNCIA DE QUESTÕES

| Distribuição das questões organizada por ordem didática de assuntos | | |
|---|---|---|
| **Assunto** | **Número de Questões** | **Peso** |
| 1. COMPETÊNCIA | 4 | 3,39% |
| 2. PARTES E PROCURADORES NO PROCESSO DO TRABALHO | 5 | 4,24% |
| 3. ATOS PROCESSUAIS | 7 | 5,93% |
| 4. NULIDADE | 1 | 0,85% |
| 5. PETIÇÃO INICIAL | 4 | 3,39% |
| 6. AUDIÊNCIA | 15 | 12,71% |
| 7. RESPOSTA DO RÉU | 4 | 3,39% |
| 8. PROVAS | 6 | 5,08% |
| 9. COISA JULGADA | 3 | 2,54% |
| 10. TUTELA ANTECIPADA | 2 | 1,69% |
| 11. RITO SUMARÍSSIMO E RITO SUMÁRIO | 7 | 5,93% |
| 12. RECURSOS | 22 | 18,64% |
| 13. LIQUIDAÇÃO DE SENTENÇA | 3 | 2,54% |
| 14. EXECUÇÃO TRABALHISTA | 19 | 16,10% |
| 15. DISSÍDIO COLETIVO | 4 | 3,39% |
| 16. AÇÃO RESCISÓRIA | 4 | 3,39% |
| 17. MANDADO DE SEGURANÇA | 4 | 3,39% |
| 18. AÇÃO CIVIL PÚBLICA | 1 | 0,85% |
| 19. INQUÉRITO PARA APURAÇÃO DE FALTA GRAVE | 1 | 0,85% |
| 20. AÇÃO MONITÓRIA | 1 | 0,85% |
| 21. MULTA ADMINISTRATIVA | 1 | 0,85% |
| **Total** | **118** | **100%** |

# Direito Processual do Trabalho

***Élisson Miessa***

✦ QUESTÕES

## 1. COMPETÊNCIA

### 1.1. COMPETÊNCIA EM RAZÃO DA MATÉRIA

**01. (FGV- XXXV Exame de Ordem-2022)** Seu escritório atua exclusivamente na área trabalhista e participará de uma licitação a ser realizada por uma grande empresa pública para escolha de escritórios de advocacia das mais diversas áreas de atuação. Assim sendo, a fim de elaborar a proposta a ser enviada para licitação, você foi incumbido de indicar quais processos seriam da competência da Justiça do Trabalho.

Diante disso, considerando o entendimento jurisprudencial consolidado do TST, bem como a Constituição da República Federativa do Brasil, são da competência da Justiça do Trabalho

a) as ações relativas às penalidades administrativas impostas aos empregadores pelos órgãos de fiscalização das relações de trabalho.

b) as causas que envolvam servidores públicos estatutários e os entes de direito público interno.

c) os conflitos de competência instaurados entre juízes do trabalho e juízes de direito da justiça comum estadual.

d) as ações que visem a determinar o recolhimento de todas as contribuições previdenciárias oriundas da relação de emprego.

**COMENTÁRIOS**

✪ **Nota do autor:** A questão aborda a competência em razão da matéria na Justiça do Trabalho, exigindo o conhecimento do art. 114, CF, bem como entendimentos jurisprudenciais do TST e STF.

**Alternativa "a":** Compete à Justiça do Trabalho julgar as ações relativas às penalidades administrativas impostas aos empregadores pelos órgãos de fiscalização das relações de trabalho (art. 114, inciso VII, CF).

**Alternativa "b":** O Supremo Tribunal Federal na ADI 3395 entendeu que o art. 114, I, da CF deve ser interpretado no sentido de que a: (...) expressão "relação do trabalho" deve excluir os vínculos de natureza jurídico-estatutária, em razão do que a competência da Justiça do Trabalho não alcança as ações judiciais entre o Poder Público e seus servidores. (...).[1] Assim, cabe à Justiça Comum o julgamento das causas derivadas da relação entre o Poder Público e seus servidores, com vínculo estatutário ou jurídico administrativo.

**Alternativa "c":** Compete ao Superior Tribunal de Justiça (STJ) processar e julgar originariamente os conflitos de competência entre juízes vinculados a tribunais diversos (art. 105, I, "d", CF").

**Alternativa "d":** De acordo com o posicionamento do Supremo Tribunal Federal, a Justiça do Trabalho somente é competente para executar as contribuições sociais decorrentes de sentença condenatória em pecúnia que proferir ou objeto de acordo judicial homologado, ou seja, não tem competência na hipótese de sentença meramente declaratória, dando origem à Súmula vinculante nº 53:

A competência da Justiça do Trabalho prevista no art. 114, VIII, da Constituição Federal alcança a execução de ofício das contribuições previdenciárias relativas ao objeto da condenação constante das sentenças que proferir e acordos por ela homologados.

Nesse sentido, também declina a Súmula 368, item I, do TST:

> *Súmula n° 368 do TST.*
>
> *Descontos previdenciários. Imposto de renda. Competência. Responsabilidade pelo recolhimento. Forma de cálculo. Fato gerador.*
>
> *I – A Justiça do Trabalho é competente para determinar o recolhimento das contribuições fiscais. A competência da Justiça do Trabalho, quanto à execução das contribuições previdenciárias, limita-se às sentenças condenatórias em pecúnia que proferir e aos valores, objeto de acordo homologado, que integrem o salário de contribuição.*

No mesmo sentido, dispõe o art. 876, parágrafo único, da CLT, alterado pela Lei nº 13.467/17 (Reforma trabalhista):

> *Parágrafo único. A Justiça do Trabalho executará, de ofício, as contribuições sociais previstas na alínea a do inciso I e no inciso II do caput do art. 195 da Constituição Federal, e seus acréscimos legais, relativas ao objeto da condenação constante das sentenças que proferir e dos acordos que homologar.*

Observa-se, portanto, que apenas as contribuições decorrentes de **sentença condenatória** serão de competência da justiça trabalhista, **não cabendo julgar sobre todas as contribuições previdenciárias oriundas da relação de emprego.**

**Alternativa correta: letra "A"**

**02. (FGV-Exame de Ordem 2019.2)** Considere as situações a seguir.

I. Victor é um artista mirim e precisa de autorização judicial para poder participar de uma peça cinematográfica como ator coadjuvante.

II. A empresa FFX Ltda. foi multada por um auditor fiscal do trabalho e deseja anular judicialmente o auto de infração, alegando vícios e nulidades.

III. O empregado Regis teve concedido pelo INSS auxílio-doença comum, mas entende que deveria receber auxílio-doença

1. ADI 3395, Relator(a): Alexandre de Moraes, Tribunal Pleno, julgado em 15/04/2020, Processo Eletrônico DJe-165, divulg 30-06-2020, public 01-07-2020.

acidentário, daí porque pretende a conversão judicial do benefício.

IV. Jonilson, advogado, foi contratado por um cliente para o ajuizamento de uma ação de despejo, mas esse cliente não pagou os honorários contratuais que haviam sido acertados.

Diante da norma de regência acerca da competência, assinale a opção que indica quem deverá ajuizar ação na Justiça do Trabalho para ver seu pleito atendido.

a) Victor e Jonilson

b) Regis e a empresa FFX Ltda.

c) Victor e Regis

d) Apenas a empresa FFX Ltda.

COMENTÁRIOS

✪ **Nota do autor:** A questão aborda diversos aspectos de competência material da Justiça do Trabalho.

**Alternativa "a" (responde as demais alternativas):** Na questão são apresentadas quatro situações para a delimitação da competência material: Justiça Comum ou Justiça do Trabalho, razão pela qual cada um dos casos será analisado:

I. Há controvérsia acerca da competência para a autorização de trabalho artístico infantil. Diante dessa controvérsia, foi ajuizada a arguição de descumprimento de preceito fundamental (ADPF 361), bem como a ADI 5326, sendo deferida nesta última liminar reconhecendo a **competência da Justiça Comum** (Juiz da Infância e da Juventude) para autorizar o trabalho artístico, por entender o Min. Marco Aurélio que "no plano da autorização, a atividade é de jurisdição voluntária, de natureza eminentemente civil, envolvida tutela tão somente do adequado desenvolvimento social e cultural do menor", e não de índole contratual trabalhista[2]. A decisão liminar do ministro foi referendada pelo plenário do STF[3]. De acordo com a maioria dos ministros do E. STF, o ECA determina que a competência é do Juiz da Infância e da Juventude, sendo esta a autoridade judiciária responsável pelos processos de tutela integral dos menores. Para os ministros, não se trata apenas da análise dos elementos das relações trabalhistas, mas sim do interesse da criança, ainda que os possíveis litígios decorrentes dessa relação sejam julgados pela Justiça do Trabalho em momento posterior à autorização.

Desse modo, definiu-se que é da **Justiça Comum**, em especial o Juiz da Infância e da Juventude, a competência para a autorização do trabalho artístico infantil.

II. Quando os Órgãos de Fiscalização do Trabalho aplicarem multa à determinada empresa, caso esta tenha interesse de anular o auto de infração, deverá ajuizar ação na **Justiça do Trabalho**, nos termos do art. 114, VII, da CF.

III. "Compete à Justiça Comum Estadual julgar as ações acidentárias que, propostas pelo segurado contra o Instituto Nacional do Seguro Social (INSS), visem à prestação de benefícios relativos a acidentes de trabalho" (Tema 414 de Repercussão Geral do STF).

IV. Em relação aos honorários contratuais, a competência será da **Justiça Estadual**, tendo em vista que a demanda possui natureza civil, se referindo a contrato de prestação de serviços celebrado entre profissional liberal e seu cliente (Súmula 363 do STJ).[4]

Dessa forma, apenas o segundo caso (empresa FFX) será julgado pela Justiça do Trabalho.

**Alternativa correta: letra "d"**

## 1.2. COMPETÊNCIA TERRITORIAL

**03. (FGV – OAB 2012.1 – prova reaplicada em Duque de Caxias/RJ)** Se um empregado é contratado em determinado lugar para prestar serviço em outra localidade, a eventual reclamação trabalhista

a) deve ser ajuizada apenas no lugar da prestação dos serviços.

b) poderá ser ajuizada no local da contratação ou da prestação dos serviços.

c) deve ser ajuizada no lugar da contratação, somente.

d) poderá ser ajuizada no local da prestação do serviço ou do domicílio do autor.

COMENTÁRIOS

✪ **Nota do autor:** trata-se de questão que impõe o conhecimento do art. 651 da CLT, que versa sobre a competência territorial.

**Alternativa "a"**: a competência territorial na Justiça do Trabalho é do local da prestação dos serviços, não se aplicando, porém, na exceção prevista nesta questão.

**Alternativa "b"**: A competência territorial na Justiça do Trabalho é, como regra, o local da prestação dos serviços (CLT, art. 651, *caput*). No entanto, tratando-se de empregado contratado em determinado lugar para prestar serviço em outra localidade, o empregado poderá optar em ajuizar a reclamação trabalhista no foro da celebração do contrato ou no da prestação dos respectivos serviços (CLT, art. 651, § 3º).

**Alternativa "c"**: como estabelecido acima, na hipótese de contratação em um local para trabalhar em outra localidade, ou seja, quando o empregador promove a realização das atividades fora do lugar do contrato de trabalho (ex. Empresa circense), o empregado passa a ter a faculdade de escolher em ajuizar a reclamação no: a) local da contratação; b) local da prestação dos respectivos serviços.

**Alternativa "d"**: na hipótese da questão não é concedido ao trabalhador a possibilidade de escolher seu domicilio como o juízo competente. Isso poderá ocorrer apenas quando for empregado agente e viajante comercial e, ainda assim, quando faltar agência ou filial ou se o empregado não estiver subordinado a qualquer uma delas (CLT, art. 651, § 1º). Nesse caso, ele poderá optar entre ajuizar a ação no seu domicílio ou a localidade mais próxima.

**Alternativa correta: letra "b".**

## 1.3. CONFLITO DE COMPETÊNCIA

**04. (FGV – OAB 2012.3)** Se for instalado conflito de competência positivo entre dois juízes do Trabalho do Estado de Pernambuco, qual será o órgão competente para julgá-lo?

a) O TST.

2 ADI 5326 MC / DF – DISTRITO FEDERAL MEDIDA CAUTELAR NA AÇÃO DIRETA DE INCONSTITUCIONALIDADE Relator(a): Min. MARCO AURÉLIO. Julgamento: 14.8.2015. DJe-165 DIVULG 21.8.2015 PUBLIC 24.8.2015.

3 ADI 5326 MC. Min. Marco Aurélio. Julgamento: 27.9.2018. Data de publicação DJE 20/03/2020.

4 Nesse sentido: STJ, CC 52719 SP, Rel. Ministra DENISE ARRUDA, PRIMEIRA SEÇÃO, julgado em 11/10/2006, DJ 30/10/2006, p. 214; CC 93055 MG, Rel. Ministro TEORI ALBINO ZAVASCKI, PRIMEIRA SEÇÃO, julgado em 26/03/2008, DJe 07/04/2008"

b) O STJ.

c) O TRT de Pernambuco.

d) O STF.

**COMENTÁRIOS**

✪ **Nota do autor:** A questão busca analisar o conflito de competência, que pode ser: positivo ou negativo. O conflito será positivo quando dois ou mais juízes se declararem competentes. Por outro lado, será negativo, quando dois ou mais juízes se consideram incompetentes para o caso (CPC, art. 66). Tal conflito, no âmbito trabalhista, poderá ser suscitado pelos juízes e tribunais do trabalho, pelo Ministério Público do Trabalho e pela parte interessada ou seu representante (CLT, art. 805).

**Alternativa "a"**: o TST tem competência para julgar os conflitos de competência ocorridos entre: a) TRT x TRT; b) TRT x Vara do Trabalho vinculada a outro TRT; c) Vara do Trabalho x Vara do Trabalho vinculadas a TRTs diferentes.

**Alternativa "b"**: no processo do trabalho, o STJ tem competência para julgar conflito de competência entre TRT (ou Vara do Trabalho) x juiz de direito, TJ, juiz federal ou TRF (CF/88, art. 105, I, 'd').

**Alternativa "c":** Quando se verifica conflito de competência entre juízes do trabalho vinculados a um mesmo Tribunal Regional, compete a este o julgamento do respectivo conflito (CLT, art. 808, 'a').

**Alternativa "d"**: no campo trabalhista, o STF tem competência para julgar conflito de competência, quando o conflito ocorrer entre o TST x TJ, TRF, Juiz de Direito ou Juiz Federal (CF/88, art. 102, I, 'o').

**Alternativa correta: letra "c".**

## 2. PARTES E PROCURADORES NO PROCESSO DO TRABALHO

**05. (FGV – Exame de Ordem/2018.3)** Em reclamação trabalhista ajuizada em fevereiro de 2018, os pedidos formulados por Paulo em face do seu ex-empregador foram julgados totalmente procedentes. Em relação à verba honorária, de acordo com a CLT, sabendo- se que o patrocínio de Paulo foi feito por advogado particular por ele contratado, assinale a afirmativa correta.

a) Não haverá condenação em honorários advocatícios, porque o autor não está assistido pelo sindicato de classe.

b) Haverá condenação em honorários de, no mínimo, 10% e de, no máximo, 20% em favor do advogado.

c) Haverá condenação em honorários de, no mínimo, 5% e de, no máximo, 15% em favor do advogado.

d) Somente se a assistência do advogado do autor for gratuita é que haverá condenação em honorários, de até 20%.

**COMENTÁRIOS**

✪ **Nota do autor:** Com o advento do art. 791-A da CLT, inserido pela Lei nº 13.467/17 (Reforma Trabalhista), promoveu-se verdade revolução acerca da condenação dos honorários advocatícios. Portanto, o candidato deve conhecer o art. 791-A CLT diante da elevada frequência em provas.

**Alternativa "a":** A alternativa descreve o entendimento antes da lei nº 13.467/17, quando o C. TST entendia que os honorários advocatícios não eram devidos pela mera sucumbência, exigindo para sua concessão a presença cumulativa de dois requisitos: estar assistido pelo sindicato da categoria e ser beneficiário da justiça gratuita (Súmula nº 219, I, do TST).

**Alternativa "b":** Segundo o art. 791-A da CLT, serão devidos honorários de sucumbência, fixados entre o mínimo de 5% (cinco por cento) e o máximo de 15% (quinze por cento) sobre o valor que resultar da liquidação da sentença, do proveito econômico obtido ou, não sendo possível mensurá-lo, sobre o valor atualizado da causa.

**Alternativa "c":** Conforme apresentado, os honorários serão fixados entre 5% (cinco por cento) e o máximo de 15% sobre o valor que resultar da liquidação da sentença, do proveito econômico obtido ou, não sendo possível mensurá-lo, sobre o valor atualizado da causa.

**Alternativa "d":** De acordo com o art. 791-A da CLT, passamos a ter as seguintes regras dos honorários advocatícios no processo do trabalho:

- são devidos:
  1) pela mera sucumbência;
  2) ainda que o advogado atue em causa própria;
  3) nas ações contra a Fazenda Pública;
  4) nas ações que a parte estiver assistida ou substituída pelo sindicato da sua categoria;
  5) na reconvenção;
- fixados entre o mínimo de 5% e o máximo de 15%;
- a fixação da porcentagem dos honorários leva em conta:
  1) o valor que resultar da liquidação da sentença;
  2) o valor que resultar do proveito econômico obtido ou;
  3) o valor atualizado da causa, quando não for possível mensurar o valor da liquidação ou do proveito econômico;
- na hipótese de procedência parcial, há sucumbência recíproca, vedada a compensação entre os honorários.

**Alternativa correta: letra "c".**

**06. (OAB/SP – Exame XXV – 2018.1)** Silvio contratou você como advogado para ajuizar ação trabalhista em face do empregador. Entretanto, na audiência, o juiz constatou que não havia procuração nos autos. Diante disso, você requereu fosse efetivado registro em ata de audiência no qual Silvio o constituía como procurador. Silvio anuiu com o requerimento. Com base na hipótese narrada, nos termos da CLT, assinale a afirmativa correta.

a) O mandato, no caso, é válido e os poderes são apenas para o foro em geral.

b) O mandato, no caso, é inválido, e seria necessário e obrigatório o requerimento de prazo para juntada de procuração.

c) O mandato, no caso, é válido e os poderes são para o foro em geral, bem como os especiais, dentre eles os poderes para transigir.

d) O mandato é válido apenas para a representação na audiência, devendo os demais atos serem regularizados e juntada a procuração para atos futuros.

**COMENTÁRIOS**

✪ **Nota do autor:** O advogado deve ter uma procuração para atuar em juízo. A procuração registra a concessão de poderes ao advogado (mandato). Nesse caso, temos o mandato expresso. Pode acontecer, no entanto, de o advogado comparecer em audiência com o cliente e não apresentar procuração. Surge aqui o denominado mandato tácito ou *apud acta*, questionado pelo examinador.

**Alternativa "a" – (responde as demais alternativas):** O §3º do art. 791 da CLT, introduzido pela Lei nº 12.437/11, admitiu a procuração *apud acta* no processo do trabalho, como se depreende do seu texto transcrito a seguir:

> *"§ 3º A constituição de procurador com poderes para o foro em geral poderá ser efetivada, mediante simples registro em ata de audiência, a requerimento verbal do advogado interessado, com anuência da parte representada".*

O advogado terá mandato válido para atuar nos autos, podendo praticar todos os atos processuais de foro em geral, tais como petições, recursos etc. No entanto, não poderá praticar os atos que dependam de poderes específicos, como é o caso de receber citação, confessar, reconhecer a procedência do pedido, transigir, desistir, renunciar ao direito sobre que se funda a ação, receber, dar quitação, firmar compromisso e assinar declaração de hipossuficiência econômica (CPC/2015, art. 105).

**Alternativa correta: letra "a".**

---

**07. (OAB/SP – Exame XXIII – 2017.2)** Rita é engenheira e trabalhou na empresa Irmãos Construtores Ltda. por 3 anos. Ao ser dispensada, ajuizou ação trabalhista em face da ex-empregadora. Como tinha experiência na área de recursos humanos de empregos anteriores, decidiu ela própria fazer sua defesa jurídica, não buscando, portanto, a assistência de advogado ou sindicato. Elaborou a petição inicial, compareceu à audiência e formulou perguntas para testemunhas e para a parte ré. Ao término da instrução o juiz prolatou sentença de improcedência do petitório de Rita, a qual, inconformada, interpôs recurso ordinário, que teve provimento negado, sendo mantida a sentença de primeiro grau. Ainda inconformada, adotando o mesmo sistema, entendendo ter havido violação literal de dispositivo constitucional tanto na sentença de primeiro grau como no acórdão, Rita, da mesma forma e desacompanhada de advogado, interpõe o competente recurso de revista para o TST. Com base na jurisprudência consolidada do TST acerca da postulação em causa própria, assinale a afirmativa correta.

a) O recurso deverá ser conhecido e provido.
b) O recurso deveria ser endereçado ao STF, em razão da alegada violação constitucional.
c) Não cabe mais recurso do julgado.
d) O recurso deverá ter o seguimento negado por irregularidade de representação.

**COMENTÁRIOS**

✪ **Nota do autor:** A questão aborda o *jus postulandi* no processo do trabalho, ou seja, a possibilidade de as próprias partes irem a juízo, sem serem representadas por advogados (art. 791, CLT).

**Alternativa "d" (responde as demais alternativas):** Em regra, os empregados e empregadores poderão reclamar pessoalmente perante a Justiça do Trabalho e acompanhar suas reclamações até o final (art. 791, CLT). Contudo, o TST não permite o *jus postulandi* em alguns casos, como se verifica pelo teor da a Súmula nº 425 do TST: "O *jus postulandi* das partes, estabelecido no art. 791 da CLT, limita-se às Varas do Trabalho e aos Tribunais Regionais do Trabalho, não alcançando a ação rescisória, a ação cautelar, o mandado de segurança e os recursos de competência do Tribunal Superior do Trabalho". Assim, por ser o recurso de revista de competência do TST, esse deve ter representação de advogado, motivo pelo qual será negado o seguimento do recurso.

**Alternativa correta: letra "d".**

---

**08. (OAB/SP – Exame XXIII – 2017.2)** Reinaldo, Wilma e Teodoro trabalharam no restaurante Fino Paladar Ltda. Todos procuraram o mesmo advogado para apresentar reclamação trabalhista: Reinaldo diz que não recebeu horas extras, Wilma informa que não recebeu as verbas resilitórias e Teodoro diz que não recebeu a participação nos lucros. Diante da situação retratada, e de acordo com a CLT, assinale a afirmativa correta.

a) Não é possível o ajuizamento de reclamação plúrima, porque os pedidos são distintos.
b) A CLT não traz os requisitos para o litisconsórcio ativo e, por isso, ficará a critério do juiz aceitar o ingresso conjunto.
c) Cabe manejo da reclamação plúrima, porque o empregador é o mesmo.
d) No caso apresentado, caberá o ajuizamento de dissídio coletivo.

**COMENTÁRIOS**

✪ **Nota do autor:** Em regra, temos a formação mínima do processo com a presença de um autor, um réu e um juiz. Pode acontecer, no entanto, de estarem nos polos da ação mais do que um autor ou um réu, tem-se o denominado litisconsórcio.

**Alternativa "a" (responde as demais alternativas):** Segundo o art. 842 da CLT, "sendo várias as reclamações e havendo identidade de matéria, poderão ser acumuladas num só processo, se se tratar de empregados da mesma empresa ou estabelecimento". No processo do trabalho, utiliza-se a expressão reclamação plúrima quando temos mais de um reclamante. Analisando a situação apresentada, não será possível o ajuizamento de reclamação plúrima, pois cada reclamante pleiteia pedido diverso ao do outro.

**Alternativa correta: letra "a".**

---

**09. (OAB/SP – Exame XXIII – 2017.2)** Cristóvão trabalhava na sociedade empresária Solventes Químicos S/A como motorista de empilhadeira. Ocorre que, em uma viagem de lazer feita nas férias, Cristóvão sofreu um acidente automobilístico e veio a óbito. Cristóvão deixou viúva, com quem era casado há 28 anos pelo regime da comunhão parcial de bens, e cinco filhos, sendo três deles maiores de 21 anos e capazes, e dois menores de 21 anos. Diante da tragédia ocorrida, a sociedade empresária calculou as verbas devidas em razão da extinção contratual decorrente da morte e pretende efetuar o pagamento a quem de direito. De acordo com a legislação de regência, assinale a opção que contempla os beneficiários dessa verba.

a) Somente a esposa e os filhos menores, por serem dependentes previdenciários passíveis de habilitação junto ao INSS, dividirão igualmente a verba decorrente do contrato de trabalho.
b) A viúva e todos os filhos são sucessores, motivo pelo qual a verba deverá ser rateada igualmente entre todos, conferindo-se isonomia.
c) A viúva, por ser herdeira e meeira, ficará com 50% da indenização pela ruptura do contrato de trabalho, dividindo-se o restante, igualmente, entre os filhos.
d) A Lei não é clara sobre quem deve receber a indenização, razão pela qual caberá ao juiz, no caso concreto e verificando a necessidade de cada herdeiro, fazer a divisão justa e equânime.

**COMENTÁRIOS**

✪ **Nota do autor:** A questão requer os legitimados para receber as verbas resilitórias do empregado falecido.

**Alternativa "a" (responde as demais alternativas):** Nos termos do art. 1º, *caput*, da Lei nº 6.858/80 "os valores devidos pelos empregadores aos empregados e os montantes das contas individuais do Fundo de Garantia do Tempo de Serviço e do

Fundo de Participação PIS-PASEP, **não recebidos em vida pelos respectivos titulares, serão pagos, em quotas iguais, aos dependentes habilitados perante a Previdência Social** ou na forma da legislação específica dos servidores civis e militares, e, na sua falta, aos sucessores previstos na lei civil, indicados em alvará judicial, independentemente de inventário ou arrolamento"(grifo nosso). Ademais, segundo o art. 16 da Lei nº 8.213/91: São beneficiários do Regime Geral de Previdência Social, na condição de dependentes do segurado: I – o cônjuge, a companheira, o companheiro e o filho não emancipado, de qualquer condição, menor de 21 (vinte e um) anos ou inválido ou que tenha deficiência intelectual ou mental ou deficiência grave.

**Alternativa correta: letra "a".**

## 3. ATOS PROCESSUAIS

**10. (FGV- XXXIV Exame de Ordem-2022)** Em 7 de fevereiro de 2022 (uma segunda-feira), Carlos ajuizou reclamação trabalhista pelo rito ordinário contra a Sociedade Empresária Calçados Ícaro Ltda., postulando vários direitos que afirma terem sido lesados ao longo dos 3 (três) anos nos quais trabalhou na empresa. A Vara para a qual o processo foi sorteado é extremamente organizada, tendo comprovadamente ocorrido a citação em 9 de fevereiro (quarta-feira) e designada a audiência una para o dia 11 de fevereiro (sexta-feira). Todos os dias da referida semana são úteis. Diante dos fatos e do que dispõe a CLT, assinale a afirmativa correta.

a) A audiência deve ser remarcada, se houver pedido do reclamado, porque não se observou prazo mínimo de 5 (cinco) dias úteis contados da citação.

b) A Justiça do Trabalho deve primar pela celeridade, daí porque a designação de audiência breve é válida, pois respeitado o prazo legal de 48 (quarenta e oito) horas.

c) Inválida a data marcada para a audiência porque a Lei determina um interregno mínimo de 8 (oito) dias úteis contados da citação.

d) Se a audiência fosse na modalidade presencial não seria válida pelo curto espaço para deslocamento, mas se fosse telepresencial seria válida.

**COMENTÁRIOS**

✪ **Nota do autor:** A questão aborda o prazo mínimo necessário entre a citação e realização da audiência.

**Alternativa "A" (responde as demais alternativas):** Recebida e protocolada a reclamação, o escrivão ou secretário, dentro de 48 (quarenta e oito) horas, remeterá a segunda via da petição, ou do termo, ao reclamado, notificando-o ao mesmo tempo, para comparecer à audiência do julgamento, que será a primeira desimpedida, depois de 5 (cinco) dias (art. 841, caput, CLT), assim, tendo em vista que entre a citação e a data de audiência se passaram apenas dois dias, a audiência deverá ser remarcada.

**Alternativa correta: letra "a"**

### 3.1. PRAZOS PROCESSUAIS

**11. (FGV – Exame de Ordem 2015.3)** Em ação trabalhista, a parte ré recebeu a notificação da sentença em um sábado. Assinale a opção que, de acordo com a CLT, indica o dia a partir do qual se iniciará a contagem do prazo recursal.

a) O início do prazo será na segunda-feira e a contagem do prazo deverá ser iniciada na terça-feira, se forem dias úteis.

b) O início do prazo será na segunda-feira e a contagem do prazo também deverá ser iniciada na própria segunda–feira, se dia útil.

c) O início do prazo será no sábado, mas a contagem do prazo será iniciada na terça-feira, se dia útil.

d) O início do prazo será no sábado, mas a contagem do prazo será iniciada na segunda-feira, se dia útil.

**COMENTÁRIOS**

✪ **Nota do autor:** a questão aborda a contagem dos prazos da Justiça do Trabalho, especialmente na hipótese de intimação no sábado.

**Alternativa "a" (reponde todas as demais alternativas):** Primeiramente, o candidato não pode confundir a data da ciência da notificação com a data do início da contagem dos prazos processuais. A data da ciência, como o próprio nome diz, é a data em que a parte toma conhecimento da notificação. É o chamado "dia do susto". Na contagem dos prazos processuais o "dia do susto" é excluído, incluindo-se o dia do vencimento. Desse modo, contagem do prazo terá início no dia seguinte ao do recebimento da notificação (art. 775, CLT). Atente-se que o "dia do susto" dever ser em dia que tenha expediente forense (art. 224, §3º, CPC/15) e em dias úteis (art. 770 da CLT), caso contrário, a notificação será considerada como realizada no próximo dia útil subsequente.

Assim, como a notificação foi realizada no sábado (dia não útil), será considerada realizada na segunda-feira e a contagem terá início no dia útil seguinte (terça-feira). No mesmo sentido, a Súmula nº 262, I, do TST a qual estabelece: "I – Intimada ou notificada a parte no sábado, o início do prazo se dará no primeiro dia útil imediato e a contagem, no subsequente".

**Alternativa correta: letra "a".**

### 3.2. DESPESAS PROCESSUAIS

**12. (FGV – Exame de Ordem – 2021.2)** A sociedade empresária Refeições Tempero de Casa Ltda. é ré em uma reclamação trabalhista movida por sua ex-empregada Rosângela, que lá atuou como cozinheira. Após devidamente contestada e instruída, foi prolatada sentença, em outubro de 2021, julgando os pedidos procedentes em parte. Ocorre que no mesmo dia da publicação da sentença, a sociedade empresária teve sua recuperação judicial deferida pela justiça estadual. Nada foi decidido a respeito de gratuidade de justiça para a sociedade empresária.

Diante da situação apresentada, da previsão contida na CLT e considerando que a sociedade pretende recorrer da sentença, assinale a afirmativa correta.

a) Com a recuperação judicial deferida, a sociedade empresária fica dispensada de efetuar qualquer preparo para recorrer.

b) A sociedade empresária terá de recolher as custas, mas não precisará efetuar o depósito recursal para recorrer.

c) Como a sociedade empresária não teve a falência decretada, mas sim a recuperação judicial deferida, efetuará normalmente o preparo.

d) A sociedade empresária, diante da recuperação judicial deferida, pagará metade das custas e do depósito recursal.

**COMENTÁRIOS**

✪ **Nota do Autor:** a questão aborda a temática das despesas processuais no direito processual do trabalho, especialmente as custas processuais e o depósito recursal. Para respondê-la, é necessário que o candidato saiba os isentos do referido pagamento.

**Alternativa "b" (responde as demais alternativas):** Estão isentos do pagamento das custas processuais: 1) o beneficiário da justiça gratuita (CLT, art. 790, § 3º), exceto na hipótese do art. 844, § 2º, da CLT[5]; 2) a União, os Estados, o Distrito Federal, os Municípios e respectivas autarquias e fundações públicas federais, estaduais ou municipais que não explorem atividade econômica (CLT, art. 790-A, I); 3) o Ministério Público do Trabalho (CLT, art. 790-A, II); 4) Empresas Brasileira de Correios e Telégrafos (Decreto-Lei nº 509/69)[6] e Hospital das Clínicas de Porto Alegre (Lei nº 5.604/70); 5) Estados estrangeiros, missões diplomáticas e repartições consulares (Convenções de Viena de 1961 e 1963). Observa-se que não se encontram dentre os isentos do pagamento das custas processuais as empresas em recuperação judicial. Desse modo, a sociedade empresária terá que recolher as custas processuais.

Por outro lado, o art. 899, § 10, da CLT, introduzido pela Lei nº 13.467/17, passa a prever que são isentos do depósito recursal: 1. os beneficiários da justiça gratuita; 2. as entidades filantrópicas e; **3. as empresas em recuperação judicial**. Além disso, também são isentos do recolhimento do depósito recursal: 4. os entes de direito público externo (TST-IN nº 3, X); 5. a União, os Estados, o Distrito Federal, os municípios, as autarquias e as fundações de direito público que não explorem atividade econômica (TST-IN nº 3, X); 6. o Ministério Público do Trabalho; 7. a massa falida (TST-IN nº 3, X; Súmula 86 do TST) e; 8. a herança jacente (TST-IN nº 3, X).

Assim, a sociedade empresária, por estar em recuperação judicial, será isenta do recolhimento do depósito recursal, mas terá que efetuar o pagamento das custas processuais, para que possa interpor recurso da sentença.

**Alternativa correta: letra "b".**

---

**13. (OAB/SP – Exame XXIII – 2017.2)** Rômulo ajuizou ação trabalhista em face de sua ex-empregadora, a empresa Análise Eletrônica Ltda. Dentre outros pedidos, pretendeu indenização por horas extras trabalhadas e não pagas, férias vencidas não gozadas, nem pagas, e adicional de periculosidade. Na audiência, foi requerida e deferida a perícia, a qual foi custeada por Rômulo, que se sagrou vitorioso no respectivo pedido. Contudo, os pedidos de horas extras e férias foram julgados improcedentes. Rômulo também indicou e custeou assistente técnico, que cobrou o mesmo valor de honorários que o perito do juízo. Observados os dados acima e o disposto na CLT, na qualidade de advogado(a) que irá orientar Rômulo acerca do custeio dos honorários periciais e do assistente técnico, assinale a afirmativa correta.

a) Tendo Rômulo sido vitorioso no objeto da perícia, não há que se falar em pagamento de honorários periciais e do assistente técnico, pois a ré os custeará.

b) Independentemente do resultado no objeto da perícia, como ao final o rol de pedidos foi parcialmente procedente, Rômulo custeará os honorários periciais e do assistente técnico.

c) Em virtude da aplicação do princípio da celeridade, descabe a indicação de assistente técnico no processo do trabalho, não cabendo a aplicação subsidiária do CPC nesse mister.

d) Tendo Rômulo sido vitorioso no objeto da perícia, os honorários periciais serão custeados pela parte sucumbente no seu objeto, porém os honorários do assistente técnico serão de responsabilidade da parte que o indicou.

**COMENTÁRIOS**

**Nota do autor:** Os honorários periciais são devidos ao perito indicado pelo juiz, pela realização da perícia de qualquer espécie (contábil, médica etc.).

**Alternativa "d" (responde as demais alternativas):** A responsabilidade pelo pagamento dos honorários periciais é da parte sucumbente na pretensão objeto da perícia (CLT, art. 790-B), ou seja, aquele que perdeu o objeto da perícia é responsável pelo pagamento. Na situação apresentada, a responsabilidade será da empresa Análise Eletrônica Ltda. Vale ressaltar que, embora não tenha sido tratado diretamente na questão, o STF declarou inconstitucional a expressão "ainda que beneficiária da justiça gratuita" inserida no *caput* e §4º do art. 790-B da CLT. Quanto aos honorários do assistente técnico, a parte pode, na realização da perícia, nomear um assistente de perito de sua confiança. Neste caso, os custos, por ser a indicação de assistente mera faculdade, é de responsabilidade da parte que o contratou (Súmula nº 341 do TST).

**Alternativa correta: letra "d".**

---

**14. (FGV – Exame de Ordem 2017.3. Adaptada)** Jorge trabalhou em uma sociedade empresária francesa, no Brasil. Entendendo que o valor das horas extras não lhe havia sido pago corretamente, ajuizou ação trabalhista. Como impugnara os controles de horário, necessitou apresentar prova testemunhal, porém, sua única testemunha, apesar de trabalhar a seu lado, não fala português. Diante disso, Jorge requereu ao juiz a nomeação de um intérprete.

Nesse caso, nada mais estando em discussão no processo, assinale a opção que indica a quem caberá o custeio dos honorários do intérprete.

a) À parte que for sucumbente, exceto se beneficiária da justiça gratuita.

b) À União, porque Jorge é autor da ação.

c) Ao réu, já que era empregador de Jorge e da testemunha, que era de nacionalidade igual à da sociedade empresária.

d) O depoimento ocorrerá fora do processo, por tradutor juramentado, custeado pela parte requerente, que depois deverá juntá-lo ao processo.

**COMENTÁRIOS**

**Nota do autor:** A questão aborda o responsável pelo pagamento dos honorários do intérprete no processo do trabalho.

**Alternativa "a" (responde todas as demais alternativas):** Na seara trabalhista, quando as partes não souberem falar a língua nacional, isso será feito por meio de intérprete nomeado pelo juiz. O mesmo procedimento ocorrerá quando se tratar de surdo-mudo, ou de mudo que não saiba escrever. A lei nº 13.660/2018 alterou a responsabilidade pelo pagamento do intérprete e passou a considerar que essa despesa deverá ser paga pela parte sucumbente, salvo se beneficiária da justiça gratuita, razão pela qual a questão foi adaptada (CLT, art. 819, § 2º).

**Alternativa correta: letra "a".**

---

**15. (FGV – OAB 2017.1)** Lucas é vigilante. Nessa condição, trabalhou como terceirizado durante um ano em um estabelecimento comercial privado e, a seguir, em um órgão estadual da administração direta, no qual permaneceu por dois anos. Dispensado, ajuizou ação contra o ex-empregador e contra os dois tomadores dos seus serviços (a empresa privada e o Estado),

---

5 CLT, art. 844, § 2º Na hipótese de ausência do reclamante, este será condenado ao pagamento das custas calculadas na forma do art. 789 desta Consolidação, ainda que beneficiário da justiça gratuita, salvo se comprovar, no prazo de quinze dias, que a ausência ocorreu por motivo legalmente justificável.

6 As empresas públicas não são isentas do pagamento das custas. No entanto, o STF isentou o pagamento pelos Correios, em razão de sua função pública.

pleiteando o pagamento de horas extras durante todo o período contratual e a responsabilidade subsidiária dos tomadores nos respectivos períodos em que receberam o serviço. A sentença julgou procedente o pedido e os réus pretendem recorrer. Em relação às custas, com base nos ditames da CLT, assinale a afirmativa correta.

a) Cada réu deverá recolher 1/3 das custas.
b) Havendo participação do Estado, ninguém pagará custas.
c) Somente o Estado ficará dispensado das custas.
d) Cada réu deverá recolher a integralidade das custas.

**COMENTÁRIOS**

**Nota do autor:** As despesas processuais correspondem a todos os gastos que as partes têm com o processo. Trata-se de gênero que tem como espécies as custas, os emolumentos, os honorários dos peritos assistentes, dentre outros gastos com o processo.

**Alternativa "a":** As custas serão pagas apenas por um dos condenados, salvo o Estado que não será responsabilizado por ser isento.

**Alternativa "b":** A isenção do pagamento de custas alcança apenas a União, conforme art. 790-A, I, da CLT.

**Alternativa "c":** Segundo o art. 790-A, I da CLT, estão isentos do pagamento das custas processuais, a União, os Estados, o Distrito Federal, os Municípios e respectivas autarquias e fundações públicas federais, estaduais ou municipais que não explorem atividade econômica.

**Alternativa "d":** Por serem as custas despesas decorrentes da movimentação do Poder Judiciário, a legislação incumbiu seu pagamento àquele que deu causa ao processo, ou seja, o pagamento das custas processuais é de responsabilidade da parte vencida (art. 789, §1º da CLT). Não é possível exigir que cada réu recolha a integralidade do valor das custas processuais, vez que ela tem natureza tributária, de modo que seu pagamento só pode ser exigido uma única vez.

**Alternativa correta: letra "c".**

---

**16. (FGV – Exame de Ordem 2014.1)** Paulo ajuizou ação em face de sua ex-empregadora, a empresa Peças ABC Ltda. Na audiência, o Juiz propôs a conciliação, que foi aceita pelas partes, nada tendo sido discutido sobre custas. Sobre o caso, assinale a opção que indica a hipótese correta para a fixação das custas.

a) O valor das custas ficará sempre a cargo da empresa, razão pela qual não haverá dispensa das mesmas, pois não há gratuidade de justiça para pessoa jurídica.
b) O valor das custas, não tendo sido convencionado pelas partes, caberá em partes iguais ao autor e à ré, podendo o autor ser dispensado de sua parte pelo Juiz.
c) O valor das custas ficará a cargo do autor, pois este está recebendo o valor acordado.
d) Tendo em vista o acordo, não há que se falar em custas.

**COMENTÁRIOS**

**Nota do autor:** a questão exige conhecimento do art. 789 da CLT que versa sobre as custas processuais.

**Alternativa "a":** quando houver acordo, o pagamento das custas será dividido em partes iguais entre os litigantes, já que não houve convenção de forma diferente.

**Alternativa "b":** sempre que houver acordo, se de outra forma não for convencionado, o pagamento das custas caberá em partes iguais aos litigantes (art. 789, §3º, CLT). Ademais, quando o autor for beneficiário da justiça gratuita é facultado aos juízes, órgãos julgadores e presidentes dos tribunais do trabalho de qualquer instância conceder, a requerimento ou de ofício o benefício da gratuidade, conforme estabelece o art. 790, §3º, CLT.

**Alternativa "c":** como dito, no caso de acordo, o pagamento das custas será dividido em partes iguais entre os litigantes, já que não houve convenção de forma diferente.

**Alternativa "d":** por serem despesas decorrentes da movimentação do Poder Judiciário, as custas serão devidas nos moldes dos artigos 789 e 789-A, ambos da CLT. Desse modo, sempre que houver acordo, se de outra forma não for convencionado, o pagamento das custas caberá em partes iguais aos litigantes (art. 789, §3º, CLT).

**Alternativa correta: letra "b".**

## 4. NULIDADE

---

**17. (FGV – OAB 2011.2)** A respeito das nulidades no processo do trabalho, é correto afirmar que

a) declarada a nulidade, por qualquer fundamento, todos os atos processuais posteriores serão nulos.
b) as partes poderão alegar nulidade enquanto estiver aberta a instrução, mesmo que já tenham tido oportunidade de manifestação nos autos.
c) é desnecessária a provocação da parte para a declaração de nulidade.
d) só serão considerados nulos os atos que alegadamente causarem manifesto prejuízo às partes litigantes.

**COMENTÁRIOS**

**Nota do autor:** a questão versa sobre as nulidades no processo do trabalho, o que é encontrado nos arts. 794 a 798 da CLT.

**Alternativa "a":** a nulidade do ato não prejudicará senão os posteriores que dele dependam ou sejam consequência (CLT, art. 798).

**Alternativa "b"**: as nulidades deverão ser arguidas na primeira vez em que as partes tiverem de falar em audiência ou nos autos (CLT, art. 795, *caput*).

**Alternativa "c"**: as nulidades dependem de provocação das partes, isto é, não serão declaradas senão mediante provocação das partes (CLT, art. 795, *caput*).

**Alternativa "d"**: o princípio do prejuízo, também denominado de transcendência, inspirado no sistema francês *pas de nullité sens grief*, significa que não há nulidade sem prejuízo. Desse modo, só haverá nulidade quando resultar dos atos inquinados (alegados) manifesto prejuízo às partes litigantes (CLT, art. 794).

**Alternativa correta: letra "d".**

## 5. PETIÇÃO INICIAL

---

**18. (FGV – XXXVII Exame OAB)** Pedro, Luzia e Rogério são empregados da sociedade empresária ABC e ajuizaram reclamação trabalhista individual contra ela. Pedro tem 55 anos de idade e postula na sua ação horas extras; Luzia tem 42 anos de idade e em sua ação requer o pagamento de 2 períodos de férias vencidas; Rogério tem 34 anos de idade e, na sua demanda, postula o pagamento dos salários retidos dos últimos 2 meses de trabalho. Em razão do alto salário que os três empregados recebiam, todas as ações tramitam pelo rito ordinário. A respeito dessas reclamações trabalhistas, assinale a opção que indica, de acordo com a CLT, a(as) que terá(ão) preferência na tramitação processual.

a) A de Rogério.

b) A de Luzia.

c) A de Pedro.

d) A de Luzia e a de Pedro.

COMENTÁRIOS

✪ **Nota do autor:** A questão aborda a temática da petição inicial na Justiça do Trabalho, bem como seus critérios de tramitação preferencial.

**Alternativa "a" (responde as demais alternativas):** De acordo com a CLT (art. 652, § único terão preferência para julgamento os dissídios **sobre pagamento de salário** e aqueles que derivarem da falência do empregador. Assim, no caso trazido pela questão, apenas o Rogério teria esta prerrogativa.

**Alternativa correta: letra "a".**

## 5.1. RECLAMAÇÃO VERBAL – ARQUIVAMENTO

**19. (FGV – Exame de Ordem XXXVI – 2022)** Amanda ajuizou reclamação trabalhista contra a Sociedade Empresária Brinquedos Infantis Ltda., na qual atuou como caixa durante 7 meses. A reclamada foi citada e apresentou defesa sem sigilo no sistema Pje, com os documentos correspondentes, 2 dias antes da audiência. No dia da audiência, feito o pregão, a juíza tentou a conciliação entre as partes, sem sucesso. Então, recebeu formalmente a defesa e deu vista à advogada da autora. Após analisar a contestação em mesa, a advogada de Amanda pediu a palavra pela ordem e requereu a desistência da reclamação trabalhista, com o que não concordou o advogado da reclamada. Considerando a situação e as normas previstas na CLT, assinale a afirmativa correta.

a) A desistência pode ser homologada, porque requerida antes do início da instrução.

b) O requerimento deve ser homologado pelo magistrado, uma vez que a desistência jamais depende da concordância do reclamado.

c) A desistência não poderá ser homologada, porque tendo a contestação sido oferecida, a desistência depende da concordância do reclamado.

d) O requerimento não pode ser atendido, porque tanto a desistência quanto a renúncia dependem de aquiescência do reclamado se a defesa tiver sido apresentada sem sigilo.

COMENTÁRIOS

✪ **Nota do autor:** A questão aborda a desistência da ação no direito processual do trabalho, exigindo a literalidade do art. 841, § 3º, da CLT. Trata-se de matéria impactada pela Lei nº 13.467/17 (Reforma Trabalhista).

**Alternativa "c" (responde as demais alternativas):** o art. 841, § 3º, da CLT, inserido pela Lei 13.467/17 (Reforma Trabalhista), tratou da desistência unilateral seguindo a mesma disciplina do CPC, ao declinar que, "oferecida a contestação, ainda que eletronicamente, o reclamante não poderá, sem o consentimento do reclamado, desistir da ação".

**Alternativa correta: letra "c".**

**20. (FGV-Exame de Ordem 2019.2)** O réu, em sede de reclamação trabalhista, ajuizada em 20/04/2018, apresentou defesa no processo eletrônico, a qual não foi oferecida sob sigilo. Feito o pregão, logo após a abertura da audiência, a parte autora manifestou interesse em desistir da ação.

Sobre a desistência da ação pela parte autora, assinale a afirmativa correta.

a) O juiz deverá, imediatamente, homologar a desistência.

b) Não é possível desistir da ação após a propositura desta.

c) Oferecida a contestação, ainda que eletronicamente, o reclamante não poderá, sem o consentimento do reclamado, desistir da ação.

d) O oferecimento da defesa pelo réu em nada se relaciona à questão da desistência de pedidos ou da demanda.

COMENTÁRIOS

✪ **Nota do autor:** A questão aborda a desistência da ação no direito processual do trabalho, exigindo a literalidade do art. 841, § 3º, da CLT. Trata-se de matéria impactada pela Lei nº 13.467/17 (Reforma Trabalhista).

**Alternativa "c" (responde as demais alternativas):** o art. 841, § 3º, da CLT, inserido pela Lei 13.467/17 (Reforma Trabalhista), tratou da desistência unilateral seguindo a mesma disciplina do CPC, ao declinar que, "oferecida a contestação, ainda que eletronicamente, o reclamante não poderá, sem o consentimento do reclamado, desistir da ação".

**Alternativa correta: letra "c".**

**21. (FGV – Exame de Ordem 2016.2)** Carlos tinha 17 anos quando começou a trabalhar na sociedade empresária ABCD Ltda. No dia seguinte ao completar 18 anos foi dispensado. A sociedade empresária pagou as verbas rescisórias, mas não pagou as horas extras trabalhadas ao longo de todo o contrato de trabalho.

Para o caso apresentado, na qualidade de advogado de Carlos, assinale a afirmativa correta.

a) A ação deverá ser ajuizada no prazo de dois anos contados da dispensa.

b) Sendo Carlos menor na época da contratação e durante quase todo o pacto laboral, não corre prescrição bienal, iniciando-se a quinquenal a partir da data da dispensa.

c) A ação deverá ser proposta no prazo de cinco anos após a dispensa, já que Carlos era menor quando da contratação, não correndo prescrição.

d) Não há prazo prescricional para ajuizamento da ação, pois não corre prescrição para o empregado menor e Carlos trabalhou sempre nessa condição.

COMENTÁRIOS

✪ **Nota do autor:** trata-se de questão acerca da prescrição para o ajuizamento da reclamação trabalhista.

**Alternativa "a" (responde as demais alternativas)**: A CLT em seu art. 440 prevê que contra os menores de 18 anos não corre nenhum prazo de prescrição. Ocorre que, na situação descrita, Carlos foi dispensado depois de completar 18 anos, portanto, deve ser aplicado o art. 7º, XXIX da CF, que prevê: "São direitos dos trabalhadores urbanos e rurais, além de outros que visem à melhoria de sua condição social: (...) XXIX- ação, quanto aos créditos resultantes das relações de trabalho, com prazo prescricional de cinco anos para os trabalhadores urbanos e rurais, até o limite de dois anos após a extinção do contrato de trabalho".

**Alternativa correta: letra "a".**

# 6. AUDIÊNCIA

**22. (FGV-Exame de Ordem 2019.2)** Em março de 2019, durante uma audiência trabalhista que envolvia a sociedade empresária ABC S/A, o juiz indagou à pessoa que se apresentou como preposto se ela era empregada da empresa, recebendo como resposta que não. O juiz, então, manifestou seu entendimento de que uma sociedade anônima deveria, obrigatoriamente, fazer- se representar por empregado, concluindo que a sociedade empresária não estava adequadamente representada. Decretou, então, a revelia, excluiu a defesa protocolizada e sentenciou o feito na própria audiência, julgando os pedidos inteiramente procedentes.

Diante desse quadro e do que prevê a CLT, assinale a afirmativa correta.

a) Nada há a ser feito, porque uma S/A, por exceção, precisa conduzir um empregado para representá-la.

b) O advogado da ré deverá interpor recurso ordinário no prazo de 8 dias, buscando anular a sentença, pois o preposto não precisa ser empregado da reclamada.

c) O advogado da ré deverá impetrar mandado de segurança, porque a exigência de que o preposto seja empregado, por não ser prevista em Lei, violou direito líquido e certo da empresa.

d) Uma vez que a CLT faculta ao juiz aceitar ou nao como preposto pessoa que não seja empregada, o advogado deverá formular um pedido de reconsideração judicial.

COMENTÁRIOS

**Nota do autor:** A questão aborda a possibilidade de representação do empregador pelo preposto, matéria alterada pela Lei nº 13.467/17 (Reforma Trabalhista).

**Alternativa "b" (responde as demais alternativas):** o C. TST, antes da Lei nº 13.467/17, impunha que o preposto deveria ser empregado da empresa, nos termos da Súmula nº 377 do TST. A Lei nº 13.467/17, contudo, acrescentou o § 3º ao art. 843 da CLT, passando a estabelecer, expressamente, que não há necessidade de que o preposto seja empregado da parte reclamada, alterando totalmente o entendimento firmado pelo TST, o que provocará o cancelamento da Súmula nº 377 do TST.

Esse dispositivo deverá ser aplicado às audiências trabalhistas realizadas após 11.11.2017 (data de vigência da Lei nº 13.467/17 – TST-IN nº 41/2018, art. 12, § 1º).

Dessa forma, como na questão a audiência ocorreu após a vigência da Lei nº 13.467/17, o advogado deverá interpor recurso ordinário no prazo de 8 dias, impugnando a exigência do juízo de 1º grau de que o preposto fosse empregado da empresa, já que não se trata mais de exigência.

**Alternativa correta: letra "b".**

---

**23. (FGV – Exame de Ordem/2018.3)** Seu escritório foi contratado pela empresa Alumínio Brilhante Ltda. para assisti-la juridicamente em uma audiência. Você foi designado(a) para a audiência. Forneceram-lhe cópia da defesa e dos documentos, e afirmaram que tudo já havia sido juntado aos autos do processo eletrônico. Na hora da audiência, tendo sido aberta esta, bem como os autos eletrônicos do processo, o juiz constatou que a defesa não estava nos autos, mas apenas os documentos. Diante disso, o juiz facultou-lhe a opção de apresentar defesa. Nos exatos termos previstos na CLT, você deverá

a) entregar a cópia escrita que está em sua posse.

b) aduzir defesa oral em 20 minutos.

c) requerer o adiamento da audiência para posterior entrega da defesa.

d) requerer a digitalização da sua defesa para a juntada no processo.

COMENTÁRIOS

**Nota do autor:** Em decorrência dos princípios do devido processo legal, do contraditório e da ampla defesa, é conferida ao reclamado a oportunidade de se defender. No processo do trabalho, essa defesa pode ser oral ou escrita.

**Alternativa "b" – responde as demais alternativas:** O art. 847 da CLT descreve que: "Não havendo acordo, o reclamado terá vinte minutos para aduzir sua defesa, após leitura da reclamação, quando esta não for dispensada por ambas as partes". No parágrafo único prevê que a parte poderá apresentar defesa escrita pelo sistema de processo judicial eletrônico até a audiência.

**Alternativa correta: letra "b".**

---

**24. (OAB/SP – Exame XXVI – 2018.2)** Uma sociedade empresária ajuizou açao de consignação em pagamento em face do seu ex-empregado, com o objetivo de realizar o depósito das verbas resilitórias devidas ao trabalhador e obter quitação judicial da obrigação. No dia designado para a audiência una, a empresa não compareceu nem se justificou, estando presente o ex-empregado. Indique, de acordo com a CLT, o instituto jurídico que ocorrerá em relação ao processo.

a) Revelia.

b) Remarcação da audiência.

c) Arquivamento.

d) Confissão ficta.

COMENTÁRIOS

**Nota do autor:** O reclamante (autor) deve comparecer em audiência, seja empregado, seja empregador. No caso em questão a ação foi ajuizada pela empresa (reclamante) em face de ex-empregado (reclamado).

**Alternativa "a":** a ausência do reclamado na audiência inaugural, acarreta a revelia e seus efeitos, especialmente a confissão ficta, como declina o art. 844 da CLT. Contudo, como a questão informa que o ex-empregado compareceu à audiência, não há que se falar em revelia.

**Alternativa "b":** a ausência do reclamante promove o arquivamento da ação trabalhista e a ausência do reclamado acarreta a revelia e seus efeitos (art. 844 da CLT).

**Alternativa "c":** a ausência do reclamante da audiência inaugural provocará o arquivamento da reclamação trabalhista, ou seja, a extinção do processo sem resolução do mérito, devendo arcar com o pagamento das custas processuais caso não comprove, no prazo de 15 dias, que a ausência ocorreu por motivo justificável (art. 844, *caput* e §2º da CLT).

**Alternativa "d":** a confissão *ficta* ocorre com a ausência do reclamado, que, na questão estava presente na audiência (ex-empregado).

**Alternativa correta: letra "c".**

---

**25. (OAB/SP – Exame XXVI – 2018.2)** Em sede de reclamação trabalhista, o autor forneceu o endereço da ré na inicial, para o qual foi expedida notificação citatória. Decorridos cinco dias da expedição da citação, não tendo havido qualquer comunicado ao juízo, houve a realização da audiência, à qual apenas compareceu o autor e seu advogado, o qual requereu a aplicação da revelia e confissão da sociedade empresária-ré. O juiz indagou ao advogado do autor o fundamento para o requerimento, já que não havia nenhuma referência à citação no processo, além da expedição da notificação. Diante disso, na qualidade de advogado do autor, à luz do texto legal da CLT, assinale a opção correta.

a) Presume-se recebida a notificação 48h após ser postada, sendo o não recebimento ônus de prova do destinatário.
b) A mera ausência do réu, independentemente de citado ou não, enseja revelia e confissão.
c) Descabe o requerimento de revelia e confissão se não há confirmação no processo do recebimento da notificação citatória.
d) O recebimento da notificação é presunção absoluta; logo, são cabíveis de plano a revelia e a confissão.

COMENTÁRIOS

✪ **Nota do autor:** No processo do trabalho a notificação, na fase de conhecimento, em regra, será feita por via postal, conforme estabelece o art. 841 da CLT.

**Alternativa "a":** Segundo a Súmula nº 16 do TST: "Presume-se recebida a notificação 48 (quarenta e oito) horas depois de sua postagem. O seu não recebimento ou a entrega após o decurso desse prazo constitui ônus de prova do destinatário". Atente-se para o fato que a presunção é relativa, de modo que o destinatário poderá comprovar que não recebeu a notificação no referido prazo, constituindo, portanto, seu ônus da prova.

**Alternativa "b":** O não comparecimento do reclamante à audiência importa o arquivamento da reclamação, e o não comparecimento do reclamado importa revelia, além de confissão quanto à matéria de fato (art. 844 da CLT). E, conforme previsão do art. 841 da CLT, "recebida e protocolada a reclamação, o escrivão ou secretário, dentro de 48 (quarenta e oito) horas, remeterá a segunda via da petição, ou do termo, ao reclamado, notificando-o ao mesmo tempo, para comparecer à audiência do julgamento, que será a primeira desimpedida, depois de 5 (cinco) dias". Assim, para que haja a revelia e confissão quanto à matéria de fato, é necessária a regular citação do réu, como realizado na questão.

**Alternativa "c":** Conforme visto, há presunção relativa de notificação após 48 horas de sua postagem. Ademais, o ônus da prova quanto ao não recebimento ou entrega da citação após o decurso do prazo é do destinatário (reclamado), o que não ocorreu.

**Alternativa "d":** O TST, ao interpretar o art. 841 da CLT, instituiu a **presunção relativa** de que a parte será notificada no prazo de 48 horas da postagem da notificação, tendo em vista que a própria lei delimitou o mesmo prazo para entregá-la. Nesse sentido, prevê a Súmula nº 16 do TST.

**Alternativa correta: letra "a".**

---

**26. (FGV – Exame de Ordem 2016.2 – Prova reaplicada Salvador-BA)** Em reclamação trabalhista, na qual você figurava como advogado da ré, seu processo era o primeiro da pauta de audiências, designado para as 9h00min. Entretanto, já passados 25 minutos do horário da sua audiência, o juiz ainda não havia comparecido e você e seu cliente tinham audiência em outra Vara às 9h40min.

Nesse caso, de acordo com previsão expressa na CLT, assinale a opção que apresenta o procedimento a ser adotado.

a) O advogado e o cliente poderão se retirar, devendo o ocorrido constar do livro de registro de audiências.
b) O advogado e o cliente deverão aguardar até que se completem 30 minutos para, então, se retirar e consignar o ocorrido em livro próprio.
c) O advogado e o cliente deverão tentar inverter a pauta de audiências, comunicando ao secretário de audiências que estarão em outra Vara para posterior retorno e realização da assentada.
d) O advogado e o cliente deverão se retirar e depois juntar cópia da ata da audiência da outra Vara com a justificativa pela ausência.

COMENTÁRIOS

✪ **Nota do autor:** trata-se de questão que impõe o conhecimento do art. 815 da CLT, que versa sobre o atraso na audiência.

**Alternativa "a" (responde as demais alternativas):** O art. 815 da CLT prevê: "À hora marcada, o juiz ou presidente declarará aberta a audiência, sendo feita pelo secretário ou escrivão a chamada das partes, testemunhas e demais pessoas que devam comparecer. Parágrafo único – Se, até 15 (quinze) minutos após a hora marcada, o juiz ou presidente não houver comparecido, os presentes poderão retirar-se, devendo o ocorrido constar do livro de registro das audiências."

Interpretando o parágrafo único do referido artigo, o C. TST entendeu que a tolerância de atraso de 15 minutos aplica-se somente ao juiz, ou seja, essa permissão não atinge as partes (OJ nº 245 da SDI-I do TST).

Atente-se para o fato de que essa regra de tolerância dirigida ao juiz se aplica quando o juiz atrasar no comparecimento da primeira audiência da pauta, como no caso apresentado na questão.

**Alternativa correta: letra "a".**

---

**27. (FGV – Exame de Ordem 2016.1)** A sociedade empresária Sucos Naturais Ltda., empresa de pequeno porte, teve contra si ajuizada uma reclamação trabalhista, na qual Alice, uma de suas ex-empregadas, postula o pagamento de horas extras. Para a audiência, a sociedade empresária enviou como preposto o empregado que foi contratado para substituir Alice. Em razão disso, o advogado da reclamante protestou contra tal fato, requerendo a aplicação da confissão, pois o preposto não havia presenciado os fatos. Segundo a sistemática da CLT, assinale a afirmativa correta.

a) A impugnação deve ser acolhida, pois não se pode admitir a existência de um preposto que não tenha testemunhado os fatos.
b) A lei é omissa acerca de o preposto precisar, ou não, ter testemunhado os fatos, daí porque, diante da omissão legislativa, caberá ao juiz definir.
c) A impugnação deve ser acolhida, pois é necessário que o preposto tenha vivenciado os fatos, tanto assim que ele obrigatoriamente deverá ser empregado da empresa.
d) A impugnação deve ser rejeitada, pois o preposto precisa apenas ter conhecimento dos fatos.

COMENTÁRIOS

✪ **Nota do autor:** a questão aborda a representação do empregador pelo gerente ou preposto na audiência trabalhista.

**Alternativa "d" (responde as demais alternativas):** a CLT prevê que o preposto deve ter conhecimento dos fatos. Não há necessidade de ter presenciado os fatos, podendo ter conhecimento por informações de terceiros (art. 843, §1º, CLT). Assim, a impugnação deve ser rejeitada. A propósito, o art. 843, § 3º, da CLT, inserido pela Lei 13.467/17 (reforma trabalhista) indica que o preposto não precisa ser empregado da empresa.

**Alternativa correta: letra "d".**

---

**28. (FGV – Exame de Ordem 2020.1)** Você foi contratado(a) para atuar nas seguintes ações trabalhistas: (i) uma ação de cumprimento, como advogado da parte autora; (ii) uma reclamação plúrima, também como advogado da parte autora; (iii) uma reclamação trabalhista movida por João, ex-empregado de uma empresa, autor da ação; (iv) uma reclamação trabalhista, por uma sociedade empresária, ré na ação. Sobre essas ações, de acordo com a legislação trabalhista em vigor, assinale a afirmativa correta.

a) Tanto na ação de cumprimento como na ação plúrima, todos os empregados autores deverão obrigatoriamente estar presentes. O mesmo deve ocorrer com João. Já a sociedade empresária poderá se fazer representar por preposto não empregado da ré.

b) O sindicato de classe da categoria poderá representar os empregados nas ações plúrima e de cumprimento. João deverá estar presente, em qualquer hipótese, de forma obrigatória. A sociedade empresária tem que se fazer representar por preposto, que não precisa ser empregado da ré.

c) Nas ações plúrima e de cumprimento, a parte autora poderá se fazer representar pelo Sindicato da categoria. João deverá estar presente, mas, por doença ou motivo ponderoso comprovado, poderá se fazer representar por empregado da mesma profissão ou pelo seu sindicato. Na ação em face da sociedade empresária, o preposto não precisará ser empregado da ré.

d) O sindicato da categoria poderá representar os empregados nas ações plúrima e de cumprimento. João deverá estar presente, mas, por doença ou motivo ponderoso comprovado, poderá se fazer representar por empregado da mesma profissão ou pelo seu sindicato. Na ação em face da sociedade empresária, o preposto deverá, obrigatoriamente, ser empregado da ré.

**COMENTÁRIOS**

**Nota do Autor:** a questão aborda as possibilidades de representação das partes em audiência. Para responder a questão, é importante analisar separadamente cada uma das quatro situações previstas no enunciado.

**Alternativa "c" (responde as demais alternativas):** Nas audiências das reclamações trabalhistas, exige-se, como regra, a presença obrigatória das próprias partes (ex., empregado e empregador). A CLT, porém, cria algumas exceções, como se observa pelo art. 843. Para responder a questão, serão analisadas de forma separada cada uma das situações previstas no enunciado:

(i) ação de cumprimento, como advogado da parte autora: de acordo com o art. 843, *caput*, da CLT, nas ações plúrimas ou de cumprimento, os empregados poderão fazer-se representar pelo Sindicato de sua categoria.

(ii) reclamação plúrima, como advogado da parte autora: de acordo com o art. 843, *caput*, da CLT, nas ações plúrimas ou de cumprimento, os empregados poderão fazer-se representar pelo Sindicato de sua categoria.

(iii) reclamação trabalhista, como advogado da parte autora: nesse caso, o art. 843, § 2º, da CLT, autoriza a representação da parte autora (empregado) por outro empregado que pertença à mesma profissão ou pelo seu sindicato "se por doença ou qualquer outro motivo poderoso, devidamente comprovado, não for possível ao empregado comparecer pessoalmente".

(iv) reclamação trabalhista, como advogado da parte ré: o art. 843, § 1º, da CLT faculta ao empregador fazer-se substituir pelo gerente, ou qualquer outro preposto que tenha conhecimento do fato, e cujas declarações obrigarão o proponente. Nos termos do § 3º do dispositivo (acrescentado pela Lei nº 13.467/17), o preposto não precisa ser empregado da parte reclamada.

**Alternativa correta: letra "c"**

---

**29. (FGV – Exame de Ordem 2013.2)** Após trabalhar como empregado durante 6 meses, Paulo ajuizou reclamação trabalhista em face de sua ex-empregadora, a empresa Alfa Beta Ltda., pretendendo horas extras, nulidade do pedido de demissão por coação, além de adicional de insalubridade. Na primeira audiência o feito foi contestado, negando a ré o trabalho extraordinário, a coação e a atividade insalubre. Foram juntados controles de ponto e carta de próprio punho de Paulo pedindo demissão, documentos estes que foram impugnados pelo autor. Não foi produzida a prova técnica (perícia).

Para a audiência de prosseguimento, as partes estavam intimadas pessoalmente para depoimentos pessoais, sob pena de confissão, mas não compareceram, estando presentes apenas os advogados. Declarando as partes que não têm outras provas a produzir, o Juiz encerrou a fase de instrução, seguindo o processo concluso para sentença.

Com base nestas considerações, analise a distribuição do ônus da prova e assinale a afirmativa correta.

a) A ausência das partes gera a confissão ficta recíproca, devendo ser aplicada a regra de que para os fatos constitutivos cabe o ônus da prova ao autor, e para os extintivos, modificativos e impeditivos, o ônus será do réu. Assim, todos os pedidos deverão ser julgados improcedentes.

b) Não há confissão em razão da presença dos advogados. Mas não havendo outras provas, os pedidos deverão ser julgados improcedentes.

c) Em razão da confissão, presumem-se verdadeiros os fatos alegados. Tal aliado ao princípio da proteção ao hipossuficiente leva à presunção de que Paulo foi coagido a pedir demissão, trabalhava extraordinariamente e faz jus ao adicional de insalubridade. Logo, os pedidos procedem.

d) Em razão da confissão, os pedidos de horas extras e nulidade do pedido de demissão procedem. Porém, improcede o de adicional de insalubridade, pois necessária a prova pericial para configurar o grau de insalubridade. Logo, este pleito improcede.

**COMENTÁRIOS**

**Nota do autor:** a questão versa sobre a distribuição do ônus da prova, disciplinado no art. 818 da CLT.

**Alternativa "a":** O candidato deveria ter em mente que a ausência conjunta do reclamante e do reclamado na audiência de instrução, provoca a confissão de ambos, devendo o juiz julgar o processo com base nas provas dos autos e no ônus da prova. O ônus da prova vem descrito no art. 818 da CLT que assim estabelece:

> *"O ônus da prova incumbe: I – ao reclamante, quanto ao fato constitutivo de seu direito; II – ao reclamado, quanto à existência de fato impeditivo, modificativo ou extintivo do direito do reclamante. "*

No caso da questão, temos três fatos que devem ser provados: horas extras, coação no pedido de demissão e local insalubre.

Quanto às horas extras, a questão indica que os controles de ponto foram apresentados e não impugnados. Ademais, não falando que a empresa possui mais de 20 empregados[7],

7 A Lei nº 13.874/2019 alterou a redação do dispositivo, que antes previa a obrigatoriedade do registro de ponto para as empresas com mais de 10 empregados, o que deverá alterar a Súmula nº 338 do TST.

PROCESSUAL DO TRABALHO

trata-se de fato constitutivo de incumbência do autor. Portanto, o pedido deverá ser julgado improcedente.

No que se refere ao pedido de demissão, tem-se um fato impeditivo ao recebimento das verbas rescisórias, sendo de incumbência do réu, encargo do qual se desincumbiu com a apresentação da carta feita de próprio punho pelo autor. A alegação de coação era ônus do autor, que nada provou. Improcede, pois esse pedido.

Por fim, o pedido de adicional de insalubridade é fato constitutivo que incumbia ao reclamante. Assim, como não foi produzida prova técnica, o pedido deve ser julgado improcedente. É importante observar que o correto seria o juiz determinar a realização de perícia, vez que esta é obrigatória, nos termos do art. 195, § 2º, da CLT.

**Alternativa "b":** O comparecimento das partes na audiência de instrução é obrigatório, nos termos do art. 843, *"caput,* da CLT.

**Alternativa "c":** A ausência das duas partes na audiência de instrução gera a confissão recíproca, devendo o juiz julgar a causa com base nas provas dos autos e no ônus da prova, como analisado no item a.

**Alternativa "d":** A confissão não gera a veracidade dos fatos, cabendo ao juiz analisar as provas dos autos e no ônus da prova. No caso da questão, as horas extras ficaram afastadas pela apresentação do controle de ponto, enquanto o pedido de demissão ficou comprovado pela carta assinada pelo autor, nada sendo provado sobre a coação que era ônus do autor.

**Alternativa correta: letra "a".**

## 6.1. ACORDO JUDICIAL

**30. (FGV – Exame de Ordem XXXVI – 2022)** Na audiência de uma reclamação trabalhista, estando as partes presentes e assistidas por seus respectivos advogados, foi homologado pelo juiz um acordo no valor de R$ 50.000,00 (cinquenta mil reais), tendo sido atribuído ao valor a natureza indenizatória, com as parcelas devidamente identificadas.

O reclamante e o INSS, cinco dias após, interpuseram recurso ordinário contra a decisão de homologação do acordo – o reclamante, dizendo-se arrependido quanto ao valor, afirmando que teria direito a uma quantia muito superior; já o INSS, insurgindo-se contra a indicação de todo o valor acordado como tendo natureza indenizatória, prejudicando a autarquia previdenciária no tocante ao recolhimento da cota previdenciária. Diante do caso apresentado e nos termos da CLT, assinale a afirmativa correta.

a) Tanto o reclamante quanto o INSS podem recorrer da decisão homologatória, e seus recursos terão o mérito apreciado.

b) No caso, somente o reclamante poderá recorrer, porque o INSS não tem legitimidade para recorrer de recursos, já que não foi parte.

c) Somente o INSS pode recorrer, porque, para o reclamante, o acordo valerá como decisão irrecorrível.

d) Nenhuma das partes nem o INSS podem recorrer contra o acordo, porque a homologação na Justiça do Trabalho é soberana.

COMENTÁRIOS

✪ **Nota do autor:** A questão diz respeito ao acordo judicial na Justiça do Trabalho.

**Alternativa "c" (responde as demais alternativas):** Uma vez firmado o acordo, o termo lavrado valerá como decisão irrecorrível, salvo para a Previdência Social quanto às contribuições que lhe forem devidas (art. 831, parágrafo único, CLT). Desse modo, do acordo não é cabível recurso, somente sendo impugnado, no entendimento do TST, por meio de ação rescisória (Súmula nº 259 do TST).

**Alternativa correta: letra "c".**

**31. (FGV – Exame de Ordem 2016.2 – Prova reaplicada Salvador-BA)** Feito o pregão em reclamação trabalhista, as partes sentam à mesa de audiência com seus respectivos advogados e informam ao juiz que conciliaram. Analisando os termos da petição inicial, o juiz entende que a proposta de acordo é lesiva ao trabalhador, e informa que em razão disso não irá homologá-la.

Sobre o caso apresentado, de acordo com a CLT e o entendimento consolidado do TST, assinale a afirmativa correta.

a) Agiu incorretamente o juiz, pois se as partes desejam o acordo e estão assistidas, essa vontade precisa ser respeitada.

b) A negativa de homologação do acordo por parte de um juiz obriga aos demais magistrados, inclusive os substitutos, em razão do princípio da unidade.

c) O juiz cometeu uma impropriedade, pois necessitaria, de acordo com a CLT, da presença do Ministério Público do Trabalho para negar a homologação ao acordo.

d) Correta a atitude judicial porque a homologação de um acordo é faculdade do magistrado.

COMENTÁRIOS

✪ **Nota do autor:** trata-se de questão que impõe o conhecimento da Súmula nº 418 do TST, que versa sobre a faculdade de o juiz homologar o acordo judicial.

**Alternativa "d" (responde as demais alternativas):** O processo do trabalho dá ênfase à solução do conflito por meio da conciliação, conforme se observa pelo art. 764 da CLT. No entanto, incumbe ao juiz zelar para que a ordem pública seja preservada, garantindo que verdadeiramente ocorra conciliação e não mera renúncia de direitos, mormente no direito do trabalho, em que o trabalhador é a parte hipossuficiente da relação.

Assim, tendo o juiz o dever de respeitar a ordem jurídica, ele poderá não homologar o acordo judicial se verificar a inexistência de conciliação (ex., prejuízo iminente para o empregado, lide simulada etc.), não existindo no caso direito líquido e certo à homologação do acordo. Nesse sentido, a Súmula nº 418 do TST: "A homologação de acordo constitui faculdade do juiz, inexistindo direito líquido e certo tutelável pela via do mandado de segurança".

**Alternativa correta: letra "d".**

## 6.2. ACORDO EXTRAJUDICIAL

**32. (FGV – Exame de Ordem – 2021.2)** Duas irmãs costureiras trabalharam juntas em uma confecção. A mais velha era empregadora da mais nova, que gerenciava a atividade. Devido a um desentendimento em família, a irmã mais nova foi dispensada.

Em decorrência da relação fraternal, chegaram a um bom termo sem a necessidade de ajuizamento da demanda. Porém, por segurança de ambas, gostariam de ver garantidos, judicialmente, os termos do acordo e procuraram você, como advogado consultor.

Diante disso, observados os termos da CLT, assinale a afirmativa correta.

a) Deverá ser distribuída uma petição requerendo a homologação de acordo extrajudicial, sendo que as partes deverão obrigatoriamente estar representadas por advogado, ainda que comum.

b) Deverá ser ajuizada uma ação trabalhista e realizado um acordo na primeira audiência, vigorando o jus postulandi.

c) Deverá ser distribuída uma petição requerendo a homologação de acordo extrajudicial, sendo que as partes não precisarão estar representadas por advogado, em razão do jus postulandi.

d) Deverá ser distribuída uma petição requerendo a homologação de acordo extrajudicial, sendo que as partes deverão obrigatoriamente estar representadas por advogados distintos.

**COMENTÁRIOS**

**Nota do Autor:** a questão aborda a possibilidade de realização de acordo extrajudicial na Justiça do Trabalho.

**Alternativa "d" (responde as demais alternativas):** Os arts. 855-B e 855-D estabelecem o procedimento para a homologaçao do acordo extrajudicial. De acordo com o art. 855-B, da CLT, incluído pela Lei nº 13.467/2017, o processo de homologação de acordo extrajudicial terá início por petição conjunta. O art. 855-B da CLT, por sua vez, declina que é obrigatória a representaçao das partes por advogado, nos casos de processo de homologação de acordo extrajudicial. Impede, assim, a utilização do jus postulandi.

O art. 855-B da CLT ainda faz duas observações: 1) as partes não poderão ser representadas por advogado comum (§ 1º). A utilização de advogado comum presume a lide simulada, obstando a homologação do acordo. Aliás, pelo objetivo da norma também não se admite que os advogados, ainda que distintos, sejam integrantes do mesmo escritório de advocacia e 2) o trabalhador poderá ser assistido pelo advogado do sindicato de sua categoria.

**Alternativa correta: letra "d".**

---

**33. (FGV-Exame de Ordem 2019.2)** Augusto foi empregado de uma lavanderia por 2 anos, tendo sido desligado em setembro de 2018. Após receber as verbas da ruptura, procurou um advogado com a intenção de ajuizar reclamação trabalhista para postular horas extras não recebidas durante o pacto laboral.

Após a entrevista e colheita de todas as informações, o advogado de Augusto entrou em contato com a ex-empregadora na tentativa de formular um acordo, que, após debatido e negociado, teve sucesso e foi reduzido a termo. Então, as partes ajuizaram uma homologação de acordo extrajudicial na Justiça do Trabalho, em petição conjunta assinada pelo advogado de cada requerente, mas que não foi homologado pelo juiz, por este entender que o valor da conciliação era desfavorável ao trabalhador. Desse modo, o magistrado extinguiu o feito sem resolução do mérito.

Diante da situação e dos termos da CLT, assinale a afirmativa correta.

a) Agiu corretamente o juiz, porque não há previsão desse tipo de demanda na Justiça do Trabalho.

b) As partes poderão interpor recurso ordinário da decisão que negou a homologação desejada.

c) Augusto e seu ex-empregador deverão propor novamente a ação, que deverá ser levada à livre distribuição para outro juízo.

d) Nada poderá ser feito na ação proposta, porque o juiz não é obrigado a homologar acordo.

**COMENTÁRIOS**

**Nota do autor:** A questão aborda matéria acrescentada pela Lei nº 13.467/17 (Reforma Trabalhista), qual seja, o processo de jurisdição voluntária para homologação de acordo extrajudicial.

**Alternativa "a":** o caso aborda a possibilidade de processo de jurisdição voluntária para homologação de acordo extrajudicial, acrescentado pela Lei nº 13.467/17 (Reforma Trabalhista), nos arts. 855-B a 855-E da CLT.

**Alternativa "b":** analisado o acordo, o juiz poderá: a) homologá-lo: extinguindo o processo com resolução do mérito (CPC/2015, art. 487, III, b); b) não o homologar: extinguindo o processo sem resolução do mérito (CPC, art. 485, VI).

Como o objetivo do processo é efetivamente homologar o acordo, caso não seja homologado, será proferida sentença extinguindo o processo sem resolução do mérito, sendo cabível a interposição do recurso ordinário (CLT, art. 895).

**Alternativa "c":** como mencionado na alternativa anterior, será proferida sentença de extinção do processo sem resolução do mérito, sendo cabível a interposiçao de recurso ordinário.

**Alternativa "d":** de acordo com a Súmula nº 418 do TST, "a homologação de acordo constitui faculdade do juiz, inexistindo direito líquido e certo tutelável pela via do mandado de segurança". Contudo, no processo de jurisdição voluntária de acordo extrajudicial, como o objetivo do processo é efetivamente homologar o acordo, caso não seja homologado, será proferida sentença extinguindo o processo sem resolução do mérito, sendo cabível a interposição do recurso ordinário (CLT, art. 895).

**Alternativa correta: letra "b"**

---

**34. (FGV/OAB/XXX_Exame – 2019)** Wilma foi dispensada sem justa causa e recebeu a indenização correspondente do ex-empregador. Ela, no entanto, alega ter direito a uma equiparação salarial com um colega que realizava as mesmas atividades. Em razão disso, Wilma procura você, como advogado(a), e, com sua assessoria, dá início a um acordo extrajudicial com o ex-empregador.

O acordo é materializado em documento, especificando o valor e a identificação da parcela, sendo assinado pelas partes e seus respectivos advogados, e levado à Justiça do Trabalho para homologação. Contudo, a juíza do caso nega-se a homologar o acordo, argumentando que ele seria lesivo à trabalhadora, proferindo decisão nesse sentido.

Diante disso, e de acordo com a norma legal, assinale a opção que indica a medida processual adequada para buscar a reforma da decisão proferida.

a) Não há medida cabível, por se tratar de decisão interlocutória.

b) Recurso Ordinário.

c) Mandado de Segurança.

d) Novo pedido de homologação de acordo extrajudicial idêntico, mas agora dirigido para outra Vara.

**COMENTÁRIOS**

**Nota do autor:** A questão aborda o processo de jurisdição voluntária para homologação de acordo extrajudicial, temática incluída no direito processual do trabalho pela Lei nº 13.467/17 (Reforma Trabalhista). O procedimento está previsto nos arts. 855-B a 855-E da CLT.

**Alternativa "b" (responde as demais alternativas):** Analisado o acordo extrajudicial, o juiz poderá: a) homologá-lo: extinguindo o processo com resolução do mérito (CPC/2015, art.

487, III, b); ou b) não o homologar: extinguindo o processo sem resolução do mérito (CPC, art. 485, VI). No processo de jurisdição voluntária de homologação de acordo extrajudicial, como o objetivo do processo é efetivamente homologar o acordo, caso não seja homologado, será proferida sentença extinguindo o processo sem resolução do mérito, sendo cabível a interposição do **recurso ordinário** (CLT, art. 895).

**Alternativa correta: letra "b"**

**35. (OAB/SP – Exame XXVI – 2018.2)** Gustavo foi empregado da empresa Pizzaria Massa Deliciosa. Após a extinção do seu contrato, ocorrida em julho de 2018, as partes dialogaram e confeccionaram um termo de acordo extrajudicial, que levaram à Justiça do Trabalho para homologação. O acordo em questão foi assinado pelas partes e por um advogado, que era comum às partes. Considerando o caso narrado, segundo os ditames da CLT, assinale a afirmativa correta.

a) Viável a homologação do acordo extrajudicial, porque fruto de manifestação de vontade das partes envolvidas.

b) Não será possível a homologação, porque empregado e empregador não podem ter advogado comum.

c) Impossível a pretensão, porque, na Justiça do Trabalho, não existe procedimento especial de jurisdição voluntária, mas apenas contenciosa.

d) Para a validade do acordo proposto, seria necessário que o empregado ganhasse mais de duas vezes o teto da Previdência Social.

**COMENTÁRIOS**

✪ **Nota do autor:** Como forma de implementar a solução de conflitos extrajudiciais, a Lei nº 13.467/2017 (Reforma Trabalhista) incluiu os arts. 855-B a 855-E da CLT, disciplinando o processo de jurisdição voluntária para homologação de acordo extrajudicial.

**Alternativa "a":** Para a homologação de acordo extrajudicial, as partes não poderão ser representadas por advogado comum (art. 855-B, §1º da CLT).

**Alternativa "b":** Segundo o art. 855-B, *caput* e §1º da CLT, o processo de homologação de acordo extrajudicial terá início por petição conjunta, sendo obrigatória a representação das partes por advogado que não poderá ser comum às partes.

**Alternativa "c":** A Lei nº 13.467/2017 passou a prever a jurisdição voluntária no processo do trabalho nos art. 855-B a 855-E da CLT, que versam sobre o processo de homologação de acordo extrajudicial.

**Alternativa "d":** Não há previsão de um valor mínimo de salário para realização da homologação do acordo extrajudicial.

**Alternativa correta: letra "b".**

**36. (FGV – Exame de Ordem 2020.1)** José da Silva, que trabalhou em determinada sociedade empresária de 20/11/2018 a 30/04/2019, recebeu, apenas parcialmente, as verbas rescisórias, não tendo recebido algumas horas extras e reflexos. A sociedade empresária pretende pagar ao ex-empregado o que entende devido, mas também quer evitar uma possível ação trabalhista. Sobre a hipótese, na qualidade de advogado(a) da sociedade empresária, assinale a afirmativa correta.

a) Deverá ser indicado e custeado um advogado para o empregado, a fim de que seja ajuizada uma ação para, então, comparecerem para um acordo, que já estará previamente entabulado no valor pretendido pela empresa.

b) Deverá ser instaurado um processo de homologação de acordo extrajudicial, proposto em petição conjunta, mas com cada parte representada obrigatoriamente por advogado diferente.

c) Deverá ser instaurado um processo de homologação de acordo extrajudicial, proposto em petição conjunta, mas cada parte poderá ser representada por advogado, ou não, já que, na Justiça do Trabalho, vigora o *jus postulandi*.

d) Deverá ser instaurado um processo de homologação de acordo extrajudicial, proposto em petição conjunta, mas com advogado único representando ambas as partes, por se tratar de acordo extrajudicial.

**COMENTÁRIOS**

✪ **Nota do Autor:** a questão trata do processo de homologação de acordo extrajudicial, que tem como objetivos conceder efeitos jurídicos ao acordo extrajudicial, transformando-o em título judicial e a formação de coisa julgada para tornar indiscutíveis as verbas contempladas no acordo homologado.

**Alternativa "b" (responde as demais alternativas):** De acordo com o art. 855-B, da CLT, incluído pela Lei nº 13.467/2017, o processo de homologação de acordo extrajudicial terá início por petição conjunta.

Esse pressuposto é exigido para que se demonstre que o acordo é pré-processual. Noutras palavras, empregado e empregador já negociaram e fizeram as concessões recíprocas antes do ajuizamento da ação.

O art. 855-B da CLT declina que é obrigatória a representação das partes por advogado, nos casos de processo de homologação de acordo extrajudicial.

Impede, assim, a utilização do *jus postulandi*.

O art. 855-B da CLT ainda faz duas observações:

1) as partes não poderão ser representadas por advogado comum (§ 1º). A utilização de advogado comum presume a lide simulada, obstando a homologação do acordo. Aliás, pelo objetivo da norma também não se admite que os advogados, ainda que distintos, sejam integrantes do mesmo escritório de advocacia.

2) o trabalhador poderá ser assistido pelo advogado do sindicato de sua categoria.

**Alternativa correta: letra "b".**

## 7. RESPOSTA DO RÉU

**37. (FGV – Exame de Ordem – 2021.2)** Maurício ajuizou reclamação trabalhista, em agosto de 2021, contra a sua ex-empregadora, a sociedade empresária Sorvetes Glacial Ltda., postulando o pagamento de horas extras e verbas resilitórias.

No dia da audiência inaugural, feito o pregão com pontualidade, o autor compareceu acompanhado de seu advogado, estando ainda presente o advogado da empresa, mas ausente o preposto. O advogado do réu requereu que se aguardasse o prazo de 15 minutos, mas diante da negativa do advogado do autor, que não concordou em aguardar, teve início a audiência.

O advogado do autor requereu a aplicação da revelia e o advogado do réu informou que havia protocolizado defesa com documentos pelo processo judicial eletrônico (PJe), requerendo que fossem recebidos.

Diante da situação e dos termos da CLT, assinale a afirmativa correta.

a) Deverá ser aplicada a revelia em razão da ausência do preposto e desprezada a defesa.

b) Há nulidade do ato porque a CLT determina que se aguarde a parte até 15 minutos após o horário designado.

c) Sendo a CLT omissa a respeito, caberá ao juiz definir se haverá revelia ou remarcação da audiência.

d) A defesa e os documentos apresentados devem ser aceitos.

**COMENTÁRIOS**

✪ **Nota do Autor:** a questão aborda a literalidade de dispositivo celetista acerca da defesa e comparecimento na audiência trabalhista.

**Alternativa "d" (responde as demais alternativas):** o art. 844, § 5º, da CLT estabelece que "ainda que ausente o reclamado, presente o advogado na audiência, serão aceitos a contestação e os documentos eventualmente apresentados." Assim, a defesa e os documentos apresentados pelo advogado do réu deverão ser aceitos. Cumpre salientar que a OJ nº 245 da SDI I do TST declina que "inexiste previsão legal tolerando atraso no horário de comparecimento da parte na audiência".

**Alternativa correta: letra "d".**

---

**38. (FGV – Exame de Ordem 2014.3)** Pedro trabalhou por um ano em Goiânia/GO e quatro anos em Varginha/MG. Ao ser dispensado, retornou para Goiânia, onde ajuizou ação trabalhista em face do ex-empregador. Apresentada exceção de incompetência em razão do lugar, a qual foi acolhida pelo juiz, que determinou a remessa dos autos para o TRT/GO.

Dessa decisão, Pedro

a) poderá interpor agravo de instrumento, porque a remessa dos autos equivale ao trancamento da ação, dada a hipossuficiência do empregado.

b) poderá interpor recurso ordinário.

c) poderá impetrar mandado de segurança.

d) nada poderá fazer, por se tratar de decisão interlocutória, que é irrecorrível na Justiça do Trabalho.

**COMENTÁRIOS**

✪ **Nota do autor:** a questão exigia conhecimento da Súmula 214, "c", do TST.

**Alternativa "a":** o agravo de instrumento é uma modalidade recursal restrita no processo do trabalho, vez que é destinado tão somente a destrancar o recurso não processado no juízo *a quo*, ou seja, é o recurso que visa impugnar decisão negativa do primeiro juízo de admissibilidade do recurso.

**Alternativa "b":** A decisão que acolhe a incompetência territorial, encaminhando os autos ao juízo competente, é uma decisão interlocutória. Em regra, a decisão interlocutória não está submetida a recurso imediatamente (CLT, art. 893, § 1º). O C. TST, porém, permite recurso imediato quando há remessa dos autos para o Tribunal Regional distinto daquele a que se vincula o juízo excepcionado (Súmula nº 214, "c", do TST), exatamente como ocorre na questão.

**Alternativa "c":** o mandado de segurança será impetrado nos casos previstos no art. 5º, LXIX, da CF/88, ou seja, para proteger direito líquido e certo, não amparado por habeas-corpus ou habeas-data, quando o responsável pela ilegalidade ou abuso de poder for autoridade pública ou agente de pessoa jurídica no exercício de atribuições do Poder Público.

**Alternativa "d":** em regra, as decisões interlocutórias no processo do trabalho são irrecorríveis, entretanto, a Súmula nº 214 do TST traz algumas exceções, sendo questionado a alínea "c" na presente questão.

**Alternativa correta: letra "b".**

---

**39. (FGV – OAB 2012.1)** No processo trabalhista, a compensação ou retenção

a) só poderá ser arguida como matéria de defesa.

b) poderá ser arguida em qualquer fase do processo, mesmo na execução definitiva da sentença.

c) poderá ser arguida em qualquer momento, até que a sentença seja proferida pelo juiz de 1ª instância.

d) poderá ser arguida em qualquer momento, até que a sentença tenha transitado em julgado.

**COMENTÁRIOS**

✪ **Nota do autor:** A questão disciplina o momento de alegação da compensação e da retenção, o que vem descrito no art. 767 da CLT e na Súmula nº 48 do TST.

**Alternativa "a":** no processo do trabalho, a compensação e a retenção somente podem ser alegadas como matéria de defesa na contestação, conforme impõem o art. 767 da CLT e a Súmula nº 48 do TST. Além disso, a compensação está restrita à matéria trabalhista (Súmula nº 18 do TST).

**Alternativa "b":** como visto, a compensação e a retenção somente podem ser alegadas na contestação.

**Alternativa "c":** o momento para a alegação da compensação e da retenção é a contestação.

**Alternativa "d":** como já estudado, somente na contestação poderá ser levantada a compensação e a retenção.

**Alternativa correta: letra "a".**

## 7.1. RECONVENÇÃO

---

**40. (FGV – OAB 2017.1)** A sociedade empresária Sanear Conservação e Limpeza Ltda. ajuizou ação de consignação em pagamento em face do ex-empregado Pedro Braga, afirmando que ele se negava a receber as verbas resilitórias a que faria jus. Citado, Pedro Braga apresentou resposta sob a forma de contestação e reconvenção, postulando diversos direitos alegadamente lesados e incluindo no polo passivo a sociedade empresária Réptil Imobiliária, tomadora dos serviços terceirizados do empregado, requerendo dela a responsabilidade subsidiária. Diante da situação retratada e da norma de regência, assinale a afirmativa correta.

a) Não é possível, em sede de reconvenção, ajuizar ação contra quem não é parte na lide principal.

b) A pretensão de Pedro somente se viabilizará se a sociedade empresária Réptil Imobiliária concordar em figurar na reconvenção.

c) Não há óbice a se incluir na reconvenção pessoa que não figure na lide original.

d) A Lei processual é omissa a respeito; assim ficará a critério do juiz aceitar a inclusão da sociedade empresária Réptil Imobiliária.

**COMENTÁRIOS**

✪ **Nota do autor:** A CLT é omissa quanto à reconvenção, apenas prevendo que haverá honorários advocatícios na reconvenção (CLT, art. 791-A, § 5º). Assim, diante de sua compatibilidade com o processo do trabalho, aplica-se subsidiariamente o CPC.

**Alternativa "a":** Conforme descreve o art. 343, §3º, CPC/15, a reconvenção pode ser proposta contra o autor e terceiro.

**Alternativa "b":** A reconvenção, embora seja uma modalidade de resposta do réu, não é defesa e, sim, verdadeiro contra-ataque, vez que no mesmo processo o reclamado ajuíza ação em face do autor. Tem, portanto, natureza de ação. Assim, não há necessidade da concordância da sociedade empresária Réptil Imobiliária.

**Alternativa "c":** O art. 343, § 3º, do CPC/15, admite que a reconvenção seja proposta contra o autor e terceiro. Além disso, também pode ser proposta pelo réu em litisconsórcio com terceiro (CPC/15, art. 343, § 4º).

**Alternativa "d":** Como visto, a reconvenção e a inclusão do terceiro são direitos da parte, não ficando a critério do julgador.

**Alternativa correta: letra "c".**

## 8. PROVAS

### 8.1. ÔNUS DA PROVA

**41. (FGV – Exame de Ordem 2016.1)** José ajuizou reclamação trabalhista em face da sociedade empresária ABCD Ltda., requerendo horas extras. A sociedade empresária apresentou contestação negando as horas extras e juntou os cartões de ponto, os quais continham horários variados de entrada e saída, marcados por meio de relógio de ponto. O advogado do autor impugnou a documentação. Com base no caso apresentado, assinale a afirmativa correta.

a) Na qualidade de advogado do autor, você não precisará produzir qualquer outra prova, pois já impugnou a documentação.

b) Na qualidade de advogado da ré, você deverá produzir prova testemunhal, já que a documentação foi impugnada.

c) Na qualidade de advogado do autor, o ônus da prova será do seu cliente, razão pela qual você deverá produzir outros meios de prova em razão da sua impugnação à documentação.

d) Dada a variação de horários nos documentos, presumem-se os mesmos inválidos diante da impugnação, razão pela qual só caberá o ônus da prova à empresa ré.

**COMENTÁRIOS**

✪ **Nota do autor:** a questão aborda o ônus da prova na seara laboral.

**Alternativa "c" (responde as demais alternativas):** as horas extras, como o próprio nome já indica, decorrem de fato extraordinário. Desse modo, é a regra básica que o ordinário de presume, enquanto o extraordinário se prova. Assim, caso o Reclamante alegue a realização de horas extras, por ser fato extraordinário e constitutivo de seu direito, incumbe-lhe o ônus da prova. Ocorre que, em duas situações, haverá distribuição diversa do ônus da prova, isto é, o ônus deixa de ser do reclamante e passa para a empresa da reclamada. São eles, empresa com mais de 20 empregados[8] e cartões de ponto invariáveis. Na situação descrita, a questão não traz o número de empregados da empresa, mas houve a apresentação dos cartões de ponto, que são variáveis e, portanto, válidos como meio de prova. Desse modo, se o reclamante pretende desconstituí-los, a ele incumbe o ônus, o que poderá fazer por outros meios de prova.

**Alternativa correta: letra "c".**

**42. (FGV – Exame de Ordem 2016.3)** Um empregado ajuizou reclamação trabalhista postulando o pagamento de vale transporte, jamais concedido durante o contrato de trabalho, bem como o FGTS não depositado durante o pacto laboral.

Em contestação, a sociedade empresária advogou que, em relação ao vale transporte, o empregado não satisfazia os requisitos indispensáveis para a concessão; no tocante ao FGTS, disse que os depósitos estavam regulares. Em relação à distribuição do ônus da prova, diante desse panorama processual e do entendimento consolidado pelo TST, assinale a afirmativa correta.

a) O ônus da prova, em relação ao vale transporte, caberá ao reclamante e, no tocante ao FGTS, à reclamada

b) O ônus da prova para ambos os pedidos, diante das alegações, será do reclamante.

c) O ônus da prova, em relação ao vale transporte, caberá ao reclamado e, no tocante ao FGTS, ao reclamante.

d) O ônus da prova para ambos os pedidos, diante das alegações, será da sociedade empresária.

**COMENTÁRIOS**

✪ **Nota do autor:** A questão aborda o ônus da prova nas ações que discutam o recebimento do vale-transporte e a regularidade do pagamento do FGTS.

**Alternativa "d" (responde todas as demais alternativas):** A questão aborda as Súmulas nº 460 e 461 do TST, as quais estabelecem, respectivamente, que é do empregador o ônus de comprovar que o empregado não satisfazia os requisitos indispensáveis ou não possuía interesse na concessão do vale-transporte e que é do empregador o ônus da prova em relação à regularidade dos depósitos do FGTS:

> *Súmula nº 460 do TST. Vale-transporte. Ônus da prova.*
>
> *É do empregador o ônus de comprovar que o empregado não satisfaz os requisitos indispensáveis para a concessão do vale-transporte ou não pretenda fazer uso do benefício.*
>
> *Súmula nº 461 do TST. FGTS. Diferenças. Recolhimento. Ônus da prova.*
>
> *É do empregador o ônus da prova em relação à regularidade dos depósitos do FGTS, pois o pagamento é fato extintivo do direito do autor (art. 373, II, do CPC de 2015).*

Dessa forma, em ambos os pedidos realizados, o ônus da prova será da sociedade empresária.

**Alternativa correta: letra "d".**

**43. (FGV – OAB 2012.1)** Cíntia Maria ajuíza reclamação trabalhista em face da empresa Tictac Ltda., postulando o pagamento de horas extraordinárias, aduzindo que sempre labutou no horário das 8h às 19h, de segunda a sexta-feira, sem intervalo intrajornada. A empresa ré oferece contestação, impugnando o horário indicado na inicial, afirmando que a autora sempre laborou no horário das 8h às 17h, com 1 hora de pausa alimentar, asseverando ainda que os controles de ponto que acompanham a defesa não indicam a existência de labor extraordinário. À vista da defesa ofertada e dos controles carreados à resposta do réu, a parte autora, por intermédio de seu advogado, impugna os registros de frequência porque não apresentam qualquer variação no registro de entrada e saída, assim como porque não ostentam sequer a pré-assinalação do intervalo intrajornada. Admitindo-se a veracidade das argumentações do patrono da parte autora e com base na posição do TST acerca da matéria, é correto afirmar que

a) compete ao empregado o ônus de comprovar o horário de trabalho indicado na inicial, inclusive a supressão do intervalo intrajornada, a teor do disposto no art. 818 da CLT.

8 A Lei nº 13.874/2019 alterou a redação do dispositivo, que antes previa a obrigatoriedade do registro de ponto para as empresas com mais de 10 empregados, o que deverá alterar a Súmula nº 338 do TST.

b) diante da impugnação apresentada, inverte-se o ônus probatório, que passa a ser do empregador, prevalecendo o horário da inicial, se dele não se desincumbir por outro meio probatório, inclusive no que se refere à ausência de intervalo intrajornada.

c) em se tratando de controles de ponto inválidos, ao passo que não demonstram qualquer variação no registro de entrada e saída, não poderá a ré produzir qualquer outra prova capaz de confirmar suas assertivas, porquanto a prova documental é a única capaz de demonstrar a jornada de trabalho cumprida.

d) diante da impugnação apresentada, inverte-se o ônus probatório, que passa a ser do empregador, prevalecendo o horário da inicial, se dele não se desincumbir, exceto quanto ao intervalo intrajornada, cujo ônus probatório ainda pertence à parte autora.

COMENTÁRIOS

**Nota do autor:** A questão versa sobre o ônus da prova na hipótese de controles de ponto invariáveis, também chamado de horário britânico. Exemplo: empregado entra todos os dias às 8h e sai às 17h, sem nenhuma variação.

**Alternativa "a"**: Em regra, o ônus de provar a realização de horas extras é do empregado. No entanto, quando apresentado controles de ponto invariáveis, inverte-se o ônus da prova, que passa para o empregador.

**Alternativa "b"**: Os controles de ponto que demonstram horários de entrada e saída uniformes (invariáveis) são inválidos como meio de prova. Nesse caso, inverte-se o ônus da prova, relativo às horas extras, que passa a ser do empregador, prevalecendo a jornada da inicial se dele não se desincumbir, utilizando-se de outros meios de prova, como, por exemplo, a prova testemunhal (Súmula nº 338, III, do TST). Ademais, nos controles de ponto deve haver pré-assinalação do período de repouso (CLT, art. 74, § 2º).

**Alternativa "c"**: Como visto, na hipótese de controles invariáveis o ônus da prova é invertido, passando para o empregador. Contudo, o empregador não fica vinculado aos controles apresentados, podendo contrariar a jornada apresentada na inicial por outro meio de prova, como, por exemplo, pela prova testemunhal.

**Alternativa "d"**: conforme já estudado, no caso de controles invariáveis o ônus da prova passa para o empregador. Além disso, também ficará a seu cargo demonstrar que o empregado usufruía do intervalo intrajornada (refeição e descanso), vez que não havia pré-assinalação, como impõe o art. 74, § 2º, da CLT.

**Alternativa correta: letra "b".**

## 8.2. MEIOS DE PROVA

**44. (FGV – Exame de Ordem 2017.3)** Rodolfo Alencar ajuizou reclamação trabalhista em desfavor da sociedade empresária Sabonete Silvestre Ltda. Em síntese, ele afirma que cumpria longa jornada de trabalho, mas que não recebia as horas extras integralmente. A defesa nega o fato e advoga que toda a sobrejornada foi escorreitamente paga, nada mais sendo devido ao reclamante no particular. Na audiência designada, cada parte conduziu duas testemunhas, que começaram a ser ouvidas pelo juiz, começando pelas do autor. Após o magistrado fazer as perguntas que desejava, abriu oportunidade para que os advogados fizessem indagações, e o patrono do autor passou a fazer suas perguntas diretamente à testemunha, contra o que se opôs o juiz, afirmando que as perguntas deveriam ser feitas a ele, que, em seguida, perguntaria à testemunha.

Diante do incidente instalado e de acordo com o regramento da CLT, assinale a afirmativa correta.

a) Correto o advogado, pois, de acordo com o CPC, o advogado fará perguntas diretamente à testemunha.

b) A CLT não tem dispositivo próprio, daí porque poderia ser admitido tanto o sistema direto quanto o indireto.

c) A CLT determina que o sistema seja híbrido, intercalando perguntas feitas diretamente pelo advogado, com indagações realizadas pelo juiz.

d) Correto o magistrado, pois a CLT determina que o sistema seja indireto ou presidencial.

COMENTÁRIOS

**Nota do autor:** A questão o procedimento da prova testemunhal na audiência trabalhista.

**Alternativa "d" (responde as demais alternativas):** O magistrado agiu corretamente, pois segundo o art. 820 da CLT, as partes e testemunhas serão inquiridas pelo juiz ou presidente, podendo ser reinquiridas, por seu intermédio, a requerimento dos vogais, das partes, seus representantes ou advogados. Assim, existindo regra própria na CLT, não se aplica ao Processo do Trabalho a norma do art. 459 do CPC/2015 no que permite a inquirição direta das testemunhas pela parte (TST-IN nº 39/2016, art. 11).

**Alternativa correta: letra "d".**

**45. (FGV – Exame de Ordem 2016.2 – Prova reaplicada Salvador-BA)** O juiz, em sede de reclamação trabalhista, após ouvir os depoimentos pessoais das partes, deu início à oitiva de testemunha da parte ré, já que o autor não produziu a prova testemunhal. Como as três testemunhas da empresa permaneceram na sala de audiência durante toda a audiência, o juiz ouviu cada uma delas sem que as outras se retirassem.

De acordo com a CLT, assinale a opção que indica o procedimento a ser adotado pelo advogado da parte autora.

a) Deverá ser requerida a invalidação dos depoimentos.

b) Não há nada a ser requerido, pois o procedimento foi normal visando à celeridade e à economia processual.

c) Deverá ser requerido o adiamento da audiência para a produção de prova testemunhal pelo autor.

d) Deverá ser requerida a oitiva das testemunhas como informantes.

COMENTÁRIOS

**Nota do autor:** a questão aborda o procedimento da prova testemunhal no processo do trabalho.

**Alternativa "a" (responde as demais alternativas)**: O art. 824 da CLT declina: "O juiz ou presidente providenciará para que o depoimento de uma testemunha não seja ouvido pelas demais que tenham de depor no processo". Dessa forma, como as testemunhas permaneceram na sala de audiência durante toda a audiência, a parte autora deve requerer a invalidação dos depoimentos.

**Alternativa correta: letra "a".**

**46. (FGV – Exame de Ordem 2015.3)** A empresa XPTO Ltda., necessitando dispensar empregado estável, ajuizou inquérito para apuração de falta grave em face de seu empregado. No dia da audiência, a empresa apresentou seis testemunhas, protestando pela oitiva de todas. O empregado apresentou três testemunhas, afirmando ser este o limite na Justiça do Trabalho. Assinale a alternativa que mostra qual advogado agiu da forma determinada na CLT.

PROCESSUAL DO TRABALHO

a) O advogado da empresa agiu corretamente, pois trata-se de inquérito para apuração de falta grave.

b) O juiz determinou que a empresa dispensasse três das seis testemunhas, pois é necessário o equilíbrio com a outra parte. Logo, ambos os advogados agiram corretamente, levando o número de testemunhas que entendiam cabível.

c) O advogado do empregado está correto, pois o limite de testemunhas para o processo de rito ordinário é de três para cada parte.

d) Os dois advogados se equivocaram, pois o limite legal é de três por processo no rito ordinário, sendo as testemunhas do juízo.

**COMENTÁRIOS**

✪ **Nota do autor:** a questão versa sobre a quantidade de testemunhas no inquérito para apuração de falta grave. O processo do trabalho define o número de testemunhas por partes e não por fatos. Além disso, a quantidade é delimitada de acordo como o procedimento, como se verifica pelo quadro a seguir:

| Procedimento | Número de testemunhas |
|---|---|
| **Ordinário** | 3 |
| **Sumaríssimo** | 2 |
| **Inquérito para apuração de falta grave** | 6 |

**Alternativa "a":** cada uma das partes não poderá indicar mais de três testemunhas, salvo quando se tratar de inquérito para apuração de falta grave, caso em que esse número poderá ser elevado a 6 (art. 821 da CLT), como ocorre na presente questão.

**Alternativa "b":** o processo do trabalho, a quantidade de testemunhas é delimitada na lei, sendo de acordo com o procedimento. Na questão apresentada, trata-se de um procedimento especial no processo do trabalho, o inquérito para apuração de falta grave, sendo permitido até 6 testemunhas (art. 821 da CLT). Desse modo, não pode o juiz determinar a dispensa das testemunhas excedentes a 3.

**Alternativa "c":** conforme exposto, a CLT contemplou o inquérito para apuração de falta grave com 6 testemunhas para cada parte (art. 821 da CLT).

**Alternativa "d":** conforme anunciado, a CLT contemplou o inquérito para apuração de falta grave com 6 testemunhas para cada parte (art. 821 da CLT). Por fim, é importante destacar que esse limite é um direito das partes, gerando-lhes, porém, limitação quanto à possibilidade de ampliação. No entanto, para o juiz, como destinatário da prova, não existe essa limitação, pode ampliar o número de testemunhas, caso entenda necessário.

**Alternativa correta: letra "a".**

## 9. COISA JULGADA

**47. (FGV – Exame de Ordem 2013.3)** Carlos Alberto foi caixa numa instituição bancária e ajuizou reclamação trabalhista, postulando o pagamento de horas extras, já que em uma das agências, na qual trabalhou por dois anos, cumpria jornada superior à legal. Em contestação, foram apresentados os controles, que não continham sobrejornada, e por essa razão foram expressamente impugnados pelo acionante. Na instrução, o banco não produziu prova, mas Carlos Alberto conduziu uma testemunha que com ele trabalhou sete meses na agência em questão e ratificou a jornada mais extensa declarada na petição inicial. Diante desta situação e de acordo com o entendimento consolidado do TST, assinale a afirmativa correta.

a) Uma vez que a testemunha trabalhou com o autor somente sete meses, este é o limite de tempo que limitará eventual condenação.

b) Se o juiz se convencer, pela prova testemunhal, que a sobrejornada ocorreu nos dois anos, poderá deferir as horas extras em todo o período.

c) Uma vez que a testemunha trabalhou com o autor em período inferior à metade do tempo questionado, não poderá ser fator de convencimento acerca da jornada.

d) Considerando que os controles foram juntados, uma única testemunha não poderia servir de prova da jornada cumprida.

**COMENTÁRIOS**

✪ **Nota do autor:** a questão exige o conhecimento da jurisprudência sumulada do TST.

**Alternativa "a":** o julgador não fica limitado ao período em que a testemunha trabalhou com o reclamante.

**Alternativa "b":** A decisão que defere horas extras com base em prova oral ou documental não ficará limitada ao tempo por ela abrangido, desde que o julgador fique convencido de que o procedimento questionado superou aquele período (Orientação Jurisprudencial nº 233 da SDI-I do TST).

**Alternativa "c":** pode depor como testemunha todas as pessoas, exceto as incapazes, impedidas ou suspeitas. Dessa forma, o tempo trabalhado pela testemunha não é requisito de validade para seu depoimento.

**Alternativa "d":** Os cartões de ponto não fazem prova absoluta, podendo ser afastados por outros meios de prova, como é o caso da prova testemunhal. Ademais, o convencimento do juiz da veracidade dos fatos alegados, independe do número de testemunha, de modo que uma única testemunha poderá afastar os cartões apresentados pela empresa.

**Alternativa correta: letra "b".**

**48. (FGV – Exame de Ordem 2013.2)** Um determinado trabalhador ajuizou uma reclamação trabalhista e, na data designada, faltou injustificadamente à audiência. Seu advogado requereu o desentranhamento dos documentos, no que foi atendido. Dois meses depois, apresentou a mesma reclamação, mas posteriormente resolve desistir dela em mesa de audiência, o que foi homologado pelo magistrado, sendo extinto o processo sem resolução do mérito.

Caso queira ajuizar uma nova ação, o trabalhador

a) terá de aguardar o prazo de seis meses, pois contra ele será aplicada a pena de perempção.

b) poderá ajuizar a nova ação de imediato, contanto que pague o valor de uma multa que será arbitrada pelo juiz.

c) não precisará aguardar nenhum prazo para ajuizar nova ação.

d) deverá aguardar seis meses para ajuizar ação contra aquele empregador, mas não para outros que porventura venha a ter.

**COMENTÁRIOS**

✪ **Nota do autor:** a questão exigia conhecimento do instituto da perempção temporária, no processo do trabalho, que não era aplicada no presente caso.

**Alternativa "a":** Caso o reclamante dê causa a dois arquivamentos, pelo não comparecimento na audiência, ficará impossibilitado, pelo prazo de seis meses, de reclamar perante a Justiça do Trabalho, nos termos dos arts. 731 e 732 da CLT. Trata-se da chamada perempção temporária. Contudo, para a aplicação dessa sanção são necessários dois arquivamentos pelo não comparecimento do reclamante na audiência. Na questão apresentada, houve apenas um arquivamento pelo não comparecimento na audiência, vez que na segunda reclamação o reclamante compareceu à audiência, mas desistiu da ação, de modo que não ocorreu o arquivamento pela ausência da parte.

**Alternativa "b":** A desistência da ação não gera pena de multa.

**Alternativa "c":** A coisa julgada é dividida pela doutrina em formal e material. Será:

1) **formal**: quando gera a imutabilidade da decisão para dentro do processo. Nessa hipótese, poder-se-á ajuizar novo processo para discutir o objeto do processo anterior. É o que ocorre nas sentenças terminativas (sem resolução de mérito).
2) **material**: torna imutável o conteúdo da sentença (ou acórdão) no processo em que foi prolatada e em eventuais processos futuros. É o que ocorre nas sentenças definitivas (com resolução do mérito), que impedem nova discussão do objeto do processo anterior.

No presente caso, trata-se de coisa julgada formal, vez que gera a imutabilidade da decisão apenas para dentro do processo, permitindo assim o ajuizamento de novo processo para discutir o objeto no processo anterior.

**Alternativa "d":** Não há causa para aplicação da perempção temporária. Portanto, desnecessário o lapso de seis meses para intentar com nova ação trabalhista, independentemente de quem seja a parte reclamada.

**Alternativa correta: letra "c".**

---

**49. (FGV – OAB 2012.2)** Arlindo dos Santos ajuizou ação trabalhista em face do seu antigo empregador, pleiteando adicional de insalubridade e indenização por danos morais. Nas suas alegações contidas na causa de pedir, Arlindo argumentou que trabalhou permanentemente em contato com produtos químicos altamente tóxicos, o que lhe acarretou, inclusive, problemas de saúde. Em contestação, o réu negou veementemente a existência de condições insalubres e, por consequência, a violação do direito fundamental à saúde do empregado, não apenas porque o material utilizado por Arlindo não era tóxico, como também porque ele sempre utilizou equipamento de proteção individual (luvas e máscara). Iniciada a fase instrutória, foi feita prova pericial. Ao examinar o local de trabalho, o perito constatou que o material usado por Arlindo não era tóxico como mencionado por ele na petição inicial. Entretanto, verificou que o autor trabalhou submetido a níveis de ruído muito acima do tolerado e sem a proteção adequada. Assim, por força desse outro agente insalubre não referido na causa de pedir, concluiu que o autor fazia jus ao pagamento do adicional pleiteado com o percentual de 20%. Com base nessa situação concreta, é correto afirmar que o juiz deve julgar

a) improcedente o pedido de pagamento de adicional de insalubridade, uma vez que está vinculado aos fatos constantes da causa de pedir, tal como descritos pelo autor na petição inicial.
b) procedente em parte o pedido de pagamento de adicional de insalubridade, concedendo apenas metade do percentual sugerido pelo perito, haja vista a existência de agente insalubre distinto daquele mencionado na causa de pedir.
c) improcedente o pedido de pagamento de adicional de insalubridade, uma vez que a existência de ruído não é agente insalubre.
d) procedente o pedido de pagamento de adicional de insalubridade, uma vez que a constatação de agente insalubre distinto do mencionado na causa de pedir não prejudica o pedido respectivo.

**COMENTÁRIOS**

✪ **Nota do autor:** A questão verifica a hipótese em que a prova pericial (técnica) encontra agente nocivo diverso do alegado na petição inicial.

**Alternativa "a"**: cabe ao perito demonstrar quais agentes são insalubres, não ficando vinculado aos fatos da inicial.

**Alternativa "b"**: como anunciado, o perito judicial deve demonstrar quais agentes são insalubres e o adicional devido, não havendo justificativa legal para sua redução pela metade, pelo simples fato de ser diversos do indicado na inicial. Ressalta-se, porém, que o juiz não está vinculado ao laudo pericial, podendo, pelo seu livre convencimento motivado, se valer de outros meios de prova existente nos autos ou determinar a realização de nova perícia.

**Alternativa "c"**: o ruído é agente insalubre, nos termos da NR 15 do MTE.

**Alternativa "d":** a comprovação da insalubridade se faz por meio de prova pericial (OJs nº 165 e 278 da SDI I do TST). Nesse caso, a verificação de agente insalubre diverso do apontada na inicial, não prejudica o pedido de adicional de insalubridade (Súmula nº 293 do TST). Isso ocorre porque incumbe ao reclamante descrever suas atividades, ficando a cargo do perito enquadrar quais são os agentes insalubres, pois se trata de fato que depende de conhecimento técnico (médico ou engenheiro).

**Alternativa correta: letra "d".**



## 10. TUTELA ANTECIPADA

---

**50. (FGV – Exame de Ordem/2018.3)** Em uma reclamação trabalhista, o autor afirmou ter sido vítima de discriminação estética, pois fora dispensado pelo ex-empregador por não ter querido raspar o próprio bigode. Requereu, na petição inicial, tutela de urgência para ser imediatamente reintegrado em razão de prática discriminatória. O juiz, não convencido da tese de discriminação, indeferiu a tutela de urgência e determinou a designação de audiência, com a respectiva citação. Como advogado(a) do autor, assinale a opção que contém, de acordo com a Lei e o entendimento consolidado do TST, a medida judicial a ser manejada para reverter a situação e conseguir a tutela de urgência desejada.

a) Interpor recurso ordinário seguido de medida cautelar.
b) Nada poderá ser feito, por tratar-se de decisão interlocutória, que é irrecorrível na Justiça do Trabalho.
c) Impetrar mandado de segurança.
d) Interpor agravo de instrumento.

**COMENTÁRIOS**

✪ **Nota do autor:** A tutela antecipada, também chamada de tutela provisória satisfativa, consiste na antecipação dos efeitos da tutela definitiva pretendida pelo autor, concedendo-lhe imediatamente o bem da vida pleiteado.

**Alternativa "c" – responde as demais alternativas:** A tutela provisória pode ser concedida antes ou na sentença. No entanto, sendo concedida antes da sentença, não haverá recurso cabível, em razão do princípio da irrecorribilidade das decisões interlocutórias que permeia o processo do trabalho (CLT, art. 893, §1º). Ocorre, no entanto, que a concessão ou indeferimento da tutela provisória pode, em tese, ferir direito líquido e certo, razão pela qual, não havendo outro meio de impugnação, o C. TST admite a impetração de mandado de segurança na hipótese. É o que estabelece o item II da Súmula nº 414 do TST.

Por outro lado, sendo a tutela antecipada concedida na sentença, o meio de impugnação é o recurso ordinário (Sum. 414, I do TST).

**Alternativa correta: letra "c".**

**51. (FGV – Exame de Ordem 2014.2)** Geraldo requereu na sua petição inicial, e teve deferida, a concessão de tutela antecipada para sua imediata reintegração, haja vista ser dirigente sindical. O ex-empregador, cientificado, impetrou Mandado de Segurança, no qual obteve liminar revogando a tutela antecipada concedida. Logo depois, a reclamação trabalhista de Geraldo foi instruída na Vara do Trabalho e encaminhada para sentença, que julgou procedente o pedido, tendo o juiz concedido novamente a tutela antecipada, agora na sentença. Diante do quadro retratado, de acordo com o entendimento sumulado pelo TST, assinale a opção correta.

a) O juiz poderia conceder a tutela na sentença, e, nesse caso, o Mandado de Segurança perde o objeto.
b) O Juiz não poderia conceder novamente a tutela antecipada, haja vista que ela havia sido revogada pelo Tribunal.
c) Se a tutela antecipada foi revogada, somente havendo autorização do TRT ela poderia ser revigorada, de modo que o juiz subverteu a ordem processual vigente, cabendo reclamação correicional.
d) Poderá a parte ré impetrar novo mandado de segurança, agora contra a tutela antecipada concedida na sentença.

**COMENTÁRIOS**

✪ **Nota do autor:** a tutela antecipada pode ser concedida em qualquer momento da fase de conhecimento. Desse modo, poderá ser concedida antes da sentença ou na própria sentença.

**Alternativa "a":** o Mandado de Segurança será cabível apenas na tutela provisória proferida antes da sentença, em face da inexistência de recurso próprio (Súmula nº 414, II, TST). Nesse caso, a superveniência da sentença, nos autos originários, faz perder o objeto do mandado de segurança que impugnava a concessão da tutela provisória, nos termos do item III da referida súmula. É que nesse caso, a sentença substitui a decisão interlocutória impugnada.

**Alternativa "b":** a tutela antecipada é uma tutela provisória, podendo ser revogada ou modificada a qualquer tempo, em decisão fundamentada (art. 296 do CPC).

**Alternativa "c":** como já explicitado, a tutela antecipada é uma tutela provisória, podendo ser revogada ou modificada a qualquer tempo, em decisão fundamentada (art. 296 do CPC).

**Alternativa "d":** a antecipação da tutela concedida na sentença não comporta impugnação pela via do mandado de segurança, por ser impugnável mediante recurso ordinário. É admissível a obtenção de efeito suspensivo ao recurso ordinário mediante requerimento dirigido ao tribunal, ao relator ou ao presidente ou ao vice-presidente do tribunal recorrido, por aplicação subsidiária ao processo do trabalho do artigo 1.029, § 5º, do CPC de 2015. (Súmula nº 414, I, TST).

**Alternativa correta: letra "a".**

## 11. RITO SUMARÍSSIMO E RITO SUMÁRIO

### 11.1. RITO SUMARÍSSIMO

**52. (FGV – Exame de Ordem – 2021.1)** Melissa era uma empregada terceirizada do setor de limpeza que atuou durante todo o seu contrato em uma sociedade de economia mista federal, que era a tomadora dos serviços (contratante). Após ter sido dispensada e não ter recebido nem mesmo as verbas resilitórias, Melissa ajuizou reclamação trabalhista contra o ex-empregador e contra a sociedade de economia mista federal, requerendo desta a responsabilidade subsidiária por ser tomadora dos serviços. O volume dos pedidos de Melissa alcança o valor de R$ 17.000,00.

Considerando os fatos narrados, assinale a afirmativa correta.

a) A ação tramitará pelo procedimento sumaríssimo, de modo que Melissa poderá conduzir, no máximo, duas testemunhas.
b) Diante do valor dos pedidos formulados, a reclamação deverá se submeter ao rito sumário e, da decisão que vier a ser proferida, não caberá recurso.
c) A reclamação adotará o rito especial misto e será possível a citação por edital caso o ex-empregador não seja localizado na fase de conhecimento.
d) A demanda observará rito ordinário, independentemente do valor do pedido de Melissa, pois um dos réus é ente público.

**COMENTÁRIOS**

✪ **Nota do Autor:** a questão aborda os procedimentos que podem ser adotados no processo do trabalho.

**Alternativa "a" (responde as demais alternativas):** Inicialmente, o candidato deverá analisar qual o procedimento adotado no caso apresentado, a partir do valor da causa da ação, qual seja, R$ 17.000,00. O procedimento sumário tem cabimento nas causas que não excedam 2 salários-mínimos vigentes na data do ajuizamento da reclamação. Como o valor da ação extrapola 2 salários-mínimos, o rito sumário não será aplicado.

O procedimento sumaríssimo, por sua vez, é aplicável às causas que não excedam 40 vezes o salário-mínimo vigente na data do ajuizamento da reclamação. Pelo critério do valor da causa, a ação adotará o rito sumaríssimo. É necessário lembrar que estão excluídas do procedimento sumaríssimo as demandas em que é parte a Administração Pública direta, autárquica e fundacional. A ação foi ajuizada em face do ex-empregador e da sociedade de economia mista federal podendo, portanto, tramitar pelo rito sumaríssimo. No rito sumaríssimo são admitidas, no máximo, 2 testemunhas para cada parte (CLT, art. 852-H, § 2º).

**Alternativa correta: letra "a".**

**53. (FGV/OAB/XXX_Exame – 2019)** Em sede de reclamação trabalhista proposta por Sávio, os pedidos liquidados somaram valor inferior a 40 salários mínimos nacionais. A ação foi movida em face do ex-empregador e da União, em razão de alegação de responsabilidade subsidiária.

Sobre o caso apresentado, assinale a opção que indica o procedimento a ser seguido.

a) A ação correrá sob o rito sumaríssimo, pois cabível o rito especial para qualquer parte na Justiça do Trabalho, desde que o valor da causa seja compatível.

b) A ação correrá sob o rito ordinário, porque, em que pese o valor da causa, figura ente de direito público no polo passivo.

c) A ação correrá no rito ordinário, mas, caso a primeira ré não seja encontrada, não será possível realizar a citação por edital, em vista de a segunda ré ser a União.

d) A ação correrá no rito sumaríssimo, e, em caso de prova testemunhal, cada parte terá direito a ouvir até três testemunhas.

**COMENTÁRIOS**

✪ **Nota do autor:** A questão aborda regras acerca do cabimento do procedimento sumaríssimo no processo do trabalho, temática de grande recorrência nas provas.

**Alternativa "b" (responde as demais alternativas):** o procedimento sumaríssimo é aplicável às causas que não excedam **40 vezes o salário-mínimo vigente na data do ajuizamento da reclamação,** como no caso descrito na questão. Contudo, estão excluídas do procedimento sumaríssimo as demandas em que é parte a Administração Pública direta, autárquica e fundacional (CLT, art. 852-A, parágrafo único). Desse modo, como a ação foi movida em face de ex-empregador e da União, correrá no rito ordinário.

**Alternativa correta: letra "b"**

---

**54. (FGV – Exame de Ordem/2018.3)** Juca ajuizou ação trabalhista em face da sua ex-empregadora, empresa privada do ramo de mineração. Paulo também ajuizou ação, mas em face de seu ex- empregador, uma empresa de prestação de serviços, e do Município de Nova Iguaçu, no Rio de Janeiro, para quem prestou serviços, requerendo a responsabilização subsidiária. Os respectivos advogados atribuíram o valor correspondente a 20 salários mínimos à causa de Juca e de 15 salários mínimos à causa de Paulo.

Diante disso, assinale a afirmativa correta.

a) A causa de Juca correrá sob o procedimento sumaríssimo e a de Paulo, sob o ordinário.

b) Ambas as causas correrão sob o procedimento sumaríssimo.

c) Ambas as causas correrão sob o procedimento ordinário.

d) A causa de Juca correrá sob o procedimento ordinário e a de Paulo, sob o sumaríssimo.

**COMENTÁRIOS**

✪ **Nota do autor:** Com o objetivo de agilizar a prestação jurisdicional, a Lei nº 9.957/00 instituiu o rito sumaríssimo no processo do trabalho, incluindo os arts. 852-A a 852-I na CLT.

**Alternativa "a" – responde as demais alternativas:** O art. 852-A da CLT estabelece que p procedimento sumaríssimo é aplicável às causas que não excedam 40 vezes o salário mínimo vigente na data do ajuizamento da reclamação. No entanto, o candidato deveria estar atento para exceção prevista no parágrafo único do dispositivo que prevê a exclusão das demandas no rito sumaríssimo em que é parte a Administração Pública direta, autárquica e fundacional. Assim, a ação de Juca será tramitada pelo procedimento sumaríssimo e a reclamação de Paulo, sob o rito ordinário, tendo em vista que foi ajuizada em face do Município de Nova Iguaçu.

**Alternativa correta: letra "a".**

---

**55. (FGV – Exame de Ordem 2016.2)** Em audiência trabalhista sob o rito sumaríssimo, o advogado da ré aduziu que suas testemunhas estavam ausentes. Sem apresentar qualquer justificativa ou comprovante de comunicação às testemunhas, requereu o adiamento do feito. Diante disso, estando presentes as testemunhas do autor, o juiz indagou do advogado do autor se ele concordava ou não com o adiamento, requerendo justificativa.

Sobre o caso relatado, na qualidade de advogado do autor, assinale a afirmativa correta.

a) Deve concordar com o adiamento, já que ausentes as testemunhas, essas poderão ser intimadas para comparecimento na próxima audiência.

b) Deve se opor ao adiamento, requerendo o prosseguimento do feito, pois, não havendo comprovação do convite às testemunhas, a audiência não poderá ser adiada para intimação das mesmas.

c) Deve se opor ao adiamento imediato, requerendo a oitiva de suas testemunhas e protestar por depoimentos pessoais para, na próxima audiência, serem ouvidas as testemunhas da ré.

d) Deve concordar com o adiamento, pois a lei não exige justificativa ou comprovação de convite às testemunhas.

**COMENTÁRIOS**

✪ **Nota do autor:** trata-se de questão que impõe o conhecimento do art. 852-H da CLT, que versa sobre a prova testemunhal no rito sumaríssimo.

**Alternativa "b" (responde as demais alternativas):** No procedimento sumaríssimo não basta o não comparecimento da testemunha para que seja intimada e redesignada a audiência. É necessário que a parte comprove que a testemunha foi convidada e não compareceu. Nesse sentido, o art. 852-h, § 3º da CLT: "Só será deferida intimação de testemunha que, comprovadamente convidada, deixar de comparecer. Não comparecendo a testemunha intimada, o juiz poderá determinar sua imediata condução coercitiva".

Assim, na questão apresentada, como não houve a comprovação de comunicação das testemunhas, o autor deverá se opor ao adiamento da audiência.

**Alternativa correta: letra "b".**

---

**56. (FGV – Exame de Ordem 2015.3)** Em sede de reclamação trabalhista sob o rito sumaríssimo, as testemunhas do autor não compareceram à audiência, apesar de convidadas verbalmente por ele. Na audiência, nada foi comprovado acerca da alegação do convite às testemunhas.

Diante disso, assinale a afirmativa correta.

a) A audiência deverá prosseguir, pois não cabe a intimação das testemunhas, uma vez que não foi comprovado o convite a elas.

b) As testemunhas deverão ser intimadas porque a busca da verdade real é um princípio que deve sempre prevalecer.

c) As testemunhas deverão ser conduzidas coercitivamente, porque não se admite que descumpram seu dever de cidadania.

d) O feito deverá ser adiado para novo comparecimento espontâneo das testemunhas.

**COMENTÁRIOS**

✪ **Nota do autor:** a questão exige do candidato o conhecimento acerca da prova testemunhal no procedimento sumaríssimo, especialmente do art. 852-H, § 3º, da CLT.

**Alternativa "a":** A testemunha deve comparecer independentemente de intimação, de modo que não comparecendo, poderá ser intimada, desde comprovado o convite, sob pena de condução coercitiva (art. 852-H, §3º, CLT). No caso apresentado, como não houve comprovação do convite, a audiência deverá prosseguir normalmente, sem a intimação das testemunhas.

**Alternativa "b"**: o procedimento sumaríssimo surgiu com o objetivo de agilizar a prestação jurisdicional, entregando-a de forma mais célere e efetiva. Assim, o que deve prevalecer neste rito é a celeridade e efetividade processual, permitindo a intimação das testemunhas somente na hipótese de comprovação do convite.

**Alternativa "c"**: as testemunhas só deverão ser conduzidas coercitivamente se ocorrer a comprovação do convite (art. 852-H, §3º, CLT).

**Alternativa "d"**: conforme explicitado, se as testemunhas não comparecerem e não houver a comprovação do convite, a audiência prosseguirá (art. 852-H, §3º, CLT).

**Alternativa correta: letra "a".**

**57. (FGV – Exame de Ordem 2015.1)** Antônio é assistente administrativo na sociedade empresária Setler Conservação Ltda., que presta serviços terceirizados à União. Ele está com o seu contrato em vigor, mas não recebeu o ticket refeição dos últimos doze meses, o que alcança o valor de R$ 2.400,00 (R$ 200,00 em cada mês). Em razão dessa irregularidade, estimulada pela ausência de fiscalização por parte da União, Antônio pretende cobrar o ticket por meio de reclamação trabalhista contra a empregadora e o tomador dos serviços, objetivando garantir deste a responsabilidade subsidiária, na forma da Súmula 331 do TST.

Diante da hipótese, assinale a afirmativa correta.

a) A ação deverá seguir o procedimento ordinário, vez que há litisconsórcio passivo, sendo, em razão disso, obrigatório o rito comum.
b) A ação deverá seguir o procedimento sumaríssimo, uma vez que o valor do pedido é inferior a 40 salários mínimos.
c) A ação tramitará pelo rito ordinário porque um dos réus é ente público.
d) O autor poderá optar pelo procedimento que lhe seja mais vantajoso.

**COMENTÁRIOS**

✪ **Nota do autor:** a questão versa sobre o procedimento sumaríssimo. Ressalta-se que esse procedimento não é aplicado às demandas ajuizadas em face da Administração Pública direta, autárquica e fundacional, bem como aos dissídios coletivos (CLT, art. 852-A, parágrafo único).

**Alternativa "a"**: no processo do trabalho, o valor da causa é o único critério considerado para o enquadramento do rito sumaríssimo, independentemente da complexidade da matéria. Assim, havendo ou não litisconsórcio passivo/ativo, se o valor da causa não ultrapassar o limite de quarenta vezes o salário mínimo, o procedimento adotado será o sumaríssimo, salvo nas demandas envolvendo a Administração Pública direta, autárquica e fundacional.

**Alternativa "b"**: conforme aduzido, estando a União no polo passivo da demanda, não incide o procedimento sumaríssimo, por força do art. 852-A, § único, CLT.

**Alternativa "c"**: estão sujeitos ao rito sumaríssimo os dissídios individuais cujo valor não exceda quarenta vezes o salário mínimo vigente da data do ajuizamento da reclamação (art. 852-A, CLT). Ocorre que, estão excluídas desse procedimento, as demandas em que é parte a Administração Pública direta, autárquica e fundacional (art. 852-A, § único, CLT), como é o caso da questão comentada, já que a União (Administração Pública direta) integra o polo passivo. Destaca-se que essa regra se aplica mesmo que a administração pública seja responsável subsidiário, como é o caso, ou seja, para sua incidência basta que o ente da Administração Pública integre um dos polos da ação.

**Alternativa "d"**: o rito processual é norma de ordem pública, não cabendo à parte escolher se irá submeter ou não determinado rito, de modo que não excedendo a 40 vezes o salário-mínimo, obrigatoriamente, adotará o rito sumaríssimo, salvo nas hipóteses já elencadas anteriormente.

**Alternativa correta: letra "c".**

## 11.2. RITO SUMÁRIO

**58. (FGV – Exame de Ordem – 2021.1)** Helena ajuizou reclamação trabalhista, na qual requereu o pagamento do 13º salário integral do último ano trabalhado, no valor de R$ 1.300,00, indicando o referido valor à causa. A sociedade empresária alegou, em defesa, a quitação regular de tal verba, mas não fez prova documental ou testemunhal desse fato. Em razão disso, o pedido foi julgado procedente, tendo o juiz proferido sentença líquida cujo valor, já incluídos juros e correção monetária, passou a ser de R$ 1.345,00.

Sobre esse caso, de acordo com as leis de regência, assinale a afirmativa correta.

a) A sociedade empresária poderá interpor recurso de apelação no prazo de 15 dias.
b) O recurso não será admitido, haja vista o valor da condenação e a matéria tratada.
c) O juiz deverá submeter a decisão ao duplo grau de jurisdição obrigatório, uma vez que a condenação é inferior a 5 salários mínimos.
d) A sociedade empresária poderá interpor recurso ordinário contra a sentença, mas deverá comprovar o recolhimento de custas e o depósito recursal.

**COMENTÁRIOS**

✪ **Nota do Autor:** A questão aborda o cabimento recursal no direito processual do trabalho. O candidato deve estar atento ao rito questionado na questão, qual seja, o rito sumário.

**Alternativa "b" (responde as demais alternativas):** inicialmente, o candidato deve estar atento ao rito que será adotado no caso exposto. Nas causas que não excedam 2 salários-mínimos vigentes na data do ajuizamento da ação, como no caso apresentado na questão, cabe o rito ou procedimento sumário. Esse procedimento é muito restritivo quanto ao cabimento de recursos, uma vez que somente admite recurso que se versar sobre matéria constitucional, ou seja, apenas é cabível o recurso extraordinário ao STF.

**Alternativa correta: letra "b".**

# 12. RECURSOS

## 12.1. TEORIA GERAL DOS RECURSOS

**59. (FGV- XXXIV Exame de Ordem-2022)** Beatriz foi empregada de uma entidade filantrópica por 2 (dois) anos e 3 (três) meses. Terminada a relação de emprego no final de 2021, Beatriz ajuizou reclamação trabalhista 1 (um) mês após, pelo procedimento sumaríssimo, postulando diversos direitos supostamente lesados, além de honorários advocatícios. Regularmente contestado e instruído, o pedido foi julgado procedente em parte, sendo que a ex-empregadora recorreu da sentença no prazo legal juntando o recolhimento das custas. Sobre essa hipótese, de acordo com o que dispõe a CLT, assinale a afirmativa correta.

a) O recurso terá o seguimento negado de plano, já que a ex-empregadora não efetuou o depósito recursal.

b) O juiz deverá conceder prazo para que a recorrente sane o vício e efetue o recolhimento do depósito recursal, sob pena de deserção.

c) O recurso terá seguimento normal e será apreciado desde que a recorrente recolha metade do depósito recursal até a apreciação do recurso pelo Relator.

d) O recurso está com o preparo adequado porque, diante da natureza jurídica da ex-empregadora, ela é isenta do depósito recursal.

**COMENTÁRIOS**

**Nota do autor:** A questão aborda as pessoas isentas do pagamento do depósito recursal. Trata-se de temática impactada pela Lei nº 13.467/17 (Reforma Trabalhista), que incluiu o art. 899, § 10, da CLT.

**Alternativa "d" (responde as demais alternativas):** O art. 899, § 10, da CLT, introduzido pela Lei nº 13.467/17, passa a prever que são isentos do depósito recursal:

1. os beneficiários da justiça gratuita,
2. as entidades filantrópicas e;
3. as empresas em recuperação judicial.

Embora referido dispositivo tenha feito referência apenas às três hipóteses anteriores, também são isentos do recolhimento do depósito recursal:

4. os entes de direito público externo (TST-IN nº 3, X);
5. a União, os Estados, o Distrito Federal, os municípios, as autarquias e as fundações de direito público que não explorem atividade econômica (TST-IN nº 3, X);
6. o Ministério Público do Trabalho;
7. a massa falida (TST-IN nº 3, X; Súmula 86 do TST) e;
8. a herança jacente (TST-IN nº 3, X).

Dessa forma, sendo isenta do recolhimento do depósito recursal, não há deserção ou vícios a serem sanados.

**Alternativa correta: letra "d"**

---

**60. (FGV – Exame de Ordem – 2021.2)** Uma sociedade de economia mista do Estado do Maranhão, após devidamente citada em reclamação trabalhista de um empregado, apresentou defesa e produziu provas em juízo, mas foi condenada na sentença.

Assinale a opção que, de acordo com a CLT, indica o prazo que a empresa em questão possui para recorrer ao TRT.

a) 8 dias úteis.

b) 16 dias úteis.

c) 8 dias corridos.

d) 16 dias corridos.

**COMENTÁRIOS**

**Nota do Autor:** a questão exige o conhecimento pelo candidato dos prazos recursais no direito processual do trabalho. Para responde-la, o candidato deve estar atento às hipóteses de aplicação de prazos diferenciados.

**Alternativa "a" (responde as demais alternativas):** no processo do trabalho, existe uniformidade nos prazos recursais, devendo ser interpostos, como regra, no prazo de 8 dias úteis (Lei nº 5.584/70, art. 6º e CLT, art. 775), incluindo-se o recurso ordinário, cabível no caso. As pessoas jurídicas de direito público que não explorem atividade econômica, a Defensoria Pública e o Ministério Público do Trabalho possuem a prerrogativa de prazos diferenciados para recorrer. Assim, têm prazo em dobro para recorrer, ou seja, 16 dias, como regra (art. 1º do Decreto-Lei nº 779/69). No mesmo sentido, os arts. 180, 183 e 186 do CPC/15, aplicáveis subsidiariamente ao processo do trabalho conferem a tais entes o prazo em dobro para manifestarem nos autos, ou seja, para a prática de todos os atos processuais, o que inclui, por exemplo, a interposição de recursos etc. Os prazos recursais diferenciados, no entanto, não se aplicam às sociedades de economia mista.[9]

**Alternativa correta: letra "a".**

---

**61. (FGV-Exame de Ordem 2019.1)** Francisco trabalhou em favor de uma empresa em Goiânia/GO. Após ser dispensado, mudou-se para São Paulo e neste Estado ajuizou reclamação trabalhista contra o ex-empregador. Este, após citado em Goiânia/GO, apresentou petição de exceção de incompetência territorial logo no segundo dia. Em razão disso, o juiz suspendeu o processo e conferiu vista ao excepto. Em seguida, proferiu decisão acolhendo a exceção e determinando a remessa dos autos ao juízo distribuidor de Goiânia/GO, local onde os serviços de Francisco foram prestados e que, no entendimento do magistrado, seria o juízo competente para julgar a reclamação trabalhista. Diante da situação retratada e do entendimento consolidado do TST, assinale a afirmativa correta.

a) O reclamante nada poderá fazer por se tratar de decisão interlocutória.

b) Francisco poderá interpor de imediato Recurso Ordinário no prazo de 8 dias.

c) Sendo as decisões interlocutórias irrecorríveis, Pedro deverá impetrar Mandado de Segurança.

d) O recurso cabível para tentar reverter a decisão é o Agravo de Petição.

PROCESSUAL DO TRABALHO

**COMENTÁRIOS**

**Nota do autor:** Com o intuito de alcançar, de forma mais célere e efetiva, a resolução da pretensão colocada em juízo, a CLT, em seu art. 893, § 1º, estabeleceu que as decisões interlocutórias são irrecorríveis de imediato.

**Alternativa "b" – responde as demais alternativas**: O C. TST criou algumas exceções quanto ao princípio da irrecorribilidade imediata das decisões interlocutórias, como se verifica pela Súmula nº 214 do TST:

> *Súmula nº 214 do TST. Decisão interlocutória. Irrecorribilidade*
>
> *Na Justiça do Trabalho, nos termos do art. 893, § 1º, da CLT, as decisões interlocutórias não ensejam recurso imediato, salvo nas hipóteses de decisão:*
>
> *a) de Tribunal Regional do Trabalho contrária à Súmula ou Orientação Jurisprudencial do Tribunal Superior do Trabalho;*

---

9 O STF e o TST têm admitido que as empresas públicas ou sociedades de economia mista que sejam **prestadoras de serviço público em ambiente não concorrencial** tenham todas as prerrogativas das pessoas jurídicas de direito público, inclusive os prazos recursais diferenciados e a submissão ao precatório (TST-E-ED-RR-115400-27.2008.5.04.0008, SBDI-I, rel. Min. Aloysio Corrêa da Veiga, 14.11.2013 (Informativo nº 66); STF-RE 580264 / RS – RIO GRANDE DO SUL. Tribunal Pleno. Redator p/ o acórdão Min. Ayres Brito. Julgamento: 16.12.2010. DJe Divulg 5.10.2011. Public. 6.10.2011).

*b) suscetível de impugnação mediante recurso para o mesmo Tribunal;*

*c) que acolhe exceção de incompetência territorial, com a remessa dos autos para Tribunal Regional distinto daquele a que se vincula o juízo excepcionado, consoante o disposto no art. 799, § 2º, da CLT.*

Assim, como no caso, houve a remessa dos autos de São Paulo (TRT 2ª Região) para Goiânia (TRT 18ª Região), pertencentes a tribunais regionais distintos, será cabível recurso ordinário no prazo de 8 dias úteis.

**Alternativa correta: letra "b".**

---

**62. (FGV/OAB/XXX_Exame – 2019)** Considere as quatro situações jurídicas a seguir.

(i) A Instituição ABCD é uma entidade sem fins lucrativos.

(ii) Rosemary é uma empregadora doméstica.

(iii) O Instituto Sonhar é uma entidade filantrópica.

(iv) Mariana é uma microempreendedora individual.

Considere que todas essas pessoas são empregadoras e têm reclamações trabalhistas ajuizadas contra si e que nenhuma delas comprovou ter as condições para ser beneficiária de justiça gratuita.

Assinale a opção que indica, nos termos da CLT, quem estará isento de efetuar o depósito recursal para recorrer de uma sentença desfavorável proferida por uma Vara da Justiça do Trabalho.

a) A Instituição ABCD e o Instituto Sonhar, somente.

b) Todos estarão dispensados

c) Instituto Sonhar, somente.

d) Mariana e Rosemary, somente.

**COMENTÁRIOS**

✪ **Nota do autor:** A questão aborda as pessoas isentas do pagamento do depósito recursal. Trata-se de temática impactada pela Lei nº 13.467/17 (Reforma Trabalhista), que incluiu o art. 899, § 10, da CLT.

**Alternativa "c" (responde as demais alternativas):** O art. 899, § 10, da CLT, introduzido pela Lei nº 13.467/17, passa a prever que são isentos do depósito recursal:

1. os beneficiários da justiça gratuita,
2. as entidades filantrópicas e;
3. as empresas em recuperação judicial.

Embora referido dispositivo tenha feito referência apenas às três hipóteses anteriores, também são isentos do recolhimento do depósito recursal:

4. os entes de direito público externo (TST-IN nº 3, X);
5. a União, os Estados, o Distrito Federal, os municípios, as autarquias e as fundações de direito público que não explorem atividade econômica (TST-IN nº 3, X);
6. o Ministério Público do Trabalho;
7. a massa falida (TST-IN nº 3, X; Súmula 86 do TST) e;
8. a herança jacente (TST-IN nº 3, X).

Dessa forma, a única empregadora apresentada na questão que não terá que recolher o depósito recursal será o Instituto Sonhar, por ser uma entidade filantrópica.

**Alternativa correta: letra "c"**

---

**63. (FGV – Exame de Ordem 2020.1)** Heloísa era empregada doméstica e ajuizou, em julho de 2019, ação contra sua ex-empregadora, Selma Reis. Após regularmente instruída, foi prolatada sentença julgando o pedido procedente em parte. A sentença foi proferida de forma líquida, apurando o valor devido de R$ 9.000,00 (nove mil reais) e custas de R$ 180,00 (cento e oitenta reais). A ex-empregadora, não se conformando com a decisão, pretende dela recorrer. Indique a opção que corresponde ao preparo que a ex-empregadora deverá realizar para viabilizar o seu recurso, sabendo-se que ela não requereu gratuidade de justiça porque tem boas condições financeiras.

a) Tratando-se de empregador doméstico, só haverá necessidade de recolher as custas.

b) Deverá recolher integralmente as custas e o depósito recursal.

c) Por ser empregador doméstico, basta efetuar o recolhimento do depósito recursal.

d) Deverá recolher as custas integralmente e metade do depósito recursal.

**COMENTÁRIOS**

✪ **Nota do Autor:** a questão aborda a temática das custas e do depósito recursal no direito processual do trabalho. A questão exigiu alteração realizada pela Lei nº 13.467/17, o que demonstra que o candidato deve conhecer bem as últimas modificações legislativas.

**Alternativa "d" (responde as demais alternativas):** o preparo é um pressuposto recursal extrínseco, que engloba: as custas e o depósito recursal.

A ausência do preparo, ou seja, do pagamento das custas e do recolhimento do depósito recursal gera a deserção do recurso. Portanto, quando se diz que o recurso é deserto, está-se referindo a esses pressupostos recursais.

O art. 899, § 9º, da CLT, acrescentado pela Lei nº 13.467/2017, prevê reclamados específicos nos quais o depósito recursal terá o seu valor reduzido pela metade. São eles:

- entidades sem fins lucrativos;
- **empregadores domésticos;**
- microempreendedores individuais;
- microempresas e
- empresas de pequeno porte.

No caso, como se trata de empregador doméstico, a ex-empregadora deverá pagar 50% do depósito recursal. No tocante às custas processuais, como não houve o requerimento de gratuidade da justiça, deverá haver o seu recolhimento integral.

**Alternativa correta: letra "d"**

---

**64. (FGV-Exame de Ordem 2019.2)** Em sede de impugnação à sentença de liquidação, o juiz julgou improcedente o pedido, ocorrendo o mesmo em relação aos embargos à execução ajuizados pela executada. A princípio, você, na qualidade de advogado(a) da executada, entendeu por bem não apresentar recurso. Contudo, foi apresentado o recurso cabível pelo exequente.

Diante disso, assinale a afirmativa correta.

a) A parte exequente interpôs agravo de petição, e a executada poderá interpor agravo de petição na modalidade de recurso adesivo.

b) Ambas as partes poderiam interpor agravo de petição na hipótese, porém não mais existe essa possibilidade para a executada, pois esta não apresentou o recurso no prazo próprio.

c) A parte autora interpôs recurso de revista, e não resta recurso para a parte executada.

d) A parte autora apresentou recurso ordinário, e a executada poderá apresentar agravo de petição.

**COMENTÁRIOS**

**Nota do autor:** A questão aborda o recurso cabível na fase de execução, qual seja, o agravo de petição, bem como o modo de interposição de recurso adesivo.

**Alternativa "a" (responde as demais alternativas):** Diferentemente do processo civil, em que o recurso de apelação é utilizado tanto na fase de conhecimento como na executiva, o processo do trabalho fraciona, na instância ordinária, os recursos a depender da fase em que foi proferida a decisão. Assim, tratando-se de decisão prolatada na fase de conhecimento, o recurso cabível será o ordinário, enquanto, na fase executiva, o recurso será o agravo de petição.

Como a parte executada não interpôs o agravo de petição no prazo, havendo interposição do recurso principal, o recorrido será intimado para contrarrazoá-lo, podendo nessa oportunidade apresentar as contrarrazões e o recurso adesivo. Cabe ressaltar que o recurso adesivo, na realidade, não é uma modalidade de recurso, mas forma diferenciada de interposição do recurso.

**Alternativa correta: letra "a"**

---

**65. (OAB/SP – Exame XXV – 2018.1)** Em sede de reclamações trabalhista duas sociedades empresárias foram condenadas em primeira instância. A Massa Falida da Calçados Sola Dura Ltda. e a Institutos de Seguros Privados do Brasil, sociedade empresária em liquidação extrajudicial. Acerca do depósito recursal, na qualidade de advogado das empresas você deverá

a) deixar de recolher o depósito recursal e custas nos dois casos, já que se trata de massa falida de empresa em liquidação extrajudicial.

b) deixar de recolher o depósito recursal e as custas no caso da massa falida, mas recolher ambos para a empresa em liquidação extrajudicial.

c) recolher nos dois casos o depósito recursal e as custas, sob pena de deserção.

d) deixar de recolher o depósito recursal no caso da massa falida, mas recolher ambos para a empresa em liquidação extrajudicial e as custas para a massa falida.

**COMENTÁRIOS**

**Nota do autor:** O preparo é um pressuposto recursal extrínseco, que engloba as custas e o depósito recursal. A ausência do preparo, ou seja, do pagamento das custas e do recolhimento do depósito recursal gera a deserção do recurso. Portanto, quando se diz que o recurso é deserto, está-se referindo a esses pressupostos recursais.

**Alternativa "b" (responde as demais alternativas):** O art. 899, § 10, da CLT, introduzido pela Lei nº 13.467/17, passa a prever que são isentos do depósito recursal:

1. os beneficiários da justiça gratuita,
2. as entidades filantrópicas e;
3. as empresas em recuperação judicial.

Embora referido dispositivo tenha feito referência apenas às três hipóteses anteriores, também são isentos do recolhimento do depósito recursal:

4. os entes de direito público externo (TST-IN nº 3, X);
5. a União, os Estados, o Distrito Federal, os municípios, as autarquias e as fundações de direito público que não explorem atividade econômica (TST-IN nº 3, X);
6. o Ministério Público do Trabalho;
7. a massa falida (TST-IN nº 3, X; Súmula 86 do TST) e;
8. a herança jacente (TST-IN nº 3, X).

Atente-se para o fato de que a isenção não alcança as empresas em liquidação extrajudicial, pois nesse caso não há indisponibilidade imediata dos bens da entidade financeira, razão pela qual deverá realizar o pagamento do depósito recursal, como disposto na Súmula nº 86 do TST:

> *SÚMULA Nº 86: Não ocorre deserção de recurso da massa falida por falta de pagamento de custas ou de depósito do valor da condenação. Esse privilégio, todavia, não se aplica à empresa em liquidação extrajudicial.*

**Alternativa correta: letra "b".**

---

**66. (OAB/SP – Exame XXVI – 2018.2)** Vando ajuizou reclamação trabalhista em desfavor da sociedade empresária Cetro Dourado Ltda., na qual trabalhou por 5 anos e 3 meses, na condição de vigia noturno. A sociedade empresária não compareceu à audiência, daí porque o pedido foi julgado procedente à sua revelia. Contudo, a sociedade empresária interpôs recurso ordinário no prazo legal e efetuou o recolhimento das custas e do depósito recursal, mas com valor inferior ao devido (R$ 10,00 a menos nas custas e R$ 500,00 a menos no depósito recursal). Com base na situação retratada, na lei e no entendimento consolidado do TST, assinale a afirmativa correta.

a) O recurso não pode ser conhecido, porque houve revelia; assim, a sociedade empresária fica juridicamente impedida de recorrer.

b) Na Justiça do Trabalho, não existe possibilidade de se sanar vício referente à diferença no preparo, motivo pelo qual o recurso será considerado deserto.

c) O juiz deverá assinalar prazo de 5 dias para que a sociedade empresária efetue o recolhimento da diferença das custas e do depósito recursal, sob pena de deserção.

d) Em tese, seria possível que a sociedade empresária recolhesse a diferença das custas, mas não há previsão jurisprudencial de prazo para complementar o depósito recursal.

**COMENTÁRIOS**

**Nota do autor:** Na hipótese de interposição de recurso, o pagamento das custas passa a ser considerado um pressuposto recursal extrínseco, de modo que a ausência de pagamento pelo vencido torna seu recurso deserto.

**Alternativa "a":** O art. 346 do CPC/15, aplicável ao processo do trabalho, permite que o revel intervenha no processo em qualquer fase, recebendo-o no estado em que se encontrar. Dessa forma, é cabível a interposição do recurso ordinário.

**Alternativa "b":** Em caso de recolhimento insuficiente das custas processuais ou do depósito recursal, somente haverá deserção do recurso se, concedido o prazo de 5 (cinco) dias previsto no § 2º do art. 1.007 do CPC de 2015, o recorrente não complementar e comprovar o valor devido (OJ nº 140 da SDI-I do TST).

**Alternativa "c":** Em caso de recolhimento insuficiente das custas processuais ou do depósito recursal, somente haverá deserção do recurso se, concedido o prazo de 5 dias previsto no §2º do art. 1.007 do CPC/15, o recorrente não complementar e comprovar o valor devido (OJ nº 140 da SDI-I do TST).

**Alternativa "d":** Conforme demonstrado, o C. TST passou a prever prazo para o recorrente complementar o depósito recursal na OJ nº 140 da SDI-I do TST.

**Alternativa correta: letra "c".**

**67. (FGV – Exame de Ordem 2015.2)** A papelaria Monte Fino Ltda. foi condenada numa reclamação trabalhista movida pelo ex-empregado Sérgio Silva. Uma das parcelas reivindicadas e deferidas foi o 13° salário, que a sociedade empresária insistia haver pago, mas não tinha o recibo em mãos porque houve um assalto na sociedade empresária, quando os bandidos levaram o cofre, as matérias–primas e todos os arquivos com a contabilidade e os documentos da sociedade empresária. Recuperados os arquivos pela polícia, agora, no momento do recurso, a Monte Fino Ltda. pretende juntar o recibo provando o pagamento, inclusive porque a sentença nada mencionou acerca da possível dedução de valores pagos sob o mesmo título.

De acordo com o caso apresentado e o entendimento jurisprudencial consolidado, assinale a afirmativa correta.

a) É possível a juntada do documento no caso concreto, porque provado o justo impedimento para sua oportuna apresentação.
b) O momento de apresentação da prova documental já se esgotou, não sendo possível fazê-lo em sede de recurso.
c) Pelo princípio da primazia da realidade, qualquer documento pode ser apresentado com sucesso em qualquer grau de jurisdição, inclusive na fase de execução, independentemente de justificativa.
d) Há preclusão, e o juiz não pode aceitar a produção da prova em razão do princípio da proteção, pois isso diminuiria a condenação.

COMENTÁRIOS

✪ **Nota do autor:** a questão aborda a possibilidade da juntada de documentos na fase recursal. Nesta fase, restringe-se a possibilidade de apresentação de documentos, vez que se trata de fase que irá proferir o reexame dos fatos e fundamentos deduzidos em juízo, não sendo momento para nova instrução do processo.

**Alternativa "a" (responde todas as demais alternativas):** como regra, na fase recursal, não se permite a juntada de documento. No entanto, existem duas exceções que o candidato deveria ter conhecimento para resolver a questão: 1) quando demonstrado o justo impedimento de apresentação no momento oportuno (art. 1.014, CPC/15); e, 2) para comprovar fato posterior à sentença (art. 493, CPC/15). Nesse sentido, a Súmula nº 8 do TST: "A juntada de documentos na fase recursal só se justifica quando provado o justo impedimento para sua oportuna apresentação ou se referir a fato posterior à sentença". No caso da questão, trata-se da primeira exceção, porque se trata de fato anterior à sentença que não pôde ser comprovado na ocasião por justo impedimento.

**Alternativa correta: letra "a".**

**68. (FGV – Exame de Ordem 2015.1. Adaptada)** O Desembargador Relator de um recurso ordinário, ao verificar que a matéria posta em debate já era sumulada pelo TRT do qual é integrante, resolveu julgar, monocraticamente, o recurso.

Diante do caso e da jurisprudência consolidada do TST, assinale a afirmativa correta.

a) A atitude está equivocada, pois, na Justiça do Trabalho, não cabe julgamento monocrático pelo TRT.
b) O julgamento monocrático está correto e dessa decisão não caberá recurso, com o objetivo de abreviar o trânsito em julgado.
c) É possível o uso subsidiário do art. 932 do CPC/15, de modo que a decisão monocrática é válida na hipótese, e caberá recurso contra a decisão.
d) A única possibilidade de julgamento monocrático válido é aquele feito pelo TST.

COMENTÁRIOS

✪ **Nota do autor:** a questão aborda os poderes do relator na Justiça do Trabalho.

**Alternativa "c" (responde todas as demais alternativas):** Como regra as decisões proferidas nos Tribunais são colegiadas. No entanto, com base nos princípios da economia e celeridade processual e com a finalidade de desburocratizar as decisões dos tribunais, o legislador passou a atribuir poderes ao relator para julgar monocraticamente os recursos, como se observa nos arts. 894, §3º e 896, § 14, ambos da CLT e 932, III, do CPC/15, esse último aplicável, subsidiariamente, ao processo do trabalho, como se verifica pela Súmula nº 435 do TST: "Aplica-se subsidiariamente ao processo do trabalho o art. 932 do CPC de 2015 (art. 557 do CPC de 1973)". Por fim, é importante destacar que, para manter a substância do Tribunal (órgão colegiado), a decisão do relator sempre estará sujeita ao recurso de agravo interno ou regimental.

**Alternativa correta: letra "c".**

**69. (FGV – OAB 2013.1 Adaptada)** Uma reclamação trabalhista é ajuizada em São Paulo (TRT da 2ª Região) e a reclamada apresenta resposta escrita sob a forma de contestação e exceção de incompetência relativa em razão do lugar, pois o autor sempre trabalhara em Minas Gerais, que na sua ótica deve ser o local onde tramitará o feito.

Após conferida vista ao exceto, na forma do art. 800, da CLT, e confirmada a prestação dos serviços na outra localidade, o juiz acolhe a exceção e determina a remessa dos autos à capital mineira (MG – TRT da 3ª Região).

Dessa decisão, de acordo com o entendimento do TST, e independentemente do seu mérito,

a) cabe de imediato recurso de agravo de instrumento para o TRT de São Paulo, por tratar-se de decisão interlocutória.
b) nada há a fazer, pois das decisões interlocutórias, na Justiça do Trabalho, não é possível recurso imediato.
c) compete à parte deixar consignado o seu protesto e renovar o inconformismo no recurso ordinário que for interposto após a sentença que será proferida em Minas Gerais.
d) cabe de imediato a interposição de recurso ordinário para o TRT de São Paulo.

COMENTÁRIOS

✪ **Nota do autor:** A decisão proferida na incompetência relativa é uma decisão interlocutória. Assim, como regra, não cabe recurso, ante o princípio da irrecorribilidade das decisões interlocutórias (CLT, art. 893, § 1º). No entanto, o C. TST admite recurso na seguinte hipótese: quando acolhe a incompetência territorial, com a remessa dos autos para Tribunal Regional distinto daquele a que se vincula o juízo excepcionado (Súmula nº 214, c, do TST).

**Alternativa "a"**: No processo do trabalho, o recurso de agravo de instrumento é destinado tão somente a destrancar o recurso não processado pelo juízo *a quo*, não servindo para impugnar decisão interlocutória que reconhece incompetência relativa.

**Alternativa "b"**: No processo do trabalho, vigora o princípio da irrecorribilidade das decisões interlocutórias (CLT, art. 893, § 1º). No entanto, o TST admite o recurso de tais decisões nos casos da Súmula nº 214, que inclui no item c, a hipótese da presente questão.

**Alternativa "c"**: Como visto, no caso, o simples protesto é incapaz de manter os autos no TRT da 2ª Região, sendo cabível o recurso ordinário, imediatamente, nos termos da Súmula nº 214, c, do TST.

**Alternativa "d"**: Como visto, o TST admite recurso imediato quando se acolhe a incompetência territorial, com a remessa dos autos para Tribunal Regional distinto daquele a que se vincula o juízo excepcionado (Súmula nº 214, c, do TST). No caso da questão, os autos foram encaminhados da Vara do Trabalho de São Paulo (TRT 2ª Região – juízo excepcionado) para a Vara do Trabalho de Belo Horizonte (TRT 3ª Região), ou seja, foi remetido para outro Tribunal Regional do Trabalho. Desse modo, cabível o recurso, imediatamente, da decisão do juízo excepcionado. Na hipótese, o recurso cabível será o recurso ordinário para o TRT, vez que é o mesmo recurso que seria cabível da decisão final (sentença).

**Alternativa correta: letra "d".**

---

**70. (FGV – Exame de Ordem 2013.3)** A empresa Restaurante M foi condenada em reclamação trabalhista a pagar diversos direitos sonegados a um dos seus ex-empregados. Na sentença, entendendo que o ex-empregador teve um comportamento processual reprovável, o juiz ainda o condenou como litigante de má-fé. De acordo com o entendimento pacificado do TST, caso a empresa pretenda recorrer ordinariamente desta decisão, ela

a) deverá recolher as custas, o depósito recursal e o valor da multa por litigância de má-fé para viabilizar o recurso.
b) não havendo nenhum normativo a respeito, deverá opor embargos declaratórios, requerendo ao juiz que diga se o depósito da multa é necessário.
c) em razão da peculiaridade do Processo do Trabalho, deverá recolher a multa, imediatamente, pela metade e o restante quando do trânsito em julgado, caso mantida.
d) não precisará recolher o valor da multa, já que tal recolhimento não é pressuposto para interposição dos recursos trabalhistas.

COMENTÁRIOS

✪ **Nota do autor:** a questão exige o conhecimento da Orientação Jurisprudencial nº 409 da SDI-I do TST.

**Alternativa "a":** Para recorrer a empresa deverá pagar as custas processuais e o depósito recursal, não havendo necessidade, porém, de pagar a multa por litigância de má-fé, nesse momento, nos termos da Orientação Jurisprudencial nº 409 da SDI-I do TST.

**Alternativa "b":** Como visto a Orientação Jurisprudencial nº 409 da SDI-I do TST é expressa no sentido de que a litigância de má-fé não é pressuposto recursal.

**Alternativa "c":** A Orientação Jurisprudencial nº 409 da SDI-I do TST afasta a necessidade de pagamento imediato da multa por litigância de má-fé, vez que não se trata de pressuposto recursal.

**Alternativa "d":** "O recolhimento do valor da multa imposta como sanção por litigância de má-fé (art. 81 do CPC de 2015 – art. 18 do CPC de 1973) não é pressuposto objetivo para interposição dos recursos de natureza trabalhista" (Orientação Jurisprudencial nº 409 da SDI-I do TST).

**Alternativa correta: letra "d".**

---

**71. (FGV – OAB 2012.1)** Uma ação é movida contra duas empresas integrantes do mesmo grupo econômico e uma terceira, que alegadamente foi tomadora dos serviços durante parte do contrato. Cada empresa possui um advogado. No caso de interposição de recurso de revista,

a) o prazo será computado em dobro porque há litisconsórcio passivo com procuradores diferentes.
b) o prazo será contado normalmente.
c) o prazo será de 10 dias.
d) fica a critério do juiz deferir a dilação do prazo para não prejudicar os réus quanto à ampla defesa.

COMENTÁRIOS

✪ **Nota do autor:** A questão analisa a aplicação, no processo do trabalho, do *caput* do art. 229 do CPC/15, que estabelece: "os litisconsortes que tiverem diferentes procuradores, de escritórios de advocacia distintos, terão prazos contados em dobro para todas as suas manifestações, em qualquer juízo ou tribunal, independentemente de requerimento".

**Alternativa "a"**: Como visto, no processo do trabalho, não se aplica o art. 229 do CPC/15.

**Alternativa "b"**: no processo do trabalho, a regra do art. 229 do CPC/15 é inaplicável, em decorrência da sua incompatibilidade com o princípio da celeridade inerente a este ramo processual (OJ nº 310 da SDI I do TST). Desse modo, mesmo que as partes tenham advogados distintos, o prazo será contado normalmente.

**Alternativa "c"**: o prazo do recurso de revista é de 8 dias. É interessante observar que, no processo do trabalho, há unificação dos prazos recursais, de modo que, a maioria dos recursos, tem o prazo de 8 dias. Excepcionam-se os embargos de declaração, que tem o prazo de 5 dias, e o recurso extraordinário para o STF, que tem prazo de 15 dias.

**Alternativa "d"**: conforme anunciado, o art. 229 do CPC/15 não é aplicado ao processo do trabalho, razão pela qual não se trata de faculdade do juiz.

**Alternativa correta: letra "b".**

## 12.2. RECURSOS EM ESPÉCIE

---

**72. (FGV – XXXVII Exame OAB)** Natália ajuizou reclamação trabalhista contra o ex-empregador e a ação adotou o rito sumaríssimo. Natália teve procedência parcial do seu pedido, tendo havido recurso do ex-empregador. O TRT local manteve a sentença, mas, na ótica da sociedade empresária, a decisão violou frontalmente uma orientação jurisprudencial (OJ) do TST, daí porque interpôs recurso de revista para tentar revertê-la sob esse fundamento. Diante do fato apresentado e das normas previstas na CLT, assinale a afirmativa correta.

a) O recurso de revista não será admitido, porque não houve violação de Súmula do TST, de Súmula vinculante do STF e nem violação direta da Constituição Federal.
b) O recurso em exame será admitido, porque cabe ao TST manter a autoridade da sua jurisprudência contra decisões que a violem.
c) O recurso de revista não será admitido, porque ele só tem cabimento para as causas que tramitam pelo procedimento ordinário, o que não é a hipótese.
d) O recurso de revista, no caso apresentado, sempre será admitido se houver alegação de violação às Súmulas e às orientações jurisprudenciais do TST, bem como violação de Lei Federal.

✪ **Nota do autor:** A questão aborda o conhecimento sobre o cabimento do Recurso de Revista no rito sumaríssimo.

COMENTÁRIOS

**Letra "a" (responde as demais alternativas):** O rito sumaríssimo possui peculiaridades quanto ao cabimento do recurso de revista. Assim, nas causas sujeitas a este rito, somente será admitido o recurso de revista por: 1) contrariedade à súmula do TST; 2) contrariedade à súmula vinculante do STF; 3) violação direta da Constituição da República (CLT, art. 896, § 9º). 4) contrariedade a teses jurídicas aprovadas em incidentes de recursos repetitivos, de assunção de competência e de resolução de demandas repetitivas (Regimento interno do TST, art. 297, parágrafo único). Desse modo, não caberá recurso de revista no rito sumaríssimo quando: a) violar lei federal; b) houver divergência jurisprudencial; c) contrariar orientação jurisprudencial do TST (Súmula 442 do TST).

**Alternativa correta: letra "a".**

---

**73. (FGV- XXXIV Exame de Ordem-2022)** Numa reclamação trabalhista que se encontra na fase de execução e diante da extrema complexidade dos cálculos, o juiz determinou a liquidação a cargo de um perito judicial. Apresentado o laudo, em que pese ambas as partes discordarem das contas apresentadas pelo especialista, elas foram homologadas pelo juiz. A sociedade empresária garantiu o juízo e ajuizou embargos à execução, enquanto o exequente apresentou impugnação à sentença de liquidação. O juiz julgou improcedentes ambas as ações, mantendo a homologação já feita. Somente a sociedade empresária interpôs agravo de petição no prazo legal.

Sobre o caso, considerando os fatos narrados e o entendimento consolidado do TST, assinale a afirmativa correta.

a) No prazo de contrarrazões, o exequente poderá, querendo, interpor agravo de petição de forma adesiva.

b) O recurso adesivo não é aceito na Justiça do Trabalho porque a CLT é omissa a respeito.

c) Caberá ao exequente apenas apresentar contrarrazões, pois o recurso adesivo só tem cabimento para os recursos ordinário e de revista.

d) Agravo de petição adesivo é aceito na seara trabalhista, sendo necessário que a matéria nele veiculada esteja relacionada com a do recurso interposto pela parte contrária.

COMENTÁRIOS

✪ **Nota do autor:** A questão versa sobre o cabimento do recurso adesivo no processo do trabalho, o que vem disciplinado no art. 997, §§ 1º e 2º, do CPC/15 e na Súmula nº 283 do TST. O recurso adesivo não é uma modalidade de recurso, mas forma diferenciada de interposição do recurso, sendo interposto no prazo para apresentação das contrarrazões. Não é em qualquer hipótese que se admite o recurso subordinado (adesivo). Para que ele seja interposto, faz-se necessária a presença cumulativa dos seguintes requisitos: 1) **sucumbência recíproca**: ambas as partes sejam vencedoras e vencidas no objeto da decisão impugnada, ou seja, houve procedência parcial dos pedidos; 2) **interposição de recurso principal por apenas uma das partes**; 3) **aceitação tácita da decisão**: deve ser evidente a ausência de vontade da parte em recorrer de forma principal. Isso significa que o recurso adesivo não pode ser interposto por quem apresentou o recurso principal intempestivamente ou com o pretexto de complementar o recurso principal; 4) **observar todos os requisitos de admissibilidade do recurso principal:** como o recurso adesivo é forma diferenciada de interposição, ele deve observar todos os pressupostos recursais do recurso principal, ou seja, se o recurso principal exige o depósito recursal, este será exigido no adesivo; da mesma forma, se o recurso principal impõe o prequestionamento, no adesivo também deverá estar presente.

**Alternativa "a":** Nos termos da Súmula nº 283 do TST "o recurso adesivo é compatível com o processo do trabalho e cabe, no prazo de 8 (oito) dias, nas hipóteses de interposição de recurso ordinário, de agravo de petição, de revista e de embargos, sendo desnecessário que a matéria nele veiculada esteja relacionada com a do recurso interposto pela parte contrária".

**Alternativa "b":** O recurso adesivo não é previsto na CLT. Assim, havendo omissão na CLT e sendo o instituto compatível com o processo do trabalho, cabível a aplicação subsidiária do art. 997 do CPC/15, nos termos do art. 769 da CLT.

**Alternativa "c":** Conforme analisado anteriormente, o recurso adesivo também é cabível no caso de agravo de petição.

**Alternativa "d":** Nos termos da Súmula nº 283 do TST, é desnecessário que a matéria veiculada no recurso adesivo esteja relacionada com a do recurso interposto pela parte contrária.

**Alternativa correta: letra "a".**

---

**74. (FGV- XXXIV Exame de Ordem-2022)** Plínio Barbosa ajuizou uma reclamação trabalhista em face de seu empregador. O valor da causa era de 30 (trinta) salários-mínimos, com valor vigente na data do ajuizamento da ação. O pedido único da ação está baseado em entendimento sumulado pelo TST, cabendo aplicação literal da Súmula. Ainda assim, o juiz de primeiro grau julgou improcedente o pedido. Você, na qualidade de advogado(a) de Plínio, apresentou o recurso cabível, mas o TRT respectivo manteve a decisão, sem que houvesse no acórdão dúvida, contradição, obscuridade ou contradição. Considerando que a decisão do TRT foi publicada numa segunda-feira, assinale a opção que indica a medida judicial que você adotaria para o caso.

a) Não cabe mais qualquer recurso em razão do tipo de procedimento da ação.

b) Caberá recurso de agravo de instrumento.

c) Caberá recurso de agravo de petição.

d) Caberá recurso de revista.

COMENTÁRIOS

✪ **Nota do autor:** A questão versa sobre as hipóteses de cabimento do recurso de revista. O candidato deve se atentar ao fato de que o valor da causa é inferior a 40 salários mínimos, tratando-se de procedimento sumaríssimo.

**Alternativa "a":** Nas causas sujeitas ao rito sumaríssimo, somente será admitido o recurso de revista por:

1) contrariedade à súmula do TST; e

2) contrariedade à súmula vinculante do STF; e

3) violação direta da Constituição da República (CLT, art. 896, § 9º).

4) contrariedade a teses jurídicas aprovadas em incidentes de recursos repetitivos, de assunção de competência e de resolução de demandas repetitivas (Regimento interno do TST, art. 297, parágrafo único).[10]

**Alternativa "b":** No processo do trabalho, o agravo de instrumento tem a função específica de destrancar o recurso

10. O C. TST prevê no art. 297, parágrafo único do Regimento interno, que as teses jurídicas aprovadas em incidentes de recursos repetitivos, de assunção de competência e de resolução de demandas repetitivas têm sua natureza equiparada à súmula do colendo TST para o exame do conhecimento do recurso de revista.

trancado, ou seja, cabe das decisões que denegarem a interposição do recurso (CLT, art. 897, b) visando impugnar a decisão negativa do primeiro juízo de admissibilidade do recurso. No caso em questão, O TRT manteve a decisão proferida em primeira instância, não havendo recurso trancado.

**Alternativa "c':** O agravo de petição é o recurso cabível das decisões na fase de execução (art. 897, a, CLT).

**Alternativa "d":** No caso em questão, a decisão do Tribunal contrariou entendimento sumulado, portanto, cabível o Recurso de Revista (CLT, art. 896, §9º).

**Alternativa correta: letra "d".**

---

**75. (FGV – Exame de Ordem XXXVI – 2022)** Após a admissão e o julgamento de um recurso de revista, um motorista por aplicativo, que requereu vínculo empregatício com uma plataforma, teve o seu pedido julgado improcedente por uma das turmas do Tribunal competente. Na mesma semana, outro recurso de revista foi julgado de forma diametralmente oposta por outra turma do mesmo Tribunal, reconhecendo o vínculo de emprego. Diante desta contradição nos julgamentos, assinale a opção que indica o recurso cabível para uniformizar o entendimento desse Tribunal e em que órgão ele será apreciado.

a) Embargos, para a Seção de Dissídios Individuais do TST.
b) Recurso Ordinário, a ser julgado pelo órgão Pleno do TRT da Região.
c) Embargos de Declaração, a ser apreciado pelo STF.
d) Conflito Negativo de Competência, para o órgão especial do STJ

**COMENTÁRIOS**

**Nota do autor:** A questão versa sobre as hipóteses de recursos cabíveis no processo do trabalho. O candidato deve estar atento às regras próprias da CLT, não cabendo aplicação do CPC neste caso (IN nº39/16, art. 2º, XII).

**Alternativa "a" (responde as demais alternativas):** O Tribunal Superior do Trabalho tem a função de unificar a jurisprudência trabalhista. Desse modo, havendo divergência entre tribunais regionais diferentes, é cabível o recurso de revista com o objetivo de unificar o entendimento em âmbito nacional. Ocorre, no entanto, que o recurso de revista é julgado pelas Turmas do TST, sendo, atualmente, 8 Turmas. Considerando que há mais de uma Turma, é possível existirem decisões conflitantes entre elas. Surgem, assim, os embargos de divergência, com a finalidade de acabar com essa divergência interna do TST (CLT, art. 894, II e Lei nº 7.701/88, art. 3º, III, "b"), sendo este o recurso cabível no caso em questão.

**Alternativa correta: letra "a".**

---

**76. (FGV – Exame de Ordem – 2021.2)** Renata, professora de Artes, lecionou na Escola do Futuro. Em sede de reclamação trabalhista, um de seus pedidos foi julgado improcedente, sendo certo que o que você pleiteava, na qualidade de advogado(a) de Renata, estava fundamentado na aplicação incontroversa de súmula do TST a respeito da matéria. Ainda assim, o TRT respectivo, ao julgar seu recurso, manteve a decisão de primeira instância.

Considerando que a referida decisão não deixou margem à oposição de embargos de declaração, assinale a opção que indica a medida jurídica a ser adotada.

a) Interposição de agravo de instrumento.
b) Interposição de agravo de petição.
c) Ajuizamento de ação rescisória.
d) Interposição de recurso de revista.

**COMENTÁRIOS**

**Nota do Autor:** a questão aborda o cabimento recursal no direito processual do trabalho. Para respondê-la, o candidato deve conhecer as hipóteses de cabimento dos principais recursos na seara trabalhista.

**Alternativa "a":** o agravo de instrumento é o recurso cabível para impugnar decisão negativa do primeiro juízo de admissibilidade do recurso. Tem o objetivo, portanto, de destrancar o recurso não processado no juízo a quo. Não havendo informações de que houve o trancamento de recurso na questão, não caberá agravo de instrumento.

**Alternativa "b":** o agravo de petição é o recurso destinado a impugnar as decisões proferidas na execução trabalhista (CLT, art. 897, "a"). Como no caso exposto não há menção de que o processo se encontra na fase de execução, o agravo de petição é incabível.

**Alternativa "c":** a ação rescisória é ação especial destinada a desconstituir decisões judiciais que tenham gerado, como regra, coisa julgada material. No caso apresentado na questão, não houve a formação da coisa julgada, não cabendo, portanto, a ação rescisória.

**Alternativa "d":** o recurso de revista serve para impugnar acórdão dos TRTs proferidos em grau de recurso ordinário. Isso significa que o recurso de revista somente caberá depois do julgamento do recurso ordinário pelo TRT, como é o caso da presente questão. Cumpre salientar que O recurso de revista será cabível quando demonstrada a: 1) divergência jurisprudencial; ou 2) violação literal de disposição de lei federal ou afronta direta e literal à Constituição Federal. A divergência jurisprudencial a legitimar o recurso de revista, nos termos das alíneas "a" e "b" do art. 896 da CLT, ocorre quando: os Tribunais Regionais do Trabalho derem ao mesmo dispositivo de lei federal interpretação diversa da que lhe houver dado outro Tribunal Regional do Trabalho, no seu Pleno ou Turma, ou a Seção de Dissídios Individuais do Tribunal Superior do Trabalho, o**u contrariarem súmula de jurisprudência uniforme dessa Corte** ou súmula vinculante do Supremo Tribunal Federal; os Tribunais Regionais do Trabalho derem ao mesmo dispositivo de lei estadual, convenção coletiva de trabalho, acordo coletivo, sentença normativa ou regulamento empresarial de observância obrigatória em área territorial que exceda a jurisdição do tribunal regional prolator da decisão recorrida, interpretação divergente, na forma da alínea "a".

**Alternativa correta: letra "d".**

---

**77. (FGV-Exame de Ordem 2019.1)** Prolatada a sentença em uma reclamação trabalhista, o autor opõe embargos de declaração no 3º dia contado da publicação e afirma que existe erro material no julgado, pois o número do processo encontra-se equivocado, assim como o nome das partes. Diante da situação retratada e dos termos da CLT, assinale a afirmativa correta.

a) O juiz não precisará dar vista dos embargos à parte contrária, diante da natureza do erro.
b) A Lei é omissa a respeito, daí porque o juiz usará da equidade para ver se é o caso de conferir vista à parte adversa.
c) Havendo, no caso em exame, possibilidade de efeito modificativo do julgado, a parte contrária poderá se manifestar em 8 dias.
d) Independentemente do recurso e seu efeito perante o julgado, é direito da parte contrária se manifestar sobre os embargos em 10 dias.

**COMENTÁRIOS**

**Nota do autor:** Quando uma decisão for omissa, obscura ou contraditória, dará ensejo ao cabimento dos embargos de declaração, que consistem em uma modalidade de recurso destinada a sanar tais vícios.

**Alternativa "a":** Os erros materiais poderão ser corrigidos de ofício ou a requerimento de qualquer das partes (art. 897-A, §1º da CLT). Não há, contudo, nesse caso, a necessidade de contraditório, tendo em vista que ele somente será obrigatório se o efeito **modificativo** dos embargos de declaração for potencialmente previsto. Ou seja, somente haverá contraditório se os embargos puderem alterar substancialmente o julgado, o que não se verifica no caso proposto pela questão, em que somente se objetivou a correção do nome das partes e do número do processo.

**Alternativa "b":** Conforme visto, no caso de erro material, não haverá a necessidade de dar vista a parte contrária.

**Alternativa "c":** Eventual efeito modificativo dos embargos de declaração somente poderá ocorrer em virtude da correção de vício na decisão embargada e desde que ouvida a parte contrária, no prazo de **5 (cinco) dias** (art. 897-A, §1º da CLT – Grifo Nosso).

**Alternativa "d":** O prazo de 5 dias para opor embargos de declaração é diferente da regra dos prazos recursais trabalhista (8 dias), e, de acordo com o §1º do art. 897-A da CLT, quando houver erro material, não haverá necessidade de dar vista a parte contrária.

**Alternativa correta: letra "a".**

**78. (FGV-Exame de Ordem 2019.1)** No curso de uma ação trabalhista que se encontra em fase de execução de sentença, a executada, citada para pagar e garantir o juízo, apresentou exceção de pré-executividade almejando a nulidade de todos os atos, uma vez que não havia sido regularmente citada. Após regular trâmite, o juiz julgou procedente a exceção de pré-executividade e anulou todos os atos processuais praticados desde a citação, concedendo ainda prazo para a reclamada contestar a reclamação trabalhista. Sobre a hipótese, assinale a opção que indica o recurso cabível, a ser manejado pelo exequente, contra a decisão da exceção de pré-executividade.

a) Apelação.

b) Recurso Ordinário.

c) Agravo de Instrumento.

d) Agravo de Petição.

COMENTÁRIOS

✪ **Nota do autor:** A questão aborda o recurso cabível das decisões proferidas na exceção de pré-executividade. É importante consignar que o recurso cabível dependerá do julgamento da exceção, ou seja, se acolhida ou rejeitada.

**Alternativa "a":** Na seara trabalhista não há previsão do recurso de apelação.

**Alternativa "b":** O art. 895 da CLT prevê as hipóteses de cabimento do recurso ordinário, são elas: das decisões definitivas ou terminativas das Varas e Juízos; e, das decisões definitivas ou terminativas dos Tribunais Regionais, em processos de sua competência originária, quer nos dissídios individuais, quer nos dissídios coletivos. Não há que se falar, portanto, do cabimento do recurso ordinário da decisão prevista na questão.

**Alternativa "c":** Cabe agravo de instrumento, dos despachos que denegarem a interposição de recursos no prazo de oito dias (art. 897, "b", da CLT).

**Alternativa "d":** Como a exceção de pré-executividade, no caso, foi acolhida, a decisão terá natureza de sentença, sendo impugnável por meio do agravo de petição, recurso cabível na fase de execução no direito processual do trabalho:

| Decisão | Recorribilidade |
|---|---|
| **Rejeita ou acolhe parcialmente a exceção (decisão interlocutória)** | Não cabe recurso de imediato<br>Nesse caso, as matérias poderão ser levantadas novamente nos embargos à execução, depois de garantido o juízo. |
| **Acolhe a exceção (sentença)** | Cabe agravo de petição |

**Alternativa correta: letra "d".**

**79. (FGV – OAB 2017.1)** Em reclamação trabalhista que se encontra na fase de execução, o executado apresentou exceção de pré-executividade. Após ser conferida vista à parte contrária, o juiz julgou-a procedente e reconheceu a nulidade da citação e de todos os atos subsequentes, determinando nova citação para que o réu pudesse contestar a demanda. Considerando essa situação e o que dispõe a CLT, assinale a opção que indica o recurso que o exequente deverá apresentar para tentar reverter a decisão.

a) Apelação.

b) Agravo de Petição.

c) Recurso de Revista.

d) Recurso Ordinário.

COMENTÁRIOS

✪ **Nota do autor:** A exceção de pré-executividade não está prevista em lei. Trata-se de construção jurisprudencial que permite a defesa do executado sem que haja a necessidade de garantia do juízo (penhora). A doutrina majoritária entende que as matérias que podem ser alegadas na exceção são as matérias de ordem pública e as matérias que não necessitam de dilação probatória.

**Alternativa "b" (responde todas as demais alternativas):** Proferida a decisão na exceção de pré-executividade, o cabimento de recurso dependerá de seu julgamento, conforme se verifica a seguir:

| Decisão | Recorribilidade |
|---|---|
| **Rejeita ou acolhe parcialmente a exceção (decisão interlocutória)** | Não cabe recurso de imediato<br>Nesse caso, as matérias poderão ser levantadas novamente nos embargos à execução, depois de garantido o juízo. |
| **Acolhe a exceção (sentença)** | Cabe agravo de petição |

No caso em questão cabe o agravo de petição, vez que acolhida a exceção de pré-executividade.

**Alternativa correta: letra "b".**

**80. (FGV – OAB 2012.4 – prova reaplicada em Ipatinga/MG)** Ao receber decisão de agravo regimental que manteve o indeferimento de medida liminar postulada em mandado de segurança de competência originária do Tribunal Regional do Trabalho, o advogado pretende recorrer ao Tribunal Superior do Trabalho.

Assinale a afirmativa que indica o procedimento processual correto.

a) O recurso cabível é o recurso de revista.

b) O recurso cabível é o recurso ordinário.

c) O recurso cabível é o agravo de instrumento.

d) O recurso é incabível, de forma que nada há a ser feito.

COMENTÁRIOS

✪ **Nota do autor:** a questão versa sobre o cabimento de recurso da decisão do agravo regimental, que manteve o indeferimento de medida liminar.

**Alternativa "a"**: da decisão do agravo regimental, que mantem o indeferimento liminar, não cabe recurso. A propósito, o recurso de revista jamais será cabível de ação de competência originária do TRT.

**Alternativa "b"**: como visto, da decisão do agravo regimental, que mantem o indeferimento liminar, não cabe recurso. O recurso ordinário somente será cabível da decisão final da turma no mandado de segurança.

**Alternativa "c"**: o agravo de instrumento é restrito no processo do trabalho, sendo utilizado para destrancar o recurso não processado pelo juízo *a quo*, não tendo, portanto, incidência no presente caso.

**Alternativa "d"**: O mandado de segurança é de competência do TRT, quando visa a impugnar atos proferidos pelos juízes da Vara do Trabalho e do próprio TRT. Nesse caso, o pedido liminar é analisado pelo relator monocraticamente. Da decisão do relator é cabível o agravo regimental, a fim de levar ao conhecimento da turma (órgão colegiado) a decisão monocrática. No entanto, da decisão do agravo regimental é incabível recurso. Isso ocorre porque a concessão ou não da liminar é uma decisão interlocutória, que, no processo do trabalho, não se submete a recurso (CLT, art. 893, § 1º). Cumpre consignar que a decisão do relator somente é recorrível, porque todas as decisões proferidas pelo Tribunal deveriam ser realizadas por órgão colegiado. Entretanto, com base no princípio da celeridade, conferiu-se ao relator a possibilidade de, em alguns casos, julgar monocraticamente. Nesse caso, porém, o relator age por delegação, de modo que sempre sua decisão ficará suscetível de recurso (agravo regimental ou agravo interno). Em resumo, da decisão monocrática do relator cabe recurso, mas da decisão do agravo não caberá recurso, quando se tratar de liminar.

**Alternativa correta: letra "d".**

## 13. LIQUIDAÇÃO DE SENTENÇA

**81. (FGV/OAB/XXX_Exame – 2019)** No decorrer de uma reclamação trabalhista, que transitou em julgado e que se encontra na fase executória, o juiz intimou o autor a apresentar os cálculos de liquidação respectivos, o que foi feito. Então, o juiz determinou que o cálculo fosse levado ao setor de Contadoria da Vara para conferência, tendo o calculista confirmado que os cálculos estavam adequados e em consonância com a coisa julgada. Diante disso, o juiz homologou a conta e determinou que o executado depositasse voluntariamente a quantia, sob pena de execução forçada.

Diante dessa narrativa e dos termos da CLT, assinale a afirmativa correta.

a) Equivocou-se o juiz, porque ele não poderia homologar o cálculo sem antes conceder vista ao executado pelo prazo de 8 dias.

b) Correta a atitude do magistrado, porque as contas foram conferidas e foi impressa celeridade ao processo do trabalho, observando a duração razoável do processo.

c) A Lei não fixa a dinâmica específica para a liquidação, daí porque cada juiz tem liberdade para criar a forma que melhor atenda aos anseios da justiça.

d) O juiz deveria conceder vista dos cálculos ao executado e ao INSS pelo prazo de 5 dias úteis, pelo que o procedimento adotado está errado.

COMENTÁRIOS

✪ **Nota do autor:** A questão aborda o art. 879, § 2º da CLT, que teve sua redação alterada pela Lei nº 13.467/17 (Reforma Trabalhista).

**Alternativa "a" (responde as demais alternativas):** De acordo com o art. 879, § 2, da CLT, "elaborada a conta e tornada líquida, o juízo **deverá** abrir às partes prazo comum de **oito dias** para impugnação fundamentada com a indicação dos itens e valores objeto da discordância, sob pena de preclusão" (grifo nosso).

**Alternativa correta: letra "a"**

**82. (OAB/SP – Exame XXV – 2018.1)** Em reclamação trabalhista já na fase de execução, o juiz determinou que o autor apresentasse os cálculos de liquidação, determinação esta que foi cumprida pelo exequente em fevereiro de 2018. Então, o calculista do juízo analisou as contas e entendeu que elas estavam corretas, pelo que o juiz homologou os cálculos ofertados e determinou a citação do executado para pagamento em 48 horas, sob pena de execução. Considerando a narrativa apresentada e os termos da CLT, assinale a afirmativa correta.

a) Agiu corretamente o juiz, porque as contas foram atestadas pelo calculista como corretas.

b) Equivocou-se o magistrado, porque deveria obrigatoriamente conferir vista dos cálculos ao executado.

c) Uma vez que o juiz do Trabalho tem amplo poder de direção e controle do processo, sua decisão está amparada na norma cogente.

d) O juiz tem a faculdade de abrir vista ao executado por 10 dias, mas não obrigação de fazê-lo.

COMENTÁRIOS

✪ **Nota do autor:** a questão aborda a liquidação de sentença na justiça do trabalho.

**Alternativa "b" (responde as demais alternativas):** Após a Lei nº 13.467/17 (Reforma Trabalhista), elaborada a conta e tornada líquida, o juízo **deverá** abrir às partes prazo comum de oito dias para impugnação fundamentada com a indicação dos itens e valores objeto da discordância, sob pena de preclusão (CLT, art. 879, §2º). Desse modo, o juízo não deveria homologar diretamente os cálculos, devendo obrigatoriamente abrir prazo de 8 dias úteis para manifestação do executado antes da homologação.

**Alternativa correta: letra "b".**

**83. (FGV – Exame de Ordem 2016.3)** O juiz, em ação trabalhista proposta por Carlos em face da sociedade empresária ABCD Ltda., julgou procedente, em parte, o rol de pedidos. Nenhuma das partes apresentou qualquer recurso. O pedido versava exclusivamente sobre horas extras e reflexos, estando nos autos todos os controles de horário, recibos salariais, o termo de rescisão de contrato de trabalho (TRCT) e demais documentos inerentes ao contrato de trabalho em referência. Todos os documentos eram incontroversos.

Com base no caso apresentado, como advogado(a) de Carlos, assinale a opção que indica a modalidade a ser adotada para promover a liquidação de sentença.

a) Por cálculos.

b) Por arbitramento.

c) Por artigos.

d) Por execução por quantia certa.

COMENTÁRIOS

✪ **Nota do autor:** A questão aborda a fase de liquidação da sentença trabalhista. Essa fase tem como objetivo apurar o montante devido (*quantum debeatur*), sendo admitida apenas nas obrigações de pagar quantia certa, conforme declina o art. 509 do CPC/15.

**Alternativa "a" (responde todas as demais alternativas):** De acordo com o enunciado da questão, o pedido julgado procedente versava exclusivamente sobre horas extras e reflexos, estando nos autos todos os controles de horário, recibos salariais, o termo de rescisão do contrato de trabalho e demais documentos inerentes ao contrato de trabalho, sendo todos incontroversos. Desse modo, para se alcançar o montante devido pela sociedade empresária ABCD Ltda. apenas é necessária a realização de cálculos aritméticos, uma vez que os elementos necessários para a definição do montante devido encontram-se nos próprios autos. A modalidade de liquidação adequada corresponde, portanto, à liquidação por cálculos (CLT, art. 879). Cabe ressaltar que a liquidação por arbitramento é realizada quando há a necessidade de nomeação de perito e a liquidação por artigos quando se busca provar fato novo na liquidação.

**Alternativa correta: letra "a".**

## 14. EXECUÇÃO TRABALHISTA

**84. (FGV – XXXVII Exame OAB)** Arthur ajuizou reclamação trabalhista em face de seu ex-empregador - a sociedade empresária Alfa -, e dos 3 sócios dela, valendo-se do incidente de desconsideração da personalidade jurídica (IDPJ) na fase de cognição. Argumentou na petição inicial que assim procedeu para que, em havendo sucesso na pretensão, os sócios já constem do título executivo judicial, o que abreviaria a futura execução. Diante da situação retratada e da previsão contida na CLT, assinale a afirmativa correta.

a) O incidente de desconsideração da personalidade jurídica (IDPJ), na Justiça do Trabalho, somente pode ser feito na fase de execução.
b) O incidente de desconsideração da personalidade jurídica (IDPJ), na seara trabalhista, pode ser feito na fase de conhecimento ou de execução.
c) O incidente de desconsideração da personalidade jurídica (IDPJ) na fase de conhecimento dependerá da concordância dos sócios.
d) A opção pelo incidente de desconsideração da personalidade jurídica (IDPJ), por exigência expressa da CLT, deve ter, na fase de conhecimento, sua necessidade provada por documentos.

COMENTÁRIOS

✪ **Nota do autor:** a questão aborda a temática do incidente de desconsideração da personalidade jurídica no direito processual do trabalho. Trata-se de mecanismo previsto no CPC/15 em seu capítulo referente à intervenção de terceiros e, após a Lei nº 13.467/17, tratado expressamente no art. 855-A da CLT.

**Letra "a":** O incidente de desconsideração da personalidade jurídica está previsto no art. 855-A da CLT, o qual atribui a aplicação dos arts. 133 a 137 do CPC quanto ao procedimento a ser adotado. Neste sentido, conforme art. 133 do CPC, poderá ser realizado em todas as fases do processo, não havendo limitação apenas quanto à fase de execução.

**Letra "b":** Alternativa correta, conforme indicado no item anterior.

**Letra "c":** Não há previsão legal quanto à necessidade de autorização dos sócios para a instauração do incidente de desconsideração da personalidade jurídica.

**Letra "d":** A CLT não prevê a necessidade de comprovação por meio de documentos, podendo os requisitos da desconsideração serem demonstrados por todos os meios de prova.

**Alternativa correta: letra "b".**

**85. (FGV – Exame de Ordem XXXVI – 2022)** No bojo de uma execução trabalhista, o juízo, a requerimento da exequente, utilizou todas as ferramentas tecnológicas disponíveis para tentar apreender dinheiro ou bens do executado, não tendo sucesso. O juízo, também a requerimento da exequente, deferiu a instauração do incidente de desconsideração da personalidade jurídica (IDPJ) em face dos sócios, que foram citados e se manifestaram. Diante dos argumentos apresentados, o IDPJ foi julgado improcedente, isentando os sócios de qualquer responsabilidade. Considerando a situação de fato e a previsão legal, assinale a afirmativa correta.

a) A exequente poderá interpor recurso de agravo de petição.
b) Não caberá recurso da decisão em referência por ser interlocutória.
c) Caberá à exequente, se desejar, interpor recurso ordinário.
d) A exequente poderá interpor agravo de instrumento.

COMENTÁRIOS

✪ **Nota do Autor:** a questão aborda o incidente de desconsideração da personalidade jurídica, especialmente os recursos cabíveis da decisão proferida no incidente. Cumpre destacar que a disciplina do IDPJ é prevista no art. 855-A da CLT.

**Alternativa "a" (responde as demais alternativas):** Acolhendo ou rejeitando o incidente de desconsideração, passa a ter relevância se a decisão é impugnável imediatamente.

Nesse contexto, o § 1º do art. 855-A da CLT declinou o que segue:

| Fase processual | Recurso cabível |
|---|---|
| Fase de cognição | Não cabe recurso de imediato |
| Fase de execução | Cabe agravo de petição, independentemente de garantia do juízo |
| Quando proferida pelo Relator, em incidente instaurado originariamente no tribunal | Cabe agravo interno |

Como no caso exposto na questão, o processo se encontra na fase de execução, caberá agravo de petição tanto pelo exequente quanto pelo executado.

**Alternativa correta: letra "a".**

**86. (FGV – Exame de Ordem XXXVI – 2022)** Numa execução trabalhista, o juiz homologou os cálculos do exequente, declarando devido o valor de R$ 30.000,00. Instado a pagar voluntariamente a dívida, o executado quedou-se inerte e, após requerimento do exequente, o juiz acionou o convênio com o Banco Central para bloqueio do numerário nos ativos financeiros da empresa. A ferramenta de bloqueio conseguiu, após várias tentativas, capturar R$ 20.000,00 das contas do executado. Diante dessa situação e das disposições da CLT, assinale a afirmativa correta.

a) A empresa poderá, de plano, ajuizar embargos à execução, que serão apreciados, porque não é necessária a garantia do juízo.

b) O executado ainda não poderá ajuizar embargos à execução e, se o fizer, não serão apreciados, porque o juízo não se encontra integralmente garantido.

c) Os embargos à execução podem ser ajuizados e apreciados, porque já se conseguiu apreender mais da metade do valor exequendo, que é o requisito previsto na CLT.

d) A empresa não poderá embargar a execução, porque não existe tal previsão na CLT.

**COMENTÁRIOS**

✪ **Nota do Autor:** A questão aborda os embargos à execução e a necessidade de penhora/garantia integral para sua apresentação.

**Alternativa "b' (responde as demais alternativas):** Os embargos à execução possuem previsão expressa na CLT e apenas poderão ser opostos se houver a garantia integral do juízo (art. 884, caput CLT). Esta garantia pode ser efetivada por meio de depósito da quantia correspondente, atualizada e acrescida das despesas processuais, apresentação de seguro-garantia ou nomeação de bens à penhora, observada a ordem preferencial estabelecida no art. 835 da Lei nº 13.105/15, Código de Processo Civil (art. 882, CLT). No presente caso, tendo em vista que a penhora apenas alcançou parte do valor devido pelo executado, cabia ao mesmo garantir a integralidade do juízo para possibilitar a oposição dos embargos à execução.

**Alternativa correta: letra "b".**

---

**87. (FGV- XXXIV Exame de Ordem-2022)** Ramon conseguiu, em uma reclamação trabalhista, a sentença de procedência parcial dos seus pedidos, sendo condenado o ex- empregador a pagar vários direitos, mediante condenação subsidiária da União como tomadora dos serviços. A sentença transitou em julgado nestes termos, houve liquidação regular e foi homologado o valor da dívida em R$15.000,00 (quinze mil reais), conforme cálculos apresentados pelo exequente. Ramon tentou executar por várias formas o ex-empregador, sem sucesso, e então requereu ao juiz o direcionamento da execução em face da União, que foi citada, mas discordou dos cálculos apresentados, reputando-os majorados. Diante da situação apresentada e dos termos da legislação em vigor, assinale a afirmativa correta.

a) Caberá à União depositar o valor da dívida e, então, no prazo legal, ajuizar embargos à execução.

b) Se a União não depositar voluntariamente a quantia, terá bens penhorados no valor da dívida e, após, poderá ajuizar embargos à execução.

c) A Lei prevê que sendo o ente público o devedor, ainda que subsidiário, bastará depositar metade do valor homologado para ajuizar embargos à execução.

d) É desnecessária a garantia do juízo para a União ajuizar embargos à execução.

**COMENTÁRIOS**

✪ **Nota do Autor:** A questão aborda o regime de Execução contra a Fazenda Pública. O candidato deve estar atento às diferenças da execução realizada em face das pessoas físicas e jurídicas de direito privado.

**Alternativa "d" (responde as demais alternativas):** O regime da execução por quantia certa contra a Fazenda Pública é totalmente diferente da execução realizada em face das pessoas físicas e jurídicas de direito privado. Isso ocorre porque os bens públicos são inalienáveis e, consequentemente, impenhoráveis (art. 100, CC). Diante disso, a Fazenda Pública não é intimada para pagar ou nomear bens à penhora, mas sim para opor embargos. Assim, é desnecessária a garantia do juízo para a União opor embargos à execução (art. 535, CPC).

**Alternativa correta: letra "d".**

---

**88. (FGV- XXXV Exame de Ordem-2022)** As entidades, mesmo as filantrópicas, podem ser empregadoras e, portanto, reclamadas na Justiça do Trabalho. A entidade filantrópica Beta foi condenada em uma reclamação trabalhista movida por uma ex-empregada e, após transitado em julgado e apurado o valor em liquidação, que seguiu todos os trâmites de regência, o juiz homologou o crédito da exequente no valor de R$ 25.000,00 (vinte e cinco mil reais). A ex-empregadora entende que o valor está em desacordo com a coisa julgada, pois, nas suas contas, o valor devido é bem menor, algo em torno de 50% do que foi homologado e cobrado. Sobre o caso, diante do que dispõe a CLT, assinale a afirmativa correta.

a) Para ajuizar embargos à execução, a entidade, por ser filantrópica, não precisará garantir o juízo.

b) Por ser entidade filantrópica, a Lei expressamente proíbe o ajuizamento de embargos à execução.

c) É possível o ajuizamento dos embargos, desde que a entidade filantrópica deposite nos autos os R$ 25.000,00 (vinte e cinco mil reais).

d) Os embargos somente poderão ser apreciados se a entidade depositar o valor que reconhece ser devido.

**COMENTÁRIOS**

✪ **Nota do autor:** O examinador questiona uma das novidades trazidas pela Lei nº 13.467/17, que incluiu o §6º no art. 884 da CLT.

**Alternativa "a" (responde as demais alternativas):** No processo do trabalho para se interpor os embargos à execução, impõe-se a garantia do juízo (penhora). No entanto, o art. 884, §6º da CLT, inserido pela Lei nº 13.467/17 (Reforma Trabalhista), declina que a exigência da garantia ou penhora não será aplica às entidades filantrópicas e/ou àqueles que compõem ou compuseram a diretoria dessas instituições". Criou, pois, uma exceção à necessidade de garantia de execução para que sejam cabíveis os embargos. Portanto, como na questão temos uma entidade filantrópica, ela não precisará garantir o juízo para interpor os embargos à execução.

**Alternativa correta: letra "a".**

---

**89. (FGV- XXXV Exame de Ordem-2022)** Em determinada reclamação trabalhista, que se encontra na fase de execução, não foram localizados bens da sociedade empresária executada, motivando o credor a instaurar o incidente de desconsideração de personalidade jurídica (IDPJ), para direcionar a execução contra os sócios atuais da empresa. Os sócios foram, então, citados para manifestação.

Diante da situação retratada e da previsão da CLT, assinale a afirmativa correta.

a) É desnecessária a garantia do juízo para que a manifestação do sócio seja apreciada.

b) A CLT determina que haja a garantia do juízo, mas com fiança bancária ou seguro garantia judicial.

c) A Lei determina que haja garantia do juízo em 50% para que a manifestação do sócio seja analisada.

PROCESSUAL DO TRABALHO

d) Será necessário garantir o juízo com bens ou dinheiro para o sócio ter a sua manifestação apreciada.

COMENTÁRIOS

✪ **Nota do Autor:** a questão aborda o incidente de desconsideração da personalidade jurídica, especialmente os recursos cabíveis da decisão proferida no incidente. Cumpre destacar que a disciplina do IDPJ é prevista no art. 855-A da CLT.

**Alternativa "a" (responde as demais alternativas):** Acolhendo ou rejeitando o incidente de desconsideração, passa a ter relevância se a decisão é impugnável imediatamente.

Nesse contexto, o § 1º do art. 855-A da CLT declinou o que segue:

| Fase processual | Recurso cabível |
|---|---|
| Fase de cognição | Não cabe recurso de imediato |
| Fase de execução | Cabe agravo de petição, independentemente de garantia do juízo |
| Quando proferida pelo Relator, em incidente instaurado originariamente no tribunal | Cabe agravo interno |

Como no caso exposto na questão, o processo se encontra na fase de execução, caberá agravo de petição, independentemente de garantia do juízo.

**Alternativa correta: letra "a".**

**90. (FGV – Exame de Ordem – 2021.1)** No decorrer de uma execução trabalhista, não se conseguiu penhorar nenhum bem da empresa executada nem reter qualquer numerário dela em ativos financeiros. Então, o exequente instaurou um incidente de desconsideração de personalidade jurídica para direcionar a execução em face de um sócio. O referido sócio foi citado e, no prazo de 15 dias, manifestou-se contrariamente à sua execução.

Submetida a manifestação ao contraditório e não havendo outras provas a produzir, o juiz julgou procedente o incidente e incluiu o sócio no polo passivo da execução na condição de executado, sendo, então, publicada essa decisão.

Considerando a situação retratada e os ditames da CLT, assinale a afirmativa correta.

a) Por ser interlocutória, essa decisão é irrecorrível, devendo o sócio se submeter ao comando e pagar a dívida.

b) O sócio em questão poderá recorrer da decisão independentemente de garantia do juízo.

c) Sendo a Lei omissa a respeito, caberá ao juiz definir se a decisão do incidente poderá ser objeto de recurso e se será necessário garantir o juízo.

d) O sócio poderá recorrer da decisão, mas terá de garantir o juízo em 50%.

COMENTÁRIOS

✪ **Nota do Autor:** a questão aborda o incidente de desconsideração da personalidade jurídica, especialmente os recursos cabíveis da decisão proferida no incidente. Cumpre destacar que a disciplina do IDPJ é prevista no art. 855-A da CLT.

**Alternativa "b" (responde as demais alternativas):** Acolhendo ou rejeitando o incidente de desconsideração, passa a ter relevância se a decisão é impugnável imediatamente.

Nesse contexto, o § 1º do art. 855-A da CLT declinou o que segue:

| Fase processual | Recurso cabível |
|---|---|
| Fase de cognição | Não cabe recurso de imediato |
| Fase de execução | Cabe agravo de petição, independentemente de garantia do juízo |
| Quando proferida pelo Relator, em incidente instaurado originariamente no tribunal | Cabe agravo interno |

Como no caso exposto na questão, o processo se encontra na fase de execução, caberá agravo de petição, independentemente de garantia do juízo.

**Alternativa correta: letra "b".**

**91. (FGV – Exame de Ordem 2021.1)** Após ser alvo de um inquérito civil junto ao Ministério Público do Trabalho – MPT, tendo sido investigada pela prática de suposta irregularidade, a sociedade empresária Vida Global assinou um Termo de Ajuste de Conduta (TAC) com o MPT para sanar o problema e evitar a judicialização daquela situação, o que poderia abalar sua credibilidade perante os investidores nacionais e estrangeiros.

Ocorre que a sociedade empresária não cumpriu o que foi estipulado no TAC, seja no tocante à obrigação de fazer, seja no pagamento de multa pelo dano moral coletivo.

Diante dessa situação, e de acordo com os termos da CLT, assinale a afirmativa correta.

a) O parquet deverá propor execução de título judicial.

b) O MPT deverá ajuizar execução de título extrajudicial.

c) A ação própria para a cobrança será o inquérito judicial.

d) O MPT deverá propor reclamação trabalhista pelo rito ordinário.

COMENTÁRIOS

✪ **Nota do autor:** A questão aborda aspectos da execução trabalhista. Para respondê-la, o candidato deverá ter conhecimento dos títulos executivos judiciais e extrajudiciais admitidos na Justiça do Trabalho.

**Alternativa "b" (responde as demais alternativas):** No caso, não será necessário que haja o ajuizamento de processo de conhecimento, tendo em vista a existência de título executivo, qual seja, o TAC. Havendo título executivo, que contenha obrigação certa, líquida e exigível, é importante analisar se o título é judicial ou extrajudicial. Os títulos judiciais são aqueles produzidos pelo Judiciário. No processo do trabalho são títulos **judiciais**: 1) as decisões passadas em julgado (CLT, art. 876); 2) as decisões das quais não tenha havido recurso com efeito suspensivo (CLT, art. 876); 3) os acordos, quando não cumpridos (CLT, art. 876); 4) os créditos previdenciários decorrentes das sentenças condenatórias trabalhistas e dos acordos homologados (CLT, art. 876, parágrafo único); 5) os acordos extrajudiciais homologados judicialmente (CLT, arts. 855-B a 855-E); 6) sentença arbitral (CLT, art. 507-A; Lei nº 9.307/96, art. 31; CPC/2015, art. 515, VII).

Os títulos extrajudiciais, como o próprio nome já indica, são os formados fora do Judiciário. De posse do título executivo, o credor não necessita ajuizar um processo de conhecimento, adentrando diretamente na fase de execução. Na seara trabalhista, são títulos **extrajudiciais**:

1) os termos de ajuste de conduta firmados perante o Ministério Público do Trabalho (CLT, art. 876);

2) os termos de conciliação firmados perante as Comissões de Conciliação Prévia (CLT, art. 876);

3) a certidão da dívida ativa da União referente às penalidades administrativas impostas ao empregador pelos órgãos de fiscalização do trabalho (CF/88, art. 114, VII);
4) o cheque e a nota promissória emitidos em reconhecimento de dívida inequivocamente de natureza trabalhista (TST-IN nº 39/2016, art. 13).

Sendo o TAC título executivo extrajudicial, o MPT deverá ajuizar execução de título extrajudicial.

**Alternativa correta: "letra b".**

---

**92. (FGV/OAB/XXX_Exame - 2019)** O juiz, em sede de execução trabalhista, intimou a parte para cumprir despacho, determinando que o exequente desse seguimento à execução, indicando os meios de prosseguimento na execução, já que não foram encontrados bens no patrimônio do réu.

Com fundamento na legislação vigente, assinale a afirmativa correta.

a) O processo ficará parado aguardando a manifestação do exequente por período indefinido de tempo.
b) A declaração de prescrição somente poderá ocorrer por requerimento da parte contrária.
c) A prescrição intercorrente ocorrerá após dois anos, se a parte não cumprir com o comando judicial.
d) O juiz deverá intimar novamente a parte, a fim de dar início ao curso do prazo prescricional.

**COMENTÁRIOS**

**Nota do autor:** A questão aborda a incidência da prescrição intercorrente no direito processual do trabalho. Trata-se de tema impactado pela Lei nº 13.467/17 (Reforma Trabalhista), com a inclusão do art. 11-A da CLT.

**Alternativa "c" (responde as demais alternativas):** de acordo com o art. 11-A da CLT, ocorre a prescrição intercorrente no processo do trabalho no prazo de 2 anos, iniciado quando o exequente deixa de cumprir determinação judicial no curso da execução. No caso apresentado na questão, o juiz intimou a parte determinando que o exequente desse seguimento à execução, indicando meios para o seu prosseguimento, diante da não localização de bens no patrimônio do réu. Dessa forma, se a parte não cumprir o comando judicial, a prescrição intercorrente ocorrerá após 2 anos.

**Alternativa correta: letra "c".**

---

**93. (FGV – Exame de Ordem 2020.1)** Após tentar executar judicialmente seu ex-empregador (a empresa Tecidos Suaves Ltda.) sem sucesso, o credor trabalhista Rodrigo instaurou o incidente de desconsideração de personalidade jurídica, objetivando direcionar a execução contra os sócios da empresa, o que foi aceito pelo magistrado. De acordo com a CLT, assinale a opção que indica o ato seguinte.

a) O sócio será citado por oficial de justiça para pagar a dívida em 48 horas.
b) O sócio será citado para manifestar-se e requerer as provas cabíveis no prazo de 15 dias.
c) O juiz determinará de plano o bloqueio de bens e valores do sócio, posto que desnecessária a sua citação ou intimação.
d) Será conferida vista prévia ao Ministério Público do Trabalho, para que o parquet diga se concorda com a desconsideração pretendida.

**COMENTÁRIOS**

**Nota do Autor:** a questão aborda a temática do incidente de desconsideração da personalidade jurídica no direito processual do trabalho. Trata-se de mecanismo previsto no CPC/15 em seu capítulo referente à intervenção de terceiros e, após a Lei nº 13.467/17, tratado expressamente no art. 855-A da CLT.

**Alternativa "b" (responde as demais alternativas):** de acordo com o art. 35 do CPC/15, aplicável ao processo do trabalho, "instaurado o incidente, o sócio ou a pessoa jurídica será citado para manifestar-se e requerer as provas cabíveis no prazo de 15 (quinze) dias." Acolhido o incidente na fase de execução, o juiz intimará o sócio ou a sociedade (na desconsideração inversa) para pagar, garantir a execução, mediante o depósito do valor da dívida ou apresentação de seguro-garantia judicial ou nomear bens à penhora no prazo de 48 horas (CLT, art. 880).

**Alternativa correta: letra "b".**

---

**94. (FGV – Exame de Ordem 2021.1)** A sociedade empresária de transportes Mundo Pequeno Ltda. foi condenada ao pagamento de horas extras e diferença salarial na ação movida por Mauro Duarte, seu ex-empregado.

Após o trânsito em julgado e apuração do valor devido, a executada foi citada para efetuar o pagamento de R$ 120.000,00. Ocorre que a sociedade empresária pretende apresentar embargos à execução, pois entende que o valor homologado é superior ao devido, mas nao tem o dinheiro disponível para depositar nos autos.

Sobre o caso relatado, de acordo com o que está previsto na CLT, assinale a afirmativa correta.

a) Na Justiça do Trabalho não é necessário garantir o juízo para ajuizar embargos à execução.
b) A sociedade empresária poderá apresentar seguro-garantia judicial para então apresentar embargos à execução.
c) A sociedade empresária poderá assinar uma nota promissória judicial e, com isso, ter direito a ajuizar embargos de devedor.
d) Se for comprovada a situação de necessidade, a sociedade empresária, depositando 50% do valor da dívida, poderá embargar.

**COMENTÁRIOS**

**Nota do Autor:** A questão aborda os embargos à execução e a necessidade de penhora/garantia integral para sua apresentação.

**Alternativa "b" (responde as demais alternativas):** Somente será possível a interposição dos embargos se a penhora for suficiente para garantir integralmente a execução. O art. 835, § 2º, do CPC/2015 declina que se equipara a dinheiro para efeitos da gradação e da substituição dos bens penhoráveis a **fiança bancária e o seguro-garantia judicial**, desde que em valor não inferior ao do débito em execução, acrescido de 30%. Esse dispositivo é aplicável ao processo do trabalho, como dispõe o C. TST na OJ nº 59 da SDI-II, *in verbis*:

**Orientação jurisprudencial nº 59 da SDI-II do TST.** Mandado de segurança. Penhora. Carta de fiança bancária. Seguro Garantia Judicial.

A carta de fiança bancária e o seguro garantia judicial, desde que em valor não inferior ao do débito em execução, acrescido de trinta por cento, equivalem a dinheiro para efeito da gradação dos bens penhoráveis, estabelecida no art. 835 do CPC de 2015 (art. 655 do CPC de 1973).

PROCESSUAL DO TRABALHO

Com o advento da Lei nº 13.467/17, o art. 882 da CLT passou a prever expressamente a possibilidade de seja apresentado o seguro garantia judicial como forma de garantia da execução.

Dessa forma, não tendo dinheiro disponível para depositar nos autos, a empresa poderá apresentar seguro-garantia judicial para a apresentação dos embargos à execução.

**Alternativa correta: letra "b".**

---

**95. (OAB/SP – Exame XXV – 2018.1)** Jéssica trabalhou na sociedade empresária Móveis Perfeitos Ltda. por 4 (quatro) anos, quando foi dispensada sem justa causa, sem receber as verbas resilitórias. Em razão disso, ajuizou reclamação trabalhista pelo rito ordinário postulando os direitos relativos à sua saída, além de horas extras, equiparação salarial, adicional de insalubridade e indenização por dano moral porque foi privada da indenização que serviria para pagar as suas contas regulares. Na audiência designada, após feito o pregão, a sociedade empresária informou, e comprovou documentalmente, que conseguira no mês anterior a sua recuperação judicial, motivo pelo qual requereu a suspensão da reclamação trabalhista por 180 dias, conforme previsto em Lei, sob pena de o prosseguimento acarretar a nulidade do feito. Diante da situação concreta e dos termos da legislação em vigor, assinale a afirmativa correta.

a) A sociedade empresária está correta, porque, em havendo concessão de recuperação judicial, a Lei determina a suspensão de todas as ações.

b) A Lei não traz nenhuma previsão a respeito, daí porque ficará a critério do prudente arbítrio do juiz deferir a suspensão processual requerida.

c) A sociedade empresária está equivocada, pois a suspensão da reclamação trabalhista somente ocorreria na fase executória, o que não é o caso.

d) O Juiz do Trabalho, tendo sido deferida a recuperação judicial, deve suspender o processo, declarar sua incompetência e enviar os autos à Justiça Estadual.

**COMENTÁRIOS**

✪ **Nota do autor:** a questão aborda a execução contra empresas em recuperação judicial.

**Alternativa "c" (responde as demais alternativas):** Segundo o art. 6º da Lei nº 11.101/05:

> *"A decretação da falência ou o deferimento do processamento da recuperação judicial suspende o curso da prescrição e de todas as ações e execuções em face do devedor, inclusive aquelas dos credores particulares do sócio solidário.*
>
> *§ 1º Terá prosseguimento no juízo no qual estiver se processando a ação que demandar quantia ilíquida.*
>
> *§ 2º É permitido pleitear, perante o administrador judicial, habilitação, exclusão ou modificação de créditos derivados da relação de trabalho, mas as ações de natureza trabalhista, inclusive as impugnações a que se refere o art. 8º desta Lei, serão processadas perante a justiça especializada até a apuração do respectivo crédito, que será inscrito no quadro-geral de credores pelo valor determinado em sentença.*
>
> *(...)*
>
> *§ 4º Na recuperação judicial, as suspensões e a proibição de que tratam os incisos I, II e III do caput deste artigo perdurarão pelo prazo de 180 (cento e oitenta) dias, contado do deferimento do processamento da recuperação, prorrogável por igual período, uma única vez, em caráter excepcional, desde que o devedor não haja concorrido com a superação do lapso temporal.*

Na questão apresentada, ainda não houve a liquidação da demanda, de forma que, nos moldes do §1º, terá prosseguimento no juízo no qual estiver se processando. Aliás, por força do § 2º impõe que as ações de natureza trabalhista serão processadas até a apuração do respectivo crédito, ou seja, irá até a decisão de liquidação.

**Alternativa correta: letra "c".**

---

**96. (FGV – Exame de Ordem/2018.3)** A sociedade empresária Alfa S. A. está sendo executada na Justiça do Trabalho e, em 13/03/2018, recebeu citação para pagamento da dívida que possui em relação a um processo. Mesmo citada, a sociedade empresária permaneceu inerte, pelo que, no 10ºdia contado da citação, o juízo iniciou, a requerimento do exequente a tentativa de bloqueio pelo sistema Bacen-Jud e, paralelamente, inscreveu o nome do executado no Banco Nacional de Devedores Trabalhistas (BNDT). Diante da situação apresentada e dos termos da CLT, assinale a afirmativa correta.

a) A atitude do magistrado está correta, eis que não houve o pagamento voluntário da dívida no prazo legal, sendo a inserção imediata no BNDT uma adequada medida coercitiva judicial.

b) A Lei deixa ao arbítrio do juiz determinar a partir de quando o nome do devedor deve ser inserido em cadastro restritivo de crédito, inclusive no BNDT.

c) A Justiça do Trabalho não atua mais com inserção e retirada do nome de devedores no BNDT, pelo que a atitude do magistrado é inócua e contrária às regras da CLT.

d) A decisão que determinou a inserção do nome do devedor no BNDT está equivocada, porque somente poderia ocorrer 45 dias depois de ele não pagar, nem garantir o juízo.

**COMENTÁRIOS**

✪ **Nota do autor:** Como forma de dar efetividade à tutela jurisdicional e concretizar o resultado do processo, o ordenamento prevê diversos mecanismos de pressão indireta do executado para que cumpra voluntariamente a sentença condenatória, ganhando destaque os instrumentos dispostos no art. 883-A da CLT.

**Alternativa "d" – responde as demais alternativas:** O art. 883-A da CLT foi acrescentado pela Lei nº 13.467/17 (Reforma Trabalhista) e passou a expressamente possibilitar que a decisão transitada em julgado possa ser levada a protesto ou gerar a inscrição do nome do executado em órgãos de proteção ao crédito ou no Banco Nacional de Devedores Trabalhistas. Contudo, estabeleceu que isso apenas poderá ocorrer após o prazo de **45 dias** contados da citação do executado, se não houver garantia do juízo.

**Alternativa correta: letra "d".**

---

**97. (OAB/SP – Exame XXIII – 2017.2)** A sociedade empresária Arco Íris Limpeza Ltda. foi citada para pagar o valor de uma dívida trabalhista homologada pelo juiz e, sem apresentar guia de pagamento ou arrolar bens, apresentou embargos de devedor, nos quais aponta diversas inconsistências nos cálculos. Diante disso, de acordo com a CLT, assinale a afirmativa correta.

a) A Justiça do Trabalho passou a adotar o sistema do CPC, pelo qual não há necessidade de garantir o juízo para embargar, de modo que os embargos serão apreciados.

b) A CLT prevê que, para o ajuizamento de embargos de devedor, é necessário garantir o juízo com 50% do valor da dívida exequenda, o que não aconteceu na espécie.

c) Sem a garantia do juízo, o executado não poderá ajuizar embargos de devedor, de modo que as matérias por ele trazidas não serão apreciadas naquele momento.

d) A CLT determina que, havendo ajuizamento de embargos de devedor, o executado é obrigado a declarar, o valor que entende devido e a depositar essa quantia à disposição do juízo.

COMENTÁRIOS

✪ **Nota do autor:** A questão aborda os embargos à execução no processo do trabalho.

**Alternativa "a":** Tendo a CLT regra própria acerca da exigência da garantia do juízo, não se aplica o CPC.

**Alternativa "b":** Conforme apresentado, o executado deverá garantir o juízo com o valor total da execução, e não com 50% da dívida exequenda.

**Alternativa "c":** Segundo o art. 884 da CLT, garantida a execução ou penhorados os bens, terá o executado prazo de 5 dias para apresentar os embargos. Assim, sem a garantia do juízo, o executado não poderá ajuizar os embargos. Ressalta-se que "a exigência da garantia ou penhora não se aplica às entidades filantrópicas e/ou àqueles que compõem ou compuseram a diretoria dessas instituições" (CLT, art. 884, § 6º).

**Alternativa "d":** O executado que não pagar a importância reclamada poderá garantir a execução mediante depósito da quantia correspondente, atualizada e acrescida das despesas processuais, apresentação de seguro-garantia judicial ou nomeação de bens à penhora, observada a ordem preferencial estabelecida no art. 835 da Lei nº 13.105, de 16 de março de 2015 – Código de Processo Civil (art. 882 da CLT).

**Alternativa correta: letra "c".**

---

**98. (FGV – Exame de Ordem 2017.3 – Adaptada)** Em sede de processo trabalhista, após o trânsito em julgado da sentença e elaborada a conta de liquidação, foi aberto prazo de 8 dias para que as partes se manifestassem sobre a mesma. Contudo, o réu não se manifestou, e o autor concordou com a conta do juízo, que foi homologada. Considerada essa hipótese, em sede de embargos à execução do réu, interposto 05 dias após a garantia do juízo, este pretende discutir a conta de liquidação, aduzindo incorreção nos valores. Você, como advogado(a) do autor deverá, em resposta,

a) suscitar a preclusão do direito aos embargos à execução e expor as razões pelas quais entende pela validade dos cálculos do juízo.

b) suscitar apenas que a conta está correta.

c) suscitar a intempestividade dos embargos.

d) suscitar apenas que a conta está correta e requerer o levantamento dos valores incontroversos.

COMENTÁRIOS

✪ **Nota do autor:** A questão aborda os embargos à execução no processo do trabalho, que são destinados a desconstituir o título executivo, declarar a inexigibilidade da obrigação ou a nulidade da execução.

**Alternativa "a" (responde as demais alternativas):** Segundo o art. 879, §2º da CLT, o juiz deverá possibilitar a oportunidade de impugnação dos cálculos na fase de liquidação. Caso não haja manifestação naquele momento, estará preclusa a possibilidade de impugnação posterior, ou seja, não poderá invocar matérias nos embargos à execução ou na impugnação da decisão de homologação. Dessa forma, como o réu não se manifestou no momento oportuno, o autor deverá suscitar a preclusão e expor as razões pelas quais entende pela validade dos cálculos do juízo.

**Alternativa correta: letra "a".**

---

**99. (FGV – OAB 2017.1)** Expedida carta precatória executória numa demanda trabalhista, o juízo deprecante cita o devedor para pagamento, mas ele permanece inerte. Então, o oficial de justiça retorna e penhora um dos imóveis do executado, avaliando-o e garantindo o juízo. Imediatamente o executado ajuíza embargos de devedor, alegando que o bem penhorado foi subavaliado, apresentando a documentação que entende provar que o valor de mercado do bem é muito superior àquele lançado no auto pelo oficial de justiça. Sobre a hipótese apresentada, de acordo com a legislação em vigor e o entendimento consolidado do TST, assinale a opção que, justificadamente, indica o juízo competente para apreciar os embargos.

a) O juízo deprecante é competente, pois dele se origina a execução.

b) O julgamento poderá competir aos juízos deprecante ou ao deprecado, porque a Lei não traz previsão.

c) O juízo deprecado será competente, porque a matéria se refere a suposto vício na penhora.

d) A Lei e a jurisprudência são omissas a respeito, daí porque a parte poderá escolher qual dos juízos apreciará os embargos.

COMENTÁRIOS

✪ **Nota do autor:** Como regra, a competência para o processamento e julgamento dos embargos é do juízo de execução.

**Alternativa "c" (responde as demais alternativas):** Pode ocorrer, no entanto, dos bens do executado não se encontrarem no local da execução exigindo, assim, que a penhora seja feita por meio de carta precatória. Portanto, nesse caso, o juízo deprecante (onde se processa a execução) expedirá a carta precatória para que o juízo deprecado (onde estão os bens do executado) realize a penhora. Nessa hipótese, a competência seguirá as diretrizes do art. 20 da Lei nº 6.830/80, que estabelece:

> *Art. 20: Na execução por carta, os embargos do executado serão oferecidos no Juízo deprecado, que os remeterá ao Juízo deprecante, para instrução e julgamento.*
>
> *Parágrafo Único – Quando os embargos tiverem por objeto vícios ou irregularidades de atos do próprio Juízo deprecado, caber-lhe-á unicamente o julgamento dessa matéria.*

No caso da questão, como a penhora é feita pelo juízo deprecado, bem como a avaliação é realizada pelo oficial de justiça do juízo deprecado, a competência para julgar os embargos é do juízo deprecado, porque o tema está relacionado a vícios da penhora.

**Alternativa correta: letra "c".**

---

**100. (FGV – Exame de Ordem 2016.2 – Prova reaplicada Salvador-BA)** Em execução fiscal, que tramita perante a Justiça do Trabalho, o juiz, após realizar tentativas de execução sem sucesso, deixou o feito arquivado por 1 ano. Cinco anos depois, e após intimada a Fazenda Pública, que nada requereu, o juiz decretou de ofício a prescrição intercorrente.

Sobre a atitude judicial, e considerando a legislação em vigor, assinale a afirmativa correta.

a) O juiz equivocou-se, pois na seara trabalhista a prescrição não pode ser decretada de ofício.

PROCESSUAL DO TRABALHO

b) Correto o juiz, pois não se trata de reclamação trabalhista e, assim, a prescrição pode ser decretada de ofício.

c) Não há dispositivo legal a respeito, daí porque, em razão do princípio da proteção, não deveria haver decretação de ofício da prescrição.

d) Uma vez que não existe prescrição para o crédito fiscal, agiu erroneamente o magistrado ao decretar a prescrição intercorrente.

COMENTÁRIOS

✪ **Nota do autor:** trata-se de questão que impõe o conhecimento do art. 40 da Lei nº 6.830/80, que versa sobre a suspensão da prescrição.

**Alternativa "b" (responde as demais alternativas):** O art. 40, §2°, da Lei n° 6.830/1980 (Lei de Execuções Fiscais) admite que "decorrido o prazo máximo de 1 (um) ano, sem que seja localizado o devedor ou encontrado bens penhoráveis, o juiz ordenará o arquivamento dos autos", descrevendo no § 3° que sendo encontrados bens, a qualquer tempo, serão desarquivados os autos para prosseguimento da execução. Pela leitura desses dois parágrafos poderíamos concluir que após um ano da decretação da suspensão da execução, os autos seriam arquivados, podendo, a qualquer tempo, ser desarquivados e ser retomada a execução. Tínhamos de certo modo a imprescritibilidade dos créditos na execução fiscal. Contudo, a Lei n° 11.051/04 incluiu o § 4º no art. 40 da LEF passando a permitir a aplicação da prescrição intercorrente de ofício pelo juiz. Interpretando esse parágrafo o STJ estabeleceu que o processo ficará suspenso 1 ano e, em seguida, iniciará a prescrição intercorrente (Súmula 341 do STJ). É válido destacar que, sendo o caso de reclamação trabalhista e não execução fiscal como na questão, o art. 11-A da CLT (incluído pela Lei nº 13.467/2017 – Reforma Trabalhista) estabelece que corre a prescrição intercorrente no processo do trabalho no prazo de dois anos, iniciando a contagem do prazo prescricional quando o exequente deixa de cumprir determinação judicial no curso da execução.

**Alternativa correta: letra "b".**

**101. (FGV – Exame de Ordem 2016.2)** Um determinado empregado é vigilante e, por meio do seu empregador, sempre prestou serviços terceirizados a uma instituição bancária privada. Após ser dispensado, o ex-empregado ajuizou ação contra o seu antigo empregador e a instituição bancária, reclamando horas extras, diferença por acúmulo de funções e indenização por dano moral.

Sobre a situação apresentada, assinale a afirmativa correta.

a) Caso haja sucesso na demanda, a instituição bancária não poderá ser condenada em qualquer nível porque não foi o empregador.

b) A instituição bancária poderá ser condenada de forma solidária pelos créditos porventura deferidos porque terceirizou atividade-fim.

c) O banco poderia ser condenado de forma mista, ou seja, pagaria todos os direitos devidos exceto dano moral.

d) A instituição bancária será condenada de forma subsidiária por todos os créditos porventura deferidos.

COMENTÁRIOS

✪ **Nota do autor:** trata-se de questão acerca da responsabilidade decorrente da terceirização e impõe o conhecimento da Súmula nº 331 do TST.

**Alternativa "d" (responde as demais alternativas):** Na terceirização lícita, a responsabilidade principal (primária) é do tomador de serviços, ficando a cargo do tomador de serviços a responsabilidade subsidiária (secundária). Não obstante, na hipótese de responsável subsidiário decorrente da terceirização o C. entende que o tomador dos serviços deve, obrigatoriamente, participar da relação processual e constar do título executivo, para que seus bens possam ser atingidos na execução, como se verifica pela Súmula nº 331 do TST: "(...) IV – O inadimplemento das obrigações trabalhistas, por parte do empregador, implica a responsabilidade subsidiária do tomador dos serviços quanto àquelas obrigações, desde que haja participado da relação processual e conste também do título executivo judicial; (...) VI – A responsabilidade subsidiária do tomador de serviços abrange todas as verbas decorrentes da condenação referentes ao período da prestação laboral".

**Alternativa correta: letra "d".**

**102. (FGV – Exame de Ordem 2015.2)** A sociedade empresária Beta S.A. teve a falência decretada durante a tramitação de uma reclamação trabalhista, fato devidamente informado ao juízo. Depois de julgado procedente em parte o pedido de diferenças de horas extras e de parcelas rescisórias, nenhuma das partes recorreu da sentença, que transitou em julgado dessa forma. Teve, então, início a execução, com a apresentação dos cálculos pelo autor e posterior homologação pelo juiz.

Diante da situação, assinale a afirmativa correta.

a) Há equívoco, pois, a partir da decretação da falência, a ação trabalhista passa a ser da competência do juízo falimentar, que deve proferir a sentença.

b) O pagamento do valor homologado deverá ser feito no juízo da falência, que é universal.

c) A execução será feita diretamente na Justiça do Trabalho, porque o título executivo foi criado pelo Juiz do Trabalho.

d) Essa é a única hipótese de competência concorrente, ou seja, poderá ser executado tanto na Justiça do Trabalho quanto na Justiça comum.

COMENTÁRIOS

✪ **Nota do autor:** a questão aborda a execução contra a massa falida na Justiça do Trabalho.

**Alternativa "b" (responde todas as demais alternativas):** Havendo condenação de empresa submetida à falência, as ações trabalhistas serão processadas perante a Justiça do Trabalho até a apuração do respectivo crédito, que será inscrito no quadro-geral de credores pelo valor determinado em sentença (Lei nº 11.101/05, art. 6º, § 2º). Noutras palavras, a Justiça laboral tem competência até a decisão de liquidação, remetendo-se, posteriormente, ao juízo falimentar para habilitação do crédito.

**Alternativa correta: letra "b".**

## 15. DISSÍDIO COLETIVO

**103. (FGV – XXXVII Exame OAB)** Foi proferida uma sentença normativa em dissídio coletivo envolvendo os sindicatos de determinada categoria. Na decisão transitada em julgado foi determinada a entrega mensal de ticket refeição e ticket alimentação no valor de R$ 150,00 cada. Ocorre que uma das sociedades empresárias vinculadas ao sindicato da categoria econômica não está cumprindo a sentença normativa, que se encontra em vigor. De acordo com a CLT, para que a cláusula normativa seja observada, o sindicato deve se valer de uma ação

a) monitória.

b) de execução de título extrajudicial.

c) civil coletiva.

d) de cumprimento.

**COMENTÁRIOS**

✪ **Nota do autor:** A questão aborda o conhecimento sobre o dissídio coletivo no direito processual do trabalho.

**Alternativa "a":** De acordo com o art. 700 do CPC/2015, a ação monitória possui aplicação subsidiária no Processo do Trabalho, podendo ser proposta por aquele que afirmar, com base em prova escrita sem eficácia de título executivo, ter o direito de exigir do devedor capaz: I – o pagamento de quantia em dinheiro; II – a entrega de coisa fungível ou infungível ou de bem móvel ou imóvel; III – o adimplemento de obrigação de fazer ou de não fazer, não cabendo no caso de descumprimento de sentença normativa em razão de previsão específica sobre o tema na CLT.

**Alternativa "b":** a sentença normativa não cria um título extrajudicial, mas sim, uma norma jurídica abstrata, razão pela qual não é cabível o processo de execução de título extrajudicial.

**Alternativa "c":** a ação civil coletiva é destinada a tutelar os interesses individuais homogêneos está prevista na Lei 8. 8.078/90 (Código de Defesa do Consumidor), não sendo este o caso.

**Alternativa "d":** Caso haja descumprimento da sentença normativa, outra ação deverá ser ajuizada, denominada ação de cumprimento, conforme prevê o art. 872 da CLT, adequando-se ao caso em questao.

> **Art. 872** – *Celebrado o acordo, ou transitada em julgado a decisão, seguir-se-á o seu cumprimento, sob as penas estabelecidas neste Título.*
>
> *Parágrafo único – Quando os empregadores deixarem de satisfazer o pagamento de salários, na conformidade da decisão proferida, poderão os empregados ou seus sindicatos, independentes de outorga de poderes de seus associados, juntando certidão de tal decisão, apresentar reclamação à Junta ou Juízo competente, observado o processo previsto no Capítulo II deste Título, sendo vedado, porém, questionar sobre a matéria de fato e de direito já apreciada na decisão.*

**Alternativa correta: letra "d"**

---

**104. (FGV – Exame de Ordem 2015.1)** Julgado dissídio coletivo entre uma categoria profissional e a patronal, em que foram concedidas algumas vantagens econômicas à categoria dos empregados, estas não foram cumpridas de imediato pela empresa Alfa Ltda. Diante disso, o sindicato profissional decidiu ajuizar ação de cumprimento em face da empresa.

Sobre o caso apresentado, assinale a afirmativa correta.

a) Deverá aguardar o trânsito em julgado da decisão, para ajuizar a referida ação.

b) Poderá ajuizar a ação, pois o trânsito em julgado da sentença normativa é dispensável.

c) Não juntada a certidão de trânsito em julgado da sentença normativa, o feito será extinto sem resolução de mérito.

d) Incabível a ação de cumprimento, no caso.

**COMENTÁRIOS**

✪ **Nota do autor:** A sentença normativa, proferida nos dissídios coletivos econômico, revisional e originário, tem o condão de instituir normas abstratas, diferenciando-se das leis apenas em seu aspecto formal. Caso haja descumprimento da sentença normativa, outra ação deverá ser ajuizada, denominada ação de cumprimento. Essa ação tem natureza de ação de conhecimento de cunho condenatório, pois a sentença normativa não cria um título judicial, mas, sim, uma norma jurídica abstrata. Noutras palavras, sendo a sentença normativa uma norma abstrata, seu descumprimento iguala-se ao descumprimento da legislação formal. Com efeito, exige-se o ajuizamento de uma ação de conhecimento para condenar o descumpridor da norma a cumpri-la, chamada de ação de cumprimento. Portanto, não cabe execução da sentença normativa, devendo ser ajuizada a ação de cumprimento, que deverá ser instruída com a certidão da decisão coletiva.

**Alternativa "b" (responde a todas as demais alternativas):** Embora o art. 872 da CLT estabeleça que a ação de cumprimento será ajuizada depois do trânsito em julgado da sentença normativa, a Lei nº 7.701/88 alterou essa sistemática, admitindo, expressamente, que essa ação poderá ser proposta: – a partir do 20º dia subsequente ao julgamento, com esteio no acórdão ou certidão de julgamento, exceto se concedido efeito suspensivo, quando se tratar de julgamento proferido pelo TRT; c, a partir da publicação da certidão de julgamento, quando for de decisão do TST. Ademais, a Súmula nº 246 do TST, prevê que, "é dispensável o trânsito em julgado da sentença normativa para a propositura da ação de cumprimento".

**Alternativa correta: letra "b".**

---

**105. (FGV – Exame de Ordem 2013.2)** Tendo em vista a proximidade de realização de grande evento na área de esportes, a cidade de Tribobó do Oeste decidiu reformar seu estádio de futebol. Para tanto, após licitação, contratou a empresa Alfa Ltda. para executar a reforma no prazo de um ano. Faltando dois meses para a conclusão da obra e a realização do mega evento, os operários entraram em greve paralisando os trabalhos integralmente.

Diante destes fatos, assinale a afirmativa que se coaduna com a legitimidade ativa para instauração do dissídio coletivo.

a) Tanto a empresa Alfa Ltda. como o Sindicato da categoria dos empregados poderá instaurar a instância, sendo o ato privativo das partes litigantes.

b) Apenas o Sindicato dos Empregados poderá requerer a instauração do dissídio coletivo, já que se trata do sujeito ativo no caso de greve, sendo a empresa Alfa ré no processo.

c) Por haver interesse público a legitimidade ativa é exclusiva da empresa e do sindicato, bem como do Ministério Público do Trabalho, em caráter excepcional.

d) O dissídio poderá ser instaurado pelas partes por representação escrita ao Presidente do Tribunal; bem como por iniciativa do próprio Presidente e, ainda, por requerimento do Ministério Público do Trabalho.

**COMENTÁRIOS**

✪ **Nota do autor:** a questão exige do candidato o conhecimento do art. 856 da CLT.

**Alternativa "a":** Conforme previsto no art. 856 da CLT, a legitimidade passiva para o dissídio coletivo não é ato privativo das partes.

**Alternativa "b":** Diante do já mencionado art. 856 da CLT, a instauração do dissídio coletivo poderá ser requerida por qualquer das partes, além do MPT.

**Alternativa "c":** O Ministério Público do Trabalho tem legitimidade ativa para instauração do dissídio coletivo em caso de greve em atividade essencial, com possibilidade de lesão do interesse público (CF/88, art. 114, § 3º), não sendo exclusiva apenas da empresa e do sindicato.

**Alternativa "d":** A instância será instaurada mediante representação escrita ao Presidente do Tribunal. Poderá ser também instaurada por iniciativa do presidente, ou, ainda, a requerimento do Ministério Público do Trabalho, sempre que ocorrer suspensão do trabalho (art. 856 da CLT).

Frisa-se, porém, que quanto ao Presidente do TRT a doutrina é pacífica no sentido de que tal legitimidade fere o princípio da inércia da jurisdição, não devendo ser aplicado. Ademais, entende que ele não foi recepcionado pela Constituição Federal.

**Alternativa correta: letra "d".**

**106. (FGV – Exame de Ordem 2013.2)** No acordo coletivo em vigor firmado pela empresa Pluma Comércio de Óculos Ltda. existe uma cláusula na qual os seus empregados podem adquirir as mercadorias lá produzidas a preço de custo. Emerson, empregado desta firma, pretendia comprar um par de óculos, mas o empregador exigiu que ele pagasse também o valor da margem mínima de lucro do comércio local.

Diante do ocorrido, assinale a alternativa que contempla a ação que, de acordo com a CLT, deverá ser ajuizada por Emerson para fazer prevalecer o seu direito.

a) Execução de Título Extrajudicial.

b) Mandado de Segurança.

c) Ação de Cumprimento.

d) Ação Monitória.

COMENTÁRIOS

✪ **Nota do autor:** a questão exige o conhecimento da ação de cumprimento, descrita no art. 872 da CLT.

**Alternativa "a":** A ação de cumprimento tem natureza de ação de conhecimento de cunho condenatório, pois a sentença normativa, acordo coletivo ou convenção coletiva não criam um título judicial, mas, sim, uma norma jurídica abstrata. Portanto, não cabe execução da sentença normativa, convenção coletiva ou acordo coletivo devendo ser ajuizada a ação de cumprimento.

**Alternativa "b":** O Mandado de Segurança será impetrado para "proteger direito líquido e certo, não amparado por "*habeas corpus*" ou "*habeas data*", quando o responsável pela ilegalidade ou abuso de poder for autoridade pública ou agente de pessoa jurídica no exercício de suas atribuições do Poder Público" (art. 5º, LXIX, CF/88), não cabendo na hipótese da questão que exige o ajuizamento de ação de cumprimento.

**Alternativa "c"**: É importante observar que no direto do trabalho é possível a criação de normas jurídicas pelas próprias partes (convenção e acordo coletivo) e pelo judiciário, por meio da sentença normativa.

A sentença normativa, proferida nos dissídios coletivos, tem o condão de instituir normas abstratas, diferenciando-se das leis apenas em seu aspecto formal. Caso haja descumprimento da sentença normativa, outra ação deverá ser ajuizada, denominada ação de cumprimento, conforme prevê o art. 872 da CLT:

> *"Celebrado o acordo, ou transitada em julgado a decisão, seguir-se-á o seu cumprimento, sob as penas estabelecidas neste Título.*
>
> *Parágrafo único. Quando os empregadores deixarem de satisfazer o pagamento de salários, na conformidade da decisão proferida, poderão os empregados ou seus sindicatos, independentes de outorga de poderes de seus associados, juntando certidão de tal decisão, apresentar reclamação à Junta ou Juízo competente, observado o processo previsto no Capítulo II deste Título, sendo vedado, porém, questionar sobre a matéria de fato e de direito já apreciada na decisão."*

Essa ação tem natureza de ação de conhecimento de cunho condenatório, pois a sentença normativa não cria um título judicial, mas, sim, uma norma jurídica abstrata. Noutras palavras, sendo a sentença normativa uma norma abstrata, seu descumprimento iguala-se ao descumprimento da legislação formal. Com efeito, exige-se o ajuizamento de uma ação de conhecimento para condenar o descumpridor da norma a cumpri-la, chamada de ação de cumprimento.

O mesmo ocorre quando temos o descumprimento da convenção coletiva e do acordo coletivo (Súmula nº 286 do TST), como é o caso da presente questão.

Portanto, sendo descumprido o acordo coletivo, cabível a ação de cumprimento.

**Alternativa "d":** A ação monitória pode ser proposta por aquele que afirmar, com base em prova escrita sem eficácia de título executivo, ter direito de exigir do devedor capaz: I – o pagamento de quantia em dinheiro; II – a entrega de coisa fungível ou infungível ou de bem móvel ou imóvel; III – o adimplemento de obrigação de fazer ou de não fazer (art. 700 do CPC/15), não sendo o caso da presente questão que exige o ajuizamento de ação de cumprimento.

**Alternativa correta: letra "c".**

## 16. AÇÃO RESCISÓRIA

**107. (FGV – XXXVII Exame OAB)** Uma sociedade empresária de grande porte, condenada na Justiça do Trabalho, verificando a nulidade de sua citação em uma reclamação trabalhista que se encontra na fase executória, pretende ajuizar ação rescisória. Seus advogados se dedicaram à peça e agora chegou o momento do ajuizamento da ação. Em relação a custas e depósito prévio, de acordo com a CLT, assinale a afirmativa correta.

a) Nas ações rescisórias, não há custas no depósito prévio.

b) A sociedade empresária sujeita-se ao depósito prévio de 20% (vinte por cento) do valor da causa.

c) Não haverá necessidade de qualquer preparo porque, estando a causa na fase de execução, não cabe ação rescisória.

d) Devem ser recolhidas custas no importe de 2% sobre o valor da condenação.

COMENTÁRIOS

✪ **Nota do autor:** A questão aborda o conhecimento sobre o procedimento da ação rescisória no processo do trabalho.

**Alternativa "a" (responde as demais alternativas):** Com a finalidade de desestimular o ajuizamento descompromissado da ação rescisória, exige-se que o autor da ação realize o depósito prévio de 20% sobre o valor da causa, no processo do trabalho (CLT, art. 836). Interessante destacar que, no processo civil, o importe é de 5% sobre o valor da causa. Tal depósito será convertido em multa em favor do réu da ação rescisória, caso a ação, **por unanimidade de votos,** seja: a) declarada inadmissível; b) julgada improcedente (CPC/2015, art. 968, II).

**Alternativa correta: letra "b".**

**108. (FGV- XXXV Exame de Ordem-2022)** Jeane era cuidadora de Dulce, uma senhora de idade que veio a falecer. A família de Dulce providenciou o pagamento das verbas devidas pelo extinção do contrato, mas, logo após, Jeane ajuizou ação contra o espólio, postulando o pagamento, em dobro, de 3 (três) períodos de férias alegadamente não quitadas. Designada audiência, a inventariante do espólio informou que não tinha qualquer documento de pagamento de Jeane, pois era a falecida quem guardava e organizava toda a documentação. Por não ter provas, a inventariante concordou em realizar um acordo no valor de R$ 6.000,00 (seis mil reais), pagos no ato, por transferência PIX, e homologado de imediato pelo juiz. Passados 7 (sete) dias da audiência, quando fazia a arrumação das coisas deixadas por Dulce para destinar à doação, a inventariante encontrou, no fundo de uma gaveta, os recibos de pagamento das 3 (três) férias que Jeane reclamava, devidamente assinadas pela então empregada.

Diante da situação retratada, da previsão na CLT e do entendimento consolidado do TST, assinale a afirmativa correta.

a) Nada poderá ser feito pela inventariante, porque o acordo homologado faz coisa julgada material.

b) A parte interessada poderá interpor recurso ordinário contra a decisão homologatória.

c) A inventariante poderá ajuizar ação rescisória para desconstituir o acordo.

d) Deverá ser ajuizada ação de cobrança contra Jeane para reaver o valor pago.

**COMENTÁRIOS**

✪ **Nota do autor:** A questão acorda as hipóteses de cabimento da ação rescisória.

**Alternativa "a":** A ação rescisória é ação especial destinada a desconstituir decisões judiciais que tenham gerado, como regra, coisa julgada material (art. 836 da CLT), portanto, ainda há uma medida a ser feita pela inventariamente, desde que presentes uma das hipóteses de cabimento previstas no art. 966, do CPC, aplicado supletivamente na Justiça do Trabalho (art. 3º, XXVI, da TST-IN nº 39/2016).

**Alternativa "b":** O acordo homologado judicialmente é Irrecorrível (art. 831, parágrafo único, CLT e Súmula nº100, V, do TST).

> *Sum. 100, V do TST - O acordo homologado judicialmente tem força de decisão irrecorrível, na forma do art. 831 da CLT. Assim sendo, o termo conciliatório transita em julgado na data da sua homologação judicial.*

**Alternativa "c":** Tratando-se de acordo homologado judicialmente, o C. TST entende que apenas por ação rescisória o acordo judicial pode ser rescindido (Súmula nº 259 do TST). Neste caso, os documentos encontrados podem ser utilizados como "prova nova", fundamentando a ação rescisória no art. 966, VIII, do CPC.

**Alternativa "d":** Conforme já indicado, a ação cabível no presente caso será a rescisória.

**Alternativa correta:** letra "c".

---

**109. (OAB/SP – Exame XXV – 2018.1)** Em determinada Vara do Trabalho foi prolatada uma sentença que, após publicada, não foi objeto de recurso por nenhum dos litigantes. Quinze meses depois, uma das partes ajuizou ação rescisória perante o Tribunal Regional do Trabalho local, tendo o acórdão julgado improcedente o pedido da rescisória. Ainda inconformada, a parte deseja que o TST aprecie a demanda. Assinale a opção que indica, na hipótese, o recurso cabível para o Tribunal Superior do Trabalho.

a) Recurso Ordinário.

b) Recurso de Revista.

c) Recurso Especial.

d) Agravo de Instrumento.

**COMENTÁRIOS**

✪ **Nota do autor:** a questão abrange os recursos em ação rescisória.

**Alternativa "a" (responde as demais alternativas):** No caso de decisão de Turma do TRT, caberá Recurso Ordinário, a ser julgado pela SDI-II (ações individuais) ou pela SDC (dissídios coletivos) do TST, conforme estabelece a Súmula nº 158 do TST:

> *Da decisão de Tribunal Regional do Trabalho, em ação rescisória, é cabível recurso ordinário para o Tribunal Superior do Trabalho, em face da organização judiciária trabalhista*

Por fim, incabível o recurso de revista, nessa hipótese, sendo erro grosseiro a sua interposição (OJ nº 152 da SDI-II do TST), vez que sendo decisão de competência originária do TRT, o art. 895, II, da CLT é expresso em estabelecer que o recurso cabível é o recurso ordinário.

**Alternativa correta: letra "a".**

---

**110. (FGV – OAB 2010.3)** Determinada turma do Tribunal Superior do Trabalho não conheceu de recurso de revista interposto pela empresa Alfa Empreendimentos Ltda. em razão de a decisão recorrida (proferida por Tribunal Regional do Trabalho em sede de recurso ordinário, em dissídio individual) estar em perfeita consonância com enunciado de súmula de direito material daquela Corte Superior. Transcorrido *in albis* o prazo recursal, essa decisão transitou em julgado. Na condição de advogado contratado pela respectiva empresa, para ajuizamento de ação rescisória, é correto afirmar que a decisão rescindenda será a proferida pelo

a) Tribunal Regional do Trabalho, em recurso ordinário, tendo competência originária para o seu julgamento o próprio Tribunal Regional do Trabalho.

b) Tribunal Superior do Trabalho, que não conheceu do recurso de revista, tendo competência originária uma das turmas do próprio Tribunal Superior do Trabalho.

c) Tribunal Regional do Trabalho, em recurso ordinário, tendo competência originária para o seu julgamento a Seção Especializada em Dissídios Individuais do Tribunal Superior do Trabalho.

d) Tribunal Superior do Trabalho, que não conheceu do recurso de revista, tendo competência originária a Seção Especializada em Dissídios Individuais do próprio Tribunal Superior do Trabalho.

**COMENTÁRIOS**

✪ **Nota do autor:** A questão é difícil, exigindo conhecimento de como se verifica a competência para o ajuizamento na ação rescisória, identificando ainda qual a decisão será rescindida.

A ação rescisória é uma ação especial destinada a atacar a decisão judicial que enseja a coisa julgada material. Diante de sua natureza especial, o legislador estabeleceu que terá competência para julgá-la sempre um tribunal, o que significa que jamais a ação rescisória será ajuizada na Vara do Trabalho.

A definição de qual tribunal irá processar e julgar a ação rescisória é alcançada pela **decisão de mérito** que se busca desconstituir.

Nesse contexto, a competência será dos Tribunais Regionais para o julgamento da ação rescisória quando tratar: a) das suas próprias decisões de mérito; b) de decisão de mérito da Vara do Trabalho.

Já o Tribunal Superior do Trabalho tem competência para rescindir seus próprios julgamentos de mérito. Tratando-se de dissídios individuais, a competência no TST ficará a cargo da Seção de Dissídios Individuais, seja para as decisões das Turmas, como para as decisões da própria SDI (art. 3º, I, a, da Lei nº 7.701/88).

**Alternativa "a"**: a decisão de mérito que se busca rescindir é a decisão do TST, de modo que a competência será do TST e não do TRT.

**Alternativa "b"**: a ação rescisória das decisões de mérito proferidas nos dissídios individuais pelo TST, seja pela Turma ou pela SDI, são de competência da Seção Especializada em Dissídios Individuais (SDI) e não das turmas do TST.

**Alternativa "c"**: a decisão de mérito a ser rescindida é do TST, tendo este competência para o julgamento da ação rescisória. A questão está errada porque não é a decisão do TRT que será rescindida. Ademais, mesmo que a decisão de mérito a ser rescindida fosse do TRT, no caso seria este o competente para rescindir seus próprios julgamentos e não o TST.

**Alternativa "d"**: como visto, a ação rescisória busca desconstituir decisão de mérito. Nesse contexto, o C. TST estabeleceu que o acórdão rescindendo do Tribunal Superior do Trabalho que não conhece de recurso de embargos ou de revista, analisando arguição de violação de dispositivo de lei material ou decidindo em consonância com súmula de direito material ou com iterativa, notória e atual jurisprudência de direito material da Seção de Dissídios Individuais (Súmula nº 333), examina o mérito da causa (Súmula nº 192, II, do TST). Desse modo, sendo decisão de mérito proferida pelo TST, cabe ação rescisória da competência do próprio TST, ficando a cargo da Seção de Dissídios Individuais (art. 3º, I, a, da Lei nº 7.701/88).

**Alternativa correta: letra "d".**

## 17. MANDADO DE SEGURANÇA

**111. (FGV – Exame de Ordem 2017.3)** Contra ato de Juiz do Trabalho que determinou a antecipação de honorários periciais do seu cliente, mesmo não tendo ele condições financeiras para arcar com esse custo, você, na defesa dos interesses do cliente, impetrou mandado de segurança contra o ato judicial, mas, por unanimidade, não teve a segurança concedida.

De acordo com a CLT, assinale a opção que indica o procedimento a ser adotado para tentar reverter a decisão.

a) Interpor Recurso Ordinário para o TST.
b) Interpor Agravo de Instrumento para o STF.
c) Interpor Agravo Interno para o próprio TRT.
d) Nada mais pode ser feito, porque se trata de decisão irrecorrível.

**COMENTÁRIOS**

✪ **Nota do autor:** A Constituição Federal de 1988 contemplou como direito fundamental o mandado de segurança, o qual será concedido "para proteger direito líquido e certo, não amparado por habeas corpus ou habeas data, quando o responsável pela ilegalidade ou abuso de poder for autoridade pública ou agente de pessoa jurídica no exercício de atribuições do Poder Público" (CF/88, art. 5º, LXIX).

**Alternativa "a"**: Segundo a Súmula nº 201 do TST: "da decisão de Tribunal Regional do Trabalho em mandado de segurança cabe recurso ordinário, no prazo de 8 (oito) dias, para o Tribunal Superior do Trabalho, e igual dilação para o recorrido e interessados apresentarem razões de contrariedade".

**Alternativa "b"**: Caberá agravo de instrumento dos despachos que denegarem a interposição de recurso (CLT, art. 897, "b"), e, a competência para julgar será do Tribunal competente para conhecer o recurso cuja interposição foi denegada.

**Alternativa "c"**: A decisão monocrática do relator está sujeita ao agravo interno, a fim de levar essa decisão ao conhecimento do órgão colegiado.

**Alternativa "d"**: Como visto na alternativa "a", a decisão é recorrível.

**Alternativa correta: letra "a".**

**112. (FGV – Exame de Ordem 2020.1)** Em setembro de 2019, durante a audiência de um caso que envolvia apenas pedido de adicional de insalubridade, o Juiz do Trabalho determinou a realização de perícia e que a reclamada antecipasse os honorários periciais. Inconformada com essa decisão, a sociedade empresária impetrou mandado de segurança contra esse ato judicial, mas o TRT, em decisão colegiada, não concedeu a segurança. Caso a sociedade empresária pretenda recorrer dessa decisão, assinale a opção que indica a medida recursal da qual deverá se valer.

a) Agravo de Instrumento.
b) Recurso Ordinário.
c) Agravo de Petição.
d) Recurso de Revista.

**COMENTÁRIOS**

✪ **Nota do Autor:** a questão aborda o recurso cabível da decisão que denega o mandado de segurança. Para respondê-la, o candidato deverá se atentar ao órgão responsável pela denegação da segurança.

**Alternativa "b" (responde as demais alternativas):** Da decisão, denegando ou concedendo o mandado de segurança, caberão os seguintes recursos:

a) recurso ordinário para o TRT da sentença proferida na vara do trabalho;
b) recurso ordinário para o TST do acórdão proferido pelo TRT (Súmula nº 201 do TST);
c) agravo regimental para a Turma ou Seção do tribunal da decisão proferida monocraticamente pelo relator;
d) recurso ordinário para o STF quando a ordem for denegada em acórdão de competência originária do TST (CF/88, art. 102, I, "a");
e) recurso extraordinário para o STF quando for acórdão de competência originária do TST que concede a segurança (Lei nº 12.016/09, art. 18).

No caso proposto pela questão, o mandado de segurança foi denegado por decisão colegiada do TRT, razão pela qual é cabível recurso ordinário para o TST.

Destaca-se que nessa hipótese, não cabe recurso de revista. Se este for interposto, será considerado erro grosseiro (OJ nº 152 da SDI-II do TST).

**Alternativa correta: letra "b"**

**113. (FGV – Exame de Ordem 2016.2 – Prova reaplicada Salvador-BA)** Em reclamação trabalhista o juiz atende ao pedido expresso do autor na petição inicial e, de plano, defere tutela de urgência para que a empresa entregue ao trabalhador o Perfil Profissiográfico Previdenciário (PPP) e, com isso, ele possa requerer aposentadoria especial junto ao INSS. Intimada da decisão, a empresa o contrata para tentar impedir o efeito da tutela de urgência deferida, pois teme que os demais empregados sigam o mesmo destino, especialmente porque ela não reconhece que haja condição desfavorável no ambiente de trabalho.

De acordo com o entendimento consolidado do TST, assinale a opção que apresenta a medida a ser adotada.

a) Interpor agravo de instrumento.
b) Opor embargos declaratórios.
c) Impetrar mandado de segurança.
d) Interpor recurso ordinário.

COMENTÁRIOS

⊙ **Nota do autor:** trata-se de questão que impõe o conhecimento da natureza da decisão que deferiu a tutela de urgência, bem como da Súmula 414, II, do TST.

**Alternativa "c" (responde todas as demais alternativas):** A concessão da tutela de urgência, no presente caso, ocorreu por meio de decisão interlocutória, razão pela qual não cabe recurso, por força do art. 893, § 1º, da CLT. Nesse caso, o C. TST na Súmula 414, II, estabelece que "no caso de tutela provisória ser concedida antes da sentença, cabe a impetração do mandado de segurança, em face da inexistência de recurso próprio".

**Alternativa correta: letra "c".**

---

**114. (FGV – Exame de Ordem 2014.1)** Rômulo impetrou mandado de segurança contra ato praticado por Juiz do Trabalho que teria violado um direito seu, líquido e certo. Por descuido, Rômulo deixou de juntar os documentos pertinentes, indispensáveis. Verificando o equívoco, o Relator deverá, de acordo com a jurisprudência consolidada do TST,

a) conceder prazo improrrogável de 10 dias para o impetrante sanar o vício, sob pena de indeferimento da petição inicial.
b) prosseguir normalmente no trâmite processual, pois a matéria não pode ser conhecida de ofício.
c) indeferir a petição inicial de plano e extinguir o processo sem resolução do mérito.
d) solicitar à autoridade coatora que, juntamente com as informações que serão prestadas, envie cópia dos documentos faltantes.

COMENTÁRIOS

⊙ **Nota do autor:** a petição inicial do mandado de segurança deverá preencher os requisitos do art. 319 do CPC/15, sendo apresentada em 2 vias com os documentos que instruírem a primeira reproduzidos na segunda e indicará, além da autoridade coatora, a pessoa jurídica que esta integra, à qual se acha vinculada ou da qual exerce atribuições. A propósito, a inicial será desde logo indeferida, por decisão motivada, quando não for o caso de mandado de segurança; faltar-lhe algum dos requisitos legais; decorrido o prazo legal para a impetração (art. 10 da Lei 12.016/09).

**Alternativa "a":** não deve prosseguir o mandado de segurança, devendo ser indeferido de plano.

**Alternativa "b":** conforme dito, trata-se de um requisito indispensável para a petição inicial do "mandamus".

**Alternativa "c":** nos termos da Súmula 415 do TST, "exigindo o mandado de segurança prova documental pré-constituída, inaplicável o art. 321 do CPC de 2015 (art. 284 do CPC de 1973) quando verificada, na petição inicial do "mandamus", a ausência de documento indispensável ou de sua autenticação". Desse modo, não haverá possibilidade de emenda da inicial, sendo ela indeferida de plano.

**Alternativa "d":** apenas quando o documento necessário à prova do alegado estiver em repartição ou estabelecimento público ou em poder de autoridade que se recuse a fornecê-lo por certidão ou de terceiro, o juiz ordenará, preliminarmente, por ofício, a exibição desse documento em original ou em cópia autêntica e marcará, para o cumprimento da ordem, o prazo de 10 (dez) dias, o que não ocorre no presente caso. (art. 6º, § 1º, Lei 12.016/09).

**Alternativa correta: letra "c".**

## 18. AÇÃO CIVIL PÚBLICA

---

**115. (FGV – OAB 2010.3)** O sindicato representante de determinada categoria profissional ajuizou ação civil pública em face da Construtora Beta Ltda., postulando sua condenação na obrigação de se abster de coagir seus empregados a deixarem de se filiar ao respectivo ente sindical. A pretensão foi julgada procedente, tendo transitado em julgado a decisão condenatória. Diante dessa situação hipotética, assinale a alternativa correta.

a) Seria obrigatória a intervenção do Ministério Público do Trabalho como fiscal da lei nesse processo.
b) O ajuizamento dessa ação civil pública visou à tutela de interesses ou direitos meramente individuais.
c) A sentença fará coisa julgada às partes entre as quais é dada (*inter partes*), não beneficiando nem prejudicando terceiros.
d) A competência funcional para julgamento dessa ação civil pública é do Tribunal Regional do Trabalho que tenha jurisdição no local onde se situa a sede da empresa.

COMENTÁRIOS

⊙ **Nota do autor:** a questão exigia conhecimento da tutela coletiva.

**Alternativa "a":** Nos termos do art. 5º, § 1º da Lei 7.347/85 (LACP), na ação civil pública "o Ministério Público, se não intervier no processo como parte, atuará obrigatoriamente como fiscal da lei."

**Alternativa "b":** O art. 81, parágrafo único, do CDC conceitua os direitos difusos, coletivos e individuais homogêneos, da seguinte forma: I – interesses ou direitos difusos, assim entendidos, os transindividuais, de natureza indivisível, de que sejam titulares pessoas indeterminadas e ligadas por circunstâncias de fato; II – interesses ou direitos coletivos, assim entendidos, os transindividuais de natureza indivisível de que seja titular grupo, categoria ou classe de pessoas ligadas entre si ou com a parte contrária por uma relação jurídica-base; III – interesses ou direitos individuais homogêneos, assim entendidos os decorrentes de origem comum.

No caso da questão, temos direitos coletivos, pois o direito é transindividual, por ultrapassar a esfera particular de uma pessoa, sendo um direito de todos empregados da empresa (grupo). É indivisível, porque a decisão judicial vai atingir de forma uniforme (igual) todos os empregados. Além disso, existe uma relação jurídica-base entre os empregados e a empresa: o contrato de trabalho.

Há de se ressaltar, ainda, que no caso também se tutela direitos difusos dos futuros empregados que poderão ser contratados pela empresa.

Por fim, a doutrina registra que a pedra de toque para diferenciar os direitos difusos e coletivos dos individuais homogêneos é o pedido. Tratando-se de obrigação de fazer, como é o caso da questão, será direito difuso ou coletivo. Por outro lado, sendo obrigação de pagar, será direito individual homogêneo.

**Alternativa "c":** a coisa julgada na ação civil pública não se limita às partes do processo, mas é direcionada à coletividade ou a uma dada categoria de pessoas. Nesse contexto, no caso de direitos coletivos a coisa julgada será *ultra* partes (além das partes), mas limitadamente ao grupo, categoria ou classe, salvo improcedência por insuficiência de provas (CDC, art. 103, II). Na hipótese de direitos difusos, a coisa julgada será *erga omnes*, exceto se o pedido for julgado improcedente por insuficiência de provas (CDC, art. 103, I).

**Alternativa "d":** a competência para ingressar com ação civil pública na Justiça do Trabalho não é de competência originária do Tribunal, devendo ser ajuizada na Vara do Trabalho. Atente-se que, recentemente, o TST alterou a OJ 130 da SDI II passando a estabelecer que a competência na ação civil pública é da seguinte forma: I – A competência para a Ação Civil

Pública fixa-se pela extensão do dano; II – Em caso de dano de abrangência regional, que atinge cidades sujeitas à jurisdição de mais de uma Vara do Trabalho, a competência será de qualquer das varas das localidades atingidas, ainda que vinculadas a Tribunais Regionais do Trabalho distintos; III – Em caso de dano de abrangência suprarregional ou nacional, há competência concorrente para a ação civil pública das varas do trabalho das sedes dos Tribunais Regionais do Trabalho; IV – Estará prevento o juízo a que a primeira ação houver sido distribuída.

**Alternativa correta: letra "a".**

## 19. INQUÉRITO PARA APURAÇÃO DE FALTA GRAVE

**116. (FGV – OAB 2010.3)** Tício, gerente de operações da empresa Metalúrgica Comercial, foi eleito dirigente sindical do Sindicato dos Metalúrgicos. Seis meses depois, juntamente com Mévio, empregado representante da CIPA (Comissão Interna para Prevenção de Acidentes) da empresa por parte dos empregados, arquitetaram um plano para descobrir determinado segredo industrial do seu empregador e repassá-lo ao concorrente mediante pagamento de numerário considerável. Contudo, o plano foi descoberto antes da venda, e a empresa, agora, pretende dispensar ambos por falta grave.

Você foi contratado como consultor jurídico para indicar a forma de fazê-lo. O que deve ser feito?

a) Ajuizamento de inquérito para apuração de falta grave em face de Tício e Mévio, no prazo decadencial de 30 dias, caso tenha havido suspensão deles para apuração dos fatos.

b) Simples dispensa por falta grave para ambos os empregados, pois o inquérito para apuração de falta grave serve apenas para a dispensa do empregado estável decenal.

c) Ajuizamento de inquérito para apuração de falta grave em face de Tício, no prazo decadencial de 30 dias, caso tenha havido suspensão dele para apuração dos fatos; e simples dispensa por justa causa em relação a Mévio, independentemente de inquérito.

d) Ajuizamento de inquérito para apuração de falta grave em face de Tício, no prazo decadencial de 30 dias, contados do conluio entre os empregados; e simples dispensa por justa causa em relação a Mévio, independentemente de inquérito.

**COMENTÁRIOS**

✪ **Nota do autor:** a questão trata forma de dispensa do emprego dirigente sindical e do representante da CIPA.

**Alternativa "a"**: como visto, sendo Mévio representante da CIPA, não há necessidade do ajuizamento de Inquérito para apuração de falta grave para sua dispensa por justa causa.

**Alternativa "b"**: o dirigente sindical somente pode ser dispensado por falta grave quando apurada no Inquérito para apuração de falta grave (Súmula nº 379 do TST).

**Alternativa "c":** O dirigente sindical (Tício) possui estabilidade no emprego, razão pela qual somente pode ser dispensado por falta grave que deverá ser apurada em ação judicial, denominada Inquérito para apuração de falta grave (CLT, art. 494 e Súmula nº 379 do TST). Tal ação deverá ser ajuizada por escrito, dentro de 30 dias, contados da data da suspensão do empregado (CLT, art. 853). Por outro lado, o representante da CIPA (Mévio), embora possua garantia de emprego, pode ser dispensado por justa causa sem que haja a necessidade de ajuizamento de ação judicial (Inquérito para apuração de falta grave). Fica vedado, porém, a despedida arbitrária do representante da CIPA, entendendo-se como tal a que não se fundar em motivo disciplinar, técnico, econômico ou financeiro (CLT, art. 165).

**Alternativa "d"**: o prazo decadencial de 30 dias, no caso de suspensão do empregado, é contado da suspensão e não do conluio entre os empregados (CLT, art. 853).

**Alternativa correta: letra "c".**

## 20. AÇÃO MONITÓRIA

**117. (FGV – OAB 2017.1)** Jorge foi dispensado e, no dia designado para homologação da ruptura contratual, a empresa informou que não tinha dinheiro para pagar a indenização. O TRCT estava preenchido, com o valor total de R$ 5.000,00 que Jorge deveria receber. Diante da situação narrada pela empresa e da extrema necessidade de Jorge, o sindicato concordou em fazer a homologação apenas para liberar o FGTS e permitir o acesso ao seguro-desemprego, lançando no TRCT um carimbo de que nada havia sido pago. Jorge, então, ajuizou ação monitória na Justiça do Trabalho, cobrando a dívida de R$ 5.000,00. Sobre a situação narrada, assinale a afirmativa correta.

a) O comportamento de Jorge é viável, sendo que, nesse caso, o juiz expedirá mandado de pagamento, nos moldes do CPC.

b) Na Justiça do Trabalho, a ação monitória somente é possível em causas de até dois salários mínimos, sendo que da sentença não caberá recurso, o que não é a hipótese retratada.

c) Jorge deveria ajuizar ação de execução de título extrajudicial, que é a natureza jurídica do TRCT preenchido, mas não quitado.

d) Jorge agiu mal, porque não cabe ação monitória na Justiça do Trabalho, em razão da incompatibilidade de procedimentos.

**COMENTÁRIOS**

✪ **Nota do autor:** A doutrina majoritária admite a aplicação da ação monitória na Justiça do Trabalho, desde que o documento escrito, sem eficácia de título executivo extrajudicial seja oriundo da relação de trabalho ou relacionado com algum dos incisos do art. 114 da Constituição Federal, uma vez que há omissão da legislação trabalhista e compatibilidade com os princípios que regem esta seara.

**Alternativa "a"**: De acordo com o art. 701, CPC/15: sendo evidente o direito do autor, o juiz deferirá a expedição de mandado de pagamento, de entrega de coisa ou para execução de obrigação de fazer ou de não fazer, concedendo ao réu prazo de 15 (quinze) dias para o cumprimento e o pagamento de honorários advocatícios de cinco por cento do valor atribuído à causa.

**Alternativa "b":** Conforme visto, a ação monitória será cabível na Justiça do Trabalho, aplicando-se subsidiariamente o CPC/15. Assim, de acordo com o art. 700 do CPC/15, a ação monitória pode ser proposta por aquele que afirmar, com base em prova escrita sem eficácia de título executivo, ter o direito de exigir do devedor capaz: I – o pagamento de quantia em dinheiro; II – a entrega de coisa fungível ou infungível ou de bem móvel ou imóvel; III – o adimplemento de obrigação de fazer ou de não fazer.

**Alternativa "c":** O TRCT não tem natureza jurídica de título extrajudicial, portanto, cabível ação monitória, nos moldes do art. 700 do CPC/15.

**Alternativa "d":** Como visto, o entendimento da doutrina é que cabe ação monitória na justiça do trabalho.

**Alternativa correta: letra "a".**

## 21. MULTA ADMINISTRATIVA

**118. (FGV – OAB 2011.1)** Lavrado auto de infração contra uma empresa por alegada violação às normas da CLT, o valor da multa importa em R$ 5.000,00. Pretendendo recorrer administrativamente da multa, a empresa

a) deverá recolher o valor da multa, que ficará retida até o julgamento do recurso administrativo.

b) não precisará recolher qualquer multa para ter apreciado o seu recurso administrativo.

c) para ser isenta do depósito da multa, deverá valer-se de ação própria requerendo judicialmente a isenção até o julgamento do recurso administrativo.

d) não precisará depositar a multa, pois isso somente será obrigatório se desejar ajuizar ação anulatória perante a Justiça do Trabalho.

**COMENTÁRIOS**

✪ **Nota do autor:** Trata-se de questão que analisa o recurso administrativo de multa imposta pelo Ministério do Trabalho e Emprego (atualmente Ministério da Economia), a exigência de depósito prévio, de modo que o candidato deveria ter conhecimento Súmula vinculante nº 21 do STF e da Súmula nº 424 do TST.

**Alternativa "a"**: Nos moldes da Súmula Vinculante nº 21 do STF, não há necessidade de depósito prévio.

**Alternativa "b"**: O STF definiu que é inconstitucional a exigência de depósito ou arrolamento prévios de dinheiro ou bens para admissibilidade de recurso administrativo (Súmula vinculante nº 21 do STF). Ademais, o TST reconheceu que o § 1º do art. 636 da CLT, que estabelece a exigência de prova do depósito prévio do valor da multa cominada em razão de autuação administrativa como pressuposto de admissibilidade de recurso administrativo, não foi recepcionado pela Constituição Federal de 1988, ante a sua incompatibilidade com o inciso LV do art. 5º (Súmula nº 424 do TST). Desse modo, não há necessidade do depósito prévio para a interposição do recurso administrativo.

**Alternativa "c"**: a isenção do pagamento do depósito prévio para interposição de recurso administrativo não depende do ajuizamento de ação autônoma, vez que sua exigência é inconstitucional, não podendo, por isso, ser exigida.

**Alternativa "d"**: seja no recurso administrativo, seja na interposição de ação anulatória na Justiça do Trabalho não é exigível o depósito prévio da multa administrativa.

**Alternativa correta: letra "b".**

*Élisson Miessa*

## ✦ RESUMOS DOUTRINÁRIOS

### 1. FONTES E INTEGRAÇÃO

| Ordem | Fase de conhecimento | Fase de execução |
|---|---|---|
| 1º (fonte principal) | CLT e legislação esparsa | CLT e legislação esparsa |
| 2º (fonte subsidiária) | CPC (processo comum) | Lei de Execuções Fiscais |
| 3º (fonte subsidiária) | | CPC (processo comum) |

A partir do CPC/2015, de forma expressa, passou a ser admitida a aplicação supletiva (complementar) do CPC, mantendo-se intactos os requisitos dos arts. 769 e 889 da CLT. Noutras palavras, o CPC/15 será aplicado ao processo do trabalho de forma subsidiária e supletiva, desde que presentes dois requisitos: omissão e compatibilidade (IN nº 39/2016 do TST, art. 1º).

### 2. PRINCÍPIOS DO PROCESSO DO TRABALHO

**1) Princípio da proteção**

O princípio da proteção, no processo do trabalho, tem incidência na função informadora, ou seja, inspira o legislador na criação da norma. De qualquer modo, o princípio da proteção não pode servir para suprir deficiência probatória ou quando existir prova dividida. No primeiro caso o magistrado deverá observar as regras pertinentes ao ônus da prova e, no segundo, analisar o conjunto probatório verificando quais são as provas que melhor demonstram os fatos discutidos em juízo, valorando, portanto, as provas existentes no processo.

**2) Princípio da conciliação**

No **rito ordinário**, a CLT prevê dois momentos obrigatórios de tentativa de conciliação a ser conduzida pelo juiz:

- 1º momento: Na abertura da audiência inicial e antes da apresentação da defesa (CLT, art. 846);
- 2º momento: Depois das razões finais e antes da sentença, como declina o art. 850 da CLT.

Ademais, no **rito sumaríssimo**, o art. 852-E da CLT descreve que "aberta a sessão, o juiz esclarecerá as partes presentes sobre as vantagens da conciliação e usará os meios adequados de persuasão para a solução conciliatória do litígio, em qualquer fase da audiência".

**3) Princípio do *jus postulandi***

> *O jus postulandi das partes, estabelecido no art. 791 da CLT, limita-se às Varas do Trabalho e aos Tribunais Regionais do Trabalho, não alcançando a ação rescisória, a ação cautelar, o mandado de segurança e os recursos de competência do Tribunal Superior do Trabalho (Súmula nº 425 do TST).*

**4) Princípio da oralidade**

Embora o princípio da oralidade não seja próprio do processo do trabalho, ele tem maior incidência nessa seara processual. Isso porque, em regra, os atos praticados no processo trabalhistas são orais (verbais).

É interessante observar que o princípio da oralidade se subdivide em três princípios: identidade física do juiz, concentração dos atos processuais e irrecorribilidade imediata das decisões interlocutórias.

**5) Princípio da irrecorribilidade imediata das decisões interlocutórias**

Com o intuito de alcançar, de forma mais célere e efetiva, a resolução da pretensão colocada em juízo, a CLT, em seu art. 893, § 1º, estabeleceu que as decisões interlocutórias são irrecorríveis de imediato.

No entanto, de acordo com a Súmula nº 214 do TST, o princípio não é aplicado nas hipóteses de decisão:

a) de Tribunal Regional do Trabalho contrária à Súmula ou Orientação Jurisprudencial do Tribunal Superior do Trabalho;

b) suscetível de impugnação mediante recurso para o mesmo tribunal;

c) que acolhe exceção de incompetência territorial, com a remessa dos autos para Tribunal Regional distinto daquele a que se vincula o juízo excepcionado, consoante o disposto no art. 799, § 2º, da CLT.

**6) Princípio da extrapetição**

A jurisdição tem como característica essencial a inércia, de modo que o Judiciário somente atuará quando provocado. É o que se denomina de princípio dispositivo ou princípio da demanda. Excepcionalmente, admite-se a atuação sem provocação, nos casos expressamente previstos em lei, dando origem ao princípio da extrapetição.

**7) Princípio da simplicidade**

O princípio da simplicidade permite que o processo do trabalho tenha maior flexibilidade, buscando a facilidade no acesso à justiça, bem como na prestação jurisdicional. Desse modo, esse ramo processual preza pelo não formalismo.

### 3. ORGANIZAÇÃO DA JUSTIÇA DO TRABALHO

- A Justiça do Trabalho, nos termos do art. 111 da CF/88, possui os seguintes órgãos:

| Tribunal Superior do Trabalho |
|---|
| ↑ |
| Tribunal Regional do Trabalho |
| ↑ |
| Juízes do Trabalho (Varas do Trabalho) |

- **Composição do TST:**

| |
|---|
| • 27 ministros; |
| • escolhidos dentre brasileiros com mais de 35 anos de 70 anos de idade; |
| • de notável saber jurídico e reputação ilibada; |
| • nomeados pelo presidente da República; |
| • após aprovação pela maioria absoluta do Senado federal (sabatina). |

Depois da Emenda Constitucional nº 45/04, também passaram a funcionar junto ao TST:

1) a Escola Nacional de Formação e Aperfeiçoamento de Magistrados do Trabalho (Enamat), cabendo-lhe, dentre outras funções, regulamentar os cursos oficiais para o ingresso e promoção na carreira e;
2) o Conselho Superior da Justiça do Trabalho – CSJT –, cabendo-lhe exercer, na forma da lei, a supervisão administrativa, orçamentária, financeira e patrimonial da Justiça do Trabalho de primeiro e segundo graus, como órgão central do sistema, cujas decisões terão efeito vinculante.

O Conselho Superior da Justiça do Trabalho atua apenas no âmbito administrativo, orçamentário, financeiro e patrimonial da Justiça do Trabalho, não exercendo atividade jurisdicional. Atenta-se, ainda, para o fato de que, nesses casos, a decisão do conselho terá efeito vinculante, ou seja, sua observância é obrigatória.

- **Composição do TRT:**

| |
|---|
| • no mínimo, 7 juízes; |
| • recrutados, quando possível, na respectiva região; |
| • nomeados pelo presidente da República; |
| • dentre brasileiros com mais de **30 anos** e menos de 70 anos de idade. |

- **Vara do Trabalho**

A lei criará varas da Justiça do Trabalho, podendo, nas comarcas não abrangidas por sua jurisdição, atribuí-las aos juízes de direito, com recurso para o respectivo Tribunal Regional do Trabalho (CF/88, art. 112).

## 4. SERVIÇOS AUXILIARES DA JUSTIÇA DO TRABALHO

### 4.1. SECRETARIAS DAS VARAS DO TRABALHO

Cada vara do trabalho possui **uma secretaria**, que é **chefiada pelo diretor da secretaria**, antigamente denominado de chefe de secretaria ou secretário, o qual é indicado de forma discricionária pelo juiz.

- **Atribuições das secretarias**:

**CLT, art. 711** – *Compete à secretaria das Juntas:*

*a) o recebimento, a autuação, o andamento, a guarda e a conservação dos processos e outros papéis que lhe forem encaminhados;*

*b) a manutenção do protocolo de entrada e saída dos processos e demais papéis;*

*c) o registro das decisões;*

*d) a informação, às partes interessadas e seus procuradores, do andamento dos respectivos processos, cuja consulta lhes facilitará;*

*e) a abertura de vista dos processos às partes, na própria secretaria;*

*f) a contagem das custas devidas pelas partes, nos respectivos processos;*

*g) o fornecimento de certidões sobre o que constar dos livros ou do arquivamento da secretaria;*

*h) a realização das penhoras e demais diligências processuais;*

*i) o desempenho dos demais trabalhos que lhe forem cometidos pelo Presidente da Junta, para melhor execução dos serviços que lhe estão afetos.*

### 4.2. SERVIÇOS DE DISTRIBUIÇÃO DE FEITOS

Nas localidades onde há mais de uma vara do trabalho é necessário o setor de distribuição de feitos, que tem a incumbência de distribuir os processos, de forma igual, entre as varas do trabalho local, conforme declina o art. 713 da CLT.

A distribuição será feita pela ordem rigorosa de sua apresentação ao distribuidor (CLT, art. 783). As reclamações serão registradas em livro próprio, rubricado em todas as folhas pela autoridade a que estiver subordinado o distribuidor (CLT, art. 784). Além disso, o distribuidor fornecerá ao interessado um recibo do qual constarão, essencialmente, o nome do reclamante e do reclamado, a data da distribuição, o objeto da reclamação e o Juízo a que coube a distribuição (CLT, art. 785). Há de se observar também que, na hipótese de reclamação verbal, esta será distribuída antes de sua redução a termo (CLT, art. 786).

Após a realização da distribuição, a reclamação será remetida pelo distribuidor ao Juízo competente, acompanhada do bilhete de distribuição (CLT, art. 788).

- **Atribuições do setor de distribuições de feitos:**

**CLT, art. 714** – *Compete ao distribuidor:*

*a) a distribuição, pela ordem rigorosa de entrada, e sucessivamente a cada Junta, dos feitos que, para esse fim, lhe forem apresentados pelos interessados;*

*b) o fornecimento, aos interessados, do recibo correspondente a cada feito distribuído;*

*c) a manutenção de 2 (dois) fichários dos feitos distribuídos, sendo um organizado pelos nomes dos reclamantes e o outro dos reclamados, ambos por ordem alfabética;*

*d) o fornecimento a qualquer pessoa que o solicite, verbalmente ou por certidão, de informações sobre os feitos distribuídos;*

*e) a baixa na distribuição dos feitos, quando isto lhe for determinado pelos Presidentes das Juntas, formando, com as fichas correspondentes, fichários à parte, cujos dados poderão ser consultados pelos interessados, mas não serão mencionados em certidões.*

### 4.3. OFICIAIS DE JUSTIÇA AVALIADORES

Os oficiais de justiça têm a incumbência de realizar os atos fora da sede da vara do trabalho ou dos tribunais. Estabelece o art. 721 da CLT:

**CLT, Art. 721** – *Incumbe aos Oficiais de Justiça e Oficiais de Justiça Avaliadores da Justiça do Trabalho a realização dos atos decorrentes da execução dos julgados das Juntas de Conciliação e Julgamento e dos Tribunais Regionais do Trabalho, que lhes forem cometidos pelos respectivos Presidentes.*

*§ 1º. Para efeito de distribuição dos referidos atos, cada Oficial de Justiça ou Oficial de Justiça Avaliador funcionará perante uma Junta de Conciliação e*

*Julgamento, salvo quando da existência, nos Tribunais Regionais do Trabalho, de órgão específico, destinado à distribuição de mandados judiciais.*

*§ 2º. Nas localidades onde houver mais de uma Junta, respeitado o disposto no parágrafo anterior, a atribuição para o cumprimento do ato deprecado ao Oficial de Justiça ou Oficial de Justiça Avaliador será transferida a outro Oficial, sempre que, após o decurso de 9 (nove) dias, sem razões que o justifiquem, não tiver sido cumprido o ato, sujeitando-se o serventuário às penalidades da lei.*

*§ 3º. No caso de avaliação, terá o Oficial de Justiça Avaliador, para cumprimento do ato, o prazo previsto no art. 888.*

*§ 4º. É facultado aos Presidentes dos Tribunais Regionais do Trabalho cometer a qualquer Oficial de Justiça ou Oficial de Justiça Avaliador a realização dos atos de execução das decisões desses Tribunais.*

*§ 5º. Na falta ou impedimento do Oficial de Justiça ou Oficial de Justiça Avaliador, o Presidente da Junta poderá atribuir a realização do ato a qualquer serventuário.*

O oficial possui dois prazos para cumprir suas atribuições:

1) regra: 9 dias;
2) para a avaliação do bem penhorado: 10 dias.

Por fim, consigna-se que, não havendo oficial na localidade, o juiz do trabalho poderá designar qualquer outro serventuário para realizar suas atribuições.

## 5. MINISTÉRIO PÚBLICO DO TRABALHO

| **Princípios** | • Unidade<br>• Indivisibilidade<br>• Independência funcional<br>• Promotor natural |
|---|---|

- **Organização**

| **I – Ministério Público da União** | – Ministério Público do Trabalho (MPT)<br>– Ministério Público Federal (MPF)<br>– Ministério Público Militar (MPM)<br>– Ministério Público do Distrito Federal e Territórios (MPDF) |
|---|---|
| **II – Ministérios Públicos dos Estados** | |

- **Atribuições do MPT**

*I – promover as ações que lhe sejam atribuídas pela Constituição Federal e pelas leis trabalhistas;*

*II – manifestar-se em qualquer fase do processo trabalhista,* ***acolhendo solicitação do juiz ou por sua iniciativa****, quando entender existente interesse público que justifique a intervenção;*

*III – promover a ação civil pública no âmbito da Justiça do Trabalho, para defesa de interesses coletivos, quando desrespeitados os direitos sociais constitucionalmente garantidos;*

*IV – propor as ações cabíveis para* ***declaração de nulidade de cláusula de contrato, acordo coletivo ou convenção coletiva*** *que viole as liberdades individuais ou coletivas ou os direitos individuais indisponíveis dos trabalhadores;*

*V – propor as ações necessárias à* ***defesa dos direitos e interesses dos menores, incapazes e índios****, decorrentes das relações de trabalho;*

*VI – recorrer das decisões da Justiça do Trabalho,* ***quando entender necessário****, tanto nos processos em que for parte, como naqueles em que oficiar como fiscal da lei, bem como pedir revisão dos Enunciados da Súmula de Jurisprudência do Tribunal Superior do Trabalho;*

*VII – funcionar nas sessões dos Tribunais Trabalhistas, manifestando-se verbalmente sobre a matéria em debate,* ***sempre que entender necessário****, sendo-lhe assegurado o direito de vista dos processos em julgamento, podendo solicitar as requisições e diligências que julgar convenientes;*

*VIII –* ***instaurar instância em caso de greve****, quando a defesa da ordem jurídica ou o interesse público assim o exigir;*

> **Atenção:**
> O art. 114, § 3º, da CF/88 estabelece que o Ministério Público do Trabalho poderá ajuizar dissídio coletivo, em caso de greve em atividade essencial, com possibilidade de lesão do interesse público, competindo à Justiça do Trabalho decidir o conflito.

*IX – promover ou participar da instrução e conciliação em dissídios decorrentes da paralisação de serviços de qualquer natureza, oficiando obrigatoriamente nos processos, manifestando sua concordância ou discordância, em eventuais acordos firmados antes da homologação, resguardado o direito de recorrer em caso de violação à lei e à Constituição Federal;*

*X – promover* ***mandado de injunção****, quando a competência for da Justiça do Trabalho;*

*XI –* ***atuar como árbitro****, se assim for solicitado pelas partes, nos dissídios de competência da Justiça do Trabalho;*

*XII – requerer as diligências que julgar convenientes para o correto andamento dos processos e para a melhor solução das lides trabalhistas;*

*XIII – intervir* ***obrigatoriamente*** *em todos os feitos no segundo e terceiro graus de jurisdição da Justiça do Trabalho, quando a parte for pessoa jurídica de Direito Público, Estado estrangeiro ou organismo internacional (LC nº 75/93, art. 83).*

- **Interesses e direitos metaindividuais**

| Difusos | Coletivos | Individuais homogêneos |
|---|---|---|
| Transindividuais | Transindividuais | Individuais |
| Indivisíveis | Indivisíveis | Divisíveis |
| Pessoas indeterminadas | Classe, categoria ou grupo | Origem comum |
| Ligadas por circunstância de fato | 1) ligadas entre si ou<br>2) com a parte contrária por uma relação jurídica-base | Desnecessária ligação |

## 6. FORMAS DE SOLUÇÃO DE CONFLITOS E JURISDIÇÃO

### 6.1. FORMAS DE SOLUÇÃO DE CONFLITOS

- autotutela;
- autocomposição (mediação e conciliação, comissão de conciliação prévia); e
- heterocomposição (arbitragem e jurisdição).

Quanto à arbitragem, no processo do trabalho, permitia-se sua realização nos **conflitos coletivos**, conforme prevê o art. 114, § 1°, da CF/88: "Frustrada a negociação coletiva, as partes poderão eleger árbitros". Ademais, o art. 83, XI, da LC 75/93 declina que o Ministério Público do Trabalho pode atuar "como árbitro, se assim for solicitado pelas partes, nos dissídios de competência da Justiça do Trabalho".

Nos **conflitos individuais,** a Lei nº 13.467/17 (Reforma Trabalhista) incluiu o art. 507-A na CLT, permitindo o estabelecimento de cláusula compromissória de arbitragem aos contratos de trabalho cuja remuneração seja superior a duas vezes o limite máximo estabelecido para os benefícios do Regime Geral da Previdência Social e desde que haja iniciativa do empregado ou sua concordância expressa, como previsto na Lei nº 9.307/96 (Lei de arbitragem).

### 6.2. JURISDIÇÃO VOLUNTÁRIA PARA HOMOLOGAÇÃO DE ACORDO EXTRAJUDICIAL

Os arts. 855-B a 855-E, acrescentados pela Lei nº 13.467/17 (Reforma Trabalhista), passaram a estabelecer o processo de jurisdição voluntária para a homologação de acordos extrajudiciais, com as seguintes diretrizes:

- petição conjunta das partes, obrigatoriamente, representadas por advogados, que devem ser distintos, facultando ainda a assistência do trabalhador pelo advogado do sindicato de sua categoria;
- análise da petição pelo juiz no prazo de 15 dias, podendo designar audiência se entender necessário, poderá haver a designação de audiência;
- esse processo não prejudica o prazo estabelecido no art. 477, § 6º, da CLT e não afasta a aplicação da multa do art. 477, § 8º, da CLT em caso de descumprimento;
- haverá suspensão do prazo prescricional dos direitos especificados na petição do acordo, entre o ajuizamento do processo e seu trânsito em julgado.

## 7. COMPETÊNCIA

- Diferenças entre a competência absoluta e a competência relativa.

| | Competência absoluta | Competência relativa |
|---|---|---|
| **Espécies** | Competência material; competência em razão da pessoa; competência funcional | Competência territorial |
| **Momento de alegação** | Qualquer tempo e grau de jurisdição, exceto instância superior que depende do prequestionamento | 5 dias a contar da notificação e antes da audiência |
| **Conhecimento *ex officio*** | Pode ser conhecida de ofício pelo juiz | Não pode ser conhecida de ofício (*ex officio*) |
| **Forma de alegação** | Preliminar de contestação, qualquer petição e até mesmo oralmente na audiência | Exceção de incompetência (CLT, art. 800) |
| **Modificação** | Não pode ser modificada | Pode ser modificada pela: a) prorrogação; b) conexão; ou c) continência. |
| **Nulidade** | Gera nulidade absoluta | Gera nulidade relativa |
| **Ação rescisória** | Poderá ser objeto de ação rescisória | Não pode ser objeto de ação rescisória |

- A Justiça do Trabalho, nos termos do art. 114 da CF/88, tem competência material para julgar

I) as ações oriundas da relação de trabalho, abrangidos os entes de direito público externo e da administração pública direta e indireta da União, dos Estados, do Distrito Federal e dos Municípios;

II) as ações que envolvam exercício do direito de greve;

III) as ações sobre representação sindical, entre sindicatos, entre sindicatos e trabalhadores, e entre sindicatos e empregadores;

IV) os mandados de segurança, *habeas corpus* e *habeas data*, quando o ato questionado envolver matéria sujeita à sua jurisdição;

V) os conflitos de competência entre órgãos com jurisdição trabalhista, ressalvado o disposto no art. 102, I, o, da CF/88;

VI) as ações de indenização por dano moral ou patrimonial, decorrentes da relação de trabalho;

VII) as ações relativas às penalidades administrativas impostas aos empregadores pelos órgãos de fiscalização das relações de trabalho;

VIII) a execução, de ofício, das contribuições sociais previstas no art. 195, I, a, e II, e seus acréscimos legais, decorrentes das sentenças que proferir;

IX) outras controvérsias decorrentes da relação de trabalho

- Após a Emenda Constitucional nº 45/04, a Justiça do Trabalho passou a ter competência para julgar não somente a relação de emprego, ou seja, as ações de empregado x empregador, mas também as ações decorrentes das relações de trabalho que incluem: relação de emprego; trabalho autônomo; trabalho eventual; trabalho avulso; trabalho voluntário; estágio etc.
- Quanto aos honorários contratuais, a competência será da Justiça Estadual, tendo em vista que a demanda possui natureza civil, se referindo a contrato de prestação de serviços celebrado entre profissional liberal e seu cliente (Súmula 363 do STJ).[1]
- No que tange aos honorários sucumbenciais a competência será da Justiça do Trabalho, pois a demanda é diretamente relacionada à ação trabalhista ajuizada, podendo ser discutidos em ação própria (CPC, art. 85, § 18) ou nos mesmos autos da ação em que tenha atuado o advogado.
- A Justiça do Trabalho não tem competência para julgar e processar as ações penais (ADIN 3684).

1 Nesse sentido: STJ, CC 52719 SP, Rel. Ministra DENISE ARRUDA, PRIMEIRA SEÇÃO, julgado em 11/10/2006, DJ 30/10/2006, p. 214; CC 93055 MG, Rel. Ministro TEORI ALBINO ZAVASCKI, PRIMEIRA SEÇÃO, julgado em 26/03/2008, DJe 07/04/2008.

PROCESSUAL DO TRABALHO

- O entendimento predominante sobre a imunidade das entidades internacionais é o seguinte:

| Estados estrangeiros | Organizações ou organismos internacionais |
|---|---|
| Não têm imunidade de jurisdição, ou seja, pode ser condenado pela Justiça do Trabalho. | Têm imunidade absoluta de jurisdição (fase de conhecimento e de execução). |
| Regra: Têm imunidade na fase execução, não podendo ter seus bens penhorados. | |

- Competência para julgamento dos servidores públicos

| Competência da Justiça | |
|---|---|
| **do Trabalho** | **Comum** |
| Empregado público (celetista) | Servidor estatutário |
| | Servidor temporário |

- Na hipótese de o ente público alterar o regime celetista para estatutário, a competência da Justiça do Trabalho fica limitada ao período do regime celetista, inclusive restringindo a execução àquele período (OJ nº 138 da SDI I do TST).
- A Justiça do Trabalho é competente para processar e julgar ação possessória ajuizada em decorrência do exercício do direito de greve pelos trabalhadores da iniciativa privada (Súmula vinculante nº 23 do STF).
- A Justiça do Trabalho é competente para processar e julgar as ações de indenização por danos morais e patrimoniais decorrentes de acidente de trabalho propostas por empregado contra empregador, inclusive aquelas que ainda não possuíam sentença de mérito em primeiro grau quando da promulgação da Emenda Constitucional nº 45/04 (Súmula vinculante nº 22 do STF). A competência estabelecida pela EC n. 45/2004 não alcança os processos já sentenciados na Justiça Comum (Súmula 367 do STJ).
- A Justiça do Trabalho também é competente se a ação indenizatória por acidente de trabalho for ajuizada por sucessores e herdeiros do trabalhador que sofreu o acidente (Súmula nº 392 do TST).
- A Justiça do Trabalho é competente para determinar o recolhimento das contribuições fiscais. A competência da Justiça do Trabalho, quanto à execução das contribuições previdenciárias, limita-se às sentenças condenatórias em pecúnia que proferir e aos valores, objeto de acordo homologado, que integrem o salário de contribuição (Súmula 368, I, do TST; Súmula vinculante nº 53 do STF). Aliás, a Lei nº 13.467/2017 (Reforma Trabalhista) alterou o parágrafo único do art. 876 da CLT, reproduzindo o art. 114, VIII, da CF/88 e ratificando o entendimento sedimentado na Súmula Vinculante nº 53 do STF e na Súmula nº 368, I, do TST.
- A Justiça do Trabalho também tem competência para executar as contribuições sociais referentes ao seguro de acidente de trabalho (Súmula nº 454 do TST). Contudo, não tem competência para as contribuições devidas a terceiros do sistema S (Sesi, Sesc, Senai etc.).
- Compete à Justiça do Trabalho julgar as ações que tenham como causa de pedir o descumprimento de normas trabalhistas relativas à segurança, higiene e saúde dos trabalhadores (Súmula nº 736 do STF).
- O STF decidiu que a competência para o julgamento dos processos relacionados à complementação da aposentadoria é da Justiça Comum, quando se tratar de entidade privada de previdência complementar (RE nº 586453 e 583050). Ressalta-se, contudo, que as ações de complementação de aposentadoria decorrentes de plano instituído, regulamentado e pago pelo empregador, a competência é da Justiça do Trabalho.
- A Justiça do Trabalho é o único ramo do Judiciário que tem competência para criar normas gerais e abstratas. Trata-se, pois, de função legislativa (função atípica) conferida ao Judiciário trabalhista, denominada de Poder Normativo. A criação de tais normas se dá por meio do dissídio coletivo (CF/88, art. 114, § 2º).
- A competência territorial, na Justiça do trabalho, tem como regra o local da prestação dos serviços (CLT, art. 651, caput), mesmo que a contratação tenha ocorrido em outro local ou no estrangeiro.

  **OBS.:** Excetuam-se os seguintes casos:

1) **agente ou viajante comercial.** Na hipótese, definem-se duas regras sucessivas:
   - Regra principal: competência da Vara do Trabalho que a empresa tenha agência ou filial e a esta o empregado esteja subordinado.
   - Regra secundária (subsidiária): na falta de agência ou filial ou se o empregado não estiver subordinado a qualquer uma delas, ele poderá optar entre ajuizar a ação no seu domicílio ou a localidade mais próxima.
2) **empregado que trabalha no exterior** (agência ou filial no estrangeiro), desde que o empregado seja brasileiro e não haja convenção internacional dispondo em contrário.
3) **empregador que promove a prestação dos serviços fora do lugar da celebração do contrato.** Nessa hipótese, a legislação confere a opção de o empregado escolher entre: a Vara do Trabalho da celebração do contrato ou; a Vara do Trabalho do local de prestação dos serviços.

- No processo do trabalho, é majoritário o entendimento de que o **foro de eleição é inaplicável**, por ser incompatível com a ideologia desse ramo processual (TST-IN nº 39/2016, art. 2º, I).

  Tratando-se de ação civil pública, a competência é definida de modo diverso. Assim, nos termos da OJ nº 130 da SDI-II do TST:

  I – A competência para a Ação Civil Pública fixa-se pela extensão do dano.

  II – Em caso de dano de abrangência regional, que atinge cidades sujeitas à jurisdição de mais de uma Vara do Trabalho, a competência será de qualquer das varas das localidades atingidas, ainda que vinculadas a Tribunais Regionais do Trabalho distintos.

  III – Em caso de dano de abrangência suprarregional ou nacional, há competência concorrente para a ação civil pública das varas do trabalho das sedes dos Tribunais Regionais do Trabalho.

  IV – Estará prevento o juízo a que a primeira ação houver sido distribuída.

## 8. PARTES E PROCURADORES NO PROCESSO DO TRABALHO

- A representação do menor de 18 anos é feita de forma **sucessiva**:

1º) representantes legais (ex.: pais etc.);

2º) Ministério Público do Trabalho, antigamente denominado de Procuradoria da Justiça do Trabalho;

3º) sindicato da categoria;

4º) Ministério Público Estadual;

5º) curador nomeado pelo juiz.

As pessoas jurídicas de direito público são representadas em juízo da seguinte forma:

| Pessoa jurídica de direito público | Representação |
|---|---|
| União | Advocacia-Geral da União |
| Estados e Distrito Federal | Procuradores |
| Municípios | Prefeito, procuradores ou Associação de Representação de Municípios, quando expressamente autorizada |
| Autarquias e fundações | Por quem a lei do ente federado designar |

De acordo com o TST, as autarquias e fundações públicas apenas podem ser representadas pelos procuradores dos Estados ou municípios se designados pela lei da respectiva unidade da federação (art. 75, IV, do CPC de 2015) ou se investidos de instrumento de mandato válido. (OJ nº 318 da SDI-I do TST).

- Nas audiências das reclamações trabalhistas, exige-se, como regra, a presença obrigatória das próprias partes (ex. empregado e empregador). Existem, porém, as seguintes exceções:

1) Representação do empregado pelo sindicato nas reclamações plúrimas (ajuizada por diversos reclamantes);
2) Representação do empregado pelo sindicato nas ações de cumprimento;
3) Representação do empregador pelo preposto. Por força do art. 843, § 3º, da CLT, o preposto não precisa ser empregado da reclamada,
4) Representação do empregado por outro empregado ou sindicado na audiência, nos casos de doença ou qualquer outro motivo ponderoso.

- No processo do trabalho, admite-se que o empregado e o empregador postulem em juízo pessoalmente, ou seja, sem a necessidade de advogado. É o que se denomina de *jus postulandi* das partes.
- **Atenção:** De acordo com a Súmula nº 425 do TST não se admite o *jus postulandi*, ou seja, impõe-se a atuação obrigatória do advogado nos seguintes casos:

1) nos recursos de competência do TST;
2) na ação rescisória;
3) na ação cautelar;
4) no mandado de segurança.

Também não se aplica o *jus postulandi*:

- nos embargos de terceiros;
- nos recursos de peritos e depositários;
- nas relações de trabalho (tese majoritária);
- quando extrapolada a seara trabalhista; e
- nos processos de jurisdição voluntária para a homologação de acordo extrajudicial (CLT, art. 855-B, *caput*)

- O mandato concedido ao advogado pode ser expresso ou tácito. Admite-se, ainda, a procuração apud acta, que ocorre quando a constituição de procurador com poderes para o foro em geral é efetivada mediante simples registro em ata de audiência, a requerimento verbal do advogado interessado, com anuência da parte representada (CLT, art. 791, § 3º).
- O mandato tácito não admite o substabelecimento (OJ nº 200 da SDI I do TST).
- A União, Estados, Municípios e Distrito Federal, suas autarquias e fundações públicas, quando representadas em juízo, ativa e passivamente, por seus procuradores, estão dispensadas da juntada de instrumento de mandato e de comprovação do ato de nomeação. Nesse caso, é essencial que o signatário ao menos se declare exercente do cargo de procurador, não bastando a indicação do número de inscrição na Ordem dos Advogados do Brasil (Súmula nº 436 do TST).

## 8.1. HONORÁRIOS ADVOCATÍCIOS

Os honorários advocatícios são devidos pela mera sucumbência, sendo fixados entre 5% e 15% do valor que resultar da liquidação da sentença, do proveito econômico obtido ou, não sendo possível mensurá-lo, sobre o valor atualizado da causa (CLT, art. 791-A, *caput*).

Ao fixar os honorários, o juízo deverá observar: I – o grau de zelo do profissional; II – o lugar de prestação do serviço; III – a natureza e a importância da causa; IV – o trabalho realizado pelo advogado e o tempo exigido para o seu serviço (CLT, art. 791-A, § 2º).

Havendo sucumbência recíproca, ambas as partes deverão pagar honorários advocatícios. No entanto, está impedida a compensação entre os honorários advocatícios (CLT, art. 791-A, § 3º).

Os honorários sucumbenciais são devidos nas ações contra a Fazenda Pública, bem como nos processos que a parte estiver assistida ou substituída pelo sindicato de sua categoria (CLT, art. 791-A, § 1º).

Quanto ao beneficiário da justiça gratuita, o referido §4º estabelecia que iria pagar honorários advocatícios:

1) quando obtivesse em juízo, ainda que em outro processo, créditos capazes de suportar a despesa ou;
2) caso não tivesse créditos capazes de suportar a despesa, ficaria sob condição suspensiva pelo prazo de 2 anos a contar do trânsito em julgado da sentença.

No entanto, na ADI 5766[2]., o STF declarou inconstitucional o art. 791-A, § 4º, da CLT, afastando a possibilidade de simplesmente descontar dos créditos do trabalhador o valor a título de honorários advocatícios quando for beneficiário da justiça gratuita.

Os honorários advocatícios são devidos na reconvenção (CLT, art. 791-A, § 5º).

## 8.2. BENEFÍCIO DA JUSTIÇA GRATUITA

- O benefício da justiça gratuita possui as seguintes características:

1) pode ser deferido a requerimento ou de ofício;
2) pode ser requerido e concedido em qualquer instância. No entanto, na fase recursal, o requerimento deve ser formulado no prazo alusivo ao recurso (OJ nº 269, I, da SDI-I do TST). Indeferido o requerimento da justiça gratuita formulado na fase recursal, cumpre ao relator fixar prazo para que o recorrente efetue o preparo (art. 99, § 7º, do CPC de 2015 – (OJ nº 269, II, da SDI-I do TST).
3) o deferimento independe de a parte estar assistida pelo sindicato ou advogado particular;

2. STF, ADI 5766, Data de julgamento: 20.10.2021. Publicação do acórdão DJE: 03.05.2022.

4) O requerente deve perceber salário igual ou inferior a 40% do limite máximo dos benefícios do Regime Geral de Previdência Social ou comprovar que não tem condições de arcar com as despesas do processo.

## 9. LITIGÂNCIA DE MÁ-FÉ

Responde por perdas e danos aquele que litigar de má-fé como reclamante, reclamado ou interveniente (CLT, art. 793-A).

*O art. 793-B da CLT considera como litigante de má-fé aquele que:*

*I – deduzir pretensão ou defesa contra texto expresso de lei ou fato incontroverso;*

*II – alterar a verdade dos fatos;*

*III – usar do processo para conseguir objetivo ilegal;*

*IV – opuser resistência injustificada ao andamento do processo;*

*V – proceder de modo temerário em qualquer incidente ou ato do processo;*

*VI – provocar incidente manifestamente infundado;*

*VII – interpuser recurso com intuito manifestamente protelatório.*

Se constatada a realização de alguma das práticas de litigância de má-fé poderão ser aplicadas as seguintes penalidades:

- multa superior a 1% e inferior a 10% do valor corrigido da causa;
- indenização da parte contrária pelos prejuízos causados;
- pagamento dos honorários advocatícios e demais despesas efetuadas (CLT, art. 793-C).

Quando forem 2 ou mais litigantes de má-fé, o juiz condenará cada um na proporção de seu respectivo interesse na causa ou solidariamente aqueles que se coligaram para lesar a parte contrária (CLT, art. 793-C, § 1º).

Aliás, quando o valor da causa for irrisório ou inestimável, a multa poderá ser fixada em até duas vezes o limite máximo dos benefícios do Regime Geral de Previdência Social (CLT, art. 793-C, § 2º).

## 10. ATOS PROCESSUAIS

- Os atos processuais serão públicos, salvo quando o contrário determinar o interesse social, sendo realizados nos dias úteis das 6 (seis) às 20 (vinte) horas. Admite-se, porém, que a penhora seja realizada em domingo ou dia feriado, mediante autorização expressa do juiz ou presidente (CLT, art. 770). De acordo com o CPC/2015, as citações, intimações e a penhora poderão ser realizadas nos dias não úteis, o que incluem os sábados, domingos, feriados e dias sem expediente forense, **independentemente de autorização judicial** (CPC/2015, art. 212, § 2º).

Vê-se que a CLT impõe a necessidade de autorização, enquanto o CPC/2015 a dispensa.

| Regra | Exceções |
|---|---|
| Atos públicos | Segredo de justiça (interesse social) |
| Das 6h às 20h, em dias úteis | **CLT:** Penhora pode ser realizada em domingos e feriados, desde que **haja autorização do juiz.**<br>**CPC/2015:** Citações, intimações e penhora podem ser realizadas nos sábados, domingos e feriados, **independentemente de autorização do juiz.** |

**No processo eletrônico**, quando a petição for enviada para atender a prazo processual, serão consideradas tempestivas as transmitidas até as **24 horas** do seu último dia (art. 3º, parágrafo único, Lei nº 11.419/2006; CPC/2015, art. 213, *caput*).

- Na fase de conhecimento, a regra é a notificação via postal. Nessa fase, a notificação **não constitui ato pessoal**, podendo ser recebida por pessoa diversa das partes, sendo válida com a simples entrega do registro postal no endereço da parte.
- Presume-se recebida a notificação 48 (quarenta e oito) horas depois de sua postagem. O seu não recebimento ou a entrega após o decurso desse prazo constitui ônus de prova do destinatário (Súmula nº 16 do TST).
- Na fase de conhecimento, se o reclamado criar embaraços para o recebimento da notificação postal ou, na hipótese, de não ser encontrado, a notificação será feita por edital (CLT, art. 841, § 1º).
- Na fase de execução, é admitida a citação por edital, quando o executado é procurado por 2 vezes no espaço de 48 horas e não é encontrado (CLT, art. 880, § 3º).

**ATENÇÃO:** no procedimento sumaríssimo **não** se fará citação por edital, incumbindo ao autor a correta indicação do nome e endereço do reclamado (CLT, art. 852-B, II).

A CLT prevê a notificação por oficial de justiça na fase de execução. Nessa fase, a citação é feita, primeiramente, pelo oficial de justiça. Atenta-se para o fato de que essa citação deve ser pessoal.

- Havendo pedido expresso de que as intimações e publicações sejam realizadas exclusivamente em nome de determinado advogado, a comunicação em nome de outro profissional constituído nos autos é nula, salvo se constatada a inexistência de prejuízo (Súmula nº 427 do TST).
- A notificação do Ministério Público, seja como parte, seja como fiscal da ordem jurídica, sempre será pessoal e nos autos, de modo que os autos deverão ser encaminhados à procuradoria para ciência do membro.
- As partes serão consideradas intimadas das decisões na própria audiência em que elas forem proferidas (CLT, arts. 834 e 852).
- No caso de revelia, haverá notificação pela via postal (CLT, art. 852).
- Os prazos são contados em dias úteis (CLT, art. 775).
- Na contagem dos prazos processuais o dia da ciência ("dia do susto") é excluído, incluindo-se o dia do vencimento.
- Quando a intimação tiver lugar na sexta-feira, ou a publicação com efeito de intimação for feita nesse dia, o prazo judicial será contado da segunda-feira imediata, inclusive, salvo se não houver expediente, caso em que fluirá no dia útil que se seguir (Súmula nº 1 do TST).
- Designada audiência de julgamento, incumbe à parte comparecer para tomar conhecimento da decisão, sob pena de ser considerada intimada da sentença, mesmo diante de sua ausência, no dia da audiência (Súmula nº 197 do TST).
- Caso seja marcada a audiência de julgamento, se o juiz não sentenciar na data da audiência de julgamento, ele (juiz) tem o prazo de 48 horas para a juntada da sentença nos autos. Não sendo juntada nesse prazo, deverá intimar a parte, posteriormente, da sentença, iniciando seu prazo recursal somente depois da intimação (Súmula nº 30 do TST).
- Nas intimações por meio eletrônico, será considerada realizada no dia da consulta. Ocorrendo a consulta "em dia não útil, a intimação será considerada como realizada no primeiro dia útil seguinte" (Lei nº 11.419/2006, art. 5º, § 2º). É importante

observar que, **não** havendo consulta no prazo de 10 dias, será presumida a intimação, isto é, sendo expedida a intimação via eletrônica e não tomando ciência dentro do prazo de 10 dias, a parte será considerada como intimada (art. 5º, § 3º), iniciando-se a contagem do prazo no dia seguinte. No entanto, havendo consulta dentro do prazo de 10 dias, considera-se realizada a intimação no dia da ciência (consulta).

- É diferente a contagem do prazo na hipótese de publicação no Diário da Justiça eletrônica, como ocorre, em regra, com a intimação do advogado. Nesse caso, a data da publicação será considerada o primeiro dia útil seguinte ao da disponibilização da informação no Diário da Justiça eletrônico, começando a correr o prazo processual "no primeiro dia útil que seguir ao considerado como data da publicação" (Lei nº 11.419/2006, art. 4º, §§ 3º e 4º).
- É possível a prorrogação dos prazos processuais nas seguintes hipóteses (CLT, art. 775, § 1º):

1) quando o juiz entender necessário; e
2) em virtude de força maior, devidamente comprovada.

Ao juízo incumbe dilatar os prazos processuais e alterar a ordem de produção dos meios de prova, adequando-os às necessidades do conflito de modo a conferir maior efetividade à tutela do direito (CLT, art. 775, § 2º).

- **Principais prazos processuais**

| Ato processual | Prazo |
|---|---|
| **Encaminhamento da petição inicial ao reclamado** | 48 horas |
| **Recebimento da notificação para comparecer na audiência inicial** | 5 dias antes da audiência |
| **Redução a termo de reclamação verbal** | 5 dias |
| **Exceção de incompetência** | 5 dias a contar da notificação e antes da audiência |
| **Contestação verbal** | 20 minutos |
| **Duração máxima da audiência** | 5 horas seguidas, salvo quando houver matéria urgente |
| **Razões finais** | 10 minutos |
| **Recurso ordinário**<br>**Recurso de revista**<br>**Agravo de petição**<br>**Agravo de instrumento**<br>**Embargos de divergência**<br>**Embargos infringentes**<br>**Recurso adesivo**<br>**Agravo interno e regimental** | 8 dias |
| **Embargos de declaração** | 5 dias |
| **Recurso extraordinário (STF)**<br>**Recurso adesivo de RE** | 15 dias |
| **Depósito recursal** | Pagamento e comprovação no prazo do recurso. A interposição antecipada do recurso não prejudica o prazo legal (Súmula nº 245 do TST). No caso de agravo de instrumento, porém, o depósito recursal deve ser feito no ato da interposição do recurso. |
| **Pagamento ou nomeação de bens à penhora** | 48 horas |
| **Embargos à execução** | 5 dias |
| **Embargos à execução para a fazenda pública** | 30 dias |
| **Ação rescisória** | 2 anos |
| **Cumprimento das obrigações do oficial de justiça** | 9 dias |
| **Juntada dos originais, na hipótese de fac-símile** | 5 dias |
| **Apresentação de documentos em cartório ou secretaria, no processo eletrônico, na hipótese de ser tecnicamente inviável a digitalização dos documentos, em razão do grande volume ou por motivo de ilegibilidade** | 10 dias |
| **Levar a protesto, gerar inscrição do nome do executado em órgãos de proteção ao crédito ou no Banco Nacional de Devedores Trabalhistas (BNDT) de decisão judicial transitada em julgado** | 45 dias a contar da citação do executado, se não houver garantia do juízo |

- quando existir litisconsórcio e as partes tiverem advogados diferentes, **não** há modificação do prazo processual, ou seja, não se aplica o art. 229 do CPC/15 ao processo do trabalho (OJ nº 310 da SDI I do TST).
- Na fase de conhecimento, as custas são sempre no valor de 2%, calculados sobre o:

1) valor da condenação;
2) valor do acordo;
3) valor da causa, nas hipóteses de: (a) extinção do processo sem resolução do mérito;(b) improcedência dos pedidos; (c) no caso de procedência do pedido formulado em ação declaratória e em ação constitutiva;
4) valor que o juiz definir (quando o valor for indeterminado)
5) o valor arbitrado na decisão, ou pelo Presidente do Tribunal, na hipótese do dissídio coletivo.

- As custas serão pagas pelo vencido, após o trânsito em julgado da decisão. No caso de recurso, as custas serão pagas e comprovado o recolhimento dentro do prazo recursal (CLT, art. 789, § 1º).
- O valor mínimo a ser pago de custas processuais é de R$ 10,64. Já o valor máximo, corresponde a 4 vezes o limite máximo dos benefícios do Regime Geral de Previdência Social.
- a parte vencedora na primeira instância, se vencida na segunda, está obrigada, independentemente de intimação, a pagar as custas fixadas na sentença originária, das quais ficara isenta a parte então vencida (Súmula nº 25, I, do TST).
- no caso de inversão do ônus da sucumbência em segundo grau, sem acréscimo ou atualização do valor das custas e se estas já foram devidamente recolhidas, descabe um novo pagamento pela parte vencida, ao recorrer. Deverá ao final, se sucumbente, **reembolsar** a quantia (Súmula nº 25, II, do TST).
- não caracteriza deserção a hipótese em que, acrescido o valor da condenação, não houve fixação ou cálculo do valor devido a título de custas e tampouco intimação da parte

para o preparo do recurso, devendo ser as custas pagas ao final (Súmula nº 25, III, do TST).

- o reembolso das custas à parte vencedora faz-se necessário mesmo na hipótese em que a parte vencida for pessoa isenta do seu pagamento, nos termos do art. 790-A, parágrafo único, da CLT (Súmula nº 25, IV, do TST).
- Nas ações plúrimas (litisconsórcio), as custas incidem sobre o valor total dos pedidos (Súmula nº 36 do TST).
- No caso de acordo, o pagamento das custas será dividido em partes iguais entre os litigantes, exceto se convencionarem de forma diferente.
- Na fase de execução das custas, o pagamento é em valor fixo, nos termos do art. 789-A da CLT, sendo ele de responsabilidade do executado.
- No dissídio coletivo, as partes vencidas responderão solidariamente pelo pagamento das custas.

Tratando-se de empregado que não tenha obtido o benefício da justiça gratuita, ou isenção de custas, o sindicato que houver intervindo no processo responderá solidariamente pelo pagamento das custas devidas

- Estão **isentos** do pagamento das custas processuais:

1) o beneficiário da justiça gratuita (CLT, art. 790, § 3º), exceto na hipótese de ausência do reclamante na audiência inaugural e não comprovar, no prazo de quinze dias, que a ausência ocorreu por motivo legalmente justificável (CLT, art. 844, § 2º, da CLT)[3];
2) a União, os Estados, o Distrito Federal, os Municípios e respectivas autarquias e fundações públicas federais, estaduais ou municipais que não explorem atividade econômica (CLT, art. 790-A, I);
3) o Ministério Público do Trabalho (CLT, art. 790-A, II);
4) Empresas Brasileira de Correios e Telégrafos (Decreto-lei nº 509/69) e Hospital das Clínicas de Porto Alegre (Lei nº 5.604/70);
5) Estados estrangeiros, missões diplomáticas e repartições consulares (Convenções de Viena de 1961 e 1963).

- a isenção das custas não alcança as entidades fiscalizadoras do exercício profissional (exemplo, CREA), nem exime as pessoas jurídicas referidas no item 2 da obrigação de reembolsar as despesas judiciais realizadas pela parte vencedora (CLT, art. 790-A, parágrafo único). Ressalta-se que o TST isenta as entidades fiscalizadoras, por considerá-las como autarquias.

O pagamento dos honorários periciais é de responsabilidade da parte sucumbente na pretensão objeto da perícia.Cumpre ressaltar que o STF julgou inconstitucional a exigência do pagamento dos honorários periciais pelo beneficiário da justiça gratuita[4].

Ademais, o pagamento dos honorários periciais deverá observar as seguintes regras:

a) para fixar os honorários periciais o juiz deve observar o limite máximo estabelecido pelo CSJT;
b) é possível parcelar o pagamento dos honorários periciais;
c) o juízo não pode exigir o adiantamento dos honorários periciais.

A responsabilidade pelo pagamento dos honorários do assistente do perito é da parte que o nomeou, ainda que vencedora no objeto da perícia (Súmula nº 341 do TST).

## 11. NULIDADES PROCESSUAIS

- princípio do prejuízo (transcendência): não há nulidade sem prejuízo.
- princípio da convalidação ou preclusão: a nulidade deve ser alegada na primeira oportunidade que a parte tiver que se manifestar nos autos, sob pena de preclusão.
- princípio da economia processual: a nulidade não será pronunciada quando for possível suprir-se a falta ou repetir-se o ato.
- princípio do interesse: proibição da alegação da própria torpeza, ou seja, a nulidade não será pronunciada quando arguida por quem lhe tiver dado causa.
- princípio da utilidade: o juiz que pronunciar a nulidade declarará os atos a que ela se estende. Ademais, a nulidade do ato não prejudicará senão os posteriores que dele dependam ou sejam consequência.
- princípio da instrumentalidade das formas: se o ato processual atingiu sua finalidade ele será considerado válido, mesmo que não tenha observado a forma prescrita em lei.

## 12. PETIÇÃO INICIAL

- a reclamação trabalhista pode ser verbal ou escrita.
- distribuída a reclamação verbal, o reclamante deverá, salvo motivo de força maior, apresentar-se no prazo de 5 (cinco) dias, ao cartório ou à secretaria, para reduzi-la a termo, sob a pena de perda, pelo prazo de 6 (seis) meses, do direito de reclamar perante a Justiça do Trabalho (art. 786 da CLT).
- no inquérito para apuração de falta grave e no dissídio coletivo, obrigatoriamente, a reclamação será escrita (CLT, arts. 853 e 856).
- requisitos da petição inicial trabalhista:

1) designação do Juízo;
2) a qualificação das partes;
3) a breve exposição dos fatos de que resulte o dissídio;
4) o pedido, que deverá ser certo, determinado e com indicação de seu valor;
5) a data; e
6) a assinatura do reclamante ou de seu representante.

- na reclamação trabalhista, não se exige a especificação de provas, e a opção do autor pela realização ou não da audiência de conciliação ou de mediação.

Não sendo o pedido certo, determinado e com indicação de seu valor, ele será julgado extintos sem resolução de mérito.

Aliás, salvo nas hipóteses do art. 330 do CPC/2015 (art. 295 do CPC/73), o indeferimento da petição inicial, por encontrar-se desacompanhada de documento indispensável à propositura da ação ou não preencher outro requisito legal, somente é cabível se, após intimada para suprir a irregularidade em 15 dias, mediante indicação precisa do que deve ser corrigido ou completado, a parte não o fizer (Súmula nº 263 do TST).

---

3 O STF declarou a constitucionalidade do dispositivo na ADI 5766, Sessão realizada por videoconferência – Resolução 672/2020/STF.

4 ADI 5766, Sessão realizada por videoconferência – Resolução 672/2020/STF.

### 12.1. DESISTÊNCIA DA RECLAMAÇÃO

Oferecida a contestação, ainda que eletronicamente, o reclamante não poderá, sem o consentimento do reclamado, desistir da ação (CLT, art. 841, § 3º).

## 13. TUTELA PROVISÓRIA

- No caso de a tutela provisória haver sido concedida ou indeferida antes da sentença, cabe mandado de segurança, em face da inexistência de recurso próprio. (Súmula nº 414, II, do TST).
- A tutela provisória concedida na sentença não comporta impugnação pela via do mandado de segurança, por ser impugnável mediante recurso ordinário. É admissível a obtenção de efeito suspensivo ao recurso ordinário mediante requerimento dirigido ao tribunal, ao relator ou ao presidente ou ao vice-presidente do tribunal recorrido, por aplicação subsidiária ao processo do trabalho do artigo 1.029, § 5º, do CPC de 2015. (Súmula nº 414, I, do TST).

## 14. AUDIÊNCIAS

- as audiências serão públicas e realizar-se-ão na sede do Juízo ou Tribunal em dias úteis previamente fixados, entre 8 (oito) e 18 (dezoito) horas, não podendo ultrapassar 5 (cinco) horas seguidas, salvo quando houver matéria urgente (CLT, art. 813).
- se, até 15 (quinze) minutos após a hora marcada, o juiz ou presidente não houver comparecido, os presentes poderão retirar-se, devendo o ocorrido constar do livro de registro das audiências (CLT, art. 815, parágrafo único). A tolerância de atraso de 15 minutos aplica-se tão somente ao juiz, ou seja, esta permissão não atinge as partes (OJ nº 215 da SDI I do TST).
- ausência das partes em audiência:

| Parte ausente | audiência inaugural ou una | audiência de instrução | audiência de julgamento |
|---|---|---|---|
| **Reclamante** | arquivamento e pagamento das custas* | confissão | inicia o prazo recursal |
| **Reclamado** | confissão e revelia quanto à matéria de fato | confissão | inicia o prazo recursal |
| **Reclamante e reclamado** | arquivamento | confissão das duas partes, julgando-se com as provas já existentes nos autos e, se inexistentes ou insuficientes, de acordo com o ônus da prova | inicia o prazo recursal |
| (*) Salvo se justificar em 15 dias o motivo da ausência. | | | |

- caso o reclamante dê causa a dois arquivamentos seguidos, pelo não comparecimento na audiência inaugural ou una, ficará impossibilitado, pelo prazo de 6 meses, de reclamar perante a Justiça do Trabalho, nos termos dos arts. 731 e 732 da CLT.[5]
- ainda que ausente o reclamado em audiência, a contestação e os documentos apresentados por seu advogado serão aceitos (CLT, art. 844, § 5º).
- o art. 844, § 1º, da CLT permite que o julgamento seja suspenso, com a designação de nova audiência em casos de motivo relevante.
- cumpre destacar que, apesar de ocorrer a revelia, não são produzidos os seus efeitos materiais, nos seguintes casos:

  *I – havendo pluralidade de reclamados, algum deles contestar a ação;*

  *II – o litígio versar sobre direitos indisponíveis;*

  *III – a petição inicial não estiver acompanhada de instrumento que a lei considere indispensável à prova do ato;*

  *IV – as alegações de fato formuladas pelo reclamante forem inverossímeis ou estiverem em contradição com prova constante dos autos (CLT, art. 844, § 4º)*

## 15. RESPOSTAS DO RÉU

- No processo do trabalho, a defesa pode ser oral ou escrita, como descreve o art. 847, da CLT. O prazo para apresentação de defesa oral é de 20 minutos. Quanto à defesa escrita, entende-se que o prazo para se confeccioná-la é de 5 dias, vez que o reclamado deve ser intimado com antecedência mínima de 5 dias da audiência (CLT, art. 841). No que tange ao termo final, o art. 847, parágrafo único, da CLT indica que será até a audiência.
- a compensação só poderá ser arguida com a contestação (Súmula nº 48 do TST), ficando restrita a dívidas de natureza trabalhista (Súmula nº 18 do TST).
- as exceções, no processo do trabalho, são incidentes processuais divididos em: suspeição, impedimento e incompetência relativa.
- a suspeição vem disciplinada no art. 801 da CLT, o qual estabelece que o juiz é obrigado a dar-se por suspeito, e pode ser recusado, por algum dos seguintes motivos, em relação à pessoa dos litigantes: a) inimizade pessoal; b) amizade íntima; c) parentesco por consanguinidade ou afinidade até o terceiro grau civil; d) interesse particular na causa. A doutrina é majoritária no sentido de que se aplicam os arts. 144 e 145, ambos do CPC/15, ao processo do trabalho.
- a CLT prevê algumas hipóteses em que a suspeição não poderá ser mais alegada:

1) se o recusante houver praticado algum ato pelo qual haja consentido na pessoa do juiz, salvo sobrevindo novo motivo;
2) se do processo constar que o recusante deixou de alegá-la anteriormente, quando já a conhecia;
3) depois de conhecida, aceitou o juiz recusado;
4) se procurou de propósito o motivo de que ela se originou (CLT, art. 801, parágrafo único).

- na hipótese de incompetência relativa, ela deve ser apresentada em peça apartada, **não podendo ser declarada *ex officio*** (OJ nº 149 da SDI-II do TST e Súmula nº 33 do STJ).

A exceção de incompetência relativa deve ser apresentada no prazo de 5 dias a contar da notificação, antes da audiência (CLT, art. 800). Ao apresentar a exceção, o excipiente deverá indicar o juízo que entende ser o competente para a causa (CLT,

PROCESSUAL DO TRABALHO

5 Salvo se justificar em 15 dias o motivo da ausência.

art. 800, § 3º). Protocolada a exceção de incompetência territorial, o processo fica suspenso, não se realizando a audiência prevista no art. 843 da CLT.

Apresentada a exceção de incompetência, os autos serão imediatamente conclusos ao juiz, que intimará o reclamante e, se existentes, os litisconsortes (ativo) para manifestação **no prazo comum de 5 dias.**

Se entender necessária a produção de prova oral, o juízo designará audiência, garantindo o direito de o excipiente e de suas testemunhas serem ouvidos, por carta precatória, no juízo que este houver indicado como competente.

Após decidida a exceção de incompetência territorial, o processo retoma seu curso, com a designação de audiência, apresentação de defesa e instrução processual perante o juízo competente (CLT, art. 800, §4º).

De qualquer maneira, a incompetência absoluta continua sendo alegada no bojo da contestação (CLT, art. 799, § 1º).

## 16. PROVAS

- o reclamante tem o ônus de provar os fatos constitutivos do seu direito (CLT, art. 818, *caput*).
- o reclamado (réu) deve comprovar os fatos impeditivos, modificativos e extintivos do direito do reclamante (autor) (CLT, art. 818, *caput*).

1) nos casos previstos em lei; ou
2) diante de peculiaridades da causa, relacionadas:
   2.1) à impossibilidade ou excessiva dificuldade de cumprir o encargo de acordo com a teoria estática do ônus da prova; ou
   2.2) à maior facilidade de obtenção da prova do fato contrário.

A decisão fundamentada deve ser proferida **antes da fase instrutória**, para que possibilite à parte contrária que se desincumba de seu ônus. Além disso, a atribuição diversa do ônus da prova não pode gerar situação em que a desincumbência do encargo pela parte seja impossível ou excessivamente difícil (CLT, art. 818, §§ 2º e 3º).

- é ônus do empregador que conta com mais de 20 empregados o registro da jornada de trabalho na forma do art. 74, § 2º, da CLT.[6] A não apresentação injustificada dos controles de frequência gera presunção relativa de veracidade da jornada de trabalho, a qual pode ser elidida por prova em contrário (Súmula nº 338, I, do TST).
- os cartões de ponto que demonstram horários de entrada e saída uniformes são inválidos como meio de prova, invertendo-se o ônus da prova, relativo às horas extras, que passa a ser do empregador, prevalecendo a jornada da inicial se dele não se desincumbir (Súmula nº 338, III, do TST).
- Após a Lei nº 13.874/2019, o art. 74, § 4º, da CLT passou a permitir a utilização de registro de ponto por exceção à jornada regular de trabalho, mediante acordo individual escrito, convenção coletiva ou acordo coletivo de trabalho.
- na prova testemunhal, para cada rito processual há um número limite de testemunhas a ser indicada por cada parte, como se observa do quadro que segue:

| Tipo de procedimento | Número máximo de testemunhas |
|---|---|
| Rito Sumaríssimo | 2 |
| Rito Ordinário | 3 |
| Inquérito para apuração de falta grave | 6 |

- não torna suspeita a testemunha o simples fato de estar litigando ou de ter litigado contra o mesmo empregador (Súmula nº 357 do TST).
- as testemunhas devem comparecer em audiência, independentemente de intimação.
- quando as testemunhas não comparecerem em juízo, serão intimadas para comparecimento ficando sujeitas à condução coercitiva além de multa. Atente-se que, no rito sumaríssimo, somente será deferida a intimação, se for devidamente comprovado o convite.
- O art. 793-D da CLT autoriza a imposição de multa superior a 1% e inferior a 10% do valor corrigido da causa **diretamente à testemunha que intencionalmente**:

1) alterar a verdade dos fatos; ou
2) omitir fatos essenciais ao julgamento da causa.

- a prova documental apresentada em cópia pode ser declarada autêntica pelo próprio advogado sob sua responsabilidade (CLT, art. 830).
- para comprovação da insalubridade e periculosidade é obrigatória a prova pericial (CLT, art. 195, § 2º). Quando não for possível sua realização como em caso de fechamento da empresa, poderá o julgador utilizar-se de outros meios de prova (OJ nº 278 da SDI I do TST).

- a prova documental apresentada em cópia pode ser declarada autêntica pelo próprio advogado sob sua responsabilidade (CLT, art. 830).
- para comprovação da insalubridade e periculosidade é obrigatória a prova pericial (CLT, art. 195, § 2º). Quando não for possível sua realização como em caso de fechamento da empresa, poderá o julgador utilizar-se de outros meios de prova (OJ nº 278 da SDI I do TST).

## 17. SENTENÇA

- são elementos essenciais da sentença: a) relatório; b) fundamentação; c) dispositivo (conclusão).
- no rito sumaríssimo, o relatório é dispensado.
- as decisões cognitivas ou homologatórias sempre deverão indicar a natureza jurídica das parcelas constantes da condenação ou do acordo homologado, inclusive o limite de responsabilidade de cada parte pelo recolhimento da contribuição previdenciária, se for o caso (CLT, art. 832, § 3º).
- Para os fins do § 3º do art. 832 da CLT, salvo na hipótese de o pedido da ação limitar-se expressamente ao reconhecimento de verbas de natureza exclusivamente indenizatória, a parcela referente às verbas de natureza remuneratória não poderá ter como base de cálculo valor inferior: I – ao salário-mínimo, para as competências que integram o vínculo empregatício reconhecido na decisão cognitiva ou homologatória; ou II – à diferença entre a remuneração reconhecida como devida na decisão cognitiva ou homologatória e a efetivamente paga pelo empregador, cujo valor total referente a cada

6 A Lei nº 13.874/2019 alterou a redação do dispositivo, que antes previa a obrigatoriedade do registro de ponto para as empresas com mais de 10 empregados, o que deverá alterar a Súmula nº 338 do TST.

competência não será inferior ao salário-mínimo (CLT, art. 832, § 3º-A).

- Caso haja piso salarial da categoria definido por acordo ou convenção coletiva de trabalho, o seu valor deverá ser utilizado como base de cálculo para os fins do § 3º-A do art. 832 da CLT. (CLT, art. 832, § 3º-B)
- a sentença não pode proferir julgamento *extra petita* (fora do pedido), *ultra petita* (além do pedido) e *citra petita* (abaixo do pedido).

## 18. PROCEDIMENTO SUMARÍSSIMO

- o rito sumaríssimo é aplicável nos dissídios individuais cujo valor não exceda 40 vezes o salário mínimo vigente na data do ajuizamento da reclamação trabalhista (CLT, art. 852-A).
- este rito não se aplica nas demandas em que é parte a administração pública direta, autárquica e fundacional (CLT, art. 852-A, parágrafo único).
- o pedido deverá ser certo ou determinado. Além disso, deverá indicar o valor correspondente (CLT, art. 852-B, I).
- não se fará citação por edital, incumbindo ao autor a correta indicação do endereço do reclamado (CLT, art. 852-B, II).
- não sendo o pedido certo ou determinado, não indicando o valor do pedido, ou não indicando o endereço correto, a reclamação será arquivada, condenando-se o reclamante ao pagamento de custas sobre o valor da causa (CLT, art. 852-B, parágrafo único).
- as demandas neste rito serão instruídas e julgadas em audiência única (CLT, art. 852-C).
- todos os incidentes e exceções que possam interferir no prosseguimento da audiência serão decididos de plano. As demais questões serão decididas na sentença (CLT, art. 852-G).
- todas as provas serão produzidas na audiência de instrução e julgamento, ainda que não requeridas previamente (CLT, art. 852-H).
- na hipótese de prova testemunhal, é permitida até o máximo de 2 para cada parte (CLT, art. 852-H, § 2º).
- a testemunha deve comparecer independentemente de intimação. Não comparecendo, poderá ser intimada, desde comprovado o convite (CLT, art. 852-H, § 3º).
- somente quando a prova do fato o exigir, ou for legalmente imposta, será deferida prova técnica, incumbindo ao juiz, desde logo, fixar o prazo, o objeto da perícia e nomear perito (CLT, art. 852-H, § 4º).
- as partes serão intimadas a manifestar-se sobre o laudo, no prazo comum de cinco dias (CLT, art. 852-H, § 6º).
- a sentença dispensa o relatório, devendo mencionar os elementos de convicção do juízo, com resumo dos fatos relevantes ocorridos na audiência (CLT, art. 852-I).
- as partes serão intimadas da sentença na própria audiência em que prolatada.
- nas reclamações sujeitas ao procedimento sumaríssimo, o recurso ordinário:

1) será imediatamente distribuído, uma vez recebido no Tribunal, devendo o relator liberá-lo no prazo máximo de dez dias, e a Secretaria do Tribunal ou Turma colocá-lo imediatamente em pauta para julgamento, sem revisor;
2) terá parecer oral do representante do Ministério Público presente à sessão de julgamento, se este entender necessário o parecer, com registro na certidão;
3) terá acórdão consistente unicamente na certidão de julgamento, com a indicação suficiente do processo e parte dispositiva, e das razões de decidir do voto prevalente. Se a sentença for confirmada pelos próprios fundamentos, a certidão de julgamento, registrando tal circunstância, servirá de acórdão (CLT, art. 895, § 1º).

- Nas causas sujeitas ao procedimento sumaríssimo, somente será admitido recurso de revista por:
  1) contrariedade à súmula de jurisprudência uniforme do Tribunal Superior do Trabalho;
  2) contrariedade à súmula vinculante do Supremo Tribunal Federal; e
  3) violação direta da Constituição da República (CLT, art. 896, § 9º).
  4) contrariedade a teses jurídicas aprovadas em incidentes de recursos repetitivos, de assunção de competência e de resolução de demandas repetitivas (Regimento interno do TST, art. 297, parágrafo único).[7]

Observa-se que nesse rito processual não cabe recurso de revista por violação à Orientação Jurisprudencial (Súmula nº 442 do TST).

* Cabem embargos de divergência no rito sumaríssimo, quando demonstrada a divergência jurisprudencial entre Turmas do TST, fundada em interpretações diversas acerca da aplicação de mesmo dispositivo constitucional ou de matéria sumulada (Súmula 458 do TST).

## 19. RECURSOS

### 19.1. TEORIA GERAL DOS RECURSOS

- no processo do trabalho, em regra, os recursos têm o prazo de 8 dias, exceto:

1) embargos de declaração – 5 dias;
2) recurso extraordinário – 15 dias;
3) recurso de revisão – 48 horas;

- possuem prazo em dobro para recorrer:

1) o Ministério Público;
2) a Administração Pública Direta, autarquias e fundações públicas;
3) a parte assistida pela Defensoria Pública (LC 80/94, arts. 1º e 14).

- na hipótese de recurso, o pagamento das custas processuais deve ocorrer no prazo alusivo ao recurso. Na fase de conhecimento, as custas incidirão à base de 2%, observado o mínimo de R$ 10,64 e o máximo de 4 vezes o limite máximo dos benefícios do Regime Geral de Previdência Social (CLT, art. 789).
- o depósito recursal deve ser feito no prazo do recurso. A interposição antecipada deste não prejudica o prazo para efetivação do depósito (Súmula nº 245 do TST). No caso de agravo de instrumento, porém, o depósito recursal deve ser feito no ato da interposição do recurso.
- o depósito recursal somente é exigido do empregador.
- o depósito recursal tem cabimento apenas das decisões condenatórias em pecúnia (Súmula nº 161 do TST). Ele é realizado em pecúnia, podendo ser substituído por fiança bancária ou seguro garantia judicial (CLT, art. 899, § 11). O depósito

PROCESSUAL DO TRABALHO

7. O C. TST prevê no art. 297, parágrafo único do Regimento interno, que as teses jurídicas aprovadas em incidentes de recursos repetitivos, de assunção de competência e de resolução de demandas repetitivas têm sua natureza equiparada à súmula do colendo TST para o exame do conhecimento do recurso de revista.

recursal é feito em conta vinculada ao juízo e corrigido com os mesmos índices da poupança (CLT, art. 899, § 4º).

Atente-se para o fato de que o depósito recursal pode ser recolhido pela metade para os seguintes reclamados:

1) entidades sem fins lucrativos[8],
2) empregadores domésticos,
3) microempreendedores individuais,
4) microempresas e
5) empresas de pequeno porte (CLT, art. 899, § 9º).

Aliás, estão dispensados do recolhimento do depósito recursal:

1) os beneficiários da justiça gratuita;
2) as entidades filantrópicas;
3) as empresas em recuperação judicial (CLT, art. 899, § 10).

Embora a CLT estabeleça apenas as hipóteses anteriores, também são isentos do depósito recursal:

4) os entes de direito público externo (TST-IN nº 3, X);
5) a União, os Estados, o Distrito Federal, os municípios, as autarquias e as fundações de direito público que não explorem atividade econômica (TST-IN nº 3, X);
6) o Ministério Público do Trabalho;
7) a massa falida (TST-IN nº 3, X; Súmula 86 do TST) e;
8) a herança jacente (TST-IN nº 3, X).

- o depósito recursal tem cabimento apenas das decisões condenatórias em pecúnia (Súmula nº 161 do TST).
- o depósito recursal deve ser realizado nos seguintes recursos:

a) ordinário;
b) de revista;
c) de agravo de petição, salvo quando já estiver garantido o juízo;
d) agravo de instrumento (50% do valor do depósito recursal do recurso que se busca destrancar);
e) embargos de divergência no TST;
f) extraordinário.

- quando o agravo de instrumento tem a finalidade de destrancar recurso de revista que se insurge contra decisão que contraria a jurisprudência uniforme do Tribunal Superior do Trabalho, consubstanciada nas suas súmulas ou em orientação jurisprudencial, não haverá obrigatoriedade de se efetuar o depósito recursal (CLT, art. 899, § 8º).

Em caso de recolhimento insuficiente das custas processuais ou do depósito recursal, somente haverá deserção do recurso se, concedido o prazo de 5 (cinco) dias previsto no § 2º do art. 1.007 do CPC de 2015, o recorrente não complementar e comprovar o valor devido (OJ nº 140 da SDI I).

- os recursos serão interpostos por simples petição.
- no processo do trabalho, os recursos terão efeito meramente devolutivo, salvo as exceções previstas em lei, permitida a execução provisória até a penhora (CLT, art. 899).
- as decisões total ou parcialmente desfavoráveis à União, aos Estados, ao Distrito Federal, aos Municípios, às autarquias e às fundações de direito público federais, estaduais ou municipais que não explorem atividade econômica estão, obrigatoriamente, sujeitas ao duplo grau de jurisdição, sob pena de não produzirem efeitos práticos. Trata-se do chamado reexame necessário.

## 19.2. RECURSOS EM ESPÉCIE

### 19.2.1. EMBARGOS DE DECLARAÇÃO

- caberão embargos de declaração da sentença ou acórdão, no prazo de cinco dias, devendo seu julgamento ocorrer na primeira audiência ou sessão subsequente a sua apresentação, registrado na certidão (CLT, art. 897-A).
- os embargos de declaração têm cabimento para sanar:

1) omissão;
2) obscuridade;
3) contrariedade;
4) manifesto equívoco no exame dos pressupostos extrínsecos do recurso.

- admite-se efeito modificativo da decisão nos casos de omissão e contradição no julgado e manifesto equívoco no exame dos pressupostos extrínsecos do recurso.
- Eventual efeito modificativo dos embargos de declaração somente poderá ocorrer em virtude da correção de vício na decisão embargada e desde que ouvida a parte contrária, no prazo de 5 dias (CLT, art. 897-A, § 2º).
- Os embargos de declaração interrompem o prazo para interposição de outros recursos, por qualquer das partes, salvo quando: 1) intempestivos; 2) irregular a representação da parte; ou 3) ausente a sua assinatura (CLT, art. 897-A, § 3º).

### 19.2.2. RECURSO ORDINÁRIO

- cabe o recurso ordinário, no prazo de 8 dias úteis:

1) das decisões definitivas ou terminativas das Varas do Trabalho;
2) das decisões definitivas ou terminativas dos Tribunais Regionais, em processos de sua competência originária, quer nos dissídios individuais, quer nos dissídios coletivos.

- tem competência para julgar o recurso ordinário:

1) TRT – quando se tratar de sentença;
2) TST – quando for o caso de competência originária do TRT.

### 19.2.3. AGRAVO DE PETIÇÃO

- cabe o agravo de petição, prazo de 8 dias úteis, das decisões do Juiz nas execuções (CLT, art. 897, a).
- o agravo de petição só será recebido quando o agravante delimitar, justificadamente, as matérias e os valores impugnados, permitida a execução imediata da parte remanescente até o final, nos próprios autos ou por carta de sentença (CLT, art. 897, § 1º).

### 19.2.4. AGRAVO DE INSTRUMENTO

- no processo do trabalho, o agravo de instrumento tem a função específica de destrancar o recurso trancado, ou seja, cabe das decisões que denegarem a interposição do recurso (CLT, art. 897, b).
- o depósito recursal no agravo de instrumento corresponderá a 50% do valor do depósito do recurso ao qual se pretende destrancar (CLT, art. 899, § 7º).
- Atente-se para o fato de que quando o agravo de instrumento tem a finalidade de destrancar recurso de revista que se insurge contra decisão que contraria a jurisprudência uniforme do Tribunal Superior do Trabalho,

8 Alcança diversas entidades como, por exemplo, associações religiosas, entidades sindicais, clubes, condomínios residenciais etc.

consubstanciada nas suas súmulas ou em orientação jurisprudencial, não haverá obrigatoriedade de se efetuar o depósito recursal (CLT, art. 899, § 8º).

### 19.2.5. RECURSO DE REVISTA

- requisitos de cabimento do recurso de revista:

1) prazo de 8 (oito) dias úteis;
2) serve para impugnar decisões dos Tribunais Regionais em grau de recurso ordinário;
3) aplica-se somente nos dissídios individuais;
4) exige a comprovação de:

a) divergência jurisprudencial ou
b) violação de lei federal ou
c) violação da Constituição Federal.

- entende-se por divergência jurisprudencial:

1) as decisões que derem ao mesmo dispositivo de lei federal interpretação diversa da que lhe houver dado outro Tribunal Regional do Trabalho, no seu Pleno ou Turma, ou a Seção de Dissídios Individuais do Tribunal Superior do Trabalho, ou contrariarem súmula de jurisprudência uniforme dessa Corte ou súmula vinculante do Supremo Tribunal Federal;
2) as decisões que derem ao mesmo dispositivo de lei estadual, Convenção Coletiva de Trabalho, Acordo Coletivo, sentença normativa ou regulamento empresarial de observância obrigatória em área territorial que exceda a jurisdição do Tribunal Regional prolator da decisão recorrida, interpretação divergente, na forma do item anterior.

- tem competência para julgar o recurso de revista as Turmas do TST.
- no recurso de revista, não se admite o reexame de fatos e provas (Súmula nº 126 do TST).
- No recurso de revista, além dos pressupostos recursais genéricos (cabimento, legitimidade, interesse, fato extintivo e impeditivos do direito de recorrer, tempestividade, representação, custas, depósito recursal e regularidade formal), são exigidos dois pressupostos específicos:

**1) a transcendência**: entendido como o recurso de revista que produz reflexos gerais de natureza econômica, política, social ou jurídica. São indicadores de transcendência, entre outros:

I – econômica, o elevado valor da causa;

II – política, o desrespeito da instância recorrida à jurisprudência sumulada do Tribunal Superior do Trabalho ou do Supremo Tribunal Federal;

III – social, a postulação, por reclamante recorrente, de direito social constitucionalmente assegurado;

IV – jurídica, a existência de questão nova em torno da interpretação da legislação trabalhista (CLT, art. 896-A, § 1º).

2) **o prequestionamento**: ou seja, na decisão impugnada haja sido adotada, explicitamente, tese a respeito (Súmula n° 297, I, do TST). Não havendo tese a respeito, incumbe à parte interessada, desde que a matéria haja sido invocada no recurso principal, opor embargos declaratórios objetivando o pronunciamento sobre o tema, sob pena de preclusão (Súmula n° 297, II, do TST). Considera-se prequestionada a questão jurídica invocada no recurso principal sobre a qual se omite o Tribunal de pronunciar tese, não obstante opostos embargos de declaração (Súmula n° 297, III, do TST).

No entanto, quando a violação nasce na própria decisão recorrida é desnecessário o prequestionamento (OJ 119 da SDI-I).

O relator do recurso de revista poderá denegar- lhe seguimento, em decisão monocrática, nas hipóteses de intempestividade, deserção, irregularidade de representação ou de ausência de qualquer outro pressuposto extrínseco ou intrínseco de admissibilidade (CLT, art. 896, § 14).

- não cabe recurso de revista de:

1) decisões conflitantes dentro do mesmo TRT;
2) acórdão prolatado em agravo de instrumento (Súmula nº 218 do TST);
3) quando o ente público que não interpôs recurso ordinário voluntário da decisão de primeira instância, ressalvada a hipótese de ter sido agravada, na segunda instância, a condenação imposta (OJ nº 334 da SDI I do TST).

- no rito sumaríssimo, cabe recurso de revista apenas por contrariedade a súmula de jurisprudência uniforme do Tribunal Superior do Trabalho ou a súmula vinculante do Supremo Tribunal Federal e por violação direta da Constituição Federal. (CLT, art. 896, §9°). Não cabe por violação à orientação jurisprudencial (Súmula 442 do TST).

Aliás, o art. 297 do Regimento Interno do TST estabelece que "as teses jurídicas aprovadas em incidentes de recursos repetitivos, de assunção de competência e de resolução de demandas repetitivas têm sua natureza equiparada à súmula do Colendo TST para o exame do conhecimento do recurso de revista".

Assim, as teses firmadas nos incidentes referidos poderão ser invocadas no Recurso de Revista, uma vez que também possuem função uniformizadora da jurisprudência do tribunal.

- na fase de execução somente cabe recurso de revista por ofensa direta e literal de norma da Constituição Federal (CLT, art. 896, §2°).

Essa a regra. Porém, importante observar que a Lei nº 13.015/14 ampliou o cabimento do recurso de revista na fase de execução em duas hipóteses: 1) execução fiscal; 2) controvérsias da fase de execução que envolvam a Certidão Negativa de Débitos Trabalhistas (CNDT). Nesses dois casos, o recurso de revista ser cabível quando:

a) por violação a lei federal;
b) divergência jurisprudencial;
c) por ofensa Constituição Federal (CLT, art. 896, § 10).

Resumo das hipóteses de cabimento do recurso de revista:

| Rito ordinário | Rito sumaríssimo | Fase de execução* |
|---|---|---|
| Afrontar a Constituição Federal | Afrontar a Constituição Federal | Afrontar a Constituição Federal |
| Contrariar súmula do TST | Contrariar súmula do TST | |
| Contrariar súmula vinculante do STF | Contrariar súmula vinculante do STF | |
| Teses em IRRR, IAC e IRDR | Teses em IRRR, IAC e IRDR | |
| Violar lei federal<br>Contrariar Orientação Jurisprudencial<br>Divergência jurisprudencial | | |

* Apenas nas hipóteses de execução fiscal e controvérsias da fase de execução que envolvam a Certidão Negativa de Débitos Trabalhistas (CNDT), o recurso de revista será cabível quando: violar a lei federal, por divergência jurisprudencial e por ofensa à Constituição Federal (CLT, art. 896, § 10).

PROCESSUAL DO TRABALHO

### 19.2.5.1. RECURSO DE REVISTA REPETITIVO

- na hipótese de multiplicidade de recursos de revista fundados em idêntica questão de direito e considerando a relevância da matéria ou a existência de entendimentos divergentes entre os ministros da SDI ou das Turmas do TST, a questão poderá ser afetada à Seção Especializada em Dissídios Individuais ou ao Tribunal Pleno, por decisão da maioria simples de seus membros, mediante requerimento de um dos ministros que compõem a Seção Especializada;
- a competência para o julgamento das causas repetitivas é da Seção de Dissídios Individuais ou do Tribunal Pleno;
- O presidente da Turma ou da Seção Especializada (SDI-I) que propor a afetação de processo para julgamento sob o rito dos recursos repetitivos deverá expedir comunicação aos demais presidentes de Turma ou de Seção Especializada, que poderão afetar outros processos sobre a questão para julgamento conjunto, a fim de conferir ao órgão julgador visão global da questão (CLT, art. 896-C, § 2º). Sendo acolhida a proposta, o recurso repetitivo será distribuído a um dos ministros – membros da Seção Especializada ou do Tribunal Pleno e a um ministro revisor (CLT, art. 896-C, § 6º);
- O relator no Tribunal Superior do Trabalho, constatada a presença do pressuposto do caput do art. 896-C da CLT, proferirá decisão de afetação, na qual identificará com precisão a questão a ser submetida a julgamento (Instrução Normativa nº 38 do TST, art. 5º);
- O relator poderá determinar a suspensão dos recursos de revista ou de embargos que tenham como objeto controvérsia idêntica à do recurso afetado como repetitivo (CLT, art. 896-C, § 5º). Por sua vez, o presidente do Tribunal Superior do Trabalho oficiará, por meio de carta de ordem, os presidentes dos Tribunais Regionais do Trabalho para que suspendam os recursos interpostos em casos idênticos aos afetados como recursos repetitivos, até o pronunciamento definitivo do Tribunal Superior do Trabalho (CLT, art. 896-C, § 3º);
- Haverá suspensão dos recursos ordinários pendentes de julgamento no TRT, bem como dos processos em primeiro grau de jurisdição (Instrução Normativa nº 38 do TST, arts. 6º e 14, III)
- Os recursos afetados deverão ser julgados no prazo de um ano e terão preferência sobre os demais feitos. Não se dando o julgamento no prazo de um ano, cessam automaticamente a afetação e a suspensão dos processos (Instrução Normativa nº 38 do TST, art. 11);
- O relator do recurso repetitivo poderá solicitar, aos Tribunais Regionais do Trabalho, informações a respeito da controvérsia, a serem prestadas no prazo de 15 dias (CLT, art. 896-C, § 7º);
- Julgado o recurso representativo da controvérsia (recurso de revista-paradigma), os recursos sobrestados na origem:

1) terão seguimento denegado pelo presidente ou vice-presidente do TRT na hipótese de o acórdão recorrido coincidir com a orientação do Tribunal Superior do Trabalho; ou
2) serão novamente examinados pelo tribunal de origem na hipótese de o acórdão recorrido divergir da orientação do Tribunal Superior do Trabalho a respeito da matéria (CLT, art. 896-C, § 10).
3) os processos porventura suspensos em primeiro e segundo graus de jurisdição retomarão o curso para julgamento e aplicação da tese firmada pelo Tribunal Superior do Trabalho (TST-IN nº 38, art. 14º, III; CPC/15, art. 1.040, III)

### 19.2.6. RECURSO DE EMBARGOS PARA A SDI (EMBARGOS DE DIVERGÊNCIA)

- cabem embargos de divergência, no prazo de 8 dias, das decisões das Turmas que divergirem entre si ou das decisões proferidas pela Seção de Dissídios Individuais, ou contrárias a súmula ou orientação jurisprudencial do Tribunal Superior do Trabalho ou súmula vinculante do Supremo Tribunal Federal.

| Decisão recorrida | | Decisão divergente |
|---|---|---|
| Turma do TST | | Outra Turma do TST |
| Turma do TST | X | SDI |
| Turma do TST | | Súmula e OJ do TST |
| Turma do TST | | Súmula vinculante do STF |

- no procedimento sumaríssimo, cabem embargos de divergência quando demonstrada a divergência jurisprudencial entre Turmas do TST, fundada em interpretações diversas acerca da aplicação de mesmo dispositivo constitucional ou de matéria sumulada (Súmula nº 458 do TST).
- na fase de execução, a interposição dos embargos de divergência, condiciona-se à demonstração de divergência jurisprudencial entre Turmas ou destas e a Seção Especializada em Dissídios Individuais do Tribunal Superior do Trabalho em relação à interpretação de dispositivo constitucional.

### 19.2.7. RECURSO ADESIVO

- o recurso adesivo é compatível com o processo do trabalho e cabe, no prazo de 8 (oito) dias úteis, nas hipóteses de interposição de recurso ordinário, de agravo de petição, de revista e de embargos, sendo desnecessário que a matéria nele veiculada esteja relacionada com a do recurso interposto pela parte contrária (Súmula nº 283 do TST).

## 20. FASE DE LIQUIDAÇÃO DE SENTENÇA

- a liquidação de sentença pode ser por:

1) cálculos;
2) arbitramento;
3) artigos.

- na liquidação, não se poderá modificar, ou inovar, a sentença liquidanda nem discutir matéria pertinente à causa principal.
- as partes deverão ser previamente intimadas para a apresentação do cálculo de liquidação, inclusive da contribuição previdenciária incidente.
- Após elaborada a conta e tornada líquida, o juízo **deverá** abrir às partes o prazo **comum de 8 dias** para impugnação fundamentada com indicação dos itens e valores objeto de discordância, sob pena de preclusão (CLT, art. 879, § 2º).

  Elaborada a conta pela parte ou pelos órgãos auxiliares da Justiça do Trabalho, o juiz procederá à intimação da União para manifestação, no prazo de 10 dias, sob pena de preclusão.

  Os juros de mora são computados desde o ajuizamento da ação, incidindo sobre a importância da condenação já corrigida monetariamente (Súmula nº 200 do TST).

  Os juros e a correção monetária são incluídos na liquidação ainda que a inicial ou a decisão sejam omissas (Súmula nº 211 do TST).

A correção monetária não incide sobre o débito do trabalhador reclamante (Súmula nº 187 do TST).

O STF, nas ADCs 58 e 59 e nas ADIs 5867 e 6021, estabeleceu a incidência a) na fase pré-judicial, da atualização monetária pelo IPCA-E e, b) na fase judicial (a partir do ajuizamento da ação), da taxa Selic.

- a decisão de liquidação somente será impugnada depois de garantida a execução (nomeado ou penhorado os bens), sendo realizada pelo executado nos embargos à execução e pelo exequente na impugnação à liquidação (CLT, art. 884, § 3º).

## 21. EXECUÇÃO TRABALHISTA

- na fase de execução, aplicam-se, subsidiariamente à CLT, as seguintes normas em ordem sucessiva:

1) Lei de Execuções Fiscais (Lei nº 6.830/80);
2) Código de Processo Civil.

- a regra anterior não se aplica quando há disposição expressa na CLT indicando a norma a ser aplicada, como é o caso da ordem de penhora, em que o art. 882 da CLT impõe a incidência do art. 835 do CPC/15.
- a execução trabalhista pode ser iniciada:

1) pelas partes; ou
2) pelo próprio juiz ou presidente do tribunal apenas nos casos em que as partes não estiverem representadas por advogado (CLT, art. 878);
3) pelo próprio juiz ou presidente do tribunal, de ofício, quanto às contribuições sociais devidas em decorrência das sentenças condenatórias ou acordos homologados pela Justiça do Trabalho (CLT, art. 876).

| Títulos extrajudiciais | Títulos judiciais |
|---|---|
| Termo de ajustamento de conduta; | Decisões passadas em julgado; |
| Termos celebrado na Comissão de Conciliação Prévia (CCP); | Decisões com recurso sem efeito suspensivo; |
| | Acordos não cumpridos; |
| Cheque e a nota promissória emitidos em reconhecimento de dívida inequivocamente de natureza trabalhista (TST-IN 39/2016, art. 13) | |
| Certidão de dívida ativa (multas da fiscalização).<br>**OBS.:** Esse título não vem previsto expressamente no art 876 da CLT, mas decorre da ampliação da competência da Justiça do Trabalho promovida pela EC nº 45/04 CF, art. 114, VII). | Créditos previdenciários decorrentes de sentenças condenatórias trabalhistas e dos acordos homologados (CLT, art. 876, parágrafo único). |
| | Acordos extrajudiciais homologados judicialmente (CLT, arts. 855-B a 855-E); |
| | sentença arbitral (CLT, art. 507-A; Lei nº 9.307/96, art. 31; CPC/2015, art. 515, VII). |

- **Competência para a execução:**

1) títulos judiciais: o juiz ou presidente do tribunal que tiver conciliado ou julgado originariamente o dissídio (CLT, art. 877).
2) títulos extrajudiciais: o juiz que teria competência para o processo de conhecimento relativo à matéria (CLT, art. 877-A).

- tratando-se de pagamento em dinheiro, o executado será citado para, no prazo de 48 horas: a) pagar, inclusive as contribuições previdenciárias ou; b) garantir a execução mediante o depósito do valor da dívida, atualizada e acrescida das despesas processuais, ou apresentar seguro garantia judicial (CLT, art. 882); c) nomear bens à penhora, observada a ordem do art. 835 do CPC/15 (CLT, art. 882); d) manter-se inerte, caso em que será realizada a penhora pelo oficial de justiça. Não pagando, nem garantindo a execução, será realizada a penhora dos bens, de tantos quantos bastem ao pagamento da importância da condenação, acrescida de custas e juros de mora.
- na fase de execução, a citação será feita por oficial de justiça. É importante destacar que, depois de 45 dias da citação e desde que não haja penhora, a decisão transitada em julgado poderá ser levada a protesto, gerar inscrição do nome do executado em órgãos de proteção ao crédito ou no Banco Nacional de Devedores Trabalhistas (CLT, art. 883-A).
- a nomeação dos bens à penhora deverá observar a ordem preferencial estabelecida no art. 835 do CPC/15CPC/15.
- De acordo com o C. TST, à égide do CPC/73, era impenhorável a conta-salário, ainda que fosse limitada a determinado percentual dos valores recebidos ou a valor revertido para fundo de aplicação ou poupança (OJ nº 153 da SDI-II do TST).
- garantida a execução ou penhorado os bens, terá o executado 5 dias para apresentar embargos, cabendo igual prazo ao exequente para impugnação. O art. 884, § 6º, da CLT, inserido pela Lei nº 13.467/17 (Reforma Trabalhista) declina que "a exigência da garantia ou penhora não se aplica às entidades filantrópicas e/ou àqueles que compõem ou compuseram a diretoria dessas instituições". Criou, portanto, uma exceção à necessidade de garantia da execução para que sejam cabíveis os embargos.
- a matéria de defesa nos embargos será restrita às alegações de cumprimento da decisão ou do acordo, quitação ou prescrição da dívida (CLT, art. 884, § 1º). A doutrina majoritária tem aplicado subsidiariamente ao processo do trabalho, o art. 525, § 1º, do CPC/15.
- a matéria de defesa nos embargos será restrita às alegações de cumprimento da decisão ou do acordo, quitação ou prescrição da dívida (CLT, art. 884, § 1º). A doutrina majoritária tem aplicado subsidiariamente ao processo do trabalho, o art. 525, § 1º, do CPC/15.
- julgar-se-ão na mesma sentença os embargos e as impugnações à liquidação apresentadas pelos credores trabalhista e previdenciário (CLT, art. 884, § 4º).
- a avaliação dos bens penhorados será feita pelo próprio oficial de justiça (CLT, art. 721).
- concluída a avaliação, dentro de 10 dias, contados da data da nomeação do avaliador, seguir-se-á a arrematação, que deverá observar as seguintes regras:

– ser anunciada por edital afixado na sede do juízo ou tribunal e publicado no jornal local, se houver, com a antecedência de 20 dias. (CLT, art. 888, caput).
– far-se-á em dia, hora e lugar anunciados e os bens serão vendidos pelo maior lance, tendo o exequente preferência para a adjudicação (CLT, art. 888, § 1º).
– o arrematante deverá garantir o lance com o sinal correspondente a 20% do seu valor (CLT, art. 888, § 2º).

- não havendo licitante, e não requerendo o exequente a adjudicação dos bens penhorados, eles poderão ser vendidos por leiloeiro nomeado pelo juiz (CLT, art. 888, § 3º).
- se o arrematante, ou seu fiador, não pagar dentro de 24 (vinte e quatro) horas o preço da arrematação, perderá, em benefício da execução, o sinal correspondente a 20%, voltando à praça os bens executados (CLT, art. 888, § 4º).

• a execução das prestações sucessivas será da seguinte forma:

1) quando for por prazo determinado, a execução compreenderá as parcelas que sucederem;
2) na hipótese de prazo indeterminado, a execução compreenderá inicialmente as prestações devidas até a da do ingresso na execução.

## 21.1. PRESCRIÇÃO INTERCORRENTE

Ocorre a prescrição intercorrente no processo do trabalho no prazo de dois anos, iniciando quando o exequente deixa de cumprir determinação judicial no curso da execução (CLT, art. 11-A).

A prescrição intercorrente pode ser requerida ou declarada de ofício em qualquer grau de jurisdição (CLT, art. 11-A, § 2º).

## 21.2. EXECUÇÃO DAS CONTRIBUIÇÕES PREVIDENCIÁRIAS

- A competência da Justiça do Trabalho é limitada ao objeto da condenação constante das sentenças que proferir e dos acordos que homologar (CLT, art. 876, parágrafo único). Não inclui, portanto, as decisões meramente declaratórias.
- toda sentença ou acordo deve prever as contribuições previdenciárias.
- o acordo judicial deve discriminar as parcelas sujeitas à incidência das contribuições previdenciárias. Não discriminando as contribuições incidirão sobre valor total do acordo (OJ 368 da SDI I do TST).
- é permitido o acordo judicial realizado após trânsito em julgado da decisão. Nessa hipótese, as contribuições previdenciárias incidirão sobre o valor do acordo, devendo ser respeitada a proporcionalidade das verbas indenizatórias e salarias descritas na condenação (OJ nº 376 da SDI I do TST).

## 21.3. EXECUÇÃO CONTRA A FAZENDA PÚBLICA

O regime da execução por quantia certa contra a Fazenda Pública é totalmente diferente da execução realizada em face das pessoas físicas e jurídicas de direito privado. Isso ocorre porque os bens públicos são inalienáveis e, consequentemente, impenhoráveis. Diante disso, a Fazenda Pública não é intimada para pagar ou nomear bens à penhora, mas sim para opor **embargos**, no prazo de **30 dias.**

Solucionados os embargos, ou não sendo apresentados no prazo legal, o pagamento será realizado de duas formas:

1) precatório; ou
2) requisição de pequeno valor.

O significado de pequeno valor leva em conta cada ente público, sendo definido da seguinte forma:

| | |
|---|---|
| **União** | até 60 salários-mínimos (Lei nº 10.259/01, art. 17, § 1º) |
| **Estados e Distrito Federal** | até 40 salários-mínimos (ADCT, art. 87, I) |
| **Municípios** | até 30 salários-mínimos (ADCT, art. 87, II) |

## 21.4. EXECUÇÃO CONTRA A MASSA FALIDA

Havendo condenação de empresa submetida à falência, as ações trabalhistas serão processadas perante a Justiça do Trabalho até a apuração do respectivo crédito, que será inscrito no quadro-geral de credores pelo valor determinado em sentença (Lei nº 11.101/05, art. 6º, § 2º). Noutras palavras, **a Justiça laboral tem competência até a decisão de liquidação**, remetendo-se, posteriormente, ao juízo falimentar para habilitação do crédito.

# 22. DISSÍDIO COLETIVO

O poder normativo consiste em função atípica do Judiciário de criar normas jurídicas, ou seja, atua exercendo função legislativa.

A criação de normas ocorre por meio do dissídio coletivo, o qual é entendido como o processo judicial destinado à solução de conflitos coletivos de interesses nas relações de trabalho, buscando criar e modificar normas e condições gerais de trabalho, além de declarar o alcance de uma norma jurídica.

A decisão proferida no dissídio coletivo é denominada de sentença normativa, tendo o condão, ao menos no dissídio econômico, de criar normas abstratas, diferenciando-se das leis apenas em seu aspecto formal.

Os dissídios coletivos classificam-se em:

1) dissídio coletivo econômico;
2) dissídio coletivo jurídico;
3) dissídio coletivo revisional;
4) dissídio coletivo de greve;
5) dissídio coletivo originário.

Têm (Tem) legitimidade para instaurar o dissídio coletivo:

1) sindicatos;
2) empresas;
3) comissões de trabalhadores, quando não houver sindicato no caso de greve (art. 4º, § 2º e 5º da Lei 7783/89);
4) Ministério Público do Trabalho, na hipótese de greve em atividade essencial, com possibilidade de lesão do interesse público (CF/88, art. 114, § 3º).

Não tem (têm) legitimidade para instauração do dissídio coletivo:

1) presidente do TST (o art. 856 da CLT não foi recepcionado pela CF/88);
2) centrais sindicais.

A competência para julgamento do dissídio é definida pela extensão territorial do conflito. Desse modo, será de competência do:

1) TRT, caso a extensão se restrinja à jurisdição de um TRT;
2) TST, na hipótese de a extensão atingir mais de um TRT.

Existe uma única exceção: o Estado de São Paulo, que possui dois tribunais (TRT da 2ª e da 15ª Região). Nessa hipótese, se o conflito atingir a jurisdição de ambos os tribunais, o TRT da 2ª Região será o competente para o dissídio coletivo, nos termos do art. 12 da Lei nº 7.520/86.

No dissídio coletivo econômico, exige-se o comum acordo para a instauração do dissídio (CF/88, art. 114, § 2º).

Início da vigência da sentença normativa (CLT, 867, parágrafo único):

1) a partir do dia imediato ao termo final de vigência da CCT ou ACT: quando ajuizado 60 dias antes da data-base;
2) a partir da data da publicação da sentença: quando ajuizado após o prazo do item 1;

3) a partir do ajuizamento do dissídio: quando for o primeiro da categoria.

O prazo máximo de vigência da sentença normativa é de 4 anos.

Decorrido mais de 1 ano de sua vigência, caberá revisão das decisões que fixarem condições de trabalho, quando tiverem modificado as circunstâncias que as ditaram, de modo que tais condições tenham-se tornado injustas ou inaplicáveis.

Nessa modalidade de ação, admite-se que o presidente do Tribunal Superior do Trabalho possa conceder efeito suspensivo ao recurso da sentença normativa (art. 14 da Lei 10.192/01). A cassação de efeito suspensivo concedido a recurso interposto de sentença normativa retroage à data do despacho que o deferiu (Súmula nº 279 do TST).

## 22.1. AÇÃO DE CUMPRIMENTO

Na hipótese de descumprimento da sentença normativa, outra ação deverá ser ajuizada, denominada de ação de cumprimento (CLT, art. 872), de competência da Vara do Trabalho. Trata-se de ação de conhecimento.

A ação de cumprimento, além de possibilitar o cumprimento da sentença normativa, também pode ser utilizada para efetivar o cumprimento de acordo coletivo ou convenção coletiva de trabalho (Súmula nº 286 do TST).

A ação de cumprimento pode ser ajuizada individualmente ou de forma coletiva.

O sindicato da categoria tem legitimidade para ajuizar a ação de cumprimento

A sentença normativa poderá ser objeto de ação de cumprimento a partir do 20º dia subsequente ao do julgamento, fundada no acórdão ou na certidão de julgamento, salvo se concedido efeito suspensivo pelo presidente do Tribunal Superior do Trabalho (art. 7º, § 6º, Lei nº 7.701/88).

É dispensável o trânsito em julgado da sentença normativa para a propositura da ação de cumprimento (Súmula nº 246 do TST).

O prazo de prescrição com relação à ação de cumprimento de decisão normativa flui apenas da data de seu trânsito em julgado (Súmula nº 350 do TST).

A coisa julgada produzida na ação de cumprimento é atípica, pois dependente de condição resolutiva, ou seja, da não modificação da decisão normativa por eventual recurso. Assim, modificada a sentença normativa pelo TST, com a consequente extinção do processo sem resolução do mérito, deve-se extinguir a execução em andamento, uma vez que a norma sobre a qual se apoiava o título exequendo deixou de existir no mundo jurídico (OJ nº 277 da SDI-I do TST).

## 23. PROCEDIMENTOS ESPECIAIS

### 23.1. INQUÉRITO PARA APURAÇÃO DE FALTA GRAVE

O inquérito para apuração de falta grave é uma ação judicial destinada a extinguir o contrato de trabalho de determinados empregados detentores de estabilidade ou garantia de emprego.

A doutrina diverge sobre quais empregados devem ser submetidos ao inquérito, havendo, pelo menos, duas correntes a respeito:

- **1ª corrente:** apenas nos casos de:
  - dirigente sindical (CLT, art. 543, § 3º e Súmula nº 379 do TST);
  - estável decenal (CLT, art. 494).
- **2ª corrente:** tem aplicação nas seguintes hipóteses:
  - dirigente sindical (CLT, art. 543, § 3º e Súmula nº 379 do TST);
  - estável decenal (CLT, art. 494);
  - diretor de sociedade cooperativa, vez que o art. 55 da Lei nº 5.764/71 lhe concedeu as mesmas garantias do dirigente sindical;
  - membros do Conselho Nacional de Previdência Social, **enquanto representantes dos trabalhadores em atividade, titulares e suplentes**, porque o art. 3º, § 7º, da Lei nº 8.213/91 impõe que eles, até um ano após o término do mandato de representação, somente serão demitidos "por motivo de falta grave, regularmente comprovada através de processo judicial";

PROCESSUAL DO TRABALHO

No caso de suspensão do empregado, o empregador deverá ajuizar o inquérito para apuração de falta grave no **prazo de 30 dias,** contados da data da suspensão (CLT, art. 853).

O inquérito para apuração de falta grave será ajuizado na Vara do Trabalho, seguindo o mesmo rito de uma ação ordinária, tendo, porém, duas peculiaridades:

1) a petição inicial, obrigatoriamente, deverá ser escrita (CLT, art. 853);
2) poderão ser ouvidas 6 testemunhas (CLT, art. 821).

A sentença, proferida no inquérito para apuração de falta grave, produz efeitos diferentes, conforme verificamos a seguir:

| | | |
|---|---|---|
| **Improcedência (não existiu falta grave)** | **Com suspensão do emprego** | Sentença condenatória, determinando a reintegração de empregado |
| | **Sem suspensão do empregado** | Sentença declaratória, mantendo o vínculo normalmente |
| **Procedência (ocorreu falta grave)** | **Com suspensão do empregado** | Sentença desconstitutiva, extinguindo o contrato de trabalho na data da prolação da sentença. O período de afastamento será considerado como de suspensão do contrato |
| | **Sem suspensão do empregado** | Sentença desconstitutiva, extinguindo o contrato de trabalho na data da prolação da sentença |

### 23.2. AÇÃO RESCISÓRIA

- no processo do trabalho, a ação rescisória vem prevista no art. 836 da CLT, sendo admitida nos casos descritos no CPC, que regula a matéria.
- no processo trabalhista, a ação rescisória está sujeita ao depósito prévio de 20% do valor da causa, salvo prova de miserabilidade jurídica.
- não se aplica o *jus postulandi* na ação rescisória (Súmula nº 425 do TST)

- a competência para julgamento da ação rescisória sempre é originária de um Tribunal, sendo definida pela decisão de mérito que se busca rescindir. Assim, será competente:

| TRT | TST |
|---|---|
| para rescindir suas próprias decisões; | para rescindir suas próprias decisões. |
| para rescindir as sentenças da Vara do Trabalho. | |

- Destaca-se que o CPC/15 passou a permitir o ajuizamento da ação rescisória de decisão que, embora não seja de mérito, impeça:

  I – nova propositura da demanda; ou

  II – admissibilidade do recurso correspondente (art. 966, § 2º).

- para a comprovação do trânsito em julgado da decisão é necessário gravar as seguintes regras:

1) é obrigatória a comprovação no momento da interposição da ação rescisória;
2) Verificando o relator que a parte interessada não juntou à inicial o documento comprobatório, abrirá prazo de 15 (quinze) dias para que o faça, sob pena de indeferimento;
3) o trânsito em julgado deve ser anterior ao ajuizamento da ação rescisória (Súmula nº 299 do TST);

- a ação rescisória pode ser ajuizada no prazo decadencial de 2 anos do trânsito em julgado da decisão.
- é cabível a condenação ao pagamento de honorários advocatícios em ação rescisória no processo trabalhista (Súmula nº 219, II, do TST).

## 23.3. MANDADO DE SEGURANÇA

- não é aplicado o *jus postulandi* no mandado de segurança (Súmula nº 425 do TST).
- o prazo decadencial para a impetração do mandado de segurança é de 120 dias.
- a impetração do mandado de segurança exige prova pré-constituída, de modo que não é admitida a emenda da inicial (Súmula nº 415 do TST).
- não cabe mandado de segurança:

1) de ato do qual caiba recurso administrativo com efeito suspensivo, independentemente de caução (art. 5º, I, da Lei 12.016/09);
2) de decisão judicial da qual caiba recurso com efeito suspensivo (art. 5º, I), da Lei 12.016/09);
3) de decisão judicial transitada em julgado (art. 5º, III, da Lei 12.016/09 e Súmula nº 33 do TST);
4) contra decisão judicial passível de reforma mediante recurso próprio, ainda que com efeito diferido (OJ nº 92 da SDI II do TST);
5) para impugnar a homologação de acordo judicial (Súmula nº 418 do TST);
6) tutela provisória concedida na sentença (Súmula nº 414, I, do TST);
7) contra sentença homologatória de adjudicação (OJ nº 66 da SDI II do TST);
8) para obtenção de uma sentença genérica, aplicável a eventos futuros, cuja ocorrência é incerta (OJ nº 144 da SDI II do TST);

- é cabível a impetração de mandado de segurança:

1) da tutela provisória concedida ou indeferida antes da sentença (Súmula nº 414, II);
2) quando deferida reintegração de emprego em ação cautelar (OJ nº 63 da SDI II do TST);
3) quando exigido depósito prévio para custeio dos honorários periciais (OJ nº 98 da SDI II do TST);
4) de decisão que determina o bloqueio de numerário existente em conta salário, para satisfação de crédito trabalhista, ainda que seja limitado a determinado percentual dos valores recebidos ou a valor revertido para fundo de aplicação ou poupança, visto que o art. 649, IV, do CPC de 1973 contém norma imperativa que não admite interpretação ampliativa, sendo a exceção prevista no art. 649, § 2º, do CPC de 1973 espécie e não gênero de crédito de natureza alimentícia, não englobando o crédito trabalhista. (OJ nº 153 da SDI II do TST);

- Não fere direito líquido e certo, a concessão de tutela antecipada ou liminar para:

1) reintegração de empregado protegido por estabilidade provisória decorrente de lei ou norma coletiva (OJ nº 64 da SDI II do TST);
2) reintegração de dirigente sindical (OJ nº65 da SDI II do TST). Exceto, no caso de suspensão até decisão final do inquérito para apuração de falta grave (OJ nº137 da SDI II do TST);
3) reintegração do empregado quando demonstrada a razoabilidade do direito subjetivo material, como nos casos de anistiado, aposentado, integrante de comissão de fábrica, dirigente sindical, portador de doença profissional, portador de vírus do HIV ou detentor de estabilidade provisória prevista em norma coletiva. (OJ nº142 da SDI II do TST);
4) obstar transferência de empregado (OJ nº 67 da SDI II do TST);

- Não fere direito líquido e certo a penhora de dinheiro do executado para garantir crédito exequendo, pois é prioritária e obedece à gradação prevista no art. 835 do CPC de 2015 (Súmula nº 417, I do TST). Havendo discordância do credor, em execução definitiva, não tem o executado direito líquido e certo a que os valores penhorados em dinheiro fiquem depositados no próprio banco, ainda que atenda aos requisitos do art. 840, I, do CPC de 2015 (Súmula nº 417, II, do TST)

# 24. PROCESSO JUDICIAL ELETRÔNICO

- No âmbito da Justiça do Trabalho, o processo judicial eletrônico é atualmente regulamentado pela Resolução nº 185/2017 do CSJT e pela Lei nº 11.419/2006.
- A implantação do sistema eletrônico (PJe) poderá ocorrer:

  I – a partir da fase de conhecimento, com a superação dos atuais sistemas de gestão das informações processuais mantidos pelo TRT; e

  II – a partir das fases de liquidação ou execução, após o trânsito em julgado do título e para os processos de classes executivas. (CSJT, Res. nº 185/2017, art. 50)

- Os atos processuais terão sua produção, registro, visualização, tramitação, controle e publicação exclusivamente em meio eletrônico e serão assinados digitalmente, contendo elementos que permitam identificar o usuário responsável pela sua prática (CSJT, Res. nº 185/2017, art. 3º).
- As partes ou terceiros interessados desassistidos de advogado poderão apresentar peças processuais e documentos em papel, segundo as regras ordinárias, nos locais competentes para recebê-los, que serão inseridos nos autos eletrônicos pela unidade judiciária, em arquivo eletrônico que

utilize linguagem padronizada de marcação genérica (CSJT, Res. nº 185/2017, art. 4º).

- Os usuários terão acesso às funcionalidades do PJe de acordo com o perfil que lhes for atribuído no Sistema (CSJT-Res. nº 185/2017, art. 7º).
- A uniformização dos perfis de usuários será definida em ato do presidente do CSJT, observada a natureza de sua atuação na relação jurídico-processual e a padronização da estrutura organizacional e de pessoal dos órgãos da Justiça do Trabalho de primeiro e segundo graus prevista na Resolução CSJT 296/21 (CSJT-Res. nº 185/2017, art. 7º, § 1º). Faculta-se aos Tribunais Regionais do Trabalho a atribuição de perfil aos usuários de forma diversa, quando definida em ato do presidente do TRT respectivo, desde que ouvido o Comitê Gestor Regional (CGRPJe) e a Secretaria de Tecnologia da Informação e Comunicação do CSJT (CSJT – Res. nº 185/2017, art. 7º, § 2º).
- Os usuários podem ser internos (magistrados e servidores da Justiça do Trabalho, bem como outros a que se reconhecer acesso às funcionalidades internas do Sistema, tais como estagiários e prestadores de serviço – CSJT-Res. nº 185/2017, art. 2º, IV) ou externos (partes, estagiários e membros da Advocacia e do Ministério Público, defensores públicos, peritos, leiloeiros, as sociedades de advogados, os terceiros intervenientes e outros auxiliares da justiça – CSJT-Res. nº 185/2017, art. 2º, III).
- Os advogados realizam seu credenciamento no PJe pela identificação do usuário por meio de seu certificado digital e remessa do formulário eletrônico disponibilizado no portal de acesso ao PJe, devidamente preenchido e assinado digitalmente (CSJT-Res. nº 185/2017, art. 5º, *caput*). A sociedade de advogados, por sua vez, realiza o credenciamento pela remessa do formulário eletrônico disponibilizado no portal de acesso ao PJe, devidamente preenchido e assinado digitalmente, dispensando-se a identificação do usuário por meio de seu certificado digital (CSJT-Res. nº 185/2017, art. 5º, § 1º).
- Destaca-se que é vedada às sociedades de advogados a prática eletrônica de atos processuais, sendo considerada usuária externa apenas para recebimento de intimações, na forma dos arts. 106, I e 272, § 2º, do CPC (CSJT-Res. nº 185/2017, art. 17, § 3º).
- O credenciamento de advogados não dispensa a habilitação de todo advogado e sociedade de advogados nos autos eletrônicos em que atuarem e a juntada de procuração para postular em Juízo, na forma do art. 104 do CPC/2015 (CSJT-Res. nº 185/2017, art. 5º, § 4º).
- Os Tribunais Regionais do Trabalho manterão o controle dos registros no PJe acerca de feriados, da ausência de expediente forense, da prática de atos e da suspensão de prazos prevista nos arts. 214 e 220 do CPC (CSJT-Res. nº 185/2017, art. 10, § 2º).
- É vedada a consulta de informações processuais, realizada por usuários externos, em volume e frequência que afete total ou parcialmente a disponibilidade do PJe. Caberá aos administradores do PJe nos Tribunais Regionais do Trabalho adotarem todas as medidas necessárias à garantia do desempenho e/ou disponibilidade no uso regular do Sistema, inclusive bloqueando o acesso de usuários específicos, definitiva ou temporariamente, se a situação assim ensejar (CSJT-Res. nº 185/2017, art. 10-A).
- Os documentos produzidos eletronicamente e juntados aos processos eletrônicos com garantia da origem e de seu signatário serão considerados originais para todos os efeitos legais. Os extratos digitais e os documentos digitalizados e juntados aos autos pelos órgãos da Justiça e seus auxiliares, pelo Ministério Público e seus auxiliares, pelas procuradorias, pelas autoridades policiais, pelas repartições públicas em geral e por advogados públicos e privados têm a mesma força probante dos originais, ressalvada a alegação motivada e fundamentada de adulteração antes ou durante o processo de digitalização. (Lei nº 11.419/06, art. 11, § 1º).
- Todos os documentos inseridos no PJe que não forem assinados ou protocolados no prazo de 60 (sessenta) dias a partir de sua criação, serão excluídos do Sistema (CSJT-Res. nº 185/2017, art. 35).
- O tamanho máximo dos arquivos e extensões suportados pelo PJe é de 10 megabytes (CSJT-Res. nº 185/2017, art. 12 e Ato Conjunto TST.CSJT.GP.SG.SETIC N° 48/2021).
- A petição inicial conterá, além dos requisitos do art. 840, § 1º, da CLT, a indicação do CPF ou CNPJ das partes, na forma do art. 15, *caput*, da Lei nº 11.419/06. É de responsabilidade exclusiva do autor cadastrar corretamente todos os assuntos abordados na petição inicial, bem como indicar a correta e precisa atividade econômica do réu exercida pelo autor, conforme opções disponibilizadas no sistema (CSJT – Res. nº 185/2017, art. 19, §§ 1º e 2º).
- Além disso, no lançamento de dados do processo pelo usuário externo, sempre que possível, serão fornecidos: I – o CEI (Cadastro Específico do INSS contendo número da matrícula do empregador pessoa física); II – o Número de Identificação do Trabalhador (NIT) perante o INSS; III – o PIS ou PASEP; IV – o número da CTPS do empregado; V – o CNAE (Classificação Nacional de Atividades Econômicas – código do ramo de atividade) do empregador; VI – profissão; VII – nacionalidade; VIII – estado civil, existência de união estável e filiação; IX – e-mail (correio eletrônico) (CSJT-Res. nº 185/2017, art. 19, § 3º).
- A distribuição de ação, inclusive incidental, será unicamente por meio eletrônico, mesmo na hipótese de ações cautelares, tutelas de urgência e embargos de terceiros, quando ajuizados em processos que tramitam em meio físico (CSJT-Res. nº 185/2017, art. 21).
- A contestação ou a reconvenção e seus respectivos documentos deverão ser protocolados no PJe até a realização da proposta de conciliação infrutífera, com a utilização de equipamento próprio, sendo automaticamente juntados, facultada a apresentação de defesa oral, na forma do art. 847, da CLT (CSJT-Res. nº 185/2017, art. 22).
- As partes poderão atribuir segredo de justiça à petição inicial e sigilo às petições e documentos, nos termos do parágrafo único do art. 773 do CPC (CSJT-Res. nº 185/2017, art. 22, §§ 2º e 3º). No caso do autor atribuir segredo de justiça ao processo no momento da propositura da ação, caberá ao magistrado, após a distribuição, decidir sobre a manutenção ou exclusão essa situação, nos termos do art. 189 do CPC e art. 770, *caput*, da CLT (CSJT – Res. nº 185/2017, art. 22, § 2º).
- O réu poderá atribuir sigilo à contestação e à reconvenção, bem como aos documentos que as acompanham, devendo o magistrado retirar o sigilo caso frustrada a tentativa conciliatória (CSJT – Res. nº 185/2017, art. 22, § 5º).
- No processo eletrônico, as citações, intimações e notificações, inclusive as destinadas à União, Estados, Distrito Federal, Municípios e suas respectivas autarquias e fundações de direito público serão feitas por meio eletrônico, sem prejuízo da publicação no Diário Eletrônico da Justiça do Trabalho (DEJT) nas hipóteses previstas em lei (Lei nº 11.419/06, art. 9º, *caput*, e CSJT-Res. nº 185/2017, art. 17, *caput*).
- Considerar-se-á realizada a intimação no dia em que o intimando efetivar a consulta eletrônica ao teor da intimação,

certificando-se nos autos a sua realização. Nos casos em que a consulta se dê em dia não útil, a intimação será considerada como realizada no primeiro dia útil seguinte. Essa consulta deverá ser feita em até 10 dias corridos contados da data do envio da intimação, sob pena de considerar-se a intimação automaticamente realizada na data do término desse prazo. Em caráter informativo, poderá ser efetivada remessa de correspondência eletrônica, comunicando o envio da intimação e a abertura automática do prazo processual, aos que manifestarem interesse por esse serviço. Nos casos urgentes em que a intimação feita da forma indicada anteriormente possa causar prejuízo a quaisquer das partes ou nos casos em que for evidenciada qualquer tentativa de burla ao sistema, o ato processual deverá ser realizado por outro meio que atinja a sua finalidade, conforme determinado pelo juiz (Lei nº 11.419/06, art. 5º §§ 1º ao 5º).

- As intimações feitas na forma do parágrafo anterior, inclusive da Fazenda Pública, serão consideradas pessoais para todos os efeitos legais (Lei nº 11.419/06, art. 5º § 6º).
- As audiências serão sempre reduzidas a termo e o arquivo eletrônico que utilize linguagem padronizada de marcação genérica daí decorrente será, ao final da audiência:

  I – imediatamente assinado pelo magistrado, impossibilitando a alteração de sua forma e conteúdo; ou

  II – facultativamente enviado ao PJe, imediatamente após o término da audiência, também impossibilitando a alteração de sua forma e conteúdo e deflagrando o procedimento dos parágrafos 1.º e 2.º deste artigo (CSJT-Res. nº 185/2017, art. 23).
- Após o envio do arquivo eletrônico que utilize linguagem padronizada de marcação genérica referido no *caput* para o PJe, a secretaria, imediatamente após o término da audiência, realizará o lançamento dos movimentos processuais, encaminhando-o para assinatura digital pelo magistrado (CSJT – Res. nº 185/2017, art. 23, § 1º).
- O magistrado assinará eletronicamente o arquivo eletrônico que utilize linguagem padronizada de marcação genérica até o primeiro dia útil subsequente ao término da sessão (CSJT – Res. nº 185/2017, art. 23, § 2º).
- Na hipótese de celebração de acordo e impossibilidade de assinatura imediata do arquivo eletrônico que utilize linguagem padronizada de marcação genérica referido no *caput*, havendo requerimento da parte, a ata deverá ser impressa, assinada manualmente pelas partes e magistrado e, então, digitalizada e inserida no PJe (CSJT-Res. nº 185/2017, art. 23, § 3º).
- Nos casos de exceção de impedimento ou suspeição, agravos de instrumento, agravos regimentais e agravo interno (previsto no art. 1.021 do CPC/2015), é dispensada a formação de autos suplementares, exceto quanto: a) ao agravo de instrumento em mandado de segurança, na forma do art. 7º, § 1º, da Lei nº 12.016/09; b) ao pedido de revisão do valor da causa, na forma do art. 2º, § 2º, da Lei nº 5.584/70 (CSJT-Res. nº 185/2017, art. 26).
- A administração do PJe instalado na Justiça do Trabalho caberá à Presidência do CSJT, em nível nacional, e à Presidência dos Tribunais Regionais do Trabalho em cada TRT. (CSJT-Res. nº 185/2017, art. 38).

## ✦ SÚMULAS APLICÁVEIS

## ✦ TST

## PRINCÍPIOS

- **Súmula nº 214 do TST**. Decisão interlocutória. Irrecorribilidade. Na Justiça do Trabalho, nos termos do art. 893, § 1º, da CLT, as decisões interlocutórias não ensejam recurso imediato, salvo nas hipóteses de decisão: a) de Tribunal Regional do Trabalho contrária à Súmula ou Orientação Jurisprudencial do Tribunal Superior do Trabalho; b) suscetível de impugnação mediante recurso para o mesmo Tribunal; c) que acolhe exceção de incompetência territorial, com a remessa dos autos para Tribunal Regional distinto daquele a que se vincula o juízo excepcionado, consoante o disposto no art. 799, § 2º, da CLT.
- **Súmula nº 211 do TST**. Juros de mora e correção monetária. Independência do pedido inicial e do título executivo judicial

  Os juros de mora e a correção monetária incluem-se na liquidação, ainda que omisso o pedido inicial ou a condenação.
- **Súmula nº 424 do TST**. Recurso administrativo. Pressuposto de admissibilidade. Depósito prévio da multa administrativa. Não recepção pela Constituição Federal do § 1º do art. 636 da CLT

  O § 1º do art. 636 da CLT, que estabelece a exigência de prova do depósito prévio do valor da multa cominada em razão de autuação administrativa como pressuposto de admissibilidade de recurso administrativo, não foi recepcionado pela Constituição Federal de 1988, ante a sua incompatibilidade com o inciso LV do art. 5º.

## COMPETÊNCIA EM RAZÃO DA MATÉRIA

- **Súmula nº 392 do TST:** Dano Moral e Material. Relação de Trabalho. Competência da Justiça do Trabalho.

  Nos termos do art. 114, inc. VI, da Constituição da República, a Justiça do Trabalho é competente para processar e julgar ações de indenização por dano moral e material decorrentes da relação de trabalho, inclusive as oriundas de acidente de trabalho e doenças a ele equiparadas, ainda que propostas pelos dependentes ou sucessores do trabalhador falecido.
- **Súmula nº 189 do TST**. Greve. Competência da Justiça do Trabalho. Abusividade

  A Justiça do Trabalho é competente para declarar a abusividade, ou não, da greve.
- **Súmula nº 300 do TST**. Competência da Justiça do Trabalho. Cadastramento no PIS

  Compete à Justiça do Trabalho processar e julgar ações ajuizadas por empregados em face de empregadores relativas ao cadastramento no Programa de Integração Social (PIS).
- **Súmula nº 389 do TST**. Seguro-desemprego. Competência da Justiça do Trabalho. Direito à indenização por não liberação de guias

  I – Inscreve-se na competência material da Justiça do Trabalho a lide entre empregado e empregador tendo por objeto indenização pelo não fornecimento das guias do seguro-desemprego.

  II – O não fornecimento pelo empregador da guia necessária para o recebimento do seguro-desemprego dá origem ao direito à indenização.
- **Súmula nº 368 do TST:** Descontos previdenciários. Imposto de renda. Competência. Responsabilidade pelo recolhimento. Forma de cálculo. Fato gerador.

  I – A Justiça do Trabalho é competente para determinar o recolhimento das contribuições fiscais. A competência da Justiça do Trabalho, quanto à execução das contribuições previdenciárias, limita-se às sentenças condenatórias em pecúnia que proferir e aos valores, objeto de acordo homologado, que integrem o salário de contribuição.

II – É do empregador a responsabilidade pelo recolhimento das contribuições previdenciárias e fiscais, resultantes de crédito do empregado oriundo de condenação judicial. A culpa do empregador pelo inadimplemento das verbas remuneratórias, contudo, não exime a responsabilidade do empregado pelos pagamentos do imposto de renda devido e da contribuição previdenciária que recaia sobre sua quota-parte.

III – Os descontos previdenciários relativos à contribuição do empregado, no caso de ações trabalhistas, devem ser calculados mês a mês, de conformidade com o art. 276, § 4º, do Decreto n º 3.048/1999 que regulamentou a Lei nº 8.212/1991, aplicando-se as alíquotas previstas no art. 198, observado o limite máximo do salário de contribuição.

IV – Considera-se fato gerador das contribuições previdenciárias decorrentes de créditos trabalhistas reconhecidos ou homologados em juízo, para os serviços prestados até 4.3.2009, inclusive, o efetivo pagamento das verbas, configurando-se a mora a partir do dia dois do mês seguinte ao da liquidação (art. 276, "caput", do Decreto nº 3.048/1999). Eficácia não retroativa da alteração legislativa promovida pela Medida Provisória nº 449/2008, posteriormente convertida na Lei nº 11.941/2009, que deu nova redação ao art. 43 da Lei nº 8.212/91.

V – Para o labor realizado a partir de 5.3.2009, considera-se fato gerador das contribuições previdenciárias decorrentes de créditos trabalhistas reconhecidos ou homologados em juízo a data da efetiva prestação dos serviços. Sobre as contribuições previdenciárias não recolhidas a partir da prestação dos serviços incidem juros de mora e, uma vez apurados os créditos previdenciários, aplica-se multa a partir do exaurimento do prazo de citação para pagamento, se descumprida a obrigação, observado o limite legal de 20% (art. 61, § 2º, da Lei nº 9.460/96).

VI – O imposto de renda decorrente de crédito do empregado recebido acumuladamente deve ser calculado sobre o montante dos rendimentos pagos, mediante a utilização de tabela progressiva resultante da multiplicação da quantidade de meses a que se refiram os rendimentos pelos valores constantes da tabela progressiva mensal correspondente ao mês do recebimento ou crédito, nos termos do art. 12-A da Lei nº 7.713, de 22/12/1988, com a redação conferida pela Lei nº 13.149/2015, observado o procedimento previsto nas Instruções Normativas da Receita Federal do Brasil.

- **Súmula 454 do TST.** Competência da Justiça do Trabalho. Execução de ofício. Contribuição social referente ao seguro de acidente de trabalho (SAT). Arts. 114, VIII, e 195, I, "a", da Constituição da República

  Compete à Justiça do Trabalho a execução, de ofício, da contribuição referente ao Seguro de Acidente de Trabalho (SAT), que tem natureza de contribuição para a seguridade social (arts. 114, VIII, e 195, I, "a", da CF), pois se destina ao financiamento de benefícios relativos à incapacidade do empregado decorrente de infortúnio no trabalho (arts. 11 e 22 da Lei n. 8.212/1991).

- **Súmula nº 19 do TST.** Quadro de carreira

  A Justiça do Trabalho é competente para apreciar reclamação de empregado que tenha por objeto direito fundado em quadro de carreira.

## CONFLITO DE COMPETÊNCIA

- **Súmula nº 420 do TST**. Competência funcional. Conflito negativo. TRT e Vara do Trabalho de idêntica região. Não configuração

  Não se configura conflito de competência entre Tribunal Regional do Trabalho e Vara do Trabalho a ele vinculada.

## LEGITIMIDADE

- **Súmula nº 286 do TST**. Sindicato. Substituição processual. Convenção e acordo coletivos

  A legitimidade do sindicato para propor ação de cumprimento estende-se também à observância de acordo ou de convenção coletivos.

## *JUS POSTULANDI*

- **Súmula nº 425 do TST**. *Jus postulandi* na Justiça do Trabalho. Alcance

  O *jus postulandi* das partes, estabelecido no art. 791 da CLT, limita-se às Varas do Trabalho e aos Tribunais Regionais do Trabalho, não alcançando a ação rescisória, a ação cautelar, o mandado de segurança e os recursos de competência do Tribunal Superior do Trabalho.

## REPRESENTAÇÃO

- **Súmula nº 395 do TST**. Mandato e substabelecimento. Condições de validade.

  I – Válido é o instrumento de mandato com prazo determinado que contém cláusula estabelecendo a prevalência dos poderes para atuar até o final da demanda (§ 4º do art. 105 do CPC de 2015).

  II – Se há previsão, no instrumento de mandato, de prazo para sua juntada, o mandato só tem validade se anexado ao processo o respectivo instrumento no aludido prazo.

  III – São válidos os atos praticados pelo substabelecido, ainda que não haja, no mandato, poderes expressos para substabelecer (art. 667, e parágrafos, do Código Civil de 2002).

  IV – Configura-se a irregularidade de representação se o substabelecimento é anterior à outorga passada ao substabelecente.

  V – Verificada a irregularidade de representação nas hipóteses dos itens II e IV, deve o juiz suspender o processo e designar prazo razoável para que seja sanado o vício, ainda que em instância recursal (art. 76 do CPC de 2015).

  IV – Configura-se a irregularidade de representação se o substabelecimento é anterior à outorga passada ao substabelecente.

- **Súmula nº 436 do TST**. Representação processual. Procurador da União, Estados, Municípios e Distrito Federal, suas autarquias e fundações públicas. Juntada de instrumento de mandato.

  I – A União, Estados, Municípios e Distrito Federal, suas autarquias e fundações públicas, quando representadas em juízo, ativa e passivamente, por seus procuradores, estão dispensadas da juntada de instrumento de mandato e de comprovação do ato de nomeação.

  II – Para os efeitos do item anterior, é essencial que o signatário ao menos declare-se exercente do cargo de procurador, não bastando a indicação do número de inscrição na Ordem dos Advogados do Brasil.

- **Súmula nº 456 do TST.** Representação. Pessoa jurídica. Procuração. Invalidade. Identificação do outorgante e de seu representante.

  I – É inválido o instrumento de mandato firmado em nome de pessoa jurídica que não contenha, pelo menos, o nome do outorgante e do signatário da procuração, pois estes dados constituem elementos que os individualizam.

  II – Verificada a irregularidade de representação da parte na instância originária, o juiz designará prazo de 5 (cinco) dias para que seja sanado o vício. Descumprida a determinação, extinguirá o processo, sem resolução de mérito, se a providência couber ao reclamante, ou considerará revel o reclamado, se a providência lhe couber (art. 76, § 1º, do CPC de 2015).

  III – Caso a irregularidade de representação da parte seja constatada em fase recursal, o relator designará prazo de 5 (cinco) dias para que seja sanado o vício. Descumprida a determinação, o relator não conhecerá do recurso, se a providência couber ao recorrente, ou determinará o desentranhamento das contrarrazões, se a providência couber ao recorrido (art. 76, § 2º, do CPC de2015).

## HONORÁRIOS PERICIAIS

- **Súmula nº 341 do TST**. Honorários do Assistente Técnico

  A indicação do perito assistente é faculdade da parte, a qual deve responder pelos respectivos honorários, ainda que vencedora no objeto da perícia.

- **Súmula nº 457 do TST.** Honorários periciais. Beneficiário da justiça gratuita. Responsabilidade da União pelo pagamento. Resolução nº 66/2010 do CSJT. Observância.

  A União é responsável pelo pagamento dos honorários de perito quando a parte sucumbente no objeto da perícia for beneficiária da assistência judiciária gratuita, observado o procedimento disposto nos arts. 1º, 2º e 5º da Resolução n.º 66/2010 do Conselho Superior da Justiça do Trabalho – CSJT.

## JUSTIÇA GRATUITA

- **Súmula 463 do TST**: Assistência judiciária gratuita. Comprovação.

  I – A partir de 26.06.2017, para a concessão da assistência judiciária gratuita à pessoa natural, basta a declaração de hipossuficiência econômica firmada pela parte ou por seu advogado, desde que munido de procuração com poderes específicos para esse fim (art. 105 do CPC de 2015);

  II – No caso de pessoa jurídica, não basta a mera declaração: é necessária a demonstração cabal de impossibilidade de a parte arcar com as despesas do processo.

## LITISCONSÓRCIO

- **Súmula nº 36 do TST.** Custas

  Nas ações plúrimas, as custas incidem sobre o respectivo valor global.

## INTERVENÇÃO DE TERCEIROS

- **Súmula nº 82 do TST.** Assistência

  A intervenção assistencial, simples ou adesiva, só é admissível se demonstrado o interesse jurídico e não o meramente econômico.

## NOTIFICAÇÃO

- **Súmula nº 16 do TST.** Notificação

  Presume-se recebida a notificação 48 (quarenta e oito) horas depois de sua postagem. O seu não recebimento ou a entrega após o decurso desse prazo constitui ônus de prova do destinatário.

- **Súmula nº 427 do TST.** Intimação. Pluralidade de advogados. Publicação em nome de advogado diverso daquele expressamente indicado. Nulidade

  Havendo pedido expresso de que as intimações e publicações sejam realizadas exclusivamente em nome de determinado advogado, a comunicação em nome de outro profissional constituído nos autos é nula, salvo se constatada a inexistência de prejuízo.

## PRAZOS PROCESSUAIS

- **Súmula nº 1 do TST.** Prazo Judicial

  Quando a intimação tiver lugar na sexta-feira, ou a publicação com efeito de intimação for feita nesse dia, o prazo judicial será contado da segunda-feira imediata, inclusive, salvo se não houver expediente, caso em que fluirá no dia útil que se seguir.

- **Súmula nº 262 do TST.** Prazo judicial. Notificação ou intimação em sábado. Recesso forense

  I – Intimada ou notificada a parte no sábado, o início do prazo se dará no primeiro dia útil imediato e a contagem, no subsequente.

  II – O recesso forense e as férias coletivas dos Ministros do Tribunal Superior do Trabalho suspendem os prazos recursais.

- **Súmula nº 385 do TST.** Feriado local ou forense. Ausência de expediente. Prazo recursal. Prorrogação. Comprovação. Necessidade.

  I – Incumbe à parte o ônus de provar, quando da interposição do recurso, a existência de feriado local que autorize a prorrogação do prazo recursal (art. 1.003, § 6º, do CPC de 2015). No caso de o recorrente alegar a existência de feriado local e não o comprovar no momento da interposição do recurso, cumpre ao relator conceder o prazo de 5 (cinco) dias para que seja sanado o vício (art. 932, parágrafo único, do CPC de 2015), sob pena de não conhecimento se da comprovação depender a tempestividade recursal;

  II – Na hipótese de feriado forense, incumbirá à autoridade que proferir a decisão de admissibilidade certificar o expediente nos autos;

  III – Admite-se a reconsideração da análise da tempestividade do recurso, mediante prova documental superveniente, em agravo de instrumento, agravo interno, agravo regimental, ou embargos de declaração, desde que, em momento anterior, não tenha havido a concessão de prazo para a comprovação da ausência de expediente forense.

- **Súmula nº 197 do TST.** Prazo

  O prazo para recurso da parte que, intimada, não comparecer à audiência em prosseguimento para a prolação da sentença conta-se de sua publicação.

- **Súmula nº 30 do TST.** Intimação da sentença

  Quando não juntada a ata ao processo em 48 horas, contadas da audiência de julgamento (art. 851, § 2º, da CLT), o prazo para recurso será contado da data em que a parte receber a intimação da sentença.

- **Súmula nº 53 do TST**. Custas

  O prazo para pagamento das custas, no caso de recurso, é contado da intimação do cálculo.

- **Súmula nº 245 do TST**. Depósito recursal. Prazo

  O depósito recursal deve ser feito e comprovado no prazo alusivo ao recurso. A interposição antecipada deste não prejudica a dilação legal.

- **Súmula nº 387 do TST.** Recurso. Fac-símile. Lei nº 9.800/1999.

  I – A Lei nº 9.800, de 26.05.1999, é aplicável somente a recursos interpostos após o início de sua vigência.

  II – A contagem do quinquídio para apresentação dos originais de recurso interposto por intermédio de fac-símile começa a fluir do dia subsequente ao término do prazo recursal, nos termos do art. 2º da Lei nº 9.800, de 26.05.1999, e não do dia seguinte à interposição do recurso, se esta se deu antes do termo final do prazo.

  III – Não se tratando a juntada dos originais de ato que dependa de notificação, pois a parte, ao interpor o recurso, já tem ciência de seu ônus processual, não se aplica a regra do art. 224 do CPC de 2015 (art. 184 do CPC de 1973) quanto ao "dies a quo", podendo coincidir com sábado, domingo ou feriado.

  IV – A autorização para utilização do fac-símile, constante do art. 1º da Lei n.º 9.800, de 26.05.1999, somente alcança as hipóteses em que o documento é dirigido diretamente ao órgão jurisdicional, não se aplicando à transmissão ocorrida entre particulares.

## INDEFERIMENTO LIMINAR

- **Súmula nº 263 do TST.** Petição Inicial. Indeferimento. Instrução obrigatória deficiente.

  Salvo nas hipóteses do art. 330 do CPC de 2015 (art. 295 do CPC de 1973), o indeferimento da petição inicial, por encontrar-se desacompanhada de documento indispensável à propositura da ação ou não preencher outro requisito legal, somente é cabível se, após intimada para suprir a irregularidade em 15 (quinze dias), mediante indicação precisa do que deve ser corrigido ou completado, a parte não o fizer (art. 321 do CPC de 2015).

## ALÇADA

- **Súmula nº 71 do TST**. Alçada

  A alçada é fixada pelo valor dado à causa na data de seu ajuizamento, desde que não impugnado, sendo inalterável no curso do processo.

- **Súmula nº 356 do TST**. Alçada recursal. Vinculação ao salário mínimo

  O art. 2º, § 4º, da Lei nº 5.584, de 26.06.1970, foi recepcionado pela CF/1988, sendo lícita a fixação do valor da alçada com base no salário mínimo.

- **Súmula nº 365 do TST**. Alçada. Ação rescisória e mandado de segurança

  Não se aplica a alçada em ação rescisória e em mandado de segurança.

## TUTELA ANTECIPADA

- **Súmula nº 414 do TST**. Mandado de Segurança. Tutela Provisória concedida antes ou na sentença.

  I – A tutela provisória concedida na sentença não comporta impugnação pela via do mandado de segurança, por ser impugnável mediante recurso ordinário. É admissível a obtenção de efeito suspensivo ao recurso ordinário mediante requerimento dirigido ao tribunal, ao relator ou ao presidente ou ao vice-presidente do tribunal recorrido, por aplicação subsidiária ao processo do trabalho do artigo 1.029, § 5º, do CPC de 2015.

  II – No caso de a tutela provisória haver sido concedida ou indeferida antes da sentença, cabe mandado de segurança, em face da inexistência de recurso próprio.

  III – A superveniência da sentença, nos autos originários, faz perder o objeto do mandado de segurança que impugnava a concessão ou o indeferimento da tutela provisória.

- **Súmula nº 418 do TST**. Mandado de Segurança visando à homologação de acordo.

  A homologação de acordo constitui faculdade do juiz, inexistindo direito líquido e certo tutelável pela via do mandado de segurança.

- **Súmula nº 405 do TST**. Ação Rescisória. Tutela Provisória.

  Em face do que dispõem a MP 1.984-22/2000 e o art. 969 do CPC de 2015, é cabível o pedido de tutela provisória formulado na petição inicial de ação rescisória ou na fase recursal, visando a suspender a execução da decisão rescindenda.

## AUSÊNCIA DO RECLAMANTE

- **Súmula nº 9 do TST**. Ausência do reclamante

  A ausência do reclamante, quando adiada a instrução após contestada a ação em audiência, não importa arquivamento do processo.

## COMPENSAÇÃO

- **Súmula nº 48 do TST**. Compensação

  A compensação só poderá ser arguida com a contestação.

- **Súmula nº 18 do TST**. Compensação

  A compensação, na Justiça do Trabalho, está restrita a dívidas de natureza trabalhista.

## REVELIA

- **Súmula nº 69 do TST**. Rescisão do contrato

  A partir da Lei nº 10.272, de 05.09.2001, havendo rescisão do contrato de trabalho e sendo revel e confesso quanto à matéria de fato, deve ser o empregador condenado ao pagamento das verbas rescisórias, não quitadas na primeira audiência, com acréscimo de 50% (cinquenta por cento).

- **Súmula nº 398 do TST**. Ação rescisória. Ausência de defesa. Inaplicáveis os efeitos da revelia

  Na ação rescisória, o que se ataca é a decisão, ato oficial do Estado, acobertado pelo manto da coisa julgada. Assim, e considerando que a coisa julgada envolve questão de ordem pública, a revelia não produz confissão na ação rescisória.

## ÔNUS DA PROVA

- **Súmula nº 212 do TST**. Despedimento. Ônus da prova

  O ônus de provar o término do contrato de trabalho, quando negados a prestação de serviço e o despedimento, é do empregador, pois o princípio da continuidade da relação de emprego constitui presunção favorável ao empregado.

- **Súmula nº 338 do TST**. Jornada de trabalho. Registro. Ônus da prova

  I – É ônus do empregador que conta com mais de 10 (dez) empregados o registro da jornada de trabalho na forma do art. 74, § 2º, da CLT. A não apresentação injustificada dos controles de frequência gera presunção relativa de veracidade da jornada de trabalho, a qual pode ser elidida por prova em contrário.[9]

  II – A presunção de veracidade da jornada de trabalho, ainda que prevista em instrumento normativo, pode ser elidida por prova em contrário.

  III – Os cartões de ponto que demonstram horários de entrada e saída uniformes são inválidos como meio de prova, invertendo-se o ônus da prova, relativo às horas extras, que passa a ser do empregador, prevalecendo a jornada da inicial se dele não se desincumbir.

- **Súmula nº 6 do TST**. Equiparação salarial. Art. 461 da CLT

  VIII – É do empregador o ônus da prova do fato impeditivo, modificativo ou extintivo da equiparação salarial.

- **Súmula nº 460 do TST.** Vale-transporte. Ônus da prova.

  É do empregador o ônus de comprovar que o empregado não satisfaz os requisitos indispensáveis para a concessão do vale-transporte ou não pretenda fazer uso do benefício.

- **Súmula nº 461 do TST.** FGTS. Diferenças. Recolhimento. Ônus da prova.

  É do empregador o ônus da prova em relação à regularidade dos depósitos do FGTS, pois o pagamento é fato extintivo do direito do autor (art. 373, II, do CPC de 2015).

## PROVA DOCUMENTAL

- **Súmula nº 12 do TST**. Carteira Profissional

  As anotações apostas pelo empregador na carteira profissional do empregado não geram presunção "juris et de jure", mas apenas "juris tantum".

- **Súmula nº 8 do TST**. Juntada de documento

  A juntada de documentos na fase recursal só se justifica quando provado o justo impedimento para sua oportuna apresentação ou se referir a fato posterior à sentença.

## PROVA TESTEMUNHAL

- **Súmula nº 357 do TST**. Testemunha. Ação contra a mesma reclamada. Suspeição

  Não torna suspeita a testemunha o simples fato de estar litigando ou de ter litigado contra o mesmo empregador.

## CONFISSÃO

- **Súmula nº 74 do TST.** Confissão

  I – Aplica-se a confissão à parte que, expressamente intimada com aquela cominação, não comparecer à audiência em prosseguimento, na qual deveria depor.

  II – A prova pré-constituída nos autos pode ser levada em conta para confronto com a confissão ficta (arts. 442 e 443, do CPC de 2015 – art. 400, I, do CPC de 1973), não implicando cerceamento de defesa o indeferimento de provas posteriores.

  III- A vedação à produção de prova posterior pela parte confessa somente a ela se aplica, não afetando o exercício, pelo magistrado, do poder/dever de conduzir o processo.

## SENTENÇA

- **Súmula nº 394 do TST.** Fato superveniente. Art. 493 do CPC de 2015. Art. 462 do CPC de 1973.

  O art. 493 do CPC de 2015 (art. 462 do CPC de 1973), que admite a invocação de fato constitutivo, modificativo ou extintivo do direito, superveniente à propositura da ação, é aplicável de ofício aos processos em curso em qualquer instância trabalhista. Cumpre ao juiz ou tribunal ouvir as partes sobre o fato novo antes de decidir.

- **Súmula nº 396 do TST**. Estabilidade provisória. Pedido de reintegração. Concessão do salário relativo ao período de estabilidade já exaurido. Inexistência de julgamento "extra petita"

  I – Exaurido o período de estabilidade, são devidos ao empregado apenas os salários do período compreendido entre a data da despedida e o final do período de estabilidade, não lhe sendo assegurada a reintegração no emprego.

  II – Não há nulidade por julgamento "extra petita" da decisão que deferir salário quando o pedido for de reintegração, dados os termos do art. 496 da CLT.

## PRINCÍPIOS RECURSAIS

- **Súmula nº 214 do TST.** Decisão interlocutória. Irrecorribilidade

  Na Justiça do Trabalho, nos termos do art. 893, § 1º, da CLT, as decisões interlocutórias não ensejam recurso imediato, salvo nas hipóteses de decisão: a) de Tribunal Regional do Trabalho contrária à Súmula ou Orientação Jurisprudencial do Tribunal Superior do Trabalho; b) suscetível de impugnação mediante recurso para o mesmo Tribunal; c) que acolhe exceção de incompetência territorial, com a remessa dos autos para Tribunal Regional distinto daquele a que se vincula o juízo excepcionado, consoante o disposto no art. 799, § 2º, da CLT.

- **Súmula nº 421 do TST.** Embargos de declaração. Cabimento. Decisão monocrática do relator calcada no art. 932 do CPC de 2015. Art. 557 do CPC de 1973.

  I – Cabem embargos da declaração de decisão monocrática do relator prevista no art. 932 do CPC de 2015 (art. 557 do CPC de 1973), se a parte pretende tão somente juízo integrativo retificador da decisão e, não, modificação do julgado.

  II – Se a parte postular a revisão no mérito da decisão monocrática, cumpre ao relator converter os embargos de declaração em agravo, em face dos princípios da fungibilidade e celeridade processual, submetendo-o ao pronunciamento do Colegiado, após a intimação do recorrente para, no prazo de 5 (cinco) dias, complementar as razões recursais, de modo a ajustá-la às exigências do art. 1.021, § 1º, do CPC de 2015.

## JUÍZO DE ADMISSIBILIDADE

- **Súmula nº 422 do TST**. RECURSO. FUNDAMENTO AUSENTE OU DEFICIENTE. NÃO CONHECIMENTO.

  I – Não se conhece de recurso para o TST se as razões do recorrente não impugnam os fundamentos da decisão recorrida, nos termos em que proferida.

  II – O entendimento referido no item anterior não se aplica em relação à motivação secundária e impertinente,

9 A Lei nº 13.874/2019 alterou a redação do dispositivo, que antes previa a obrigatoriedade do registro de ponto para as empresas com mais de 10 empregados, o que deverá alterar a Súmula nº 338 do TST.

consubstanciada em despacho de admissibilidade de recurso ou em decisão monocrática.

III – Inaplicável a exigência do item I relativamente ao recurso ordinário da competência de Tribunal Regional do Trabalho, exceto em caso de recurso cuja motivação é inteiramente dissociada dos fundamentos da sentença.

## TEMPESTIVIDADE

- **Súmula nº 385 do TST**. Feriado local ou forense. Ausência de expediente. Prazo recursal. Prorrogação. Comprovação. Necessidade.

  I – Incumbe à parte o ônus de provar, quando da interposição do recurso, a existência de feriado local que autorize a prorrogação do prazo recursal (art. 1.003, § 6º, do CPC de 2015). No caso de o recorrente alegar a existência de feriado local e não o comprovar no momento da interposição do recurso, cumpre ao relator conceder o prazo de 5 (cinco) dias para que seja sanado o vício (art. 932, parágrafo único, do CPC de 2015), sob pena de não conhecimento se da comprovação depender a tempestividade recursal;

  II – Na hipótese de feriado forense, incumbirá à autoridade que proferir a decisão de admissibilidade certificar o expediente nos autos;

  III – Admite-se a reconsideração da análise da tempestividade do recurso, mediante prova documental superveniente, em agravo de instrumento, agravo interno, agravo regimental, ou embargos de declaração, desde que, em momento anterior, não tenha havido a concessão de prazo para a comprovação da ausência de expediente forense.

- **Súmula nº 197 do TST**. Prazo

  O prazo para recurso da parte que, intimada, não comparecer à audiência em prosseguimento para a prolação da sentença conta-se de sua publicação.

- **Súmula nº 30 do TST**. Intimação da sentença

  Quando não juntada a ata ao processo em 48 horas, contadas da audiência de julgamento (art. 851, § 2º, da CLT), o prazo para recurso será contado da data em que a parte receber a intimação da sentença.

- **Súmula nº 201 do TST**. Recurso ordinário em mandado de segurança

  Da decisão de Tribunal Regional do Trabalho em mandado de segurança cabe recurso ordinário, no prazo de 8 (oito) dias, para o Tribunal Superior do Trabalho, e igual dilação para o recorrido e interessados apresentarem razões de contrariedade.

## REPRESENTAÇÃO

- **Súmula nº 383 do TST.** Recurso. Mandato. Irregularidade de representação. CPC de 2015, arts. 104 e 76, § 2º

  I – É inadmissível recurso firmado por advogado sem procuração juntada aos autos até o momento da sua interposição, salvo mandato tácito. Em caráter excepcional (art. 104 do CPC de 2015), admite-se que o advogado, independentemente de intimação, exiba a procuração no prazo de 5 (cinco) dias após a interposição do recurso, prorrogável por igual período mediante despacho do juiz. Caso não a exiba, considera-se ineficaz o ato praticado e não se conhece do recurso.

  II – Verificada a irregularidade de representação da parte em fase recursal, em procuração ou substabelecimento já constante dos autos, o relator ou o órgão competente para julgamento do recurso designará prazo de 5 (cinco) dias para que seja sanado o vício. Descumprida a determinação, o relator não conhecerá do recurso, se a providência couber ao recorrente, ou determinará o desentranhamento das contrarrazões, se a providência couber ao recorrido (art. 76, § 2º, do CPC de 2015).

- **Súmula nº 25 do TST**. Custas Processuais. Inversão do ônus da sucumbência.

  I – A parte vencedora na primeira instância, se vencida na segunda, está obrigada, independentemente de intimação, a pagar as custas fixadas na sentença originária, das quais ficara isenta a parte então vencida;

  II – No caso de inversão do ônus da sucumbência em segundo grau, sem acréscimo ou atualização do valor das custas e se estas já foram devidamente recolhidas, descabe um novo pagamento pela parte vencida, ao recorrer. Deverá ao final se sucumbente, **reembolsar** a quantia;

  III – Não caracteriza deserção a hipótese em que, acrescido o valor da condenação, não houve fixação ou cálculo do valor devido a título de custas e tampouco intimação da parte para o preparo do recurso, devendo ser as custas pagas ao final;

  IV – O reembolso das custas à parte vencedora faz-se necessário mesmo na hipótese em que a parte vencida for pessoa isenta do seu pagamento, nos termos do artigo 790-A, parágrafo único, da CLT.

- **Súmula nº 53 do TST**. Custas

  O prazo para pagamento das custas, no caso de recurso, é contado da intimação do cálculo.

- **Súmula nº 36 do TST**. Custas

  Nas ações plúrimas, as custas incidem sobre o respectivo valor global.

- **Súmula nº 170 do TST**. Sociedade de economia mista. Custas

  Os privilégios e isenções no foro da Justiça do Trabalho não abrangem as sociedades de economia mista, ainda que gozassem desses benefícios anteriormente ao Decreto-Lei nº 779, de 21.08.1969.

- **Súmula nº 86 do TST**. Deserção. Massa falida. Empresa em liquidação extrajudicial

  Não ocorre deserção de recurso da massa falida por falta de pagamento de custas ou de depósito do valor da condenação. Esse privilégio, todavia, não se aplica à empresa em liquidação extrajudicial.

## DEPÓSITO RECURSAL

- **Súmula nº 128 do TST.** Depósito Recursal

  I – É ônus da parte recorrente efetuar o depósito legal, integralmente, em relação a cada novo recurso interposto, sob pena de deserção. Atingido o valor da condenação, nenhum depósito mais é exigido para qualquer recurso.

  II – Garantido o juízo, na fase executória, a exigência de depósito para recorrer de qualquer decisão viola os incisos II e LV do art. 5º da CF/1988. Havendo, porém, elevação do valor do débito, exige-se a complementação da garantia do juízo.

  III – Havendo condenação solidária de duas ou mais empresas, o depósito recursal efetuado por uma delas aproveita as demais, quando a empresa que efetuou o depósito não pleiteia sua exclusão da lide.

- **Súmula nº 161 do TST.** Depósito. Condenação a pagamento em pecúnia

  Se não há condenação a pagamento em pecúnia, descabe o depósito de que tratam os §§ 1º e 2º do art. 899 da CLT.

- **Súmula nº 245 do TST.** Depósito recursal. Prazo

  O depósito recursal deve ser feito e comprovado no prazo alusivo ao recurso. A interposição antecipada deste não prejudica a dilação legal.

- **Súmula nº 99 do TST.** Ação rescisória. Deserção. Prazo

  Havendo recurso ordinário em sede de rescisória, o depósito recursal só é exigível quando for julgado procedente o pedido e imposta condenação em pecúnia, devendo este ser efetuado no prazo recursal, no limite e nos termos da legislação vigente, sob pena de deserção.

- **Súmula nº 217 do TST.** Depósito recursal. Credenciamento bancário. Prova dispensável

  O credenciamento dos bancos para o fim de recebimento do depósito recursal é fato notório, independendo da prova.

## DOCUMENTOS

- **Súmula nº 8 do TST.** Juntada de documento

  A juntada de documentos na fase recursal só se justifica quando provado o justo impedimento para sua oportuna apresentação ou se referir a fato posterior à sentença.

## EFEITOS DOS RECURSOS

- **Súmula nº 393 do TST.** Recurso Ordinário. Efeito devolutivo em profundidade: Art. 1.013, § 1º, do CPC de 2015. Art. 515, § 1º, do CPC de 1973.

  I – O efeito devolutivo em profundidade do recurso ordinário, que se extrai do § 1º do art. 1.013 do CPC de 2015 (art. 515, § 1º, do CPC de 1973), transfere ao Tribunal a apreciação dos fundamentos da inicial ou da defesa, não examinados pela sentença, ainda que não renovados em contrarrazões, desde que relativos ao capítulo impugnado.

  II – Se o processo estiver em condições, o tribunal, ao julgar o recurso ordinário, deverá decidir desde logo o mérito da causa, nos termos do § 3º do art. 1.013 do CPC de 2015, inclusive quando constatar a omissão da sentença no exame de um dos pedidos.

- **Súmula nº 279 do TST.** Recurso contra sentença normativa. Efeito suspensivo. Cassação

  A cassação de efeito suspensivo concedido a recurso interposto de sentença normativa retroage à data do despacho que o deferiu.

## REEXAME NECESSÁRIO

- **Súmula nº 303 do TST.** Fazenda Pública. Reexame necessário.

  I – Em dissídio individual, está sujeita ao reexame necessário, mesmo na vigência da Constituição Federal de 1988, decisão contrária à Fazenda Pública, salvo quando a condenação não ultrapassar o valor correspondente a: a) 1.000 (mil) salários mínimos para a União e as respectivas autarquias e fundações de direito público; b) 500 (quinhentos) salários mínimos para os Estados, o Distrito Federal, as respectivas autarquias e fundações de direito público e os Municípios que constituam capitais dos Estados; c) 100 (cem) salários mínimos para todos os demais Municípios e respectivas autarquias e fundações de direito público.

  II – Também não se sujeita ao duplo grau de jurisdição a decisão fundada em:

  a) súmula ou orientação jurisprudencial do Tribunal Superior do Trabalho;

  b) acórdão proferido pelo Supremo Tribunal Federal ou pelo Tribunal Superior do Trabalho em julgamento de recursos repetitivos;

  c) entendimento firmado em incidente de resolução de demandas repetitivas ou de assunção de competência;

  d) entendimento coincidente com orientação vinculante firmada no âmbito administrativo do próprio ente público, consolidada em manifestação, parecer ou súmula administrativa.

  III – Em ação rescisória, a decisão proferida pelo Tribunal Regional do Trabalho está sujeita ao duplo grau de jurisdição obrigatório quando desfavorável ao ente público, exceto nas hipóteses dos incisos anteriores.

  IV – Em mandado de segurança, somente cabe reexame necessário se, na relação processual, figurar pessoa jurídica de direito público como parte prejudicada pela concessão da ordem. Tal situação não ocorre na hipótese de figurar no feito como impetrante e terceiro interessado pessoa de direito privado, ressalvada a hipótese de matéria administrativa.

## EMBARGOS DE DECLARAÇÃO

- **Súmula nº 278 do TST.** Embargos de declaração. Omissão no julgado

  A natureza da omissão suprida pelo julgamento de embargos declaratórios pode ocasionar efeito modificativo no julgado.

- **Súmula nº 184 do TST.** Embargos declaratórios. Omissão em recurso de revista. Preclusão

  Ocorre preclusão se não forem opostos embargos declaratórios para suprir omissão apontada em recurso de revista ou de embargos.

- **Súmula nº 421 do TST.** Embargos de declaração. Cabimento. Decisão monocrática do relator calcada no art. 932 do CPC de 2015. Art. 557 do CPC de 1973.

  I – Cabem embargos da declaração de decisão monocrática do relator prevista no art. 932 do CPC de 2015 (art. 557 do CPC de 1973), se a parte pretende tão somente juízo integrativo retificador da decisão e, não, modificação do julgado.

  II – Se a parte postular a revisão no mérito da decisão monocrática, cumpre ao relator converter os embargos de declaração em agravo, em face dos princípios da fungibilidade e celeridade processual, submetendo-o ao pronunciamento do Colegiado, após a intimação do recorrente para, no prazo de 5 (cinco) dias, complementar as razões recursais, de modo a ajustá-la às exigências do art. 1.021, § 1º, do CPC de 2015.

## RECURSO ORDINÁRIO

- **Súmula nº 201 do TST.** Recurso ordinário em mandado de segurança

  Da decisão de Tribunal Regional do Trabalho em mandado de segurança cabe recurso ordinário, no prazo de 8 (oito) dias, para o Tribunal Superior do Trabalho, e igual dilação para o recorrido e interessados apresentarem razões de contrariedade.

- **Súmula nº 158 do TST.** Ação rescisória

  Da decisão de Tribunal Regional do Trabalho, em ação rescisória, é cabível recurso ordinário para o Tribunal Superior do Trabalho, em face da organização judiciária trabalhista.

## PREQUESTIONAMENTO

- **Súmula nº 297 do TST.** Prequestionamento. Oportunidade. Configuração

I – Diz-se prequestionada a matéria ou questão quando na decisão impugnada haja sido adotada, explicitamente, tese a respeito.

II – Incumbe à parte interessada, desde que a matéria haja sido invocada no recurso principal, opor embargos declaratórios objetivando o pronunciamento sobre o tema, sob pena de preclusão.

III – Considera-se prequestionada a questão jurídica invocada no recurso principal sobre a qual se omite o Tribunal de pronunciar tese, não obstante opostos embargos de declaração.

- **Súmula nº 184 do TST**. Embargos declaratórios. Omissão em recurso de revista. Preclusão

  Ocorre preclusão se não forem opostos embargos declaratórios para suprir omissão apontada em recurso de revista ou de embargos.

## CABIMENTO

- **Súmula nº 126 do TST**. Recurso. Cabimento

  Incabível o recurso de revista ou de embargos (arts. 896 e 894, "b", da CLT) para reexame de fatos e provas.

- **Súmula nº 218 do TST**. Recurso de revista. Acórdão proferido em agravo de instrumento

  É incabível recurso de revista interposto de acórdão regional prolatado em agravo de instrumento.

- **Súmula nº 266 do TST**. Recurso de revista. Admissibilidade. Execução de sentença

  A admissibilidade do recurso de revista interposto de acórdão proferido em agravo de petição, na liquidação de sentença ou em processo incidente na execução, inclusive os embargos de terceiro, depende de demonstração inequívoca de violência direta à Constituição Federal.

## DIVERGÊNCIA JURISPRUDENCIAL

- **Súmula nº 296 do TST**. Recurso. Divergência jurisprudencial. Especificidade

  I – A divergência jurisprudencial ensejadora da admissibilidade, do prosseguimento e do conhecimento do recurso há de ser específica, revelando a existência de teses diversas na interpretação de um mesmo dispositivo legal, embora idênticos os fatos que as ensejaram.

  II – Não ofende o art. 896 da CLT decisão de Turma que, examinando premissas concretas de especificidade da divergência colacionada no apelo revisional, conclui pelo conhecimento ou desconhecimento do recurso.

- **Súmula nº 23 do TST**. Recurso

  Não se conhece de recurso de revista ou de embargos, se a decisão recorrida resolver determinado item do pedido por diversos fundamentos e a jurisprudência transcrita não abranger a todos.

- **Súmula nº 337 do TST**. Comprovação de divergência jurisprudencial. Recursos de revista e de embargos

  I – Para comprovação da divergência justificadora do recurso, é necessário que o recorrente:

  a) Junte certidão ou cópia autenticada do acórdão paradigma ou cite a fonte oficial ou o repositório autorizado em que foi publicado; e

  b) Transcreva, nas razões recursais, as ementas e/ou trechos dos acórdãos trazidos à configuração do dissídio, demonstrando o conflito de teses que justifique o conhecimento do recurso, ainda que os acórdãos já se encontrem nos autos ou venham a ser juntados com o recurso;

  II – A concessão de registro de publicação como repositório autorizado de jurisprudência do TST torna válidas todas as suas edições anteriores;

  III – A mera indicação da data de publicação, em fonte oficial, de aresto paradigma é inválida para comprovação de divergência jurisprudencial, nos termos do item I, "a", desta súmula, quando a parte pretende demonstrar o conflito de teses mediante a transcrição de trechos que integram a fundamentação do acórdão divergente, uma vez que só se publicam o dispositivo e a ementa dos acórdãos;

  IV – É válida para a comprovação da divergência jurisprudencial justificadora do recurso a indicação de aresto extraído de repositório oficial na internet, desde que o recorrente: a) transcreva o trecho divergente; b) aponte o sítio de onde foi extraído; e c) decline o número do processo, o órgão prolator do acórdão e a data da respectiva publicação no Diário Eletrônico da Justiça do Trabalho.

  V – A existência do código de autenticidade na cópia, em formato *pdf*, do inteiro teor do aresto paradigma, juntada aos autos, torna-a equivalente ao documento original e também supre a ausência de indicação da fonte oficial de publicação.

- **Súmula nº 333 do TST**. Recursos de revista. Conhecimento

  Não ensejam recurso de revista decisões superadas por iterativa, notória e atual jurisprudência do Tribunal Superior do Trabalho.

- **Súmula nº 312 do TST**. Constitucionalidade. Alínea "b" do art. 896 da CLT

  É constitucional a alínea "b" do art. 896 da CLT, com a redação dada pela Lei nº 7.701, de 21.12.1988.

## VIOLAÇÃO LITERAL DE DISPOSIÇÃO DE LEI FEDERAL OU AFRONTA DIRETA E LITERAL À CONSTITUIÇÃO FEDERAL

- **Súmula nº 221 do TST**. Recurso de revista. Violação de lei. Indicação de preceito.

  A admissibilidade de recurso de revista por violação tem como pressuposto a indicação expressa do dispositivo de lei ou da Constituição tido como violado.

- **Súmula nº 459 do TST**. Recurso de Revista. Nulidade por negativa de prestação jurisdicional.

  O conhecimento do recurso de revista, quanto à preliminar de nulidade, por negativa de prestação jurisdicional, supõe indicação de violação do art. 832 da CLT, do art. 489 do CPC de 2015 (art. 458 do CPC de 1973) ou do art. 93, IX, da CF/1988.

## RECURSO DE REVISTA NO RITO SUMARÍSSIMO

- **Súmula nº 442 do TST.** Procedimento sumaríssimo. Recurso de revista fundamentado em contrariedade a orientação jurisprudencial. Inadmissibilidade. Art. 896, § 6º, da CLT, acrescentado pela Lei nº 9.957, de 12.01.2000

  Nas causas sujeitas ao procedimento sumaríssimo, a admissibilidade de recurso de revista está limitada à demonstração de violação direta a dispositivo da Constituição Federal ou contrariedade a Súmula do Tribunal Superior do Trabalho, não se admitindo o recurso por contrariedade a Orientação Jurisprudencial deste Tribunal (Livro II, Título II, Capítulo III, do RITST), ante a ausência de previsão no art. 896, § 6º, da CLT.

## CABIMENTO

- **Súmula nº 353 do TST.** Embargos. Agravo. Cabimento

  Não cabem embargos para a Seção de Dissídios Individuais de decisão de Turma proferida em agravo, salvo:

  a) da decisão que não conhece de agravo de instrumento ou de agravo pela ausência de pressupostos extrínsecos;

  b) da decisão que nega provimento a agravo contra decisão monocrática do Relator, em que se proclamou a ausência de pressupostos extrínsecos de agravo de instrumento;

  c) para revisão dos pressupostos extrínsecos de admissibilidade do recurso de revista, cuja ausência haja sido declarada originariamente pela Turma no julgamento do agravo;

  d) para impugnar o conhecimento de agravo de instrumento;

  e) para impugnar a imposição de multas previstas nos arts. 1.021, § 4º, do CPC de 2015 ou 1.026, § 2º, do CPC de 2015 (art. 538, parágrafo único, do CPC de 1973, ou art. 557, § 2º, do CPC de 1973).

  f) contra decisão de Turma proferida em agravo em recurso de revista, nos termos do art. 894, II, da CLT.

- **Súmula nº 126 do TST.** Recurso. Cabimento

  Incabível o recurso de revista ou de embargos (arts. 896 e 894, "b", da CLT) para reexame de fatos e provas.

## EMBARGOS PARA A SDI NO RITO SUMARÍSSIMO

- **Súmula nº 458 do TST.** Embargos. Procedimento sumaríssimo. Conhecimento. Recurso interposto após vigência da Lei nº 11.496, de 22.06.2007, que conferiu nova redação ao **art. 894, da CLT.**

  Em causas sujeitas ao procedimento sumaríssimo, em que pese a limitação imposta no art. 896, § 6º, da CLT à interposição de recurso de revista, **admitem - se** os embargos interpostos na vigência da Lei nº 11.496, de 22.06.2007, que conferiu nova redação ao art. 894 da CLT, quando demonstrada a divergência jurisprudencial entre Turmas do TST, fundada em interpretações diversas acerca da aplicação de mesmo dispositivo constitucional ou de matéria sumulada.

## EMBARGOS PARA A SDI NA FASE EXECUTIVA

- **Súmula nº 433 do TST.** Embargos. Admissibilidade. Processo em fase de execução. Acórdão de Turma publicado na vigência da Lei nº 11.496, de 26.06.2007. Divergência de interpretação de dispositivo constitucional

  A admissibilidade do recurso de embargos contra acórdão de Turma em recurso de revista em fase de execução, publicado na vigência da Lei nº 11.496, de 26.06.2007, condiciona-se à demonstração de divergência jurisprudencial entre Turmas ou destas e a Seção Especializada em Dissídios Individuais do Tribunal Superior do Trabalho em relação à interpretação de dispositivo constitucional.

## AGRAVO DE PETIÇÃO

- **Súmula nº 416 do TST.** Mandado de segurança. Execução. Lei nº 8.432/1992. Art. 897, § 1º, da CLT. Cabimento

  Devendo o agravo de petição delimitar justificadamente a matéria e os valores objeto de discordância, não fere direito líquido e certo o prosseguimento da execução quanto aos tópicos e valores não especificados no agravo.

- **Súmula nº 266 do TST.** Recurso de revista. Admissibilidade. Execução de sentença

  A admissibilidade do recurso de revista interposto de acórdão proferido em agravo de petição, na liquidação de sentença ou em processo incidente na execução, inclusive os embargos de terceiro, depende de demonstração inequívoca de violência direta à Constituição Federal.

## AGRAVO INTERNO E REGIMENTAL

- **Súmula nº 421 do TST.** Embargos de declaração. Cabimento. Decisão monocrática do relator calcada no art. 932 do CPC de 2015. Art. 557 do CPC de 1973.

  I – Cabem embargos da declaração de decisão monocrática do relator prevista no art. 932 do CPC de 2015 (art. 557 do CPC de 1973), se a parte pretende tão somente juízo integrativo retificador da decisão e, não, modificação do julgado.

  II – Se a parte postular a revisão no mérito da decisão monocrática, cumpre ao relator converter os embargos de declaração em agravo, em face dos princípios da fungibilidade e celeridade processual, submetendo-o ao pronunciamento do Colegiado, após a intimação do recorrente para, no prazo de 5 (cinco) dias, complementar as razões recursais, de modo a ajustá-la às exigências do art. 1.021, § 1º, do CPC de 2015.

- **Súmula nº 435 do TST.** Decisão monocrática. Relator. Art. 932 do CPC de 2015. Art. 557 do CPC de 1973. Aplicação subsidiária ao processo do trabalho

  Aplica-se subsidiariamente ao processo do trabalho o art. 932 do CPC de 2015 (art. 557 do CPC de 1973).

## RECURSO ADESIVO

- **Súmula nº 283 do TST.** Recurso adesivo. Pertinência no processo do trabalho. Correlação de matérias

  O recurso adesivo é compatível com o processo do trabalho e cabe, no prazo de 8 (oito) dias, nas hipóteses de interposição de recurso ordinário, de agravo de petição, de revista e de embargos, sendo desnecessário que a matéria nele veiculada esteja relacionada com a do recurso interposto pela parte contrária.

## JUROS

- **Súmula nº 200 do TST.** Juros de mora. Incidência

  Os juros de mora incidem sobre a importância da condenação já corrigida monetariamente.

- **Súmula nº 211 do TST.** Juros de mora e correção monetária. Independência do pedido inicial e do título executivo judicial

  Os juros de mora e a correção monetária incluem-se na liquidação, ainda que omisso o pedido inicial ou a condenação.

- **Súmula nº 304 do TST.** Correção monetária. Empresas em liquidação. Art. 46 do ADCT/CF

  Os débitos trabalhistas das entidades submetidas aos regimes de intervenção ou liquidação extrajudicial estão sujeitos a correção monetária desde o respectivo vencimento até seu efetivo pagamento, sem interrupção ou suspensão, não incidindo, entretanto, sobre tais débitos, juros de mora.

## CORREÇÃO MONETÁRIA

- **Súmula nº 187 do TST.** Correção monetária. Incidência

A correção monetária não incide sobre o débito do trabalhador reclamante.

- **Súmula nº 439 do TST.** Danos morais. Juros de mora e atualização monetária. Termo inicial.

  Nas condenações por dano moral, a atualização monetária é devida a partir da data da decisão de arbitramento ou de alteração do valor. Os juros incidem desde o ajuizamento da ação, nos termos do art. 883 da CLT.

- **Súmula nº 211 do TST**. Juros de mora e correção monetária. Independência do pedido inicial e do título executivo judicial

  Os juros de mora e a correção monetária incluem-se na liquidação, ainda que omisso o pedido inicial ou a condenação.

- **Súmula nº 381 do TST**. Correção monetária. Salário. Art. 459 da CLT

  O pagamento dos salários até o 5º dia útil do mês subsequente ao vencido não está sujeito à correção monetária. Se essa data limite for ultrapassada, incidirá o índice da correção monetária do mês subsequente ao da prestação dos serviços, a partir do dia 1º.

- **Súmula nº 311 do TST**. Benefício previdenciário a dependente de ex-empregado. Correção monetária. Legislação aplicável

  O cálculo da correção monetária incidente sobre débitos relativos a benefícios previdenciários devidos a dependentes de ex-empregado pelo empregador, ou por entidade de previdência privada a ele vinculada, será o previsto na Lei nº 6.899, de 08.04.1981.

- **Súmula nº 304 do TST**. Correção monetária. Empresas em liquidação. Art. 46 do ADCT/CF

  Os débitos trabalhistas das entidades submetidas aos regimes de intervenção ou liquidação extrajudicial estão sujeitos a correção monetária desde o respectivo vencimento até seu efetivo pagamento, sem interrupção ou suspensão, não incidindo, entretanto, sobre tais débitos, juros de mora.

## CONTRIBUIÇÕES PREVIDENCIÁRIAS E IMPOSTO DE RENDA

- **Súmula nº 368 do TST.** Descontos previdenciários. Imposto de renda. Competência. Responsabilidade pelo recolhimento. Forma de cálculo. Fato gerador.

  I – A Justiça do Trabalho é competente para determinar o recolhimento das contribuições fiscais. A competência da Justiça do Trabalho, quanto à execução das contribuições previdenciárias, limita-se às sentenças condenatórias em pecúnia que proferir e aos valores, objeto de acordo homologado, que integrem o salário de contribuição.

  II – É do empregador a responsabilidade pelo recolhimento das contribuições previdenciárias e fiscais, resultantes de crédito do empregado oriundo de condenação judicial. A culpa do empregador pelo inadimplemento das verbas remuneratórias, contudo, não exime a responsabilidade do empregado pelos pagamentos do imposto de renda devido e da contribuição previdenciária que recaia sobre sua quota-parte.

  III – Os descontos previdenciários relativos à contribuição do empregado, no caso de ações trabalhistas, devem ser calculados mês a mês, de conformidade com o art. 276, § 4º, do Decreto n º 3.048/1999 que regulamentou a Lei nº 8.212/1991, aplicando-se as alíquotas previstas no art. 198, observado o limite máximo do salário de contribuição.

  IV – Considera-se fato gerador das contribuições previdenciárias decorrentes de créditos trabalhistas reconhecidos ou homologados em juízo, para os serviços prestados até 4.3.2009, inclusive, o efetivo pagamento das verbas, configurando-se a mora a partir do dia dois do mês seguinte ao da liquidação (art. 276, "caput", do Decreto nº 3.048/1999). Eficácia não retroativa da alteração legislativa promovida pela Medida Provisória nº 449/2008, posteriormente convertida na Lei nº 11.941/2009, que deu nova redação ao art. 43 da Lei nº 8.212/91.

  V – Para o labor realizado a partir de 5.3.2009, considera-se fato gerador das contribuições previdenciárias decorrentes de créditos trabalhistas reconhecidos ou homologados em juízo a data da efetiva prestação dos serviços. Sobre as contribuições previdenciárias não recolhidas a partir da prestação dos serviços incidem juros de mora e, uma vez apurados os créditos previdenciários, aplica-se multa a partir do exaurimento do prazo de citação para pagamento, se descumprida a obrigação, observado o limite legal de 20% (art. 61, § 2º, da Lei nº 9.460/96).

  VI – O imposto de renda decorrente de crédito do empregado recebido acumuladamente deve ser calculado sobre o montante dos rendimentos pagos, mediante a utilização de tabela progressiva resultante da multiplicação da quantidade de meses a que se refiram os rendimentos pelos valores constantes da tabela progressiva mensal correspondente ao mês do recebimento ou crédito, nos termos do art. 12-A da Lei nº 7.713, de 22/12/1988, com a redação conferida pela Lei nº 13.149/2015, observado o procedimento previsto nas Instruções Normativas da Receita Federal do Brasil.

- **Súmula 454 do TST.** Competência da justiça do trabalho. Execução de ofício. Contribuição social referente ao seguro de acidente de trabalho (SAT). Arts. 114, VIII, e 195, I, "a", da Constituição da República

  Compete à Justiça do Trabalho a execução, de ofício, da contribuição referente ao Seguro de Acidente de Trabalho (SAT), que tem natureza de contribuição para a seguridade social (arts. 114, VIII, e 195, I, "a", da CF), pois se destina ao financiamento de benefícios relativos à incapacidade do empregado decorrente de infortúnio no trabalho (arts. 11 e 22 da Lei nº 8.212/1991).

- **Súmula nº 401 do TST**. Ação rescisória. Descontos legais. Fase de execução. Sentença exequenda omissa. Inexistência de ofensa à coisa julgada

  Os descontos previdenciários e fiscais devem ser efetuados pelo juízo executório, ainda que a sentença exequenda tenha sido omissa sobre a questão, dado o caráter de ordem pública ostentado pela norma que os disciplina. A ofensa à coisa julgada somente poderá ser caracterizada na hipótese de o título exequendo, expressamente, afastar a dedução dos valores a título de imposto de renda e de contribuição previdenciária.

## PENHORA

- **Súmula nº 417 do TST**. Mandado de segurança. Penhora em dinheiro

  I – Não fere direito líquido e certo do impetrante o ato judicial que determina penhora em dinheiro do executado para garantir crédito exequendo, pois é prioritária e obedece à gradação prevista no art. 835 do CPC de 2015 (art. 655 do CPC de 1973).

II – Havendo discordância do credor, em execução definitiva, não tem o executado direito líquido e certo a que os valores penhorados em dinheiro fiquem depositados no próprio banco, ainda que atenda aos requisitos do art. 840, I, do CPC de 2015 (art. 666, I, do CPC de 1973).

## EMBARGOS DE TERCEIROS

- **Súmula nº 419 do TST**. Competência. Embargos de terceiro. Execução por carta precatória. Juízo deprecado

  Na execução por carta precatória, os embargos de terceiro serão oferecidos no juízo deprecado, salvo se indicado pelo juízo deprecante o bem constrito ou se já devolvida a carta (art. 676, parágrafo único, do CPC de 2015).

## EMPRESAS EM LIQUIDAÇÃO EXTRAJUDICIAL

- **Súmula nº 304 do TST**. Correção monetária. Empresas em liquidação. Art. 46 do ADCT/CF

  Os débitos trabalhistas das entidades submetidas aos regimes de intervenção ou liquidação extrajudicial estão sujeitos a correção monetária desde o respectivo vencimento até seu efetivo pagamento, sem interrupção ou suspensão, não incidindo, entretanto, sobre tais débitos, juros de mora.

## COMPETÊNCIA

- **Súmula nº 192 do TST**. Ação rescisória. Competência

  I – Se não houver o conhecimento de recurso de revista ou de embargos, a competência para julgar ação que vise a rescindir a decisão de mérito é do Tribunal Regional do Trabalho, ressalvado o disposto no item II.

  II – Acórdão rescindendo do Tribunal Superior do Trabalho que não conhece de recurso de embargos ou de revista, analisando arguição de violação de dispositivo de lei material ou decidindo em consonância com súmula de direito material ou com iterativa, notória e atual jurisprudência de direito material da Seção de Dissídios Individuais (Súmula nº 333), examina o mérito da causa, cabendo ação rescisória da competência do Tribunal Superior do Trabalho.

  III – Sob a égide do art. 512 do CPC de 1973, é juridicamente impossível o pedido explícito de desconstituição de sentença quando substituída por acórdão do Tribunal Regional ou superveniente sentença homologatória de acordo que puser fim ao litígio.

  IV – Na vigência do CPC de 1973, é manifesta a impossibilidade jurídica do pedido de rescisão de julgado proferido em agravo de instrumento que, limitando-se a aferir o eventual desacerto do juízo negativo de admissibilidade do recurso de revista, não substitui o acórdão regional, na forma do art. 512 do CPC.

  V – A decisão proferida pela SBDI, em agravo regimental, calcada na Súmula nº 333, substitui acórdão de Turma do TST, porque emite juízo de mérito, comportando, em tese, o corte rescisório.

## LEGITIMIDADE DO MINISTÉRIO PÚBLICO DO TRABALHO E LITISCONSÓRCIO

- **Súmula nº 407 do TST.** Ação rescisória. Ministério Público. Legitimidade "ad causam" prevista no art. 967, III, "a", "b" e "c" do CPC de 2015. Art. 487, III, "a" e "b", do CPC de 1973. Hipóteses meramente exemplificativas.

  A legitimidade "ad causam" do Ministério Público para propor ação rescisória, ainda que não tenha sido parte no processo que deu origem à decisão rescindenda, não está limitada às alíneas "a", "b" e "c" do inciso III do art. 967 do CPC de 2015 (art. 487, III, "a" e "b", do CPC de 1973), uma vez que traduzem hipóteses meramente exemplificativas.

- **Súmula nº 406 do TST**. Ação rescisória. Litisconsórcio. Necessário no polo passivo e facultativo no ativo. Inexistente quanto aos substituídos pelo sindicato

  I – O litisconsórcio, na ação rescisória, é necessário em relação ao polo passivo da demanda, porque supõe uma comunidade de direitos ou de obrigações que não admite solução díspar para os litisconsortes, em face da indivisibilidade do objeto. Já em relação ao polo ativo, o litisconsórcio é facultativo, uma vez que a aglutinação de autores se faz por conveniência e não pela necessidade decorrente da natureza do litígio, pois não se pode condicionar o exercício do direito individual de um dos litigantes no processo originário à anuência dos demais para retomar a lide.

  II – O Sindicato, substituto processual e autor da reclamação trabalhista, em cujos autos fora proferida a decisão rescindenda, possui legitimidade para figurar como réu na ação rescisória, sendo descabida a exigência de citação de todos os empregados substituídos, porquanto inexistente litisconsórcio passivo necessário.

## DECADÊNCIA

- **Súmula nº 100 do TST**. Ação rescisória. Decadência

  I – O prazo de decadência, na ação rescisória, conta-se do dia imediatamente subsequente ao trânsito em julgado da última decisão proferida na causa, seja de mérito ou não.

  II – Havendo recurso parcial no processo principal, o trânsito em julgado dá-se em momentos e em tribunais diferentes, contando-se o prazo decadencial para a ação rescisória do trânsito em julgado de cada decisão, salvo se o recurso tratar de preliminar ou prejudicial que possa tornar insubsistente a decisão recorrida, hipótese em que flui a decadência a partir do trânsito em julgado da decisão que julgar o recurso parcial.

  III – Salvo se houver dúvida razoável, a interposição de recurso intempestivo ou a interposição de recurso incabível não protrai o termo inicial do prazo decadencial.

  IV – O juízo rescindente não está adstrito à certidão de trânsito em julgado juntada com a ação rescisória, podendo formar sua convicção através de outros elementos dos autos quanto à antecipação ou postergação do "dies a quo" do prazo decadencial.

  V – O acordo homologado judicialmente tem força de decisão irrecorrível, na forma do art. 831 da CLT. Assim sendo, o termo conciliatório transita em julgado na data da sua homologação judicial.

  VI – Na hipótese de colusão das partes, o prazo decadencial da ação rescisória somente começa a fluir para o Ministério Público, que não interveio no processo principal, a partir do momento em que tem ciência da fraude.

  VII – Não ofende o princípio do duplo grau de jurisdição a decisão do TST que, após afastar a decadência em sede de recurso ordinário, aprecia desde logo a lide, se a causa versar questão exclusivamente de direito e estiver em condições de imediato julgamento.

  VIII – A exceção de incompetência, ainda que oposta no prazo recursal, sem ter sido aviado o recurso próprio, não tem o condão de afastar a consumação da coisa julgada e, assim, postergar o termo inicial do prazo decadencial para a ação rescisória.

  IX – Prorroga-se até o primeiro dia útil, imediatamente subsequente, o prazo decadencial para ajuizamento de ação rescisória quando expira em férias forenses, feriados, finais de semana ou em dia em que não houver expediente forense. Aplicação do art. 775 da CLT.

X – Conta-se o prazo decadencial da ação rescisória, após o decurso do prazo legal previsto para a interposição do recurso extraordinário, apenas quando esgotadas todas as vias recursais ordinárias.

## TRÂNSITO EM JULGADO

- **Súmula nº 299 do TST do TST.** Ação Rescisória. Decisão Rescindenda. Trânsito em julgado. Comprovação. Efeitos

  I – É indispensável ao processamento da ação rescisória a prova do trânsito em julgado da decisão rescindenda.

  II – Verificando o relator que a parte interessada não juntou à inicial o documento comprobatório, abrirá prazo de 15 (quinze) dias para que o faça (art. 321 do CPC de 2015), sob pena de indeferimento.

  III – A comprovação do trânsito em julgado da decisão rescindenda é pressuposto processual indispensável ao tempo do ajuizamento da ação rescisória. Eventual trânsito em julgado posterior ao ajuizamento da ação rescisória não reabilita a ação proposta, na medida em que o ordenamento jurídico não contempla a ação rescisória preventiva.

  IV – O pretenso vício de intimação, posterior à decisão que se pretende rescindir, se efetivamente ocorrido, não permite a formação da coisa julgada material. Assim, a ação rescisória deve ser julgada extinta, sem julgamento do mérito, por carência de ação, por inexistir decisão transitada em julgado a ser rescindida.

## DECISÃO DE MÉRITO

- **Súmula nº 412 do TST.** Ação Rescisória. Regência pelo CPC de 1973. Sentença de mérito. Questão processual.

  Sob a égide do CPC de 1973, pode uma questão processual ser objeto de rescisão desde que consista em pressuposto de validade de uma sentença de mérito.

- **Súmula nº 413 do TST.** Ação Rescisória. Sentença de mérito. Violação do art. 896, "a", da CLT.

  É incabível ação rescisória, por violação do art. 896, "a", da CLT, contra decisão transitada em julgado sob a égide do CPC de 1973 que não conhece de recurso de revista, com base em divergência jurisprudencial, pois não se cuidava de sentença de mérito (art. 485 do CPC de 1973).

- **Súmula nº 399 do TST**. Ação rescisória. Cabimento. Sentença de mérito. Decisão homologatória de adjudicação, de arrematação e de cálculos

  I – É incabível ação rescisória para impugnar decisão homologatória de adjudicação ou arrematação.

  II – A decisão homologatória de cálculos apenas comporta rescisão quando enfrentar as questões envolvidas na elaboração da conta de liquidação, quer solvendo a controvérsia das partes quer explicitando, de ofício, os motivos pelos quais acolheu os cálculos oferecidos por uma das partes ou pelo setor de cálculos, e não contestados pela outra.

## REPRESENTAÇÃO PROCESSUAL. PROCURAÇÃO COM PODERES ESPECÍFICOS PARA O AJUIZAMENTO DE RECLAMAÇÃO TRABALHISTA. IRREGULARIDADE VERIFICADA NA FASE RECURSAL

## PETIÇÃO INICIAL

- **Súmula nº 408 do TST.** Ação rescisória. Petição inicial. Causa de pedir. Ausência de capitulação ou capitulação errônea no art. 966 do CPC de 2015. Art. 485 do CPC de 1973. Princípio "iura novit curia"

  Não padece de inépcia a petição inicial de ação rescisória apenas porque omite a subsunção do fundamento de rescindibilidade no art. 966 do CPC de 2015 (art. 485 do CPC de 1973) ou o capitula erroneamente em um de seus incisos. Contanto que não se afaste dos fatos e fundamentos invocados como causa de pedir, ao Tribunal é lícito emprestar-lhes a adequada qualificação jurídica ("iura novit curia"). No entanto, fundando-se a ação rescisória no art. 966, inciso V, do CPC de 2015 (art. 485, inciso V, do CPC de 1973), é indispensável expressa indicação, na petição inicial da ação rescisória, da norma jurídica manifestamente violada (dispositivo legal violado sob o CPC de 1973), por se tratar de causa de pedir da rescisória, não se aplicando, no caso, o princípio "iura novit curia".

- **Súmula nº 405 do TST.** Ação Rescisória. Tutela Provisória.

  Em face do que dispõem a MP 1.984-22/2000 e o art. 969 do CPC de 2015, é cabível o pedido de tutela provisória formulado na petição inicial de ação rescisória ou na fase recursal, visando a suspender a execução da decisão rescindenda.

## DOLO OU COLUSÃO

- **Súmula nº 403 do TST.** Ação rescisória. Dolo da parte vencedora em detrimento da vencida. Art. 485, III[10], do CPC

  I – Não caracteriza dolo processual, previsto no art. 485, III, do CPC, o simples fato de a parte vencedora haver silenciado a respeito de fatos contrários a ela, porque o procedimento, por si só, não constitui ardil do qual resulte cerceamento de defesa e, em consequência, desvie o juiz de uma sentença não condizente com a verdade.

  II – Se a decisão rescindenda é homologatória de acordo, não há parte vencedora ou vencida, razão pela qual não é possível a sua desconstituição calcada no inciso III do art. 485 do CPC (dolo da parte vencedora em detrimento da vencida), pois constitui fundamento de rescindibilidade que supõe solução jurisdicional para a lide.

## COISA JULGADA

- **Súmula nº 397 do TST.** Ação rescisória. Art. 966, IV, do CPC de 2015. Art. 485, IV, do CPC de 1973. Ação de cumprimento. Ofensa à coisa julgada emanada de sentença normativa modificada em grau de recurso. Inviabilidade. Cabimento de mandado de segurança.

  Não procede ação rescisória calcada em ofensa à coisa julgada perpetrada por decisão proferida em ação de cumprimento, em face de a sentença normativa, na qual se louvava, ter sido modificada em grau de recurso, porque em dissídio coletivo somente se consubstancia coisa julgada formal. Assim, os meios processuais aptos a atacarem a execução da cláusula reformada são a exceção de pré-executividade e o mandado de segurança, no caso de descumprimento do art. 514 do CPC de 2015 (art. 572 do CPC de 1973).

- **Súmula nº 401 do TST**. Ação rescisória. Descontos legais. Fase de execução. Sentença exequenda omissa. Inexistência de ofensa à coisa julgada

  Os descontos previdenciários e fiscais devem ser efetuados pelo juízo executório, ainda que a sentença exequenda tenha sido omissa sobre a questão, dado o caráter de ordem pública ostentado pela norma que os disciplina. A

10 Art. 966, CPC/15.

PROCESSUAL DO TRABALHO

ofensa à coisa julgada somente poderá ser caracterizada na hipótese de o título exequendo, expressamente, afastar a dedução dos valores a título de imposto de renda e de contribuição previdenciária.

## ALCANCE DA REGRA

- **Súmula nº 409 do TST**. Ação rescisória. Prazo prescricional. Total ou parcial. Violação do art. 7º, XXIX, da CF/1988. Matéria infraconstitucional

  Não procede ação rescisória calcada em violação do art. 7º, XXIX, da CF/1988 quando a questão envolve discussão sobre a espécie de prazo prescricional aplicável aos créditos trabalhistas, se total ou parcial, porque a matéria tem índole infraconstitucional, construída, na Justiça do Trabalho, no plano jurisprudencial.

## REEXAME DE FATOS E PROVA

- **Súmula nº 410 do TST**. Ação rescisória. Reexame de fatos e provas. Inviabilidade

  A ação rescisória calcada em violação de lei não admite reexame de fatos e provas do processo que originou a decisão rescindenda.

## PRONUNCIAMENTO EXPLÍCITO

- **Súmula nº 298 do TST**. Ação rescisória. Violação a disposição de lei. Pronunciamento explícito

  I – A conclusão acerca da ocorrência de violação literal a disposição de lei pressupõe pronunciamento explícito, na sentença rescindenda, sobre a matéria veiculada.

  II – O pronunciamento explícito exigido em ação rescisória diz respeito à matéria e ao enfoque específico da tese debatida na ação, e não, necessariamente, ao dispositivo legal tido por violado. Basta que o conteúdo da norma reputada violada haja sido abordado na decisão rescindenda para que se considere preenchido o pressuposto.

  III – Para efeito de ação rescisória, considera-se pronunciada explicitamente a matéria tratada na sentença quando, examinando remessa de ofício, o Tribunal simplesmente a confirma.

  IV – A sentença meramente homologatória, que silencia sobre os motivos de convencimento do juiz, não se mostra rescindível, por ausência de pronunciamento explícito.

  V – Não é absoluta a exigência de pronunciamento explícito na ação rescisória, ainda que esta tenha por fundamento violação de dispositivo de lei. Assim, prescindível o pronunciamento explícito quando o vício nasce no próprio julgamento, como se dá com a sentença "extra, citra e ultra petita".

- **Súmula nº 400 do TST.** Ação rescisória de ação rescisória. Violação manifesta de norma jurídica. Indicação da mesma norma jurídica apontada na rescisória primitiva (mesmo dispositivo de lei sob o CPC de 1973).

  Em se tratando de rescisória de rescisória, o vício apontado deve nascer na decisão rescindenda, não se admitindo a rediscussão do acerto do julgamento da rescisória anterior. Assim, não procede rescisória calcada no inciso V do art. 966 do CPC de 2015 (art. 485, V, do CPC de 1973) para discussão, por má aplicação da mesma norma jurídica, tida por violada na rescisória anterior, bem como para arguição de questões inerentes à ação rescisória primitiva.

## MATÉRIA CONTROVERTIDA NOS TRIBUNAIS

- **Súmula nº 83 do TST**. Ação rescisória. Matéria controvertida

  I – Não procede pedido formulado na ação rescisória por violação literal de lei se a decisão rescindenda estiver baseada em texto legal infraconstitucional de interpretação controvertida nos Tribunais.

  II – O marco divisor quanto a ser, ou não, controvertida, nos Tribunais, a interpretação dos dispositivos legais citados na ação rescisória é a data da inclusão, na Orientação Jurisprudencial do TST, da matéria discutida.

## DOCUMENTO NOVO

- **Súmula nº 402 do TST**. Ação Rescisória. Prova nova. Dissídio Coletivo. Sentença Normativa.

  I – Sob a vigência do CPC de 2015 (art. 966, inciso VII), para efeito de ação rescisória, considera-se prova nova a cronologicamente velha, já existente ao tempo do trânsito em julgado da decisão rescindenda, mas ignorada pelo interessado ou de impossível utilização, à época, no processo.

  II – Não é prova nova apta a viabilizar a desconstituição de julgado: a) sentença normativa proferida ou transitada em julgado posteriormente à sentença rescindenda; b) sentença normativa preexistente à sentença rescindenda, mas não exibida no processo principal, em virtude de negligência da parte, quando podia e deveria louvar-se de documento já existente e não ignorado quando emitida a decisão rescindenda.

## AÇÃO RESCISÓRIA PARA INVALIDAR TRANSAÇÃO

- **Súmula nº 259 do TST**. Termo de conciliação. Ação rescisória

  Só por ação rescisória é impugnável o termo de conciliação previsto no parágrafo único do art. 831 da CLT.

## AÇÃO RESCISÓRIA PARA INVALIDAR CONFISSÃO (ANTIGO ART. 485, VIII, DO CPC/73)

- **Súmula nº 404 do TST.** Ação rescisória. Fundamento para invalidar confissão. Confissão ficta. Inadequação do enquadramento no art. 485, VIII, do CPC de 1973.

  O art. 485, do CPC de 1973, ao tratar do fundamento para invalidar a confissão como hipótese de rescindibilidade da decisão judicial, referia-se à confissão real, fruto de erro, dolo ou coação, e não a confissão ficta resultante de revelia.

## RESPOSTAS DO RÉU

- **Súmula nº 398 do TST**. Ação rescisória. Ausência de defesa. Inaplicáveis os efeitos da revelia

  Na ação rescisória, o que se ataca é a decisão, ato oficial do Estado, acobertado pelo manto da coisa julgada. Assim, e considerando que a coisa julgada envolve questão de ordem pública, a revelia não produz confissão na ação rescisória.

## RECURSOS

- **Súmula nº 158 do TST**. Ação rescisória

  Da decisão de Tribunal Regional do Trabalho, em ação rescisória, é cabível recurso ordinário para o Tribunal Superior do Trabalho, em face da organização judiciária trabalhista.

- **Súmula nº 99 do TST**. Ação rescisória. Deserção. Prazo

  Havendo recurso ordinário em sede de rescisória, o depósito recursal só é exigível quando for julgado procedente o pedido e imposta condenação em pecúnia, devendo este ser efetuado no prazo recursal, no limite e nos termos da legislação vigente, sob pena de deserção.

- **Súmula nº 411 do TST**. Ação rescisória. Sentença de mérito. Decisão de Tribunal Regional do Trabalho em agravo regimental confirmando decisão monocrática do relator que, aplicando a Súmula nº 83 do TST, indeferiu a petição inicial da ação rescisória. Cabimento

  Se a decisão recorrida, em agravo regimental, aprecia a matéria na fundamentação, sob o enfoque das Súmulas nºs 83 do TST e 343 do STF, constitui sentença de mérito, ainda que haja resultado no indeferimento da petição inicial e na extinção do processo sem julgamento do mérito. Sujeita-se, assim, à reforma pelo TST, a decisão do Tribunal que, invocando controvérsia na interpretação da lei, indefere a petição inicial de ação rescisória.

## VALOR DA CAUSA E PROVA PRÉ-CONSTITUÍDA

- **Súmula nº 415 do TST.** Mandado de Segurança. Petição inicial. Art. 321 do CPC de 2015. Art. 284 do CPC de 1973. Inaplicabilidade.

  Exigindo o mandado de segurança prova documental pré-constituída, inaplicável o art. 321 do CPC de 2015 (art. 284 do CPC de 1973) quando verificada, na petição inicial do "mandamus", a ausência de documento indispensável ou de sua autenticação.

## CABIMENTO

- **Súmula nº 33 do TST**. Mandado de segurança. Decisão judicial transitada em julgado

  Não cabe mandado de segurança de decisão judicial transitada em julgado.

- **Súmula nº 414 do TST**. Mandado de Segurança. Tutela Provisória concedida antes ou na sentença.

  I – A tutela provisória concedida na sentença não comporta impugnação pela via do mandado de segurança, por ser impugnável mediante recurso ordinário. É admissível a obtenção de efeito suspensivo ao recurso ordinário mediante requerimento dirigido ao tribunal, ao relator ou ao presidente ou ao vice-presidente do tribunal recorrido, por aplicação subsidiária ao processo do trabalho do artigo 1.029, § 5º, do CPC de 2015.

  II – No caso de a tutela provisória haver sido concedida ou indeferida antes da sentença, cabe mandado de segurança, em face da inexistência de recurso próprio.

  III – A superveniência da sentença, nos autos originários, faz perder o objeto do mandado de segurança que impugnava a concessão ou o indeferimento da tutela provisória.

- **Súmula nº 418 do TST**. Mandado de Segurança visando a homologação de acordo.

  A homologação de acordo constitui faculdade do juiz, inexistindo direito líquido e certo tutelável pela via do mandado de segurança.

- **Súmula nº 417 do TST**. Mandado de segurança. Penhora em dinheiro.

  I – Não fere direito líquido e certo do impetrante o ato judicial que determina penhora em dinheiro do executado para garantir crédito exequendo, pois é prioritária e obedece à gradação prevista no art. 835 do CPC de 2015 (art. 655 do CPC de 1973).

  II – Havendo discordância do credor, em execução definitiva, não tem o executado direito líquido e certo a que os valores penhorados em dinheiro fiquem depositados no próprio banco, ainda que atenda aos requisitos do art. 840, I, do CPC de 2015 (art. 666, I, do CPC de 1973).

- **Súmula nº 416 do TST**. Mandado de segurança. Execução. Lei nº 8.432/1992. Art. 897, § 1º, da CLT. Cabimento

  Devendo o agravo de petição delimitar justificadamente a matéria e os valores objeto de discordância, não fere direito líquido e certo o prosseguimento da execução quanto aos tópicos e valores não especificados no agravo.

## RECURSOS

- **Súmula nº 201 do TST**. Recurso ordinário em mandado de segurança

  Da decisão de Tribunal Regional do Trabalho em mandado de segurança cabe recurso ordinário, no prazo de 8 (oito) dias, para o Tribunal Superior do Trabalho, e igual dilação para o recorrido e interessados apresentarem razões de contrariedade.

## DISSÍDIO COLETIVO

- **Súmula nº 190 do TST**. Poder normativo do TST. Condições de trabalho. Inconstitucionalidade. Decisões contrárias ao STF

  Ao julgar ou homologar ação coletiva ou acordo nela havido, o Tribunal Superior do Trabalho exerce o poder normativo constitucional, não podendo criar ou homologar condições de trabalho que o Supremo Tribunal Federal julgue iterativamente inconstitucionais.

- **Súmula nº 279 do TST**. Recurso contra sentença normativa. Efeito suspensivo. Cassação

  A cassação de efeito suspensivo concedido a recurso interposto de sentença normativa retroage à data do despacho que o deferiu.

## AÇÃO DE CUMPRIMENTO

- **Súmula nº 286 do TST**. Sindicato. Substituição processual. Convenção e acordo coletivos

  A legitimidade do sindicato para propor ação de cumprimento estende-se também à observância de acordo ou de convenção coletivos.

- **Súmula nº 246 do TST**. Ação de cumprimento. Trânsito em julgado da sentença normativa

  É dispensável o trânsito em julgado da sentença normativa para a propositura da ação de cumprimento.

- **Súmula nº 350 do TST**. Prescrição. Termo inicial. Ação de cumprimento. Sentença normativa

  O prazo de prescrição com relação à ação de cumprimento de decisão normativa flui apenas da data de seu trânsito em julgado.

## ✦ STF

**Súmula Vinculante do STF**

- **Súmula nº 22** – A Justiça do Trabalho é competente para processar e julgar as ações de indenização por danos morais e patrimoniais decorrentes de acidente de trabalho propostas por empregado contra empregador, inclusive aquelas que ainda não possuíam sentença de mérito em primeiro grau quando da promulgação da Emenda Constitucional no 45/04.

- **Súmula nº 23** – A Justiça do Trabalho é competente para processar e julgar ação possessória ajuizada em decorrência do exercício do direito de greve pelos trabalhadores da iniciativa privada.

- **Súmula nº 53** – A competência da Justiça do Trabalho prevista no art. 114, VIII, da Constituição Federal alcança a execução de ofício das contribuições previdenciárias relativas ao objeto da condenação constante das sentenças que proferir e acordos por ela homologados.

## *HABEAS CORPUS*

- **Súmula vinculante nº 25 do STF** – É ilícita a prisão civil de depositário infiel, qualquer que seja a modalidade do depósito.

## DEPOSITÁRIO

- **Súmula vinculante nº 25 (STF)**
  É ilícita a prisão civil de depositário infiel, qualquer que seja a modalidade do depósito.

# Direito Tributário

*Alexandre Assef Müller*

## TABELA DE INCIDÊNCIA DE QUESTÕES

| Distribuição das questões organizada por ordem didática de assuntos | | |
|---|---|---|
| **Assunto** | **Número de Questões** | **Peso** |
| 1. COMPETÊNCIA TRIBUTÁRIA | 7 | 6,86% |
| 2. PRINCÍPIOS TRIBUTÁRIOS | 5 | 4,90% |
| 3. IMUNIDADES TRIBUTÁRIAS | 5 | 4,90% |
| 4. ESPÉCIES DE TRIBUTOS | 30 | 29,41% |
| 5. DISTRIBUIÇÃO DE RECEITAS TRIBUTÁRIAS | 2 | 1,96% |
| 6. LEGISLAÇÃO TRIBUTÁRIA | 3 | 2,94% |
| 7. VIGÊNCIA, APLICAÇÃO, INTERPRETAÇÃO E INTEGRAÇÃO DA LEGISLAÇÃO TRIBUTÁRIA | 4 | 3,92% |
| 8. OBRIGAÇÃO TRIBUTÁRIA | 6 | 5,88% |
| 9. RESPONSABILIDADE TRIBUTÁRIA | 7 | 6,86% |
| 10. RESPONSABILIDADE POR INFRAÇÕES | 2 | 1,96% |
| 11. CONSTITUIÇÃO DO CRÉDITO TRIBUTÁRIO | 2 | 1,96% |
| 12. SUSPENSÃO DO CRÉDITO TRIBUTÁRIO | 2 | 1,96% |
| 13. EXTINÇÃO DO CRÉDITO TRIBUTÁRIO | 5 | 4,90% |
| 14. EXCLUSÃO DO CRÉDITO TRIBUTÁRIO | 3 | 2,94% |
| 15. RESTITUIÇÃO DO INDÉBITO TRIBUTÁRIO | 2 | 1,96% |
| 16. GARANTIAS E PRIVILÉGIOS DO CRÉDITO TRIBUTÁRIO | 4 | 3,92% |
| 17. ADMINISTRAÇÃO E FISCALIZAÇÃO TRIBUTÁRIA | 13 | 12,75% |
| **Total** | **102** | **100%** |

*Alexandre Assef Müller*

## ✦ QUESTÕES

### 1. COMPETÊNCIA TRIBUTÁRIA

- CTN, arts. 6º a 15
- CF, arts. 145 a 156; 177, § 4º; 195

**01. (FGV – Exame de Ordem 2020.1)** A sociedade empresária ABC, concessionária de serviço de transporte público coletivo de passageiros, opera a linha de ônibus 123, que inicia seu trajeto no Município X e completa seu percurso no Município Y, ambos localizados no Estado Z.

Sobre a prestação onerosa desse serviço de transporte, deve incidir

a) o ISS, a ser recolhido para o Município X.

b) o ISS, a ser recolhido para o Município Y.

c) o ICMS, a ser cobrado de forma conjunta pelo Município X e o Município Y.

d) o ICMS, a ser recolhido para o Estado em que se localizam o Município X e o Município Y.

COMENTÁRIOS

✪ **Nota do Autor:** Para responder corretamente a esta questão se faz primordial o conhecimento acerca da divisão de competência tributária feita de forma rígida pela Constituição Federal. Isso porque, ao analisarmos os artigos 153 a 156 da Carga Magna, os quais definem os critérios materiais dos impostos de competência de cada ente federado, já se constata uma nítida distinção em relação à tributação do serviço de transporte. Embora o transporte se caracterize com um serviço, ou seja, uma obrigação de fazer, a própria Constituição Federal, em seu artigo 155, inciso II, atribui aos Estados a competência para instituir imposto sobre *"operações relativas à circulação de mercadorias e sobre prestações de serviços de transporte interestadual e intermunicipal e de comunicação, ainda que as operações e as prestações se iniciem no exterior"*, ou seja, por força constitucional os serviços de transporte, quando se derem entre estados ou entre municípios, serão tributados pelo ICMS, de competência dos Estados. Tal constatação já é suficiente para atestar serem incorretas as alternativas "a" e "b", que trazem o ISS como imposto incidente sobre o transporte iniciado no Município X e terminado no Município Y, ou seja, um transporte intermunicipal, sobre o qual, como visto, incide o ICMS e não o ISS, cuja incidência é restrita aos transportes municipais, ou seja, ocorrido dentre de um mesmo município. Por sua vez, ciente de que o ICMS é um imposto de competência estadual, não seria possível que sua cobrança fosse realizada por qualquer dos municípios indicados no enunciado da questão, o que afasta a alternativa "c".

Os comentários são suficientes para concluir que as alternativas "a", "b" e "c" estão incorretas.

**Alternativa correta: letra "d".**

**02. (FGV – Exame de Ordem 2020.1)** Maria dos Santos, querendo constituir hipoteca sobre imóvel de sua propriedade em garantia de empréstimo bancário a ser por ela contraído, vai a um tabelionato para lavrar a escritura pública da referida garantia real. Ali, é informada que o Município Z, onde se situa o bem, cobra o Imposto de Transmissão de Bens Imóveis (ITBI) sobre a constituição de direitos reais de garantia.

Diante desse cenário, assinale a afirmativa correta.

a) É possível tal cobrança, pois a constituição de direito real de garantia sobre bens imóveis, por ato inter vivos, é uma das hipóteses de incidência do ITBI.

b) O contribuinte do ITBI, nesse caso, não seria Maria dos Santos, mas sim a instituição bancária em favor de quem a garantia real será constituída.

c) O tabelião atua como responsável por substituição tributária, recolhendo, no lugar do contribuinte, o ITBI devido em favor do Município Z nessa constituição de direitos reais de garantia.

d) Não é possível exigir ITBI sobre direitos reais de garantia sobre imóveis.

COMENTÁRIOS

✪ **Nota do Autor:** Para responder corretamente a esta questão é basta o conhecimento preciso do texto normativo, no que se refere ao critério material do ITBI. Isto porque, conforme dispõe o artigo 156, inciso II, cabe aos Municípios instituir imposto sobre a transmissão *inter vivos* de bens imóveis, incluindo a instituição de direitos reais sobre imóveis, porém, excetuando-se, no caso de direitos reais, a instituição a título de garantia. Dessa forma, pela simples leitura do dispositivo constitucional supracitado, já é possível constatar que não incidirá ITBI sobre a constituição de direito real de garantia sobre o imóvel da Sra. Maria dos Santos a favor de instituição financeira. Tal constatação já é suficiente para concluir que as alternativas que contemplam a cobrança do ITBI sobre a constituição de direito real sobre imóvel em garantia de empréstimo estão incorretas.

Os comentários são suficientes para concluir que as alternativas "a", "b" e "c" estão incorretas.

**Alternativa correta: letra "d".**

**03. (FGV/OAB/XXX_Exame - 2019)** No final do ano de 2018, o Município X foi gravemente afetado por fortes chuvas que causaram grandes estragos na localidade. Em razão disso, a Assembleia Legislativa do Estado Y, em que está localizado o Município X, aprovou lei estadual ordinária concedendo moratória quanto ao pagamento do Imposto Predial e Territorial Urbano (IPTU) do ano subsequente, em favor de todos os contribuintes desse imposto situados no Município X.

Diante desse cenário, assinale a afirmativa correta.

a) Lei ordinária não é espécie normativa adequada para concessão de moratória.

b) Lei estadual pode conceder moratória de IPTU, em situação de calamidade pública ou de guerra externa ou sua iminência.

c) Lei estadual não pode, em nenhuma hipótese, conceder moratória de IPTU.

d) A referida moratória somente poderia ser concedida mediante despacho da autoridade administrativa em caráter individual.

COMENTÁRIOS

✪ **Nota do autor:** A questão é razoavelmente fácil, desde que se saiba com precisão a divisão de competência tributária entre os entes tributantes, União, Estados e Distrito Federal, e os Municípios. Também era necessário conhecer as disposições do CTN sobre moratória, para que não houvesse dúvidas quanto a resposta correta.

**Alternativa "a":** Em regra a lei ordinária é a espécie normativa adequada para veicular alterações na legislação tributária, somente se exigindo outra espécie normativa, como a lei complementar, quando expressamente exigido pela Constituição Federal, o que não é o caso da moratória.

**Alternativa "b":** Não há previsão legal, nem mesmo em caso de calamidade pública ou de guerra externa ou sua iminência, para que o Estado invada a competência atribuída aos Municípios, para conceder uma moratória de um imposto municipal.

**Alternativa "c":** Como o IPTU é um imposto de competência dos Municípios, somente lei municipal poderá tratar de moratória relativa a tal exação, não sendo possível, em nenhuma hipótese, que a matéria seja tratada por lei estadual, já que haveria, neste caso, uma invasão de competência tributária contrária ao texto constitucional. Ademais, o artigo 152, inciso I, do CTN é expresso em afirmar que apenas a pessoa jurídica de direito público competente para instituir o tributo pode conceder a moratória.

**Alternativa "d":** A moratória em caráter geral, como na hipótese do enunciado da questão, é sempre concedida por lei ordinária do Município, somente se exigindo despacho da autoridade administrativa quando concedida em caráter individual, que não é o caso em análise.

**Alternativa correta: letra "c".**

---

**04. (FGV – Exame de Ordem/2018.3)** O Município M resolve ele mesmo fiscalizar e cobrar o Imposto sobre a Propriedade Territorial Rural (ITR) dos imóveis rurais localizados em seu território.

Acerca desse cenário, assinale a afirmativa correta.

a) O ITR não pode ser fiscalizado e cobrado pelo Município M, por se tratar de tributo de competência da União.

b) O Município M poderá optar, na forma da lei, por fiscalizar e cobrar diretamente o ITR.

c) A fiscalização e a cobrança do ITR pelo Município M autorizam-no a reter 50% do produto da arrecadação do imposto, como contraprestação pela fiscalização e cobrança no lugar da União.

d) A partir da opção por fiscalizar e cobrar o ITR, o Município M passa a ter competência para alterar as alíquotas do imposto, inclusive para sua redução.

COMENTÁRIOS

**Alternativa "a":** Não se pode confundir a competência tributária, que consiste na outorga constitucional da prerrogativa de constituir determinado tributo, com a capacidade tributária, que é o poder de fiscalizar e cobrar o tributo, a qual, diferentemente da competência tributária, é passível de delegação.

**Alternativa "b":** Além do fato de a capacidade de fiscalizar e cobrar o tributo poder ser delegada a outro ente da administração pública, há previsão constitucional expressa, veiculada através do artigo 153, § 4º, inciso III, da Carta Magna, concedendo aos municípios a opção de fiscalizar e cobrar o ITR incidente sobre imóveis rurais situados em seu território.

**Alternativa "c":** A Constituição Federal prevê que, além de ser facultado aos municípios optarem pela fiscalização e cobrança do ITR, neste caso, por determinação de seu artigo 158, inciso II, ao optar por exercer a capacidade tributário sobre o ITR, o produto da arrecadação ficará totalmente para o município.

**Alternativa "d":** A faculdade concedida aos municípios, pelo artigo 153, § 4º, inciso III, da Carta Magna, diz respeito apenas à capacidade tributária, não se delegando, nesta hipótese, a competência tributária para instituir ou majorar o ITR, que continua sendo exercida exclusivamente pela União, de forma indelegável.

**Alternativa correta: letra "b".**

---

**05. (FGV - Exame de Ordem 2018.2)** Admita que, em 2016, foi criado um Território Federal no Brasil, dividido em municípios. Joaquim reside nesse Território e recebeu da União, no presente ano, uma guia para o pagamento do Imposto sobre a Propriedade Predial e Territorial Urbana (IPTU) do seu imóvel. Na semana seguinte, recebeu também uma guia do município em que mora. Levando em conta a situação descrita, assinale a afirmativa correta.

a) Apenas a União é competente para, no caso, exigir o IPTU.

b) Apenas o Município onde Joaquim reside é competente para exigir o IPTU.

c) Tanto o Estado, onde se localiza o Território, quanto o Município seriam competentes para exigir o IPTU.

d) Tanto a União quanto o Município em que Joaquim reside seriam competentes para exigir o IPTU.

COMENTÁRIOS

✪ **Nota do autor:** A questão é bastante interessante, pois trata de uma espécie de competência pouco debatida na doutrina que é a competência cumulativa da União, sobre os territórios federais, e do Distrito Federal, para legislarem sobre impostos municipais, além dos impostos cujas respectivas competências lhe são privativamente outorgadas pela Constituição Federal. Conforme dispõe o artigo 147 da Constituição Federal, a União poderá instituir e cobrar impostos estaduais nos territórios federais, bem como os impostos municipais na hipótese de os territórios federais não serem divididos em municípios, ao passo que o Distrito Federal poderá instituir e cobrar os impostos municipais sobre os fatos geradores ocorridos dentro de sua base territorial.

Todavia, a contrário senso da norma constitucional que outorga a competência à União para instituir e cobrar impostos municipais nos territórios federais não divididos em municípios, conclui-se que nos territórios federais, que sejam divididos em municípios, a regra se inverte, passando-se a estes a competência tributária quanto aos impostos municipais.

Assim, levando-se em consideração que o enunciado da questão fala na criação de um território federal dividido em municípios, não haverá cumulação de competência da União para instituir os impostos municipais, como é o caso do IPTU, que deverá ser instituído e cobrado apenas pelo município em que reside Joaquim, sendo indevido o imposto cobrado pela União.

Os comentários são suficientes para concluir que as alternativas "a", "c" e "d" estão incorretas.

**Alternativa correta: letra "b".**

**06. (FGV – Exame de Ordem 2016.2)** Determinado ente da Federação instituiu um tributo incidente sobre a folha de salários e demais rendimentos do trabalho pagos ou creditados, a qualquer título, à pessoa física que preste serviço a empregador privado, ainda que sem vínculo empregatício, com o objetivo de financiar a seguridade social. Em sintonia com a CRFB/88, assinale a opção que indica o ente da federação competente para a instituição do tributo descrito e o nome do tributo em questão.

a) Estados-membros e o Distrito Federal. Contribuição previdenciária.

b) União. Contribuição social.

c) União. Imposto sobre a renda.

d) Todos os entes da Federação. Contribuições sociais.

**COMENTÁRIOS**

**Nota do autor:** Importante recordar que é exclusiva da União a competência para instituir contribuições sociais para custeio da seguridade social, tal como se infere da interpretação conjunta dos artigos 149, 'caput' e 195, ambos da CF. Todavia, lembre-se que a Emenda Constitucional nº 41 de 19/12/2003 outorgou aos Estados, ao Distrito Federal e aos Municípios competência para instituir contribuição, cobrada de seus servidores, para custeio, em benefício destes, do regime previdenciário próprio, tal como prescrito no § 1º, do artigo 149, da CF.

**Alternativa "a":** O tributo incidente sobre a folha de salários e demais rendimentos do trabalho pagos ou creditados, a qualquer título, à pessoa física que lhe preste serviço, mesmo sem vínculo empregatício é contribuição social, gênero de que é espécie a contribuição previdenciária. Na forma do artigo 195 da CF, a contribuição social destina-se ao custeio da seguridade social, aqui compreendida tanto a saúde pública e assistência social, quanto a previdência social. Seria contribuição previdenciária se tal exação tivesse por destinação específica o custeio do pagamento de benefícios previdenciários, o que não é o caso, já que o já referido artigo 195 da CF prescreve o custeio da seguridade social e não só da previdência social. Ademais, de acordo com o artigo 149 da CF, a instituição de contribuições sociais – aqui incluídas as contribuições previdenciárias – é competência exclusiva da União.

**Alternativa "b":** Conforme artigo 149 da CF, é exclusiva da União a competência para instituir contribuições sociais. Além do mais, de acordo com o inciso I, alínea 'a', do artigo 195 da Constituição Federal, a seguridade social será financiada, dentre outros, por contribuição social do empregador, da empresa e da entidade a ela equiparada na forma da lei, incidente sobre a folha de salários e demais rendimentos do trabalho pagos ou creditados, a qualquer título, à pessoa física que lhe preste serviço, mesmo sem vínculo empregatício.

**Alternativa "c":** O tributo incidente sobre a folha de salários e demais rendimentos do trabalho pagos ou creditados, a qualquer título, à pessoa física que lhe preste serviço, mesmo sem vínculo empregatício, é nomeado contribuição social pelo artigo 195, inciso I, alínea 'a', da CF, sendo competência exclusiva da União instituí-lo, a teor do artigo 149 da Carta Maior.

**Alternativa "d":** De fato o tributo incidente sobre a folha de salários e demais rendimentos do trabalho pagos ou creditados, a qualquer título, à pessoa física que lhe preste serviço, mesmo sem vínculo empregatício é nomeado contribuição social, como se lê do artigo 195, inciso I, alínea 'a', da CF; todavia, sua instituição é competência exclusiva da União, conforme dispõe o artigo 149 da Carta da República.

**Alternativa correta: letra "b".**

**07. (FGV – Exame de Ordem 2016.1)** O Estado X, visando aumentar a sua arrecadação, instituiu novo imposto, não previsto na Constituição Federal.

Sobre a hipótese, assinale a afirmativa correta.

a) O Estado X pode instituir imposto, mediante lei complementar, desde que previsto na Constituição Estadual.

b) Para exercer a competência residual do Estado X, é necessária lei de iniciativa do Governador do Estado.

c) O Estado X não pode instituir o imposto novo, tendo em vista que a competência residual para a instituição de novos impostos é somente da União.

d) É vedada à União, aos Estados, ao Distrito Federal e aos Municípios, a instituição de impostos não previstos na Constituição Federal.

**COMENTÁRIOS**

**Alternativa "a":** O Federalismo brasileiro, em especial no que respeita à matéria tributária, fixa, no seio da Constituição Federal, as regras acerca das competências legislativo-fiscais dos entes políticos, reservando à Lei Complementar o estabelecimento de normas gerais. Assim, o Estado X somente poderia instituir, por lei complementar, imposto previsto, como de sua competência, na Constituição da República.

**Alternativa "b":** A competência residual é atribuída à União, na forma do artigo 154, inciso I, da Constituição Federal, não podendo o Estado X, ainda que na omissão da União, exercer competência tributária residual.

**Alternativa "c":** Conforme previsão contida no artigo 154, inciso I c/c artigo 153, ambos da Constituição Federal, é da União a competência residual para instituir, mediante lei complementar e desde que sejam não cumulativos e não tenham fato gerador ou base de cálculo próprios dos discriminados na Constituição, impostos outros que não os instituídos sobre a importação de produtos estrangeiros; a exportação, para o exterior, de produtos nacionais ou nacionalizados; a renda e proventos de qualquer natureza; produtos industrializados; operações de crédito, câmbio e seguro, ou relativas a títulos ou valores mobiliários; propriedade territorial rural, e grandes fortunas, respeitadas, ainda, as competências constitucionais dos demais entes federados.

**Alternativa "d":** Aos Estados, ao Distrito Federal e aos Municípios é vedada a instituição de impostos não previstos na Constituição Federal, competindo somente à União a instituição, em caráter residual, de impostos não previstos na Carta da República.

**Alternativa correta: letra "c".**

## 2. PRINCÍPIOS TRIBUTÁRIOS

- CTN, arts. 9º a 15; 97; 104, III; 106; 144, § 1º;
- CF, arts. 148, I; 150 a 152; 153, § 1º; 155, § 2º, X, a; 155, § 2º, XII, e; 155, § 4º, IV; 177, § 4º, I, b; 195, § 6º

**08. (FGV – Exame de Ordem – 2021.2)** Em 10/11/2020, foi publicada lei ordinária federal que majorava a alíquota de contribuição previdenciária a ser cobrada do empregador, incidente sobre a folha de salários e demais rendimentos do trabalho pagos ou creditados, a qualquer título, à pessoa física que lhe preste serviço, mesmo sem vínculo empregatício.

Diante desse cenário, a nova alíquota poderá ser aplicada

a) a partir da data da publicação da lei.

b) noventa dias a contar da data da publicação da lei.

TRIBUTÁRIO

c) a partir do primeiro dia do exercício financeiro seguinte.

d) a partir de noventa dias contados do primeiro dia do exercício financeiro seguinte.

COMENTÁRIOS

✪ **Nota do autor:** Para responder a essa questão, fundamental recordar os limites constitucionais do poder de tributar. Primeiro, recorde-se que a instituição de contribuições sociais é competência exclusiva da União, conforme artigo 149, da CF. Além disso, para responder à questão é importante conhecer o conteúdo do artigo 149 e do inciso III, alíneas 'b' e 'c', do artigo 150, todas da CF, que vedam à União cobrar contribuições sociais, das quais são espécies as contribuições previdenciárias, no mesmo exercício financeiro em que haja sido publicada a lei que as instituiu ou aumentou (princípio da anterioridade) e antes de decorridos noventa dias da data em que haja sido publicada a lei que as instituiu ou aumentou (noventena). Assim, a cobrança da contribuição social deve respeitar o princípio da anterioridade e da noventena.

Os comentários são suficientes para concluir que as alternativas "a", "c" e "d" estão incorretas.

**Alternativa correta: letra "b".**

---

**09. (FGV/OAB/XXX_Exame - 2019)** A sociedade empresária ABC Ltda. foi autuada pelo Fisco do Estado Z apenas pelo descumprimento de uma determinada obrigação tributária acessória, referente à fiscalização do ICMS prevista em lei estadual (mas sem deixar de recolher o tributo devido). Inconformada, realiza a impugnação administrativa por meio do auto de infração. Antes que sobreviesse a decisão administrativa da impugnação, outra lei estadual extingue a previsão da obrigação acessória que havia sido descumprida. Diante desse cenário, assinale a afirmativa correta.

a) A lei estadual não é instrumento normativo hábil para extinguir a previsão dessa obrigação tributária acessória referente ao ICMS, em virtude do caráter nacional desse tributo.

b) O julgamento administrativo, nesse caso, deverá levar em consideração apenas a legislação tributária vigente na época do fato gerador.

c) Não é possível a extinção dos efeitos da infração a essa obrigação tributária acessória após a lavratura do respectivo auto de infração.

d) A superveniência da extinção da previsão dessa obrigação acessória, desde que não tenha havido fraude, nem ausência de pagamento de tributo, constitui hipótese de aplicação da legislação tributária a ato pretérito.

COMENTÁRIOS

✪ **Nota do autor:** Esta questão aborda o princípio da irretroatividade da lei tributária e suas exceções, exigindo que se tenha conhecimento não apenas de seu conceito, mas também dos limites de incidência de referido princípio tributário.

**Alternativa "a":** O ICMS é um imposto de competência dos Estados e do Distrito Federal, conforme dispõe o artigo 155, inciso II, da Constituição Federal. Portanto, cada Estado membro e o Distrito Federal tem competência tributária para instituir, majorar e modificar a legislação do ICMS, bem como detém a competência para legislar sobre os respectivos deveres acessórios relacionados à apuração de referida exação. O fato de se exigir a prévia aprovação entre os Estados, através do chamado CONFAZ, para concessão de determinados benefícios fiscais, não afasta a competência própria dos Estados para legislar internamente sobre o ICMS.

**Alternativa "b":** Como ainda não foi julgado em definitivo o lançamento tributário, torna-se possível a aplicação da lei tributária que extinguiu a obrigação acessória mesmo que a fato pretérito, sendo esta hipótese uma das exceções ao princípio da irretroatividade da lei tributária.

**Alternativa "c":** Pelas razões referidas nos comentários à alternativa anterior, em caso de extinção da obrigação tributária acessória, tal alteração da legislação tributária retroage para alcançar o ato ainda não julgado definitivamente. Trata-se de uma exceção ao princípio da irretroatividade da lei tributária.

**Alternativa "d":** Segundo o princípio da irretroatividade de lei tributária, em regra uma alteração da legislação tributária não deve retroagir de forma a atingir fatos ocorridos antes de sua vigência. Todavia, o princípio da irretroatividade apresenta exceções, como é o caso das hipóteses tratadas no artigo 106, do CTN. Analisando o referido dispositivo legal, constatamos que ao lado da norma tributária puramente interpretativa, da chamada lex mitior (que comina pena mais branda a determinada infração), e da extinção de determinada infração, também deverá retroagir, para atingir ato pretérito ainda não julgado em definitivo, a norma que deixa de exigir determinado dever acessório por parte do contribuinte, desde que o ato não tenha sido fraudulento e não tenha acarretado a falta de pagamento do tributo (art. 106, II, "b", CTN), como é o caso narrado no enunciado da questão.

**Alternativa correta: letra "d".**

---

**10. (FGV-Exame de Ordem 2019.2)** O Chefe do Executivo do Município X editou o Decreto 123, em que corrige o valor venal dos imóveis para efeito de cobrança do Imposto Predial e Territorial Urbano (IPTU), de acordo com os índices inflacionários anuais de correção monetária.

No caso narrado, a medida

a) fere o princípio da legalidade, pois a majoração da base de cálculo somente pode ser realizada por meio de lei em sentido formal.

b) está de acordo com o princípio da legalidade, pois a majoração da base de cálculo do IPTU dispensa a edição de lei em sentido formal.

c) está de acordo com o princípio da legalidade, pois a atualização monetária da base de cálculo do IPTU pode ser realizada por meio de decreto.

d) fere o princípio da legalidade, pois a atualização monetária da base de cálculo do IPTU não dispensa a edição de lei em sentido formal.

COMENTÁRIOS

✪ **Nota do autor:** A questão aborda uma situação interessante, que traz em uma mesma hipótese fática uma exceção tanto ao princípio da legalidade quanto ao princípio da anterioridade e da anterioridade nonagesimal. Na realidade, conforme entendimento já reiterado pelos nossos tribunais superiores, a atualização monetária da base de valores do IPTU, quando realizada com base em índices de correção monetária, não importa em aumento da base de cálculo do tributo, já que a atualização monetária visa apenas recuperar o valor da moeda diminuído pela inflação. Assim, como não há aumento da base de cálculo, não há incidência dos princípios constitucionais que limitam o poder de tributar, visando impedir a criação ou majoração efetiva dos tributos sem prévia lei *stricto sensu*. Ademais, no tocante a possibilidade de atualizar monetariamente a base de valores do IPTU por meio de Decreto do Poder Executivo, cabe destacar que o artigo 97, inciso II, § 2º, do Código Tributário Nacional expressamente estabelece que a correção monetária da base de cálculo do tributo não se submete ao princípio da legalidade, o que também é previsto, a contrário senso, pela Súmula 160 do STF, a qual dispõe que a atualização monetária do IPTU somente não poderá ser veiculado por decreto quando fixada em percentual maior que os índices de correção monetária. Portanto, na hipótese narrada no enunciado da questão, a atualização da base de cálculo do IPTU do Município X, por meio do Decreto 123, por meio da aplicação de índices inflacionários, não viola nenhum princípio constitucional, sendo perfeitamente válida sua instituição por meio de lei em sentido formal, como é o caso do Decreto Municipal, já que para tanto, não se exige lei material, ou em sentido estrito, eis que, como visto, não se aplica o princípio da estrita legalidade.

Os comentários são suficientes para concluir que as alternativas "a", "b" e "d" estão incorretas.

**Alternativa correta: letra "c".**

---

**11. (FGV-Exame de Ordem 2019.2)** O Município X, na tentativa de fazer com que os cofres municipais pudessem receber determinado tributo com mais celeridade, publicou, em maio de 2017, uma lei que alterava a data de recolhimento daquela exação. A lei dispunha que os efeitos das suas determinações seriam imediatos.

Nesse sentido, assinale a afirmativa correta.

a) Segundo a Lei de Introdução às Normas do Direito Brasileiro (LINDB), a lei é válida, mas apenas poderia entrar em vigor 45 (quarenta e cinco) dias após a sua publicação.

b) A lei é inconstitucional, uma vez que não respeitou o princípio da anterioridade.

c) A lei é constitucional, uma vez que, nessa hipótese, não se sujeita ao princípio da anterioridade.

d) A lei é válida, mas só poderia vigorar 90 (noventa) dias após a sua publicação.

**COMENTÁRIOS**

**Nota do autor:** Esta questão abordou de forma interessante a aplicabilidade do princípio da anterioridade e suas exceções.

**Alternativa "a":** A Lei de Introdução às Normas do Direito Brasileiro estabelece o prazo de 45 (quarenta e cinco) dias após sua publicação para que uma determinada lei entre em vigor. É a chamada *vacatio legis*. Porém, este prazo de *vacatio legis* somente prevalece se a própria lei não estabelecer prazo diferente, inclusive podendo dispor de sua aplicação imediata.

**Alternativa "b":** O princípio da anterioridade não é absoluto, não se aplicando a toda e qualquer alteração da legislação tributária. Em regra, o princípio da anterioridade incide sobre alterações da legislação tributária que importem em criação ou majoração de tributo, não incidindo, pois, na mera alteração do prazo para o recolhimento da exação.

**Alternativa "c":** A alteração de prazo de recolhimento do tributo não se submete ao princípio da anterioridade, já que não importa em criação ou majoração de tributo. Aliás, a matéria aqui tratada já restou assentada na Súmula Vinculante 50 do Colendo STF, que assim dispõe: *"Norma legal que altera o prazo de recolhimento de obrigação tributária não se sujeita ao princípio da anterioridade".*

**Alternativa "d":** A alteração de prazo para recolhimento de tributo também não se submete ao princípio da anterioridade nonagesimal, pelas mesmas razões pelas quais não se aplica o princípio da anterioridade de exercício, ou seja, por não importar em criação ou majoração de tributo.

**Alternativa correta: letra "c".**

---

**12. (FGV - Exame de Ordem 2018.2)** Em março de 2016, o Município X publicou lei instituindo novos critérios de apuração e ampliando os poderes de investigação das autoridades administrativas. Com base nessa nova orientação, em outubro do mesmo ano, o fisco municipal verificou a ausência de declaração e recolhimento de valores do Imposto Sobre Serviços de Qualquer Natureza - ISSQN devidos pela pessoa jurídica Y, referentes ao ano-calendário 2014; diante dessa constatação, lavrou auto de infração para cobrança dos valores inadimplidos.

No que tange à possibilidade de aplicação da nova legislação ao presente caso, assinale a afirmativa correta.

a) É inaplicável, pois não respeitou o princípio da anterioridade anual.

b) É inaplicável, pois o fisco somente poderia lavrar o auto de infração com base nos critérios de apuração previstos em lei vigente no momento da ocorrência do fato gerador.

c) É aplicável, pois a legislação que institui novos critérios de apuração e amplia poderes de investigação das autoridades administrativas aplica-se aos lançamentos referentes a fatos geradores ocorridos antes de sua vigência.

d) É aplicável, pois foi observado o princípio da anterioridade nonagesimal.

**COMENTÁRIOS**

**Nota do autor:** A questão é interessante e exige atenção, pois trabalha com a exceção a um princípio constitucional tributário, não bastando, neste caso, o conhecimento conceitual acerca dos princípios constitucionais limitadores do poder de tributar.

**Alternativa "a":** Não se trata de violação ao princípio da anterioridade anual, pois não há instituição ou majoração do tributo sendo cobrado no mesmo exercício em que ocorrida a alteração. O que ocorre é a aplicação retroativa de uma norma tributária a um fato pretérito, o que, aparentemente, poderia configurar uma ofensa ao princípio da irretroatividade da lei tributária.

**Alternativa "b":** Embora vigente o princípio da irretroatividade da lei tributária, pelo qual se proíbe que uma nova norma tributária incida sobre fatos pretéritos, é necessário saber que tal princípio admite exceções, sendo uma delas justamente a possibilidade de retroação de norma que amplie poderes da fiscalização ou modifique critérios de apuração do tributo, o que, aliás, encontra-se expressamente definido no artigo 144, § 1º do CTN, que foi recepcionado pela Constituição Federal.

**Alternativa "c":** O artigo 144, § 1º, do CTN, é expresso em afirmar que a legislação que, mesmo posterior ao fato gerador, venha a modificar critérios de apuração ou ampliar poderes de investigação das autoridades administrativas, deve ser aplicada ao lançamento. É necessário verificar, ainda, que o dispositivo citado excepciona o princípio da irretroatividade da lei tributária, sem ferir o texto constitucional, pois tal princípio ser refere apenas à instituição e majoração dos tributos, não vinculado os atos procedimentais de apuração e fiscalização.

**Alternativa "d":** O princípio da anterioridade nonagesimal não guarda relação de pertinência com a hipótese narrada no enunciado da questão, já que a chamada noventena atinge tão somente a instituição ou majoração de tributos.

**Alternativa correta: letra "c".**

## 3. IMUNIDADES TRIBUTÁRIAS

- CTN, arts. 9º, IV; 12; 13; 14
- CF, arts. 5º, XXXIV, LXXIII, LXXVI, LXXVII; 146, II; 149, § 2º, I; 150, VI, a, b, c, d, §§ 2º ao 4º; 153, § 3º, III e § 4º, II; 153, § 5º c/c ADCT, art. 74, § 2º; 155, § 2º, X e § 3º; 156, § 2º, I; 184, § 5º; 195, II e § 7º; 226, § 1º

TRIBUTÁRIO

**13. (FGV – Exame de Ordem XXXVI – 2022)** A Secretaria da Receita Federal do Brasil lavrou, em 2022, auto de infração de um milhão de reais em face da sociedade empresária Maçã Ltda. por não ter recolhido o Imposto de Importação (II) e a Contribuição Social Sobre Lucro Líquido (CSLL) referentes ao ano de 2021, incidentes sobre a comercialização de livros eletrônicos (e- books) por ela importados e comercializados no país.

O departamento jurídico da sociedade autuada contrata você, como advogado(a), para emitir parecer para fundamentar sua defesa.

Diante desse cenário, assinale a afirmativa correta.

a) O II e a CSLL são indevidos, pois os livros eletrônicos (e-books) se enquadram na imunidade tributária dos livros.

b) Apenas o II é indevido, pois os livros eletrônicos (e-books) se enquadram na imunidade tributária dos livros.

c) Apenas a CSLL é indevida, pois os livros eletrônicos (e-books) se enquadram na imunidade tributária dos livros.

d) O II e a CSLL são devidos, pois os livros eletrônicos (e-books) não se enquadram na imunidade tributária dos livros.

**Comentários do autor:** O artigo 150, inciso VI, alínea "d", da CF estabelece que é **vedado** à União, aos Estados, ao Distrito Federal e aos Municípios **instituir impostos sobre livros, jornais, periódicos e o papel destinado à sua impressão**. Pelo dispositivo constitucional em apreço, livros, jornais, periódicos e o papel destinado a sua impressão estão imunes **apenas a impostos**, de forma que a imunidade **não alcança demais espécies tributárias**, podendo incidir CSLL sobre sua comercialização. Além disso, a **Súmula Vinculante 57 do Eg. STF** firmou o entendimento de que ***"A imunidade tributária constante do artigo 150, VI, d, da CF/88 aplica-se à importação e comercialização, no mercado interno, do livro eletrônico (e-book) e dos suportes exclusivamente utilizados para fixá-los, como leitores de livros eletrônicos (e-readers), ainda que possuam funcionalidades acessórias"***. Dessa forma, é indevida o II sobre a comercialização de livros eletrônicos (e- books) importados e comercializados no país pela sociedade empresária Maçã Ltda., mas é devida a CSLL.

Os comentários são suficientes para concluir que as alternativas "a", "c" e "d" estão incorretas.

**Alternativa correta: letra "b".**

**14. (FGV- XXXV Exame de Ordem-2022)** A empresa pública estadual XYZ S.A., com imunidade tributária que a desonera do pagamento de Imposto sobre a Renda de Pessoa Jurídica (IRPJ) reconhecida desde o ano de 2020 por decisão do Supremo Tribunal Federal transitada em julgado, deixou de cumprir diversas obrigações acessórias relativas ao IRPJ referente ao ano-base de 2021.

Em decorrência disso, foi autuada e recebeu multa pelo descumprimento de obrigações tributárias acessórias. A empresa procura você, como advogado(a), indagando sobre a validade da exigência desta penalidade pecuniária, uma vez que sua imunidade já foi reconhecida.

Diante desse cenário, sobre a autuação fiscal e a respectiva cobrança de multa, assinale a afirmativa correta.

a) São inválidas e ilegais, por inexistir a obrigação tributária principal, e aplica-se a regra de que a obrigação acessória segue a obrigação principal.

b) São válidas e legais, porque o descumprimento da obrigação acessória, mesmo por empresa imune, converte-se em obrigação principal relativamente à penalidade pecuniária.

c) Só poderiam ser exigidas caso a imunidade tributária daquela empresa não fosse reconhecida ou revogada.

d) São inválidas e ilegais, porque a imunidade tributária veda, também, a exigência de cumprimento de obrigações acessórias.

✪ **Nota do Autor:** As imunidades tributárias previstas na Constituição Federal atuam como limites constitucionais à competência tributária, ou seja, limitam o poder de um determinado ente político de instituir tributo sobre certos bens, serviços, pessoas e patrimônio que a Constituição Federal expressamente coloca fora do campo tributário. Embora a imunidade tributária impeça o ente público de criar determinado tributo, não se pode confundir a obrigação principal originada do dever de recolher o tributo aos cofres públicos, com aquelas que chamamos de obrigações tributárias acessórias ou simplesmente de deveres acessórios, que se caracterizam pela obrigação de prestar informações aos entes dotados de capacidade tributária, a qual continua sendo exigida quando prevista na respectiva lei tributária.

No caso tratado no enunciado da questão a imunidade que incide sobre a empresa pública estadual XYZ S.A. é a chamada imunidade recíproca, prevista no artigo 150, inciso VI, alínea "a" da Constituição Federal, que impede a instituição de impostos sobre o patrimônio, a renda e os serviços de um ente tributante em relação ao outro, ou em relação às suas autarquias e fundações (§ 2º do art. 150, VI, "a" da CF).

Porém, o fato de não incidir imposto de renda sobre a pessoa jurídica de direito público em questão, esta não está dispensada das obrigações acessórias exigidas para fins de fiscalização e cobrança, podendo ser aplicada sanção pelo descumprimento de tais deveres.

**Obs.:** Chama a atenção o fato de a questão trazer como pessoa alcançada pela imunidade recíproca uma empresa pública, já que o parágrafo segundo do artigo 150, inciso VI, alínea "a" da Constituição Federal, ao estender a imunidade recíproca para entidades da administração pública indireta, se refere expressamente apenas às autarquias e fundações instituídas e mantidas pelo poder público, não se referindo às empresas públicas, como no caso da questão, ou às empresas de economia mista. Ocorre, porém, que o STF, após alguns julgados que consideravam a incidência da imunidade recíproca para as empresas ligadas ao poder público, acabou definindo seu entendimento por meio da resolução do Tema 1.140 com repercussão geral, no sentido de que as empresas públicas e as sociedades de economia mista, delegatárias de serviços públicos essenciais, são beneficiárias de imunidade tributária recíproca, independentemente de cobrança de tarifa como contraprestação do serviço.

Os comentários são suficientes para concluir que as alternativas "a", "c" e "d" estão incorretas.

**Resposta correta: letra "b"**

**15. (FGV-Exame de Ordem 2019.1)** O Estado Y lavrou auto de infração em face da pessoa jurídica PJ para cobrança de créditos de Impostos sobre a Circulação de Mercadorias e Prestação de Serviços (ICMS), decorrentes da produção e venda de livros eletrônicos. Adicionalmente aos créditos de ICMS, o Estado Y cobrou o pagamento de multa em decorrência do descumprimento de obrigação acessória legalmente prevista.

Tendo isso em vista, assinale a afirmativa correta.

a) Há imunidade tributária em relação aos livros eletrônicos; por outro lado, é incorreta a cobrança da multa pelo descumprimento da obrigação acessória.

b) Há imunidade tributária em relação aos livros eletrônicos; no entanto, tendo em vista a previsão legal, é correta a cobrança de multa pelo descumprimento da obrigação acessória.

c) É correta a cobrança do ICMS, uma vez que a imunidade tributária somente abrange o papel destinado à impressão de livros, jornais e periódicos; da mesma forma, é correta a cobrança de multa pelo descumprimento da obrigação acessória, em vista da previsão legal.

d) É correta a cobrança do ICMS, uma vez que a imunidade tributária somente abrange o papel destinado à impressão de livros, jornais e periódicos; no entanto, é incorreta a cobrança da multa pelo descumprimento da obrigação acessória.

COMENTÁRIOS

**Nota do autor:** O artigo 150, inciso VI, alínea "d", do CF, estabelece que é vedado aos entes federados instituir impostos sobre livros, jornais, periódicos e o papel destinado à sua impressão, sendo vedado ao Estado, portanto, a cobrança de ICMS sobre livros eletrônicos.

Ademais, o STF pacificou a questão em comento, ao editar a Súmula Vinculante 57, com o seguinte teor: "A imunidade tributária constante do art. 150, VI, d, da CF/88 aplica-se à importação e comercialização, no mercado interno, do livro eletrônico (e-book) e dos suportes exclusivamente utilizados para fixá-los, como leitores de livros eletrônicos (e-readers), ainda que possuam funcionalidades acessórias."

Ressalte-se que a imunidade em comento não alcança apenas os livros, jornais e periódicos veiculados em papel: qualquer suporte, físico ou não, de livros, jornais e periódicos e alcançado pela imunidade constitucional. Assim, a imunidade acoberta nao só os livros eletrônicos (*e-books*), mas também *software* e até mesmo discos magnéticos (*CD ROM*) ou quaisquer outras funcionalidades para acessá-los (por exemplo, o acesso à *internet* para *download*).

Por outro lado, o descumprimento de obrigações acessórias legalmente estabelecidas impõe a cobrança de multa.

Ora, conforme prescreve o artigo 113 do CTN, a obrigação tributária pode ser principal ou acessória: a primeira, surge com a ocorrência do fato gerador e tem por finalidade o pagamento de tributo ou penalidade pecuniária; a segunda, a obrigação acessória, não tem feição patrimonial, tendo por objeto prestações positivas ou negativa fixadas em lei no interesse da arrecadação ou fiscalização tributária, convertendo-se, na hipótese de sua inobservância, em obrigação principal em relação à penalidade pecuniária.

Os comentários são suficientes para concluir que as alternativas "a", "c" e "d" estão incorretas.

**Alternativa correta: letra "b".**

**16. (FGV - Exame de Ordem 2017.2)** O reitor de uma faculdade privada sem fins lucrativos (cujas receitas, inclusive seus eventuais superávits, são integralmente reinvestidas no estabelecimento de ensino) deseja saber se está correta a cobrança de impostos efetuada pelo fisco, que negou a pretendida imunidade tributária, sob o argumento de que a instituição de ensino privada auferia lucros.

Na hipótese, sobre a atuação do fisco, assinale a afirmativa correta.

a) O fisco agiu corretamente, pois a imunidade tributária apenas alcança instituições de ensino que não sejam superavitárias.

b) O fisco agiu corretamente, pois a imunidade tributária apenas alcança instituições públicas de ensino.

c) O fisco não agiu corretamente, pois não há impedimento à distribuição de lucro pelo estabelecimento de ensino imune.

d) O fisco não agiu corretamente, pois, para que seja concedida tal imunidade, a instituição não precisa ser deficitária, desde que o superávit seja revertido para suas finalidades.

COMENTÁRIOS

**Nota do autor:** A questão da prova versa sobre imunidade tributária, sendo oportuno recordar a tese jurídica nº 32 firmada em regime de Recurso Extraordinário repetitivo, na qual o Eg. STF fixou o entendimento de que os requisitos para o gozo de imunidade tributária deverão estar previstos em lei complementar, tomando-se, para tanto, o artigo 14 do Código Tributário Nacional, recepcionado pela Constituição Federal como lei complementar.

**Alternativa "a":** A imunidade tributária concedida às instituições de educação sem finalidades lucrativas pela alínea 'c', do inciso VI, do artigo 150, da Constituição Federal não está condicionada à apuração de déficit, mas tão somente na reversão das vantagens auferidas as suas finalidades.

**Alternativa "b":** A imunidade tributária outorgada pela alínea 'c', do inciso VI, do artigo 150, da Constituição Federal colhe tanto instituições de educação públicas quanto privadas, já que se o constituinte não fez tal restrição, não pode o legislador ordinário fazê-lo.

**Alternativa "c":** Para obtenção de imunidade tributária, as instituições de educação sem fins lucrativos não poderão distribuir parcela de seu patrimônio ou de suas rendas, seja a que título for, inclusive a título de lucro ou de participação no seu resultado, conforme previsão contida no artigo 14, inciso I, do Código de Tributário Nacional.

**Alternativa "d":** A Constituição Federal prescreve, expressamente, ser vedado aos entes federados (ou seja, à União, aos Estados, ao Distrito Federal e aos Municípios), a instituição de impostos sobre patrimônio, renda ou serviços das instituições de educação sem fins lucrativos, exigindo para isso, tão somente, que tais fontes de receitas sejam relacionadas com suas finalidades essenciais, conforme inteligência do artigo 150, inciso VI, alínea 'c' com § 4º, da Carta da República. A mesma disposição encontra-se repetida pelo artigo 9º, inciso IV, alínea 'c', do Código Tributário Nacional. Dessa forma, não há, na imunidade tributária outorgada às instituições de educação, seu condicionamento à obtenção de prejuízos, sendo suficiente a reversão do ganho para fomento de suas finalidades.

**Alternativa correta: letra "d".**

**17. (FGV – Exame de Ordem 2017.1)** O Município X instituiu taxa a ser cobrada, exclusivamente, sobre o serviço público de coleta, remoção e tratamento de lixo e resíduos provenientes de imóveis. A igreja ABC, com sede no Município X, foi notificada da cobrança da referida taxa.

Sobre a hipótese apresentada, assinale a afirmativa correta.

a) As Igrejas são imunes; portanto, não devem pagar a taxa instituída pelo Município X.

b) A taxa é inconstitucional, pois não é específica e divisível.

c) A taxa é inconstitucional, uma vez que os Municípios não são competentes para a instituição de taxas de serviço público.

d) A taxa é constitucional e as Igrejas não são imunes.

COMENTÁRIOS

**Nota do autor:** Embora a questão se refira a taxa, trazendo, em algumas das alternativas, características próprias desta espécie tributária, o aspecto destacado, sobretudo na alternativa correta, trata da imunidade incidente sobre os

TRIBUTÁRIO

templos de qualquer culto, previsto no artigo 150, VI, alínea "b", da Constituição Federal.

**Alternativa "a":** como já afirmado, a imunidade atribuída aos templos de qualquer culto somente atinge os impostos, sendo certo, portanto, que tais entidades religiosas são passíveis de tributação por meio de taxas.

**Alternativa "b":** a taxa instituída sobre o serviço público de coleta, remoção e tratamento de lixo e resíduos provenientes de imóveis não é inconstitucional, tendo em vista que, ao ser auferida por imóvel, dissociada de outros serviços de limpeza realizados em favor da população em geral, atende os critérios de especificidade e divisibilidade, como, aliás, já pacificado pelo Supremo Tribunal Federal, através da Súmula Vinculante 19. Cabe advertir, entretanto, que será inconstitucional a taxa cobrada sobre serviços públicos de limpeza realizados em benefício da população em geral (*uti universi*) e de forma indivisível, tais como os de conservação e limpeza de logradouros e bens públicos (praças, calçadas, vias, ruas, bueiros).

**Alternativa "c":** a competência para instituir taxa é comum a todos os entes tributantes. Portanto, o Município X é competente para instituir taxa sobre o serviço público de coleta, remoção e tratamento de lixo e resíduos provenientes de imóveis localizado em seu território.

**Alternativa "d":** para responder esta questão, o candidato deveria se lembrar que as imunidades constitucionais previstas no artigo 150, inciso VI, da Carta Magna se refere apenas aos impostos, não atingindo, portanto, as outras espécies tributárias, como é o caso da taxa. Assim, constatado que a taxa instituída pelo Município X não está limitada pela imunidade atribuída aos templos de qualquer culto, é possível afirmar que referida taxa é constitucional, pois as igrejas não são imunes a esta espécie de exação tributária.

**Alternativa correta: letra "d".**

## 4. ESPÉCIES DE TRIBUTOS

- CTN, arts. 16 a 82
- CF, arts. 145; 148; 149 e 149-A; 153 a 156; 177, § 4º; 195

### 4.1. IMPOSTOS

**18. (FGV- XXXV Exame de Ordem-2022)** A sociedade empresária ABC Ltda. foi criada em janeiro de 2020 e estabelecida no município Alfa. É especializada em recauchutagem de pneus, atividade na qual o cliente entrega os pneus do seu automóvel ao estabelecimento para que esses passem por um complexo processo de recuperação da borracha e de sua forma (raspagem, colagem, vulcanização etc.), transformando o pneu velho e desgastado em um pneu novo para uso do respectivo cliente em seu automóvel.

Antes de iniciar suas atividades, ainda na fase de regularização fiscal, você é chamado(a) para emitir parecer sobre qual imposto incidirá naquela operação.

Diante desse cenário, incidirá

a) o Imposto sobre Serviços (ISS), uma vez que a atividade da sociedade empresária é realizada por encomenda do proprietário do automóvel, dono dos pneus.
b) o Imposto sobre Circulação de Mercadorias e Serviços (ICMS), uma vez que, na operação descrita, os pneus são considerados mercadorias.
c) o Imposto sobre Produtos Industrializados (IPI), uma vez que, na operação descrita, há um processo de industrialização na recauchutagem dos pneus, na espécie transformação.
d) o Imposto sobre Circulação de Mercadorias e Serviços (ICMS), uma vez que, nessa operação, os pneus são considerados mercadorias, acrescido do Imposto sobre Produtos Industrializados (IPI), uma vez que há um processo de industrialização na operação.

COMENTÁRIOS

**Nota do autor:** A questão exige atenção e conhecimento mais aprofundado sobre as características do ICMS, do ISS e do IPI para se encontrar a resposta correta, já que as características do fato concreto em análise trazem contornos que podem confundir o candidato na hora de apontar o imposto correto que incidirá. Isto porque, a depender da origem e da destinação dos pneus recauchutados poderá haver a incidência de um ou mais dos impostos indicados nas alternativas.

**Alternativa "a":** Tratando-se de uma encomenda feita pelo cliente da empresa ABC Ltda. para recauchutagem de pneus de sua propriedade e para seu próprio uso, temos na hipótese, como operação tributável, a prestação do serviço de recauchutagem, a qual é tributada pelo ISSQN de competência municipal, já que tal serviço se encontra na lista de serviços tributáveis indicados taxativamente pela Lei 116/2003.

**Alternativa "b":** A recauchutagem de pneus usados adquiridos para posterior revenda daria ensejo a incidência do ICMS, pois nesta hipótese o pneu recauchutado se enquadraria no conceito de mercadoria. Todavia essa não é a hipótese tratada na questão, na qual o cliente objetiva o serviço de recauchutagem para sua própria reutilização de seus pneus usados.

**Alternativa "c":** A operação de recauchutagem de pneus usados realmente pode se caracterizar como uma industrialização, porém na modalidade de renovação e não de transformação como afirmado nesta alternativa. Todavia, para a incidência do IPI a industrialização deve servir ao propósito de destinar o produto final à revenda pela própria indústria ou por aquela que encomenda a industrialização para revender o produto renovado, o que não é o caso da hipótese trazida pela questão.

**Alternativa "d":** Caso a questão indicasse que os pneus, após o processo de recauchutagem, seriam destinados a revenda, realmente haveria a incidência do IPI sobre a industrialização ocorrida na modalidade de renovação, bem como a incidência do ICMS, já que o pneu recauchutado, uma vez disponibilizado ao mercado em geral, adquire a característica de mercadoria, sendo sua circulação econômica uma das hipóteses de incidência do referido imposto estadual. Porém, a questão deixa claro que o pneu recauchutado é destinado ao próprio cliente que encomendou a recauchutagem e para seu uso próprio, não havendo que se falar, portanto, na incidência de IPI e ICMS, mas sim do ISSQN.

**Alternativa correta: letra "a"**

**19. (FGV – Exame de Ordem – 2022.1)** O Município X, desejando fomentar os pequenos negócios de tinturaria e lavanderia na cidade (item 14.10 da lista anexa à Lei Complementar 116/2003), editou, em 2018, Lei Ordinária que fixou a alíquota do Imposto sobre Serviços (ISS) em 1,5% sobre o preço desses serviços.

Diante desse cenário, assinale a afirmativa correta.

a) A referida alíquota de ISS não poderia ser fixada por lei ordinária, mas sim por lei complementar municipal.
b) A referida alíquota de ISS foi fixada sobre base de cálculo equivocada, pois não deveria incidir sobre o preço do serviço.
c) A referida alíquota de ISS não viola a alíquota mínima geral de ISS estabelecida em lei complementar federal, pois os

serviços de tinturaria e lavanderia constituem uma das hipóteses de exceção à regra geral de alíquota mínima.

d) A referida alíquota de ISS viola a alíquota mínima geral de ISS estabelecida em lei complementar federal.

**COMENTÁRIOS**

✪ **Nota do Autor:** Embora o ISS seja um tributo de competência dos municípios, o que pode levar ao entendimento de que tais entes federados tem autonomia legislativa plena para fixar livremente todos os critérios de definição do imposto sobre serviços, na realidade, a competência municipal para instituição do ISS sobre limitações impostas por lei complementar, conforme previsão expressa no artigo 156, inciso III e § 3º da Constituição Federal. Por tal motivo se diz que os municípios possuem "competência tributária limitada" para instituição do ISS.

**Alternativa "a":** Os critérios que definem a regra matriz de incidência de um tributo municipal podem ser fixados por lei ordinária do respectivo município, já que pertencem ao campo de competência tributária constitucionalmente atribuído para referido ente político, não se tratando de matéria reservada à lei complementar, como equivocadamente indicado nesta alternativa.

**Alternativa "b":** A base de cálculo do ISS deve corresponder ao preço do serviço, já que é o serviço que revela o signo de riqueza escolhido pela Constituição Federal como critério material para instituição deste imposto de competência municipal, sendo incorreta, pois, esta alternativa.

**Alternativa "c":** A alíquota mínima fixada para ISS é de 2%, sendo que os parágrafos do artigo 8º-A da Lei Complementar 116/03 impedem a existência de qualquer exceção a esta regra, vedando inclusive a concessão de benefícios fiscais que importem e redução da alíquota mínimo prevista para o imposto sobre serviços.

**Alternativa "d":** Tanto a Emenda Constitucional nº 37/02, como a Lei Complementar 116/03, com a modificação que lhe foi dada pela Lei Complementar 157/16, definem como alíquota mínima do ISS o percentual de 2%. Sendo assim, a definição de alíquota de 1,5% sobre o preço dos serviços de tinturaria e lavanderia realmente viola a alíquota mínima estabelecida pela Lei Complementar 116/03, em seu artigo 8º-A, como corretamente apontado nesta alternativa.

**Alternativa correta: letra "d"**

---

**20. (FGV- XXXIV Exame de Ordem-2022)** Maria recebeu de seu tio, em 2019, a posse de um automóvel de alto valor para facilitar seu transporte ate a faculdade. Em 2020, seu tio resolveu realizar, em favor de Maria, a doação do automóvel, sob condição suspensiva, por escritura pública. O evento previsto na condição era o de que Maria se formasse na faculdade até o fim do ano de 2021. Contudo, ela abandona a faculdade, escoando o ano de 2021 sem que se formasse.

Diante desse cenário, à luz do CTN, o Imposto sobre a Transmissão Causa Mortis e Doação (ITCMD)

a) é devido na data de efetiva transferência da posse do automóvel.

b) é devido na data de efetiva lavratura da escritura pública de doação.

c) não é devido, por se tratar de doação de bem móvel.

d) não é devido, pois a doação não se tornou perfeita e acabada em virtude da ausência do implemento do evento previsto na condição.

**COMENTÁRIOS**

✪ **Nota do Autor:** A questão é interessante e requer um conhecimento sobre o conceito de doação, que é dado pelo Direito Civil, valendo aqui a máxima definida pelo artigo 110 do Código Tributário Nacional segundo a qual a lei tributária não pode alterar a definição, o conteúdo e o alcance de institutos, conceitos e formas de direito privado.

**Alternativa "a":** A hipótese de incidência do ITCMD é a efetiva transferência da propriedade de um bem do doador ao donatário, importando em redução patrimonial do doador e um respectivo acréscimo patrimonial do donatário. Assim, a mera posse de um bem não revela um acréscimo patrimonial do possuidor, já que o bem ainda continua na esfera de domínio de seu proprietário.

**Alternativa "b":** Na hipótese trazida no enunciado da questão a doação não se encontra aperfeiçoada, pois depende de uma condição futura, não incidindo o imposto sobre a doação que ainda não se considera concretizada no momento de lavratura da escritura pública de doação.

**Alternativa "c":** Independente de se tratar de bem móvel ou imóvel, caso se pudesse considerar a doação perfeita e acabada, haveria a incidência do ITCMD, já que este imposto incide na doação de quaisquer bens ou direitos, conforme reza o artigo 155, inciso I, da Constituição Federal.

**Alternativa "d":** Nos termos da legislação civil, a doação condicionada é aquela que depende da implementação de uma condição futura para que seja aperfeiçoada. No caso em apreço a doação feita a Maria por seu tio restou condicionada ao implemento da condição de que a donatária se formasse na faculdade até o final do ano de 2021, o que não ocorreu pelo fato de Maria ter abandonado a faculdade. Portanto, uma vez não implementada a condição imposta para o aperfeiçoamento da doação, esta não pode ser considerada perfeita e acabada, não incidindo, pois, o ITCMD.

**Alternativa correta: letra "d"**

---

**21. (FGV – Exame de Ordem – 2021.2)** Um carregamento de computadores foi abandonado no porto pelo importador, que não chegou a realizar o desembaraço aduaneiro dentro do prazo previsto na legislação tributária. Por isso, a autoridade tributária, após o devido processo legal, aplicou a pena de perdimento e realizou leilão para alienação dos computadores.

Diante dessa situação, a base de cálculo do imposto sobre a importação incidente na hipótese será o valor

a) de mercado dos bens.

b) da arrematação.

c) arbitrado pela autoridade tributária.

d) estimado dos bens, deduzindo-se os custos com armazenagem e as comissões do leiloeiro público.

**COMENTÁRIOS**

✪ **Nota do autor:** Para responder corretamente a esta questão é suficiente o conhecimento preciso do texto normativo, no que se refere ao estabelecimento da base de cálculo do Imposto sobre Importação. Isto porque, conforme dispõe o artigo 20, inciso II, do CTN, a base de cálculo do imposto é o preço da arrematação quando se trate de produto apreendido ou abandonado levado à leilão.

Os comentários são suficientes para concluir que as alternativas "a", "c" e "d" estão incorretas.

**Alternativa correta: letra "b".**

---

**22. (FGV – Exame de Ordem 2021.1)** Maria Silva, que, durante sua vida, foi domiciliada no Distrito Federal, faleceu deixando um apartamento no Rio de Janeiro e um automóvel que, embora registrado no DETRAN do Amazonas, atualmente está em uso por um de seus herdeiros no Ceará. O inventário está em curso no Distrito Federal.

Quanto ao Imposto de Transmissão Causa Mortis e Doação – ITCMD devido, assinale a afirmativa correta.

a) O ITCMD referente ao apartamento compete ao Distrito Federal, local onde o inventário está sendo processado.

b) O ITCMD referente ao automóvel compete ao Ceará, local onde o bem está sendo usado.

c) O ITCMD referente ao automóvel compete ao Distrito Federal, local onde o inventário está sendo processado.

d) O ITCMD referente ao automóvel compete ao Amazonas, local onde o bem está registrado.

COMENTÁRIOS

✪ **Nota do Autor:** A questão exige conhecimento acerca da divisão de competência estadual para apuração e cobrança do ITCMD, a qual é fixada pelo parágrafo primeiro do artigo 155 da Constituição Federal.

**Alternativa "a":** A regra de competência fixada constitucionalmente para o ITCMD traz uma distinção relativa aos bens imóveis, estabelecendo que compete ao Estado da situação do bem a competência relativa ao imposto sobre transmissão *causa mortis*, ou, ainda, ao Distrito Federal, quando o imóvel estiver localizado em seu território.

**Alternativa "b":** Para a definição da competência do ITCMD sobre a transmissão de bem móvel, como é o caso do automóvel referido no enunciado da questão, não se leva em consideração o local onde o bem é usado ou esteja registrado.

**Alternativa "c":** O ITCMD referente aos bens móveis, títulos e créditos compete ao Estado ou ao Distrito Federal, por onde se processar o inventário. Essa é a regra de competência espacial fixada pelo artigo 155, § 1º, inciso II, da Carta Magna. Assim, sendo inventário processado no Distrito Federal, compete a este o ITCMD relativo ao automóvel, como bem apontado na alternativa analisada.

**Alternativo "d":** A competência para o ITCMD incidente sobre bem móvel, como o caso de um automóvel, é sempre do Estado ou do Distrito Federal por onde tramita o processo de inventário, sendo irrelevante o fato de referido bem móvel estar registrado no DETRAN do Amazonas ou estar em uso no Estado do Ceará.

**Alternativa correta: letra "c"**

---

**23. (FGV – Exame de Ordem 2021.1)** Rodrigo, em janeiro de 2018, objetivando melhorar o seu inglês, mudou-se para a Austrália para realizar um intercâmbio de 5 (cinco) meses, sem, contudo, prestar qualquer tipo de informação à Secretaria da Receita Federal do Brasil.

Durante o seu intercâmbio, precisando aumentar sua renda, Rodrigo prestou alguns serviços no exterior, recebendo por mês o equivalente a R$ 20.000,00 (vinte mil reais), totalizando R$ 100.000,00 (cem mil reais) ao longo dos cinco meses. Tais valores foram tributados na Austrália.

Em abril do ano seguinte, Rodrigo questiona você sobre se deve declarar tais rendimentos à Secretaria da Receita Federal do Brasil, para fins de apuração do Imposto sobre a Renda de Pessoa Física (IRPF).

Sobre a hipótese formulada e considerando que o Brasil não possui convenção internacional com a Austrália para evitar a bitributação, assinale a afirmativa correta.

a) Como os rendimentos foram obtidos no exterior, o Fisco Federal não possui competência para cobrá-los; sendo assim, Rodrigo não deve declará-los.

b) Como os rendimentos foram tributados no exterior, Rodrigo não deve declará-los, sob pena de bitributação.

c) Rodrigo não está obrigado a declarar e recolher o IRPF, uma vez que os rendimentos obtidos no exterior estão alcançados por imunidade.

d) Os rendimentos de Rodrigo deverão ser declarados e tributados, uma vez que, tratando-se de residente fiscal no Brasil, a tributação do imposto sobre a renda independe da origem dos rendimentos.

COMENTÁRIOS

✪ **Nota do Autor:** A questão aborda tema bastante específico, exigindo o conhecimento mais aprofundado da legislação do Imposto de Renda, o que aumenta o grau de dificuldade para acertar a resposta. Assim, levando-se em consideração a regra geral de tributação do imposto de renda, toda entrada de rendimento para a pessoa física residente no país é tributada, independentemente da origem da renda obtida. Para se afastar a incidência do imposto de renda sobre os rendimentos obtidos no exterior o Brasil tem firmado acordos internacionais para evitar a bitributação, ou seja, a incidência de imposto de renda sobre rendimentos já tributados no país de origem dos recursos. Todavia, o enunciado da questão deixa claro que não existe convenção internacional para evitar a bitributação entre o Brasil e a Austrália, informação esta que ajuda o candidato mais atento a chegar na resposta correta. Ora, se a regra geral indica que toda receita que signifique em nova entrada no patrimônio do contribuinte está sujeita a incidência do imposto de renda e, não havendo acordo internacional para evitar a dupla incidência do imposto sobre a mesma renda que também foi tributada no país de origem, Austrália, não há impedimento legal que afaste a incidência do imposto de renda no Brasil, prevalecendo, portando, a hipótese prevista na alternativa "d".

Os comentários são suficientes para concluir que as alternativas "a", "b" e "c" estão incorretas.

**Alternativa correta: letra "d".**

---

**24. (FGV – Exame de Ordem 2021.1)** Decretado estado de calamidade pública financeira, o Presidente da República edita Medida Provisória (MP), instituindo, temporariamente, imposto extraordinário, incidente sobre os serviços de qualquer natureza, a ser suprimido, gradativamente, no prazo máximo de 5 (cinco) anos. Em seu último parágrafo, a MP prevê que entra em vigor e passa a gerar efeitos a partir da sua publicação, o que se dá em 20/12/2019.

Assinale a opção que apresenta o vício da referida Medida Provisória, tal como editada.

a) À Lei Complementar, e não a uma MP, cabe instituir impostos extraordinários.

b) A instituição de impostos extraordinários só é permitida na iminência ou no caso de guerra externa.

c) À União é vedado cobrar tributos no mesmo exercício financeiro em que haja sido publicada a lei que os instituiu ou aumentou.

d) A referida MP viola a competência constitucional privativa dos Municípios para instituir impostos sobre serviços de qualquer natureza.

COMENTÁRIOS

✪ **Nota do Autor:** A questão se torna razoavelmente fácil quando o candidato tem em mente as condições para a instituição do imposto extraordinário e suas características principais, tal como estabelecido pelo texto constitucional.

**Alternativa "a":** Analisando o artigo 154, inciso II, da Carta Magna, onde se encontra a previsão para a instituição do imposto extraordinário, é possível constatar que o texto constitucional não exige lei complementar para que a União possa instituir referida exação, sendo possível, portanto, que o Presidente da República se utilize de Medida Provisória para a criação do imposto extraordinário, a qual, todavia, deverá ser posteriormente convertida em lei ordinária pelo Congresso Nacional.

**Alternativa "b":** Essa alternativa chama a atenção para um evidente erro constante do enunciado da questão, que não pode passar desapercebido pelo candidato. Isso porque, revela corretamente que o imposto extraordinário, assim como previsto no artigo 155, II, da CF, somente pode ser instituído em caso de guerra ou de sua iminência, não existindo competência constitucional para sua criação no caso de calamidade financeira, como descrito na hipótese trazida pela questão em apreço.

**Alternativa "c":** A alternativa ressalta a existência do princípio da anterioridade, o qual impõe que um novo tributo somente pode ser cobrado no exercício seguinte ao que tenha sido instituído. Todavia, o imposto extraordinário, por ter como critério material de sua hipótese de incidência a guerra ou sua iminência, que revelam, por si só, extrema relevância e urgência, não tem lugar o princípio da anterioridade, sendo este expressamente afastado pelo artigo 150, parágrafo primeiro, da Constituição Federal.

**Alternativa "d":** O imposto extraordinário, por sua própria previsão constitucional, poderá incidir sobre fato que integre ou não a competência da União, podendo, assim, incidir sobre serviços de qualquer natureza, em duplicidade com a competência do município para a instituição do ISSQN.

**Alternativa correta: letra "b".**

---

**25. (FGV/OAB/XXX_Exame - 2019)** O Estado Y concedeu, em 2018, por iniciativa própria e isoladamente, mediante uma lei ordinária estadual, isenção fiscal do Imposto sobre Circulação de Mercadorias e Serviços (ICMS) a um determinado setor de atividade econômica, como forma de atrair investimentos para aquele Estado.

Diante desse cenário, assinale a afirmativa correta.

a) É suficiente lei ordinária estadual para a concessão de tal isenção de ICMS, por se tratar de tributo de competência estadual.
b) Ainda que se trate de tributo de competência estadual, somente por lei estadual complementar seria possível a concessão de tal isenção de ICMS.
c) A lei ordinária estadual pode conceder tal isenção de ICMS, desde que condicionada a uma contrapartida do contribuinte beneficiado.
d) Apesar de se tratar de tributo de competência estadual, a concessão de tal isenção de ICMS pelo Estado deve ser precedida de deliberação dos Estados e do Distrito Federal (CONFAZ).

**COMENTÁRIOS**

**Nota do autor:** A questão se mostra bastante interessante ao destacar o papel e a importância das deliberações do CONFAZ, para regular a concessão de benefícios fiscais, tentando evitar a chamada "guerra fiscal".

**Alternativa "a":** Embora a lei ordinária estadual seja a espécie normativa correta e necessária para a concessão de isenção fiscal por determinado Estado, por se tratar de um benefício fiscal que afeta a disputa dos Estados por arrecadação, a Constituição Federal condiciona a concessão de isenção à prévia aprovação dos Estados e do Distrito Federal.

**Alternativa "b":** Como dito nos comentários à alternativa "a", a lei ordinária estadual é a espécie normativa adequada para tratar de isenção fiscal, não sendo exigido lei complementar para tal finalidade.

**Alternativa "c":** Não há qualquer previsão legal que obrigue a exigência de uma contraprestação do contribuinte para que seja outorgada uma isenção fiscal.

**Alternativa "d":** A lei ordinária estadual é espécie normativa adequada para concessão de isenções fiscais, mas deve ser precedida de aprovação por deliberação dos Estados e do Distrito Federal, conforme dispõe o artigo 155, § 2º, XII, g, da Constituição Federal. Por sua vez, a Lei Complementar 24/75 estabelece a forma de deliberação dos Estados e do Distrito Federal para concessão de benefícios fiscais, como é o caso da isenção, regulando a forma de atuação do CONFAZ, criado para esta finalidade.

**Alternativa correta: letra "d".**

---

**26. (FGV/OAB/XXX_Exame - 2019)** Projeto de Resolução do Senado Federal pretende fixar nacionalmente as alíquotas mínimas do Imposto sobre a Propriedade de Veículos Automotores (IPVA), tributo de competência estadual.

Um Senador, membro da Comissão de Constituição, Justiça e Cidadania do Senado Federal, que terá de elaborar parecer sobre o tema, consulta você sobre sua opinião jurídica acerca desse projeto de Resolução.

Diante desse cenário, assinale a afirmativa correta.

a) O Senado, por ser órgão do Poder Legislativo da União, não possui competência constitucional para, por Resolução, dispor sobre o tema, por se tratar de ingerência indevida da União na autonomia dos Estados.
b) É lícito ao Senado instituir a referida Resolução, pois existe autorização expressa na Constituição para tal fixação por Resolução do Senado.
c) A fixação de alíquota mínima de tributo, por mera Resolução do Senado, viola o princípio da legalidade tributária.
d) Resolução do Senado poderia tratar do tema, desde que ratificada por ao menos dois terços dos membros do Conselho Nacional de Política Fazendária (CONFAZ).

**COMENTÁRIOS**

**Nota do autor:** A questão aparenta certo grau de dificuldade quando não se conhece precisamente as disposições do texto constitucional. Isto porque, para responder corretamente a esta questão, bastaria conhecer o teor da norma inserida pelo parágrafo 6º, I, do artigo 155, da Constituição Federal, a qual determina que caberá ao Senado Federal, por meio de Resolução, fixar as alíquotas mínimas do IPVA. Portanto, havendo previsão constitucional expressa, não há como de violação ao princípio da legalidade tributária, posto que a própria Carta Magna traz esta exceção ao referido princípio. Também não há qualquer violação à competência dos Estados quanto ao IPVA, já que a própria Constituição Federal que concede a respectiva competência tributária para o IPVA aos Estados, acaba limitando tal competência no que se refere a fixação de alíquotas mínimas, atribuindo tal tarefa ao Senado Federal.

Os comentários são suficientes para concluir que as alternativas "a", "c" e "d" estão incorretas.

**Alternativa correta: letra "b".**

---

**27. (FGV/OAB/XXX_Exame - 2019)** Otávio, domiciliado no Estado X, possui ações representativas do capital social da

TRIBUTÁRIO

Sociedade BETA S/A, com sede no Estado Y, e decide doar parte da sua participação acionária a Mário, seu filho, então domiciliado no Estado Z.

Com dúvidas quanto ao Estado para o qual deverá ser recolhido o imposto sobre a Transmissão Causa Mortis e Doação (ITCD) incidente nessa operação, Mário consulta seu escritório, destacando que o Estado Z estabelece alíquotas inferiores às praticadas pelos demais Estados.

Com base nisso, assinale a afirmativa correta.

a) O ente competente para exigir o ITCD na operação em análise é o Estado X, onde tem domicílio o doador.

b) O ITCD deverá ser recolhido ao Estado Y, uma vez que o bem a ser doado consiste em participação acionária relativa à sociedade ali estabelecida, e o imposto compete ao Estado da situação do bem.

c) O ITCD deverá ser recolhido ao Estado Z, uma vez que o contribuinte do imposto é o donatário.

d) Doador ou donatário poderão recolher o imposto ao Estado X ou ao Estado Z, pois o contribuinte do imposto é qualquer das partes na operação tributada.

**COMENTÁRIOS**

✪ **Nota do autor:** A questão exigiu conhecimento mais aprofundado quanto ao ITCMD, imposto estadual que incide sobre a transmissão de bens e direitos a título *causa mortis* ou por doação, não se limitando ao aspecto conceitual desta exação, obrigando o candidato a conhecer a forma de definição do estado competente para cobrança do ITCMD em hipótese de típico conflito de competências. Todavia, para resposta correta a esta questão bastava conhecer o teor da norma expressa pelo próprio artigo 155, inciso I, § 1º, II, da Constituição Federal, que resolve, já no texto constitucional, este aparente conflito de competências, estabelecendo que, tratando-se de bens móveis, títulos e créditos, a competência para o imposto é do Estado onde domiciliado o doador. Assim, verificado que ações de uma empresa se enquadram na definição de bens móveis, a definição da competência tributária, por força do dispositivo constitucional supracitado, indica o Estado de domicílio do doador, ou seja, o Estado X, como competente para o ITCMD incidente sobre o fato gerador narrado no enunciado da questão. Importante: Pesquisando no site do STF ou por outros meios de pesquisa, é possível depararmos com a Súmula 435, que assim dispunha: *"O imposto de transmissão causa mortis pela transferência de ações é devido ao Estado em que tem sede a companhia"*. Porém, referida súmula deixou de ser aplicada após a promulgação da Constituição Federal de 1988, tendo em vista que o novo texto constitucional, como visto, traz norma expressa diversa do conteúdo sumulado.

Os comentários são suficientes para concluir que as alternativas "c", "c" e "d" estão incorretas.

**Alternativa correta: letra "a".**

---

**28. (FGV – Exame de Ordem/2018.3)** Em dezembro de 2017, João adquiriu o domínio útil de um terreno de marinha. No ano de 2018, foi surpreendido com a chegada de duas notificações: uma da Secretaria de Patrimônio da União (SPU), para pagamento do foro anual à União; outra do Município, contendo a cobrança do IPTU do imóvel.

Acerca desse cenário, assinale a afirmativa correta.

a) A cobrança do IPTU é devida, pois o titular do domínio útil também é contribuinte do IPTU.

b) A dupla cobrança é indevida, pois, tratando-se do mesmo imóvel, a base de cálculo e o fato gerador do foro anual e do IPTU seriam idênticos, configurando um bis in idem vedado em matéria tributária.

c) A cobrança do IPTU é indevida, pois, sendo o imóvel de propriedade da União, goza da imunidade recíproca.

d) Como ambos os tributos (foro anual e IPTU) destinam-se a entes federados distintos, é admissível a dupla cobrança.

**COMENTÁRIOS**

**Alternativa "a":** Na hipótese narrada no enunciado da questão, ao adquirir o domínio útil do imóvel de marinha, João passa a se qualificar como contribuinte do IPTU, já que, nos termos do artigo 34 do CTN, o contribuinte deste imposto não é somente o proprietário do imóvel, mas também o titular do seu domínio útil, ou, ainda, seu possuidor a qualquer título.

**Alternativa "b":** Como prevê o artigo 34 do CTN, o titular de domínio útil de imóvel também é considerado contribuinte do IPTU, sendo lícita a cobrança deste imposto na hipótese narrada na questão. Por sua vez, não há que se falar em dupla incidência de tributo sobre um mesmo fato gerador, pois o foro anual cobrado pelo União não tem natureza tributária. Ademais, é preciso ter em mente que o *bis in idem* ocorre quando um mesmo ente tributante exige mais de um tributo sobre o mesmo fato gerador, sendo que, na hipótese da questão, trata-se de duas pessoas políticas diversas, o que, poderia configurar, se o caso, uma situação de bitributação, a qual também não ocorre no caso em apreço, pois não estamos diante de duas espécies tributárias, já que o foro anual não é tributo.

**Alternativa "c":** Como já afirmado nos comentários às alternativas anteriores, o titular do domínio útil também se qualifica como contribuinte do IPTU. Desta forma, não havendo incidência do imposto sobre a União, por força da imunidade recíproca, deve o IPTU recair sobre o titular do domínio útil do imóvel, que no caso é João.

**Alternativa "d":** Em primeiro lugar, não se trata de dois tributos, já que o foro anual não perfaz o conceito de tributo, caracterizando-se como uma espécie de aluguel pelo uso do imóvel pertencente à União. Em segundo lugar, caso se tratasse de duas espécies tributárias sobre o mesmo fato gerador, ainda que cobrada por entes tributantes diversos, poderia caracterizar a vedada bitributação.

**Alternativa correta: letra "a".**

---

**29. (FGV - Exame de Ordem 2018.1)** Em 2015, o Município X estabeleceu, por meio da Lei nº 123, alíquotas progressivas do Imposto sobre propriedade Predial e Territorial Urbana (IPTU), tendo em conta o valor do imóvel.

Sobre a hipótese, assinale a afirmativa correta.

a) A lei é inconstitucional, pois a Constituição da República admite alíquotas progressivas do IPTU apenas se destinadas a assegurar o cumprimento da função social da propriedade urbana, o que não é a hipótese.

b) A lei é inconstitucional, pois viola o Princípio da Isonomia.

c) A lei está de acordo com a Constituição da República, e a fixação de alíquotas progressivas poderia até mesmo ser estabelecida por Decreto.

d) A lei está de acordo com a Constituição da República, que estabelece a possibilidade de o IPTU ser progressivo em razão do valor do imóvel.

**COMENTÁRIOS**

✪ **Nota do autor:** A questão da progressividade do IPTU em função do valor do imóvel já levantou grande polêmica na doutrina e na jurisprudência pátria, não se admitindo uma variação de alíquota sobre um imposto de natureza real, ou seja, que atinge um bem que compõe o patrimônio do contribuinte. O que sempre se alegou é que a progressividade de um tributo somente poderia atingir tributos de natureza pessoal, pela possibilidade de se observar a capacidade contributiva do sujeito passivo, o que não se revela nos tributos de natureza real, que podem, inclusive, caracterizar um verdadeiro confisco, já que atingem o patrimônio do contribuinte sem a necessária observância de sua real capacidade contributiva. Ademais, sustentam alguns doutrinadores que a interpretação literal do artigo 145, da CF também limitaria o uso da progressividade somente para os tributos de natureza pessoal.

Todavia, a partir da Emenda Constitucional 29/2000, que expressamente trouxe para o texto constitucional a hipótese de progressividade do IPTU em função do valor do imóvel, o Colendo Supremo Tribunal Federal modificou seu entendimento anterior, acatando a possibilidade de se estabelecer a progressividade do IPTU em virtude do valor do imóvel, desde que sua instituição ocorra após a emenda constitucional que a permitiu.

Assim, tendo em vista que a lei municipal que institui a progressividade do IPTU de acordo com o valor do imóvel foi editada pelo Município X no ano de 2015, portanto após a Emenda Constitucional nº 20/2000, tal progressividade deve ser aceita por estar de acordo com o texto constitucional.

Os comentários são suficientes para concluir que as alternativas "a", "b" e "c" estão incorretas.

**Alternativa correta: letra "d".**

---

**30. (FGV - Exame de Ordem 2017.2)** O laboratório de análises clínicas X realizou a importação de equipamento eletrônico necessário para a realização de alguns exames. Por ocasião do desembaraço aduaneiro, foi-lhe exigido o pagamento de Imposto sobre Produtos Industrializados (IPI), cuja base de cálculo correspondia a 150% do preço corrente do equipamento no mercado atacadista da praça do remetente, acrescido do Imposto de Importação (II), das taxas exigidas para a entrada do produto no país e dos encargos cambiais efetivamente pagos pelo laboratório.

Sobre a exigência feita, assinale a afirmativa correta.

a) É ilegal, pois, além dos acréscimos, a base de cálculo está sendo de 150% do preço corrente do equipamento no mercado atacadista da praça do remetente.

b) É ilegal, pois a base de cálculo está incluindo o montante correspondente ao imposto de importação.

c) É ilegal, pois a base de cálculo está incluindo o montante correspondente às taxas exigidas para a entrada do produto no país.

d) É ilegal, pois a base de cálculo está incluindo o montante correspondente aos encargos cambiais efetivamente pagos pelo laboratório.

**COMENTÁRIOS**

✪ **Nota do autor:** Esta questão apresentou um grau de dificuldade acima do normal, pois exigiu um conhecimento específico e aprofundado acerca do IPI, especulando detalhes da formação de sua base de cálculo. Ademais, a apuração da base de cálculo do IPI pode gerar dúvida, já que a legislação determina a inclusão do II e demais taxas e encargos incidentes no desembaraço aduaneiro, o que pode elevar o valor da base de cálculo para percentual correspondente a 150% ou até mais em relação ao preço corrente do equipamento. Todavia, não se pode confundir os acréscimos sobre a base de cálculo exigidos pela legislação, com o valor do produto a ser considerado. Ora, embora os acréscimos legais possam elevar a base de cálculo do IPI para 150% ou mais em relação ao valor do produto, isto não significa dizer que poderá se partir do valor de 150% do preço corrente do equipamento, além dos acréscimos legais. Também não se pode confundir, no caso em apreço, a limitação da alíquota do IPI, que poderá ser fixada em até no máximo 150%.

**Alternativa "a":** A exigência é ilegal, uma vez que, quando o Imposto sobre Produtos Industrializados-IPI tiver como fato gerador o desembaraço aduaneiro do produto industrializado de procedência estrangeira, sua base de cálculo será o preço normal do produto industrializado ao tempo da importação, acrescido do Imposto sobre Importação-II, das taxas exigidas para sua entrada no País e dos encargos cambiais efetivamente pagos pelo importador ou dele exigíveis, conforme leitura do artigo 47, inciso I, cumulado com artigos 46 e 20, inciso II, todos do Código Tributário Nacional.

**Alternativa "b":** Conforme alínea 'a', do inciso I, do artigo 47 do Código Tributário Nacional, o Imposto sobre Importação-II, integra a base de cálculo do Imposto sobre Produtos Industrializados-IPI.

**Alternativa "c":** Conforme alínea 'b', do inciso I, do artigo 47 do Código Tributário Nacional, o montante correspondente às taxas exigidas para a entrada do produto no País, integra a base de cálculo do Imposto sobre Produtos Industrializados-IPI.

**Alternativa "d":** Conforme alínea 'c', do inciso I, do artigo 47 do Código Tributário Nacional, o montante correspondente aos encargos cambiais efetivamente cobrados do importador, integra a base de cálculo do Imposto sobre Produtos Industrializados-IPI.

**Alternativa correta: letra "a".**

---

**31. (FGV – Exame de Ordem 2016.3)** João, advogado tributarista, é procurado para orientar a empresa L a respeito do comportamento da jurisprudência do Supremo Tribunal Federal sobre matéria tributária. Como assistente de João, assinale a opção que veicula enunciado com efeito vinculante em relação aos órgãos do Poder Judiciário e à Administração Pública direta e indireta, nas esferas federal, estadual e municipal.

a) Na entrada de mercadoria importada do exterior é legítima a cobrança do ICMS por ocasião do desembaraço aduaneiro.

b) Ainda quando alugado a terceiros, o imóvel pertencente a qualquer das entidades referidas pelo Art. 150, inciso VI, alínea c, da CRFB/88, permanece imune ao IPTU, não importando a finalidade a que os aluguéis se destinem.

c) A norma legal que altera o prazo de recolhimento de obrigação tributária está sujeita ao princípio da anterioridade.

d) A exigência de depósito prévio, como requisito de admissibilidade de ação judicial na qual se pretenda discutir a exigibilidade de crédito tributário, é constitucional.

**COMENTÁRIOS**

✪ **Nota do autor:** Esta questão apresenta certo grau de dificuldade por exigir do candidato o conhecimento acerca das decisões sumuladas pelos tribunais superiores. Embora não seja muito recorrente este tipo de questão nas provas da OAB, recomendamos que o candidato estude as súmulas editadas pelo STJ e STF, que podem ser facilmente encontradas nesta obra, ao final de cada matéria.

**Alternativa "a":** O enunciado desta alternativa reproduz exatamente o conteúdo da Súmula 661 do STF, a qual define a possibilidade de cobrança do ICMS-Importação no momento do desembaraço aduaneiro. Cabe ressaltar que o entendimento consagrado pelo STF na súmula acima apontada afastou a aplicação da Súmula 577, que caminhava em sentido contrário.

**Alternativa "b":** A matéria referida nesta alternativa encontra-se definida pela Súmula 724 do STF, segundo a qual o imóvel pertencente a qualquer das entidades enumeradas no artigo 150, inciso VI, alínea "c", da CF/88, continua gozando de imunidade relativa ao IPTU, porém, ao contrário do que consta no enunciado desta alternativa, tal imunidade somente prevalece se o produto dos aluguéis for revertido para as finalidades essenciais de tais entidades.

**Alternativa "c":** Em sentido contrário ao enunciado desta alternativa, o STF editou a Súmula Vinculante nº 50, consolidando o entendimento de que o princípio da anterioridade não incide sobre a mera modificação do prazo de recolhimento do tributo.

**Alternativa "d":** A inconstitucionalidade da exigência de depósito prévio para viabilizar a propositura de ação judicial visando discutir a exigibilidade de crédito tributária restou reconhecida pelo STF, restando consagrado tal entendimento através de sua Súmula Vinculante nº 28.

**Alternativa correta: letra "a".**

---

**32. (FGV – Exame de Ordem 2016.2 – Prova reaplicada Salvador-BA)** O Chefe do Poder Executivo da União, acreditando ser esta a melhor estratégia econômica para estimular o mercado interno brasileiro, decide reduzir a alíquota do Imposto sobre Produtos Industrializados (IPI) sobre alguns produtos. Neste cenário, você é consultado sobre os parâmetros constitucionais dirigidos àquele imposto.

Assim, você afirmaria que, a respeito do IPI, o Art. 153, § 3°, da CRFB/88, estabelece que

a) não será seletivo, em função da essencialidade do produto.
b) será cumulativo.
c) não incidirá sobre produtos industrializados destinados ao exterior.
d) terá impacto mais gravoso quando incidente sobre a aquisição de bens de capital pelo contribuinte do imposto.

**COMENTÁRIOS**

**Alternativa "a":** O IPI é imposto seletivo, em função da essencialidade do produto, conforme expressa previsão do inciso I, do § 1º, do artigo 153, da CF. Isto significa que quanto maior a essencialidade do produto industrializado, menor será a alíquota do IPI sobre ele incidente e vice-versa. Isto se dá em razão da natureza extrafiscal do IPI, ou seja, do uso da tributação do IPI com intuito de atuar diretamente sobre os comportamentos sociais e econômicos dos contribuintes.

**Alternativa "b":** O IPI é imposto não cumulativo, compensando-se o que for devido em cada operação com o montante cobrado nas operações anteriores, a teor do inciso II, do § 1º, do artigo 153, da CF.

**Alternativa "c":** O IPI não poderá incidir sobre produtos industrializados destinados ao exterior, como expressamente prescreve o inciso III, do § 1º, do artigo 153, da CF. Trata-se de hipótese de imunidade tributária que apenas a Constituição Federal pode estabelecer.

**Alternativa "d":** Quando incidente sobre a aquisição de bens de capital pelo contribuinte do imposto, o IPI terá impacto menos gravoso, ou na expressa dicção do inciso IV, do § 1º, do artigo 153, da CF, impacto reduzido. Tal se dá em razão da natureza extrafiscal do IPI, ou seja, do uso da tributação do IPI com intuito de atuar diretamente sobre os comportamentos sociais e econômicos dos contribuintes.

**Alternativa correta: letra "c".**

---

**33. (FGV – Exame de Ordem 2016.2)** Fulano de Tal prometeu adquirir de uma autarquia federal um imóvel residencial urbano. O sinal e parte substancial do preço são pagos no momento da lavratura da escritura pública de promessa de compra e venda, que é prontamente registrada no Registro Geral de Imóveis (RGI) competente. O saldo do preço será pago em várias parcelas.

Após o registro da promessa de compra e venda

a) passa a incidir o IPTU, a ser pago pela autarquia.
b) continua a não incidir o IPTU, por força da imunidade da autarquia (cujo nome continua vinculado ao imóvel no RGI, ainda que agora a autarquia figure como promitente vendedora).
c) passa a incidir o IPTU, a ser pago solidariamente pela autarquia e por Fulano de Tal.
d) passa a incidir o IPTU, a ser pago por Fulano de Tal, uma vez que registrada no RGI a promessa de compra e venda do imóvel.

**COMENTÁRIOS**

✪ **Nota do autor:** É bom lembrar: o artigo 150, inciso VI, alínea ‹a› c/c § 2º, da CF, veda à União, aos Estados, ao Distrito Federal e aos Municípios, instituir impostos sobre patrimônio, renda ou serviços, uns dos outros, regra esta extensiva às autarquias e às fundações instituídas e mantidas pelo Poder Público, desde que vinculados às suas finalidades essenciais ou às delas decorrentes. Assim, ao Município é vedado instituir IPTU sobre a propriedade imóvel de autarquia federal. Recorde, também, que o contribuinte do IPTU não é somente o proprietário, mas também o titular do domínio útil ou o possuidor a qualquer título, conforme expressamente prescrito pelo artigo 34 do CTN.

**Alternativa "a":** A autarquia federal, por força do § 2º do artigo 150 da CF, é imune à tributação, pela instituição de imposto, de seu patrimônio, renda ou serviços, desde que vinculados às suas finalidades essenciais ou às delas decorrentes, pouco importando tenha sido ou não averbada, no registro do imóvel, o compromisso de compra e venda através do qual Fulano de Tal adquiriu o bem.

**Alternativa "b":** Sendo certo que o possuidor direto ou indireto, a qualquer título, do imóvel é contribuinte do IPTU, por força do artigo 34 do CTN, a partir da averbação do compromisso de compra e venda no Registro Geral de Imóveis (RGI) competente passa a incidir o IPTU a cargo do Fulano de Tal, pouco importando que a autarquia federal ainda continue figurando como promitente vendedora.

**Alternativa "c":** Não há que se falar em solidariedade no pagamento do IPTU entre a autarquia federal e Fulano de Tal a partir da averbação da promessa de compra e venda do imóvel junto ao Registro Geral de Imóveis (RGI) competente, uma vez que, embora passe, desde a averbação em referência, a incidir IPTU sobre o bem, a responsabilidade pelo pagamento cabe apenas a Fulano de Tal e não à autarquia que, conforme previsão constitucional (art. 150, §2º) é imune à tributação em referência.

**Alternativa "d":** Assim que averbada, no Registro Geral de Imóveis (RGI) competente, a promessa de compra e venda de imóvel, passa esse a integrar o patrimônio do promitente comprador, passando a incidir, a partir de então, IPTU a ser pago por Fulano de Tal.

**Alternativa correta: letra "d".**

---

**34. (FGV – Exame de Ordem 2016.1)** A pessoa jurídica Verdes Campos Ltda. realiza transporte de cargas entre os estados "X" e "Y" por meio de sua frota de 30 caminhões. Sobre a referida prestação de serviço de transporte, assinale a opção correta.

a) Incide o ISS, de competência dos Municípios.
b) Não incide qualquer imposto.
c) Incide o ICMS, de competência dos Estados.
d) Incide o IPVA, de competência dos Estados.

COMENTÁRIOS

**Alternativa "a":** De acordo com o artigo 156, inciso III, da Constituição Federal, o Imposto sobre Serviços de qualquer natureza-ISS instituído pelos Municípios incide sobre prestações de quaisquer serviços ressalvados os de transporte interestadual ou intermunicipal, ou de comunicação, já que tais prestações são tributadas pelo ICMS de competência dos Estados (artigo 155, inciso II, Constituição Federal).

**Alternativa "b":** As prestações de serviços de transporte interestaduais não são isentas, sendo certa que sobre elas incide ICMS de competência dos Estados (art. 155, inciso II, Constituição Federal).

**Alternativa "c":** Os Estados Federados e o Distrito Federal são competentes para instituir imposto sobre operações relativas à circulação de mercadorias e sobre prestações de serviços de transporte interestadual e intermunicipal e de comunicação--ICMS, conforme previsto no artigo 155, inciso II, da Constituição Federal; sendo certo que a pessoa jurídica Verdes Campos Ltda. presta serviços de entrega entre Estados, tais operações serão tributadas por ICMS de competência dos Estados.

**Alternativa "d":** O IPVA é, de fato, imposto de competência dos Estados e do Distrito Federal que, contudo, incide sobre a propriedade de veículos automotores (artigo 155, inciso III, Constituição Federal) e não sobre o transporte interestadual de cargas.

**Alternativa correta: letra "c".**

## 4.2. TAXAS

**35. (FGV – XXXVII Exame OAB)** João e José constituíram uma sociedade empresária por quotas de responsabilidade limitada com capital social de R$ 50.000,00, sem optarem pelo regime tributário do Simples Nacional, para formalmente exercerem a atividade de comércio varejista de fogos de artifício (considerada atividade de alto risco e periculosidade), sendo ambos residentes e domiciliados no Distrito Federal, mesmo local onde será instalado seu estabelecimento. Surpreendidos com a exigência do pagamento de uma Taxa de Licenciamento e Alvará calculada em função do capital social da sociedade empresária, indagam a você, como advogado(a), se a referida taxa é realmente devida. Diante deste cenário, a referida taxa, tal como prevista,

a) não é devida, pois o Distrito Federal não possui competência tributária para a sua cobrança.
b) não é devida, pois não poderia ser calculada em função do capital social da empresa.
c) é devida, por ter como fato gerador o exercício regular do poder de polícia distrital sobre atividades econômicas exercidas em seu território, especialmente as de alto risco e periculosidade.
d) é devida, por ter como fato gerador a utilização efetiva de serviço público, específico e divisível, prestado ao contribuinte.

COMENTÁRIOS

**Alternativa "a":** O Distrito Federal tem competência tributária para instituição e cobrança de taxa em virtude do exercício de poder de polícia em seu território. Isso porque a capacidade tributária em relação à taxa é comum entre os diversos entes tributantes, ou seja, pode ser instituída pela União, Estados e Municípios, quando seja deste o exercício de um determinado serviço público ou a prática de um poder de polícia.

**Alternativa "b":** A cobrança de uma taxa deve ter o valor de sua exação calculado com base no serviço efetivamente prestado ou posto à disposição do contribuinte de forma específica e divisível ou ser compatível com o poder de polícia exercido, não podendo utilizar, como base de cálculo, o valor do capital social da empresa contribuinte, já que não guarda qualquer relação com a taxa estabelecida. Ademais, o artigo 77 do CTN, em seu parágrafo único, é expresso em vedar o uso do capital social das empresas como base para a incidência de taxas instituídas pelo Poder Público.

**Alternativa "c":** A princípio não há qualquer irregularidade na instituição de taxa em virtude do exercício do poder de polícia do distrito federal sobre atividades econômicas de alto risco e periculosidade exercidas em seu território. O problema na hipótese do enunciado é a utilização do capital social da empresa para incidência da taxa, o que contraria o artigo 77, parágrafo único do CTN.

**Alternativa "d":** Conforme o próprio enunciado da questão, a instituição da taxa pelo Distrito Federal não se deu pela prestação de um serviço público, mas pelo exercício de um poder de polícia.

**Alternativa correta: letra "b"**

**36. (FGV - Exame de Ordem 2018.2)** José, preocupado com o meio ambiente, faz uso de um processo caseiro de transformação do lixo orgânico em adubo, bem como separa o lixo inorgânico, destinando-o à reciclagem. Por isso, sempre que os caminhões que prestam o serviço público de coleta de lixo passam por sua casa, não encontram lixo a ser recolhido. José, então, se insurge contra a cobrança da taxa municipal de coleta de lixo proveniente de imóveis, alegando que, como não faz uso do serviço, a cobrança em relação a ele é indevida.

Acerca desse cenário, assinale a afirmativa correta.

a) Por ser a taxa um tributo contraprestacional, a não utilização do serviço pelo contribuinte retira seu fundamento de validade.
b) A coleta de lixo domiciliar nessas condições não configura a prestação de um serviço público específico e divisível, sendo inconstitucional.
c) Por se tratar de serviço público prestado à coletividade em geral, no interesse da saúde pública, seu custeio deve ocorrer por meio dos recursos genéricos auferidos com a cobrança de impostos.
d) A cobrança é devida, pois o serviço está sendo potencialmente colocado à disposição do contribuinte.

COMENTÁRIOS

✪ **Nota do autor:** A questão trabalha de forma inteligente as características das taxas.

**Alternativa "a":** Embora possa se afirmar que a taxa é um tributo vinculado a uma contraprestação do Estado, o simples fato de o serviço público ser colocado à disposição do contribuinte já lhe obriga a pagar a exação cobrada, não sendo necessário o uso efetivo do serviço público disponibilizado.

TRIBUTÁRIO

**Alternativa "b":** Realmente a cobrança de taxa somente é possível na hipótese de serviço público específico e divisível, não havendo espaço para sua instituição quando se trata de um serviço disponibilizado indistintamente à coletividade, os chamados serviços uti universi. Todavia, analisando as características do serviço de coleta de lixo domiciliar é possível constatar que este se amolda perfeitamente à hipótese de serviço público que enseja a cobrança de taxa, posto que é possível identificar o beneficiário do serviço (proprietário do imóvel beneficiado) e é divisível entre os imóveis atendidos pela coleta de lixo, uma vez que se trata de lixo domiciliar.

**Alternativa "c":** Cabe distinguir o serviço de coleta de lixo domiciliar, que é determinado e divisível, do serviço de limpeza de vias públicas, este sim realizado indistintamente a favor da coletividade, não sendo, pois, tributado por meio de taxa, já que caracteriza um serviço uti universi.

**Alternativa "d":** Visto que o serviço público de coleta de lixo domiciliar pode ser tributado por meio de taxa, já que determinado seu beneficiário e divisível, deve se ter em mente que a taxa é devida não só pela efetiva prestação do serviço público, mas pela colocação de tal serviço potencialmente à disposição do contribuinte, sendo assim, irrelevante o fato de se ter o uso efetivo do serviço, bastando que ele seja disponibilizado.

**Alternativa correta: letra "d".**

---

**37. (FGV – Exame de Ordem 2015.2)** Em 17/07/2014, o Tribunal de Justiça do Estado X da Federação instituiu, por meio de Provimento da Corregedoria Geral da Justiça, as custas judiciais e os emolumentos cartorários vigentes a partir da data da publicação.

Sobre a hipótese, assinale a afirmativa correta.

a) As custas judiciais e os emolumentos cartorários têm natureza jurídica de preço público e, portanto, não estão sujeitos às limitações constitucionais ao poder de tributar.

b) As custas judiciais e os emolumentos cartorários têm natureza jurídica de taxa de serviço. Sendo assim, o provimento da Corregedoria Geral viola os princípios da legalidade, da anterioridade de exercício e nonagesimal.

c) As custas judiciais e os emolumentos cartorários têm natureza jurídica de contribuição social. Sendo assim, o provimento da Corregedoria Geral viola os princípios da legalidade, da anterioridade de exercício e nonagesimal.

d) As custas judiciais e os emolumentos cartorários têm natureza jurídica de taxa de poder de polícia. Sendo assim, o provimento da Corregedoria Geral viola os princípios da legalidade e da anterioridade de exercício.

**COMENTÁRIOS**

**Nota do autor:** A questão é interessante, pois, além de exigir conhecimento sobre a conceituação de taxa, que não pode ser confundida com preço público, envolve a análise dos princípios constitucionais que incidem sobre as taxas.

**Alternativa "a":** Conforme já explicado nos comentários à alternativa correta, as custas judiciais e emolumentos cartorários possuem natureza jurídica de taxa de serviço. Por outro lado, caso se tratassem de preço público, não estariam submetidos aos princípios da legalidade, anterioridade e anterioridade nonagesimal, os quais são princípios tributários, ou seja, aplicam-se somente sobre os tributos.

**Alternativa "b":** A primeira dúvida que surge em relação às custas judiciais e emolumentos cartorários é se tais exações se amoldam ao conceito de taxa de serviço ou de preço público. Embora ambos os institutos tenham como fato gerador um serviço público, a distinção entre taxa de serviço e preço público está na compulsoriedade do serviço relacionado. No caso, por exemplo, da taxa de esgoto ou de coleta de lixo, a compulsoriedade se constata facilmente pelo fato de o cidadão não poder se recusar a utilizar tais serviços públicos, pois tal recusa afetaria a saúde pública, sendo a taxa cobrada independentemente do efetivo serviço prestado, simplesmente pelo fato de o serviço estar potencialmente disponibilizado ao cidadão. No caso das custas judiciais e emolumentos cartorários pode haver certa confusão, pois a compulsoriedade não está na obrigação de utilizar o serviço judiciário ou não, pois existe uma faculdade assegurada ao cidadão de acionar ou não o Poder Judiciário para defesa de seu direito, sobre o qual pode dispor. Porém, deve se ter em mente que a jurisdição é monopólio do Estado, o que importa concluir que se houver a necessidade de buscar o cumprimento coercitivo da lei para exercício de um direito, o cidadão deverá buscar o Judiciário, não lhe socorrendo outra alternativa. Veja-se que esta obrigatoriedade de se socorrer do Poder Judiciário não existe quando o cidadão recorre ao cartório judicial apenas para extrair simples copias de um determinado processo, as quais poderiam ser obtidas em qualquer empresa de reprografia. Portanto, no primeiro caso, as custas judiciais e emolumentos cartorários se definem como taxas, em virtude da obrigatoriedade de o cidadão se submeter ao Poder Judiciário para fazer valer seu direito, dado ao monopólio do Estado sobre a jurisdição. Já no segundo caso, as cópias reprográficas extraídas pelo cartório judicial são remuneradas por preço público, já que tal serviço é prestado em regime de concorrência com a iniciativa privada. Assim, solucionada a primeira questão relativa ao enquadramento das custas judiciais e emolumentos cartorários como taxas de serviço, cabe verificar que as taxas se submetem aos princípios da legalidade, anterioridade e anterioridade nonagesimal, pois não se encontram entre as exceções a tais princípios constitucionais aplicáveis a todas as espécies tributárias.

**Alternativa "c":** As custas judiciais e emolumentos cartorários não se amoldam ao conceito de contribuição de melhoria, a qual pressupõe a construção de determinada obra pública que gere valorização de imóveis vizinhos, não se referindo a serviços públicos compulsoriamente prestados ao cidadão, que não se refiram a qualquer obra pública.

**Alternativa "d":** Embora corretamente indicada a natureza jurídica de taxa das custas judiciais e emolumentos cartorários, não se trata de taxa de poder de polícia, como sugerido na alternativa em análise, mas de taxa de serviço, já que tem por fato gerador o serviço jurisdicional. A taxa de poder de polícia é aquela cobrada em virtude de uma atividade administrativa exercida regularmente pelo Estado em defesa do interesse público, seja para fiscalização (taxa de fiscalização ambiental, urbanística, etc.) ou para concessão de uma autorização ao particular (emissão de passaporte, concessão de alvará, etc.).

**Alternativa correta: letra "b".**

## 4.3. CONTRIBUIÇÕES DE MELHORIA

---

**38. (FGV – Exame de Ordem XXXVI – 2022)** O Município Beta, após realizar uma grande obra pública de recuperação, ampliação e melhoramentos da praça central do bairro Gama, custeada com recursos próprios, no valor de quinhentos mil reais, e que promoveu uma valorização dos imóveis apenas nesse bairro, decidiu cobrar uma contribuição de melhoria.

O referido tributo, instituído mediante lei ordinária específica, foi cobrado de todos os 5 mil proprietários de imóveis privados daquela cidade, em um valor fixo de 200 reais para cada um. José, advogado e morador do bairro Delta, bastante distante do bairro Gama, se insurge contra a referida contribuição de melhoria.

Diante desse cenário, a referida contribuição de melhoria

a) foi corretamente instituída, pois decorre de previsão legal específica, tendo como fato gerador a obra pública realizada.

b) foi corretamente instituída, pois respeitou o princípio da igualdade tributária ao adotar o mesmo valor para todos os contribuintes da cidade.

c) foi incorretamente instituída, por ter atingido imóveis que não se valorizaram por decorrência da obra pública e por ter cobrado valor cujo somatório é superior ao custeio da obra.

d) foi incorretamente instituída, pois só pode ser cobrada nos casos em que a obra pública seja exclusivamente para abertura, alargamento, pavimentação ou iluminação de vias públicas.

**COMENTÁRIOS**

✪ **Nota do Autor:** A questão aborda a contribuição de melhoria, que é uma das espécies tributárias previstas no artigo 145 da Constituição Federal, mais especificamente no seu inciso III.

Como o próprio nome já indica, para que ocorra sua instituição deverá haver uma obra pública que gere melhoria, ou melhor, que traga valorização para os imóveis vizinhos. Nos termos do artigo 81 do Código Tributário Nacional, a contribuição de melhoria é instituída para fazer frente ao custo de obra pública da qual decorra valorização imobiliária.

Ocorre que para a instituição da contribuição de melhoria, além da existência real de valorização do imóvel do sujeito passivo da exação, o valor a ser arrecadado com tal exação não poderá ultrapassar o total despendido pela administração pública para custeio da obra sobre a qual será lançado o tributo.

Conforme disciplinado no artigo 81 do Código Tributário Nacional, a contribuição de melhoria tem como limite total o valor da obra pública e como limite individual a valorização do imóvel do contribuinte, sendo ilegal a cobrança de contribuição de melhoria que ultrapasse tais limites.

No caso em apreço, o custo total da obra pública realizada pelo Município Beta foi apurado em quinhentos mil reais e a valorização imobiliário favoreceu somente o bairro Gama. Sendo assim, ao cobrar 200 reais de cada um dos 5 mil proprietários de imóveis da cidade, o Município Beta arrecadaria o valor de um milhão de reais, ou seja, o dobro do limite total permitido para a cobrança de contribuição de melhoria, além de alcançar o imóvel de José, que não percebeu valorização imobiliária, já que morador do bairro Delta.

Portanto, a contribuição de melhoria instituída pelo Município Beta é irregular, pois atingiu imóveis que não se valorizaram em decorrência da obra pública realizada e por cobrar valores que ultrapassaram o valor de custeio da obra.

Os comentários são suficientes para concluir que as alternativas "a", "b", e "d", estão incorretas.

**Alternativa correta: letra "c"**

---

**39. (FGV – Exame de Ordem 2017.1)** O Município Alfa realizou obras nas praças públicas de determinado bairro, incluindo iluminação e arborização. Tais obras acarretaram a valorização imobiliária de dezenas de residências daquela região. Em decorrência disso, o município instituiu contribuição de melhoria.

Sobre a contribuição em questão, segundo o CTN, assinale a afirmativa correta.

a) É inválida, pois deveria ter sido instituída pelo Estado Beta, onde está localizado o Município Alfa.

b) É válida, porque foi instituída para fazer face ao custo de obra pública da qual decorre a valorização imobiliária.

c) É válida, mas poderia ter sido instituída independentemente da valorização dos imóveis dos contribuintes.

d) É inválida, porque deveria ter, como limite individual, o valor global da despesa realizada pelo Poder Público na obra e não a valorização de cada imóvel.

**COMENTÁRIOS**

✪ **Nota do autor:** O tema das contribuições de melhoria não tem sido muito cobrado nos exames da OAB, ao menos nos últimos anos, talvez pela baixa complexidade relativa a esta exação. Todavia, vale lembrar que as questões de menor complexidade não podem se desperdiçadas pelo candidato, o que recomenda o estudo desta espécie tributária.

**Alternativa "a"**: a competência para instituir contribuição de melhoria é do comum, ou seja, pode ser criada por qualquer dos entes tributantes que tenha realizado obra pública da qual decorra valorização imobiliária. Assim, tendo em vista que foi o Município Alfa que realizou a obra pública em questão, é este o ente tributante competente para instituir a contribuição de melhoria.

**Alternativa "b":** a instituição de contribuição de melhoria é válida sempre que decorrer de obra pública da qual decorra efetiva valorização imobiliária, devendo respeitar, como limite total, a despesa realizada e como limite individual o acréscimo de valor que a obrar proporcionar ao imóvel do contribuinte. Portanto, visto que a obra pública realizada pelo Município Alfa gerou valorização para os imóveis beneficiados pela obra, é válida contribuição de melhoria instituída para fazer face à valorização imobiliária proporcionada.

**Alternativa "c":** é condição indispensável para instituição de contribuição de melhoria que a obra pública realizada tenha gerado valorização imobiliária.

**Alternativa "d":** a contribuição de melhoria terá, como limite individual, o acréscimo obtido pela valorização do imóvel ocasionada em virtude da obra pública, sendo que o limite total da exação é que deve se enquadrar dentro do valor de despesa realizada com a obra.

**Alternativa correta: letra "b".**

## 4.4. EMPRÉSTIMO COMPULSÓRIO

---

**40. (FGV – Exame de Ordem – 2021.2)** A Assembleia Legislativa do Estado Alfa, castigado por chuvas torrenciais que causaram graves enchentes, aprovou lei complementar estadual de iniciativa parlamentar que instituiu empréstimo compulsório sobre a aquisição de veículos automotores no território estadual, vinculando os recursos obtidos ao combate dos efeitos das enchentes.

Diante desse cenário, assinale a afirmativa correta.

a) A iniciativa da lei que instituiu o empréstimo compulsório é privativa do chefe do Poder Executivo.

b) O empréstimo compulsório necessita de lei complementar estadual para sua instituição.

c) O Estado não pode instituir empréstimos compulsórios.

d) A vinculação da receita de empréstimos compulsórios é inconstitucional.

**COMENTÁRIOS**

✪ **Nota do autor:** Importante recordar a excepcionalidade da instituição de empréstimos compulsórios que só podem ser criados para atender a despesas extraordinárias, decorrentes de calamidade pública, de guerra externa ou sua iminência, ou para investimento público de caráter urgente e de relevante interesse nacional, vedada, nessa última hipótese, sua cobrança

TRIBUTÁRIO

no mesmo exercício financeiro em que haja sido publicada a lei que o instituiu, tal como expressamente previsto pelo artigo 148, da CF. Ainda, não se pode esquecer que, de acordo com o parágrafo único, do artigo 15, do CTN, a lei obrigatoriamente deverá fixar o prazo do empréstimo compulsório e as condições de seu resgate.

**Alternativa "a":** Conforme artigo 148 da CF somente a União pode, mediante lei complementar, instituir empréstimos compulsórios, de forma que tal competência é privativa do chefe do Poder Executivo Federal, competência que falta aos chefes do Poder Executivos dos estados e municípios. A competência privativa da união para instituir empréstimo compulsório é reforçada pelo artigo 15 do CTN.

**Alternativa "b":** O empréstimo compulsório necessita de lei complementar federal para sua instituição, já que a competência é privativa da União, a teor do artigo 148 da CF. Assim, lei complementar estadual não pode instituir empréstimo compulsório por vedação constitucional.

**Alternativa "c":** Os Estados não podem instituir empréstimos compulsórios, já que a competência para o fazer é privativa da União, conforme artigo 148 da CF e artigo 15 do CTN.

**Alternativa "d":** A aplicação dos recursos provenientes de empréstimo compulsório deve estar vinculada à despesa que fundamentou sua instituição, a teor do parágrafo único, do artigo 148, da CF. Assim, é inconstitucional a instituição de empréstimo compulsório cujos recursos obtidos não sejam vinculados à despesa que justificou sua instituição.

**Alternativa correta: letra "c".**

---

**41. (FGV-Exame de Ordem 2019.2)** A União, diante de grave desastre natural que atingiu todos os estados da Região Norte, e considerando ainda a severa crise econômica e financeira do país, edita Medida Provisória, que institui Empréstimo Compulsório, para que as medidas cabíveis e necessárias à reorganização das localidades atingidas sejam adotadas.

Sobre a constitucionalidade da referida tributação, assinale a afirmativa correta.

a) O Empréstimo Compulsório não pode ser instituído para atender às despesas extraordinárias decorrentes de calamidade pública.

b) O Empréstimo Compulsório deve ser instituído por meio de Lei Complementar, sendo vedado pela CRFB/88 que Medida Provisória trate desse assunto.

c) Nenhum tributo pode ser instituído por meio de Medida Provisória.

d) A União pode instituir Empréstimo Compulsório para atender às despesas decorrentes de calamidade pública, sendo possível, diante da situação de relevância e urgência, a edição de Medida Provisória com esse propósito.

**COMENTÁRIOS**

✪ **Nota do autor:** Para responder corretamente a esta questão era necessário conhecimento das hipóteses e condições de criação dos empréstimos compulsórios, como previsto no artigo 148 da Constituição Federal.

**Alternativa "a":** Nos termos do inciso I, do artigo 148 da Constituição Federal, o Empréstimo Compulsório poderá ser instituído para atender despesas extraordinárias decorrentes de calamidade pública, como também para cobrir aquelas despesas decorrentes de guerra externa ou sua iminência, sendo possível, portanto, a criação de Empréstimo Compulsório na hipótese tratada no enunciado da questão.

**Alternativa "b":** O Empréstimo Compulsório, em qualquer de suas hipóteses constitucionalmente previstas, exige Lei Complementar para sua criação, conforme se constata pelo *caput* do artigo 148 da Constituição Federal. Por sua vez, embora seja possível a criação ou majoração de tributos por meio de Medida Provisória, já que estas são posteriormente convertidas em Lei Ordinária, não é possível a criação de Empréstimo Compulsório por meio de Medida Provisória, já que, como dito, se exige Lei Complementar, com quórum qualificado para sua votação, que difere da forma de conversão das medidas provisórias, que, após votação por maioria simples dão origem a Lei Ordinária.

**Alternativa "c":** A princípio a Medida Provisória poderá ser utilizada para instituir tributos, já que tal espécie normativa deve ser convertida em Lei Ordinária pelo Poder Legislativo, sendo certo que, em regra, a maioria dos tributos são criados ou majorados por Lei Ordinária, somente se exigindo Lei Complementar para tratar de determinados tributos cujo próprio texto constitucional assim determina, como é o caso do Empréstimo Compulsório tratado na questão em análise.

**Alternativa "d":** A Medida Provisória não poderá ser utilizada para instituir Empréstimo Compulsório, pois a resultado da conversão da Medida Provisória por votação do Legislativo dá origem a uma Lei Ordinário, sendo certo que para a criação de Empréstimo Compulsório a Constituição Federal exigiu a Lei Complementar.

**Alternativa correta: letra "b".**

---

**42. (FGV – Exame de Ordem 2014.1)** José recebeu auto de infração pelo inadimplemento de determinado tributo instituído por lei ordinária. José contesta a exigência fiscal sob o argumento, correto, de que o tributo em questão deveria ter sido instituído por lei complementar.

A partir da hipótese apresentada, assinale a opção que indica o tributo exigido no referido auto de infração.

a) Contribuição de Interesse de Categoria Profissional.

b) Contribuição de Melhoria.

c) Contribuição de Intervenção no Domínio Econômico.

d) Empréstimo Compulsório.

**COMENTÁRIOS**

✪ **Nota do autor:** Para responder a esta questão o candidato deveria estar seguro quanto aos tributos que exigem lei complementar para sua instituição, quais sejam: o empréstimo compulsório, os impostos de competência residual da União, as contribuições sociais não previstas no texto constitucional, e os impostos sobre grandes fortunas, que exige lei complementar para definição do que seja grande fortuna.

**Alternativa "a":** As contribuições de interesse de categorias profissionais ou econômicas podem ser instituídas exclusivamente pela União, com nítido propósito parafiscal, já que se prestam ao financiamento de entidades que regulam e fiscalizam determinados setores da economia. A previsão constitucional de tais contribuições encontra-se definida no artigo 149, estando tais exações submetidas aos princípios da legalidade, irretroatividade, anterioridade e anterioridade nonagesimal. Porém, não estão submetidas à reserva de lei complementar.

**Alternativa "b":** A contribuição de melhoria encontra sua previsão constitucional estabelecida no artigo 145, inciso III, não estando afeta a lei complementar para sua instituição.

**Alternativa "c":** As contribuições de intervenção no domínio econômico, conhecidas como CIDE, possuem função extrafiscal, já que servem de instrumento do governo federal para influenciar a lei de oferta e procura de bens e serviços. A previsão constitucional encontra-se no artigo 149, § 2º, da Carta Magna, o qual não exige lei complementar para instituição de tais contribuições.

**Alternativa "d":** Como a questão indicou que o argumento utilizado pelo contribuinte, que se referia a necessidade de lei complementar, estava correto, caberia identificar, dentre as alternativas, aquela que indicasse um tributo sujeito a reserva de lei complementar para sua instituição. Desta forma, a única alternativa correta é a letra "d", posto que o empréstimo compulsório, nos termos do artigo 148, da Constituição Federal, a União somente poderá instituir o empréstimo compulsório por meio de lei complementar.

**Alternativa correta: letra "d".**

## 4.5. CONTRIBUIÇÕES SOCIAIS

**43. (FGV – Exame de Ordem XXXVI – 2022)** A Assembleia Legislativa do Estado Beta irá votar, em 2022, um projeto de lei ordinária para a criação de sua própria contribuição social previdenciária, para custeio do regime próprio de previdência social estadual, a ser cobrada dos seus servidores ativos, dos aposentados e dos pensionistas. Antes, porém, submete o referido projeto de lei ordinária para análise da Comissão de Constituição e Justiça daquela Casa Legislativa, para emissão de parecer sobre a constitucionalidade daquele tributo.

Diante desse cenário, a referida contribuição social previdenciária

a) poderia ser criada por lei ordinária e ser cobrada de servidores ativos, dos aposentados e dos pensionistas.
b) poderia ser criada por lei ordinária, mas só poderia ser cobrada de servidores ativos.
c) não poderia ser criada por lei ordinária, mas poderia ser cobrada de servidores ativos, dos aposentados e dos pensionistas.
d) não poderia ser criada por lei ordinária e só poderia ser cobrada de servidores ativos.

**COMENTÁRIOS**

✪ **Nota do autor:** O **artigo 149, § 1º, da CF**, dispõe que a União, os Estados, o Distrito Federal e os Municípios instituirão, **por meio de lei, contribuições para custeio de regime próprio de previdência social**, cobradas dos **servidores ativos, dos aposentados e dos pensionistas**, que poderão ter alíquotas progressivas de acordo com o valor da base de contribuição ou dos proventos de aposentadoria e de pensões. A referida contribuição social previdenciária, portanto, poderá ser criada por lei ordinária, já que o texto constitucional não exige lei complementar para sua criação, bem como poderá ser cobrada de servidores ativos, dos aposentados e dos pensionistas.

Os comentários são suficientes para concluir que as alternativas "b", "c" e "d" estão incorretas.

**Alternativa correta: letra "a".**

**44. (FGV – Exame de Ordem – 2022.1)** Projeto de lei ordinária municipal deseja criar tributo para custear a prestação do serviço público de iluminação das vias e logradouros públicos do Município Alfa. O projeto prevê também que o tributo será cobrado na fatura de consumo de energia elétrica. Diante deste cenário, o tributo a ser criado poderá ser

a) a taxa de iluminação pública, mas sua arrecadação não pode ser feita na fatura de consumo de energia elétrica.
b) a contribuição de iluminação pública e sua arrecadação pode ser feita na fatura de consumo de energia elétrica.
c) a taxa de iluminação pública e sua arrecadação pode ser feita na fatura de consumo de energia elétrica.
d) a contribuição de iluminação pública, mas sua arrecadação não pode ser feita na fatura de consumo de energia elétrica.

**COMENTÁRIOS**

✪ **Nota do Autor:** O custeio da prestação de serviço de iluminação pública de vias e logradouros já causou muita polêmica no meio jurídico, sobretudo quando se tentava instituir seu custeio por meio de taxa, a qual pressupõe a prestação de um serviço público específico e divisível, caracterizado como um serviço *uti singuli*, ou seja, que permite a identificação de quem se beneficia com o serviço. Como a iluminação de vias e logradouros não permite a individualização de quem são os beneficiários, se amoldando ao conceito de serviço *uti universi*, não tardou para que o Colendo Supremo Tribunal Federal reconhecesse a inconstitucionalidade do custeio do serviço de iluminação pública por meio de taxa, chegando a ser editada a Súmula 670, pela qual se reconheceu que "O serviço de iluminação pública não pode ser remunerado mediante taxa." Somente com a Emenda Constitucional nº 39/2002 é que o custeio de iluminação pública de vias e logradores encontrou sua forma tributária adequada, através da chamada CIP ou Cosip. A referida Emenda Constitucional nº39/2002 introduziu o artigo 149-A no texto da Carta Magna, justamente para abarcar a hipótese de criação de contribuição para o custeio do serviço de iluminação pública, resolvendo assim o problema do custeio de tal serviço antes irregularmente angariado por meio de taxa. Embora as contribuições tenham como marca distintiva das demais espécies tributárias a destinação de seu arrecadação para um propósito específico, no caso para o custeio da iluminação pública, o próprio parágrafo único, do artigo 149-A da Constituição Federal, permite que a cobrança da contribuição em comento seja realizada na mesma fatura de cobrança de energia elétrica, permitindo, assim, uma transferência do que chamamos de capacidade tributária, que se resume na competência para arrecadar o tributo, não se confundindo com a competência tributário, ou seja, a legitimidade para instituição da contribuição, a qual é atribuída expressamente aos municípios.

Os comentários são suficientes para concluir que as alternativas "a", "c" e "d" estão incorretas.

**Alternativa correta: letra "b".**

**45. (FGV-Exame de Ordem 2019.1)** A União, por meio de lei ordinária, instituiu nova contribuição social (nova fonte de custeio) para financiamento da seguridade social. Para tanto, adotou, além da não cumulatividade, fato gerador e base de cálculo distintos dos discriminados na Constituição da República.

A referida lei foi publicada em 1º de outubro de 2018, com entrada em vigor em 1º de fevereiro de 2019, determinando, como data de vencimento da contribuição, o dia 1º de março de 2019.

A pessoa jurídica XYZ não realizou o pagamento, razão pela qual, em 10 de março de 2019, foi aconselhada, por seu(sua) advogado(a), a propor uma ação Declaratória de Inexistência de Relação Jurídica, em face da União.

Assinale a opção que indica o fundamento que poderá ser alegado para contestar a nova contribuição.

a) Ela somente poderia ser instituída por meio de Lei Complementar.
b) Ela violou o princípio da anterioridade anual.
c) Ela violou o princípio da anterioridade nonagesimal.

TRIBUTÁRIO

d) Ela somente poderia ser instituída por Emenda Constitucional.

COMENTÁRIOS

✪ **Nota do autor:** A questão requer bastante atenção do candidato, já que traz várias informações relevantes, que devem ser checadas para se verificar a constitucionalidade da nova contribuição social criada, o que pode gerar confusão.

**Alternativa "a":** Analisando o enunciado da questão com bastante atenção é possível verificar que todos os princípios e demais normas constitucionais incidentes sobre a constituição de nova contribuição social foram atendidos, com exceção da norma extraída da interpretação conjunta dos artigos 195, § 4º e 154, I, da Constituição Federal, pela qual se obriga que a instituição de nova contribuição seja feita por meio de Lei Complementar.

**Alternativa "b":** Não há violação ao princípio da anterioridade anual, pois a lei que instituiu a nova contribuição social é publicada em outubro de 2018, operando seus efeitos somente no exercício financeiro seguinte, ou seja, a nova contribuição somente passa a vigorar em 2019.

**Alternativa "c":** O princípio da anterioridade nonagesimal prevê que a nova exação tributária somente poderá entrar em vigor 90 dias após a publicação da lei que a instituiu. Sendo assim, verificado que a lei que instituiu a nova contribuição foi publicada em outubro de 2018, o lapso temporal de 90 dias foi respeitado, posto que a vigência da lei instituidora somente se deu em fevereiro de 2019.

**Alternativa "d":** A instituição de nova fonte de custeio para o financiamento da seguridade social não depende de emenda constitucional, devendo, entretanto, ser veiculada por lei complementar, nos termos do artigo 195, §4º, combinado com o artigo 154, I, da Constituição Federal.

**Alternativa correta: letra "a".**

---

**46. (FGV-Exame de Ordem 2019.1)** O médico João da Silva está há 4 (quatro) anos sem pagar a anuidade cobrada pelo Conselho Regional de Medicina (CRM). Diante desse cenário, o CRM poderá

a) inscrever o débito em dívida ativa de natureza tributária, depois promovendo a competente ação de execução fiscal, regida pela Lei nº 6.830/80, para cobrança.

b) promover a competente ação de execução fiscal regida pela Lei nº 6.830/80, sem necessidade de inscrição em dívida ativa, por serem as certidões de inadimplemento de anuidades expedidas pelos conselhos profissionais dotadas de natureza de título executivo extrajudicial.

c) promover a competente ação de cobrança das anuidades, regida pelo Código de Processo Civil, a partir da comprovação do não pagamento das anuidades em atraso.

d) promover a competente ação de execução das anuidades, regida pelo Código de Processo Civil, por serem as certidões de inadimplemento de anuidades expedidas pelos conselhos profissionais dotadas de natureza de título executivo extrajudicial.

COMENTÁRIOS

✪ **Nota do autor:** As contribuições de interesse das categorias profissionais ou econômicas, como é o caso da contribuição ao CRM, embora tenham conhecida natureza jurídica de tributo, acabam gerando dúvidas quando se trata de sua cobrança por meio de execução fiscal.

**Alternativa "a":** As contribuições ao Conselho Regional de Medicina (CRM) têm natureza tributária, encontrando previsão constitucional no artigo 149 da Carta Magna. Sendo assim, deixando o contribuinte de adimplir a anuidade cobrada pelo CRM, o débito deverá ser inscrito em dívida ativa, podendo ser promovida a competente execução fiscal nos termos da Lei nº 6.830/80.

**Alternativa "b":** Dada a natureza tributária das contribuições ao CRM, sua cobrança se dá por meio de execução fiscal, nos termos da Lei nº 6.830/80. Porém, necessariamente a execução fiscal deverá ser precedida da inscrição do débito em dívida ativa, pois tal inscrição corresponde, justamente, à materialização do título executivo que embasará a execução fiscal. Assim, sem a inscrição do débito em dívida ativa, não se viabiliza a execução fiscal por falta de título executivo.

**Alternativa "c":** Por ter natureza de tributo, as contribuições ao CRM gozam de liquidez, certeza e exigibilidade a partir de sua inscrição em dívida ativa, seguindo o rito da execução fiscal para sua cobrança judicial.

**Alternativa "d":** As anuidades devidas ao CRM, por terem natureza tributária de contribuição de interesse de categorias profissionais ou econômicas, devem ser inscritas em dívida ativa, para formação do respectivo título executivo extrajudicial, o qual deve ser executado segundo o rito previsto pela Lei nº 6.830/80, não podendo se adotar o rito das execuções previsto pelo Código de Processo Civil, o qual somente tem incidência subsidiária em relação à Lei das Execuções Fiscais.

**Alternativa correta: letra "a".**

---

**47. (FGV-Exame de Ordem 2019.1)** O Distrito Federal instituiu, por lei distrital, a contribuição para o custeio do serviço de iluminação pública. Um contribuinte insurgiu-se judicialmente contra tal cobrança, alegando que a instituição pelo Distrito Federal seria inconstitucional.

Diante desse quadro, assinale a afirmativa correta.

a) O contribuinte tem razão, uma vez que, em virtude das peculiaridades do Distrito Federal, é a União o ente federado competente pela instituição da contribuição para o custeio do serviço de iluminação pública na capital federal.

b) O contribuinte tem razão, uma vez que, em virtude das peculiaridades do Distrito Federal, é o Estado de Goiás o responsável pela instituição da contribuição para o custeio do serviço de iluminação pública na capital federal.

c) O contribuinte não tem razão, pois o Distrito Federal possui delegação de capacidade tributária ativa feita pela União para a cobrança da contribuição para o custeio do serviço de iluminação pública.

d) O contribuinte não tem razão, pois o Distrito Federal pode instituir a contribuição para o custeio do serviço de iluminação pública, assim como os Municípios.

COMENTÁRIOS

✪ **Nota do autor:** A questão em análise aborda a nova contribuição criada pela Emenda Constitucional nº 39/02, denominada CIP – Contribuição para Custeio do Serviço de Iluminação Pública.

A referida Emenda Constitucional introduziu o artigo 149-A na Carta Magna, criando a possibilidade de instituição da CIP, para custear o serviço de iluminação pública. Importa verificar que a competência para instituição desta contribuição foi expressamente atribuída aos Municípios e ao Distrito Federal, não havendo dúvida, portanto, quanto à possibilidade de o Distrito Federal instituir, por meio de lei ordinária distrital, tal exação tributária.

Portanto, para responder corretamente à questão, bastava ao candidato o conhecimento do que dispõe o artigo 149-A da Constituição Federal, para saber que, na hipótese do enunciado, o contribuinte não tem razão quando se insurge contra a

CIP, já que o Distrito Federal tem competência para instituir referida contribuição, assim como os Municípios.

Os comentários são suficientes para concluir que as alternativas "a", "b" e "c" estão incorretas.

**Alternativa correta: letra "d".**

## 5. DISTRIBUIÇÃO DE RECEITAS TRIBUTÁRIAS

- CTN, arts. 83 a 95
- CF, arts. 157 a 162

---

**48. (FGV - Exame de Ordem 2018.1)** O Município M, ao realizar a opção constitucionalmente prevista, fiscalizou e cobrou Imposto sobre Propriedade Territorial Rural (ITR), incidente sobre as propriedades rurais localizadas fora da sua área urbana. Em função desse fato, o Município M recebeu 50% (cinquenta por cento) do produto do imposto da União sobre a propriedade rural, relativo aos imóveis nele situados.

Diante dessa situação, sobre a fiscalização e a cobrança do ITR pelo Município M, assinale a afirmativa correta.

a) Não são possíveis, por se tratar de imposto de competência da União.

b) São possíveis, sendo igualmente correta a atribuiçao de 50% (cinquenta por cento) do produto da arrecadação do imposto a ele.

c) São possíveis, porém, nesse caso, a totalidade do produto da arrecadação do imposto pertence ao Município.

d) São possíveis, porém, nesse caso, 25% (vinte e cinco por cento) do produto da arrecadação do imposto pertence ao Município.

**COMENTÁRIOS**

✪ **Nota do autor:** A questão aborda a matéria relativa à divisão de receitas tributárias que se encontra disciplinada pelos artigos 157 a 162 da Carta Magna, cujo teor deve ser bem estudado pelo candidato, já que nos últimos anos passou a ser cobrado pelo exame da OAB.

A princípio, caberia ao município 50% (cinquenta por cento) do produto da arrecadação do Imposto sobre Propriedade Territorial Rural (ITR), conforme previsto na primeira parte do inciso II, do artigo 158, da Constituição Federal. Porém, ao se verificar a parte final do dispositivo constitucional supracitado, constata-se que os municípios que optarem por fiscalizar e cobrar o ITR, na forma do artigo 153, § 4º, III, da Carta Magna, ficaram com a totalidade do imposto arrecadado. Assim, ao verificar que o município citado no enunciado da questão realizou a fiscalização e cobrança do ITR, deverá ficar com 100% (cem por cento) do produto de sua arrecadação, conforme previsão constitucional. Cabe por fim ressaltar que a cobrança e fiscalização do ITR pelo município não afeta a competência tributária atribuída à União, pois o que se transfere ao município é apenas a capacidade tributária, a qual é passível de delegação.

Os comentários são suficientes para concluir que as alternativas "a", "b" e "d" estão incorretas.

**Alternativa correta: letra "c".**

---

**49. (FGV – OAB 2013.2)** A remuneração que os Municípios pagam a seus servidores está sujeita à incidência do Imposto sobre a Renda retido na fonte (IR-Fonte). Assinale a alternativa que indica o ente público ao qual pertence o produto da arrecadação do IR– Fonte nesse caso específico.

a) Ao Município que efetua o pagamento da remuneração.

b) À União.

c) Ao Estado em que está situado o Município que efetua o pagamento da remuneração.

d) Metade à União e metade ao Município que efetua o pagamento da remuneração.

**COMENTÁRIOS**

✪ **Nota do autor:** Consideramos que esta questão apresenta alto grau de dificuldade por duas razões principais. Primeira, porque parte majoritária da doutrina considera que a 'repartição das receitas tributárias' não é matéria de direito tributário, mas sim de direito financeiro, o que rotineiramente retira um estudo mais profundo do tema por aqueles que estudam para uma prova de direito tributário, sendo a primeira vez que a FGV traz a matéria de repartição de receitas para o Exame de Ordem. Assim, a partir de agora, é bom dar uma atenção especial ao tema! Segunda, porque responder a tal questão exige do estudante uma cuidadosa memorização de todos os dispositivos da Seção VI, do Capítulo I, do Título IV, da Constituição Federal que versa sobre a repartição das receitas tributárias entre os entes federados.

A Constituição Federal, ao dispor sobre a repartição das receitas tributárias, fixou expressamente no inciso I, do artigo 158, que pertence ao município *"o produto da arrecadação do imposto da União sobre renda e proventos de qualquer natureza, incidente na fonte sobre rendimentos pagos, a qualquer título, por eles, suas autarquias e pelas fundações que instituírem e mantiverem"*. É justamente esta a hipótese da questão ora analisada que versa sobre a destinação do IR-Fonte incidente sobre a remuneração paga pelos municípios a seus servidores, sendo certo que a receita de tal imposto se destina ao próprio município por força do já referido inciso I, do artigo 158, da Carta Magna.

Aos Estados e ao Distrito Federal, não é demais recordar, destina-se o produto da arrecadação do IR-Fonte, incidente sobre rendimentos pagos, a qualquer título, por eles, suas autarquias e pelas fundações que instituírem e mantiverem, conforme inciso I, do artigo 157, da Constituição Federal. Assim, o produto do IR-Fonte, incidente sobre a remuneração que os Estados e Distrito Federal pagam a seus servidores, seria destinado ao próprio ente pagador.

Apesar de ausência de dispositivo legal expresso, decorre da interpretação do texto constitucional, que o produto da arrecadação do IR-Fonte, incidente sobre rendimentos pagos, a qualquer título, pela União, suas autarquias e pelas fundações que instituírem e mantiverem, destina-se à própria União.

Desta forma, fica fácil memorizar que, o produto da arrecadação do IR-Fonte incidente sobre a remuneração de servidores destina-se ao ente federado respectivo quando ele, suas autarquias ou fundações forem os entes pagadores.

Os comentários são suficientes para concluir que as alternativas "b", "c" e "d" estão incorretas.

**Alternativa correta: letra "a".**

## 6. LEGISLAÇÃO TRIBUTÁRIA

- CTN, arts. 96 a 100
- CF, arts. 146 e 146-A; 148; 149; 153, VII; 154, I; 155, § 1º, III e § 2º, XII, 156, § 3º; 195, § 4º

---

**50. (FGV – Exame de Ordem 2020.1)** Uma lei ordinária federal tratava de direitos do beneficiário de pensão previdenciária e também previa norma que ampliava, para 10 anos, o prazo decadencial para o lançamento dos créditos tributários referentes

TRIBUTÁRIO

a uma contribuição previdenciária federal.

A respeito da ampliação de prazo, assinale a afirmativa correta.

a) É inválida, pois, em razão do caráter nacional das contribuições previdenciárias federais, somente poderia ser veiculada por Resolução do Senado Federal.

b) É inválida, pois somente poderia ser veiculada por Lei Complementar.

c) É válida, pois o CTN prevê a possibilidade de que o prazo geral de 5 anos, nele previsto para a Fazenda Pública constituir o crédito tributário, seja ampliado por meio de Lei Ordinária Específica.

d) É válida, por existir expressa previsão constitucional, específica para contribuições de seguridade social, autorizando a alteração de prazo de constituição do crédito tributário por Lei Ordinária.

COMENTÁRIOS

✪ **Nota do Autor:** A questão se torna fácil quando se conhece a divisão feita pela Constituição Federal para as matérias que devem ser tratadas por lei complementar e aquelas que podem ser tratadas por lei ordinária.

**Alternativa "a":** A justificativa encontrada nessa alternativa para reconhecer ser inválida a lei ordinária que altera o prazo decadencial da contribuição previdenciária se mostra impertinente, já que, pelo princípio da legalidade, toda alteração em norma tributária deve ser feita por lei em sentido estrito, que não é o caso da Resolução do Senado Federal. Cabe destacar, todavia, que há exceções ao princípio da legalidade tributária, se aceitando o uso de uma Resolução do Senado para casos específicos, para os quais a Constituição Federal expressamente se refere, *ex vi*, a fixação da alíquota máxima do ITCMD.

**Alternativa "b":** A alteração de prazo de decadência ou prescrição tributária é uma das matérias que a Constituição Federal exige, expressamente, a veiculação por meio de lei complementar, conforme se constata pela simples leitura de seu artigo 146, inciso III, alínea "b", que obriga o legislador a estabelecer normas gerais sobre a decadência e prescrição tributária por meio de lei complementar. Portanto, é inválida a lei ordinária federal que altera o prazo de decadência para o lançamento de contribuição previdenciária. Ademais, a situação prevista no enunciado já foi alvo de Repercussão Geral pelo STF, que no julgamento do RE 559943, resolveu o Tema 03, entendendo haver necessidade de Lei Complementar para alteração de prazo prescricional e decadencial.

**Alternativa "c":** O CTN, que foi recepcionado pela Constituição Federal com lei complementar para tratar de normas gerais de direito tributário, estabelece o prazo de 5 anos para a ocorrência de decadência conforme disposto em seu artigo 173, não admitindo a alteração de tal prazo por lei ordinária, de forma que, somente lei complementar poderia alterar o prazo estabelecido pelo CTN.

**Alternativa "d":** Ao contrário do que afirmado na alternativa em comento, não há previsão constitucional autorizando a alteração de prazo de decadência tributária por meio de lei ordinária, sendo certo que o texto constitucional extraído do artigo 146, inciso III, alínea "b" obriga a utilização de lei complementar para qualquer alteração relativa a normas gerais referentes a decadência e prescrição tributária.

**Alternativa correta: letra "b".**

---

**51. (FGV – Exame de Ordem 2017.1)** Por meio da Lei Ordinária n° 123, a União instituiu contribuição não cumulativa destinada a garantir a expansão da seguridade social, utilizando, para tanto, fato gerador e base de cálculo distintos dos discriminados na Constituição da República. A referida lei foi publicada em 1° de setembro de 2015, com entrada em vigor em 2 de janeiro de 2016, determinando o dia 1° de fevereiro do mesmo ano como data de pagamento.

Por considerar indevida a contribuição criada pela União, a pessoa jurídica A, atuante no ramo de supermercados, não realizou o seu pagamento, razão pela qual, em 5 de julho de 2016, foi lavrado auto de infração para a sua cobrança.

Considerando a situação em comento, assinale a opção que indica o argumento que poderá ser alegado pela contribuinte para impugnar a referida cobrança.

a) A nova contribuição viola o princípio da anterioridade nonagesimal.

b) A nova contribuição viola o princípio da anterioridade anual.

c) A nova contribuição somente poderia ser instituída por meio de lei complementar.

d) A Constituição da República veda a instituição de contribuições não cumulativas.

COMENTÁRIOS

✪ **Nota do autor:** A questão contém uma "pegadinha", pois ao indicar as datas de publicação e de vigência da nova lei instituidora da contribuição social em comento, poderia levar o candidato a imaginar que o problema colocado estaria relacionado com os princípios da anterioridade anual ou nonagesimal, o que, todavia, não corresponde ao real objetivo da questão.

**Alternativa "a":** O princípio da anterioridade nonagesimal é aplicável à contribuição para a seguridade social referida na hipótese em análise, o qual é previsto no artigo 195, parágrafo sexto, da Constituição Federal. Todavia, cotejando as datas de publicação e vigência da norma instituidora da contribuição, como apontado no enunciado da questão, é possível constatar que o prazo de noventa dias entre a publicação e a vigência da nova contribuição foi respeitado, não podendo se falar, portanto, de violação ao princípio da anterioridade nonagesimal.

**Alternativa "b":** O princípio da anterioridade, pelo qual se proíbe que uma nova exação incida sobre fato gerador ocorrido no mesmo exercício financeiro em que instituída, não se aplica às contribuições destinadas a seguridade social, por força do disposto no parágrafo sexto, do artigo 195, da Carta Magna, o que expressamente afasta a incidência de tal princípio, ao determinar que não será aplicável a tal espécie tributária o disposto no artigo 150, inciso III, alínea "b", da Constituição Federal.

**Alternativa "c":** As contribuições para a seguridade social, instituídas sobre fato gerador e base de cálculo distintos dos discriminados na Constituição da República, regem-se pelo artigo 195, parágrafo quarto, da Constituição Federal, o qual, por sua vez, expressamente determina a submissão da nova exação à norma constitucional prevista no artigo 154, inciso I, que exige lei complementar para criação de tal figura tributária. Portanto, a inconstitucionalidade da contribuição social criada pela União, na hipótese contida no enunciado, advém do fato de tal exação ter sido instituída por meio de lei ordinária.

**Alternativa "d":** Ao contrário da afirmação contida nesta alternativa, as contribuições destinadas à seguridade social devem respeitar o princípio da não cumulatividade, pois se submetem à disciplina do artigo 154, inciso I, da Constituição Federal, como referido pelo parágrafo quarto, do artigo 195, que regulamenta os critérios para sua instituição.

**Alternativa correta: letra "c".**

---

**52. (FGV – Exame de Ordem 2016.2)** O Estado Alfa institui, por meio de lei complementar, uma taxa pela prestação de serviço público específico e divisível. Posteriormente a alíquota e a base de cálculo da taxa vêm a ser modificadas por meio de lei ordinária, que as mantém em patamares compatíveis com a natureza do tributo e do serviço público prestado.

A lei ordinária em questão é

a) integralmente inválida, pois lei ordinária não pode alterar lei complementar.

b) parcialmente válida – apenas no que concerne à alteração da base de cálculo, pois a modificação da alíquota só seria possível por meio de lei complementar.

c) parcialmente válida – apenas no que concerne à alteração da alíquota, pois a modificação da base de cálculo só seria possível por meio de lei complementar.

d) integralmente válida, pois a matéria por ela disciplinada não é constitucionalmente reservada à lei complementar.

**COMENTÁRIOS**

**Nota do autor:** Vale recordar: o Eg. STF firmou entendimento no sentido de não haver hierarquia entre lei complementar e lei ordinária, mas tão somente campos materiais a que o Constituinte estabeleceu rito de processo legislativo próprio. Assim, lei complementar que veicula matéria reservada à lei ordinária é apenas formalmente complementar, já que materialmente ordinária, razão por que pode ser posteriormente modificada ou revogada por lei ordinária.

A instituição de taxas não é matéria reservada à lei complementar, já que tal hipótese não se encontra arrolada dentre aquelas elencadas *numerus clausus* pelo artigo 146 da CF. Assim, tal tributo pode ser instituído ou ter sua base de cálculo ou alíquota alteradas por lei ordinária.

Os comentários são suficientes para concluir que as alternativas "a", "b" e "c" estão incorretas.

**Alternativa correta: letra "d".**

## 7. VIGÊNCIA, APLICAÇÃO, INTERPRETAÇÃO E INTEGRAÇÃO DA LEGISLAÇÃO TRIBUTÁRIA

▸ CTN, arts. 101 a 112 e 144

**53. (FGV- XXXV Exame de Ordem-2022)** O Estado Alfa concedeu por lei ordinária, observadas as regras orçamentárias, isenção de IPVA para automóveis exclusivamente elétricos, fundamentando que a tributação possui uma importante função extrafiscal e objetivos ecológicos.

José é proprietário de um automóvel registrado perante o DETRAN do Estado Alfa, movido a biogás, combustível considerado inovador e não poluente, produzido a partir de resíduos orgânicos como lixo, cana, biomassa etc. e refinado em biometano para abastecer carros.

Desejando José obter para si o mesmo benefício fiscal dos carros elétricos, ele contrata você, como advogado(a), para fins de requerimento administrativo da isenção.

Diante desse cenário, assinale a afirmativa correta.

a) É possível a concessão do benefício fiscal por analogia e interpretação extensiva aos automóveis movidos a combustível de biogás.

b) É possível a concessão do benefício fiscal, tendo em vista a função extrafiscal e o objetivo ecológio do combustível de biogás.

c) Não é possível a concessão do benefício fiscal aos automóveis movidos a biogás, pois deve ser interpretada literalmente a legislação que dispõe sobre a outorga de isenção.

d) Não é possível a concessão do benefício fiscal aos automóveis movidos a biogás, tendo em vista ser necessário comprovar os benefícios ecológicos por meio de perícia técnica, procedimento vedado na esfera administrativa.

**COMENTÁRIOS**

**Nota do Autor:** Embora a questão diga respeito à isenção tributária, para encontrar a resposta correta é necessário conhecimento quanto à integração e interpretação da norma tributária que se encontra disciplinada no Capítulo IV, do Título I, do Livro Segundo (Normas Gerais de Direito Tributário) do Código Tributário Nacional.

**Alternativa "a":** O uso da analogia em direito tributário somente é autorizado na hipótese de ausência de disposição expressa sobre determinado assunto, não podendo resultar, todavia, na exigência de tributo não previsto em lei ou na outorga de benefícios fiscais, como é o caso da isenção tributária. Podemos dizer que a analogia em matéria tributária não cria e nem dispensa a incidência de um tributo.

**Alternativa "b":** Não há possibilidade de extensão de um benefício fiscal com base no propósito extrafiscal de determinada norma tributária. O benefício fiscal expressamente determinado por lei em sentido estrito é que pode visar um fim extrafiscal, nunca o contrário.

**Alternativa "c":** Quando se trata de um benefício fiscal, como é o caso da isenção concedida para os carros elétricos informada no enunciado da questão, aplica-se o que chamamos de interpretação literal ou restritiva da norma tributária, conforme previsto no artigo 111 do Código Tributário Nacional. Sendo assim, a isenção concedida para veículos elétricos não pode ser estendida aos veículos movidos a biogás, se não há expressa previsão desta hipótese no texto normativo que institui o benefício fiscal.

**Alternativa "d":** Diante da falta de previsão legal expressa não se pode estender a isenção concedida aos veículos elétricos aos movidos a biogás, ainda que se prove por perícia o benefício ambiental promovido pelo gás biológico, já que a interpretação da lei que outorga um benefício fiscal não permite sua aplicação de forma extensiva a uma hipótese não taxativamente prevista na respectiva norma tributária.

**Alternativa correta: letra "c"**

**54. (FGV- XXXIV Exame de Ordem-2022)** Maria recebeu de seu tio, em 2019, a posse de um automóvel de alto valor para facilitar seu transporte até a faculdade. Em 2020, seu tio resolveu realizar, em favor de Maria, a doação do automóvel, sob condição suspensiva, por escritura pública. O evento previsto na condição era o de que Maria se formasse na faculdade até o fim do ano de 2021. Contudo, ela abandona a faculdade, escoando o ano de 2021 sem que se formasse.

Diante desse cenário, à luz do CTN, o Imposto sobre a Transmissão Causa Mortis e Doação (ITCMD)

a) é devido na data de efetiva transferência da posse do automóvel.

b) é devido na data de efetiva lavratura da escritura pública de doação.

c) não é devido, por se tratar de doação de bem móvel.

d) não é devido, pois a doação não se tornou perfeita e acabada em virtude da ausência do implemento do evento previsto na condição.

**COMENTÁRIOS**

**Nota do Autor:** A questão é interessante e requer um conhecimento sobre o conceito de doação, que é dado pelo

TRIBUTÁRIO

Direito Civil, valendo aqui a máxima definida pelo artigo 110 do Código Tributário Nacional segundo a qual a lei tributária não pode alterar a definição, o conteúdo e o alcance de institutos, conceitos e formas de direito privado.

**Alternativa "a":** A hipótese de incidência do ITCMD é a efetiva transferência da propriedade de um bem do doador ao donatário, importando em redução patrimonial do doador e um respectivo acréscimo patrimonial do donatário. Assim, a mera posse de um bem não revela um acréscimo patrimonial do possuidor, já que o bem ainda continua na esfera de domínio de seu proprietário.

**Alternativa "b":** Na hipótese trazida no enunciado da questão a doação não se encontra aperfeiçoada, pois depende de uma condição futura, não incidindo o imposto sobre a doação que ainda não se considera concretizada no momento de lavratura da escritura pública de doação.

**Alternativa "c":** Independente de se tratar de bem móvel ou imóvel, caso se pudesse considerar a doação perfeita e acabada, haveria a incidência do ITCMD, já que este imposto incide na doação de quaisquer bens ou direitos, conforme reza o artigo 155, inciso I, da Constituição Federal.

**Alternativa "d":** Nos termos da legislação civil, a doação condicionada é aquela que depende da implementação de uma condição futura para que seja aperfeiçoada. No caso em apreço a doação feita a Maria por seu tio restou condicionada ao implemento da condição de que a donatária se formasse na faculdade até o final do ano de 2021, o que não ocorreu pelo fato de Maria ter abandonado a faculdade. Portanto, uma vez não implementada a condição imposta para o aperfeiçoamento da doação, esta não pode ser considerada perfeita e acabada, não incidindo, pois, o ITCMD.

**Alternativa correta: letra "d"**

**55. (FGV – Exame de Ordem 2016.2 – Prova reaplicada Salvador-BA)** A pessoa jurídica XX, procurando compreender os métodos de interpretação da legislação tributária a respeito dos casos de extinção, suspensão e exclusão do crédito tributário, consulta você, como advogado.

À luz do Código Tributário Nacional, assinale a alternativa que veicula tema sobre o qual é imperiosa a interpretação literal de norma tributária.

a) Anistia
b) Remissão
c) Prescrição
d) Compensação

**COMENTÁRIOS**

✪ **Nota do autor:** Não se esqueça: o artigo 111 do CTN estabelece, expressamente, que normas tributárias que regulam a suspensão ou exclusão do crédito tributário, a outorga de isenção e a dispensa do cumprimento de obrigações tributárias acessórias interpretam-se literalmente.

**Alternativa "a":** Sendo a anistia forma de exclusão do crédito tributário, tal como prescrito no artigo 175, inciso II, do CTN, a norma tributária que a concede deve ser interpretada de forma literal, tal como disposto pelo artigo 111, inciso I, do CTN.

**Alternativa "b":** A remissão é forma de extinção do crédito tributário, conforme expressamente estabelece o inciso IV, do artigo 156, do CTN. A extinção do crédito tributário não compõe o elenco do artigo 111 do CTN, de forma que as normas que a regulamenta não se sujeitam ao rigor da interpretação literal.

**Alternativa "c":** A prescrição é forma de extinção do crédito tributário, conforme expressamente estabelece o inciso V, do artigo 156, do CTN. A extinção do crédito tributário não compõe o elenco do artigo 111 do CTN, de forma que as normas que a regulamenta não se sujeitam ao rigor da interpretação literal.

**Alternativa "d":** A compensação é forma de extinção do crédito tributário, conforme expressamente estabelece o inciso II, do artigo 156, do CTN. A extinção do crédito tributário não compõe o elenco do artigo 111 do CTN, de forma que as normas que a regulamenta não se sujeitam ao rigor da interpretação literal.

**Alternativa correta: letra "a".**

**56. (FGV – Exame de Ordem 2015.3)** Antônio, prestador de serviço de manutenção e reparo de instrumentos musicais, sujeito à incidência do Imposto Sobre Serviços (ISS), deixou de recolher o tributo incidente sobre fato gerador consumado em janeiro de 2013 (quando a alíquota do ISS era de 5% sobre o total auferido pelos serviços prestados e a multa pelo inadimplemento do tributo era de 25% sobre o ISS devido e não recolhido). Em 30 de agosto de 2013, o Município credor aprovou lei que: (a) reduziu para 2% a alíquota do ISS sobre a atividade de manutenção e reparo de instrumentos musicais; e (b) reduziu a multa pelo inadimplemento do imposto incidente nessa mesma atividade, que passou a ser de 10% sobre o ISS devido e não recolhido.

Em fevereiro de 2014, o Município X promoveu o lançamento do imposto, exigindo do contribuinte o montante de R$ 25.000,00 – sendo R$ 20.000,00 de imposto (5% sobre R$ 400.000,00, valor dos serviços prestados) e R$ 5.000,00 a título de multa pela falta de pagamento (25% do imposto devido).

Sobre a hipótese apresentada, assinale a afirmativa correta.

a) O lançamento está correto em relação ao imposto e à multa.
b) O lançamento está incorreto tanto em relação ao imposto (que deveria observar a nova alíquota de 2%) quanto em relação à multa (que deveria ser de 10% sobre o ISS devido e não recolhido).
c) O lançamento está correto em relação à multa, mas incorreto em relação ao imposto (que deveria observar a nova alíquota de 2%).
d) O lançamento está correto em relação ao imposto, mas incorreto em relação à multa (que deveria ser de 10% sobre o ISS devido e não recolhido).

**COMENTÁRIOS**

✪ **Nota do autor:** Esta questão é bastante interessante, pois confronta a irretroatividade da lei tributária com a retroatividade da lei mais benéfica em matéria de sanção tributária (*lex mitior*), o que geralmente leva a uma certa confusão, exigindo que o candidato esteja atento a estas distinções.

O princípio da irretroatividade encontra-se previsto no artigo 150, inciso III, da Constituição Federal, incidindo sobre todos os tributos, indistintamente, de forma a impedir que quaisquer dos entes políticos possam cobrar tributos relativos a fatos geradores ocorridos antes do início da vigência da lei tributária que os houver instituído ou aumentado. Diferentemente de outros princípios constitucionais, o princípio da irretroatividade não admite exceção quando o assunto é a instituição ou majoração do tributo. Embora não se trate de retroatividade propriamente dita, cabe destacar que em caso de fatos jurídicos continuados, como é o caso do imposto de renda, a lei tributária que se aplica é a do momento de sua consumação, a qual ocorre somente no exercício seguinte, dando a falsa impressão de que ocorreu uma retroatividade da nova lei tributária, o que não é verdade. Outra hipótese que não pode ser confundida com retroatividade de lei tributária é a relativa às normas expressamente interpretativas, na qual, por se tratar de mera interpretação do real conteúdo de uma norma já pré-existente, o que se aplica é a nova interpretação de uma norma já vigente à época do fato gerador e não a própria lei interpretativa. Por sua vez, quando se trata de sanção tributária, a retroatividade da lei mais benéfica é assegurada ao contribuinte, a exemplo do que ocorre em matéria penal, onde a lei mais benéfica também retroage para atingir os fatos pretéritos em benefício do réu. Portanto, a redução de uma multa tributária deve ser aplicada retroativamente aos fatos geradores pretéritos, conforme expressamente definido pelo artigo 106 do Código Tributário Nacional. Desta forma, analisando o enunciado da questão, verifica-se que a única alternativa correta é aquela que aponta estar correto o lançamento em relação ao tributo, já que a nova lei, ainda que prevendo alíquota menor, não deverá retroagir, considerando incorreto o lançamento relativo à multa punitiva, já que, neste caso, caberia a retroatividade de nova lei, por ser mais benéfica.

Os comentários são suficientes para concluir que as alternativas "a", "b" e "c" estão incorretas.

**Alternativa correta: letra "d".**

## 8. OBRIGAÇÃO TRIBUTÁRIA

▸ CTN, arts. 113 a 128

---

**57. (FGV – XXXVII Exame OAB)** Lucas, menor de oito anos de idade, é proprietário de um imóvel (recebido por herança de seu avô), o qual foi alugado por seus pais, João e Maria, representando-o. Contudo, o Imposto sobre a Propriedade Territorial Urbana (IPTU) referente a este imóvel não está sendo pago pelo locatário, conforme havia sido pactuado no contrato de locação. Em razão do inadimplemento, foi enviada notificação de lançamento do crédito tributário em nome de Lucas como devedor do tributo, para seu domicílio tributário, a fim de que pagasse o débito. A notificação foi recebida via Correios por seus pais, que residem junto com seu filho. Os pais, por entenderem que esta obrigação era do locatário, recusam-se a pagar. O Fisco Municipal está agora a cobrar judicialmente o valor da dívida de IPTU. Diante desse cenário e à luz do Código Tributário Nacional, assinale a afirmativa correta.

a) Lucas, embora absolutamente incapaz, pode figurar como contribuinte devedor do IPTU, inclusive podendo constar seu nome na notificação de lançamento do crédito tributário.

b) Em razão da menoridade de Lucas, apenas seus pais serão considerados contribuintes deste IPTU.

c) Lucas e seus pais são contribuintes do IPTU, mas os bens dos pais devem ser executados antes dos bens de Lucas.

d) Lucas é o contribuinte do IPTU, sendo o locatário o responsável tributário pelo pagamento do mesmo.

**COMENTÁRIOS**

✪ **Nota do Autor:** A questão em comento trabalha o conceito de capacidade tributária passiva e de responsabilidade tributária, que não se confundem. A capacidade tributária passiva é estabelecida pela legislação ao indicar o contribuinte, ou seja, aquele que mantém ligação direta com o tributo. Já a responsabilidade tributária surge quando a legislação tributária indica um terceiro para assumir a obrigação tributária no lugar daquele que seria o sujeito passivo direto.

**Alternativa "a":** A incapacidade civil do menor, Lucas, pode levar ao equivocado entendimento de que este não teria capacidade tributária para assumir o encargo do IPTU que incide sobre o imóvel que lhe pertence. Todavia, em matéria tributária prevalece a máxima estabelecida no artigo 126 do CTN, pela qual se determina que a capacidade tributária passiva não depende da capacidade civil das pessoas naturais. Portanto, está correta a afirmação de que Lucas pode figurar como contribuinte do IPTU, inclusive com seu nome lançado na respectiva notificação de lançamento do crédito tributário.

**Alternativa "b":** Em razão a incapacidade civil de Lucas, seus pais responderão na condição de responsáveis tributários pelo pagamento do tributo, embora a capacidade tributária passiva continue sendo atribuída ao menor, por ser este o proprietário do imóvel e, pois, contribuinte do IPTU. A responsabilidade dos pais, nesta hipótese, se estabelece de forma solidária, segundo provisão expressa do artigo 134, inciso I, do CTN.

**Alternativa "c":** A alternativa trata equivocadamente a figura do contribuinte do IPTU, que é o proprietário do imóvel, Lucas, ainda que este seja menor de idade, com a responsabilidade tributária atribuída aos seus pais. De se destacar, ainda, que nesta hipótese de responsabilidade tributária atribuída aos pais pelos tributos dos filhos incapazes, há solidariedade na obrigação, não havendo que se falar em ordem de preferência na execução dos bens dos pais antes dos bens do filho para responder pelo crédito tributário.

**Alternativa "d":** Embora seja praxe nos contratos de locação atribuir-se a obrigação de pagamento do IPTU ao locatário, esta obrigação contratual tem natureza civil, não prevalecendo sobre a responsabilidade tributária. Aliás, o artigo 123 do CTN adverte que as convenções particulares em relação ao pagamento do tributo não podem ser opostas à Fazenda Pública, não modificando a definição legal do sujeito passivo da respectiva obrigação tributária.

**Alternativa correta: letra "a"**

---

**58. (FGV – Exame de Ordem – 2022.1)** Maria recebeu de seu tio, em 2019, a posse de um automóvel de alto valor para facilitar seu transporte até a faculdade. Em 2020, seu tio resolveu realizar, em favor de Maria, a doação do automóvel, sob condição suspensiva, por escritura pública. O evento previsto na condição era o de que Maria se formasse na faculdade até o fim do ano de 2021. Contudo, ela abandona a faculdade, escoando o ano de 2021 sem que se formasse. Diante desse cenário, à luz do CTN, o Imposto sobre a Transmissão Causa Mortis e Doação (ITCMD)

a) é devido na data de efetiva transferência da posse do automóvel.

b) é devido na data de efetiva lavratura da escritura pública de doação.

c) não é devido, por se tratar de doação de bem móvel.

d) não é devido, pois a doação não se tornou perfeita e acabada em virtude da ausência do implemento do evento previsto na condição.

**COMENTÁRIOS**

✪ **Nota do Autor:** A ocorrência efetiva do fato gerador compõe o aspecto temporal da regra matriz de incidência tributária, ou seja, corresponde ao momento em que ocorrido o fato descrito na hipótese normativa que descreve o tributo. Portanto, é de suma importância saber identificar a efetiva

TRIBUTÁRIO

ocorrência do fato gerador, pois é neste exato momento que se dá a chamada incidência tributária.

**Alternativa "a":** A mera transferência da posse do automóvel não importa em uma efetiva doação, já que o domínio sobre o bem ainda continua com seu proprietário, caracterizando-se, assim, apenas uma situação de fato não relevante para a incidência do ITCMD.

**Alternativa "b":** Embora a escritura pública dê notoriedade a intenção do doador de transferir a propriedade do automóvel a título gratuito, a doação ainda se encontra submetida a uma condição suspensiva, não podendo se falar em doação perfeita e acabada.

**Alternativa "c":** O ITCMD incide sobre toda espécie de doação, seja de dinheiro, de direitos ou de propriedade de bens móveis, imóveis e semoventes.

**Alternativa "d":** No caso de doação condicionada por cláusula suspensiva, como é a hipótese descrita no enunciado da questão, em que a doação depende da formatura da donatária até uma data predeterminada, a doação somente pode ser considerada aperfeiçoada quando satisfeita referida condição, já que até este momento, o fato gerador ficará suspenso. Isto porque, a doação se caracteriza como um negócio jurídico e, como tal, somente pode ser considerando, para fins de incidência tributária, quando definitivamente constituído o negócio jurídico, conforme previsão expressa do artigo 116, inciso II, do CTN. Assim, considerando que a condição suspensiva referida no texto da questão impede a conclusão definitiva do negócio jurídico de doação, somente se poderá considerar aperfeiçoado o fato gerador com o implemento da condição suspensiva imposta pelo doador, como impõe o artigo 117, inciso II, do CTN. Se não houve o implemento da condição suspensiva, não há que se falar em incidência tributário do ITCMD, sendo indevido o tributo no caso em análise.

**Alternativa correta: letra "d"**

---

**59. (FGV - Exame de Ordem –2017.3)** João e Maria celebraram entre si contrato de locação, sendo João o locador e proprietário do imóvel. No contrato, eles estipularam que a responsabilidade pelo pagamento do Imposto sobre a Propriedade Predial e Territorial Urbana (IPTU) do imóvel será de Maria, locatária.

Com base nessas informações, assinale a afirmativa correta.

a) O contrato será ineficaz entre as partes, pois transferiu a obrigação de pagar o imposto para pessoa não prevista em lei.

b) O contrato firmado entre particulares não poderá se opor ao fisco municipal, no que tange à alteração do sujeito passivo do tributo.

c) O contrato é válido e eficaz, e, por consequência dele, a responsabilidade pelo pagamento do tributo se tornará solidária, podendo o fisco municipal cobrá-lo de João e/ou de Maria.

d) No caso de o fisco municipal cobrar o tributo de João, ele não poderá ajuizar ação regressiva em face de Maria.

**COMENTÁRIOS**

**Alternativa "a":** O contrato é eficaz entre João e Maria, todavia é ineficaz em relação ao fisco municipal. Dessa forma, o locador João poderá ajuizar ação regressiva em face da locatária Maria, para reaver o tributo que teve que pagar ao fisco municipal.

**Alternativa "b":** O artigo 123 do Código Tributário Nacional estabelece que as convenções particulares, referentes à responsabilidade pelo pagamento de tributos, não podem ser opostas à Fazenda Pública, para modificar a definição legal do sujeito passivo das obrigações tributárias correspondentes. Dessa forma, o contrato de locação firmado entre João e Maria não é oponível ao fisco municipal.

**Alternativa "c":** Embora o contrato seja válido e eficaz em relação as partes, não o é em relação ao fisco municipal, sendo certo que, de acordo com o artigo 43, do Código Tributário Nacional, é João, proprietário do imóvel, o contribuinte do Imposto sobre Propriedade Predial e Territorial Urbana-IPTU, devendo a cobrança do fisco municipal ser a ele dirigida.

**Alternativa "d":** Se o fisco cobrar o tributo de João, ele poderá ajuizar ação regressiva em face de Maria, a fim de fazer cumprir o contrato que é eficaz entre eles, embora não oponível ao fisco municipal.

**Alternativa correta: letra "b".**

---

**60. (FGV - Exame de Ordem –2017.3)** Considere que Luís é um andarilho civilmente capaz que não elegeu nenhum lugar como seu domicílio tributário, não tem domicílio civil, nem residência fixa, e não desempenha habitualmente atividades em endereço certo.

A partir da hipótese apresentada, de acordo com o Código Tributário Nacional e no silêncio de legislação específica, assinale a afirmativa correta.

a) Luís nunca terá domicílio tributário.

b) O domicílio tributário de Luís será o lugar da situação de seus bens ou da ocorrência do fato gerador.

c) O domicílio tributário de Luís será, necessariamente, a sede da entidade tributante.

d) O domicílio tributário de Luís será a residência de seus parentes mais próximos ou o lugar da situação dos bens de Luís.

**COMENTÁRIOS**

✪ **Nota do autor:** Apenas para reforço, é bom recordar que o artigo 127, do Código Tributário Nacional, impõe ao contribuinte, como obrigação acessória, a indicação de seu domicílio fiscal.

Se o contribuinte ou responsável pessoa natural não elegeu seu domicílio tributário, não tem residência habitual e nem possui centro habitual para exercício de atividade, então seu domicílio tributário será o lugar da situação dos bens ou da ocorrência dos atos ou fatos que deram origem à obrigação tributária, a teor do prescrito no artigo 123 e § 1º, do Código Tributário Nacional.

Os comentários são suficientes para concluir que as alternativas "a", "c" e "d" estão incorretas.

**Alternativa correta: letra "b".**

---

**61. (FGV – Exame de Ordem 2017.1)** João e Pedro são, por lei, contribuintes obrigados solidariamente a pagar determinado tributo. Foi publicada lei que isenta os ex-combatentes do pagamento de tal tributo, sendo este o caso pessoal somente de João. Tendo em vista essa situação, assinale a afirmativa correta.

a) Sendo um caso de isenção pessoal, a lei não exonera Pedro, que permanece obrigado a pagar o saldo remanescente, descontada a parcela isenta em favor de João.

b) Pedro ficará totalmente exonerado do pagamento, aproveitando-se da isenção em favor de João.

c) O imposto poderá ser cobrado de Pedro ou de João, pois a solidariedade afasta a isenção em favor deste.

d) Pedro permanece obrigado a pagar integralmente o imposto, nada obstante a isenção em favor de João.

COMENTÁRIOS

✪ **Nota do autor:** A questão aborda os efeitos da solidariedade entre contribuintes diante da concessão de uma isenção tributária, sendo suficiente para a resposta o conhecimento das disposições contidas no artigo 125 do Código Tributário Nacional.

A isenção tributária concedida em caráter geral atinge necessariamente todos os contribuintes solidários, excluindo o crédito tributário respectivo. Todavia, no caso de isenção concedida com base em critério pessoal do contribuinte, como é o caso do enunciado, onde se estabelece a isenção em virtude da condição de ex-combatente de um dos devedores solidários, os efeitos da exclusão do crédito tributário atingem somente a parte que caberia ao devedor isento, permanecendo o crédito proporcional ao outro devedor solidário. Assim, no caso em apreço, a isenção atinge apenas João, pois somente este é ex-combatente, sendo que Pedro não estará exonerado do pagamento do tributo, pelo saldo remanescente, ou seja, poderá ser cobrado pela metade do valor correspondente à exação. Apenas para melhor entendimento, se no caso hipotético fossem 3 os devedores solidários, o valor da exação seria divido por três, deduzindo-se do montante apenas o valor de 1/3 correspondente ao devedor João, sendo o valor restante cobrados dos demais, solidariamente.

Os comentários são suficientes para concluir que as alternativas "b", "c" e "d" estão incorretas.

**Alternativa correta: letra "a".**

---

**62. (FGV – Exame de Ordem 2016.2 – Prova reaplicada Salvador-BA)** A pessoa jurídica XYZ celebra contrato de locação de automóveis com a pessoa jurídica ABC, proprietária dos veículos, pelo prazo de 5 (cinco) anos. Os automóveis serão utilizados pelos diretores da pessoa jurídica XYZ. Segundo o contrato, a locatária XYZ é a responsável pelo pagamento do Imposto sobre Propriedade de Veículos Automotores – IPVA de todos os automóveis durante o prazo contratual.

Sobre a hipótese, assinale a afirmativa correta.

a) O contrato é nulo, uma vez que altera, por meio de convenção particular, a condição de sujeito ativo da obrigação tributária.

b) O contrato é válido e eficaz entre as partes, porém não produzirá efeito contra a Fazenda Pública, que poderá exigir o IPVA do proprietário dos veículos, a pessoa jurídica ABC.

c) O contrato é válido e eficaz entre as partes e poderá ser oposto contra a Fazenda Pública, que somente poderá exigir o cumprimento da obrigação tributária pela locatária XYZ, conforme previsão contratual.

d) O contrato é válido e eficaz entre as partes e poderá ser oposto contra a Fazenda Pública desde que seja editada Resolução pelo Secretário Estadual de Fazenda autorizando a referida transferência de sujeição passiva tributária.

COMENTÁRIOS

✪ **Nota do Autor:** O contrato é válido e eficaz entre as partes, porém não produzirá efeito contra a Fazenda Pública, uma vez que, conforme o artigo 123 do CTN, as convenções particulares, relativamente à responsabilidade pelo pagamento dos tributos, não podem ser opostas à Fazenda Pública, para modificar a definição legal do sujeito passivo das obrigações tributárias correspondentes. E conforme se infere do artigo 155, inciso III, da CF, o contribuinte do IPVA é o proprietário do veículo automotor, razão por que a Fazenda Pública poderá exigir o IPVA do proprietário dos veículos, a pessoa jurídica ABC.

Os comentários são suficientes para concluir que as alternativas "a", "c" e "d" estão incorretas.

**Alternativa correta: letra "b".**

## 9. RESPONSABILIDADE TRIBUTÁRIA

▸ CTN, arts. 128 a 135

---

**63. (FGV – Exame de Ordem – 2022.1)** José e João eram sócios da Sociedade Empresária XYZ Ltda. entre os anos de 2017 e 2019, cada um com 50% do capital social e poderes de administração. Em janeiro de 2020, João se retira regularmente da sociedade, alienando suas cotas sociais para Joaquim, passando este a exercer a gestão juntamente com José. Em novembro de 2021 é ajuizada uma ação de execução fiscal contra a Sociedade Empresarial XYZ Ltda. para a cobrança de um crédito tributário relativo a fato gerador ocorrido no ano de 2018. No momento da citação, verifica-se que a empresa havia sido dissolvida irregularmente poucos meses antes, não possuindo mais bens. O procurador responsável pela ação decide requerer o redirecionamento da execução fiscal. Diante deste cenário e à Luz do CTN, assinale a afirmativa correta.

a) Apenas José e João respondem solidariamente em caso de redirecionamento da execuçao fiscal por dissolução irregular da sociedade.

b) Apenas José responderá pessoalmente em caso de redirecionamento da execução fiscal por dissolução irregular da sociedade.

c) Apenas a Sociedade Empresária XYZ Ltda. responderá pela dívida tributária, não sendo possível o redirecionamento da execuçao fiscal por dissolução irregular da sociedade.

d) Apenas José e Joaquim respondem pessoalmente em caso de redirecionamento da execução fiscal por dissolução irregular.

COMENTÁRIOS

✪ **Nota do Autor:** Essa questão apresenta certo grau de dificuldade, já que exige uma concentração em relação às datas dos eventos, bem como o conhecimento da legislação relativa à responsabilidade tributária de terceiros e, sobretudo, a jurisprudência mais recente sobre o assunto. A princípio, pode parecer lógico que os sócios que exerciam a administração da empresa na época em que ocorrido o fato gerador do tributo cobrado é que deveriam ser responsabilizados. Porém, a hipótese aventada na questão não é de responsabilidade de sócio administrador por ato cometido com excesso de poderes ou infração de lei, contrato social ou estatutos, prevista no artigo 135 do CTN. Não há no enunciado da questão qualquer fato que implique na responsabilização direta do sócio retirante. Por sua vez, a baixa irregular da empresa se caracteriza como simulação de estabelecimento, sendo considerada um ato ilícito. Neste caso, a jurisprudência pátria majoritária tem apontado para a responsabilização dos sócios que integram o quadro societário da empresa no momento de sua dissolução irregular e que tenham poderes de administração. Cabe ressaltar que a matéria aqui tratada, após reiterados posicionamentos de nossos Tribunais, acabou por ser reconhecida com matéria de repercussão geral, encontrando-se em análise sob o Tema 981 do Colendo STJ, com a seguinte ementa: *"À luz do art. 135, III, do CTN, o pedido de redirecionamento da Execução Fiscal, quando fundado na hipótese de dissolução irregular da sociedade empresária executada ou de presunção de sua ocorrência (Súmula 435/STJ), pode ser autorizado contra: (i) o sócio com poderes de administração da sociedade, na data em que*

TRIBUTÁRIO

*configurada a sua dissolução irregular ou a presunção de sua ocorrência (Súmula 435/STJ), e que, concomitantemente, tenha exercido poderes de gerência, na data em que ocorrido o fato gerador da obrigação tributária não adimplida; ou (ii) o sócio com poderes de administração da sociedade, na data em que configurada a sua dissolução irregular ou a presunção de sua ocorrência (Súmula 435/STJ), ainda que não tenha exercido poderes de gerência, na data em que ocorrido o fato gerador do tributo não adimplido.".* Portanto, diante o posicionamento adotado pela jurisprudência e pela melhor interpretação do artigo 135, do CTN, temos que a responsabilidade sobre o valor de tributo cobrado em execução fiscal, ainda que tenha fato gerador ocorrido em 2018, será atribuída aos dois sócios que possuem poder de gestão quando dissolvida irregularmente a sociedade, que são os sócios, José e Joaquim.

Os comentários são suficientes para concluir que as alternativas "a", "b" e "c" estão incorretas.

**Alternativa correta: letra "d".**

---

**64. (FGV – Exame de Ordem – 2022.1)** Pequenos produtores rurais do interior do Estado Alfa vendem sua produção de leite para uma indústria de laticínios localizada no Município Beta, no mesmo Estado. Por determinação em lei do Estado Alfa, fica atribuída a tal indústria a responsabilidade tributária pelo pagamento do ICMS vinculado ao fato gerador da etapa de circulação da mercadoria dos pequenos produtores rurais para a indústria (excluindo-se a responsabilidade dos contribuintes produtores rurais). Diante desse cenário, assinale a afirmativa correta.

a) A indústria é substituta tributária no âmbito de uma substituição tributária regressiva (substituição "para trás").

b) A indústria é substituta tributária no âmbito de uma substituição tributária progressiva (substituição "para frente").

c) A indústria realiza um fato gerador presumido.

d) A indústria realiza um fato gerador fictício.

**COMENTÁRIOS**

✪ **Nota do Autor:** A abordagem da substituição tributária como tema central da questão exige que se tenha conhecimento da sistemática de cobrança do ICMS, a qual não se resume ao texto constitucional ou do CTN, encontrando sua definição na doutrina e na Lei Complementar 87/96, chamada Lei Kandir, além das próprias leis estaduais de instituição do referido imposto.

**Alternativa "a":** A responsabilidade tributária por substituição pode se apresentar de duas formas: substituição tributária regressiva, na qual a lei atribui ao adquirente da mercadoria a obrigação de recolher aos cofres públicos o imposto devido na operação anterior, e a substituição tributária progressiva, consistente na atribuição de responsabilidade pelo recolhimento do imposto que será devido no operação seguinte, que ainda não ocorreu, daí falar que a substituição tributário progressiva ou "para frente" incide sobre fato gerador presumido. No caso tratado na questão, a indústria se torna responsável, por imposição legal, pelo ICMS devido pelo pequeno produtor rural que lhe fornece o leite, tratando-se, pois de substituição tributária regressiva ou "para trás", atingido fato gerador já ocorrido no momento da venda do leito pelo pequeno produtor rural.

**Alternativa "b":** Conforme comentários à alternativa anterior, na hipótese fática trazida na questão em análise, a substituição tributária atinge fato gerador já ocorrido, qual seja, o fornecimento de leite pelo produtor rural à indústria, tratando-se, pois, de substituição tributária regressiva e não progressiva com afirmado nessa alternativa.

**Alternativa "c":** Na hipótese tratada na questão, não se pode falar em fato gerador presumido, pois o fato atingido pela substituição já ocorreu no momento da circulação econômica do leite para a indústria, que assumirá a incumbência de recolher o valor do ICMS devido nesta operação anterior.

**Alternativa "d":** O fato gerador jamais poderá ser fictício, já que o termo fictício nos remete à ideia de que o fato gerador não ocorreu, é inverídico, inexato, falso. Já o fato presumido, atingido pela substituição tributária progressiva, é aquele que se tem por altamente provável de sua ocorrência na próxima ou próximas etapas da cadeia de circulação de mercadoria até chegar no consumidor final.

**Alternativa correta: letra "a"**

---

**65. (FGV – Exame de Ordem – 2021.2)** Panificadora Pães Fofos Ltda., tendo como sócio- administrador José, alienou seu fundo de comércio à Panificadora Flor de Lisboa Ltda., deixando de atuar comercialmente. Contudo, 9 meses após a alienação do fundo de comércio, a Panificadora Pães Fofos Ltda. alugou um novo ponto comercial e retornou às atividades de panificação. Diante desse cenário, assinale a afirmativa correta.

a) A Panificadora Flor de Lisboa Ltda. responde, integralmente, pelos tributos relativos ao fundo adquirido, devidos até à data do ato de aquisição.

b) Ambas as panificadoras respondem, solidariamente, pelos tributos relativos ao fundo adquirido, devidos até à data do ato de aquisição.

c) A Panificadora Pães Fofos Ltda. responde, subsidiariamente, pelos tributos relativos ao fundo adquirido, devidos até à data do ato de aquisição.

d) A Panificadora Pães Fofos Ltda. e José, seu sócio- administrador, respondem, subsidiariamente, pelos tributos relativos ao fundo adquirido, devidos até à data do ato de aquisição.

**COMENTÁRIOS**

✪ **Nota do autor:** Para responder a essa questão, suficiente recordar do texto normativo do artigo 133 do CTN. Estabelece a norma em questão que o adquirente, por qualquer título, de fundo de comércio ou estabelecimento comercial, industrial ou profissional, que continuar a respectiva exploração, sob a mesma ou outra razão social ou sob firma ou nome individual, responde integralmente pelos tributos relativos ao fundo ou estabelecimento adquirido, devidos até à data do ato de aquisição, se o alienante cessar a exploração do comércio, indústria ou atividade; ou responde, subsidiariamente com o alienante, se este prosseguir na exploração ou iniciar dentro de seis meses a contar da data da alienação, nova atividade no mesmo ou em outro ramo de comércio, indústria ou profissão.

**Alternativa "a":** A Panificadora Flor de Lisboa responde, integralmente, pelos tributos relativos ao fundo adquirido, devidos até à data do ato de aquisição, tendo em vista que a Panificadora Pães Fofo Ltda somente iniciou nova atividade no mesmo ramo mais de seis meses depois da data da alienação.

**Alternativa "b":** Não há previsão legal de solidariedade entre alienante do fundo e seu adquirente.

**Alternativa "c":** Só há responsabilidade subsidiária entre adquirente do fundo e alienante caso o alienante prossiga a exploração do mesmo ramo de comercio ou inicie nova atividade no mesmo ou em outro ramo de comércio dentro de seis meses a contar da data da alienação.

**Alternativa "d":** Não há previsão legal de responsabilidade do sócio administrador com a alienante e adquirente do fundo alienado; bem como só há responsabilidade subsidiária entre adquirente do fundo e alienante caso o alienante prossiga a exploração do mesmo ramo de comercio ou inicie nova atividade no mesmo ou em outro ramo de comércio dentro de seis meses a contar da data da alienação.

**Alternativa correta: letra "a".**

---

**66. (FGV-Exame de Ordem 2019.1)** Pedro tem três anos de idade e é proprietário de um apartamento. Em janeiro deste ano, o Fisco notificou Pedro para o pagamento do Imposto Predial e Territorial Urbano (IPTU), por meio do envio do carnê de cobrança ao seu endereço. Os pais de Pedro, recebendo a correspondência, decidiram não pagar o tributo, mesmo possuindo recursos suficientes para tanto.

Diante da impossibilidade de cumprimento da obrigação por Pedro, assinale a afirmativa correta.

a) Os pais de Pedro devem pagar o tributo, na qualidade de substitutos tributários.

b) O Fisco deverá aguardar Pedro completar 18 anos para iniciar o processo de execução da dívida.

c) Os pais de Pedro responderão pelo pagamento do tributo, uma vez que são responsáveis tributários na condição de terceiros.

d) O Fisco deve cobrar o tributo dos pais de Pedro, já que são contribuintes do IPTU.

COMENTÁRIOS

✪ **Nota do autor:** A questão aborda a responsabilidade de terceiros regulamentada pelo Código Tributário Nacional, sendo facilmente respondida pelo candidato que conheça os termos do artigo 134 do CTN, que estabelece a responsabilidade solidária dos pais pelo pagamento dos tributos devidos por seus filhos menores, em razão dos atos em que intervierem ou pelas omissões de que forem responsáveis.

Importante destacar que embora o dispositivo em comento estabeleça a solidariedade, essa somente se verifica na hipótese da impossibilidade de exigir-se o cumprimento da obrigação principal do filho menor contribuinte.

Recorde, por oportuno, que somente se pode atribuir aos pais, na impossibilidade de exigir-se do filho menor contribuinte, as penalidades aplicadas a este último que tiverem caráter moratório.

Os comentários são suficientes para concluir que as alternativas "a", "b" e "d" estão incorretas.

**Alternativa correta: letra "c".**

---

**67. (FGV - Exame de Ordem 2018.1)** A pessoa jurídica XXX é devedora de Contribuição Social sobre o Lucro Líquido (CSLL), além de multa de ofício e de juros moratórios (taxa Selic), relativamente ao exercício de 2014. O referido crédito tributário foi devidamente constituído por meio de lançamento de ofício, e sua exigibilidade se encontra suspensa por força de recurso administrativo. No ano de 2015, a pessoa jurídica XXX foi incorporada pela pessoa jurídica ZZZ.

Sobre a responsabilidade tributária da pessoa jurídica ZZZ, no tocante ao crédito tributário constituído contra XXX, assinale a afirmativa correta.

a) A incorporadora ZZZ é responsável apenas pelo pagamento da CSLL e dos juros moratórios (taxa Selic).

b) A incorporadora ZZZ é integralmente responsável tanto pelo pagamento da CSLL quanto pelo pagamento da multa e dos juros moratórios.

c) A incorporadora ZZZ é responsável apenas pelo tributo, uma vez que, em razão da suspensão da exigibilidade, não é responsável pelo pagamento das multas e dos demais acréscimos legais.

d) A incorporadora ZZZ é responsável apenas pela CSLL e pela multa, não sendo responsável pelo pagamento dos juros moratórios.

COMENTÁRIOS

✪ **Nota do autor:** Para responder a esta questão bastava ter em mente a disposição contida no artigo 132 do CTN, que dispõe sobre a responsabilidade tributária da pessoa jurídica que resultar de fusão, transformação ou incorporação de outra ou em outra. Segundo esta disposição, as empresas resultantes de fusão, transformação ou incorporação são responsáveis pelos tributos devidos pelas pessoas jurídicas fusionadas, transformadas ou incorporadas, até a data do ato de registro da alteração que deu origem a nova pessoa jurídica. Embora a redação do artigo 132 do CTN não diga expressamente que o crédito tributário transferido para a nova empresa é sempre integral, englobando juros e sanções aplicadas, tal condição deflui da observação do parágrafo terceiro, do artigo 113, do CTN, que prevê que a obrigação acessória, uma vez não cumprida, converte-se em obrigação principal, ou seja, ainda que se trata inicialmente de uma sanção por violação da legislação tributária, a multa aplicada passa a integrar o montante da obrigação principal, entendida esta como obrigação de pagar. Portanto, no caso em apreço, visto que na época em que a empresa XXX foi incorporada pela ZZZ já havia crédito tributário constituído contra a empresa incorporada, tal crédito passa a ser devido, integralmente, pela empresa incorporadora ZZZ.

Os comentários são suficientes para concluir que as alternativas "a", "c" e "d" estão incorretas.

**Alternativa correta: letra "b".**

---

**68. (FGV - Exame de Ordem 2017.2)** A pessoa jurídica XYZ, prestadora de serviços contábeis, é devedora de Imposto sobre a Renda Pessoa Jurídica (IRPJ), além de multa moratória e punitiva, dos anos-calendário de 2014 e 2015.

No ano de 2016, a pessoa jurídica XYZ foi incorporada pela pessoa jurídica ABC, também prestadora de serviços contábeis.

Sobre a responsabilidade tributária da pessoa jurídica ABC, assinale a afirmativa correta.

a) Ela é responsável apenas pelo IRPJ devido, não sendo responsável pelo pagamento das multas moratória e punitiva.

b) Ela é responsável integral, tanto pelo pagamento do IRPJ devido quanto pelas multas moratória e punitiva.

c) Ela não é responsável pelo pagamento do IRPJ e das multas moratória e punitiva, uma vez que não praticou o fato gerador do tributo.

d) Ela é responsável apenas pelo IRPJ e pela multa moratória, não sendo responsável pelo pagamento da multa punitiva.

COMENTÁRIOS

✪ **Nota do autor:** Apesar da questão referir-se apenas à incorporação, não se pode olvidar que a responsabilidade pessoa jurídica de direito privado sucessora pelas responsabilidades tributarias da sucedida regula-se de igual forma não só na hipótese de incorporação, mas também de fusão e transformação, conforme regulamentação contida no artigo 132 do Código Tributário Nacional. Ademais, é de se destacar que o conhecimento do teor da Súmula 554 do Eg. STJ, é de inarredável relevo para solução da questão proposta, valendo relembrar que na Súmula em referência restou firmada tese no sentido

TRIBUTÁRIO

de que, na hipótese de sucessão empresarial, a responsabilidade da sucessora abrange não apenas os tributos devidos pela sucedida, mas também as multas moratórias ou punitivas referentes a fatos geradores ocorridos até a data da sucessão.

**Alternativa "a":** A Súmula 554 do Eg. STJ firmou tese no sentido de que a pessoa jurídica sucessora responde não só pelos tributos devidos pela sucedida até a data da sucessão por incorporação, fusão ou transformação, como também às multas moratórias ou punitivas relativas a fatos geradores ocorridos até a data da sucessão.

**Alternativa "b":** A pessoa jurídica de direito privado incorporadora é responsável pelos tributos devidos, até à data da incorporação pela pessoa jurídica de direito privado incorporada, a teor do artigo 132, do Código Tributário Nacional.

**Alternativa "c":** O artigo 132 do Código Tributário Nacional, em conjunto com o artigo 129 do mesmo diploma legal, estabelece, de forma expressa, responsabilidade à pessoa jurídica sucessora pelos créditos tributários definitivamente constituídos ou em curso de constituição à data da incorporação, e aos constituídos posteriormente à incorporação, mas relativos a obrigações tributária a ela anteriores, não fazendo qualquer limitação à espécie tributária. Da mesma forma, a Súmula 554 do Eg. STJ atribui à sucessora a responsabilidade pelas multas moratórias ou punitivas referentes a fatos geradores ocorridos até a data da incorporação.

**Alternativa "d":** A responsabilidade da pessoa jurídica de direito privado sucessora responde pelas às multas punitivas aplicada à sucedida, relativas a fatos geradores ocorridos até a data da sucessão decorrente da incorporação, como preceitua a Súmula 554 do Eg. STJ.

**Alternativa correta: letra "b".**

---

**69. (FGV – Exame de Ordem 2016.2 – Prova reaplicada Salvador-BA)** XYZ é um estabelecimento empresarial que foi alienado e cujo adquirente continuou a explorar a mesma atividade. Considerando que também o alienante de XYZ continuou a exercer atividade empresarial no mesmo ramo de negócio, assinale a afirmativa correta.

a) O adquirente é integralmente responsável pelos tributos devidos até a data da alienação do estabelecimento, sem responsabilidade do alienante.

b) O adquirente e o alienante são responsáveis, cada qual, por 50% dos tributos devidos até a data da alienação do estabelecimento.

c) A responsabilidade pelos tributos devidos até a data da alienação é integralmente do alienante, sem responsabilidade do adquirente.

d) Como o alienante continuou a explorar atividade empresarial, a responsabilidade do adquirente pelos tributos devidos até a data da alienação é subsidiária com o alienante.

**COMENTÁRIOS**

✪ **Nota do Autor:** Conforme prescrito no inciso II, do artigo 133, do CTN, a pessoa natural ou jurídica de direito privado que adquirir estabelecimento comercial, industrial ou profissional de outra e continuar a respectiva exploração, responde subsidiariamente pelos tributos relativos ao estabelecimento adquirido, devidos até a data da alienação, se o alienante prosseguir na exploração ou iniciar dentro de 06 meses, a contar da alienação, nova atividade no mesmo ou outro ramo de comércio, indústria ou profissão. O adquirente somente responde integralmente pelos tributos devidos até a data da alienação do estabelecimento, se o alienante cessar a exploração da atividade, conforme firma o inciso I, do artigo 133, do CTN.

Os comentários são suficientes para concluir que as alternativas "a", "b" e "c" estão incorretas.

**Alternativa correta: letra "d".**

## 10. RESPONSABILIDADE POR INFRAÇÕES

▸ CTN, arts. 136 a 138

---

**70. (FGV – Exame de Ordem XXXVI – 2022)** Em 10 de maio de 2020, a sociedade empresária ABC Ltda. sofre fiscalização federal e, ao final, é autuada em R$ 100.000,00, além de multa e respectivos encargos, a título de Imposto sobre Produtos Industrializados (IPI) devido referente ao exercício de 2019, por omissão do envio mensal das informações fiscais em DCTF - Declaração de Débitos e Créditos Tributários Federais -, bem como por falta de pagamento daquele imposto. Em 20 de junho de 2020, a empresa recebe notificação de pagamento no prazo de 30 dias.

Você, como advogado(a) da sociedade empresária, é chamado(a) para defender os interesses da empresa nesse processo no mesmo dia da notificação, pretendendo adotar providências logo no dia seguinte e refletindo sobre a possibilidade de adotar o mecanismo da denúncia espontânea prevista no Código Tributário Nacional (CTN). Diante desse cenário, assinale a afirmativa correta.

a) Poderá ser adotado o mecanismo de denúncia espontânea, já que ainda não foi ajuizada a ação de execução fiscal.

b) Poderá ser adotado o mecanismo de denúncia espontânea, já que ainda se está dentro do prazo de pagamento.

c) Não poderá mais ser adotado o mecanismo de denúncia espontânea após o início de qualquer procedimento administrativo ou medida de fiscalização relacionados com a infração.

d) Não poderá mais ser adotado o mecanismo de denúncia espontânea, pois o limite legal para adoção deste benefício é de 40 salários mínimos.

**COMENTÁRIOS**

✪ **Nota do Autor:** Podemos dizer que a questão é fácil de ser resolvida, bastando conhecer o instituto da denúncia espontânea e seus requisitos definidos no artigo 138 do Código Tributário Nacional.

Conforme previsão do referido artigo 138 do CTN, o mecanismo da denúncia espontânea exclui a responsabilidade do contribuinte pela infração cometida, desde que este faça a denúncia acompanhada do pagamento do tributo devido, com os juros moratórios, se for o caso, ou realize o depósito da quantia arbitrada pela autoridade administrativa, quando o valor do tributo dependa de apuração.

Todavia, para que seja considerada denúncia como de fato espontânea, gerando os efeitos esperados pelo contribuinte, não poderá existir, quando realizada a comunicação do fato à fiscalização tributária, nenhum procedimento administrativo ou medida de fiscalização relacionada com a infração já iniciada anteriormente. Este requisito está expressamente informado no parágrafo único do artigo 138 do CTN e impede o benefício da denúncia espontânea caso o fisco já tenha adotado medidas capazes de apurar a infração, retirando a espontaneidade da denúncia feita pelo contribuinte.

No caso narrado na questão, a empresa ABC Ltda já havia recebido notificação da autoridade administrativa para pagamento do tributo, não existindo mais a possibilidade de se adotar o mecanismo da denúncia espontânea a seu favor.

Os comentários são suficientes para concluir que as alternativas "a", "b" e "d" estão incorretas.

**Resposta correta: letra "c"**

---

**71. (FGV – Exame de Ordem/2018.3)** A pessoa jurídica Sigma teve lavrado contra si um auto de infração. A autuação fiscal lhe impôs multa pela falta de exibição de notas fiscais durante um determinado período. Após ser citada em sede de execução fiscal, a pessoa jurídica Sigma alegou, em embargos à execução, que não apresentou as notas fiscais porque elas haviam sido furtadas por seu antigo gerente geral, que, com elas, praticara ilícito criminal, tendo sido, por isso, condenado na esfera penal por sonegação fiscal e furto daquelas notas.

Com base nessa narrativa, no que tange ao pagamento da multa tributária, assinale a afirmativa correta.

a) A responsabilidade é pessoal do antigo gerente por ter cometido infração conceituada na lei como crime.

b) A empresa deve arcar com o pagamento da multa, sendo possível, posteriormente, uma ação de regresso em face do antigo gerente geral.

c) O antigo gerente não pode ser responsabilizado na esfera cível/tributária, por já ter sido condenado na esfera penal.

d) O caso é de responsabilidade solidária, por ter a empresa nomeado o antigo gerente para cargo de tamanha confiança.

**COMENTÁRIOS**

✪ **Nota do autor:** A questão apresenta um grau acentuado de dificuldade, pois pode confundir o candidato, levando-o a entender que a responsabilidade da pessoa jurídica não seria afastada, tendo em vista a existência de conhecida disposição legal prevendo que a responsabilidade por infração independe de culpa ou dolo do agente, contida no artigo 136 do CTN.

Todavia, a hipótese narrada no enunciado da questão se amolda à exceção da responsabilidade da pessoa jurídica, prevista no artigo 137, inciso I, do CTN, que estabelece a responsabilidade pessoal do agente, em caso de infrações conceituadas legalmente como crime ou contravenção. Assim, visto que o antigo gerente geral da empresa Sigma cometeu crime de furto das notas-fiscais exigidas pelo fisco, tendo sido, inclusive, condenado criminalmente por tal conduta, somente a este deverá ser imposta a responsabilidade pessoal pela infração tributária.

Os comentários são suficientes para concluir que as alternativas "b", "c" e "d" estão incorretas.

**Alternativa correta: letra "a".**

## 11. CONSTITUIÇÃO DO CRÉDITO TRIBUTÁRIO

▸ CTN, arts. 139 a 150

---

**72. (FGV – Exame de Ordem 2016.3)** Determinado Estado da Federação publicou, em julho de 2015, a Lei nº 123/2015, que majorou o valor das multas e das alíquotas de ICMS. Em fevereiro de 2016, em procedimento de fiscalização, aquele Estado constatou que determinado contribuinte, em operações realizadas em outubro de 2014, não recolheu o ICMS devido. Por conta disso, foi efetuado o lançamento tributário contra o contribuinte, exigindo-lhe o ICMS não pago e a multa decorrente do inadimplemento.

O lançamento em questão só estará correto se

a) as multas e alíquotas forem as previstas na Lei nº 123/2015.

b) as alíquotas forem as previstas na Lei nº 123/2015 e as multas forem aquelas previstas na lei vigente ao tempo do fato gerador.

c) as multas e as alíquotas forem as previstas na lei vigente ao tempo do fato gerador.

d) as multas forem as previstas na Lei nº 123/2015 e as alíquotas forem aquelas previstas na lei vigente ao tempo do fato gerador.

**COMENTÁRIOS**

✪ **Nota do Autor:** Para responder a esta questão era necessário atentar-se para o conteúdo do artigo 144, do Código Tributário Nacional, que impõe à autoridade administrativa, no momento do lançamento, a observância da lei vigente na data de ocorrência do fato gerador. Sendo assim, a alteração da legislação de regência do tributo, após a ocorrência do fato gerador, majorando suas alíquotas e o valor das multas, não pode ser levada em consideração quando do lançamento, ainda que esta ocorra após a vigência da nova legislação. Portanto, somente seria correto o lançamento que, na hipótese apontada na questão, aplicasse as multas e as alíquotas previstas na lei vigente ao tempo do fato gerador. Cabe ressaltar que o artigo 106 do CTN estabelece a retroatividade da lei mais benéfica em matéria de sanção tributária (princípio da retroatividade da *lex mitior*), porém, tal retroatividade não se aplica no caso sugerido na questão, já que a alteração legislativa veio para majorar as multas aplicáveis.

Os comentários são suficientes para concluir que as alternativas "a", "b" e "d" estão incorretas.

**Alternativa correta: letra "c".**

---

**73. (FGV – OAB 2011.1)** A redação da Súmula Vinculante 28 ("É inconstitucional a exigência de depósito prévio como requisito de admissibilidade de ação judicial na qual se pretenda discutir a exigibilidade do crédito tributário") tem por escopo impedir a adoção de que princípio jurídico?

a) *Venire Contra Factum Proprium*.

b) Exceção de contrato não cumprido.

c) *Solve et Repete*.

d) Contraditório e ampla defesa.

**COMENTÁRIOS**

**Alternativa "a":** A expressão *Venire Contra Factum Proprium*, não se liga a matéria tributária, já que se trata de brocardo jurídico atinente aos contratos, significando, em resumo, a proibição de uma das partes contratantes assumir posição contraditória em cláusulas de um mesmo contrato.

**Alternativa "b":** A exemplo da alternativa anteriormente analisada, a exceção de contrato não cumprido é matéria referente à teoria dos contratos, que se sujeitam a autonomia da vontade das partes, não se ligando à matéria tributária, a qual se caracteriza pela compulsoriedade.

**Alternativa "c":** A expressão *Solve et Repete* se traduz na odiosa prática da administração exigir primeiro o pagamento para depois, em caso de demonstração da insubsistência do crédito cobrado, ser o mesmo devolvido. Tal prática sempre foi combatida pela doutrina e pela jurisprudência, sendo definitivamente repelida de nosso sistema jurídico através da Sumula Vinculante 28, do Supremo Tribunal Federal, que definiu como inconstitucional o art. 19, da Lei n. 8.870/94, que impõe o depósito prévio do valor supostamente devido como condição à propositura de eventual ação que tenha por objeto discutir a dívida com o Fisco.

**Alternativa "d":** Ao impedir a exigência de depósito prévio do tributo como condição para ação que visa discutir a

TRIBUTÁRIO

exigibilidade do crédito tributário, a Súmula Vinculante nº 28 visou, justamente, assegurar o direito de amplo acesso à justiça, que pressupõe o respeito aos princípios da ampla defesa e do contraditório. Portanto, ao contrário do que suposto na alternativa, a súmula em questão não visou impedir a adoção dos princípios da ampla defesa e do contraditório, mas, ao contrário disto, pretendeu dar maior eficácia a tais princípios constitucionais.

**Alternativa correta: letra "c".**

## 12. SUSPENSÃO DO CRÉDITO TRIBUTÁRIO

▸ CTN, arts. 151 a 155-A

**74. (FGV – Exame de Ordem 2020.1)** Uma sociedade empresária em recuperação judicial requereu, perante a Secretaria Estadual de Fazenda do Estado X, o parcelamento de suas dívidas tributárias estaduais. O Estado X dispunha de uma lei geral de parcelamento tributário, mas não de uma lei específica para parcelamento de débitos tributários de devedor em recuperação judicial. Diante desse cenário, assinale a afirmativa correta.

a) O parcelamento não pode ser concedido caso inexista lei específica estadual que disponha sobre as condições de parcelamento dos créditos tributários do devedor em recuperação judicial.

b) O prazo de parcelamento a ser concedido ao devedor em recuperação judicial quanto a tais débitos para com o Estado X não pode ser inferior ao concedido por lei federal específica de parcelamento dos créditos tributários do devedor em recuperação judicial.

c) O parcelamento do crédito tributário exclui a incidência de juros, em regra, no caso de devedor em recuperação judicial.

d) O parcelamento do crédito tributário exclui a incidência de multas, em regra, no caso de devedor em recuperação judicial.

**COMENTÁRIOS**

✪ **Nota do Autor:** Essa questão apresenta certo grau de dificuldade, pois exige conhecimento específico das alterações incluídas pela Lei Complementar 118/05, ao introduzir os parágrafos 3º e 4º do artigo 155-A, do CTN.

**Alternativa "a":** Antes da alteração introduzida pela Lei Complementar 118/05, não era possível se estender o parcelamento estabelecido em lei geral para o caso de devedor que se encontre em recuperação judicial. Porém, o após a introdução do parágrafo 4º ao artigo 155-A do CTN, realizada através da Lei Complementar 118/05, passou a se permitir a utilização das regras gerais de parcelamento do ente da Federação para o caso de recuperação judicial.

**Alternativa "b":** O parágrafo 4º, do artigo 155-A, do CTN prevê a possibilidade de utilização das regras gerais de parcelamento do ente da Federação, sujeito ativo do crédito tributário, para o caso do devedor em recuperação judicial, não podendo se impor ao devedor prazo inferior ao previsto pela lei federal específica que regra o parcelamento de devedor em recuperação judicial no âmbito da União.

**Alternativa "c":** A previsão legal contida no parágrafo 1º, do artigo 155-A, do CTN estabelece justamente o contrário do que informado nessa alternativa, ou seja, prevê que o parcelamento em regra não afasta a incidência de juros, exceto quando a lei expressamente afaste tais acréscimos legais.

**Alternativa "d":** No mesmo sentido que o comentário à alternativa anterior, somente se afastará a multa imposta se a lei que estabelece o parcelamento assim expressamente determinar, já que a regra é da não exclusão de juros e multas pelo parcelamento.

**Alternativo correta: letra "b"**

**75. (FGV – Exame de Ordem 2015.2)** Após ser intimada da lavratura de um auto de infração visando à cobrança da Contribuição para o Financiamento da Seguridade Social (COFINS) dos últimos cinco anos, a pessoa jurídica XYZ Participações Ltda. verificou que o tributo não era devido e ofereceu impugnação ao auto de infração. Como irá participar de uma licitação, a pessoa jurídica em questão irá precisar de certidão de regularidade fiscal – no caso, Certidão Positiva de Débito com Efeito de Negativa (CPD-EN).

Na hipótese, considerando que o contribuinte não possui outros débitos, assinale a afirmativa correta.

a) A impugnação ao auto de infração exclui o crédito tributário, sendo possível a emissão da CPD-EN.

b) A impugnação ao auto de infração, sem o pagamento do crédito, impede a emissão da CPD-EN.

c) A pessoa jurídica XYZ Participações Ltda. somente terá direito à CPD-EN caso realize o depósito do montante integral.

d) A impugnação ao auto de infração suspende a exigibilidade do crédito, sendo possível a emissão da CPD-EN.

**COMENTÁRIOS**

**Alternativa "a":** a apresentação de impugnação ao auto de infração é causa de suspensão da exigibilidade do crédito tributário e não de sua exclusão. Vale destacar que as causas de exclusão do crédito tributário estão elencadas no artigo 175, do CTN, sendo elas a isenção e a anistia.

**Alternativa "b":** o pagamento do crédito tributário é causa de sua extinção, a teor do artigo 156, inciso I, do CTN. Assim, com a extinção do crédito tributário pelo pagamento, a empresa XYZ Participações Ltda. teria direito à Certidão Negativa de Débito e não à Certidão Positiva de Crédito com Efeito de Negativa.

**Alternativa "c":** tanto o depósito do montante integral do tributo, como a impugnação ao auto de infração são, isoladamente, causas de suspensão da exigibilidade do crédito tributário, conforme disposto nos incisos II e III, respectivamente, do artigo 151 do CTN. Portanto, o dispositivo legal não exige seja a impugnação apresentada cumulativamente ao depósito integral do montante do tributo, sendo uma ou outra hipótese suficiente para tanto.

**Alternativa "d":** a apresentação de impugnação ao auto de infração é causa de suspensão da exigibilidade do crédito tributário, por expressa previsão do artigo 151, inciso III, do CTN, já que este estabelece que as reclamações e os recursos suspendem o crédito, nos termos das leis reguladoras do processo tributário administrativo.

**Alternativa correta: letra "d".**

## 13. EXTINÇÃO DO CRÉDITO TRIBUTÁRIO

▸ CTN, arts. 156 a 174

**76. (FGV – Exame de Ordem – 2021.2)** Lei municipal específica instituiu contribuição de melhoria para custeio de pavimentação asfáltica integralmente custeada pelo ente público na

Rua ABC, localizada no Município X. Finalizada a obra e seguido o devido procedimento previsto na legislação para cálculo e cobrança deste tributo, Lucas, proprietário de imóvel substancialmente valorizado em decorrência da obra, recebeu notificação, em 01/06/2021, para pagamento do tributo até 30/06/2021. Contudo, nem pagou nem impugnou o débito tributário.

Diante desse cenário, assinale a afirmativa correta.

a) O prazo decadencial para constituição deste crédito tributário se encerra em cinco anos contados a partir da data de 01/06/2021.

b) O prazo decadencial para constituição deste crédito tributário se encerra em cinco anos contados a partir da data de 30/06/2021.

c) O prazo prescricional para cobrança deste crédito tributário se encerra em cinco anos contados a partir da data de 01/06/2021.

d) O prazo prescricional para cobrança deste crédito tributário se encerra em cinco anos contados a partir da data de 30/06/2021.

**COMENTÁRIOS**

✪ **Nota do autor:** Para responder adequadamente à questão, o candidato deve lembrar que a contribuição de melhoria pode ser instituída pela União, Estados, Distrito Federal e Municípios desde que para fazer frente ao custo de obras públicas, conforme artigo 145, III, da CF, e artigo 81, do CTN, de modo que o limite total da arrecadação é o valor da própria despesa a ser realizada, tendo como limite de cobrança individual de cada contribuinte o acréscimo de valor que da obra resultar para cada imóvel beneficiado. Não é por outra razão que a lei que instituir a contribuição de melhoria deverá previamente publicar o memorial descritivo do projeto da obra pública a ser custeada, seu custo, a parcela do custo da obra a ser por ela financiada, a delimitação da zona beneficiada e o fator de absorção do benefício da valorização para toda a zona ou para cada uma de suas áreas diferenciadas. Enfim, o valor da contribuição de melhoria devida por cada contribuinte é definido pelo próprio ente federado que a instituiu, ou seja, é o próprio ente federativo instituidor que faz, de ofício, o lançamento do crédito tributário devido pelo contribuinte da contribuição de melhoria.

**Alternativa "a":** Tratando-se de lançamento de ofício já realizado no ato da própria notificação, não há que se falar em prazo decadencial.

**Alternativa "b":** Tratando-se de lançamento de ofício já realizado no ato da própria notificação, não há que se falar em prazo decadencial.

**Alternativa "c":** Sendo certo que, de acordo com o artigo 174, do CTN, a ação para a cobrança do crédito tributário prescreve em cinco anos, contados da data da sua constituição definitiva, de se verificar que, no caso da questão, o prazo prescricional para cobrança deste crédito tributário se encerra em cinco anos contados a partir da data de 30/06/2021, data em que constituído definitivamente o crédito tributário.

**Alternativa "d":** Sendo certo que, de acordo com o artigo 174, do CTN, a ação para a cobrança do crédito tributário prescreve em cinco anos, contados da data da sua constituição definitiva, de se verificar que, no caso da questão, o prazo prescricional para cobrança deste crédito tributário se encerra em cinco anos contados a partir da data de 30/06/2021, data em que constituído definitivamente o crédito tributário.

**Alternativa correta: letra "d".**

---

**77. (FGV-Exame de Ordem 2019.2)** A Fazenda Pública apurou que fato gerador, ocorrido em 12/10/2007, referente a um imposto sujeito a lançamento por declaração, não havia sido comunicado pelo contribuinte ao Fisco. Por isso, efetuou o lançamento de ofício do tributo em 05/11/2012, tendo sido o contribuinte notificado desse lançamento em 09/11/2012, para pagamento em 30 dias. Não sendo a dívida paga, nem tendo o contribuinte impugnado o lançamento, a Fazenda Pública inscreveu, em 05/10/2017, o débito em dívida ativa, tendo ajuizado a ação de execução fiscal em 08/01/2018.

Diante desse cenário, assinale a afirmativa correta.

a) A cobrança é indevida, pois o crédito tributário foi extinto pelo decurso do prazo decadencial.

b) A cobrança é indevida, pois já teria se consumado o prazo prescricional para propor a ação de execução fiscal.

c) A cobrança é devida, pois a inscrição em dívida ativa do crédito tributário, em 05/10/2017, suspendeu, por 180 dias, a contagem do prazo prescricional para propositura da ação de execução fiscal.

d) A cobrança é devida, pois não transcorreram mais de 10 anos entre a ocorrência do fato gerador (12/10/2007) e a inscrição em dívida ativa do crédito tributário (05/10/2017).

**COMENTÁRIOS**

✪ **Nota do autor:** Esta questão foi muito bem formulada, pois, além de exigir conhecimento preciso quanto às hipóteses de prescrição e decadência do crédito tributário e seus respectivos termos iniciais de contagem de prazo, ainda trouxe discussão acerca de possível suspensão de prazo prescricional que poderia gerar confusão para os mais desatentos.

**Alternativa "a":** Analisando as datas lançadas no enunciado é possível constatar que não ocorreu a decadência do crédito tributário, pois, na hipótese de lançamento de ofício, como o ocorrido, a contagem do prazo de cinco anos para a decadência inicia-se no primeiro dia do exercício seguinte, conforme dispõe o artigo 173, §1º, do CTN, dando-se a decadência, portanto, somente no ano de 2013.

**Alternativa "b":** Uma vez ocorrendo o lançamento definitivo do crédito tributário, que na hipótese do enunciado se deu no momento da notificação do lançamento ao contribuinte, já que não houve impugnação por parte deste, inicia-se o prazo de cinco anos para ocorrência da prescrição, cujo termo final se deu em novembro de 2017, estando, portanto, prescrito o crédito tributário em janeiro de 2018, quando ajuizada a execução fiscal, conforme descrito nesta alternativa.

**Alternativa "c":** A prescrição conta-se da data em que considerado lançado em definitivo o crédito tributário, que no caso em análise ocorreu em 09/11/12 e não se suspende pela inscrição em dívida ativa. A suspensão do prazo prescricional por 180 dias a partir da inscrição do crédito em dívida ativa, prevista no artigo 2º, §3º da Lei 6.830/80 (Lei das Execuções Fiscais), **não se aplica aos créditos tributários, conforme entendimento reiterado de nossos tribunais superiores.**

**Alternativa "d":** Tanto o prazo de decadência como o de prescrição do crédito tributário é de 5 (cinco) anos e não de 10 (dez) anos como referido nesta alternativa.

**Alternativa correta: letra "b".**

---

**78. (FGV – Exame de Ordem/2018.3)** A sociedade empresária ABC, atuante na área de prestação de serviços de limpeza, em dificuldades financeiras, não estava conseguindo realizar o pagamento dos tributos federais. Diante disso, ela se ofereceu à Administração Pública Federal para realizar o pagamento dos tributos mediante prestação direta de serviços de limpeza em prédios públicos ou, alternativamente, transferir para o Fisco um imóvel de sua propriedade.

A respeito desse cenário, assinale a afirmativa correta.

a) As propostas são inadmissíveis, pois os tributos somente podem ser pagos em dinheiro.

b) As propostas são admissíveis, em razão do princípio da menor onerosidade para o devedor (favor debitoris).

c) A proposta de transferência de imóvel do contribuinte para a Fazenda Pública Federal para pagamento de tributo é admissível por expressa permissão legal.

d) A proposta de prestação direta de serviços para pagamento de tributo é admissível, em circunstâncias excepcionais, como forma subsidiária de garantia do recebimento do crédito pela Fazenda Pública.

COMENTÁRIOS

**Nota do autor:** A questão aborda uma das causas de extinção do crédito tributário ainda não muito conhecida e pouco utilizada, que somente foi regulamentada no ano de 2016, ainda pairando dúvidas quanto ao seu procedimento, que é a dação de imóvel em pagamento de crédito tributário.

**Alternativa "a":** A primeira proposta feita pela empresa ABC, de pagamento do tributo com prestação de serviço, não encontra previsão legal, sendo, pois, inadmissível. Porém, a dação de imóvel em pagamento passou a ser reconhecida como uma das causas de extinção do crédito tributário, a partir da Lei Complementar 104/01, que introduziu no artigo 156 do CTN, que traz as causas de extinção do crédito tributário, justamente a previsão da dação de imóvel em pagamento, que passou a constar no inciso XI, do citado artigo 156.

**Alternativa "b":** Apenas a proposta de dação de imóvel em pagamento do crédito tributário é admissível em nosso ordenamento jurídico. Ademais, o princípio da menor onerosidade ao devedor somente atinge a fase processual de cobrança do crédito tributário por meio da execução fiscal, impedido que o devedor seja excessivamente onerado no momento de constrição de seus bens, não tendo qualquer efeito quando se trata de extinção do crédito tributário.

**Alternativa "c":** Como apontado nesta alternativa, a proposta de transferência de imóvel do contribuinte para a Fazenda Pública Federal, com o objetivo de extinguir o crédito tributário, passou a ter previsão legal a partir da Lei Complementar 104/01, que introduziu o inciso XI, ao artigo 156, do CTN, prevendo tal hipótese de extinção do crédito tributário. Vale lembrar que a possibilidade de utilização da dação de imóvel como causa de extinção do crédito tributário somente foi regulamentada em 2016, através da Lei nº 13.259/16.

**Alternativa "d":** Como já afirmado nos comentários à alternativa "a", não há previsão legal para o pagamento do crédito tributário com a prestação de serviços pelo contribuinte, sendo esta proposta inadmissível pela administração pública.

**Alternativa correta: letra "c".**

---

**79. (FGV - Exame de Ordem 2018.1)** Devido à crise que vem atingindo o Estado Y, seu governador, após examinar as principais reclamações dos contribuintes, decidiu estabelecer medidas que facilitassem o pagamento do Imposto sobre a Propriedade de Veículos Automotores (IPVA). Por meio de despacho administrativo, autorizado por lei, perdoou débitos de IPVA iguais ou inferiores a R$ 300,00 (trezentos reais) na época da publicação. Além disso, sancionou lei prorrogando o prazo para pagamento dos débitos de IPVA já vencidos.

Com base no caso apresentado, assinale a opção que indica os institutos tributários utilizados pelo governo, respectivamente.

a) Remissão e isenção.

b) Moratória e anistia.

c) Remissão e moratória.

d) Isenção e moratória.

COMENTÁRIOS

**Nota do autor:** A questão se torna interessante por misturar hipóteses de suspensão, extinção e exclusão do crédito tributário, exigindo um conhecimento preciso de cada instituto.

**Alternativa "a":** O perdão do crédito tributário concedido pelo Estado Y configura a chamada remissão, que se apresenta como uma das causas de extinção do crédito tributário, porém a prorrogação de prazo para pagamento do valor que ultrapassa o limite da remissão, apenas suspende o crédito cobrado, não se amoldando, pois, ao conceito de isenção, que representa uma das hipóteses de exclusão do crédito tributário.

**Alternativa "b":** A moratória ocorre apenas com relação ao valor que ultrapassa o credito remido, ou seja, o valor que excede os R$ 300,00 perdoados pelo Estado Y. Assim, embora a questão contemple a ocorrência de moratória, esta incide na segunda parte do enunciado e não na primeira parte, que se refere ao perdão do crédito tributário, ou seja, na remissão do valor de R$ 300,00. Por sua vez, não há que se falar em anistia, pois esta atinge somente as penalidades impostas em caso de descumprimento da legislação tributária.

**Alternativa "c":** O perdão do crédito tributário, total ou parcial, está previsto no artigo 156, IV, do CTN, como uma das causas de extinção do crédito tributário, e se denomina como remissão, exatamente o que ocorre em relação ao valor de R$ 300,00 perdoado pelo Estado Y. Por sua vez, a prorrogação do prazo para pagamento do valor que excede o total da remissão caracteriza a chamada moratória, que se apresenta como causa de suspensão do crédito tributário, a teor do artigo 151, I, do CTN. Desta forma, temos a ocorrência, no caso em apreço, da remissão e da moratória, respectivamente, como apontado nesta alternativa.

**Alternativa "d":** Embora a alternativa aponte corretamente a moratória como hipótese incidente sobre o valor que excede os R$ 300,00 perdoados pelo Estado Y, o perdão parcial do crédito tributário concedido não caracteriza hipótese de isenção. Apesar de acarretar consequência semelhante, a remissão e a isenção não podem ser confundidas. A isenção é concedida pelo ente tributante competente, antes da incidência da norma tributária sobre determinado fato, que, por lei, deixa de ser tributado, enquanto a remissão atinge o crédito tributário já constituído após a incidência da norma tributária.

**Alternativa correta: letra "c".**

---

**80. (FGV - Exame de Ordem 2018.1)** João, no final de janeiro de 2016, foi citado em execução fiscal, proposta no início do mesmo mês, para pagamento de valores do Imposto sobre a Propriedade Predial e Territorial Urbana (IPTU) referente aos anos de 2009 e 2010. Sabe-se que o IPTU em referência aos dois exercícios foi lançado e notificado ao sujeito passivo, respectivamente, em janeiro de 2009 e em janeiro de 2010. Após a ciência dos lançamentos, João não tomou qualquer providência em relação aos débitos. O município não adotou qualquer medida judicial entre a notificação dos lançamentos ao sujeito passivo e o ajuizamento da execução fiscal.

Com base na hipótese apresentada, assinale a opção que indica o argumento apto a afastar a exigência fiscal.

a) O crédito tributário está extinto em virtude de decadência.

b) O crédito tributário está extinto em virtude de parcelamento.

c) A exigibilidade do crédito tributário está suspensa em virtude de compensação.

d) O crédito tributário está extinto em virtude de prescrição.

COMENTÁRIOS

✪ **Nota do autor:** A questão não exige um grau muito elevado de conhecimento do candidato, mas requer atenção ao enunciado, sobretudo para as datas indicadas, para que não ocorra confusão no momento de verificar qual o argumento pertinente para o afastamento da exigência fiscal.

**Alternativa "a":** Analisando atentamente o enunciado da questão é possível constatar que o lançamento do IPTU cobrado já ocorreu, inclusive com notificação ao sujeito passivo. Portanto, não há que se falar em decadência, pois esta atingiria o direito do fisco de constituir o crédito tributário, o que ocorre por meio do lançamento, que, como dito, já foi perfeitamente concluído.

**Alternativa "b":** O enunciado da questão não traz qualquer informação sobre a existência de parcelamento requerido pelo sujeito passivo. Ademais, ainda que o sujeito passivo houvesse aderido a um parcelamento, não se falaria em extinção do crédito tributário, mas somente em sua suspensão, já que a extinção somente seria alcançada ao final do pagamento total do parcelamento.

**Alternativa "c":** A compensação do crédito tributário levaria a sua extinção e não a sua suspensão. Além disto, não há qualquer referência no enunciado da questão que nos permita concluir que houve uma compensação.

**Alternativa "d":** Tendo em vista que o lançamento do IPTU mais recente ocorreu em janeiro 2010, sendo constituído o crédito tributário definitivamente após a notificação do sujeito passivo e o decurso do prazo para defesa iniciou-se a partir dessa data, em que constituído o crédito tributário, o prazo prescricional para que o fisco pudesse executar seu crédito. Assim, lembrando-se que o prazo prescricional é de 5 anos, contados da constituição definitiva do crédito tributário, podemos afirmar que, no caso em análise, ocorreu a extinção do crédito tributário pela prescrição.

**Alternativa correta: letra "d".**

## 14. EXCLUSÃO DO CRÉDITO TRIBUTÁRIO

▸ CTN, arts. 175 a 182

**81. (FGV – Exame de Ordem/2018.3)** A União concedeu isenção de Imposto sobre a Renda aos portadores da doença Beta. João e Maria são portadores da referida doença, sendo João servidor público do Estado ABC e Maria, servidora pública do Município XYZ. Em razão de retenção indevida do tributo, João e Maria desejam propor ação de restituição de Imposto sobre a Renda retido na fonte.

Com base nesse relato, assinale a afirmativa correta.

a) João e Maria devem ajuizar ação em face da União, sendo a competência da Justiça Federal.

b) João deve ajuizar ação em face do Estado ABC, enquanto Maria deve ajuizar ação em face do Município XYZ, sendo a competência da Justiça Estadual.

c) João deve ajuizar ação em face da União e do Estado ABC e Maria, em face da União e do Município XYZ, sendo a competência da Justiça Federal.

d) João e Maria devem ajuizar ação em face do respectivo ente empregador, sendo a competência da Justiça Federal, tendo em vista o interesse da União.

COMENTÁRIOS

✪ **Nota do autor:** A questão requer bastante atenção, pois facilmente pode gerar confusão do candidato desatento, ao misturar competência tributária, deveres acessórios e competência processual.

A princípio, por tratar o enunciado da questão de uma isenção de Imposto sobre a Renda, há uma forte tendência em se atrelar a discussão judicial da matéria à União, a quem é atribuída a competência para referido imposto, o que, como consequência, vincularia a Justiça Federal como competente para julgar a matéria. Todavia, a "pegadinha" da questão está no fato de a discussão se ligar à retenção do tributo, feita pelo respectivo órgão público empregador. Assim, se é o Estado ABC e o Município XYZ os responsáveis pela retenção indevidamente do IR na fonte, quando do pagamento da remuneração aos seus respectivos servidores, João e Maria, desprezando a isenção concedida pela União, é contra estes que deverá ser promovida a medida judicial para restituição do valor do tributo retido indevidamente. Assim, como o polo passivo da demanda deverá ser composto pelo Estado ABC, no caso de João, e do Município XYZ, no caso de Maria, a competência para processar e julgar ambas as demandas será da Justiça Estadual, já que na Justiça Federal somente se processa demandas que envolvam a União, o que, como visto, não é o caso.

Os comentários são suficientes para concluir que as alternativas "a", "c" e "d" estão incorretas.

**Alternativa correta: letra "b".**

**82. (FGV - Exame de Ordem –2017.3)** O Município X, graças a uma lei municipal publicada no ano de 2014, concedeu isenção de IPTU aos proprietários de imóveis cujas áreas não ultrapassassem $70m^2$.

João possui um imóvel nessa condição e procura seus serviços, como advogado(a), para saber se deve pagar a taxa de coleta de resíduos sólidos urbanos, instituída pelo município por meio de lei publicada em junho de 2017, a ser exigida a partir do exercício financeiro seguinte.

Diante desse quadro fático, assinale a afirmativa correta.

a) João não deve pagar a taxa de coleta, uma vez que a isenção do IPTU se aplica a qualquer outro tributo.

b) João não deve pagar a taxa de coleta, porque, sendo a lei instituidora da taxa posterior à lei que concedeu a isenção, por esta é abrangida, ficando João desobrigado do IPTU e da taxa.

c) João deve pagar a taxa de coleta, porque a isenção só é extensiva às contribuições de melhoria instituídas pelo município.

d) João deve pagar a taxa de coleta, porque, salvo disposição de lei em contrário, a isenção não é extensiva às taxas.

COMENTÁRIOS

✪ **Nota do autor:** Não é demais alertar que, em matéria de isenção, é imprescindível ter em mente o teor do artigo 111, inciso II, do Código Tributário Nacional, o qual impõe que se faça interpretação literal da legislação tributária que disponha sobre outorga de isenção. Em consonância com tal disposição geral, o artigo 177 do mesmo diploma tributário, prescreve a impossibilidade de estender-se a isenção concedida às taxas, contribuições de melhorias ou tributos instituídos posteriormente à concessão, salvo lei expressa em contrário. Dessa forma, reforça-se a impossibilidade de interpretação extensiva às regras jurídicas que concedem isenção.

TRIBUTÁRIO

Há previsão legal expressa estabelecendo que, salvo disposição de lei em contrário, a isenção não é extensiva às taxas e às contribuições de melhoria, nem aos tributos instituídos posteriormente à sua concessão, conforme artigo 177, do Código Tributário Nacional. Ademais, como afirmado em nota, o artigo 111 do CTN determina que a interpretação de dispositivo legal que outorga isenção deve ser literal, ou seja, a interpretação da norma que estabelece isenção é sempre restritiva, não permitido sua ampliação para abarcar outros tributos não expressamente atingidos pelo texto normativo.

Os comentários são suficientes para concluir que as alternativas "a", "b" e "c" estão incorretas.

**Alternativa correta: letra "d".**

---

**83. (FGV - Exame de Ordem 2017.2)** O Estado E publicou a Lei nº 123, instituindo anistia relativa às infrações cometidas em determinada região de seu território, em função de condições a ela peculiares. Diante desse fato, o contribuinte C apresentou requerimento para a concessão da anistia, comprovando o preenchimento das condições e o cumprimento dos requisitos previstos em lei. Efetivada a anistia por despacho da autoridade administrativa, verificou-se o descumprimento, por parte do contribuinte, das condições estabelecidas em lei, gerando a revogação da anistia de ofício.

Diante da situação apresentada, assinale a afirmativa correta.

a) A anistia instituída pela Lei nº 123 é inviável, pois a anistia deve abranger todo o território da entidade tributante.

b) Não é possível a revogação da anistia, pois o preenchimento das condições e o cumprimento dos requisitos previstos em lei, por parte do contribuinte, geram direito adquirido.

c) A anistia instituída pela Lei nº 123 é inviável, pois a anistia somente pode ser concedida em caráter geral.

d) É possível a revogação da anistia, pois o despacho da autoridade administrativa efetivando a anistia não gera direito adquirido.

**COMENTÁRIOS**

✪ **Nota do autor:** Vale relembrar que a anistia, assim como a isenção, exclui o crédito tributário, mas não dispensa o cumprimento das obrigações acessórias dependentes da obrigação principal cujo crédito foi excluído, conforme previsão do artigo 175 do Código Tributário Nacional.

**Alternativa "a":** O artigo 181, inciso II, do Código Tributário Nacional autoriza o ente tributante a conceder anistia em caráter limitado às condições peculiares de determinada região de seu território.

**Alternativa "b":** O parágrafo único, do artigo 182, do Código Tributário Nacional é expresso em dispor que a anistia, quando não concedida em caráter geral, não gera direito adquirido, podendo ser revogada de ofício pelo ente tributante quando se verificar que o beneficiado não satisfazia ou deixou de satisfazer as condições ou não cumprira ou deixou de cumprir os requisitos para a concessão do favor.

**Alternativa "c":** O Código Tributário Nacional autoriza o ente tributante a conceder não só anistia em caráter geral, como ainda, em caráter limitado, por despacho da autoridade administrativa, dentre outras hipóteses, em razão das condições peculiares de determinada região de seu território (art. 181, inciso II, alíneas 'a', 'b', 'c' e 'd', CTN).

**Alternativa "d":** Conforme artigo 181, incisos I e II, do Código Tributário Nacional, a anistia pode ser concedida, respectivamente, em caráter geral ou de modo limitado, por despacho da autoridade administrativa, aqui incluída, dentre outras, a hipótese de limitação em razão das condições peculiares de determinada região do território do ente tributante. Acresça-se que a anistia concedida em caráter limitado, não gera direito adquirido, de modo que, uma vez revogada em razão de se apurar que o beneficiado não satisfazia ou deixou de satisfazer as condições ou não cumprira ou deixou de cumprir os requisitos para a concessão do favor, ser-lhe-á cobrado o crédito acrescido de juros de mora, com imposição da penalidade cabível nos casos de dolo ou simulação do beneficiado, ou de terceiro em benefício daquele, conforme previsto no artigo 182, em conjunto com o artigo 155, ambos do Código Tributário Nacional.

**Alternativa correta: letra "d".**

## 15. RESTITUIÇÃO DO INDÉBITO TRIBUTÁRIO

▸ CTN, arts. 165 a 169

---

**84. (FGV – Exame de Ordem 2016.2)** Após verificar que realizou o pagamento indevido de Imposto sobre Circulação de Mercadorias e Serviços – ICMS, determinado contribuinte requer administrativamente a restituição do valor recolhido. O órgão administrativo competente denega o pedido de restituição.

Qual o prazo, bem como o marco inicial, para o contribuinte ajuizar ação anulatória da decisão administrativa que denega a restituição?

a) 2 (dois) anos contados da notificação do contribuinte da decisão administrativa.

b) 5 (cinco) anos contados da notificação do contribuinte da decisão administrativa.

c) 5 (cinco) anos contados do primeiro dia do exercício seguinte ao fato gerador.

d) 1 (um) ano contado da data do julgamento.

**COMENTÁRIOS**

✪ **Nota do autor:** Atenção: não confundir o prazo prescricional para ajuizar ação de anulação da decisão administrativa que denegar a restituição do imposto, com o prazo para exercício do direito de pleitear, junto à administração pública, a restituição do imposto. O prazo para pleitear junto à administração pública a restituição é de 5 anos (artigo 168, do CTN) e, uma vez denegado tal pedido pelo órgão fazendário, tem o contribuinte 2 anos para ingressar em juízo buscando a anulação de tal decisão denegatória (artigo 169, CTN). É bom recordar, ainda, que, uma vez ajuizada ação anulatória da decisão administrativa que denegar a restituição, o prazo prescricional é interrompido pelo início da ação judicial, começando o seu curso, por metade, a partir da data da intimação válida do representante judicial da Fazenda Pública (parágrafo único, do artigo 169, CTN).

Dispõe o 'caput', do artigo 169, do CTN que prescreve em 02 anos o prazo para ajuizar ação anulatória da decisão administrativa que denegar a restituição, contados da notificação do contribuinte quanto aos termos da decisão administrativa.

Os comentários são suficientes para concluir que as alternativas "b", "c" e "d" estão incorretas.

**Alternativa correta: letra "a".**

---

**85. (FGV – Exame de Ordem 2014.1)** A pessoa jurídica XYZ Participações S.A., ao verificar que havia recolhido a maior o Imposto sobre a Renda de Pessoas Jurídicas – IRPJ – dos últimos dois anos, peticionou administrativamente, requerendo a repetição do indébito. No entanto, a Receita Federal do Brasil negou o pedido administrativo.

Sobre a hipótese, assinale a afirmativa correta.

a) O prazo para o contribuinte ajuizar ação anulatória é de 2 (dois) anos, a contar da data da decisão administrativa que indeferiu o pedido de repetição.

b) O direito de pleitear a restituição extingue-se com o decurso do prazo de 10 (dez) anos, contados do pagamento espontâneo de tributo a maior.

c) Para que o contribuinte assegure seu direito à restituição do indébito tributário, é necessário o prévio protesto.

d) O contribuinte somente poderá receber o indébito reconhecido por ação ordinária por meio de precatório, não sendo possível o recebimento via compensação tributária.

**COMENTÁRIOS**

✪ **Nota do autor:** A questão requer atenção do candidato para não confundir o prazo para pleitear a repetição do indébito tributário, que é de 5 anos, com o prazo para ajuizar ação anulatória de decisão administrativa que indefere o pedido de repetição, que, neste caso, é de 2 anos.

**Alternativa "a":** corresponde a norma prevista no artigo 169, do Código Tributário Nacional, o qual estabelece que na hipótese de ser indeferido o pedido de repetição de indébito feito perante a administração, o prazo para pleitear judicialmente a anulação da decisão administrativa denegatória é de 2 anos.

**Alternativa "b":** A o prazo para pleitear a repetição de indébito tributário é de 5 anos, nos termos do artigo 168, do Código Tributário Nacional. Ademais, o enunciado da questão narra que o contribuinte já havia pleiteado a restituição perante a administração, a qual negou o pedido, surgindo daí o direito de pleitear a anulação da decisão administrativa, o qual prescreve em 2 anos, conforme previsto pelo artigo 169, do Código Tributário Nacional.

**Alternativa "c":** o direito do sujeito passivo de pleitear a restituição do indébito tributário, não estando tal direito condicionado a prévio protesto, como expressamente definido pelo artigo 165, do Código Tributário Nacional.

**Alternativa "d":** a compensação de créditos tributários líquidos e certos, vencidos ou vincendos, do sujeito passivo contra a Fazenda Pública, poderá ser autorizada por lei, conforme prevê o artigo 170, do Código Tributário Nacional.

**Alternativa correta: letra "a".**

## 16. GARANTIAS E PRIVILÉGIOS DO CRÉDITO TRIBUTÁRIO

- CTN, arts. 183 a 193
- Lei nº 11.102/05 (Falências e Recuperações), art. 83 e 84
- Lei nº 8.009/90 (Bem de Família), art. 3º

**86. (FGV – Exame de Ordem 2021.1)** A sociedade empresária Quitutes da Vó Ltda. teve sua falência decretada, tendo dívidas de obrigação tributária principal relativas a tributos e multas, dívida de R$ 300.000,00 decorrente de acidente de trabalho, bem como dívidas civis com garantia real.

Diante desse cenário, assinale a afirmativa correta.

a) O crédito tributário de obrigação principal tem preferência sobre as dívidas civis com garantia real.

b) A dívida decorrente de acidente de trabalho tem preferência sobre o crédito tributário de obrigação principal.

c) O crédito tributário decorrente de multas tem preferência sobre a dívida de R$ 300.000,00 decorrente de acidente de trabalho.

d) O crédito relativo às multas tem preferência sobre o crédito tributário de obrigação principal.

**COMENTÁRIOS**

✪ **Nota do Autor:** Essa questão trabalha com uma exceção à preferência dos créditos tributários, requerendo maior atenção do candidato.

**Alternativa "a":** A regra geral de preferência do crédito tributário, que se extrai do *caput* do artigo 186 do CTN, estabelece a preferência do crédito tributário, seja derivado de obrigação principal ou acessória, a qualquer outro de natureza civil, perdendo lugar apenas para os créditos de natureza trabalhista. Todavia, quando se trata de falência, como é a hipótese do enunciado da questão, o crédito tributário cede espaço para a preferência de pagamento das dívidas civis com garantia real, sendo esta uma das exceções previstas no inciso I, do parágrafo único, do próprio artigo 186 do CTN.

**Alternativa "b":** A dívida decorrente de acidente do trabalho, assim como as demais dívidas decorrentes da relação empregatícia tem preferência na ordem de pagamento em relação ao crédito tributário, mesmo em caso de falência decretada. Ressalte-se apenas que a lei poderá impor limites e condições para a preferência do crédito decorrente da legislação do trabalho, conforme dispõe o inciso II, do parágrafo único, do artigo 186 do CTN.

**Alternativa "c":** O crédito tributário, seja ele proveniente da obrigação principal ou da aplicação de multa tributária, cede à preferência do crédito de natureza trabalhista, tanto na regra geral como na hipótese de falência.

**Alternativa "d":** Para análise correta desta alternativa é necessário conjugar o artigo 186 do CTN com os arts. 83 e 84 da Lei 11.101/2005, que colocam a multa tributário em penúltimo lugar na ordem de preferência, preferindo somente ao crédito subordinado.

**Alternativa correta: letra "b".**

**87. FGV - Exame de Ordem –2017.3)** O Estado A ajuizou execução fiscal em face da pessoa jurídica B, com o objetivo de cobrar crédito referente ao Imposto sobre a Circulação de Mercadorias e Prestação de Serviços (ICMS). Nesse sentido, requereu, em sua petição inicial, que, após a citação, fosse determinada a imediata indisponibilidade de bens e direitos da contribuinte.

Nesse caso, o juiz deve indeferir o pedido, porque a decretação da indisponibilidade de bens e direitos

a) ocorre somente após o insucesso do pedido de constrição sobre ativos financeiros, embora desnecessária qualquer outra providência.

b) ocorre somente após a expedição de ofícios aos registros públicos do domicílio do executado, embora desnecessária qualquer outra providência.

c) ocorre somente após o exaurimento das diligências na busca por bens penhoráveis.

d) é impossível durante a execução fiscal.

**COMENTÁRIOS**

✪ **Nota do autor:** A resposta a esta questão demanda não só conhecimento do teor do artigo 185-A, do Código Tributário Nacional, como, ainda, da Súmula 560 do Eg. STJ, segundo a qual a decretação da indisponibilidade de bens e

TRIBUTÁRIO

direitos, na forma do art. 185-A do CTN, pressupõe o exaurimento das diligências na busca por bens penhoráveis, o qual fica caracterizado quando infrutíferos o pedido de constrição sobre ativos financeiros e a expedição de ofícios aos registros públicos do domicílio do executado, ao Denatran ou Detran. Por oportuno, lembre-se que, determinada, nos termos legais, a indisponibilidade de bens e direitos do devedor tributário, ela deverá se limitar ao valor total exigível, impondo ao juiz determinar o imediato levantamento da indisponibilidade dos bens ou valores que excederem o valor total exigível (§ 1º, art. 185-A, CTN).

**Alternativa "a":** A indisponibilidade de bens e direitos do executado, somente poderá ser decretada após o esgotamento de todos os meios de busca de quaisquer bens ou direitos penhoráveis, busca essa que não se limita, assim, apenas à ativos financeiros, mas também e à expedição de ofícios aos registros públicos do domicílio do executado, conforme Súmula 560 do Eg. STJ.

**Alternativa "b":** A indisponibilidade de bens e direitos do executado, somente poderá ser decretada após o esgotamento de todos os meios de busca de quaisquer bens ou direitos penhoráveis, assim considerado o resultado infrutífero do pedido de constrição sobre ativos financeiros e da expedição de ofícios aos registros públicos do domicílio do executado, conforme Súmula 560 do Eg. STJ.

**Alternativa "c":** O artigo 185-A, do Código Tributário Nacional, prescreve que na hipótese de o devedor tributário, devidamente citado, não pagar nem apresentar bens à penhora no prazo legal e não sendo encontrados bens penhoráveis, o juiz determinará a indisponibilidade de seus bens e direitos. Assim, antes do exaurimento das diligências na busca por bens penhoráveis do executado, seus bens e direitos não poderão ser alvo de decretação de indisponibilidade pelo juiz da execução.

**Alternativa "d":** A indisponibilidade de bens e direitos do executado, devidamente citado, que não paga, nem apresenta bens à penhora no prazo legal, é possível desde que exauridas as diligências para buscar bens penhoráveis do devedor tributário (art. 185-A, *in fine*, CTN).

**Alternativa correta: letra "c".**

---

**88. (FGV - Exame de Ordem 2017.2)** A massa falida X possui (i) débitos tributários vencidos de Imposto sobre Circulação de Mercadorias e Serviços - ICMS; (ii) débitos decorrentes da legislação do trabalho, no valor de 30 salários mínimos; (iii) débitos com os sócios da massa falida X; e (iv) remuneração devida ao administrador da massa.

Em tal quadro, assinale a afirmativa correta.

a) O débito de natureza tributária será pago em primeiro lugar.

b) O débito de natureza tributária será pago em segundo lugar.

c) O débito de natureza tributária será pago em terceiro lugar.

d) O débito de natureza tributária será pago em quarto lugar.

**COMENTÁRIOS**

✪ **Nota do autor:** Importante lembrar que, em regra, o crédito tributário prefere a qualquer outro, seja qual for sua natureza ou o tempo de sua constituição, ressalvados os créditos decorrentes da legislação do trabalho ou do acidente de trabalho, conforme artigo 186 do Código Tributário Nacional. Todavia, na Falência, os créditos extraconcursais e os créditos trabalhistas, nos limites e condições estabelecidos em lei, preferem aos tributários, a teor incisos I e II, do parágrafo único, do artigo 186 retro referido. Atente-se, ainda, que dos créditos tributários, excluem-se as multas tributárias, que preferirão apenas aos créditos subordinados, conforme inciso III, do parágrafo único, do artigo 186 do Código Tributário Nacional. Finalmente, importante destacar que, apesar da questão ser alocada na disciplina de direito tributário, o certo é que exige conhecimento acerca do direito falimentar, já que é a Lei Falimentar (Lei 11.101/04), em seus artigos 83 e 84, que estabelece a ordem classificatória dos créditos na falência, que elenca os créditos considerados extraconcursais, que fixa os limites e condições dos créditos de natureza trabalhista, que arrola os créditos com privilégio especial e geral, bem como define os créditos subordinados.

De todos os créditos referidos na questão em comento, terão preferência ao crédito tributário, nessa ordem, a remuneração devida ao administrador da massa (já que considerado crédito extraconcursal, na forma do artigo 84 da Lei 11.101/05) e o crédito trabalhista de importância inferior a 150 salários mínimos, conforme limite estabelecido pelo inciso I, do artigo 83 da Lei Falimentar. Portanto, de todos os créditos listados, o tributário será o terceiro a ser pago, apenas preferindo aos créditos dos sócios da massa falida, considerados créditos subordinados, últimos a serem pagos na ordem legal (inciso VIII, artigo 83 da Lei 11.101/05).

Os comentários são suficientes para concluir que as alternativas "a", "b" e "d" estão incorretas.

**Alternativa correta: letra "c".**

---

**89. (FGV – Exame de Ordem 2016.1)** A falência da sociedade XYZ Ltda. foi decretada em 5/6/2014. Nessa data, a pessoa jurídica já possuía dois imóveis hipotecados para garantia de dívidas diversas. A União tem créditos tributários a receber da sociedade, inscritos em dívida ativa em abril de 2013.

Baseado nos fatos narrados, assinale a afirmativa correta.

a) A União tem direito de preferência sobre todo e qualquer credor, porque o crédito tributário foi inscrito em dívida ativa antes da decretação da falência.

b) A União tem direito de preferência sobre os credores com garantia real, pois o crédito tributário prefere a qualquer outro, seja qual for sua natureza ou o tempo de sua constituição.

c) A União tem de respeitar a preferência dos credores hipotecários, no limite do valor dos bens gravados.

d) A União tem de respeitar a preferência dos credores hipotecários, no limite do valor das dívidas garantidas pelas hipotecas.

**COMENTÁRIOS**

✪ **Nota do autor:** A questão versa sobre matéria atinente a concurso de credores e habilitação de crédito, valendo aqui recordar que a cobrança judicial da Dívida Ativa da Fazenda Pública não está sujeita a concurso de credores ou habilitação em falência, concordata, liquidação, inventário ou arrolamento, a teor do artigo 29 da Lei 8.630/80, bem como do artigo 187 do Código Tributário Nacional, ressalvadas disposições legais expressas em sentido contrário.

**Alternativa "a":** De fato, não se tratando de falência, o crédito tributário prefere a qualquer outro, seja qual for sua natureza ou o tempo de sua constituição, ressalvados, porém, os créditos decorrentes da legislação do trabalho ou do acidente de trabalho, conforme expressa previsão do artigo 186 do Código Tributário Nacional.

**Alternativa "b":** Na falência, os credores com garantia real têm preferência sobre a União, no limite dos bens gravados, a teor do parágrafo único, inciso I, do artigo 186 do Código Tributário Nacional; não se tratando de falência, aí sim o crédito tributário prefere a qualquer outro, seja qual for sua natureza ou o tempo de sua constituição, com exceção dos créditos trabalhistas ou decorrentes de acidente de trabalho, na forma do artigo 186 do Código Tributário Nacional.

**Alternativa "c":** De acordo com o previsto no parágrafo único, inciso I, do artigo 186 do Código Tributário Nacional, o crédito tributário não prefere aos créditos com garantia real, no limite do valor do bem gravado, nem aos créditos extraconcursais ou às importâncias passíveis de restituição, nos termos da lei falimentar.

**Alternativa "d":** Na falência, a União tem de respeitar a preferência dos credores hipotecários, no limite dos bens gravados, conforme expressa previsão do parágrafo único, inciso I, do artigo 186, do Código Tributário Nacional.

**Alternativa correta: letra "c".**

## 17. ADMINISTRAÇÃO E FISCALIZAÇÃO TRIBUTÁRIA

- CTN, arts. 194 a 208
- CF, art. 37, XXII e 145, § 1º
- Lei nº 9.430/96, arts. 32 a 39
- Lei nº 6.830/80 – Execuções Fiscais
- Lei 9.492/97
- Lei Complementar nº 105/2001

**90. (FGV – XXXVII Exame OAB)** A instituição assistencial sem fins lucrativos Quero-Te-Bem, apesar de atender há muitos anos a todos os requisitos legais e constitucionais para ter direito ao seu enquadramento como detentora da imunidade tributária de impostos das entidades beneficentes de assistência social (Art. 150, inciso VI, alínea c, da CRFB/88), foi surpreendida, em dezembro de 2022, com uma notificação de lançamento tributário referente ao Imposto sobre a Renda de Pessoa Jurídica (IRPJ) dos anos de 2018 a 2021. Ao consultar seu advogado, este solicita todos os livros contábeis, documentos societários e demais certidões, todos desde a sua constituição, a fim de desconstituir judicialmente a cobrança, com o auxílio de parecer de empresa de auditoria e de perito judicial a serem indicados e produzidos como meios de provas no processo. Diante desse cenário, assinale a opção que indica a medida judicial cabível.

a) Mandado de Segurança repressivo.

b) Açao Anulatória de Débito Fiscal.

c) Ação Declaratória de inexistência de relação jurídico-tributária.

d) Medida Cautelar Fiscal.

**COMENTÁRIOS**

**Alternativa "a":** Pretendendo o contribuinte a desconstituição judicial da cobrança com auxílio de parecer de perito judicial a ser indicado, incabível a impetração de Mandado de Segurança repressivo medida judicial essa que exigível a demonstração de direito líquido e certo, isto é, evidente de imediato amparado em prova pré-constituída, conforme artigo 1º, da Lei 12016/2009, exigência incompatível com a dilação probatória.

**Alternativa "b":** Pretendendo o contribuinte a desconstituição judicial da cobrança com auxílio de parecer de perito judicial a ser indicado, ou seja, com dilação probatória, cabível o ajuizamento de Ação Anulatória de Débito Fiscal, na forma do artigo 38 da Lei de Execuções Fiscais (Lei Federal 6.839/80).

**Alternativa "c":** Estando o crédito tributário já constituído pelo lançamento, a mera declaração de inexistência de relação jurídico-tributária não terá o condão de desconstituir judicialmente a cobrança, sendo incabível, no caso, Ação Declaratória de inexistência de relação jurídico-tributária.

**Alternativa "d":** A Medida Cautelar Fiscal, de acordo com a Lei Federal 8.397/1992, é procedimento preventivo em favor dos interesses da Fazenda Pública, de modo que é promovido por ela contra o sujeito passivo do crédito tributário. Assim, é a Fazenda Pública quem pode pleiteá-la contra o devedor tributário.

**Alternativa correta: letra "b".**

**91. (FGV – XXXVII Exame OAB)** A sociedade empresária ABCJ Ltda., surpreendida com a notificação de um auto de infração da Secretaria da Fazenda do Município Alfa cobrando o Imposto sobre Serviços (ISS) dos anos de 2020 a 2022, e diante da urgência em obter certidões para participar de uma concorrência para a contratação de serviços de limpeza no hospital municipal, ajuizou uma ação anulatória e requereu uma tutela antecipada para suspender a exigibilidade do crédito tributário, que foi deferida pelo juiz. Como não possuía qualquer outro débito perante a Fazenda Municipal, requereu àquela repartição administrativa uma certidão fiscal. Diante desse cenário, assinale a afirmativa correta.

a) A obtenção da decisão judicial suspendendo a exigibilidade do crédito tributário em cobrança não tem efeito na esfera administrativa tributária e por isso a sociedade empresária não terá direito à certidão pretendida.

b) Com a decisão que suspendeu a exigibilidade do crédito tributário, a sociedade empresária terá direito a obter uma Certidão Negativa (CN).

c) Não possuindo qualquer outro débito perante a Fazenda Municipal e graças à decisão que suspendeu a exigibilidade do crédito tributário, a sociedade empresária terá direito a uma Certidão Positiva com Efeitos de Negativa (CEPEN).

d) Para obter a certidão fiscal pretendida, a sociedade empresária terá que depositar judicialmente o montante em cobrança, independentemente da referida decisão obtida.

**COMENTÁRIOS**

**Alternativa "a":** De acordo com o artigo 141 do CTN, o crédito tributário regularmente constituído somente se modifica ou extingue, ou tem sua exigibilidade suspensa ou excluída, nos casos nele previstos, fora dos quais não podem ser dispensadas a sua efetivação ou as respectivas garantias, sob pena de responsabilidade funcional na forma da lei. Sendo a concessão de tutela antecipada em ação anulatória uma hipótese de suspensão da exigibilidade do crédito tributário prevista no CTN, a teor do inciso V de seu artigo 151, então, por interpretação decorrente do referido artigo 141, tal decisão judicial tem efeito na esfera administrativa tributária, surgindo para o contribuinte direito de obtenção da Certidão Positiva com Efeitos de Negativa (CEPEN) prevista no artigo 206 do CTN.

**Alternativa "b":** Com a decisão que suspendeu a exigibilidade do crédito tributário, a sociedade empresária terá direito a obter uma Certidão Positiva com Efeitos de Negativa (CEPEN), por interpretação conjunta do artigo 151, inciso V e artigo 206, ambos do CTN. Ora, enquanto ao artigo 151, inciso V, do CTN prevê que a concessão de tutela antecipada em ação judicial suspende a exigibilidade do crédito tributário, o artigo 206, por sua vez, assegura direito ao contribuinte de obter, junto ao órgão fazendário, certidão de que conste a existência de créditos

TRIBUTÁRIO

cuja exigibilidade esteja suspensa, a qual terá os mesmos efeitos da certidão negativa.

**Alternativa "c":** Tendo o contribuinte logrado, na forma do artigo 151, inciso V, do CTN, tutela antecipada em ação judicial suspendendo a exigibilidade do crédito tributário, tem ele direito de obter Certidão Positiva com Efeitos de Negativa (CEPEN), conforme lhe assegura o artigo 206 do CTN, segundo o qual a certidão de que conste a existência de créditos não vencidos, em curso de cobrança executiva em que tenha sido efetivada a penhora, ou cuja exigibilidade esteja suspensa tem os mesmos efeitos da certidão negativa.

**Alternativa "d":** Desde há muito, a Súmula Vinculante nº 28 do Supremo Tribunal Federal, é firme no sentido de que "É inconstitucional a exigência de depósito prévio como requisito de admissibilidade de ação judicial na qual se pretenda discutir a exigibilidade de crédito tributário". Assim, para obter a certidão fiscal pretendida, a sociedade empresária não terá que depositar judicialmente o montante em cobrança.

**Alternativa correta: letra "c".**

---

**92. (FGV – XXXVII Exame OAB)** Depois de citado em Ação de Execução Fiscal movida pelo Estado Alfa, João não pagou o crédito tributário constante da Certidão de Dívida Ativa no valor de R$ 100.000,00 e nem ofereceu voluntariamente qualquer bem para garantir a execução. Em seguida, foi decretada e cumprida a penhora on line em dinheiro do valor total cobrado, que foi encontrado em uma de suas contas bancárias, constrição realizada através do SISBAJUD. João, por seu advogado(a), pretende oferecer em sua defesa os Embargos do Devedor, dentro do prazo legal. Para tal, ele terá 30 (trinta) dias para oferecer os Embargos do Devedor, contados

a) da sua citação para oferecer os Embargos do Devedor.

b) do despacho do juiz que deferiu a inicial da ação de execução fiscal.

c) da efetiva intimação da penhora.

d) da juntada aos autos do mandado de intimação da penhora devidamente cumprido.

**COMENTÁRIOS**

✪ **Nota do autor:** O artigo 16 da Lei de Execuções Fiscais (Lei Federal 6.839/80), dispõe que o executado oferecerá embargos no prazo de 30 dias contado do depósito, da juntada da prova da fiança bancária ou do seguro garantia ou da intimação da penhora. Assim, na ausência da realização de depósito ou da prestação de fiança bancária ou seguro garantia, o prazo para embargar a execução fiscal conta-se da efetiva intimação da penhora realizada.

Os comentários são suficientes para demonstrar que as alternativas "a", "b" e "d" estão incorretas.

**Alternativa correta: letra "c".**

---

**93. (FGV – Exame de Ordem XXXVI – 2022)** Uma ação de execução fiscal foi movida pela União em face de João para cobrança de crédito tributário referente ao Imposto sobre a Renda de Pessoa Física (IRPF) dos exercícios de 2019 e 2020, conforme Certidão de Dívida Ativa (CDA) regularmente juntada. Na mesma data em que recebeu a citação enviada pelo correio com aviso de recepção, o executado entrou em contato com seu advogado, constituindo-o para defender os seus interesses.

Diante desse cenário, assinale a afirmativa correta.

a) A citação é inválida, pois deveria ter sido realizada exclusivamente por oficial de justiça ou por edital.

b) Ao ser citado, João terá 5 dias para apresentar a sua contestação.

c) Citado, João poderá, dentro do prazo legal, pagar a dívida com os acréscimos devidos ou garantir a execução.

d) No prazo de 30 dias contados da citação, João poderá oferecer embargos à execução.

**COMENTÁRIOS**

**Alternativa "a":** A citação é válida uma vez que o artigo 8º, inciso I, da Lei 6.830/1980 (Lei de Execução Fiscal) dispõe que o executado será citado pelo correio, com aviso de recepção, salvo se a Fazenda Pública requerer que a citação seja feita por outra forma.

**Alternativa "b":** Ao ser citado, João terá 5 dias não para apresentar contestação, mas para pagar a dívida, com os juros, multa moratória e encargos indicados na CDA, ou garantir a execução, conforme prevê o artigo 8º da Lei 6.830/1980 (Lei de Execução Fiscal).

**Alternativa "c":** Citado, João poderá pagar a dívida com os acréscimos devidos ou garantir a execução, dentro do prazo legal, isto é, no prazo de 5 dias, conforme o artigo 8º da Lei 6.830/1980 (Lei de Execução Fiscal).

**Alternativa "d":** O executado oferecerá embargos, no prazo de 30 (trinta) dias, contados do depósito, da juntada da prova da fiança bancária ou do seguro garantia ou da intimação da penhora, não são admissíveis embargos do executado antes de garantida a execução, conforme prescreve o artigo 16 e seu § 1º, da Lei da Lei 6.830/1980 (Lei de Execução Fiscal).

**Alternativa correta: letra "c".**

---

**94. (FGV – Exame de Ordem 2021.1)** José está sendo executado por dívida tributária municipal não paga. Na Certidão de Dívida Ativa (CDA) que instrui a execução fiscal, constam o nome do devedor e seu domicílio; a quantia devida e a maneira de calcular os juros de mora; a origem e natureza do crédito, com menção do decreto municipal em que está fundado; e a data em que foi inscrito. José oferece embargos à execução, atacando a CDA, que reputa incorreta.

Diante desse cenário, José

a) tem razão, pois cabe à Fazenda Pública o ônus da prova de que a CDA cumpre todos os requisitos obrigatoriamente exigidos por lei.

b) tem razão, pois a CDA deve mencionar dispositivo de lei em que o crédito tributário está fundado.

c) não tem razão, pois esta CDA goza de presunção iuris et de iure (absoluta) de certeza e liquidez.

d) não tem razão, pois esta CDA contém todos os requisitos obrigatoriamente exigidos por lei.

**COMENTÁRIOS**

✪ **Nota do Autor:** A questão pode parecer difícil pelo fato de exigir conhecimento específico de dispositivos legais do CTN dificilmente abordado nas provas da OAB.

**Alternativa "a":** Uma vez constituída a CDA, esta passa a gozar de liquidez e certeza como os demais títulos de crédito, não sendo atribuído à Fazenda Pública, portanto, o ônus de provar que a CDA preenche todos os requisitos legais.

**Alternativa "b":** A alternativa exige que o candidato conheça todos os requisitos de exteriorização da CDA, tal como previsto no artigo 202 do Código Tributário Nacional, o qual realmente exige, em seu inciso III, que seja mencionado no título a disposição legal em que se funda o crédito tributário exigido. Lembramos que a ausência de um dos requisitos exigidos pelo supracitado artigo 202 pode gerar a nulidade da CDA, a qual, todavia, poderá ser sanada até a decisão de primeira instância, mediante substituição da certidão nula, conforme disposição do artigo 203, do CTN.

**Alternativa "c":** Nos termos do artigo 204 do Código Tributário Nacional, a CDA emitida pela Fazenda Pública goza da presunção de liquidez e certeza. Todavia, essa presunção não é absoluta, mas sim relativa, podendo ser ilidida por prova produzida pelo sujeito passivo.

**Alternativa "d":** Conforme já constatado quando da análise da alternativa "b", a CDA referida no enunciado da questão não apresentou o dispositivo legal em que fundado do crédito tributário exigido, não contendo, pois, todos os requisitos legais, o que pode levar a sua nulidade.

**Alternativa correta: letra "b".**

---

**95. (FGV – Exame de Ordem 2020.1)** João da Silva, servidor da Administração Tributária do Município Y, recebeu propina de José Pereira, adquirente de um imóvel, para, em conluio com este, emitir uma certidão que atestava falsamente a quitação de débito do Imposto de Transmissão de Bens Imóveis (ITBI) incidente sobre a transferência de propriedade. A certidão seria apresentada ao tabelião para lavrar-se a escritura pública de compra e venda imobiliária e para posterior registro.

Considerando-se que, nesse Município, o contribuinte de ITBI é o adquirente de imóvel, assinale a afirmativa correta.

a) O servidor João da Silva poderá ser responsabilizado funcional e criminalmente por esse ato, mas a dívida tributária somente poderá ser cobrada de José Pereira, o único que é parte na relação jurídico-tributária com o Município credor.

b) O servidor João da Silva poderá ser responsabilizado pessoalmente pelo crédito tributário e juros de mora acrescidos.

c) O tabelião poderá ser o único responsabilizado pela dívida tributária e juros de mora acrescidos, por ter lavrado a escritura pública sem averiguar, junto ao Fisco Municipal, a veracidade das informações da certidão apresentada.

d) Caso seja aplicada multa tributária punitiva contra José Pereira, este poderá exigir do Fisco que 50% do valor da multa seja cobrado do servidor João da Silva.

**COMENTÁRIOS**

✪ **Nota do Autor:** Essa questão é bastante interessante e apresenta um certo grau de dificuldade, pois embora trate de responsabilidade de terceiro pelo crédito tributário, a previsão legal de responsabilidade tributária está disposta no Livro Segundo, Título IV, Capítulo III, do CTN, que trata sobre a Certidões Negativas e não no Livro Segundo, Título II, Capítulo V, junto às demais formas de responsabilidade tributária.

**Alternativa "a":** Realmente o servidor público, João da Silva, envolvido na emissão de certidão negativa do ITBI devido na transmissão imobiliária, poderá responder processo administrativo para apuração de falta funcional, além de possível processo crime. Ocorre que, além da responsabilidade funcional e criminal, o servidor público pode ser responsabilizado pessoalmente pelo crédito tributo não pago.

**Alternativa "b":** O artigo 208 do CTN estabelece a responsabilidade pessoal do servidor público que, por dolo ou fraude, emite certidão negativa ou com erro em prejuízo da Fazenda Pública, incluindo na responsabilidade do servidor o crédito tributário e os juros de mora devidos. Portanto, no caso tratado no enunciado da questão, o servidor João da Silva poderá ser responsabilizado pessoalmente pelo crédito tributário e juros de mora acrescidos.

**Alternativa "c":** A responsabilidade do tabelião pelo pagamento do crédito tributário devido decorre do artigo 134, do CTN. Porém, é necessário verificar que a responsabilidade do tabelião, como já pacificado pela jurisprudência de nossos tribunais, é supletiva a do devedor, ou seja, o tabelião somente responderá na hipótese de o adquirente, José Pereira, não ter como pagar. Além disso, no caso em análise não há como se atestar eventual dolo ou mesmo negligência do tabelião, necessário para sua responsabilização, já que foi apresentada para este uma certidão negativa do ITBI.

**Alternativa "d":** Não há previsão de divisão proporcional de crédito tributário ou de multa incidente sobre o crédito devido, sendo impertinente a exigência que o Sr. José Pereira venha a fazer ao fisco para que se cobre 50% da multa tributária punitiva do servidor João da Silva.

**Alternativa correta: letra "b".**

---

**96. (FGV-Exame de Ordem 2019.2)** A União lavrou auto de infração para a cobrança de créditos de Imposto sobre a Renda, devidos pela pessoa jurídica PJ. A cobrança foi baseada no exame, considerado indispensável por parte da autoridade administrativa, de documentos, livros e registros de instituições financeiras, incluindo os referentes a contas de depósitos e aplicações financeiras de titularidade da pessoa jurídica PJ, após a regular instauração de processo administrativo. Não houve, neste caso, qualquer autorização do Poder Judiciário.

Sobre a possibilidade do exame de documentos, livros e registros de instituições financeiras pelos agentes fiscais tributários, assinale a afirmativa correta.

a) Não é possível, em vista da ausência de previsão legal.

b) É expressamente prevista em lei, sendo indispensável a existência de processo administrativo instaurado.

c) É expressamente prevista em lei, sendo, no entanto, dispensável a existência de processo administrativo instaurado.

d) É prevista em lei, mas deve ser autorizada pelo Poder Judiciário, conforme exigido por lei.

**COMENTÁRIOS**

✪ **Nota do autor:** Esta questão aborda a polêmica quebra de sigilo bancário, exigindo conhecimento atualizado sobre a legislação e a jurisprudência sobre o assunto.

**Alternativa "a":** A Lei Complementar nº 105/2001, em seu artigo 6º, traz as hipóteses em que a administração poderá requisitar informações financeiras de contribuintes junto às instituições financeiras, sem necessidade de autorização do Poder Judiciário. Portanto, embora tenha surgido polêmica acerca de referida disposição legal, não é correto afirmar que não há previsão legal para obtenção de informações bancárias pelo fisco.

**Alternativa "b":** A possibilidade de a própria União, através de seus agentes fiscais, obterem informações financeiras de contribuinte junto às instituições financeiras encontra-se prevista no artigo 6º, da Lei Complementar nº 105/2001, sendo regulamentada pelo Decreto 3.724/2001, o qual exige, para tal finalidade, a instauração de processo administrativo. Portanto, existe regulamentação expressa viabilizando tal procedimento de quebra de sigilo bancário pela própria administração. Cabe ressaltar que a matéria foi submetida ao Supremo Tribunal Federal, que, no julgamento conjunto das ADIs 2.386, 2.397 e 2.859 e do RE 601.314, fixou o entendimento de que o artigo 6º, da Lei Complementar nº 105/2001, é constitucional, exigindo, porém, regulamentação do processo administrativo previamente para sua aplicação, a exemplo do regulamento feito pela União, através do Decreto 3.724/2001.

TRIBUTÁRIO

**Alternativa "c":** A requisição de informações bancárias pela administração fazendária é expressamente prevista em lei, porém somente poderá ser aplicada através de prévio processo administrativo, conforme regulamentado pelo Decreto 3.724/2001.

**Alternativa "d":** A Lei Complementar 105/2001, em seu artigo 6º, criou a possibilidade de a fiscalização fazendária, por meio de processo administrativo prévio, obter informações bancárias sobre movimentação financeira de contribuintes, sem a necessidade de prévia autorização do Poder Judiciário.

**Alternativa correta: letra "b".**

---

**97. (FGV - Exame de Ordem 2018.2)** Em execução fiscal ajuizada pela União, a contribuinte ABC ofereceu seguro-garantia para garantir a execução, correspondente ao valor da dívida, acrescido de juros, multa de mora e encargos indicados na Certidão de Dívida Ativa. Por meio de publicação no órgão oficial, a União foi instada a se manifestar quanto à garantia oferecida pela executada, deixando de se manifestar no prazo que lhe foi assinalado.

Diante disso, assinale a afirmativa correta.

a) Não é possível o oferecimento de seguro-garantia para garantir a execução fiscal. No entanto, a intimação da União por meio de publicação no órgão da imprensa oficial foi regular.

b) É possível o oferecimento de seguro-garantia para garantir a execução fiscal, tendo sido regular a intimação da União por meio de publicação no órgão da imprensa oficial.

c) Não é possível o oferecimento de seguro-garantia para garantir a execução fiscal, nem a intimação da União por meio de publicação no órgão oficial, pois qualquer intimação ao representante judicial da Fazenda Pública deve ser feita por carta registrada com aviso de recebimento.

d) É possível o oferecimento de seguro-garantia para garantir a execução fiscal, porém, na execução fiscal, qualquer intimação ao representante judicial da Fazenda Pública será feita pessoalmente.

COMENTÁRIOS

✪ **Nota do autor:** A partir da alteração legislativa promovida pela Lei nº 13.043/2014, o artigo 9º da Lei das Execuções Fiscais – LEF, passou a contemplar a possibilidade de indicação de fiança bancária ou seguro garantia com penhora, sendo certo que tais modalidades de garantia do juízo produzem os mesmos efeitos da penhora sobre bens do devedor. Porém, independentemente da forma de garantia do juízo adotada, deverá sempre ser ordenada a intimação pessoal do representante da Fazenda Pública para se manifestar sobre a garantia prestada, posto que esta é a forma adotada para as intimações da Fazenda Pública, não podendo ser substituída pela simples publicação no diário oficial.

Os comentários são suficientes para concluir que as alternativas "a", "b" e "c" estão incorretas.

**Alternativa correta: letra "d".**

---

**98. (FGV - Exame de Ordem 2018.2)** João, empresário, inconformado com a notificação de que a Administração Pública Fazendária teria acesso às informações de sua movimentação bancária para instruir processo administrativo fiscal, decidiu procurar o Escritório Alfa de advocacia para uma consulta a respeito do caso. João busca saber se a medida configura quebra de sigilo fiscal e se o procedimento da Administração Pública está correto.

Com base na hipótese apresentada, assinale a opção que indica a orientação a ser dada pelo Escritório Alfa, considerando a jurisprudência do Supremo Tribunal Federal (STF) acerca do acesso a dados bancários sigilosos pela Administração Pública Fazendária.

a) Não se trata de quebra de sigilo, mas de transferência de sigilo para finalidades de natureza eminentemente fiscal, pois a legislação aplicável garante a preservação da confidencialidade dos dados, vedado seu repasse a terceiros estranhos ao próprio Estado, sob pena de responsabilização dos agentes que eventualmente pratiquem essa infração.

b) A imediata notificação do contribuinte é mera liberalidade da Administração Fazendária, sendo ao contribuinte facultada, tão somente, a extração da decisão final da Administração Fazendária.

c) Tal uso de dados ofende o direito ao sigilo bancário, porque macula o princípio da igualdade e o princípio da capacidade contributiva.

d) É inconstitucional a quebra de sigilo, pois a legislação aplicável garante a preservação da confidencialidade dos dados, vedado seu repasse a terceiros, inclusive aos integrantes da Administração Pública Fazendária.

COMENTÁRIOS

✪ **Nota do autor:** A questão aborda um tema bastante polêmico na doutrina, mas que restou decidido pelo STF, razão pela qual se exige do candidato o conhecimento acerca das decisões proferidas pelo Supremo Tribunal Federal em sede de repercussão geral ou por meio da análise de constitucionalidade ou inconstitucionalidade por via direta.

**Alternativa "a":** Muito se debateu acerca da possibilidade de a própria Receita Federal solicitar informações fiscais do contribuinte diretamente às instituições financeiras, sem o crivo do Poder Judiciário. Tal polêmica se acirrou na doutrina após a edição da Lei Complementar nº 105/2001, que em seu artigo 6º dispõe sobre a obrigação das instituições ligadas ao sistema financeiro nacional de prestarem informações ao Conselho de Controle de Atividades Financeiras – COAF. Ocorre que, em 2016, o STF definiu a questão ao julgar constitucional o artigo 6º, da LC 105/2001, firmando o entendimento de que não haveria quebra de sigilo fiscal na transferência de informações sobre movimentação financeira para o COAF e, por sua vez, à Receita Federal, já que, nesta hipótese, estaria ocorrendo apenas uma transferência de informações a um órgão administrativo que também tem o dever de manter o sigilo fiscal e bancário, conforme dispõe o artigo 198 do CTN, não havendo, portanto, uma divulgação de informações ao público em geral.

**Alternativa "b":** A requisição de informações fiscais pela Receita Federal, embora possível, submete-se a regramento próprio e deve ser prestada em meio a procedimento fiscal, o que pressupõe a notificação ao contribuinte e o devido processo legal, inclusive com garantia da ampla defesa e do contraditório.

**Alternativa "c":** Após o pronunciamento do STF acerca da constitucionalidade da transferência de informações fiscais e bancários à Receita Federal, não se considera mais a ocorrência de quebra de sigilo fiscal nesta hipótese. Por sua vez, ainda que assim não fosse, os princípios da igualdade e da capacidade contributiva não guardam qualquer relação de pertinência com a hipótese tratada na questão.

**Alternativa "d":** Embora este fosse o entendimento que vigorava na doutrina e na jurisprudência, após o julgamento da constitucionalidade da Lei Complementar 105/2001 pelo STF, passou-se a entender que haveria mera transferência de informações sigilosas a órgão administrativo que está obrigado a manter sigilo das informações, não ocorrendo, pois, a divulgação de informações ao público em geral.

**Alternativa correta: letra "a".**

---

**99. (FGV - Exame de Ordem –2017.3)** A pessoa jurídica A declarou débitos de Imposto sobre a Renda (IRPJ) que, no entanto, deixaram de ser quitados. Diante do inadimplemento da contribuinte, a União promoveu o protesto da Certidão de Dívida Ativa (CDA) decorrente da regular constituição definitiva do crédito tributário inadimplido.

Com base em tais informações, no que tange à possibilidade de questionamento por parte da contribuinte em relação ao protesto realizado pela União, assinale a afirmativa correta.

a) O protesto da CDA é indevido, uma vez que o crédito tributário somente pode ser cobrado por meio da execução fiscal.

b) O protesto da CDA é regular, por se tratar de instrumento extrajudicial de cobrança com expressa previsão legal.

c) O protesto da CDA é regular, por se tratar de instrumento judicial de cobrança com expressa previsão legal.

d) O protesto da CDA é indevido, por se tratar de sanção política sem previsão em lei.

**COMENTÁRIOS**

**Nota do autor:** Como sabido, a Lei 9.492/97, com a alteração que lhe deu a Lei 12.767/12, incluiu, no rol dos títulos sujeitos a protesto, as certidões de dívida ativa da União, dos Estados, do Distrito Federal, dos Municípios e das respectivas autarquias e fundações públicas. Porém, a Lei em referência teve sua constitucionalidade posta em cheque em Ação Direta de Inconstitucionalidade-ADI que recebeu o nº 5135. Todavia, em 2016, o Eg. STF pôs fim a controvérsia, firmando tese jurídica segundo a qual o protesto das certidões de dívida ativa constitui mecanismo constitucional e legítimo por não restringir de forma desproporcional quaisquer direitos fundamentais garantidos aos contribuintes e, assim, não constituir sanção política.

**Alternativa "a":** Há previsão legal (Lei 9.492/97) autorizando o protesto de Certidão de Dívida Ativa-CDA, o qual atua como instrumento extrajudicial de cobrança de obrigação fiscal.

**Alternativa "b":** É regular o protesto de Certidão de Dívida Ativa-CDA, já que há lei expressa (Lei 9.492/97) a incluí-la no rol dos títulos sujeitos a protesto, lei essa que teve sua constitucionalidade reconhecida pelo Eg. STF em apreciação de Ação Direta de Inconstitucionalidade-ADI (5135) julgada improcedente.

**Alternativa "c":** O protesto de Certidão de Dívida Ativa-CDA constitui instrumento extrajudicial – e não judicial – de cobrança de obrigação fiscal.

**Alternativa "d":** No julgamento da Ação Direta de Inconstitucionalidade-ADI 5135, o Eg. STF firmou tese jurídica que, além de reconhecer a constitucionalidade do protesto de Certidão de Dívida Ativa-CDA, declarou que seu protesto não constitui sanção política.

**Alternativa correta: letra "b".**

---

**100. (FGV – Exame de Ordem 2016.3)** João deixou de pagar o Imposto de Importação sobre mercadoria trazida do exterior, sendo notificado pelo fisco federal. Ao receber a notificação, logo impugnou administrativamente a cobrança. Percebendo que seu recurso administrativo demoraria longo tempo para ser apreciado e querendo resolver a questão o mais rápido possível, propõe ação anulatória para discutir matéria idêntica àquela demandada administrativamente.

Com base nesse relato, assinale a afirmativa correta.

a) Haverá o sobrestamento da ação anulatória até que seja efetivamente apreciada a impugnação administrativa.

b) A medida judicial será indeferida devido à utilização de recurso na esfera administrativa.

c) A propositura de ação judicial sobre matéria idêntica àquela demandada na esfera administrativa não constitui em desistência de tal esfera.

d) A concomitância de defesa administrativa com medida judicial versando sobre matérias idênticas implica desistência do recurso administrativo interposto.

**COMENTÁRIOS**

**Nota do autor:** Esta questão aborda a matéria relativa ao processo tributário judicial e administrativo e suas peculiaridades, exigindo conhecimento de normas processuais encontradas em legislação esparsa, como a Lei das Execuções Fiscais, a Lei nº 9430/96, dentre outras.

O contribuinte tem o direito de discutir o lançamento tributário por meio de processo administrativo, que, nos termos do artigo 151, inciso III, do Código Tributário Nacional, suspende a exigibilidade do crédito tributário até final decisão administrativo. Todavia, a instauração do processo administrativo representa uma faculdade do contribuinte, que sempre poderá optar pela via judicial para discutir a exação que lhe é exigida pelo fisco, já que o artigo 5º, inciso XXXV, da Constituição Federal assegura o princípio da inafastabilidade da jurisdição. Todavia, uma vez proposta demanda judicial discutindo a mesma matéria em debate no âmbito do processo administrativo, considera-se operada a renúncia por parte do contribuinte ao direito de discutir o lançamento perante a administração pública. Tal efeito decorre de disposição normativa expressa pelo artigo 38, parágrafo único, da Lei 6.830/80, conhecida como Lei das Execuções Fiscais. Portanto, analisando a questão proposta, verifica-se que a única alternativa correta é a letra "d", que reporta precisamente a inteligência do dispositivo legal supracitado.

Os comentários são suficientes para concluir que as alternativas "a", "b" e "c" estão incorretas.

**Alternativa correta: letra "d".**

---

**101. (FGV – Exame de Ordem 2016.3)** A Pessoa Jurídica ABC verificou que possuía débitos de Imposto sobre a Renda ("IRPJ") e decidiu aderir ao parcelamento por necessitar de certidão de regularidade fiscal para participar de licitação. Após regular adesão ao parcelamento e diante da inexistência de quaisquer outros débitos, a contribuinte apresentou requerimento para emissão da certidão.

Com base nessas informações, o Fisco deverá

a) deferir o pedido, já que o parcelamento é causa de extinção do crédito tributário.

b) indeferir o pedido, pois a certidão somente poderá ser emitida após o pagamento integral do tributo em atraso.

c) deferir o pedido, já que o parcelamento é causa de suspensão da exigibilidade do crédito tributário.

d) deferir o pedido, já que o parcelamento é causa de exclusão do crédito tributário.

**COMENTÁRIOS**

**Nota do Autor:** Para responder corretamente a esta questão o candidato deveria conhecer bem não somente as causas de suspensão, extinção e exclusão do crédito tributário, como também os efeitos práticos destas hipóteses. Em princípio, cabe observar que o parcelamento de débitos tributários pelo contribuinte representa uma das causas de suspensão do crédito tributário, elencada no artigo 151, inciso VI, do Código Tributário Nacional. A dúvida que poderia surgir se dá pelo fato de que, na hipótese de suspensão do crédito tributário, o crédito permanece até ulterior definição, diferentemente das hipóteses de extinção e exclusão que aniquilam o próprio crédito. Porém, o que se deve ter em mente é que a suspensão do crédito tributário atinge justamente seus efeitos práticos, dentre eles, os atos preparatórios de execução. Assim, se estão suspensos os efeitos do crédito tributário, não se pode impor ao contribuinte nenhuma consequência danosa advinda daquela exação. É por tal motivo que o fisco deve sempre deferir o pedido de certidão de regularidade fiscal, quando existente uma das causas de suspensão do crédito tributário, ressaltando-se que, nesta hipótese, a certidão que será emitida pela autoridade fiscal será uma certidão positiva com efeitos de negativa, a qual, nos termos do artigo 206, do Código Tributário Nacional, possui os mesmos efeitos de uma certidão negativa de débito fiscal, inclusive para viabilizar a participação do contribuinte em qualquer licitação.

Os comentários são suficientes para concluir que as alternativas "a", "b" e "d" estão incorretas.

**Alternativa correta: letra "c".**

**102. (FGV – Exame de Ordem 2016.1)** João foi citado, em execução fiscal, para pagamento do Imposto sobre a Propriedade Predial e Territorial Urbana ("IPTU") relativo ao imóvel em que reside e do qual é proprietário. Ocorre que o contribuinte pretende impugnar tal cobrança por meio de embargos à execução.

Tendo em vista a disciplina da Lei nº 6.830/80, tais embargos poderão ser apresentados no prazo de 30 dias, contados a partir

a) da juntada aos autos do mandado de penhora devidamente cumprido.
b) da sua citação.
c) da data da intimação da penhora.
d) da propositura da execução fiscal.

**COMENTÁRIOS**

✪ **Nota do autor:** A questão em referência trata de prazo processual, fato que poderia levar o leitor a discordar de sua colocação na disciplina de direito tributário. Todavia, os prazos processuais em matéria tributária encontram sua regulamentação em lei especial, qual seja, a Lei 6.830/80 (Lei de Execuções Fiscais), aplicando-se apenas subsidiariamente o Código de Processo Civil, tal qual previsto no artigo 1º, parte final, da Lei de Execuções Fiscais.

**Alternativa "a":** O prazo para oposição dos Embargos à Execução Fiscal conta-se não da juntada aos autos do mandado de penhora devidamente cumprido, mas sim da intimação específica da penhora realizada, nos termos do artigo 16, inciso III, da Lei 8.630/80.

**Alternativa "b":** Da citação do Executado não se conta o prazo para opor Embargos à Execução, mas sim o prazo de cinco dias para pagamento do crédito tributário exequendo com os juros e multa de mora, bem como com os encargos indicados na Certidão de Dívida Ativa, ou para garantir a execução, tal como expressamente previsto pelo artigo 8º, *caput*, da Lei de Execuções Fiscais.

**Alternativa "c":** O prazo de trinta dias para oposição dos Embargos à Execução Fiscal, quando a garantia é prestada por meio de penhora, conta-se a partir da intimação específica do ato de constrição judicial, conforme disciplinado expressamente pelo artigo 16, inciso III, da Lei 6.830/80 (Lei de Execuções Fiscais). Deve-se ficar bem claro que não se aplicam, em caráter subsidiário, as disposições do Código de Processo Civil neste ponto, dada a existência de regra própria expressamente prevista na Lei 6.830/80, valendo recordar que somente se aplicam as regras do Código de Processo Civil subsidiariamente, ou seja, quando ausente regramento na Lei especial, a teor do artigo 1º, *in fine*, da Lei de Execuções Fiscais. Aliás, não é demais reforçar que o tema foi objeto de tese jurídica firmada em julgamento de recursos repetitivos, conforme se extrai do Recurso Especial 1.112.641 afetado pela Corte Superior como representativo da controvérsia sobre a aplicação ou não do Código de Processo Civil na espécie.

**Alternativa "d":** O prazo para oposição dos Embargos à Execução Fiscal conta-se não da propositura da Execução Fiscal, mas sim da intimação específica da penhora realizada, nos termos do artigo 16, inciso III, da Lei 6.830/80.

**Alternativa correta: letra "c".**

*Alexandre Assef Müller*

## ✦ RESUMOS DOUTRINÁRIOS

### 1. DEFINIÇÃO DE TRIBUTO

- O conceito de tributo é dado pelo artigo 3º do Código Tributário Nacional e traz as seguintes características: **prestação pecuniária** (obrigação de pagar moeda corrente ou cujo valor nela se possa exprimir); **compulsória** (obrigação independente da vontade das partes); **que não constitui sanção de ato ilícito** (não possui finalidade sancionatória, decorrendo sempre de um fato lícito e previsto em lei); **instituída em lei** (deve ser sempre instituído por lei, estando submetido ao princípio da legalidade); **cobrada mediante atividade administrativa plenamente vinculada** (não cabe à autoridade administrativa avaliar a conveniência e oportunidade de se cobrar um tributo, devendo o tributo ser cobrado segundo o que determina a lei, sem qualquer discricionariedade ou concessão).
- O FGTS não é tributo, segundo a Súmula 353 do STJ, pois, embora seja compulsório, o valor arrecadado do empregador não é destinado ao erário, sendo apenas arrecadado como garantia do trabalhador, que é o real destinatário da exação.
- Os tributos podem apresentar função estritamente fiscal, extrafiscal ou parafiscal. A **função fiscal** está presente em todos os tributos e consiste na finalidade arrecadatória de receitas para funcionamento do Estado. A **função extrafiscal** é aquela que extrapola a simples arrecadação, visando coibir ou incentivar uma determinada ação do contribuinte ou do mercado. Finalmente, a **função parafiscal** refere-se àqueles tributos que, embora instituídos por entes políticos com competência tributária, são arrecadados por outro ente, ao qual é destinado o produto da arrecadação para implementar seus objetivos, como, por exemplo, as contribuições arrecadadas por conselhos de classe profissional, como o CRM, CRC, CRO, etc.
- Os tributos podem ser classificados em vinculados ou não vinculados. Tributos vinculados são aqueles relacionados com alguma prestação do Estado. São tributos vinculados as taxas e a contribuição de melhoria. Já os impostos são tributos não vinculados por essência, já que sua incidência não se relaciona com nenhuma prestação do Estado.
- É importante recordar que não são considerados tributos: laudêmio, foro, multas, tarifas e pedágios.

### 2. COMPETÊNCIA TRIBUTÁRIA

- Como a competência tributária pressupõe competência para legislar, somente as pessoas políticas, União, Estados, Distrito Federal e Municípios, podem deter competência tributária.
- É importante saber a distinção entre competência tributária e capacidade tributária ativa. A capacidade tributária caracteriza-se pela aptidão para cobrar e fiscalizar o tributo, podendo ser delegada para outra entidade de direito público, que, inclusive, poderá deter a capacidade para executar leis, serviços e atos ou decisões administrativas em matéria tributária, gozando das garantias e privilégios processuais que competem à pessoa política que a delegou. Já a competência tributária é o poder de instituir o tributo, que é outorgado pela Constituição Federal ao ente político.
- A capacidade tributária pode ser delegada tanto para outra pessoa jurídica de direito público, como para pessoa jurídica de direito privado, sendo certo que a delegação da capacidade tributária transfere também as garantias e os privilégios processuais que competem à pessoa jurídica de direito público que a delegar.
- As competências tributárias estabelecidas pela Constituição Federal são:
  - **Privativas:** somente podem ser exercidas pelo ente político definido pela própria Constituição Federal;
  - **Indelegável:** o ente político ao qual é atribuída competência tributária para instituir um tributo não pode repassar esta prerrogativa de legislar para outra pessoa jurídica de direito público;
  - **Irrenunciável:** ainda que a pessoa política escolhida constitucionalmente como competente para instituir determinado tributo detenha a faculdade de instituí-lo ou não, jamais poderá renunciar tal competência;
  - **Incaducável:** o ente político competente para legislar sobre um determinado tributo não perde esta competência por deixar de exercê-la durante qualquer tempo e mesmo que demonstre falta de interesse em instituir a exação;
  - **Inalterável:** não é possível aos entes políticos alterar os limites da competência tributária outorgada pela Constituição Federal;
  - **Facultativa**: cabe ao ente político competente a decisão de instituir ou não os tributos que lhe competem. Todavia, cabe lembrar que a Lei de Responsabilidade Fiscal trouxe limites a esta faculdade atribuída ao ente político competente que deixa de cobrar os tributos que lhe competem.
- Ao lado da competência tributária **privativa**, que é aquela atribuída com exclusividade a um ente político, a Constituição Federal prevê, para instituição de taxas e contribuições de melhoria, competência **comum** a todos as pessoas políticas; competência **residual**, que cabe somente à União, facultando-lhe a criação de outros impostos não previstos no texto constitucional; competência **extraordinária**, pela qual é atribuída exclusivamente à União a competência para criar imposto extraordinário, em caso de guerra externa ou sua iminência; além da competência **cumulativa**, que detém a União, nos territórios federais divididos em municípios, para instituir impostos estaduais e naqueles não divididos em municípios, para instituir também os impostos municipais, e o Distrito Federal, que é competente para instituir impostos estaduais e municipais em seu território, conforme disposto no artigo 147, da Constituição Federal.
- Como a divisão de competência tributária é rígida, o não exercício de tal competência pelo ente político escolhido pela Constituição Federal, não a defere a pessoa jurídica de direito público diversa daquela que a Constituição a tenha atribuído.

- Não pode um ente político limitar a competência de outro, conforme deixa claro o artigo 151, III, da Carta Magna, ao proibir as chamadas isenções heterônomas, através das quais uma pessoa política concede benefício fiscal relativo a tributos de competência de outra. Ressalte-se que a previsão constitucional acima referida impediu que o parágrafo único, do artigo 13, do Código Tributário Nacional fosse recepcionado pela Carta da República de 88, já que tal dispositivo justamente previa a possibilidade de a União instituir isenção de tributos estaduais e municipais.
- O "Supersimples", instituído pela Lei Complementar 123/07, é um caso de conflito de competências, previsto no artigo 146, III, d, da Constituição Federal. Por envolver os diversos entes políticos, cada qual com sua competência tributária própria, o "Supersimples" somente poderia ser criado por lei complementar, como ocorrido. Cabe ressaltar que desde a criação do "Supersimples" se discutia a possibilidade de parcelamento dos débitos relativos às próprias parcelas do programa simplificado de recolhimentos, a qual, por não ter previsão na lei instituidora do sistema, importaria em imposição de benefício fiscal de um ente político em detrimento da competência dos demais. Assim, somente através de nova Lei Complementar, a LC nº 139/11, foi viabilizado o parcelamento de débitos do "Supersimples".
- Para exercer a competência residual, a União deve atender os requisitos do artigo 154, I, da Constituição Federal, podendo, pois, instituir impostos não previstos no texto constitucional, somente através de Lei Complementar e desde que sejam não cumulativos e não tenham fato gerador ou base de cálculo próprios dos previstos originariamente.
- Em caso de guerra externa ou de sua iminência cabe exclusivamente à União a competência para instituir impostos extraordinários, os quais poderão ser criados por meio de Lei Ordinária e poderão ter o mesmo fato gerador ou base de cálculo de impostos da competência da própria União ou dos demais entes políticos, devendo, todavia, serem suprimidos, tão logo cessada a causa que os fizeram ser criados, conforme estabelece o artigo 154, II, da Constituição Federal.
- A competência tributária encontra limites na própria Constituição Federal, nas Constituições dos Estados, nas Leis Orgânicas do Distrito Federal e dos Municípios e nas normas gerais em matéria tributária, conforme disposto no artigo 6º, do Código Tributário Nacional.

## 3. LIMITAÇÕES AO PODER DE TRIBUTAR

- As limitações ao poder de tributar em sentido restrito encontram-se definidas nos artigos 150 a 152 da Constituição Federal, no capítulo que regula o Sistema Tributário Nacional. Porém, o rol de limitações contido no referido capítulo não é exaustivo, existindo outras limitações ao poder de tributar que decorrem do próprio texto constitucional, dentre as garantias e direitos fundamentais (art. 5º), de tratados internacionais ratificados pelo Brasil e de outras normas infraconstitucionais.
- As limitações ao poder de tributar, constantes da Constituição Federal, são consideradas *cláusulas pétreas, não podendo*, pois, ocorrer qualquer emenda ou proposta de emenda tendente a abolir tais disposições.

### 3.1. PRINCÍPIOS TRIBUTÁRIOS

- O princípio da legalidade impõe a necessidade de lei em sentido estrito para instituir e majorar tributos. Todavia, o Imposto de Importação, o Imposto de Exportação, o IPI, o IOF, a CIDE e o ICMS-monofásico incidentes sobre combustíveis, podem ter majoração de suas alíquotas estabelecida por ato do Poder Executivo, tendo em vista a nítida função de extrafiscalidade que desempenham estes tributos.

| Princípio da legalidade (reserva legal) | |
|---|---|
| **Incidências** | **Exceções** |
| instituição/extinção de tributos | correção monetária da base de cálculo (lembrar que correção é diferente de majoração) |
| majoração/redução de tributos | fixação de prazo de recolhimento |
| definição do fato gerador | alíquotas de Importação, Exportação, IPI e IOF |
| definição do sujeito passivo | reduzir/restabelecer alíquota da CIDE-Comb. |
| fixação de alíquota | definir alíquota do ICMS monofásico incidente sobre combustíveis |
| fixação de base de cálculo | |
| exclusão/suspensão/extinção de créditos tributários | |
| cominação/dispensa/redução de penalidades | |

- O princípio da isonomia, pelo qual se impõe tratamento igual entre contribuintes que se encontrem em situação equivalente, impede distinção em razão de ocupação profissional ou função exercida pelos contribuintes. Entretanto, admite-se a graduação do tributo segundo a capacidade econômica do contribuinte. São exemplos de discriminação justificada pela capacidade econômica do contribuinte, a progressividade no caso do IR e do ITR, diferenciação de alíquota do IPVA para carros de luxo, isenção de IPTU para imóveis de pequeno valor.
- Segundo a Súmula 584, do STF, deve ser aplicada ao imposto de renda calculado sobre os rendimentos do ano-base, a lei vigente no exercício financeiro em que deve ser apresentada a declaração. Tal súmula mereceu várias críticas, tendo em vista que, como o IR declarado sempre se refere aos fatos consumados de janeiro a dezembro do ano anterior, uma majoração de alíquota, por exemplo, mesmo passando a incidir a partir do ano seguinte a sua instituição, irá retroagir sobre fatos pretéritos.
- As normas expressamente interpretativas e aquelas que excluem ou atenuam penalidades, a chamada *lex mitior*, poderão retroagir, pois são exceções ao princípio da irretroatividade da lei tributária, conforme previsto no artigo 106, do Código Tributário Nacional.
- O artigo 144, § 1º, do Código Tributário Nacional determina que incidirá sobre o lançamento tributário a nova lei, que, posteriormente ao fato gerador, tenha modificado ou ampliado poderes da fiscalização, ou, ainda, que tenha ampliado as garantias atribuídas ao crédito tributário, o que não caracteriza violação ao princípio da irretroatividade da lei tributária, já que o lançamento, por natureza, sempre se reportará a fato ocorrido no pretérito. Todavia, lembramos que não poderá retroagir a lei que, ao alterar os poderes da administração, cria nova responsabilidade tributária.
- Segundo a Súmula 669 do STF, que foi convertida na Súmula Vinculante 50, a norma legal que altera o prazo de recolhimento da obrigação tributária não está sujeita ao princípio da anterioridade.

- Os tributos com características de extrafiscalidade (II, IE, IPI, IOF, CIDE e ICMS incidente sobre combustíveis) não se submetem ao princípio da anterioridade e nem ao princípio da anterioridade nonagesimal, com exceção do IPI, que embora possa ter novas alíquotas aplicadas no mesmo ano em que majoradas, deve respeitar o prazo de 90 dias da publicação da nova lei para passar a incidir.
- As limitações impostas pelo princípio da anterioridade e da anterioridade nonagesimal, somente atingem a criação ou majoração de tributos, não incidindo em relação à extinção ou redução da exação, as quais entram em vigor imediatamente após a data de publicação da lei que as instituir.
- Não caracteriza violação ao princípio do não confisco a pena de perdimento, já que esta se enquadra entre as sanções aplicáveis ao caso de cometimento de infração tributária, ao passo que o princípio do não confisco se refere apenas ao tributo que, em si mesmo, revela caráter confiscatório.
- A instituição do ICMS interestadual, que incide sobre mercadorias provenientes de outro Estado da Federação, não significa violação ao princípio da liberdade de tráfego de pessoas e bens, eis que é prevista constitucionalmente.
- O princípio da uniformidade geográfica, previsto no artigo 151, I, da Constituição Federal, proíbe que a União institua tributo que não seja uniforme em todo o território nacional ou que implique distinção ou preferência em relação a Estado, Distrito Federal ou a Município, em detrimento de outro. Entretanto, é expressamente admitida, pelo texto constitucional, a concessão de incentivos fiscais destinados a promover o equilíbrio do desenvolvimento socioeconômico entre as diferentes regiões do País.
- Nos termos do artigo 118 do Código Tributário Nacional, a origem ilícita da renda, que compõe o fato gerador do IR, deve ser abstraída, de forma a não impedir a incidência tributária. Tal disposição legal é reconhecida na doutrina como o princípio do *pecunia non olet* (o dinheiro não tem cheiro), pelo qual se entende que não se importa, para definição da ocorrência do fato gerador, a invalidade ou ilicitude do ato efetivamente praticado pelo contribuinte.

## 3.2. IMUNIDADES TRIBUTÁRIAS

- As imunidades previstas no artigo 150, VI, "a", "b" e "c" da Constituição Federal atingem somente os impostos, não limitando a cobrança de outras espécies tributárias.
- A imunidade sobre os templos de qualquer culto e dos partidos políticos e suas fundações, das entidades sindicais dos trabalhadores, e das instituições de educação e de assistência social, sem fins lucrativos, somente compreendem o patrimônio, a renda e os serviços relacionados com as finalidades essenciais destas entidades.
- Embora o § 7º, do artigo 195, da Constituição Federal utilize o termo "isenção" para afastar a incidência da contribuição social sobre as entidades beneficentes de assistência social que atendam às exigências estabelecidas em lei, trata-se de verdadeira hipótese de imunidade tributária, da mesma forma que o artigo 149, § 2º, da Carta Magna imuniza as receitas decorrentes da exportação, quanto à incidência das contribuições sociais e de intervenção no domínio econômico.
- Além das imunidades gerais constantes do artigo 150, da Constituição Federal, o texto constitucional contempla outras várias imunidades específicas, conforme indicado no quadro seguinte:

| IMUNIDADES | |
|---|---|
| **Genéricas (art. 150, CF)** | Imunidade recíproca às pessoas políticas (art. 150, VI, "a" da CF). |
| | Imunidade do patrimônio, renda e serviços das Autarquias e Fundações instituídas e mantidas pelo Poder Público (art. 150, §2º da CF). |
| | Imunidade do patrimônio, da renda e dos serviços dos templos de qualquer culto (art. 150, VI, "b" da CF). |
| **Genéricas (art. 150, CF)** | Imunidade dos Partidos Políticos, Sindicatos dos empregados, Instituições assistências e educacionais sem fins lucrativos (art. 150, VI, "c" da CF). |
| | Imunidade dos jornais, livros, periódicos e o papel destinado a sua impressão (art. 150, VI, "d" da CF). |
| **Específicas** | **IPI:** não incide sobre exportações de produtos industrializados (art. 153, §3º, III da CF)<br>**ITR:** não incide sobre pequenas glebas rurais, definidas em lei, quando o proprietário que as explore não possua outro imóvel (art. 153, §4º, II da CF). |
| | **ICMS:** não incide sobre operações que destinem mercadorias para o exterior, nem sobre serviços prestados a destinatário no exterior, assegurada a manutenção e o aproveitamento do montante do imposto, cobrado nas operações e prestações anteriores (art. 155, §2º, X, "a" da CF); não incide sobre operações interestaduais de petróleo, inclusive lubrificantes, combustíveis líquidos e gasosos dele derivados e energia elétrica (art. 155, §2º, X, "b" da CF) destinadas à comercialização ou à industrialização, não havendo imunidade quando destinadas ao consumidor final; não incide nas prestações de serviço de comunicação nas modalidades de radiodifusão sonora e de sons e imagens de recepção livre e gratuita (art. 155, §2º, X, "c" da CF); não incide sobre o ouro quando utilizado como ativo financeiro ou instrumento cambial (art. 153, §5º da CF). |
| | **ITBI:** não incide sobre os direitos reais de garantia incidentes sobre imóveis. (art. 156, II, in fine da CF); não incide sobre a transmissão de bens ou direitos incorporados ao patrimônio de pessoa jurídica em realização de capital (art. 156, §2º, I da CF); não incide sobra a transmissão de bens ou direitos decorrentes de fusão, incorporação, cisão ou extinção de pessoa jurídica (art. 156, § 2º, I da CF) **– Exceção: salvo se a atividade preponderante do adquirente for a compra e venda desses bens ou direitos, locação de imóveis ou arrendamento mercantil, haverá incidência do ITBI (art. 37 do CTN)** –; não incide sobre as transmissões imobiliárias decorrentes de desapropriações realizadas para fim de reforma agrária (art. 184, §5º da CF); não incide sobre os bens adquiridos por usucapião. |
| | **Contribuições Sociais:** a contribuição para a seguridade social não incide sobre aposentadoria e pensão concedidas pelo regime geral de previdência (art. 195, II da CF); não são devidas contribuições sociais para a seguridade social pelas entidades beneficentes de assistência social que atendam às exigências estabelecidas em lei (art. 195, §7º da CF). |
| | **Taxas:** não incide sobre o direito de petição, de certidão de nascimento; de certidão de óbito (art. 5º, XXXIV, "a" e "b" da CF). |
| | **Outras imunidades:** com exceção do ICMS, II e IE, nenhum outro imposto poderá incidir sobre operações relativas a energia elétrica, serviços de telecomunicações, derivados de petróleo, combustíveis e minerais do País (art. 155, § 3º da CF). |

- A imunidade recíproca, pela qual um ente político não pode instituir imposto sobre o patrimônio, renda ou serviço de outro, é estendido às autarquias e fundações instituídas e mantidas pelo Poder Público, porém, apenas no que se refere ao patrimônio, à renda e aos serviços vinculados a suas finalidades essenciais ou às delas decorrentes, não incidindo sobre a exploração de atividades econômicas regidas pelas normas aplicáveis a empreendimentos privados, ou em que haja contraprestação ou pagamento de preços ou tarifas pelo usuário.
- A imunidade recíproca não exonera o promitente comprador da obrigação de pagar imposto relativamente à aquisição de bem móvel pertencente às pessoas políticas ou às suas autarquias e fundações.
- Segundo a Súmula 724, do STF, a imunidade dos partidos políticos, entidades sindicais, instituições de educação e assistência social sem fins lucrativos, se estende ao valor dos aluguéis de imóveis locados a terceiros, desde que aplicados nas atividades essenciais de tais entidades.
- Para gozar da imunidade de impostos sobre seu patrimônio, sua renda ou seus serviços, os partidos políticos e suas fundações, as entidades sindicais dos trabalhadores, e as instituições de educação e de assistência social, sem fins lucrativos, não podem distribuir qualquer parcela de seu patrimônio ou de suas rendas, devendo aplicar integralmente, no País, os seus recursos na manutenção dos seus objetivos institucionais, além de estarem obrigadas a manter escrituração de suas receitas e despesas em livros revestidos de formalidades capazes de assegurar sua exatidão, bem como se responsabilizam pela retenção na fonte dos tributos quando a lei lhe atribua tal incumbência, e pelo cumprimento dos deveres acessórios.
- Através da Súmula 657, o STF fixou o entendimento de que a imunidade referente a livros, jornais e periódicos se estende aos filmes e papéis fotográficos necessários à sua publicação. Por sua vez, o Plenário do STF entendeu que, nos termos do artigo 150, inciso VI, alínea "d", da Constituição Federal, estão isentos de imposto livros, jornais, periódicos e papel destinado a sua impressão e que essa imunidade deve abranger os livros eletrônicos, os suportes exclusivos para leitura e armazenamento e os componentes eletrônicos que acompanhem material didático (Súmula Vinculante 57).

## 4. ESPÉCIES DE TRIBUTOS

- A natureza jurídica de um tributo é sempre dada pela análise conjunta de seu fato gerador, que é o fato previsto em lei, cuja ocorrência faz surgir a obrigação tributária, e a base de cálculo, que é o signo de riqueza revelado pelo fato gerador, que servirá para quantificar o valor a ser recolhido a título do tributo, sendo irrelevante a denominação e demais características formais adotadas pela lei.
- A base de cálculo de um tributo deve sempre guardar pertinência em relação ao seu fato gerador. Ex: Não pode o IPTU, que tem como fato gerador a propriedade de imóvel urbano, ter como base de cálculo a renda do proprietário.
- No quadro abaixo se encontram as diversas espécies tributárias previstas na Constituição Federal:

| Espécie tributária | Fato gerador | Base de cálculo |
|---|---|---|
| Impostos | **Desvinculado** de qualquer atuação estatal | Não tem relação com qualquer atividade estatal |
| Taxas | **Vinculado** à atuação estatal consistente na fiscalização ou prestação de serviço | Fixada em razão do custo da fiscalização ou da prestação de serviço |
| Contribuição de melhoria | **Vinculado / cobrado** em razão de obra pública realizada pelo estado e valorização do imóvel do contribuinte | Fixada pela valorização imobiliária decorrente da obra pública |
| Empréstimo compulsório | **Vinculado** à situação que ensejou sua cobrança (investimentos públicos em caso de guerra, calamidade pública...) | Fixada pelo custo do investimento público |
| Contribuições especiais/parafiscais | **Vinculado** à destinação/finalidade de sua criação | Não tem relação com qualquer atividade estatal |

### 4.1. IMPOSTOS

- Os impostos caracterizam-se pela não referibilidade de seu fato gerador a uma atividade estatal. São, portanto, tributos não vinculados, já que possuem fatos geradores relativos a situações pessoais do contribuinte, que revelam signos de riqueza, sem qualquer vinculação a uma prestação estatal.
- Impostos proporcionais são aqueles que mantêm um mesmo percentual de alíquota, independentemente da variação da base de cálculo. Por sua vez, os impostos progressivos são aqueles em que a alíquota pode variar de acordo com o valor revelado pelo signo de riqueza tributável ou em virtude de outro critério fixado na legislação. Ex: O imposto de renda possui alíquota variável em ordem crescente conforme o aumento do montante de renda auferido, já o ITR tem a progressividade de sua alíquota variável em virtude da improdutividade do imóvel rural.
- A vinculação do produto da arrecadação dos impostos é vedada por disposição constitucional contida no artigo 167, IV, salvo as exceções previstas no próprio dispositivo legal referido, quais sejam: a repartição de receitas entre os entes políticos, a destinação de recursos para as ações e serviços públicos de saúde, para manutenção e desenvolvimento do ensino, para realização de atividades da administração tributária e para a prestação de garantias às operações de crédito por antecipação de receita.
- A União, em caso de guerra externa ou na sua iminência, poderá instituir o imposto extraordinário de guerra, sobre qualquer fato gerador não imune, inclusive com mesmos fatos geradores relativos a impostos de competência dos Estados, Distrito Federal e Municípios, podendo ocorrer, neste caso, e por exceção constitucional, hipótese de bitributação válida.
- A competência para instituição de impostos nos territórios federais se divide nos termos do artigo 147, da Constituição Federal, da seguinte forma:

A) Território Federal não dividido em municípios: União assume a competência para os impostos estaduais e municipais, além de seus próprios;

B) Território Federal dividido em municípios: União assume os impostos estaduais, além de seus próprios, e os impostos municipais ficam com os municípios;

C) O Distrito Federal assume os impostos estaduais e municipais, limitando-se à União apenas seus próprios impostos.

- O Código Tributário Nacional adota, para a definição de imóvel rural, o critério de localização, utilizando da oposição em relação ao conceito de imóvel urbano, ou seja, é considerado imóvel rural todo aquele que não estiver em zona urbana ou definida em lei municipal como de expansão urbana e não possuir ao menos dois dos melhoramentos urbanos elencados no artigo 32 do mesmo diploma legal. Todavia a jurisprudência pátria é firme no sentido de que, a partir do Decreto-Lei nº 57/66, os imóveis destinados à exploração extrativa vegetal, agrícola, pecuária ou agroindustrial se sujeitam ao ITR, independentemente de sua localização em zona urbana. Assim, o critério de localização deve ser aplicado apenas quando não identificada uma das finalidades indicadas no Decreto-Lei 57/66.
- Nas operações de natureza mista, que envolvam a prestação de um serviço concomitante ao fornecimento de mercadorias, incidirá exclusivamente o ISSQN se o serviço estiver contido na lista anexa à Lei Complementar 116/03, ou incidirá, exclusivamente, o ICMS, caso o serviço não esteja contemplado em referida lista.
- A isenção ou não incidência do ICMS, salvo expressa definição legal em sentido contrário, não gera crédito para a operação posterior, bem como anula o crédito relativo à operação anterior.
- Após a Constituição Federal de 1988, o antigo Imposto sobre a Transmissão de Bens Imóveis e de Direitos a eles Relativos teve sua competência dividida entre Estados e Municípios, passando a ser dos primeiros a competência para instituir imposto sobre a transmissão causa mortis ou a título gratuito, e dos segundos, a competência para instituir imposto sobre a transmissão de bens imóveis *inter vivos*. Além disto, a competência dos Estados foi ampliada para abarcar não apenas a transmissão de bens imóveis, mas também quaisquer outros bens ou direitos. Portanto, os artigos 35 a 42 do Código Tributário Nacional devem ser estudos em conjunto com os artigos 155, I, § 1º, I a IV, e 156, II e § 2º, I e II, da Constituição Federal.
- O IOF contempla várias hipóteses de incidência distintas ente si, quais sejam:

- operações de crédito;
- operações de câmbio;
- operações de seguro;
- operações relativas a títulos e valores mobiliários;
- operações de transmissão de ouro como ativo financeiro ou de título representativo de ouro.

- Incide o IOF sobre operação de mútuo concedido por pessoa jurídica à outra ou a pessoa física. Por sua vez, se o mútuo é concedido de pessoa física para jurídica não há incidência do IOF.
- Na tabela abaixo estão listados os impostos que encontram seu critério material definido na Constituição Federal e sua respectiva competência:

- Impostos da União: II, IE, IR, IPI, IOF, ITR
- Impostos Estaduais: ITCMD, ICMS, IPVA
- Impostos Municipais: IPTU, ITBI, ISSQN

## 4.2. TAXAS

- Somente os serviços públicos e os atos de poder de polícia específicos e divisíveis, por serem de utilização individual e mensurável, podem ser custeados mediante taxas. Isto significa que não podem ser taxados os serviços *uti universi*, ou seja, aqueles que beneficiam a população como um todo, não podendo ser individualizado. Ex: O serviço de iluminação pública não pode ser remunerado mediante taxa, conforme Súmula 670, do STF.
- As taxas não podem ter base de cálculo própria de impostos, nos termos do artigo 145, § 2º, da Constituição Federal. Desta forma, proíbe-se que a base de cálculo da taxa seja desvinculada do serviço ou ato de polícia que a ensejou. Neste sentido já se manifestou o STF, através da Súmula 595, que afirma ser inconstitucional a taxa municipal de conservação de estradas de rodagem cuja base de cálculo seja idêntica a do imposto territorial rural.
- Para a cobrança da taxa sobre serviço não é necessária a sua utilização efetiva, bastando que o serviço seja potencialmente utilizável pelo contribuinte, ou seja, basta que o serviço seja posto a sua disposição.
- As taxas não se submetem à imunidade recíproca, a qual somente se aplica aos impostos. Portanto, uma pessoa jurídica de direito público poderá cobrar taxa de outra caso esta incorra no fato gerador da respectiva taxa.
- O que diferencia preço público ou tarifa de taxa, segundo a Súmula 545 do STF, é a compulsoriedade. Os preços públicos ou tarifas remuneram serviços cuja utilização pelo particular é sempre facultativa. Já os serviços submetidos à taxa, de natureza tributária, não dependem da vontade do particular, podendo haver cobrança de taxa apenas pelo fato de o serviço estar à disposição, independentemente do seu uso efetivo. Temos como exemplos de preços públicos ou tarifas a tarifa de energia elétrica, a tarifa de água e esgoto, o pedágio, etc.

## 4.3. CONTRIBUIÇÕES DE MELHORIA

- A contribuição de melhoria é um tributo cobrado de proprietários de imóveis valorizados em virtude de obra pública realizada nas proximidades. Assim, para viabilizar sua cobrança, é necessário que a obra pública tenha gerado efetiva valorização imobiliária, não bastando que tenha proporcionado outro tipo de benefício.
- O valor total arrecadado a título de contribuição de melhoria não poderá ultrapassar o valor global da obra realizada e o valor individualmente cobrado do contribuinte não poderá extrapolar o acréscimo de valor que a obra proporcionar a cada imóvel beneficiado.
- Todos os entes políticos, União, Estados, Distrito Federal e Municípios, são competentes para instituir contribuição de melhoria com relação às obras que tenham realizado e que tenham gerado valorização imobiliária para os imóveis circundantes.
- Não é possível a instituição de contribuição de melhoria para custear obra futura, já que o fato gerador da exação não é a obra em si, mas a valorização alcançada em virtude da melhoria efetivamente concretizada pela obra pública, o que só é possível constatar após a realização da obra.

## 4.4. EMPRÉSTIMO COMPULSÓRIO

- A guerra externa ou sua iminência, bem como o estado de calamidade pública, poderá dar ensejo à criação de empréstimo compulsório, a ser instituído exclusivamente pela União e através de Lei Complementar, como previsto no artigo 148, I, da Constituição Federal. O empréstimo compulsório poderá, ainda, ser instituído no caso de investimento público de caráter urgente e de relevante interesse nacional, observado, neste caso, o princípio da anterioridade.

- Para instituição de empréstimo compulsório em virtude de relevante interesse nacional, será necessário que os investimentos públicos, a serem custeados pelo empréstimo compulsório, sejam efetivamente de interesse nacional, não podendo ser instituída tal espécie tributária para viabilizar investimento que beneficia apenas algum Estado ou Região, por mais necessitados que sejam.
- São características inerentes ao empréstimo compulsório, a vinculação da arrecadação para custeio da despesa que fundamentou sua instituição, bem como a previsão de restituição dos valores arrecadados.

### 4.5. CONTRIBUIÇÕES ESPECIAIS

- Além das contribuições sociais previstas no artigo 195, da Constituição Federal, a União poderá instituir outras, desde que o faça através de lei complementar, observando a não cumulatividade e não utilizando de base de cálculo ou fato gerador próprio de impostos já previstos no texto constitucional.
- A instituição, modificação ou extinção das contribuições sociais previstas nos incisos I a IV, do artigo 195, da Constituição Federal, poderá ser veiculada através de lei ordinária. Por tal motivo o STF já decidiu que a Lei Complementar 70/90, que instituiu a COFINS, é uma lei complementar apenas no aspecto formal, já que, por ser a COFINS uma contribuição sobre faturamento das empresas, prevista, pois, na alínea "b", do inciso I, do artigo 195, da Carta Magna, sua lei instituidora é materialmente uma lei ordinária.
- Às contribuições sociais aplica-se somente o princípio da anterioridade nonagesimal, não estando tais exações submetidas ao princípio da anterioridade, pelo que podem ser cobradas no mesmo exercício financeiro em que instituídas, desde que respeitado o prazo de 90 dias contados da publicação da lei que as tenha instituído ou modificado.
- Os Estados, o Distrito Federal e os Municípios poderão instituir contribuição social cobrada de seus servidores, para custear o regime de previdência instituído a favor destes.
- Apenas aos Municípios e ao Distrito Federal é atribuída competência para instituir Contribuição para Custeio do Serviço de Iluminação Pública – COSIP, a qual se submete aos princípios da legalidade, irretroatividade, anterioridade e anterioridade nonagesimal.
- A CIDE sobre combustíveis, prevista no artigo 177, § 4º, da Constituição Federal, além de não estar sujeita ao princípio da anterioridade, pode ter suas alíquotas reduzidas e restabelecidas por ato do Poder Executivo.
- As contribuições de interesse de categorias profissionais ou econômicas, são de competência exclusiva da União e se prestam a financiar as entidades que regulam, fiscalizam e representam os diversos setores da economia e as profissões regulamentadas. Ex: CREA, CRC, CRO, CRM, etc.
- A contribuição sindical é considerada uma contribuição de interesse de categorias profissionais ou econômicas. Por sua vez, a contribuição confederativa, por não possuir natureza compulsória, não pode ser considerada um tributo.
- A competência para instituição da contribuição para custeio do serviço de iluminação pública (COSIP), prevista no artigo 149-A da CF, não é da União, mas sim os municípios e o Distrito Federal, sendo considerada pelo STF uma contribuição de natureza sui generis.
- Conforme entendimento fixado pelo STF, as novas contribuições para a seguridade social, ou seja, contribuições residuais, apesar de só poderem ser criadas mediante lei complementar, poderão ter base de cálculo própria de impostos.

## 5. DISTRIBUIÇÃO DE RECEITAS TRIBUTÁRIAS

- A distribuição de receitas não afeta a competência tributária atribuída a um ente político, para instituir o tributo. Assim, mesmo que o produto da arrecadação seja transferido para outra pessoa política ou de direito público, a competência tributária continuará sendo atribuída àquele ente político inicialmente eleito pela Constituição Federal.
- As normas que determinam a distribuição de receitas tributárias atingem, em regra, somente os impostos. A única exceção se faz em relação à Contribuição de Intervenção no Domínio Econômico incidente sobre combustíveis e derivados de petróleo – CIDE, cuja respectiva receita é distribuída nos termos do artigo 159, III, da Constituição Federal.
- Os impostos arrecadados pelos municípios (ITBI, IPTU, ISS) e os impostos estaduais, quando arrecadados pelo Distrito Federal, não sofrem qualquer distribuição de suas receitas.
- Nos termos do artigo 158, II, do Constituição Federal, será distribuído para o Município, 50% do produto da arrecadação do ITR incidente sobre os imóveis nele situados. Todavia, este percentual passa a ser de 100% se o município assumir a fiscalização e arrecadação do ITR incidente sobre os imóveis rurais localizados em sua área territorial.
- Pertencem aos Municípios, aos Estados e ao Distrito Federal a totalidade do Imposto de Renda incidente na fonte sobre rendimentos pagos, a qualquer título, pelos próprios entes políticos, suas autarquias e pelas fundações que instituírem e mantiverem.
- É vedada a retenção ou restrição de entrega dos percentuais de arrecadação que a União deva, por força da Constituição Federal, repassar para os Estados, Distrito Federal e para os Municípios. Todavia, a União poderá condicionar este repasse ao pagamento de seus créditos pelos respectivos entes políticos, inclusive suas autarquias, bem como ao cumprimento de percentuais mínimos de aplicação dos recursos recebidos em projetos e serviços de saúde.
- A União deverá repassar aos Estados e ao Distrito Federal, 20% do produto da arrecadação que obtiver com a incidência de impostos com base em sua competência residual.

## 6. LEGISLAÇÃO TRIBUTÁRIA

- Cabe à lei em sentido estrito tratar de matéria tributária. Porém, os tributos com nítida função extrafiscal podem ter suas alíquotas fixadas por ato do poder executivo.
- A concessão de benefícios fiscais ou de quaisquer atos que gerem a redução do crédito tributário deverá ser regulada por lei específica, nos termos do artigo 150, § 6º, da Constituição Federal. Em virtude do princípio do paralelismo das formas, a Carta Magna exige, implicitamente, lei em sentido estrito para extinção ou redução de tributos.
- A simples atualização monetária da base de cálculo do tributo, para corrigir o valor da moeda defasado pela inflação, não significa majoração, podendo ser veiculada através de norma infralegal, nos termos do artigo 97, § 2º, do CTN. Exemplo desta hipótese é a majoração da base de cálculo do IPTU, para corrigir a planta de valores dos imóveis, que pode ser veiculada por decreto do Executivo.
- Em regra cabe à lei ordinária a instituição de tributos. Porém, a Constituição Federal exige lei complementar para os seguintes tributos: Empréstimos compulsórios

(art. 148); Imposto sobre grandes fortunas (art. 153, VII); Impostos de competência residual da União (art. 154, I); e outras contribuições sociais criadas além das hipóteses previstas nos incisos do artigo 195 (art. 195, § 4º).

- O STF definiu que não cabe à lei ordinária tratar de matérias relativas à decadência e prescrição, afastando as leis ordinárias que previam prazos de 10 anos para lançamento e cobrança das contribuições previdenciárias, fazendo prevalecer o prazo de 5 anos previsto nos artigos 173 e 174 do CTN, que foi recepcionado como lei complementar.
- Cabe à lei complementar regular o tratamento diferenciado a ser dispensado às microempresas e empresas de pequeno porte. Portanto, somente através de lei complementar poderia ser regulado o parcelamento de débitos relativos ao Supersimples, como realizado pela recente Lei Complementar nº 139/11.
- Compete ao Senado Federal, por meio de resolução, fixar alíquotas máximas do ITCMD (art. 155, § 1º, IV, da CF), prever as alíquotas máximas e mínimas de ICMS, bem como suas alíquotas interestaduais (art. 155, § 2º, IV e V, da CF) e definir as alíquotas mínimas do IPVA (art. 155, § 6º, I, da CF).
- Observados os requisitos constitucionais de relevância e urgência, a medida provisória pode ser utilizada para tratar de matéria tributária, inclusive quanto à instituição e majoração de tributos, exceto se o tema a ser tratado for reservado à lei complementar.
- O II, IE, IPI, IOF, a CIDE sobre combustíveis e o ICMS sobre combustíveis, dada a extrafiscalidade inerente a tais tributos, poderão sofrer alterações de suas alíquotas por meio de decreto do executivo, respeitados os limites legais.
- A medida provisória, que determine a majoração de impostos, deverá atender ao disposto no artigo 62, § 2º, da Constituição Federal, só produzindo efeitos no exercício financeiro seguinte ao que for convertida em lei, se sua conversão ocorrer até o último dia do exercício em que foi editada, ressalvados os casos do II, IE, IPI, IOF e do Imposto Extraordinário de Guerra aos quais não se aplica o princípio da anterioridade.
- Importante ressaltar que somente a majoração dos impostos está submetida à regra estabelecida pelo artigo 62, § 2º, da Constituição Federal. Portanto, o princípio da anterioridade, para as demais espécies tributárias, será considerado a partir da data de publicação da MP e não de sua conversão. Também não se aplica a regra supracitada aos casos de redução de tributos por meio de medida provisória.
- São consideradas normas complementares, nos termos do artigo 100, do Código Tributário Nacional, aqueles atos normativos produzidos pelos órgãos subordinados ao chefe do Executivo. São exemplos as portarias, instruções normativas, ordens de serviço e demais atos normativos expedidos pelas autoridades administrativas; as decisões normativas; os convênios celebrados entre entes políticos; e as práticas reiteradas e observadas pelas autoridades administrativas.

## 7. VIGÊNCIA, APLICAÇÃO, INTERPRETAÇÃO E INTEGRAÇÃO DA LEGISLAÇÃO TRIBUTÁRIA

- Embora a legislação tributária esteja submetida ao princípio da territorialidade, é possível que a norma tributária dos Estados, do Distrito Federal e dos Municípios vigore fora de seus territórios, desde que os entes políticos pactuem convênios para tanto, ou desde que tal extraterritorialidade tenha previsão em normas gerais expedidas pela União.
- O tratado internacional entra em vigor, no âmbito interno, ou seja, no território brasileiro, somente a partir da vigência do decreto presidencial que o promulga.
- Em caso de ausência de lei expressa sobre matéria tributária a autoridade competente para aplicar a legislação tributária utilizará, na seguinte ordem:

| 1º | 2º | 3º | 4º |
|---|---|---|---|
| analogia | princípios gerais de direito tributário | princípios gerais de direito público | equidade |

- A interpretação de determinada situação tributária não prevista, por meio de analogia, não poderá resultar na exigência de tributo não previsto em lei, nem poderá a equidade resultar na dispensa do pagamento de tributo devido.

## 8. OBRIGAÇÃO TRIBUTÁRIA

- O Código Tributário Nacional prevê a existência de dois tipos de obrigações tributárias: a **obrigação principal**, que é a obrigação de entregar dinheiro ao fisco, seja para pagar o tributo ou para pagar a penalidade pecuniária imposta por descumprimento da legislação tributária; e a **obrigação acessória**, que consiste nas prestações, positivas ou negativas, previstas na legislação tributária no interesse da arrecadação ou fiscalização de tributos, como, por exemplo, emissão de nota-fiscal, escrituração de livros fiscais, entrega de declarações, etc.
- A ocorrência do fato gerador faz surgir a obrigação tributária, independentemente da ilicitude ou invalidade jurídica do ato que o fez surgir, como, por exemplo, se alguém aufere renda através de um contrato firmado com um menor de idade (ato juridicamente inválido) ou por meio de estelionato (ato ilícito), o fato gerador, que é auferir renda, considera-se ocorrido, dando ensejo a obrigação tributária de pagar o imposto de renda.
- A capacidade tributária passiva, ou seja, a aptidão para assumir a condição de sujeito passivo da obrigação tributária, não depende, quando se trate de pessoa natural, de sua capacidade civil ou do pleno gozo de suas atividades civis, comerciais, profissionais e de administração de seus bens e negócios. Por exemplo, uma pessoa absolutamente incapaz pode ser tributada em relação à renda auferida por pensão deixada por pais falecidos ou pela propriedade de bens que tenha herdado.
- A capacidade tributária passiva das pessoas jurídicas não depende de ser esta devidamente constituída, bastando que configure uma unidade econômica ou profissional. Desta forma, uma empresa, ainda que irregularmente constituída, deverá recolher, por exemplo, o ICMS sobre as mercadorias que comercializa, o IPI sobre sua produção industrial, o ISS sobre os serviços que presta, o mesmo ocorrendo com os demais tributos que devam incidir sobre sua atividade, bens e renda.
- Mesmo que não se alcancem os efeitos esperados com a prática do ato que deu ensejo a ocorrência do fato gerador, haverá o surgimento da obrigação tributária. Exemplo: se um comerciante vende uma mercadoria, mas não recebe o valor cobrado, mesmo assim haverá o surgimento da obrigação tributária de pagar o ICMS.

## 9. RESPONSABILIDADE TRIBUTÁRIA

- A lei poderá atribuir à pessoa que não se revista da condição de contribuinte, a responsabilidade pelo crédito tributário, excluindo a responsabilidade do contribuinte ou atribuindo-a a este em caráter supletivo, podendo tal responsabilidade ser transferida de forma total ou parcial.

- O responsável tributário deverá apresentar alguma vinculação com o fato gerador ou com o sujeito passivo original, que é o contribuinte. Ex: responsabilidade dos sucessores por tributo devido pelo falecido, responsabilidade do administrador de bens de terceiros, responsabilidade do adquirente de estabelecimento empresarial.
- As convenções particulares não são capazes de alterar a responsabilidade pelo pagamento de tributos, não podendo ser opostas à Fazenda Pública. Assim, por exemplo, a atribuição de responsabilidade do pagamento do IPTU para o locatário, não tem o condão de alterar a responsabilidade tributária do locador, somente valendo entre as partes signatárias do contrato de locação.
- Os tributos relativos aos bens imóveis transferem-se ao adquirente, salvo se no momento da aquisição for apresentada certidão negativa de tais tributos, sendo esta referida na respectiva escritura pública.
- Na hipótese de aquisição de bem imóvel realizada por meio de arrematação em hasta pública, não haverá transferência de tributos ao arrematante, já que o crédito tributário somente poderá ser cobrado até o limite do preço pago.
- Por aplicação analógica do parágrafo único, do artigo 130, do Código Tributário Nacional e conforme reiterada jurisprudência de nossos tribunais superiores, não haverá transferência de responsabilidade tributária também ao adquirente de bens móveis e semoventes em leilão ou hasta pública.
- A morte do contribuinte não faz desaparecer a obrigação tributária que é transferida para o espólio, o qual assume a responsabilidade pelo crédito tributário pré-existente à data da abertura da sucessão, até o limite dos bens deixados pelo *de cujus*.
- Os sucessores e o cônjuge meeiro serão responsabilizados pelo pagamento dos tributos devidos pelo autor da herança até a data da partilha ou adjudicação de seus bens, limitada, porém, tal responsabilidade, até o limite do quinhão, legado ou da meação que tenham recebido.
- Embora o artigo 132 do Código Tributário Nacional estabeleça a responsabilidade tributária da pessoa jurídica que resultar de fusão, transformação ou incorporação de outra pelos tributos devidos até a data do ato pelas pessoas jurídicas fusionadas, transformadas ou incorporadas, esta transferência de responsabilidade também se aplica às pessoas jurídicas originadas de cisão, em relação aos tributos devidos pelas pessoas jurídicas cindidas.
- A aquisição de fundo de comércio ou estabelecimento comercial, industrial ou profissional transfere para o adquirente, que continuar a respectiva exploração, a responsabilidade pelos tributos relativos ao fundo de comércio ou estabelecimento adquirido, até a data do ato. Tal responsabilidade será integral se o alienante cessar a exploração da atividade, ou será subsidiária se o alienante prosseguir na exploração ou iniciar, dentro de 6 (seis) meses da data da alienação, nova atividade no mesmo ou em outro ramo de comércio, indústria ou profissão.
- Não haverá transferência de responsabilidade por sucessão de fundo de comércio ou estabelecimento comercial, industrial ou profissional quando se tratar de alienação judicial em processo de falência ou no caso de filial ou unidade produtiva isolada em processo de recuperação judicial, desde que o adquirente não seja: a) sócio da sociedade falida ou em recuperação judicial; b) sociedade controlada pelo devedor falido ou em recuperação judicial; c) parente, em linha reta ou colateral até o 4º grau, consanguíneo ou afim, do devedor falido ou em recuperação judicial ou de qualquer de seus sócios; d) identificado como agente do falido ou do devedor em recuperação judicial com o objetivo de fraudar a sucessão tributária.
- A responsabilidade pelo pagamento de tributos poderá ser transferida a terceiros, desde que haja impossibilidade de exigência do cumprimento da obrigação pelo contribuinte, e desde que o terceiro responsabilizado tenha intervindo nos atos que deram ensejo à obrigação tributária ou tenha se omitido indevidamente.

## 10. RESPONSABILIDADE POR INFRAÇÕES

- Em regra, não se analisa o caráter subjetivo da infração a legislação tributária, ou seja, a infração independe da intenção de agente, salvo se o legislador dispuser de forma diferente, como lhe faculta o artigo 136, do Código Tributário Nacional.
- Não importa para a aplicação de penalidade por infração à legislação tributária, a efetividade, natureza e extensão dos efeitos do ato infracional cometido, bastando a violação à lei.
- A denúncia espontânea da infração, acompanhada do pagamento do tributo devido e dos juros de mora, ou do depósito da importância arbitrada pela autoridade administrativa, quando a apuração do tributo dependa de apuração, afasta a punição correspondente à infração, desde que a denúncia tenha sido realizada antes de qualquer procedimento administrativo ou medida de fiscalização referente à infração.

## 11. CONSTITUIÇÃO DO CRÉDITO TRIBUTÁRIO

- O crédito tributário surge imediatamente após a ocorrência do fato gerador. Porém, a exigibilidade do crédito tributário somente surge após sua constituição por meio do lançamento tributário, que é um ato vinculado e privativo da autoridade administrativa.
- O lançamento regularmente notificado ao sujeito passivo só pode ser alterado por: a) impugnação do contribuinte; b) recurso de ofício; c) iniciativa de ofício da autoridade administrativa, nos casos de erro de fato, fraude, simulação, omissão, insuficiência, inexatidão e demais vícios constantes da declaração do contribuinte ou de seus documentos fiscais, previstos no artigo 149, do Código Tributário Nacional.
- O lançamento tributário poderá ser: a) **de ofício**, nos casos em que a lei incumbe à própria administração de apurar o montante devido e notifica o contribuinte a pagar. Ex: IPTU e IPVA; b) **por declaração**, no qual o sujeito passivo presta informações prévias ao fisco, que apura o montante devido com base nestas informações, notificando o contribuinte para pagamento. Ex: ITCMD e ITBI (dependem da informação prévia quanto ao valor da transmissão de bens); c) **por homologação**, no qual o sujeito passivo é quem age de maneira preponderante, realizando todas as informações necessárias para a constituição do crédito tributário, apurando seu montante e realizando o pagamento, o qual fica sujeito à homologação pela autoridade administrativa. Ex: ICMS, ISS, IR, dentre a maioria dos tributos.
- Não correm acréscimos moratórios de juros e multas na pendência de procedimento de consulta formalmente formulado pelo contribuinte, antes do vencimento do tributo.

## 12. SUSPENSÃO DO CRÉDITO TRIBUTÁRIO

| Suspensão da exigibilidade do crédito tributário (CF, art. 151) | • Moratória (prorrogação de prazo para pagamento)<br>• Depósito (do montante integral e em dinheiro)<br>• Reclamações / recursos (em processos administrativos)<br>• Liminar em mandado de segurança<br>• Liminar / tutela antecipada em outras ações judiciais<br>• Parcelamento |
|---|---|

- A ocorrência de uma das causas de suspensão da exigibilidade do crédito tributário, antes mesmo de sua constituição, não impede que a administração apure e constitua o crédito tributário por meio do lançamento, já que a suspensão do crédito pressupõe a sua existência, somente podendo gerar efeitos a partir de sua constituição.
- A revogação da moratória concedida em caráter individual, tendo em vista a apuração de que o beneficiário não satisfazia ou deixou de satisfazer as condições ou não cumpria ou deixou de cumprir os requisitos para a concessão do favor, dá ensejo à cobrança do crédito tributário acrescido de juros moratórios, além da aplicação de penalidade pecuniária cabível nos casos em que tenha havido dolo ou simulação do beneficiário, ou de terceiro a seu favor, para obtenção do benefício.
- A suspensão da exigibilidade do crédito tributário, ocorrida antes de sua constituição, não interrompe ou suspende o prazo para o lançamento, cabendo à administração o dever de realizar o lançamento dentro do prazo de 5 anos, sob pena de decadência. Tal situação não se aplica ao caso de depósito integral do montante devido, já que o Superior Tribunal de Justiça pacificou entendimento de que, nesta hipótese de suspensão da exigibilidade do crédito tributário, não é necessária a realização do lançamento de ofício para prevenir a decadência, bastando que a administração concorde com o valor depositado para se considerar efetuado o lançamento.

## 13. EXTINÇÃO DO CRÉDITO TRIBUTÁRIO

- São hipóteses de extinção do crédito tributário:
- **Pagamento** (entrega da quantia em dinheiro)
- **Compensação** (de créditos tributários com créditos líquidos, certos, vencidos ou a vencer do sujeito passivo junto ao Fisco)
- **Transação** (acordo amigável entre Fisco e sujeito passivo, com concessões recíprocas)
- **Remissão** (perdão total ou parcial do crédito tributário)
- **Decadência** (perda do direito do Fisco de lançar o crédito)
- **Prescrição** (perda do direito do Fisco em cobrar o crédito lançado)
- **Conversão de depósito em renda** (levantamento, pelo Fisco, do depósito do montante integral do crédito)
- **Pagamento antecipado** (do crédito tributário lançado) e a HOMOLOGAÇÃO (expressa ou tácita) do lançamento pelo Fisco (CF, art. 150, §§ 1º e 4º)
- **Consignação em pagamento** (CF, art. 164, § 2º) (depósito judicial do valor do crédito que o sujeito passivo acha devido)
- **Decisão administrativa** irreformável (definitiva e não passível de ação judicial anulatória)
- **Decisão judicial** (passada em julgado, da qual não cabe, pois, mais discussão)
- **Dação em pagamento** (em bens imóveis)
- A ocorrência de uma das causas de extinção do crédito tributário não impede a ulterior verificação, por parte da administração, quanto à regularidade do lançamento, enquanto não expirado o prazo decadencial para constituição do crédito tributário.
- Não é permitida a compensação de tributo com crédito do contribuinte relativo a tributo contestado judicialmente, antes do trânsito em julgado da respectiva decisão judicial.
- A ocorrência de uma das causas de extinção do crédito tributário não impede a ulterior verificação, por parte da administração, quanto à regularidade do lançamento, enquanto não expirado o prazo decadencial para constituição do crédito tributário.
- A transação em matéria tributária somente é possível quando existente prévia lei autorizadora, a qual deverá indicar a autoridade competente para celebrar a transação e os critérios para que a mesma seja celebrada, não havendo autonomia para manifestação de vontade por parte da autoridade fiscal competente.
- O direito de compensação de crédito tributário com crédito do contribuinte depende de lei específica do respectivo ente tributante.
- A concessão de remissão em caráter individual não gera direito adquirido, podendo ser revogada caso se apure que o beneficiário não satisfazia ou deixou de satisfazer as condições para a concessão do benefício.
- O prazo de decadência para lançamento de ofício é de 5 anos contados do primeiro dia do exercício seguinte àquele em que o lançamento poderia ter sido efetuado. Já no caso dos tributos sujeitos ao lançamento por homologação, feita a declaração e o respectivo pagamento do tributo, o prazo para lançamento de eventual diferença é de 5 anos contados da ocorrência do fato gerador.
- Não cabe à lei ordinária dispor sobre prazo de decadência e prescrição, já que tal matéria é reservada à lei complementar, por força do artigo 146, III, "b", da Constituição Federal, como, aliás, restou definido pelo Supremo Tribunal Federal, através da súmula vinculante nº 8. Portanto, são inconstitucionais os prazos de 10 anos fixados pela legislação previdenciária.
- Na hipótese de o contribuinte possuir, simultaneamente, mais de um débito tributário em relação a um mesmo ente tributante, o pagamento realizado deverá ser imputado na seguinte ordem: 1 – primeiramente os débitos próprios e depois os decorrentes de responsabilidade tributária; 2 – em primeiro lugar as contribuições de melhoria, depois as taxas e, por último, os impostos; 3 – na ordem crescente dos prazos prescricionais; 4 – na ordem decrescente dos montantes.

## 14. EXCLUSÃO DO CRÉDITO TRIBUTÁRIO

- O Código Tributário Nacional, em seu artigo 175, prevê duas hipóteses de exclusão do crédito tributário: a isenção, que se caracteriza como a exclusão, definida em lei, de fato gerador anteriormente previsto no campo de incidência da norma tributária; e a anistia, que é a exclusão do crédito tributário relativo à penalidade pecuniária por infração à legislação tributária, que, a exemplo da isenção, deve ser prevista em lei.
- A isenção se distingue da imunidade, pois enquanto a regra imunizante limita a competência para instituir o tributo

sobre certos fatos, a isenção retira da lei já instituída a possibilidade de incidência sobre fatos que, a princípio, a lei instituidora do tributo determinava como fato gerador. Assim, quando a Constituição estabelece imunidade sobre os livros, jornais, periódicos e o papel destinado a sua impressão, o que se proíbe é a própria instituição do tributo sobre tais bens. Já no caso da isenção concedida sobre gêneros de primeira necessidade, por exemplo, a lei cria uma exceção à tributação sobre bens que, a teor da lei instituidora do tributo, caracterizariam fato gerador da exação.

- A anistia é o perdão da penalidade imposta pelo cometimento de infração da legislação tributária, pela qual se impede a própria constituição do crédito tributário relativo à penalidade. Não se confunde, pois, com a remissão, pois esta se caracteriza pelo perdão do próprio crédito tributário, após sua constituição.
- A isenção concedida por prazo certo ou em função de determinada condição não pode ser livremente suprimida, nos termos do artigo 178, do Código Tributário Nacional, que é reforçado pela Súmula 544 do Supremo Tribunal Federal.

## 15. RESTITUIÇÃO DO INDÉBITO TRIBUTÁRIO

- Nos casos de tributos indiretos, caracterizados por permitirem a transferência do encargo financeiro, como é o caso dos tributos incidentes sobre a produção ou circulação de mercadorias (IPI, ICMS, ISS, etc.), será possível a repetição do pagamento indevido ao interessado, desde que este comprove que não repassou o respectivo encargo financeiro do tributo pago indevidamente, ou tem autorização expressa daquele que o suportou.
- O prazo decadencial para a repetição de indébito é de cinco anos contados da extinção do crédito tributário pago indevidamente ou do trânsito em julgado da decisão que houver reformado, anulado, revogado ou rescindido a decisão condenatória que exigiu a exação.
- A partir da Lei Complementar nº 118/05, não mais prevalece a tese construída por parte da doutrina e pelo Eg. Superior Tribunal de Justiça, que ficou conhecida como a "tese dos cinco mais cinco", pela qual se entendia que o prazo de decadência estabelecido pelo artigo 168, do Código Tributário Nacional, somente teria início após o prazo para homologação tácita do pagamento feito pelo contribuinte, que também é de cinco anos, contando-se, assim, 10 anos da ocorrência do fato gerador.
- Da decisão administrativa que denegar o pedido de repetição do indébito, poderá ser ajuizada ação anulatória, desde que dentro do prazo prescricional de 2 anos contados da respectiva decisão administrativa.

## 16. GARANTIAS E PRIVILÉGIOS DO CRÉDITO TRIBUTÁRIO

- As hipóteses de garantias e privilégios previstas no Código Tributário Nacional não são taxativas, sendo possível a instituição de novas garantias por lei, em função da natureza ou das características do tributo a que se refiram.
- O IPTU, as taxas e as contribuições que incidam e tenham seu respectivo fato gerador atrelado ao próprio imóvel familiar, caracterizam exceção à proteção do bem de família, nos termos do artigo 3º, inciso IV, da Lei nº 8.009/90.
- A integralidade do patrimônio do sujeito passivo, seja qual for sua natureza ou sua origem, poderá responder pelo pagamento do crédito tributário, não sendo oponíveis, à Fazenda Pública, eventuais ônus reais que recaiam sobre tal patrimônio, ou, ainda, qualquer cláusula de impenhorabilidade ou inalienabilidade, independente da data que tenha sido constituída, excetuando-se apenas os bens e rendas que a lei declarar absolutamente impenhoráveis. **Atenção:** na hipótese de falência, os direitos reais passam a ter preferência sobre os créditos tributários, até o limite do valor do bem gravado.
- O crédito tributário tem preferência sobre qualquer outro, exceto em relação aos créditos decorrentes da legislação do trabalho. **Importante:** no caso de falência ou recuperação judicial, os créditos extraconcursais, ou seja, aqueles créditos constituídos após a decretação da falência ou durante a recuperação judicial têm preferência em relação ao crédito tributário.
- Presume-se a fraude na alienação de bens do sujeito passivo, ocorrida quando já iniciada a fase de execução, a qual se considera iniciada a partir da inscrição do crédito tributário em dívida ativa, diferentemente do crédito de natureza civil, que depende da citação do executado para que se possa presumir a fraude do devedor.
- Em processo de inventário ou arrolamento de bens não será proferida a sentença homologatória da partilha ou adjudicação proposta pelos sucessores, antes de provado o pagamento de todos os tributos relativos aos bens do espólio.

## 17. ADMINISTRAÇÃO E FISCALIZAÇÃO TRIBUTÁRIA

- A atividade de administração tributária e de fiscalização é considerada, pela Constituição Federal, como atividade essencial do Estado, havendo previsão para recursos prioritários e atuação integrada entre os entes federados, inclusive estando previsto, no texto constitucional, a possibilidade de vinculação de receitas de impostos para aparelhamento da administração tributária, o que configura exceção à característica principal dos impostos, que é a não vinculação de sua receita.
- A legislação tributária sobrepõe-se sobre todas as demais normas legais, quando a matéria se refere à regulamentação da atividade de fiscalização atribuída à administração tributária, não sendo aplicável, por tal motivo, qualquer ato normativo tendente à exclusão ou limitação do direito de examinar mercadorias, livros, arquivos, e demais documentos relevantes para apuração do tributo.
- O sigilo acerca das informações obtidas em razão do ofício sobre a situação econômica ou financeira do sujeito passivo pode ser quebrado, quando: a) requisitadas por autoridade judiciária no interesse da justiça; b) solicitadas por autoridade administrativa no interesse da Administração Pública, desde que comprovada a instauração regular de processo administrativo, no órgão ou na entidade que detenha a informação, com o objetivo de investigar o sujeito passivo a que se refere à informação, por prática de infração administrativa.
- As irregularidades formais ou o erro material quanto ao objeto da certidão de dívida ativa poderão ser sanados até a prolação da sentença de primeira instância dos embargos, sendo vedada, entretanto, a modificação do sujeito passivo da execução.
- Nos termos do artigo 6º, da Lei Complementar 105/01, julgado constitucional pelo STF, a administração pública poderá requisitar informações de movimentação financeira de contribuintes, sem necessidade de autorização

do Poder Judiciário, desde que tenha seu procedimento regulamentado previamente, sendo necessário, para tanto, a instauração de processo administrativo. No âmbito da União a possibilidade de obtenção de informações bancárias encontra-se regulamentada pelo Decreto 3.724/01.

## ✦ SÚMULAS APLICÁVEIS

## ✦ STF

### PRINCÍPIOS TRIBUTÁRIOS

- **Súmula Vinculante 50** – Norma legal que altera o prazo de recolhimento de obrigação tributária não se sujeita ao princípio da anterioridade.
- **STF 669** – Norma legal que altera o prazo de recolhimento da obrigação tributária não se sujeita ao princípio da anterioridade.
- **STF 667** – Viola a garantia constitucional de acesso à jurisdição a taxa judiciária calculada sem limite sobre o valor da causa.
- **STF 239** – Decisão que declara indevida a cobrança do imposto em determinado exercício não faz coisa julgada em relação aos posteriores.
- **STF 69** – A Constituição Estadual não pode estabelecer limite para o aumento de tributos municipais.

### IMUNIDADES TRIBUTÁRIAS

- **Súmula Vinculante 57** – A imunidade tributária constante do art. 150, VI, d, da CF/88 aplica-se à importação e comercialização, no mercado interno, do livro eletrônico (e-book) e dos suportes exclusivamente utilizados para fixá-los, como leitores de livros eletrônicos (e-readers), ainda que possuam funcionalidades acessórias.
- **Súmula vinculante 52** – Ainda quando alugado a terceiros, permanece imune ao IPTU o imóvel pertencente a qualquer das entidades referidas pelo art. 150, VI, "c", da Constituição Federal, desde que o valor dos aluguéis seja aplicado nas atividades para as quais tais entidades foram constituídas.
- **STF 730** – A imunidade tributária conferida a instituições de assistência social sem fins lucrativos pelo art. 150, VI, c, da Constituição, somente alcança as entidades fechadas de previdência social privada se não houver contribuição dos beneficiários.
- **STF 724** – Ainda quando alugado a terceiros, permanece imune ao IPTU o imóvel pertencente a qualquer das entidades referidas pelo art. 150, VI, "c", da Constituição, desde que o valor dos aluguéis seja aplicado nas atividades essenciais de tais entidades.
- **STF 657** – A imunidade prevista no art. 150, VI, d, da CF abrange os filmes e papéis fotográficos necessários à publicação de jornais e periódicos.
- **STF 591** – A imunidade ou a isenção tributária do comprador não se estende ao produtor, contribuinte do imposto sobre produtos industrializados.
- **STF 336** – A imunidade da autarquia financiadora, quanto ao contrato de financiamento, não se estende à compra e venda entre particulares, embora constantes os dois atos de um só instrumento.
- **STF 324** – A imunidade do art. 31, V, da Constituição Federal não compreende as taxas.
- **STF 76** – As sociedades de economia mista não estão protegidas pela imunidade fiscal do art. 31, V, "a", Constituição Federal.
- **STF 75** – Sendo vendedora uma autarquia, a sua imunidade fiscal não compreende o imposto de transmissão "inter vivos", que é encargo do comprador.

### IMPOSTO DE RENDA

- **STF 587** – Incide imposto de renda sobre o pagamento de serviços técnicos contratados no exterior e prestados no Brasil.
- **STF 586** – Incide imposto de renda sobre os juros remetidos para o exterior, com base em contrato de mútuo.
- **STF 584** – Ao imposto de renda calculado sobre os rendimentos do ano-base, aplica-se a lei vigente no exercício financeiro em que deve ser apresentada a declaração.
- **STF 93** – Não está isenta do imposto de renda a atividade profissional do arquiteto.

### IPI

- **Súmula vinculante 58** – Inexiste direito a crédito presumido de IPI relativamente à entrada de insumos isentos, sujeitos à alíquota zero ou não tributáveis, o que não contraria o princípio da não cumulatividade.

### IOF

- **STF 664** – É inconstitucional o inciso V do art. 1º da Lei 8.033/90, que instituiu a incidência do imposto nas operações de crédito, câmbio e seguros – IOF sobre saques efetuados em caderneta de poupança.

### ICMS

- **Súmula vinculante 48** – Na entrada de mercadoria importada do exterior, é legítima a cobrança do ICMS por ocasião do desembaraço aduaneiro.
- **STF 662** – É legítima a incidência do ICMS na comercialização de exemplares de obras cinematográficas, gravados em fitas de videocassete.
- **STF 661** – Na entrada de mercadoria importada do exterior, é legítima a cobrança do ICMS por ocasião do desembaraço aduaneiro.
- **STF 575** – À mercadoria importada de país signatário do GATT, ou membro da ALALC, estende-se a isenção do imposto sobre circulação de mercadorias concedida a similar nacional.
- **STF 573** – Não constitui fato gerador do imposto de circulação de mercadorias a saída física de máquinas, utensílios e implementos a título de comodato.

### ITCMD

- **STF 590** – Calcula-se o imposto de transmissão "causa mortis" sobre o saldo credor da promessa de compra e venda de imóvel, no momento da abertura da sucessão do promitente vendedor.
- **STF 331** – É legítima a incidência do imposto de transmissão "causa mortis" no inventário por morte presumida.
- **STF 115** – Sobre os honorários do advogado contratado pelo inventariante, com a homologação do juiz, não incide o imposto de transmissão "causa mortis".
- **STF 114** – O imposto de transmissão "causa mortis" não é exigível antes da homologação do cálculo.

- **STF 112** – O imposto de transmissão "causa mortis" é devido pela alíquota vigente ao tempo da abertura da sucessão.

## IPTU

- **STF 724** – Ainda quando alugado a terceiros, permanece imune ao IPTU o imóvel pertencente a qualquer das entidades referidas pelo art. 150, VI, c, da Constituição, desde que o valor dos aluguéis seja aplicado nas atividades essenciais de tais entidades.
- **STF 668** – É inconstitucional a lei municipal que tenha estabelecido, antes da Emenda Constitucional 29/2000, alíquotas progressivas para o IPTU, salvo se destinada a assegurar o cumprimento da função social da propriedade urbana.
- **STF 589** – É inconstitucional a fixação de adicional progressivo do imposto predial e territorial urbano em função do número de imóveis do contribuinte.
- **STF 583** – Promitente-comprador de imóvel residencial transcrito em nome de autarquia é contribuinte do imposto predial territorial urbano.
- **STF 539** – É constitucional a lei do município que reduz o imposto predial urbano sobre imóvel ocupado pela residência do proprietário, que não possua outro.

## ISS

- **Súmula Vinculante 31** – É inconstitucional a incidência do Imposto sobre Serviços de Qualquer Natureza – ISS sobre operações de locação de bens móveis.
- **STF 663** – Os §§ 1º e 3º do art. 9º do DL 406/68 foram recebidos pela Constituição.
- **STF 588** – O imposto sobre serviços não incide sobre os depósitos, as comissões e taxas de desconto, cobrados pelos estabelecimentos bancários.

## TAXAS

- **Súmula vinculante 41** – O serviço de iluminação pública não pode ser remunerado mediante taxa.
- **Súmula Vinculante 29** – É constitucional a adoção, no cálculo do valor de taxa, de um ou mais elementos da base de cálculo própria de determinado imposto, desde que não haja integral identidade entre uma base e outra.
- **Súmula Vinculante 19** – A taxa cobrada exclusivamente em razão dos serviços públicos de coleta, remoção e tratamento ou destinação de lixo ou resíduos provenientes de imóveis, não viola o art. 145, II, da Constituição Federal.
- **Súmula Vinculante 12** – A cobrança de taxa de matrícula nas universidades públicas viola o disposto no art. 206, IV, da Constituição Federal.
- **STF 670** – O serviço de iluminação pública não pode ser remunerado mediante taxa.
- **STF 667** – Viola a garantia constitucional de acesso à jurisdição a taxa judiciária calculada sem limite sobre o valor da causa.
- **STF 665** – É constitucional a taxa de fiscalização dos mercados de títulos e valores mobiliários instituída pela Lei 7.940/89.
- **STF 595** – É inconstitucional a taxa municipal de conservação de estradas de rodagem cuja base de cálculo seja idêntica à do imposto territorial rural.
- **STF 545** – Preços públicos e taxas não se confundem, porque estas, diferentemente daqueles, são compulsórias e tem sua cobrança condicionada a prévia autorização orçamentária, em relação à lei que as instituiu.

## ITBI

- **STF 656** – É inconstitucional a lei que estabelece alíquotas progressivas para o imposto de transmissão inter vivos de bens imóveis – ITBI com base no valor venal do imóvel.
- **STF 470** – O imposto de transmissão "inter vivos" não incide sobre a construção, ou parte dela, realizada, inequivocamente, pelo promitente comprador, mas sobre o valor do que tiver sido construído antes da promessa de venda.
- **STF 110** – O imposto de transmissão "inter vivos" não incide sobre a construção, ou parte dela, realizada pelo adquirente, mas sobre o que tiver sido construído ao tempo da alienação do terreno.
- **STF 75** – Sendo vendedora uma autarquia, a sua imunidade fiscal não compreende o imposto de transmissão "inter vivos", que é encargo do comprador.

## RESTITUIÇÃO DO INDÉBITO TRIBUTÁRIO

- **STF 546** – Cabe a restituição do tributo pago indevidamente, quando reconhecido por decisão, que o contribuinte "de jure" não recuperou do contribuinte "de facto" o "quantum" respectivo.

## CONTRIBUIÇÕES SOCIAIS

- **STF 732** – É constitucional a cobrança da contribuição do salário-educação, seja sob a Carta de 1969, seja sob a CF/1988, e no regime da Lei 9.424/96.
- **STF 666** – A contribuição confederativa de que trata o art. 8º, IV, da Constituição, só é exigível dos filiados ao sindicato respectivo.
- **STF 659** – É legítima a cobrança da Cofins, do PIS e do Finsocial sobre as operações relativas a energia elétrica, serviços de telecomunicações, derivados de petróleo, combustíveis e minerais do país.

## CONSTITUIÇÃO, SUSPENSÃO, EXTINÇÃO E EXCLUSÃO DO CRÉDITO TRIBUTÁRIO

- **Súmula Vinculante 8** – São inconstitucionais o parágrafo único do art. 5º do Decreto-lei nº 1.569/1977 e os artigos 45 e 46 da Lei nº 8.212/1991, que tratam de prescrição e decadência de crédito tributário.
- **STF 581** – A exigência de transporte em navio de bandeira brasileira, para efeito de isenção tributária, legitimou-se com o advento do Decreto-lei 666, de 02.7.69.
- **STF 544** – Isenções tributárias concedidas, sob condição onerosa, não podem ser livremente suprimidas.
- **STF 539** – É constitucional a lei do Município que reduz o imposto predial urbano sobre imóvel ocupado pela residência do proprietário, que não possua outro.

## GARANTIAS E PRIVILÉGIOS DO CRÉDITO TRIBUTÁRIO

- **STF 563** – O concurso de preferência a que se refere o parágrafo único, do art. 187, do Código Tributário Nacional, é compatível com o disposto no art. 9º, inc. I, da Constituição Federal.

## ADMINISTRAÇÃO E FISCALIZAÇÃO TRIBUTÁRIA

- **STF 547** – Não é lícito à autoridade proibir que o contribuinte em débito adquira estampilhas, despache mercadorias nas alfândegas e exerça suas atividades profissionais.

- **STF 542** – Não é inconstitucional a multa instituída pelo Estado-membro, como sanção pelo retardamento do início ou da ultimação do inventário.
- **STF 439** – Estão sujeitos à fiscalização tributária ou previdenciária quaisquer livros comerciais, limitado o exame aos pontos objeto da investigação.
- **STF 323** – É inadmissível a apreensão de mercadorias como meio coercitivo para pagamento de tributos.
- **STF 70** – É inadmissível a interdição de estabelecimento como meio coercitivo para cobrança de tributo.

### ✦ STJ

## IMUNIDADES TRIBUTÁRIAS

- **STJ 612** – O certificado de entidade beneficente de assistência social (CEBAS), no prazo de sua validade, possui natureza declaratória para fins tributários, retroagindo seus efeitos à data em que demonstrado o cumprimento dos requisitos estabelecidos por lei complementar para a fruição da imunidade.

## IMPOSTO DE RENDA

- **STJ 627** – O contribuinte faz jus à concessão ou à manutenção da isenção do imposto de renda, não se lhe exigindo a demonstração da contemporaneidade dos sintomas da doença nem da recidiva da enfermidade.
- **STJ 598** - É desnecessária a apresentação de laudo médico oficial para o reconhecimento judicial da isenção do imposto de renda, desde que o magistrado entenda suficientemente demonstrada a doença grave por outros meios de prova.
- **STJ 590** - Constitui acréscimo patrimonial a atrair a incidência do imposto de renda, em caso de liquidação de entidade de previdência privada, a quantia que couber a cada participante, por rateio do patrimônio, superior ao valor das respectivas contribuições à entidade em liquidação, devidamente atualizadas e corrigidas.
- **STJ 556** - "É indevida a incidência de imposto de renda sobre o valor da complementação de aposentadoria pago por entidade de previdência privada e em relação ao resgate de contribuições recolhidas para referidas entidades patrocinadoras no período de 1º/1/1989 a 31/12/1995, em razão da isenção concedida pelo art. 6º, VII, b, da Lei n. 7.713/1988, na redação anterior à que lhe foi dada pela Lei n. 9.250/1995."
- **STJ 498** – Não incide imposto de renda sobre a indenização por danos morais.
- **STJ 463** – Incide imposto de renda sobre os valores percebidos a título de indenização por horas extraordinárias trabalhadas, ainda que decorrentes de acordo coletivo.
- **STJ 447** – Os Estados e o Distrito Federal são partes legítimas na ação de restituição de imposto de renda retido na fonte proposta por seus servidores.
- **STJ 386** – São isentas de imposto de renda as indenizações de férias proporcionais e o respectivo adicional.
- **STJ 262** – Incide o imposto de renda sobre o resultado das aplicações financeiras realizadas pelas cooperativas.
- **STJ 215** – A indenização recebida pela adesão a programa de incentivo à demissão voluntária não está sujeita à incidência do imposto de renda.
- **STJ 136** – O pagamento de licença-prêmio não gozada por necessidade do serviço não está sujeito ao imposto de renda.
- **STJ 125** – O pagamento de férias não gozadas por necessidade do serviço não está sujeito à incidência do imposto de renda.

## IOF

- **STJ 185** – Nos depósitos judiciais, não incide o imposto sobre operações financeiras.

## IPI

- **STJ 495** – A aquisição de bens integrantes do ativo permanente da empresa não gera direito a creditamento de IPI.
- **STJ 494** – O benefício fiscal do ressarcimento do crédito presumido do IPI relativo às exportações incide mesmo quando as matérias-primas ou os insumos sejam adquiridos de pessoa física ou jurídica não contribuinte do PIS/PASEP.
- **STJ 411** – É devida a correção monetária ao creditamento do IPI quando há oposição ao seu aproveitamento decorrentes de resistência ilegítima do Fisco.

## ICMS

- **STJ 654** - A tabela de preços máximos ao consumidor (PMC) publicada pela ABCFarma, adotada pelo Fisco para a fixação da base de cálculo do ICMS na sistemática da substituição tributária, não se aplica aos medicamentos destinados exclusivamente para uso de hospitais e clínicas.
- **STJ 649** - Não incide ICMS sobre o serviço de transporte interestadual de mercadorias destinadas ao exterior.
- **STJ 509** - É lícito ao comerciante de boa-fé aproveitar os créditos de ICMS decorrentes de nota fiscal posteriormente declarada inidônea, quando demonstrada a veracidade da compra e venda.
- **STJ 457** – Os descontos incondicionais nas operações mercantis não se incluem na base de cálculo do ICMS.
- **STJ 433** – O produto semi-elaborado, para fins de incidência de ICMS, é aquele que preenche cumulativamente os três requisitos do art. 1º da Lei Complementar nº 65/1991.
- **STJ 432** – As empresas de construção civil não estão obrigadas a pagar ICMS sobre mercadorias adquiridas como insumo em operações interestaduais.
- **STJ 431** – É ilegal a cobrança de ICMS com base no valor da mercadoria submetido ao regime de pauta fiscal.
- **STJ 395** – O ICMS incide sobre o valor da venda a prazo constante da nota fiscal.
- **STJ 391** – O ICMS incide sobre o valor da tarifa de energia elétrica correspondente à demanda de potência efetivamente utilizada.
- **STJ 350** – O ICMS não incide sobre o serviço de habilitação de telefone celular.
- **STJ 334** – O ICMS não incide no serviço dos provedores de acesso à internet.
- **STJ 237** – Nas operações com cartão de crédito, os encargos relativos ao financiamento não são considerados no cálculo do ICMS.
- **STJ 198** – Na importação de veículo por pessoa física, destinado a uso próprio, incide o ICMS.
- **STJ 166** – Não constitui fato gerador do ICMS o simples deslocamento de mercadoria de um para outro estabelecimento do mesmo contribuinte.
- **STJ 163** – O fornecimento de mercadorias com a simultânea prestação de serviços em bares, restaurantes e

estabelecimentos similares constitui fato gerador do ICMS a incidir sobre o valor total da operação.

- **STJ 155** – O ICMS incide na importação de aeronave, por pessoa física, para uso próprio.
- **STJ 135** – O ICMS não incide na gravação e distribuição de filmes e videoteipes.
- **STJ 129** - O exportador adquire o direito de transferência de crédito do ICMS quando realiza a exportação do produto e não ao estocar a matéria-prima.
- **STJ 95** – A redução da alíquota do imposto sobre produtos industrializados ou do imposto de importação não implica redução do ICMS.
- **STJ 87** - A isenção do ICMS relativa a rações balanceadas para animais abrange o concentrado e o suplemento.
- **STJ 80** - A taxa de melhoramento dos portos não se inclui na base de cálculo do ICMS.
- **STJ 71** - O bacalhau importado de país signatário do GATT é isento do ICM.
- **STJ 49** - Na exportação de café em grão, não se inclui na base de cálculo do ICM a quota de contribuição, a que e refere o art. 2. do Decreto-lei 2.295, de 21.11.86.
- **STJ 20** – A mercadoria importada de país signatário do GATT é isenta do ICM, quando contemplado com esse favor o similar nacional.

## IPVA

- **STJ 585** – A responsabilidade solidária do ex-proprietário, prevista no art. 134 do Código de Trânsito Brasileiro CTB, não abrange o IPVA incidente sobre o veículo automotor, no que se refere ao período posterior à sua alienação.

## IPTU

- **STJ 626** – A incidência do IPTU sobre imóvel situado em área considerada pela lei local como urbanizável ou de expansão urbana não está condicionada à existência dos melhoramentos elencados no art. 32, § 1º, do CTN.
- **STJ 614** – O locatário não possui legitimidade ativa para discutir a relação jurídico-tributária de IPTU e de taxas referentes ao imóvel alugado nem para repetir indébito desses tributos.
- **STJ 399** – Cabe à legislação municipal estabelecer o sujeito passivo do IPTU.
- **STJ 397** – O contribuinte do IPTU é notificado do lançamento pelo envio do carnê ao seu endereço.
- **STJ 160** – É defeso, ao Município, atualizar o IPTU, mediante decreto, em percentual superior ao índice oficial de correção monetária.

## ISS

- **STJ 524** - No tocante à base de cálculo, o ISSQN incide apenas sobre a taxa de agenciamento quando o serviço prestado por sociedade empresária de trabalho temporário for de intermediação, devendo, entretanto, englobar também os valores dos salários e encargos sociais dos trabalhadores por ela contratados nas hipóteses de fornecimento de mão de obra.
- **STJ 424** – É legítima a incidência de ISS sobre os serviços bancários congêneres da lista anexa ao DL nº 406/1968 e à LC nº 56/1987.
- **STJ 274** – O ISS incide sobre o valor dos serviços de assistência médica, incluindo-se neles as refeições, os medicamentos e as diárias hospitalares.
- **STJ 167** – O fornecimento de concreto, por empreitada, para construção civil, preparado no trajeto até a obra em betoneiras acopladas a caminhões, é prestação de serviço, sujeitando-se apenas à incidência do ISS.
- **STJ 156** – A prestação de serviço de composição gráfica, personalizada e sob encomenda, ainda que envolva fornecimento de mercadorias, está sujeita, apenas, ao ISS.
- **STJ 138** – O ISS incide na operação de arrendamento mercantil de coisas móveis.

## TAXAS

- **STJ 50** - O adicional de tarifa portuária incide apenas nas operações realizadas com mercadorias importadas ou exportadas, objeto do comércio de navegação de longo curso. (Súmula 50, PRIMEIRA SEÇÃO, julgado em 08/09/1992, DJ 17/09/1992)
- **STJ 100** - É devido o adicional ao frete para renovação da marinha mercante na importação sob o regime de benefícios fiscais a exportação (BEFIEX). (Súmula 100, PRIMEIRA SEÇÃO, julgado em 19/04/1994, DJ 25/04/1994 p. 9286)
- **STJ 178** – O INSS não goza de isenção do pagamento de custas e emolumentos, nas ações acidentárias e de benefícios, propostas na justiça estadual.
- **STJ 124** - A taxa de melhoramento dos portos tem base de cálculo diversa do imposto de importação, sendo legítima a sua cobrança sobre a importação de mercadorias de países signatários do GATT, da ALALC ou ALADI.

## CONTRIBUIÇÕES SOCIAIS

- **STJ 584** - As sociedades corretoras de seguros, que não se confundem com as sociedades de valores mobiliários ou com os agentes autônomos de seguro privado, estão fora do rol de entidades constantes do art. 22, § 1º, da Lei n. 8.212/1991, não se sujeitando à majoração da alíquota da Cofins prevista no art. 18 da Lei n. 10.684/2003. (Súmula 584, PRIMEIRA SEÇÃO, julgado em 14/12/2016, DJe 01/02/2017)
- **STJ 516** - A contribuição de intervenção no domínio econômico para o Incra (Decreto-Lei n. 1.110/1970), devida por empregadores rurais e urbanos, não foi extinta pelas Leis ns. 7.787/1989, 8.212/1991 e 8.213/1991, não podendo ser compensada com a contribuição ao INSS. (Súmula 516, PRIMEIRA SEÇÃO, julgado em 25/02/2015, DJe 02/03/2015)
- **STJ 499** - As empresas prestadoras de serviços estão sujeitas às contribuições ao Sesc e Senac, salvo se integradas noutro serviço social. (Súmula 499, PRIMEIRA SEÇÃO, julgado em 13/03/2013, DJe 18/03/2013)
- **STJ 423** – A Contribuição para Financiamento da Seguridade Social – Cofins incide sobre as receitas provenientes das operações de locação de bens móveis

## SIMPLES NACIONAL

- **STJ 448** – A opção pelo Simples de estabelecimentos dedicados às atividades de creche, pré-escola e ensino fundamental é admitida somente a partir de 24.10.2000, data de vigência da Lei nº 10.034/2000.
- **STJ 425** – A retenção da contribuição para a seguridade social pelo tomador do serviço não se aplica às empresas optantes pelo Simples.

## DENÚNCIA ESPONTÂNEA

- **STJ 360** – O benefício da denúncia espontânea não se aplica aos tributos sujeitos a lançamento por homologação regularmente declarados, mas pagos a destempo.

## CONSTITUIÇÃO, SUSPENSÃO, EXTINÇÃO E EXCLUSÃO DO CRÉDITO TRIBUTÁRIO

- **STJ 653** – O pedido de parcelamento fiscal, ainda que indeferido, interrompe o prazo prescricional, pois caracteriza confissãoextrajudicial do débito.
- O benefício fiscal que trata do Regime Especial de Reintegração de Valores Tributários para as Empresas Exportadoras (REINTEGRA) alcança as operações de venda de mercadorias de origem nacional para a Zona Franca de Manaus, para consumo, industrialização ou reexportação para o estrangeiro.
- **STJ 622** – A notificação do auto de infração faz cessar a contagem da decadência para a constituição do crédito tributário; exaurida a instância administrativa com o decurso do prazo para a impugnação ou com a notificação de seu julgamento definitivo e esgotado o prazo concedido pela Administração para o pagamento voluntário, inicia-se o prazo prescricional para a cobrança judicial.
- **STJ 555** - Quando não houver declaração do débito, o prazo decadencial quinquenal para o Fisco constituir o crédito tributário conta-se exclusivamente na forma do art. 173, I, do CTN, nos casos em que a legislação atribui ao sujeito passivo o dever de antecipar o pagamento sem prévio exame da autoridade administrativa.
- **STJ 508** - A isenção da Cofins concedida pelo art. 6º, II, da LC n. 70/1991 às sociedades civis de prestação de serviços profissionais foi revogada pelo art. 56 da Lei n. 9.430/1996.
- **STJ 464** – A regra de imputação de pagamentos estabelecida no art. 354 do Código Civil não se aplica às hipóteses de compensação tributária.
- **STJ 460** – É incabível o mandado de segurança para convalidar a compensação tributária realizada pelo contribuinte.
- **STJ 446** – Declarado e não pago o débito tributário pelo contribuinte, é legítima a recusa de expedição de certidão negativa ou positiva com efeito de negativa.
- **STJ 437** – A suspensão da exigibilidade do crédito tributário superior a quinhentos mil reais para opção pelo Refis pressupõe a homologação expressa do comitê gestor e a constituição de garantia por meio do arrolamento de bens
- **STJ 436** – A entrega de declaração pelo contribuinte reconhecendo débito fiscal constitui o crédito tributário, dispensada qualquer outra providência por parte do fisco.
- **STJ 373** – É ilegítima a exigência de depósito prévio para admissibilidade de recurso administrativo.
- **STJ 355** – É válida a notificação do ato de exclusão do programa de recuperação fiscal do Refis pelo Diário Oficial ou pela Internet.
- **STJ 213** – O mandado de segurança constitui ação adequada para a declaração do direito à compensação tributária.
- **STJ 212** – A compensação de créditos tributários não pode ser deferida em ação cautelar ou por medida liminar cautelar ou antecipatória.
- **STJ 112** – O depósito somente suspende a exigibilidade do crédito tributário se for integral e em dinheiro.

## RESTITUIÇÃO DO INDÉBITO TRIBUTÁRIO

- **STJ 625** – O pedido administrativo de compensação ou de restituição não interrompe o prazo prescricional para a ação de repetição de indébito tributário de que trata o art. 168 do CTN nem o da execução de título judicial contra a Fazenda Pública.
- **STJ 461** – O contribuinte pode optar por receber, por meio de precatório ou por compensação, o indébito tributário certificado por sentença declaratória transitada em julgado.
- **STJ 188** – Os juros moratórios, na repetição do indébito tributário, são devidos a partir do trânsito em julgado da sentença.
- **STJ 162** – Na repetição de indébito tributário, a correção monetária incide a partir do pagamento indevido.

## GARANTIAS E PRIVILÉGIOS DO CRÉDITO TRIBUTÁRIO

- **STJ 406**: A Fazenda Pública pode recusar a substituição do bem penhorado por precatório.

## ADMINISTRAÇÃO E FISCALIZAÇÃO TRIBUTÁRIA

- **STJ 409**: Em execução fiscal, a prescrição ocorrida antes da propositura da ação pode ser decretada de ofício (art. 219, § 5º, do CPC).
- **STJ 583** - O arquivamento provisório previsto no art. 20 da Lei n. 10.522/2002, dirigido aos débitos inscritos como dívida ativa da União pela Procuradoria-Geral da Fazenda Nacional ou por ela cobrados, não se aplica às execuções fiscais movidas pelos conselhos de fiscalização profissional ou pelas autarquias federais.
- **STJ 569** - Na importação, é indevida a exigência de nova certidão negativa de débito no desembaraço aduaneiro, se já apresentada a comprovação da quitação de tributos federais quando da concessão do benefício relativo ao regime de drawback.
- **STJ 560** - A decretação da indisponibilidade de bens e direitos, na forma do art. 185-A do CTN, pressupõe o exaurimento das diligências na busca por bens penhoráveis, o qual fica caracterizado quando infrutíferos o pedido de constrição sobre ativos financeiros e a expedição de ofícios aos registros públicos do domicílio do executado, ao Denatran ou Detran.
- **STJ 250** - É legítima a cobrança de multa fiscal de empresa em regime de concordata.

TRIBUTÁRIO

# Direito Empresarial

*Daniel Messias da Trindade*

## TABELA DE INCIDÊNCIA DE QUESTÕES

| Distribuição das questões organizada por ordem didática de assuntos | | |
|---|---|---|
| **Assunto** | **Número de Questões** | **Peso** |
| 1. EMPRESÁRIO | 6 | 6,38% |
| 2. ESTABELECIMENTO EMPRESARIAL | 3 | 3,19% |
| 3. REGISTRO E ESCRITURAÇÃO | 1 | 1,06% |
| 4. DIREITO SOCIETÁRIO | 23 | 24,47% |
| 5. DESCONSIDERAÇÃO DA PERSONALIDADE JURÍDICA | 2 | 2,13% |
| 6. TÍTULOS DE CRÉDITO | 21 | 22,34% |
| 7. CONTRATOS EMPRESARIAIS | 12 | 12,77% |
| 8. FALÊNCIA E RECUPERAÇÃO DE EMPRESAS | 24 | 25,53% |
| 9. PROPRIEDADE INDUSTRIAL | 2 | 2,13% |
| **Total** | **94** | **100%** |

# Direito Empresarial

**_Daniel Messias da Trindade_**

## ✦ QUESTÕES

### 1. EMPRESÁRIO

**01. (FGV – XXXV Exame de Ordem – 2022)** A fisioterapeuta Alhandra Mogeiro tem um consultório em que realiza seus atendimentos mas atende, também, em domicílio. Doutora Alhandra não conta com auxiliares ou colaboradores, mas tem uma página na Internet exclusivamente para marcação de consultas e comunicação com seus clientes.

Com base nessas informações, assinale a afirmativa correta.

a) Não se trata de empresária individual em razão do exercício de profissão intelectual de natureza científica, haja ou não a atuação de colaboradores.

b) Trata-se de empresária individual em razão do exercício de profissão liberal e prestação de serviços com finalidade lucrativa.

c) Não se trata de empresária individual em razão de o exercício de profissão intelectual só configurar empresa com o concurso de colaboradores.

d) Trata-se de empresária individual em razão do exercício de profissão intelectual com emprego de elemento de empresa pela manutenção da página na Internet.

**COMENTÁRIOS**

✪ **Nota do autor:** A questão exigia do(a) candidato(a) conhecimento do texto da lei.

**Alternativa "a" (responde, também, as demais alternativas):** correta. Com base nas informações trazidas pela Banca Examinadora, é correto afirmar que a fisioterapeuta Alhandra Mogeiro não se trata de empresária individual. Isso porque Alhandra exerce profissão intelectual de natureza científica (fisioterapia), e o exercício de tal profissão constitui elemento de empresa no caso concreto apresentado. Aliás, no presente caso, ainda que contratasse auxiliares ou colaboradores, mesmo assim não poderia ser considerada empresária. Essa regra decorre do parágrafo único do art. 966 do Código Civil, que estabelece o seguinte: "Não se considera empresário quem exerce profissão intelectual, de natureza científica, literária ou artística, ainda com o concurso de auxiliares ou colaboradores, salvo se o exercício da profissão constituir elemento de empresa."

**Alternativa correta: letra "A".**

---

**02. (FGV/OAB/XXIX – Exame – 2019)** Álvares Florence tem um filho relativamente incapaz e consulta você, como advogado(a), para saber da possibilidade de transferir para o filho parte das quotas que possui na sociedade empresária Redenção da Serra Alimentos Ltda., cujo capital social se encontra integralizado.

Apoiado na disposição do Código Civil sobre o assunto, você respondeu que

a) é permitido o ingresso do relativamente incapaz na sociedade, bastando que esteja assistido por seu pai no instrumento de alteração contratual.

b) não é permitida a participação de menor, absoluta ou relativamente incapaz, em sociedade, exceto nos tipos de sociedades por ações.

c) não é permitida a participação de incapaz em sociedade, mesmo que esteja representado ou assistido, salvo se a transmissão das quotas se der em razão de sucessão causa mortis.

d) é permitido o ingresso do relativamente incapaz na sociedade, desde que esteja assistido no instrumento de alteração contratual, devendo constar a vedação do exercício da administração da sociedade por ele.

**COMENTÁRIOS**

Apoiado na disposição do Código Civil sobre o assunto, é permitido o ingresso do seu filho relativamente incapaz na sociedade, mas desde que esteja assistido no instrumento de alteração contratual, bem como conste a vedação do exercício da administração da sociedade por ele. Assim, a alternativa correta encontra-se na letra "d". Vejamos o que diz o art. 974, § 3º do CC: "O Registro Público de Empresas Mercantis a cargo das Juntas Comerciais deverá registrar contratos ou alterações contratuais de sociedade que envolva sócio incapaz, desde que atendidos, de forma conjunta, os seguintes pressupostos: I – o sócio incapaz não pode exercer a administração da sociedade; II – o capital social deve ser totalmente integralizado; III – o sócio relativamente incapaz deve ser assistido e o absolutamente incapaz deve ser representado por seus representantes legais."

**Alternativa correta: letra "d"**

---

**03. (FGV – Exame de Ordem/2018.3)** Roberto desligou-se de seu emprego e decidiu investir na construção de uma hospedagem do tipo pousada no terreno que possuía em Matinhos. Roberto contratou um arquiteto para mobiliar a pousada, fez cursos de hotelaria e, com os ensinamentos recebidos, contratou empregados e os treinou. Ele também contratou um desenvolvedor de sites de Internet e um profissional de marketing para divulgar sua pousada.

Desde então, Roberto dedica-se exclusivamente à pousada, e os resultados são promissores. A pousada está sempre cheia de hóspedes, renovando suas estratégias de fidelização; em breve, será ampliada em sua capacidade.

Considerando a descrição da atividade econômica explorada por Roberto, assinale a afirmativa correta.

a) A atividade não pode ser considerada empresa em razão da falta tanto de profissionalismo de seu titular quanto de produção de bens.

b) A atividade não pode ser considerada empresa em razão de a prestação de serviços não ser um ato de empresa.

c) A atividade pode ser considerada empresa, mas seu titular somente será empresário a partir do registro na Junta Comercial.

d) A atividade pode ser considerada empresa e seu titular, empresário, independentemente de registro na Junta Comercial.

**COMENTÁRIOS**

✪ **Nota do autor:** A questão exigia do(a) candidato(a) conhecimento do texto da lei.

**Alternativa "d" (responde, também, as demais alternativas):** Adotando a teoria da empresa, o Código Civil traz o conceito de empresário no seu art. 966, caput, estabelecendo que "Considera-se empresário quem exerce profissionalmente atividade econômica organizada para a produção ou a circulação de bens ou de serviços." No entanto, no parágrafo único do mesmo dispositivo, o Código Civil excepciona alguns agentes do conceito de empresário, dispondo que "Não se considera empresário quem exerce profissão intelectual, de natureza científica, literária ou artística, ainda com o concurso de auxiliares ou colaboradores, salvo se o exercício da profissão constituir elemento de empresa." Vale lembrar, ainda, que o empresário é obrigado a efetuar seu registro no Registro Público de Empresas Mercantis (Junta Comercial), antes de iniciar sua atividade. O art. 967 do CC dispõe que "é obrigatória a inscrição do empresário no Registro Público de Empresas Mercantis da respectiva sede, antes do início de sua atividade". O registro do empresário tem natureza jurídica de condição de regularidade (e não de existência). Perceba, portanto, que a atividade pode ser considerada empresa e seu titular, empresário, independentemente de registro na Junta Comercial.

**Alternativa correta: letra "d".**

---

**04. (FGV - Exame de Ordem 2018.2)** Cruz Machado pretende iniciar o exercício individual de empresa e adotar como firma, exclusivamente, o nome pelo qual é conhecido pela população de sua cidade - "Monsenhor".

De acordo com as informações acima e as regras legais de formação de nome empresarial para o empresário individual, assinale a afirmativa correta.

a) A pretensão de Cruz Machado é possível, pois o empresário individual pode escolher livremente a formação de sua firma.

b) A pretensão de Cruz Machado não é possível, pois o empresário individual deve adotar denominação indicativa do objeto social como espécie de nome empresarial.

c) A pretensão de Cruz Machado não é possível, pois o empresário individual opera sob firma constituída por seu nome, completo ou abreviado.

d) A pretensão de Cruz Machado é possível, pois o empresário individual pode substituir seu nome civil por uma designação mais precisa de sua pessoa.

**COMENTÁRIOS**

✪ **Nota do autor:** A questão exigia do(a) candidato(a) conhecimento do texto da lei.

**Alternativa "c" (responde, também, as demais alternativas):** O nome empresarial possui proteção constitucional (art. 5º, XXIX, da CF) e representa o elemento de identificação do empresário no meio empresarial. Nos termos do art. 1.155 do CC, "Considera-se nome empresarial a firma ou a denominação adotada, de conformidade com este Capítulo, para o exercício de empresa". Com efeito, há duas modalidades de nome empresarial, a firma e a denominação. Especificamente para o caso apresentado pela Banca Examinadora, temos que a pretensão de Cruz Machado não é possível, pois o empresário individual opera sob firma constituída por seu nome, completo ou abreviado. É o que prevê o art. 1.156 do CC. Confira: "Art. 1.156. O empresário opera sob firma constituída por seu nome, completo ou abreviado, aditando-lhe, se quiser, designação mais precisa da sua pessoa ou do gênero de atividade."

**Alternativa correta: letra "c":**

---

**05. (FGV – Exame de Ordem 2016.2 – Prova reaplicada Salvador-BA)** O engenheiro agrônomo Zacarias é proprietário de quatro fazendas onde ele realiza, em nome próprio, a exploração de culturas de soja e milho, bem como criação intensiva de gado. A atividade em todas as fazendas é voltada para exportação, com emprego intenso de tecnologia e insumos de alto custo. Zacarias não está registrado na Junta Comercial.

Com base nessas informações, é correto afirmar que

a) Zacarias, por exercer empresa em caráter profissional, é considerado empresário independentemente de ter ou não registro na Junta Comercial.

b) Zacarias, mesmo que exerça uma empresa, não será considerado empresário pelo fato de não ter realizado seu registro na Junta Comercial.

c) Zacarias não pode ser registrado como empresário, porque, sendo engenheiro agrônomo, exerce profissão intelectual de natureza científica, com auxílio de colaboradores.

d) Zacarias é um empresário de fato, por não ter realizado seu registro na Junta Comercial antes do início de sua atividade, descumprindo obrigação legal.

**COMENTÁRIOS**

A questão exigia do(a) candidato(a) o conhecimento do texto de lei. Desde já, convém destacar que, com base nas informações dadas pela Banca Examinadora, é correto afirmar que Zacarias, mesmo que exerça uma empresa, não será considerado empresário pelo fato de não ter realizado seu registro na Junta Comercial. A rigor, todo empresário é obrigado a efetuar seu registro no Registro Público de Empresas Mercantis, antes de iniciar as suas atividades. De acordo com o art. 967 do CC, "é obrigatória a inscrição do empresário no Registro Público de Empresas Mercantis da respectiva sede, antes do início de sua atividade". No entanto, para o empresário rural, o registro é facultativo. Assim, caso o empresário rural efetue o registro, ele ficará equiparado ao empresário comum, tendo as mesmas obrigações deste. Veja o que diz o art. 971, "caput", do Código Civil: "O empresário, cuja atividade rural constitua sua principal profissão, pode, observadas as formalidades de que tratam o art. 968 e seus parágrafos, requerer inscrição no Registro Público de Empresas Mercantis da respectiva sede, caso em que, depois de inscrito, ficará equiparado, para todos os efeitos, ao empresário sujeito a registro. Parágrafo único. Aplica-se o disposto no caput deste artigo à associação que desenvolva atividade futebolística em caráter habitual e profissional, caso em que, com a inscrição, será considerada empresária, para todos os efeitos. (Incluído pela Lei 14.193/2021)".

> Novidade legislativa!
>
> A Lei 14.193/2021, que disciplina a sociedade anônima do futebol, introduziu mais uma hipótese de registro facultativo no parágrafo único do art. 971 do Código Civil. Agora, portanto, a associação que desenvolva atividade futebolística em caráter habitual e profissional, também pode (é uma faculdade), requerer sua inscrição na Junta Comercial da respectiva sede, caso em que, depois de inscrito, ficará equiparado, para todos os efeitos, ao empresário sujeito a registro.

**Alternativa correta: letra "b".**

**06. (FGV – Exame de Ordem 2016.2)** Maria, empresária individual, teve sua interdição decretada pelo juiz a pedido de seu pai, José, em razão de causa permanente que a impede de exprimir sua vontade para os atos da vida civil.

Sabendo-se que José, servidor público federal na ativa, foi nomeado curador de Maria, assinale a afirmativa correta.

a) É possível a concessão de autorização judicial para o prosseguimento da empresa de Maria; porém, diante do impedimento de José para exercer atividade de empresário, este nomeará, com a aprovação do juiz, um ou mais gerentes.

b) A interdição de Maria por incapacidade traz como efeito imediato a extinção da empresa, cabendo a José, na condição de pai e curador, promover a liquidação do estabelecimento.

c) É possível a concessão de autorização judicial para o prosseguimento da empresa de Maria antes exercida por ela enquanto capaz, devendo seu pai, José, como curador e representante, assumir o exercício da empresa.

d) Poderá ser concedida autorização judicial para o prosseguimento da empresa de Maria, porém ficam sujeitos ao resultado da empresa os bens que Maria já possuía ao tempo da interdição, tanto os afetados quanto os estranhos ao acervo daquela.

**COMENTÁRIOS**

✪ **Nota do autor:** A questão exigia do(a) candidato(a) conhecimento do texto da lei.

**Alternativa "a" (responde, também, as demais alternativas):** Há apenas duas hipóteses em que o incapaz poderá ser empresário individual: (i) continuação da empresa no caso de incapacidade superveniente; ou (ii) continuação da empresa no caso de sucessão hereditária. Trata-se de prestígio ao princípio da continuação da empresa. Frise-se que o incapaz não poderá iniciar a atividade empresarial, mas no caso de incapacidade superveniente ou sucessão hereditária poderá continuar a empresa já existente. O incapaz deve estar devidamente representado (no caso de incapacidade absoluta) ou assistido (no caso de incapacidade relativa), bem como deve haver prévia autorização judicial (o juiz deve analisar a pertinência da continuação da empresa). Desde que estranhos ao acervo da empresa, o patrimônio que o incapaz tinha antes da continuação da atividade não ficam sujeitos às dívidas sociais. É o que se extrai do art. 974 do CC, transcrito a seguir: "Art. 974. Poderá o incapaz, por meio de representante ou devidamente assistido, continuar a empresa antes exercida por ele enquanto capaz, por seus pais ou pelo autor de herança. § 1º Nos casos deste artigo, precederá autorização judicial, após exame das circunstâncias e dos riscos da empresa, bem como da conveniência em continuá-la, podendo a autorização ser revogada pelo juiz, ouvidos os pais, tutores ou representantes legais do menor ou do interdito, sem prejuízo dos direitos adquiridos por terceiros. § 2º Não ficam sujeitos ao resultado da empresa os bens que o incapaz já possuía, ao tempo da sucessão ou da interdição, desde que estranhos ao acervo daquela, devendo tais fatos constar do alvará que conceder a autorização. [...]".

**Alternativa correta: letra "a".**

## 2. ESTABELECIMENTO EMPRESARIAL

**07. (FGV – Exame de Ordem XXXVI – 2022)** Aspásia e Parisi, únicas sócias da sociedade Santa Salete Modas Ltda., decidiram que a sociedade arrendará seu estabelecimento à sociedade Monções Empreendimentos Imobiliários Ltda., pelo prazo de quatro anos. Em relação ao contrato de arrendamento, mesmo sendo reconhecida a autonomia da vontade às partes contratantes, existem normas legais relativas ao estabelecimento arrendado.

Assinale a opção que apresenta, corretamente, uma dessas obrigações legais.

a) A sub-rogação do arrendatário nos contratos estipulados para exploração do estabelecimento, exceto aqueles de caráter pessoal.

b) A obrigação de averbação do contrato de arrendamento no Registro de Imóveis e sua publicação em jornal de grande circulação.

c) A proibição de o arrendatário do estabelecimento fazer concorrência ao arrendador durante o prazo do contrato, salvo disposição contratual diversa.

d) A obrigação de o arrendatário do estabelecimento responder pelo pagamento dos débitos anteriores ao arrendamento, desde que regularmente contabilizados, pelo prazo de um ano.

**COMENTÁRIOS**

✪ **Nota do autor:** A questão foi anulada pela Banca, considerando que na alternativa "c" foram trocadas as nomenclaturas "arrendador" por "arrendatário".

**Alternativa "a":** incorreta. Nos termos do art. 1.148 do Código Civil, "Salvo disposição em contrário, a transferência importa a sub-rogação do adquirente nos contratos estipulados para exploração do estabelecimento, se não tiverem caráter pessoal, podendo os terceiros rescindir o contrato em noventa dias a contar da publicação da transferência, se ocorrer justa causa, ressalvada, neste caso, a responsabilidade do alienante."

**Alternativa "b":** incorreta, considerando que tal publicação deve ser feita na imprensa oficial (e não em jornal de grande circulação). De acordo com o art. 1.144 do Código Civil, "O contrato que tenha por objeto a alienação, o usufruto ou arrendamento do estabelecimento, só produzirá efeitos quanto a terceiros depois de averbado à margem da inscrição do empresário, ou da sociedade empresária, no Registro Público de Empresas Mercantis, e de publicado na imprensa oficial."

**Alternativa "c":** correta, caso a expressão "arrendatário" fosse substituída por "arrendador". O art. 1.147, parágrafo único, do Código Civil prevê a chamada cláusula de não restabelecimento para o contrato de arrendamento do estabelecimento empresarial. Segundo o parágrafo único do art. 1.147 do Código Civil: "Não havendo autorização expressa, o alienante do estabelecimento não pode fazer concorrência ao adquirente, nos 5 (cinco) anos subsequentes à transferência. Parágrafo único. No caso de arrendamento ou usufruto do estabelecimento, a proibição prevista neste artigo persistirá durante o prazo do contrato."

**Alternativa "d": incorreta.** O erro da assertiva se refere ao prazo. Nos termos do parágrafo único do art. 1.147 do Código Civil: "Não havendo autorização expressa, o alienante do estabelecimento não pode fazer concorrência ao adquirente, nos 5 (cinco) anos subsequentes à transferência. Parágrafo único. No caso de arrendamento ou usufruto do estabelecimento, a proibição prevista neste artigo persistirá durante o prazo do contrato."

**Alternativa correta: letra "c".**

**08. (FGV – Exame de Ordem 2020.1)** As sociedades empresárias Y e J celebraram contrato tendo por objeto a alienação do estabelecimento da primeira, situado em Antônio Dias/

MG. Na data da assinatura do contrato, dentre outros débitos regularmente contabilizados, constava uma nota promissória vencida havia três meses no valor de R$ 25.000,00 (vinte e cinco mil reais). O contrato não tem nenhuma cláusula quanto à existência de solidariedade entre as partes, tanto pelos débitos vencidos quanto pelos vincendos.

Sabendo-se que, em 15/10/2018, após averbação na Junta Comercial competente, houve publicação do contrato na imprensa oficial e, tomando por base comparativa o dia 15/01/2020, o alienante

a) responderá pelo débito vencido com o adquirente por não terem decorrido cinco anos da publicação do contrato na imprensa oficial.

b) não responderá pelo débito vencido com o adquirente em razão de não ter sido estipulada tal solidariedade no contrato.

c) responderá pelo débito vencido com o adquirente até a ocorrência da prescrição relativa à cobrança da nota promissória.

d) não responderá pelo débito vencido com o adquirente diante do decurso de mais de 1 (um) ano da publicação do contrato na imprensa oficial.

COMENTÁRIOS

✪ **Nota do autor:** A questão exigia do candidato conhecimento do texto da lei.

**Alternativa "d" (responde, também, as demais alternativas):** correta. A questão trata do chamado contrato de trespasse, assim entendido como o negócio jurídico translativo do estabelecimento empresarial. Sabendo-se que, em 15/10/2018, após averbação na Junta Comercial competente, houve publicação do contrato de trespasse na imprensa oficial e, tomando por base comparativa o dia 15/01/2020, o alienante não responderá pelo débito vencido com o adquirente diante do decurso de mais de 1 (um) ano da publicação do contrato na imprensa oficial. Isso porque, de acordo com o art. 1.146 do CC, o adquirente do estabelecimento responde pelo pagamento dos débitos anteriores à transferência, quando regularmente contabilizados, continuando o devedor primitivo solidariamente obrigado pelo prazo de um ano, a partir, quanto aos créditos vencidos, da publicação, e, quanto aos outros, da data do vencimento.

**Alternativa correta: letra "d".**

---

**09. (FGV - Exame de Ordem 2018.1)** O empresário individual José de Freitas alienou seu estabelecimento a outro empresário mediante os termos de um contrato escrito, averbado à margem de sua inscrição no Registro Público de Empresas Mercantis, publicado na imprensa oficial, mas não lhe restaram bens suficientes para solver o seu passivo.

Em relação à alienação do estabelecimento empresarial nessas condições, sua eficácia depende

a) da quitação prévia dos créditos trabalhistas e fiscais vencidos no ano anterior ao da alienação do estabelecimento.

b) do pagamento a todos os credores, ou do consentimento destes, de modo expresso ou tácito, em trinta dias a partir de sua notificação.

c) da quitação ou anuência prévia dos credores com garantia real e, quanto aos demais credores, da notificação da transferência com antecedência de, no mínimo, sessenta dias.

d) do consentimento expresso de todos os credores quirografários ou da consignação prévia das importâncias que lhes são devidas.

COMENTÁRIOS

✪ **Nota do autor:** A questão exigia do(a) candidato(a) conhecimento do texto da lei.

**Alternativa "b" (responde, também, as demais alternativas):** Trespasse é o nome que se dá ao contrato de compra e venda do estabelecimento empresarial. Trata-se, portanto, de um negócio jurídico translativo. A resposta Correta encontra-se na letra "b". Isso porque, de acordo com o art. 1.145 do Código Civil, se ao alienante não restarem bens suficientes para solver o seu passivo, a eficácia da alienação do estabelecimento depende do pagamento de todos os credores, ou do consentimento destes, de modo expresso ou tácito, em 30 (trinta) dias a partir de sua notificação.

**Alternativa correta: letra "b"**

## 3. REGISTRO E ESCRITURAÇÃO

---

**10. (FGV – Exame de Ordem 2017.1)** Fagundes e Pilar são noivos e pretendem se casar adotando o regime de separação de bens mediante celebração de pacto antenupcial. Fagundes é empresário individual e titular do estabelecimento Borracharia Dona Inês Ltda. ME. Celebrado o pacto antenupcial entre os nubentes, o advogado contratado por Fagundes providenciará o arquivamento e a averbação do documento

a) no Registro Público de Empresas Mercantis e a publicação na imprensa oficial.

b) no Registro Público de Empresas Mercantis e no Registro Civil de Pessoas Naturais.

c) no Registro Civil de Pessoas Naturais e a publicação na imprensa oficial.

d) no Registro Público de Empresas Mercantis e no Registro Civil de Títulos e Documentos.

COMENTÁRIOS

✪ **Nota do autor:** A questão exigia do(a) candidato(a) conhecimento do texto da lei.

**Alternativa "b" (responde, também, as demais alternativas):** Determina o art. 979 do Código Civil que: "Além de no Registro Civil, serão arquivados e averbados, no Registro Público de Empresas Mercantis, os pactos e declarações antenupciais do empresário, o título de doação, herança, ou legado, de bens clausulados de incomunicabilidade ou inalienabilidade." Assim, o pacto antenupcial deve ser registrado no Registro Civil e depois averbado no órgão responsável pelo Registro Empresarial.

**Alternativa correta: letra "b".**

## 4. DIREITO SOCIETÁRIO

### 4.1. SOCIEDADE SIMPLES

---

**11. (FGV – XXXVII Exame OAB)** Três médicos decidiram constituir uma sociedade do tipo limitada cujo objeto é simples, consoante a classificação das sociedades no Código Civil. Acerca da designação a ser adotada pela sociedade e sua qualificação jurídica, assinale a afirmativa correta.

a) Por não ter a futura sociedade natureza empresária, não poderá adotar nome empresarial, sendo livre a formação de sua designação, sem incidência das regras de formação do nome da sociedade limitada.

b) A futura sociedade terá nome empresarial, pois tanto as regras de formação quanto de proteção ao nome empresarial se aplicam indistintamente às sociedades simples e empresárias.

c) Embora a futura sociedade não tenha nome empresarial, por não exercer empresa, a formação de sua designação obedecerá às regras para a formação do nome empresarial do tipo limitada.

d) Independentemente da natureza da futura sociedade, ela terá nome empresarial, pois exercerá atividade econômica, devendo adotar denominação, mas é facultativo a palavra "limitada" ou sua abreviatura ao final.

**COMENTÁRIOS**

✪ **Nota do autor:** A questão exigia do(a) candidato(a) o conhecimento do texto de lei.

Alternativa "c" (responde, também, as demais alternativas): Nos termos do "caput" do art. 966 do Código Civil, considera-se empresário a pessoa física (empresário individual) ou jurídica (sociedade empresária) que exerce profissionalmente uma atividade econômica organizada para a produção ou a circulação de bens ou de serviços. Por outro lado, o parágrafo único do art. 966 do Código Civil exclui do conceito de empresário quem exerce profissão intelectual, de natureza científica, literária ou artística, ainda com o concurso de auxiliares ou colaboradores. No caso apresentado pela Banca Examinadora, temos que os três médicos exercem atividade intelectual, de natureza científica. Embora não sejam considerados empresários, salvo se o exercício da profissão constituir elemento de empresa, a situação jurídica apresentada considerar-se-á disciplinada pelas normas da sociedade simples. Assim sendo, aplicar-se-á a regra prevista no parágrafo único do art. 1.155 do Código Civil, pela qual "equipara-se ao nome empresarial, para os efeitos da proteção da lei, a denominação das sociedades simples, associações e fundações." Por terem os três médicos decidido constituir uma sociedade do tipo limitada cujo objeto simples, portanto, embora a futura sociedade não tenha nome empresarial, por não exercer empresa, a formação de sua designação obedecerá às regras para a formação do nome empresarial do tipo limitada. Nestes termos, o art. 1.158 do Código Civil prevê que "pode a sociedade limitada adotar firma ou denominação, integradas pela palavra final limitada ou a sua abreviatura."

**Alternativa correta: letra "C".**

---

**12. (FGV - Exame de Ordem 2017.2)** Em 11 de setembro de 2016, ocorreu o falecimento de Pedro, sócio de uma sociedade simples. Nessa situação, o contrato preve a resolução da sociedade em relação a um sócio. Na alteração contratual ficou estabelecida a redução do capital no valor das quotas titularizadas pelo ex-sócio, sendo o documento arquivado no Registro Civil de Pessoas Jurídicas, em 22 de outubro de 2016.

Diante da narrativa, os herdeiros de Pedro são responsáveis pelas obrigações sociais anteriores à data do falecimento, até dois anos após

a) a data da resolução da sociedade e pelas posteriores e em igual prazo, a partir de 11 de setembro de 2016.

b) a data do arquivamento da resolução da sociedade (22 de outubro de 2016).

c) a data da resolução da sociedade em relação ao sócio Pedro (11 de setembro de 2016).

d) a data do arquivamento da resolução da sociedade e pelas posteriores e em igual prazo, a partir de 22 de outubro de 2016.

**COMENTÁRIOS**

✪ **Nota do autor:** A questão exigia do(a) candidato(a) conhecimento do texto da lei.

**Alternativas "a, "b", "d":** O termo de referência é a data da averbação da resolução da sociedade (22 de outubro de 2016), e, conforme o art. 1.032 do CC, os herdeiros do sócio falecido Pedro serão responsabilizados, até dois anos, pelas obrigações anteriores contraídas.

**Alternativa "c":** A morte do sócio de sociedade simples não resolve a sociedade. A regra é liquidar a sua quota social.

**Alternativa correta: letra "b".**

## 4.2. SOCIEDADE EM COMUM

---

**13. (FGV – XXXVII Exame OAB)** Lauro e Moysés constituem, por contrato escrito, uma sociedade para prestação de serviços de informática, mas não levam o contrato a arquivamento na Junta Comercial e iniciam a atividade econômica em comum. Lauro, em seu nome, mas agindo no interesse dele e de Moysés, celebra contrato com Agnes para instalação e manutenção de rede sem fio. Agnes desconhecia a existência da sociedade. Inadimplido o contrato, Agnes tomou conhecimento da existência de sociedade por confissão de Lauro na ação de cobrança que ela intentou em face dele. Com base nessas informações, Agnes poderá ter seu crédito satisfeito com o produto da alienação judicial dos

a) bens sociais de titularidade comum dos sócios Lauro e Moysés e de seus bens particulares, devendo exaurir primeiro os bens sociais para, posteriormente e se necessário, atingir os bens dos sócios, sendo que Lauro está excluído do benefício de ordem por ter contratado no interesse da sociedade.

b) bens particulares de Lauro, por desconhecer a existência da sociedade, sem possibilidade de excussão dos bens sociais ou os de Moysés, por esse não ter contratado no interesse da sociedade.

c) bens sociais de titularidade comum dos sócios Lauro e Moysés e dos bens particulares de Lauro, mas não há possibilidade de atingir os bens particulares de Moysés, já que este não contratou no interesse da sociedade.

d) bens sociais de titularidade comum dos sócios Lauro e Moysés, considerando a existência de autonomia patrimonial da sociedade, sem possibilidade de excussão dos bens particulares dos sócios Lauro e Moysés.

**COMENTÁRIOS**

✪ **Nota do autor:** A questão exigia do(a) candidato(a) o conhecimento do texto de lei.

Alternativa "a" (responde, também, as demais alternativas): Em primeiro lugar, cumpre lembrar que enquanto não inscritos os atos constitutivos, reger-se-á a sociedade pelas normas da sociedade em comum, que estão dispostas entre os arts. 986 a 990 do Código Civil. Por se tratar de sociedade em comum, o Código Civil prevê que todos os sócios responderão solidária e ilimitadamente pelas obrigações sociais, sendo excluído do benefício de ordem, aquele que contratou pela sociedade (no caso, Lauro). Assim sendo, com base nas informações apresentadas pela Banca Examinadora, Agnes poderá ter seu crédito satisfeito com o produto da alienação judicial dos bens sociais de titularidade comum dos sócios Lauro e Moysés e de seus bens particulares, devendo exaurir primeiro os bens sociais para, posteriormente e se necessário, atingir os bens dos sócios, sendo que Lauro está excluído do benefício de ordem por ter contratado no interesse da sociedade.

Alternativa correta: letra "A".

**14. (FGV – Exame de Ordem 2016.2 – Prova reaplicada Salvador-BA)** Sebastião e Marcelo constituíram uma sociedade sem que o documento de constituição tivesse sido levado a registro. Marcelo assumiu uma dívida em seu nome pessoal, mas no interesse da sociedade. Barros é credor de Marcelo pela referida obrigação.

Barros poderá provar a existência da sociedade

a) de qualquer modo, e os bens sociais respondem pelos atos de gestão praticados por Marcelo.

b) somente por escrito, e os bens sociais respondem pelos atos de gestão praticados por Marcelo.

c) de qualquer modo, e somente os bens particulares de Marcelo respondem pelos atos de gestão por ele praticados.

d) somente por escrito, e os bens particulares de Marcelo e Sebastião respondem pelos atos de gestão praticados por Marcelo.

COMENTÁRIOS

✪ **Nota do autor:** A questão exigia do(a) candidato(a) conhecimento do texto da lei.

**Alternativa "a" (responde, também, as demais alternativas):** Cumpre salientar que a sociedade, enquanto não realizar a inscrição dos seus atos constitutivos no órgão de registro competente, é uma sociedade em comum, sem personalidade jurídica, nos termos do art. 986 do CC. Com base no art. 987 do CC, um terceiro (no caso da questão vem a ser Barros) pode provar a existência da sociedade de qualquer modo. O art. 989 do CC deixa claro que os bens sociais respondem pelos atos de gestão de quaisquer sócios, salvo pacto limitativo de poderes que o terceiro conheça ou deva conhecer (isso não foi mencionado pelo enunciado, que não pode, portanto, ser presumido pelo candidato, valendo salientar que ainda se deixou claro que a operação foi feita "no interesse da sociedade").

**Alternativa correta: letra "a".**

## 4.3. SOCIEDADE EM CONTA DE PARTICIPAÇÃO

**15. (FGV – Exame de Ordem 2014.2)** Mariana, Januária e Cristina decidiram constituir uma sociedade em conta de participação, sendo a primeira sócia ostensiva e as demais sócias participantes.

Sobre o caso apresentado, de acordo com as disposições do Código Civil, assinale a opção correta.

a) É vedada a participação de mais de um sócio ostensivo na sociedade em conta de participação; logo, as demais sócias não poderão ter a qualidade de sócio ostensivo.

b) As sócias participantes Januária e Cristina poderão fiscalizar a gestão dos negócios sociais pela sócia ostensiva Mariana.

c) A sociedade em conta de participação deverá adotar como nome empresarial firma social, da qual deverá fazer parte a sócia ostensiva.

d) A sociedade somente poderá existir se o contrato não estiver inscrito em qualquer registro, pois é uma sociedade não personificada.

COMENTÁRIOS

✪ **Nota do autor:** A questão exigia do(a) candidato(a) conhecimento do texto da lei.

**Alternativa "b" (responde, também, as demais alternativas):** A questão trata sobre as sociedades em conta de participação, que são espécies de sociedades não personificadas, cuja disciplina legal está prevista a partir do art. 991 do CC. Na sociedade em conta de participação, a atividade constitutiva do objeto social é exercida unicamente pelo sócio ostensivo, em seu nome individual e sob sua própria e exclusiva responsabilidade, participando os demais dos resultados correspondentes. Obriga-se perante terceiro tão-somente o sócio ostensivo; e, exclusivamente perante este, o sócio participante, nos termos do contrato social. Assim sendo: (a) não há impedimento para que a sociedade em conta de participação tenha mais de um sócio ostensivo, inclusive, o parágrafo único do art. 996 menciona uma situação em que se pode ter mais de um sócio nesta categoria; (b) o parágrafo único do art. 993 do Código Civil demonstra o direito de fiscalizar os negócios sociais pelos sócios participantes. O que ele não pode fazer é tomar parte nas decisões, sob pena de responderem solidariamente com o sócio ostensivo, mas pode fiscalizar os atos praticados; (c) a sociedade em conta de participação, pelo que prevê o art. 1162, não tem nome empresarial. Esta é uma consequência lógica já que o nome empresarial é um atributo da personalidade e a conta de participação é uma sociedade sem personalidade jurídica própria; (d) o registro não é necessário, mas ele pode existir. Há inclusive a ressalva do art. 993 que determina: "O contrato social produz efeito somente entre os sócios, e a eventual inscrição de seu instrumento em qualquer registro não confere personalidade jurídica à sociedade."

**Alternativa correta: letra "b".**

## 4.4. SOCIEDADE LIMITADA

**16. (FGV – Exame de Ordem XXXVI – 2022)** A sociedade Corinto & Curvelo Ltda. é composta apenas por dois sócios, sendo o sócio Corinto titular de 40% do capital e o sócio Curvelo titular do restante. Nesta situação, a exclusão extrajudicial motivada do sócio minoritário de sociedade limitada poderá ser realizada pelo sócio Curvelo, independentemente de ter havido

a) justa causa, ou seja, de modo discricionário.

b) previsão no contrato de exclusão por justa causa.

c) alteração do contrato social.

d) reunião ou assembleia especial para esse fim.

COMENTÁRIOS

✪ **Nota do autor:** A questão exigia do(a) candidato(a) conhecimento do texto da lei.

**Alternativa "d" (responde, também, as demais alternativas):** correta. Considerando que a sociedade Corinto & Curvelo Ltda. é composta apenas por dois sócios, sendo o sócio Corinto titular de 40% do capital e o sócio Curvelo titular do restante, aplicar-se-á a exceção prevista na primeira parte do parágrafo único do art. 1.085 do Código Civil para a exclusão extrajudicial do sócio minoritário. Confira: "CC, Art. 1.085, parágrafo único. Ressalvado o caso em que haja apenas dois sócios na sociedade, a exclusão de um sócio somente poderá ser determinada em reunião ou assembleia especialmente convocada para esse fim, ciente o acusado em tempo hábil para permitir seu comparecimento e o exercício do direito de defesa. (Redação dada pela Lei 13.792/2019)". Assim, a exclusão extrajudicial motivada do sócio minoritário de sociedade ltda. poderá ser realizada pelo sócio Curvelo, independentemente de ter havido reunião ou assembleia especial para esse fim.

**Alternativa correta: letra "d".**

**17. (FGV – Exame de Ordem XXXVI – 2022)** Pedro Laurentino deseja constituir uma sociedade limitada unipessoal cuja denominação será Padaria São Félix do Piauí Ltda., sediada em Teresina. A inscrição dos atos constitutivos da pessoa jurídica, ou as respectivas averbações de atos posteriores no registro empresarial, assegura o uso exclusivo do nome empresarial

a) nos limites do estado do Piauí.

b) nos limites do município de Teresina.

c) em todo o território nacional.

d) em toda a Região Nordeste.

COMENTÁRIOS

✪ **Nota do autor:** A questão exigia do(a) candidato(a) conhecimento do texto da lei.

**Alternativa "a" (responde, também, as demais alternativas):** correta. Nome empresarial é o elemento de identificação do empresário no meio empresarial. A proteção do nome empresarial ocorre automaticamente do registro do empresário (art. 33 do Lei 8.934/1994), nos limites do Estado (art. 1.166 do Código Civil). Para que a proteção do nome empresarial alcance outros estados da federação, o empresário deverá efetivar o registro em cada um deles. Confira o que diz o dispositivo legal em comento: "CC, Art. 1.166. A inscrição do empresário, ou dos atos constitutivos das pessoas jurídicas, ou as respectivas averbações, no registro próprio, asseguram o uso exclusivo do nome nos limites do respectivo Estado. Parágrafo único. O uso previsto neste artigo estender-se-á a todo o território nacional, se registrado na forma da lei especial." Considerando que a sociedade limitada "Padaria São Félix do Piauí Ltda." teve seus atos constitutivos registrados na Junta Comercial da cidade de Teresina, a proteção do nome empresarial ocorrerá nos limites do estado do Piauí.

**Alternativa correta: letra "a".**

---

**18. (FGV/OAB/ XXXIII Exame-2021)** Em razão das medidas de isolamento social propagadas nos anos de 2020 e 2021, muitos administradores precisaram de orientação quanto à licitude da realização de reuniões ou assembleias de sócios nas sociedades limitadas, de forma digital, ou à possibilidade do modelo híbrido, ou seja, o conclave é presencial, mas com a possibilidade de participação remota de sócio, inclusive proferindo voto.

Assinale a afirmativa que apresenta a orientação correta.

a) Na sociedade limitada é vedada tanto a reunião ou assembleia de sócios, de forma digital, quanto a participação do sócio e o voto à distância.

b) Na sociedade limitada é vedada a reunião ou assembleia de sócios, de forma digital, mas é possível a participação de sócio e o voto à distância.

c) Na sociedade limitada é vedada a participação e voto à distância nas reuniões e assembleias, mas é possível a reunião ou assembleia de forma digital.

d) Na sociedade limitada é possível tanto a reunião ou a assembleia de sócios, de forma digital, quanto a participação do sócio e o voto à distância.

COMENTÁRIOS

✪ **Nota do autor:** A questão exigia do(a) candidato(a) conhecimento da lei seca. Vale a pena lembrar ao candidato a importância de ler as novidades legislativas, sobretudo as que habitualmente incluímos na parte de Dicas, pois as Bancas Examinadoras amam elaborar questões versando sobre mudanças no ordenamento jurídico pátrio. Destaca-se, portanto, desde já, o inteiro teor do art. 1.080-A do CC, incluído pela Lei 14.030/2020, in verbis: "Art. 1.080-A. O sócio poderá participar e votar a distância em reunião ou em assembleia, nos termos do regulamento do órgão competente do Poder Executivo federal. Parágrafo único. A reunião ou a assembleia poderá ser realizada de forma digital, respeitados os direitos legalmente previstos de participação e de manifestação dos sócios e os demais requisitos regulamentares." Apesar deste dispositivo legal ter sido aprovado num momento delicado para a humanidade diante da pandemia causada pelo novo Corona Vírus – Covid-19, fato é que a novidade legislativa merece aplausos, pois além do objetivo de conter o avanço do vírus, também representou a modernização dos processos de gestão do empresariado brasileiro. Caminhou muito bem o legislador."

**Alternativa "a":** Na sociedade limitada é permitida tanto a reunião ou assembleia de sócios, de forma digital, quanto a participação do sócio e o voto à distância.

**Alternativa "b":** Na sociedade limitada é permitida a reunião ou assembleia de sócios, de forma digital, bem como a participaçao de sócio e o voto à distância.

**Alternativa "c":** Na sociedade limitada é permitida a participação e voto à distância nas reuniões e assembleias, bem como a reunião ou assembleia de forma digital.

**Alternativa "d":** De fato, na sociedade limitada é possível tanto a reunião ou a assembleia de sócios, de forma digital, quanto a participação do sócio e o voto à distância. É o que diz o art. 1.080-A do Código Civil, que foi inserido pela Lei 14.030/2020. Em razão da importância deste dispositivo, vale mais uma transcrição: "Art. 1.080-A. O sócio poderá participar e votar a distância em reunião ou em assembleia, nos termos do regulamento do órgão competente do Poder Executivo federal. Parágrafo único. A reunião ou a assembleia poderá ser realizada de forma digital, respeitados os direitos legalmente previstos de participação e de manifestação dos sócios e os demais requisitos regulamentares." Apesar deste dispositivo legal ter sido aprovado num momento delicado para a humanidade diante da pandemia causada pelo novo Corona Vírus – Covid-19, fato é que a novidade legislativa merece aplausos, pois além do objetivo de conter o avanço do vírus, também representou a modernização dos processos de gestão do empresariado brasileiro. Caminhou muito bem o legislador.

**Alternativa correta: letra "D".**

---

**19. (FGV – Exame de Ordem 2020.1)** No contrato da sociedade empresária Arealva Calçados Finos Ltda., não consta cláusula de regência supletiva pelas disposições de outro tipo societário. Ademais, tanto no contrato social quanto nas disposições legais relativas ao tipo adotado pela sociedade não há norma regulando a sucessão por morte de sócio.

Diante da situação narrada, assinale a afirmativa correta.

a) Haverá resolução da sociedade em relação ao sócio em caso de morte.

b) Haverá transmissão causa mortis da quota social.

c) Caberá aos sócios remanescentes regular a substituição do sócio falecido.

d) Os sócios serão obrigados a incluir, no contrato, cláusula dispondo sobre a sucessão por morte de sócio.

COMENTÁRIOS

✪ **Nota do autor:** A questão exigia do candidato conhecimento do texto da lei.

**Alternativa "a" (responde, também, as demais alternativas):** De fato, em se tratando de sociedade limitada, não havendo previsão expressa no contrato social, haverá a resolução da sociedade em relação ao sócio falecido, liquidando-se a sua quota. A respeito, o art. 1.028 do Código Civil estabelece

EMPRESARIAL

que "No caso de morte de sócio, liquidar-se-á sua quota, salvo: I – se o contrato dispuser diferentemente; II – se os sócios remanescentes optarem pela dissolução da sociedade; III – se, por acordo com os herdeiros, regular-se a substituição do sócio falecido."

**Alternativa correta: letra "a".**

---

**20. (FGV – Exame de Ordem 2020.1)** Anadia e Deodoro são condôminos de uma quota de sociedade limitada no valor de R$ 13.000,00 (treze mil reais). Nem a quota nem o capital da sociedade - fixado em R$ 50.000,00 (cinquenta mil reais) - se encontram integralizados. Você é consultado(a), como advogado(a), sobre a possibilidade de a sociedade demandar os condôminos para que integralizem a referida quota. Assinale a opção que apresenta a resposta correta.

a) Eles são obrigados à integralização apenas a partir da decretação de falência da sociedade.

b) Eles não são obrigados à integralização, pelo fato de serem condôminos de quota indivisa.

c) Eles são obrigados à integralização, porque todos os sócios, mesmo os condôminos, devem integralizar o capital.

d) Eles não são obrigados à integralização, porque o capital da sociedade é inferior a 100 salários mínimos.

**COMENTÁRIOS**

✪ **Nota do autor:** A questão exigia do candidato conhecimento do texto da lei.

**Alternativa "a":** incorreta, pois Anadia e Deodoro são obrigados à integralização, independentemente da decretação da falência da sociedade.

**Alternativa "b":** incorreta, pois em que pese quota ser indivisível em relação à sociedade, eles são obrigados à integralização.

**Alternativa "c":** correta. Anadia e Deodoro, são obrigados à integralização, porque todos os sócios, mesmo os condôminos, devem integralizar o capital. De acordo com o Código Civil, a quota é indivisível em relação à sociedade, sendo que os condôminos de quota indivisa respondem solidariamente pelas prestações necessárias à sua integralização (art. 1.056, "caput" e § 2º, do CC). Vale lembrar, ainda, que em se tratando se sociedade limitada, a responsabilidade de cada sócio é restrita ao valor de suas quotas, mas todos respondem solidariamente pela integralização do capital social (art. 1.052, do CC).

**Alternativa "d":** incorreta, pois Anadia e Deodoro são obrigados à integralização, independentemente do valor do capital da sociedade. Com a subscrição, os sócios devem integralizar as suas quotas, independentemente do valor do capital social.

**Alternativa correta: letra "C".**

---

**21. (FGV - Exame de Ordem 2017.3)** Miguel e Paulo pretendem constituir uma sociedade do tipo limitada porque não pretendem responder subsidiariamente pelas obrigações sociais.

Na consulta a um advogado previamente à elaboração do contrato, foram informados de que, nesse tipo societário, todos os sócios respondem

a) solidariamente pela integralização do capital social.

b) até o valor da quota de cada um, sem solidariedade entre si e em relação à sociedade.

c) até o valor da quota de cada um, após cinco anos da data do arquivamento do contrato.

d) solidariamente pelas obrigações sociais.

**COMENTÁRIOS**

✪ **Nota do autor:** A questão exigia do(a) candidato(a) conhecimento do texto da lei.

Conforme o caput do art. 1.052 do CC: "Na sociedade limitada, a responsabilidade de cada sócio é restrita ao valor de suas quotas, mas todos respondem solidariamente pela integralização do capital social", ou seja, a primeira parte do dispositivo trata da limitação de responsabilidade (autonomia patrimonial própria) e, a segunda parte, refere-se à responsabilidade solidária no caso de integralização do capital social.

**Alternativa correta: letra "A".**

---

**22. (FGV – Exame de Ordem 2016.3)** Paula, sócia administradora de Nova Trento Serviços Automotivos Ltda., cujo capital encontra-se parcialmente integralizado, comunica aos demais sócios que pretende se afastar da administração e indicar sua mãe Maria para a administração. O sócio Dionísio consulta seu(sua) advogado(a) para saber a legalidade da indicação e eventual eleição, porque Maria não integra o quadro social.

O(A) advogado(a) respondeu corretamente que a indicação é

a) legal, desde que seja aprovada pela unanimidade dos sócios diante da não integralização do capital social.

b) ilegal, porque não existe no contrato cláusula de regência supletiva pela Lei de Sociedades por Ações.

c) legal, desde que seja inserida no contrato previamente a possibilidade de a administração ser exercida por não sócio.

d) ilegal, pois o capital social deveria estar integralizado para que a indicação seja aprovada por maioria de três quartos do capital.

**COMENTÁRIOS**

✪ **Nota do autor:** A questão exigia do(a) candidato(a) conhecimento do texto da lei.

**Alternativa "a" (responde, também, as demais alternativas):** Na ocasião em que a presente questão foi aplicada, o art. 1.061 do Código Civil previa que a designação de administradores não sócios dependia da aprovação da unanimidade dos sócios, enquanto o capital social não estivesse totalmente integralizado, e de 2/3 (dois terços), no mínimo, após a integralização. Assim, o gabarito correto da questão era a alternativa "a". No entanto, vale ressaltar que, diante da Lei 14.451, de 21 de setembro de 2022, tais quóruns de deliberação da sociedade limitada foram alterados. Com efeito, após a edição da Lei 14.451/2022, nos termos do arts. 1.061 do Código Civil, a designação de administradores não sócios depende da aprovação de: (i) no mínimo, 2/3 (dois terços) dos sócios, enquanto o capital não estiver integralizado; e (ii) da aprovação de titulares de quotas correspondentes a mais da metade do capital social, após a integralização."

**Alternativa correta: letra "a".**

---

**23. (FGV – Exame de Ordem 2016.2)** Na sociedade Apuí Veículos Ltda., a sócia Eva foi eleita administradora, pela unanimidade dos sócios, para um mandato de três anos. Em razão de insuperáveis divergências com os demais administradores sobre a condução dos negócios, Eva renunciou ao cargo após um ano de sua investidura.

A eficácia da renúncia de Eva se dará, em relação à sociedade, desde o momento em que

a) a assembleia de sócios ratifica o ato de Eva; e, em relação a terceiros, após a averbação da renúncia.
b) é designado novo administrador para substituir Eva; e, em relação a terceiros, após a averbação ou publicação da renúncia.
c) esta toma conhecimento da comunicação escrita de Eva; e, em relação a terceiros, após a averbação e publicação da renúncia.
d) o termo de renúncia de Eva é lavrado no livro de atas da administração; e, em relação a terceiros, após a publicação da renúncia.

COMENTÁRIOS

✪ **Nota do autor:** A questão exigia do(a) candidato(a) conhecimento do texto da lei.

**Alternativa "c" (responde, também, as demais alternativas):** Trata-se da redação dada pelo art. 1.063 do Código Civil: "O exercício do cargo de administrador cessa pela destituição, em qualquer tempo, do titular, ou pelo término do prazo se, fixado no contrato ou em ato separado, não houver recondução." No § 3º do referido dispositivo legal, a renúncia de administrador torna-se eficaz, em relação à sociedade, desde o momento em que esta toma conhecimento da comunicação escrita do renunciante; e, em relação a terceiros, após a averbação e publicação.

**Alternativa correta: letra "c".**

## 4.5. SOCIEDADE ANÔNIMA

**24. (FGV- XXXIV Exame de Ordem-2022)** Na companhia fechada Gráfica Redenção da Serra S/A, o estatuto prevê a criação de classes de ações ordinárias em função de (I) conversibilidade em ações preferenciais e (II) atribuição de voto plural na razão de 5 (cinco) votos por 1 (uma) ação ordinária.

Ao analisar a cláusula estatutária você conclui que ela é

a) parcialmente válida, pois é nula a atribuição de voto plural a qualquer classe de ação ordinária, porém é possível a conversibilidade em ações preferenciais.
b) parcialmente nula, pois é válida no tocante a atribuição de voto plural, já que não excede o limite de 10 (dez) votos por ação, e nula no tocante à conversibilidade em ações preferenciais.
c) plenamente válida, pois ambos os parâmetros adotados pelo estatuto (voto plural e conversão em ações preferenciais) são possíveis e lícitos nas companhias fechadas.
d) totalmente nula, pois são vedadas tanto a conversibilidade de ações ordinárias em preferenciais quanto a atribuição de voto plural nas companhias fechadas.

COMENTÁRIOS

✪ **Nota do autor:** A questão exigia do candidato o conhecimento do texto da lei.

**Alternativa "c" (responde, também, as demais alternativas):** Em primeiro lugar, cumpre-nos relembrar o conceito de ação. Espécies de valores mobiliários, as ações são frações do capital social, que conferem ao titular o direito de sócio de uma sociedade anônima, podendo ser classificadas em ordinárias, preferenciais, e de fruição. As ações estão disciplinadas nos arts. 11 a 45 da Lei 6.404/1976 (Lei das Sociedades por Ações). O estatuto social da companhia fechada, que prevê a criação de classes de ações ordinárias em função de conversibilidade em ações preferenciais e atribuição de voto plural na razão de 5 votos por 1 ação ordinária, é válido. É que o art. 16 da Lei 6.404/76 estabelece que "As ações ordinárias de companhia fechada poderão ser de classes diversas, em função de: I – conversibilidade em ações preferenciais; (...) IV – atribuição de voto plural a uma ou mais classes de ações, observados o limite e as condições dispostos no art. 110-A. Considerando que as condições previstas no art. 110-A (incluído pela Lei 14.195/2021) da Lei 6.404/76 foram respeitadas, a cláusula é válida. Confira: "Art. 110-A. É admitida a criação de uma ou mais classes de ações ordinárias com atribuição de voto plural, não superior a 10 votos por ação ordinária: I - na companhia fechada; e II - na companhia aberta, desde que a criação da classe ocorra previamente à negociação de quaisquer ações ou valores mobiliários conversíveis em ações de sua emissão em mercados organizados de valores mobiliários."

**Alternativa correta: letra "c".**

---

**25. (FGV-Exame de Ordem 2019.1)**Felipe Guerra, de nacionalidade portuguesa, residente em Maceió/AL, foi eleito diretor da Companhia Mangue do Porto Empreendimentos Imobiliários.

Sabe-se que a referida companhia tem sede em Florânia/RN; que ela não tem Conselho de Administração e que Felipe Guerra não é seu acionista.

Com base nessas informações, avalie a eleição de Felipe Guerra e assinale a afirmativa correta.

a) Não foi regular, em razão de não ter a qualidade de acionista da companhia.
b) Foi regular, ainda que seu domicílio seja em Estado diverso daquele da sede da companhia.
c) Não foi regular, em razão de sua nacionalidade.
d) Foi regular, diante da ausência de Conselho de Administração; do contrário, seria irregular.

COMENTÁRIOS

**Alternativa "a":** não há na lei de S.A nenhuma exigência para que o diretor seja sócio.

**Alternativa "b":** o art. 146 da Lei nº 6404/76, com redação dada pela Lei nº 12.431/2011 prevê que: "Poderão ser eleitas para membros dos órgãos de administração pessoas naturais, devendo os diretores ser residentes no País." Não há qualquer exigência para que o diretor seja sócio ou tenha nacionalidade brasileira. Ele tem que residir no Brasil, mas pode ter domicílio em local diferente da sede, já que não há qualquer exigência para isto.

**Alternativa "c":** como explicado acima, não há exigência de nacionalidade brasileira. Apenas a residência no país.

**Alternativa "d":** os requisitos para ser diretor, independem da existência de conselho de administração.

**Alternativa correta: letra "b"**

---

**26. (FGV - Exame de Ordem 2018.2)** Leandro, Alcides e Inácio pretendem investir recursos oriundos de investimentos no mercado de capitais para constituir uma companhia fechada por subscrição particular do capital. A sociedade será administrada por Inácio e sua irmã, que não será sócia.

Considerando-se o tipo societário e a responsabilidade legal dos sócios a ele inerente, assinale a afirmativa correta.

a) Leandro, Alcides e Inácio responderão limitadamente até o preço de emissão das ações por eles subscritas.
b) Leandro, Alcides e Inácio responderão limitadamente até o valor das quotas por eles subscritas, mas solidariamente pela integralização do capital.

EMPRESARIAL

c) Leandro, Alcides e Inácio responderão ilimitada, solidária e subsidiariamente pelas obrigações sociais.

d) Leandro e Alcides responderão limitadamente até o preço de emissão das ações por eles subscritas, e Inácio, como administrador, ilimitada e subsidiariamente, pelas obrigações sociais.

COMENTÁRIOS

✪ **Nota do autor:** A questão exigia do(a) candidato(a) conhecimento do texto da lei.

**Alternativa "a" (responde, também, as demais alternativas):** A questão exige do candidato conhecimento do texto da Lei 6.404/1976, que dispõe sobre as sociedades por ações. Considerando-se o tipo societário (sociedade anônima) e a responsabilidade legal dos sócios a ele inerente, Leandro, Alcides e Inácio responderão limitadamente até o preço de emissão das ações por eles subscritas. É o que dispõe o art. 1º da Lei 6.404/1976: "A companhia ou sociedade anônima terá o capital dividido em ações, e a responsabilidade dos sócios ou acionistas será limitada ao preço de emissão das ações subscritas ou adquiridas."

**Alternativa correta: letra "a".**

---

**27. (FGV - Exame de Ordem 2017.2)** Marcel, durante a realização de seu estágio em um escritório de advocacia, devidamente autorizado por seu chefe, atendeu a uma consulta formulada por um cliente. O cliente desejava esclarecimentos sobre o direito de voto e seu exercício nas companhias.

Marcel respondeu, corretamente, que

a) na eleição dos membros do Conselho Fiscal, o voto poderá ser múltiplo.

b) em caso de penhor da ação, somente o credor pignoratício exercerá o direito de voto.

c) independente da espécie ou da classe de ação, o voto é um direito essencial de todo e qualquer acionista.

d) a qualquer espécie ou classe de ação, é vedado atribuir voto plural.

COMENTÁRIOS

✪ **Nota do autor:** A questão exigia do(a) candidato(a) conhecimento do texto da lei.

**Alternativa "a":** Preconiza o art. 141 da Lei das S/A (Lei nº 6.404/76) que a possibilidade de adoção do processo do voto múltiplo somente poderá ser adotada na eleição do Conselho de Administração, não sendo aplicável ao Conselho Fiscal. Assim, a assertiva está incorreta.

**Alternativa "b":** O penhor da ação não impede o acionista de exercer o direito de voto; será lícito, todavia, estabelecer, no contrato, que o acionista não poderá, sem consentimento do credor pignoratício, votar em certas deliberações (art. 113 da Lei nº 6.404/76). Assim, o proprietário da ação é que irá exercer o direito de voto, e não o credor.

**Alternativa "c":** O direito de voto não é essencial (art. 109 da Lei das S/A). Ademais, estipula o art. 111 do referido diploma legal que o estatuto poderá deixar de conferir o direito do voto ao acionista preferencialista.

**Alternativa "d":** No § 2º do art. 110, a Lei 6.404/1976 (Lei das Sociedades por Ações).

**Alternativa correta: letra "d".**

---

**28. (FGV – Exame de Ordem 2016.3)** Bernardino adquiriu de Lorena ações preferenciais escriturais da companhia Campos Logística S/A e recebeu do(a) advogado(a) orientação de como se dará a formalização da transferência da propriedade.

A resposta do(a) advogado(a) é a de que a transferência das ações se opera

a) pelo extrato a ser fornecido pela instituição custodiante, na qualidade de proprietária fiduciária das ações.

b) pela inscrição do nome de Bernardino no livro de Registro de Ações Nominativas em poder da companhia.

c) pelo lançamento efetuado pela instituição depositária em seus livros, a débito da conta de ações de Lorena e a crédito da conta de ações de Bernardino.

d) por termo lavrado no livro de Transferência de Ações Nominativas, datado e assinado por Lorena e por Bernardino ou por seus legítimos representantes.

COMENTÁRIOS

✪ **Nota do autor:** A questão exigia do(a) candidato(a) conhecimento do texto da lei.

**Alternativa "c" (responde, também, as demais alternativas):** De acordo com o art. 35, caput e § 1º da Lei nº 6.404/64, a propriedade da ação escritural presume-se pelo registro na conta de depósito das ações, aberta em nome do acionista nos livros da instituição depositária. Além disso, a transferência da ação escritural opera-se pelo lançamento efetuado pela instituição depositária em seus livros, a débito da conta de ações do alienante (Lorena) e a crédito da conta de ações do adquirente (Bernardino), à vista de ordem escrita do alienante, ou de autorização ou ordem judicial, em documento hábil que ficará em poder da instituição.

**Alternativa correta: letra "c".**

---

**29. (FGV – Exame de Ordem 2016.1)** Determinado órgão da administração pública indireta (autarquia municipal) consultou seu procurador sobre a possibilidade de utilizar-se da arbitragem para dirimir litígios relativos a direitos patrimoniais disponíveis com uma sociedade empresária.

Com base na hipótese apresentada, assinale a afirmativa correta.

a) A arbitragem é incompatível com a administração pública, pois todas as questões que envolvem entes públicos possuem interesses vinculados de toda a coletividade, não sendo, portanto, disponíveis os direitos patrimoniais envolvidos.

b) Não é possível a instituição da arbitragem pela administração pública indireta, apenas por órgãos da administração pública direta e, nesse caso, a autoridade competente para a celebração de convenção de arbitragem é a mesma para a realização de acordos ou transações.

c) Tanto os órgãos integrantes da administração pública direta quanto indireta poderão utilizar-se da arbitragem, que poderá ser de direito ou de equidade, a critério das partes, e respeitará o princípio da publicidade.

d) É possível a utilização da arbitragem pela administração pública direta ou indireta, e, uma vez instituída quando aceita a nomeação pelo árbitro, se for único, ou por todos, se forem vários, haverá a interrupção da prescrição, retroagindo à data do requerimento de sua instauração.

COMENTÁRIOS

✪ **Nota do autor:** A questão exigia do(a) candidato(a) conhecimento do texto da lei.

**Alternativa "d" (responde, também, as demais alternativas):** A questão exigia do candidato conhecimento do a questão exigia do(a) candidato(a) conhecimento do texto da Lei de Arbitragem (Lei 9.307/1996). A questão corresponde ao previsto no art. 1º da Lei 9.307/1996. Confira: "Lei 9.307/1996, Art. 1º As pessoas capazes de contratar poderão valer-se da arbitragem para dirimir litígios relativos a direitos patrimoniais disponíveis. § 1º A administração pública direta e indireta poderá utilizar-se da arbitragem para dirimir conflitos relativos a direitos patrimoniais disponíveis. § 2º A autoridade ou o órgão competente da administração pública direta para a celebração de convenção de arbitragem é a mesma para a realização de acordos ou transações." Além disso,, o art. 19 da Lei em comento, estabelece que "Considera-se instituída a arbitragem quando aceita a nomeação pelo árbitro, se for único, ou por todos, se forem vários. Por fim, diz o art. 19, § 2º, da Lei 9.307/1996, que "a instituição da arbitragem interrompe a prescrição, retroagindo à data do requerimento de sua instauração, ainda que extinta a arbitragem por ausência de jurisdição".

**Alternativa correta: letra "d".**

## 4.6. SOCIEDADE COOPERATIVA

**30. (FGV- XXXIV Exame de Ordem-2022)** A sociedade cooperativa é dotada de características próprias que lhe atribuem singularidade em relação a outros tipos societários, dentre elas o critério de distribuição de resultados. Das alternativas abaixo, assinale a única que indica corretamente tal critério.

a) A distribuição dos resultados é realizada proporcionalmente ao valor da quota-parte de cada sócio, salvo disposição diversa do estatuto.

b) A distribuição dos resultados é realizada proporcionalmente ao valor dos bens conferidos por cada cooperado, para formação do capital social.

c) A distribuição dos resultados é realizada proporcionalmente ao valor das operações efetuadas pelo sócio com a sociedade, podendo ser atribuído juro fixo ao capital realizado.

d) A distribuição dos resultados é realizada proporcionalmente à contribuição de cada cooperado, para formação dos Fundos de Reserva e de Assistência Técnica Educacional e Social.

**COMENTÁRIOS**

✪ **Nota do autor:** A questão exigia do candidato o conhecimento do texto da lei.

**Alternativa "c" (responde, também, as demais alternativas):** Tendo seu fundamento constitucional no art. 5º, inc. XVIII, da CF, as sociedades cooperativas são disciplinadas pela **Lei 5.764/1971** e pelos **arts. 1.093 a 1.096 do Código Civil**. As cooperativas são sociedades em que pessoas reciprocamente se obrigam a contribuir com bens ou serviços para o exercício de uma atividade econômica, de proveito comum, **sem** objetivo de lucro. As características das sociedades cooperativas estão previstas no art. 4º da Lei 5.764/1971, bem como no art. 1.094 do Código Civil. Com efeito, as cooperativas se distinguem das demais sociedades, pelas seguintes **características**: **(i)** variabilidade, ou dispensa do capital social; **(ii)** concurso de sócios em número mínimo necessário a compor a administração da sociedade, sem limitação de número máximo; **(iii)** limitação do valor da soma de quotas do capital social que cada sócio poderá tomar; **(iv)** intransferibilidade das quotas do capital a terceiros estranhos à sociedade, ainda que por herança; **(v)** quórum , para a assembléia geral funcionar e deliberar, fundado no número de sócios presentes à reunião, e não no capital social representado; **(vi)** direito de cada sócio a um só voto nas deliberações, tenha ou não capital a sociedade, e qualquer que seja o valor de sua participação; **(vii) distribuição dos resultados, proporcionalmente ao valor das operações efetuadas pelo sócio com a sociedade, podendo ser atribuído juro fixo ao capital realizado**; **(viii)** indivisibilidade do fundo de reserva entre os sócios, ainda que em caso de dissolução da sociedade.

**Alternativa correta: letra "c".**

**31. (FGV – Exame de Ordem/2018.3)** Dirce Reis trabalha como advogada e presta apoio jurídico aos empreendedores da cidade de São Francisco interessados na constituição de sociedades cooperativas. Um grupo de prestadores de serviços procurou a consultora para receber informações sobre o funcionamento de uma cooperativa.

Sobre as regras básicas de funcionamento de uma cooperativa, assinale a afirmativa correta.

a) O estatuto da cooperativa deve ser aprovado previamente pela Junta Comercial do Estado da Federação onde estiver a sede, sendo arquivado no Registro Civil de Pessoas Jurídicas.

b) Na sociedade cooperativa, cada sócio tem direito a um só voto nas deliberações sociais, tenha ou não capital a sociedade, e qualquer que seja o valor de sua participação.

c) A responsabilidade dos sócios de uma cooperativa é sempre limitada ao valor do capital social, mas todos respondem solidária e ilimitadamente pela sua integralização.

d) Sob pena de nulidade, o capital social da cooperativa deverá ser igual ou superior a 100 salários mínimos, que também será variável durante toda sua existência.

**COMENTÁRIOS**

✪ **Nota do autor:** A questão exigia do(a) candidato(a) conhecimento do texto da lei.

**Alternativa "b" (responde, também, as demais alternativas):** As sociedade cooperativas têm assento constitucional no art. 5º, XVIII, da CF, e estão disciplinadas pelas Leis 5.764/1971 e Lei 10.046/2002. As cooperativas são sociedades de pessoas, com forma e natureza próprias, de natureza civil, não sujeitas à falência, constituídas para prestar serviços aos associados, distinguindo-se das demais sociedades por algumas características. Aliás, as sociedades cooperativas serão sempre sociedades simples. Embora o ato constitutivo das sociedades cooperativas deva ser levado a registro na Junta Comercial, elas nunca serão consideradas empresárias. As sociedades cooperativas se distinguem das demais sociedades, pelas características extraídas do art. 1.095 do CC e do art. 4º da Lei 5.764/1971, a saber: (I) variabilidade, ou dispensa do capital social; (ii) concurso de sócios em número mínimo necessário a compor a administração da sociedade, sem limitação de número máximo; (iii) limitação do valor da soma de quotas do capital social que cada sócio poderá tomar; (iv) intransferibilidade das quotas do capital a terceiros estranhos à sociedade, ainda que por herança; (v) quórum, para a assembleia geral funcionar e deliberar, fundado no número de sócios presentes à reunião, e não no capital social representado; (vi) direito de cada sócio a um só voto nas deliberações, tenha ou não capital a sociedade, e qualquer que seja o valor de sua participação; (vii) distribuição dos resultados, proporcionalmente ao valor das operações efetuadas pelo sócio com a sociedade, podendo ser atribuído juro fixo ao capital realizado; (viii) indivisibilidade do fundo de reserva entre os sócios, ainda que em caso de dissolução da sociedade. Já quanto à responsabilidade dos sócios, nas cooperativas, a responsabilidade pode ser limitada ou ilimitada.

**Alternativa correta: letra "b"**

EMPRESARIAL

## 4.7. SOCIEDADES DEPENDENTES DE AUTORIZAÇÃO

**32. (FGV/OAB/XXXII - Exame – 2021)** Andropoulos Inc. é uma sociedade constituída na Grécia, com sede em Atenas e sócios de nacionalidade grega, exceto a sócia Querência, brasileira nata, que detém participação de 80% do capital, dividido em quotas.

Se essa sociedade quiser atuar no Brasil por meio de uma sucursal em São Paulo/SP, será necessário

a) ter, permanentemente, representante no Brasil, com poderes para resolver quaisquer questões, exceto receber citação judicial pela sociedade.
b) transferir sua sede para o Brasil, na hipótese de nacionalizar-se, mediante deliberação unânime de seus sócios, independentemente de autorização do Poder Executivo.
c) obter autorização do Poder Executivo e, em até seis meses do início de sua atividade, realizar sua inscrição na Junta Comercial do Estado de São Paulo, lugar em que deve se estabelecer.
d) sujeitar-se às leis e aos tribunais brasileiros quanto às operações praticadas no Brasil, e qualquer modificação no contrato dependerá da aprovação do Poder Executivo para produzir efeitos no país.

**COMENTÁRIOS**

✪ **Nota do autor:** A questão exigia do(a) candidato(a) conhecimento do texto da lei.

**Alternativa "d" (responde, também, as demais alternativas):** Se a sociedade estrangeira "Andropoulos Inc." quiser atuar no Brasil por meio de uma sucursal em São Paulo/SP, será necessário sujeitar-se às leis e aos tribunais brasileiros quanto às operações praticadas no Brasil, e qualquer modificação no contrato dependerá da aprovação do Poder Executivo para produzir efeitos no país. A questão trata das chamadas sociedades dependentes de autorização, que nada mais são que aquelas que precisam de prévia autorização do Poder Executivo para começar a funcionar no território nacional. Trata-se de uma exceção ao princípio da livre iniciativa, pelo qual é assegurado a todos o livre exercício de qualquer atividade econômica, independentemente de autorização de órgãos públicos. Com efeito, a regra é a de que dispensa-se prévia autorização do Poder Executivo para a constituição de pessoa jurídica, considerando que a livre iniciativa é um fundamento da República Federativa do Brasil, bem como um princípio da Ordem Econômica. No entanto, as sociedades dependentes de autorização, como a "Andropoulos Inc." mencionada na questão, representam uma exceção ao princípio da livre iniciativa. De acordo com o art. 1.134 do CC, a sociedade estrangeira, qualquer que seja o seu objeto, não pode, sem autorização do Poder Executivo, funcionar no Brasil, ainda que por estabelecimentos subordinados, podendo, no entanto, ser acionista de sociedade anônima brasileira. Nos termos do art. 1.137 do CC, "A sociedade estrangeira autorizada a funcionar ficará sujeita às leis e aos tribunais brasileiros, quanto aos atos ou operações praticados no Brasil." Além disso, qualquer modificação no contrato ou no estatuto também dependerá da aprovação do Poder Executivo, para produzir efeitos no Brasil, de acordo com o art. 1.139 do CC. Vale lembrar, por fim, que além das sociedades estrangeiras, também dependem de autorização do Poder Executivo para funcionar: (i) as instituições financeiras; (ii) as operadoras de planos de seguros privados; (iii) as operadoras de planos de saúde; e (iv) as empresas de segurança e de transporte de valores.

**Alternativa correta:** letra "d".

## 4.8. PREPOSTOS

**33. (FGV – XXXVII Exame OAB)** A empresária individual Marília da Rocha, inscrita há mais de dez anos na Junta Comercial do Estado de São Paulo, sempre exerceu empresa sem designação de prepostos. Todavia, em razão do aumento de trabalho e necessidades de múltiplas viagens, tornou-se necessário nomear Jandira Franco como gerente na sede de sua empresa. Antes de efetuar a nomeação, Marília da Rocha consulta seu advogado para que este lhe esclareça sobre as prerrogativas do gerente e sua atuação como preposto. Assinale a opção que está de acordo com a disposição legal e pode ser dada como orientação a Marília da Rocha.

a) O gerente não está autorizado a praticar os atos necessários ao exercício dos poderes que lhe foram outorgados, pois tais atos sempre exigem poderes especiais.
b) Se o empresário nomear dois ou mais gerentes, na falta de estipulação diversa, os poderes conferidos a eles presumem-se para atuação individual, sem solidariedade.
c) O gerente nunca poderá estar em juízo em nome do preponente pelas obrigações resultantes do exercício da sua função porque tal prerrogativa é exclusiva do administrador.
d) A alteração ou revogação do mandato conferido pelo empresário ao gerente, para ser oposta a terceiros, deve ser arquivada e averbada no Registro Público de Empresas Mercantis.

**COMENTÁRIOS**

✪ **Nota do autor:** A questão exigia do(a) candidato(a) o conhecimento do texto de lei.

**Alternativa "a":** incorreta. O gerente está autorizado a praticar os atos necessários ao exercício dos poderes que lhe foram outorgados. Nos termos do "caput" do art. 1.173 do Código Civil, "quando a lei não exigir poderes especiais, considera-se o gerente autorizado a praticar todos os atos necessários ao exercício dos poderes que lhe foram outorgados."

**Alternativa "b":** incorreta. Se o empresário nomear dois ou mais gerentes, na falta de estipulação diversa, os poderes conferidos a eles presumem-se solidários. Nos termos do parágrafo único do art. 1.173 do Código Civil, "na falta de estipulação diversa, consideram-se solidários os poderes conferidos a dois ou mais gerentes."

**Alternativa "c":** incorreta. Por expressa previsão legal, no art. 1.176 do Código Civil, "o gerente pode estar em juízo em nome do preponente, pelas obrigações resultantes do exercício da sua função."

**Alternativa "d":** correta. A alteração ou revogação do mandato conferido pelo empresário ao gerente, para ser oposta a terceiros, depende do arquivamento e averbação no Registro Público de Empresas Mercantis. É o que prevê o parágrafo único do art. 1.174 do Código Civil. Confira: "Art. 1.174. As limitações contidas na outorga de poderes, para serem opostas a terceiros, dependem do arquivamento e averbação do instrumento no Registro Público de Empresas Mercantis, salvo se provado serem conhecidas da pessoa que tratou com o gerente.

Parágrafo único. Para o mesmo efeito e com idêntica ressalva, deve a modificação ou revogação do mandato ser arquivada e averbada no Registro Público de Empresas Mercantis."

**Alternativa correta: letra "D".**

## 5. DESCONSIDERAÇÃO DA PERSONALIDADE JURÍDICA

**34. (FGV/OAB/XXXII – Exame – 2021)** Moema, Madalena e Carmen são sócias em uma sociedade empresária administrada por Antônio Cardoso. O objeto social é a distribuição de artigos de limpeza e asseio. Moema tem 90% do capital, Madalena tem 9% e Carmen, 1%. Ficando caracterizada confusão patrimonial pelo cumprimento repetitivo pela sociedade de obrigações pessoais das sócias por ação do administrador e a mando delas, o juiz poderá desconsiderar a personalidade jurídica da sociedade, para atingir os bens particulares

a) de Moema, somente.

b) de Antônio, somente.

c) de Moema, Madalena, Carmen e Antônio.

d) de Moema e Madalena, somente.

**COMENTÁRIOS**

✪ **Nota do autor:** A questão exigia do(a) candidato(a) conhecimento do texto da lei. A priori, convém lembrar que a desconsideração da personalidade jurídica é uma medida processual que tem por objetivo a inclusão de determinados sócios ou administradores da pessoa jurídica no polo passivo da demanda para que respondam pelas dívidas sociais com o seu patrimônio pessoal. A desconsideração não acarreta a extinção, dissolução, liquidação ou anulação da pessoa jurídica. Isso porque, a pessoa jurídica continua existindo, apenas afastando-se, temporariamente, a personalidade jurídica da sociedade para atingir o patrimônio pessoal dos sócios. O Código Civil, no seu art. 50, prevê a regra matriz da desconsideração e adota a teoria maior, uma vez que o afastamento da personalidade jurídica somente será afastado nos casos de abuso da personalidade caracterizado pelo desvio de finalidade e pela confusão patrimonial. Com redação dada Lei 13.874/2019, o art. 50, caput, está assim redigido: "Em caso de abuso da personalidade jurídica, caracterizado pelo desvio de finalidade ou pela confusão patrimonial, pode o juiz, a requerimento da parte, ou do Ministério Público quando lhe couber intervir no processo, desconsiderá-la para que os efeitos de certas e determinadas relações de obrigações sejam estendidos aos bens particulares de administradores ou de sócios da pessoa jurídica beneficiados direta ou indiretamente pelo abuso." A Lei inseriu cinco parágrafos ao dispositivo legal em comento. Vejamos os destaques: (i) o § 1º estabelece que desvio de finalidade e a utilização da pessoa jurídica com o propósito de lesar credores e para a prática de atos ilícitos de qualquer natureza. Registre-se que o § 5º do mesmo dispositivo preconiza que não constitui desvio de finalidade a mera expansão ou a alteração da finalidade original da atividade econômica específica da pessoa jurídica; (ii) o § 2º estabelece que confusão patrimonial é a ausência de separação de fato entre os patrimônios, caracterizada por: a) cumprimento repetitivo pela sociedade de obrigações do sócio ou do administrador ou vice-versa; b) transferência de ativos ou de passivos sem efetivas contraprestações, exceto os de valor proporcionalmente insignificante; e c) outros atos de descumprimento da autonomia patrimonial. O § 4º do mesmo dispositivo legal, dispõe, também, que a mera existência de grupo econômico não autoriza a desconsideração da personalidade da pessoa jurídica. Diante do exposto, podemos passar à resposta da questão. Senão vejamos:

**Alternativa "c" (responde, também, as demais alternativas):** No caso apresentado, conforme explicamos acima, diante da confusão patrimonial pelo cumprimento repetitivo pela sociedade de obrigações pessoais das sócias por ação do administrador e a mando delas, o juiz poderá desconsiderar a personalidade jurídica da sociedade, para atingir os bens particulares de Moema, Madalena, Carmen e Antônio. Vejamos o que estabelece o art. 50, caput, do CC: "Em caso de abuso da personalidade jurídica, caracterizado pelo desvio de finalidade ou pela confusão patrimonial, pode o juiz, a requerimento da parte, ou do Ministério Público quando lhe couber intervir no processo, desconsiderá-la para que os efeitos de certas e determinadas relações de obrigações sejam estendidos aos bens particulares de administradores ou de sócios da pessoa jurídica beneficiados direta ou indiretamente pelo abuso." Em complemento, estabelece o § 2º do mesmo dispositivo legal: "Entende-se por confusão patrimonial a ausência de separação de fato entre os patrimônios, caracterizada por: I – cumprimento repetitivo pela sociedade de obrigações do sócio ou do administrador ou vice-versa; II – transferência de ativos ou de passivos sem efetivas contraprestações, exceto os de valor proporcionalmente insignificante; e III – outros atos de descumprimento da autonomia patrimonial."

**Alternativa correta: letra "c".**

**35. (FGV – Exame de Ordem 2017.1)** A instauração do incidente de desconsideração da personalidade jurídica foi requerida em um processo de execução por título extrajudicial.

O advogado do executado manifestou-se contrariamente ao pedido, sob a alegação de cerceamento de defesa de seu cliente, somente cabendo a desconsideração se requerida em ação de conhecimento ajuizada especificamente contra o sócio da sociedade empresária devedora.

Sobre a argumentação acima, assinale a afirmativa correta.

a) Procede, porque o pressuposto para a aplicação da desconsideração da personalidade jurídica é sempre a conduta ilícita do sócio perpetrada por meio da personalidade da pessoa jurídica; portanto, é imprescindível a demonstração cabal da culpa em ação de conhecimento.

b) Procede, porque o requerimento de instauração do Incidente de desconsideração deve demonstrar o preenchimento dos pressupostos legais específicos, dentre eles o desvio de finalidade da pessoa jurídica, que só pode ser feito em ação de conhecimento, onde estarão preservados o contraditório e a ampla defesa.

c) Não procede, porque, ao contrário do afirmado pelo advogado, o incidente de desconsideração só é cabível no cumprimento de sentença e na execução de título executivo extrajudicial, pois, no processo de conhecimento, a desconsideração só pode ser decretada na sentença de mérito.

d) Não procede, porque o incidente de desconsideração é cabível em todas as fases do processo de conhecimento, no cumprimento de sentença e na execução fundada em título executivo extrajudicial.

**COMENTÁRIOS**

✪ **Nota do autor:** A questão exigia do(a) candidato(a) conhecimento do texto da lei.

**Alternativa "d" (responde, também, as demais alternativas):** Em breve síntese, a desconsideração da personalidade jurídica é uma medida processual que tem por objetivo a inclusão dos sócios ou administradores da pessoa jurídica no polo passivo da demanda para que respondam pelas dívidas sociais com o seu patrimônio pessoal. Dentre outras, o instituto da desconsideração da personalidade jurídica, possui as

EMPRESARIAL

seguintes características: (i) não acarreta a extinção, dissolução, liquidação, nem a anulação da pessoa jurídica, apenas afasta temporariamente a personalidade jurídica da sociedade para atingir o patrimônio pessoal dos sócios; (ii) os efeitos da desconsideração devem atingir apenas o patrimônio dos sócios ou administradores que praticaram o ato irregular (e não de todo e qualquer sócio ou administrador); (iii) a desconsideração é sempre uma medida excepcional; (iv) o incidente de desconsideração é cabível em todas as fases do processo de conhecimento, no cumprimento de sentença e na execução fundada em título executivo extrajudicial (art. 134 do CPC). Assim sendo, a argumentação acima não procede, porque o incidente de desconsideração é cabível em todas as fases do processo de conhecimento, no cumprimento de sentença e na execução fundada em título executivo extrajudicial.

**Alternativa correta: letra "d".**

## 6. TÍTULOS DE CRÉDITO

## 6.1. ATOS CAMBIAIS

### 6.1.1. ENDOSSO

**36. (FGV-Exame de Ordem 2019.1)** Filadélfia emitiu nota promissória à vista em favor de Palmas. Antes da apresentação a pagamento, Palmas realizou endosso-mandato da cártula para Sampaio.

De posse do título, é correto afirmar que Sampaio

a) poderá exercer todos os direitos inerentes ao título, inclusive realizar novo endosso sem as restrições daquele realizado em cobrança.

b) poderá transferir o título na condição de procurador da endossante ou realizar endosso em garantia (endosso pignoratício).

c) somente poderá transferir a nota promissória, por meio de novo endosso, na condição de procurador da endossante.

d) não poderá realizar qualquer endosso do título, pois caso o faça será considerado como parcial, logo nulo.

**COMENTÁRIOS**

✪ **Nota do autor:** A questão exigia do(a) candidato(a) conhecimento do texto da lei.

**Alternativa "c" (responde, também, as demais alternativas):** De posse do título, é correto afirmar que Sampaio somente poderá transferir a nota promissória, por meio de novo endosso, na condição de procurador da endossante, nos termos do que constou na alternativa "c". O endosso transmite a propriedade da nota promissória. Para a validade do endosso, é suficiente a simples assinatura do endossador ou do mandatário especial, no verso da nota. Quem recebe o endosso-mandato pode exercer todos os direitos emergentes da letra, mas só pode endossá-la na qualidade de procurador. (art. 18 do Decreto 57.663/1966).

**Alternativa correta: letra "c"**

**37. (FGV/OAB/XXIX_Exame – 2019.2)** André de Barros foi desapossado de nota promissória com vencimento à vista no valor de R$ 34.000,00 (trinta e quatro mil reais), pagável em Lagoa Vermelha/RS, que lhe foi endossada em branco pela sociedade empresária Arvorezinha Materiais de Limpeza Ltda.

Em relação aos direitos cambiários decorrentes da nota promissória, assinale a afirmativa Correta.

a) A sociedade empresária endossante ficará desonerada se o título não for restituído a André de Barros no prazo de 30 (trinta) dias da data do desapossamento.

b) André de Barros poderá obter a anulação do título desapossado e um novo título em juízo, bem como impedir que seu valor seja pago a outrem.

c) A sociedade empresária endossante não poderá opor ao portador atual exceção fundada em direito pessoal ou em nulidade de sua obrigação.

d) O subscritor da nota promissória ficará desonerado perante o portador atual se provar que o título foi desapossado de André de Barros involuntariamente.

**COMENTÁRIOS**

✪ **Nota do autor:** A questão exigia do(a) candidato(a) conhecimento do texto da lei.

**Alternativa "a":** A sociedade empresária endossante não ficará desonerada se o título não for restituído a André de Barros, que poderá inclusive obter a anulação do título desapossado e um novo título em juízo, bem como impedir que seu valor seja pago a outrem.

**Alternativa "b":** De fato, André de Barros poderá obter a anulação do título desapossado e um novo título em juízo, bem como impedir que seu valor seja pago a outrem, nos termos do que dispõe o art. 909 do CC. Veja o que estabelece o dispositivo legal em comento: "CC, Art. 909. O proprietário, que perder ou extraviar título, ou for injustamente desapossado dele, poderá obter novo título em juízo, bem como impedir sejam pagos a outrem capital e rendimentos. Parágrafo único. O pagamento, feito antes de ter ciência da ação referida neste artigo, exonera o devedor, salvo se se provar que ele tinha conhecimento do fato."

**Alternativa "c":** O devedor só poderá opor ao portador exceção fundada em direito pessoal, ou em nulidade de sua obrigação, nos termos do art. 906 do CC.

**Alternativa "d":** O subscritor da nota promissória não ficará desonerado perante o portador atual, considerando que o possuidor de título ao portador tem direito à prestação nele indicada, mediante a sua simples apresentação ao devedor.

**Alternativa correta: letra "b"**

**38. (FGV/OAB/XXVIII_Exame – 2019.1)** Inocência adquiriu um aparelho de jantar para sua nova residência em uma loja de artigos domésticos. A vendedora, sociedade limitada empresária, recebeu um cheque cruzado emitido pela compradora e, se comprometeu, a não o apresentar ao sacado antes de 10 de janeiro de 2019. Em 13 de dezembro de 2018, exatamente uma semana após a compra, Inocência verificou, no extrato de sua conta-corrente bancária, que o cheque em referência havia sido apresentado a pagamento e devolvido por insuficiência de fundos, em decorrência da apresentação antecipada ao sacado.

Sobre a apresentação de cheque pós-datado antes da data indicada como sendo a de emissão, com base na jurisprudência pacificada, assinale a afirmativa Correta.

a) Caracteriza dano moral.

b) Não pode ensejar qualquer indenização ao emitente.

c) Pode ensejar apenas dano material.

d) Pode ensejar indenização apenas se o cheque não estiver cruzado.

COMENTÁRIOS

A questão exigia do candidato conhecimento da jurisprudência, mais precisamente de súmula relacionada ao cheque pós-datado, popularmente conhecido como cheque "pré-datado". É sabido que o cheque é uma ordem de pagamento à vista. No entanto, sobre a apresentação de cheque pós-datado antes da data indicada como sendo a de emissão, com base na jurisprudência pacificada, entende-se que tal conduta caracteriza dano moral. É o que dispõe o enunciado da Súmula 370 do STJ: "Caracteriza dano moral a apresentação antecipada de cheque pré-datado. "

**Alternativa correta: letra "a"**

---

**39. (FGV/OAB/XXVIII_Exame - 2019.1)** Filadélfia emitiu nota promissória à vista em favor de Palmas. Antes da apresentação a pagamento, Palmas realizou endosso-mandato da cártula para Sampaio.

De posse do título, é correto afirmar que Sampaio

a) poderá exercer todos os direitos inerentes ao título, inclusive realizar novo endosso sem as restrições daquele realizado em cobrança.
b) poderá transferir o título na condição de procurador da endossante ou realizar endosso em garantia (endosso pignoratício).
c) somente poderá transferir a nota promissória, por meio de novo endosso, na condição de procurador da endossante.
d) não poderá realizar qualquer endosso do título, pois caso o faça será considerado como parcial, logo nulo.

COMENTÁRIOS

De posse do título, é correto afirmar que Sampaio somente poderá transferir a nota promissória, por meio de novo endosso, na condição de procurador da endossante, nos termos do que constou na alternativa "c". O endosso transmite a propriedade da nota promissória. Para a validade do endosso, é suficiente a simples assinatura do endossador ou do mandatário especial, no verso da nota. Quem recebe o endosso-mandato pode exercer todos os direitos emergentes da letra, mas só pode endossá-la na qualidade de procurador. (art. 18 do Decreto 57.663/1966).

**Alternativa correta: letra "c".**

---

**40. (FGV - Exame de Ordem 2018.1)** Para realizar o pagamento de uma dívida contraída pelo sócio M. Paraguaçu em favor da sociedade Iguape, Cananeia & Cia Ltda., o primeiro emitiu uma nota promissória à vista, com cláusula à ordem no valor de R$ 50.000,00 (cinquenta mil reais).

De acordo com essas informações e a respeito da cláusula à ordem, é correto afirmar que

a) a nota promissória, na omissão dessa cláusula, somente poderia ser transferida pela forma e com os efeitos de cessão de crédito.
b) a cláusula implica a possibilidade de transferência do título por endosso, sendo o endossante responsável pelo pagamento, salvo cláusula sem garantia.
c) a cláusula implica a possibilidade de transferência do título por endosso, porque a modalidade de vencimento da nota promissória é à vista.
d) tal cláusula implica a possibilidade de transferência do título por cessão de crédito, não respondendo o cedente pela solvência do emitente, salvo cláusula de garantia.

COMENTÁRIOS

**Nota do autor:** A questão exigia do(a) candidato(a) conhecimento do texto da lei.

**Alternativa "b" (responde, também, as demais alternativas):** Na verdade, a omissão dessa cláusula gera a presunção de que o título é à ordem. Os títulos de crédito são passíveis de circulação. O endosso é uma das formas de pôr em circulação o título de crédito. Os títulos nominais (títulos que identificam o credor/beneficiário) podem ser à ordem ou não à ordem. Título nominal à ordem é aquele que pode circular por endosso. A cláusula à ordem pode ser expressa. No caso de omissão, o título será considerado à ordem. Por outro lado, o título nominal não à ordem é aquele que não pode circular por endosso e deve o emitente consignar expressamente na cártula a cláusula não à ordem. Nesse caso, o título pode circular apenas por cessão de crédito. Consideradas tais premissas, temos que a alternativa correta é a letra "b", pois a cláusula implica a possibilidade de transferência do título por endosso, sendo o endossante responsável pelo pagamento, salvo cláusula sem garantia (arts. 11 e 15 do Decreto nº 57.663/66).

**Alternativa correta: letra "b".**

---

**41. (FGV - Exame de Ordem 2017.2)** Pedrinho emitiu quatro cheques em 26 de março de 2017, mas esqueceu de depositar um deles. Tendo um débito a honrar com Kennedy e sendo beneficiário desse quarto cheque, Pedrinho o endossou em preto, datando no verso "dia 20 de maio de 2017". Sabe-se que o lugar de emissão do quarto cheque é o mesmo do de pagamento.

Sobre esse endosso, assinale a afirmativa correta.

a) O endosso produz seus efeitos legais porque a transmissão do cheque se deu dentro do prazo de apresentação.
b) No endosso em preto, o endossatário fica dispensado da apresentação em tempo hábil do cheque ao sacado.
c) O endosso do cheque tem efeito de cessão de crédito por ter sido realizado após o decurso do prazo de apresentação.
d) Pedrinho ficou exonerado de responsabilidade pelo pagamento do cheque em razão do caráter póstumo do endosso.

EMPRESARIAL

COMENTÁRIOS

**Nota do autor:** A questão exigia do(a) candidato(a) conhecimento do texto da lei.

**Alternativa "a":** O cheque deve ser apresentado para pagamento, a contar do dia da emissão, no prazo de 30 dias, quando emitido no lugar onde houver de ser pago; e de 60 dias, quando emitido em outro lugar do País ou no exterior (art. 33 da Lei do Cheque). Como no presente caso, o local da emissão é o mesmo do pagamento, o prazo para a apresentação do cheque é de 30 dias. Assim, o último dia para a apresentação do cheque para pagamento é 26 de abril de 2017. Como o endosso foi realizado no dia 20 de maio de 2017 – após a data de apresentação do cheque para pagamento –, considera-se que este endosso foi póstumo. Com efeito, o endosso póstumo não produz os efeitos normais de um endosso, mas sim efeitos de mera cessão civil de crédito.

**Alternativa "b":** Endosso em preto é aquele que identifica o endossatário. No endosso em preto, o endossatário não fica dispensado da apresentação em tempo hábil do cheque ao sacado. Se o portador não apresentar o cheque em tem-po hábil perderá o direito de execução contra o emitente, se este tinha fundos disponíveis durante o prazo de apresentação e os deixou de ter, em razão de fato que não lhe seja imputável (art. 47, § 3º, da Lei do Cheque).

**Alternativa "c":** O endosso do cheque tem efeito de cessão de crédito por ter sido realizado após o decurso do prazo de apresentação. Trata-se do chamado endosso póstumo ou tardio. Endosso póstumo é aquele feito depois do protesto ou depois do prazo para a realização do protesto. O endosso póstumo não produz os efeitos normais de um endosso, mas sim efeitos de mera cessão civil de crédito. Nos termos do art. 27 da Lei do Cheque: "O endosso posterior ao protesto, ou declaração equivalente, ou à expiração do prazo de apresentação produz apenas os efeitos de cessão. Salvo prova em contrário, o endosso sem data presume-se anterior ao protesto, ou declaração equivalente, ou à expiração do prazo de apresentação."

**Alternativa "d":** Pedrinho não ficou exonerado de responsabilidade pelo pagamento do cheque em razão do caráter póstumo do endosso. Isso porque, embora o endosso póstumo não produza os efeitos normais de um endosso, ainda assim ele gera os efeitos de uma cessão civil de crédito.

**Alternativa correta: letra "c".**

---

**42. (FGV – Exame de Ordem 2017.1)** Luiz emitiu uma nota promissória em favor de Jerônimo. No momento da emissão, ele não inseriu a quantia nem o lugar de pagamento. Na data do vencimento, o subscritor foi procurado por um procurador do beneficiário, que lhe exibiu a cártula com endosso-mandato e exigiu o pagamento. Luiz verificou, então, que o título havia sido preenchido abusivamente, pois constava o valor de R$ 15.000,00 (quinze mil reais), quando o correto seria R$ 1.500,00 (mil e quinhentos reais), e o lugar de pagamento era diverso de seu domicílio, em Cachoeiro de Itapemirim, ES.

Procurado pelo devedor para analisar o caso e ciente de que o pagamento não foi realizado por ele, você, como advogado(a), responde que

a) é possível alegar em juízo, com êxito, a nulidade do título, em razão de o lugar de pagamento ser domicílio diverso do subscritor, caracterizando má-fé do portador atual.

b) não é possível ao subscritor se recusar validamente ao pagamento diante da autonomia das obrigações cambiárias e do endosso-mandato realizado na cártula.

c) é possível ao subscritor da nota promissória opor exceção pessoal ao beneficiário Jerônimo quanto ao conteúdo literal do título, diante do preenchimento abusivo.

d) não é possível a oposição de exceção ao pagamento, porque o subscritor da nota promissória é equiparado ao aceitante da letra de câmbio e, como tal, obriga-se a pagar na data do vencimento.

**COMENTÁRIOS**

✪ **Nota do autor:** A questão exigia do(a) candidato(a) conhecimento do texto da lei.

**Alternativa "c" (responde, também, as demais alternativas):** De fato, no presente caso, é possível ao subscritor da nota promissória opor exceção pessoal ao beneficiário Jerônimo quanto ao conteúdo literal do título, diante do preenchimento abusivo. O documento, para ser título de crédito, deve preencher os requisitos essenciais previstos na lei especial de cada título de crédito. Requisitos essenciais são aqueles que a ausência não pode ser suprida. Há, pelo menos, três requisitos essenciais comuns a todos os títulos de crédito: a) denominação (nome do título de crédito); b) data da emissão; e c) assinatura do emitente ou a assinatura do mandatário com poderes especiais. No entanto, de acordo com a Súmula 387 do STF: "A cambial emitida ou aceita com omissões, ou em branco, pode ser completada pelo credor de boa-fé, antes da cobrança ou do protesto." Referida súmula não mitiga o formalismo dos títulos de crédito. Na verdade, ela mitiga tão somente o momento de preenchimento dos requisitos essenciais do título, desde que sejam preenchidos antes do momento da cobrança ou do protesto e haja boa-fé. Ainda, o art. 891, "caput" e parágrafo único do Código Civil, determina que: "O título de crédito, incompleto ao tempo da emissão, deve ser preenchido de conformidade com os ajustes realizados. O descumprimento dos ajustes realizados pelos que deles participaram, não constitui motivo de oposição ao terceiro portador, salvo se este, ao adquirir o título, tiver agido de má-fé."

**Alternativa correta: letra "c".**

## 6.1.2. AVAL

---

**43. (FGV - Exame de Ordem 2018.2)** Três Coroas Comércio de Artigos Eletrônicos Ltda. subscreveu nota promissória em favor do Banco Dois Irmãos S.A. com vencimento a dia certo. Após o vencimento, foi aceita uma proposta de moratória feita pelo devedor por 120 (cento e vinte) dias, sem alteração da data de vencimento indicada no título. O beneficiário exigiu dois avalistas simultâneos, e o devedor apresentou Montenegro e Bento, que firmaram avais em preto no título.

Sobre esses avais e a responsabilidade dos avalistas simultâneos, assinale a afirmativa correta.

a) Por ser vedado, no direito brasileiro, o aval póstumo, os avais simultâneos são considerados não escritos, inexistindo responsabilidade cambial dos avalistas.

b) O aval lançado na nota promissória após o vencimento ou o protesto tem efeito de fiança, respondendo os avalistas subsidiariamente perante o portador.

c) O aval póstumo produz os mesmos efeitos do anteriormente dado, respondendo os avalistas solidariamente e autonomamente perante o portador.

d) O aval póstumo é nulo, mas sua nulidade não se estende à obrigação firmada pelo subscritor (avalizado), em razão do princípio da autonomia.

**COMENTÁRIOS**

✪ **Nota do autor:** A questão exigia do(a) candidato(a) conhecimento do texto da lei.

**Alternativa "c" (responde, também, as demais alternativas):** A questão exigia do candidato conhecimento da doutrina e do texto de lei relativos ao aval. Vale lembrar que o aval é o ato cambiário pelo qual uma pessoa (avalista) se compromete a pagar título de crédito, nas mesmas condições que um devedor desse título (avalizado). A grande característica do aval é que o avalista é um garantidor. Segundo André Santa Cruz Ramos, o aval é o "ato cambiário pelo qual um terceiro (o avalista) se responsabiliza pelo pagamento da obrigação constante no título" (Direito Empresarial Esquematizado. 4 ed. Rio de Janeiro: Forense; São Paulo: Método, 2014, p. 496). A alternativa correta é a letra "c", que traduz o teor do art. 900 do Código Civil. Assim, de fato, o aval póstumo produz os mesmos efeitos do anteriormente dado, respondendo os avalistas solidariamente e autonomamente perante o portador. Veja o que diz o dispositivo legal em comento: "CC, Art. 900. O aval posterior ao vencimento produz os mesmos efeitos do anteriormente dado."

**Alternativa correta: letra "c".**

---

**44. (FGV - Exame de Ordem 2017.3)** Um cliente apresenta a você um cheque nominal à ordem com as assinaturas do emitente no anverso e do endossante no verso. No verso da cártula, também consta uma terceira assinatura, identificada apenas como aval pelo signatário.

Com base nessas informações, assinale a afirmativa correta.

a) O aval dado no título foi irregular, pois, para a sua validade, deveria ter sido lançado no anverso.

b) A falta de indicação do avalizado permite concluir que ele pode ser qualquer dos signatários (emitente ou endossante).

c) O aval dado no título foi na modalidade em branco, sendo avalizado o emitente.

d) O aval somente é cabível no cheque não à ordem, sendo considerado não escrito se a emissão for à ordem.

**COMENTÁRIOS**

✪ **Nota do autor:** A questão exigia do(a) candidato(a) conhecimento do texto da lei.

**Alternativa "c" (responde, também, as demais alternativas):** Com base nas informações dadas na questão, é correto afirmarmos que o aval dado no título foi na modalidade em bran-co, sendo avalizado o emitente. Aval é o ato cambiário pelo qual uma pessoa (avalista) se compromete a pagar título de crédito, nas mesmas condições que o devedor desse título (avalizado). A grande característica do aval é que o avalista é um garantidor. Considera-se em branco, o aval que não indica o avalista. Quando isso acontece, é correto afirmarmos que o avalizado será o emitente do título de crédito.

**Alternativa correta: letra "c".**

---

**45. (FGV – Exame de Ordem 2016.2 – Prova reaplicada Salvador-BA)** Alvarenga, empresário individual, utilizou duplicata para a cobrança do preço referente à venda de laticínios do Serro que realizou em favor de Belmiro Braga. Consta no verso do título a assinatura de Brás Pires, na condição de avalista e sem indicação do avalizado. Após a prestação do aval, houve lançamento de endosso-mandato em favor do Banco Botelhos S/A.

Sobre o aval e as informações do enunciado, de acordo com a disposição da Lei de Duplicatas, o(s) avalizado(s) será(ão)

a) Alvarenga e Belmiro Braga.

b) Banco Botelhos S/A.

c) Belmiro Braga.

d) Alvarenga.

**COMENTÁRIOS**

✪ **Nota do autor:** A questão exigia do(a) candidato(a) conhecimento do texto da lei.

**Alternativa "c" (responde, também, as demais alternativas):** Na duplicata, as partes são o sacador (é autor da ordem de pagamento e ao mesmo tempo o credor), o sacado (aquele que recebe a ordem de pagamento) e o credor/beneficiário do título (é o próprio sacador). O devedor cambiário direto é o aceitante e seu avalista (art. 18 da Lei Uniforme de Genebra - Dec. 57.663/66)); o devedor cambiário indireto é o endossante e seu avalista. No presente caso, temos que: Alvarenga é o sacador/credor/vendedor; Belmiro Braga é o sacado/devedor/comprador; Brás Pires é o avalista; Banco Botelhos S/A é o endossatário-mandatário; e Belmiro Braga, o avalizado. De acordo com o art. 12 da Lei 5.474/1968 (Lei da Duplicata): "O pagamento da duplicata poderá ser assegurado por aval, sendo o avalista equiparado àquele cujo nome indicar; na falta da indicação, àquele abaixo de cuja firma lançar a sua; fora desses casos, ao comprador." Note que o aval foi feito em branco, ou seja, sem a indicação do avalizado. Assim, aplica-se a regra inscrita na parte final do art. 12 da lei em comento.

**Alternativa correta: letra "c".**

## 6.2. TÍTULOS DE CRÉDITO EM ESPÉCIE

---

**46. (FGV – Exame de Ordem XXXVI – 2022)** Tamandaré emitiu nota promissória no valor de R$ 7.300,00 (sete mil e trezentos reais) em favor de Altamira. Esta endossou o título em branco para Ângulo Comércio de Tecidos Ltda.

Sendo inequívoco que a nota promissória em branco circula ao portador, em caso de desapossamento é correto afirmar que

a) Tamandaré ficará desonerado da responsabilidade cambial se provar que o desapossamento do título por parte de Ângulo Comércio de Tecidos Ltda. não pode lhe ser imputado.

b) Ângulo Comércio de Tecidos Ltda. poderá obter novo título em Juízo bem como impedir que seu valor seja pago a outrem.

c) Altamira não poderá opor ao novo portador exceção fundada em direito pessoal ou em nulidade de sua obrigação.

d) A pessoa que se apoderar da nota promissória poderá exigir o pagamento de todos os obrigados, à exceção de Altamira.

**COMENTÁRIOS**

✪ **Nota do autor:** A questão exigia do(a) candidato(a) conhecimento do texto da lei.

**Alternativa "b":** correta. Tomando por base os dados apresentados pela Banca Examinadora, a sociedade Ângulo Comércio de Tecidos Ltda. poderá obter novo título em Juízo bem como impedir que seu valor seja pago a outrem. Essa regra decorre do art. 909 do Código Civil, que estabelece o seguinte: "O proprietário, que perder ou extraviar título, ou for injustamente desapossado dele, poderá obter novo título em juízo, bem como impedir sejam pagos a outrem capital e rendimentos."

**Alternativa correta: letra "b".**

---

**47. (FGV – XXXV Exame de Ordem – 2022)** Riqueza Comércio de Artigos Eletrônicos Ltda. sacou duplicata na modalidade cartular em face de Papelaria Sul Brasil Ltda., que foi devidamente aceita, com vencimento no dia 25 de março de 2022.

Antes do vencimento, a duplicata foi endossada para Saudades Fomento Mercantil S/A. No dia do vencimento, a duplicata não foi paga, porém, no dia seguinte, foi prestado aval em branco datado pelo avalista Antônio Carlos.

Acerca da validade e do cabimento do aval dado na duplicata após o vencimento, assinale a afirmativa correta.

a) É nulo o aval após o vencimento na duplicata, por vedação expressa no Código Civil, diante da omissão da Lei 5.474/68 (Lei de Duplicatas).

b) É válido o aval na duplicata após o vencimento, desde que o título ainda não tenha sido endossado na data da prestação do aval.

c) É nulo o aval na duplicata cartular, sendo permitido apenas na duplicata escritural e mediante registro do título perante o agente escriturador.

d) É válido o aval dado na duplicata antes ou após o vencimento, por previsão expressa na Lei de Duplicatas (Lei 5.474/68).

COMENTÁRIOS

✪ **Nota do autor:** A questão exigia do(a) candidato(a) conhecimento do texto da lei.

**Alternativa "d" (responde, também, as demais alternativas):** correta. A duplicata é disciplinada por lei especial, precisamente, a Lei 5.474/1968. Em prestígio ao princípio da especialidade, havendo previsão expressa sobre o título de crédito em comento, não se aplicarão as regras gerais previstas no Capítulo dedicado aos títulos no Código Civil. Assim sendo, nos termos expressos do art. 12 da Lei 5.474/1968, é válido o aval dado na duplicata antes ou após o vencimento. Em todo caso, vale frisar que, nos termos expressos no parágrafo único do art. 12 da Lei 5.474/1968, "O aval dado posteriormente ao vencimento do título produzirá os mesmos efeitos que o prestado anteriormente àquela ocorrência."

**Alternativa correta: letra "d".**

---

**48. (FGV/ OAB/ XXXIII Exame-2021)** Socorro, empresária individual, sacou duplicata de venda na forma cartular, em face de Laticínios Aguaí Ltda. com vencimento para o dia 11 de setembro de 2020. Antes do vencimento, no dia 31 de agosto de 2020, a duplicata, já aceita, foi endossada para a sociedade Bariri & Piraju Ltda.

Considerando-se que, no dia 9 de outubro de 2020, a duplicata foi apresentada ao tabelionato de protestos para ser protestada por falta de pagamento, é correto afirmar que o endossatário

a) não poderá promover a execução em face de nenhum dos signatários diante da perda do prazo para a apresentação da duplicata a protesto por falta de pagamento.
b) poderá promover a execução da duplicata em face do aceitante e do endossante, por ser facultativo o protesto por falta de pagamento da duplicata, caso tenha sido aceita pelo sacado.
c) poderá promover a execução da duplicata em face do aceitante e do endossante, pelo fato de o título ter sido apresentado a protesto em tempo hábil e por ser o aceitante o obrigado principal.
d) não poderá promover a execução em face do endossante, diante da perda do prazo para a apresentação da duplicata a protesto por falta de pagamento, mas poderá intentá-la em face do aceitante, por ser ele o obrigado principal.

COMENTÁRIOS

✪ **Nota do autor:** A questão exigia do(a) candidato(a) conhecimento da doutrina e da lei seca, precisamente a Lei n. 5.474/1968 (Lei da duplicata) e a Lei 9.492/97 (Lei do protesto de títulos e outros documentos de dívida).

**Alternativa "d" (responde, também, as demais alternativas):** No caso apresentado, o endossatário (Bariri & Piraju Ltda) poderá sim promover a execução da duplicata em face do aceitante e do endossante, pelo fato de o título ter sido apresentado a protesto em tempo hábil e por ser o aceitante o obrigado principal. Vejamos. A duplicata é uma ordem de pagamento em que o aceite é obrigatório (em regra), sendo que as partes são o sacador-vendedor (autor da ordem de pagamento), o sacado-comprador (aquele que recebe a ordem de pagamento) e o beneficiário do título (que é o próprio sacador). Na questão, portanto, podemos observar a seguinte estrutura: (i) Socorro é a sacadora-vendedora; (ii) Laticínios Iguaí Ltda. é o sacado-comprador, aceitante; (iii) Socorro é endossante e coobrigada; (iv) Bariri & Piraju Ltda. é a endossatária. Através do endosso, o endossante transfere o direito de crédito documentado no título ao endossatário. Já o protesto é o ato formal e solene que prova a inadimplência e o descumprimento de uma obrigação originada em títulos de crédito. Visto as linhas gerais, podemos avançar nas regras trazidas pelo texto da lei. Nos termos § 4º da Lei 5.474/1968, "O portador que não tirar o protesto da duplicata, em forma regular e dentro do prazo de trinta dias, contado da data de seu vencimento, perderá o direito de regresso contra os endossantes e respectivos avalistas." Percebe-se, portanto, que o título foi apresentado a protesto em tempo hábil. Por fim, estabelece o art. 914, § 1º, do Código Civil, que "assumindo responsabilidade pelo pagamento, o endossante se torna devedor solidário". Sendo assim, a endossatária (Bariri & Piraju Ltda.) poderá promover a execução da duplicata em face do aceitante (Laticínios Iguaí Ltda.) e do endossante (Socorro).

**Alternativa correta: letra "C".**

---

**49. (FGV/ OAB/ XXXIII Exame- 2021)** Antenor subscreveu nota promissória no valor de R$ 12.000,00 (doze mil reais) pagável em 16 de setembro de 2021. A obrigação do subscritor foi avalizada por Belizário, que tem como avalista Miguel, e esse tem, como avalista, Antônio.

a) Após o vencimento, caso o avalista Miguel venha a pagar o valor da nota promissória ao credor, assinale a opção que indica a(s) pessoa(s) que poderá(ão) ser demandada(s) em ação de regresso.
b) Antenor e Belizário, podendo Miguel cobrar de ambos o valor integral do título.
c) Belizário e Antônio, podendo Miguel cobrar de ambos apenas a quota-parte do valor do título.
d) Antenor e Antônio, podendo Miguel cobrar do primeiro o valor integral e, do segundo, apenas a quota-parte do valor do título.
e) Antenor, podendo Miguel cobrar dele o valor integral, eis que os demais avalistas ficaram desonerados com o pagamento.

COMENTÁRIOS

✪ **Nota do autor:** A questão exigia do(a) candidato(a) conhecimento da lei seca.

**Alternativa "a" (responde, também, as demais alternativas):** A nota promissória é uma promessa de pagamento, em que as partes são o emitente (aquele que promete pagar) e o credor (beneficiário do pagamento). Aqui, os devedores cambiários diretos são o emitente da nota e seu avalista. Por outro lado, os devedores cambiários indiretos são o endossante e seus avalistas. No caso concreto, a obrigação foi avalizada por Belizário, que tem como avalista Miguel, e esse tem, como avalista, Antônio. Considerando que, após o vencimento, o avalista Miguel pague o valor da nota ao credor, poderão ser demandados em ação de regresso tanto Antenor como Belizário. Miguel pode cobrar de ambos o valor integral do título em ação de regresso, de acordo com o que estabelece o art. 899 do Código Civil: "Art. 899. O avalista equipara-se àquele cujo nome indicar; na falta de indicação, ao emitente ou devedor final. § 1° Pagando o título, tem o avalista ação de regresso contra o seu avalizado e demais coobrigados anteriores."

**Alternativa correta: letra "A".**

---

**50. (FGV/OAB/XXXII – Exame – 2021)** Bonfim emitiu nota promissória à ordem em favor de Normandia, com vencimento em 15 de março de 2020 e pagamento na cidade de Alto Alegre/ RR. O título de crédito passou por três endossos antes de seu vencimento. O primeiro endosso foi em favor de Iracema, com proibição de novo endosso; o segundo endosso, sem garantia, se deu em favor de Moura; no terceiro e último endosso, o endossante indicou Cantá como endossatário.

Vencido o título sem pagamento, o portador poderá promover a ação de cobrança em face de

a) Bonfim, o emitente e coobrigado, e dos obrigados principais Iracema e Moura, observado o aponte tempestivo do título a protesto por falta de pagamento para o exercício do direito de ação somente em face do coobrigado.
b) Bonfim, o emitente e obrigado principal, e do endossante e coobrigado Moura, observado o aponte tempestivo do título a protesto por falta de pagamento para o exercício do direito de ação em face do coobrigado.
c) Normandia, primeira endossante e obrigado principal, e do endossante Moura, observado o aponte tempestivo do título a protesto por falta de pagamento para o exercício do direito de ação em face de ambos.
d) Iracema, Normandia e Cantá, endossantes e coobrigados da nota promissória, dispensado o aponte do título a protesto por falta de pagamento para o exercício do direito de ação em face deles.

COMENTÁRIOS

✪ **Nota do autor:** A questão exigia do(a) candidato(a) conhecimento da doutrina e do texto da lei.

**Alternativa "b" (responde, também, as demais alternativas):** No caso posto a apreciação do(a) candidato(a), é correto afirmar que vencida a nota promissória sem o devido pagamento, o portador poderá promover a ação de cobrança em face de Bonfim (emitente e obrigado principal) e de Moura (endossante e coobrigado), observado o aponte tempestivo do título a protesto por falta de pagamento para o exercício do direito de ação em face do coobrigado. A nota promissória é uma promessa de pagamento, sendo as partes o emitente (aquele que promete pagar) e o credor (beneficiário do pagamento). Com efeito, o devedor cambiário direto é o emitente e seu eventual avalista. O endosso é uma das formas de pôr em circulação o título de crédito. No caso de endosso, portanto, os devedores cambiários indiretos serão o endossante e seus eventuais avalistas. Vale lembrar, ainda, que: (i) a nota promissória é um título nominal (deve indicar o credor), podendo ser à ordem ou não à ordem, quando houver cláusula expressa (ex: "este título não circulará por endosso, mas por cessão"); (ii) o endosso parcial na nota promissória é nulo; (iii) a nota promissória admite aval total ou parcial; (iv) a nota promissória admite vencimento à vista ou a prazo; (v) a nota promissória é um título abstrato, pois sua emissão independe de causa específica; (vi) o prazo prescricional da ação contra o emitente é de três anos, de acordo com o art. 70 da Lei Uniforme de Genebra – LUG (Dec. 57.663/66); e (iv) o prazo prescricional da ação contra o endossante é de um ano, de acordo com o art. 70 da LUG.

**Alternativa correta: letra "b".**

---

**51. (FGV-Exame de Ordem 2019.1)** Inocência adquiriu um aparelho de jantar para sua nova residência em uma loja de artigos domésticos. A vendedora, sociedade limitada empresária, recebeu um cheque cruzado emitido pela compradora e, se comprometeu, a não o apresentar ao sacado antes de 10 de janeiro de 2019.

Em 13 de dezembro de 2018, exatamente uma semana após a compra, Inocência verificou, no extrato de sua conta-corrente bancária, que o cheque em referência havia sido apresentado a pagamento e devolvido por insuficiência de fundos, em decorrência da apresentação antecipada ao sacado.

Sobre a apresentação de cheque pós-datado antes da data indicada como sendo a de emissão, com base na jurisprudência pacificada, assinale a afirmativa correta.

a) Caracteriza dano moral.
b) Não pode ensejar qualquer indenização ao emitente.
c) Pode ensejar apenas dano material.
d) Pode ensejar indenização apenas se o cheque não estiver cruzado.

COMENTÁRIOS

✪ **Nota do autor:** A questão exigia do(a) candidato(a) conhecimento do texto da lei.

**Alternativa "a" (responde, também, as demais alternativas):** A questão exigia do candidato conhecimento da jurisprudência, mais precisamente de súmula relacionada ao cheque pós-datado, popularmente conhecido como cheque "pré-datado". É sabido que o cheque é uma ordem de pagamento à vista. No entanto, sobre a apresentação de cheque pós-datado antes da data indicada como sendo a de emissão, com base na jurisprudência pacificada, entende-se que tal conduta caracteriza dano moral. É o que dispõe o enunciado da Súmula 370 do STJ: "Caracteriza dano moral a apresentação antecipada de cheque pré-datado."

**Alternativa correta: letra "a".**

---

**52. (FGV – Exame de Ordem/2018.3)** Resende & Piraí Ltda. sacou duplicata de serviço em face de Italva Louças e Metais S/A, que a aceitou. Antes do vencimento, o título foi endossado para Walter. Há um aval em preto no título dado por Casimiro Cantagalo em favor do sacador. Após o vencimento, ocorrido em 11 de setembro de 2018, a duplicata foi levada a protesto por falta de pagamento, em 28 de setembro do mesmo ano.

Com base nas informações dadas, assinale a opção que indica contra quem Walter, endossatário da duplicata, poderá promover a ação de execução.

a) Italva Louças e Metais S/A, exclusivamente, em razão da perda do direito de ação em face dos coobrigados pela apresentação da duplicata a protesto por falta de pagamento além do prazo de 1 (um) dia útil após o vencimento.
b) Resende & Piraí Ltda. e Casimiro Cantagalo, somente, pois a duplicata foi apresentada a protesto tempestivamente, assegurando o portador seu direito de ação em face dos coobrigados, mas não em face do aceitante.
c) Resende & Piraí Ltda. e Italva Louças e Metais S/A, somente, em razão da perda do direito de ação em face do avalista pela apresentação da duplicata a protesto por falta de pagamento além do prazo de 1 (um) dia útil após o vencimento.
d) Resende & Piraí Ltda., Italva Louças e Metais S/A e Casimiro Cantagalo, pois a duplicata foi apresentada a protesto tempestivamente, assegurando o portador seu direito de ação em face dos coobrigados e do aceitante.

COMENTÁRIOS

✪ **Nota do autor:** A questão exigia do(a) candidato(a) conhecimento do texto da lei.

**Alternativa "d" (responde, também, as demais alternativas):** Com base nas informações dadas, a opção que indica contra quem Walter poderá promover a ação de execução é a letra "d". Assim, considerando que a duplicata foi apresentada a protesto tempestivamente, Walter, endossatário da duplicata, pode promover a ação de execução contra Resende & Piraí Ltda., Italva Louças e Metais S/A e Casimiro Cantagalo, assegurando o portador seu direito de ação em face dos coobrigados e do aceitante. Essa regra é extraída de interpretação do art. 13, § 4º da Lei nº 5.474/1968 que dispõe: "O portador que não tirar o protesto da duplicata, em forma regular e dentro do prazo da 30 (trinta) dias, contado da data de seu vencimento, perderá o direito de regresso contra os endossantes e respectivos avalistas.".

**Alternativa correta: letra "d"**

---

**53. (FGV - Exame de Ordem 2018.1)** Borba Eletrônicos Ltda. celebrou contrato de abertura de crédito em conta corrente com o Banco Humaitá S/A, lastreado em nota promissória emitida em garantia da dívida.

Sobre a nota promissória e o contrato de abertura de crédito em conta corrente, diante do inadimplemento do mutuário, assinale a afirmativa correta.

a) O contrato, ainda que acompanhado de extrato da conta corrente e assinado por duas testemunhas, não é título executivo extrajudicial, e a nota promissória a ele vinculada não goza de autonomia, em razão da iliquidez do título que a originou.

b) O contrato, desde que acompanhado de extrato da conta corrente e assinado por duas testemunhas, é título executivo extrajudicial, porém a nota promissória a ele vinculada não goza de autonomia, em razão da abusividade da cláusula de mandato.

c) O contrato, ainda que acompanhado de extrato da conta corrente e assinado por duas testemunhas, não é título executivo extrajudicial, porém a nota promissória a ele vinculada goza de autonomia, em razão de sua independência.

d) O contrato, mesmo não acompanhado de extrato da conta corrente ou assinado por duas testemunhas, é título executivo extrajudicial, e a nota promissória a ele vinculada goza de executividade autônoma.

**COMENTÁRIOS**

✪ **Nota do autor:** A questão exigia do(a) candidato(a) conhecimento do texto da lei.

**Alternativa "a" (responde, também, as demais alternativas):** A questão exigia do candidato o conhecimento da jurisprudência. De fato, o contrato, ainda que acompanhado de extrato da conta corrente e assinado por 02 (duas) testemunhas, não é título executivo extrajudicial, e a nota promissória a ele vinculada não goza de autonomia, em razão da iliquidez do título que a originou. Trata-se do teor do enunciado da Súmula 258 do STJ pela qual "A nota promissória vinculada a contrato de abertura de crédito não goza de autonomia em razão da iliquidez do título que a originou." Vale a pena lembrar, ainda, o enunciado da Súmula 233 do STJ que dispõe que "O contrato de abertura de crédito, ainda que acompanhado de extrato da conta corrente, não é título executivo."

**Alternativa correta: letra "a".**

---

**54. (FGV – Exame de Ordem 2016.3)** Humaitá Comércio e Distribuição de Defensivos Agrícolas Ltda. sacou 4 (quatro) duplicatas de compra e venda em face de Cooperativa dos Produtores Rurais de Coari Ltda., em razão da venda de insumos para as plantações dos cooperados.

Com base nestas informações, assinale a afirmativa correta.

a) É facultado ao sacador inserir cláusula não à ordem no momento do saque, caso em que a forma de transferência dos títulos se dará por meio de cessão civil de crédito.

b) Por se tratar de sacado cooperativa, sociedade simples independentemente de seu objeto, é proibido o saque de duplicatas em face dessa espécie de sociedade.

c) Lançada eventualmente a cláusula mandato no endosso das duplicatas, o endossatário poderá exercer todos os direitos emergentes dos títulos, inclusive efetuar endosso próprio a terceiro.

d) Sendo o pagamento das duplicatas garantido por aval, o avalista é equiparado àquele cujo nome indicar; na falta da indicação, àquele abaixo de cuja firma lançar a sua; fora desses casos, ao sacado.

**COMENTÁRIOS**

✪ **Nota do autor:** A questão exigia do(a) candidato(a) conhecimento do texto da lei. As regras da duplicata estão previstas na Lei nº 5.474/1968.

**Alternativa "a":** O caput do art. 2º da Lei nº 5.474/68 prevê que "No ato da emissão da fatura, dela poderá ser extraída uma duplicata para circulação como efeito comercial, não sendo admitida qualquer outra espécie de título de crédito para documentar o saque do vendedor pela importância faturada ao comprador."

**Alternativa "b":** A duplicata é um título de crédito causal, podendo somente ser emitida para documentar determinadas relações jurídicas fixadas na lei de sua regência, que seriam: i) uma compra e venda mercantil ou ii) um contrato de prestação de serviços. Logo, não há vedação no ordenamento para que figure como sacado uma cooperativa.

**Alternativa "c":** Na LUG (Lei Uniforme de Genebra), o art. 18 prevê que quando o endosso contém a menção "valor a cobrar" (valeur en recouvrement), "para cobrança" (pour encaissement), "Por procuração" (par procuration), ou qualquer outra menção que implique um simples mandato, o portador pode exercer todos os direitos emergentes da letra, mas só pode endossá-la na qualidade de procurador. Os coobrigados, neste caso, só podem invocar contra o portador as exceções que eram oponíveis ao endossante. O mandato que resulta de um endosso por procuração não se extingue por morte ou sobrevinda incapacidade legal do mandatário. O endosso mandato tem por finalidade exclusiva constituir um endossatário em um mandatário do endossante. Este último tem poderes de realização da cobrança e de dar quitação do título, sem que isso represente a disposição do valor do crédito, que pertence ao endossante. O endosso-mandato não é uma forma de transferência da propriedade do título e não atribui ao endossador a responsabilidade de garantir o seu pagamento.

**Alternativa "d":** Nos termos do art. 12 Lei nº 5.474/68: "O pagamento da duplicata poderá ser assegurado por aval, sendo o avalista equiparado àquele cujo nome indicar; na falta da indicação, àquele abaixo de cuja firma lançar a sua; fora desses casos, ao comprador."

**Alternativa correta: letra "d".**

---

**55. (FGV – Exame de Ordem 2016.2)** Cícero sacou uma letra de câmbio em favor de Amélia, tendo designado como sacado Elísio, que acatou a ordem de pagamento. A primeira endossante realizou um endosso em preto para Dario, com proibição de novo endosso.

Diante do efeito legal da cláusula de proibição de novo endosso, assinale a afirmativa correta.

a) Caso Dario realize um novo endosso, tal transferência terá efeito de cessão de crédito perante os coobrigados e efeito de endosso perante o aceitante.

b) Dario não poderá realizar novo endosso no título sob pena de desoneração de responsabilidade cambial dos coobrigados.
c) Tal qual o endosso parcial, a proibição de novo endosso é nula por restringir a responsabilidade cambiária do endossante e do sacador.
d) Amélia, embora coobrigada, não responde pelo pagamento da letra de câmbio perante os endossatários posteriores a Dario.

COMENTÁRIOS

✪ **Nota do autor:** A questão exigia do(a) candidato(a) conhecimento do texto da lei. A letra de câmbio está prevista no Decreto nº 57.663/1966, conhecido como Lei Uniforme de Genebra (LUG).

**Alternativas "a" e "b":** Referida legislação, no art. 11 prevê que "Toda a letra de câmbio, mesmo que não envolva expressamente a cláusula a ordem, é transmissível por via de endosso. Quando o sacador tiver inserido na letra as palavras "não a ordem", ou uma expressão equivalente, a letra só é transmissível pela forma e com os efeitos de uma cessão ordinária de créditos". O art. 15, por sua vez, preconiza que "O endossante, salvo cláusula em contrário, é garante tanto da aceitação como do pagamento da letra. O endossante pode proibir um novo endosso, e, neste caso, não garante o pagamento às pessoas a quem a letra for posteriormente endossada". Com base no enunciado da questão, Dario não poderá realizar um novo endosso sob pena de desoneração de responsabilidade cambial dos desobrigados, já que haverá efeito de cessão civil de crédito e não de endosso. Isso porque a cláusula não à ordem faz com que a transferência do título se dê como cessão civil de crédito.

**Alternativa "c":** O endosso parcial é nulo, mas a cláusula proibitiva de novo endosso é permitida.

**Alternativa "d":** O último endossante (no caso Amélia) não garantirá o pagamento das pessoas as quais a letra for transmitida por Dario, uma vez que não persistirá o vínculo cambial, mas o de uma mera cessão civil de crédito.

**Alternativa correta: letra "d".**

---

**56. (FGV – Exame de Ordem 2016.1)** Nanci, empresária individual, contraiu empréstimo com instituição financeira, formalizado em contrato de abertura de crédito. A esse contrato foi vinculada nota promissória avalizada, emitida pela mutuária em favor da mutuante.

Em relação à obrigação firmada pelo avalista, assinale a afirmativa correta.

a) A nota promissória vinculada ao contrato de abertura de crédito não goza de autonomia em razão da iliquidez do título que a originou.
b) A nota promissória vinculada ao contrato de abertura de crédito goza de autonomia em razão do contrato de abertura de crédito ser título executivo extrajudicial.
c) O avalista poderá arguir exceção de pré-executividade em razão da iliquidez do título que originou a nota promissória, mesmo que esta tenha força executiva e autonomia.
d) A nota promissória gozará de autonomia somente com a anuência do avalista no contrato de abertura de crédito, além da sua assinatura no título.

COMENTÁRIOS

✪ **Nota do autor:** A questão exigia do(a) candidato(a) conhecimento do texto da lei.

**Alternativa "a" (responde, também, as demais alternativas):** Uma das principais características dos títulos de crédito é a autonomia. Havendo mais de um devedor no título, cada devedor tem uma obrigação autônoma, completamente desvinculada da relação que lhe deu origem. Dito de outro modo, as obrigações cambiárias são autônomas e independentes. A inoponibilidade das exceções pessoais em matéria de títulos de créditos é corolário da autonomia dos títulos de crédito. No entanto, o STJ afastou essa regra no caso de contratos de abertura de crédito. De acordo com o enunciado da Súmula 258 do STJ: "A nota promissória vinculada a contrato de abertura de crédito não goza de autonomia em razão da iliquidez do título que a originou."

**Alternativa correta: letra "a".**

## 7. CONTRATOS EMPRESARIAIS

---

**57. (FGV – XXXV Exame de Ordem – 2022)** Pimenta Bueno Lojas de Conveniência Ltda. está realizando ampla divulgação do seu sistema de franquia empresarial para amealhar novas franqueadas e expandir seus negócios fora do Estado de sua sede.

Nesse sentido, você é consultado(a), como advogado(a), sobre o contrato de franquia empresarial e os direitos do franqueado. Assinale a opção que apresenta, corretamente, sua resposta.

a) O franqueado tem direito a usar marcas e outros objetos de propriedade intelectual, sempre associadas ao direito de produção ou de distribuição exclusiva ou não exclusiva de produtos ou serviços.
b) O franqueado tem a garantia, obrigatória por lei, de exclusividade sobre o território de sua atuação.
c) O franqueado tem o direito de informação sobre as regras de concorrência territorial entre as unidades do franqueador e as suas, sendo a divulgação destas regras essencial no sistema de franquia.
d) O franqueado tem o direito de realizar vendas ou prestar serviços fora do seu território ou realizar exportações, sem que para isso dependa de autorização do franqueador.

COMENTÁRIOS

✪ **Nota do autor:** A questão exigia do(a) candidato(a) conhecimento do texto da lei.

**Alternativa "a" (responde, também, as demais alternativas):** correta. A Lei 13.966/2019 disciplina o sistema de franquia empresarial. Nos termos do art. 1º da referida lei, o sistema de franquia pode ser conceituado como o contrato empresarial em que um franqueador autoriza o franqueado a usar a marca e outros direitos de propriedade intelectual, associados ao direito de produção ou distribuição exclusiva ou não exclusiva de produtos ou serviços e também ao direito de utilização de métodos e sistemas de implantação e administração de negócio ou sistema operacional desenvolvido ou detido pelo franqueador, mediante remuneração direta ou indireta. Além disso, referido contrato não caracteriza relação de consumo ou vínculo empregatício em relação ao franqueado ou a seus empregados, ainda que durante o período de treinamento. Perceba que o direito de produção ou distribuição de produtos ou serviços pode ser exclusivo ou não. Tanto é verdade que um dos requisitos obrigatórios do contrato de implantação da franquia (art. 2º, XI, da Lei 13.966/2019) deve ser a especificação ao franqueado de informações relativas à política de atuação territorial, nos seguintes termos: (i) se é garantida ao franqueado a exclusividade ou a preferência sobre determinado território de atuação e, neste caso, sob que condições; (ii) se há possibilidade de o franqueado realizar vendas ou prestar serviços fora de seu território ou realizar exportações; (iii) se há e quais são as regras de concorrência territorial entre unidades próprias e franqueadas. Assim sendo, no caso apresentado pela Banca Examinadora, o franqueado tem direito a usar marcas e outros objetos de propriedade intelectual, sempre associadas ao direito de produção ou de distribuição exclusiva ou não exclusiva de produtos ou serviços.

**Alternativa correta: letra "a".**

---

**58. (FGV- XXXIV Exame de Ordem-2022)** Em 2019 foram estabelecidas, inicialmente por medida provisória posteriormente convertida na Lei nº 13.874, normas de proteção à livre iniciativa e ao livre exercício de atividade econômica e disposições sobre a atuação do Estado como agente normativo e regulador.

Em relação aos contratos empresariais, assinale a afirmativa correta.

a) Os contratos empresariais são presumidos paritários e simétricos, exceto diante da presença na relação jurídica de um empresário individual ou empresa individual de responsabilidade limitada.

b) As partes negociantes poderão estabelecer parâmetros objetivos para a interpretação das cláusulas negociais e de seus pressupostos de revisão ou de resolução.

c) A alocação de riscos definida pelas partes deverá ser respeitada e observada, porém até o ponto em que o Estado julgue, discricionariamente, que deve intervir no exercício da atividade econômica.

d) A revisão contratual ocorrerá de maneira excepcional e ilimitada sempre que uma das partes for vulnerável, sendo que, no caso de microempresas e empresas de pequeno porte, essa presunção é absoluta.

**COMENTÁRIOS**

✪ **Nota do autor:** A questão exigia do candidato conhecimento do texto da lei.

**Alternativa "b" (responde, também, as demais alternativas):** A Lei 13.874/2019 instituiu a Declaração de Direitos de Liberdade Econômica, estabelecendo garantias de liberdade ao mercado empresarial a fim de que a economia pudesse corresponder aos avanços e refletir a modernidade presente no setor. Em termos gerais, os contratos empresariais (ou mercantis) são aqueles em que ambas as partes são empresários. Empresários são aqueles que exercem atividade econômica nos moldes do art. 966 do CC, podendo ser um empresário individual (pessoa física) ou sociedade empresária (pessoa jurídica). Portanto, de acordo com o art. 421-A do CC, a regra é no sentido de que os contratos empresariais são presumidos paritários e simétricos quando celebrados entre empresários (seja empresários individuais ou sociedades empresárias). Abrindo um parênteses, vale lembrar que a MP 1.085/2021 revogou o art. 980-A do CC que disciplinava a empresa individual de responsabilidade limitada. Voltando ao objeto da questão, é correto dizer que a presunção de paridade e simetria pode ser afastada quando circunstâncias do caso concreto assim justificarem ou o ordenamento jurídico assim estabelecer. Logo, por expressa previsão legal (art. 421-A do CC), essa presunção não impede que: (i) as partes negociantes estabeleçam parâmetros objetivos de interpretação das cláusulas negociais e pressupostos de revisão ou resolução dos contratos empresariais; (ii) as partes definam critérios de alocação de riscos do negócio de modo diverso entre si; (iii) haja a revisão contratual, mas desde que de maneira excepcional e limitada. Além do mais, a presunção apontada pela Banca Examinadora na última alternativa não é absoluta.

**Alternativa correta: letra "b".**

---

**59. (FGV - XXXIV Exame de Ordem - 2022)** Em ação declaratória de nulidade da sentença arbitral, a autora da ação, parte no juízo arbitral, alegou, como fundamento jurídico do pedido, (I) o fato de a sentença ter sido baseada apenas em regras de direito, (II) omitir a data e (III) o lugar em que foi proferida, requisitos formais da sentença, segundo ela.

Na contestação, a outra parte (favorecida pela decisão), alegou que a omissão do lugar e da data são erros meramente materiais, supríveis por outros meios, como a convenção de arbitragem, onde se encontra estipulado o local da sede da arbitragem, e por documentos dos árbitros onde constam a data-limite para ser proferida a decisão. Assim, não se pode anular a sentença arbitral simplesmente por omissões supríveis.

Quanto ao mérito e atentando para as disposições legais da sentença arbitral, assinale a afirmativa correta.

a) Os argumentos apresentados pela ré são procedentes, eis que a ausência da data e do lugar da arbitragem configura erro material, sanável pela produção de todos os meios de prova admitidos em direito.

b) Os argumentos apresentados pela ré são procedentes, eis que é dispensável na sentença menção à data ou ao lugar em que foi proferida, sanável pelo conteúdo da convenção de arbitragem.

c) Os argumentos apresentados pela autora são procedentes, eis que é necessário na sentença arbitral a data e o lugar em que foi proferida, exceto se os árbitros julgaram por equidade.

d) Os argumentos apresentados pela autora são procedentes, eis que é nula a sentença arbitral que não contiver a data e o lugar em que foi proferida.

**COMENTÁRIOS**

✪ **Nota do autor:** A questão exigia do candidato conhecimento do texto da lei.

**Alternativa "d" (responde, também, as demais alternativas):** A sentença arbitral é disciplinada pelos arts. 23 a 33 da Lei 9.307/1996 (Lei da Arbitragem). Sob pena de nulidade, são requisitos formais da sentença arbitral (art. 26 da Lei 9.307/96): (i) o relatório, que deve conter o nome das partes e o resumo do litígio; (ii) os fundamentos, onde são analisadas as questões de fato e de direito, mencionando-se, expressamente, se o árbitro julgou por equidade; (iii) o dispositivo, em que o árbitro resolve as questões que lhes forem submetidas e estabelece o prazo para o cumprimento da decisão; (iv) a data e o lugar em que a decisão foi proferida. Nos termos do art. 32 da Lei 9.307/1996, dentre outros motivos, é nula a sentença arbitral que não contiver os requisitos formais previstos no art. 26. Confira: "Art. 32. É nula a sentença arbitral se: (...) III – não contiver os requisitos do art. 26 desta Lei; (...). Por fim, como informação adicional, vale lembrar que segundo a jurisprudência do STJ, "na ação de invalidação/anulação de sentença arbitral, o controle judicial, exercido somente após a sua prolação, está circunscrito a aspectos de ordem formal" (STJ. 4ª Turma. AgInt no AREsp 1326436/SP, Rel. Min. Marco Buzzi, 4ª Turma, j. em 18/11/2019).

**Alternativa correta: letra "d".**

---

**60. (FGV - Exame de Ordem 2020.1)** Duas sociedades empresárias celebraram contrato de agência com uma terceira sociedade empresária, que assumiu a obrigação de, em caráter não eventual e sem vínculos de dependência com as proponentes, promover, à conta das primeiras, mediante retribuição, a realização de certos negócios com exclusividade, nos municípios integrantes da região metropolitana de Curitiba/PR.

Ficou pactuado que as proponentes conferirão poderes à agente para que esta as represente, como mandatária, na conclusão dos contratos. Antônio Prado, sócio de uma das sociedades empresárias contratantes, consulta seu advogado quanto à legalidade do contrato, notadamente da delimitação de zona geográfica e da concessão de mandato ao agente.

Sobre a hipótese apresentada, considerando as disposições legais relativas ao contrato de agência, assinale a afirmativa correta.

a) Não há ilegalidade quanto à delimitação de zona geográfica para atuação exclusiva do agente, bem como em relação à possibilidade de ser o agente mandatário das proponentes, por serem características do contrato de agência.

b) Há ilegalidade na fixação de zona determinada para atuação exclusiva do agente, por ferir a livre concorrência entre agentes, mas nao há ilegalidade na outorga de mandato ao agente para representação das proponentes.

c) Há ilegalidade tanto na outorga de mandato ao agente para representação dos proponentes, por ser vedada qualquer relação de dependência entre agente e proponente, e também quanto à fixação de zona determinada para atuação exclusiva do agente.

d) Não há ilegalidade quanto à fixação de zona determinada para atuação exclusiva do agente, mas há ilegalidade quanto à concessão de mandato do agente, porque é obrigatório por lei que o agente apenas faça a mediação dos negócios no interesse do proponente.

**COMENTÁRIOS**

✪ **Nota do autor:** A questão exigia do candidato conhecimento do texto da lei.

**Alternativa "a" (responde, também, as demais alternativas):** Sobre a hipótese apresentada, considerando as disposições do CC relativas ao contrato de agência, não há ilegalidade quanto à delimitação de zona geográfica para atuação exclusiva do agente, bem como em relação à possibilidade de ser o agente mandatário das proponentes, por serem características do contrato de agência. Pelo contrato de agência, nos termos do art. 710 do CC, uma pessoa assume, em caráter não eventual e sem vínculos de dependência, a obrigação de promover, à conta de outra, mediante retribuição, a realização de certos negócios, em zona determinada, caracterizando-se a distribuição quando o agente tiver à sua disposição a coisa a ser negociada. Ademais, de acordo com o parágrafo único do dispositivo legal em comento, o proponente pode conferir poderes ao agente para que este o represente na conclusão dos contratos.

**Alternativa correta:** letra "a".

---

**61. (FGV/OAB/XXX Exame - 2019)** Nos contratos de comissão, corretagem e agência, é dever do corretor, do comissário e do agente atuar com toda diligência, atendo-se às instruções recebidas da parte interessada. Apesar dessa característica comum, cada contrato conserva sua tipicidade em razão de seu modus operandi.

A esse respeito, assinale a afirmativa correta.

a) O agente pratica, em nome próprio, os atos a ele incumbidos à conta do proponente; o comissário não pode tomar parte – sequer como mandatário – nos negócios que vierem a ser celebrados em razão de sua intermediação; o corretor pode receber poderes do cliente para representá-lo na conclusão dos contratos.

b) O comissário pratica, em nome próprio, os atos a ele incumbidos à conta do comitente; o corretor não pode tomar parte – sequer como mandatário – nos negócios que vierem a ser celebrados em razão de sua mediação; o agente pode receber poderes do proponente para representá-lo na conclusão dos contratos.

c) O corretor pratica, em nome próprio, os atos a ele incumbidos à conta do cliente; o agente não pode tomar parte – sequer como mandatário – nos negócios que vierem a ser celebrados no interesse do proponente; o comissário pode receber poderes do comitente para representá-lo na conclusão dos contratos.

d) Tanto o comissário quanto o corretor praticam, em nome próprio, os atos a eles incumbidos pelo comitente ou cliente, mas o primeiro tem sua atuação restrita à zona geográfica fixada no contrato; o agente deve atuar com exclusividade tão somente na mediação para realização de negócios em favor do proponente.

**COMENTÁRIOS**

A questão exigia do candidato o conhecimento de três espécies de contratos, quais sejam a *comissão* (arts. 693 a 709 do CC), *corretagem* (arts. 722 a 729 do CC) e a *agencia* (arts. 710 a 721 do CC). Contrato de *comissão* é aquele que tem por objeto a aquisição ou alienação de bens pelo comissário, em seu próprio nome, à conta do comitente. Assim, o comissário é quem fica diretamente obrigado perante as pessoas com quem contratar, não podendo estas acionarem o comitente, em regra (art. 694 do CC). Já o contrato de *agencia* é aquele pelo qual o agente assume, em caráter não eventual e sem vínculo de dependência, o dever de promover, à conta de outra, mediante retribuição, a realização de certos negócios, em zona determinada. Vale lembrar, que nos casos em que o agente tiver à sua disposição a coisa negociada, teremos também caracterizado o contrato de distribuição. Ainda sobre o contrato de agencia, de acordo com o parágrafo único do art. 710 do CC, "o proponente pode conferir poderes ao agente para que este o represente na conclusão dos contratos". Por fim, temos o contrato de *corretagem*, assim entendido como aquele pelo qual uma pessoa (corretor), não ligado a outra em virtude de mandato, prestação de serviços ou qualquer relação de dependência, se obriga a obter para esta um ou mais negócios, conforme instruções suas (art. 722 do CC).

**Alternativa correta: letra "b"**

---

**62. (FGV/OAB/XXX Exame - 2019)** Rolim Crespo, administrador da sociedade Indústrias Reunidas Novo Horizonte do Oeste Ltda., consultou sua advogada para lhe prestar orientação quanto à inserção de cláusula compromissória em um contrato que a pessoa jurídica pretende celebrar com uma operadora de planos de saúde empresariais. Pela leitura da proposta, verifica-se que não há margem para a negociação das cláusulas, por tratar-se de contrato padronizado, aplicado a todos os aderentes.

Quanto à cláusula compromissória inserida nesse contrato, assinale a opção que apresenta a orientação dada pela advogada.

a) É necessária a concordância expressa e por escrito do aderente com a sua instituição, em documento anexo ou em negrito, com a assinatura ou o visto para essa cláusula.

b) É nula de pleno direito, por subtrair do aderente o direito fundamental de acesso à justiça, e o contrato não deve ser assinado.

c) Somente será eficaz se o aderente tomar a iniciativa de instituir a arbitragem, e, como a iniciativa foi do proponente e unilateral, ela é nula.

d) Somente será eficaz se houver a assinatura do aderente no contrato, vedada qualquer forma de manifestação da vontade em documento anexo ou, simplesmente, com o visto para essa cláusula.

**COMENTÁRIOS**

A questão exigia do candidato conhecimento do texto da Lei 9.307/1996, que regula a arbitragem. A chamada "cláusula compromissória" nada mais é que a convenção pela qual as partes, num determinado contrato, se comprometem a submeter à arbitragem, os litígios que possam vir a surgir, relativamente ao contrato (art. 4º, *caput*, da Lei 9.307/1996). Tal cláusula deve ser estipulada por escrito. No entanto, nada impede que esta estipulação por escrito, seja feita no próprio contrato que se pretende celebrar ou em documento apartado (art. 4º, § 1º, da Lei 9.307/1996). Vale destacar que, nos contratos de adesão, de acordo com o art. 4º, § 2º, da Lei 9.307/1996, a cláusula compromissória somente terá eficácia se: i) o aderente tomar a iniciativa de instituir a arbitragem; ou ii) o aderente concordar, expressamente, com a sua instituição, desde que **por escrito em documento anexo ou em negrito**, com a assinatura ou visto especialmente para essa cláusula.

---

**63. (FGV – Exame de Ordem/2018.3)** Móveis Combinados Ltda. (franqueador) pretende licenciar a Ananás Móveis e Decorações Ltda. ME (franqueado) o direito de uso de marca, associado ao direito de distribuição semiexclusiva de produtos moveleiros.

De acordo com os termos da Circular de Oferta de Franquia elaborada pelo franqueador, eventualmente poderá o franqueado ter acesso ao uso de tecnologia de implantação e administração de negócios desenvolvidos pelo primeiro, mediante remuneração direta, sem ficar caracterizado vínculo empregatício entre as partes.

Tendo em vista as disposições legais sobre o contrato celebrado, assinale a afirmativa correta.

a) Se o contrato de franquia empresarial vier a ser celebrado, o franqueador deverá licenciar ao franqueado o direito de uso de marca e, eventualmente, também o direito de uso de tecnologia de implantação e administração de negócio ou de sistema operacional desenvolvido.

b) O contrato de franquia empresarial pode ser ajustado verbalmente ou por escrito; neste caso, deverá ser assinado na presença de duas testemunhas e terá eficácia em relação a terceiros com o arquivamento na Junta Comercial.

c) A circular oferta de franquia deverá ser entregue a Ananás Móveis e Decorações Ltda. ME, no mínimo, 30 dias antes da assinatura do contrato ou pré-contrato, ou ainda do pagamento de taxa de adesão ao sistema pelo franqueado.

d) Se Móveis Combinados Ltda. veicular informações falsas na circular de oferta de franquia, sem prejuízo das sanções penais cabíveis, Ananás Móveis e Decorações Ltda. ME poderá arguir a nulidade de pleno direito do contrato e exigir devolução de até metade do valor que já houver pago.

**COMENTÁRIOS**

✪ **Nota do autor:** A questão exige do candidato conhecimento do texto da Lei 13.966, de 26.12.2019, em vigor após 90 dias de sua publicação, que dispõe sobre o contrato de franquia empresarial (franchising). A franquia empresarial é o contrato pelo qual "um franqueador autoriza por meio de contrato um franqueado a usar marcas e outros objetos de propriedade intelectual, sempre associados ao direito de produção ou distribuição exclusiva ou não exclusiva de produtos ou serviços e também ao direito de uso de métodos e sistemas de implantação e administração de negócio ou sistema operacional desenvolvido ou detido pelo franqueador, mediante remuneração direta ou indireta, sem caracterizar relação de consumo ou vínculo empregatício em relação ao franqueado ou a seus empregados, ainda que durante o período de treinamento" (art. 1º, caput). Vale lembrar que a referida lei revogou o regramento anterior estabelecido na Lei 8.955/1994.

**Alternativa "a":** De fato, se o contrato de franquia empresarial vier a ser celebrado, o franqueador deverá licenciar ao franqueado o direito de uso de marca e, eventualmente, também o direito de uso de tecnologia de implantação e administração de negócio ou de sistema operacional desenvolvido. É o que dispõe o art. 1º, caput, da Lei 13.966, de 26.12.2019 (em vigor após 90 dias de sua publicação): Franquia empresarial é o contrato pelo qual "um franqueador autoriza por meio de contrato um franqueado a usar marcas e outros objetos de propriedade intelectual, sempre associados ao direito de produção ou distribuição exclusiva ou não exclusiva de produtos ou serviços e também ao direito de uso de métodos e sistemas de implantação e administração de negócio ou sistema operacional desenvolvido ou detido pelo franqueador, mediante remuneração direta ou indireta, sem caracterizar relação de consumo ou vínculo empregatício em relação ao franqueado ou a seus empregados, ainda que durante o período de treinamento". Vale lembrar que a referida lei revogou o regramento anterior estabelecido na Lei 8.955/1994.

**Alternativa "b":** O contrato de franquia empresarial somente poderia ser ajustado por escrito; neste caso, deveria ser assinado na presença de duas testemunhas e teria validade independentemente de arquivamento na Junta Comercial. Era o que dispunha o art. 6º da Lei 8.955/1994: "O contrato de franquia deve ser sempre escrito e assinado na presença de duas testemunhas e terá validade independentemente de ser levado a registro perante cartório ou órgão público." Atualmente, a Lei 13.966, de 26.12.2019, em vigor após 90 dias de sua publicação, dispõe: Os contratos de franquia obedecerão às seguintes condições: I - os que produzirem efeitos exclusivamente no território nacional serão escritos em língua portuguesa e regidos pela legislação brasileira; II - os contratos de franquia internacional serão escritos originalmente em língua portuguesa ou terão tradução certificada para a língua portuguesa custeada pelo franqueador, e os contratantes poderão optar, no contrato, pelo foro de um de seus países de domicílio.

**Alternativa "c":** A circular oferta de franquia deverá ser entregue a Ananás Móveis e Decorações Ltda. ME, no mínimo, 10 dias antes da assinatura do contrato ou pré-contrato de franquia ou, ainda, do pagamento de qualquer tipo de taxa pelo franqueado ao franqueador ou a empresa ou a pessoa ligada a este, salvo no caso de licitação ou pré-qualificação promovida por órgão ou entidade pública, caso em que a Circular de Oferta de Franquia será divulgada logo no início do processo de seleção (art. 2º, § 1º, da Lei 13.966, de 26.12.2019, em vigor após 90 dias de sua publicação).

**Alternativa "d":** Se Móveis Combinados Ltda. veicular informações falsas na circular de oferta de franquia, sem prejuízo das sanções penais cabíveis, Ananás Móveis e Decorações Ltda. ME poderá arguir anulabilidade ou nulidade, conforme o caso, e exigir a devolução de todas e quaisquer quantias já pagas ao franqueador, ou a terceiros por este indicados, a título de filiação ou de royalties, corrigidas monetariamente (art. 2º, § 2º da Lei 13.966, de 26.12.2019, em vigor após 90 dias de sua publicação).

**Alternativa correta: letra "a"**

**64. (FGV - Exame de Ordem 2018.1)** Paulo precisa de um veículo automotor para entregar os produtos de seu estabelecimento aos clientes, mas não tem numerário para adquiri-lo. Ele foi aconselhado por sua advogada a celebrar um contrato de arrendamento mercantil.

Assinale a opção que indica as faculdades do arrendatário ao final desse contrato.

a) Devolver o bem ao arrendador, renovar o contrato ou exercer opção de compra.

b) Subarrendar o bem a terceiro ou exercer opção de compra.

c) Subarrendar o bem a terceiro, renovar o contrato ou exercer opção de compra.

d) Devolver o bem ao arrendador ou renovar o contrato.

COMENTÁRIOS

**Nota do autor:** A questão exigia do(a) candidato(a) conhecimento do texto da lei.

**Alternativa "a" (responde, também, as demais alternativas):** A questão trata do tema de arrendamento mercantil (leasing). As faculdades do arrendatário ao final desse contrato são devolver o bem ao arrendador, renovar o contrato ou exercer opção de compra. Ao término do contrato, o arrendatário pode optar por renovar o contrato por mais um período, devolver o bem ao arrendador, ou adquirir o bem arrendado pagando o valor de mercado ou o chamado valor residual. Em linguagem simples, trata-se de um contrato de locação em que, ao final do negócio jurídico, o arrendatário tem a opção de compra do bem arrendado. A disciplina jurídica pode ser encontrada na Lei 6.099/1974, que dispõe sobre o conceito deste negócio jurídico no parágrafo único do art. 1º, nos termos seguintes: "Considera-se arrendamento mercantil, para os efeitos desta Lei, o negócio jurídico realizado entre pessoa jurídica, na qualidade de arrendadora, e pessoa física ou jurídica, na qualidade de arrendatária, e que tenha por objeto o arrendamento de bens adquiridos pela arrendadora, segundo especificações da arrendatária e para uso próprio desta".

**Alternativa correta: letra "a"**

**65. (FGV - Exame de Ordem 2018.2)** Iguatu Têxtil S/A contratou o transporte de seus produtos do local de sua fábrica, em Iguatu/CE, até um dos polos de distribuição, em Fernão Dias/SP. Durante o trajeto, a carga será transportada, sucessivamente, pelas vias rodoviária, aérea e ferroviária. Será celebrado um único contrato, desde a origem até o destino, sob a execução e a responsabilidade únicas de um Operador de Transportes.

A situação descrita revela que as partes celebraram um contrato de transporte

a) multimodal.

b) combinado.

c) cumulativo.

d) de fato.

COMENTÁRIOS

**Nota do autor:** A questão exigia do(a) candidato(a) conhecimento do texto da lei. A questão aborda o texto da Lei 6.611/1998, que dispõe sobre o Transporte Multimodal de Cargas.

**Alternativa "a" (responde, também, as demais alternativas):** A situação descrita revela que as partes celebraram um contrato de transporte multimodal, considerando que, durante o trajeto, a carga será transportada por mais de um tipo de veículo (rodoviário, aéreo e férreo). O conceito pode ser extraído do art. 2º da Lei 6.611/1998, que dispõe: "Transporte Multimodal de Cargas é aquele que, regido por um único contrato, utiliza duas ou mais modalidades de transporte, desde a origem até o destino, e é executado sob a responsabilidade única de um Operador de Transporte Multimodal. Parágrafo único. O Transporte Multimodal de Cargas é: I – nacional, quando os pontos de embarque e de destino estiverem situados no território nacional; II – internacional, quando o ponto de embarque ou de destino estiver situado fora do território nacional." O art. 3º da mesma lei, ainda completa, dispondo que "O Transporte Multimodal de Cargas compreende, além do transporte em si, os serviços de coleta, unitização desunitização, movimentação, armazenagem e entrega de carga ao destinatário, bem como a realização dos serviços correlatos que forem contratados entre a origem e o destino, inclusive os de consolidação e desconsolidação documental de cargas."

**Alternativa correta: letra "a".**

**66. (FGV – Exame de Ordem 2017.1)** Matheus, empresário individual, pretende alugar um imóvel para instalar seu estabelecimento e nele localizar seu ponto empresarial. Antes de celebrar o contrato, ele procura você para, como advogado(a), informar-lhe sobre aspectos concernentes à locação não residencial.

Sobre a locação não residencial, assinale a afirmativa correta.

a) Na ação de despejo que tiver por fundamento exclusivo o término do prazo contratual, tendo sido proposta a ação em até 30 dias do cumprimento de notificação ao locatário comunicando o intento de retomada, será concedida liminar para desocupação em quinze dias, ouvida a parte contrária e se prestada caução pelo autor no valor equivalente a dois meses de aluguel.

b) Na locação não residencial de imóvel urbano, na qual o locador procede à prévia aquisição do imóvel especificado pelo pretendente à locação, a fim de que seja a este locado por prazo determinado, poderá ser convencionado no contrato a renúncia ao direito de revisão do valor dos aluguéis durante o prazo de vigência do contrato.

c) Nas locações de espaço em shopping centers, o locador poderá recusar a renovação do contrato pleiteada pelo locatário se o imóvel vier a ser utilizado pelo locador, que não poderá ser destinado ao uso no mesmo ramo da atividade do locatário.

d) Nas locações por prazo determinado de imóveis utilizados por estabelecimentos de ensino autorizados e fiscalizados pelo Poder Público, o contrato poderá ser rescindido por denúncia do locador, a qualquer tempo, independentemente de notificação ou aviso.

COMENTÁRIOS

**Nota do autor:** A questão exigia do(a) candidato(a) conhecimento do texto da lei. A locação comercial está regulamentada pela Lei nº 8.245/1991.

**Alternativa "a":** Nos termos do art. 59 da Lei de Locação, a liminar será concedida para desocupação em 15 (quinze) dias, independentemente da audiência da parte contrária (locatário). Na medida em que contraria expressamente o dispositivo legal, a afirmação contida na assertiva está incorreta.

**Alternativa "b":** O art. 54-A, caput e §1º da Lei nº 8.245/91 prevê a situação corriqueira de o imóvel urbano, não residencial, ser adquirido ou reformado pelo locador especificamente para o estabelecimento empresarial, a fim de que seja a este locado por prazo determinado. Nestes casos, os contratantes têm ampla liberdade para pactuar os termos do contrato, inclusive questões relativas ao preço e reajuste do aluguel. A assertiva, portanto, está correta.

**Alternativa "c":** O art. 52 da Lei de Locação dispõe sobre as hipóteses em que o locatário não estará obrigado a renovar o contrato. De acordo com o § 2º do mesmo art. 52, nas locações de espaço em shopping centers, o locador não poderá recusar a renovação do contrato com fundamento de o imóvel vier a ser utilizado por ele próprio ou para transferência de fundo de comércio existente há mais de um ano, sendo detentor da maioria do capital o locador, seu cônjuge, ascendente ou descendente.

**Alternativa "d":** Preconiza o art. 53 que nas locações de imóveis utilizados por estabelecimentos de ensino autorizados e fiscalizados pelo Poder Público, o contrato somente poderá ser rescindido I – por mútuo acordo; II – em decorrência da prática de infração legal ou contratual; III – em decorrência da falta de pagamento do aluguel e demais encargos; IV – para a realização de reparações urgentes determinadas pelo Poder Público, que não possam ser normalmente executadas com a permanência do locatário no imóvel ou, podendo, ele se recuse a consenti-las ou, ainda, se o proprietário, promissário comprador ou promissário cessionário, em caráter irrevogável e imitido na posse, com título registrado, que haja quitado o preço da promessa ou que, não o tendo feito, seja autorizado pelo proprietário, pedir o imóvel para demolição, edificação, licenciada ou reforma que venha a resultar em aumento mínimo de cinquenta por cento da área útil.

**Alternativa correta: letra "b".**

**67. (FGV - Exame de Ordem 2017.3)** O administrador da sociedade empresária Dutra & Filhos Comércio de Alimentos Ltda. consulta seu advogado para orientá-lo sobre o contrato apropriado para o aumento de sua capacidade de distribuição.

A intenção da pessoa jurídica é celebrar um contrato pelo qual possa receber a posse direta de veículos, que serão indicados por ela ao proprietário, para utilizá-los por prazo determinado, mediante o pagamento de prestações mensais durante a vigência do contrato. Ao termo final, a cliente deseja ter a possibilidade de adquirir os veículos ao invés de ser obrigada a devolvê-los ao proprietário ou renovar o contrato.

Assinale a opção que indica o contrato apropriado para a sociedade empresária.

a) Locação a prazo determinado.

b) Cessão de uso a título oneroso.

c) Compra e venda a prazo.

d) Arrendamento mercantil.

**COMENTÁRIOS**

✪ **Nota do autor:** A questão exigia do(a) candidato(a) conhecimento do texto da lei.

**Alternativa "d" (responde, também, as demais alternativas):** De acordo com as informações trazidas no enunciado, o contrato apropriado para a sociedade empresária é o contrato de arrendamento mercantil (também chamado de leasing), contrato este especial de locação que assegura a prerrogativa de aquisição do bem alugado ao final da avença, pagando, neste caso, o valor residual garantido. As outras opções do arrendatário são: devolução do bem ou renovação do contrato de leasing. As disposições legais desse contrato estão na Lei nº 6.099/1974.

**Alternativa correta: letra "d".**

**68. (FGV - Exame de Ordem 2017.2)** Brito contratou os serviços da corretora Geru para mediar a venda de um imóvel em Estância. O cliente ajustou com a corretora verbalmente que lhe daria exclusividade, fato presenciado por cinco testemunhas.

A corretora, durante o tempo de vigência do contrato (seis meses), anunciou o imóvel em veículos de comunicação de Estância, mas não conseguiu concretizar a venda, realizada diretamente por Brito com o comprador, sem a mediação da corretora.

Considerando as informações e as regras do Código Civil quanto ao pagamento de comissão, assinale a afirmativa correta.

a) A corretora não faz jus ao pagamento da comissão, porque o contrato de corretagem foi celebrado por prazo determinado.

b) A corretora faz jus ao pagamento da comissão, porque a corretagem foi ajustada com exclusividade, ainda que verbalmente.

c) A corretora não faz jus ao pagamento da comissão, porque o negócio foi iniciado e concluído diretamente entre as partes, sem a sua mediação.

d) A corretora faz jus ao pagamento da comissão, porque envidou todos os esforços para o êxito da mediação, que não se concluiu por causa alheia à sua vontade.

**COMENTÁRIOS**

✪ **Nota do autor:** A questão exigia do(a) candidato(a) conhecimento do texto da lei. Apesar da banca da FGV ter colocado o contrato de corretagem na matéria de Direito Empresarial, o mais correto seria estar entre os questionamentos de Direito Civil.

**Alternativa "a":** A corretagem é devida pela intermediação do negócio (o que não ocorreu no caso concreto do enunciado). Ademais, o contrato de prazo determinado não é motivo para a retirada do pagamento.

**Alternativa "b":** Nos termos do art. 726 do Código Civil, se for ajustada a corretagem com exclusividade e por escrito, terá o corretor direito à remuneração integral, ainda que realizado o negócio sem a sua mediação. Geru ajustou contrato com Brito de forma verbal, por isso não faz jus ao pagamento da comissão.

**Alternativas "c" e "d":** Geru não faz jus ao pagamento da comissão, porque não houve a contratação da corretagem por escrito, com cláusula de exclusividade e porque não participou da negociação.

**Alternativa correta: letra "c".**

## 8. FALÊNCIA E RECUPERAÇÃO DE EMPRESAS

### 8.1. FALÊNCIA

**69. (FGV – XXXVII Exame OAB)** Aral adquiriu bens de consumo de uma sociedade empresária, ficando esta de lhe entregar as mercadorias em até 10 (dez) dias úteis. Entretanto, a entrega não se realizou em razão da decretação de falência da vendedora e o consequente encerramento das atividades com o lacre dos estabelecimentos. O administrador judicial recebeu interpelação de Aral sobre a posição da massa falida quanto a entrega das mercadorias que comprou ou a devolução das parcelas já pagas. O administrador judicial se manifestou no sentido de não entregar a mercadoria ao comprador justificando a ausência de redução do passivo da massa falida e a extinção do contrato. Não há comitê de credores em funcionamento no processo falimentar. Considerando os fatos narrados e as disposições da Lei nº 11.101/2005, assinale a afirmativa que indica a atitude a ser tomada por Aral.

a) Pedir ao juiz da falência a indisponibilidade de bens da massa até o valor de seu crédito para fins de futuro pagamento.

b) Pedir a restituição em dinheiro das parcelas pagas pela aquisição dos bens.

c) Habilitar o crédito relativo ao valor pago na classe dos credores quirografários.

d) Ajuizar ação de execução por quantia certa em face da massa falida para recebimento das parcelas pagas.

COMENTÁRIOS

✪ **Nota do autor:** A questão exigia do(a) candidato(a) o conhecimento do texto de lei, precisamente, a Lei 11.101/2005 (Lei de Falências e Recuperação de Empresas).

**Alternativa "c" (responde, também, as demais alternativas):** Pensando na maximização dos ativos do devedor, o legislador incluiu o art. 117 à Lei 11.101/2005 (Lei de Falências e Recuperação de Empresas), prevendo que os contratos de natureza bilateral não se resolvem pela falência, podendo ser cumpridos pelo administrador judicial, quando o cumprimento do contrato puder reduzir ou evitar o aumento do passivo da massa falida ou for necessário à preservação dos ativos. No entanto, esse cumprimento contratual dependerá da autorização do Comitê de Credores (que, no caso, não foi constituído). Aral agiu corretamente ao administrador judicial, no prazo de até 90 (noventa) dias, contado da assinatura do termo de sua nomeação, para que, dentro de 10 (dez) dias, declara-se se cumpriria ou não o contrato. Tendo em vista a manifestação negativa do Administrador judicial, a Lei 11.101/2005 (Lei de Falências e Recuperação de Empresas) autoriza a aplicação da regra prevista no § 2º do art. 117, que prevê o seguinte: "A declaração negativa ou o silêncio do administrador judicial confere ao contraente o direito à indenização, cujo valor, apurado em processo ordinário, constituirá crédito quirografário." Assim sendo, considerando os fatos narrados e as disposições da Lei 11.101/2005 (Lei de Falências e Recuperação de Empresas), Aral poderá habilitar o crédito relativo ao valor pago na classe dos credores quirografários.

**Alternativa correta: letra "C".**

---

**70. (FGV – XXXV Exame de Ordem – 2022)** A empresa de viagens Balneário Gaivota Ltda. teve sua falência decretada com fundamento na impontualidade no pagamento de crédito no valor de R$ 610.000,00 (seiscentos e dez mil reais). Na relação de credores apresentada pela falida para efeito de publicação consta o crédito em favor do Banco Princesa S/A. no valor, atualizado até a data da falência, de R$ 90.002, 50 (noventa mil e dois reais e cinquenta centavos), garantido por constituição de propriedade fiduciária.

Ao ler a relação de credores e constatar tal crédito, é correto afirmar que

a) o crédito do Banco Princesa S/A. não se submeterá aos efeitos da falência, e prevalecerão as condições contratuais originais assumidas pela devedora antes da falência perante o fiduciário.

b) o crédito do Banco Princesa S/A. submeter-se-á aos efeitos da falência, porém o bem garantido pela propriedade fiduciária será alienado de imediato para pagamento aos credores extraconcursais.

c) o crédito do Banco Princesa S/A. não se submeterá aos efeitos da falência, permitindo ao falido permanecer na posse do imóvel até o encerramento da falência.

d) o crédito do Banco Princesa S/A. submeter-se-á aos efeitos da falência e será pago na ordem dos créditos concursais, ressalvado o direito de o credor pleitear a restituição do bem.

COMENTÁRIOS

✪ **Nota do autor:** A questão exigia do(a) candidato(a) conhecimento do texto da lei.

**Alternativa "d" (responde, também, as demais alternativas):** correta. No caso concreto apresentado pela Banca, é correto afirmar que o crédito do Banco Princesa S/A submete-se aos efeitos da falência, sendo pago na ordem dos créditos concursais do art. 83 da Lei 11.101/2005 (com redação dada pela Lei 14.112/2020), até o limite do bem gravado. Admite-se, outrossim, o direito do credor pleitear a restituição do bem, nos termos do art. 85 da Lei 11.101/2005.

**Alternativa correta: letra "D".**

---

**71. (FGV – XXXV Exame de Ordem – 2022)** Cerâmica Água Doce do Norte teve sua falência requerida pelo Banco Boa Esperança S/A, em razão do não pagamento de cinco duplicatas que lhe foram endossadas por Castelo, Vivacqua & Cia. Os títulos estão protestados para fins falimentares e não se verificou pagamento até a data da citação.

Ao ser citada, a sociedade devedora apresentou tempestivamente a contestação e, no mesmo prazo, em peça processual própria, requereu recuperação judicial, sem, contudo, se manifestar sobre a efetivação de depósito elisivo.

Com base nas informações acima, a sociedade empresária

a) tinha a faculdade de pleitear sua recuperação judicial no prazo de contestação, ainda que não tivesse se manifestado pela efetivação de depósito elisivo.

b) não deveria ter requerido sua recuperação judicial e sim ter efetuado o depósito elisivo, eliminando a presunção de insolvência para, somente após esse ato, pleitear recuperação judicial.

c) deveria ter pleiteado sua recuperação judicial, pois o devedor pode se utilizar do benefício até o trânsito em julgado da sentença de falência, portanto, o pedido foi tempestivo e correto.

d) estava impedida de requerer recuperação judicial, pois já havia, na data do pedido de recuperação, requerimento de falência contra si, ajuizado pelo credor da duplicatas.

COMENTÁRIOS

✪ **Nota do autor:** A questão exigia do(a) candidato(a) conhecimento do texto da lei.

**Alternativa "a" (responde, também, as demais alternativas):** Com base nas informações acima, a sociedade empresária tinha a faculdade de pleitear sua recuperação judicial no prazo de contestação, ainda que não tivesse se manifestado pela efetivação de depósito elisivo. É o que decorre da combinação dos arts. 95 e 98 da Lei 11.101/2005 (Lei de Falências e Recuperação de Empresas). Confira: "Art. 95. Dentro do prazo de contestação, o devedor poderá pleitear sua recuperação judicial." "Art. 98. Citado, o devedor poderá apresentar contestação no prazo de 10 (dez) dias. Parágrafo único. Nos pedidos baseados nos incisos I e II do caput do art. 94 desta Lei, o devedor poderá, no prazo da contestação, depositar o valor correspondente ao total do crédito, acrescido de correção monetária, juros e honorários advocatícios, hipótese em que a falência não será decretada e, caso julgado procedente o pedido de falência, o juiz ordenará o levantamento do valor pelo autor."

**Alternativa correta: letra "A".**

---

**72. (FGV/ OAB/ XXXIII Exame- 2021)** Na Comarca de Imperatriz/MA funcionam 4 (quatro) Varas Cíveis, com competência concorrente para o julgamento de causas de falência e recuperação judicial. Em 22 de agosto de 2019, foi apresentado requerimento de falência de uma sociedade empresária enquadrada como empresa de pequeno porte, com principal estabelecimento naquele município. O requerimento foi distribuído para a 3ª Vara Cível.

Tendo sido determinada a citação do devedor, no prazo da contestação, Coelho Dutra, administrador e representante legal da sociedade, requereu sua recuperação judicial, devidamente autorizado por deliberação dos sócios.

Com base nestas informações, assinale a afirmativa correta.

a) O requerimento de recuperação judicial não está sujeito à distribuição por dependência, podendo ser apreciado por qualquer um dos quatro juízos cíveis da comarca.

b) A distribuição do pedido de falência previne a jurisdição para o pedido de recuperação judicial formulado pelo devedor, de modo que será competente o juízo da 3ª Vara Cível.

c) Por se tratar de devedor enquadrado como empresa de pequeno porte, há tratamento diferenciado para o pedido de recuperação judicial, estando prevento o juízo que conheceu do pedido de falência.

d) Como o devedor não se enquadra na definição legal de microempresa (incluído o microempreendedor individual), o requerimento de recuperação judicial não está sujeito à distribuição por dependência.

**COMENTÁRIOS**

✪ **Nota do autor:** A questão exigia do(a) candidato(a) conhecimento da lei seca, precisamente, da Lei 11.101/2005 (Lei de Falência e Recuperação de Empresas). No entanto, desde já, frisamos, com a devida vênia à Banca Examinadora, que a questão deveria ter sido anulada, por apresentar duas assertivas corretas, conforme veremos a seguir.

**Alternativa "a":** Na verdade, o requerimento de recuperação judicial **está** sim sujeito à distribuição por dependência, **não podendo** ser apreciado por qualquer um dos quatro juízos cíveis da comarca. É o que se extrai do art. 6º, § 8º, da Lei 11.101/2005: "A distribuição do pedido de falência ou de recuperação judicial ou a homologação de recuperação extrajudicial previne a jurisdição para qualquer outro pedido de falência, de recuperação judicial ou de homologação de recuperação extrajudicial relativo ao mesmo devedor (Redação dada pela Lei 14.112/2020)". A distribuição do pedido de falência ou de recuperação judicial **previne** a jurisdição para qualquer outro pedido de recuperação judicial ou de falência, relativo ao mesmo devedor."

**Alternativa "b":** De fato, de acordo com o já citado art. 6º, § 8º, da Lei 11.101/2005, a distribuição do pedido de falência previne a jurisdição para o pedido de recuperação judicial formulado pelo devedor, de modo que será competente o juízo da 3ª Vara Cível.

**Alternativa "c":** Como dito em nota do autor, com a devida vênia, entendemos que a assertiva está correta, sobretudo porque o ordenamento jurídico brasileiro realmente admite tratamento diferenciado para empresas de pequeno porte. Trata-se da chamada recuperação judicial especial, prevista nos arts. 70 a 72 da Lei 11.101/2005 e que representa a concretização do mandamento constitucional insculpido no art. 179 da CF. Vejamos o que dispositivo constitucional em comento: "CF, Art. 179. A União, os Estados, o Distrito Federal e os Municípios dispensarão às microempresas e às empresas de pequeno porte, assim definidas em lei, tratamento jurídico diferenciado, visando a incentivá-las pela simplificação de suas obrigações administrativas, tributárias, previdenciárias e creditícias, ou pela eliminação ou redução destas por meio de lei." Já o art. 70, *caput*, e § 1º, da Lei 11.101/2005 expressam o seguinte: "Art. 70. As pessoas de que trata o art. 1º desta lei e que se incluam nos conceitos de microempresa ou empresa de pequeno porte, nos termos da legislação vigente, sujeitam-se às normas deste Capítulo. § 1º As microempresas e as empresas de pequeno porte, conforme definidas em lei, poderão apresentar plano especial de recuperação judicial, desde que afirmem sua intenção de fazê-lo na petição inicial de que trata o art. 51 desta lei." Com efeito, a assertiva está correta ao afirmar que por se tratar de devedor enquadrado como empresa de pequeno porte, há tratamento diferenciado para o pedido de recuperação judicial, estando prevento o juízo que conheceu do pedido de falência. Entendemos, portanto, que ao caso, também se aplica o já citado § 8º do art. 6º da Lei 11.101/2005.

**Alternativa "d":** O requerimento de recuperação judicial está sujeito à distribuição por dependência, nos termos do art. 6º, § 8º, da Lei 11.101/2005, que dispõe: "A distribuição do pedido de falência ou de recuperação judicial ou a homologação de recuperação extrajudicial previne a jurisdição para qualquer outro pedido de falência, de recuperação judicial ou de homologação de recuperação extrajudicial relativo ao mesmo devedor (Redação dada pela Lei 14.112/2020)".

Alternativa correta: letra "d".

---

**73. (FGV/OAB/XXX Exame – 2019.3)** Além da impontualidade, a falência pode ser decretada pela prática de atos de falência por parte do devedor empresário individual ou dos administradores da sociedade empresária.

Assinale a opção que constitui um ato de falência por parte do devedor.

a) Deixar de pagar, no vencimento, obrigação líquida materializada em título executivo protestado por falta de pagamento, cuja soma ultrapasse o equivalente a 40 (quarenta) salários mínimos na data do pedido de falência.

b) Transferir, durante a recuperação judicial, estabelecimento a terceiro sem o consentimento de todos os credores e sem ficar com bens suficientes para solver seu passivo, em cumprimento à disposição de plano de recuperação.

c) Não pagar, depositar ou nomear à penhora, no prazo de 3 (três) dias, contados da citação, bens suficientes para garantir a execução.

d) Deixar de cumprir, no prazo estabelecido, obrigação assumida no plano de recuperação judicial, após o cumprimento de todas as obrigações previstas no plano que vencerem até dois anos depois da concessão da recuperação judicial.

**COMENTÁRIOS**

✪ **Nota do autor:** A questão exigia do candidato o conhecimento do texto da Lei 11.101/2005 (Lei de Falência e Recuperação de Empresas – LF).

**Alternativa "a":** Constitui **impontualidade injustificada** (e não ato de falência), o ato de deixar de pagar, no vencimento, obrigação líquida materializada em título executivo protestado por falta de pagamento, cuja soma ultrapasse o equivalente a 40 (quarenta) salários mínimos na data do pedido de falência (art. 94, I, da LF).

**Alternativa "b":** Constitui **ato de falência**, a transferência estabelecimento empresarial a terceiro, credor ou não, sem o consentimento de todos os credores e sem ficar com bens suficientes para solver seu passivo (art. 94, III, *c*, da LF). No entanto, tal transferência **não será considerada ato de falência**, quando feita em cumprimento à disposição de plano de recuperação judicial. Em outras palavras, se a possibilidade de transferência do estabelecimento estava prevista no plano de recuperação, não há falar em ato ilícito do devedor empresário, a justificar a decretação da falência. Vejamos o que determina o dispositivo legal em comento: "Art. 94. Será decretada a falência do devedor que: (...) III – pratica qualquer dos seguintes atos, **exceto se fizer parte de plano de recuperação judicial**: (...) *c)* transfere estabelecimento a terceiro, credor ou não, sem o consentimento de todos os credores e sem ficar com bens suficientes para solver seu passivo;".

**Alternativa "c":** Constitui **execução frustrada** (e não ato de falência), o ato de não pagar, depositar ou nomear à penhora, no prazo de 3 (três) dias, contados da citação, bens suficientes para garantir a execução (art. 94, II, da LF).

**Alternativa "d":** De fato, **constitui ato de falência**, deixar de cumprir, no prazo estabelecido, obrigação assumida no plano de recuperação judicial, após o cumprimento de todas as obrigações previstas no plano que vencerem até dois anos depois da concessão da recuperação judicial. Essa conclusão é extraída da combinação dos arts. 94, III, *g*, 61 e 62 da LF. Vejamos o que determina cada um dos dispositivos legais em comento: "**Art. 94.** Será decretada a falência do devedor que: (...) III pratica qualquer dos seguintes atos, exceto se fizer parte de plano de recuperação judicial: (...) *g)* deixa de cumprir, no prazo estabelecido, obrigação assumida no plano de recuperação judicial." "**Art. 61.** Proferida a decisão prevista no art. 58 desta Lei, o devedor permanecerá em recuperação judicial até que se cumpram todas as obrigações previstas no plano que se vencerem até 2 (dois) anos depois da concessão da recuperação judicial." "**Art. 62.** Após o período previsto no art. 61 desta Lei, no caso de descumprimento de qualquer obrigação prevista no plano de recuperação judicial, qualquer credor poderá requerer a execução específica ou a falência com base no art. 94 desta Lei."

**Alternativa correta: letra "d".**

---

**74. (FGV/OAB/XXIX_Exame - 2019.2)** Madeireira Juína Ltda. requereu a homologação de plano de recuperação extrajudicial em Juara/MT, lugar de seu principal estabelecimento. Após o pedido de homologação e antes da publicação do edital para apresentação de impugnação ao plano, um dos credores com privilégio geral que haviam assinado o plano pretende desistir unilateralmente da adesão. Tal credor possui um terço dos créditos de sua classe submetidos ao plano.

Com relação ao credor com privilégio geral, após a distribuição do pedido de homologação, assinale a afirmativa Correta.

a) Não poderá desistir da adesão ao plano, mesmo com a anuência expressa dos demais signatários.

b) Poderá desistir da adesão em razão da natureza contratual do plano, que permite, a qualquer tempo, sua denúncia.

c) Não poderá desistir da adesão ao plano, salvo com a anuência expressa dos demais signatários.

d) Poderá desistir da adesão ao plano, desde que seja titular de mais de 1/4 do total dos créditos de sua classe.

**COMENTÁRIOS**

A Lei 11.101/2005 regula a recuperação judicial, a extrajudicial e a falência do empresário e da sociedade empresária. Com relação ao credor com privilégio geral, após a distribuição do pedido de homologação, não poderá desistir da adesão ao plano de recuperação extrajudicial, salvo com a anuência expressa dos demais signatários (art. 161, § 5º, da Lei 11.101/2005).

**Alternativa correta: letra "c".**

---

**75. (FGV/OAB/XXIX_Exame - 2019.2)** Ribamar é sócio da sociedade empresária Junco, Fiquene & Cia. Ltda. Após uma infrutífera negociação de plano de recuperação judicial, a assembleia de credores rejeitou o plano, acarretando a decretação de falência da sociedade. O desgaste, que já existia entre Ribamar e os demais sócios, intensificou-se com a decretação da falência, ensejando pedido de retirada da sociedade, com base nas disposições reguladoras da sociedade limitada.

Diante dos fatos narrados, assinale a afirmativa Correta.

a) A decretação da falência suspende o exercício do direito de retirada do sócio Ribamar.

b) A sociedade deverá apurar os haveres do sócio dissidente Ribamar, que serão pagos como créditos extraconcursais.

c) O juiz da falência deverá avaliar o pedido de retirada do sócio Ribamar e, eventualmente, deferi-lo na ação de dissolução parcial.

d) A decretação de falência não suspende o direito de retirada do sócio Ribamar, mas o pagamento de seus haveres deverá ser incluído como crédito subordinado.

**COMENTÁRIOS**

Diante dos fatos narrados, a decretação da falência suspenderá o exercício do direito de retirada do sócio Ribamar. Sem dúvida, o direito de retirada ou de recesso é um dos direitos do sócio de uma sociedade. No entanto, por expressa previsão legal, para assegurar os direitos dos credores, tal direito fica suspenso diante da decretação da falência da sociedade empresária. Além disso, também visando assegurar os direitos dos credores, diante da decretação da falência, também ficará suspenso o direito eventual recebimento do valor de quotas ou ações, por parte do sócio da sociedade empresária falida (art. 116, II, da Lei 11.101/2005).

**Alternativa correta: letra "a".**

---

**76. (FGV/OAB/XXVIII – Exame – 2019.1)** Indústria de Celulose Três Rios Ltda. requereu homologação de plano de recuperação extrajudicial no lugar do seu principal estabelecimento. No plano de recuperação apresentado há um crédito quirografário em moeda estrangeira, com pagamento segundo a variação cambial do euro. Foi prevista ainda pelo devedor a supressão da variação cambial pela substituição da moeda euro pelo real. O plano foi aprovado por credores que titularizam mais de três quintos dos créditos de cada classe, mas Licínio, o credor titular deste crédito, não o assinou.

De acordo com as disposições legais para homologação da recuperação extrajudicial, assinale a afirmativa Correta.

a) O plano pode ser homologado porque, mesmo sem a assinatura de Licínio, houve aprovação por credores que titularizam mais de três quintos dos créditos de cada classe.

b) O plano não pode ser homologado porque, diante da supressão da variação cambial, o credor Licínio pode vetar sua aprovação, qualquer que seja o quórum de aprovação.

EMPRESARIAL

c) O plano pode ser homologado porque o consentimento expresso de Licínio só é exigido para os créditos com garantia real, não se aplicando a exigência aos créditos quirografários.

d) O plano não pode ser homologado por não ter atingido o quórum mínimo de aprovação, independentemente da supressão da cláusula de variação cambial.

**COMENTÁRIOS**

Inicialmente dada como Correta a alternativa "a", a Banca Examinadora retificou o gabarito, apontando como Correta a letra "b". De fato, o voto da sociedade Dutra & Corda Representações Ltda. não poderia ter sido considerado para fins de verificação do quórum de instalação e de deliberação da assembleia geral. Isso porque, de acordo com o § 5º do art. 163 da LF, "Nos créditos em moeda estrangeira, a variação cambial só poderá ser afastada se o credor titular do respectivo crédito aprovar expressamente previsão diversa no plano de recuperação extrajudicial."

**Alternativa correta: letra "b".**

---

**77. (FGV – Exame de Ordem/2018.3)** A Fazenda Pública do Estado de Pernambuco ajuizou ação de execução fiscal em face de sociedade empresária. No curso da demanda, houve o processamento da recuperação judicial da sociedade.

Em relação à execução fiscal em curso, assinale a afirmativa correta.

a) Fica suspensa com o processamento da recuperação até seu encerramento.

b) Não é suspensa com o processamento da recuperação judicial.

c) Fica suspensa com o processamento da recuperação judicial até o máximo de 180 (cento e oitenta) dias.

d) É extinta com o processamento da recuperação judicial.

**COMENTÁRIOS**

✪ **Nota do autor:** A questão exigia do(a) candidato(a) conhecimento do texto da lei.

**Alternativa "b" (responde, também, as demais alternativas):** A execução fiscal em curso não é suspensa com o processamento da recuperação judicial. Com redação dada pela Lei 14.112/2020, o art. 6º, caput, da LF, determina que a decretação da falência ou o deferimento do processamento da recuperação judicial implica: (i) a suspensão do curso da prescrição das obrigações do devedor sujeitas ao regime da LF; (ii) a suspensão das execuções ajuizadas contra o devedor, inclusive daquelas dos credores particulares do sócio solidário, relativas a créditos ou obrigações sujeitos à recuperação judicial ou à falência; e (iii) a proibição de qualquer forma de retenção, arresto, penhora, sequestro, busca e apreensão e constrição judicial ou extrajudicial sobre os bens do devedor, oriunda de demandas judiciais ou extrajudiciais cujos créditos ou obrigações sujeitem-se à recuperação judicial ou à falência. Ocorre que, de acordo com o § 7º-A do art. 6º da LF (incluído pela Lei 14.112/2020), "O disposto nos incisos I, II e III do caput deste artigo não se aplica aos créditos referidos nos §§ 3º e 4º do art. 49 desta Lei, admitida, todavia, a competência do juízo da recuperação judicial para determinar a suspensão dos atos de constrição que recaiam sobre bens de capital essenciais à manutenção da atividade empresarial durante o prazo de suspensão a que se refere o § 4º deste artigo, a qual será implementada mediante a cooperação jurisdicional, na forma do art. 69 da Lei nº 13.105, de 16 de março de 2015 (Código de Processo Civil), observado o disposto no art. 805 do referido Código."

**Alternativa correta: letra "b"**

---

**78. (FGV - Exame de Ordem 2018.2)** Antes da decretação de falência da sociedade Talismã & Sandolândia Ltda., foi ajuizada ação de execução por título extrajudicial por Frigorífico Rio Sono Ltda., esta enquadrada como empresa de pequeno porte.

Com a notícia da decretação da falência pela publicação da sentença no Diário da Justiça, o advogado da exequente tomará ciência de que a execução do título extrajudicial

a) não será suspensa, em razão do enquadramento da credora como empresa de pequeno porte.

b) está suspensa pelo prazo improrrogável de 180 (cento e oitenta) dias, contados da publicação da sentença.

c) não será suspensa, em razão de ter sido ajuizada pelo credor antes da decretação da falência.

d) está suspensa, devendo o credor se submeter às regras do processo falimentar e ter seu crédito verificado e classificado.

**COMENTÁRIOS**

✪ **Nota do autor:** A questão exigia do(a) candidato(a) conhecimento do texto da lei.

**Alternativa "d" (responde, também, as demais alternativas):** Com a notícia da decretação da falência pela publicação da sentença no Diário da Justiça, o advogado da exequente tomará ciência de que a execução do título extrajudicial está suspensa, devendo o credor se submeter às regras do processo falimentar e ter seu crédito verificado e classificado, assim como constou da alternativa "d". De acordo com o art. 99, inciso V, da LF, "A sentença que decretar a falência do devedor dentre outras determinações ordenará a suspensão de todas as ações ou execuções contra o falido, ressalvadas as hipóteses previstas nos parágrafos primeiro e segundo do art. 6º desta lei." Com redação dada pela Lei 14.112/2020, o art. 6º, caput, da LF, determina que a decretação da falência ou o deferimento do processamento da recuperação judicial implica: (i) a suspensão do curso da prescrição das obrigações do devedor sujeitas ao regime da LF; (ii) a suspensão das execuções ajuizadas contra o devedor, inclusive daquelas dos credores particulares do sócio solidário, relativas a créditos ou obrigações sujeitos à recuperação judicial ou à falência; e (iii) a proibição de qualquer forma de retenção, arresto, penhora, sequestro, busca e apreensão e constrição judicial ou extrajudicial sobre os bens do devedor, oriunda de demandas judiciais ou extrajudiciais cujos créditos ou obrigações sujeitem-se à recuperação judicial ou à falência. Ocorre que, de acordo com o § 7º-A do art. 6º da LF (incluído pela Lei 14.112/2020), "O disposto nos incisos I, II e III do caput deste artigo não se aplica aos créditos referidos nos §§ 3º e 4º do art. 49 desta Lei, admitida, todavia, a competência do juízo da recuperação judicial para determinar a suspensão dos atos de constrição que recaiam sobre bens de capital essenciais à manutenção da atividade empresarial durante o prazo de suspensão a que se refere o § 4º deste artigo, a qual será implementada mediante a cooperação jurisdicional, na forma do art. 69 da Lei nº 13.105, de 16 de março de 2015 (Código de Processo Civil), observado o disposto no art. 805 do referido Código."

**Alternativa correta: letra "d".**

---

**79. (FGV – Exame de Ordem 2017.1)** Mauriti & Cia Ltda. celebrou contrato de alienação fiduciária em garantia com a sociedade empresária Gama. Com a decretação de falência da fiduciante, o advogado da fiduciária pleiteou a restituição do bem alienado, sendo informado pelo administrador judicial que o bem se encontrava na posse do falido na época da decretação da falência, porém não foi encontrado para ser arrecadado.

Considerando os fatos narrados, o credor fiduciário terá direito à restituição em dinheiro do valor da avaliação do bem atualizado?

a) Não, em razão de este não ter sido encontrado para arrecadação.
b) Sim, devendo, para tanto, habilitar seu crédito na falência como quirografário.
c) Sim, mesmo que o bem alienado não mais exista ao tempo do pedido de restituição ou que não tenha sido arrecadado.
d) Não, por não ter a propriedade plena do bem alienado fiduciariamente, e sim resolúvel.

COMENTÁRIOS

✪ **Nota do autor:** A questão exigia do(a) candidato(a) conhecimento do texto da lei.

**Alternativa "c" (responde, também, as demais alternativas):** Com a notícia da decretação da falência pela publicação da sentença no Diário da Justiça, o advogado da exequente tomará ciência de que a execução do título extrajudicial está suspensa, devendo o credor se submeter às regras do processo falimentar e ter seu crédito verificado e classificado, assim como constou da alternativa "d". De acordo com o art. 99, inciso V, da LF, "A sentença que decretar a falência do devedor dentre outras determinações ordenará a suspensão de todas as ações ou execuções contra o falido, ressalvadas as hipóteses previstas nos parágrafos primeiro e segundo do art. 6º desta lei." Com redação dada pela Lei 14.112/2020, o art. 6º, caput, da LF, determina que a decretação da falência ou o deferimento do processamento da recuperação judicial implica: (i) a suspensão do curso da prescrição das obrigações do devedor sujeitas ao regime da LF; (ii) a suspensão das execuções ajuizadas contra o devedor, inclusive daquelas dos credores particulares do sócio solidário, relativas a créditos ou obrigações sujeitos à recuperação judicial ou à falência; e (iii) a proibição de qualquer forma de retenção, arresto, penhora, sequestro, busca e apreensão e constrição judicial ou extrajudicial sobre os bens do devedor, oriunda de demandas judiciais ou extrajudiciais cujos créditos ou obrigações sujeitem-se à recuperação judicial ou à falência. Ocorre que, de acordo com o § 7º-A do art. 6º da LF (incluído pela Lei 14.112/2020), "O disposto nos incisos I, II e III do caput deste artigo não se aplica aos créditos referidos nos §§ 3º e 4º do art. 49 desta Lei, admitida, todavia, a competência do juízo da recuperação judicial para determinar a suspensão dos atos de constrição que recaiam sobre bens de capital essenciais à manutenção da atividade empresarial durante o prazo de suspensão a que se refere o § 4º deste artigo, a qual será implementada mediante a cooperação jurisdicional, na forma do art. 69 da Lei nº 13.105, de 16 de março de 2015 (Código de Processo Civil), observado o disposto no art. 805 do referido Código."

**Alternativa correta: letra "c".**

---

**80. (FGV – Exame de Ordem 2016.2)** Mostardas, Tavares & Cia Ltda. EPP requereu sua recuperação judicial tendo o pedido sido despachado pelo juiz com a nomeação de Frederico Portela como administrador judicial. Em relação à remuneração do administrador judicial, será observada a seguinte regra:

a) a remuneração não excederá 5% (cinco por cento) do valor devido aos credores submetidos à recuperação judicial.
b) caberá ao devedor arcar com as despesas relativas à remuneração do administrador judicial e das pessoas eventualmente contratadas para auxiliá-lo.
c) a remuneração deverá ser paga até o final do encerramento da verificação dos créditos e publicação do quadro de credores.
d) será devida remuneração proporcional ao trabalho realizado quando o administrador judicial for destituído por descumprimento de deveres legais.

COMENTÁRIOS

✪ **Nota do autor:** A questão exigia do(a) candidato(a) conhecimento do texto da lei.

**Alternativa "a":** Como a Mostardas, Tavares & Cia Ltda. é uma empresa de pequeno porte, nos termos do § 5º do art. 24 da Lei nº 11.101/05, a remuneração do administrador judicial fica reduzida ao limite de 2% (dois por cento).

**Alternativa "b":** De acordo com o art. 25 da Lei nº 11.101/2005, é responsabilidade do devedor (ou à massa falida) o pagamento da remuneração do administrador judicial e das pessoas eventualmente contratadas para auxiliá-lo.

**Alternativa "c":** O art. 24, §2º, Lei nº 11.101/05, prevê será reservado 40% (quarenta por cento) do montante devido ao administrador judicial para pagamento durante o processo. Assim, o restante será pago somente ao final.

**Alternativa "d":** O art. 24, § 3º determina que "O administrador judicial substituído será remunerado proporcionalmente ao trabalho realizado, salvo se renunciar sem relevante razão ou for destituído de suas funções por desídia, culpa, dolo ou descumprimento das obrigações fixadas nesta Lei, hipóteses em que não terá direito à remuneração."

**Alternativa correta: letra "b".**

---

**81. (FGV – Exame de Ordem 2016.2)** P. Industrial S.A., companhia fechada, passa momentaneamente por dificuldades financeiras que se agravaram com a crise na atividade industrial do país. A assembleia geral autorizou os administradores a alienar bens do ativo permanente, dentre eles uma unidade produtiva situada no município de Mirante da Serra, avaliada em R$ 495.000.000,00 (quatrocentos e noventa e cinco milhões de reais).

Considerando-se que a unidade produtiva da companhia integra seu estabelecimento, assinale a afirmativa correta.

a) A assembleia geral não pode autorizar a alienação da unidade produtiva. Por ser o estabelecimento uma universalidade de direito, seus elementos devem ser mantidos indivisíveis e unitariamente agregados para o exercício da empresa.
b) A assembleia geral pode autorizar a alienação da unidade produtiva. Por ser o estabelecimento uma universalidade de fato, seus elementos podem ser objeto de negócios jurídicos próprios, translativos ou constitutivos, separadamente dos demais.
c) A assembleia geral pode autorizar a alienação da unidade produtiva. Por ser o estabelecimento um patrimônio de afetação, cabe exclusivamente à companhia a decisão de desagregá-lo e, com isso, limitar sua responsabilidade perante os credores ao valor da unidade produtiva alienada.
d) A assembleia geral não pode autorizar a alienação da unidade produtiva. Por ser o estabelecimento elemento de exercício da empresa, a alienação de qualquer de seus elementos (corpóreos ou incorpóreos) implica a impossibilidade de manutenção da atividade da companhia, operando-se sua dissolução de pleno direito.

COMENTÁRIOS

✪ **Nota do autor:** A questão exigia do(a) candidato(a) conhecimento do texto da lei.

**Alternativa "b" (responde, também, as demais alternativas):** O estabelecimento empresarial compreende o complexo (conjunto) de bens, corpóreos e incorpóreos, organizados pelo empresário para o exercício da atividade empresarial. Considerando-se que a unidade produtiva da companhia integra seu estabelecimento, a a assembleia geral poderá autorizar a alienação da unidade produtiva. Por ser o estabelecimento uma universalidade de fato, seus elementos podem ser objeto de negócios jurídicos próprios, translativos ou constitutivos, separadamente dos demais. A regra está prevista no art. 121 da Lei 6.404/1976 (Lei das Sociedades por Ações – LSA). Confira: "LSA, Art. 121. A assembléia-geral, convocada e instalada de acordo com a lei e o estatuto, tem poderes para decidir todos os negócios relativos ao objeto da companhia e tomar as resoluções que julgar convenientes à sua defesa e desenvolvimento. Parágrafo único. Nas companhias, abertas e fechadas, o acionista poderá participar e votar a distância em assembleia geral, nos termos do regulamento da Comissão de Valores Mobiliários e do órgão competente do Poder Executivo federal, respectivamente. (Redação dada pela Lei nº 14.030, de 2020)".

**Alternativa correta: letra "b".**

**82. (FGV – Exame de Ordem 2016.1)** Eugênio de Castro é sócio e administrador designado no contrato da sociedade empresária Vale do Taquari Empreendimentos Hoteleiros Ltda. De acordo com cláusula contratual, o referido administrador faz jus à percepção de pró-labore bimestral no valor fixo de R$ 4.000,00 (quatro mil reais). Com a decretação da falência da referida sociedade, sua advogada verificou que não consta o crédito do cliente na relação de credores publicada no Diário Oficial.

Assinale a opção que indica a classificação correta na habilitação de crédito a ser apresentada ao Juízo da falência.

a) Crédito subordinado.
b) Crédito quirografário.
c) Crédito subquirografário.
d) Crédito equiparado ao trabalhista, até o limite de 150 salários mínimos.

COMENTÁRIOS

✪ **Nota do autor:** A questão exigia do(a) candidato(a) conhecimento do texto da lei.

**Alternativa "a" (responde, também, as demais alternativas):** O art. 83 da Lei 11.101/2005 trata da ordem de pagamento dos credores e, no seu inciso VIII, alínea "b", com redação dada pela Lei 14.112/2020, determina serem créditos subordinados "os créditos dos sócios e dos administradores sem vínculo empregatício cuja contratação não tenha observado as condições estritamente comutativas e as práticas de mercado".

**Alternativa correta: letra "a".**

## 8.2. RECUPERAÇÃO JUDICIAL

**83. (FGV – XXXV Exame de Ordem – 2022)** Júlio de Castilhos, credor com garantia real da Companhia Cruz Alta, em recuperação judicial, após instalada a assembleia de credores em segunda convocação, propôs a suspensão da deliberação sobre a votação do plano para que três cláusulas do documento fossem ajustadas. A proposta obteve aceitação dos credores presentes e o apoio da recuperanda.

Considerando os fatos narrados, deve-se considerar a deliberação sobre a suspensão da assembleia

a) válida, eis que é permitido aos credores decidir pela suspensão da assembleia-geral, que deverá ser encerrada no prazo de até 15 (quinze) dias, contados da data da deliberação.
b) inválida, eis que a assembleia não pode ser suspensa diante de ter sido instalada em segunda convocação e deverá o juiz convocar nova assembleia no prazo de até 5 (cinco) dias.
c) válida, eis que é permitido aos credores decidir pela suspensão da assembleia-geral, que deverá ser encerrada no prazo de até 90 (noventa) dias, contados da data de sua instalação.
d) inválida, eis que a suspensão de assembleia é uma característica do procedimento de aprovação do plano especial para micro e pequenas empresas, e a recuperanda não pode utilizá-lo por ser companhia.

COMENTÁRIOS

✪ **Nota do autor:** A questão exigia do(a) candidato(a) conhecimento do texto da lei.

**Alternativa "c" (responde, também, as demais alternativas):** correta. Na hipótese de objeção de qualquer credor ao plano de recuperação judicial apresentado pelo devedor, o magistrado deve convocar assembleia geral de credores para que deliberem sobre o plano de recuperação (arts. 55 e 56, "caput", da Lei 11.101/2005). Considerando que a proposta obteve a aceitação dos credores presentes, assim como o apoio da recuperanda, deve-se considerar a deliberação sobre a suspensão da assembleia válida. Isso porque é permitido aos credores decidir pela suspensão da assembleia-geral, que deverá ser encerrada no prazo de até 90 (noventa) dias, contados da data de sua instalação, nos termos do § 9º do art. 56 da Lei 11.101/2005, com redação dada pela Lei 14.112/2020.

**Alternativa correta: letra "c".**

**84. (FGV/OAB/XXXII – Exame – 2021)** A sociedade Nerópolis Fretamentos de Cargas Ltda. está passando por grave crise financeira e precisa, com a máxima urgência, pleitear recuperação judicial. A pedido de um dos administradores, o sócio Irapuan Pinheiro, titular de 70% do capital social, autorizou o pedido de recuperação judicial por esse administrador, o que foi feito.

Acerca da situação narrada, assinale a afirmativa correta.

a) A conduta do sócio Irapuan Pinheiro foi ilícita, pois somente por decisão unânime dos sócios é possível pleitear a recuperação judicial de sociedade limitada.
b) A conduta do administrador foi lícita, pois é dispensável, em qualquer caso, a manifestação da assembleia de sócios para o pedido de recuperação judicial de sociedade limitada.
c) A conduta do sócio Irapuan Pinheiro foi lícita, pois, em caso de urgência, é possível a qualquer sócio titular de mais da metade do capital social autorizar os administradores a requerer recuperação judicial.
d) A conduta do administrador foi ilícita, pois deveria ter sido convocada assembleia de sócios para deliberar sobre a matéria com quórum de, no mínimo, 3/4 (três quartos) do capital social.

COMENTÁRIOS

✪ **Nota do autor:** A questão exigia do(a) candidato(a) conhecimento do texto da Lei 11.101/2005 (Lei de Falência e Recuperação de Empresas).

**Alternativa "c" (responde, também, as demais alternativas):** Acerca da situação narrada, é correto afirmar que a conduta do sócio Irapuan Pinheiro foi lícita, pois, em caso de urgência, é possível a qualquer sócio titular de mais da metade do capital social autorizar os administradores a requerer recuperação judicial. Vale lembrar, por fim, que poderá requerer recuperação judicial o devedor que, no momento do pedido, exerça regularmente suas atividades há mais de 2 (dois) anos e que atenda aos seguintes requisitos, cumulativamente (art. 48 da Lei 11.101/2005): **(i)** não ser falido e, se o foi, estejam declaradas extintas, por sentença transitada em julgado, as responsabilidades daí decorrentes; **(ii)** não ter, há menos de 5 (cinco) anos, obtido concessão de recuperação judicial; **(iii)** não ter, há menos de 8 (oito) anos, obtido concessão de recuperação judicial especial; **(iv)** não ter sido condenado ou não ter, como administrador ou sócio controlador, pessoa condenada por crime falimentar. A recuperação judicial também poderá ser requerida pelo cônjuge sobrevivente, herdeiros do devedor, inventariante ou sócio remanescente.

**Alternativa correta: letra "c".**

---

**85. (FGV – Exame de Ordem 2020.1)** José da Silva, credor de sociedade empresária, consulta você, como advogado(a), para obter orientação quanto aos efeitos de uma provável convolação de recuperação judicial em falência.

Em relação à hipótese apresentada, analise as afirmativas a seguir e assinale a única correta.

a) Os créditos remanescentes da recuperação judicial serão considerados habilitados quando definitivamente incluídos no quadro-geral de credores, tendo prosseguimento as habilitações que estiverem em curso.

b) As ações que devam ser propostas no juízo da falência estão sujeitas à distribuição por dependência, exceto a ação revocatória e a ação revisional de crédito admitido ao quadro geral de credores.

c) A decretação da falência determina o vencimento antecipado das dívidas do devedor quanto aos créditos excluídos dos efeitos da recuperação judicial; quanto aos créditos submetidos ao plano de recuperação, são mantidos os prazos nele estabelecidos e homologados pelo juiz.

d) As ações intentadas pelo devedor durante a recuperação judicial serão encerradas, devendo ser intimado o administrador judicial da extinção dos feitos, sob pena de nulidade do processo.

COMENTÁRIOS

✪ **Nota do autor:** A questão exigia do candidato conhecimento do texto da Lei 11.101/2005 (Lei de Falência e Recuperação de Empresas – LF).

**Alternativa "a":** correta. Em relação à hipótese apresentada, de fato, os créditos remanescentes da recuperação judicial serão considerados habilitados quando definitivamente incluídos no quadro-geral de credores, tendo prosseguimento as habilitações que estiverem em curso. É o que dispõe o art. 80 da LF, que estabelece o seguinte: "Considerar-se-ão habilitados os créditos remanescente da recuperação judicial, quando definitivamente incluídos no quadro-geral de credores, tendo prosseguimento as habilitações que esteja em curso."

**Alternativa "b":** incorreta. As ações que devam ser propostas no juízo da falência estão sujeitas à distribuição por dependência (art. 78, parágrafo único, da LF), **inclusive** a ação revocatória e a ação revisional de crédito admitido ao quadro geral de credores (art. 76, «caput», da LF).

**Alternativa "c":** incorreta. De acordo com o art. 77 da LF, a decretação da falência determina o vencimento antecipado das dívidas do devedor e dos sócios ilimitada e solidariamente responsáveis. Decretada a falência, o pagamento dos credores será feito com a observância da ordem prevista no art. 83 da LF.

**Alternativa "d":** incorreta. Na verdade, de acordo com o art. 76 da LF, o juízo da falência é indivisível e competente para conhecer todas as ações sobre bens, interesses e negócios do falido, com exceção das ações trabalhistas, fiscais e aquelas não reguladas pela lei de falências em que o falido figurar como autor ou litisconsorte ativo. Nos termos do parágrafo único do dispositivo legal em comento, todas as ações, inclusive as exceтuadas (trabalhistas, fiscais, etc) **terão prosseguimento** com o administrador judicial, que deverá ser intimado para representar a massa falida, sob pena de nulidade do processo.

**Alternativa correta:** letra "a".

---

**86. (FGV - Exame de Ordem 2018.1)** Concessionária de Veículos Primeira Cruz Ltda. obteve concessão de sua recuperação judicial. Diante da necessidade de alienação de bens do ativo permanente, não relacionados previamente no plano de recuperação, foi convocada assembleia geral de credores.

A proposta de alienação foi aprovada em razão do voto decisivo da credora Dutra & Corda Representações Ltda., cujo sócio majoritário P. Dutra tem participação de 32% (trinta e dois por cento) no capital da sociedade recuperanda.

Com base nesses dados, é correto afirmar que

a) a decisão é nula de pleno direito, pois a pretensão de alienação de bens do ativo permanente, não relacionados no plano, enseja a convolação da recuperação judicial em falência.

b) o voto da sociedade Dutra & Corda Representações Ltda. não poderia ter sido considerado para fins de verificação do quórum de instalação e de deliberação da assembleia geral.

c) a decisão assemblear é anulável, pois a sociedade Dutra & Corda Representações Ltda., como credora, não poderia ter participado nem proferido voto na assembleia geral.

d) a assembleia é nula, pois a autorização para a alienação de bens do ativo permanente, não relacionados no plano de recuperação judicial, é prerrogativa exclusiva do administrador judicial.

COMENTÁRIOS

✪ **Nota do autor:** A questão exigia do(a) candidato(a) conhecimento do texto da lei.

**Alternativa "b" (responde, também, as demais alternativas):** De fato, o voto da sociedade Dutra & Corda Representações Ltda. não poderia ter sido considerado para fins de verificação do quórum de instalação e de deliberação da assembleia geral. Isso porque, de acordo com o art. 43 da LF, "Os sócios do devedor, bem como as sociedades coligadas, controladoras, controladas ou as que tenham sócio ou acionista com participação superior a 10% do capital social do devedor ou em que o devedor ou algum de seus sócios detenham participação superior a 10% do capital social, poderão participar da Assembleia-Geral de credores, sem ter direito a voto e não serão considerados para fins de verificação do quórum de instalação e de deliberação.

**Alternativa correta: letra "b".**

**87. (FGV - Exame de Ordem 2017.3)** A sociedade empresária Pará de Minas Veículos Ltda. pretende requerer sua recuperação judicial. Ao analisar a minuta de petição inicial, o gerente administrativo listou os impedimentos ao pedido de recuperação.

Assinale a opção que apresenta um desses impedimentos.

a) O devedor ter, há menos de 5 (cinco) anos, obtido concessão de recuperação judicial.

b) O devedor possuir ativo que não corresponda a, pelo menos, 50% (cinquenta por cento) do passivo quirografário.

c) O devedor deixar de requerer sua autofalência nos 30 (trinta) dias seguintes ao vencimento de qualquer obrigação líquida.

d) A sociedade ter como administrador pessoa condenada por crime contra o patrimônio ou contra a fé pública.

COMENTÁRIOS

✪ **Nota do autor:** A questão exigia do(a) candidato(a) conhecimento do texto da lei. A Lei de Falências e Recuperação Judicial, no art. 48, aponta que, para requerer a recuperação judicial, o devedor deverá comprovar atividades regulares há mais de 2 (dois) e que atenda requisitos cumulativos previstos nos incisos.

**Alternativa "a":** Dentre os requisitos cumulativos, o art. 48, inciso II, prevê não ter, há menos de 5 (cinco) anos, obtido concessão de recuperação judicial. A afirmação da assertiva está correta.

**Alternativa "b":** O art. 48 da Lei de Falências e Recuperação Judicial não prevê essa hipótese no art. 48.

**Alternativa "c":** A necessidade de requerer autofalência não está prevista nos requisitos cumulativos do art. 48.

**Alternativa "d":** O art. 48, inciso IV da Lei nº 11.101/2005 prevê como requisito não ter sido condenado ou não ter, como administrador ou sócio controlador, pessoa condenada por qualquer dos crimes falimentares, e não dos crimes contra o patrimônio ou contra a fé pública.

**Alternativa correta: letra "a".**

---

**88. (FGV – Exame de Ordem 2016.2 – Prova reaplicada Salvador-BA)** O estatuto de uma sociedade empresária do tipo anônima estabelece que seu objeto social é a exploração de serviços aéreos públicos de transporte regular e não regular. Diante do processamento da recuperação judicial da referida sociedade empresária, o exercício dos direitos derivados de contratos de arrendamento de aeronaves ou de seus motores pelos credores

a) ficará suspenso pelo prazo improrrogável de 180 (cento e oitenta) dias contado da data do processamento da recuperação, restabelecendo-se, após o decurso do prazo, o direito dos arrendadores de iniciar ou continuar suas ações e execuções, independentemente de pronunciamento judicial.

b) não ficará suspenso, e os arrendadores podem continuar suas ações e execuções, mas, durante o prazo de 180 (cento e oitenta) dias, contado da data do processamento da recuperação, não é permitida a venda ou a retirada do estabelecimento das aeronaves, por serem bens de capital essenciais à empresa.

c) ficará suspenso até a concessão da recuperação judicial, exceto se o plano de recuperação estabelecer que as obrigações anteriores à recuperação judicial observarão as condições originalmente definidas em lei, inclusive no que diz respeito aos encargos.

d) não ficará suspenso em nenhuma hipótese e os créditos decorrentes dos contratos de arrendamento não se submeterão aos efeitos da recuperação judicial, prevalecendo os direitos de propriedade sobre a coisa e as condições contratuais.

COMENTÁRIOS

✪ **Nota do autor:** A questão exigia do(a) candidato(a) conhecimento do texto da lei.

**Alternativa "d" (responde, também, as demais alternativas):** De acordo com o art. 49 da Lei nº 11.101/2005, estão sujeitos à recuperação judicial todos os créditos existentes na data do pedido, ainda que não vencidos. No § 3º está estipulado que "Tratando-se de credor titular da posição de proprietário fiduciário de bens móveis ou imóveis, de arrendador mercantil, de proprietário ou promitente vendedor de imóvel cujos respectivos contratos contenham cláusula de irrevogabilidade ou irretratabilidade, inclusive em incorporações imobiliárias, ou de proprietário em contrato de venda com reserva de domínio, seu crédito não se submeterá aos efeitos da recuperação judicial e prevalecerão os direitos de propriedade sobre a coisa e as condições contratuais, observada a legislação respectiva, não se permitindo, contudo, durante o prazo de suspensão a que se refere o § 4º do art. 6º desta Lei, a venda ou a retirada do estabelecimento do devedor dos bens de capital essenciais a sua atividade empresarial". O crédito do credor titular da posição de proprietário fiduciário (arrendamento de aeronaves e motores) não será atingido pelos efeitos da recuperação judicial da devedora. O prazo de 180 (cento e oitenta) dias cinge-se apenas à vedação a venda ou retirada do estabelecimento dos referidos bens do credor fiduciário que são essenciais ao desempenho da atividade-fim da devedora. Sobre o prazo de suspensão do art. 6º, § 4º, da LF, vale lembrar que, no ano de 2020, houve uma importante alteração legislativa, passando o ordenamento jurídico a admitir a prorrogação do prazo de suspensão, por igual período, uma única vez, desde que o devedor não haja concorrido com a superação do lapso temporal. Veja a nova redação do § 4º do art. 6º da Lei 11.101/2020 promovida pela Lei 14.112/2020: "Na recuperação judicial, as suspensões e a proibição de que tratam os incisos I, II e III do caput deste artigo perdurarão pelo prazo de cento e oitenta dias, contado do deferimento do processamento da recuperação, prorrogável por igual período, uma única vez, em caráter excepcional, desde que o devedor não haja concorrido com a superação do lapso temporal."

**Alternativa correta: letra "d".**

## 8.3. RECUPERAÇÃO JUDICIAL ESPECIAL

---

**89. (FGV- XXXIV Exame de Ordem-2022)** Tibagi Verduras e Legumes Ltda. requereu sua recuperação judicial no juízo do seu principal estabelecimento, localizado em Apucarana/PR. Na petição inicial informou sua condição de microempresa, comprovando na documentação acostada seu enquadramento legal e que apresentará, oportunamente, plano especial de recuperação. Considerando as informações prestadas e as disposições da legislação sobre o plano especial de recuperação, assinale a única afirmativa correta.

a) A sociedade devedora poderá oferecer aos credores quirografários, inclusive àqueles decorrentes de repasse de recursos oficiais, o pagamento em até 36 (trinta e seis) parcelas mensais, iguais e sucessivas, acrescidas de juros equivalentes à taxa SELIC, podendo propor o abatimento do valor das dívidas.

b) O plano especial de recuperação deverá prever que o devedor realize o pagamento da primeira parcela aos credores sujeitos à recuperação, no prazo máximo de 360 (trezentos e sessenta) dias, contados da data da concessão da recuperação judicial.

c) A sociedade limitada não poderá incluir no plano especial os credores titulares de propriedade fiduciária de bens móveis ou imóveis, proprietários em contrato de compra e venda com reserva de domínio, que terão preservadas as condições contratuais e as disposições legais.

d) Por se tratar de devedora microempresa e em razão do tratamento favorecido que lhe é dispensado, o plano especial de recuperação poderá ser apresentado em até 60 (sessenta) dias, contados da data do pedido de recuperação, admitida uma única prorrogação e por igual prazo.

**COMENTÁRIOS**

**Nota do autor:** A questão exigia do candidato conhecimento do texto da lei.

**Alternativa "c" (responde, também, as demais alternativas):** A questão versa sobre a chamada recuperação judicial especial, que está disciplinada nos arts. 70 a 72 da Lei 11.101/2005 (Lei de Falência e Recuperação de Empresas). A recuperação judicial especial é assim chamada, porque ela se aplica às microempresas e empresas de pequeno porte. No que diz respeito aos créditos abrangidos, até 2014, o plano especial só podia abranger os créditos quirografários. No entanto, com a edição da LC 147/14, dando nova redação ao inciso I do art. 71 da Lei 11.101/05, passou-se a admitir que o plano especial abranja todos os créditos existentes na data do pedido, ainda que não vencidos, excetuados os decorrentes de repasse de recursos oficiais, os fiscais e os previstos nos §§ 3º e 4º do art. 49 da lei. Com efeito, a sociedade limitada referenciada pela Banca Examinadora, não poderá incluir no plano especial os credores titulares de propriedade fiduciária de bens móveis ou imóveis, proprietários em contrato de compra e venda com reserva de domínio, que terão preservadas as condições contratuais e as disposições legais. Vale lembrar que na recuperação judicial especial, o plano já está pronto pela lei, que estabelece as seguintes condições: (i) parcelamento em até 36 (trinta e seis) parcelas mensais, iguais e sucessivas, acrescidas de juros equivalentes à taxa Selic, podendo conter ainda a proposta de abatimento do valor das dívidas; (ii) pagamento da 1ª parcela no prazo máximo de 180 (cento e oitenta) dias, contado da distribuição do pedido de recuperação judicial. Além disso, não será convocada assembleia-geral de credores para deliberar sobre o plano, e o juiz concederá a recuperação se atendidas as exigências legais.

**Alternativa correta:** letra "c".

## 8.4. RECUPERAÇÃO EXTRAJUDICIAL

**90. (FGV Exame de Ordem 2019.1)** Indústria de Celulose Três Rios Ltda. requereu homologação de plano de recuperação extrajudicial no lugar do seu principal estabelecimento.

No plano de recuperação apresentado há um crédito quirografário em moeda estrangeira, com pagamento segundo a variação cambial do euro. Foi prevista ainda pelo devedor a supressão da variação cambial pela substituição da moeda euro pelo real.

O plano foi aprovado por credores que titularizam mais de três quintos dos créditos de cada classe, mas Licínio, o credor titular deste crédito, não o assinou.

De acordo com as disposições legais para homologação da recuperação extrajudicial, assinale a afirmativa correta.

a) O plano pode ser homologado porque, mesmo sem a assinatura de Licínio, houve aprovação por credores que titularizam mais de três quintos dos créditos de cada classe.

b) O plano não pode ser homologado porque, diante da supressão da variação cambial, o credor Licínio pode vetar sua aprovação, qualquer que seja o quórum de aprovação.

c) O plano pode ser homologado porque o consentimento expresso de Licínio só é exigido para os créditos com garantia real, não se aplicando a exigência aos créditos quirografários.

d) O plano não pode ser homologado por não ter atingido o quórum mínimo de aprovação, independentemente da supressão da cláusula de variação cambial.

**COMENTÁRIOS**

**Nota do autor:** inicialmente a banca organizadora tinha colocado a letra "a" como correta, mas depois alterou o gabarito para b.

**Alternativa "a":** acredita-se que inicialmente a interpretação realizada pela banca foi no sentido de que para a homologação do plano, bastaria cumprir o quórum de 3/5 em cada classe e o crédito em moeda estrangeira seguirá a regra do §3º do art. 163 que determina que "§ 3º Para fins exclusivos de apuração do percentual previsto no *caput* deste artigo: I – o crédito em moeda estrangeira será convertido para moeda nacional pelo câmbio da véspera da data de assinatura do plano;". Tendo o quórum, haveria a homologação. Acontece que o §5º do mesmo art. 163 prevê que nos "créditos em moeda estrangeira, a variação cambial só poderá ser afastada se o credor titular do respectivo crédito aprovar expressamente previsão diversa no plano de recuperação extrajudicial." Assim, entende-se que o plano não será homologado.

**Alternativa "b":** a não concordância do credor da moeda estrangeira impede a homologação com base no que prevê o §5º do art. 163. Entende-se que os parágrafos do art. 163 criam condições para que o plano seja homologado. A falta de uma delas impede a homologação. O credor poderá impugnar o plano, em virtude do seu direito ter sido desrespeitado, conforme previsão do art. 164 e como a análise é objetiva, não poderá ser feita a homologação judicial.

**Alternativa "c":** o já referido §5º do art. 163 exige sim a aprovação expressa do credor que tenha crédito em moeda estrangeira.

**Alternativa "d":** o enunciado diz que o quórum de 3/5 em cada classe foi atingido, o que por si só torna a alternativa errada.

**Alternativa correta: letra "b"**

**91. (FGV - Exame de Ordem 2017.2)** Você participou da elaboração, apresentação e negociação do plano de recuperação extrajudicial de devedor sociedade empresária. Tendo sido o plano assinado por todos os credores por ele atingidos, seu cliente o contratou para requerer a homologação judicial.

Assinale a opção que indica o juízo em que deverá ser apresentado o pedido de homologação do plano de recuperação extrajudicial.

a) O juízo da sede do devedor.

b) O juízo do principal estabelecimento do devedor.

c) O juízo da sede ou de qualquer filial do devedor.

d) O juízo do principal estabelecimento ou da sede do devedor.

**COMENTÁRIOS**

**Nota do autor:** A questão exigia do(a) candidato(a) conhecimento do texto da lei.

**Alternativa "b" (responde, também, as demais alternativas):** O art. 3º da Lei nº 11.101/05 prevê que é competente para homologar o plano de recuperação extrajudicial, deferir a recuperação judicial ou decretar a falência o juízo do local do principal estabelecimento do devedor ou da filial de empresa que tenha sede fora do Brasil. O principal estabelecimento é aquele em que está concentrado o maior volume das operações empresariais. O que importa é o ponto de vista econômico, e não o jurídico. Assim, não necessariamente será o local da sede. Se for sociedade estrangeira, vale a mesma regra, deve-se buscar a filial economicamente mais importante.

**Alternativa correta: letra "b".**

---

**92. (FGV – Exame de Ordem 2016.3)** A sociedade empresária Monte Santo Embalagens Ltda. EPP requereu homologação de plano de recuperação extrajudicial, que continha, dentre outras, as seguintes disposições:

i) estabelecia a produção de efeitos a partir da data de sua assinatura, exclusivamente em relação à modificação do valor de créditos dos credores signatários;

ii) o pagamento antecipado de dívidas em relação aos credores com privilégio especial, justificando a necessidade em razão do fluxo de caixa;

iii) a inclusão de credores enquadrados como microempresas e empresas de pequeno porte;

iv) previa, como meio de recuperação, o trespasse de duas filiais.

O devedor enviou carta a todos os credores sujeitos ao plano, domiciliados ou sediados no país, informando a distribuição do pedido, as condições do plano e o prazo para impugnação. Você, como advogado(a) de um desse credores, pretende impugnar a homologação porque o plano a ser homologado

a) só deve incluir, como meio de recuperação, o parcelamento ou abatimento de dívidas, com a incidência de juros fixos à taxa de 12% (doze por cento) ao ano.

c) não pode contemplar o pagamento antecipado de dívidas nem tratamento desfavorável aos credores que a ele não estejam sujeitos.

c) não pode prever a produção de efeitos anteriores à sua homologação, ainda que exclusivamente em relação à modificação do valor de créditos dos credores signatários.

d) não pode incluir credores enquadrados como empresas de pequeno porte, porque está limitado às classes de credores com garantia real, com privilégio geral, quirografários e subquirografários.

**COMENTÁRIOS**

✪ **Nota da autora:** se o empresário ou a sociedade empresária em crise procura seus credores (ou parte deles) e os consegue convencer de que a renegociação de suas obrigações é indispensável para a superação do estado crítico, o acordo de vontades é suficiente para realizar-se o desiderato. Para se valer da recuperação extrajudicial o devedor também terá que observar requisitos, ou seja, não são todos os devedores, os praticantes de atividade empresária que poderão se valer desse meio de solução de crise. Assim como na recuperação judicial, na extrajudicial também será feito um plano de recuperação. Tal plano poderá ser levado a homologação judicial, mas é facultativo. Se o plano não tiver a aprovação de 100% de credores, mas tiver aprovação de 3/5 dos credores, deverá ser levado à homologação, para vincular todos os credores. Porém, há regras importantes a serem observadas para a homologação.

**Alternativa "a":** qualquer meio de recuperação possível para a judicial pode ser usada na recuperação extrajudicial. Não há esta limitação mencionada da assertiva.

**Alternativa "b":** o §2º do art. 161 é claro em dizer que o plano de recuperação extrajudicial não pode prever pagamento antecipado de dívidas. Assim, este é o motivo para a não homologação.

**Alternativa "c":** a regra do caput do art. 165 é de que a produção de efeitos só ocorre com a homologação, mas o §1º do mesmo dispositivo prevê que é possível: "que o plano estabeleça a produção de efeitos anteriores à homologação, desde que exclusivamente em relação à modificação do valor ou da forma de pagamento dos credores signatários." Sendo assim, nesta parte o plano não possui nenhum problema que impeça sua homologação.

**Alternativa "d":** o §1º do art. 163 determina que: "O plano poderá abranger a totalidade de uma ou mais espécies de créditos previstos no art. 83, incisos II, IV, V, VI e VIII do *caput* (...)" Só quem está excluído do plano de recuperação extrajudicial são os credores trabalhistas.

**Alternativa correta: letra "b".**

## 9. PROPRIEDADE INDUSTRIAL

---

**93. (FGV – XXXVII Exame OAB)** A proteção dos direitos relativos à propriedade industrial, por meio da concessão do direito de exclusividade para exploração da criação pelo seu titular, considerado seu interesse social e o desenvolvimento tecnológico e econômico do país, efetua-se mediante concessão de registro

a) de marca.

b) para o nome empresarial.

c) para o título de estabelecimento.

d) de obras literárias, arquitetônicas, artísticas.

**COMENTÁRIOS**

✪ **Nota do autor:** A questão exigia do(a) candidato(a) o conhecimento do texto de lei, precisamente, a Lei 9.279/1996 (Lei de Propriedade Industrial).

**Alternativa "a" (responde, também, as demais alternativas):** A Lei 9.279/1996, regula os direitos e obrigações relativos à propriedade industrial. A questão reflete, "ipsis litteris", o disposto no artigo 2º, inciso III, da Lei 9.279/1996, "in verbis": "A proteção dos direitos relativos à propriedade industrial, considerado o seu interesse social e o desenvolvimento tecnológico e econômico do País, efetua-se mediante: I – concessão de patentes de invenção e de modelo de utilidade; II – concessão de registro de desenho industrial; III – concessão de registro de marca; IV – repressão às falsas indicações geográficas; e V – repressão à concorrência desleal."

**Alternativa correta: letra "A".**

---

**94. (FGV/OAB/XXX Exame – 2019)** Amambaí Inovação e Engenharia S/A obteve, junto ao Instituto Nacional da Propriedade Industrial (INPI), patente de invenção no ano de 2013. Dois anos após, chegou ao conhecimento dos administradores a prática de atos violadores de direitos de patente. No entanto, a ação para reparação de dano causado ao direito de propriedade industrial só foi intentada no ano de 2019.

Você é consultado(a), COMO advogado(a), sobre o caso. Assinale a opção que apresenta seu parecer.

a) A reparação do dano causado pode ser pleiteada, porque o direito de patente é protegido por 20 (vinte) anos, a contar da data do depósito.

b) A pretensão indenizatória, na data da propositura da ação, encontrava-se prescrita, em razão do decurso de mais de 3 (três) anos.

c) A pretensão indenizatória, na data da propositura da ação, não se encontrava prescrita porque o prazo de 5 (cinco) anos não havia se esgotado.

d) A reparação do dano causado não pode ser pleiteada, porque a patente concedida não foi objeto de licenciamento pelo seu titular.

**COMENTÁRIOS**

A questão exigia do candidato o conhecimento do texto da Lei 9.279/1996, que dispõe sobre o chamado Direito Industrial, em conformidade com o art. 5º, XXIX, da Constituição Federal. Preliminarmente, vale lembrar que são 4 os bens imateriais protegidos pelo Direito Industrial: **i)** patente de invenção; **ii)** patente de modelo de utilidade; **c)** registro de desenho industrial; **d)** registro de marca. O empresário que titulariza tais bens (patentes ou registro) possui o direito de explorar economicamente, com exclusividade, o respectivo objeto. No caso proposto pela Banca Examinadora, o(a) advogado(a) consultado(a) deve apresentar parecer no sentido que a pretensão indenizatória, na data da propositura da ação, não se encontrava prescrita, considerando que o prazo de 5 (cinco) anos não havia se esgotado. Isso porque, os administradores tomaram conhecimento da prática de atos violadores dos direitos de patente, apenas em 2015. Frisamos que tal prazo prescricional se encontra no art. 225 da Lei 9.279/1995 (Lei de Propriedade Industrial), que preconiza: "Prescreve em **5 (cinco) anos** a ação para reparação de dano causado ao direito de propriedade industrial."

**Alternativa correta: letra "c".**

EMPRESARIAL

*Daniel Messias da Trindade*

## ✦ RESUMOS DOUTRINÁRIOS

## 1. TEORIA GERAL DO DIREITO EMPRESARIAL

### TEORIA GERAL DA EMPRESA

Considerando a evolução histórica do direito empresarial, vale lembrar que o Código Comercial de 1850 adotava a chamada "Teoria dos Atos de Comércio", originada no Direito Francês. Não por outro motivo, é que, no mundo, o Código Francês de 1807 é apontado como o marco inicial do Direito Comercial. Referida teoria tratava do comerciante (pessoa física) e da sociedade comercial (pessoa jurídica) como sendo aqueles que praticavam atos de comércio com habitualidade e finalidade lucrativa. O Direito Comercial regulava, portanto, as relações jurídicas decorrentes da prática de alguns atos tipificados como atos de comércio.

Já com o Código Civil de 2002, o ordenamento jurídico brasileiro passou a adotar a chamada "Teoria da Empresa", originada no Direito Italiano, de autoria de Alberto Asquini, em substituição a antiga teoria dos atos de comércio. Assim, o ordenamento jurídico brasileiro passou a conceituar o empresário como a pessoa física (empresário individual) ou jurídica (sociedade empresária) que exerce, profissionalmente, atividade econômica organizada para a produção ou circulação de bens ou de serviços, nos termos do art. 966, caput, do Código Civil. Por outro lado, a expressão "empresa" representa a atividade econômica exercida pelo empresário.

> LEMBRE-SE:
>
> - A teoria da empresa foi desenvolvida na Itália, sendo um de seus expoentes Alberto Asquini.
> - Para a Teoria da Empresa, adotada no Brasil com o Código Civil de 2002, é empresarial a atividade econômica organizada para a produção ou a circulação de bens ou de serviços. Será empresário, pois, aquele que exercer profissionalmente essa atividade.

### EMPRESA E EMPRESÁRIO

A empresa não se confunde com o conceito de empresário:

| Empresário | Empresa |
|---|---|
| Empresário é a pessoa física (empresário individual) ou jurídica (sociedade empresária) que exerce profissionalmente atividade econômica organizada para a produção ou circulação de bens ou de serviços. | Empresa significa a própria atividade empresarial exercida pelo empresário, pessoa física (empresário individual) ou jurídica (sociedade empresária). |

### CONCEITO DE EMPRESA

Em termos jurídicos, a empresa é a atividade econômica organizada exercida pelo empresário. Atividade econômica organizada é aquela que reúne os quatro os fatores de produção (mão de obra + matéria prima + capital + tecnologia). Para a doutrina majoritária, faltando qualquer um dos fatores de produção, não há falar em atividade empresarial.

### NOME EMPRESARIAL

O nome empresarial é uma cláusula pétrea, nos termos do art. 5º, XXIX, da CF ("a lei assegurará aos autores de inventos industriais privilégio temporário para sua utilização, bem como proteção às criações industriais, à propriedade das marcas, aos nomes de empresariais e a outros signos distintivos, tendo em vista o interesse social e o desenvolvimento tecnológico e econômico do País;").

Conceito: nome empresarial é o elemento de identificação do empresário (individual e sociedade empresária) no meio empresarial. "CC, art. 1.155. Considera-se nome empresarial a firma ou a denominação adotada, de conformidade com este Capítulo, para o exercício de empresa".

Modalidades: há duas modalidades de nome empresarial, quais sejam a firma e a denominação.

<table>
<tr><td rowspan="12">Firma</td><td>Pode ser: firma individual ou firma social.</td></tr>
<tr><td>Firma individual</td></tr>
<tr><td>Aplicada ao empresário individual, nos termos do art. 1.156 ("o empresário opera sob firma constituída por seu nome, completo ou abreviado, aditando-lhe, se quiser, designação mais precisa da sua pessoa ou do gênero de atividade").</td></tr>
<tr><td>Composição: nome civil do empresário, completo ou abreviado. Ex: Daniel Messias da Trindade; D.M.T., D. Messias da Trindade, etc.</td></tr>
<tr><td>Ramo de atividade: a inclusão do ramo de atividade é facultativa. Caso queira, o empresário individual poderá acrescentar uma designação mais precisa da pessoa ou gênero de atividade (ramo de atividade).</td></tr>
<tr><td>Firma social</td></tr>
<tr><td>Aplica-se às sociedades que possuem sócio com responsabilidade ilimitada: sociedade em nome coletivo e sociedade em comandita simples, nos termos do art. 1.157 do CC ("A sociedade em que houver sócios de responsabilidade ilimitada operará sob firma, na qual somente os nomes daqueles poderão figurar, bastando para formá-la aditar ao nome de um deles a expressão "e companhia" ou sua abreviatura").</td></tr>
<tr><td>Atenção: os sócios que figurarem no nome empresarial, são solidária e ilimitadamente responsáveis pelas dívidas contraídas pela sociedade.</td></tr>
<tr><td>Composição: nomes dos sócios (pessoas físicas), completos ou abreviados. Ex: Daniel Messias da Trindade e João da Silva; D. Trindade e J. Silva; D. Trindade e Cia.</td></tr>
<tr><td>Ramo de atividade: o ramo de atividade também é facultativo.</td></tr>
</table>

| | |
|---|---|
| **Denominação** | Aplica-se às sociedades que possuem sócios com responsabilidade limitada (sociedade limitada e sociedade anônima). Cuidado: a sociedade limitada pode adotar tanto firma como denominação (art. 1.158, CC), integradas pela palavra final "limitada" ou a sua abreviatura.<br>Na denominação, o nome empresarial é composto por uma expressão linguística (nome fantasia) e o ramo de atividade. O ramo de atividade é obrigatório. O elemento fantasia é facultativo. O nome dos sócios não aparece. No entanto, excepcionalmente, admite-se a inclusão de nome de sócio, a fim de prestar-lhe uma homenagem.<br>Composição: Expressões linguísticas (elemento fantasia) + ramo de atividade. Exemplos: Divina Delícia Pizzaria; Doce Festa Doceria; Escola Aprender S.A. |

Quadro sinótico:

| | |
|---|---|
| **Firma** | • Empresário individual;<br>• Sociedade em nome coletivo;<br>• Sociedade em comandita simples. |
| **Denominação** | • Sociedade anônima;<br>• Sociedade cooperativa. |
| **Firma ou denominação** | • Sociedade limitada;<br>• Sociedade comandita por ações. |

Proteção ao nome empresarial: a proteção do nome empresarial ocorre automaticamente do registro do empresário (art. 33, Lei 8.934/94). A proteção do nome empresarial se dá nos limites do Estado (art. 1.166, CC). Para ter efeito em outros estados da federação, o empresário deve efetivar o registro em cada um deles.

Princípios aplicáveis ao nome empresarial: a) novidade: o nome empresarial deve ser novo, original; e b) veracidade: o nome empresarial deve ser verdadeiro, não podendo conter informação falsa.

Inalienabilidade do nome empresarial: nos termos do art. 1.164 do CC, "o nome empresarial não pode ser objeto de alienação". O nome empresarial é personalíssimo e inalienável, porque envolve direitos da personalidade que também são assegurados às pessoas jurídicas. "CC, art. 52. Aplica-se às pessoas jurídicas, no que couber, a proteção dos direitos da personalidade. "

Anulação da inscrição do nome empresarial: não há prazo para a ação de anulação de inscrição do nome empresarial, nos termos do art. 1.167 do CC ("Cabe ao prejudicado, a qualquer tempo, ação para anular a inscrição do nome empresarial feita com violação da lei ou do contrato").

Nome empresarial, marca e título de estabelecimento:

| Nome empresarial | Marca | Título de estabelecimento |
|---|---|---|
| Identifica o empresário no meio empresarial. | Identifica o produto ou serviço no meio empresarial. | Identifica o estabelecimento empresarial. |
| É protegido a partir do momento em que o empresário registra os seus atos constitutivos na Junta Comercial, que é um órgão estadual. A proteção é de âmbito estadual. | É protegida a partir do momento em que é registrada no INPI (Instituto Nacional de Propriedade Industrial), que é um órgão federal. A proteção é de âmbito federal. | Não precisa ser registrado. |
| Não pode ser alienado. | Pode ser alienada. | Pode ser alienado. |

## 2. EMPRESÁRIO

Conceito: empresário é a pessoa física (empresário individual) ou jurídica (sociedade empresária) que exerce profissionalmente uma atividade econômica organizada para a produção ou circulação de bens ou de serviços. O conceito está no art. 966, CC ("Considera-se empresário quem exerce profissionalmente atividade econômica organizada para a produção ou a circulação de bens ou de serviços").

Profissão intelectual, de natureza científica, literária ou artística: Adotando a teoria da empresa, o Código Civil traz o conceito de empresário no seu art. 966, caput, estabelecendo que "Considera-se empresário quem exerce profissionalmente atividade econômica organizada para a produção ou a circulação de bens ou de serviços." No entanto, no parágrafo único do mesmo dispositivo, o Código Civil excepciona alguns agentes do conceito de empresário, dispondo que "Não se considera empresário quem exerce profissão intelectual, de natureza científica, literária ou artística, ainda com o concurso de auxiliares ou colaboradores, salvo se o exercício da profissão constituir elemento de empresa."

Elementos: a) profissionalmente: habitualidade/continuidade; b) atividade econômica: finalidade lucrativa; c) organizada: reunião dos quatro fatores de produção (mão de obra, matéria prima, capital e tecnologia). Na ausência de qualquer um dos fatores de produção não há falar em atividade empresarial. Interessante anotar posição mais moderna de André Luiz Santa Cruz Ramos (a qual nos filiamos), para quem a "ideia fechada de que a organização dos fatores de produção é absolutamente imprescindível para a caracterização do empresário vem perdendo força no atual contexto da economia capitalista. Com efeitos, basta citar o caso dos microempresários, os quais, não raro, exercem atividade empresarial única ou preponderantemente com trabalho próprio. Pode-se citar também o caso dos empresários virtuais, que muitas vezes atuam completamente sozinhos, resumindo-se sua atividade à intermediação de produtos ou serviços por meio da internet" (Direito Empresarial Esquematizado. 4 ed. Rio de Janeiro: Forense; São Paulo: Método, 2014, p. 38).

Desconsideração da personalidade jurídica: não cabe desconsideração da personalidade jurídica do empresário individual. Isso porque, o empresário individual não tem personalidade jurídica.

Sócio: o sócio da sociedade empresária não é empresário. Quem exerce atividade empresária é a pessoa jurídica (sociedade empresária) e não o sócio.

Empresário rural: de acordo com o art. 971 do Código Civil, é o empresário, cuja atividade rural constitua sua principal profissão. Caso o empresário rural efetue o registro, ficará equiparado ao empresário comum, tendo as mesmas obrigações deste. No entanto, o registro do empresário rural tem natureza constitutiva.

Empresário futebolístico: A Lei 14.193/2021, que disciplina a sociedade anônima do futebol, introduziu mais uma hipótese de registro facultativo no parágrafo único do art. 971 do Código Civil. Agora, portanto, a associação que desenvolva atividade futebolística em caráter habitual e profissional, também pode (é uma faculdade), requerer sua inscrição na Junta Comercial da respectiva sede, caso em que, depois de inscrito, ficará equiparado, para todos os efeitos, ao empresário sujeito a registro.

MEI, ME e EPP:

| | Quem pode ser? | Qual a receita bruta anual? |
|---|---|---|
| **Microempreendedor individual - MEI** | Só o empresário individual. | Até 81.000 reais. |
| **Microempresa - ME** | Empresário individual;<br>Sociedade empresária;<br>Sociedade simples. | Até 360.000 reais. |
| **Empresa de pequeno porte - EPP** | Empresário individual;<br>Sociedade empresária;<br>Sociedade simples. | De 360.000 até 4.800.000 reais. |

**EMPRESÁRIO INDIVIDUAL**

Conceito: empresário individual é a pessoa física que exerce profissionalmente atividade econômica organizada para produção ou circulação de bens. De acordo com o art. 972 do CC, "podem exercer a atividade de empresário os que estiverem em pleno gozo da capacidade civil e não forem legalmente impedidos".

Capacidade: Podem exercer a atividade de empresário os que estiverem em pleno gozo da capacidade civil e não forem legalmente impedidos, nos termos do art. 972 do Código Civil.

Menor emancipado: a emancipação antecipa a capacidade plena, portanto, o menor emancipado pode exercer atividade empresarial. No entanto, se praticar ato tipificado como crime falimentar, submeter-se-á às regras do Estatuto da Criança e do Adolescente.

Incapaz: há apenas duas hipóteses em que o incapaz poderá ser empresário: a) continuação da empresa no caso de incapacidade superveniente; ou b) continuação da empresa no caso de sucessão hereditária. Trata-se de prestígio ao princípio da continuação da empresa. Atenção: o incapaz não poderá iniciar a atividade empresarial, mas no caso de incapacidade superveniente ou sucessão hereditária poderá continuar a empresa já existente. Requisitos: o incapaz deve estar devidamente representado (no caso de incapacidade absoluta) ou assistido (no caso de incapacidade relativa), bem como deve haver prévia autorização judicial (o juiz deve analisar a pertinência da continuação da empresa). Atenção para o art. 974, § 2º, do Código Civil: "Não ficam sujeitos ao resultado da empresa os bens que o incapaz já possuía, ao tempo da sucessão ou da interdição, desde que estranhos ao acervo daquela, devendo tais fatos constar do alvará que conceder a autorização". Assim, desde que estranhos ao acervo da empresa, o patrimônio que o incapaz tinha antes da continuação da atividade não ficam sujeitos às dívidas sociais.

Empresário casado: no caso do empresário casado aplica-se a regra do art. 978 do CC, que é uma exceção ao art. 1647, I, do CC, dispondo que: "O empresário casado pode, sem necessidade de outorga conjugal, qualquer que seja o regime de bens, alienar os imóveis que integrem o patrimônio da empresa ou gravá-los de ônus real". Atenção: tudo que envolva o aspecto patrimonial do empresário individual deve ser levado a registro (ex.: o pacto antenupcial do empresário individual deve ser levado a registro). Segundo o Código Civil: "Art. 979. Além de no Registro Civil, serão arquivados e averbados, no Registro Público de Empresas Mercantis, os pactos e declarações antenupciais do empresário, o título de doação, herança, ou legado, de bens clausulados de incomunicabilidade ou inalienabilidade."

Responsabilidade do empresário individual: o empresário individual tem responsabilidade ilimitada.

Pessoas legalmente impedidas de serem empresários individuais: não podem ser empresários: a) funcionários públicos civis da União, dos Estados, dos Municípios e do Distrito Federal; b) magistrados; c) membros do Ministério Público; d) falidos, enquanto não houverem sido reabilitados; e) estrangeiros não residentes no País; f) corretores e leiloeiros; g) cônsules, salvo os não remunerados; h) médicos, para o exercício simultâneo da medicina e farmácia, drogaria ou laboratório; i) militares da ativa das Forças Armadas (Exército, Marinha e Aeronáutica) e da Polícia Militar. Casos estas pessoas exerçam atividade própria de empresário, haverá responsabilidade ilimitada pelas dívidas decorrentes da exploração da atividade empresarial (art. 973, CC). Atenção: essa proibição não impede que tais pessoas sejam sócios (acionistas ou quotistas) de sociedade empresária. Atenção! "CC, art. 973. A pessoa legalmente impedida de exercer atividade própria de empresário, se a exercer, responderá pelas obrigações contraídas."

## 3. ESTABELECIMENTO EMPRESARIAL

O conceito de estabelecimento empresarial compreende o conjunto de bens, corpóreos e incorpóreos, organizados pelo empresário para o exercício da atividade empresarial (art. 1.142, 'caput', do Código Civil).

> NOVIDADE LEGISLATIVA!
>
> A Lei 14.382, de 27 de junho de 2022, que dispõe sobre o Sistema Eletrônico dos Registros Públicos (Serp), incluiu três novos parágrafos ao art. 1.142 do Código Civil, que estabelecem o seguinte: (i) O estabelecimento empresarial não se confunde com o ponto empresarial (local onde se exerce a atividade empresarial), que poderá ser físico ou virtual; (ii) No caso de ponto empresarial virtual, o endereço informado para fins de registro poderá ser o endereço do empresário individual ou o de um dos sócios da sociedade empresária; (iii) Quando o ponto empresarial for físico, a fixação do horário de funcionamento competirá ao Município."

O estabelecimento empresarial é sujeito de direitos? Não. O estabelecimento empresarial não é sujeito de direitos e obrigações, uma vez que não possui personalidade jurídica. O estabelecimento empresarial é objeto de direito, porquanto possui proteção legal.

Elementos: O estabelecimento empresarial é formado por elementos corpóreos e incorpóreos.

Atributos: O estabelecimento empresarial possui dois atributos: o aviamento e a clientela.

| Elementos corpóreos ou materiais | Elementos incorpóreos ou imateriais |
|---|---|
| • Bens móveis (ex: mercadorias em estoque);<br>• Bens imóveis (ex: imóvel utilizado como armazém para depósitos das mercadorias; prédios apropriados para instalação de usinas; estacionamentos para cargas, etc.) | Propriedade industrial (patente de invenção e de modelo de utilidade; registro de marca e de desenho industrial).<br>Nome empresarial;<br>Ponto empresarial. |
| 1ª OBSERVAÇÃO:<br>• Mercadorias em estoque. Segundo o STJ, as mercadorias em estoque constituem elementos materiais do estabelecimento empresarial, pois são bens corpóreos utilizados pelo empresário na exploração da atividade econômica (REsp 1.079.781/RS).<br>• Nome de domínio. Nome de domínio é o nome indicativo do website do empresário. O nome de domínio constitui elemento imaterial do estabelecimento empresarial, pois é bem incorpóreo utilizado pelo empresário na exploração da atividade econômica. | |

2ª OBSERVAÇÃO:

- Aviamento. O aviamento é a potencialidade do estabelecimento de gerar lucros. O aviamento não compõe o conceito de estabelecimento. Ou seja, o aviamento não é elemento do estabelecimento, mas atributo deste, que corresponde a sua capacidade de gerar lucros.
- Clientela. A clientela é conjunto de pessoas que mantém relação de fidelidade com o empresário, adquirindo seus produtos e serviços. Está diretamente relacionada ao aviamento, pois, quanto maior a clientela, tanto maior será o aviamento. A clientela não compõe o conceito de estabelecimento. Ou seja, a clientela não é um elemento do estabelecimento, mas atributo deste, que corresponde a sua capacidade de gerar lucros.

Natureza: prevalece que o estabelecimento empresarial tem natureza jurídica de universalidade de fato (bens que estão juntos por vontade do titular). O estabelecimento é uma universalidade de fato, formada por bens corpóreos e incorpóreos, porque os elementos que o compõe formam uma coisa unitária por destinação do próprio empresário.

Penhora do estabelecimento: Segundo o STJ, "é legítima a penhora do estabelecimento comercial", nos termos da Súmula 451.

**TRESPASSE**

Conceito: é o nome que se dá ao contrato de compra e venda do estabelecimento empresarial. Trata-se de um negócio jurídico translativo.

Distinção com a cessão de quotas: O trespasse não se confunde com a cessão de quotas. No trespasse ocorre a transferência da titularidade do estabelecimento. Já na cessão de cotas ocorre a modificação do quadro societário, mas não a transferência da titularidade do estabelecimento.

Formalidades: Averbação + publicação na imprensa oficial. O contrato de trespasse só produz efeitos quanto a terceiros, depois de averbado à margem da inscrição do empresário, ou da sociedade empresária, no Registro Público de Empresas Mercantis (Junta Comercial) e de publicado na Imprensa Oficial (art. 1.144, CC).

EXCEÇÃO!

As microempresas e empresas de pequeno porte estão desobrigadas do requisito de publicação na imprensa oficial (art. 71 da LC 123/2006).

Formalidade adicional: Se o alienante não tiver bens suficientes para saldar as dívidas do estabelecimento, é necessária uma formalidade adicional, que é a notificação dos credores, que terão prazo de 30 dias para concordar de forma expressa ou tácita com a alienação.

Consequência do descumprimento dos requisitos legais: caso o trespasse seja realizado sem o pagamento de todos os credores ou sem a notificação de todos os credores, o contrato será ineficaz.

Ineficácia do contrato: o credor pode pedir a ineficácia do contrato de trespasse tanto em ação ordinária como em ação de falência (arts. 129, VI, e 136, todos da Lei 11.101/05). Reconhecida a ineficácia ou julgada procedente a ação revocatória, as partes retornarão ao estado anterior, e o contratante de boa-fé terá direito à restituição dos bens ou valores entregues ao devedor.

E se os credores não concordarem com a venda do estabelecimento? Caso não concordem com a venda do estabelecimento, o alienante ainda poderá fazê-lo, mas desde que pague todos os credores. É o que diz o art. 1.145 do Código Civil: "Se ao alienante não restarem bens suficientes para solver o seu passivo, a eficácia da alienação do estabelecimento depende do pagamento de todos os credores, ou do consentimento destes, de modo expresso ou tácito, em trinta dias a partir de sua notificação."

E se a alienação for feita sem a notificação dos credores? Caso a alienação seja feita sem a notificação de todos os credores, o contrato de trespasse será ineficaz.

E se todos os credores foram notificados, mas não consentiram com a alienação? Caso a alienação seja feita sem o pagamento de todos os credores, o contrato de trespasse será ineficaz.

Como o credor pode pleitear a ineficácia da alienação? O credor pode pleitear a ineficácia do contrato de trespasse tanto em ação ordinária como em ação de falência. Na falência, reconhecida a ineficácia ou julgada procedente a ação revocatória, as partes retornarão ao estado anterior, e o contratante de boa fé terá direito à restituição dos bens ou valores entregues ao devedor.

Responsabilidade do alienante: O alienante responde solidariamente com o adquirente pelas dívidas anteriores, pelo prazo de um ano. Se a dívida estiver vencida, conta-se um ano da data da publicação do trespasse na imprensa oficial. Se a dívida é vincenda, conta-se um ano da data do vencimento.

Responsabilidade do adquirente:

1) Dívidas posteriores ao trespasse: Após o trespasse, todas as dívidas sociais correm por conta do adquirente.

2) Dívidas anteriores ao trespasse: O adquirente responde pelas dívidas anteriores, desde que regularmente contabilizadas. Exceção: se a compra do estabelecimento ocorreu no processo de falência ou de recuperação judicial, o adquirente não responde pelas dívidas anteriores, inclusive as tributárias e trabalhistas.

3) Dívidas tributárias anteriores ao trespasse: O adquirente que continua explorando a atividade empresarial antes desenvolvida pelo alienante, responde pelos tributos do estabelecimento adquirido devidos até a data do trespasse: a) integralmente: se o alienante cessar a exploração do comércio, indústria ou atividade; b) subsidiariamente com o alienante: se o alienante prosseguir na exploração ou iniciar dentro de 6 meses, a contar da data da alienação, nova atividade no mesmo ou em outro ramo de comércio, indústria ou profissão. Exceção: se a compra do estabelecimento ocorreu no processo de falência ou de recuperação judicial, o adquirente não responde pelas dívidas anteriores, inclusive as tributárias e trabalhistas.

Cláusula de não restabelecimento ou de não concorrência: A cláusula de não restabelecimento é uma cláusula implícita do contrato de trespasse, pois decorre da própria lei (art. 1.147 do CC). Por se tratar de uma cláusula implícita, se não houver autorização expressa no contrato de trespasse, o alienante não poderá fazer concorrência ao adquirente nos cinco anos subsequentes à transferência do estabelecimento.

Abusividade da cláusula de não concorrência sem limitação de tempo: Segundo o STJ, é abusiva a vigência, por prazo indeterminado, da cláusula de não restabelecimento, também denominada cláusula de não concorrência.

Sub-rogação do adquirente nos contratos de exploração atinentes ao estabelecimento adquirido: desde que não possuam caráter pessoal, é a regra geral, incluindo o contrato de locação. É o que dispõe o art. 1.148 do Código Civil: "Salvo disposição em contrário, a transferência importa a sub-rogação do adquirente nos contratos estipulados para exploração do estabelecimento, se não tiverem caráter pessoal, podendo os terceiros rescindir o contrato em 90 dias a contar da publicação da transferência, se ocorrer justa causa, ressalvada, neste caso, a responsabilidade do alienante."

EMPRESARIAL

Cessão de créditos referentes ao estabelecimento transferido: produzirá efeito em relação aos respectivos devedores, desde o momento da publicação da transferência na Imprensa Oficial, mas o devedor ficará exonerado se de boa-fé pagar ao cedente (art. 1.149 do Código Civil).

**ENUNCIADOS DO CJF**

Enunciado 7 da I Jornada de Direito Comercial: O nome de domínio integra o estabelecimento empresarial como bem incorpóreo para todos os fins de direito.

Enunciado 8 da I Jornada de Direito Comercial: A sub-rogação do adquirente nos contratos de exploração atinentes ao estabelecimento adquirido, desde que não possuam caráter pessoal, é a regra geral, incluindo o contrato de locação.

Enunciado 59 da II Jornada de Direito Comercial: A mera instalação de um novo estabelecimento, em lugar antes ocupado por outro, ainda que no mesmo ramo de atividade, não implica responsabilidade por sucessão prevista no art. 1.146 do CC.

Enunciado 67 da II Jornada de Direito Comercial: Na locação built to suit, é válida a estipulação contratual que estabeleça cláusula penal compensatória equivalente à totalidade dos alugueres a vencer, sem prejuízo da aplicação do art. 416, parágrafo único, do Código Civil.

Enunciado 233 da III Jornada de Direito Civil: A sistemática do contrato de trespasse delineada pelo Código Civil nos arts. 1.142 e ss., especialmente seus efeitos obrigacionais, aplica-se somente quando o conjunto de bens transferidos importar a transmissão da funcionalidade do estabelecimento empresarial.

Enunciado 234 da III Jornada de Direito Civil: Quando do trespasse do estabelecimento empresarial, o contrato de locação do respectivo ponto não se transmite automaticamente ao adquirente.

Enunciado 393 da IV Jornada de Direito Civil: A validade da alienação do estabelecimento empresarial não depende de forma específica, observado o regime jurídico dos bens que a exijam.

SÚMULAS APLICÁVEIS:

STF – Súmula 451: É legítima a penhora da sede do estabelecimento comercial.

STJ – Súmula 166: Não constitui fato gerador do ICMS, o simples deslocamento de mercadoria de um para outro estabelecimento do mesmo contribuinte.

## 4. REGISTRO E ESCRITURAÇÃO

Inscrição: o empresário é obrigado a efetuar seu registro no Registro Público de Empresas Mercantis, antes de iniciar sua atividade. O art. 967 do CC dispõe que "é obrigatória a inscrição do empresário no Registro Público de Empresas Mercantis da respectiva sede, antes do início de sua atividade". O registro do empresário tem natureza jurídica de condição de regularidade.

Legislação sobre o registro do empresário: a Lei 8.934/94 dispõe sobre o Registro Público de Empresas Mercantis.

Consequências da ausência do registro: a) responsabilidade ilimitada; b) impossibilidade de requerer falência de terceiros (no entanto, pode pedir a própria falência); c) impossibilidade de requerer a própria recuperação judicial; d) impossibilidade de participar de licitação.

Empresário rural: de acordo com o art. 971 do Código Civil, é o empresário, cuja atividade rural constitua sua principal profissão. Caso o empresário rural efetue o registro, ficará equiparado ao empresário comum, tendo as mesmas obrigações deste. No entanto, o registro do empresário rural tem natureza constitutiva.

Todo empresário (salvo o pequeno empresário) tem obrigação de escriturar os livros empresariais. Isso porque os empresários são obrigados a manter um sistema de contabilidade.

- A escrituração dos livros materializa a higidez da empresa e do sistema contábil, trazendo vantagens ao empresário, porque os livros fornecem subsídios para a escolha de estratégias de gestão e atuação no mercado.
- Para que sejam considerados regulares e tenham eficácia probatória em favor do empresário, os livros empresariais devem preencher requisitos intrínsecos e extrínsecos.

> ATENÇÃO! O pequeno empresário está dispensado da escrituração de livros.

Requisitos da escrituração dos livros empresariais:

a) Requisitos intrínsecos: os livros empresariais devem ser escriturados em idioma nacional, moeda corrente e forma contábil, ordem cronológica e sem rasura.
b) Requisitos extrínsecos: se relacionam com a segurança e autenticidade, que ocorre quando o livro empresarial possui contiver termos de abertura e de encerramento, e estiver autenticado pela Junta Comercial.

- Livro obrigatório: Livro Diário. O livro diário pode ser datilografado (escrituração mecânica) ou informatizado.

> Atenção! Com o Marco Legal das Startups (LC 182/2021), o art. 294 da Lei 6.404/1976, passou a prever que a sociedade anônima fechada que tiver receita bruta anual de até R$ 78.000.000,00 (setenta e oito milhões de reais) pode substituir os livros de que trata o art. 100 da lei (ex: livro de ações nominativas; livro de ata de assembléias gerais; livro de atas do Conselho Fiscal) por registros mecanizados ou eletrônicos.

Consequências da ausência de escrituração:

a) ineficácia probatória dos livros comerciais;
b) ilegitimidade ativa para requerer a recuperação judicial;
c) configuração de crime falimentar (Lei 11.101/05, art. 178).

Sigilosidade: Os livros empresariais são sigilosos. No entanto, há exceções:

a) Súmula 260 do STF ("O exame de livros comerciais, em ação judicial, fica limitado às transações entre os litigantes");
b) O juiz poderá autorizar a exibição integral dos livros e papéis de escrituração quando necessária para resolver questões relativas a sucessão, comunhão ou sociedade, administração ou gestão à conta de outrem, ou em caso de falência;
c) A sigilosidade dos livros comerciais não se aplica às autoridades fazendárias, quando no exercício da fiscalização de impostos;
d) Arts. 420 e 421 do CPC/2015.

> ATENÇÃO! O procedimento de exibição judicial está no art. 396 do CPC/2015 e depende da apresentação de justo motivo, a saber: questões sucessórias, questões societárias, questões sobre a administração/gestão e falência.

Força probatória dos livros empresariais: Os livros empresariais provam contra seu autor, sendo lícito ao empresário, todavia, demonstrar, por todos os meios permitidos em direito, que os lançamentos não correspondem à verdade dos fatos. Os livros empresariais que preencham os requisitos exigidos por lei provam a favor de seu autor no litígio entre empresários. Além disso, como a escrituração contábil é indivisível, se dos fatos que resultam dos lançamentos, uns são favoráveis ao interesse de seu autor e outros lhe são contrários, ambos serão considerados em conjunto, como unidade.

Falsificação de livro mercantil: A falsificação de livro mercantil configura o crime de falsificação de documento público, nos termos do art. 297 do Código Penal.

## 5. DIREITO SOCIETÁRIO

### SOCIEDADES SIMPLES OU EMPRESÁRIAS:

São pessoas jurídicas de direito privado, formadas por um conjunto de pessoas (pessoa jurídica intersubjetiva) e com finalidade lucrativa. As sociedades podem ser simples ou empresárias.

Sociedade simples: é a sociedade não empresária. No caso das sociedades simples, o ato constitutivo deve ser levado a registro no Cartório de Registro Civil de Pessoas Jurídicas. A sociedade simples pode se constituir segundo os seguintes tipos: a) cooperativa; b) sociedade em comandita simples; c) sociedade limitada. Exceção: a "sociedade de advogados" é uma sociedade simples, mas adquire personalidade jurídica quando o seu ato constitutivo é levado a registro na Ordem dos Advogados do Brasil – OAB.

Sociedade empresária: é aquela que tem por objeto o exercício de atividade própria de empresário sujeito a registro (CC, art. 966). Sociedade empresária é o empresário pessoa jurídica. As sociedades empresárias devem se constituir mediante um dos seguintes tipos societários: a) sociedade em nome coletivo; b) sociedade em comandita simples; c) sociedade em comandita por ações; d) sociedade limitada; e) sociedade anônima.

Atenção! Não importa se a sociedade é simples ou se a sociedade é empresária, elas sempre têm finalidade lucrativa.

### SOCIEDADES NÃO PERSONIFICADAS:

Conceito: sociedades não personificadas (ou despersonalizadas) são aquelas que não possuem personalidade jurídica.

Espécies: são apenas duas as sociedades não personificadas: a) sociedade em comum (sociedade irregular e sociedade de fato); e b) sociedade em conta de participaçao.

Patrimônio especial: o patrimônio da sociedade não personificada é chamado de especial, uma vez que não pertence à pessoa jurídica, mas aos sócios. "CC, art. 988. Os bens e dívidas sociais constituem patrimônio especial, do qual os sócios são titulares em comum. "

### SOCIEDADE EM COMUM/IRREGULAR/DE FATO:

Conceito: a sociedade em comum é gênero que abrange a sociedade irregular (aquela que possui contrato social, mas não foi levado a registro) e a sociedade de fato (aquela que sequer possui contrato social).

Responsabilidade perante terceiros: a responsabilidade dos sócios é ilimitada (art. 990, CC), sobretudo em razão da irregularidade decorrente da ausência de registro.

Responsabilidade perante os demais sócios: a responsabilidade é solidária entre os sócios.

Responsabilidade perante a sociedade empresária: a responsabilidade do sócio, perante a pessoa jurídica, é subsidiária, nos termos do art. 1.024 do CC ("Os bens particulares dos sócios não podem ser executados por dívidas da sociedade, senão depois de executados os bens sociais").

### SOCIEDADE EM CONTA DE PARTICIPAÇÃO:

Previsão legal: a sociedade em conta de participação está prevista a partir do art. 991 do Código Civil. Na sociedade em conta de participação, a atividade constitutiva do objeto social é exercida unicamente pelo sócio ostensivo, em seu nome individual e sob sua própria e exclusiva responsabilidade, participando os demais dos resultados correspondentes. Obriga-se perante terceiro tão-somente o sócio ostensivo; e, exclusivamente perante este, o sócio participante, nos termos do contrato social.

Conceito: é a sociedade que possui um sócio oculto (ou participante), que não aparece perante terceiros, e um sócio ostensivo, em nome do qual são realizadas todas as atividades.

Sócios: duas modalidades de sócios = o sócio ostensivo e o sócio oculto (ou participante).

Características do sócio ostensivo: a) exerce o objeto social (ou seja, é o único que administra a sociedade); b) possui responsabilidade exclusiva (ou seja, é o único que responde perante terceiros); e c) age em seu nome próprio (e não em nome da sociedade).

Sócio oculto: o sócio oculto, também chamado de sócio participante, somente participa dos resultados. O sócio participante investe e participa dos resultados. No entanto, importante lembrar a regra do parágrafo único do art. 993 do Código Civil que dispõe que "sem prejuízo do direito de fiscalizar a gestão dos negócios sociais, o sócio participante não pode tomar parte nas relações do sócio ostensivo com terceiros, sob pena de responder solidariamente com este pelas obrigações em que intervier".

Legitimidade passiva em juízo: o ajuizamento de qualquer ação judicial deve ser em face do sócio ostensivo e não em face da sociedade, porquanto é ele que exerce o objeto social em seu próprio nome e sob sua própria e exclusiva responsabilidade.

Atenção! Por expressa determinação legal, a sociedade em conta de participação será sempre despersonificada. Ainda que se leve a registro o seu ato constitutivo, a sociedade em conta de participação nunca adquirirá personalidade jurídica, nos termos do art. 993, CC ("o contrato social produz efeito somente entre os sócios, e a eventual inscrição de seu instrumento em qualquer registro não confere personalidade jurídica à sociedade").

### SOCIEDADES PERSONIFICADAS:

Conceito: Sociedades personificadas são aquelas que possuem personalidade jurídica.

Aquisição da personalidade jurídica: a sociedade adquire personalidade jurídica com o seu registro no órgão competente. "CC, art. 45. Começa a existência legal das pessoas jurídicas de direito privado com a inscrição do ato constitutivo no respectivo registro, precedida, quando necessário, de autorização ou aprovação do Poder Executivo, averbando-se no registro todas as alterações por que passar o ato constitutivo. "

Registro: o órgão competente para o registro é a junta comercial se se tratar de uma sociedade empresária. Por outro lado, se se tratar de uma sociedade simples, o registro se dará no Registro Civil de Pessoas Jurídicas. Exceção: as sociedades de advogados adquirem personalidade jurídica quando o contrato social é levado a registro na OAB.

Atributos: quando uma sociedade adquire personalidade jurídica ela passa a ter três atributos: a) titularidade negocial (aptidão para realizar negócios jurídicos); b) titularidade processual (aptidão para demandar e ser demandada em juízo); e c) autonomia patrimonial (a sociedade tem patrimônio próprio, distinto do patrimônio dos sócios).

Espécies: as sociedades personificadas podem ser: a) sociedade simples (sociedades não empresária); ou b) sociedade empresária.

### SOCIEDADES EMPRESÁRIAS

Obrigação de registro: a sociedade empresária é obrigada a efetuar seu registro no Registro Público de Empresas Mercantis, antes de iniciar sua atividade, nos termos do art. 967 do CC. O registro do empresário tem natureza jurídica de mera condição de regularidade. Para o empresário rural, o registro é facultativo (art. 971, CC). Caso o empresário rural efetue o registro, ficará equiparado ao empresário comum, tendo as mesmas obrigações deste. O registro do empresário rural tem natureza constitutiva.

Tipos societários: Tipos societários: o Código Civil, elenca os seguintes tipos societários: (i) sociedade em nome coletivo; (ii) sociedade em comandita simples; (iii) sociedade limitada (que pode ser, inclusive, unipessoal); (iv) sociedade em comandita por ações; (v) sociedade anônima.

a) SOCIEDADE EM NOME COLETIVO

Na sociedade em nome coletivo, somente pessoas físicas podem tomar parte como sócios.

Responsabilidade dos sócios: respondem solidária e ilimitadamente, pelas obrigações sociais (art. 1.039, CC).

Limitação da responsabilidade dos sócios: Sem prejuízo da responsabilidade perante terceiros, podem os sócios, no ato constitutivo, ou por unânime convenção posterior, limitar entre si, a responsabilidade de cada um.

Administração: A administração da sociedade em nome coletivo compete exclusivamente aos sócios.

Nome empresarial: A sociedade em nome coletivo opera sob firma composta com o nome completo ou abreviado de um ou mais sócios. A inclusão do ramo de atividade é facultativa.

Dissolução: A sociedade em nome coletivo se dissolve de pleno direito por qualquer das causas enumeradas no art. 1.033 e, se empresária, também pela declaração da falência.

b) SOCIEDADE EM COMANDITA SIMPLES

Na sociedade em comandita simples tomam parte sócios de duas categorias, os comanditados e os comanditários, devendo o contrato social discriminá-los.

Sócios comanditados: somente podem ser pessoas físicas e serão responsáveis solidária e ilimitadamente pelas obrigações sociais. Aos comanditados cabem os mesmos direitos e obrigações dos sócios da sociedade em nome coletivo.

Sócios comanditários: podem ser pessoas físicas ou jurídicas e são obrigados somente pelo valor de sua quota. Sem prejuízo da faculdade de participar das deliberações da sociedade e de lhe fiscalizar as operações, não pode o comanditário praticar qualquer ato de gestão, nem ter o nome na firma social, sob pena de ficar sujeito às responsabilidades de sócio comanditado.

Regime jurídico supletivo: Aplicam-se à sociedade em comandita simples as normas da sociedade em nome coletivo, no que forem compatíveis com as deste Capítulo.

Sociedade de capital: No caso de morte de sócio comanditário, a sociedade, salvo disposição do contrato, continuará com os seus sucessores, que designarão quem os represente.

Dissolução da sociedade: Dissolve-se de pleno direito a sociedade em comandita simples: (i) por qualquer das causas previstas no art. 1.044; (ii) quando por mais de cento e oitenta dias perdurar a falta de uma das categorias de sócio.

c) SOCIEDADE LIMITADA

Legislação aplicável: A sociedade limitada rege-se pelos arts. 1.052 e seguintes do CC (Capítulo das Sociedades Limitadas). Nas omissões deste Capítulo, aplicam-se, subsidiariamente, as normas aplicáveis às sociedades simples. Exceção: o contrato social poderá prever a regência supletiva da sociedade limitada pelas normas da sociedade anônima.

Constituição: a sociedade limitada pode ser constituída por um instrumento público ou particular, devendo em todo caso ter o visto de um advogado, sob pena de nulidade (art. 1º, § 2º, EOAB). Exceção: quando se tratar de microempresa e empresa de pequeno porte não se exige que o instrumento particular tenha o visto de um advogado.

Pressupostos de existência (regra): a) pluralidade de sócios (dois ou mais sócios); e b) affectio societatis (vontade comum entre os sócios).

> Atenção!
>
> Com a Lei 13.874/2019, foram incluídos os §§ 1º e 2º ao art. 1.052 do CC, passando o ordenamento jurídico a admitir a figura da sociedade limitada unipessoal, ou seja, aquela constituída por um único sócio. Veja o que estabelecem os dispositivos em comento: "§ 1º A sociedade limitada pode ser constituída por 1 (uma) ou mais pessoas. § 2º Se for unipessoal, aplicar-se-ão ao documento de constituição do sócio único, no que couber, as disposições sobre o contrato social."

Responsabilidade do sócio: a responsabilidade do sócio é limitada, estando restrita ao valor de suas quotas, mas todos os sócios respondem de forma solidária pelo que falta para a integralização do capital social (art. 1.052, CC).

Exceções quanto à responsabilidade limitada dos sócios: 1) dívidas trabalhistas; 2) dívidas com o INSS; 3) casos de desconsideração da personalidade jurídica.

Capital social: o capital social divide-se em quotas, iguais ou desiguais, cabendo uma ou diversas a cada sócio.

Quotas sociais: conferem ao titular o direito de sócio de uma sociedade limitada. O sócio pode integralizar as quotas que subscreveu de diversas formas, a saber: 1) dinheiro; 2) bens móveis ou imóveis (lembrando que quem integraliza com bens responde pela evicção); 3) créditos (lembrando que quem integraliza com créditos responde pela solvência). Atenção: É vedada a integralização com prestação de serviços, em razão do art. 1.055, § 2º, CC.

Transferência de quotas: art. 1.057, CC. Se o contrato for omisso quanto à possibilidade de transferência de quotas, aplica-se a regra do art. 1.057 do CC. Assim sendo, se o sócio quiser transferir sua quota para outro sócio não é necessária autorização de ninguém. No entanto, caso o sócio pretenda transferir suas quotas para um terceiro estranho à sociedade, somente poderá fazê-lo se não houver a oposição de mais de um quarto do capital social.

Direitos dos sócios: 1) direito de participar nos resultados (participação nos lucros e perdas – art. 1008, CC); 2) direito de deliberar sobre os assuntos da sociedade; 3) direito de retirada (direito de recesso); 4) direito de fiscalização.

Administração: As sociedades limitadas são administradas por uma ou mais pessoas que são designadas no contrato social ou até mesmo em ato separado. Além disso, de acordo com o Código Civil, o administrador da sociedade limitada pode ser tanto um sócio como um terceiro estranho. Sobre o tema, aplica-se o art. 1.061 do Código Civil, cujo teor é muito importante para as provas objetivas. Aliás, vale lembrar que a Lei 14.451, de 21 de setembro de 2022, alterou o Código Civil, para modificar os quóruns de deliberação dos sócios da sociedade limitada previstos nos arts. 1.061 e 1.076. Com efeito, os arts. 1.061 e 1.076 do Código Civil (Lei 10.406/2002), passaram a vigorar com a seguinte redação: "Art. 1.061. A designação de administradores não sócios dependerá da aprovação de, no mínimo, 2/3 (dois terços) dos sócios, enquanto o capital não estiver integralizado, e da aprovação de titulares de quotas correspondentes a mais da metade do capital social, após a integralização.""Art. 1.076. [...] II - pelos votos correspondentes a mais da metade do capital social, nos casos previstos nos incisos II, III, IV, V, VI e VIII do caput do art. 1.071 deste Código;".

ATENÇÃO!

Para facilitar a compreensão da novidade legislativa acima referida, confira o quadro a seguir:

| Como era a redação do art. 1.061 do CC, ANTES da Lei 14.451/2022 | Como ficou a redação do art. 1.061 do CC, DEPOIS da Lei 14.451/2022 |
|---|---|
| Art. 1.061. Se o contrato permitir administradores não sócios, a designação deles dependerá de aprovação da unanimidade dos sócios, enquanto o capital não estiver integralizado, e de 2/3 (dois terços), no mínimo, após a integralização. | Art. 1.061. A designação de administradores não sócios dependerá da aprovação de, no mínimo, 2/3 (dois terços) dos sócios, enquanto o capital não estiver integralizado, e da aprovação de titulares de quotas correspondentes a mais da metade do capital social, após a integralização. |

Dissolução da sociedade limitada: a dissolução pode ser parcial ou total.

| Dissolução parcial | Dissolução total |
|---|---|
| A dissolução parcial tem lugar:<br>a) por vontade dos sócios;<br>b) por falecimento de sócio;<br>c) por liquidação da quota a pedido do credor;<br>d) por exclusão do sócio. | A dissolução total tem lugar:<br>a) por vontade dos sócios;<br>b) por decurso do prazo (no caso de sociedade limitada com prazo determinado);<br>c) pela falência da sociedade;<br>d) pela extinção de autorização de funcionamento;<br>e) por anulação do ato constitutivo;<br>f) por exaurimento do objeto social. |

d) SOCIEDADE EM COMANDITA POR AÇÕES

Sociedade em comandita por ações é aquela em que o capital social é divido em ações, e cuja responsabilidade é mista, ou seja, os acionistas respondem limitadamente pelo preço das ações subscritas ou adquiridas, e o acionista diretor responde solidária e ilimitadamente pelas obrigações sociais.

e) SOCIEDADE ANÔNIMA

Fundamento legal: Lei 6.404/76 (Lei da Sociedade Anônima).

Sinônimo: a sociedade anônima é também chamada de companhia (Cia).

Espécies: as sociedades anônimas podem ser abertas ou fechadas (art. 4º, LSA):

| S/A aberta | S/A fechada |
|---|---|
| É aquela em que seus valores mobiliários (papéis, títulos, ações) são admitidos à negociação no Mercado de Valores Mobiliários (Bolsa de Valores).<br>A sociedade anônima aberta é aquela que pode negociar seus valores mobiliários na Bolsa de Valores. | É aquela em que seus valores mobiliários não são admitidos à negociação no mercado de valores mobiliários.<br>No entanto, isso não significa que a sociedade anônima fechada não possa negociar os seus valores mobiliários, mas apenas que estes valores não poderão ser negociados na Bolsa de Valores. |

Constituição: a constituição de uma sociedade anônima passa, preliminarmente, pelo preenchimento de três requisitos: a) subscrição das ações por, no mínimo, duas pessoas; b) realização, como entrada, de 10% (dez por cento), no mínimo, do preço de emissão das ações subscritas em dinheiro (tratando-se de instituição financeira, a realização mínima é de 50%); c) depósito no Banco do Brasil S.A. ou em outro estabelecimento bancário autorizado pela Comissão de Valores Mobiliários (CVM), da parte do capital realizado em dinheiro.

Autorização da Comissão de Valores Mobiliários (CVM): a sociedade anônima aberta precisa da autorização da CVM para ser constituída. Trata-se do que a doutrina denomina de subscrição pública, também chamada de subscrição sucessiva). Atenção: a sociedade anônima fechada não precisa da autorização da CVM para ser constituída.

Estatuto social: a sociedade anônima, quanto ao regime jurídico, é considerada uma sociedade institucional. Logo, o ato constitutivo é um estatuto social (e não um contrato social).

Capital social: o capital social da sociedade anônima é dividido em ações, sendo os seus sócios chamados de acionistas.

Penhora de ações: as ações de uma sociedade anônima (aberta ou fechada) podem ser penhoradas. Isso porque, as sociedades anônimas são classificadas como sociedades de capital (e não de pessoas).

Objeto social: por expressa determinação legal, as sociedades anônimas serão sempre sociedades empresárias. Logo, o único objeto social a ser explorado por uma sociedade anônima é a atividade empresarial e ou a participação em outras sociedades (art. 2º, § 3º, LSA).

Responsabilidade dos sócios acionistas: nos termos do art. 1.088 do Código Civil: "Na sociedade anônima ou companhia, o capital divide-se em ações, obrigando-se cada sócio ou acionista somente pelo preço de emissão das ações que subscrever ou adquirir. A regra também é estampada no art. 1º da Lei n. 6.404/76 (Lei da Sociedade Anônima), que dispõe: "A companhia ou sociedade anônima terá o capital dividido em ações, e a responsabilidade dos sócios ou acionistas será limitada ao preço de emissão das ações subscritas ou adquiridas." Com efeito, na sociedade anônima, a responsabilidade do acionista é limitada ao valor das ações subscritas (adquiridas mas não integralizadas) ou adquiridas (já integralizadas).

Órgãos da sociedade anônima: a) Assembléia Geral; b) Conselho de Administração; c) Diretoria; d) Conselho Fiscal.

Assembleia Geral: a principal função é a tomada de decisão sobre determinados assuntos, quais sejam: alteração de estatuto social; aprovação de balanço (uma vez por ano); eleição de administradores e membros do Conselho Fiscal; avaliação das contas dos administradores; autorização do Conselho de Administração a pedir a autofalência ou a recuperação da empresa.

Conselho de Administração: os membros são eleitos pela Assembleia Geral. O Conselho de Administração é composto por, no mínimo, três pessoas físicas, acionistas ou não acionistas (antes de 2011 havia exigência de que fossem acionistas). Trata-se do órgão que toma as decisões que não são de atribuição específica da assembleia geral. O Conselho de Administração é obrigatório na sociedade aberta (SA aberta), na sociedade de capital autorizado e na sociedade de economia mista (LSA, art. 168). Os membros do Conselho de Administração são eleitos pela Assembleia Geral, sendo composto por, no mínimo, três pessoas físicas, acionistas ou não acionistas (antes de 2011 havia exigência de que fossem acionistas), nos termos do art. 140, da Lei 6.404/76. Exceção: nas sociedades de economia mista, o Conselho de Administração é composto por, no mínimo, sete e no máximo onze membros (Lei 13.303/16, art. 13, I).

Diretoria: normalmente o diretor é responsável pela ação ou omissão própria, mas será responsável solidariamente por atos ou omissões de terceiros se sabia do ato ou omissão e deixou de fazer constar em ata a sua divergência.

| Atenção! Com o Marco Legal das Startups (LC 182/2021), o art. 134 da Lei 6.404/1976, passou a prever que a Diretoria pode ser composta por 1 (um) ou mais membros eleitos e destituíveis a qualquer tempo pelo conselho de administração ou, se inexistente, pela assembleia geral. |
|---|

Conselho Fiscal: é composto de três a cinco pessoas físicas, mesmo que existam auditores independentes. O Conselho Fiscal tem existência obrigatória, mas seu funcionamento depende de convocação (por acionista com pelo menos 5% do capital social). Exceção: na sociedade de economia mista o funcionamento do Conselho Fiscal é obrigatório (Lei 13.303/16, art. 13, IV).

Direitos do acionista (art. 109, LSA):a) direito de participação nos lucros; b) direito de participação no acervo da sociedade anônima no caso de liquidação; c) direito de fiscalização; d) direito de retirada (direito de recesso); e) direito de preferência. Cuidado! O direito de voto não é um direito essencial.

Mercado de capitais (Bolsa de Valores): é o sistema de distribuição dos valores mobiliários cuja finalidade é a de proporcionar liquidez aos títulos de emissão de empresas e viabilizar seu processo de capitalização.

Valores mobiliários: são títulos de investimento que uma sociedade anônima pode emitir para obtenção dos recursos que necessita. São títulos de valores mobiliários: a) ações; b) debêntures; c) comercial papers; d) bônus de subscrição; e) partes beneficiárias.

| | |
|---|---|
| **Ações** | • Conceito: Ações são frações do capital social, que conferem ao titular o direito de sócio de uma sociedade anônima.<br>• Classificação das ações (LSA, art. 15): a) ações ordinárias; b) ações preferenciais; c) ações de fruição.<br>• Ações ordinárias: são aquelas que conferem direitos comuns ao acionista (ex. direito de fiscalização, direito de participação nos lucros), bem como o direito de voto em assembléia. Atenção! A sociedade anônima é obrigada a emitir as ações ordinárias.<br>• Ações preferenciais: são aquelas que conferem vantagens econômicas ao titular. Ex: art. 17, LSA (prioridade de recebimento). Atenção! A emissão das ações preferenciais é facultativa.<br>• Ações de fruição (LSA, art. 44, § 5º): são aquelas que conferem meros direitos de gozo e fruição, sendo emitidas para substituir as ações ordinárias e preferenciais que já foram amortizadas.<br>• Acionista controlador: é aquele que tem a maioria das ações com direito de voto e o poder de eleger a maioria dos administradores.<br>• Limite máximo de ações preferenciais sem voto que a sociedade anônima pode emitir: até 50% (cinquenta por cento) do total de ações (art. 15, § 2º, LSA). |
| **Debêntures** | • Conceito: Debêntures são títulos representativos de um contrato de mútuo, em que a sociedade anônima é a mutuaria e o debenturista é o mutuante. |
| **Comercial papers** | • Conceito: Comercial papers são títulos de curto prazo, emitidas pelas sociedades anônimas, visando captar recursos para financiar seu capital de giro. |
| **Bônus de subscrição** | • Conceito: Bônus de subscrição nada mais é que o direito de preferência. Antes de a sociedade anônima ofertar as ações ao público ela as oferece em primeiro lugar para quem tem o bônus de subscrição. |

| | |
|---|---|
| **Partes beneficiárias** | • Conceito: Partes beneficiárias são títulos negociáveis, sem valor nominal e estranhos ao capital social. Logo, os titulares de partes beneficiárias não são os sócios. As partes beneficiárias conferem aos titulares, direito de crédito eventual (participação dos lucros anuais). |

Holding: é a sociedade anônima constituída com o objetivo de participar de outras sociedades. Atenção: tanto a sociedade limitada como a sociedade anônima podem ser holding.

| Holding pura | Holding mista |
|---|---|
| É a sociedade anônima ou sociedade limitada que tem por único objeto participar de outras sociedades. | É a sociedade anônima ou sociedade limitada que tem por objeto participar de outras sociedades, bem como exercer qualquer outra atividade empresarial com finalidade lucrativa. |

Unipessoalidade: a sociedade anônima pode ser unipessoal quando se tratar de empresa pública (quando o Poder Público que a criou for seu único acionista) ou subsidiária integral."LSA, art. 251. A companhia pode ser constituída, mediante escritura pública, tendo como único acionista sociedade brasileira."

Subsidiária Integral: é um tipo de sociedade anônima que admite um único acionista que, necessariamente, será uma sociedade nacional. Ex: Transpetro (possui um único sócio que é a Petrobrás).

"e.1) SOCIEDADE DE ECONOMIA MISTA

- As empresas estatais (empresas públicas e sociedades de economia mista) são regidas pela Lei nº 13.303, de 30 de junho de 2016.
- Sociedades de economia mista são pessoas jurídicas de direito privado integrantes da Administração Indireta, criadas por meio de lei específica autorizatária, para a prestação de serviços públicos ou a exploração de atividades econômicas, contando com um capital misto, constituídas sob a modalidade empresarial S.A. (sociedade anônima).
- Perceba que o capital social desta modalidade de empresa estatal é misto, ou seja, parte público e parte privado. Muito embora o capital seja misto, o capital votante (maioria do capital) deve estar nas mãos do Poder Público.
- O regime jurídico das empresas públicas e das sociedades de economia mista é o mesmo, porquanto são pessoas jurídicas de direito privado integrantes da Administração Pública Indireta. Na verdade, elas seguem um regime jurídico híbrido – parte público e parte privado. Não há um regime exclusivamente privado ou exclusivamente público. O que há é apenas a predominância do regime privado.
- Exemplos de sociedade de economia mista: Banco do Brasil; Petrobrás.

| LEMBRE-SE:<br>A sociedade de economia mista só pode ser constituída na forma de sociedade anônima. |
|---|

e.2.) SOCIEDADE ANÔNIMA DE MENOR PORTE

Com o Marco Legal das Startups (LC 182/2021), foi incluído o art. 294-à Lei 6.404/1976, que passou a prever a figura da companhia de menor porte, assim considerada aquela que aufira receita bruta anual inferior a R$ 500.000.000,00 (quinhentos milhões de reais).

e.3.) SOCIEDADE ANÔNIMA DE FUTEBOL

Abrindo espaço para mais uma novidade legislativa, a Lei 14.193/2021, passou a instituir a chamada sociedade anônima do futebol, assim considerada a companhia cuja atividade principal consiste na prática do futebol, feminino e masculino, em competição profissional. Quanto ao regime jurídico das sociedades anônimas de futebol, aplicar-se-á o regramento especial da Lei 14.193/2021 e, apenas subsidiariamente, é que serão aplicadas as disposições da Lei 6.404/1976 (Lei das sociedades por ações).

> ATENÇÃO!
> A Lei 14.193/2021 introduziu mais uma hipótese de registro facultativo no parágrafo único do art. 971 do Código Civil. Agora, portanto, a associação que desenvolva atividade futebolística em caráter habitual e profissional, pode (é uma faculdade), requerer sua inscrição na Junta Comercial da respectiva sede, caso em que, depois de inscrito, ficará equiparado, para todos os efeitos, ao empresário sujeito a registro.

## SOCIEDADES COOPERATIVAS

Fundamento constitucional: a criação de associações e, na forma da lei, a de cooperativas independem de autorização, sendo vedada a interferência estatal em seu funcionamento (CF, art. 5º, XVIII).

Natureza jurídica: por expressa determinação legal, as sociedades cooperativas serão sempre sociedades simples.

> ATENÇÃO! O ato constitutivo das cooperativas deve ser levado à registro perante a Junta Comercial. Embora o ato constitutivo das sociedades cooperativas deva ser levado a registro na Junta Comercial, elas nunca serão consideradas empresárias.

Conceito e características: as cooperativas são sociedades de pessoas, com forma e natureza próprias, de natureza civil, não sujeitas à falência, constituídas para prestar serviços aos associados, distinguindo-se das demais sociedades pelas seguintes características:

a) variabilidade, ou dispensa do capital social;
b) concurso de sócios em número mínimo necessário a compor a administração da sociedade, sem limitação de número máximo;
c) limitação do valor da soma de quotas do capital social que cada sócio poderá tomar;
d) intransferibilidade das quotas do capital a terceiros estranhos à sociedade, ainda que por herança;
e) quórum, para a assembleia geral funcionar e deliberar, fundado no número de sócios presentes à reunião, e não no capital social representado;
f) direito de cada sócio a um só voto nas deliberações, tenha ou não capital a sociedade, e qualquer que seja o valor de sua participação;
g) distribuição dos resultados, proporcionalmente ao valor das operações efetuadas pelo sócio com a sociedade, podendo ser atribuído juro fixo ao capital realizado;
h) indivisibilidade do fundo de reserva entre os sócios, ainda que em caso de dissolução da sociedade.

Responsabilidade dos sócios: na sociedade cooperativa, a responsabilidade dos sócios pode ser limitada ou ilimitada.

Direito de voto à distância em reunião ou em assembleia: De acordo com o art. 43-A da Lei 5.764/71, incluído pela Lei 14.030/2020, o associado poderá participar e votar a distância em reunião ou em assembleia, que poderão ser realizadas em meio digital. Referida possibilidade de presença remota foi pensada pelo legislador como uma forma de conter os avanços da pandemia do novo corona vírus (Covid-19), iniciada em 2020.

Legitimidade extraordinária autônoma concorrente para a tutela de direitos coletivos dos associados: De acordo com o art. 88-A da Lei 5.764/71, incluído pela Lei 13.806/2019, a cooperativa poderá ser dotada de legitimidade extraordinária autônoma concorrente para agir como substituta processual em defesa dos direitos coletivos de seus associados quando a causa de pedir versar sobre atos de interesse direto dos associados que tenham relação com as operações de mercado da cooperativa, desde que isso seja previsto em seu estatuto e haja, de forma expressa, autorização manifestada individualmente pelo associado ou por meio de assembleia geral que delibere sobre a propositura da medida judicial.

Sociedades dependentes de autorização

Sociedades dependentes de autorização são aquelas que precisam de prévia autorização do Poder Executivo para começar a funcionar.

É uma exceção ao princípio da livre iniciativa. Pelo princípio da livre iniciativa é assegurado a todos o livre exercício de qualquer atividade econômica, independentemente de autorização de órgãos públicos.

Dispensa-se prévia autorização do Poder Executivo para a constituição de pessoa jurídica, considerando que a livre iniciativa é um fundamento da República Federativa do Brasil, bem como um princípio da Ordem Econômica. As sociedades dependentes de autorização são exceção ao princípio da livre iniciativa.

Dependem de autorização do Poder Executivo para funcionar:

- instituições financeiras;
- operadoras de planos de seguros privados;
- operadoras de planos de saúde;
- empresas de segurança e de transporte de valores;
- sociedades estrangeiras.

A sociedade estrangeira, qualquer que seja o seu objeto, não pode, sem autorização do Poder Executivo, funcionar no País, ainda que por estabelecimentos subordinados, podendo, todavia, ressalvados os casos expressos em lei, ser acionista de sociedade anônima brasileira.

RESUMINDO O TEMA SOCIEDADES:

| Sociedades Simples | Sociedades Empresárias |
|---|---|
| Sociedades simples são aquelas que exploram o seu objeto sem empresarialidade, ou seja, sem a organização profissional dos fatores de produção. Em outras palavras, são aquelas que não exercem atividade empresarial. | São aquelas que têm por objeto o exercício de atividade própria de empresário sujeito a registro (CC, art. 966). Em outras palavras, são aquelas que exercem atividade empresarial. |
| O ato constitutivo deve ser levado a registro no Cartório de Registro Civil de Pessoas Jurídicas.<br>Exceção: a sociedade de advogados e a sociedade unipessoal de advogados são sociedades simples, mas que adquirem personalidade jurídica com o registro aprovado dos seus atos constitutivos no Conselho Seccional da OAB em cuja base territorial tiver sede. | O ato constitutivo deve ser levado a registo na Junta Comercial. |

EMPRESARIAL

| Sociedades Simples | Sociedades Empresárias |
|---|---|
| A sociedade simples pode se constituir segundo os seguintes tipos:<br>a) sociedade cooperativa;<br>b) sociedade em comandita simples;<br>c) sociedade limitada. | As sociedades empresárias devem se constituir mediante um dos seguintes tipos societários:<br>a) sociedade em nome coletivo;<br>b) sociedade em comandita simples;<br>c) sociedade em comandita por ações;<br>d) sociedade limitada;<br>e) sociedade anônima. |
| ATENÇÃO!<br>Por expressa previsão legal, as sociedades cooperativas serão sempre sociedades simples. | ATENÇÃO!<br>Por expressa previsão legal, as sociedades por ações – sociedade anônima e sociedade em comandita por ações – serão sempre sociedades empresárias. |

transformação, incorporação, fusão, cisão e coligação societária

| | |
|---|---|
| **Transformação** | • Transformação é a modificação do tipo societário. Ex: uma limitada que se transforma em sociedade anônima (ou vice-versa). Na transformação não ocorre a extinção da pessoa jurídica ("só há uma mudança de roupagem").<br>• A deliberação acerca da transformação exige, em regra, votação unânime, salvo nos casos em que o ato constitutivo da sociedade transformada já contenha disposição expressa já contendo a transformação.<br>• A transformação não prejudica e nem modifica os direitos dos credores. Isso porque, houve apenas a mudança do tipo societário, sem a dissolução ou liquidação da pessoa jurídica). |
| **Incorporação** | • Na incorporação, uma ou várias sociedades (incorporadas) são absorvidas por outra (incorporadora). A sociedade incorporadora sucederá as demais quanto aos direitos e obrigações sociais. Na incorporação, apenas a sociedade incorporada será extinta. A incorporadora continua em pleno funcionamento. Não há, portanto, a criação de uma nova sociedade. |
| **Fusão** | • Fusão nada mais é que a união de duas ou mais sociedades para formar uma nova sociedade, extinguindo-se as sociedades que se uniram. A nova sociedade sucederá as demais quanto aos direitos e obrigações sociais. Na fusão, todas que se uniram são extintas, sendo criada uma nova sociedade. Entenda: a sociedade X se une com uma sociedade Y, dando origem a uma nova sociedade, Z. As sociedades X e Y serão extintas. |
| **Cisão** | • Cisão é a operação societária onde a sociedade transfere seu patrimônio para uma ou mais sociedades, constituídas para esta finalidade ou já existentes, extinguindo-se a sociedade cindida (no caso de transferência de todo o seu patrimônio) ou dividindo-se o seu capital (no caso de transferência de parcela do seu patrimônio). Dito de outro modo, a cisão nada mais é que a transferência (total ou parcial) do patrimônio de uma sociedade para outra. A cisão implica a venda de patrimônio (e não da empresa).Cisão parcial: transferência de parcela do patrimônio para outra sociedade, implicando a divisão do capital. Cisão total: transferência da totalidade do patrimônio para outra sociedade, implicando em extinção da sociedade cindida. |
| **Coligação societária** | • As sociedades coligadas são também chamadas de ligações societárias.<br>• Consideram-se coligadas as sociedades que, em suas relações de capital, são controladas, filiadas, ou de simples participação (art. 1.097, CC).<br>• As sociedades coligadas podem ser de três tipos, a saber: sociedade filiada (CC, art. 1.099), sociedade de simples participação (CC, art. 1.100) e sociedade controladora (CC, art. 1.098).<br>• Sociedade filiada ou coligada é a sociedade de cujo capital outra sociedade participa com dez por cento ou mais, do capital da outra, sem controlá-la.<br>• Sociedade de simples participação é a sociedade de cujo capital outra sociedade possua menos de dez por cento, do capital da outra, com direito de voto.<br>• Sociedade controladora é a sociedade que possui a maioria de votos da outra sociedade, bem como o poder de eleger a maioria dos administradores da outra sociedade. É controlada: a)a sociedade de cujo capital outra sociedade possua a maioria dos votos nas deliberações dos quotistas ou da assembleia geral e o poder de eleger a maioria dos administradores; e b)a sociedade cujo controle esteja em poder de outra, mediante ações ou quotas possuídas por sociedades ou sociedades por esta já controladas. Atenção! A sociedade controladora deve ser brasileira.<br>• A responsabilidade civil nas ligações societárias está regulada pelo art. 28, §§ 2º e 3º do Código de Defesa do Consumidor. |

## DISSOLUÇÃO, LIQUIDAÇÃO E EXTINÇÃO DA SOCIEDADE

O ato de dissolução pode ser judicial ou extrajudicial.

Hipóteses de dissolução da sociedade: nos termos do art. 1.033 do CC, dissolve-se a sociedade quando ocorrer: a) o vencimento do prazo de duração, salvo se, vencido este e sem oposição de sócio, não entrar a sociedade em liquidação, caso em que se prorrogará por tempo indeterminado; b) o consenso unânime dos sócios; c) a deliberação dos sócios, por maioria absoluta, na sociedade de prazo indeterminado; d) a falta de pluralidade de sócios, não reconstituída no prazo de cento e oitenta dias; e) a extinção, na forma da lei, de autorização para funcionar.

Dissolução judicial: nos termos do art. 1.034 do CC, dissolve-se a sociedade, a requerimento de qualquer dos sócios, quando: a) anulada a sua constituição; b) exaurido o fim social, ou verificada a sua inexequibilidade. Obs.1: a falência da sociedade também acarreta a sua dissolução. Obs.2: o contrato social pode prever outras hipóteses de dissolução.

Ocorrido o ato de dissolução da sociedade, ela não perde automaticamente a personalidade jurídica. Para tanto, o ato de dissolução deve ser levado a registro no Registro Público de Empresas Mercantis. A partir daí a sociedade inicia a sua liquidação, ocasião em que será acrescido ao seu nome empresarial a expressão "em liquidação". Dissolvida a sociedade, é nomeado um liquidante. A liquidação é conduzida com a finalidade de atingir dois objetivos primordiais: a realização do ativo e a satisfação do passivo.

Perda da autorização para funcionamento: no caso de dissolução decorrente da perda da autorização, dispõe o art. 1.037 do CC, que: "Ocorrendo a hipótese prevista no inciso V do art. 1.033, o Ministério Público, tão logo lhe comunique a autoridade competente, promoverá a liquidação judicial da sociedade, se os administradores não o tiverem feito nos trinta dias seguintes à perda da autorização, ou se o sócio não houver exercido a faculdade assegurada no parágrafo único do artigo antecedente. Parágrafo único. Caso o Ministério Público não promova a liquidação judicial da sociedade nos quinze dias subsequentes ao recebimento da comunicação, a autoridade competente para conceder a autorização nomeará interventor com poderes para requerer a medida e administrar a sociedade até que seja nomeado o liquidante.

Para facilitar a compreensão, elaboramos um quadro sinótico sobre a dissolução das sociedades contratuais:

| Dissolução parcial | Dissolução total |
|---|---|
| Na dissolução parcial das sociedades contratuais, um ou mais sócios saem da sociedade, mas esta é mantida, preservada. | Na dissolução total das sociedades contratuais, ocorrerá a extinção da sociedade. |
| Ocorrerá dissolução parcial por:<br>a) Vontade dos sócios;<br>b) Direito de retirada ou de recesso;<br>c) Exclusão do sócio;<br>d) Liquidação da quota a pedido do credor;<br>e) Falência do sócio. | Ocorrerá dissolução total por:<br>a) Vontade dos sócios. Se for uma sociedade simples vai depender se o prazo é determinado (unanimidade dos sócios) ou indeterminado (maioria absoluta), conforme art. 1033 do Código Civil. Se for uma sociedade limitada, o quórum é de 3/4 do capital social;<br>b) Decurso do prazo, salvo se não entrar em liquidação (CC, art. 1.033, I);<br>c) Falência da sociedade;<br>d) Anulação do ato constitutivo (CC, art. 1.034, I,);<br>e) Inexequibilidade do objeto social (exaurimento do objeto social): é a ausência de mercado (CC, art. 1.034, II).<br>f) Extinção de autorização para funcionamento. Os administradores têm 30 dias para providenciarem a liquidação da sociedade. A liquidação consiste na arrecadação dos bens, venda e pagamento dos credores. Se os administradores não fizerem, o Ministério Público promoverá a liquidação judicial da sociedade (CC, art. 1.037). |

**NACIONALIDADE DA SOCIEDADE:**

Sociedade nacional é aquela organizada de conformidade com a lei brasileira e que tenha no País a sede de sua administração.

Quando a lei exigir que todos ou alguns sócios sejam brasileiros, as ações da sociedade anônima revestirão, no silêncio da lei, a forma nominativa. Qualquer que seja o tipo da sociedade, na sua sede ficará arquivada cópia autêntica do documento comprobatório da nacionalidade dos sócios.

Não haverá mudança de nacionalidade de sociedade brasileira sem o consentimento unânime dos sócios ou acionistas.

Conforme visto anteriormente, a sociedade estrangeira, qualquer que seja o seu objeto, não pode, sem autorização do Poder Executivo, funcionar no País, ainda que por estabelecimentos subordinados. No entanto, ressalvados os casos expressos em lei, a sociedade estrangeira pode ser acionista de sociedade anônima brasileira.

Enunciado do CJF sobre o tema:

Enunciado 486 da V Jornada de Direito Civil: "A sociedade estrangeira pode, independentemente de autorização do Poder Executivo, ser sócia em sociedades de outros tipos além das anônimas."

## 6. DESCONSIDERAÇÃO DA PERSONALIDADE JURÍDICA

Conceito: A desconsideração da personalidade jurídica é uma medida processual que tem por objetivo a inclusão dos sócios ou administradores da pessoa jurídica no polo passivo da demanda para que respondam pelas dívidas sociais com o seu patrimônio pessoal.

Afastamento temporário da personalidade: A desconsideração não acarreta a extinção, dissolução, liquidação ou anulação da pessoa jurídica. A pessoa jurídica continua existindo. Apenas afasta-se temporariamente a personalidade jurídica da sociedade para atingir o patrimônio pessoal dos sócios.

Limites subjetivos: A desconsideração deve atingir apenas o patrimônio dos sócios ou administradores que praticaram o ato irregular (e não de todo e qualquer sócio ou administrador).

Natureza jurídica: A desconsideração da personalidade jurídica é uma espécie de intervenção de terceiro.

Excepcionalidade da medida: A desconsideração é sempre uma medida excepcional.

Teorias: A desconsideração funda-se em duas teorias, a maior e a menor:

| Teoria maior | Teoria menor |
|---|---|
| A teoria maior exige além da insuficiência patrimonial da pessoa jurídica, outros motivos para a desconsideração. | Para a desconsideração, basta a insuficiência patrimonial da pessoa jurídica, dispensando-se outros motivos. |
| É adotada pelo Código Civil (art. 50). | É adotada:<br>no Código de Defesa do Consumidor (art. 28 da Lei 8.078/1990);<br>na Lei dos Crimes Ambientais (art. 4º da Lei 9.605/98);<br>Lei Antitruste (art. 34, da Lei 12.529/2011). |

A desconsideração da personalidade jurídica pode ser decretada pelo juiz de ofício? Depende:

a) Código Civil e CPC/2015: no CC e no CPC, o juiz não pode desconsiderar de ofício, dependendo de requerimento da parte interessada ou do Ministério Público, quando lhe couber intervir nos autos;
b) Código de Defesa do Consumidor: no CDC, o juiz pode desconsiderar de ofício, considerando que as normas consumeristas são de ordem pública e interesse social;
c) Meio Ambiente: há divergência. Uma primeira corrente entende que sim, considerando que as normas ambientais são de ordem pública e interesse social.

Pode haver a desconsideração de pessoa jurídica sem finalidade lucrativa (ex: associação)? Sim. A desconsideração também pode ser decretada em face de pessoas jurídicas de direito privado sem intuito lucrativo. Nesse caso, a desconsideração deverá atingir apenas os sócios e os administradores que praticaram os atos irregulares.

A desconsideração é uma modalidade de intervenção de terceiro? Sim. O novo Código de Processo Civil prevê o incidente de desconsideração da personalidade jurídica como uma modalidade de intervenção de terceiro.

EMPRESARIAL

O CPC tratou das hipóteses de desconsideração? Não. O novo CPC não tratou das hipóteses de desconsideração, considerando que esse tema cabe ao direito material.

Até qual momento se admite a desconsideração no processo? A desconsideração pode ser feita até a fase recursal.

O juiz pode decretar a desconsideração da personalidade jurídica inaudita altera pars? Sim. A desconsideração da personalidade jurídica, como incidente processual, pode ser decretada sem prévia citação dos sócios atingidos. Nesse caso, o exercício do contraditório e da ampla defesa será postergado ou diferido.

Encerramento irregular das atividades empresariais. Segundo o STJ, o encerramento das atividades da sociedade ou sua dissolução, ainda que irregulares, não são causas, por si sós, para a desconsideração da personalidade jurídica a que se refere o art. 50 do Código Civil (STJ, EREsp 1.306.553-SC).

Desconsideração inversa da personalidade jurídica: Caracteriza-se pelo afastamento da autonomia patrimonial da sociedade, para, contrariamente do que ocorre na desconsideração propriamente dita, atingir, então, o ente coletivo e seu patrimônio social por dívida pessoal do sócio, de modo a responsabilizar a pessoa jurídica por obrigações de seus sócios ou administradores. O novo Código de Processo Civil admite expressamente a desconsideração inversa no seu art. 133.

Legitimidade e interesse recursal do sócio para recorrer da decisão: A jurisprudência do STJ se firmou no sentido de que, "sendo deferido o pedido de desconsideração, o interesse recursal da empresa devedora originária é excepcional, evidenciado no propósito de defesa do seu patrimônio moral, da honra objetiva, do bom nome, ou seja, da proteção da sua personalidade, abrangendo, inclusive, a sua autonomia e a regularidade da administração, inexistindo, por outro lado, interesse na defesa da esfera de direitos dos sócios/administradores." (...) Por outro lado, na desconsideração inversa, o resultado do incidente pode interferir não apenas na esfera jurídica do devedor (surgimento de eventual direito de regresso da sociedade em seu desfavor ou do reconhecimento do seu estado de insolvência), mas também na relação jurídica de material estabelecida entre ele e os demais sócios do ente empresarial, como porventura a ingerência na 'affectio societatis'. Assim sendo, há interesse e legitimidade do sócio devedor, para figurar no polo passivo do incidente de desconsideração inversa, bem como para recorrer da decisão que lhe ponha fim, seja na condição de parte vencida, seja na condição de terceiro em relação ao incidente, em interpretação sistemática dos arts. 135 e 996 do CPC/2015." (STJ. 3ª Turma. REsp 1.980.607/DF, Rel. Min. Marco Aurélio Bellizze, j. em 9/8/2022, DJe de 12/8/2022)

## 7. TÍTULOS DE CRÉDITO

### TEORIA GERAL DOS TÍTULOS DE CRÉDITO

Legislação aplicável: arts. 887 a 923 do Código Civil (regras gerais); Lei nº 5.474/68 (lei da duplicata); Lei nº 7.357/85 (lei do cheque); decreto nº 57.663/66 (Lei Uniforme de Genebra – LUG, aplicável às letras de câmbio e nota promissória) e Decreto nº 2.044/08 (aplicável nas omissões da LUG).

Legislação supletiva: as disposições do Código Civil relativas aos títulos de crédito, aplicam-se àqueles regulados por leis especiais, nos casos de omissão ou lacuna.

### INTEGRAÇÃO DAS LEIS UNIFORMES DE GENEBRA NO DIREITO BRASILEIRO

O cosmopolitismo, uma das principais características do direito empresarial, deu origem a usos e costumes comuns a todos os comerciantes, independentemente de sua nacionalidade, a exemplo da criação, pela Convenção de Genebra, de uma lei uniforme para a letra de câmbio e a nota promissória. A lei uniforme de Genebra é uma norma de direito internacional, que foi incorporada ao ordenamento jurídico pátrio por meio do Decreto n. 57.663/66.

No Brasil, a Convenção de Genebra para a regulação das letras de câmbio e notas promissórias, não foi adotada integralmente, haja vista que algumas regras contidas na Lei Uniforme, não são aplicáveis ao Brasil. As matérias que foram objeto de reservas pelo Brasil, são tratadas pelo Decreto nº 2.044/1908. Assim, o Decreto nº 57.663/66 (Lei Uniforme de Genebra – LUG) e o Decreto nº 2.044/08 (aplicável nas omissões da LUG) são o regramento jurídico aplicável às letras de câmbio e notas promissórias.

Dica importante: se o examinador não especificar o título de crédito, responder a questão com base nas regras gerais do Código Civil. Por outro lado, se o examinador especificar o título de crédito, responder com base na legislação respectiva.

Conceito: título de crédito é o documento necessário ao exercício do direito literal e autônomo nele contido e somente produz efeito quando preencha os requisitos legais. Trata-se do conceito legal, que está contido no art. 887 do Código Civil.

### CARACTERÍSTICAS

Como visto, o documento, para ser título de crédito, deve preencher os requisitos essenciais previstos na lei especial de cada título de crédito (p.ex.: o art. 1º da Lei do Cheque prevê os requisitos essenciais do cheque). Requisitos essenciais são aqueles que a ausência não pode ser suprida.

Há, pelo menos, três requisitos essenciais comuns a todos os títulos de crédito:

a) denominação (nome do título de crédito);
b) data da emissão; e
c) assinatura do emitente ou a assinatura do mandatário com poderes especiais.

> ATENÇÃO!
>
> Súmula 387 do STF: "A cambial emitida ou aceita com omissões, ou em branco, pode ser completada pelo credor de boa-fé, antes da cobrança ou do protesto." A Súmula 387 do STF não mitiga o formalismo dos títulos de crédito. Na verdade, mitiga tão somente o momento de preenchimento dos requisitos essenciais do título, desde que os requisitos essenciais sejam preenchidos antes do momento da cobrança ou do protesto.

- Obrigação querable, quesível, ou não portable: todo título de crédito documenta uma obrigação querable, ou seja, cabe ao credor ir até o devedor e exigir o pagamento da obrigação.
- Obrigação certa, líquida e exigível: todo título de crédito documenta uma obrigação certa (existente), líquida (o valor inserido no título é determinado), e exigível (não pode ter havido prescrição da pretensão executória).
- Título executivo extrajudicial: os títulos de crédito são títulos executivos extrajudiciais, desde que executados dentro do seu prazo prescricional previsto na lei especial de cada título.

> ATENÇÃO!
>
> Após o decurso do prazo prescricional, o título de crédito perde a força executória, mas o titular poderá ajuizar ação monitória. Veja:
>
> Súmula 299-STJ: "É admissível a ação monitória fundada em cheque prescrito."
>
> Súmula 503-STJ: "O prazo para ajuizamento de ação monitória em face do emitente de cheque sem força executiva é quinquenal, a contar do dia seguinte à data de emissão estampada na cártula."
>
> Súmula 504-STJ: "O prazo para ajuizamento de ação monitória em face do emitente de nota promissória sem força executiva é quinquenal, a contar do dia seguinte ao vencimento do título."

- Títulos de resgate: os títulos de crédito são títulos de resgate, porque há sempre um momento determinado (data) para o cumprimento da obrigação. Se o documento não tiver data de vencimento, considerar-se-á que o pagamento é à vista.
- Título pro solvendo: os títulos de crédito são pro solvendo, porque a emissão de um novo título de crédito não gera a novação da dívida. Dito de outro modo, a emissão de um novo título de crédito não extingue a dívida anterior.
- Solidariedade cambiária ou legal: havendo mais de um devedor no título, todos eles serão sempre solidários. Ex.: art. 51 da Lei do Cheque; art. 47 da LUG.
- Circulabilidade: os títulos de crédito são passíveis de circulação. A circulação dos títulos de crédito não pode ser obstaculizada. O endosso é uma das formas de pôr em circulação o título de crédito.
- Classificação dos títulos de crédito quanto à circulabilidade:

| | |
|---|---|
| **Título ao portador** | • Título ao portador é aquele que não identifica o credor, podendo circular pela simples tradição.<br>• A maioria dos títulos de crédito não pode ser ao portador, porque na maioria das leis especiais, exige-se que se identifique o credor (a maioria dos títulos de crédito, portanto, são nominais, ou seja, devem indicar o credor).<br>• Cheque: b) o cheque pode ser ao portador, desde que o valor seja inferior a cem reais; b) o cheque acima de cem reais deve ser nominal (deve indicar o credor). |
| **Título nominal** | • Título nominal é aquele que identifica o credor (o nome do credor consta da cártula).<br>• O título nominal pode ser à ordem ou não à ordem.<br>• Título nominal à ordem é aquele que pode circular por endosso (assinatura no verso do título, ou designação e assinatura no anverso). A cláusula à ordem pode ser expressa. No caso de omissão, o título será considerado à ordem. O título de crédito só circula por endosso se for à ordem.<br>• Título nominal não à ordem é aquele que não pode circular por endosso. Se o emitente consignar expressamente na cártula a cláusula não à ordem, o título não poderá circular por endosso, mas poderá circular por cessão de crédito. |

## PRINCÍPIOS INFORMADORES

Três princípios informam o regime jurídico cambial:

a) Princípio da cartularidade: a exigibilidade do crédito representado no título depende da apresentação do documento original. Pelo princípio da cartularidade, o direito exigível está incorporado num documento formal e original, qual seja o título de crédito.

b) Princípio da literalidade: as relações jurídicas que podem interferir com o crédito adquirido são apenas aquelas que constam, expressamente, do título de crédito. Os títulos de crédito são formais devendo todos os requisitos essenciais estarem previstos na cártula (documento), valendo apenas o que nele está escrito.

c) Princípio da autonomia: as obrigações cambiárias são autônomas e independentes. Em outras palavras, havendo mais de um devedor no título, cada devedor tem uma obrigação autônoma. Os princípios da abstração e da inoponibilidade das exceções pessoais em matéria de títulos de créditos são subprincípios da autonomia dos títulos de crédito.

## TÍTULOS DE CRÉDITO EM ESPÉCIE

| | |
|---|---|
| **Letra de câmbio** | • Está prevista nos arts. 1º a 74 do Decreto 57.663/66 (Lei Uniforme de Genebra).<br>• A letra de câmbio é uma ordem de pagamento.<br>• Na letra de câmbio, as partes são o sacador (aquele que dá a ordem de pagamento), o sacado (aquele que recebe a ordem de pagamento) e o credor/tomador (beneficiário da ordem de pagamento).<br>• Os devedores cambiários diretos são o aceitante e seu avalista.<br>• Os devedores cambiários indiretos são o endossante e seu avalista, bem como o sacador e seu avalista.<br>• Na letra de câmbio o aceite deve ser expresso, mas não é obrigatório.<br>• A letra de câmbio é um título nominal (deve indicar o credor), podendo ser à ordem ou não à ordem, quando houver cláusula expressa (ex: "este título não circulará por endosso, mas por cessão").<br>• A letra de câmbio admite aval total ou parcial.<br>• O endosso parcial na letra de câmbio é nulo.<br>• A letra de câmbio admite vencimento à vista ou a prazo.<br>• A letra de câmbio é um título abstrato, pois sua emissão independe de causa específica.<br>• Prazo prescricional da ação contra o aceitante: 3 (três) anos a partir do vencimento;<br>• Prazo prescricional da ação do portador contra o endossante e sacador: 1 (um) ano da data do protesto ou vencimento do título com cláusula "sem despesas";<br>• Prazo prescricional da ação dos endossantes uns contra os outros e contra o sacador: 6 (seis) meses do dia em que o endossante pagou a letra ou ele próprio foi acionado. |
| **Cheque** | • Está previsto na Lei nº 7.357/85.<br>• O cheque é uma ordem de pagamento à vista.<br>• No cheque, as partes são o emitente (devedor do cheque), o sacado (banco) e o credor/beneficiário (terceira pessoa ou o próprio emitente).<br>• Os devedores cambiários diretos são o emitente e seu avalista.<br>• Os devedores cambiários indiretos são o endossante e seus avalistas.<br>• No cheque não há aceite.<br>• Quanto à circulação, o cheque pode ser: 1) ao portador (não identifica o credor somente para cheques de valor inferior a R$ 100,00 – circulará por tradição); 2) nominal à ordem (identifica o credor – como regra, é à ordem – circula via endosso); 3) nominal não à ordem (identifica o credor – não se transfere via endosso, mas sim via cessão).<br>• O cheque admite aval total ou parcial.<br>• O endosso parcial no cheque é nulo.<br>• Quanto ao vencimento o cheque é à vista, nos termos do art. 32 da lei do cheque ("O cheque é pagável à vista. Considera-se não escrita qualquer menção em contrário. O cheque apresentado para pagamento antes do dia indicado como data de emissão é pagável no dia da apresentação"). |

EMPRESARIAL

<table>
<tr><td>Cheque</td><td>
• Embora haja previsão legal que proíba cheque a prazo, convencionou-se (costume) que entre o emitente e o credor existe uma obrigação de não fazer (obrigação de não depositar antes do prazo). Tal convenção foi sumulada pelo STJ no enunciado 370 ("Caracteriza dano moral a apresentação antecipada de cheque pré-datado").<br>
• O cheque é um título abstrato, pois sua emissão independe de causa específica.<br>
• Prescrição (arts. 33, 47 e 59 da Lei 7.357/85): 6 (seis) meses da data da expiração do prazo para apresentação (30 dias a contar da data da emissão quando emitido no lugar onde houver de ser pago; e de 60 dias, quando emitido em outro lugar do País ou no exterior).</td></tr>
<tr><td>Nota promissória</td><td>
• Está prevista nos arts. 75 a 78 do Decreto 57.663/66 (Lei Uniforme de Genebra - LUG).<br>
• A nota promissória é uma promessa de pagamento.<br>
• Na nota promissória, as partes são o emitente (aquele que promete pagar) e o credor (beneficiário do pagamento).<br>
Os devedores cambiários diretos são o emitente da nota e seu avalista.<br>
• Os devedores cambiários indiretos são o endossante e seus avalistas.<br>
• Na nota promissória não há aceite.<br>
• A nota promissória é um título nominal (deve indicar o credor), podendo ser à ordem ou não à ordem, quando houver cláusula expressa (ex: "este título não circulará por endosso, mas por cessão").<br>
• A nota promissória admite aval total ou parcial.<br>
• O endosso parcial na nota promissória é nulo.<br>
• A nota promissória admite vencimento à vista ou a prazo.<br>
• A nota promissória é um título abstrato, pois sua emissão independe de causa específica.<br>
• Prazo prescricional da ação contra o devedor direto (art. 70, LUG): 3 (três anos).<br>
• Prazo prescricional da ação contra o devedor indireto (art. 70, LUG): 1 (um) ano.</td></tr>
<tr><td>Duplicata</td><td>
Está prevista na Lei nº 5.474/1968 e, agora, também pela Lei nº 13.775/2018.<br>
A duplicata é título cambiariforme assemelhado à letra de câmbio. Na duplicata, não se aplica diretamente o Código Civil, mas sim as normas da Letra de Câmbio, nos termos do art. 25, da Lei 5.474/68 ("Aplicam-se à duplicata e à triplicata, no que couber, os dispositivos da legislação sobre emissão, circulação e pagamento das Letras de Câmbio").<br>
A duplicata é uma ordem de pagamento. A duplicata não é um título de saque obrigatório. Mas, para sacar, necessariamente, deve haver um contrato de compra e venda ou um contrato de prestação de serviços (causas específicas previstas na Lei da Duplicata).<br>
Na duplicata, as partes são o sacador/credor/vendedor (é autor da ordem de pagamento e ao mesmo tempo o credor), o sacado/devedor/comprador (aquele que recebe a ordem de pagamento) e o credor/beneficiário do título (é o próprio sacador).<br>
O devedor cambiário direto é o aceitante e seu avalista.<br>
O devedor cambiário indireto é o endossante e seu avalista.</td></tr>
<tr><td>Duplicata</td><td>
"O pagamento da duplicata poderá ser assegurado por aval, sendo o avalista equiparado àquele cujo nome indicar; na falta da indicação, àquele abaixo de cuja firma lançar a sua; fora desses casos, ao comprador" (LD, art. 12)<br>
Na duplicata há a figura do aceite, que pode ser expresso ou tácito.<br>
A duplicata é, necessariamente, um título nominal e à ordem (indica o credor e circula via endosso), nos termos do art. 2º, § 1º, da Lei da Duplicata.<br>
A duplicata admite aval total ou parcial.<br>
O endosso parcial na duplicata é nulo.<br>
Quanto ao vencimento, a duplicata pode ser à vista ou a prazo.<br>
A duplicata é um título causal, ou seja, sua emissão depende de uma causa específica.<br>
Prazo prescricional da ação contra o sacado e respectivos avalistas: 3 (três) anos, contados da data de vencimento do título.<br>
Prazo prescricional da ação contra o endossante e seus avalistas: 1 (um) ano, contado da data do protesto.<br>
Prazo prescricional da ação de qualquer dos coobrigados contra os demais: 1 (um) ano, contado da data em que haja sido efetuado o pagamento do título.<br>
Os prazos prescricionais acima listados estão previstos nos arts. 15 e 18 da Lei 5.474/68.<br>
A Lei nº 13.775/2018 "dispõe sobre a emissão de duplicata sob a forma escritural" – também chamada de "duplicata virtual" ou "duplicata eletrônica". A norma regulamentou a sua prática utilizando esta nomenclatura mais técnica.<br>
Novidade legislativa: A Lei 14.206, de 27 de setembro de 2021, deu nova redação ao art. 20 da Lei 5.474/1968, estabelecendo que podem emitir fatura e duplicata: (i) as empresas, individuais ou coletivas, fundações ou sociedades civis que se dediquem à prestação de serviços; e (ii) o transportador autônomo de cargas (TAC).</td></tr>
</table>

## ATOS CAMBIAIS

### ACEITE

| Letra de câmbio | Cheque | Nota promissória | Duplicata |
|---|---|---|---|
| O aceite deve ser expresso, mas não é obrigatório. | Não há aceite. | Não há aceite. | O aceite pode ser expresso ou tácito. |

### AVAL

Conceito: aval é o ato cambiário pelo qual uma pessoa (avalista) se compromete a pagar título de crédito, nas mesmas condições que um devedor desse título (avalizado). A grande característica do aval é que o avalista é um garantidor. Segundo André Luiz Santa Cruz Ramos, o aval é o "ato cambiário pelo qual um terceiro (o avalista) se responsabiliza pelo pagamento da obrigação constante no título" (Direito Empresarial Esquematizado. 4 ed. Rio de Janeiro: Forense; São Paulo: Método, 2014, p. 496).

Aval e fiança:

| Aval | Fiança |
|---|---|
| • É um instituto cambiário.<br>• É uma declaração unilateral de vontade.<br>• É uma obrigação autônoma e independente (princípio da autonomia).<br>• É uma obrigação solidária.<br>• Partes: avalista e avalizado.<br>• O aval não admite o benefício de ordem, motivo pelo qual o avalista pode ser acionado juntamente com o avalizado. | • É um instituto civilista.<br>• É um contrato, portanto, uma declaração bilateral de vontade.<br>• É uma obrigação acessória.<br>• É uma obrigação subsidiária (há benefício de ordem, benefício de excussão).<br>• Partes: fiador e afiançado.<br>• A fiança admite o benefício de ordem, assegurando ao fiador, a prerrogativa de ser acionado somente após o afiançado. Logo, a responsabilidade do fiador é subsidiária. |

## ENDOSSO

Conceito: endosso é o ato cambiário que põe o título de crédito em circulação. Através do endosso, o endossante transfere o seu direito de receber o crédito documentado no título ao endossatário. O endosso garante a existência da obrigação e o pagamento. Segundo André Luiz Santa Cruz Ramos, "o endosso é o ato cambiário mediante o qual o credor do título de crédito (endossante) transmite seus direitos a outrem (endossatário). É ato cambiário, pois, que põe o título em circulação. Os títulos 'não à ordem', registre-se, são transmitidos mediante cessão civil de crédito (...). Os títulos de crédito típicos, nominados ou próprios (letra de cambio, nota promissória, cheque, duplicata etc.) circulam mediante endosso porque todos eles possuem implícita a cláusula 'à ordem'. Somente quando for inserida, expressamente, a cláusula 'não à ordem' num título de crédito é que ele não poderá circular por endosso, e sim por mera cessão civil de crédito. O endosso produz dois efeitos, basicamente: a) transfere a titularidade do crédito; e b) responsabiliza o endossante, passando este a ser codevedor do título (se o devedor principal não pagar, o endossatário poderá cobrar do endossante)" (Direito Empresarial Esquematizado. 4 ed. Rio de Janeiro: Forense; São Paulo: Método, 2014, p. 490).

Regras especiais decorrentes da legislação regente de cada título de crédito:

| Letra de câmbio | Cheque | Nota promissória | Duplicata |
|---|---|---|---|
| Admite aval total ou parcial. | Admite aval total ou parcial. | Admite aval total ou parcial. | Admite aval total ou parcial. |
| O endosso parcial é nulo. | O endosso parcial é nulo. | O endosso parcial é nulo. | O endosso parcial é nulo. |

Endosso e cessão de crédito:

| Endosso | Cessão de crédito |
|---|---|
| • É um instituto cambial.<br>• É uma declaração unilateral de vontade.<br>• Partes: endossante e endossatário.<br>• Garante a existência da obrigação e o pagamento. | • É um instituto civilista.<br>• É uma declaração bilateral de vontade (é um negócio jurídico).<br>• Partes: cedente e cessionário.<br>• Garante a existência da obrigação, mas o cedente ao ceder não garante o pagamento do título, salvo previsão expressa. |
| • Diz respeito ao título nominal à ordem, porquanto somente estes circulam por endosso.<br>• Transfere um direito puro, originário, sem vícios. O endosso tem efeito purificador. | • Utilizada tanto para os negócios jurídicos previstos no Código Civil como para o título nominal não à ordem.<br>• Transfere um direito derivado, ou seja, transfere o título com eventuais vícios. A cessão não tem efeito purificador. |

Endosso e aval:

| Endosso | Aval |
|---|---|
| • É um instituto cambiário.<br>• É uma declaração unilateral de vontade.<br>• Partes: endossante e endossatário.<br>• Garante a existência da obrigação e o pagamento.<br>• Diz respeito ao título nominal à ordem, porquanto somente estes circulam por endosso.<br>• Transfere um direito puro, originário, sem vícios. O endosso tem efeito purificador.<br>• O endosso é feito através de uma assinatura no verso. É possível que ele seja feito no anverso do título. Nesse caso, deverá ser feita uma assinatura acompanhada de uma expressão identificadora do ato (ex.: "endosso a"; "pague-se a"). | • É um instituto cambiário.<br>• É uma declaração unilateral de vontade.<br>• Partes: avalista e avalizado.<br>• É uma obrigação autônoma e independente (princípio da autonomia).<br>• É uma obrigação solidária.<br>• O aval é feito através de uma assinatura no anverso do título. É possível que ele seja feito no verso do título. Nesse caso, deverá ser feita uma assinatura acompanhada de uma expressão identificadora do ato (ex.: "avalizo a", "por aval a"). |

Endosso-mandato (ou endosso-procuração): é uma das espécies de endosso impróprio. O endosso-mandato tem previsão no art. 18 da LUG e no art. 917 do CC. Segundo a doutrina de André Luiz Santa Cruz Ramos, por meio do endosso-mandato, "o endossante confere poderes ao endossatário – por exemplo, uma instituição financeira – para agir como seu legítimo representante, exercendo em nome daquele os direitos constantes do título, podendo cobrá-lo, protestá-lo, executá-lo, etc. Faz-se o endosso-mandato, segundo a Lei Uniforme, mediante a colocação, junto ao endosso, das expressões 'para cobrança', 'valor a cobrar' ou 'por procuração'." (Direito Empresarial Esquematizado. 4 ed. Rio de Janeiro: Forense; São Paulo: Método, 2014, p. 492).

## PROTESTO

Previsão legal: A Lei nº 9.492/1997 regulamenta o protesto de títulos e documentos.

Conceito: protesto é o ato formal e solene pelo qual se prova a inadimplência e o descumprimento de uma obrigação originada em títulos e outros documentos de dívida.

Certidão de dívida ativa (CDA): importante lembrar que dentre os títulos protestáveis, incluem-se as certidões de dívida ativa da União, dos Estados, do Distrito Federal, dos Municípios e das respectivas autarquias e fundações públicas.

Cancelamento do protesto: o cancelamento do protesto é um ônus do devedor, porquanto cabe a ele a iniciativa do procedimento para o cancelamento. Essa regra se justifica, na medida em que o protesto é motivado exatamente pela mora do devedor.

Protesto por falta de aceite: o protesto por falta de aceite só pode ser efetuado antes do vencimento da obrigação e após o decurso do prazo para o aceite ou para a devolução (§ 1º do art. 21 da Lei 9.492/97).

Protesto no cheque: tratando-se de cheque, poderá o protesto ser lavrado no lugar do pagamento ou do domicílio do emitente, devendo do referido cheque constar a prova de apresentação ao Banco sacado, salvo se o protesto tenha por fim instruir medidas pleiteadas contra o estabelecimento de crédito (art. 6º da Lei 7.357/85).

Protesto de duplicata: para provar (i) a falta de pagamento; (ii) a falta de aceite da duplicata; (iii) a falta de devolução da duplicata. Um dos requisitos da duplicata tradicional (chamada de "cartular" ou "não escritural") é que ela deverá conter "a praça de pagamento" (art. 2º, § 1º, VI, da Lei nº 5.474/68). No caso das duplicatas virtuais, a Lei nº 13.775/2018 dispõe que a praça de pagamento das duplicatas escriturais deverá coincidir com o domicílio do devedor, ou seja, a praça de pagamento é o domicílio do devedor.

Procedimento do protesto:

| | |
|---|---|
| **Protocolização** | • Todos os títulos e documentos de dívida protocolizados serão examinados em seus caracteres formais e terão curso se não apresentarem vícios, não cabendo ao Tabelião de Protesto investigar a ocorrência de prescrição ou caducidade.<br>• Qualquer irregularidade formal observada pelo Tabelião obstará o registro do protesto.<br>• Poderão ser protestados títulos e outros documentos de dívida em moeda estrangeira, emitidos fora do Brasil, desde que acompanhados de tradução efetuada por tradutor público juramentado |
| **Intimação** | • O protesto será registrado dentro de 3 (três) dias úteis contados da protocolização do título ou documento de dívida.<br>• Na contagem do prazo, exclui-se o dia da protocolização e inclui-se o do vencimento.<br>• Quando a intimação for efetivada excepcionalmente no último dia do prazo ou além dele, por motivo de força maior, o protesto será tirado no primeiro dia útil subsequente.<br>• Protocolizado o título ou documento de dívida, o Tabelião expedirá a intimação ao devedor, no endereço fornecido pelo apresentante do título ou documento, considerando-se cumprida quando comprovada a sua entrega no mesmo endereço.<br>• A remessa da intimação poderá ser feita por portador do próprio tabelião, ou por qualquer outro meio, desde que o recebimento fique assegurado e comprovado através de protocolo, aviso de recebimento (AR) ou documento equivalente. Obs.: A notificação do protesto, para requerimento de falência da empresa devedora, exige a identificação da pessoa que a recebeu (Súmula 361-STJ).<br>• A intimação deverá conter nome e endereço do devedor, elementos de identificação do título ou documento de dívida, e prazo limite para cumprimento da obrigação no Tabelionato, bem como número do protocolo e valor a ser pago.<br>• A intimação será feita por edital se a pessoa indicada para aceitar ou pagar for desconhecida, sua localização incerta ou ignorada, for residente ou domiciliada fora da competência territorial do Tabelionato, ou, ainda, ninguém |
| **Intimação** | se dispuser a receber a intimação no endereço fornecido pelo apresentante. O edital será afixado no Tabelionato de Protesto e publicado pela imprensa local onde houver jornal de circulação diária.<br>• Aquele que fornece endereço incorreto, agindo de má-fé, responderá por perdas e danos, sem prejuízo de outras sanções civis, administrativas ou penais. |
| **Sustação** | • Antes da lavratura do protesto, poderá o apresentante retirar o título ou documento de dívida, pagos os emolumentos e demais despesas.<br>• Permanecerão no Tabelionato, à disposição do Juízo respectivo, os títulos ou documentos de dívida cujo protesto for judicialmente sustado.<br>• O título do documento de dívida cujo protesto tiver sido sustado judicialmente só poderá ser pago, protestado ou retirado com autorização judicial.<br>• Revogada a ordem de sustação, não há necessidade de se proceder a nova intimação do devedor, sendo a lavratura e o registro do protesto efetivados até o primeiro dia útil subsequente ao do recebimento da revogação, salvo se a materialização do ato depender de consulta a ser formulada ao apresentante, caso em que o mesmo prazo será contado da data da resposta dada.<br>• Tornada definitiva a ordem de sustação, o título ou o documento de dívida será encaminhado ao Juízo respectivo, quando não constar determinação expressa a qual das partes o mesmo deverá ser entregue, ou se decorridos trinta dias sem que a parte autorizada tenha comparecido no Tabelionato para retirá-lo.<br>• As dúvidas do Tabelião de Protesto serão resolvidas pelo Juízo competente. |
| **Pagamento** | • O pagamento do título ou do documento de dívida apresentado para protesto será feito diretamente no Tabelionato competente, no valor igual ao declarado pelo apresentante, acrescido dos emolumentos e demais despesas.<br>• Não poderá ser recusado pagamento oferecido dentro do prazo legal, desde que feito no Tabelionato de Protesto competente e no horário de funcionamento dos serviços.<br>• No ato do pagamento, o Tabelionato de Protesto dará a respectiva quitação, e o valor devido será colocado à disposição do apresentante no primeiro dia útil subsequente ao do recebimento.<br>• Quando for adotado sistema de recebimento do pagamento por meio de cheque, ainda que de emissão de estabelecimento bancário, a quitação dada pelo Tabelionato fica condicionada à efetiva liquidação.<br>• Quando do pagamento no Tabelionato ainda subsistirem parcelas vincendas, será dada quitação da parcela paga em apartado, devolvendo-se o original ao apresentante. |
| **Registro** | • Não ocorrendo pagamento, desistência ou sustação, o Tabelião lavrará e registrará o protesto, sendo o respectivo instrumento entregue ao apresentante.<br>• Como visto anteriormente, o protesto será tirado por falta de pagamento, de aceite ou de devolução. |

| | |
|---|---|
| **Registro** | a) Protesto por falta de aceite: o protesto por falta de aceite somente poderá ser efetuado antes do vencimento da obrigação e após o decurso do prazo legal para o aceite ou a devolução.<br><br>b)Protesto por falta de pagamento: após o vencimento, o protesto sempre será efetuado por falta de pagamento, vedada a recusa da lavratura e registro do protesto por motivo não previsto na lei cambial. Obs.: não se poderá tirar protesto por falta de pagamento de letra de câmbio contra o sacado não aceitante.<br><br>c) Protesto por falta de devolução: quando o sacado retiver a letra de câmbio ou a duplicata enviada para aceite e não proceder à devolução dentro do prazo legal, o protesto poderá ser baseado na segunda via da letra de câmbio ou nas indicações da duplicata, que se limitarão a conter os mesmos requisitos lançados pelo sacador ao tempo da emissão da duplicata, vedada a exigência de qualquer formalidade não prevista na Lei que regula a emissão e circulação das duplicatas.<br><br>Os devedores, assim compreendidos os emitentes de notas promissórias e cheques, os sacados nas letras de câmbio e duplicatas, bem como os indicados pelo apresentante ou credor como responsáveis pelo cumprimento da obrigação, não poderão deixar de figurar no termo de lavratura e registro de protesto. |

## PRESCRIÇÃO

Título executivo extrajudicial: os títulos de crédito são títulos executivos extrajudiciais, desde que executados dentro do seu prazo prescricional previsto na lei especial de cada título. Após o decurso do prazo prescricional, o título de crédito perde a força executória, mas o titular poderá ajuizar ação monitória (vide Súmulas 299 e 503 do STJ). Dito de outro modo, desde que dentro do prazo prescricional, o titular do título de crédito vencido e não pago, poderá ajuizar, em face dos devedores, a competente ação de execução. Isso porque, os títulos de crédito são considerados títulos executivos extrajudiciais.

Para facilitar a compreensão, vejamos o quadro sinótico sobre os prazos prescricionais de cada título de crédito:

| | |
|---|---|
| **Letra de câmbio** | • Prazo prescricional da ação contra o aceitante: 3 (três) anos a partir do vencimento;<br>• Prazo prescricional da ação do portador contra o endossante e sacador: 1 (um) ano da data do protesto ou vencimento do título com cláusula "sem despesas";<br>• Prazo prescricional da ação dos endossantes uns contra os outros e contra o sacador: 6 (seis) meses do dia em que o endossante pagou a letra ou ele próprio foi acionado. |
| **Cheque** | • Prescrição (arts. 33, 47 e 59 da Lei 7.357/85): 6 (seis) meses da data da expiração do prazo para apresentação (30 dias a contar da data da emissão quando emitido no lugar onde houver de ser pago; e de 60 dias, quando emitido em outro lugar do País ou no exterior). |
| **Nota promissória** | • Prazo prescricional da ação contra o devedor direto (art. 70, LUG): 3 (três anos).<br>• Prazo prescricional da ação contra o devedor indireto (art. 70, LUG): 1 (um) ano. |
| **Duplicata** | • Prazo prescricional da ação contra o sacado e respectivos avalistas: 3 (três) anos, contados da data de vencimento do título.<br>• Prazo prescricional da ação contra o endossante e seus avalistas: 1 (um) ano, contado da data do protesto.<br>• Prazo prescricional da ação de qualquer dos coobrigados contra os demais: 1 (um) ano, contado da data em que haja sido efetuado o pagamento do título.<br>• Os prazos prescricionais acima listados estão previstos nos arts. 15 e 18 da Lei 5.474/68.<br>• O cheque pré-datado, apesar de usual no comércio brasileiro, não está previsto na legislação, segundo a qual o cheque é uma ordem de pagamento à vista, estando a instituição bancária obrigada a pagá-lo no ato de sua apresentação, de modo que a instituição não pode ser responsabilizada pelo pagamento imediato de cheques datados com lembrete de desconto para data futura. |

## AÇÕES CAMBIAIS

Conceito: ação cambial é o instrumento processual adequado para a cobrança do título de crédito em juízo. Desde que dentro do prazo prescricional, o titular do título de crédito vencido e não pago, poderá ajuizar, em face dos devedores, a competente ação de execução. Isso porque, os títulos de crédito são considerados títulos executivos extrajudiciais.

Ação monitória: É admissível a ação monitória fundada em cheque prescrito (súmula 299 do STJ). O prazo para ajuizamento de ação monitória em face do emitente de cheque sem força executiva é quinquenal (5 anos), a contar do dia seguinte à data de emissão estampada na cártula (súmula 503 do STJ). Em ação monitória fundada em cheque prescrito ajuizada contra o emitente, é dispensável a menção ao negócio jurídico subjacente à emissão da cártula (súmula 531 do STJ).

Títulos de Crédito Rural

O financiamento rural concedido pelos órgãos integrantes do sistema nacional de crédito rural à pessoa física ou jurídica poderá efetivar-se por meio das células de crédito rural. A cédula de crédito rural é promessa de pagamento em dinheiro, com ou sem garantia real cedularmente constituída, sob as seguintes denominações e modalidades: a) cédula rural pignoratícia; b) cédula rural hipotecária; c) cédula rural pignoratícia e hipotecária; d) nota de crédito rural. Súmula 16-STJ: A legislação ordinária sobre crédito rural não veda a incidência da correção monetária. Súmula 93-STJ: A legislação sobre cédulas de crédito rural, comercial e industrial admite o pacto de capitalização de juros.

## TÍTULOS DE CRÉDITO INDUSTRIAL

A cédula de crédito industrial é promessa de pagamento em dinheiro, com garantia real, cedularmente constituída. Trata se de título líquido e certo, exigível pela soma dela constante ou do endosso, além dos juros, da comissão de fiscalização, se houver, e demais despesas que o credor fizer para segurança, regularidade e realização de seu direito creditório. Importa em vencimento antecipado da dívida resultante da cédula, independentemente de aviso ou de interpelação judicial, a inadimplência de qualquer obrigação do eminente do título ou, sendo o caso, do terceiro prestante da garantia real. Dentre outros requisitos, a cédula de crédito industrial deve conter a taxa de juros a pagar, comissão de fiscalização, se houver, e as épocas em que serão exigíveis, podendo ser capitalizadas.

## TÍTULOS DE FINANCIAMENTO COMERCIAL

Títulos de financiamento comercial são títulos de crédito impróprios, pois, embora se assemelhem aos títulos próprios, não se submetem a todos os princípios cambiários. Os títulos de financiamento comercial podem ser constituídos sob às seguintes modalidades: a) letra de câmbio financeira (Lei 4.728/65); b) certificado de depósito bancário (Lei 4.728/65); c) certificado de recebíveis imobiliários (Lei 9.514/97, art. 6º); e d) letra de crédito imobiliário (Lei 10.193/04, art.12).

### TÍTULOS DE GARANTIA IMOBILIÁRIA

Os títulos de garantia imobiliária podem ser constituídos sob às seguintes modalidades: a) letras imobiliárias (Lei 4.380/64): b) cédulas hipotecárias (Decreto 70/66): c) letra hipotecária (Lei 7.684/88); d) letras de crédito imobiliário (Lei 10.931/2004); e) cédulas de crédito imobiliárias (Lei 10.931/04); f) certificado de recebíveis imobiliários.

### CONHECIMENTO DE DEPÓSITO E WARRANT

Segundo Fábio Ulhôa Coelho, "o conhecimento de depósito e o warrant gerais são títulos de emissão de armazéns gerais, representativos de mercadorias neles depositadas (Decreto 1.102/03). Sua emissão depende de solicitação do depositante e substituem o recibo de depósito." (Manual de Direito Comercial. 18 ed. São Paulo: Saraiva, 2007, p. 195)

## 8. CONTRATOS EMPRESARIAIS

### NOÇÕES GERAIS

1. Conceito: contratos mercantis são aqueles em que ambos os contratantes são empresários.

2. Classificação: os contratos mercantis classificam-se em: a) cíveis: são aqueles regidos pelo CC e ocorrem quando ambos os contratantes empresários estiverem em posição de igualdade do ponto de vista econômico; b) de relação de consumo: são aqueles regidos pelo CDC e ocorrem quando um dos contratantes empresários está em posição de desigualdade (vulnerabilidade) frente ao outro. Ex.: um empresário adquire produto ou serviço como destinatário final; aplicação da teoria finalista mitigada; c) Contratos bancários são aqueles em que, necessariamente, uma das partes é um Banco e o objeto seja algum serviço ligado à atividade bancária, como a coleta, a intermediação ou aplicação de recursos financeiros próprios ou de terceiros, a custódia de valores.

3. Medida Provisória n. 881/2019: Dando nova redação ao art. 421 do CC, passou-se a prever que, "A liberdade de contratar será exercida em razão e nos limites da função social do contrato, observado o disposto na Declaração de Direitos de Liberdade Econômica. Parágrafo único. Nas relações contratuais privadas, prevalecerá o princípio da intervenção mínima do Estado, por qualquer dos seus poderes, e a revisão contratual determinada de forma externa às partes será excepcional." Inspirado pelos mesmo ideais de liberdade econômica, o art. 423 do CC passou a prever que "Quando houver no contrato de adesão cláusulas que gerem dúvida quanto à sua interpretação, será adotada a mais favorável ao aderente. Parágrafo único. Nos contratos não atingidos pelo disposto no caput, exceto se houver disposição específica em lei, a dúvida na interpretação beneficia a parte que não redigiu a cláusula controvertida." Sobre a onerosidade excessiva, a Medida Provisória em comento, incluiu, ainda, os arts. 480-A e 480-B, que preveem, respectivamente: "Nas relações interempresariais, é licito às partes contratantes estabelecer parâmetros objetivos para a interpretação de requisitos de revisão ou de resolução do pacto contratual"; e "Nas relações interempresariais, deve-se presumir a simetria dos contratantes e observar a alocação de riscos por eles definida."

### CONTRATOS EM ESPÉCIE

### COMPRA E VENDA MERCANTIL

- "A compra e venda é mercantil quando comprador e vendedor são empresários. Trata-se do contrato elementar da atividade empresarial. Numa esquematização simples, o comércio pode ser explicado como a sucessão de contratos de compra e venda. O importador compra o produto do fabricante sediado no exterior e o revende ao atacadista, que o revende ao varejista e assim por diante." (Coelho, Fábio Ulhoa. Manual de Direito Comercial. 18 ed. São Paulo: Saraiva, 2007, p. 422). Pelo contrato de compra e venda, um dos contratantes se obriga a transferir o domínio de certa coisa, e o outro, a pagar-lhe certo preço em dinheiro, nos termos do art. 481 do Código Civil.

### COMPRA E VENDA INTERNACIONAL

- A compra e venda internacional é disciplinada pela Convenção de Viena sobre Contratos de Compra e Venda Internacional de Mercadorias (CISG ou CVIM). Aprovada por meio de decreto legislativo em 2012, passou a vigorar no Brasil em 2014. O objetivo da Convenção é dar uniformidade ao tratamento jurídico da compra e venda de mercadorias em todo o mundo, contemplando diferentes sistemas sociais, econômicos e jurídicos, a fim de contribuir para a eliminação de obstáculos jurídicos às trocas internacionais e promover o desenvolvimento do comércio internacional.

### VENDA SOBRE DOCUMENTOS

- Está prevista nos arts. 529 a 532 do Código Civil. Na venda sobre documentos, a tradição da coisa é substituída pela entrega do seu título representativo e dos outros documentos exigidos pelo contrato ou, no silêncio deste, pelos usos. Achando-se a documentação em ordem, uma vez que esta (a documentação) representa a coisa vendida, não pode o comprador recusar o pagamento, a pretexto de defeito de qualidade ou do estado da coisa vendida, salvo se o defeito já houver sido comprovado.

### CONTRATO DE FORNECIMENTO

- Ocorrendo o contrato de trespasse, automaticamente, haverá a sub-rogação (transferência) de todos os contratos envolvendo exploração do estabelecimento, salvo disposição em sentido contrário. Exceção: contrato de locação (Lei 8.245/91, art. 13). Para que o contrato de locação seja sub-rogado ao adquirente, o locador deve anuir prévia e expressamente com o contrato de trespasse. Enunciado 234 do CJF: "Quando do trespasse do estabelecimento empresarial, o contrato de locação do respectivo ponto não se transmite automaticamente ao adquirente. Fica cancelado o Enunciado n. 64".

### GESTÃO DE NEGÓCIOS

1. A gestão de negócios ocorre quando uma pessoa, sem autorização do interessado, intervém na gestão de negócio alheio, dirigindo-o segundo o interesse e a vontade presumível de seu dono, ficando responsável a este e às pessoas com que tratar (CC, art. 861).

2. Crime de gestão temerária: Está presente o dolo do delito de gestão temerária (art. 4º, p.u., da Lei 7.492/86) na realização, por alguma das pessoas mencionadas no art. 25 da Lei 7.492/86, de atos que transgridam, voluntária e conscientemente, normas específicas expedidas pela CVM, CMN ou BACEN (STJ, REsp 1.613.260-SP).

### TRANSPORTE DE COISAS E DE PESSOAS

1. A obrigação do transportador é de resultado. O transportador responde pelos danos causados às pessoas transportadas e suas bagagens, salvo motivo de força maior, sendo nula qualquer cláusula excludente da responsabilidade.

2. Súmula 187 do STF: A responsabilidade contratual do transportador, pelo acidente com o passageiro, não é elidida por culpa de terceiro, contra o qual tem ação regressiva.

3. Súmula 161 do STF: Em contrato de transporte, é inoperante a cláusula de não indenizar.

4. Súmula 145 do STJ: No transporte desinteressado, de simples cortesia, o transportador só será civilmente responsável por danos causados ao transportado quando incorrer em dolo ou culpa grave.

### MANDATO MERCANTIL

1. Está previsto nos arts. 653 a 691 do CC.

2. Mandato mercantil é o contrato em que o mandatário se obriga a praticar certos atos negociais em nome e por conta do mandante. A procuração é o instrumento do mandato. Ainda quando se outorgue mandato por instrumento público, pode substabelecer-se mediante instrumento particular. O mandatário tem direito de reter, do objeto da operação que lhe foi cometida, quanto baste para pagamento de tudo que lhe for devido em consequência do mandato. O mandatário que exceder os poderes do mandato ou proceder contra eles, será considerado mero gestor de negócios, enquanto o mandante lhe não ratificar os atos. O maior de dezesseis e menor de dezoito anos não emancipado pode ser mandatário, mas o mandante não tem ação contra ele senão de conformidade com as regras gerais, aplicáveis às obrigações contraídas por menores.

### FIANÇA

1. Pelo contrato de fiança, uma pessoa garante satisfazer ao credor uma obrigação assumida pelo devedor, caso este não a cumpra.

2. Súmula 332 do STJ: A fiança prestada sem autorização de um dos cônjuges implica a ineficácia total da garantia.

3. Súmula 549 do STJ: É válida a penhora de bem de família pertencente a fiador de contrato de locação.

4. Fiança prestada por fiador convivente em união estável sem a autorização do outro companheiro: Ainda que a união estável esteja formalizada por meio de escritura pública, é válida a fiança prestada por um dos conviventes sem a autorização do outro (STJ, REsp 1.299.866-DF).

5. Fiança bancária: é a operação pela qual a instituição financeira garante em contrato, perante terceiros, o cumprimento de obrigações decorrentes de riscos assumidos pelo seu cliente.

### AGÊNCIA E DISTRIBUIÇÃO

- Pelo contrato de "agência", uma pessoa assume, em caráter não eventual e sem vínculos de dependência, a obrigação de promover, à conta de outra, mediante retribuição, a realização de certos negócios, em zona determinada, caracterizando-se a "distribuição" quando o agente tiver à sua disposição a coisa a ser negociada. Salvo ajuste, o proponente não pode constituir, ao mesmo tempo, mais de um agente, na mesma zona, com idêntica incumbência; nem pode o agente assumir o encargo de nela tratar de negócios do mesmo gênero, à conta de outros proponentes.

### CORRETAGEM

1. Pelo contrato de corretagem, uma pessoa, não ligada a outra em virtude de mandato, de prestação de serviços ou por qualquer relação de dependência, obriga-se a obter para a segunda um ou mais negócios, conforme as instruções recebidas.

2. Comissão de corretagem: Ainda que o negócio jurídico de compra e venda de imóvel não se concretize em razão do inadimplemento do comprador, é devida comissão de corretagem no caso em que o corretor tenha intermediado o referido negócio jurídico, as partes interessadas tenham firmado contrato de promessa de compra e venda e o promitente comprador tenha pagado o sinal (STJ, REsp 1.339.642-RJ, j. em 12/3/13. Info 518).

### REPRESENTAÇÃO COMERCIAL

1. Exerce representação comercial autônoma a pessoa física ou jurídica, sem relação de emprego, que desempenha, em caráter não eventual, por conta de uma ou mais pessoas, a mediação para a realização de negócios mercantis, agenciando propostas ou pedidos, para, transmiti-los aos representados, praticando ou não atos relacionados com a execução dos negócios. Em suma, cabe ao representante comercial expandir os negócios do representado e promover os seus produtos.

2. É obrigatório o registro dos que exerçam a representação comercial autônoma nos Conselhos Regionais dos Representantes Comerciais, aos quais incumbe a fiscalização do exercício da profissão.

3. O contrato de representação comercial deve obrigatoriamente indicar o prazo (determinado ou indeterminado), bem como a zona(s) em que será exercida a representação.

4. No caso de contrato a prazo certo, a indenização corresponderá à importância equivalente à média mensal da retribuição auferida até a data da rescisão, multiplicada pela metade dos meses resultantes do prazo contratual.

5. Salvo autorização expressa, o representante não poderá conceder abatimentos, descontos ou dilações, nem agir em desacordo com as instruções do representado.

6. Exclusividade de zona: prevendo o contrato de representação a exclusividade de zona(s), ou quando este for omisso, fará jus o representante à comissão pelos negócios aí realizados, ainda que diretamente pelo representado ou por intermédio de terceiros. A exclusividade de representação não se presume na ausência de ajustes expressos.

7. Remuneração: o representante comercial adquire o direito às comissões quando do pagamento dos pedidos ou propostas. No caso de falência do representado, as importâncias por ele devidas ao representante comercial, inclusive comissões vencidas e vincendas, indenização e aviso prévio, serão considerados créditos da mesma natureza dos créditos trabalhistas.

### COMISSÃO

1. O contrato de comissão tem por objeto a aquisição ou a venda de bens pelo comissário, em seu próprio nome, à conta do comitente.

2. O comissário fica diretamente obrigado para com as pessoas com quem contratar, sem que estas tenham ação contra o comitente, nem este contra elas, salvo se o comissário ceder seus direitos a qualquer das partes.

3. Se do contrato de comissão constar a cláusula del credere, responderá o comissário solidariamente com as pessoas com que houver tratado em nome do comitente, caso em que, salvo estipulação em contrário, o comissário tem direito a remuneração mais elevada, para compensar o ônus assumido.

4. Para reembolso das despesas feitas, bem como para recebimento das comissões devidas, tem o comissário direito de retenção sobre os bens e valores em seu poder em virtude da comissão.

### FRANQUIA

1. Está prevista na Lei 13.966/2019.

2. Franquia (franchising) é o contrato mercantil de colaboração pelo qual um franqueador autoriza por meio de contrato

um franqueado a usar marcas e outros objetos de propriedade intelectual, sempre associados ao direito de produção ou distribuição exclusiva ou não exclusiva de produtos ou serviços e também ao direito de uso de métodos e sistemas de implantação e administração de negócio ou sistema operacional desenvolvido ou detido pelo franqueador, mediante remuneração direta ou indireta, sem caracterizar relação de consumo ou vínculo empregatício em relação ao franqueado ou a seus empregados, ainda que durante o período de treinamento.

3. Circular de Oferta de Franquia: sempre que o franqueador tiver interesse na implantação de sistema de franquia empresarial, deverá fornecer ao interessado em tornar-se franqueado uma "circular de oferta de franquia", por escrito e em linguagem clara e acessível, contendo os dados essenciais do negócio que se pretende realizar. A circular oferta de franquia deve ser entregue ao candidato a franqueado no mínimo 10 dias antes da assinatura do contrato ou pré-contrato de franquia ou ainda do pagamento de qualquer tipo de taxa pelo franqueado ao franqueador ou a empresa ou pessoa ligada a este. Na hipótese do não cumprimento dessa regra, o franqueado poderá arguir a anulabilidade do contrato e exigir devolução de todas as quantias que já houver pago ao franqueador ou a terceiros por ele indicados, a título de taxa de filiação e royalties, devidamente corrigidas, mais perdas e danos.

4. Formalismo: o contrato de franquia deve ser sempre escrito e assinado na presença de 2 testemunhas e terá validade independentemente de ser levado a registro perante cartório ou órgão público.

5. Inaplicabilidade do Código de Defesa do Consumidor: no contrato de franquia não há relação de consumo tutelada pelo CDC, mas de fomento econômico, com intuito de estimular as atividades empresariais do franqueado. Assim, não há incidência das regras protetivas do CDC a esses contratos, não se admitindo a alegação de nulidade do compromisso arbitral com base no disposto no art. 51, VII, do CDC, que proíbe a utilização compulsória de arbitragem (STJ, REsp 1.602.076/SP).

6. Cláusula compromissória em contrato de franquia: no contrato de franquia, a cláusula compromissória só terá eficácia se o aderente tomar a iniciativa de instituir a arbitragem ou concordar, expressamente, com a sua instituição, desde que por escrito em documento anexo ou em negrito, com a assinatura ou visto especialmente para essa cláusula" (art. 4º, § 2º, da Lei 9.307/96) (STJ, REsp 1.602.076-SP).

### DEPÓSITO MERCANTIL

1. Pelo contrato de depósito recebe o depositário um objeto móvel, para guardar, até que o depositante o reclame.

2. Súmula vinculante 25 do STF: É ilícita a prisão civil de depositário infiel, qualquer que seja a modalidade do depósito.

### CONTRATOS BANCÁRIOS

1. Contratos bancários são aqueles em que, necessariamente, uma das partes é um Banco e o objeto seja algum serviço ligado à atividade bancária, como a coleta, a intermediação ou aplicação de recursos financeiros próprios ou de terceiros, a custódia de valores.

2. Dever de utilização do sistema braille: As instituições financeiras devem utilizar o sistema braille na confecção dos contratos bancários de adesão e todos os demais documentos fundamentais para a relação de consumo estabelecida com indivíduo portador de deficiência visual (STJ, REsp 1.315.822-RJ).

### CONTA CORRENTE

1. Súmula 233 do STJ: O contrato de abertura de crédito, ainda que acompanhado de extrato da conta-corrente, não é título executivo.

2. Súmula 247 do STJ: O contrato de abertura de crédito em conta-corrente, acompanhado do demonstrativo de débito, constitui documento hábil para o ajuizamento da ação monitória.

3. Súmula 259 do STJ: A ação de prestação de contas pode ser proposta pelo titular de conta-corrente bancária.

### MÚTUO MERCANTIL

1. Mútuo mercantil é o contrato pelo qual o Banco empresta ao cliente certa quantia em dinheiro. O cliente, por sua vez, assume as obrigações de restituir-lhe o valor emprestado, de acordo com correção monetária, juros, encargos e demais taxas previstas no ajuste, além de amortizar o valor emprestado, de acordo com as condições e prazos estabelecidos.

2. Súmula 26 do STJ: O avalista do título de crédito vinculado a contrato de mútuo também responde pelas obrigações pactuadas, quando no contrato figurar como devedor solidário.

3. Capitalização de juros: É legal a capitalização mensal e anual de juros, desde que haja expressa pactuação neste sentido. A cobrança de juros capitalizados nos contratos de mútuo é permitida, quando houver expressa pactuação (STJ REsp 1.388.972-SC).

### DEPÓSITO PECUNIÁRIO

1. O contrato de depósito pecuniário ou bancário por ostentar natureza real, somente se aperfeiçoa com a efetiva entrega do dinheiro ou equivalente ao banco. Assim, uma das formas de extinção dessa espécie contratual ocorre com a retirada da quantia integralmente depositada ou diante do pedido feito pelo depositante para que a conta bancária seja encerrada, com a consequente devolução de todo o montante pecuniário (STJ, REsp 1.535.990-MS).

### ANTECIPAÇÃO BANCÁRIA

1. Antecipação bancária é o contrato pelo qual o Banco confere uma quantia ao cliente, proporcional ao valor da garantia real dada por este ao primeiro.

### DESCONTO BANCÁRIO

1. Desconto bancário é o contrato pelo qual o Banco antecipa o pagamento ao cliente de um título de crédito. O cliente, por sua vez, cede ao Banco um determinado crédito, não vencido, contra ele mesmo ou contra terceiro. Normalmente, este crédito cedido ao Banco é representado por um título de crédito, respondendo o cliente pelo seu pagamento. No desconto bancário de cheque, havendo cessão de crédito do beneficiário ao banco, a cessão só terá eficácia se o emitente do cheque dela for notificado.

### CONTRATO DE ABERTURA DE CRÉDITO

1. Súmula 233 do STJ: O contrato de abertura de crédito, ainda que acompanhado de extrato da conta-corrente, não é título executivo.

2. Súmula 247 do STJ: O contrato de abertura de crédito em conta-corrente, acompanhado do demonstrativo de débito, constitui documento hábil para o ajuizamento da ação monitória.

3. Súmula 258 do STJ: A nota promissória vinculada a contrato de abertura de crédito não goza de autonomia em razão da iliquidez do título que a originou.

4. Súmula 565 do STJ. A pactuação das tarifas de abertura de crédito (TAC) e de emissão de carnê (TEC), ou outra denominação para o mesmo fato gerados, é válida apenas nos contratos bancários anteriores ao início da vigência da Resolução – CMN nº 3.518/2007, em 30/04/2008.

5. Contrato de abertura de crédito rotativo, ainda que acompanhado dos extratos relativos à movimentação bancária do cliente, não constitui título executivo (STJ, REsp 1.022.034-SP).

### CONTRATO DE CARTÃO DE CRÉDITO

1. Súmula 283 do STJ: As empresas administradoras de cartão de crédito são instituições financeiras e, por isso, os juros remuneratórios por elas cobrados não sofrem as limitações da Lei de Usura.

2. Súmula 532 do STJ: Constitui prática comercial abusiva o envio de cartão de crédito sem prévia e expressa solicitação do consumidor, configurando-se ato ilícito indenizável e sujeito à aplicação de multa administrativa.

### OPERAÇÕES DE CUSTÓDIA DE VALORES E TÍTULOS

- Sociedades corretoras de títulos e valores mobiliários são as instituições auxiliares que fazem parte do SFN e que, dentre outras atividades, administram carteiras e custodiam valores mobiliários. O sistema de custódia de títulos e valores mobiliários emitidos por sociedades anônimas consiste de um conjunto de instituições financeiras autorizadas pela CVM para manter a guarda de ativos fungíveis.

SEGURO

1. Pelo contrato de seguro, o segurador se obriga, mediante o pagamento do prêmio, a garantir interesse legítimo do segurado, relativo a pessoa ou a coisa, contra riscos predeterminados. Somente pode ser parte, no contrato de seguro, como segurador, entidade para tal fim legalmente autorizada.

2. O contrato de seguro prova-se com a exibição da apólice ou do bilhete do seguro, e, na falta deles, por documento comprobatório do pagamento do respectivo prêmio.

3. A emissão da apólice deverá ser precedida de proposta escrita com a declaração dos elementos essenciais do interesse a ser garantido e do risco.

4. Súmula 465 do STJ: Ressalvada a hipótese de efetivo agravamento do risco, a seguradora não se exime do dever de indenizar em razão da transferência do veículo sem a sua prévia comunicação.

5. Súmula 529 do STJ: No seguro de responsabilidade civil facultativo, não cabe o ajuizamento de ação pelo terceiro prejudicado direta e exclusivamente em face da seguradora do apontado causador do dano.

6. Súmula 537 do STJ: Em ação de reparação de danos, a seguradora denunciada, se aceitar a denunciação ou contestar o pedido do autor, pode ser condenada, direta e solidariamente junto com o segurado, ao pagamento da indenização devida à vítima, nos limites contratados na apólice.

7. Aplicação do CDC ao contrato de seguro empresarial: Há relação de consumo entre a seguradora e a concessionária de veículos que firmam seguro empresarial visando à proteção do patrimônio desta (destinação pessoal) - ainda que com o intuito de resguardar veículos utilizados em sua atividade comercial -, desde que o seguro não integre os produtos ou serviços oferecidos por esta (STJ, REsp 1.352.419-SP).

### CONTRATO DE CÂMBIO

1. O contrato de câmbio é o documento que formaliza a operação de compra ou venda de moeda estrangeira, devendo ser registrado no Sistema Integrado de Registro de Operações de Câmbio.

2. As operações de compra e de venda de moeda estrangeira de até US$ 3.000,00 são dispensadas da formalização de contrato de câmbio, mas devem ser registradas no Sistema Câmbio, administrado pelo Banco Central.

### ALIENAÇÃO FIDUCIÁRIA EM GARANTIA

1. Não se aplica a teoria do adimplemento substancial aos contratos de alienação fiduciária em garantia regidos pelo Decreto-Lei 911/69 (STJ, REsp 1.622.555-MG, j. em 22/2/17. Info 599).

2. Súmula 28 do STJ: O contrato de alienação fiduciária em garantia pode ter por objeto bem que já integrava o patrimônio do devedor.

3. Súmula 72 do STJ: A comprovação da mora é imprescindível à busca e apreensão do bem alienado fiduciariamente.

4. Súmula 239 do STJ: O direito à adjudicação compulsória não se condiciona ao registro do compromisso de compra e venda no cartório de imóveis.

5. Súmula 586 do STJ: A exigência de acordo entre o credor e o devedor na escolha do agente fiduciário aplica-se, exclusivamente, aos contratos não vinculados ao Sistema Financeiro da Habitação – SFH.

### ARRENDAMENTO MERCANTIL (LEASING)

1. O arrendamento mercantil ou leasing é o contrato pelo qual o arrendador adquire um bem indicado pelo cliente (arrendatário) para, ato contínuo, alugá-lo a este, por prazo determinado. Ao término do contrato, o arrendatário pode optar por renovar o contrato por mais um período, devolver o bem ao arrendador, ou adquirir o bem arrendado pagando o valor de mercado ou o chamado valor residual. Em linguagem simples, trata-se de um contrato de locação em que, ao final do negócio jurídico, o arrendatário tem a opção de compra do bem arrendado.

2. Súmula 564 do STJ: No caso de reintegração de posse em arrendamento mercantil financeiro, quando a soma da importância antecipada a título de valor residual garantido (VRG) com o valor da venda do bem ultrapassar o total do VRG previsto contratualmente, o arrendatário terá direito de receber a respectiva diferença, cabendo, porém, se estipulado no contrato, o prévio desconto de outras despesas ou encargos pactuados.

3. Cobrança por liquidação antecipada de débito: É lícita a cobrança de tarifa por liquidação antecipada de débito para as operações de crédito e arrendamento mercantil contratadas antes de 10/12/2007 (data da publicação da Resolução CMN 3.516, de 2007), desde que esteja claramente identificada no extrato de conferência. (STJ, REsp 1.370.144-SP, j. em 7/2/17. Info 597)

### CONTRATO DE GARAGEM OU ESTACIONAMENTO

1. Os contratos de garagem ou estacionamento consistem em contratos de depósito.

2. Roubo ocorrido em estacionamento privado não mantido por agência bancária: Não é possível atribuir responsabilidade civil a sociedade empresária responsável por estacionamento particular e autônomo – independente e desvinculado de agência bancária – em razão da ocorrência, nas dependências daquele estacionamento, de roubo à mão armada de valores recentemente sacados na referida agência e de outros pertences que o cliente carregava consigo no momento do crime. (STJ, REsp 1.232.795-SP, j. em 2/4/2013. Info. 521).

3. Roubo ocorrido nas dependências de estacionamento mantido por agência bancária: A instituição bancária possui o dever de segurança em relação ao público em geral (Lei 7.102/83), o qual não pode ser afastado por fato doloso de terceiro (roubo e assalto), não sendo admitida a alegação de força maior ou caso fortuito, mercê da previsibilidade de ocorrência de tais eventos na atividade bancária. (STJ, AgRg nos EDcl no REsp 844.186/RS, j. em 19/06/2012).

## FATURIZAÇÃO

1. Faturização, factoring ou fomento mercantil "é o contrato pelo qual uma sociedade empresária se obriga a cobrar os devedores de exercente de atividade econômica, empresária ou não (faturizado), prestando a este, serviços de administração de crédito. (Coelho, Fábio Ulhoa. Manual de Direito Comercial. 18 ed. São Paulo: Saraiva, 2007, p. 464).

2. As empresas de factoring desempenham atividades de fomento mercantil, de cunho meramente comercial, em que se ajusta a compra de créditos vencíveis, mediante preço certo e ajustado, e com recursos próprios, não podendo ser caracterizadas como instituições financeiras (STJ, CC 98.062/SP).

3. Como a factoring não integra o Sistema Financeiro Nacional, a taxa de juros obedece à limitação de 12% ao ano prevista no Dec. 22.626/33, não se incluindo na exceção prevista na moderna regra da Lei de Usura. Embora as factoring desempenhem algumas atividades também desenvolvidas pelas instituições financeiras, delas se distinguiram, pois não há operação de risco, nem para seu funcionamento exige-se autorização do Banco Central (STJ, REsp 1.048.341/RS).

## CONTRATOS DE PROPRIEDADE INDUSTRIAL

1. Contrato de cessão de marca: a cessão de marca é o instrumento apto a transferir os direitos de propriedade da marca transacionada, legitimando o cessionário ao uso, fruição, disposição e reivindicação e, por consequência, a opor-se, ainda que preventivamente, à pretensão de registro por terceiro, inclusive o próprio cedente (STJ, REsp 1.532.206/RJ).

2. Contrato de licença voluntária: o titular de patente ou o depositante poderá celebrar contrato de licença para exploração da patente. O contrato deve ser averbado no INPI para que produza efeitos em relação a terceiros.

3. Contrato de licença de uso da marca: o titular de registro ou o depositante de pedido de registro poderá celebrar contrato de licença para uso da marca, sem prejuízo de seu direito de exercer controle efetivo sobre as especificações, natureza e qualidade dos respectivos produtos ou serviços. O contrato deve ser averbado no INPI para que produza efeitos em relação a terceiros.

## LICENÇA DE "SOFTWARE"

- Os programas de computador, embora possam ser registrados no INPI, são considerados espécie de direito autoral, sendo protegidos pela Lei 9.609/1998. O uso de programa de computador é objeto do contrato de licença de software. No caso de inexistência de contrato escrito, o documento fiscal relativo à aquisição ou licenciamento de cópia servirá para comprovação da regularidade do seu uso (Lei 9.609/98, art. 9º).

## CONTRATOS DE ENGENHARIA ("ENGINEERING")

- De acordo com André Luiz Santa Cruz Ramos, "o contrato de franquia envolve outros contratos, como a cessão do uso de marca ou patente e a distribuição exclusiva ou semiexclusiva de produtos ou serviços. Ademais, o franqueador presta ao franqueado serviços de organização empresarial, que se desdobram, basicamente, em três contratos específicos: (i) engineering, por meio do qual o franqueador orienta o franqueado em todo o processo de montagem e planejamento do seu estabelecimento; (ii) management, mediante o qual o franqueador orienta o franqueado no treinamento de sua equipe de funcionários e na gerência de sua atividade; (iii) marketing, por meio do qual o franqueador orienta o franqueado quanto aos procedimentos de divulgação e promoção dos produtos comercializados." (Direito Empresarial Esquematizado. 4ª ed. Rio de Janeiro: Forense; São Paulo: Método, 2014, p. 635).

## FUNDO DE INVESTIMENTO

1. Os fundos de investimento estão regulamentados pelos arts. 1.368-C a 1.368-F do Código Civil, que foram incluídos pela Lei 13.874/2019, que instituiu, no Brasil, a chamada Declaração de Direitos de Liberdade Econômica.

2. Fundos de investimentos são uma comunhão de recursos, com natureza jurídica de condomínio de natureza especial, empregados na aplicação em ativos financeiros, bens e direitos de qualquer natureza.

3. O registro dos regulamentos dos fundos de investimentos devem ser realizados na Comissão de Valores Mobiliários, sendo condição suficiente para garantir a sua publicidade e a oponibilidade de efeitos em relação a terceiros.

4. O conteúdo do regulamento do fundo de investimento poderá estabelecer: I – a limitação da responsabilidade de cada investidor ao valor de suas cotas; II – a limitação da responsabilidade, bem como parâmetros de sua aferição, dos prestadores de serviços do fundo de investimento, perante o condomínio e entre si, ao cumprimento dos deveres particulares de cada um, sem solidariedade; e III – classes de cotas com direitos e obrigações distintos, com possibilidade de constituir patrimônio segregado para cada classe.

5. Vale frisar que a adoção da responsabilidade limitada por fundo de investimento constituído sem a limitação de responsabilidade somente poderá abranger os fatos ocorridos após a respectiva mudança em seu regulamento, com registro na Comissão de Valores Mobiliários para garantir a sua publicidade e oponibilidade perante terceiros.

6. Na avaliação da responsabilidade dos prestadores de serviço levar-se-ão em conta os riscos inerentes às aplicações nos mercados de atuação do fundo de investimento e a natureza de obrigação de meio de seus serviços.

7. O Código Civil estabelece, ainda, que os fundos de investimento respondem diretamente pelas obrigações legais e contratuais por eles assumidas. Por outro lado, os prestadores de serviço não respondem por essas obrigações, mas respondem pelos prejuízos que causarem quando procederem com dolo ou má-fé. (responsabilidade subjetiva).

8. Se o fundo de investimento com limitação de responsabilidade não possuir patrimônio suficiente para responder por suas dívidas, aplicam-se as regras de insolvência previstas nos arts. 955 a 965 do Código Civil, que tratam "Das Preferências e Privilégios Creditórios". Quanto à legitimidade, a insolvência poderá ser requerida judicialmente por credores, por deliberação própria dos cotistas do fundo de investimento, ou até mesmo pela Comissão de Valores Mobiliários.

9. Na jurisprudência, destacam-se as seguintes decisões relacionadas com os Fundos de Investimento:

- "O administrador do fundo de investimento é parte legítima para figurar no polo passivo de demanda em que se pretende a reparação de supostos danos resultantes de inadequada liquidação." (STJ, 3ª Turma, REsp 1.834.003/SP, Rel. Min. Ricardo Villas Bôas Cueva, por unanimidade, julgado em 17/09/2019, Informativo 656)
- "É válida a celebração de contrato acessório de fiança na cessão de crédito em operação de securitização de recebíveis, tendo por cessionário um FIDC (Fundo de Investimento em Direito Creditório)." (STJ, 4ª Turma, REsp 1.726.161/SP, Rel. Min. Luis Felipe Salomão, julgado em 06/08/2019, Informativo 655).

- A aplicação financeira em fundo de investimento estrangeiro não declarada à repartição federal competente no exterior configura o crime previsto na parte final do parágrafo único do art. 22 da Lei 7.492/1986. (STJ, 5ª Turma, AREsp 774523/SP, Rel. Min. Joel Ilan Paciornik, julgado em 07/05/2019, Informativo 648).

## 9. FALÊNCIA E RECUPERAÇÃO DE EMPRESA

### 9.1. ASPECTOS GERAIS

#### 9.1.1. APLICABILIDADE DA LEI

- A Lei 11.101/05 se aplica ao devedor empresário individual e à sociedade empresária..
- Por expressa previsão legal, alguns agentes econômicos são excluídos da falência, a saber: empresa pública e sociedade de economia mista; instituição financeira pública ou privada; cooperativa de crédito; consórcio; entidade de previdência complementar; sociedade operadora de plano de assistência à saúde; sociedade seguradora; sociedade de capitalização e outras entidades legalmente equiparadas.
- Na realidade, alguns destes agentes econômicos estão totalmente excluídos do âmbito de incidência da Lei nº 11.101/2005, enquanto outros estão apenas parcialmente excluídos. Vejamos:

| Totalmente excluídos da lei de falência | Parcialmente excluídos da lei de falência |
|---|---|
| • Empresas públicas; e<br>• Sociedade de economia mista. | • Instituições financeiras públicas ou privadas;<br>• Consórcios;<br>• Cooperativas de crédito;<br>• Seguradoras;<br>• Operadoras de planos de saúde;<br>• Entidades de previdência complementar;<br>• Sociedades de capitalização; e<br>• Outras entidades legalmente equiparadas à estas, como, por exemplo, as sociedades administradoras de cartão de crédito e as sociedades de arrendamento mercantil (leasing). |

#### 9.1.2. COMPETÊNCIA

- O foro competente para recuperação e decretação de falência é o do juízo do local do principal estabelecimento do devedor (art. 3º da Lei 11.101/2005), assim considerado o local mais importante da atividade empresária, o do maior volume de negócios.
- Para fins do Direito Falimentar, o local do principal estabelecimento é aquele de onde partem as decisões empresariais, e não necessariamente a sede indicada no registro público.
- Inaplicabilidade da Teoria do fato consumado: Ajuizada a ação de falência em juízo incompetente, não deve ser aplicada a teoria do fato consumado e tornar prevento o juízo inicial, considerando que a competência para processar e julgar falência é funcional e, portanto, absoluta (STJ, CC 116.743-MG).

#### 9.1.3. INTERVENÇÃO DO MINISTÉRIO PÚBLICO

A Lei 11.101/05 não exige a atuação geral e obrigatória do Ministério Público na fase pré-falimentar, determinando a sua intervenção, apenas nas hipóteses que enumera, a partir da sentença que decreta a falência. No entanto, convém lembrar que presente alguma das hipóteses do art. 178 do CPC/2015, é possível a atuação do Parquet na fase pré-falimentar como fiscal da ordem jurídica.

#### 9.1.4. VERIFICAÇÃO E HABILITAÇÃO DOS CRÉDITOS CONCURSAIS

- A verificação dos créditos é realizada pelo administrador judicial, com base nos livros contábeis e documentos comerciais e fiscais do devedor e nos documentos que lhe forem apresentados pelos credores, podendo contar com o auxílio de profissionais ou empresas especializadas.
- Os credores devem habilitar seus créditos no prazo de 15 dias contados da publicação do edital. Encerrado o prazo de 15 dias para a habilitação dos créditos dos credores, inicia-se, automaticamente, novo prazo de 45 dias para o administrador judicial publicar uma nova relação de credores.

#### 9.1.5. ADMINISTRADOR JUDICIAL

- Fábio Ulhoa Coelho conceitua o administrador judicial como o "agente auxiliar do juiz que, em nome próprio (portanto, com responsabilidade), deve cumprir com as funções cometidas pela lei. Além de auxiliar o juiz na administração da falência, o administrador judicial é também o representante da comunhão de interesses dos credores na falência." (COELHO, Fábio Ulhoa. Comentários à nova lei de falências e de Recuperação de empresas. São Paulo: Saraiva, 2005, p. 58)
- O administrador judicial é o agente nomeado pelo juiz no processo falimentar ou de recuperação judicial.
- A presidência da administração da falência é feita pelo juiz competente, com o auxílio do administrador judicial.
- Cabe ao administrador judicial a representação legal da massa falida subjetiva.
- O administrador judicial deve ser profissional idôneo, preferencialmente advogado, economista, administrador de empresas ou contador, ou pessoa jurídica especializada.
- Se o administrador judicial nomeado for pessoa jurídica, deve-se declarar o nome de profissional responsável pela condução do processo de falência ou de recuperação judicial, que não poderá ser substituído sem autorização do juiz. As atribuições do administrador judicial são indelegáveis.



#### 9.1.6. ASSEMBLEIA DE CREDORES

- A assembleia dos credores é, em suma, o órgão colegiado responsável por representar a vontade predominante dos credores sujeitos aos efeitos do plano de recuperação judicial do devedor.
- Compete à assembleia geral de credores:

a) aprovar, rejeitar e revisar o plano de recuperação;

b) aprovar a instalação do comitê e eleger seus membros;

c) manifestar-se sobre o pedido de desistência da recuperação;

d) eleger gestor judicial, quando afastados os diretores da sociedade empresária requerente;

e) deliberar sobre qualquer outra matéria de interesse dos credores.

#### 9.1.7. COMITÊ DE CREDORES

- O comitê dos credores é um órgão facultativo, cuja atribuição é, basicamente, fiscalizar o trabalho do administrador judicial e auxiliar o juiz no processo falimentar ou de recuperação.

- No caso de ausência, as atribuições do comitê serão exercidas pelo administrador judicial.

> LEMBRE-SE!
>
> O comitê de credores não é um órgão obrigatório nos processos falimentares ou de recuperação.

## 9.2. RECUPERAÇÃO JUDICIAL

### 9.2.1. COMPETÊNCIA

- O foro competente para recuperação e decretação de falência é o do juízo do local do principal estabelecimento do devedor (art. 3º da Lei 11.101/2005), assim considerado o local mais importante da atividade empresária, o do maior volume de negócios.
- Qual é o efeito da decisão de processamento da recuperação judicial sobre as execuções fiscais em curso em que figura como executada a recuperanda? "Por expressa determinação legal, o deferimento da recuperação judicial não tem o condão de suspender as execuções fiscais, salvo se concedido o parcelamento. No entanto, de acordo com a jurisprudência dos tribunais superiores, a competência para os atos judiciais que implicarem restrição patrimonial ou alienação de bens devem ser submetidos ao juízo universal da recuperação judicial, a fim de que o plano de recuperação não seja inviabilizado por completo. Trata-se de prestígio ao princípio da preservação da empresa." (TRINDADE, Daniel Messias da. Direito Empresarial em Provas Discursivas. Editora JusPodivm, 2018, p. 257)

### 9.2.2. LEGITIMADOS

- Poderá requerer recuperação judicial o devedor que, no momento do pedido, exerça regularmente suas atividades há mais de 2 anos e que atenda aos seguintes requisitos, cumulativamente:

1) não ser falido e, se o foi, estejam declaradas extintas, por sentença transitada em julgado, as responsabilidades daí decorrentes;
2) não ter, há menos de 5 anos, obtido concessão de recuperação judicial;
3) não ter, há menos de 8 anos, obtido concessão de recuperação judicial especial;
4) não ter sido condenado ou não ter, como administrador ou sócio controlador, pessoa condenada por crime falimentar.

> ATENÇÃO!
>
> A recuperação judicial também poderá ser requerida pelo cônjuge sobrevivente, herdeiros do devedor, inventariante ou sócio remanescente.

### 9.2.3. CRÉDITOS SUJEITOS À RECUPERAÇÃO

- Podem ser incluídos no plano de recuperação judicial todos os créditos existentes na data do pedido, ainda que não estejam vencidos.
- No entanto, por expressa vedação legal, não podem ser incluídos no plano de recuperação judicial, os seguintes créditos:

1) créditos posteriores ao pedido de recuperação judicial;
2) créditos tributários;
3) créditos do art. 49, § 3º da LF;
4) créditos decorrentes de propriedade fiduciária;
5) créditos decorrentes de arrendamento mercantil (leasing);
6) créditos decorrentes de contrato de compra e venda com reserva de domínio;
7) créditos decorrentes de contratos de compra e venda de imóvel com cláusula de irrevogabilidade ou irretratabilidade; e
8) créditos decorrentes de adiantamento de contrato de câmbio.

### 9.2.4. PROCESSAMENTO DA RECUPERAÇÃO JUDICIAL

- 1) Petição inicial com os requisitos do art. 51 da LF: exposição das causas concretas que provocaram a crise; apresentação de demonstrativos contábeis dos últimos três exercícios sociais; relação nominal completa dos credores.
- 2) Despacho de processamento: Verificando que a inicial preenche os requisitos, o juiz autoriza o processamento da recuperação judicial.
- A decisão que defere o processamento da recuperação judicial é irrecorrível, por aplicação analógica da Súmula 264 do STJ, que dispõe: "É irrecorrível o ato judicial que apenas manda processar a concordata preventiva".
- 3) Efeitos do despacho de processamento: O despacho de processamento da recuperação acarreta:

a) suspensão de todas as ações e execuções que correm contra o devedor pelo prazo de 180 (cento e oitenta) dias , prorrogável por igual período, uma única. Na recuperação judicial, as suspensões das ações perdurarão pelo prazo de 180 dias, contado a partir do deferimento do processamento da recuperação. Com a nova redação do art. 6º, § 4º, da Lei 11.101/2005, passa a ser permitida a prorrogação desse prazo por mais 180 dias, uma única vez, em caráter excepcional e desde que o devedor não haja concorrido para a superação do lapso temporal;

b) a nomeação do administrador judicial.

- 4) Publicação do edital: Deferido o processamento da recuperação, haverá a publicação de edital que conterá: o pedido do autor; os termos da decisão que deferiu o processamento da recuperação; a relação de credores (mesma relação apresentada na petição inicial).
- 5) Apresentação do plano de recuperação: No prazo improrrogável de 60 (sessenta) dias, contados da publicação da decisão que deferiu o processamento, o devedor deve apresentar o plano de recuperação judicial, sob pena de conversão (convolação) em falência. Vale lembrar que, recentemente, o STJ entendeu que a contagem dos prazos na recuperação judicial deve ser feita em dias corridos, sendo inaplicável a contagem em dias úteis prevista no CPC/2015. Confira trecho do julgado: "A forma de contagem do prazo – de 180 dias de suspensão das ações executivas e de 60 dias para a apresentação do plano de recuperação judicial – em dias corridos é a que melhor preserva a unidade lógica da recuperação judicial: alcançar, de forma célere, econômica e efetiva, o regime de crise empresarial, seja pelo soerguimento econômico do devedor e alívio dos sacrifícios do credor, na recuperação, seja pela liquidação dos ativos e satisfação dos credores, na falência." (STJ, 4ª Turma, REsp 1.699.528/MG, Rel. Min. Luis Felipe Salomão, julgado em 10/04/2018).
- 6) Habilitação dos créditos: Os credores devem habilitar seus créditos no prazo de 15 dias contados da publicação do edital.

- 7) Nova relação de credores: Encerrado o prazo de 15 dias para a habilitação dos créditos dos credores, inicia-se, automaticamente, novo prazo de 45 dias para o administrador judicial publicar uma nova relação de credores.
- 8) Abertura de prazo para objeção: A objeção só ocorre quando os credores habilitados não concordarem com o plano de recuperação apresentado. O prazo para a apresentação da objeção é de 30 dias, contados da publicação da nova relação de credores.
- Se, durante esse prazo, algum credor apresentar objeção, o juiz deve convocar Assembleia Geral de Credores, que poderá aprovar ou reprovar o plano de recuperação judicial. Caso a Assembleia Geral de Credores reprove o plano, o juiz deve decretar a falência do empresário.
- 9) Decisão concessiva da recuperação judicial: Se os credores concordaram com o plano o juiz defere a recuperação judicial.
- Encerrado o prazo de 30 dias sem objeção, presume-se que os credores concordaram com o plano apresentado pelo devedor, ocasião em que o juiz também defere a recuperação judicial.
- Possibilidade de os credores apresentarem um plano alternativo de recuperação judicial: Com a inclusão do § 4º-A do art. 6º da Lei 11.101/2005, pela Lei 14.112/2020, o ordenamento jurídico passou a permitir que os credores apresentem um plano alternativo de recuperação judicial, quando este não for apresentado pelo devedor ou tenha sido inicialmente rejeitado na Assembleia.

## 9.3. RECUPERAÇÃO JUDICIAL ESPECIAL

- A recuperação judicial especial é assim chamada, porque só ela se aplica às microempresas e às empresas de pequeno porte.
- Créditos abrangidos: Até o ano de 2014, o plano de recuperação judicial especial só abrangia os créditos quirografários. No entanto, a LC 147/14, deu nova redação ao inciso I do art. 71 da Lei 11.101/05, passando a prever que o plano de recuperação judicial especial abrangerá todos os créditos existentes na data do pedido, ainda que não vencidos, excetuados os decorrentes de repasse de recursos oficiais, os fiscais e os previstos nos parágrafos 3º e 4º do art. 49 da lei.
- Fases do processo da recuperação judicial especial:

1) Petição inicial;
2) Despacho de processamento da recuperação. O pedido de recuperação judicial com base em plano especial não acarreta a suspensão do curso da prescrição nem das ações e execuções por créditos não abrangidos pelo plano;
3) Publicação de edital;
4) Apresentação do plano: Na recuperação judicial especial, o plano já está pronto pela lei, que estabelece o seguinte:

a) parcelamento em até 36 parcelas mensais, iguais e sucessivas, acrescidas de juros equivalentes à taxa SELIC, podendo conter ainda a proposta de abatimento do valor das dívidas;

b) pagamento da 1a parcela no prazo máximo de 180 dias, contado da distribuição do pedido de recuperação judicial. Não será convocada assembleia-geral de credores para deliberar sobre o plano, e o juiz concederá a recuperação judicial se atendidas as exigências legais;

5) Habilitação dos créditos;
6) Nova relação de credores;
7) Abertura de prazo para eventual objeção (30 dias, contados da publicação da nova relação de credores). Mesmo com a objeção dos credores, o juiz pode deferir o plano de recuperação. No entanto, se os credores titulares de mais da metade de qualquer de uma das classes de créditos previstos no art. 83 apresentarem objeção, o juiz deve decretar a falência do devedor;
8) Decisão concessiva da recuperação judicial especial.

> ATENÇÃO!
>
> Da decisão concessiva da recuperação judicial especial cabe agravo de instrumento, que poderá ser interposto por qualquer credor ou pelo Ministério Público.

## 9.4. RECUPERAÇÃO EXTRAJUDICIAL

- Recuperação extrajudicial é o acordo privado que o devedor realiza diretamente com seus credores fora do âmbito judicial. Se o acordo não for cumprido pelo devedor, não haverá conversão automática em falência exatamente por se tratar de recuperação extrajudicial.
- Créditos excluídos da recuperação extrajudicial: De acordo com a nova redação do § 1º do art. 161 da Lei 11.101/05, dada pela Lei 14.112/2020, estão sujeitos à recuperação extrajudicial todos os créditos existentes na data do pedido, exceto: • créditos de natureza tributária; • créditos previstos no § 3º do art. 49 da Lei 11.101/2005; • créditos previstos no inciso II do caput do art. 86 da Lei 11.101/2005; • créditos de natureza trabalhista e por acidentes de trabalho que passem por negociação coletiva com o sindicato da respectiva categoria profissional.
- Legitimidade: Poderá requerer recuperação extrajudicial o devedor que, no momento do pedido, exerça regularmente suas atividades há mais de 2 anos e que atenda aos seguintes requisitos, cumulativamente:

a) não ser falido e, se o foi, estejam declaradas extintas, por sentença transitada em julgado, as responsabilidades daí decorrentes;

b) não ter, há menos de 5 anos, obtido concessão de recuperação judicial;

c) não ter, há menos de 5 anos, obtido concessão de recuperação judicial com base no plano especial;

d) não ter sido condenado ou não ter, como administrador ou sócio controlador, pessoa condenada por qualquer dos crimes previstos nesta Lei.

> ATENÇÃO!
>
> A recuperação judicial também poderá ser requerida pelo cônjuge sobrevivente, herdeiros do devedor, inventariante ou sócio remanescente.

- Órgãos da recuperação extrajudicial:

a) não exige nomeação de administrador judicial;

b) não há comitê de credores nem a assembleia geral de credores;

c) não é obrigatória a participação do Ministério Público.

> ATENÇÃO!
>
> Como visto acima, pode-se dizer que o único órgão da recuperação extrajudicial é a autoridade judiciária. No entanto, aqui, a função do juiz é a de homologar o plano, não tendo competência para atrair outras questões de caráter econômico.

- Efeitos da recuperação extrajudicial:

a) não suspende a prescrição de outras ações e execuções do devedor e dos participantes do plano;

EMPRESARIAL

b) não suspende a prescrição da rescisão de contratos bilaterais;

c) o credor não incluído no plano de recuperação pode pedir a falência do devedor, assim como os demais participantes do plano, quando descumprida as obrigações;

d) a homologação do plano de recuperação extrajudicial não afeta os bens do devedor nem o funcionamento da empresa. No entanto, acarreta a vedação do pagamento antecipado de dívida e do tratamento desfavorável aos credores.

## 9.5. FALÊNCIA

### 9.5.1. INCIDÊNCIA DA LEI

- A Lei de Falência se aplica ao devedor empresário individual e à sociedade empresária.
- Agentes econômicos excluídos da falência:

| Totalmente excluídos da lei de falência | Parcialmente excluídos da lei de falência |
|---|---|
| • Empresas públicas; e<br>• Sociedade de economia mista. | • Instituições financeiras públicas ou privadas;<br>• Consórcios;<br>• Cooperativas de crédito;<br>• Seguradoras;<br>• Operadoras de planos de saúde;<br>• Entidades de previdência complementar;<br>• Sociedades de capitalização; e<br>• Outras entidades legalmente equiparadas à estas, como, por exemplo, as sociedades administradoras de cartão de crédito e as sociedades de arrendamento mercantil (leasing). |

### 9.5.2. ÓRGÃOS DA FALÊNCIA

| | |
|---|---|
| **Administrador judicial** | • Trata-se de agente nomeado pelo juiz, no processo falimentar.<br>• Ao juiz compete a presidência da administração da falência, com o auxílio do administrador judicial. Assim, o administrador judicial (antigo síndico), é o agente criado por lei para desempenhar atribuições relacionadas com a administração da falência, auxiliando o magistrado. Além disso, cabe ao administrador judicial a representação legal da massa falida subjetiva.<br>• O administrador judicial deve ser profissional idôneo, preferencialmente (e não obrigatoriamente) advogado, economista, administrador de empresas ou contador, ou pessoa jurídica especializada.<br>• Se o administrador judicial nomeado for pessoa jurídica, deve-se declarar o nome de profissional responsável pela condução do processo de falência ou de recuperação judicial, que não poderá ser substituído sem autorização do juiz. As atribuições do administrador judicial são indelegáveis. |
| **Assembleia de credores** | De acordo com o art. 35, II da LF, no processo falimentar, a assembleia geral de credores possui as seguintes atribuições: • constituição do Comitê de Credores, a escolha de seus membros e sua substituição; adoção de outras modalidades de realização do ativo, na forma do art. 145 da LF; qualquer outra matéria que possa afetar os interesses dos credores. |
| **Comitê de credores** | • O comitê de credores é um órgão facultativo, sendo que a sua atribuição é, basicamente, fiscalizar o trabalho do administrador judicial e auxiliar o juiz no processo falimentar ou de recuperação.<br>• Na sua ausência, as atribuições do comitê serão exercidas pelo administrador judicial. |

### 9.5.3. EFEITOS DA FALÊNCIA

| | |
|---|---|
| **Efeitos da decretação da falência quanto ao falido** | • inabilitação do empresário;<br>• indisponibilidade dos bens;<br>• dissolução total da sociedade;<br>• extinção de concessão de serviço público, se houver. |
| **Efeitos da decretação da falência quanto aos contratos** | Os contratos bilaterais não se resolvem pela falência e podem ser cumpridos pelo administrador judicial se o cumprimento reduzir ou evitar o aumento do passivo da massa falida ou for necessário à manutenção e preservação de seus ativos, mediante autorização do comitê. |

### 9.5.4. PROCESSO DE FALÊNCIA

- Legitimidade ativa: podem requerer a falência do devedor:

a) próprio empresário devedor (autofalência);

b) sócio quotista ou acionista;

c) espólio, cônjuge sobrevivente, herdeiro ou inventariante do empresário individual;

d) qualquer credor.

- Legitimidade passiva: a Lei de Falência e Recuperação de Empresas se aplica ao devedor empresário individual e à sociedade empresária.
- Juízo competente: é competente para homologar o plano de recuperação extrajudicial, deferir a recuperação judicial ou decretar a falência o juízo do local do principal estabelecimento do devedor ou da filial de empresa que tenha sede fora do Brasil.
- Fundamentos jurídicos da falência:

a) impontualidade injustificada;

b) execução frustrada;

c) atos de falência.

> ATENÇÃO!
>
> Vale lembrar que estes não são fundamentos cumulativos (presente ao menos uma das hipóteses arroladas, já será possível requerer a falência do empresário).

- Impontualidade injustificada: trata-se da falta de pagamento sem relevante razão de direito. A obrigação deve ser líquida e materializada em título executivo extrajudicial ou judicial. Além disso, o título deve estar protestado (o protesto do título é indispensável para o pedido de falência com base na impontualidade injustificada). Ainda, o valor da obrigação deve ser superior a 40 (quarenta) salários mínimos.

> ATENÇÃO!
>
> Admite-se o litisconsórcio de credores para que, somados, o valor da obrigação ultrapasse 40 (quarenta) salários mínimos.

- Execução frustrada: ocorre quando o devedor é executado e não paga, não deposita e não nomeia bens à penhora dentro do prazo legal. Aqui, não há limite de valor para o pedido de falência, bastando a frustração da execução.

- Prática de atos de falência (atos de bancarrota): atos de falência são comportamentos previstos em lei que, caso praticados, acarretarão a presunção do estado de insolvência do empresário. Os principais atos de falência estão nas alíneas "a" a "g" do inciso III do art. 94 da LF. Exemplos:

a) liquidação precipitada, que ocorre quando o devedor se desfaz dos seus bens sem reposição correspondente;

b) descumprimento de obrigação assumida no plano de recuperação judicial.

- Atitudes que podem ser tomadas pelo devedor após a citação: citado, o devedor-empresário pode tomar uma das seguintes atitudes:

a) apresentar contestação;

b) fazer o depósito elisivo;

c) fazer o depósito elisivo e apresentar contestação; e

d) pleitear recuperação judicial, dentro do prazo para a contestação.

- Depósito elisivo: quando o devedor efetua o depósito elisivo, o juiz fica impedido de decretar a falência. O depósito elisivo deve ser feito no prazo da contestação e deve compreender o valor principal, mais juros, correção monetária e honorários advocatícios.
- Sentença declaratória da falência: é a sentença de procedência, ou seja, que decreta a falência. Da sentença que decreta a falência cabe recurso de agravo de instrumento pelo devedor, pelo Ministério Público, ou pelo credor.
- Sentença denegatória da falência: é a sentença de improcedência, ou seja, que rejeita o pedido de falência. Da sentença denegatória da falência cabe recurso de apelação pelo devedor, pelo Ministério Público e pelo credor.

## 9.6. PEDIDOS DE RESTITUIÇÃO

- Os pedidos de restituição estão disciplinados a partir do art. 85 da LF.
- Restituição dos bens alienados que não eram do falido, mas de terceiros: o proprietário de bem arrecadado no processo de falência ou que se encontre em poder do devedor na data da decretação da falência poderá pedir sua restituição (pedido de restituição). Também pode ser pedida a restituição de coisa vendida a crédito e entregue ao devedor nos 15 dias anteriores ao requerimento de sua falência, se ainda não alienada.
- Restituição em dinheiro dos bens alienados que não eram do falido, mas de terceiros: a restituição proceder-se-á em dinheiro:

a) se a coisa não mais existir ao tempo do pedido de restituição, hipótese em que o requerente receberá o valor da avaliação do bem, ou, no caso de ter ocorrido sua venda, o respectivo preço, em ambos os casos no valor atualizado;

b) da importância entregue ao devedor, em moeda corrente nacional, decorrente de adiantamento a contrato de câmbio para exportação, desde que o prazo total da operação, inclusive eventuais prorrogações, não exceda o previsto nas normas específicas da autoridade competente; e

c) dos valores entregues ao devedor pelo contratante de boa-fé na hipótese de revogação ou ineficácia do contrato. Por fim, cumpre lembrar que, nos casos em que não couber pedido de restituição, fica resguardado o direito dos credores de propor embargos de terceiros, nos termos do novo CPC.

## 9.7. INEFICÁCIA E REVOGAÇÃO DE ATOS PRATICADOS ANTES DA FALÊNCIA

| Ação revocatória nas hipóteses de ineficácia objetiva | Ação revocatória nas hipóteses de ineficácia subjetiva |
|---|---|
| Art. 129 da LF. | Art. 130 da LF. |
| Hipóteses de ineficácia objetiva | Hipóteses de ineficácia subjetiva |
| Não precisa provar o conluio fraudulento | Precisa provar o conluio fraudulento e o dano. |
| Pode ser declarada pelo juiz de ofício | Não pode ser declarada pelo juiz de ofício |

## 9.8. REALIZAÇÃO DO ATIVO

Após a arrecadação dos bens do falido, será dada a realização do ativo, que deverá obedecer a uma determinada ordem de preferência definida pela lei. De acordo com a nova redação do art. 142 da LF, dada pela Lei 14.112/2020, a alienação de bens dar-se-á por uma das seguintes modalidades: i) leilão eletrônico, presencial ou híbrido; ii) processo competitivo organizado promovido por agente especializado e de reputação ilibada, cujo procedimento deverá ser detalhado em relatório anexo ao plano de realização do ativo ou ao plano de recuperação judicial, conforme o caso; iii) qualquer outra modalidade, desde que aprovada pelo juízo da falência.

## 9.9. CLASSIFICAÇÃO E PAGAMENTO DOS CREDORES

De acordo com a nova redação do art. 83 da LF, dada pela Lei 14.112/2020, a classificação dos créditos na falência foi alterada, passando a obedecer à seguinte ordem: 1º) créditos derivados da legislação trabalhista, limitados a 150 salários-mínimos por credor, e aqueles decorrentes de acidentes de trabalho; 2º) créditos gravados com direito real de garantia até o limite do valor do bem gravado; 3º) créditos tributários, independentemente da sua natureza e do tempo de constituição, exceto os créditos extraconcursais e as multas tributárias; 4º) créditos quirografários (aqueles não previstos nos demais incisos deste artigo; saldos dos créditos não cobertos pelo produto da alienação dos bens vinculados ao seu pagamento; saldos dos créditos derivados da legislação trabalhista que excederem o limite estabelecido no item 1º); 5º) multas contratuais e as penas pecuniárias por infração das leis penais ou administrativas, incluídas as multas tributárias; 6º) créditos subordinados (previstos em lei ou em contrato; créditos dos sócios e dos administradores sem vínculo empregatício cuja contratação não tenha observado as condições estritamente comutativas e as práticas de mercado); 7º) juros vencidos após a decretação da falência.

## 9.10. ENCERRAMENTO DA FALÊNCIA

Concluída a realização de todo o ativo (venda dos bens), e distribuído o produto entre os credores, o administrador judicial apresentará suas contas, que serão julgadas pelo juiz. Julgadas as contas do administrador judicial, ele apresentará o relatório final da falência no prazo de 10 (dez) dias, indicando o valor do ativo e o do produto de sua realização, o valor do passivo e o dos pagamentos feitos aos credores, e especificará justificadamente as responsabilidades com que continuará o falido. Por fim, apresentado o relatório final, o juiz encerrará a falência por sentença, que será publicada por edital e dela caberá apelação.

## 9.11. EXTINÇÃO DAS OBRIGAÇÕES DO FALIDO

De acordo com o art. 158 da Lei 11.101/2005, com redação dada pela Lei 14.112/2020, extinguem as obrigações do falido: • o pagamento de todos os créditos; • o pagamento, após realizado todo o ativo, de mais de 25% dos créditos quirografários, facultado ao falido o depósito da quantia necessária para atingir a referida porcentagem se para isso não tiver sido suficiente a integral liquidação do ativo; • o decurso do prazo de três anos, contado da decretação da falência, ressalvada a utilização dos bens arrecadados anteriormente, que serão destinados à liquidação para a satisfação dos credores habilitados ou com pedido de reserva realizado; e • o encerramento da falência nos termos dos arts. 114-A ou 156 da LF.

## 9.12. PRINCIPAIS NOVIDADES TRAZIDAS PELA LEI 14.112, DE 24 DE DEZEMBRO DE 2020

1 – Aspectos gerais: A Lei 14.112, de 24 de dezembro de 2020, aprovada na véspera do Natal, alterou as Leis 11.101/2005 (Lei de Falência e Recuperação de Empresas – LF), 10.522/2002 (Lei do cadastro informativo dos créditos não quitados de órgãos e entidades federais), e 8.929/1994 (Lei da cédula de produto rural). Sem sombra de dúvidas, os pontos mais importantes para fins de Exame da Ordem e Concursos Públicos se relacionam com as alterações promovidas na Lei 11.101/2005, para atualizar a recuperação judicial, a recuperação extrajudicial e a falência do empresário e da sociedade empresária. Passemos, então, aos destaques promovidos pela Lei 14.112/2020.

2 – Efeitos da decretação da falência ou o deferimento do processamento da recuperação judicial: O "caput" do artigo 6º da Lei 11.101/2005, passa a ter a seguinte redação: "A decretação da falência ou o deferimento do processamento da recuperação judicial implica: I – suspensão do curso da prescrição das obrigações do devedor sujeitas ao regime desta lei; II – suspensão das execuções ajuizadas contra o devedor, inclusive daquelas dos credores particulares do sócio solidário, relativas a créditos ou obrigações sujeitos à recuperação judicial ou à falência; III – proibição de qualquer forma de retenção, arresto, penhora, sequestro, busca e apreensão e constrição judicial ou extrajudicial sobre os bens do devedor, oriunda de demandas judiciais ou extrajudiciais cujos créditos ou obrigações sujeitem-se à recuperação judicial ou à falência."

3 – Possibilidade de prorrogação do chamado "stay period" na recuperação judicial: Como sabido, na recuperação judicial, as suspensões das ações perdurarão pelo prazo de 180 dias, contado a partir do deferimento do processamento da recuperação. Com a nova redação do art. 6º, § 4º, da Lei 11.101/2005, passa a ser permitida a prorrogação desse prazo por mais 180 dias, uma única vez, em caráter excepcional e desde que o devedor não haja concorrido para a superação do lapso temporal.

4 – Possibilidade de os credores apresentarem um plano alternativo de recuperação judicial: Com a inclusão do § 4º-A do art. 6º da Lei 11.101/2005, o ordenamento jurídico passou a permitir que os credores apresentem um plano alternativo de recuperação judicial, quando este não for apresentado pelo devedor ou tenha sido inicialmente rejeitado na Assembleia.

5 – Possibilidade de utilização da convenção de arbitragem e estimulo a conciliação, mediação e outros métodos alternativos de solução de conflitos (justiça multiportas no âmbito da falência e da recuperação judicial): Pelo § 9º do art. 6º da LF, o processamento da recuperação judicial ou a decretação da falência não autoriza o administrador judicial a recusar a eficácia da convenção de arbitragem, não impedindo ou suspendendo a instauração do procedimento arbitral. Além disso, o art. 22, inciso I, alínea "j", da LF, passou a prever como um dever do administrador judicial, sob a fiscalização do juiz e do Comitê de credores, na recuperação judicial e na falência, a necessidade de estimular, sempre que possível, a conciliação, a mediação e outros métodos alternativos de solução de conflitos relacionados à recuperação judicial e à falência. Em suma, adotando a tendencia do direito processual moderno, o ordenamento passa a prever a possibilidade de aplicação da justiça multiportas na falência e recuperação judicial, que viabilizam a soluções consensuais entre os credores e o devedor empresário.

6 – Possibilidade expressa da tutela provisória no âmbito do processo de recuperação judicial: Agora, a Lei 11.101/2005, passa a prever expressamente a possibilidade de o juiz antecipar total ou parcialmente os efeitos do deferimento do processamento da recuperação judicial. Com a Lei 14.112/2020, o fundamento legal para a antecipação da tutela passou a ter previsão expressa na Lei de Falência. Para isso, o juiz deverá observar os pressupostos disposto no art. 300 do novo Código de Processo Civil.

7 – Prestígio ao processo judicial eletrônico com a possibilidade utilização de meios digitais de comunicação: Como exemplos, podemos citar os arts. 22, II, "h", 36, 39, § 4º, II, 52, V, 58, § 3º, etc., todos da Lei 11.101/2005.

8 – Possibilidade de recuperação judicial do devedor pessoa jurídica que exerça atividade rural: Sem dúvida, esta foi uma das maiores novidades trazidas pela Lei 14.112/2020. O art. 48, § 2º, da LF, passou a prever que no caso de atividade rural por pessoa jurídica, admite-se a recuperação judicial.

9 – Aumento do prazo para pagamento dos credores derivados da legislação trabalhista no processo de recuperação judicial: O art. 54 da LF estabelece que o plano de recuperação judicial não poderá prever prazo superior a um ano para pagamento dos créditos derivados da legislação do trabalho ou decorrentes de acidentes de trabalho vencidos até a data do pedido de recuperação judicial. No entanto, com a inclusão do § 2º ao art. art. 54 da LF, o ordenamento passou a prever que esse prazo de um ano pode ser estendido em até 2 (dois) anos, se o plano de recuperação judicial atender, cumulativamente, a três requisitos: i) apresentação de garantias julgadas suficientes pelo juiz; ii) aprovação pelos credores titulares de créditos derivados da legislação trabalhista ou decorrentes de acidentes de trabalho; e iii) garantia da integralidade do pagamento dos créditos trabalhistas.

10 – Possibilidade da chamada insolvência transnacional: Atento ao processo de globalização e tendências de negociações internacionais, o ordenamento passou a prever a possibilidade de insolvência transnacional. Para tanto, o legislador dedicou um Capítulo inteiro (Capítulo VI-A) para tratar do regramento da insolvência transnacional, cujo objetivo é proporcionar mecanismos para: i) cooperação entre juízes e outras autoridades competentes do Brasil e de outros países em casos de insolvência transnacional; ii) aumento da segurança jurídica para a atividade econômica e para o investimento; iii) administração justa e eficiente de processos de insolvência transnacional, de modo a proteger os interesses de todos os credores e dos demais interessados, inclusive do devedor; iv) proteção e a maximização do valor dos ativos do devedor; v) promoção da recuperação de empresas em crise econômico-financeira, com a proteção de investimentos e a preservação de empregos; e vi) promoção da liquidação dos ativos da empresa em crise econômico-financeira, com a preservação e a otimização da utilização produtiva dos bens, dos ativos e dos recursos produtivos da empresa, inclusive os intangíveis.

11 – Alteração na ordem de pagamento do Quadro Geral de Credores: De acordo com a nova redação do art. 83 da LF, a classificação dos créditos na falência passam a obedecer à seguinte ordem: 1º) créditos derivados da legislação trabalhista, limitados a 150 salários-mínimos por credor, e aqueles decorrentes

de acidentes de trabalho; 2º) créditos gravados com direito real de garantia até o limite do valor do bem gravado; 3º) créditos tributários, independentemente da sua natureza e do tempo de constituição, exceto os créditos extraconcursais e as multas tributárias; 4º) créditos quirografários (aqueles não previstos nos demais incisos deste artigo; saldos dos créditos não cobertos pelo produto da alienação dos bens vinculados ao seu pagamento; saldos dos créditos derivados da legislação trabalhista que excederem o limite estabelecido no item 1º); 5º) multas contratuais e as penas pecuniárias por infração das leis penais ou administrativas, incluídas as multas tributárias; 6º) créditos subordinados (previstos em lei ou em contrato; créditos dos sócios e dos administradores sem vínculo empregatício cuja contratação não tenha observado as condições estritamente comutativas e as práticas de mercado); 7º) juros vencidos após a decretação da falência.

12 Alteração nas formas de realização do ativo do devedor: De acordo com a nova redação do art. 142 da LF, a alienação de bens dar-se-á por uma das seguintes modalidades: i) leilão eletrônico, presencial ou híbrido; ii) processo competitivo organizado promovido por agente especializado e de reputação ilibada, cujo procedimento deverá ser detalhado em relatório anexo ao plano de realização do ativo ou ao plano de recuperação judicial, conforme o caso; iii) qualquer outra modalidade, desde que aprovada pelo juízo da falência.

## 10. PROPRIEDADE INDUSTRIAL

Previsão legal: A propriedade industrial está sujeita às normas constantes da Lei nº 9.279/1996 (Lei da Propriedade Industrial – LPI).

Natureza dos direitos de propriedade industrial: consideram-se bens móveis, para os efeitos legais, os direitos de propriedade industrial.

Abrangência do Direito Industrial: são 4 os bens imateriais protegidos pelo Direito Industrial: a) patente de invenção; b) patente de modelo de utilidade; c) registro de desenho industrial; d) registro de marca. O empresário que titulariza tais bens (patentes ou registro) possui o direito de explorar economicamente, com exclusividade, o respectivo objeto.

Instituto Nacional de Propriedade Industrial: O INPI, autarquia federal, é o ente encarregado de proteger os direitos do empresário relativos à propriedade industrial.

Formas de proteção dos direitos de propriedade industrial: a proteção dos direitos relativos à propriedade industrial, considerado o seu interesse social e o desenvolvimento tecnológico e econômico do País, efetua-se mediante:

a) concessão de patentes de invenção e de modelo de utilidade;
b) concessão de registro de desenho industrial;
c) concessão de registro de marca;
d) repressão às falsas indicações geográficas; e
e) repressão à concorrência desleal.

Patentes

Requisitos da patenteabilidade (A.N.A):

a) atividade inventiva;
b) novidade;
c) aplicação industrial.

Efeito da patente: é a concessão de propriedade do bem, garantindo o direito de exploração com exclusividade. Em outras palavras, a patente confere ao seu titular o direito de impedir terceiro, sem o seu consentimento, de produzir, usar, colocar à venda, vender ou importar com estes propósitos: a) produto objeto de patente; b) processo ou produto obtido diretamente por processo patenteado.

Cessão da patente: o pedido de patente ou a patente, ambos de conteúdo indivisível, poderão ser concedidos, total ou parcialmente.

Vigência da patente: é muito comum as bancas examinadoras cobrarem os seguintes prazos, todos previstos na Lei 9.279/96:

| **Patente de invenção** | **Patente de modelo de utilidade** | **Registro de desenho industrial** | **Registro de marca** |
|---|---|---|---|
| 20 anos | 15 anos | 10 anos | 10 anos |
| Art. 40 | Art. 40 | Art. 108 | Art. 133 |

Prescrição: Prescreve em 5 (cinco) anos a ação para reparação de dano causado ao direito de propriedade industrial (art. 225 da LPI).

STF ADI 5.529 (j. em 01/09/2021): O STF declarou a inconstitucionalidade o parágrafo único do art. 40 da Lei 9.279/1996 - LPI. De acordo com o Supremo, a indeterminação do prazo contido no parágrafo único do art. 40 da LPI gera insegurança jurídica e ofende o Estado Democrático de Direito. Referido dispositivo autoriza o adiamento da entrada da concorrência no mercado e a permanência dos efeitos da exclusividade por prazo indeterminado e excessivo, proporcionando dominação de mercados, eliminação da concorrência, aumento arbitrário dos lucros, desigualdade entre os agentes econômicos e, portanto, ofensa à função social da propriedade intelectual (art. 5º, XXIX, c.c. o art. 170, III), à livre concorrência e à defesa do consumidor (art. 170, IV e V). (STF, ADI 5529, Rel. Dias Toffoli, Tribunal Pleno, Julgado em 12/05/2021)

### INVENÇÃO

A patente se relaciona com à invenção ou ao modelo de utilidade. "Invenção é o ato original do gênio humano. Toda vez que alguém projeta algo que desconhecia, estará produzindo uma invenção. Embora toda invenção seja, assim, original, nem sempre será nova, ou seja, desconhecida das demais pessoas. E a novidade, conforme se verá em seguida, é condição de patenteabilidade da invenção." (Coelho, Fábio Ulhoa. Manual de Direito Comercial. 28 ed. – São Paulo: Editora Revista dos Tribunais, 2016).

- Requisitos para a patente de invenção: é patenteável a invenção que atenda aos requisitos de novidade, atividade inventiva e aplicação industrial.

a) Novidade: a invenção é considerada nova, quando não compreendida no estado da técnica. Em outras palavras, a invenção deve ser desconhecida da comunidade científica, técnica ou industrial.
b) Atividade inventiva: a invenção é dotada de atividade inventiva sempre que, para um técnico no assunto, não decorra de maneira evidente ou óbvia do estado da técnica.
c) Aplicação industrial: a invenção é considerada suscetível de aplicação industrial quando possa ser utilizado ou produzida em qualquer tipo de indústria.

- Vigência da patente de invenção: 20 anos.
- Não se considera invenção (art. 10 da LPI):

a) descobertas, teorias científicas e métodos matemáticos;
b) concepções puramente abstratas;
c) esquemas, planos, princípios ou métodos comerciais, contábeis, financeiros, educativos, publicitários, de sorteio e de fiscalização;

EMPRESARIAL

d) obras literárias, arquitetônicas, artísticas e científicas ou qualquer criação estética;
e) programas de computador em si;
f) apresentação de informações;
g) regras de jogo;
h) técnicas e métodos operatórios ou cirúrgicos, bem como métodos terapêuticos ou de diagnóstico, para aplicação no corpo humano ou animal; e
i) o todo ou parte de seres vivos naturais e materiais biológicos encontrados na natureza, ou ainda que dela isolados, inclusive o genoma ou germoplasma de qualquer ser vivo natural e os processos biológicos naturais.

- Não são patenteáveis (art. 18 da LPI):

a) o que for contrário à moral, aos bons costumes e à segurança, à ordem e à saúde públicas;
b) substâncias, matérias, misturas, elementos ou produtos de qualquer espécie, bem como a modificação de suas propriedades físico-químicas e os respectivos processos de obtenção ou modificação, quando resultantes de transformação do núcleo atômico; e
c) o todo ou parte dos seres vivos, exceto os microrganismos transgênicos que atendam aos três requisitos de patenteabilidade – novidade, atividade inventiva e aplicação industrial – previstos no art. 8º e que não sejam mera descoberta. Obs.: microorganismos transgênicos são organismos, exceto o todo ou parte de plantas ou de animais, que expressem, mediante intervenção humana direta em sua composição genética, uma característica normalmente não alcançável pela espécie em condições naturais.

Modelo de Utilidade

- A patente se relaciona com à invenção ou ao modelo de utilidade. "Desenho industrial diz respeito à forma dos objetos, e serve tanto para conferir-lhe um ornamento harmonioso como para distingui-los de outros do mesmo gênero. Lembre-se, por exemplo, a cadeira Hill House, projetada pelo arquiteto Charles Mackintosh em 1902, cuja forma (desenho industrial, design) tem especificidades que permitem sua imediata identificação. A marca, por sua vez, é o signo que identifica produtos e serviços, como Coca-Cola, RT, Itaú." (Coelho, Fábio Ulhoa. Manual de Direito Comercial. 28 ed. – São Paulo: Editora Revista dos Tribunais, 2016).
- Requisitos para a patente de modelo de utilidade: é patenteável o modelo de utilidade que atenda aos requisitos de novidade, atividade inventiva e aplicação industrial.

a) Novidade: o modelo de utilidade é considerado novo, quando não compreendido no estado da técnica. Em outras palavras, o modelo de utilidade deve ser desconhecido da comunidade científica, técnica ou industrial.
b) Atividade inventiva: o modelo de utilidade é dotado de ato inventivo sempre que, para um técnico no assunto, não decorra de maneira comum ou vulgar do estado da técnica.
c) Aplicação industrial: o modelo de utilidade é considerado suscetível de aplicação industrial quando possa ser utilizado ou produzido em qualquer tipo de indústria.

- Vigência da patente de modelo de utilidade: 15 anos.
- Não se considera modelo de utilidade (art. 10 da LPI):

a) descobertas, teorias científicas e métodos matemáticos;
b) concepções puramente abstratas;
c) esquemas, planos, princípios ou métodos comerciais, contábeis, financeiros, educativos, publicitários, de sorteio e de fiscalização;

d) obras literárias, arquitetônicas, artísticas e científicas ou qualquer criação estética;
e) programas de computador em si;
f) apresentação de informações;
g) regras de jogo;
h) técnicas e métodos operatórios ou cirúrgicos, bem como métodos terapêuticos ou de diagnóstico, para aplicação no corpo humano ou animal; e
i) o todo ou parte de seres vivos naturais e materiais biológicos encontrados na natureza, ou ainda que dela isolados, inclusive o genoma ou germoplasma de qualquer ser vivo natural e os processos biológicos naturais.

- Não são patenteáveis (art. 18 da LPI):

a) o que for contrário à moral, aos bons costumes e à segurança, à ordem e à saúde públicas;
b) as substâncias, matérias, misturas, elementos ou produtos de qualquer espécie, bem como a modificação de suas propriedades físico-químicas e os respectivos processos de obtenção ou modificação, quando resultantes de transformação do núcleo atômico; e
c) o todo ou parte dos seres vivos, exceto os microrganismos transgênicos que atendam aos três requisitos de patenteabilidade – novidade, atividade inventiva e aplicação industrial – previstos no art. 8º e que não sejam mera descoberta. Obs.: microorganismos transgênicos são organismos, exceto o todo ou parte de plantas ou de animais, que expressem, mediante intervenção humana direta em sua composição genética, uma característica normalmente não alcançável pela espécie em condições naturais.

> ATENÇÃO!
>
> Não se considera modelo de utilidade e, portanto, não podem ser patenteados:
>
> I – as descobertas, teorias científicas e métodos matemáticos;
>
> II – concepções puramente abstratas;
>
> III – esquemas, planos, princípios ou métodos comerciais, contábeis, financeiros, educativos, publicitários, de sorteio e de fiscalização;
>
> IV – as obras literárias, arquitetônicas, artísticas e científicas ou qualquer criação estética;
>
> V – programas de computador em si;
>
> VI – apresentação de informações;
>
> VII – regras de jogo;
>
> VIII – técnicas e métodos operatórios ou cirúrgicos, bem como métodos terapêuticos ou de diagnóstico, para aplicação no corpo humano ou animal; e
>
> IX – o todo ou parte de seres vivos naturais e materiais biológicos encontrados na natureza, ou ainda que dela isolados, inclusive o genoma ou germoplasma de qualquer ser vivo natural e os processos biológicos naturais.

## MARCAS

Marca é o signo que identifica produtos e serviços, produzidos ou colocados em circulação pelo empresário.

- Requisitos do registro de marca: é registrável a marca que atenta aos requisitos da novidade relativa, não colidência com marca notória e não impedimento.
- Sinais registráveis como marca: são suscetíveis de registro como marca os sinais distintivos visualmente perceptíveis, não compreendidos nos impedimentos legais do art. 124 da LPI.
- Não são registráveis como marca (art. 124 da LPI):

a) brasão, armas, medalha, bandeira, emblema, distintivo e monumento oficiais, públicos, nacionais, estrangeiros ou internacionais, bem como a respectiva designação, figura ou imitação;

b) letra, algarismo e data, isoladamente, salvo quando revestidos de suficiente forma distintiva;

c) expressão, figura, desenho ou qualquer outro sinal contrário à moral e aos bons costumes ou que ofenda a honra ou imagem de pessoas ou atente contra liberdade de consciência, crença, culto religioso ou ideia e sentimento dignos de respeito e veneração;

d) designação ou sigla de entidade ou órgão público, quando não requerido o registro pela própria entidade ou órgão público;

e) reprodução ou imitação de elemento característico ou diferenciador de título de estabelecimento ou nome de empresa de terceiros, suscetível de causar confusão ou associação com estes sinais distintivos;

f) sinal de caráter genérico, necessário, comum, vulgar ou simplesmente descritivo, quando tiver relação com o produto ou serviço a distinguir, ou aquele empregado comumente para designar uma característica do produto ou serviço, quanto à natureza, nacionalidade, peso, valor, qualidade e época de produção ou de prestação do serviço, salvo quando revestidos de suficiente forma distintiva;

g) sinal ou expressão empregada apenas como meio de propaganda;

h) cores e suas denominações, salvo se dispostas ou combinadas de modo peculiar e distintivo;

i) indicação geográfica, sua imitação suscetível de causar confusao ou sinal que possa falsamente induzir indicação geográfica;

j) sinal que induza a falsa indicação quanto à origem, procedência, natureza, qualidade ou utilidade do produto ou serviço a que a marca se destina;

k) reprodução ou imitação de cunho oficial, regularmente adotada para garantia de padrão de qualquer gênero ou natureza;

l) reprodução ou imitação de sinal que tenha sido registrado como marca coletiva ou de certificação por terceiro, observado o disposto no art. 154;

m) nome, prêmio ou símbolo de evento esportivo, artístico, cultural, social, político, econômico ou técnico, oficial ou oficialmente reconhecido, bem como a imitação suscetível de criar confusão, salvo quando autorizados pela autoridade competente ou entidade promotora do evento;

n) reprodução ou imitação de título, apólice, moeda e cédula da União, dos Estados, do Distrito Federal, dos Territórios, dos Municípios, ou de país;

o) nome civil ou sua assinatura, nome de família ou patronímico e imagem de terceiros, salvo com consentimento do titular, herdeiros ou sucessores;

p) pseudônimo ou apelido notoriamente conhecidos, nome artístico singular ou coletivo, salvo com consentimento do titular, herdeiros ou sucessores;

q) obra literária, artística ou científica, assim como os títulos que estejam protegidos pelo direito autoral e sejam suscetíveis de causar confusão ou associação, salvo com consentimento do autor ou titular;

r) termo técnico usado na indústria, na ciência e na arte, que tenha relação com o produto ou serviço a distinguir;

s) reprodução ou imitação, no todo ou em parte, ainda que com acréscimo, de marca alheia registrada, para distinguir ou certificar produto ou serviço idêntico, semelhante ou afim, suscetível de causar confusão ou associação com marca alheia;

t) dualidade de marcas de um só titular para o mesmo produto ou serviço, salvo quando, no caso de marcas de mesma natureza, se revestirem de suficiente forma distintiva;

u) a forma necessária, comum ou vulgar do produto ou de acondicionamento, ou, ainda, aquela que não possa ser dissociada de efeito técnico;

v) objeto que estiver protegido por registro de desenho industrial de terceiro; e

w) sinal que imite ou reproduza, no todo ou em parte, marca que o requerente evidentemente não poderia desconhecer em razão de sua atividade, cujo titular seja sediado ou domiciliado em território nacional ou em país com o qual o Brasil mantenha acordo ou que assegure reciprocidade de tratamento, se a marca se destinar a distinguir produto ou serviço idêntico, semelhante ou afim, suscetível de causar confusão ou associação com aquela marca alheia.

- Espécies de marca:

a) marca de produto ou serviço: aquela usada para distinguir produto ou serviço de outro idêntico, semelhante ou afim, de origem diversa;

b) marca de certificação: aquela usada para atestar a conformidade de um produto ou serviço com determinadas normas ou especificações técnicas, notadamente quanto à qualidade, natureza, material utilizado e metodologia empregada; e

c) marca coletiva: aquela usada para identificar produtos ou serviços provindos de membros de uma determinada entidade.

- Marca de alto renome: à marca registrada no Brasil considerada de alto renome será assegurada proteção especial, em todos os ramos de atividade.

> ATENÇÃO!
> As marcas de alto renome dependem de registro no Brasil para terem a respectiva proteção.

- Marca de alto renome x Marca notoriamente conhecida: A marca de alto renome é uma exceção ao princípio da especialidade. Isso porque, desde que devidamente registrada e assim declarada pelo INPI, a marca de alto renome terá proteção especial em todos os ramos de atividade no território nacional. Por outro lado, a marca notória, independentemente de registro, terá proteção no seu ramo específico de atividade. Por fim, vale ressaltar que, independentemente de estar registrada no Brasil, a marca notória possui proteção em todos os países signatários da Convenção da União de Paris.

| Marca de alto renome | Marca notória |
|---|---|
| Depende de registro no Brasil para ser protegida. | Não depende de registro no Brasil para ser protegida. |
| A marca de alto renome terá proteção especial em todos os ramos de atividade no território nacional. | A marca notória, independentemente de registro, terá proteção no seu ramo específico de atividade. Possui também proteção em todos os países signatários da Convenção da União de Paris. |
| "O conceito de marca notoriamente conhecida não se confunde com marca de alto renome. A primeira – notoriamente conhecida – é exceção ao princípio da territorialidade e goza de proteção especial independente de registro no Brasil em seu respectivo ramo de atividade. A segunda – marca de alto renome – cuida de | |

EMPRESARIAL

| Marca de alto renome | Marca notória |
|---|---|
| exceção ao princípio da especificidade e tem proteção especial em todos os ramos de atividade, desde que previamente registrada no Brasil e declarada pelo INPI – Instituto Nacional de Propriedade Industrial." (STJ, 3ª Turma, REsp 1114745/RJ, Rel. Min. Massami Uyeda, julgado em 02/09/2010, DJe 21/09/2010). | |

- Legitimidade para requerer o registro da marca: podem requerer registro de marca as pessoas físicas ou jurídicas de direito público ou de direito privado.

> ATENÇÃO!
>
> As pessoas de direito privado só podem requerer registro de marca relativo à atividade que exerçam efetiva e licitamente, de modo direto ou através de empresas que controlem direta ou indiretamente, declarando, no próprio requerimento, esta condição, sob as penas da lei.

- Aquisição dos direitos sobre a marca: a propriedade da marca adquire-se pelo registro validamente expedido, conforme as disposições desta Lei, sendo assegurado ao titular seu uso exclusivo em todo o território nacional.

> ATENÇÃO!
>
> Toda pessoa que, de boa-fé, na data da prioridade ou depósito, usava no País, há pelo menos 6 (seis) meses, marca idêntica ou semelhante, para distinguir ou certificar produto ou serviço idêntico, semelhante ou afim, terá direito de precedência ao registro.

- Vigência do registro da marca: 10 anos.
- Contrato de cessão de marca: a cessão de marca é o instrumento apto a transferir os direitos de propriedade da marca transacionada, legitimando o cessionário ao uso, fruição, disposição e reivindicação e, por consequência, a opor-se, ainda que preventivamente, à pretensão de registro por terceiro, inclusive o próprio cedente (STJ, REsp 1.532.206/RJ).
- Distinção:

| Nome empresarial | Marca | Título de estabelecimento |
|---|---|---|
| Identifica o empresário no meio empresarial. | Identifica o produto ou serviço no meio empresarial. | Identifica o estabelecimento empresarial. |
| É protegido a partir do momento em que o empresário registra os seus atos constitutivos na Junta Comercial, que é um órgão estadual. A proteção é de âmbito estadual. | É protegida a partir do momento em que é registrada no INPI (Instituto Nacional de Propriedade Industrial), que é um órgão federal. A proteção é de âmbito federal. | Não precisa ser registrado. |
| Não pode ser alienado. | Pode ser alienada. | Pode ser alienado. |

- Princípio da especialidade: pelo princípio da especialidade, a proteção da marca é assegurada no âmbito da sua classe de produtos ou serviços, e não em todos os ramos de atividade. É possível, portanto, que produtos ou serviços tenham marcas semelhantes.

  Enunciados do CJF aplicáveis:

  Enunciado 1 da I Jornada de Direito Comercial: "Decisão judicial que considera ser o nome empresarial violador do direito de marca não implica a anulação do respectivo registro no órgão próprio nem lhe retira os efeitos, preservado o direito de o empresário alterá-lo."

  Enunciado 2 da I Jornada de Direito Comercial: "A vedação de registro de marca que reproduza ou imite elemento característico ou diferenciador de nome empresarial de terceiros, suscetível de causar confusão ou associação (art. 124, V, da Lei n. 9.279/1996), deve ser interpretada restritivamente e em consonância com o art. 1.166 do Código Civil."

## SÚMULAS APLICÁVEIS

- STJ – Súmula 143: Prescreve em cinco anos a ação de perdas e danos pelo uso de marca comercial.

  Desenhos industriais

O registro se relaciona com o desenho industrial e com a marca. Considera-se desenho industrial a forma plástica ornamental de um objeto ou o conjunto ornamental de linhas e cores que possa ser aplicado a um produto, proporcionando resultado visual novo e original na sua configuração externa e que possa servir de tipo de fabricação industrial.

Requisitos para o registro do desenho industrial: o desenho industrial pode ser registrado quando atenda aos requisitos da novidade, originalidade e desimpedimento:

a) Novidade: o desenho industrial é considerado novo quando não compreendido no estado da técnica. O desenho industrial deve resultar em visual inédito, desconhecido dos técnicos do setor.
b) Originalidade: o desenho industrial é considerado original quando dele resulte uma configuração visual distintiva, em relação a outros objetos anteriores. Obs.: O resultado visual original poderá ser decorrente da combinação de elementos já conhecidos.
c) Desimpedimento: o desenho industrial não pode incorrer em nenhuma das situações do art. 100 da LPI.

Não é registrável como desenho industrial (art. 100 da LPI):

a) o que for contrário à moral e aos bons costumes ou que ofenda a honra ou imagem de pessoas, ou atente contra liberdade de consciência, crença, culto religioso ou ideia e sentimentos dignos de respeito e veneração;
b) a forma necessária comum ou vulgar do objeto ou, ainda, aquela determinada essencialmente por considerações técnicas ou funcionais.

Vigência do registro do desenho industrial: 10 anos.

## LICENÇA COMPULSÓRIA

Em razão do contexto de pandemia causada pelo novo coronavírus (SARS-CoV-2), o assunto "licença compulsória" está entre os mais prováveis de serem cobrados nas próximas provas. Tanto é verdade que o Congresso Nacional se movimentou para aprovar a Lei 14.200, de 2 de setembro de 2021, que altera a Lei 9.279/1996 (Lei de Propriedade Industrial) para dispor sobre a licença compulsória de patentes ou de pedidos de patente nos casos de declaração de emergência nacional ou internacional, ou de interesse público, ou de reconhecimento de estado de calamidade pública de âmbito nacional.

A finalidade da lei, em síntese, é possibilitar o acesso universal a produtos farmacêuticos, vacinas e terapias imprescindíveis para o combate ao novo coronavírus e a outras epidemias ou graves crises de saúde pública.

Ao nosso ver, andou bem o legislador, considerando que, por razões humanitárias, prestigiou os princípios da dignidade da humana, da supremacia do interesse público e da função social da propriedade industrial.

Foi assim que a Lei 14.200/2021 deu nova redação ao art. 71 da Lei 9.279/1996, passando a prever que nos casos de emergência nacional ou internacional ou de interesse público declarados em lei ou em ato do Poder Executivo federal, ou de reconhecimento de estado de calamidade pública de âmbito nacional pelo Congresso Nacional, poderá ser concedida licença compulsória, de ofício, temporária e não exclusiva, para a exploração da patente ou do pedido de patente, sem prejuízo dos direitos do respectivo titular, desde que seu titular ou seu licenciado não atenda a essa necessidade.

Neste sentido., atualmente, diante do estado excepcional de calamidade pública reconhecida pelo Poder Público, é possível o licenciamento compulsório pelo Estado de patentes capazes de assegurar o atendimento da demanda interna para o enfrentamento de uma pandemia, por exemplo.

Vale destacar, ainda, o art. 71-A da Lei 9.279/1996, introduzido pela Lei 14.200/2021, passou a admitir que seja concedida, por razões humanitárias e nos termos de tratado internacional do qual o Brasil seja parte, licença compulsória de patentes de produtos destinados à exportação a países com insuficiente ou nenhuma capacidade de fabricação no setor farmacêutico para atendimento de sua população.

# Direitos Humanos

*Paulo Henrique Gonçalves Portela e*
*Paulo Lépore*

## TABELA DE INCIDÊNCIA DE QUESTÕES

| Distribuição das questões organizada por ordem didática de assuntos | | |
|---|---|---|
| **Assunto** | **Número de Questões** | **Peso** |
| 1. DIREITO INTERNACIONAL DOS DIREITOS HUMANOS – NOÇÕES GERAIS | 3 | 4,76% |
| 2. DIREITO INTERNACIONAL DOS DIREITOS HUMANOS – SISTEMA GLOBAL | 14 | 22,22% |
| 3. DIREITO INTERNACIONAL DOS DIREITOS HUMANOS – SISTEMA INTERAMERICANO | 17 | 26,98% |
| 4. DIREITOS HUMANOS – NOÇÕES GERAIS | 3 | 4,76% |
| 5. DIREITOS HUMANOS NA CONSTITUIÇÃO FEDERAL | 6 | 9,52% |
| 6. DIREITOS HUMANOS NA LEGISLAÇÃO BRASILEIRA | 20 | 31,75% |
| **Total** | **63** | **100%** |

# Direitos Humanos

*Paulo Henrique Gonçalves Portela e*
*Paulo Lépore*

✦ QUESTÕES

## 1. DIREITO INTERNACIONAL DOS DIREITOS HUMANOS – NOÇÕES GERAIS

### 1.1. HISTÓRICO

**01. (FGV – OAB 2011.2)** A respeito da internacionalização dos direitos humanos, assinale a alternativa correta.

a) Já antes do fim da II Guerra Mundial ocorreu a internacionalização dos direitos humanos, com a limitação dos poderes do Estado a fim de garantir o respeito integral aos direitos fundamentais da pessoa humana.

b) A limitação do poder, quando previsto na Constituição, garante por si só o respeito aos direitos humanos.

c) A criação de normas de proteção internacional no âmbito dos direitos humanos possibilita a responsabilização do Estado quando as normas nacionais forem omissas.

d) A internacionalização dos direitos humanos impõe que o Estado, e não o indivíduo, seja sujeito de direitos internacional.

COMENTÁRIOS

✪ **Nota do autor:** o histórico do processo de internacionalização dos direitos humanos é objeto de frequentes questões nos exames jurídicos como um todo, inclusive nos Exames de Ordem. Cabe destacar que, para a doutrina, os principais antecedentes históricos do processo de internacionalização dos direitos humanos são o aparecimento do Direito Humanitário na segunda metade do século XIX, a criação da Liga das Nações, em 1919, e o início das atividades da Organização Internacional do Trabalho (OIT), também em 1919. Entretanto, os grandes marcos históricos do processo de internacionalização dos direitos humanos são a criação da Organização das Nações Unidas (ONU), em 1945, e a proclamação da Declaração Universal dos Direitos Humanos, em 1948.

**Alternativa "a":** a internacionalização dos direitos humanos, embora encontre antecedentes anteriores à II Guerra Mundial, consolida-se apenas após esse conflito e **a partir da criação da Organização das Nações Unidas (ONU)**, em 1945, **e da proclamação da Declaração Universal dos Direitos Humanos**, em 1948.

**Alternativa "b":** a garantia dos direitos humanos requer também a **cooperação entre os povos** e o **envolvimento dos organismos internacionais**, que devem velar pelo cumprimento das obrigações internacionais dos Estados em matéria de proteção da dignidade humana, monitorando-os e, quando cabível, tomando medidas para responsabilizá-los pelas violações dos tratados de direitos humanos.

**Alternativa "c": o Estado tem a responsabilidade primária pela proteção dos direitos humanos**, devendo garantir a todas as pessoas sob sua jurisdição o gozo de seus direitos por meio de medidas de cunho administrativo, legislativo e judicial. Ao mesmo tempo, **o sistema de proteção internacional dos direitos humanos é secundário**, devendo suas normas aplicar-se, e seus órgãos agirem, apenas quando o Estado for falho ou omisso no cumprimento de suas obrigações em matéria de proteção da dignidade humana.

**Alternativa "d":** o processo de internacionalização dos direitos humanos veio exatamente a contribuir **para que o indivíduo tenha adquirido o status de sujeito de Direito Internacional**.

**Alternativa correta: letra "c".**

### 1.2. PRINCÍPIOS

**02. (FGV – OAB 2014.1)** A Companhia Energética de Minas Gerais (Cemig) foi responsabilizada por fiscais do Ministério do Trabalho e Emprego (MTE) e pelo Ministério Público do Trabalho (MPT) pela submissão de 179 trabalhadores a condições análogas às de escravos, em Belo Horizonte. Esse fato gravíssimo comprova, na prática, violação de um princípio crucial acerca dos Direitos Humanos.

Assinale a opção que expressa esse princípio.

a) O princípio do relativismo cultural determina que o trabalho forçado seja combatido apenas nos países onde a legislação defina tal conduta como ilícita.

b) O princípio da razoabilidade, pois não é razoável que pessoas sejam submetidas ao trabalho na condição análoga à de escravo.

c) O princípio do direito humanitário, pois o trabalho na condição análoga à de escravo é desumano.

d) O princípio da indivisibilidade dos direitos humanos, pois o trabalho na condição análoga à de escravo viola a um só tempo os direitos civis e políticos e os direitos econômicos e sociais.

COMENTÁRIOS

✪ **Nota do autor:** dentre os princípios relativos aos Direitos Humanos encontramos a universalidade, a igualdade, a não discriminação, a transnacionalidade, a inerência, a inalienabilidade, a irrenunciabilidade, a indivisibilidade, a interdependência e a primazia da norma mais favorável à pessoa/vítima/ao indivíduo, dentre outros.

**Alternativa "a": o relativismo cultural refere-se à defesa, por parte da doutrina, da impossibilidade da existência de um rol mínimo de direitos válido igualmente para toda a humanidade**, em vista de todas as diferenças culturais, políticas, econômicas etc. existentes entre os povos do mundo. Entretanto, é necessário enfatizar **que a noção de relativismo cultural não é adotada pelo sistema de proteção internacional dos direitos humanos, prevalecendo o princípio da universalidade,** razão pela qual os trabalhos forçados devem ser combatidos em qualquer parte do mundo.

**Alternativa "b":** a proteção da pessoa contra os trabalhos forçados **encontra guarida na prevalência da proteção da dignidade da pessoa humana e nas normas consagradas nos tratados internacionais** pertinentes, não na razoabilidade de providenciar referida proteção.

**Alternativa "c":** o Direito Humanitário é o ramo do Direito Internacional Público e do Direito Internacional dos Direitos Humanos que **visa a proteger a dignidade humana nos conflitos armados, procurando reduzir a violência inerente à guerra e tutelar a assistência às vítimas das hostilidades**, prevendo a proibição da prática de atos de violência contra não combatentes e combatentes fora de combate. Nesse sentido, a proibição dos trabalhos forçados não necessariamente se relaciona com o Direito Humanitário, **visto que tais trabalhos devem ser proibidos em qualquer circunstância.**

**Alternativa "d":** de acordo com a noção de indivisibilidade/interdependência dos direitos humanos, **a garantia dos direitos de uma das dimensões/gerações dos direitos humanos encontra-se vinculada diretamente ao respeito dos direitos de outra das dimensões/gerações dos direitos humanos.** Ao mesmo tempo, **é possível que um direito se adeque a mais de uma geração/dimensão.** No caso, a violação do direito ao trabalho livremente escolhido ou aceite e a proibição dos trabalhos forçados encontram-se tanto entre os direitos de primeira dimensão como no rol dos direitos de segunda dimensão.

**Alternativa correta: letra "d".**

### 1.3. UNIVERSALISMO E RELATIVISMO CULTURAL

**03. (FGV – OAB 2013.2)** Em 11 de abril de 2011 passou a vigorar na França uma lei que proíbe o uso, nos espaços públicos, da burca e do *niqab*, véus que cobrem totalmente os rostos das mulheres e que, para algumas correntes da cultura muçulmana, são de uso obrigatório. Essa situação se insere no polêmico debate acerca da universalidade ou da relatividade cultural dos direitos humanos. Em relação a esse debate, assinale a afirmativa correta:

a) Os defensores do relativismo cultural são a favor da lei uma vez que ela, ao proibir o uso da burca e do niqab, permite a livre manifestação de todas as religiões.

b) Os defensores da universalidade dos direitos humanos são a favor da lei com o argumento de que todas as culturas devem preservar a igualdade entre os sexos e a burca e o *niqab* são instrumentos de opressão da mulher.

c) Os defensores do relativismo cultural são contra a lei porque ela viola o princípio básico de que os direitos humanos se aplicam igualmente a todas as culturas.

d) Os defensores da universalidade dos direitos humanos são contra a lei, alegando que ela viola o direito à liberdade religiosa.

**COMENTÁRIOS**

✪ **Nota do autor:** há uma polêmica doutrinária entre o universalismo e o relativismo cultural. Fundamentalmente, para o universalismo, os direitos humanos dirigem-se a todos os povos indistintamente, ao passo que, para o relativismo, isso não é possível, em vista das diferenças culturais entre os povos, o que impediria a existência de uma "moral universal única". Na prática, o sistema de proteção internacional dos direitos humanos optou pelo universalismo.

**Alternativa "a": a lei acaba, na prática, proibindo a livre manifestação religiosa.**

**Alternativa "b":** de acordo com o pensamento universalista, **todas as pessoas são titulares de um mesmo rol comum de direitos, a ser garantido em qualquer circunstância.** Com isso, o uso da burca e do *niqab* violaria uma norma comum a todos os integrantes do gênero humano, no caso a igualdade entre mulheres e homens, e, dentro da visão universalista, deveria ser abolido.

**Alternativa "c": a lei desconsidera as diferenças culturais cujo respeito é defendido pelo relativismo.** Outrossim, o princípio básico de que os direitos humanos se aplicam igualmente a todas as culturas é noção universalista.

**Alternativa "d":** para os universalistas, o que resta violado com o uso da burca e do *niqab* é a **igualdade de gênero.**

**Alternativa correta: letra "b".**

## 2. DIREITO INTERNACIONAL DOS DIREITOS HUMANOS – SISTEMA GLOBAL

### 2.1. DESAPARECIMENTO FORÇADO

**04. (FGV – OAB 2014.3)** Em julho de 2013, o ajudante de pedreiro "X", após ter sido detido por policiais militares e conduzido da porta de sua casa em direção à delegacia, desapareceu. Há um amplo debate em torno do caso e, dentre outros aspectos, discute-se se seria esse caso uma hipótese de desaparecimento forçado. Sabendo que o Brasil ratificou, em 2010, a Convenção Internacional Para a Proteção de Todas as Pessoas Contra o Desaparecimento Forçado, assinale a afirmativa correta.

a) Entende-se por desaparecimento forçado a privação da liberdade promovida por particulares no exercício de uma coação irresistível, seguida da recusa em reconhecer a privação de liberdade ou do encobrimento do destino ou do paradeiro da pessoa desaparecida, colocando-a, assim, fora do âmbito de proteção da lei.

b) Entende-se por desaparecimento forçado a prisão, a detenção, o sequestro ou qualquer outra forma de privação de liberdade por agentes do Estado ou por pessoas ou grupos de pessoas agindo com a autorização, o apoio ou o consentimento do Estado, seguida da recusa em reconhecer a privação de liberdade ou do encobrimento do destino ou do paradeiro da pessoa desaparecida, colocando-a, assim, fora do âmbito de proteção da lei.

c) Entende-se por desaparecimento forçado a prisão, a detenção, o sequestro ou qualquer outra forma de privação de liberdade por agentes do Estado ou por pessoas ou grupos de pessoas agindo com a autorização, o apoio ou o consentimento do Estado, colocando-a, assim, fora do âmbito de proteção da lei.

d) Entende-se por desaparecimento forçado o sequestro de um cidadão praticado por agentes das forças armadas do Estado, seguido da recusa em reconhecer a privação de liberdade ou do encobrimento do destino ou do paradeiro da pessoa desaparecida, colocando-a, assim, fora do âmbito de proteção da lei.

**COMENTÁRIOS**

✪ **Nota do autor:** a Convenção Internacional para a Proteção de todas as Pessoas contra o Desaparecimento Forçado visa a combater a prisão, a detenção, o sequestro ou qualquer outra forma de privação de liberdade que seja perpetrada por agentes do Estado ou por pessoas ou grupos de pessoas agindo com a autorização, apoio ou aquiescência do Estado, e a subsequente recusa em admitir a privação de liberdade ou a ocultação do destino ou do paradeiro da pessoa desaparecida, afastando-a assim da proteção da lei.

**Alternativa "a":** o artigo 2 da Convenção Internacional para a Proteção de todas as Pessoas contra o Desaparecimento Forçado define "desaparecimento forçado" como a "**prisão, a detenção, o sequestro ou qualquer outra forma de privação de liberdade que seja perpetrada por agentes do Estado ou por pessoas ou grupos de pessoas agindo com a autorização, apoio ou aquiescência do Estado, e a subsequente recusa em admitir a privação de liberdade ou a ocultação do destino ou do paradeiro da pessoa desaparecida, privando-a assim da proteção da lei**". Logo, deve haver o **envolvimento direto ou indireto do Estado** no desaparecimento da pessoa.

**Alternativa "b":** de acordo com o artigo 2 da Convenção Internacional para a Proteção de todas as Pessoas contra o Desaparecimento Forçado, entende-se por "desaparecimento forçado" a "**prisão, a detenção, o sequestro ou qualquer outra forma de privação de liberdade que seja perpetrada por agentes do Estado ou por pessoas ou grupos de pessoas agindo com a autorização, apoio ou aquiescência do Estado, e a subsequente recusa em admitir a privação de liberdade ou a ocultação do destino ou do paradeiro da pessoa desaparecida, privando-a assim da proteção da lei**".

**Alternativa "c":** o artigo 2 da Convenção Internacional para a Proteção de todas as Pessoas contra o Desaparecimento Forçado conceitua "desaparecimento forçado" como a "**prisão, a detenção, o sequestro ou qualquer outra forma de privação de liberdade que seja perpetrada por agentes do Estado ou por pessoas ou grupos de pessoas agindo com a autorização, apoio ou aquiescência do Estado, e a subsequente recusa em admitir a privação de liberdade ou a ocultação do destino ou do paradeiro da pessoa desaparecida, privando-a assim da proteção da lei**". Logo, é necessário que haja também a **subsequente recusa em admitir a privação de liberdade ou a ocultação do destino ou do paradeiro da pessoa desaparecida**.

**Alternativa "d":** o artigo 2 da Convenção Internacional para a Proteção de todas as Pessoas contra o Desaparecimento Forçado define "desaparecimento forçado" como a "**prisão, a detenção, o sequestro ou qualquer outra forma de privação de liberdade que seja perpetrada por agentes do Estado ou por pessoas ou grupos de pessoas agindo com a autorização, apoio ou aquiescência do Estado, e a subsequente recusa em admitir a privação de liberdade ou a ocultação do destino ou do paradeiro da pessoa desaparecida, privando-a assim da proteção da lei**". Com isso, o desaparecimento forçado pode incluir também a privação de liberdade perpetrada **por pessoas ou grupos de pessoas agindo com a autorização, apoio ou aquiescência do Estado**.

**Alternativa correta: letra "b".**

## 2.2. ESCRAVIDÃO

**05. (FGV – OAB 2016.1)** Em dezembro de 2014, a sul-africana Urmila Bhoola, relatora especial das Nações Unidas sobre as formas contemporâneas de escravidão, declarou que "pelo menos 20,9 milhões de pessoas estão sujeitas a formas modernas de escravidão, que atingem principalmente mulheres e crianças". A relatora da ONU, para fazer tal afirmação, considerou o conceito de escravidão presente na Convenção Suplementar sobre a Abolição da Escravatura, do Tráfico de Escravos e das Instituições e Práticas Análogas à Escravatura adotada em Genebra, em 7 de setembro de 1956.

Assinale a opção que apresenta o conceito de escravidão conforme disposto na referida Convenção.

a) Estado ou a condição de um indivíduo sobre o qual se exercem todos ou parte dos poderes atribuídos ao direito de propriedade.
b) Situação em que um indivíduo trabalha em condições precárias e não recebe seus direitos trabalhistas de modo pleno e integral.
c) Relação em que uma pessoa possui o controle físico sobre o corpo de outra pessoa.
d) Condição por meio da qual uma pessoa se encontra psicologicamente constrangida a cumprir as ordens que lhe são dadas por terceiros, ainda que tais ordens sejam contrárias aos seus interesses.

COMENTÁRIOS

✪ **Nota do autor:** o tema da escravidão também é objeto do artigo 4 da Declaração Universal dos Direitos Humanos, de 1948, que determina que "Ninguém será mantido em escravidão ou servidão; a escravidão e o tráfico de escravos estão proibidos em todas as suas formas".

**Alternativa "a":** o artigo 7, §1º, da Convenção Suplementar sobre a Abolição da Escravatura, do Tráfico de Escravos e das Instituições e Práticas Análogas à Escravatura define escravidão como "**o estado ou a condição de um indivíduo sobre o qual se exercem todos ou parte dos poderes atribuídos ao direito de propriedade**".

**Alternativa "b":** o artigo 7, §1º, da Convenção Suplementar sobre a Abolição da Escravatura, do Tráfico de Escravos e das Instituições e Práticas Análogas à Escravatura define escravidão como "**o estado ou a condição de um indivíduo sobre o qual se exercem todos ou parte dos poderes atribuídos ao direito de propriedade**". O trabalho em condições precárias configura violação das leis trabalhistas e desobediência aos padrões trabalhistas mínimos estabelecidos nos tratados de direitos humanos e nas convenções da Organização Internacional do Trabalho (OIT).

**Alternativa "c":** o artigo 7, §1º, da Convenção Suplementar sobre a Abolição da Escravatura, do Tráfico de Escravos e das Instituições e Práticas Análogas à Escravatura define escravidão como "**o estado ou a condição de um indivíduo sobre o qual se exercem todos ou parte dos poderes atribuídos ao direito de propriedade**".

**Alternativa "d":** a escravidão é definida como "**o estado ou a condição de um indivíduo sobre o qual se exercem todos ou parte dos poderes atribuídos ao direito de propriedade**" (Convenção Suplementar sobre a Abolição da Escravatura, do Tráfico de Escravos e das Instituições e Práticas Análogas à Escravatura – artigo 7, §1º).

**Alternativa correta: letra "a".**

## 2.3. GENOCÍDIO

**06. (FGV – OAB 2012.3)** A Resolução 96 (I), de 11 de dezembro de 1946, da Assembleia Geral da Organização das Nações Unidas declarou que o genocídio é um crime contra o Direito Internacional.

Nesse passo, a Convenção para a Prevenção e Repressão do Crime de Genocídio afirmou que.

a) as partes contratantes da Convenção confirmam que o genocídio configura crime contra o Direito Internacional, exceto se cometido em tempo de guerra.
b) o genocídio é entendido como o assassinato de membros de um grupo nacional, étnico, racial ou religioso, com a

intenção de destruí-lo no todo, não se entendendo como tal, dano grave à saúde do grupo.

c) os atos tentados ou consumados, bem como a cumplicidade para cometer genocídio, serão punidos, mas a incitação ao cometimento de genocídio, ainda que direta e pública, não será punida.

d) a transferência forçada de menores de um grupo religioso para outro grupo religioso, cometida com a intenção de destruir aquele, considera-se genocídio.

COMENTÁRIOS

✪ **Nota do autor:** o tema do genocídio é objeto, no Direito Internacional, da Convenção para a Prevenção e a Repressão do Crime de Genocídio, de 1948 (Decreto 30.822, de 06/05/1952).

**Alternativa "a"**: a Convenção para a Prevenção e a Repressão do Crime de Genocídio, em seu artigo 1, dispõe que "**As partes contratantes confirmam que o genocídio, quer cometido em tempo de paz, quer em tempo de guerra, é um crime contra o Direito Internacional**, o qual elas se comprometem a prevenir e a punir".

**Alternativa "b"**: o "**Dano grave à integridade física ou mental de membros do grupo**" é modalidade de genocídio (Convenção para a Prevenção e a Repressão do Crime de Genocídio, art. 2, "b").

**Alternativa "c"**: "**A incitação direta e pública a cometer o genocídio**" também é punível, nos termos da Convenção para a Prevenção e a Repressão do Crime de Genocídio (art. 3, "b").

**Alternativa "d"**: o artigo 2, "e", da Convenção para a Prevenção e a Repressão do Crime de Genocídio, inclui como modalidade desse ato a "**transferência forçada de menores do grupo para outro**". Cabe destacar que a Convenção não limita o tipo de grupo que possa sofrer genocídio, que pode ser um grupo religioso, racial, nacional etc.

**Alternativa correta: letra "d".**

## 2.4. ÍNDIOS

**07. (FGV – OAB 2018.1)** O governo federal autorizou uma mineradora a prospectar a exploração dos recursos existentes nas terras indígenas. Numerosas instituições da sociedade civil contratam você para, na condição de advogado, atuar em defesa da comunidade indígena.

Tendo em vista tal fato, além do que determina a Convenção 169 da OIT Sobre Povos Indígenas e Tribais, assinale a afirmativa correta:

a) O governo deverá estabelecer ou manter procedimentos com vistas a consultar os povos indígenas interessados, a fim de determinar se os interesses desses povos seriam prejudicados e em que medida, antes de empreender ou autorizar qualquer programa de prospecção ou exploração dos recursos existentes em suas terras.

b) A prospecção e a exploração dos recursos naturais em terras indígenas pode ocorrer independentemente da autorização e da participação dos povos indígenas nesse processo, desde que haja uma indenização por eventuais danos causados em decorrência dessa exploração.

c) A prospecção e a exploração das riquezas naturais em terras indígenas podem ocorrer mesmo sem a participação ou o consentimento dos povos indígenas afetados. No entanto, esses povos têm direito a receber a metade do valor obtido como lucro líquido resultante dessa exploração.

d) Se a propriedade dos minérios ou dos recursos do subsolo existentes na terra indígena pertencerem ao Estado, o governo não está juridicamente obrigado a consultar os povos interessados. Nesse caso, restaria apenas a mobilização política como estratégia de convencimento.

COMENTÁRIOS

✪ **Nota do autor:** a Convenção 169 da Organização Internacional do Trabalho – OIT sobre Povos Indígenas e Tribais é o principal tratado internacional referente à tutela dos direitos das populações indígenas.

**Alternativa "a"**: de acordo com o artigo 15, par. 2, da Convenção 169 da OIT, "Em caso de pertencer ao Estado a propriedade dos minérios ou dos recursos do subsolo, ou de ter direitos sobre outros recursos, existentes na terras, **os governos deverão estabelecer ou manter procedimentos com vistas a consultar os povos interessados, a fim de se determinar se os interesses desses povos seriam prejudicados, e em que medida, antes de se empreender ou autorizar qualquer programa de prospecção ou exploração dos recursos existentes nas suas terras**". Cabe destacar, ainda dentro do mesmo dispositivo, que "**Os povos interessados deverão participar sempre que for possível dos benefícios que essas atividades produzam, e receber indenização equitativa por qualquer dano que possam sofrer como resultado dessas atividades**".

**Alternativa "b": a prospecção e a exploração dos recursos naturais em terras indígenas não poderá ocorrer independentemente da autorização e da participação dos povos indígenas nesse processo**, porque, de acordo com o artigo 15, par. 2, da Convenção 169 da OIT, "Em caso de pertencer ao Estado a propriedade dos minérios ou dos recursos do subsolo, ou de ter direitos sobre outros recursos, existentes na terras, **os governos deverão estabelecer ou manter procedimentos com vistas a consultar os povos interessados, a fim de se determinar se os interesses desses povos seriam prejudicados, e em que medida, antes de se empreender ou autorizar qualquer programa de prospecção ou exploração dos recursos existentes nas suas terras**". Em qualquer caso, os povos interessados deverão "**receber indenização equitativa por qualquer dano que possam sofrer como resultado dessas atividades**".

**Alternativa "c": a prospecção e a exploração dos recursos naturais em terras indígenas depende da autorização e da participação dos povos indígenas nesse processo**, porque, de acordo com o artigo 15, par. 2, da Convenção 169 da OIT, "Em caso de pertencer ao Estado a propriedade dos minérios ou dos recursos do subsolo, ou de ter direitos sobre outros recursos, existentes na terras, **os governos deverão estabelecer ou manter procedimentos com vistas a consultar os povos interessados, a fim de se determinar se os interesses desses povos seriam prejudicados, e em que medida, antes de se empreender ou autorizar qualquer programa de prospecção ou exploração dos recursos existentes nas suas terras**". Cabe destacar que os povos interessados "**deverão participar sempre que for possível dos benefícios que essas atividades produzam**". No entanto, a Convenção 169 da OIT **não estabelece o montante dos benefícios que os povos indígenas deverão auferir a partir da exploração de suas terras.**

**Alternativa "d"**: de acordo com o artigo 15, par. 2, da Convenção 169 da OIT, "**Em caso de pertencer ao Estado a propriedade dos minérios ou dos recursos do subsolo, ou de ter direitos sobre outros recursos, existentes na terras, os governos deverão estabelecer ou manter procedimentos com vistas a consultar os povos interessados, a fim de se determinar se os interesses desses povos seriam prejudicados, e em que medida, antes de se empreender ou autorizar qualquer programa de prospecção ou exploração dos recursos existentes nas suas terras**".

**Alternativa correta: letra "a".**

**08. (FGV – OAB 2016.2)** Considere o seguinte caso: Em um Estado do norte do Brasil está havendo uma disputa que envolve a exploração de recursos naturais em terras indígenas. Esta disputa envolve diferentes comunidades indígenas e uma mineradora privada. Como advogado que atua na área dos Direitos Humanos, foi-lhe solicitado elaborar um parecer. Nesse caso, é imprescindível se ter em conta a Convenção 169 da OIT, que foi ratificada pelo Brasil, em 2002. De acordo com o Art. 2° desta Convenção, os governos deverão assumir a responsabilidade de desenvolver, com a participação dos povos interessados, uma ação coordenada e sistemática com vistas a proteger os direitos desses povos e a garantir o respeito pela sua integridade.

Levando-se em consideração esta Convenção e em relação ao que se refere aos recursos naturais eventualmente existentes em terras indígenas, assinale a afirmativa correta:

a) Os povos indígenas que ocupam terras onde haja a exploração de suas riquezas minerais e do subsolo têm direito ao recebimento de parte dos recursos auferidos, mas não possuem direito a participar da utilização, administração e conservação dos recursos mencionados.

b) Em caso de a propriedade dos minérios ou dos recursos do subsolo pertencer ao Estado, o governo deverá estabelecer ou manter consultas dos povos interessados, a fim de determinar se os interesses desses povos seriam prejudicados, antes de empreender ou autorizar qualquer programa de prospecção ou exploração dos recursos existentes.

c) A exploração de riquezas minerais e do subsolo em terras ocupadas por povos indígenas é aceitável e prescinde de consulta prévia desde que se cumpram os seguintes requisitos: preservação da identidade cultural dos povos ocupantes da terra, pagamento de royalties em função dos transtornos causados e autorização por meio de decreto legislativo.

d) Em nenhuma hipótese pode haver a exploração de riquezas minerais e do subsolo em terras ocupadas por populações indígenas.

**COMENTÁRIOS**

**Nota do autor:** a Convenção 169 da Organização Internacional do Trabalho – OIT sobre Povos Indígenas e Tribais não regula apenas matéria laboral, consagrando um amplo rol de direitos aos quais as populações indígenas e tribais fazem jus.

**Alternativa "a":** de acordo com o artigo 15, par. 1, da Convenção 169 da OIT, "1. Os direitos dos povos interessados aos recursos naturais existentes nas suas terras deverão ser especialmente protegidos. **Esses direitos abrangem o direito desses povos a participarem da utilização, administração e conservação dos recursos mencionados**".

**Alternativa "b":** de acordo com o artigo 15, pars. 1º e 2º, da Convenção 169 da OIT, "1. Os direitos dos povos interessados aos recursos naturais existentes nas suas terras deverão ser especialmente protegidos. Esses direitos abrangem o direito desses povos a participarem da utilização, administração e conservação dos recursos mencionados" e "**Em caso de pertencer ao Estado a propriedade dos minérios ou dos recursos do subsolo, ou de ter direitos sobre outros recursos, existentes na terras, os governos deverão estabelecer ou manter procedimentos com vistas a consultar os povos interessados, a fim de se determinar se os interesses desses povos seriam prejudicados, e em que medida, antes de se empreender ou autorizar qualquer programa de prospecção ou exploração dos recursos existentes nas suas terras**. Os povos interessados deverão participar sempre que for possível dos benefícios que essas atividades produzam, e receber indenização equitativa por qualquer dano que possam sofrer como resultado dessas atividades".

**Alternativa "c":** de acordo com o artigo 15, par. 2, da Convenção 169 da OIT, "**Em caso de pertencer ao Estado a propriedade dos minérios ou dos recursos do subsolo, ou de ter direitos sobre outros recursos, existentes na terras, os governos deverão estabelecer ou manter procedimentos com vistas a consultar os povos interessados**, a fim de se determinar se os interesses desses povos seriam prejudicados, e em que medida, antes de se empreender ou autorizar qualquer programa de prospecção ou exploração dos recursos existentes nas suas terras".

**Alternativa "d": é possível haver a exploração de riquezas minerais e do subsolo em terras ocupadas por populações indígenas**, conforme se infere do teor do artigo 15, par. 2, da Convenção 169 da OIT, o qual **visa a regular a exploração de recursos minerais em terras indígenas e que estabelece que "Em caso de pertencer ao Estado a propriedade dos minérios ou dos recursos do subsolo, ou de ter direitos sobre outros recursos, existentes na terras, os governos deverão estabelecer ou manter procedimentos com vistas a consultar os povos interessados**, a fim de se determinar se os interesses desses povos seriam prejudicados, e em que medida, antes de se empreender ou autorizar qualquer programa de prospecção ou exploração dos recursos existentes nas suas terras"

**Alternativa correta: letra "b".**

## 2.5. MIGRANTES

**09. (FGV – OAB 2015.1)** Em setembro de 2014, na cidade de São Paulo, foi inaugurado o Centro de Referência e Acolhida para Imigrantes (CRAI), que é o primeiro do país e tem como objetivo oferecer a estrutura de uma casa de passagem e auxiliar os imigrantes na adaptação à vida na capital paulista, além de dar condições para a autonomia de tais imigrantes. Do ponto de vista dos Direitos Humanos, essa situação é regulada pela Convenção Internacional sobre a Proteção dos Direitos de Todos os Trabalhadores Migrantes e dos Membros das suas Famílias, adotada pela ONU em dezembro de 1990 e em vigor desde julho de 2003.

Em relação ao posicionamento do Estado brasileiro perante essa Convenção, assinale a afirmativa correta:

a) A Convenção não foi ratificada pelo Brasil e, por isso, suas normas não produzem efeito jurídico em território brasileiro.

b) A Convenção foi ratificada pelo Brasil e, por isso, suas normas podem ser juridicamente exigidas.

c) A Convenção foi ratificada pelo Brasil, mas não foi regulamentada. Por isso, suas normas possuem efeito contido no território brasileiro.

d) A Convenção não foi ratificada pelo Brasil, mas suas normas produzem pleno efeito jurídico, uma vez que as normas de Direitos Humanos não dependem de ratificação para vigorar em território brasileiro.

**COMENTÁRIOS**

**Nota do autor:** a Convenção Internacional sobre a Proteção dos Direitos de Todos os Trabalhadores Migrantes e dos Membros das suas Famílias, celebrada no âmbito da Organização das Nações Unidas (ONU), é o mais importante tratado internacional relativo ao tema da proteção dos direitos dos migrantes no Direito Internacional.

**Alternativa "a":** a Convenção Internacional sobre a Proteção dos Direitos de Todos os Trabalhadores Migrantes e dos

Membros das suas Famílias **ainda não foi ratificada pelo Brasil** e, por isso, **suas normas não apenas ainda não podem ser exigidas em território brasileiro, mas tampouco podem ter seu cumprimento exigido do Brasil por parte de outros Estados soberanos e pela ONU.** Cabe destacar que, para que um tratado entre em vigor dentro do território brasileiro é necessário que o Brasil ratifique o tratado, que este adquira vigência para o Estado brasileiro no âmbito internacional e que, por fim, a Presidência da República promulgue o tratado e o incorpore ao Direito interno, por meio de decreto.

**Alternativa "b"**: a Convenção Internacional sobre a Proteção dos Direitos de Todos os Trabalhadores Migrantes e dos Membros das suas Famílias **ainda não foi ratificada pelo Brasil e, por isso, suas normas ainda não são juridicamente vinculantes para o Estado brasileiro.**

**Alternativa "c"**: a Convenção Internacional sobre a Proteção dos Direitos de Todos os Trabalhadores Migrantes e dos Membros das suas Famílias **ainda não foi ratificada pelo Brasil e, por isso, suas normas ainda não são juridicamente vinculantes para o Estado brasileiro.**

**Alternativa "d": mesmo os tratados de direitos humanos exigem ratificação e, para vigorarem em território brasileiro, requerem ainda um decreto de promulgação.**

**Alternativa correta: letra "a".**

## 2.6. MONITORAMENTO E APLICAÇÃO

**10. (FGV – OAB 2012.1)** O Pacto Internacional dos Direitos Econômicos, Sociais e Culturais e o Pacto Internacional dos Direitos Civis e Políticos preveem em seu texto mecanismos de proteção, efetivação e monitoramento dos Direitos Humanos consagrados em seus respectivos textos. É correto afirmar que, em ambos os pactos, encontra-se o seguinte mecanismo:

a) envio de relatórios sobre medidas adotadas e progressos alcançados.

b) acusação de regresso de proteção dos direitos, que poderá ser protocolada por qualquer Estado-parte, inclusive o próprio analisado.

c) sistemática de petições, que deverão ser elaboradas e protocoladas por um Estado-parte diferente daquele que está sendo acusado.

d) envio de relatórios sobre medidas adotadas e progressos alcançados, que deverão ser elaborados e protocolados por um Estado-parte diferente daquele que está sendo analisado.

**COMENTÁRIOS**

✪ **Nota do autor:** a questão em apreço chama a atenção para um fato importante dentro do sistema de proteção internacional dos direitos humanos: nem todos os órgãos internacionais de proteção dos direitos humanos recebem denúncias individuais de vítimas de violações de direitos consagrados em tratados internacionais, oriundas do Brasil. Exemplos de órgãos que não recebem denúncias individuais vindas do Brasil são o Comitê dos Direitos Econômicos, Sociais e Culturais e o Comitê para os Direitos da Criança, ambos da ONU, visto que o Estado brasileiro não é signatário nem do Protocolo Facultativo ao Pacto sobre Direitos Econômicos, Sociais e Culturais (que o Brasil sequer assinou) nem do Terceiro Protocolo Facultativo à Convenção sobre os Direitos da Criança Relativo à Instituição de um Procedimento de Comunicação (que o Brasil assinou, mas ainda não ratificou).

**Alternativa "a"**: tanto o Pacto Internacional dos Direitos Civis e Políticos (art. 40) como o Pacto Internacional dos Direitos Econômicos, Sociais e Culturais (arts. 16 e 17), ambos de 1966, **adotam a sistemática de envio periódico de relatórios dos Estados a órgãos internacionais**, que indicam as medidas adotadas para a garantia da aplicação das normas internacionais, os progressos alcançados e os problemas ainda existentes. Cabe destacar que a sistemática de envio de relatórios é comum em tratados de direitos humanos.

**Alternativa "b": o Pacto dos Direitos Econômicos, Sociais e Culturais não prevê a possibilidade de que um Estado apresente uma denúncia** ao Comitê dos Direitos Econômicos, Sociais e Culturais **no tocante ao descumprimento de uma norma do Pacto em apreço por outro Estado.** Entretanto, é possível apresentar ao Comitê de Direitos Humanos comunicações de um Estado contra outro Estado relativamente ao descumprimento do Pacto dos Direitos Civis e Políticos, nos termos do artigo 41 deste Pacto. Cabe destacar que "As referidas comunicações só serão recebidas e examinadas nos termos desse artigo, no caso de serem apresentadas por um estado-parte que houver feito uma declaração em que reconheça, com relação a si próprio, a competência do Comitê. O Comitê não receberá comunicação alguma relativa a um estado-parte que não houver feito uma declaração dessa natureza" (art. 41, § 1º). Com isso, um Estado só poderá apresentar uma petição contra outro se tiver aceitado previamente que outro Estado possa apresentar uma petição contra si.

**Alternativa "c"**: nos mesmos termos do comentário apresentado quanto ao item anterior. Cabe destacar que, no caso do descumprimento do Pacto dos Direitos Civis e Políticos, **o Estado não poderá apresentar uma petição contra si mesmo ao Comitê de Direitos Humanos.**

**Alternativa "d": o relatório será elaborado pelo próprio Estado-parte acerca de sua conduta**, mas **nunca por um Estado-parte quanto à conduta de outro Estado-parte.**

**Alternativa correta: letra "a".**

## 2.7. MULHER

**11. (FGV – OAB 2016.1)** Você, advogado, foi procurado por Maria. Esta relatou que era funcionária de uma sociedade empresária e seu empregador lhe disse que ela estava cotada para uma promoção, mas para tanto deveria entregar um laudo comprovando que não estava grávida. O empregador ainda afirmou que se soubesse, por meio de laudo médico, que ela havia feito algum procedimento que a impedisse de ter filhos, teria a certeza de que Maria estaria plenamente dedicada à sociedade empresária, o que seria muito favorável à sua carreira. Maria terminou o relato que fez a você, informando que se negou a entregar tal laudo e acabou sendo demitida no mês seguinte. Você sabe que o Brasil é signatário da Convenção sobre a Eliminação de Todas as Formas de Discriminação contra a Mulher.

A conduta praticada pelo empregador de Maria pode ser caracterizada como.

a) ato moralmente reprovável, mas plenamente lícito, uma vez que o empregador agiu na sua esfera de autonomia e dentro do exercício de seu direito potestativo.

b) violação à Convenção sobre a Eliminação de Todas as Formas de Discriminação contra a Mulher, porém sem ensejar consequência jurídica de responsabilização do empregador, uma vez que não há nenhuma outra lei nacional que proteja a mulher trabalhadora em casos como esse.

c) abuso de direito que sujeita o empregador, única e exclusivamente, ao pagamento de indenização pelo dano moral causado à funcionária.

d) violação à Convenção sobre a Eliminação de Todas as Formas de Discriminação contra a Mulher e, também, um crime que pode acarretar ao empregador infrator multa administrativa e proibição de empréstimo, além de ser possível a readmissão da funcionária, desde que ela assim deseje.

COMENTÁRIOS

✪ **Nota do autor:** a Convenção das Nações Unidas sobre a Eliminação de todas as Formas de Discriminação contra a Mulher, de 1979, é a principal referência normativa no Direito Internacional dos Direitos Humanos no tocante à proteção e promoção da dignidade humana da mulher.

**Alternativa "a":** o empregador tem o direito de conduzir a administração de seu empreendimento (poder diretivo), mas deve atuar dentro do marco jurídico estabelecido pelas normas internacionais e internas. Nesse sentido, lembramos que o artigo 11, par. 2, da Convenção sobre a Eliminação de Todas as Formas de Discriminação contra a Mulher dispõe que **"A fim de impedir a discriminação contra a mulher por razões de casamento ou maternidade e assegurar a efetividade de seu direito a trabalhar, os Estados-partes tomarão as medidas adequadas para: a) proibir, sob sanções, a demissão por motivo de gravidez ou de licença-maternidade e a discriminação nas demissões motivadas pelo estado civil"**.

**Alternativa "b": a demissão motivada pela gravidez é proibida** pelo artigo 10, II, letra "b", do Ato das Disposições Constitucionais Transitórias (ADCT) da CF/88, o qual determina que até que seja promulgada a lei complementar a que se refere o art. 7º, I, da Constituição fica vedada a dispensa arbitrária ou sem justa causa da empregada gestante, desde a confirmação da gravidez até cinco meses após o parto".

**Alternativa "c": o empregador, ao demitir Maria, viola o artigo 11, par. 2, da Convenção sobre a Eliminação de Todas as Formas de Discriminação contra a Mulher e o artigo 10, II, letra "b" do Ato das Disposições Constitucionais Transitórias (ADCT) da CF/88.**

**Alternativa "d":** o artigo 11, par. 1, da Convenção sobre a Eliminação de Todas as Formas de Discriminação contra a Mulher, de 1979, estabelece que **"Os Estados-partes adotarão todas as medidas apropriadas para eliminar a discriminação contra a mulher na esfera do emprego a fim de assegurar, em condições de igualdade entre homens e mulheres, os mesmos direitos"**. Ao mesmo tempo, o artigo 11, par. 2, letra "a", indica **"A fim de impedir a discriminação contra a mulher por razões de casamento ou maternidade e assegurar a efetividade de seu direito a trabalhar, os Estados-partes tomarão as medidas adequadas para: a) proibir, sob sanções, a demissão por motivo de gravidez ou de licença-maternidade e a discriminação nas demissões motivadas pelo estado civil"**. Logo, a Convenção sobre a Eliminação de Todas as Formas de Discriminação contra a Mulher efetivamente foi violada, visto que a demissão de Maria foi motivada pela gravidez.

**Alternativa correta: letra "d".**

## 2.8. PENA DE MORTE

**12. (FGV – OAB 2014.3)** Em atos de violência que provocam grande comoção social, é comum que setores da mídia, parte da opinião pública e algumas personalidades políticas reclamem por mudanças na ordem jurídica, a fim de que seja implantada a pena de morte como sanção penal.

Em relação à pena de morte, segundo o Protocolo Adicional ao Pacto dos Direitos Civis e Políticos, devidamente ratificado pelo Brasil, assinale a afirmativa correta:

a) É permitida apenas nos casos mais graves de extrema violência contra a pessoa, desde que respeitado o devido processo legal.

b) É proibida em qualquer hipótese, pois o direito à vida é inerente à pessoa humana e tal direito deve ser respeitado e protegido pela lei.

c) É permitida apenas para os países que já haviam adotado a pena de morte antes de ratificarem o Protocolo, desde que reservada para os crimes mais graves e que a sentença tenha sido proferida pelo Tribunal competente.

d) É proibida de forma geral, admitindo, como exceção, apenas para o caso de infração penal grave de natureza militar e cometida em tempo de guerra, desde que o Estado Parte tenha formulado tal reserva no ato da ratificação do Protocolo.

COMENTÁRIOS

✪ **Nota do autor:** a questão peca por certa imprecisão, visto que o nome correto do tratado é "Segundo Protocolo Adicional ao Pacto Internacional sobre os Direitos Civis e Políticos com vista a Abolição da Pena de Morte". Na realidade, existe um Protocolo Adicional ao Pacto Internacional sobre os Direitos Civis e Políticos, também conhecido como "Protocolo Facultativo referente ao Pacto Internacional sobre os Direitos Civis e Políticos" o qual estabelece que seus signatários reconhecem que o Comitê de Direitos Humanos das Nações Unidas tem competência para receber e examinar comunicações provenientes de particulares sujeitos à sua jurisdição que aleguem ser vítimas de uma violação, por esses Estados Partes, de qualquer dos direitos enunciados no Pacto dos Direitos Civis e Políticos.

**Alternativa "a":** o artigo 2º, par. 1º, do Protocolo em tela permite a pena de morte apenas para **crimes militares de natureza grave,** cometidos em tempo de guerra, nos seguintes termos: "**Não é admitida qualquer reserva ao presente Protocolo, exceto a reserva formulada no momento da ratificação ou adesão prevendo a aplicação da pena de morte em tempo de guerra em virtude de condenação por infração penal de natureza militar de gravidade extrema cometida em tempo de guerra**".

**Alternativa "b":** o artigo 2º, par. 1º, do Protocolo em epígrafe permite a pena de morte na hipótese do cometimento de crimes militares de natureza grave, cometidos em tempo de guerra, nos seguintes termos: "**Não é admitida qualquer reserva ao presente Protocolo, exceto a reserva formulada no momento da ratificação ou adesão prevendo a aplicação da pena de morte em tempo de guerra em virtude de condenação por infração penal de natureza militar de gravidade extrema cometida em tempo de guerra.**

**Alternativa "c":** o artigo 2º, par. 1º, do Segundo Protocolo Adicional ao Pacto Internacional sobre os Direitos Civis e Políticos com vista à Abolição da Pena de Morte permite a pena de morte apenas na hipótese do cometimento de crimes militares de natureza grave, cometidos em tempo de guerra, nos seguintes termos: "**Não é admitida qualquer reserva ao presente Protocolo, exceto a reserva formulada no momento da ratificação ou adesão prevendo a aplicação da pena de morte em tempo de guerra em virtude de condenação por infração penal de natureza militar de gravidade extrema cometida em tempo de guerra**. Cabe destacar que a regra que permite a manutenção da pena de morte em países que ainda não a aboliram é consagrada pelo artigo 6, par. 2, do Pacto dos Direitos Civis e Políticos, o qual define que "Nos países em que a pena de morte não tenha sido abolida, esta poderá ser imposta apenas nos casos de crimes mais graves, em conformidade com legislação vigente na época em que o crime foi cometido e que não esteja em conflito com as disposições do presente Pacto, nem com a Convenção sobra a Prevenção e a Punição do Crime de Genocídio. Poder-se-á aplicar essa pena apenas em decorrência de uma sentença transitada em julgado e proferida por tribunal competente".

**Alternativa "d": a regra geral do Segundo Protocolo é a da proibição total da pena de morte** (art. 1º, §§ 1 e 2), segundo a qual "Nenhum indivíduo sujeito à jurisdição de um Estado Parte no presente Protocolo será executado" e "Os Estados Partes devem tomar as medidas adequadas para abolir a pena de morte no âmbito da sua jurisdição". Entretanto, o artigo 2º, par. 1º, do Protocolo em apreço abre uma exceção para a possibilidade de pena de morte para crimes militares de natureza grave, cometidos em tempo de guerra, nos seguintes termos: "**Não é admitida qualquer reserva ao presente Protocolo, exceto a reserva formulada no momento da ratificação ou adesão prevendo a aplicação da pena de morte em tempo de guerra em virtude de condenação por infração penal de natureza militar de gravidade extrema cometida em tempo de guerra**".

**Alternativa correta: letra "d".**

## 2.9. SISTEMA GLOBAL – TEMAS GERAIS

**13. (FGV – Exame de Ordem – 2021.2)** Você, que atua na defesa de Direitos Humanos, foi convidado(a) para participar de um debate promovido pela Comissão de Direitos Humanos da OAB. Um dos debatedores afirmou, com base na Declaração e Programa de Ação de Viena, que é importante compreender que Direitos Humanos são indivisíveis e devem ser considerados com igual ênfase. Outro debatedor retrucou essa afirmação. No momento da sua fala, você deve esclarecer que, de acordo com a Declaração citada, os Direitos Humanos são

a) indivisíveis, interdependentes e interrelacionados, e a comunidade internacional deve considerá-los em pé de igualdade.

b) divididos em direitos públicos e direitos privados, com ênfase nos direitos públicos como parte do Direito Positivo de cada país.

c) divididos em direitos em sentido forte e direitos em sentido fraco, e que apenas os direitos civis e políticos são direitos humanos em sentido forte.

d) conceitos acadêmicos sempre em disputa e que a Declaração e Programa de Ação de Viena não fala da indivisibilidade ou da divisibilidade dos Direitos Humanos.

**COMENTÁRIOS**

**Alternativa "a":** A alternativa transcreve exatamente o enunciado do item 5 da Declaração e Programa de Ação de Viena, que estabelece que: "5. Todos os Direitos Humanos são universais, indivisíveis, interdependentes e inter-relacionados. A comunidade internacional deve considerar os Direitos Humanos, globalmente, de forma justa e equitativa, no mesmo pé e com igual ênfase. Embora se deva ter sempre presente o significado das especificidades nacionais e regionais e os diversos antecedentes históricos, culturais e religiosos, compete aos Estados, independentemente dos seus sistemas políticos, econômicos e culturais, promover e proteger todos os Direitos Humanos e liberdades fundamentais."

**Alternativa "b":** O item citado no comentário da alternativa "a" fala em "igual ênfase". Por isso, está incorreto.

**Alternativa "c":** Na verdade, o item supracitado prega o igual valor e igual ênfase de todos os direitos humanos.

**Alternativa "d":** Vide alternativa "a".

**Alternativa correta: "a".**

**14. (FGV – Exame de Ordem 2020.1)** Recentemente assumiu a presidência da Câmara dos Deputados um parlamentar que afirma que o Brasil é um país soberano e não deve ter nenhum compromisso com os Direitos Humanos na ordem internacional. Afirma que, apesar de ter sido internamente ratificado, o Pacto Internacional dos Direitos Civis e Políticos não se caracteriza como norma vigente, e os direitos ali previstos podem ser suspensos ou não precisam ser aplicados.

Por ser atuante na área dos Direitos Humanos, você foi convidado(a) pela Comissão de Direitos Humanos da Câmara dos Deputados para prestar mais esclarecimentos sobre o assunto. Com base no que dispõe o próprio Pacto Internacional dos Direitos Civis e Políticos – PIDCP, assinale a opção que apresenta o esclarecimento devido à Comissão.

a) Caso situações excepcionais ameacem a existência da nação e sejam proclamadas oficialmente, os Estados- partes podem adotar, na estrita medida exigida pela situação, medidas que suspendam as obrigações decorrentes do PIDCP, desde que tais medidas não acarretem discriminação por motivo de raça, cor, sexo, língua, religião ou origem social.

b) É admissível a suspensão das obrigações decorrentes do PIDCP quando houver, no âmbito do Estado- parte, um ato formal do Poder Legislativo e do Poder Executivo declarando o efeito suspensivo, desde que tal ato declare um prazo para essa suspensão, que, em nenhuma hipótese, pode exceder o período de 2 anos.

c) Em nenhuma hipótese ou situação os Estados-partes do PIDCP podem adotar medidas que suspendam as obrigações decorrentes do Pacto, uma vez que, ratificado o Pacto, todos os seus direitos vigoram de forma efetiva, não sendo admitida nenhuma possibilidade de suspensão ou exceção.

d) Mesmo ratificado, o Pacto Internacional dos Direitos Civis e Políticos e os direitos nele contidos não podem ser caracterizados como normas vigentes, uma vez que se trata de direitos em sentido fraco, de forma que apenas os direitos fundamentais, previstos na Constituição, são direitos em sentido forte.

**COMENTÁRIOS**

**Alternativa "a" (responde todas as alternativas):** Embora o Brasil seja, de fato, um país soberano, foram assumidos, internacionalmente, compromissos por meio de tratados, os quais foram inclusive internalizados por nosso ordenamento jurídico, portanto, não há que se falar em ausência de compromissos de Direitos Humanos. Tratados sobre direitos humanos ratificados têm status de norma constitucional se aprovados de acordo com o rito do art. 5º, §3º, CF/88 e norma supralegal (abaixo da CF mas acima da legislação infraconstitucional) se tal rito não for observado.

**Os tratados, contudo, podem prever situações em que sua aplicação pode ser dispensada**, como é o caso do PIDCP, que dispõe em seu artigo 27 que a suspensão de garantias pode se dar: "1. Em caso de guerra, de perigo público, ou de outra emergência que ameace a independência ou segurança do Estado-parte, este poderá adotar as disposições que, na medida e pelo tempo estritamente limitados às exigências da situação, suspendam as obrigações contraídas em virtude desta Convenção, desde que tais disposições não sejam incompatíveis com as demais obrigações que lhe impõe o Direito Internacional e não encerrem discriminação alguma fundada em motivos de raça, cor, sexo, idioma, religião ou origem social."

Logo, a alternativa "a" está em perfeita consonância com o texto do PIDCP.

A hipótese da alternativa "b" só seria admitida em caso de tal previsão ser expressa do texto do tratado, já que não há tal hipótese em nosso ordenamento jurídico. A alternativa "c" seria correta se não houvesse, por parte do tratado, previsão nesse sentido. A alternativa "d" por sua vez não se aplica com base no início da explicação (tratados ratificados e internalizados são normas vigentes).

**Alternativa correta: "a".**

**15. (FGV – OAB 2019.1)** O padrasto de Ana Maria, rotineiramente, abre sua correspondência física e entra em sua conta de e-mail sem autorização, ainda que a jovem seja maior de idade. Cansada dessa ingerência arbitrária e sem o amparo de sua própria mãe, a jovem busca apoio na organização de direitos humanos em que você atua.

Com base no Pacto Internacional dos Direitos Civis e Políticos (PIDCP), assinale a opção que indica o esclarecimento correto que você, como advogado(a), prestou a Ana Maria.

a) O Pacto prevê a prevalência do poder familiar nas relações familiares e, como a conduta do padrasto tem a concordância da mãe de Ana Maria, ainda que seja inconveniente, essa conduta não pode ser considerada uma violação de direitos.

b) O Pacto assegura o direito à privacidade nas relações em gerais, mas nas relações especificamente familiares admite ingerências arbitrárias se forem voltadas para a proteção e o cuidado.

c) O Pacto dispõe que ninguém poderá ser objeto de ingerências arbitrárias ou ilegais em sua vida privada, em sua família, em seu domicílio ou em sua correspondência.

d) O Pacto é omisso em relação à prática de ingerências arbitrárias na vida privada e na família, tratando apenas da proteção da privacidade na vida pública e em face da conduta do Estado.

**COMENTÁRIOS**

**Nota do autor:** o Pacto Internacional dos Direitos Civis e Políticos consagra os direitos à honra, à intimidade e à vida privada como direitos humanos.

**Alternativa "a":** o artigo 13, par. 1, do Pacto Internacional dos Direitos Civis e Políticos determina que "**Ninguém poderá ser objetivo de ingerências arbitrárias ou ilegais em sua vida privada, em sua família, em seu domicílio ou em sua correspondência, nem de ofensas ilegais às suas honra e reputação**". Ao mesmo tempo, o artigo 23, par. 1, do mesmo tratado consagra o direito de a família "**ser protegida pela sociedade e pelo Estado**". Logo, a proteção da família é uma preocupação do Pacto dos Direitos Civis e Políticos. Entretanto, referido tratado **não estabelece a prevalência do poder familiar,** razão pela qual a conduta do padrasto de Ana Maria pode efetivamente configurar violação de direitos.

**Alternativa "b":** o artigo 23, par. 1, do Pacto Internacional dos Direitos Civis e Políticos consagra o direito de a família "**ser protegida pela sociedade e pelo Estado**". Entretanto, tal direito é limitado pela regra do artigo 13, par. 1, do mesmo tratado, que dispõe que "**Ninguém poderá ser objetivo de ingerências arbitrárias ou ilegais em sua vida privada, em sua família,** em seu domicílio ou em sua correspondência, nem de ofensas ilegais às suas honra e reputação".

**Alternativa "c":** o artigo 13, par. 1, do Pacto Internacional dos Direitos Civis e Políticos é expresso ao fixar que "**Ninguém poderá ser objetivo de ingerências arbitrárias ou ilegais em sua vida privada, em sua família, em seu domicílio ou em sua correspondência, nem de ofensas ilegais às suas honra e reputação**".

**Alternativa "d":** o Pacto Internacional dos Direitos Civis e Políticos não é omisso em matéria de proteção da pessoa contra ingerências arbitrárias em sua vida privada. A respeito, o artigo 13, par. 1, de referido tratado, determina claramente que "**Ninguém poderá ser objetivo de ingerências arbitrárias ou ilegais em sua vida privada, em sua família, em seu domicílio ou em sua correspondência, nem de ofensas ilegais às suas honra e reputação**", impondo a **obrigação de respeitar a vida privada tanto ao Estado como aos particulares.**

**Alternativa correta: letra "c".**

## 2.10. TORTURA

**16. (FGV – OAB 2014.3)** Como forma de evitar a ocorrência de violação de Direitos Humanos em estabelecimentos prisionais, o Brasil ratificou, em 2007, o Protocolo Facultativo à Convenção contra a tortura e outros tratamentos ou penas cruéis, desumanos ou degradantes. Tal protocolo estabelece que cada Estado-Parte deverá designar ou manter, em nível doméstico, um ou mais mecanismos preventivos nacionais. Por meio da Lei nº 12.847/13, o Brasil pretendeu atender à exigência do Protocolo, ao criar o Mecanismo Nacional de Prevenção e Combate à Tortura.

Quanto ao meio proposto tanto pelo Protocolo quanto pela Lei para alcançar a finalidade almejada, assinale a afirmativa correta:

a) Sistema de visitas regulares de seus membros.

b) Mutirões judiciais.

c) Medidas legislativas de parlamentares que integrem o Mecanismo.

d) Criação e fortalecimento de defensorias públicas.

**COMENTÁRIOS**

**Nota do autor:** tanto o Protocolo Facultativo à Convenção contra a Tortura e outros Tratamentos ou Penas Cruéis, Desumanos ou Degradantes como a Lei 12.847/13 estabelecem medidas voltadas a prevenir a tortura, dentro do espírito da maioria dos tratados de direitos humanos que é o de prevenir, punir e erradicar uma prática que viole a dignidade humana. Tais medidas serão aplicadas, no âmbito internacional, pelo Subcomitê de Prevenção da Tortura e outros Tratamentos ou Penas Cruéis, Desumanos ou Degradantes do Comitê contra a Tortura da ONU (também conhecido como "Subcomitê de Prevenção") e, no âmbito nacional, pelo "Sistema Nacional de Prevenção e Combate à Tortura" (SNPCT).

**Alternativa "a":** o artigo 1 do Protocolo Facultativo à Convenção contra a Tortura e outros Tratamentos ou Penas Cruéis, Desumanos ou Degradantes prevê que "**O objetivo do presente Protocolo é estabelecer um sistema de visitas regulares efetuadas por órgãos nacionais e internacionais independentes a lugares onde pessoas são privadas de sua liberdade, com a intenção de prevenir a tortura e outros tratamentos ou penas cruéis, desumanos ou degradantes**". Já o artigo 9, I, da Lei 12.847/13 determina que compete ao Mecanismo Nacional de Prevenção e Combate à Tortura (MNPCT), órgão do SNPCT "I – **planejar, realizar e monitorar visitas periódicas e regulares a pessoas privadas de liberdade em todas as unidades da Federação, para verificar as condições de fato e de direito a que se encontram submetidas**".

**Alternativa "b": o sistema de mutirões judiciais não é previsto nem no Protocolo Facultativo nem na Lei 12.847/13.**

**Alternativa "c": não há previsão a respeito na Lei 12.847/13**, embora as *considerandas* do **Protocolo Facultativo** recordem que "**a efetiva prevenção da tortura e de outros tratamentos ou penas cruéis, desumanos ou degradantes**

HUMANOS

**requer educação e uma combinação de medidas legislativas, administrativas, judiciais e outras".**

**Alternativa "d": o fortalecimento das Defensorias Públicas não é previsto nem no Protocolo Facultativo nem na Lei 12.847/13**. Em todo caso, de acordo com o artigo 1º, § 2º, V, da Lei 12.847/13, o Sistema Nacional de Prevenção e Combate à Tortura (SNPCT) pode ser integrado por representantes das Defensorias Públicas.

**Alternativa correta: letra "a".**

## 2.11. TRIBUNAL PENAL INTERNACIONAL

**17. (FGV – OAB 2014.1)** O sistema global de Direitos Humanos foi pensado para proteger as vítimas de violações ou ameaças de violações dos direitos humanos. Daí os variados mecanismos que buscam proteção ou reparações em face de diferentes violências. Contudo, dentro do sistema global há um tratado internacional que instituiu um órgão de caráter permanente e independente voltado especificamente para o julgamento e a punição de indivíduos agressores e não diretamente para a proteção das vítimas.

Assinale a opção que indica esse órgão:

a) Corte Internacional de Justiça – Corte de Haia – instituída pela Carta das Nações Unidas.

b) Conselho de Segurança da ONU, instituído pela Carta das Nações Unidas.

c) Tribunal Penal Internacional, instituído pelo Estatuto de Roma.

d) Corte Europeia dos Direitos dos Homens, instituída pela Convenção Europeia dos Direitos do Homem.

**COMENTÁRIOS**

✪ **Nota do autor:** no Direito Internacional Público, normalmente a responsabilização é do Estado, não do indivíduo. Exceção importante a essa regra é encontrada no Tribunal Penal Internacional (TPI).

**Alternativa "a":** a Corte Internacional de Justiça, também conhecida como "Corte da Haia", tem competência para **processar e julgar Estados soberanos** por conta de violações das normas de Direito Internacional. A Corte foi instituída pela Carta das Nações Unidas, sucedendo a Corte Permanente de Justiça Internacional, e é regulada pelo Estatuto da Corte Internacional de Justiça. **É órgão jurisdicional.**

**Alternativa "b":** o Conselho de Segurança das Nações Unidas é o **principal órgão responsável pela manutenção da paz e da segurança internacional dentro da estrutura da ONU. Não é órgão jurisdicional, tratando-se de órgão político**, competente para tomar medidas contra os Estados ou contra outros atores sociais cuja atuação represente ameaça à paz. Suas atividades são reguladas pelos artigos 23 a 32 da Carta das Nações Unidas, e sua principal competência é administrar o funcionamento do mecanismo de segurança coletiva da ONU, regulado pelos artigos 39 a 52 da Carta das Nações Unidas.

**Alternativa "c": o Tribunal Penal Internacional (TPI), regulado pelo Estatuto de Roma, visa a processar e julgar indivíduos que cometam os chamados "crimes internacionais", que são atos de "maior gravidade com alcance internacional" e que se encontrem tipificados no bojo do Estatuto em apreço. É órgão jurisdicional.**

**Alternativa "d":** a Corte Europeia dos Direitos Humanos **também julga Estados. É órgão jurisdicional**, regulado pela Convenção Europeia dos Direitos Humanos, e **não integra a estrutura da União Europeia, mas a do Conselho da Europa.**

**Alternativa correta: letra "c".**

# 3. DIREITO INTERNACIONAL DOS DIREITOS HUMANOS – SISTEMA INTERAMERICANO

## 3.1. COMISSÃO INTERAMERICANA DE DIREITOS HUMANOS

**18. (FGV – XXXVII Exame OAB)** Você está diante de um caso de extrema gravidade de violação de direitos previstos na Convenção Americana sobre Direitos Humanos, quando é urgente a adoção de medidas para evitar prejuízos irreparáveis às vítimas. Trata-se de um caso com demora injustificada na decisão sobre os recursos da jurisdição interna. Como advogada ou advogado que conhece o Sistema Interamericano de Proteção dos Direitos Humanos você sabe que a Corte Interamericana de Direitos Humanos pode adotar medidas provisórias que considerar cabíveis. Considerando as normas pertinentes do Sistema Interamericano, assinale a afirmativa correta.

a) Deve-se peticionar diretamente à Corte Interamericana de Direitos Humanos, ainda que o caso não esteja sob o conhecimento da Corte, para que ela adote as medidas provisórias cabíveis.

b) O caso deve ser encaminhado à Comissão Jurídica Interamericana para que, nos termos do Art. 99 da Carta da OEA, ela tome as medidas provisórias adequadas.

c) É preciso aguardar a decisão de um Tribunal Superior sobre o caso para que, após, se recorra ao Sistema Interamericano, segundo o princípio do duplo grau de jurisdição.

d) Pode-se submeter o caso à Comissão Interamericana de Direitos Humanos para que ela avalie e decida se irá solicitar medidas provisórias à Corte.

**COMENTÁRIOS**

**Alternativa "a":** Não é possível o peticionamento direto à Corte Interamericana (vide artigo 61, item 1 do Pacto de São José da Costa Rica).

**Alternativa "b":** Nos termos do artigo 99 da Carta da OEA: "A Comissão Jurídica Interamericana tem por finalidade servir de corpo consultivo da Organização em assuntos jurídicos; promover o desenvolvimento progressivo e a codificação do direito internacional; e estudar os problemas jurídicos referentes à integração dos países em desenvolvimento do Continente, bem como a possibilidade de uniformizar suas legislações no que parecer conveniente.". Assim, não cabe encaminhamento de caso para a Comissão Jurídica Interamericana

**Alternativa "c":** Não se exige a decisão de um Tribunal Superior; a demora injustificada já é suficiente. O que se exige no artigo 61, item 2 do Pacto de São José da Costa Rica é o prévio processo na Comissão IDH, antes de submissão à Corte IDH.

**Alternativa "d":** O art. 63, item 2 do Pacto de São José da Costa Rica prevê: "Em casos de extrema gravidade e urgência, e quando se fizer necessário evitar danos irreparáveis às pessoas, a Corte, nos assuntos de que estiver conhecendo, poderá tomar as medidas provisórias que considerar pertinentes. Se se tratar de assuntos que ainda não estiverem submetidos ao seu conhecimento, poderá atuar a pedido da Comissão.".

**Alternativa correta: "d".**

**19. (FGV- XXXIV Exame de Ordem-2022.1)** Você, como advogado(a), representa um grupo de familiares que possuem algum ente internado em estabelecimento público de tratamento de saúde mental onde, comprovadamente, tem havido tratamento cruel e degradante, violando o Art. 5º da Convenção Americana sobre Direitos Humanos. Após tentativas frustradas de resolução do problema por via administrativa junto aos órgãos competentes, você ingressou com petição na Comissão Interamericana de Direitos Humanos.

Tendo em vista que se trata de uma situação de gravidade e urgência, e considerando o que dispõe o Regulamento da Comissão Interamericana de Direitos Humanos, cabe a você esclarecer aos familiares e às próprias vítimas que, mesmo diante da gravidade e urgência da situação, a Comissão.

a) deverá emitir o seu relatório final com recomendações para o Estado brasileiro, caso ele seja considerado responsável pelas violações ocorridas.
b) pode decidir liminarmente o caso, porém essa decisão liminar favorável às vítimas deverá ser homologada pelo Superior Tribunal de Justiça brasileiro para que possa ser devidamente executada.
c) deverá encaminhar de imediato o caso para a Corte Interamericana de Direitos Humanos para que esta adote medida prévia que vise à garantia dos direitos violados das vítimas.
d) poderá solicitar que o Estado brasileiro adote medidas cautelares para prevenir danos irreparáveis às pessoas vítimas da violação dos Direitos Humanos.

COMENTÁRIOS

**Alternativa "d" (responde todas as alternativas):** É importante notar que a questão destaca a situação de **gravidade e urgência**, o que é fundamental para encontrar a alternativa correta. Assim, verifica-se ser o caso previsto no artigo 25 do Regulamento da Comissão Interamericana: "Em situações de gravidade e urgência a Comissão poderá, por iniciativa própria ou a pedido da parte, solicitar que um Estado adote medidas cautelares para prevenir danos irreparáveis às pessoas ou ao objeto do processo relativo a uma petição ou caso pendente.".

**Alternativa correta: "d".**

---

**20. (FGV – OAB 2017.3)** Há cerca de três meses, foi verificado que os presos da Penitenciária Quebrantar estavam sofrendo diversas formas de maus tratos, incluindo violência física. Você foi contratado(a) por familiares dos presos, que lhe disseram ter elementos suficientes para acreditar que qualquer medida judicial no Brasil seria ineficaz no prazo desejado. Por isso, eles o(a) consultaram sobre a possibilidade de submeter o caso à Comissão Interamericana de Direitos Humanos (CIDH).

Considerando as regras de funcionamento dessa Comissão, você deve informá-los de que a CIDH pode receber a denúncia.

a) caso sejam feitas petições individualizadas, uma vez que os casos de violação de direitos previstos no Pacto de São José da Costa Rica devem ser julgados diretamente pela Corte Interamericana de Justiça.
b) caso sejam feitas petições individualizadas relatando a violação sofrida por cada uma das vítimas e as relacionando aos direitos previstos na Convenção Americana; assim, a CIDH poderá adotar as medidas que julgar necessárias para a cessação da violação.
c) caso entenda haver situação de gravidade e urgência. Assim, a CIDH poderá instaurar de ofício um procedimento no qual solicita que o Estado brasileiro adote medidas cautelares de natureza coletiva para evitar danos irreparáveis aos presos.
d) caso entenda haver situação de gravidade e urgência. Assim, a CIDH deve encaminhar diretamente o caso à Corte Interamericana de Justiça, que poderá ordenar a medida provisória que julgar necessária à cessação da violação.

COMENTÁRIOS

**Nota do autor:** os principais órgãos de proteção dos direitos humanos do sistema interamericano são a Comissão Interamericana de Direitos Humanos e a Corte Interamericana de Direitos Humanos.

**Alternativa "a": não existe uma Corte Interamericana de Justiça, mas uma Corte Interamericana de Direitos Humanos, a qual, porém, não aceita petições individuais.**

**Alternativa "b":** caso sejam feitas petições individualizadas, relatando a violação sofrida por cada uma das vítimas e as relacionando aos direitos previstos na Convenção Americana, **a Comissão Interamericana de Direitos Humanos poderá recomendar as medidas que julgar necessárias para a cessação da violação**. A formulação de recomendações configura função típica da Comissão Interamericana, como evidencia o item "b" do artigo 41 do Pacto de São José, que estabelece que é uma de suas atribuições "b) **formular recomendações aos governos dos Estados-membros, quando considerar conveniente, no sentido de que adotem medidas progressivas em prol dos direitos humanos no âmbito de suas leis internas e seus preceitos constitucionais, bem como disposições apropriadas para promover o devido respeito a esses direitos**".

**Alternativa "c":** de acordo com o artigo 25 do Regulamento da Comissão Interamericana de Direitos Humanos, **a Comissão "poderá, por iniciativa própria ou a pedido de parte, solicitar que um Estado adote medidas cautelares. Essas medidas, tenham elas ou não conexão com uma petição ou caso, deverão estar relacionadas a situações de gravidade e urgência que apresentem risco de dano irreparável às pessoas ou ao objeto de uma petição ou caso pendente nos órgãos do Sistema Interamericano**".

**Alternativa "d":** de acordo com o artigo 45 do Regulamento da Comissão Interamericana de Direitos Humanos, **a CIDH poderá encaminhar um caso, em situação de gravidade e de urgência, à Corte Interamericana de Direitos Humanos, não à Corte Interamericana de Justiça, que não existe**.

**Alternativa correta: letra "c".**

---

**21. (FGV – OAB 2017.1)** Seu cliente possui um filho com algum nível de deficiência mental e, após muito tentar, não conseguiu vaga no sistema público de ensino da cidade, uma vez que as escolas se diziam não preparadas para lidar com essa situação. Você já ingressou com a ação judicial competente há mais de dois anos, mas há uma demora injustificada no julgamento e o caso ainda se arrasta nos tribunais. Diante desse quadro, você avalia a possibilidade de apresentar uma petição à Comissão Interamericana de Direitos Humanos.

Tendo em vista o que dispõe a Convenção Americana sobre Direitos Humanos e seus respectivos protocolos, assinale a afirmativa correta.

a) Considerando a demora injustificada da decisão na jurisdição interna, você pode peticionar à Comissão, pois o direito à educação é um dos casos de direitos sociais previstos no Protocolo de São Salvador, que, uma vez violado, pode ensejar aplicação do sistema de petições individuais.
b) Não obstante a demora injustificada da decisão final do Poder Judiciário brasileiro ser uma condição que admite excepcionar os requisitos de admissibilidade para que seja apresentada a petição, o direito à educação não está expressamente previsto nem na Convenção, nem no Protocolo de São Salvador como um caso de petição individual.
c) Apenas a Corte Interamericana de Direitos Humanos pode encaminhar um caso para a Comissão. Portanto, deve ser provocada a jurisdição da Corte. Se esta entender

HUMANOS

adequado, pode enviar o caso para que a Comissão adote as medidas e providências necessárias para garantir o direito e reparar a vítima, se for o caso.

d) Em nenhuma situação você pode entrar com a petição individual de seu cliente na Comissão Interamericana de Direitos Humanos até que sejam esgotados todos os recursos da jurisdição interna do Brasil.

**COMENTÁRIOS**

✪ **Nota do autor:** é imperioso o estudo detido da Comissão e da Corte Interamericana de Direitos Humanos, objeto dos artigos 33 a 73 da Convenção Americana de Direitos Humanos (Pacto de São José).

**Alternativa "a":** os requisitos de admissibilidade de uma petição individual previstos no artigo 46 do Pacto de São José são os seguintes: "a) **que hajam sido interpostos e esgotados os recursos da jurisdição interna, de acordo com os princípios de Direito Internacional geralmente reconhecidos**; b) **que seja apresentada dentro do prazo de seis meses, a partir da data em que o presumido prejudicado em seus direitos tenha sido notificado da decisão definitiva**; c) **que a matéria da petição ou comunicação não esteja pendente de outro processo de solução internacional**"; e d) que **"a petição contenha o nome, a nacionalidade, a profissão, o domicílio e a assinatura da pessoa ou pessoas ou do representante legal da entidade que submeter a petição"**. Entretanto, de acordo com o artigo 46, par. 2, alínea "c" da Convenção Americana sobre Direitos Humanos (Pacto de São José), **é possível afastar a regra de esgotamento dos recursos internos quando "houver demora injustificada na decisão sobre os mencionados recursos"**. Por fim, por força do artigo 19, par. 6, do Protocolo de São Salvador, **é possível apresentar uma petição individual referente à tutela do direito à educação**.

**Alternativa "b":** de acordo com o teor expresso do artigo 19, par. 6, do Protocolo de São Salvador, **é possível apresentar uma petição individual referente à tutela do direito à educação**.

**Alternativa "c":** os casos para a Comissão podem ser encaminhados por "**Qualquer pessoa ou grupo de pessoas, ou entidade não governamental legalmente reconhecida em um ou mais Estados membros" da Organização dos Estados Americanos (OEA),** a teor do artigo 44 do Pacto de São José. Nos termos do artigo 45 do mesmo tratado, **os casos também podem ser encaminhados por Estados**, desde que "no momento do depósito do seu instrumento de ratificação" da Convenção Americana de Direitos Humanos, "ou de adesão a ela, ou em qualquer momento posterior", o Estado "declarar que reconhece a competência da Comissão para receber e examinar as comunicações em que um Estado Parte alegue haver outro Estado Parte incorrido em violações dos direitos humanos estabelecidos" no Pacto de São José. Por outro lado, porém, **apenas Estados e a Comissão Interamericana de Direitos Humanos podem enviar casos à consideração da Corte Interamericana de Direitos Humanos** (Pacto de São José, art. 61, par. 1).

**Alternativa "d":** de acordo com o artigo 46, par. 2, alíneas "a" a "c", é possível apresentar petição individual à Corte Interamericana de Direitos Humanos quando: "a) **não existir, na legislação interna do Estado de que se tratar, o devido processo legal para a proteção do direito ou direitos que se alegue tenham sido violados**; b) **não se houver permitido ao presumido prejudicado em seus direitos o acesso aos recursos da jurisdição interna, ou houver sido ele impedido de esgotá-los**; e c) **houver demora injustificada na decisão sobre os mencionados recursos**".

**Alternativa correta: letra "a".**

**22. (FGV – OAB 2016.2 – Prova reaplicada Salvador-BA)** Há bastante tempo você tem atuado tanto administrativamente como judicialmente para conseguir um tratamento de saúde especializado para o seu cliente. Diante da morosidade injustificada enfrentada, seja na administração pública seja no processo judicial, você está avaliando a possibilidade de ingressar com petição individual de seu cliente na Comissão Interamericana de Direitos Humanos.

Assinale a opção que melhor expressa suas possibilidades, tendo em vista a Convenção Americana sobre Direitos Humanos e o Protocolo de São Salvador.

a) Você não pode entrar com a petição individual de seu cliente na Comissão Interamericana de Direitos Humanos, até que sejam esgotados todos os recursos da jurisdição interna do Brasil.

b) Você pode entrar com a petição individual de seu cliente na Comissão Interamericana de Direitos Humanos, desde que demonstre que está havendo uma demora injustificada na prestação dos recursos da jurisdição interna.

c) Você pode entrar com a petição individual de seu cliente na Comissão Interamericana de Direitos, desde que atendidos os requisitos de admissibilidade previstos na Convenção Americana sobre Direitos Humanos, pois embora o direito à saúde não esteja previsto na própria Convenção, o Protocolo de São Salvador torna possível o uso deste meio de proteção mesmo no caso do direito à saúde.

d) Você, para encaminhar uma petição individual para a Comissão Interamericana de Direitos Humanos, deve respeitar os requisitos de admissibilidade e que o direito violado esteja previsto na própria Convenção ou, alternativamente, que seja um meio de proteção autorizado pelo Protocolo de São Salvador, o que não é o caso do direito à saúde.

**COMENTÁRIOS**

✪ **Nota do autor:** não é possível apresentar petição individual à Comissão Interamericana de Direitos Humanos no tocante à violação de todas as normas do sistema interamericano.

**Alternativa "a":** de acordo com o artigo 46, "a", do Pacto de São José, **a regra geral é a de que a petição só será admissível quando "hajam sido interpostos e esgotados os recursos da jurisdição interna**, de acordo com os princípios de Direito Internacional geralmente reconhecidos". Entretanto, o artigo 46, par. 2, do Pacto de São José, abre **exceções à regra de esgotamento dos recursos internos**, estabelecendo que tal exigência não se aplicará "**quando: a) não existir, na legislação interna do Estado de que se tratar, o devido processo legal para a proteção do direito ou direitos que se alegue tenham sido violados; b) não se houver permitido ao presumido prejudicado em seus direitos o acesso aos recursos da jurisdição interna, ou houver sido ele impedido de esgotá-los; e c) houver demora injustificada na decisão sobre os mencionados recursos**". Logo, nas condições acima mencionadas, **é possível apresentar a petição à Comissão Interamericana de Direitos Humanos antes de esgotados os recursos internos**.

**Alternativa "b":** de acordo com o artigo 44 da Convenção Americana sobre Direitos Humanos (Pacto de São José), "**Qualquer pessoa ou grupo de pessoas, ou entidade não governamental legalmente reconhecida em um ou mais Estados-membros da Organização, pode apresentar à Comissão petições que contenham denúncias ou queixas de violação desta Convenção por um Estado-parte**". É o **direito de peticionamento individual**, que também existe para combater violações da Convenção Interamericana para Prevenir, Punir e Remediar a Violência contra a Mulher (**Convenção de**

**Belém do Pará** – artigo 12) e do **direito à educação e aos direitos sindicais** constantes do Protocolo Adicional à Convenção Americana sobre Direitos Humanos sobre Direitos Econômicos, Sociais e Culturais (**Protocolo de São Salvador** – artigo 19, par. 6). Logo, **não é possível peticionar individualmente à Comissão Interamericana no caso de tutela ao direito à saúde, ainda que esteja havendo uma demora injustificada na prestação dos recursos da jurisdição interna**.

**Alternativa "c":** o artigo 19, par. 6, do **Protocolo de São Salvador** permite a apresentação de **petição individual** à Comissão Interamericana no caso de violação de suas normas apenas quando necessário para a **proteção do direito à educação e dos direitos sindicais**. De resto, é correto afirmar que **o direito à saúde não se encontra consagrado no texto da Convenção Americana de Direitos Humanos** (Pacto de São José).

**Alternativa "d":** de acordo com o artigo 44 da Convenção Americana sobre Direitos Humanos (Pacto de São José), "**Qualquer pessoa ou grupo de pessoas, ou entidade não governamental legalmente reconhecida em um ou mais Estados-membros da Organização, pode apresentar à Comissão petições que contenham denúncias ou queixas de violação desta Convenção por um Estado-parte**". É o direito de **peticionamento individual**, que também existe para combater violações da Convenção Interamericana para Prevenir, Punir e Remediar a Violência contra a Mulher (**Convenção de Belém do Pará** – artigo 12) e do **direito à educação e aos direitos sindicais constantes do Protocolo Adicional à Convenção Americana sobre Direitos Humanos sobre Direitos Econômicos, Sociais e Culturais (Protocolo de São Salvador** – artigo 19, par. 6). Logo, **não é possível peticionar individualmente à Comissão Interamericana no caso de tutela ao direito à saúde**. De resto, devem ser observados os requisitos de admissibilidade previstos no artigo 46 do Pacto de São José, que são os seguintes: "a) que hajam sido interpostos e esgotados os recursos da jurisdição interna, de acordo com os princípios de Direito Internacional geralmente reconhecidos; b) que seja apresentada dentro do prazo de seis meses, a partir da data em que o presumido prejudicado em seus direitos tenha sido notificado da decisão definitiva; c) que a matéria da petição ou comunicação não esteja pendente de outro processo de solução internacional" e que no caso de peticionamento individual, "a petição contenha o nome, a nacionalidade, a profissão, o domicílio e a assinatura da pessoa ou pessoas ou do representante legal da entidade que submeter a petição".

**Alternativa correta: letra "d".**

## 3.2. CORTE INTERAMERICANA DE DIREITOS HUMANOS

**23. (FGV – Exame de Ordem XXXVI – 2022.3)** Você, como advogado(a), foi contratado(a) para esclarecer algumas alternativas na defesa e proteção do direito de circulação e de residência de um determinado grupo de pessoas, que vem sendo violado, em razão de preconceito.

Nessa reunião, as vítimas disseram que já tentaram todas as medidas administrativas junto aos órgãos governamentais competentes e nada foi resolvido. Uma das vítimas propôs que fosse encaminhada petição para a Corte Interamericana de Direitos Humanos, a fim de instaurar um processo para a decisão daquela Corte que pudesse resultar em condenação do Estado brasileiro, indenização das vítimas e garantia dos direitos violados.

Assim, com base no que dispõe a Convenção Americana sobre Direitos Humanos, cabe a você esclarecer que as vítimas

a) não têm o direito de submeter diretamente um caso à decisão da Corte Interamericana de Direitos Humanos.
b) devem comprovar o esgotamento de todos os recursos da jurisdição interna para encaminhar a petição para a Corte.
c) podem submeter o caso à decisão da Corte, mas devem requerer que sejam tomadas medidas provisórias em caráter de urgência, dada a gravidade da situação.
d) não podem enviar a petição, uma vez que o Brasil não reconhece a competência da Corte em casos relativos à aplicação da Convenção Americana de Direitos Humanos.

**COMENTÁRIOS**

**Alternativa "a" (responde todas as alternativas):** Como é possível extrair dos artigos 35 e 36 do Regulamento da Corte Interamericana de Direitos Humanos, somente podem submeter caso à Corte a Comissão Interamericana de Direitos Humanos ou os Estados-membros.

**Alternativa correta: "a".**

**24. (FGV – Exame de Ordem 2021.1)** Como advogada(o) atuante na área dos Direitos Humanos, você foi convidada(o) para participar de um evento na OAB sobre o Sistema Interamericano de Direitos Humanos. Em meio ao debate, foi alegado que a Convenção Americana dos Direitos Humanos não vincula juridicamente os Estados que a ratificaram, mas apenas cria um compromisso moral.

Em relação a tal alegação, é fundamental invocar o conhecido e importante Caso Velásquez Rodriguez. Essa decisão da Corte Interamericana dos Direitos Humanos é especialmente relevante porque

a) foi a primeira condenação do Brasil pela Corte Interamericana de Direitos Humanos e obrigou o Estado brasileiro a reconhecer suas omissões, a indenizar os familiares da vítima e a promover ajustes no sistema de saúde pública brasileiro.
b) afirmou que os Estados partes devem prevenir, investigar e punir toda violação dos direitos reconhecidos pela Convenção Americana, bem como procurar, ademais, o restabelecimento, se possível, do direito violado e, se for o caso, a reparação dos danos produzidos pela violação dos Direitos Humanos.
c) admitiu que o Sistema Interamericano dos Direitos Humanos é formado por um conjunto de órgãos que estão vinculados à Secretaria Geral da Organização dos Estados Americanos e subordinados à Assembleia Geral dessa mesma Organização, de forma que suas decisões apenas adquirem força vinculante quando confirmadas pela Assembleia Geral.
d) estabeleceu o procedimento de eficácia das próprias decisões da Corte, que, após serem prolatadas, deverão ser encaminhadas para os tribunais superiores dos Estados partes da Convenção Americana dos Direitos Humanos, a fim de que sejam ratificadas por esses tribunais. Somente após essa confirmação é que as decisões se tornarão juridicamente vinculantes.

**COMENTÁRIOS**

**Alternativa "a":** O caso, na verdade, foi contra Honduras. O Brasil não estava envolvido.

**Alternativa "b":** No caso Velásquez Rodriguez vs Honduras a Corte Interamericana de Direitos Humanos destacou que o desaparecimento forçado de seres humanos viola inúmeros direitos que são assegurados na Convenção, de modo que são os Estados-partes obrigados a prevenir, investigar e punir qualquer violação de direitos consagrados em seu texto, além de promover a reparação dos direitos violados.

**Alternativa "c":** Esse aspecto não foi discutido no caso mencionado, além de estar incorreto. O Sistema Interamericano de Direitos Humanos tem como órgãos de proteção e monitoramento a Comissão e a Corte Interamericana. As decisões da Corte não dependem de nenhuma confirmação, até porque não pertence à Organização dos Estados Americanos (OEA). Ao ratificarem a Convenção Americana, ficam os Estados-partes vinculados automaticamente à competência consultiva da Corte, podendo (de forma facultativa) aceitar ou não sua competência contenciosa.

**Alternativa "d":** Uma vez aceita, pelos Estados, a competência contenciosa da Corte, não há necessidade de ratificação desta pelos tribunais internos, já que profere sentenças definitivas e inapeláveis (vide art. 67 do Pacto de San José). Existe, inclusive, um mecanismo de supervisão do cumprimento de sentença. Não dependem de homologação interna porque são sentenças **internacionais** e não estrangeiras. As sentenças da Corte Interamericana, portanto, tem eficácia imediata na ordem jurídica dos Estados-membros que ratificaram sua competência.

**Alternativa correta: "b".**

**25. (FGV – OAB 2017.1)** Você está advogando em um caso que tramita na Corte Interamericana de Direitos Humanos. O Brasil é parte passiva do processo e, finalmente, foi condenado. A condenação envolve, além da reparação pecuniária pela violação dos direitos humanos, medidas simbólicas de restauração da dignidade da vítima e até mesmo a mudança de parte da legislação interna.

Embora a União tenha providenciado o pagamento do valor referente à reparação pecuniária da vítima, há muito tempo permanece inadimplente quanto ao cumprimento das demais obrigações impostas na sentença condenatória proferida pela Corte.

Diante disso, assinale a afirmativa correta:

a) É necessário ingressar com medida específica junto ao STF para a homologação da sentença da Corte ou a obtenção do *exequatur*, isto é, a decisão de cumprir, aqui no Brasil, uma sentença que tenha sido proferida por tribunal estrangeiro.

b) Não há nada que possa ser feito, já que não há previsão nem na legislação do Brasil, nem na própria Convenção Americana dos Direitos Humanos sobre algum tipo de medida quando do não cumprimento da sentença da Corte pelo país que se submeteu à sua jurisdição.

c) A execução da sentença pode ser feita diretamente no Sistema Interamericano de Direitos Humanos, pois essa é uma das atribuições e incumbências previstas no Pacto de São José da Costa Rica para a Comissão Interamericana de Direitos Humanos.

d) Pode-se solicitar à Corte que, no seu relatório anual para a Assembleia Geral da OEA, indique o caso em que o Brasil foi condenado, como aquele em que um Estado não deu cumprimento total à sentença da Corte.

## COMENTÁRIOS

✪ **Nota do autor:** a sentença da Corte Interamericana de Direitos Humanos é obrigatória: de acordo com o artigo 68, par. 1, da Convenção Americana de Direitos Humanos (Pacto de São José), "Os Estados Partes na Convenção comprometem-se a cumprir a decisão da Corte em todo caso em que forem partes".

**Alternativa "a": a Corte Interamericana de Direitos Humanos não é tribunal estrangeiro, mas tribunal internacional. Suas sentenças, portanto, não são afetas a outra soberania e, com isso, não exigem a homologação do Superior Tribunal de Justiça (STJ) para gerarem efeitos em território brasileiro.**

**Alternativa "b":** primeiramente, a Corte Interamericana de Direitos Humanos pode, em seu relatório anual, dirigido à Assembleia Geral da OEA, indicar as sentenças que não foram cumpridas (Pacto de São José – art. 65). Outrossim, **a parte da sentença da Corte Interamericana "que determinar indenização compensatória poderá ser executada no país respectivo pelo processo interno vigente para a execução de sentenças contra o Estado"** (Pacto de São José – art. 68, par. 2).

**Alternativa "c": o Pacto de São José não atribui à Comissão Interamericana de Direitos Humanos o papel de executar as sentenças da Corte Interamericana de Direitos Humanos.** As funções da Comissão Interamericana de Direitos Humanos encontram-se no artigo 41 do Pacto de São José e são as seguintes: "a) estimular a consciência dos direitos humanos nos povos da América; b) formular recomendações aos governos dos Estados membros, quando o considerar conveniente, no sentido de que adotem medidas progressivas em prol dos direitos humanos no âmbito de suas leis internas e seus preceitos constitucionais, bem como disposições apropriadas para promover o devido respeito a esses direitos; c) preparar os estudos ou relatórios que considerar convenientes para o desempenho de suas funções; d) solicitar aos governos dos Estados membros que lhe proporcionem informações sobre as medidas que adotarem em matéria de direitos humanos; e) atender às consultas que, por meio da Secretaria-Geral da Organização dos Estados Americanos, lhe formularem os Estados membros sobre questões relacionadas com os direitos humanos e, dentro de suas possibilidades, prestar-lhes o assessoramento que eles lhe solicitarem; f) atuar com respeito às petições e outras comunicações, no exercício de sua autoridade, de conformidade com o disposto nos artigos 44 a 51 desta Convenção; e g) apresentar um relatório anual à Assembleia Geral da Organização dos Estados Americanos".

**Alternativa "d":** o artigo 65 da Convenção Americana de Direitos Humanos (Pacto de São José) determina que "**A Corte submeterá à consideração da Assembleia Geral da Organização, em cada período ordinário de sessões, um relatório sobre suas atividades no ano anterior. De maneira especial, e com as recomendações pertinentes, indicará os casos em que um Estado não tenha dado cumprimento a suas sentenças**". Logo é possível que **o descumprimento de uma sentença por parte do Estado brasileiro seja objeto de considerações no relatório anual que a Corte Interamericana de Direitos Humanos deve dirigir à Assembleia Geral da Organização dos Estados Americanos (OEA).**

**Alternativa correta: letra "d".**

**26. (FGV – OAB 2016.3)** Maria deu entrada em uma maternidade pública já em trabalho de parto. Contudo, a falta de pronto atendimento levou a óbito tanto Maria quanto o bebê. Você foi contratado(a) pela família de Maria para advogar neste caso de grave violação de Direitos Humanos. Após algumas rápidas pesquisas na Internet, o pai e a mãe de Maria pedem que o caso seja imediatamente encaminhado para julgamento na Corte Interamericana de Direitos Humanos.

Você, como advogado(a) da família, deve esclarecer que:

a) é uma ótima ideia e vai peticionar para que o caso seja submetido à decisão da Corte, bem como tomar todas as providências para que o caso seja julgado o mais cedo possível.

b) apesar de ser uma boa ideia, é necessário aguardar que hajam sido interpostos e esgotados os recursos de jurisdição interna para que a família possa submeter o caso à decisão da Corte.

c) não é possível a família encaminhar o caso à Corte, pois somente os Estados Partes da Convenção Americana de Direitos Humanos e a Comissão Interamericana de Direitos Humanos têm direito de submeter um caso à decisão da Corte.

d) não é possível que o caso seja encaminhado para decisão da Corte porque, embora o Brasil seja signatário da Convenção Americana dos Direitos Humanos, o país não reconheceu a jurisdição da Corte.

COMENTÁRIOS

**Nota do autor:** é muito importante destacar que não há possibilidade de um indivíduo ou de uma ONG acionar diretamente a Corte Interamericana de Direitos Humanos, mas apenas a Comissão Interamericana de Direitos Humanos. Não há, em suma, direito ao peticionamento individual junto à Corte Interamericana de Direitos Humanos.

**Alternativa "a": não é possível peticionar diretamente à Corte Interamericana de Direitos Humanos**, *ex vi* do artigo 61, par. 1, da Convenção Americana de Direitos Humanos (Pacto de São José), que é claro ao determinar que "**Somente os Estados-partes e a Comissão têm direito de submeter um caso à decisão da Corte**".

**Alternativa "b": não é possível peticionar diretamente à Corte Interamericana de Direitos Humanos**, à luz do artigo 61, par. 1, da Convenção Americana de Direitos Humanos (Pacto de São José), que é expresso ao fixar que "**Somente os Estados-partes e a Comissão têm direito de submeter um caso à decisão da Corte**". A petição deve ser dirigida, portanto, à Comissão Interamericana de Direitos Humanos, de acordo com os requisitos do artigo 46, par. 1, do Pacto de São José ("Para que uma petição ou comunicação apresentada de acordo com os artigos 44 ou 45 seja admitida pela Comissão, será necessário: a) que hajam sido interpostos e esgotados os recursos da jurisdição interna, de acordo com os princípios de Direito Internacional geralmente reconhecidos; b) que seja apresentada dentro do prazo de seis meses, a partir da data em que o presumido prejudicado em seus direitos tenha sido notificado da decisão definitiva; c) que a matéria da petição ou comunicação não esteja pendente de outro processo de solução internacional; e d) que, no caso do artigo 44, a petição contenha o nome, a nacionalidade, a profissão, o domicílio e a assinatura da pessoa ou pessoas ou do representante legal da entidade que submeter a petição"). O artigo 44 é aquele que permite que **"Qualquer pessoa ou grupo de pessoas, ou entidade não-governamental legalmente reconhecida em um ou mais Estados-membros da Organização, pode apresentar à Comissão petições que contenham denúncias ou queixas de violação" da Convenção Americana de Direitos Humanos por um Estado-parte**. Reiteramos, porém, a existência de exceções ao requisito do esgotamento dos recursos internos, que o afastam, nos termos do artigo 46, par. 2, do Pacto de São José, o qual fixa que "As disposições das alíneas "a" e "b" do inciso 1 deste artigo não se aplicarão quando: a) não existir, na legislação interna do Estado de que se tratar, o devido processo legal para a proteção do direito ou direitos que se alegue tenham sido violados; b) não se houver permitido ao presumido prejudicado em seus direitos o acesso aos recursos da jurisdição interna, ou houver sido ele impedido de esgotá-los; e c) houver demora injustificada na decisão sobre os mencionados recursos").

**Alternativa "c":** o artigo 61, par. 1, da Convenção Americana de Direitos Humanos (Pacto de São José) é explícito ao determinar que "**Somente os Estados-partes e a Comissão têm direito de submeter um caso à decisão da Corte**". No caso, **a família deverá submeter o caso à Comissão Interamericana de Direitos Humanos**, respeitada, em princípio, a exigência de **esgotamento dos recursos internos**, a teor do artigo 44 do Pacto de São José ("**Qualquer pessoa ou grupo de pessoas, ou entidade não-governamental legalmente reconhecida em um ou mais Estados-membros da Organização, pode apresentar à Comissão petições que contenham denúncias ou queixas de violação desta Convenção por um Estado-parte**").

**Alternativa "d": o Brasil reconhece a competência contenciosa da Corte Interamericana de Direitos Humanos.**

**Alternativa correta: letra "c".**

**27. (FGV – OAB 2016.2 – Prova reaplicada Salvador-BA)** Você, advogado, patrocinou uma importante causa na jurisdição interna do Brasil e, diante da demora injustificada na decisão, apresentou o caso na Comissão Interamericana de Direitos Humanos, onde o Brasil foi condenado a reparar seu cliente. Diante da inadimplência do Estado brasileiro, a Comissão enviou o caso à Corte Interamericana de Direitos Humanos, onde o Brasil foi condenado, sem, contudo, efetuar a reparação exigida pela sentença da Corte.

Diante desse fato e de acordo com a Convenção Americana sobre Direitos Humanos, você deve

a) instar a Corte para, no ano seguinte, submeter o fato do descumprimento da decisão pelo Estado brasileiro à consideração da Assembleia Geral da Organização dos Estados Americanos, por meio de relatório sobre as atividades da Corte.

b) recorrer à Corte Internacional de Justiça de Haia, nos termos do que dispõe a Convenção Americana sobre Direitos Humanos, uma vez que os sistemas regionais e o sistema global de proteção dos direitos humanos são complementares.

c) conformar-se, pois não há mais nenhuma medida que possa ser feita pela Corte para buscar o cumprimento de sua decisão pelo estado brasileiro condenado após o devido processo legal.

d) ingressar com a competente ação de obrigação de fazer em face do Estado brasileiro no Superior Tribunal de Justiça, conforme o procedimento previsto na Convenção Americana sobre Direitos Humanos ratificado pelo Estado brasileiro.

COMENTÁRIOS

**Nota do autor:** ao contrário das decisões da Comissão Interamericana de Direitos Humanos, que consistem em meras recomendações, as sentenças da Corte Interamericana de Direitos Humanos são obrigatórias, a teor do artigo 68, par. 1, da Convenção Americana de Direitos Humanos (Pacto de São José), que é expresso ao determinar que "Os Estados-partes na Convenção se comprometem a cumprir a decisão da Corte em todo caso em que forem partes". Cabe destacar, ainda a teor do Pacto de São José (art. 68, par. 2), que "A parte da sentença que determinar indenização compensatória poderá ser executada no país respectivo pelo processo interno vigente para a execução de sentenças contra o Estado".

**Alternativa "a"**: de acordo com o artigo 65 da Convenção Americana sobre Direitos Humanos (Pacto de São José), "A Corte submeterá à consideração da Assembleia Geral da Organização, em cada período ordinário de sessões, um relatório sobre as suas atividades no ano anterior. **De maneira especial, e com as recomendações pertinentes, indicará os casos em que um Estado não tenha dado cumprimento a suas sentenças**". Logo, **o descumprimento da decisão por parte do Brasil será objeto de relatório apresentado pela Corte à Assembleia Geral da Organização dos Estados Americanos (OEA).**

**Alternativa "b": não há previsão no bojo da Convenção Americana de Direitos Humanos de recurso à Corte Internacional de Justiça no caso de descumprimento de uma decisão da Corte Interamericana de Direitos Humanos** por parte do Brasil. Aliás, cabe ressaltar que a Corte Interamericana de Direitos Humanos é órgão da Organização dos Estados Americanos (OEA), e que **a Corte Internacional de Justiça é órgão da Organização das Nações Unidas (ONU).**

**Alternativa "c"**: em primeiro lugar, **o descumprimento da decisão pelo Brasil pode ser objeto de notificação efetuada pela Corte Interamericana de Direitos Humanos à Assembleia Geral da OEA, para que sejam tomadas as medidas cabíveis**, de acordo com o artigo 65 da Convenção Americana de Direitos Humanos (**"A Corte submeterá à consideração da Assembleia Geral da Organização, em cada período ordinário de sessões, um relatório sobre as suas atividades no ano anterior. De maneira especial, e com as recomendações pertinentes, indicará os casos em que um Estado não tenha dado cumprimento a suas sentenças"**). Ao mesmo tempo, **as partes das sentenças da Corte Interamericana de Direitos Humanos que determinarem indenização compensatória poderão ser executadas "no país respectivo pelo processo interno vigente para a execução de sentenças contra o Estado"**, a teor do artigo 68, par. 2, do Pacto de São José.

**Alternativa "d": o procedimento em apreço não está previsto no texto da Convenção Americana de Direitos Humanos.**

**Alternativa correta: letra "a".**

## 3.3. DESAPARECIMENTOS FORÇADOS

**28. (FGV – OAB 2017.1)** O país foi tomado por uma onda de manifestações sociais, que produzem grave e iminente instabilidade institucional, de modo que a Presidência da República decretou, e o Congresso Nacional aprovou, o estado de defesa no Brasil. Nesse período, você é procurado(a), como advogado(a), para atuar na causa em que um casal relata que seu filho, João da Silva, de 21 anos, encontra-se desaparecido há cinco dias, desde que foi detido para investigação policial. Os órgãos de segurança afirmam não ter informações acerca do paradeiro dele, embora admitam que ele foi interrogado pela polícia. Ao questionar o procedimento de interrogatório e buscar mais informações sobre o paradeiro de João da Silva junto à Corregedoria da Polícia, você é lembrado de que o país encontra-se sob estado de defesa, existindo, nesse caso, restrição a vários direitos fundamentais.

Sobre a hipótese apresentada, com base na Convenção Interamericana sobre o Desaparecimento Forçado de Pessoas, assinale a afirmativa correta.

a) A Convenção proíbe que os Estados-Partes decretem qualquer tipo de estado de emergência, incluindo aí o estado de defesa ou o estado de sítio, de forma a evitar a gravíssima violação dos direitos humanos, como é o desaparecimento forçado de João da Silva.

b) O caso de João da Silva ainda não pode ser considerado desaparecimento forçado, porque a Convenção afirma que o prazo para que o desaparecimento forçado seja caracterizado como tal deve ser de pelo menos dez dias, desde a falta de informação ou a recusa a reconhecer a privação de liberdade pelos agentes do Estado.

c) O Conselho de Defesa Nacional deliberou que, mesmo no estado de defesa, as autoridades judiciárias competentes devem ter livre e imediato acesso a todo centro de detenção e às suas dependências, bem como a todo lugar onde houver motivo para crer que se possa encontrar a pessoa desaparecida.

d) O Brasil, como Estado-Parte da Convenção, comprometeu-se a não praticar, nem permitir, nem tolerar o desaparecimento forçado de pessoas, nem mesmo durante os estados de emergência, exceção ou de suspensão de garantias individuais.

**COMENTÁRIOS**

✪ **Nota do autor:** o tema dos desaparecimentos forçados é objeto de dois tratados: a Convenção das Nações Unidas sobre o Desaparecimento Forçado de Pessoas e a Convenção Interamericana sobre o Desaparecimento Forçado de Pessoas. Ambas as convenções entraram em vigor no âmbito interno brasileiro em 2016. No entanto, os dois tratados não foram aprovados no Congresso Nacional brasileiro de acordo com a norma do parágrafo terceiro do artigo quinto do texto constitucional e, nesse sentido, não equivalem às emendas constitucionais dentro do ordenamento jurídico brasileiro, mantendo status supralegal.

**Alternativa "a"**: a Convenção Interamericana sobre o Desaparecimento Forçado de Pessoas (artigo I, alínea "a") não proíbe a decretação de medidas de emergência, mas determina que os Estados partes se comprometam em **"não praticar, nem permitir, nem tolerar o desaparecimento forçado de pessoas, nem mesmo em estado de emergência, exceção ou suspensão de garantias individuais"**.

**Alternativa "b": não há um prazo mínimo indicado pela Convenção Interamericana sobre o Desaparecimento Forçado de Pessoas** para a configuração do desaparecimento forçado. A respeito, o artigo II do tratado em apreço determina que "**Para os efeitos desta Convenção, entende-se por desaparecimento forçado a privação de liberdade de uma pessoa ou mais pessoas, seja de que forma for, praticada por agentes do Estado ou por pessoas ou grupos de pessoas que atuem com autorização, apoio ou consentimento do Estado, seguida de falta de informação ou da recusa a reconhecer a privação de liberdade ou a informar sobre o paradeiro da pessoa, impedindo assim o exercício dos recursos legais e das garantias processuais pertinentes**".

**Alternativa "c"**: de acordo com o artigo X da Convenção Interamericana sobre o Desaparecimento Forçado de Pessoas, "**Em nenhum caso poderão ser invocadas circunstâncias excepcionais, tais como estado de guerra ou ameaça de guerra, instabilidade política interna ou qualquer outra emergência pública, para justificar o desaparecimento forçado de pessoas.** Nesses casos, será mantido o direito a procedimentos ou recursos judiciais rápidos e eficazes, como meio de determinar o paradeiro das pessoas privadas de liberdade ou seu estado de saúde, ou de identificar a autoridade que ordenou a privação de liberdade ou a tornou efetiva". Ao mesmo tempo, "**Na tramitação desses procedimentos ou recursos e de conformidade com o direito interno respectivo, as autoridades judiciárias competentes terão livre e imediato acesso a todo centro de detenção e a cada uma de suas dependências, bem como a todo lugar onde houver motivo para crer que se possa encontrar a pessoa desaparecida, inclusive lugares sujeitos à jurisdição militar**". Logo, independentemente de qualquer decisão do Conselho de Defesa Nacional, a Convenção consagra **o direito de acesso livre e imediato das autoridades judiciárias competentes "a todo centro de detenção e a cada uma de suas dependências, bem como a todo lugar onde houver motivo para crer que se possa encontrar a pessoa desaparecida, inclusive lugares sujeitos à jurisdição militar"**.

**Alternativa "d"**: de acordo com o artigo I, alínea "a", da Convenção Interamericana sobre o Desaparecimento Forçado de Pessoas, os Estados partes comprometem-me a **"não praticar, nem permitir, nem tolerar o desaparecimento forçado de pessoas, nem mesmo em estado de emergência, exceção ou suspensão de garantias individuais"**.

**Alternativa correta: letra "d".**

## 3.4. PACTO DE SÃO JOSÉ (CONVENÇÃO AMERICANA DE DIREITOS HUMANOS)

**29. (FGV – OAB 2019.3)** Um rapaz, que era pessoa em situação de rua, acabou de sair da prisão. Ele fora condenado pelo crime de latrocínio e, posteriormente, a defensoria pública ajuizou, a seu favor, uma ação de revisão criminal, na qual ele foi absolvido por ausência de provas, caracterizando, assim, um erro judiciário. Nesse período, ele ficou cinco anos preso. Agora a família indaga se existe um direito de indenização em função de condenação por erro judiciário.

Assinale a opção que apresenta a informação que você, na condição de advogado(a) especializado(a) em Direitos Humanos, deve prestar a família, com base na Convenção Americana Sobre Direitos Humanos.

a) O direito à indenização está previsto na Convenção Americana Sobre Direitos Humanos de forma geral, mas não há previsão expressa de indenização por erro judiciário; portanto, essa é uma construção argumentativa que deve ser produzida no caso concreto.

b) A indenização por erro judiciário não é uma matéria própria do campo dos Direitos Humanos, por isso não existe tal previsão nem na Convenção Americana Sobre Direitos Humanos, nem em nenhum outro tratado de Direitos Humanos de que o Brasil seja signatário.

c) A Convenção Americana Sobre Direitos Humanos assegura o direito à indenização por erro judiciário, mas o restringe aos erros que resultam em condenação na esfera civil, excluindo eventuais erros que ocorram na jurisdição penal.

d) A Convenção Americana Sobre Direitos Humanos dispõe que toda pessoa tem direito de ser indenizada conforme a lei, no caso de haver sido condenada em sentença transitada em julgado por erro judiciário.

**COMENTÁRIOS**

✪ **Nota do autor:** o direito humano à reparação por erro judiciário é objeto do artigo 10 da Convenção Americana de Direitos Humanos (Pacto de São José), que estabelece que "Toda pessoa tem direito de ser indenizada conforme a lei, no caso de haver sido condenada em sentença passada em julgado, por erro judiciário".

**Alternativa "a": a Convenção Americana de Direitos Humanos prevê expressamente o direito à indenização por erro judiciário,** nos termos de seu artigo 10, o qual dispõe que **"Toda pessoa tem direito de ser indenizada conforme a lei, no caso de haver sido condenada em sentença passada em julgado, por erro judiciário"**.

**Alternativa "b": o direito à indenização por erro judiciário é matéria pertinente aos tratados de direitos humanos.** A respeito, o artigo 10 da Convenção Americana de Direitos Humanos fixa que "Toda pessoa tem direito de ser indenizada conforme a lei, no caso de haver sido condenada em sentença passada em julgado, por erro judiciário". Outro exemplo é a regra do artigo 14, 6, do Pacto dos Direitos Civis e Políticos, a qual expressamente determina que "Se uma sentença condenatória passada em julgado for posteriormente anulada ou se um indulto for concedido, pela ocorrência ou descoberta de fatos novos que provem cabalmente a existência de erro judicial, a pessoa que sofreu a pena decorrente desse condenação deverá ser indenizada, de acordo com a lei, a menos que fique provado que se lhe pode imputar, total ou parcialmente, a não revelação dos fatos desconhecidos em tempo útil".

**Alternativa "c":** o artigo 10 da Convenção Americana de Direitos Humanos (**"Toda pessoa tem direito de ser indenizada conforme a lei, no caso de haver sido condenada em sentença passada em julgado, por erro judiciário"**) **não restringe o direito à indenização por erro judiciário aos equívocos que levem à condenação apenas no âmbito cível**.

**Alternativa "d"**: o artigo 10 da Convenção Americana de Direitos Humanos reza que **"Toda pessoa tem direito de ser indenizada conforme a lei, no caso de haver sido condenada em sentença passada em julgado, por erro judiciário"**.

**Alternativa correta: letra "d".**

**30. (FGV – OAB 2019.2)** No âmbito dos sistemas internacionais de proteção dos Direitos Humanos, existem hoje três sistemas regionais: africano, (inter)americano e europeu. Existem semelhanças e diferenças entre esses sistemas. Assinale a opção que corretamente expressa uma grande diferença entre o sistema (inter)americano e o europeu.

a) O sistema europeu foi instituído a partir da Convenção para a Proteção dos Direitos do Homem e das Liberdades Fundamentais, de 1950, e já está em pleno funcionamento. Já o sistema (inter)americano foi instituído pela Convenção Americana Sobre Direitos Humanos, de 1998, e ainda não está em pleno funcionamento.

b) O sistema (inter)americano conta com uma Comissão Interamericana de Direitos Humanos, mas não possui uma Corte ou Tribunal. Já o sistema europeu possui um Tribunal, mas não possui uma Comissão de Direitos Humanos.

c) O sistema europeu é baseado em um Conselho de Ministros e admite denúncias de violações de direitos humanos que sejam feitas pelos Estados-partes da Convenção, mas não admite petições individuais. Já o sistema (inter)americano não possui o Conselho de Ministros e admite petições individuais.

d) O sistema (inter)americano possui uma Comissão e uma Corte para conhecer de assuntos relacionados ao cumprimento dos compromissos assumidos pelos Estados-partes na Convenção Americana Sobre Direitos Humanos. Já o sistema europeu não possui uma Comissão com as mesmas funções que a Comissão Interamericana, mas um Tribunal Europeu dos Direitos do Homem, que é efetivo e permanente.

**COMENTÁRIOS**

✪ **Nota do autor:** os principais sistemas regionais de direitos humanos são o europeu, o africano e o interamericano, do qual o Brasil faz parte.

**Alternativa "a":** o sistema europeu foi instituído a partir da **Convenção Europeia de Direitos Humanos, de 1950**, e está em pleno funcionamento. Já o sistema interamericano foi instituído pela **Declaração Americana de Direitos Humanos, de 1948**, e também está em pleno funcionamento, contando com a **Comissão Interamericana de Direitos Humanos**, fundada em 1959, e a **Corte Interamericana de Direitos Humanos**, criada em 1979, ambos órgãos da Organização dos Estados Americanos (OEA).

**Alternativa "b":** O sistema interamericano **conta não apenas com uma Comissão Interamericana de Direitos Humanos, mas também com a Corte Interamericana de Direitos Humanos**, tribunal encarregado de processar e julgar Estados por eventuais violações das regras dos tratados do sistema interamericano. Já o sistema europeu possui um tribunal, a Corte Europeia de Direitos Humanos, **mas não mais possui uma Comissão de Direitos Humanos.**

**Alternativa "c"**: o sistema europeu é baseado na **Corte Europeia de Direitos Humanos** e **admite petições individuais**. Já o sistema interamericano efetivamente **não possui o Conselho de Ministros** e **admite petições individuais, as quais devem ser apresentadas junto à Comissão Interamericana de Direitos Humanos, mas não na Corte Interamericana de Direitos Humanos.**

**Alternativa "d"**: efetivamente o sistema interamericano possui uma Comissão e uma Corte para conhecer de assuntos relacionados ao cumprimento dos compromissos assumidos pelos Estados-partes na Convenção Americana Sobre Direitos Humanos e nos demais tratados do sistema regional em apreço. Já **o sistema europeu não possui uma Comissão com as mesmas funções que a Comissão Interamericana, mas a Corte Europeia de Direitos Humanos**, que é efetiva e permanente.

**Alternativa correta: letra "d".**

---

**31. (FGV – OAB 2018.1)** Você foi procurado, como advogado(a), por representantes de um Centro de Defesa dos Direitos Humanos, que lhe informaram que o governador do estado, juntamente com o ministro da justiça do país, estavam articulando a expulsão coletiva de um grupo de haitianos, que vive legalmente na sua cidade.

Na iminência de tal situação e sabendo que o Brasil é signatário da Convenção Americana sobre os Direitos Humanos, assinale a opção que indica, em conformidade com essa convenção, o argumento jurídico a ser usado.

a) Um decreto do governador combinado a uma portaria do ministro da justiça constituem fundamento jurídico suficiente para a expulsão coletiva, segundo a Convenção acima citada. Portanto, a única solução é política, ou seja, fazer manifestações para demover as autoridades desse propósito.

b) A Convenção Americana sobre os Direitos Humanos é omissa quanto a esse ponto. Portanto, a única alternativa é buscar apoio em outros tratados internacionais, como a Convenção das Nações Unidas, relativa ao Estatuto dos Refugiados, também conhecida como Convenção de Genebra, de 1951.

c) A expulsão coletiva de estrangeiros é permitida, segundo a Convenção Americana sobre os Direitos Humanos, apenas no caso daqueles que tenham tido condenação penal com trânsito em julgado, o que não foi o caso dos haitianos visados pelos propósitos do governador e do ministro, uma vez que eles vivem legalmente na cidade.

d) A pessoa que se ache legalmente no território de um Estado tem direito de circular nele e de nele residir em conformidade com as disposições legais. Além disso, é proibida a expulsão coletiva de estrangeiros.

COMENTÁRIOS

✪ **Nota do autor:** a Convenção Americana de Direitos Humanos, também conhecida como "Pacto de São José" ou "Pacto de São José da Costa Rica", é um tratado internacional, que contém, portanto, princípios e regras de direito, de caráter juridicamente vinculante.

**Alternativa "a"**: **a Convenção Americana de Direitos Humanos proíbe a expulsão coletiva de estrangeiros** e vincula todos os órgãos, poderes e unidades subnacionais de um Estado soberano. Logo, nem o Ministro da Justiça nem o Governador de um Estado estão autorizados a determinar a expulsão coletiva de estrangeiros. Em todo caso, o Governador do Estado não poderia decidir acerca da expulsão de um estrangeiro, que é ato que repousa na seara de competência do Ministro da Justiça, a teor do artigo 203 do Decreto 9.199/17, que regula a Lei 13.445/17 (Lei de Migração).

**Alternativa "b"**: **a Convenção Americana de Direitos Humanos não é omissa a respeito desse ponto**, visto que seu artigo 22, par. 9, expressamente estatui que **"É proibida a expulsão coletiva de estrangeiros"**. Por outro lado, porém, a Convenção das Nações Unidas relativa ao Estatuto dos Refugiados, de 1951, que trata do tema da expulsão de refugiados em seus artigos 32 e 33, é omissa no tocante à possibilidade de expulsão coletiva.

**Alternativa "c"**: **a Convenção Americana de Direitos Humanos proíbe a expulsão coletiva de estrangeiros, não admitindo nenhuma exceção a respeito.**

**Alternativa "d"**: de acordo com o artigo 22, par. 1, da Convenção Americana de Direitos Humanos, **"Toda pessoa que se ache legalmente no território de um Estado tem direito de circular nele e de nele residir em conformidade com as disposições legais"**. Ao mesmo tempo, o artigo 22, par. 9, da Convenção Americana de Direitos Humanos estabelece expressamente que **"É proibida a expulsão coletiva de estrangeiros"**.

**Alternativa correta: letra "d".**

---

**32. (FGV – OAB 2016.2)** Alguns jovens relataram um caso em que um outro jovem, de origem vietnamita, foi preso sob a alegação de tráfico de drogas. O acusado não conhece ninguém no Brasil e o processo penal já se iniciou, mas ele não compreende o que se passa no processo por não saber o idioma e pela grande dificuldade de comunicação entre ele e seu defensor.

A partir da hipótese apresentada, de acordo com o Pacto de São José da Costa Rica, assinale a afirmativa correta.

a) O acusado tem direito de ser assistido gratuitamente por tradutor ou intérprete, se não compreender ou não falar o idioma do juízo ou tribunal.

b) O acusado tem que garantir por seus próprios meios a assistência de tradutor ou intérprete, mas tem o direito de que os atos processuais sejam suspensos até que seja providenciado o intérprete.

c) A investigação e o processo penal somente poderão acontecer quando o acusado tiver assistência consular de seu país de origem.

d) O Pacto de São José da Costa Rica não dá ao acusado o direito de ser assistido por um intérprete providenciado pelo Estado signatário ou de ter algum rito especial no processo.

COMENTÁRIOS

✪ **Nota do autor:** a Convenção Americana de Direitos Humanos (Pacto de São José) estabelece garantias gerais para o processo penal, constantes especialmente de seus artigos 7 a 9.

**Alternativa "a"**: de acordo com o artigo 8, par. 2, alínea "a", da Convenção Americana sobre Direitos Humanos (Pacto de São José), **o acusado tem o direito "de ser assistido gratuitamente por um tradutor ou intérprete, caso não compreenda ou não fale a língua do juízo ou tribunal"**.

**Alternativa "b"**: de acordo com o artigo 8, par. 2, alínea "a", da Convenção Americana sobre Direitos Humanos (Pacto de São José), **o acusado tem o direito "de ser assistido gratuitamente por um tradutor ou intérprete, caso não compreenda ou não fale a língua do juízo ou tribunal"**, **não tendo,**

**portanto, a obrigação de providenciar um profissional da área.**

**Alternativa "c": não há previsão na Convenção Americana sobre Direitos Humanos** (Pacto de São José) acerca desse ponto. No entanto, é correto afirmar que existe o direito a notificação consular, objeto do artigo 36, par. 1, "b", da Convenção de Viena de 1963, que estabelece que "se o interessado lhes solicitar, as autoridades competentes do Estado receptor deverão, sem tardar, informar à repartição consular competente quando, em sua jurisdição, um nacional do Estado que envia for preso, encarcerado, posto em prisão preventiva ou detido de qualquer outra maneira. Qualquer comunicação endereçada à repartição consular pela pessoa detida, encarcerada ou presa preventivamente deve igualmente ser transmitida sem tardar pelas referidas autoridades. Estas deverão imediatamente informar o interessado de seus direitos nos termos do presente subparágrafo". Cabe destacar que o STF confere ao "direito à informação sobre a assistência consular", também conhecido como "direito à notificação consular", o caráter de "prerrogativa jurídica, de caráter fundamental, que hoje compõe o universo conceitual dos direitos básicos da pessoa humana", relacionada diretamente às garantias mínimas do devido processo legal e cuja observância é norma cogente dentro dos procedimentos penais e processuais penais (STF – Ext. 1.126).

**Alternativa "d"**: de acordo com o artigo 8, par. 2, alínea "a", da Convenção Americana sobre Direitos Humanos (Pacto de São José), **o acusado tem o direito "de ser assistido gratuitamente por um tradutor ou intérprete, caso não compreenda ou não fale a língua do juízo ou tribunal"**.

**Alternativa correta: letra "a".**

## 3.5. PENA DE MORTE

**33. (FGV – Exame de Ordem – 2021.2)** Você, como advogada(o) atuante na defesa dos Direitos Humanos, foi convidada(o) para participar de um programa de debate na rádio local sobre a questão da pena de morte.

Um dos debatedores, em certo ponto do programa, afirmou que, caso fosse aprovada uma Proposta de Emenda Constitucional (PEC) suprimindo a vedação da pena de morte presente na Constituição, o Brasil poderia adotar esse tipo de pena. Na opinião desse debatedor, tratar-se-ia apenas de vontade política e não de questão jurídica.

Diante disso, cabe a você esclarecer que

a) essa PEC poderia ser aprovada pelo Congresso Nacional e surtir seus efeitos jurídicos mas, por se tratar de uma questão política, o ideal seria que essa decisão fosse precedida de amplo debate popular.

b) essa PEC poderia ser aprovada pelo Congresso Nacional mas, de acordo com a Constituição da República, uma decisão nesse sentido somente poderia ser implementada após aprovação em referendo popular.

c) essa PEC não é juridicamente adequada, porque tal vedação é cláusula pétrea da Constituição e porque o Brasil promulgou o Protocolo Adicional à Convenção Americana sobre Direitos Humanos referente à abolição da pena de morte.

d) de acordo com a Constituição da República e a Convenção Americana sobre Direitos Humanos, apenas o Supremo Tribunal Federal poderia admitir a pena de morte, porque possui competência para relativizar a proteção a um direito fundamental, desde que para proteger outro direito fundamental.

**COMENTÁRIOS**

**Alternativa "c" (responde todas as alternativas):** A vedação à pena de morte está prevista no art. 5º, XLVII da CF/88. Trata-se de um direito fundamental. O art. 60, §4º, por sua vez, contém as cláusulas pétreas, que veda a deliberação de proposta de emenda tendente a abolir, dentre outras matérias, os direitos e garantias individuais. Ao editar tal PEC, se estaria violando cláusula pétrea, de modo que a PEC não é juridicamente adequada. Ademais, o Brasil promulgou o Protocolo Adicional à Convenção Americana sobre Direitos Humanos referente à abolição da pena de morte, de modo que se comprometeu a não restabelecer pena de morte já abolida.

**Alternativa correta: "c".**

## 3.6. PROTOCOLO DE SÃO SALVADOR

**34. (FGV – OAB 2019.2)** Uma Organização de Direitos Humanos afirma estar tramitando, no Congresso Nacional, um Projeto de Lei propondo que o trabalhador tenha direito a férias, mas que seja possível que o empregador determine a não remuneração dessas férias. No mesmo Projeto de Lei, fica estipulado que, nos feriados nacionais, não haverá remuneração.

A Organização procura você, como advogado(a), para redigir um parecer quanto a um eventual controle de convencionalidade, caso esse projeto seja transformado em lei.

Assim, com base no Protocolo Adicional à Convenção Americana Sobre Direitos Humanos em Matéria de Direitos Econômicos, Sociais e Culturais – Protocolo de San Salvador –, assinale a opção que apresenta seu parecer sobre o fato apresentado

a) O Brasil, embora tenha ratificado a Convenção Americana de Direitos Humanos, não é signatário do Protocolo Adicional à Convenção Americana Sobre Direitos Humanos em Matéria de Direitos Econômicos, Sociais e Culturais – Protocolo de San Salvador. Portanto, independentemente do que disponha esse Protocolo, ele não configura uma base jurídica que permita fazer um controle de convencionalidade.

b) Tanto o direito a férias remuneradas quanto o direito à remuneração nos feriados nacionais estão presentes no Protocolo de San Salvador. Considerando que o Brasil é signatário desse Protocolo, caso o Projeto de Lei venha a ser convertido em Lei pelo Congresso Nacional, é possível submetê-lo ao controle de convencionalidade, com base no Protocolo de San Salvador.

c) A despeito de as férias remuneradas e a remuneração nos feriados nacionais estarem previstos no Protocolo de San Salvador, não é possível fazer o controle de convencionalidade caso o Projeto de Lei seja aprovado, porque se trata apenas de um Protocolo, e, como tal, não possui força de Convenção como é o caso da Convenção Americana Sobre Direitos Humanos.

d) Se o Projeto de Lei for aprovado, não será possível submetê-lo a um controle de convencionalidade com base no Protocolo de San Salvador, porque os direitos em questão não estão previstos no referido Protocolo, que sequer trata de condições justas, equitativas e satisfatórias de trabalho.

**COMENTÁRIOS**

✪ **Nota do autor:** o Protocolo Adicional à Convenção Americana Sobre Direitos Humanos em Matéria de Direitos Econômicos, Sociais e Culturais (Protocolo de San Salvador – Decreto 3.321/99) é o tratado internacional que consagra os direitos de segunda geração/dimensão no âmbito do sistema interamericano.

**Alternativa "a": o Brasil é parte do Protocolo de São Salvador**, o qual vincula, portanto, o Estado e a sociedade brasileiras.

**Alternativa "b"**: o Protocolo de São Salvador consagra, em seu artigo 7º, letra "a", os direitos ao "**repouso, gozo do tempo livre, férias remuneradas, bem como pagamento de salários nos dias feriados nacionais**". Logo, e como o Brasil é parte desse Protocolo, é possível submeter o supramencionado projeto de lei ao devido controle de convencionalidade.

**Alternativa "c": o termo "protocolo" é um dos nomes que designa os tratados internacionais.** Logo, o Protocolo de São Salvador também é um tratado internacional, de cunho juridicamente vinculante.

**Alternativa "d"**: o Protocolo de São Salvador prevê, em seu artigo 7º, letra "a", os direitos ao "**repouso, gozo do tempo livre, férias remuneradas, bem como pagamento de salários nos dias feriados nacionais**", consagrando ainda, no mesmo dispositivo, outros direitos alusivos às "Condições Justas, Equitativas e Satisfatórias de Trabalho".

**Alternativa correta: letra "b".**

## 4. DIREITOS HUMANOS – NOÇÕES GERAIS

**35. (FGV- XXXV Exame de Ordem-2022.2)** De acordo com a Recomendação no 123, de 07 de janeiro de 2022, do Conselho Nacional de Justiça, os órgãos do Poder Judiciário brasileiro estão recomendados à "observância dos tratados e convenções internacionais de direitos humanos em vigor no Brasil e à utilização da jurisprudência da Corte Interamericana de Direitos Humanos (Corte IDH), bem como à necessidade de controle de convencionalidade das leis internas."

Nesse sentido, controle de convencionalidade deve ser corretamente entendido como

a) o controle de compatibilidade material e formal entre a legislação brasileira e o que está disposto, em geral, na Constituição Federal.

b) a verificação da compatibilidade entre as leis de um Estado (legislação doméstica) e as normas dos tratados internacionais de Direitos Humanos firmados e incorporados à legislação do país.

c) a análise hermenêutica que propõe uma interpretação das normas de Direitos Humanos, de maneira a adequá-las àquilo que estabelece a legislação interna do país.

d) a busca da conformidade da Constituição e da legislação doméstica àquilo que está convencionado nas normas do Direito Natural, pois essas são logicamente anteriores e moralmente superiores.

**COMENTÁRIOS**

**Alternativa "a"**: Referido controle seria o controle de constitucionalidade e não de convencionalidade.

**Alternativa "b"**: Correta. O controle de convencionalidade é o controle das leis internas, tendo por parâmetro as normas internacionais de direitos humanos.

**Alternativa "c"**: Na verdade, essa análise hermenêutica é feita das normas internas a fim de melhor se adequarem às normas internacionais de direitos humanos.

**Alternativa "d"**: O poder constituinte originário não se submete a esse tipo de controle. Assim, não há que se falar em controle de convencionalidade das normas constitucionais, nem tampouco utilizar o direito natural como parâmetro para tanto.

**Alternativa correta: "b".**

**36. (FGV – OAB 2013.3)** O processo histórico de afirmação dos direitos humanos foi inscrito em importantes documentos, tais como a Declaração Universal dos Direitos do Homem e do Cidadão de 1789 ou mesmo a Constituição Mexicana de 1917. Desse processo é possível inferir que os Direitos Humanos são constituídos por, ao menos, duas dimensões interdependentes e indivisíveis. São elas.

a) Direitos Naturais e Direitos Positivos.

b) Direitos Civis e Direitos Políticos.

c) Direitos Civis e Políticos e Direitos Econômicos e Sociais.

d) Direito Público e Direito Privado.

**COMENTÁRIOS**

✪ **Nota do autor:** os direitos humanos caracterizam-se pela indivisibilidade e pela interdependência. Entretanto, para fins didáticos, os direitos humanos são também divididos em gerações ou dimensões: a primeira geração/dimensão (direitos de liberdade/direitos civis e políticos), a segunda geração/dimensão (direitos de igualdade/direitos econômicos, sociais e culturais) e a terceira geração/dimensão (direitos de fraternidade/solidariedade). Cabe destacar que a divisão dos direitos humanos em gerações/dimensões não afeta sua indivisibilidade e interdependência.

**Alternativa "a"**: a divisão entre direitos naturais e positivos **não corresponde à divisão dos direitos humanos em gerações/dimensões**.

**Alternativa "b"**: os direitos civis e políticos correspondem **apenas à primeira geração/dimensão** dos direitos humanos.

**Alternativa "c"**: o item corresponde **à primeira e à segunda geração/dimensão dos direitos humanos.**

**Alternativa "d"**: a divisão entre direito público e direito privado **não corresponde à divisão dos direitos humanos em gerações/dimensões.**

**Alternativa correta: letra "c".**

**37. (FGV – OAB 2013.2)** "Ninguém poderá ser detido, preso ou despojado dos seus bens, costumes e liberdades, senão em virtude de julgamento de seus pares, segundo as leis do país".

O texto transcrito é um trecho da Magna Carta, proclamada na Inglaterra, no ano de 1215. Esse importante documento é apontado como um marco na afirmação histórica dos direitos humanos, dentre outras razões, porque.

a) consolida os direitos civis e políticos e os econômicos e sociais.

b) é origem daquilo que na modernidade ficou conhecido como devido processo legal.

c) representa um marco jurídico político que estabeleceu uma nova ordem social na Inglaterra, tendo sido respeitada por todos os governos seguintes.

d) institui e oficializa o direito ao habeas corpus.

**COMENTÁRIOS**

✪ **Nota do autor:** recomendamos um breve estudo acerca do histórico dos direitos humanos. Normalmente, o marco inicial fixado pela doutrina nesse desenvolvimento histórico é a Magna Carta, do Rei João sem Terra (1215). Outros momentos importantes da afirmação histórica dos direitos humanos são, por exemplo: o *Bill of Rights, no* século XVII; a Revolução Americana (Declaração de Virgínia) e a Revolução Francesa (Declaração dos Direitos do Homem e do Cidadão), no século XVIII; a Revolução Mexicana (1917) e a Constituição da República de Weimar (1918), que são marcos na consolidação dos direitos sociais; e a internacionalização dos direitos humanos, cujo referenciais maiores são a criação da ONU (1945) e a proclamação da Declaração Universal dos Direitos Humanos (1948).

**Alternativa "a":** a concepção da divisão dos direitos humanos em gerações/dimensões **associa-se à divisão didática dos direitos humanos de acordo com os momentos de sua consolidação histórica ou com traços comuns a certos direitos**.

**Alternativa "b":** o direito descrito no enunciado da questão corresponde ao **devido processo legal**.

**Alternativa "c":** o processo histórico inglês subsequente nem sempre contemplou o respeito a esse direito, tendo a Inglaterra atravessado momentos de absolutismo, **tanto que o *Habeas Corpus Act* data apenas do século XVII**.

**Alternativa "d":** o direito ao *habeas corpus* só se consolida **a partir do *Habeas Corpus Act* (século XVII)**.

**Alternativa correta: letra "b".**

## 5. DIREITOS HUMANOS NA CONSTITUIÇÃO FEDERAL

### 5.1. HISTÓRICO

**38. (FGV – OAB 2011.2)** As Constituições brasileiras se mostraram com avanços e retrocessos em relação aos direitos humanos. A esse respeito assinale a alternativa correta.

a) A Constituição de 1946 apresentou diversos retrocessos em relação aos direitos humanos, principalmente no tocante aos direitos sociais.

b) A Constituição de 1967 consolidou arbitrariedades decretadas nos Atos Institucionais, caracterizando diversos retrocessos em relação aos direitos humanos.

c) A Constituição de 1934 se revelou retrógrada ao ignorar normas de proteção social ao trabalhador.

d) A Constituição de 1969, mesmo incorporando as medidas dos Atos Institucionais, se revelou mais atenta aos direitos humanos que a Constituição de 1967.

**COMENTÁRIOS**

**Nota do autor:** a prova de Direitos Humanos do Exame de Ordem pode tratar de temas vinculados também ao Direito Constitucional.

**Alternativa "a": a Carta Magna de 1946 sucedeu a Constituição de 1937**, que regeu o Brasil durante o período do **Estado Novo**, consagrando diversos direitos e garantias, alguns dos quais haviam sido eliminados na ordem constitucional anterior.

**Alternativa "b":** a Constituição de 1967 foi a Carta Magna promulgada pelas forças políticas que assumiram o poder em **1964** e que governaram inicialmente por meio de **Atos Institucionais**, eliminando do ordenamento jurídico brasileiro diversos institutos inerentes ao regime democrático, **como, por exemplo, normas e garantias voltadas à proteção dos direitos da pessoa humana**.

**Alternativa "c":** a Constituição de 1934 foi marcada exatamente pela **inclusão de um rol significativo de direitos sociais** na ordem constitucional.

**Alternativa "d":** a Constituição de 1969, ao incorporar as medidas de Atos Institucionais anteriores, que eliminaram diversos direitos e garantias da ordem jurídica, **não se revelou muito diferente da Constituição de 1967**.

**Alternativa correta: letra "b".**

### 5.2. INCIDENTE DE DESLOCAMENTO DE COMPETÊNCIA

**39. (FGV – OAB 2018.2)** No estado em que você reside há cerca de quinze anos, cinco homens foram assassinados por tiros disparados por pessoas encapuzadas. Houve uma alteração da cena do crime, sugerindo a mesma forma de atuação de outros assassinatos que vinham sendo praticados por um grupo de extermínio que contaria com a participação de policiais.

Na época, a Polícia Civil instaurou inquérito para apurar os fatos, mas concluiu pela ausência de elementos suficientes de autoria, encaminhando os autos ao Ministério Público, que pediu o arquivamento do caso. A Justiça acolheu o pedido e alegou não haver informações sobre autoria, motivação ou envolvimento de policiais.

Segundo opinião de especialistas, a apuração policial do caso foi prematuramente interrompida. A Polícia Civil teria deixado de realizar diligências imprescindíveis à elucidação da autoria do episódio. Manter o arquivamento do inquérito, sem a investigação adequada, significaria ratificar a atuação institucionalmente violenta de agentes de segurança pública e, consequentemente, referendar grave violação de direitos humanos.

Para a hipótese narrada, como advogado de uma instituição de direitos humanos, assinale a opção processual prevista pela Constituição da República.

a) O MPF deve ingressar com ação diretamente no Supremo Tribunal Federal para assegurar o direito de acesso à justiça.

b) O advogado deve apresentar pedido de avocatória no Superior Tribunal de Justiça, a fim de que se garanta a continuidade das investigações.

c) O Procurador Geral da República deve suscitar, perante o Superior Tribunal de Justiça, incidente de deslocamento de competência para a Justiça Federal.

d) O advogado deve ajuizar ação competente junto à Corte Interamericana de Direitos Humano.

**COMENTÁRIOS**

**Nota do autor:** a possibilidade de federalização dos crimes contra os direitos humanos refere-se ao fato de que a União é a responsável pela representação internacional do Estado brasileiro e por arcar com a responsabilidade internacional pela violação de tratados de direitos humanos, ainda que referida violação tenha sido responsabilidade direta de um Estado da federação, do Distrito Federal, de um Município ou de outro Poder que não o Executivo. No caso concreto, a federalização opera-se com o incidente de deslocamento de competência, introduzido no texto constitucional pela EC 45/2004 e de acordo com o qual, "Nas hipóteses de grave violação de direitos humanos, o Procurador-Geral da República, com a finalidade de assegurar o cumprimento de obrigações decorrentes de tratados internacionais de direitos humanos dos quais o Brasil seja parte, poderá suscitar, perante o Superior Tribunal de Justiça, em qualquer fase do inquérito ou processo, incidente de deslocamento de competência para a Justiça Federal" (CF, artigo 109, § 5º).

**Alternativa "a":** compete ao Procurador-Geral da República suscitar, **perante o Superior Tribunal de Justiça (STJ), e não no Supremo Tribunal Federal (STF)**, incidente de deslocamento de competência para a Justiça Federal.

**Alternativa "b": compete ao Procurador-Geral da República, e não ao advogado da causa**, suscitar, perante o Superior Tribunal de Justiça (STJ), incidente de deslocamento de competência para a Justiça Federal.

**Alternativa "c"**: de acordo com o artigo 109, §5º, da Constituição Federal, "**Nas hipóteses de grave violação de direitos humanos, o Procurador-Geral da República, com a finalidade de assegurar o cumprimento de obrigações decorrentes de tratados internacionais de direitos humanos dos quais o Brasil seja parte, poderá suscitar, perante o Superior Tribunal de Justiça, em qualquer fase do inquérito ou processo, incidente de deslocamento de competência para a Justiça Federal**". (Incluído pela Emenda Constitucional nº 45, de 2004).

**Alternativa "d": não há direito de peticionamento individual junto à Corte Interamericana de Direitos Humanos e, portanto, o advogado não poderia ajuizar ação naquele foro internacional.** Cabe destacar que **apenas Estados e a Comissão Interamericana de Direitos Humanos podem aparecer como autores perante a Corte Interamericana de Direitos Humanos.** Em todo caso, o advogado poderia peticionar perante a Comissão Interamericana de Direitos Humanos, respeitados os requisitos do artigo 46 da Convenção Americana de Direitos Humanos (Pacto de São José), que incluem o prévio esgotamento dos recursos internos.

**Alternativa correta: letra "c".**

## 5.3. NORMAS PROTETORAS DOS DIREITOS HUMANOS NA CONSTITUIÇÃO FEDERAL

**40. (FGV – Exame de Ordem XXXVI – 2022.3)** O prefeito de Caápuera determinou que a escola municipal que atende as crianças das comunidades indígenas da região realize o processo educacional exclusivamente em Língua Portuguesa. Uma organização não governamental contrata você, como advogado(a), para atuar na proteção dos direitos dos povos indígenas.

Assim, com base no que dispõe a CRFB/88, cabe a você esclarecer que

a) a Constituição Federal de 88 determina que o ensino fundamental regular seja ministrado apenas em Língua Portuguesa, mesmo para as tribos ou comunidades indígenas.

b) apenas por determinação da Fundação Nacional do Índio, órgão do governo federal, a escola que presta ensino fundamental regular às comunidades indígenas será obrigada a utilizar suas línguas maternas.

c) o Estado tem o dever de ministrar o ensino fundamental regular em Língua Portuguesa, mas nada impede que uma organização não governamental ofereça reforço escolar na língua materna dos índios.

d) o ensino fundamental regular deve ser ministrado em Língua Portuguesa, mas é assegurado às comunidades indígenas também a utilização de suas línguas maternas e de seus processos próprios de aprendizagem.

**COMENTÁRIOS**

**Alternativa "d" (responde todas as alternativas):** Nos termos do que prevê o art. 210, §2º da CF/88: "O ensino fundamental regular será ministrado em língua portuguesa, assegurada às comunidades indígenas também a utilização de suas línguas maternas e processos próprios de aprendizagem.".

**Alternativa correta: "d".**

**41. (FGV – Exame de Ordem 2020.1)** Recentemente houve grande polêmica na cidade de Piraporanga, porque o Prefeito proibiu o museu local de realizar uma exposição, sob a alegação de que as obras de arte misturavam temas religiosos com conteúdos sexuais, além de haver quadros e esculturas obscenas.

Você é contratada(o) para atuar no caso pelos autores das obras de arte e por intelectuais. Com base na Convenção Americana de Direitos Humanos e na Constituição Federal de 1988, assinale a opção que apresenta o argumento que você, como advogada(o), deveria adotar.

a) A censura prévia por autoridades administrativas competentes, como mecanismo eficaz para assegurar o respeito à reputação de pessoas e como forma de garantir a moralidade pública, deve ser admitida.

b) O exercício da liberdade de expressão e o da criação artística estão sujeitos à censura prévia, mas apenas por força de lei devidamente justificada, como forma de proteção da honra individual e da moral pública.

c) A liberdade de expressão e de criação artística estão sujeitas à censura prévia pelas autoridades competentes quando elas ocorrem por meio de exposições em museus, tendo em vista a proteção da memória nacional e da ordem pública.

d) A lei pode regular o acesso a diversões e espetáculos públicos, tendo em vista a proteção moral da infância e da adolescência, sendo vedada, porém, toda e qualquer censura prévia de natureza política, ideológica e artística.

**COMENTÁRIOS**

**Alternativa "d" (responde todas as alternativas):** Na sistemática constitucional temos, no art. 220 a disposição de que "Art. 220. A manifestação do pensamento, a criação, a expressão e a informação, sob qualquer forma, processo ou veículo, **não sofrerão qualquer restrição**, observado o disposto nesta Constituição. § 2º **É vedada toda e qualquer censura de natureza política, ideológica e artística.** § 3º Compete à lei federal: I – **regular** as diversões e espetáculos públicos, cabendo ao poder público informar sobre a natureza deles, as faixas etárias a que não se recomendem, locais e horários em que sua apresentação se mostre inadequada;".

Com a leitura do dispositivo acima citado, já podemos afastar as alternativas "a", "b" e "c", uma vez que todas falam em censura prévia, que é vedada pela Constituição Federal. Ademais, a alternativa "d" se mostra em perfeita consonância com a disposição dos parágrafos 2º e 3º do art. 220 da CF/88.

Importante destacar, contudo, que a Convenção Americana de Direitos Humanos disciplina a questão em seu artigo 13, em que trata da liberdade da expressão, e em seu item 4 estabelece que seria admitida censura prévia, por pare da lei, com o objetivo exclusivo de regular o acesso aos espetáculos, para proteção moral da infância e da adolescência. Contudo, a CF/88 veda a censura de todas as formas, e ainda garante a proteção da infância e da adolescência (vide art. 220, §3º, CF/88), de modo que não se deve aplicar a CADH no caso.

**Alternativa correta: "d".**

## 5.4. QUILOMBOLAS

**42. (FGV – OAB 2017.3)** Você, como advogada(o) que atua na defesa dos Direitos Humanos, foi chamada(o) para atuar em um caso em que há uma disputa pela terra entre produtores rurais e uma comunidade quilombola.

Você sabe que, de acordo com o Decreto nº 4.887/03 do Governo Federal, "consideram-se remanescentes das comunidades dos quilombos, os grupos étnico-raciais, segundo critérios de auto-atribuição, com trajetória histórica própria, dotados de relações territoriais específicas, com presunção de ancestralidade negra relacionada com a resistência à opressão histórica sofrida".

Em relação a essas pessoas remanescentes de quilombos, é correto dizer que a Constituição Federal de 1988.

a) assegura o direito às suas tradições, mas não garante a propriedade da terra ocupada por elas.
b) prevê o direito à consulta aos quilombolas sempre que houver proposta oficial de exploração de riquezas minerais de suas terras.
c) afirma o direito à posse da terra quando ocupada de boa-fé por esses grupos.
d) reconhece a propriedade definitiva das terras que estejam ocupando, cabendo ao Estado a emissão dos títulos respectivos.

**COMENTÁRIOS**

✪ **Nota do autor:** a Constituição Federal tutela a situação dos descendentes de quilombos no artigo 68, que determina que "Aos remanescentes das comunidades dos quilombos que estejam ocupando suas terras é reconhecida a propriedade definitiva, devendo o Estado emitir-lhes os títulos respectivos", e no artigo 216, § 5º, segundo o qual "Ficam tombados todos os documentos e os sítios detentores de reminiscências históricas dos antigos quilombos". O tema também é tratado pelo Decreto 4.887/2003.

**Alternativa "a":** o artigo 68 da Constituição Federal determina que "**Aos remanescentes das comunidades dos quilombos que estejam ocupando suas terras é reconhecida a propriedade definitiva, devendo o Estado emitir-lhes os títulos respectivos**".

**Alternativa "b": a Constituição Federal não prevê tal medida.**

**Alternativa "c":** o artigo 68 da Constituição Federal determina que "**Aos remanescentes das comunidades dos quilombos que estejam ocupando suas terras é reconhecida a propriedade definitiva, devendo o Estado emitir-lhes os títulos respectivos", independentemente de boa-fé**.

**Alternativa "d":** o artigo 68 da Constituição Federal determina que "**Aos remanescentes das comunidades dos quilombos que estejam ocupando suas terras é reconhecida a propriedade definitiva, devendo o Estado emitir-lhes os títulos respectivos**". Cabe destacar que "Os procedimentos administrativos para a identificação, o reconhecimento, a delimitação, a demarcação e a titulação da propriedade definitiva das terras ocupadas por remanescentes das comunidades dos quilombos, de que trata o art. 68 do Ato das Disposições Constitucionais Transitórias, serão procedidos de acordo com o estabelecido" no Decreto 4.887/2003.

**Alternativa correta: letra "d".**

## 5.5. TRATADOS DE DIREITOS HUMANOS NO ORDENAMENTO JURÍDICO BRASILEIRO

**43. (FGV – OAB 2014.1)** Considere a seguinte informação jurisprudencial: "Súmula Vinculante nº 25 do STF: É ilícita a prisão civil de depositário infiel, qualquer que seja a modalidade do depósito". Os debates no STF que levaram à alteração de sua própria jurisprudência e à adoção da Súmula acima consagraram a prevalência do Pacto de São José da Costa Rica e de sua proibição de prisão civil (Artigo 7º, item 7, do Pacto).

Assinale a opção que contém a tese majoritária que fundamentou a decisão do STF.

a) A natureza supraconstitucional das Convenções de Direitos Humanos já que estas são universais e possuem força vinculante.
b) A natureza constitucional das Convenções de Direitos Humanos que no Brasil decorre do Artigo 5º, § 2º, da Constituição de 1988.
c) A natureza supralegal das Convenções de Direitos Humanos que faz com que elas sejam hierarquicamente superiores ao código civil e ao de processo civil.
d) A natureza de lei ordinária das Convenções de Direitos Humanos, considerando que lei posterior revoga lei anterior.

**COMENTÁRIOS**

✪ **Nota do autor:** matéria importante em qualquer prova de Exame de Ordem é a aplicação dos tratados de direitos humanos no ordenamento jurídico brasileiro. A respeito, é importante destacar que "Os tratados e convenções internacionais sobre direitos humanos que forem aprovados, em cada Casa do Congresso Nacional, em dois turnos, por três quintos dos votos dos respectivos membros, serão equivalentes às emendas constitucionais", nos termos da norma do artigo 5º, § 3º, da Constituição Federal, adicionada ao texto constitucional pela EC 45/2004. Os demais tratados de direitos humanos, por sua vez, são supralegais. Parte da doutrina defende que todos os tratados de direitos humanos são materialmente constitucionais, por força da norma do artigo 5º, § 2º, da Carta Magna, exceto os tratados aprovados nos termos do artigo 5º, § 3º, da Constituição Federal, que seriam formal e materialmente constitucionais. Por fim, a doutrina e parte da jurisprudência defendem que, em caso de conflito entre normas de direitos humanos, de origem internacional ou interna, devem prevalecer as normas mais favoráveis à proteção da pessoa humana, de acordo com o princípio da primazia da norma mais favorável à vítima/ao indivíduo/à pessoa, também conhecido como princípio *pro homine* ou princípio *pro personae*.

**Alternativa "a":** o Brasil, bem como a maioria dos países do mundo, **não reconhece, nas normas internacionais de direitos humanos, nenhuma natureza supraconstitucional**.

**Alternativa "b":** o artigo 5, § 2º, da Constituição Federal, **não é interpretado pelos tribunais brasileiros como conferindo autoridade constitucional às normas internacionais de direitos humanos**, limitando-se a funcionar como cláusula de abertura do bloco de constitucionalidade brasileiro aos tratados internacionais na matéria ("Os direitos e garantias expressos nesta Constituição não excluem outros decorrentes do regime e dos princípios por ela adotados, ou dos tratados internacionais em que a República Federativa do Brasil seja parte"). Para parte da doutrina, porém, todos os tratados de direitos humanos são materialmente constitucionais, por força da norma do artigo 5º, § 2º, da Carta Magna, exceto os tratados aprovados nos termos do artigo 5º, § 3º, da Constituição Federal, que seriam formal e materialmente constitucionais.

**Alternativa "c": a norma supralegal é aquela que prevalece sobre a lei, submetendo-se, porém, à autoridade da norma constitucional**. Logo, os tratados de direitos humanos prevalecem sobre o Código Civil e sobre o Código de Processo Civil, que são leis ordinárias.

**Alternativa "d": o STF abandonou o entendimento de que os tratados de direitos humanos equivalem às leis ordinárias** (STF – HC 90.172 e RE 466.343).

**Alternativa correta: letra "c".**

## 6. DIREITOS HUMANOS NA LEGISLAÇÃO BRASILEIRA

### 6.1. ADOÇÃO

**44. (FGV – OAB 2016.2)** João e Maria são casados e ambos são deficientes visuais. Enquanto João possui visão subnormal (incapacidade de enxergar com clareza suficiente para contar os dedos da mão a uma distância de 3 metros), Maria possui cegueira total. O casal tentou se habilitar ao processo de adoção de uma criança, mas foi informado no Fórum local que não teriam o perfil de pais adotantes, em função da deficiência visual, uma vez que isso seria um obstáculo para a criação de um futuro filho.

Diante desse caso, assinale a opção que melhor define juridicamente a situação.

a) A informação obtida no Fórum local está errada e o casal, a despeito da deficiência visual, pode exercer o direito à adoção em igualdade de oportunidades com as demais pessoas, conforme previsão expressa na legislação pátria.

b) A informação prestada no Fórum está imprecisa. Embora não haja previsão legal expressa que assegure o direito à adoção em igualdade de oportunidades pela pessoa com deficiência, é possível defender e postular tal direito com base nos princípios constitucionais.

c) Conforme previsto no Art. 149 do Estatuto da Criança e do Adolescente, cabe ao juiz disciplinar, por meio de Portaria, os critérios de habilitação dos pretendentes à adoção. Assim, se no Fórum foi dito que o casal não pode se habilitar em função da deficiência é porque a Portaria do Juiz assim definiu, sendo esta válida nos termos do artigo citado do ECA.

d) Como não há nenhuma previsão expressa na legislação sobre adoção em igualdade de oportunidades por pessoas com deficiência e os princípios constitucionais não possuem densidade normativa para regulamentar tal caso, deve-se reconhecer a lacuna da lei e raciocinar com base em analogia, costumes e princípios gerais do direito, conforme determina o Art. 4º da Lei de Introdução às Normas do Direito Brasileiro.

**COMENTÁRIOS**

✪ **Nota do autor:** a maior parte das normas relativas à adoção no Brasil encontra-se entre os artigos 39 e 52-D do Estatuto da Criança e do Adolescente (ECA).

**Alternativa "a"**: de acordo com o artigo 6, VI, da Lei 13.146/2015 (Lei Brasileira de Inclusão da Pessoa com Deficiência – Estatuto da Pessoa com Deficiência), **"A deficiência não afeta a plena capacidade civil da pessoa, inclusive para: VI – exercer o direito à guarda, à tutela, à curatela e à adoção, como adotante ou adotando, em igualdade de oportunidades com as demais pessoas"**.

**Alternativa "b"**: há previsão legal expressa da possibilidade de a pessoa adotar independentemente da condição de deficiência, que é o artigo 6, VI, da Lei 13.146/2015 (Lei Brasileira de Inclusão da Pessoa com Deficiência – Estatuto da Pessoa com Deficiência), que estabelece que "**A deficiência não afeta a plena capacidade civil da pessoa, inclusive para: VI – exercer o direito à guarda, à tutela, à curatela e à adoção, como adotante ou adotando, em igualdade de oportunidades com as demais pessoas**".

**Alternativa "c": uma mera portaria não pode prevalecer sobre a lei ordinária**, que é expressa ao determinar que "**A deficiência não afeta a plena capacidade civil da pessoa, inclusive para: VI – exercer o direito à guarda, à tutela, à curatela e à adoção, como adotante ou adotando, em igualdade de oportunidades com as demais pessoas**" (artigo 6, VI, do Estatuto das Pessoas com Deficiência).

**Alternativa "d"**: há previsão legal expressa da possibilidade de a pessoa adotar independentemente da condição de deficiência, que é o artigo 6, VI, da Lei 13.146/2015 (Lei Brasileira de Inclusão da Pessoa com Deficiência – Estatuto da Pessoa com Deficiência), o qual dispõe que "**A deficiência não afeta a plena capacidade civil da pessoa, inclusive para: VI – exercer o direito à guarda, à tutela, à curatela e à adoção, como adotante ou adotando, em igualdade de oportunidades com as demais pessoas**".

**Alternativa correta: letra "a".**

## 6.2. COMISSÃO DA VERDADE

**45. (FGV – OAB 2014.2)** A história recente da república brasileira conta com capítulos autoritários e violentos. Para restituir o direito à memória e cessar a violência do silêncio e da desinformação, o Estado brasileiro aprovou a Lei n. 12.528/11 que instituiu, no âmbito da Casa Civil da Presidência da República, a Comissão Nacional da Verdade, como forma de realizar, no Brasil, a Justiça de Transição.

Assinale a opção que apresenta o objetivo dessa Comissão.

a) Investigar as atividades praticadas por grupos de oposição ao governo, no período de 1946 até 1988, para apurar as responsabilidades civis e criminais de seus militantes em eventuais atos ilegais.

b) Promover uma avaliação e revisão da anistia no Brasil para, ao final, propor uma PEC que modifique e adeque o Art. 8º, dos Atos das Disposições Constitucionais Transitórias, que trata, justamente, da anistia.

c) Examinar e esclarecer as graves violações de direitos humanos praticadas entre 1946 e 1988, a fim de efetivar o direito à memória e à verdade histórica, bem como promover a reconciliação nacional.

d) Examinar e esclarecer ocorrência de crimes praticados entre 1946 e 1988 que não tenham sido resolvidos à época, a fim de efetivar o direito à memória e à verdade histórica, bem como promover a reconciliação nacional.

**COMENTÁRIOS**

✪ **Nota do autor:** a Comissão Nacional da Verdade foi criada com a finalidade de examinar e esclarecer as graves violações de direitos humanos praticadas no período de 18 de setembro de 1946 até a data da promulgação da Constituição de 1988 (05/10/1988), a fim de efetivar o direito à memória e à verdade histórica e promover a reconciliação nacional.

**Alternativa "a"**: o objetivo da Comissão da Verdade é **examinar e esclarecer as graves violações de direitos humanos praticadas no período de 18 de setembro de 1946 até a data da promulgação da Constituição de 1988 (05/10/1988), a fim de efetivar o direito à memória e à verdade histórica e promover a reconciliação nacional**, não se limitando tais violações aos atos praticados pelos grupos de oposição.

**Alternativa "b": promover a reavaliação e revisão da Lei da Anistia (Lei nº 6.683, de 28/08/ 1979) no Brasil não é objetivo da Comissão da Verdade.**

**Alternativa "c"**: de acordo com o artigo 1º da Lei 12.528/11, c/c o artigo 8º do ADCT, a Comissão Nacional da Verdade tem como objetivo **examinar e esclarecer as graves violações de direitos humanos praticadas no período de 18 de setembro de 1946 até a data da promulgação da Constituição de 1988 (05/10/1988), a fim de efetivar o direito à memória e à verdade histórica e promover a reconciliação nacional.**

**Alternativa "d"**: o objetivo da Comissão da Verdade é **examinar e esclarecer as graves violações de direitos**

**humanos praticadas no período de 18 de setembro de 1946 até a data da promulgação da Constituição de 1988 (05/10/1988), a fim de efetivar o direito à memória e à verdade histórica e promover a reconciliação nacional**, tenham ou não tais atos sido considerados resolvidos à época.

**Alternativa correta: letra "c".**

## 6.3. CONSELHO NACIONAL DOS DIREITOS HUMANOS

**46. (FGV- XXXV Exame de Ordem-2022.2)** O Conselho Nacional dos Direitos Humanos (CNDH), assim denominado pela Lei no 12.986/14 e vinculado à administração pública federal, é um importante órgão de proteção dos direitos no Brasil.

Você, que atua na defesa dos Direitos Humanos, tomou conhecimento de uma violação de um direito social previsto no Pacto Internacional dos Direitos Econômicos e Sociais. Assim, você avalia a possibilidade de levar tal situação ao conhecimento do Conselho Nacional dos Direitos Humanos (CNDH).

Diante disso, assinale a opção que corresponde às corretas incumbência e atribuição desse Conselho.

a) Assessorar o Congresso Nacional em matéria relativa aos Direitos Humanos e avaliar eventuais projetos de leis que envolvam os Direitos Humanos que tenham sido propostos por deputados federais e senadores da República.

b) Representar o Brasil perante a Comissão Interamericana de Direitos Humanos quando da apuração, por esta Comissão, de denúncia de violação de Direitos Humanos resultante da ação ou omissão do Estado brasileiro.

c) Receber representações ou denúncias de condutas ou situações contrárias aos Direitos Humanos e apurar as respectivas responsabilidades, aplicando sanções de advertência, censura pública ou recomendação para afastamento de cargo.

d) Representar, em juízo, as vítimas de violações de Direitos Humanos, naquelas ações judiciais reparadoras de direitos que forem impetradas pelo próprio CNDH no âmbito de jurisdição especial do Superior Tribunal de Justiça.

**COMENTÁRIOS**

**Alternativa "a":** As competências do CNDH estão previstas no art. 4º da Lei 12.986/2014. Essa não é uma delas. Mesmo sem uma memória exata dos dispositivos da lei em questão, bastaria pensar: seria um órgão administrativo (portanto do Poder Executivo), avaliando projetos de leis propostos por Deputados e Senadores. Isso seria uma violação clara à Separação de Poderes, com interferência do Poder Executivo no exercício de função típica do Poder Legislativo. Com base nesse raciocínio seria possível concluir que a alternativa era incorreta.

**Alternativa "b":** Essa é, na verdade, uma atribuição da Advocacia-Geral da União, como se extrai do art. 131 da CF/88: "Art. 131. A Advocacia-Geral da União é a instituição que, diretamente ou através de órgão vinculado, representa a União, judicial e extrajudicialmente, cabendo-lhe, nos termos da lei complementar que dispuser sobre sua organização e funcionamento, as atividades de consultoria e assessoramento jurídico do Poder Executivo."

**Alternativa "c":** É o que se extrai do art. 4º, III da Lei 12.986/2014 e do art. 6º do mesmo diploma legal.

**Alternativa "d":** Não se atribui ao CNDH capacidade para representar em juízo, mas somente à autoridade competente, ao Ministério Público, ao Procurador-Geral da República ou ao Congresso Nacional.

**Alternativa correta: "c".**

**47. (FGV – OAB 2015.2)** A Lei n° 12.986/14 transformou o antigo Conselho de Defesa dos Direitos da Pessoa Humana – CDDPH – em Conselho Nacional dos Direitos Humanos – CNDH.

A respeito da finalidade desse Conselho, de acordo com a lei mencionada, assinale a afirmativa correta.

a) Deve apresentar as demandas brasileiras relativas aos direitos humanos junto aos organismos internacionais e multilaterais de proteção dos Direitos Humanos.

b) Deve representar o Estado brasileiro em todas as notificações que este venha a receber em função de procedimentos, como parte da Comissão Interamericana de Direitos Humanos, ou de processos movidos contra o Brasil na Corte Interamericana de Direitos Humanos.

c) Deve elaborar um projeto nacional de Educação para os Direitos Humanos.

d) Deve promover e defender os direitos humanos mediante ações preventivas, protetivas, reparadoras e sancionadoras das condutas e situações de ameaça ou da violação desses direitos.

**COMENTÁRIOS**

✪ **Nota do autor:** destacamos que não mais existe o Conselho de Defesa dos Direitos da Pessoa Humana – CDDPH, que foi substituído pelo Conselho Nacional dos Direitos Humanos – CNDH.

**Alternativa "a": não cabe ao CNDH tal tarefa.** Em todo caso, cabe ao CNDH "promover medidas necessárias à prevenção, repressão, sanção e reparação de condutas e situações contrárias aos direitos humanos, inclusive os previstos em tratados e atos internacionais ratificados no País, e apurar as respectivas responsabilidades", "manter intercâmbio e cooperação com entidades públicas ou privadas, nacionais ou internacionais, com o objetivo de dar proteção aos direitos humanos e demais finalidades previstas neste artigo" e "acompanhar o desempenho das obrigações relativas à defesa dos direitos humanos resultantes de acordos internacionais, produzindo relatórios e prestando a colaboração que for necessária ao Ministério das Relações Exteriores" (Lei 12.986, art. 4º, I, VII e VIII).

**Alternativa "b":** o órgão que deve representar o Estado brasileiro em procedimentos junto à Comissão e à Corte Interamericana de Direitos Humanos é a **AGU, que atua em conjunto com o Ministério das Relações Exteriores e o Ministério da Mulher, da Família e dos Direitos Humanos**, cada qual dentro de sua esfera de competência. Em todo caso, cabe ao CNDH articular-se com órgãos federais, estaduais, do Distrito Federal e municipais encarregados da proteção e defesa dos direitos humanos e acompanhar o desempenho das obrigações relativas à defesa dos direitos humanos resultantes de acordos internacionais, produzindo relatórios e prestando a colaboração que for necessária ao Ministério das Relações Exteriores (Lei 12.986/14, art. 4º, VI e VIII).

**Alternativa "c":** a Lei 12.986/14 **não confere essa atribuição ao CNDH**. Entretanto, no tocante a educação em direitos humanos, cabe ao Conselho "realizar estudos e pesquisas sobre direitos humanos e promover ações visando à divulgação da importância do respeito a esses direitos" e "recomendar a inclusão de matéria específica de direitos humanos nos currículos escolares, especialmente nos cursos de formação das polícias e dos órgãos de defesa do Estado e das instituições democráticas" (Lei 12.986, art. 4º, X e XI).

**Alternativa "d":** De acordo com o artigo 2º da Lei 12.986/14, o Conselho Nacional dos Direitos Humanos (CNDH) tem como objetivo "**a promoção e a defesa dos direitos humanos, mediante ações preventivas, protetivas, reparadoras e sancionadoras das condutas e situações de ameaça ou violação desses direitos**".

**Alternativa correta: letra "d".**

## 6.4. CRIANÇA

**48. (FGV – OAB 2012.3)** A Convenção sobre os Direitos da Criança estabelece que os Estados-partes reconheçam a importância da função exercida pelos órgãos de comunicação social, devendo assegurar o acesso da criança à informação. Do mesmo modo o Estatuto da Criança e do Adolescente assegura que a informação é um direito da criança e do adolescente.

Acerca da política de informação envolvendo menores, assinale a afirmativa correta.

a) No que concerne às Medidas Específicas de Proteção, é incabível, qualquer que seja o estágio de compreensão da criança, prestar-lhe informações sobre os motivos que determinam a intervenção, o que será informado apenas aos pais e responsáveis.
b) Deve haver o encorajamento dos órgãos de comunicação social a levar em conta as necessidades linguísticas das crianças indígenas ou que pertençam a um grupo minoritário.
c) Os proprietários das lojas que explorem a locação de fitas de programação respondem pela falta de informação no invólucro sobre a natureza da obra e faixa etária a que se destinam, isentando os funcionários e gerentes.
d) A criança tem direito à liberdade de expressão, que compreende, inclusive, liberdade de procurar, receber e expandir informações e ideias, sem restrições, de forma oral ou por qualquer outro meio à escolha da criança.

**COMENTÁRIOS**

✪ **Nota do autor:** a proteção da criança no Direito interno é objeto especialmente do Estatuto da Criança e do Adolescente (ECA – Decreto 8.069, de 13/07/1990).

**Alternativa "a":** o artigo 100, XI, do ECA, consagra a "**obrigatoriedade da informação**", determinando que "a criança e o adolescente, respeitado seu estágio de desenvolvimento e capacidade de compreensão, seus pais ou responsável **devem ser informados dos seus direitos, dos motivos que determinaram a intervenção e da forma como esta se processa**".

**Alternativa "b":** de acordo com o artigo 17 da Convenção sobre os Direitos da Criança, os Estados-partes "incentivarão os órgãos de comunicação a **ter particularmente em conta as necessidades linguísticas da criança que pertencer a uma minoria ou que for indígena**".

**Alternativa "c":** o artigo 77 do ECA reza que "Os **proprietários, diretores, gerentes e funcionários** de empresas que explorem a venda ou aluguel de fitas de programação em vídeo cuidarão para que não haja venda ou locação em desacordo com a classificação atribuída pelo órgão competente".

**Alternativa "d":** o ECA (art. 13, parágrafos 1 e 2) estatui que a liberdade de expressão é um direito cujo exercício **pode sujeitar-se a certas restrições.**

**Alternativa correta: letra "b".**

## 6.5. DISCRIMINAÇÃO RACIAL

**49. (FGV – OAB 2019.1)** Você foi procurada, como advogada, por um pequeno grupo de estudantes negros que cursa o terceiro ano do ensino médio em uma escola particular. Os estudantes relatam que se sentem violados na sua cultura, porque os programas das disciplinas pertinentes não tratam de temas ligados à História da África e da população negra no Brasil. Indagam a você, como advogado(a), se a Escola não teria a obrigação de fazê-lo.

Nesse caso, com base no Estatuto da Igualdade Racial, assinale a opção que apresenta a resposta correta a ser dada aos alunos.

a) O estudo de temas ligados à história da população negra na África e no Brasil e da cultura afro-brasileira é importante no sentido ético, mas não há obrigação legal das escolas nesse sentido.
b) As escolas públicas devem promover o estudo da História da África e da história da população negra no Brasil, mas esse dever não se estende aos estabelecimentos privados de ensino que possuem autonomia na definição de seus currículos.
c) A adoção de conteúdos referentes à cultura afro-brasileira, bem como aqueles referentes à história da população negra no Brasil, depende de determinação dos Conselhos de Educação, seja o Conselho Nacional, sejam os respectivos Conselhos Estaduais.
d) As escolas de ensino fundamental e médio devem promover o estudo da História da África e da história da população negra no Brasil, bem como da cultura afro-brasileira, o que deve ocorrer no âmbito de todo o currículo escolar.

**COMENTÁRIOS**

✪ **Nota do autor:** a Lei 12.288/2010 (Estatuto da Igualdade Racial) visa a garantir "à população negra a efetivação da igualdade de oportunidades, a defesa dos direitos étnicos individuais, coletivos e difusos e o combate à discriminação e às demais formas de intolerância étnica".

**Alternativa "a":** de acordo com o artigo 11, *caput*, do Estatuto da Igualdade Racial, "**Nos estabelecimentos de ensino fundamental e de ensino médio, públicos e privados, é obrigatório o estudo da história geral da África e da história da população negra no Brasil**". Logo, o **ensino de história da África é exigência legal**, e não mero imperativo ético.

**Alternativa "b":** o artigo 11, *caput*, do Estatuto da Igualdade Racial estabelece que "**Nos estabelecimentos de ensino fundamental e de ensino médio, públicos e privados, é obrigatório o estudo da história geral da África e da história da população negra no Brasil**".

**Alternativa "c":** a adoção de conteúdos referentes à cultura afro-brasileira, bem como aqueles referentes à história da população negra no Brasil **não depende de determinação do Conselho Federal e dos Conselhos Estaduais de Educação**, visto que o próprio artigo 11, *caput*, do Estatuto da Igualdade Racial já deliberou a respeito, dispondo que "**Nos estabelecimentos de ensino fundamental e de ensino médio, públicos e privados, é obrigatório o estudo da história geral da África e da história da população negra no Brasil**".

**Alternativa "d":** o artigo 11, *caput* e § 1º do Estatuto da Igualdade Racial estabelecem que "**Nos estabelecimentos de ensino fundamental e de ensino médio, públicos e privados, é obrigatório o estudo da história geral da África e da história da população negra no Brasil**" e que "**Os conteúdos referentes à história da população negra no Brasil serão ministrados no âmbito de todo o currículo escolar, resgatando sua contribuição decisiva para o desenvolvimento social, econômico, político e cultural do País**".

**Alternativa correta: letra "d".**

## 6.6. DIVERSIDADE SEXUAL

**50. (FGV – Exame de Ordem 2021.1)** Maria, sua cliente, é mulher transexual e professora servidora pública lotada no Colégio de Aplicação de uma universidade federal. Na ocasião do concurso que prestou, Maria ainda era reconhecida como homem em sua identidade de gênero. Contudo, após a cirurgia de transgenitalização, pretende ser reconhecida como mulher. Ela procurou você porque tentou adotar o nome social – Maria – na Administração Pública, mas foi informada que, por trabalhar com adolescentes no ensino médio, isso não seria possível.

Assim, com base na norma que regulamenta o assunto, cabe a você esclarecer à administração da universidade que

a) os órgãos e as entidades da administração pública federal direta, autárquica e fundacional, em seus atos e procedimentos, deverão adotar o nome social da pessoa travesti ou transexual, de acordo com seu requerimento.

b) a Convenção Americana sobre Direitos Humanos, da qual o Brasil é signatário, determina que os Estados Partes assegurem a utilização do nome social de travestis e transexuais, tanto no âmbito da vida privada quanto da vida pública.

c) após decisão do Supremo Tribunal Federal, o Conselho Nacional de Justiça já regulamentou que pessoas transexuais e travestis podem adotar o nome social nos contratos de trabalho, contratos civis e na relação com a administração pública.

d) embora seja ato discricionário da administração pública acolher, ou não, o requerimento de travestis e transexuais para utilização do nome social, o requerimento deve ser acolhido, pois os alunos de Maria já a reconhecem como mulher desde a transgenitalização.

**COMENTÁRIOS**

**Alternativa "a":** O direito ao uso do nome social no âmbito da administração pública federal foi reconhecido pelo Decreto nº 8.727/2016, que se aplica à administração pública federal direta, autárquica e fundacional. Trata-se da disposição do art. 2º do Decreto em questão, que estabelece: "Art. 2º Os órgãos e as entidades da administração pública federal direta, autárquica e fundacional, em seus atos e procedimentos, deverão adotar o nome social da pessoa travesti ou transexual, de acordo com seu requerimento e com o disposto neste Decreto."

**Alternativa "b":** A Convenção não trata a respeito do nome social.

**Alternativa "c":** Embora exista a Resolução nº 270/2018 do CNJ, ela apenas diz respeito ao uso do nome social pelos usuários dos serviços judiciários, magistrados, estagiários, servidores e trabalhadores terceirizados do Poder Judiciário, em seus registros funcionais, sistemas e documentos. Até porque o CNJ não teria competência para reger as relações nos demais âmbitos.

**Alternativa "d":** Como indica o texto legal citado na alternativa "a", trata-se de um **dever** da Administração, e não de uma faculdade.

**Alternativa correta: "a".**

**51. (FGV – OAB 2016.1)** Você, na condição de advogado, foi procurado por um travesti que é servidor público federal. Na verdade, ele adota o nome social de Joana, embora, no assento de nascimento, o seu nome de registro seja João. Ele gostaria de ser identificado no trabalho pelo nome social e que, assim, o nome social constasse em coisas básicas, como o cadastro de dados, o correio eletrônico e o crachá.

Sob o ponto de vista jurídico, em relação à orientação a ser dada ao solicitante, assinale a afirmativa correta.

a) A Constituição Federal até prevê a promoção do bem sem qualquer forma de discriminação, mas não existe nenhuma norma específica que ampare a pretensão do solicitante.

b) Não apenas a Constituição está orientada para a ideia de promoção do bem sem discriminação, como a demanda pleiteada pelo solicitante encontra amparo em norma infraconstitucional.

c) O solicitante possui esse direito, pois assim está previsto na Convenção das Nações Unidas para os Direitos LGBT.

d) Ainda que compreenda a demanda do solicitante, ele não possui o direito de ser identificado pelo nome social no trabalho, uma vez que é um homem que se traveste de mulher.

**COMENTÁRIOS**

✪ **Nota do autor:** ainda não há nenhum tratado internacional específico acerca da matéria. Entretanto, o tratamento do tema no Direito Internacional é objeto de documento de *soft law* conhecido como "Princípios de Yogyakartha".

**Alternativa "a":** a Portaria 233/2010 determina que "**Fica assegurado aos servidores públicos, no âmbito da Administração Pública Federal direta, autárquica e fundacional, o uso do nome social adotado por travestis e transexuais**" (art. 1º, *caput*). A Portaria estabelece também que "Fica assegurada a utilização do nome social, mediante requerimento da pessoa interessada, nas seguintes situações: I – cadastro de dados e informações de uso social; II – comunicações internas de uso social; III – endereço de correio eletrônico; IV – identificação funcional de uso interno do órgão (crachá); V – lista de ramais do órgão; e VI – nome de usuário em sistemas de informática".

**Alternativa "b":** a Carta Magna define, em seu artigo 3º, IV, que um dos objetivos fundamentais da República Federativa do Brasil é "promover o bem de todos, sem preconceitos de origem, raça, sexo, cor, idade e quaisquer outras formas de discriminação". Ao mesmo tempo, a Lei 6.015/73 (Lei dos Registros Públicos) abre a **possibilidade de mudança do nome** em seus artigos 56, 57, *caput*, e 58. Por fim, a Portaria 233/2010 determina que "**Fica assegurado aos servidores públicos, no âmbito da Administração Pública Federal direta, autárquica e fundacional, o uso do nome social adotado por travestis e transexuais**" (art. 1º, *caput*). A Portaria determina também que "Fica assegurada a utilização do nome social, mediante requerimento da pessoa interessada, nas seguintes situações: I – cadastro de dados e informações de uso social; II – comunicações internas de uso social; III – endereço de correio eletrônico; IV – identificação funcional de uso interno do órgão (crachá); V – lista de ramais do órgão; e VI – nome de usuário em sistemas de informática".

**Alternativa "c": não existe ainda uma Convenção das Nações Unidas para os Direitos LGBT**. A propósito, cabe destacar que os Princípios de Yogyakartha não são um tratado, fazendo parte do *soft law*.

**Alternativa "d":** a Portaria 233/2010 determina que "**Fica assegurado aos servidores públicos, no âmbito da Administração Pública Federal direta, autárquica e fundacional, o uso do nome social adotado por travestis e transexuais**" (art. 1º, *caput*). A Portaria determina também que "Fica assegurada a utilização do nome social, mediante requerimento da pessoa interessada, nas seguintes situações: I – cadastro de dados e informações de uso social; II – comunicações internas de uso social; III – endereço de correio eletrônico; IV – identificação funcional de uso interno do órgão (crachá); V – lista de ramais do órgão; e VI – nome de usuário em sistemas de informática".

**Alternativa correta: letra "b".**

## 6.7. IDOSO

**52. (FGV – OAB 2017.2)** João sempre agiu de forma prestativa e solidária na comunidade, ajudando todas as pessoas conforme suas possibilidades. Agora, os conhecidos estão revoltados porque ele foi abandonado pelos filhos, quando eles se tornaram adultos. Enquanto os filhos estão empregados, João tem dificuldades financeiras até para comprar comida.

Você foi procurado(a) por um grupo de pessoas que buscam amparo para esse idoso. Tendo em vista a Constituição da República e o Estatuto do Idoso, assinale a afirmativa correta.

a) O dever de amparo, incluindo obrigação alimentar, dá-se apenas dos pais para os filhos; portanto, não se pode exigir juridicamente dos filhos a prestação alimentar para os pais que estejam em necessidade.

b) João pode exigir judicialmente dos filhos prestação alimentar que funcione como amparo, mas caso seus filhos se mantenham omissos, o Poder Judiciário ou o Ministério Público podem determinar medida de orientação e apoio temporários.

c) A pensão alimentícia por parte dos filhos é exigível judicialmente, mas se houver inadimplência, não há nenhuma medida de proteção que o Poder Judiciário possa determinar, pois se trata de questão privada.

d) Não há alternativa jurídica para o problema de João de acordo com a legislação brasileira, sendo a única solução possível a solidariedade de pessoas próximas e sensíveis.

**COMENTÁRIOS**

✪ **Nota do autor:** a proteção do idoso é objeto do artigo 230 da Constituição Federal e do Estatuto do Idoso (Lei 10.741/2003).

**Alternativa "a":** de acordo com o artigo 3 do Estatuto da Pessoa Idosa, "**É obrigação da família, da comunidade, da sociedade e do Poder Público assegurar ao idoso, com absoluta prioridade, a efetivação do direito à vida, à saúde, à alimentação, à educação, à cultura, ao esporte, ao lazer, ao trabalho, à cidadania, à liberdade, à dignidade, ao respeito e à convivência familiar e comunitária**".

**Alternativa "b":** de acordo com o artigo 14 do Estatuto do Idoso, "Se o idoso ou seus familiares não possuírem condições econômicas de prover o seu sustento, impõe-se ao Poder Público esse provimento, no âmbito da assistência social". Além disso, de acordo com o artigo 43, inciso II, "As medidas de proteção ao idoso são aplicáveis sempre que os direitos reconhecidos nesta Lei forem ameaçados ou violados: por falta, omissão ou abuso da família, curador ou entidade de atendimento". Nesse caso, "**o Ministério Público ou o Poder Judiciário, a requerimento daquele, poderá determinar, dentre outras, as seguintes medidas: II – orientação, apoio e acompanhamento temporários**".

**Alternativa "c":** de acordo com o artigo 13 do Estatuto do Idoso, "**As transações relativas a alimentos poderão ser celebradas perante o Promotor de Justiça ou Defensor Público, que as referendará, e passarão a ter efeito de título executivo extrajudicial nos termos da lei processual civil**", podendo, portanto, ser objeto das devidas medidas executórias por parte do Poder Judiciário.

**Alternativa "d":** a teor do artigo 3 do Estatuto do Idoso, "**É obrigação da família, da comunidade, da sociedade e do Poder Público assegurar ao idoso, com absoluta prioridade, a efetivação do direito à vida, à saúde, à alimentação, à educação, à cultura, ao esporte, ao lazer, ao trabalho, à cidadania, à liberdade, à dignidade, ao respeito e à convivência familiar e comunitária**".

**Alternativa correta: letra "b".**

## 6.8. INDÍGENAS

**53. (FGV – XXXVII Exame OAB)** Você, como advogado(a), foi procurada(o) por uma família indígena que relatou ter interesse em manter sua cultura e suas tradições. Contudo, na escola pública mais próxima da comunidade indígena, escola em que estudam algumas crianças dessa comunidade, o ensino ocorre apenas em Língua Portuguesa. Em relação a isso, você deve esclarecer para a família que

a) o paradigma adotado pelo ordenamento jurídico brasileiro é o da integração, por isso o ensino feito exclusivamente Em Língua Portuguesa é, na verdade, uma forma de assegurar o direito dos índios de se integrarem à cultura mais abrangente.

b) no ensino regular fundamental cabe apenas à Língua Portuguesa. Para que seja assegurada às comunidades indígenas a utilização da sua língua materna isso deve acontecer fora do ensino regular fundamental, em escolas mantidas pelas próprias comunidades indígenas.

c) no ensino fundamental de competência dos municípios, cada municipalidade, de acordo com sua legislação local, é que vai decidir sobre a utilização ou não de línguas maternas indígenas no sistema oficial de ensino.

d) não obstante o ensino fundamental regular ser ministrado em Língua Portuguesa, deve ser assegurada às comunidades indígenas também a utilização de suas línguas maternas e processos próprios de aprendizagem.

**COMENTÁRIOS**

**Alternativa "d" (responde todas as alternativas):** O art. 210, §2º da CF/88 prevê: "§ 2º O ensino fundamental regular será ministrado em língua portuguesa, <u>assegurada às comunidades indígenas também a utilização de suas línguas maternas e processos próprios de aprendizagem</u>".

**Alternativa correta: "d".**

**54. (FGV – OAB 2012.3)** Sabemos que o Pacto de São José da Costa Rica estabelece que todas as pessoas são iguais perante a Lei, não se admitindo qualquer discriminação, sendo assegurada a proteção legal.

No que tange ao direito indigenista, segundo a norma brasileira, assinale a afirmativa correta.

a) As terras tradicionalmente ocupadas pelos índios destinam-se a sua posse permanente, cabendo-lhes o usufruto exclusivo das riquezas do solo, dos rios e dos lagos, irrelevante o interesse público da União, sendo nulos e não produzindo efeitos jurídicos os atos que tenham por objeto a ocupação, o domínio e a posse das terras.

b) Os índios e as comunidades indígenas ainda não integrados à comunhão nacional ficam sujeitos ao regime tutelar, mas qualquer índio poderá requerer ao juiz competente a sua liberação do regime tutelar, mesmo que não conheça a língua portuguesa.

c) O Ministério Público Federal, com exclusão de qualquer outro órgão público ou privado, deve promover a plena assistência ao índio e a defesa judicial ou extrajudicial dos direitos dos silvícolas e das comunidades indígenas.

d) Os atos praticados entre um índio não integrado e qualquer pessoa estranha à comunidade indígena, quando não tenha havido assistência do órgão tutelar competente, são nulos, salvo se o índio revelar consciência e conhecimento do ato praticado, desde que não lhe seja prejudicial, diante da extensão dos seus efeitos.

COMENTÁRIOS

**Nota do autor:** no Direito interno, a proteção dos indígenas é objeto especialmente da Lei 6.001, de 19/12/1973 (Estatuto do Índio).

**Alternativa "a":** o interesse da União não é irrelevante, inclusive porque **as terras indígenas são seus bens inalienáveis** (Estatuto do Índio, art. 22, parágrafo único), e porque a CF (art. 231, § 6º) determina que "São nulos e extintos, não produzindo efeitos jurídicos, os atos que tenham por objeto a ocupação, o domínio e a posse das terras a que se refere este artigo, ou a exploração das riquezas naturais do solo, dos rios e dos lagos nelas existentes, **ressalvado relevante interesse público da União**, segundo o que dispuser lei complementar".

**Alternativa "b":** o artigo 9º, II, do Estatuto do Índio exige o **conhecimento da língua portuguesa** por parte do silvícola para liberá-lo do regime tutelar.

**Alternativa "c":** o Estatuto do Índio (arts. 34-38) prevê que "**Cabe ao órgão federal de assistência ao índio a defesa judicial ou extrajudicial dos direitos dos silvícolas e das comunidades indígenas**" e **permite que a União proponha, "por intermédio do Ministério Público Federal, as medidas judiciais adequadas à proteção da posse dos silvícolas sobre as terras que habitem"**. Cabe acrescentar que "**Os grupos tribais ou comunidades indígenas são partes legítimas para a defesa dos seus direitos em juízo, cabendo-lhes, no caso, a assistência do Ministério Público Federal ou do órgão de proteção ao índio**".

**Alternativa "d":** o Estatuto do Índio (art. 8º e parágrafo único) estabelece que "São **nulos** os atos praticados entre o índio não integrado e qualquer pessoa estranha à comunidade indígena quando não tenha havido assistência do órgão tutelar competente", e que **não se aplica a regra do artigo em apreço "no caso em que o índio revele consciência e conhecimento do ato praticado, desde que não lhe seja prejudicial, e da extensão dos seus efeitos**".

**Alternativa correta: letra "d".**

## 6.9. MIGRANTES

**55. (FGV – OAB 2019.3)** Em uma cidade brasileira de fronteira, foi detectado um intenso movimento de entrada de pessoas de outro país para trabalhar, residir e se estabelecer temporária ou definitivamente no Brasil. Após algum tempo, houve uma reação de moradores da cidade que começaram a hostilizar essas pessoas, exigindo que as autoridades brasileiras proibissem sua entrada e a regularização documental.

Você foi procurado(a), como advogado(a), por instituições humanitárias, para redigir um parecer jurídico sobre a situação. Nesse sentido, com base na Lei nº 13.445/17 (Lei da Migração), assinale a afirmativa correta.

a) A admissão de imigrantes por meio de entrada e regularização documental não caracteriza uma diretriz específica da política migratória brasileira, e sim um ato discricionário do chefe do Poder Executivo.

b) A promoção de entrada e a regularização documental de imigrantes são coisas distintas. A política migratória brasileira adota o princípio da regularização documental dos imigrantes, mas não dispõe sobre promoção de entrada regular de imigrantes.

c) A política migratória brasileira rege-se pelos princípios da promoção de entrada regular e de regularização documental, bem como da acolhida humanitária e da não criminalização da migração.

d) O imigrante, de acordo com a Lei da Migração, é a pessoa nacional de outro país que vem ao Brasil para estadas de curta duração, sem pretensão de se estabelecer temporária ou definitivamente no território nacional.

COMENTÁRIOS

**Nota do autor:** a Lei de Migração (Lei 13.445/17) é o diploma legal que consagra os direitos e deveres dos migrantes no Brasil. A lei em apreço revogou o Estatuto do Estrangeiro (Lei 6.815/80).

**Alternativa "a":** de acordo com o artigo 3, inciso V, da Lei 13.445/17, a "**promoção de entrada regular e de regularização documental" é uma das diretrizes da política migratória brasileira**.

**Alternativa "b":** Nos termos do artigo 3, inciso V, da Lei 13.445/17, a "**promoção de entrada regular" também é uma das diretrizes da política migratória brasileira**.

**Alternativa "c":** a teor do artigo 3, incisos III, V e VI, da Lei 13.445/17, **a promoção de entrada regular e de regularização documental, a acolhida humanitária e a não criminalização da migração constituem princípios e diretrizes que devem reger a política migratória brasileira**.

**Alternativa "d":** segundo o artigo 2, inciso II, da Lei de Migração, imigrante é a "**pessoa nacional de outro país ou apátrida que trabalha ou reside e se estabelece temporária ou definitivamente no Brasil**".

**Alternativa correta: letra "c".**

## 6.10. MULHERES

**56. (FGV – OAB 2018.3)** Você, como advogado(a), representa um Fórum de Organizações Não Governamentais que atua na defesa da cidadania plena para as mulheres. Segundo informações do Tribunal Superior Eleitoral, existe, para a próxima eleição, um percentual bastante reduzido de candidatas à Câmara dos Deputados, na maioria esmagadora dos partidos políticos.

Sabendo que isso é a expressão de uma cultura machista, em que os partidos não estimulam a candidatura de mulheres, cabe a você explicar às organizações do Fórum que representa que a legislação brasileira determina que.

a) todos os partidos e coligações devem reservar ao menos 50% de suas vagas para candidaturas parlamentares para mulheres, sendo que, desse percentual, 30% devem ser destinadas a mulheres negras.

b) cada partido ou coligação deverá reservar, das vagas para candidaturas parlamentares que podem ser preenchidas

HUMANOS

pelos partidos políticos, o mínimo de 30% e o máximo de 70% para candidaturas de cada sexo.

c) os partidos devem registrar, no TSE, planos decenais em que são estabelecidas as estratégias para o aumento gradativo da participação de mulheres tanto nas vagas para candidaturas parlamentares quanto nas próprias instâncias partidárias.

d) tanto os partidos quanto as coligações são livres para preencher a lista de candidaturas às eleições parlamentares, não havendo nenhum tipo de obrigação relativamente a uma eventual distribuição percentual das vagas conforme o sexo.

COMENTÁRIOS

**✪ Nota do autor:** a reserva de vagas para mulheres nas listas de candidatos a eleições é uma modalidade de política de ação afirmativa.

**Alternativa "a":** de acordo com o artigo 10, § 3º, da Lei 9.504/97, "**cada partido ou coligação preencherá o mínimo de 30% (trinta por cento) e o máximo de 70% (setenta por cento) para candidaturas de cada sexo**". Logo, o número mínimo de vagas para candidatas mulheres é de pelo menos 30% (trinta por cento). Cabe destacar que a lei ainda não fixa percentual mínimo de candidatas afrodescendentes.

**Alternativa "b":** a teor do artigo 10, § 3º, da Lei 9.504/97, "**cada partido ou coligação preencherá o mínimo de 30% (trinta por cento) e o máximo de 70% (setenta por cento) para candidaturas de cada sexo**".

**Alternativa "c": a lei ainda não prevê a possibilidade de elaboração de planos decenais para aumentar gradativamente a participação de mulheres na política partidária.**

**Alternativa "d":** o artigo 10, § 3º, da Lei 9.504/97 determina que "**cada partido ou coligação preencherá o mínimo de 30% (trinta por cento) e o máximo de 70% (setenta por cento) para candidaturas de cada sexo.** Logo, não são os partidos e as coligações inteiramente livres para definir as vagas de suas respectivas candidaturas independentemente do sexo das(os) candidatas(os).

**Alternativa correta: letra "b".**

## 6.11. PESSOAS COM DEFICIÊNCIA

**57. (FGV- XXXIV Exame de Ordem-2022.1)** Você está trabalhando, como advogada(o), para um grupo de estudantes universitários com deficiência visual. Eles relataram ter muita dificuldade para estudar, pois há pouquíssima disponibilidade de obras científicas com exemplar em formato acessível. Para preparar sua atuação no caso, você recorreu ao Tratado de Marraqueche para Facilitar o Acesso a Obras Publicadas às Pessoas Cegas, com Deficiência Visual ou com Outras Dificuldades para Ter Acesso ao Texto Impresso.

Como ponto de partida do seu caso, exemplar em formato acessível, segundo o Tratado de Marraqueche, deve ser entendido como

a) disponibilização da obra no sistema de escrita e leitura tátil baseada em símbolos em relevo, conhecido como método Braille. Tal disponibilização deve se dar em centros governamentais ou não governamentais especializados em apoio às pessoas com deficiência visual.

b) venda ou reprodução de obras literárias, artísticas ou científicas por preços de no máximo 30% do valor de mercado destinada exclusivamente às pessoas com deficiência visual. As empresas editoriais contarão com isenções tributárias para compensar o custo de produção.

c) reprodução de uma obra de uma maneira ou forma alternativa que dê aos beneficiários acesso à obra, inclusive para permitir que a pessoa tenha acesso de maneira tão prática e cômoda como uma pessoa sem deficiência visual ou sem outras dificuldades para ter acesso ao texto impresso.

d) exemplar disponível para as pessoas com deficiência visual em bibliotecas que tenham ledores disponíveis durante todo o seu horário de funcionamento.

COMENTÁRIOS

**Alternativa "c" (responde todas as alternativas):** No artigo 2º do Tratado de Marraqueche se estabelece que: "Definições. Para os efeitos do presente Tratado: (...)b) "exemplar em formato acessível" significa a reprodução de uma obra de uma maneira ou forma alternativa que dê aos beneficiários acesso à obra, inclusive para permitir que a pessoa tenha acesso de maneira tão prática e cômoda como uma pessoa sem deficiência visual ou sem outras dificuldades para ter acesso ao texto impresso. O exemplar em formato acessível é utilizado exclusivamente por beneficiários e deve respeitar a integridade da obra original, levando em devida consideração as alterações necessárias para tornar a obra acessível no formato alternativo e as necessidades de acessibilidade dos beneficiários.".

**Alternativa correta: "c".**

**58. (FGV – OAB 2018.3)** Maria e João são pais de uma criança deficiente que utiliza cadeira de rodas. O casal, de classe média, optou por matricular o filho em uma escola particular. No ato da matrícula, foi-lhes informado, pela administração da escola, que teriam de pagar um valor adicional, uma vez que haveria um trabalho extraordinário, por parte da escola, para garantir o acesso dessa criança com deficiência, em igualdade de condições, a jogos e a atividades recreativas, esportivas e de lazer, no sistema escolar.

Insatisfeitos com essa informação, Maria e João decidiram consultar você, como advogado(a), para saber se tal cobrança seria legalmente aceitável e se não haveria alguma proteção específica para pessoas com deficiência contra esse tipo de cobrança.

Diante disso, assinale a opção que apresenta a resposta correta a ser dada ao casal.

a) A cobrança é aceitável e justificada, mesmo que desagrade ao casal, porque, de fato, a criança cadeirante precisará de atenção especial e ajuda para sua mobilidade. Nada na legislação pátria impede tal cobrança. A solução seria a matrícula da criança em uma escola pública.

b) A cobrança do valor adicional na matrícula é moralmente reprovável, pois expressa um tipo de preconceito. Contudo, do ponto de vista estritamente legal, o caso se situa no campo da liberdade contratual das partes, não havendo vedação legal a tal cobrança.

c) A Lei Brasileira de Inclusão da Pessoa com Deficiência admite esse tipo de cobrança, uma vez que reconhece o trabalho adicional a ser feito nas escolas, contudo prevê que as famílias hipossuficientes sejam isentadas dessa cobrança, sendo devido à escola uma compensação tributária.

d) A escola particular deve adotar as medidas inclusivas previstas na lei, tais como garantir o acesso da criança com deficiência, em igualdade de condições, a jogos e a atividades recreativas, sendo vedada a cobrança de valores adicionais de qualquer natureza em suas anuidades, no cumprimento dessas medidas.

COMENTÁRIOS

✪ **Nota do autor:** a Lei Brasileira de Inclusão da Pessoa com Deficiência (Estatuto da Pessoa com Deficiência – Lei 13.146/2015), tem como objetivo assegurar e a promover, em condições de igualdade, o exercício dos direitos e das liberdades fundamentais por pessoa com deficiência, visando à sua inclusão social e cidadania.

**Alternativa "a":** o artigo 28, § 1º, do Estatuto da Pessoa com Deficiência **veda às instituições privadas, de qualquer nível e modalidade de ensino, "a cobrança de valores adicionais de qualquer natureza em suas mensalidades, anuidades e matrículas"** no cumprimento das determinações voltadas a garantir os direitos da pessoa com deficiência.

**Alternativa "b": para evitar a discriminação das pessoas com deficiência, a liberdade contratual das partes é limitada pelo teor do** artigo 28, § 1º, do Estatuto da Pessoa com Deficiência, **o qual veda às instituições privadas, de qualquer nível e modalidade de ensino, "a cobrança de valores adicionais de qualquer natureza em suas mensalidades, anuidades e matrículas".**

**Alternativa "c":** o artigo 28, § 1º, do Estatuto da Pessoa com Deficiência, proíbe às instituições privadas, de qualquer nível e modalidade de ensino e **em qualquer caso**, cobrar "valores adicionais de qualquer natureza em suas mensalidades, anuidades e matrículas".

**Alternativa "d":** o artigo 28, XV, do Estatuto da Pessoa com Deficiência consagra o direito da pessoa com deficiência ao acesso, "em igualdade de condições, a jogos e a atividades recreativas, esportivas e de lazer, no sistema escolar", não podendo a escola cobrar valores adicionais por esses serviços (Estatuto da Pessoa com Deficiência, art. 28, § 1º).

**Alternativa correta: letra "d".**

---

**59. (FGV – OAB 2016.3)** Você, na condição de advogado(a) comprometido com os Direitos Humanos, foi procurado por José, que é paraplégico e candidato a vereador. A partir de denúncia feita por ele, você constatou que um outro candidato e desafeto de José, tem afirmado, em programa de rádio local, que não obstante José ser boa pessoa, o fato de ser deficiente o impede de exercer o mandato de forma plena, razão pela qual ele nem deveria ter a candidatura homologada pelo TRE.

Com base na hipótese apresentada, assinale a opção que apresenta a resposta que, juridicamente, melhor caracteriza a situação.

a) O problema é político e não jurídico. José deve ser aconselhado a reforçar sua campanha, a apresentar suas propostas aos eleitores e mostrar que sempre foi um cidadão ativo, de maneira a demonstrar que tem plena condição para o exercício de um eventual mandato, apesar de sua deficiência.

b) A análise jurídica revela um problema restrito ao campo do Direito Civil. O fato é que o desafeto de José não o impediu de candidatar-se, assim não houve discriminação. O procedimento deve ser caracterizado apenas como dano moral, uma vez que José teve sua dignidade atacada.

c) O fato evidencia crime de incitação à discriminação de pessoa em razão de deficiência, com o agravante de ter sido cometido em meio de comunicação, independentemente da caracterização ou não de dano moral.

d) O caso é típico de colisão de princípios em que, de um lado, está o princípio da dignidade da pessoa humana e, do outro, o princípio da liberdade de expressão. Mas não há caracterização de ilícito civil nem de ilícito penal.

COMENTÁRIOS

✪ **Nota do autor:** a Convenção das Nações Unidas para a Proteção das Pessoas com Deficiência (Convenção de Nova Iorque) e o Protocolo Adicional à Convenção das Nações Unidas para a Proteção das Pessoas com Deficiência são tratados internacionais de direitos humanos que equivalem às emendas constitucionais. No Direito interno, o principal diploma legal protetivo das pessoas com deficiência é a Lei Brasileira de Inclusão da Pessoa com Deficiência (Estatuto da Pessoa com Deficiência) – Lei 13.146, de 06/07/2015.

**Alternativa "a":** o **problema é jurídico**, visto que **a discriminação da pessoa em virtude de deficiência é crime** (art. 88 do Estatuto da Pessoa com Deficiência). Outrossim, a **Convenção de Nova Iorque para a Proteção das Pessoas com Deficiência consagra a não discriminação** como um dos princípios que a governam.

**Alternativa "b": o fato é crime,** de acordo com o artigo 88 do Estatuto da Pessoa com Deficiência, com o que **o tema também se refere à esfera do Direito Penal.**

**Alternativa "c":** o artigo 88 do Estatuto da Pessoa com Deficiência **tipifica como crime a incitação à discriminação da pessoa em razão de sua deficiência**, punível com **reclusão de um a três anos e multa.**

**Alternativa "d": o fato é tipificado como ilícito penal,** de acordo com o artigo 88 do Estatuto da Pessoa com Deficiência, sem prejuízo das sanções civis eventualmente cabíveis.

**Alternativa correta: letra "c".**

## 6.12. PRESOS

**60. (FGV – OAB 2015.1)** Como é sabido, o Pacto Internacional dos Direitos Civis e Políticos estabelece em seu Art. 25 que todo cidadão terá o direito e a possibilidade de votar e de ser eleito em eleições periódicas, autênticas, realizadas por sufrágio universal e igualitário e por voto secreto, que garantam a manifestação da vontade dos eleitores. Segundo informação da Agência Brasil (Empresa Brasileira de Comunicação), o Brasil possuía, em 2014, cerca de 230 mil presos provisórios.

Em relação a tais presos, assinale a afirmativa correta:

a) A despeito do Pacto supramencionado, eles não possuem direito ao voto, por estarem em situação de encarceramento, o que enseja perda da condição de cidadão.

b) Tais presos provisórios têm direito ao voto apenas se manifestarem expressamente o interesse em votar e forem previamente cadastrados pelo TRE.

c) Todos aqueles que estão privados de liberdade por ato legal do Estado perdem seus direitos políticos, não podendo, portanto, votar e nem se candidatar.

d) Presos provisórios têm o direito de votar em seções eleitorais especiais devidamente instaladas em estabelecimentos penais e em unidades de internação de adolescentes.

COMENTÁRIOS

✪ **Nota do autor:** o artigo 25 do Pacto dos Direitos Civis e Políticos estabelece que "Todo cidadão terá o direito e a possibilidade, sem discriminação e sem restrições infundadas: "a) de participar da condução dos assuntos públicos, diretamente ou por meio de representantes livremente escolhidos; b) de votar e de ser eleito em eleições periódicas, autênticas, realizadas por sufrágio universal e igualitário e por voto secreto, que garantam a manifestação da vontade dos eleitores; e c) de ter acesso, em condições gerais de igualdade, às funções públicas de seu país".

**Alternativa "a":** não ocorre a perda da condição de cidadão. No caso, ocorre apenas a suspensão de direitos políticos para os indivíduos **com condenação criminal transitada em julgado, enquanto durarem seus efeitos** (CF, art. 15, III).

**Alternativa "b":** a suspensão dos direitos políticos ocorre apenas para indivíduos **com condenação criminal transitada em julgado, enquanto durarem seus efeitos** (CF, art. 15, III). Logo, **os demais presos continuam mantendo direitos políticos**, a teor do artigo 14, §1º, I, do texto constitucional.

**Alternativa "c":** a suspensão dos direitos políticos atinge apenas indivíduos **com condenação criminal transitada em julgado, enquanto durarem seus efeitos** (CF, art. 15, III). Logo, **os demais presos continuam mantendo direitos políticos**, a teor do artigo 14, §1º, I, do texto constitucional.

**Alternativa "d":** de acordo com o artigo 15, III, do texto constitucional, **têm suspensos os direitos políticos eleitores com condenação criminal transitada em julgado, enquanto durarem seus efeitos.** Logo, presos provisórios têm direito ao voto.

**Alternativa correta: letra "d".**

## 6.13. REFUGIADOS

**61. (FGV – OAB 2018.2)** Um jovem congolês, em função de perseguição sofrida no país de origem, obteve, há cerca de três anos, reconhecimento de sua condição de refugiado no Brasil. Sua mãe, triste pela distância do filho, decide vir ao Brasil para com ele viver, porém não se enquadra na condição de refugiada. Com base na Lei brasileira que implementou o Estatuto dos Refugiados, cabe a você, como advogado que atua na área dos Direitos Humanos, orientar a família.

Assinale a opção que apresenta a orientação correta para o caso:

a) As medidas e os direitos previstos na legislação brasileira sobre refugiados se aplicam somente àqueles que tiverem sido reconhecidos nessa condição. Por isso, a mãe deve entrar com o pedido de refúgio e comprovar que também se enquadra na condição.

b) Apesar de a mãe não ser refugiada, os efeitos da condição de refugiado de seu filho são extensivos a ela; por isso, ela pode obter autorização para residência no Brasil.

c) A lei brasileira que trata de refúgio prevê a possibilidade de que pai e mãe tenham direito à residência caso o filho ou a filha venham a ser considerados refugiados, mas a previsão condiciona esse direito a uma avaliação a ser feita pelo representante do governo brasileiro.

d) Para que a mãe possa viver no Brasil com seu filho ou sua filha, ela deverá comprovar que é economicamente dependente dele ou dela, pois é nesse caso que ascendentes podem gozar dos efeitos da condição de refugiado reconhecida a um filho ou a uma filha.

**COMENTÁRIOS**

✪ **Nota do autor:** os direitos dos refugiados são regulados, no Direito Internacional, pela Convenção relativa ao Estatuto dos Refugiados, de 1951, atualizada pelo Protocolo relativo ao Estatuto dos Refugiados, de 1967. No Direito interno, a matéria é objeto da Lei 9.474/97.

**Alternativa "a":** a mãe do refugiado congolês não deverá entrar com o pedido de refúgio e comprovar que também se enquadra na condição de refugiada porque, a teor do artigo 2 da Lei 9.474/97, "**Os efeitos da condição dos refugiados serão extensivos ao cônjuge, aos ascendentes e descendentes**, assim como aos demais membros do grupo familiar que do refugiado dependerem economicamente, desde que se encontrem em território nacional".

**Alternativa "b":** como **os efeitos da condição de refugiado são extensivos aos ascendentes** (Lei 9.474/97 – art. 2), a mãe do cidadão congolês mencionado na questão poderá obter autorização para residir no Brasil.

**Alternativa "c":** o artigo 2 da Lei 9.474/97 estabelece que "**Os efeitos da condição dos refugiados serão extensivos ao cônjuge, aos ascendentes e descendentes**, assim como aos demais membros do grupo familiar que do refugiado dependerem economicamente, desde que se encontrem em território nacional", **sem condicionar a extensão de tais efeitos a uma avaliação do governo brasileiro.**

**Alternativa "d":** o artigo 2 da Lei 9.474/97 determina que "**Os efeitos da condição dos refugiados serão extensivos ao cônjuge, aos ascendentes e descendentes**, assim como aos demais membros do grupo familiar que do refugiado dependerem economicamente, desde que se encontrem em território nacional". **Logo, a concessão da autorização de residência à mãe do cidadão congolês no Brasil não é condicionada à dependência econômica daquela em relação a este.**

**Alternativa correta: letra "b".**

---

**62. (FGV – OAB 2015.2)** Segundo dados do CONARE (Comitê Nacional para os Refugiados), o Brasil possuía, no fim de 2014, 6.492 refugiados de 80 nacionalidades. Como é sabido, o Brasil ratificou a Convenção das Nações Unidas sobre o Estatuto dos Refugiados, assim como promulgou a Lei nº 9.474/97, que define os mecanismos para a implementação dessa Convenção.

Assinale a opção que, conforme a lei mencionada, define a condição jurídica do refugiado no Brasil:

a) Possui os direitos e deveres dos estrangeiros no Brasil, bem como direito a cédula de identidade comprobatória de sua condição jurídica, carteira de trabalho e documento de viagem.

b) Está sujeito aos deveres dos estrangeiros no Brasil e tem direito a documento de viagem para deixar o país quando for de sua vontade.

c) Sendo acolhido como refugiado, tem todos os direitos previstos no seu país de origem, mas deve acatar os deveres impostos a todos os brasileiros. Também tem direito à cédula de identidade.

d) Possui os direitos e deveres dos estrangeiros no Brasil, bem como direito a cédula de identidade comprobatória de sua condição jurídica, carteira de trabalho, documento de viagem e título de eleitor.

**COMENTÁRIOS**

✪ **Nota do autor:** a Lei 9.474/97 visa a promover a melhor aplicação, no Brasil, da Convenção relativa ao Estatuto dos Refugiados, de 1951, atualizada pelo Protocolo relativo ao Estatuto dos Refugiados, de 1967.

**Alternativa "a":** de acordo com o artigo 5º da Lei 9.474/97, "**O refugiado gozará de direitos e estará sujeito aos deveres dos estrangeiros no Brasil, ao disposto nesta Lei, na Convenção sobre o Estatuto dos Refugiados de 1951 e no Protocolo sobre o Estatuto dos Refugiados de 1967, cabendo-lhe a obrigação de acatar as leis, regulamentos e providências destinados à manutenção da ordem pública**". Ao mesmo tempo, o artigo 6º da Lei 9.474/97 define que "**O refugiado terá direito, nos termos da Convenção sobre o Estatuto dos Refugiados de 1951, a cédula de identidade comprobatória de sua condição jurídica, carteira de trabalho e documento de viagem**".

**Alternativa "b":** por uma parte, é correto afirmar que **o refugiado estará sujeito aos deveres do estrangeiro no Brasil**, a teor do artigo 5º da Lei 9.474/97. Por outro lado, **o refugiado não pode deixar o Brasil sem prévia autorização do Governo brasileiro**, a teor do artigo 39, IV, da Lei 9.474/97.

**Alternativa "c":** de acordo com o artigo 5º da Lei 9.474/97, "**O refugiado gozará de direitos e estará sujeito aos deveres dos estrangeiros no Brasil, ao disposto nesta Lei, na Convenção sobre o Estatuto dos Refugiados de 1951 e no Protocolo sobre o Estatuto dos Refugiados de 1967, cabendo-lhe a obrigação de acatar as leis, regulamentos e providências destinados à manutenção da ordem pública**". Como estrangeiro, não deverá cumprir os deveres impostos aos brasileiros, como a obrigação de votar e o serviço militar, mas deverá se submeter às leis locais, mormente aquelas referentes especificamente aos estrangeiros, e aos tratados internacionais. O direito à carteira de identidade é garantido pelo artigo 6 da Lei 9.474/97.

**Alternativa "d": como estrangeiros, não possuem direitos políticos** (CF, art. 14, § 2º).

**Alternativa correta: letra "a".**

## 6.14. TORTURA

**63. (FGV – OAB 2017.2)** Você advoga na Procuradoria Geral do Estado em que reside. Em uma tarde, recebe um telefonema urgente do diretor da Penitenciária Anhanguera, que deseja fazer uma consulta de viva voz. Diz o diretor que está com duas pessoas identificadas como membros do Mecanismo Nacional de Prevenção e Combate à Tortura (MNPCT) e que elas estão requerendo acesso imediato às instalações da penitenciária, onde pretendem gravar entrevistas com alguns presos. Também estão solicitando acesso aos registros relativos ao tratamento conferido aos presos.

Com base nas normas de funcionamento do Mecanismo Nacional de Prevenção e Combate à Tortura, cabe a você informar corretamente ao diretor que.

a) os membros do MNPCT não possuem direito de acesso às penitenciárias, devendo a visita ser tratada previamente com a Secretaria de Segurança Pública e Administração Penitenciária do Estado.

b) tanto o acesso à penitenciária quanto o acesso aos registros relativos ao tratamento conferido aos presos, depende de autorização judiciária expedida pelo juiz da Vara de Execução Penal da Comarca onde fica a Penitenciária.

c) o acesso dos membros do MNPCT às instalações da penitenciária deve ser liberado, mas a gravação de entrevistas e o acesso aos registros relativos ao tratamento conferido aos presos devem ser negados.

d) o acesso às instalações da penitenciária aos membros do MNPCT deve ser liberado, bem como fornecidos os registros solicitados e permitida a gravação das entrevistas com os presos.

COMENTÁRIOS

✪ **Nota do autor:** o Mecanismo Nacional de Prevenção e Combate à Tortura (MNPCT) é regulado pela Lei 12.847/2013.

**Alternativa "a":** de acordo com o artigo 10, incisos II e V da Lei 12.847/2013, "**São assegurados ao MNPCT e aos seus membros: II – o acesso, independentemente de autorização, a todas as informações e registros relativos ao número, à identidade, às condições de detenção e ao tratamento conferido às pessoas privadas de liberdade; III – o acesso ao número de unidades de detenção ou execução de pena privativa de liberdade e a respectiva lotação e localização de cada uma; IV – o acesso a todos os locais arrolados no inciso II do caput do art. 3o, públicos e privados, de privação de liberdade e a todas as instalações e equipamentos do local.**

**Alternativa "b":** de acordo com o artigo com o artigo 10, incisos II e V da Lei 12.847/2013, "**São assegurados ao MNPCT e aos seus membros: II – o acesso, independentemente de autorização, a todas as informações e registros relativos ao número, à identidade, às condições de detenção e ao tratamento conferido às pessoas privadas de liberdade; V – a possibilidade de entrevistar pessoas privadas de liberdade ou qualquer outra pessoa que possa fornecer informações relevantes, reservadamente e sem testemunhas, em local que garanta a segurança e o sigilo necessários.**

**Alternativa "c":** de acordo com o artigo com o artigo 10, incisos II e V da Lei 12.847/2013, "**São assegurados ao MNPCT e aos seus membros: II – o acesso, independentemente de autorização, a todas as informações e registros relativos ao número, à identidade, às condições de detenção e ao tratamento conferido às pessoas privadas de liberdade; V – a possibilidade de entrevistar pessoas privadas de liberdade ou qualquer outra pessoa que possa fornecer informações relevantes, reservadamente e sem testemunhas, em local que garanta a segurança e o sigilo necessários**".

**Alternativa "d":** de acordo com o artigo 10, incisos II a IV da Lei 12.847/2013, "**São assegurados ao MNPCT e aos seus membros: II – o acesso, independentemente de autorização, a todas as informações e registros relativos ao número, à identidade, às condições de detenção e ao tratamento conferido às pessoas privadas de liberdade; III – o acesso ao número de unidades de detenção ou execução de pena privativa de liberdade e a respectiva lotação e localização de cada uma; IV – o acesso a todos os locais arrolados no inciso II do caput do art. 3º, públicos e privados, de privação de liberdade e a todas as instalações e equipamentos do local**;

**Alternativa correta: letra "d".**

*Paulo Henrique Gonçalves Portela e Paulo Lépore*

## ✦ RESUMOS DOUTRINÁRIOS

### 1. DIREITO INTERNACIONAL DOS DIREITOS HUMANOS – HISTÓRICO E NOÇÕES GERAIS

- Os principais precedentes históricos da internacionalização dos direitos humanos registrados pela doutrina são o **Direito Humanitário**, a **criação da Liga das Nações** e a criação da **Organização Internacional do Trabalho (OIT).**
- Os marcos definitivos da internacionalização dos Direitos Humanos são a **criação da Organização das Nações Unidas (ONU)**, em 1945, e a proclamação da **Declaração Universal dos Direitos Humanos, em 1948.**
- O sistema de proteção internacional dos direitos humanos é o **conjunto de normas e de órgãos internacionais** que visa a **proteger e a promover a dignidade humana em caráter universal.** O sistema de proteção internacional dos direitos humanos conta, portanto, com um **aspecto normativo** (o Direito Internacional dos Direitos Humanos) e um **aspecto institucional** (os organismos internacionais voltados a garantir a aplicação dos direitos humanos no mundo).
- O sistema de proteção internacional dos direitos humanos tem como fundamentos a **relativização da soberania nacional** e a **mudança do papel do indivíduo à luz do Direito Internacional**, visto que **a pessoa humana passa a ser objeto da atenção das normas internacionais** e **passa a ter certa capacidade de atuação junto aos órgãos internacionais.**
- **Não é correto, portanto, afirmar que a proteção dos direitos humanos é tema de exclusivo interesse interno dos Estados.**
- Nos termos da Declaração de Viena de 1993, **"Os direitos humanos e as liberdades fundamentais são direitos naturais de todos os seres humanos: sua proteção e promoção são responsabilidades primordiais dos Governos".**
- Nos termos dos tratados internacionais, **cabe aos Estados garantir a todas as pessoas sob sua jurisdição o gozo de seus direitos, o que deve ocorrer por meio de medidas de cunho administrativo, legislativo e judicial.**
- O sistema de proteção internacional dos direitos humanos comporta a possibilidade de **monitoramento** e de **responsabilização internacional do Estado.**
- A proteção internacional dos direitos humanos não elimina a necessidade de promover a proteção dos direitos humanos no âmbito interno. Ao contrário: no sistema de proteção internacional dos direitos humanos, **o Estado tem papel primário** na garantia dos direitos da pessoa humana, **devendo garantir os direitos consagrados nos tratados a todas as pessoas que se encontram sob sua jurisdição por meio de medidas administrativas (executivas), legislativas e judiciais.** Por outro lado, **o papel do Direito Internacional dos Direitos Humanos e dos organismos internacionais é secundário.** Por essa razão, os organismos internacionais **podem agir apenas quando o Estado for omisso ou falho em garantir o cumprimento de seus compromissos internacionais em matéria de promoção da dignidade humana.**
- Os mecanismos de proteção contra as violações dos direitos humanos no âmbito internacional **podem ser de caráter político/administrativo** (como comissões ou comitês), cuja decisão é materializada em uma **recomendação, juridicamente não vinculante**, e de cunho **jurisdicional** (cortes e tribunais internacionais), cujo pronunciamento vem por meio de **sentença juridicamente vinculante.**
- Os mecanismos de proteção contra as violações de direitos humanos consistem especialmente no **exame de relatórios** periodicamente enviados pelos Estados e em **missões de investigação** *in loco*. Há também mecanismos que trabalham com o **recebimento de denúncias de Estados contra Estados (denúncias interestatais) e denúncias individuais (petições individuais)**, encaminhadas por indivíduos ou ONGs.
- Normalmente, **as denúncias individuais dependem do prévio esgotamento dos recursos internos para obter a reparação do direito violado.**
- A regra do esgotamento dos recursos internos **não é absoluta:** pode ser afastada na ausência de recursos para obter a reparação no âmbito interno do Estado, na inacessibilidade ou lentidão desses recursos ou em seu funcionamento fora dos trâmites do devido processo legal, por exemplo.
- **Não é necessário o endosso estatal para a apresentação de petições individuais junto a órgãos internacionais de proteção dos direitos humanos.**
- **Não é necessário o patrocínio de um advogado para a apresentação de petições individuais junto a órgãos internacionais de proteção dos direitos humanos.**
- O artigo 4, IV, da Lei Complementar 80, de 12/01/1994, alterado pela Lei Complementar 132, de 07/10/2009, prevê que **compete à Defensoria Pública "representar aos sistemas internacionais de proteção dos direitos humanos, postulando perante seus órgãos".**
- **Nem todos os tratados permitem a interposição de petição individual.** Com isso, **nem todos os órgãos de organismos internacionais aceitam denúncias apresentadas por indivíduos** quanto a violações de convenções internacionais.
- São os seguintes os tratados e órgãos que permitem (ou não) vislumbrar a apresentação de petições individuais:

| TRATADO | ÓRGÃO(S) RESPONSÁVEIS PELO MONITORAMENTO | POSSIBILIDADE DE PETICIONAMENTO INDIVIDUAL |
|---|---|---|
| Todos os tratados de direitos humanos firmados dentro da ONU | Alto Comissariado das Nações Unidas para os Direitos Humanos (OHCHR) e Conselho de Direitos Humanos (UNHRC/CDH) | Não |
| Pacto dos Direitos Civis e Políticos | Comitê de Direitos Humanos da Organização das Nações Unidas (ONU) | Sim |
| Pacto dos Direitos Econômicos, Sociais e Culturais | Comitê de Direitos Econômicos, Sociais e Culturais da ONU | Sim, para petições originárias dos Estados partes do Protocolo Facultativo ao Pacto sobre Direitos Econômicos, Sociais e Culturais, o que não é o caso do Brasil. Logo, o Comitê de Direitos Econômicos, Sociais e Culturais não pode receber comunicações vindas do Brasil. |
| Convenção Internacional contra a Discriminação Racial | Comitê para Eliminação da Discriminação Racial (CERD/CEDR) da ONU | Sim |
| Convenção Internacional contra a Discriminação contra a Mulher e Protocolo Facultativo | Comitê sobre a Eliminação da Discriminação contra a Mulher (CEDAW) da ONU | Sim |
| Convenção sobre os Direitos da Criança e dos respectivos Protocolos Facultativos | Comitê para os Direitos da Criança (CRC) da ONU | Sim, para os Estados partes do Terceiro Protocolo Optativo à Convenção sobre os Direitos da Criança sobre a Instituição de um Procedimento de Comunicação, que o Brasil ainda não ratificou. Logo, o CRC não pode receber comunicações vindas do Brasil. |
| Convenção contra a Tortura | Comitê contra a Tortura (CAT) da ONU | Sim |
| Convenção Internacional sobre os Direitos das Pessoas com Deficiência (Convenção de Nova Iorque) e Protocolo Facultativo | Comitê sobre os Direitos das Pessoas com Deficiência (CRPD) da ONU | Sim |
| Pacto de São José | Comissão Interamericana de Direitos Humanos da Organização dos Estados Americanos (OEA) | Sim |
| Pacto de São Salvador: direito à educação e liberdade sindical | Comissão Interamericana de Direitos Humanos da OEA | Sim |
| Pacto de São Salvador (demais artigos) e outros tratados do sistema interamericano | Comissão Interamericana de Direitos Humanos da OEA | Não |
| Convenção de Belém do Pará para Prevenir, Punir e Erradicar a Violência contra a Mulher | Comissão Interamericana de Direitos Humanos da OEA | Sim |

- O Estado também deve ser responsabilizado internacionalmente pelo descumprimento de seus compromissos internacionais no campo dos direitos humanos, **ainda que a violação tenha ocorrido no âmbito da seara de competência de uma de suas unidades subnacionais** (Estados da federação, municípios etc.).
- Dentro do sistema de proteção internacional dos direitos humanos, existe uma **divergência teórica entre a noção de universalidade e o entendimento da impossibilidade de um padrão mínimo universal único de tratamento para todos os seres humanos, em vista das diferenças culturais** entre as diversas comunidades espalhadas pelo mundo.
- De acordo com a noção de **universalidade**, os direitos humanos configuram um **patrimônio jurídico ao qual fazem jus todos os seres humanos indistintamente, havendo ainda um rol mínimo de direitos comum a todos os seres humanos independentemente de qualquer circunstância.**
- De acordo com a noção **relativista**, é **inviável adotar um mínimo comum de direitos aos quais possam fazer jus todos os seres humanos, em vista das diferenças entre as diferentes culturas**.
- Ao menos por enquanto, **o universalismo é a concepção adotada pelos tratados internacionais e defendida pelos organismos internacionais e pela doutrina**.
- Dentro do sistema global de direitos humanos, há o chamado "**sistema global**" e os "**sistemas regionais**". O **sistema global** é aquele cujas **normas e organismos são abertos à participação de todos os Estados do mundo**. Já os sistemas regionais são aqueles cujas **normas e instituições são abertos à participação de Estados que pertencem apenas a algumas regiões do mundo**.
- **O Brasil pertence ao sistema interamericano de direitos humanos**, o qual é administrado pela Organização dos Estados Americanos (**OEA**).
- Em matéria de conflito entre o Direito Internacional dos Direitos Humanos e o Direito interno, a doutrina de direitos humanos entende que não são aplicáveis as tradicionais teorias do dualismo e do monismo, oriundas do Direito Internacional, **devendo prevalecer a norma que melhor proteja a pessoa**, de acordo com o princípio da primazia da norma mais favorável ao indivíduo, também conhecido como "princípio da primazia da norma mais favorável à vítima", princípio da primazia da norma mais favorável ao indivíduo, princípio *pro homine* ou princípio *pro personae*.

HUMANOS

- O **princípio da primazia da norma mais favorável ao indivíduo/vítima** pode ser encontrado na norma que prescreve que nenhuma disposição de qualquer tratado pode ser interpretada como o reconhecimento a qualquer Estado, grupo ou pessoa, do direito de exercer qualquer atividade ou praticar qualquer ato destinado à destruição de quaisquer direitos e liberdades estabelecidos em qualquer norma jurídica.
- As normas constantes de tratados **não excluem outros direitos e garantias que são inerentes ao ser humano, que decorrem da forma democrática representativa de governo ou que sejam consagrados no Direito interno ou em outros tratados.**
- Não é correto, porém, afirmar que não há limites aos direitos humanos; em síntese, **o gozo dos direitos é limitado de maneira proporcional à necessidade de respeitar os direitos dos demais, pela segurança de todos e pelas justas e legítimas exigências da ordem pública, dentro do quadro de um regime democrático e de acordo com o estabelecido em lei.**
- De acordo com a Declaração Universal dos Direitos Humanos, **no exercício dos direitos e liberdades nela consagrados, ninguém está sujeito senão às limitações estabelecidas pela lei com vista exclusivamente a promover o reconhecimento e o respeito dos direitos e liberdades dos outros e a fim de satisfazer as justas exigências da moral, da ordem pública e do bem-estar numa sociedade democrática.**
- Também de acordo com a Declaração Universal dos Direitos Humanos, **"O indivíduo tem deveres para com a comunidade, fora da qual não é possível o livre e pleno desenvolvimento da sua personalidade".**
- São três as grandes vertentes da proteção internacional dos direitos humanos: o **Direito Internacional dos Direitos Humanos**, o **Direito Internacional Humanitário** e o **Direito dos Refugiados.**

## 2. DIREITO INTERNACIONAL DOS DIREITOS HUMANOS – SISTEMA GLOBAL

- A proteção dos direitos humanos é **um dos principais objetivos das Nações Unidas.** Entretanto, **a Carta das Nações Unidas (Carta da ONU) não consagra nenhum direito**, fixando apenas o **caráter prioritário da proteção dos direitos humanos** para a comunidade internacional.
- A Declaração Universal dos Direitos Humanos **não é formalmente um tratado:** é uma resolução da Assembleia Geral da ONU e, portanto, não é formalmente vinculante. Entretanto, tem importância como **documento básico do sistema de proteção internacional dos direitos humanos.**
- Os principais tratados de direitos humanos do sistema global são: o **Pacto dos Direitos Civis e Políticos**; o **Pacto dos Direitos Econômicos, Sociais e Culturais**; a **Convenção Internacional sobre a Eliminação de todas as formas de Discriminação Racial**; a **Convenção sobre a Eliminação de todas as formas de Discriminação contra a Mulher**; a **Convenção contra a Tortura e outros Tratamentos ou Penas Cruéis, Desumanos ou Degradantes**; a **Convenção sobre os Direitos da Criança**; e a **Convenção Internacional sobre os Direitos das Pessoas com Deficiência.**
- Todo indivíduo tem direito à **vida**, à **liberdade** e à **segurança.**
- De acordo com a Declaração Universal dos Direitos Humanos, **a propriedade é direito humano.**
- A Declaração Universal dos Direitos Humanos consagra o **direito ao asilo**, exceto para os casos em que o interessado tiver praticado **crimes comuns** ou **atos contrários aos princípios e objetivos das Nações Unidas.**
- De acordo com a Declaração Universal dos Direitos Humanos, todo indivíduo tem **direito à proteção dos interesses morais e materiais decorrentes de qualquer produção científica, literária ou artística da qual seja autor.**
- A proibição dos trabalhos forçados **compreende também a proibição do tráfico de mão-de-obra para fins de trabalho escravo.**
- **Nenhuma disposição da Declaração Universal dos Direitos Humanos pode ser interpretada de maneira a envolver para qualquer Estado, agrupamento ou indivíduo o direito de se entregar a alguma atividade ou de praticar algum ato destinado a destruir os direitos e liberdades aqui enunciados.**
- Para o Pacto dos Direitos Civis e Políticos, não são considerados trabalhos forçados: **qualquer trabalho ou serviço normalmente exigido de um indivíduo que tenha sido encarcerado** em cumprimento de decisão judicial ou que, tendo sido objeto de tal decisão, ache-se em liberdade condicional; **qualquer serviço de caráter militar** e, nos países em que se admite a isenção por motivo de consciência, **qualquer serviço nacional que a lei venha a exigir daqueles que se oponham ao serviço militar por motivo de consciência; qualquer serviço exigido em casos de emergência ou de calamidade** que ameacem o bem-estar da comunidade; e **qualquer trabalho ou serviço que faça parte das obrigações cívicas normais.**
- No Pacto dos Direitos Civis e Políticos, **é permitida a manutenção da pena de morte nos países que não a tenham abolido.** Entretanto, no Segundo Protocolo ao Pacto dos Direitos Civis e Políticos, foi determinado que **os Estados deverão eliminar a pena de morte**, abrindo-se a possibilidade apenas para que **mantenham a pena de morte para crimes militares graves e em tempo de guerra.**
- Quando **situações excepcionais ameacem a existência da nação e sejam proclamadas oficialmente**, os Estados podem adotar, na estrita medida em que a situação o exigir, **medidas que derroguem determinados direitos**, desde que tais medidas não sejam incompatíveis com as demais obrigações que lhes sejam impostas pelo Direito internacional e não acarretem discriminação alguma apenas por motivo de raça, cor, sexo, língua, religião ou origem social.
- Há direitos inderrogáveis em qualquer circunstância, mesmo de grave emergência, como: **o direito à vida; a proibição da tortura; a proibição da escravidão, da servidão e do tráfico de escravos; a proibição da prisão por descumprimento de obrigação contratual; a legalidade e a irretroatividade da lei penal; o direito ao reconhecimento da personalidade jurídica; e a liberdade de pensamento e de opinião.**
- O direito à liberdade de expressão inclui **tanto o direito de expressar ideias** quanto o de **procurar e receber informações e ideias de qualquer natureza.**
- O direito à liberdade de expressão não é ilimitado e inclui restrições que devem, entretanto, ser expressamente previstas em lei e que se façam necessárias para: a) **assegurar o respeito dos direitos e da reputação das demais pessoas**; e b) **proteger a segurança nacional, a ordem, a saúde ou a moral públicas.** Será proibida por lei qualquer **propaganda em favor da guerra** e qualquer **apologia do ódio nacional, racial ou religioso que constitua incitamento à discriminação, à hostilidade ou a violência.**

- Há possibilidade de apresentação de **petições individuais** ao **Comitê de Direitos Humanos**, órgão da ONU encarregado de monitorar a aplicação do Pacto dos Direitos Civis e Políticos.
- É possível que uma petição individual oriunda do Brasil seja apresentada ao Comitê de Direitos Humanos da ONU, visto que **o Brasil é signatário do Protocolo Adicional ao Pacto dos Direitos Civis e Políticos**.
- Não confundir o **Protocolo Adicional ao Pacto dos Direitos Civis e Políticos,** que abre a **possibilidade de peticionamento individual ao Comitê de Direitos Humanos quando vinda a petição de um Estado signatário desse Protocolo,** com o **Segundo Protocolo Adicional ao Pacto dos Direitos Civis e Políticos,** que trata da **eliminação da pena de morte.**
- O **direito ao trabalho** no Pacto dos Direitos Econômicos, Sociais e Culturais é qualificado como **o direito a assegurar a possibilidade de ganhar a vida por meio de um trabalho livremente escolhido ou aceite**.
- O direito ao trabalho no Pacto dos Direitos Econômicos, Sociais e Culturais **deve ser assegurado por meio de programas de orientação técnica e profissional e da elaboração de políticas e de técnicas capazes de garantir um desenvolvimento econômico, social e cultural** constante e um pleno emprego produtivo.
- O Pacto dos Direitos Econômicos, Sociais e Culturais também consagra o **direito a iguais oportunidades para todos de promoção** no seu trabalho à categoria superior apropriada, sujeito a nenhuma outra consideração além da **antiguidade de serviço e da aptidão individual**.
- O Pacto dos Direitos Econômicos, Sociais e Culturais tam bém consagra o **direito de greve**, o qual, porém, deve ser **exercido em conformidade com as leis de cada país**, observando, de resto, as demais limitações alusivas à liberdade sindical. Logo, **o direito de greve é direito humano**.
- A proteção da **mulher** no Pacto dos Direitos Econômicos, Sociais e Culturais gira ao redor da noção de **compatibilização do gozo do direito ao trabalho com as demandas vinculadas à maternidade**. Nesse sentido, o Pacto dos Direitos Econômicos, Sociais e Culturais estabelece que "Uma proteção especial deve ser dada às mães durante um período de tempo razoável antes e depois do nascimento das crianças. Durante este mesmo período as mães trabalhadoras devem beneficiar de **licença paga ou de licença acompanhada de serviços de segurança social adequados**".
- A proteção da **criança** no Pacto dos Direitos Econômicos, Sociais e Culturais resume-me na noção de **vedação da exploração do menor de dezoito anos**. Nesse sentido, seu emprego em trabalhos de natureza a comprometer a sua moral ou a sua saúde, capazes de pôr em perigo a sua vida, ou de prejudicar o seu desenvolvimento normal deve ser sujeito à sanção da lei.
- O Pacto dos Direitos Econômicos, Sociais e Culturais também reconhece **o direito de todas as pessoas à segurança social, incluindo os seguros sociais**.
- **Com a entrada em vigor do Protocolo Facultativo ao Pacto dos Direitos Econômicos, Sociais e Culturais, passa a existir a possibilidade de apresentação de petições individuais ao Comitê das Nações Unidas sobre os Direitos Econômicos, Sociais e Culturais, desde que a petição seja originária de um Estado parte de referido Protocolo. Entretanto, como o Brasil ainda não é parte desse Protocolo, não poderá o Comitê das Nações Unidas sobre os Direitos Econômicos, Sociais e Culturais receber petições oriundas do Estado brasileiro.**
- Na Convenção Internacional sobre a Eliminação de Todas as formas de Discriminação Racial, a expressão "discriminação racial" significa "**qualquer distinção, exclusão, restrição ou preferência fundadas na raça, cor, descendência ou origem nacional ou étnica**". Logo, **é amplo o conceito de discriminação racial**, não se limitando apenas à mera discriminação por motivo de raça.
- Na Convenção Internacional sobre a Eliminação de Todas as formas de Discriminação Racial, "**Não serão consideradas discriminação racial as medidas especiais tomadas com o único objetivo de assegurar o progresso adequado de certos grupos raciais ou étnicos ou de indivíduos que necessitem da proteção que possa ser necessária para proporcionar a tais grupos ou indivíduos igual gozo ou exercício de direitos humanos e liberdades fundamentais, contanto que tais medidas não conduzam, em consequência, à manutenção de direitos separados para diferentes grupos raciais e não prossigam após terem sido alcançados os seus objetivos**". É a previsão de **ações afirmativas**.
- Na Convenção Internacional sobre a Eliminação de Todas as formas de Discriminação contra as Mulheres, também há **previsão de ações afirmativas em favor da mulher**, nos seguintes termos: "A adoção, pelos Estados Partes, de medidas especiais de caráter temporário visando acelerar a vigência de uma igualdade de fato entre homens e mulheres não será considerada discriminação, tal como definido nesta Convenção, mas de nenhuma maneira implicará, como consequência, na manutenção de normas desiguais ou distintas; essas medidas deverão ser postas de lado quando os objetivos de igualdade de oportunidade e tratamento tiverem sido atingidos".
- O combate à discriminação contra a mulher **independe de seu estado civil**.
- Dentre os direitos específicos consagrados para a mulher no tocante ao universo laboral encontram-se: o direito às **mesmas oportunidades de emprego** e à aplicação dos **mesmos critérios de seleção** em questões de emprego; o direito a **igual remuneração e igualdade de tratamento relativa a um trabalho de igual valor**; igualdade de tratamento com respeito à avaliação da qualidade do trabalho; salvaguarda da função de reprodução; **licença maternidade**; proibição da demissão por motivo de gravidez, licença-maternidade e estado civil; **proteção especial às mulheres durante a gravidez** nos tipos de trabalho comprovadamente prejudiciais a elas; e oferta de serviços que permitam à mulher combinar a maternidade com o acesso ao mercado de trabalho.
- A Convenção possui um Protocolo Facultativo, do qual o Brasil é parte, que permite a **apresentação de denúncias individuais acerca da violação dos direitos por ela consagrados junto ao CEDAW** (Comitê das Nações Unidas para a Eliminação da Discriminação contra a Mulher).
- Para os fins da Convenção contra a Tortura, o termo "tortura" designa "**qualquer ato pelo qual dores ou sofrimentos agudos, físicos ou mentais, são infligidos intencionalmente a uma pessoa a fim de obter, dela ou de uma terceira pessoa, informações ou confissões; de castigá-la por ato que ela ou uma terceira pessoa tenha cometido ou seja suspeita de ter cometido; de intimidar ou coagir esta pessoa ou outras pessoas; ou por qualquer motivo baseado em discriminação de qualquer natureza; quando tais dores ou sofrimentos são infligidos por**

**um funcionário público ou outra pessoa no exercício de funções públicas, ou por sua instigação, ou com o seu consentimento ou aquiescência**. Logo, a noção de tortura no Direito Internacional dos Direitos Humanos **inclui a participação direta ou indireta do Estado** no ato considerado como de tortura.

- Entretanto, ainda de acordo com a Convenção contra a Tortura, "**Não se considerará como tortura as dores ou sofrimentos consequência unicamente de sanções legítimas, ou que sejam inerentes a tais sanções ou delas decorram**".
- O conceito de tortura fixado pela Convenção contra a Tortura **não exclui conceitos mais amplos** estabelecidos por outros tratados internacionais ou pela legislação nacional.
- **Nenhuma declaração que se demonstre ter sido prestada como resultado de tortura pode ser invocada como prova em qualquer processo**, salvo contra uma pessoa acusada de tortura como prova de que a declaração foi prestada.
- Cada Estado Parte assegurará, em seu sistema jurídico, à vítima de um ato de tortura, **o direito à reparação e a uma indenização justa e adequada**, incluídos os meios necessários para a **mais completa reabilitação possível**. Em caso de morte da vítima como resultado de um ato de tortura, seus dependentes terão direito à indenização.
- Para a Convenção de Nova Iorque para a Proteção das Pessoas com Deficiência, "**Pessoas com deficiência são aquelas que têm impedimentos de longo prazo de natureza física, mental, intelectual ou sensorial, os quais, em interação com diversas barreiras, podem obstruir sua participação plena e efetiva na sociedade em igualdades de condições com as demais pessoas**". É amplo, portanto, o conceito de pessoa com deficiência.
- A Convenção de Nova Iorque para a Proteção das Pessoas com Deficiência destaca dois conceitos ainda pouco conhecidos: a) **adaptação razoável: modificações e os ajustes necessários e adequados que não acarretem ônus desproporcional ou indevido, quando requeridos em cada caso, a fim de assegurar que as pessoas com deficiência possam gozar ou exercer, em igualdade de oportunidades com as demais pessoas, todos os direitos humanos e liberdades fundamentais**; b) **desenho universal: concepção de produtos, ambientes, programas e serviços a serem usados, na maior medida possível, por todas as pessoas, sem necessidade de adaptação ou projeto específico**. Cabe destacar que o "desenho universal" não excluirá as ajudas técnicas para grupos específicos de pessoas com deficiência, quando necessárias.
- A partir da **vinculação do Brasil ao Protocolo Adicional à Convenção de Nova Iorque**, é possível que **indivíduos ou grupos de indivíduos residentes no Brasil apresentem comunicações ao Comitê sobre os Direitos das Pessoas com Deficiência da ONU**, alegando serem vítimas de violação das disposições da Convenção de Nova Iorque pelo Estado brasileiro.
- A Convenção sobre os Direitos da Criança estabelece que criança é **todo indivíduo menor de dezoito anos**, a não ser que, em conformidade com a lei aplicável à criança, a maioridade seja alcançada antes. A Convenção sobre os Direitos da Criança não distingue, portanto, entre crianças e adolescentes.
- De acordo com a Convenção sobre os Direitos da Criança, "Todas as ações relativas às crianças, levadas a efeito por instituições públicas ou privadas de bem-estar social, tribunais, autoridades administrativas ou órgãos legislativos, devem considerar, primordialmente, o interesse maior da criança". **É o princípio do maior interesse da criança.**
- **A Convenção Internacional sobre a Proteção de Direitos de todos os Migrantes Trabalhadores e Membros de suas Famílias ainda não foi ratificada pelo Brasil.**
- A promoção dos direitos humanos no sistema global estrutura-se a partir de órgãos com competência para cuidar da aplicação das normas protetivas da dignidade humana de qualquer tratado ("**órgãos de competência geral**") e de "**órgãos de tratados**", responsáveis por velar apenas pela aplicação de um ato internacional específico.
- Os principais órgãos de competência geral do sistema global são: o **Alto Comissariado das Nações Unidas para os Direitos Humanos** e o **Conselho de Direitos Humanos**, que substituiu a antiga Comissão de Direitos Humanos das Nações Unidas.
- Os principais órgãos de tratados são: o **Comitê de Direitos Humanos**, o **Comitê para a Eliminação da Discriminação Racial**, o **Comitê sobre a Eliminação da Discriminação contra a Mulher**, o **Comitê contra a Tortura** e o respectivo **Subcomitê de Prevenção**, e o **Comitê sobre os Direitos das Pessoas com Deficiência**, o **Comitê de Direitos Econômicos, Sociais e Culturais** e o **Comitê para os Direitos da Criança**. Cabe ressaltar que estes dois últimos **também contemplam a sistemática das petições individuais, mas os tratados pertinentes ainda não valem para o Brasil, razão pela qual tais órgãos não podem receber petições individuais do Estado brasileiro, o que ocorrerá apenas quando o Brasil respectivamente assinar e ratificar o Protocolo Adicional ao Pacto dos Direitos Econômicos Sociais e Culturais e ratificar o Terceiro Protocolo Facultativo à Convenção sobre os Direitos da Criança Relativo à Instituição de um Procedimento de Comunicação.**
- O Direito Humanitário visa a **reduzir a violência inerente às guerras externas e internas**, por meio da proteção de um mínimo de direitos inerentes à pessoa humana que **limite o impacto das hostilidades** e pela **regulamentação da assistência às vítimas dos conflitos armados**, protegendo essencialmente os **não combatentes** e os **combatentes fora de combate**.
- Especificamente, o Direito Humanitário dirige-se fundamentalmente à proteção das seguintes pessoas e bens: **civis e bens de uso civil; militares feridos, doentes, náufragos ou prisioneiros de guerra; pessoal, material e equipamentos sanitários; religiosos, templos e lugares de culto; pessoal de imprensa; e mortos.**
- O **Direito Internacional dos Direitos Humanos é complementar em relação ao Direito Internacional Humanitário**, podendo este recorrer de maneira subsidiária às normas daquele.
- A "Cruz Vermelha" não é uma organização monolítica. Na realidade, o que existe é o "**Movimento Internacional da Cruz Vermelha e do Crescente Vermelho**", formado pelo **Comitê Internacional da Cruz Vermelha, pela Federação Internacional das Sociedades Nacionais da Cruz Vermelha e do Crescente Vermelho** e pelas **Sociedades Nacionais da Cruz Vermelha**. Todas essas entidades são autônomas, cada uma contando com sua **personalidade jurídica própria**, e são **entidades privadas, de direito interno dos Estados onde estão constituídas.**
- O **Comitê Internacional da Cruz Vermelha** (CICV) é uma **entidade privada, de direito suíço**, que se destaca como a **principal entidade responsável pela aplicação do Direito Humanitário no mundo**. Apesar de privado, o CICV

conta com **personalidade jurídica de Direito Internacional**, e seus integrantes gozam de privilégios e imunidades diplomáticos. Entretanto, o CICV **não é uma ONG**, definindo-se a si mesmo como uma **organização *sui generis***, que é privada, mas que pode exercer prerrogativas de organizações internacionais de caráter público.

- O **refugiado** é **pessoa que sofre ou teme sofrer, em seu Estado de origem, perseguição por motivos de raça, religião, nacionalidade, grupo social ou questões políticas e que, por esses motivos, deixa esse Estado e procura proteção em outro, não podendo ou não devendo voltar ao Estado de onde veio, onde sua integridade se encontra em risco**.
- O princípio do ***non refoulement***, típico do Direito dos Refugiados, **proíbe a rejeição da entrada do refugiado no território de um Estado quando isso implique seu retorno ao país onde corre riscos**.
- O princípio do ***non refoulement*** estende sua aplicação para outras situações, **vedando, por exemplo, a deportação, a expulsão e a repatriação de estrangeiro para países onde sua vida e dignidade estejam em risco**. Entretanto, **o potencial refugiado pode ser rechaçado pelo Estado de refúgio quando "por motivos sérios seja considerado um perigo à segurança do país no qual ele se encontre ou que, tendo sido condenado definitivamente por um crime ou delito particularmente grave, constitua ameaça para a comunidade do referido país"**.
- A **concessão do refúgio não é ato discricionário**: uma vez caracterizada objetivamente a condição de refugiado, não é possível que o Estado não conceda o refúgio. **A concessão de asilo político, por sua vez, é discricionária.**

## 3. DIREITO INTERNACIONAL DOS DIREITOS HUMANOS – SISTEMA INTERAMERICANO

- A **Organização dos Estados Americanos** (**OEA**) é a organização internacional encarregada da administração do sistema interamericano de direitos humanos.
- **O Brasil é parte do sistema interamericano.**
- Os mais importantes instrumentos jurídicos do sistema interamericano são os seguintes: **Declaração Americana dos Direitos e Deveres do Homem, Convenção Americana de Direitos Humanos (Pacto de São José), Convenção Americana de Direitos Humanos para os Direitos Econômicos, Sociais e Culturais (Protocolo de São Salvador), Convenção Interamericana para Prevenir e Punir a Tortura, Protocolo Adicional ao Pacto de São José referente à Abolição da Pena de Morte, Convenção Interamericana para Prevenir, Punir e Erradicar a Violência Contra a Mulher (Convenção de Belém do Pará), contra as Pessoas Portadoras de Deficiência (Convenção da Guatemala e "Convenção Interamericana contra o Racismo, a Discriminação Racial e Formas Correlatas de Intolerância.")**.
- De acordo com o Pacto de São José, **a vida é, em geral, protegida desde a concepção**.
- O Pacto de São José estabelece que "**Não se pode restringir o direito de expressão por vias e meios indiretos, tais como o abuso de controles oficiais ou particulares de papel de imprensa, de frequências radioelétricas ou de equipamentos e aparelhos usados na difusão de informação, nem por quaisquer outros meios destinados a obstar a comunicação e a circulação de ideias e opiniões**".
- O Pacto de São José também estabelece, acerca da liberdade de expressão, que "**O exercício do direito previsto no inciso precedente não pode estar sujeito à censura prévia, mas a responsabilidades ulteriores, que devem ser expressamente previstas em lei e que se façam necessárias para assegurar: a) o respeito dos direitos e da reputação das demais pessoas; b) a proteção da segurança nacional, da ordem pública, ou da saúde ou da moral públicas**". Entretanto, o Pacto de São José **permite submeter os espetáculos públicos a censura prévia, com o objetivo exclusivo de regular o acesso a eles, para proteção moral da infância e da adolescência**, sem prejuízo das limitações acima indicadas.
- No Pacto de São José, **a liberdade de expressão não afasta o direito de resposta**.
- Os dois principais órgãos de proteção do sistema interamericano são a **Comissão Interamericana de Direitos Humanos** e a **Corte Interamericana de Direitos Humanos**, órgãos da Organização dos Estados Americanos (OEA).
- A **Comissão Interamericana** é um órgão de caráter **político**. A **Corte Interamericana** é um **órgão judicial**. Ambos, porém, têm o mesmo papel: **velar pela observância dos tratados do sistema interamericano**.
- A Comissão **move procedimentos apenas contra Estados, não contra pessoas, empresas ou ONGs**.
- A Comissão pode promover **missões** para verificar *in loco* a situação dos direitos humanos em países americanos, as quais, porém, **só podem vir ao Brasil com autorização do governo brasileiro**.
- A Comissão Interamericana recebe **petições individuais** e pode **agir de ofício** ou por **provocação dos Estados**. A Corte Interamericana **não recebe petições individuais** e só pode agir por **provocação da Comissão ou de outro Estado**.
- As chamadas "petições individuais" dirigidas à Comissão Interamericana de Direitos Humanos podem ser apresentadas por **pessoas naturais, grupos de pessoas ou por entidades oficialmente reconhecidas em Estado Parte da OEA**.
- Os requisitos para a apresentação de petições individuais à Comissão Interamericana de Direitos Humanos são: a norma violada deve pertencer ao sistema interamericano; o **esgotamento dos recursos internos**; a apresentação da **petição em até seis meses após a notificação do esgotamento do último recurso**; a **inexistência de litispendência internacional** e a **proibição do bis in idem** e; **no caso de petições apresentadas por ONGs, que estas sejam legalmente reconhecidas sem um ou mais Estados-membros da OEA**.
- Ademais, apenas direitos consagrados no **Pacto de São José** e na **Convenção de Belém do Pará** e os **direitos à educação e à liberdade sindical, constantes do Protocolo de São Salvador, podem ser objeto de petição individual junto à Comissão Interamericana de Direitos Humanos**.
- **A regra do esgotamento dos recursos internos** pode ser afastada quando: não existir, na legislação interna do estado de que se tratar, o devido processo legal para a proteção do direito ou direitos que se alegue tenham sido violados; não se houver permitido ao presumido prejudicado em seus direitos o acesso aos recursos da jurisdição interna, ou houver sido ele impedido de esgotá-los; e houver demora injustificada na decisão sobre os mencionados recursos: **não é, portanto, uma regra absoluta**.

HUMANOS

- **Não é necessária a autorização/endosso do Estado brasileiro** para a apresentação de petição individual à Comissão Interamericana.
- **Apenas Estados** podem ser réus perante a Corte Interamericana. Por outro lado, **apenas Estados e a Comissão Interamericana de Direitos Humanos podem acionar a Corte Interamericana.** Portanto, **pessoas, grupos de pessoas ou ONGs não podem apresentar petições diretamente à Corte Interamericana.**
- A Corte Interamericana tem **competência contenciosa (exame de processos e feitura de sentenças) e consultiva (elaboração de pareceres).**
- A Comissão Interamericana emite **relatórios e recomendações.** A Corte Interamericana profere **pareceres e sentenças**
- O Estado só pode ser réu na Corte Interamericana após **aceitar a cláusula facultativa de jurisdição contenciosa** desta, o que **o Brasil fez em 2002.**
- A sentença da Corte Interamericana de Direitos Humanos é **obrigatória e inapelável**, e **sua parte "que determinar indenização compensatória poderá ser executada no país respectivo pelo processo interno vigente para a execução de sentenças contra o Estado".**
- No Brasil, a competência para executar as sentenças da Corte Interamericana é da **Justiça Federal.** Ademais, **a execução da sentença no Brasil independe de homologação pelo Superior Tribunal de Justiça (STJ).**
- Tanto os integrantes da Comissão Interamericana de Direitos Humanos como os juízes da Corte Interamericana de Direitos Humanos **atuam a título pessoal, independentemente dos Estados dos quais são nacionais**, podendo inclusive examinar casos manejados contra os próprios Estados de nacionalidade.

## 4. DIREITOS HUMANOS – GERAL

- Fundamentalmente, os direitos humanos são os **direitos essenciais** para que o ser humano seja tratado com a **dignidade** que lhe é inerente e **aos quais fazem jus todos os membros da espécie humana indistintamente.**
- Principais características dos direitos humanos:

| | |
|---|---|
| universalidade | inerência |
| transnacionalidade | historicidade |
| indisponibilidade | indivisibilidade |
| irrenunciabilidade | interdependência |
| inalienabilidade | complementaridade |
| imprescritibilidade | primazia da norma mais favorável |

- A **teoria jusnaturalista** fundamenta os direitos humanos em uma **ordem superior, universal, imutável e inderrogável.**
- A **teoria positivista** fundamenta os direitos humanos na **ordem jurídica posta**, pelo que somente seriam reconhecidos como direitos humanos aqueles expressamente previstos na norma positiva.
- A **teoria moralista** (ou de Perelman) fundamenta os direitos humanos na "experiência e consciência moral de um determinado povo", ou seja, na **convicção social acerca da necessidade da proteção de determinado valor.**
- Especialmente para fins didáticos, os direitos humanos são **divididos em gerações/dimensões.**
- A **primeira geração** dos direitos humanos corresponde aos **chamados direitos civis e políticos, ou "direitos de liberdade".** A **segunda geração** refere-se aos **direitos econômicos, sociais e culturais, ou "direitos de igualdade".** A terceira geração abrange os chamados **"direitos da fraternidade", de caráter difuso,** que não se dirigem especificamente a um indivíduo ou a um grupo social, mas ao próprio **gênero humano como um todo.**
- A **primeira dimensão dos direitos humanos (direitos civis e políticos)** corresponde aos **direitos de liberdade da chamada "primeira geração".** A **segunda dimensão dos direitos humanos (direitos econômicos, sociais e culturais)** está vinculada aos **direitos de igualdade da "segunda geração".** A **terceira dimensão dos direitos humanos ("direitos globais")** associa-se aos **direitos de terceira geração.**
- **A divisão dos direitos humanos em gerações/dimensões não afeta a indivisibilidade desses direitos.**
- O histórico da construção dos direitos humanos como um todo apresenta **influências religiosas.**
- A **Magna Carta** (1215) e o ***Bill of Rights*** (1689) caracterizam-se essencialmente por garantir alguns direitos e por **limitar o poder estatal**, fator estreitamente vinculado à proteção dos direitos humanos.
- A Declaração de Direitos do Bom Povo da Virgínia (**Declaração de Virgínia**), de 1775, a **Independência Americana** (1776), a **Constituição dos EUA**, de 1787, a **Revolução Francesa** e a **Declaração dos Direitos do Homem e do Cidadão** (1789), fatos históricos associados ao Iluminismo, são marcas na consagração dos chamados "direitos individuais", ou "direitos de liberdade", ou "direitos civis e políticos".
- A consagração dos **direitos sociais** tem como principais marcos históricos a **Revolução Mexicana** (1917), a **Constituição da República de Weimar** (1919) e a criação da **Organização Internacional do Trabalho** (OIT – 1919).
- A internacionalização dos direitos humanos teve como principais marcos históricos a criação do **Direito Internacional Humanitário** (1863/1864), o aparecimento da **Liga das Nações** (Sociedade das Nações – 1919) e o início das atividades da **Organização Internacional do Trabalho (OIT** – 1919).Entretanto, os marcos definitivos da internacionalização dos direitos humanos foram a criação da **Organização das Nações Unidas (ONU)**, em 1945, e a proclamação da **Declaração Universal dos Direitos Humanos**, em 1948.
- Em vista de todo o processo de internacionalização dos direitos humanos, **não é correto afirmar, na atualidade, que a proteção dos direitos humanos é assunto de interesse meramente interno.**

## 5. DIREITOS HUMANOS NA CONSTITUIÇÃO FEDERAL

- A Constituição de **1824** e a de **1891** trouxeram um rol de direitos de **cunho predominantemente liberal.**
- A Constituição de **1934** foi o principal marco histórico na consagração de **direitos sociais** na ordem jurídica pátria e, em matéria eleitoral, marcou a instituição do **voto secreto**, tendo sido também o primeiro texto constitucional a consagrar o **voto feminino.**
- Duas constituições implicaram **retrocesso** na garantia dos direitos humanos no Brasil: a Constituição de **1937** e a de **1967.**
- A Constituição de **1946** foi marcada pela **redemocratização** pós-Estado Novo, com a retomada do compromisso

com direitos civis e políticos e a manutenção dos direitos sociais.

- A **dignidade da pessoa humana** é um dos fundamentos da República Federativa do Brasil, e sua garantia é um dos objetivos do Estado brasileiro.
- **A prevalência dos direitos humanos, o repúdio ao terrorismo e ao racismo e a concessão de asilo político são princípios, relacionados à proteção da dignidade humana, que também são princípios das relações internacionais do Brasil.**
- **Todos são iguais perante a lei, sem distinção de qualquer natureza**, garantindo-se aos **brasileiros e aos estrangeiros** residentes no País a inviolabilidade do direito à vida, à liberdade, à igualdade, à segurança e à propriedade, nos termos seguintes. Cabe destacar que **o STF estende esses direitos também aos estrangeiros não residentes no Brasil**.
- As normas definidoras dos direitos e garantias fundamentais têm **aplicação imediata**, o que, porém, **não afasta a necessidade de que um tratado de direitos humanos, que porventura alcance status de equivalente a uma emenda constitucional, deva ser objeto de um decreto presidencial** de incorporação, que lhe confira vigência interna.
- **Os direitos e garantias expressos na Constituição não excluem outros decorrentes do regime e dos princípios por ela adotados, ou dos tratados internacionais em que a República Federativa do Brasil seja parte.**
- **Não há nenhuma diferenciação no processo de incorporação de um tratado de direitos humanos** no Brasil em relação aos tratados nas demais matérias, **com exceção da possibilidade de aprovação congressual nos termos da norma da CF, artigo 5º, § 3º**.
- A hierarquia dos tratados de direitos humanos no Brasil **não é uniforme e variará segundo a forma de aprovação congressual**.
- O Brasil **abandonou** totalmente o entendimento de que os tratados de direitos humanos equivaleriam às **leis ordinárias**.
- O Brasil **não adota a noção de supraconstitucionalidade** dos tratados de direitos humanos.
- Os tratados de direitos humanos que forem aprovados nas **duas Casas do Congresso Nacional**, em **dois turnos** de votação, por **três quintos dos votos** dos membros de cada Casa serão **equivalentes às emendas constitucionais** (CF, artigo 5º, § 3º).
- Os demais tratados de direitos humanos têm status **supralegal**.
- Os tratados internacionais de direitos humanos ratificados pelo Brasil previamente à edição da Emenda Constitucional nº 45/2004 **foram recepcionados pela atual ordem constitucional brasileira**, mas – cabe destacar – não ganharam automaticamente o status de equivalentes às emendas constitucionais, revestindo-se de **status supralegal**.
- Para os tratados de direitos humanos que vierem a ser celebrados pelo Brasil, **a aquisição do status de emenda constitucional não é automática** e depende da **aprovação do ato internacional no Congresso pelo procedimento fixado na CF, art. 5º, § 3º**.
- A **Convenção da ONU sobre os Direitos das Pessoas com Deficiência** (Convenção de Nova Iorque), o **Protocolo Facultativo à Convenção da ONU sobre os Direitos das Pessoas com Deficiência** e o **Tratado de Marraqueche (Marraquexe/Marrakesh) para Facilitar o Acesso a Obras Publicadas para Pessoas Cegas, com Deficiência Visual ou outras Deficiências para o Acesso ao Texto Impresso** são os únicos tratados de direitos humanos ora em vigor no Brasil que, por terem sido aprovados de acordo com a norma do artigo 5º, § 3º, da Constituição Federal são **equivalentes às emendas constitucionais**.
- **Nenhum tratado de direitos humanos recebeu ou recebe automaticamente o status de equivalente a uma emenda constitucional.** Para que isso ocorra, é necessário que o tratado seja aprovado de acordo com o procedimento previsto no do § 3º do artigo 5º da Constituição Federal.
- A Constituição Federal ainda **não adota expressamente o princípio da primazia da norma mais favorável ao indivíduo**. Entretanto, a jurisprudência vem defendendo essa modalidade de resolução dos conflitos entre as normas de direitos humanos,
- **O Brasil se submete à jurisdiçao de Tribunal Penal Internacional a cuja criação tenha manifestado adesão.**
- Nas hipóteses de **grave violação de direitos humanos**, o **Procurador-Geral da República**, com a finalidade de assegurar o **cumprimento de obrigações decorrentes de tratados internacionais** de direitos humanos dos quais o Brasil seja parte, **poderá suscitar**, perante o **Superior Tribunal de Justiça**, em **qualquer fase do inquérito ou processo, incidente de deslocamento de competência para a Justiça Federal**: é o **incidente de deslocamento de competência (IDC)**.

A esse respeito, cabe mencionar jurisprudência do STJ:

"O art. 109, § 5º, da Constituição Federal, estabelece que, nas "hipóteses de grave violação de direitos humanos, o Procurador-Geral da República, com a finalidade de assegurar o cumprimento de obrigações decorrentes de tratados internacionais de direitos humanos dos quais o Brasil seja parte, poderá suscitar, perante o Superior Tribunal de Justiça, em qualquer fase do inquérito ou processo, incidente de deslocamento de competência para a Justiça Federal".

Os requisitos do incidente de deslocamento de competência são: a) grave violação de direitos humanos; b) necessidade de assegurar o cumprimento, pelo Brasil, de obrigações decorrentes de tratados internacionais; c) incapacidade - oriunda de inércia, omissão, ineficácia, negligência, falta de vontade política, de condições pessoais e/ou materiais, etc. - de o Estado-Membro, por suas instituições e autoridades, levar a cabo, em toda a sua extensão, a persecução penal (IDC n. 1/PA, Terceira Seção do STJ).

No caso, apesar do extenso tempo decorrido entre os fatos e a formulação do pedido de deslocamento de competência, estão presentes os requisitos constitucionais que autorizam e justificam o atendimento do pleito de deslocamento de competência para reabrir as investigações, processar e julgar os responsáveis pelos delitos, principalmente porque estudos posteriores, que não foram considerados à época, sugerem a possibilidade de os fatos estarem relacionados à criminalidade organizada e a uma série de outros crimes praticados no mês de maio de 2006 e em circunstâncias similares, reconhecendo a inoperância ou incapacidade das autoridades do Estado de São Paulo para a repressão, apuração, punição e adoção de medidas que evitem a repetição de ocorrências similares, em descumprimento das obrigações internacionais de direitos humanos das quais o Brasil é signatário." (STJ, IDC 9-SP, Rel. Min. João Otávio de Noronha, Terceira Seção, por unanimidade, julgado em 10/08/2022. INFO 744).

## 6. DIREITOS HUMANOS NA LEGISLAÇÃO BRASILEIRA

- As questões relativas às violações dos direitos humanos ocorridas durante o período da ditadura militar no Brasil são objeto, fundamentalmente, da **Lei 6.683/79 (Lei da Anistia)** e da **Lei 12.528/11**, que criou a Comissão Nacional da Verdade.
- De acordo com a Lei 6.683/79, **"É concedida anistia a todos quantos, no período compreendido entre 02 de setembro de 1961 e 15 de agosto de 1979, cometeram crimes políticos ou conexo com estes, crimes eleitorais, aos que tiveram seus direitos políticos suspensos e aos servidores da Administração Direta e Indireta, de fundações vinculadas ao poder público, aos Servidores dos Poderes Legislativo e Judiciário, aos Militares e aos dirigentes e representantes sindicais, punidos com fundamento em Atos Institucionais e Complementares"**.
- A Lei 12.528/11, criou a Comissão Nacional da Verdade, **"com a finalidade de examinar e esclarecer as graves violações de direitos humanos praticadas no período de 18 de setembro de 1946 até a data da promulgação da Constituição de 1988 (05/10/1988), a fim de efetivar o direito à memória e à verdade histórica e promover a reconciliação nacional"**.
- Ao contrário da Convenção sobre os Direitos da Criança, o Estatuto da Criança e do Adolescente (ECA) estabeleceu que se considera criança, para seus efeitos, "**a pessoa até doze anos de idade incompletos, e adolescente aquela entre doze e dezoito anos de idade**".
- O Estatuto da Pessoa Idosa visa regular os direitos assegurados às pessoas **com idade igual ou superior a 60 (sessenta) anos**, consagrando o **direito ao envelhecimento como um direito personalíssimo**, e a sua proteção um direito social.
- O Estatuto do Índio tem o propósito de regular "**a situação jurídica dos índios ou silvícolas e das comunidades indígenas, preservar a sua cultura e integrá-los, progressiva e harmoniosamente, à comunhão nacional**", lhes estendendo a **proteção das leis do País**, nos mesmos termos em que se aplicam aos demais brasileiros, "**resguardados os usos, costumes e tradições indígenas**".
- Para a Lei 10.098/2000, que estabelece normas gerais e critérios básicos para a promoção da acessibilidade das pessoas com deficiência ou com mobilidade reduzida, acessibilidade é a "**possibilidade e condição de alcance para utilização, com segurança e autonomia, dos espaços, mobiliários e equipamentos urbanos, das edificações, dos transportes e dos sistemas e meios de comunicação" por pessoa com deficiência ou com mobilidade reduzida**".
- Para a Lei 10.216/2003, que dispõe acerca da "proteção e os direitos das pessoas portadoras de transtornos mentais e redireciona o modelo assistencial em saúde mental", **a internação**, em qualquer de suas modalidades, **"só será indicada quando os recursos extra-hospitalares se mostrarem insuficientes"**.
- A Lei de Execução Penal (Lei 7.210/84) **não exclui os direitos dos presos, salvo aqueles "atingidos pela sentença ou pela lei"**.

## 7. O TRIBUNAL PENAL INTERNACIONAL

- O Tribunal Penal Internacional (TPI) é uma **corte permanente**, ao contrário de outros tribunais penais internacionais, de caráter *ad hoc*, como o Tribunal Penal Internacional para a ex-Iugoslávia, o Tribunal Penal Internacional para Ruanda (Tribunal de Arusha) e o Tribunal Militar Internacional (Tribunal de Nuremberg).
- O Tribunal Penal Internacional (TPI) **é regido pelo Estatuto de Roma do Tribunal Penal Internacional**, do qual o Brasil é parte. Logo, o Estado brasileiro é **membro do Tribunal Penal Internacional (TPI)**. O TPI conta com personalidade jurídica de Direito Internacional.
- O Tribunal Penal Internacional (TPI) **processa e julga indivíduos**, ao contrário da maioria das cortes internacionais, que julgam Estados, como a Corte Interamericana de Direitos Humanos (CIDH).
- O Tribunal Penal Internacional (TPI), cuja **jurisdição é complementar** em relação às jurisdições nacionais, é **competente** para **processar e julgar indivíduos** pela prática dos chamados **"crimes internacionais de maior gravidade"**, que compreendem os crimes de **genocídio**, os crimes de **agressão**, os crimes de **guerra** e os **crimes contra a humanidade**.
- O Tribunal Penal Internacional (TPI) processa e julga indivíduos de acordo com o **princípio da irrelevância da qualidade oficial**, de acordo com o qual o réu responde ao processo independentemente de imunidades a que faça jus.
- Quem tiver cometido um crime da competência do Tribunal Penal Internacional (TPI), **em cumprimento de uma decisão emanada de um Governo ou de um superior hierárquico**, quer seja militar ou civil, **não será isento de responsabilidade criminal, a menos que**: a) **estivesse obrigado por lei a obedecer a decisões emanadas do Governo ou superior hierárquico em questão**; b) **não tivesse conhecimento de que a decisão era ilegal**; e c) **a decisão não fosse manifestamente ilegal**. Cabe ressaltar que "**qualquer decisão de cometer genocídio ou crimes contra a humanidade será considerada como manifestamente ilegal**".
- O Tribunal Penal Internacional (TPI) não julga indivíduos **que tenham cometido crimes internacionais antes dos dezoito anos**.
- Os **crimes de guerra** são os **atos ilícitos cometidos contra normas de Direito de Guerra e de Direito Humanitário**.
- Os **crimes contra a humanidade** consistem em **atos cometidos no quadro de um ataque, generalizado ou sistemático, contra qualquer população civil, havendo conhecimento desse ataque**.
- A teor do Acordo de Kampala, que emendou o Estatuto de Roma, o **crime de agressão** consiste, fundamentalmente, no **planejamento, preparação ou execução, por parte de uma pessoa competente para efetivamente dirigir a ação política de um Estado, de um ato de agressão que, por suas características, gravidade ou escala, constituam manifesta violação da Carta das Nações Unidas**. Cabe destacar que, até o fechamento desta edição, o Acordo de Kampala ainda não havia entrado em vigor para o Brasil.
- O **crime de genocídio** consiste na prática de **atos cometidos contra membros de um grupo étnico, nacional, racial ou religioso com a intenção de destruí-lo, no todo ou em parte**.
- O Tribunal Penal Internacional (TPI) **poderá examinar atos cometidos nos territórios dos Estados-partes do Estatuto de Roma ou a bordo de navios ou aeronaves nestes registrados ou, ainda, atos praticados pelos nacionais dos Estados-partes**. Poderá atuar também contra **atos cometidos no território de Estados não membros, desde que estes aceitem sua competência por meio de acordo especial**.

- O Tribunal Penal Internacional (TPI) poderá também **estender sua competência para atos cometidos em Estados não membros do Estatuto de Roma independentemente do consentimento destes**, desde que haja a devida **representação do Conselho de Segurança da ONU**.
- A competência do Tribunal Penal Internacional (TPI) abrange apenas os **atos cometidos após a entrada em vigor do Estatuto de Roma, em 2002**, ou, **para os Estados que aderiram ou vierem a aderir posteriormente a este tratado, depois da entrada em vigor do Estatuto para estes entes estatais, a menos que estes tenham aceitado anteriormente a competência do Tribunal para apreciar determinado fato**.
- A sentença do Tribunal Penal Internacional (TPI) poderá estabelecer as seguintes penas: **prisão, por no máximo trinta anos**; **prisão perpétua, se o elevado grau de ilicitude do fato e as condições pessoais do condenado a justificarem**; **multa**; **reparação** em favor das vítimas; e **perda de produtos, bens e haveres provenientes, direta ou indiretamente, do crime**.
- O Tribunal Penal Internacional **não condena réus à pena de morte**.

## ✦ SÚMULAS APLICÁVEIS

### ✦ STF

### PRISÃO CIVIL

- **Súmula Vinculante 11:** Só é lícito o uso de algemas em casos de resistência e de fundado receio de fuga ou de perigo à integridade física própria ou alheia, por parte do preso ou de terceiros, justificada a excepcionalidade por escrito, sob pena de responsabilidade disciplinar, civil e penal do agente ou da autoridade e de nulidade da prisão ou do ato processual a que se refere, sem prejuízo da responsabilidade civil do Estado.
- **Súmula Vinculante 25 do STF:** É ilícita a prisão civil de depositário infiel, qualquer que seja a modalidade do depósito.
- **Súmula 552 do STJ:** O portador de surdez unilateral não se qualifica como pessoa com deficiência para o fim de disputar as vagas reservadas em concursos públicos.

### ✦ STJ

- **Súmula 419 do STJ:** Descabe a prisão civil do depositário judicial infiel.

## ✦ JURISPRUDÊNCIA APLICÁVEL

## 1. STF

### 1.1. MULHERES

**▸ *LICENÇA-MATERNIDADE E DISCRIMINAÇÃO ENTRE GESTAÇÃO E ADOÇÃO***

Os prazos da licença-adotante não podem ser inferiores aos prazos da licença-gestante, o mesmo valendo para as respectivas prorrogações. Em relação à licença-adotante, não é possível fixar prazos diversos em função da idade da criança adotada. Com base nessa orientação, o Plenário, por maioria, deu provimento a recurso extraordinário em que discutida a possibilidade de lei instituir prazos diferenciados para a concessão de licença-maternidade às servidoras gestantes e às adotantes. Reconheceu o direito da recorrente, servidora pública, ao prazo remanescente da licença parental, a fim de que o tempo total de fruição do benefício, computado o período já gozado, seja de 180 dias de afastamento remunerado, correspondentes aos 120 dias de licença, previstos no art. 7º, XVIII, da CF, acrescidos dos 60 dias de prorrogação, nos termos da lei. De início, o Colegiado afirmou que a Constituição trouxera inovações a respeito do tema. Uma delas, a superação da ideia de família tradicional, hierarquizada, liderada pelo homem, chefe da sociedade conjugal. Fora criada uma noção de família mais igualitária, que não apenas resulta do casamento. Além disso, ela não é mais voltada para proteger o patrimônio, mas para cultivar e manter laços afetivos. Outra mudança diz respeito à igualdade entre os filhos, que tinham regime jurídico diferenciado, a depender de suas origens. Por fim, fora estabelecido, no art. 7º, XVIII, da CF, a licença à gestante como um direito social. No que se refere à legislação infraconstitucional, o Tribunal explicou sua evolução até o quadro atual, em que há duas situações distintas: para servidoras públicas, regidas de acordo com a Lei 8.112/1990, a licença-maternidade, para gestantes, é de 120 dias. Para adotantes, a licença-maternidade é de 90 dias, para crianças menores de 1 ano, e de 30 dias, para maiores de 1 ano. Por outro lado, para trabalhadoras da iniciativa privada, regidas de acordo com a CLT, a licença-gestante é equiparada à licença-adotante, e não há diferenciação em virtude da idade da criança adotada. Com o advento da Lei 11.770/2008, passara a ser previsto o direito de prorrogação da licença-maternidade em até 50%, tanto para servidoras públicas quanto para trabalhadoras do setor privado.

O Plenário analisou que essa diferenciação existente no setor público, tanto em razão de a mãe ser adotante quanto em virtude da idade da criança adotada, seria ilegítima. Isso porque as crianças adotadas apresentam dificuldades inexistentes para filhos biológicos: histórico de cuidados inadequados, carência, abuso físico, moral e sexual, traumas, entre outros. Além disso, quanto maior a idade da criança, maior o tempo em que submetida a esse quadro, e maior a dificuldade de adaptação à família adotiva. Por isso, quanto mais a mãe pudesse estar disponível para a criança adotiva, mormente nesse período inicial, maior a probabilidade de recuperação emocional da criança em adaptação. Além disso, crianças adotadas apresentam mais problemas de saúde, se comparadas com filhos biológicos, e quanto mais avançada a idade da criança, menor a probabilidade de ser escolhida para adoção. Assim, nada indica que crianças mais velhas demandam menos cuidados se comparadas a bebês. A situação revela justamente o contrário. Ademais, é necessário criar estímulos para a adoção de crianças mais velhas. Portanto, o tratamento mais gravoso dado ao adotado de mais idade viola o princípio da proporcionalidade, e implica proteção deficiente. O Colegiado observou o tema, ainda, à luz da autonomia da mulher. Por causa de razões culturais, o membro da família mais onerado na experiência da adoção é a mãe. Também por esse motivo, não há justificativa plausível para conferir licença inferior à mãe adotiva, se comparada à gestante. Não existe fundamento constitucional para a desequiparação da mãe gestante e da mãe adotante, sequer do adotado mais velho e mais novo. Vencido o Ministro Marco Aurélio, que desprovia o recurso. Considerava que a diferenciação quanto a gestantes e adotivas teria fundamento constitucional.

RE 778889/PE, rel. Min. Roberto Barroso, 10.3.2016. (RE-778889). (Info 817)

**▸ LEGÍTIMA DEFESA DA HONRA**

'Legítima defesa da honra' não é, tecnicamente, legítima defesa. A traição se encontra inserida no contexto das relações amorosas. Seu desvalor reside no âmbito ético e moral, não havendo direito subjetivo de contra ela agir com violência. Quem pratica feminicídio ou usa de violência com a justificativa de reprimir um adultério não está a se defender, mas a atacar uma mulher de forma desproporcional, covarde e criminosa. O adultério não configura uma agressão injusta apta a excluir a antijuridicidade de um fato típico, pelo que qualquer

HUMANOS

ato violento perpetrado nesse contexto deve estar sujeito à repressão do direito penal. A 'legítima defesa da honra' é recurso argumentativo/retórico odioso, desumano e cruel utilizado pelas defesas de acusados de feminicídio ou agressões contra a mulher para imputar às vítimas a causa de suas próprias mortes ou lesões. Constitui-se em ranço, na retórica de alguns operadores do direito, de institucionalização da desigualdade entre homens e mulheres e de tolerância e naturalização da violência doméstica, as quais não têm guarida na Constituição de 1988. Tese violadora da dignidade da pessoa humana, dos direitos à vida e à igualdade entre homens e mulheres (art. 1º, inciso III, e art. 5º, caput e inciso I, da CF/88), pilares da ordem constitucional brasileira. A ofensa a esses direitos concretiza-se, sobretudo, no estímulo à perpetuação da violência contra a mulher e do feminicídio. O acolhimento da tese tem a potencialidade de estimular práticas violentas contra as mulheres ao exonerar seus perpetradores da devida sanção. A 'legítima defesa da honra' não pode ser invocada como argumento inerente à plenitude de defesa própria do tribunal do júri, a qual não pode constituir instrumento de salvaguarda de práticas ilícitas. Assim, devem prevalecer a dignidade da pessoa humana, a vedação a todas as formas de discriminação, o direito à igualdade e o direito à vida, tendo em vista os riscos elevados e sistêmicos decorrentes da naturalização, da tolerância e do incentivo à cultura da violência doméstica e do feminicídio.

[ADPF 779 MC REF, rel. min. Dias Toffoli, j. 15-3-2021, P, DJE de 20-5-2021.]

## 1.2. PRESOS – DIREITOS

### ▸ *MORTE DE DETENTO E RESPONSABILIDADE CIVIL DO ESTADO*

Em caso de inobservância do seu dever específico de proteção previsto no art. 5º, XLIX, da CF, o Estado é responsável pela morte de detento. Essa a conclusão do Plenário, que desproveu recurso extraordinário em que discutida a responsabilidade civil objetiva do Estado por morte de preso em estabelecimento penitenciário. No caso, o falecimento ocorrera por asfixia mecânica, e o Estado--Membro alegava que, havendo indícios de suicídio, não seria possível impor-lhe o dever absoluto de guarda da integridade física de pessoa sob sua custódia. O Colegiado asseverou que a responsabilidade civil estatal, segundo a CF/1988, em seu art. 37, § 6º, subsume-se à teoria do risco administrativo, tanto para as condutas estatais comissivas quanto paras as omissivas, uma vez rejeitada a teoria do risco integral. Assim, a omissão do Estado reclama nexo de causalidade em relação ao dano sofrido pela vítima nas hipóteses em que o Poder Público ostenta o dever legal e a efetiva possibilidade de agir para impedir o resultado danoso. Além disso, é dever do Estado e direito subjetivo do preso a execução da pena de forma humanizada, garantindo-se-lhe os direitos fundamentais, e o de ter preservada a sua incolumidade física e moral. Esse dever constitucional de proteção ao detento somente se considera violado quando possível a atuação estatal no sentido de garantir os seus direitos fundamentais, pressuposto inafastável para a configuração da responsabilidade civil objetiva estatal. Por essa razão, nas situações em que não seja possível ao Estado agir para evitar a morte do detento (que ocorreria mesmo que o preso estivesse em liberdade), rompe-se o nexo de causalidade. Afasta-se, assim, a responsabilidade do Poder Público, sob pena de adotar-se a teoria do risco integral, ao arrepio do texto constitucional. A morte do detento pode ocorrer por várias causas, como homicídio, suicídio, acidente ou morte natural, não sendo sempre possível ao Estado evitá-la, por mais que adote as precauções exigíveis. Portanto, a responsabilidade civil estatal fica excluída nas hipóteses em que o Poder Público comprova causa impeditiva da sua atuação protetiva do detento, rompendo o nexo de causalidade da sua omissão com o resultado danoso. Na espécie, entretanto, o tribunal "a quo" não assentara haver causa capaz de romper o nexo de causalidade da omissão do Estado-Membro com o óbito. Correta, portanto, a decisão impositiva de responsabilidade civil estatal. RE 841526/RS, rel. Min. Luiz Fux, 30.3.2016. (RE-841526. (Info 819).

Na condução coercitiva, resta evidente que o investigado é conduzido para demonstrar sua submissão à força, o que desrespeita a dignidade da pessoa humana. (...) A condução coercitiva representa uma supressão absoluta, ainda que temporária, da liberdade de locomoção. Há uma clara interferência na liberdade de locomoção, ainda que por período breve. Potencial violação ao direito à não autoincriminação, na modalidade direito ao silêncio. Direito consistente na prerrogativa do implicado a recursar-se a depor em investigações ou ações penais contra si movimentadas, sem que o silêncio seja interpretado como admissão de responsabilidade. Art. 5º, LXIII, combinado com os arts. 1º, III; 5º, LIV, LV e LVII. O direito ao silêncio e o direito a ser advertido quanto ao seu exercício são previstos na legislação e aplicáveis à ação penal e ao interrogatório policial, tanto ao indivíduo preso quanto ao solto – art. 6º, V, e art. 186 do CPP. (...) Também é assistido pelo direito a fazer-se aconselhar por seu advogado. Potencial violação à presunção de não culpabilidade. Aspecto relevante ao caso é a vedação de tratar pessoas não condenadas como culpadas – art. 5º, LVII. A restrição temporária da liberdade e a condução sob custódia por forças policiais em vias públicas não são tratamentos que normalmente possam ser aplicados a pessoas inocentes. O investigado é claramente tratado como culpado. A legislação prevê o direito de ausência do investigado ou acusado ao interrogatório. O direito de ausência, por sua vez, afasta a possibilidade de condução coercitiva. Arguição julgada procedente, para declarar a incompatibilidade com a Constituição Federal da condução coercitiva de investigados ou de réus para interrogatório, tendo em vista que o imputado não é legalmente obrigado a participar do ato, e pronunciar a não recepção da expressão 'para o interrogatório', constante do art. 260 do CPP.

[ADPF 395 e ADPF 444, rel. min. Gilmar Mendes, j. 14-6-2018, P, DJE de 22-5-2019.]

### ▸ *PRISÃO CAUTELAR COM DURAÇÃO EXCESSIVA*

"EMENTA: "HABEAS CORPUS". PRISÃO CAUTELAR QUE SE PROLONGA POR MAIS DE 06 (SEIS) ANOS. RÉU PRONUNCIADO, MAS SEQUER SUBMETIDO A JULGAMENTO PERANTE O TRIBUNAL DO JÚRI. EXCESSO DE PRAZO CARACTERIZADO. SITUAÇÃO QUE NÃO PODE SER TOLERADA NEM ADMITIDA. DIREITO PÚBLICO SUBJETIVO DE QUALQUER RÉU, MESMO TRATANDO-SE DE DELITO HEDIONDO, AO JULGAMENTO PENAL SEM DILAÇÕES INDEVIDAS NEM DEMORA EXCESSIVA OU IRRAZOÁVEL. DURAÇÃO ABUSIVA DA PRISÃO CAUTELAR QUE TRADUZ SITUAÇÃO ANÔMALA APTA A COMPROMETER A EFETIVIDADE DO PROCESSO E A FRUSTRAR O DIREITO DO ACUSADO À PROTEÇÃO JUDICIAL DIGNA E CÉLERE. PRECEDENTES (RTJ 187/933-934, Rel. Min. CELSO DE MELLO, v.g.). MAGISTÉRIO DA DOUTRINA. OCORRÊNCIA, NA ESPÉCIE, DE LESÃO EVIDENTE AO "STATUS LIBERTATIS" DO PACIENTE EM RAZÃO DE OFENSA À CONVENÇÃO AMERICANA DE DIREITOS HUMANOS (ARTIGO 7º, n. 5) E À CONSTITUIÇÃO DA REPÚBLICA (ART. 5º, INCISO LXXVIII). "HABEAS CORPUS" DEFERIDO." (HC 126.163/PE, rel. Min. Celso de Mello, julg. 16.12.2016). (Info 852).

### ▸ *USO DE FORÇA POLICIAL PELO ESTADO*

Lei federal que disciplina o uso dos instrumentos de menor potencial ofensivo pelos agentes de segurança pública e que visa proteger o direito à vida não ofende a autonomia estadual. A proporcionalidade no uso da força por parte dos agentes de segurança decorre diretamente do texto constitucional e dos tratados de direitos humanos que a República Federal do Brasil aderiu. Nenhuma pessoa pode ser arbitrariamente privada de sua vida. A arbitrariedade é aferida de forma objetiva, por meio de padrões mínimos de razoabilidade e proporcionalidade, como os estabelecidos pelos Princípios Básicos sobre o Uso da Força e Armas de Fogo pelos Funcionários Responsáveis pela Aplicação da Lei, adotados em 7 de setembro de 1990, por ocasião do Oitavo Congresso das Nações Unidas sobre a Prevenção do Crime e o Tratamento dos Delinquentes. A Lei Federal 13.060/2014 dá respaldo aos Princípios Básicos, adotando critérios mínimos de razoabilidade e objetividade, e, como tal, nada mais faz do que concretizar o direito à vida. [ADI 5.243, rel. p/ o ac. min. Edson Fachin, j. 11-4-2019, P, DJE de 5-8-2019

## 1.3. QUESTÕES DE GÊNERO

O transgênero tem direito fundamental subjetivo à alteração de seu prenome e de sua classificação de gênero no registro civil, não se exigindo, para tanto, nada além da manifestação de vontade do indivíduo, o qual poderá exercer tal faculdade tanto pela via judicial como diretamente pela via administrativa. Essa alteração deve ser averbada à margem do assento de nascimento, vedada a inclusão do termo "transgênero". Nas certidões do registro não constará nenhuma observação sobre a origem do ato, vedada a expedição de certidão de inteiro teor, salvo a requerimento do próprio interessado ou por determinação judicial. (...) Qualquer tratamento jurídico discriminatório sem justificativa constitucional razoável e proporcional importa em limitação à liberdade do indivíduo e ao reconhecimento de seus direitos como ser humano e como cidadão. [RE 670.422, rel. min. Dias Toffoli, j. 15-8-2018, P, Informativo 911, RG, tema 761.]

A Constituição não interdita a formação de família por pessoas do mesmo sexo. Consagração do juízo de que não se proíbe nada a ninguém senão em face de um direito ou de proteção de um legítimo interesse de outrem, ou de toda a sociedade, o que não se dá na hipótese sub judice. Inexistência do direito dos indivíduos heteroafetivos à sua não equiparação jurídica com os indivíduos homoafetivos. Aplicabilidade do § 2º do art. 5º da CF, a evidenciar que outros direitos e garantias, não expressamente listados na Constituição, emergem "do regime e dos princípios por ela adotados" (...). [ADI 4.277 e ADPF 132, rel. min. Ayres Britto, j. 5-5-2011, P, DJE de 14-10-2011.]

(...) Lei Estadual 8.008/2018 do Rio de Janeiro, que impõe a obrigatoriedade de que as crianças e adolescentes do sexo feminino vítimas de estupro sejam examinadas por perito legista mulher (...). Lei impugnada em sintonia com o direito fundamental à igualdade material (art. 5º, I, da CRFB), que impõe especial proteção à mulher e o atendimento empático entre iguais, evitando-se a revitimização da criança ou adolescente, mulher, vítima de violência.

[ADI 6.039 MC, rel. min. Edson Fachin, j. 13-3-2019, P, DJE de 1º-8-2019.]

## 1.4. TRIBUNAL PENAL INTERNACIONAL

Estatuto de Roma. Incorporação dessa convenção multilateral ao ordenamento jurídico interno brasileiro (Decreto 4.388/2002). Instituição do Tribunal Penal Internacional. Caráter supraestatal desse organismo judiciário. Incidência do princípio da complementaridade (ou da subsidiariedade) sobre o exercício, pelo Tribunal Penal Internacional, de sua jurisdição. Cooperação internacional e auxílio judiciário: obrigação geral que se impõe aos Estados-partes do Estatuto de Roma (art. 86). Pedido de detenção de chefe de Estado estrangeiro e de sua ulterior entrega ao Tribunal Penal Internacional, para ser julgado pela suposta prática de crimes contra a humanidade e de guerra. Solicitação formalmente dirigida, pelo Tribunal Penal Internacional, ao governo brasileiro. Distinção entre os institutos da entrega (*surrender*) e da extradição. Questão prejudicial pertinente ao reconhecimento, ou não, da competência originária do STF para examinar este pedido de cooperação internacional. Controvérsias jurídicas em torno da compatibilidade de determinadas cláusulas do Estatuto de Roma em face da Constituição do Brasil. O § 4º do art. 5º da Constituição, introduzido pela EC 45/2004: cláusula constitucional aberta destinada a legitimar, integralmente, o Estatuto de Roma? A experiência do direito comparado na busca da superação dos conflitos entre o Estatuto de Roma e as Constituições nacionais. A questão da imunidade de jurisdição do chefe de Estado em face do Tribunal Penal Internacional: irrelevância da qualidade oficial, segundo o Estatuto de Roma (art. 27). Magistério da doutrina. Alta relevância jurídico-constitucional de diversas questões suscitadas pela aplicação doméstica do Estatuto de Roma. Necessidade de prévia audiência da douta PGR.

[Pet 4.625, ementa do despacho proferido pelo min. Celso de Mello, no exercício da Presidência, em 17-7-2009, DJE de 4-8-2009 e Informativo 554.]

## 1.5. PESSOAS COM DEFICIÊNCIA

A ordem constitucional brasileira, inaugurada em 1988, trouxe desde seus escritos originais a preocupação com a proteção das pessoas portadoras de necessidades especiais, construindo políticas e diretrizes de inserção nas diversas áreas sociais e econômicas da comunidade (trabalho privado, serviço público, previdência e assistência social). Estabeleceu, assim, nos arts. 227, § 2º, e 244, a necessidade de se conferir amplo acesso e plena capacidade de locomoção às pessoas com deficiência, no que concerne tanto aos logradouros públicos quanto aos veículos de transporte coletivo, determinando ao legislador ordinário a edição de diplomas que estabeleçam as formas de construção e modificação desses espaços e desses meios de transporte. Na mesma linha afirmativa, há poucos anos, incorporou-se ao ordenamento constitucional a Convenção Internacional sobre os Direitos das Pessoas com Deficiência, primeiro tratado internacional aprovado pelo rito legislativo previsto no art. 5º, § 3º, da CF, o qual foi internalizado por meio do Decreto presidencial 6.949/2009. O art. 9º da convenção veio justamente reforçar o arcabouço de proteção do direito de acessibilidade das pessoas com deficiência. [ADI 903, rel. min. Dias Toffoli, j. 22-5-2013, P, DJE de 7-2-2014.] RMS 32.732 AgR, rel. min. Celso de Mello, j. 3-6-2014, 2ª T, DJE de 1º-8-2014

## 1.6. *STATUS* JURÍDICO DOS TRATADOS INTERNACIONAIS

(...) desde a adesão do Brasil, sem qualquer reserva, ao Pacto Internacional dos Direitos Civis e Políticos (art. 11) e à Convenção Americana sobre Direitos Humanos – Pacto de São José da Costa Rica (art. 7º, 7), ambos no ano de 1992, não há mais base legal para prisão civil do depositário infiel, pois o caráter especial desses diplomas internacionais sobre direitos humanos lhes reserva lugar específico no ordenamento jurídico, estando abaixo da Constituição, porém acima da legislação interna. O status normativo supralegal dos tratados internacionais de direitos humanos subscritos pelo Brasil, dessa forma, torna inaplicável a legislação infraconstitucional com ele conflitante, seja ela anterior ou posterior ao ato de adesão. Assim ocorreu com o art. 1.287 do Código Civil de 1916 e com o DL 911/1969, assim como em relação ao art. 652 do novo Código Civil (Lei 10.406/2002). [RE 466.343, rel. min. Cezar Peluso, voto do min. Gilmar Mendes, j. 3-12-2008, P, DJE de 5-6-2009, Tema 60.]

A subscrição pelo Brasil do Pacto de São José da Costa Rica, limitando a prisão civil por dívida ao descumprimento inescusável de prestação alimentícia, implicou a derrogação das normas estritamente legais referentes à prisão do depositário infiel. [HC 87.585, rel. min. Marco Aurélio, j. 3-12-2008, P, DJE de 26-6-2009.]

Supremacia da Constituição da República sobre todos os tratados internacionais. O exercício do treaty-making power, pelo Estado brasileiro, está sujeito à observância das limitações jurídicas emergentes do texto constitucional. Os tratados celebrados pelo Brasil estão subordinados à autoridade normativa da Constituição da República. Nenhum valor jurídico terá o tratado internacional, que, incorporado ao sistema de direito positivo interno, transgredir, formal ou materialmente, o texto da Carta Política.

[MI 772 AgR, rel. min. Celso de Mello, j. 24-10-2007, P, DJE de 20-3-2009.]

## 1.7. LIBERDADE DE IMPRENSA

O art. 220 da Constituição radicaliza e alarga o regime de plena liberdade de atuação da imprensa, porquanto fala: a) que os mencionados direitos de personalidade (liberdade de pensamento, criação, expressão e informação) estão a salvo de qualquer restrição em seu exercício, seja qual for o suporte físico ou tecnológico de sua veiculação; b) que tal exercício não se sujeita a outras disposições que não sejam as figurantes dela própria, Constituição. (...) O art. 220 é de instantânea observância quanto ao desfrute das liberdades de pensamento, criação, expressão e informação que, de alguma forma, se veiculem pelos órgãos de comunicação social. Isto sem prejuízo da aplicabilidade dos seguintes incisos do art. 5º da mesma CF: vedação do anonimato (parte final do inciso IV); do direito de resposta (inciso V); direito a indenização por dano material ou moral à intimidade, à vida privada, à honra e à imagem das pessoas (inciso X); livre exercício de qualquer trabalho, ofício ou profissão, atendidas as qualificações profissionais que a lei estabelecer (inciso XIII); direito ao resguardo do sigilo da fonte de informação, quando necessário ao exercício profissional (inciso XIV). Lógica diretamente constitucional de calibração temporal ou cronológica na empírica incidência desses dois blocos de dispositivos constitucionais (o art. 220 e os mencionados incisos do art. 5º). Noutros termos, primeiramente, assegura-se o gozo dos "sobredireitos" de personalidade em que se traduz a "livre" e "plena" manifestação do pensamento, da criação e da informação. Somente depois é que se passa a cobrar do titular de tais situações jurídicas ativas um eventual desrespeito a direitos constitucionais alheios, ainda que também densificadores da personalidade humana. Determinação constitucional de momentânea paralisia à inviolabilidade de certas categorias de direitos subjetivos fundamentais, porquanto a cabeça do art. 220 da Constituição veda qualquer cerceio ou restrição à concreta manifestação do pensamento (vedado o anonimato), bem assim todo cerceio ou restrição que tenha por objeto a criação, a expressão e a informação, seja qual for a forma, o processo, ou o veículo de comunicação social. Com o que a Lei Fundamental do Brasil veicula o mais democrático e civilizado regime da livre e plena circulação das ideias e opiniões, assim como das notícias e informações, mas sem deixar de prescrever o direito de resposta e todo um regime de responsabilidades civis, penais e administrativas. Direito de resposta e responsabilidades que, mesmo atuando a posteriori, infletem sobre as causas para inibir abusos no desfrute da plenitude de liberdade de imprensa. (...) Incompatibilidade material insuperável entre a Lei 5.250/1967 e a Constituição de 1988. Impossibilidade de conciliação que, sobre ser do tipo material ou de substância (vertical), contamina toda a Lei de Imprensa: a) quanto ao seu entrelace de comandos, a serviço da prestidigitadora lógica de que para cada regra geral afirmativa da liberdade é aberto um leque de exceções que praticamente tudo desfaz; b) quanto ao seu inescondível efeito prático de ir além de um simples projeto de governo para alcançar a realização de um projeto de poder, este a se eternizar no tempo e a sufocar todo pensamento crítico no País.

[ADPF 130, rel. min. Ayres Britto, j. 30-4-2009, P, DJE de 6-11-2009.] Vide ADI 4.451, rel. min. Alexandre de Moraes, j. 21-6-2018, P, DJE de 6-3-2019 Vide Rcl 22.238, rel. min. Roberto Barroso, j. 6-3-2018, 1ª T, DJE de 10-5-2018

É incompatível com a Constituição a ideia de um direito ao esquecimento, assim entendido como o poder de obstar, em razão da passagem do tempo, a divulgação de fatos ou dados verídicos e licitamente obtidos e publicados em meios de comunicação social analógicos ou digitais. Eventuais excessos ou abusos no exercício da liberdade de expressão e de informação devem ser analisados caso a caso, a partir dos parâmetros constitucionais - especialmente os relativos à proteção da honra, da imagem, da privacidade e da personalidade em geral - e das expressas e específicas previsões legais nos âmbitos penal e cível.

[RE 1.010.606, rel. min. Dias Toffoli, j. 11-2-2021, P, DJE de 20-5-2021, Tema 786.]

## 1.8. LIBERDADE DE EXPRESSÃO

O direito de resposta possibilita que a liberdade de expressão seja exercida em sua plenitude, pois é acionado apenas após a livre e irrestrita manifestação do pensamento. Além disso, o direito de resposta concede ao ofendido espaço adequado para que exerça, com o necessário alcance, seu direito de voz no espaço público. O direito em tela é, ainda, complementar à liberdade de informar e de manter-se informado, já que possibilita a inserção no debate público de mais de uma perspectiva de uma controvérsia. No julgamento da ADPF 130, o Supremo Tribunal Federal considerou a Lei de Imprensa, em bloco, incompatível com a Constituição de 1988. Naquela assentada, não houve o cotejo entre os dispositivos relativos ao rito do direito de resposta – o qual, em certa medida, se assemelhava ao que está hoje previsto na Lei Federal 13.188/15 – e a Constituição de 1988. Prevaleceu que o direito de resposta previsto na Constituição tem aplicabilidade imediata e eficácia plena. Ademais, reconheceu-se a possibilidade de o Congresso Nacional elaborar lei específica sobre o tema. O direito de resposta não se confunde com direito de retificação ou retratação. Seu exercício está inserido em um contexto de diálogo e não se satisfaz mediante ação unilateral por parte do ofensor. Mesmo após a retratação ou a retificação espontânea pelo veículo de comunicação social, remanesce o direito do suposto ofendido de acionar o rito especial da Lei 13.188/15 para que exerça, em nome próprio, seu alegado direito de resposta, nos termos do art. 2º, § 3º, da Lei 13.188/15, declarado constitucional. Entendeu o legislador ordinário que, para o atendimento do critério da proporcionalidade, a resposta ou retificação deveria ter o mesmo destaque, publicidade, periodicidade e dimensão/duração da matéria que a ensejou. Ao assim dispor, a lei observa e detalha a orientação constitucional de proporcionalidade, pois delimita a medida paritária mediante a qual se considerará retorquido adequadamente o agravo, razão pela qual é constitucional o art. 4º da Lei 13.188/15. O exercício do direito de resposta é regido pelo princípio da imediatidade (ou da atualidade da resposta). Portanto, a ação que reconhece esse direito encerra procedimento cuja efetividade depende diretamente da celeridade da prestação jurisdicional, o que justifica os prazos estipulados pelos arts. 5º, § 2º; 6º e 7º da Lei 13.188/15, os quais não importam em violação do devido processo legal. A previsão do art. 5º, § 1º, da Lei 13.188/15 vai ao encontro da concretização do direito fundamental de resposta, pois, ao permitir que uma pessoa que se considera ofendida por uma matéria jornalística acione um veículo de comunicação social no foro de seu domicílio ou naquele em que o agravo tenha apresentado maior repercussão, viabiliza que o processo tramite justamente nos limites territoriais em que a alegada ofensa a direitos da personalidade se faz sentir com maior intensidade.

[ADI 5.418, rel. min. Dias Toffoli, j. 11-3-2021, P, DJE de 25-5-2021.]

## 1.9. CONVENÇÃO DAS NAÇÕES UNIDAS CONTRA A TORTURA

A chamada Lei da Anistia veicula uma decisão política assumida naquele momento – o momento da transição conciliada de 1979. A Lei 6.683 é uma lei-medida, não uma regra para o futuro, dotada de abstração e generalidade. Há de ser interpretada a partir da realidade no momento em que foi conquistada. A Lei 6.683/1979 precede a Convenção das Nações Unidas contra a tortura e outros tratamentos ou penas cruéis, desumanos ou degradantes – adotada pela Assembleia Geral em 10-12-1984, vigorando desde 26-6-1987 – e a Lei 9.455, de 7-4-1997, que define o crime de tortura; e o preceito veiculado pelo art. 5º, XLIII, da Constituição – que declara insuscetíveis de graça e anistia a prática da tortura, entre outros crimes – não alcança, por impossibilidade lógica, anistias anteriormente a sua vigência consumadas. A Constituição não afeta leis-medida que a tenham precedido. [ADPF 153, rel. min. Eros Grau, j. 29-4-2010, P, DJE de 6-8-2010.]

## 1.10 DESIGUALDADE ÉTNICO-RACIAL

Atos que instituíram sistema de reserva de vagas com base em critério étnico-racial (cotas) no processo de seleção para ingresso em instituição pública de ensino superior. (...) Não contraria – ao contrário, prestigia – o princípio da igualdade material, previsto no caput do art. 5º da Carta da República, a possibilidade de o Estado lançar mão seja de políticas de cunho universalista, que abrangem um número indeterminado de indivíduos, mediante ações de natureza estrutural, seja de ações afirmativas, que atingem grupos sociais determinados, de maneira pontual, atribuindo a estes certas vantagens, por um tempo limitado, de modo a permitir-lhes a superação de desigualdades decorrentes de situações históricas particulares. (...) Justiça social hoje, mais do que simplesmente retribuir riquezas criadas pelo esforço coletivo, significa distinguir, reconhecer e incorporar à sociedade mais ampla valores culturais diversificados, muitas vezes considerados inferiores àqueles reputados dominantes. No entanto, as políticas de ação afirmativa fundadas na discriminação reversa apenas são legítimas se a sua manutenção estiver condicionada à persistência, no tempo, do quadro de exclusão social que lhes deu origem. Caso contrário, tais políticas poderiam converter-se em benesses permanentes, instituídas em prol de determinado grupo social, mas em detrimento da coletividade como um todo, situação – é escusado dizer – incompatível com o espírito de qualquer Constituição que se pretenda democrática, devendo, outrossim, respeitar a proporcionalidade entre os meios empregados e os fins perseguidos. [ADPF 186, rel. min. Ricardo Lewandowski, j. 26-4-2012, P, DJE de 20-10-2014.] = RE 597.285, rel. min. Ricardo Lewandowski, j. 9-5-2012, P, DJE de 18-3-2014, Tema 203 Vide ADC 41, rel. min. Roberto Barroso, j. 8-6-2017, P, DJE de 17-8-2017

## 2. STJ

Ação civil pública que visa obrigar Estado a disponibilizar, em suas unidades prisionais, equipamentos para banho dos presos em temperatura adequada ("chuveiro quente").

Trata-se de caso peculiar, por sua negativa ferir aspectos existenciais da textura íntima de direitos humanos substantivos. Primeiro, porque se refere à dignidade da pessoa humana, naquilo que concerne à integridade física e mental a todos garantida. Segundo, porque versa sobre obrigação inafastável e imprescritível do Estado de tratar prisioneiros como pessoas, e não como animais. Terceiro, porque o encarceramento configura pena de restrição do direito de liberdade, e não salvo-conduto para a aplicação de sanções extralegais e extrajudiciais, diretas ou indiretas. Quarto, porque, em presídios e lugares similares de confinamento, ampliam-se os deveres estatais de proteção da saúde pública e de exercício de medidas de assepsia pessoal e do ambiente, em razão do risco agravado de enfermidades, consequência da natureza fechada dos estabelecimentos, propícia à disseminação de patologias.

Ofende os alicerces do sistema democrático de prestação jurisdicional admitir que decisão judicial, relacionada à essência dos direitos humanos fundamentais, não possa ser examinada pelo STJ sob o argumento de se tratar de juízo político. Quando estão em jogo aspectos mais elementares da dignidade da pessoa humana (um dos fundamentos do Estado Democrático de Direito em que se constitui a República Federativa do Brasil, expressamente enunciado na Constituição, logo em seu art. 1º) impossível subjugar direitos indisponíveis a critérios outros que não sejam os constitucionais e legais.

Ademais, as Regras Mínimas para o Tratamento dos Reclusos, promulgadas pelas Nações Unidas (Regras de Mandela), dispõem que "Devem ser fornecidas instalações adequadas para banho", exigindo-se que seja "na temperatura apropriada ao clima" (Regra 16). Irrelevante, por óbvio, que o texto não faça referência expressa a "banho quente".

Assim, assegurar a dignidade de presos sob custódia do Estado dispara a aplicação não do princípio da reserva do possível, mas do aforismo da reserva do impossível (= reserva de intocabilidade da essência), ou seja, manifesto interesse público reverso, considerando-se que a matéria se inclui no núcleo duro dos direitos humanos fundamentais, expressados em deveres constitucionais e legais indisponíveis, daí marcados pela vedação de descumprimento estatal, seja por ação, seja por omissão. Consequentemente, impróprio retirar do controle do Judiciário tais violações gravíssimas, pois equivaleria a afastar o juiz de julgar ataques diretos ou indiretos aos pilares centrais do ordenamento jurídico.

STJ. REsp 1.537.530-SP, Rel. Min. Herman Benjamin, Segunda Turma, por unanimidade, julgado em 27/04/2017, DJe 27/02/2020 (Info 666)

# Direito Internacional

***Paulo Henrique Gonçalves Portela,***
***Paulo Lépore e Bruno Del Preti***

## TABELA DE INCIDÊNCIA DE QUESTÕES

| Distribuição das questões organizada por ordem didática de assuntos | | |
|---|---|---|
| **Assunto** | **Número de Questões** | **Peso** |
| 1. ARBITRAGEM | 2 | 4,88% |
| 2. CONDIÇÃO JURÍDICA DO ESTRANGEIRO/DIREITO MIGRATÓRIO | 9 | 21,95% |
| 3. COOPERAÇÃO JURÍDICA INTERNACIONAL | 4 | 9,76% |
| 4. DIREITO ECONÔMICO INTERNACIONAL | 1 | 2,44% |
| 5. DIREITO INTERNACIONAL PRIVADO – COMPETÊNCIA INTERNACIONAL | 6 | 14,63% |
| 6. DIREITO INTERNACIONAL PRIVADO: CONFLITO DE LEIS NO ESPAÇO | 7 | 17,07% |
| 7. DIREITO DO MAR | 1 | 2,44% |
| 8. IMUNIDADE DE JURISDIÇÃO | 3 | 7,32% |
| 9. INTEGRAÇÃO REGIONAL. MERCOSUL | 1 | 2,44% |
| 10. INVESTIMENTO ESTRANGEIRO | 1 | 2,44% |
| 11. NACIONALIDADE | 1 | 2,44% |
| 12. ORGANIZAÇÕES INTERNACIONAIS | 1 | 2,44% |
| 13. SEQUESTRO INTERNACIONAL DE CRIANÇAS | 1 | 2,44% |
| 14. SOLUÇÃO PACÍFICA DE CONTROVÉRSIAS | 2 | 4,88% |
| 15. TRATADOS | 1 | 2,44% |
| **Total** | **41** | **100%** |

# Direito Internacional

***Paulo Henrique Gonçalves Portela,***
***Paulo Lépore e Bruno Del Preti***

## ✦ QUESTÕES

### 1. ARBITRAGEM

**01. (FGV - OAB - 2019.3)** Uma arbitragem, conduzida na Argentina segundo as regras da Câmara de Comércio Internacional - CCI, condenou uma empresa com sede no Brasil ao pagamento de uma indenização à sua ex-sócia argentina.

Para ser executável no Brasil, esse laudo arbitral.

a) dispensa homologação pelo STJ, nos termos da Convenção de Nova York.

b) precisa ser homologado pelo Judiciário argentino e depois, pelo STJ.

c) precisa ser homologado pelo STJ, por ser laudo arbitral estrangeiro.

d) dispensa homologação, por ser laudo arbitral proveniente de país do Mercosul.

**COMENTÁRIOS**

✪ **Nota do autor:** a questão refere-se ao tema da homologação de laudos arbitrais proferidos no exterior. A respeito, de acordo com o artigo 35 da Lei 9.307/96, "Para ser reconhecida ou executada no Brasil, a sentença arbitral estrangeira está sujeita, unicamente, à homologação do Superior Tribunal de Justiça".

**Alternativa "a":** o artigo 35 da Lei 9.307/96 estabelece que "**Para ser reconhecida ou executada no Brasil, a sentença arbitral estrangeira está sujeita, unicamente, à homologação do Superior Tribunal de Justiça**". Logo, a decisão não dispensa homologação no Brasil. De resto, a Convenção sobre o Reconhecimento e a Execução de Sentenças Arbitrais Estrangeiras (Convenção de Nova York - Decreto 4.311/2002) não apenas não dispensa a homologação de referidos laudos como também regula esse procedimento.

**Alternativa "b":** o CPC e a LINDB **não incluem como requisito para a homologação de sentenças arbitrais no Brasil a homologação de referidas decisões no Judiciário do Estado onde foram proferidas**.

**Alternativa "c":** o artigo 35 da Lei 9.307/96 estabelece que "**Para ser reconhecida ou executada no Brasil, a sentença arbitral estrangeira está sujeita, unicamente, à homologação do Superior Tribunal de Justiça**".

**Alternativa "d"**: por ora, **nenhum laudo arbitral estrangeiro é excepcionado da regra que impõe a homologação** no Brasil para que a decisão gere efeitos em território nacional.

**Alternativa correta: letra "c".**

**02. (FGV - OAB - 2019.2)** A cláusula arbitral de um contrato de fornecimento de óleo cru, entre uma empresa brasileira e uma empresa norueguesa, estabelece que todas as controvérsias entre as partes serão resolvidas por arbitragem, segundo as regras da Câmara de Comércio Internacional - CCI.

Na negociação, a empresa norueguesa concordou que a sede da arbitragem fosse o Brasil, muito embora o idioma escolhido fosse o inglês. Como contrapartida, incluiu, entre as controvérsias a serem decididas por arbitragem, a determinação da responsabilidade por danos ambientais resultantes do manuseio e descarga no terminal.

Na eventualidade de ser instaurada uma arbitragem solicitando indenização por danos de um acidente ambiental, o Tribunal Arbitral a ser constituído no Brasil.

a) tem competência para determinar a responsabilidade pelo dano, em respeito à autonomia da vontade consagrada na Lei Brasileira de Arbitragem.

b) deverá declinar de sua competência, por não ser matéria arbitrável.

c) deverá proferir o laudo em português, para que seja passível de execução no Brasil.

d) não poderá decidir a questão, porque a cláusula arbitral é nula.

**COMENTÁRIOS**

✪ **Nota do autor:** de acordo com o artigo 1º, *caput*, da Lei 9.307/96, a arbitragem presta-se a "dirimir litígios relativos a direitos patrimoniais disponíveis".

**Alternativa "a":** a teor do artigo 1º, *caput*, da Lei 9.307/96, a arbitragem é mecanismo voltado a "**dirimir litígios relativos a direitos patrimoniais disponíveis**". **O direito humano e fundamental a um meio ambiente sadio é indisponível**, limitando, portanto, a autonomia da vontade consagrada na Lei 9.307/96, razão pela qual o foro arbitral não poderá se manifestar a respeito da responsabilidade pelo dano.

**Alternativa "b": o direito à proteção ambiental é indisponível**. Logo, como a arbitragem é meio de solução de controvérsias que visa a compor lides envolvendo direitos patrimoniais disponíveis, o mecanismo arbitral deverá declinar de sua competência para examinar os danos ambientais causados por eventual acidente ambiental.

**Alternativa "c":** os requisitos de homologação de laudos arbitrais estrangeiros **não incluem a obrigatoriedade de que o laudo seja redigido em vernáculo**. No caso, é necessária apenas a tradução oficial, salvo exceção estatuída em tratado. Essa é a regra do artigo 963, V, do CPC, o qual estabelece que um dos requisitos indispensáveis à homologação da decisão estrangeira é "**estar acompanhada de tradução oficial, salvo disposição que a dispense prevista em tratado**".

**Alternativa "d":** a cláusula arbitral não é nula. No entanto, a existência dessa cláusula abre a possibilidade de que o foro arbitral delibere apenas acerca de direitos patrimoniais disponíveis, o que não é o caso dos direitos vinculados à responsabilidade por dano ambiental.

**Alternativa correta: letra "b".**

## 2. CONDIÇÃO JURÍDICA DO ESTRANGEIRO/DIREITO MIGRATÓRIO

✪ **Nota do autor:** em virtude da entrada em vigor da Lei de Migração (Lei 13.445/17) em 21/11/2017, e da revogação do Estatuto do Estrangeiro (Lei 6.815/80) e da Lei 818/49, foram mantidas apenas as questões cujas respostas podem ser fundamentadas na Constituição Federal e na Lei de Migração.

---

**03. (FGV – Exame de Ordem XXXVI – 2022.3)** A medida de retirada compulsória de pessoa nacional de outro país, que ingressou em território nacional com visto de visita e está exercendo atividade remunerada, será

a) a repatriação, que é a medida administrativa de devolução de pessoa em situação de impedimento ao país de procedência ou de nacionalidade.

b) a deportação, que é a medida decorrente de procedimento administrativo que consiste na retirada compulsória de pessoa que se encontra em situação migratória irregular em território nacional.

c) a expulsão, que é medida administrativa de retirada compulsória de migrante ou visitante do território nacional, conjugada com o impedimento de reingresso por prazo determinado.

d) a extradição, que é a medida de cooperação internacional entre o Estado brasileiro e outro Estado pela qual se concede ou solicita a entrega de pessoa sobre quem recaia condenação criminal definitiva ou para fins de instrução de processo penal em curso.

**COMENTÁRIOS**

**Alternativa "b" (responde todas as alternativas):** É o que se extrai do art. 50 da Lei 13.445/2017: "Art. 50. A deportação é medida decorrente de procedimento administrativo que consiste na retirada compulsória de pessoa que se encontre em situação migratória irregular em território nacional.".

**Alternativa correta: "b".**

---

**04. (FGV- XXXV Exame de Ordem-2022.2)** Pablo acaba de chegar do Uruguai e pretende se fixar em Uruguaiana (RS) como residente fronteiriço. Desconhecendo seus direitos como residente fronteiriço, ele procura você, como advogado(a), para receber a orientação jurídica adequada.

Em relação aos direitos de Pablo, como residente fronteiriço, assinale a opção que apresenta, corretamente, a orientação recebida.

a) A abrangência do espaço geográfico, autorizada pelo documento de residente fronteiriço de Pablo, será o território nacional.

b) A obtenção de outra condição migratória implica a renovação automática, por prazo indeterminado, do documento de Pablo, como residente fronteiriço.

c) A autorização para a realização de atos da vida civil poderá ser concedida a Pablo, mediante requerimento, a fim de facilitar sua livre circulação.

d) A fim de facilitar a sua livre circulação, poderá ser concedido a Pablo, mediante requerimento, visto temporário em seu passaporte para a realização de atos da vida civil.

**COMENTÁRIOS**

**Alternativa "a":** Nos termos do art. 24, §2º da Lei 13.445/2017 (Lei de Migração), o espaço geográfico de abrangência e de validade da autorização **será especificado no documento de residente fronteiriço**, ou seja, não necessariamente será o território nacional.

**Alternativa "b":** Na verdade, a obtenção de outra condição migratória implica no **cancelamento** do documento de residente fronteiriço, nos termos do art. 25, *caput* e inciso II da Lei 13.445/2017.

**Alternativa "c":** É o que se extrai do *caput* do art. 23 da Lei 13.445/2017: "A fim de facilitar a sua livre circulação, poderá ser concedida ao residente fronteiriço, mediante requerimento, autorização para a realização de atos da vida civil.".

**Alternativa "d":** Não se trata de visto temporário, mas sim **autorização**, conforme art. 23, citado no comentário da alternativa "c".

**Alternativa correta: "c".**

---

**05. (FGV- XXXIV Exame de Ordem-2022.1)** Ao imigrar para o Brasil, uma família de venezuelanos procura um advogado a fim de obter orientação jurídica acerca dos direitos relativos à moradia, educação para os filhos e abertura de conta corrente perante instituição financeira brasileira, tendo em vista ser assegurado aos imigrantes determinados direitos, em condições de igualdade com os nacionais, em todo o território nacional.

Em relação a esses direitos, assinale a afirmativa correta.

a) É assegurado o direito à liberdade de circulação em território nacional, restrita à área fronteiriça por onde ingressou.

b) É assegurado o direito à educação pública, vedada a discriminação em razão da nacionalidade e da condição migratória.

c) É vedado o direito de transferir recursos decorrentes de sua renda e economias pessoais para outro país.

d) É vedada a abertura de conta corrente em instituições financeiras nacionais.

**COMENTÁRIOS**

**Alternativa "a":** Não existe tal restrição na previsão do art. 4º, II da Lei de Migração.

**Alternativa "b":** O art. 4º, X da Lei 13.445/2017 (Lei de Migração) prevê que: "Ao migrante é garantida no território nacional, em condição de igualdade com os nacionais, a inviolabilidade do direito à vida, à liberdade, à igualdade, à segurança e à propriedade, bem como são assegurados: [...]X - direito à educação pública, vedada a discriminação em razão da nacionalidade e da condição migratória;".

**Alternativa "c":** Não se trata de vedação, mas sim direito assegurado no art. 4º, V da Lei de Migração.

**Alternativa "d":** O art. 4º, XIV da Lei de Migração assegura o direito à abertura de conta bancária.

**Alternativa correta: "b".**

---

**06. (FGV – Exame de Ordem – 2021.2)** John, de nacionalidade americana, possui interesse em visitar seu filho Mário, brasileiro nato, de 18 anos, que reside no Brasil com sua mãe. Em sua visita, John pretende permanecer no país por apenas 10 (dez) dias.

Diante do interesse manifestado por John em visitar o filho no Brasil, à luz da atual Lei de Migração (Lei nº 13.445/17), assinale a afirmativa correta.

a) Uma vez obtido o visto de visita, é direito subjetivo de John ingressar no Brasil.

b) John tem direito subjetivo ao visto de visita, em razão de a política migratória brasileira estabelecer a garantia do direito à reunião familiar, independentemente de outros requisitos previstos na atual Lei de Migração.

c) John, mesmo após obter o visto de visita, poderá ser impedido de ingressar no Brasil, caso tenha sido condenado ou esteja respondendo a processo em outro país por crime doloso passível de extradição segundo a lei brasileira.

d) Se John tiver o intuito de estabelecer residência por tempo determinado no Brasil, deverá obrigatoriamente solicitar visto para trabalho, uma vez que a Lei de Migração não possui a previsão de concessão de visto temporário para reunião familiar.

**COMENTÁRIOS**

**Nota do autor:** Trata-se de matéria disciplinada pelo Estatuto do Estrangeiro (Lei 13.445/2017).

**Alternativa "a":** Não há direito subjetivo, podendo ser impedido de entrar no país, mesmo com o visto, se incorrer em uma das hipóteses do art. 45 da lei 13.445/2017.

**Alternativa "b":** Na verdade, há outros requisitos a serem preenchidos, como se extrai do art. 45 da lei 13.445/2017.

**Alternativa "c":** Correto, pois o art. 45, III da lei 13445/2017 assim dispõe: "Poderá ser impedida de ingressar no País, após entrevista individual e mediante ato fundamentado, a pessoa:[...] III - condenada ou respondendo a processo em outro país por crime doloso passível de extradição segundo a lei brasileira;"

**Alternativa "d":** Na verdade, tal hipótese encontra respaldo no art. 14, I, "i" da lei 13.445/2017, que dispõe que o visto temporário poderá ser concedido ao imigrante que venha ao Brasil com o intuito de estabelecer residência por tempo determinado e que se enquadre em pelo menos uma das hipóteses previstas, dentre as quais está a reunião familiar.

**Alternativa correta: "c".**

---

**07. (FGV – Exame de Ordem 2021.1)** Michel, francês residente em Salvador há 12 anos, possui um filho brasileiro de 11 anos que vive às suas expensas, chamado Fernando, embora o menor resida exclusivamente com sua genitora, Sofia, brasileira, na cidade de São Paulo.

Sofia, ex-companheira de Michel, possui a guarda unilateral de Fernando. Por sentença transitada em julgado, Michel, que possui 47 anos, foi condenado por homicídio culposo a três anos de detenção.

Com relação ao caso narrado, segundo o que dispõe a Lei de Migração (Lei nº 13.445/17), assinale a afirmativa correta.

a) Michel não poderá ser expulso do Brasil pelo fato de que sua condenação, ainda que transitada em julgado, decorre do cometimento de crime culposo.

b) A dependência econômica de Fernando em relação a Michel não é suficiente para garantir a permanência do último no país, sendo necessário, ainda, que o filho esteja sob a guarda de Michel.

c) O tempo de residência de Michel no Brasil, por ser superior há 10 anos, impossibilita que se proceda à sua expulsão.

d) É desnecessário garantir o contraditório no processo de expulsão de Michel, porquanto se presume que a referida garantia constitucional já fora observada durante o processo penal.

**COMENTÁRIOS**

**Nota do autor:** A expulsão é disciplinada pelo Estatuto do Estrangeiro (Lei 13.445/2017), a partir do art. 54.

**Alternativa "a":** Nos termos do art. 55, II, a, da Lei 13.445/2017, não se procederá à expulsão quando o expulsando tiver filho que esteja sob sua guarda **ou dependência econômica ou socioafetiva** ou tiver pessoa brasileira sob sua tutela. Logo, Michel não poderá ser expulso.

**Alternativa "b":** É suficiente, vide comentário da alternativa "a".

**Alternativa "c":** Isso só seria aplicável caso Michel tivesse mais de 70 anos de idade, devendo ainda serem considerados a gravidade e o fundamento da expulsão, conforme art. 55, II, d.

**Alternativa "d":** Nos termos do art. 58 da lei 13.445/2017, "no processo de expulsão serão garantidos o contraditório e a ampla defesa".

**Alternativa correta: "a".**

---

**08. (FGV – OAB 2020.1)** Em razão da profunda crise econômica e da grave instabilidade institucional que assola seu país, Pablo resolve migrar para o Brasil, uma vez que, neste último, há melhores oportunidades para exercer seu trabalho e sustentar sua família. Em que pese Pablo possuir a finalidade de trabalhar, acabou por omitir tal informação, obtendo visto de visita, na modalidade turismo, para o Brasil.

Considerando-se o enunciado acima, à luz da Lei de Migração em vigor (Lei no 13.445/17), assinale a afirmativa correta.

a) Se Pablo, com o visto de visita, vier a exercer atividade remunerada no Brasil, poderá ser expulso do país.

b) Se Pablo, com o visto de visita, vier a exercer atividade remunerada no Brasil, poderá ser extraditado do país.

c) Pablo poderia solicitar, bem como obter, visto temporário para acolhida humanitária, diante da grave instabilidade institucional que assola seu país.

d) Pablo poderá obter asilo, em razão da profunda crise econômica que assola seu país.

**COMENTÁRIOS**

**Nota do autor:** é importante que a leitora/o leitor diferencie os principais institutos vinculados ao controle da entrada e da permanência de migrantes, visitantes e outros não nacionais no Brasil, nomeadamente o impedimento, a repatriação, a deportação e a expulsão. É mister também destacar que a extradição é instituto de cooperação jurídica internacional no campo penal, não de controle da permanência de nacionais de outros Estados. Por fim, é relevante apontar que há diferenças entre os institutos do asilo e do refúgio.

**Alternativa "a":** o exercício de atividade remunerada por parte do detentor de visto de visita, que é vedado, configura ato punível com a deportação, que é "medida decorrente de procedimento administrativo que consiste na retirada compulsória de pessoa que se encontre em **situação migratória irregular** em território nacional" (Lei de Migração, artigo 50). A expulsão, por seu turno, é providência aplicável a migrante ou visitante que tenha sido condenado por sentença transitada em julgado relativa à prática de: I – **crime de genocídio, crime contra a humanidade, crime de guerra ou crime de agressão**, nos termos definidos pelo Estatuto de Roma do Tribunal Penal Internacional, de 1998, promulgado pelo Decreto nº 4.388, de 25 de setembro de 2002 ; ou II – **crime comum doloso passível de pena privativa de liberdade**, consideradas a gravidade e as possibilidades de ressocialização em território nacional" (Lei de Migração, artigo 54, incisos I e II). Por oportuno, cabe destacar que, no marco da Lei de Migração, a expulsão não mais implica a vedação de retorno ao Brasil em caráter permanente, como na época do Estatuto do Estrangeiro (Lei 6.815/80), mas apenas por prazo determinado, que "será proporcional ao prazo total da pena aplicada e nunca será superior ao dobro de seu tempo". (Lei de Migração, artigo 54, § 4º).

**Alternativa "b"**: a extradição configura "medida de cooperação internacional entre o Estado brasileiro e outro Estado **pela qual se concede ou solicita a entrega de pessoa sobre quem recaia condenação criminal definitiva ou para fins de instrução de processo penal em curso**" (Lei de Migração, artigo 81, *caput*). Logo é providência aplicável a pessoas que violaram a lei penal de um Estado e que se encontram no Brasil. O instituto cabível para a retirada de não nacionais **que estejam em situação irregular no território brasileiro é a deportação.**

**Alternativa "c"**: de acordo com o artigo 14, § 3º, da Lei de Migração, "O visto temporário para acolhida humanitária poderá ser concedido ao apátrida ou ao nacional de qualquer país **em situação de grave ou iminente instabilidade institucional**, de conflito armado, de calamidade de grande proporção, de desastre ambiental ou de grave violação de direitos humanos ou de direito internacional humanitário, ou em outras hipóteses, na forma de regulamento".

**Alternativa "d"**: o asilo político é medida voltada a acolher e a proteger indivíduos que **sofram perseguições políticas** em Estados estrangeiros.

**Alternativa correta: letra "c".**

---

**09. (FGV – OAB 2018.3)** A Lei de Migração, Lei nº 13.445/17, dispõe sobre os direitos do estrangeiro em território nacional de uma forma mais ampla e abrangente do que a legislação anterior, revogada. A normativa em vigor dispõe que o estrangeiro no Brasil terá acesso ao sistema público de saúde e direito à educação pública, vedada a discriminação em razão da nacionalidade e da sua condição migratória.

Isso significa que o acesso à educação pública no Brasil é assegurado

a) somente aos estrangeiros portadores de visto de estudante ou permanente.

b) a todos os migrantes, exceto os refugiados, que são regidos por legislação especial.

c) apenas aos estrangeiros cujos países assegurem reciprocidade aos brasileiros.

d) a todos os migrantes, inclusive os apátridas e os refugiados.

**COMENTÁRIOS**

✪ **Nota do autor:** é garantida ao migrante no território nacional, em condição de igualdade com os nacionais, a inviolabilidade do direito à vida, à liberdade, à igualdade, à segurança e à propriedade, bem como o rol de direitos consagrados no artigo 4º da Lei de Migração (Lei 13.445/2017) e em outros dispositivos desse mesmo diploma legal. Dentre esses direitos incluem-se o "direito à educação pública" e o "acesso a serviços públicos de saúde e de assistência social e à previdência social", sem discriminação em razão da nacionalidade e da condição migratória (incisos VIII e X).

**Alternativa "a"**: o direito à educação pública e o direito ao acesso a serviços públicos de saúde pertencem a todos os estrangeiros "**sem discriminação em razão da nacionalidade e da condição migratória**". Logo, não apenas estudantes e residentes permanentes no Brasil contam com referidos direitos. Cabe destacar que a Lei de Migração extinguiu o visto permanente, colocando em seu lugar a autorização de residência, que pode ser concedida em caráter temporário ou permanente.

**Alternativa "b": o direito à educação pública e o direito ao acesso a serviços públicos de saúde devem beneficiar a todos os estrangeiros "sem discriminação em razão da nacionalidade e da condição migratória". É certo que o estatuto jurídico do refugiado é regido por uma legislação especial, no caso a Lei 9.474/1997.** Entretanto, o artigo 3 da própria Lei de Migração dispõe: "Esta Lei não prejudica a aplicação de normas internas e internacionais específicas sobre refugiados, asilados, agentes e pessoal diplomático ou consular, funcionários de organização internacional e seus familiares". Logo, a Lei de Migração beneficiará o refugiado naquilo que não entrar em contradição com a Lei 9.474/1997. Como a Lei 9.494/1997 não consagra expressamente o direito do refugiado ao acesso à saúde pública, cumpre a Lei de Migração o papel de assegurar esse direito.

**Alternativa "c"**: o direito à educação pública e o direito ao acesso a serviços públicos de saúde dirigem-se a todos os estrangeiros "sem discriminação em razão da nacionalidade e da condição migratória". Cabe destacar que a Lei de Migração não condiciona o reconhecimento de tais direitos à reciprocidade do Estado de origem ou de nacionalidade do beneficiário.

**Alternativa "d"**: o direito à educação pública e o direito ao acesso a serviços públicos de saúde pertencem a todos os estrangeiros "**sem discriminação em razão da nacionalidade e da condição migratória**".

**Alternativa correta: letra "d".**

---

**10. (FGV – OAB 2018.2)** Um ex-funcionário de uma agência de inteligência israelense está de passagem pelo Brasil e toma conhecimento de que chegou ao Supremo Tribunal Federal um pedido de extradição solicitado pelo governo de Israel, país com o qual o Brasil não possui tratado de extradição. Receoso de ser preso, por estar respondendo em Israel por crime de extorsão, ele pula o muro do consulado da Venezuela no Rio de Janeiro e solicita proteção diplomática a esse país:

Nesse caso,

a) pode pedir asilo diplomático e terá direito a salvo-conduto para o país que o acolheu.

b) é cabível o asilo territorial, porque o consulado é território do Estado estrangeiro.

c) não se pode pedir asilo, e o STF não autorizará a extradição, por ausência de tratado.

d) o asilo diplomático não pode ser concedido, pois não é cabível em consulado.

**COMENTÁRIOS**

✪ **Nota do autor:** um dos princípios que regem as relações internacionais do Brasil é a concessão de asilo político (CF, art. 4º, X). Mais especificamente, as principais regras referentes ao asilo válidas para o Estado brasileiro encontram-se na Convenção de Caracas sobre Asilo Diplomático, na Convenção de Caracas sobre Asilo Territorial, na Lei de Migração (Lei 13.445/17), entre os artigos 27 e 29, e no Decreto 9.199/17, entre os artigos 108 e 118.

**Alternativa "a": o ex-funcionário de uma agência de inteligência israelense não poderá pedir asilo diplomático no Consulado da Venezuela no Rio de Janeiro, porque a referida modalidade de asilo não poderá ser concedida em consulados, a teor da Convenção de Caracas sobre Asilo Diplomático, que define este, em seu artigo I, como o asilo "outorgado em legações, navios de guerra e acampamentos ou aeronaves militares".** Cabe destacar que, conforme a regra do artigo I da Convenção de Caracas sobre Asilo Diplomático, legação é "a sede de toda missão diplomática ordinária, a residência dos chefes de missão, e os locais por eles destinados para esse efeito, quando o número de asilados exceder a capacidade normal dos edifícios". Por oportuno, é importante apontar que o artigo 109, I, do Decreto 9.199/17, que regulamenta a

Lei de Migração (Lei 13.445/17), também estabelece que o asilo político poderá ser "diplomático, quando solicitado no exterior em legações, navios de guerra e acampamentos ou aeronaves militares brasileiros".

**Alternativa "b": o asilo territorial é aquele concedido dentro do território do Estado, a teor do artigo I da Convenção de Caracas sobre Asilo Territorial. Entretanto, é importante destacar que o consulado da Venezuela não é território venezuelano, consistindo apenas em espaço que se beneficia de prerrogativas de imunidade de jurisdição. Logo, não é cabível no caso o asilo territorial**. Por oportuno, o artigo 109, II, do Decreto 9.199/17, que regulamenta a Lei de Migração (Lei 13.445/17), define o asilo territorial como aquele "solicitado em qualquer ponto do território nacional, perante unidade da Polícia Federal ou representação regional do Ministério das Relações Exteriores".

**Alternativa "c": não é possível pedir o asilo diplomático em consulados**, a teor do artigo I da Convenção de Caracas sobre Asilo Diplomático, que o conceitua como o **asilo "outorgado em legações, navios de guerra e acampamentos ou aeronaves militares"**. Entretanto, ainda **existe a possibilidade de concessão da extradição**, visto que esta, diante da ausência de tratado de extradição, **pode ter como fundamento promessa de reciprocidade** apresentada pelo Estado de Israel em face do Estado brasileiro.

**Alternativa "d": o asilo diplomático não pode ser concedido em consulados, nos termos da Convenção de Caracas sobre Asilo Diplomático, que o define como o asilo "outorgado em legações, navios de guerra e acampamentos ou aeronaves militares"**. Recordamos que, conforme definido pelo artigo I da Convenção de Caracas sobre Asilo Diplomático, **legação é "a sede de toda missão diplomática ordinária, a residência dos chefes de missão, e os locais por eles destinados para esse efeito, quando o número de asilados exceder a capacidade normal dos edifícios"**

**Alternativa correta: letra "d".**

---

**11. (FGV – OAB 2017.2)** Em 22 de julho de 1997, foi promulgada a Lei n° 9.474, que define os mecanismos para implementação da Convenção das Nações Unidas sobre o Estatuto dos Refugiados, da qual o Brasil é signatário.

A respeito dos mecanismos, termos e condições nela previstos, assinale a afirmativa correta.

a) Para que possa solicitar refúgio, o indivíduo deve ter ingressado no Brasil de maneira regular.

b) Compete ao Ministério da Justiça declarar o reconhecimento, em primeira instância, da condição de refugiado.

c) O refugiado poderá exercer atividade remunerada no Brasil, ainda que pendente o processo de refúgio.

d) Na hipótese de decisão negativa no curso do processo de refúgio, é cabível a interposição de recurso pelo refugiado perante o Supremo Tribunal Federal.

**COMENTÁRIOS**

✪ **Nota do autor:** o principal tratado internacional para a proteção dos refugiados é a Convenção das Nações Unidas sobre o Estatuto dos Refugiados, de 1951, atualizada pelo Protocolo relativo ao Estatuto dos Refugiados, de 1967. No Brasil, o diploma legal específico acerca da proteção dos refugiados é a Lei 9.474/97.

**Alternativa "a": o** artigo 8° da Lei 9.474/97 é expresso ao estabelecer que "**O ingresso irregular no território nacional não constitui impedimento para o estrangeiro solicitar refúgio às autoridades competentes**".

**Alternativa "b": a** teor do artigo 12, inciso I, da Lei 9.474/97, **essa competência é do CONARE (Comitê Nacional para os Refugiados)**, cabendo ao Ministro da Justiça a decisão em nível recursal (Lei 9.474/97, arts. 29-32).

**Alternativa "c":** o artigo 21, caput e §§ 1° e 2°, bem como o artigo 22 da Lei 9.474/97, regulam o processo de concessão do refúgio no Brasil. No caso, "**Recebida a solicitação de refúgio, o Departamento de Polícia Federal emitirá protocolo em favor do solicitante e de seu grupo familiar que se encontre no território nacional, o qual autorizará a estada até a decisão final do processo**". Cabe destacar que o protocolo em apreço **permitirá ao órgão federal responsável pelas questões de trabalho e emprego expedir carteira de trabalho provisória, para o exercício de atividade remunerada no Brasil enquanto pendente o exame do pedido de refúgio**.

**Alternativa "d":** de acordo com o artigo 32 da Lei 9.474/97, **não cabe recurso ao Supremo Tribunal Federal (STF) da decisão que denega o refúgio**, nos seguintes termos: "No caso de recusa definitiva de refúgio, ficará o solicitante sujeito à legislação de estrangeiros, não devendo ocorrer sua transferência para o seu país de nacionalidade ou de residência habitual, enquanto permanecerem as circunstâncias que põem em risco sua vida, integridade física e liberdade, salvo nas situações determinadas nos incisos III e IV do art. 3° desta Lei".

**Alternativa correta: letra "c".**

## 3. COOPERAÇÃO JURÍDICA INTERNACIONAL

---

**12. (FGV – Exame de Ordem 2021.1)** Pedro, cidadão de nacionalidade argentina e nesse país residente, ajuizou ação em face de sociedade empresária de origem canadense, a qual, ao final do processo, foi condenada ao pagamento de determinada indenização. Pedro, então, ingressou com pedido de homologação dessa sentença estrangeira no Brasil. Sobre a hipótese apresentada, assinale a afirmativa correta.

a) Para que a sentença estrangeira seja homologada no Brasil, é necessário que ela tenha transitado em julgado no exterior.

b) A sentença condenatória argentina não poderá ser homologada no Brasil por falta de tratado bilateral específico para esse tema entre os dois países.

c) A sentença poderá ser regularmente homologada no Brasil, ainda que não tenha imposto qualquer obrigação a ser cumprida em território nacional, não envolva partes brasileiras ou domiciliadas no país e não se refira a fatos ocorridos no Brasil.

d) De acordo com o princípio da efetividade, todo pedido de homologação de sentença alienígena, por apresentar elementos transfronteiriços, exige que haja algum ponto de conexão entre o exercício da jurisdição pelo Estado brasileiro e o caso concreto a ele submetido.

**COMENTÁRIOS**

✪ **Nota do autor:** Os requisitos para a homologação de sentença estrangeira estão presentes no artigo 963 do Código de Processo Civil, bem como nos arts. 216-C e 216-D do Regimento Interno do STJ. São previstos no CPC: "I – ser proferida por autoridade competente; II – ser precedida de citação regular, ainda que verificada a revelia; III – ser eficaz no país em que foi proferida; IV – não ofender a coisa julgada brasileira; V – estar acompanhada de tradução oficial, salvo disposição que a dispense prevista em tratado; VI – não conter manifesta ofensa à ordem pública.". Acrescenta o regimento interno o requisito de ter transitado em julgado.

Assim, como veremos, a questão poderia ter sido anulada, por conter duas alternativas corretas.

**Alternativa "a":** Essa alternativa, embora não tenha sido o gabarito oficial, poderia ser considerada como correta à luz do art. 961, §1º do Código de Processo Civil, que dispõe que: "É passível de homologação a decisão judicial **definitiva**[...]", bem como à luz do art. 216-D, III do Regimento Interno do STJ, que dispõe que a decisão estrangeira deverá ter **transitado em julgado.** Há, contudo, controvérsia da jurisprudência nesse aspecto, havendo quem entenda que o art. 216- D, III do Regimento interno teria sido tacitamente revogado, de modo que bastaria, a partir da edição do CPC/2015, que a sentença seja eficaz em seu país de origem.

**Alternativa "b":** Esse não é um dos requisitos, como apontado.

**Alternativa "c":** Não há sentido em homologar sentença que não precisa ser cumprida em território nacional. Isso porque sem um mínimo de interesse jurídico, falta interesse processual à homologação. Essa é inclusive a jurisprudência do STJ (SEC 8542/EC, J. 29/11/2017).

**Alternativa "d":** Correta, conforme comentário da alternativa "c".

**Alternativa correta: "d".**

---

**13. (FGV – OAB 2019.1)** Uma das funções da cooperação jurídica internacional diz respeito à obtenção de provas em outra jurisdição, nos termos das disposições dos tratados em vigor e das normas processuais brasileiras.

Para instruir processo a ser iniciado ou já em curso, no Brasil ou no exterior, não é admitida, no entanto, a solicitação de colheita de provas,

a) por carta rogatória ativa.
b) por carta rogatória passiva.
c) a representantes diplomáticos ou agentes consulares.
d) pela via do auxílio direto.

**COMENTÁRIOS**

✪ **Nota do autor:** dentre os principais mecanismos de cooperação jurídica internacional incluem-se o auxílio direto, as cartas rogatórias e a homologação de sentenças estrangeiras. Eventualmente, o trâmite do auxílio direto, das rogatórias e da homologação conta com o apoio das autoridades diplomáticas e consulares. Tal contribuição, porém, não configura em si um mecanismo de cooperação jurídica internacional.

**Alternativa "a"**: a carta rogatória é o mecanismo de cooperação jurídica internacional **por meio do qual um Estado pede ao outro a cooperação para a realização de atos processuais que não tenham caráter de decisão final**. Logo, a rogatória presta-se a providenciar, por exemplo a coleta de provas em Estado estrangeiro. A carta rogatória ativa é aquela **pela qual o Brasil pede a cooperação de outro Estado**.

**Alternativa "b"**: a carta rogatória passiva é aquela **por meio da qual Estado estrangeiro solicita a cooperação brasileira.** Na oportunidade ressaltamos que cartas rogatórias vindas do exterior também permitem providenciar a execução de decisões interlocutórias, inclusive quando concessivas de medida de urgência no Brasil (CPC, arts. 40, 960, § 1º, e 962, § 1º).

**Alternativa "c": agentes diplomáticos e consulares não poderão pedir a autoridades estrangeiras que cooperem com o Brasil na coleta de provas, mas poderão veicular os pleitos pertinentes.** É a chamada "via diplomática", que convive com as autoridades centrais como meio de trâmite de solicitações de cooperação jurídica internacional formuladas por intermédio de cartas rogatórias Pela via diplomática podem tramitar também pedidos de homologação de sentenças estrangeiras.

**Alternativa "d": de acordo com o artigo 28 do CPC, "Cabe auxílio direto quando a medida não decorrer diretamente de decisão de autoridade jurisdicional estrangeira a ser submetida a juízo de delibação no Brasil"**. Pelo auxílio direto, pretende o Estado obter uma decisão estrangeira que diga respeito a processo que corra em seu território. Entretanto, de acordo com o artigo 32 do CPC, o auxílio direto presta-se também à "I – obtenção e prestação de informações sobre o ordenamento jurídico e sobre processos administrativos ou jurisdicionais findos ou em curso; II – **colheita de provas, salvo se a medida for adotada em processo, em curso no estrangeiro, de competência exclusiva de autoridade judiciária brasileira**; III – qualquer outra medida judicial ou extrajudicial não proibida pela lei brasileira". Logo, o auxílio direto permite a coleta de provas no exterior.

**Alternativa correta: letra "c".**

---

**14. (FGV – OAB 2018.1)** Ernesto concluiu o doutorado em Direito em prestigiosa universidade situada em Nova York, nos Estados Unidos, e pretende fazer concurso para o cargo de professor em uma universidade brasileira. Uma das exigências para a revalidação do seu diploma estrangeiro é que este esteja devidamente legalizado. Essa legalização de documento estrangeiro deverá ser feita mediante,

a) o apostilamento pela Convenção da Apostila de Haia, da qual Brasil e Estados Unidos fazem parte.
b) a consularização no consulado brasileiro em Nova York.
c) a notarização em consulado norte-americano no Brasil.
d) o apostilamento pela Convenção da Apostila de Haia, no consulado brasileiro.

**COMENTÁRIOS**

✪ **Nota do autor:** a Convenção sobre a Eliminação da Exigência de Legalização de Documentos Públicos Estrangeiros, também conhecida como "Convenção da Apostila" ou "Convenção da Apostila da Haia", tem o objetivo de eliminar a legalização diplomática ou consular de documentos públicos estrangeiros. Pela Convenção, um documento originário de um Estado parte da Convenção valerá em outro Estado parte independentemente de legalização diplomática ou consular, bastando o apostilamento por parte da autoridade competente.

**Alternativa "a"**: de acordo com o artigo 3 da Convenção da Apostila da Haia, **a única formalidade necessária para "atestar a autenticidade da assinatura, a função ou cargo exercido pelo signatário do documento e, quando cabível, a autenticidade do selo ou carimbo aposto no documento, consiste na aposição da apostila"**, emitida pela "autoridade competente do Estado no qual o documento é originado". **A apostila é uma anotação "aposta no próprio documento ou em uma folha a ele apensa"** (artigo 4 da Convenção da Apostila). Como Brasil e Estados Unidos fazem parte da Convenção da Apostila, é possível realizar esse procedimento como parte do processo de revalidação do diploma estrangeiro de doutorado de Ernesto.

**Alternativa "b"**: nos termos do artigo 2 da Convenção da Apostila da Haia, "**Cada Estado Contratante dispensará a legalização dos documentos aos quais se aplica a presente Convenção e que devam produzir efeitos em seu território**". Logo, **não deverá haver a legalização do documento pelo Consulado do Brasil em Nova York**. Por oportuno, cabe destacar, a teor do mesmo artigo, que "legalização significa apenas a formalidade pela qual os agentes diplomáticos ou consulares do país no qual o documento deve produzir efeitos atestam a autenticidade da assinatura, a função ou o cargo exercidos pelo signatário do documento e, quando cabível, a autenticidade do selo ou carimbo aposto no documento".

**Alternativa "c":** de acordo com o artigo 3 da Convenção da Apostila da Haia, **a única formalidade necessária para "atestar a autenticidade da assinatura, a função ou cargo exercido pelo signatário do documento e, quando cabível, a autenticidade do selo ou carimbo aposto no documento, consiste na aposição da apostila"**, emitida pela "autoridade competente do Estado no qual o documento é originado".

**Alternativa "d": o apostilamento deverá ser feito pela autoridade competente norte-americana**, não pelo consulado brasileiro, visto que a apostila deverá ser **emitida pela autoridade competente do Estado no qual o documento é originado** (Convenção da Apostila, artigo 3º).

**Alternativa correta: letra "a".**

---

**15. (FGV – OAB 2016.2 – Prova reaplicada Salvador-BA)** Uma agricultora japonesa residente no Brasil ingressou com ação perante a autoridade judiciária do Japão para cobrar indenização de seu principal fornecedor de pesticidas, a brasileira Ervas Daninhas S.A., alegando descumprimento dos termos de um contrato de fornecimento celebrado entre as partes. A agricultora recentemente obteve uma decisão interlocutória a seu favor, reconhecendo a Ervas Daninhas S.A. como devedora.

Sobre a hipótese, assinale a afirmativa correta.

a) A decisão da autoridade judiciária japonesa poderá ser executada no Brasil por meio de carta rogatória.
b) A decisão interlocutória da autoridade judiciária japonesa poderá ser executada no Brasil, depois de homologada pelo Superior Tribunal de Justiça.
c) A decisão proferida pela autoridade judiciária japonesa não poderá produzir efeitos no Brasil, visto que apenas a autoridade brasileira poderá conhecer de ações relativas a bens situados no Brasil.
d) A agricultora deverá aguardar o trânsito em julgado da decisão final da autoridade judiciária japonesa, para então proceder à sua homologação no Superior Tribunal de Justiça e execução na Justiça Federal.

**COMENTÁRIOS**

✪ **Nota do autor:** a execução de sentenças estrangeiras no Brasil depende de homologação, e a execução de decisões interlocutórias depende de carta rogatória.

**Alternativa "a": a decisão interlocutória** da autoridade judiciária japonesa **poderá ser executada no Brasil não por meio de ação de homologação de sentença estrangeira, mas por meio de carta rogatória**, que é, a teor do artigo 960, § 1º, do CPC 2015, o meio adequado para promover a execução de decisões interlocutórias no Estado brasileiro ("**A decisão interlocutória estrangeira poderá ser executada no Brasil por meio de carta rogatória**").

**Alternativa "b": a decisão interlocutória da autoridade judiciária japonesa poderá ser executada no Brasil não por meio de ação de homologação de sentença estrangeira, mas por meio de carta rogatória**, que é, a teor do artigo 960, § 1º, do CPC 2015, o meio adequado para promover a execução de decisões interlocutórias no Estado brasileiro ("**A decisão interlocutória estrangeira poderá ser executada no Brasil por meio de carta rogatória**"). **A ação de homologação de decisões estrangeiras é o meio adequado para executar sentenças definitivas ou decisões não judiciais que, pela lei brasileira, teriam natureza jurisdicional**, a teor do artigo 961, § 1º, do CPC 2015 ("**É passível de homologação a decisão judicial definitiva, bem como a decisão não judicial que, pela lei brasileira, teria natureza jurisdicional**")

**Alternativa "c":** de acordo com o artigo 23, I, do CPC 2015, **apenas a autoridade brasileira poderá conhecer de ações relativas a bens imóveis situados no Brasil, que repousam na competência exclusiva dos juízes brasileiros**. Entretanto, **o exame de ações relativas aos bens móveis escapa da seara da competência exclusiva da autoridade jurisdicional brasileira**, repousando na **competência concorrente** do juiz pátrio, regulada pelos artigos 21 e 22 do CPC 2015. No caso, a empresa ré está domiciliada no Brasil (CPC 2015, art. 21, I), no Brasil terá de ser cumprida a obrigação (CPC 2015, art. 21, II) e o fundamento da lide é fato ocorrido ou ato praticado no Brasil (CPC 2015, art. 21, III), o que atrai a competência concorrente da autoridade judiciária brasileira.

**Alternativa "d":** a decisão é interlocutória e pode ser executada no Brasil por meio de carta rogatória, nos termos do artigo 960, § 1º, do CPC 2015, que é expresso ao determinar que "**A decisão interlocutória estrangeira poderá ser executada no Brasil por meio de carta rogatória**".

**Alternativa correta: letra "a".**

## 4. DIREITO ECONÔMICO INTERNACIONAL

---

**16. (FGV – OAB 2010.3)** A Conferência de Bretton Woods (1944), realizada no ocaso da Segunda Guerra Mundial, é considerada um marco na história do Direito Internacional no século XX porque:

a) estabeleceu as bases do sistema econômico e financeiro internacional, por meio da criação do Banco Mundial – BIRD, do Fundo Monetário Internacional – FMI e do Acordo Geral de Tarifas Aduaneiras e Comércio – GATT.
b) inaugurou uma nova etapa na cooperação política internacional ao extinguir a Liga das Nações e transferir a Corte Internacional de Justiça para a estrutura da então recém-criada Organização das Nações Unidas – ONU.
c) criou o sistema internacional de proteção aos direitos humanos, a partir da adoção da Declaração Universal dos Direitos Humanos, do Pacto Internacional de Direitos Civis e Políticos e do Pacto Internacional de Direitos Econômicos, Sociais e Culturais.
d) criou o Tribunal de Nuremberg, corte *ad hoc* responsável pelo julgamento dos principais comandantes nazistas e seus colaboradores diretos pelos crimes de guerra cometidos durante a Segunda Guerra Mundial.

**COMENTÁRIOS**

✪ **Nota do autor:** a história do Direito Internacional é tema cobrado com certa frequência em exames jurídicos, podendo aparecer inclusive no Exame de Ordem.

**Alternativa "a":** a Conferência de Bretton Woods, realizada com o objetivo de reorganizar a economia internacional no pós-II Guerra Mundial, determinou a criação do **Banco Mundial (BIRD)** e do **Fundo Monetário Internacional (FMI)**. Em Bretton Woods, estava também prevista a gênese da Organização Internacional do Comércio (OIC), mas foi possível celebrar apenas o **Acordo Geral de Tarifas Aduaneiras e Comércio (GATT)**, cuja implementação era administrada por um secretariado também chamado de GATT, que foi o precursor da atual Organização Mundial do Comércio (OMC), finalmente criada em 1994 e cujas atividades iniciaram-se em 1995.

**Alternativa "b":** a Liga das Nações **não foi extinta pela Conferência de Bretton Woods, em 1944**, mas apenas em **1947**, em decorrência da criação da Organização das Nações Unidas (ONU), que a sucedeu. Cabe destacar que a Corte

INTERNACIONAL

Internacional de Justiça (CIJ) foi transferida para a estrutura da ONU por força da **Carta das Nações Unidas (Carta da ONU)**, tratado que criou a Organização das Nações Unidas (ONU).

**Alternativa "c"**: o sistema de proteção internacional dos direitos humanos foi criado a partir do trabalho da **ONU**, e os documentos citados no item "c" foram elaborados no decorrer dos primeiros vinte e um anos de história das Nações Unidas (1945-1966), **não pela Conferência de Bretton Woods**.

**Alternativa "d"**: o Tribunal Militar Internacional (Tribunal de Nuremberg) foi criado pelo Estatuto de Londres para o Tribunal Militar Internacional (**Carta de Londres**).

**Alternativa correta: letra "a".**

## 5. DIREITO INTERNACIONAL PRIVADO – COMPETÊNCIA INTERNACIONAL

✪ **Nota do autor:** algumas questões abaixo, que apareceram em edições anteriores deste livro e que foram elaboradas sob a égide do CPC 1973 foram mantidas nesta obra quando for possível respondê-las à luz do CPC 2015.

---

**17. (FGV – XXXVII Exame OAB)** Em Londres, uma sociedade empresária chinesa contratou, com uma sociedade empresária alemã, a entrega de 20.000 toneladas de minério de ferro no Porto de Santos, São Paulo. Por problemas relacionados ao desembarque da mercadoria, a sociedade empresária chinesa resolveu demandar em face da alemã. De acordo com as normas de Direito Internacional Privado brasileiro, assinale a afirmativa correta.

a) A competência para processar e julgar a demanda é exclusivamente da autoridade judiciária inglesa.

b) A competência para processar e julgar a demanda é concorrentemente das autoridades judiciárias alemã e chinesa.

c) A Justiça brasileira é concorrentemente competente para processar e julgar a demanda.

d) A Justiça alemã é exclusivamente competente para processar e julgar a demanda.

**COMENTÁRIOS**

**Alternativa "c" (responde todas as alternativas):** Nos termos do art. 12 da LINDB: "Art. 12. É competente a autoridade judiciária brasileira, quando for o réu domiciliado no Brasil <u>ou aqui tiver de ser cumprida a obrigação</u>.".

**Alternativa correta: "c".**

---

**18. (FGV – Exame de Ordem XXXVI – 2022.3)** Um brasileiro, casado com uma espanhola, faleceu durante uma viagem de negócios a Paris. O casal tinha dois filhos nascidos na Espanha e era domiciliado em Portugal. Ele deixou bens no Brasil.

Assinale a opção que indica a lei que regulará a sucessão por morte.

a) A brasileira.

b) A espanhola.

c) A francesa.

d) A portuguesa.

**COMENTÁRIOS**

**Alternativa "d"**: Estabelece o art. 10 da LINDB (Dec-lei nº 4.657/1942): "A sucessão por morte ou por ausência obedece à lei do <u>país em que domiciliado o defunto</u> ou o desaparecido, qualquer que seja a natureza e a situação dos bens.". Logo, como o domicílio dele era em Portugal, será desse país a lei aplicada.

**Alternativa correta: "d".**

---

**19. (FGV- XXXV Exame de Ordem-2022.2)** Thomas, inglês, e Marta, brasileira, que se conheceram na Inglaterra, são grandes admiradores das praias brasileiras, motivo pelo qual resolvem se casar em Natal, cidade de domicílio de Marta. Em seguida, constituem como seu primeiro domicílio conjugal a capital inglesa.

O casal, que havia se mudado para Portugal passados cinco anos do início do vínculo conjugal, resolve lá se divorciar. Os consortes não tiveram filhos e, durante o matrimônio, adquiriram bens em Portugal, bem como um imóvel em Natal, onde passavam férias.

Acerca do caso narrado, e com base no que dispõem o Código de Processo Civil e a Lei de Introdução às Normas do Direito Brasileiro, assinale a afirmativa correta.

a) O casal poderia buscar as autoridades consulares brasileiras em Portugal para a realização do divórcio, sendo consensual.

b) Se consensual o divórcio, a sentença estrangeira que o decreta produz efeitos no Brasil, independentemente de homologação pelo Superior Tribunal de Justiça.

c) Se o casal não fez opção expressa pelo regime de comunhão parcial de bens, deverá ser observado o regime legal previsto no Código Civil brasileiro, haja vista que o casamento fora celebrado no país.

d) Inexistindo acordo entre os cônjuges a respeito da partilha do imóvel situado no Brasil, é possível a homologação da sentença proferida pelo Poder Judiciário português que decretou o divórcio, inclusive no ponto em que determina a partilha do referido bem.

**COMENTÁRIOS**

**Alternativa "a"**: O art. 18, §1º da LINDB permite que as autoridades consulares brasileiras celebrem a separação consensual e o divórcio consensual de **brasileiros**. Como Thomas não é brasileiro, esse dispositivo não se aplica.

**Alternativa "b"**: O art. 961 do CPC determina que: "A decisão estrangeira somente terá eficácia no Brasil após a homologação de sentença estrangeira ou a concessão do exequatur às cartas rogatórias, salvo disposição em sentido contrário de lei ou tratado.". Contudo, o §5º cria exceção: "§ 5º A sentença estrangeira de divórcio consensual produz efeitos no Brasil, independentemente de homologação pelo Superior Tribunal de Justiça.".

**Alternativa "c"**: Na verdade, o art. 7º, §4º da LINDB determina que: "§ 4º O regime de bens, legal ou convencional, obedece à lei do país em que tiverem os nubentes domicílio, e, se este for diverso, a do primeiro domicílio conjugal.".

**Alternativa "d"**: Nos termos do art. 12, §1º da LINDB: "§ 1º Só à autoridade judiciária brasileira compete conhecer das ações relativas a imóveis situados no Brasil.". Ainda, estabelece o art. 23,I do CPC: " Art. 23. Compete à autoridade judiciária brasileira, com exclusão de qualquer outra: I - conhecer de ações relativas a imóveis situados no Brasil;". Como se trata de competência exclusiva, não é possível a homologação de decisão estrangeira nessa hipótese, por força da previsão do art. 964 do CPC.

**Alternativa correta: "b".**

---

**20. (FGV- XXXIV Exame de Ordem-2022.1)** Klaus, nascido na Alemanha, é filho de Ângela, também alemã, e de Afonso, brasileiro, que estava no país germânico porque fora contratado por empresa privada local, como engenheiro mecânico. Klaus, com 18 anos, resolve seguir os passos do pai, e vem para o Brasil cursar engenharia mecânica em conceituada universidade federal. Para tanto, e para concorrer às vagas comuns, deseja ter reconhecida a nacionalidade brasileira.

Acerca do caso narrado, e com base no que dispõe a Constituição da República, assinale a afirmativa correta.

a) Klaus não poderá optar pela nacionalidade brasileira, pois Afonso, ainda que brasileiro, não estava na Alemanha a serviço do Brasil.

b) Klaus poderá ter reconhecida a condição de brasileiro nato se fixar residência no Brasil e optar pela nacionalidade brasileira, ainda que não tenha sido registrado em repartição brasileira competente na Alemanha.

c) Tendo em vista que Klaus já atingiu a maioridade, poderá requerer a nacionalidade brasileira apenas na condição de naturalizado.

d) A comunicação em língua portuguesa mostra-se como condição para a obtenção da nacionalidade brasileira por Klaus.

**COMENTÁRIOS**

**Alternativa "b" (responde todas as alternativas):** O art. 12, I da CF/88 prevê em sua alínea "c" que são brasileiros natos: "os nascidos no estrangeiro de pai brasileiro ou de mãe brasileira, desde que sejam registrados em repartição brasileira competente ou venham a residir na República Federativa do Brasil e optem, em qualquer tempo, depois de atingida a maioridade, pela nacionalidade brasileira;". Logo, como Klaus, filho de pai brasileiro (que não estava no estrangeiro a serviço da RFB), não foi registrado em repartição brasileira competente, são requisitos: **a- vir a residir na RFB; e b- optar, em qualquer tempo, depois de atingida a maioridade, pela nacionalidade brasileira**.

**Alternativa correta: "b".**

---

**21. (FGV – OAB 2017.3)** Henrique e Ruth se casaram no Brasil e se mudaram para a Holanda, onde permaneceram por quase 4 anos. Após um período difícil, o casal, que não tem filhos, nem bens, decide, de comum acordo, se divorciar e Ruth pretende retornar ao Brasil.

Com relação à dissolução do casamento, assinale a afirmativa correta.

a) O divórcio só poderá ser requerido no Brasil, eis que o casamento foi realizado no Brasil.

b) O divórcio, se efetivado na Holanda, precisa ser reconhecido e homologado perante o STJ para que tenha validade no Brasil.

c) O divórcio consensual pode ser reconhecido no Brasil sem que seja necessário proceder à homologação.

d) Para requerer o divórcio no Brasil, o casal deverá, primeiramente, voltar a residir no país.

**COMENTÁRIOS**

✪ **Nota do autor:** a competência internacional para deliberar acerca do divórcio é regulada no Brasil pelos artigos 21 a 26 do CPC 2015, e pelo artigo 12 da Lei de Introdução às Normas do Direito Brasileiro (LINDB).

**Alternativa "a": o caso é de competência concorrente, e o divórcio poderá ser requerido tanto no Brasil como na Holanda**, eis que, a teor do artigo 21, incisos I e II, **pode a autoridade brasileira julgar o caso quando "I – o réu, qualquer que seja a sua nacionalidade, estiver domiciliado no Brasil; II – no Brasil tiver de ser cumprida a obrigação; III – o fundamento seja fato ocorrido ou ato praticado no Brasil".**

**Alternativa "b":** de acordo com o artigo 961, § 5º, do CPC 2015, "**A sentença estrangeira de divórcio consensual produz efeitos no Brasil, independentemente de homologação pelo Superior Tribunal de Justiça**".

**Alternativa "c":** teor do artigo 961, § 5º, do CPC 2015, "**A sentença estrangeira de divórcio consensual produz efeitos no Brasil, independentemente de homologação pelo Superior Tribunal de Justiça**".

**Alternativa "d":** o casal não precisará voltar a residir no Brasil. **Primeiro, porque não há previsão a respeito na lei**. Em segundo lugar, porque **as decisões relativas a divórcio recaem na competência concorrente das autoridades brasileiras e podem, portanto, ser julgadas tanto no Brasil como na Holanda.**

**Alternativa correta: letra "c".**

---

**22. (FGV – OAB 2016.2)** Lúcia, brasileira, casou-se com Mauro, argentino, há 10 anos, em elegante cerimônia realizada no Nordeste brasileiro. O casal vive atualmente em Buenos Aires com seus três filhos menores. Por diferenças inconciliáveis, Lúcia pretende se divorciar de Mauro, ajuizando, para tanto, a competente ação de divórcio, a fim de partilhar os bens do casal: um apartamento em Buenos Aires/Argentina e uma casa de praia em Trancoso/Bahia. Mauro não se opõe à ação.

Com relação à ação de divórcio, assinale a afirmativa correta.

a) Ação de divórcio só poderá ser ajuizada no Brasil, eis que o casamento foi realizado em território brasileiro.

b) Caso Lúcia ingresse com a ação perante a Justiça argentina, não poderá partilhar a casa de praia.

c) Eventual sentença argentina de divórcio, para produzir efeitos no Brasil, deverá ser primeiramente homologada pelo Superior Tribunal de Justiça.

d) Ação de divórcio, se consensual, poderá ser ajuizada tanto no Brasil quanto na Argentina, sendo ambos os países competentes para decidir acerca da guarda das crianças e da partilha dos bens.

**COMENTÁRIOS**

✪ **Nota do autor:** a questão trata do tema da competência internacional, que é frequentemente objeto de questões de exames jurídicos como um todo e de Exames de Ordem em particular. A matéria é regulada no Brasil pelos artigos 21 a 26 do CPC 2015 e pelo artigo 12 da Lei de Introdução às Normas do Direito Brasileiro (LINDB).

**Alternativa "a":** no caso, o artigo 21, I, do CPC 2015, prevê que **compete à autoridade brasileira "processar e julgar as ações em que: I – o réu, qualquer que seja a sua nacionalidade, estiver domiciliado no Brasil"**. Dessa forma, **a matéria encontra-se no âmbito da competência concorrente do Judiciário brasileiro** e, nesse sentido, a ação poderá ser ajuizada tanto no Brasil como na Argentina.

**Alternativa "b":** a matéria repousa no âmbito da competência exclusiva da autoridade judiciária brasileira. No caso, de acordo com o artigo 23, I e III, do CPC 2015, "**Compete à autoridade judiciária brasileira, com exclusão de qualquer outra: I – conhecer de ações relativas a imóveis situados no Brasil**" e "**em divórcio, separação judicial ou dissolução de união estável, proceder à partilha de bens situados no Brasil, ainda que o titular seja de nacionalidade estrangeira ou tenha domicílio fora do território nacional**".

**Alternativa "c"**: de acordo com o artigo 961, § 5º, do CPC 2015, "**A sentença estrangeira de divórcio consensual produz efeitos no Brasil, independentemente de homologação pelo Superior Tribunal de Justiça**".

**Alternativa "d": a partilha dos bens situados no Brasil repousa na seara da competência exclusiva das autoridades judiciárias brasileiras**, a teor do artigo 23, III, do CPC 2015, que é expresso ao determinar que "**Compete à autoridade judiciária brasileira, com exclusão de qualquer outra: III – em divórcio, separação judicial ou dissolução de união estável, proceder à partilha de bens situados no Brasil, ainda que o titular seja de nacionalidade estrangeira ou tenha domicílio fora do território nacional**".

**Alternativa correta: letra "b".**

## 6. DIREITO INTERNACIONAL PRIVADO: CONFLITO DE LEIS NO ESPAÇO

### 6.1. CONFLITOS DE LEIS NO ESPAÇO

**23. (FGV – Exame de Ordem – 2021.2)** Carlyle Schneider, engenheiro suíço, morava em Madison, Wisconsin, Estados Unidos da América, há 12 anos. Em meados de 2015, participou da construção de dois edifícios em Florianópolis, Brasil, dos quais se afeiçoou de tal modo, que decidiu adquirir uma unidade residencial em cada prédio. Portanto, apesar de bem estabelecido em Madison, era o Sr. Schneider proprietário de dois imóveis no Brasil. Em 10/12/2017, viajou à Alemanha e, ao visitar um antigo casarão a ser restaurado, foi surpreendido pelo desabamento da construção sobre si, falecendo logo em seguida. Carlyle Schneider deixou 3 (três) filhos, que moravam na Suíça. A respeito dos limites da jurisdição nacional e da cooperação internacional, com base nas normas constantes do Código de Processo Civil, assinale a afirmativa correta.

a) Em matéria de sucessão hereditária, compete exclusivamente à autoridade judiciária da Suíça, país de nacionalidade do autor da herança e de nacionalidade e residência dos herdeiros legítimos, proceder à partilha dos dois bens imóveis situados no Brasil.

b) Em matéria de sucessão hereditária, compete concorrentemente à autoridade judiciária da Alemanha, local de óbito do autor da herança, proceder à partilha dos dois bens imóveis situados no Brasil.

c) Em matéria de sucessão hereditária, compete exclusivamente ao Estado brasileiro, local de situação dos imóveis, proceder ao inventário e à partilha dos dois bens imóveis.

d) Em matéria de sucessão hereditária, compete concorrentemente à autoridade judiciária dos Estados Unidos da América, país de residência do autor da herança, proceder à partilha dos dois bens imóveis situados no Brasil.

**COMENTÁRIOS**

✪ **Nota do autor:** Trata-se de matéria disciplinada pelo Código de Processo Civil, em seu art. 23, que dispõe que: "Art. 23. Compete à autoridade judiciária brasileira, com exclusão de qualquer outra:

I - conhecer de ações relativas a imóveis situados no Brasil;
II - em matéria de sucessão hereditária, proceder à confirmação de testamento particular e ao inventário e à partilha de bens situados no Brasil, ainda que o autor da herança seja de nacionalidade estrangeira ou tenha domicílio fora do território nacional;
III - em divórcio, separação judicial ou dissolução de união estável, proceder à partilha de bens situados no Brasil, ainda que o titular seja de nacionalidade estrangeira ou tenha domicílio fora do território nacional." Trata-se, portanto, de caso de competência da jurisdição brasileira, enquadrada na hipótese do art. 23, II, CPC.

**Alternativa "a":** Incorreta, conforme comentário acima.

**Alternativa "b":** Incorreta, conforme comentário acima.

**Alternativa "c":** Correto, conforme comentário acima.

**Alternativa "d":** Incorreta, conforme comentário acima.

**Alternativa correta: "c".**

**24. (FGV – OAB 2020.1)** Em função do incremento nas atividades de transporte aéreo no Brasil, a sociedade empresária Fast Plane, sediada no país, resolveu adquirir helicópteros de última geração da pessoa jurídica holandesa Nederland Air Transport, que ficou responsável pela fabricação, montagem e envio da mercadoria. O contrato de compra e venda restou celebrado, presencialmente, nos Estados Unidos da América, restando ajustado que o cumprimento da obrigação se dará no Brasil. No momento de receber as aeronaves, contudo, a adquirente verificou que o produto enviado era diverso do apontado no instrumento contratual. Decidiu a sociedade empresária Fast Plane, então, buscar auxílio jurídico para resolver a questão, inclusive para a propositura de eventual ação, caso não haja solução consensual.

Considerando-se o enunciado acima, aplicando-se a Lei de Introdução às Normas do Direito Brasileiro (Decreto-lei no 4.657/42) e o Código de Processo Civil, assinale a afirmativa correta.

a) A lei aplicável na solução da questão é a holandesa, em razão do local de fabricação e montagem das aeronaves adquiridas.

b) A autoridade judiciária brasileira será competente para processar e julgar eventual ação proposta pela Fast Plane, mesmo se estabelecida cláusula de eleição de foro exclusivo estrangeiro, em razão do princípio da inafastabilidade da jurisdição.

c) A autoridade judiciária brasileira tem competência exclusiva para processar e julgar eventual ação a ser proposta pela Fast Plane para resolver a questão.

d) A autoridade judiciária brasileira tem competência concorrente para processar e julgar eventual ação a ser proposta pela Fast Plane para resolver a questão.

**COMENTÁRIOS**

✪ **Nota do autor:** é recorrente no Exame de Ordem a exigência de conhecimento relativo às noções acerca da lei nacional aplicável a um conflito de leis no espaço, reguladas especialmente pela Lei de Introdução às Normas do Direito Brasileiro – LINDB (arts. 7-17). Recomenda-se, veementemente, o estudo atento de referida matéria.

**Alternativa "a"**: a lei aplicável ao deslinde da controvérsia é a norte americana, visto que foi naquele país que a obrigação – o contrato entre as partes foi celebrado, atraindo a aplicação do artigo 9, *caput*, da Lei de Introdução às Normas do Direito Brasileiro (LINDB), de acordo com a qual "**Para qualificar e reger as obrigações, aplicar-se-á a lei do país em que se constituírem**".

**Alternativa "b"**: de acordo com o artigo 25, *caput* e § 1º, do CPC, "**Não compete à autoridade judiciária brasileira o processamento e o julgamento da ação quando houver cláusula de eleição de foro exclusivo estrangeiro em contrato internacional, arguida pelo réu na contestação**", exceto em hipóteses de competência exclusiva.

**Alternativa "c"**: de acordo com o artigo 23, incisos I a III, do CPC, "Compete à autoridade judiciária brasileira, com exclusão de qualquer outra: **I – conhecer de ações relativas a imóveis situados no Brasil; II – em matéria de sucessão hereditária, proceder à confirmação de testamento particular e ao inventário e à partilha de bens situados no Brasil, ainda que o autor da herança seja de nacionalidade estrangeira ou tenha domicílio fora do território nacional; III – em divórcio, separação judicial ou dissolução de união estável, proceder à partilha de bens situados no Brasil, ainda que o titular seja de nacionalidade estrangeira ou tenha domicílio fora do território nacional**". Logo, o caso *sub oculi* não recai na competência exclusiva da autoridade judiciária brasileira.

**Alternativa "d"**: a teor do artigo 21, inciso II, do CPC, compete à autoridade judiciária brasileira processar e julgar as ações em que "no Brasil tiver de ser cumprida a obrigação". Logo, como

**Alternativa correta: letra "d".**

---

**25. (FGV – OAB 2016.2)** Em 2013, uma empresa de consultoria brasileira assina, na cidade de Londres, Reino Unido, contrato de prestação de serviços com uma empresa local. As contratantes elegem o foro da comarca do Rio de Janeiro para dirimir eventuais dúvidas, com a exclusão de qualquer outro. Dois anos depois, as partes se desentendem quanto aos critérios técnicos previstos no contrato e não conseguem chegar a uma solução amigável. A empresa de consultoria brasileira decide, então, ajuizar uma ação no Tribunal de Justiça do Estado do Rio de Janeiro para rescindir o contrato.

Com relação ao caso narrado acima, assinale a afirmativa correta.

a) O juiz brasileiro poderá conhecer e julgar a lide, mas deverá basear sua decisão na legislação brasileira, pois um juiz brasileiro não pode ser obrigado a aplicar leis estrangeiras.

b) O Poder Judiciário brasileiro não é competente para conhecer e julgar a lide, pois o foro para dirimir questões em matéria contratual é necessariamente o do local em que o contrato foi assinado.

c) O juiz brasileiro poderá conhecer e julgar a lide, mas deverá basear sua decisão na legislação do Reino Unido, pois os contratos se regem pela lei do local de sua assinatura.

d) O juiz brasileiro poderá conhecer e julgar a lide, mas deverá se basear na legislação brasileira, pois, a litígios envolvendo brasileiros e estrangeiros, aplica-se a *lex fori*.

**COMENTÁRIOS**

✪ **Nota do autor:** reiteramos a importância da leitura do inteiro teor da Lei de Introdução às Normas do Direito Brasileiro – LINDB (arts. 7-17).

**Alternativa "a"**: a autoridade judiciária brasileira poderá examinar o caso, visto que, de acordo com o artigo 22, III, do CPC 2015, **compete à autoridade judiciária brasileira processar e julgar as ações "em que as partes, expressa ou tacitamente, se submeterem à jurisdição nacional"**. Ao mesmo tempo, **o Direito Internacional Privado contempla, por natureza, a possibilidade de aplicação da lei estrangeira**, a qual é, de resto, expressa no Brasil, nos termos do artigo 17 da Lei de Introdução às Normas do Direito Brasileiro (LINDB), que é claro ao determinar que "**As leis, atos e sentenças de outro país, bem como quaisquer declarações de vontade, não terão eficácia no Brasil, quando ofenderem a soberania nacional, a ordem pública e os bons costumes**", com o que se infere que a lei estrangeira terá eficácia no Brasil quando em conformidade com a ordem pública. Por fim, **aplica-se ao caso ora em exame a lei do Reino Unido**, visto que, de acordo com o artigo 9, *caput*, da Lei de Introdução às Normas do Direito Brasileiro (LINDB), "**Para qualificar e reger as obrigações, aplicar-se-á a lei do país em que se constituírem**".

**Alternativa "b"**: **o foro brasileiro pode ser escolhido pelas partes**, nos termos do artigo 22, III, do CPC 2015, "**Compete, ainda, à autoridade judiciária brasileira processar e julgar as ações: III – em que as partes, expressa ou tacitamente, se submeterem à jurisdição nacional**".

**Alternativa "c"**: inicialmente é necessário destacar que a autoridade judiciária brasileira poderá examinar a lide, visto que, de acordo com o artigo 22, III, do CPC 2015, "**Compete, ainda, à autoridade judiciária brasileira processar e julgar as ações: III – em que as partes, expressa ou tacitamente, se submeterem à jurisdição nacional**". Ao mesmo tempo, **a análise do caso efetivamente deverá ser fundamentada na lei do Reino Unido, onde foi celebrado o acordo**, visto que o artigo 9, *caput*, da Lei de Introdução às Normas do Direito Brasileiro (LINDB) determina que "**Para qualificar e reger as obrigações, aplicar-se-á a lei do país em que se constituírem**".

**Alternativa "d"**: **a autoridade judiciária brasileira poderá examinar a lide**, eis que, de acordo com o artigo 22, III, do CPC 2015, "**Compete, ainda, à autoridade judiciária brasileira processar e julgar as ações: III – em que as partes, expressa ou tacitamente, se submeterem à jurisdição nacional**". No entanto, **o caso deverá ser apreciado à luz da lei do Reino Unido**, onde foi celebrado o acordo, visto que o artigo 9, *caput*, da Lei de Introdução às Normas do Direito Brasileiro (LINDB) determina que "**Para qualificar e reger as obrigações, aplicar-se-á a lei do país em que se constituírem**".

**Alternativa correta: letra "c".**

## 6.2. FAMÍLIA

---

**26. (FGV – OAB 2015.3)** Ricardo, brasileiro naturalizado, mora na cidade do Rio de Janeiro há 9 (nove) anos. Em visita a parentes italianos, conhece Giulia, residente em Roma, com quem passa a ter um relacionamento amoroso. Após 3 (três) anos de namoro a distância, ficam noivos e celebram matrimônio em território italiano. De comum acordo, o casal estabelece seu primeiro domicílio em São Paulo, onde ambos possuem oportunidades de trabalho.

À luz das regras de Direito Internacional Privado, veiculadas na Lei de Introdução às Normas do Direito Brasileiro (LINDB), não havendo pacto antenupcial, assinale a opção que indica a legislação que irá reger o regime de bens entre os cônjuges.

a) Aplicável a Lei italiana, haja vista que nenhum dos cônjuges é brasileiro nato.

b) Aplicável a Lei italiana, em razão do local em que foi realizado o casamento.

c) Aplicável a Lei brasileira, em razão do domicílio do cônjuge varão.

d) Aplicável a Lei brasileira, porque aqui constituído o primeiro domicílio do casal.

**COMENTÁRIOS**

✪ **Nota do autor:** a questão trata de matéria atinente ao Direito de Família no Direito Internacional Privado, com foco no casamento, instituto objeto de detalhada regulamentação no artigo 7º da Lei de Introdução às Normas do Direito Brasileiro (LINDB). No tocante ao tema, a regra geral é a da prevalência do domicílio como elemento de conexão.

**Alternativa "a"**: a LINDB (art. 7º, § 4º) determina que **"O regime de bens, legal ou convencional, obedece à lei do país em que tiverem os nubentes domicílio, e, se este for**

**diverso, a do primeiro domicílio conjugal**", independentemente da nacionalidade do casal ou do fato de um ou ambos serem brasileiros natos. Cabe destacar que "A lei não poderá estabelecer distinção entre brasileiros natos e naturalizados, salvo nos casos previstos nesta Constituição" (CF, art. 12, II, § 2º), razão pela qual somente norma constitucional poderá fixar tratamento diferenciado para o brasileiro naturalizado frente ao brasileiro nato, o que, porém, não ocorre no caso objeto da questão.

**Alternativa "b"**: a LINDB (art. 7º, § 4º) determina que **"O regime de bens, legal ou convencional, obedece à lei do país em que tiverem os nubentes domicílio, e, se este for diverso, a do primeiro domicílio conjugal"**. É o critério do domicílio como elemento de conexão, não o critério *locus regit actum*.

**Alternativa "c"**: a LINDB (art. 7º, § 4º) determina que **"O regime de bens, legal ou convencional, obedece à lei do país em que tiverem os nubentes domicílio, e, se este for diverso, a do primeiro domicílio conjugal"**, não do domicílio do cônjuge varão.

**Alternativa "d"**: a LINDB (art. 7º, § 4º) reza que **"O regime de bens, legal ou convencional, obedece à lei do país em que tiverem os nubentes domicílio**, e, **se este for diverso, a do primeiro domicílio conjugal"**, que no caso é o Brasil, razão pela qual se aplica a lei brasileira ao caso.

**Alternativa correta: letra "d".**

## 6.3. SUCESSÕES

**27. (FGV/OAB/XXX Exame – 2019.3)** Victor, após divorciar-se no Brasil, transferiu seu domicílio para os Estados Unidos. Os dois filhos brasileiros de sua primeira união continuaram vivendo no Brasil. Victor contraiu novo matrimônio nos Estados Unidos com uma cidadã norte-americana e, alguns anos depois, vem a falecer nos Estados Unidos, deixando um imóvel e aplicações financeiras nesse país.

A regra de conexão do direito brasileiro estabelece que a sucessão de Victor será regida

a) pela lei brasileira, em razão da nacionalidade brasileira do *de cujus*.
b) pela lei brasileira, porque o de cujus tem dois filhos brasileiros.
c) pela lei norte-americana, em razão do último domicílio do *de cujus*.
d) pela lei norte-americana, em razão do local da situação dos bens a serem partilhados.

**COMENTÁRIOS**

✪ **Nota do autor:** a questão aborda o tema da aplicação da lei no espaço e do elemento de conexão cabível em matéria sucessória. No caso, o artigo 10, *caput*, da LINDB, estabelece que "A sucessão por morte ou por ausência obedece à lei do país em que domiciliado o defunto ou o desaparecido, qualquer que seja a natureza e a situação dos bens".

**Alternativa "a"**: a sucessão de Victor será regida pela lei norte-americana, nos termos do artigo 10, *caput*, da LINDB, fixa que "**A sucessão por morte ou por ausência obedece à lei do país em que domiciliado o defunto ou o desaparecido, qualquer que seja a natureza e a situação dos bens**". Como os bens mencionados na questão localizam-se nos EUA, e como Victor estabeleceu domicílio em território norte-americano, aplica-se ao caso a lei estrangeira.

**Alternativa "b"**: a sucessão de Victor será regida pela lei norte-americana, nos termos do que dispõe o artigo 10, *caput*, da LINDB ("**A sucessão por morte ou por ausência obedece à lei do país em que domiciliado o defunto ou o desaparecido, qualquer que seja a natureza e a situação dos bens**"). Importante não confundir com a regra da sucessão de bens de estrangeiros situados no Brasil, a qual será regulada pela lei brasileira em benefício do cônjuge ou dos filhos brasileiros, sempre que não lhes seja mais favorável a lei pessoal do *de cujus* (CF, art. 5º, XXXI).

**Alternativa "c": a sucessão de Victor será efetivamente regida pela lei norte-americana mas em razão do domicílio do *de cujus*, e não do último domicílio do falecido.** Essa é a regra do artigo 10, *caput*, da LINDB, o qual determina que "A sucessão por morte ou por ausência obedece à lei do país em que domiciliado o defunto ou o desaparecido, qualquer que seja a natureza e a situação dos bens".

**Alternativa "d": a sucessão de Victor será efetivamente regida pela lei norte-americana, mas em razão do domicílio (*lex domicilii*) do *de cujus*, e não do critério *lex rei sitae* (situação do bem).** Essa é a regra do artigo 10, *caput*, da LINDB, o qual determina que "A sucessão por morte ou por ausência obedece à lei do país em que domiciliado o defunto ou o desaparecido, qualquer que seja a natureza e a situação dos bens".

**Alternativa correta: letra "c".**

**28. (FGV – OAB 2017.3)** Roger, suíço radicado no Brasil há muitos anos, faleceu em sua casa no Rio Grande do Sul, deixando duas filhas e um filho, todos maiores de idade. Suas filhas residem no Brasil, mas o filho se mudara para a Suíça antes mesmo do falecimento de Roger, lá residindo. Roger possuía diversos bens espalhados pelo sul do Brasil e uma propriedade no norte da Suíça.

Com referência à sucessão de Roger, assinale a afirmativa correta.

a) Se o inventário de Roger for processado no Brasil, sua sucessão deverá ser regulada pela lei suíça, que é a lei de nacionalidade de Roger.
b) A capacidade do filho de Roger para sucedê-lo será regulada pela lei suíça.
c) Se Roger tivesse deixado testamento, seria aplicada, quanto à sua forma, a lei da nacionalidade dele, independentemente de onde houvesse sido lavrado.
d) O inventário de Roger não poderá ser processado no Brasil, em razão de existirem bens no estrangeiro a partilhar.

**COMENTÁRIOS**

✪ **Nota do autor:** a Constituição Federal estabelece norma de Direito Internacional Privado acerca de matéria sucessória, ao fixar, em seu artigo 5º, XXXI, que "a sucessão de bens de estrangeiros situados no País será regulada pela lei brasileira em benefício do cônjuge ou dos filhos brasileiros, sempre que não lhes seja mais favorável a lei pessoal do "de cujus"".

**Alternativa "a"**: a Constituição Federal define, em seu artigo 5º, XXXI, que "**a sucessão de bens de estrangeiros situados no País será regulada pela lei brasileira em benefício do cônjuge ou dos filhos brasileiros**, sempre que não lhes seja mais favorável a lei pessoal do "de cujus"", norma essa replicada pelo artigo 10, §1º, da LINDB ("A sucessão de bens de estrangeiros, situados no País, será regulada pela lei brasileira em benefício do cônjuge ou dos filhos brasileiros, ou de quem os represente, sempre que não lhes seja mais favorável a lei pessoal do *de cujus*")

**Alternativa "b"**: o artigo 10, § 2º, da Lei de Introdução às Normas do Direito Brasileiro (LINDB) determina que "**A lei do domicílio do herdeiro ou legatário regula a capacidade**

**para suceder**". Logo, como o filho de Roger é domiciliado na Suíça, sua capacidade para suceder é regulada pela lei suíça.

**Alternativa "c":** o artigo 10, *caput*, da LINDB é claro ao definir que "**A sucessão por morte ou por ausência obedece à lei do país em que domiciliado o defunto ou o desaparecido, qualquer que seja a natureza e a situação dos bens**". Logo, aplica-se a lei brasileira ao caso.

**Alternativa "d": o inventário de Roger só não poderá ser processado no Brasil no tocante aos bens imóveis localizados na Suíça, visto que o tema é de competência exclusiva da autoridade estrangeira**, cabendo à autoridade brasileira, exclusivamente, "em matéria de sucessão hereditária, proceder à confirmação de testamento particular e ao inventário e à partilha de bens situados no Brasil, ainda que o autor da herança seja de nacionalidade estrangeira ou tenha domicílio fora do território nacional" (CPC, art. 23, II). No tocante às demais questões sucessórias envolvidas, o exame do caso repousa na competência concorrente da autoridade brasileira, a teor do artigo 21 do CPC 2015, o qual destaca que "Compete à autoridade judiciária brasileira processar e julgar as ações em que: I – o réu, qualquer que seja a sua nacionalidade, estiver domiciliado no Brasil; II – no Brasil tiver de ser cumprida a obrigação; III – o fundamento seja fato ocorrido ou ato praticado no Brasil".

**Alternativa correta: letra "b".**

## 6.4. ELEMENTOS DE CONEXÃO

**29. (FGV – OAB 2018.1)** Paulo, brasileiro, celebra no Brasil um contrato de prestação de serviços de consultoria no Brasil a uma empresa pertencente a François, francês residente em Paris, para a realização de investimentos no mercado imobiliário brasileiro. O contrato possui uma cláusula indicando a aplicação da lei francesa.

Em ação proposta por Paulo no Brasil, surge uma questão envolvendo a capacidade de François para assumir e cumprir as obrigações previstas no contrato.

Com relação a essa questão, a Justiça brasileira deverá aplicar.

a) a lei brasileira, porque o contrato foi celebrado no Brasil.
b) a lei francesa, porque François é residente da França.
c) a lei brasileira, país onde os serviços serão prestados.
d) a lei francesa, escolhida pelas partes mediante cláusula contratual expressa.

**COMENTÁRIOS**

✪ **Nota do autor:** a definição dos elementos de conexão empregados no Brasil é feita, sobretudo, pela Lei de Introdução às Normas do Direito Brasileiro (LINDB), entre os artigos 7 a 13. Cabe destacar que a Constituição Federal, em seu artigo 5º, XXXI, também trata do tema.

**Alternativa "a":** é certo que o artigo 9, *caput*, da LINDB determina que "Para qualificar e reger as obrigações, aplicar-se-á a lei do país em que se constituírem", com o que se aplicaria ao contrato a lei brasileira. Entretanto, a questão em pauta é a capacidade de François. A respeito, o *caput* do artigo 7º da LINDB define que "**A lei do país em que domiciliada a pessoa determina as regras sobre** o começo e o fim da personalidade, o nome, **a capacidade** e os direitos de família". Portanto, como François é domiciliado na França, **aplica-se a lei francesa** quanto à definição de sua capacidade para assumir e cumprir as obrigações previstas no contrato.

**Alternativa "b":** o artigo 7, *caput*, da LINDB estabelece que "**A lei do país em que domiciliada a pessoa determina as regras sobre** o começo e o fim da personalidade, o nome, **a capacidade** e os direitos de família". Como François é domiciliado na França, **aplica-se a lei francesa** quanto à definição de sua capacidade para assumir e cumprir as obrigações previstas no contrato.

**Alternativa "c":** o tema em pauta não é a lei aplicável à execução do contrato, mas a lei aplicável à determinação das regras acerca da capacidade de François. A respeito, o *caput* do artigo 7º da LINDB define que "**A lei do país em que domiciliada a pessoa determina as regras sobre** o começo e o fim da personalidade, o nome, **a capacidade** e os direitos de família". Logo, como François é domiciliado na França, **aplica-se a lei francesa** quanto à definição de sua capacidade para assumir e cumprir as obrigações previstas no contrato.

**Alternativa "d":** a capacidade de François é regulada pela lei de seu domicílio, a francesa, a teor do artigo 7º da LINDB, que define que "**A lei do país em que domiciliada a pessoa determina as regras sobre** o começo e o fim da personalidade, o nome, **a capacidade** e os direitos de família".

**Alternativa correta: letra "b".**

## 7. DIREITO DO MAR

**30. (FGV – OAB 2012.2)** Após assaltar uma embarcação turística a 5 milhas náuticas da costa do Maranhão, um bando de piratas consegue fugir com joias e dinheiro em duas embarcações leves motorizadas. Comunicadas rapidamente do ocorrido, duas lanchas da Marinha que patrulhavam a área perseguiram e alcançaram uma das embarcações a 10 milhas náuticas das linhas de base a partir das quais se mede o mar territorial. A segunda embarcação, no entanto, só foi alcançada a 14 milhas náuticas das linhas de base. Ao final, todos os assaltantes foram presos e, já em terra, entregues à Polícia Federal. Com base no caso hipotético acima, é correto afirmar que

a) a prisão da primeira embarcação é legal, mas não a da segunda, pois a jurisdição brasileira se esgota nos limites de seu mar territorial, que é de 12 milhas náuticas contadas das linhas de base.
b) as duas prisões são ilegais, pois a competência para reprimir crimes em águas jurisdicionais brasileiras pertence exclusivamente à Divisão de Polícia Aérea, Marítima e de Fronteira do Departamento de Polícia Federal.
c) as duas prisões são legais, pois a primeira embarcação foi interceptada dentro dos limites do mar territorial e a segunda dentro dos limites da zona contígua, onde os Estados podem tomar medidas para reprimir as infrações às leis de seu território.
d) a primeira prisão é ilegal, pois ocorreu em mar territorial, área de competência exclusiva da Polícia Federal, e a segunda prisão é legal, pois ocorreu em zona contígua, onde a competência para reprimir qualquer ato que afete a segurança nacional passa a ser da Marinha.

**COMENTÁRIOS**

✪ **Nota do autor:** a questão trata do tema do Direito do Mar, regulado pela Convenção das Nações Unidas sobre o Direito do Mar (Convenção de Montego Bay) e, no Brasil, pela Lei 8.617/93. Importante destacar, com veemência, que o mar territorial brasileiro não tem a extensão de duzentas milhas, mas de apenas doze milhas.

**Alternativa "a":** o Estado brasileiro também **exerce certa jurisdição** sobre a zona contígua, a zona econômica exclusiva e a plataforma continental. Em tempo: é importante ressaltar que **o mar territorial brasileiro não mais se estende por duzentas milhas, mas apenas por doze milhas** (Lei 8.617/93, art. 1º).

**Alternativa "b": a Polícia Federal**, que efetivamente exerce "as funções de polícia marítima, aeroportuária e de fronteiras" (CF, art. 144, § 1º, III), **divide a tarefa** de velar pela proteção das águas jurisdicionais brasileiras com a Marinha do Brasil, nos termos dos artigos 16-A e 17 da LC 97/1999.

**Alternativa "c":** o Brasil **exerce integralmente sua soberania sobre seu mar territorial** (Lei 8.617/93, art. 2º) e, na zona contígua, **pode tomar as medidas necessárias para reprimir as infrações às leis e aos regulamentos nacionais** (Lei 8.617/93, art. 5º, II).

**Alternativa "d": tanto a Polícia Federal como a Marinha podem atuar no mar territorial**, espaço onde o Brasil aplica integralmente seu poder soberano, e na zona contígua, dentro da qual o Estado brasileiro poderá tomar as medidas fiscalizatórias para "evitar as infrações às leis e aos regulamentos aduaneiros, fiscais, de imigração ou sanitários, no seu território, ou no seu mar territorial" e "reprimir as infrações às leis e aos regulamentos, no seu território ou no seu mar territorial" (Lei 8.617/93, art. 5º, I e II).

**Alternativa correta: letra "c".**

## 8. IMUNIDADE DE JURISDIÇÃO

**31. (FGV-Exame de Ordem 2019.2)** João da Silva prestou serviços de consultoria diretamente ao Comitê Olímpico Internacional (COI), entidade com sede na Suíça, por ocasião dos Jogos Olímpicos realizados no Rio de Janeiro, em 2016. Até o presente momento, João não recebeu integralmente os valores devidos.

Na hipótese de recorrer a uma cobrança judicial, o pedido deve ser feito

a) na justiça federal, pois o COI é uma organização internacional estatal.

b) na justiça estadual, pois o COI não é um organismo de direito público externo.

c) por auxílio direto, intermediado pelo Ministério Público, nos termos do tratado Brasil-Suíça.

d) na justiça federal, por se tratar de uma organização internacional com sede no exterior.

**COMENTÁRIOS**

✪ **Nota do autor:** o Comitê Olímpico Internacional (COI) é uma entidade privada, com sede na Suíça.

**Alternativa "a":** o COI é uma **entidade privada suíça, não uma organização internacional intergovernamental.** Logo, **a Justiça Federal não é competente para conhecer do caso**.

**Alternativa "b":** o COI é uma **entidade privada suíça, não um ente de direito público externo.** Logo, **a Justiça Estadual é competente para conhecer do caso.**

**Alternativa "c":** o Judiciário brasileiro é competente para conhecer do caso, visto que **compete à autoridade judiciária brasileira processar e julgar as ações em que o fundamento seja fato ocorrido ou ato praticado no Brasil** (CPC, art. 21, III).

**Alternativa "d":** o COI é uma **entidade privada suíça, não um organismo internacional intergovernamental.** Logo, **a Justiça Federal não é competente para conhecer do caso.**

**Alternativa correta: letra "b".**

**32. (FGV – OAB 2018.2)** Maria Olímpia é demitida pela Embaixada de um país estrangeiro, em Brasília, por ter se recusado a usar véu como parte do seu uniforme de serviço. Obteve ganho de causa na reclamação trabalhista que moveu, mas, como o Estado não cumpriu espontaneamente a sentença, foi solicitada a penhora de bens da Embaixada.

Nesse caso, a penhora de bens do Estado estrangeiro:

a) somente irá prosperar se o Estado estrangeiro tiver bens que não estejam diretamente vinculados ao funcionamento da sua representação diplomática.

b) não poderá ser autorizada, face à imunidade absoluta de jurisdição do Estado estrangeiro.

c) dependerá de um pedido de auxílio direto via Autoridade Central, nos termos dos tratados em vigor.

d) poderá ser deferida, porque, sendo os contratos de trabalho atos de gestão, os bens que são objeto da penhora autorizam, de imediato, a execução.

**COMENTÁRIOS**

✪ **Nota do autor:** o tema da imunidade de execução do Estado estrangeiro é objeto de polêmica. Há um entendimento predominante nos Tribunais Superiores de que a imunidade de execução pode ser afastada apenas diante da renúncia do Estado estrangeiro, em virtude da inviolabilidade de seus bens, que decorre especialmente das imunidades estabelecidas pela Convenção de Viena sobre Relações Diplomáticas, de 1961, e da Convenção de Viena sobre Relações Consulares, de 1963. Entretanto, há também quem defenda que a execução pode ocorrer quando incidir sobre bens do Estado estrangeiro não afetos aos serviços diplomáticos e consulares.

**Alternativa "a": resposta correta de acordo com o entendimento segundo o qual a execução poderá recair sobre bens não afetos aos serviços diplomáticos e consulares do Estado estrangeiro**.

**Alternativa "b":** a imunidade do Estado estrangeiro a medidas executórias pode ser afastada apenas com a renúncia do Estado a essas imunidades. Logo, **a execução poderá ocorrer quando o Estado estrangeiro renunciar à imunidade**.

**Alternativa "c":** até o momento, **ainda não há tratados em vigor** para o Brasil que regulem a possibilidade de execução de uma sentença proferida contra um Estado estrangeiro por meio de atos de cooperação internacional envolvendo pedidos de auxílio direito veiculados por intermédio de autoridades centrais.

**Alternativa "d": o fato de o Estado estrangeiro não ter imunidades pela prática de atos de gestão não afasta a imunidade de execução**, a qual poderá ser elidida apenas, de acordo com o entendimento pertinente, pela renúncia do Estado estrangeiro à imunidade ou quando a execução não recair sobre bens afetos aos serviços diplomáticos e consulares.

**Alternativa correta: letra "a".**

**33. (FGV – OAB 2016.3)** Aurélio, diplomata brasileiro, casado e pai de dois filhos menores, está em vias de ser nomeado chefe de missão do Brasil na capital de importante Estado europeu. À luz do disposto na Convenção de Viena sobre Relações Diplomáticas, promulgada no Brasil por meio do Decreto nº 56.435/65, assinale a afirmativa correta.

a) A nomeação de Aurélio pelo Brasil não depende da anuência do Estado acreditado, visto se tratar de uma decisão soberana do Estado acreditante.

b) Mesmo se nomeado, o Estado acreditado poderá considerar Aurélio *persona non grata*, desde que, para tanto, apresente suas razões ao Estado acreditante, em decisão fundamentada. Se acolhidas as razões apresentadas pelo

Estado acreditado, Aurélio poderá ser retirado da missão ou deixar de ser reconhecido como membro da missão.

c) Os privilégios e as imunidades previstos estendidos à mulher e aos filhos de Aurélio cessam de imediato, na hipótese de falecimento de Aurélio.

d) Se nomeado, a residência de Aurélio gozará da mesma inviolabilidade estendida ao local em que baseada a missão do Brasil no Estado acreditado.

**COMENTÁRIOS**

✪ **Nota do autor:** o chefe de uma missão diplomática é também conhecido como "embaixador" e pode ou não ser um diplomata de carreira.

**Alternativa "a": a nomeação de Aurélio para chefe de missão diplomática brasileira no exterior depende da anuência do Estado acreditado**, expressa pela concessão do ***agrément***. A respeito, o artigo 4 da Convenção de Viena sobre o Direito dos Tratados determina que "**O Estado acreditante deverá certificar-se de que a pessoa que pretende nomear como Chefe da Missão perante o Estado acreditado obteve o *agrément* do referido Estado**", estabelecendo também que "**O Estado acreditado não está obrigado a dar ao Estado acreditante as razões da negação do *agrément***". Vale destacar que a concessão do *agrément* é ato discricionário do Estado acreditado. Por fim, é importante lembrar que a indicação de embaixadores no Brasil depende também da aprovação do Senado, em sessão secreta, a teor do artigo 52, IV, da Constituição Federal ("Compete privativamente ao Senado Federal: IV – aprovar previamente, por voto secreto, após arguição em sessão secreta, a escolha dos chefes de missão diplomática de caráter permanente").

**Alternativa "b": o Estado não precisa apresentar ao Estado acreditante, em decisão fundamentada, suas razões de decretar um diplomata *persona non grata*.** Essa é a regra do artigo 9 da Convenção de Viena sobre Relações Diplomáticas de 1961, que estabelece que "1. O Estado acreditado poderá a qualquer momento, e sem ser obrigado a justificar a sua decisão, notificar ao Estado acreditante que o Chefe da Missão ou qualquer membro do pessoal diplomático da Missão é *persona non grata* ou que outro membro do pessoal da Missão não é aceitável. O Estado acreditante, conforme o caso, retirará a pessoa em questão ou dará por terminadas as suas funções na Missão. Uma Pessoa poderá ser declarada *non grata* ou não aceitável mesmo antes de chegar ao território do Estado acreditado. 2. Se o Estado acreditante se recusar a cumprir, ou não cumpre dentro de um prazo razoável, as obrigações que lhe incumbem, nos termos do parágrafo 1 deste artigo, o Estado acreditado poderá recusar-se a reconhecer tal pessoa como membro da Missão".

**Alternativa "c":** o artigo 39, par. 3, da Convenção de Viena sobre Relações Diplomáticas (1961) é expresso ao fixar que "**Em caso de falecimento de um membro da Missão os membros de sua família continuarão no gozo dos privilégios e imunidades a que tem direito até a expiração de um prazo razoável que lhes permita deixar o território do Estado acreditado**".

**Alternativa "d":** de acordo com o artigo 30 da Convenção de Viena sobre Relações Diplomáticas, de 1961, "**A residência particular do agente diplomático goza da mesma inviolabilidade e proteção que os locais da missão**".

**Alternativa correta: letra "d".**

## 9. INTEGRAÇÃO REGIONAL. MERCOSUL

**34. (FGV – OAB 2016.3)** O Acordo de Cooperação e Assistência Jurisdicional em Matéria Civil, Comercial, Trabalhista e Administrativa entre os Estados Partes do Mercosul, a República da Bolívia e a República do Chile, foi promulgado no Brasil por meio do Decreto n° 6.891/09, tendo por finalidade estabelecer as bases em que a cooperação e a assistência jurisdicional entre os Estados membros será realizada.

A respeito desse instrumento, assinale a afirmativa correta:

a) A indicação das autoridades centrais responsáveis pelo recebimento e andamento de pedidos de assistência jurisdicional é realizada pelo Grupo Mercado Comum.

b) Os nacionais ou residentes permanentes de outro Estado membro, para que possam se beneficiar do mecanismo de cooperação jurisdicional em determinado Estado membro, deverão prestar caução.

c) Os procedimentos para cumprimento de uma carta rogatória recebida sob a guarida do Acordo são determinados pela lei interna do Estado em que a carta deverá ser cumprida, não sendo admitida, em qualquer hipótese, a observação de procedimentos diversos solicitados pelo Estado de onde provenha a carta.

d) Uma sentença ou um laudo arbitral proveniente de um determinado Estado, cujo reconhecimento e execução seja solicitado a outro Estado membro, pode ter sua eficácia admitida pela autoridade jurisdicional do Estado requerido apenas parcialmente.

**COMENTÁRIOS**

✪ **Nota do autor:** as relações entre os Estados membros do Mercosul não se limitam a aspectos econômico-comerciais, compreendendo também outras áreas, como a cooperação jurídica internacional. Nesse tema, os dois tratados mais importantes são o Protocolo de Cooperação e Assistência Jurisdicional em Matéria Civil, Comercial, Trabalhista e Administrativa (Protocolo de Las Leñas – Decreto 2.067, de 12/11/1996) e o Acordo de Cooperação e Assistência Jurisdicional em Matéria Civil, Comercial, Trabalhista e Administrativa entre os Estados Partes do Mercosul, a República da Bolívia e a República do Chile (Decreto 6.891, de 02/07/2009).

**Alternativa "a": as autoridades centrais serão indicadas pelos Estados membros,** a teor do artigo 2 do Acordo de Cooperação e Assistência Jurisdicional em Matéria Civil, Comercial, Trabalhista e Administrativa entre os Estados Partes do Mercosul, a República da Bolívia e a República do Chile, o qual dispõe que "**Para efeitos do presente Acordo, os Estados Partes indicarão uma Autoridade Central encarregada de receber e dar andamento a pedidos de assistência jurisdicional em matéria civil, comercial, trabalhista e administrativa**".

**Alternativa "b":** o artigo 4 do Acordo de Cooperação e Assistência Jurisdicional em Matéria Civil, Comercial, Trabalhista e Administrativa entre os Estados Partes do Mercosul, a República da Bolívia e a República do Chile é expresso ao determinar que "**Nenhuma caução ou depósito, qualquer que seja sua denominação, poderá ser imposta em razão da qualidade de nacional, cidadão ou residente permanente ou habitual de outro Estado Parte**". Cabe acrescentar que a norma em apreço "**aplicar-se-á às pessoas jurídicas constituídas, autorizadas ou registradas conforme as leis de qualquer dos Estados Partes**".

**Alternativa "c":** o artigo 12 do Acordo de Cooperação e Assistência Jurisdicional em Matéria Civil, Comercial, Trabalhista e Administrativa entre os Estados Partes do Mercosul, a República da Bolívia e a República do Chile determina que "**A autoridade jurisdicional encarregada do cumprimento de uma carta rogatória aplicará sua lei interna no que se refere aos procedimentos**". No entanto, o mesmo artigo fixa que "**a carta rogatória poderá ter, mediante pedido da**

**autoridade requerente, tramitação especial, admitindo-se o cumprimento de formalidades adicionais na diligência da carta rogatória, sempre que isso não seja incompatível com a ordem pública do Estado requerido**". Cabe destacar que a ordem pública é limite genérico para a aplicação da norma estrangeira no Brasil, impedindo também a homologação de sentença estrangeira e a concessão de *exequatur* à carta rogatória no que lhe contrariem.

**Alternativa "d":** de acordo com o artigo 23 do Acordo de Cooperação e Assistência Jurisdicional em Matéria Civil, Comercial, Trabalhista e Administrativa entre os Estados Partes do Mercosul, a República da Bolívia e a República do Chile, "**Se uma sentença ou um laudo arbitral não puder ter eficácia em sua totalidade, a autoridade jurisdicional competente do Estado requerido poderá admitir sua eficácia parcial mediante pedido da parte interessada**". Cabe destacar que, no geral, há possibilidade de homologação parcial de uma sentença ou laudo arbitral estrangeiro.

**Alternativa correta: letra "d".**

## 10. INVESTIMENTO ESTRANGEIRO

**35. (FGV – OAB 2014.1)** Sobre o sistema de regulação de investimentos e fluxo de capital estrangeiro no atual ordenamento jurídico da República Federativa do Brasil, assinale a afirmativa incorreta:

a) É vedada a participação de capital estrangeiro nas empresas jornalísticas e de radiodifusão sonora e de sons e imagens, uma vez que sua propriedade é privativa de brasileiros natos.

b) É vedada a participação direta ou indireta de empresas ou capitais estrangeiros na assistência à saúde no país, salvo nos casos previstos em lei.

c) O sistema financeiro nacional será regulado por leis complementares que disporão, inclusive, sobre a participação do capital estrangeiro nas instituições que o integram.

d) Os investimentos de capital estrangeiro, o incentivo aos reinvestimentos e a regulação à remessa de lucros serão disciplinados em lei, tendo por base o interesse nacional.

**COMENTÁRIOS**

✪ **Nota do autor:** o tema do investimento estrangeiro no Brasil é objeto da Constituição Federal em seus artigos 172, 190, 192, 199, § 3º, e 222, §§ 1º e 2º.

**Alternativa "a":** de acordo com o artigo 222, *caput*, do texto constitucional, "**A propriedade de empresa jornalística e de radiodifusão sonora e de sons e imagens é privativa de brasileiros natos ou naturalizados há mais de dez anos**, ou de pessoas jurídicas constituídas sob as leis brasileiras e que tenham sede no País". Aqui ressalte-se também o § 1º do artigo 222 da Carta Magna, que fixou que "Em qualquer caso, pelo menos setenta por cento do capital total e do capital votante das empresas jornalísticas e de radiodifusão sonora e de sons e imagens deverá pertencer, direta ou indiretamente, a brasileiros natos ou naturalizados há mais de dez anos, que exercerão obrigatoriamente a gestão das atividades e estabelecerão o conteúdo da programação". Por fim, o artigo 222, § 2º, da Constituição Federal prescreve que "A responsabilidade editorial e as atividades de seleção e direção da programação veiculada são privativas de brasileiros natos ou naturalizados há mais de dez anos, em qualquer meio de comunicação social". Em suma, a propriedade de empresas jornalísticas e de radiodifusão sonora e de sons e imagens **também é aberta a brasileiros naturalizados.**

**Alternativa "b":** de acordo com o artigo 199, § 3º, do texto constitucional, "**É vedada a participação direta ou indireta de empresas ou capitais estrangeiros na assistência à saúde no País, salvo nos casos previstos em lei**".

**Alternativa "c":** o artigo 192 da Carta Magna estabelece que "**O sistema financeiro nacional**, estruturado de forma a promover o desenvolvimento equilibrado do País e a servir aos interesses da coletividade, em todas as partes que o compõem, abrangendo as cooperativas de crédito, **será regulado por leis complementares que disporão, inclusive, sobre a participação do capital estrangeiro nas instituições que o integram**".

**Alternativa "d":** o artigo 172 da Constituição Federal fixa que "**A lei disciplinará, com base no interesse nacional, os investimentos de capital estrangeiro, incentivará os reinvestimentos e regulará a remessa de lucros**".

**Alternativa incorreta: letra "a".**

## 11. NACIONALIDADE

✪ **Nota do autor:** em virtude da entrada em vigor da Lei de Migração (Lei 13.445/17) em 21/11/2017, e da revogação do Estatuto do Estrangeiro (Lei 6.815/80) e da Lei 818/49, foram mantidas apenas as questões cujas respostas podem ser fundamentadas na Constituição Federal e na Lei de Migração.

**36. (FGV – OAB 2017.1)** Luca nasceu em Nápoles, na Itália, em 1997. É filho de Marta, uma ilustre pintora italiana, e Jorge, um escritor brasileiro. Quando de seu nascimento, seus pais o registraram apenas perante o registro civil italiano. Luca nunca procurou se informar sobre seu direito à nacionalidade brasileira, mas, agora, vislumbrando seu futuro, ele entra em contato com um escritório especializado, a fim de saber se e como poderia obter a nacionalidade brasileira.

Assinale a opção que apresenta, em conformidade com a legislação brasileira, o procedimento indicado pelo escritório.

a) Luca não tem direito à nacionalidade brasileira, eis que seu pai não estava ou está a serviço do Brasil.

b) Luca não poderá mais obter a nacionalidade brasileira, tendo em vista que já é maior de idade.

c) Luca tem direito à nacionalidade brasileira, mas, ainda que a obtenha, não será considerado brasileiro nato.

d) Luca deverá ir residir no Brasil e fazer a opção pela nacionalidade brasileira.

**COMENTÁRIOS**

✪ **Nota do autor:** a definição da nacionalidade brasileira é matéria tratada pelo artigo 12 da Constituição Federal. Aqui cabe destacar que a concessão do status de brasileiro nato, regulada pelo artigo 12, I, alíneas "a", "b" e "c", do texto constitucional comporta o acolhimento, pelo Brasil, tanto do critério *jus solis* como do *jus sanguinis*.

**Alternativa "a":** de acordo com o art. 12, I, "c", do texto constitucional, são brasileiros natos "**os nascidos no estrangeiro de pai brasileiro ou de mãe brasileira, desde que sejam registrados em repartição brasileira competente ou venham a residir na República Federativa do Brasil e optem, em qualquer tempo, depois de atingida a maioridade, pela nacionalidade brasileira**". Cabe destacar que **a norma em apreço se aplica exatamente aos brasileiros que não estão ou não estavam a serviço do Brasil.**

**Alternativa "b":** de acordo com o art. 12, I, "c", do texto constitucional, são brasileiros natos "**os nascidos no estrangeiro de pai brasileiro ou de mãe brasileira, desde que sejam registrados em repartição brasileira competente**

**ou venham a residir na República Federativa do Brasil e optem, em qualquer tempo, depois de atingida a maioridade, pela nacionalidade brasileira**". Logo, é exatamente com a maioridade que Luca poderá optar pela nacionalidade brasileira, desde que venha a residir no Brasil.

**Alternativa "c":** de acordo com o art. 12, I, "c", do texto constitucional, são brasileiros natos "**os nascidos no estrangeiro de pai brasileiro ou de mãe brasileira, desde que sejam registrados em repartição brasileira competente ou venham a residir na República Federativa do Brasil e optem, em qualquer tempo, depois de atingida a maioridade, pela nacionalidade brasileira**". Logo, a opção de Luca pela nacionalidade brasileira na hipótese do dispositivo em apreço caracterizará esse indivíduo como brasileiro nato.

**Alternativa "d":** de acordo com o art. 12, I, "c", do texto constitucional, são brasileiros natos "**os nascidos no estrangeiro de pai brasileiro ou de mãe brasileira, desde que sejam registrados em repartição brasileira competente ou venham a residir na República Federativa do Brasil e optem, em qualquer tempo, depois de atingida a maioridade, pela nacionalidade brasileira**", regra em vigor desde a EC 54/2007. Logo, Luca, que já é maior de idade, deverá vir ao Brasil e optar pela nacionalidade brasileira. Cabe ressaltar que a Lei de Migração prevê, em seu artigo 63, *caput*, que "O filho de pai ou de mãe brasileiro nascido no exterior e que não tenha sido registrado em repartição consular poderá, a qualquer tempo, promover ação de opção de nacionalidade".

**Alternativa correta: letra "d".**

## 12. ORGANIZAÇÕES INTERNACIONAIS

**37. (FGV – OAB 2012.3)** Com base da Carta das Nações Unidas, assinale a afirmativa correta:

a) A Assembleia Geral pode expulsar um Estado membro que tenha persistentemente violado os princípios da Carta das Nações Unidas, ouvido o Conselho de Segurança.

b) Os principais órgãos das Nações Unidas são a Assembleia Geral, o Conselho de Segurança, a Organização Mundial do Comércio e a Corte Internacional de Justiça.

c) As principais atribuições do Conselho de Segurança são a manutenção da paz internacional e a liberalização dos fluxos internacionais de comércio.

d) Um Estado não pode se tornar membro da Corte Internacional de Justiça sem antes se tornar membro nas Nações Unidas.

**COMENTÁRIOS**

**Nota do autor:** o estudo da ONU (Organização das Nações Unidas) requer o estudo da Carta das Nações Unidas (Carta da ONU), ato constitutivo da entidade.

**Alternativa "a":** de acordo com o artigo 6 da Carta da ONU, "**O Membro das Nações Unidas que houver violado persistentemente os Princípios contidos na presente Carta poderá ser expulso da Organização pela Assembleia Geral, mediante recomendação do Conselho de Segurança**".

**Alternativa "b":** a **Organização Mundial do Comércio (OMC) é uma organização internacional autônoma**, não mero órgão da ONU.

**Alternativa "c": a liberalização dos fluxos internacionais de comércio é incumbência da Organização Mundial do Comércio (OMC).**

**Alternativa "d":** de acordo com o artigo 93, par. 2, da Carta da ONU, "**Um Estado que não for Membro das Nações Unidas poderá tornar-se parte no Estatuto da Corte Internacional de Justiça**, em condições que serão determinadas, em cada caso, pela Assembleia Geral, mediante recomendação do Conselho de Segurança". De resto, "**Todos os Membros das Nações Unidas são *ipso facto* partes do Estatuto da Corte Internacional de Justiça**", nos termos do artigo 93, par. 1º, da Carta da ONU.

**Alternativa correta: letra "a".**

## 13. SEQUESTRO INTERNACIONAL DE CRIANÇAS

**38. (FGV – Exame de Ordem 2016.1)** Para a aplicação da Convenção sobre os Aspectos Civis do Sequestro Internacional de Crianças, Lígia recorre à autoridade central brasileira, quando Arnaldo, seu marido, que tem dupla-nacionalidade, viaja para os Estados Unidos com a filha de 17 anos do casal e não retorna na data prometida. Arnaldo alega que entrará com pedido de divórcio e passará a viver com a filha menor no exterior.

Com base no caso apresentado, a autoridade central brasileira:

a) deverá acionar diretamente a autoridade central estadunidense para que tome as medidas necessárias para o retorno da filha ao Brasil.

b) deverá ingressar na Justiça Federal brasileira, em nome de Lígia, para que a Justiça Federal mande acionar a autoridade central estadunidense para que tome as medidas necessárias para o retorno da filha ao Brasil.

c) não deverá apreciar o pleito de Lígia, eis que a filha é maior de 16 anos.

d) não deverá apreciar o pleito de Lígia, eis que o pai também possui direito de guarda sobre a filha, já que o divórcio ainda não foi realizado.

**COMENTÁRIOS**

**Nota do autor:** o tema do sequestro internacional de crianças vem aparecendo com certa frequência em exames jurídicos. A respeito, recomendamos o estudo detido da Convenção da Haia sobre os Aspectos Civis do Sequestro Internacional de Crianças (Decreto 3.413, de 14/04/2000) e do entendimento dos Tribunais Superiores brasileiros no tocante à matéria.

**Alternativa "a":** de acordo com a Convenção da Haia sobre os Aspectos Civis do Sequestro Internacional de Crianças (artigos 8 e 9), o pedido de providências para assegurar o retorno da criança indevidamente levada a outro Estado **deverá ser feito à autoridade central do Estado de residência habitual da criança** (no caso o Brasil) **ou à autoridade central de qualquer outro Estado, mas não diretamente à autoridade central do Estado para onde a criança foi levada.**

**Alternativa "b":** no caso, **Lígia deverá acionar a autoridade central brasileira, para que esta peça à autoridade central norte-americana que tome as providências necessárias para promover o eventual retorno da criança ao Brasil** (Convenção da Haia sobre os Aspectos Civis do Sequestro Internacional de Crianças – artigos 8 a 11).

**Alternativa "c":** de acordo com o artigo 4 da Convenção da Haia sobre os Aspectos Civis do Sequestro Internacional de Crianças, "**A aplicação da Convenção cessa quando a criança atingir a idade de dezesseis anos**".

**Alternativa "d":** o problema que a Convenção da Haia sobre os Aspectos Civis do Sequestro Internacional de Crianças pretende enfrentar é a **violação dos termos de guarda** (artigos 1 e 3), que é o que ocorreu quando Arnaldo levou a filha para os EUA sem estar na companhia de Lígia ou sem decisão judicial que lhe conferisse a guarda da filha. **O fato de o divórcio ainda não ter sido realizado ou de o pai também ter direito de guarda sobre a filha é irrelevante para a decisão acerca do eventual retorno da menor.** Cabe destacar que **o fato de Arnaldo ter dupla nacionalidade também é irrelevante para a caracterização da violação dos termos de guarda.**

**Alternativa correta: letra "c".**

## 14. SOLUÇÃO PACÍFICA DE CONTROVÉRSIAS

**39. (FGV – OAB 2019.1)** Existe disputas sobre parcelas de territórios entre países da América Latina. O Brasil e o Uruguai, por exemplo, possuem uma disputa em torno da chamada "ilha brasileira", na foz do Rio Uruguai. Na hipótese de o Uruguai vir a reivindicar formalmente esse território, questionando a divisa estabelecida no tratado internacional de 1851, assinale a opção que indica o tribunal internacional ao qual ele deveria endereçar o pleito:

a) Tribunal Permanente de Revisão do Mercosul.

b) Corte Internacional de Justiça

c) Tribunal Penal Internacional.

d) Tribunal Internacional do Direito do Mar.

**COMENTÁRIOS**

✪ **Nota do autor:** o Brasil aceita a cláusula facultativa de jurisdição contenciosa da Corte Interamericana de Direitos Humanos, mas não aceita a cláusula facultativa de jurisdição contenciosa da Corte Internacional de Justiça, também conhecida como "Cláusula Raul Fernandes". O Tribunal Permanente de Revisão do Mercosul, o Tribunal Penal Internacional (TPI) e o Tribunal Internacional do Direito do Mar não contemplam cláusulas equivalentes.

**Alternativa "a":** de acordo com o artigo 1, par. 1, do Protocolo de Olivos para a Solução de Controvérsias no Mercosul, o Tribunal Permanente de Revisão do Mercosul é competente para examinar "**As controvérsias que surjam entre os Estados Partes sobre a interpretação, a aplicação ou o não cumprimento do Tratado de Assunção, do Protocolo de Ouro Preto, dos protocolos e acordos celebrados no marco do Tratado de Assunção, das Decisões do Conselho do Mercado Comum, das Resoluções do Grupo Mercado Comum e das Diretrizes da Comissão de Comércio do MERCOSUL**". É certo que a República Federativa do Brasil e a República Oriental do Uruguai fazem parte do Mercosul, ao lado da República Argentina e da República do Paraguai (a República Bolivariana da Venezuela encontra-se suspensa do bloco regional em apreço). Entretanto, como a controvérsia entre o Brasil e o Uruguai não se refere à aplicação das normas do Mercosul, não cabe ao Tribunal Permanente de Revisão do Mercosul se manifestar a respeito

**Alternativa "b":** a teor do artigo 36 do Estatuto da Corte Internacional de Justiça, o tribunal em tela é competente para examinar "**todas as questões que as partes lhe submetam, bem como todos os assuntos especialmente previstos na Carta das Nações Unidas ou em tratados e convenções em vigor**". Mais exatamente, a jurisdição da Corte abrange todas as controvérsias de ordem jurídica que tenham por objeto: "**a) a interpretação de um tratado; b) qualquer ponto de direito internacional; c) a existência de qualquer fato que, se verificado, constituiria violação de um compromisso internacional; d) a natureza ou extensão da reparação devida pela ruptura de um compromisso internacional**". Logo, a Corte Internacional de Justiça pode apreciar o pleito que o Uruguai porventura venha a formular em face do Brasil.

**Alternativa "c":** o Estatuto de Roma do Tribunal Penal Internacional estabelece que referida corte é **competente para processar e julgar indivíduos pela prática de crime de genocídio, crime de agressão, crimes de guerra e crimes contra a humanidade** (arts. 1º e 5º, par. 1). Logo, **o Tribunal Penal Internacional não é competente para processar e julgar o Estado brasileiro**, que é uma pessoa jurídica.

**Alternativa "d":** o artigo 21 do Anexo VI da Convenção das Nações Unidas sobre o Direito do Mar (Convenção de Montego Bay) estabelece que o Tribunal Internacional do Direito do Mar (Tribunal de Hamburgo) é **competente para examinar todas as controvérsias e pedidos que lhe sejam submetidos de conformidade com a Convenção de Montego Bay, bem como todas as questões especialmente previstas em qualquer outro acordo que confira jurisdição ao Tribunal**. Como a definição das fronteiras entre o Brasil e o Uruguai não é objeto do chamado "Direito do Mar", o Tribunal Internacional do Direito do Mar não poderá receber ação ajuizada pelo Estado uruguaio em face da República Federativa do Brasil.

**Alternativa correta: letra "b".**

---

**40. (FGV – OAB 2017.2)** O mecanismo de solução de controvérsias atualmente em vigor no âmbito da Organização Mundial do Comércio (OMC) foi instituído em 1994 por meio do Entendimento Relativo às Normas e Procedimentos sobre Solução de Controvérsias, constantes do Tratado de Marrakesh, e vincula todos os membros da organização.

A respeito do funcionamento desse mecanismo, assinale a afirmativa correta:

a) Uma vez acionado o mecanismo de solução de controvérsias, os Estados em disputa ficam impedidos de recorrer a formas pacíficas de solução de seus litígios, tais como bons ofícios, conciliação e mediação.

b) A decisão, por consenso, acerca da adoção de um relatório produzido pelo grupo especial, integra o rol de competências do Órgão de Solução de Controvérsias, ainda que as partes em controvérsia escolham não apelar ao Órgão Permanente de Apelação.

c) As recomendações e decisões do Órgão de Solução de Controvérsias poderão implicar a diminuição ou o aumento dos direitos e das obrigações dos Estados, conforme estabelecido nos acordos firmados no âmbito da OMC.

d) As partes em controvérsia e os terceiros interessados que tenham sido ouvidos pelo grupo especial poderão recorrer do relatório do grupo especial ao Órgão Permanente de Apelação.

**COMENTÁRIOS**

✪ **Nota do autor:** a solução de controvérsias relativas ao comércio internacional no âmbito da Organização Mundial do Comércio (OMC) é objeto do Entendimento Relativo às Normas e Procedimentos sobre Solução de Controvérsias, parte do Tratado de Marrakesh, que compila todos os tratados que resultaram da Rodada Uruguai de Negociações Comerciais e que levaram à criação da OMC.

**Alternativa "a":** de acordo com o artigo 5, par. 3, do Entendimento Relativo às Normas e Procedimentos sobre Solução de Controvérsias, "**Bons ofícios, conciliação ou mediação poderão ser solicitados a qualquer tempo por qualquer das partes envolvidas na controvérsia**. Poderão iniciar-se ou encerrar-se a qualquer tempo. Uma vez terminados os procedimentos de bons ofícios, conciliação ou mediação, a parte reclamante poderá requerer o estabelecimento de um grupo especial".

**Alternativa "b":** de acordo com o artigo 17, par. 14, do Entendimento Relativo às Normas e Procedimentos sobre Solução de Controvérsias, "**Os relatórios do órgão de Apelação serão adotados pelo OSC e aceitos sem restrições pelas partes em controvérsia a menos que o OSC decida por consenso não adotar o relatório do órgão de Apelação dentro do prazo de 30 dias contados a partir da sua distribuição aos Membros. Este procedimento de adoção não prejudicará o direito dos Membros de expor suas opiniões sobre o relatório do órgão de Apelação**".

**Alternativa "c":** de acordo com o artigo 3, par. 2, do Entendimento Relativo às Normas e Procedimentos sobre Solução de Controvérsias, "**As recomendações e decisões do OSC não poderão promover o aumento ou a diminuição dos direitos e obrigações definidos nos acordos abrangidos**".

**Alternativa "d":** de acordo com o artigo 17, par. 4, do Entendimento Relativo às Normas e Procedimentos sobre Solução de Controvérsias, "**Apenas as partes em controvérsia, excluindo-se terceiros interessados, poderão recorrer do relatório do grupo especial**".

**Alternativa correta: letra "b".**

## 15. TRATADOS

**41. (FGV – OAB 2018.3)** Em 14 de dezembro de 2009, o Brasil promulgou a Convenção de Viena sobre o Direito dos Tratados de 1969, por meio do Decreto n° 7.030. A Convenção codificou as principais regras a respeito da conclusão, entrada em vigor, interpretação e extinção de tratados internacionais.

Tendo por base os dispositivos da Convenção, assinale a afirmativa correta:

a) Para os fins da Convenção, "tratado" significa qualquer acordo internacional concluído por escrito entre Estados e/ou organizações internacionais.

b) Os Estados são soberanos para formular reservas, independentemente do que disponha o tratado.

c) Um Estado não poderá invocar o seu direito interno para justificar o descumprimento de obrigações assumidas em um tratado internacional devidamente internalizado.

d) Os tratados que conflitem com uma norma imperativa de Direito Internacional geral têm sua execução suspensa até que norma ulterior de Direito Internacional geral da mesma natureza derrogue a norma imperativa com eles conflitante.

**COMENTÁRIOS**

**Nota do autor:** a Convenção de Viena sobre o Direito dos Tratados, de 1969, é o tratado internacional que regula a elaboração e a execução dos atos internacionais celebrados entre Estados, o que não impede que outros sujeitos de Direito Internacional, como as organizações internacionais e a Santa Sé, também celebrem tratados. A respeito, é importante destacar que os tratados que envolvam organizações internacionais, a Santa Sé e outros sujeitos com capacidade convencional serão regulados pelo costume internacional. Aqui cabe ressaltar que a Convenção de Viena sobre o Direito dos Tratados entre Estados e Organizações Internacionais ou entre Organizações Internacionais, de 1986, ainda não entrou em vigor.

**Alternativa "a":** de acordo com o artigo 1, alínea "a", da Convenção de Viena de 1969, o termo "tratado" refere-se a um "acordo internacional concluído por escrito **entre Estados** e regido pelo Direito Internacional, quer conste de um instrumento único, quer de dois ou mais instrumentos conexos, qualquer que seja sua denominação específica". A Convenção de Viena de 1969, portanto, não conceitua os tratados como diplomas que podem ser celebrados por organizações internacionais. Entretanto, reiteramos o que afirmamos no comentário acima: a Convenção de Viena de 1969 não impede que outros sujeitos de Direito Internacional, como as organizações internacionais e a Santa Sé, também celebrem tratados.

**Alternativa "b":** o artigo 19 da Convenção de Viena de 1969 permite que o Estado formule reservas ao assinar, ratificar, aceitar ou aprovar um tratado. Entretanto, **o direito a formular reservas não é absoluto e não existirá quando: a reserva for proibida pelo tratado; o tratado dispuser que só possam ser formuladas determinadas reservas; ou nos casos em que a reserva for incompatível com o objeto e a finalidade do tratado.**

**Alternativa "c":** o artigo 27 da Convenção de Viena de 1969 é expresso ao estabelecer que "**Uma parte não pode invocar as disposições de seu direito interno para justificar o inadimplemento de um tratado**".

**Alternativa "d": o tratado que entre em conflito com norma imperativa de Direito Internacional geral (norma de *jus cogens*) é nulo.** Essa é a regra do artigo 53 da Convenção de Viena de 1969, a qual dispõe que "**É nulo um tratado que, no momento de sua conclusão, conflite com uma norma imperativa de Direito Internacional geral**. Para os fins da presente Convenção, uma norma imperativa de Direito Internacional geral é uma norma aceita e reconhecida pela comunidade internacional dos Estados como um todo, como norma da qual nenhuma derrogação é permitida e que só pode ser modificada por norma ulterior de Direito Internacional geral da mesma natureza".

**Alternativa correta: letra "c".**

*Paulo Henrique Gonçalves Portela*

## ✦ RESUMOS DOUTRINÁRIOS

## 1. DIREITO INTERNACIONAL PÚBLICO

### 1.1. NOÇÕES GERAIS

- O Direito Internacional Público é o ramo do Direito que visa a regular **não apenas as relações entre os Estados**, mas **também todos os vínculos que efetivamente perpassem as fronteiras nacionais, podendo, portanto, tutelar qualquer tema que interesse a mais de um país ou povo e que envolva não somente os Estados, mas também as organizações internacionais**, os blocos regionais, as empresas, as ONGs e o indivíduo, dentre outros.
- O Direito Internacional Público também é conhecido como "**Direito das Gentes**".
- Ao contrário do que defende a doutrina dos negadores do Direito Internacional, as normas internacionais não são meros preceitos de cortesia ou de puro teor político, mas **são princípios e regras jurídicas, de caráter vinculante**.
- Não há um "Estado mundial", e a supranacionalidade é fenômeno que só existe no momento no tocante a algumas instituições da União Europeia, reguladas pelo chamado "Direito Comunitário". Logo, **o Direito Internacional é um direito de coordenação, não de subordinação.**
- As normas de Direito Internacional Público comportam a possibilidade de **responsabilização internacional**, o que pode ocorrer inclusive a partir de decisões de **cortes internacionais, com jurisdição transnacional**. Entretanto, a regra geral é a de que nenhum Estado pode ser automaticamente submetido à jurisdição de qualquer tribunal internacional. Dessa forma, o Estado só poderá ser réu num foro internacional após sua anuência prévia.
- O fundamento do Direito Internacional explica-se especialmente pelo **voluntarismo**, pelo que a maior parte das **normas de Direito das Gentes se aplica para o Estado a partir do momento em que estes aceitam cumpri-las**. Entretanto, há também a teoria do **objetivismo**, que entende que **as normas de Direito Internacional devem valer por fatores alheios à vontade estatal, como a relevância de princípios e regras do Direito das Gentes**.
- Em todo caso, **a partir da aceitação das normas internacionais, devem os Estados cumpri-las de boa-fé**. Por oportuno, cabe destacar que **nenhuma norma internacional pode violar as normas de *jus cogens* ("normas imperativas de Direito Internacional")** das quais nenhuma derrogação é permitida e que só podem ser substituídas por outras normas da mesma natureza.
- Na doutrina, o problema do conflito entre o Direito Internacional e o Direito interno explica-se pelas teorias do **dualismo** e do **monismo** e por outras noções, como o **princípio da primazia da norma mais favorável ao indivíduo**, típica do Direito Internacional dos Direitos Humanos.

### 1.2. FONTES DO DIREITO INTERNACIONAL PÚBLICO. TRATADOS

- O rol de fontes de Direito Internacional do artigo 38 do Estatuto da Corte Internacional de Justiça **não é exaustivo**, e a **mera ordem em que tais fontes são citadas nesse dispositivo não é definidora de sua hierarquia.**
- As fontes do artigo 38 do Estatuto da Corte Internacional de Justiça (CIJ) são: os **tratados** ("convenções"), o **costume internacional**, os **princípios gerais de direito**, as **decisões judiciárias** e a **doutrina**, sendo estas duas últimas consideradas "**fontes auxiliares**" do Direito das Gentes por esse Estatuto.
- As fontes do Direito Internacional Público não encontradas no artigo 38 do Estatuto da Corte Internacional de Justiça (CIJ) são os **atos unilaterais dos Estados**, os **atos das organizações internacionais**, o ***jus cogens*** e o ***soft law***.
- O Estatuto da CIJ admite a possibilidade de emprego da **equidade** (*ex aequo et bono*), **desde que as partes num conflito com isto concordem.**
- O costume internacional tem **dois elementos essenciais**: um de caráter **objetivo**, no caso a prática generalizada, reiterada, uniforme e constante de um ato (***inverterata consuetudo***); e o outro, **subjetivo**, que é a convicção de que essa prática é juridicamente obrigatória (***opinio juris***, ou *opinio juris sive necessitatis*). A mera presença do elemento objetivo configura simples "**uso**".
- O **Estado que invoca um costume internacional deve provar sua existência.**
- O **objetor persistente** (*persistant objector*) é aquele Estado que **expressamente rejeita um costume internacional.**
- O **costume** internacional **não é incorporado ao ordenamento interno por meio de decreto presidencial.**
- O *jus cogens* compreende normas de Direito Internacional às quais a comunidade internacional **atribui maior importância.** Cabe destacar, porém, que tais normas **não configuram uma ordem constitucional internacional.**
- **É nulo o tratado que viole o** *jus cogens*. Cabe salientar que **se torna nulo e se extingue o tratado contrário a uma norma de *jus cogens* que lhe for superveniente.**
- Uma vez em vigor, **não podem os Estados justificar o inadimplemento dos tratados** com fundamento na **eventual discrepância das normas internacionais com o Direito interno**.
- O tratado é um **acordo escrito**, celebrado entre **determinados sujeitos de Direito Internacional Público** e **regido pelo Direito das Gentes**, quer conste de um instrumento único, quer de dois ou mais instrumentos conexos, **qualquer que seja sua denominação específica**.
- A Convenção de Viena sobre o Direito dos Tratados, de 1969, foi finalmente **ratificada pelo Brasil em 2009**.
- **A Convenção de Viena sobre o Direito dos Tratados entre Estados e Organizações Internacionais ou entre Organizações Internacionais**, de 1986, foi ratificada e incorporada pelo Decreto Legislativo nº 155/2022.

- O tratado deve reunir quatro condições de validade: a **capacidade das partes**, a **habilitação dos agentes**, o **objeto lícito e possível** e o **consentimento regular**.
- O tratado pode ser celebrado apenas pelos seguintes sujeitos de Direito Internacional: **Estados, organizações internacionais, blocos regionais (que tenham poderes para tal), Santa Sé, beligerantes, insurgentes e determinadas nações em luta pela soberania**.
- Quanto ao número de partes, os tratados dividem-se na **forma solene** e na **forma simplificada** (acordos executivos). Nos acordos em forma solene, **a assinatura não é o ato que confere caráter vinculante ao tratado**, tendo o condão apenas de marcar o encerramento das negociações e a adoção de seu conteúdo, fechar o texto, autenticá-lo e de expressar a concordância dos negociadores com seu teor. Entretanto, **a partir da assinatura, não podem os Estados praticar atos contrários ao objeto do que foi acordado nas negociações do tratado**. Nos acordos em forma simplificada, **o tratado está pronto para entrar em vigor a partir de sua assinatura**.
- A **carta de plenos poderes autoriza** que **qualquer pessoa capaz assine um tratado** em nome do Estado, **mas não que o ratifique**. Vale destacar que **a assinatura não obriga que o Estado ratifique o tratado**.
- A ratificação é o ato pelo qual o Estado **confirma seu interesse em celebrar um tratado** e **assume o compromisso de cumpri-lo tão logo entre em vigor**.
- **Nos tratados multilaterais, não é necessário que o depositário seja parte do tratado**.
- No Brasil, a ratificação é **ato discricionário da Presidência da República**, sujeito à **autorização prévia do Congresso Nacional**. **Não é o Congresso Nacional, portanto, que ratifica o tratado**.
- No Brasil, o **decreto legislativo** firmado pelo **Presidente do Senado** é o ato que materializa a aprovação congressual do tratado.
- No Brasil, o tratado também deve ser **incorporado** ao ordenamento interno, para gerar efeitos jurídicos em território nacional. A incorporação ocorre a partir de **decreto presidencial**, firmado após a entrada em vigor do tratado no âmbito internacional.
- Portanto, **não é o decreto legislativo que incorpora** o tratado ao ordenamento interno, mas o **decreto presidencial** de promulgação. **O decreto legislativo apenas autoriza a ratificação**.
- O principal efeito prático do registro é permitir que o tratado seja **invocado perante os órgãos das Nações Unidas**.
- A **hierarquia dos tratados no Brasil não é uniforme** e obedece aos seguintes termos:

| | |
|---|---|
| **Tratados em geral** | Equivalentes às leis ordinárias e submetidos aos critérios cronológico e da especialidade |
| **Tratados em matéria tributária** | Supralegais |
| **Tratados de direitos humanos aprovados nos termos da CF, art. 5º, § 3º** | Equivalentes às emendas constitucionais |
| **Demais tratados de direitos humanos** | Supralegais |

- O Brasil **abandonou** totalmente o entendimento de que os **tratados de direitos humanos equivaleriam às leis ordinárias**.
- A **Convenção da ONU sobre os Direitos das Pessoas com Deficiência** (Convenção de Nova Iorque) e seu Protocolo , assim como o "Tratado de Marraqueche (Marraquexe/Marrakesh) para facilitar o acesso a obras publicadas às pessoas cegas, com deficiência visual ou com outras dificuldades para aceder ao texto impresso" e a Convenção Interamericana contra o Racismo, a Discriminação Racial e Formas Correlatas de Intolerância foram aprovados de acordo com a norma do art. 5º, §3º da CF/88 (aprovadas com votos de 3/5 dos membros em 2 turnos de votação nas 2 Casas do Congresso Nacional), de modo que são equivalentes às emendas constitucionais.
- **Nem todos os tratados permitem a adesão:** são os **tratados fechados.** Os tratados que **permitem a adesão são chamados "abertos"**.
- **O Congresso Nacional deverá examinar as emendas quando estas gerem compromissos gravosos ao patrimônio nacional**.
- Em regra, **as reservas excluem para o Estado os efeitos de certas cláusulas do tratado.** Entretanto, **poderá haver reservas meramente interpretativas**.
- **Nem todos os tratados permitem reservas, no todo ou em parte**.
- **Em matéria de tratados, a denúncia é o ato pelo qual o Estado se desvincula de um acordo internacional.**

## 1.3. SUJEITOS DE DIREITO INTERNACIONAL PÚBLICO. ESTADOS

- A definição do rol dos sujeitos de Direito Internacional é objeto de **polêmica**. Há quem reconheça esse caráter apenas nos **Estados**, nas **organizações internacionais**, na **Santa Sé**, em alguns **blocos regionais**, no **Comitê Internacional da Cruz Vermelha,** nos **beligerantes** e nos **insurgentes** e em algumas **nações em luta pela soberania**. Teorias mais modernas, porém, também incluem nessa lista os **indivíduos**, as **empresas** e as **ONGs**.
- Os **Estados** são conhecidos como "**sujeitos originários"** de Direito Internacional.
- As **organizações internacionais** são chamadas de "**sujeitos derivados"** de Direito das Gentes. São **criadas e compostas por Estados**. Não contam com soberania, mas têm **personalidade jurídica própria, podem celebrar tratados e fazem jus às imunidades necessárias ao exercício de suas funções**.
- A **Santa Sé é sujeito de Direito Internacional e não se confunde com o Estado da Cidade do Vaticano** (Vaticano). A Santa Sé é a cúpula do governo da Igreja Católica Apostólica Romana, e o Vaticano é o pequeno Estado que a abriga.
- **O Comitê Internacional da Cruz Vermelha também é considerado sujeito de Direito Internacional**. Entretanto, o Comitê Internacional da Cruz Vermelha **não é uma ONG**, estando qualificado como uma **organização *sui generis***.
- **Indivíduos, empresas e ONGs não podem celebrar tratados** nem podem participar de organizações internacionais.
- **Os elementos constitutivos do Estado são o território, o povo e o governo soberano, e a qualidade de sujeito de direito internacional não depende da quantidade de direitos e obrigações das quais um Estado é titular**, dependendo apenas da presença dos elementos do Estado, razão pela qual não se contesta o caráter estatal dos microestados.
- **O reconhecimento não é elemento constitutivo do Estado**.
- Não se deve confundir o **conceito de povo, de cunho jurídico**, com a **noção de população, de caráter estatístico/quantitativo**.

- Os **Estados podem ou não gozar de imunidade de jurisdição**, nos seguintes termos:

| Atos de império | Atos de gestão | Execução |
|---|---|---|
| Há imunidade. Estado só pode ser julgado pelo Judiciário de outro Estado se renunciar à imunidade | Não há imunidade | Prevalece a imunidade. Estado só pode ser forçado pelo Judiciário de outro Estado a cumprir uma decisão judicial se renunciar à imunidade |

- Dentre os **atos de império** estão os **atos de guerra e os atos vinculados ao controle da entrada e da permanência de estrangeiros**. Dentre os **atos de gestão praticados pelos Estados estão aqueles vinculados às relações laborais.**
- O STF, no informativo 1146, divulgou o julgamento do ARE 954858/RJ, de relatoria do Min. Edson Fachin, realizado em 20/09/2021, no qual fixou a seguinte tese de repercussão geral: "Os atos ilícitos praticados por Estados estrangeiros em violação a direitos humanos não gozam de imunidade de jurisdição".
- A esse respeito, entendeu o STJ, no julgamento do Recurso Ordinário RO 109-RJ, de relatoria do Min. Luis Felipe Salomão, em 07/06/2022, que a imunidade de jurisdição de Estado estrangeiro não alcança atos de império ofensivos ao direito internacional da pessoa humana que venham a ser praticados no território brasileiro, como os que resultem na morte de civis em período de guerra.

  A imunidade de execução existe **tanto no tocante a atos de império como a atos de gestão.**
- Dentre as possibilidades de dirimir os problemas da imunidade de execução encontram-se as **negociações diplomáticas** e a **execução de bens não afetos ao serviço exterior**. Entretanto, a doutrina e o entendimento dos tribunais superiores defendem majoritariamente que a imunidade de execução só pode ser afastada pela renúncia.
- Quando o Estado goza de imunidade, o ato pelo qual o Juiz comunica ao Estado estrangeiro que há um processo contra este e consulta suas autoridades acerca da eventual renúncia à imunidade **não é, tecnicamente, uma citação, mas mera "comunicação"**.
- A renúncia à imunidade, quando cabível, **não se estende às medidas executórias**, a respeito das quais **outra renúncia é necessária.**
- Atualmente, **as organizações internacionais gozam de imunidade de jurisdição**, nos termos dos tratados pertinentes, a qual pode ser afastada apenas mediante renúncia e que **se estende mesmo aos atos que envolvam relações trabalhistas.**

## 1.4. ÓRGÃOS DO ESTADO NAS RELAÇÕES INTERNACIONAIS

- Agentes diplomáticos e consulares contam com **privilégios e imunidades**, que configuram prerrogativas de **imunidade de jurisdição**, de **gozo no exterior** e em alguns casos **extensivas aos familiares.**
- Como regra geral, as **imunidades diplomáticas são mais amplas que as consulares** e todas têm o mesmo fundamento: a **teoria do interesse da função, não a extraterritorialidade: embaixada e consulado não é território estrangeiro**; é território do Estado onde se localizam, beneficiando-se, porém, de imunidade de jurisdição.
- Tanto as imunidades diplomáticas como as consulares comportam vários limites, como: a) a **obrigação de respeitar as leis locais**; b) a **vinculação à jurisdição do Estado de origem**; c) a possibilidade de **renúncia** (ato de **competência do Estado**, não do agente); d) a possibilidade de declaração de ***persona non grata***; e) a **inoponibilidade diante de violações dos direitos humanos.**
- Como regra geral, as imunidades diplomáticas e consulares atingem quatro áreas: imunidade **penal**; imunidade **cível e administrativa**; imunidade **tributária** e; **inviolabilidade.**
- O agente diplomático **não poderá ser preso nem poderá ser obrigado a depor como testemunha.**
- O agente diplomático não gozará de imunidade no campo cível e administrativo nas seguintes hipóteses: **ação sobre imóvel privado situado no território do Estado acreditado, salvo se o agente diplomático o possuir por conta do Estado acreditante para os fins da missão; ação sucessória na qual o agente diplomático figure, a título privado e não em nome do Estado, como executor testamentário, administrador, herdeiro ou legatário; e ação referente a qualquer profissão liberal ou atividade comercial exercida pelo agente diplomático no Estado acreditado fora de suas funções oficiais.**
- Pode o agente diplomático acionar o Judiciário do Estado em cujo território se encontre, **mas não lhe será lícito invocar as imunidades** a que faz jus **em caso de reconvenção** diretamente ligada à ação principal.
- O agente consular **não poderá ser detido ou preso preventivamente, exceto em caso de crime grave e em decorrência de decisão de autoridade judiciária competente**. Não poderá tampouco ser preso nem submetido a qualquer outra forma de limitação de sua liberdade pessoal, **senão em decorrência de sentença judiciária definitiva**. Quando for necessário decretar a prisão preventiva de um funcionário consular, o processo correspondente deverá iniciar-se sem a menor demora.
- O agente consular terá **imunidade cível apenas para os atos que abranjam o exercício das funções consulares**. Tal imunidade **não abrange: ações civis que resultem de contrato que o funcionário ou empregado consular não tiver realizado implícita ou explicitamente como agente do Estado que envia; e ações civis propostas por terceiro como consequência de danos causados por acidente de veículo, navio ou aeronave, ocorrido no Estado receptor do agente consular.**
- O **agente diplomático** tem como função básica **representar o Estado em suas relações no âmbito internacional**. O **agente consular** também é um representante do Estado em seu relacionamento externo, mas sua **função precípua** é a de velar pela **proteção e pela assistência de seus nacionais no exterior.**
- O direito de legação é o **direito de enviar e receber agentes diplomáticos** e depende da **manutenção de relações diplomáticas**. Cabe destacar, porém, que **a manutenção de relações consulares não depende das relações diplomáticas.**
- **Estado acreditante** é o **Estado que envia um agente diplomático**, e **Estado acreditado** é o **Estado que o recebe.**
- A indicação de um Embaixador depende do ***agrément*** do Estado acreditado; a indicação do Cônsul depende do ***exequatur*** do Estado que o recebe. No Brasil, ademais, **a indicação do Embaixador (não a do cônsul) depende da anuência do Senado.**
- No Brasil, o cargo de membro da carreira diplomática é **privativo de brasileiro nato.**

## 1.5. ORGANIZAÇÃO DAS NAÇÕES UNIDAS (ONU)

- As funções da ONU compreendem, basicamente, a **manutenção da paz e da segurança internacionais**, a promoção de **relações amistosas** entre os Estados e o estímulo à **cooperação** em temas de interesse da humanidade, como os **direitos humanos**.
- Os princípios que devem orientar a ação da ONU e de seus Estados Membros são: **igualdade jurídica** entre os Estados; **respeito às obrigações assumidas de acordo com a Carta das Nações Unidas; solução pacífica dos conflitos; proibição do uso da força** nas relações internacionais; possibilidade de **ação conjunta da comunidade internacional**, quando **necessária à manutenção da paz e da segurança** internacionais; **respeito à soberania nacional** e à noção de **não intervenção em assuntos internos**. Ademais, a ONU fará com que os Estados que não são Membros das Nações Unidas ajam de acordo com seus princípios em tudo quanto for necessário à manutenção da paz e da segurança internacionais.
- Os principais órgãos da ONU são a **Assembleia Geral** (órgão plenário), o **Conselho de Segurança** (órgão executivo), a **Secretaria Geral** (órgão administrativo, chefiado pelo Secretário-Geral) e a **Corte Internacional de Justiça (principal órgão jurisdicional** do sistema das Nações Unidas).
- **O Conselho de Segurança é o principal órgão da ONU responsável pela manutenção da paz e da segurança internacionais.** Conta com **quinze membros**, cinco dos quais **permanentes (China, EUA, França, Grã-Bretanha e Rússia)**, estes últimos com **direito ao veto**.
- O Secretário-Geral da ONU tem **função administrativa** e é o **principal representante da entidade**. Conta também com **função diplomática**, podendo, por exemplo, chamar a atenção do Conselho de Segurança para qualquer situação que entenda como ameaça à paz e à segurança internacionais.
- A Corte Internacional de Justiça tem **competência contenciosa** (processo e julgamento de Estados) e **consultiva** (emissão de pareceres para a Assembleia Geral, o Conselho de Segurança e outros organismos do sistema das Nações Unidas).
- **No âmbito da competência contenciosa, apenas Estados podem ser autores e réus na Corte Internacional de Justiça** (não organizações internacionais, pessoas, empresas etc.).
- **No tocante à competência consultiva, é importante destacar que os Estados não podem solicitar pareceres à Corte Internacional de Justiça.** Apenas a Assembleia Geral, o Conselho de Segurança e órgãos e organizações internacionais especializadas que forem devidamente autorizados pela Assembleia Geral poderão solicitar pareceres à Corte Internacional de Justiça.
- **Os Estados só podem ser réus na Corte Internacional de Justiça** diante de **previsão em tratado**, **de decisão das partes de levar um conflito à Corte** ou **depois de terem aceitado a cláusula facultativa de competência contenciosa** da Corte Internacional de Justiça.
- **O Brasil ainda não aceitou a cláusula facultativa de competência contenciosa** da Corte Internacional de Justiça.
- A sentença da Corte Internacional de Justiça é **obrigatória** é poderá ser **executada pelo Conselho de Segurança da ONU**. Os **pareceres** só são **obrigatórios em virtude de tratado ou se as partes envolvidas assim o decidirem**.

**Atenção!** A Lei 13.810/2019 disciplinou o cumprimento de sanções impostas por resoluções do Conselho de Segurança da ONU. Nela são disciplinadas a execução de tais resoluções, que passaram a ser de executoriedade imediata no Brasil. Em caso de existirem ativos (bens, valores, direitos, fundos, recursos ou serviços de qualquer natureza, financeiros ou não) indisponíveis (que têm proibição de serem transferidos, convertidos), deverá a União ingressar, sem demora, com auxílio direto judicial, para garantir o imediato cumprimento.

## 1.6. NACIONALIDADE

- No tocante à nacionalidade brasileira, **não é correto afirmar que o Brasil adote apenas o critério *jus solis*** de aquisição da nacionalidade originária.
- De fato, são **brasileiros natos** os **nascidos na República Federativa do Brasil**, ainda que de pais estrangeiros, desde que estes não estejam a serviço de seu país.
- Por outro lado, também são **brasileiros natos** os **nascidos no estrangeiro**, de pai brasileiro ou mãe brasileira, desde que qualquer deles esteja **a serviço da República Federativa do Brasil**, bem como os nascidos no estrangeiro de pai brasileiro ou de mãe brasileira, desde que sejam **registrados em repartição brasileira competente** ou que venham a **residir na República Federativa do Brasil e optem, em qualquer tempo, depois de atingida a maioridade, pela nacionalidade brasileira**.
- A opção da nacionalidade brasileira é feita por meio de **ação de opção de nacionalidade**.
- São brasileiros naturalizados os que, na forma da Lei de Migração (Lei 13.445/17), adquiram a nacionalidade brasileira, exigidas aos **originários de países de língua portuguesa (e não somente Portugal)** apenas **residência por um ano ininterrupto e idoneidade moral**.
- Também são brasileiros naturalizados os estrangeiros de **qualquer nacionalidade, residentes na República Federativa do Brasil há mais de quinze anos ininterruptos e sem condenação penal, desde que requeiram a nacionalidade brasileira**. Neste caso, conhecido como "naturalização extraordinária", **a atribuição da nacionalidade não é discricionária, e seus efeitos retroagem à data da solicitação**.
- **Apenas a Constituição poderá distinguir brasileiros natos de naturalizados**; nem lei complementar, nem a legislação ordinária nem tratados internacionais poderão fazê-lo:
- São **privativos de brasileiro nato** os cargos: **de Presidente e Vice-Presidente da República; de Presidente da Câmara dos Deputados; de Presidente do Senado Federal; de Ministro do Supremo Tribunal Federal; da carreira diplomática; de oficial das Forças Armadas; e de Ministro de Estado da Defesa**.
- É certo que **os cargos de Ministro da Defesa e de Oficial das forças Armadas são privativos de brasileiros natos**. Entretanto, e ainda que os cargos de integrante da carreira diplomática sejam também privativos de brasileiros natos, **o cargo de Ministro das Relações Exteriores é acessível a naturalizados**.

### NACIONALIDADE NA NOVA LEI DE MIGRAÇÃO (LEI 13.445/17)

- A nova Lei de Migração estabelece quatro tipos de naturalização: **ordinária, extraordinária, especial e provisória.**

| NATURALIZAÇÃO ORDINÁRIA | NATURALIZAÇÃO EXTRAORDINÁRIA | NATURALIZAÇÃO ESPECIAL | NATURALIZAÇÃO PROVISÓRIA |
|---|---|---|---|
| Condições:<br>I – ter capacidade civil, segundo a lei brasileira;<br>II – ter residência em território nacional, pelo prazo mínimo de 4 (quatro) anos;<br>III – comunicar-se em língua portuguesa, consideradas as condições do naturalizando; e<br>IV – não possuir condenação penal ou estiver reabilitado, nos termos da lei.<br>Nota: prazo de residência pode ser reduzido para o ano nas condições do artigo 66 da Lei de Migração. | • Concedida a pessoa de qualquer nacionalidade fixada no Brasil há mais de 15 (quinze) anos ininterruptos e sem condenação penal, desde que requeira a nacionalidade brasileira | Condições: ESTRANGEIRO QUE<br>I – seja cônjuge ou companheiro, há mais de 5 (cinco) anos, de integrante do Serviço Exterior Brasileiro em atividade ou de pessoa a serviço do Estado brasileiro no exterior; ou<br>II – seja ou tenha sido empregado em missão diplomática ou em repartição consular do Brasil por mais de 10 (dez) anos ininterruptos.<br>Outras condições:<br>I – ter capacidade civil, segundo a lei brasileira;<br>II – comunicar-se em língua portuguesa, consideradas as condições do naturalizando; e<br>III – não possuir condenação penal ou estiver reabilitado, nos termos da lei | • Poderá ser concedida ao migrante criança ou adolescente que tenha fixado residência em território nacional antes de completar 10 (dez) anos de idade e deverá ser requerida por intermédio de seu representante legal<br>• será convertida em definitiva se o naturalizando expressamente assim o requerer no prazo de 2 (dois) anos após atingir a maioridade |

- No prazo de até 1 (um) ano após a concessão da naturalização, **deverá o naturalizado comparecer perante a Justiça Eleitoral para o devido cadastramento.**
- No curso do processo de naturalização, **o naturalizando poderá requerer a tradução ou a adaptação de seu nome à língua portuguesa**, e será mantido cadastro com o nome traduzido ou adaptado associado ao nome anterior.
- A naturalização **produz efeitos após a publicação no Diário Oficial do ato de naturalização.**

## 1.7. CONDIÇÃO JURÍDICA DO ESTRANGEIRO

- A regra geral é a de que o estrangeiro tem praticamente os mesmos direitos e deveres dos brasileiros (CF, art. 5º, *caput*), **norma que abrange estrangeiros irregulares e aqueles que não residem no país.**

### CONDIÇÃO JURÍDICA DO ESTRANGEIRO NA NOVA LEI DE MIGRAÇÃO (LEI 13.445/17)

- Ao contrário do antigo Estatuto do Estrangeiro, fundamentado na noção de interesse nacional e de segurança nacional, a nova Lei de Migração encontra-se **fundamentada na demanda de proteção e promoção da dignidade humana**, consagrando, em seus artigos 3 e 4, princípios, diretrizes e direitos que orientarão o tratamento do estrangeiro em território nacional.
- Os princípios e diretrizes da política migratória brasileira são os seguintes:

| | |
|---|---|
| I - universalidade, indivisibilidade e interdependência dos direitos humanos;<br>II - repúdio e prevenção à xenofobia, ao racismo e a quaisquer formas de discriminação;<br>III - não criminalização da migração;<br>IV - não discriminação em razão dos critérios ou dos procedimentos pelos quais a pessoa foi admitida em território nacional; | XII - promoção e difusão de direitos, liberdades, garantias e obrigações do migrante;<br>XIII - diálogo social na formulação, na execução e na avaliação de políticas migratórias e promoção da participação cidadã do migrante;<br>XIV - fortalecimento da integração econômica, política, social e cultural dos povos da América Latina, mediante constituição de espaços de cidadania e de livre circulação de pessoas; |
| V - promoção de entrada regular e de regularização documental;<br>VI - acolhida humanitária;<br>VII - desenvolvimento econômico, turístico, social, cultural, esportivo, científico e tecnológico do Brasil;<br>VIII - garantia do direito à reunião familiar;<br>IX - igualdade de tratamento e de oportunidade ao migrante e a seus familiares;<br>X - inclusão social, laboral e produtiva do migrante por meio de políticas públicas;<br>XI - acesso igualitário e livre do migrante a serviços, programas e benefícios sociais, bens públicos, educação, assistência jurídica integral pública, trabalho, moradia, serviço bancário e seguridade social; | XV - cooperação internacional com Estados de origem, de trânsito e de destino de movimentos migratórios, a fim de garantir efetiva proteção aos direitos humanos do migrante;<br>XVI - integração e desenvolvimento das regiões de fronteira e articulação de políticas públicas regionais capazes de garantir efetividade aos direitos do residente fronteiriço;<br>XVII - proteção integral e atenção ao superior interesse da criança e do adolescente migrante;<br>XVIII - observância ao disposto em tratado;<br>XIX - proteção ao brasileiro no exterior; |

| | |
|---|---|
| | XX - migração e desenvolvimento humano no local de origem, como direitos inalienáveis de todas as pessoas;<br>XXI - promoção do reconhecimento acadêmico e do exercício profissional no Brasil, nos termos da lei; e<br>XXII - repúdio a práticas de expulsão ou de deportação coletivas |

- Ao migrante é garantida no território nacional, em condição de igualdade com os nacionais, **a inviolabilidade do direito à vida, à liberdade, à igualdade, à segurança e à propriedade**, bem como são assegurados os seguintes direitos:

| | |
|---|---|
| I - direitos e liberdades civis, sociais, culturais e econômicos;<br>II - direito à liberdade de circulação em território nacional;<br>III - direito à reunião familiar do migrante com seu cônjuge ou companheiro e seus filhos, familiares e dependentes;<br>IV - medidas de proteção a vítimas e testemunhas de crimes e de violações de direitos;<br>V - direito de transferir recursos decorrentes de sua renda e economias pessoais a outro país, observada a legislação aplicável;<br>VI - direito de reunião para fins pacíficos;<br>VII - direito de associação, inclusive sindical, para fins lícitos;<br>VIII - acesso a serviços públicos de saúde e de assistência social e à previdência social, nos termos da lei, sem discriminação em razão da nacionalidade e da condição migratória | IX - amplo acesso à justiça e à assistência jurídica integral gratuita aos que comprovarem insuficiência de recursos;<br>X - direito à educação pública, vedada a discriminação em razão da nacionalidade e da condição migratória,<br>XI - garantia de cumprimento de obrigações legais e contratuais trabalhistas e de aplicação das normas de proteção ao trabalhador, sem discriminação em razão da nacionalidade e da condição migratória;<br>XII - isenção das taxas de que trata esta Lei, mediante declaração de hipossuficiência econômica, na forma de regulamento;<br>XIII - direito de acesso à informação e garantia de confidencialidade quanto aos dados pessoais do migrante, nos termos da Lei no 12.527, de 18 de novembro de 2011;<br>XIV - direito a abertura de conta bancária;<br>XV - direito de sair, de permanecer e de reingressar em território nacional, mesmo enquanto pendente pedido de autorização de residência, de prorrogação de estada ou de transformação de visto em autorização de residência; e<br>XVI - direito do imigrante de ser informado sobre as garantias que lhe são asseguradas para fins de regularização migratória |

- O gozo dos direitos e as garantias previstos na Lei de Migração serão exercidos em observância ao disposto na Constituição Federal, **independentemente da situação migratória**.
- A nova Lei de Migração mantém a norma de que **o visto é documento que confere mera expectativa de direito de entrada em território nacional**.
- O Brasil adota cinco tipos de visto: **de visita, temporário, diplomático, oficial e de cortesia**.
- A regra geral é a de que **os vistos serão concedidos no exterior**. Excepcionalmente, **os vistos diplomático, oficial e de cortesia poderão ser concedidos no Brasil**.
- Não será concedido visto pelo Brasil nas seguintes hipóteses:

| | |
|---|---|
| I – a quem não preencher os requisitos para o tipo de visto pleiteado | V – a pessoa condenada ou respondendo a processo por ato de terrorismo ou por crime de genocídio, crime contra a humanidade, crime de guerra ou crime de agressão, nos termos definidos pelo Estatuto de Roma do Tribunal Penal Internacional, de 1998, promulgado pelo Decreto no 4.388, de 25 de setembro de 2002 |
| II – a quem comprovadamente ocultar condição impeditiva de concessão de visto ou de ingresso no País | VI – a pessoa condenada ou respondendo a processo em outro país por crime doloso passível de extradição segundo a lei brasileira |
| III – a menor de 18 (dezoito) anos desacompanhado ou sem autorização de viagem por escrito dos responsáveis legais ou de autoridade competente | VII – a pessoa que tenha o nome incluído em lista de restrições por ordem judicial ou por compromisso assumido pelo Brasil perante organismo internacional |
| IV – a pessoa anteriormente expulsa do País, enquanto os efeitos da expulsão vigorarem | VIII – a pessoa que tenha praticado ato contrário aos princípios e objetivos dispostos na Constituição Federal |

- **A posse ou a propriedade de bem no Brasil não confere o direito de obter visto ou autorização de residência** em território nacional, sem prejuízo do disposto sobre visto para realização de investimento.
- A nova Lei de Migração traz a novidade do **visto temporário para acolhida humanitária**, que poderá ser concedido ao apátrida ou ao nacional de qualquer país em situação de grave ou iminente instabilidade institucional, de conflito armado, de calamidade de grande proporção, de desastre ambiental ou de grave violação de direitos humanos ou de direito internacional humanitário, ou em outras hipóteses, na forma de regulamento.
- A nova Lei de Migração garante o **direito à reunião familiar**, nas seguintes hipóteses:

| |
|---|
| I – cônjuge ou companheiro, sem discriminação alguma; |
| II – filho de imigrante beneficiário de autorização de residência, ou que tenha filho brasileiro ou imigrante beneficiário de autorização de residência; |
| III – ascendente, descendente até o segundo grau ou irmão de brasileiro ou de imigrante beneficiário de autorização de residência; ou |
| IV – que tenha brasileiro sob sua tutela ou guarda |

- A nova Lei de Migração distingue deportação de impedimento: **a deportação é "medida decorrente de procedimento administrativo que consiste na retirada compulsória de pessoa que se encontre em situação migratória irregular em território nacional"**. O **impedimento é o ato pelo qual uma pessoa tem proibida a passagem pelos pontos de controle fronteiriço, e a consequência é a repatriação.**

- Poderá ser impedida de ingressar no Brasil, após entrevista individual e mediante ato fundamentado, a pessoa:

| | |
|---|---|
| I - anteriormente expulsa do País, enquanto os efeitos da expulsão vigorarem;<br>II - condenada ou respondendo a processo por ato de terrorismo ou por crime de genocídio, crime contra a humanidade, crime de guerra ou crime de agressão, nos termos definidos pelo Estatuto de Roma do Tribunal Penal Internacional, de 1998, promulgado pelo Decreto nº 4.388, de 25 de setembro de 2002; | VI - que não apresente documento de viagem ou documento de identidade, quando admitido;<br>VII - cuja razão da viagem não seja condizente com o visto ou com o motivo alegado para a isenção de visto; |
| III - condenada ou respondendo a processo em outro país por crime doloso passível de extradição segundo a lei brasileira; | VIII - que tenha, comprovadamente, fraudado documentação ou prestado informação falsa por ocasião da solicitação de visto; ou<br>IX - que tenha praticado ato contrário aos princípios e objetivos dispostos na Constituição Federal.<br>NOTA - Ninguém será impedido de ingressar no País por motivo de raça, religião, nacionalidade, pertinência a grupo social ou opinião política. |
| IV - que tenha o nome incluído em lista de restrições por ordem judicial ou por compromisso assumido pelo Brasil perante organismo internacional;<br>V - que apresente documento de viagem que:<br>a) não seja válido para o Brasil;<br>b) esteja com o prazo de validade vencido; ou<br>c) esteja com rasura ou indício de falsificação | |

- Não será aplicada medida de repatriação: **à pessoa em situação de refúgio ou de apatridia**, de fato ou de direito; ao **menor de 18 (dezoito) anos desacompanhado ou separado de sua família**, exceto nos casos em que se demonstrar favorável para a garantia de seus direitos ou para a reintegração a sua família de origem; ou a **quem necessite de acolhimento humanitário**. Em todo caso, **a pessoa não será recambiada para país ou região que possa apresentar risco à vida, à integridade pessoal ou à liberdade da pessoa.**
- Procedimento e direitos do deportando:

| |
|---|
| a) A deportação será precedida de notificação pessoal ao deportando, da qual constem, expressamente, as irregularidades verificadas e prazo para a regularização não inferior a 60 (sessenta) dias, podendo ser prorrogado, por igual período, por despacho fundamentado e mediante compromisso de a pessoa manter atualizadas suas informações domiciliares. |
| b) A notificação de deportação não impede a livre circulação em território nacional, devendo o deportando informar seu domicílio e suas atividades |
| c) A deportação não exclui eventuais direitos adquiridos em relações contratuais ou decorrentes da lei brasileira |
| d) Os procedimentos conducentes à deportação devem respeitar o contraditório e a ampla defesa e a garantia de recurso com efeito suspensivo |
| e) A Defensoria Pública da União deverá ser notificada, preferencialmente por meio eletrônico, para prestação de assistência ao deportando em todos os procedimentos administrativos de deportação |
| f) A ausência de manifestação da Defensoria Pública da União, desde que prévia e devidamente notificada, não impedirá a efetivação da medida de deportação. |

- A deportação é proibida **quando configurar extradição não admitida pela legislação brasileira.**
- A expulsão consiste em **medida administrativa de retirada compulsória** de migrante ou visitante do território nacional, conjugada com o **impedimento de reingresso por prazo determinado.**
- A nova Lei de Migração limita a expulsão às hipóteses de: **condenação com sentença transitada em julgado** relativa à prática de: I – **crime de genocídio, crime contra a humanidade, crime de guerra ou crime de agressão**, nos termos definidos pelo Estatuto de Roma do Tribunal Penal Internacional, de 1998, promulgado pelo Decreto no 4.388, de 25 de setembro de 2002; ou II – **crime comum doloso passível de pena privativa de liberdade, consideradas a gravidade e as possibilidades de ressocialização em território nacional.**

  Jurisprudência do STF: 1. A jurisprudência deste Supremo Tribunal Federal orienta-se no sentido de que "O § 1º do artigo 75 da Lei nº 6.815/1980 não foi recepcionado pela Constituição Federal de 1988, sendo **vedada a expulsão de estrangeiro cujo filho brasileiro foi reconhecido ou adotado posteriormente ao fato ensejador do ato expulsório, uma vez comprovado estar a criança sob a guarda do estrangeiro e deste depender economicamente**" (RE 608.898/DF, Rel Min. Marco Aurélio, Tribunal Pleno, DJe 06.10.2020). 2. A **dependência socioafetiva também constitui fator autônomo e suficiente apto a impedir a expulsão de estrangeiros que tenham filhos brasileiros.** Essa inteligência pode ser extraída tanto sob o prisma constitucional da leitura do Estatuto do Estrangeiro, tendo em vista que o direito à convivência familiar e ao afeto são das mais expressivas formas de proteção especial à entidade familiar, quanto sob o enfoque do art. 55, II, a, da Lei de Migração que, expressamente, vedou o processo expulsório na hipótese de o estrangeiro ter filho brasileiro "**sob sua guarda ou dependência econômica ou socioafetiva**". 3. Agravo regimental conhecido e não provido. (RHC 123891 AgR, Relator(a): ROSA WEBER, Primeira Turma, julgado em 23/02/2021, PROCESSO ELETRÔNICO DJe-085 DIVULG 04-05-2021 PUBLIC 05-05-2021)
- Na nova Lei de Migração, a proibição de retorno inerente à expulsão, que no Estatuto do Estrangeiro era por prazo indeterminado, passa a valer apenas por **prazo determinado**. O período de impedimento de entrada em território

brasileiro é **proporcional ao prazo total da pena aplicada e nunca será superior ao dobro de seu tempo**.

- A expulsão será vedada quando:

> I - a medida configurar extradição inadmitida pela legislação brasileira;
> II - o expulsando:
> a) tiver filho brasileiro que esteja sob sua guarda ou dependência econômica ou socioafetiva ou tiver pessoa brasileira sob sua tutela;
> b) tiver cônjuge ou companheiro residente no Brasil, sem discriminação alguma, reconhecido judicial ou legalmente;
> c) tiver ingressado no Brasil até os 12 (doze) anos de idade, residindo desde então no País;
> d) for pessoa com mais de 70 (setenta) anos que resida no País há mais de 10 (dez) anos, considerados a gravidade e o fundamento da expulsão.
> NOTA: não haverá expulsão coletiva nem expulsão individual quando subsistirem razões para acreditar que a medida poderá colocar em risco a vida ou a integridade pessoal.

Jurisprudência do STF: 1. A jurisprudência deste Supremo Tribunal Federal orienta-se no sentido de que "O § 1º do artigo 75 da Lei nº 6.815/1980 não foi recepcionado pela Constituição Federal de 1988, sendo **vedada a expulsão de estrangeiro cujo filho brasileiro foi reconhecido ou adotado posteriormente ao fato ensejador do ato expulsório, uma vez comprovado estar a criança sob a guarda do estrangeiro e deste depender economicamente**" (RE 608.898/DF, Rel Min. Marco Aurélio, Tribunal Pleno, DJe 06.10.2020). 2. **A dependência socioafetiva também constitui fator autônomo e suficiente apto a impedir a expulsão de estrangeiros que tenham filhos brasileiros.** Essa inteligência pode ser extraída tanto sob o prisma constitucional da leitura do Estatuto do Estrangeiro, tendo em vista que o direito à convivência familiar e ao afeto são das mais expressivas formas de proteção especial à entidade familiar, quanto sob o enfoque do art. 55, II, a, da Lei de Migração que, expressamente, vedou o processo expulsório na hipótese de o estrangeiro ter filho brasileiro **"sob sua guarda ou dependência econômica ou socioafetiva"**. 3. Agravo regimental conhecido e não provido. (RHC 123891 AgR, Relator(a): ROSA WEBER, Primeira Turma, julgado em 23/02/2021, PROCESSO ELETRÔNICO DJe-085 DIVULG 04-05-2021 PUBLIC 05-05-2021)"

Sobre a expulsão, manifestou ainda o STF que: "É inadmissível a expulsão de estrangeiro que possua filho brasileiro, dependente socioafetivo ou econômico, mesmo que o crime ensejador da expulsão tenha ocorrido em momento anterior ao reconhecimento ou adoção do filho. Isso porque o Estado deve garantir a proteção especial à família e a proteção integral às crianças e aos adolescentes, sendo o convívio familiar uma das mais expressivas projeções dos direitos sociais. Ademais, a dependência econômica não é o único fator a impedir a expulsão de estrangeiros com filhos brasileiros. A dependência socioafetiva também constitui fato juridicamente relevante apto a obstar o processo expulsório. Nesse sentido, o art. 55, II, a, da Lei 13.445/2017 expressamente prevê que "Não se procederá à expulsão quando o expulsando tiver filho brasileiro que esteja sob sua guarda ou dependência econômica ou socioafetiva ou tiver pessoa brasileira sob sua tutela". Evidencia-se, portanto, que o próprio legislador infraconstitucional erigiu a socioafetividade à condição de causa impeditiva da expulsão. Com base nesse entendimento, a Primeira Turma, por maioria, negou provimento a agravo regimental em habeas corpus. Vencido, em parte, o ministro Roberto Barroso." STF. Plenário. RHC 123891 AgR/DF, Rel. Min. Rosa Weber, julgado em 23/2/2021 (Info 1007).

- A nova Lei de Migração adota o **princípio do *non refoulement***.
- A extradição passa a ser considerada instituto atinente à **cooperação penal internacional**.
- A extradição é a medida de cooperação penal internacional entre o Estado brasileiro e outro Estado pela qual se concede ou solicita a entrega de pessoa **sobre quem recaia condenação criminal definitiva** ou **que esteja sendo processada** ou, ainda, **para fins de instrução de processo penal em curso**.
- Para que o pedido de extradição possa ser examinado, deve haver **tratado entre os Estados envolvidos no trâmite**. Não havendo tratado, o pedido de extradição poderá ser examinado a partir da formulação de **promessa de reciprocidade** pelo Estado que pede a extradição. Cabe destacar que a legislação do Estado que solicita a extradição deve permitir a formulação de promessa de reciprocidade, e o ato pelo qual o Estado aceita a promessa em apreço é discricionário.
- O pedido de extradição é avaliado de acordo com o **princípio da contenciosidade limitada**. Nesse sentido, o exame do pleito é delibatório, e não cabe à autoridade competente avaliar o mérito do caso.
- A concessão da extradição deve estar vinculada ao atendimento do **princípio da identidade**, também conhecido como princípio da dupla punibilidade ou princípio da dúplice punibilidade, que abrange os seguintes aspectos:

> a) Identidade do crime: o ilícito que fundamenta o pedido de extradição deve ser tipificado como crime no Estado solicitante e no Estado solicitado.
> b) Identidade do tipo de pena: o tipo de pena aplicável ao crime que fundamenta o pleito extraditório deve existir no Estado solicitante e no Estado solicitado.
> b.1. Tipos de penas proibidas no Brasil: morte; de caráter perpétuo; de trabalhos forçados; de banimento e cruéis (CF, art. 5º, XLVII).
> b.2. A extradição pode ocorrer com a comutação da pena
> c) O ato ilícito não pode estar prescrito no Estado solicitante e no Estado solicitado.
> d) Não há identidade quando o extraditando tiver cometido o crime antes de completar 18 anos (Ext 1.187).

- De acordo com o **princípio da especialidade**, a extradição poderá ser concedida para que o extraditando responda apenas pelos atos indicados no pedido extraditório.

  Observa o STF que: "O Estado estrangeiro que requer extradição deve assumir o compromisso de observar o tempo máximo de cumprimento de pena previsto no ordenamento jurídico brasileiro à época dos fatos delituosos atribuídos ao extraditando. Dessa forma, o limite temporal fixado pela Lei 13.964/2019 ("Pacote Anticrime") em 40 anos aplica-se somente em relação a crimes imputados ao extraditando praticados após a entrada em vigor desse diploma legal. Com efeito, trata-se de norma de conteúdo material, razão pela qual incide o princípio da irretroatividade da lei penal mais gravosa inscrito no art. 5º, XL, da Constituição Federal (CF)." STF. 1ª Turma. Ext 1652/Governo do Chile, Rel. Min. Rosa Weber, julgado em 19/10/2021 (Info 1035).
- **Não haverá extradição por crime político ou de opinião no Brasil** (CF, art. 5º, LII). No entanto, a extradição poderá ocorrer **quando o crime político for conexo com crime comum**, de acordo com o **princípio da preponderância**, em que o crime comum aparecer como o principal elemento da conduta ilícita.
- **O Brasil não extradita brasileiros natos**, mas **pode extraditar brasileiros naturalizados** em caso de **crime comum, praticado antes da naturalização**, ou de **comprovado envolvimento em tráfico ilícito de entorpecentes e drogas afins, na forma da lei**.
- Regras para a concessão da extradição na nova Lei de Migração:

INTERNACIONAL

| Art. 83. São condições para concessão da extradição:<br>I - ter sido o crime cometido no território do Estado requerente ou serem aplicáveis ao extraditando as leis penais desse Estado; e<br>II - estar o extraditando respondendo a processo investigatório ou a processo penal ou ter sido condenado pelas autoridades judiciárias do Estado requerente a pena privativa de liberdade |
|---|

- Vedações da extradição na nova Lei de Migração:

| Art. 82. Não se concederá a extradição quando:<br>I - o indivíduo cuja extradição é solicitada ao Brasil for brasileiro nato;<br>II - o fato que motivar o pedido não for considerado crime no Brasil ou no Estado requerente;<br>III - o Brasil for competente, segundo suas leis, para julgar o crime imputado ao extraditando;<br>IV - a lei brasileira impuser ao crime pena de prisão inferior a 2 (dois) anos;<br>V - o extraditando estiver respondendo a processo ou já houver sido condenado ou absolvido no Brasil pelo mesmo fato em que se fundar o pedido;<br>VI - a punibilidade estiver extinta pela prescrição, segundo a lei brasileira ou a do Estado requerente; |
|---|
| VII - o fato constituir crime político ou de opinião;<br>VIII - o extraditando tiver de responder, no Estado requerente, perante tribunal ou juízo de exceção; ou<br>IX - o extraditando for beneficiário de refúgio, nos termos da Lei nº 9.474, de 22 de julho de 1997, ou de asilo territorial.<br>§ 1º A previsão constante do inciso VII do caput não impedirá a extradição quando o fato constituir, principalmente, infração à lei penal comum ou quando o crime comum, conexo ao delito político, constituir o fato principal.<br>§ 2º Caberá à autoridade judiciária competente a apreciação do caráter da infração. |
| § 3º Para determinação da incidência do disposto no inciso I, será observada, nos casos de aquisição de outra nacionalidade por naturalização, a anterioridade do fato gerador da extradição.<br>§ 4º O Supremo Tribunal Federal poderá deixar de considerar crime político o atentado contra chefe de Estado ou quaisquer autoridades, bem como crime contra a humanidade, crime de guerra, crime de genocídio e terrorismo.<br>§ 5º Admite-se a extradição de brasileiro naturalizado, nas hipóteses previstas na Constituição Federal. |

- A concessão da extradição é ato de **competência da Presidência da República**, necessária a **autorização prévia do Supremo Tribunal Federal (STF)**.

  De acordo com a jurisprudência do STF, **não deve ser concedida a extradição quando o país que a requere enfrenta instabilidade política** como com a demissão de juízes e prisão de opositores do governo. Isso se dá para evitar que o extraditando seja submetido a tribunal ou juízo de exceção (art. 82, VIII, lei 13.445/2017). Da mesma forma, **não se deve conceder a extradição se a conduta do extraditando, ao financiar grupo terrorista, se deu com a intenção de tomar o poder**, pois isso caracteriza crime político, situação na qual é vedada, constitucionalmente, a extradição. É ainda **vedada a extradição se, na época do fato, a conduta não era punida como crime no Brasil**. STF. 2ª Turma. Ext 1578/DF, Rel. Min. Edson Fachin, julgado em 6/8/2019 (Info 946).

## 1.8. DIREITO DO MAR

- Extensão das áreas de mar à luz do Direito Internacional:

| ÁREA | EXTENSÃO |
|---|---|
| Mar territorial | Até 12 milhas |
| Zona contígua | 12 a 24 milhas |
| Zona económica exclusiva | 12 a 200 milhas |
| Plataforma continental | 200 milhas a partir da linha de base a partir das quais se mede a largura do mar territorial |

- Destacamos: o **mar territorial brasileiro não mais alcança a extensão de duzentas milhas**, mas **apenas de doze milhas**. Entretanto, **a plataforma continental ainda tem duzentas milhas de extensão**, e **a zona econômica exclusiva estende-se pelo trecho existente entre doze e duzentas milhas da costa.**
- Principais regras relativas aos espaços marítimos:

| | |
|---|---|
| **Mar territorial** | • Estado exerce soberania sobre o mar territorial<br>• Estado fixa sua extensão, respeitado o limite máximo de 12 milhas<br>• Navios de demais Estados gozarão do direito de passagem inocente<br>• O tratamento conferido aos navios estrangeiros pelo Estado costeiro não deve ser discriminatório<br>• A soberania estatal alcança também o espaço aéreo sobrejacente, o leito e o subsolo do mar territorial |
| **Zona contígua** | • Área adjacente ao mar territorial<br>• Estado pode tomar medidas para evitar infrações a suas leis e regulamentos aduaneiros, fiscais, de imigração ou sanitários e para reprimir as demais infrações a seu ordenamento jurídico |
| **Zona económica exclusiva** | • Área adjacente ao mar territorial<br>• O Estado é soberano para a exploração, aproveitamento, conservação e gestão dos recursos naturais das águas sobrejacentes ao leito do mar, do leito do mar e de seu subsolo e no que se refere a outras atividades que tenham fins económicos<br>• O Estado também exerce jurisdição sobre a pesquisa cientifica e a proteção e preservação do meio ambiente, bem como sobre a construção, operação e uso de todos os tipos de ilhas artificiais, instalações e estruturas<br>• O Brasil permite a pesquisa científica e exercícios militares na zona económica exclusiva, desde que com consentimento prévio do Governo brasileiro<br>• Todos os Estados têm liberdades de navegação e de sobrevoo e de colocação de cabos e dutos submarinos, bem como de outros usos internacionalmente lícitos |
| **Plataforma continental** | • Abrange o leito e o subsolo das áreas submarinas que se estendem além do mar territorial do Estado, no prolongamento natural do seu território terrestre<br>• O Estado costeiro exerce direitos exclusivos de soberania para efeitos de exploração e aproveitamento de seus recursos naturais |
| **Águas interiores** | • Nas águas interiores marítimas, não há direito de passagem inocente |

| | |
|---|---|
| **Fundos marinhos ("Área")** | • Águas sobrejacentes ao leito do alto-mar, leito e subsolo do alto-mar<br>• Área não pertencente a nenhum Estado, cuja exploração deve ser feita em benefício da humanidade em geral |
| **Alto-mar** | • Área não pertencente a nenhum Estado, cuja exploração deve ser feita em benefício da humanidade em geral<br>• Direito de navegação e de sobrevoo livre, bem como de colocação de estruturas permitidas pelo Direito Internacional, pesca e pesquisa científica<br>• Uso exclusivo para fins pacíficos |

- A passagem inocente: é a **navegação pelo mar territorial com o fim de atravessá-lo sem penetrar nas águas interiores, sem fazer escala num ancoradouro ou instalação portuária situada dentro ou fora das águas interiores ou sem dirigir-se para as águas interiores ou delas sair**. Informações importantes:

> - De acordo com a Convenção das Nações Unidas sobre o Direito do Mar (Convenção de Montego Bay), os navios de qualquer Estado, costeiro ou sem litoral, gozarão do direito de "passagem inocente" pelo mar territorial.
> - O Brasil reconhece o direito à passagem inocente
> - Paradas das embarcações: permitidas apenas em casos como prestar socorro ou por motivo de força maior
> - O Estado costeiro não exercerá sua jurisdição penal a bordo de navio estrangeiro que passe por seu mar territorial com o fim de deter qualquer pessoa ou de realizar qualquer investigação com relação a uma infração criminal cometida a bordo dessa embarcação durante a sua passagem, salvo nos seguintes casos: se o ato tiver consequências para o Estado costeiro; se o ilícito puder perturbar a paz do Estado ou a ordem no mar territorial; se a assistência das autoridades locais tiver sido solicitada pelo capitão do navio ou pelo representante diplomático ou consular do Estado de bandeira; ou se essas medidas forem necessárias para a repressão do tráfico ilícito de entorpecentes.
> - O artigo 5º, § 2º, do Código Penal Brasileiro determina que se aplique a lei brasileira ao crime praticado a bordo de embarcações estrangeiras de propriedade privada que se encontrem em território nacional, em porto ou mar territorial do Brasil.
> - O Estado costeiro poderá tomar as medidas previstas em seu Direito interno a fim de proceder ao apresamento e a investigações a bordo de navio estrangeiro que passe por seu mar territorial procedente de águas interiores

- Navegação marítima e nacionalidade dos navios:

> - A navegação no alto-mar é livre, desde que com fins pacíficos
> - Os navios devem possuir uma nacionalidade, que é a do Estado cuja bandeira estejam autorizados a arvorar, nos termos das leis desse Estado.
> - Deve existir um vínculo substancial entre o Estado e o navio.
> - Todo navio deve ter apenas uma nacionalidade
> - Todo navio deve submeter-se, no alto-mar, à jurisdição exclusiva do Estado de nacionalidade
> - O navio não pode mudar de bandeira durante uma viagem ou em porto de escala, a não ser no caso de transferência efetiva da propriedade ou de mudança de registro, e uma embarcação que navegue sob a bandeira de mais de um Estado não pode reivindicar qualquer dessas nacionalidades perante um terceiro Estado, podendo, ainda, ser considerada sem nacionalidade.

## 1.9. INTEGRAÇÃO REGIONAL. MERCOSUL

- Um processo de integração regional pode percorrer até **cinco estágios distintos**: área (ou zona) de livre comércio, união aduaneira, mercado comum, união econômica e monetária e união política. Entretanto, **não é necessário que todas essas etapas façam parte de um processo integracionista, que pode se limitar a uma ou a algumas dessas fases**. Além disso, **um estágio posterior não elimina o anterior**.
- O Mercosul é, até agora, uma **união aduaneira imperfeita**, incluindo, portanto, uma **zona de livre comércio**. Entretanto, o Mercosul pretende chegar a ser um **mercado comum**.
- A União Europeia alcançou o estágio de **união econômica e monetária**.
- O Direito do Mercosul ainda **não conta com algumas características típicas do Direito Comunitário europeu**, como o efeito direto, a aplicabilidade imediata e o caráter supranacional. Por essa razão, o Direito do Mercosul é, tecnicamente, Direito da Integração. Entretanto, alguns autores consideram o Direito do Mercosul como "Direito Comunitário".

**DIFERENÇAS ENTRE O DIREITO DA INTEGRAÇÃO E O DIREITO COMUNITÁRIO**

| DIREITO COMUNITÁRIO | DIREITO DA INTEGRAÇÃO |
|---|---|
| Nova modalidade do fenômeno jurídico no campo internacional | Direito Internacional clássico |
| O Direito Comunitário tem primazia frente ao Direito interno | O Direito da Integração pode ou não ter primazia frente ao Direito interno |
| O Direito Comunitário é supranacional | O Direito da Integração não é supranacional |
| O Direito Comunitário tem aplicação imediata e efeito direto no âmbito interno | O Direito da Integração deve ser incorporado ao Direito interno por meio dos procedimentos empregados para a incorporação de qualquer tipo de norma internacional |

- Os membros do Mercosul são a **Argentina**, o **Brasil**, o **Uruguai** e o **Paraguai**. A **Venezuela encontra-se suspensa**.
- O Mercosul conta com **personalidade jurídica de Direito Internacional própria**.
- Todas as decisões do Mercosul são tomadas por **consenso** entre os Estados-partes.
- Os principais órgãos do Mercosul são o **Conselho Mercado Comum (CMC)**, o **Grupo Mercado Comum (GMC)**, a

**Secretaria Administrativa do Mercosul (SAM),** o **Parlamento do Mercosul (Parlasul)** e a **Comissão de Comércio do Mercosul (CCM). Nenhum desses órgãos, porém, é supranacional: todos têm natureza intergovernamental.**

- O mecanismo de solução de controvérsias do Mercosul compreende três etapas: **negociações diplomáticas, arbitragem** e o **Tribunal Permanente de Revisão,** criado pelo Protocolo de Olivos, que **substituiu o Protocolo de Brasília.**

**FUNCIONAMENTO DO MECANISMO DE SOLUÇÃO DE CONTROVÉRSIAS NO MERCOSUL**

| ETAPA | INFORMAÇÕES IMPORTANTES |
|---|---|
| **1ª ETAPA: NEGOCIAÇÕES** | • Negociações diretas entre as partes em litígio<br>• Meio não jurisdicional de solução de conflitos: a solução pode ser política<br>• Iniciam-se por iniciativa dos contendores<br>• As negociações devem ser diretas e devem durar até quinze dias<br>• Os Estados podem recorrer ao auxílio do GMC, que buscará solução para o caso por meio de procedimento que durará, no máximo, trinta dias |
| **2ª ETAPA: ARBITRAGEM** | • Os tribunais arbitrais são tribunais *ad hoc*<br>• A arbitragem deve ser empregada apenas a partir do fracasso das negociações ou do procedimento junto ao GMC<br>• O tribunal arbitral é formado por três árbitros, normalmente escolhidos pelas partes em conflito dentre nomes de lista disponível na SAM<br>• A decisão deverá fundamentar-se no Direito do MERCOSUL<br>• O laudo deve ser proferido em até sessenta dias, prorrogáveis por mais trinta |
| **3ª ETAPA: TRIBUNAL PERMANENTE DE REVISÃO** | • É órgão jurisdicional<br>• É competente para julgar, em grau de recurso, as decisões dos tribunais arbitrais *ad hoc*<br>• É competente também para examinar questões não decididas em negociações diplomáticas, quando as partes desejarem submeter desde logo o caso ao Tribunal de Revisão<br>• É composto por cinco árbitros, mas a controvérsia será examinada por apenas três árbitros, quando o conflito envolver dois Estados, e por todos os árbitros, quando a controvérsia envolver três ou mais Estados<br>• Prazo para recorrer das decisões do Tribunal: quinze dias<br>• Prazo para contestar: quinze dias<br>• Prazo para o Tribunal proferir a decisão: trinta dias<br>• O recurso só pode versar sobre matéria de Direito<br>• O julgamento é definitivo, e a decisão deve ser cumprida em até trinta dias<br>• O Estado beneficiado pode aplicar medidas compensatórias contra o Estado que não aplique a decisão do Tribunal |
| **4ª ETAPA: EVENTUAIS RECURSOS** | • É cabível apenas o chamado "Recurso de Esclarecimento", com efeito suspensivo<br>• Prazo para interposição do recurso: quinze dias<br>• Prazo para o Tribunal proferir a decisão: quinze dias |
| **O MECANISMO DE SOLUÇÃO DE CONTROVÉRSIAS DO MERCOSUL E ENTES PRIVADOS** | • Os particulares reclamarão junto à Seção Nacional do GMC do Estado onde tenham residência habitual ou onde estejam sediados seus negócios<br>• A Seção Nacional do GMC examinará a reclamação e manterá negociações<br>• com a Seção Nacional do GMC do Estado do reclamado<br>• A solução deverá ser encontrada no prazo de até quinze dias ou em prazo convencionado pelas partes<br>• A conclusão do exame da reclamação não impede que o Estado reclame em nome desse ente privado, nos termos estabelecidos pelo Protocolo de Olivos para reclamações entre Estados |
| **OBSERVAÇÕES** | • A solução de controvérsias no MERCOSUL é regida pelo Protocolo de Olivos, que derrogou o Protocolo de Brasília<br>• O Protocolo de Brasília continua a regular apenas o exame das controvérsias que começaram a ser analisadas sob sua égide |

- É condição fundamental para entrar e permanecer no Mercosul o **compromisso com o regime democrático,** de acordo com o Protocolo de Ushuaia e com o Protocolo de Assunção sobre Compromisso com a Promoção e a Proteção dos Direitos Humanos do MERCOSUL, de 2005.
- O Protocolo de Assunção sobre Compromisso com a Promoção e a Proteção dos Direitos Humanos do MERCOSUL, de 2005, prevê um **mecanismo de consultas** envolvendo os Estados do MERCOSUL e um Estado-membro do bloco onde estejam ocorrendo **graves e sistemáticas violações dos direitos humanos e liberdades fundamentais,** seja em situações de **crise institucional,** seja durante a vigência de **estados de exceção** previstos nos respectivos ordenamentos constitucionais. Tais consultas visam a contribuir para fazer cessar a violação o que, em não acontecendo, pode levar à **suspensão** da participação do Estado no bloco.
- Ao contrário do que já ocorre na União Europeia, onde é considerada direito fundamental**, a livre circulação de pessoas ainda não existe no Mercosu**l, embora já haja um tratado que facilita a residência nos países do bloco, que é o Acordo sobre Residência para Nacionais dos Estados Partes do MERCOSUL.

## 1.10. SOLUÇÃO PACÍFICA DE CONTROVÉRSIAS

- Todas as controvérsias internacionais deverão ser solucionadas de modo **pacífico.**
- As listas de mecanismos de solução pacífica de controvérsias constantes de tratados internacionais **não são exaustivas.** Essa é a regra do artigo 33 da Carta das Nações Unidas, que estabelece que "**As partes em uma controvérsia, que possa vir a constituir uma ameaça à paz e à segurança internacionais, procurarão, antes de tudo, chegar a uma solução por negociação, inquérito, mediação, conciliação, arbitragem, solução judicial, recurso a entidades ou acordos regionais, ou a qualquer outro meio pacífico à sua escolha**".
- Os **mecanismos de solução pacífica de controvérsias internacionais podem ser diplomáticos e políticos, semijudiciais** (arbitragem) e **judiciais** (cortes e tribunais internacionais).

- Os **mecanismos diplomáticos e políticos** contemplam uma **solução juridicamente não vinculante**. Já a **arbitragem** (mecanismo semijudicial) e os **mecanismos judiciais** (cortes e tribunais internacionais) trazem **solução de caráter vinculante**.
- Os mecanismos diplomáticos e políticos de solução de controvérsias internacionais são aqueles cuja solução **não necessariamente encontra fundamento em norma jurídica**.
- A diferença fundamental entre os meios diplomáticos e os **políticos** é que nestes **as tratativas entre as partes ocorrem dentro das organizações internacionais e de seus órgãos**.
- Nos **bons ofícios**, existe a ação de um terceiro, chamado "**moderador**", cujo papel é o de **aproximar os litigantes, sem, porém, exercer nenhuma influência nas tratativas** entre as partes em conflito. Na **mediação**, também há um terceiro, chamado "**mediador**", ao qual cabe não apenas **aproximar as partes, mas também propor uma solução para o conflito**. Já a **conciliação** assemelha-se à mediação, com a diferença de que **cabe a uma comissão de conciliação aproximar as partes e propor uma solução para o conflito**.

## 2. DIREITO INTERNACIONAL PRIVADO

### 2.1. NOÇÕES GERAIS

- O Direito Internacional Privado é o ramo do Direito que visa a regular os **conflitos de leis no espaço**, determinando qual **a norma jurídica interna aplicável a casos que tenham conexão internacional**. Nesse sentido, o Direito Internacional Privado é **hipótese de aplicação do Direito estrangeiro** em outro país.
- O Direito Internacional Privado é ramo do Direito de **caráter meramente indicativo**: informa qual a norma de Direito material aplicável a um conflito, não o resolvendo diretamente. A norma de Direito Internacional Privado é, portanto, de **sobredireito**.

### 2.2. OBJETOS E ELEMENTOS DE CONEXÃO

A norma de Direito Internacional Privado divide-se em duas partes: o **objeto de conexão** (matéria à qual se refere a norma) e o **elemento de conexão** (critério que indica qual o Direito nacional aplicável à matéria).

- **Os elementos de conexão são – via de regra - indicados pela *lex fori***, ou seja, pelo Direito interno, que normalmente traz as normas de Direito Internacional Privado, embora possa haver normas relativas a essa matéria em tratados.
- As principais normas de Direito Internacional Privado no Brasil encontram-se na **LINDB** (Lei de Introdução às Normas do Direito Brasileiro), antiga LICC (Lei de Introdução ao Código Civil).
- O principal óbice para a aplicação do Direito estrangeiro no Brasil é a **ordem pública**. Nesse sentido, não podem a norma estrangeira e os direitos adquiridos em outro Estado entrar em confronto com princípios fundamentais da ordem jurídica nacional.
- **O Brasil não permite o reenvio em nenhum grau.**
- O critério mais adotado no Brasil é o **domicílio** (*lex domicilii*), que se aplica principalmente nas hipóteses do artigo 7 da LINDB.
- Os principais critérios adotados no Direito brasileiro, com respectivas hipóteses de aplicação, são os seguintes:

| Elemento de conexão | Informações relevantes |
|---|---|
| **Domicílio (*lex domicilii*)** | • Aplica-se aos conflitos de leis a norma do domicílio de uma das partes<br>• Artigos da LINDB: 7º, §§ 1º, 3º e 4º; 8º, §§ 1º e 2º; 10, *caput* e § 2º; 12 |
| **Nacionalidade** | • Aplica-se aos conflitos de leis a norma do Estado de nacionalidade de uma das partes<br>• Artigos da LINDB: 7º, § 2º; 18 |
| ***Lex fori*** | • Aplica-se a lei do lugar onde se desenvolve a relação jurídica<br>• Regra referente à própria aplicação do Direito Internacional Privado |
| ***Lex rei sitae*** | • Aplica-se a norma do lugar onde está situada a coisa<br>• Artigos da LINDB: 8º; 10, § 2º; 12, § 1º<br>• Artigo da CF: 5º, XXXI<br>• Artigos da LINDB com exceções a esse critério: 7º, *caput*; 8º, §§ 1º e 2º; 10, *caput* |
| ***Lex loci executionis/lex loci solutionis*** | • Aplica-se a norma do local de execução de um contrato ou de uma obrigação<br>• Artigo da LINDB: 12 |
| ***Locus regit actum/lex loci contractus*/lugar de constituição da obrigação** | • Aplica-se a norma do lugar em que a obrigação foi contraída<br>• Artigo da LINDB: 9º, *caput*, e § 2º |
| **Autonomia da vontade** | • As próprias partes escolham o Direito aplicável a uma relação privada com conexão internacional<br>• Pode ou não ser admitida e é normalmente limitada pelo ordenamento que a permite<br>• No Brasil: sem previsão expressa na lei, salvo na LINDB (art. 7º, § 5º) e na Lei 9.307/96 (Lei de Arbitragem – art. 2º, § 1º) |

- O juiz pode **aplicar a norma estrangeira de ofício**. Entretanto, o juiz pode também **exigir da parte prova da vigência e do teor da norma estrangeira**.
- **A prova dos fatos ocorridos em país estrangeiro rege-se pela lei que nele vigorar, quanto ao ônus e aos meios de produzir-se, não admitindo os tribunais brasileiros provas que a lei brasileira desconheça.**

### 2.3. COMPETÊNCIA INTERNACIONAL

- A competência da autoridade judiciária brasileira divide-se em **concorrente ou exclusiva**. Na competência concorrente, **o caso pode ser examinado tanto no Judiciário brasileiro como no estrangeiro**. Na competência exclusiva, **o caso só pode ser examinado no Judiciário brasileiro**, e eventual **sentença proferida em tribunal estrangeiro nessas hipóteses não será homologada no Brasil**.

**COMPETÊNCIA INTERNACIONAL NO CPC 2015**

| COMPETÊNCIA CONCORRENTE | COMPETÊNCIA EXCLUSIVA |
|---|---|
| • Não exclui a possibilidade de o processo correr em foro estrangeiro<br>• Não pode ser afastada pela vontade das partes | • Exclui a possibilidade de o processo correr em foro estrangeiro<br>• Exclui a possibilidade de homologação de sentença estrangeira na matéria |

| COMPETÊNCIA CONCORRENTE | COMPETÊNCIA EXCLUSIVA |
|---|---|
| **Hipóteses:**<br>• Quando o réu, qualquer que seja a sua nacionalidade, estiver domiciliado no Brasil. No caso considera-se domiciliada no Brasil a pessoa jurídica estrangeira que nele tiver agência, filial ou sucursal<br>• Quando no Brasil tiver de ser cumprida a obrigação<br>• o fundamento seja fato ocorrido ou ato praticado no Brasil<br>• Em ações de alimentos, quando: a) o credor tiver domicílio ou residência no Brasil; b) o réu mantiver vínculos no Brasil, tais como posse ou propriedade de bens, recebimento de renda ou obtenção de benefícios econômicos.,<br>• Ações decorrentes de relações de consumo, quando o consumidor tiver domicílio ou residência no Brasil.<br>• Ações em que as partes, expressa ou tacitamente, se submeterem à jurisdição nacional. | **Hipóteses:**<br>• Ações relativas a imóveis situados no Brasil<br>• Em matéria de sucessão hereditária, proceder à confirmação de testamento particular e ao inventário e à partilha de bens situados no Brasil, ainda que o autor da herança seja de nacionalidade estrangeira ou tenha domicílio fora do território nacional.<br>• Em divórcio, separação judicial ou dissolução de união estável, proceder à partilha de bens situados no Brasil, ainda que o titular seja de nacionalidade estrangeira ou tenha domicílio fora do território nacional. |

- A ação proposta perante tribunal estrangeiro **não induz litispendência** e não obsta a que a autoridade judiciária brasileira conheça da mesma causa e das que lhe são conexas, **ressalvadas as disposições em contrário de tratados internacionais e acordos bilaterais em vigor no Brasil**.
- A pendência de causa perante a jurisdição brasileira **não impede a homologação de sentença judicial estrangeira** quando exigida para produzir efeitos no Brasil.
- **Não compete à autoridade judiciária brasileira o processamento e o julgamento da ação quando houver cláusula de eleição de foro exclusivo estrangeiro em contrato internacional**, arguida pelo réu na **contestação, exceto em hipóteses de competência exclusiva da autoridade judiciária brasileira.**

## 2.4. ARBITRAGEM

- A arbitragem é o mecanismo de **solução de conflitos** por meio do qual as partes decidem submeter uma controvérsia a um ou mais **especialistas** em certo tema, que **não pertencem ao Poder Judiciário**, mas cuja decisão deve ter **fundamento jurídico** e **caráter vinculante**.
- As partes que queiram levar a decisão de um conflito à arbitragem devem formular aquilo que é genericamente chamado de "**cláusula arbitral**", que se materializará ou por meio de uma **cláusula compromissória (prévia ao litígio)** ou por intermédio de um **compromisso arbitral (posterior ao início do conflito)**. A cláusula arbitral **exclui a possibilidade de apreciação do conflito pelo Judiciário**.
- A arbitragem não pode ser empregada para decidir acerca de conflitos que envolvem **direitos indisponíveis**.
- De acordo com a Lei 9.307/96, a escolha da arbitragem para solucionar conflitos automaticamente **exclui a possibilidade de apreciação do Judiciário**, não cabendo recurso do laudo arbitral nem a qualquer órgão jurisdicional nem a outro órgão arbitral, exceto nos casos de violação das regras estabelecidas na cláusula arbitral, de violação da ordem pública e quando a arbitragem examinar direitos indisponíveis, caso em que o procedimento arbitral poderá ser inclusive suspenso para manifestação judicial.
- O laudo arbitral é **vinculante** e tem, portanto, o mesmo **efeito cogente** de uma sentença judicial. É também considerado título executivo judicial, e **o Judiciário é competente para promover sua execução**.
- De acordo com a Lei 13.129/2015, que alterou a Lei 9.307/96, para ser reconhecida ou executada no Brasil, a sentença arbitral estrangeira está sujeita, unicamente, à **homologação do Superior Tribunal de Justiça.**
- Somente poderá ser negada a homologação para o reconhecimento ou execução de sentença arbitral estrangeira, quando o réu demonstrar que: I – as partes na convenção de arbitragem eram incapazes; II – a convenção de arbitragem não era válida segundo a lei à qual as partes a submeteram, ou, na falta de indicação, em virtude da lei do país onde a sentença arbitral foi proferida; III – não foi notificado da designação do árbitro ou do procedimento de arbitragem, ou tenha sido violado o princípio do contraditório, impossibilitando a ampla defesa; IV – a sentença arbitral foi proferida fora dos limites da convenção de arbitragem, e não foi possível separar a parte excedente daquela submetida à arbitragem; V – a instituição da arbitragem não está de acordo com o compromisso arbitral ou cláusula compromissória; VI – a sentença arbitral não se tenha, ainda, tornado obrigatória para as partes, tenha sido anulada, ou, ainda, tenha sido suspensa por órgão judicial do país onde a sentença arbitral for prolatada.
- De acordo com a Lei 13.129/2015, que alterou a Lei 9.307/96, a homologação para o reconhecimento ou a execução da sentença arbitral estrangeira também será denegada se o Superior Tribunal de Justiça constatar que I – segundo a lei brasileira, o objeto do litígio não é suscetível de ser resolvido por arbitragem; II – a decisão ofende a ordem pública nacional. Não será considerada ofensa à ordem pública nacional a efetivação da citação da parte residente ou domiciliada no Brasil, nos moldes da convenção de arbitragem ou da lei processual do país onde se realizou a arbitragem, admitindo-se, inclusive, a citação postal com prova inequívoca de recebimento, desde que assegure à parte brasileira tempo hábil para o exercício do direito de defesa.

## 2.5. COOPERAÇÃO JURÍDICA INTERNACIONAL. CARTAS ROGATÓRIAS E HOMOLOGAÇÃO DE SENTENÇA ESTRANGEIRA

- De acordo com o CPC 2015, **a cooperação jurídica internacional será regida por tratado** de que o Brasil faz parte e, na sua ausência, poderá realizar-se com base em **reciprocidade, manifestada por via diplomática, não se exigindo**, porém, **reciprocidade para a homologação de sentença estrangeira.**
- De acordo com o CPC 2015, **o Ministério da Justiça exercerá as funções de autoridade central na ausência de designação específica.**
- De acordo com o CPC 2015, **cabe auxílio direto** quando a medida não decorrer diretamente de **decisão de autoridade jurisdicional estrangeira a ser submetida a juízo de delibação no Brasil**, bem como para a realização de certas diligências processuais.
- De acordo com o CPC 2015, compete ao **juízo federal do lugar em que deva ser executada a medida** apreciar

pedido de auxílio direto apresentado ao Brasil que demande prestação de atividade jurisdicional.

- A homologação da sentença estrangeira é o ato que permite que uma **decisão judicial proferida em um Estado possa gerar efeitos no território de outro Estado**.
- A homologação da sentença estrangeira aplica-se a **sentenças definitivas, bem como a decisões não judiciais que, pela lei brasileira, teriam natureza jurisdicional. A execução de decisões interlocutórias depende de carta rogatória.**
- Mais especificamente, dependem de homologação no Brasil: todas as **decisões judiciais estrangeiras,** inclusive aquelas de **natureza cautelar**; **sentenças meramente declaratórias do estado das pessoas**; **sentenças penais**, mas apenas para surtir **efeitos civis** e; **laudos arbitrais estrangeiros**. Também haverá homologação de decisão estrangeira para fins de execução fiscal quando prevista em tratado ou em promessa de reciprocidade apresentada à autoridade brasileira.
- De acordo com o CPC 2015, **não dependem de homologação os títulos executivos extrajudiciais oriundos de país estrangeiro e as sentenças estrangeiras de divórcio consensual**.
- Na decisão acerca da homologação, o Brasil adota o mérito da **delibação**, não examinando o mérito da decisão homologanda.
- **Condições** para homologação de sentenças estrangeiras na LINDB:

| |
|---|
| deve a sentença ter sido proferida por juiz competente; |
| devem as partes ter sido citadas ou haver-se legalmente verificado à revelia; |
| deve a sentença ter passado em julgado e estar revestida das formalidades necessárias para a execução no lugar em que foi proferida; |
| deve a sentença estar traduzida por intérprete autorizado (tradutor oficial ou juramentado no Brasil); |
| não pode violar a ordem pública |

- **Condições** para homologação de sentenças estrangeiras no CPC 2015:

| |
|---|
| ser proferida por autoridade competente |
| ser precedida de citação regular, ainda que verificada a revelia |
| ser eficaz no país em que foi proferida |
| não ofender a coisa julgada brasileira |
| estar acompanhada de tradução oficial, salvo disposição que a dispense prevista em tratado |
| não conter manifesta ofensa à ordem pública nem versar sobre matéria de competência exclusiva da autoridade brasileira |

- No Brasil, a competência para a homologação é do **STJ** desde a EC 45/2004. No passado, o ato repousava na seara do STF.
- De acordo com o CPC 2015, **o cumprimento de decisão estrangeira far-se-á perante o juízo federal competente**, a requerimento da parte, conforme as normas estabelecidas para o cumprimento de decisão nacional
- **Não é necessário homologar sentenças de tribunais internacionais, como a Corte Interamericana de Direitos Humanos.**
- O atendimento à solicitação de cooperação formulada por carta rogatória é chamado de ***exequatur***, concedido pelo Superior Tribunal de Justiça (**STJ**).
- A autoridade judiciária brasileira cumprirá, concedido o *exequatur* e segundo a forma estabelecida pela lei brasileira, as diligências deprecadas por autoridade estrangeira competente, **observando a lei desta, quanto ao objeto das diligências**.
- No Brasil, **compete aos Juízes Federais a execução de carta rogatória, após o *exequatur***.
- Os principais parâmetros gerais relativos às rogatórias são os seguintes:

| | |
|---|---|
| Devem estar escritas na língua do Estado rogado, salvo norma que regule a matéria diversamente | Devem ser encaminhadas por via diplomática ou por outros meios previstos em tratados ou na lei, como as autoridades centrais |
| Subordinam-se, quanto ao conteúdo, à norma do Estado rogante (*lex fori*) | São regidas, quanto à forma de execução, pela norma do Estado rogado (*locus regit actum*), salvo a partir de solicitação do Estado rogante, que puder ser atendida no Estado rogado |

- Os principais parâmetros relativos ao cumprimento das rogatórias passivas (solicitadas por Estados estrangeiros ao Brasil) são os seguintes:

| | |
|---|---|
| Devem observar a lei do Estado rogante quanto ao objeto das diligências | O exame da rogatória configura mero juízo de delibação: é vedada a revisão do mérito do pronunciamento judicial estrangeiro pela autoridade judiciária brasileira |
| Em regra, devem estar traduzidas para a língua portuguesa | Devem ser autênticas |
| Não devem violar a soberania nacional e a ordem pública | Não serão cumpridas em hipóteses de competência exclusiva do Judiciário brasileiro nem quando implicarem ato executório |

## ✦ SÚMULAS APLICÁVEIS

## ✦ STF

### 1. CONDIÇÃO JURÍDICA DO ESTRANGEIRO – EXPULSÃO

- **Súmula 1 do STF:** É vedada a expulsão de estrangeiro casado com brasileira, ou que tenha filho brasileiro, dependente da economia paterna.

### 2. CONDIÇÃO JURÍDICA DO ESTRANGEIRO – EXTRADIÇÃO

- **Súmula 421 do STF:** Não impede a extradição a circunstância de ser o extraditado casado com brasileira ou ter filho brasileiro.

### 3. PRISÃO CIVIL

- **Súmula Vinculante 25 do STF** – É ilícita a prisão civil de depositário infiel, qualquer que seja a modalidade do depósito.

## ✦ STJ

- **Súmula 419 do STJ** – Descabe a prisão civil do depositário judicial infiel.

# Estatuto da Criança e do Adolescente

*Luciano Alves Rossato*

## TABELA DE INCIDÊNCIA DE QUESTÕES

| **Distribuição das questões organizada por ordem didática de assuntos** | | |
|---|---|---|
| **Assunto** | **Número de Questões** | **Peso** |
| 1. DISPOSIÇÕES PRELIMINARES | 1 | 1,49% |
| 2. DIREITOS FUNDAMENTAIS | 23 | 34,33% |
| 3. DAS NORMAS DE PREVENÇÃO | 4 | 5,97% |
| 4. ENTIDADES DE ATENDIMENTO | 3 | 4,48% |
| 5. MEDIDAS DE PROTEÇÃO | 6 | 8,96% |
| 6. GARANTIAS PROCESSUAIS | 1 | 1,49% |
| 7. DAS MEDIDAS SOCIOEDUCATIVAS | 10 | 14,93% |
| 8. DOS PROCEDIMENTOS | 4 | 5,97% |
| 9. RECURSOS | 2 | 2,99% |
| 10. DO CONSELHO TUTELAR | 4 | 5,97% |
| 11. DA AÇÃO CIVIL PÚBLICA | 1 | 1,49% |
| 12. DOS CRIMES E INFRAÇÕES ADMINISTRATIVAS | 8 | 11,94% |
| **Total** | **67** | **100%** |

# Estatuto da Criança e do Adolescente

***Luciano Alves Rossato***

+ QUESTÕES

## 1. DISPOSIÇÕES PRELIMINARES

**01. (FGV – Exame de Ordem 2015.1)** O Estatuto da Criança e do Adolescente estabelece que pessoas com até doze anos de idade incompletos são consideradas crianças e aquelas entre doze e dezoito anos incompletos, adolescentes. Estabelece, ainda, o Art. 2°, parágrafo único, que "Nos casos expressos em lei, aplica-se excepcionalmente este Estatuto às pessoas entre dezoito e vinte e um anos de idade". Partindo da análise do caráter etário descrito no enunciado, assinale a afirmativa correta.

a) O texto foi derrogado, não tendo qualquer aplicabilidade no aspecto penal, que considera a maioridade penal aos dezoito anos, não podendo, portanto, ser aplicada qualquer medida socioeducativa a pessoas entre dezoito e vinte e um anos incompletos, pois o critério utilizado para a incidência é a idade na data do julgamento e não a idade na data do fato.

b) A proteção integral às crianças e adolescentes, primado do ECA, estendeu a proteção da norma especial aos que ainda não tenham completado a maioridade civil, nisso havendo a proteção especialmente destinada aos menores de vinte e um anos, nos âmbitos do Direito Civil e do Direito Penal.

c) O texto destacado no parágrafo único desarmoniza-se da regra do Código Civil de 2002 que estabelece que a maioridade civil dá-se aos dezoito anos; por esse motivo, a regra indicada no enunciado nao tem mais aplicabilidade no âmbito civil.

d) Ao menor emancipado não se aplicam os princípios e as normas previstas no ECA; por isso, o estabelecido no texto transcrito, desde a entrada em vigor da norma especial em 1990, não era aplicada aos menores emancipados, exceto para fins de Direito Penal.

**COMENTÁRIOS**

✪ **Nota do autor:** o Estatuto da Criança e do Adolescente é aplicável às pessoas que tenham até dezoito anos de idade incompletos. Abaixo dessa idade, ou são consideradas crianças (até 12 anos incompletos), ou então adolescentes (de 12 a 18 anos incompletos). O Estatuto, no entanto, aplica-se excepcionalmente àqueles que tenham entre 18 e 21 anos. São duas, em síntese, as exceções: i) aplicação e execução de medidas socioeducativas, desde que o ato infracional tenha sido praticado enquanto o agente fosse menor de dezoito anos; ii) competência da Vara da Infância e da Juventude para a ação de adoção, desde que o adotando estivesse sob a guarda legal ou tutela do adotante quando adolescente. A propósito, vide a Súmula nº 605 do STJ.

**Alternativa "a":** ainda que complete a maioridade, é possível que o agente se sujeite às medidas socioeducativas, devendo ser levada em conta a idade ao tempo da ação ou da omissão.

**Alternativa "b":** em verdade, não houve proteção aos menores de vinte e um anos. O que ocorreu foi a previsão de cumprimento de medida socioeducativa mesmo por aquele que já tenha completado a maioridade civil e penal, pois praticou o ato enquanto ainda era adolescente.

**Alternativa "c":** deve ser frisado que, no âmbito civil, a maioridade é atingida aos dezoito anos. Ocorre que, uma pessoa pode ser considerada capaz para a prática de todos os atos da vida civil, em razão de já ter completado a idade de dezoito anos, e ainda estar sujeita aos ditames do Estatuto da Criança e do Adolescente. Vide, por exemplo, aquele que pratica ato infracional com 17 anos. Ao completar dezoito anos, é maior para os atos da vida civil, muito embora ainda sujeito à medida socioeducativa anteriormente aplicada.

**Alternativa "d":** o Estatuto ampara os direitos fundamentais da criança e do adolescente, de modo que o fato de ser o adolescente emancipado não lhe retira a proteção integral assegurada.

**Alternativa correta: letra "c".**

## 2. DIREITOS FUNDAMENTAIS

### 2.1. DIREITO À VIDA E À SAÚDE

**02. (FGV – OAB 2012.4 – prova reaplicada em Ipatinga/MG)** Assegurar o direito fundamental à vida e à saúde da criança e do adolescente é dever da família, da sociedade e do Poder Público. Acerca da regulamentação desses direitos pelo Estatuto da Criança e do Adolescente, assinale a afirmativa correta.

a) Os hospitais e demais estabelecimentos de atenção à saúde de gestantes, públicos e particulares, são obrigados a manter os prontuários individuais, pelo prazo de dez anos, assim como fornecer declaração de nascimento.

b) Incumbe ao poder público proporcionar assistência psicológica à gestante e à mãe, no período pré e pós natal, salvo se a mesma manifestar interesse em entregar seus filhos para adoção, quando será assegurada assistência psicológica pré-natal apenas.

c) A gestante tem direito ao acompanhamento pré-natal, sendo-lhe assegurado o direito de ser atendida no parto pelo mesmo médico que a acompanhou, assim como de optar pelo tipo de parto a que será submetida.

d) O atendimento pré-natal à gestante inclui o dever do poder público de propiciar apoio alimentar à gestante, como forma de assegurar o direito à vida e à saúde do nascituro.

**COMENTÁRIOS**

✪ **Nota do autor:** O Estatuto menciona o direito à vida e à saúde, trazendo uma série de obrigações dos estabelecimentos de atenção à saúde de gestantes, públicos e particulares.

**Alternativa "a":** os prontuários individuais deverão ser mantidos pelo prazo de 18 anos.

**Alternativa "b":** manifestando a gestante ou a mãe o seu desejo de entregar o seu filho à adoção, fará jus ao atendimento psicológico, como uma forma de tentar reverter o quadro.

**Alternativa "c":** em decorrência da Lei n. 13.257/2016, a gestante tem direito a acompanhamento saudável durante toda a gestação e a parto natural cuidadoso, estabelecendo-se a aplicação de cesariana e outras intervenções cirúrgicas por motivos médicos.

**Alternativa "d":** a gestante fará jus ao atendimento pré-natal, prestando o apoio alimentar a gestante e à nutriz.

**Alternativa correta: letra "d".**

## 2.2. DIREITO À EDUCAÇÃO, À CULTURA E AO LAZER

**03. (FGV - Exame de Ordem 2017.3)** Maria, aluna do 9° ano do Ensino Fundamental de uma escola que não adota a obrigatoriedade do uso de uniforme, frequenta regularmente culto religioso afro-brasileiro com seus pais. Após retornar das férias escolares, a aluna passou a ir às aulas com um lenço branco enrolado na cabeça, afirmando que necessitava permanecer coberta por 30 dias. As alunas Fernanda e Patrícia, incomodadas com a situação, procuraram a direção da escola para reclamar da vestimenta da aluna. O diretor da escola entrou em contato com o advogado do estabelecimento de ensino, a fim de obter subsídios para a sua decisão. A partir do caso narrado, assinale a opção que apresenta a orientação que você, como advogado da escola, daria ao diretor.

a) Proibir o acesso da aluna à escola.

b) Marcar uma reunião com os pais da aluna Maria, a fim de compeli-los a descobrir a cabeça da filha.

c) Permitir o acesso regular da aluna.

d) Proibir o acesso das três alunas.

COMENTÁRIOS

✪ **Nota do autor:** consoante previsto no art. 58 do Estatuto, no processo educacional devem ser respeitados os valores culturais, artísticos e históricos do contexto social da criança e do adolescente (art. 58).

O art. 16, do Estatuto, trata de várias liberdades, entre elas, de opinião e expressão, além de crença e culto religioso (art. 16, III). Tais direitos autorizam que Maria ingresse na escola se utilizando do lenço. Exclui, automaticamente, as alternativas "a", "b" e "d".

**Alternativa correta: letra "c".**

## 2.3. DIREITO FUNDAMENTAL À PROFISSIONALIZAÇÃO E À PROTEÇÃO NO TRABALHO

**04. (FGV - OAB 2011.1)** Washington, adolescente com 14 (quatorze) anos, movido pelo desejo de ajudar seus genitores no sustento do núcleo familiar pobre, pretende iniciar atividade laborativa como ensacador de compras na pequena mercearia Tudo Tem, que funciona 24h, localizada em sua comunidade. Recentemente, esta foi pacificada pelas Forças de Segurança Nacional.

Tendo como substrato a tutela do Estatuto da Criança e do Adolescente no tocante ao Direito à Profissionalização e à Proteção no Trabalho, assinale a alternativa correta.

a) Washington poderá ser contratado como ensacador de compras, mesmo não sendo tal atividade de aprendizagem, pois, como já possui 14 (quatorze) anos, tem discernimento suficiente para firmar o contrato de trabalho e, assim, prestar auxílio material aos seus pais, adotando a louvável atitude de preferir o trabalho às ruas.

b) Como a comunidade onde reside Washington foi pacificada pelas forças de paz, não há falar em local perigoso ou insalubre para o menor; assim, poderá o adolescente exercer a carga horária laborativa no período das 22h às 24h, sem qualquer restrição legal, desde que procure outra atividade laborativa que seja de formação técnico-profissional.

c) Washington não poderá trabalhar na mercearia como ensacador de compras, pois tal atividade não é enquadrada como de formação técnico-profissional; portanto, não se pode afirmar que o menor exercerá atividade laborativa na condição de aprendiz.

d) Na condição de aprendiz, não é necessário que o adolescente goze de horário especial compatível com a garantia de acesso e frequência obrigatória ao ensino regular.

COMENTÁRIOS

✪ **Nota do autor:** as pessoas com idade inferior a dezesseis anos possuem o direito fundamental ao não trabalho, salvo na condição de aprendiz, a partir dos catorze anos. Nesse passo, o Estatuto tutela o direito fundamental à profissionalização e à proteção no trabalho nos artigos 60-69.

**Alternativa "a":** abaixo de dezesseis anos, permite-se o trabalho exclusivamente para os aprendizes, isso desde que tenham mais de catorze anos. Não se leva em consideração os motivos que conduzem o adolescente ao trabalho.

**Alternativa "b"**: o adolescente não poderá trabalhar no período noturno. Essa proibição alcança a atividade urbana e a rural. Na primeira, há a proibição para o exercício do trabalho no horário compreendido entre às 22 horas de um dia até às cinco horas do dia seguinte.

**Alternativa "c": a** aprendizagem se caracteriza por ser uma atividade de formação técnico-profissional, intercalando-se a teoria e prática. Por essa razão, no exercício proposta, conclui-se que Washington não poderá trabalhar como aprendiz, uma vez que a atividade a ser desenvolvida é meramente prática, desvinculado por completo de qualquer atividade teórica.

**Alternativa "d"**: o fato de o adolescente ser aprendiz não lhe retira o direito à escolarização, de modo que o acesso à escola deve ser garantido pelo empregador.

**Alternativa correta: letra "c".**

## 2.4. DIREITO À CONVIVÊNCIA FAMILIAR E COMUNITÁRIA

### 2.4.1. APADRINHAMENTO

**05. (FGV-Exame de Ordem 2019.1)** Carla, de 11 anos de idade, com os pais destituídos do poder familiar, cresce em entidade de acolhimento institucional faz dois anos, sem nenhum interessado em sua adoção habilitado nos cadastros nacional ou internacional. Sensibilizado com a situação da criança, um advogado, que já possui três filhos, sendo um adotado, deseja acompanhar o desenvolvimento de Carla, auxiliando-a nos estudos e, a fim de criar vínculos com sua família, levando-a para casa nos feriados e férias escolares.

De acordo com o Estatuto da Criança e do Adolescente, de que forma o advogado conseguirá obter a convivência temporária externa de Carla com sua família?

a) Acolhimento familiar.

b) Guarda estatutária.

c) Tutela.

d) Apadrinhamento.

COMENTÁRIOS

✪ **Nota do autor:** o apadrinhamento consiste em um programa de atendimento, destinado a estabelecer e proporcionar à criança e ado adolescente vínculos externos à instituição para fins de convivência familiar e comunitária e colaboração com o seu desenvolvimento nos aspectos social, moral, físico, cognitivo, educacional e financeiro (art. 19-B, § 1º, ECA). A sua regulação legal foi inserida no Estatuto com a Lei nº 13.509/2017.

**Alternativa "a":** o acolhimento familiar consiste em espécie de medida protetiva de acolhimento e somente poderá ser determinada pela autoridade judiciária (logo, não pode ser aplicada pelo Conselho Tutelar). Sendo também regida pelo princípio da brevidade, tal medida deve ser reavaliada, pelo menos, a cada três meses (art. 19, § 1º), pelo juiz. Não se confunde com o apadrinhamento, que não é propriamente uma medida protetiva.

**Alternativa "b":** o Estatuto trata da guarda como modalidade de inserção em família substituta, que obriga o guardião à prestação de assistência material, moral e educacional à criança ou adolescente, conferindo ao seu detentor o direito de opor-se a terceiros, inclusive aos pais (art. 33, *caput*).

**Alternativa "c":** a tutela também se trata de modalidade de inserção em família substituta, por meio do qual o tutor, além de ser obrigado à prestação de assistência, também poderá representar o tutelado, bem como administrar o seu patrimônio.

**Alternativa "d":** como se verifica no enunciado apresentado, o advogado não pretende propriamente adotar a criança, nem ao menos dela cuidar de maneira contínua. A sua atuação está restrita ao acompanhamento nos seus estudos, ou seja, no desenvolvimento educacional. Dessa maneira, a figura apropriada para a situação é o apadrinhamento, previsto no art. 19-B, do Estatuto.

**Alternativa correta: letra "d".**

## 2.4.2. GUARDA E TUTELA

**06. (FGV – Exame de Ordem 2016.2 – Prova reaplicada Salvador-BA)** Dona Maria cuida do neto Paulinho, desde o nascimento, em razão do falecimento de sua filha, mãe do menino, logo após o parto. João, pai de Paulinho, apenas registrou a criança e desapareceu, sem nunca prestar ao filho qualquer tipo de assistência. Paulinho está tão adaptado ao convívio com a avó materna, que a chama de mãe.

Passados dez anos, João faz contato com Maria e diz que gostaria de levar o filho para morar com ele. Maria, desesperada, procura um advogado para obter orientações sobre o que fazer, já que João é foragido da Justiça, com condenação por crime de estupro de vulnerável, além de nunca ter procurado o filho Paulinho, que não o reconhece como pai.

De acordo com o Estatuto da Criança e do Adolescente, assinale a opção que indica a ação mais indicada para regularizar de forma definitiva o direito à convivência familiar da avó com o neto.

a) Ação de Destituição do Poder Familiar cumulada com Adoção.

b) Ação de Destituição do Poder Familiar cumulada com Tutela.

c) Ação de Destituição do Poder Familiar cumulada com Guarda.

d) Ação de Suspensão do Poder Familiar cumulada com Guarda.

COMENTÁRIOS

✪ **Nota do autor:** a questão trata de hipótese de colocação em família substituta.

Como se sabe, são espécies de colocação em família substituta a guarda, a tutela e a adoção. No caso, a avó cuida da criança, fornecendo-lhe carinho e atenção. De outro lado, o pai, que reúne todos os aspectos negativos para cuidar de uma criança (tanto que condenado por crime de estupro de vulnerável), quer retomar o convívio, o que, por certo, é contrário ao superior interesse da criança. Dessa forma, deverá a mãe buscar regularizar a situação, protegendo a criança de seu pai. Para tanto, deverá ajuizar ação de destituição do poder familiar cumulada com tutela. A tutela é hipótese de colocação em família substituta em que o tutor, além dos poderes inerentes à guarda, também passa a administrar o patrimônio do tutelado e também o representa. Não há impedimento para que possa ser deferida em favor de avós, o que já existe em relação à adoção. Nesta, rompem-se os vínculos familiares existentes, com exceção dos impedimentos matrimoniais e se constituem novos vínculos familiares. Contudo, de acordo com o Estatuto, não pode ser deferida para ascendentes, irmãos e para os curadores e tutores enquanto estes não prestarem contas de sua administração. Exclui automaticamente as alternativas "a", "c" e "d".

**Alternativa correta: letra "b".**

**07. (FGV – Exame de Ordem 2016.2)** Vanessa e Vitor vivem com o filho Marcelo, criança com 06 anos de idade, na casa dos avós paternos. Em um trágico acidente, Vitor veio a falecer. A viúva, logo após o óbito, decide morar na casa de seus pais com o filho. Após 10 dias, já residindo com os pais, Vanessa, em depressão e fazendo uso de entorpecentes, deixa o filho aos cuidados dos avós maternos, e se submete a tratamento de internação em clínica de reabilitação. Decorridos 20 dias e com alta médica, Vanessa mantém acompanhamento ambulatorial e aluga apartamento para morar sozinha com o filho.

Os avós paternos inconformados ingressaram com Ação de Guarda de Marcelo. Afirmaram que sempre prestaram assistência material ao neto, que com eles residia desde o nascimento até o falecimento de Vitor. Citada, Vanessa contestou o pedido, alegando estar recuperada de sua depressão e da dependência química. Ainda, demonstrou possuir atividade laborativa, e que obteve vaga para o filho em escola. Os avós maternos, por sua vez, ingressam com oposição. Aduziram que Marcelo ficou muito bem aos seus cuidados e que possuem excelente plano de saúde, que possibilitará a inclusão do neto como dependente.

Sobre a guarda de Marcelo, à luz da Proteção Integral da Criança e do Adolescente, assinale a afirmativa correta.

a) Marcelo deve ficar com os avós maternos, com quem por último residiu, em razão dos benefícios da inclusão da criança como dependente do plano de saúde.

b) Marcelo deve ficar na companhia dos avós paternos, pois sempre prestaram assistência material à criança, que com eles residia antes do falecimento de Vitor.

c) Marcelo deve ficar sob a guarda da mãe, já que ela nunca abandonou o filho e sempre cumpriu com os deveres inerentes ao exercício do poder familiar, ainda que com o auxílio dos avós.

d) Em programa de acolhimento familiar, até que esteja cabalmente demonstrado que a genitora não faz mais uso de substâncias entorpecentes.

COMENTÁRIOS

✪ **Nota do autor:** a criança e o adolescente têm o direito de permanecer junto com a sua família natural, composta pelos

ECA

pais ou qualquer um destes e seus filhos. A retirada desta família natural somente ocorrerá em situações excepcionais, por meio de decisão judicial.

**Alternativas "a" e "b"**: incorretas. Preferencialmente, a criança deve permanecer com a sua família natural, permitindo-se, em conformidade com o seu superior interesse, verificar a questão relativa às visitas dos avós.

**Alternativa "c"**. Em conformidade com o superior interesse da criança, não há motivo excepcional para a retirada da criança de sua família natural, atualmente composta por sua mãe.

**Alternativa "d"**: incorreta. O acolhimento institucional é medida protetiva, de caráter excepcional, que somente poderá ser deferida pelo juiz.

**Alternativa correta: letra "c".**

---

**08. (FGV – Exame de Ordem 2016.1)** Marcelo, com 17 anos, e seu irmão Caio, com 20 anos de idade, permanecem sozinhos na casa da família, enquanto os pais viajam por 30 dias em férias no exterior. Durante tal período, Marcelo, que acabou de terminar o ensino médio, recebe uma excelente proposta de trabalho. Ao comparecer à empresa para assinar o contrato de trabalho, Marcelo é impedido pela falta de um responsável. Marcelo, então, procura orientação de um advogado.

Assinale a opção que apresenta a ação que deverá ser ajuizada, de acordo com o Estatuto da Criança e do Adolescente, para que o adolescente não perca a oportunidade de emprego.

a) Marcelo deve ingressar com ação de emancipação, com pedido de antecipação de tutela.
b) Caio deve ingressar com ação de guarda de Marcelo, requerendo a sua guarda provisória.
c) Caio deve ingressar com ação, objetivando o direito de assistir Marcelo para a prática do ato.
d) Caio deve ingressar com ação de tutela de Marcelo, com pedido liminar.

**COMENTÁRIOS**

**✪ Nota do autor:** a questão trata da necessidade de regularizar a situação em vista da ausência momentânea dos pais.

**Alternativa "a":** incorreta. A emancipação somente poderá ser autorizada pelos genitores.

**Alternativa "b":** incorreta. Muito embora entendida como incorreta pelo examinador, tem-se que Caio poderia até ajuizar a ação de guarda de Marcelo, a ser deferida em razão da ausência momentânea dos pais. E isso, pois, toda guarda é provisória. Não existe qualquer guarda que seja definitiva.

**Alternativa "c":** a guarda é a modalidade de colocação em família substituta que tem por finalidade regularizar uma situação de fato. Pode ser deferida incidental ou liminarmente em processo de tutela ou de adoção. Também poderá ser o objeto principal do processo, em decorrência de uma ausência momentânea dos pais, ou em razão de situação excepcional. Nestas duas últimas hipóteses, poderá o magistrado deferir o direito de representação para a prática de atos específicos.

**Alternativa "d":** incorreta. A tutela pressupõe a prévia suspensão ou destituição do poder familiar, e não a ausência momentânea dos pais.

**Alternativa correta: letra "c".**

---

**09. (FGV – Exame de Ordem 2015.1)** B e P, vizinhos da criança Y, cuidam do menino desde a tenra idade, quando o pai da criança faleceu e sua genitora, por motivos profissionais, mudou-se para localidade distante, fazendo visitas esporádicas ao infante, mas sempre enviando ajuda de custo para a alimentação do filho. Quando a criança completou um ano de idade, a genitora alcançou patamar financeiro estável, passando a ter meios para custear os gastos da criança também com educação, lazer, saúde etc. Assim, buscou a restituição do convívio diário com a criança Y, levando-a para morar consigo, o que gerou discordância dos vizinhos B e P, que ingressaram com Ação de Guarda e Tutela do menor, argumentando a construção de laços afetivos intensos e que a criança iria sofrer com a distância. Analise a situação e, sob o ponto de vista jurídico, assinale a afirmativa correta.

a) O afastamento da genitora do convívio cotidiano com a criança Y impede a reconstrução de laços afetivos, devendo ser, de pronto, conferida a guarda provisória aos vizinhos que o criaram e, ao final, a tutela do menor aos demandantes B e P.
b) A reintegração à família natural, no caso, junto à mãe, deve ser priorizada em relação a outra providência, não havendo justo motivo para a que a criança seja posta sob tutela na hipótese narrada, uma vez que isso demandaria a perda ou suspensão do poder familiar, o que não encontra aplicabilidade nos estritos termos do enunciado.
c) Os vizinhos que detinham a guarda de fato da criança Y têm prioridade no exercício do encargo de tutores, considerando esse o atendimento ao melhor interesse da criança, podendo eles assumir a função mesmo que a mãe mantenha o poder familiar, ante a precariedade e provisoriedade do referido encargo jurídico.
d) A mãe da criança Y pode anuir com o pedido de colocação da criança sob tutela se considerar que atenderá ao melhor interesse do infante, hipótese em que a sentença homologatória poderá ser revogada a qualquer tempo, caso mudem as circunstâncias que a justificaram, não fazendo, pois, coisa julgada material.

**COMENTÁRIOS**

**✪ Nota do autor:** entre os direitos fundamentais da criança e do adolescente, destaca-se o da convivência familiar e comunitária, que se baseia no fato de que aquelas devem conviver com a sua família natural, ou, pelo menos com a sua família extensa, e apenas de forma excepcional com a família substituta.

**Alternativa "a":** o afastamento da genitora não importará, automaticamente, na desconstituição dos laços de afinidade e de afetividade, ainda mais diante do fato de que a genitora mantinha visitação contínua ao filho.

**Alternativa "b":** é direito da criança ser criada junto à família natural, no caso, composta por sua genitora. A inserção em família substituta somente ocorrerá de forma excepcional.

**Alternativa "c":** não é possível que os vizinhos detenham a tutela da criança, enquanto a mãe exerça o poder familiar. Trata-se de situação incompatível, pois a tutela pressupõe o exercício do poder familiar.

**Alternativa "d":** é formada a coisa julgada material, muito embora seja possível a revisão da sentença se alteradas as circunstâncias fáticas.

**Alternativa correta: letra "b".**

---

**10. (FGV – OAB 2012.4 – prova reaplicada em Ipatinga/MG)** Em julho de 2012, em razão de desavenças irreconciliáveis, Miguel e Letícia rompem a sociedade conjugal que mantinham e divorciam-se. A guarda do único filho do casal, Pedro, é compartilhada entre os pais. Ocorre que Edith, avó paterna de Pedro, sentindo o afastamento do neto em razão dos ressentimentos surgidos após a separação, pretende propor medida judicial visando garantir seu direito de visita a Pedro.

Considerando a hipótese, assinale a afirmativa correta.

a) Os únicos titulares do direito de visita são os pais biológicos de Pedro, podendo Edith acompanhar o desenvolvimento do neto nos momentos em que a guarda estiver sendo exercitada por seu filho Miguel.

b) As disposições relativas à guarda, visita e prestação de alimentos aos filhos menores estendem-se somente aos pais de Pedro e, somente na falta destes, poderá haver a participação dos demais ascendentes.

c) Edith não poderá promover a medida judicial por ausência de previsão legal neste sentido.

d) O direito de visita estende-se a qualquer dos avós, a critério do juiz, observados os interesses da criança ou do adolescente.

**COMENTÁRIOS**

**Nota do autor:** em matéria de infância e juventude, tem-se como meta maior a observância do melhor interesse da criança ou do adolescente.

**Alternativa "a":** Os pais não são os únicos titulares do direito de visitas.

**Alternativa "b":** A medida não se estende apenas aos pais do genitor, englobando também os pais da genitora, ou seja, os avós maternos.

**Alternativa "c":** Nao há qualquer óbice ao requerimento de deferimento do direito de visita aos avós. Pelo contrário, o parágrafo único do art. 1.589 expressamente o autoriza, nos seguintes termos: "o direito de visita estende-se a qualquer dos avós, a critério do juiz, observados os interesses da criança ou do adolescente".

**Alternativa "d":** Desde que a medida atenda ao melhor interesse da criança, poderá ser deferido o direito de visitas aos avós.

**Alternativa correta: letra "d".**

**11. (FGV – OAB 2012.1 – prova reaplicada em Duque de Caxias/RJ)** Acerca da colocação da criança ou adolescente em família substituta por meio da guarda e da tutela, é correto afirmar que

a) a adoção de uma dessas medidas, dada a prioridade de manutenção do menor com a família natural, é precedida pela destituição do poder familiar.

b) a pessoa que exercerá a guarda ou a tutela do menor poderá ser indicada por seus genitores em testamento.

c) o tutor assume o poder familiar em relação ao menor e, sendo assim, a destituição da tutela observa os mesmos requisitos da destituição do poder familiar.

d) o deferimento da tutela não pressupõe a perda ou suspensão do poder familiar e, sendo assim, não implica necessariamente o dever de guarda.

**COMENTÁRIOS**

**Nota do autor:** três são as modalidades de colocação em família substituta, quais sejam: guarda, tutela e adoção, cada uma delas com as suas características próprias.

| **Família substituta** | • Guarda<br>• Tutela<br>• Adoção |
|---|---|

**Alternativa "a":** para entender o enunciado, há necessidade de tratar em separado os institutos da guarda e da tutela. A guarda não necessita de prévia destituição do poder familiar. Aliás, o guardião não detém o poder familiar da criança ou do adolescente, motivo pelo qual não lhe é autorizada a sua representação, salvo se o juiz o deferir, para casos específicos. A tutela, por sua vez, pressupõe a suspensão ou a destituição do poder familiar.

**Alternativa "b":** no Estatuto, há menção exclusivamente à tutela testamentária, que é aquela em que o tutor é indicado em testamento ou outro documento equivalente (art. 37). Não há menção à "guarda testamentária".

**Alternativa "c":** ao ser deferida a tutela, o tutor passa a ser o detentor do poder familiar da criança ou do adolescente. Por esse motivo, para a sua destituição, há necessidade de observância do procedimento e dos requisitos da destituição dos genitores.

**Alternativa "d":** o deferimento da tutela implicará no dever de guarda, além do direito de representação para a prática de atos, bem como de administração dos bens do tutelado, pressupondo a perda ou a suspensão do poder familiar.

**Alternativa correta: letra "c".**

### 2.4.3. ADOÇÃO

**12. (FGV- XXXV Exame de Ordem-2022)** Eduardo foi adotado quando criança, vivendo em excelentes condições afetiva, material e social junto a seus pais adotivos. Mesmo assim, Eduardo demonstrou ser um adolescente rebelde, insurgente, de difícil trato e convívio – o que em nada abalou o amor e os cuidados de seus pais adotivos em nenhum momento.

Hoje, com 19 anos completos, Eduardo manifesta interesse em conhecer seus pais biológicos, com o claro intuito de rebelar-se – repita-se, injustificadamente – contra seus adotantes.

Sobre o caso acima, assinale a afirmativa correta.

a) Eduardo tem direito de conhecer sua origem biológica, seja qual for o motivo íntimo que o leve a tanto.

b) A motivação para a busca do conhecimento da origem biológica é inválida, pelo que não deve ser facultado o direito ao acesso a tal informação a Eduardo.

c) A informação da origem biológica somente pode ser revelada em caso imperativo de saúde, para a pesquisa do histórico genético.

d) O conhecimento da origem biológica somente se revela necessário caso o processo de adoção tenha alguma causa de nulidade.

**COMENTÁRIOS**

**Notas do autor:** O adotado tem direito de conhecer sua origem biológica, bem como de obter acesso irrestrito ao processo no qual a medida foi aplicada e seus eventuais incidentes, após completar 18 (dezoito) anos. O acesso ao processo de adoção poderá ser também deferido ao adotado menor de 18 (dezoito) anos, a seu pedido, assegurada orientação e assistência jurídica e psicológica (art. 48, Estatuto).

**GABARITO**: A

**13. (FGV – Exame de Ordem XXXVI – 2022)** Luiza, hoje com cinco anos, foi adotada regularmente por Maria e Paulo quando tinha três anos. Ocorre que ambos os adotantes vieram a falecer em um terrível acidente automobilístico.

ECA

Ciente disso, a mãe biológica de Luiza, que sempre se arrependera da perda da sua filha, manifestou-se em ter sua maternidade biológica restaurada.

Com base nos fatos acima, assinale a afirmativa correta.

a) O falecimento dos pais adotivos conduz à imediata e automática restauração do poder familiar da ascendente biológica.

b) O falecimento dos pais adotivos não restabelece o poder familiar dos pais naturais.

c) O falecimento dos pais adotivos não transfere o poder familiar sobre o adotado supérstite ao parente mais próximo dos obituados, devendo ser reaberto processo de adoção.

d) Falecendo ambos os pais e inexistindo parentes destes aptos à tutela, somente então se restaura o poder familiar dos pais naturais.

**COMENTÁRIOS**

✪ **Notas do autor:** a adoção possui várias características, entre elas, da incaducabilidade. Desse modo, o falecimento dos adotantes não restabelecerá o poder familiar dos genitores como, aliás, está previsto no art. 49.

**Gabarito: B.**

---

**14. (FGV – Exame de Ordem 2020.1)** Maria chega à maternidade já em trabalho de parto, sendo atendida emergencialmente. Felizmente, o parto ocorre sem problemas e Maria dá à luz, Fernanda.

No mesmo dia do parto, a enfermeira Cláudia escuta a conversa entre Maria e uma amiga que a visitava, na qual Maria oferecia Fernanda a essa amiga em adoção, por não se sentir preparada para a maternidade.

Preocupada com a conversa, Cláudia a relata ao médico obstetra de plantão, Paulo, o qual, por sua vez, noticia o ocorrido a Carlos, diretor-geral do hospital. Naquela noite, já recuperada, Maria e a mesma amiga vão embora da maternidade, sem que nada tenha ocorrido e nenhuma providência tenha sido tomada por qualquer dos personagens envolvidos – Cláudia, Paulo ou Carlos.

Diante dos fatos acima, assinale a afirmativa correta.

a) Não foi cometida qualquer infração, porque a adoção irregular não se consumou no âmbito da maternidade.

b) Carlos cometeu infração administrativa, consubstanciada no não encaminhamento do caso à autoridade judiciária, porque somente o diretor do hospital pode fazê-lo.

c) Carlos e Paulo não cometeram infração administrativa ao não encaminharem o caso à autoridade judiciária, porque não cabe ao corpo médico tal atribuição.

d) Carlos, Paulo e Cláudia cometeram infração administrativa por não encaminharem o caso de que tinham conhecimento para a autoridade judiciária.

**COMENTÁRIOS**

✪ **Nota do autor:** consoante prevê o art. 19-A, do Estatuto, a gestante ou mãe que manifeste interesse em entregar seu filho para adoção, antes ou logo após o nascimento, será encaminhada à Justiça da Infância e da Juventude. A inobservância desse dever jurídico caracterizará a prática da infração administrativa tipificada no art. 258-B, do Estatuto, desde que praticada por médico, enfermeiro ou dirigente de estabelecimento de atenção à saúde de gestante.

**Alternativa "D":** correta. Conforme explicado acima, a conduta de deixar o médico, enfermeiro ou dirigente de estabelecimento de atenção à saúde de gestante de efetuar imediato encaminhamento à autoridade judiciária de caso de que tenha conhecimento de mãe ou gestante interessada em entregar seu filho para adoção, é tipificada como infração administrativa (e não infração penal), nos termos do art. 258-B, do Estatuto.

---

**15. (FGV-Exame de Ordem 2019.2)** Júlio, após completar 17 anos de idade, deseja, contrariando seus pais adotivos, buscar informações sobre a sua origem biológica junto à Vara da Infância e da Juventude de seu domicílio. Lá chegando, a ele é informado que não poderia ter acesso ao seu processo, pois a adoção é irrevogável. Inconformado, Júlio procura um amigo, advogado, a fim de fazer uma consulta sobre seus direitos. De acordo com o Estatuto da Criança e do Adolescente, assinale a opção que apresenta a orientação jurídica correta para Júlio.

a) Ele poderá ter acesso ao processo, desde que receba orientação e assistência jurídica e psicológica.

b) Ele não poderá ter acesso ao processo até adquirir a maioridade.

c) Ele poderá ter acesso ao processo apenas se assistido por seus pais adotivos.

d) Ele não poderá ter acesso ao processo, pois a adoção é irrevogável.

**COMENTÁRIOS**

✪ **Nota do autor:** considerando-se a necessidade de possibilitar-se ao adotando conhecer a sua ascendência biológica, deve ser-lhe garantido acesso irrestrito ao processo no qual a medida foi aplicada e seus eventuais incidentes, após completar dezoito anos (*art. 48*, caput*)*. O acesso ao processo também poderá ser deferido ao adotado menor de dezoito anos, a seu pedido, assegurada orientação e assistência jurídica e psicológica (art. 48, parágrafo único).

Alternativa "A": alternativa em conformidade com o que consta do art. 48, parágrafo único, do ECA.

**Alternativa correta: letra "a".**

---

**16. (FGV – Exame de Ordem 2018.1)** Beatriz, quando solteira, adotou o bebê Théo. Passados dois anos da adoção, Beatriz começou a viver em união estável com Leandro. Em razão das constantes viagens a trabalho de Beatriz, Leandro era quem diariamente cuidava de Théo, participando de todas as atividades escolares. Théo reconheceu Leandro como pai. Quando Beatriz e Leandro terminaram o relacionamento, Théo já contava com 15 anos de idade. Leandro, atendendo a um pedido do adolescente, decide ingressar com ação de adoção unilateral do infante. Beatriz discorda do pedido, sob o argumento de que a união estável está extinta e que não mantém um bom relacionamento com Leandro. Considerando o Princípio do Superior Interesse da Criança e do Adolescente e a Prioridade Absoluta no Tratamento de seus Direitos, Théo pode ser adotado por Leandro?

a) Não, pois, para a adoção unilateral, é imprescindível que Beatriz concorde com o pedido.

b) Sim, caso haja, no curso do processo, acordo entre Beatriz e Leandro, regulamentando a convivência familiar de Théo.

c) Não, pois somente os pretendentes casados, ou que vivam em união estável, podem ingressar com ação de adoção unilateral.

d) Sim, o pedido de adoção unilateral formulado por Leandro poderá, excepcionalmente, ser deferido e, ainda que de forma não consensual, regulamentada a convivência familiar de Théo com os pais.

COMENTÁRIOS

✪ **Nota do autor:** como regra, para que a adoção seja deferida, há necessidade de que o adotante esteja previamente inscrito no respectivo cadastro, o que ocorrerá após a devida habilitação. Contudo, em situações especiais, atendendo-se aos princípios do superior interesse da criança e da prioridade absoluta, tem-se a possibilidade de ser deferida a adoção, independentemente do prévio cadastramento, conforme se vê do art. 50, § 13, do Estatuto. Há de se registrar que o rol contido no aludido parágrafo não é taxativo, podendo aqueles princípios já mencionados justificarem que outras situações permitam o deferimento da adoção naquela condição.

**Alternativa "a"**: incorreta. A adoção unilateral será aquela em que serão preservados os vínculos familiares com um dos genitores ou um daqueles que detêm o poder familiar. O seu deferimento poderá ocorrer ainda que não haja concordância daquele cujo poder familiar será mantido.

**Alternativa "b"**: incorreta. Será possível o deferimento da adoção unilateral nesta hipótese, ainda que não exista acordo quanto a convivência familiar.

**Alternativa "c"**: incorreta. Conforme está indicado no Estatuto, também se admite que os divorciados e aqueles cuja união estável já tenha terminado adotem uma criança ou um adolescente, desde que ajuste quanto à guarda (compartilhada ou unilateral), demonstrando-se a existência de vínculo.

**Alternativa "d"**: correta. Com fundamento no art. 50, § 13, I, do Estatuto, admite-se a adoção unilateral, dispensando-se a exigência de prévio cadastramento. Enfatize-se que a medida somente será deferida se amparada pelos princípios do superior interesse da criança e da prioridade absoluta.

**Alternativa correta: letra "d".**

---

**17. (FGV – Exame de Ordem 2018.2)** Maria, em uma maternidade na cidade de São Paulo, manifesta o desejo de entregar Juliana, sua filha recém-nascida, para adoção. Assim, Maria, encaminhada para a Vara da Infância e da Juventude, após ser atendida por uma assistente social e por uma psicóloga, é ouvida em audiência, com a assistência do defensor público e na presença do Ministério Público, afirmando desconhecer o pai da criança e não ter contato com sua família, que vive no interior do Ceará, há cinco anos. Assim, após Maria manifestar o desejo formal de entregar a filha para adoção, o Juiz decreta a extinção do poder familiar, determinando que Juliana vá para a guarda provisória de família habilitada para adoção no cadastro nacional. Passados oito dias do ato, Maria procura um advogado, arrependida, afirmando que gostaria de criar a filha. De acordo com o ECA, Maria poderá reaver a filha?

a) Sim, uma vez que a mãe poderá se retratar até a data da publicação da sentença de adoção.

b) Sim, pois ela poderá se arrepender até 10 dias após a data de prolação da sentença de extinção do poder familiar.

c) Não, considerando a extinção do poder familiar por sentença.

d) Não, já que Maria somente poderia se retratar até a data da audiência, quando concordou com a adoção.

COMENTÁRIOS

✪ **Nota do autor:** a questão trata do procedimento previsto no art. 19-A, do Estatuto, que trata da entrega voluntária ou legal da criança para fins de adoção. Ainda de acordo com as alterações do Estatuto proporcionadas pela Lei nº 13.509/2017, com relação à manifestação de vontade da genitora no sentido de que pretende entregar seu filho para adoção, esta poderá se retratar até ser ouvida pela autoridade judiciária e, ainda, poderá exercer o seu direito de arrependimento no prazo de dez dias, contados da destituição do poder familiar.

**Alternativa "b"**: correta. Exclui automaticamente as demais alternativas. Como visto nas notas, o direito de arrependimento deverá observar o prazo decadencial de dez dias contados da destituição do poder familiar.

**Alternativa correta: letra "b".**

---

**18. (FGV – Exame de Ordem 2016.3)** Marcelo e Maria são casados há 10 anos. O casal possui a guarda judicial de Ana, que tem agora três anos de idade, desde o seu nascimento. A mãe da infante, irmã de Maria, é usuária de crack e soropositiva. Ana reconhece o casal como seus pais. Passados dois anos, Ana fica órfã, o casal se divorcia e a criança fica residindo com Maria.

Sobre a possibilidade da adoção de Ana por Marcelo e Maria em conjunto, ainda que divorciados, assinale a afirmativa correta.

a) Apenas Maria poderá adotá-la, pois é parente de Ana.

b) O casal poderá adotá-la, desde que acorde com relação à guarda (unipessoal ou compartilhada) e à visitação de Ana.

c) O casal somente poderia adotar em conjunto caso ainda estivesse casado.

d) O casal deverá se inscrever previamente no cadastro de pessoas interessadas na adoção.

COMENTÁRIOS

✪ **Nota do autor:** trata a questão de tema recorrente em Exames da OAB, qual seja, sobre a adoção. Constitui-se a adoção em espécie de família substituta, por meio da qual há o rompimento dos vínculos familiares existentes anteriormente (à exceção do matrimônio) e a constituição de novos vínculos familiares.

Como regra, para que duas pessoas possam adotar, há necessidade de que sejam casadas ou vivam em união estável. Porém, se os adotantes vierem a se divorciar ainda no curso do processo, admite-se que a adoção ainda lhe seja deferida, desde que acordem em relação à guarda e aquele que não tiver a guarda, possuir vínculo de afinidade e de afetividade. Exclui automaticamente as alternativas "a", "c" e "d".

**Alternativa correta: letra "b".**

---

**19. (FGV – Exame de Ordem 2015.3)** Isabela e Matheus pretendem ingressar com ação judicial própria a fim de adotar a criança P., hoje com 4 anos, que está sob guarda de fato do casal desde quando tinha 1 ano de idade. Os pais biológicos do infante são conhecidos e não se opõem à referida adoção, até porque as famílias mantêm convívio em datas festivas, uma vez que Isabela e Matheus consideram importante que P. conheça sua matriz biológica e mantenha convivência com os membros de sua família originária. Partindo das diretrizes impostas pelo ECA e sua interpretação à luz da norma civilista aplicáveis à situação narrada, assinale a afirmativa correta.

a) Durante o processo de adoção, Isabela, que reside fora do país, pode, mediante procuração, constituir Matheus como seu mandatário com poderes especiais para representar sua esposa e ajuizar a ação como adoção conjunta.

b) Dispensável a oitiva dos pais biológicos em audiência, desde que eles manifestem concordância com o pedido de adoção por escritura pública ou declaração de anuência com firma reconhecida.

c) Concluído o processo de adoção com observância aos critérios de regularidade e legalidade, caso ocorra o evento da morte de Isabela e Matheus antes de P. atingir a maioridade civil, ainda assim não se reestabelecerá o poder familiar dos pais biológicos.

d) A adoção é medida excepcional, que decorre de incompatibilidade de os pais biológicos cumprirem os deveres inerentes ao poder familiar, motivo pelo qual, mesmo os pais de P. sendo conhecidos, a oitiva deles no curso do processo é mera faculdade e pode ser dispensada.

**COMENTÁRIOS**

✪ **Nota do autor:** a adoção é um ato que importa na desconstituição dos vínculos familiares existentes, bem como na constituição de novos vínculos desta natureza. Várias são as suas características, que serão detalhadas na sequência.

**Alternativa "a":** a adoção é um ato personalíssimo, de modo que não poderá ser requerida por procuração.

**Alternativa "b": é** imprescindível a oitiva dos genitores, ainda que tenham concordado previamente. Tal consentimento deve ser prestado, então, em juízo, e após o nascimento da criança.

**Alternativa "c": a** adoção é um ato incaducável, posto que a morte dos adotantes não restabelece o poder familiar dos genitores.

**Alternativa "d":** a oitiva dos pais é obrigatória, podendo ser dispensada tão somente se já extinto o poder familiar, ou se os pais já foram destituídos.

**Alternativa correta: letra "c".**

---

**20. (FGV – Exame de Ordem 2014.2)** A Declaração Universal dos Direitos da Criança reconhece como necessária ao desenvolvimento completo e harmonioso das crianças e dos adolescentes a necessidade de cuidados e um ambiente de afeto e de segurança moral e material, o que prioritariamente deve ocorrer na companhia e sob a responsabilidade dos pais. Mas, em circunstâncias excepcionais, a criança ou o adolescente podem ser confiados às chamadas famílias substitutas.

A respeito da colocação de criança ou adolescente em família substituta, segundo os termos do Estatuto da Criança e do Adolescente, assinale a afirmativa correta.

a) O ECA disciplina procedimento específico para a colocação em família substituta de criança ou adolescente indígena, que requer, obrigatoriamente, a intervenção e oitiva de representantes de órgão federal responsável pela política indígena e de antropólogos.

b) A criança ou adolescente será prévia e necessariamente ouvida pela equipe interprofissional no curso do processo, dispensando-se o consentimento da criança ou adolescente, que será substituído pelo parecer da equipe.

c) A colocação da criança ou adolescente em família substituta, por ser de caráter provisório e precário, exime o guardião ou o tutor dos deveres de companhia e guarda, que poderão ser transferidos a terceiros.

d) A guarda e a tutela são as únicas modalidades de colocação da criança ou adolescente em família substituta, que pode ser nacional ou estrangeira, sendo a adoção medida de colocação em família definitiva, não em família substituta.

**COMENTÁRIOS**

✪ **Nota do autor:** o Estatuto fez previsão da família substituta, sob as modalidades de guarda, tutela ou adoção.

**Alternativa "a"**: tratando-se de criança ou adolescente indígena, há necessidade da observância de outros requisitos para a inserção em adoção. Nesse caso, será obrigatória a oitiva de representantes da política indígena, o que auxiliará na solução da questão, sem modificação da competência da justiça federal.

**Alternativa "b"**: a criança deverá ser ouvida sempre que possível. O adolescente, por sua vez, deverá consentir.

**Alternativa "c": o** guardião ou o tutor não estarão eximidos dos deveres de guarda.

**Alternativa "d"**: além da guarda e da tutela, há também a adoção.

**Alternativa correta: letra "a".**

---

**21. (FGV – Exame de Ordem 2013.3)** Paulo, de 4 anos, é filho de Carla e não teve a sua paternidade reconhecida. Cláudio, avô de Carla e bisavô de Paulo, muito preocupado com o futuro do bisneto, pretende adotá-lo, tendo em vista que Carla ostenta uma situação financeira precária e, na opinião do avô, não é muito responsável.

Acerca da possibilidade de adoção de Paulo por Cláudio, assinale a afirmativa correta.

a) Cláudio sendo bisavô de Paulo e membro de sua família extensa, terá prioridade na adoção da criança, exigindo-se, contudo, que Carla, mãe de Paulo, autorize e que o adotando dê o seu consentimento em juízo.

b) Cláudio, por ser bisavô de Paulo, não poderá adotá-lo, mesmo que Carla consinta, já que tal medida excepcional não é permitida quando o adotante é ascendente ou irmão do adotando.

c) Como Cláudio só poderá adotar Paulo se Carla for destituída do poder familiar exercido em favor da criança, a medida, dada a sua excepcionalidade, só se justificaria na hipótese de adoção bilateral.

d) Claudio, por ser bisavô de Paulo, por um lado, tem prioridade na adoção da criança, mas, por outro, só poderá adotá-lo se Carla, além de autorizar a medida, for destituída do poder familiar.

**COMENTÁRIOS**

✪ **Nota do autor:** a criança e o adolescente têm o direito fundamental à convivência familiar e comunitária. A colocação em família substituta é uma situação excepcional, que depende de decisão judicial.

**Alternativa "a"**: o bisavô não poderá adotar, nem mesmo com o consentimento da genitora.

**Alternativa "b": p**ara o deferimento da adoção, há necessidade da observância de requisitos objetivos e subjetivos. Além disso, devem ser superados impedimentos. Um destes impedimentos consiste na impossibilidade de a adoção será deferida a ascendentes, como é o bisavô, e também aos irmãos do adotando.

**Alternativa "c":** adoção bilateral é aquela em que são rompidos os vínculos familiares existentes, constituindo-se novos. Porém, no caso, há impedimento ao deferimento da adoção, por conta de ser o suposto adotante bisavô de Paulo.

**Alternativa "d":** para o deferimento da adoção, há necessidade do consentimento dos genitores, ou, então, a sua destituição do poder familiar (se ele já não está extinto). Porém, presente uma das hipóteses de impedimento legal, nem mesmo com o consentimento será possível deferir-se a adoção.

**Alternativa correta: letra "b".**

---

**22. (FGV – OAB 2013.1)** Acerca da colocação da criança ou do adolescente em família substituta na modalidade adoção, assinale a afirmativa correta.

a) A adoção extingue os vínculos pretéritos entre o adotado e a família anterior, porém, excepcionalmente, no caso de falecimento dos adotantes, o poder familiar dos pais naturais poderá ser restabelecido, se atender ao melhor interesse do menor.

b) A adoção produz os seus efeitos a partir do trânsito em julgado da sentença declaratória do estado de filiação, porém, se o adotante vier a falecer no curso do procedimento os efeitos retroagirão à data do óbito.

c) A adoção depende do consentimento do adotando, se maior de 12 anos de idade, e dos pais do adotando ou do representante legal deste ou do guardião legal ou de fato, na falta dos primeiros.

d) A adoção produz os seus efeitos a partir do trânsito em julgado da sentença constitutiva, porém, se o adotante vier a falecer após inequívoca manifestação de vontade no curso do procedimento, os efeitos retroagirão à data do óbito.

**COMENTÁRIOS**

✪ **Nota do autor:** a questão trata dos efeitos da adoção, aplicando-se o disposto no artigo 47, do Estatuto da Criança e do Adolescente.

**Alternativa "a":** entre as características, tem-se que a morte dos adotantes não importará no restabelecimento do poder familiar dos pais genitores.

**Alternativa "b":** a sentença de adoção não é declaratória, mas constitutiva, responsável por constituir novos laços de parentesco.

**Alternativa "c":** a adoção dependerá do consentimento dos pais ou do representante legal, neste conceito não se enquadrando aquele que possuir a guarda de fato.

**Alternativa "d":** a alternativa trata da adoção "post mortem", cujos efeitos retroagirão à data do óbito, constituindo-se exceção à regra de que a adoção produzirá efeitos a partir do trânsito em julgado.

**Alternativa correta: letra "d".**

## 2.4.4. ADOÇÃO INTERNACIONAL

**23. (FGV – Exame de Ordem 2017.3)** Os irmãos órfãos João, com 8 anos de idade, e Caio, com 5 anos de idade, crescem juntos em entidade de acolhimento institucional, aguardando colocação em família substituta. Não existem pretendentes domiciliados no Brasil interessados na adoção dos irmãos de forma conjunta, apenas separados. Existem famílias estrangeiras com interesse na adoção de crianças com o perfil dos irmãos e uma família de brasileiros domiciliados na Itália, sendo esta a última inscrita no cadastro. Considerando o direito à convivência familiar e comunitária de toda criança e de todo adolescente, assinale a opção que apresenta a solução que atende aos interesses dos irmãos.

a) Adoção nacional pela família brasileira domiciliada na Itália.

b) Adoção internacional pela família estrangeira.

c) Adoção nacional por famílias domiciliadas no Brasil, ainda que separados.

d) Adoção internacional pela família brasileira domiciliada na Itália

**COMENTÁRIOS**

✪ **Nota do autor:** a questão trata da *adoção internacional*, que, segundo a nova redação do art. 51 do Estatuto da Criança e do Adolescente, dada pela Lei nº 13.509/2017, constitui-se naquela "na qual o pretendente possui residência habitual em país-parte da Convenção de Haia, de 29 de maio de 1993, Relativa à Proteção das Crianças e à Cooperação em Matéria de Adoção Internacional, promulgada pelo Decreto nº 3.087, de 21 de junho de 1999, e deseja adotar criança em outro país-parte da Convenção". A alteração promovida pela Lei nº 13.509/2017 teve a intenção de deixar explícita a necessidade de que os pais de origem e de acolhida sejam países-partes da Convenção de Haia, que trata do tema. Como é possível verificar, é possível que brasileiros, residentes em país-parte da Convenção, adotem uma criança situada no Brasil, hipótese em que ainda assim se terá a adoção internacional (e não a nacional). A adoção, por si só, já representa excepcionalidade, por importar na inserção em família substituta. A adoção internacional, então, tem excepcionalidade elevada ao quadrado, tanto deverá ser comprovado: I – que a colocação em família adotiva é a solução adequada ao caso concreto; II – que foram esgotadas todas as possibilidades de colocação da criança ou adolescente em família adotiva brasileira, com a comprovação, certificada nos autos, da inexistência de adotantes habilitados residentes no Brasil com perfil compatível com a criança ou adolescente, após consulta aos cadastros; e, III – que, em se tratando de adoção de adolescente, este foi consultado, por meios adequados ao seu estágio de desenvolvimento, e que se encontra preparado para a medida, mediante parecer elaborado pela equipe interprofissional, observando-se, ainda, o contido nos §§ 1º e 2º do art. 28.

Concorrendo com estrangeiras, a família brasileira, ainda que residente no exterior, tem preferência na adoção de crianças e adolescentes brasileiros (art. 51, § 2º do Estatuto). Enfatizou-se, ainda, que ainda que se trate de família brasileira, serão seguidas as regras relativas à adoção internacional, vez que a criança ou o adolescente deixarão o seu país de origem e rumarão ao país de acolhida. Exclui automaticamente as alternativas "A", "B" e "C".

**Alternativa correta: letra "d".**

**24. (FGV – Exame de Ordem 2016.2)** Casal de brasileiros, domiciliado na Itália, passa regularmente férias duas vezes por ano no Brasil. Nas férias de dezembro, o casal visitou uma entidade de acolhimento institucional na cidade do Rio de Janeiro, encantando-se com Ana, criança de oito anos de idade, já disponível nos cadastros de habilitação para adoção nacional e internacional. Almejando adotar Ana, consultam advogado especialista em infância e juventude.

Assinale a opção que apresenta a orientação jurídica correta pertinente ao caso.

a) Ingressar com pedido de habilitação para adoção junto à Autoridade Central Estadual, pois são brasileiros e permanecem, duas vezes por ano, em território nacional.

b) Ingressar com pedido de habilitação para adoção no Juízo da Infância e da Juventude e, após a habilitação, ajuizar ação de adoção.

c) Ajuizar ação de adoção requerendo, liminarmente, a guarda provisória da criança.

d) Ingressar com pedido de habilitação junto à Autoridade Central do país de acolhida, para que esta, após a habilitação do casal, envie um relatório para a Autoridade Central Estadual e para a Autoridade Central Federal Brasileira, a fim de que obtenham o laudo de habilitação à adoção internacional.

**COMENTÁRIOS**

✪ **Nota do autor:** será considerada adoção internacional aquela em que a criança ou o adolescente serão deslocados para um outro país, denominado país de acolhida, que tenha aderido à Convenção de Haia e Cooperação em Matéria de Adoção Internacional. Não importa, para finalidade de conceituação, se os adotantes são ou não brasileiros. De outro lado, é importante registrar que se prefere a adoção internacional requerida por brasileiros à adoção internacional pleiteada por estrangeiros. A adoção internacional conta com duas fases: uma fase de habilitação e preparação, que tramita perante as Autoridades Centrais de adoção de cada país. Dá-se entrada perante a Autoridade Central do país de acolhida, para que esta verifique se, em conformidade com as leis de seu país, será possível dar-se prosseguimento à adoção. Posteriormente, haverá a avaliação pela Autoridade Central de adoção do país de origem, que receberá um relatório sobre o caso e, oportunamente, expedirá laudo de habilitação. A segunda fase, denominada de judicial, corre perante a Vara da Infância e da Juventude.

**Alternativa "c":** para que possam ingressar com a ação de adoção, deverá o casal esgotar a via administrativa, formulando os requerimentos necessários perante as autoridades centrais em matéria de adoção internacional.

**Alternativa "d" (responde também as alternativas "a" e "b"):** havendo interesse do casal na adoção de Ana, muito embora sejam brasileiros, mas residentes na Itália, há necessidade de que observem o procedimento da adoção internacional, passando-se pelas duas fases. Portanto, devem dar entrada do pedido perante a Autoridade Central do país de acolhida, contando posteriormente com o laudo expedido da Autoridade Central do país de origem. Há mais um ponto importante. Esse procedimento tem como base o constante da Convenção de Haia em Matéria de Cooperação em Adoção Internacional, que procura fazer com que a legislação de cada país seja resguardada, bem como que o interesse superior da criança seja respeitado. De acordo com tal Convenção e o que foi inserido no Estatuto pela Lei Nacional da Adoção, os Estados federados (como o Brasil) podem contar com uma Autoridade Central Estadual, que emitirá os respectivos laudos. É o que ocorre no Brasil, conforme se vê do Decreto n. 3.174/1999. Exclui automaticamente as alternativas "A" e "B".

**Alternativa correta: letra "d".**

## 3. DAS NORMAS DE PREVENÇÃO

**25. (FGV-Exame de Ordem 2019.1)** Bruno, com quase doze anos de idade, morador de Niterói, na Região Metropolitana do Rio de Janeiro, foi aprovado em um processo de seleção de jogadores de futebol, para a categoria de base de um grande clube, sediado no Rio de Janeiro, capital– cidade contígua à de sua residência.

Os treinamentos na nova equipe implicam deslocamento de Niterói ao Rio de Janeiro todos os dias, ida e volta. Ocorre que os pais de Bruno trabalham em horário integral, e não poderão acompanhá-lo.

Os pais, buscando orientação, consultam você, como advogado(a), sobre qual seria a solução jurídica para que Bruno frequentasse os treinos, desacompanhado.

Assinale a opção que apresenta sua orientação.

a) Bruno precisará de um alvará judicial, que pode ter validade de até dois anos, para poder se deslocar sozinho entre as comarcas.

b) Bruno pode, simplesmente, ir aos treinos sozinho, não sendo necessária qualquer autorização judicial para tanto.

c) Não é possível a frequência aos treinos desacompanhado, pois o adolescente não poderá se deslocar entre comarcas sem a companhia de, ao menos, um dos pais ou do responsável legal.

d) Bruno poderá ir aos treinos desacompanhado dos pais, mas será necessário obter autorização judicial ou a designação de um tutor, que poderá ser um representante do clube.

**COMENTÁRIOS**

✪ **Nota do autor:** a questão trata da autorização de viagem, matéria tratada no item pertinente à normas de prevenção à ocorrência de ameaça ou violação dos direitos da criança e do adolescente. Em especial, o art. 83, do Estatuto, trata da viagem de criança e do adolescente para fora da comarca onde reside desacompanhado dos pais ou dos responsáveis sem expressa autorização judicial. À época em que publicado o respectivo edital do Exame, o dispositivo citado tinha outra redação, que foi alterada pela Lei nº 13.812/2019, de modo que a resposta, atualmente, já não seria aquela indicada pela banca examinadora. Anteriormente à alteração, o adolescente poderia viajar para fora da comarca onde reside desacompanhado dos pais ou dos responsáveis sem expressa autorização legal. Atualmente, porém, o adolescente, com dezesseis anos de idade, poderá fazê-lo. Dessa maneira, em resumo, *nenhuma criança ou adolescente menor de 16 (dezesseis) anos poderá viajar para fora da comarca onde reside desacompanhado dos pais ou dos responsáveis sem expressa autorização judicial*. Porém, a autorização não será exigida quando: a) tratar-se de comarca contígua à da residência da criança ou do adolescente menor de 16 (dezesseis) anos, se na mesma unidade da Federação, ou incluída na mesma região metropolitana; b) a criança ou o adolescente menor de dezesseis anos estiver acompanhado: de ascendente ou colateral maior, até o terceiro grau, comprovado documentalmente o parentesco, ou de pessoa maior, expressamente autorizada pelo pai, mãe ou responsável. Por tudo o que foi exposto, a alternativa correta não é mais a letra "B", mas a letra "C".

**Alternativa correta: indicada pela comissão: letra "b". Porém, de acordo com a nova redação do art. 83, do Estatuto, a alternativa correta seria a letra "c".**

**26. (FGV – Exame de Ordem 2016.3)** Maria, mãe de João, criança com nove anos de idade, que está na guarda de fato da avó paterna Luisa, almeja viajar com o filho, que já possui passaporte válido, para os Estados Unidos. Para tanto, indagou ao pai e à avó se eles concordariam com a viagem do infante, tendo o primeiro anuído e a segunda não, pelo fato de o neto não estar com boas notas na escola. Preocupada, Maria procura orientação jurídica de como proceder.

À luz do Estatuto da Criança e do Adolescente, assinale a opção que indica a medida que deverá ser adotada pelo(a) advogado(a) de Maria.

a) Ingressar com ação de suprimento do consentimento do pai e da avó paterna, para fins de obter a autorização judicial de viagem ao exterior.

b) Solicitar ao pai que faça uma autorização de viagem acompanhada de cópias dos documentos dele, pois a criança já possui passaporte válido.

c) Ingressar com ação de guarda de João, requerendo sua guarda provisória, para que possa viajar ao exterior independente da anuência do pai e da avó paterna.

d) Solicitar ao pai que faça uma autorização de viagem com firma reconhecida, pois a criança já possui passaporte válido.

**COMENTÁRIOS**

✪ **Nota do autor:** entre as normas de prevenção à violação ou ameaça aos direitos da criança e do adolescente, há aquela que trata da necessidade de autorização judicial para que estas possam viajar em certas situações.

**Alternativa "a", "b" e "c":** não há necessidade de suprir-se o consentimento do pai, pois este poderá concordar com o pleito. Em relação à avó, esta não necessita ser ouvida. As respostas a estas duas alternativas excluem automaticamente as demais.

**Alternativa "d":** há necessidade de diferenciar, em primeiro lugar, as situações de viagem nacional e de viagem internacional. No segundo caso, a viagem de criança e de adolescente desacompanhados dos pais ou responsável segue sistemática diferenciada. Como regra, a criança e o adolescente devem viajar ao exterior em companhia do pai e da mãe. Ausente um deles (ou os dois), há necessidade de que firmem autorização, com firma reconhecida, permitindo-se, assim, a viagem desacompanhada. A oposição da avó, no caso, não representa óbice, salvo se obter medida no âmbito judicial.

**Alternativa correta: letra "d".**

---

**27. (FGV – Exame de Ordem 2014.1)** João e Joana são pais de Mila, 9 anos, e de Letícia, 8 anos. João mudou-se para Maringá depois do divórcio, e levou sua filha mais nova para morar com ele. Nas férias escolares, Letícia quer ir ao Rio de Janeiro visitar sua mãe, enquanto Mila deseja passar seus dias livres com seu pai em Maringá.

Avalie as situações apresentadas a seguir e, de acordo com o Estatuto da Criança e do Adolescente, assinale a afirmativa correta.

a) Letícia poderá viajar sem autorização judicial se a sua prima, Olívia, que tem 19 anos, aceitar acompanhá-la. Mila poderá viajar sem autorização, se a sua avó, Filomena, a acompanhar.
b) Se houver prévia e expressa autorização dos pais ou responsáveis, Letícia e Mila ficam dispensadas da autorização judicial e poderão viajar desacompanhadas dentro do território nacional.
c) Letícia poderá viajar desacompanhada dos pais por todo território nacional se houver autorização judicial, que poderá ser concedida pelo prazo de dois anos. Mila não precisará de autorização judicial para ir a Maringá se seu tio José aceitar acompanhá-la.
d) Mila poderia aproveitar a ida de sua vizinha Maria, de 23 anos, para acompanhá-la, desde que devidamente autorizada por seus pais, enquanto Letícia não precisaria de autorização judicial se seu padrinho, Ricardo, primo do seu pai, a acompanhasse.

COMENTÁRIOS

**Nota do autor:** a questão trata da necessidade de autorização para viajar em determinados casos. Vide, a propósito, os artigos 83 a 85 do Estatuto.

**Alternativa "a":** a prima é parente em quarto grau, de modo que não bastará a comprovação do parentesco.

**Alternativa "b":** não poderão viajar desacompanhadas por se tratarem de crianças.

**Alternativa "c":** a criança, para viajar desacompanhada de seus pais, dentro do território nacional, deverá contar com autorização judicial, que será dispensada em determinadas situações. Entre elas, está se estiver acompanhada de colateral maior até o terceiro grau, quando bastará a comprovação do parentesco.

**Alternativa "d":** o primeiro é parente em quarto grau, de modo que não basta a comprovação do parentesco, sendo necessária a autorização.

**Alternativa correta: letra "c".**

---

**28. (FGV – Exame de Ordem 2014.2)** O Hotel Botanic recebeu o casal de namorados Júlia e Matheus como hóspedes durante um feriado prolongado. Júlia tem 15 anos de idade e Matheus 18 anos, motivo pelo qual a adolescente foi admitida no estabelecimento, por estar acompanhada de uma pessoa maior de idade. Com base no caso apresentado, a partir do que dispõe o Estatuto da Criança e do Adolescente, assinale a opção correta.

a) Trata-se de infração penal, motivo pelo qual, sem prejuízo da pena de multa aplicada ao estabelecimento, o funcionário responsável pela admissão da adolescente está sujeito à responsabilidade criminal pessoal.
b) Trata-se de prática cotidiana sem implicações administrativas ou criminais previstas na norma especial, uma vez que a adolescente estava acompanhada de pessoa maior de idade que se torna responsável por ela.
c) Trata-se de infração administrativa, sujeitando-se à aplicação de pena de multa, a hospedagem de adolescente desacompanhado dos pais, responsáveis, ou sem autorização escrita desses ou da autoridade judiciária.
d) Trata-se de infração administrativa e penal, sujeitando-se o estabelecimento, por determinação da autoridade judiciária, a imediato fechamento por até quinze dias.

COMENTÁRIOS

**Nota do autor:** para que a criança ou o adolescente sejam admitidos em hotel, motel ou congênere, precisam estar acompanhados de seus pais ou responsável, ou estarem por estes autorizados.

A inobservância da regra acima gera a prática de uma infração administrativa, apurável perante procedimento que tramitará perante a Vara da Infância e da Juventude. Exclui automaticamente as alternativas "a", "b" e "d".

**Alternativa correta: letra "c".**

## 4. ENTIDADES DE ATENDIMENTO

---

**29. (FGV – XXXVII Exame OAB)** A entidade governamental Casa dos Anjos, destinada a programa de internação de adolescentes em conflito com a lei, recebeu inspeção de fiscalização por parte do Ministério Público. Nesta visita, restou constatado que a instituição não dispunha de diversos elementos essenciais para a manutenção condigna dos adolescentes sujeitos à medida socioeducativa, inexistindo, por exemplo, cuidados médicos, psicológicos, odontológicos e farmacêuticos adequados. Com base nos fatos acima, assinale a afirmativa correta.

a) Poderá ser interrompido o repasse de verbas públicas para a entidade, enquanto ela não sanar as irregularidades.
b) Poderá ser determinado o afastamento temporário dos dirigentes da Casa dos Anjos.
c) Poderá haver a cassação do registro da instituição em questão.
d) Tratando-se de entidade governamental, não há medidas sancionatórias específicas cabíveis.

COMENTÁRIOS

**Notas do autor:** as entidades de atendimento responsáveis pela execução de programa socioeducativo de internação devem observar várias obrigações (art. 94). Se descumpridas, sem prejuízo da responsabilidade civil e criminal de seus dirigentes, poderão ser aplicadas determinadas medidas, que variarão conforme se tratar de entidade governamental ou não governamental (art. 97). No caso de entidade governamental, entre outras medidas, é possível o afastamento provisório de seus dirigentes (art. 97, I, "b", do Estatuto).

**Gabarito: letra "B".**

**30. (FGV – Exame de Ordem 2017.2)** Agente público executor de medida socioeducativa de internação, a pretexto de manter a disciplina e a ordem na unidade em que atua, ordena que dois adolescentes se vistam com roupas femininas e desfilem para os demais internos, que escolherão a "garota da unidade".

Em visita à unidade, uma equipe composta pela Comissão de Direitos Humanos da OAB e pelo Conselho Tutelar toma ciência do caso. Segundo restou apurado, o agente teria atuado de tal forma porque os dois adolescentes eram muito rebeldes e não cumpriam regularmente as determinações da unidade.

Com base apenas no Estatuto da Criança e do Adolescente, sem prejuízo de outras sanções, assinale a opção que indica a medida que poderá ser adotada imediatamente pela equipe que fiscalizava a unidade.

a) Transferência imediata dos adolescentes para outra unidade socioeducativa.
b) Advertência do agente público aplicada pelo Conselho Tutelar.
c) Advertência do agente público aplicada pela Comissão de Direitos Humanos da OAB.
d) Transferência imediata do agente público para outra unidade.

**COMENTÁRIOS**

**✪ Nota do autor:** entidades de atendimento são aquelas responsáveis pela execução de medidas protetivas e socioeducativas. Podem ser governamentais e não governamentais, as quais devem providenciar a inscrição de seus programas junto ao Conselho Municipais de Direitos de Criança e do Adolescente. A fiscalização de tais entidades compete ao Juiz, ao Promotor de Justiça e ao Conselho Tutelar. Em especial às entidades de atendimento de internação, há várias obrigações de que devem ser cumpridas, contidas em rol exemplificativo do art. 94 do Estatuto, entre elas, observar os direitos e garantias de que são titulares os adolescentes (inciso I).

O artigo 97 do Estatuto indica as medidas aplicáveis às entidades de atendimento governamentais e não governamentais. Em comum a tais entidades, está prevista a de advertência (letra A, incisos I e II do art. 97). Exclui automaticamente as alternativas "A", "C" e "D".

**Alternativa correta: letra "b".**

**31. (FGV – Exame de Ordem 2013.3)** O Estatuto da Criança e do Adolescente estabelece os princípios que devem ser adotados por entidades que desenvolvam programas de acolhimento familiar ou institucional. Segundo esses princípios, assinale a afirmativa correta.

a) As entidades devem buscar constantemente a transferência para outras entidades de crianças e adolescentes abrigados, a fim de promover e aprofundar a integração entre eles e os diferentes contextos sociais.
b) Por força de disposição expressa de lei, o dirigente das entidades com o objetivo de acolhimento institucional ou familiar é equiparado ao guardião, para todos os efeitos de direito.
c) Mesmo inserida em programa de acolhimento institucional ou familiar, a criança ou o adolescente deve ser estimulado a manter contato com seus pais ou responsável.
d) É vedado o acolhimento de crianças e adolescentes em entidades que mantenham programa de acolhimento institucional sem prévia determinação da autoridade competente.

**COMENTÁRIOS**

**✪ Nota do autor:** o acolhimento institucional é uma medida protetiva, que depende de prévia decisão judicial, pela qual a criança ou o adolescente estarão sob os cuidados, de forma provisória, de uma entidade de atendimento governamental ou não governamental, sem fins lucrativos. Essas entidades devem seguir os princípios indicados no art. 92, do Estatuto.

**Alternativa "a":** para o sucesso do programa desenvolvido, há de ser evitada, ao máximo, a transferência para outras entidades de crianças e adolescentes abrigados.

**Alternativa "b":** a assertiva contém uma artimanha ao mencionar entidade de acolhimento institucional e familiar. Na verdade, somente o dirigente de entidade de acolhimento institucional será equiparado a guardião. No acolhimento familiar, tal papel será exercido pela família acolhedora.

**Alternativa "c":** a inserção do infante em acolhimento institucional somente ocorrerá em situações excepcionais, com o intuito de retorno da criança ou do adolescente à sua família natural. Por conta disso, deve ser estimulado o contato com seus pais ou responsável.

**Alternativa "d":** essas entidades poderão receber a criança ou o adolescente, sem prévia autorização judicial, em situações excepcionais e de urgência (art. 93, do Estatuto).

**Alternativa correta: letra "c".**

## 5. MEDIDAS DE PROTEÇÃO

**32. (FGV- XXXIV Exame de Ordem-2022)** José, diretor de uma entidade de acolhimento institucional, recebeu em sua instituição Maria, criança com 11 anos, em situação de verdadeiro desespero, narrando confusamente que havia sido vítima de abusos por parte do companheiro de sua mãe, e que esta nada havia feito para impedir o ato. Maria estava aos prantos e demonstrava sinais de ter sofrido violência.

Procurado por José, você, como advogado(a), o orienta a

a) buscar imediato contato com a mãe de Maria, sem efetuar a institucionalização por meio de acolhimento emergencial sem que haja este prévio contato, por ser vedada tal providência.
b) comunicar o fato ao Ministério Público incontinenti, pois não é permitido o acolhimento sem prévio encaminhamento por este órgão.
c) oferecer acolhimento emergencial à Maria, comunicando ao Juiz da Infância e da Juventude tal medida, em no máximo, 24h.
d) comunicar o fato ao Conselho Tutelar para, apenas mediante encaminhamento deste órgão, efetuar o o acolhimento.

**COMENTÁRIOS**

O acolhimento institucional de crianças e de adolescentes somente poderá ocorrer mediante ordem judicial, que expedirá a designada *guia de acolhimento*. Contudo, as entidades de atendimento que desenvolvam programa de acolhimento institucional poderão, em caráter excepcional e de urgência, acolher crianças e adolescentes sem prévia determinação da autoridade competente, fazendo comunicação do fato em até vinte e quatro horas ao Juízo da Vara da

Infância e da Juventude, sob pena de responsabilidade (art. 93, *caput*, do Estatuto).

**Alternativa correta: letra "c".**

---

**33. (FGV/OAB/XXXII_Exame – 2021)** A proteção da estrutura familiar da criança e do adolescente e o fomento ao convívio familiar em condições salutares à pessoa em desenvolvimento fizeram com que o legislador, na concepção do Estatuto da Criança e do Adolescente, previsse medidas aplicáveis aos pais ou responsáveis em casos de problemas familiares envolvendo crianças e adolescentes.

Diante do exposto, assinale a afirmativa correta.

a) As medidas de inclusão em programa oficial ou comunitário de auxílio, de orientação e tratamento a alcoólatras e toxicômanos, e de encaminhamento a tratamento psicológico ou psiquiátrico podem ser aplicadas direta e autonomamente pelos Conselhos Tutelares.

b) As medidas de encaminhamento a cursos ou programas de orientação e de matricular obrigatoriamente o filho ou pupilo e acompanhar sua frequência e seu aproveitamento escolar somente podem ser aplicadas pela autoridade judiciária.

c) As medidas de encaminhamento a serviços e programas oficiais ou comunitários de proteção, apoio e promoção da família e de obrigação de encaminhar a criança ou o adolescente a tratamento especializado não podem ser aplicadas diretamente pelos Conselhos Tutelares.

d) As medidas de encaminhamento a tratamento psiquiátrico, de perda da guarda, de destituição da tutela ou de suspensão ou destituição do poder familiar somente podem ser aplicadas pela autoridade judiciária.

**COMENTÁRIOS**

✪ **Nota do autor:** estando a criança e o adolescente em situação de risco, autoriza o Estatuto que lhe sejam aplicadas medidas protetivas, previstas no art. 101. De outro lado, para a proteção da estrutura familiar, estão previstas também as *medidas aplicáveis aos pais ou responsável*, conforme se vê no art. 129.

**Alternativa "a":** correta. As medidas pertinentes aos pais ou responsável poderão ser aplicadas pelo Conselho Tutelar e pela autoridade judiciária, com exceção daquelas previstas nos incisos VIII (perda da guarda), IX (destituição da tutela) e X (suspensão ou destituição do poder familiar), cuja aplicabilidade estará restrita ao Juiz da Vara da Infância e da Juventude. Exclui automaticamente as demais alternativas.

**Alternativa correta: letra "a".**

---

**34. (FGV – Exame de Ordem 2018.1)** Angélica, criança com 5 anos de idade, reside com a mãe Teresa, o padrasto Antônio e a tia materna Joana. A tia suspeita de que sua sobrinha seja vítima de abuso sexual praticado pelo padrasto. Isso porque, certa vez, ao tomar banho com Angélica, esta reclamou de dores na vagina e no ânus, que aparentavam estar bem vermelhos. Na ocasião, a sobrinha disse que "o papito coloca o dedo no meu bumbum e na minha perereca, e dói". Joana narrou o caso para a irmã Teresa, que disse não acreditar no relato da filha, pois ela gostava de inventar histórias, e que, ainda que fosse verdade, não poderia fazer nada, pois depende financeiramente de Antônio. Joana, então, após registrar a ocorrência na Delegacia de Polícia, que apenas instaurou o inquérito policial e encaminhou a criança para exame de corpo de delito, busca orientação jurídica sobre o que fazer para colocá-la em segurança imediatamente. De acordo com o Estatuto da Criança e do Adolescente, a fim de resguardar a integridade de Angélica até que os fatos sejam devidamente apurados pelo Juízo Criminal competente, assinale a opção que indica a medida que poderá ser postulada por um advogado junto ao Juízo da Infância e da Juventude.

a) A aplicação da medida protetiva de acolhimento institucional de Angélica.

b) Solicitar a suspensão do poder familiar de Antônio.

c) Solicitar o afastamento de Antônio da moradia comum.

d) Solicitar a destituição do poder familiar da mãe Teresa.

**COMENTÁRIOS**

✪ **Nota do autor:** na hipótese narrada na questão, a criança foi vítima de violência sexual. Há de se enfatizar que a Lei nº 13.431/2017 tratou do *Sistema de Garantia de Direitos da Criança e Adolescente Vítima ou Testemunha de Violência* e, para tanto, classificou a violência em: I) física; II) psicológica; III) sexual; IV) institucional; V) patrimonial. A propósito, identifica a violência como sexual, entendida como qualquer conduta que constranja a criança ou o adolescente a praticar ou presenciar conjunção carnal ou qualquer outro ato libidinoso, inclusive exposição do corpo em foto ou vídeo por meio eletrônico ou não, que compreenda: a) abuso sexual, entendido como toda ação que se utiliza da criança ou do adolescente para fins sexuais, seja conjunção carnal ou outro ato libidinoso, realizado de modo presencial ou por meio eletrônico, para estimulação sexual do agente ou de terceiro; b) exploração sexual comercial, entendida como o uso da criança ou do adolescente em atividade sexual em troca de remuneração ou qualquer outra forma de compensação, de forma independente ou sob patrocínio, apoio ou incentivo de terceiro, seja de modo presencial ou por meio eletrônico; c) tráfico de pessoas, entendido como o recrutamento, o transporte, a transferência, o alojamento ou o acolhimento da criança ou do adolescente, dentro do território nacional ou para o estrangeiro, com o fim de exploração sexual, mediante ameaça, uso de força ou outra forma de coação, rapto, fraude, engano, abuso de autoridade, aproveitamento de situação de vulnerabilidade ou entrega ou aceitação de pagamento, entre os casos previstos na legislação. Considerando-se o que dispõe o ECA a respeito, tem-se que o art. 130, do Estatuto, determina que, verificada a hipótese de maus-tratos, opressão ou abuso sexual impostos pelos pais ou responsável, a autoridade judiciária poderá determinar, como medida cautelar, o afastamento do agressor da moradia comum.

**Alternativa "a"**: incorreta. A medida protetiva de acolhimento (institucional e familiar) será aplicada unicamente em situações excepcionais, pela própria autoridade judiciária, quando verificada situação de risco que a justifique.

**Alternativa "b"**: incorreta. A hipótese exige providência urgente, de modo que a medida provisória indicada acima deverá ser buscada. Na questão, além disso, não há indicação de ter o padrasto o poder familiar da criança.

**Alternativa "c"**: correta. Em conformidade com o art. 130, do Estatuto, poderá ser determinado o afastamento provisório do lar.

**Alternativa "d"**: incorreta. A hipótese exige providência urgente, de modo que a medida provisória indicada acima deverá ser buscada.

**Alternativa correta: letra "c".**

---

**35. (FGV – Exame de Ordem 2017.2)** Os irmãos Fábio (11 anos) e João (9 anos) foram submetidos à medida protetiva de acolhimento institucional pelo Juízo da Infância e da Juventude, pois residiam com os pais em área de risco, que se recusavam a deixar o local, mesmo com a interdição do imóvel pela Defesa Civil.

Passados uma semana do acolhimento institucional, os pais de Fábio e João vão até a instituição para visitá-los, sendo impedidos de ter contato com os filhos pela diretora da entidade de acolhimento institucional, ao argumento de que precisariam de autorização judicial para visitar as crianças. Os pais dos irmãos decidem então procurar orientação jurídica de um advogado. Considerando os ditames do Estatuto da Criança e do Adolescente, a direção da entidade de acolhimento institucional agiu corretamente?

a) Sim, pois o diretor da entidade de acolhimento institucional é equiparado ao guardião, podendo proibir a visitação dos pais.

b) Não, porque os pais não precisam de uma autorização judicial, mas apenas de um ofício do Conselho Tutelar autorizando a visitação.

c) Sim, pois a medida protetiva de acolhimento institucional foi aplicada pelo Juiz da Infância, assim somente ele poderá autorizar a visita dos pais.

d) Não, diante da ausência de vedação expressa da autoridade judiciária para a visitação, ou decisão que os suspenda ou os destitua do exercício do poder familiar.

**COMENTÁRIOS**

✪ **Nota do autor:** o acolhimento institucional é modalidade de medida protetiva (art. 101, VII do Estatuto), que não pode se prolongar por mais de dezoito meses, salvo comprovada necessidade que atenda ao superior interesse da criança ou do adolescente, devidamente fundamentada pela autoridade judiciária. Note-se que o § 2º, do art. 19, do Estatuto, foi alterado pela Lei nº 13.509/2017. Por tal motivo, o prazo máximo de duração do acolhimento institucional deixou de ser de dois anos, passando-se a ser dezoito meses. Garantiu-se, ainda, a convivência da criança e do adolescente com a mãe ou o pai privados de liberdade, por meio de visitas periódicas promovidas pelo responsável ou, nas hipóteses de acolhimento institucional, pela entidade de atendimento, independentemente de autorização judicial (art. 19, § 4º).

**Alternativa "a":** embora o diretor da entidade de atendimento de acolhimento institucional detenha a guarda da criança ou do adolescente, as visitas do pai, mãe ou responsável poderão prosseguir, até mesmo como meio de proporcionar a manutenção da relação entre eles para que haja o retorno assim que possível. Tais visitas não dependem de autorização judicial.

**Alternativa "b"**: as visitas não dependem de autorização judicial ou de ofício do Conselho Tutelar.

**Alternativa "c"**: como dito, as visitas independem de prévia autorização judicial.

**Alternativa "d"**: as visitas periódicas pelo responsável serão asseguradas, de modo a prosseguir existentes os laços afetivos existentes, até mesmo em razão da necessidade de se promover a manutenção ou a reintegração de criança ou adolescente à sua família (art. 19, § 3º do Estatuto). Ressalte-se, ainda, que a criança e o adolescente em programa de acolhimento institucional ou familiar poderão participar de programa de apadrinhamento (art. 19-B, incluído pela Lei nº 13.509/2017).

**Alternativa correta: letra "d".**

---

**36. (FGV – Exame de Ordem 2017.1)** João, criança de 07 anos de idade, perambulava pela rua sozinho, sujo e com fome, quando, por volta das 23 horas, foi encontrado por um guarda municipal, que resolve encaminhá-lo diretamente para uma entidade de acolhimento institucional, que fica a 100 metros do local onde ele foi achado. João é imediatamente acolhido pela entidade em questão.

Sobre o procedimento adotado pela entidade de acolhimento institucional, de acordo com o que dispõe o Estatuto da Criança e do Adolescente, assinale a afirmativa correta.

a) A entidade pode regularmente acolher crianças e adolescentes, independentemente de determinação da autoridade competente e da expedição de guia de acolhimento.

b) A entidade somente pode acolher crianças e adolescentes encaminhados pela autoridade competente por meio de guia de acolhimento.

c) A entidade pode acolher regularmente crianças e adolescentes sem a expedição da guia de acolhimento apenas quando o encaminhamento for feito pelo Conselho Tutelar.

d) A entidade pode, em caráter excepcional e de urgência, acolher uma criança sem determinação da autoridade competente e guia de acolhimento, desde que faça a comunicação do fato à autoridade judicial em até 24 horas.

**COMENTÁRIOS**

✪ **Nota do autor:** o art. 101 do Estatuto da Criança e do Adolescente traz o rol das medidas protetivas (ou medidas de proteção), que podem ser definidas como medidas assistenciais que podem ser aplicadas às crianças e aos adolescentes em situação de risco. Dentre elas, destaca-se a medida protetiva de acolhimento institucional, que importa no recebimento de uma criança ou adolescente por uma entidade (instituição), podendo importar na retirada da família, de forma provisória. O acolhimento institucional comporta, como espécies, o abrigo e a casa-lar. Alguns doutrinadores também incluem a casa de passagem, embora não seja tecnicamente correto fazê-lo.

A medida protetiva de acolhimento institucional somente poderá ser aplicada pela autoridade judiciária que, assim decidindo, determinará a expedição da guia de acolhimento. Porém, em caráter excepcional e de urgência, poderá a entidade acolher uma criança sem determinação da autoridade judicial e guia de acolhimento, desde que faça a comunicação do fato ao juiz no prazo de 24 horas. Exclui automaticamente as alternativas "A", "B" e "C".

**Alternativa correta: "d".**

---

**37. (FGV – Exame de Ordem 2013.2)** A interpretação e aplicação da Lei n. 8.069/90 (Estatuto da Criança e do Adolescente – ECA) deve perseguir os objetivos de proteção integral e prioritária dos direitos das crianças e dos adolescentes, que deles são titulares.

Sobre o tema, assinale a afirmativa correta.

a) A aplicação das medidas específicas de proteção previstas pelo ECA pode se dar cumulativamente, devendo a autoridade competente escolher a mais adequada diante das necessidades específicas do destinatário.

b) Se Joana, que tem 09 anos, tiver seus direitos violados por ação ou omissão do Estado, serão cabíveis as medidas específicas de proteção previstas pelo ECA que, dependendo das circunstâncias, não deverão ser aplicadas ao mesmo tempo.

c) Se Júlio, que tem 09 anos, tiver seus direitos violados por abuso ou omissão dos pais, não serão aplicáveis as medidas específicas de proteção, mas, sim, medidas destinadas aos pais ou responsável, previstas pelo ECA.

d) As medidas específicas de proteção previstas pelo ECA devem ser aplicadas de modo a afastar uma intervenção precoce, efetuada logo que a situação de perigo seja conhecida, sob pena de responsabilidade primária e solidária do poder público.

COMENTÁRIOS

✪ **Nota do autor:** como a criança e o adolescente são sujeitos de direitos e experimentam uma condição peculiar de desenvolvimento, fazem jus à proteção prioritária, motivo pelo qual existem regras diferenciadas em seu favor.

**Alternativa "a"**: as medidas protetivas são medidas assistenciais que podem ser aplicadas a crianças e adolescentes em situação de risco. Tais medidas encontram-se indicadas no rol do art. 101, do Estatuto e, em conformidade com os artigos 99/100, podem ser aplicadas cumulativamente.

**Alternativa "b":** como dito no item acima, as medidas poderão ser aplicadas cumulativamente, desde que isso seja necessário.

**Alternativa "c":** o artigo 98 do Estatuto especifica as possíveis situações de risco a que podem sujeitar-se a criança e o adolescente e que justificam a imposição de medidas protetivas. Tais medidas devem ser aplicadas independentemente das medidas pertinentes aos pais ou responsável, previstas no art. 129.

**Alternativa "d":** a intervenção precoce é um dos princípios que devem ser observados quando da aplicação das medidas protetivas.

**Alternativa correta: letra "a".**

## 6. GARANTIAS PROCESSUAIS

**38. (FGV – OAB 2011.2)** Com nítida inspiração na doutrina da proteção integral, o ECA garantiu à criança e ao adolescente o mais amplo acesso à Justiça, como forma de viabilizar a efetivação de seus direitos, consagrou-lhes o acesso a todos os órgãos do Poder Judiciário, assim como lhes assegurou o acesso a órgãos que exercem funções essenciais à Justiça, como o Ministério Público e a Defensoria. Tendo em conta tal ampla proteção, assinale a alternativa correta.

a) As custas e emolumentos nas ações de destituição do poder familiar, perda ou modificação da tutela deverão ser custeadas pela parte sucumbente ao final do processo.

b) Na hipótese de colisão de interesses entre a criança ou adolescente e seus pais ou responsável, a autoridade judiciária lhes dará curador especial, o mesmo ocorrendo nas hipóteses de carência de representação ou assistência legal, ainda que eventual.

c) Em obediência ao princípio da publicidade, é permitida a divulgação de atos judiciais e administrativos que digam respeito à autoria de ato infracional praticado por adolescente, podendo ser expedida certidão ou extraída cópia dos autos, independentemente da demonstração do interesse e justificativa acerca da finalidade. Tais fatos, no entanto, se noticiados pela imprensa escrita ou falada, devem conter apenas as iniciais do nome e sobrenome do menor, sendo vedadas as demais formas expositivas, como fotografia, referência ao nome, apelido, etc.

d) A assistência judiciária gratuita será prestada aos que dela necessitarem por defensor público, sendo admitida a nomeação pelo juiz de advogado se o adolescente não tiver defensor, não podendo, posteriormente, o adolescente constituir outro de sua preferência.

COMENTÁRIOS

✪ **Nota do autor:** o Estatuto prevê uma série de garantias processuais, bem como de direitos individuais, que devem ser observados nos procedimentos afetos à Justiça da Infância e da Juventude.

**Alternativa "a":** as custas, nestas ações, não devem ser pagas ao final, pelo motivo de que elas não são devidas. Em verdade, as ações que tratam dos interesses dessas pessoas são isentas de custas e emolumentos, assim como os recursos não estão sujeitos ao recolhimento de preparo recursal.

**Alternativa "b":** havendo choque entre os interesses de crianças e adolescentes e de seus genitores, tem-se a dificuldade para que aqueles ingressem com ação que lhes tutele, principalmente por falta de assistência ou representação. Diante da necessidade de se assegurar o acesso à ordem jurídica justa, deve o juiz dar curador especial à criança e ao adolescente.

**Alternativa "c":** o adolescente, mesmo que autor de ato infracional, tem o direito fundamental ao respeito de sua dignidade e de sua identidade. Por conta disso, é vedada a divulgação de atos judiciais e administrativos que digam respeito ao adolescente autor de ato infracional.

**Alternativa "d":** ainda que já nomeado defensor, admite-se que ocorra a constituição de outro para defender o adolescente.

**Alternativa correta: letra "b".**

## 7. DAS MEDIDAS SOCIOEDUCATIVAS

**39. (FGV – XXXVII Exame OAB)** Wilson, 13 anos, foi apreendido por Manoel quando estava em fuga, após praticar ato de subtração de uma caixa de mil unidades de doces em sua vendinha. No curso da perseguição, os doces se perderam porque Wilson os jogou em um bueiro para, desembaraçado, correr melhor. Esgotados todos os procedimentos legais para apuração do ato infracional e constatada sua prática, a autoridade competente fixou, além das medidas socioeducativas pertinentes a Wilson, a obrigatoriedade de reparar o dano, ou seja, restituir o valor correspondente aos doces perdidos por Manoel. Acerca dos fatos acima, assinale a opção que apresenta a medida compensatória adequada para o caso concreto.

a) A compensação do dano não poderá ser exigida dos pais de Wilson.

b) Wilson deverá prestar duas horas diárias de serviços de empacotamento de compras na vendinha, até que se compense o dano, caso ele ou seus pais não possam custear financeiramente o valor.

c) Havendo manifesta impossibilidade de Wilson ou seus pais custearem a perda patrimonial de Manoel, não há como substituir a compensação por outra medida adequada.

d) A autoridade poderá determinar que Wilson compense o prejuízo de Manoel, desde que não configure trabalho forçado.

COMENTÁRIOS

✪ **Notas do autor:** tendo o adolescente Wilson, de 13 anos, praticado ato infracional equiparado ao delito de furto, será possível que seja inserido em medida socioeducativa, observando-se a capacidade de cumprimento, as circunstâncias e a gravidade da infração (art. 112, § 1º, ECA).

**Alternativa "A":** incorreta. A compensação do dano poderá ser exigida dos pais de Wilson, por se tratar de menor de dezoito anos. A propósito, prevê o art. 932, I, do Código Civil, serem os pais também responsáveis pela reparação civil pelos filhos menores que estiverem sob sua autoridade e em sua companhia.

**Alternativa "B":** incorreta. Admite-se a prestação de serviços à comunidade, consistente na realização de tarefas gratuitas de interesse geral, por período não excedente a seis meses, junto a entidades assistenciais, hospitais, escolar e outros estabelecimentos congêneres, bem como em programas comunitários ou governamentais (art. 117, caput, ECA).

**Alternativa "C":** incorreta. Em se tratando de ato infracional com reflexos patrimoniais, a autoridade poderá determinar, se for o caso, que o adolescente restitua a coisa, promova o ressarcimento do dano, ou, por outra forma, compense o prejuízo da vítima. Havendo manifesta impossibilidade, a medida poderá ser substituída por outra adequada.

**Alternativa "D":** correta. Conforme indicado no art. 116, do ECA, é possível a inserção do adolescente em medida socioeducativa de obrigação de reparar o dano. Aliás, o art. 5º, XLVII, "c", indica que não haverá penas de trabalhos forçados, o que, por óbvio, se aplica às medidas socioeducativas.

**Gabarito: letra "D".**

---

**40. (FGV – Exame de Ordem 2020.1)** O adolescente João, com 16 anos completos, foi apreendido em flagrante quando praticava ato infracional análogo ao crime de furto. Devidamente conduzido o processo, de forma hígida, ele foi sentenciado ao cumprimento de medida socioeducativa de 1 ano, em regime de semiliberdade.

Sobre as medidas socioeducativas aplicadas a João, assinale a afirmativa correta.

a) A medida de liberdade assistida será fixada pelo prazo máximo de 6 meses, sendo que, ao final de tal período, caso João não se revele suficientemente ressocializado, a medida será convolada em internação.

b) A medida aplicada foi equivocada, pois deveria ter sido, necessariamente, determinada a internação de João.

c) No regime de semiliberdade, João poderia sair da instituição para ocupações rotineiras de trabalho e estudo, sem necessidade de autorização judicial.

d) A medida aplicada foi equivocada, pois não poderia, pelo fato análogo ao furto, ter a si aplicada medida diversa da liberdade assistida.

**COMENTÁRIOS**

✪ **Nota do autor:** a questão trata da viabilidade de aplicação da medida socioeducativa a adolescente em razão da prática de ato infracional.

**Alternativa "A":** incorreta. A medida socioeducativa de liberdade assistida tem prazo mínimo de seis meses, podendo ser prorrogado pela autoridade judiciária. Ao final do período, será possível que o juízo da execução, se o caso, substitua a medida por outra que seja suficiente à ressocialização, não necessariamente a internação.

**Alternativa "B":** incorreta. O ato infracional equiparado ao delito de furto não se constitui em ato cometido com violência ou grave ameaça à pessoa, de modo que está inviabilizada a aplicação da internação.

**Alternativa "C":** correta. A medida socioeducativa de semiliberdade admite as atividades externas, as quais não poderão ser proibidas pela autoridade judiciária. De outro lado, a restrição poderá ocorrer na medida de internação.

**Alternativa "D":** incorreta. Não há vedação para a aplicação da medida de liberdade, sobretudo porque a inserção em internação ocorrerá de forma subsidiária, se houver necessidade pedagógica, bem como se o ato estiver indicado em uma das hipóteses do art. 122, do Estatuto.

---

**41. (FGV – Exame de Ordem 2016.2 – Prova reaplicada Salvador-BA)** O adolescente X cometeu ato infracional equiparado a crime de roubo, mediante grave ameaça à pessoa. Apreendido com a observância dos estreitos e regulares critérios normativos estabelecidos pelo sistema jurídico, apurou-se que o jovem havia cometido um ato infracional anterior equiparável ao crime de apropriação indébita.

Com base na hipótese apresentada, assinale a afirmativa correta.

a) É incabível a aplicação de medida de internação, o que é autorizado apenas em caso de reiteração no cometimento de outras faltas anteriores ou simultâneas, igualmente graves.

b) É aplicável apenas a medida de regime de semiliberdade em razão da prática de ato infracional mediante grave ameaça à pessoa.

c) É aplicável a medida de internação em razão da prática de ato infracional mediante grave ameaça à pessoa, mesmo não sendo hipótese de reiteração da conduta idêntica por parte do adolescente.

d) É incabível a aplicação de medida de internação, haja vista que essa somente poderia se dar em caso de descumprimento reiterado de injustificável medida imposta em momento anterior ao adolescente.

**COMENTÁRIOS**

✪ **Nota do autor:** a questão trata de um tema recorrente, qual seja, medida socioeducativa. No caso, o adolescente praticou ato infracional equiparado ao delito de roubo, o que, por si só, já autorizaria a aplicação da medida socioeducativa de internação, por se tratar de ato cometido mediante violência ou grave ameaça à pessoa (art. 122, I do ECA).

Não há necessidade de que haja a reiteração na prática de outras infrações para que se possa aplicar a medida de internação, ante o fato de ter o adolescente praticado ato com violência ou grave ameaça à pessoa. Exclui automaticamente as alternativas "a", "b" e "d".

**Alternativa correta: letra "c".**

---

**42. (FGV – Exame de Ordem 2015.2)** O adolescente N. ficou conhecido no bairro onde mora por praticar roubos e furtos e ter a suposta habilidade de nunca ter sido apreendido. Certa noite, N. saiu com o propósito de praticar novos atos de subtração de coisa alheia. Diante da reação de uma vítima a quem ameaçava, N. disparou sua arma de fogo, levando a vítima a óbito. N. não conseguiu fugir, sendo apreendido por policiais que passavam pelo local, no momento em que praticava o ato infracional. Sobre o caso narrado, assinale a opção correta.

a) A medida de internação não terá cabimento contra N., uma vez que somente poderá ser aplicada em caso de reincidência no cometimento de infrações graves.

b) Mesmo estando privado de liberdade, N. poderá entrevistar-se pessoalmente com o representante do Ministério Público, mas não terá direito a peticionar diretamente a este ou a qualquer autoridade que seja.

c) A medida de internação de N. é cabível por se tratar de ato infracional praticado com ameaça e violência contra pessoa, mesmo que não seja caso de reincidência.

d) Caso N. seja condenado por sentença ao cumprimento de medida de internação, e somente nesse caso, tornam-se obrigatórias as intimações do seu defensor e dos pais ou responsáveis, mesmo que o adolescente tenha sido intimado pessoalmente.

**COMENTÁRIOS**

✪ **Nota do autor:** as medidas socioeducativas são medidas jurídicas que podem ser aplicadas ao adolescente autor de ato infracional. São divididas em medidas em meio aberto e medidas restritivas de liberdade. .

**Alternativa "a":** a prática de ato infracional com violência ou grave ameaça à pessoa poderá ensejar a aplicação da medida de internação, independentemente de ser a conduta reiterada.

**Alternativa "b":** o adolescente que estiver em cumprimento de medida socioeducativa de internação tem vários direitos, entre eles, o de entrevistar-se pessoalmente com a autoridade competente, bem como de peticionar a ela, como poderá fazê-lo ao Ministério Público.

**Alternativa "c":** a aplicação da medida de internação ocorrerá se, não existindo outra medida socioeducativa apta à ressocialização, o adolescente praticar uma das condutas indicadas no art. 122 do Estatuto. Entre elas, destaca-se a prevista no inciso I, pela qual será aplicada a medida extrema se o adolescente praticar ato infracional com violência ou grave ameaça à pessoa (inciso I). Para se apurar essa característica, basta analisar o tipo penal praticado.

**Alternativa "d":** aplicada qualquer medida socioeducativa, deverá o advogado ser intimado dos termos da sentença proferida. De outro lado, aplicada uma das medidas socioeducativas que importem na restrição da liberdade, deverá ser intimado também o adolescente.

**Alternativa correta: letra "c".**

---

**43. (FGV – Exame de Ordem 2015.3)** J., com 11 anos, L., com 12 anos, e M., com 13 anos de idade, são alunos do 8° ano do ensino fundamental de uma conceituada escola particular. Os três, desde que foram estudar na mesma turma, passaram a causar diversos problemas para o transcurso normal das aulas, tais como: escutar música; conversar; dormir; colocar os pés nas mesas e não desligar o aparelho celular.

O professor de matemática, inconformado com a conduta desrespeitosa dos alunos, repreende-os, avisando que os encaminhará para a direção da escola. Ato contínuo, os alunos reagem da seguinte forma: J. chama o professor de "velho idiota"; L. levanta e sai da sala no meio da aula; e M. ameaça matá-lo. Diante dos atos de indisciplina dos três alunos, a direção da escola entra em contato com o seu departamento jurídico para, com base no Estatuto da Criança e do Adolescente, receber a orientação de como proceder. Com base na hipótese apresentada, assinale a opção que apresenta a orientação recebida pela direção escolar.

a) Os atos de indisciplina praticados por J., L. e M. deverão ser coibidos pela própria direção escolar.
b) J. e M. praticaram atos infracionais. J. deverá ser encaminhado ao Conselho Tutelar e M. para a autoridade policial. A indisciplina de L. deverá ser coibida pela própria direção escolar.
c) J., L. e M. praticaram atos infracionais e deverão ser encaminhados para a autoridade policial.
d) J. e M. praticaram atos infracionais. Ambos deverão ser encaminhados para a autoridade policial. A indisciplina de L. deverá ser coibida pela própria direção escolar.

**COMENTÁRIOS**

✪ **Nota do autor:** O Estatuto da Criança e do Adolescente adotou o princípio da tipicidade delegada, segundo a qual consideram-se atos infracionais as condutas praticadas por crianças e adolescentes, desde que previstas em lei como crime ou contravenção penal.

**Alternativa "a":** tendo a criança e o adolescente praticado atos infracionais, devem os atos ser comunicados à autoridade competente para a devida apuração. A questão se mostra em desconformidade com a doutrina da proteção integral, muito embora se aproxime e muito da literalidade legal.

**Alternativa "b":** a criança e do adolescente podem praticar atos infracionais, consistindo a diferença entre eles na medida que pode ser adotada. À criança será possível aplicar uma medida protetiva. Ao adolescente, por sua vez, uma das medidas socioeducativas (e, nestas, estão compreendidas as medidas socioeducativas impróprias ou medidas protetivas). No caso narrado, J. é uma criança e, logo, a ele deve ser aplicada uma medida protetiva pelo Conselho Tutelar. De outro lado, M. é adolescente e, por isso, é possível aplicar-lhe medida socioeducativa.

**Alternativa "c".** Manifestando a gestante ou a mãe o seu desejo de entregar o seu filho à adoção, fará jus ao atendimento psicológico, como uma forma de tentar reverter o quadro.

**Alternativa "d":** se os dois praticaram atos infracionais, é fato que apenas a um deles poderá se sujeitar à aplicação de medida socioeducativa.

**Alternativa correta: letra "b".**

---

**44. (FGV – OAB 2013.1)** Com relação à internação, observado o que prevê o Estatuto da Criança e do Adolescente, assinale a afirmativa correta.

a) Deve obedecer ao período determinado de um ano e meio, prorrogável por igual período, para atos infracionais praticados com emprego de violência.
b) Deve obedecer ao período determinado de um ano, prorrogável por igual período, para atos infracionais praticados sem emprego de violência.
c) Nao comporta periodo determinado e não pode ultrapassar o máximo de três anos, independente do emprego ou não de violência no ato infracional praticado.
d) Não pode ultrapassar o período máximo de três anos, quando o adolescente deverá ser colocado em liberdade com o dever de reparar o dano no caso de ato infracional com reflexos patrimoniais.

**COMENTÁRIOS**

✪ **Nota do autor:** a medida socioeducativa de internação é regida pelos princípios de brevidade, excepcionalidade e respeito à condição de pessoa em desenvolvimento. Nesse passo, deverá durar o tempo necessário à ressocialização. Via de regra, não comporta prazo determinado, salvo na internação-sanção.

**Alternativa "a":** o prazo máximo da internação é de três anos, muito embora esse prazo não seja fixado pelo juiz quando de sua aplicação.

**Alternativa "b":** os casos de internação sem prazo indeterminado estão indicados no art. 122, incisos I e II, do Estatuto.

**Alternativa "c":** a internação, independentemente do ato infracional praticado, não poderá durar mais de três anos. Finalizado esse período, deverá o adolescente, necessariamente, ser inserido em liberdade.

**Alternativa "d":** a medida de internação engloba todos os aspectos pedagógicos e constitui a medida mais grave entre todas.

**Alternativa correta: letra "c".**

---

**45. (FGV – OAB 2012.1)** Considerando os princípios norteadores do Estatuto da Criança e do Adolescente, a prática de atos infracionais fica sujeita a medidas que têm objetivos socioeducativos. Nesse sentido, é correto afirmar que

a) se Aroldo, que tem 11 anos, subtrair para si coisa alheia pertencente a uma creche, deverá cumprir medida socioeducativa de prestação de serviços comunitários, por período não superior a um ano.

b) a obrigação de reparar o dano causado pelo ato infracional não é considerada medida socioeducativa, tendo em vista que o adolescente não pode ser responsabilizado civilmente.

c) o acolhimento institucional e a colocação em família substituta podem ser aplicados como medidas protetivas ou socioeducativas, a depender das características dos atos infracionais praticados.

d) a internação, como uma das medidas socioeducativas previstas pelo ECA, não poderá exceder o período máximo de três anos, e a liberação será compulsória aos 21 anos de idade.

COMENTÁRIOS

✪ **Nota do autor:** ao adolescente, autor de ato infracional, é possível a aplicação de medidas socioeducativas, que podem assim ser abreviadas: ADV, ORD, PSC, LA, SEMI, INT e medidas protetivas, observando-se o seguinte quadro-resumo:

| Abreviação | Medida | Regra principal |
|---|---|---|
| **ADV** | Advertência | Bastam INDÍCIOS de autoria e comprovação da materialidade |
| **ORD** | Obrigação de Reparar o Dano | Ressarcimento da Vítima. |
| **PSC** | Prestação de Serviços à Comunidade | Realização de atividades gerais, pelo prazo máximo de 06 meses. |
| **LA** | Liberdade Assistida | Orientação, apoio e acompanhamento do adolescente, pelo prazo mínimo de 06 meses |
| **SEMI** | Semiliberdade | Pode ser aplicada desde o início ou como forma de transição para a liberdade. Deve ser reavaliada pelo menos a cada seis meses. |
| **INT** | Internação | Há duas espécies: internação por prazo indeterminado ou por prazo determinado. |
| **MEDIDAS PROTETIVAS** | Idem | Podem ser aplicadas em razão da prática do ato infracional, à exceção dos incisos VII, VIII e IX, do art. 101. |

**Alternativa "a":** se Aroldo possui onze anos, portanto, é criança. E, a essas pessoas, não é possível a aplicação de medida socioeducativa, mas apenas de medidas protetivas. A prestação de serviços comunitários, por sua vez, é medida socioeducativa e, desse modo, proibida de ser aplicada à criança.

**Alternativa "b":** a obrigação de reparar o dano está elencada entre as medidas socioeducativas previstas no art. 112, do Estatuto.

**Alternativa "c":** o acolhimento institucional e o acolhimento familiar são medidas protetivas. É certo que, entre as medidas socioeducativas, também se encontram medidas de proteção. Porém, ao adolescente autor de ato infracional não é possível aplicar as medidas de proteção previstas nos incisos VII, VIII e IX, entre elas, o acolhimento familiar e institucional.

**Alternativa "d":** a liberação de adolescente a quem foi aplicada medida socioeducativa de internação (art. 122, I e II, do ECA), ocorrerá quando completados três anos de internação, ou se o jovem completar vinte e um anos de idade.

**Alternativa correta: letra "d".**

**46. (FGV – OAB 2011.1)** No tocante às normas contidas no Estatuto da Criança e do Adolescente, é correto afirmar que

a) a medida socioeducativa de internação aplicada em razão do descumprimento reiterado e injustificável da medida anteriormente imposta ao adolescente infrator não poderá ser superior a três meses.

b) o adolescente apreendido em flagrante de ato infracional será imediatamente encaminhado ao Juiz de Direito em exercício na Vara da Infância e Juventude, que decidirá sobre a necessidade ou não de seu acautelamento provisório.

c) a concessão da remissão, que prescinde da homologação da Autoridade Judiciária, é medida que o membro do Ministério Público atribuído poderá adotar no processamento de ato infracional.

d) ao ato infracional praticado por crianças corresponderão as seguintes medidas socioeducativas: advertência, obrigação de reparar o dano, prestação de serviços à comunidade, liberdade assistida e inserção em regime de semiliberdade.

COMENTÁRIOS

✪ **Nota do autor:** como consequência da garantia da inimputabilidade penal, às crianças e adolescentes, autores de ato infracional, não é possível a aplicação de penas em razão da prática de ato infracional, mas de medidas de proteção (crianças) e medidas socioeducativas (adolescentes).

**Alternativa "a":** a medida socioeducativa de internação, em razão do princípio da excepcionalidade, somente poderá ser aplicada se não existir outra medida adequada à ressocialização do adolescente, bem como se a hipótese concreta puder se enquadrar em uma daquelas mencionadas no art. 122, do Estatuto. Em especial no inciso III do mencionado dispositivo, é mencionada a internação com prazo determinado, também conhecida como INTERNAÇÃO-SANÇÃO, que tem prazo limitado a três meses e somente poderá ser aplicada se houver descumprimento reiterado e injustificável de medida socioeducativa anteriormente imposta.

**Alternativa "b":** o adolescente somente poderá ser apreendido em razão de flagrante de ato infracional ou por ordem judicial fundamentada. Na primeira hipótese, deverá o adolescente ser encaminhado à autoridade policial, ao passo que, no segundo caso, à autoridade judiciária. E, exatamente neste ponto, a alternativa é incorreta, na medida em que mencionada que o adolescente apreendido por conta de flagrante seja encaminhado ao Juiz de Direito.

| | | |
|---|---|---|
| **Apreensão por Flagrante** | → | **Encaminhado à Autoridade Policial** |
| **Apreensão por Ordem Judicial** | → | **Encaminhado à Autoridade Judicial** |

**Alternativa "c":** poderá o Promotor de Justiça, após a oitiva informal do adolescente, decidir pela concessão de remissão, como forma de exclusão do processo. Trata-se da remissão pré-processual, a qual DEPENDE da homologação pela autoridade judicial, quer seja cumulada ou não com medida socioeducativa. Ou seja, a remissão deve ser homologada pelo juiz que, no caso concreto, poderá decidir pela remessa dos autos ao Procurador Geral de Justiça para que analise se é o caso de ratificação da remissão ou, então, de oferecer representação.

**Alternativa "d":** à criança NÃO podem ser aplicadas medidas socioeducativas. A estas – medidas socioeducativas – somente poderão ser submetidos os adolescentes, após a instauração da denominada **AÇÃO SOCIOEDUCATIVA** (ou ação socioeducativa pública).

**Alternativa correta: letra "a".**

---

**47. (FGV – OAB 2010.3)** Considerando a prática de ato infracional por criança ou adolescente, é correto afirmar que

a) a prestação de serviços comunitários consiste na realização de tarefas gratuitas de interesse geral, por período não excedente a 1 (um) ano, em entidades assistenciais, hospitais, escolas e outros estabelecimentos congêneres, bem como em programas comunitários ou governamentais.

b) em se tratando de ato infracional com reflexos patrimoniais, a autoridade poderá determinar, se for o caso, que o adolescente restitua a coisa, promova o ressarcimento do dano, ou, por outra forma, compense o prejuízo da vítima.

c) a internação, por constituir medida privativa de liberdade do menor, não poderá exceder o período de 5 (cinco) anos.

d) entre as garantias processuais garantidas ao adolescente encontra-se o direito de solicitar a presença de seus pais ou responsável em qualquer fase do procedimento. Contudo, não poderá o menor ser ouvido pessoalmente pela autoridade competente, devendo em todo o caso ser assistido pelos genitores.

**COMENTÁRIOS**

✪ **Nota do autor:** o candidato deve estar bastante atento às medidas socioeducativas, porque se trata de tema bastante exigido nas provas da FGV. Essas medidas somente podem ser aplicadas aos adolescentes e não às crianças, dependendo de ação judicial (ação socioeducativa).

**Alternativa "a":** a prestação de serviços à comunidade consiste na realização de tarefas gratuitas, de interesse geral. Até aqui, a questão está correta. Contudo, o seu prazo MÁXIMO é de seis meses, com carga horária MÁXIMA de oito horas por semana. É certo que o magistrado poderá fixar livremente o tempo que o adolescente irá prestar os serviços, devendo, contudo, observar os limites máximos. Assim, poderá determinar que o adolescente preste serviços, por exemplo, por um mês, à base de três horas por semana e assim por diante. Os serviços poderão ser prestados em entidades assistenciais, hospitais, escolas e outros estabelecimentos congêneres, assim como em programas comunitários ou governamentais.

**Alternativa "b":** a medida socioeducativa de obrigação de reparar o dano tem por finalidade propiciar o ressarcimento da vítima. Para que isso seja possível, poderá ser determinado que o adolescente restitua a coisa, promova o ressarcimento do dano ou, de qualquer forma, compense o prejuízo sofrido pela vítima. De se lembrar de que tal medida somente será aplicada se não houver necessidade de que o adolescente se submeta a outra medida mais severa.

**Alternativa "c":** a internação é uma medida socioeducativa privativa de liberdade, regida pelos princípios da brevidade, excepcionalidade e respeito à condição de pessoa em desenvolvimento. A medida comporta duas espécies: internação em que o juiz não fixa o seu prazo de duração e aquela em que o juiz a fixa. A primeira é denominada de internação sem prazo determinado, enquanto a segunda de internação com prazo determinado ou também internação-sanção. Na primeira hipótese, muito embora o juízo não fixe o seu prazo de duração, a lei impõe um limite, que é a duração de TRÊS ANOS e não de cinco anos, como indicado na questão.

**Alternativa "d":** como o adolescente se submete a um procedimento judicial denominado ação socioeducativa, por meio da qual se apura o ato infracional e se aplica a medida socioeducativa pertinente, independentemente de sua vontade, são-lhes assegurados vários direitos individuais e garantias processuais. Entre os seus direitos, está o de ter a presença dos pais ou responsável em qualquer fase do procedimento, o que é importantíssimo, diante da necessidade de acompanhamento do adolescente. Porém, também lhe é assegurado o direito de ser ouvido pessoalmente por qualquer autoridade competente, como o Juiz da Vara da Infância, o Promotor de Justiça, o Defensor, o Conselheiro Tutelar etc.

**Alternativa correta: letra "b".**

---

**48. (FGV – OAB 2012.2)** Joana tem 16 anos e está internada no Educandário Celeste, na cidade e Pitió, por ato infracional equiparado ao crime de tráfico de entorpecentes. O Estatuto da Criança e do Adolescente regula situações dessa natureza, consignando direitos do adolescente privado de liberdade. Diante das disposições aplicáveis ao caso de Joana, é correto afirmar que

a) Joana tem direito à visitação, que deve ser respeitado na frequência mínima semanal, e não poderá ser suspenso sob pena de violação das garantias fundamentais do adolescente internado.

b) é expressamente garantido o direito de Joana se corresponder com seus familiares e amigos, mas é vedada a possibilidade de avistar-se reservadamente com seu defensor.

c) a autoridade judiciária poderá suspender temporariamente a visita, exceto de pais e responsável, se existirem motivos sérios e fundados de sua prejudicialidade aos interesses do adolescente.

d) as visitas dos pais de Joana poderão ser suspensas temporariamente, mas em tal situação permanece o seu direito de continuar internada na mesma localidade ou naquela mais próxima ao domicílio de seus pais.

**COMENTÁRIOS**

✪ **Nota do autor:** o adolescente internado tem direito a vários direitos, elencados no art. 124, do Estatuto, sem prejuízo dos direitos previstos para qualquer medida socioeducativa (art. 49, da Lei 12.594/2012).

**Alternativa "a":** o direito à visitação deve representar apenas vantagens ao adolescente. Nesse sentido, se acaso as visitas lhe forem prejudiciais, mesmo que sejam dos pais, deverá o juiz vedá-las.

**Alternativa "b":** Joana, mesmo durante a execução de medida socioeducativa, poderá corresponder-se com seu defensor.

**Alternativa "c":** como dito acima, mesmo o direito de visitas dos pais poderá ser suspenso se o superior interesse do adolescente o justificar, ou seja, se for prejudicial à ressocialização e puder trazer danos ao filho em cumprimento de medida.

**Alternativa "d":** a alternativa correta exige o conhecimento sobre os direitos do adolescente que se encontra em cumprimento de medida socioeducativa (art. 124). Entre eles, está o de receber visitas, pelo menos, uma vez por semana, além de permanecer internado na localidade em que mora, ou, ao menos, na localidade mais próxima ao domicílio de seus pais. Note-se, porém, que a alternativa se choca com o art. 49, II, da Lei

12.594/2012, que prevê direitos dos adolescentes em cumprimento de medida. Registre-se que, posteriormente à aplicação da questão, o Superior Tribunal de Justiça firmou posicionamento no sentido de que tal direito não é absoluto, devendo haver análise do caso concreto, bem como a devida ponderação.

**Alternativa correta: letra "d".**

## 8. DOS PROCEDIMENTOS

**49. (FGV/OAB/XXX_Exame - 2019)** Pedro, 16 anos, foi apreendido em flagrante quando subtraía um aparelho de som de uma loja. Questionado sobre sua família, disse não ter absolutamente nenhum familiar conhecido. Encaminhado à autoridade competente, foi-lhe designado defensor dativo, diante da completa carência de pessoas que por ele pudessem responder.

Após a prática dos atos iniciais, Pedro requereu ao juiz a substituição do seu defensor por um advogado conhecido, por não ter se sentido bem assistido tecnicamente, não confiando no representante originariamente designado.

Com base nessa narrativa, assinale a afirmativa correta.

a) É direito do adolescente ter seu defensor substituído por outro de sua preferência, uma vez que não deposita confiança no que lhe foi designado.

b) A defesa técnica deve permanecer incumbida ao defensor atualmente designado, pois não é facultado ao adolescente optar por sua substituição.

c) O processo deve ser suspenso, adiando-se os atos até que seja solucionada a questão da representação do adolescente.

d) A substituição somente deverá ser realizada se evidenciada imperícia técnica, não podendo a mera preferência do adolescente ser motivo para a substituição.

**COMENTÁRIOS**

✪ **Nota do autor:** no caso em questão, tem-se que ocorreu a prática de ato infracional pela pessoa de Pedro, de dezesseis anos, portanto, adolescente. Nesse caso, a apuração da prática do ato infracional segue o procedimento administrativo e judicial previsto no Estatuto. Assim, ocorrendo a apreensão do adolescente, deverá ser encaminhado à autoridade policial (art. 172), a qual, como regra, deverá liberá-lo aos seus pais ou responsável (art. 174). Contudo, não comparecendo os pais ou responsável, o adolescente não será liberado pela autoridade policial, devendo, então, ser encaminhado ao representante do Ministério Público, juntamente com cópia do auto de apreensão ou boletim de ocorrência (art. 175, *caput*). Apresentado ao Ministério Público, será procedida à oitiva informal (art. 179) e, posteriormente, se acaso oferecida representação, o adolescente será ouvido pela autoridade judiciária, em audiência de apresentação (art. 184). Na oportunidade, o adolescente será acompanhado por um defensor, devendo o magistrado promover a constituição de profissional nesse sentido, se for o caso.

Alternativa "a": de toda forma, o adolescente poderá, a todo tempo, constituir outro defensor de sua preferência (art. 207, § 1º). Saliente-se, ainda, que a ausência futura do defensor não determinará o adiamento de nenhum ato do processo, devendo o juiz nomear substituto, ainda que provisoriamente, ou para o só efeito do ato (art. 207, § 2º). Será dispensada a outorga de mandato, quando se tratar de defensor nomeado ou, sido constituído, tiver sido indicado por ocasião de ato formal com a presença da autoridade judiciária (art. 207, § 3º). Exclui as demais alternativas.

**Alternativa correta: letra "a".**

**50. (FGV-Exame de Ordem 2019.2)** Gabriel, adolescente com 17 anos de idade, entrou armado em uma loja de conveniência na cidade de Belo Horizonte, Minas Gerais, exigindo que o operador de caixa entregasse todo o dinheiro que ali existisse. Um dos clientes da loja, policial civil em folga, reagiu ao assalto, atirando em Gabriel, mas não acertando. Assustado, Gabriel empreendeu fuga, correndo em direção a Betim, comarca limítrofe a Belo Horizonte e onde residem seus pais, lá sendo capturado por policiais que se encontravam em uma viatura. Sobre o caso, assinale a opção que indica quem será competente para as medidas judiciais necessárias, inclusive a eventual estipulação de medida socioeducativa, desconsiderando qualquer fator de conexão, continência ou prevenção.

a) O Juiz da Infância e da Juventude da comarca de Belo Horizonte, ou o juiz que exerce essa função, por ser a capital do estado.

b) O Juiz da Infância e da Juventude, ou o juiz que exerce essa função, da comarca de Belo Horizonte, por ser o foro onde ocorreu o ato infracional cometido por Gabriel.

c) O Juiz Criminal da comarca de Betim, por ser onde residem os pais do adolescente.

d) O Juiz da Infância e da Juventude, ou o juiz que exerce essa função, da comarca de Betim, por ser onde residem os pais do adolescente.

**COMENTÁRIOS:**

Nota do autor: a competência territorial da Vara da Infância e da Juventude está delineada no art. 147, do Estatuto, que encampou o *princípio do juízo imediato*.

Alternativa "b": consoante previsto no § 1º, do art. 147, do Estatuto, *nos casos de ato infracional, será competente a autoridade do lugar da ação ou omissão, observadas as regras de conexão, continência e prevenção.* Na hipótese narrada, como o ato infracional ocorreu na comarca de Belo Horizonte, perante esta deverá ser processada a ação socioeducativa.

**Alternativa correta: letra "b".**

**51. (FGV - Exame de Ordem 2014.1)** Vilma, avó materna do menor Oscar, de quinze anos de idade, pretende mover ação de suspensão do poder familiar em face de Onísio e Paula, pais do menor. Argumenta que Oscar estaria na condição de evasão escolar e os pais negligentes, embora incansavelmente questionados por Vilma quanto as consequências negativas para a formação de Oscar.

Considere a hipótese narrada e assinale a única opção correta aplicável ao caso.

a) Do ponto de vista processual, Vilma não tem legitimidade para propor a ação que deve ser movida exclusivamente pelo Ministério Público, diante da indisponibilidade do direito em questão, a quem a interessada deve dirigir a argumentação para a tomada das medidas judiciais cabíveis.

b) Do ponto de vista material, os elementos indicados por Vilma são suficientes ao pleito de suspensão do poder familiar, do mesmo modo que a falta ou a carência de recursos materiais são, ainda que isoladamente, justo motivo para propositura da medida de suspensão do poder familiar.

c) Do ponto de vista material, os argumentos indicados por Vilma são irrelevantes a dar ensejo à medida de suspensão de poder familiar, medida grave e excepcionalmente aplicada, mas são suficientes ao pleito de aplicação de multa e repreensão aos pais negligentes, por se tratar de infração administrativa.

d) Do ponto de vista processual, Vilma possui legitimidade para propor a ação de suspensão do poder familiar e, tramitando o processo perante a Justiça da Infância e da Juventude, é impositiva a isenção de custas e emolumentos, independente de concessão da gratuidade de justiça, conforme dispõe expressa e literalmente o ECA.

COMENTÁRIOS

✪ **Nota do autor:** a ação de suspensão do poder familiar, estando a criança ou o adolescente em situação de risco, será processada perante a Vara da Infância e da Juventude.

**Alternativa "a"**: Vilma terá legitimidade para a propositura da ação.

**Alternativa "b"**: a carência de recursos materiais, por si só, não é motivo para a destituição do poder familiar.

**Alternativa "c"**: não há previsão de aplicação de multa. De outro lado, os argumentos apresentados podem justificar a necessidade da perda do poder familiar.

**Alternativa "d":** qualquer interessado poderá ajuizar a ação de suspensão do poder familiar. Tramitando perante a Vara da Infância e da Juventude, terá vigência a gratuidade processual.

**Alternativa correta: letra "d".**

---

**52. (FGV – OAB 2010.3)** Com relação aos procedimentos para a perda e a suspensão do poder familiar regulados pelo Estatuto da Criança e do Adolescente, é correto afirmar que

a) a autoridade judiciária, ouvido o Ministério Público, poderá decretar liminar ou incidentalmente a suspensão do poder familiar, independentemente da gravidade do motivo.

b) o procedimento para perda ou suspensão do poder familiar dispensa que os pais sejam ouvidos, mesmo se estes forem identificados e estiverem em local conhecido.

c) o procedimento para perda ou suspensão do poder familiar terá início por provocação do Ministério Público ou de quem tenha legítimo interesse.

d) em conformidade com a nova redação dada pela Lei 12.010, de 3 de agosto de 2009, o prazo máximo para a conclusão do procedimento de perda ou suspensão do poder familiar será de 180 (cento e oitenta) dias.

COMENTÁRIOS

✪ **Nota do autor:** a questão exige o conhecimento sobre o procedimento para suspensão e perda do poder familiar, aplicando-se as regras previstas no Estatuto e, subsidiariamente, o Código de Processo Civil.

**Alternativa "a":** no próprio procedimento para perda e suspensão do poder familiar, como não poderia ser diferente, o Juízo poderá deferir a tutela de urgência, quer seja de forma liminar ou incidente no processo. E, como toda medida de urgência, há necessidade de que a mesma seja deferida de imediato em razão da iminente necessidade. Nesse sentido, o Estatuto determina que, para o procedimento em tela, a concessão da medida de urgência dependa da existência da gravidade do motivo.

**Alternativa "b";** entre os requisitos para colocação da criança ou do adolescente em família substituta encontra-se o da prévia oitiva dos genitores ou responsável, salvo se os mesmos forem desconhecidos ou já destituídos do poder familiar. Afora estes dois últimos casos, torna-se imprescindível o consentimento dos genitores, que deverão ser ouvidos em juízo, após entrevista com a equipe técnica do juízo. De se ressaltar que o consentimento é retratável até a publicação da sentença concessiva de adoção.

**Alternativa "c":** o Estatuto também contém regras procedimentais. Para tanto, disciplina determinados procedimentos e, entre eles, aquele destinado à perda ou suspensão do poder familiar, ao qual é aplicável a lei processual civil de forma subsidiária. Esse procedimento poderá ser iniciado pelo Ministério Público ou por quem tenha legítimo interesse, como, por exemplo, por um parente.

**Alternativa "d":** por conta da necessidade de que o procedimento de destituição do poder familiar tramite com prioridade absoluta, o legislador previu um tempo máximo de sua duração, dentro do qual deverá ser resolvido com a prolação de sentença, que é de cento e vinte dias, e caberá ao juiz, no caso de notória inviabilidade de manutenção do poder familiar, dirigir esforços para preparar a criança ou adolescente com vistas à colocação em família substituta (art. 163, *caput*, com a redação dada pela Lei nº 13.509/2017). No mesmo passo, o recurso deverá ser colocado em mesa para julgamento no prazo de 60 dias contados da conclusão ao relator (art. 199-D).

**Alternativa correta: letra "c".**

## 9. RECURSOS

---

**53. FGV/ OAB/ XXXIII Exame-2021)** João, de 17 anos, teve sua participação como artista, em determinado espetáculo público, vedada pela autoridade judiciária, ao argumento de que se trataria de exposição indevida a conteúdo psicologicamente danoso.

Procurado pela genitora de João para defender sua participação no espetáculo, você, como advogado(a) deve

a) impetrar mandado de segurança contra a decisão que reputa ilegal.

b) interpor recurso de apelação com vistas a reformar a decisão.

c) interpor recurso de agravo de instrumento para suspender os efeitos da decisão.

d) ajuizar ação rescisória contra a decisão que reputa ilegal.

COMENTÁRIOS

Consoante entendimento do STF, a autorização para que criança e adolescente possam participar de espetáculos públicos e seus ensaios e de certames de beleza será de competência da Vara da Infância e da Juventude, com fundamento no art. 149, II, do Estatuto. Também se admite que a mesma Vara discipline, por meio de portaria, a entrada e a permanência de criança ou adolescente, desacompanhado dos pais ou responsável, em: a) estágio, ginásio e campo desportivo; b) bailes ou promoções dançantes; c) boate ou congêneres; d) casa que explore comercialmente diversões eletrônicas; e) estúdios cinematográficos, de teatro, rádio e televisão.

(b) As decisões proferidas pelo Juízo da Vara da Infância, que tenham por base o art. 149, do Estatuto, poderão ser impugnadas pelo recurso de apelação (art. 199, Estatuto).

Gabarito: B.

---

**54. (FGV – Exame de Ordem 2013.2)** No que se refere aos procedimentos afetos à Justiça da Infância e da Juventude, inclusive os relativos à execução das medidas socioeducativas, assinale a afirmativa correta.

a) Será adotado o sistema recursal do Código de Processo Civil.

b) Em todos os recursos, salvo nos embargos de declaração, o prazo para o Ministério Público e para a defesa será sempre de 30 (trinta) dias.

c) É exigido o preparo para a interposição dos recursos.

d) Os recursos não terão preferência de julgamento, nem dispensarão revisor.

COMENTÁRIOS

✪ **Nota do autor:** em conformidade com o art. 198, do Estatuto, aos procedimentos que tramitam perante a Vara da Infância e da Juventude, inclusive a execução de medidas socioeducativas, será adotado o sistema recursal previsto no Código de Processo Civil, com as adaptações do próprio Estatuto.

**Alternativa "a":** há uma diferença marcante em relação aos procedimentos e aos recursos. Para aqueles (procedimentos), será aplicado o previsto no Estatuto e, subsidiariamente, o previsto na lei processual pertinente. Assim, para a apuração de ato infracional, será aplicado o previsto no Estatuto da Criança e do Adolescente e, subsidiariamente, o Código de Processo Penal. Em relação aos recursos, contudo, independentemente do procedimento, será aplicado o Código de Processo Civil, com as adaptações do Estatuto.

**Alternativa "b":** entre as adaptações constantes do art. 198, há a previsão do prazo diferenciado para a interposição de recursos. Assim, para a interposição do recurso de apelação, o prazo será de dez dias. Antes da Lei nº 13.509/2017, dizia-se que o Ministério Público e a própria Defensoria Pública tinham prazo em dobro para a interposição de recursos. Contudo, a alteração do § 2º, do art. 152, do Estatuto, afastou tal contagem. Com efeito, prevê o aludido dispositivo: "Os prazos estabelecidos nesta Lei e aplicáveis aos procedimentos são contados em dias corridos, excluído o dia do começo e incluído o dia do vencimento, vedado o prazo em dobro para a Fazenda Pública e o Ministério Público". Ora, se para o procedimento não é contado o prazo em dobro, não se justifica que isso ocorra em relação aos recursos, devendo ser admitida a interpretação de uniformidade dos prazos em procedimentos do Estatuto.

**Alternativa "c":** não há exigência de preenchimento desse requisito de admissibilidade para os recursos dos procedimentos que tramitam perante a Vara da Infância e da Juventude.

**Alternativa "d":** naturalmente, os recursos terão preferência de julgamento, em razão da prioridade absoluta a que fazem jus a criança e o adolescente. Como forma de acelerar o seu julgamento, será dispensado revisor.

**Alternativa correta: letra "a".**

## 10. DO CONSELHO TUTELAR

**55. (FGV- XXXV Exame de Ordem-2022)** Maria perdeu a mãe com 2 anos de idade, ficando sob a guarda de seu pai, Rodrigo, desde então. Quando Maria estava com 5 anos, Rodrigo se casou novamente, com Paula.

Paula, contudo, nunca desejou ter filhos e sempre demonstrou não ter qualquer afeto por Maria, chegando, até mesmo, a praticar verdadeiras violências psicológicas contra a criança, frequentemente chamando-a de estúpida, idiota e inúmeras outras palavras aviltantes. Como exercia forte influência sobre Rodrigo, esse nada fez para cessar as agressões.

A mãe de Rodrigo, Joana, e a irmã de Rodrigo, Fernanda, após alguns anos percebendo tais atitudes, decidiram intervir em defesa da criança. Porém, as conversas com Rodrigo e Paula foram de mal a pior, não trazendo qualquer solução ou melhora à vida de Maria.

Percebendo que não teriam como, sozinhas, evitar mais danos psicológicos à criança, Fernanda e Joana procuram você, como advogado(a), para saber o que poderiam fazer, legalmente, em face de Rodrigo e Paula.

Com base no enunciado acima, assinale a opção que apresenta a resposta juridicamente correta que você, como advogado(a), ofereceu.

a) Informaria que, por ser Rodrigo o pai da criança e detentor da guarda e do poder familiar, a ele incumbe a educação de Maria, não cabendo à avó ou à tia qualquer intervenção nessa relação.

b) Orientaria que procurassem o Ministério Público da localidade em que Maria reside, porque apenas esse órgão tem competência constitucional e legal para intervir em situação de tal natureza.

c) Orientaria que buscassem o Conselho Tutelar da localidade em que Maria reside, a fim de relatar a situação e solicitar a averiguação e as providências voltadas a cessar a violação dos direitos da criança.

d) Informaria que poderá ser ajuizado processo de anulação do casamento de Rodrigo e Paula, dado que a sua omissão perante as agressões de sua esposa contra Maria permite tal providência, em razão da prevalência do interesse da criança.

COMENTÁRIOS

✪ **Notas do autor:** Como se sabe, o Conselho Tutelar é órgão permanente e autônomo, não jurisdicional, encarregado pela sociedade de zelar pelo cumprimento dos direitos da criança e do adolescente, nos termos definidos pelo Estatuto.

Os casos de suspeita ou confirmação de castigo físico, de tratamento cruel ou degradante e de maus-tratos contra criança ou adolescente serão obrigatoriamente comunicados ao Conselho Tutelar da respectiva localidade, sem prejuízo de outras providências legais (art. 13, *caput*, Lei nº 8.069/1990).

Embora não tenha sido objeto de questionamento da prova, deve ser ressaltado que entrou em vigência a Lei nº 14.344/2022, que criou mecanismos para a prevenção e o enfrentamento da violência doméstica e familiar contra a criança e o adolescente, bem como alterou diversos dispositivos legais, alguns deles do Estatuto da Criança e do Adolescente.

Nesse passo, foram inseridas diversas atribuições aos Conselhos Tutelares relacionadas à defesa da criança e adolescente vítima de violência doméstica e familiar, conforme se vê dos novos incisos XIII a XX, do art. 136, do Estatuto.

Certamente, nos próximos certames, a Lei nº 14.344/2022 será exigida. Muita atenção!

**GABARITO: C**

**56. (FGV/OAB/XXXII_Exame - 2021)** Augusto, que atua como Promotor de Justiça com atribuição na área de Justiça da Infância e da Juventude do Município Sigma, é casado com a filha de Isabela, cujo outro filho, Ramiro, pretende se candidatar à função de conselheiro tutelar no mesmo município.

Considerando o caso hipotético narrado e de acordo com as normas do Estatuto da Criança e do Adolescente, assinale a afirmativa correta.

a) O impedimento legal para que Ramiro desempenhe a função de conselheiro tutelar no Município Sigma não se extingue com a dissolução do casamento de sua irmã.

b) O parentesco por afinidade entre Augusto e Ramiro configura impedimento legal para que Ramiro desempenhe a função de conselheiro tutelar no município da comarca em que Augusto atua.

c) A situação não impede que Ramiro sirva na função de conselheiro tutelar no município sob a atuação de Augusto, mas o impede de atuar nos atendimentos em que Augusto figure como promotor.

d) A situação não impede que Ramiro atue na função de conselheiro tutelar, porque o ECA veda apenas que parentes, consanguíneos ou por adoção, do representante do Ministério Público com atuação na Justiça da Infância e da Juventude sirvam no mesmo conselho tutelar.

COMENTÁRIOS

✪ **Nota do autor:** os Conselhos Tutelares serão compostos por cinco membros, escolhidos pela população local, para o exercício de mandato de quatro anos, permita recondução por novos processos de escolha (art. 132).

**Alternativa "b":** correta. São requisitos exigidos para a candidatura a membro do Conselho Tutelar: I – reconhecida idoneidade moral; II – idade superior a vinte e um anos; III – residir no município. Considerando-se regras de moralidade, há o apontamento de certos impedimentos para servir no Conselho. A propósito, estão impedidos de servir no mesmo Conselho marido e mulher, ascendentes e descendentes, sogro e genro ou nora, irmãos, cunhados, durante o cunhadio, tio e sobrinho, padrasto ou madrasta e enteado. O impedimento será estendido em relação à autoridade judiciária e ao representante do Ministério Público com atuação na Vara da Infância e da Juventude, em exercício na comarca, foro regional ou distrital (art. 140). Exclui automaticamente as demais alternativas.

---

**57. (FGV – Exame de Ordem 2015.2)** Um conselheiro tutelar, ao passar por um parquinho, observa Ana corrigindo o filho, João, por ele não permitir que os amigos brinquem com o seu patinete. Para tanto, a genitora grita, puxa o cabelo e dá beliscões no infante, na presença das outras crianças e mães, que assistem a tudo assustadas. Assinale a opção que indica o procedimento correto do Conselheiro Tutelar.

a) Requisitar a Polícia Militar para conduzir Ana à Delegacia de Polícia e, após a atuação policial, dar o caso por encerrado.

b) Não intervir, já que Ana está exercendo o seu poder de correção, decorrência do atributo do poder familiar.

c) Intervir imediatamente, orientando Ana para que não corrija o filho dessa forma, e analisar se não seria recomendável a aplicação de uma das medidas previstas no ECA.

d) Apenas colher elementos para ingressar em Juízo com uma representação administrativa por descumprimento dos deveres inerentes ao poder familiar.

COMENTÁRIOS

✪ **Nota do autor:** o conselho tutelar é um órgão responsável por zelar pela observância dos direitos fundamentais da criança e do adolescente. Entre as várias atribuições, destaca-se a aplicação de medidas em razão da prática, pelos pais, de castigo físico ou de tratamento cruel ou degradante, com a suposta finalidade de educar o filho. Tal atribuição foi prevista no artigo 18-B, do Estatuto, inserido por conta da Lei Menino Bernardo.

**Alternativa "a":** constatando-se ser o caso de prática de crime e havendo necessidade de intervenção, o conselheiro tutelar poderá tomar as providências necessárias para que cesse o ato, devendo dar continuidade ao atendimento para a aplicação das medidas previstas no Eca, como as previstas no art. 18-B, medidas protetivas e medidas pertinentes aos pais ou responsáveis.

**Alternativa "b":** o atributo do poder familiar não dá direito aos pais de praticarem atos com excesso, pois há direitos da criança e do adolescente a serem observados. Tais direitos são de titularidade não só da criança e do adolescente, como também da família, da sociedade e do Estado. Portanto, são direitos indisponíveis, na medida em que têm vários titulares.

**Alternativa "c":** o conselho tutelar deve intervir imediatamente quando constatar que direito fundamento da criança e do adolescente não é observado, valendo-se do Judiciário quando lhe faltar competência para agir. O art. 18-B do Estatuto enumera várias medidas que podem ser aplicadas e que foram inseridas pela Lei Menino Bernardo, coibindo a prática de atos que, a pretexto de educar o infante, castiguem fisicamente ou tratamento cruel ou degradante.

**Alternativa "d":** o ato narrado exige que sejam executadas providências imediatas a fim de que cesse a inobservância de direito fundamental da criança e do adolescente.

**Alternativa correta: letra "c".**

---

**58. (FGV – OAB 2012.3)** Acerca das atribuições do Conselho Tutelar determinadas no Estatuto da Criança e do Adolescente, assinale a alternativa correta.

a) O Conselho Tutelar, considerando sua natureza não jurisdicional, destaca-se no aconselhamento e na orientação à família ou responsável pela criança ou adolescente, inclusive na hipótese de inclusão em programa oficial ou comunitário de auxilio, orientação e tratamento a alcoólatras e toxicômanos.

b) O Conselho Tutelar, em consequência de sua natureza não jurisdicional, não é competente para encaminhar ao Ministério Público as ocorrências administrativas ou criminais que importem violação aos direitos da criança e do adolescente.

c) O Conselho Tutelar pode assessorar o Poder Executivo local na elaboração da proposta orçamentária para planos e programas de atendimento dos direitos da criança e do adolescente, em decorrência de sua natureza jurisdicional não autônoma.

d) O Conselho Tutelar não poderá promover a execução de suas decisões, razão pela qual só lhe resta encaminhar ao Ministério Público notícia de fato que constitua infração administrativa ou penal contra os direitos da criança ou adolescente.

COMENTÁRIOS

✪ **Nota do autor:** a questão exige conhecimento sobre as disposições contidas no art. 131 a 141, do Estatuto. Ocorre que, muito embora parte destes dispositivos tenham sido alterados recentemente, as respectivas alterações não foram objeto de questionamento na questão, que ficou adstrita ao conceito geral e atribuições do órgão.

**Alternativa "a":** o Conselho Tutelar é um órgão **NÃO JURISDICIONAL** (porque não resolve lides), **PERMANENTE** (não pode ser suprimido pela administração), **AUTÔNOMO** (possui autonomia para as suas decisões), encarregado pela sociedade (o povo escolhe representantes para o desempenho do mister, em razão do dever jurídico de cuidado) de zelar pelo cumprimento dos direitos da criança e do adolescente. Para tanto, possui várias atribuições, entre elas, a de atender e aconselhar pais ou responsáveis (art. 136, II), aplicando as medidas protetivas respectivas (art. 101).

**Alternativa "b":** outra atribuição do Conselho Tutelar é, exatamente, encaminhar ao Ministério Público as ocorrências criminais ou infrações administrativas a fim de que sejam apuradas.

**Alternativa "c":** o único ponto incorreto da assertiva está na expressão "não autônoma". O restante está em conformidade com o inciso IX do art. 136.

**Alternativa "d":** o Conselho Tutelar deverá promover a execução de suas decisões, tendo, para tanto, a atribuição de requisição de serviços públicos, entre outras.

**Alternativa correta: letra "a".**

## 11. DA AÇÃO CIVIL PÚBLICA

**59. (FGV – Exame de Ordem 2014.3)** O Ministério Público moveu ação civil pública em face do estado A1 e do município A2, e em favor dos interesses da criança B, que precisava realizar um procedimento cirúrgico indispensável à manutenção de sua saúde, ao custo de R$ 8.000,00 (oito mil reais), o qual a família não tinha como custear. Os réus aduziram em contestação que os recursos públicos não poderiam ser destinados individualmente, mas, sim, em caráter igualitário e geral a todos os que deles necessitassem.

Considere a narrativa e assinale a única opção correta a seguir.

a) Não tem cabimento a medida intentada pelo Ministério Público, uma vez que a ação civil pública destina-se a interesse difusos ou coletivos, não sendo ferramenta jurídica hábil a tutelar os interesses individuais indisponíveis, como os descritos no enunciado, devendo o processo ser extinto sem resolução do mérito.

b) A causa terá seguimento, visto que cabível ação civil pública na hipótese, mas, no mérito, os argumentos dos réus merecem acolhimento, já que conferir tratamento desigual à criança B implica violação ao princípio da isonomia, o que não encontra amparo na norma especial do ECA.

c) A ação civil pública é perfeitamente cabível no caso e, no mérito, a prioridade legal assiste a criança B no atendimento a necessidades como vida e saúde, nisso justificando-se a absoluta prioridade na efetivação dos seus direitos, conferindo-lhe primazia de receber socorro e proteção, e a precedência no atendimento em serviço público.

d) Não é cabível ação civil pública na hipótese, por se tratar de direito meramente individual, embora indisponível, e, como no mérito assiste razão aos interesses da criança B, a ação deverá ser extinta sem resolução do mérito, a fim de que outra ação judicial, intentada com o uso da ferramenta jurídica adequada, possa ser processada sem incorrer em litispendência.

COMENTÁRIOS

**Notas dos autores:** os direitos de crianças e de adolescentes são considerados indisponíveis, pois de titularidade também da família, da sociedade e do Estado. E essa indisponibilidade conduz naturalmente à possibilidade de serem exigidos pelo Ministério Público, que dispõe da ação civil pública como seguro instrumento para tanto.

**Alternativa "a":** a ação civil pública é instrumento adequado para a tutela dos interesses de crianças e adolescentes, principalmente porque é dever do Poder Público zelar pela observância daqueles direitos.

**Alternativa "b":** no mérito, o pedido será julgado procedente. Com efeito, devem ser assegurados os direitos individuais da criança, notadamente em razão de sua condição de pessoa em desenvolvimento.

**Alternativa "c":** por meio da ação civil pública busca-se a tutela de interesses difusos, coletivos, individuais homogêneos e individuais indisponíveis. Além disso, deve ser considerado que, por ser a criança e o adolescente pessoa em condição especial de desenvolvimento, faz jus à prioridade absoluta, assegurada pelo artigo 227 da Constituição Federal.

**Alternativa "d":** o direito individual indisponível poderá ser tutelado por meio de ação civil pública a ser ajuizada pelo Ministério Público.

**Alternativa correta: letra "c".**

## 12. DOS CRIMES E INFRAÇÕES ADMINISTRATIVAS

**60. (FGV – Exame de Ordem XXXVI – 2022)** Maria deu à luz um bebê cujo nome ainda não havia escolhido. No momento do parto, o médico optou por escrever apenas "José" na pulseira de identificação do bebê. Ocorre que, por obra do destino, naquele mesmo dia, nasceram mais três bebês, dois dos quais foram nomeados pelos pais de José, e o médico acabou por confundir os bebês ao entregá-los às mães.

Temeroso de que tal situação viesse a lhe criar problema, o médico escondeu de todos a confusão e entregou um dos bebês, ao acaso, para Maria amamentar, ficando a cargo do destino ser ele o correto ou não.

A situação descrita revela, especificamente,

a) o cometimento de infração administrativa, consubstanciada em negligência profissional, passível de investigação ética, somente.

b) a prática de crime específico previsto no ECA, consubstanciado na conduta de deixar o médico de identificar corretamente o neonato e a parturiente.

c) a prática de crime do Código Penal, consubstanciado na conduta de falsidade ideológica ao obliterar as informações de identificação do neonato.

d) a prática de crime do Código Penal, consubstanciado na conduta de falsidade documental pela certificação inverídica da identificação do neonato.

COMENTÁRIOS

✪ **Notas do autor:** o Estatuto da Criança e do Adolescente tipificou várias infrações penais, entre elas, a prevista no art. 229, consistente em deixar o médico, enfermeiro ou dirigente de estabelecimento de atenção à saúde de gestante de identificar corretamente o neonato e a parturiente, por ocasião do parte, bem como deixar de proceder aos exames referidos no art. 10.

**Gabarito: letra "B".**

**61. (FGV- XXXIV Exame de Ordem-2022)** Joana, com 10 anos, viajou de ônibus com a mãe, Marcela, do Espírito Santo para Mato Grosso do Sul, sem que a empresa de transporte verificasse, em nenhum momento, a documentação de comprovação do vínculo parental entre ela e a mãe.

Em uma parada, um agente da autoridade fiscalizatória adentrou no coletivo e, indagando a Marcela sobre a comprovação documental, recebeu desta a informação de que não havia sido requerida tal prova em nenhum momento.

Dada a situação acima, assinale a afirmativa correta.

a) Ainda que o vínculo parental efetivamente exista e seja posteriormente comprovado, a empresa de ônibus cometeu infração administrativa prevista no Estatuto da Criança e do Adolescente ao não exigir tal prova antes de iniciar a viagem.

b) A prova do vínculo de parentesco pode ser feita posteriormente, afastando a consumação da infração administrativa por parte da empresa de ônibus.

c) A prova do vínculo de parentesco não é exigência legal para viagens interestaduais com crianças, bastando a autoidentificação pela suposta mãe.

d) A infração administrativa não está consumada senão quando da efetiva ausência do vínculo de parentesco, o que não aconteceu no caso presente.

**COMENTÁRIOS**

A questão trata da viagem de criança, com dez anos de idade. Em tal hipótese, conforme o art. 83, do Estatuto, Marcela não poderá viajar para fora da comarca onde residente desacompanhada dos pais ou dos responsáveis sem expressa autorização judicial. E assim ocorre com crianças e adolescentes menores de dezesseis anos de idade. Porém, existem hipóteses em que tal autorização não será exigida, tal como, se aquelas pessoas (crianças ou adolescentes menores de dezesseis anos) estiverem acompanhados: a) de ascendente ou colateral maior, até o terceiro grau, comprovado documentalmente o parentesco; b) ou, de pessoa maior, expressamente autorizada pelo pai, mãe ou responsável (art. 83, § º, "b", Estatuto). Como se verifica na questão, a criança viajou com a sua mãe, de modo que o Estatuto permite que tal ocorra. Contudo, exige-se que a empresa responsável verifique a efetiva comprovação documental. Se tal não ocorreu, tem-se a caracterização da infração administrativa tipificada no art. 251, do Estatuto, pois a documentação deveria ter sido exigida quando do embarque. A propósito, vide a seguinte ementa: "(...). II - É correta a aplicação da multa prevista nos arts. 83 e 251 do ECA, para a empresa que efetua o transporte de menor sem exigir, no momento do embarque, a documentação que comprove o parentesco com a pessoa que lhe acompanha, sendo irrelevante a produção de qualquer prova posterior, com o intuito de ilidir a infração (...). V - Recurso especial parcialmente conhecido e, nesse ponto, improvido. (REsp 786.150/RJ, Rel. Ministro FRANCISCO FALCÃO, PRIMEIRA TURMA, julgado em 21/03/2006, DJ 10/04/2006, p. 150)

**Alternativa correta: letra "a".**

---

**62. (FGV/ OAB/ XXXIII Exame- 2021)** Paulo recebeu vídeos pornográficos em seu celular, enviados por um amigo para um grupo de mensagens do qual faz parte. Em um dos vídeos, Paulo percebeu que havia uma criança em cena de ato libidinoso e nudez. Por isso, Paulo não repassou o vídeo ou o divulgou sob qualquer forma, mantendo-o em sigilo, arquivado no seu celular, sequer mencionando-o.

Sobre o fato acima, assinale a afirmativa correta

a) A conduta de Paulo foi correta, pois produzir e divulgar imagens de cunho pornográfico envolvendo crianças, e não apenas seu armazenamento, é crime específico do ECA.

b) Paulo praticou ato designado genericamente como pedofilia, mas sem cunho criminoso, por não ter sido ele o autor do vídeo.

c) Paulo ao armazenar, ainda que sem divulgar a terceiros, o vídeo de natureza pornográfica envolvendo criança, cometeu crime específico do ECA.

d) Paulo praticou ato designado genericamente como pedofilia, mas sem cunho criminoso, por não ter divulgado o vídeo, mas apenas o armazenado.

**COMENTÁRIOS**

Em razão dos compromissos assumidos pelo Brasil quando aderiu ao Protocolo Facultativo à Convenção sobre os Direitos da Criança referente à venda de crianças, à prostituição infantil e à pornografia infantil, houve considerável alteração do Estatuto da Criança e do Adolescente, com a inserção de novos tipos penais. Entre os delitos tipificados, destaca-se o constante do art. 241-B, segundo o qual é crime a conduta de *adquirir, possuir ou armazenar, por qualquer meio, fotografia, vídeo ou outra forma de registro que contenha cena de sexo explícito ou pornográfica envolvendo criança ou adolescente.*

(c) Desse modo, o armazenamento, ainda que sem divulgação da terceiros, do vídeo de natureza pornográfica envolvendo criança ou adolescente, caracteriza a prática do crime tipificado no art. 241-B, do Estatuto.

**Alternativa correta: letra "a".**

---

**63. (FGV/OAB/XXX_Exame - 2019)** Roberta produziu, em seu computador, vídeo de animação em que se percebe a simulação de atos pornográficos entre crianças. O vídeo não mostra nenhuma imagem reconhecível, nenhuma pessoa identificável, mas apresenta, inequivocamente, figuras de crianças, e bem jovens.

Sobre o fato apresentado, sob a perspectiva do Estatuto da Criança e do Adolescente, assinale a afirmativa correta.

a) Não é ilícito penal: o crime ocorre quando se simula a atividade pornográfica com imagens reais de crianças.

b) É crime, pois o Estatuto da Criança e do Adolescente prevê a conduta típica de simular a participação de criança ou adolescente em cena pornográfica por meio de qualquer forma de representação visual.

c) É crime se houver a divulgação pública do filme, pois a mera produção de filme envolvendo simulacro de imagem de criança ou adolescente em situação pornográfica não é reprovada pelo Estatuto da Criança e do Adolescente.

d) Não é ilícito penal, pois a animação somente se afigura como simulação suficientemente apta a despertar a reprovabilidade criminal se reproduzir a imagem real de alguma criança diretamente identificável.

**COMENTÁRIOS**

✪ **Nota do autor:** o Estatuto da Criança e do Adolescente encampa um sistema de responsabilização decorrente da inobservância dos deveres impostos em relação àquelas pessoas. Para tanto, tipifica infrações de naturezas penal e administrativa. A propósito, verifica-se o delito tipificado no art. 241-C, consiste em *simular a participação de criança ou adolescente em cena de sexo explícito ou pornográfica por meio de adulteração, montagem ou modificação de fotografia, vídeo ou qualquer outra forma de representação visual.* Como é possível verificar, não há necessidade de que a simulação se refira a uma pessoa identificada, pois o que se tutela é a coletividade *infância* e toda coletividade, afetadas pela conduta praticada.

**Alternativa "b":** ainda que se trate de simulação, tem-se que a resposta correta demonstra que a conduta narrada se caracteriza como crime tipificado no art. 241-C, do Estatuto.

**Alternativa correta: letra "b".**

---

**64. (FGV - Exame de Ordem 2018.2)** Em cumprimento de mandado de busca e apreensão do Juízo Criminal, policiais encontraram fotografias de adolescentes vestidas, em posições sexuais, com foco nos órgãos genitais, armazenadas no computador de um artista inglês. O advogado do artista, em sua defesa, alega a ausência de cena pornográfica, uma vez que as adolescentes não estavam nuas, e que a finalidade do armazenamento seria para comunicar às autoridades competentes.

Considerando o crime de posse de material pornográfico, previsto no Art. 241-B do ECA, merecem prosperar os argumentos da defesa?

a) Sim, pois, para caracterização da pornografia, as adolescentes teriam que estar nuas.

b) Não, uma vez que bastava afirmar que as fotos são de adolescentes, e não de crianças.

c) Sim, uma vez que a finalidade do artista era apenas a de comunicar o fato às autoridades competentes.

d) Não, pois a finalidade pornográfica restou demonstrada, e o artista não faz jus a excludente de tipicidade.

COMENTÁRIOS

✪ **Nota do autor:** a Lei nº 11.829/2008 foi responsável por várias modificações no Estatuto da Criança e do Adolescente, decorrentes do compromisso assumido pelo Estado brasileiro de combater a pornografia infantil, notadamente no âmbito da internet. Nesse sentido, foram tipificadas várias condutas como criminosas, entre elas, aquela prevista no art. 241-B, de seguinte teor: "Adquirir, possuir ou armazenar, por qualquer meio, fotografia, vídeo ou outra forma de registro que contenha cena de sexo explícito ou pornográfica envolvendo criança ou adolescente: (...)".

**Alternativa "d"**: correta. Consoante previsto no art. 241-B, tem-se que o armazenamento de fotografias de adolescentes, em posições sexuais, com foco nos órgãos genitais, constitui-se em crime. Não há crime, contudo, se a posse ou o armazenamento tem a finalidade de comunicar às autoridades competentes a ocorrência das condutas tipificadas nos artigos 240, 241, 241-A e 241-C, quando for feita por agente público no exercício de suas funções; membro de entidade, legalmente constituída, que inclua, entre suas finalidades institucionais, o recebimento, o processamento e o encaminhamento de notícia dos crimes referidos neste parágrafo; bem como, o representante legal e funcionários responsáveis de provedor de acesso ou serviço prestado por meio de rede de computadores, até o recebimento do material relativo à notícia feita à autoridade policial, ao Ministério Público ou ao Poder Judiciário. Portanto, não está prevista a situação narrada na questão. Exclui as demais alternativas.

**Alternativa correta: letra "d".**

---

**65. (FGV – Exame de Ordem 2017.1)** João, maior, e sua namorada Lara, com 14 anos de idade, são capturados pela polícia logo após praticarem crime de roubo, majorado pelo emprego de arma de fogo. O Juízo da Infância e da Juventude aplicou a medida socioeducativa de internação para Lara, ressaltando que a adolescente já sofrera a medida de semiliberdade pela prática de ato infracional análogo ao crime de tráfico de drogas. O Juízo Criminal condenou João pelo crime de roubo em concurso com corrupção de menores. João apela da condenação pelo crime de corrupção de menores, sob o argumento de Lara não ser mais uma criança, bem como alegando que ela já está corrompida.

Com base no caso apresentado, assiste razão à defesa de João?

a) Não, pois é irrelevante o fato de Lara já ter sofrido medida socioeducativa.

b) Não, pois Lara ainda é uma criança.

c) Sim, já que o crime de corrupção de menores exige que o menor não esteja corrompido.

d) Sim, visto que no crime de corrupção de menores, a vítima tem que ser uma criança.

COMENTÁRIOS

✪ **Nota do autor:** a questão indaga, em suma, se o crime tipificado no art. 244-B do Estatuto da Criança e do Adolescente – corrupção de menores, para ser caracterizado, exige ou não a comprovação de provocar o desvio ou comprometimento da criança ou do adolescente.

De acordo com entendimento encampado na Súmula 500 do Superior Tribunal de Justiça, "a configuração do crime do art. 244-B do ECA independe da prova da efetiva corrupção do menor, por se tratar de delito formal". Dessa maneira, o fato de Lara já ter sofrido medida socioeducativa é irrelevante para a configuração do crime, por não se exigir o resultado para a sua configuração. Em razão disso, as alternativas "b", "c" e "d" estão automaticamente excluídas.

**Alternativa correta: letra "a".**

---

**66. (FGV – Exame de Ordem 2016.1)** O adolescente F, 16 anos, filho de Pedro, foi surpreendido por seu pai enquanto falava pela internet com Fábio, 30 anos, que o induzia à prática de ato tipificado como infração penal. Pedro informou imediatamente o ocorrido à autoridade policial, que instaurou a persecução penal cabível.

No caso narrado, ao induzir o adolescente F à prática de ato tipificado como infração penal, a conduta de Fábio

a) configura crime nos termos do ECA, ainda que realizada por meio eletrônico e que não venha a ser provada a corrupção do adolescente, por se tratar de delito formal.

b) não configura crime nos termos do ECA, pois a mera indução sem a prática do ato pelo adolescente configura infração administrativa, já que se trata de delito material.

c) configura infração penal, tipificada na Lei de Contravenções Penais, mas a materialidade do crime com a prova da corrupção do adolescente é imprescindível à condenação do réu em observância ao princípio do favor rei.

d) não configura crime nos termos estabelecidos pelo ECA, posto que inexiste tipificação se o ato for praticado por meio eletrônico, não havendo de se aplicar analogia em malam partem.

COMENTÁRIOS

✪ **Notas dos autores:** o Estatuto da Criança e do Adolescente prevê vários tipos penais, entre eles, o relativo ao crime de corrupção de menores (art. 244-B), que se refere à conduta indicada na questão. Por vários anos, discutiu-se se o delito era material – a exigir o resultado – ou formal, prevalecendo a segunda tese, conforme se vê da Súmula 500 do STJ.

A alternativa "a" está em conformidade com a Súmula 500 do STJ, que não exige o resultado para a configuração do delito. Exclui automaticamente as demais alternativas.

**Alternativa correta: letra "a".**

---

**67. (FGV – Exame de Ordem 2014.3)** José, tutor da criança Z, soube que Juarez vem oferecendo recompensa àqueles que lhe entregam crianças ou adolescentes em caráter definitivo. Entusiasmado com a quantia oferecida, José promete entregar a criança exatamente dez dias após o início da negociação. José contou aos seus vizinhos que não queria mais "ter trabalho com o menino". Indignada, Marieta, vizinha de José, comunicou imediatamente o fato à autoridade policial, que conseguiu impedir a entrega da criança Z a Juarez.

Nesse caso, à luz do Estatuto da Criança e do Adolescente, assinale a afirmativa correta.

a) A promessa de entrega de Z, por si só, já configura infração penal, do mesmo modo que o seria em caso de efetiva entrega da criança.
b) Somente a efetiva entrega da criança mediante paga ou recompensa configuraria a prática de infração penal tanto para quem entrega quanto para quem oferece o valor pecuniário.
c) Tratar-se-ia de infração penal somente se a criança Z fosse filho de José, sendo a figura do tutor atípica para esse tipo de infração penal, não se podendo aplicar analogia para a configuração de crime.
d) Somente incorre na pena pela prática de infração penal o sujeito que oferece a paga ou recompensa, sendo atípica para o responsável legal a mera promessa de entrega da criança.

COMENTÁRIOS

✪ **Notas dos autores:** o Estatuto da Criança e do Adolescente encampou um sistema de responsabilização, ao tipificar crimes e infrações administrativas.

Em conformidade com o art. 238 do Estatuto, configura crime o ato de "prometer ou efetivar a entrega de filho ou pupilo a terceiro, mediante paga ou recompensa". Desse modo, a simples promessa de entregar já configurará infração penal, da mesma forma que o seria em caso de efetiva entrega. Exclui automaticamente as alternativas "b", "c" e "d".

**Alternativa correta: letra "a".**

# Estatuto da Criança e do Adolescente

**Luciano Alves Rossato**

## + RESUMOS DOUTRINÁRIOS

### 1. DOUTRINA DA PROTEÇÃO INTEGRAL

| Doutrina da Situação Irregular | Doutrina da Proteção Integral - CF / ECA |
|---|---|
| ↓ | ↓ |
| **Menor era objeto de proteção** | **Crianças e adolescentes são sujeitos de direitos** |

**Doutrina da Proteção Integral:**

A **Constituição Federal** representou um verdadeiro divisor de águas, pois substituiu a ultrapassada Doutrina da Situação Irregular pela **Doutrina da Proteção Integral**. Houve, portanto, uma **mudança de paradigma** amparada no texto constitucional e, este, por sua vez, em textos internacionais de proteção aos direitos da criança, representados pela Doutrina das Nações Unidas de Direitos da Criança. Estabeleceu-se um rompimento com os procedimentos anteriores, com a **introdução no sistema dos conceitos jurídicos de criança e adolescente em substituição à expressão menor**, superando-se o paradigma de incapacidade para o reconhecimento das **crianças e adolescentes como sujeitos em condição peculiar de desenvolvimento** (art. 6º do ECA).

De acordo com a Doutrina da Situação Irregular havia duas infâncias no Brasil: uma relativa aos menores, pessoas em situação irregular, e outra relativa a crianças e adolescentes, a quem os direitos eram assegurados.

Com a Doutrina da Proteção Integral, foi concebida uma única infância, no sentido de que todas as crianças e adolescentes são tidos como sujeitos de direitos, pessoas em peculiar condição de desenvolvimento, em uma **perspectiva de proteção voltada à garantia dos direitos humanos.**

**A proteção à infância, no seu sentido lato, é direito social amparado pelo art. 6º da Constituição Federal.** A Constituição atribuiu à infância e a juventude um momento especial na vida do ser humano e, por isso, conferiu-lhe no seu artigo 227 uma proteção jurídica específica, assegurando: o *status* de pessoas em situação peculiar de desenvolvimento, a titularidade de direitos fundamentais e determinou ao Estado que estes direitos sociais fossem promovidos por meio de políticas públicas.

### 2. CONSTITUIÇÃO FEDERAL

**A CONSTITUIÇÃO FEDERAL DE 1988 INTRODUZIU A DOUTRINA DA PROTEÇÃO INTEGRAL E, CONSEQUENTEMENTE, O DIREITO DA CRIANÇA E DO ADOLESCENTE**

O **artigo 227 da CF afirma o princípio da prioridade absoluta dos direitos da criança, do adolescente e do jovem**, tendo como destinatários da norma a família, a sociedade e o Estado. Pretende, pois, que a família se responsabilize pela manutenção da integridade física e psíquica; a sociedade pela convivência coletiva harmônica; e o Estado pelo constante incentivo à criação de políticas públicas. Trata-se de uma responsabilidade que, para ser realizada, necessita de uma integração, de um conjunto devidamente articulado de políticas públicas.

Essa **competência difusa**, que responsabiliza uma diversidade de agentes pela promoção da política de atendimento à criança e ao adolescente, tem por objetivo ampliar o próprio alcance da proteção dos direitos infantojuvenis.

Dentro da estrutura chamada ordem social, está englobada a chamada Seguridade Social, esta compreendida como um conjunto integrado de ações de iniciativas dos Poderes Públicos e da sociedade, destinadas a assegurar os direitos relativos à saúde, à previdência e à assistência social. E a assistência social, que será prestada independentemente de contribuição à seguridade social, tem, dentre os seus objetivos, a proteção e amparo à criança e ao adolescente, cabendo a coordenação e as normas gerais à esfera federal e a coordenação e a execução dos respectivos programas às esferas estadual e municipal. E o ECA é uma dessas normas gerais, pelo qual estabelece uma política de atendimento.

Essa política de atendimento deve ser, segundo o art. 204 da CF, descentralizada política e administrativamente (sendo dever dos Estados, Municípios e das entidades não governamentais de assistência social a coordenação e execução destes programas).

Também impõe a **participação popular**, por meio de organizações representativas, para formulação de políticas públicas em todos os níveis. Já o § 1º do artigo 227 determina que o Estado promova, admitida a participação da sociedade civil, programas de assistência integral à saúde da criança e do adolescente.

**Assistência integral à saúde**

A Constituição também faz menção à assistência integral à saúde da criança e do adolescente, estabelecendo que parte dos recursos públicos destinados à saúde será dirigida à assistência materno-juvenil, cabendo-lhe, ainda, a criação de programas de prevenção e atendimento especializado para os portadores de deficiência física, sensorial ou mental.

**Inimputabilidade penal – art. 228, CF**

O artigo 228 da CF estabelece a garantia da inimputabilidade aos menores de dezoito anos, assegurando ao adolescente o direito de ser submetido a uma lei especial, que prevê um juízo diferenciado e a aplicação de medidas socioeducativas. Há quem sustente que não se trata de cláusula pétrea (e, por isso, seria modificável).

- Ação socioeducativa: a prática do ilícito praticado por adolescente será apurada por meio da ação socioeducativa, que somente poderá ser iniciada pelo Ministério Público.
- A ação socioeducativa será de competência da Vara da Infância e da Juventude, independentemente do ato infracional praticado.

- As medidas socioeducativas somente poderão ser aplicadas na ação socioeducativa, havendo competência exclusiva da autoridade judiciária.

De acordo com o Estatuto da Criança e do adolescente, o ato infracional é a conduta praticada por criança ou por adolescente, prevista na lei como crime ou contravenção penal.

**Criança**=> pode praticar ato infracional, mas não estará sujeita à medida socioeducativa. Não haverá processo para a apuração de ato infracional e, estando em situação de risco, poderá ser submetida às medidas protetivas.

**Adolescente**==> estará sujeito às medidas socioeducativas.

### Isonomia entre os filhos

A CF estabelece a isonomia entre os filhos, independentemente da sua condição de havidos ou não da relação de casamento.

### Programas de Assistência Integral

O Estado promoverá programas de assistência integral à saúde da criança, do adolescente e do jovem, admitida a participação de entidades não governamentais, mediante políticas específicas e obedecendo aos seguintes preceitos:

I - aplicação de percentual dos recursos públicos destinados à saúde na assistência materno-infantil;

II - criação de programas de prevenção e atendimento especializado para as pessoas portadoras de deficiência física, sensorial ou mental, bem como de integração social do adolescente e do jovem portador de deficiência, mediante o treinamento para o trabalho e a convivência, e a facilitação do acesso aos bens e serviços coletivos, com a eliminação de obstáculos arquitetônicos e de todas as formas de discriminação.

### Direito à Proteção Especial

A criança e o adolescente fazem jus à proteção especial decorrente de sua situação de pessoa em desenvolvimento. Esta proteção especial abrangerá os seguintes aspectos:

I - idade mínima de quatorze anos para admissão ao trabalho, observado o disposto no art. 7º, XXXIII: a idade mínima para o trabalho é de dezesseis anos, salvo na condição de aprendiz, a partir dos catorze anos. O trabalho realizado por pessoa que tenha idade inferior a esta é denominado de *trabalho infantil*, que é combatido por todo o Sistema de Justiça.

II - garantia de direitos previdenciários e trabalhistas: as crianças e os adolescentes possuem os mesmos direitos que os adultos, além de outros que lhe são específicos. Por esse motivo, possuem também direitos previdenciários e trabalhistas.

III - garantia de acesso do trabalhador adolescente e jovem à escola;

IV - garantia de pleno e formal conhecimento da atribuição de ato infracional, igualdade na relação processual e defesa técnica por profissional habilitado, segundo dispuser a legislação tutelar específica: desse item se ocupará com mais vagar quando do estudo do art. 228 da Constituição Federal.

V - obediência aos princípios de brevidade, excepcionalidade e respeito à condição peculiar de pessoa em desenvolvimento, quando da aplicação de qualquer medida privativa da liberdade: da mesma forma, serão feitos comentários quando da análise do art. 228 da CF.

VI - estímulo do Poder Público, através de assistência jurídica, incentivos fiscais e subsídios, nos termos da lei, ao acolhimento, sob a forma de guarda, de criança ou adolescente órfão ou abandonado;

VII - programas de prevenção e atendimento especializado à criança, ao adolescente e ao jovem dependente de entorpecentes e drogas afins.

### Punição do abuso, violência e a exploração sexual da criança e do adolescente

Consoante determina a Constituição Federal, o abuso, a violência e a exploração sexual da criança e do adolescente deverão ser punidos severamente. Note-se o grau de intensidade atribuído pelo Texto Constitucional, o que torna o trabalho daqueles que lidam com estas pessoas ainda mais especial e de suma responsabilidade.

### O Procedimento de Adoção

A adoção de crianças e de adolescentes deverá ser assistida pelo Poder Público, na forma prevista na lei (Estatuto da Criança e do Adolescente), que estabelecerá casos e condições de sua efetivação por parte de estrangeiros.

Dessa maneira, o deferimento da adoção somente poderá ser realizado mediante procedimento judicial, de competência do Juízo da Vara da Infância e da Juventude. Não é possível que se efetive a adoção por escritura pública.

O Estatuto da Criança e do Adolescente trata da adoção internacional, prevendo requisitos para que haja a sua concessão, bem como o procedimento adequado para tanto.

### O Atendimento da Infância inserido na Assistência Social

No atendimento dos direitos da criança e do adolescente levar-se- á em consideração o disposto no art. 204 da CF, que trata da Assistência Social.

A lei estabeleceu:

I - o estatuto da juventude, destinado a regular os direitos dos jovens (o que o fez por meio da Lei Federal n. 12.852/2013).

II - o plano nacional de juventude, de duração decenal, visando à articulação das várias esferas do poder público para a execução de políticas públicas;

> **Em resumo**:
>
> A proteção à Infância, no seu sentido lato, é direito social amparado pelo art. 6º da Constituição Federal. A Constituição atribuiu à infância e a juventude um momento especial na vida do ser humano e, por isso, conferiu-lhe no seu artigo 227 uma proteção jurídica específica, assegurando: o *status* de pessoas em situação peculiar de desenvolvimento, a titularidade de direitos fundamentais e determinou ao Estado que estes direitos sociais fossem promovidos por meio de políticas públicas.

Princípios que regem as medidas protetivas, aplicáveis, de um modo geral, ao Direito da Criança e do Adolescente:

**I - condição da criança e do adolescente como sujeitos de direitos:** crianças e adolescentes são os titulares dos direitos previstos nesta e em outras Leis, bem como na Constituição Federal;

**II - proteção integral e prioritária:** a interpretação e aplicação de toda e qualquer norma contida nesta Lei deve ser voltada à proteção integral e prioritária dos direitos de que crianças e adolescentes são titulares;

**III - responsabilidade primária e solidária do poder público:** a plena efetivação dos direitos assegurados a crianças e a adolescentes por esta Lei e pela Constituição Federal, salvo nos casos por esta expressamente ressalvados, é de responsabilidade primária e solidária das 3 (três) esferas de governo, sem prejuízo da municipalização do atendimento e da possibilidade da execução de programas por entidades não governamentais;

**IV - interesse superior da criança e do adolescente:** a intervenção deve atender prioritariamente aos interesses e direitos da criança e do adolescente, sem prejuízo da consideração que for devida a outros interesses legítimos no âmbito da pluralidade dos interesses presentes no caso concreto;

**V - privacidade:** a promoção dos direitos e proteção da criança e do adolescente deve ser efetuada no respeito pela intimidade, direito à imagem e reserva da sua vida privada;

**VI - intervenção precoce:** a intervenção das autoridades competentes deve ser efetuada logo que a situação de perigo seja conhecida

**VII - intervenção mínima:** a intervenção deve ser exercida exclusivamente pelas autoridades e instituições cuja ação seja indispensável à efetiva promoção dos direitos e à proteção da criança e do adolescente;

**VIII - proporcionalidade e atualidade:** a intervenção deve ser a necessária e adequada à situação de perigo em que a criança ou o adolescente se encontram no momento em que a decisão é tomada;

**IX - responsabilidade parental:** a intervenção deve ser efetuada de modo que os pais assumam os seus deveres para com a criança e o adolescente;

**X - prevalência da família:** na promoção de direitos e na proteção da criança e do adolescente deve ser dada prevalência às medidas que os mantenham ou reintegrem na sua família natural ou extensa ou, se isto não for possível, que promovam a sua integração em família substituta;

**XI - obrigatoriedade da informação:** a criança e o adolescente, respeitado seu estágio de desenvolvimento e capacidade de compreensão, seus pais ou responsável devem ser informados dos seus direitos, dos motivos que determinaram a intervenção e da forma como esta se processa;

**XII - oitiva obrigatória e participação:** a criança e o adolescente, em separado ou na companhia dos pais, de responsável ou de pessoa por si indicada, bem como os seus pais ou responsável, têm direito a ser ouvidos e a participar nos atos e na definição da medida de promoção dos direitos e de proteção, sendo sua opinião devidamente considerada pela autoridade judiciária competente.

## 3. ESTATUTO DA CRIANÇA E DO ADOLESCENTE

**O Estatuto da Criança e do Adolescente** rege-se pela doutrina da proteção integral, segundo a qual crianças e adolescentes têm os mesmos direitos que os adultos e outros mais, especiais, em razão do fato de serem pessoas em estágio peculiar de desenvolvimento. Trata-se da incorporação em definitivo a Doutrina das Nações Unidas de Proteção Integral à Criança, que foi adotado no Brasil pela primeira vez em 1988, de forma implícita, na Constituição Cidadã. O Estatuto da Criança e do Adolescente estrutura-se em dois livros, ou em duas partes: uma Parte Geral (art.1° a 85) e uma Parte Especial (art. 86 a 258).

**Disposições preliminares do ECA:** na esteira da nova ordem constitucional e em consonância com os textos internacionais que tratam da matéria, houve o rompimento em definitivo com a doutrina da situação irregular (que regia o Código de Menores – Lei 697, de 10.10.79), e foi estabelecida como diretriz básica a doutrina da proteção integral. Essa proteção se fundamenta no **princípio do melhor interesse da criança**. Trata-se da chamada regra de ouro do Direito da Criança e Adolescente, que considera superiores os seus interesses porque a família, a sociedade e o Estado, todos são compelidos a proteger os infantes.

**O ECA foi o responsável por conceituar a criança e o adolescente**. É verdade que a Convenção sobre os Direitos da Criança, não faz tal separação (reconhecendo apenas o sujeito "criança", como sendo todo ser humano menor de 18 anos). Porém, a solução adotada pela legislação especial tutelar brasileira foi diversa, estabelecendo que criança é aquela pessoa que tem até 12 anos incompletos, e adolescente, aquele que tem entre 12 anos (completos) e 18 anos incompletos. Ademais, **A Lei n. 13.257/2016 – Marco Legal da Primeira Infância – definiu como integrantes da primeira infância aqueles que possuírem até seis anos completos ou estiverem em seus primeiros 72 meses de vida.**

**Conceito de criança, adolescente, jovem e idoso**. Utilização do *critério biopsicológico*. Aplicação do Estatuto da Criança e do Adolescente.

| CONCEITO | IDADE/ TITULARIDADE | APLICABILIDADE |
|---|---|---|
| **Nascituro** | **<u>Confere-se a condição de pessoa, titular de direitos</u>** (art. 8º do ECA, entre outros). Direitos **patrimoniais** e **não patrimoniais** (REsp 1415727/SC). Tutela coletiva. Competência da Vara da Infância e da Juventude: se existir situação de risco. Gestante manifesta o desejo de entregar criança para adoção. | **ECA e outras fontes.** Art. 8º: direito à vida e à saúde do nascituro. **Alimentos gravídicos**: enquanto não ocorrer o nascimento, são de titularidade da gestante; com o nascimento, convertem-se automaticamente em pensão alimentícia. |
| **Criança** | 0 a 12 anos incompletos. Convenção: menos de 18 anos. | ECA. |
| | ***Primeira infância***: *primeiros seis anos completos ou 72 meses de vida da criança.* | ECA e Lei nº 13.257/2016. Marco Legal da Primeira Infância. |
| **Adolescente** | 12 a 18 anos incompletos. | ECA. |
| | ***Jovem-adolescente***: 15 a 18 anos; ***jovem-adulto***: 18 a 29 anos. | ECA e Lei nº 12.852/2013 para os ***jovens-adolescentes,*** salvo em relação ao direito à profissionalização (somente pelo ECA). |
| **Idoso** | **Pessoa com idade igual ou superior a sessenta anos.** | Estatuto do Idoso. |
| | Prioridade especial: maiores de oitenta anos até mesmo em relação aos demais idosos. Art. 3º, § 2º, Estatuto do Idoso. | Estatuto do Idoso com preferências específicas. |
| | Direitos específicos aos idosos maiores de 65 anos. Art. 33 e 39. | |

| CONCEITO | IDADE/ TITULARIDADE | APLICABILIDADE |
|---|---|---|
| Pessoa com Deficiência | Considera-se pessoa com deficiência aquela que tem impedimento de longo prazo de natureza física, mental, intelectual ou sensorial, o qual, em interação com uma ou mais barreiras, pode obstruir sua participação plena e efetiva na sociedade em igualdade de condições com as demais pessoas (art. 2º, do Estatuto das Pessoas com Deficiência). | Estatuto das Pessoas com Deficiência. Crianças e adolescentes nessas condições serão considerados em ***situação especial de vulnerabilidade.*** |

Aplicação excepcional do Estatuto da Criança e do Adolescente (art. 2º, parágrafo único, do Estatuto) àqueles que têm entre 18 e 21 anos de idade:

a) aplicação e execução de medidas socioeducativas para agentes que, ao tempo da ação ou da omissão, eram adolescentes. **Súmula 605 do STJ**: *"A superveniência da maioridade penal não interfere na apuração de ato infracional nem na aplicabilidade de medida socioeducativa em curso, inclusive na liberdade assistida, enquanto não atingida a idade de 21 anos".*

b) Competência da Vara da Infância e da Juventude para a ação de adoção se o adotando, quando adolescente, estivesse sob a guarda legal ou tutela do adotante.

c) Criança e adolescente vítima ou testemunha de violência – Lei nº 13.431/2017 – art. 3º.

> *Art. 3º. Na aplicação e interpretação desta Lei, serão considerados os fins sociais a que ela se destina e, especialmente, as condições peculiares da criança e do adolescente como pessoas em desenvolvimento, às quais o Estado, a família e a sociedade devem assegurar a fruição dos direitos fundamentais com absoluta prioridade. Parágrafo único. A aplicação desta Lei é facultativa para as vítimas e testemunhas de violência entre 18 (dezoito) e 21 (vinte e um) anos, conforme disposto no parágrafo único do art. 2º da Lei no 8.069, de 13 de julho de 1990 (Estatuto da Criança e do Adolescente).*

**Importante**

A Convenção sobre os Direitos da Criança considera como criança todo ser humano com menos de dezoito anos de idade, a não ser que, em conformidade com a lei aplicável à criança, a maioridade seja alcançada antes.

É válido lembrar que **se considera completada a maioridade no primeiro instante do dia em que o adolescente completar dezoito anos**. Da mesma forma, a adolescência se inicia a zero hora do dia em que a criança completa doze anos, não importando, em qualquer dos casos, a hora em que se deu o nascimento do indivíduo.

**No artigo 3° do ECA há o elenco dos direitos assegurados aos sujeitos indicados no art. 2° (crianças e adolescentes)**, extraindo-se três princípios: a) crianças e adolescentes gozam de todos os direitos fundamentais assegurados a toda pessoa humana; b) eles têm direito, além disso, à proteção integral que é a eles é atribuída pelo Estatuto; c) a eles são garantidos também todos os instrumentos necessários para assegurar seu desenvolvimento físico, mental, moral e espiritual, em condições de liberdade e dignidade.

**O artigo 6º faz referência à interpretação do ECA**, e repete praticamente o contido no art. 5º da Lei de Introdução às normas do Direito Brasileiro, com um alerta para o intérprete e aplicador do Direito, no sentido de se levar em consideração os "direitos e deveres individuais e coletivos, e a condição peculiar da criança e do adolescente como pessoas em desenvolvimento", sobretudo no atinente à convivência familiar, à proteção da criança e adolescente e das medidas socioeducativas.

A Constituição Federal adotou um sistema especial de proteção dos direitos fundamentais de crianças e adolescentes, explicitados nos artigos 226/228, sendo dever da família, da sociedade, da comunidade e do Poder Público zelar, com **absoluta prioridade**, pela sua efetivação.

## 4. DIREITOS FUNDAMENTAIS

### Vida e Saúde

**A criança e o adolescente têm direito a proteção à vida e à saúde,** mediante a efetivação de políticas sociais públicas que permitam o nascimento e o desenvolvimento sadio e harmonioso, em condições dignas de existência.

**É assegurado a todas as mulheres o acesso aos programas e às políticas de saúde da mulher e de planejamento reprodutivo** e, às gestantes, nutrição adequada, atenção humanizada à gravidez, ao parto e ao puerpério e atendimento pré-natal, perinatal e pós-natal integral no âmbito do Sistema Único de Saúde.

Os profissionais de saúde de referência da gestante **garantirão sua vinculação, no último trimestre da gestação, ao estabelecimento em que será realizado o parto, garantido o direito de opção da mulher.**

Os serviços de saúde onde o parto for realizado assegurarão às mulheres e aos seus filhos recém-nascidos **alta hospitalar responsável e contrarreferência na atenção primária,** bem como o acesso a outros serviços e a grupos de apoio à amamentação.

**Incumbe ao poder público proporcionar assistência psicológica à gestante e à mãe,** no período pré e pós-natal, inclusive como forma de prevenir ou minorar as consequências do estado puerperal. Esta assistência também deverá ser prestada a gestantes e mães que manifestem interesse em entregar seus filhos para adoção, bem como a gestantes e mães que se encontrem em situação de privação de liberdade.

Incumbe ao poder público garantir, à gestante e à mulher com **filho na primeira infância** que se encontrem sob **custódia em unidade de privação de liberdade**, ambiência que atenda às normas sanitárias e assistenciais do Sistema Único de Saúde para o acolhimento do filho, em articulação com o sistema de ensino competente, visando ao desenvolvimento integral da criança.

Foi instituída a Semana Nacional de Prevenção da Gravidez na Adolescência, a ser realizada anualmente na semana que incluir o dia 1º de fevereiro, com o objetivo de disseminar informações sobre medidas preventivas e educativas que contribuam para a redução da incidência da gravidez na adolescência. As ações destinadas a efetivar a medida ficarão a cargo do poder público, em conjunto com organizações da sociedade civil, e serão dirigidas prioritariamente ao público adolescente.

Os hospitais e demais estabelecimentos de atenção à saúde de gestantes, públicos e particulares, são obrigados a: I - manter registro das atividades desenvolvidas, através de prontuários individuais, pelo prazo de dezoito anos; II - identificar o recém-nascido mediante o registro de sua impressão plantar e digital e da impressão digital da mãe, sem prejuízo de outras formas normatizadas pela autoridade administrativa competente; III - proceder a exames visando ao diagnóstico e terapêutica de anormalidades no metabolismo do recém-nascido, bem como prestar orientação aos pais; IV - fornecer declaração de nascimento onde constem necessariamente as intercorrências do parto e do desenvolvimento do neonato; V - manter alojamento conjunto, possibilitando ao neonato a permanência junto à mãe; e, VI - acompanhar a prática do processo de amamentação, prestando orientações quanto à técnica adequada, enquanto a mãe permanecer na unidade hospitalar, utilizando o corpo técnico já existente.

É obrigatória a aplicação a todas as crianças, nos seus primeiros dezoito meses de vida, de protocolo ou outro instrumento construído com a finalidade de facilitar a detecção, em consulta pediátrica de acompanhamento da criança, de risco para o seu desenvolvimento psíquico.

**Direito à Liberdade, ao Respeito e à Dignidade**

***Estatuto da Criança e do Adolescente***

Reconhece-se a condição de criança e adolescente como **pessoas** em processo de desenvolvimento, logo, sujeitos de direitos, devendo ser resguardada a sua integridade física, psíquica e moral.

Também merece destaque a alteração proporcionada pela Lei Menino Bernardo (Lei n. 13.010/2014).

A criança e o adolescente têm o direito de ser educados e cuidados sem o uso de castigo físico ou de tratamento cruel ou degradante, como formas de correção, disciplina, educação ou qualquer outro pretexto, pelos pais, pelos integrantes da família ampliada, pelos responsáveis, pelos agentes públicos executores de medidas socioeducativas ou por qualquer pessoa encarregada de cuidar deles, tratá-los, educá-los ou protegê-los.

**Considera-se:**

| Castigo Físico | Tratamento Cruel ou Degradante |
|---|---|
| ação de natureza disciplinar ou punitiva aplicada com o uso da força física sobre a criança ou o adolescente que resulte em: a) sofrimento físico; ou b) lesão | conduta ou forma cruel de tratamento em relação à criança ou ao adolescente que: a) humilhe; ou b) ameace gravemente; ou c) ridicularize |

Os pais, os integrantes da família ampliada, os responsáveis, os agentes públicos executores de medidas socioeducativas ou qualquer pessoa encarregada de cuidar de crianças e de adolescentes, tratá-los, educá-los ou protegê-los que utilizarem castigo físico ou tratamento cruel ou degradante como formas de correção, disciplina, educação ou qualquer outro pretexto estarão sujeitos, sem prejuízo de outras sanções cabíveis, às seguintes medidas, que serão aplicadas de acordo com a gravidade do caso: I - encaminhamento a programa oficial ou comunitário de proteção à família; II - encaminhamento a tratamento psicológico ou psiquiátrico; III - encaminhamento a cursos ou programas de orientação; IV - obrigação de encaminhar a criança a tratamento especializado; V - advertência. As medidas previstas neste artigo serão aplicadas pelo Conselho Tutelar, sem prejuízo de outras providências legais.

A criança e o adolescente têm o direito de ser educados e cuidados sem o uso de castigo físico ou de tratamento cruel ou degradante, como formas de correção, disciplina, educação ou qualquer outro pretexto, pelos pais, pelos integrantes da família ampliada, pelos responsáveis, pelos agentes públicos executores de medidas socioeducativas ou por qualquer pessoa encarregada de cuidar deles, tratá-los, educá-los ou protegê-los. Considera-se: I - castigo físico: ação de natureza disciplinar ou punitiva aplicada com o uso da força física sobre a criança ou o adolescente que resulte em: a) sofrimento físico; ou b) lesão; II - tratamento cruel ou degradante: conduta ou forma cruel de tratamento em relação à criança ou ao adolescente que: a) humilhe; ou ameace gravemente; ou c) ridicularize.

***Lei nº 13.431/2017:***

A Lei nº 13.431/2017, posteriormente regulamentada pelo Decreto nº 9.603/2018, tratou do Sistema de Garantia dos Direitos da Criança e do Adolescente Vítima ou Testemunha de Violência, trazendo regras importantes sobre o tema.

São formas de violência praticada contra a criança ou adolescente:

| Tipo de violência | Amplitude |
|---|---|
| Física | Entendida como a ação infligida à criança ou ao adolescente que ofenda sua integridade ou saúde corporal ou que lhe cause sofrimento físico. |
| Psicológica | a) qualquer conduta de discriminação, depreciação ou desrespeito em relação à criança ou ao adolescente mediante ameaça, constrangimento, humilhação, manipulação, isolamento, agressão verbal e xingamento, ridicularização, indiferença, exploração ou intimidação sistemática (**bullying**) que possa comprometer seu desenvolvimento psíquico ou emocional; b) o ato de alienação parental, assim entendido como a interferência na formação psicológica da criança ou do adolescente, promovida ou induzida por um dos genitores, pelos avós ou por quem os tenha sob sua autoridade, guarda ou vigilância, que leve ao repúdio de genitor ou que cause prejuízo ao estabelecimento ou à manutenção de vínculo com este; c) qualquer conduta que exponha a criança ou o adolescente, direta ou indiretamente, a crime violento contra membro de sua família ou de sua rede de apoio, independentemente do ambiente em que cometido, particularmente quando isto a torna testemunha; |
| Sexual | Entendida como qualquer conduta que constranja a criança ou o adolescente a praticar ou presenciar conjunção carnal ou qualquer outro ato libidinoso, inclusive exposição do corpo em foto ou vídeo por meio eletrônico ou não, que compreenda: ***a) abuso sexual***, entendido como toda ação que se utiliza da criança ou do adolescente para fins sexuais, seja conjunção carnal ou outro ato libidinoso, realizado de modo presencial ou por meio eletrônico, para estimulação sexual do agente ou de terceiro; ***b) exploração sexual comercial***, entendida como o uso da criança ou do adolescente em atividade sexual em troca de remuneração ou qualquer outra forma de compensação, de forma independente ou sob patrocínio, apoio ou incentivo de terceiro, seja de modo presencial ou por meio eletrônico; ***c) tráfico de pessoas***, entendido como o recrutamento, o transporte, a transferência, o alojamento ou o acolhimento da criança ou do adolescente, dentro do território nacional ou para o estrangeiro, com o fim de exploração sexual, mediante ameaça, uso de força ou outra forma de coação, rapto, fraude, engano, abuso de autoridade, aproveitamento de situação de vulnerabilidade ou entrega ou aceitação de pagamento, entre os casos previstos na legislação; |

| Tipo de violência | Amplitude |
|---|---|
| **Institucional** | entendida como a praticada por instituição pública ou conveniada, inclusive quando gerar revitimização. |
| **Patrimonial** | entendida como qualquer conduta que configure retenção, subtração, destruição parcial ou total de seus documentos pessoais, bens, valores e direitos ou recursos econômicos, incluídos os destinados a satisfazer suas necessidades, desde que a medida não se enquadre como educacional. |

Para os efeitos da aludida lei, a criança e o adolescente, nos casos de violência que lhes for praticada ou em que estes forem testemunhas, deverão ser ouvidos sobre a situação de violência por meio de escuta especializada e depoimento especial.

| ESCUTA ESPECIALIZADA | DEPOIMENTO ESPECIAL |
|---|---|
| Procedimento de entrevista sobre situação de violência com criança ou adolescente perante o órgão da rede de proteção, limitado o relato estritamente ao necessário para o cumprimento de sua finalidade. | Procedimento de oitiva de criança ou adolescente vítima ou testemunha de violência perante autoridade policial ou judiciária. Deverá primar pela não revitimização e pelos limites etários e psicológicos de desenvolvimento da criança ou do adolescente. |
| Objetivo de assegurar o acompanhamento da vítima ou da testemunha de violência, para a superação das consequências da violência sofrida, limitado ao estritamente necessário para o cumprimento da finalidade de proteção social e de provimento de cuidados. | Meio de prova subsidiário, devendo a autoridade policial ou judiciária avaliar se é indispensável a oitiva da criança ou do adolescente, consideradas as demais provas existentes, de forma a preservar sua saúde física e mental e de seu desenvolvimento moral, intelectual e social. A criança ou o adolescente serão respeitados em sua iniciativa de não falar sobre a violência sofrida. |
| Não tem o escopo de produzir prova para o processo de investigação e de responsabilização, ficando limitada estritamente ao necessário para o cumprimento de sua finalidade de proteção social e de provimento de cuidados. | Finalidade de produção de provas. |

Para os fins legais, considera-se:

***I - violência institucional*** - violência praticada por agente público no desempenho de função pública, em instituição de qualquer natureza, por meio de atos comissivos ou omissivos que prejudiquem o atendimento à criança ou ao adolescente vítima ou testemunha de violência;

***II - revitimização*** - discurso ou prática institucional que submeta crianças e adolescentes a procedimentos desnecessários, repetitivos, invasivos, que levem as vítimas ou testemunhas a reviver a situação de violência ou outras situações que gerem sofrimento, estigmatização ou exposição de sua imagem;

***III - acolhimento ou acolhida*** - posicionamento ético do profissional, adotado durante o processo de atendimento da criança, do adolescente e de suas famílias, com o objetivo de identificar as necessidades apresentadas por eles, de maneira a demonstrar cuidado, responsabilização e resolutividade no atendimento; e

***IV - serviço de acolhimento no âmbito do Sistema Único de Assistência Social*** - Suas - serviço realizado em tipos de equipamentos e modalidades diferentes, destinados às famílias ou aos indivíduos com vínculos familiares rompidos ou fragilizados, a fim de garantir sua proteção integral.

Qualquer pessoa que tenha conhecimento ou presencie ação ou omissão, praticada em local público ou privado, que constitua violência contra criança ou adolescente tem o dever de comunicar o fato imediatamente ao serviço de recebimento e monitoramento de denúncias, ao conselho tutelar ou à autoridade policial, os quais, por sua vez, cientificarão imediatamente o Ministério Público.

Os órgãos responsáveis pela organização judiciária poderão criar juizados ou varas especializadas em crimes contra a criança e o adolescente. Até a implementação desta medida, o julgamento e a execução das causas decorrentes das práticas de violência ficarão, preferencialmente, a cargo dos juizados ou varas especializadas em violência doméstica e temas afins.

**Direito à educação, à cultura, ao esporte e ao lazer.**

**A criança e o adolescente têm direito à educação, visando ao pleno desenvolvimento de sua pessoa, preparo para o exercício da cidadania e qualificação para o trabalho.**

É assegurado o direito subjetivo público à educação.

A educação básica compreende: i) educação infantil – creche e pré-escola; ii) ensino fundamental; e, iii) ensino médio.

| Atualização jurisprudencial |
|---|
| Para que a criança seja matriculada no primeiro ano da educação infantil, deverá ter completado a idade de quatro anos até o dia 31 de março do respectivo ano. Para ser matriculada no ensino fundamental, por sua vez, deverá completar seis anos também até 31 de março. Tal marco temporal está previsto em Resolução do Conselho Nacional de Educação (CNE). A propósito, o STF validou tal marco temporal para a idade mínima de ingresso na educação infantil e no ensino fundamental **na ADC nº 17 e na ADPF nº 292**. |

Assegura-se a observância do critério do georreferenciamento, de modo que é direito da criança e do adolescente estudar em escola mais próxima de sua residência.

De acordo com o art. 55, do Estatuto da Criança e do Adolescente, "os pais ou responsável têm a obrigação de matricular seus filhos ou pupilos na rede regular de ensino".

| Atualização jurisprudencial |
|---|
| ***Educação domiciliar ou homeschooling***: o STF decidiu que os pais não podem deixar de matricular os seus filhos na rede regular de ensino, por inexistência de lei que regulamente preceitos e regras aplicáveis a essa modalidade de educação. O dever de educar implica cooperação entre o Estado e a família, sem a exclusividade dos pais. Assim, vedou-se a exclusividade da educação domiciliar, aquela em que os estudantes não vão para a escola e são educados pelos pais ou responsáveis, em casa. |

| Critério do georreferenciamento |
|---|
| A criança e o adolescente têm direito à educação, visando ao pleno desenvolvimento de sua pessoa, preparo para o exercício da cidadania e qualificação para o trabalho, assegurando-se-lhes, entre outros direitos, acesso à escola pública e gratuita, próxima de sua residência, garantindo-se vagas no mesmo estabelecimento a irmãos que frequentem a mesma etapa ou ciclo de ensino da educação básica.<br>Redação atual do art. 53, V, do Estatuto.<br>O que mudou? Estendeu-se o direito aos irmãos que frequentarem a mesma etapa ou ciclo de ensino da educação básica. |

**Do Direito à Profissionalização e à Proteção no Trabalho**

Art. 7º, XXXIII, CF/88 – é proibido o trabalho noturno (entre vinte e duas horas de um dia e cinco horas do dia seguinte). Podem trabalhar os maiores de 16 anos, salvo na condição de aprendiz, com idade de catorze anos.

**Aprendizagem:** o instituto da aprendizagem está disciplinado fundamentalmente em três diplomas legais: Constituição Federal, Estatuto da Criança e do Adolescente e Consolidação das Leis do Trabalho. Segundo determinação dos arts. 62 e 63 do ECA, considera-se aprendizagem a formação técnico-profissional ministrada segundo as diretrizes e bases da legislação de educação em vigor. O Art. 428 da CLT estabelece que a aprendizagem se configura por um contrato de trabalho especial, ajustado por escrito e por prazo determinado, em que o empregador se compromete a assegurar ao maior de 14 (quatorze) e menor de 24 (vinte e quatro) anos inscrito em programa de aprendizagem formação técnico-profissional metódica, compatível com o seu desenvolvimento físico, moral e psicológico, e o aprendiz, a executar com zelo e diligência as tarefas necessárias a essa formação.

**São diretrizes do trabalho educativo:** (i) prevalência da educação; (ii) ausência de vínculo empregatício; e, (iii) previsão de ganho.

**Proibição do trabalho infantil**: assim considerado como sendo aquele realizado por pessoa que tiver idade inferior à autorizada por lei para o início das atividades laborais. Admite-se o trabalho artístico infantil.

Ao adolescente empregado, aprendiz, em regime familiar de trabalho, aluno de escola técnica, assistido em entidade governamental ou não governamental, é vedado trabalho: I - noturno, realizado entre as vinte e duas horas de um dia e as cinco horas do dia seguinte;

II - perigoso, insalubre ou penoso; III - realizado em locais prejudiciais à sua formação e ao seu desenvolvimento físico, psíquico, moral e social; IV - realizado em horários e locais que não permitam a frequência à escola.

| Atualização jurisprudencial |
|---|
| **Competência da Vara da Infância e da Juventude para autorizar a participação de crianças e adolescentes em representações artísticas (ADI nº 5326) em detrimento da Justiça do Trabalho.** |
| Decisão: O Tribunal, por maioria, concedeu a cautelar para suspender, até o exame definitivo deste processo, a eficácia da expressão "inclusive artístico", constante do inciso II da Recomendação Conjunta nº 1/14 e do artigo 1º, inciso II, da Recomendação Conjunta nº 1/14, bem como para afastar a atribuição, definida no Ato GP nº 19/2013 e no Provimento GP/CR nº 07/2014, quanto à apreciação de pedidos de alvará visando a participação de crianças e adolescentes em representações artísticas e a criação do Juizado Especial na Justiça do Trabalho, ficando suspensos, por consequência, esses últimos preceitos, assentando, neste primeiro exame, ser da Justiça Comum a competência para analisar tais pedidos, nos termos do voto do Relator, vencida a Ministra Rosa Weber. Ausentes, justificadamente, os Ministros Celso de Mello e Gilmar Mendes. Presidência do Ministro Dias Toffoli. Plenário, 27.9.2018. |

## 5. CONVIVÊNCIA FAMILIAR E FAMÍLIA SUBSTITUTA

**Direito à convivência familiar e comunitária**

**Família natural e família extensa**

É direito da criança e do adolescente ser criado e educado no seio de sua família e, excepcionalmente, em família substituta, assegurada a convivência familiar e comunitária, em ambiente que garanta seu desenvolvimento integral.

***A família natural*** é aquela formada pelos pais ou qualquer deles e seus descendentes (art. 25 do ECA), cujo relacionamento contínuo é tutelado pelo Estado, e rompimento somente poderá ocorrer em hipóteses excepcionais.

| **Provimento nº 52, de 14.03.2016**: dispõe sobre o registro de nascimento e emissão da respectiva certidão dos filhos havidos por reprodução assistida. **Autoriza que o registro de nascimento seja feito diretamente perante o respectivo Registrador**, ainda que se trate de reprodução assistida |
|---|

A perda ou a suspensão do poder familiar ***decorrerão de sentença judicial***.

| Atualização legislativa 2018 |
|---|
| A condenação criminal do pai ou da mãe não implicará a destituição do poder familiar, exceto na hipótese de condenação por crime doloso sujeito à pena de reclusão **contra outrem igualmente titular do mesmo poder familiar** ou contra filho, filha **ou outro descendente** (art. 23, § 2º, do Estatuto, alterado pela Lei nº 13.715/2018. |

Não existindo outro motivo que por si só autorize a decretação da perda do poder familiar, a criança ou o adolescente será mantido em sua família de origem, a qual deverá ser obrigatoriamente incluída em serviços e programas oficiais de proteção, apoio e promoção.

***A família extensa*** vai além da unidade pais e filhos, para encampar também outros parentes, com quem a criança mantenha vínculo de afinidade ou de afetividade.

**Perda do poder familiar**

| Alteração legislativa 2018 |
|---|
| Em conformidade com o **art. 1.638, do Código Civil**, perderá por ato judicial o poder familiar o pai ou a mãe que: I - castigar imoderadamente o filho; II - deixar o filho em abandono; III - praticar atos contrários à moral e aos bons costumes; IV - incidir, reiteradamente, nas faltas previstas no artigo antecedente; V - entregar de forma irregular o filho a terceiros para fins de adoção. |
| Além disso, **também perderá o poder familiar por ato judicial, em conformidade com alteração promovida pela Lei nº 13.715/2018**, aquele que: I – praticar contra outrem igualmente titular do mesmo poder familiar: a) homicídio, feminicídio ou lesão corporal de natureza grave ou seguida de morte, quando se tratar de crime doloso envolvendo violência doméstica e familiar ou menosprezo ou discriminação à condição de mulher; b) estupro ou outro crime contra a dignidade sexual sujeito à pena de reclusão; II – praticar contra filho, filha ou outro descendente: a) homicídio, feminicídio ou lesão corporal de natureza grave ou seguida de morte, quando se tratar de crime doloso envolvendo violência doméstica e familiar ou menosprezo ou discriminação à condição de mulher; b) estupro, estupro de vulnerável ou outro crime contra a dignidade sexual sujeito à pena de reclusão. |

**Família substituta: guarda, tutela, adoção.**

***Observações gerais***

A família substituta é aquela que, de *forma excepcional e necessária*, assumiu o lugar da original. É possibilitada através dos institutos jurídicos da **guarda, tutela ou adoção**, cada qual com suas características próprias e inconfundíveis, que não podem ser mescladas para formação de institutos diferenciados. É deferida, via de regra, a famílias nacionais, salvo no caso de adoção, em que é permitida a famílias estrangeiras excepcionalmente (*princípio da excepcionalidade da adoção internacional* – a adoção nacional é prioritária).

Para a apreciação do pedido, o juiz levará em conta o grau de parentesco e a relação de afinidade ou de afetividade, como meio de minorar as consequências da medida.

### *Guarda*

A guarda pode ser estudada sob exclusivamente o enfoque do Código Civil, nos casos de reconhecimento dos filhos havidos fora do casamento e quando da separação dos pais, bem como sob o enfoque do Estatuto. Neste último caso, é vista como modalidade de colocação em família substituta.

Pode ser **concedida incidentalmente** (nos casos de ação de tutela e adoção – art. 33, § 1º), como também pode ser o **pedido principal** da ação (§ 2º). Neste último caso, identificam-se duas hipóteses, previstas no § 2º do art. 33: a chamada guarda satisfativa, que atende a situações peculiares (exemplo – maus tratos dos pais); e a chamada guarda especial, destinada a suprir a ausência momentânea dos pais.

Não importa em cessar o direito às visitas e nem no dever de pagar alimentos, salvo se houver decisão judicial em sentido contrário, ou se for preparatória para a adoção.

Atribui a condição de dependente para todos os fins, especialmente para fins previdenciários, conforme decidiu o STJ.

### *Tutela*

A tutela constitui **o conjunto de direitos e obrigações conferidas a um terceiro (tutor), para que proteja a pessoa de uma criança ou adolescente que não se acha sob o poder familiar**. Poderá o tutor administrar os bens do tutelado, bem como representá-lo ou assisti-lo nos atos da vida civil.

A tutela pressupõe a extinção do poder familiar, o que pode ocorrer em virtude da morte dos pais ou a decretação de sua perda (art. 1638 do CC) ou suspensão (art. 1637 do CC), em razão de sentença judicial proferida em procedimento próprio.

### *Adoção*

A adoção **implicará no desligamento dos vínculos familiares existentes**, salvo em relação aos impedimentos matrimoniais, que permanecem preservados.

Quer seja a adoção de crianças e de adolescentes, quer seja a de adultos, será exigida a sentença judicial, muito embora o STJ admita a adoção por escritura pública nas restritas hipóteses em que, à época da lavratura do ato, era vigente o CC de 1916.

*Requisitos para a adoção*:

Podem adotar os maiores de dezoito anos, havendo a necessidade de que entre o adotante e adotando haja diferença mínima de dezesseis anos.

A adoção poderá ser requerida por uma única pessoa. Duas pessoas podem adotar, desde que sejam casadas ou vivam em união estável, independentemente do sexo dos adotantes.

Os divorciados e os separados poderão adotar conjuntamente, desde que, concordes com relação à guarda e regime de visitas, tenham iniciado o estágio de convivência na constância da sociedade conjugal.

A adoção depende do consentimento dos pais ou do representante legal do adotando, dispensado, porém, em relação à criança ou adolescente cujos pais sejam desconhecidos ou tenham sido destituídos do poder familiar.

Em todos os casos, sendo possível, deverá a criança ser ouvida. Quanto ao adolescente, deverá concordar.

Não poderão adotar os ascendentes e os irmãos do adotando, salvo se o superior interesse da criança indicar se esta medida mais benéfica, como já decidiu o STJ.

Em resumo - **REQUISITOS PARA A ADOÇÃO**:

a) IDADE MÍNIMA DO ADOTANTE;
b) DIFERENÇA DE IDADE ENTRE ADOTANTE E ADOTADO;
c) ESTABILIDADE FAMILIAR;
d) ADOTANTES NÃO REVELAREM INCOMPATIBILIDADE COM A MEDIDA;
e) PEDIDO SE FUNDE EM MOTIVOS LEGÍTIMOS;
f) QUE A ADOÇÃO REPRESENTE REAL VANTAGEM PARA O ADOTADO;
g) NÃO SER O ADOTANTE **IRMÃO OU ASCENDENTE** DO ADOTADO;
h) CONSENTIMENTO DOS PAIS E DO ADOTADO (MAIOR DE DOZE ANOS), SENDO AQUELE DISPENSADO NO CASO DE PAIS DESCONHECIDOS OU DESTITUÍDOS DO PODER FAMILIAR.
i) CADASTRO JUNTO À VARA DA INFÂNCIA E JUVENTUDE.
j) ESTÁGIO DE CONVIVÊNCIA.

**Atualização legislativa - Lei n. 13.509/2017**
**Prazo máximo do estágio de convivência**

**i) na adoção nacional**: 90 dias, prorrogável por até igual período, mediante decisão fundamentada da autoridade judiciária.

**ii) na adoção internacional**: mínimo de 30 e máximo de 45 dias, prorrogável por até igual período, uma única vez, mediante decisão fundamentada da autoridade judiciária.

O estágio de convivência será cumprido no território nacional, preferencialmente na comarca de residência da criança ou adolescente, ou, a critério do juiz, em cidade limítrofe, respeitada, em qualquer hipótese, a competência do juízo da comarca de residência da criança.

***Prioridade de tramitação***: os processos de adoção em que o adotando for criança ou adolescente com deficiência ou com doença crônica terão prioridade de andamento.

Prazo máximo de conclusão do processo de adoção: 120 dias, prorrogável uma única vez, por igual período, em conformidade com decisão fundamentada da autoridade judiciária.

***Adoção internacional***: assim considerada aquela na qual o pretendente possui residência habitual em país-parte da Convenção de Haia, de 29 de maio de 1993, Relativa à Proteção das Crianças e à Cooperação em Matéria de Adoção Internacional, promulgada pelo Decreto nº 3.087, de 21 junho de 1999, e deseja adotar criança em outro país-parte da Convenção.

***Caráter subsidiário da adoção internacional***: somente será deferida se, a colocação em família adotiva for a solução adequada ao caso concreto, se forem esgotadas todas as possibilidades de colocação da criança ou adolescente em família adotiva brasileira, com a comprovação, certificada nos autos, da inexistência de adotantes habilitados residentes no Brasil com perfil compatível com a criança ou adolescente, após consulta aos cadastros e, em se tratando de adoção de adolescente, que este seja consultado, por meios adequados ao seu estágio de desenvolvimento, e que se encontra preparado para a medida, mediante parecer elaborado por equipe interprofissional.

Da entrega voluntária da criança para adoção

A Lei nº **13.509/2017** foi responsável pela formalização do procedimento de entrega de criança para fins de adoção.

**Art. 19-A, do Estatuto (incluído pela Lei nº 13.509/2017)**

§ 4º: na hipótese de não haver indicação do genitor e de não existir outro representante da família extensa apto a receber a guarda, a autoridade judiciária competente ***deverá decretar a extinção*** do poder familiar e determinar a colocação da criança sob a guarda provisória de quem estiver habilitado a adotá-la ou de entidade que desenvolva programa de acolhimento familiar ou institucional.

§ 6º: na hipótese de não comparecerem à audiência nem o genitor nem representante da família extensa para confirmar a intenção de exercer o poder familiar ou a guarda, a autoridade judiciária ***suspenderá o poder familiar da mãe***, e a criança será colocada sob a guarda provisória de quem esteja habilitado a adotá-la.

**Importante**

A desistência do pretendente em relação à guarda para fins de adoção ou a devolução da criança ou do adolescente depois do trânsito em julgado da sentença de adoção importará na sua exclusão dos cadastros de adoção e na vedação de renovação da habilitação, salvo decisão judicial fundamentada, sem prejuízo das demais sanções previstas na legislação vigente.

**Apadrinhamento:**

**Objetivo**: estabelecer e propiciar à criança e ao adolescente **vínculos externos** à instituição para fins de convivência familiar e comunitária e colaboração com o seu desenvolvimento nos aspectos social, moral, físico, cognitivo, educacional e financeiro.

**Quem pode apadrinhar?** Pessoas físicas e jurídicas.

**Público alvo**: crianças ou adolescentes definidas no âmbito de cada programa de apadrinhamento, com prioridade para crianças ou adolescentes com remota possibilidade de reinserção familiar ou colocação em família adotiva.

**Acolhimento institucional:**

**Alteração legislativa**

Prazo máximo do Acolhimento Institucional: 18 meses, podendo ser prorrogado pelo juiz para atender ao superior interesse da criança ou do adolescente. É imprescindível a reavaliação das medidas de acolhimento institucional e acolhimento familiar em, pelo menos, três em três meses.

## 6. DA PREVENÇÃO

### 6.1. AUTORIZAÇÃO PARA VIAJAR

A Lei nº 13.812/2019 aumentou a idade a partir da qual a autorização para viagens nacionais está dispensada. Tal fato acarretou a elevação considerável do número de pedidos de autorização em trâmite nas Varas da Infância e da Juventude dos Estados e do Distrito Federal, exigindo que o Conselho Nacional de Justiça editasse a Resolução nº 295, de 13.09.2019, que será levada em consideração na análise que se fará, podendo a matéria ser resumida da seguinte maneira:

**a) Regra**: *nenhuma criança ou adolescente menor de dezesseis anos poderá viajar para fora da comarca onde reside desacompanhado dos pais ou dos responsáveis sem expressa autorização judicial* (art. 83, *caput*):

Como é possível notar, **os adolescentes que tiverem dezesseis anos ou mais** poderão viajar para fora da comarca onde residem independentemente de estarem acompanhados dos pais ou responsáveis, sem expressa autorização destes ou de autorização judicial.

Assim, o adolescente que contar com dezesseis anos poderá viajar, livremente, a título de exemplo, da Comarca de Recife para a de Porto Seguro, sem que lhe seja exigida a companhia dos responsáveis, autorização expressa destes ou mesmo autorização judicial. É certo, porém, que, muito embora possa viajar livremente, para hospedar-se em hotel, motel, pensão ou congênere, precisará observar o disposto no art. 82, do Estatuto (autorizado ou acompanhado pelos pais ou responsável).

Não se pode descuidar da previsão do Estatuto, que trata da viagem *para fora da comarca onde residente* a criança e o adolescente. Nesse passo, se a viagem for para cidade da mesma comarca, não há necessidade da companhia dos responsáveis, autorização expressa destes ou de autorização judicial.

As crianças e os adolescentes menores de dezesseis anos, portanto, para viajar para fora da comarca onde residem, devem estar acompanhados de seus *pais ou responsável*.

Por *pais*, entenda-se aqueles que constem **na filiação do registro civil**, podendo ser um homem e uma mulher, dois homens ou duas mulheres, ou mesmo uma só pessoa, desde que detentores da guarda da criança ou do adolescente.

Se a filiação constar o nome de duas pessoas, não há necessidade de que ambas firmem a autorização, bastando que seja por apenas uma delas. Esta conclusão decorre da análise conjunta do art. 83, § 1º, "b", item 2, do Estatuto, e do art. 1.634, IV, do Código Civil.

Em conformidade com o primeiro dispositivo, dispensa-se a autorização judicial se a criança ou adolescente menor de dezesseis anos estiver acompanhado *de pessoa maior, expressamente autorizada pelo pai, mãe ou responsável*. Nota-se que a lei se utiliza da expressão que demonstra a exigência de autorização de um deles.

Além disso, em conformidade com a atual redação do art. 1.634, IV, do Código Civil, *compete a ambos os pais, qualquer que seja a sua situação conjugal, o pleno exercício do poder familiar, que consiste em, quanto aos filhos: IV – conceder-lhes ou negar-lhes consentimento para viajarem ao exterior*. Como se vê, há exigência de duplo consentimento para viagem ao exterior, não abrangendo a viagem nacional.

Portanto, para que a criança ou o adolescente menor de dezesseis anos possam viajar para fora da comarca onde residem, devem estar acompanhados de um daqueles que conste da filiação.

É certo que há presunção de que qualquer um destes detêm o poder familiar e a guarda do infante, de modo que não haverá necessidade de qualquer comprovação expressa a respeito.

Contudo, a lei também autoriza que o infante esteja acompanhado de seu *responsável*, devendo este ser entendido como aquele que, embora não conste da filiação do registro civil, conte com autorização judicial para exercer a sua guarda, seja expressamente prevista, seja consequente do exercício do poder familiar.

A Resolução CNJ 131/2011, embora dirigida às viagens internacionais, poderá ser aplicada de forma subsidiária à hipótese em tela, devendo ser observado que *o guardião por prazo indeterminado (anteriormente nominado guardião definitivo) ou o tutor, ambos judicialmente nomeados em termo de compromisso, que não sejam os genitores, poderão autorizar a viagem da criança ou adolescente sob seus cuidados, para todos os fins desta resolução, como se pais fossem* (art. 7º).

*b) Não será exigida autorização para viagens de criança ou adolescente menor de dezesseis anos dentro do território nacional quando tratar-se de comarca contígua à da residência do infante, se na mesma unidade federativa ou incluída na mesma região metropolitana:*

Conforme foi previsto no Estatuto, dispensa-se a autorização se o deslocamento tiver como destino comarca contígua à da residência da criança ou do adolescente menor de dezesseis anos, desde que na mesma unidade federativa ou incluída na mesma região metropolitana.

Na atualidade, o Estatuto da Metrópole (Lei nº 13.089/2015) define a **região metropolitana** como sendo a *unidade regional instituída pelos Estados, mediante lei complementar, constituída por agrupamentos de Municípios limítrofes para integrar a organização, o planejamento e a execução de funções públicas de interesse comum*.

A título de exemplo, foi criada a região metropolitana de Ribeirão Preto, situada no interior do Estado de São Paulo, composta por várias cidades, entre elas, o município de Brodowski, conhecido por ser a terra natal do famoso pintor Cândido Portinari. Conforme se verificou do texto do Estatuto, se uma criança ou adolescente menor de dezesseis anos resolver viajar de Ribeirão Preto a Brodowski, com a finalidade de visitar a *Casa de Portinari*, desacompanhado de seus pais, não carecendo de autorização judicial para tanto.

*c) Não será exigida autorização para viagens de criança ou adolescente menor de dezesseis anos dentro do território nacional quando o infante estiver acompanhado por ascendente ou colateral maior, até o terceiro grau, comprovado documentalmente o parentesco;*

Estando a criança ou o adolescente menor de dezesseis anos acompanhados de ascendentes (avós, bisavós etc.), ou de colaterais maiores até o terceiro grau (irmãos e tios), com parentesco comprovado documentalmente, admite-se viajarem sem a necessidade de autorização judicial.

*d) Não será exigida autorização para viagens de criança ou adolescente menor de dezesseis anos dentro do território nacional quando o infante estiver acompanhado de pessoa maior, expressamente autorizada por mãe, pai, ou responsável, por meio de escritura pública ou de documento particular com firma reconhecida por semelhança ou autenticidade:*

Se a criança ou o adolescente menor de dezesseis anos não estiverem acompanhados por ascendentes ou parentes colaterais até o terceiro grau, ainda será dispensada a autorização judicial se acompanhados de pessoa maior, assim entendida aquela que já adquiriu a capacidade, quer por ter atingido a idade, ou em razão das causas de cessação antecipada da incapacidade (art. 5º, Código Civil).

O Estatuto exige, neste caso, que exista *autorização do pai, mãe ou responsável*. Conforme já foi explanado acima, não se exige autorização de todos, cumulativa, mas de apenas um daqueles que figurem na filiação do registro civil, ou daquele titular da guarda.

A Resolução nº 295/2019, do CNJ, tratou de regulamentar a forma da autorização, indicando que pode ser concedida por *meio de escritura pública ou de documento particular com firma reconhecida por semelhança ou autenticidade*.

*e) Não será exigida autorização para viagens de criança ou adolescente menor de dezesseis anos dentro do território nacional quando o infante apresentar passaporte válido e que conste expressa autorização para que viajem desacompanhados ao exterior:*

Esta hipótese não está expressamente prevista no Estatuto, mas é consequência lógica do disposto no art. 13, *caput*, da Resolução nº 131/2011, do CNJ, agora prevista no art. 2º, IV, da Resolução 295/2019.

Com efeito, a primeira Resolução já admitia a adoção de procedimentos para que pais ou responsáveis autorizem viagens de crianças e adolescentes ao exterior quando do requerimento da expedição de passaporte, para que deste conste a autorização.

Ora, se é admitida a inserção de autorização dos pais para viagem ao exterior, com muito mais razão esta anotação também valerá para a viagem nacional de criança e de adolescente menor de dezesseis anos.

| **Portanto, será exigida autorização judicial se:** |
|---|
| A viagem de criança ou adolescente menor de dezesseis anos for a comarca não contígua à da residência dos pais, sem a presença destes, de ascendente ou de colateral maior até o terceiro grau, ou ainda de pessoas maiores devidamente autorizada por aqueles. |

*Viagem internacional*

Entende-se por viagem internacional aquela em que a criança ou o adolescente terão como destino outro país.

Há de se levar em conta, inicialmente, que, para a viagem internacional, não foi feita diferenciação, de modo que as regras se aplicam às crianças ou adolescentes de quaisquer idades. Contudo, a cessação da incapacidade civil, **ocorrida nas hipóteses do parágrafo único, do art. 5º, do Código Civil**, acarreta a desnecessidade de qualquer autorização dos pais ou judicial para que o adolescente possa viajar.

Adolescente emancipado não precisa de autorização judicial para viajar desacompanhado de seus pais (viagens nacional ou internacional).

O Estatuto foi bem objetivo a respeito do tema, tratando-o em dois dispositivos.

De acordo com o primeiro, tratando-se de viagem ao exterior, a autorização é dispensável, se a criança ou adolescente: I) estiver acompanhado de ambos os pais ou responsável; II) viajar na companhia de um dos pais, autorizado pelo outro através de documento com firma reconhecida.

Procurando uniformizar a interpretação e a aplicabilidade das regras previstas no art. 84, do Estatuto, o CNJ editou Resoluções, estando atualmente vigente a de nº 131, de 26.05.2011.

Em conformidade com a aludida Resolução, traçou-se regramento para:

***a) Autorizações de Viagem Internacional para Crianças ou Adolescentes Brasileiros Residentes no Brasil:***

Nessa situação, é dispensável a autorização judicial se a criança ou o adolescente: I) estiver em companhia de ambos os genitores; II) estiverem em companhia de um dos genitores, desde que haja autorização do outro, com firma reconhecida; III) estiver desacompanhado ou em companhia de terceiros maiores e capazes, designados pelos genitores, desde que haja autorização de ambos os pais, com firma reconhecida.

***b) Autorizações de Viagem Internacional para Crianças ou Adolescentes Brasileiros Residentes no Exterior:***

É dispensável autorização judicial para que crianças ou adolescentes brasileiros residentes fora do Brasil, detentores ou não de outra nacionalidade, possam viajar ao país de residência, nas seguintes situações: I) em companhia de um dos genitores, independentemente de qualquer autorização escrita; II) desacompanhado ou acompanhado de terceiro maior e capaz designado pelos genitores, desde que haja autorização escrita dos pais, com firma reconhecida.

O art. 85, do Estatuto, por fim, proíbe, sem prévia e expressa autorização judicial, que criança ou adolescente nascido em território nacional saia do país em companhia de estrangeiro residente ou domiciliado no exterior.

A Resolução 131/2011, por sua vez, ao buscar interpretar o dispositivo, registra a desnecessidade de autorização judicial: I) se o estrangeiro for genitor da criança ou adolescente; II) se a criança ou adolescente, nascido no Brasil, não tiver nacionalidade brasileira.

## 7. DA POLÍTICA DE ATENDIMENTO

De acordo com o ECA, as entidades de atendimento são **responsáveis pela manutenção das próprias unidades, assim como pelo planejamento e execução de programas de proteção e socioeducativos** destinados a crianças e adolescentes, em regime de: I - orientação e apoio sociofamiliar; II - apoio socioeducativo em meio aberto; III - colocação familiar; IV - acolhimento institucional; V - prestação de serviços à comunidade; VI - liberdade assistida; VII - semiliberdade; e VIII - internação.

As **entidades governamentais e não governamentais deverão proceder à inscrição de seus programas** (projetos de atendimentos que pretendem desenvolver na área da infância e juventude), especificando os regimes de atendimento, na forma definida neste artigo, no Conselho Municipal dos Direitos da Criança e do Adolescente, o qual manterá registro das inscrições e de suas alterações, do que fará comunicação ao Conselho Tutelar e à autoridade judiciária.

Os **programas em execução serão reavaliados pelo Conselho Municipal dos Direitos da Criança e do Adolescente, no máximo, a cada 2 (dois) anos**, constituindo-se critérios para renovação da autorização de funcionamento: I - o efetivo respeito às regras e princípios desta Lei, bem como às resoluções relativas à modalidade de atendimento prestado expedidas pelos Conselhos de Direitos da Criança e do Adolescente, em todos os níveis; II - a qualidade e eficiência do trabalho desenvolvido, atestadas pelo Conselho Tutelar, pelo Ministério Público e pela Justiça da Infância e da Juventude; III - em se tratando de programas de acolhimento institucional ou familiar, serão considerados os índices de sucesso na reintegração familiar ou de adaptação à família substituta, conforme o caso.

As **entidades não governamentais somente poderão funcionar depois de registradas no Conselho Municipal dos Direitos da Criança e do Adolescente**, o qual comunicará o registro ao Conselho Tutelar e à autoridade judiciária da respectiva localidade.

**Atenção!**

As entidades que mantenham programa de acolhimento institucional poderão, **em caráter excepcional e de urgência, acolher crianças e adolescentes sem prévia determinação da autoridade competente**, fazendo **comunicação do fato em até 24 (vinte e quatro) horas ao Juiz da Infância e da Juventude**, sob pena de responsabilidade. Recebida a comunicação, a autoridade judiciária, ouvido o Ministério Público e *se necessário* com o apoio do Conselho Tutelar local, tomará as **medidas necessárias para promover a imediata reintegração familiar da criança ou do adolescente** ou, se por qualquer razão não for isso possível ou recomendável, para seu encaminhamento a programa de acolhimento familiar, institucional ou a família substituta.

## 8. MEDIDAS DE PROTEÇÃO

Sempre que os direitos da criança e do adolescente forem violados ou ameaçados, levando-se em conta as necessidades pedagógicas existentes, estará aberta a possibilidade de aplicação das chamadas medidas de proteção – ou medidas de cunho assistencial – elencadas no artigo 101 do ECA.

E a autoridade competente de que se fala é o Conselho Tutelar e também o Juiz (sendo as medidas previstas nos incisos I a VI de competência comum do Conselho e do Juiz).

Ocorre que há hipóteses em que a autoridade competente será, unicamente, a judiciária, tal como ocorrerá nas hipóteses previstas nos incisos VII, VIII e IX do art. 101.

**Medidas Protetivas de Acolhimento Institucional, Acolhimento Familiar e Inserção em Família Substituta:**

Somente poderão ser aplicadas pela autoridade judiciária (Juízo da Vara da Infância e da Juventude).

Acolhimento institucional: medida protetiva que encampa o abrigamento, a casa-lar e a casa de passagem (não há unanimidade em relação à última).

Alteração importante: o acolhimento institucional tem prazo máximo de dezoito meses, salvo se o juiz acolher a possibilidade de continuidade, em prol do superior interesse. Antes da alteração, o prazo era de dois anos (Lei nº 13.509/2017). Deverá ser revista a cada três meses, pelo menos (houve a diminuição do prazo de periodicidade da revisão do acolhimento institucional).

Verificada a hipótese de maus-tratos, opressão ou abuso sexual impostos pelos pais ou responsável, a autoridade judiciária poderá determinar o afastamento cautelar do agressor da moradia comum. Trata-se de medida de natureza processual e cautelar, que o Juiz poderá determinar em ação cautelar ou na pendência de ação principal, liminar ou incidentalmente.

## 9. PRÁTICA DE ATO INFRACIONAL E MEDIDAS SOCIOEDUCATIVAS

**Ato infracional** é toda conduta prevista na lei como crime ou contravenção penal praticada por criança ou adolescente. A criança está sujeita às medidas protetivas indicadas, enquanto ao adolescente é possível também a imposição das chamadas medidas socioeducativas.

| Criança | Adolescente |
|---|---|
| medidas protetivas aplicadas pelo Conselho Tutelar ou pelo Juiz (em procedimento restrito à apuração da situação de risco e não para a apuração do ato infracional). | medidas socioeducativas aplicadas pelo Juízo da Vara da Infância e da Juventude, único competente para o julgamento do caso, independentemente do ato praticado. Entre as medidas também estão incluídas as medidas protetivas do art. 101, I a VI, do ECA. |

A Constituição Federal – em razão da idade do agente – oferece tratamento diferenciado quando da prática de uma conduta prevista como crime ou contravenção penal.

**Se um imputável vier a praticar uma conduta considerada típica e antijurídica, surge para o Estado o chamado *jus puniendi*, ou direito de punir**, por meio do qual, após o devido processo legal, será aplicado ao chamado réu uma **pena**, previamente prevista pela lei penal (não há crime sem lei anterior que o defina, nem pena sem prévia cominação legal).

De outro lado, sendo a mesma **conduta praticada por um inimputável em razão da idade** (assim considerado quando do fato), considerando a sua especial condição de pessoa em desenvolvimento, **a Constituição sujeita esse indivíduo a uma legislação tutelar especial**, assegurando-lhe o direito de ser submetido a um tribunal especial e presidido por um juiz especial. A resposta estatal, neste caso, não será punitiva, mas sim pedagógica, no sentido de proporcionar a ressocialização do indivíduo (não há ato infracional sem lei anterior que defina a conduta como crime ou contravenção penal, nem medida socioeducativa que não prevista no ECA).

E, mesmo em relação a esses inimputáveis em razão da idade, assim considerados constitucionalmente, o tratamento estatal é diferenciado. **Se a conduta for praticada por uma criança, esta estará sujeita tão somente às medidas protetivas (art. 105), a serem aplicadas pelo Conselho Tutelar; se for praticada por um adolescente, este estará sujeito, se o caso, além das medidas protetivas, também às medidas socioeducativas**.

| ATO INFRACIONAL |
|---|
| **Conduta ilícita, praticada por criança ou adolescente, tipificada como lei ou contravenção penal.** |
| Se praticado por criança, não será apurado por meio de ação socioeducativa. Como regra, será aplicada medida de proteção pelo Conselho Tutelar (algumas medidas são de competência exclusiva do juiz). |
| Se praticado por adolescente, deverá ser apurado por meio de ação socioeducativa pública. |

Desse modo, vê-se que a conduta ilícita será apurada tão somente em relação aos adolescentes, uma vez que contra estes as providências jurisdicionais importarão no estabelecimento de deveres, os quais deverão ser compulsoriamente cumpridos, sob a fiscalização de entes específicos e do Juiz da Infância e da Juventude.

O ECA traz uma série de expressões de aplicação específica à Infância e Juventude. Dentre eles, preferiu adotar a **nomenclatura ato infracional** em vez de crime ou contravenção penal.

Assim, **considera-se ato infracional aquela conduta prevista como crime ou contravenção penal** (art. 103), de modo que a estrutura destes deve ser respeitada: a) conduta humana, dolosa ou culposa; b) resultado, quando for o caso; c) nexo de causalidade; d) tipicidade – aqui, a tipicidade delegada, observando-se o princípio da legalidade.

Havendo indícios da prática de ato infracional por parte de adolescente, surge para o Estado o direito de ver apurada a conduta e, se o caso, de ser o adolescente inserido em uma das medidas socioeducativas previstas na lei, o que o fará através de uma ação própria, qual seja, a **ação socioeducativa**.

| Principais características da ação socioeducativa |
|---|
| Será sempre pública. Não se admite iniciativa pelo particular, mas somente pelo Ministério Público. Não admite assistente de acusação. |
| Será processada perante a Vara da Infância e da Juventude. |
| Isenta de custas. |
| Apura-se o ato infracional e a materialidade da infração, aplicando-se a medida socioeducativa pertinente. |

Portanto, a ação socioeducativa (ou ação socioeducativa pública) é a **ação pela qual tutela-se o direito de se ver apurada a ocorrência e a autoria de um ato infracional e aplica-se, se o caso, a medida socioeducativa pertinente**. A tutela pretendida é exclusivamente socioeducativa e não punitiva.

A ação socioeducativa **sempre será pública** e nunca privada, de modo que inconcebível que o particular a promova. Por isso, alguns a chamam de ação socioeducativa pública. Trata-se de legitimidade exclusiva do Ministério Público, a quem competirá providências, quer administrativas ou pré-processuais, como processuais.

Do outro lado da relação processual, tem-se o adolescente, pessoa em peculiar condição de desenvolvimento, com idade entre doze e dezoito anos incompletos, que detém **garantias processuais genéricas e específicas**, lembrando-se que face às crianças não se promoverá a ação socioeducativa.

Cabe ao julgador observar os direitos individuais consagrados no ECA e das garantias processuais, quer genéricas, quer específicas.

Por garantia dita genérica tem-se a necessidade do devido processo legal, segundo o qual a ação observará o ECA e a lei processual pertinente (processo penal ou civil).

O art. 111 enumera seis garantias processuais específicas. A primeira delas é a garantia do pleno e formal conhecimento da atribuição do ato infracional para que possa, em juízo, exercer a sua plena defesa e o contraditório. Para tanto, a lei indica a citação ou meio equivalente, como, por exemplo e costumeiramente, a notificação. As Regras de *Beijing* e a Convenção sobre os Direitos da Criança já previam esse direito. Tem também direito à igualdade na relação processual, podendo contraditar as provas apresentadas.

A defesa técnica por advogado também é garantida, e é direcionada, ora ao ato infracional em si, ora à medida socioeducativa proposta. A presença do Advogado em todos os atos processuais é obrigatória, sob pena de nulidade absoluta.

A assistência judiciária gratuita e integral também é uma garantia processual, somando-se à isenção de custas de quaisquer ações que tramitam na Vara da Infância e Juventude.

Tem o adolescente o direito de ser ouvido pessoalmente pela autoridade competente. Tal autoridade não é apenas o Juiz, mas também o Promotor de Justiça, o Defensor e a autoridade policial pertinente. Ao Juiz ele apresenta a sua versão sobre os fatos; ao Promotor, oferece elementos necessários e que, eventualmente, podem implicar até no arquivamento dos autos; ao defensor, por óbvio, para propiciar meios para a defesa; e, por fim, à autoridade policial quando de sua apreensão.

Por fim, tem o adolescente o direito de solicitar a presença de seus pais ou responsável em qualquer fase do processo.

Na ação socioeducativa, após verificada, por meio de sentença, a prática de ato infracional, o Juiz poderá aplicar ao adolescente as seguintes medidas socioeducativas: advertência, obrigação de reparar o dano, prestação de serviços à comunidade, liberdade assistida, inserção em semiliberdade ou internação, além de qualquer medida protetiva. Tem-se, de um lado, as medidas em meio-aberto, e, de outro, as medidas restritivas de liberdade (semiliberdade e internação).

O ECA não enumera taxativamente as situações em que deverão ser aplicadas cada uma das medidas socioeducativas (salvo no caso de internação). Diferentemente, indica que para a eleição de cada uma delas o juiz levará em conta a capacidade do adolescente em cumpri-la, as circunstâncias e a gravidade da infração. Além disso, indica as principais diretrizes das medidas, considerando, principalmente, o seu alcance pedagógico.

| MEDIDA | PRAZO | ABRANGÊNCIA |
|---|---|---|
| **Advertência** | Extinção imediata | Admoestação verbal do adolescente pelo juiz. Esgota-se em si mesma. |
| **Obrigação de reparar o dano.** | Extinção imediata | Será aplicada, sempre que possível, se houver reflexos patrimoniais. |
| **Prestação de serviços à comunidade** | Máximo: 6 meses e 8h p/semana | Prestação de serviços gratuitos, de interesse geral. |
| **Liberdade assistida** | Mínimo: 6 meses. | Acompanhamento, apoio e orientação do adolescente. |
| **Semiliberdade** | Sem prazo determinado. | Será aplicada se não houver outra medida suficiente para a ressocialização. |
| **Internação** | Sem prazo/com prazo | Será aplicada se não houver outra medida socioeducativa suficiente à ressocialização + Art. 122. |
| **Medidas protetivas** | Sem prazo | Medidas socioeducativas impróprias. O Conselho Tutelar promoverá a execução. |

As medidas socioeducativas podem ser classificadas de diversas formas, tais como:

***a) Medidas próprias e medidas impróprias***: estas consistem em medidas protetivas que podem ser aplicadas pelo juiz em razão da prática de ato infracional. Na ação socioeducativa não podem ser aplicadas as medidas de acolhimento institucional, acolhimento familiar e inserção em família substituta, o que vai demandar a instauração de outro processo. As demais medidas são classificadas como próprias;

***b) Medidas em meio aberto e medidas restritivas de liberdade***: estas podem acarretar na restrição total ou parcial da liberdade do adolescente. O princípio da excepcionalidade, de previsão constitucional, determina que a restrição da liberdade somente ocorra se as demais medidas socioeducativas não forem suficientes para a ressocialização do adolescente e, ainda, quanto à internação, se a hipótese incidir em uma das situações indicadas no art. 122 do Estatuto; as demais medidas buscam a ressocialização do adolescente sem tolher a sua liberdade;

***c) Medidas de gestão municipal e de gestão estadual***: a prestação de serviços à comunidade e a liberdade assistida são medidas que serão geridas pelo município, enquanto a semiliberdade e a internação serão geridas pelos Estados, consoante divisão de atribuições prevista na Lei nº 12.594/2012;

***d) Medidas de execução imediata e de execução prolongada***: no primeiro caso, não haverá necessidade de acompanhamento do caso. Assim ocorrerá com a advertência e a obrigação de reparar o dano, ao passo que, nos demais casos, haverá necessidade de acompanhamento para ser verificado o progresso da ressocialização pretendida;

***e) Medidas que exigem instauração de processo de execução***: para as medidas que dependem de acompanhamento, deverá ser instaurado o respectivo processo de execução, que tramitará perante a Vara da Infância e Juventude do domicílio ou residência dos pais ou do local em que se encontrar o adolescente. A execução é regulamentada pela Lei nº 12.594/2012. As demais medidas serão executadas no próprio processo em que aplicada a medida socioeducativa;

***f) Medidas que podem ser ou não cumuladas com remissão***: de acordo com o art. 126, diante de certas circunstâncias, é possível que o magistrado adote procedimento diferenciado daquele ordinariamente previsto, até porque o processo deve ser evitado ao máximo. Nestes casos, será possível que ocorra a exclusão do processo ou, se já instaurado, a sua suspensão ou extinção.

A semiliberdade importa em limitação da liberdade do adolescente, podendo ser aplicada, ora desde o início, ora como forma de transição da internação para a total liberdade. Não comporta prazo determinado. Tem por fundamento a possibilidade de realização de atividades externas, INDEPENDENTEMENTE DE AUTORIZAÇÃO JUDICIAL (portanto, tais atividades não podem ser vedadas pelo juiz).

**Quanto à internação, a lei faz expressa referência às hipóteses em que é permitida a sua aplicação, conforme se vê do art. 122 do ECA.**

Identificam-se três tipos de internação: a internação provisória (art. 108); internação sem prazo determinado (art. 122, I e II); e a chamada internação-sanção – com prazo determinado (art. 122, III).

| INTERNAÇÃO SEM PRAZO DETERMINADO | INTERNAÇÃO COM PRAZO DETERMINADO |
|---|---|
| Poderá ser aplicada quando: I – tratar-se de ato infracional cometido mediante grave ameaça ou violência a pessoa; II – por reiteração no cometimento de outras infrações graves. Não poderá durar mais de três anos. | Poderá ser aplicada: por descumprimento reiterado e injustificável da medida anteriormente imposta. |

Como o STJ entende a reiteração: atualmente, a reiteração já estará caracterizada no segundo ato infracional ou no segundo descumprimento.

A internação provisória pode ser decretada pelo juiz de conhecimento no transcorrer da ação socioeducativas pública, equivalendo-se à prisão cautelar no processo criminal. Para que isso seja possível, deverá ser proferida decisão fundamentada, baseada em indícios suficientes de autoria e materialidade, demonstrada a necessidade imperiosa de tal medida. Tem prazo limitado a 45 dias, nos quais o adolescente deverá permanecer em entidade de atendimento adequada, vedada a permanência em estabelecimento prisional.

No entanto, se não existir na comarca entidade com essas características e impossível a transferência para cidade dotada de tal aparelhamento, o adolescente poderá permanecer em repartição policial por até cinco dias, período em que deverá ser providenciada a sua transferência. A inobservância dessas disposições caracteriza conduta criminosa.

Antes da análise da internação possível nas hipóteses contidas nos incisos do art. 122, do ECA, conveniente lembrar que as medidas restritivas de liberdade são condicionadas constitucionalmente aos princípios da excepcionalidade, brevidade e condição especial de pessoa em desenvolvimento.

Segundo o princípio da brevidade, a internação deve durar o menor tempo possível, segundo as necessidades pedagógicas do adolescente.

O princípio da excepcionalidade impõe que a medida de internação seja aplicada exclusivamente **quando outra não**

**for adequada a suprir as necessidades pedagógicas existentes**, além de a situação enquadrar-se numa das hipóteses taxativamente previstas pela lei.

A primeira hipótese do art. 122 faz referência ao ato infracional praticado mediante violência ou grave ameaça à pessoa, que deve fazer parte integrante do tipo penal. Por exemplo: roubo, homicídio, estupro, lesão corporal dolosa.

> Súmula 492 do STJ: a prática do ato infracional de tráfico de entorpecentes, por si só, não acarreta na possibilidade da aplicação da medida socioeducativa de internação.

A segunda hipótese faz referência à reiteração no cometimento de infrações graves. Para a sua incidência, portanto, necessário analisar-se dois elementos: reiteração e infração grave. De acordo com o atual entendimento dos Tribunais Superiores, tem-se a reiteração já no segundo ato infracional praticado (não mais se exige a prática de três atos).

De se ressaltar que as hipóteses previstas nos incisos I e II do ECA fazem referência à internação sem prazo determinado pelo juiz, mas que tem duração máxima de três anos.

O inciso III do ECA faz referência à internação com prazo determinado em razão da reiteração no descumprimento de medida anteriormente imposta.

Portanto, em caso de descumprimento reiterado e injustificado de medida socioeducativas, a lei prevê a possibilidade da imposição da internação com prazo limitado a noventa dias, devendo, para tanto, oferecer ampla oportunidade para que o adolescente se justifique (SÚMULA 265 DO STJ).

São características da medida de internação, ainda:

É PERMITIDA A REALIZAÇÃO DE ATIVIDADES EXTERNAS, A CRITÉRIO DA EQUIPE TÉCNICA DA ENTIDADE, **SALVO EXPRESSA DETERMINAÇÃO JUDICIAL EM CONTRÁRIO**. Muito embora o adolescente permaneça contido no interior de uma entidade de atendimento, o ECA autoriza que ele participe de atividades externas, tais como apresentações musicais, campeonatos esportivos etc. Ocorre que, em tais oportunidades, a sua saída será supervisionada diretamente pelos técnicos da entidade, os quais deverão tomar todas as providências no sentido de que o adolescente não empreenda em fuga. Tal direito, no entanto, pode ser restrito pelo juiz.

***NESSE PONTO, A SEMILIBERDADE E A INTERNAÇÃO TAMBÉM SE DIFERENCIAM.***

***ENQUANTO NA PRIMEIRA AS ATIVIDADES EXTERNAS SÃO DA NATUREZA DA MEDIDA, NÃO PODENDO SER RESTRITAS PELO JUIZ, NA SEGUNDA, MUITO EMBORA SEJAM GARANTIDAS, PODEM SER OBJETO DE RESTRIÇÃO JUDICIAL.***

A MEDIDA, VIA DE REGRA, NÃO COMPORTA PRAZO DETERMINADO, SALVO NA HIPÓTESE DO INCISO III, DEVENDO SER REAVALIADA, NO MÁXIMO, A CADA SEIS MESES. Nas hipóteses dos incisos I e II, a medida será aplicada com prazo indeterminado, limitado, porém, a três anos. Nesses casos, a entidade de atendimento deverá proceder a estudo social e pessoal do caso, encaminhando relatórios à autoridade judiciária. Com base nesses relatórios, deverá a autoridade decidir se mantém ou não internação. A periodicidade de tal análise será de, no máximo, seis meses.

TERMINADO O PRAZO MÁXIMO DE TRÊS ANOS, O ADOLESCENTE DEVERÁ SER LIBERADO, INSERIDO EM SEMILIBERDADE OU EM LIBERDADE ASSISTIDA. SE, DURANTE ESSE PRAZO, O EX-ADOLESCENTE COMPLETAR VINTE E UM ANOS, HAVERÁ LIBERAÇÃO COMPULSÓRIA.

**Procedimento de apuração de ato infracional**

A ação apropriada para a apuração do ato infracional e a aplicação da medida socioeducativas cabível é a chamada ação socioeducativas (ou também ação socioeducativas pública), promovida exclusivamente pelo Ministério Público. Está disciplinada nos artigos 171 a 190, com aplicação subsidiária das regras do processo penal por força do disposto no art. 152.

> *Art. 152* – foi alterado pela Lei n. 13.519/2017.
>
> *Aos procedimentos regulados no ECA aplicam-se subsidiariamente as normas gerais previstas na legislação processual pertinente.*
>
> *Os prazos estabelecidos nesta Lei e aplicáveis aos seus procedimentos são contados em dias corridos, excluído o dia do começo e incluído o dia do vencimento, vedado o prazo em dobro para a Fazenda Pública e o Ministério Público.*

Identifica-se presente uma fase pré-processual, que vai desde a apreensão pela prática de ato infracional até o oferecimento de representação, se o caso.

Apreendido em flagrante pela prática de ato infracional, o adolescente será apresentado imediatamente à autoridade policial, observando-se, em tudo, o seguinte:

A) FORMALIDADES: deverá a autoridade observar as formalidades exigidas pelo artigo 173 do ECA: dar conhecimento ao adolescente dos responsáveis pela apreensão; informá-lo sobre seus direitos; lavrar o respectivo auto de apreensão, ouvidos testemunhas e adolescente, salvo no caso de ato infracional praticado sem violência ou grave ameaça a pessoa, quando poderá lavrar simples boletim de ocorrência; apreender o produto e os instrumentos da infração; e, por fim, requisitar os exames ou perícias necessários à comprovação da materialidade e autoria da infração.

B) LIBERAÇÃO DO ADOLESCENTE: comparecendo os pais ou responsáveis, deverá o adolescente ser imediatamente liberado, sob o compromisso de apresentação ao representante do Ministério Público no mesmo dia, ou no primeiro dia útil imediato. Caberá à autoridade policial encaminhar ao representante do Ministério Público cópia do boletim de ocorrência ou do auto de apreensão.

C) APRESENTAÇÃO AO MINISTÉRIO PÚBLICO: no entanto, mesmo comparecendo os pais ou responsáveis, em razão da gravidade do ato infracional e de sua repercussão social, poderá a autoridade policial deixar de liberar o adolescente e encaminhá-lo, desde logo, ao Ministério Público.

   Se, no entanto, tal apresentação não puder ser feita de forma imediata, a autoridade policial encaminhará o adolescente a entidade de atendimento competente, que, por sua vez, fará a apresentação em 24 horas.

   No entanto, inexistindo entidade de atendimento na localidade, o adolescente aguardará na repartição policial, devendo a apresentação ser feita no prazo de vinte e quatro horas.

D) apresentado o adolescente à autoridade policial, deverá esta lavrar o respectivo boletim de ocorrência, dando-lhe sendo direito do apreendido o conhecimento dos responsáveis pela apreensão, bem como de ser informado sobre seus direitos.

Apresentado o adolescente ao Promotor de Justiça, este, à vista dos documentos previamente autuados pela Serventia Judicial, e com informações sobre os antecedentes, ouvirá informalmente o adolescente (oitiva informal), e, sendo possível, de seus responsáveis, vítima e testemunhas, e tomará uma das três providências:

**a) promoverá o arquivamento dos autos;**

**b) proporá a concessão de remissão;**

**c) oferecerá representação.**

A promoção do arquivamento será fundamentada na inexistência do ato infracional; inexistência da prova da participação do adolescente; presença de excludente da antijuridicidade ou de culpabilidade; inexistência de prova suficiente para a condenação. Estará condicionada à aceitação do Juiz, que poderá recusá-la, quando então o magistrado promoverá os autos ao Procurador Geral de Justiça para que, se o caso, designe outro Promotor de Justiça ou encampe o requerimento de arquivamento.

Poderá a autoridade ministerial, ainda, propor a concessão de remissão.

Identificam-se duas formas de remissão: **a ministerial e a judicial.** A primeira é concedida como forma de exclusão do processo e importa num perdão puro e simples quando não aplicada cumulativamente nenhuma medida socioeducativa. A segunda é concedida pelo Juiz, após ouvido o Ministério Público, e importa, ora na suspensão do processo, ora na sua extinção. Pode ser concedida cumulativamente com aplicação de alguma das medidas socioeducativas.

A remissão não conta para efeitos de antecedentes e jamais poderá ser concedida cumulativamente com medidas privativas de liberdade. Não importa como reconhecimento da prática do ato infracional.

Sustenta-se a inconstitucionalidade da cumulação de qualquer medida socioeducativas com a remissão concedida como forma de exclusão do processo, uma vez que aquela importa necessariamente na obediência ao devido processo legal e à comprovação de culpa.

Poderá o Ministério Público, ainda, inaugurar a ação socioeducativas, oferecendo a respectiva representação, a qual não depende de prova pré-constituída da autoria e da materialidade. Nessa oportunidade, o *parquet* poderá requerer a internação provisória do adolescente, que será decretada pelo Juiz em decisão fundamentada, uma vez demonstrada a necessidade imperiosa da medida, e não ultrapassará o prazo de quarenta e cinco dias.

Essa peça inicial será oferecida por escrito, que conterá o breve resumo dos fatos e a classificação do ato infracional. Nada impede, no entanto, que seja apresentada oralmente, em sessão diária instalada pela autoridade judiciária.

O Juiz, então, receberá a representação e designará dia e hora para audiência de apresentação, oportunidade em que o adolescente será ouvido e poderá apresentar a sua versão sobre os fatos. Para tanto, será devidamente notificado.

Se, para a notificação, o adolescente não for encontrado, a autoridade judiciária mandará expedir mandado de busca e apreensão, determinando o sobrestamento do feito, até a efetiva apresentação.

No entanto, se o adolescente for encontrado e não comparecer à audiência, injustificadamente, será designada nova data, expedindo-se mandado de condução coercitiva.

Na audiência de apresentação, poderá o Juiz conceder remissão judicial. Se o adolescente negar a prática do ato infracional, ou mesmo se confessando, for o caso de aplicação de medida socioeducativa (qualquer que seja ela), designará o juiz audiência em continuação, quando então serão inquiridas as testemunhas arroladas pela acusação e pela defesa. Encerrada a instrução, na mesma audiência, as partes se manifestarão em debates orais e o juiz proferirá sentença.

A sentença analisará a autoria e a materialidade da infração e, se de procedência, aplicará a medida socioeducativas pertinente.

Se aplicada medida socioeducativas em meio aberto, o ECA autoriza a só intimação do Defensor. Tratando-se de medida restritiva de liberdade, deverá, além deste, ser intimado o adolescente (que se manifestará se deseja ou não recorrer) ou, na sua falta, os seus pais ou responsável.

O Estatuto da Criança e do Adolescente adotou o sistema recursal previsto no Código de Processo Civil, com algumas alterações. Nesse passo, são cabíveis todos os recursos previstos pela lei processual civil, os quais independerão do recolhimento de preparo.

Os recursos serão interpostos no prazo de 10 dias, salvo os embargos declaratórios, e independem de preparo recursal.

## 10. MEDIDAS PERTINENTES AOS PAIS OU RESPONSÁVEL

Diante da ofensa aos direitos da criança e do adolescente, poderão ser aplicadas as chamadas medidas de proteção, bem como também **medidas pertinentes aos pais ou responsável. Dentre estas, pode-se identificar medidas de cunho assistencial à família, bem como obrigações pertinentes aos pais ou responsável e sanções civis que estes podem estar sujeitos.**

**São competentes** para a aplicação das medidas pertinentes aos pais ou responsável:

**Conselho Tutelar:** medidas assistenciais e obrigacionais dos incisos I a VI e a sanção do inciso VII;

**Juiz:** sanções previstas nos incisos VIII a X, e terá também o poder de revisão das decisões emanadas do Conselho.

**Verificada a hipótese de maus-tratos, opressão ou abuso sexual impostos pelos pais ou responsável,** a autoridade judiciária poderá determinar o afastamento cautelar do agressor da moradia comum. Trata-se de medida de natureza processual e cautelar, que o Juiz poderá determinar em ação cautelar ou na pendência de ação principal, liminar ou incidentalmente.

Não confundir as várias medidas previstas no Estatuto da Criança e do Adolescente, diferenciadas no seguinte quadro:

| MEDIDA | TIPIFICAÇÃO/ FINALIDADE | COMPETÊNCIA |
|---|---|---|
| **De Proteção** | Art. 101 – aplicáveis à criança e ao adolescente em situação de risco. | Incisos I a VI – Conselho Tutelar e Juiz.<br>Incisos VII a IX – somente Juiz. |
| **Pertinentes aos Pais ou Responsáveis.** | Art. 129 – assistenciais e sancionatórias. | Incisos I a VII – Conselho tutelar e juiz.<br>Incisos VIII a X – somente juiz. |
| **Socioeducativas** | Art. 112 – propiciar a ressocialização do adolescente autor de ato infracional | Somente a autoridade judiciária (Súmula 108 do STJ). |
| **Lei Menino Bernardo** | Art. 18-B – orientação dos pais, responsáveis e outros – caráter subsidiário – em razão da prática de castigo físico ou tratamento cruel e degradante como forma de educar. | Conselho Tutelar, se não for necessária medida mais grave. |
| **Às Entidades de Atendimento** | Art. 97 – fazer com que as entidades observem as regras do Estatuto. | Autoridade Judiciária. |

## 11. CONSELHO TUTELAR

### I. Conselhos Tutelares

Com a adoção do princípio da proteção integral, o Estatuto adotou um novo paradigma legislativo em matéria de infância e juventude. Como consectário desse paradigma, tem-se a **desjudicialização**, pela qual o atendimento deixou de ser centrado na figura do *Juiz de Menores*, passando ser realizado, em determinadas situações, por pessoas do povo, escolhidas pelo voto do próprio povo.

**Princípio da Desjudicialização:** a sociedade tem o *dever jurídico* de zelar pelo cumprimento dos direitos fundamentais da criança e do adolescente, tal como dispõe o art. 227, da Constituição Federal. E deve fazê-lo individualmente e por órgão especializado, criado especialmente para essa finalidade. 3 Nesse contexto, surgiu **o Conselho Tutelar, órgão inserido na Administração Pública Municipal**, muito embora não seja subordinado ao Chefe do Poder Executivo e nem a qualquer secretário.

O artigo 131, do Estatuto, define o Conselho Tutelar "*como órgão permanente e autônomo, não jurisdicional, encarregado pela sociedade de zelar pelo cumprimento dos direitos da criança e do adolescente*".

**Os conselhos tutelares são órgãos autônomos**, uma vez que têm independência para o exercício de suas funções, sendo livre para expressar suas opiniões. Suas manifestações, nesse sentido, "são soberanas, enquanto decisões administrativas". Não obstante, é possível que essas decisões sejam revistas pelo Poder Judiciário (Juízo da Vara da Infância e da Juventude), principalmente em relação à sua legalidade e à motivação dos atos praticados pelos agentes.

Além disso, são **permanentes**, uma vez que não podem ser suprimidos. Cada Município deve contar com, pelo menos, um Conselho Tutelar. Se isso não ocorrer, as funções dos conselheiros serão exercidas pelo Juízo da Vara da Infância e da Juventude.

Também são considerados não jurisdicionais, pois não têm atribuição de dirimir conflitos, atividade essa exclusiva do Poder Judiciário.

A **instalação do Conselho Tutelar depende de lei municipal**, que disporá sobre (i) a estrutura administrativa e institucional necessária ao seu adequado funcionamento, (ii) eventual remuneração dos conselheiros, (iii) outras condições de elegibilidade e ainda (iv) acerca da suspensão ou cassação do mandato.

Em cada Município e em cada Região Administrativa do Distrito Federal haverá, **no mínimo, 1 (um) Conselho Tutelar** como órgão integrante da administração pública local, **composto de 5 (cinco) membros, escolhidos pela população local para mandato de 4 (quatro) anos, permitidas várias reconduções,** mediante novos processos de escolha.

O ECA prevê três **condições de elegibilidade dos conselheiros**, sem prejuízo de outras que podem ser previstas pela lei municipal, conforme já decidiu o Superior Tribunal de Justiça (c.f. REsp 40155/RSJ, 1ª. T, j. 210.2003, rel. Min. Francisco Galvão, J 112003, p. 189.). São elas: **idade mínima de vinte e um anos, idoneidade moral e residência fixa no município.**

**O processo para a escolha dos membros do Conselho Tutelar** será estabelecido em lei municipal e realizado sob a responsabilidade do Conselho Municipal dos Direitos da Criança e do Adolescente, e a fiscalização do Ministério Público.

O processo de escolha dos membros do Conselho Tutelar **ocorrerá em data unificada em todo o território nacional a cada 4 (quatro) anos**, no primeiro domingo do mês de outubro do ano subsequente ao da eleição presidencial.

A **posse dos conselheiros tutelares** ocorrerá no dia 10 de janeiro do ano subsequente ao processo de escolha.

No processo de escolha dos membros do Conselho Tutelar, é vedado ao candidato doar, oferecer, prometer ou entregar ao eleitor bem ou vantagem pessoal de qualquer natureza, inclusive brindes de pequeno valor.

Os **conselheiros exercerão mandato de quatro anos, permitidas reconduções, desde que submetidos a novo processo de escolha. Também serão escolhidos cinco suplentes.**

> **IMPORTANTE**
>
> O Estatuto da Criança e do Adolescente foi modificado para que fosse permitida mais de uma recondução do membro do conselho tutelar. Anteriormente, admitia-se apenas uma recondução.

O Estatuto prevê **situações de impedimento para atuação no mesmo Conselho Tutelar**. Assim, marido e mulher, ascendentes e descendentes, sogro, genro ou nora, irmãos cunhados, durante o cunhadio, padrasto ou madrasta e enteado, não podem servir perante o mesmo órgão.

O impedimento é estendido à autoridade judiciária e ao representante do Ministério Público com atuação na Justiça da Infância e da Juventude, em exercício na Comarca, Foro Regional ou Distrital.

**Inexiste relação de emprego entre o membro do Conselho Tutelar e o Município** – posicionamento do Tribunal Superior do Trabalho

**Atribuições do Conselho Tutelar:** nos termos do art. 136 do ECA, são atribuições do Conselho Tutelar: I - atender as crianças e adolescentes nas hipóteses previstas nos arts. 98 e 105, aplicando as medidas previstas no art. 101, I a VII; II - atender e aconselhar os pais ou responsável, aplicando as medidas previstas no art. 129, I a VII; III - promover a execução de suas decisões, podendo para tanto: a) requisitar serviços públicos nas áreas de saúde, educação, serviço social, previdência, trabalho e segurança; b) representar junto à autoridade judiciária nos casos de descumprimento injustificado de suas deliberações. IV - encaminhar ao Ministério Público notícia de fato que constitua infração administrativa ou penal contra os direitos da criança ou adolescente; V - encaminhar à autoridade judiciária os casos de sua competência; VI - providenciar a medida estabelecida pela autoridade judiciária, dentre as previstas no art. 101, de I a VI, para o adolescente autor de ato infracional; VII - expedir notificações; VIII - requisitar certidões de nascimento e de óbito de criança ou adolescente quando necessário; IX - assessorar o Poder Executivo local na elaboração da proposta orçamentária para planos e programas de atendimento dos direitos da criança e do adolescente; X - representar, em nome da pessoa e da família, contra a violação dos direitos previstos no art. 220, § 3º, inciso II, da Constituição Federal; XI - representar ao Ministério Público para efeito das ações de perda ou suspensão do poder familiar, após esgotadas as possibilidades de manutenção da criança ou do adolescente junto à família natural. XII - promover e incentivar, na comunidade e nos grupos profissionais, ações de divulgação e treinamento para o reconhecimento de sintomas de maus-tratos em crianças e adolescentes. XIII - adotar, na esfera de sua competência, ações articuladas e efetivas direcionadas à identificação da agressão, à agilidade no atendimento da criança e do adolescente vítima de violência doméstica e familiar e à responsabilização do agressor; XIV - atender à criança e ao adolescente vítima ou testemunha de violência doméstica e familiar, ou submetido a tratamento cruel ou degradante ou a formas violentas de educação, correção ou disciplina, a seus familiares e a testemunhas, de forma a prover orientação e aconselhamento acerca de seus direitos e dos encaminhamentos necessários; XV - representar à autoridade judicial ou policial para requerer o afastamento do agressor do lar, do domicílio ou do local de convivência com a vítima nos casos de violência doméstica e familiar contra a criança e o adolescente; XVI - representar à autoridade judicial para requerer a concessão de medida protetiva de urgência à criança ou ao adolescente vítima ou testemunha de violência doméstica e familiar, bem como a revisão daquelas já concedidas ;XVII - representar ao Ministério Público para requerer a propositura de ação cautelar de antecipação de produção de prova nas causas que envolvam violência contra a criança e o adolescente; XVIII - tomar as providências cabíveis, na esfera de sua competência, ao receber comunicação da ocorrência de ação ou omissão, praticada em local público ou privado, que constitua violência doméstica e familiar contra a criança e o adolescente; XIX - receber e encaminhar, quando for o caso, as informações reveladas por noticiantes ou denunciantes relativas à prática de violência, ao uso de tratamento cruel ou degradante ou de formas violentas de educação, correção ou disciplina contra a criança e o adolescente; XX - representar à autoridade judicial ou ao Ministério Público para requerer a concessão de medidas cautelares direta ou indiretamente relacionada à eficácia da proteção de noticiante ou denunciante de informações de crimes que envolvam violência doméstica e familiar contra a criança e o adolescente. Se, no exercício de suas atribuições, o Conselho Tutelar entender necessário o afastamento do convívio familiar, comunicará incontinenti o fato ao Ministério Público, prestando-lhe informações sobre os motivos de tal entendimento e as providências tomadas para a orientação, o apoio e a promoção social da família.

### II. Conselhos de Direitos

**Os Conselhos de Direitos encampam três princípios básicos: a) princípio da deliberação** – pelo qual se delibera acerca da aplicação do art. 227 da Constituição Federal; **b) princípio do controle da ação entre governo e sociedade**; e, **c) princípio da paridade**, uma vez que serão representados nos conselhos, por meio de conselheiros, tanto a esfera governamental, quanto a sociedade de um modo em geral. Os conselheiros exercerão função de interesse público e não remunerada.

Os Conselhos devem existir em cada uma das esferas administrativas (União, Estados, Distrito Federal e Municípios). No âmbito federal, existe o Conselho Nacional dos Direitos da Criança – CONANDA, cujos atos são concentrados, principalmente, nas Resoluções.

São várias as resoluções importantíssimas para a defesa dos direitos da criança e do adolescente. Dentre elas, destaca-se a de nº 113, posteriormente alterada pela de nº 116, cujo objetivo foi institucionalizar e fortalecer o **Sistema de Garantia dos Direitos da Criança e do Adolescente.**

O Sistema de Garantia dos Direitos da Criança e do Adolescente é baseado em três eixos: **defesa** (1), **promoção** (2) e controle da efetivação dos direitos humanos de crianças e adolescentes (3).

| | |
|---|---|
| **Conselhos de Direitos** | • Âmbito Nacional – Conanda<br>• Âmbito Estadual – cada Estado conta com o seu<br>• Âmbito Municipal - cada Município conta com um Conselho |

**Diferenças entre Conselhos Tutelares e Conselhos de Direitos**

| CONSELHOS TUTELARES | CONSELHOS DE DIREITOS |
|---|---|
| Encarregado de zelar pelo cumprimento dos direitos da criança e do adolescente. | Participação na formulação das políticas e no controle das ações em todos os níveis. |
| Existe tão somente na esfera municipal. | Existe nas esferas federal, estaduais e municipais. |
| Composto por cinco membros eleitos pelo povo, para mandato de quatro anos. | Composto por representantes da sociedade – por meio de organizações representativas, eleitas para tanto – e do governo. |
| Conselheiros devem ser remunerados. | Conselheiros não podem ser remunerados. |

## 12. ACESSO À JUSTIÇA

É garantido o **acesso de toda criança ou adolescente à Defensoria Pública, ao Ministério Público e ao Poder Judiciário, por qualquer de seus órgãos.**

**As ações judiciais da competência da Justiça da Infância e da Juventude são isentas de custas e emolumentos**, ressalvada a hipótese de litigância de má-fé.

Os menores de dezesseis anos serão **representados** e os maiores de dezesseis e menores de dezoito anos (conforme Código Civil de 2002) **assistidos** por seus pais, tutores ou curadores, na forma da legislação civil ou processual.

A **autoridade judiciária dará curador especial** à criança ou adolescente, sempre que os interesses destes colidirem com os de seus pais ou responsável, ou quando carecer de representação ou assistência legal ainda que eventual.

É vedada a divulgação de atos judiciais, policiais e administrativos que digam respeito a crianças e adolescentes a que se atribua autoria de ato infracional. Qualquer notícia a respeito do fato **não poderá identificar a criança ou adolescente**, vedando-se fotografia, referência a nome, apelido, filiação, parentesco, residência e, **inclusive, iniciais do nome e sobrenome**.

**Competência da Vara de Infância e Juventude**

**Em razão da matéria, a competência** da justiça da infância e da juventude pode ser **exclusiva**, quando compete tão somente a ela o julgamento de determinadas ações, como pode ser **concorrente**, quando, para que esse Juiz seja competente, necessário se faz que a criança ou o adolescente se encontre em situação de risco, consubstanciada em uma das hipóteses do art. 98 do ECA.

A competência **exclusiva** está indicada nos incisos do *caput* do art. 148; a competência concorrente está prevista no parágrafo único do mesmo artigo.

**Art. 148 do ECA:** A Justiça da Infância e da Juventude é competente para: I - conhecer de representações promovidas pelo Ministério Público, para apuração de ato infracional atribuído a adolescente, aplicando as medidas cabíveis; II - conceder a remissão, como forma de suspensão ou extinção do processo; III - conhecer de pedidos de adoção e seus incidentes; IV - conhecer de ações civis fundadas em interesses individuais, difusos ou coletivos afetos à criança e ao adolescente, observado o disposto no art. 209;V - conhecer de ações decorrentes de irregularidades em entidades de atendimento, aplicando as medidas cabíveis; VI - aplicar penalidades administrativas nos casos de infrações contra norma de proteção à criança ou adolescente; VII - conhecer de casos encaminhados pelo Conselho Tutelar, aplicando as medidas cabíveis. Parágrafo único. **Quando se tratar de criança ou adolescente nas hipóteses do art. 98 (situação de risco)**, é também competente a Justiça da Infância e da Juventude para o fim de: a) conhecer de pedidos de guarda e tutela; b) conhecer de ações de destituição do poder familiar, perda ou modificação da tutela ou guarda; c) suprir a capacidade ou o consentimento para o casamento; d) conhecer de pedidos baseados em discordância paterna ou materna, em relação ao exercício do poder familiar; e) conceder a emancipação, nos termos da lei civil, quando faltarem os pais; f) designar curador especial em casos de apresentação de queixa ou representação, ou de outros procedimentos judiciais ou extrajudiciais em que haja interesses de criança ou adolescente; g) conhecer de ações de alimentos; h) determinar o cancelamento, a retificação e o suprimento dos registros de nascimento e óbito.

Nestas duas situações – tanto exclusiva quanto concorrente – a competência será **contenciosa**, em contraposição à competência administrativa prevista no art. 149 do ECA.

**Importante**

É absoluta a competência da Vara da Infância e da Juventude do local onde ocorreu ou deva ocorrer a ação ou a omissão, para as causas individuais ou coletivas arroladas no Estatuto, inclusive sobre educação e saúde, ressalvadas a competência da Justiça Federal e a competência originária dos tribunais superiores (Tese 1.058 – Repetitivos; IAC 10 – STJ.

**Art. 149 do ECA:** Compete à autoridade judiciária **disciplinar, através de portaria, ou autorizar, mediante alvará: I - a entrada e permanência de criança ou adolescente, desacompanhado dos pais ou responsável, em**: a) estádio, ginásio e campo desportivo; b) bailes ou promoções dançantes; c) boate ou congêneres; d) casa que explore comercialmente diversões eletrônicas; e) estúdios cinematográficos, de teatro, rádio e televisão. **II - a participação de criança e adolescente em:** a) espetáculos públicos e seus ensaios; b) certames de beleza. Para os fins do disposto neste artigo, **a autoridade judiciária levará em conta, dentre outros fatores**: a) os princípios desta Lei; b) as peculiaridades locais; c) a existência de instalações adequadas; d) o tipo de frequência habitual ao local; e) a adequação do ambiente a eventual participação ou frequência de crianças e adolescentes; f) a natureza do espetáculo. As **medidas adotadas na conformidade deste artigo deverão ser fundamentadas, caso a caso**, vedadas as determinações de caráter geral.

> IMPORTANTE
> A autorização judicial para participação de adolescente em espetáculo público em diversas comarcas deve ser concentrada na competência do juízo do seu domicílio, que solicitará providências e informações aos demais juízos, onde ocorra apresentação, quanto ao cumprimento das diretrizes previamente fixadas (REsp 1.947.740-PR).

No que se refere à **competência territorial**, o Eca faz referência à competência do domicílio dos pais ou responsável, ou, na sua falta, do lugar onde se encontre a criança.

Tratando-se de ato infracional, será competente o lugar da ação ou omissão, observadas as regras de conexão, continência e prevenção. **princípio do juízo imediato.**

O artigo 149 faz referência à **competência em que o Juiz da Vara da Infância e da Juventude,** atento às peculiaridades locais, disciplina determinadas matérias. Por força do disposto no artigo 199, **o recurso cabível dessas decisões será o de apelação**, embora seja discutível o seu cabimento, conforme várias decisões.

## 13. PROCEDIMENTOS E RECURSOS

O ECA previu procedimentos específicos para a perda e suspensão do poder familiar, destituição de tutela, colocação em família substituta, apuração de ato infracional, apuração de irregularidade em entidade de atendimento, apuração de infração administrativa às normas de proteção à criança e ao adolescente, recursos e proteção judicial dos interesses difusos e coletivos.

Embora tenha como fontes subsidiárias principais o Código de Processo Civil e o Código de Processo Penal (art. 152), o Estatuto não exclui outras normas gerais contidas em legislações especiais, entre elas a Lei da Ação Civil Pública e o Código de Defesa do Consumidor.

> *Em comum aos procedimentos previstos no ECA*: os prazos serão contados em dias corridos, excluído o dia do começo e incluído o dia do vencimento, vedado o prazo em dobro para a Fazenda Pública e o Ministério Público.

a) *Da perda e da suspensão do poder familiar:*

A perda e a suspensão do poder familiar seguem o procedimento contraditório, estando a sua decretação prevista na legislação civil, bem como na hipótese de descumprimento injustificado dos deveres e obrigações a que alude o artigo 22.

A ação é de legitimidade do Ministério Público ou do interessado, figurando como tal parentes da criança ou adolescente, ou quem exerça a sua guarda.

Preocupado com a efetividade do processo, havendo motivo grave, poderá o juiz decretar a suspensão do poder familiar liminarmente. A concessão da liminar será, preferencialmente, precedida de entrevista da criança ou do adolescente perante equipe multidisciplinar e de oitiva da outra parte.

Recebida a petição inicial, a autoridade judiciária determinará, concomitantemente ao despacho de citação e independentemente de requerimento do interessado, a realização de estudo social ou perícia por equipe interprofissional ou multidisciplinar para comprovar a presença de uma das causas de suspensão ou destituição do poder familiar, ressalvado o disposto no § 10 do art. 101 do ECA.

Iniciada a ação, o requerido será citado para, no prazo de dez dias, apresentar contestação, devendo ser esgotados todos os meios de citação pessoal. É admitida a citação por hora certa. Estando os genitores em local incerto ou não sabido, serão citados por edital no prazo de dez dias, em publicação única, dispensado o envio de ofícios para localização.

Em sendo o caso de pessoa que não tenha condições de constituir advogado, poderá informar tal fato diretamente em cartório, sendo-lhe nomeado advogado dativo.

Na audiência, presentes as partes e o Ministério Público, serão ouvidas as testemunhas, colhendo-se oralmente o parecer técnico, salvo quando apresentado por escrito, manifestando-se sucessivamente o requerente, o requerido e o Ministério Público, pelo tempo de 20 (vinte) minutos cada um, prorrogável por mais 10 (dez) minutos.

A decisão será proferida na audiência, podendo a autoridade judiciária, excepcionalmente, designar data para sua leitura no prazo máximo de 5 (cinco) dias.

Quando o procedimento de destituição de poder familiar for iniciado pelo Ministério Público, não haverá necessidade de nomeação de curador especial em favor da criança ou adolescente.

Proferida sentença, se for decretada a perda ou a suspensão do poder familiar, tal ato será averbado junto ao assento de registro de nascimento.

O prazo máximo para conclusão do procedimento será de 120 dias, e caberá ao juiz, no caso de notória inviabilidade de manutenção do poder familiar, dirigir esforços para preparar a criança ou o adolescente com vistas à colocação em família substituta.

b) *Destituição da tutela*:

Será adotado o procedimento para remoção de tutor previsto na lei processual civil.

c) *Colocação em família substituta:*

A criança e o adolescente poderão ser colocados em família substituta mediante guarda, tutela ou adoção. O procedimento poderá ser de jurisdição voluntária ou de jurisdição contenciosa.

Na hipótese de concordância dos pais, o juiz: I - na presença do Ministério Público, ouvirá as partes, devidamente assistidas por advogado ou por defensor público, para verificar sua concordância com a adoção, no prazo máximo de 10 (dez) dias, contado da data do protocolo da petição ou da entrega da criança em juízo, tomando por termo as declarações; e II - declarará a extinção do poder familiar.

O consentimento será retratável até a data da realização da audiência, e os pais podem exercer o arrependimento no prazo de dez dias, contado da data de prolação da sentença de extinção do poder familiar.

d) *Apuração de irregularidades em entidade de atendimento:*

O ECA também traz o procedimento para apuração de irregularidade em entidades de atendimento, aquelas cujos programas foram previstos no art. 90.

Tal procedimento terá início, ora por portaria do juiz, ora por representação do Ministério Público ou do Conselho Tutelar. O dirigente será citado para, no prazo de dez dias, oferecer resposta escrita, podendo juntar documentos e indicar provas.

Se acaso a unidade de atendimento tiver mais de uma unidade, será citado, além do dirigente da unidade, também o responsável direto pela respectiva unidade ou programa em que foram constatadas as irregularidades.

Terminada a instrução, em sendo necessária, o juiz poderá fixar prazo para a remoção das irregularidades e, uma vez satisfeitas, extinguirá o processo.

Poderá o Juiz aplicar uma das seguintes penalidades:

- Entidades governamentais: afastamento provisório de seus dirigentes; afastamento definitivo; fechamento da unidade ou interdição do programa.
- Entidades não governamentais: suspensão total ou parcial do repasse de verbas públicas; interdição de unidade ou suspensão do programa; e, cassação do registro.

e) *Apuração de infração administrativa às normas de proteção à criança e ao adolescente:*

O ECA tipifica as chamadas "infrações administrativas", condutas ofensivas aos direitos da criança e do adolescente dignas de sanção a ser aplicada pelo Poder Judiciário. Seguem também o princípio da legalidade (não há infração administrativa sem lei anterior que a defina, nem sanção sem prévia cominação legal).

O procedimento para imposição de penalidade administrativa terá início por representação do Ministério Público, ou do Conselho Tutelar, ou ainda auto de infração elaborado por servidor efetivo ou voluntário credenciado, neste caso, assinado por duas testemunhas.

O requerido terá prazo de dez dias para apresentar sua defesa, contado da data da intimação, que será feita: a) pelo próprio autuante, quando este for lavrado na presença do requerido; b) por oficial de justiça ou funcionário habilitado, que entregará cópia do auto ou da representação ao requerido; c) por via postal; d) por edital, se incerto ou não sabido o paradeiro.

Havendo necessidade, serão produzidas provas em audiência de instrução, após o que será proferida sentença pelo juiz.

f) Habilitação de Pretendentes à Adoção

É obrigatória a participação dos postulantes em programa oferecido pela Justiça da Infância e da Juventude, preferencialmente com apoio dos técnicos responsáveis pela execução da política municipal de garantia do direito à convivência familiar e dos grupos de apoio à adoção devidamente habilitados perante a Justiça da Infância e da Juventude, que inclua preparação psicológica, orientação e estímulo à adoção inter-racial, de crianças ou de adolescentes com deficiência, com doenças crônicas ou com necessidades específicas de saúde, e de grupos de irmãos.

Sempre que possível e recomendável, a etapa obrigatória da preparação incluirá o contato com crianças e adolescentes em regime de acolhimento familiar ou institucional, a ser realizado sob orientação, supervisão e avaliação da equipe técnica da Justiça da Infância e da Juventude e dos grupos de apoio à adoção, com apoio dos técnicos responsáveis pelo programa de acolhimento familiar e institucional e pela execução da política municipal de garantia do direito à convivência familiar.

É recomendável que as crianças e os adolescentes acolhidos institucionalmente ou por família acolhedora sejam preparados por equipe interprofissional antes da inclusão em família adotiva.

A habilitação à adoção deverá ser renovada no mínimo trienalmente mediante avaliação por equipe interprofissional.

Quando o adotante se candidatar a uma nova adoção, será dispensável a renovação da habilitação, bastando a avaliação por equipe interprofissional. Após 3 (três) recusas injustificadas, pelo habilitado, à adoção de crianças ou adolescentes indicados dentro do perfil escolhido, haverá reavaliação da habilitação concedida.

A desistência do pretendente em relação à guarda para fins de adoção ou a devolução da criança ou do adolescente depois do trânsito em julgado da sentença de adoção importará na sua exclusão dos cadastros de adoção e na vedação de renovação da habilitação, salvo decisão judicial fundamentada, sem prejuízo das demais sanções previstas na legislação vigente.

O prazo máximo para conclusão da habilitação à adoção será de 120 (cento e vinte) dias, prorrogável por igual período, mediante decisão fundamentada da autoridade judiciária.

O Estatuto da Criança e do Adolescente adotou o sistema recursal previsto no Código de Processo Civil, com algumas alterações. Nesse passo, são cabíveis todos os recursos previstos pela lei processual civil, os quais independerão do recolhimento de preparo. Os recursos serão interpostos no prazo de 10 dias, salvo os embargos declaratórios, e independem de preparo recursal.

## 14. CRIMES E INFRAÇÕES ADMINISTRATIVAS

### Infrações administrativas

A inobservância de determinados deveres jurídicos previstos em prol da criança e do adolescente pode importar na prática de uma infração administrativa, assim tipificada no Estatuto da Criança e do Adolescente.

A apuração da infração administrativa ocorrerá perante a Vara da Infância e da Juventude e poderá acarretar na aplicabilidade de uma sanção prevista na lei.

As infrações administrativas não se confundem com os crimes também tipificados no Estatuto.

Prazo prescricional: 5 anos.

### Crimes tipificados no ECA

Todos os crimes tipificados no Estatuto são de ação penal pública incondicionada.

Competência para o seu julgamento: da Justiça Estadual, salvo se presentes uma das hipóteses do art. 109 da CF.

> IMPORTANTE:
>
> **A tese referente ao Tema 393 da repercussão geral passou a ter a seguinte redação: "Compete à Justiça Federal processar e julgar os crimes consistentes em disponibilizar ou adquirir material pornográfico, acessível transnacionalmente, envolvendo criança ou adolescente, quando praticados por meio da rede mundial de computadores" (Informativo STF – 990).**

Crime de corrupção de menores – vide Súmula nº 500 do STJ. A configuração do crime previsto no art. 244-B do Estatuto independe da prova eletiva da corrupção da criança e do adolescente por se tratar de delito formal.

Crime tipificado: vender, fornecer, servir, ministrar ou entregar, ainda que gratuitamente, de qualquer forma, a criança ou a adolescente, bebida alcoólica ou, sem justa causa, outros produtos cujos componentes possam causar dependência física ou psíquica. Da mesma forma, também será infração administrativa descumprir a obrigação de vender bebida alcoólica à criança ou adolescente (art. 258-C).

**Portanto, o ato de vender bebida alcoólica à criança e adolescente é, ao mesmo tempo, crime e infração administrativa.**

IMPORTANTE

A menoridade, para fins de tipificação do delito previsto no art. 244-B, do Estatuto, pode ser comprovada por outros meios idôneos, não se exigindo seja realizada somente por certidão de nascimento ou carteira de identidade.

**IMPORTANTE**

Há autonomia dos tipos penais trazidos nos artigos 241-A e 241-B, do Estatuto, uma vez que o crime do art. 241-B não se configura fase normal nem meio de execução para o crime do art. 241. É possível a venda sem efetivar armazenamento, como também é possível o armazenamento sem a comercialização (AgRg no REsp 1875645/PR, Rel. Ministro REYNALDO SOARES DA FONSECA, QUINTA TURMA, julgado em 18/08/2020, DJe 25/08/2020).

# Direito Ambiental

*Romeu Thomé*

## TABELA DE INCIDÊNCIA DE QUESTÕES

| **Distribuição das questões organizada por ordem didática de assuntos** | | |
|---|---|---|
| **Assunto** | **Número de Questões** | **Peso** |
| 1. O MEIO AMBIENTE NA CONSTITUIÇÃO DE 1988. COMPETÊNCIAS CONSTITUCIONAIS EM MATÉRIA AMBIENTAL | 3 | 6,38% |
| 2. LICENCIAMENTO AMBIENTAL | 5 | 10,64% |
| 3. CÓDIGO FLORESTAL E RESPONSABILIDADE CIVIL POR DANO AMBIENTAL | 11 | 23,40% |
| 4. SISTEMA NACIONAL DE UNIDADES DE CONSERVAÇÃO DA NATUREZA – SNUC | 4 | 8,51% |
| 5. TUTELA PENAL E ADMINISTRATIVA DO MEIO AMBIENTE (LEI DE CRIMES AMBIENTAIS) | 7 | 14,89% |
| 6. LEI DE POLÍTICA NACIONAL SOBRE MUDANÇA DO CLIMA | 1 | 2,13% |
| 7. LEI DE GESTÃO DE FLORESTAS PÚBLICAS | 1 | 2,13% |
| 8. LEI DE AGROTÓXICOS | 1 | 2,13% |
| 9. LEI DE POLÍTICA NACIONAL DE RESÍDUOS SÓLIDOS | 3 | 7,50% |
| 10. POLÍTICA URBANA E ESTATUTO DA CIDADE | 2 | 5,00% |
| 11. LEI DE POLÍTICA NACIONAL DE RECURSOS HÍDRICOS E LEI DE DIRETRIZES NACIONAIS PARA O SANEAMENTO BÁSICO | 2 | 5,00% |
| **Total** | **35** | **100%** |

# Direito Ambiental

*Romeu Thomé*

**TABELA DE INCIDÊNCIA DE QUESTÕES**

| Distribuição das questões organizada por ordem didática de assuntos | | |
|---|---|---|
| **Assunto** | **Número de Questões** | **Peso** |
| 1. O MEIO AMBIENTE NA CONSTITUIÇÃO DE 1988. COMPETÊNCIAS CONSTITUCIONAIS EM MATÉRIA AMBIENTAL | 3 | 6,38% |
| 2. LICENCIAMENTO AMBIENTAL | 5 | 10,64% |
| 3. CÓDIGO FLORESTAL E RESPONSABILIDADE CIVIL POR DANO AMBIENTAL | 11 | 23,40% |
| 4. SISTEMA NACIONAL DE UNIDADES DE CONSERVAÇÃO DA NATUREZA – SNUC | 4 | 8,51% |
| 5. TUTELA PENAL E ADMINISTRATIVA DO MEIO AMBIENTE (LEI DE CRIMES AMBIENTAIS) | 7 | 14,89% |
| 6. LEI DE POLÍTICA NACIONAL SOBRE MUDANÇA DO CLIMA | 1 | 2,13% |
| 7. LEI DE GESTÃO DE FLORESTAS PÚBLICAS | 1 | 2,13% |
| 8. LEI DE AGROTÓXICOS | 1 | 2,13% |
| 9. LEI DE POLÍTICA NACIONAL DE RESÍDUOS SÓLIDOS | 3 | 7,50% |
| 10. POLÍTICA URBANA E ESTATUTO DA CIDADE | 2 | 5,00% |
| 11. LEI DE POLÍTICA NACIONAL DE RECURSOS HÍDRICOS E LEI DE DIRETRIZES NACIONAIS PARA O SANEAMENTO BÁSICO | 2 | 5,00% |
| *Total* | 35 | 100% |

# Direito Ambiental

**_Romeu Thomé_**

## ✦ QUESTÕES

### 1. O MEIO AMBIENTE NA CONSTITUIÇÃO DE 1988. COMPETÊNCIAS CONSTITUCIONAIS EM MATÉRIA AMBIENTAL

- CF, art. 23, VI e VII; e parágrafo único.
- CF, art. 24, VI.
- CF, art. 30, I e II.

---

**01. (FGV- XXXIV Exame de Ordem-2022)** A Constituição da República dispoe que sao reconhecidos aos índios sua organização social, costumes, línguas, crenças e tradições, e os direitos originários sobre as terras que tradicionalmente ocupam. Do ponto de vista histórico e cultural, percebe-se que a comunidade indígena está intimamente ligada ao meio ambiente, inclusive colaborando em sua defesa e preservação. Nesse contexto, de acordo com o texto constitucional, a pesquisa e a lavra das riquezas minerais em terras indígenas

a) só podem ser efetivadas com autorização de todos os órgãos que integram o SISNAMA (Sistema Nacional do Meio Ambiente), na forma da lei.
b) só podem ser efetivadas com autorização do Congresso Nacional, ouvidas as comunidades afetadas, ficando-lhes assegurada participação nos resultados da lavra, na forma da lei.
c) não podem ser efetivadas em qualquer hipótese, eis que são terras inalienáveis e indisponíveis, e devem ser exploradas nos limites de atividades de subsistência para os índios.
d) não podem ser efetivadas em qualquer hipótese, diante de expressa vedação constitucional, para não descaracterizar a área de relevante interesse social.

**COMENTÁRIOS**

**Alternativas "a", "b", "c", "d":** De acordo com o *caput* do artigo 231 da Constituição de 1988, "são reconhecidos aos índios sua organização social, costumes, línguas, crenças e tradições, e os direitos originários sobre as terras que tradicionalmente ocupam, competindo à União demarcá-las, proteger e fazer respeitar todos os seus bens". Prevê ainda o seu § 3º que "o aproveitamento dos recursos hídricos, incluídos os potenciais energéticos, a pesquisa e a lavra das riquezas minerais em terras indígenas só podem ser efetivados com autorização do Congresso Nacional, ouvidas as comunidades afetadas, ficando-lhes assegurada participação nos resultados da lavra, na forma da lei".

**Alternativa correta: "b".**

---

**02. (FGV/OAB/XXXII_Exame – 2021)** O Estado Z promulga lei autorizando a supressão de vegetação em Área de Preservação Permanente para pequenas construções. A área máxima para supressão, segundo a lei, é de 100 metros quadrados quando utilizados para lazer e de 500 metros quadrados quando utilizados para fins comerciais.

Sobre a referida lei, assinale a afirmativa **correta**.

a) A lei é válida, uma vez que é competência privativa dos Estados legislar sobre as Áreas de Preservação Permanente inseridas em seu território.
b) A lei é válida apenas com relação à utilização com finalidade de lazer, uma vez que é vedada a exploração comercial em Área de Preservação Permanente.
c) A lei é inconstitucional, uma vez que compete aos Municípios legislar sobre impactos ambientais de âmbito local.
d) A lei é inconstitucional, uma vez que é competência da União dispor sobre normas gerais sobre proteção do meio ambiente.

**COMENTÁRIOS**

Com o advento da Carta Magna de 1988, as normas de proteção ambiental são alçadas à categoria de normas constitucionais com a dedicação de um capítulo especial ao meio ambiente. A constitucionalização desse tema no Brasil gerou um grande avanço qualitativo em relação às normas de proteção ambiental. Essa Constituição inova, pois aborda os recursos naturais de forma protecionista, e não de modo meramente utilitarista. Ademais, a constitucionalização repercute na atuação prática do Poder Público e da coletividade, pois os conduz em direção de uma atuação em favor da manutenção e da recuperação dos processos ecológicos essenciais.

**Alternativa "a":** A competência legislativa em matéria ambiental não é **privativa dos Estados**, mas **sim concorrente** entre todos os entes federados. (**artigo 24, VI da CRFB/1988**).

**Alternativa "b":** O Código Florestal (Lei Federal 12.651/2021), norma geral sobre florestas, não prevê a possibilidade de supressão de vegetação em Área de Preservação Permanente para a realização de pequenas construções. A lei estadual, no caso em tela, em qualquer das duas hipóteses apresentadas, estaria invadindo competência da norma geral da União, estabelecendo normas menos protetivas do meio ambiente.

**Alternativa "c":** A competência legislativa em matéria florestal é **concorrente** entre todos os entes federados (**artigo 24, VI da CRFB/1988**). **Os municípios** podem também **legislar, complementarmente,** sobre o tema, caso envolva interesse local, ou para suplementar a legislação federal e estadual no que couber. (**artigo 30, I e II da CRFB/1988**).

**Alternativa "d":** A **competência para legislar sobre proteção ao meio ambiente é concorrente entre União, Estados e Distrito Federal, nos termos do art. 24, VI da CRFB/1988.** Ademais, no âmbito da legislação concorrente, a competência da União limitar-se-á a estabelecer normas gerais (**artigo 24, § 1º da CRFB/1988**). Ratifica tal entendimento o artigo 1-A da Lei 12.651/2012 (Código Florestal) ao dispor que "esta Lei estabelece **normas gerais sobre a proteção da vegetação, áreas de Preservação Permanente e as áreas de Reserva Legal;** a exploração florestal, o suprimento de matéria-prima florestal, o controle da origem dos produtos florestais e o controle e prevenção dos incêndios florestais, e prevê instrumentos econômicos e financeiros para o alcance de seus objetivos". A lei estadual, no caso em tela, em qualquer das duas hipóteses apresentadas na questão, estaria invadindo competência da norma geral da União, estabelecendo normas menos protetivas do meio ambiente.

**Alternativa correta: letra "d".**

---

**03. (FGV – Exame de Ordem 2018.2)** A associação "Amigos da Natureza", constituída há 2 anos, com a finalidade institucional de proteger o meio ambiente, tem interesse na propositura de uma ação civil pública, a fim de que determinado agente causador de dano ambiental seja impedido de continuar a praticar o ilícito. Procurado pela associação, você, na qualidade de advogado, daria a orientação de

a) não propor uma ação civil pública, visto que as associações não têm legitimidade para manejar tal instrumento, sem prejuízo de que outros legitimados, como o Ministério Público, o façam.
b) propor uma ação civil pública, já que a associação está constituída há pelo menos 1 ano e tem, entre seus fins institucionais, a defesa do meio ambiente.
c) apenas propor a ação civil pública quando a associação estiver constituída há pelo menos 3 anos.
d) que a associação tem iniciativa subsidiária, de modo que só pode propor a ação civil pública após demonstração de inércia do Ministério Público.

**COMENTÁRIOS**

**Alternativa "a":** A legitimidade ativa para o ajuizamento da ação civil pública está apresentada no artigo 5º da Lei 7.347/85 (Lei de Ação Civil Pública), em rol taxativo: I – o Ministério Público; II – a Defensoria Pública; III – a União, os Estados, o Distrito Federal e os Municípios; IV – a autarquia, empresa pública, fundação ou sociedade de economia mista; V – a associação que, concomitantemente: a) esteja constituída há pelo menos 1 (um) ano nos termos da lei civil; b) inclua, entre suas finalidades institucionais, a proteção do meio ambiente, ao consumidor, à ordem econômica, à livre concorrência ou ao patrimônio artístico, estético, histórico, turístico e paisagístico. As associações têm, portanto, legitimidade para manejar tal instrumento.

**Alternativa "b":** A orientação correta seria exatamente a da proposição de uma ação civil pública, já que a associação está constituída há pelo menos 1 ano e tem, entre seus fins institucionais, a defesa do meio ambiente, o que atende as exigências do artigo 5º, V, da Lei 7.347/85.

**Alternativa "c":** A exigência legal é de que a associação esteja constituída há pelo menos 1 ano, como analisado acima.

**Alternativa "d":** Não há qualquer previsão nesse sentido da Lei de Ação Civil Pública.

**Alternativa correta: letra "b".**

## 2. LICENCIAMENTO AMBIENTAL

- CF 88, art. 225, § 1º, IV.
- Resolução CONAMA 237/97.
- Resolução CONAMA 01/86.
- Lei Complementar 140/2011.

---

**04. (FGV- XXXV Exame de Ordem-2022)** Após regular processo administrativo de licenciamento ambiental, o Estado Alfa, por meio de seu órgão ambiental competente, deferiu licença de operação para a sociedade empresária Gama realizar atividade de frigorífico e abatedouro de bovinos. Durante o prazo de validade da licença, no entanto, a sociedade empresária Gama descumpriu algumas condicionantes da licença relacionadas ao tratamento dos efluentes industriais, praticando infração ambiental. Diante da inércia fiscalizatória do órgão licenciador, o município onde o empreendimento está instalado, por meio de seu órgão ambiental competente, exerceu o poder de polícia e lavrou auto de infração em desfavor da sociedade empresária Gama. No caso em tela, a conduta do município é

a) lícita, pois, apesar de competir, em regra, ao órgão estadual lavrar auto de infração ambiental, o município pode lavrar o auto e, caso o órgão estadual também o lavre, prevalecerá o que foi lavrado primeiro.
b) lícita, pois, apesar de competir, em regra, ao órgão estadual licenciador lavrar auto de infração ambiental, o município atuou legitimamente, diante da inércia do órgão estadual.
c) ilícita, pois compete privativamente ao órgão estadual responsável pelo licenciamento da atividade lavrar auto de infração ambiental, vedada a atuação do município.
d) ilícita, pois, apesar de competir, em regra, ao órgão estadual licenciador lavrar auto de infração ambiental, em caso de sua inércia, apenas a União poderia suplementar a atividade de fiscalização ambiental.

**COMENTÁRIOS**

**Alternativas "a", "b", "c", "d":**

"Nos termos da Lei Complementar 140, de 8 de dezembro de 2011, detém competência para o exercício do poder de polícia ambiental aquele ente federado competente para o licenciamento ambiental da atividade. Ou seja, o poder de polícia administrativo deve ser exercido pelo órgão responsável pelo licenciamento. Nos termos do seu artigo 17, compete ao órgão responsável pelo licenciamento ou autorização, conforme o caso, de um empreendimento ou atividade, lavrar auto de infração ambiental e instaurar processo administrativo para a apuração de infrações à legislação ambiental cometidas pelo empreendimento ou atividade licenciada ou autorizada. (...)

A norma prevista na Lei Complementar 140/2011 não impede, todavia, o exercício da fiscalização pelos demais entes federados, nos termos da previsão constitucional da competência comum material para a proteção do meio ambiente (artigo 23, inciso VI da Constituição de 1988). Com isso, comprovada a omissão ou insuficiência de fiscalização do ente federado licenciador, poderá outro atuar supletivamente no exercício do poder de polícia ambiental, substituindo aquele originariamente detentor das atribuições previstas em lei". (...) (THOMÉ, Romeu. Manual de Direito Ambiental. Cap. 5. Juspodivm).

Determina ainda a Lei Complementar que, no caso de atuação de mais de um órgão ambiental, prevalecerá o auto de infração ambiental lavrado por aquele órgão que detenha a atribuição de licenciamento

**Alternativa correta: "b".**

---

**05. (FGV – Exame de Ordem – 2021.2)** Determinado empreendedor requereu ao órgão ambiental competente licença ambiental para indústria geradora de significativa poluição atmosférica, que seria instalada em zona industrial que, contudo, já está saturada. Após a análise técnica necessária, feita com base nos riscos e impactos já de antemão conhecidos em razão de certeza científica, concluiu-se que os impactos negativos decorrentes da atividade não poderiam sequer ser mitigados a contento, diante da sinergia e cumulatividades com as atividades das demais fábricas já existentes na localidade.

Assim, o órgão ambiental indeferiu o pedido de licença, com objetivo de impedir a ocorrência de danos ambientais, já que sabidamente a atividade comprometeria a capacidade de suporte dos ecossistemas locais.

Assinale a opção que indica o princípio de Direito Ambiental em que a decisão de indeferimento do pedido de licença está fundada específica e diretamente.

a) Princípio da precaução, eis que a operação do empreendimento pretendido causa riscos hipotéticos que devem ser evitados.
b) Princípio da prevenção, eis que a operação do empreendimento pretendido causa perigo certo, com riscos previamente conhecidos.
c) Princípio do poluidor-pagador, eis que a operação do empreendimento pretendido está condicionada à adoção das cautelas ambientais cabíveis para mitigar e reparar os danos ambientais.
d) Princípio da responsabilidade ambiental objetiva, eis que a operação do empreendimento pretendido está condicionada ao prévio depósito de caução para garantir o pagamento de eventuais danos ambientais.

**COMENTÁRIOS**

**Alternativa "a": Na hipótese de ausência de certeza científica**, ou seja, quando faltar o conhecimento acerca dos reflexos de um empreendimento sobre o meio ambiente, o **princípio a ser aplicado será o da precaução**. Desse modo, ele determina que não se podem produzir intervenções no meio ambiente antes que as incertezas científicas sobre os impactos negativos de atividades potencialmente causadoras de degradação ambiental sejam equacionadas, de modo que a intervenção não gere consequências adversas ao meio ambiente. Embora se relacionem estreitamente, **o princípio da precaução não engloba o princípio da prevenção,** como se aquele fosse gênero do qual este seria a espécie.

**Alternativa "b":** Aplica-se o **princípio da prevenção** quando se conhecem os males causados ao meio ambiente advindos de atividade potencialmente predadora ou poluidora, havendo segurança quanto à constatação sobre o perigo efetivo dessa atividade. Assim, ele está calcado na certeza científica em relação ao impacto ambiental de determinada atividade sobre o meio ambiente. No caso sob exame, a instalação de uma indústria em zona industrial com nível saturado de poluição demonstra, por si só, a segurança na constatação acerca do perigo efetivo dessa do exercício dessa atividade. O **princípio da prevenção** é a base de aplicação do EIA, como previsto no **artigo 225, § 1º, IV, da CRFB/1988 e deverá ser** realizado pelos interessados antes do começo da atividade de potencial degradação ambiental.

**Alternativa "c":** O **princípio do poluidor-pagador** exige que poluidor arque com as despesas de prevenção, reparação e repressão dos danos ambientais. Tal princípio não se aplica à questão.

**Alternativa "d":** O indeferimento da licença não está relacionado à responsabilidade civil objetiva em matéria ambiental. O indeferimento tem como objetivo evitar que o dano ambiental aconteça. A responsabilidade objetiva será aplicada, por sua vez, após a verificação do dano ambiental.

**Alternativa correta: "b".**

---

**06. (FGV/OAB/XXXII_Exame – 2021)** A sociedade empresária Alfa opera, com regular licença ambiental expedida pelo órgão federal competente, empreendimento da área de refino de petróleo que está instalado nos limites do território do Estado da Federação Beta e localizado no interior de unidade de conservação instituída pela União. Durante o prazo de validade da licença de operação, o órgão federal competente, com a aquiescência do órgão estadual competente do Estado Beta, deseja delegar a execução de ações administrativas a ele atribuídas, consistente na fiscalização do cumprimento de condicionantes da licença ambiental para o Estado Beta.

Sobre a delegação pretendida pelo órgão federal, consoante dispõe a Lei Complementar nº 140/2011, assinale a afirmativa **correta**.

a) É possível, desde que o Estado Beta disponha de órgão ambiental capacitado a executar as ações administrativas a serem delegadas e de conselho de meio ambiente.
b) É possível, desde que haja prévia manifestação dos conselhos nacional e estadual do meio ambiente, do Ministério Público e homologação judicial.
c) Não é possível, eis que a competência para licenciamento ambiental é definida por critérios objetivos estabelecidos na legislação, sendo vedada a delegação de competência do poder de polícia ambiental.
d) Não é possível, eis que a delegação de ações administrativas somente é permitida quando realizada do Município para Estado ou União, ou de Estado para União, vedada a delegação de atribuição ambiental federal.

**COMENTÁRIOS**

**Alternativas "a", "b", "c", "d":** Nos termos do artigo 5º da Lei Complementar 140/2011, "o ente federativo poderá delegar, mediante convênio, a execução de ações administrativas a ele atribuídas nesta Lei Complementar, desde que o ente destinatário da delegação disponha de órgão ambiental capacitado a executar as ações administrativas a serem delegadas e de conselho de meio ambiente".

**Alternativa correta: "a".**

---

**07. (FGV – Exame de Ordem 2020.1)** Efeito Estufa Ltda., sociedade empresária que atua no processamento de alimentos, pretende instalar nova unidade produtiva na área urbana do Município de Ar Puro, inserida no Estado Y. Para esse fim, verificou que a autoridade competente para realizar o licenciamento ambiental será a do próprio Município de Ar Puro.

Sobre o caso, assinale a opção que indica quem deve realizar o estudo de impacto ambiental.

a) O Município de Ar Puro.
b) O Estado Y.
c) O IBAMA.
d) Profissionais legalmente habilitados, às expensas do empreendedor.

**COMENTÁRIOS**

**✪ Nota do autor:** o licenciamento ambiental é um dos mais importantes instrumentos da Política Nacional do Meio Ambiente, previsto no artigo 9º, IV da Lei 6.938/81 e, naturalmente, um dos mais cobrados nos Exames de Ordem.

**Alternativas "a", "b", "c", "d":** de acordo com o art. 11º da Resolução CONAMA 237/1997, que dispõe sobre o licenciamento ambiental, "os estudos necessários ao processo de licenciamento deverão ser realizados por profissionais legalmente habilitados, às expensas do empreendedor". O próprio empreendedor interessado em obter o licenciamento ambiental é o responsável, portanto, por encaminhar ao órgão ambiental competente a avaliação de impacto ambiental de sua atividade.

**Alternativa correta: letra "d".**

**08. (FGV – Exame de Ordem/2019.1)** A sociedade empresária Foice Ltda., dá início à construção de galpão de armazenamento de ferro-velho. Com isso, dá início a Estudo de Impacto Ambiental – EIA. No curso do EIA, verificou-se que a construção atingiria área verde da Comunidade de Flores, de modo que 60 (sessenta) cidadãos da referida Comunidade solicitaram à autoridade competente que fosse realizada, no âmbito do EIA, audiência pública. Sobre a situação, assinale a afirmativa correta.

a) A audiência pública não é necessária, uma vez que apenas deve ser instalada quando houver solicitação do Ministério Público.

b) A audiência pública não é necessária, uma vez que apenas deve ser instalada quando houver solicitação de associação civil legalmente constituída há pelo menos 1 (um) ano.

c) A audiência pública é necessária, e, caso não realizada, a eventual licença ambiental concedida não terá validade.

d) A audiência pública é necessária, salvo quando celebrado Termo de Ajustamento de Conduta com o Ministério Público.

COMENTÁRIOS

**Alternativas "a", "b":** de acordo com o art. 2º da Resolução CONAMA 09/1987 (*que dispõe sobre a realização de Audiências Públicas no processo de licenciamento ambiental*), "sempre que julgar necessário, ou quando for solicitado por entidade civil, pelo Ministério Público, ou por 50 (cinquenta) ou mais cidadãos, o Órgão de Meio Ambiente promoverá a realização de audiência pública."

**Alternativa "c":** no caso de haver solicitação de audiência pública e na hipótese do órgão ambiental não a realizar, a licença concedida não terá validade. Essa é a previsão do parágrafo 2º do art. 2º da Resolução CONAMA 09/1987.

**Alternativa "d":** não há qualquer previsão normativa nesse sentido.

**Alternativa correta: letra "c".**

**09. (FGV – Exame de Ordem 2017.1)** A sociedade empresária Asfalto Joia S/A, vencedora de licitação realizada pela União, irá construir uma rodovia com quatro pistas de rolamento, ligando cinco estados da Federação.

Sobre o licenciamento ambiental e o estudo de impacto ambiental dessa obra, assinale a afirmativa correta.

a) Em caso de instalação de obra ou atividade potencialmente causadora de significativa degradação do meio ambiente, é exigível a realização de Estudo prévio de Impacto Ambiental (EIA), sem o qual não é possível se licenciar nesta hipótese.

b) O licenciamento ambiental dessa obra é facultativo, podendo ser realizado com outros estudos ambientais diferentes do Estudo prévio de Impacto Ambiental (EIA), visto que ela se realiza em mais de uma unidade da Federação.

c) O Relatório de Impacto Ambiental (RIMA), gerado no âmbito do Estudo prévio de Impacto Ambiental (EIA), deve ser apresentado com rigor científico e linguagem técnica, a fim de permitir, quando da sua divulgação, a informação adequada para o público externo.

d) Qualquer atividade ou obra, para ser instalada, dependerá da realização de Estudo prévio de Impacto Ambiental (EIA), ainda que não seja potencialmente causadora de significativa degradação ambiental.

COMENTÁRIOS

**Alternativa "a":** de acordo com o art. 225, § 1º, IV da CRFB/1988, incumbe ao poder público "exigir, na forma da lei, para instalação de obra ou atividade potencialmente causadora de significativa degradação do meio ambiente, estudo prévio de impacto ambiental, a que se dará publicidade".

**Alternativa "b":** o licenciamento ambiental dessa obra é obrigatório e, em se tratando de atividade potencialmente causadora de significativa degradação do meio ambiente, deverá ser realizado o Estudo prévio de Impacto Ambiental (EIA). Prevê o artigo 2º da Resolução CONAMA 01/1986 que "dependerá de elaboração de estudo de impacto ambiental e respectivo relatório de impacto ambiental – RIMA, a serem submetidos à aprovação do órgão estadual competente, e do IBAMA em caráter supletivo, o licenciamento de atividades modificadoras do meio ambiente, tais como: I – Estradas de rodagem com duas ou mais faixas de rolamento".

**Alternativa "c":** com o intuito de permitir a informação adequada para o público externo, "o RIMA deve ser apresentado de forma objetiva e adequada a sua compreensão. As informações devem ser traduzidas em linguagem acessível, ilustradas por mapas, cartas, quadros, gráficos e demais técnicas de comunicação visual, de modo que se possam entender as vantagens e desvantagens do projeto, bem como todas as consequências ambientais de sua implementação." (art. 9º, parágrafo único da Resolução CONAMA 01/1986).

**Alternativa "d":** o Estudo Prévio de Impacto Ambiental (EIA) não será exigido de toda e qualquer atividade com potencial de impacto ambiental, mas apenas daquelas potencialmente causadoras de significativa degradação do meio ambiente.

**Alternativa correta: letra "a".**

## 3. CÓDIGO FLORESTAL E RESPONSABILIDADE CIVIL POR DANO AMBIENTAL

- CF 88, art. 225, §§ 2º e 3º.
- Lei 6.938/81, art. 14, § 1º.
- Lei 12.651/2012.

**10. (FGV- XXXV Exame de Ordem-2022)** A sociedade empresária Beta atua no ramo de produção de produtos agrotóxicos, com regular licença ambiental, e vem cumprindo satisfatoriamente todas as condicionantes da licença. Ocorre que, por um acidente causado pela queda de um raio em uma das caldeiras de produção, houve vazamento de material tóxico, que causou grave contaminação do solo, subsolo e lençol freático. Não obstante a sociedade empresária tenha adotado, de plano, algumas medidas iniciais para mitigar e remediar parte dos impactos, fato é que ainda subsiste considerável passivo ambiental a ser remediado. Tendo em vista que a sociedade empresária Beta parou de atender às determinações administrativas do órgão ambiental competente, o Ministério Público ajuizou ação civil pública visando à remediação ambiental da área. Na qualidade de advogado(a) da sociedade empresária Beta, para que seu cliente decida se irá ou não celebrar acordo judicial com o MP, você lhe informou que, no caso em tela, a responsabilidade civil por danos ambiental é

a) afastada, haja vista que a atividade desenvolvida pelo empreendedor era lícita e estava devidamente licenciada.

b) afastada, pois se rompeu o nexo de causalidade, diante da ocorrência de força maior.

c) subjetiva e, por isso, diante da ausência de dolo ou culpa por prepostos da sociedade empresária, não há que se falar em obrigação de reparar o dano.

d) objetiva e está fundada na teoria do risco integral, de maneira que não se aplicam as excludentes do dever de reparar o dano do caso fortuito e força maior.

COMENTÁRIOS

**Alternativas "a", "b", "c" e "d":** "No caso de **dano ambiental** não remanescem dúvidas sobre a aplicabilidade da **responsabilidade civil objetiva**. Há previsão expressa. De acordo com o **art. 14, § 1º da Lei 6.938/81**, "é o poluidor obrigado, **independentemente da existência de culpa**, a indenizar ou reparar os danos causados ao meio ambiente e a terceiros, afetados por sua atividade." Além disso, "nos casos de danos ao meio ambiente aplica-se a teoria objetiva calcada no **risco integral.** Trata-se de uma responsabilidade objetiva agravada, extremada, que não admite a existência de excludentes do nexo causal." (THOMÉ, Romeu. Manual de Direito Ambiental. Cap 10. Juspodivm).

**Alternativa correta: letra "d".**

---

**11. (FGV – Exame de Ordem 2019.3)** Renato, proprietário de terra rural inserida no Município X, pretende promover a queimada da vegetação existente para o cultivo de cana-de-açúcar. Assim, consulta seu advogado, indagando sobre a possibilidade da realização da queimada.

Sobre o caso narrado, assinale a afirmativa **correta**.

a) A queimada poderá ser autorizada pelo órgão estadual ambiental competente do SISNAMA, caso as peculiaridades dos locais justifiquem o emprego do fogo em práticas agropastoris ou florestais.

b) A queimada poderá ser autorizada pelo órgão municipal ambiental competente, após audiência pública realizada pelo Município X no âmbito do SISNAMA.

c) A queimada não pode ser realizada, constituindo, ainda, ato tipificado como crime ambiental caso a área esteja inserida em Unidade de Conservação.

d) A queimada não dependerá de autorização, caso Renato comprove a manutenção da área mínima de cobertura de vegetação nativa, a título de reserva legal.

COMENTÁRIOS

**Alternativa "a":** De acordo com o **art. 38, I, do Código Florestal** (Lei 12.651/2012), "é proibido o uso de fogo na vegetação, exceto nas seguintes situações: I – em locais ou regiões cujas peculiaridades justifiquem o emprego do fogo em práticas agropastoris ou florestais, mediante prévia aprovação do órgão estadual ambiental competente do Sisnama, para cada imóvel rural ou de forma regionalizada, que estabelecerá os critérios de monitoramento e controle".

**Alternativas "b", "c" e "d":** Não há qualquer previsão na lei no sentido em que apontam as referidas assertivas.

**Alternativa correta: letra "a".**

---

**12. (FGV – Exame de Ordem 2019.3)** Pedro, proprietário de fazenda com grande diversidade florestal, decide preservar os recursos ambientais nela existentes, limitando, de forma perpétua, o uso de parcela de sua propriedade por parte de outros possuidores a qualquer título, o que realiza por meio de instrumento particular, averbado na matrícula do imóvel no registro de imóveis competente.

Assinale a opção que indica o instrumento jurídico a que se refere o caso descrito.

a) Zoneamento Ambiental.

b) Servidão Ambiental.

c) Área Ambiental Restrita.

d) Área de Relevante Interesse Ecológico.

COMENTÁRIOS

**Alternativa "a":** Consoante dispõe o **artigo 2º, do Decreto n. 4.297/2002**, o Zoneamento Ecológico Econômico – ZEE, instrumento de organização do território a ser obrigatoriamente seguido na implantação de planos, obras e atividades públicas e privadas, estabelece medidas e padrões de proteção ambiental destinados a assegurar a qualidade ambiental, dos recursos hídricos e do solo e a conservação da biodiversidade, garantindo o desenvolvimento sustentável e a melhoria das condições de vida da população.

**Alternativa "b":** O instituto da servidão ambiental está previsto no **art. 9º-A, 9º-B e 9º-C da Lei 6.938/1981** (Lei de Política Nacional do Meio Ambiente). O proprietário ou possuidor de imóvel, pessoa natural ou jurídica, pode, por instrumento público ou particular ou por termo administrativo firmado perante órgão integrante do Sisnama, limitar o uso de toda a sua propriedade ou de parte dela para preservar, conservar ou recuperar os recursos ambientais existentes, instituindo servidão ambiental. Vale observar que o instrumento ou termo de instituição da servidão ambiental deve ser objeto de averbação na matrícula do imóvel no registro de imóveis competente.

**Alternativa "c":** Não há qualquer previsão na legislação sobre tal instituto jurídico.

**Alternativa "d":** A Área de Relevante Interesse Ecológico (ARIE), consoante disposto no **artigo 16 da Lei 9.985/2000 (Lei do SNUC)**, representa um **espaço de pequena extensão, com pouca ou nenhuma ocupação humana**, com características naturais extraordinárias ou que abriga exemplares raros da biota regional, e tem como objetivo manter os ecossistemas naturais de importância regional ou local e regular o uso admissível dessas áreas, de modo a compatibilizá-lo com os objetivos da conservação da natureza.

**Alternativa correta: letra "b".**

---

**13. (FGV – Exame de Ordem 2019.2)** Em decorrência de grave dano ambiental em uma Unidade de Conservação, devido ao rompimento de barragem de contenção de sedimentos minerais, a Defensoria Pública estadual ingressa com Ação Civil Pública em face do causador do dano.

Sobre a hipótese, assinale a afirmativa **correta**.

a) A Ação Civil Pública não deve prosseguir, uma vez que a Defensoria Pública não é legitimada a propor a referida ação judicial.

b) A Defensoria Pública pode pedir a recomposição do meio ambiente cumulativamente ao pedido de indenizar, sem que isso configure *bis in idem*.

c) Tendo em vista que a conduta configura crime ambiental, a ação penal deve anteceder a Ação Civil Pública, vinculando o resultado desta.

d) A Ação Civil Pública não deve prosseguir, uma vez que apenas o IBAMA possui competência para propor Ação Civil Pública quando o dano ambiental é causado em Unidade de Conservação.

COMENTÁRIOS

**Alternativa "a":** A Lei de Ação Civil Pública disciplina em **rol taxativo**, no **artigo 5º**, a **legitimidade para a propositura da ação civil pública de responsabilidade por danos causados ao meio ambiente**, conferindo-a: I) ao Ministério Público; II) a Defensoria Pública; III) a União, Estados, Distrito Federal e os Municípios; IV) a autarquia, empresa pública, fundação ou sociedade de economia mista; e) a associação que, concomitantemente: a) esteja constituída há **pelo menos 1 (um) ano nos termos da lei civil**; b) inclua, entre suas finalidades institucionais, a proteção ao meio ambiente, ao consumidor, à ordem econômica, à livre concorrência ou ao patrimônio artístico, estético, histórico, turístico e paisagístico.

**Alternativa "b":** Trata-se de aplicação da **Súmula 629, do Superior Tribunal de Justiça**, que assim enuncia: "**Quanto ao dano ambiental, é admitida a condenação do réu à obrigação de fazer ou à de não fazer cumulada com a de indenizar**".

**Alternativa "c":** A assertiva está incorreta, tendo em vista que as **ações penal, administrativa e civil são independentes entre si**. Assim, a Ação Civil Pública **não** está condicionada à ação penal.

**Alternativa "d": Não** há qualquer referência na Lei de Ação Civil Pública que indique como legitimado **exclusivo** o IBAMA na situação em apreço.

**Alternativa correta: letra "b".**

---

**14. (FGV – Exame de Ordem 2018.2)** Gabriela, pequena produtora rural que desenvolve atividade pecuária, é avisada por seu vizinho sobre necessidade de registrar seu imóvel rural no Cadastro Ambiental Rural (CAR), sob pena de perder a propriedade do bem.

Sobre a hipótese, assinale a afirmativa correta.

a) Gabriela não tem a obrigação de registrar o imóvel no CAR por ser pequena produtora rural.
b) Gabriela tem a obrigação de registrar o imóvel no CAR, sob pena de perder a propriedade do bem, que apenas poderá ser reavida por ação judicial.
c) Gabriela tem a obrigação de registrar o imóvel no CAR; o registro não será considerado título para fins de reconhecimento do direito de propriedade ou posse.
d) Gabriela tem a obrigação de registrar o imóvel no CAR; o registro autoriza procedimento simplificado para concessão de licença ambiental.

COMENTÁRIOS

**Alternativa "a":** O Cadastro Ambiental Rural – CAR é obrigatório para todos os imóveis rurais, inclusive para as pequenas propriedades rurais. Trata-se de um registro público eletrônico de âmbito nacional com a finalidade de integrar as informações ambientais das propriedades e posses rurais, compondo base de dados para controle, monitoramento, planejamento ambiental e econômico e combate ao desmatamento. (art. 29 da Lei 12.651/2012). A inscrição no CAR dos imóveis a que se refere o inciso V do art. 3º (pequena propriedade ou posse rural familiar) observará procedimento simplificado (art. 55 da Lei 12.651/2012).

**Alternativa "b":** A não inscrição do imóvel no CAR não acarreta a perda da propriedade do imóvel rural. Todavia, Gabriela não terá direito a utilizar alguns instrumentos e mecanismos previstos no Código Florestal, tais como a possibilidade de computar as Áreas de Preservação Permanente no cálculo do percentual da Reserva Legal do imóvel (art. 15, III da Lei 12.651/2012).

**Alternativa "c":** Nos termos do § 2º do artigo 29 do Código Florestal, "o cadastramento não será considerado título para fins de reconhecimento do direito de propriedade ou posse".

**Alternativa "d":** o CAR não autoriza procedimento simplificado para concessão de licença ambiental. Não há qualquer disposição nesse sentido na Lei 12.651/2012.

**Alternativa correta: letra "c".**

---

**15. (FGV – Exame de Ordem 2015.3)** João acaba de adquirir dois imóveis, sendo um localizado em área urbana e outro, em área rural. Por ocasião da aquisição de ambos os imóveis, João foi alertado pelos alienantes de que os imóveis contemplavam Áreas de Preservação Permanente (APP) e de que, por tal razão, ele deveria buscar uma orientação mais especializada, caso desejasse nelas intervir.

Considerando a disciplina legal das Áreas de Preservação Permanente (APP), bem como as possíveis preocupações gerais de João, assinale a afirmativa correta.

a) As APPs não são passíveis de intervenção e utilização, salvo decisão administrativa em sentido contrário de órgão estadual integrante do Sistema Nacional de Meio Ambiente – SISNAMA, uma vez que não há preceitos legais abstratamente prevendo exceções à sua preservação absoluta e integral.
b) As hipóteses legais de APP, com o advento do denominado "Novo Código Florestal" – Lei nº 12.651/2012 –, foram abolidas em âmbito federal, subsistindo apenas nos casos em que os Estados e Municípios assim as exijam legalmente.
c) As APPs são espaços territoriais especialmente protegidos, comportando exceções legais para fins de intervenção, sendo certo que os Estados e os Municípios podem prever outras hipóteses de APP além daquelas dispostas em normas gerais, inclusive em suas Constituições Estaduais e Leis Orgânicas, sendo que a supressão irregular da vegetação nela situada gera a obrigação do proprietário, possuidor ou ocupante a qualquer título de promover a sua recomposição, obrigação esta de natureza *propter rem*.
d) As APPs, assim como as reservas legais, não se aplicam às áreas urbanas, sendo certo que a Lei Federal nº 12.651/2012 ("Novo Código Florestal"), apesar de ter trazido significativas mudanças no seu regime, garantiu as APPs para os imóveis rurais com mais de 100 hectares.

COMENTÁRIOS

✪ **Nota do autor:** no que se refere à responsabilidade civil por dano às florestas e demais formas de vegetação importante ficar atento às determinações da Lei 6.938/1981 (Lei de Política Nacional do Meio Ambiente). O Código Florestal (Lei 12.651, de 25 de maio de 2012), além de abordar as limitações administrativas à propriedade para a proteção do meio ambiente (Área de Preservação Permanente e Área de Reserva Legal), também apresenta normas relativas à responsabilização civil do degradador e/ou proprietário do imóvel por dano ao meio ambiente. A correlação entre as normas de proteção ambiental presentes no Código Florestal e as que regulamentam a responsabilidade civil por dano ao meio ambiente vêm sendo sistematicamente explorada nos Exames de Ordem.

**Alternativa "a":** a intervenção ou a supressão de vegetação nativa em Área de Preservação Permanente poderá ocorrer nas hipóteses de utilidade pública, de interesse social ou de baixo impacto ambiental, como dispõe expressamente o Código Florestal em seu artigo 8º.

**Alternativa "b":** as hipóteses legais de APP não foram abolidas. Elas estão previstas no artigo 4º da Lei 12.651/2012. Consideram-se APP, por exemplo, as áreas no entorno das nascentes e dos olhos d'água perenes, no raio mínimo de 50 (cinquenta) metros (art. 4º, IV do Código Florestal).

**Alternativa "c":** as Áreas de Preservação Permanente (APPs) são espaços territoriais especialmente protegidos, nos termos do artigo 225, § 1º, III da Constituição de 1988, regulamentadas pelo Código Florestal (Lei 12.651/2012). Outras áreas, quando declaradas de interesse social por ato do Chefe do Poder Executivo (federal, estadual ou municipal), podem ser consideradas como de preservação permanente (art. 6º da Lei 12.651/2012). Cumpre destacar que as obrigações previstas no Código Florestal, como a de recompor vegetação em área de supressão irregular de vegetação, têm natureza real (*propter rem*) e são transmitidas ao sucessor, de qualquer natureza, no caso de transferência de domínio ou posse do imóvel rural, de acordo com previsão do artigo 2º, § 2º da Lei 12.651/2012.

**Alternativa "d":** as APPs devem ser preservadas tanto em áreas urbanas quanto nas rurais, nos termos do *caput* do artigo 4º da Lei 12.651/2012.

**Alternativa correta: letra "c".**

**16. (FGV – Exame de Ordem 2015.1)** Hugo, proprietário de imóvel rural, tem instituída Reserva Legal em parte de seu imóvel. Sobre a hipótese, considerando o instituto da Reserva Legal, de acordo com a disciplina do Novo Código Florestal (Lei nº 12.651/2012), assinale a afirmativa correta.

a) As áreas de Reserva Legal são excluídas da base tributável do Imposto sobre a Propriedade Territorial Rural (ITR), compreendendo esta uma função extrafiscal do tributo.

b) Caso Hugo transmita onerosamente a propriedade, o adquirente não tem o dever de recompor a área de Reserva Legal, mesmo que averbada, tendo em vista o caráter personalíssimo da obrigação.

c) Hugo não pode explorar economicamente a área de Reserva Legal, conduta tipificada como crime pelo Novo Código Florestal (Lei 12.651/2012).

d) A área compreendida pela Reserva Legal é considerada Unidade de Conservação de Uso Sustentável, admitindo exploração somente se inserida no plano de manejo instituído pelo Poder Público.

**COMENTÁRIOS**

**Alternativa "a":** de acordo com o artigo 104 da Lei de Política Agrícola (Lei 8.171/91), são isentas de tributação e do pagamento do Imposto Territorial Rural-ITR as áreas dos imóveis rurais consideradas de preservação permanente (APP) e de Reserva Legal. A isenção do ITR estende-se às áreas da propriedade rural de interesse ecológico para a proteção dos ecossistemas, assim declarados por ato do órgão competente federal ou estadual e que ampliam as restrições de uso previstas no *caput* daquele artigo. Trata-se de incentivo econômico para a preservação das áreas ambientalmente protegidas. Utilizando-se do instrumento da extrafiscalidade, o Poder Público, por meio de isenções fiscais, incentiva comportamentos ambientalmente corretos. (THOMÉ, Romeu. *Manual de Direito Ambiental*. 5ª ed. Salvador: Juspodivm, 2015, p. 343).

**Alternativa "b":** as obrigações previstas no Código Florestal, como a de recompor a área de Reserva Legal, têm natureza real e são transmitidas ao sucessor, de qualquer natureza, no caso de transferência de domínio ou posse do imóvel rural (art. 2º, § 2º da Lei 12.651/2012).

**Alternativa "c":** o Código Florestal admite expressamente o uso econômico de modo sustentável dos recursos naturais na área de Reserva Legal (vide art. 3º, III da Lei 12.651/2012).

**Alternativa "d":** Área de Reserva Legal e Unidade de Conservação são espécies distintas de áreas especialmente protegidas. A área de Reserva Legal está prevista no Código Florestal, conceituada como "área localizada no interior de uma propriedade ou posse rural, delimitada nos termos do art. 12, com a função de assegurar o uso econômico de modo sustentável dos recursos naturais do imóvel rural, auxiliar a conservação e a reabilitação dos processos ecológicos e promover a conservação da biodiversidade, bem como o abrigo e a proteção de fauna silvestre e da flora nativa" (art. 3º, III da Lei 12.651/2012). Unidade de Conservação da natureza, por sua vez, é regulamentada pela Lei 9.985/2000, e pode ser conceituada como "espaço territorial e seus recursos ambientais, incluindo as águas jurisdicionais, com características naturais relevantes, legalmente instituído pelo Poder Público, com objetivos de conservação e limites definidos, sob regime especial de administração, ao qual se aplicam garantias adequadas de proteção" (art. 2º, I da Lei 9.985/2000). A área compreendida pela Reserva Legal não é considerada Unidade de Conservação de Uso Sustentável.

**Alternativa correta: letra "a".**

**17. (Exame de Ordem 2014.3 – FGV)** No curso de obra pública, a Administração Pública causa dano em local compreendido por área de preservação permanente.

Sobre o caso apresentado, assinale a opção que indica de quem é a responsabilidade ambiental.

a) Em se tratando de área de preservação permanente, que legalmente é de domínio público, o ente só responde pelos danos ambientais nos casos de atuação com dolo ou culpa grave.

b) Em se tratando de área de preservação permanente, a Administração Pública responderá de forma objetiva pelos danos causados ao meio ambiente, independentemente das responsabilidades administrativa e penal.

c) Em se tratando de dano ambiental cometido dentro de área de preservação permanente, a Administração Pública não tem responsabilidade, sob pena de confusão, recaindo sobre o agente público causador do dano, independentemente das responsabilidades administrativa e penal.

d) Trata-se de caso de responsabilidade subjetiva solidária de todos aqueles que contribuíram para a prática do dano, inclusive do agente público que determinou a prática do ato.

**COMENTÁRIOS**

**Alternativa "a":** a área de preservação permanente faz parte da propriedade, e não é considerada de domínio público. Além disso, não há que se falar em comprovação de dolo ou culpa nos casos de dano ao meio ambiente, tendo em vista tratar-se de responsabilidade objetiva (comprovação de dano e nexo causal).

**Alternativa "b"**: no caso de dano ao meio ambiente, a responsabilidade civil é objetiva (art. 14, § 1º, da Lei 6.938/81), independentemente de se tratar o degradador de pessoa de direito privado ou de direito público. Vale lembrar que se considera poluidor, nos termos do artigo 3º, IV, da Lei 6.938/81, "a pessoa física ou **jurídica**, de **Direito Público** ou Privado, responsável, **direta ou indiretamente**, por atividade causadora de degradação ambiental." A responsabilização na esfera cível não afasta a possibilidade de responsabilização administrativa e penal, de acordo com o § 3º do artigo 225 da Constituição de 1988.

**Alternativa "c": a** Administração Pública responde por dano em área de preservação permanente decorrente de suas atividades.

**Alternativa "d": a** responsabilidade civil por dano ambiental é objetiva, nos termos do artigo 14, § 1º, da Lei 6.938/81 (Lei de Política Nacional do Meio Ambiente).

**Alternativa correta: letra "b".**

---

**18. (Exame de Ordem 2014.2 – FGV)** A definição dos espaços territoriais especialmente protegidos é fundamental para a manutenção dos processos ecológicos. Sobre o instituto da Reserva Legal, de acordo com o Novo Código Florestal (Lei n. 12.651/2012), assinale a afirmativa correta.

a) Pode ser instituído em área rural ou urbana, desde que necessário à reabilitação dos processos ecológicos.

b) Incide apenas sobre imóveis rurais, e sua área deve ser mantida sem prejuízo da aplicação das normas sobre as Áreas de Preservação Permanente.

c) Foi restringida, de acordo com a Lei n. 12.651/2012, às propriedades abrangidas por Unidades de Conservação.

d) Incide apenas sobre imóveis públicos, consistindo em área protegida para a preservação da estabilidade geológica e da biodiversidade.

**COMENTÁRIOS**

**Alternativa "a":** não há previsão legal de instituição de área de Reserva Legal em imóvel urbano.

**Alternativa "b"**: todo imóvel **rural** deve manter área com cobertura de vegetação nativa, a título de **Reserva Legal, sem prejuízo da aplicação das normas sobre as Áreas de Preservação Permanente**, nos termos do artigo 12 da Lei 12.651/2012.

**Alternativa "c":** não há qualquer determinação nesse sentido no Código Florestal.

**Alternativa "d": todo imóvel rural**, seja ele público ou privado, deve manter área de Reserva Legal nos percentuais estabelecidos pelo artigo 12 do Código Florestal.

**Alternativa correta: letra "b".**

---

**19. (FGV – Exame de Ordem 2013.1)** João, militante ambientalista, adquire chácara em área rural já degradada, com o objetivo de cultivar alimentos orgânicos para consumo próprio. Alguns meses depois, ele é notificado pela autoridade ambiental local de que a área é de preservação permanente. Sobre o caso, assinale a afirmativa correta.

a) João é responsável pela regeneração da área, mesmo não tendo sido responsável por sua degradação, uma vez que se trata de obrigação *propter rem*.

b) João somente teria a obrigação de regenerar a área caso soubesse do dano ambiental cometido pelo antigo proprietário, em homenagem ao princípio da boa-fé.

c) O único responsável pelo dano é o antigo proprietário, causador do dano, uma vez que João não pode ser responsabilizado por ato ilícito que não cometeu.

d) Não há responsabilidade do antigo proprietário ou de João, mas da Administração Pública, em razão da omissão na fiscalização ambiental quando da transmissão da propriedade.

**COMENTÁRIOS**

Caso verificada a degradação da vegetação de APP, deverá o atual proprietário/possuidor/ocupante do imóvel recompor a vegetação suprimida (ressalvados os usos autorizados pelo Código Florestal – Lei 12.651/2012), mesmo que não tenha sido ele o responsável pela supressão. Resta claro que a obrigação de recomposição da vegetação tem **natureza real** e é **transmitida ao sucessor** no caso de transferência de domínio ou posse do imóvel rural. Ao dispor expressamente neste sentido, o Código Florestal adota o posicionamento da jurisprudência majoritária, que considera ***propter rem*** a obrigação de recuperação da área ambientalmente degradada, ou seja, obrigação que segue o imóvel. A intenção do legislador, ao atribuir a responsabilidade ao atual proprietário do imóvel, é catalizar o procedimento de recuperação do meio ambiente, uma vez que a discussão sobre a autoria do dano poderia retardar a efetiva reparação dos recursos naturais. (THOMÉ, Romeu. Manual de Direito Ambiental. 3ª ed. Salvador: Juspodivm, 2013, p. 316). Os comentários são suficientes para concluir que as alternativas "b", "c" e "d" estão incorretas.

**Alternativa correta: letra "a".**

---

**20. (Exame de Ordem 2011.2 – FGV)** João adquiriu em maio de 2000 um imóvel em área rural, banhado pelo Rio Formoso. Em 2010, foi citado para responder a uma ação civil pública proposta pelo Município de Belas Veredas, que o responsabiliza civilmente por ter cometido corte raso na mata ciliar da propriedade. João alega que o desmatamento foi cometido pelo antigo proprietário da fazenda, que já praticava o plantio de milho no local. Em razão do exposto, é correto afirmar que

a) a responsabilidade por dano ambiental é objetiva, mas, como não há nexo de causalidade entre a ação do novo proprietário e o corte raso na área, verifica-se a excludente de responsabilidade, e João não será obrigado a reparar o dano.

b) a responsabilidade civil por dano ambiental difuso prescreve em cinco anos por força da Lei 9.873/99. Logo, João não será obrigado a reparar o dano.

c) João será obrigado a recuperar a área, mas, como não poderá mais utilizá-la para o plantio do milho, terá direito a indenização, a ser paga pelo Poder Público, por força do princípio do protetor-recebedor.

d) a manutenção de área de mata ciliar é obrigação *propter rem*; sendo obrigação de conservação, é automaticamente transferida do alienante ao adquirente. Logo, João terá que reparar a área.

**COMENTÁRIOS**

**Alternativa "a":** a responsabilidade civil por danos ao meio ambiente é objetiva e como tal, regra geral, tem como pressuposto a comprovação dos elementos "dano" e "nexo causal". Entretanto, em situações especiais em que se pretenda a pronta proteção do bem ambiental, o Superior Tribunal de Justiça admite exceção à regra com a possibilidade de dispensa de comprovação do elemento "nexo causal", como no caso de imóvel rural ambientalmente degradado. Tratando-se a preservação da Área de Preservação Permanente obrigação *propter rem*, ou seja, que adere ao título e se transfere ao futuro proprietário, irrelevante a não comprovação do nexo de causalidade, haja vista a responsabilidade do atual proprietário de recuperar e/ou indenizar o dano ao meio ambiente.[1]

**Alternativa "b":** por se tratar de um direito fundamental, inerente à vida, a qualidade do meio ambiente é essencial e deve, inclusive, ser protegido pelo manto da imprescritibilidade.

---

1 Nesse mesmo sentido decisão do STJ: REsp 1.179.316-SP, Rel. Min. Teori Albino Zavascki, julgado em 15/6/2010.

Em situação em que se verifique conflito entre estabelecer um prazo prescricional em favor do poluidor, a fim de lhe atribuir segurança jurídica e estabilidade (garantia eminentemente privada), e tutelar de forma mais benéfica um bem jurídico de titularidade coletiva, indisponível, fundamental, que antecede todos os demais direitos (pois sem ele não há vida), o último deve prevalecer.[2] Assim, o direito à reparação do dano ambiental é imprescritível.[3]

**Alternativa "c":** não cabe indenização ao proprietário que alegue prejuízo econômico em decorrência da impossibilidade de exploração da(s) área(s) destinada(s) às APPs em sua propriedade. Tais limitações, gerais e abstratas, são instituídas por lei e têm como objetivo a proteção de interesses transindividuais, devendo ser observadas por todas as propriedades que apresentem as características descritas nas normas de proteção ambiental.

**Alternativa "d":** a obrigação de recompor a vegetação de Área de Preservação Permanente-APP é do atual proprietário do imóvel. Trata-se de obrigação *propter rem*, de natureza real e que é transmitida ao sucessor no caso de transferência de domínio ou posse do imóvel rural obrigando, em qualquer circunstância, ao proprietário e a todos que o sucedem em tal condição.[4] Assim, torna-se clara a obrigação do atual proprietário do imóvel de manter e/ou reconstituir a Área de Preservação Permanente, como a área de mata ciliar, independentemente de ter contribuído para a degradação da vegetação.

**Alternativa correta: letra "d".**

## 4. SISTEMA NACIONAL DE UNIDADES DE CONSERVAÇÃO DA NATUREZA – SNUC

- CF 88, art. 225, § 1º, III.
- Lei 9.985/00.

---

**21. (FGV- XXXVI Exame de Ordem-2022)** A sociedade empresária Gama requereu licença ambiental para empreendimento da área de petróleo e gás natural, com significativo impacto ambiental, assim considerado pelo órgão ambiental competente, com fundamento no estudo de impacto ambiental e respectivo relatório - EIA/RIMA, apresentados pelo próprio empreendedor no curso do processo de licenciamento.

Preenchidos os requisitos legais, o órgão ambiental concedeu a licença ambiental com uma série de condicionantes, entre elas, a obrigação do empreendedor de apoiar a implantação e a manutenção de determinada unidade de conservação do grupo de proteção integral. Para tanto, observado o grau de impacto ambiental causado pelo empreendimento licenciado e, de acordo com critérios técnicos, legais e jurisprudenciais, foi regularmente arbitrado pelo órgão licenciador o montante de dez milhões de reais a ser destinado pelo empreendedor para tal finalidade.

No caso em tela, de acordo com a Lei nº 9.985/00, a condicionante descrita é uma obrigação que visa à

a) mitigação ambiental.
b) compensação ambiental.
c) punição por dano ambiental.
d) inibição por dano ambiental.

**COMENTÁRIOS**

**Alternativas "a", "c", "d":** no caso em tela, o valor arbitrado pelo órgão licenciador se refere a uma obrigação que visa à **compensação ambiental, prevista no artigo 36 da Lei 9.985/2000** (Lei do Sistema Nacional de Unidade de Conservação). Prevê aquele artigo que, "nos casos de **licenciamento ambiental** de **empreendimentos de significativo impacto ambiental**, assim considerado pelo órgão ambiental competente, com **fundamento em estudo de impacto ambiental e respectivo relatório - EIA/RIMA**, o empreendedor é obrigado a apoiar a **implantação e manutenção de unidade de conservação do Grupo de Proteção Integral**". De acordo com o parágrafo 1º do mesmo artigo, o montante de recursos a ser destinado pelo empreendedor para a compensação ambiental deve ser **fixado pelo órgão ambiental licenciador, de acordo com o grau de impacto ambiental causado pelo empreendimento.**

**Alternativa correta: letra "b".**

---

**22. (FGV – Exame de Ordem – 2021.2)** Há grande interesse das sociedades empresárias do setor petrolífero na exploração de áreas localizadas no mar. Nessas áreas, segundo grupos ambientalistas, foi constatada a presença de rara e sensível formação de recifes costeiros.

Sobre a hipótese, assinale a opção que indica a medida adequada que o Poder Público deve tomar para manter a área preservada.

a) Criar uma Reserva Legal.
b) Criar um Parque Nacional Marinho.
c) Autorizar a criação de uma Zona de Amortecimento.
d) Estabelecer uma Área de Indisponibilidade da Zona Costeira.

**COMENTÁRIOS**

**Alternativa "a":** A criação de reserva legal não se revela como uma medida adequada para manter a referida área preservada, tendo em vista que não há previsão na legislação ambiental de tal categoria em ambiente marinho.

**Alternativa "b":** Consoante dispõe o artigo 11, da Lei n. 9.985/2000, o Parque Nacional tem como objetivo básico a preservação de ecossistemas naturais de grande relevância ecológica e beleza cênica, possibilitando a realização de pesquisas científicas e o desenvolvimento de atividades de educação e interpretação ambiental, de recreação em contato com a natureza e de turismo ecológico. Assim sendo, a medida mais adequada ao caso concreto seria a criação de um Parque Nacional Marinho, a fim de proteger a área formada por recifes costeiros.

**Alternativa "c":** Segundo o artigo 2º, XVIII, da Lei n. 9.985/2000, a Zona de Amortecimento seria o entorno de uma unidade de conservação, onde as atividades humanas estão sujeitas a normas e restrições específicas, com o propósito de minimizar os impactos negativos sobre a unidade. Dessa forma, para que houvesse a criação de uma Zona de Amortecimento, deveria haver primeiramente uma unidade de conservação instalada, o que não é o caso.

**Alternativa "d":** Não há qualquer previsão legal nesse sentido.

**Alternativa correta: letra "b".**

---

**23. (FGV – Exame de Ordem/2019.1)** O Ministro do Meio Ambiente recomenda ao Presidente da República a criação de



2 THOMÉ, Romeu. Manual de Direito Ambiental. 5ª ed. Salvador: Juspodivm, 2015. p. 594.

3 Nesse sentido decisão do STJ: REsp 1.120.117-AC, Rel. Min. Eliana Calmon, julgado em 10/11/2009. (INFORMATIVO 415 STJ).

4 MILARÉ, 2007. p. 703.

uma Unidade de Conservação em área que possui relevante ecossistema aquático e grande diversidade biológica. Porém, em razão da grave crise financeira, o Presidente pretende que a União não seja compelida a pagar indenização aos proprietários dos imóveis inseridos na área da Unidade de Conservação a ser criada.

Considerando o caso, assinale a opção que indica a Unidade de Conservação que deverá ser criada.

a) Estação Ecológica.
b) Reserva Biológica.
c) Parque Nacional.
d) Área de Proteção Ambiental.

COMENTÁRIOS

**Alternativa "a":** A Estação Ecológica é de posse e domínio públicos, sendo que as áreas particulares incluídas em seus limites serão desapropriadas, de acordo com o que dispõe a lei (art. 9º, §1º da Lei 9.985/2000). Nesse caso, havendo desapropriação, os proprietários deverão ser indenizados.

**Alternativa "b":** A Reserva Biológica é de posse e domínio públicos, sendo que as áreas particulares incluídas em seus limites serão desapropriadas, de acordo com o que dispõe a lei (art. 10, §1º da Lei 9.985/2000). Nesse caso, havendo desapropriação, os proprietários deverão ser indenizados.

**Alternativa "c":** O Parque Nacional é de posse e domínio públicos, sendo que as áreas particulares incluídas em seus limites serão desapropriadas, de acordo com o que dispõe a lei (art. 11, §1º da Lei 9.985/2000). Nesse caso, havendo desapropriação, os proprietários deverão ser indenizados.

**Alternativa "d":** A Área de Proteção Ambiental é constituída por terras públicas ou privadas (art. 15, §1º da Lei 9.985/2000). As APAs podem, portanto, ser constituídas em áreas particulares, sem a necessidade de desapropriação e, consequentemente, sem o pagamento de indenização ao proprietário.

**Alternativa correta: letra "d".**

---

**24. (FGV – Exame de Ordem 2018.1)** Configurada a violação aos dispositivos da Lei do Sistema Nacional de Unidades de Conservação, especificamente sobre a restauração e recuperação de ecossistema degradado, o Estado Z promove ação civil pública em face de Josemar, causador do dano.

Em sua defesa judicial, Josemar não nega a degradação, mas alega o direito subjetivo de celebração de Termo de Ajustamento de Conduta (TAC), com a possibilidade de transacionar sobre o conteúdo das normas sobre restauração e recuperação.

Sobre a hipótese, assinale a afirmativa correta.

a) Josemar não possui direito subjetivo à celebração do TAC, que, caso celebrado, não pode dispor sobre o conteúdo da norma violada, mas sobre a forma de seu cumprimento.
b) O TAC não pode ser celebrado, uma vez que a ação civil pública foi proposta pelo Estado, e não pelo Ministério Público.
c) Josemar possui direito subjetivo a celebrar o TAC, sob pena de violação ao princípio da isonomia, mas sem que haja possibilidade de flexibilizar o conteúdo das normas violadas.
d) Josemar possui direito subjetivo a celebrar o TAC nos termos pretendidos, valendo o termo como título executivo extrajudicial, apto a extinguir a ação civil pública por perda de objeto.

COMENTÁRIOS

**Alternativas "a", "c", "d":** o "compromisso de ajustamento de conduta depende da convergência de vontades entre as partes, ou seja, não há que se falar em direito subjetivo de uma das partes em firmar o referido compromisso. Segundo Heline Sivini Ferreira (2007, p. 322), 'o compromisso de ajustamento de conduta corresponde, na verdade, a uma solução extrajudicial do conflito, evitando, assim, a propositura da Ação Civil Pública.' Para tanto, todos os interessados no ajustamento de determinada conduta devem estar de acordo com os termos do compromisso". Nesse mesmo sentido é a decisão do Superior Tribunal de Justiça (STJ) no REsp. **596.764-MG, julgado em 17/5/2012. (THOMÉ, Romeu. Manual de Direito Ambiental. Ed. Juspodivm).** É importante deixar assente que "o compromisso de ajustamento de conduta (conteúdo), celebrado por meio de um termo de ajustamento de conduta-TAC (termo que instrumentaliza o conteúdo), não pode ser caracterizado como transação. A transação é uma figura característica do direito civil, ligada ao sistema individualista, destinada ao titular do direito, que pressupõe a concessão mútua de direitos, caso seja conveniente em determinada situação concreta. Desta forma, configura-se instrumento incompatível com a proteção dos direitos metaindividuais, como a proteção do meio ambiente, por se tratarem estes de direitos indisponíveis, de titularidade coletiva e de proteção obrigatória pelo Poder Público". **(THOMÉ, Romeu. Manual de Direito Ambiental. Ed. Juspodivm).**

**Alternativa "b":** "nem todos os legitimados para ajuizar a Ação Civil Pública poderão celebrar o compromisso de ajustamento de conduta. Apenas os órgãos públicos (Ministério Público, Administração direta e indireta e Defensoria Pública) são legitimados para tanto". **(THOMÉ, Romeu. Manual de Direito Ambiental. Ed. Juspodivm).** Assim, o TAC pode ser celebrado quando a ação civil pública tenha sido proposta pelo Estado (Administração direta).

**Alternativa correta: letra "a".**

## 5. TUTELA PENAL E ADMINISTRATIVA DO MEIO AMBIENTE (LEI DE CRIMES AMBIENTAIS)

- CF 88, art. 225, § 3º.
- Lei 9.605/98.
- Decreto 6.514/08.

---

**25. (FGV- XXXVI Exame de Ordem-2022)** Pedro, proprietário de imóvel localizado em área rural, com vontade livre e consciente, executou extração de recursos minerais, consistentes em saibro, sem a competente autorização, permissão, concessão ou licença e vendeu o material para uma fábrica de cerâmica.

O Ministério Público, por meio de seu órgão de execução com atribuição em tutela coletiva, visando à reparação dos danos ambientais causados, ajuizou ação civil pública em face de Pedro, no bojo da qual foi realizada perícia ambiental. Posteriormente, em razão da mesma extração mineral ilegal, o Ministério Público ofereceu denúncia criminal, deflagrando novo processo, agora em ação penal, e pretende aproveitar, como prova emprestada no processo penal, a perícia produzida no âmbito da ação civil pública. No caso em tela, de acordo com a Lei nº 9.605/98, a perícia produzida no juízo cível

a) poderá ser aproveitada no processo penal, instaurando-se o contraditório.

b) não poderá ser utilizada, em razão da independência das instâncias criminal, cível e administrativa.

c) não poderá ser aproveitada no processo criminal, eis que é imprescindível um laudo pericial produzido pela Polícia Federal, para fins de configuração da existência material do delito.

d) poderá ser aproveitada na ação penal, mas apenas pode subsistir uma condenação judicial final, para evitar o bis in idem.

COMENTÁRIOS

**Alternativas "a", "b", "c", "d":** Permite ainda a lei ambiental que a perícia produzida no inquérito civil instaurado pelo Ministério Público ou na ação civil proposta por outro legitimado seja trasladada no processo penal como **prova emprestada**, instaurando-se o contraditório. Esse contraditório (denominado "diferido" ou "posterior") não é feito no momento da produção da prova na ação civil, mas apenas no momento em que essa prova é juntada no processo penal. (THOMÉ, Romeu. Manual de Direito Ambiental. Cap. 12. Juspodivm).

**Alternativa correta: letra "a".**

---

**26. (FGV- XXXIV Exame de Ordem-2022)** Após regular trâmite de ação penal, João foi condenado criminalmente por ter enviado para o exterior grande quantidade de peles e couros de jacaré em bruto, sem a autorização da autoridade ambiental competente. Na sentença condenatória, o juízo substituiu a pena privativa de liberdade de reclusão de 2 (dois) anos por pena restritiva de direitos de prestação pecuniária consistente no pagamento em dinheiro à determinada entidade pública, no valor de 400 (quatrocentos) salários-mínimos. Especificamente, no que tange ao valor da prestação pecuniária, o(a) advogado(a) de João deve recorrer da sentença, alegando que, de acordo com a legislação de regência, tal montante

a) deve consistir em 40 (quarenta) salários-mínimos, sendo vedada a dedução do valor pago de eventual multa administrativa a que João for condenado.

b) deve estar limitado a 40 (quarenta) salários-mínimos, sendo certo que o valor pago será abatido do montante de eventual multa penal a que João for condenado.

c) não pode ser superior a 60 (sessenta) salários-mínimos, sendo vedada a dedução do valor pago de eventual multa civil a que João for condenado.

d) não pode ser inferior a 1 (um) salário-mínimo nem superior a 360 (trezentos e sessenta) salários-mínimos, sendo certo que o valor pago será deduzido do montante de eventual reparação civil a que João for condenado.

COMENTÁRIOS

**Alternativas "a", "b", "c", "d":** O artigo 8º da Lei 9.605/98 elenca as penas restritivas de direito aplicáveis às **pessoas físicas**: I – prestação de serviços à comunidade; II – interdição temporária de direitos; III – suspensão parcial ou total de atividades; IV – prestação pecuniária; V – recolhimento domiciliar.

De acordo com o artigo 12 da Lei 9.605/98, a **prestação pecuniária** consiste no pagamento em dinheiro à vítima ou à entidade pública ou privada com fim social, de importância, fixada pelo juiz, **não inferior a um salário mínimo nem superior a trezentos e sessenta salários mínimos**. O valor pago **será deduzido do montante de eventual reparação civil** ambiental a que for condenado o infrator.

**Alternativa correta: letra "d".**

---

**27. (FGV – Exame de Ordem 2020.1)** Seguindo plano de expansão de seu parque industrial para a produção de bebidas, o conselho de administração da sociedade empresária Frescor S/A autoriza a destruição de parte de floresta inserida em Área de Preservação Permanente, medida que se consuma na implantação de nova fábrica.

Sobre responsabilidade ambiental, tendo como referência a hipótese narrada, assinale a afirmativa correta.

a) Frescor S/A responde civil e administrativamente, sendo excluída a responsabilidade penal por ter a decisão sido tomada por órgão colegiado da sociedade.

b) Frescor S/A responde civil e administrativamente, uma vez que não há tipificação criminal para casos de destruição de Área de Preservação Permanente, mas apenas de Unidades de Conservação.

c) Frescor S/A responde civil, administrativa e penalmente, sendo a ação penal pública, condicionada à prévia apuração pela autoridade ambiental competente.

d) Frescor S/A responde civil, administrativa e penalmente, sendo agravante da pena a intenção de obtenção de vantagem pecuniária.

COMENTÁRIOS

✪ **Nota do autor:** tanto as sanções penais quanto as administrativas decorrentes de atividades lesivas ao meio ambiente estão previstas na Lei 9.605/98, denominada lei de crimes ambientais.

**Alternativas "a", "b", "c", "d":** Nos termos do parágrafo 3º do artigo 225 da Constituição de 1988, "as condutas e atividades consideradas lesivas ao meio ambiente sujeitarão os infratores, pessoas físicas ou jurídicas, a sanções penais e administrativas, independentemente da obrigação de reparar os danos causados". Trata-se da tríplice responsabilização em matéria ambiental (penal, administrativa e civil).

**Alternativa "a":** A Lei de Crimes Ambientais (Lei 9.605/98) não prevê a exclusão da responsabilidade penal em decorrência da decisão ter sido tomada por órgão colegiado da sociedade. A empresa (pessoa jurídica) pode, inclusive, ser responsabilizada penalmente, nos termos do art. 3º da referida Lei.

**Alternativa "b":** A Lei de Crimes Ambientais (Lei 9.605/98) tipifica casos de destruição de Área de Preservação Permanente em seu art. 38. É crime ambiental "destruir ou danificar floresta considerada de preservação permanente, mesmo que em formação, ou utilizá-la com infringência das normas de proteção. Pena: detenção, de um a três anos, ou multa, ou ambas as penas cumulativamente. Parágrafo único. Se o crime for culposo, a pena será reduzida à metade".

**Alternativa "c":** A ação penal é pública incondicionada nas infrações previstas na Lei 9.605/98 (art. 26).

**Alternativa "d":** Prevê o art. 15, II, "a" da Lei de Crimes Ambientais, como circunstância que agrava a pena (quando não constituem ou qualificam o crime), ter o agente cometido a infração para obter vantagem pecuniária.

**Alternativa correta: letra "d".**

---

**28. (FGV – Exame de Ordem 2012.4)** A respeito da responsabilidade administrativa federal por danos ambientais, regulamentada pelo Decreto n. 6.514/08 e alterado pelo Decreto 6.686/08, assinale a afirmativa correta.

a) A demolição de obra só poderá ser aplicada em edificações não residenciais e sua execução deverá ocorrer às custas do infrator.

b) A demolição de obra é medida excepcional e só poderá ser aplicada em situações de flagrante ilegalidade e em edificações com menos de dez anos.

c) A demolição de obra, em respeito ao direito fundamental à moradia, só poderá ser aplicada em construções residenciais erguidas em unidades de conservação e outros espaços ambientalmente protegidos e as custas para a sua realização correrão por conta do infrator.

d) A demolição de obra ou construção com fins residenciais ou comerciais, em razão do princípio da defesa do meio ambiente, dar-se-á nos casos em que a ausência da demolição importa em iminente risco de agravamento do dano ambiental e as custas para sua realização correrão por conta do infrator.

COMENTÁRIOS

**Alternativa "a":** de acordo com o artigo 19, § 2º e o artigo 112 do Decreto 6.514/08 (que dispõe sobre as infrações e sanções administrativas ao meio ambiente) a sanção de demolição de obra poderá ser aplicada pela autoridade ambiental, após o contraditório e ampla defesa, quando: I) verificada a construção de obra em área ambientalmente protegida em desacordo com a legislação ambiental ou II) quando a obra ou construção realizada não atenda às condicionantes da legislação ambiental e não seja passível de regularização. A demolição poderá ser feita pela administração ou pelo infrator, em prazo assinalado, após o julgamento do auto de infração, sendo que as despesas pertinentes correrão a expensas do infrator. O Decreto 6.514/08 veda, ainda, a demolição de edificações residenciais. (THOMÉ, Romeu. Manual de Direito Ambiental. 3ª ed. Salvador: Juspodivm, 2013, p. 596).

**Alternativa "b":** não há qualquer previsão no referido Decreto em relação a edificações com menos de dez anos.

**Alternativa "c":** o Decreto 6.514/08 veda a demolição de edificações residenciais.

**Alternativa "d":** de acordo com o artigo 112, *caput*, do Decreto 6.514/08, "a demolição de obra, edificação ou construção não habitada e utilizada diretamente para a infração ambiental dar-se-á excepcionalmente no ato da fiscalização nos casos em que se constatar que a ausência da demolição importa em iminente risco de agravamento do dano ambiental ou de graves riscos à saúde." Nos termos do § 3º do mesmo artigo, a referida demolição não será realizada em edificações residenciais.

**Alternativa correta: letra "a".**

---

**29. (Exame de Ordem 2012.3 – FGV)** Luísa, residente e domiciliada na cidade de Recife, após visitar a Austrália, traz consigo para a sua casa um filhote de coala, animal típico daquele país e inexistente no Brasil. Tendo em vista tal situação, assinale a afirmativa correta.

a) Ao trazer o animal, Luísa não cometeu qualquer ilícito ambiental já que a propriedade de animais domésticos é livre no Brasil.

b) Ao trazer o animal, Luísa, em princípio, não cometeu qualquer ilícito ambiental, pois o crime contra o meio ambiente só se configuraria caso Luísa abandonasse ou praticasse ações de crueldade contra o animal por ela adotado.

c) Ao trazer o animal, Luísa cometeu crime ambiental, pois o introduziu no Brasil sem prévio licenciamento ambiental, sendo a Justiça estadual de Pernambuco competente para julgar a eventual ação.

d) Ao trazer o animal, Luísa cometeu crime ambiental, pois o introduziu no Brasil sem licença e sem parecer técnico oficial favorável, sendo a Justiça Federal competente para julgar a eventual ação.

COMENTÁRIOS

**Alternativa "a":** a conduta de Luíza configura ilícito ambiental.

**Alternativa "b":** a conduta de Luíza configura ilícito ambiental previsto no artigo 31 da Lei de Crimes Ambientais. Os atos de abuso e maus-tratos contra animais silvestres, domésticos ou domesticados, nativos ou exóticos também configuram ilícitos ambientais, previstos no artigo 32 da Lei 9.605/98.

**Alternativa "c":** a Justiça Federal é, no caso em tela, a competente para processar e julgar os crimes ambientais. Segundo o Superior Tribunal de Justiça, há situações específicas que justificam a competência da Justiça Federal, como "a introdução ilegal de espécie exótica no País".

**Alternativa "d":** a questão exige o conhecimento da tutela penal e processual penal do meio ambiente. Nos termos do artigo 31 da Lei 9.605/98 (Lei de Crimes Ambientais) é crime ambiental introduzir espécime animal no País, sem parecer técnico oficial favorável e licença expedida por autoridade competente. Vale lembrar que "a Justiça Federal tem competência para processar e julgar os crimes ambientais nas hipóteses em que são perpetrados em detrimento de bens, serviços ou interesses da União, ou de suas autarquias ou empresas públicas. Segundo o Superior Tribunal de Justiça há ainda situações específicas que justificam a competência da Justiça Federal", como "a introdução ilegal de espécie exótica no País" (THOMÉ, Romeu. Manual de Direito Ambiental. Ed. Juspodivm, 2012, p. 722). Desta forma, constata-se que a alternativa correta é a da letra "d".

**Alternativa correta: letra "d".**

---

**30. (Exame de Ordem 2011.2 – FGV)** A Lei 9.605/98, regulamentada pelo Decreto 6.514/2008, que dispõe sobre sanções penais e administrativas derivadas de condutas e atividades lesivas ao meio ambiente, trouxe novidades nas normas ambientais. Entre elas está a

a) desconsideração da pessoa jurídica, que foi estabelecida para responsabilizar a pessoa física sempre que sua personalidade for obstáculo ao ressarcimento de prejuízos causados à qualidade do meio ambiente.

b) possibilidade de assinatura de termos de ajustamento de conduta, que somente é possível pelo cometimento de ilícito ambiental.

c) responsabilidade penal objetiva pelo cometimento de crimes ambientais.

d) substituição da pena privativa de liberdade pela restritiva de direito quando tratar-se de crime doloso.

COMENTÁRIOS

**Alternativa "a":** vide o artigo 4º da Lei de Crimes Ambientais (Lei 9.605/98).

**Alternativa "b":** a Lei de Crimes Ambientais prevê a possibilidade de celebração de termo de compromisso com força de título executivo extrajudicial que tem, como um de seus objetivos, evitar a concretização de ilícito ambiental. Nos termos do artigo 79-A da Lei 9.605/98, o termo de compromisso destinar-se-á, exclusivamente, a permitir que as pessoas físicas e jurídicas possam promover as necessárias correções de suas atividades, para o atendimento das exigências impostas pelas autoridades ambientais competentes.

**Alternativa "c":** não há que se falar em responsabilidade penal objetiva. Na esfera penal é necessário que seja descrita na denúncia a conduta criminosa. A denúncia de crime ambiental deve, portanto, conter a exposição pormenorizada da conduta do paciente, com todas as suas circunstâncias, sob pena de inépcia e trancamento da ação penal.

**Alternativa "d":** dispõe da seguinte forma a Lei de Crimes Ambientais:

> *Art. 7º As penas restritivas de direitos são autônomas e substituem as privativas de liberdade quando:*
>
> *I – tratar-se de crime culposo ou for aplicada a pena privativa de liberdade inferior a quatro anos;*
>
> *II – a culpabilidade, os antecedentes, a conduta social e a personalidade do condenado, bem como os motivos e as circunstâncias do crime indicarem que a substituição seja suficiente para efeitos de reprovação e prevenção do crime.*

**Alternativa correta: letra "a".**

---

**31. (Exame de Ordem 2010.2 – FGV)** Diante das disposições estabelecidas pela Lei n. 9.605/98 sobre as sanções penais e administrativas derivadas de condutas e atividades lesivas ao meio ambiente, assinale a alternativa correta.

a) A desconsideração da pessoa jurídica somente será admitida se a pena restritiva de direitos se revelar inócua para os fins a que se destina.

b) A pena restritiva de direitos da pessoa jurídica, no que tange a proibição de contratar com o poder público, terá duração equivalente ao tempo de permanência dos efeitos negativos da conduta delituosa sobre o meio ambiente.

c) Constitui inovação da lei de crimes ambientais a excludente de antijuridicidade relativamente ao comércio não autorizado de animais da fauna silvestre voltado exclusivamente à subsistência da entidade familiar.

d) Os tipos penais ambientais, em regra, descrevem crimes de perigo abstrato, que se consumam com a própria criação do risco, efetivo ou presumido, independentemente de qualquer resultado danoso.

**COMENTÁRIOS**

**Alternativa "a":** de acordo com o artigo 4º da Lei 9.605/98 "poderá ser desconsiderada a pessoa jurídica sempre que sua personalidade for obstáculo ao ressarcimento de prejuízos causados à qualidade do meio ambiente".

**Alternativa "b":** a Lei de Crimes Ambientais prevê como pena restritiva de direitos da pessoa jurídica a proibição de contratar com o Poder Público, mas estabelece que tal proibição não poderá exceder o prazo de dez anos (artigo 22, § 3º).

**Alternativa "c":** o artigo 37 da Lei 9.605/98 relaciona hipóteses de exclusão da antijuridicidade nos crimes contra a fauna. Há ações que são contrárias ao Direito, mas a própria lei apresenta causa justificativa da conduta que, consequentemente, exclui os crimes. Se matar um animal da fauna silvestre é um crime, o fato de o agente fazê-lo para, por exemplo, proteger seus rebanhos (desde que autorizado pela autoridade competente) exclui o caráter ilícito da conduta.[5] Desta forma, não é crime o abate de animal, quando observadas as seguintes hipóteses: a) em estado de necessidade, para saciar a fome do agente ou de sua família; b) para proteger lavouras, pomares e rebanhos da ação predatória ou destruidora de animais, desde que legal e expressamente autorizado pela autoridade competente; c) por ser nocivo o animal, desde que assim caracterizado pelo órgão competente. Constata-se, portanto, que a assertiva "c" está incorreta, uma vez que o comércio não autorizado de animais da fauna silvestre não configura hipótese de exclusão da antijuridicidade nos termos da Lei de Crimes Ambientais.

**Alternativa "d":** importante notar que a Lei de Crimes Ambientais (Lei 9.605/98) tipifica uma série de crimes de perigo abstrato, ou seja, que independem da verificação do dano efetivo ao meio ambiente, bastando o simples perigo de dano. Exemplo claro é o do artigo 54, que enuncia a conduta de "causar poluição de qualquer natureza em níveis tais que resultem ou possam resultar em danos à saúde humana, ou que provoquem a mortandade de animais ou a destruição significativa da flora (...)". A tipificação de condutas de perigo se mostra necessária para a proteção do meio ambiente, pois implementa o princípio ambiental da prevenção, que estabelece que o direito (penal) ambiental deve visar, sobretudo, prevenir os danos, e não remediá-los. Dessa forma, preocupa-se com os riscos e não somente com os danos, ou seja, em alguns momentos a Lei 9.065/98 estipulou como infração a mera probabilidade de dano ambiental.[6]

**Alternativa correta: letra "d".**

## 6. LEI DE POLÍTICA NACIONAL SOBRE MUDANÇA DO CLIMA

▸ Lei 12.187/2009

---

**32. (FGV – Exame de Ordem/2018.3)** Tendo em vista a elevação da temperatura do meio ambiente urbano, bem como a elevação do nível dos oceanos, a União deverá implementar e estruturar um mercado de carbono, em que serão negociados títulos mobiliários representativos de emissões de gases de efeito estufa evitadas.

Sobre o caso, assinale a afirmativa correta.

a) É possível a criação de mercado de carbono, tendo como atores, exclusivamente, a União, os Estados, os Municípios e o Distrito Federal.

b) Não é constitucional a criação de mercado de carbono no Brasil, tendo em vista a natureza indisponível e inalienável de bens ambientais.

c) A criação de mercado de carbono é válida, inclusive sendo operacionalizado em bolsa de valores aberta a atores privados.

d) A implementação de mercado de carbono pela União é cogente, tendo o Brasil a obrigação de reduzir a emissão de gases de efeito estufa, estabelecida em compromissos internacionais.

**COMENTÁRIOS**

✪ **Nota do autor:** Com a publicação da Lei 12.187/2009, o Brasil compromete-se a adotar, como norteadores da sua Política Nacional sobre Mudança do Clima, as responsabilidades assumidas na Convenção-Quadro das Nações Unidas sobre Mudança do Clima, no Protocolo de Kyoto e nos demais documentos sobre mudança do clima dos quais vier a ser signatário, obrigando-se expressamente a cooperar para a redução do agravamento das alterações climáticas.

**Alternativa "a":** os atores do mercado de crédito de carbono não são, exclusivamente, a União, os Estados, os Municípios

AMBIENTAL

---

5 THOMÉ, Romeu. Manual de Direito Ambiental. 2ª ed. Salvador: Juspodivm, 2012. p. 705.

6 THOMÉ, Romeu. Manual de Direito Ambiental. 2ª ed. Salvador: Juspodivm, 2012. p. 673.

e o Distrito Federal. Trata-se de um mercado mais amplo, cuja participação de entes privados é autorizada.

**Alternativa "b":** o mercado de carbono institui um mecanismo de compensação ambiental no âmbito internacional. Vale lembrar que as normas nacionais já preveem uma série de mecanismos compensatórios de proteção e recuperação ambiental similares, e restritas ao território nacional, tais como a servidão ambiental e a Cota de Reserva Ambiental-CRA, ambas previstas no Código Florestal (Lei 12.651/2012).

**Alternativa "c":** De acordo com o art. 9º da Lei 12.187/2009, "o Mercado Brasileiro de Redução de Emissões – MBRE será operacionalizado em bolsas de mercadorias e futuros, bolsas de valores e entidades de balcão organizado, autorizadas pela Comissão de Valores Mobiliários – CVM, onde se dará a negociação de títulos mobiliários representativos de emissões de gases de efeito estufa evitadas certificadas".

**Alternativa "d":** o Brasil participa de um mercado voluntário de créditos de carbono. Com a instituição da Lei de Política Nacional sobre Mudança do Clima o Brasil adotou um compromisso voluntário para a mitigação das emissões de GEE com vistas a reduzir entre 36,1% (trinta e seis inteiros e um décimo por cento) e 38,9% (trinta e oito inteiros e nove décimos por cento) suas emissões projetadas até 2020. (THOMÉ, Romeu. Manual de Direito Ambiental. Salvador: Juspodivm).

**Alternativa correta: letra "c".**

## 7. LEI DE GESTÃO DE FLORESTAS PÚBLICAS

- Lei 11.284/2006

**33. (FGV – Exame de Ordem 2016.3)** O Governo Federal, tendo em vista a grande dificuldade em conter o desmatamento irregular em florestas públicas, iniciou procedimento de concessão florestal para que particulares possam explorar produtos e serviços florestais.

Sobre o caso, assinale a afirmativa correta.

a) Essa concessão é antijurídica, uma vez que o dever de tutela do meio ambiente ecologicamente equilibrado é intransferível a inalienável.

b) Essa concessão, que tem como objeto o manejo florestal sustentável, deve ser precedida de licitação na modalidade de concorrência.

c) Essa concessão somente é possível para fins de exploração de recursos minerais pelo concessionário.

d) Essa concessão somente incide sobre florestas públicas estaduais e, por isso, a competência para sua delegação é exclusiva dos Estados, o que torna ilegal sua implementação pelo IBAMA.

**COMENTÁRIOS**

**Alternativa "a":** a concessão florestal não é antijurídica, sendo expressamente prevista na Lei 11.284/2006.

**Alternativa "b":** de acordo com o artigo 12, parágrafo 1º da Lei 11.284/2006, "as licitações para concessão florestal serão realizadas na modalidade concorrência e outorgadas a título oneroso". A referida lei trata da gestão de florestas públicas para produção sustentável (art. 1º, *caput* e art. 4º, *caput*).

**Alternativa "c":** é vedada a outorga de exploração dos recursos minerais no âmbito da concessão florestal (art. 16, parágrafo 1º, IV da Lei 11.284/2006).

**Alternativa "d":** as florestas públicas são florestas naturais ou plantadas, localizadas nos diversos biomas brasileiros, em bens sob o domínio da União, dos Estados, dos Municípios, do Distrito Federal ou das entidades da administração indireta (art. 3º, I da Lei 11.284/2006).

**Alternativa correta: letra "b".**

## 8. LEI DE AGROTÓXICOS

- Lei 7.802/1989

**34. (FGV – Exame de Ordem 2017.1)** Tendo em vista a infestação de percevejo-castanho-da-raiz, praga que causa imensos danos à sua lavoura de soja, Nelson, produtor rural, desenvolveu e produziu de forma artesanal, em sua fazenda, agrotóxico que combate a aludida praga. Mesmo sem registro formal, Nelson continuou a usar o produto por meses, o que ocasionou grave intoxicação em Beto, lavrador da fazenda, que trabalhava sem qualquer equipamento de proteção.

Sobre a hipótese, assinale a afirmativa correta.

a) Não há qualquer responsabilidade de Nelson, que não produziu o agrotóxico de forma comercial, mas para uso próprio.

b) Nelson somente responde civilmente pelos danos causados, pelo não fornecimento de equipamentos de proteção a Beto.

c) Nelson responde civil e criminalmente pelos danos causados, ainda que não tenha produzido o agrotóxico com finalidade comercial.

d) Nelson somente responde administrativamente perante o Poder Público pela utilização de agrotóxico sem registro formal.

**COMENTÁRIOS**

**Alternativa "a":** a Lei de Agrotóxicos não faz qualquer distinção em relação aos objetivos da produção ilícita do agrotóxico.

**Alternativa "b":** vide comentários à alternativa "c".

**Alternativa "c":** de acordo com o artigo art. 3º da Lei de Agrotóxicos (Lei 7.802/1989), "os agrotóxicos, seus componentes e afins (...) só poderão ser produzidos, exportados, importados, comercializados e utilizados, se previamente registrados em órgão federal, de acordo com as diretrizes e exigências dos órgãos federais responsáveis pelos setores da saúde, do meio ambiente e da agricultura." Nos termos do seu art. 14, "e" da Lei 7.802/1989, "as responsabilidades administrativa, civil e penal pelos danos causados à saúde das pessoas e ao meio ambiente, quando a produção, comercialização, utilização, transporte e destinação de embalagens vazias de agrotóxicos, seus componentes e afins, não cumprirem o disposto na legislação pertinente, cabem ao produtor, quando produzir mercadorias em desacordo com as especificações constantes do registro do produto, do rótulo, da bula, do folheto e da propaganda, ou não der destinação às embalagens vazias em conformidade com a legislação pertinente".

**Alternativa "d":** a Lei de Agrotóxicos prevê expressamente, no *caput* do art. 14, a possibilidade de responsabilização de Nelson nas esferas administrativa, civil e penal.

**Alternativa correta: letra "c".**

## 9. LEI DE POLÍTICA NACIONAL DE RESÍDUOS SÓLIDOS

- Lei 12.305/2010
- Decreto 10.936/22

**35. (FGV – XXXVII Exame OAB)** A sociedade empresária Alfa é fabricante e comerciante de pilhas e baterias. Em matéria de responsabilidade compartilhada pelo ciclo de vida dos produtos, com base na Política Nacional de Resíduos Sólidos, a autoridade competente vem cobrando da sociedade empresária que promova o retorno dos produtos após o uso pelo consumidor, de forma independente do serviço público de limpeza urbana e de manejo dos resíduos sólidos. O sócio administrador da sociedade empresária Alfa entendeu que a responsabilidade pela destinação final das pilhas e baterias deve ser exclusivamente do consumidor final, razão pela qual contratou você, como advogado(a), para prestar consultoria jurídica. Levando em conta o que dispõe a Lei nº 12.305/2010, você informou a seu cliente que, no caso em tela, de fato, ele está obrigado a

a) estruturar e implementar sistema de logística reversa.
b) instituir o sistema de coleta seletiva no âmbito do Município onde está instalada a sede social da sociedade empresária.
c) contratar cooperativas de catadores de materiais reutilizáveis e recicláveis para recolher os produtos.
d) recomprar os produtos usados, não podendo disponibilizar postos de entrega de resíduos reutilizáveis e recicláveis.

COMENTÁRIOS

**Alternativas "a", "b", "c", "d":** De acordo com o artigo 33 da Lei 12.305/2010 (Lei de Política Nacional de Resíduos Sólidos), "são obrigados a estruturar e implementar sistemas de logística reversa, mediante retorno dos produtos após o uso pelo consumidor, de forma independente do serviço público de limpeza urbana e de manejo dos resíduos sólidos, os fabricantes, importadores, distribuidores e comerciantes de: (...) II - pilhas e baterias."

Logística reversa é o "instrumento de desenvolvimento econômico e social caracterizado por um conjunto de ações, procedimentos e meios destinados a viabilizar a coleta e a restituição dos resíduos sólidos ao setor empresarial, para reaproveitamento, em seu ciclo ou em outros ciclos produtivos, ou outra destinação final ambientalmente adequada" (art. 3º, XII da Lei 12.305/2010).

**Alternativa correta: "a".**

**36. (FGV – Exame de Ordem 2018.1)** Os Municípios ABC e XYZ estabeleceram uma solução consorciada intermunicipal para a gestão de resíduos sólidos. Nesse sentido, celebraram um consórcio para estabelecer as obrigações e os procedimentos operacionais relativos aos resíduos sólidos de serviços de saúde, gerados por ambos os municípios.

Sobre a validade do plano intermunicipal de resíduos sólidos, assinale a afirmativa correta.

a) Não é válido, uma vez que os resíduos de serviços de saúde não fazem parte da Política Nacional de Resíduos Sólidos, sendo disciplinados por lei específica.
b) É válido, sendo que os Municípios ABC e XYZ terão prioridade em financiamentos de entidades federais de crédito para o manejo dos resíduos sólidos.
c) É válido, devendo o consórcio ser formalizado por meio de sociedade de propósito específico com a forma de sociedade anônima.
d) É válido, tendo como conteúdo mínimo a aplicação de 1% (um por cento) da receita corrente líquida de cada município consorciado.

COMENTÁRIOS

**Alternativa "a":** os resíduos de serviços de saúde são classificados como resíduos sólidos, nos termos do art. 13, I, "g" da Lei 12.305/2010 (Lei de Política Nacional de Resíduos Sólidos).

**Alternativa "b":** o plano intermunicipal de resíduos sólidos é válido e os Municípios ABC e XYZ terão prioridade em financiamentos de entidades federais de crédito para o manejo dos resíduos sólidos. De acordo com o inciso I do § 1º do artigo 18 da Lei 12.305/2010, "serão priorizados no acesso aos recursos da União os Municípios que optarem por soluções consorciadas intermunicipais para a gestão dos resíduos sólidos, incluída a elaboração e implementação de plano intermunicipal".

**Alternativa "c":** nos termos do art. 1º, § 1º da Lei 11.107/2005, que dispõe sobre as normas gerais de contratação de consórcios públicos, "o consórcio público constituirá associação pública ou pessoa jurídica de direito privado". Prevê o artigo 45 da Lei de Política Nacional de Resíduos Sólidos que "os consórcios públicos constituídos, nos termos da Lei nº 11.107/2005, com o objetivo de viabilizar a descentralização e a prestação de serviços públicos que envolvam resíduos sólidos, têm prioridade na obtenção dos incentivos instituídos pelo Governo Federal".

**Alternativa "d":** o artigo 19 da Lei 12.305/2010, que define o conteúdo mínimo do plano municipal de gestão integrada de resíduos sólidos, não prevê qualquer disposição nesse sentido.

**Alternativa correta: letra "b".**

**37. (FGV – Exame de Ordem 2017.3)** Bolão Ltda., sociedade empresária, pretende iniciar atividade de distribuição de pneus no mercado brasileiro. Para isso, contrata uma consultoria para, dentre outros elementos, avaliar sua responsabilidade pela destinação final dos pneus que pretende comercializar.

Sobre o caso, assinale a afirmativa correta.

a) A destinação final dos pneus será de responsabilidade do consumidor final, no âmbito do serviço de regular limpeza urbana.
b) A sociedade empresária será responsável pelo retorno dos produtos após o uso pelo consumidor, de forma independente do serviço público de limpeza urbana.
c) A destinação final dos pneus, de responsabilidade solidária do distribuidor e do consumidor final, se dará no âmbito do serviço público de limpeza urbana.
d) Previamente à distribuição de pneus, a sociedade empresária deve celebrar convênio com o produtor, para estabelecer, proporcionalmente, as responsabilidades na destinação final dos pneus.

COMENTÁRIOS

Trata-se da implementação do sistema de **logística reversa**, prevista pela Lei de Política Nacional de Resíduos Sólidos (Lei 12.305/2010). De acordo com o seu artigo 33, III, os fabricantes, importadores, distribuidores e comerciantes de pneus são obrigados a estruturar e implementar sistemas de logística reversa, mediante retorno dos produtos após o uso pelo consumidor, de forma independente do serviço público de limpeza urbana. Os comentários são suficientes para concluir que as alternativas "a", "c" e "d" estão incorretas.

**Alternativa correta: letra "b".**

AMBIENTAL

**38. (FGV – Exame de Ordem 2017.2)** O Município de Fernandópolis, que já possui aterro sanitário, passa por uma grave crise econômica. Diante disso, o prefeito solicita auxílio financeiro do Governo Federal para implantar a coleta seletiva de resíduos sólidos, que contará com a participação de associação de catadores de materiais recicláveis.

Sobre o auxílio financeiro tratado, assinale a afirmativa correta.

a) Não será possível o auxílio financeiro, sob pena de violação ao princípio da isonomia com relação aos demais entes da Federação.

b) Não será possível o auxílio financeiro, uma vez que a coleta seletiva de resíduos sólidos do Município de Fernandópolis está sendo realizada parcialmente por associação privada.

c) O auxílio financeiro é possível, desde que o Município possua até 20 mil habitantes ou seja integrante de área de especial interesse turístico.

d) O auxílio financeiro é possível, desde que o Município elabore plano municipal de gestão integrada de resíduos sólidos.

**COMENTÁRIOS**

De acordo com o artigo art. 18º da Lei de Política Nacional de Resíduos Sólidos (Lei 12.305/2010), "a elaboração de plano municipal de gestão integrada de resíduos sólidos, nos termos previstos por esta Lei, é condição para o Distrito Federal e os Municípios terem acesso a recursos da União, ou por ela controlados, destinados a empreendimentos e serviços relacionados à limpeza urbana e ao manejo de resíduos sólidos, ou para serem beneficiados por incentivos ou financiamentos de entidades federais de crédito ou fomento para tal finalidade". Os comentários são suficientes para concluir que as alternativas "a", "b" e "c" estão incorretas.

**Alternativa correta: letra "d".**

## 10. POLÍTICA URBANA E ESTATUTO DA CIDADE

- CF 88, art. 24, 30, 182, 183.
- Lei 10.257/2001

**39. (FGV – XXXVII Exame OAB)** Diante do crescimento desordenado de determinado bairro da zona sul da cidade Alfa, a associação de moradores local vem realizando reuniões periódicas para traçar o diagnóstico urbanístico atual e verificar as medidas que podem ser adotadas. Durante as reuniões, a citada associação verificou que tal expansão urbana causou adensamento populacional, geração de tráfego e demanda por transporte público, desvalorização imobiliária e insuficiência dos equipamentos urbanos e comunitários, sem qualquer planejamento do Município, sobretudo em matéria de meio ambiente artificial. Contratado como advogado(a) da associação de moradores, você informou que, em tema de instrumentos da política urbana, o Estatuto da Cidade (Lei nº 10.257/2001) prevê que lei municipal definirá os empreendimentos e atividades

a) privados em área urbana, que dependerão de elaboração de estudo prévio de impacto ambiental (EIA) para obter quaisquer licenças ou autorizações de construção, ampliação ou funcionamento, a cargo do Poder Público municipal, excluída a exigência de EIA quando o empreendedor for ente público.

b) licitamente instalados no âmbito municipal, desde que compatíveis com o plano diretor, que é parte integrante do processo de planejamento municipal, não podendo o plano plurianual, as diretrizes orçamentárias e o orçamento anual incorporar as diretrizes e as prioridades nele contidas.

c) legalmente licenciados no âmbito municipal, desde que compatíveis com o plano diretor, cuja elaboração prescindirá de promoção de audiências públicas e debates com a participação da população e de associações representativas dos vários segmentos da comunidade.

d) privados ou públicos em área urbana, que dependerão de elaboração de estudo prévio de impacto de vizinhança (EIV) para obter as licenças ou autorizações de construção, ampliação ou funcionamento, a cargo do Poder Público municipal.

**COMENTÁRIOS**

**Alternativas "a", "b", "c", "d":** De acordo com o artigo 36 do Estatuto da Cidade (Lei 10.257/2001), "lei municipal definirá os empreendimentos e atividades privados ou públicos em área urbana que dependerão de elaboração de estudo prévio de impacto de vizinhança (EIV) para obter as licenças ou autorizações de construção, ampliação ou funcionamento a cargo do Poder Público municipal".

**Alternativa correta: "d".**

**40. (FGV – Exame de Ordem 2017.3)** Damião, proprietário de terrenos não utilizados, mantidos para fins de especulação imobiliária, é notificado pela autoridade pública municipal, uma vez que seu terreno está incluído no plano Diretor do Município XYZ, e a Lei Municipal n° 123 determinou a edificação compulsória e aplicação de IPTU progressivo no tempo.

Sobre as possíveis consequências que Damião pode sofrer, assinale a afirmativa correta.

a) Caso não seja cumprida a notificação no prazo estabelecido, o Poder Público procederá à aplicação do Imposto sobre a Propriedade Predial e Territorial Urbana (IPTU) progressivo no tempo, o qual pode ser majorado indefinidamente, até que alcance o valor do bem.

b) Ainda que Damião transfira o imóvel, a obrigação de edificação compulsória é transferida aos adquirentes, sem que haja interrupção dos prazos previamente estabelecidos pelo Poder Público.

c) O Poder Público Municipal poderá desapropriar o imóvel de Damião mediante pagamento de indenização justa, prévia e em dinheiro, que refletirá o valor da base de cálculo do IPTU.

d) Não há consequência jurídica no descumprimento, tendo em vista a não autoexecutoridade nos atos do Poder Público em tema de política urbana, sendo necessária a intervenção do Poder Judiciário.

**COMENTÁRIOS**

**Alternativa "a":** o Município poderá aplicar o imposto sobre a propriedade predial e territorial urbana (IPTU) progressivo no tempo. Entretanto, a majoração da alíquota poderá ser efetuada pelo prazo máximo de cinco anos consecutivos, como previsto no artigo 7º do Estatuto da Cidade.

**Alternativa "b":** de acordo com o artigo 6º do Estatuto da Cidade (Lei 10.257/2001), a transmissão do imóvel, por ato inter vivos ou causa mortis, posterior à data da notificação, transfere as obrigações de parcelamento, edificação ou utilização, sem interrupção de quaisquer prazos.

**Alternativa "c":** a indenização, nesse caso, não é prévia e em dinheiro. O pagamento será feito em títulos da dívida pública, que serão resgatados no prazo de até dez anos, em prestações anuais, iguais e sucessivas, assegurados o valor real da indenização e os juros legais de seis por cento ao ano. (art. 8º, § 1º do Estatuto da Cidade).

**Alternativa "d":** a execução da política urbana será realizada pela administração pública municipal nos termos da Lei 10.257/2001 (Estatuto da Cidade) e tem como característica a autoexecutoriedade, ou seja, as normas serão aplicadas pelo

Poder Executivo, não sendo necessária a intervenção do Poder Judiciário.

**Alternativa correta: letra "b".**

---

**41. (FGV – Exame de Ordem 2017.2)** A Lei Federal n° 123, de iniciativa parlamentar, estabelece regras gerais acerca do parcelamento do solo urbano. Em seguida, a Lei Municipal n° 147 fixa área que será objeto do parcelamento, em função da subutilização de imóveis. Inconformado com a nova regra, que atinge seu imóvel, Carlos procura seu advogado para que o oriente sobre uma possível irregularidade nas novas regras.

Considerando a hipótese, acerca da Lei Federal n° 123, assinale a afirmativa correta.

a) É formalmente inconstitucional, uma vez que é competência dos municípios legislar sobre política urbana.

b) É formalmente inconstitucional, uma vez que a competência para iniciativa de leis sobre política urbana é privativa do Presidente da República.

c) Não possui vício de competência, já que a Lei Municipal n° 147 é inconstitucional, sendo da competência exclusiva da União legislar sobre política urbana.

d) Não possui vício de competência, assim como a Lei Municipal n° 147, sendo ainda de competência dos municípios a execução da política urbana.

**COMENTÁRIOS**

De acordo com o artigo 24, I da Constituição de 1988, compete à União, aos Estados e ao Distrito Federal legislar concorrentemente sobre direito urbanístico. Nesse caso, a União estabelece normas gerais, podendo o Município, por lei, suplementar a legislação federal e a estadual no que couber (art. 30, II da CRFB/1988). A política de desenvolvimento urbano, no âmbito administrativo, deve ser executada pelo Poder Público municipal, conforme previsão expressa do artigo 182, *caput* da Constituição de 1988. **Os comentários são suficientes para concluir que as alternativas "a", "b" e "c" estão incorretas.**

**Alternativa correta: letra "d".**

## 11. LEI DE POLÍTICA NACIONAL DE RECURSOS HÍDRICOS E LEI DE DIRETRIZES NACIONAIS PARA O SANEAMENTO BÁSICO

- CF 88, art. 20, 22, 23, 24, 26, 30, 225.
- Lei 9.433/1997
- Lei 11.445/2007

---

**42. (FGV – Exame de Ordem/2018.3)** A União edita o Decreto n° 123, que fixa as regras pelas quais serão outorgados direitos de uso dos recursos hídricos existentes em seu território, garantindo que seja assegurado o controle quantitativo e qualitativo dos usos da água. Determinada sociedade empresária, especializada nos serviços de saneamento básico, interessada na outorga dos recursos hídricos, consulta seu advogado para analisar a possibilidade de assumir a prestação do serviço.

Desse modo, de acordo com a Lei da Política Nacional de Recursos Hídricos, assinale a opção que indica o uso de recursos hídricos que pode ser objeto da referida outorga pela União.

a) O lançamento de esgotos em corpo de água que separe dois Estados da Federação, com o fim de sua diluição.

b) A captação da água de um lago localizado em terreno municipal.

c) A extração da água de um rio que banhe apenas um Estado.

d) O uso de recursos hídricos para a satisfação das necessidades de pequenos núcleos populacionais, distribuídos pelo meio rural.

**COMENTÁRIOS**

**Alternativa "a":** de acordo com o art. 12, III da Lei 9.433/1997, estão sujeitos a outorga pelo Poder Público os direitos de lançamento em corpo de água de esgotos e demais resíduos líquidos ou gasosos, tratados ou não, com o fim de sua diluição, transporte ou disposição final.

**Alternativa "b":** de acordo com o art. 12, I da Lei 9.433/1997, estão sujeitos a outorga pelo Poder Público a derivação ou captação de parcela da água existente em um corpo de água para consumo final, inclusive abastecimento público, ou insumo de processo produtivo.

**Alternativa "c":** dispõe o art. 20, III da Constituição de 1988 que são bens da União "os lagos, rios e quaisquer correntes de água em terrenos de seu domínio, ou que banhem mais de um Estado, sirvam de limites com outros países, ou se estendam a território estrangeiro ou dele provenham, bem como os terrenos marginais e as praias fluviais". No caso de extração da água de um rio que banhe apenas um Estado (bem estadual), a outorga de recursos hídricos deve ser dada pelo órgão estadual competente.

**Alternativa "d":** o uso de recursos hídricos para a satisfação das necessidades de pequenos núcleos populacionais, distribuídos no meio rural, independe de outorga pelo Poder Público (art. 12, § 1º, Lei 9.433/1997).

**Alternativa correta: letra "a".**

---

**43. (Exame de Ordem 2014.1 – FGV)** Nos termos da Lei n° 11.445/2007 (Lei de Diretrizes Nacionais para o Saneamento Básico), assinale a afirmativa que indica o serviço público que não pode ser considerado como saneamento básico.

a) Esgotamento sanitário.

b) Manejo de águas pluviais urbanas.

c) Limpeza urbana.

d) Administração de recursos hídricos.

**COMENTÁRIOS**

**De acordo com o artigo 21, XX, da Constituição de 1988, compete à União** instituir **diretrizes** para o desenvolvimento urbano, inclusive habitação, **saneamento básico** e transportes urbanos. Tais diretrizes foram definidas na Lei 11.445/2007 que, em seu artigo 3º, considera saneamento básico o conjunto de serviços, infraestruturas e instalações operacionais de: a) abastecimento de água potável; b) **esgotamento sanitário**; c) **limpeza urbana** e manejo de resíduos sólidos; d) drenagem e **manejo das águas pluviais urbanas**. Os **recursos hídricos não integram os serviços públicos de saneamento básico** (art. 4º da Lei 11.445/2007). A administração de recursos hídricos é regulamentada pela Lei 9.433/1997 (Lei de Política Nacional de Recursos Hídricos). Há, entretanto, uma nítida relação entre os serviços públicos de saneamento básico e a gestão eficiente dos recursos hídricos, que devem, inclusive, estar integrados, nos termos do artigo 2º, XII, da Lei de Diretrizes Nacionais para o Saneamento Básico.

**Alternativa correta: letra "d".**

***Romeu Thomé***

## ✦ RESUMOS DOUTRINÁRIOS

### 1. O MEIO AMBIENTE NA CONSTITUIÇÃO DE 1988. COMPETÊNCIAS CONSTITUCIONAIS EM MATÉRIA AMBIENTAL

- CF, art. 23, VI e VII; e parágrafo único.
- CF, art. 24, VI.
- CF, art. 30, I e II.
- Lei Complementar 140/2011.

- As competências para legislar e para atuar administrativamente em matéria ambiental são temas recorrentes nos Exames de Ordem.
- A competência legislativa se expressa no poder outorgado a cada ente federado para a elaboração das leis e atos normativos.
- A competência material cuida da atuação concreta do ente federado, através do exercício do poder de polícia.
- Pela competência legislativa concorrente, com fundamento no art. 24 da CF, caberá à União, aos Estados e ao Distrito Federal legislar, em concorrência, sobre determinados assuntos, dentre eles a proteção do meio ambiente e dos recursos naturais (art. 24, VI, CF/88).
- Na competência legislativa concorrente a competência da União limitar-se-á a estabelecer normas gerais (art. 24, § 1º da CF).
- Os municípios também possuem competência legislativa, nos termos do art. 30, I e II da CF, para "legislar sobre assuntos de interesse local" e "suplementar a legislação federal e a estadual no que couber".
- A competência material comum é atribuída conjuntamente à União, Estados, DF e Municípios no intuito de promover a execução de diretrizes, políticas e preceitos relativos à proteção ambiental (art. 23, VI e VII).
- A Lei Complementar 140, de 08 de dezembro de 2011, fixa normas, nos termos dos incisos III, VI e VII do *caput* e do parágrafo único do art. 23 da Constituição Federal, para a cooperação entre a União, os Estados, o Distrito Federal e os Municípios nas ações administrativas decorrentes do exercício da competência comum relativas à proteção do meio ambiente.

### 2. LICENCIAMENTO AMBIENTAL

- CF 88, art. 225, § 1º, IV.
- Resolução CONAMA 237/97.
- Resolução CONAMA 01/86.
- Lei Complementar 140/2011.

- O consentimento estatal para a utilização de recursos naturais é dado através do procedimento de licenciamento ambiental, importante instrumento de gestão ambiental, na medida em que, por meio dele, o Poder Público exerce o controle prévio sobre as atividades que possam de alguma forma impactar o meio ambiente.
- É importante analisar atentamente a Resolução CONAMA 237/97 e a Lei Complementar 140, de 08 de dezembro de 2011, que dispõem sobre a revisão e complementação dos procedimentos e critérios utilizados para o licenciamento ambiental.
- O licenciamento é um procedimento administrativo cujas fases ou etapas estão previstas no artigo 10, da Resolução CONAMA 237/97.
- São tipos de Licença Ambiental: Licença Prévia (LP), Licença de Instalação (LI) e Licença de Operação (LO).
- Os empreendimentos e atividades serão licenciados em um único nível de competência, ou seja, determinado empreendimento deverá requerer o licenciamento ambiental ao órgão ambiental da União, ou dos Estados/DF ou dos Municípios.
- As licenças ambientais não são perenes, ou seja, elas têm prazos de validade e precisam ser renovadas.

### 3. CÓDIGO FLORESTAL E RESPONSABILIDADE CIVIL POR DANO AMBIENTAL

- CF 88, art. 225, §§ 2º e 3º.
- Lei 6.938/81, art. 14, § 1º.
- Lei 12.651/2012.

- Área de Preservação Permanente – APP: área protegida, coberta ou não por vegetação nativa, com a função ambiental de preservar os recursos hídricos, a paisagem, a estabilidade geológica e a biodiversidade, facilitar o fluxo gênico de fauna e flora, proteger o solo e assegurar o bem-estar das populações humanas.
- Reserva Legal: área localizada no interior de uma propriedade ou posse rural, delimitada nos termos do art. 12 (da Lei 12.651/2012), com a função de assegurar o uso econômico de modo sustentável dos recursos naturais do imóvel rural, auxiliar a conservação e a reabilitação dos processos ecológicos e promover a conservação da biodiversidade, bem como o abrigo e a proteção de fauna silvestre e da flora nativa.
- As obrigações previstas na Lei 12.651/2012 (Código Florestal) têm natureza real e são transmitidas ao sucessor, de qualquer natureza, no caso de transferência de domínio ou posse do imóvel rural. A obrigação de recuperar a degradação ambiental é, portanto, do titular da propriedade do imóvel, mesmo que não tenha contribuído para a deflagração do dano, tendo em conta sua natureza *propter rem*.[1]

---

1 Jurisprudência em teses. STJ, março de 2015, n. 30.

- Causa inequívoco dano ecológico quem desmata, ocupa, explora ou impede a regeneração de Área de Preservação Permanente - APP, fazendo emergir a obrigação *propter rem* de restaurar plenamente e de indenizar o meio ambiente degradado e terceiros afetados, sob o regime de responsabilidade civil objetiva.
- A responsabilidade civil por dano ambiental está prevista no art. 4, VII, da Lei 6.938/81 (Lei de Política Nacional do Meio Ambiente): "imposição ao poluidor da obrigação de recuperar e/ou indenizar os danos causados."
- Ao poluidor será imposta a obrigação de recuperar os danos causados, na maior medida possível. Caso o dano seja irrecuperável, caberá ao poluidor indenizar os danos causados por meio do pagamento de um montante em dinheiro, que deverá ser revertido à preservação do meio ambiente.
- A responsabilidade civil em matéria ambiental é objetiva (art. 14, § 1º da Lei 6.938/81).
- A responsabilidade civil objetiva está baseada na ideia de risco da atividade. Não há que se analisar a existência de ato ilícito (dolo/culpa). Devem restar comprovados, regra geral, os elementos "dano" e "nexo causal".
- A responsabilidade por dano ambiental é objetiva, informada pela teoria do risco integral, sendo o nexo de causalidade o fator aglutinante que permite que o risco se integre na unidade do ato, sendo descabida a invocação, pela empresa responsável pelo dano ambiental, de excludentes de responsabilidade civil para afastar sua obrigação de indenizar.[2]
- O reconhecimento da responsabilidade objetiva por dano ambiental não dispensa a demonstração do nexo de causalidade entre a conduta e o resultado.
- Admite-se a condenação simultânea e cumulativa das obrigações de fazer, de não fazer e de indenizar na reparação integral do meio ambiente.[3]
- A obrigação de recuperar a degradação ambiental é do titular da propriedade do imóvel, mesmo que não tenha contribuído para a deflagração do dano, tendo em conta sua natureza *propter rem*.[4]
- Os responsáveis pela degradação ambiental são coobrigados solidários, formando-se, em regra, nas ações civis públicas ou coletivas litisconsórcio facultativo.[5]
- Em matéria de proteção ambiental, há responsabilidade civil do Estado quando a omissão de cumprimento adequado do seu dever de fiscalizar for determinante para a concretização ou o agravamento do dano causado.[6]
- Não há direito adquirido a poluir ou degradar o meio ambiente, não existindo permissão ao proprietário ou posseiro para a continuidade de práticas vedadas pelo legislador.[7]
- É imprescritível a pretensão reparatória de danos ao meio ambiente.
- Não se admite a aplicação da teoria do fato consumado em tema de Direito Ambiental. (Súmula n. 613/STJ)

2 Jurisprudência em teses. STJ, março de 2015, n. 30.
3 Jurisprudência em teses. STJ, março de 2015, n. 30.
4 Jurisprudência em teses. STJ, março de 2015, n. 30.
5 Jurisprudência em teses. STJ, março de 2015, n. 30.
6 Jurisprudência em teses. STJ, março de 2015, n. 30.
7 Jurisprudência em teses. STJ, março de 2015, n. 30.

## 4. SISTEMA NACIONAL DE UNIDADES DE CONSERVAÇÃO DA NATUREZA - SNUC

- CF 88, art. 225, § 1º, III.
- Lei 9.985/00.

- Importante lembrar que a "União, os Estados, o Distrito Federal e os Municípios, em colaboração com a sociedade civil, têm a responsabilidade comum da criação de políticas para a preservação e a restauração da vegetação nativa e de suas funções ecológicas e sociais nas áreas urbanas e rurais (...)"[8], nos termos do artigo 23, VI e VII, da Constituição de 1988. Assim, todos os entes federados podem instituir unidades de conservação da natureza.
- Conceito legal de unidade de conservação: espaço territorial e seus recursos ambientais, incluindo as águas jurisdicionais, com características naturais relevantes, legalmente instituído pelo Poder Público, com objetivos de conservação e limites definidos, sob regime especial de administração, ao qual se aplicam garantias adequadas de proteção (art. 2, I da Lei 9.985/00).
- A lei do SNUC divide as unidades de conservação em dois grandes grupos, utilizando-se como critério a intensidade de proteção: unidades de proteção integral e unidades de uso sustentável.

| Unidades de Proteção Integral (Art. 8º) | Unidades de Uso Sustentável (Art. 14) |
|---|---|
| Estação Ecológica | Área de Proteção Ambiental (APA) |
| Reserva Biológica | Área de Relevante Interesse Ecológico |
| Parque Nacional | Floresta Nacional |
| Monumento Natural | Reserva Extrativista |
| Refúgio de Vida Silvestre | Reserva de Fauna |
| – | Reserva de Desenvolvimento Sustentável |
| – | Reserva Particular do Patrimônio Natural (RPPN) |

- Nas UCs de Proteção Integral a proteção é intensa. Admite-se apenas o uso indireto dos seus atributos naturais, ou seja, aquele uso que não envolve consumo, coleta, dano ou destruição dos recursos naturais.
- Nas UCs de Uso Sustentável a intensidade de proteção é menor em relação às de Proteção Integral. O objetivo básico das unidades de Uso Sustentável é compatibilizar a conservação da natureza com o uso sustentável de parcela dos seus recursos naturais. Assim, a lei 9.985/00 admite a utilização (exploração) de parcela dos recursos naturais em regime de manejo sustentável desde que observado o zoneamento da área, as limitações legais e o Plano de Manejo da respectiva UC.

  Sobre a criação de unidades de conservação da natureza: ver artigo 225, § 1º, III da CF/88 e o artigo 22, §§ 2º a 6º, da Lei 9.985/00.
- Sobre a alteração e supressão de unidade de conservação da natureza: ver artigo 225, § 1º, III da CF/88 e o artigo 22, § 7º, da Lei 9.985/00.

8 MACHADO, Paulo Affonso Leme. **Inovações na legislação brasileira: a proteção das florestas**. In: Veredas do Direito, Belo Horizonte, v.10, n.19, p.11-21. Janeiro/Junho de 2013, p. 14.

- Todas as unidades de conservação devem possuir zona de amortecimento, exceto as Áreas de Proteção Ambiental (APA) e Reserva Particular do Patrimônio Natural (RPPN).
- Plano de manejo: é o documento técnico mediante o qual, com fundamento nos objetivos gerais de uma unidade de conservação, se estabelece o seu zoneamento e as normas que devem presidir o uso da área e o manejo dos recursos naturais, inclusive a implantação das estruturas físicas necessárias à gestão da unidade (art. 2º, XVII, da lei do SNUC).

## 5. TUTELA PENAL E ADMINISTRATIVA DO MEIO AMBIENTE (LEI DE CRIMES AMBIENTAIS)

- CF 88, art. 225, § 3º.
- Lei 9.605/98.
- Decreto n. 6.514/08.

| Lei 9.605/98 | | |
|---|---|---|
| **Capítulo I** | Disposições gerais (sujeito ativo, pessoa jurídica, autoria e coautoria). | Arts. 1º ao 5º |
| **Capítulo II** | Da aplicação da pena (tipos de penas, consequências do crime, culpabilidade, circunstâncias atenuantes e agravantes). | Arts. 6º ao 24 |
| **Capítulo III** | Da apreensão do produto e do instrumento de infração administrativa ou de crime (instrumentos e produtos do crime). | Art. 25 |
| **Capítulo IV** | Da ação e do processo penal. | Arts. 26 ao 28 |
| **Capítulo V** | Dos crimes contra o meio ambiente (crimes contra a fauna, flora, poluição, ordenamento urbano e patrimônio cultural e administração ambiental). | Arts. 29 ao 69-A |
| **Capítulo VI** | Infração administrativa (autoridade competente, processo administrativo, sanções). | Arts. 70 ao 76 |
| **Capítulo VII** | Da cooperação internacional para a preservação do meio ambiente. | Arts. 77 ao 78 |
| **Capítulo VIII** | Disposições finais. | Arts. 79 ao 82 |

- É vedado ao Instituto Brasileiro do Meio Ambiente e dos Recursos Naturais Renováveis – IBAMA impor sanções administrativas sem expressa previsão legal. [9]
- É defeso ao IBAMA impor penalidade decorrente de ato tipificado como crime ou contravenção, cabendo ao Poder Judiciário referida medida. [10]
- Prescreve em cinco anos, contados do término do processo administrativo, a pretensão da Administração Pública de promover a execução da multa por infração ambiental. (Súmula 467/STJ) (Tese julgada sob o rito do art. 543-C).[11]
- O direito (penal) ambiental visa, sobretudo, evitar a concretização de danos ao meio ambiente. Desta forma, se preocupa com os riscos e não somente com os danos; ou seja, em alguns momentos a Lei 9.065/98 estipulou como infração a mera probabilidade de dano (chamados de crimes de perigo).
- O STF (decisão no RE 548181, publicada em 19 de junho de 2013) e o STJ (REsp 610114) reconhecem a responsabilidade penal da pessoa jurídica.
- Condicionantes para a responsabilização da pessoa jurídica a) que a infração tenha sido cometida em seu interesse ou benefício; b) que seja cometida por decisão de seu representante legal ou contratual, ou de seu órgão colegiado.
- É importante a leitura atenta dos tipos penais ambientais. A Lei 9.605/98 distribui os temas da seguinte forma:

| Lei 9.605/98 Crimes contra o Meio Ambiente | |
|---|---|
| | crimes contra a fauna (arts. 29 a 37) |
| | crimes contra a flora (arts. 38 a 53) |
| | crime de poluição e outros (art. 54 a 61) |
| | crimes contra o ordenamento urbano e o patrimônio cultural (arts. 62 a 65) |
| | crimes contra a administração ambiental (arts. 66 a 69-A) |

## 6. LEI DE POLÍTICA NACIONAL SOBRE MUDANÇA DO CLIMA

- Lei 12.187/2009

- A lei adota, como pilares, importantes princípios de Direito Ambiental, como os princípios do desenvolvimento sustentável, da precaução, da prevenção, da obrigatoriedade de atuação estatal, da cooperação, da participação cidadã e o da responsabilidade comum, mas diferenciada.
- Dentre as diretrizes da Política Nacional sobre Mudança do Clima, traçadas no artigo 5º, destacam-se o apoio e o fomento às atividades que efetivamente reduzam as emissões ou promovam as remoções por sumidouros de gases de efeito estufa e o estímulo e o apoio à manutenção e à promoção de práticas, atividades e tecnologias de baixas emissões de gases de efeito estufa e de padrões sustentáveis de produção e consumo.
- Os instrumentos econômicos têm lugar de destaque na LPNMC que prevê, dentre outros, a utilização de medidas tributárias e fiscais como mecanismos de estímulo à redução e remoção de gases de efeito estufa-GEE.
- Com a instituição da Lei de Política Nacional sobre Mudança do Clima, o Brasil adotou um compromisso voluntário para a mitigação das emissões de GEE com vistas a reduzir entre 36,1% (trinta e seis inteiros e um décimo por cento) e 38,9% (trinta e oito inteiros e nove décimos por cento) suas emissões projetadas até 2020.

## 7. LEI DE GESTÃO DE FLORESTAS PÚBLICAS

- Lei 11.284/2006

- **Concessão florestal**: delegação onerosa, feita pelo poder concedente, do direito de praticar manejo florestal sustentável para exploração de produtos e serviços numa unidade de manejo, mediante licitação, à pessoa jurídica, em consórcio ou não, que atenda às exigências do respectivo edital de licitação e demonstre capacidade para seu desempenho, por sua conta e risco e por prazo determinado.

9 Jurisprudência em teses. STJ, março de 2015, n. 30.
10 Jurisprudência em teses. STJ, março de 2015, n. 30.
11 Jurisprudência em teses. STJ, março de 2015, n. 30.

- A gestão de florestas públicas para produção sustentável compreende (art. 4º):

  I – a **criação de florestas** nacionais, estaduais e municipais, nos termos do art. 17 da Lei 9.985/2000, e sua gestão direta; *(Floresta Nacional);*

  II – a destinação de florestas públicas **às comunidades locais**, nos termos do art. 6º da Lei;

  III – a **concessão florestal**, incluindo florestas naturais ou plantadas e as unidades de manejo das áreas protegidas referidas no inciso I do *caput* deste artigo.

- O **Poder Público poderá exercer diretamente** a gestão de florestas nacionais, estaduais e municipais criadas nos termos do art. 17 da Lei 9.985/2000 *(Floresta Nacional)*, sendo-lhe facultado, para **execução de atividades subsidiárias, firmar convênios, termos de parceria, contratos ou instrumentos similares** com terceiros, observados os procedimentos licitatórios e demais exigências legais pertinentes. (art. 5º).

- A concessão florestal terá como objeto a **exploração de produtos e serviços florestais**, contratualmente especificados, em unidade de manejo de floresta pública, com perímetro georreferenciado, registrada no respectivo cadastro de florestas públicas e incluída no lote de concessão florestal. (art. 14).

- A concessão florestal confere ao concessionário somente os direitos expressamente previstos no contrato de concessão (art. 16).

- **É vedada a outorga de** qualquer dos seguintes direitos no âmbito da concessão florestal:

  I – **titularidade imobiliária** ou preferência em sua aquisição;

  II – **acesso ao patrimônio genético** para fins de pesquisa e desenvolvimento, bioprospecção ou constituição de coleções;

  III – **uso dos recursos hídricos** acima do especificado como insignificante, nos termos da Lei no 9.433/1997;

  IV – **exploração dos recursos minerais**.

## 8. LEI DE AGROTÓXICOS

▸ Lei 7.802/1989

- **Agrotóxicos e afins:** são a) os produtos e os agentes de processos físicos, químicos ou biológicos, destinados ao uso nos setores de produção, no armazenamento e beneficiamento de produtos agrícolas, nas pastagens, na proteção de florestas, nativas ou implantadas, e de outros ecossistemas e também de ambientes urbanos, hídricos e industriais, cuja finalidade seja alterar a composição da flora ou da fauna, a fim de preservá-las da ação danosa de seres vivos considerados nocivos; b) substâncias e produtos, empregados como desfolhantes, dessecantes, estimuladores e inibidores de crescimento (art. 2º, I da lei 7.802/1989).

- Os agrotóxicos, seus componentes e afins só poderão ser produzidos, exportados, importados, comercializados e utilizados, se previamente registrados em órgão federal, de acordo com as diretrizes e exigências dos órgãos federais responsáveis pelos setores da saúde, do meio ambiente e da agricultura. (art. 3º).

- As embalagens dos agrotóxicos e afins deverão atender, entre outros, aos seguintes requisitos (art. 6º):

  I - devem ser projetadas e fabricadas de forma a impedir qualquer vazamento, evaporação, perda ou alteração de seu conteúdo e de modo a facilitar as operações de lavagem, classificação, reutilização e reciclagem;

  II - os materiais de que forem feitas devem ser insuscetíveis de ser atacados pelo conteúdo ou de formar com ele combinações nocivas ou perigosas;

  III - devem ser suficientemente resistentes em todas as suas partes, de forma a não sofrer enfraquecimento e a responder adequadamente às exigências de sua normal conservação;

  IV - devem ser providas de um lacre que seja irremediavelmente destruído ao ser aberto pela primeira vez.

- As responsabilidades administrativa, civil e penal pelos danos causados à saúde das pessoas e ao meio ambiente, quando a produção, comercialização, utilização, transporte e destinação de embalagens vazias de agrotóxicos, seus componentes e afins, não cumprirem o disposto na legislação pertinente, cabem:

  a) ao profissional, quando comprovada receita errada, displicente ou indevida;

  b) ao usuário ou ao prestador de serviços, quando proceder em desacordo com o receituário ou as recomendações do fabricante e órgãos registrantes e sanitário-ambientais;

  c) ao comerciante, quando efetuar venda sem o respectivo receituário ou em desacordo com a receita ou recomendações do fabricante e órgãos registrantes e sanitário-ambientais;

  d) ao registrante que, por dolo ou por culpa, omitir informações ou fornecer informações incorretas;

  e) ao produtor, quando produzir mercadorias em desacordo com as especificações constantes do registro do produto, do rótulo, da bula, do folheto e da propaganda, ou não der destinação às embalagens vazias em conformidade com a legislação pertinente;

  f) ao empregador, quando não fornecer e não fizer manutenção dos equipamentos adequados à proteção da saúde dos trabalhadores ou dos equipamentos na produção, distribuição e aplicação dos produtos.

## 9. LEI DE POLÍTICA NACIONAL DE RESÍDUOS SÓLIDOS

▸ Lei 12.305/2010
▸ Decreto 10.936/22

- A Lei 12.305/2010 não se aplica aos rejeitos radioativos, que são regulados por legislação específica. (Art. 1º, § 2º).

- Coleta seletiva: coleta de resíduos sólidos previamente segregados conforme sua constituição ou composição. (Art. 3º, V).

- Logística reversa: instrumento de desenvolvimento econômico e social caracterizado por um conjunto de ações, procedimentos e meios destinados a viabilizar a coleta e a restituição dos resíduos sólidos ao setor empresarial, para reaproveitamento, em seu ciclo ou em outros ciclos produtivos, ou outra destinação final ambientalmente adequada. (Art. 3º, XII).

- Reciclagem: processo de transformação dos resíduos sólidos que envolve a alteração de suas propriedades físicas, físico-químicas ou biológicas, com vistas à transformação em insumos ou novos produtos, observadas as condições e os padrões estabelecidos pelos órgãos competentes do Sisnama e, se couber, do SNVS e do Suasa. (Art. 3º, XIV).

- Resíduos sólidos: material, substância, objeto ou bem descartado resultante de atividades humanas em sociedade, a cuja destinação final se procede, se propõe proceder ou se está obrigado a proceder, nos estados sólido ou semissólido, bem como gases contidos em recipientes e líquidos cujas particularidades tornem inviável o seu lançamento na rede pública de esgotos ou em corpos d'água, ou exijam para isso soluções técnica ou economicamente inviáveis em face da melhor tecnologia disponível. (Art. 3º, XVI).
- São objetivos da Política Nacional de Resíduos Sólidos: não geração, redução, reutilização, reciclagem e tratamento dos resíduos sólidos, bem como disposição final ambientalmente adequada dos rejeitos (Art. 7º, II).
- A União elaborará, sob a coordenação do Ministério do Meio Ambiente, o Plano Nacional de Resíduos Sólidos, com vigência por prazo indeterminado e horizonte de 20 (vinte) anos, a ser atualizado a cada 4 (quatro) anos. (Art. 15).
- A elaboração de plano estadual de resíduos sólidos, nos termos previstos por esta Lei, é condição para os Estados terem acesso a recursos da União, ou por ela controlados, destinados a empreendimentos e serviços relacionados à gestão de resíduos sólidos, ou para serem beneficiados por incentivos ou financiamentos de entidades federais de crédito ou fomento para tal finalidade. (Art. 16).
- A elaboração de plano municipal de gestão integrada de resíduos sólidos, nos termos previstos por esta Lei, é condição para o Distrito Federal e os Municípios terem acesso a recursos da União, ou por ela controlados, destinados a empreendimentos e serviços relacionados à limpeza urbana e ao manejo de resíduos sólidos, ou para serem beneficiados por incentivos ou financiamentos de entidades federais de crédito ou fomento para tal finalidade. (Art. 18).
- É instituída a responsabilidade compartilhada pelo ciclo de vida dos produtos, a ser implementada de forma individualizada e encadeada, abrangendo os fabricantes, importadores, distribuidores e comerciantes, os consumidores e os titulares dos serviços públicos de limpeza urbana e de manejo de resíduos sólidos. (Art. 30).

## 10. POLÍTICA URBANA E ESTATUTO DA CIDADE

- CF 88, art. 24, 30, 182, 183.
- Lei 10.257/2001

- Compete à União, aos Estados e ao Distrito Federal legislar concorrentemente sobre direito urbanístico (art. 24, I da CRFB/1988).
- No âmbito da legislação concorrente, a competência da União limitar-se-á a estabelecer normas gerais (sobre direito urbanístico). (art. 24, § 1º da CRFB/1988).
- Compete aos Municípios: I - legislar sobre assuntos de interesse local; II - suplementar a legislação federal e a estadual no que couber (art. 30, I e II da CRFB/1988).
- A Constituição de 1988 aborda a política urbana nos seus artigos 182 e 183.
- A Lei 10.257/01 (Estatuto da Cidade) regulamenta os artigos 182 e 183 da Constituição de 1988.
- O Poder Público Municipal poderá exigir do proprietário do imóvel urbano o parcelamento, edificação ou utilização compulsórios de sua propriedade.
- O plano diretor é o instrumento básico da política de desenvolvimento e expansão urbana e é obrigatório para cidades com mais de 20.000 habitantes (art. 182, § 1º da CRFB/1988).
- A CRFB/1988 e o Estatuto da Cidade preveem a aplicação do imposto sobre a propriedade predial e territorial urbana (IPTU) progressivo no tempo, mediante a majoração da alíquota pelo prazo de cinco anos consecutivos.
- A CRFB/1988, regulamentada pelo Estatuto da Cidade, prevê a desapropriação com o caráter de sanção aplicável ao imóvel que descumpra sua função social como consequência imposta ao proprietário que, mesmo após a imposição do IPTU progressivo, se omita em tomar providências para a adequação do solo urbano às exigências fundamentais de ordenação da cidade expressas no Plano Diretor. (*vide* art. 182, § 4º, III da CRFB/1988 e art. 8º do Estatuto da Cidade).
- Decorridos cinco anos de cobrança do IPTU progressivo sem que o proprietário tenha cumprido a obrigação de parcelamento, edificação ou utilização, o Município poderá proceder à desapropriação do imóvel, com pagamento em títulos da dívida pública.

## 11. LEI DE POLÍTICA NACIONAL DE RECURSOS HÍDRICOS E LEI DE DIRETRIZES NACIONAIS PARA O SANEAMENTO BÁSICO

- CF 88, art. 20, 22, 23, 24, 26, 30, 225.
- Lei 9.433/1997
- Lei 11.445/2007 (com redação dada pela Lei 14.026/2020).

A **Lei n. 9.984, de 17 de julho de 2000,** criou a Agência Nacional de Águas e Saneamento Básico (ANA), integrante do Sistema Nacional de Gerenciamento de Recursos Hídricos e responsável pela instituição de normas de referência para a regulação dos serviços públicos de saneamento básico, e estabelece regras para sua atuação, sua estrutura administrativa e suas fontes de recursos. Trata-se de uma autarquia sob regime especial, com autonomia administrativa e financeira, vinculada ao Ministério do Desenvolvimento Regional, integrante do Sistema Nacional de Gerenciamento de Recursos Hídricos (Singreh), com a finalidade de implementar, no âmbito de suas competências, a Política Nacional de Recursos Hídricos e de instituir normas de referência para a regulação dos serviços públicos de saneamento básico.

- **Saneamento básico. Conceitos (art. 3º, da Lei 11.445/2007).** Para fins do disposto nesta Lei, considera-se:

  I – saneamento básico: conjunto de serviços públicos, infraestruturas e instalações operacionais de:

  a) abastecimento de água potável: constituído pelas atividades e pela disponibilização e manutenção de infraestruturas e instalações operacionais necessárias ao abastecimento público de água potável, desde a captação até as ligações prediais e seus instrumentos de medição;

  b) esgotamento sanitário: constituído pelas atividades e pela disponibilização e manutenção de infraestruturas e instalações operacionais necessárias à coleta, ao transporte, ao tratamento e à disposição final adequados dos esgotos sanitários, desde as ligações prediais até sua destinação final para produção de água de reúso ou seu lançamento de forma adequada no meio ambiente;

c) limpeza urbana e manejo de resíduos sólidos: constituídos pelas atividades e pela disponibilização e manutenção de infraestruturas e instalações operacionais de coleta, varrição manual e mecanizada, asseio e conservação urbana, transporte, transbordo, tratamento e destinação final ambientalmente adequada dos resíduos sólidos domiciliares e dos resíduos de limpeza urbana; e

d) drenagem e manejo das águas pluviais urbanas: constituídos pelas atividades, pela infraestrutura e pelas instalações operacionais de drenagem de águas pluviais, transporte, detenção ou retenção para o amortecimento de vazões de cheias, tratamento e disposição final das águas pluviais drenadas, contempladas a limpeza e a fiscalização preventiva das redes;

II – gestão associada: associação voluntária entre entes federativos, por meio de consórcio público ou convênio de cooperação, conforme disposto no art. 241 da Constituição Federal;

III – universalização: ampliação progressiva do acesso de todos os domicílios ocupados ao saneamento básico, em todos os serviços previstos no inciso XIV do **caput** deste artigo, incluídos o tratamento e a disposição final adequados dos esgotos sanitários;

IV – controle social: conjunto de mecanismos e procedimentos que garantem à sociedade informações, representações técnicas e participação nos processos de formulação de políticas, de planejamento e de avaliação relacionados com os serviços públicos de saneamento básico;

V – (VETADO);

VI – prestação regionalizada: modalidade de prestação integrada de um ou mais componentes dos serviços públicos de saneamento básico em determinada região cujo território abranja mais de um Município, podendo ser estruturada em:

a) região metropolitana, aglomeração urbana ou microrregião: unidade instituída pelos Estados mediante lei complementar, de acordo com o § 3º do art. 25 da Constituição Federal, composta de agrupamento de Municípios limítrofes e instituída nos termos da Lei nº 13.089, de 12 de janeiro de 2015 (Estatuto da Metrópole);

b) unidade regional de saneamento básico: unidade instituída pelos Estados mediante lei ordinária, constituída pelo agrupamento de Municípios não necessariamente limítrofes, para atender adequadamente às exigências de higiene e saúde pública, ou para dar viabilidade econômica e técnica aos Municípios menos favorecidos;

c) bloco de referência: agrupamento de Municípios não necessariamente limítrofes, estabelecido pela União nos termos do § 3º do art. 52 desta Lei e formalmente criado por meio de gestão associada voluntária dos titulares;

VII – subsídios: instrumentos econômicos de política social que contribuem para a universalização do acesso aos serviços públicos de saneamento básico por parte de populações de baixa renda;

VIII – localidades de pequeno porte: vilas, aglomerados rurais, povoados, núcleos, lugarejos e aldeias, assim definidos pela Fundação Instituto Brasileiro de Geografia e Estatística (IBGE);

IX – contratos regulares: aqueles que atendem aos dispositivos legais pertinentes à prestação de serviços públicos de saneamento básico;

X – núcleo urbano: assentamento humano, com uso e características urbanas, constituído por unidades imobiliárias com área inferior à fração mínima de parcelamento prevista no art. 8º da Lei nº 5.868, de 12 de dezembro de 1972, independentemente da propriedade do solo, ainda que situado em área qualificada ou inscrita como rural;

XI – núcleo urbano informal: aquele clandestino, irregular ou no qual não tenha sido possível realizar a titulação de seus ocupantes, ainda que atendida a legislação vigente à época de sua implantação ou regularização;

XII – núcleo urbano informal consolidado: aquele de difícil reversão, considerados o tempo da ocupação, a natureza das edificações, a localização das vias de circulação e a presença de equipamentos públicos, entre outras circunstâncias a serem avaliadas pelo Município ou pelo Distrito Federal;

XIII – operação regular: aquela que observa integralmente as disposições constitucionais, legais e contratuais relativas ao exercício da titularidade e à contratação, prestação e regulação dos serviços;

XIV – serviços públicos de saneamento básico de interesse comum: serviços de saneamento básico prestados em regiões metropolitanas, aglomerações urbanas e microrregiões instituídas por lei complementar estadual, em que se verifique o compartilhamento de instalações operacionais de infraestrutura de abastecimento de água e/ou de esgotamento sanitário entre 2 (dois) ou mais Municípios, denotando a necessidade de organizá-los, planejá-los, executá-los e operá-los de forma conjunta e integrada pelo Estado e pelos Municípios que compartilham, no todo ou em parte, as referidas instalações operacionais;

XV – serviços públicos de saneamento básico de interesse local: funções públicas e serviços cujas infraestruturas e instalações operacionais atendam a um único Município;

XVI – sistema condominial: rede coletora de esgoto sanitário, assentada em posição viável no interior dos lotes ou conjunto de habitações, interligada à rede pública convencional em um único ponto ou à unidade de tratamento, utilizada onde há dificuldades de execução de redes ou ligações prediais no sistema convencional de esgotamento;

XVII – sistema individual alternativo de saneamento: ação de saneamento básico ou de afastamento e destinação final dos esgotos, quando o local não for atendido diretamente pela rede pública;

XVIII – sistema separador absoluto: conjunto de condutos, instalações e equipamentos destinados a coletar, transportar, condicionar e encaminhar exclusivamente esgoto sanitário;

XIX – sistema unitário: conjunto de condutos, instalações e equipamentos destinados a coletar, transportar, condicionar e encaminhar conjuntamente esgoto sanitário e águas pluviais.

- **Recursos hídricos e saneamento básico (art. 4º da Lei 11.445/2007)**: os recursos hídricos não integram os serviços públicos de saneamento básico. A utilização de recursos hídricos na prestação de serviços públicos de saneamento básico, inclusive para disposição ou diluição de esgotos e outros resíduos líquidos, é sujeita a outorga de direito de uso, nos termos da Lei no 9.433, de 8 de janeiro de 1997, de seus regulamentos e das legislações estaduais (art. 4º, parágrafo único, da Lei 11.445/2007).

## ✦ SÚMULAS APLICÁVEIS

### ✦ STF

### O MEIO AMBIENTE NA CONSTITUIÇÃO DE 1988. COMPETÊNCIAS CONSTITUCIONAIS EM MATÉRIA AMBIENTAL

- **STF - SÚMULA 365** - Pessoa jurídica não tem legitimidade para propor ação popular.

### CÓDIGO FLORESTAL E RESPONSABILIDADE CIVIL POR DANO AMBIENTAL

- **STF – SÚMULA 479** – As margens dos rios navegáveis são de domínio público, insuscetíveis de expropriação e, por isso mesmo, excluídas de indenização.

### ✦ STJ

### CÓDIGO FLORESTAL E RESPONSABILIDADE CIVIL POR DANO AMBIENTAL

- **STJ - SÚMULA 37** - São cumuláveis as indenizações por dano material e moral oriundos do mesmo fato.
- **STJ - SÚMULA 613** - Não se admite a aplicação da teoria do fato consumado em tema de direito ambiental.
- ***STJ* – SÚMULA 618** - A inversão do ônus da prova aplica-se às ações de degradação ambiental.
- **STJ - SÚMULA 623** - As obrigações ambientais possuem natureza propter rem, sendo admissível cobrá-las do proprietário ou possuidor atual e/ou dos anteriores, à escolha do credor.
- **STJ - SÚMULA 629** - Quanto ao dano ambiental, é admitida a condenação do réu à obrigação de fazer ou à de não fazer cumulada com a de indenizar.
- **STJ - SÚMULA 652** - A responsabilidade civil da administração pública por danos ao meio ambiente, decorrente de sua omissão no dever de fiscalização, é de caráter solidário, mas de execução subsidiária.

### TUTELA PENAL E ADMINISTRATIVA DO MEIO AMBIENTE (LEI DE CRIMES AMBIENTAIS)

- **STJ – SÚMULA 467** – Prescreve em cinco anos, contados do término do processo administrativo, a pretensão da Administração Pública de promover a execução da multa por infração ambiental.

# Direito do Consumidor

*Lucas de Souza Lehfeld*

## TABELA DE INCIDÊNCIA DE QUESTÕES

| **Distribuição das questões organizada por ordem didática de assuntos** | | |
|---|---|---|
| **Assunto** | **Número de Questões** | **Peso** |
| 1. DOS PRINCÍPIOS FUNDAMENTAIS DO CÓDIGO DE DEFESA DO CONSUMIDOR (CDC) | 3 | 5,66% |
| 2. DA QUALIDADE DE PRODUTOS E SERVIÇOS, DA PREVENÇÃO E DA REPARAÇÃO DOS DANOS | 17 | 32,08% |
| 3. DAS PRÁTICAS COMERCIAIS | 11 | 20,75% |
| 4. DA PROTEÇÃO CONTRATUAL | 16 | 30,19% |
| 5. DA DEFESA DO CONSUAMIDOR EM JUÍZO | 5 | 9,43% |
| 6. DA CONVENÇÃO COLETIVA DE CONSUMO | 1 | 1,89% |
| **Total** | **53** | **100%** |

# Direito do Consumidor

**_Lucas de Souza Lehfeld_**

✦ QUESTÕES

## 1. DOS PRINCÍPIOS FUNDAMENTAIS DO CÓDIGO DE DEFESA DO CONSUMIDOR (CDC)

**01. (FGV – XXXVII Exame OAB)** No instrumento de oferta de crédito pessoal em favor do microempreendedor individual Eugênio Barros, dentre outras informações, constou o montante dos juros de mora e a taxa efetiva anual dos juros. Ao indagar o intermediário sobre a omissão da taxa efetiva mensal de juros, do Custo Efetivo Total da operação (CET) e do prazo de validade da oferta, o microempreendedor recebeu as seguintes explicações: i) a taxa efetiva mensal de juros estava indicada em documento apartado, apresentado ao interessado no ato; ii) o CET deveria ser consultado no aplicativo da instituição financeira ofertante, através do uso da fórmula fornecida no próprio aplicativo; iii) a oferta era válida apenas no dia de hoje, sem qualquer documento comprobatório que amparasse a informação. Considerando as explicações do intermediário em cotejo com as normas do Código de Defesa do Consumidor (CDC) quanto às informações prévias no fornecimento de serviços que envolva outorga de crédito, assinale a afirmativa correta.

a) Todas as explicações prestadas estão corretas e em conformidade com as prescrições do CDC, não havendo necessidade de comprovação do prazo de oferta caso o beneficiário seja pessoa jurídica, como o microempreendedor individual.

b) A única explicação equivocada prestada é em relação à taxa efetiva mensal de juros, que deve ser necessariamente indicada no instrumento da oferta, e não em documento apartado.

c) Todas as explicações prestadas são equivocados e violam as prescrições do CDC, eis que a taxa efetiva mensal de juros e o CET devem ser indicados no instrumento da oferta e essa deve ser de, no mínimo, 7 (sete) dias.

d) São equivocados os esclarecimentos prestados quanto ao CET, pois ele deve constar do instrumento da oferta ou em documento apartado e ser de fácil acesso ao consumidor; quanto ao prazo de validade da oferta, ele deve ser de, no mínimo, 2 (dois) dias.

COMENTÁRIOS

✪ **Nota do autor:** exige conhecimento a respeito das disposições sobre a prevenção e tratamento do superendividamento previstas pelo Código de Defesa do Consumidor, incluídas pela lei n.º 14.181/2021.

**Alternativa "a": incorreta.** A assertiva está incorreta, uma vez que as explicações referentes ao CET e prazo de validade da oferta estão em desacordo à previsão do Código de Defesa do Consumidor, conforme será explanado adiante.

**Alternativa "b": incorreta.** A assertiva está incorreta, conforme a explicação do item *d*, tendo em vista que contraria a previsão do artigo 54B, § 1º, do Código de Defesa do Consumidor.

**Alternativa "c": incorreta.** A assertiva está incorreta porque em desacordo com a previsão do artigo 54B, inciso III, que prevê o prazo mínimo de 2 (dois) dias para a oferta e não 7 (sete) dias, conforme mencionado.

**Alternativa "d": correta.** A assertiva está de acordo com a previsão do artigo 54, b, do Código de Defesa do Consumidor, a saber:

> *"Art. 54-B. No fornecimento de crédito e na venda a prazo, além das informações obrigatórias previstas no art. 52 deste Código e na legislação aplicável à matéria, o fornecedor ou o intermediário deverá informar o consumidor, prévia e adequadamente, no momento da oferta, sobre: (Incluído pela Lei nº 14.181, de 2021)*
>
> *I - o custo efetivo total e a descrição dos elementos que o compoem; (Incluído pela Lei nº 14.181, de 2021)*
>
> *II - a taxa efetiva mensal de juros, bem como a taxa dos juros de mora e o total de encargos, de qualquer natureza, previstos para o atraso no pagamento; (Incluído pela Lei nº 14.181, de 2021)*
>
> *III - o montante das prestações e o prazo de validade da oferta, que deve ser, no mínimo, de 2 (dois) dias; (Incluído pela Lei nº 14.181, de 2021)*
>
> *IV - o nome e o endereço, inclusive o eletrônico, do fornecedor; (Incluído pela Lei nº 14.181, de 2021)*
>
> *V - o direito do consumidor à liquidação antecipada e não onerosa do débito, nos termos do § 2º do art. 52 deste Código e da regulamentação em vigor. (Incluído pela Lei nº 14.181, de 2021)*
>
> *§ 1º As informações referidas no art. 52 deste Código e no caput deste artigo devem constar de forma clara e resumida do próprio contrato, da fatura ou de instrumento apartado, de fácil acesso ao consumidor. (Incluído pela Lei nº 14.181, de 2021)*
>
> *§ 2º Para efeitos deste Código, o custo efetivo total da operação de crédito ao consumidor consistirá em taxa percentual anual e compreenderá todos os valores cobrados do consumidor, sem prejuízo do cálculo padronizado pela autoridade reguladora do sistema financeiro. (Incluído pela Lei nº 14.181, de 2021)*
>
> *§ 3º Sem prejuízo do disposto no art. 37 deste Código, a oferta de crédito ao consumidor e a oferta de venda a prazo, ou a fatura mensal, conforme o caso, devem indicar, no mínimo, o custo efetivo total, o agente financiador e a soma total a pagar, com e sem financiamento. (Incluído pela Lei nº 14.181, de 2021)" Grifo nosso.*
>
> *Assim, são equivocados os esclarecimentos prestados quanto ao CET, pois ele deve constar do instrumento da oferta ou em documento apartado e ser de fácil acesso ao consumidor; quanto ao prazo de validade da oferta, ele deve ser de, no mínimo, 2 (dois) dias*

**Alternativa correta "d".**

**02. (FGV – OAB 2012.4)** A sociedade empresária XYZ Ltda. oferta e celebra, com vários estudantes universitários, contratos individuais de fornecimento de material didático, nos quais garante a entrega, com 25% de desconto sobre o valor indicado pela editora, dos livros didáticos escolhidos pelos contratantes (de lista de editoras de antemão definidas). Os contratos têm duração de 24 meses, e cada estudante compromete-se a pagar valor mensal, que fica como crédito, a ser abatido do valor dos livros escolhidos. Posteriormente, a capacidade de entrega da sociedade diminuiu, devido a dívidas e problemas judiciais. Em razão disso, ela pretende rever judicialmente os contratos, para obter aumento do valor mensal, ou então liberar-se do vínculo.

Acerca dessa situação, assinale a afirmativa correta.

a) A empresa não pode se valer do Código de Defesa do Consumidor e não há base, à luz do indicado, para rever os contratos.
b) Aplica-se o CDC, já que os estudantes são destinatários finais do serviço, mas o aumento só será concedido se provada a dificuldade financeira e que, ademais, ainda assim o contrato seja proveitoso para os compradores.
c) Aplica-se o CDC, mas a pretendida revisão da cláusula contratual só poderá ser efetuada se provado que os problemas citados têm natureza imprevisível, característica indispensável, no sistema do consumidor, para autorizar a revisão.
d) A revisão é cabível, assentada na teoria da imprevisão, pois existe o contrato de execução diferida, a superveniência de onerosidade excessiva da prestação, a extrema vantagem para a outra parte, e a ocorrência de acontecimento extraordinário e imprevisível.

**COMENTÁRIOS**

✪ **Nota do autor:** Exige conhecimento do conceito de consumidor, de fornecedor e de relação de consumo.

**Alternativa "a":** o Código de Defesa do Consumidor foi criado para a defesa do consumidor, conforme dispõe seu artigo 1º: "O presente código estabelece normas de proteção e defesa do consumidor, de ordem pública e interesse social, nos termos dos arts. 5°, inciso XXXII, 170, inciso V, da Constituição Federal e art. 48 de suas Disposições Transitórias". Não há como o fornecedor se valer do CDC para requerer a revisão de contrato no caso exposto, nem para prejudicar o consumidor.

**Alternativa "b":** no caso não se aplica o CDC.

**Alternativa "c":** no caso não se aplica o CDC.

**Alternativa "d":** os requisitos expostos nesta alternativa são exigidos para a revisão em uma relação civil, e não com base em uma relação de consumo.

**Alternativa correta: letra "a".**

## 1.1. CARACTERIZAÇÃO DA RELAÇÃO DE CONSUMO

**03. (FGV – Exame de Ordem 2017.1)** Alvina, condômina de um edifício residencial, ingressou com ação para reparação de danos, aduzindo falha na prestação dos serviços de modernização dos elevadores. Narrou ser moradora do 10° andar e que hospedou parentes durante o período dos festejos de fim de ano. Alegou que o serviço nos elevadores estava previsto para ser concluído em duas semanas, mas atrasou mais de seis semanas, o que implicou falta de elevadores durante o período em que recebeu seus hóspedes, fazendo com que seus convidados, todos idosos, tivessem que utilizar as escadas, o que gerou transtornos e dificuldades, já que os hóspedes deixaram de fazer passeios e outras atividades turísticas diante das dificuldades de acesso. Sentindo-se constrangida e tendo que alterar todo o planejamento de atividades para o período, Alvina afirmou ter sofrido danos extrapatrimoniais decorrentes da mora do fornecedor de serviço, que, ainda que regularmente notificado pelo condomínio, quedou-se inerte e não apresentou qualquer justificativa que impedisse o cumprimento da obrigação de forma tempestiva.

Diante da situação apresentada, assinale a afirmativa correta.

a) Existe relação de consumo apenas entre o condomínio e o fornecedor de serviço, não tendo Alvina legitimidade para ingressar com ação indenizatória, por estar excluída da cadeia da relação consumerista.
b) Inexiste relação consumerista na hipótese, e sim relação contratual regida pelo Código Civil, tendo a multa contratual pelo atraso na execução do serviço cunho indenizatório, que deve servir a todos os condôminos e não a Alvina, individualmente.
c) Existe relação de consumo, mas não cabe ação individual, e sim a perpetrada por todos os condôminos, em litisconsórcio, tendo como objeto apenas a cobrança de multa contratual e indenização coletiva.
d) Existe relação de consumo entre a condômina e o fornecedor, com base da teoria finalista, podendo Alvina ingressar individualmente com a ação indenizatória, já que é destinatária final e quem sofreu os danos narrados.

**COMENTÁRIOS**

✪ **Nota do autor:** Exige conhecimento do conceito de relação de consumo e sua interpretação segundo o CDC e da aplicação da **teoria finalista**.

**Alternativa "a":** Alvina não está excluída da cadeia da relação consumerista se considerada a **teoria finalista**.

**Alternativa "b":** existem três relações jurídicas no problema proposto. Entre Alvina e o Condomínio, que segundo entendimento pacífico do STJ não constitui relação de consumo, e as demais, entre Alvina e a empresa de elevadores e entre o condomínio e a empresa de elevadores, as duas últimas dentre as consideradas relações de consumo, nos termos do art. 2º e parágrafo único do CDC e **teoria finalista**, respectivamente.

**Alternativa "c":** a propositura de ação por parte de Alvina, de forma individual é plenamente possível em razão da aplicação do art. 81 do CDC e ainda da **teoria finalista**, conforme explicação mencionada no comentário da alternativa "D".

**Alternativa "d":** aplicação da **teoria finalista**, através da qual o conceito de destinatário final fica ampliado, considerando-se a abrangência a todos que possuam vulnerabilidade em razão do fornecedor. Em razão dessa teoria admite-se a relação de consumo entre a condômina e o fornecedor, já que experimentou os danos causados na condição de destinatária.

**Alternativa correta: letra "d".**

# 2. DA QUALIDADE DE PRODUTOS E SERVIÇOS, DA PREVENÇÃO E DA REPARAÇÃO DOS DANOS

## 2.1. DA RESPONSABILIDADE POR VÍCIO DO PRODUTO E DO SERVIÇO

**04. (FGV – XXXIV Exame de Ordem-2022)** Eleonora passeava de motocicleta por uma rodovia federal quando foi surpreendida por um buraco na estrada, em um trecho sob exploração por concessionária. Não tendo tempo de desviar, ainda que atenta ao limite de velocidade, passou pelo buraco do asfalto, desequilibrou-se e caiu, vindo a sofrer várias escoriações e danos materiais na moto. Os danos físicos exigiram longo período de internação, diversas cirurgias e revelaram reflexos de ordem estética.

Você, como advogado(a), foi procurado(a) por Eleonora para ingressar com a medida judicial cabível diante do evento. À luz do Código de Defesa do Consumidor, você afirmou, corretamente, que

a) compete à Eleonora comprovar o nexo de causalidade entre a má conservação da via e o acidente sofrido, bem como a culpa da concessionária.

b) aplica-se a teoria da responsabilidade civil subjetiva à concessionária.

c) há relação de consumo entre Eleonora e a concessionária, cuja responsabilidade é objetiva.

d) pela teoria do risco administrativo, afasta-se a incidência do CDC, aplicando-se a responsabilidade civil da Constituição Federal.

COMENTÁRIOS

✪ **Nota do autor:** exige conhecimento a respeito da responsabilidade civil na hipótese narrada no enunciado da questão.

**Alternativa "a": incorreta.** A assertiva está incorreta, tendo em vista que a responsabilidade da concessionária é objetiva, de forma que não há necessidade da comprovação da culpa.

**Alternativa "b": incorreta.** A assertiva está incorreta, uma vez que a responsabilidade da concessionária é objetiva, conforme a explicação no item "c".

**Alternativa "c": correta.** A assertiva correta é a letra "c", uma vez que se coaduna com a previsão do artigo 22 do Código de Defesa do Consumidor, a saber: *"os órgãos públicos, por si ou suas empresas, concessionárias, permissionárias ou sob qualquer outra forma de empreendimento, são obrigados a fornecer serviços adequados, eficientes, seguros e, quanto aos essenciais, contínuos. Parágrafo único. Nos casos de descumprimento, total ou parcial, das obrigações referidas neste artigo, serão as pessoas jurídicas compelidas a cumpri-las e a reparar os danos causados, na forma prevista neste código".* Assim, na hipótese narrada no enunciado da questão temos caracterizada a relação de consumo entre as partes, com a responsabilidade objetiva da concessionária e falha na prestação do serviço que colocou em risco a segurança dos usuários. Neste sentido, pertinente a transcrição do seguinte julgado do STJ a respeito do tema:

> *"AGRAVO INTERNO NO AGRAVO EM RECURSO ESPECIAL. ACIDENTE DE TRÂNSITO.*
>
> *PRESENÇA DE ANIMAL NA PISTA. RESPONSABILIDADE OBJETIVA DA CONCESSIONÁRIA DE SERVIÇO PÚBLICO, INCLUSIVE EM CASOS DE OMISSÃO.*
>
> *DEVER DE ZELAR PELA SEGURANÇA DE SEUS USUÁRIOS. FALHA NA PRESTAÇÃO DE SERVIÇO CONFIGURADA. DEVER DE INDENIZAÇÃO. QUANTUM FIXADO.*
>
> *MAJORAÇÃO. IMPOSSIBILIDADE. INCIDÊNCIA DA SÚMULA N. 7/STJ. AGRAVO INTERNO IMPROVIDO.*
>
> *1. O Superior Tribunal de Justiça, apesar do subjetivismo que envolve o tema, uma vez que não existem critérios pré-determinados para a quantificação do dano moral e estético, tem se posicionado no sentido de que a indenização deve ser estabelecida em patamar suficiente para restaurar o bem-estar da vítima e desestimular o ofensor a repetir a falta, sem importar em enriquecimento ilícito do ofendido.*
>
> *2. A jurisprudência desta Corte assevera que o montante indenizatório arbitrado na instância ordinária, a título de danos morais e estéticos, pode ser revisto nesta instância extraordinária somente nos casos em que o valor for ínfimo ou exorbitante. Na hipótese, verifica-se que o quantum fixado pelos danos morais e estéticos não se afigura irrisório, tendo sido observados os postulados da proporcionalidade e da razoabilidade de acordo com as particularidades do caso vertente, o que torna inviável o recurso especial, nos termos do enunciado n. 7 da Súmula do STJ.*
>
> *3. Agravo interno desprovido."*
>
> *(AgInt no AREsp 1717363/PR, Rel. Ministro MARCO AURÉLIO BELLIZZE, TERCEIRA TURMA, julgado em 15/12/2020, DJe 18/12/2020)*

**Alternativa "d": incorreta.** A assertiva está incorreta, conforme a explicação mencionada no item anterior.

**Alternativa correta "c".**

---

**05. (FGV- XXXV Exame de Ordem-2022)** Pratice Ltda. configura-se como um clube de pontos que se realiza mediante a aquisição de título. Os pontos são convertidos em bônus para uso nas redes de restaurantes, hotéis e diversos outros segmentos de consumo regularmente conveniados. Nas redes sociais, a empresa destaca que os convênios são precedidos de rigoroso controle e aferição do padrão de atendimento e de qualidade dos serviços prestados.

Tomás havia aderido à Pratice Ltda. e, nas férias, viajou com sua família para uma pousada da rede conveniada. Ao chegar ao local, ele verificou que as acomodações cheiravam a mofo e a limpeza era precária. Sem poder sair do local em razão do horário avançado, viu- se obrigado a pernoitar naquele ambiente insalubre e sair somente no dia seguinte.

Aborrecido com a desagradável situação vivenciada e com o prejuízo financeiro por ter que arcar com outro serviço de hotelaria na cidade, Tomás procurou você, como advogado(a), para ingressar com a medida judicial cabível.

Diante disso, assinale a única opção correta.

a) Pratice Ltda. funciona como mera intermediadora entre os hotéis e os adquirentes do título do clube de pontos, não respondendo pelo evento danoso.

b) Há legitimidade passiva da Pratice Ltda. para responder pela inadequada prestação de serviço do hotel conveniado que gerou dano ao consumidor, por integrar a cadeia de consumo referente ao serviço que introduziu no mercado.

c) Trata-se de culpa exclusiva de terceiro, não podendo a intermediária Pratice Ltda. responder pelos danos suportados pelo portador título do clube de pontos.

d) Cuida-se de hipótese de responsabilidade subjetiva e subsidiária da Pratice Ltda. em relação ao hotel conveniado.

COMENTÁRIOS

✪ **Nota do autor:** exige conhecimento a respeito de responsabilidade pelo fato do produto e do serviço prevista pelo Código de Defesa do Consumidor.

**Alternativa "a": incorreta.** A assertiva está incorreta, conforme a explicação do próximo item.

**Alternativa "b": correta.** No que se refere à situação narrada pelo enunciado da questão, a "Pratice Ltda" deverá responder de forma solidária pela má prestação do serviço ao consumidor, tendo em vista que integra a cadeia de fornecedores do produto. Conforme se depreende do artigo 14, do Código de Defesa do Consumidor, a responsabilidade será

CONSUMIDOR

objetiva em caso de fato do produto ou do serviço, a saber: *"O fornecedor de serviços responde, independentemente da existência de culpa, pela reparação dos danos causados aos consumidores por defeitos relativos à prestação dos serviços, bem como por informações insuficientes ou inadequadas sobre sua fruição e riscos."* Neste sentido, pertinente, ainda, as transcrições dos artigos 7º, parágrafo único, do CDC, o qual prevê a solidariedade entre todos os integrantes da cadeia de fornecedores do produto: *"(...) Parágrafo único. Tendo mais de um autor a ofensa, todos responderão solidariamente pela reparação dos danos previstos nas normas de consumo"*; bem como do artigo 25, § 1º, do referido código, o qual preceitua: *"(...) § 1º Havendo mais de um responsável pela causação do dano, todos responderão solidariamente pela reparação prevista nesta e nas seções anteriores".* Assim, a alternativa correta é a letra "b", que menciona que há legitimidade passiva da "Pratice Ltda." para responder pela inadequada prestação de serviço do hotel conveniado que gerou dano ao consumidor, por integrar a cadeia de consumo referente ao serviço que introduziu no mercado. A respeito do tema, importante destacar também o entendimento do STJ em situação semelhante: *"A Bancorbrás é parte legítima para figurar no polo passivo de ação indenizatória de dano moral decorrente de defeito do serviço prestado por hotel integrante de sua rede conveniada. STJ. 4ª Turma. REsp 1.378.284-PB, Rel. Min. Luis Felipe Salomão, julgado em 08/02/2018 (Info 620)".*

**Alternativa "c": incorreta.** A assertiva está incorreta, tendo em vista que a empresa "Pratice Ltda" deverá responder de forma solidária, conforme a explicação no item anterior.

**Alternativa "d": incorreta.** A assertiva está incorreta, tendo em vista que a empresa "Pratice Ltda" deverá responder de forma solidária, conforme a explicação no item anterior.

**Alternativa correta "b".**

---

**06. (FGV- XXXV Exame de Ordem-2022)** José havia comprado um notebook para sua filha, mas ficou desempregado, não tendo como arcar com o pagamento das parcelas do financiamento. Foi então que vendeu para a amiga Margarida o notebook ainda na caixa lacrada, acompanhado de nota fiscal e contrato de venda, que indicavam a compra realizada cinco dias antes.

Cerca de dez meses depois, o produto apresentou problemas de funcionamento. Ao receber o bem da assistência técnica que havia sido procurada imediatamente, Margarida foi informada do conserto referente à "placa-mãe".

Na semana seguinte, houve recorrência de mau funcionamento da máquina. Indignada, Margarida ajuizou ação em face da fabricante, buscando a devolução do produto e a restituição do valor desembolsado para a compra, além de reparação por danos extrapatrimoniais.

A então ré, por sua vez, alegou, em juízo, a ilegitimidade passiva, a prescrição e, subsidiariamente, a decadência.

A respeito disso, assinale a afirmativa correta.

a) O fabricante é parte ilegítima, uma vez que o defeito relativo ao vício do produto afasta a responsabilidade do fabricante, sendo do comerciante a responsabilidade para melhor garantir os direitos dos consumidores adquirentes.

b) Ocorreu a prescrição, uma vez que o produto havia sido adquirido há mais de noventa dias e a contagem do prazo se iniciou partir da entrega efetiva do produto, não sendo possível reclamar a devolução do produto e a restituição do valor.

c) Somente José possui relação de consumo com a fornecedora, por ter sido o adquirente do produto, conforme consta na nota fiscal e no contrato de venda, implicando ilegitimidade ativa de Margarida para invocar a proteção da norma consumerista.

d) A decadência alegada deve ser afastada, uma vez que o prazo correspondente se iniciou quando se evidenciou o defeito e, posteriormente, a partir do prazo decadencial de garantia pelo serviço da assistência técnica, e não na data da compra do produto.

**COMENTÁRIOS**

✪ **Nota do autor:** exige conhecimento a respeito de responsabilidade pelo fato do produto e do serviço prevista pelo Código de Defesa do Consumidor, bem como dos prazos prescricionais e decadenciais.

**Alternativa "a": incorreta.** A assertiva está incorreta, conforme a explicação no item "d".

**Alternativa "b": incorreta.** A assertiva está incorreta, conforme a explicação no item "d".

**Alternativa "c": incorreta.** A assertiva está incorreta, conforme a explicação no item "d".

**Alternativa "d": correta.** Conforme se depreende do enunciado da questão, não há menção ao fato da compra ter sido realizada via internet, razão pela qual é possível presumir que tenha sido realizada de forma presencial no estabelecimento comercial, bem como que o defeito é decorrente da fabricação do produto (constatado pela assistência técnica que era na "placa- mãe"), portanto, vício oculto, sendo que o prazo decadencial terá início a partir da data da constatação deste vício, nos termos do artigo 26, § 3º, do Código de Defesa do Consumidor, a saber: *"(...) Tratando-se de vício oculto, o prazo decadencial inicia-se no momento em que ficar evidenciado o defeito."* Assim, a alternativa correta é a letra D, tendo em vista que a decadência alegada deve ser afastada, uma vez que o prazo correspondente teve início quando se evidenciou o defeito e, posteriormente, a partir do prazo decadencial de garantia pelo serviço da assistência técnica, e não na data da compra do produto. Importante ressaltar que no caso narrado pela questão o fabricante possui responsabilidade solidária com o comerciante do produto, bem como que Margarida será considerada como consumidora e parte legítima para integrar a ação.

**Alternativa correta "d".**

---

**07. (FGV – Exame de Ordem 2021.1)** Maria compareceu à loja Bela, que integra rede de franquias de produtos de beleza e cuidados com a pele. A vendedora ofereceu a Maria a possibilidade de experimentar gratuitamente o produto na própria loja, sendo questionada pela cliente se esta poderia fazer uso com quadro de acne em erupção e inflamada, oportunidade em que a funcionária afirmou que sim. Porém, imediatamente após a aplicação do produto, Maria sentiu ardência e vermelhidão intensas, não o comprando. Logo após sair da loja, a situação agravou-se, e Maria buscou imediato atendimento médico de emergência, onde se constataram graves lesões na pele. Da leitura do rótulo obtido através do site da loja, evidenciou-se erro da vendedora, que utilizou no rosto da cliente produto contraindicado para o seu caso.

Nessa situação, à luz do Código de Defesa do Consumidor e do entendimento do Superior Tribunal de Justiça, é correto afirmar que

a) é objetiva a responsabilidade civil da vendedora que aplicou o produto em Maria sem observar as contraindicações, afastando- se a responsabilidade da empresa por culpa de terceiro.

b) a responsabilidade civil objetiva recai exclusivamente sobre a franqueadora, a quem faculta-se ingressar com ação de regresso em face da franqueada.

c) se a franqueadora for demandada judicialmente, não poderá invocar denunciação da lide à franqueada, por se tratar de acidente de consumo.

d) não há relação de consumo, uma vez que se tratou de hipótese de amostra grátis, sem que tenha se materializado a relação de consumo, em razão de o produto não ter sido comprado por Maria.

**COMENTÁRIOS**

✪ **Nota do autor:** A questão exige conhecimento a respeito da jurisprudência do STJ sobre as relações consumeristas, notadamente no que se refere à impossibilidade de denunciação da lide em ações que versem sobre o tema.

**Alternativa "a": incorreta.** A assertiva está incorreta, tendo em vista que, ao contrário do alegado, a responsabilidade é objetiva do fornecedor, no caso a empresa narrada no enunciado da questão, uma vez que houve um fato do produto que ocasionou o chamado "acidente de consumo" consistente nas lesões sofridas por Maria.

**Alternativa "b": incorreta.** A assertiva está incorreta, uma vez que a responsabilidade civil recai de forma solidária entre a franqueadora e franqueada e não de forma exclusiva sobre a franqueadora conforme está descrito nesta resposta.

**Alternativa "c": correta.** A alternativa está correta, tendo em vista que, conforme o posicionamento atual do STJ a respeito do tema, a denunciação à lide em ações que tratem das relações de consumo, incluindo as hipóteses de dano decorrentes de acidente de consumo, como narra o enunciado da questão, contraria os princípios da celeridade e efetividade da prestação jurisdicional, portanto é vedada. Neste sentido, pertinente a transcrição do seguinte julgado do STJ:

> ***AGRAVO INTERNO NO AGRAVO EM RECURSO ESPECIAL. AÇÃO DE INDENIZAÇÃO. DANO MATERIAL, MORAL E ESTÉTICO. RELAÇÃO DE CONSUMO. CONDIÇÃO DE FORNECEDORA. PROVEITO ECONÔMICO INDIRETO. FUNDAMENTO AUTÔNOMO NÃO IMPUGNADO NO RECURSO ESPECIAL. SÚMULA 283/STF. DENUNCIAÇÃO À LIDE. IMPOSSIBILIDADE. VEDAÇÃO LEGAL (CDC, ART. 88). SÚMULA 83/STJ. RECURSO NÃO PROVIDO.***
>
> ***1. A ausência de impugnação, nas razões do recurso especial, do fundamento autônomo do aresto recorrido atrai o óbice da Súmula 283 do STF, segundo a qual: "É inadmissível o recurso extraordinário, quando a decisão recorrida assenta em mais de um fundamento suficiente e o recurso não abrange todos eles." 2. A vedação à denunciação da lide prevista no art. 88 do Código de Defesa do Consumidor não se restringe à responsabilidade de comerciante por fato do produto (art. 13 do CDC), sendo aplicável também nas demais hipóteses de responsabilidade civil por acidentes de consumo (arts. 12 e 14 do CDC). Precedentes.***
>
> ***3. "A denunciação da lide nas ações que versem sobre relação de consumo vai de encontro aos princípios da celeridade e efetividade da prestação jurisdicional, principalmente quando inexistir prejuízo para a parte, que poderá exercer seu direito de regresso em ação autônoma" (EDcl no Ag 1.249.523/RJ, Rel. Ministro RAUL ARAÚJO, QUARTA TURMA, julgado em 05/06/2014, DJe de 20/06/2014). 4. Agravo interno não provido.***
>
> *(AgInt no AREsp 1640821/ES, Rel. Ministro RAUL ARAÚJO, QUARTA TURMA, julgado em 19/10/2020, DJe 16/11/2020). Precedentes AgInt no AREsp 1299259 RJ, AgInt no AREsp 1635254 SP.*

**Alternativa "d": incorreta.** A assertiva está incorreta, tendo em vista que, ao contrário do que consta, existiu a relação de consumo ainda que o produto tenha sido oferecido de forma gratuita, já que reconhecida pela doutrina a configuração na hipótese de produto objeto de relação de consumo que deverá preencher os requisitos estabelecidos pelo CDC e garantir a proteção ao consumidor (frisando-se que o CDC ao definir produto não exige que a forma de aquisição seja remunerada).

**Alternativa correta "c".**

---

**08. (FGV/OAB/XXX_Exame – 2019)** Durante período de intenso calor, o Condomínio do Edifício X, por seu representante, adquiriu, junto à sociedade empresária Equipamentos Aquáticos, peças plásticas recreativas próprias para uso em piscinas, produzidas com material atóxico. Na primeira semana de uso, os produtos soltaram gradualmente sua tinta na vestimenta dos usuários, o que gerou apenas problema estético, na medida em que a pigmentação era atóxica e podia ser removida facilmente das roupas dos usuários por meio de uso de sabão.

O Condomínio do Edifício X, por seu representante, procurou você, como advogado(a), buscando orientação para receber de volta o valor pago e ser indenizado pelos danos morais suportados.

Nesse caso, cuida-se de

a) fato do produto, sendo excluída a responsabilidade civil da sociedade empresária, respondendo pelo evento o fabricante das peças; não cabe indenização por danos extrapatrimoniais, por ser o Condomínio pessoa jurídica, que não sofre essa modalidade de dano.

b) inaplicabilidade do CDC, haja vista a natureza da relação jurídica estabelecida entre o Condomínio e a sociedade empresária, cabendo a responsabilização civil com base nas regras gerais de Direito Civil, e incabível pleitear indenização por danos morais, por ter o Condomínio a qualidade de pessoa jurídica.

c) aplicabilidade do CDC somente por meio de medida de defesa coletiva dos condôminos, cuja legitimidade será exercida pelo Condomínio, na defesa dos interesses a título coletivo.

d) vício do produto, sendo solidária a responsabilidade da sociedade empresária e do fabricante das peças; o Condomínio do Edifício X é parte legítima para ingressar individualmente com a medida judicial por ser consumidor, segundo a teoria finalista mitigada.

**COMENTÁRIOS**

✪ **Nota do autor:** Exige conhecimento sobre Responsabilidade por Vicio do Produto ou do Serviço (artigos 12, 18 e seguintes do CDC).

**Alternativa "a": alternativa incorreta.** O **art. 12 do CDC, donde se tem que:** "O fabricante, o produtor, o construtor, nacional ou estrangeiro, e o importador respondem, independentemente da existência de culpa, pela reparação dos danos causados aos consumidores por defeitos decorrentes de projeto, fabricação, construção, montagem, fórmulas, manipulação, apresentação ou acondicionamento de seus produtos, bem como por informações insuficientes ou inadequadas sobre sua utilização e riscos." Portanto, a responsabilidade da fabricante não poderá ser afastada uma vez que assim prevê o CDC também em seu art. 18, de forma a considerar solidaria a responsabilidade do fornecedor em casos que tais.

**Alternativa "b": alternativa incorreta**. A relação é consumerista, identificada a figura do destinatário final e do fornecedor, que compõem conceitualmente essa espécie de relação nos termos dos arts. 2º, 17º e 29º do CDC.

**Alternativa "c": alternativa incorreta**. Nos termos dos arts. 17 e 29 do CDC a legitimidade não se opera de forma exclusivamente coletiva, autorizadas as vítimas do dano causado bem como as equiparadas a consumidores à proteção legal invocando-se a legislação consumerista em busca da reparação dos danos.

**Alternativa "d": alternativa correta**. Nos termos do art. 18 do CDC, os fornecedores respondem de forma solidária pelos vícios de qualidade ou quantidade que os tornem impróprios ou inadequados ao consumo.

**Alternativa correta: letra "d".**

---

**09. (FGV-Exame de Ordem 2019.1)** Mara adquiriu, diretamente pelo site da fabricante, o creme depilatório Belle et Belle, da empresa Bela Cosméticos Ltda. Antes de iniciar o uso, Mara leu atentamente o rótulo e as instruções, essas unicamente voltadas para a forma de aplicação do produto.

Assim que iniciou a aplicação, Mara sentiu queimação na pele e removeu imediatamente o produto, mas, ainda assim, sofreu lesões nos locais de aplicação. A adquirente entrou em contato com a central de atendimento da fornecedora, que lhe explicou ter sido a reação alérgica provocada por uma característica do organismo da consumidora, o que poderia acontecer pela própria natureza química do produto.

Não se dando por satisfeita, Mara procurou você, como advogado(a), a fim de saber se é possível buscar a compensação pelos danos sofridos.

Nesse caso de clara relação de consumo, assinale a opção que apresenta a orientação a ser dada a Mara.

a) Poderá ser afastada a responsabilidade civil da fabricante, se esta comprovar que o dano decorreu exclusivamente de reação alérgica da consumidora, fator característico daquela destinatária final, não havendo, assim, qualquer ilícito praticado pela ré.

b) Existe a hipótese de culpa exclusiva da vítima, na medida em que o CDC descreve que os produtos não colocarão em risco a saúde e a segurança do consumidor, excetuando aqueles de cuja natureza e fruição sejam extraídas a previsibilidade e a possibilidade de riscos perceptíveis pelo homem médio.

c) O fornecedor está obrigado, necessariamente, a retirá-lo de circulação, por estar presente defeito no produto, sob pena de prática de crime contra o consumidor.

d) Cuida-se da hipótese de violação ao dever de oferecer informações claras ao consumidor, na medida em que a periculosidade do uso de produto químico, quando composto por substâncias com potenciais alergênicos, deve ser apresentada em destaque ao consumidor.

**COMENTÁRIOS**

✪ **Nota do autor:** Para a análise da questão, é fundamental a leitura atenta do Capítulo IV, seção I do CDC, que trata da proteção à saúde e segurança do consumidor, art. 8º e seguintes, além das Seções II (Responsabilidade pelo Fato do Produto e do Serviço), arts. 12 a 17; e III (Da responsabilidade por Vício do Produto e do Serviço), arts. 18 a 25, do CDC.

**Alternativa "a": alternativa incorreta nos termos do art. 12 do CDC, donde se tem que:** "O fabricante, o produtor, o construtor, nacional ou estrangeiro, e o importador respondem, independentemente da existência de culpa, pela reparação dos danos causados aos consumidores por defeitos decorrentes de projeto, fabricação, construção, montagem, fórmulas, manipulação, apresentação ou acondicionamento de seus produtos, bem como por informações insuficientes ou inadequadas sobre sua utilização e riscos." Portanto, a responsabilidade da fabricante não poderá ser afastada uma vez que assim prevê o CDC e mais, o rótulo do produto deve conter as especificações bem como todas as informações necessárias ao uso do produto o que também não foi cumprido pela fornecedora nos termos do art. 8, § 1º do CDC, que prevê que "em se tratando de produto industrial, ao fabricante cabe prestar as informações a que se refere esse artigo, através de impressos apropriados que devam acompanhar os produtos."

**Alternativa "b": alternativa incorreta uma vez que o CDC aponta** nos termos do art. 8, § 1º do CDC, que prevê que "em se tratando de produto industrial, ao fabricante cabe prestar as informações a que se refere esse artigo, através de impressos apropriados que devem acompanhar os produtos." O fornecedor deixou de informar as características do produto na forma da lei. Portanto, como as informações não eram precisas, a consumidora não pode ser considerada culpada, responsável o fornecedor pela conduta.

**Alternativa "c"**: alternativa incorreta. A manutenção no mercado sujeita o fornecedor à responsabilidade solidária tanto do fornecedor quanto do fabricante relativamente aos danos causados ao consumidor.

**Alternativa "d"**: alternativa correta. O CDC prevê o dever de informar o consumidor, conforme previsão do § 2º do art. 8º. No mais, a alternativa prevê de forma correta também a necessidade de informar em destaque as características de produtos químicos que ofereçam risco à saúde deixando de cumprir com sua obrigação com seu dever de informar ostensivamente, principalmente por haver potencial reagente químico, nos termos do art. 9º do CDC.

**Alternativa correta: letra "d".**

---

**10. (FGV – Exame de Ordem 2018.1)** Eloá procurou o renomado Estúdio Max para tratamento de restauração dos fios do cabelo, que entendia muito danificados pelo uso de químicas capilares. A proposta do profissional empregado do estabelecimento foi a aplicação de determinado produto que acabara de chegar ao mercado, da marca mundialmente conhecida Ops, que promovia uma amostragem inaugural do produto em questão no próprio Estúdio Max.

Eloá ficou satisfeita com o resultado da aplicação pelo profissional no estabelecimento, mas, nos dias que se seguiram, observou a queda e a quebra de muitos fios de cabelo, o que foi aumentando progressivamente. Retornando ao Estúdio, o funcionário que a havia atendido informou-lhe que poderia ter ocorrido reação química com outro produto utilizado por Eloá anteriormente ao tratamento, levando aos efeitos descritos pela consumidora, embora o produto da marca Ops não apontasse contraindicações. Eloá procurou você como advogado(a), narrando essa situação.

Neste caso, assinale a opção que apresenta sua orientação.

a) Há evidente fato do serviço executado pelo profissional, cabendo ao Estúdio Max e ao fabricante do produto da marca Ops, em responsabilidade solidária, responderem pelos danos suportados pela consumidora.

b) Há evidente fato do produto; por esse motivo, a ação judicial poderá ser proposta apenas em face da fabricante do produto da marca Ops, não havendo responsabilidade solidária do comerciante Estúdio Max.

c) Há evidente fato do serviço, o que vincula a responsabilidade civil subjetiva exclusiva do profissional que sugeriu e aplicou o produto, com base na teoria do risco da atividade, excluindo-se a responsabilidade do Estúdio Max.

d) Há evidente vício do produto, sendo a responsabilidade objetiva decorrente do acidente de consumo atribuída ao fabricante do produto da marca Ops e, em caráter subsidiário, ao Estúdio Max e ao profissional, e não do profissional que aplicou o produto.

**COMENTÁRIOS**

**Nota do autor:** A responsabilidade civil do CDC, fundamental a leitura atenta das Seções II (Responsabilidade pelo Fato do Produto e do Serviço), arts. 12 a 17; e III (Da responsabilidade por Vício do Produto e do Serviço), arts. 18 a 25, do CDC. Pela lei consumerista, a responsabilidade surge pelo vício ou pelo fato (defeito) do produto ou serviço.

**Alternativa "a":** alternativa correta nos termo do art. 12 do CDC, donde se tem que: "O fabricante, o produtor, o construtor, nacional ou estrangeiro, e o importador respondem, independentemente da existência de culpa, pela reparação dos danos causados aos consumidores por defeitos decorrentes de projeto, fabricação, construção, montagem, fórmulas, manipulação, apresentação ou acondicionamento de seus produtos, bem como por informações insuficientes ou inadequadas sobre sua utilização e riscos."

**Alternativa "b":** alternativa incorreta uma vez que o CDC aponta a responsabilidade solidária nos termos do art. 12 do CDC, qual seja: "O fabricante, o produtor, o construtor, nacional ou estrangeiro, e o importador respondem, independentemente da existência de culpa, pela reparação dos danos causados aos consumidores por defeitos decorrentes de projeto, fabricação, construção, montagem, fórmulas, manipulação, apresentação ou acondicionamento de seus produtos, bem como por informações insuficientes ou inadequadas sobre sua utilização e riscos."

**Alternativa "c":** alternativa incorreta. Não há que se falar em responsabilidade exclusiva, tendo em vista a disposição prevista no art. 12, que prevê a solidariedade.

**Alternativa "d":** alternativa incorreta. Não há que se falar em acidente de consumo uma vez que houve a opção pelo fornecimento do produto em questão e respectiva aplicação por parte dos fornecedores, que são responsáveis nos termos do art. 12 do CDC.

**Alternativa correta: letra "a".**

---

**11. (FGV – Exame de Ordem 2018.2)** Dora levou seu cavalo de raça para banho, escovação e cuidados específicos nos cascos, a ser realizado pelos profissionais da Hípica X. Algumas horas depois de o animal ter sido deixado no local, a fornecedora do serviço entrou em contato com Dora para informar-lhe que, durante o tratamento, o cavalo apresentou sinais de doença cardíaca. Já era sabido por Dora que os equipamentos utilizados poderiam causar estresse no animal. Foi chamado o médico veterinário da própria Hípica X, mas o cavalo faleceu no dia seguinte. Dora, que conhecia a pré-existência da doença do animal, ingressou com ação judicial em face da Hípica X pleiteando reparação pelos danos morais suportados, em decorrência do ocorrido durante o tratamento de higiene.

Nesse caso, à luz do Código de Defesa do Consumidor (CDC), é correto afirmar que a Hípica X

a) não poderá ser responsabilizada se provar que a conduta no procedimento de higiene foi adequada, seguindo padrões fixados pelos órgãos competentes, e que a doença do animal que o levou a óbito era pré-existente ao procedimento de higienização do animal.

b) poderá ser responsabilizada em razão de o evento deflagrador da identificação da doença do animal ter ocorrido durante a sua higienização, ainda que se comprove ser pré-existente a doença e que tenham sido seguidos os padrões fixados por órgãos competentes para o procedimento de higienização, pois o nexo causal resta presumido na hipótese.

c) não poderá ser responsabilizada somente se provar que prestou os primeiros socorros, pois a pré-existência da doença não inibiria a responsabilidade civil objetiva dos fornecedores do serviço; somente a conduta de chamar atendimento médico foi capaz de desconstruir o nexo causal entre o procedimento de higiene e o evento do óbito.

d) poderá ser responsabilizada em solidariedade com o profissional veterinário, pois os serviços foram prestados por ambos os fornecedores, em responsabilidade objetiva, mesmo que Dora comprove que o procedimento de higienização do cavalo tenha potencializado o evento que levou ao óbito do animal, ainda que seguidos os padrões estipulados pelos órgãos competentes.

**COMENTÁRIOS**

**Nota do autor:** Exige conhecimento sobre responsabilidade por vicio do produto e do serviço.

**Alternativa "a":** o Código de Defesa do Consumidor, em seu artigo 14, § 3º, inciso I, determina que o fornecedor não será responsabilizado quando demonstrar que não houve defeito na prestação de serviços, o que é o caso evidente tratado nessa questão. O problema cardíaco pré-existente no animal de Dora, aliado ao fato de que os serviços foram prestados de forma correta e segura, eximem a responsabilidade da Hípica X, no que diz respeito à morte do Cavalo. A demonstração evidente que o serviço prestado oferecia a segurança que dele se esperava, somada às informações quanto ao risco conhecidos pela consumidora excluem a responsabilidade do fornecedor de serviços. Assim, correta a alternativa A.

**Alternativa "b":** errada, uma vez que o enunciado afirma o conhecimento por parte de Dora, da doença pré-existente de seu animal.

**Alternativa "c":** O prévio conhecimento de Dora e a ciência dos riscos é suficiente para afastar a responsabilidade nos termos do artigo 14 do CDC.

**Alternativa "d":** incorreta, uma vez que presente a ciência dos riscos pela consumidora, aliado ao fato de que os serviços não foram prestados de forma defeituosa nos termos do artigo 14 do CDC.

**Alternativa correta: letra "a".**

---

**12. (FGV – Exame de Ordem 2017.3)** Osvaldo adquiriu um veículo zero quilômetro e, ao chegar a casa, verificou que, no painel do veículo, foi acionada a indicação de problema no nível de óleo. Ao abrir o capô, constatou sujeira de óleo em toda a área. Osvaldo voltou imediatamente à concessionária, que realizou uma rigorosa avaliação do veículo e constatou que havia uma rachadura na estrutura do motor, que, por isso, deveria ser trocado. Oswaldo solicitou um novo veículo, aduzindo que optou pela aquisição de um zero quilômetro por buscar um carro que tivesse toda a sua estrutura "de fábrica". A concessionária se negou a efetuar a troca ou devolver o dinheiro, alegando que isso não descaracterizaria o veículo como novo e que o custo financeiro de faturamento e outras medidas administrativas eram altas, não justificando, por aquele motivo, o desfazimento do negócio.

No mesmo dia, Osvaldo procura você, como advogado, para orientá-lo. Assinale a opção que apresenta a orientação dada.

a) Cuida-se de vício do produto, e a concessionária dispõe de até trinta dias para providenciar o reparo, fase que, ordinariamente, deve preceder o direito do consumidor de pleitear a troca do veículo.

b) Trata-se de fato do produto, e o consumidor sempre pode exigir a imediata restituição da quantia paga, sem prejuízo de pleitear perdas e danos em juízo.

c) Há evidente vício do produto, sendo subsidiária a responsabilidade da concessionária, devendo o consumidor ajuizar a ação de indenização por danos materiais em face do fabricante.

d) Trata-se de fato do produto, e o consumidor não tem interesse de agir, pois está no curso do prazo para o fornecedor sanar o defeito.

**COMENTÁRIOS**

✪ **Nota do autor:** Exige conhecimento sobre Responsabilidade por Vicio do Produto ou do Serviço (artigos 18 e seguintes do CDC).

**Alternativa "a":** nos termos do art. 18 e seus parágrafos, o fornecedor responde solidariamente pelo vício de qualidade, sendo certo que a questão deve ser resolvida no prazo de trinta dias, substituindo as partes danificadas, podendo o consumidor pleitear a troca do veículo nos termos do § 1º, I, II e III do art. 18 do CDC.

**Alternativa "b":** o CDC aponta a possibilidade de substituição, abatimento de preço e até mesmo devolução da quantia paga, sendo certo que a opção dentre as possibilidades constitui alternativa a ser escolhida pelo consumidor, nos termos do § 1º do art. 18 do CDC.

**Alternativa "c":** a responsabilidade é solidária do polo fornecedor da relação, conforme preleciona o caput do art. 18 do CDC.

**Alternativa "d":** nos termos do artigo 18, § 1º, do CDC, não é imprescindível aguardar trinta dias, sendo certo que este é o prazo máximo previsto para a solução do problema. A providência pode ser exigida imediatamente nos termos do § 3º do artigo 18 do CDC, em razão de eventuais circunstâncias do caso.

**Alternativa correta: letra "a".**

---

**13. (FGV – Exame de Ordem 2017.3)** Os arquitetos Everton e Joana adquiriram pacote de viagens para passar a lua de mel na Europa, primeira viagem internacional do casal. Ocorre que o trajeto do voo previa conexão em um país que exigia visto de trânsito, tendo havido impedimento do embarque dos noivos, ainda no Brasil, por não terem o visto exigido. O casal questionou a agência de turismo por não ter dado qualquer explicação prévia nesse sentido, e a fornecedora informou que não se responsabilizava pela informação de necessidade de visto para a realização da viagem.

Diante do caso apresentado, assinale a afirmativa correta.

a) Cabe ação de reparação por danos extrapatrimoniais, em razão da insuficiência de informação clara e precisa, que deveria ter sido prestada pela agência de turismo, no tocante à necessidade de visto de trânsito para a conexão internacional prevista no trajeto.

b) Não houve danos materiais a serem ressarcidos, já que os consumidores sequer embarcaram, situação muito diferente de terem de retornar, às próprias expensas, diretamente do país de conexão, interrompendo a viagem durante o percurso.

c) Não ocorreram danos extrapatrimoniais por se tratar de pessoas que tinham capacidade de leitura e compreensão do contrato, sendo culpa exclusiva das próprias vítimas a interrupção da viagem por desconhecerem a necessidade de visto de trânsito para realizarem a conexão internacional.

d) Houve culpa exclusiva da empresa aérea que emitiu os bilhetes de viagem, não podendo a agência de viagem ser culpabilizada, por ser o comerciante responsável subsidiariamente e não responder diretamente pelo fato do serviço.

**COMENTÁRIOS**

✪ **Nota do autor:** Exige conhecimento sobre responsabilidade objetiva do fornecedor, teoria do risco da atividade econômica e ainda, direito à informação prevista no art. 6º, III, do CDC.

**Alternativa "a":** a regra é a aplicação da responsabilidade objetiva, com fundamento no CDC e ainda na teoria do risco do empreendimento. Assim conforme preceitua o art. 14, *caput* e § 1º do CDC, a empresa aérea fica obrigada a custear os danos efetivamente causados, ainda que inexista a culpa. No mais, constitui direito básico do consumidor a obtenção de informação adequada e clara a respeito de serviços e produtos.

**Alternativa "b":** nos termos do art. 14, § 3º do CDC, o fornecedor sempre será responsabilizado em razão dos defeitos de fato do serviço, excetuando-se tal responsabilidade apenas nas hipóteses dos incisos I e II do § 3º do CDC, ou seja, se lograr êxito em demonstrar que o defeito não existiu ou que ocorreu por culpa do consumidor ou de terceiro.

**Alternativa "c":** o consumidor tem direito à informação adequada nos termos do art. 6º, III, do CDC.

**Alternativa "d":** a viagem foi adquirida da agência de viagem, que responde aos consumidores, independentemente de culpa nos temos do art. 14, caput do CDC. Considera-se, ainda, a teoria do risco da atividade econômica exercida pela agência de turismo.

**Alternativa correta: letra "a".**

---

**14. (FGV – Exame de Ordem 2017.2)** Heitor foi surpreendido pelo recebimento de informação de anotação de seu nome no cadastro restritivo de crédito, em decorrência de suposta contratação de serviços de telefonia e Internet. Heitor não havia celebrado tal contrato, sendo o mesmo fruto de fraude, e busca orientação a respeito de como proceder para rescindir o contrato, cancelar o débito e ter seu nome fora do cadastro negativo, bem como o recebimento de reparação por danos extrapatrimoniais, já que nunca havia tido o seu nome inscrito em tal cadastro.

Com base na hipótese apresentada, na qualidade de advogado(a) de Heitor, assinale a opção que apresenta o procedimento a ser adotado.

a) Cabe o pedido de cancelamento do serviço, declaração de inexistência da dívida e exclusão da anotação indevida, inexistindo qualquer dever de reparação, já que à operadora não foi atribuído defeito ou falha do serviço digital, que seria a motivação para tal pleito.

b) Trata-se de cobrança devida pelo serviço prestado, restando a Heitor pagar imediatamente e, somente assim, excluir a anotação de seu nome em cadastro negativo, e, então, ingressar com a medida judicial, comprovando que não procedeu com a contratação e buscando a rescisão do contrato irregular com devolução em dobro do valor pago.

c) Heitor não pode ser considerado consumidor em razão da ausência de vinculação contratual verídica e válida que consagre a relação consumerista, afastando-se os elementos principiológicos e fazendo surgir a responsabilidade civil subjetiva da operadora de telefonia e Internet.

d) Heitor é consumidor por equiparação, aplicando-se a teoria do risco da atividade e devendo a operadora suportar os riscos do contrato fruto de fraude, caso não consiga comprovar a regularidade da contratação e a consequente reparação pelos danos extrapatrimoniais in re ipsa, além da declaração de inexistência da dívida e da exclusão da anotação indevida.

**COMENTÁRIOS**

**Nota do autor:** Exige conhecimento sobre responsabilidade objetiva do fornecedor, teoria do risco da atividade econômica e ainda, da inversão do ônus da prova prevista no art. 6º do CDC.

**Alternativa "a":** o dever de reparar por parte do fornecedor, nos termos do art. 14, CDC, dispõe que a responsabilidade civil dos fornecedores de serviços é objetiva, fundada no risco da atividade por eles desenvolvida, não se fazendo necessário perquirir acerca da existência de culpa. Em caso tais, para a reparação de danos, basta comprovação do liame de causalidade entre o defeito do serviço e o evento danoso experimentado pelo consumidor.

**Alternativa "b":** o consumidor tem o direito de ver excluída a cobrança desprovida de contratação, independentemente de pagamento, além da possibilidade de inversão do ônus da prova prevista no art. 6º do CDC, aliada à impossibilidade de produção de prova negativa.

**Alternativa "c":** o art. 17 do CDC dispõe que se equiparam a consumidor *"todas as vítimas do evento danoso"* ocorrido no mercado de consumo.

**Alternativa correta "d":** o Código de Defesa do Consumidor em seu art. 17 do CDC dispõe que se equiparam a consumidor *"todas as vítimas do evento danoso"* ocorrido no mercado de consumo. Além do mais, o fornecedor é responsável de forma objetiva pelos danos causados ao consumidor nos termos do art. 14 do CDC, responsabilidade essa, fundamentada ainda, na Teoria do Risco da Atividade Econômica.

**Alternativa correta: letra "d".**

---

**15. (FGV – Exame de Ordem 2016.2)** Heitor agraciou cinco funcionários de uma de suas sociedades empresárias, situada no Rio Grande do Sul, com uma viagem para curso de treinamento profissional realizado em determinado sábado, de 9h às 15h, numa cidade do Uruguai, há cerca de 50 minutos de voo. Heitor custeou as passagens aéreas, translado e alimentação dos cinco funcionários com sua própria renda, integralmente desvinculada da atividade empresária. Ocorre que houve atraso no voo sem qualquer justificativa prestada pela companhia aérea. Às 14h, sem previsão de saída do voo, todos desistiram do embarque e perderam o curso de treinamento.

Nesse contexto é correto afirmar que,

a) por se tratar de transporte aéreo internacional, para o pedido de danos extrapatrimoniais não há incidência do Código de Defesa do Consumidor e nem do Código Civil, que regula apenas Contrato de Transporte em território nacional, prevalecendo unicamente as Normas Internacionais.

b) ao caso, aplica-se a norma consumerista, sendo que apenas Heitor é consumidor por ter custeado a viagem com seus recursos, mas, como ele tem boas condições financeiras, por esse motivo, é consumidor não enquadrado em condição de vulnerabilidade, como tutela o Código de Defesa do Consumidor.

c) embora se trate de transporte aéreo internacional, há incidência plena do Código de Defesa do Consumidor para o pedido de danos extrapatrimoniais, em detrimento das normas internacionais e, apesar de Heitor ter boas condições financeiras, enquadra-se na condição de vulnerabilidade, assim como os seus funcionários, para o pleito de reparação.

d) por se tratar de relação de Contrato de Transporte previsto expressamente no Código Civil, afasta-se a incidência do Código de Defesa do Consumidor e, por ter ocorrido o dano em território brasileiro, afastam-se as normas internacionais, sendo, portanto, hipótese de responsabilidade civil pautada na comprovação de culpa da companhia aérea pelo evento danoso.

**COMENTÁRIOS**

**Nota do autor:** Exige conhecimento do artigo 12 do CDC, sobre responsabilidade civil no CDC.

**Alternativa "a":** aparentemente há conflito de normas entre o CDC, a Convenção de Varsóvia e o Código Brasileiro de Aeronáutica no tocante à questão da responsabilidade civil em se tratando de transporte aéreo internacional. Entretanto, as conceituações relativas à questão concluem para a aplicação do CDC, afinal, transporte aéreo é um serviço, o transportador aéreo é um fornecedor, o usuário de serviços aéreos é consumidor ou equiparado e, portanto, a regra geral é a da responsabilidade civil objetiva da empresa aérea, de maneira que, vislumbrando-se uma relação de consumo, os conflitos decorrentes dessa relação são passíveis de resolução através do Código de Defesa do Consumidor.

**Alternativa "b":** o consumidor é vulnerável por princípio perante o fornecedor, nos termos do inciso I, artigo 4º, do CDC.

**Alternativa "c":** mesmo em se tratando de transporte para destino internacional, aplicável a legislação nacional, sendo certo que em se tratando de transporte aéreo, a regra é a aplicação da responsabilidade objetiva, com fundamento no CDC e ainda na teoria do risco do empreendimento. Assim conforme preceitua o art. 12, *caput* e art. 14, *caput* e §1° do CDC, a empresa aérea fica obrigada a custear os danos efetivamente causados ao empresário e seus funcionários, ainda que inexista a culpa.

**Alternativa "d":** o transporte aéreo é um serviço, o transportador aéreo é um fornecedor, o usuário de serviços aéreos é consumidor ou equiparado, portanto trata-se de relação alcançada pelo CDC. Quanto à responsabilidade, a interpretação do art. 12, *caput* e art. 14, *caput* e §1° do CDC, leva à conclusão de que a empresa aérea fica obrigada a custear os danos efetivamente causados ao empresário e seus funcionários, ainda que inexista a culpa.

**Alternativa correta: letra "c".**

---

**16. (FGV – Exame de Ordem 2016.1)** Antônio desenvolve há mais de 40 anos atividade de comércio no ramo de hortifrúti. Seus clientes chegam cedo para adquirir verduras frescas entregues pelos produtores rurais da região. Antônio também vende no varejo, com pesagem na hora, grãos e cereais adquiridos em sacas de 30 quilos, de uma marca muito conhecida e respeitada no mercado. Determinado dia, a cliente Maria desconfiou da pesagem e fez a conferência na sua balança caseira, que apontou suposta divergência de peso. Procedeu com a imediata denúncia junto ao Órgão Oficial de Fiscalização, que confirmou que o instrumento de medição do comerciante estava com problemas de calibragem e que não estava aferido segundo padrões oficiais, gerando prejuízo aos consumidores. A cliente denunciante buscou ser ressarcida pelo vício de quantidade dos produtos.

Com base na hipótese sugerida, assinale a afirmativa correta.

a) Trata-se de responsabilidade civil solidária, podendo Maria acionar tanto o comerciante quanto os produtores.
b) Trata-se de responsabilidade civil subsidiária, pois o comerciante só responde se os demais fornecedores não forem identificados.
c) Trata-se de responsabilidade civil exclusiva do comerciante, na qualidade de fornecedor imediato.
d) Trata-se de responsabilidade civil objetiva, motivo pelo qual inexistem excludentes de responsabilidade.

COMENTÁRIOS

✪ **Nota do autor:** Exige conhecimento sobre conhecimento das normas relativas à responsabilidade do fornecedor por vício de quantidade do produto.

**Alternativa "a":** embora o *caput* do artigo 19 do CDC, faça previsão da responsabilidade solidária dos fornecedores pelos vícios de quantidade do produto, a questão proposta trata da exceção à regra prevista no artigo 19, § 2°, do mesmo diploma legal.

**Alternativa "b":** a responsabilidade de fornecedor no CDC em regra é solidária.

**Alternativa "c":** trata-se da exceção à regra do *caput* do artigo 19 do CDC, prevista no § 2º do mesmo artigo 19, que dispõe: § 2° O fornecedor imediato será responsável quando fizer a pesagem ou a medição e o instrumento utilizado não estiver aferido segundo os padrões oficiais."

**Alternativa "d":** trata-se de relação de consumo, cujo tratamento é dado pelas regras do CDC e não do Código Civil.

**Alternativa correta: letra "c".**

**17. (FGV – Exame de Ordem 2015.3)** Dulce, cinquenta e oito anos de idade, fumante há três décadas, foi diagnosticada como portadora de enfisema pulmonar. Trata-se de uma doença pulmonar obstrutiva crônica caracterizada pela dilatação excessiva dos alvéolos pulmonares, que causa a perda da capacidade respiratória e uma consequente oxigenação insuficiente. Em razão do avançado estágio da doença, foi prescrito como essencial o tratamento de suplementação de oxigênio. Para tanto, Joana, filha de Dulce, adquiriu para sua mãe um aparelho respiratório na loja Saúde e Bem-Estar. Porém, com uma semana de uso, o produto parou de funcionar. Joana procurou imediatamente a loja para substituição do aparelho, oportunidade na qual foi informada pela gerente que deveria aguardar o prazo legal de trinta dias para conserto do produto pelo fabricante.

Com base no caso narrado, em relação ao Código de Proteção e Defesa do Consumidor, assinale a afirmativa correta.

a) Está correta a orientação da vendedora. Joana deverá aguardar o prazo legal de trinta dias para conserto e, caso não seja sanado o vício, exigir a substituição do produto, a devolução do dinheiro corrigido monetariamente ou o abatimento proporcional do preço.
b) Joana não é consumidora destinatária final do produto, logo tem apenas direito ao conserto do produto durável no prazo de noventa dias, mas não à devolução da quantia paga.
c) Joana não precisa aguardar o prazo legal de trinta dias para conserto, pois tem direito de exigir a substituição imediata do produto, em razão de sua essencialidade.
d) Na impossibilidade de substituição do produto por outro da mesma espécie, Joana poderá optar por um modelo diverso, sem direito à restituição de eventual diferença de preço, e, se este for de valor maior, não será devida por Joana qualquer complementação.

COMENTÁRIOS

✪ **Nota do autor:** Exige conhecimento sobre Responsabilidade por Vicio do Produto ou do Serviço (artigos 18 e seguintes do CDC).

**Alternativa "a":** por se tratar de produto de caráter essencial, não há que se falar em aguardar o prazo de trinta dias, a providência pode ser exigida imediatamente nos termos do § 3º do artigo 18 do CDC.

**Alternativa "b":** o artigo 2º do CDC estipula que "Consumidor é toda a pessoa física ou jurídica que adquire ou utiliza produto ou serviço como destinatário final." Portanto, Joana não adquiriu, mas é quem utiliza o produto, portanto, consumidora, nos termos do CDC.

**Alternativa "c":** nos termos do artigo 18, § 1º, I e § 3º, Joana não necessita aguardar trinta dias, sendo certo que este é o prazo máximo previsto para a solução do problema.

**Alternativa "d":** o CDC aponta a possibilidade de substituição e devolução de eventual diferença nos termos do § 4º do artigo 18 do CDC.

**Alternativa correta: letra "c".**

**18. (FGV – Exame de Ordem 2015.2)** Saulo e Bianca são casados há quinze anos e, há dez, decidiram ingressar no ramo das festas de casamento, produzindo os chamados "bem-casados", deliciosos doces recheados oferecidos aos convidados ao final da festa. Saulo e Bianca não possuem registro da atividade empresarial desenvolvida, sendo essa a fonte única de renda da família. No mês passado, os noivos Carla e Jair encomendaram ao casal uma centena de "bem--casados" no sabor doce de leite. A encomenda foi entregue conforme contratado, no dia do casamento. Contudo, diversos convidados que ingeriram os quitutes sofreram infecção gastrointestinal, já que o produto estava estragado. A impropriedade do produto para o consumo foi comprovada por perícia técnica.

Com base no caso narrado, assinale a alternativa correta.

a) O casal Saulo e Bianca se enquadra no conceito de fornecedor do Código do Consumidor, pois fornecem produtos com habitualidade e onerosidade, sendo que apenas Carla e Jair, na qualidade de consumidores indiretos, poderão pleitear indenização.
b) Embora a empresa do casal Saulo e Bianca não esteja devidamente registrada na Junta Comercial, pode ser considerada fornecedora à luz do Código do Consumidor, e os convidados do casamento, na qualidade de consumidores por equiparação, poderão pedir indenização diretamente àqueles.
c) O Código de Defesa do Consumidor é aplicável ao caso, sendo certo que tanto Carla e Jair quanto seus convidados intoxicados são consumidores por equiparação e poderão pedir indenização, porém a inversão do ônus da prova só se aplica em favor de Carla e Jair, contratantes diretos.
d) A atividade desenvolvida pelo casal Saulo e Bianca não está oficialmente registrada na Junta Comercial e, portanto, por ser ente despersonalizado, não se enquadra no conceito legal de fornecedor da lei do consumidor, aplicando-se ao caso as regras atinentes aos vícios redibitórios do Código Civil.

**COMENTÁRIOS**

✪ **Nota do autor:** Exige conhecimento sobre os artigos 2º e 3º do CDC, que tratam especificamente dos conceitos de Consumidor e de Fornecedor, respectivamente, e ainda, sobre inversão do ônus da prova.

**Alternativa "a":** o artigo 2º do CDC estipula que "Consumidor é toda a pessoa física ou jurídica que adquire ou utiliza produto ou serviço como destinatário final."

**Alternativa "b":** o CDC aponta em seu artigo 3º, uma ampla gama de sujeitos que se enquadram no conceito de fornecedores. Referido artigo não menciona necessidade de registro de atividade empresarial e nem mesmo da necessidade de que o fornecedor seja pessoa física ou jurídica. Diante do amplo conceito trazido pelo CDC, o casal Saulo e Bianca é considerado fornecedor. Por outro lado, a relação dita consumerista caracteriza-se pela identificação da figura do consumidor final, claramente visível no problema proposto, o que possibilita a propositura de pedido de indenização na condição de autores consumidores.

**Alternativa "c":** o artigo 6º, VIII do CDC, prevê expressamente, "São direitos básicos do consumidor: ... VIII – a facilitação da defesa de seus direitos, inclusive com a inversão do ônus da prova, a seu favor, no processo civil, quando, a critério do juiz, for verossímil a alegação ou quando for ele hipossuficiente, segundo as regras ordinárias de experiências (...)." Ao analisar o artigo 2º do CDC, de forma conjunta, temos que não há que se falar em favorecimento dos contratantes diretos, uma vez que o conceito de consumidor abriga a figura dos demais convidados da festa.

**Alternativa "d":** o CDC aponta em seu artigo 3º, o rol de sujeitos que se enquadram no conceito de fornecedores. Referido artigo traz exigência a respeito da necessidade de registro de atividade empresarial.

**Alternativa correta: letra "b".**

**19. (FGV – Exame de Ordem 2015.1)** A responsabilidade civil dos fornecedores de serviços e produtos, estabelecida pelo Código do Consumidor, reconheceu a relação jurídica qualificada pela presença de uma parte vulnerável, devendo ser observados os princípios da boa-fé, lealdade contratual, dignidade da pessoa humana e equidade.

A respeito da temática, assinale a afirmativa correta.

a) A responsabilidade civil subjetiva dos fabricantes impõe ao consumidor a comprovação da existência de nexo de causalidade que o vincule ao fornecedor, mediante comprovação da culpa, invertendo-se o ônus da prova no que tange ao resultado danoso suportado.

b) A responsabilidade civil do fabricante é subjetiva e subsidiária quando o comerciante é identificado e encontrado para responder pelo vício ou fato do produto, cabendo ao segundo a responsabilidade civil objetiva.

c) A responsabilidade civil objetiva do fabricante somente poderá ser imputada se houver demonstração dos elementos mínimos que comprovem o nexo de causalidade que justifique a ação proposta, ônus esse do consumidor.

d) A inversão do ônus da prova nas relações de consumo é questão de ordem pública e de imputação imediata, cabendo ao fabricante a carga probatória frente ao consumidor, em razão da responsabilidade civil objetiva.

**COMENTÁRIOS**

✪ **Nota do autor:** Exige conhecimento sobre responsabilidade sobre fato do produto e sobre inversão do ônus na prova no Código de Defesa do Consumidor.

**Alternativa "a":** nesse caso não há que se falar em comprovação da culpa, art. 12, *caput* do CDC.

**Alternativa "b":** em se tratando de relação de consumo, a responsabilidade é relativamente solidária no tocante às figuras relacionadas ao conceito de fornecedor, admitindo-se como subsidiária a responsabilidade atribuída apenas ao comerciante, ressalvando-se o direito de regresso previsto no parágrafo único do art. 13 do CDC.

**Alternativa "c":** o liame causal é indispensável para imputação da responsabilidade civil objetiva do fabricante. Em interpretação ao art. 14 do CDC, conclui-se que a responsabilidade objetiva aqui em comento, dispensa a comprovação da culpa para atribuir ao fornecedor a responsabilidade pelo dano. Basta a demonstração da existência de nexo causal entre o dano experimentado pelo consumidor e o vício ou defeito no serviço ou produto.

**Alternativa "d":** considerada incorreta no gabarito oficial, entretanto tal julgamento merece considerações uma vez que a questão pode suscitar recurso já que essa alternativa também está correta, se considerarmos que O §3º do art. 12 do CDC, prevê que "o fabricante, o produtor ou importador só não será responsabilizado quando provar: I– que não colocou o produto no mercado; II– que embora haja colocado o produto no mercado, o defeito inexiste; III– a culpa exclusiva do consumidor ou de terceiro. Do que se analisa que *"A inversão do ônus da prova nas relações de consumo é questão de ordem pública..."* e que, portanto, essa afirmação está correta. Por outro lado, o texto *"...e de imputação imediata..."*, constante na alternativa também está correto, no que tange à apuração de fatos – art. 12, §3º. Por fim, a alternativa ainda traz o texto: *"...cabendo ao fabricante a carga probatória frente ao consumidor, em razão da responsabilidade civil objetiva."*, o que também é correto, no que tange à apuração de fatos – art. 12, *caput* e 3º.

**Alternativa correta: letra "c".**

## 2.2. DA DECADÊNCIA E DA PRESCRIÇÃO (PRAZOS E GARANTIAS)

**20. (FGV – OAB 2012.1)** Franco adquiriu um veículo zero quilômetro em novembro de 2010. Ao sair com o automóvel da concessionária, percebeu um ruído todas as vezes em que acionava a embreagem para a troca de marcha. Retornou à loja, e os funcionários disseram que tal barulho era natural ao veículo, cujo motor era novo. Oito meses depois, ao retornar para fazer a revisão de dez mil quilômetros, o consumidor se queixou que o ruído persistia, mas foi novamente informado de que se tratava de característica do modelo. Cerca de uma semana depois, o veículo parou de funcionar e foi rebocado até a concessionária, lá permanecendo por mais de sessenta dias. Franco acionou o Poder Judiciário alegando vício oculto e pleiteando ressarcimento pelos danos materiais e indenização por danos morais. Considerando o que dispõe o Código de Proteção e Defesa do Consumidor, a respeito do narrado acima, é correto afirmar que, por se tratar de vício oculto,

a) o prazo decadencial para reclamar se iniciou com a retirada do veículo da concessionária, devendo o processo ser extinto.

b) o direito de reclamar judicialmente se iniciou no momento em que ficou evidenciado o defeito, e o prazo decadencial é de noventa dias.

c) o prazo decadencial é de trinta dias contados do momento em que o veículo parou de funcionar, tornando-se imprestável para o uso.

d) o consumidor Franco tinha o prazo de sete dias para desistir do contrato e, tendo deixado de exercê-lo, operou-se a decadência.

COMENTÁRIOS

**Alternativa "a":** O prazo decadencial de 90 dias, conforme determina o art. 26, II e §3° inicia-se a partir do momento em que o defeito ficar evidenciado ao consumidor, o que ocorreu longo período depois no caso apresentado pelo enunciado da questão. Ademais, importante ressaltar as causas que obstaculizam o prazo decadencial, como a reclamação comprovadamente formulada pelo consumidor perante o fornecedor, até a resposta negativa correspondente, que deve ser transmitida de forma inequívoca (art. 26, §2º, I), circunstância também relatada na questão sob análise.

**Alternativa "b":** O prazo decadencial para reclamar de vício oculto de produto ou serviço durável é de 90 dias, a partir do momento em que restou evidenciado ao consumidor o vício, conforme art. 26, II, e §3º do CDC.

**Alternativa "c":** Veículo é considerado produto durável, ou seja, aquele que não se extingue com o seu uso, levando tempo para se desgastar. Para essa espécie, o prazo decadencial é de 90 dias, a contar a partir do momento em que o defeito ficar evidenciado ao consumidor (art. 26, I e §3º do CDC).

**Alternativa "d":** O presente caso não se trata de direito de arrependimento, e sim de garantia legal previsto no CDC, no caso para produto durável (automóvel), nos termos do art. 26, I e §3º da Lei consumerista. O prazo de arrependimento, sete dias a contar da assinatura do contrato ou do ato de recebimento do produto ou serviço, é aquele conferido ao consumidor para desistir do negócio, sempre que a contratação de fornecimento de produtos ou serviços ocorrer fora do estabelecimento comercial (art. 49). Sobre o tema, vide item 4.2, ***infra.***

**Alternativa correta: letra "b".**

## 3. DAS PRÁTICAS COMERCIAIS

### 3.1. DA OFERTA

**21. (FGV – Exame de Ordem 2020.1)** Adriano, por meio de um site especializado, efetuou reserva de hotel para estada com sua família em praia caribenha. A reserva foi imediatamente confirmada pelo site, um mês antes das suas férias, quando fariam a viagem. Ocorre que, dez dias antes do embarque, o site especializado comunicou a Adriano que o hotel havia informado o cancelamento da contratação por erro no parcelamento com o cartão de crédito. Adriano, então, buscou nova compra do serviço, mas os valores estavam cerca de 30% mais caros do que na contratação inicial, com o qual anuiu por não ser mais possível alterar a data de suas férias.

Ao retornar de viagem, Adriano procurou você, como advogado(a), a fim de saber se seria possível a restituição dessa diferença de valores.

Neste caso, é correto afirmar que o ressarcimento da diferença arcada pelo consumidor

a) poderá ser buscado em face exclusivamente do hotel, fornecedor que cancelou a contratação.

b) poderá ser buscado em face do site de viagens e do hotel, que respondem solidariamente, por comporem a cadeia de fornecimento do serviço.

c) não poderá ser revisto, porque o consumidor tinha o dever de confirmar a compra em sua fatura de cartão de crédito.

d) poderá ser revisto, sendo a responsabilidade exclusiva do site de viagens, com base na teoria da aparência, respondendo o hotel apenas subsidiariamente.

COMENTÁRIOS

✪ **Nota do autor:** exige conhecimento dos direitos básicos do consumidor, bem como das práticas comerciais previstas pelo Código de Defesa do Consumidor, notadamente em seu artigo 34.

**Alternativa "a": incorreta.** A assertiva está incorreta, uma vez que o ressarcimento poderá ser pleiteado perante o hotel e perante o site, já que ambos possuem responsabilidade solidária, conforme veremos a seguir.

**Alternativa "b": correta.** A assertiva está correta, tendo em vista que tanto o hotel quanto o site que promoveu o serviço deste hotel responderão de forma solidária pelo prejuízo ocasionado, conforme o disposto pelo artigo 7º, parágrafo único, do CDC, a saber: *"Os direitos previstos neste código não excluem outros decorrentes de tratados ou convenções internacionais de que o Brasil seja signatário, da legislação interna ordinária, de regulamentos expedidos pelas autoridades administrativas competentes, bem como dos que derivem dos princípios gerais do direito, analogia, costumes e eqüidade. Parágrafo único. Tendo mais de um autor a ofensa, todos responderão solidariamente pela reparação dos danos previstos nas normas de consumo."* (Grifo nosso) No mesmo sentido, preceitua o artigo 34 do CDC: *"O fornecedor do produto ou serviço é solidariamente responsável pelos atos de seus prepostos ou representantes autônomos."*

**Alternativa "c": incorreta.** A assertiva está incorreta, tendo em vista que o consumidor poderá pleitear o ressarcimento do prejuízo, pelas razões já mencionadas no item anterior.

**Alternativa "d": incorreta.** A assertiva está errada, uma vez que tanto o site quanto o hotel responderão pelo prejuízo causado de forma solidária, conforme já explicado anteriormente.

**Alternativa correta "b".**

**22. (FGV – Exame de Ordem 2017.1)** Mário firmou contrato de seguro de vida e acidentes pessoais, apontando como beneficiários sua esposa e seu filho. O negócio foi feito via telemarketing, com áudio gravado, recebendo informações superficiais a respeito da cobertura completa a partir do momento da contratação, atendido pequeno prazo de carência em caso de morte ou invalidez parcial e total, além do envio de brindes em caso de contratação imediata. Mário contratou o serviço na mesma oportunidade por via telefônica, com posterior envio de contrato escrito para a residência do segurado. Mário veio a óbito noventa dias após a contratação. Os beneficiários de Mário, ao entrarem em contato com a seguradora, foram informados de que não poderiam receber a indenização securitária contratada, que ainda estaria no período de carência, ainda que a operadora de telemarketing, que vendeu o seguro para Mário, garantisse a cobertura. Verificando o contrato, os beneficiários perceberam o engano de compreensão da informação, já que estava descrito haver período de carência para o evento morte "nos termos da lei civil".

Com base na hipótese apresentada, assinale a afirmativa correta.

a) A informação foi clara por estar escrita, embora mencionada superficialmente pela operadora de telemarketing, e o período de carência é lícito, mesmo nas relações de consumo.

b) A fixação do período de carência é lícita, mesmo nas relações de consumo. Todavia, a informação prestada quanto ao prazo de carência, embora descrita no contrato, não foi clara o suficiente, evidenciando, portanto, a vulnerabilidade do consumidor.

c) A falta de informação e o equívoco na imposição de prazo de carência não são admitidas nas relações de consumo, e sim nas relações genuinamente civilistas.

d) O dever de informação do consumidor foi respeitado, na medida em que estava descrito no contrato, sendo o período de carência instituto ilícito, por se tratar de relação de consumo.

**COMENTÁRIOS**

✪ **Nota do autor:** Exige conhecimentos sobre oferta no CDC, Capítulo V, Seção II do referido diploma legal e direito à informação.

**Alternativa "a":** de acordo com as disposições contidas nos arts. 30 e 31 do CDC, a oferta realizada através da operadora de telemarketing constitui parte integrante do contrato e vincula a empresa seguradora. Tais informações devem atender o disposto no art. 31 do CDC. Assim, em razão do desrespeito ao direito de informação e frente ao fato de que as informações do telemarketing vincularem o fornecedor a alternativa é falsa.

**Alternativa "b":** a presença de carência no contrato de seguro por si só, não constitui infração a qualquer direito do consumidor. Cabe ressaltar, entretanto que as informações prestadas ao consumidor devem ser claras, nos termos do disposto nos art. 6º, III do CDC.

**Alternativa "c":** o art. 6º elenca em seu inciso III, dentre os direitos básicos do consumidor, "a informação adequada e clara sobre os diferentes produtos e serviços..."

**Alternativa "d":** o dever de informar de forma correta e clara o consumidor se prende também à oferta e não apenas ao contrato firmado entre as partes, nos termos dos arts. 30 e 31 do CDC.

**Alternativa correta: letra "b".**

---

**23. (FGV – Exame de Ordem 2014.1)** Eliane trabalha em determinada empresa para a qual uma seguradora apresentou proposta de seguro de vida e acidentes pessoais aos empregados. Eliane preencheu o formulário entregue pela seguradora e, dias depois, recebeu comunicado escrito informando, sem motivo justificado, a recusa da seguradora para a contratação por Eliane. Partindo da situação fática narrada, à luz da legislação vigente, assinale a afirmativa correta.

a) Eliane pode exigir o cumprimento forçado da obrigação nos termos do serviço apresentado, já que a oferta obriga a seguradora e a negativa constituiu prática abusiva pela recusa infundada de prestação de serviço.

b) Trata-se de hipótese de aplicação da legislação consumerista, mas, a despeito das garantias conferidas ao consumidor, em hipóteses como a narrada no caso, é facultado à seguradora recusar a contratação antes da assinatura do contrato.

c) Por se tratar de contrato bilateral, a seguradora poderia ter se recusado a ser contratada por Eliane nos termos do Código Civil, norma aplicável ao caso, que assegura que a proposta não obriga o proponente.

d) A seguradora não está obrigada a se vincular a Eliane, já que a proposta de seguro e acidentes pessoais dos empregados não configura oferta, nos termos do Código do Consumidor.

**COMENTÁRIOS**

✪ **Nota do autor:** Exige conhecimentos sobre oferta no CDC, Capítulo V, Seção II do referido diploma legal.

**Alternativa "a":** Eliane poderá exigir o cumprimento forçado em razão da vinculação dos efeitos que gera a oferta, conforme dispõe o artigo 30 do CDC: "Toda a informação ou publicidade, suficientemente precisa, veiculada por qualquer forma ou meio de comunicação com relação a produtos e serviços oferecidos ou apresentados, obriga o fornecedor que a fizer veicular ou dela se utilizar e integra o contrato que vier a ser celebrado." Assim, a recusa do fornecedor ao cumprimento da oferta, legitima Eliane nos termos do inciso I do artigo 35 do CDC a: "exigir o cumprimento forçado da obrigação, nos termos da oferta, oferecimento ou publicidade" e ainda, nos limites preceituados pelo artigo 39, II do CDC: "É vedado ao fornecedor de produtos ou serviços, dentre outras práticas abusivas: II– recusar atendimento às demandas dos consumidores, na exata medida de suas disponibilidades de estoque e, ainda, de conformidade com os usos e costumes."

**Alternativa "b":** nos termos do artigo 30 do CDC, uma vez apresentada a oferta, estará o fornecedor vinculado. A obrigatoriedade decorre da oferta e não da assinatura do contrato.

**Alternativa "c":** o problema trata de relação de consumo nos termos do artigo 3° do CDC. O Código Civil, a princípio prevê no artigo 427 que a proposta obriga o proponente, excetuando-se os casos previstos no artigo 428, que não correspondem ao enunciado da questão.

**Alternativa "d":** o enunciado da questão se remete à definição de "oferta" preconizada no artigo 30 do CDC, ou seja: "Toda a informação ou publicidade, suficientemente precisa, veiculada por qualquer forma ou meio de comunicação com relação a produtos e serviços oferecidos ou apresentados, obriga o fornecedor que a fizer veicular ou dela se utilizar e integra o contrato que vier a ser celebrado."

**Alternativa correta: letra "a".**

## 3.2. DA PUBLICIDADE

---

**24. (FGV – Exame de Ordem – 2021.2)** A era digital vem revolucionando o Direito, que busca se adequar aos mais diversos canais de realização da vida inserida ou tangenciada por elementos virtuais. Nesse cenário, consagram-se avanços normativos a fim de atender às situações jurídicas que se apresentam, sendo ponto importante a recorrência dos chamados youtubers, atividade não rara realizada por crianças e destinada ao público infantil. Nesse contexto, os youtubers mirins vêm desenvolvendo atividades que necessitam de intervenção jurídica, notadamente quando se mostram portadores de prática publicitária.

A esse respeito, instrumentos normativos que visam a salvaguardar interesses na publicidade infantil estão em vigor e outros previstos em projetos de lei.

Sobre o fato narrado, de acordo com o CDC, assinale a afirmativa correta.

a) A comunicação mercadológica realizada por youtubers mirins para o público infantil não pode ser considerada abusiva em razão da deficiência de julgamento e experiência das crianças, porque é realizada igualmente por crianças.

b) A publicidade que se aproveita da deficiência de julgamento e experiência da criança ou se prevaleça da sua idade e conhecimento imaturo para lhe impingir produtos ou serviços é considerada abusiva.

c) A publicidade não pode ser considerada abusiva ou enganosa se o público para a qual foi destinado, de forma fácil e imediata, identifica a mensagem mercadológica como tal.

d) A publicidade dirigida às crianças, que se aproveite da sua deficiência de julgamento para lhe impingir produtos ou serviços, é considerada enganosa.

COMENTÁRIOS

✪ **Nota do autor:** exige conhecimento a respeito dos conceitos de publicidade enganosa e abusiva previstos no Código de Defesa do Consumidor.

**Alternativa "a": incorreta.** A assertiva está incorreta, uma vez que o fato mencionado é considerado como publicidade abusiva, conforme a explicação no item "b".

**Alternativa "b": correta.** A assertiva está correta, uma vez que a publicidade que se aproveita da deficiência de julgamento e experiência da criança ou se prevaleça da sua idade e conhecimento imaturo para lhe impingir produtos ou serviços é considerada abusiva pelo Código de Defesa do Consumidor. Neste sentido, pertinente a transcrição do artigo 37, § 2º, do referido código, a saber: *"é proibida toda publicidade enganosa ou abusiva. (...) § 2° É abusiva, dentre outras a publicidade discriminatória de qualquer natureza, a que incite à violência, explore o medo ou a superstição, se aproveite da deficiência de julgamento e experiência da criança, desrespeita valores ambientais, ou que seja capaz de induzir o consumidor a se comportar de forma prejudicial ou perigosa à sua saúde ou segurança"*.

**Alternativa "c": incorreta.** A assertiva está incorreta, conforme a explicação do item anterior.

**Alternativa "d": incorreta.** A assertiva está incorreta, tendo em vista que se trata de publicidade abusiva e não enganosa, conforme já explicado anteriormente.

**Alternativa correta "b".**

---

**25. (FGV – Exame de Ordem – 2021.2)** A era digital vem revolucionando o Direito, que busca se adequar aos mais diversos canais de realização da vida inserida ou tangenciada por elementos virtuais. Nesse cenário, consagram-se avanços normativos a fim de atender às situações jurídicas que se apresentam, sendo ponto importante a recorrência dos chamados youtubers, atividade não rara realizada por crianças e destinada ao público infantil. Nesse contexto, os youtubers mirins vêm desenvolvendo atividades que necessitam de intervenção jurídica, notadamente quando se mostram portadores de prática publicitária.

A esse respeito, instrumentos normativos que visam a salvaguardar interesses na publicidade infantil estão em vigor e outros previstos em projetos de lei.

Sobre o fato narrado, de acordo com o CDC, assinale a afirmativa correta.

a) A comunicação mercadológica realizada por youtubers mirins para o público infantil não pode ser considerada abusiva em razão da deficiência de julgamento e experiência das crianças, porque é realizada igualmente por crianças.

b) A publicidade que se aproveita da deficiência de julgamento e experiência da criança ou se prevaleça da sua idade e conhecimento imaturo para lhe impingir produtos ou serviços é considerada abusiva.

c) A publicidade não pode ser considerada abusiva ou enganosa se o público para a qual foi destinado, de forma fácil e imediata, identifica a mensagem mercadológica como tal.

d) A publicidade dirigida às crianças, que se aproveite da sua deficiência de julgamento para lhe impingir produtos ou serviços, é considerada enganosa.

COMENTÁRIOS

✪ **Nota do autor:** exige conhecimento a respeito dos conceitos de publicidade enganosa e abusiva previstos no Código de Defesa do Consumidor.

**Alternativa "a": incorreta.** A assertiva está incorreta, uma vez que o fato mencionado é considerado como publicidade abusiva, conforme a explicação no item "b".

**Alternativa "b": correta.** A assertiva está correta, uma vez que a publicidade que se aproveita da deficiência de julgamento e experiência da criança ou se prevaleça da sua idade e conhecimento imaturo para lhe impingir produtos ou serviços é considerada abusiva pelo Código de Defesa do Consumidor. Neste sentido, pertinente a transcrição do artigo 37, § 2º, do referido código, a saber: *"é proibida toda publicidade enganosa ou abusiva. (...) § 2° É abusiva, dentre outras a publicidade discriminatória de qualquer natureza, a que incite à violência, explore o medo ou a superstição, se aproveite da deficiência de julgamento e experiência da criança, desrespeita valores ambientais, ou que seja capaz de induzir o consumidor a se comportar de forma prejudicial ou perigosa à sua saúde ou segurança"*.

**Alternativa "c": incorreta.** A assertiva está incorreta, conforme a explicação do item anterior.

**Alternativa "d": incorreta.** A assertiva está incorreta, tendo em vista que se trata de publicidade abusiva e não enganosa, conforme já explicado anteriormente.

**Alternativa correta "b".**

---

**26. (FGV – Exame de Ordem 2016.3)** A Pizzaria X fez publicidade comparando a qualidade da sua pizza de mozarela com a da Pizzaria Y, descrevendo a quantidade de queijo e o crocante das bordas, detalhes que a tornariam mais saborosa do que a oferecida pela concorrente. Além disso, disponibiliza para os consumidores o bônus da entrega de pizza pelo motociclista, em até 30 minutos, ou a dispensa do pagamento pelo produto.

A respeito do narrado, assinale a afirmativa correta.

a) A publicidade comparativa é expressamente vedada pelo Código de Defesa do Consumidor, que, entretanto, nada disciplina a respeito da entrega do produto por motociclista em período de tempo ou dispensa do pagamento.

b) A promessa de dispensa do pagamento pelo consumidor como forma de estímulo à prática de aumento da velocidade pelo motociclista é vedada por lei especial, enquanto a publicidade comparativa é admitida, respeitados os critérios do CDC e as proteções dispostas em normas especiais que tutelam marca e concorrência.

c) A dispensa de pagamento, em caso de atraso na entrega do produto por motociclista, é lícita, mas a publicidade comparativa é expressamente vedada pelo Código de Defesa do Consumidor e pela legislação especial.

d) A publicidade comparativa e a entrega de produto por motociclista em determinado prazo ou a dispensa de pagamento, por serem em benefício do consumidor, embora não previstos em lei, são atos lícitos, conforme entendimento pacífico da jurisprudência.

COMENTÁRIOS

✪ **Nota do autor:** Exige conhecimento do artigo 30 do CDC e da Lei 12.436/11.

**Alternativa "a":** a conduta mencionada na alternativa não configura ato ilícito conforme jurisprudência e entendimentos do CONAR que tratam de condutas que visam impedir que a publicidade enganosa ou abusiva cause constrangimento ao consumidor ou a empresas.

**Alternativa "b":** a afirmativa foi apontada como correta em razão do disposto no art. 1º da Lei 12.436/11, que dispõe: "É vedado às empresas e pessoas físicas empregadoras ou tomadoras de serviços prestados por motociclistas estabelecer práticas que estimulem o aumento de velocidade, tais como:

I – oferecer prêmios por cumprimento de metas por números de entregas ou prestação de serviço; II – prometer dispensa de pagamento ao consumidor, no caso de fornecimento de produto ou prestação de serviço fora do prazo ofertado para a sua entrega ou realização;"

**Alternativa "c":** a alternativa trata de conduta que se contrapõe ao disposto na Lei 12.436/11.

**Alternativa "d":** a alternativa em questão foi julgada incorreta pelo gabarito oficial. Entretanto tendo em vista o art. 30 do CDC que trata de oferta suficientemente precisa, bem como a jurisprudência a respeito da publicidade comparativa, a alternativa poderia ser considerada correta.

**Alternativa correta: letra "b".**

### 3.2.1. DA PUBLICIDADE ENGANOSA

**27. (FGV – Exame de Ordem 2018.2)** A Construtora X instalou um estande de vendas em um shopping center da cidade, apresentando folder de empreendimento imobiliário de dez edifícios residenciais com área comum que incluía churrasqueira, espaço gourmet, salão de festas, parquinho infantil, academia e piscina. A proposta fez tanto sucesso que, em apenas um mês, foram firmados contratos de compra e venda da integralidade das unidades. A Construtora X somente realizou a entrega dois anos após o prazo originário de entrega dos imóveis e sem pagamento de qualquer verba pela mora, visto que o contrato previa exclusão de cláusula penal, e também deixou de entregar a área comum de lazer que constava do folder.

Nesse caso, à luz do Código de Defesa do Consumidor, cabe

a) ação individual ou coletiva, em razão da propaganda enganosa evidenciada pela ausência da entrega da parte comum indicada no folder de venda.
b) ação individual ou coletiva, em busca de ressarcimento decorrente da demora na entrega; contudo, não se configura, na hipótese, propaganda enganosa, mas apenas inadimplemento contratual, sendo viável a exclusão da cláusula penal.
c) ação coletiva, somente, haja vista que cada adquirente, individualmente, não possui interesse processual decorrente da propaganda enganosa.
d) ação individual ou coletiva, a fim de buscar tutela declaratória de nulidade do contrato, inválido de pleno direito por conter cláusula abusiva que fixou impedimento de qualquer cláusula penal.

**COMENTÁRIOS**

✪ **Nota do autor:** Exige conhecimento a respeito de propaganda enganosa.

**Alternativa "a":** a alternativa A foi considerada correta pelo gabarito oficial, entretanto, pende sobre ela possibilidade de revisão, uma vez que a pretensão dos consumidores não seria relativa à propaganda enganosa propriamente dita e sim a falta de cumprimento contratual. Isso porque, na existência de propaganda enganosa estaria presente situação que induzisse o consumidor a erro quanto ao objeto do contrato e suas características. De fato, não há elementos suficientes no enunciado para saber se houve alguma disparidade entre o projeto e o anúncio. Portanto, verifica-se que houve inadimplemento contratual que justificou a ausência de entrega da parte comum do empreendimento, de forma correta. Assim, a entrega do produto, de forma divorciada daquela indicada no folder do empreendimento, foi considerada de maneira equivocada, propaganda enganosa pelo gabarito oficial.

**Alternativa "b":** Incorreta. A alternativa não responde de forma completa a questão, visto que o ressarcimento não decorre apenas da demora na entrega do empreendimento, mas envolve também, o inadimplemento quanto ao que ficou estipulado no tocante à área comum, de lazer, presente no projeto.

**Alternativa "c":** Incorreta. O artigo 81 do CDC prevê a faculdade em favor do consumidor, estabelecendo a possibilidade de ações de natureza coletiva quando a pretensão estiver coligada aos interesses relativos a direitos difusos, coletivos e individuais homogêneos.

**Alternativa "d":** Incorreta, visto que contraria a letra do CDC, que em seu artigo 51 privilegia a manutenção do contrato, com o consequente restabelecimento judicial do equilíbrio entre as partes, excluindo-se apenas as cláusulas declaradas nulas nos termos do referido artigo.

**Alternativa correta: letra "a".**

**28. (FGV – Exame de Ordem 2016.2 – Prova reaplicada Salvador-BA)** Florinda, assistindo a um canal de TV fechada, interessou-se por um produto para exercícios físicos. Acompanhando a exposição de imagens, sentiu-se atraída pela forma de "pagamento sem juros, podendo ser parcelado em até doze vezes". Ao telefonar para a loja virtual, foi informada de que o parcelamento sem juros limitava-se a duas prestações. Além disso, a ligação tarifada foi a única forma de Florinda obter as informações a respeito do valor do produto, já que o site da fornecedora limitava-se a indicar o que já estava no anúncio de TV. Sentindo-se enganada por ter sido obrigada a telefonar pagando a tarifa, bem como por ter sido induzida a acreditar que o pagamento poderia ser parcelado em doze vezes sem juros, Florinda procurou um advogado.

Assinale a opção que apresenta a orientação dada pelo advogado.

a) Há publicidade enganosa somente em razão da obscuridade quanto ao parcelamento sem juros, não havendo abusividade quanto à necessidade de ligação tarifada para obtenção de informação a respeito de valor e formas de pagamento.
b) Não há publicidade enganosa na situação narrada, na medida em que essa deve se dar por conduta ativa do fornecedor, não havendo previsão para a modalidade omissiva.
c) Inexiste publicidade enganosa, na medida em que as informações sobre o produto foram claras. Quanto ao preço e à forma de pagamento, essas somente devem ser passadas àqueles que se interessam pelo produto.
d) Há publicidade enganosa por omissão quanto ao preço e à forma de pagamento, que não foram fornecidos de forma clara para o consumidor, bem como caracterizou-se abuso a imposição do ônus da ligação tarifada à consumidora que buscava obter tais informações.

**COMENTÁRIOS**

✪ **Nota do autor:** Exige conhecimento sobre publicidade enganosa (art. 37 e seguintes CDC).

**Alternativa "a":** o parágrafo único do art. 33, que dispõe que "é proibida a publicidade de bens e serviços por telefone, quando a chamada for onerosa ao consumidor que a origina."

**Alternativa "b":** a forma omissiva está prevista no art. 37 do CDC.

**Alternativa "c":** vide Art. 37 CDC.

**Alternativa "d":** nos termos dos artigos 33 e 37 do CDC, a propaganda em questão está completamente em desacordo com o CDC, uma vez que dispõe o art. 37 que: "É proibida toda publicidade enganosa ou abusiva. § 1° É enganosa qualquer modalidade de informação ou comunicação de caráter publicitário, inteira ou parcialmente falsa, ou, por qualquer outro modo, mesmo por omissão, capaz de induzir em erro o consumidor a respeito da natureza, características, qualidade, quantidade, propriedades, origem, preço e quaisquer outros dados sobre produtos e serviços" bem como o parágrafo único do art. 33, que dispõe que "é proibida a publicidade de bens e serviços por telefone, quando a chamada for onerosa ao consumidor que a origina."

**Alternativa correta: letra "d".**

## 3.3. DAS PRÁTICAS ABUSIVAS

**29. (FGV – XXXVII Exame OAB)** Mota solicitou orçamento para a instalação de persianas na sua casa e, ao receber o documento, leu que a compra das persianas escolhidas somente poderia ser realizada com a compra dos tapetes da mesma coleção. Além disso, juntamente com o orçamento, Mota recebeu proposta para aquisição de seguro residencial. O consumidor ficou em dúvida a respeito da conduta da loja de decoração e procurou você, como advogado(a), para receber orientação jurídica. A esse respeito, você informou, corretamente, ao cliente que se trata de

a) prática abusiva em relação às persianas e ao tapete, por condicionar o fornecimento de um produto à aquisição do outro; igualmente abusiva a prática de enviar oferta de serviço mediante proposta do seguro residencial ao consumidor, sem prévia solicitação.
b) prática lícita em relação às persianas e ao tapete, uma vez que se trata de produtos da mesma coleção; o seguro residencial foi meramente sugerido, não importando em venda casada.
c) prática abusiva em relação às persianas e ao tapete, por condicionar o fornecimento de um produto à aquisição do outro; o seguro residencial foi oferecido sem condicionamento, sendo lícita a prática.
d) prática lícita em relação às persianas e ao tapete, uma vez que são produtos da mesma coleção; a proposta do seguro residencial foi enviada ao consumidor sem solicitação prévia, o que torna a prática abusiva.

**COMENTÁRIOS**

✪ **Nota do autor:** exige conhecimento a respeito das práticas abusivas previstas no Código de Defesa do Consumidor.

**Alternativa "a": incorreta.** A assertiva está incorreta no que se refere à parte final, uma vez que o mero envio de proposta de seguro residencial, sem prévia solicitação, não configura prática abusiva.

**Alternativa "b": incorreta.** A assertiva está incorreta no que se refere ao início, posto que há prática abusiva em relação às persianas e ao tapete, por condicional o fornecimento de um produto à aquisição de outro.

**Alternativa "c": correta.** A assertiva está correta, uma vez que houve prática abusiva em relação às persianas e ao tapete, por condicionar o fornecimento de um produto à aquisição do outro, o que configura a venda casa, nos termos do artigo 39, inciso I, do Código de Defesa do Consumidor, a saber:

> *"Art. 39. É vedado ao fornecedor de produtos ou serviços, dentre outras práticas abusivas: (Redação dada pela Lei nº 8.884, de 11.6.1994): I – condicionar o fornecimento de produto ou de serviço ao fornecimento de outro produto ou serviço, bem como, sem justa causa, a limites quantitativos."*

Além disso, no que se refere ao seguro residencial, observa-se que foi apenas oferecido pela loja de decoração (não houve condicionamento), o que não configura prática ilícita.

**Alternativa "d": incorreta.** A assertiva está incorreta, conforme já explicado nos itens anteriores.

**Alternativa correta "c".**

**30. (FGV – Exame de Ordem 2016.3)** O Banco X enviou um cartão de crédito para Jeremias, com limite de R$ 10.000,00 (dez mil reais), para uso em território nacional e no exterior, incluindo seguro de vida e acidentes pessoais, bem como seguro contra roubo e furto, no importe total de R$ 5,00 (cinco reais) na fatura mensal, além da anuidade de R$ 400,00 (quatrocentos reais), parcelada em cinco vezes.

Jeremias recebeu a correspondência contendo um cartão bloqueado, o contrato e o informativo de benefícios e ônus. Ocorre que Jeremias não é cliente do Banco X e sequer solicitou o cartão de crédito.

Sobre a conduta da instituição bancária, considerando a situação narrada e o entendimento do STJ expresso em Súmula, assinale a afirmativa correta.

a) Foi abusiva, sujeitando-se à aplicação de multa administrativa, que não se destina ao consumidor, mas não há ilícito civil indenizável, tratando-se de mero aborrecimento, sob pena de se permitir o enriquecimento ilícito de Jeremias.
b) Foi abusiva, sujeita à advertência e não à multa administrativa, salvo caso de reincidência, bem como não gera ilícito indenizável, por não ter havido dano moral *in re ipsa* na hipótese, salvo se houvesse extravio do cartão antes de ser entregue a Jeremias.
c) Foi abusiva e constitui ilícito indenizável em favor de Jeremias, mesmo sem prejuízo comprovado, em razão da configuração de dano moral *in re ipsa* na hipótese, que pode ser cumulada com a aplicação de multa administrativa, que não será fixada em favor do consumidor.
d) Não foi abusiva, pois não houve prejuízo ao consumidor a justificar multa administrativa e nem constitui ilícito indenizável, na medida em que o destinatário pode desconsiderar a correspondência, não desbloquear o cartão e não aderir ao contrato.

**COMENTÁRIOS**

✪ **Nota do autor:** Exige conhecimento do artigo 39, III do CDC e súmula 532 do STJ.

**Alternativa "a":** a conduta mencionada na alternativa configura ato ilícito indenizável nos termos da súmula 532 do STJ.

**Alternativa "b":** a conduta é sujeita a multa conforme súmula 532 do STJ.

**Alternativa "c":** a afirmativa foi apontada como correta em razão da previsão do art. 39 do CDC, que proíbe o fornecedor de enviar produtos ou prestar serviços sem solicitação prévia e do conteúdo da súmula 532 do STJ, que dispõe: "constitui prática comercial abusiva o envio de cartão de crédito sem prévia e expressa solicitação do consumidor, configurando-se ato ilícito indenizável e sujeito à aplicação de multa administrativa".

**Alternativa "d":** a alternativa está incorreta uma vez que contraria a súmula 532 do STJ, afinal, o simples envio de cartão sem a devida solicitação expressa do consumidor já configura a prática comercial abusiva.

**Alternativa correta: letra "c".**

**31. (FGV – Exame de Ordem 2015.3)** Hugo colidiu com seu veículo e necessitou de reparos na lataria e na pintura. Para tanto, procurou, por indicação de um amigo, os serviços da Oficina Mecânica M, oportunidade na qual lhe foi ofertado orçamento escrito, válido por 15 (quinze) dias, com o valor da mão de obra e dos materiais a serem utilizados na realização do conserto do automóvel. Hugo, na certeza da boa indicação, contratou pela primeira vez com a Oficina.

Considerando as regras do Código de Proteção e Defesa do Consumidor, assinale a afirmativa correta.

a) Segundo a lei do consumidor, o orçamento tem prazo de validade obrigatório de 10 (dez) dias, contados do seu recebimento pelo consumidor Hugo. Logo, no caso, somente durante esse período a Oficina Mecânica M estará vinculada ao valor orçado.

b) Uma vez aprovado o orçamento pelo consumidor, os contraentes estarão vinculados, sendo correto afirmar que Hugo não responderá por quaisquer ônus ou acréscimos no valor dos materiais orçados; contudo, ele poderá vir a responder pela necessidade de contratação de terceiros não previstos no orçamento prévio.

c) Se o serviço de pintura contratado por Hugo apresentar vícios de qualidade, é correto afirmar que ele terá tríplice opção, à sua escolha, de exigir da oficina mecânica: a reexecução do serviço sem custo adicional; a devolução de eventual quantia já paga, corrigida monetariamente, ou o abatimento do preço de forma proporcional.

d) A lei consumerista considera prática abusiva a execução de serviços sem a prévia elaboração de orçamento, o que pode ser feito por qualquer meio, oral ou escrito, exigindo– se, para sua validade, o consentimento expresso ou tácito do consumidor.

COMENTÁRIOS

✪ **Nota do autor:** Exige conhecimento sobre Práticas Abusivas e Responsabilidade por Vicio do Produto ou do Serviço.

**Alternativa "a":** nos termos do artigo 40, § 1º, o orçamento só é válido por 10 dias se não houver estipulação em contrário.

**Alternativa "b":** o artigo 40, § 3º, do CDC, dispõe que o consumidor não responde por acréscimos ou ônus decorrentes de contratação de terceiros que não estiverem previstos no orçamento prévio.

**Alternativa "c":** nos termos do artigo 20 do CDC, " O fornecedor de serviços responde pelos vícios de qualidade que os tornem impróprios ao consumo ou lhes diminuam o valor, assim como por aqueles decorrentes da disparidade com as indicações constantes da oferta ou mensagem publicitária, podendo o consumidor exigir, alternativamente e à sua escolha: **I** – a reexecução dos serviços, sem custo adicional e quando cabível; **II** – a restituição imediata da quantia paga, monetariamente atualizada, sem prejuízo de eventuais perdas e danos; **III** – o abatimento proporcional do preço. § 1° A reexecução dos serviços poderá ser confiada a terceiros devidamente capacitados, por conta e risco do fornecedor."

**Alternativa "d":** o CDC determina que a aprovação do orçamento prévio deve ser realizada de forma expressa, nos termos do artigo 39, VI.

**Alternativa correta: letra "c".**

## 4. DA PROTEÇÃO CONTRATUAL

**32. (FGV – Exame de Ordem XXXVI – 2022)** Bernardo adquiriu, mediante uso de cartão de crédito, equipamento de som conhecido como home theater. A compra, por meio do aplicativo do Magazin Novas Colinas S/A, conhecido como "loja virtual do Colinas", foi realizada na sexta-feira e o produto entregue na terça-feira da semana seguinte.

Na quarta-feira, dia seguinte ao do recebimento, Bernardo entrou em contato com o serviço de atendimento ao cliente para exercer seu direito de arrependimento. A atendente lhe comunicou que deveria ser apresentada uma justificativa para o arrependimento dentre aquelas elaboradas pelo fornecedor. Essa foi a condição imposta ao consumidor para a devolução do valor referente à 1ª parcela do preço, já lançado na fatura do seu cartão de crédito.

Com base nesta narrativa, em conformidade com a legislação consumerista, assinale a afirmativa correta.

a) O direito de arrependimento precisa ser motivado diante da comunicação de cancelamento da compra feita pelo consumidor ao fornecedor após o decurso de 48 (quarenta e oito) horas da realização da transação pelo aplicativo.

b) Embora o direito de arrependimento não precise de motivação por ser potestativo, o fornecedor pode exigir do consumidor que lhe apresente uma justificativa, como condição para a realização da devolução do valor faturado.

c) Em observância ao princípio da boa-fé objetiva, aplicável tanto ao fornecedor quanto ao consumidor, aquele não pode se opor ao direito de arrependimento, mas, em contrapartida, pode exigir do consumidor a motivação para tal ato.

d) O direito de arrependimento não precisa ser motivado e foi exercido tempestivamente, devendo o fornecedor providenciar o cancelamento da compra e comunicar à administradora do cartão de crédito para que seja efetivado o estorno do valor.

COMENTÁRIOS

✪ **Nota do autor:** exige o conhecimento a respeito da proteção contratual prevista no Código de Defesa do Consumidor.

**Alternativa "a": incorreta.** A assertiva está incorreta, uma vez que o direito de arrependimento não precisa ser motivado, conforme a previsão do artigo 49, do Código de Defesa do Consumidor (transcrito abaixo).

**Alternativa "b": incorreta.** A assertiva está incorreta, uma vez que não há necessidade de justificativa para exercer o direito de arrependimento, conforme a explicação no item "d".

**Alternativa "c": incorreta.** A assertiva está incorreta, uma vez que não há necessidade de motivação, conforme a explicação no próximo item.

**Alternativa "d": correta.** A alternativa correta é a letra "D", tendo em vista que está de acordo com a previsão do artigo 49, parágrafo único, do Código de Defesa do Consumidor, porque exercido dentro do prazo de 7 dias e não há necessidade de motivação, conforme segue: *"O consumidor pode desistir do contrato, no prazo de 7 dias a contar de sua assinatura ou do ato de recebimento do produto ou serviço, sempre que a contratação de fornecimento de produtos e serviços ocorrer fora do estabelecimento comercial, especialmente por telefone ou a domicílio. Parágrafo único. Se o consumidor exercitar o direito de arrependimento previsto neste artigo, os valores eventualmente pagos, a qualquer título, durante o prazo de reflexão, serão devolvidos, de imediato, monetariamente atualizados".*

**Alternativa correta "d".**

**33. (FGV – Exame de Ordem XXXVI – 2022)** A sociedade empresária Cimento Montanha Ltda. integra, com outras cinco sociedades empresárias, um consórcio que atua na realização de obras de construção civil.

Estruturas e Fundações Pinheiro Ltda., uma das sociedades consorciadas, foi responsabilizada em ação de responsabilidade civil por danos causados aos consumidores em razão de falhas estruturais em imóveis construídos no âmbito das atividades do consórcio, que apresentaram rachaduras, um dos quais desabou.

Considerando as normas sobre a responsabilidade de sociedades integrantes de grupo econômico perante o consumidor, segundo o Código de Defesa do Consumidor, assinale a afirmativa correta.

a) Apenas a sociedade Estruturas e Fundações Pinheiro Ltda. poderá ser responsabilizada pelos danos aos consumidores, pois as demais consorciadas somente se obrigam nas condições previstas no respectivo contrato, respondendo cada uma por suas obrigações, sem solidariedade entre si.

b) As sociedades integrantes do consórcio são solidariamente responsáveis pelas obrigações da sociedade Estruturas e Fundações Pinheiro Ltda., porém a responsabilidade delas perante o consumidor é sempre em caráter subsidiário.

c) As sociedades integrantes do consórcio são solidariamente responsáveis, sem benefício de ordem entre elas, pelas obrigações da sociedade Estruturas e Fundações Pinheiro Ltda. perante os consumidores prejudicados, haja ou não previsão diversa no contrato respectivo.

d) Apenas a sociedade Estruturas e Fundações Pinheiro Ltda. poderá ser responsabilizada pelos danos aos consumidores, pois as demais consorciadas só responderão solidariamente com a primeira se ficar comprovado a culpa de cada uma delas.

## COMENTÁRIOS

✪ **Nota do autor:** exige conhecimento a respeito da desconsideração da personalidade jurídica prevista pelo Código de Defesa do Consumidor.

**Alternativa "a": incorreta.** A assertiva está incorreta, posto que as sociedades integrantes do consórcio são solidariamente responsáveis, conforme a explicação no item "c".

**Alternativa "b": incorreta.** A assertiva está incorreta, uma vez que não há benefício de ordem, conforme a explicação no item "c".

**Alternativa "c": correta.** A alternativa correta é a letra C, tendo em vista que as sociedades integrantes do consórcio são solidariamente responsáveis pelos danos ocasionados aos consumidores, conforme a previsão expressa no artigo 28, § 3º, do Código de Defesa do Consumidor, que visa ampliar a proteção ao consumidor nestes casos, a saber: *"(...) § 3º As sociedades consorciadas são solidariamente responsáveis pelas obrigações decorrentes deste código"*. Assim, nas ocasiões decorrentes de responsabilidade derivada de relação de consumo aplica-se o previsto no artigo mencionado, haja vista que nestes casos há necessidade de maior proteção ao consumidor. Neste sentido, pertinente a transcrição do seguinte julgado do STJ a respeito do tema:

*"CONSUMIDOR E PROCESSUAL CIVIL. CONSÓRCIO DE EMPRESAS DE TRANSPORTE COLETIVO. PRESTAÇÃO INADEQUADA DO SERVIÇO PÚBLICO (...). RELAÇÃO DE CONSUMO. SOLIDARIEDADE ENTRE AS CONSORCIADAS. ARTIGO 28, § 3º, DO CÓDIGO DE DEFESA DO CONSUMIDOR. (...)*

*Como regra geral, as sociedades consorciadas apenas se obrigam nas condições previstas no respectivo contrato, respondendo cada uma por suas obrigações, sem presunção de solidariedade, de acordo com o disposto no art. 278, § 1º, da Lei das Sociedades Anônimas (Lei 6.404/1976).*

*Essa regra, no entanto, não é absoluta, havendo no ordenamento jurídico diversas normas que preveem a solidariedade entre as sociedades consorciadas, notadamente quando está em jogo interesse que prepondera sobre a autonomia patrimonial das integrantes do consórcio.*

*Na hipótese de responsabilidade derivada de relação de consumo, afasta-se a regra geral da ausência de solidariedade entre as consorciadas por força da disposição expressa contida no art. 28, § 3º, do CDC. Essa exceção em matéria consumerista justifica-se pela necessidade de se atribuir máxima proteção ao consumidor, mediante o alargamento da base patrimonial hábil a suportar a indenização.*

*Não obstante, é certo que, por se tratar de exceção à regra geral, a previsão de solidariedade contida no art. 28, § 3º, do CDC deve ser interpretada restritivamente, de maneira a abarcar apenas as obrigações resultantes do objeto do consórcio, e não quaisquer obrigações assumidas pelas consorciadas em suas atividades empresariais.*

*Recurso Especial parcialmente conhecido, somente com relação à preliminar de violação dos arts. 489 e 1.022 do CPC/2015, e, nessa parte, não provido."*

(REsp 1835585/RJ, Rel. Ministro HERMAN BENJAMIN, SEGUNDA TURMA, julgado em 05/12/2019, DJe 18/05/2020).

**Alternativa "d": correta.** A assertiva está incorreta, conforme a explicação do item anterior.

**Alternativa correta "c".**

---

**34. (FGV – XXXIV Exame de Ordem-2022)** José procurou a instituição financeira Banco Bom com o objetivo de firmar contrato de penhor. Para tanto, depositou um colar de pérolas raras, adquirido por seus ascendentes e que passara por gerações até tornar-se sua pertença através de herança. O negócio deu-se na modalidade contrato de adesão, contendo cláusulas claras a respeito das obrigações pactuadas, inclusive com redação em destaque quanto à limitação do valor da indenização em caso de furto ou roubo, o que foi compreendido por José.

Posteriormente, José procurou você, como advogado(a), apresentando dúvidas a respeito de diferentes pontos.

Sobre os temas indagados, de acordo com o Código de Defesa do Consumidor, assinale a afirmativa correta.

a) A cláusula que limita o valor da indenização pelo furto ou roubo do bem empenhado é abusiva e nula, ainda que redigida com redação clara e compreensível por José e em destaque no texto, pois o que a vicia não é a compreensão redacional e sim o direito material indevidamente limitado.

b) A cláusula que limita os direitos de José em caso de furto ou roubo é lícita, uma vez que redigida em destaque e com termos compreensíveis pelo consumidor, impondo-se a responsabilidade subjetiva da instituição financeira em caso de roubo ou furto por se tratar de ato praticado por terceiro, revelando fortuito externo.

c) O negócio realizado não configura relação consumerista devendo ser afastada a incidência do Código de Defesa do Consumidor e aplicado o Código Civil em matéria de contratos de mútuo e de depósito, uma vez que inquestionável o dever de guarda e restituição do bem mediante pagamento do valor acordado no empréstimo.

d) A cláusula que limita o valor da indenização pelo furto ou roubo do bem empenhado é lícita, desde que redigida com redação clara e compreensível e, em caso de furto ou roubo do colar, isso será considerado inadimplemento contratual e não falha na prestação do serviço, incidindo o prazo prescricional de 2 (dois) anos, caso seja necessário ajuizar eventual pleito indenizatório.

**COMENTÁRIOS**

✪ **Nota do autor:** exige conhecimento a respeito do posicionamento do STJ a respeito do tema, notadamente da Súmula 638.

**Alternativa "a": correta.** A assertiva correta é a letra "a", uma vez que está em consonância com a previsão da Súmula 638 do STJ, a saber: *"É abusiva a cláusula contratual que restringe a responsabilidade de instituição financeira pelos danos decorrentes de roubo, furto ou extravio de bem entregue em garantia no âmbito de contrato de penhor civil"*. Neste sentido, pertinente a transcrição da decisão do STJ a respeito do tema:

> *"CIVIL E CONSUMIDOR. RECURSO ESPECIAL. CONTRATO DE PENHOR. JOIAS.*
>
> *FURTO. FORTUITO INTERNO. RECONHECIMENTO DE ABUSO DE CLÁUSULA CONTRATUAL QUE LIMITA O VALOR DA INDENIZAÇÃO EM FACE DE EXTRAVIO DOS BENS EMPENHADOS. VIOLAÇÃO AO ART. 51, I, DO CDC. OCORRÊNCIA DE DANOS MATERIAIS E MORAIS. RECURSO ESPECIAL PROVIDO.*
>
> *1. No contrato de penhor é notória a hipossuficiência do consumidor, pois este, necessitando de empréstimo, apenas adere a um contrato cujas cláusulas são inegociáveis, submetendo-se à avaliação unilateral realizada pela instituição financeira. Nesse contexto, deve-se reconhecer a violação ao art. 51, I, do CDC, pois mostra-se abusiva a cláusula contratual que limita, em uma vez e meia o valor da avaliação, a indenização devida no caso de extravio, furto ou roubo das joias que deveriam estar sob a segura guarda da recorrida.*
>
> *2. O consumidor que opta pelo penhor assim o faz pretendendo receber o bem de volta, e, para tanto, confia que o mutuante o guardará pelo prazo ajustado. Se a joia empenhada fosse para o proprietário um bem qualquer, sem valor sentimental, provavelmente o consumidor optaria pela venda da joia, pois, certamente, obteria um valor maior.*
>
> *3. Anulada a cláusula que limita o valor da indenização, o quantum a título de danos materiais e morais deve ser estabelecido conforme as peculiaridades do caso, sempre com observância dos princípios da razoabilidade e da proporcionalidade.*
>
> *4. Recurso especial provido."*
>
> *(REsp 1155395/PR, Rel. Ministro RAUL ARAÚJO, QUARTA TURMA, julgado em 01/10/2013, DJe 29/10/2013) Grifo nosso.*

**Alternativa "b": incorreta.** A assertiva está incorreta, conforme a explicação constante no item anterior.

**Alternativa "c": incorreta.** A assertiva está incorreta, uma vez que, ao contrário do alegado, configura hipótese de relação consumerista.

**Alternativa "d": incorreta.** A assertiva está incorreta, conforme explicado no item "a".

**Alternativa correta "a".**

---

**35. (FGV – Exame de Ordem 2021.1)** Josefina trabalhou por trinta anos na sociedade empresária X e, durante todo o tempo em que esteve na ativa, Josefina aderiu ao plano de saúde na modalidade coletiva, que era oferecido aos funcionários da sociedade empresária.

Ao se aposentar, Josefina foi unilateralmente desligada do plano de saúde coletivo, por ato da operadora do plano de saúde, sob a justificativa de que os inativos não poderiam integrar o contrato coletivo, mesmo a consumidora se dispondo a realizar o pagamento integral da mensalidade, correspondente ao valor da sua contribuição, enquanto vigente seu contrato de trabalho, e a parte antes subsidiada por sua ex-empregadora.

A aposentada, então, procurou você, como advogado(a), para que a orientasse, nos termos dos Direitos do Consumidor e do entendimento do STJ.

Assinale a opção que apresenta, corretamente, sua orientação.

a) Em razão do desligamento da empresa por motivo de aposentadoria, Josefina está impedida de manter-se vinculada ao contrato coletivo, por expressa vedação legal que regula os contratos coletivos.

b) Mesmo se desligando da empresa por motivo de aposentadoria, Josefina tem direito à manutenção do plano de saúde, porém reservando-se à operadora a possibilidade de limitar a cobertura assistencial.

c) Ainda que tenha se aposentado e se desligado da empresa, Josefina tem direito à manutenção no plano de saúde nas mesmas condições de cobertura assistencial de que gozava, quando da vigência do contrato de trabalho.

d) Em razão do desligamento da empresa por motivo de aposentadoria, a operadora do plano de saúde possui autonomia para cancelar o plano de saúde de Josefina, devendo à consumidora pactuar novo contrato, na modalidade individual.

**COMENTÁRIOS**

✪ **Nota do autor:** A questão foi **anulada pela banca examinadora**, ao nosso ver tendo em vista que a alternativa considerada como gabarito (letra "c") diverge de entendimento jurisprudencial posterior do STJ e o enunciado menciona expressamente que a orientação deverá ser baseada também no posicionamento deste Tribunal.

A questão exige conhecimento a respeito da jurisprudência do STJ sobre as relações consumeristas, notadamente no que se refere à aplicação do CDC aos planos de saúde, sendo que a Súmula 608 do STJ estabelece que "aplica-se o Código de Defesa do Consumidor aos contratos de plano de saúde, salvo os administrados por entidades de autogestão." Nesse passo, a assertiva constante na letra "c" foi considerada inicialmente como o gabarito da questão, uma vez em consonância ao disposto pelo artigo 31 da Lei n.º 9.656/1998, bem como por estar de acordo com as decisões do STJ a respeito do tema, conforme se verifica no julgamento do RECURSO ESPECIAL Nº 1.608.346/SP.

Ocorre que já existe precedente no STJ que diverge deste entendimento, conforme podemos observar no Tema 1.034, de forma que novas condições assistenciais e de custeio foram estabelecidas, a saber: *"Tese firmada: a) (...); b) o art. 31 da Lei n.º 9.656/1998 impõe que ativos e inativos sejam inseridos em plano de saúde coletivo único, contendo as mesmas condições de cobertura assistencial e de prestação de serviço, o que inclui, para todo o universo de beneficiários, a igualdade de modelo de pagamento e de valor de contribuição, admitindo-se a diferenciação por faixa etária se for contratada para todos, cabendo ao inativo o custeio integral, cujo valor pode ser obtivo com a soma de sua cota-parte com a parcela que, quanto aos ativos, é proporcionalmente suportada pelo empregador com o modelo dos trabalhadores ativos e facultada a portabilidade de carências. c) O ex-empregado aposentado, preenchidos os requisitos do art. 31 da Lei n. 9.656/1998, não tem direito adquirido de se manter no mesmo plano privado de assistência à saúde vigente na época da aposentadoria, podendo haver a substituição da operadora e a alteração do modelo de prestação de serviços, da forma de custeio e os respectivos valores, desde que mantida paridade com o modelo dos trabalhadores ativos e facultada a portabilidade de carências."*

**36. (FGV – Exame de Ordem 2020.1)** O médico de João indicou a necessidade de realizar a cirurgia de gastroplastia (bariátrica) como tratamento de obesidade mórbida, com a finalidade de reduzir peso. Posteriormente, o profissional de saúde explicou a necessidade de realizar a cirurgia plástica pós-gastroplastia, visando à remoção de excesso epitelial que comumente acomete os pacientes nessas condições, impactando a qualidade de vida daquele que deixou de ser obeso mórbido.

Nesse caso, nos termos do Código de Defesa do Consumidor e do entendimento do STJ, o plano de saúde de João

a) terá que custear ambas as cirurgias, porque configuram tratamentos, sendo a cirurgia plástica medida reparadora; portanto, terapêutica.
b) terá que custear apenas a cirurgia de gastroplastia, e não a plástica, considerada estética e excluída da cobertura dos planos de saúde.
c) não terá que custear as cirurgias, exceto mediante previsão contratual expressa para esses tipos de procedimentos.
d) não terá que custear qualquer das cirurgias até que passem a integrar o rol de procedimentos da ANS, competente para a regulação das coberturas contratuais.

**COMENTÁRIOS**

✪ **Nota do autor:** exige conhecimento do posicionamento do STJ a respeito das relações consumeristas, notadamente no que se refere aos casos de cirurgia bariátrica.

**Alternativa "a": correta.** A assertiva está em consonância ao posicionamento do STJ a respeito do tema, o qual tem considerado a cirurgia plástica pós-bariátrica de caráter reparador e essencial, mencionando, inclusive, a destinação desta medida para a prevenção de outros males de saúde decorrentes do excesso de pele no paciente. Neste sentido, pertinente a transcrição do seguinte julgado do STJ: "RECURSO ESPECIAL. CIVIL. PLANO DE SAÚDE. PACIENTE PÓS-CIRURGIA BARIÁTRICA. DOBRAS DE PELE. CIRURGIAS PLÁSTICAS. NECESSIDADE. CARÁTER FUNCIONAL E REPARADOR. EVENTOS COBERTOS. FINALIDADE EXCLUSIVAMENTE ESTÉTICA. AFASTAMENTO. RESTABELECIMENTO INTEGRAL DA SAÚDE. DANOS MORAIS. CONFIGURAÇÃO. VALOR INDENIZATÓRIO. MANUTENÇÃO. RAZOABILIDADE. SÚMULA Nº 7/STJ. 1. Recurso especial interposto contra acórdão publicado na vigência do Código de Processo Civil de 2015 (Enunciados Administrativos nºs 2 e 3/STJ). 2. As questões controvertidas na presente via recursal são: a) se a operadora de plano de saúde está obrigada a custear cirurgias plásticas pós-bariátrica (gastroplastia), consistentes na retirada de excesso de pele em algumas regiões do corpo humano (mamas, braços, coxas e abdômen), b) se ocorreu dano moral indenizável e c) se o valor arbitrado a título de compensação por danos morais foi exagerado. 3. A obesidade mórbida é doença crônica de cobertura obrigatória nos planos de saúde (art. 10, caput, da Lei nº 9.656/1998). Em regra, as operadoras autorizam tratamentos multidisciplinares ambulatoriais ou indicações cirúrgicas, a exemplo da cirurgia bariátrica (Resolução CFM nº 1.766/2005 e Resolução CFM nº 1.942/2010). Por outro lado, a gastroplastia implica consequências anatômicas e morfológicas, como o acúmulo de grande quantidade de pele flácida residual, formando avental no abdômen e em outras regiões do corpo humano. 4. Estão excluídos da cobertura dos planos de saúde os tratamentos com finalidade puramente estética (art. 10, II, da Lei nº 9.656/1998), quer dizer, de preocupação exclusiva do paciente com o seu embelezamento físico, a exemplo daqueles que não visam à restauração parcial ou total da função de órgão ou parte do corpo humano lesionada, seja por enfermidade, traumatismo ou anomalia congênita (art. 20, § 1º, II, da RN/ANS nº 428/2017). 5. Há situações em que a cirurgia plástica não se limita a rejuvenescer ou a aperfeiçoar a beleza corporal, mas se destina primordialmente a reparar ou a reconstruir parte do organismo humano ou, ainda, prevenir males de saúde. 6. Não basta a operadora do plano de assistência médica se limitar ao custeio da cirurgia bariátrica para suplantar a obesidade mórbida, mas as resultantes dobras de pele ocasionadas pelo rápido emagrecimento também devem receber atenção terapêutica, já que podem provocar diversas complicações de saúde, a exemplo da candidíase de repetição, infecções bacterianas devido às escoriações pelo atrito, odores e hérnias, não qualificando, na hipótese, a retirada do excesso de tecido epitelial procedimento unicamente estético, ressaindo sobremaneira o seu caráter funcional e reparador. Precedentes. 7. Apesar de a ANS ter apenas incluído a dermolipectomia no Rol de Procedimentos e Eventos em Saúde para o tratamento dos males pós-cirurgia bariátrica, devem ser custeados todos os procedimentos cirúrgicos de natureza reparadora, para assim ocorrer a integralidade de ações na recuperação do paciente, em obediência ao art. 35-F da Lei nº 9.656/1998. 8. Havendo indicação médica para cirurgia plástica de caráter reparador ou funcional em paciente pós-cirurgia bariátrica, não cabe à operadora negar a cobertura sob o argumento de que o tratamento não seria adequado, ou que não teria previsão contratual, visto que tal terapêutica é fundamental à recuperação integral da saúde do usuário outrora acometido de obesidade mórbida, inclusive com a diminuição de outras complicações e comorbidades, não se configurando simples procedimento estético ou rejuvenescedor. 9. Em regra, a recusa indevida pela operadora de plano de saúde de cobertura médico-assistencial gera dano moral, porquanto agrava o sofrimento psíquico do usuário, já combalido pelas condições precárias de saúde, não constituindo, portanto, mero dissabor, ínsito às situações correntes de inadimplemento contratual. 10. Existem casos em que existe dúvida jurídica razoável na interpretação de cláusula contratual, não podendo ser reputada ilegítima ou injusta, violadora de direitos imateriais, a conduta de operadora que optar pela restrição de cobertura sem ofender, em contrapartida, os deveres anexos do contrato, tal qual a boa-fé, o que afasta a pretensão de compensação por danos morais. 11. Na hipótese, além de inexistir dúvida jurídica razoável na interpretação do contrato, a autora experimentou prejuízos com o adiamento das cirurgias plásticas reparadoras diante da negativa da operadora do plano de assistência médica, sobretudo porque agravou o estado de sua saúde mental, já debilitada pela baixa autoestima gerada pelas alterações anatômicas e morfológicas do corpo humano consequentes da cirurgia bariátrica, sendo de rigor o reconhecimento dos danos morais. Razoabilidade do valor fixado pelas instâncias ordinárias (R$ 10.000,00 – dez mil reais), que não se encontra exagerado nem ínfimo. Atendimento da razoabilidade e dos parâmetros jurisprudenciais. Incidência da Súmula nº 7/STJ. 12. Recurso especial não provido." (STJ – REsp: 1757938 DF 2018/0057485-6, Relator: Ministro RICARDO VILLAS BÔAS CUEVA, Data de Julgamento: 05/02/2019, T3 – TERCEIRA TURMA, Data de Publicação: DJe 12/02/2019). Precedentes AREsp 512.484/PA. Ademais, cumpre ressaltar a previsão do artigo 35F, da Lei n.º 9.656/1998 (que dispõe sobre os planos de saúde) o qual vai ao encontro da aludida decisão e preceitua: *"a assistência a que alude o art. 1o desta Lei compreende todas as ações necessárias à prevenção da doença e à recuperação, manutenção e reabilitação da saúde, observados os termos desta Lei e do contrato firmado entre as partes"*.

**Alternativa "b": incorreta.** A assertiva está incorreta, pelas razões já mencionadas no item anterior, ou seja, não se trata de procedimento de caráter estético e sim reparador e essencial à saúde do paciente.

**Alternativa "c": incorreta.** A assertiva está incorreta, tendo em vista as explicações constantes no item "a" no sentido de que deverá ser custeada pelo plano de saúde, independentemente de previsão contratual expressa.

**Alternativa "d": incorreta.** A assertiva está incorreta, tendo em vista as explicações constantes no item "a" no sentido de que deverá ser custeada pelo plano de saúde por se tratar de medida reparadora e essencial à saúde do paciente.

**Alternativa correta "a".**

---

**37. (FGV – Exame de Ordem/2018.3)** Dias atrás, Elisa, portadora de doença grave e sob risco imediato de morte, foi levada para atendimento na emergência do hospital X, onde necessitou realizar exame de imagem e fazer uso de medicamentos. Ocorre que o seu plano de saúde, contratado dois meses antes, negou a cobertura de alguns desses fármacos e do exame de imagem, pelo fato de o plano de Elisa ainda estar no período de carência, obrigando a consumidora a custear parcela dos medicamentos e o valor integral do exame de imagem.

Nesse caso, à luz do Código de Defesa do Consumidor (CDC) e da Lei n° 9.656/98, que dispõe sobre os planos e seguros privados de assistência à saúde, assinale a afirmativa correta.

a) As cláusulas que limitam os direitos da consumidora são nulas de pleno direito, sendo qualquer período de carência imposto por contrato de adesão reversível pela via judiciária, por caracterizar-se como cláusula abusiva.
b) As cláusulas que limitam os direitos da consumidora, como a que fixou a carência do plano de saúde em relação ao uso de medicamentos e exame de imagem, são lícitas, e devem ser observadas no caso de Elisa, em respeito ao equilíbrio da relação contratual.
c) As cláusulas que preveem o período de carência estão previstas em norma especial que contradiz o disposto no CDC, uma vez que não podem excetuar a proteção integral e presunção de vulnerabilidade existente na relação jurídica de consumo.
d) O plano de saúde deve cobrir integralmente o atendimento de Elisa, por se tratar de situação de emergência e por, pelo tempo de contratação do plano, não poder haver carência para esse tipo de atendimento, ainda que lícitas as cláusulas que limitem o direito da consumidora.

**COMENTÁRIOS**

✪ **Nota do autor:** Exige conhecimento específico do CDC e da Lei Federal 9.656/98, que trata dos Planos de Saúde, além *da* Súmula 597 do STJ, que dispõe que *"a cláusula contratual de plano de saúde que prevê carência para utilização dos serviços de assistência médica nas situações de emergência ou de urgência é considerada abusiva se ultrapassado o prazo máximo de 24 horas contado da data da contratação."*

**Alternativa "a":** A fixação de nulidade das cláusulas de carência se refere apenas às situações de urgência e emergência, nos termos da Súmula 597 do STJ.

**Alternativa "b":** As cláusulas não são lícitas em relação aos procedimentos necessários em casos de urgência e emergência, nos termos da Súmula 597 do STJ.

**Alternativa "c":** de acordo com a Súmula 469 do STJ, com a seguinte redação, "Aplica-se o Código de Defesa do Consumidor aos contratos de plano de saúde". O relator do projeto de súmula foi o ministro Aldir Passarinho Junior. Além disso, o contrato de plano de saúde deve ser interpretado de maneira mais favorável à parte mais fraca nesta relação, nos termos do art. 47, do CDC. No mais, aqui se analisa a circunstância no tocante a ocorrência de urgência e emergência previstas no enunciado da questão.

**Alternativa "d":** a alternativa correta em pleno atendimento ao disposto na Súmula 597 do STJ, que dispõe que *"a cláusula contratual de plano de saúde que prevê carência para utilização dos serviços de assistência médica nas situações de emergência ou de urgência é considerada abusiva se ultrapassado o prazo máximo de 24 horas contado da data da contratação."*

**Alternativa correta: letra "d"**

---

**38. (FGV – Exame de Ordem 2017.2)** Vera sofreu acidente doméstico e, sentindo fortes dores nas costas e redução da força dos membros inferiores, procurou atendimento médico-hospitalar. A equipe médica prescreveu uma análise neurológica que, a partir dos exames de imagem, evidenciaram uma lesão na coluna. O plano de saúde, entretanto, negou o procedimento e o material, aduzindo negativa de cobertura, embora a moléstia estivesse prevista em contrato.

Vera o(a) procura como advogado(a) a fim de saber se o plano de saúde poderia negar, sob a justificativa de falta de cobertura contratual, algo que os médicos informaram ser essencial para a diagnose correta da extensão da lesão da coluna.

Neste caso, à luz da norma consumerista e do entendimento do STJ, assinale a afirmativa correta.

a) O contrato de plano de saúde não é regido pelo Código do Consumidor e sim, exclusivamente, pelas normas da Agência Nacional de Saúde, o que impede a interpretação ampliativa, sob pena de comprometer a higidez econômica dos planos de saúde, respaldada no princípio da solidariedade.
b) O plano de saúde pode se negar a cobrir o procedimento médico-hospitalar, desde que possibilite o reembolso de material indicado pelos profissionais de medicina, ainda que imponha limitação de valores e o reembolso se dê de forma parcial.
c) O contrato de plano de saúde é regido pelo Código do Consumidor e os planos de saúde apenas podem estabelecer para quais moléstias oferecerão cobertura, não lhes cabendo limitar o tipo de tratamento que será prescrito, incumbência essa que pertence ao profissional da medicina que assiste ao paciente.
d) O contrato de plano de saúde é regido pelo Código do Consumidor e, resguardados os direitos básicos do consumidor, os planos de saúde podem estabelecer para quais moléstias e para que tipo de tratamento oferecerão cobertura, de acordo com a categoria de cada nível contratado, sem que isso viole o CDC.

**COMENTÁRIOS**

✪ **Nota do autor:** Exige conhecimento sobre Súmulas do STJ que fazem referência ao CDC e que se relacionam aos planos de seguros de saúde privados e de assistência à saúde e interpretação das cláusulas contratuais no CDC.

**Alternativa "a":** com a edição da Súmula 469 do STJ, pacificou-se a orientação de aplicabilidade do CDC nas relações que envolvam contratos de plano de saúde.

**Alternativa "b":** os planos de saúde apenas podem estabelecer para quais moléstias oferecerão cobertura, não lhes cabendo limitar o tipo de tratamento que será prescrito, incumbência essa que pertence ao profissional da medicina que assiste o paciente. Além do mais, deve ser priorizado o direito à saúde e à vida em relação ao direito contratual. Incidência dos arts. 47 e 51, IV, § 1°, II, do CDC.

**Alternativa "c":** de acordo com a Súmula 469 do STJ, com a seguinte redação, "Aplica-se o Código de Defesa do Consumidor aos contratos de plano de saúde". O relator do projeto de súmula foi o ministro Aldir Passarinho Junior. Além disso, o contrato de plano de saúde deve ser interpretado de maneira mais favorável à parte mais fraca nesta relação, nos termos do art. 47, do CDC.

**Alternativa "d":** o art. 47 determina que o contrato seja interpretado da forma mais favorável ao consumidor. Além do mais, o art. 51, XIII, do CDC considera nulas as alterações unilaterais de conteúdo ou qualidade do contrato após a sua celebração. Assim, não podem os planos de saúde de forma unilateral, estabelecer para quais hipóteses e para que tipo de tratamento oferecerão cobertura, se assim não estiver estabelecido no negócio jurídico firmado entre as partes.

**Alternativa correta: letra "c":**

## 4.1. DA REVISÃO CONTRATUAL

**39. (FGV-Exame de Ordem 2019.1)** João da Silva, idoso, ingressou com ação judicial para revisão de valores de reajuste do plano de saúde, contratado na modalidade individual. Alega que houve alteração do valor em decorrência da mudança de faixa etária, o que entende abusivo. Ao entrar em contato com a fornecedora, foi informado que o reajuste atendeu ao disposto pela agência reguladora, que é um órgão governamental, e que o reajuste seria adequado.

Sobre o reajuste da mensalidade do plano de saúde de João, de acordo com entendimento do STJ firmado em Tema de Recurso Repetitivo, bem como à luz do Código do Consumidor, assinale a afirmativa correta.

a) Somente seria possível se o plano fosse coletivo, mesmo que isso não estivesse previsto em contrato, mas se encontrasse em acordo com percentual que não seja desarrazoado ou aleatório, portanto, não sendo abusivo.

b) Poderia ser alterado por se tratar de plano individual, mesmo que em razão da faixa etária, desde que previsto em contrato, observasse as normas dos órgãos governamentais reguladores e o percentual não fosse desarrazoado, o que tornaria a prática abusiva.

c) É possível o reajuste, ainda que em razão da faixa etária, sendo coletivo ou individual, mesmo que não previsto em contrato e em percentual que não onere excessivamente o consumidor ou discrimine o idoso.

d) Não poderia ter sido realizado em razão de mudança de faixa etária, mesmo se tratando de plano individual, sendo correto o reajuste apenas com base na inflação, não havendo interferência do órgão governamental regulador nesse tema.

**COMENTÁRIOS**

✪ **Nota do autor:** Necessário conhecimento a respeito dos termos do acordão proferido pelo STJ através em sede do REsp: 1568244 RJ, que fixou parâmetros quanto à ocorrência de aumento dos preços cobrados em sede de mensalidades de convênios médicos destinados às mais diversas faixas etárias, estabelecendo critérios de acordo com a previsão estabelecida na Súmula 469 do STF, bem como em atendimento ao art. 51, § 2º, do CDC, com a apuração de percentual adequado e razoável de majoração da mensalidade em virtude da inserção do consumidor na nova faixa de risco. Por fim, o referido julgado determinou ao final que o reajuste de mensalidade de plano de saúde individual ou familiar fundado na mudança de faixa etária do beneficiário é válido desde que (i) haja previsão contratual, (ii) sejam observadas as normas expedidas pelos órgãos governamentais reguladores e (iii) não sejam aplicados percentuais desarrazoados ou aleatórios que, concretamente e sem base atuarial idônea, onerem excessivamente o consumidor ou discriminem o idoso.

**Alternativa "a":** alternativa incorreta, pois o entendimento do STJ é no sentido de propiciar a alteração de contratos individuais e familiares e desde que prevista em contrato a possibilidade de reajuste.

**Alternativa "b":** alternativa correta uma vez que atende integralmente ao conteúdo do REsp mencionado no enunciado em sede de entendimento do STJ a respeito da questão.

**Alternativa "c":** alternativa incorreta. A falta de previsibilidade do reajuste em contrato inviabiliza a majoração.

**Alternativa "d":** alternativa incorreta. Pode ser realizado o reajuste em razão da faixa etária em plano individual considerando-se os critérios fixados, bem como observadas as normas expedidas pelos órgãos governamentais reguladores.

**Alternativa correta: letra "b".**

**40. (FGV – Exame de Ordem 2018.1)** Petrônio, servidor público estadual aposentado, firmou, em um intervalo de seis meses, três contratos de empréstimo consignado com duas instituições bancárias diferentes, comprometendo 70% (setenta por cento) do valor de aposentadoria recebido mensalmente, o que está prejudicando seu sustento, já que não possui outra fonte de renda. Petrônio procura orientação de um advogado para saber se há possibilidade de corrigir o que alega ter sido um engano de contratação de empréstimos sucessivos.

Partindo dessa situação, à luz do entendimento do Superior Tribunal de Justiça, assinale a afirmativa correta.

a) Não há abusividade na realização de descontos superiores a 50% (cinquenta por cento) dos rendimentos do consumidor para fins de pagamento de prestação dos empréstimos quando se tratar de contratos firmados com fornecedores diferentes, como no caso narrado.

b) O consumidor não pode ser submetido à condição de desequilíbrio na relação jurídica, sendo nulas de pleno direito as cláusulas contratuais do contrato no momento em que os descontos ultrapassam metade da aposentadoria do consumidor.

c) Os descontos a título de crédito consignado, incidentes sobre os proventos de servidores, como é o caso de Petrônio, devem ser limitados a 30% (trinta por cento) da remuneração, em razão da sua natureza alimentar e do mínimo existencial.

d) Tratando-se de consumidor hipervulnerável pelo fator etário, os contratos dependem de anuência de familiar, que deve assinar conjuntamente ao idoso, não podendo comprometer mais do que 20% (vinte por cento) do valor recebido a título de aposentadoria.

**COMENTÁRIOS**

✪ **Nota do autor:** O Código de Defesa do Consumidor consagra os princípios da boa-fé objetiva (Art. 4º A Política Nacional das Relações de Consumo tem por objetivo o atendimento das necessidades dos consumidores, o respeito à sua dignidade, saúde e segurança, a proteção de seus interesses econômicos, a melhoria da sua qualidade de vida, bem como a transparência e harmonia das relações de consumo, atendidos os seguintes princípios: III - harmonização dos interesses dos participantes das relações de consumo e compatibilização da proteção do consumidor com a necessidade de desenvolvimento econômico e tecnológico, de modo a viabilizar os princípios nos quais se funda a ordem econômica (art. 170, da Constituição Federal ), sempre com base na boa-fé e equilíbrio nas relações entre consumidores e fornecedores;) e da função social do contrato, além do princípio da dignidade da pessoa humana. O Superior Tribunal de Justiça tem entendimentos diversos a respeito da questão, sendo certo que reconheceu em REsp nº 1586910 a possibilidade de descontar das contas que recebem proventos, sem limitações percentuais, quando da contratação de mútuo livremente pactuado entre consumidor e instituição financeira. Por outro lado, reconhece, por meio do REsp nº 1584501, a limitação de 30% da renda líquida do devedor, os descontos de parcelas em conta corrente, fundamentando o entendimento no risco à subsistência do consumidor e de sua família.

**Alternativa "a":** o fundamento abusivo não prende a presença de fornecedores diferentes, entretanto, apesar de considerada incorreta pelo gabarito oficial do certame, o Superior Tribunal de Justiça tem entendimentos diversos a respeito da questão, sendo certo que reconheceu em REsp nº 1586910 a possibilidade de descontar das contas que recebem proventos, sem limitações percentuais, quando da contratação de mútuo livremente pactuado entre consumidor e instituição financeira.

**Alternativa "b":** o CDC, em seu art. 4º, III, prevê o princípio da boa-fé **objetiva,** fundamental na disciplina das relações de consumo e tutela dos direitos do consumidor. A alternativa não pode ser considerada correta de acordo com os entendimentos do STJ, que de um lado reconheceu em REsp nº 1586910 a possibilidade de descontar das contas que recebem proventos, sem limitações percentuais, quando da contratação de mútuo livremente pactuado entre consumidor e instituição financeira. Por outro lado, reconhece, por meio do REsp nº 1584501, a limitação de 30% da renda líquida do devedor, os descontos de parcelas em conta corrente, fundamentando o entendimento no risco à subsistência do consumidor e de sua família.

**Alternativa "c": alternativa correta de acordo com o entendimento lançado no** REsp nº 1584501, que reconhece a limitação de 30% da renda líquida do devedor, os descontos de parcelas em conta corrente, fundamentando o entendimento no risco à subsistência do consumidor e de sua família, em consonância com o mínimo existencial.

**Alternativa "d":** o fundamento da questão não se prende à possibilidade jurídica plausível, visto que a qualidade de idoso não induz incapacidade, o que afasta a possibilidade de assinatura conjunta de quem quer que seja.

**Alternativa correta: letra "c".**

---

**41. (FGV – Exame de Ordem 2016.2 – Prova reaplicada Salvador-BA)** Inês, pretendendo fazer pequenos reparos e manutenção em sua residência, contrai empréstimo com essa finalidade. Ocorre que, desconfiando dos valores pagos nas prestações, procura orientação jurídica e ingressa com ação revisional de cédula de crédito bancário, questionando a incidência de juros remuneratórios, ao argumento de serem mais altos que a média praticada no mercado. Requereu a inversão do ônus da prova e, ao final, a procedência do pedido para determinar a declaração de nulidade da cláusula.

A respeito desta situação, é correto afirmar que o Código de Defesa do Consumidor

a) não é aplicável na relação jurídica entre Inês e a instituição financeira, motivo pelo qual o questionamento deve seguir a ótica dos direitos obrigacionais previstos no Código Civil, o que inviabiliza a inversão do ônus da prova.
b) é aplicável na relação jurídica entre Inês e a instituição financeira, cabível a inversão do ônus da prova, se preenchidos os requisitos legais e, em caso de nulidade da cláusula, todo contrato será declarado nulo, tendo em vista que prática abusiva é questão de ordem pública.
c) é aplicável na relação jurídica entre Inês e a instituição financeira, cabível a inversão do ônus da prova caso a consumidora comprove preenchimento dos requisitos legais, sendo certo que a declaração de nulidade da cláusula não invalida o contrato, salvo se importar em ônus excessivo para o consumidor, apesar dos esforços de integração.
d) não é aplicável na relação jurídica entre Inês e a instituição financeira, motivo pelo qual o questionamento orienta-se pela norma especial de direito bancário, em prejuízo da inversão do ônus da prova pleiteado, ainda que formalmente estivessem cumpridos os requisitos legais.

**COMENTÁRIOS**

**Nota do autor:** Exige conhecimento sobre revisão contratual, conceito de consumidor, inversão do ônus da prova e cláusulas abusivas.

**Alternativa "a":** a presença da vulnerabilidade do consumidor e a destinação final do produto caracterizam a existência de relação de consumo, tratada pelo CDC. A hipossuficiência do consumidor autoriza o pedido de inversão do ônus da prova.

**Alternativa "b":** o CDC autoriza em seu art. 51 a nulidade de cláusulas abusivas, possibilitando a manutenção dos demais itens da avença.

**Alternativa "c":** a presença da vulnerabilidade do consumidor e a destinação final do produto caracterizam a existência de relação de consumo, tratada pelo CDC. O art. 2° do CDC conceitua: "consumidor é toda pessoa física ou jurídica que adquire ou utiliza produto ou serviço como destinatário final", o que coloca a relação proposta na afirmativa no rol das questões abrangidas pelo referido diploma legal. A inversão do ônus da prova se prende à vulnerabilidade do consumidor perante a instituição financeira, presente na questão proposta e, portanto, passível de deferimento.

**Alternativa "d":** a presença da vulnerabilidade do consumidor e a destinação final do produto caracterizam a existência de relação de consumo, tratada pelo CDC.

**Alternativa correta: letra "c".**

---

**42. (FGV – Exame de Ordem 2015.2)** Tommy adquiriu determinado veículo junto a um revendedor de automóveis usados. Para tanto, fez o pagamento de 60% do valor do bem e financiou os 40% restantes com garantia de alienação fiduciária, junto ao banco com o qual mantém vínculo de conta-corrente. A negociação transcorreu normalmente e o veículo foi entregue. Ocorre que Tommy, alguns meses depois, achou que a obrigação assumida estava lhe sendo excessivamente onerosa. Procurou então você como advogado(a) a fim de saber se ainda assim seria possível questionar o negócio jurídico realizado e pedir revisão do contrato que Tommy sequer possuía.

A esse respeito, assinale a afirmativa correta.

a) A questão versa sobre alienação fiduciária em garantia que transfere ao credor o domínio resolúvel e a posse indireta do bem alienado, não havendo aplicabilidade do Código de Defesa do Consumidor e, portanto, nem o pedido de revisão na hipótese, haja vista que a questão jurídica está submetida unicamente à leitura da norma geral civil, sem a inversão do ônus da prova.
b) A questão comporta aplicação do CDC, mas para propor ação revisional, a parte deve ingressar com medida cautelar preparatória de exibição de documentos, sob pena de extinção da medida cognitiva revisional por falta de interesse de agir.
c) A questão versa sobre alienação fiduciária em garantia, que transfere para o devedor a posse direta do bem, tornando-o depositário, motivo pelo qual a questão jurídica rege-se exclusivamente pelas regras impostas pelo Decreto-lei n° 911, de 1969, que estabelece normas de processo sobre alienação fiduciária.

CONSUMIDOR

d) A questão comporta aplicação do CDC, e a ação revisional pode ser proposta independentemente de medida cautelar preparatória de exibição de documentos, já que o pleito de exibição do contrato poderá ser formulado incidentalmente e nos próprios autos.

COMENTÁRIOS

✪ **Nota do autor:** Exige conhecimento sobre os artigos 2º e 3º do CDC, que tratam especificamente dos conceitos de Consumidor e de Fornecedor, respectivamente, e ainda, sobre os direitos básicos do consumidor e sua defesa em juízo.

**Alternativa "a":** o artigo 2º do CDC estipula que "Consumidor é toda a pessoa física ou jurídica que adquire ou utiliza produto ou serviço como destinatário final." Trata-se de relação de consumo que identifica a revendedora de veículos na posição e conceito de fornecedor.

**Alternativa "b":** o ingresso de medida cautelar preparatória de exibição de documento não constitui pré-requisito para propositura de ação revisional de contrato. Para a defesa dos interesses do consumidor, é admissível, nos termos do artigo 83 do CDC, toda a espécie de ação capaz de propiciar a efetiva ao ofendido.

**Alternativa "c":** o CDC aponta em seu artigo 6º, V, que são direitos básicos do consumidor, "a modificação das cláusulas contratuais que estabeleçam prestações desproporcionais ou a sua revisão em razão de fatos supervenientes que a tornem excessivamente onerosas".

**Alternativa "d":** para a defesa dos interesses do consumidor, é admissível, nos termos do artigo 83 do CDC, toda a espécie de ação capaz de propiciar a efetiva prestação jurisdicional.

**Alternativa correta: letra "d".**

## 4.2. O DIREITO DE ARREPENDIMENTO

**43. (FGV – OAB 2012.2)** A telespectadora Maria, após assistir ao anúncio de certa máquina fotográfica, ligou e comprou o produto via telefone. No dia 19 de março, a câmera chegou ao seu endereço. Acerca dessa situação, assinale a alternativa correta.

a) A contar do recebimento do produto, a consumidora pode exercer o direito de arrependimento no prazo prescricional de quinze dias.
b) Mesmo que o produto não tenha defeito, se Maria se arrepender da aquisição e desistir do contrato no dia 25 de março do mesmo ano, os valores eventualmente pagos, a qualquer título, deverão ser devolvidos, monetariamente atualizados.
c) Se, no dia 26 de março do mesmo ano, a consumidora pretender desistir do contrato, não poderá fazê-lo, pois, além de o prazo decadencial já ter fluído, os contratos são regidos pelo brocardo pacta sunt servanda.
d) Após o prazo de desistência, que é decadencial, Maria não poderá reclamar de vícios do produto ou de desconformidades entre a oferta apresentada e as características do bem adquirido, a não ser que exista garantia contratual.

COMENTÁRIOS

**Alternativa "a":** o prazo de reflexão em que o consumidor pode desistir do contrato, se realizado fora do estabelecimento comercial, especialmente por telefone ou a domicílio, é de 7 dias, e não 15.

**Alternativa "b":** nos termos do art. 49 do CDC, ao consumidor cabe o direito de arrependimento, no prazo de 7 dias a contar da assinatura do contrato ou do ato de recebimento do produto ou serviço, sempre que a contratação ocorrer fora do estabelecimento comercial, especialmente por telefone ou a domicílio. Uma vez exercido o referido direito, os valores eventualmente pagos, a qualquer título, durante o prazo de reflexão, deverão ser devolvidos, de imediato, monetariamente atualizados (Parágrafo Único do art. 49). Assim, recebido o produto comprado via telefone no dia 19 de março, a consumidora Maria tem o prazo de 7 dias para se arrepender, a partir dessa data, sem necessidade de apresentar qualquer justificativa ao fornecedor, ou seja, independe de o produto ter algum vício ou defeito.

**Alternativa "c":** quanto à contagem do prazo, o prazo de 7 dias conta-se da data da assinatura do contrato ou do ato do recebimento do produto ou serviço. Nesse sentido, no dia 26 de março a consumidora ainda poderia exercer o seu direito de arrependimento, nos termos do art. 49 do CDC. Ademais, A revisão contratual está expressamente contemplada no art. 6º, V, do CDC, como direito básico do consumidor. Admite-se a "modificação das cláusulas contratuais que estabeleçam prestações desproporcionais ou sua revisão em razão de fatos supervenientes que as tornem excessivamente onerosas". Ou seja, presente a cláusula ***rebus sic stantibus***. A mitigação da obrigatoriedade do acordo firmado no contrato (***pacta sunt servanda***) é fundamental para a manutenção do equilíbrio negocial, principalmente quando o contrato encerra uma situação de injustiça a uma das partes.

**Alternativa "d":** o direito de arrependimento não se confunde com a ***garantia legal estipulada pelo CDC*** quando da ocorrência de vícios do produto ou serviços. Além da garantia legal, o ***CDC prevê também a garantia contratual*** (art. 50), que não se confunde também com o direito de arrependimento. Trata-se de uma garantia complementar à legal (que é inderrogável), faculdade do fornecedor. No entanto, uma vez oferecida, torna-se obrigatório o seu cumprimento pelo fornecedor, desde que previamente prevista, de forma expressa, no contrato. Ademais, ***o fornecedor também é civilmente responsável pelas desconformidades entre a oferta apresentada e as características do bem adquirido pelo consumidor***. Isso porque a oferta tem força vinculativa (art. 30), bem como deve assegurar "informações corretas, claras, precisas, ostensivas e em língua portuguesa sobre suas características, qualidades, quantidade, composição, preço, garantia, prazos de validade e origem, entre outros dados, bem como sobre os riscos que apresentam à saúde e segurança dos consumidores" (art. 31).

**Alternativa correta: letra "b".**

## 4.3. DAS CLÁUSULAS ABUSIVAS

**44. (FGV – Exame de Ordem 2016.1)** Amadeu, aposentado, aderiu ao plano de saúde coletivo ofertado pelo sindicato ao qual esteve vinculado por força de sua atividade laborativa por mais de 30 anos. Ao completar 60 anos, o valor da mensalidade sofreu aumento significativo (cerca de 400%), o que foi questionado por Amadeu, a quem os funcionários do sindicato explicaram que o aumento decorreu da mudança de faixa etária do aposentado.

A respeito do tema, assinale a afirmativa correta.

a) O aumento do preço é abusivo e a norma consumerista deve ser aplicada ao caso, mesmo em se tratando de plano de saúde coletivo e, principalmente, que envolva interessado com amparo legal no Estatuto do Idoso.

b) O aumento do preço é legítimo, tendo em vista que o idoso faz maior uso dos serviços cobertos e o equilíbrio contratual exige que não haja onerosidade excessiva para qualquer das partes, não se aplicando o CDC à hipótese, por se tratar de contrato de plano de saúde coletivo envolvendo pessoas idosas.

c) O aumento do valor da mensalidade é legítimo, uma vez que a majoração de preço é natural e periodicamente aplicada aos contratos de trato continuado, motivo pelo qual o CDC autoriza que o critério faixa etária sirva como parâmetro para os reajustes econômicos.

d) O aumento do preço é abusivo, mas o microssistema consumerista não deve ser utilizado na hipótese, sob pena de incorrer em colisão de normas, uma vez que o Estatuto do Idoso estabelece a disciplina aplicável às relações jurídicas que envolvam pessoa idosa.

**COMENTÁRIOS**

**Nota do autor:** Exige conhecimento sobre hipossuficiência do consumidor concomitantemente com a Lei que regulamenta a Saúde Suplementar 9.656/98.

**Alternativa "a":** alternativa considerada correta pelo gabarito oficial da prova, tendo em vista apenas a análise do CDC, no tocante à abusividade que esse diploma legal afasta quando onera demasiadamente o consumidor. Há que se ressaltar que essa resposta desconsidera a análise da Lei 9.656/98, que se levada em consideração resultaria em recursos à questão uma vez que em casos que tais, a aplicação do CDC é considerada subsidiária. No mais, ao que parece, o contrato não é regulamentado pela referida Lei, uma vez que a última faixa de reajuste admitida em razão da referida lei, após o advento do Estatuto do Idoso, é 59 anos.

**Alternativa "b":** embora considerada incorreta pelo gabarito oficial, ressalvamos que a redação do artigo 15, § 3º, do Estatuto do Idoso (Lei 10.741/2003), e entendimentos atuais do STJ, é válida a cláusula contratual que permite o aumento do valor da mensalidade em contrato de planos de saúde decorrente de fator etário, desde que o reajuste não seja desarrazoado ou venha a onerar demasiadamente o contratante. Assim, sob esse prisma de análise essa alternativa também poderia ser considerada como correta, pois no caso não se aplica o CDC.

**Alternativa "c":** a afirmativa considera todo e qualquer aumento como legítimo, o que não se admite em nenhum dos diplomas legais que se apliquem à questão proposta.

**Alternativa "d":** o CDC pode e deve ser aplicado ao caso, ainda que de forma subsidiária.

**Alternativa correta: letra "a".**

## 4.4. DOS BANCOS DE DADOS E CADASTROS DE CONSUMIDORES

**45. (FGV – Exame de Ordem 2016.2)** Marieta firmou contrato com determinada sociedade empresária de gêneros alimentícios para o fornecimento de produtos para a festa de 15 anos de sua filha. O pagamento deveria ter sido feito por meio de boleto, mas a obrigação foi inadimplida e a sociedade empresária fornecedora de alimentos, observando todas as regras positivadas e sumulares cabíveis, procedeu com a anotação legítima e regular do nome de Marieta no cadastro negativo de crédito. Passados alguns dias, Marieta tentou adquirir um produto numa loja de departamentos mediante financiamento, mas o crédito lhe foi negado, motivo pelo qual a devedora providenciou o imediato pagamento dos valores devidos à sociedade empresária de gêneros alimentícios. Superada a condição de inadimplente, Marieta quer saber como deve proceder a fim de que seu nome seja excluído do cadastro negativo.

A respeito do fato apresentado, assinale a afirmativa correta.

a) A consumidora deve enviar notificação à sociedade empresária de gêneros alimentícios informando o pagamento integral do débito e requerer que a mesma providencie a exclusão da negativação, o que deve ser feito em até vinte e quatro horas.

b) A consumidora deve se dirigir diretamente ao órgão de cadastro negativo, o que pode ser feito por meio de procuração constituindo advogado, e solicitar a exclusão da negativação, ônus que compete ao consumidor.

c) Após a quitação do débito, compete à sociedade empresária de gêneros alimentícios solicitar a exclusão do nome de Marieta do cadastro negativo, no prazo de cinco dias a contar do primeiro dia útil seguinte à disponibilização do valor necessário para a quitação do débito.

d) Marieta deverá comunicar a quitação diretamente ao órgão de cadastro negativo e, caso não seja feita a exclusão imediata, a consumidora poderá ingressar em juízo pleiteando indenização apenas, pois a hipótese comporta exclusivamente sanção civil.

**COMENTÁRIOS**

**Nota do autor:** Exige conhecimento do artigo 43 do CDC, sobre banco de dados e cadastro de consumidores.

**Alternativa "a":** a alternativa não está de acordo com os prazos previstos no CDC. Considere-se ainda, que a súmula nº 548 do STJ afirma que "incumbe ao credor a exclusão do registro da dívida em nome do devedor no cadastro de inadimplentes no prazo de cinco dias úteis, a partir do integral e efetivo pagamento do débito."

**Alternativa "b":** está em desacordo com o CDC. Considerando-se a Súmula nº 548 do STJ, o ônus de promover a exclusão é do credor.

**Alternativa "c":** nada obstante o gabarito oficial ter considerado correta a alternativa "C", a questão apresenta controvérsias. Uma vez que a contagem do prazo em questão é considerada em dias úteis conforme artigo 43 do CDC, parágrafo § 3º: "O consumidor, sempre que encontrar inexatidão nos seus dados e cadastros, poderá exigir sua imediata correção, devendo o arquivista, ***no prazo de cinco dias úteis***, comunicar a alteração aos eventuais destinatários das informações incorretas." A controvérsia que poderia gerar recursos e até efetiva anulação da questão, se prendem ao fato de que a redação não deixa claro a contagem dos prazos previstos em dias úteis.

**Alternativa "d":** existem prazos concedidos pelo CDC, reafirmados pela sumula nº 548 do STJ para realização da referida exclusão do cadastro negativo.

**Alternativa correta: letra "c".**

**46. (FGV – Exame de Ordem 2014.3)** Roberto, atraído pela propaganda de veículos zero quilômetro, compareceu até uma concessionária a fim de conhecer as condições de financiamento. Verificando que o valor das prestações cabia no seu orçamento mensal e que as taxas e os custos lhe pareciam justos, Roberto iniciou junto ao vendedor os procedimentos para a compra do veículo. Para sua surpresa, entretanto, a financeira negou-lhe o crédito, ao argumento de que havia negativação do nome de Roberto nos cadastros de proteção ao crédito. Indignado e buscando esclarecimentos, Roberto procurou o Banco de Dados e Cadastro que havia informado à concessionária acerca da suposta existência de negativação, sendo informado por um dos empregados que as informações que Roberto buscava somente poderiam ser dadas mediante ordem judicial.

Sobre o procedimento do empregado do Banco, assinale a afirmativa correta.

a) O empregado do Banco de Dados e Cadastros agiu no legítimo exercício de direito ao negar a prestação das informações, já que o solicitado pelo consumidor somente deve ser dado pelo fornecedor que solicitou a negativação, cabendo a Roberto buscar uma ordem judicial mandamental, autorizando a divulgação dos dados para ele diretamente.

b) O procedimento do empregado, ao negar as informações que constam no Banco de Dados e Cadastros sobre o consumidor, configura infração penal punível com pena de detenção ou multa, nos termos tipificados no Código de Defesa do Consumidor.

c) A negativa no fornecimento das informações foi indevida, mas configura mera infração administrativa punível com advertência e, em caso de reincidência, pena de multa a ser aplicada ao órgão, não ao empregado que negou a prestação de informações.

d) Cuida-se de infração administrativa e, somente se cometido em operações que envolvessem alimentos, medicamentos ou serviços essenciais, configuraria infração penal, para fins de incidência da norma consumerista em seu aspecto penal.

COMENTÁRIOS

✪ **Nota do autor:** Exige conhecimento sobre banco de dados e cadastro de consumidores e das infrações penais previstas no CDC.

**Alternativa "a":** o artigo 43 do CDC prevê expressamente o acesso às informações registradas em bancos de dados e cadastros de consumidores.

**Alternativa correta "b":** o artigo 43 do CDC prevê: "O consumidor, sem prejuízo do disposto no artigo 86, terá acesso às informações existentes em cadastros, fichas, registros e dados pessoais e de consumo arquivados sobre ele, bem como sobre as suas respectivas fontes." A falta de fornecimento de informações que sobre o consumidor constem em registros e em bancos de dados é punível com pena de detenção de 3 (três) meses a 1 (um) ano e multa nos termos do artigo 72 do CDC.

**Alternativa "c":** impedir o acesso do consumidor a informações a seu respeito constitui atitude punível com pena de detenção de 3 (três) meses a 1 (um) ano e multa nos termos do artigo 72 do CDC.

**Alternativa "d"**: a infração é de natureza penal e não administrativa, portanto, é punível com pena de detenção de 3 (três) meses a 1 (um) ano e multa nos termos do artigo 72 do CDC.

**Alternativa correta: letra "b".**

## 4.5. DOS CONTRATOS DE ADESÃO

**47. (FGV – OAB 2012.1 – prova reaplicada em Duque de Caxias/RJ)** Josefa celebrou contrato de prestação de serviço com a transportadora X, cujo teor do documento assinado seguia o formato "de adesão". Considerando tal instrumento de negócio jurídico nas relações de consumo, é correto afirmar que

a) tal modalidade contratual, por ter sido deliberada de forma unilateral, é considerada prática abusiva, devendo ser imposta pena pecuniária ao fornecedor do serviço.

b) Josefa poderá inserir cláusulas no formulário apresentado pela Transportadora X, o que desfigurará a natureza de adesão do referido contrato.

c) o contrato de adesão é permitido nos termos da norma consumerista, mas desde que não disponha de cláusula resolutória, expressamente inadmitida.

d) serão redigidos com caracteres ostensivos, cujo tamanho da fonte não seja inferior ao corpo doze, e as cláusulas que limitem direito do consumidor deverão ser redigidas com destaque.

COMENTÁRIOS

✪ **Nota do autor:** A característica principal dos contratos de consumo é ser de adesão. Pelo CDC, "contrato de adesão é aquele cujas cláusulas tenham sido aprovadas pela autoridade competente ou estabelecidas unilateralmente pelo fornecedor de produtos ou serviços, sem que o consumidor possa discutir ou modificar substancialmente seu conteúdo" (art. 54).

**Alternativa "a":** os contratos de adesão possuem disciplina jurídico-normativa no CDC, em seu Título I (Dos Direitos do Consumidor), Capítulo VI (Da Proteção Contratual), Seção III (Dos Contratos de Adesão). Portanto, consubstanciam-se em relação de consumo, em que as cláusulas contratuais são previamente definidas de forma unilateral pelo fornecedor, seja ele pessoa jurídica de direito público ou privado. Assim, a prática consumerista de estabelecer contratos de adesão não se trata de prática abusiva, e consequentemente não gera pena ao fornecedor.

**Alternativa "b":** nos termos do art. 54, §1º, "a inserção de cláusula no formulário não desfigura a natureza de adesão do contrato".

**Alternativa "c":** nos contratos de adesão, admite-se a cláusula resolutória, uma condição resolutiva expressa, desde que esta não resulte em desvantagem excessiva ao consumidor. Nos termos do art. 54, §2º, permite-se a referida cláusula desde que a escolha caiba ao consumidor, ou seja, é direito exclusivo seu pôr fim ao contrato ou não.

**Alternativa "d":** "Os contratos de adesão escritos serão redigidos em termos claros e com caracteres ostensivos e legíveis, cujo tamanho da fonte não será inferior ao corpo doze, de modo a facilitar sua compreensão pelo consumidor" (art. 54, §3º, do CDC).

**Alternativa correta: letra "d".**

## 5. DA DEFESA DO CONSUMIDOR EM JUÍZO

**48. (FGV/OAB/XXX_Exame – 2019)** O Ministério Público ajuizou ação coletiva em face de Vaquinha Laticínios, em função do descumprimento de normas para o transporte de alimentos lácteos.

A sentença condenou a ré ao pagamento de indenização a ser revertida em favor de um fundo específico, bem como a indenizar os consumidores genericamente considerados, além de determinar a publicação da parte dispositiva da sentença em jornais de grande circulação, a fim de que os consumidores tomassem ciência do ato judicial.

João, leitor de um dos jornais, procurou você como advogado(a) para saber de seus direitos, uma vez que era consumidor daqueles produtos.

Nesse caso, à luz do Código do Consumidor, trata-se de hipótese

a) de interesse difuso; por esse motivo, as indenizações pelos prejuízos individuais de João perderão preferência no concurso de crédito frente às condenações decorrentes das ações civis públicas derivadas do mesmo evento danoso.
b) de interesses individuais homogêneos; nesses casos, tem-se, por inviável, a liquidação e execução individual, devendo João aguardar que o Ministério Público, autor da ação, receba a verba indenizatória genérica para, então, habilitar-se como interessado junto ao referido órgão.
c) de interesses coletivos; em razão disso, João poderá liquidar e executar a sentença individualmente, mas o mesmo direito não poderia ser exercido por seus sucessores, sendo inviável a sucessão processual na hipótese.
d) de interesses individuais homogêneos; Joao pode, em legitimidade originária ou por seus sucessores, por meio de processo de liquidação, provar a existência do seu dano pessoal e do nexo causal, a fim de quantificá-lo e promover a execução.

COMENTÁRIOS

**Nota do autor:** Exige conhecimento do CDC, especificamente o *"Art. 81. A defesa dos interesses e direitos dos consumidores e das vítimas poderá ser exercida em juízo individualmente, ou a título coletivo. Parágrafo único. A defesa coletiva será exercida quando se tratar de: I – interesses ou direitos difusos, assim entendidos, para efeitos deste código, os transindividuais, de natureza indivisível, de que sejam titulares pessoas indeterminadas e ligadas por circunstâncias de fato; II – interesses ou direitos coletivos, assim entendidos, para efeitos deste código, os transindividuais, de natureza indivisível de que seja titular grupo, categoria ou classe de pessoas ligadas entre si ou com a parte contrária por uma relação jurídica base; III – interesses ou direitos individuais homogêneos, assim entendidos os decorrentes de origem comum"*, art. 97, que assevera que *"a liquidação e a execução de sentença poderão ser promovidas pela vítima e seus sucessores, assim como pelos legitimados de que trata o art. 82"*, e ainda o artigo 98, que predispõe que *"a execução poderá ser coletiva, sendo promovida pelos legitimados de que trata o art. 82, abrangendo as vítimas cujas indenizações já tiveram sido fixadas em sentença de liquidação, sem prejuízo do ajuizamento de outras execuções. (Redação dada pela Lei nº 9.008, de 21.3.1995)."*

**Alternativa "a": Incorreta.** Visto que os interesses do consumidor na questão proposta são de natureza individual homogênea, assim entendidos aqueles decorrentes de origem comum ao fato que deu suporte à ação coletiva ajuizada pelo Ministério Público.

**Alternativa "b": Incorreta.** Não há necessidade de aguardar as providências do Ministério Público, visto que João, nos termos do art. 81, III, tem legitimidade para promover individualmente a execução do julgado de efeito *erga omnes*.

**Alternativa "c": Incorreta.** O interesse é individual homogêneo, pois se refere ao grupo de indivíduos que se relacionam ao mesmo fato, com a possibilidade de individualização dos danos causados, sendo certo que a legitimidade se estende a João e seus sucessores nos termos do inciso III do art. 81.

**Alternativa "d": a alternativa é correta.** Os interesses de João são de natureza individual homogêneo e, portanto, não há necessidade de promover medida autônoma em virtude do mesmo fato, cabendo ao consumidor a possibilidade de mera execução do julgado nos termos do art. 81, III do CDC, com suporte no art. 103 do mesmo diploma, que atribui às sentenças de natureza coletiva, efeitos *erga omnes*.

**Alternativa correta: letra "d".**

**49. (FGV – Exame de Ordem/2018.3)** O posto de gasolina X foi demandado pelo Ministério Público devido à venda de óleo diesel com adulterações em sua fórmula, em desacordo com as especificações da Agência Nacional de Petróleo (ANP). Trata-se de relação de consumo e de dano coletivo, que gerou sentença condenatória. Você foi procurado(a), como advogado(a), por um consumidor que adquiriu óleo diesel adulterado no posto de gasolina X, para orientá-lo.

Assinale a opção que contém a correta orientação a ser prestada ao cliente.

a) Cuida-se de interesse individual homogêneo, bastando que, diante da sentença condenatória genérica, o consumidor liquide e execute individualmente, ou, ainda, habilite-se em execução coletiva, para definir o quantum debeatur.
b) Deverá o consumidor se habilitar no processo de conhecimento nessa qualidade, sendo esse requisito indispensável para fazer jus ao recebimento de indenização, de caráter condenatória a decisão judicial.
c) Cuida-se de interesse difuso, afastando a possibilidade de o consumidor ter atuado como litisconsorte e sendo permitida apenas a execução coletiva.
d) Deverão os consumidores individuais ingressar com medidas autônomas, distribuídas por conexão à ação civil pública originária, na medida em que o montante indenizatório da sentença condenatória da ação coletiva será integralmente revertido em favor do Fundo de Reconstituição de Bens Lesados.

COMENTÁRIOS

**Nota do autor:** Exige conhecimento do CDC, especificamente o *"Art. 81. A defesa dos interesses e direitos dos consumidores e das vítimas poderá ser exercida em juízo individualmente, ou a título coletivo. Parágrafo único. A defesa coletiva será exercida quando se tratar de: I – interesses ou direitos difusos, assim entendidos, para efeitos deste código, os transindividuais, de natureza indivisível, de que sejam titulares pessoas indeterminadas e ligadas por circunstâncias de fato; II – interesses ou direitos coletivos, assim entendidos, para efeitos deste código, os transindividuais, de natureza indivisível de que seja titular grupo, categoria ou classe de pessoas ligadas entre si ou com a parte contrária por uma relação jurídica base; III – interesses ou direitos individuais homogêneos, assim entendidos os decorrentes de origem comum"*, art. 97, que assevera que *"a liquidação e a execução de sentença poderão ser promovidas pela vítima e seus sucessores, assim como pelos legitimados de que trata o art. 82"*, e ainda o artigo 98, que predispõe que *"a execução poderá ser coletiva, sendo promovida pelos legitimados de que trata o art. 82, abrangendo as vítimas cujas indenizações já tiveram sido fixadas em sentença de liquidação, sem prejuízo do ajuizamento de outras execuções. (Redação dada pela Lei nº 9.008, de 21.3.1995)."*

**Alternativa "a":** Alternativa considerada correta pelo certame. Há que se asseverar que embora considerada correta, contém, na parte final de seu conteúdo, uma incorreção, quando afirma a definição do valor do crédito na execução, o que não é verdadeiro. Isso porque, a liquidação é previa tanto para a execução individual, quanto para a execução coletiva, sendo certo que em um ou noutro formato, quando da execução ele já deve estar liquidado, caso contrário, ficará ausente um dos requisitos da obrigação representada pelo título, o que inviabilizaria a execução.

**Alternativa "b":** Incorreta. Não há necessidade de promover outra demanda para a execução do crédito já fundado em sentença condenatória, nos termos do art. 82 do CDC.

**Alternativa "c":** Incorreta. O interesse é individual homogêneo, pois se refere ao grupo de indivíduos que se relacionam ao mesmo fato, com a possibilidade de individualização dos danos causados.

**Alternativa "d":** a alternativa é incorreta. Não há necessidade de promover medida autônoma em virtude do mesmo fato, cabendo ao consumidor a possibilidade de mera execução do julgado nos termos do art. 81 do CDC, com suporte no art. 103 do mesmo diploma, que atribui às sentenças de natureza coletiva, efeitos *erga omnes*.

**Alternativa correta: letra "a".**

## 5.1. INVERSÃO DO ÔNUS DA PROVA

**50. (FGV – Exame de Ordem 2013.3)** Maria e Manoel, casados, pais dos gêmeos Gabriel e Thiago que têm apenas três meses de vida, residem há seis meses no Condomínio Vila Feliz. O fornecimento do serviço de energia elétrica na cidade onde moram é prestado por uma única concessionária, a Companhia de Eletricidade Luz S.A. Há uma semana, o casal vem sofrendo com as contínuas e injustificadas interrupções na prestação do serviço pela concessionária, o que já acarretou a queima do aparelho de televisão e da geladeira, com a perda de todos os alimentos nela contidos. O casal pretende ser indenizado.

Nesse caso, à luz do princípio da vulnerabilidade previsto no Código de Proteção e Defesa do Consumidor, assinale a afirmativa correta.

a) Prevalece o entendimento jurisprudencial no sentido de que a vulnerabilidade no Código do Consumidor é sempre presumida, tanto para o consumidor pessoa física, Maria e Manoel, quanto para a pessoa jurídica, no caso, o Condomínio Vila Feliz, tendo ambos direitos básicos à indenização e à inversão judicial automática do ônus da prova.

b) A doutrina consumerista dominante considera a vulnerabilidade um conceito jurídico indeterminado, plurissignificativo, sendo correto afirmar que, no caso em questão, está configurada a vulnerabilidade fática do casal diante da concessionária, havendo direito básico à indenização pela interrupção imotivada do serviço público essencial.

c) É dominante o entendimento no sentido de que a vulnerabilidade nas relações de consumo é sinônimo exato de hipossuficiência econômica do consumidor. Logo, basta ao casal Maria e Manoel demonstrá-la para receber a integral proteção das normas consumeristas e o consequente direito básico à inversão automática do ônus da prova e a ampla indenização pelos danos sofridos.

d) A vulnerabilidade nas relações de consumo se divide em apenas duas espécies: a jurídica ou científica e a técnica. Aquela representa a falta de conhecimentos jurídicos ou outros pertinentes à contabilidade e à economia, e esta, à ausência de conhecimentos específicos sobre o serviço oferecido, sendo que sua verificação é requisito legal para inversão do ônus da prova a favor do casal e do consequente direito à indenização.

**COMENTÁRIOS**

✪ **Nota do autor:** Exige conhecimento sobre os direitos básicos do consumidor, especialmente inversão do ônus da prova.

**Alternativa "a":** a inversão do ônus da prova não é automática, devendo ser preenchidos os requisitos previstos no artigo 6º, inciso VIII do CDC para sua concessão: "a facilitação da defesa de seus direitos, inclusive com a inversão do ônus da prova, a seu favor, no processo civil, quando, a critério do juiz, for verossímil a alegação ou quando for ele hipossuficiente, segundo as regras ordinárias de experiências;"

**Alternativa "b":** a vulnerabilidade fática ou econômica caracteriza-se pelo reconhecimento da fragilidade do consumidor perante o fornecedor, que impõe sua posição de superioridade frente a seus consumidores, devido ao seu forte poderio econômico e em razão da essencialidade do serviço prestado, o que se observa no caso em apreço.

**Alternativa "c":** a hipossuficiência não tem qualquer relação com fator econômico e não pode ser confundida com vulnerabilidade, tendo em vista que aquela decorre de desconhecimento técnico, informativo e esta envolve esses aspectos, bem como outros, além do nível econômico do consumidor. Portanto, o fato de o consumidor ser pobre não o torna hipossuficiente, tornando "automática" a inversão do ônus da prova. O que determina a hipossuficiência para fins de inversão do ônus da prova é o aspecto técnico e de conhecimento.

**Alternativa "d":** primeiramente, existem três espécies de vulnerabilidade: 1) Técnica – refere-se à ausência de conhecimentos específicos sobre o produto ou serviço oferecido; 2) Jurídica – refere-se à falta de conhecimentos jurídicos específicos; 3) Fática ou econômica – refere-se ao reconhecimento da fragilidade do consumidor perante o fornecedor. Além disso, a verificação da vulnerabilidade técnica do consumidor não é requisito legal para a concessão da inversão do ônus da prova.

**Alternativa correta: letra "b".**

## 5.2. DA AÇÃO COLETIVA

**51. (FGV – Exame de Ordem – 2021.2)** Godofredo procurou a Seguradora X para contratar seguro residencial, mas a venda direta foi-lhe negada, ao argumento de que o proponente possuía restrição financeira junto aos órgãos de proteção ao crédito. Godofredo explicou que pagaria o seguro à vista, mas, ainda assim, a Seguradora negou a contratação. Indignado, Godofredo registrou sua reclamação no Ministério Público, que verificou significativo número de pessoas na mesma situação, merecendo melhor análise quanto ao cabimento ou não de medida para a defesa de interesses e direitos de consumidores a título coletivo.

Sobre a hipótese apresentada, à luz do Código de Defesa do Consumidor, assinale a afirmativa correta.

a) A questão versa sobre interesses heterogêneos, não cabendo ação coletiva, bem como casos de restrição creditícia possibilitam a recusa de contratação do seguro mesmo quando o pagamento do prêmio for à vista.

b) A matéria consagra hipótese de direito individual homogêneo, podendo ser objeto de ação coletiva para a defesa dos interesses e direitos dos consumidores, e a recusa à contratação somente pode ser posta se o pagamento do prêmio for parcelado.

c) A Seguradora não pode recusar a proposta nem mesmo após análise de risco, quando a contratação se der mediante pronto pagamento do prêmio, conforme expressamente disposto na norma consumerista e cuida-se da hipótese de direito difuso, justificando a ação coletiva.

d) A Seguradora pode recusar a contratação, mesmo mediante pronto pagamento, sob a justificativa de que o proponente possui anotação de restrição financeira junto aos órgãos de proteção ao crédito; quanto à defesa coletiva essa é incabível pela natureza da demanda, sendo possível apenas a formação de litisconsórcio ativo.

COMENTÁRIOS

✪ **Nota do autor:** exige conhecimento a respeito da defesa do consumidor em juízo prevista pelo Código de Defesa do Consumidor.

**Alternativa "a": incorreta.** A assertiva está incorreta, uma vez que não se tratam de interesses heterogêneos e sim direito individual homogêneo, conforme a explicação constante no item "b".

**Alternativa "b": correta.** A Assertiva correta é a letra "b", uma vez que a matéria consagra hipótese de direito individual homogêneo, podendo ser objeto de ação coletiva para a defesa dos interesses e direitos dos consumidores e a recusa à contratação somente pode ser posta se o pagamento do prêmio for parcelado. Neste sentido, pertinente a transcrição do artigo 39, inciso IX, do Código de Defesa do Consumidor, a saber: *"é vedado ao fornecedor de produtos ou serviços, dentre outras práticas abusivas: (...) IX - recusar a venda de bens ou a prestação de serviços, diretamente a quem se disponha a adquiri-los mediante pronto pagamento, ressalvados os casos de intermediação regulados em leis especiais;"*. O artigo 81, inciso III, do CDC, trata da possibilidade de defesa por meio de ação coletiva, conforme segue: *"a defesa dos interesses e direitos dos consumidores e das vítimas poderá ser exercida em juízo individualmente, ou a título coletivo. (...) III - interesses ou direitos individuais homogêneos, assim entendidos os decorrentes de origem comum."*

**Alternativa "c": incorreta.** A assertiva está incorreta, conforme a explicação constante no item "b".

**Alternativa "d": incorreta.** A assertiva está incorreta, conforme a explicação constante no item "b".

**Alternativa correta "b".**

**52. (FGV – OAB 2013.1)** Aurora contratou com determinada empresa de telefonia fixa um pacote de serviços de valor preestabelecido que incluía ligações locais de até 100 minutos e isenção total dos valores pelo período de três meses, exceto os minutos que ultrapassassem os contratados, ligações interurbanas e para telefone móvel. Para sua surpresa, logo no primeiro mês recebeu cobrança pelo pacote de serviços no importe três vezes superior ao contratado, mesmo que tivesse utilizado apenas 32 minutos em ligações locais.

A consumidora fez diversos contatos com a fornecedora do serviço para reclamar o ocorrido, mas não obteve solução. De posse dos números dos protocolos de reclamações, ingressou com medida judicial, obtendo liminar favorável para abstenção de cobrança e de negativação do nome.

Considerando o caso acima descrito, assinale a afirmativa correta.

a) A conversão da obrigação em perdas e danos faz-se independentemente de eventual aplicação de multa.

b) A multa diária ao réu pode ser fixada na sentença, mas desde que o autor tenha requerido expressamente.

c) A conversão da obrigação em perdas e danos independe de pedido do autor, em qualquer hipótese.

d) A tutela liminar será concedida, desde que não implique em ordem de busca e apreensão, que requer medida cautelar própria e justificação prévia.

COMENTÁRIOS

✪ **Nota do autor:** A questão exige conhecimento sobre a defesa do consumidor em juízo.

**Alternativa "a":** o disposto no artigo 84, § 2º, do CDC, dispõe que "A indenização por perdas e danos se fará sem prejuízo da multa".

**Alternativa "b":** o § 4º do artigo 84 do CDC dispõe que "O juiz poderá, na hipótese do § 3° ou na sentença, impor multa diária ao réu, **independentemente de pedido do autor**, se for suficiente ou compatível com a obrigação, fixando prazo razoável para o cumprimento do preceito".

**Alternativa "c":** a conversão da obrigação em perdas e danos somente será possível se o autor fizer essa escolha, conforme dispõe o § 1º do artigo 84 do CDC: "A conversão da obrigação em perdas e danos somente será admissível se por elas optar o autor ou se impossível a tutela específica ou a obtenção do resultado prático correspondente".

**Alternativa "d":** a tutela liminar será concedida se houver relevância no fundamento da demanda e justificado receio de ineficácia do provimento final, conforme previsão expressa do § 3º do artigo 84 do CDC.

**Alternativa correta: letra "a".**

## 6. DA CONVENÇÃO COLETIVA DE CONSUMO

**53. (FGV – Exame de Ordem 2015.1)** As negociações mercantis adotaram uma nova ordem quando o Código de Defesa do Consumidor foi implementado no sistema jurídico nacional. A norma visa a proteger a parte mais frágil econômica e tecnicamente de práticas abusivas, conferindo-lhe a tutela do Art. 4°, I, do CDC, que consagra a presunção de vulnerabilidade absoluta geral inerente a todos os consumidores. Essa nova ordem ainda conferiu especial atenção à Convenção Coletiva adotada em outros ramos do Direito, passando também a constituir forma de equacionamento de conflitos nas relações de consumo antes mesmo da judicialização das questões, ou mesmo se antecipando à instalação dos litígios.

A respeito da Convenção Coletiva de Consumo, prevista no microssistema do Código de Defesa do Consumidor, assinale a afirmativa correta.

a) A Convenção regularmente constituída torna-se obrigatória a partir da assinatura dos legitimados, dispensando-se o registro do instrumento em cartório de títulos e documentos.

b) A Convenção não poderá regulamentar as relações de consumo no que diz respeito ao preço e às garantias de produtos e serviços, atribuições do Departamento de Proteção e Defesa do Consumidor.

c) A Convenção regularmente constituída vincula os signatários, mas, caso o fornecedor se desligue da entidade celebrante à qual estava vinculado, eximir-se-á do cumprimento do estabelecido.

d) A Convenção firmada por entidades civis de consumidores e associações de fornecedores somente obrigará os filiados às entidades signatárias.

COMENTÁRIOS

✪ **Nota do autor:** Exige conhecimento sobre os artigos 107 e seguintes do CDC, que tratam especificamente da Convenção Coletiva de Consumo.

**Alternativa "a":** o parágrafo 1º do artigo 107 prevê que: "A convenção tornar-se-á obrigatória a partir do registro do instrumento no cartório de títulos e documentos."

**Alternativa "b":** o artigo 107, *caput*, vem de encontro às afirmações da alternativa, já que menciona expressamente a possibilidade da Convenção regular "condições relativas ao preço, à qualidade, à quantidade, à garantia e características de produtos e serviços...".

**Alternativa "c":** o parágrafo 3º do artigo 107 regula a questão tratada na alternativa, inadmitindo que se exima de cumprir a convenção, o fornecedor que se desligar da entidade em data posterior ao registro do instrumento.

**Alternativa "d":** o CDC, em seu artigo 107, prevê a possibilidade das entidades civis de consumidores e as associações de fornecedores ou sindicatos de categoria econômica regularem através de convenção escrita, relações de consumo que tenham por objeto estabelecer condições relativas ao preço, à qualidade, à garantia e características de produtos e serviços, bem como a reclamação e composição do conflito de consumo. Referido artigo pressupõe a existência de instrumento confeccionado mediante negociação coletiva, que só pode obrigar as entidades e eventuais pessoas físicas ou jurídicas que ratificaram o documento. Na mesma linha de raciocínio, os efeitos da convenção não serão aproveitados pelas entidades e pessoas físicas e ou jurídicas que não sejam signatários do documento.

**Alternativa correta: letra "d".**

*Lucas de Souza Lehfeld*

## ✦ RESUMOS DOUTRINÁRIOS

### 1. DOS PRINCÍPIOS FUNDAMENTAIS DO CÓDIGO DE DEFESA DO CONSUMIDOR (CDC)

- **Conceito:** está disposto basicamente no artigo 2º, *caput* e parágrafo único, do CDC. "Consumidor é toda pessoa física ou jurídica que adquire ou utiliza produto ou serviço como destinatário final". Parágrafo único. "Equipara-se a consumidor a coletividade de pessoas, ainda que indetermináveis, que haja intervindo nas relações de consumo". Além disso, o conceito ainda é complementado pelos artigos 17 e 29 do CDC.
- **Destinatário final:** pessoa física ou jurídica que utilizará o produto ou serviço para consumo próprio. Assim, se uma pessoa adquire um produto como um intermediário de um ciclo de produção, como exemplo, calças para revendê-las, não será considerado destinatário final e, consequentemente, consumidor.
- Ao definir o consumidor no *caput* do artigo 2º, surgiram duas teorias, a saber: a) **teoria finalista ou subjetiva**: é a mais restritiva. Foi adotada pelo CDC e, ao definir o que seja consumidor, apresenta uma divisão entre destinatário final fático (consumidor é o último da cadeia de consumo), e o destinatário final econômico, onde o consumidor não utiliza o produto ou serviço para o lucro, repasse ou transmissão onerosa. Dentro desta teoria, pertinente ressaltar a criação da **teoria finalista mitigada** (ou finalista aprofundada) pelo STJ, que abrandou o critério subjetivo aplicado, considerando além da destinação do produto ou serviço adquirido, o porte econômico do consumidor, notadamente no que se refere à pessoa jurídica, que em determinadas hipóteses poderá ser equiparada à condição de consumidora em razão de apresentar alguma vulnerabilidade frente ao fornecedor. Por outro lado, a segunda teoria: b) **teoria maximalista ou objetiva**, que amplia o conceito de consumidor. De acordo com esta teoria, o artigo 2º do CDC deve ser interpretado da forma mais extensiva possível, para que as normas do CDC sejam aplicadas a um número cada vez maior de relações de consumo.
- **O Comércio eletrônico:** em razão da importância do comércio eletrônico nos dias atuais, em 2013 houve a expedição do Decreto n. 7.962, que dispõe sobre a contratação nessa seara mercadológica. De acordo com o seu art. 1º, o referido diploma diz respeito à necessidade de, na contratação no comércio eletrônico, ter informações claras a respeito do produto, serviço e fornecedor, atendimento facilitado e respeito ao direito de arrependimento do consumidor.
- **Plano Nacional de Consumo e Cidadania (PNCC): Criado pelo Decreto n. 7.963/2013**, tem a finalidade de promover a proteção e defesa do consumidor em todo o território nacional, por meio da integração e articulação de políticas, programas e ações. Será executado pela União, em colaboração com Estados, Distrito Federal e Municípios e com a sociedade.
- **Como diretrizes, o PNCC visa:** a) educação para o consumo; b) adequada e eficaz prestação dos serviços públicos (a respeito da prestação dos serviços públicos, pertinente destacar a alteração ocorrida nos artigos 5º e 6º da Lei 13.460/2017, por intermédio da Lei n.º 14.015/2020, que estabeleceu a necessidade de "*comunicação prévia ao consumidor de que o serviço será desligado em virtude de inadimplemento, bem como do dia a partir do qual será realizado o desligamento, necessariamente durante horário comercial*", além de inserir a previsão de que *"a taxa de religação de serviços não será devida se houver descumprimento da exigência de notificação prévia ao consumidor prevista no inciso XVI do caput deste artigo, o que ensejará a aplicação de multa à concessionária, conforme regulamentação"*); c) garantia do acesso do consumidor à justiça; d) fortalecimento da participação social na defesa dos consumidores; e) prevenção e repressão de condutas que violem direitos do consumidor; e f) autodeterminação, privacidade, confidencialidade e segurança das informações e dados pessoais prestados ou coletados, inclusive por meio eletrônico.
- **Pelo Decreto n. 7.963/2013**, também fica criada a **Câmara Nacional das Relações de Consumo**, no Conselho de Governo, com as seguintes instâncias para a gestão do Plano Nacional de Consumo e Cidadania: a) Conselho de Ministros e b) Observatório Nacional das Relações de Consumo. Compete ao primeiro a orientação, formulação, implementação, monitoramento e a avaliação do PNCC. Ao Observatório Nacional das Relações de Consumo compete promover estudos e formular propostas para consecução dos objetivos do PNCC e acompanhar a execução das políticas, programas e ações do PNCC.
- **Integração do sistema normativo-jurídico de proteção do consumidor:** o CDC é um texto aberto, pois determina que os direitos nele previstos "não excluem outros decorrentes de tratados ou convenções internacionais de que o Brasil seja signatário, da legislação interna ordinária, de regulamentos expedidos pelas autoridades administrativas competentes, bem como dos que derivem dos princípios gerais do direito, analogia, costumes e equidade" (art. 7º).
- **O princípio da transparência ou da confiança:** Em âmbito jurídico, a informação apresenta dupla face: o dever de quem oferece o produto ou serviço de informar, e o direito do consumidor de ser informado, por ser considerado pelo CDC parte vulnerável na relação de consumo. A informação deve ser adequada e clara sobre o produto ou serviço, com especificação correta de quantidade, características, composição, qualidade e preço, bem como sobre os riscos que apresentem (art. 6º, III e art. 31). Deve-se, portanto, evitar a propaganda enganosa ou abusiva, conforme art. 6º, IV, do CDC, ou mesmo fantasiosa ou exagerada do produto ou serviço, mesmo que sem a intenção de prejudicar.
- **Princípio da boa-fé objetiva:** A Política Nacional das Relações de Consumo (art. 4º, do CDC) tem como um dos princípios a "harmonização dos interesses dos participantes das

relações de consumo e compatibilização da proteção do consumidor com a necessidade de desenvolvimento econômico e tecnológico, de modo a viabilizar os princípios nos quais se funda a ordem econômica (art. 170 da Constituição Federal), sempre com base na boa-fé e equilíbrio nas relações entre consumidores e fornecedores" (art. 4º, III). O Princípio da boa-fé, portanto, propugna o ***justo equilíbrio*** nas relações negociais consumeristas, em uma correta harmonia entre as partes, em todos os momentos relativos à prestação de serviços e ao fornecimento de produtos.

- **Diferença entre boa-fé objetiva (princípio consagrado no CDC) e boa-fé subjetiva**

| Boa-fé Subjetiva | Boa-fé Objetiva |
|---|---|
| Plano psicológico dos agentes na relação jurídica | Plano concreto da atuação humana |
| Restringe-se à intenção do sujeito na relação negocial | Concretização da vontade dos sujeitos da relação no mundo exterior por meio de suas condutas |

- **Momento em que se aplica o princípio da boa-fé objetiva:** Conforme o Enunciado 25 do Conselho da Justiça Federal, aprovado na I Jornada de Direito Civil em 2002, o princípio da boa-fé poderá ser aplicado pelo julgador nas fases pré-contratual e pós-contratual. Ademais, o Enunciado 26 reitera que a boa-fé objetiva é a exigência de um comportamento de lealdade dos sujeitos da relação negocial, em todas as fases do negócio.
- **Diferença entre vulnerabilidade e hipossuficiência do consumidor:**

| Vulnerabilidade | Hipossuficiência |
|---|---|
| **Art. 4º, I, do CDC: atribui ao consumidor, em todas as circunstâncias, a condição de vulnerável na relação de consumo.** | Art. 6º, VIII, do CDC: O princípio da hipossuficiência, diferentemente da vulnerabilidade, refere-se a um conceito fático e não jurídico, baseado em uma disparidade ou mesmo discrepância observada no caso concreto. |
| **A presunção é absoluta, por determinação legal (CDC, art. 2º)** | Todo consumidor é vulnerável, mas nem sempre será hipossuficiente. A hipossuficiência, na maioria dos casos, é de natureza |
| **A presunção é absoluta, por determinação legal (CDC, art. 2º)** | técnica, pelo desconhecimento do consumidor em relação ao produto ou serviço adquirido. Entretanto, também "caracteriza hipossuficiência a situação jurídica que impede o consumidor de obter a prova que se tornaria indispensável para responsabilizar o fornecedor pelo dano verificado (hipossuficiência técnica)" (LISBOA, Roberto Senise. Responsabilidade civil nas relações de consumo. São Paulo: RT, 2001, p. 90). |

A política nacional das relações de consumo prevê, ainda, no artigo 4º do CDC, os princípios da educação e informação em seu inciso IV, de forma a garantir ao consumidor maior clareza com relação aos serviços e produtos oferecidos, bem como o incentivo à criação de mecanismos de controle de qualidade e segurança destes serviços e produtos em seu inciso V.

- Por fim, verificamos, ainda, a previsão expressa da proibição aos abusos eventualmente praticados no mercado no inciso VI do artigo 4º do CDC; bem como a melhoria dos serviços prestados e acompanhamento da evolução deste mercado de consumo (incisos VII e VIII).

Importante ressaltar a alteração trazida pela lei n.º 14.181/2021, que acrescentou dois incisos ao artigo 4º, do CDC, a saber: "(...) *IX - fomento de ações direcionadas à educação financeira e ambiental dos consumidores; X - prevenção e tratamento do superendividamento como forma de evitar a exclusão social do consumidor.*"

Ademais, a referida lei inseriu dois instrumentos novos para se executar a Política Nacional das Relações de Consumo no artigo 5º, do CDC, conforme segue: *"(...) VI- instituição de mecanismos de prevenção e tratamento extrajudicial e judicial do superendividamento e de proteção do consumidor pessoa natural; VII – instituição de núcleos de conciliação e mediação de conflitos oriundos de superendividamento."*

## 1.1. DIREITOS BÁSICOS DO CONSUMIDOR

Os direitos básicos do consumidor são internacionalmente reconhecidos e foram mencionados expressamente no Código de Defesa do Consumidor em seu artigo 6º, a saber:

> *I - a proteção da vida, saúde e segurança contra os riscos provocados por práticas no fornecimento de produtos e serviços considerados perigosos ou nocivos;*
>
> *II - a educação e divulgação sobre o consumo adequado dos produtos e serviços, asseguradas a liberdade de escolha e a igualdade nas contratações;*
>
> *III - a informação adequada e clara sobre os diferentes produtos e serviços, com especificação correta de quantidade, características, composição, qualidade, tributos incidentes e preço, bem como sobre os riscos que apresentem; (Redação dada pela Lei nº 12.741, de 2012) Vigência*
>
> *IV - a proteção contra a publicidade enganosa e abusiva, métodos comerciais coercitivos ou desleais, bem como contra práticas e cláusulas abusivas ou impostas no fornecimento de produtos e serviços;*
>
> *V - a modificação das cláusulas contratuais que estabeleçam prestações desproporcionais ou sua revisão em razão de fatos supervenientes que as tornem excessivamente onerosas;*
>
> *VI - a efetiva prevenção e reparação de danos patrimoniais e morais, individuais, coletivos e difusos;*
>
> *VII - o acesso aos órgãos judiciários e administrativos com vistas à prevenção ou reparação de danos patrimoniais e morais, individuais, coletivos ou difusos, assegurada a proteção Jurídica, administrativa e técnica aos necessitados;*
>
> *VIII - a facilitação da defesa de seus direitos, inclusive com a inversão do ônus da prova, a seu favor, no processo civil, quando, a critério do juiz, for verossímil a alegação ou quando for ele hipossuficiente, segundo as regras ordinárias de experiências;*
>
> *IX - (Vetado);*
>
> *X - a adequada e eficaz prestação dos serviços públicos em geral.*
>
> *XI - a garantia de práticas de crédito responsável, de educação financeira e de prevenção e tratamento de situações de superendividamento, preservado o mínimo existencial, nos termos da regulamentação, por meio da revisão e da repactuação da dívida, entre outras medidas; (Incluído pela Lei nº 14.181, de 2021)*

*XII - a preservação do mínimo existencial, nos termos da regulamentação, na repactuação de dívidas e na concessão de crédito; (Incluído pela Lei nº 14.181, de 2021)*

*XIII - a informação acerca dos preços dos produtos por unidade de medida, tal como por quilo, por litro, por metro ou por outra unidade, conforme o caso. (Incluído pela Lei nº 14.181, de 2021)*

*Parágrafo único. A informação de que trata o inciso III do caput deste artigo deve ser acessível à pessoa com deficiência, observado o disposto em regulamento. (Incluído pela Lei nº 13.146, de 2015)*

- O CDC prevê a proteção ao consumidor para que consuma produtos de forma segura e livre de qualquer risco à sua saúde, prevendo, inclusive, a responsabilidade do fornecedor e a reparação dos danos eventualmente causados.
- Prevê, ainda, a educação para o consumo, bem como o direito à informação completa a respeito dos produtos a fim de que possa ter o conhecimento necessário para discernir e optar por aqueles que lhe serão mais favoráveis e atendam com eficiência à finalidade a que se destinam.
- No CDC foi inserido expressamente o direito à proteção contratual e à indenização, de forma que o consumidor fique protegido contra eventuais abusos e fraudes e possa ser devidamente ressarcido caso persistam tais condutas que lhe ocasionem danos.
- Na sequência, observamos o direito ao acesso à Justiça de forma facilitada visando assegurar as garantias previstas, incluindo a inversão do ônus da prova quando ocorrem as condições previstas (verossimilhança ou hipossuficiência) e a assistência judiciária.
- Como direito básico do consumidor, por inclusão da Lei n.º 14.181, de 2021, regulamentada pelo Decreto 11.150/2022, há a preservação do mínimo existencial como condição a ser observada na repactuação de dívidas e na concessão de créditos.
- ***Dos conceitos legais (arts. 2º e 3º do CDC)***

| | |
|---|---|
| **Consumidor** | **Toda pessoa física ou jurídica** que *adquire ou utiliza produto ou serviço como destinatário final* (art. 2º). Equipara-se a consumidor a coletividade de pessoas, ainda que indetermináveis, que haja intervindo nas relações de consumo (Parágrafo Único). |
| **Fornecedor** | **Toda pessoa física ou jurídica, pública ou privada, nacional ou estrangeira**, bem como os **entes despersonalizados**, que desenvolvem *atividade de produção, montagem, criação, construção, transformação, importação, exportação, distribuição ou comercialização* de produtos ou prestação de serviços (art. 3º) |
| **Produto** | **Qualquer bem**, móvel ou imóvel, *material ou imaterial* (art. 3º, §1º) |
| **Serviço** | **Qualquer atividade fornecida no mercado de consumo**, mediante remuneração, *inclusive as de natureza bancária, financeira, de crédito e securitária*, **salvo as decorrentes das relações de caráter trabalhista** (art. 3º, §2º) |

## 2. DA QUALIDADE DE PRODUTOS E SERVIÇOS, DA PREVENÇÃO E DA REPARAÇÃO DOS DANOS

**Conceito de PRODUTO** (artigo 3º, §1º): "Qualquer bem, móvel ou imóvel, material ou imaterial."

- **Conceito de SERVIÇO** (artigo 3º, §2º): "Qualquer atividade fornecida no mercado de consumo, mediante remuneração, inclusive as de natureza bancária, financeira, de crédito e securitária, salvo as decorrentes das relações de caráter trabalhista."
- Os produtos e serviços colocados no mercado de consumo **não devem acarretar riscos** à saúde ou segurança dos consumidores, **exceto os considerados normais e previsíveis em decorrência de sua natureza e fruição**, como exemplo cigarros, materiais de limpeza, utensílios domésticos (v.g., facas, cortadores, liquidificadores etc.); ferramentas (furadeira, martelo, etc.). Nestes casos, os **fornecedores estarão obrigados** a dar as informações necessárias e adequadas a respeito de seu uso, bem como dos cuidados a serem tomados pelo consumidor (artigo 8º).
- **Produto industrial:** Quando se tratar de produto industrial, cabe ao fabricante prestar as informações sobre proteção à saúde e segurança do consumidor por meio de impressos que devem acompanhar o produto (Parágrafo Único). (§ 1º do art. 8º, com redação dada pela Lei n. 13.486, de 2017). Ademais, o fornecedor deverá higienizar os equipamentos e utensílios utilizados no fornecimento de produtos ou serviços, ou colocados à disposição do consumidor, e informar, de maneira ostensiva e adequada, quando for o caso, sobre o risco de contaminação (§ 2º).

### 2.1. DA RESPONSABILIDADE POR VÍCIO DO PRODUTO E DO SERVIÇO

- Diferença entre vício e fato ou defeito do produto ou serviço:

| Vício do produto ou serviço | Fato ou defeito do produto ou serviço |
|---|---|
| No vício o problema está adstrito aos limites do produto ou serviço, (prejuízos intrínsecos), sem outras repercussões. | No **fato ou defeito** de um produto ou serviço há repercussões que extrapolam os limites do bem de consumo, como a geração de danos materiais, morais e estéticos (prejuízos extrínsecos). |
| Afeta a qualidade, quantidade, disparidade (com as indicações do embalagem/recipiente/rotulagem ou mensagem publicitária) do produto ou serviço, tornando-o impróprio ou inadequa do para o fim que se destinava, ou lhe diminuindo o valor | O **fato** (também denominado de **acidente de consumo**) caracteriza-se por um dano resultante de defeito do produto ou serviço. |
| Exemplo: televisão que após ser ligada para de funcionar em razão de mau contato da tecla liga/desliga do aparelho. | Exemplo: televisão que após ser ligada para de funcionar, explodindo e causando danos físicos ao consumidor. |

- **Conceito de FORNECEDOR** (artigo 3º do CDC): "Toda pessoa física ou jurídica, pública ou privada, nacional ou estrangeira, bem como os entes despersonalizados, que desenvolvem atividade de produção, montagem, criação, construção, transformação, importação, exportação, distribuição ou comercialização de produtos ou prestação de serviços."
- **Responsabilidade do fornecedor do produto ou serviço:** nos termos dos artigos. 12 e 14, do CDC, a responsabilidade do fornecedor é **objetiva**, independentemente da existência de culpa ou dolo, sendo suficiente a verificação da existência do dano e do nexo de causalidade com o defeito ou vício do produto ou serviço.
- **EXCEÇÃO: o profissional liberal.** Cabe, no entanto, ressaltar que a própria lei consumerista traz exceção à regra da responsabilidade objetiva, ao determinar que o **profissional liberal** responderá de forma **subjetiva** pelo dano, ou seja, mediante a verificação da culpa lato sensu (dolo, negligência, imprudência e imperícia), nos termos do § 4º do artigo 14.

- **Observação:** no caso da responsabilidade do profissional liberal, deve-se atentar para a natureza da atividade exercida. Se for de meio, aplica-se a responsabilidade subjetiva. Entretanto, se for de resultado, há entendimento doutrinário e jurisprudencial de que responderá de forma objetiva. Exemplo: cirurgia plástica de natureza embelezadora ou estética.
- **Excludentes próprias de responsabilidade civil do fornecedor:**

| Produtos | Serviços |
|---|---|
| O fabricante, o construtor, o produtor ou importador só não será responsabilidade quando provar (art. 12, §3º): Que não colocou o produto no mercado (inciso I) | O fornecedor só não será responsabilizado quando provar (art. 14, §2º): Que, tendo prestado o serviço, o defeito inexiste (inciso I) |
| Que, embora haja colocado o produto no mercado, o defeito inexiste (inciso II) | A culpa exclusiva do consumidor ou de terceiro (Inciso II) |
| A culpa exclusiva do consumidor ou de terceiro (inciso III) | |

- **Solidariedade na responsabilidade civil por vício ou fato do produto ou serviço:** O CDC adota como **regra geral a solidariedade presumida entre os envolvidos no fornecimento dos produtos e na prestação de serviços.** "Tendo mais de um autor a ofensa, todos responderão solidariamente pela reparação dos danos previstos nas normas de consumo" (art. 7º, Parágrafo Único). A Lei Consumerista rompe com a concepção dual de responsabilidade, contratual e extracontratual. Ou seja, a regra é a solidariedade, no contrato ou fora dele, quando se vislumbrar a relação de consumo (arts. 14, 18, 19 e 20 do CDC).
- **EXCEÇÃO:** Quando se tratar de **fato ou defeito do produto**, pelo disposto nos arts. 12 e 13, ao fabricante (ou quem o substitua) a lei consumerista atribui **responsabilidade imediata** pelo dano, e ao comerciante, **responsabilidade subsidiária**.
- **Prazos legais quanto à responsabilidade civil do fornecedor por vício do produto: 30 dias** para efetuar a substituição das partes viciadas do produto (art. 18, ***caput,*** e §1º)
- **Observações:**

– o **prazo** de 30 dias, por convenção entre as partes (consumidor e fornecedor) **poderá ser reduzido ou ampliado**, não podendo, no entanto, ser inferior a **7 (sete) nem superior a 180 (cento e oitenta) dias;**

– **Nos contratos de adesão**, cujas cláusulas são estabelecidas unilateralmente pelo fornecedor (art. 54), a que se refere ao prazo deverá ser **convencionada em separado**, por meio de manifestação expressão do consumidor (art. 18, §2º);

– Quando se tratar de **vício de quantidade de produto,** não há que se falar em prazo para sanar o vício pelo fornecedor, podendo o consumidor, neste caso, **exigir imediatamente, alternativamente e à sua escolha *o abatimento proporcional do preço;*** ou ***complementação do peso ou medida;*** ou ***a substituição do produto por outro da mesma espécie, marca ou modelo, sem os aludidos vícios;*** ou ***a restituição imediata da quantia paga, monetariamente atualizada, sem prejuízo de eventuais perdas e danos*** (art. 19, I ao IV, do CDC).

- ***Da doutrina do "bystander":*** Todas as pessoas atingidas pelo evento danoso decorrente da oferta do produto ou serviço equiparam-se aos consumidores, como previsto no art. 17 do CDC: **"Para os efeitos desta Seção, equiparam-se aos consumidores todas as vítimas do evento"**. Fica caracterizado o que a doutrina denomina por ***bystanders***, ou consumidores equiparados.

### 2.1.1. DA QUALIDADE E SEGURANÇA DOS PRODUTOS E SERVIÇOS

- Os produtos e serviços colocados no mercado de consumo **não devem acarretar riscos** à saúde ou segurança dos consumidores, **exceto os considerados normais e previsíveis em decorrência de sua natureza e fruição,** como exemplo cigarros, materiais de limpeza, utensílios domésticos (***v.g.,*** facas, cortadores, liquidificadores etc.); ferramentas (furadeira, martelo, etc.). Nestes casos, os **fornecedores estarão obrigados** a dar as informações necessárias e adequadas a respeito de seu uso, bem como dos cuidados a serem tomados pelo consumidor (art. 8º).
- **Produto industrial:** Quando se tratar de produto industrial, cabe ao fabricante prestar as informações sobre proteção à saúde e segurança do consumidor por meio de impressos que devem acompanhar o produto (§ 1º).
- Higienização de equipamentos e utensílios: o fornecedor deverá higienizar os equipamentos e utensílios utilizados no fornecimento de produtos ou serviços, ou colocados à disposição do consumidor, e informar, de maneira ostensiva e adequada, quando for o caso, sobre o risco de contaminação (§ 2º).
- ***Do recall ("chamar de volta"):*** Conforme o art. 10, §1º, do CDC "O fornecedor de produtos e serviços que, posteriormente à sua introdução no mercado de consumo, tiver conhecimento da periculosidade que apresentem, deverá comunicar o fato imediatamente às autoridades competentes e aos consumidores, mediante anúncios publicitários".

### 2.2. DA DECADÊNCIA E DA PRESCRIÇÃO (PRAZOS E GARANTIAS)

| Decadência | Prescrição |
|---|---|
| **Decadência** refere-se ao prazo para reclamar perante o fornecedor por **vício** do produto ou serviço, nos termos do art. 26. | Refere-se ao prazo para ingressar com ação de reparação de danos oriundos do **fato** do produto ou serviço, conforme determina o art. 27 do CDC. |
| Trata-se de **garantia legal, obrigatória**, imposta por lei, a qual independe de termo expresso, vedada a exoneração do fornecedor (art. 24). | |

- **Prazos decadenciais para reclamar e prescricional para ingressar em juízo**

| Direito de reclamar pelo VÍCIO do produto ou serviço – prazo decadencial (art. 26) | Ação judicial de reparação de dano por FATO do produto ou serviço – prazo prescricional (art. 27) |
|---|---|
| 30 dias – fornecimento de serviços e de produtos não duráveis (art. 26, I, do CDC) | 5 anos |
| 90 dias – fornecimento de serviços e de produtos duráveis (art. 26, II, do CDC) | – |

- **Atenção:** os prazos de 30 (trinta) e 90 (noventa) dias não são, respectivamente, 1 (um) mês e 3 (três) meses. Deve-se levar em conta a quantidade de dias.
- Cabe observar que o prazo decadencial, pelo §2º, I e III do art. 26, é obstaculizado pela:

A) reclamação (que pode ser verbal, por escrito, ou mesmo por telefone) comprovadamente formulada pelo consumidor perante o fornecedor de produtos e serviços até a resposta negativa correspondente, que deve ser transmitida de forma inequívoca;

B) instauração de inquérito civil pelo Ministério Público, até seu encerramento.

- **Qualidade dos vícios:**

| Vício for aparente ou de fácil constatação | Vício oculto |
|---|---|
| É aquele que se verifica pelo singelo uso e consumo do produto e do serviço. | É o que aparece somente algum ou muito tempo após o uso e/ou que, por estar inacessível ao consumidor, não pode ser constatado na utilização ordinária. |
| Os referidos prazos (30 ou 90 dias) começam a contar da entrega efetiva do produto, ou do final da execução do serviço (art. 26, §1º) | O prazo decadencial inicia-se no momento que o mesmo ficar evidenciado (art. 26, §3º) |
| Ex.: consumidor que adquire uma televisao que não sintoniza os canais. | Ex.: na compra de um automóvel, detecta-se depois de seu uso, no tempo, uma irregularidade no motor de fábrica, podendo levá-lo à quebra. |

- **Produtos e serviços duráveis e não duráveis**

| Produtos e Serviços Duráveis | Produtos e Serviços Não Duráveis |
|---|---|
| Produto não durável é o que acaba com o seu uso. Ele se extingue, ou pelo menos vai se extinguindo (*v.g.*, alimentos, remédios). | Produto durável é aquele que não se extingue com o seu uso, levando tempo para se desgastar (*v.g.*, automóvel, eletrodoméstico). |
| Serviço não durável, por sua vez, é aquele que de fato exercem-se uma vez prestado (*v.g.*, hospedagem, serviço de transporte); | O serviço durável é o prestado de forma contínua, no tempo, em razão de contrato ou por previsão legal (v.g., plano de saúde, serviços escolares, serviços públicos) ou se trata daquele, que após a sua prestação, deixa um resultado, um produto final decorrente do serviço executado (*v.g.*, pintura de uma casa, serviço de buffet) |

- **Atenção:** os prazos de 30 (trinta) e 90 (noventa) dias não são, respectivamente, 1 (um) mês e 3 (três) meses. Deve-se levar em conta a quantidade de dias.
- **Cabe observar que o prazo decadencial, pelo § 2º, I e II do art. 26, é obstaculizado pela:**
  a) reclamação (que pode ser verbal, por escrito, ou mesmo por telefone) comprovadamente formulada pelo consumidor perante o fornecedor de produtos e serviços até a resposta negativa correspondente, que deve ser transmitida de forma inequívoca;
  b) instauração de inquérito civil pelo Ministério Público, até seu encerramento.

- **Garantia contratual e Garantia estendida**

| Garantia contratual | Garantia estendida |
|---|---|
| Art. 50 do CDC<br>É uma faculdade do fornecedor.<br>Uma vez oferecida, está obrigado a cumpri-la.<br>Pode ser total ou parcial, desde que previamente prevista de forma expressa no contrato.<br>No contrato, formaliza-se em regra no denominado "termo de garantia". (art. 50, Parágrafo Único).<br>Tem caráter de complementariedade em relação à garantia legal. É inadmissível a substituição da garantia legal (obrigatória, inderrogável) pela contratual. Os prazos, portanto, devem ser somados (garantia legal + garantia contratual). | Questão atual, que pode ser objeto também de Exame de Ordem, diz respeito à cobrança da denominada **garantia estendida**. Prática usual no mercado, essa modalidade de garantia contratual somente poderá ser cobrada quando efetivamente contratada, ou seja, não se presume, sob pena de responsabilização civil do fornecedor. |

## 2.3. DA DESCONSIDERAÇÃO DA PERSONALIDADE JURÍDICA (ART. 28)

- **"Art. 28.** O juiz **poderá** desconsiderar a personalidade jurídica da sociedade quando, **em detrimento do consumidor**, houver abuso de direito, excesso de poder, infração da lei, fato ou ato ilícito ou violação dos estatutos ou contrato social. A desconsideração também será efetivada quando houver falência, estado de insolvência, encerramento ou inatividade da pessoa jurídica provocados por má administração. § 1° (Vetado). § 2° As sociedades integrantes dos grupos societários e as sociedades controladas, são **subsidiariamente** responsáveis pelas obrigações decorrentes deste código. § 3° As sociedades consorciadas são **solidariamente** responsáveis pelas obrigações decorrentes deste código. § 4° As sociedades coligadas **só responderão por culpa.** § 5° Também poderá ser desconsiderada a pessoa jurídica **sempre que sua personalidade for, de alguma forma, obstáculo ao ressarcimento de prejuízos causados aos consumidores".**
- **A personalidade jurídica** é uma **ficção,** que permite a separação rígida entre os sócios e a sociedade empresária. Nesse sentido, há, por vezes, a utilização do manto da pessoa jurídica no acobertamento de práticas abusivas e ilícitas. **Permite-se, então, em casos especiais, a desconsideração da personalidade jurídica, a fim de alcançar a figura dos sócios e seu patrimônio. O magistrado tem o dever de desconsiderar a personalidade jurídica, sempre que esta for um óbice na reparação dos danos provocados ao consumidor.**

| **Desconsideração da Personalidade Jurídica** | |
|---|---|
| ***Caput* do art. 28** | **Parágrafo 5º do art. 28** |
| **Situações em que poderá ser efetivada:** | **Evidência da aplicação da teoria menor:** |
| 1. Abuso de direito<br>2. Excesso de poder<br>3. Infração da lei<br>4. Fato ou ato ilícito ou violação dos estatutos ou contrato social.<br>5. Falência<br>6. Estado de insolvência<br>7. Encerramento ou inatividade da pessoa jurídica provocados por má administração. | 1. Também poderá ser desconsiderada a pessoa jurídica sempre que sua personalidade for, de alguma forma, obstáculo ao ressarcimento dos prejuízos causados aos consumidores. |

- O Código de Defesa do Consumidor traz disciplina da responsabilidade das sociedades, como no caso das integrantes dos grupos societários e as controladas, elencadas no § 2º do art. 28, que são **subsidiariamente** responsáveis pelas obrigações decorrentes do referido Código.
- Já no caso das sociedades consorciadas, elencadas no § 3º do art. 28, são **solidariamente** responsáveis pelas obrigações decorrentes do CDC, permitindo ao consumidor a escolha de quem acionar na busca pela reparação dos danos causados no decorrer da relação de consumo.
- Existe no § 4º do art. 28 uma exceção à responsabilidade objetiva que voga no direito consumerista, semelhantemente ao parágrafo 4º do art. 14 do CDC. Assim, nas sociedades coligadas, estas **só responderão por culpa.**

## 3. DAS PRÁTICAS COMERCIAIS

### 3.1. DA PUBLICIDADE

- A oferta, além de sua relação com o princípio da boa-fé objetiva, interage diretamente com o princípio da transparência ou da confiança (art. 4º, ***caput***; art. 6º, III; arts. 30 a 38). A disciplina normativa trazida pelo CDC, nesse sentido, busca tutelar o vulnerável negocial exposto ao enorme volume de informações que se encontram no mercado de consumo, muitas vezes com o propósito de seduzir o consumidor.
- **Oferta é gênero**, pois abarca qualquer forma de comunicação ou transmissão da vontade no intuito de seduzir ou atrair o consumidor para aquisição de produtos e serviços (***v.g., anúncio ou informação em vitrine, gôndolas de supermercado, periódicos, rádio, televisão, internet, mala-direta, telemarketing etc.)***. Portanto, inclui a **publicidade, espécie**, principal instrumento usado pelo fornecedor para disponibilizar seus bens de consumo.
- **Diferença entre publicidade e propaganda:**

| Publicidade | Propaganda |
|---|---|
| Tem um objetivo comercial | Tem fim ideológico, religioso, filosófico, político, econômico ou social |
| A publicidade, além de paga, identifica seu patrocinador | Nem sempre a propaganda identifica o seu patrocinador |
| Ex.: anúncio de preço de eletrodoméstico em vitrine de loja | Ex.: anúncio do Ministério da Saúde sobre a campanha de vacinação contra a gripe veiculada na televisão. |

- **Publicidade enganosa e abusiva (art. 37, §§1º e 2º)**

| Publicidade Enganosa | Publicidade Abusiva |
|---|---|
| "É enganosa qualquer modalidade de informação ou comunicação de caráter publicitário, inteira ou parcialmente falsa, ou, por qualquer outro modo, mesmo por omissão, capaz de induzir em erro o consumidor a respeito da natureza, características, qualidade, quantidade, propriedade, origem, preço e quaisquer outros dados sobre produtos e serviços" (art. 37, §1º) | "Dentre outras a publicidade discriminatória de qualquer natureza, a que incite à violência, explore o medo ou a superstição, se aproveite da deficiência de julgamento e experiência da criança, desrespeita valores ambientais, ou que seja capaz de induzir o consumidor a se comportar de forma prejudicial ou perigosa à saúde ou segurança". (art. 37, §2º) |

- **A oferta vincula o fornecedor quanto às informações veiculadas sobre o produto ou serviço – art. 30 do CDC.**
- **Recusa do cumprimento da oferta pelo fornecedor:** O art. 35 da Lei consumerista determina que se o fornecedor de produtos ou serviços recusar cumprimento à oferta, apresentação ou publicidade, o consumidor poderá, alternativamente e à sua livre escolha: I – exigir o cumprimento forçado da obrigação, nos termos da oferta, apresentação ou publicidade; II – aceitar outro produto ou prestação de serviço equivalente; e III – rescindir o contrato, com direito à restituição da quantia eventualmente antecipada, monetariamente atualizada, e a perdas e danos.

| Conteúdo da oferta (art. 31) | |
|---|---|
| **Elementos substantivos** | **Elementos adjetivos** |
| Dados mínimos dos produtos e serviços, como informações sobre suas características, qualidades, quantidade, composição, preço, prazos de validade e origem entre outros. | Qualificações relativas aos dados dos produtos e serviços, devendo ser concretadas, claras, precisas, ostensivas e em língua portuguesa, com o objetivo de facilitar a compreensão dos consumidores. |
| Esse rol de elementos da oferta é meramente exemplificativo e tem por objetivo facilitar ao máximo a compreensão do conteúdo pelo consumidor (brasileiro médio). | |

- **Inversão legal do ônus da prova quanto à veracidade da publicidade:** Há inversão do ônus da prova em relação à veracidade da informação publicitária, nos termos do art. 38 do CDC. Cabe, portanto, a quem patrocina a informação ou comunicação publicitária o ônus da prova da sua veracidade e correção.
- De forma majoritária tem se entendido que o ônus da prova previsto no art. 38 não cabe ao veículo de comunicação ou à agência, mas sim apenas ao patrocinador da oferta.

### 3.2. DAS PRÁTICAS ABUSIVAS

| Práticas Abusivas vedadas pelo CDC (art. 39, I a XII) |
|---|
| Condicionar o fornecimento de produto ou de serviço ao fornecimento de outro produto ou serviço, bem como, sem justa causa, a limites quantitativos. Trata-se da denominada venda casada. |
| Recusar atendimento às demandas dos consumidores, na exata medida de suas disponibilidades de estoque, e, ainda, de conformidade com os usos e costumes. |
| Enviar ou entregar ao consumidor, sem solicitação prévia, qualquer produto, ou fornecer qualquer serviço (os serviços prestados e os produtos remetidos ou entregues ao consumidor, nessa hipótese, equiparam-se às amostras grátis, inexistindo obrigação de pagamento, conforme Parágrafo Único do art. 39). |
| Prevalecer-se da fraqueza ou ignorância do consumidor, tendo em vista sua idade, saúde, conhecimento ou condição social, para impingir-lhe seus produtos ou serviços. |
| Exigir do consumidor vantagem manifestamente excessiva. |
| Executar serviços sem a prévia elaboração de orçamento e autorização expressa do consumidor, ressalvadas as decorrentes de práticas anteriores entre as partes. |
| Repassar informação depreciativa, referente a ato praticado pelo consumidor no exercício de seus direitos. |
| Colocar, no mercado de consumo, qualquer produto ou serviço em desacordo com as normas expedidas pelos órgãos oficiais competentes ou, se normas específicas não existirem, pela Associação Brasileira de Normas Técnicas ou outra entidade credenciada pelo Conselho Nacional de Metrologia, Normalização e Qualidade Industrial (Conmetro). |

| **Práticas Abusivas vedadas pelo CDC (art. 39, I a XII)** |
|---|
| Recusar a venda de bens ou a prestação de serviços, diretamente a quem se disponha a adquiri-los mediante pronto pagamento, ressalvados os casos de intermediação regulados em leis especiais. |
| Elevar sem justa causa o preço de produtos ou serviços. |
| Deixar de estipular prazo para o cumprimento de sua obrigação ou deixar a fixação de seu termo inicial a seu exclusivo critério. |
| Aplicar fórmula ou índice de reajuste diverso do legal ou contratualmente estabelecido. |
| Permitir o ingresso em estabelecimentos comerciais ou de serviços de um número maior de consumidores que o fixado pela autoridade administrativa como máximo |

A Lei nº 14.181/2021 incluiu uma nova lista de práticas abusivas, específicas para o fornecedor de produto ou serviço que envolva crédito, em seu artigo 54 G, a saber:

| **Condutas vedadas ao fornecedor de produto ou serviço que envolva crédito (art. 54G):** |
|---|
| realizar ou proceder à cobrança ou ao débito em conta de qualquer quantia que houver sido contestada pelo consumidor em compra realizada com cartão de crédito ou similar, enquanto não for adequadamente solucionada a controvérsia, desde que o consumidor haja notificado a administradora do cartão com antecedência de pelo menos 10 (dez) dias contados da data de vencimento da fatura, vedada a manutenção do valor na fatura seguinte e assegurado ao consumidor o direito de deduzir do total da fatura o valor em disputa e efetuar o pagamento da parte não contestada, podendo o emissor lançar como crédito em confiança o valor idêntico ao da transação contestada que tenha sido cobrada, enquanto não encerrada a apuração da contestação |
| recusar ou não entregar ao consumidor, ao garante e aos outros coobrigados cópia da minuta do contrato principal de consumo ou do contrato de crédito, em papel ou outro suporte duradouro, disponível e acessível, e, após a conclusão, cópia do contrato |
| impedir ou dificultar, em caso de utilização fraudulenta do cartão de crédito ou similar, que o consumidor peça e obtenha, quando aplicável, a anulação ou o imediato bloqueio do pagamento, ou ainda a restituição dos valores indevidamente recebidos. |

- **Repetição de indébito em dobro:** O consumidor inadimplente, quando da cobrança de dívidas, não poderá ser exposto a ridículo, nem mesmo submetido a qualquer tipo de constrangimento ou ameaça (art. 42 do CDC). Caso seja cobrado de forma indevida, terá direito à **repetição de indébito em dobro**, com acréscimo de juros e correção monetária, salvo na hipótese de engano justificável, quando a repetição será, portanto, simples (Parágrafo Único do art. 42)
- Os **bancos de dados e cadastros de consumidores**, como SERASA, SPC etc., são entidades consideradas de caráter público (art. 43, §4º), razão pela qual devem permitir ao consumidor o acesso às informações e dados ali existentes (art. 46, ***caput***). "Os cadastros e dados de consumidores devem ser objetivos, claros, verdadeiros e em linguagem de fácil compreensão, não podendo conter informações negativas referentes a período superior a cinco anos" (art. 43, §1º).
- Consumado o **prazo prescricional de 5 (cinco) anos** relativo à cobrança de débitos do consumidor, **não poderão ser fornecidas**, pelos bancos de dados e cadastros de consumidores, **quaisquer informações sobre esses débitos que possam impedir ou dificultar novo acesso ao crédito** junto aos fornecedores (art. 43, §5º).
- **Observação Importante:** A Lei nº 12.414/2011, originária da Medida Provisória 518 de 30 de dezembro de 2010 (convertida na Lei nº 13.414/2011), traz o chamado **cadastro positivo de consumidores**, com o objetivo de facilitar o crédito a favor do consumidor, por exemplo, com a redução dos juros.

### 3.2.1. DA OBRIGATORIEDADE DO ORÇAMENTO

| **Itens Obrigatórios do Orçamento (Art. 40)** |
|---|
| Valor da mão de obra. |
| O preço dos materiais e dos equipamentos a serem empregados |
| As condições de pagamento |
| As datas de início e do término do serviço |
| Esses dados são o mínimo que deve constar do orçamento. Nada impede que ele seja mais completo, com informações mais detalhadas a respeito do serviço a ser prestado. |

- **Prazo de validade do orçamento:** O §1º do art. 40 do CDC determina que "salvo estipulação em contrário, **o valor orçado terá validade pelo prazo de dez dias**, contado de seu recebimento pelo consumidor".
- O prazo, portanto, será de 10 dias, se outro não for determinado, de forma expressa, pelo fornecedor. É de sua livre decisão, desde que manifeste expressamente no próprio orçamento.
- Quanto à vinculação do fornecedor, dá-se uma vez feito o orçamento, mesmo antes da aceitação pelo consumidor. Como documento, o orçamento já obriga o fornecedor, gerando a possibilidade, inclusive, de exigência judicial pelo consumidor do seu cumprimento, com as consequências de sua negativa, como exemplo a reparação de danos.
- O §2º do art. 40, por outro lado, disciplina o fechamento do negócio, com a transformação do orçamento em verdadeiro contrato de adesão. Assim, "uma vez aprovado pelo consumidor, o orçamento obriga os contraentes e somente pode ser alterado mediante livre negociação das partes". A alteração posterior à aprovação, portanto, será permitida apenas por meio de nova negociação, com expressa concordância do consumidor. **Observação:** o **prestador de serviço responde de forma solidária** pelos danos causados **pelo terceiro**, conforme estabelece o art. 7º, Parágrafo Único; art. 34; e art. 25, §2º, do CDC.
- **Orçamento e participação de terceiros:** O art. 40, §3º, do CDC disciplina a participação de terceiros no serviço orçado a ser prestado. É perfeitamente possível o fornecedor se valer, para execução do serviço, de terceiros. Entretanto, o gasto com a terceirização somente poderá ser cobrado do consumidor se constar do orçamento.

## 4. DA PROTEÇÃO CONTRATUAL

### 4.1. DA REVISÃO CONTRATUAL

- A **revisão contratual está expressamente contemplada no art. 6º, V, do CDC**, considerando-a direito básico do consumidor. Assim, admite-se a "modificação das cláusulas contratuais que estabeleçam prestações desproporcionais ou sua revisão em razão de fatos supervenientes que as tornem excessivamente onerosas". Intimamente ligado ao equilíbrio negocial que deve ser mantido, a revisão contratual decorre de simples onerosidade excessiva ao consumidor em razão de fato superveniente.
- **Revisão contratual e a imprevisibilidade do fato superveniente:**

| Código Civil (arts. 317, 478 a 480) | CDC (art. 6º, V) |
|---|---|
| Exige a imprevisibilidade para a revisão contratual por fato superveniente, consagrando, portanto, a teoria da imprevisão. | A revisão nos contratos de consumo é facilitada **por não demandar o fator imprevisibilidade**, bastando a presença do **desequilíbrio negocial ou a onerosidade excessiva** decorrente **de um fato superveniente**, ou seja, novo, não existente quando da contratação original. |

- **Revisão contratual vs. Resolução contratual:** A resolução do contrato é a *ultima ratio*. O Enunciado 22 do Conselho da Justiça Federal, aprovado na I Jornada de Direito Civil, determina que "a função social do contrato, prevista no art. 421 do Novo Código Civil, constitui cláusula geral, que reforça o princípio da conservação do contrato, assegurando trocas úteis e justas".
- No CDC, o sentido da conservação contratual encontra-se no art. 51, §2º, o qual determina que "a nulidade de uma cláusula contratual abusiva não invalida o contrato, exceto quando de sua ausência, apesar dos esforços de integração, decorrer ônus excessivo a qualquer das partes".

## 4.2. O DIREITO DE ARREPENDIMENTO

- "O **consumidor pode desistir do contrato**, no **PRAZO DE 7 DIAS** a contar de sua ***assinatura ou do ato de recebimento do produto ou serviço***, **SEMPRE** que a **CONTRATAÇÃO** de fornecimento de produtos e serviços **OCORRER FORA DO ESTABELECIMENTO COMERCIAL**, especialmente por **telefone ou a domicílio**" (art. 49 do CDC)

  "O consumidor pode desistir do contrato, no PRAZO DE 7 DIAS a contar de sua assinatura ou do ato de recebimento do produto ou serviço, SEMPRE que a CONTRATAÇÃO de fornecimento de produtos e serviços OCORRER FORA DO ESTABELECIMENTO COMERCIAL, especialmente por telefone ou a domicílio" (artigo 49 do CDC).

  Importante destacar que em razão da pandemia referente à Covid-19 houve a criação da Lei n.º 14.010/2020 visando medidas protetivas para a situação emergencial durante o período de isolamento, dentre elas destacamos o artigo 8º, que se refere ao direito de arrependimento, a seguir:

  ***"Art. 8º** Até 30 de outubro de 2020, fica suspensa a aplicação do art. 49 do Código de Defesa do Consumidor na hipótese de entrega domiciliar (delivery) de produtos perecíveis ou de consumo imediato e de medicamentos".*

- **Limites da aplicação do direito de arrependimento**: O seu regular exercício pelo consumidor dar-se-á quando a contratação de fornecimento de produtos e serviços ocorrer **fora do estabelecimento comercial, especialmente por telefone ou a domicílio** (conhecida tradicionalmente pela ***venda porta-a-porta***).
- Evidentemente quando houve a elaboração da norma em destaque ainda não existia o desenvolvimento do comércio eletrônico hodierno pela internet ou outros meios de comunicação, devendo o referido dispositivo legal também ser aplicado a tais hipóteses.
- **Contagem do prazo:** O art. 49 é específico: conta-se da data da assinatura do contrato ou do ato do recebimento do produto ou serviço. Exclui-se o dia do início e inclui-se o último dia, por aplicação supletiva do art. 132 do Código Civil. Em seu §1º, acrescenta: "Se o dia do vencimento cair em feriado, considerar-se-á prorrogado o prazo até o seguinte dia útil".
- **Direito de arrependimento e garantias legal e contratual:** o direito de arrependimento não se confunde com as garantias legal e contratual, por isso o seu prazo é independente daqueles estipulados nas garantias do produto ou serviço.
- **O direito de arrependimento no comércio eletrônico:** De acordo com o **Decreto n. 7962/2013, que disciplina a contratação no comércio eletrônico,** o fornecedor deve informar de forma clara e ostensiva os meios adequados e eficazes para o exercício do direito de arrependimento pelo consumidor. O consumidor poderá exercer seu direito de arrependimento pela mesma ferramenta utilizada para a contratação sem prejuízo de outros meios disponibilizados, sendo que o seu exercício implica a rescisão dos contratos acessórios, sem qualquer ônus para o consumidor. Cabe ainda ressaltar que o direito de arrependimento será comunicado imediatamente pelo fornecedor à Instituição Financeira ou à administradora do cartão de crédito ou similar (para que a transação não seja lançada na fatura do consumidor; bem como o estorno do valor, caso o lançamento já tenha sido realizado, seja efetivado. (art. 5º).

## 4.3. DAS CLÁUSULAS ABUSIVAS

- Em conformidade com os princípios da função social do contrato e da boa-fé objetiva, a Lei nº 8.078/90 apresenta em seu **art. 51 rol exemplificativo (*numerus apertus*) de cláusulas abusivas (pelo direito romano, denominadas "cláusulas leoninas")**, consideradas por determinação expressa nulas de pleno direito quando presentes em contratos de consumo.

| Cláusulas Abusivas (art. 51) – São NULAS DE PLENO DIREITO |
|---|
| **Rol EXEMPLIFICATIVO das Cláusulas Abusivas:** |
| Cláusulas que impossibilitem, exonerem ou atenuem a responsabilidade do fornecedor por vícios de qualquer natureza dos produtos e serviços ou impliquem renúncia ou disposição de direitos. Nas relações de consumo entre o fornecedor e o consumidor pessoa jurídica, a indenização poderá ser limitada, em situações justificáveis. |
| Cláusulas que subtraiam ao consumidor a opção de reembolso da quantia já paga, nos casos previstos no CDC. |
| Cláusulas que transfiram responsabilidades a terceiros. |
| Cláusulas que estabeleçam obrigações consideradas iníquas, abusivas, que coloquem o consumidor em desvantagem exagerada, ou sejam incompatíveis com a boa-fé ou a equidade. |
| Cláusulas que estabeleçam inversão do ônus da prova em prejuízo do consumidor. |
| Cláusulas que determinem a utilização compulsória de arbitragem. |
| Cláusulas que imponham representante para concluir ou realizar outro negócio jurídico pelo consumidor. |
| Cláusulas que deixem ao fornecedor a opção de concluir ou não o contrato, embora obrigando o consumidor. |
| Cláusulas que permitam ao fornecedor, direta ou indiretamente, variação do preço de maneira unilateral. |
| Cláusulas que autorizem o fornecedor a cancelar o contrato unilateralmente, sem que igual direito seja conferido ao consumidor. |
| Cláusulas que obriguem o consumidor a ressarcir os custos de cobrança de sua obrigação, sem que igual direito lhe seja conferido contra o fornecedor. |
| Cláusulas que autorizem o fornecedor a modificar unilateralmente o conteúdo ou a qualidade do contrato, após sua celebração. |

| Cláusulas Abusivas (art. 51) – São NULAS DE PLENO DIREITO |
|---|
| **Rol EXEMPLIFICATIVO das Cláusulas Abusivas:** |
| Cláusulas que infrinjam ou possibilitem a violação de normas ambientais. |
| Cláusulas que estejam em desacordo com o sistema de proteção ao consumidor. |
| Cláusulas que possibilitem a renúncia do direito de indenização por benfeitorias necessárias. |
| Cláusulas que condicionem ou limitem de qualquer forma o acesso aos órgãos do Poder Judiciário. |
| Cláusulas que estabeleçam prazos de carência em caso de impontualidade das prestações mensais ou impeçam o restabelecimento integral dos direitos do consumidor e de seus meios de pagamento a partir da purgação da mora ou do acordo com os credores. |

- A determinação legal do art. 51 consubstancia-se em uma das mais importantes formas de **mitigação da obrigatoriedade decorrente do instrumento contratual (pacta sunt servanda)**, com a redução do poder das partes em função de um dirigismo contratual (intervencionismo legal).
- **Cláusulas abusivas e reparação do dano:** A presença do abuso de direito contratual leva à ilicitude das referidas cláusulas, razão pela qual, além de serem declaradas nulas de pleno direito, podem gerar o dever de reparar, ou seja, a responsabilização civil do fornecedor ou prestador por dano provocado em razão da abusividade constatada no contrato.
- Pelo fato de as hipóteses descritas no art. 51 serem consideradas cláusulas nulas de pleno direito (nulidade absoluta), reconhece-se a **imprescritibilidade da ação declaratória correspondente, por incidência do art. 169 do Código Civil**.
- Em detrimento da insanabilidade da nulidade absoluta das cláusulas abusivas, conforme art. 169 do Código Civil, o CDC, em seu **art. 51, §2º**, consagra o **princípio da conservação contratual.** "A nulidade de uma cláusula contratual abusiva não invalida o contrato, exceto quando de sua ausência, apesar dos esforços de integração, decorrer ônus excessivo a qualquer das partes".
- "As multas de mora decorrentes do inadimplemento de obrigações no seu termo não poderão ser superiores a dois por cento do valor da prestação" (art. 52, §1º, do CDC, com redação dada pela Lei nº 9.298/96). Se houver a liquidação antecipada do débito, total ou parcialmente, deverão ser reduzidos proporcionalmente os juros e demais acréscimos (art. 52, §2º)

## 4.4. DOS CONTRATOS DE ADESÃO

- **Conceito de contrato de adesão:** Pelo CDC, "contrato de adesão é aquele cujas cláusulas tenham sido aprovadas pela autoridade competente ou estabelecidas unilateralmente pelo fornecedor de produtos ou serviços, sem que o consumidor possa discutir ou modificar substancialmente seu conteúdo" (art. 54).
- No mercado, há diversidade de exemplos dessa espécie de contrato, como o de saúde, de vida, de conta-corrente, financiamento, empréstimo, de cartão de crédito, de fornecimento de energia elétrica, serviços telefônicos etc. Em todos esses casos, o consumidor não discute, nem mesmo pode exigir alterações substanciais das cláusulas unilateralmente fixadas.
- **Redação do contrato de adesão:** "Os contratos de adesão escritos serão redigidos em termos claros e com caracteres ostensivos e legíveis, cujo tamanho da fonte não será inferior ao corpo doze, de modo a facilitar sua compreensão pelo consumidor" (art. 54, §3º, do CDC). ***A referida norma relaciona-se com:***

  Art. 46. Os contratos que regulam as relações de consumo não obrigarão os consumidores, se não lhes for dada a oportunidade de tomar conhecimento prévio de seu conteúdo, ou se os respectivos instrumentos forem redigidos de modo a dificultar a compreensão de seu sentido e alcance.

  Art. 30. Toda informação ou publicidade, suficientemente precisa, veiculada por qualquer forma ou meio de comunicação com relação a produtos e serviços oferecidos ou apresentados, obriga o fornecedor que a fizer veicular ou dela se utilizar e integra o contrato que vier a ser celebrado.
- **Atenção:** Ainda que uma ou algumas cláusulas sejam inseridas no Instrumento contratual, previamente definido, não haverá a sua descaracterização como contrato de adesão (art. 54, §1º, do CDC).
- **Cláusula resolutória no contrato de adesão:** Será válida a cláusula resolutória no contrato de adesão se não resultar em desvantagem excessiva ao consumidor e se permitir, a critério do consumidor, a escolha entre dar continuidade à relação jurídica contratada, ou dá-la por acabada (art. 54, §2º, do CDC). O referido dispositivo, em sua parte final, ressalva os direitos do consumidor previstos no §2º do art. 53, ou seja, a devolução das quantias pagas, descontados eventuais prejuízos e vantagem econômica auferida.

## 4.5. DAS SANÇÕES ADMINISTRATIVAS

| As principais sanções administrativas aplicáveis às infrações das normas de defesa do consumidor, sem prejuízo das de natureza civil, penal e daquelas definidas em legislação especial (art. 56, incisos I a XII) |
|---|
| Multa |
| Apreensão do produto |
| Inutilização do produto |
| Cassação do registro do produto junto ao órgão competente |
| Proibição de fabricação do produto |
| Suspensão de fornecimento de produtos ou serviços |
| Suspensão temporária de atividade |
| Revogação de concessão ou permissão de uso |
| Cassação de licença do estabelecimento ou de atividade |
| Interdição, total ou parcial, de estabelecimento, de obra ou de atividade |
| Intervenção administrativa |
| Imposição de contrapropaganda |
| **IMPORTANTE:** "As sanções previstas neste artigo serão aplicadas pela autoridade administrativa, no âmbito de sua atribuição, podendo ser aplicadas cumulativamente, inclusive por medida cautelar, antecedente ou incidente de procedimento administrativo" (Parágrafo Único do art. 56) |

- ***Pena de Multa:*** de acordo com o art. 57, alterado pela Lei nº 8.656, de 21.05.1993, graduada de acordo com a gravidade da infração, a vantagem auferida e a condição econômica do fornecedor, será aplicada mediante procedimento administrativo, revertendo os valores cabíveis à União para o fundo de que trata a Lei da Ação Civil Pública (Lei nº 7.347/85), ou para os fundos estaduais ou municipais de proteção ao consumidor nos demais casos.

## 5. DA DEFESA DO CONSUMIDOR EM JUÍZO

### 5.1. INVERSÃO DO ÔNUS DA PROVA

- A **inversão** do ônus da prova pode ser **convencional, legal ou judicial.**

| Tipos de Inversão do ônus da Prova | |
|---|---|
| **Convencional** | Decorre de **acordo de vontades** entre as partes, podendo ocorre antes ou durante o processo.<br>Ressalta-se que há limitações a essa inversão, conforme dispõe o art. 373, Parágrafo Único, do NCPC: "É nula a convenção que distribui de maneira diversa o ônus da prova quando: I – recair sobre direito indisponível da parte; II – tornar excessivamente difícil a uma parte o exercício do direito".<br>Essa última limitação é aplicável no caso de inversão do ônus provatório diante da alegação de fato negativo indeterminado, cuja prova é denominada pela doutrina de **"prova diabólica"**.<br>**A inversão convencional, nas relações de consumo,** pode ser observada quando da aplicação do art. 51, VI, do CDC, em que se **considera nula de pleno direito a cláusula contratual que determine a inversão do ônus da prova em prejuízo do consumidor.** |
| **Legal** | Decorre de **previsão expressa em lei**, independentemente do caso concreto, ou mesmo de qualquer decisão judicial determinando tal inversão.<br>**No CDC, há três momentos:**<br>1) **art. 12, §3º:** "O fabricante, o construtor, o produtor ou importador só não será responsabilizado quando provar: I – que não colocou o produto no mercado; II – que, embora haja colocado o produto no mercado, o defeito inexiste; III – a culpa exclusiva do consumidor ou de terceiro"<br>2) **art. 14, §3º:** "O fornecedor de serviços só não será responsabilizado quando provar: I – que, tendo prestado o serviço, o defeito inexiste; II – a culpa exclusiva do consumidor ou de terceiro"<br>3) **art. 38:** "O ônus da prova da veracidade e correção da informação ou comunicação publicitária cabe a quem as patrocina". |
| **Judicial** | Caberá ao juiz aplicá-la, quando da análise, no caso concreto, do preenchimento dos requisitos legais, como no caso do art. 6º, VIII, do CDC, regra que prevê essa possibilidade de inversão em favor do consumidor quando verossímeis as suas alegações ou quando ele for hipossuficiente, sendo possível a aplicação da inversão também nas ações coletivas consumeristas. |

- **Requisitos para a inversão judicial do ônus probandi:** É direito básico do consumidor a facilitação da defesa de seus direitos, "inclusive com a inversão do ônus da prova, a seu favor, no processo civil, quando, a critério do juiz, for verossímil a alegação ou quando for ele hipossuficiente, segundo as regras ordinárias de experiências" (art. 6º, VIII, do CDC).
- Assim, a inversão não ocorre de forma automática, mas por decisão judicial, quando se constatar o preenchimento dos requisitos legais, quais sejam: **verossimilhança da alegação ou hipossuficiência do consumidor.**

| Inversão judicial do ônus da prova – requisitos legais | |
|---|---|
| **Verossimilhança da alegação** | **Hipossuficiência do consumidor** |
| A verossimilhança é a **aparência da verdade** de uma alegação feita pelo consumidor de um **fato** que **costuma ordinariamente ocorrer** (ou seja, segundo as regras ordinárias de experiências – aquilo que costuma ocorrer em situações semelhantes à alegada na demanda judicial pelo consumidor).<br>Não se exige aqui para a constituição desse fato verossímil qualquer espécie de prova, a qual será somente exigida para o convencimento do juiz para a prolação de sua decisão, e não para permitir a inversão do ônus probandi. | Pela doutrina majoritária vem considerando que essa **hipossuficiência é técnica**, sendo, portanto, irrelevante a condição econômica dos consumidores, já que mesmo aqueles abastados podem ter dificuldades de acesso às informações e meios para produção probatória.<br>Deve o magistrado verificar, no caso concreto, a superioridade técnica do fornecedor, de forma que a ele seja mais fácil ou viável a produção da prova.<br>Por isso não parece razoável a inversão do ônus da prova quando resultar ao fornecedor situação de extrema dificuldade para comprovação dos fatos alegados. |
| **Observação:** Em sentido contrário, Humberto Theodoro Jr afirma ser a verossimilhança resultado de um "juízo de probabilidade extraída de material probatório de feitio indiciário, do qual se consegue formar a opinião de ser provavelmente verdadeira a versão do consumidor" (THEODORO JR, Humberto. Direito do consumidor. 2 ed. Rio de Janeiro: Forense, 2001, p. 135) | |

- **Momento da inversão judicial do ônus da prova – Importante!** A matéria é controvertida na doutrina e na jurisprudência. Parte da doutrina entende que a inversão judicial é no despacho saneador do processo. Outra entende que ocorre na sentença, por ser regra de julgamento (**ônus objetivo da prova**). No primeiro sentido (despacho saneador): STJ, Segunda Seção, REsp nº 802832/MG, Rel. Min. Paulo de Tarso Sanseverino, j. 13 abr.2011, ***Informativo 469***. No sentido de a inversão ocorrer no momento do julgamento do processo: STJ, Quarta Turma, AgRg no Ag nº 1028085/SP, Rel. Min. Vasco Della Giustina, Des. Convocado, j. 04 fev.2010, DJE 16 abr.2010.

### 5.2. TUTELA COLETIVA DO CONSUMIDOR

| Legitimados para a defesa coletiva dos interesses e direitos dos consumidores (art. 82, I a IV, do CDC) |
|---|
| • Ministério Público<br>• União, Estados, Municípios e Distrito Federal<br>• Entidades e órgãos da Administração Pública direta ou indireta, ainda que sem personalidade jurídica, especificamente destinados à proteção dos interesses e direitos tutelados pelo CDC<br>• Associações legalmente constituídas há pelo menos um ano e que incluam entre seus fins institucionais a defesa dos interesses e direitos protegidos pela Lei consumerista, dispensada a autorização assemblear. |

- Cabe ressaltar que o supramencionado requisito da pré-constituição pode ser dispensado pelo juiz, quando houver manifesto interesse social evidenciado pela dimensão ou característica do dano, ou pela relevância do bem jurídico a ser tutelado (art. 82, §1º).
- **Direitos coletivos *lato sensu* (Art. 81, Parágrafo Único, do CDC):** Há três espécies de direitos coletivos ***lato sensu***: **interesses ou direitos difusos; interesses ou direitos coletivos *stricto sensu* e interesses ou direitos individuais homogêneos.**

| **Direitos coletivos *lato sensu* (art. 81, Parágrafo Único, do CDC)** | |
|---|---|
| **Interesses ou Direitos Difusos (art. 81, Parágrafo Único, I)** | "os transindividuais, de natureza indivisível, de que sejam titulares pessoas indeterminadas e ligadas por circunstâncias de fato".<br>Neste caso, a sentença da ação coletiva fará coisa julgada *erga omnes* (contra todos), exceto se o pedido for julgado improcedente por insuficiência de provas, "hipótese em que qualquer legitimado poderá intentar outra ação, com idêntico fundamento valendo-se de nova prova, na hipótese do inciso I do parágrafo único do art. 81" (art. 103, I, do CDC).<br>Exemplo de direito difuso: meio ambiente ecologicamente equilibrado. |
| **Interesses ou Direitos Coletivos *stricto sensu* (art. 81, Parágrafo Único, II)** | São os "transindividuais, de natureza indivisível de que seja titular grupo, categoria ou classe de pessoas ligadas entre si ou com a parte contrária por uma relação jurídica base" (art. 81, Parágrafo Único, II). |
| **Interesses ou Direitos Coletivos *stricto sensu* (art. 81, Parágrafo Único, II)** | Neste caso a sentença fará coisa julgada ultra partes, mas limitadamente ao grupo, categoria ou classe, salvo improcedência por insuficiência de provas (art. 103, III).<br>Exemplo: consumidores segurados de plano de saúde. |
| **Interesses ou Direitos Coletivos individuais homogêneos (art. 81, Parágrafo Único, III)** | São "os decorrentes de origem comum" (art. 81, Parágrafo Único, III).<br>A sentença, neste caso, fará coisa julgada *erga omnes*, "apenas para beneficiar todas as vítimas e seus sucessores [...]" (art. 103, III).<br>Exemplo: direito de indenização das vítimas de acidente aéreo. |

- ***Sistema normativo de tutela dos direitos coletivos:*** cabe ressaltar que a Lei nº 7.347/85 também deverá ser observada na proteção dos direitos do consumidor.

| **TUTELA COLETIVA DOS DIREITOS DO CONSUMIDOR POR AÇÃO CIVIL PÚBLICA (LEI Nº 7.347/85). LEGITIMADOS (ART. 5º, incisos I a V)** |
|---|
| Ministério Público |
| Defensoria Pública |
| União, Estados, Distrito Federal e Municípios |
| Associação que, concomitantemente:<br>a) esteja constituída há pelo menos 1 (um) ano nos termos da lei civil; e |

| **TUTELA COLETIVA DOS DIREITOS DO CONSUMIDOR POR AÇÃO CIVIL PÚBLICA (LEI Nº 7.347/85). LEGITIMADOS (ART. 5º, incisos I a V)** |
|---|
| b) que inclua, entre suas finalidades, a proteção ao meio ambiente, ao consumidor, à ordem econômica, à livre concorrência ou ao patrimônio artístico, estético, histórico, turístico e paisagístico. |
| **IMPORTANTE:** O **requisito da pré-constituição** poderá ser **dispensado pelo juiz**, quando haja **manifesto interesse social** evidenciado pela dimensão ou característica do dano, **ou pela relevância do bem jurídico** a ser protegido. |

## 6. DO SISTEMA NACIONAL DE DEFESA DO CONSUMIDOR

- ***Integrantes do Sistema Nacional de Defesa do Consumidor (SNDC):*** órgãos federais, estaduais, do Distrito Federal, municipais, e entidades privadas de defesa do consumidor (art. 105 do CDC).

  **Departamento Nacional de Defesa do Consumidor**

| **O Departamento Nacional de Defesa do Consumidor é organismo de coordenação da política do Sistema Nacional de Defesa do Consumidor. Tem as seguintes atribuições (art. 106):** |
|---|
| planejar, elaborar, propor, coordenar e executar a política nacional de proteção ao consumidor |
| receber, analisar, avaliar e encaminhar consultas, denúncias ou sugestões apresentadas por entidades representativas ou pessoas jurídicas de direito público ou privado |
| prestar aos consumidores orientação permanente sobre seus direitos e garantias |
| informar, conscientizar e motivar o consumidor através dos diferentes meios de comunicação |
| solicitar à polícia judiciária a instauração de inquérito policial para a apreciação de delito contra os consumidores, nos termos da legislação vigente |
| representar ao Ministério Público competente para fins de adoção de medidas processuais no âmbito de suas atribuições |
| levar ao conhecimento dos órgãos competentes as infrações de ordem administrativa que violarem os interesses difusos, coletivos, ou individuais dos consumidores |
| solicitar o concurso de órgãos e entidades da União, Estados, do Distrito Federal e Municípios, bem como auxiliar a fiscalização de preços, abastecimento, quantidade e segurança de bens e serviços |
| incentivar, inclusive com recursos financeiros e outros programas especiais, a formação de entidades de defesa do consumidor pela população e pelos órgãos públicos estaduais e municipais |
| desenvolver outras atividades compatíveis com suas finalidades |
| **IMPORTANTE:** "Para a consecução de seus objetivos, o Departamento Nacional de Defesa do Consumidor poderá solicitar o concurso de órgãos e entidades de notória especialização técnico-científica" (Parágrafo Único do art. 106). |

## 7. DA CONVENÇÃO COLETIVA DE CONSUMO

- ***Conceito:*** "As entidades civis de consumidores e as associações de fornecedores ou sindicatos de categoria econômica podem regular, por convenção escrita, relações de consumo que tenham por objeto estabelecer condições relativas ao preço, à qualidade, à quantidade, à garantia e características de produtos e serviços, bem como à reclamação e composição do conflito de consumo" (Art. 107).
- ***Obrigatoriedade da convenção:*** a partir do registro do instrumento no cartório (§1º do art. 107). Somente obrigará os filiados às entidades signatárias, sendo que o fornecedor que se desligar da entidade, em data posterior ao registro do instrumento, não se exime de cumpri-la (§§2º e 3º do art. 107).

## 8. DA PREVENÇÃO E TRATAMENTO DO SUPERENDIVIDAMENTO

A lei n.º 14.181/2021 inseriu um novo capítulo no Código de Defesa do Consumidor a respeito da prevenção e tratamento do superendividamento, visando a proteção da dignidade humana do endividado no mercado.

**Conceito**: previsto pelo artigo 54 A, § 1º do CDC:

| *"entende-se por superendividamento a impossibilidade manifesta de o consumidor pessoa natural, de boa-fé, pagar a totalidade de suas dívidas de consumo, exigíveis e vincendas, sem comprometer seu mínimo existencial, nos termos da regulamentação."* |
|---|

Exceções: artigo 54ª, § 3º, do CDC.

| As normas protetivas não se aplicam: |
|---|
| *Dívidas contraídas mediante fraude ou má-fé* |
| *Dívidas oriundas de contratos celebrados dolosamente ou com o propósito de não realizar o pagamento* |
| *Dívidas que decorram da aquisição ou contratação de produtos e serviços de luxo de alto valor* |

Previsão de informações adicionais que devem ser prestadas no fornecimento de crédito e na venda a prazo, além daquelas previstas pelo artigo 52 do Código de Defesa do Consumidor no artigo 54 B, do CDC, a saber:

> *"No fornecimento de crédito e na venda a prazo, além das informações obrigatórias previstas no art. 52 deste Código e na legislação aplicável à matéria, o fornecedor ou o intermediário deverá informar o consumidor, prévia e adequadamente, no momento da oferta, sobre: I - o custo efetivo total e a descrição dos elementos que o compõem; II - a taxa efetiva mensal de juros, bem como a taxa dos juros de mora e o total de encargos, de qualquer natureza, previstos para o atraso no pagamento; III - o montante das prestações e o prazo de validade da oferta, que deve ser, no mínimo, de 2 (dois) dias; IV - o nome e o endereço, inclusive o eletrônico, do fornecedor; V - o direito do consumidor à liquidação antecipada e não onerosa do débito, nos termos do § 2º do art. 52 deste Código e da regulamentação em vigor. § 1º As informações referidas no art. 52 deste Código e no caput deste artigo devem constar de forma clara e resumida do próprio contrato, da fatura ou de instrumento apartado, de fácil acesso ao consumidor. § 2º Para efeitos deste Código, o custo efetivo total da operação de crédito ao consumidor consistirá em taxa percentual anual e compreenderá todos os valores cobrados do consumidor, sem prejuízo do cálculo padronizado pela autoridade reguladora do sistema financeiro. § 3º Sem prejuízo do disposto no art. 37 deste Código, a oferta de crédito ao consumidor e a oferta de venda a prazo, ou a fatura mensal, conforme o caso, devem indicar, no mínimo, o custo efetivo total, o agente financiador e a soma total a pagar, com e sem financiamento."*

A lei trouxe novas proibições na oferta de crédito ao consumidor, conforme preceitua o artigo 54-C do Código de Defesa do Consumidor, a saber:

> *II- indicar que a operação de crédito poderá ser concluída sem consulta a serviços de proteção ao crédito ou sem avaliação da situação financeira do consumidor;*
>
> *III- ocultar ou dificultar a compreensão sobre os ônus e os riscos da contratação do crédito ou da venda a prazo;*
>
> *IV- assediar ou pressionar o consumidor para contratar o fornecimento de produto, serviço ou crédito, principalmente se se tratar de consumidor idoso, analfabeto, doente ou em estado de vulnerabilidade agravada ou se a contratação envolver prêmio;*
>
> *V- condicionar o atendimento de pretensões do consumidor ou o início de tratativas à renúncia ou à desistência de demandas judiciais, ao pagamento de honorários advocatícios ou a depósitos judiciais.*

- Descumprimento dos deveres – art. 54 D, parágrafo único: *"o descumprimento de qualquer dos deveres previstos no caput deste artigo e nos arts. 52 e 54-C deste Código poderá acarretar judicialmente a redução dos juros, dos encargos ou de qualquer acréscimo ao principal e a dilação do prazo de pagamento previsto no contrato original, conforme a gravidade da conduta do fornecedor e as possibilidades financeiras do consumidor, sem prejuízo de outras sanções e de indenização por perdas e danos, patrimoniais e morais, ao consumidor".*
- Definição de contratos conexos, coligados ou interdependentes – art. 54F:

  "São conexos, coligados ou interdependentes, entre outros, o contrato principal de fornecimento de produto ou serviço e os contratos acessórios de crédito que lhe garantam o financiamento quando o fornecedor de crédito:

  I - recorrer aos serviços do fornecedor de produto ou serviço para a preparação ou a conclusão do contrato de crédito;

  II - oferecer o crédito no local da atividade empresarial do fornecedor de produto ou serviço financiado ou onde o contrato principal for celebrado.

## 9. DA CONCILIAÇÃO NO SUPERENDIVIDAMENTO

A Lei nº 14.181/2021 acrescentou os artigos 104-A, 104-B e 104-C, que tratam sobre a conciliação em caso de superendividamento.

O artigo 104-A preceitua: *"a requerimento do consumidor superendividado pessoa natural, o juiz poderá instaurar processo de repactuação de dívidas, com vistas à realização de audiência conciliatória, presidida por ele ou por conciliador credenciado no juízo, com a presença de todos os credores de dívidas previstas no art. 54-A deste Código, na qual o consumidor apresentará proposta de plano de pagamento com prazo máximo de 5 (cinco) anos, preservados o mínimo existencial, nos termos da regulamentação, e as garantias e as formas de pagamento originalmente pactuadas".*

| Exceções à repactuação de dívidas: |
|---|
| as dívidas, ainda que decorrentes de relações de consumo, oriundas de contratos celebrados dolosamente sem o propósito de realizar pagamento, |
| as dívidas provenientes de contratos de crédito com garantia real, de financiamentos imobiliários e de crédito rural |

pedido do consumidor para instaurar processo de repactuação não importará em declaração de insolvência civil e poderá ser repetido somente após decorrido o prazo de 2 anos, contado da liquidação das obrigações previstas no plano de pagamento homologado, sem prejuízo de eventual repactuação.

- A sentença judicial que homologar o plano terá eficácia de título executivo.

> *Art. 104B: "se nao houver êxito na conciliação em relação a quaisquer credores, o juiz, a pedido do consumidor, instaurará processo por superendividamento para revisão e integração dos contratos e repactuação das dívidas remanescentes mediante plano judicial compulsório e procederá à citação de todos os credores cujos créditos não tenham integrado o acordo porventura celebrado".*

- serão considerados documentos e informações prestados em audiência;
- Prazo de 15 dias para juntada de documentos e as razões da negativa de aceder ao plano voluntário ou de renegociar.
- juiz poderá nomear administrador (prazo 30 dias).
- O plano judicial compulsório assegurará aos credores, no mínimo, o valor do principal devido, corrigido monetariamente por índices oficiais de preço, e preverá a liquidação total da dívida, após a quitação do plano de pagamento consensual previsto no art. 104-A deste Código, em, no máximo, 5 (cinco) anos, sendo que a primeira parcela será devida no prazo máximo de 180 (cento e oitenta) dias, contado de sua homologação judicial, e o restante do saldo será devido em parcelas mensais iguais e sucessivas.

Art. 104C – previsão da conciliação administrativa:

> *"Compete concorrente e facultativamente aos órgãos públicos integrantes do Sistema Nacional de Defesa do Consumidor a fase conciliatória e preventiva do processo de repactuação de dívidas, nos moldes do art. 104-A deste Código, no que couber, com possibilidade de o processo ser regulado por convênios específicos celebrados entre os referidos órgãos e as instituições credoras ou suas associações.*
>
> *§ 1º Em caso de conciliação administrativa para prevenir o superendividamento do consumidor pessoa natural, os órgãos públicos poderão promover, nas reclamações individuais, audiência global de conciliação com todos os credores e, em todos os casos, facilitar a elaboração de plano de pagamento, preservado o mínimo existencial, nos termos da regulamentação, sob a supervisão desses órgãos, sem prejuízo das demais atividades de reeducação financeira cabíveis. § 2º O acordo firmado perante os órgãos públicos de defesa do consumidor, em caso de superendividamento do consumidor pessoa natural, incluirá a data a partir da qual será providenciada a exclusão do consumidor de bancos de dados e de cadastros de inadimplentes, bem como o condicionamento de seus efeitos à abstenção, pelo consumidor, de condutas que importem no agravamento de sua situação de superendividamento, especialmente a de contrair novas dívidas.*

## 10. INFRAÇÕES PENAIS NO CDC

O CDC, para implementar os direitos e deveres que previu, criou, além das sanções civis e administrativas, as de cunho penal.

Os crimes de consumo podem ser impróprios (acidentalmente e reflexamente de consumo) e próprios (aqueles propriamente de direito penal do consumidor). Os crimes de consumo próprios estão principalmente previstos no CDC, embora não se reúnam em um único diploma legal.

Insta salientar que o artigo 61 do CDC dispõe que "Constituem crimes contra as relações de consumo previstas neste código, sem prejuízo do disposto no Código Penal e leis especiais, as condutas tipificadas nos artigos seguintes."

Ou seja, os crimes tipificados no CDC surgiram apenas para complementar o sistema penal já existentes, especialmente para punir aqueles que praticam os crimes contra as relações de consumo.

Além disso, conforme expressamente previsto no mencionado artigo, as disposições do CDC não excluem o disposto no Código Penal e leis especiais.

Assim como no direito penal, o crime se caracteriza por ser fato típico e antijurídico, e a pena será aplicada quando constatados os elementos caracterizadores da culpabilidade, pressuposto para aplicação da pena. Para que se caracterize a culpabilidade, são necessários três elementos: a) a imputabilidade; b) a potencial consciência da ilicitude; e c) a exigibilidade de conduta adversa. Além desses elementos, é necessário que o crime tenha resultado juridicamente relevante.

### ✦ SÚMULAS APLICÁVEIS

### ✦ STF

### DA DEFESA DO CONSUMIDOR EM JUÍZO

- **Súmula Vinculante 27 do STF:** Compete à Justiça estadual julgar causas entre consumidor e concessionária de serviço público de telefonia, quando a ANATEL não seja litisconsorte passiva necessária, assistente, nem opoente.
- **Súmula 643 do STF:** O Ministério Público tem legitimidade para promover ação civil pública cujo fundamento seja a ilegalidade de reajuste de mensalidades escolares.

### INVERSÃO DO ÔNUS DA PROVA

- **Súmula 231 do STF:** O revel, em processo cível, pode produzir provas, desde que compareça em tempo oportuno.

### ✦ STJ

### DOS PRINCÍPIOS FUNDAMENTAIS DO CÓDIGO DE DEFESA DO CONSUMIDOR (CDC)

- **Súmula 297 do STJ:** O Código de Defesa do Consumidor é aplicável às instituições financeiras.

### DA RESPONSABILIDADE POR VÍCIO DO PRODUTO E DO SERVIÇO

- **Súmula 130 do STJ:** A empresa responde, perante o cliente, pela reparação de dano ou furto de veículo ocorridos em seu estacionamento.
- **Súmula 479 do STJ:** As instituições financeiras respondem objetivamente pelos danos gerados por fortuito interno

relativo a fraudes e delitos praticados por terceiros no âmbito de operações bancárias.

- **Súmula 595 do STJ:** As instituições de ensino superior respondem objetivamente pelos danos suportados pelo aluno/consumidor pela realização de curso não reconhecido pelo Ministério da Educação, sobre o qual não lhe tenha sido dada prévia e adequada informação.

## DA DECADÊNCIA E DA PRESCRIÇÃO (PRAZOS E GARANTIAS)

- **Súmula 477 do STJ:** A decadência do art. 26 do CDC não é aplicável à prestação de contas para obter esclarecimentos sobre cobrança de taxas, tarifas e encargos bancários.

## DA PUBLICIDADE

- **Súmula 403 do STJ:** Independe de prova do prejuízo a indenização pela publicação não autorizada de imagem de pessoa com fins econômicos ou comerciais.

## DAS PRÁTICAS ABUSIVAS

- **Súmula 323 do STJ:** A inscrição do nome do devedor pode ser mantida nos serviços de proteção ao crédito até o prazo máximo de cinco anos, independentemente da prescrição da execução.
- **Súmula 359 do STJ:** Cabe ao órgão mantenedor do Cadastro de Proteção ao Crédito a notificação do devedor antes de proceder à inscrição.
- **Súmula 385 do STJ:** Da anotação irregular em cadastro de proteção ao crédito, não cabe indenização por dano moral, quando preexistente legítima inscrição, ressalvado o direito ao cancelamento.
- **Súmula 404 do STJ:** É dispensável o aviso de recebimento (AR) na carta de comunicação ao consumidor sobre a negativação de seu nome em bancos de dados e cadastros.
- **Súmula 412 do STJ:** A ação de repetição de indébito de tarifas de água e esgoto sujeita-se ao prazo prescricional estabelecido no Código Civil.
- **Súmula 473 do STJ:** O mutuário do SFH não pode ser compelido a contratar o seguro habitacional obrigatório com a instituição financeira mutuante ou com a seguradora por ela indicada.
- **Súmula 532 do STJ:** Constitui prática comercial abusiva o envio de cartão de crédito sem prévia e expressa solicitação do consumidor, configurando-se ato ilícito indenizável e sujeito à aplicação de multa administrativa.

## DA PROTEÇÃO CONTRATUAL

- **Súmula 284 do STJ:** A purga da mora, nos contratos de alienação fiduciária, só é permitida quando já pagos pelo menos 40% (quarenta por cento) do valor financiado.
- **Súmula 285 do STJ:** Nos contratos bancários posteriores ao Código de Defesa do Consumidor incide a multa moratória nele prevista.
- **Súmula 322 do STJ:** Para a repetição de indébito, nos contratos de abertura de crédito em conta-corrente, não se exige a prova do erro.
- **Súmula 608 do STJ:** Aplica-se o Código de Defesa do Consumidor aos contratos de plano de saúde, salvo os administrados por entidades de autogestão.
- **Súmula 609 do STJ:** A recusa de cobertura securitária, sob a alegação de doença preexistente, é ilícita se não houve a exigência de exames médicos prévios à contratação ou a demonstração de má-fé do segurado.

## DA REVISÃO CONTRATUAL

- **Súmula 380 do STJ:** A simples propositura da ação de revisão de contrato não inibe a caracterização da mora do autor.

## DAS CLÁUSULAS ABUSIVAS

- **Súmula 302 do STJ:** É abusiva a cláusula contratual de plano de saúde que limita no tempo a internação hospitalar do segurado.
- **Súmula 381 do STJ:** Nos contratos bancários, é vedado ao julgador conhecer, de ofício, da abusividade das cláusulas.
- **Súmula 356 do STJ:** É legítima a cobrança da tarifa básica pelo uso dos serviços de telefonia fixa.
- **Súmula 407 do STJ:** É legítima a cobrança da tarifa de água, fixada de acordo com as categorias de usuários e as faixas de consumo.
- **Súmula 638 do STJ:** É abusiva a cláusula contratual que restringe a responsabilidade de instituição financeira pelos danos decorrentes de roubo, furto ou extravio de bem entregue em garantia no âmbito de contrato de penhor civil.
- **Súmula 597 do STJ:** A cláusula contratual de plano de saúde que prevê carência para utilização dos serviços de assistência médica nas situações de emergência ou de urgência é considerada abusiva se ultrapassado o prazo máximo de 24 horas contado da data da contratação.

# Filosofia

*Alexandre Sanches Cunha*

## TABELA DE INCIDÊNCIA DE QUESTÕES

| Distribuição das questões organizada por ordem didática de assuntos | | |
|---|---|---|
| **Assunto** | **Número de Questões** | **Peso** |
| 1. HERMENÊUTICA | 11 | 20,00% |
| 2. KANT | 5 | 8,00% |
| 3. ARISTÓTELES | 4 | 8,00% |
| 4. TEMAS DIVERSOS DE FILOSOFIA DO DIREITO | 34 | 64,00% |
| **Total** | **54** | **100%** |

*Alexandre Sanches Cunha*

✦ QUESTÕES

## 1. HERMENÊUTICA

**01. (FGV- XXXVI Exame de Ordem-2022)** *"O problema da eficácia nos leva ao terreno da aplicação das normas jurídicas, que é o terreno dos comportamentos efetivos dos homens que vivem em sociedade..."*

Norberto Bobbio

Norberto Bobbio, em seu livro *Teoria da Norma Jurídica*, ao tratar dos critérios de valoração da norma jurídica, fala de três critérios possíveis: justiça, validade e eficácia.

Com relação ao critério da eficácia na obra em referência, assinale a afirmativa correta.

a) Relaciona-se ao problema da interdependência necessária entre os critérios, isto é, para que uma regra seja eficaz, ela deve também ser válida e ser justa.

b) Diz respeito ao problema de uma norma ser ou não seguida pelas pessoas a quem é dirigida e, no caso de violação, ser imposta por via coercitiva pela autoridade que a evocou.

c) Trata-se do problema da correspondência ou não da norma aos valores últimos ou finais que inspiram um determinado ordenamento jurídico, expressos pelo legislador de maneira mais ou menos explícita.

d) Refere-se ao problema da existência da regra enquanto tal e se resolve com um juízo de fato, isto é, trata-se de constatar se uma regra assim determinada pertence ou não a um ordenamento jurídico.

**COMENTÁRIOS**

Segundo Bobbio, uma norma prescreve o que deve ser. Mas aquilo que deve ser não corresponde, necessariamente, ao que efetivamente é. Ora, se a ação real não corresponde à ação prescrita, afirma-se que a norma foi violada. É da natureza de toda prescrição ser violada, enquanto exprime não o que é, mas o que deve ser. À violação dá-se o nome de ilícito. Assim, o ilícito consiste em uma ação quando a norma é um imperativo negativo e em uma omissão quando a norma é um imperativo positivo. Importante notar que, em resposta ao ilícito, o grupo social institucionaliza a sanção (esta é institucionalizada). Quando observamos a sanção institucionalizada, devemos ter presente três pontos (aqui relacionados na questão em comento):

1) para toda violação de uma regra primária, é estabelecida a relativa sanção;

2) é estabelecida, se bem que dentro de certos termos, a medida da sanção;

3) são estabelecidas pessoas encarregadas de efetuar a execução.

**Alternativa correta: letra "b"**

**02. (FGV- XXXV Exame de Ordem-2022)** É possível que, diante de um caso concreto, seja aceitável a aplicação tanto de uma lei geral quanto de uma lei especial. Isso, segundo Norberto Bobbio, em seu livro Teoria do Ordenamento Jurídico, caracteriza uma situação de antinomia.

Assinale a opção que, segundo o autor na obra em referência, apresenta a solução que deve ser adotada.

a) Deve ser feita uma ponderação de princípios entre a lei geral e a lei especial, de forma que a lei que se revelar menos razoável seja revogada.

b) Deve prevalecer a lei especial sobre a lei geral, de forma que a lei geral seja derrogada, isto é, caia parcialmente.

c) Deve ser verificada a data de edição de ambas as leis, pois, nesse tipo de conflito entre lei geral e lei especial, deve prevalecer aquela que for posterior.

d) Deve prevalecer a lei geral sobre a lei especial, pois essa prevalência da lei geral é um momento ineliminável de desenvolvimento de um ordenamento jurídico.

**COMENTÁRIOS:**

Fundamental destacar quanto às antinomias e respectivos critérios solucionadores, Bobbio as distingue entre antinomias insolúveis ou reais (quando o ordenamento jurídico não contém regra capaz de resolver o conflito diagnosticado, sendo solucionado, portanto, pela doutrina e jurisprudência a partir de decisões casuisticamente pensadas para cada caso) e antinomias solúveis ou aparentes (quando o ordenamento jurídico contém regra apta a solucionar o conflito aparente de normas Apresenta, portanto 3 critérios

O critério cronológico (lex posterior derrogat priori - lei posterior derroga lei anterior): adotado, no Brasil, pelo art. 2º , parágrafo 1º, da Lei de Introdução às Normas do Direito Brasileiro (Decreto-Lei nº 4.657/42), segundo o qual a lei posterior revoga a anterior quando entre elas houver incompatibilidade.

O critério hierárquico (lei lex superiori derrogat inferior - lei superior derroga lei inferior) preconiza que, havendo duas normas incompatíveis, deve prevalecer a hierarquicamente superior, consequência que se extrai justamente do princípio da hierarquia normativa.

O critério da especialidade (lex specialis derrogat generali - lei especial derroga lei geral): de acordo com Bobbio, a lei especial deve prevalecer sobre a lei geral, na medida em que representa um momento ineliminável do desenvolvimento de um ordenamento (o dinamismo do Direito). Assim, bloquear a lei especial frente à geral significaria paralisar esse desenvolvimento.

**Alternativa correta: letra "b"**

**03. (FGV/ OAB/ XXXIII Exame-2021)** Norberto Bobbio, em seu livro Teoria da Norma Jurídica, considera a sanção uma das mais significativas características da norma jurídica. Ele diferencia a sanção jurídica da sanção moral e da sanção social, pelo fato de a sanção jurídica ser institucionalizada.

Assinale a opção que, segundo Bobbio na obra em referência, expressa as características da sanção institucionalizada.

a) A sanção que obriga a consciência dos destinatários da norma e que produz um sentimento de culpa, que é a consequência negativa ou desagradável decorrente da eventual violação da norma.

b) A sanção que resulta dos costumes e da vida em sociedade em geral, e que possui como fim tornar mais fácil ou menos difícil a convivência social.

c) A sanção que foi feita para os casos de violação de uma regra primária e que tem sua medida estabelecida dentro de certos termos, para ser executada por pessoas previamente determinadas.

d) A sanção instituída pelo direito natural e que decorre da natureza mesma das coisas, da vontade de Deus e da razão humana.

**COMENTÁRIOS**

A questão retrata a diferenciação que Bobbio apresenta entre as diferentes sanções. Assim, para estabelecer o que é uma sanção jurídica, Bobbio apresenta três definições:

Sanção moral: revela-se no âmbito interno do indivíduo (traduz-se na culpa, remorso, arrependimento etc). Obviamente por ser de foro íntimo, com adesão espontânea, possui pouca eficácia;

Sanção social: Externa ao indivíduo e tem a participação da sociedade. Revela o anseio dos grupos sociais. Assim, é facilmente evitável valendo-se do expediente da hipocrisia, é totalmente assistemática e dá azo a grandes injustiças em virtude da sua desproporcionalidade: um mesmo fato pode ser reprovado socialmente por meio de a) reprovação; b) isolamento/banimento/expulsão do grupo ou até mesmo, em casos extremos c) linchamento.

A sanção jurídica: esta, alia a autonomia e a heteronomia presente na sanção moral, nas injustiças decorrentes da sanção social, por ser institucionalizada por lei. Deste modo, a sanção jurídica como uma resposta externa e institucionalizada à violação da norma.

Bobbio evidencia que são três as características da institucionalização da sanção:

a) para toda violação há uma respectiva sanção;

b) a medida da sanção é estabelecida dentro de certos limites.

c) São definidas as autoridades legítimas encarregadas de executá-la.

Concluindo: para Bobbio, quando se fala em sanção institucionalizada, vislumbramos três coisas, (ainda que elas nem sempre se encontrem simultaneamente): 1) Para toda violação de uma regra primária, é estabelecida a relativa sanção; 2) É estabelecida, se bem que dentro de certos termos, a medida da sanção; 3) São estabelecidas pessoas encarregadas de efetuar a execução.

**Alternativa correta: letra "c"**

**04. (FGV-Exame de Ordem 2019.2)** Costuma-se dizer que o ordenamento jurídico regula a própria produção normativa. Existem normas de comportamento ao lado de normas de estrutura... elas não regulam um comportamento, mas o modo de regular um comportamento...

BOBBIO, Norberto. Teoria do Ordenamento Jurídico. São Paulo: Polis; Brasília EdUnB, 1989.

A atuação de um advogado deve se dar com base no ordenamento jurídico. Por isso, não basta conhecer as leis; é preciso compreender o conceito e o funcionamento do ordenamento. Bobbio, em seu livro *Teoria do Ordenamento Jurídico*, afirma que a unidade do ordenamento jurídico é assegurada por suas fontes.

Assinale a opção que indica o fato que, para esse autor, interessa notar para uma teoria geral do ordenamento jurídico, em relação às fontes do Direito.

a) No mesmo momento em que se reconhece existirem atos ou fatos dos quais se faz depender a produção de normas jurídicas, reconhece-se que o ordenamento jurídico, além de regular o comportamento das pessoas, regula também o modo pelo qual se devem produzir as regras.

b) As fontes do Direito definem o ordenamento jurídico como um complexo de normas de comportamento referidas a uma dada sociedade e a um dado momento histórico, de forma que garante a vinculação entre interesse social e comportamento normatizado.

c) Como forma de institucionalização do direito positivo, as fontes do Direito definem o ordenamento jurídico exclusivamente em relação ao processo formal de sua criação, sem levar em conta os elementos morais que poderiam definir uma norma como justa ou injusta.

d) As normas, uma vez definidas como jurídicas, são associadas num conjunto específico, chamado de direito positivo. Esse direito positivo é o que comumente chamamos de ordenamento jurídico. Portanto, a fonte do Direito que institui o Direito como ordenamento é a norma, anteriormente definida como jurídica.

**COMENTÁRIOS**

✪ **Nota do autor:** Para melhor compreensão do tema proposto, vale destacar que a partir da ideia, segundo a qual o ordenamento jurídico é um sistema complexo de normas jurídicas que, para ter sua eficácia e validade garantidas, necessita tanto de normas que regulem a conduta dos indivíduos como de normas que disponham sobre os métodos e procedimentos necessários para estabelecer aqueles preceitos, os teóricos passaram a dividir as normas jurídicas em dois grupos fundamentais:

a) de um lado, encontram-se as normas que regulam diretamente a conduta humana, denominadas normas primárias ou normas de conduta, normas materiais, ou normas de comportamento;

b) de outro lado, as normas que representam a estrutura do sistema, oferecendo critérios para a determinação de quais são as normas válidas e como ocorre o câmbio normativo. Estas são denominadas normas secundárias, normas de estrutura ou normas de organização.

Alternativa a: no que tange ao conceito de normas de comportamento e normas de estrutura em Bobbio, ressaltamos que as primeiras, também denominadas normas de conduta, são aquelas que têm por objeto a conduta das pessoas nas relações intersubjetivas, enquanto as segundas são as normas que estabelecem o processo de criação de outras normas.

Alternativa b: alternativa incorreta.

Alternativa c: alternativa incorreta.

Alternativa d: alternativa incorreta.

Alternativa correta: letra "a"

**05. (FGV – Exame de Ordem 2018.1)** A ideia da existência de lacuna é um desafio ao conceito de completude do ordenamento jurídico. Segundo o jusfilósofo italiano Norberto Bobbio, no livro *Teoria do Ordenamento Jurídico*, pode-se completar ou integrar as lacunas existentes no Direito por intermédio de dois métodos, a saber: heterointegração e autointegração.

Assinale a opção que explica como o jusfilósofo define tais conceitos na obra em referência.

a) O primeiro método consiste na integração operada por meio de recursos a ordenamentos diversos e a fontes diversas daquela que é dominante; o segundo método consiste na integração cumprida por meio do mesmo ordenamento, no âmbito da mesma fonte dominante, sem recorrência a outros ordenamentos.

b) A heterointegração consiste em preencher as lacunas recorrendo-se aos princípios gerais do Direito, uma vez que estes não estão necessariamente incutidos nas normas do Direito positivo; já a autointegração consiste em solucionar as lacunas por meio das convicções pessoais do intérprete.

c) O primeiro método diz respeito à necessidade de utilização da jurisprudência como meio adequado de solucionar as lacunas sem gerar controvérsias; por outro lado, o segundo método implica buscar a solução da lacuna por meio de interpretação extensiva.

d) A heterointegração exige que o intérprete busque a solução das lacunas nos tratados e nas convenções internacionais de que o país seja signatário, por seu turno, a autointegração está relacionada à busca da solução na jurisprudência pátria.

**COMENTÁRIOS**

**Alternativa letra "a":** Com a finalidade de alcançar a completude, Bobbio elucida dois métodos: a hetero-integração e a auto-integração. Vejamos.

No primeiro método, a integração do ordenamento é operada através do:

a) recurso a ordenamentos diversos; e

b) recurso a fontes diversas daquela que é dominante (identificada, nos ordenamentos que temos sob os olhos, com a Lei)

Quanto ao segundo método, consiste na aplicação de dois procedimentos:

a) a analogia

b) os princípios gerais do Direito

(Destaca-se que Bobbio revela preferência quanto ao segundo método que, segundo ele, mais pertinente ao ordenamento jurídico italiano).

**Alternativa "b":** alternativa incorreta.

**Alternativa "c":** alternativa incorreta.

**Alternativa "d":** alternativa incorreta.

**Alternativa correta: letra "a":**

---

**06. (FGV – Exame de Ordem 2017.1)** Um sério problema com o qual o advogado pode se deparar ao lidar com o ordenamento jurídico é o das antinomias. Segundo Norberto Bobbio, em seu livro *Teoria do Ordenamento Jurídico*, são necessárias duas condições para que uma antinomia ocorra.

Assinale a opção que, segundo o autor da obra em referência, apresenta tais condições.

a) As duas normas em conflito devem pertencer ao mesmo ordenamento; as duas normas devem ter o mesmo âmbito de validade, seja temporal, espacial, pessoal ou material.

b) Ambas as normas devem ter procedido da mesma autoridade legislativa; as duas normas em conflito não devem dispor sobre uma mesma matéria.

c) Ocorre no âmbito do processo judicial quando há uma divergência entre a decisão de primeira instância e a decisão de segunda instância ou quando um tribunal superior de natureza federal confirma a decisão de segunda instância.

d) As duas normas aplicáveis não apresentam uma solução satisfatória para o caso; as duas normas não podem ser integradas mediante recurso a analogia ou costumes.

**COMENTÁRIOS**

✪ **Nota do autor:** Vamos recordar ao candidato que o problema da coerência surge em função do ordenamento jurídico constituir-se num conjunto de normas, as quais por emergirem de variadas fontes podem apresentar oposições entre si. Ora, essas oposições somente podem ser avaliadas ou julgadas se levado em conta o conteúdo das normas, não bastando referir-se à autoridade jurídica da qual emanaram. É precisamente neste ponto que Bobbio vai divergir de Kelsen. Recorde-se que, para Kelsen o sistema jurídico é fundamentalmente um sistema dinâmico – entendido este como um sistema puramente formal, que não se refere à conduta que as normas regulam, mas tão somente à maneira como essas normas foram postas. Para Kelsen, a existência de duas normas cujo conteúdo seja contraditório não torna ilegítimo o sistema nem invalida as normas contraditórias. Bobbio não admite esse ponto de vista porque considera que viola a ideia de sistema como totalidade ordenada. Ora, como considerar um sistema permeado de normas opostas como uma "totalidade ordenada"?

Sendo assim, Bobbio define três concepções de sistema distintas, que foram desenvolvidas na Filosofia do Direito:

a) o primeiro significado de sistema é no sentido de sistema dedutivo, no qual todas as normas de um ordenamento são deriváveis de alguns princípios gerais, considerados da mesma maneira que os postulados de um sistema científico. Essa concepção de sistema foi típica do jusnaturalismo.

b) a segunda concepção de sistema indica um ordenamento da matéria realizado através do processo indutivo, isto é, partindo do conteúdo das simples normas com a finalidade de construir conceitos sempre mais gerais e classificações ou divisões da matéria inteira, gerando um procedimento de classificação.

c) o terceiro significado de sistema (que é considerado por Bobbio o mais interessante) é o significado que será utilizado em todo o capítulo sobre a coerência do ordenamento em sua obra em comento. Assim, o ordenamento é um sistema porque não podem coexistir nele normas incompatíveis até porque, se houver normas incompatíveis, uma ou ambas devem ser eliminadas.

**Alternativa "a":** Lembre-se que "antinomia" é a existência de normas incompatíveis entre si dentro de um sistema jurídico. A tradição, ao abordar o Direito como um sistema no terceiro sentido acima apontado, irá afirmar que o Direito não tolera antinomias. Ao definir normas incompatíveis como aquelas que não podem ser ambas verdadeiras, essas relações de incompatibilidade normativa serão verificadas em três casos:

1) entre uma norma que ordena fazer algo e outra que proíbe fazê-lo (contrariedade);

2) entre uma norma que ordena fazer e outra que permite não fazer (contraditoriedade);

3) entre uma norma que proíbe fazer e outra que permite fazer (contraditoriedade);

O candidato deve lembrar, em virtude da questão analisada que, além das situações acima descritas, para que haja antinomia é ainda necessário que:

a) as duas normas pertençam ao mesmo ordenamento

b) as duas normas devem ter o mesmo âmbito de validade: temporal, espacial, pessoal e material.

**Alternativa "b":** alternativa incorreta

**Alternativa "c":** alternativa incorreta

**Alternativa "d":** alternativa incorreta

**Alternativa correta: letra "a".**

**07. (FGV – Exame de Ordem 2015.1)** O art. 126 do *CPC* afirma que o juiz não se exime de sentenciar ou despachar alegando lacuna ou obscuridade da lei. A questão das lacunas também é recorrente no âmbito dos estudos da Filosofia e da Teoria Geral do Direito. O jusfilósofo Norberto Bobbio, no livro *Teoria do Ordenamento Jurídico*, apresenta um estudo sobre essa questão.

O autor denomina por lacuna ideológica a falta de uma norma

a) legitimamente produzida pelo legislador democrático.

b) justa, que enseje uma solução satisfatória ao caso concreto.

c) que atenda às convicções ideológicas pessoais do juiz.

d) costumeira, que tenha surgido de práticas sociais inspiradas nos valores vigentes.

**COMENTÁRIOS**

✪ **Nota do autor:** Vale lembrar primeiramente que, Segundo Bobbio, alguns juristas ao criticarem a ideia de completitude da lei usam o termo "lacunas" não em seu sentido técnico, mas ideológico, ou seja: não criticam basicamente a falta de uma regra geral reguladora, mas sim daquela que representaria a ideia deles do que efetivamente seria Justo. Os juristas espicaçam também a teoria para indicar a dissonância entre a *mens legis* e a *mens legislatores*, nomeadamente a vontade expressa e a presumida da lei. Na mencionada, Bobbio dividiu sua *Teoria Geral do Direito*, em Teoria da Norma Jurídica, e Teoria do Ordenamento Jurídico. Ou seja, a teoria "da parte" e a teoria "do todo". Para Bobbio, um ordenamento é completo quando o juiz pode nele encontrar uma norma que regule qualquer caso que se lhe apresentar. Diversamente, a incompletude consistiria no fato de que o sistema não compreende nem a norma que proíbe um determinado comportamento nem a norma que o permite. O autor fez distinções entre os vários tipos de lacunas: inicialmente, destaca que um dos problemas de lacuna presente nos ordenamentos jurídicos positivos é o das **lacunas ideológicas ou impróprias**, que supõem não a ausência de uma norma destinada a regular um dado comportamento, senão que tal norma seja justa, que se trate de uma norma satisfatória sob o ponto de vista Moral. Amplia o conceito de lacuna ideológica, ao considerar também como tais as relativas à diferença existente entre o conteúdo de uma lei e aquilo o que ela deveria dizer para adequar-se perfeitamente ao espírito completo do sistema, para se alcançar assim a unidade do ordenamento. Distingue também, as lacunas próprias das impróprias. **Lacunas próprias ou reais** são as existentes no sistema jurídico tal qual este se apresenta, desde que nele estejam presentes tanto as normas gerais exclusivas quanto as normas gerais inclusivas. Estas são sanadas a partir da interpretação das leis positivadas. Aqui cabe falar-se em incompletude do ordenamento jurídico. **Lacunas impróprias** são as que se fazem presentes quando o ordenamento jurídico contém apenas as normas gerais exclusivas, além das normas particulares, exigindo uma solução por intermédio de normas a serem criadas pelo legislador. Assemelham-se às lacunas ideológicas. Também diferenciou as **lacunas subjetivas** e **lacunas objetivas**: subjetivas seriam as lacunas que têm como causa existencial a pessoa do legislador, que ora deixa de criar a norma voluntariamente, ora involuntariamente não regulamenta um fato ou ato jurídicos. Por outro lado, as objetivas seriam as lacunas cuja fonte de existência remete a fatores outros que fazem surgir necessidades inéditas nas relações sociais, as quais passam a reclamar ao direito a sua regulamentação. Ele diferencia, ainda, as lacunas ***præterlegem*** e ***intralegem***. Ora, as lacunas *præterlegem* existem quando as regras jurídicas não abarcam em seu campo de incidência os fatos sociais semelhantes aos regulamentados, exigindo-se, para a integração do ordenamento, a criação de normas que os regulamentem. As lacunas *intralegem*, por outro lado, ocorrem quando as normas positivadas apresentam tal grau de generalidade que vazios aparecem no ordenamento, a reclamar solução por parte do intérprete.

**Alternativa "a":** alternativa incorreta (conferir comentários da alternativa "b").

**Alternativa "b":** como vimos nos comentários, a lacuna, neste caso, seria entendida não como ausência de uma solução, qualquer que seja ela, mas sim de uma solução satisfatória ou, em outras palavras, não já a falta da norma, mas a falta de uma norma justa.

**Alternativa "c":** alternativa incorreta (conferir comentários da alternativa "b").

**Alternativa "d":** alternativa incorreta (conferir comentários da alternativa "b").

**Alternativa correta: letra "b".**

**08. (FGV – Exame de Ordem 2015.3)** "A solução do conflito aparente de normas dá-se, na hipótese, mediante a incidência do critério da especialidade, segundo o qual prevalece a norma específica sobre a geral." É conhecida a distinção no âmbito da Teoria do Direito entre antinomias aparentes (ou antinomias solúveis) e antinomias reais (ou antinomias insolúveis).

Para o jusfilósofo Norberto Bobbio, uma antinomia real se caracteriza quando estamos diante

a) de duas normas colidentes que pertencem a ordenamentos jurídicos diferentes.

b) de normas que colidem entre si, porém essa colisão é solúvel mediante a aplicação do critério cronológico, do critério hierárquico ou do critério de especialidade.

c) de normas colidentes e o intérprete é abandonado a si mesmo pela falta de um critério ou pela impossibilidade de solução do conflito entre os critérios existentes.

d) de duas ou mais normas que colidem entre si e que possuem diferentes âmbitos de validade temporal, espacial, pessoal ou material.

**COMENTÁRIOS**

✪ **Nota do autor:** Norberto Bobbio, na segunda parte do livro "Teoria Geral do Direito", dedica o Capítulo III à questão da coerência do ordenamento jurídico. A questão em comento traz o problema das antinomias

Ora, a situação de normas incompatíveis entre si é uma dificuldade com que, segundo Bobbio, deparam-se os juristas de todas as épocas, e que teve uma denominação característica própria, antinomia. O direito não tolera as antinomias. Se definirmos como normas incompatíveis aquelas que não podem ser ambas verdadeiras, verificam-se relações de incompatibilidade normativa nestes três casos:

1) entre uma norma que comanda fazer alguma coisa e uma norma que proíbe fazê-lo;

2) entre uma norma que comanda fazer e uma que permite não fazer;

3) entre uma norma que proíbe fazer e uma que permite fazer.

As normas incompatíveis devem ser pertencentes ao mesmo ordenamento e possuírem o mesmo âmbito de validade (temporal, espacial, pessoal ou material).

Para solução das antinomias, Bobbio apresenta quatro critérios: (i) o critério cronológico (*lex posterior derogat priori*); (ii) o critério hierárquico (*lex superior derogatinferiori*); (iii) o critério da especialidade (*lex specialisderogatgenerali*) e, por fim, (iv) um critério extraído da forma da norma, que consistiria em estabelecer uma classificação de prevalência entre as três formas da norma jurídica, quais sejam, imperativas, proibitivas e permissivas.

Sendo assim, no caso de conflito entre duas normas – para o qual não sirva nem o critério cronológico, nem o hierárquico, nem o da especialidade – o intérprete tem diante de si três possibilidades: (i) eliminar uma delas (interpretação ab-rogante), (ii) eliminar as duas (dupla ab-rogação), ou (iii) conservar as duas (eliminação da incompatibilidade e não das normas incompatíveis). Antinomia então é a existência de duas normas conflitantes e contraditórias, aparentemente com igual rigor, gerando um impasse na escolha e aplicação de uma delas ao caso concreto.

A título de melhor elucidação, destacamos que para o Professor Tércio Sampaio Ferraz Júnior, a antinomia real é a oposição que ocorre entre duas normas contraditórias (total ou parcialmente), emanadas de autoridades competentes num mesmo âmbito normativo, que colocam o sujeito numa posição insustentável pela ausência ou inconsistência de critérios aptos a permitir uma saída nos quadros de um ordenamento dado. grau, ou melhor, conflito entre critérios existentes.

**Alternativa "a":** alternativa incorreta.

**Alternativa "b":** alternativa incorreta.

**Alternativa "c":** para que haja a antinomia real, é necessário que haja incompatibilidade entre as normas, ou seja, ambas podem ser aplicadas ao caso concreto, mas a aplicação de uma gera a impossibilidade de aplicação da outra. A incompatibilidade evidencia a discordância e heterogeneidade havida entre as coisas, de modo que se repelem. Assim, na antinomia real a posição do sujeito é insustentável, porque há lacuna de regras de solução, ou seja, ausência de critério para selecioná-la; ou antinomia.

**Alternativa "d":** alternativa incorreta.

**Alternativa correta: letra "c".**

---

**09. (FGV/OAB/X_Exame/2013)** A hermenêutica aplicada ao direito formula diversos modos de interpretação das leis. A interpretação que leva em consideração principalmente os objetivos para os quais um diploma legal foi criado é chamada de

a) interpretação restritiva, por levar em conta apenas os objetivos da lei, ignorando sua estrutura gramatical.
b) interpretação extensiva, por aumentar o conteúdo de significado das sentenças com seus objetivos historicamente determinados.
c) interpretação autêntica, pois apenas as finalidades da lei podem dar autenticidade à interpretação.
d) interpretação teleológica, pois o sentido da lei deve ser considerado à luz de seus objetivos.

**COMENTÁRIOS**

✪ **Nota do autor:** Segundo os doutrinadores, a compreensão finalística da lei, ou seja: a interpretação teleológica, veio se afirmando, desde as contribuições fundamentais de Rudolf von Jhering, (sobretudo em sua obra A Finalidade do Direito). Este método, procura fazer uma interligação entre a lei, a causa e sua finalidade. Busca-se aqui, a "finalidade" que a lei (ou o legislador), ao elaborá-la queria, de fato, alcançar.

a) O objetivo desta alternativa é confundir o candidato. A interpretação restritiva ocorre quando, analisando a lei, o intérprete conclui que o legislador disse mais do que efetivamente "queria dizer". Deste modo, tal fato é corrigido mediante uma supressão do sentido literal do texto legal.
b) Esta alternativa também gera confusão. Na interpretação extensiva o intérprete conclui que o legislador disse menos do que efetivamente "quis dizer". Deste modo, (ao contrário da alternativa anterior), tal fato corrige-se mediante a ampliação do sentido literal do texto legal (vale destacar ainda que as alternativas em comento, bem como a anterior, estão ligadas ao resultado da interpretação, ao passo que a questão versa sobre métodos ou técnicas de interpretação).
c) A interpretação autêntica não leva em consideração os objetivos para os quais um diploma legal foi criado. Assim, a interpretação autêntica (também chamada de legislativa), é aquela que emana do próprio órgão encarregado da elaboração do texto legal. Pode ser de duas espécies: (i) contextual, quando feita no bojo do próprio texto interpretado (ex.: art. 150 e § 4º. do CP e o conceito de "casa"); (ii) não contextual ou posterior, quando feita por outra lei de edição posterior.
d) Como vimos, com a interpretação teleológica – Interpreta-se a norma tentando buscar a finalidade para qual foi criada.

**Alternativa correta: letra "d".**

---

**10. (FGV/OAB/XXXII_Exame – 2021)** Norberto Bobbio, em seu livro O Positivismo Jurídico: lições de Filosofia do Direito, afirma que o positivismo jurídico é uma teoria na medida em que se propõe a descrever o Direito, mas que também pode ser uma ideologia na medida em que se propõe a ser um certo modo de querer o Direito.

Assinale a opção que, segundo Bobbio, no livro em referência, expressa essa suposta ideologia do positivismo Jurídico, denominada por ele positivismo ético.

a) A ética como fundamento moral para a autoridade competente propor e aprovar a lei.
b) A lei só é válida se for moralmente aceitável por parte da maioria da população.
c) A lei deve ser obedecida apenas na medida em que se revelar socialmente útil.
d) O dever absoluto ou incondicional de obedecer a lei enquanto tal.

**COMENTÁRIOS**

Temos aqui a própria definição de positivismo adotada por Bobbio. Assim, destacamos que Norberto Bobbio organizou uma teoria do Direito positivista com base no legado teórico de Hans Kelsen. Segundo este cientista italiano, seus estudos (dele, Bobbio) representam "ora um complemento, ora um desenvolvimento" da obra kelseniana, porém, sob o viés de um Positivismo Jurídico "crítico", pois pretensamente "não rígido nem ideologicamente conotado". Neste contexto, Bobbio nos apresenta a questão de que o positivismo concebe a teoria da obediência absoluta a lei enquanto tal, ou seja, lei é lei. Convém sublinhar que essa característica é o que torna o positivismo jurídico uma ideologia e não apenas uma teoria, pois a lei deve ser obedecida seja qual for. Esse é o idealismo do positivismo extremista. Isto significa que, tendo esse positivismo uma concepção ideológica, não se está mais perante uma doutrina científica e sim de uma doutrina ética do direito. Neste sentido, observamos que Bobbio denomina essa ideologia do juspositivismo extremista como *Positivismo Ético*.

**Alternativa correta: letra "d".** BOBBIO nos apresenta a questão de que o **positivismo concebe a teoria da obediência**

**absoluta a lei enquanto tal, ou seja, lei é lei.** Interessante ressaltar que essa característica é o que torna o positivismo jurídico uma ideologia e não apenas uma teoria, pois a lei deve ser obedecida seja qual for.

Esse é o idealismo do positivismo extremista. Isto significa que, tendo esse positivismo uma concepção ideológica, não se está mais perante uma doutrina científica e sim de uma doutrina ética do direito. Por essa razão, BOBBIO denomina essa ideologia do juspositivismo extremista como Positivismo Ético.

## 2. KANT

**11. (FGV – XXXVII Exame OAB)** Operadores do Direito, com relativa frequência, precisam enfrentar situações dramáticas que envolvem a vida humana ou o corpo humano. Em casos como esses, nem sempre a lei oferece uma determinação clara e unívoca. Certas vezes a filosofia oferece uma base mais consistente de reflexão e argumentação. Assinale a opção que apresenta o conhecido imperativo categórico de Kant, muitas vezes citado nos debates relativos a essas situações dramáticas.

a) O homem é um animal político e como tal possui o sentimento do bem e do mal, do justo e do injusto, sobre os quais pode se manifestar graças ao dom da fala e de sua capacidade de comunicação.

b) A normatização que regula a relação entre o todo e as partes deve ser considerada justa, de forma a realizar a distribuição proporcional dos bens comuns.

c) Age de tal maneira que uses a humanidade, tanto na tua pessoa como na pessoa de qualquer outro, sempre e simultaneamente como um fim e nunca como um meio.

d) O mundo ético vivo é o espírito em sua verdade; assim que o espírito chega ao saber abstrato de sua essência, a eticidade decai na universalidade formal do Direito.

**COMENTÁRIOS**

✪ **Nota do autor:** O imperativo categórico é a ideia da Moral em Kant para que se possa analisar o que motiva a ação humana (e, deste modo, compreender a relação entre a Moral e a Ética). Assim, o modo como um indivíduo age com base em princípios que gostaria de ver aplicados, é a máxima e poderá se tornar o que Kant chama lei universal. Ora, agir com base no dever vai além do conceito de "fazer o que gostaria que lhe fizessem" uma vez que sua atitude deve ser livre de interesse e possui um fim em si mesma.

Assim, podemos resumir o imperativo categórico kantiano fundamenta-se em enunciados que se complementam e orientam o modo como analisar a conduta moralmente correta: 1. "Age como se a máxima de tua ação devesse tornar-se, através da tua vontade, uma lei universal". 2. "Age de tal forma que uses a humanidade tanto na tua pessoa como na pessoa de qualquer outro, sempre e ao mesmo tempo, como fim e nunca como meio". 3. "Age de tal maneira que a tua vontade possa encarar a si mesma, ao mesmo tempo como um legislador universal através de máximas".

**Alternativa correta: C**

**12. (FGV – Exame de Ordem 2020.1)** É preciso sair do estado natural, no qual cada um age em função dos seus próprios caprichos, e convencionar com todos os demais em submeter-se a uma limitação exterior, publicamente acordada, e, por conseguinte, entrar num estado em que tudo que deve ser reconhecido como seu é determinado pela lei... (Immanuel Kant)

A perspectiva contratualista de Kant, apresentada na obra *Doutrina do Direito*, sustenta ser necessário passar de um estado de natureza, no qual as pessoas agem egoisticamente, para um estado civil, em que a vida em comum seja regulada pela lei, como forma de justiça pública. Isso implica interferir na liberdade das pessoas.

Em relação à liberdade no estado civil, assinale a opção que apresenta a posição que Kant sustenta na obra em referência.

a) O homem deixou sua liberdade selvagem e sem freio para encontrar toda a sua liberdade na dependência legal, isto é, num estado jurídico, porque essa dependência procede de sua própria vontade legisladora.

b) A liberdade num estado jurídico ou civil consiste na capacidade da vontade soberana de cada indivíduo de fazer aquilo que deseja, pois somente nesse estado o homem se vê livre das forças da natureza que limitam sua vontade.

c) A liberdade civil resulta da estrutura política do estado, de forma que somente pode ser considerado liberdade aquilo que decorre de uma afirmação de vontade do soberano. No estado civil, a liberdade não pode ser considerada uma vontade pessoal.

d) Na república, a liberdade é do governante para governar em prol de todos os cidadãos, de modo que o governante possui liberdade, e os governados possuem direitos que são instituídos pelo governo.

**COMENTÁRIOS**

✪ **Nota do autor:** Esta questão se refere essencialmente ao contratualismo de Kant. Kant é um defensor do Estado Liberal. Ora, este filósofo, assim como os clássicos contratualistas, parte da ideia de um estado de natureza hipotético onde os seres humanos, buscando a garantia do seu direito inato de liberdade, concordam em entrar em um Estado civil que lhes garantiria todos os direitos que já detinham de forma provisória no estado de natureza e mais um: a garantia da proteção estatal. Segundo Kant, o direito público só passaria a existir com o Estado e o direito privado revela-se anterior ao próprio Estado. Assim, deduz-se que o direito privado é fruto da vontade de um legislador, mas aqueles direitos anteriores ao próprio Estado, ditos naturais, são reconhecidos *a priori*. Assim como em Hobbes, Locke e Rousseau, para Kant, a passagem do estado de natureza para o Estado civil acontece mediante um contrato originário. Embora adote os mesmos conceitos utilizados pelos clássicos pensadores contratualistas, em Kant, os conceitos de estado de natureza, Estado civil e, especialmente, o de contrato surgem com contexto diverso. Segundo Kant, o Estado se revela numa necessidade imposta pela razão destinado ao progresso da humanidade e, igualmente, garantia das liberdades individuais. Tal fato ocorre simplesmente porque o estado de natureza não é capaz, por si só, assegurar o exercício do direito (natural) de liberdade. Ora, o Estado pensado por Kant é, fundamentalmente, um Estado de Direito: que respeita a liberdade e autonomia de seus membros. Com efeito, neste Estado, os indivíduos têm todos os direitos oriundos do estado de natureza acrescendo-se a garantia da existência de um ordenamento jurídico que lhes proteja a liberdade.

**Alternativa "a":** alternativa correta: como vimos nos comentários, para Kant, a passagem do estado de natureza para a sociedade civil (que evidencia o estado jurídico) ocorre como uma forma de "progresso ético de evolução", a qual está intrinsicamente ligada à sociedade humana, impelida "por dever" à realização plena da liberdade – dever este, de todos os seres racionais. Neste sentido, a organização da sociedade civil é dada por uma Constituição, (cuja finalidade é estruturar o Estado e estabelecer o "seu" de cada um conforme uma lei universal da razão). Dessa forma, a Constituição é a expressão da vontade de todo o povo (fruto de sua vontade legisladora).

**Alternativa "b":** incorreta.

**Alternativa "c":** incorreta.

**Alternativa "d":** incorreta.

**Alternativa correta: letra "a".**

---

**13. (FGV – Exame de Ordem 2016.1)** Segundo o filósofo Immanuel Kant, em sua obra Fundamentação da Metafísica dos Costumes, a ideia de dignidade humana é entendida

a) como qualidade própria de todo ser vivo que é capaz de sentir dor e prazer, isto é, característica de todo ser senciente.

b) quando membros de uma mesma espécie podem ser considerados como equivalentes e, portanto, iguais e plenamente cooperantes se eles possuem dignidade.

c) como valor jurídico que se atribui às pessoas como característica de sua condição de sujeitos de direitos.

d) como algo que está acima de todo o preço, pois quando uma coisa tem um preço pode-se pôr em vez dela qualquer outra como equivalente; mas quando uma coisa está acima de todo o preço, e portanto não permite equivalência, então ela tem dignidade.

**COMENTÁRIOS**

**Nota do autor:** através da fundamentação de uma metafísica dos costumes, o filósofo alemão Kant pretendeu estabelecer as condições de possibilidade de uma Lei Moral Universal dirigindo a ação do homem emancipado que manifesta sua autonomia a partir da razão pura prática que identifica condições a priori de sua vontade. Trata-se de uma das obras mais importantes (e pouco trabalhada) para o Direito. Kant afirma que o que distingue o homem dos outros seres da natureza é a razão (a razão é o motor que distingue o homem dos demais seres. Por serem regidas pela racionalidade, as condutas humanas serão moralmente positivas somente se forem executadas com o ânimo igualmente positivo do agente). Como dissemos anteriormente, ele pretendeu alterar o conceito de moralidade e introduziu conceitos como a "Boa Vontade". O filósofo considera leis morais apenas as leis universais (valem para todos – em todas as ocasiões). A ação humana, no seu entender, quando puder ser elevada a condição de universalmente aceita, acaba se tornando uma lei moral, devendo, por razões racionais, ser observada por todos. A pergunta em comento diz respeito ao Conceito de Ação Boa e Ação Conforme o Dever.

**Alternativa "a":** alternativa incorreta (conferir comentários);

**Alternativa "b":** alternativa incorreta (conferir comentários);

**Alternativa "c":** alternativa incorreta (conferir comentários);

**Alternativa "d":** como vimos nos comentários, o conceito de dignidade da pessoa humana, na filosofia de Immanuel Kant, é apreendido na obra "Fundamentação da Metafísica dos Costumes". A problemática central do livro refere-se à seguinte questão: como devo agir para que a minha ação seja boa? A resposta à referida indagação fará menção ao conceito de dignidade para Kant. O filósofo responde à indagação "Como devo agir para que a minha ação seja boa" através da seguinte metodologia: a) conceituação da ação boa através da boa vontade; b) utilização da razão pura, ou a priori, que exclui as regras da experiência (empíricas) como orientadoras da ação humana, antes, vale-se de regra existente na razão independentemente de qualquer experiência; c) estabelecimento de uma lei universal que garanta a ação boa; d) estabelecimento da finalidade fundamental da lei universal; e) o dever como único motivo racional que impele o sujeito a agir conforme a lei universal. Como já referimos, a pergunta em comento diz respeito ao "Conceito de Ação Boa e Ação Conforme o Dever". Assim Kant atentava que a motivação egoísta da ação é o divisor que separa a boa vontade da vontade ruim. Os seguintes trechos, selecionados para a compreensão do candidato, demonstram a assertiva:

"Pois é fácil então distinguir se a acção conforme ao dever foi praticada por dever ou com intenção egoísta (...) É na verdade conforme ao dever que o merceeiro não suba os preços ao comprador inexperiente, e, quando o movimento do negócio é grande, o comerciante esperto também não faz semelhante coisa, mas também um preço fixo geral para toda a gente... É-se, pois, servido honradamente; mas isso ainda não é bastante para acreditar que o comerciante tenha assim procedido por dever e princípios de honradez; o seu interesse assim o exigia (...) A acção não foi, portanto, praticada nem por dever nem por inclinação imediata, mas somente com intenção egoísta" (Fundamentação Metafísica dos Costumes, edições 70, Lisboa – seleção do autor).

**Alternativa correta: letra "d".**

---

**14. (FGV/OAB/X Exame/2013)** "Manter os próprios compromissos não constitui dever de virtude, mas dever de direito, a cujo cumprimento pode-se ser forçado. Mas prossegue sendo uma ação virtuosa (uma demonstração de virtude) fazê-lo mesmo quando nenhuma coerção possa ser aplicada. A doutrina do direito e a doutrina da virtude não são, consequentemente, distinguidas tanto por seus diferentes deveres, como pela diferença em sua legislação, a qual relaciona um motivo ou outro com a lei". Pelo trecho acima podemos inferir que Kant estabelece uma relação entre o direito e a moral. A esse respeito, assinale a afirmativa correta.

a) O direito e a moral são idênticos, tanto na forma como no conteúdo prescritivo. Assim, toda ação contrária à moralidade das normas jurídicas é também uma violação da ordem jurídica.

b) A conduta moral refere-se à vontade interna do sujeito, enquanto o direito é imposto por uma ação exterior e se concretiza no seu cumprimento, ainda que as razões da obediência do sujeito não sejam morais.

c) A coerção, tanto no direito quanto na moral, é um elemento determinante. É na possibilidade de impor-se pela força, independentemente da vontade, que o direito e a moral regulam a liberdade.

d) Direito e moral são absolutamente distintos. Consequentemente, cumprir a lei, ainda que espontaneamente, não é demonstração de virtude moral.

**COMENTÁRIOS**

**Nota do autor:** Esta questão já havia sido abordada nesta obra (conferir as questões anteriores e as "dicas"). É possível constatar então que a ética Kantiana é um tema importante (principalmente no campo jurídico). Assim, Kant, em sua obra Fundamentação Metafísica dos Costumes, trata desta questão de modo exaustivo. Tal como outros filósofos, Kant pensava que a moralidade pode resumir-se num princípio fundamental, (a partir do qual se derivam todos os nossos deveres e obrigações). Chamou a este princípio "imperativo categórico".

a) Kant distinguia o agir ético, que traduz o cumprimento do dever pelo dever e o agir jurídico que já traz em si o medo da sanção, do escândalo etc. (fatores externos).

b) Para Kant, a única forma da "bondade moral" poder existir é as criaturas racionais apreenderem o que devem fazer e, agir a partir de um sentido de "dever fazê-lo". Isto (pensava Kant), é a única coisa com efetivo valor moral. Assim, conclui, se não existissem seres racionais a dimensão moral do mundo simplesmente desapareceria.

c) A questão da coerção no Direito e na Moral são distintas. No Direito, como já vimos, tratam de fatores externos, ao passo que no campo da Moral são fatores internos (culpa, remorso etc.).

d) Para Kant, age conforme a Moral aquele que cumpre a lei não com medo da sanção, mas porque acredita (no seu íntimo) que cumprir a lei espontaneamente) é agir em sintonia com a Moral.

**Alternativa correta: letra "b".**

## 3. ARISTÓTELES

**15. (FGV – Exame de Ordem 2020.1)** Temos pois definido o justo e o injusto. Após distingui-los assim um do outro, é evidente que a ação justa é intermediária entre o agir injustamente e o ser vítima da injustiça; pois um deles é ter demais e o outro é ter demasiado pouco.

*ARISTÓTELES. Ética a Nicômaco. Coleção Os Pensadores. São Paulo: Abril Cultural, 1973.*

Em seu livro Ética a Nicômaco, Aristóteles apresenta a justiça como uma virtude e a diferencia daquilo que é injusto. Assinale a opção que define aquilo que, nos termos do livro citado, deve ser entendido como justiça enquanto virtude.

a) Uma espécie de meio-termo, porém não no mesmo sentido que as outras virtudes, e sim porque se relaciona com uma quantia intermediária, enquanto a injustiça se relaciona com os extremos.

b) Uma maneira de proteger aquilo que é o mais conveniente para o mais forte, uma vez que a justiça como produto do governo dos homens expressa sempre as forças que conseguem fazer valer seus próprios interesses.

c) O cumprimento dos pactos que decorrem da vida em sociedade, seja da lei como pacto que vincula todos os cidadãos da cidade, seja dos contratos que funcionam como pactos celebrados entre particulares e vinculam as partes contratantes.

d) Um imperativo categórico que define um modelo de ação moralmente desejável para toda e qualquer pessoa e se expressa da seguinte maneira: "Age como se a máxima de tua ação devesse tornar-se, por meio da tua vontade, uma lei universal".

**COMENTÁRIOS**

✪ **Nota do autor:** Por virtude, entendia Aristóteles o meio termo ou a mediania entre dois excessos, isto é: o ponto mediano entre o excesso e a falta. Para ele, a virtude deveria ser ensinada (intelectuais) e exercitada pelo hábito, pela prática (éticas) com vistas ao alcance da vida plena e feliz. A felicidade ou a *eudaimonia* seria o maior dos bens, mais nobre e aprazível. Aristóteles define as virtudes morais fora do âmbito natural, pois não poderia o homem realizar algo naturalmente de forma contrária a sua natureza: o próprio Aristóteles traz como exemplo a pedra: a pedra que por natureza se move para baixo não se pode imprimir o hábito de ir para cima, ainda que tentemos adestrá-la jogando-a dez mil vezes no ar.

**Alternativa correta: letra "a":** Segundo Aristóteles, a justiça encontra-se no meio desses dois polos, entre o excesso e a precariedade. É a justiça de fato um meio termo, entretanto não como as outras virtudes, pois se refere a uma quantia intermediária e proporcional. Para este pensador, a injustiça nasce a partir da distribuição destituída de proporcionalidade, isto é: o injusto trará a si o excesso, atingindo alguém com a falta.

**Alternativa "b":** incorreta.

**Alternativa "c":** incorreta.

**Alternativa "d":** incorreta.

**16. (FGV – Exame de Ordem 2016.2)** A partir da leitura de Aristóteles (*Ética a Nicômaco*), assinale a alternativa que corresponde à classificação de justiça constante do texto:

"... uma espécie é a que se manifesta nas distribuições de honras, de dinheiro ou das outras coisas que são divididas entre aqueles que têm parte na constituição (pois aí é possível receber um quinhão igual ou desigual ao de um outro)..."

a) Justiça Natural.

b) Justiça Comutativa.

c) Justiça Corretiva.

d) Justiça Distributiva.

**COMENTÁRIOS**

✪ **Nota do autor:** Aristóteles, no Livro V da *Ética a Nicômaco*, trata da *dikayosyne* (justiça) e da *aidikía* (injustiça). Para ele, a distinção consiste na *disposição da alma que graças à qual elas dispõem a fazer o que é justo, a agir justamente e a desejar o que é justo; de maneira idêntica, diz-se que a injustiça é a disposição da alma de graças à qual elas agem injustamente e desejam o que é injusto".*

**Alternativa "a":** não podemos esquecer que o Direito Natural no pensamento de Aristóteles revela o conjunto de princípios que possuem a mesma autoridade em todas as partes não importando a situação. Para este pensador, o Direito legal provém do acordo de partes ou um pronunciamento legislativo – assim, como é fruto de uma convenção, aquilo que é pactuado nem sempre corresponde ao conceito de justo nos ditames da *lexnaturalis*.

**Alternativa "b":** No bojo da justiça comutativa "primitivamente, as trocas só podiam ser feitas na exata proporção das necessidades de cada qual". Assim, revela-se no pensamento aristotélico como sendo uma máxima intransponível – elevada como sendo uma lei universal eminentemente deontológica. Aristóteles a encara como "corretiva", pois equipara todas as vantagens e desvantagens de troca entre os homens, tanto voluntária quanto involuntariamente feito.

**Alternativa "c":** alternativa incorreta.

**Alternativa "d":** no pensamento de Aristóteles a justiça distributiva se opera pela divisão dos bens e recursos comuns, (devendo, de acordo com a contribuição de cada ser), numa escala geométrica de acordo com o respectivo mérito individual.

**Alternativa correta: letra "d".**

**17. (FGV – Exame de Ordem 2016.2 – Prova reaplicada Salvador-BA)** Na sua mais importante obra, a *SummaTheologica*, Santo Tomás de Aquino trata os conceitos de justiça comutativa e de justiça distributiva de uma tal maneira, que eles passariam a ser largamente utilizados na Filosofia do Direito.

Assinale a opção que apresenta esses conceitos, conforme expostos na obra citada.

a) A Justiça Comutativa regula as relações mútuas entre pessoas privadas e a Justiça Distributiva regula a distribuição proporcional dos bens comuns.

b) A Justiça Distributiva destina-se a minorar os sofrimentos das pessoas e a Justiça Comutativa regula os contratos de permuta de mercadorias.

c) a Justiça Comutativa trata da redução ou diminuição das penas (sanção penal) e a Justiça Distributiva da distribuição justa de taxas e impostos.

d) A Justiça Comutativa regula a relação entre súditos e governante e a Justiça Distributiva trata das relações entre diferentes povos, também chamadas de direito das gentes.

COMENTÁRIOS

✪ **Nota do autor:** nesta questão o candidato deve estar atento, pois aqui – de modo oculto – indaga-se também sobre Aristóteles. Vejamos. Não podemos esquecer que São Tomas de Aquino utiliza os pensamentos de Aristóteles. Assim, na Idade Média, ele faz uma "adaptação" (ou releitura) dos textos aristotélicos adaptando-os ao cristianismo. Ora, a partir desse ponto surge a chamada filosofia Aristotélico-Tomista. Não esqueça o candidato que São Tomás é famoso por ter cristianizado Aristóteles, (à semelhança do que fez Agostinho com Platão) – transformando o pensamento desse sábio num padrão aceitável pela Igreja Católica. Vale sublinhar que teoria do direito natural ou jusnaturalismo – que abrange grande parte da filosofia de Tomás de Aquino (e outros filósofos, dentre eles Francisco Suárez, Richard Hooker, Thomas Hobbes, Hugo Grócio, Samuel Von Pufendorf e John Locke), promoveu profunda influência no movimento do racionalismo jurídico do século XVIII, ocasião em surgem as noções de "direitos fundamentais" e o desenvolvimento da *common law* inglesa. Deste modo, mais uma vez, destaca-se que São Tomás de Aquino, no desenvolvimento do pensamento sobre Justiça, tem pleno comprometimento com as Sagradas Escrituras e com o pensamento aristotélico, uma vez que dá enfoque teológico a doutrinas aristotélicas. Eis o seu jusnaturalismo: lembre-se que Aristóteles chegou afirmar que justiça natural é uma espécie de justiça política (justiça distributiva e corretiva) que ao se tornar lei seria chamada de "direito natural". Ora, como vimos, a justiça é entendida como sendo uma virtude, e, portanto, trata-se de uma aptidão ética humana que apela para a razão prática, ou seja, para a capacidade humana de eleger comportamentos para a realização de fins. [...] A justiça total vem complementada pela noção de justiça particular, corretiva, presidida pela noção de igualdade aritmética (comutativa, nas relações voluntárias; reparativa, nas relações involuntárias) ou distributiva, presidida pela noção de igualdade geométrica.

**Alternativa "a":** a justiça comutativa, (quer dizer "trocar", "permutar") é assim chamada porque regula o intercâmbio entre pessoas iguais, que se encontram no mesmo plano. Sua finalidade consiste em estabelecer uma igualdade fundamental nas relações entre os seres humanos e exigir que essa igualdade seja restabelecida quando violada. Por outro lado, a justiça distributiva tem por objetivo permitir que pessoas participem do bem comum mediante uma distribuição equitativa, de acordo com seus méritos ou suas habilidades. Em outras palavras, consiste em dar a alguém o que lhe é devido segundo uma igualdade.

**Alternativa "b":** alternativa incorreta;

**Alternativa "c":** alternativa incorreta;

**Alternativa "d":** alternativa incorreta;

**Alternativa correta: letra "a".**

---

**18. (FGV/OAB/XI Exame/2013)** Considere a seguinte afirmação de Aristóteles: "Temos pois definido o justo e o injusto. Após distingui-los assim um do outro, é evidente que a ação justa é intermediária entre o agir injustamente e o ser vítima da injustiça; pois um deles é ter demais e o outro é ter demasiado pouco." (Aristóteles. Ética a Nicômaco. Coleção Os Pensadores. São Paulo: Abril Cultural, 1973, p. 329). De efeito, é correto concluir que para Aristóteles a justiça deve sempre ser entendida como

a) produto da legalidade, pois o homem probo é o homem justo.

b) espécie de meio termo.

c) relação de igualdade aritmética.

d) ação natural imutável.

COMENTÁRIOS

✪ **Nota do autor:** Esta é uma questão importante em Aristóteles. Não podemos esquecer que o filósofo grego concebia a Justiça como virtude. Assim, da vasta obra de Aristóteles podemos destacar a "Ética a Nicômaco" (Ética Nicomaqueia é assim chamada porque foi apresentada pelo seu filho), a "Ética a Eudemo" e a "Grande Moral" sendo que estas reflexões pertencem ao campo da Filosofia Moral (ou seja: a Ética). Vale ressaltar, igualmente, que a obra aqui apresentada pelo examinador se refere à "Ética a Nicômaco" (essencialmente o livro V que é dedicado inteiramente à questão da Justiça). Eis a razão que, por razões metodológicas inserimos a questão dentro da ética (ética aristotélica). Este é um dos filósofos mais importantes para o Direito e alertamos o candidato da intensidade e grande dimensão de sua obra. Convém então apresentar seu pensamento. Aristóteles (384-322 a. C.) nasceu em Estagira (eis a razão que é chamado de "estagirita") e foi discípulo de Platão em sua Academia. Este filósofo fundou o Liceu (um centro intelectual da época) que diferenciou o pensamento de Aristóteles com seu mestre Platão. Podemos encontrar em Aristóteles uma filosofia mais realista de um moderado termo. Neste sentido, em sua obra "Ética a Nicômaco" o filósofo busca os vários sentidos daquilo que seja a "virtude ética", nomeadamente da "legitimidade" (onde há a sintonia com as leis) e a questão da igualdade. Ora, convém então reter alguns conceitos aristotélicos: (i) justiça distributiva: trata-se de uma "primeira classe" de justiça. Na ética nicomaqueia, ela é apresentada por Aristóteles como a justiça que se aplica na repartição das honras e bens (que cada qual as receba conforme seu mérito); (ii) justiça corretiva: esta é uma "segunda classe/espécie" e é apresentada na obra mencionada como aquela que confere um princípio corretivo nas relações privadas, cuida de calcular ganhos e perdas sem levar em conta a qualidade das pessoas (é impessoal). Ela se subdivide em justiça comutativa e justiça judicial; (iii) justiça comutativa: trata-se de uma subdivisão da justiça corretiva. É apresentada por Aristóteles com a finalidade de determinar a formação das relações de troca – busca-se a igualdade entre o que se dá e o que se recebe (eis a razão que alguns autores atestam que ela diz respeito às relações de coordenação). A título de exemplo ela pode (nos contratos) a vontade das partes (sendo que, aqui, dispensa-se a intervenção de um juiz); (iv) justiça judicial: trata-se da segunda subdivisão da justiça corretiva e se aplica nos casos de conflito, ou seja: de violações. Busca-se (o juiz) fazer prevalecer o critério equitativo (equilíbrio, igualdade) nas controvérsias. Por fim há ainda que passar os olhos pelo princípio da retribuição. Este princípio consiste, fundamentalmente, em pagar o mal com o próprio mal (e o bem com o bem etc.) – reciprocidade (lembre-se que Kelsen refletiu sobre a questão de que as ordens jurídicas definem as sanções).

**Alternativa "a":** Esta não é uma questão aristotélica, mas sim socrática e platônica.

**Alternativa "b":** Aristóteles, em sua ética nicomaqueia, ao definir "em que consiste a Justiça" revela que é um meio termo entre cometer e sofrer uma injustiça ou ainda que a ação justa revela-se no intermédio entre o agir injustamente e o ser tratado com justiça.

**Alternativa "c":** Esta alternativa é incorreta na medida em que Aristóteles (na obra em destaque), a partir de formulações geométricas (matemáticas) busca examinar nomeadamente o princípio da igualdade, o princípio da atribuição por merecimento, o princípio suum cuique, o princípio da reciprocidade e o princípio da retribuição. Assim, não é esta passagem que se refere o enunciado.

**Alternativa "d":** Esta alternativa visa confundir o candidato tendo em vista que Aristóteles é considerado o "pai do jusnaturalismo". Contudo, esta alternativa não é correta pois não está atrelada à passagem mencionada no enunciado.

**Alternativa correta: letra "b".**

## 4. TEMAS DIVERSOS DE FILOSOFIA DO DIREITO

**19. (FGV – XXXVII Exame OAB)** "...a justiça tem um papel a desempenhar na determinação do que é o direito." Ronald Dworkin

Um dos mais importantes debates no âmbito da Filosofia do Direito é a relação entre direito e moral. Esse tema costuma dividir o posicionamento de positivistas e não positivistas. Ronald Dworkin, um dos mais influentes filósofos do direito contemporâneo, em seu livro A Justiça de Toga, se posiciona expressamente sobre essa questão. Assinale a opção que expressa o posicionamento desse autor no livro em referência.

a) A moral é parte do Direito porque, ao tomar decisões no âmbito de um processo judicial, um juiz ou uma juíza devem julgar de acordo com a sua consciência, seguindo aquilo que acham correto.

b) O Direito não se confunde com a moral, pois são formas distintas de conhecimento. Além disso, a norma jurídica e a norma moral possuem formas diferentes, sendo a primeira subjetiva e a segunda objetiva.

c) A moral e o Direito devem ser tratadas como áreas específicas e distintas de conhecimento, a menos que o legislador inclua critérios morais no direito positivo, caso em que eles seriam complementares, embora independentes.

d) O Direito deveria ser tratado como um segmento da moral, não como algo separado dela. Dessa forma, a teoria jurídica deveria ser considerada uma parte especial da moral política.

**COMENTÁRIOS**

✪ **Nota do autor:** A partir da obra em questão, Ronald Dworkin passou a defender que a Moral é parte do Direito. Ocorre que também defendeu que o Direito é parte da Moral. Isso nos leva, à conclusão de que em vez de nos preocuparmos em dizer "o que é e o que não é Direito", deveríamos, forçosamente, nos preocupar diretamente com as questões de moralidade política colocadas na prática jurídica. Deste modo, se as teorias do Direito estão preocupadas em justificar a força moral do Direito, então não é possível defender uma divisão absoluta entre Direito e Moral. É fundamental saber como se revela o Direito e porque, como regra, apenas ele deve autorizar a coerção. Temos aqui uma atitude específica em relação ao uso da força, e, portanto, próprias daquelas comunidades que adotam determinada forma Direito (ou regras) para organizar sua vida social.

**Alternativa correta: D**

**20. (FGV- XXXVI Exame de Ordem-2022)**

*Juízes e juristas, ademais, são muito mal aparelhados para fazer esse tipo de avaliação* [consequencialista], *em comparação com o braço executivo do governo, ou mesmo do legislador.*

Neil MacCormick.

Neil MacCormick, em seu livro *Retórica e o Estado de Direito*, afirma que um certo tipo de raciocínio consequencialista tem importância decisiva na justificação das decisões jurídicas. Contudo, ele reconhece que há dificuldades para se adotar essa postura consequencialista.

Assinale a opção que, segundo o autor, na obra citada, expressa tal dificuldade.

a) A dificuldade está na extensão das consequências que os juízes devem considerar e nas bases sobre as quais eles devem avaliá- las.

b) É difícil fazer uma análise isenta, pois as convições religiosas de um juiz o fazem projetar as consequências de suas decisões nos termos de sua cosmovisão.

c) É preciso decidir com base nos textos legais e é impossível fazer juízos consequencialistas a partir daquilo que dizem as normas jurídicas.

d) O juízo consequencialista se adequa ao sistema de direito romano-germânico, mas não ao sistema de direito consuetudinário, portanto, é muito difícil torná-lo um padrão universal.

**COMENTÁRIOS**

Na obra em comento, o objetivo de MacCormick consiste na avaliação do papel desempenhado pela teoria da argumentação jurídica para a solução dos casos jurídicos (e, tendo em vista este papel, analisar as características do discurso jurídico). Primeiramente, é essencial traçar uma distinção entre "casos claros" e "casos difíceis":

a) os casos difíceis ("hard cases") seriam aqueles problemas concretos para os quais, a priori, a solução do mesmo se mostra controversa ou obscura. Na acepção empregada pelo autor escocês são os casos em que as premissas que formam o silogismo jurídico são problematizadas pelas partes. Assim, a dificuldade desses casos reside em confrontar os argumentos opostos e igualmente fortes, que embasam tanto o pleito quanto a defesa.

b) os "casos claros", que são aqueles em que tal problematização não se deu, de forma que o raciocínio dedutivo opera sem maiores dificuldades.

MacCormick situa a argumentação jurídica como ramo da argumentação prática, que, por sua vez, consistiria na aplicação da razão por parte dos seres humanos para decidir qual é a forma correta de se comportarem em situações onde haja escolha. De fato, sustenta que em alguns casos, apesar da argumentação dedutivista e silogística, subsumindo a norma ao fato, as razões suficientes poderiam ser as fundadas em argumentos consequencialistas.

Segundo o pensador escocês, o que é difícil na análise das consequências é a extensão que os juízes devem considerar, bem como as bases em que deve avaliá-las. Assim, as consequências sociais, especialmente as consequências em longo prazo, da adoção de uma regra jurídica e não de outra, são difíceis de calcular.

**Alternativa correta: "A"**

**21. (FGV- XXXV Exame de Ordem-2022)** A calamidade dos que não têm direitos não decorre do fato de terem sido privados da vida, da liberdade ou da procura da felicidade... Sua situação angustiante não resulta do fato de não serem iguais perante a lei, mas sim de não existirem mais leis para eles...

Hannah Arendt

A filósofa Hannah Arendt, em seu livro As Origens do Totalitarismo, aborda a trágica realidade daqueles que, com os eventos da II Guerra Mundial, perderam não apenas seu lar, mas a proteção do governo. Com isso, ficaram destituídos de seus direitos e, também, sem a quem pudessem recorrer.

Diante disso, Hannah Arendt afirma que, antes de todos os direitos fundamentais, há um primeiro direito a ser garantido pela própria humanidade.

Assinale a opção que o apresenta.

a) O direito à liberdade de consciência e credo.
b) O direito a ter direitos, isto é, de pertencer à humanidade.
c) O direito de resistência contra governos tiranos.
d) O direito à igualdade e de não ser oprimido.

**COMENTÁRIOS:**

Observamos que Arendt segue um conceito kantiano a dignidade da pessoa humana é inerente a todos os ser humanos (que são considerados fins e não meios). Assim, o principal fundamento dos Direitos Humanos é a garantia da dignidade humana. Todos os seres humanos devem ter reconhecido seu direito a ter direitos (saúde, educação, emprego, moradia, saneamento básico, justiça e etc). Portanto, violências no campo físico, moral, psíquico, social e cultural são inaceitáveis.

**Alternativa correta: :"B"**

---

**22. (FGV-XXXIV Exame de Ordem-2022)** Mas tal como os homens, tendo em vista conseguir a paz, e através disso sua própria conservação, criaram um homem artificial, ao qual chamamos Estado, assim também criaram cadeias artificiais, chamadas leis civis, as quais eles mesmos, mediante pactos mútuos, prenderam numa das pontas à boca daquele homem ou assembleia a quem confiaram o poder soberano, e na outra ponta a seus próprios ouvidos.

Thomas Hobbes

Em seu livro *Leviatã*, Hobbes fala de um direito natural à liberdade de preservar sua própria vida. Porém, ele fala, também, da liberdade resultante do Pacto que institui o Estado Civil, isto é, da liberdade dos súditos.

Assinale a opção que expressa essa ideia de liberdade dos súditos, segundo Hobbes no livro em referência.

a) Agir conforme os princípios do direito internacional, das tradições e dos costumes que são amplamente conhecidos pelos governos e pelos povos.
b) Ser livre para instaurar uma assembleia soberana que decida acerca das condutas que serão permitidas, proibidas e obrigatórias no âmbito do Estado Civil.
c) O poder do mais forte de decidir sobre os mais fracos, tal qual fazem os Estados soberanos após batalharem entre si e algum deles vencer a guerra.
d) A liberdade de fazer as coisas conforme elas foram reguladas pelo poder soberano, tais como comprar, vender e realizar outros contratos mútuos.

**COMENTÁRIOS**

Hobbes afirma que o único sentido em que se pode falar de liberdade dos súditos é sob a perspectiva da licitude: "A liberdade dos súditos, portanto, está apenas naquelas coisas que, ao regular suas ações, o Soberano permitiu" (*Leviatã*). O direito surge, então, sob a forma de licitude positiva. Temos agora, uma transferência da liberdade absoluta que o indivíduo possuía antes do pacto, (Cap. XVIII, do Leviatã), para o Soberano que receberá a prerrogativa de uso desse direito absoluto a tudo, mas agora tendo como objetivo a paz e concórdia recíprocas em proveito da manutenção da vida de cada um que lhe autorizou

**Alternativa correta: letra "d".**

---

**23. (FGV-XXXIV Exame de Ordem-2022)** John Locke, em seu livro Segundo Tratado sobre o Governo, afirma que no estado de natureza as pessoas são livres, porém não possuem as condições de fruição da liberdade. Assim, é necessário instituir uma sociedade política com um governo civil.

Assinale a opção que, segundo o autor no livro em referência, expressa os fins da sociedade política e do governo.

a) Estabelecer um processo de dominação de classe.
b) Promover a autocontenção da animalidade humana.
c) Garantir a mútua conservação da vida, da liberdade e da propriedade.
d) Assegurar o governo de um soberano forte e limitado apenas pela própria vontade.

**COMENTÁRIOS**

O Segundo Tratado Sobre o Governo Civil é um relato do estado de natureza. Afirma que homens são livres e iguais, e o estado de natureza, no qual viviam inicialmente, possui uma lei para governá-lo, a razão, a que todos estão sujeitos. Locke defende que sendo todos iguais e independentes, ninguém deve prejudicar o outro em sua vida, saúde, liberdade ou posses. Em Locke, o estado de natureza não é como em Hobbes, essencialmente um estado de guerra, ou seja, o uso de força sobre outro. Na sua ótica, um soberano, deve ser escolhido por todos. Diante desse estado, que é regido por um direito natural, imposto a todos, ninguém deve lesar o outro em sua vida, sua saúde, sua liberdade ou seus bens.

**Alternativa correta: letra "c".**

---

**24. (FGV/OAB/XXX Exame – 2019.3)** *Um juiz pode dar uma sentença favorável a uma querelante com um rostinho bonito ou proveniente de determinada classe social, na realidade porque gosta do rosto ou da classe, mas ostensivamente pelas razões que apresentar para sua decisão.*

Neil MacCormick

Existem diferentes motivos pelos quais uma decisão é tomada, segundo MacCormick. Alguns argumentos podem ser até mesmo inconfessáveis, porém, de qualquer forma, a autoridade que decide precisa persuadir um auditório quanto à sua decisão.

Assinale a opção que, segundo Neil MacCormick, em seu livro Argumentação Jurídica e Teoria do Direito, apresenta a noção essencial daquilo que a fundamentação de uma decisão deve fazer.

a) Dar boas razões ostensivamente justificadoras em defesa da decisão, de modo que o processo de argumentação seja apresentado como processo de justificação.
b) Realizar uma dedução silogística por intermédio da qual a decisão seja a premissa maior, resultante da lei, que deve ser considerada a premissa menor do raciocínio lógico.
c) Proceder a um ato de vontade no qual cabe ao juiz escolher uma norma válida contida no ordenamento jurídico vigente e aplicá-la ao caso concreto.
d) Alinhar-se à jurisprudência dominante em respeito às decisões dos tribunais superiores expressas na firma de precedentes, enunciados e súmulas.

**COMENTÁRIOS**

Entendemos que este tipo de pergunta é, infelizmente, absurda. Vejamos. Este autor é pouco explorado nas universidades brasileiras (até mesmo em cursos de pós-graduação...) assim, inseri-lo em Exame de Ordem revela, fatalmente, o desejo, leviano, em demonstrar erudição... Pois bem. Este autor é catedrático de Direito Público na Universidade de Edimburgo, Escócia. Assim, Donald Neil MacCormick foi um atuante jurista na área de raciocínio jurídico e sobretudo no tocante às relações entre direito, moral e política. Possui como obras mais importantes: "Argumentação Jurídica e Teoria do Direito" (1978) e "Razão Prática no Direito e Moralidade" (2009). Na obra em comento, logo no início MacCormick evidencia que a finalidade do livro é explicar fundamentalmente a argumentação jurídica, (considerando-a como uma ramificação da argumentação prática). Ocorre que sua análise é fundada em jurisprudências do Reino Unido, pois, lá, o processo decisório envolve – essencialmente – uma tradição/prática, onde os juízes apresentam seus pareceres publicamente, envolvendo-se, então, todos, em discussões públicas. Isso leva, fatalmente, a uma melhor exposição de suas respectivas razões decisórias. Para MacCormick, as decisões devem possuir coerência e consistência com o sistema jurídico, (na medida em que este é um sistema de normas), cuja observância permite a busca de certos objetivos de forma inteligível. Além disso, as decisões devem atentar para suas consequências no mundo prático.

**Alternativa "a":** Para os casos difíceis, MacCormick propõe uma justificação – afirma que justificar uma decisão é, em primeiro lugar, cumprir o requisito da universalidade , (que também está implícita nas decisões dos casos claros) e, em segundo lugar, assegurar que as decisões jurídicas devem fazer sentido no mundo e também devem fazer sentido no contexto do sistema jurídico.

**Alternativa "b":** alternativa incorreta.

**Alternativa "c":** alternativa incorreta.

**Alternativa "d":** alternativa incorreta.

**Alternativa correta: "a"**

---

**25. (FGV/OAB/XXX_Exame - 2019.3)** *É preciso repetir mais uma vez aquilo que os adversários do utilitarismo raramente fazem o favor de reconhecer: a felicidade que os utilitaristas adotaram como padrão do que é certo na conduta não é a do próprio agente, mas a de todos os envolvidos.*

John Stuart Mill

Na defesa que Stuart Mill faz do utilitarismo como princípio moral, em seu texto Utilitarismo, ele afirma que o utilitarismo exige que o indivíduo não coloque seus interesses acima dos interesses dos demais, devendo, por isso, ser imparcial e até mesmo benevolente.

Assim, no texto em referência, Stuart Mill afirma que, para aproximar os indivíduos desse ideal, a utilidade recomenda que

a) as leis e os dispositivos sociais coloquem, o máximo possível, a felicidade ou o interesse de cada indivíduo em harmonia com os interesses do todo.
b) o Direito Natural, que possui como base a própria natureza das coisas, seja o fundamento primeiro e último de todas as leis, para que o desejo de ninguém se sobreponha ao convívio social.
c) os sentimentos morais que são inatos aos seres humanos e conformam, de fato, uma parte de nossa natureza, já que estão presentes em todos, sejam a base da legislação.
d) as leis de cada país garantam a liberdade de cada indivíduo em buscar sua própria felicidade, ainda que a felicidade de um não seja compatível com a felicidade de outro.

COMENTÁRIOS

Stuart Mill, filósofo inglês do século XIX, teve contato desde cedo com as ideias de Jeremy Bentham, amigo de seu pai e fundador do utilitarismo. Assim, na sua obra "Utilitarismo", argumenta contra toda a tentativa de fundamentar a moral em valores ou princípios absolutos. As propostas filosóficas de Stuart Mill pretendem afirmar o Homem, os seus direitos e liberdades fundamentais, acreditando que cada indivíduo se encontra em processo de evolução. A ideia de progressão do espírito humano é central na sua filosofia.

**Alternativa "a":** Segundo a ética utilitarista (designadamente de Stuart Mill), o princípio da maior felicidade estabelece que as ações praticadas devem ser capazes de trazer a máxima felicidade para o maior número possível de indivíduos. Ora, a máxima felicidade para todos (a humanidade) surge como o objetivo principal da filosofia utilitarista.

**Alternativa "b":** alternativa incorreta.

**Alternativa "c":** alternativa incorreta.

**Alternativa "d":** alternativa incorreta.

**Alternativa correta: "a"**

Mas a justiça não é a perfeição dos homens?

PLATÃO, A República. Lisboa: Calouste Gulbenkian, 1993.

---

**26. (FGV-Exame de Ordem 2019.2)** O conceito de justiça é o mais importante da Filosofia do Direito. Há uma antiga concepção segundo a qual justiça é dar a cada um o que lhe é devido. No entanto, Platão, em seu livro *A República*, faz uma crítica a tal concepção.

Assinale a opção que, conforme o livro citado, melhor explica a razão pela qual Platão realiza essa crítica.

a) Platão defende que justiça é apenas uma maneira de proteger o que é mais conveniente para o mais forte.
b) A justiça não deve ser considerada algo que seja entendido como virtude e sabedoria, mas uma decorrência da obediência à lei.
c) Essa ideia implicaria fazer bem ao amigo e mal ao inimigo, mas fazer o mal não produz perfeição, e a justiça é uma virtude que produz a perfeição humana.
d) Esse é um conceito decorrente exclusivamente da ideia de troca entre particulares, e, para Platão, o conceito de justiça diz respeito à convivência na cidade.

COMENTÁRIOS

✪ **Nota do autor:** A questão carece de conceitos filosóficos – até mesmo porque Platão não critica o conceito ali exposto, mas simplesmente define o seu próprio conceito. Trata-se de uma questão muito complexa, pois envolve muitos conceitos e, a nosso ver, não pode ser elaborada com alternativas tão sucintas. Assim, na obra *A República* de Platão (livro escrito por volta de 380 a.C), se observarmos com atenção, a filosofia exposta pelo filósofo grego segue uma orientação ética muito similar a de seu mestre Sócrates: ensina o homem a desprezar os prazeres, as riquezas e as honrarias (essencialmente mundanas). A finalidade do homem em Platão é procurar transcender a realidade, procurar um bem superior em relação àquele que perdeu. Para se atingir este bem, o homem necessita viver inserido na Utopia, (sua República a "cidade perfeita"). Assim, Platão afirma que a justiça é a base para todas as virtudes e o sábio, consequentemente, revela-se numa pessoa virtuosa, (logo o sábio deve por excelência ser alguém justo). No conceito platônico, para se formar um estado justo, é necessário, antes de tudo, que seus cidadãos sejam justos. Jamais poderia se conceber um estado justo com pessoas injustas ou seu contrário.

**Alternativa a:** alternativa incorreta

**Alternativa b:** alternativa incorreta

**Alternativa c:** ao analisarmos *A República* de Platão, essencialmente no seu segundo ponto de debate, constataremos que Polemarco, filho de Céfalo, diz que ser justo é ajudar os amigos e prejudicar os inimigos e, Sócrates diz que essa tese é antagônica, pois roubar um amigo é ser injusto e um inimigo é ser justo como alguém pode ser justo e injusto em uma mesma ação

**Alternativa d:** alternativa incorreta

**Alternativa correta: "c"**

---

**27. (FGV-Exame de Ordem 2019.1)** Uma das mais importantes questões para a Filosofia do Direito diz respeito ao procedimento que define uma norma jurídica como sendo válida.

Para o jusfilósofo Herbert Hart, em *O Conceito de Direito*, o fundamento de validade do Direito baseia-se na existência de uma regra de reconhecimento, sem a qual não seria possível a existência de ordenamentos jurídicos.

Segundo Hart, assinale a opção que define regra de reconhecimento.

a) Regra que exige que os seres humanos pratiquem ou se abstenham de praticar certos atos, quer queiram quer não.

b) Regra que estabelece critérios segundo os quais uma sociedade considera válida a existência de suas próprias normas jurídicas.

c) Regra que impõe deveres a todos aqueles que são reconhecidos como cidadãos sob a tutela do Estado.

d) Regra que reconhece grupos excluídos e minorias sociais como detentores de direitos fundamentais.

COMENTÁRIOS

✪ **Nota do autor:** A título introdutório, destacamos que Hart foi professor de Teoria do Direito (Jurisprudence) da Universidade de Oxford, de 1952 a 1968. Sua obra "O Conceito de Direito" é um marco do pensamento jurídico do século XX. Hart foi um dos responsáveis pela aproximação da filosofia da linguagem com o Direito, sendo também um dos principais nomes vinculados ao positivismo jurídico. Tamanha foi a contribuição e a relevância de sua obra que grande parte da produção científica da Teoria do Direito, após a publicação da primeira edição do Conceito de Direito, acolhia ou rejeitava suas premissas, sem deixar de considerá-las. Assim, Hart influenciou toda uma geração de juristas, tais como Ronald Dworkin, Joseph Raz e Neil MacCormick. A obra seminal de Hart, porém, foi publicada em 1961. *O Conceito de Direito*, em sua primeira edição, é considerado, mesmo por seus maiores críticos, uma das obras primas da Teoria do Direito do século XX. Vale destacar, ainda, que grande parte da Teoria do Direito contemporânea passa pela discussão se adota ou refuta as premissas de Hart. O pensador identifica na estrutura do sistema jurídico duas classes de normas, as quais denomina "normas primárias" e "secundárias". Assim, a união dessas duas classes normativas representa a chave para a elucidação do conceito de Direito.

**Alternativa "a":** alternativa incorreta.

**Alternativa letra "b":** a regra de reconhecimento estabelece um critério ou critérios segundo os quais uma norma é identificada. A existência da regra de reconhecimento é uma questão de fato, empírica; na maior parte das vezes sua existência não é enunciada. Esta regra é distinta das outras regras do sistema e sua natureza vai depender do ponto de vista com o qual se encara o Direito (interno ou externo). A regra de reconhecimento está diretamente relacionada à validade das outras regras do sistema, uma vez que ela estabelece os critérios de validade destas normas. Neste sentido, ela seria a regra última do sistema.

**Alternativa "c":** alternativa incorreta.

**Alternativa "d":** alternativa incorreta.

**Alternativa "e":** alternativa incorreta.

**Alternativa correta: "b"**

---

**28. (FGV-Exame de Ordem 2019.1)** "Isso pressupõe que a norma de justiça e a norma do direito positivo sejam consideradas como simultaneamente válidas. Tal, porém, não é possível, se as duas normas estão em contradição, quer dizer, entram em conflito uma com a outra. Nesse caso apenas uma pode ser considerada como válida" (Hans Kelsen).

Sobre a relação entre validade e justiça da norma, o jusfilósofo Hans Kelsen, em seu livro *O Problema da Justiça*, sustenta o princípio do positivismo jurídico, para afirmar que

a) a validade de uma norma do direito positivo é independente da validade de uma norma de justiça.

b) o direito possui uma textura aberta que confere, ao intérprete, a possibilidade de buscar um equilíbrio entre interesses conflitantes.

c) o valor de justiça do ato normativo define a validade formal da norma; por isso valor moral e valor jurídico se confundem no direito positivo.

d) a validade de uma norma jurídica se refere à sua dimensão normativa positiva, à sua dimensão axiológica, e também, à sua dimensão fática.

COMENTÁRIOS

✪ **Nota do autor:** Vale destacar que, ao abordar a questão da justiça, Kelsen defende a inexistência de um valor absoluto do Justo, sustentando o seu posicionamento sobre dois argumentos. O primeiro diz respeito à independência da validade da norma positiva em face da norma de justiça. O segundo diz respeito ao problema da justiça em função das normas de tipo metafísico e as normas de tipo racional (destacamos que, em ambas, o valor absoluto é colocado em cheque).

**Alternativa "a":** Kelsen de fato evidencia nesta obra que a validade das normas de direito positivo não depende da relação em que se encontram com a norma de justiça. Assim, o direito positivo vale enquanto tal, ou seja, retira a sua validade da objetividade, da norma posta (em outras palavras: a sua validade se justifica no próprio sistema de normas positivas instituído). Deste modo, se uma norma entrou com regularidade no sistema jurídico, automaticamente ela retira dele a sua validade subjetiva, sendo desnecessário pedir a sua adequação a um ideal de justiça.

**Alternativa "b":** alternativa incorreta.

**Alternativa "c":** alternativa incorreta.

**Alternativa "d":** alternativa incorreta.

**Alternativa "e":** alternativa incorreta.

**Alternativa correta: "a"**

---

**29. (FGV – Exame de Ordem/2018.3)** Algo mais fundamental do que a liberdade e a justiça, que são os direitos dos cidadãos, está em jogo quando deixa de ser natural que um homem pertença à comunidade em que nasceu...

*ARENDT, Hannah. As origens do Totalitarismo. São Paulo: Cia das Letras, 2012.*

A situação atual dos refugiados no mundo provoca uma reflexão jusfilosófica no sentido do que já havia pensado Hannah Arendt, logo após a II Guerra Mundial, em sua obra *As Origens do Totalitarismo*. Nela, a autora sustenta que o mais fundamental de todos os direitos humanos é o direito a ter direitos, o que não ocorre com os apátridas.

Segundo a obra em referência, assinale a opção que apresenta a razão pela qual o homem perde sua qualidade essencial de homem e sua própria dignidade.

a) Ser privado de direitos subjetivos específicos previstos no ordenamento jurídico pátrio.

b) Viver sob um regime de tirania que viola a liberdade de crença e limita a liberdade de expressão.

c) Cumprir pena de privação da liberdade, quando executada em penitenciárias sob condições desumanas.

d) Deixar de pertencer a uma comunidade organizada, disposta e capaz de garantir quaisquer direitos.

COMENTÁRIOS

✪ **Nota do autor:** O livro Origens do Totalitarismo reúne três grandes estudos feitos por Arendt no final da década de 1940 sobre o antissemitismo, o imperialismo e o totalitarismo.

Para Hannah Arendt, na obra em questão, ocorreu uma flagrante incapacidade dos Direitos Humanos e, para proteger e resguardar os apátridas e os refugiados. Neste contexto, as categorias de mundo e de refugiado emergem como categorias analíticas para compreendermos a ideia de pertencimento. Destaca-se, igualmente, que os exemplos utilizados por Arendt para personificar a fragilidade daqueles que argumentam que os direitos humanos seriam universais é justamente o exemplo dos apátridas e refugiados, daqueles que em sua época seriam os grupos de indivíduos mais vulneráveis a sofrer violações, pois, a própria condição em que se encontravam já era por excelência uma violação aos direitos humanos. Assim, para Arendt - a partir da ideia de juízo - ganha sentido a reinvindicação exposta em Origens do Totalitarismo de que os direitos humanos fossem tomados como direitos públicos, cuja base seria a ideia de "direito a ter direitos", isto é: os homens devem ser respeitados não apenas como seres biológicos, mas como cidadãos, seres livres, capazes de agir e julgar. Conclui-se, então que, sem pertencer a uma comunidade e sem nela deter poder, não há dignidade.

**Alternativa correta: "d"**

---

**30. (FGV – Exame de Ordem/2018.3)** Concebo, na espécie humana, dois tipos de desigualdade: uma que chamo de natural ou física, por ser estabelecida pela natureza e que consiste na diferença das idades, da saúde, das forças do corpo e das qualidades do espírito e da alma; a outra, que se pode chamar de desigualdade moral ou política, porque depende de uma espécie de convenção e que é estabelecida ou, pelo menos, autorizada pelo consentimento dos homens.

*ROUSSEAU, Jean-Jacques. Discurso Sobre a Origem e os Fundamentos da Desigualdade entre os Homens.*

*Coleção Os Pensadores. São Paulo: Abril Cultural, 1978.*

Levando em consideração o trecho acima, assinale a afirmativa que apresenta a perspectiva de Rousseau sobre como se coloca o problema da desigualdade.

a) As desigualdades naturais são a causa das desigualdades morais, uma vez que as diferenças naturais se projetam na vida política.
b) As desigualdades naturais são inaceitáveis; por isso, o homem funda a sociedade civil por meio do contrato social.
c) As desigualdades naturais são aceitáveis, mas as desigualdades morais não o são, pois consistem em privilégios de uns sobre os outros.
d) Todas as formas de desigualdade consistem num fato objetivo, devendo ser compreendidas e toleradas, pois elas geram o progresso humano e produzem mais bens do que males.

COMENTÁRIOS

✪ **Nota do autor:** Nesta obra, Rousseau conclui que toda desigualdade se baseia na noção de propriedade particular criada pelo homem e o sentimento de insegurança com relação aos demais seres humanos. Rousseau mostra como isto deu origem às desigualdades entre os homens. Sublinhe-se: o surgimento da propriedade divide os homens entre ricos e pobres, o surgimento de governos divide entre governantes (poderosos) e governados (fracos) e o surgimento de estados despóticos divide os homens entre senhores e escravos.

**Alternativa "a":** alternativa incorreta.

**Alternativa "b":** alternativa incorreta.

**Alternativa "c":** para Rousseau, onde houver a exploração do homem pelo homem, haverá a degeneração da bondade e liberdade naturais. Essa degeneração social foi provocada pelo distanciamento que nós, (enquanto ser social) está do ser natural que um dia fomos – acarretando, assim, em verdadeiros privilégios de uns sobre os outros (ao contrário do que ocorria no estado natural).

**Alternativa "d":** alternativa incorreta.

**Alternativa correta: "c"**

---

**31. (FGV – Exame de Ordem 2018.1)** Uma punição só pode ser admitida na medida em que abre chances no sentido de evitar um mal maior. (Jeremy Bentham) Jeremy Bentham, em seu livro *Princípios da Moral e da Legislação*, afirma que há quatro casos em que não se deve infligir uma punição.

Assinale a opção que corresponde a um desses casos citados pelo autor na obra em referência.

a) Quando a lei não é suficientemente clara na punição que estabelece.
b) Quando o prejuízo produzido pela punição for maior do que o prejuízo que se quer evitar.
c) Quando o juiz da causa entende ser inoportuna a aplicação da punição.
d) Quando o agressor já sofreu o suficiente em função das vicissitudes do processo penal.

COMENTÁRIOS

✪ **Nota do autor:** trata-se de Jeremy Bentham autor importante do pensamento utilitarista. Esta corrente considera que o ser humano é conduzido pelo prazer e pela dor, de modo que as decisões pessoais e públicas devem ser tomadas à luz do princípio da utilidade que consiste em buscar o maior prazer para o maior número de pessoas, com a menor quantidade de dor. Destaca-se que influenciou muito a Escola Clássica de Criminologia.

**Alternativa "a":** alternativa incorreta.

**Alternativa "b":** na questão em comento, segundo Bentham haveria quatro razões para que não aplicar uma pena:

a) a pena seria um mal, mas seria admissível para evitar um mal maior, ou seja, em prol da coletividade. Caso uma pena seja mais gravosa do que o ato que a motivou, temos uma relação de desproporção, pois o prejuízo da própria pena é maior que o prejuízo que se queria evitar.
b) a ausência de motivo, (tendo em vista que o ato não foi prejudicial);
c) a ineficácia da punição, (pois ela não evita o prejuízo que já foi cometido);
d) a desnecessidade da punição, (pois o prejuízo cessa por si mesmo).

**Alternativa "c":** alternativa incorreta.

**Alternativa "d":** alternativa incorreta.

**Alternativa correta: "b"**

---

**32. (FGV – Exame de Ordem 2018.2)** Em tempos de mudanças e reformas, é comum assistirmos a diferentes tipos de lutas sociais, especialmente visando à garantia de direitos e à conquista de novos direitos. Em *A Luta pelo Direito*, o jurista alemão Rudolf Von Ihering afirma que o fim do Direito é a paz, mas o meio de atingi-lo é a luta. Considerando essa afirmação e de acordo com o livro citado, assinale a opção que melhor caracteriza o pensamento jusfilosófico de Ihering.

a) O Direito é sempre o produto do espírito do povo, que é passado de geração em geração. Por isso, quando se fala em Direito é preciso sempre olhar para a história. O Direito romano é a melhor expressão desse processo social- histórico.

b) O Direito de uma sociedade é a expressão dos conflitos sociais dela e resulta de uma luta de pessoas e grupos pelos seus próprios direitos subjetivos. Por isso, o Direito é uma força viva, e não uma ideia.

c) O Direito resulta exclusivamente da ação institucional do Estado. É no parlamento que são travadas as lutas políticas que definem os direitos subjetivos presentes no Direito Positivo de uma dada sociedade.

d) O Direito é parte da infraestrutura da sociedade e resulta de um processo de luta de classes, no qual a classe dominante usa o Direito para manter o controle sobre os dominados.

**COMENTÁRIOS**

✪ **Nota do autor:** Segundo Rudolf von Ihering, "Direito" e "força" se confundem, tendo em vista que o Direito se torna vazio, quando desprovido de força. Trata-se de um pensador com sólida formação romanística e que percebia no Direito alemão de seu tempo uma espécie de "Direito Romano atualizado". Na obra em comento, Ihering compara o curso da vida do direito como a duração de uma luta, onde cada um sendo contendor de seu direito deve defendê lo. Para atingir o equilíbrio desejável e justo, com vistas à pacificação social. E é precisamente essa luta que se revela na base de toda a obra, sendo a própria essência do direito. Também, a manutenção da ordem jurídica por parte do Estado seria uma luta incessante contra a anarquia que o ataca.

**Alternativa "a":** alternativa incorreta.

**Alternativa "b":** para o autor, *o direito não é uma simples idéia, é uma força viva. Por isso a justiça sustenta numa das mãos a balança com que pesa o direito, enquanto na outra segura a espada por meio da qual o defende. A espada sem a balança é a força bruta, a balança sem a espada a impotência do direito. Uma concluiu a outra, e o verdadeiro estado de direito só pode existir quando a justiça sabe segurar a espada com a mesma habilidade com que maneja a balança.*

**Alternativa "c":** alternativa incorreta.

**Alternativa "d":** alternativa incorreta.

**Alternativa correta: "b"**

---

**33. (FGV – Exame de Ordem 2018.2)** Em seu livro *Levando os Direitos a Sério*, Ronald Dworkin cita o caso "Riggs contra Palmer" em que um jovem matou o próprio avô para ficar com a herança. O Tribunal de Nova Iorque (em 1889), ao julgar o caso, deparou-se com o fato de que a legislação local de então não previa o homicídio como causa de exclusão da sucessão. Para solucionar o caso, o Tribunal aplicou o princípio do direito, não legislado, que diz que ninguém pode se beneficiar de sua própria iniquidade ou ilicitude. Assim, o assassino não recebeu sua herança. Com base na obra citada, assinale a opção que melhor expressa uma das pretensões fundamentais da jusfilosofia de Ronald Dworkin.

a) Revelar que a responsabilidade sobre o maior ou menor grau de justiça de um ordenamento jurídico é exclusiva do legislador, que deve sempre se esforçar por produzir leis justas.

b) Mostrar como as Cortes podem ser ativistas quando decidem com base em princípios, não com base na lei, e que decidir assim fere o estado de Direito.

c) Defender que regras e princípios são normas jurídicas que possuem as mesmas características, de forma que se equivalem; por isso, ambos podem ser aplicados livremente pelos Tribunais.

d) Argumentar que regras e princípios são normas com características distintas, mas igualmente vinculantes e, em certos casos, os princípios poderão justificar, de forma mais razoável, a decisão judicial.

**COMENTÁRIOS**

✪ **Nota do autor:** Esta decisão da corte (*Riggs contra Palmer*) é extremamente emblemática no que toca a teoria de Dworkin do uso dos princípios para julgar um hard case. Assim, em Dworkin, quando não há no caso concreto, regra que se aplica a tal no ordenamento jurídico, ou ainda quando há mais de uma regra solucionadora de tal caso, ou então, quando a solução do caso causa extrema estranheza aos costumes e a coletividade, o magistrado então irá se deparar com o um caso difícil (hard case), diferente dos casos fáceis (easy cases), onde simplesmente com a regra o magistrado soluciona a lide, em tese, pragmática e analiticamente. Dworkin sustenta, que o magistrado deve decidir o hard case não por discricionariedade própria e sim pela análise dos princípios da comunidade aonde o caso difícil esta em debate, e pela diferenciação dos princípios das regras. Agindo assim, não incorreria o magistrado na criação de novo direito, logo, não afrontaria o principio da legalidade com sua criação, e, consequentemente não incorreria em retroatividade de norma ao caso em questão, vez que ao decidir com base nos princípios, sustenta Dworkin, o magistrado não inova na norma, pois os princípios trazidos à baila, já são parte do sistema jurídico utilizado na solução do caso, não havendo assim qualquer criação de nova norma.

**Alternativa "a":** alternativa incorreta.

**Alternativa "b":** alternativa incorreta.

**Alternativa "c":** alternativa incorreta.

> *O povo maltratado em geral, e contrariamente ao que é justo, estará disposto em qualquer ocasião a livrar-se do peso que o esmaga.*
>
> *John Locke*

**Alternativa "d":** no que tange a diferenciação entre princípios das regras, Dworkin afirma que tal diferença é de natureza puramente lógica. Assim, as regras, ou são válidas ou não válidas, se válidas são aplicáveis ao caso, se não válidas, não são aplicáveis, é questão de "tudo-ou-nada" – ao contrário dos princípios, que não enunciam uma decisão de forma concreta, necessitam de uma reflexão particular acerca do tema no qual se afronta o princípio.

**Alternativa correta: letra "d".**

---

**34. (FGV – Exame de Ordem 2017.3)** O Art. 1°, parágrafo único, da Constituição Federal de 1988 afirma que "todo o poder emana do povo, que o exerce por meio de representantes eleitos ou diretamente". Muitos autores associam tal disposição ao conceito de direito de resistência, um dos mais importantes da Filosofia do Direito, de John Locke.

Assinale a opção que melhor expressa tal conceito, conforme desenvolvido por Locke na sua obra Segundo Tratado sobre o Governo Civil.

a) A natureza humana é capaz de resistir às mais poderosas investidas morais e humilhações, desde que os homens se apoiem mutuamente.

b) Sempre que os governantes agirem de forma a tentar tirar e destruir a propriedade do povo ou deixando-o miserável e exposto aos seus maus tratos, ele poderá resistir.

c) Apenas o contrato social, que tira o homem do estado de natureza e o coloca na sociedade política, é capaz de resistir às ameaças externas e às ameaças internas, de tal forma que institui o direito de os governantes resistirem a toda forma de guerra e rebelião.

d) O direito positivo deve estar isento de toda forma de influência da moral e da política. Uma vez que o povo soberano produza as leis, diretamente ou por meio de seus representantes, elas devem resistir a qualquer forma de interpretação ou aplicação de caráter moral e político.

COMENTÁRIOS

✪ **Nota do autor:** Locke aborda a questão do direito à rebelião pormenorizadamente nos últimos capítulos do *Segundo Tratado do Governo Civil*. A teoria do direito à rebelião, ou à resistência, em Locke deriva do problema da constituição dos governos e da forma como as sociedades políticas se fundam. Estas encontram o seu fundamento no consentimento do povo, logo, quando algum governante pretende alterar este princípio é ilegitimamente que o faz. Assim, a preservação da vida, da liberdade e da propriedade é o fim principal que leva os homens a unirem-se em comunidades políticas e a entregarem-se a um governo, naturalmente que quem detiver este poder, que foi depositado em si pela comunidade, tem de salvaguardar estes direitos, não pode exercer esse poder de outra forma que não aquela para o qual foi destinado, caso contrário, não estaria a respeitar a vontade dessa mesma comunidade. Ao perverter a vontade da comunidade, quem detivesse o poder perderia o direito de governar, caso esse poder se mantivesse, então a forma de governo que daí resulta é, forçosamente, ilegítima. Isto tendo em vista que não deriva do consentimento/aprovação da comunidade. Ora, é precisamente neste sentido que Locke vai introduzir a sua doutrina do direito à rebelião. A comunidade tem direito a resistir ao abuso de poder dos governantes e até a destituí-los. Todo o poder absoluto é fortemente reprovado em Locke por ser ilegítimo, e quem fundar um poder deste género não pode, de forma alguma, dizer que esse poder deriva do poder Divino ou do consentimento do povo.

**Alternativa "a":** alternativa incorreta.

**Alternativa "b":** para Locke, a sociedade terá sempre o direito de resistir a quem a ameace, a quem aja contrariamente aos seus desígnios, mesmo que isso possa levar ao risco permanente de guerras civis e tumultos internos. Assim, a rebelião surge em Locke não como uma forma de justiça, mas como uma forma de resistência à degeneração dos governos. O filósofo coloca a propriedade como um direito natural, ou seja, um direito inerente ao homem, dele não se destacando. O que fica patente na sua obra é que Locke concebe uma teoria jusnaturalista, em que cada pessoa tem o direito natural de se rebelar quando o governo não segue o fim pelo qual foi constituído.

**Alternativa "c":** alternativa incorreta.

**Alternativa "d":** alternativa incorreta.

**Alternativa correta: letra "b".**

*É verdade que nas democracias o povo parece fazer o que quer, mas a liberdade política não consiste nisso.*

*Montesquieu*

**35. (FGV – Exame de Ordem 2017.3)** No preâmbulo da Constituição da República, os constituintes afirmaram instituir um Estado Democrático destinado a assegurar, dentre outras coisas, a liberdade. Esse é um conceito de fundamental importância para a Filosofia do Direito, muito debatido por inúmeros autores. Uma importante definição utilizada no mundo jurídico é a que foi dada por Montesquieu em seu *Do Espírito das Leis*.

Assinale a opção que apresenta a definição desse autor na obra citada.

a) A liberdade consiste na forma de governo dos homens, e não no governo das leis.

b) A disposição de espírito pela qual a alma humana nunca pode ser aprisionada é o que chamamos de liberdade.

c) Liberdade é o direito de fazer tudo o que as leis permitem.

d) O direito de resistência aos governos injustos é a expressão maior da liberdade.

COMENTÁRIOS

✪ **Nota do autor:** segundo Montesquieu, nas democracias o povo parece fazer o que quer; mas a liberdade política não consiste nisso. Num Estado constituído, isto é, numa sociedade em que há o império das leis, a liberdade não pode consistir senão em poder fazer o que se deve querer e em não ser constrangido a fazer o que não se deve desejar. Diante disso, a liberdade é o direito de fazer tudo o que as leis permitem; se um cidadão pudesse fazer tudo o que elas proíbem, não teria mais liberdade, porque os outros também teriam tal poder.

**Alternativa "a":** alternativa incorreta.

**Alternativa "b":** alternativa incorreta.

**Alternativa "c":** no final da sua obra "Do Espírito das Leis", destacamos que Montesquieu trata da liberdade (o direito de fazer tudo que as leis não proibirem), que – segundo ele – é presente apenas nos governos moderados.

**Alternativa "d":** alternativa incorreta.

**Alternativa correta: letra "c".**

**36. (FGV – Exame de Ordem 2017.2)** *A igualdade de recursos é uma questão de igualdade de quaisquer recursos que os indivíduos possuam privadamente.*

Ronald Dworkin

A igualdade é um dos valores supremos presentes na Constituição da República e, também, objeto de um debate profundo no âmbito da Filosofia do Direito. Assinale a alternativa que apresenta a concepção de igualdade distributiva, defendida por Ronald Dworkin em seu livro A Virtude Soberana.

a) Circunstâncias segundo as quais as pessoas não são iguais em bem-estar, mas nos recursos de que dispõem.

b) Possibilidade de que todos os membros de uma comunidade política devem ter de usufruir o bem-estar em condição de igualdade.

c) Igual partilha dos poderes políticos e dos direitos individuais em uma dada sociedade.

d) Um conjunto de políticas que assegurem a maximização utilitária do bem-estar em médio a longo prazo para a maior parte da população.

COMENTÁRIOS

✪ **Nota do autor:** este é um tema recorrente na obra de Ronald Dworkin: a igualdade. Tal fato acarretou uma obra especialmente dedicada ao tema: "A virtude soberana: a teoria e a prática da igualdade". Nesta obra, Dworkin destaca que a igualdade é algo que tende a desaparecer no espectro político. A igualdade para Dworkin é a virtude soberana da comunidade política. Dworkin afirma que a consideração igualitária é a virtude soberana da comunidade política, elevando, assim, a preocupação sobre a igual consideração e respeito (*equal concern and respect*) do governo por todos os cidadãos. Deste modo, investigar o significado da "igual consideração" implica na busca de alguma forma de igualdade material, explicada em sua teoria da "igualdade de recursos". A "igualdade de recursos" reflete os dois princípios do individualismo ético: o princípio da igual importância e o princípio da responsabilidade especial. A ideia do *laissez-faire* admite a igual consideração e o respeito pelas escolhas individuais, traduzindo um liberalismo político amplo, de modo que o tratamento igualitário decorre da liberdade das pessoas em "trabalhar, comprar e vender, poupar ou gastar, como elas próprias podem ou querem fazer".

**Alternativa "a":** para Dworkin, no livro "A virtude soberana", bem-estar é considerado tudo o que é fundamental à vida, de modo que os recursos são meios de alcance do bem-estar. Para ele, o bem-estar pode ser encarado como uma questão de prazer ou satisfação, ou, ainda, êxito na realização de planos.

**Alternativa "b":** alternativa incorreta.

**Alternativa "c":** alternativa incorreta.

**Alternativa "d":** alternativa incorreta.

**Alternativa correta: letra "a".**

---

**37. (FGV – Exame de Ordem 2017.2)** *... só a vontade geral pode dirigir as forças do Estado de acordo com a finalidade de suas instituições, que é o bem comum...*

Jean-Jacques Rousseau

A ideia de vontade geral, apresentada por Rousseau em seu livro *Do Contrato Social*, foi fundamental para o amadurecimento do conceito moderno de lei e de democracia.

Assinale a opção que melhor expressa essa ideia conforme concebida por Rousseau no livro citado.

a) A soma das vontades particulares.
b) A vontade de todos.
c) O interesse particular do soberano, após o contrato social.
d) O interesse em comum ou o substrato em comum das diferenças.

**COMENTÁRIOS**

**Nota do autor:** Para Rousseau, o contrato funda a sociedade nomeadamente, a comunidade política ou o "corpo político". O filósofo alerta que os indivíduos são destituídos – em favor deste corpo social – de seus bens e a sua liberdade. Mas Rousseau acredita que a primeira forma de contrato não foi legítima. Assim, a origem das sociedades políticas, do primeiro contrato, foi do interesse exclusivo dos ricos (pois, somente eles tinham preocupação em resguardar seus interesses). É preciso então, um tipo de contrato que estabeleça o equilíbrio entre os interesses individuais e a força da vontade geral, entre a defesa da propriedade privada e a regulação do abuso dos poderosos, entre a igualdade perante a lei e a igualdade real, como condição e funcionamento do pacto e garantia de inclusão dos mais desprotegidos.

Rousseau considera justa uma sociedade política se esta garantir a paz social e a liberdade de seus associados. Isto é possível se a implantação daquela for a expressão da "vontade geral": o que cada homem quer em comum com todos os demais não reclamando para si mais do que ele pode querer ao mesmo tempo para todos os outros. Ordem política, ordem social, ordem moral. Tudo sustentado, na sociedade legítima, pela harmônica coordenação entre o "eu" e o "nós". E isto só é possível, segundo Rousseau, se a soberania estiver nas mãos do povo: o contrato social, para ser legítimo, deve ser fundado na democracia. Eis o que é a democracia, no entendimento de Rousseau: 1) o poder político deve estar integralmente nas mãos do povo – que é, de fato, o soberano; 2) a quem, diretamente, cabe a aprovação das leis; 3) um governo que, na execução das leis, se limita a ser *ministro* da vontade geral.

**Alternativa "a":** alternativa incorreta

**Alternativa "b":** alternativa incorreta

**Alternativa "c":** alternativa incorreta

**Alternativa "d":** Para Rousseau, "vontade geral" se traduz na reunião das vontades e interesses comuns em cada indivíduo (componente do pacto social). Rousseau refuta tanto a noção de consciência coletiva, como a de interesse coletivo, porque tudo que é útil a todos é útil, por sua vez, a cada um. Deste modo, seria equivocado supor que o corpo social pudesse se constituir numa totalidade orgânica.

**Alternativa correta: letra "d".**

---

**38. (FGV – Exame de Ordem 2016.2 – Prova reaplicada Salvador-BA)** "O direito não é uma simples ideia, é uma força viva."

(Rudolf von Ihering)

Em seu texto "A Luta pelo Direito", o jurista alemão Rudolf Von Ihering apresenta o conceito de direito a partir da ideia de luta social.

Assinale a afirmativa que expressa o sentido que, no trecho citado, Ihering confere ao direito.

a) Trabalho incessante e uma luta sem tréguas nos quais participam o Poder Público e toda a população, isto é, qualquer pessoa que se veja na contingência de ter de afirmar seu direito.
b) Uma luta permanente que é travada por parlamentares no âmbito da arena legislativa, que o fazem em nome da população a partir das eleições que configuram o processo democrático de legitimação popular.
c) O resultado dinâmico da jurisprudência que cria e recria o direito a partir das demandas de cada caso concreto, adaptando a lei ao mundo real.
d) O produto das relações industriais e comerciais que são livremente travadas por agentes econômicos, trabalhadores e empregadores e que definem, no contexto de uma luta concreta, o sentido próprio das leis.

**COMENTÁRIOS**

**Nota do autor:** vale destacar que a obra *A Luta pela Direito – Der Kampfum'sRech* trata-se de um dos mais lidos e debatidos textos jurídicos na tradição ocidental. Para Rudolf von Ihering (a grafia Ihering, com "I" é resultado da influência dos tradutores espanhóis do mestre alemão. O próprio Ihering escrevia seu nome com "J"), Direito e Força se confundiam, porquanto o Direito se tornaria vazio, na medida em que desprovido de força. Este jurista – de sólida formação romanista – percebeu no Direito alemão de seu tempo um Direito Romano atualizado. Assim, von Ihering deixou grandes contribuições para o Direito Privado (a exemplo do conceito de culpa *in contrahendo* – e consequente alargamento da responsabilidade contratual), bem como para o Direito Público (a exemplo de distinção entre infração jurídica objetiva e culpa). Ihering inicialmente revela que somente através do contínuo esforço e da luta os cidadãos alcançarão o seu real direito, pois esta é uma relação de força viva e de normas teóricas que coexistem. Todos e quaisquer princípios de direito no mundo foram adquiridos pela luta e imposição àqueles que não os aceitavam. É necessário, segundo o autor, nunca se esquecer de que a paz que desfrutamos hoje é resultado de incessantes guerras de gerações passadas. Está no instinto do ser humano proteger suas propriedades e apresentar violenta resistência à toda e qualquer ameaça ao seu patrimônio, dando vida a uma luta que assim como inúmeras outras, será resolvida não pelo raciocínio, mas sim pela força empenhada.

**Alternativa "a":** a luta é essencial para a defesa do direito, já que o fim último deste é a paz. Para que esta se concretize, o aparato judicial deve saber equilibrar a justiça e o uso da violência legítima. A paz desfrutada por qualquer pessoa não surge espontaneamente: ela é o resultado do trabalho e da luta de outro indivíduo. É também por meio da luta que o Estado mantém sua ordem jurídica, pois ela é baseada em uma briga permanente contra as transgressões legais.

**Alternativa "b":** alternativa incorreta;

**Alternativa "c":** alternativa incorreta;

**Alternativa "d":** alternativa incorreta;

**Alternativa correta: letra "a".**

**39. (FGV – Exame de Ordem 2015.1)** Rudolf Von Ihering, em *A Luta pelo Direito*, afirma que "O fim do direito é a paz, o meio de atingi-lo, a luta." Assinale a afirmativa que melhor expressa o pensamento desse autor.

a) O Direito de uma sociedade é a expressão dos conflitos sociais desta sociedade, e ele resulta de uma luta de pessoas e grupos pelos seus próprios direitos subjetivos. Por isso, o Direito é uma força viva e não uma ideia.

b) O Direito é o produto do espírito do povo – volksgeist –, que é passado de geração em geração. Por isso, quando se fala em Direito, é preciso sempre olhar para a história e as lutas sociais. O Direito Romano é a melhor expressão desse processo.

c) O Direito é parte da infraestrutura da sociedade e resulta de um processo de luta de classes, em que a classe dominante o usa para manter o controle sobre os dominados.

d) O Direito resulta da ação institucional do Estado, e no parlamento são travadas as lutas políticas que definem os direitos subjetivos de uma sociedade.

COMENTÁRIOS

✪ **Nota do autor:** "A luta pelo direito" revela-se numa obra jurídica que apresenta discussões do renomado jurista alemão Rudolf Von Ihering. A obra é apresentada intercalada por um prefácio, introdução e dois capítulos, originada de um congresso apresentado à Sociedade Jurídica de Viena pelo próprio em 1872. Logo no prefácio Rudolf Von afirma que a principal razão para a organização da obra, foi a intenção de se criar uma tese ético-prática e não unicamente uma teoria. Convém destacar que Ihering, na obra em comento, atenta para a importância do Direito na defesa da vida dos povos, do Estado, dos indivíduos e das classes. Para ele, o Direito possui como finalidade a paz, e para alcançá-lo deve-se lutar. Lutando, o homem encontrará o direito, o qual é uma força viva. Assim, é clássica a imagem onde a Justiça ostenta numa das mãos a balança com que pesa o direito, enquanto na outra, segura a espada com a qual o defende. Ou seja: sem a espada, a balança é o direito impotente e sem a balança, a espada é a violência insana. Observamos que uma completa a outra: pois, o verdadeiro Estado de Direito só pode existir quando a justiça sabe brandir a espada com a mesma habilidade que manipula a balança. O conceito é clássico: Ihering define o direito como um produto da luta e não de um processo natural. Assim, é somente a luta, sob várias facetas que pode explicar a verdadeira história do direito (vale destacar, a título de curiosidade, que Savigny e Puchta contrariam essa ideia, para eles, o direito se dá de forma sutil, sem dificuldades, sem lutas...).

**Alternativa "a":** Ihering define o direito como um produto da luta e não de um processo natural. Assim, é somente a luta, sob várias facetas que pode explicar a verdadeira história do direito. Para ele, o nascimento do direito se dá como o do homem, – um parto doloroso e difícil.

**Alternativa "b":** alternativa incorreta.

**Alternativa "c":** alternativa incorreta.

**Alternativa "d":** alternativa incorreta.

**Alternativa correta: letra "a".**

**40. (FGV/OAB/XI_Exame/2013)** Boa parte da doutrina jusfilosófica contemporânea associa a ideia de Direito ao conceito de razão prática ou sabedoria prática. Assinale a alternativa que apresenta o conceito correto de razão prática.

a) Uma forma de conhecimento científico ("episteme") capaz de distinguir entre o verdadeiro e o falso.

b) Uma técnica ("techne") capaz de produzir resultados universalmente corretos e desejados.

c) A manifestação de uma opinião ("doxa") qualificada ou ponto de vista específico de um agente diante de um tema específico.

d) A capacidade de bem deliberar ("phronesis") a respeito de bens ou questões humanas.

COMENTÁRIOS

✪ **Nota do autor:** Neste ponto, há que esclarecer alguns tópicos para auxiliar a compreensão do candidato: Um dos ramos da Filosofia é a Epistemologia (disciplina que aprofunda questões referentes à Teoria do Conhecimento). Assim, a Epistemologia se revela na disciplina voltada ao estudo e ao controle das condições de possibilidade e validade do conhecimento científico. Ora, como sabemos, o Direito é dinâmico (passa por mutações) seja no mundo concreto, seja no plano dos valores (que acabam sendo reproduzidos pelos legisladores). Diante desta complexidade do mundo jurídico não é possível extrair "soluções matemáticas" ou objetivas. Infere-se então que, ao contrário do que preconizam alguns autores (Kelsen, por exemplo), o Direito clama pelo auxílio de outras ciências (buscando-se uma visão "holística" do fenômeno jurídico). Temos então, a Filosofia auxiliando a Ciência Jurídica (em termos de método, princípios etc.). Neste diapasão é necessário realizarmos, primeiramente, uma investigação semântica (dentro da Filosofia) com o intuito de definir os principais conceitos da cultura grega (nomeadamente o de episteme, phronesis, doxa e techne diante de suas respectivas origens na Sophia (utilizando-se neste contexto Aristóteles – que é o centro destas questões – como referência). Atentamos, ainda, a título metodológico que, na grafia grega, optamos por não acentuá-la.

**Alternativa "a":** Episteme, para os gregos possuía um sentido de "estado puro" (hoje em dia essa palavra refere à "ciência" tendo em vista a tradução latina de episteme – scientia). Para os gregos o conceito era distinto: uma forma especial de conhecimento marcada por critérios rigorosos – conhecimento causal, (com princípios). Este conhecimento se distinguia da opinião (doxa) que se revela frágil. Assim, o conceito de episteme traduz um conhecimento Universal. Convém observar, contudo, que o examinador busca uma definição contemporânea de Direito.

**Alternativa "b":** Para os gregos, a "techne" consiste na capacidade de reproduzir um objeto por meios racionais (comumente é traduzido – precipitadamente – por "artesanato" ou "arte"). Contudo, alertamos que techne serve de base também para tecnologia. Ora para alguns filósofos o Direito foi techne na medida em que traduz a combinação de conhecimento, prática e experimentação. Mas ao ver o enunciado o examinador traz a palavra "contemporânea" para evidenciar o que procura como resposta.

**Alternativa "c":** A palavra doxa é grega e traduz "opinião". Está ligada ao Direito, pois os retóricos (oradores) gregos a utilizavam como instrumento de argumentação (foi utilizada/ manipulada pelos Sofistas). Aliás, esta foi uma das razões que levou Platão a condenar a "democracia" ateniense. Conclui-se então, que o Direito deve se afastar da doxa.

**Alternativa "d":** Esta questão, nomeadamente esta alternativa é ampla e lamentamos que a Filosofia seja cobrada do candidato assim. Este conceito – dado como correto pelo examinador – abrange da filosofia aristotélica (ou até mesmo antes deste pensador) até Gadamer. Ora, para Aristóteles, a phronesis revela-se no "saber prático". Isso significa que a ciência (no caso, o Direito) não se limita apenas ao conhecimento tendo em vista que pretende melhorar a ação do Homem. Possui o objetivo de descrever de modo claro os fenômenos oriundos das ações humanas, descobrir sua essência. Para Gadamer a phronesis se encontra entre os logos (discurso racional) e oethos (prático, ético). Esse é o conceito contemporâneo do Direito: aliando-se a teoria à prática.

**Alternativa correta: letra "d".**

---

**41. (FGV – Exame de Ordem 2016.3)** De acordo com o contratualismo proposto por Thomas Hobbes em sua obra Leviatã, o contrato social só é possível em função de uma lei da natureza que expresse, segundo o autor, a própria ideia de justiça. Assinale a opção que, segundo o autor na obra em referência, apresenta esta lei da natureza.

a) Tratar igualmente os iguais e desigualmente os desiguais.
b) Dar a cada um o que é seu.
c) Que os homens cumpram os pactos que celebrem.
d) Fazer o bem e evitar o mal.

**COMENTÁRIOS**

**Nota do autor:** Por "contratualismo" entende-se a doutrina que abarca as teorias políticas que situam a origem da sociedade e a fundamentação do poder político através de um "pacto social" – também chamado "contrato" (dando origem ao termo contratualismo). Ora, este pacto nada mais é do que um acordo entre os indivíduos que se encontram em uma mesma localidade geográfica e que mais tarde farão parte do mesmo corpo político. A partir daqui cada autor discorre de maneira diversa sobre como se dá esse acordo, isto é, se tacitamente, sem se identificar historicamente o momento por ser uma abstração lógica e não um fato histórico, ou bem localizado em uma linha do tempo, porque tido, este sim, como fato histórico ao qual se pode recorrer para sustentar sua visão de mundo. Assim, três grandes pensadores modernos marcaram a reflexão sobre a questão política: Hobbes, Locke e Rousseau. O ponto comum perpassa o pensamento desses três filósofos a respeito da política: a ideia de que a origem do Estado está no contrato social.

**Alternativa "a":** trata-se de uma das finalidades do Direito, mas a alternativa é incorreta (ver comentários da alternativa "c");

**Alternativa "b":** trata-se de uma das finalidades do Direito, mas a alternativa é incorreta (ver comentários da alternativa "c");

**Alternativa "c":** Hobbes acreditava que este contrato foi feito porque o homem seria "o lobo do próprio homem". Acreditava que há no homem um desejo de destruição e de manter o domínio sobre o seu semelhante (uma competição constante, um estado de guerra). Por isso, torna-se necessário existir um poder que esteja acima das pessoas individualmente para que o estado de guerra seja controlado, isto é, para que o instinto destrutivo do homem seja dominado. Neste sentido, o Estado surge como forma de controlar os "instintos de lobo" que existem no ser humano e, assim, garantir a preservação da vida das pessoas. Para que isso aconteça, é necessário que o soberano tenha amplos poderes sobre os súditos. Os cidadãos devem transferir o seu poder ao governante, que irá agir como soberano absoluto a fim de manter a ordem. É necessário o pacto, mantido pela lei, essa é a defesa desenvolvida por Hobbes, um pacto mantido essencialmente pela força da espada, isso é de acordo com a necessidade daqueles que sonham com o domínio.

**Alternativa "d":** trata-se de uma das finalidades do Direito, mas a alternativa é incorreta (ver comentários da alternativa "c");

**Alternativa correta: letra "c".**

---

**42. (FGV/OAB/XII_Exame/2013)** O utilitarismo é uma filosofia moderna que conquistou muitos adeptos nos séculos XIX e XX, inclusive no pensamento jurídico. As principais características do utilitarismo são:

a) convencionalismo, consequencialismo e antifundacionalismo.
b) consequencialismo, transcendentalismo e fundacionalismo.
c) convencionalismo, materialismo e fatalismo.
d) mecanicismo, fatalismo e antifundacionalismo.

**COMENTÁRIOS**

**Nota do autor: (a, b, c, d)** Primeiramente é necessário esmiuçar todos os conceitos apresentados nas alternativas. Acreditamos que candidato, após a leitura, conseguirá concluir a alternativa correta. Assim, são eles: (i) convencionalismo: esta foi uma vertente filosófica defendida pelos Sofistas (como Górgias, por exemplo). Para ele a ordem política revela-se num produto de um "contrato social"; assim, as leis, linguagem e verdade são resultado de convenções; (ii) consequencialismo: essa vertente filosófica traduz a perspectiva normativa onde as consequências de nossas ações/opções constituem o único padrão fundamental da ética. Segundo o utilitarista Bentham, agir acertadamente é escolher – diante de duas opções disponíveis – aquela que resulta maior prazer. Contudo, convém deixar claro que não é mero egoísmo hedonista, pois o utilitarista assevera que o bem a ser promovido resulte no bem-estar de todos (ou na maioria) dos indivíduos; (iii) antifundacionismo e fundacionismo: este termo "fundacionismo" tem uma designação precisa no campo da Filosofia (nomeadamente da Epistemologia) e traz uma perspectiva sobre a justificação do conhecimento sobre o qual todas as crenças vão se apoiar. Ou seja: as crenças vão se apoiar num número reduzido de "crenças básicas" que, por sua vez, vão constituir/revelam-se no fundamento de todo o conhecimento. Isso acarreta uma certa "limitação". Ora o antifundacionismo é justamente esta falta de "amarras", maior gama (ilimitada) de crenças que vão embasar o conhecimento; (iv) transcendentalismo: trata-se de uma vertente filosófica que afirma a existência de uma realidade espiritual ideal que transcende o empírico e o científico É cognoscível através da intuição; (v) materialismo: o materialismo, em geral, se contrapõe ao idealismo. Afirmavam que a base de tudo o que existe é a "matéria" (corpo) e procuravam estudá-la profundamente, (o materialismo foi um grande auxiliar do desenvolvimento das ciências). Viam na matéria um elemento imutável, de formas definitivas e eternas (o que é uma compreensão errada da natureza); (vi) fatalismo: este termo vem do latim "fatum" (fado, destino) e significa a crença ou aceitação de um poder ou lei superior a que ninguém pode fugir; (vii) mecanicismo: os doutrinadores explicam, de um modo geral, o mecanicismo como a doutrina segunda a qual toda a realidade, ou pelo menos toda a realidade natural, tem uma estrutura comparável à de uma máquina, de modo que se possa explicar à base de modelos de máquinas. Esta corrente busca explicar o Universo apenas à base do movimento dos elementos que constituem os corpos; (viii) utilitarismo: esta é uma doutrina que se originou na Inglaterra, tendo como principais autores Jeremy Bentham (1748-1832) e John Stuart Mill (1806-1873). Essa corrente, embora oriunda do século XIX, revela-se muito atual sendo que seus argumentos são utilizados frequentemente nos processos que requerem decisão (nomeadamente na esfera política – com reflexos no Direito – e no âmbito particular, militar). Ela se volta mais às consequências. Trata-se então, de uma teoria ética essencialmente consequencialista, na qual se definem anteriormente os bens a serem atingidos ou protegidos. Os utilitaristas defendem a ideia de que o princípio que rege tanto as ações individuais quanto as sociais é "a busca da felicidade para o maior número de pessoas" (eis uma das razões de ser muito atual). Segundo Bentham, a Ética, a Moral e o Direito seriam praticamente a mesma coisa. Assim, o legislativo só deveria elaborar e aprovar leis segundo o princípio da utilidade. Neste sentido, as leis devem ser produzidas para aumentar a felicidade do maior número de pessoas. Tendo em vista os comentários acima, de fato, o utilitarismo apresenta-se convencionalista (pois, segundo esta corrente) as leis e valores são convenções, consequencialista na medida em que as ações visam o bem-estar da coletividade e antifundacionista, na medida em que não está sujeita apenas a um número determinado de crenças.

**Alternativa correta: letra "a".**

---

**43. (FGV – Exame de Ordem 2017.1)** A principal tese sustentada pelo paradigma do positivismo jurídico é a validade da norma jurídica, independentemente de um juízo moral que se possa fazer sobre o seu conteúdo. No entanto, um dos mais influentes filósofos do direito juspositivista, Herbert Hart, no seu pós-escrito ao livro *O Conceito de Direito*, sustenta a possibilidade de um positivismo brando, eventualmente chamado de positivismo inclusivo ou *soft positivism*.

Assinale a opção que apresenta, segundo o autor na obra em referência, o conceito de positivismo brando.

a) O reconhecimento da existência de normas de direito natural e de que tais normas devem preceder às normas de direito positivo sempre que houver conflito entre elas.
b) A jurisprudência deve ser considerada como fonte do direito da mesma forma que a lei, de maneira a produzir uma equivalência entre o sistema de *common law* ou de direito consuetudinário e sistema de *civil law* ou de direito romano-germânico.
c) O positivismo brando ocorre no campo das ciências sociais, não possuindo, portanto, o mesmo rigor científico exigido no campo das ciências da natureza.
d) A possibilidade de que a norma de reconhecimento de um ordenamento jurídico incorpore, como critério de validade jurídica, a obediência a princípios morais ou valores substantivos.

**COMENTÁRIOS**

✪ **Nota do autor:** Herbert Lionel Adolphus Hart propôs aprimoramentos ao paradigma do Positivismo Jurídico ("tradicional"), no sentido de aperfeiçoar o entendimento do Direito, da Moral e da coerção como fenômenos sociais distintos, mas relacionados entre si. Ora, Hart apresentou modificações teóricas ao positivismo jurídico quando admitiu que as normas possuem uma "zona de incerteza" – de modo a inviabilizar a sua aplicação em todos os casos por mera dedução lógica (subsunção) e apontou, igualmente, a existência de uma relação entre o Direito e a Moral, (embora ainda como ordens sociais distintas e separadas). Para Hart, as diretrizes jurídicas e morais se influenciam reflexivamente – tendo em vista que a moralidade invade o campo do Direito, nomeadamente nas convicções compartilhadas pelos legisladores e juízes nas oportunidades de produção normativa. Por seu turno, as regras positivas conformam os padrões de conduta (intersubjetivamente compartilhadas no cenário social), de modo a conferir novos delineamentos à Moral.

**Alternativa a:** alternativa incorreta.

**Alternativa b:** alternativa incorreta.

**Alternativa c:** alternativa incorreta.

**Alternativa d:** lembre-se que o positivismo de Hart, constitui a corrente (das várias existentes dentro do juspositivismo) que acolhe a ideia de separação entre o Direito e a Moral. Constata-se, no pensamento de Hart, a aceitação de que os influxos morais são inerentes ao Direito. Contudo, a Moral é entendida como uma ordem social distinta e separada e, as regras jurídicas, por seu turno, possuem uma certa primazia hierárquica sobre os ditames morais.

**Alternativa correta: letra "d".**

---

**44. (FGV – Exame de Ordem 2016.3)** Há um limite para a interferência legítima da opinião coletiva sobre a independência individual, e encontrar esse limite, guardando-o de invasões, é tão indispensável à boa condição dos negócios humanos como a proteção contra o despotismo político.

*John Stuart Mill*

A consciência jurídica deve levar em conta o delicado balanço entre a liberdade individual e o governo das leis. No livro A Liberdade. Utilitarismo, John Stuart Mill sustenta que um dos maiores problemas da vida civil é a tirania das maiorias.

Conforme a obra citada, assinale a opção que expressa corretamente a maneira como esse autor entende o que seja tirania e a forma de proteção necessária.

a) A tirania resulta do poder do povo como autogoverno porque o povo não é esclarecido para fazer suas escolhas. A proteção contra essa tirania é delegar o governo aos mais capacitados, como uma espécie de governo por meritocracia.
b) A deliberação de juízes ao imporem suas concepções de certo e errado sobre as causas que julgam, produz a mais poderosa tirania, pois subjuga a vontade daqueles que estão sob a jurisdição desses magistrados. Apenas o duplo grau de jurisdição pode proteger a sociedade desta tirania.
c) Os governantes eleitos impõem sobre o povo suas vontades e essa forma de opressão é a única tirania da maioria contra a qual se deve buscar a proteção na vida social, o que é feito por meio da desobediência civil.
d) A sociedade, quando faz as vezes do tirano, pratica uma tirania mais temível do que muitas espécies de opressão política, pois penetra nos detalhes da vida e escraviza a alma. Por isso é necessária a proteção contra a tirania da opinião e do sentimento dominantes.

**COMENTÁRIOS**

✪ **Nota do autor:** John Stuart Mill (1806-1873) foi um filósofo inglês, um dos mais influentes pensadores do século XIX. É reconhecido como um dos maiores propagadores do empirismo e do utilitarismo – as raízes de seu pensamento encontram-se no empirismo de John Locke, George Berkeley e David Hume, assim como no utilitarismo de Jeremy Bentham. Na obra em comento, Mill versa sobre as várias formas de tirania. Das tipologias que identificou, há uma que se destaca, dada a configuração da sociedade mediática em que vivemos – a subtil e perniciosa tirania social. O tema é relevante e atual – o candidato deve ter em mente que a ameaça à liberdade (em particular à liberdade de expressão e à liberdade de imprensa) tem sido identificada no espaço público agendado pela grande mídia como vindo exclusivamente do Estado, mesmo que estejamos vivendo em um Estado de Direito, no pleno funcionamento das instituições democráticas.

**Alternativa "a":** alternativa incorreta.

**Alternativa "b":** alternativa incorreta.

**Alternativa "c":** alternativa incorreta.

**Alternativa "d":** para Stuart Mill, a questão era definir onde se situa o limite de intervenção legítima da opinião coletiva em relação à independência individual. Ou seja, até que ponto seria legítima a exigência de uma igualização, necessária para que alguma coesão social exista; e até que ponto seria benéfico tanto para o indivíduo quanto para a sociedade que as pessoas desenvolvam suas individualidades independentemente de qualquer interferência social. Mill busca organizar a democracia de forma a salvaguardar as liberdades individuais, sempre ameaçadas pela tirania da maioria, pelo fortalecimento excessivo do poder estatal e/ou da sociedade.

**Alternativa correta: letra "d".**

---

**45. (FGV – Exame de Ordem 2016.1)** Segundo o Art. 1.723 do Código Civil, "É reconhecida como entidade familiar a unido estável entre o homem e a mulher, configurada na convivência pública, contínua e duradoura e estabelecida com o objetivo de constituição de família". Contudo, no ano de 2011, os ministros do Supremo Tribunal Federal (STF), ao julgarem a Ação Direta de Inconstitucionalidade 4.277 e a Arguição de Descumprimento de Preceito Fundamental 132, reconheceram a união estável para casais do mesmo sexo.

A situação acima descrita pode ser compreendida, à luz da Teoria Tridimendional do Direito de Miguel Reale, nos seguintes termos:

a) uma norma jurídica, uma vez emanada, sofre alterações semânticas pela superveniência de mudanças no plano dos fatos e valores.

b) toda norma jurídica é interpretada pelo poder discricionário de magistrados, no momento em que estes transformam a vontade abstrata da lei em norma para o caso concreto.

c) o fato social é que determina a correta compreensão do que é a experiência jurídica e, por isso, os costumes devem ter precedência sobre a letra fria da lei.

d) o ativismo judicial não pode ser confundido com o direito mesmo. Juízes não podem impor suas próprias ideologias ao julgarem os casos concretos.

**COMENTÁRIOS**

✪ **Nota do autor:** não podemos esquecer que uma das características do Direito é que este é dinâmico por natureza e, embora revestido de espessa aura de formalismo, se "molda" constantemente às necessidades do grupo social que lhe serve de base. Diante deste quadro, para explicar essa "dinamicidade" e respectiva adequação das normas ao seu tempo, temos a Teoria Tridimensional do Direito, apresentada pelo ilustre jusfilósofo paulista Miguel Reale. Assim, graças a essa teoria, temos a certeza de que o Direito não é o estudo de elementos desagregados, mas sim um conjunto formado pelos fatos, valores e normas de uma determinada sociedade (em profunda e constante interação) em busca de uma paz social.

**Alternativa "a":** segundo a Teoria Tridimensional do Direito, quando o valor social que "gerou" uma determinada norma se modifica, existem razões jurídicas para deixar de aplicar a norma como foi (pré)estabelecida e deve-se aplicá-la de outra maneira, conforme o atual valor social sobre o fato, em busca do bem comum. Esse seria, conforme Reale, "O bem comum". Assim, trata-se do bem da comunidade de pessoas, isto é, na harmonia de "valores de convivência", distintos e complementares, num processo histórico que tem como fulcro a pessoa: esta, valor-fonte de todos os valores.

**Alternativa "b":** alternativa incorreta (ver comentários);

**Alternativa "c":** alternativa incorreta (ver comentários);

**Alternativa "d":** alternativa incorreta (ver comentários);

**Alternativa correta: letra "a".**

---

**46. (FGV – Exame de Ordem 2015.2)** Hans Kelsen, ao abordar o tema da interpretação jurídica no seu livro *Teoria Pura do Direito*, fala em ato de vontade e ato de conhecimento. Em relação à aplicação do Direito por um órgão jurídico, assinale a afirmativa correta da interpretação.

a) Prevalece como ato de conhecimento, pois o Direito é atividade científica e, assim, capaz de prover precisão técnica no âmbito de sua aplicação por agentes competentes.

b) Predomina como puro ato de conhecimento, em que o agente escolhe, conforme seu arbítrio, qualquer norma que entenda como válida e capaz de regular o caso concreto.

c) A interpretação cognoscitiva combina-se a um ato de vontade em que o órgão aplicador efetua uma escolha entre as possibilidades reveladas por meio da mesma interpretação cognoscitiva.

d) A interpretação gramatical prevalece como sendo a única capaz de revelar o conhecimento apropriado da *mens legis*.

**COMENTÁRIOS**

✪ **Nota do autor:** No capítulo VIII do livro *Teoria Pura do Direito*, edição de 1960, Hans Kelsen dedica-se ao problema da interpretação jurídica. Deste modo, no que tange ao tema proposto, contrariando o perfil "legalista e conservador" atribuído à Kelsen pela maior parte dos juristas, o jusfilósofo criou uma teoria da interpretação que estava, de certo modo, à frente de seu tempo. Aqui o que está sendo exigido é a posição de Hans Kelsen a respeito do papel do cientista do Direito. Para ele, é baseada na sua distinção entre interpretação autêntica e não autêntica, pois qualifica o estudioso do Direito como um intérprete não criador de direitos. A concepção kelseniana de neutralidade do cientista do Direito é expressa quando admite que a interpretação científica é pura determinação cognoscitiva do sentido das normas jurídicas. Assim, pode-se esboçar um modelo kelseniano para o cientista do Direito: é o indivíduo que realiza interpretação não autêntica ou não criadora de direito, através de atos meramente cognoscitivos de caráter objetivo e imparcial. O papel do cientista do Direito não é apenas interpretar o direito positivo para "conhecer" a moldura da norma, como se fosse um mero comentador de Códigos e legislação; ele deve também contribuir para a formação de novos significados dos termos indeterminados das normas. Segundo Kelsen, se a interpretação for pensada em um sentido cognoscitivo, então, o resultado dessa interpretação será "a fixação da moldura" e, além disso, "o conhecimento das várias possibilidades que dentro dessa moldura existem"

**Alternativa "a":** alternativa incorreta.

**Alternativa "b":** alternativa incorreta.

**Alternativa "c":** para Kelsen, a interpretação de uma lei não deve necessariamente conduzir a uma única solução como sendo a única correta, mas possivelmente a várias soluções que têm igual valor.

**Alternativa "d":** alternativa incorreta.

**Alternativa correta: letra "c".**

**47. (FGV – Exame de Ordem 2015.2)** *"Mister é não olvidar que a compreensão do direito como 'fato histórico-cultural' implica o conhecimento de que estamos perante uma realidade essencialmente dialética, isto é, que não é concebível senão como 'processus', cujos elementos ou momentos constitutivos são fato, valor e norma (...)"*

(Miguel Reale, in Teoria Tridimensional do Direito)

Assinale a opção que corretamente explica a natureza da dialética de complementaridade que, segundo Miguel Reale, caracteriza a *Teoria Tridimensional do Direito*.

a) A relação entre os polos opostos que são o fato, a norma e o valor, produz uma síntese conclusiva entre tais polos.

b) A implicação dos opostos na medida em que se desoculta e se revela a aparência da contradição, sem que, com esse desocultamento, os termos cessem de ser contrários.

c) A síntese conclusiva que se estabelece entre diferentes termos, conforme o modelo hegeliano de tese, antítese e síntese.

d) A estrutura estática que resulta da lógica de subsunção entre os três termos que constituem a experiência jurídica: fato, norma e valor.

COMENTÁRIOS

✪ **Nota do autor:** Vale destacar que, a posição de Miguel Reale exige do jurista que, ao se deparar com a norma jurídica, tenha consciência de que não há como abstrair de sua análise os fatos e valores, que efetivamente determinaram a sua própria gênese (sob pena de uma visão reducionista do Direito – o que o descaracterizaria enquanto verdadeira ciência normativa). Lembre-se que, o panorama do Direito anterior às formulações tridimensionais se caracterizava por ser reducionista ou unilinear, (especialmente observando-se a mentalidade reinante no século XIX). Disso resulta necessariamente que toda norma jurídica é uma integração entre fato e valor. Quando Miguel Reale analisa a denominada "dialética da complementaridade", o filósofo demonstra que o conhecimento está sempre aberto a novas possibilidades, tudo, pois, em decorrência de seu caráter dialético e, por isso, de natureza relacional. A passagem em análise revela que, ao se pautar pelo caráter dialético da sua teoria da tridimensionalidade, Reale reconhece efetivamente que o direito é uma realidade histórico-cultural, a qual não pode ser de forma alguma destacada da experiência social. O Direito, assim, não é um esboço lógico, uma mera abstração. Ele deve ser compreendido em seu aspecto prático, como elemento social, cotidianamente vivenciado na práxis.

**Alternativa "a":** alternativa incorreta.

**Alternativa** "b": ao se pautar pelo caráter dialético da sua teoria da tridimensionalidade, Reale reconhece que o direito é uma realidade histórico-cultural, a qual não pode ser de forma alguma destacada da experiência social. Isto significa que, no pensamento de Reale, as investigações do filósofo, do jurista ou do sociólogo possuem um sentido dialético, v.g., a sentença judicial é apreendida segundo uma experiência axiológica concreta e não apenas como um ato lógico formal, resultante unicamente de um silogismo.

**Alternativa "c":** alternativa incorreta.

**Alternativa "d":** alternativa incorreta.

**Alternativa correta: letra "b".**

**48. (FGV – Exame de Ordem 2015.3)** Segundo o jusfilósofo alemão Karl Larenz, os textos jurídicos são problematizáveis porque estão redigidos em linguagem corrente ou em linguagem especializada, mas que, de todo modo, contêm expressões que apresentam uma margem de variabilidade de significação. Nesse sentido, assinale a opção que exprime o pensamento desse autor acerca da ideia de interpretação da lei.

a) Deve-se aceitar que os textos jurídicos apenas carecem de interpretação quando surgem particularmente como obscuros, pouco claros ou contraditórios.

b) Interpretar um texto significa alcançar o único sentido possível de uma norma conforme a intenção que a ela foi dada pelo legislador.

c) Os textos jurídicos, em princípio, são suscetíveis e carecem de interpretação porque toda linguagem é passível de adequação a cada situação.

d) A interpretação dada por uma autoridade judicial a uma lei é uma conclusão logicamente vinculante que, por isso mesmo, deve ser repetida sempre que a mesma lei for aplicada.

COMENTÁRIOS

✪ **Nota do autor:** Vale destacar que a teoria da interpretação jurídica de Karl Larenz, inclusive quanto à hermenêutica da Constituição e, especialmente, da sua teoria do desenvolvimento judicial do Direito superador da lei, é de suma importância para a Filosofia do Direito atual. Fundamentalmente, a teoria de Karl Larenz sobre interpretação jurídica tem como pressuposto a necessidade da interpretação das normas, a qual deriva de situações de fato problemáticas quanto à compreensão do sentido e alcance do texto da norma. Assim, a cada momento de compreensão para posterior interpretação, aquele que pretende chegar a esse resultado tem de voltar ao ponto de partida e investigar o significado que cada palavra ou frase assumiu inicialmente, para então voltar à conclusão a que chegou ou a outra diversa, mas também baseada nas mesmas palavras ou frases, porém, eventualmente, compreendidas em um outro contexto e de uma nova forma: temos aqui, o chamado "círculo hermenêutico".

**Alternativa "a":** alternativa incorreta.

**Alternativa "b":** alternativa incorreta.

**Alternativa "c":** para o filósofo alemão, o interprete nunca se comporta de modo puramente passivo. Para ele o texto nada diz a quem não entenda já alguma coisa daquilo que ele trata. Só responde a quem interroga corretamente.

**Alternativa "d":** alternativa incorreta.

**Alternativa correta: letra "c".**

**49. (FGV/OAB/XII_Exame/2013)** Considere a seguinte afirmação de Herbert L. A. Hart: "Seja qual for o processo escolhido, precedente ou legislação, para a comunicação de padrões de comportamentos, estes, não obstante a facilidade com que atuam sobre a grande massa de casos correntes, revelar-se-ão como indeterminados em certo ponto em que a sua aplicação esteja em questão." (HART, Herbert. O Conceito de Direito. Lisboa: Calouste Gulbenkian, 1986, p. 141) Hart admite um grau de indeterminação nos padrões de comportamento previstos na legislação e nos precedentes judiciais. A respeito, assinale a afirmativa correta.

a) Trata-se do fenômeno chamado na doutrina jurídica de lacuna material do direito, em que o jurista não consegue dar uma resposta com base no próprio direito positivo para uma situação juridicamente relevante.

b) Trata-se da textura aberta do direito, expressa por meio de regras gerais de conduta, que deve ganhar um sentido específico dado pela autoridade competente, à luz do caso concreto.

c) Trata-se da incompletude do ordenamento jurídico que, por isso mesmo, deve recorrer aos princípios gerais do direito, a fim de promover uma integração do direito positivo.

d) Trata-se do fenômeno denominado de anomia social pelos sociólogos do direito, em que existe um vácuo de normas jurídicas e a impossibilidade real de regulação de conflitos juridicamente relevantes.

**COMENTÁRIOS**

**Nota do autor:** Primeiramente, cumpre destacar que esta é um dos tipos questões que os professores de Filosofia devem se opor em homenagem ao bom senso. Vejamos. Trata-se aqui, de uma questão ampla (aberta) que no trecho pequeno que foi apresentado não representa de modo significativo o pensamento do filósofo em comento. Protestos à parte, vamos tentar esmiuçar o problema: Herbert Lionel Adolphus Hart notabilizou-se por tentar compreender o Direito enquanto um sistema normativo que acarreta determinadas características, nomeadamente a relação coma linguagem, a coação, a Moral e o poder. Vale destacar que era defensor do positivismo jurídico (mas com profundo conhecimento e abertura para os sistemas jurídicos contemporâneos). Tinha plena consciência de que estes sistemas jurídicos contemporâneos são essencialmente complexos (pois positivam princípios e valores morais). Assim, concluímos que Hart era um liberal (vale destacar que escreveu contra a pena de morte e contra perseguição de homossexuais). Ora, a título de dica, advertimos que o candidato deve ter em mente que Kelsen, Ross e Hart (os três positivistas) vão comungar dos três pilares do positivismo: i) o Direito é um produto de fatos sociais; ii) o Direito e a Moral revelam-se em dois sistemas (normativos) distintos e iii) o Direito tem uma raiz semântica. Hart buscou conciliar as doutrinas de Kelsen e Ross. Na visão de Hart sobre o direito (ainda que este seja definido como um sistema complexo de união de regras primárias e secundárias), é uma instituição social, um fenômeno cultural constituído pela linguagem, o que demonstra uma postura positivista, mas com objetivos hermenêuticos.

**Alternativa "a"**: Vide nota acima.

**Alternativa "b"**:Vale destacar, primeiramente, que o pensamento de Hart sobre a expressão "textura aberta" é apresentado no seguinte teor (do mesmo trecho citado no enunciado, incluímos as partes omissas pelo examinador): "Seja qual for o processo escolhido, precedente ou legislação, para a comunicação de padrões de comportamentos, estes, não obstante a facilidade com que atuam sobre a grande massa de casos correntes, revelar-se-ão como indeterminados em certo ponto em que a sua aplicação esteja em questão; possuirão aquilo que foi designado como textura aberta. Até aqui, apresentamos tal, no caso da legislação, como um aspecto geral da linguagem humana [textura aberta]; a incerteza na linha de fronteira é um preço que deve ser pago pelo uso de termos classificatórios gerais em qualquer forma de comunicação que respeite a questões de fato. As línguas naturais como o inglês têm irredutivelmente uma textura aberta, quando usadas deste modo [para comunicar padrões de comportamento]". (Hart, Herbert. O Conceito de Direito. Lisboa: CalousteGulbenkian, 3. ed. 1994, p. 140-141). Ora, depreende-se da leitura do texto que o termo "textura aberta" se refere a uma característica inerente à linguagem humana. Assim, não é o Direito que possui uma "textura aberta", mas sim a linguagem humana (tendo em vista que utiliza termos classificatórios gerais para poder designar casos particulares); trata-se de uma questão de natureza semântica. O Direito, então, é visto pelo jusfilósofo como uma instituição social e, sendo assim, como um fenômeno cultural constituído pela linguagem.

**Alternativa "c":** Esta alternativa está incorreta tendo em vista que Hart acreditava no sistema jurídico. Contudo, aproveitamos o disposto na alternativa para esmiuçar alguns conceitos. O ordenamento jurídico, segundo Hart, é formado por regras primárias e regras secundárias, sendo que estas se subdividem em três tipos: i) regras de alteração ou modificação, ii) regras de adjudicação e iii) regras de reconhecimento. Assim, as regras primárias, encontram-se dispostas positivamente, ou seja: o que as pessoas (os destinatários da norma) podem ou não fazer. As regras secundárias têm o objetivo solucionar problemas ocorridos numa norma primária. As regras secundárias de alteração buscam adequar a norma à realidade social onde serão aplicadas. As regras de adjudicação dão dinamicidade (e também eficácia) ao ordenamento jurídico. Por fim, as regras de reconhecimento visam ser o instrumento de identificação do material jurídico.

**Alternativa "d":** Vide nota do autor.

**Alternativa correta: letra "b".**

---

**50. (FGV/OAB/XXXII_Exame – 2021)** Miguel Reale, ao tratar do tema da validade da norma jurídica em seu livro Lições Preliminares de Direito, fala de uma dimensão denominada por ele validade social ou, ainda, eficácia ou efetividade. Segundo Reale, a eficácia seria a regra jurídica enquanto momento da conduta humana.

Com base no livro em referência, assinale a opção que apresenta a ideia de eficácia ou efetividade da norma jurídica.

a) Executoriedade compulsória de uma regra de direito, por haver preenchido os requisitos essenciais à sua feitura ou elaboração.

b) Obediência das normas jurídicas às determinações formais e materiais da Constituição Federal, sem o que uma norma jurídica não teria capacidade de produzir efeitos.

c) O fundamento da norma jurídica, isto é, o valor ou o fim objetivado pela regra de direito; a razão de ser da norma, pois é impossível conceber uma regra jurídica desvinculada de sua finalidade.

d) A norma em sua dimensão experimental, pois se refere ao cumprimento efetivo do direito por parte de uma sociedade ou, ainda, aos efeitos sociais que uma regra suscita por meio de seu cumprimento.

**COMENTÁRIOS**

Nesta questão o examinador se baseou nos ensinamentos de Miguel Reale, exigindo do candidato conhecimentos sobre os conceitos de vigência, efetividade e eficácia da norma. Assim, Reale expõe a validade da norma jurídica sobre três aspectos: o da validade formal ou técnico-jurídica (vigência), o da validade social (eficácia ou efetividade) e o da validade ética (fundamento). O professor paulista ensina que "Validade formal ou vigência é, em suma, uma propriedade que diz respeito à competência dos órgãos e aos processos de produção e reconhecimento do Direito no plano normativo. A eficácia, ao contrário, tem um caráter experimental, porquanto se refere ao cumprimento efetivo do Direito por parte de uma sociedade, ao reconhecimento (Anerkennung) do Direito pela comunidade, no plano social, ou, mais particularizadamente aos efeitos sociais que uma regra suscita através de seu cumprimento" - (REALE, Miguel. *Lições preliminares de Direito*, 26 ed., São Paulo: Saraiva, 2002, pág. 114).

**Alternativa correta: letra "d".** – como vimos no trecho acima, validade formal ou vigência é, em suma, uma propriedade que diz respeito à competência dos órgãos e aos processos de produção e reconhecimento do Direito no plano normativo. A eficácia, ao contrário, tem um caráter experimental, porquanto se refere ao cumprimento efetivo do Direito por parte de uma sociedade, ao reconhecimento (Anerkennung) do Direito pela comunidade, no plano social, ou, mais particularizadamente aos efeitos sociais que uma regra suscita através de seu cumprimento.

***Alexandre Sanches Cunha***

## ✦ RESUMOS DOUTRINÁRIOS

## 1. HERMENÊUTICA E INTERPRETAÇÃO

### 1.1. A NORMA JURÍDICA

- É importante reter que a norma se revela num ***imperativo***, tendo em vista seu significado e conteúdo. Deste modo, são prescritivas porque impõem um dever. Têm o condão de regular a conduta humana (eis a razão que se situam na esfera da ***normatividade ética***). Eis então a sua ***essência ética***: conduzir o homem, dirigindo-o, auxiliando-o, a interagir no complexo da realidade social, que aquele busca ajustar-se, sob a inspiração e orientação de valores.
- Não podemos esquecer que a opinião predominante na doutrina atesta que a norma jurídica se revela numa espécie de ***imperativo despsicologizado***, nomeadamente num ***comando***, onde não se identifica nem o comandante, nem o comandado. Isto significa que de um lado, encontramos o legislador e de outro, os destinatários da norma (eis a razão que as normas jurídicas são ***comandos genéricos*** e ***universais***).
- Outro ponto importante a ser realçado, é o fato de Kelsen atentar que a validade de uma determinada norma está intimamente ligada à ***norma fundamental***. Assim, a norma jurídica é a tradução da manifestação de vontade de uma ***autoridade competente***. Uma regra jurídica só é válida se emanar de uma autoridade competente para editá-la.
- Há autores que sustentam que a norma jurídica tem o papel de coação sobre todos (tendo em vista o medo que inspiram) uma vez que traz consequências em caso de sua violação. Aqui temos a coerção (coação psíquica). Ora, a coação não é um elemento constitutivo da norma jurídica uma vez que, se assim fosse, nas hipóteses em que seria impossível coagir, a norma desapareceria, deixaria de existir.
- Segundo o Professor Goffredo Telles Jr., a norma é "imperativo-autorizante". Por um lado, é imperativa, porque prescreve condutas lícitas, devidas e proibidas. Revela-se autorizante, porque permite ao lesado (tendo em vista a violação da norma) exigir o cumprimento, ou seja, a incidência da norma no caso concreto.
- No pensamento de Kelsen, dizer que uma determinada norma ***vale***, significa afirmar que ***ela vigora em um determinado espaço e tempo***. Se aplica, pois, a um comportamento que se verifica num dado lugar e num momento específico (daí, segundo o pensamento kelseniano, ser ***espácio-temporais***).
- A norma jurídica quanto a seu conteúdo é bilateral. A norma moral é unilateral. Isto significa que a norma jurídica institui – ao mesmo tempo – direito a um dos polos e dever ao outro.

### 1.2. A HERMENÊUTICA: HISTÓRICO E CARACTERÍSTICAS

Conforme lecionou Carlos Maximiliano em sua obra *Hermenêutica e Aplicação do Direito*, "interpretar é explicar, esclarecer, dar o significado do vocábulo, mostrar o sentido verdadeiro de uma expressão". Assim, incumbe ao intérprete "examinar o texto em si, o seu sentido, o significado de cada vocábulo. Faz depois obra de conjunto; compara-o com outros dispositivos da mesma lei, e com os de leis diversas, do país ou de fora. Inquire qual o fim da inclusão da regra no texto e examina este tendo em vista o objetivo da lei toda e do Direito em geral. Determina por esse processo o alcance da norma jurídica e, assim, realiza, de modo completo, a obra moderna do hermeneuta".

A hermenêutica é uma área da filosofia responsável por estudar a teoria da interpretação. A hermenêutica jurídica, por sua vez, pode ser definida como o segmento desta hermenêutica tradicional que tem a finalidade de interpretar as normas e leis jurídicas, determinando métodos para o entendimento legal.

- A hermenêutica em Aristóteles não tem o condão de investigar a "verdade" ou "falsidade" de um determinado juízo, mas sim apenas se há ligação entre a linguagem e pensamento. A hermenêutica está intimamente ligada à lógica (tendo um papel explicativo).
- Em Roma, a *interpretatio* não consiste em apenas entender o texto da lei, mas compreender o seu efetivo significado (os efeitos práticos na vida dos cidadãos).
- Alguns tratadistas consideram a 'interpretatio' romana como categoria básica da hermenêutica jurídica que se desenvolveu posteriormente, tendo estabelecido também métodos de interpretação, (tais como a interpretação analógica, que busca explicitar o que está implícito na norma; o método gramatical, que busca a conexão das partes da lei; o método lógico conjugado com o método histórico, que vincula a lei atual com as leis anteriores; o método teleológico, que persegue a finalidade da lei; bem como o método lógico restritivo e extensivo, referente à limitação dos conceitos, sempre buscando o sentido da lei na 'ratio legis' ou 'mens legis').
- Para Schleiermacher, a hermenêutica está além da simples técnica de interpretação. Assim, admitia que um texto possuísse um sentido único intencionado pelo autor ao escrevê-lo e era esse sentido que o intérprete deveria buscar. Mas, ele, igualmente, defendia um número incontável de sentidos de um texto. Com essa perspectiva, franqueava-se o caminho para uma hermenêutica centralizada no intérprete e, portanto, marcadamente dentro dos padrões da exegese.

### 1.3. PRINCIPAIS ESCOLAS

Escola da Exegese – a tese fundamental da Escola da Exegese é a de que o Direito por excelência é revelado pela lei, sendo o Direito um sistema de conceitos bem articulados e definidos e coerentes, não apresentando senão lacunas aparentes.

Escola de jurisprudência analítica – na Inglaterra, surgiu movimento denominado escola de jurisprudência analítica, procurando compreender o direito segundo esquemas lógico-formais, como sistemas de vínculos normativos decorrentes de precedentes jurisprudenciais.

Escola de jurisprudência conceitual – na Alemanha, os pandectistas desenvolveram o movimento chamado jurisprudência conceitual. Para eles, o direito era um corpo de regras uniformes e a lei, a fonte verdadeira e autêntica do direito.

Escola italiana – unindo as ideias da escola da exegese e dos pandectistas, formou-se, na Itália, uma gama de jurisconsultos com o propósito de compor em unidade harmônica o abstrato e o concreto, o valor certo e estrutural das normas de Direito com o seu conteúdo histórico-social. Assim, para a escola italiana, era necessário unir, ou pelo menos relacionar, o teórico com o prático, as especulações com suas aplicações concretas.

Escola de livre pesquisa científica – esta Escola, guiada por François Gény, destaca a ideia de que, na solução dos problemas, o trabalho científico do intérprete consiste em extrair dos dados, "da realidade social, o direito, sempre levando em conta o interesse dos particulares" com o fim de descobrir o "direito no mundo dos fatos".

Escola de direito livre – sob a batuta de Ehrlich e Zitelmann, opõe o direito vivo às proposições abstratas da lei, pois o direito estatal está sempre em atraso em relação às exigências da vida e do direito dinâmico e concreto que se estabelece dentro das associações, devendo o juiz, assim, afastar-se da norma se ela não conduzir à "verdadeira justiça".

A hermenêutica se manifesta fundamentalmente por meio da linguagem onde constrói a interpretação do texto jurídico. A linguagem é, portanto, um instrumento essencial.

Todos os elementos contidos na norma jurídica devem ser esmiuçados para a real compreensão do texto em análise. Ao analisar o texto legal, é preciso, igualmente, buscar a compreensão do sentido que ele expressa, dentro de um prisma de logicidade.

O uso da hermenêutica está relacionado à busca do significado e o alcance das normas jurídicas. Com a hermenêutica, o jurista pode encontrar a solução que mais se adequa à aplicação do direito, além de lhe possibilitar argumentos válidos para embasar sua decisão.

Toda lei e todos os fatos podem ser sujeitos de interpretações (tendo em vista que se revelam fenômenos sociais e jurídicos). Ora, a compreensão deste conjunto de ideias que idealiza a interpretação do Direito traduz, também, a evolução de sua História.

## 1.4. TIPOS DE INTERPRETAÇÃO

Interpretação autêntica: é a interpretação oriunda da própria pessoa que redigiu a regra. A interpretação autêntica apresenta no texto legal a *mens legis* (espírito do legislador) que serviu de inspiração para o dispositivo legal.

Interpretação doutrinária: oriunda da doutrina, elaborada pelos estudiosos do Direito.

Interpretação jurisprudencial: é aquela que é resultado do conjunto de acórdãos, súmulas, sentenças e enunciados pronunciados e que são baseados no argumento legal ou litígio que se reflete na regra a ser compreendida.

## 1.5. HERMENÊUTICA: MEIOS SUPLETIVOS DAS LACUNAS

- Vale lembrar o aluno que a analogia não se constitui "fonte do direito" na ótica de alguns doutrinadores. Segundo o entendimento destes, a analogia não cria a norma jurídica a ser aplicada ao fato não previsto; pois, é preexistente. Assim, este instituto só norteia ou orienta o intérprete no seu trabalho interpretativo.
- O fundamento da analogia reside no "princípio da igualdade jurídica". Este princípio salienta que os casos semelhantes (análogos) devem, também, ser regulados por normas semelhantes (pois é notório que "onde existir a mesma razão deverá existir o mesmo direito" – brocardo de interpretação).
- A equidade, no que tange à hermenêutica, tanto pode ser um "***elemento de integração***" perante uma lacuna existente no sistema legal, bem como pode ser um "***elemento de adaptação***" da norma às circunstâncias de um determinado caso concreto (quando a aplicação da lei for de difícil aplicação ou injusta...). No primeiro caso, a equidade pode ser vista como sendo o "***direito do caso concreto***" e, na segunda, a equidade pode ser vista como a "***justiça no caso em concreto***".

## 1.6. HERMENÊUTICA: MÉTODOS DE INTERPRETAÇÃO

- ***Interpretação autêntica***: ocorre quando o próprio órgão que editou a norma edita uma outra norma, com a finalidade de esclarecer pontos duvidosos e que, sendo meramente interpretativa, poderá ter eficácia retroativa (já que não cria nem extingue direitos).
- ***Literal ou gramatical***: consiste na interpretação voltada à investigação das "palavras da lei". Neste método, apura-se o "sentido do texto da lei" partindo do exame gramatical dos vocábulos que a constitui. Assim, com a interpretação gramatical ou literal o intérprete trabalha com a literalidade da lei.
- ***Lógico ou racional***: este método consiste na aplicação da lógica formal e da razão aos dispositivos da lei que se deseja interpretar. Atende ao espírito da lei – é um processo lógico, analítico; (razão da lei lógico jurídico).
- ***Sistemático***: com este método, interpreta-se a lei considerando-a como parte integrante de um ***todo*** (ou seja: do sistema jurídico). Nenhum dispositivo se interpreta isoladamente, sempre relacionado com os demais.
- ***Histórico***: busca-se, com este método, nos precedentes legislativos o verdadeiro sentido da lei a ser interpretada. As novas leis resultam de aperfeiçoamento de leis anteriores. Observa-se seu sentido e conteúdo histórico. O intérprete procura os precedentes históricos para tentar alcançar a interpretação a ser dada à norma.
- ***Sociológico***: este método atribui à lei um sentido de "atualidade" (realidade/funcionalidade social). Deve-se em grande parte ao surgimento da sociologia jurídica e compensa as distorções que os outros métodos normalmente conduzem;
- ***Teleológico***: como vimos anteriormente, este método procura fazer uma interligação entre a lei, a causa e sua finalidade. Busca-se aqui, a "finalidade" que a lei (ou o legislador), ao elaborá-la queria alcançar.

**KARL LARENZ**

a) Larenz aponta como **critérios de interpretação** que devem ser utilizados em conjunto, mas com características próprias, os seguintes: (i) o sentido literal – que, para ele, é o significado de um termo ou de uma cadeia de palavras no uso linguístico geral ou de um uso linguístico especial por parte da lei; (ii) o contexto significativo da lei – que determina, em primeiro lugar, da mesma maneira, a compreensão de cada uma das frases e palavras, tal como também, aliás, a compreensão de uma passagem do texto é codeterminada pelo contexto; (iii) a intenção reguladora, fins e ideias do legislador histórico – por meio do qual se investiga o elemento histórico da interpretação e se busca saber quem é a pessoa do legislador; (iv) teleológicos-objectivos – pelo qual se investiga os fins que o legislador intenta realizar por meio da lei e se parte de dados factuais e de princípios ético-jurídicos; (v) o preceito da interpretação conforme à Constituição – pelo qual, diante de uma norma que comporte mais de um significado e sendo, algum, incompatível com a Constituição, prefere-se aquela interpretação que se coaduna com a norma constitucional.

## 2. ÉTICA

### 2.1. CLASSIFICAÇÃO DA ÉTICA

A palavra *ética* se origina do termo grego *ethos*, que significa "modo de ser", "caráter", "costume", "comportamento". A Ética é o estudo desses aspectos do ser humano: por um lado, procurando descobrir o que está por trás do nosso modo de ser e de agir; por outro, procurando estabelecer as maneiras de agir ou ser.

- Para Hume, os princípios da moral não encontram fundamento na razão, mas sim no sentimento. Isto significa que não é a razão que informa o que seja o certo e o errado, o justo ou o injusto, mas a própria experiência humana. Para este filósofo, a moralidade ***traduz apenas um conjunto de qualidades aprovadas pela generalidade das pessoas***. Essas qualidades seriam aprovadas conforme sua utilidade ou o prazer que proporcionam.

### 2.2. ÉTICA SOCRÁTICA

- Sócrates foi modelo de coerência entre pensamento (teoria) e ação (prática). Concebe a virtude como valor universal, sendo que o homem pode alcançá-la por meio da razão.
- O homem vive e age em nome de princípios universais. Isto quer dizer que toda ação é orientada pelo saber racional (para ele, aquele que pratica o mal, age, fundamentalmente, por ignorância).
- Todo o saber (racional) está calcado numa única premissa: Conhece-te a ti mesmo. Esta premissa traduz, essencialmente, o ato que cada ser humano deve fazer, mas que não reside no plano ***individual*** (deve ser ***universal***).

### 2.3. ARISTÓTELES

Vale destacar que um dos primeiros conceitos filosóficos de Justiça foi apresentado pelos pitagóricos. Assim, este conceito dá ênfase à igualdade. Isso significa que, para estes pensadores, a Justiça antes de tudo se refere à igualdade (é a equivalência entre termos que se contrapõem entre si); isso implica que é, igualmente, reciprocidade. Temos aqui uma das influências do pensamento aristotélico (Aristóteles divide a Justiça em distributiva e sinalagmática e esta se subdivide em comutativa e judiciária e TODAS são atreladas à igualdade).

### 2.4. SANTO TOMÁS DE AQUINO

a) São Tomás de Aquino através de sua filosofia, tem pleno comprometimento com as Sagradas Escrituras e com o pensamento aristotélico, uma vez que dá enfoque teológico a doutrinas aristotélicas – ele utiliza a teoria aristotélica dentro de uma perspectiva teológica.

b) Santo Tomás assume a ideia de justiça como a firme e constante vontade de dar a cada um aquilo que é seu. Com pequenos retoques, é uma definição clássica, quase a mesma de Aristóteles: assim, Tomás de Aquino se posiciona em face de conceitos éticos para afirmar que a justiça é uma virtude. Assim, em sua *Suma Teológica* aborda a assertiva dos especialistas do direito que afirmam que "a justiça é uma constante e perpétua vontade de dar a cada um o seu direito". A definição de justiça estará correta se se compreender o "Bem".

c) Santo Tomás estuda o "direito" antes que a "justiça". A razão não é só filológica (pois, *justitia* deriva de *jus*), mas filosófico-teológica, tendo em vista que somente se pode falar de justiça se existem direitos. Assim, se o ato de justiça consiste em dar a cada um o que é seu, é porque dito ato supõe outro precedente, pela virtude do qual algo se constitui em propriedade de alguém.

d) As Dimensões da lei em Santo Tomás de Aquino:

Este pensador, ao observar a exteriorização da virtude da justiça, (relacionada ao direito), evidencia várias dimensões de leis: eterna, natural, divina e humana.

1. Lei Eterna: é de natureza divina, é conhecida parcialmente pelos homens por suas manifestações. A ordem universal é dada pela lei eterna. Trata-se de uma lei eterna, porque promulgada por Deus, e, assim, não está sujeita às vicissitudes a que as leis humanas estão. A lei eterna é a lei universal, a que todos os seres humanos estão sujeitos, e apesar de ser de natureza divina, não é lei divina. A lei divina está relacionada com o "faz" (verbo fazer – quando emanado de Deus) enquanto que as demais leis estão relacionadas ao *ius*.
2. Lei Natural: seria praticamente uma participação racional da lei eterna, a lei natural conhecida pelos homens através da razão. A formação da *lexnaturalis* não é elaborada ou declarada pelo legislador, porque já pré-existe na natureza.
3. Lei Humana: A lei humana não existe por si só, é fruto de convenções, pactos. Tem a finalidade de evitar o caos e somente produzirá força a partir do momento em que for legalmente instituída.

No esteio de nossa exposição sobre o pensamento jusnaturalista (aristotélico-tomista), destacamos que o professor Goffredo Telles Junior, em sua famosa obra, *Filosofia do Direito*, apresenta exemplos para demonstrar que as leis naturais já são inerentes da natureza, sem que haja qualquer manifestação de vontades humanas, como por exemplo, se for aceso um fogo, no momento estará a ação de queimar, porque no fogo já há uma ordem – uma preordenação, uma predeterminação – para que haja ação de queimar onde quer que haja o fogo; no caso de um pássaro, por exemplo, em sua natureza já está ordenado para voar.

### 2.5. LOCKE

a) Locke (1632 –1704) foi considerado como precursor e ideólogo do liberalismo (a mais ponderada e perene alma do liberalismo) e o "pai" espiritual do liberalismo moderno. Também é considerado como o principal representante do empirismo (corrente da Teoria do Conhecimento) e um dos principais teóricos do contratualismo social – teoria segundo a qual a sociedade surge a partir de um pacto, um contrato estabelecido entre os homens, que faz com que estes abandonem o estado de natureza e se organizem em sociedade.

b) Para Locke, o livre consentimento dos indivíduos para o estabelecimento da sociedade, o livre consentimento da comunidade para a formação do governo, a proteção dos direitos de propriedade pelo governo, o controle do Executivo pelo Legislativo e o controle do governo pela sociedade são os principais fundamentos do estado civil.

c) Locke revelou, através de seus escritos, o seu modelo jusnaturalista, sendo assim, considerado um dos importantes representantes do direito natural. No sistema de direitos naturais proposto por ele é que se insere a teoria da propriedade, diretamente relacionada com a concepção que o filósofo tinha do trinômio: estado natural/contrato social/estado civil.

d) O conceito de "propriedade" para Locke pode ser encarada sob duas acepções: i) primeiramente, pode se falar em propriedade num sentido amplo, segundo o qual ela designa, de forma simultânea, tanto a vida, quanto a liberdade e os bens do ser humano, ou seja: é tudo o que pertence a cada indivíduo – sendo que a primeira coisa que a pessoa possui, portanto, é o seu corpo (todo indivíduo é proprietário de si mesmo e de suas capacidades). De outro lado, ii) a propriedade, em sentido estrito, remete à posse de bens móveis ou imóveis. Depreende-se que o filósofo coloca a propriedade como um direito natural, isto é, um direito inerente ao homem, dele não se destacando.

### 2.6. ÉTICA EM ROUSSEAU

- Segundo Rousseau, o homem é bom por natureza e seu espírito pode sofrer aprimoramento quase ilimitado. Outro conceito importante reside no conceito de ***vontade geral***: o contrato social revela a vontade geral e deve, forçosamente, ser acatado por todos os cidadãos.

### 2.7. ÉTICA KANTIANA

- Kant distingue a moralidade da legalidade. A primeira reflete a conformidade imediata da vontade com a lei (sem qualquer interferência de fatores externos). Já a legalidade reflete a conformidade de determinada ação com a lei (que é condicionada por um motivo sensível como o medo, a esperança etc.).
- Vale a pena lembrar as **três** máximas destacadas por Kant, na sua obra ***Fundamentação Metafísica dos Costumes***:
- Age, como se a máxima da tua ação se devesse tornar, para a tua vontade, ***em lei universal***;
- Age, de tal maneira que uses a humanidade, tanto na tua pessoa como na pessoa de qualquer outro, sempre e simultaneamente como fim e nunca simplesmente como meio;
- Age, de tal maneira que a tua vontade se possa considerar como sendo a autora de lei universal à qual se submete.
- Kant usa a expressão "ética" com dois significados distintos: num sentido amplo, trata da ciência das leis, da liberdade (que são as leis éticas) que se dividem em morais e jurídicas; num sentido estrito, tanto o direito como a ética são formas particulares de uma legislação universal (cujos princípios a ética, em sentido amplo, contêm).
- Devemos distinguir "imperativo categórico" e "imperativo hipotético": ora, ***categóricos***, são aqueles comandos que prescrevem uma boa ação (exemplo, não fazer promessa falsa). ***Hipotéticos***, são os que prescrevem uma ação boa, mas que são destinados a atingir um ***determinado fim*** (exemplo, caso você não queira sofrer uma determinada sanção, não faça promessa falsa).
- Para Kant, a boa vontade é boa em si mesma (não está submetida aos sentidos). É a pura forma do querer humano. Vale dizer que dever, é a tradução do respeito a lei moral.
- Para Kant, temos o dever estrito de beneficência relativamente às outras pessoas: temos de lutar para promover o seu bem-estar; temos de respeitar os seus direitos, evitar fazer-lhes mal, e, em geral, **empenhar-nos, tanto quanto possível, em promover a realização dos fins dos outros**.

## 3. O CONCEITO DE DIREITO/EPISTEMOLOGIA

Hans-Georg Gadamer é reconhecido como um dos mais importantes filósofos do famoso ***linguisticturn***. É reconhecido pelos seus debates filosóficos no campo da hermenêutica jurídica e da ética do Direito. Vale destacar que o conceito aristotélico de phronesis revelou-se numa fonte prática para Gadamer (buscando aliar a teoria e a prática).

## 4. BENTHAM E O UTILITARISMO

O utilitarismo é uma doutrina que se originou na Inglaterra, tendo como principais autores Jeremy Bentham (1748-1832) e John Stuart Mill (1806-1873). A título de elucidação, destaca-se que Bentham foi o mestre de Stuart Mill, que lançou as bases da democracia liberal. Também conhecido como "moralismo britânico" ou "pensamento radical", "liberalismo clássico" ou "positivismo inglês", o utilitarismo influencia o pensamento ético-filosófico, econômico e jurídico por pelo menos dois séculos.

O utilitarismo de Bentham foi uma tentativa de se criar uma ciência objetiva da sociedade e da política. Pensava-se em se livrar do subjetivismo, tal como da influência religiosa e dos acidentes históricos. Interesse e razão se combinavam e o ponto arquimediano (de equilíbrio) estaria na própria natureza: o princípio da utilidade.

Destaca-se que, em Filosofia, o utilitarismo é uma doutrina ética que prescreve a ação (ou inação) de forma a otimizar o bem-estar do conjunto dos seres. O utilitarismo é então uma forma de consequencialismo, ou seja: ele avalia uma ação (ou regra) unicamente em função de suas consequências. Escolhendo entre aquilo que é certo ou errado, o utilitarismo não configura a análise do ser virtuoso, mas aquilo que ele faz ou deixa de fazer. Vale destacar que esta teoria teve um forte impacto nas decisões coletivas, (pois buscou dotar um sentido de direção voltado para o bem-estar da sociedade). Sendo assim, desde sua a gênese, o utilitarismo idealizado por Bentham está fatalmente vinculado ao reformismo e o progresso. Toda sua estrutura está voltada a eliminar os males, a começar pelo sofrimento; e o critério se constitui a base da teoria utilitarista não é a felicidade individual nas a multiplicação da felicidade na maior amplitude possível.

Para Bentham, ética, moral e Direito eram a mesma coisa. Pretendia iniciar uma nova ciência do Direito, tal como reformar a sociedade, tornando-a moderna e disciplinada. Contrariamente aos juristas mais destacados desse período, Bentham defendeu a ideia de que as leis são revogáveis e aperfeiçoáveis.

## 5. NORBERTO BOBBIO

a) É importante reter que a norma se revela num imperativo tendo em vista seu significado e conteúdo. Deste modo, são prescritivas porque impõem um dever. Têm o condão de regular a conduta humana (eis a razão que se situam na esfera da normatividade ética). Eis então a sua essência ética: conduzir o homem, dirigindo-o, auxiliando-o, a interagir no complexo da realidade social, que aquele, busca ajustar-se, sob a inspiração e orientação de valores.

b) Não podemos esquecer que a opinião predominante na doutrina atesta que a norma jurídica se revela numa espécie de imperativo despsicologizado, nomeadamente num comando, onde não se identifica nem o comandante, nem o comandado. Isto significa que de um lado, encontramos o legislador e de outro, os destinatários da norma (eis a razão que as normas jurídicas são comandos genéricos e universais).

c) Outro ponto importante a ser realçado, é o fato de Kelsen atentar que a validade de uma determinada norma está intimamente ligada à norma fundamental. Assim a norma jurídica é a tradução da manifestação de vontade de uma autoridade competente. Uma regra jurídica só é válida se emanar de uma autoridade competente para editá-la.

d) Há autores que sustentam que a norma jurídica tem o papel de coação sobre todos (tendo em vista o medo que inspiram) uma vez que traz consequências em caso de sua violação. Aqui temos a coerção (coação psíquica). Ora, a coação não é um elemento constitutivo da norma jurídica uma vez que, se assim fosse, nas hipóteses em que seria impossível coagir, a norma desapareceria, deixaria de existir.

e) Segundo o Professor Goffredo Telles Jr., a norma é "imperativo-autorizante". Por um lado, é imperativa porque prescreve condutas lícitas, devidas e proibidas. Revela-se autorizante porque permite ao lesado (tendo em vista a violação da norma) exigir o cumprimento, ou seja: a incidência da norma no caso concreto.

f) No pensamento de Kelsen, dizer que uma determinada norma vale, significa afirmar que ela vigora em um determinado espaço e tempo. Se aplica, pois, a um comportamento que se verifica num dado lugar e num momento específico (daí, segundo o pensamento kelseniano, ser espácio-temporais).

g) A norma jurídica quanto a seu conteúdo é bilateral. A norma moral é unilateral. Isto significa que a norma jurídica institui – ao mesmo tempo – direito a um dos polos e dever ao outro.

h) Bobbio entende o fenômeno jurídico por meio de um método científico, capaz de isolar o seu objeto (o Direito) das questões filosóficas ou ideológicas, centrando na norma jurídica a sua investigação, tal como fez Kelsen. Contudo, de modo diverso de Kelsen, o que Bobbio busca é observar a norma jurídica em sua essência: de permitir, proibir ou obrigar.

## 6. MIGUEL REALE

a) Miguel Reale salienta que fato, valor e norma estão sempre presentes e correlacionados em qualquer expressão da vida jurídica, o que aponta no sentido de que os filósofos, (juristas, sociólogos etc.) não devem estudar nem analisar esses elementos de forma isolada, mas, sim, associados ao "mundo da vida", esta posição rejeita o denominado tridimensionalismo "genérico" ou "abstrato".

b) O Direito, segundo Reale, seria sempre fato, valor e norma, para quem quer que o estude, havendo apenas variação no enfoque de pesquisa (seja de natureza científico-jurídica, sociológica ou filosófica). Se observarmos a História do Direito, antes de surgir a Teoria Tridimensional do Direito, apresentava o Direito com certo reducionismo e muito abstrato.

c) Reale defende a necessidade do valor para superar a bidimensionalidade jurídica – vendo nele o elemento mediador entre a norma e o fato. Contudo, exige-se para isso a visualização de uma unidade na realidade do direito.

d) A Teoria Tridimensional do Direito é a filosofia que entende o direito como um sistema em que fato, valor e norma estão sempre presentes e correlacionados em qualquer expressão da vida jurídica – o que aponta no sentido de que os filósofos, juristas e sociólogos não devem estudar nem analisar esses elementos de forma isolada, mas, sim, associados ao "mundo da vida". Isso significa que as investigações do filósofo, do jurista e do sociólogo passam a ter um sentido dialético.

e) A ideia central da teoria tridimensional é que o Direito é integrado por fato, valor e norma. Certos fatos ocorrem, são valorados positiva ou negativamente pela sociedade e daí decorrem normas que os impõem, proíbem ou permitem.

## 7. HERBERT HART

a) A obra de Herbert Lionel Adolphus Hart (professor de Filosofia em Oxford) sob o título "Positivism and separation of Law and Morals", corresponde ao ápice do desenvolvimento teórico do positivismo jurídico (especialmente para a distinção entre direito e moral e sua relação com a obediência das leis).

b) Hart em sua obra procurou aplicar a análise de linguagem ordinária ou linguística ao campo do Direito. Aliás, outro grande mérito de Hart foi tentar compreender e explicar o direito enquanto sistema normativo (que exibe algumas características proeminentes, entre elas: a relação que estabelece com a linguagem, a coação, o poder e a moral).

c) Mesmo sendo defensor do positivismo jurídico, Hart não nega que os sistemas jurídicos contemporâneos são complexos e que positivaram princípios e valores morais que têm transcendência no que é o direito válido, uma vez que acrescentam dimensões éticas novas e mais intrincadas aos processos jurídicos de tomada de decisões.

d) **HART: regras primárias e secundárias** Hart identifica na estrutura do sistema jurídico duas classes de normas, as quais denomina "normas primárias" e "secundárias". Assim, a união dessas duas classes normativas representa a chave para a elucidação do conceito de Direito. As regras primárias podem ser chamadas "regras de obrigação", uma vez que impõem condutas ou a abstenção de certos atos, independentemente da vontade do sujeito a quem se destinam. Estas regras envolvem ações que dizem respeito a movimentos ou mudanças no mundo físico. As regras secundárias, por seu turno, asseguram que os seres humanos possam criar, ao fazer ou dizer certas coisas, novas regras do tipo primário, extinguir ou modificar as antigas, determinar de diferentes modos a sua incidência ou fiscalizar a sua aplicação. Estas regras impõem poderes, públicos ou privados, tornam possíveis atos que conduzem não só a movimentos ou mudanças físicas, mas à criação ou alteração de deveres ou obrigações.

e) As regras secundárias, abordadas no item anterior, revelam-se, segundo o Hart, em três espécies: regras de reconhecimento (*rule of recognition*), de alteração (*rules of change*) e de julgamento (*rules of adjudication*):

I) a regra de reconhecimento estabelece um critério ou critérios segundo os quais uma norma é identificada. A existência da regra de reconhecimento é uma questão de fato, empírica; na maior parte das vezes sua existência não é enunciada. Esta regra é distinta das outras regras do sistema e sua natureza vai depender do ponto de vista com o qual se encara o Direito (interno ou externo). A regra de reconhecimento está diretamente relacionada à validade das outras regras do sistema, uma vez que ela estabelece os critérios de validade destas normas. Neste sentido, ela seria a regra última do sistema.

II) as regras de alteração conferem poderes a pessoas ou órgãos para que modifiquem, retirem ou acrescentem novas regras ao sistema jurídico. As regras de alteração têm estreita conexão com a regra de reconhecimento, uma vez que esta as identifica e valida.

III) as regras de julgamento, que são regras secundárias que dão o poder aos indivíduos para proferir determinações dotadas de autoridade respeitantes à questão sobre se, numa ocasião concreta, foi violada uma norma primária. Além de identificar os indivíduos que devem julgar, tais regras definirão também o processo a seguir.

## 8. DIREITO NATURAL *VERSUS* DIREITO POSITIVO

a) Vale lembrar a tradicional distinção conceitual entre o direito positivo e o direito natural está presente em toda tradução do pensamento jurídico ocidental, sendo o direito natural aquilo que é por natureza enquanto que o direito positivo é aquele posto ou convencionado pelos homens. Lembre-se do dilema grego apresentado por Sófocles na peça *Antígona*. Em síntese, naquele ensaio, o tirano

Creonte insiste em aplicar as leis da polis, porém Antígona as viola por considerar que as leis dos deuses são eternas, irrevogáveis e superiores aos códigos dos homens e, por essa razão, devem ser obedecidas. Creonte, tirano de Tebas, promulgou lei proibindo que aqueles que atentassem contra a polis fossem sepultados e, desta forma, estabeleceu a morte como pena por desobediência.

Ora, Polinices, irmão de Antígona, havia combatido na guerra contra seu irmão Etéocles que apoiava Creonte. Etéocles era considerado herói de guerra, e fora sepultado com todas as honras de guerreiro ilustre, porém, Polinices não. Inconformada, Antígona seguiu o direito divino que determinava que um membro da família deveria ser sepultado por seus parentes ou seu espírito não teria descanso.

Por desobedecer às leis da polis, Antígona fora condenada a ser sepultada viva, mas declarou estar de consciência tranquila por ter agido conforme o que ordenavam as mais sagradas leis dos deuses.

Lembre-se que, para Antígona, viver com o conhecimento de sua incapacidade de agir seria negar o significado à sua vida e fazer desta uma "não existência". Enquanto que Creonte considerava que o governante, a que o Estado conferia poder, deveria ser obedecido até as mínimas coisas fossem justas ou injustas – justificando ainda, sua atitude com a afirmação de que a desobediência do governante era uma desgraça, esta destrói os Estados, leva lares a ruína e, nos combates, traz consigo a derrota dos exércitos.

b) Para respeitar um sentimento de Justiça, o direito natural admite soluções diferenciadas: evidentemente que a partir de inspirações ilimitadas. Deste modo, o principal traço característico do direito natural é o reconhecimento da existência de um direito, de uma justiça, anterior e acima e do direito positivo vigente.

c) Lembre-se que Aristóteles foi considerado por muitos como o "pai do direito natural", (contudo, mesmo no período do pré-socrático já havia defensores como Pitágoras, Heráclito e Sófocles que desenvolveram a ideia de que o antes do direito positivo estava o logos divino e os próprios deuses).

d) Também podem ser apontados como representantes da doutrina do direito natural racional: Hugo Grotius, Thomas Hobbes, Rousseau, Locke, Leibniz, Spinoza, Kant e Puffendorf.

e) Em síntese as correntes se diferenciam do seguinte modo:
   - teoria do direito natural (ou jusnaturalismo): a lei válida é a lei justa - o que pressupõe duas afirmações: a) há uma conexão necessária entre direito e moral; b) certas leis jurídico-morais existem independentemente dos seres humanos (são eternas, perenes, imutáveis).
   - positivismo (ou juspositivismo): a lei válida é a que está de acordo com certos fatos ou regras sociais. Assim, a validade e o conteúdo da lei não dependem do seu mérito, mas de certos fatos sociais (por quem foi feita, como foi feita, como foi aplicada, sua sintonia com as demais normas do ordenamento jurídico etc.). Analisa até mesmo, se o legislador, ou o juiz são legítimos. Isto pressupõe, necessariamente, que Direito e Moral são independentes e que toda lei é criação humana.

## 9. RUDOLF VON IHERING

a) O direito não é uma simples ideia, é uma força viva. O verdadeiro estado de direito só pode existir quando a justiça sabe brandir a espada com a mesma habilidade com que manipula a balança.

b) O fim do direito é a paz, o meio de que se serve para consegui-lo é a luta. Enquanto o direito estiver sujeito às ameaças da injustiça – e isso perdurará enquanto o mundo for mundo –, ele não poderá prescindir da luta. A vida do direito é a luta: luta dos povos, dos governos, das classes sociais, dos indivíduos.

c) Para Ihering, a reação dos sentimentos jurídicos dos Estados e dos indivíduos atinge a maior vivacidade sempre que uns e outros se sintam imediatamente ameaçados nas condições particulares da sua existência, daí a luta pelo direito, cada qual, na sua época, seja pela honra ou pela moral, movida pelo interesse.

## 10. RONALD DWORKIN

a) O jurista Dworkin, pode ser considerado representante daquilo que se chama de pós-positivismo.

b) Este jusfilósofo ataca teses sustentadas pelo positivismo jurídico, como a não conexão entre direito e moral/princípios.

c) A teoria de Dworkin, além de afirmar a conexão entre direito e moral/princípios é necessária, também foca (como tema central) na solução dos "casos difíceis" no âmbito jurídico, sem abandonar os parâmetros do mesmo sistema, na medida em que questões de ordem principiológica ou moral poderão ser invocadas e tornarem-se jurídicas, quando o sistema jurídico for insuficiente.

d) Para Dworkin, segundo a sua ideia de integridade do Direito, os juízes, ao resolverem os chamados "casos complexos" devem se utilizar de padrões determinados, a fim de que sejam alcançadas a previsibilidade e justiça no caso concreto. Há, portanto, um refutamento à teoria da discricionariedade proposta pelo positivismo jurídico.

e) A teoria do Direito de Dworkin se insere em um quadrante da tradição liberal. Dworkin, (contudo, irá se contrapor aos ideais liberalistas defendidos por Rawls e Nozick). Segundo este pensador, há que se fazer uma ponderação valorativa no que diz respeito aos princípios, sendo um erro, portanto, afirmar que as liberdades básicas são mais importantes do que as diferenças econômicas e sociais. Neste sentido, a igualdade é um direito de tratamento devido aos seres humanos enquanto pessoas morais, não sendo adversa às liberdades individuais.

f) Dworkin destaca em sua obra *Levando os Direitos a Sério* a diferença entre regras e princípios do seguinte modo: "A diferença entre princípios jurídicos e regras jurídicas é de natureza lógica. Os dois conjuntos de padrões apontam para decisões particulares acerca da obrigação jurídica em circunstâncias específicas, mas distinguem-se quanto á natureza da orientação que oferecem. As regras são aplicáveis à maneira tudo-ou-nada. Dados os fatos que uma regra estipula, então ou a regra é válida, e neste caso a resposta que ela fornece deve ser aceita, ou não é válida, e neste caso em nada contribui para a decisão".

## 11. NEIL MACCORMICK

a) Divide-se os teóricos da argumentação:

   da primeira metade do século passado (Chaim Perelman e Theodor Viehweg) que tinham como pensamento em comum a rejeição ao modelo da lógica dedutiva.

   Na atualidade temos presente o que se denomina como "teoria padrão da argumentação jurídica" e tem como componentes, dentre outros, os pensamentos de Robert Alexy e Neil MacCormick.

b) O pensamento central de Neil MacCormick tem como escopo criar uma teoria que seja tanto descritiva quanto normativa, abarcando uma ideia contemplativa da segurança própria da normatividade, bem como da lógica descritiva. Ele se posiciona sempre em um meio termo – que busca atender tanto aos aspectos dedutivos como aos não dedutivos

# Direito Financeiro

***Danilo Vieira Vilela***

## ✦ QUESTÕES

### 1. ORÇAMENTO PÚBLICO

CRFB/88, arts. 165, 166, 166-A, 167 e 167-A;
ADCT, arts. 107 e 109
Lei nº 4.320/64, arts. 40 e 41
LC 101/2000, art. 12
Lei nº 14.194/21

**01. (FGV – Consultor Legislativo – Câmara de Taubaté - SP/2022)** O Prefeito do Município Beta encaminhou à Câmara Municipal a proposta de lei orçamentária para o próximo exercício financeiro. Maria, Vereadora integrante da Comissão de Finanças, entendia que as dotações direcionadas ao pagamento (1) de pessoal e (2) dos juros da dívida pública estavam muito elevadas, o que tinha o efeito de diminuir as dotações direcionadas à (3) implementação de políticas públicas, com realce para aquelas relacionadas às pessoas com deficiência. Por tal razão, solicitou que sua assessoria analisasse a possibilidade de ser apresentada uma emenda ao referido projeto de lei, de modo que as dotações referidas em 1 e 2 fossem reduzidas, com o consequente aumento daquela referida em 3. A assessoria respondeu corretamente que, observados os demais balizamentos existentes,

a) não é possível a apresentação, pelos Vereadores, de emendas ao projeto de lei orçamentária anual.
b) a Câmara Municipal possui plena liberdade valorativa para a análise do projeto de lei orçamentária, podendo remanejar todas as dotações inicialmente sugeridas pelo Executivo.
c) o aumento das dotações referidas em 3 não pode decorrer da redução daquela referida em 1, mas tão somente da diminuição daquela mencionada em 2.
d) o aumento das dotações referidas em 3 não pode decorrer da redução daquela referida em 2, mas tão somente da diminuição daquela mencionada em 1.
e) o aumento das dotações referidas em 3 não pode decorrer da redução daquelas referidas em 1 e 2.

**COMENTÁRIOS**

✪ **Nota do autor:** o art. 166 da CRFB/88 fixou regras para a apreciação legislativa das propostas de leis orçamentárias. Nesse sentido, o §3º determina que as emendas ao projeto de lei do orçamento anual ou aos projetos que o modifiquem somente podem ser aprovados caso: I- sejam compatíveis com o plano plurianual e com a lei de diretrizes orçamentárias; II- indiquem os recursos necessários, admitidos apenas os provenientes de anulação de despesa, excluídas as que incidam sobre: a) dotações para pessoal e seus encargos, b) serviço da dívida, c) transferências tributárias constitucionais para Estados, Municípios e Distrito Federal; ou III- sejam relacionadas: a) com a correção de erros ou omissões; ou b) com os dispositivos do texto do projeto de lei.

**Alternativa "a":** alternativa errada, uma vez que o Poder Legislativo, em todos os níveis, tem competência para a apresentação de emendas ao projeto de LOA.

**Alternativa "b":** alternativa errada. Conforme previsão do art. 166 da CRFB/88, a Câmara Municipal não conta com plena liberdade valorativa para a análise do projeto de lei orçamentária. Assim, sua atuação é possível, mas limitada pelo texto constitucional.

**Alternativa "c":** alternativa errada, já que o aumento das dotações referidas em 3 não pode decorrer da redução tanto daquela referida em 1 quanto em 2.

**Alternativa "d":** alternativa errada, já que o aumento das dotações referidas em 3 não pode decorrer da redução tanto daquela referida em 1 quanto em 2.

**Alternativa "e":** conforme se depreende da leitura do art. 166, §3º (Comentários do autor), a proposta da vereadora Maria para o aumento das dotações para a implementação de políticas públicas não pode decorrer de reduções das dotações para pagamento de pessoal e nem para pagamento dos juros da dívida pública. Alternativa correta.

**Alternativa correta: letra "e"**

**02. (FGV – Consultor Legislativo – Senado Federal/2022)** Cinco professores de universidade federal situada no Estado de São Paulo foram nomeados, em setembro de 2021, para assumir elevados cargos de direção em outra universidade federal, situada no Estado de Minas Gerais. Em razão da necessidade de terem que passar a residir em Minas Gerais, faziam jus, como servidores federais, ao auxílio-moradia. Contudo, não havia previsão dos gastos para atender a essa nova categoria de programação (pagamento de tais auxílios) na Lei Orçamentária Anual (LOA) da União. Por isso, foi enviado ao Congresso Nacional um projeto de lei, em outubro do mesmo ano, prevendo autorização para fazer frente a tais gastos. Diante desse cenário, tal autorização por lei deverá ser para abertura de crédito adicional

a) especial, permitida sua reabertura no exercício financeiro seguinte.
b) especial, vedada sua reabertura no exercício financeiro seguinte.
c) suplementar, permitida sua reabertura no exercício financeiro seguinte.
d) suplementar, vedada sua reabertura no exercício financeiro seguinte.
e) extraordinário, vedada sua reabertura no exercício financeiro seguinte.

**COMENTÁRIOS**

✪ **Nota do autor:** os chamados créditos adicionais foram previstos na lei nº 4.320/64 como as autorizações de despesa não computadas ou insuficientemente dotadas na Lei do

Orçamento (art. 40). Podem ser suplementares (destinados a reforço da dotação orçamentária), especiais (destinados a despesas para as quais não haja dotação orçamentária) ou extraordinários (destinados a despesas urgentes e imprevistas, em caso de guerra, comoção intestina ou calamidade pública). Considerando a incidência deste tema nos concursos públicos, certamente, é um assunto que tem grandes chances de aparecer no Exame da OAB.

**Alternativa "a":** alternativa correta. Conforme apontado na nota do autor, o crédito especial destina-se a despesas para as quais não haja dotação orçamentária específica, e devem ser autorizados por lei, o que se encontra, perfeitamente, de acordo com o enunciado da questão. Ademais, tais créditos não poderão ter vigência além do exercício em que forem autorizados, salvo se o ato de autorização for promulgado nos últimos quatro meses, caso em que, reabertos nos limites de seus saldos, serão incorporados ao orçamento do exercício (VILELA, Danilo Vieira. Direito Financeiro. Coleção Sinopses para Concursos. v. 37. 4.ed. Salvador: Juspodivm, 2022. p. 118).

**Alternativa "b":** alternativa errada. Apesar de a hipótese se tratar de crédito especial, é permitida sua reabertura no exercício seguinte, conforme apontado na análise da alternativa "a".

**Alternativa "c":** alternativa errada, pois não se trata de crédito suplementar, hipótese que seria cabível no caso de reforço da dotação orçamentária, o que não é o caso do enunciado.

**Alternativa "d":** alternativa errada, vez que o caso apontado pelo enunciado diz respeito a crédito especial, e não suplementar.

**Alternativa "e":** alternativa errada, vez que o caso apontado pelo enunciado diz respeito a crédito especial, e não extraordinário, que, por sua vez, no âmbito da União, é aberto por medida provisória.

**Alternativa correta: letra "a"**

---

**03. (FGV – Consultor Legislativo – Senado Federal/2022)** Relacione as leis orçamentárias federais com suas respectivas atribuições, definições ou conteúdo:

1. Plano plurianual
2. Diretrizes orçamentárias
3. Orçamento anual

( ) Compreende as metas e prioridades da administração pública federal, estabelece as diretrizes de política fiscal e respectivas metas, em consonância com trajetória sustentável da dívida pública, orienta a elaboração da lei orçamentária anual, dispõe sobre as alterações na legislação tributária e estabelece a política de aplicação das agências financeiras oficiais de fomento.

( ) Estabelece, de forma regionalizada, as diretrizes, objetivos e metas da administração pública federal para as despesas de capital e outras delas decorrentes e para as relativas aos programas de duração continuada.

( ) Compreende o orçamento fiscal referente aos Poderes da União, seus fundos, órgãos e entidades da administração direta e indireta, inclusive fundações instituídas e mantidas pelo Poder Público.

Assinale a opção que indica a relação correta, na ordem apresentada.

a) 1 - 3 - 2.
b) 2 - 3 - 1.
c) 1 - 2 - 3.
d) 3 - 2 - 1.
e) 2 - 1 - 3.

**COMENTÁRIOS**

✪ **Nota do autor:** as definições das leis orçamentárias apontadas na presente questão são aquelas contidas no art. 165 da CRFB/88 e merecem muita atenção por parte daqueles que se preparam para o Exame da OAB. Assim, quanto a esses conceitos, sugerimos a memorização.

**Alternativa correta: letra "e"**

---

**04. (FGV – Consultor Legislativo – Senado Federal/2022)** De iniciativa privativa do chefe do poder executivo, o projeto de lei do Plano Plurianual (PPA) é encaminhado às casas legislativas nos prazos estabelecidos nas constituições e nas leis orgânicas. Com relação ao PPA, assinale (V) para a afirmativa verdadeira e (F) para a falsa.

( ) Na União, a data de encaminhamento e o período de apreciação do projeto de lei do PPA no Congresso Nacional são os mesmos do projeto da Lei Orçamentária Anual.

( ) Na União, diferentemente do que ocorre com outros projetos de leis do sistema orçamentário, o projeto de lei do PPA é objeto de discussão, apresentação e aprovação de emendas e votação no âmbito da Comissão Mista de Planos, Orçamentos Públicos e Fiscalização (CMO) e, após, votação final em sessão do Congresso Nacional.

( ) Nos estados e municípios há a necessidade de uma comissão permanente, aos moldes da Comissão Mista de Planos, Orçamentos Públicos e Fiscalização (CMO), para tratar das matérias orçamentárias.

As afirmativas são, respectivamente,

a) F, V e F.
b) F, V e V.
c) V, F e F.
d) V, V e F.
e) V, F e V.

**COMENTÁRIOS**

✪ **Nota do autor:**

Afirmativa 1: Verdadeira. As datas para encaminhamento e os períodos de apreciação do projeto de lei do PPA, assim como do projeto de LOA no Congresso Nacional são os mesmos: 31 de agosto e 22 de setembro, respectivamente. Contudo, o projeto de PPA só será encaminhado e apreciado no primeiro exercício financeiro do mandato do Chefe do Executivo, ao passo que da LOA, como o próprio nome diz, será em todos os anos.

Afirmativa 2: Falsa. Todas as leis orçamentárias, e não apenas o PPA, são objeto de discussão, apresentação e aprovação de emendas e votação no âmbito da Comissão Mista de Planos, Orçamentos Públicos e Fiscalização (CMO) e, após, votação final em sessão do Congresso Nacional.

Afirmativa 3: Falsa. Nos estados e municípios não há a necessidade de uma comissão permanente para tratar das matérias orçamentárias. No mais, não há que se falar em comissão mista em outros entes federativos, além da União, pois as casas legislativas são unicamerais.

**Alternativa correta: letra "c"**

---

**05. (FGV – Consultor Legislativo – Senado Federal/2022)** Conforme a Emenda Constitucional nº 95, de 2016, no caso de descumprimento do Teto de Gastos Primários, ficam acionados os seguintes gatilhos de vedações, à exceção de

a) concessão de reajuste de remuneração aos servidores públicos, exceto por determinação legal.
b) criação de cargo, emprego ou função que implique aumento de despesa.
c) criação de benefícios de qualquer natureza em favor de membros do Ministério Público.
d) alteração de estrutura de carreira.
e) criação de despesa obrigatória.

**COMENTÁRIOS**

✪ **Nota do autor:** a Emenda Constitucional nº 95, de 2016 incluiu, dentre outros, o art. 109 no texto do Ato das Disposições Constitucionais transitórias, já alterado pelas posteriores Emendas Constitucionais 109, de 2021 e 126, de 2022. Segundo o texto atual daquele dispositivo: Se verificado, na aprovação da lei orçamentária, que, no âmbito das despesas sujeitas aos limites do art. 107 deste Ato das Disposições Constitucionais Transitórias, a proporção da despesa obrigatória primária em relação à despesa primária total foi superior a 95% (noventa e cinco por cento), aplicam-se ao respectivo Poder ou órgão, até o final do exercício a que se refere a lei orçamentária, sem prejuízo de outras medidas, as seguintes vedações: **I - concessão, a qualquer título, de vantagem, aumento, reajuste ou adequação de remuneração de membros de Poder ou de órgão, de servidores e empregados públicos e de militares, exceto dos derivados de sentença judicial transitada em julgado** ou de determinação legal anterior ao início da aplicação das medidas de que trata este artigo; II - **criação de cargo, emprego ou função que implique aumento de despesa;** III - alteração de estrutura de carreira que implique aumento de despesa; IV - admissão ou contratação de pessoal, a qualquer título, ressalvadas: a) as reposições de cargos de chefia e de direção que não acarretem aumento de despesa; b) as reposições decorrentes de vacâncias de cargos efetivos ou vitalícios; c) as contratações temporárias de que trata o inciso IX do caput do art. 37 da Constituição Federal; e d) as reposições de temporários para prestação de serviço militar e de alunos de órgãos de formação de militares; V - realização de concurso público, exceto para as reposições de vacâncias previstas no inciso IV; VI - criação ou majoração de auxílios, vantagens, bônus, abonos, verbas de representação ou **benefícios de qualquer natureza, inclusive os de cunho indenizatório, em favor de membros de Poder, do Ministério Público** ou da Defensoria Pública, de servidores e empregados públicos e de militares, ou ainda de seus dependentes, exceto quando derivados de sentença judicial transitada em julgado ou de determinação legal anterior ao início da aplicação das medidas de que trata este artigo; **VII - criação de despesa obrigatória;** e VIII - adoção de medida que implique reajuste de despesa obrigatória acima da variação da inflação, observada a preservação do poder aquisitivo referida no inciso IV do caput do art. 7º da Constituição Federal; IX - aumento do valor de benefícios de cunho indenizatório destinados a qualquer membro de Poder, servidor ou empregado da administração pública e a seus dependentes, exceto quando derivado de sentença judicial transitada em julgado ou de determinação legal anterior ao início da aplicação das medidas de que trata este artigo.

**Alternativa "a":** alternativa incorreta. Conforme demonstrado na nota do autor, a medida apontada pela alternativa encontra-se prevista no art. 109, I, do ADCT.

**Alternativa "b":** alternativa incorreta. Conforme demonstrado na nota do autor, a medida apontada pela alternativa encontra-se prevista no art. 109, II, do ADCT.

**Alternativa "c":** alternativa incorreta. Conforme demonstrado na nota do autor, a medida apontada pela alternativa encontra-se prevista no art. 109, VI, do ADCT.

**Alternativa "d":** alternativa correta. A mera alteração de estrutura de carreira, como trouxe o enunciado da alternativa, não é vedada pelo art. 109 do ADCT, o que se dará apenas nos casos em que essa alteração implique aumento de despesa.

**Alternativa "e":** alternativa incorreta. Conforme demonstrado na nota do autor, a medida apontada pela alternativa encontra-se prevista no art. 109, VII, do ADCT.

**Alternativa correta: letra "d"**

---

**06. (FGV – Consultor Legislativo – Senado Federal/2022)** A Regra de Ouro das Finanças Públicas é definida

a) pela vedação das operações de crédito serem superiores às despesas de capital.
b) diferentemente da meta de resultado primário e do teto dos gastos, cuja avaliação do cumprimento ocorre ao final de cada PPA.
c) pela soma dos investimentos, inversões financeiras e amortização da dívida não ser superior aos ingressos financeiros oriundos do endividamento.
d) pelo impedimento de governos se endividarem para o pagamento de despesas de custeio da máquina pública, com exceção da folha do funcionalismo.
e) pelo impedimento do uso de créditos suplementares ou especiais, mesmo com finalidade aprovada pelo Congresso Nacional.

**COMENTÁRIOS**

✪ **Nota do autor:** a chamada "regra de ouro" das finanças Públicas está prevista no art. 167, III, da CRFB/88, segundo o qual é vedada "a realização de operações de créditos que excedam o montante das despesas de capital, ressalvadas as autorizadas mediante créditos suplementares ou especiais com finalidade precisa, aprovados pelo Poder Legislativo por maioria absoluta". Do mesmo modo, o art. 12, §2º da LRF estabelece que "o montante previsto para as receitas de operações de crédito não poderá ser superior ao das despesas de capital constantes do projeto de lei orçamentária". Há que se destacar que a EC 109/2021, considerando o contexto de pandemia, flexibilizou a chamada "regra de ouro" em situações de calamidade pública. Assim, segundo o art. 167-E, da CRFB/88, "fica dispensada, durante a integralidade do exercício financeiro em que vigore a calamidade pública de âmbito nacional, a observância do inciso III do caput do art. 167 desta Constituição".

**Alternativa "a": alternativa correta, conforme art. 167, III, da CRFB/88, supratranscrito.**

**Alternativa "b": alternativa incorreta, vez que, da mesma forma que ocorre com a meta de resultado primário e com o teto de gastos, a** avaliação do cumprimento da regra de ouro ocorre ao final de cada exercício financeiro, considerando-se o período de 1º de janeiro a 31 de dezembro.

**Alternativa "c": alternativa incorreta.**

**Alternativa "d": alternativa incorreta.**

**Alternativa "e": alternativa incorreta.**

**Alternativa correta: letra "a"**

---

**07. (FGV – Consultor Legislativo – Senado Federal/2022)** Em relação à Lei de Diretrizes Orçamentárias de 2022 (Lei nº 14.194/2021), assinale (V) para a afirmativa verdadeira e (F) para a falsa.

( ) O Projeto de Lei Orçamentária de 2022, a respectiva Lei e os créditos adicionais devem discriminar, em categorias de programação específicas, as dotações destinadas a despesas de pessoal decorrentes da concessão de qualquer vantagem ou aumento de remuneração.

( ) As proposições legislativas relacionadas ao aumento de gastos com pessoal e encargos sociais devem ser acompanhadas de comprovação de que a medida não impacta a meta de resultado primário estabelecida na própria LDO nem o teto de gastos.

( ) As proposições legislativas que reduzam receita da União, não exigem medida compensatória se a receita não for obrigatória de caráter continuado e cumprir requisitos da Lei de Responsabilidade Fiscal.

As afirmativas são, respectivamente,

a) V, F e V.

b) V, V e F.

c) V, F e F.

d) F, V e V.

e) F, F e F.

**COMENTÁRIOS**

✪ **Nota do autor: o** enunciado da presente questão, aplicada no concurso para o Senado Federal, está relacionado, diretamente, à lei nº 14.194/2021, o que pode parecer bastante complexo para um Exame da OAB. No entanto, mesmo sem que o candidato tenha conhecimento específico daquela lei – o que se espera de um candidato no Exame da OAB – seria possível responder à questão com base em conhecimentos gerais sobre as leis orçamentárias. Assim, o grau de complexidade não é tão grande quanto parece e, por esse motivo, algo semelhante pode sim, aparecer na OAB.

**Afirmativa I:** Verdadeira. A lei nº 14.194/2021 dispõe sobre as diretrizes para a elaboração e a execução da Lei Orçamentária de 2022 e estabelece, em seu art. 12 que "O projeto de Lei Orçamentária de 2022, a respectiva Lei e os créditos adicionais discriminarão, em categorias de programação específicas, as dotações destinadas a: [...] XIII. Despesas de pessoal e encargos sociais decorrentes da concessão de qualquer vantagem ou aumento de remuneração, inclusive resultante de alteração de estrutura de carreiras e de provimento de cargos, empregos e funções".

**Afirmativa II:** Verdadeira. Assim como na análise da afirmativa anterior, a lei nº 14.194/2021, em seu art. 108 determina que "As proposições legislativas relacionadas ao aumento de gastos com pessoal e encargos sociais deverão ser acompanhadas de: [...] III- comprovação de que a medida, em seu conjunto, não impacta a meta de resultado primário estabelecida nesta Lei, nos termos do disposto no §2º do art. 17 da Lei Complementar nº 101 de 2000 – Lei de Responsabilidade Fiscal, nem os limites de despesas primárias estabelecidos no art. 107 do Ato das Disposições Constitucionais Transitórias".

**Afirmativa III:** Falsa: No caso de proposições legislativas que, direta ou indiretamente, importem ou autorizem redução de receita ou aumento de despesa da União, deverão ser instruídas com demonstrativo de impacto orçamentário-financeiro no exercício em que devam entrar em vigor e nos dois exercícios subsequentes. Nesse caso, o art. 125 da nº 14.194/2021 determina, ainda, que a proposta deverá demonstrar a ausência de prejuízo ao alcance das metas fiscais e cumprir, no mínimo, um dos seguintes requisitos: a) ser demonstrado pelo proponente que a renúncia foi considerada na estimativa de receita da Lei Orçamentária, **na forma do disposto no art. 12 da Lei Complementar nº 101, de 2000 - Lei de Responsabilidade Fiscal**; b) estar acompanhada de **medida compensatória** que anule o efeito da renúncia no resultado primário, por meio de aumento de receita corrente ou redução de despesa; ou c) comprovar que os efeitos financeiros líquidos das proposições decorrentes de extinção, transformação, redução de serviço público ou do exercício de poder de polícia, ou de instrumentos de transação resolutiva de litígio, este último conforme disposto em lei, são positivos e não prejudicam o alcance da meta de resultado fiscal.

**Alternativa correta: letra "b"**

---

**08. (FGV – Consultor Legislativo – Senado Federal/2022)** As principais medidas de ajuste dos gastos públicos em caso de desequilíbrio orçamentário são: teto de gastos, regra de ouro e meta fiscal.

Relacione cada medida com sua respectiva característica.

1. Teto de Gastos.

2. Regra de Ouro.

3. Meta de Resultado Primário.

( ) Controle de gastos feito pelo governo para manter a dívida pública sob controle, sendo definida na Lei de Diretrizes Orçamentárias e aprovada pelo Legislativo.

( ) Não entram na base de cálculo repasses para o Fundo de Manutenção e Desenvolvimento da Educação Básica (Fundeb).

( ) Proíbe o governo de se endividar para pagar despesas como aposentadorias, salários, benefícios e contas para custeio da máquina pública.

Assinale a opção que indica a relação correta, na ordem apresentada.

a) 1 - 2 - 3.

b) 2 - 1 - 3.

c) 2 - 3 - 1

d) 3 - 2 - 1.

e) 3 - 1 - 2.

**COMENTÁRIOS**

✪ **Nota do autor: questão extremamente complexa e muito bem formulada, que exige do candidato, não apenas os conceitos, mas uma interpretação sobre essas importantes medidas de ajuste dos gastos públicos.**

**3. Meta de Resultado Primário:** A meta de resultado primário pode ser compreendida como o valor definido pela LDO para o resultado primário da LOA do ano seguinte e estimado para os dois anos subsequentes. Disponível em: https://www.congressonacional.leg.br/legislacao-e-publicacoes/glossario-orcamentario/-/orcamentario/termo/meta_de_resultado_primario Acesso em: 21 fev. 2023.

**1. Teto de Gastos.** "A própria EC 95/2016, no §6º, do art. 107, do ADCT, excluiu do novo teto, algumas despesas, tais como as transferências de recursos da União para estados e municípios, os gastos para a realização de eleições, as verbas para o Fundo de Manutenção e Desenvolvimento da Educação Básica e Valorização dos Profissionais da Educação Básica (FUNDEB) e as despesas com aumento de capital de empresas estatais não dependentes" (VILELA, Danilo Vieira. **Direito Financeiro. Coleção Sinopses para Concursos. v. 37. 4.ed. Salvador: Juspodivm, 2022. p. 269).**

**2. Regra de Ouro.** a "regra de ouro" estabelece a vedação da "realização de operações de créditos que excedam o montante das despesas de capital, ressalvadas as autorizadas mediante créditos suplementares ou especiais com finalidade precisa, aprovados pelo Poder Legislativo por maioria absoluta". (art. 167, III, da CRFB/88)

**Alternativa correta: letra "e"**

---

**09. (FGV – Consultor Legislativo – Senado Federal/2022)** O teto de gastos é um dos principais instrumentos do Novo Regime Fiscal, instituído pela Emenda Constitucional n° 95, de 2016, para controle da dívida pública. Com relação ao teto de gastos, analise os itens a seguir.

I. Foram definidos limites individualizados da despesa nominal para cada Poder Público.

II. O teto para o ano de 2017 foi definido igual à despesa primária paga no exercício de 2016, incluídos os restos a pagar pagos e demais operações que afetam o resultado primário, corrigida pela expectativa do IPCA para o ano de 2017.

III. É vedada a abertura de crédito suplementar ou especial que amplie o montante total autorizado de despesa primária sujeita ao teto de gastos.

Está correto o que se afirma em

a) I, apenas.

b) II, apenas.

c) III, apenas.

d) I e III, apenas.

e) II e III, apenas.

**COMENTÁRIOS**

✪ **Nota do autor:** O teto de gastos foi instituído pela EC 95/2016, estabelecendo "por 20 exercícios financeiros, um limite de gastos individualizado para a despesa primária total em cada ano (excluídas as relativas à dívida pública) para cada Poder, corrigida apenas pela variação do IPCA. [...] Portanto, enquanto viger o modelo do Regime Fiscal do Teto de Gastos Públicos previsto na EC nº 95/2016, não poderá haver crescimento real das despesas públicas federais, e o gasto de cada ano se limitará às despesas do ano anterior apenas corrigidas pela inflação, e assim sucessivamente nos anos seguintes" (ABRAHAM, Marcus. Curso de Direito Financeiro brasileiro. 6.ed. Rio de Janeiro: Forense, 2021. p. 286).

**Item I:** Incorreto: Foram estabelecidos, para cada exercício, limites individualizados para as despesas primárias, e não limites individualizados da despesa nominal para cada Poder Público.

**Item II:** Incorreto: O teto para o ano de 2017 foi definido igual à despesa primária paga no exercício de 2016, incluídos os restos a pagar e demais operações que afetam o resultado primário, corrigida em 7,2% (ADCT, art. 107, I)

**Item III:** Correto: Alternativa perfeitamente de acordo com o §5º do art. 107, do ADCT, segundo o qual: "é vedada a abertura de crédito suplementar ou especial que amplie o montante total autorizado de despesa primária sujeita aos limites de que trata este artigo".

**Alternativa correta: letra "c"**

---

**10. (FGV – Auditor de Controle Externo – TCE - TO/2022)** Um estado da federação recebeu recursos decorrentes de emendas individuais impositivas apresentadas ao projeto de Lei Orçamentária Anual da União, por meio de transferência especial. Os recursos foram da ordem de R$ 800 mil. Pelas regras constitucionais, para aplicação desses recursos:

a) até R$ 200 mil poderão ser aplicados em despesas com ações e serviços públicos de saúde;

b) até R$ 200 mil poderão ser aplicados na amortização da dívida consolidada do ente;

c) o valor deverá ser igualmente dividido entre despesas e ações nas áreas de saúde e de educação;

d) o valor total deverá ser aplicado nas áreas de competência constitucional da União;

e) pelo menos R$ 560 mil deverão ser aplicados em despesas de capital.

**COMENTÁRIOS**

✪ **Nota do autor:** em 2015 foi editada a EC 86, criando as emendas impositivas ao orçamento, disciplina alterada, posteriormente, pelas ECs 100/2019 e 105/2019. Esta última, ao incluir o art. 166-A na CRFB/88 fixou que as emendas individuais impositivas apresentadas ao projeto de lei orçamentária anual poderão alocar recursos a Estados, ao Distrito Federal e a Municípios por meio tanto de transferências especiais quanto transferências com finalidade definida. No caso das transferências especiais, determinou-se que pelo menos 70% delas deverão ser aplicadas em despesa de capital (CRFB/88, art. 166-A, §5º).

**Alternativa "a":** alternativa errada. As transferências especiais deverão ser aplicadas em programações finalísticas das áreas de competência do Poder Executivo do ente federado (CRFB/88, art. 166-A, §2º, III) e, não há qualquer limite a ser aplicado, especificamente, na área da saúde. Atenção: "Do orçamento que os parlamentares possuem para emendas, 50% é obrigatoriamente destinado para a área da saúde. Da metade restante, a EC 105/2019 estabeleceu como regra que deputados e senadores devem indicar 70% para investimento e 30% para gastos com custeio." Disponível em: https://www.cnm.org.br/comunicacao/noticias/cnm-alerta-que-emendas-especiais-nao-podem-ser-usadas-com-despesa-de-pessoal-e-servico-da-divida. Acesso em: 21 fev. 2023

**Alternativa "b":** alternativa incorreta, uma vez que os valores destinados às transferências especiais não poderão ser aplicados no pagamento de encargos referentes ao serviço da dívida (CRFB/88, art. 166-A, §1º, II).

**Alternativa "c":** alternativa errada. Conforme análise das alternativas anteriores, não existe essa obrigatoriedade em se dividir igualmente os valores das transferências especiais entre despesas e ações na área da saúde e de educação.

**Alternativa "d":** alternativa errada. Ne verdade, as transferências com finalidade definida - e não as especiais – é que terão os recursos vinculados à programação estabelecida na emenda parlamentar e aplicados, necessariamente, nas áreas de competência da União (CRFB/88, art. 166-A, §4º, I e II).

**Alternativa "e":** alternativa correta. Conforme apontado na nota do autor, 70% das transferências especiais deverão ser aplicadas em despesas de capital, ou seja, exatamente R$ 560 mil.

**Alternativa correta: letra "e"**

---

**11. (FGV – Procurador do Estado – PGE - SC/2022)** Acerca do regramento do orçamento público previsto na Constituição da República de 1988, analise as afirmativas a seguir, considerando V para a(s) verdadeira(s) e F para a(s) falsa(s).

( ) O Poder Executivo publicará, até 45 dias após o encerramento de cada bimestre, relatório resumido da execução orçamentária.

( ) Aplica-se exclusivamente às despesas primárias discricionárias o dever da Administração de executar as programações orçamentárias, adotando os meios e as medidas necessários, com o propósito de garantir a efetiva entrega de bens e serviços à sociedade.

( ) A transposição, o remanejamento ou a transferência de recursos de uma categoria de programação para outra poderão ser admitidos, no âmbito das atividades de ciência, tecnologia e inovação, com o objetivo de viabilizar os resultados de projetos restritos a essas funções, mediante ato do Poder Executivo, sem necessidade da prévia autorização legislativa.

A sequência correta é:

a) V, V e V;
b) V, V e F;
c) F, V e V;
d) F, V e F;
e) F, F e F.

COMENTÁRIOS

✪ **Nota do autor:**

**Afirmativa I:** Falsa: Segundo o texto constitucional, o Poder Executivo publicará, até 30 dias (e não 45) após o encerramento de cada bimestre, relatório resumido da execução orçamentária (CRFB/88, art. 165, §3º).

**Afirmativa II:** Verdadeira: A alternativa encontra-se de acordo com as disposições contidas nos §§ 10 e 11 do art. 165 da CRFB/88, incluídos pela EC 100, de 2019. Assim: "§10. A Administração tem o dever de executar as programações orçamentárias, adotando meios e as medidas necessárias, com o propósito de garantir a efetiva entrega de bens e serviços à sociedade". §11. O disposto no §10 deste artigo, nos termos da lei de diretrizes orçamentárias: [...] III. Aplica-se exclusivamente às despesas primárias discricionárias.

**Afirmativa III:** Verdadeira: Apesar de, em regra, serem vedados a transposição, o remanejamento ou a transferência de recursos de uma categoria de programação para outra ou de um órgão para outro, sem prévia autorização legislativa (CRFB/88, art. 167, VI), o próprio texto constitucional traz excepciona tal regra ao determinar que: "a transposição, o remanejamento ou a transferência de recursos de uma categoria de programação para outra poderão ser admitidos, no âmbito das atividades de ciência, tecnologia e inovação, com objetivo de viabilizar os resultados de projetos restritos a essa funções, mediante ato do Poder Executivo, sem necessidade da prévia autorização legislativa" (CRFB/88, art. 167, §5º)

**Alternativa correta: letra "c"**

## 1.1. PRINCÍPIOS ORÇAMENTÁRIOS

CRFB/88, arts. 62, 158, 159, 165, 198, 212 e 212-A;

Lei nº 4.320/64, arts. 3º, 6º e 34.

**12. (FGV – Procurador do Estado – AGE – MG/2022)** Em relação aos princípios orçamentários, assinale a afirmativa correta.

a) O Princípio da Anualidade, segundo o qual o orçamento tem vigência limitada ao ano civil, não sendo coincidente com o exercício financeiro, deve ser obedecido pela Lei Orçamentária Anual (LOA).

b) Segundo o Princípio da Exclusividade, a LOA não conterá matéria estranha à previsão da receita e à fixação da despesa, tais como a autorização para abertura de créditos suplementares e contratação de operações de crédito.

c) Pelo Princípio da Universalidade, o orçamento deve conter todas as despesas e todas as receitas, compreendendo o orçamento fiscal referente aos Poderes da União, seus fundos, órgãos e entidades da administração direta, não incluindo, no entanto, o orçamento referente à administração indireta.

d) Segundo o Princípio da Economicidade, os gastos e custos públicos devem ser minimizados, sem comprometimento dos padrões de qualidade, com eficiência na gestão financeira e na execução orçamentária.

e) Segundo o Princípio da Não-Afetação, é proibida a vinculação da receita de taxas, contribuições e impostos a órgão, fundo ou despesa.

COMENTÁRIOS

✪ **Nota do autor:** os princípios orçamentários representam um dos temas mais cobrados em provas e concursos que exijam o Direito Financeiro. Assim, devem ser estudados com muito cuidado e atenção, observando-se detalhes de cada um dos princípios (veja-se a "pegadinha" na alternativa "e" da presente questão). Cuida-se, sem dúvida, de um tema bem propício a ser cobrado no exame da OAB.

**Alternativa "a":** a primeira parte da alternativa está correta, o que poderia confundir o leitor. Contudo, apesar de o orçamento ter vigência limitada ao ano civil, a lei nº 4.320/64, em seu art. 34, estabelece que "o exercício financeiro coincidirá com o ao civil, o que torna a presente alternativa incorreta.

**Alternativa "b":** assim como na alternativa anterior, nesta a parte inicial está correta, contudo, equivoca-se ao afirmar que a LOA não poderá conter autorização para abertura de créditos suplementares e contratação de operações de crédito, o que contraria disposição expressa do art. 165, §8º da CRFB/88.

**Alternativa "c":** alternativa incorreta, uma vez que, segundo o princípio da universalidade, "todas as receitas e despesas constarão da Lei de Orçamento pelos seus totais, vedadas quaisquer deduções" (lei nº 4.320/64, art. 6º, caput), o que abrange tanto a Administração Direta quanto a Indireta.

**Alternativa "d":** o princípio da economicidade guarda relação direta com o princípio da eficiência, do Direito Administrativo. Segundo Harrison Leite, "consiste no dever de eficiência na efetivação dos gastos públicos, na busca dos melhores resultados com a visão da limitação dos recursos e da sua correta utilização, sem os desperdícios tão comuns na área pública" (Manual de Direito Financeiro. 11.ed. São Paulo: Juspodivm, 2022. p. 183). No plano constitucional, este princípio encontra respaldo no art. 70, ao fixar que "a fiscalização contábil, financeira, orçamentária, operacional e patrimonial da União e das entidades da administração direta e indireta, quanto à legalidade, legitimidade, economicidade, aplicação das subvenções e renúncia de receitas, será exercida pelo Congresso Nacional, mediante controle externo, e pelo sistema de controle interno de cada Poder". Nesse sentido, a alternativa está correta.

**Alternativa "e":** o princípio da não afetação ou da não vinculação de receita estabelece que não pode ser criado imposto cuja receita seja vinculada a um fim específico, previamente estabelecido em lei. Contudo, tal princípio comporta uma série de exceções, tais como a repartição constitucional de impostos (CRFB/88, arts. 158 e 159), a destinação de recursos para manutenção e desenvolvimento do ensino (CRFB/88, arts. 212 e 212-A) e destinação de recursos para ações e serviços públicos de saúde (CRFB/88, art. 198, §2º), dentre outros. Assim, a alternativa é errada pois fala em taxas, contribuições e impostos, ao passo que o princípio alcança apenas os impostos.

**Alternativa correta: letra "d"**

---

**13. (FGV – Advogado – Senado Federal/2022)** Em relação ao orçamento público, assinale a afirmativa correta.

a) São exceções ao princípio da anualidade orçamentária os créditos adicionais especiais, extraordinários e suplementares autorizados nos últimos quatro meses do exercício, que podem ser reabertos nos limites de seus saldos, no ano seguinte, incorporando-se ao orçamento do exercício subsequente.b

b) Pelo princípio da universalidade, o orçamento deverá conter todas as despesas e receitas, inclusive as operações de crédito por antecipação da receita, as emissões de papel-moeda e outras entradas compensatórias, no ativo e passivo financeiros.

c) A lei orçamentária anual não compreenderá o orçamento referente às empresas públicas federais.

d) Constitui exceção ao princípio da não vinculação de receitas a destinação de recursos para as ações e serviços públicos de saúde.

e) É permitida pela Constituição Federal de 1988 a edição de medidas provisórias para matérias orçamentárias, quais sejam, planos plurianuais, diretrizes orçamentárias, orçamento e créditos adicionais.

**COMENTÁRIOS**

✪ **Nota do autor:** há que se atentar para o fato de que a presente questão exigia, em todas as suas alternativas, a literalidade de disposições constitucionais ou da lei nº 4.320/64, o que chama a atenção para a necessidade de uma leitura bastante cuidadosa dessas normas, assim como da Lei de Responsabilidade Fiscal (LC 101/2000), sem dúvida nenhuma, as mais cobradas em questões de Direito Financeiro.

**Alternativa "a":** segundo o princípio da anualidade, o orçamento é ânuo e o exercício financeiro coincidirá com o ano civil (lei nº 4.320/64, art. 34). Os créditos suplementares terão vigência no exercício em que forem abertos, ao passo que tanto os créditos especiais quanto os extraordinários poderão ter vigência além do exercício em que forem autorizados nos casos em que o ato de autorização seja promulgado nos últimos quatro meses, situação em que, reabertos no limite de seus saldos, serão incorporados ao orçamento do exercício. Assim, ao abranger os créditos suplementares, a presente questão mostra-se errada.

**Alternativa "b":** o princípio da universalidade, ao compreender o princípio do orçamento global, estabelece que "a Lei de Orçamentos compreenderá todas as receitas, inclusive as de operação de crédito, autorizadas em lei" (lei nº 4.320/64, art. 3º, caput). Contudo, ainda segundo a lei nº 4.320/64, não se consideram para tanto, as operações de crédito por antecipação da receita, as emissões de papel-moeda e outras entradas compensatórias, no ativo e passivo financeiros (lei nº 4.320/64, art. 3º, parágrafo único). Ou seja, ao contrariar expresso texto da lei, a alternativa está incorreta.

**Alternativa "c":** alternativa incorreta, uma vez que o texto do art. 165, §5º da CRFB/88 determina que a lei orçamentária anual compreenderá: I) o orçamento fiscal referente aos Poderes da União, seus fundos, órgãos e entidades da administração direta e indireta, inclusive fundações instituídas e mantidas pelo Poder Público; II) o orçamento de investimento das empresas em que a União, direta ou indiretamente, detenha a maioria do capital social com direito a voto; III) o orçamento da seguridade social, abrangendo todas as entidades e órgãos a ela vinculados, da administração direta ou indireta, bem como os fundos e fundações instituídos e mantidos pelo Poder Público. Assim, a LOA compreenderá, dentre outros, o orçamento referente às empresas públicas federais.

**Alternativa "d":** conforme o princípio da não afetação ou não vinculação da receita, em regra, os recursos públicos não podem ser destinados a gastos previamente determinados, evitando-se, dessa forma, o "engessamento" das verbas públicas. Contudo, tal princípio comporta uma série de exceções, dentre elas, a previsão contida no art. 198, §2º que trata da destinação de recursos para ações e serviços públicos de saúde.

**Alternativa "e":** alternativa errada, vez que a Constituição Federal veda expressamente a edição de medidas provisórias sobre matéria relativa a planos plurianuais, diretrizes orçamentárias, orçamento e créditos adicionais e suplementares (CRFB/88, art. 62, §1º, I, d).

**Alternativa correta: letra "d"**

## 2. DESPESAS PÚBLICAS

CRFB/88, art. 100;
ADCT, art. 87, 107 e 109;
Lei nº 4.320/64: arts. 12 e 13.

---

**14. (FGV – Consultor Legislativo – Câmara de Taubaté - SP/2022)** O Município Alfa fixou as seguintes despesas em sua Lei Orçamentária Anual: custeio de pessoal civil, obras públicas, subvenções económicas, subvenções sociais, aquisição de imóveis, amortização da dívida pública, juros da dívida pública e concessão de empréstimos. Nos termos da Lei n° 4.320/1964, das despesas mencionadas, são classificadas como despesas correntes

a) Custeio de pessoal civil, subvenções económicas, subvenções sociais e juros da dívida pública.

b) Custeio de pessoal civil, obras públicas, subvenções sociais e amortização da dívida pública.

c) Custeio de pessoal civil, obras públicas e amortização da dívida pública.

d) Custeio de pessoal civil, subvenções sociais e concessão de empréstimos.

e) Custeio de pessoal civil, subvenções econômicas, amortização da dívida pública e juros da dívida pública.

**COMENTÁRIOS**

✪ **Nota do autor:** a lei nº 4.320/64 em seus artigos 12 e 13 classificou as despesas públicas em a) despesas correntes (aquelas que não resultam em aumento do patrimônio), que abrangem tanto as despesas de custeio quanto as transferências correntes; e b) despesas de capital (que proporcionam acréscimo patrimonial), abrangendo os investimentos, as inversões financeiras e as transferências de capital.

**Alternativa "a":** alternativa correta, uma vez que, conforme a classificação do art. 13 da lei nº 4.320/64, tanto as despesas de custeio de pessoal civil quanto as subvenções econômicas, as subvenções sociais e os juros da dívida pública, são classificados como despesas correntes.

**Alternativa "b":** alternativa errada, já que as obras públicas se classificam como despesas de capital, assim como a amortização da dívida pública, ao passo que apenas o custeio de pessoal civil e as subvenções sociais podem ser apontadas como despesas correntes.

**Alternativa "c":** alternativa errada, vez que as obras públicas são consideradas investimentos e, portanto, despesas de capital. Já a amortização da dívida pública classifica-se como transferência de capital, inserindo-se no gênero despesas de capital e não despesas correntes como busca o enunciado da questão.

**Alternativa "d":** conforme demonstrado na análise das alternativas anteriores, o custeio de pessoal civil e as subvenções sociais são despesas correntes. Contudo, a concessão de empréstimos se classifica como inversão financeira; portanto, como despesas de capital.

**Alternativa "e":** alternativa errada, já que a amortização da dívida pública, enquanto transferência de capital, é despesa de capital, enquanto os demais itens da alternativa são despesas correntes.

**Alternativa correta: letra "a"**

**15. (FGV – Procurador do Estado – PGE - SC/2022)** Em um grave acidente de trânsito causado por viatura da Polícia Civil do Estado Alfa que vitimou João, este ficou tetraplégico e teve de ser aposentado por invalidez. Após o devido processo judicial, o Estado Alfa foi condenado a pagar a João o valor de R$ 170.000,00 a título de indenização por invalidez fundada em responsabilidade civil do Estado.

Diante desse cenário, e ciente de que lei do Estado Alfa estabeleceu as obrigações de pequeno valor, a serem pagas pelo regime de requisição de pequeno valor (RPV), em R$ 40.000,00, é correto afirmar que:

a) tais créditos de precatórios serão pagos em sua integralidade com preferência sobre todos os demais débitos de precatórios, em razão da tetraplegia que acomete João;
b) João deverá receber R$ 120.000,00 com preferência sobre todos os demais débitos de precatórios, e R$ 50.000,00 como débito de natureza alimentícia sem a preferência especial de pessoas portadoras de doença grave ou com deficiência;
c) João deverá receber R$ 120.000,00 com a preferência simples dos débitos de natureza alimentícia, e R$ 50.000,00 sob o regime de RPV, em razão da tetraplegia que o acomete;
d) dada a invalidez causada por ato estatal, é possível fracionar o valor total da condenação de R$ 170.000,00 em quatro RPVs de R$ 40.000,00 cada e uma RPV de R$ 10.000,00, com o objetivo de acelerar o pagamento a João;
e) o valor de RPV a ser considerado para fins de cálculo do pagamento a João é aquele estabelecido em lei federal, e não em lei estadual.

**COMENTÁRIOS**

✪ **Nota do autor:** a disciplina constitucional dos precatórios encontra-se no art. 100 da CFB/88, que prevê uma ordem de preferência com três diferentes níveis: 1º) superpreferência - débitos de natureza alimentícia, cujos titulares, originários ou por sucessão hereditária, tenham 60 anos de idade, ou sejam portadores de doença grave, ou pessoas com deficiência e deverão ser pagos com preferência sobre todos os demais débitos, até o valor equivalente ao triplo fixado em lei para as requisições de pequeno valor, admitido o fracionamento para essa finalidade, sendo que o restante será pago na ordem cronológica de apresentação do precatório (CRFB/88, art. 100, §2º); 2º) preferência: débitos de natureza alimentícia, quais seja, aqueles decorrentes de salários, vencimentos, proventos, pensões e suas complementações, benefícios previdenciários e indenizações por morte ou por invalidez, fundadas em responsabilidade civil, em virtude de sentença judicial transitada em julgado e serão pagos com preferência sobre todos os demais débitos, exceto aqueles com superpreferência (CRFB/88, art. 100, §1º); 3º) precatórios que não tenham natureza alimentícia (CRFB/88, art. 100, caput).

**Alternativa "a":** alternativa errada, já que o pagamento de precatórios com superpreferência só se dará até o valor do triplo da requisição de pequeno valor. Assim, João só poderia receber até R$ 120 mil com preferência sobre todos os demais débitos de precatórios, em razão de sua tetraplegia. O restante deve ser pago como débitos alimentícios, sem a superpreferência.

**Alternativa "b":** considerando que o estado Alfa fixou em R$ 40 mil o valor para a Requisição de Pequeno Valor (RPV) e João tem direito ao precatório superpreferencial, em razão de se tratar de indenização por invalidez fundada em responsabilidade civil em virtude de sentença judicial transitada em julgado, ele deverá receber três vezes esse valor com preferência sobre todos os demais débitos de precatórios (R$ 120 mil). Já o restante (R$ 50 mil) deverá receber como débito de natureza alimentícia sem a preferência especial de pessoas portadoras de doença grave ou com deficiência.

**Alternativa "c":** alternativa errada. Conforme apontado nos Comentários do autor, a situação de tetraplegia confere a João o direito de receber, com superpreferência até o montante de R$ 120 mil. O restante, por sua vez, não poderá ser pago sob o regime de RPV, por extrapolar o valor fixado pelo estado Alfa para esse fim (R$ 40 mil).

**Alternativa "d":** alternativa incorreta, uma vez que a Constituição veda o fracionamento, repartição ou quebra do valor da execução para fins de enquadramento de parcela como requisição de pequeno valor (CRFB/88, art. 100, §8º).

**Alternativa "e":** alternativa incorreta, uma vez que é possível ao estado Alfa, por lei própria, considerando sua capacidade econômica, fixar o valor das requisições de pequeno valor (CRFB/88, art. 100, §4º).

**Alternativa correta: letra "b"**

**16. (FGV – Analista Judiciário – Oficial de Justiça Avaliador – TRT 16/2022)** Em determinada reclamação trabalhista, ajuizada em 2021, e que tramita na 20a VT/São Luís, o pedido foi julgado procedente, sendo condenado o ex-empregador ao pagamento de R$ 40.000,00 para o trabalhador e R$ 4.000,00 de honorários advocatícios de sucumbência. No título executivo consta ainda a responsabilidade do Estado do Maranhão, que está no polo passivo porque houve terceirização dos serviços. Não tendo sido pago o débito pelo ex-empregador e não se logrando êxito na constrição do seu patrimônio, a execução foi direcionada contra o Estado do Maranhão. Sobre a forma de pagamento do ente público no caso concreto, assinale a afirmativa correta.

a) O crédito do trabalhador e os honorários advocatícios serão pagos mediante precatório.
b) O crédito do trabalhador e os honorários advocatícios serão pagos mediante RPV.
c) Os honorários advocatícios serão pagos por RPV e o crédito do trabalhador, por precatório.

d) É o juiz que determinará se a forma de pagamento será RPV ou precatório de acordo com a condição financeira e social do credor.

e) O crédito do trabalhador será pago por RPV e dos honorários, por precatório.

COMENTÁRIOS

✪ **Nota do autor:** segundo o art. 87, I, do Ato das Disposições Constitucionais Transitórias (ADCT), para efeitos da previsão do art. 100, §3º da CRFB/88, tem-se como regra que, para a Fazenda dos Estados e do Distrito Federal, serão consideradas requisições de pequeno valor os débitos ou obrigações consignados em precatório judiciário, que tenham valor igual ou inferior a 40 salários-mínimos.

**Alternativa "a":** alternativa errada, pois não há razão para que os créditos apontados no enunciado sejam pagos por precatórios, uma vez que se encaixam dentro dos limites para as requisições de pequeno valor (40 salários-mínimos, vez que o enunciado não apontou nenhum valor específico para o Estado do Maranhão).

**Alternativa "b":** considerando que os valores a serem pagos, tanto a título de honorários, quanto o crédito do trabalhador são inferiores a 40 salários-mínimos, é certo que poderão ser pagos mediante requisições de pequeno valor.

**Alternativa "c":** conforme demonstrado nas alternativas anteriores, os dois créditos encaixam-se nos requisitos para que sejam pagos na forma de RPV.

**Alternativa "d":** alternativa errada, uma vez que há detalhada disciplina constitucional determinando a forma de pagamento de precatórios e requisições de pequeno valor, não cabendo ao juiz nenhuma análise sobre a condição financeira e social do credor.

**Alternativa "e":** conforme demonstrado nas alternativas anteriores, os dois créditos encaixam-se nos requisitos para que sejam pagos na forma de RPV.

**Alternativa correta: letra "b"**

---

**17. (FGV – Consultor Legislativo – Senado Federal/2022)** Uma determinada autarquia federal foi condenada, por sentença transitada em julgado em 20/04/2022, ao pagamento de indenização por invalidez a servidor público, de 58 anos, pertencente a seu quadro de funcionários efetivos, no montante de 65 salários-mínimos, valor este já incluso com correção monetária e juros. Acerca do pagamento pela autarquia federal do valor condenatório devido ao servidor, é correto afirmar que

a) por se tratar de verba alimentar e sendo prioritário o seu pagamento, o servidor pode solicitar ao juízo o fracionamento da execução para que se execute, separadamente, o montante principal, pela via do precatório, e o valor correspondente à correção monetária e juros, pela via da requisição de pequeno valor.

b) a verba devida ao servidor será paga pela via do precatório, não gozando, contudo, de preferência sobre os demais débitos, tendo em vista que a Constituição Federal prevê, como requisito objetivo para o reconhecimento da preferência, a idade mínima de 60 anos.

c) é obrigatória a inclusão no orçamento da respectiva autarquia federal de verba necessária ao pagamento de seus débitos oriundos de sentenças transitadas em julgado constantes de precatórios judiciários apresentados até 1° de julho, fazendo-se o pagamento até o final do exercício seguinte.

d) a Constituição Federal autoriza que tal servidor, por sua opção, em vez de receber tais valores, utilize seus créditos em precatórios apenas nas seguintes hipóteses: para aquisição de imóvel público posto à venda pelo ente devedor e para aquisição de participação societária do ente devedor.

e) o servidor poderá ceder integralmente seus créditos em precatórios a terceiros, independentemente da concordância do devedor, não se aplicando ao cessionário a preferência prevista para os créditos de natureza alimentícia cujos titulares tenham, ao menos, 60 anos de idade.

COMENTÁRIOS

✪ **Nota do autor: essa** questão merece muita atenção por parte daqueles que farão o Exame da OAB, uma vez que apresenta algumas características comuns de questões daquele exame, formuladas pela FGV. Assim, o enunciado traz uma situação prática, exigindo um raciocínio jurídico mais amplo do candidato (e não apenas uma "decoreba") e, além disso, uma das alternativas traz importante e recente alteração legal (alternativa "c", conforme comentário infra). Certamente esse é o modelo de questão esperado para a disciplina de Direito Financeiro nos próximos exames da OAB!

**Alternativa "a":** alternativa errada, uma vez que o fracionamento de precatórios para fins de enquadramento de parcela nas requisições de pequeno valor foi expressamente vedado pelo art. 109, §8º, da CRFB/88.

**Alternativa "b":** alternativa errada. Apesar de o credor não contar, ainda, com 60 anos, seu crédito tem preferência por se tratar de indenização por invalidez, fundada em sentença judicial transitada em julgado (CRFB/88, art. 100, §1º).

**Alternativa "c":** alternativa errada, vez apresenta como data limite 1º de julho, ao passo que o art. 100, §5º da CRFB/88, com a redação que lhe, foi conferida pela EC 114/2021, estabelece como tal o dia 2 de abril. Assim: "É obrigatória a inclusão no orçamento das entidades de direito público de verba necessária ao pagamento de seus débitos oriundos de sentenças transitadas em julgado constantes de precatórios judiciários apresentados até 2 de abril, fazendo-se o pagamento até o final do exercício seguinte, quando terão seus valores atualizados monetariamente".

**Alternativa "d":** alternativa incorreta, vez que as possibilidades de utilização dos créditos em precatórios vão além das hipóteses mencionadas. Assim, conforme art. 100, §11 (com redação dada pela EC 113/2021), "é facultada ao credor, conforme estabelecido em lei do ente federativo devedor, com auto aplicabilidade para a União, a oferta de créditos líquidos e certos que originalmente lhe são próprios ou adquiridos de terceiros reconhecidos pelo ente federativo ou por decisão judicial transitada em julgado para: I - quitação de débitos parcelados ou débitos inscritos em dívida ativa do ente federativo devedor, inclusive em transação resolutiva de litígio, e, subsidiariamente, débitos com a administração autárquica e fundacional do mesmo ente; II - compra de imóveis públicos de propriedade do mesmo ente disponibilizados para venda; III - pagamento de outorga de delegações de serviços públicos e demais espécies de concessão negocial promovidas pelo mesmo ente; IV - aquisição, inclusive minoritária, de participação societária, disponibilizada para venda, do respectivo ente federativo; ou V - compra de direitos, disponibilizados para cessão, do respectivo ente federativo, inclusive, no caso da União, da antecipação de valores a serem recebidos a título do excedente em óleo em contratos de partilha de petróleo.

**Alternativa "e":** alternativa correta, por representar a literalidade dos parágrafos 2º, 3º e 13 do art. 100 da CRFB/88. Assim, "o credor poderá ceder, total ou parcialmente, seus créditos em precatórios a terceiros, independentemente da concordância do devedor, não se aplicando ao cessionário" as situações de preferência ou superpreferência.

**Alternativa correta: letra "e"**

**18. (FGV – Consultor Legislativo – Senado Federal/2022)** Em determinado ano após 2019, a Justiça Militar da União descumpriu o limite individualizado para as despesas primárias e nos exercícios seguintes não conseguiu mais se adequar. Como efeito deste descumprimento:

a) poderá conceder reajuste ou adequação de remuneração aos seus servidores.

b) não poderá criar cargo ou função mesmo que não impliquem em aumento de despesa.

c) não poderá contratar pessoal em caso de vacância de cargos efetivos ou vitalícios.

d) poderá criar apenas despesas obrigatórias.

e) poderá repor cargos de chefia e direção que não acarretem aumento de despesa.

**COMENTÁRIOS**

✪ **Nota do autor:** a Emenda Constitucional nº 95/2016, com alterações posteriores, fixou o Novo Regime Fiscal, estabelecendo, para cada exercício, limites individualizados para a despesas primárias, o que alcançou, dentre outros, a Justiça Militar da União, conforme previsão expressa do art. 107, II do ADCT. Assim se for verificado, na aprovação da lei orçamentária, que no âmbito das despesas sujeita a tais limites, a proporção da despesa obrigatória primária em relação à despesa primária total foi superior a 95%, aplicam-se àquele Poder ou órgão, uma série de vedações previstas no art. 109 do mesmo ADCT, até o fim do exercício a que se refere a lei orçamentária, sem prejuízo de outras medidas.

**Alternativa "a":** alternativa errada, já que uma das vedações previstas pelo art. 109 do ADCT é a "concessão, a qualquer título, de vantagem, aumento, reajuste ou adequação de remuneração de membros de Poder ou de órgão, de servidores e empregados públicos e de militares, exceto os derivados de sentença judicial transitada em julgado ou de determinação legal anterior ao início da aplicação das medidas previstas no artigo.

**Alternativa "b":** alternativa errada, vez que a vedação alcança apenas a criação de cargo, emprego ou função que implique em aumento de despesa (ADCT, art. 109, II).

**Alternativa "c":** alternativa errada. A vedação do art. 109 do ADCT alcança a admissão ou contratação de pessoal com algumas ressalvas, dentre elas as reposições decorrentes de vacâncias de cargos efetivos ou vitalícios (inciso IV, b).

**Alternativa "d":** alternativa errada, vez que diante da situação narrada no enunciado, a Justiça Militar da União não poderia criar despesa obrigatória, conforme previsão expressa do art. 109, VII do ADCT.

**Alternativa "e":** alternativa correta, uma vez que mesmo no Novo Regime Fiscal, é possível ao Poder ou órgão repor cargos de chefia e direção, desde que não acarretem aumento de despesa (ADCT, art. 109, IV a).

**Alternativa correta: letra "e"**

## 3. RECEITAS PÚBLICAS

CRFB/88, art. 20, §1º

**19. (FGV – Consultor Legislativo – Senado Federal/2022)** Em relação aos Royalties e à Participação Especial pagos pelos concessionários das atividades de produção de petróleo, gás natural ou ambos, analise as afirmativas a seguir.

I. Os royalties são uma compensação financeira devida à União, aos Estados, ao DF e aos Municípios beneficiários pelas empresas que produzem petróleo e gás natural no território brasileiro.

II. Os recursos oriundos da PE são finitos, porque só são pagos enquanto houver produção e rentabilidade no campo de petróleo e/ou gás natural. E são variáveis porque têm como base de cálculo o volume de produção dos campos de petróleo e gás, a cotação do dólar e os preços internacionais do petróleo e do gás natural, ou seja, fatores que se alteram ao longo do tempo.

III. Os royalties e a participação especial são uma compensação financeira devida à União pelas empresas que produzem petróleo e gás natural no território brasileiro e incidem sobre o valor da produção do campo e são recolhidos mensalmente pelas empresas concessionárias até o último dia do mês seguinte àquele em que ocorreu a produção.

Está correto o que se afirma em

a) I e II, apenas.

b) I e III, apenas.

c) I, apenas.

d) II e III, apenas.

e) III, apenas.

**COMENTÁRIOS**

✪ **Nota do autor:** O art. 20, §1º da CRFB/88 estabelece que "é assegurada, nos termos da lei, aos Estados, ao Distrito Federal e aos Municípios, bem como a órgãos da administração direta da União, participação no resultado da exploração de petróleo ou gás natural, de recursos hídricos para fins de geração de energia elétrica e de outros recursos minerais no respectivo território, plataforma continental, mar territorial ou zona econômica exclusiva, ou compensação financeira por essa exploração. Com base nisso, "a participação especial é uma compensação financeira extraordinária devida pelas empresas como remuneração à sociedade pela exploração de petróleo e gás natural, recursos não renováveis. Diferentemente dos royalties, que são pagos mensalmente por todos os campos produtores, a PE é paga trimestralmente pelas empresas apenas para campos com grande volume de produção e/ou grande rentabilidade" (Disponível em: https://www.gov.br/anp/pt-br/assuntos/royalties-e-outras-participacoes/estimativa-de-participacao-especial-pe. Acesso em: 18 fev. 2023)

**Assertiva I:** Correta. Assim, o pagamento dos royalties representa uma forma de compensar os entes federativos pelos impactos ambientais e socioeconômicos causados ou potencializados pelo aumento da demanda por serviços públicos e atividades governamentais, como a distribuição de água, energia elétrica e gás natural, segurança pública, transportes, habitação, urbanismo, defesa civil e proteção ao meio ambiente (BARROSO, Luis Roberto. *Federalismo, isonomia e segurança jurídica:* inconstitucionalidade das alterações na distribuição de royalties do petróleo. Disponível em: http://download.rj.gov.br/documentos/10112/321182/DLFE-18706.pdf/PGE_Royalties_28jun10.pdf Acesso em 24 jun. 2015)

**Assertiva II:** alternativa correta, vez que o pagamento da Participação Especial (PE) depende da produção e rentabilidade no campo de petróleo e gás natural, sendo, portanto, finitos e variáveis.

**Assertiva III:** alternativa errada, já que, apesar de a definição de royalties e participação especial estar parcialmente correta, a assertiva afirma serem devidos apenas à União, ao passo que todos os entes federativos podem ser, por eles beneficiados. Ademais, conforme apontado nos Comentários do autor, a periodicidade do recolhimento dessas duas compensações financeiras é diferente.

**Alternativa correta: letra "a"**

---

**20. (FGV – Consultor Legislativo – Senado Federal/2022)** O Estado Alfa decidiu que escolheria, por meio de licitação, uma instituição financeira que passaria a receber os depósitos de suas disponibilidades de caixa, já que em seu território atuavam tanto instituições financeiras oficiais (públicas) como instituições financeiras privadas. Acerca desse cenário, à luz da Constituição Federal e da Lei de Responsabilidade Fiscal (LC n° 101/2000), tais depósitos

a) podem ser realizados, em regra, tanto em instituição financeira oficial como em instituição financeira privada.
b) não podem ser realizados em instituição financeira oficial, mas apenas em instituição financeira privada, de modo a evitar favorecimentos indevidos a instituições financeiras integrantes da Administração Pública.
c) devem ser realizados em instituição financeira oficial, podendo a lei autorizar que sejam realizados excepcionalmente em instituição financeira privada.
d) não podem ser realizados em instituições financeiras oficiais federais, mas apenas em instituição financeira oficial estadual ou em instituição financeira privada.
e) dado o caráter público de tais recursos, não podem ser realizados em instituição financeira privada, sendo inconstitucional qualquer lei federal, ainda que de caráter nacional, que permita tais depósitos em instituição privada.

**COMENTÁRIOS**

**Nota do autor:** a resposta para a presente questão exigiria do candidato o conhecimento do §3º do art. 164 da Constituição Federal, segundo o qual: "As disponibilidades de caixa da União serão depositadas no Banco Central; as dos Estados, do Distrito Federal, dos Municípios e dos órgãos ou entidades do Poder Público e das empresas por ele controladas, em instituições financeiras oficiais, ressalvados os casos previstos em lei".

**Alternativa "a":** alternativa errada. Os depósitos do Estado Alfa deverão ser feitos em instituições financeiras oficiais, ressalvados os casos previstos em lei.

**Alternativa "b":** alternativa errada, totalmente em desacordo com o texto constitucional (art. 164, §3º).

**Alternativa "c":** alternativa correta, perfeitamente de acordo com o texto do §3º do art. 164 da CRFB/88.

**Alternativa "d":** alternativa errada. O texto constitucional fala em "instituições financeiras oficiais", sem fazer qualquer restrição àquelas federais.

**Alternativa "e":** alternativa errada, uma vez que, mediante lei será possível que os recursos do Estado Alfa sejam depositados em instituições privadas. Nesse sentido, vale destacar o entendimento do STF: "As disponibilidades de caixa dos Estados-membros, dos órgãos ou entidades que os integram e das empresas por eles controladas deverão ser depositadas em instituições financeiras oficiais, cabendo, unicamente, à União Federal, mediante **lei de caráter nacional**, definir as exceções autorizadas pelo art. 164, § 3º, da Constituição da República" (ADI 3.075, rel. min. Gilmar Mendes, j. 24-9-2014, P, *DJE* de 5-11-2014)

**Alternativa correta: letra "c"**

## 4. CRÉDITO PÚBLICO E DÍVIDA PÚBLICA

CRFB/88, art. 167-A
Lei nº 4.320/64, arts. 92, 98

---

**21. (FGV – Procurador do Estado – AGE – MG/2022)** A dívida pública nasce quando a arrecadação de tributos e demais receitas não é suficiente para cobrir as despesas contraídas. A dívida pública pode ser dividida em flutuante e fundada. A dívida fundada compreende

a) os restos a pagar, excluídos os serviços da dívida.
b) os depósitos.
c) os serviços da dívida a pagar.
d) os débitos de tesouraria.
e) os compromissos de exigibilidade superior a 12 meses, contraídos para atender a desequilíbrio orçamentário ou financeiro de obras e serviços públicos.

**COMENTÁRIOS**

**Nota do autor:** a doutrina aponta a dívida flutuante como "compromissos cujo pagamento independe de autorização orçamentária, decorrentes de operações de caráter financeiro de curto prazo, que refletem no fluxo de caixa e no patrimônio financeiro" (ALMEIDA, Ricardo Damasceno de; LISBOA, Marcelo Jucá. Direito Financeiro: lei 4.320/1964. Coleção leis especiais para concursos. 3.ed. Salvador: Juspodivm, 2017. p. 284). São as dívidas para amortização em prazo inferior a doze meses.

**Alternativa "a":** alternativa errada, já que, conforme o art. 92 da lei nº 4.320/64, os restos a pagar, excluídos os serviços da dívida estão compreendidos na dívida flutuante.

**Alternativa "b":** alternativa errada, já que, conforme o art. 92 da lei nº 4.320/64, os depósitos estão compreendidos na dívida flutuante.

**Alternativa "c":** alternativa errada, já que, conforme o art. 92 da lei nº 4.320/64, os serviços da dívida a pagar estão compreendidos na dívida flutuante.

**Alternativa "d":** alternativa errada, já que, conforme o art. 92 da lei nº 4.320/64, os débitos de tesouraria estão compreendidos na dívida flutuante.

**Alternativa "e": alternativa correta, uma vez que** a dívida fundada "compreende os compromissos de exigibilidade superior a doze meses, contraídos para atender a desequilíbrio orçamentário ou a financeiro, de obras e serviços públicos" (lei nº 4.320/64, art. 98, caput). Ademais, vale destacar, "a dívida fundada será escriturada com a individuação e especificações que permitam verificar a qualquer momento, a posição dos empréstimos, bem como os respectivos serviços de amortização e juros" (lei nº 4.320/64, art. 98, parágrafo único).

**Alternativa correta: letra "e"**

---

**22. (FGV – Consultor Legislativo – Senado Federal/2022)** Apurou-se que, em um período de 12 meses, a relação entre despesas correntes e receitas correntes no Estado Alfa ficou em 90%. Diante desse cenário, e à luz do atual texto da Constituição Federal de 1988, assinale a afirmativa correta.

a) O Tribunal de Contas Estadual fica proibido de conceder, a qualquer título, vantagem, aumento, reajuste ou adequação de remuneração a seus membros.

b) A Defensoria Pública estadual fica proibida de criar cargo, emprego ou função que implique aumento de despesa.

c) O Ministério Público Estadual fica proibido de alterar a sua estrutura de carreira se tal alteração implicar aumento de despesa.

d) O Governador poderá, por decreto com vigência imediata, proibir a alteração de estrutura de carreira que implique aumento de despesa apenas do Poder Executivo, sem que o Legislativo possa alterar tal decisão.

e) Ao Estado Alfa poderá ser concedida garantia por parte da União.

**COMENTÁRIOS**

✪ **Nota do autor:** para enfrentar as consequências sociais e econômicas da pandemia da Covid-19, em 2021 foi aprovada a Emenda Constitucional nº109, alterando a disciplina constitucional da responsabilidade fiscal e fixando regras para o controle das despesas correntes. Assim, foi incluído o art. 167-A que estabelece medidas para o ajuste fiscal, tanto para os casos em que a relação entre despesas correntes e receitas correntes supere os 95% (caput) quanto nos casos em que essa relação esteja no patamar de 85% (§1º).

**Alternativa "a":** alternativa incorreta, já que a medida não se dará de forma automática, mas facultativa, implementada por ato do Chefe do Poder Executivo com vigência imediata, facultado aos demais Poderes e órgãos autônomos implementá-la em seus respectivos âmbitos.

**Alternativa "b":** assim como a alternativa anterior, esta é incorreta, vez que aponta a proibição como automática, como consequência imediata da situação narrada no enunciado da questão.

**Alternativa "c":** assim como a alternativa anterior, esta é incorreta, vez que aponta a proibição como automática, como consequência imediata da situação narrada no enunciado da questão.

**Alternativa "d":** alternativa incorreta, já que segundo o §2º do art. 167-A, os atos previstos no §1º do mesmo dispositivo, deverão ser submetidos, em regime de urgência, à apreciação do Poder Legislativo.

**Alternativa "e":** o §6º do art. 167-A da CRFB/88 determina a vedação da concessão, por qualquer outro ente da Federação, de garantias ao ente que incida na situação descrita no caput do mesmo artigo (relação entre despesas correntes e receitas correntes superem 95%). Contudo, a vedação não alcança a situação prevista no §1º (relação em 85%), o que faz com que a presente alternativa seja correta.

**Alternativa correta: letra "e"**

## 5. FISCALIZAÇÃO E CONTROLE

CRFB/88, arts. 71 e 161.

**23. (FGV – Procurador do Estado – AGE – MG/2022)** Acerca dos Tribunais de Contas e de sua atuação, à luz da Constituição Federal de 1988 e da jurisprudência do Supremo Tribunal Federal, analise as afirmativas a seguir e assinale (V) para a verdadeira e (F) para a falsa.

( ) Aos Tribunais de Contas compete examinar, previamente, a validade de contratos administrativos celebrados pelo poder público.

( ) É constitucional a atribuição, aos Tribunais de Contas estaduais, de competência para homologação dos cálculos das cotas do ICMS devidas aos Municípios.

( ) A competência técnica do Tribunal de Contas do Estado, ao negar registro de admissão de pessoal, se subordina à revisão pelo Poder Legislativo respectivo.

As afirmativas são, respectivamente,

a) F, F e F.

b) V, V e F.

c) F, V e V.

d) F, F e V.

e) V, V e V.

**COMENTÁRIOS**

✪ **Nota do autor:** a presente questão evidencia a necessidade de os candidatos manterem-se atualizados em relação às decisões dos tribunais superiores, recomendando-se a leitura periódica dos informativos de jurisprudência do STF e do STJ. Ademais, é importante no estudo da doutrina, atentar-se para decisões importantes (leading cases), ainda que de muitos anos antes da realização do exame.

**Primeira afirmativa:** Incorreta. Segundo entendimento do STF, "O art. 71 da Constituição não insere na competência do TCU a aptidão para examinar, previamente, a validade dos contratos administrativos celebrados pelo Poder Público. Atividade que se insere no acervo de competência da Função Executiva. É inconstitucional norma local que estabeleça a competência do tribunal de contas para realizar exame prévio da validade de contratos firmados com o Poder Público". (ADI 916-8/MT, j. 02.02.3009, Rel. Min. Joaquim Barbosa)

**Segunda afirmativa:** Incorreta. O STF já decidiu que "É inconstitucional a atribuição, aos Tribunais de Contas estaduais, de competência para homologação dos cálculos das cotas do ICMS devidas aos Municípios, por violação ao princípio da separação dos Poderes (art. 2º da CF), afastada a alegação de simetria com o modelo federal (arts. 75 e 161, parágrafo único, da CF)" (ADI 825/AP, j. 25.10.2018, Rel. Min. Alexandre de Moraes)

**Terceira afirmativa:** Incorreta. No julgamento do RE 576920, o STF fixou a tese de que "A competência técnica do Tribunal de Contas do Estado, ao negar registro de admissão de pessoal, não se subordina à revisão pelo Poder Legislativo respectivo".

**Alternativa correta: letra "a"**

## 6. LEI DE RESPONSABILIDADE FISCAL

CRFB/88, art. 165;

LRF, arts. 1º, 2º, 4º, 5º, 9º, 12, 14, 21, 23, 31, 38, 42, 65 e 65-A.

**24. (FGV – Procurador do Estado – AGE – MG/2022)** Considerando o disposto na Lei de Responsabilidade Fiscal (Lei Complementar nº 101/2000 e na Constituição Federal de 1988, analise as afirmativas a seguir.

I. É considerada empresa estatal dependente aquela que recebe, do ente controlador, recursos financeiros para pagamento de despesas com pessoal ou de custeio em geral ou de capital, inclusive aqueles provenientes de aumento de participação acionária.

II. A Lei de Responsabilidade Fiscal não se aplica às empresas estatais não dependentes.

III. O Orçamento de Investimento integra a Lei Orçamentária Anual (LOA).

Está correto o que se afirma em

a) I, II e III.
b) II e III, apenas.
c) I e III, apenas.
d) I e II, apenas.
e) III, apenas.

**COMENTÁRIOS**

✪ **Nota do autor:** apesar de ser um tema bastante explorado pelo Direito Econômico e pelo Direito Administrativo, a disciplina das empresas estatais também repercute no Direito Financeiro, uma vez que pode gerar receitas e/ou despesas para o Estado.

**Afirmativa I:** a LRF, em seu art. 2º traz alguns importantes conceitos, dentre os quais o de empresa estatal dependente, qual seja, "empresa controlada que receba do ente controlador recursos financeiros para pagamento de despesas com pessoal ou de custeio em geral ou de capital, excluídos, no último caso, aqueles provenientes de aumento de participação acionária". Afirmativa incorreta.

**Afirmativa II:** o art. 1º da LRF traz o seu alcance. Assim, fixa que tal lei estabelece normas de finanças públicas voltadas para a responsabilidade na gestão fiscal, com amparo no texto constitucional. Nesse sentido, as disposições da LRF obrigam a União, os Estados, o Distrito Federal e os Municípios, compreendendo: a) o Poder Executivo, o Poder Legislativo, neste abrangidos os Tribunais de Contas, o Poder Judiciário e o Ministério Público; b) as respectivas administrações diretas, fundos, autarquias e empresas estatais dependentes. (LRF, art. 1º, §3º, a e b). Assim, se o texto legal aponta, expressamente, a incidência da LRF sobre as empresas estatais dependentes, é possível concluir que a lei não se aplica às empresas estatais não dependentes.

**Afirmativa III:** alternativa correta, uma vez que o texto constitucional determina, expressamente, que a lei orçamentária anual compreenderá, dentre outros, "o orçamento de investimento das empresas em que a União, direta ou indiretamente, detenha a maioria do capital social com direito a voto" (Art. 165, §5º, II).

**Alternativa correta: letra "b"**

---

**25. (FGV – Consultor Legislativo – Senado Federal/2022)** Um dos requisitos para a apresentação de proposições legislativas que reduzam a receita ou aumentem a despesa, segundo a Lei de Responsabilidade Fiscal, é que

a) inclua cláusula de vigência de no máximo cinco anos, no caso de concessão, renovação ou ampliação de benefícios tributários.
b) designe órgão gestor responsável pelo acompanhamento e pela avaliação do benefício tributário quanto ao alcance das metas e dos objetivos estabelecidos.
c) proposições legislativas que alterem as normas de tributação de investimentos de não residentes ou de domiciliados no exterior ficam dispensados de medida compensatória.
d) a criação ou aumento de despesa obrigatória de caráter continuado deverá ser acompanhada de comprovação de que as metas de resultados fiscais não serão afetadas.
e) a criação ou aumento de despesa deverá ser acompanhados de estimativa do impacto orçamentário- financeiro, especificamente no exercício em que entrar em vigor e no subsequente.

**COMENTÁRIOS**

✪ **Nota do autor:** o tema proposto no enunciado foi disciplinado pelo art. 5º da LRF, segundo o qual: "O projeto de lei orçamentária anual, elaborado de forma compatível com o plano plurianual, com a lei de diretrizes orçamentárias e com as normas desta Lei Complementar: I- conterá, em anexo, demonstrativo da compatibilidade da programação dos orçamentos com os objetivos e metas constantes do documento de que trata o §1º do art. 4º; II- será acompanhado do documento a que se refere o §6º do art. 165 da Constituição, bem como das medidas de compensação a renúncias de receita e ao aumento de despesas obrigatórias de caráter continuado; III- conterá reserva de contingência, cuja forma de utilização e montante, definido com base na receita corrente líquida, serão estabelecidos na lei de diretrizes orçamentárias destinada ao atendimento de passivos contingentes e outros riscos e eventos fiscais imprevistos [...]".

**Alternativa "a": alternativa incorreta, pois não há nenhuma previsão na LRF no sentido de se atrelar** proposições legislativas que reduzam a receita ou aumentem a despesa à cláusula de vigência de no máximo cinco anos, no caso de concessão, renovação ou ampliação de benefícios tributários.

**Alternativa "b": alternativa errada, já que não há previsão na LRF de qualquer designação de** órgão gestor responsável pelo acompanhamento e pela avaliação do benefício tributário quanto ao alcance das metas e dos objetivos estabelecidos.

**Alternativa "c":** alternativa incorreta, já que a LRF não prevê essa dispensa de medida compensatória para proposições legislativas que alterem normas de tributação de investimentos de não residentes ou domiciliados no exterior.

**Alternativa "d":** alternativa correta, já que qualquer criação ou aumento de despesa obrigatória de caráter continuado deverá ser acompanhada de comprovação de que tal aumento não afetará as metas de resultados fiscais.

**Alternativa "e":** alternativa errada, mas que poderia gerar confusão no leitor, uma vez que o art. 14 da LRF prevê que "a concessão ou ampliação de incentivo ou benefício de natureza tributária da qual decorra renúncia de receita deverá estar acompanhada de estimativa do impacto orçamentário-financeiro no exercício em que deva iniciar sua vigência e nos dois seguintes, atender ao disposto na LDO" e a pelo menos uma das condições previstas nos incisos do mencionado artigo.

**Alternativa correta: letra "d"**

---

**26. (FGV – Consultor Legislativo – Senado Federal/2022)** Marta, Senadora, pretende apresentar projeto de lei (PL) ampliando o rol de pessoas abarcadas por isenção já existente de tributo federal em favor de pessoas comprovadamente com deficiência. Acerca desse cenário, de acordo com a Lei de Responsabilidade Fiscal (LC 101/2000), assinale a afirmativa correta.

a) Tal situação não configura renúncia de receita, por se tratar de concessão de isenção em caráter geral.
b) A mera ampliação de benefício fiscal já previamente existente não configura renúncia de receita.
c) Tal PL deverá estar acompanhado de estimativa do impacto orçamentário-financeiro apenas referente aos dois exercícios seguintes àquele em que deva iniciar sua vigência.
d) É obrigatória, para tal ampliação, a demonstração de que a renúncia foi considerada na estimativa de receita da lei orçamentária e de que não afetará as metas de resultados fiscais previstas no anexo próprio da lei de diretrizes orçamentárias.

e) Se o ato de ampliação da isenção decorrer de medidas de compensação por aumento de receita, o benefício só entrará em vigor quando implementada a medida compensatória.

COMENTÁRIOS

✪ **Nota do autor:** o §1º do art. 14 da LRF aponta que são compreendidas como renúncia, a anistia, a remissão, o subsídio, o crédito presumido, a concessão de isenção de caráter não geral, a alteração de alíquota ou modificação de base de cálculo que implique redução discriminada de tributos ou contribuições, e outros benefícios que correspondam a tratamento diferenciado. Especificamente sobre a isenção, cumpre destacar que a doutrina a conceitua como "dispensa legal do pagamento de determinado tributo ou obrigação fiscal para determinados fatos, circunstâncias ou pessoas abrangidas pela norma isentiva, fazendo com que a obrigação fiscal não se materialize" (ABRAHAM, Marcus. Lei de Responsabilidade Fiscal comentada. Rio de Janeiro: Forense, 2017. p. 149)

**Alternativa "a":** alternativa incorreta, já que a medida configura-se como renúncia de receita, uma vez que se trata de concessão de isenção em caráter não geral (LRF, art. 14, §1º).

**Alternativa "b":** alternativa errada. Mesmo sendo uma ampliação de benefício fiscal já previamente existente, a medida sugerida no enunciado configura clara renúncia de receita (LRF, art. 14, caput).

**Alternativa "c":** alternativa errada já que o PL deverá estar acompanhado de estimativa do impacto orçamentário-financeiro no exercício em que deva iniciar sua vigência e nos dois seguintes, conforme o caput do art. 14 da LRF.

**Alternativa "d":** alternativa incorreta. No entanto, seria normal o candidato se confundir em relação à essa alternativa, uma vez que ela, praticamente, reproduz o inciso I do art. 14 da LRF. Entretanto, não há a obrigatoriedade da demonstração trazida pelo enunciado, uma vez que o caput do art. 14 aponta que deve ser observada ao menos uma das seguintes condições. Assim, ao invés da medida prevista no inciso I, contemplada nessa alternativa, poderia ser adotada a medida de compensação, explicitada no inciso II do mesmo artigo.

**Alternativa "e":** a proposta de Marta caracteriza-se como ampliação de benefício de natureza tributária tendo como resultado renúncia de receita. Assim, conforme art. 14 da LRF, deverá estar acompanhada de estimativa do impacto orçamentário-financeiro no exercício em que deva iniciar sua vigência e nos dois seguintes, atender ao disposto na LDO e a pelo menos uma das seguintes condições: I - demonstração pelo proponente de que a renúncia foi considerada na estimativa de receita da lei orçamentária, na forma do art. 12, e de que não afetará as metas de resultados fiscais previstas no anexo próprio da lei de diretrizes orçamentárias; II - estar acompanhada de medidas de compensação, no período mencionado no *caput*, por meio do aumento de receita, proveniente da elevação de alíquotas, ampliação da base de cálculo, majoração ou criação de tributo ou contribuição. Ademais, segundo o §2º do art. 14 da LRF, se o ato de concessão ou ampliação do incentivo decorrer da adoção de medida de compensação, o benefício só entrará em vigor quando implementadas tais medidas, o que torna a presente alternativa correta.

**Alternativa correta: letra "e"**

---

**27. (FGV – Consultor Legislativo – Câmara de Taubaté - SP/2022)** A Lei de Responsabilidade Fiscal (Lei Complementar nº 101/2000) impõe limitações à realização de despesas orçamentárias, sobretudo na iminência do término de mandato dos Chefes do Poder Executivo, a fim de preservar o equilíbrio das contas públicas na gestão subsequente. Supondo que o Prefeito do Município Beta esteja em seu último ano de mandato, é correto afirmar que

a) nos últimos dois quadrimestres do seu mandato, não pode contrair obrigação de despesa que não possa ser cumprida integralmente dentro dele, ou que tenha parcelas a serem pagas no exercício seguinte sem que haja suficiente disponibilidade de caixa para este efeito.

b) no último ano de mandato do Prefeito Municipal, havendo insuficiência de caixa durante o exercício financeiro, somente estão autorizadas operações de crédito por antecipação de receita para custeio de despesas com saúde, educação, seguridade social e pagamento de pessoal.

c) se a dívida consolidada do Município exceder o limite no primeiro quadrimestre do último ano do mandato do Chefe do poder Executivo, haverá limitação de empenho somente em relação às despesas de capital.

d) independentemente de ser o último ano de mandato do chefe do Poder Executivo, na ocorrência de calamidade pública reconhecida pelo Congresso Nacional, nos termos de decreto legislativo, em parte ou na integralidade do território nacional e enquanto perdurar a situação, serão dispensados os limites, condições e demais restrições aplicáveis aos municípios para recebimento de transferências voluntárias, desde que os recursos recebidos sejam aplicados exclusivamente na área de saúde.

e) será autorizado ato de que resulte aumento da despesa com pessoal que preveja parcelas a serem implementadas em períodos posteriores ao final do mandato do titular do Poder executivo, desde que seja indicada a fonte de custeio e as respectivas medidas compensatórias.

COMENTÁRIOS

✪ **Nota do autor:** a presente questão é bastante complexa, ao exigir do candidato o conhecimento amplo e literal de diferentes disposições da Lei de Responsabilidade Fiscal. Para o Exame da OAB, sobretudo nos primeiros anos de cobrança do Direito Financeiro, é muito improvável uma questão com esse grau de dificuldade. De qualquer forma, é importante que o leitor conheça os dispositivos mais cobrados pela banca examinadora em outras provas e concursos.

**Alternativa "a":** alternativa correta, em conformidade com o art. 42 da LRF, segundo o qual "é vedado ao titular de Poder ou órgão referido no art. 20, nos últimos dois quadrimestres do seu mandato, contrair obrigação de despesa que não possa se cumprida integralmente dentro dele, ou que tenha parcelas a serem pagas no exercício seguinte sem que haja suficiente disponibilidade de caixa para esse efeito".

**Alternativa "b":** alternativa errada, já que o art. 38, IV, da LRF proíbe a operação de crédito por antecipação de receita no último ano de mandato do Presidente, Governador ou Prefeito Municipal, sem que haja, contudo, qualquer exceção, nem mesmo relacionada à saúde, educação, seguridade social ou pagamento de pessoal.

**Alternativa "c":** alternativa errada. Segundo o art. 31 da LRF, "se a dívida consolidada de um ente da Federação ultrapassar o respectivo limite ao final de um quadrimestre, deverá ser a ele reconduzida até o término dos três subsequentes, reduzindo o excedente em pelo menos 25% no primeiro". Diante da hipótese narrada no enunciado, as limitações de empenho não alcançam apenas as despesas de capital, mas, também, as despesas correntes.

**Alternativa "d":** alternativa errada. Na hipótese trazida pela alternativa, não há que se falar em dispensa para aplicação exclusiva na área da saúde ou em qualquer outra área. Assim: "Na ocorrência de calamidade pública reconhecida pelo Congresso Nacional, nos termos de decreto legislativo, em parte ou na integralidade do território nacional e enquanto perdurar a situação, além do previsto nos incisos I e II do caput: I- serão dispensados os limites, condições e demais restrições aplicáveis à União, aos Estados, ao Distrito Federal e aos Municípios, bem como sua verificação para: a) contratação e aditamento de operações de crédito; b) concessão de garantias; c) contratação entre entes da Federação; e d) recebimento de transferências voluntárias" (LRF, art. 65, §1º, I)

**Alternativa "e":** alternativa errada, uma vez que, segundo o art. 21, III, da LRF, a medida apontada pelo enunciado da alternativa seria nula de pleno direito.

**Alternativa correta: letra "a"**

---

**28. (FGV – Consultor Legislativo – Senado Federal/2022)** A Lei de Responsabilidade Fiscal (LRF - LC n° 101/2000)) prevê uma série de restrições para a realização de certas despesas públicas nos períodos finais de mandatos de chefes do Poder Executivo. Acerca desse tema e à luz da LRF, assinale a afirmativa correta.

a) É vedado ao chefe do Poder Executivo, no último ano do seu mandato, contrair obrigação de despesa que não possa ser cumprida integralmente dentro dele, ou que tenha parcelas a serem pagas no exercício seguinte sem que haja suficiente disponibilidade de caixa para este efeito.
b) A operação de crédito por antecipação de receita é proibida no último ano de mandato do chefe do Poder Executivo.
c) No primeiro quadrimestre do último ano do mandato do chefe do Poder Executivo, se a despesa total com pessoal do Poder Executivo ultrapassar os limites presentes na LRF, o referido Poder fica imediatamente proibido de contratar operações de crédito, inclusive as destinadas ao pagamento da dívida mobiliária.
d) No primeiro quadrimestre do último ano do mandato do chefe do Poder Executivo, se a despesa total com pessoal do Poder Executivo ultrapassar os limites presentes na LRF, o referido Poder fica imediatamente proibido de receber transferências voluntárias, inclusive aquelas relativas a ações de educação, saúde e assistência social.
e) É nulo de pleno direito o ato de que resulte aumento da despesa com pessoal do Poder Executivo no último ano de mandato do chefe do Poder Executivo.

**COMENTÁRIOS**

✪ **Nota do autor:** no período anterior à Lei de Responsabilidade Fiscal era bastante comum que chefes do Poder Executivo assumissem obrigações nos seus últimos meses de mandato, visando obter ganhos eleitorais, cujas consequências recairiam sobre aquele que assumisse o cargo no mandato seguinte. Visando disciplinar tais condutas, a LRF criou uma série de restrições que alcançam, sobretudo, os últimos 180 dias do mandato. Vale a pena ficar atento(a)!

**Alternativa "a":** alternativa errada, uma vez que a proibição contida no enunciado alcança apenas os dois últimos quadrimestres do mandato do chefe do Poder Executivo (LRF, art. 42) e não todo o último ano do mandato.

**Alternativa "b":** alternativa correta, já que o art. 38, IV, "b", da LRF proíbe a realização de operação de crédito por antecipação de receita no último ano de mandato do Presidente, Governador ou Prefeito Municipal.

**Alternativa "c":** alternativa errada. Caso tal vedação seja imposta, não alcançará as operações de crédito destinadas ao pagamento da dívida mobiliária e as que visem à redução das despesas com pessoal (LRF, art. 23, §3º, III).

**Alternativa "d":** alternativa errada. A proibição de receber transferências voluntárias será aplicada imediatamente caso a violação à LRF seja constatada no primeiro quadrimestre do último ano do mandato do chefe do Executivo (LRF, art. 23, §4º). Contudo, não alcançará aquelas destinadas às ações de educação, saúde e assistência social.

**Alternativa "e":** alternativa errada. Não será nulo de pleno direito o ato de que resulte aumento de despesa com pessoal do Poder Executivo em todo o último ano do mandato do chefe do Poder Executivo, mas apenas aquele aumento que se dê nos 180 dias anteriores ao final do mandato (LRF, art. 23, II) ou que preveja parcelas a serem implementadas em períodos posteriores ao final do mandato (LRF, art. 23, III).

**Alternativa correta: letra "b"**

---

**29. (FGV – Consultor Legislativo – Senado Federal/2022)** No final do ano de 2022, ocorreu um surto de certa enfermidade que afetou praticamente todo o território do Estado Beta. Por isso, o Governador decretou o estado de calamidade pública estadual e a Assembleia Legislativa do Estado Beta, por sua vez, com um decreto legislativo, também reconheceu o estado de calamidade pública. Diante desse cenário, e à luz do texto da Lei de Responsabilidade Fiscal (LRF - LC n° 101/2000), com o reconhecimento do estado de calamidade pública em tais moldes, enquanto este perdurar, ficarão

a) dispensados o atingimento dos resultados fiscais e a limitação de empenho.
b) dispensadas as condições aplicáveis ao Estado para contratação e aditamento de operações de crédito.
c) dispensadas as condições aplicáveis ao Estado para recebimento de transferências voluntárias.
d) dispensadas as condições aplicáveis ao Estado para concessão de garantias.
e) afastadas as condições aplicáveis ao Estado para concessão de renúncia fiscal.

**COMENTÁRIOS**

✪ **Nota do autor:** a LRF trouxe normas bastante rígidas para os gestores públicos. No entanto, diante de situações atípicas a própria lei estabeleceu a possibilidade da flexibilização de algumas de suas regras. Assim, o art. 65 e 65-A (incluído pela LC 173/2022), cuidaram das situações de calamidade pública, disciplina que foi bastante alterada pela LC 173/2020, norma que estabeleceu o Programa Federativo de Enfrentamento ao Coronavírus SARS-CoV-2 (Covid-19).

**Alternativa "a":** segundo o disposto no art. 65, caput, da LRF, "na ocorrência de calamidade pública reconhecida pelo Congresso Nacional, no caso da União, ou pelas Assembleias Legislativas na hipótese dos Estados e Municípios, enquanto perdurar a situação: I- serão suspensas a contagem dos prazos e as disposições estabelecidas nos arts. 23, 31 e 70; II- serão dispensados o atingimento dos resultados fiscais e a limitação de empenho prevista no art. 9º. Assim, a alternativa está correta.

**Alternativa "b"**: alternativa incorreta. A hipótese de dispensa das condições aplicáveis ao Estado para contratação e aditamento de operações de crédito só existe no caso de calamidade pública reconhecida pelo Congresso Nacional (art. 65, §1º, I, a). Como o enunciado traz a hipótese do reconhecimento pela Assembleia Legislativa, essa alternativa está errada.

**Alternativa "c"**: alternativa incorreta. Assim como na alternativa anterior, essa hipótese só se aplica aos casos de calamidade pública reconhecida pelo Congresso Nacional, e não pelas Assembleias Legislativas estaduais (art. 65, §1º, I, d).

**Alternativa "d"**: alternativa incorreta. Hipótese cabível apenas no caso de reconhecimento da calamidade pública pelo Congresso Nacional (art. 65, §1º, I, b).

**Alternativa "e"**: alternativa incorreta. Não há qualquer previsão para que sejam afastadas as condições aplicáveis ao Estado para concessão de renúncia fiscal no caso de calamidade pública reconhecida pela Assembleia Legislativa.

**Alternativa correta: letra "a"**

**30. (FGV – Consultor Legislativo – Senado Federal/2022)** Ao final do terceiro bimestre de certo ano, o Poder Executivo da União verificou que a realização da receita poderá não comportar o cumprimento das metas de resultado primário estabelecidas no Anexo de Metas Fiscais. Diante disso, notificou os demais Poderes da União e o Ministério Público para que tomassem as medidas de responsabilidade fiscal cabíveis em face dessa situação. Diante desse cenário, e à luz da Lei de Responsabilidade Fiscal e da jurisprudência do Supremo Tribunal Federal, assinale a afirmativa correta.

a) Os Poderes e o Ministério Público promoverão, por ato próprio e nos montantes necessários, nos trinta dias subsequentes, limitação de empenho e movimentação financeira, segundo os critérios fixados pela lei orçamentária anual.

b) No caso de os Poderes Legislativo e Judiciário e o Ministério Público não promoverem a limitação de empenho e movimentação financeira, é o Poder Executivo autorizado a limitar os valores financeiros destes segundo os critérios fixados pela lei de diretrizes orçamentárias.

c) No caso de restabelecimento da receita prevista, ainda que parcial, a recomposição das dotações cujos empenhos foram limitados dar-se-á de forma proporcional às reduções efetivadas.

d) Poderão ser objeto de limitação as despesas destinadas ao pagamento do serviço da dívida

e) Poderão ser objeto de limitação as despesas relativas à inovação e ao desenvolvimento científico e tecnológico custeadas por fundo criado para tal finalidade.

**COMENTÁRIOS**

✪ **Nota do autor:** a presente questão exige do candidato o conhecimento das disposições contidas no art. 9º da Lei de Responsabilidade Fiscal, cujo caput estabelece que "se verificado, ao final de um bimestre, que a realização da receita poderá não comportar o cumprimento das metas de resultado primário ou nominal estabelecidas no Anexo de Metas Fiscais, os Poderes e o Ministério Público promoverão, por ato próprio e nos montantes necessários, nos trinta dias subsequentes, limitação de empenho e movimentação financeira, segundo critérios fixados pela lei de diretrizes orçamentárias".

**Alternativa "a"**: alternativa errada. Conforme apontado na nota do autor, os critérios para a limitação de empenho e movimentação financeira são fixados pela lei de diretrizes orçamentárias, e não pela lei orçamentária anual, como trouxe o enunciado da alternativa.

**Alternativa "b"**: alternativa errada. O enunciado da alternativa reproduz o §3º do art. 9º da LRF. Contudo, tal dispositivo foi declarado inconstitucional pelo STF. Assim: "A norma estabelecida no § 3º do referido art. 9º da LRF, entretanto, não guardou pertinência com o modelo de freios e contrapesos estabelecido constitucionalmente para assegurar o exercício responsável da autonomia financeira por parte dos Poderes Legislativo, Judiciário e da Instituição do Ministério Público, ao estabelecer inconstitucional hierarquização subserviente em relação ao Executivo, permitindo que, unilateralmente, limitasse os valores financeiros segundo os critérios fixados pela lei de diretrizes orçamentárias no caso daqueles poderes e instituição não promoverem a limitação no prazo estabelecido no caput. A defesa de um Estado Democrático de Direito exige o afastamento de normas legais que repudiam o sistema de organização liberal, em especial na presente hipótese, o desrespeito à separação das funções do poder e suas autonomias constitucionais, em especial quando há expressa previsão constitucional de autonomia financeira". (STF, ADI 2238, Tribunal Pleno, j. 24.06.2020, Rel. Min. Alexandre de Moraes)

**Alternativa "c"**: alternativa correta. A alternativa reproduz a literalidade do §1º do art. 9º da LRF.

**Alternativa "d"**: alternativa errada. O mesmo art. 9º da LRF, em seu §2º (com redação dada pela LC nº 177/2021) excepcionou da limitação algumas despesas. Nesse sentido: "não serão objeto de limitação as despesas que constituam obrigações constitucionais e legais do ente, inclusive aquelas destinadas ao pagamento do serviço da dívida, as relativas à inovação e ao desenvolvimento científico e tecnológico custeadas por fundo criado para tal finalidade e as ressalvadas pela lei de diretrizes orçamentárias.

**Alternativa "e"**: alternativa errada. Conforme análise da alternativa anterior, as despesas mencionadas não poderão ser objeto de limitação.

**Alternativa correta: letra "c"**

# Direito Financeiro

***Danilo Vieira Vilela***

✦ RESUMOS DOUTRINÁRIOS

## 1. ATIVIDADE FINANCEIRA DO ESTADO E DIREITO FINANCEIRO

### DIREITO FINANCEIRO

"Disciplina jurídica da atividade financeira do Estado" (OLIVEIRA, Régis Fernandes de. *Curso de Direito Financeiro.* 8.ed. São Paulo: Malheiros, 2019, p. 84).

"[...] sub-ramo do direito público que estuda as finanças do Estado em sua estreita relação com a sua atividade financeira. Ou seja, é o conjunto de regras e princípios que estuda a atividade financeira do Estado, compreendida esta como receita, despesa, orçamento e créditos públicos". (LEITE, Harrisson. *Manual de Direito Financeiro.* 11.ed. São Paulo: Juspodivm, 2022, p. 47).

### COMPETÊNCIA LEGISLATIVA EM MATÉRIA DE DIREITO FINANCEIRO

"Compete à União, aos Estados e ao Distrito Federal legislar concorrentemente sobre o Direito Financeiro e sobre orçamento" (CRFB/88, at. 24, I e II). Assim:

União → normas gerais

Estados e DF → normas suplementares ou competência legislativa plena caso a União não edite norma geral

Municípios → assuntos de interesse local (CRFB/88, art. 30, I)

Atenção: "É inconstitucional lei estadual que proíbe a cobrança de juros, multas e parcelas vencidas de contratos de financiamento" (ADI 6938/PB, rel. Min. Cármen Lúcia, j. 22.11.2021, Info 1038).

### FONTES DO DIREITO FINANCEIRO

Principal fonte → Constituição de 1988, principalmente arts. 163 a 169).

Art. 165, § 9º Cabe à **lei complementar**:

I - dispor sobre o exercício financeiro, a vigência, os prazos, a elaboração e a organização do plano plurianual, da lei de diretrizes orçamentárias e da lei orçamentária anual;

II - estabelecer normas de gestão financeira e patrimonial da administração direta e indireta bem como condições para a instituição e funcionamento de fundos.

III - dispor sobre critérios para a execução equitativa, além de procedimentos que serão adotados quando houver impedimentos legais e técnicos, cumprimento de restos a pagar e limitação das programações de caráter obrigatório, para a realização do disposto nos §§ 11 e 12 do art. 166.

Art. 163. **Lei complementar** disporá sobre:

I - finanças públicas;

II - dívida pública externa e interna, incluída a das autarquias, fundações e demais entidades controladas pelo Poder Público;

III - concessão de garantias pelas entidades públicas;

IV - emissão e resgate de títulos da dívida pública;

V - fiscalização financeira da administração pública direta e indireta

VI - operações de câmbio realizadas por órgãos e entidades da União, dos Estados, do Distrito Federal e dos Municípios;

VII - compatibilização das funções das instituições oficiais de crédito da União, resguardadas as características e condições operacionais plenas das voltadas ao desenvolvimento regional.

VIII - sustentabilidade da dívida, especificando

a) indicadores de sua apuração;

b) níveis de compatibilidade dos resultados fiscais com a trajetória da dívida

c) trajetória de convergência do montante da dívida com os limites definidos em legislação

d) medidas de ajuste, suspensões e vedações

e) planejamento de alienação de ativos com vistas à redução do montante da dívida.

Parágrafo único. A lei complementar de que trata o inciso VIII do caput deste artigo pode autorizar a aplicação das vedações previstas no art. 167-A desta Constituição

**Atenção:** a lei nº 4.320/64 (lei ordinária) foi recepcionada pela CRFB/88 com status de lei complementar e só pode ser alterada ou revogada por outra lei complementar.

Lei Complementar nº 100/2000 ⊠ Lei de Responsabilidade Fiscal (Estabelece normas de finanças públicas voltadas para a responsabilidade fiscal na gestão fiscal e dá outras providências).

Medidas provisórias são vedadas em relação a planos plurianuais, diretrizes orçamentárias, orçamento e créditos adicionais e suplementares (CRFB/88, art. 62, I, d). Contudo, são permitidas em caso de créditos extraordinários (CRFB/88, art. 167, §3º).

## 2. ORÇAMENTO PÚBLICO

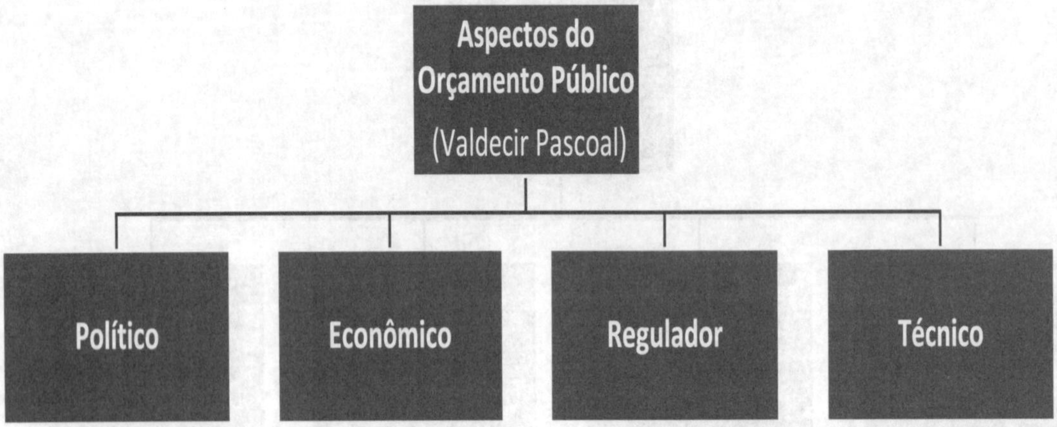


## CONCEITOS

**Orçamento:** "instrumento de planejamento de qualquer entidade, seja pública ou privada, e representa o fluxo previsto dos ingressos e das aplicações de recursos em determinado período". (BRASIL. Ministério do Planejamento e Orçamento. *Manual Técnico de Orçamento*. 7.ed. Brasília, 2023, p. 16)

**Receitas Públicas:** "ingressos de recursos financeiros nos cofres do Estado, que se desdobram em receitas orçamentárias, quando representam disponibilidades de recursos financeiros para o erário, e ingressos extraorçamentários, quando representam apenas entradas compensatórias". (BRASIL. Ministério do Planejamento e Orçamento. *Manual Técnico de Orçamento*. 7.ed. Brasília, 2023, p. 16)

**Ingressos extraorçamentários**: "recursos financeiros que apresentam caráter temporário e não integram a LOA. O Estado é mero depositário desses recursos, que constituem passivos exigíveis e cujas restituições não se sujeitam à autorização legislativa. Exemplos: Depósitos em Caução, Fianças, Operações de Crédito por ARO, emissão de moeda e outras entradas compensatórias no ativo e passivo financeiros". (BRASIL. Ministério do Planejamento e Orçamento. *Manual Técnico de Orçamento*. 7.ed. Brasília, 2023, p. 16)

**Receitas Orçamentárias:** "disponibilidade de recursos que ingressam durante o exercício e constituem elemento novo para o patrimônio público. Instrumento pelo meio do qual se viabiliza a execução das políticas públicas, a receita orçamentária é fonte de recursos utilizada pelo Estado em programas e ações cuja finalidade é atender às necessidades públicas e demandas da sociedade". (BRASIL. Ministério do Planejamento e Orçamento. *Manual Técnico de Orçamento*. 7.ed. Brasília, 2023, p. 17)

**Natureza jurídica do orçamento** → lei em sentido formal (não cria direitos subjetivos, nem modifica leis financeiras oi tributárias, mas prevê receitas e **autoriza** gastos).

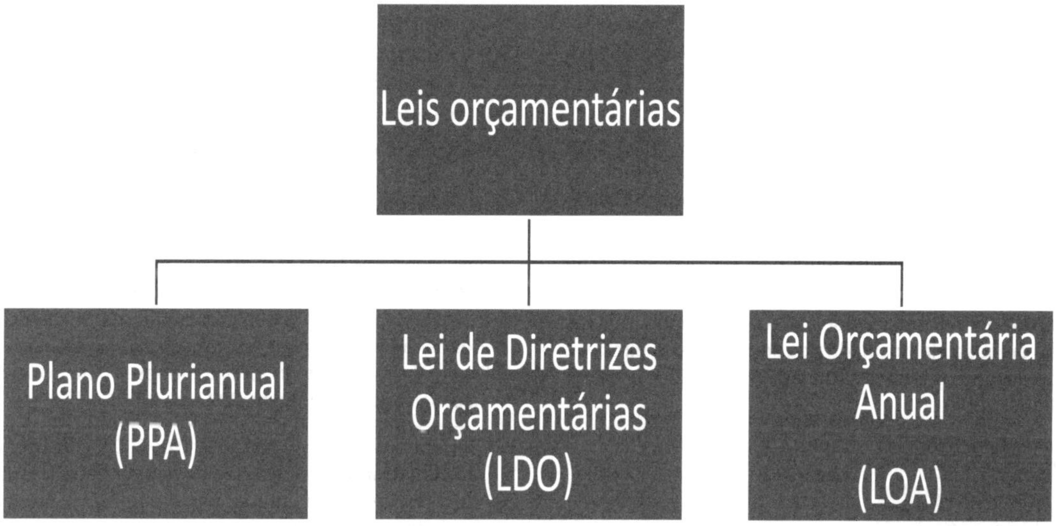


**Plano Plurianual (PPA)** → deverá estabelecer, de forma regionalizada, as diretrizes objetivos e metas da administração pública federal para as despesas de capital e outras delas decorrentes e para as relativas aos programas de duração continuada (CRFB/88, art. 165, §1º).

Duração: 4 anos. Elaborado no primeiro ano do mandato presidencial, durará até o primeiro ano do mandato subsequente (ex. elaboração em 2023, abrangendo os anos de 2024, 2025, 2026 e 2027). (ADCT, art. 35, §2º).

Atenção: "Nenhum investimento cuja execução ultrapasse um exercício financeiro poderá ser iniciado sem prévia inclusão no plano plurianual, ou sem lei que autorize, sob pena de crime de responsabilidade" (CRFB/88, art. 167, §1º).

**Lei de Diretrizes Orçamentárias (LDO)**

Objetivos (CRFB/88, art. 165, §2º):

- Fixar as metas e prioridades da administração pública federal;
- Estabelecer as diretrizes da política fiscal e respectivas metas, em consonância com trajetória sustentável da dívida pública;
- Orientar a elaboração da lei orçamentária anual;
- Dispor sobre as alterações na legislação tributária;
- Estabelecer a política de aplicação das agências financeiras oficiais de fomento.

Segundo o art. 4º da Lei de Responsabilidade Fiscal, a Lei de Diretrizes Orçamentárias também disporá sobre:

- O equilíbrio entre receitas e despesas;
- Critérios e forma de limitação de empenho;
- Normas relativas ao controle de custos e à avaliação dos resultados dos programas financiados com recursos dos orçamentos;
- Demais condições e exigências para transferências de recursos a entidades públicas e privadas.

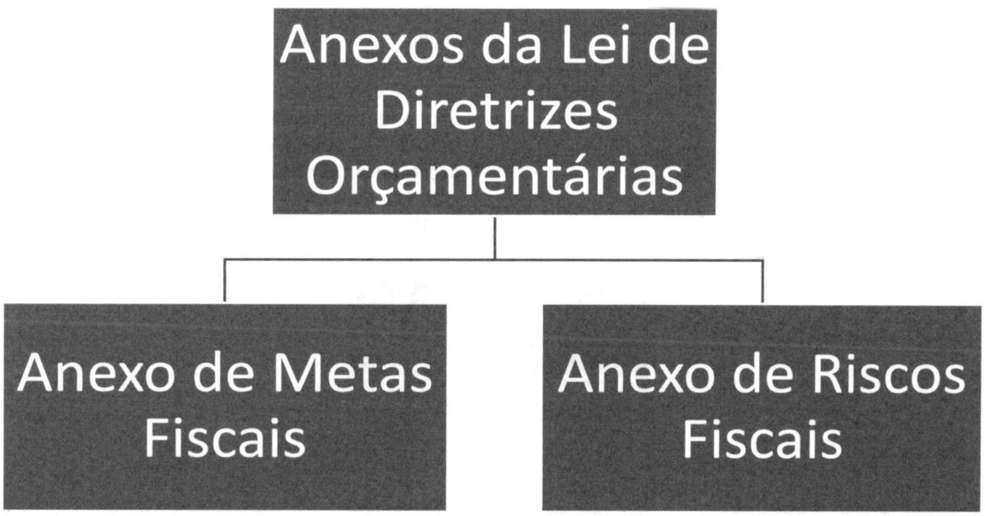


Observação: CRFB/88, art. 165, § 12. **Integrará a lei de diretrizes orçamentárias, para o exercício a que se refere e, pelo menos, para os 2 (dois) exercícios subsequentes, anexo com previsão de agregados fiscais e a proporção dos recursos para investimentos que serão alocados na lei orçamentária anual para a continuidade daqueles em andamento**. (Incluído pela Emenda Constitucional nº 102, de 2019)

**Lei Orçamentária Anual (LOA)**

Conterá a discriminação da receita e despesa de forma a evidenciar a política econômico financeira e o programa de trabalho do Governo, obedecidos os princípios de unidade, universalidade e anualidade (art. 2º da lei nº 4.320/64).

Objetivos → permitir a concretização do Plano Plurianual e da Lei de Diretrizes Orçamentárias.

A LOA englobará (CRFB/88, art. 165, §5º):

I - o orçamento fiscal referente aos Poderes da União, seus fundos, órgãos e entidades da administração direta e indireta, inclusive fundações instituídas e mantidas pelo Poder Público;

II - o orçamento de investimento das empresas em que a União, direta ou indiretamente, detenha a maioria do capital social com direito a voto;

III - o orçamento da seguridade social, abrangendo todas as entidades e órgãos a ela vinculados, da administração direta ou indireta, bem como os fundos e fundações instituídos e mantidos pelo Poder Público.

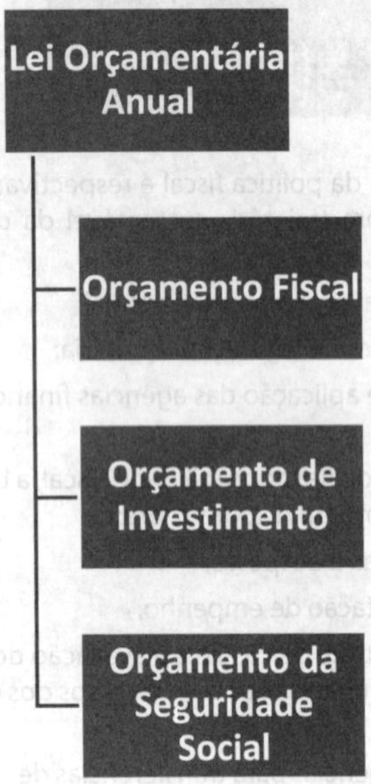


Integrarão a Lei de Orçamento (art. 2º da lei 4.320/64):

I. Sumário geral da receita por fontes e da despesa por funções do Governo;
II. Quadro demonstrativo da Receita e Despesa segundo as categorias Econômicas;
III. Quadro discriminativo da receita por fontes e respectiva legislação;
IV. Quadro das dotações por órgãos do Governo e da Administração.

No mais, acompanharão a Lei de Orçamento:

I. Quadros demonstrativos da receita e planos de aplicação dos fundos especiais;
II. Quadros demonstrativos da despesa;
III. Quadro demonstrativo do programa anual de trabalho do Governo, em termos de realização de obras e de prestação de serviços.

Além dessas disposições contidas na lei 4.320/64, merece destaque também o disposto no art. 184 §4º da CRFB/88, segundo o qual "o orçamento fixará anualmente o volume de títulos da dívida agrária, assim como o montante de recursos para atender ao programa de reforma agrária no exercício". (VILELA, Danilo Vieira. *Direito Financeiro*. Sinopses para Concursos. v. 37, 4.ed. Salvador: Juspodivm, 2022. p. 90)

Segundo o art. 5º, II, da Lei 10.028/2000, constitui **infração administrativa** contra as leis de finanças públicas, propor lei de diretrizes orçamentárias anual que não contenha as metas fiscais na forma da lei.

| Projeto de lei | Prazo para que o Executivo encaminhe ao Legislativo | Prazo para que o Legislativo devolva ao Executivo |
|---|---|---|
| **PPA** | Até 4 meses antes do encerramento do primeiro exercício financeiro do mandato (31 de agosto) | Até o encerramento do segundo período da sessão legislativa (22 de dezembro) |
| **LDO** | Até 8 meses e meio antes do encerramento do exercício financeiro (15 de abril) | Até o final do 1º período legislativo (17 de julho) |
| **LOA** | Até 4 meses antes do encerramento do exercício financeiro (31 de agosto) | Até o encerramento da sessão legislativa (22 de dezembro) |

**ATENÇÃO: "**Controle abstrato de constitucionalidade de normas orçamentárias. Revisão de jurisprudência. O STF deve exercer sua função precípua de fiscalização da constitucionalidade das leis e dos atos normativos quando houver um tema ou uma controvérsia constitucional suscitada em abstrato, independente do caráter geral ou específico, concreto ou abstrato de seu objeto. **Possibilidade de submissão das normas orçamentárias ao controle abstrato de constitucionalidade**" (STF, ADI-MC4.048/DF, Rel. Min. Gilmar Mendes, j. 14.05.2008, p. 21.08.2008).

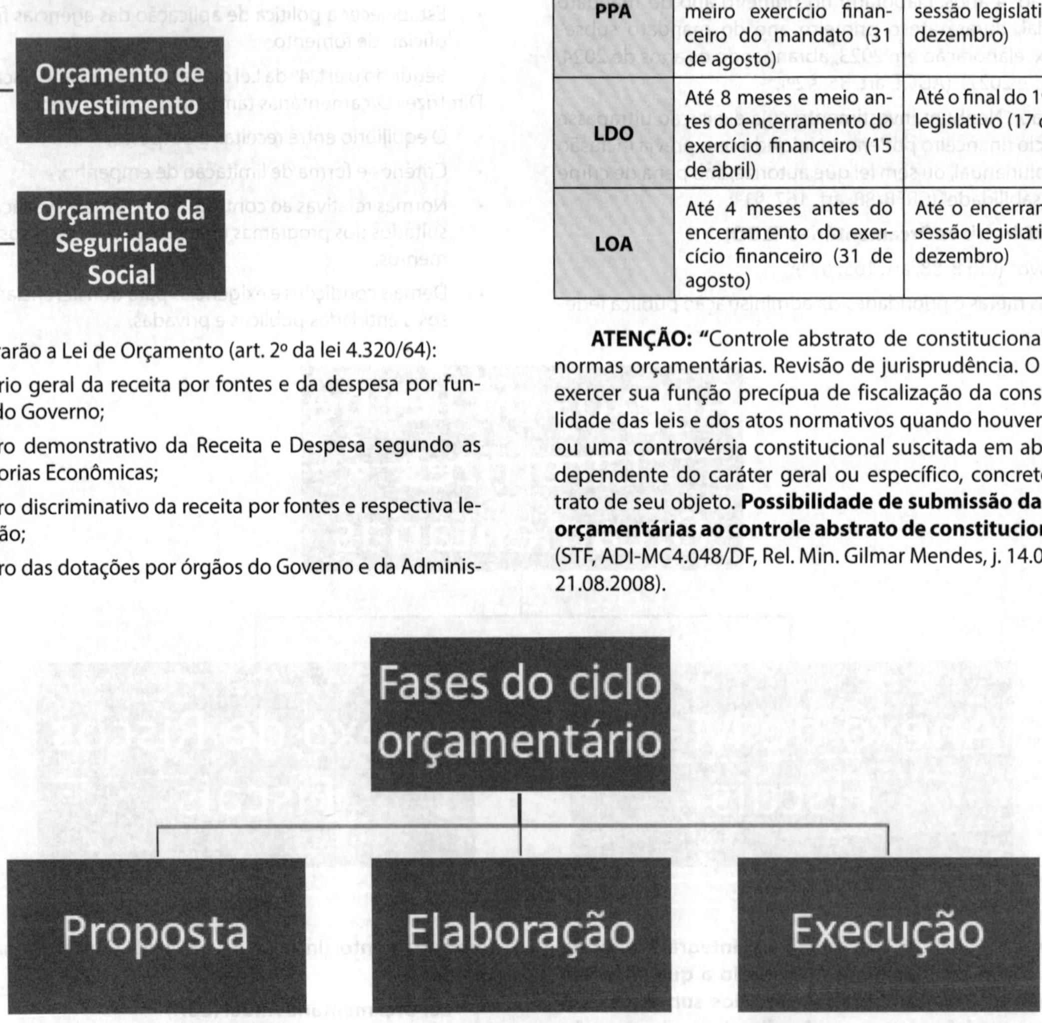

A **proposta orçamentária** a ser encaminhada pelo Poder Executivo ao Legislativo será composta da seguinte forma (art. 22 da lei 4.320/64):

I. Mensagem, que conterá: exposição circunstanciada da situação econômico-financeira, documentada com demonstração da dívida fundada e flutuante, saldos de créditos especiais, restos a pagar e outros compromissos financeiros exigíveis; exposição e justificação da política econômico-financeira do Governo, justificação da receita e despesa, particularmente no tocante ao orçamento de capital;

II. Projeto de lei orçamentária;

III. Tabelas explicativas (anexos) das quais, além das estimativas de receita e despesa, constarão, em colunas distintas e para fins de comparação:

a) A receita arrecadada nos três últimos exercícios anteriores àquele em que se elaborou a proposta;

b) A receita prevista para o exercício em que se elabora a proposta;

c) A receita prevista para o exercício a que se refere a proposta;

d) A despesa realizada no exercício imediatamente anterior;

e) A despesa fixada para o exercício em que se elabora a proposta; e

f) A despesa prevista para o exercício a que se refere a proposta.

IV - Especificação dos programas especiais de trabalho custeados por dotações globais, em termos de metas visadas, decompostas em estimativa do custo das obras a realizar e dos serviços a prestar, acompanhadas de justificação econômica, financeira, social e administrativa.

**Observação:** Constará da proposta orçamentária, para cada unidade administrativa, descrição sucinta de suas principais finalidades, com indicação da respectiva legislação (lei 4.320/64, art. 22, parágrafo único).

CRFB/88, art. 84: **Compete privativamente ao Presidente da República.**

XXIII - enviar ao Congresso Nacional o plano plurianual, o projeto de lei de diretrizes orçamentárias e as propostas de orçamento previstos nesta Constituição;

CRFB/88, art. 61, § 1º São de **iniciativa privativa do Presidente da República** as leis que:

II - disponham sobre:

b) organização administrativa e judiciária, matéria tributária e orçamentária, serviços públicos e pessoal da administração dos Territórios;

**Elaboração Orçamentária**

Âmbito Federal → análise conjunta das duas Casas do Congresso Nacional. Atuação da Comissão Mista de Senadores e Deputados com competência para (CRFB/88, art. 166, §1º):

I - examinar e emitir parecer sobre os projetos referidos neste artigo e sobre as contas apresentadas anualmente pelo Presidente da República;

II - examinar e emitir parecer sobre os planos e programas nacionais, regionais e setoriais previstos nesta Constituição e exercer o acompanhamento e a fiscalização orçamentária, sem prejuízo da atuação das demais comissões do Congresso Nacional e de suas Casas, criadas de acordo com o art. 58.

Comissão Mista Permanente do Congresso Nacional = **Comissão Mista de Planos, Orçamentos Públicos e Fiscalização (CMO)** → 40 membros titulares (30 deputados/10 senadores) (Resolução 01/2006 do Congresso Nacional).

| Possibilidades de emendas ao Orçamento |
|---|
| CRFB/88, art. 166, § 2º As emendas serão apresentadas na Comissão mista, que sobre elas emitirá parecer, e apreciadas, na forma regimental, pelo Plenário das duas Casas do Congresso Nacional.<br>§ 3º As emendas ao projeto de lei do orçamento anual ou aos projetos que o modifiquem **somente podem ser aprovadas caso**:<br>I - sejam compatíveis com o plano plurianual e com a lei de diretrizes orçamentárias;<br>II - indiquem os recursos necessários, admitidos apenas os provenientes de anulação de despesa, excluídas as que incidam sobre:<br>a) dotações para pessoal e seus encargos;<br>b) serviço da dívida;<br>c) transferências tributárias constitucionais para Estados, Municípios e Distrito Federal; ou<br>III - sejam relacionadas:<br>a) com a correção de erros ou omissões; ou<br>b) com os dispositivos do texto do projeto de lei.<br>§ 4º As emendas ao projeto de lei de diretrizes orçamentárias não poderão ser aprovadas quando incompatíveis com o plano plurianual. |

| Tipo de emenda | Fundamento jurídico | Observações importantes |
|---|---|---|
| Emendas individuais | CRFB/88 art. 166, §§ 9º e segs. e 166-A<br>EC 86/2015, 100/2019 e 126/2022 | Caráter impositivo - 2% da Receita Corrente Líquida (1,55% para Deputados e 0,45% para Senadores). Pelo menos metade dos recursos devem ser destinados a ações e serviços públicos de saúde. Critério equitativo na distribuição dos recursos |
| Emendas de bancada | CRFB/88 art. 166, §12<br>EC 100/2019 | Caráter impositivo – até 1% da Receita Corrente Líquida/ Equidade na distribuição dos recursos |
| Emendas de Comissão Permanente | Lei nº 13.898/19 (LDO para 2020) | Caráter autorizativo. Sem parâmetro quantitativo. |
| Emendas do relator | CRFB/88 art. 165, §3º, III | Constitucional - Emendas relacionadas a I) com a correção de erros ou omissões; ou II) com os dispositivos do texto do projeto de lei. |
| | **Orçamento secreto** | **Inconstitucional** - Caráter autorizativo. Sem parâmetro quantitativo. |

**ATENÇÃO!** A principal decisão do STF, relacionada a Direito Financeiro, dos últimos anos foi aquela em que o Tribunal reconheceu a incompatibilidade com a ordem constitucional brasileira da prática chamada de "orçamento secreto", modalidade de emenda do relator destinada à distribuição de recursos a parlamentares. Nesse sentido, fique atendo aos seguintes trechos daquele julgamento, já que há grande chance de ser cobrado no Exame da OAB!

**"É vedada a utilização das emendas do relator-geral do orçamento com a finalidade de criar novas despesas ou de ampliar as programações previstas no projeto de lei orçamentária anual, uma vez que elas se destinam, exclusivamente, a corrigir erros e omissões** (CF/1988, art. 3 § ,166º, III, alínea "a")" (ADPF 850, 851, 854 e 1.014/DF, rel. Min. Rosa Weber, j. 19.12.2022)

"[...] o Plenário, por maioria, julgou procedentes os pedidos deduzidos nas ADPFs para (a) declarar **incompatíveis com a ordem constitucional brasileira** as práticas orçamentárias viabilizadoras do chamado **"esquema do orçamento secreto"**, consistentes no uso indevido das emendas do relator-geral do orçamento para efeito de inclusão de novas despesas públicas ou programações no projeto de lei orçamentária anual da União; (b) declarar a inconstitucionalidade material do art. 4º do Ato Conjunto das Mesas da Câmara dos Deputados e do Senado Federal 1/2021 e do inteiro teor da Resolução CN 2/2021; (c) conferir interpretação conforme às leis orçamentárias anuais de 2021 (Lei 14.144/2021) e de 2022 (Lei 14.303/2022), vedando a utilização das despesas classificadas sob o indicador orçamentário RP 9 para o propósito de atender a solicitações de despesas e indicações de beneficiários realizadas por deputados federais, senadores da República, relatores da Comissão Mista de Orçamento (CMO) e quaisquer "usuários externos" não vinculados aos órgãos da Administração Pública federal, independentemente de tal requisição ter sido formulada pelos sistemas formais ou por vias informais (cabendo, ainda, aos ministros de Estado titulares das pastas beneficiadas com recursos consignados sob a rubrica RP 9 orientarem a execução desses montantes em conformidade com os programas e projetos existentes nas respectivas áreas, afastado o caráter vinculante das indicações formuladas pelo relator-geral do orçamento, nos moldes do art. 2º, § 1º, do Decreto 10.888/2021); e (d) determinar, a todas as unidades orçamentárias e órgãos da Administração Pública em geral que realizaram o empenho, liquidação e pagamento de despesas classificadas sob o indicador orçamentário RP 9, nos exercícios financeiros de 2020 a 2022, a publicação dos dados referentes aos serviços, obras e compras realizadas com tais verbas públicas, assim como a identificação dos respectivos solicitadores e beneficiários, de modo acessível, claro e fidedigno, no prazo de 90 (noventa) dias, nos termos do voto da relatora" (ADPF 850, 851, 854 e 1.014/DF, rel. Min. Rosa Weber, j. 19.12.2022)

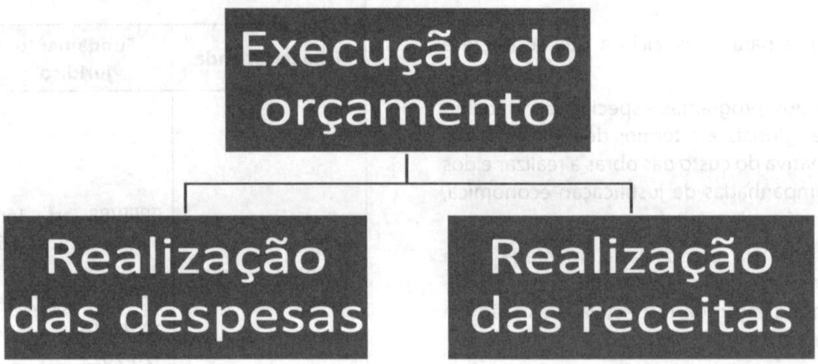


| Créditos Adicionais (lei nº 4.320/64, art. 41) | | | |
|---|---|---|---|
| **Suplementares** | Destinados a reforço de dotação orçamentária | Vigência no exercício em que forem abertos | Exigência de lei |
| **Especiais** | Destinados a despesas para as quais não haja dotação orçamentária | Vigência no exercício em que forem abertos, salvo se o ato de autorização for promulgado nos últimos 4 meses, caso em que, reabertos no limite dos seus saldos, serão incorporados ao orçamento do exercício. | Exigência de lei |
| **Extraordinários** | Destinados a despesas urgentes e imprevistas, em caso de guerra, comoção intestina ou calamidade pública | Vigência no exercício em que forem abertos, salvo se o ato de autorização for promulgado nos últimos 4 meses, caso em que, reabertos no limite dos seus saldos, serão incorporados ao orçamento do exercício. | Medida Provisória (na União) |
| **Observação: CRFB/88, art. 167. São vedadas: V- a abertura de crédito suplementar ou especial sem prévia autorização legislativa e sem indicação dos recursos correspondentes. (Atenção: essa regra não se aplica aos créditos extraordinários).** | | | |

**Remanejamentos, Transposições e Transferências**

(FURTADO, José de Ribamar Caldas. Créditos adicionais versus transposição, remanejamento ou transferência de recursos. Revista do TCU. n. 106, out./dez. 2005, p. 29-34).

a) **Remanejamentos** são realocações na organização de um ente público, com destinação de recursos de um órgão para outro. Podem ocorrer, por exemplo, em uma reforma administrativa. A extinção de um órgão pode levar a Administração a decidir pelas realocações das atividades, inclusive dos respectivos programas de trabalho, recursos físicos e orçamentários, para outros órgãos, sejam da administração direta, sejam da administração indireta. Nesse caso, não cabe a abertura de crédito adicional especial para cobertura de novas despesas, uma vez que as atividades já existem, inclusive os respectivos recursos não financeiros. Entretanto, se houver a necessidade da criação de um cargo novo, a Administração deverá providenciar a abertura de um crédito adicional para atender a essa despesa;

b) **Transposições** são realocações no âmbito dos programas de trabalho, dentro do mesmo órgão. Pode acontecer que a administração da entidade governamental resolva não construir a estrada vicinal, já programada e incluída no orçamento, cujo projeto original se pretende que seja ampliado. Nesse caso, basta que a lei autorize a realocação dos recursos orçamentários do primeiro para o segundo projeto;

c) **Transferências** são realocações de recursos entre as categorias econômicas de despesas, dentro do mesmo órgão e do mesmo programa de trabalho. Ou seja, repriorizações dos gastos a serem efetuados. Pode ocorrer que a administração do ente governamental tenha que decidir entre realocar recursos para a manutenção de uma maternidade ou adquirir um novo computador para o setor administrativo dessa maternidade, que funciona relativamente bem, ainda que utilizando computadores antigos. A opção por recursos para a manutenção da maternidade se efetivará através de uma transferência, que não se deve confundir com anulações, parciais ou totais, de dotações para abrir crédito adicional especial. Nas transferências, as atividades envolvidas continuam em franca execução; nos créditos adicionais especiais ocorre a implantação de uma atividade nova.

## 3. PRINCÍPIOS ORÇAMENTÁRIOS

| Princípio Orçamentário | Abrangência |
|---|---|
| **Anterioridade ou Precedência Orçamentária** | O orçamento deve ser aprovado antes do início do exercício financeiro a que servirá (ADCT, art. 35, §2º, III). |
| **Anualidade ou Periodicidade Orçamentária** | O orçamento público deve ser elaborado para o período de um ano. No Brasil, ocorre a coincidência do orçamento com o ano civil (de 1º de janeiro a 31 de dezembro). (lei nº 4.320/64, art. 34) |
| **Economicidade** | Relaciona-se com o princípio da eficiência (Direito Administrativo), com base no qual as decisões sobre os gastos públicos devem levar em conta os custos e benefícios, buscando-se o melhor resultado com o menor gasto possível. |
| **Equilíbrio Orçamentário** | Corolário da Lei de Responsabilidade Fiscal (LC 101/2000), afirma que a lei orçamentária deve buscar o equilíbrio financeiro entre a receita e a despesa. |
| **Especificação, Especialização ou discriminação** | Estabelece que a receita e a despesa devem constar do orçamento com um nível suficiente de detalhamento. Ou seja: os valores não podem aparecer em bloco (orçamento genérico), mas necessitam ser adequadamente detalhados. |
| **Exclusividade** | As leis orçamentárias não conterão dispositivos estranhos à previsão da receita e à fixação da despesa, salvo exceções previstas no próprio texto constitucional (CRFB/88, art. 165, §8º). |
| **Legalidade** | Exige que as finanças públicas sejam disciplinadas mediante lei em sentido formal (CRFB/88, art. 165). |
| **Não afetação ou não vinculação de receitas** | Não pode ser criado imposto cuja receita seja vinculada a um fim específico, previamente estabelecido em lei. Evita-se, assim, o "engessamento" das verbas públicas. Cuidado: há exceções! |
| **Orçamento bruto** | Todas as receitas e despesas constarão da Lei de Orçamento pelos seus totais, vedadas quaisquer deduções. |
| **Programação** | Relaciona-se à ideia de planejamento, de forma que os gastos públicos devem ser relacionados aos objetivos constitucionais (CRFB/88, art. 48, IV, 165, §§ 4º e 10) |
| **Proibição do estorno de verbas** | Veda a realocação dos recursos orçamentários (transposição, remanejamento ou transferência) de uma categoria de programação para outra ou de um órgão para outro, sem a prévia autorização do Poder Legislativo (CRFB/88, art. 167, VI e VIII). Atenção: exceção no art. 167, §5º da CRFB/88 |
| **Publicidade ou Transparência** | "A União, os Estados, o Distrito Federal e os Municípios disponibilizarão suas informações e dados contábeis, orçamentários e fiscais, conforme periodicidade, formato e sistema estabelecidos pelo órgão central de contabilidade da União, de forma a garantir a rastreabilidade, a comparabilidade e a publicidade dos dados coletados, os quais deverão ser divulgados em meio eletrônico de amplo acesso público" (CRFB/88, art. 163-A) |
| **Regionalização** | Segundo o artigo 165, § 7º da Constituição Federal, os orçamentos terão entre suas funções a de reduzir desigualdades interregionais, segundo critério populacional. Assim, a programação orçamentária, na medida do possível, deve ser regionalizada. |
| **Unidade** | O orçamento de cada pessoa jurídica de direito público deve estar contido em um único documento, estruturado de modo uniforme, não sendo desejáveis orçamentos paralelos (deve haver um único orçamento, compreendendo o orçamento fiscal, o orçamento de investimento das estatais e o orçamento de seguridade social) (lei nº 4.320/64, art. 2º) |
| **Unidade de Tesouraria ou Unidade de caixa** | Todo recurso arrecadado para o erário deve ser alocado em uma única conta, garantindo, assim, maior organicidade. |
| **Universalidade** | "Todas as receitas e despesas constarão da Lei de Orçamento pelos seus totais, vedadas quaisquer deduções" (lei nº 4.320/64, art. 6º). |

## DESPESAS PÚBLICAS

**Despesa Pública** → "conjunto de gastos realizados pelo Poder Público para a consecução de suas atividades principais, com o objetivo de financiar as ações do governo, sempre com foco na satisfação das necessidades públicas. É, assim, o desembolso realizado pelo Estado para atender os serviços públicos e os encargos assumidos no interesse geral da sociedade" (LEITE, Harrisson. *Manual de Direito Financeiro.* 11.ed. São Paulo: Juspodivm, 2022, p. 446).

| **Espécies de Despesas Públicas** | |
|---|---|
| Quanto à competência | Federais<br>Estaduais<br>Municipais<br>Distritais |
| Quanto à periodicidade ou Regularidade | Despesas Ordinárias<br>Despesas Extraordinárias<br>Despesas Especiais |
| Quanto à natureza | Despesa Orçamentária<br>Despesa Extraorçamentária |
| Quanto ao critério econômico | Despesa-compra, despesa real ou despesa de serviço<br>Despesa transferência |
| Quanto à extensão ou ao ambiente | Despesa interna<br>Despesa externa |
| Quanto à natureza legal | Despesas correntes<br>Despesas de capital |

| **Despesas correntes x Despesas de capital<br>Lei nº 4.320/64, art. 13** | | |
|---|---|---|
| **Despesas Correntes** | Despesas de Custeio | • Pessoa Civil<br>• Pessoal Militar<br>• Material de Consumo<br>• Serviços de Terceiros<br>• Encargos Diversos |
| | Transferências Correntes | • Subvenções Sociais<br>• Subvenções Econômicas<br>• Inativos<br>• Pensionistas<br>• Salário Família e Abono Familiar<br>• Juros da Dívida Pública<br>• Contribuições de Previdência Social<br>• Diversas Transferências Correntes. |
| **Despesas de capital** | Investimentos | • Obras Públicas<br>• Serviços em Regime de Programação Especial<br>• Equipamentos e Instalações<br>• Material Permanente<br>• Participação em Constituição ou Aumento de Capital de Empresas ou Entidades Industriais ou Agrícolas |
| | Inversões Financeiras | • Aquisição de Imóveis<br>• Participação em Constituição ou Aumento de Capital de Empresas ou Entidades Comerciais ou Financeiras<br>• Aquisição de Títulos Representativos de Capital de Empresa em Funcionamento<br>• Constituição de Fundos Rotativos<br>• Concessão de Empréstimos<br>• Diversas Inversões Financeiras |

| | | |
|---|---|---|
| | Transferências de Capital | • Amortização da Dívida Pública<br>• Auxílios para Obras Públicas<br>• Auxílios para Equipamentos e Instalações<br>• Auxílios para Inversões Financeiras<br>• Outras Contribuições. |

**Estágios da realização (execução) da despesa pública**

**(Carlos Alberto de Moraes Ramos Filho)**

- Programação
- Licitação
- Empenho
- Liquidação
- Ordem de pagamento
- Suprimento
- Pagamento

**RESTOS A PAGAR** (BRASIL, *Manual de Demonstrativos Fiscais*, 2020. 10.ed.p. 36)

**Conceito:** Consideram-se Restos a Pagar as despesas empenhadas mas não pagas até o dia 31 de dezembro distinguindo-se as processadas das não processadas", estando a sua execução condicionada aos limites fixados à conta das fontes de recursos correspondentes, com base na legislação vigente.

**Restos a pagar processados:** Denomina-se como processados os Restos a Pagar das despesas "legalmente empenhados cujo objeto de empenho já foi recebido, ou seja, aquelas cujo 2º estágio da despesa, a liquidação, já ocorreu".

**Restos a pagar não processados:** Denomina-se como não processados os Restos a Pagar derivados de despesas "legalmente empenhadas que não foram liquidadas e nem pagas até 31 de dezembro do mesmo exercício". No caso das despesas orçamentárias inscritas em restos a pagar processados, verifica-se na execução o cumprimento dos estágios de empenho e liquidação, restando pendente apenas o pagamento.

| Disciplina Constitucional dos Precatórios | |
|---|---|
| **Conceito** | "Precatório ou ofício precatório é a solicitação que o juiz da execução faz ao presidente do tribunal respectivo para que ele requisite a verba necessária ao pagamento de credor de pessoa jurídica de direito público em face de decisão judicial transitada em julgado" (OLIVEIRA, Régis Fernandes de. *Curso de Direito Financeiro.* 8.ed. São Paulo: Malheiros, 2019, p. 784). |
| **Fundamento Constitucional (precatórios comuns/sem preferência)** | Art. 100. Os pagamentos devidos pelas Fazendas Públicas Federal, Estaduais, Distrital e Municipais, **em virtude de sentença judiciária**, far-se-ão exclusivamente na **ordem cronológica** de apresentação dos precatórios e à conta dos créditos respectivos, proibida a designação de casos ou de pessoas nas dotações orçamentárias e nos créditos adicionais abertos para este fim. |
| **Superpreferência** | CRFB/88, art. 100, §2º. Os débitos de **natureza alimentícia** cujos titulares, originários ou por sucessão hereditária, tenham **60 (sessenta) anos de idade**, ou sejam **portadores de doença grave**, ou **pessoas com deficiência**, assim definidos na forma da lei, serão pagos com preferência sobre todos os demais débitos, **até o valor equivalente ao triplo fixado em lei para as requisições de pequeno valor**, admitido o fracionamento para essa finalidade, sendo que o restante será pago na ordem cronológica de apresentação do precatório. |
| **Preferência** | CRFB/88, art. 100, §1º. Os débitos de natureza alimentícia compreendem aqueles decorrentes de **salários, vencimentos, proventos, pensões e suas complementações, benefícios previdenciários e indenizações por morte ou por invalidez**, fundadas em responsabilidade civil, em virtude de sentença judicial transitada em julgado, e serão pagos com preferência sobre todos os demais débitos, exceto sobre aqueles com superpreferência. |

| Disciplina Constitucional dos Precatórios | |
|---|---|
| **Obrigatoriedade de previsão orçamentária** | CRFB/88, art. 100, §5º. É obrigatória a inclusão no orçamento das entidades de direito público de verba necessária ao pagamento de seus débitos oriundos de sentenças transitadas em julgado constantes de precatórios judiciários apresentados até **2 de abril**, fazendo-se o pagamento até o final do exercício seguinte, quando terão seus valores atualizados monetariamente. **(Atenção para essa data!!)** |
| **Competência para determinar o pagamento** | Presidente do Tribunal que proferir a decisão exequenda (CRFB/88, art. 100, §6º) |
| **Sanção em caso de preterimento do direito de precedência ou não alocação orçamentária suficiente** | Sequestro da quantia respectiva determinada pelo Presidente do Tribunal (CRFB/88, art. 100, §6º) |
| **Responsabilidade do Presidente do Tribunal** | Se retardar ou tentar frustrar a liquidação regular de precatórios por ato omissivo ou comissivo incorrerá em crime de responsabilidade e responderá perante o CNJ (CRFB/88, art. 100, §7º) |
| **Fracionamento de precatório** | Proibido, assim como a expedição de precatórios complementares ou suplementares (CRFB/88, art. 100, §8º) |
| **Compensação de precatórios** | Sem que haja interrupção no pagamento do precatório e mediante comunicação da Fazenda Pública ao Tribunal, o valor correspondente aos eventuais débitos inscritos em dívida ativa contra o credor do requisitório e seus substituídos deverá ser depositado à conta do juízo responsável pela ação de cobrança, que decidirá pelo seu destino definitivo. (CRFB/88, art. 100, §9º) |
| **Outras finalidades do precatório** | CRFB/88, art. 100, §11<br>I - quitação de débitos parcelados ou débitos inscritos em dívida ativa do ente federativo devedor, inclusive em transação resolutiva de litígio, e, subsidiariamente, débitos com a administração autárquica e fundacional do mesmo ente;<br>II - compra de imóveis públicos de propriedade do mesmo ente disponibilizados para venda;<br>III - pagamento de outorga de delegações de serviços públicos e demais espécies de concessão negocial promovidas pelo mesmo ente;<br>IV - aquisição, inclusive minoritária, de participação societária, disponibilizada para venda, do respectivo ente federativo; ou<br>V - compra de direitos, disponibilizados para cessão, do respectivo ente federativo, inclusive, no caso da União, da antecipação de valores a serem recebidos a título do excedente em óleo em contratos de partilha de petróleo. |
| **Cessão de precatórios** | Possível – total ou parcialmente, independentemente da concordância do devedor. Contudo, ao cessionário não se aplicam as regras de preferência ou superpreferência. Só produzirá efeitos após a comunicação, por meio de petição protocolizada, ao Tribunal de origem e ao ente federativo devedor. (CRFB/88, art. 100, §§ 13 e 14) |
| **Amortização de dívidas via precatórios** | CRFB/88, art. 100, § 21<br>I - nos contratos de refinanciamento cujos créditos sejam detidos pelo ente federativo que figure como devedor na sentença de que trata o **caput** deste artigo;<br>II - nos contratos em que houve prestação de garantia a outro ente federativo;<br>III - nos parcelamentos de tributos ou de contribuições sociais; e<br>IV - nas obrigações decorrentes do descumprimento de prestação de contas ou de desvio de recursos. |
| **Critério para a amortização de dívidas via precatórios** | CRFB/88, art. 100, § 22<br>I - nas obrigações vencidas, será imputada primeiramente às parcelas mais antigas;<br>II - nas obrigações vincendas, reduzirá uniformemente o valor de cada parcela devida, mantida a duração original do respectivo contrato ou parcelamento. |
| **Súmulas importantes** | **Súmula 733, do STF.** Não cabe recurso extraordinário contra decisão proferida no processamento de precatórios.<br>**Súmula 311, do STJ.** Os atos do presidente do tribunal que disponham sobre processamento e pagamento de precatório não têm caráter jurisdicional. |

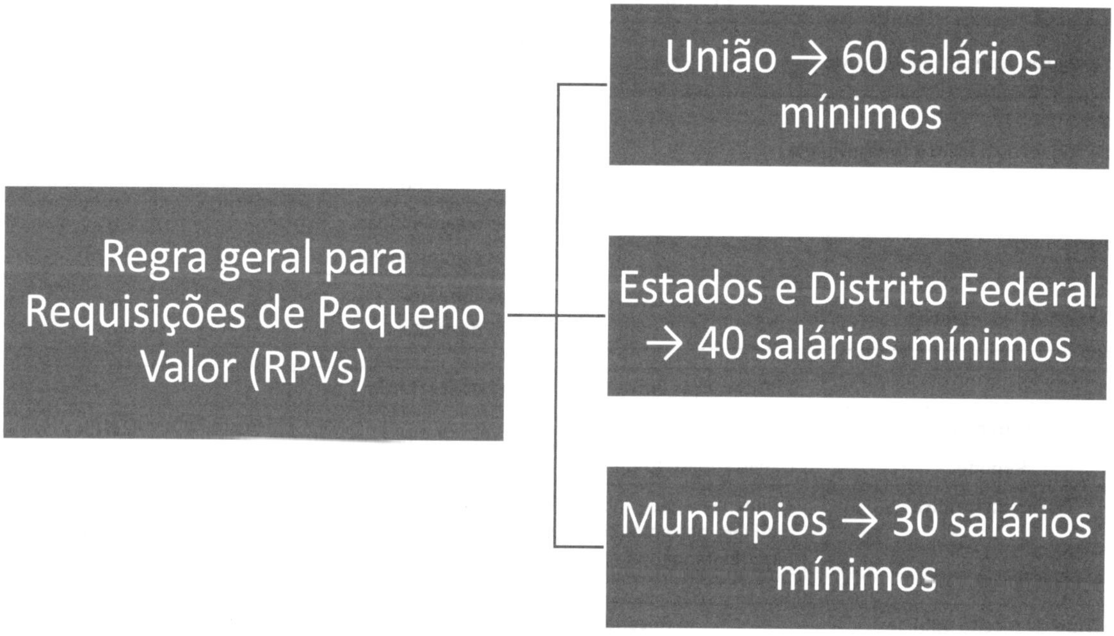


**Observação:** leis próprias de cada ente federativo poderão fixar valores distintos, segundo as diferentes capacidades econômicas, sendo o mínimo igual ao valor do maior benefício do regime geral de previdência social (CRFB/88, art. 100, §4º).

| Transferências | |
|---|---|
| **Obrigatórias** | Decorrem de previsão constitucional |
| **Automáticas** | Resultantes de previsão legal ou de ato administrativo, destinadas a custear serviços públicos e programas, geralmente na área social, como saúde, educação e assistência social |
| **Voluntárias** | "Entrega de recursos correntes ou de capital a outro ente da Federação, a título de cooperação, auxílio ou assistência financeira, que não decorra de determinação constitucional, legal ou os destinados ao Sistema Único de Saúde." (LRF, art. 25) |

## 4. RECEITAS PÚBLICAS

**Conceito** → "entrada que, integrando-se no patrimônio público sem quaisquer reservas, condições ou correspondências no passivo, vem acrescer o seu vulto, como elemento novo e positivo" (BALEEIRO, Aliomar. *Uma introdução à Ciência das Finanças*. 15.ed. Rio de Janeiro: Forense, 1998. p. 126)

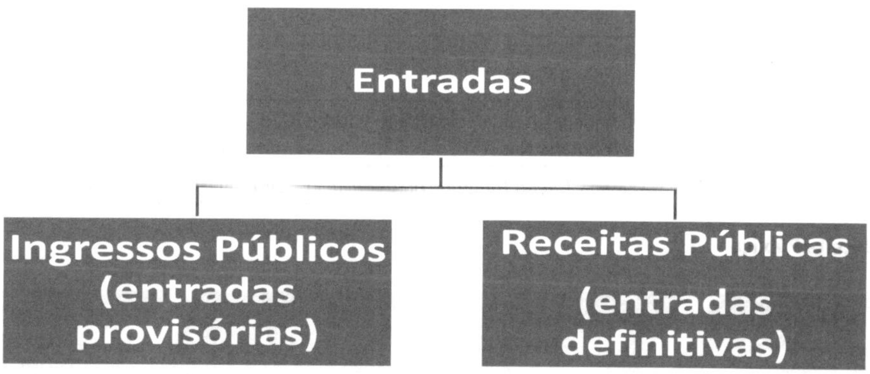


| Classificação das Receitas Públicas | |
|---|---|
| Quanto à competência do ente federativo | Receita pública federal<br>Receita pública estadual<br>Receita pública municipal<br>Receita pública distrital |

| Classificação das Receitas Públicas | |
|---|---|
| Quanto à regularidade ou periodicidade | Receitas Ordinárias<br>Receitas Extraordinárias |
| Quanto à origem ou quanto à coercitividade | Receitas Originárias. ex. royalties<br>Receitas Derivadas<br>Receitas transferidas |
| Quanto à natureza | Receitas orçamentárias<br>Receitas extraorçamentárias |
| Quanto à categoria econômica | Receitas correntes<br>Receitas de capital |

| Diferenças entre Taxa e Preço Público/Tarifa | | |
|---|---|---|
| **Critérios** | **Taxa** | **Preço Público/Tarifa** |
| **Regime** | Direito Público (tributário) | Direito Privado (consumidor-contratual) |
| **Natureza Jurídica** | Tributária (espécie tributária, artigo 145, inciso II, CF/88, portanto, deve respeito aos princípios tributários) | Contratual (Estado prestador de serviço público como se fora um particular ou o particular sob delegação do Estado- concessões, permissões, etc) |
| **Tipo de receita pública** | **Receita derivada** | **Receita originária** |
| **Serviços públicos** | Específicos e divisíveis, de uso efetivo ou potencial | Específicos e divisíveis, apenas de uso efetivo |
| **Tipos de serviços públicos** | A) Propriamente estatais e ínsitos à soberania do Estado (exemplo: concessão de passaporte) e;<br>B) Essenciais ao interesse público | A) Não essenciais ao interesse público (exemplos: telefonia, gás, energia elétrica e outros sujeitos à concessão ou permissão pelo ente estatal) e;<br>B) Em regra, serviços delegáveis |
| **Cobrança** | Compulsória (característica tributária, cobrada no caso de utilização do serviço público e mesmo no caso de o serviço público ter sido colocado à disposição e não necessariamente utilizado) | Voluntária (apenas no uso do serviço público) |
| **Dívida ativa** | Créditos oriundos do não pagamento são inscritos na Dívida Ativa tributária | Créditos oriundos do não pagamento são inscritos na Dívida Ativa não tributária |
| **Repetição de indébito** | Ação de repetição de indébito sujeita-se ao prazo previsto no CTN | Ação de repetição de indébito sujeita-se ao prazo prescricional estabelecido no Código Civil (Súmula 412 do STJ) |
| **Decorre de (segundo súmula 545 do STF)** | Lei | Contrato (vontade das partes) |
| **Prescrição** | Quinquenal, regida pelo Direito Público (Código Tributário Nacional) | Decenal, regida pelo Direito Privado (Código Civil). |
| **Fonte**: MARTINS, Alan; SCARDOELLI, Dimas Yamada. *Direito Tributário para concursos*. 2.ed. Salvador: Juspodivm, 2017. p. 33. | | |

**Estágios da Receita Pública**

| Renúncia de Receita na Lei de Responsabilidade Fiscal |
|---|
| Art. 14. A concessão ou ampliação de incentivo ou benefício de natureza tributária da qual decorra **renúncia de receita** deverá estar acompanhada de **estimativa do impacto orçamentário-financeiro no exercício em que deva iniciar sua vigência e nos dois seguintes**, atender ao disposto na lei de diretrizes orçamentárias e a **pelo menos uma das seguintes condições**: |
| I - demonstração pelo proponente de que a renúncia foi considerada na estimativa de receita da lei orçamentária, na forma do art. 12, e de que não afetará as metas de resultados fiscais previstas no anexo próprio da lei de diretrizes orçamentárias; |
| II - estar acompanhada de medidas de compensação, no período mencionado no *caput*, por meio do aumento de receita, proveniente da elevação de alíquotas, ampliação da base de cálculo, majoração ou criação de tributo ou contribuição. |
| § 1º A renúncia compreende anistia, remissão, subsídio, crédito presumido, concessão de isenção em caráter não geral, alteração de alíquota ou modificação de base de cálculo que implique redução discriminada de tributos ou contribuições, e outros benefícios que correspondam a tratamento diferenciado. |
| § 2º Se o ato de concessão ou ampliação do incentivo ou benefício de que trata o *caput* deste artigo decorrer da condição contida no inciso II, o benefício só entrará em vigor quando implementadas as medidas referidas no mencionado inciso. |
| § 3º O disposto neste artigo não se aplica: |
| I - às alterações das alíquotas dos impostos previstos nos incisos I, II, IV e V do art. 153 da Constituição, na forma do seu § 1º; |
| II - ao cancelamento de débito cujo montante seja inferior ao dos respectivos custos de cobrança. |

| Dívida ativa tributária x não tributária na lei nº 4.320/64 | |
|---|---|
| **Dívida ativa tributária** | Crédito da Fazenda Pública dessa natureza, proveniente de obrigação legal relativa a tributos e respectivos adicionais e multas. |
| **Dívida ativa não tributária** | Demais créditos da Fazenda Pública, tais como os provenientes de empréstimos compulsórios, contribuições estabelecidas em lei, multa de qualquer origem ou natureza, exceto as tributárias, foros, laudêmios, alugueis ou taxas de ocupação, custas processuais, preços de serviços prestados por estabelecimentos públicos, indenizações, reposições, restituições, alcances dos responsáveis definitivamente julgados, bem assim os créditos decorrentes de obrigações em moeda estrangeira, de subrogação de hipoteca, fiança, aval ou outra garantia, de contratos em geral ou de outras obrigações legais. |

## 5. CRÉDITO PÚBLICO E DÍVIDA PÚBLICA

| Classificação do Crédito Público | |
|---|---|
| Quanto à pessoa jurídica que obtém o crédito | Federal<br>Estadual<br>Municipal<br>Distrital |

| Classificação do Crédito Público | |
|---|---|
| Quanto à coercitividade | Empréstimos obrigatórios (forçados ou compulsórios)<br>Empréstimos voluntários ou próprios<br>Empréstimos semi-obrigatórios ou patrióticos |
| Quanto à origem territorial | Interno<br>Externo |
| Quanto ao prazo | Dívida Flutuante (prazo inferior a 12 meses)<br>Dívida Fundada (ou consolidada) (superior a 12 meses) |

**"Novo regime fiscal"**

Estabelecido pela **Emenda Constitucional nº 95/2016 (alterado pelas EC 102/2019, 108/2020, 113/2021 e 126/2022)**, fixou um teto para o crescimento das despesas a ser aplicado pelo prazo de 20 anos. O regime alcança os orçamentos fiscal e da seguridade social e para todos os órgãos e Poderes, havendo, contudo, a fixação para cada exercício, de limites individualizados para as despesas primárias de diferentes órgãos, tais como tribunais, CNJ, Senado, Câmara, TCU, MPU, CNMP e DPU (Art. 107, I a V, do ADCT), de forma que o órgão que vier a desrespeitar o teto, sujeito às seguintes vedações:

I - concessão, a qualquer título, de vantagem, aumento, reajuste ou adequação de remuneração de membros de Poder ou de órgão, de servidores e empregados públicos e militares, exceto dos derivados de sentença judicial transitada em julgado ou de determinação legal decorrente de atos anteriores à entrada em vigor desta Emenda Constitucional;

II - criação de cargo, emprego ou função que implique aumento de despesa;

III - alteração de estrutura de carreira que implique aumento de despesa;

IV - admissão ou contratação de pessoal, a qualquer título, ressalvadas as reposições de cargos de chefia e de direção que não acarretem aumento de despesa e aquelas decorrentes de vacâncias de cargos efetivos ou vitalícios; as contratações temporárias de que trata o inciso IX do caput do art. 37 da Constituição Federal; e as reposições temporárias para prestação de serviço militar e de alunos de órgãos de formação de militares;

V - realização de concurso público, exceto para as reposições de vacâncias previstas no inciso IV;

VI criação ou majoração de auxílios, vantagens, bônus, abonos, verbas de representação ou benefícios de qualquer natureza em favor de membros de Poder, do Ministério Público ou da Defensoria Pública e de servidores e empregados públicos e militares, ou ainda de seus dependentes, exceto quando derivados de sentença judicial transitada em julgado ou de determinação legal anterior ao início da aplicação das medidas de que trata este artigo;

VII - criação de despesa obrigatória; e

VIII - adoção de medida que implique reajuste de despesa obrigatória acima da variação da inflação, observada a preservação do poder aquisitivo referida no inciso IV do caput do art. 7º da Constituição Federal

IX – aumento do valor de benefícios de cunho indenizatório destinados a qualquer membro de Poder, servidor ou empregado da administração pública e a seus dependentes, exceto quando derivado de sentença judicial transitada em julgado ou de determinação legal anterior ao início da aplicação das medidas de que trata este artigo

Estabeleceu-se, assim, que para o exercício de 2017, primeiro ano de vigência das novas regras, os limites equivalerão à despesa primária paga no exercício de 2016, incluídos os restos a pagar pagos e demais operações que afetam o resultado primário, corrigida em 7,2%. Já para os exercícios seguintes, os gastos federais somente poderão ser ampliados nos limites da inflação, conforme o Índice Nacional de Preços ao Consumidor Amplo (IPCA).

Foi fixado que a partir do décimo exercício de vigência do "Novo Regime Fiscal", o Presidente da República poderá rever tais critérios uma vez a cada mandato, propondo projeto de lei complementar para a alteração do método de correção dos limites impostos pela EC 95/2016 (art. 108 do ADCT).

A própria EC 95/2016, no §6º, do art. 107, do ADCT, excluiu do novo teto, algumas despesas, rol posteriormente ampliado por outras emendas. Nesse sentido, merecem bastante atenção as seguintes disposições do ADCT:

ADCT, art. 107, § 6º **Não se incluem na base de cálculo e nos limites estabelecidos neste artigo**

I - transferências constitucionais estabelecidas no § 1º do art. 20, no inciso III do parágrafo único do art. 146, no § 5º do art. 153, no art. 157, nos incisos I e II do caput do art. 158, no art. 159 e no § 6º do art. 212, as despesas referentes ao inciso XIV do caput do art. 21 e as complementações de que tratam os incisos IV e V do caput do art. 212-A, todos da Constituição Federal;

II - créditos extraordinários a que se refere o § 3º do art. 167 da Constituição Federal;

III - despesas não recorrentes da Justiça Eleitoral com a realização de eleições; e IV - despesas com aumento de capital de empresas estatais não dependentes.

V - transferências a Estados, Distrito Federal e Municípios de parte dos valores arrecadados com os leilões dos volumes excedentes ao limite a que se refere o § 2º do art. 1º da Lei nº 12.276, de 30 de junho de 2010, e a despesa decorrente da revisão do contrato de cessão onerosa de que trata a mesma Lei.

VI - despesas correntes ou transferências aos fundos de saúde dos Estados, do Distrito Federal e dos Municípios, destinadas ao pagamento de despesas com pessoal para cumprimento dos pisos nacionais salariais para o enfermeiro, o técnico de enfermagem, o auxiliar de enfermagem e a parteira, de acordo com os §§ 12, 13, 14 e 15 do art. 198 da Constituição Federal.

§ 6º-A Não se incluem no limite estabelecido no inciso I do caput deste artigo, **a partir do exercício financeiro de 2023**:

I - despesas com projetos socioambientais ou relativos às mudanças climáticas custeadas com recursos de doações, bem como despesas com projetos custeados com recursos decorrentes de acordos judiciais ou extrajudiciais firmados em função de desastres ambientais;

II - despesas das instituições federais de ensino e das Instituições Científicas, Tecnológicas e de Inovação (ICTs) custeadas com receitas próprias, de doações ou de convênios, contratos ou outras fontes, celebrados com os demais entes da Federação ou entidades privadas;

(VILELA, Danilo Vieira. *Direito Financeiro*. Sinopses para Concursos. v. 37, 4.ed. Salvador: Juspodivm, 2020. p. 265-270)

## 6. FISCALIZAÇÃO E CONTROLE

CRFB/88, art. Art. 70. **A fiscalização contábil, financeira, orçamentária, operacional e patrimonial** da União e das entidades da administração direta e indireta, quanto à **legalidade, legitimidade, economicidade, aplicação das subvenções e renúncia de receitas,** será exercida pelo Congresso Nacional, mediante controle externo, e pelo sistema de controle interno de cada Poder.

Parágrafo único. Prestará contas qualquer **pessoa física ou jurídica, pública ou privada, que utilize, arrecade, guarde, gerencie ou administre dinheiros, bens e valores públicos ou pelos quais a União responda, ou que, em nome desta, assuma obrigações de natureza pecuniária.**

| Competências dos Tribunais de Contas | |
|---|---|
| **Tribunal de Contas da União** | Fiscaliza a aplicação de recursos federais pelo Governo Federal (regra) e os repassados voluntariamente (convênios, acordos, ajustes) para outro ente federativo ou outras pessoas, físicas ou jurídicas. |
| **Tribunais de Contas Estaduais** | Fiscalizam a aplicação dos recursos estaduais pelo Governo Estadual e os **recursos municipais pelos governos municipais** (regra) e os repassados voluntariamente por estes para outros entes federativos ou outras pessoas físicas ou jurídicas |
| **Tribunal de Contas do Distrito Federal** | Fiscaliza a aplicação dos recursos distritais pelo Governo do Distrito Federal (regra) e os repassados voluntariamente para outro ente federativo ou outras pessoas, físicas ou jurídicas. |

PASCOAL, Valdecir. *Direito Financeiro e Controle Externo*. 9.ed. São Paulo: Método, 2015, p. 142

| Tribunal de Contas da União | |
|---|---|
| Composição | Nove Ministros |
| Sede | Distrito Federal |
| Requisitos para ser Ministro | Ser brasileiro;<br>Mais de 35 e menos de **70 anos** de idade<br>Idoneidade moral e reputação ilibada<br>Notórios conhecimentos jurídicos, contábeis, econômicos e financeiros ou de administração pública<br>Mais de dez anos de exercício de função ou de efetiva atividade profissional que exija os conhecimentos supramencionados |
| Forma de escolha | 1/3 pelo Presidente da República, com aprovação do Senado Federal, sendo dois alternadamente dentre auditores e membros do Ministério Público junto ao Tribunal, indicados em lista tríplice pelo Tribunal, segundo os critérios de antiguidade e merecimento;<br>2/3 pelo Congresso Nacional |

| Tribunal de Contas da União | |
|---|---|
| Garantias, prerrogativas, impedimentos e vantagens dos Ministros | Mesmos dos Ministros do Superior Tribunal de Justiça |

## 7. LEI DE RESPONSABILIDADE FISCAL

| Limites para as despesas com pessoal - % da Receita Corrente Líquida | |
|---|---|
| LRF, art. 18 – "Entende-se como **despesa total com pessoal** o somatório dos gastos do ente da Federação com os ativos, os inativos e os pensionistas, relativos a mandatos eletivos, cargos, funções ou empregos, civis, militares e de membros de Poder, com quaisquer espécies remuneratórias, tais como vencimentos e vantagens, fixas e variáveis, subsídios, proventos da aposentadoria, reformas e pensões, inclusive adicionais, gratificações, horas extras e vantagens pessoais de qualquer natureza, bem como encargos sociais e contribuições recolhidas pelo ente às entidades de previdência". | |
| **União 50%** | Poder Legislativo (inclusive Tribunal de Contas) – 2,5% |
| | Poder Judiciário – 6% |
| | Poder Executivo – 40,9% (3% para DF e ex-territórios e 37,9% para União) |
| | Ministério Público da União – 0,6% |
| **Estados 60%** | Poder Legislativo (inclusive Tribunal de Contas) – 3% |
| | Poder Judiciário – 6% |
| | Poder Executivo – 49% |
| | Ministério Público Estadual – 2% |
| **Municípios 60%** | Poder Legislativo (inclusive Tribunal de Contas do Município) – 6% |
| | Poder Executivo – 54% |

**Limite prudencial** ⊠ LRF, art. 22, Parágrafo único. Se a despesa total com pessoal exceder a **95% (noventa e cinco por cento) do limite**, são **vedados** ao Poder ou órgão referido no art. 20 que houver incorrido no excesso:

I - concessão de vantagem, aumento, reajuste ou adequação de remuneração a qualquer título, salvo os derivados de sentença judicial ou de determinação legal ou contratual, ressalvada a revisão prevista no inciso X do art. 37 da Constituição;

II - criação de cargo, emprego ou função;

III - alteração de estrutura de carreira que implique aumento de despesa;

IV - provimento de cargo público, admissão ou contratação de pessoal a qualquer título, ressalvada a reposição decorrente de aposentadoria ou falecimento de servidores das áreas de educação, saúde e segurança;

V - contratação de hora extra, salvo no caso do disposto no inciso II do § 6º do art. 57 da Constituição e as situações previstas na lei de diretrizes orçamentárias.

Art. 23. Se a despesa total com pessoal, do Poder ou órgão referido no art. 20, **ultrapassar os limites** definidos no mesmo artigo, sem prejuízo das medidas previstas no art. 22, o percentual **excedente terá de ser eliminado nos dois quadrimestres seguintes**, sendo pelo menos um terço no primeiro, adotando-se, entre outras, as providências previstas nos §§ 3º e 4º do art. 169 da Constituição.

§ 1º No caso do inciso I do § 3º do art. 169 da Constituição, o objetivo poderá ser alcançado tanto pela extinção de cargos e funções quanto pela redução dos valores a eles atribuídos.

§ 2º É facultada a redução temporária da jornada de trabalho com adequação dos vencimentos à nova carga horária

§ 3º Não alcançada a redução no prazo estabelecido e enquanto perdurar o excesso, o Poder ou órgão referido no art. 20 não poderá:

I - receber transferências voluntárias;

II - obter garantia, direta ou indireta, de outro ente;

III - contratar operações de crédito, ressalvadas as destinadas ao pagamento da dívida mobiliária e as que visem à redução das despesas com pessoal

§ 4º As restrições do § 3º aplicam-se **imediatamente se a despesa total com pessoal exceder o limite no primeiro quadrimestre do último ano do mandato dos titulares de Poder ou órgão** referidos no art. 20.

§ 5º As restrições previstas no § 3º deste artigo não se aplicam ao Município em caso de queda de receita real superior a 10% (dez por cento), em comparação ao correspondente quadrimestre do exercício financeiro anterior, devido à

I – diminuição das transferências recebidas do Fundo de Participação dos Municípios decorrente de concessão de isenções tributárias pela União;

II – diminuição das receitas recebidas de royalties e participações especiais

§ 6º O disposto no § 5º deste artigo só se aplica caso a despesa total com pessoal do quadrimestre vigente não ultrapasse o limite percentual previsto no art. 19 desta Lei Complementar, considerada, para este cálculo, a receita corrente líquida do quadrimestre correspondente do ano anterior atualizada monetariamente.

**Limite de alerta** ⊠ LRF, art. 59, § 1º Os Tribunais de Contas alertarão os Poderes ou órgãos referidos no art. 20 quando constatarem: II - que o montante da despesa total com pessoal ultrapassou **90% (noventa por cento) do limite**;

| Conceitos importantes da LRF | |
|---|---|
| **Empresa controlada** | Sociedade cuja **maioria do capital social com direito a voto** pertença, direta ou indiretamente, a ente da Federação |
| **Empresa estatal dependente** | Empresa controlada que **receba do ente controlador recursos financeiros** para pagamento de despesas com pessoal ou de custeio em geral ou de capital, excluídos, no último caso, aqueles provenientes de aumento de participação acionária. |
| **Receita corrente líquida** | Somatório das receitas tributárias, de contribuições, patrimoniais, industriais, agropecuárias, de serviços, transferências correntes e outras receitas também correntes, deduzidos: a) na União, os valores transferidos aos Estados e Municípios por determinação constitucional ou legal, e as contribuições mencionadas na alínea a do inciso I e no inciso II do art. 195, e no art. 239 da Constituição; b) nos Estados, as parcelas entregues aos Municípios por determinação constitucional; c) na União, nos Estados e nos Municípios, a contribuição dos servidores para o custeio do seu sistema de previdência e assistência social e as receitas provenientes da compensação financeira citada no § 9º do art. 201 da Constituição. |

| Conceitos importantes da LRF | |
|---|---|
| **Dívida pública consolidada ou fundada** | montante total, apurado sem duplicidade, das obrigações financeiras do ente da Federação, assumidas em virtude de leis, contratos, convênios ou tratados e da realização de operações de crédito, para amortização em prazo superior a doze meses; |
| **Dívida pública mobiliária** | dívida pública representada por títulos emitidos pela União, inclusive os do Banco Central do Brasil, Estados e Municípios; |
| **Operação de crédito** | compromisso financeiro assumido em razão de mútuo, abertura de crédito, emissão e aceite de título, aquisição financiada de bens, recebimento antecipado de valores provenientes da venda a termo de bens e serviços, arrendamento mercantil e outras operações assemelhadas, inclusive com o uso de derivativos financeiros |
| **Concessão de garantia** | compromisso de adimplência de obrigação financeira ou contratual assumida por ente da Federação ou entidade a ele vinculada |
| **Refinanciamento da dívida mobiliária** | emissão de títulos para pagamento do principal acrescido da atualização monetária. |

**Riscos Fiscais:** "possibilidade da ocorrência de eventos que venham a impactar negativamente as contas públicas, eventos estes resultantes da realização das ações previstas no programa de trabalho para o exercício ou decorrentes das metas de resultados, correspondendo, assim, aos riscos provenientes das obrigações financeiras do governo". (BRASIL, *Manual de Demonstrativos Fiscais*, 2020. 10.ed.p. 39)

**Metas Fiscais:** Representam os resultados a serem alcançados para variáveis fiscais visando atingir os objetivos desejados pelo ente da Federação quanto à trajetória de endividamento no médio prazo. Pelo princípio da gestão fiscal responsável, as metas representam a conexão entre o planejamento, a elaboração e a execução do orçamento. Esses parâmetros indicam os rumos da condução da política fiscal para os próximos exercícios e servem de indicadores para a promoção da limitação de empenho e de movimentação financeira. (BRASIL, *Manual de Demonstrativos Fiscais*, 2020. 10.ed.p. 60)

## 8. SÚMULAS APLICÁVEIS

### Supremo Tribunal Federal

**Súmula Vinculante 17.** Durante o período previsto no parágrafo 1º do artigo 100 da Constituição, não incidem juros de mora sobre os precatórios que nele sejam pagos.

**Súmula Vinculante 3.** Nos processos perante o Tribunal de Contas da União asseguram-se o contraditório e a ampla defesa quando da decisão puder resultar anulação ou revogação de ato administrativo que beneficie o interessado, excetuada a apreciação da legalidade do ato de concessão inicial de aposentadoria, reforma e pensão.

**Súmula 733, do STF.** Não cabe recurso extraordinário contra decisão proferida no processamento de precatórios.

**Súmula 703, do STF.** A extinção do mandato do prefeito não impede a instauração de processo pela prática dos crimes previstos no art. 1º do Dl. 201/67.

**Súmula 655, do STF.** A exceção prevista no art. 100, *caput*, da Constituição, em favor dos créditos de natureza alimentícia, não dispensa a expedição de precatório, limitando-se a isentá-los da observância da ordem cronológica dos precatórios decorrentes de condenações de outra natureza.

**Súmula 653, do STF.** No Tribunal de Contas estadual, composto por sete conselheiros, quatro devem ser escolhidos pela Assembleia Legislativa e três pelo Chefe do Poder Executivo estadual, cabendo a este indicar um dentre auditores e outro dentre membros do Ministério Público, e um terceiro a sua livre escolha.

**Súmula 647, do STF.** Compete privativamente à União legislar sobre vencimentos dos membros das polícias civil e militar do Distrito Federal.

**Súmula 578, do STF.** Não podem os Estados, a título de ressarcimento de despesas, reduzir a parcela de 20% do produto da arrecadação do imposto de circulação de mercadorias, atribuída aos Municípios pelo art. 23, § 8º, da Constituição Federal.

**Súmula 545, do STF.** Preços de serviços públicos e taxas não se confundem, porque estas, diferentemente daqueles, são compulsórias e têm sua cobrança condicionada à prévia autorização orçamentária, em relação à lei que as instituiu.

**Súmula 347, do STF.** O Tribunal de Contas, no exercício de suas atribuições, pode apreciar a constitucionalidade das leis e dos atos do poder público.

**Súmula 248, do STF.** É competente, originariamente, o Supremo Tribunal Federal, para mandado de segurança contra ato do Tribunal de Contas da União.

**Súmula 66, do STF.** É legítima a cobrança do tributo que houver sido aumentado após o orçamento, mas antes do início do respectivo exercício financeiro.

**Súmula 42, do STF.** É legítima a equiparação de juízes do Tribunal de Contas, em direitos e garantias, aos membros do Poder Judiciário.

**Súmula 6, do STF.** A revogação ou anulação, pelo Poder Executivo, de aposentadoria, ou qualquer outro ato aprovado pelo Tribunal de Contas, não produz efeitos antes de aprovada por aquele Tribunal, ressalvada a competência revisora do Judiciário.

### Superior Tribunal de Justiça

**Súmula 615, do STJ.** Não pode ocorrer ou permanecer a inscrição do município em cadastros restritivos fundada em irregularidades na gestão anterior quando, na gestão sucessora, são tomadas as providências cabíveis à reparação dos danos eventualmente cometidos.

**Súmula 566, do STJ.** Nos contratos bancários posteriores ao início da vigência da Resolução-CMN nº 3.518/2007, em 30/4/2008, pode ser cobrada a tarifa de cadastro no início do relacionamento entre o consumidor e a instituição financeira.

**Súmula 565, do STJ.** A pactuação das tarifas de abertura de crédito (TAC) e de emissão de carnê (TEC), ou outra denominação para o mesmo fato gerador, é válida apenas nos contratos bancários anteriores ao início da vigência da Resolução-CMN nº 3.518/2007, em 30/4/2008.

**Súmula 461, do STJ.** O contribuinte pode optar por receber, por meio de precatório ou por compensação, o indébito tributário certificado por sentença declaratória transitada em julgado.

**Súmula 452, do STJ.** A extinção das ações de pequeno valor é faculdade da Administração Federal, vedada a atuação judicial de ofício.

**Súmula 447, do STJ.** Os Estados e o Distrito Federal são partes legítimas na ação de restituição de imposto de renda retido na fonte proposta por seus servidores.

**Súmula 406, do STJ**. A Fazenda Pública pode recusar a substituição do bem penhorado por precatório.

**Súmula 311, do STJ**. Os atos do presidente do tribunal que disponham sobre processamento e pagamento de precatório não têm caráter jurisdicional.

**Súmula 209, do STJ**. Compete à Justiça Estadual processar e julgar prefeito por desvio de verba transferida e incorporada ao patrimônio municipal.

**Súmula 208, do STJ**. Compete à Justiça Federal processar e julgar prefeito municipal por desvio de verba sujeita a prestação de contas perante órgão federal.

**Súmula 164, do STJ**. O prefeito municipal, após a extinção do mandato, continua sendo sujeito a processo por crime previsto no art. 1 do Dec. Lei 201, de 27/02/67.

**Súmula 150, do STJ**. Compete à Justiça federal decidir sobre a existência de interesse jurídico que justifique a presença, no processo, da União, suas autarquias e empresas públicas.

**Súmula 144, do STJ**. Os créditos de natureza alimentícia gozam de preferência, desvinculados os precatórios da ordem cronológica dos créditos de natureza diversa.

*Adriana Menezes*

✦ QUESTÕES

## 1. SEGURIDADE SOCIAL – CONCEITO – ORGANIZAÇÃO – PRINCÍPIOS

Constituição Federal
Arts. 165, 167, 194 ao 204

**01. (FGV – Advogado – Pref. Mun. de Manaus - AM/2022)** As irmãs Sandra e Geórgia trabalham para o mesmo empregador, localizado no bairro Lago Azul (Manaus). Sandra recebe 1 salário-mínimo mensal e Geórgia, por ocupar cargo mais especializado, recebe 3 salários-mínimos por mês. Ambas as irmãs possuem um filho, sendo que o de Sandra tem 2 anos de idade e o de Geórgia, 5 anos. Sandra recebe em seu contracheque uma cota de salário-família, mas Geórgia nada recebe a esse título. O princípio constitucional previdenciário que justifica a diferença de tratamento entre as irmãs é

a) a equidade na forma de participação no custeio.
b) a seletividade e distributividade na prestação dos benefícios e serviços.
c) a irredutibilidade do valor dos benefícios.
d) a uniformidade e equivalência dos benefícios e serviços às populações urbanas e rurais.
e) o caráter democrático e descentralizado da gestão administrativa.

**COMENTÁRIOS:**

Os objetivos ou princípios da seguridade social estão expressos no art. 194 da Constituição Federal:

> *I – universalidade da cobertura e o atendimento;*
>
> *II – uniformidade e equivalência dos benefícios e serviços às populações urbanas e rurais;*
>
> *III – seletividade e distributividade na prestação dos benefícios e serviços;*
>
> *IV – irredutibilidade do valor dos benefícios;*
>
> *V – equidade na forma de participação no custeio;*
>
> *VI – diversidade da base de financiamento;*
>
> *VII – caráter democrático e descentralizado da administração, mediante gestão quadripartite, com participação dos trabalhadores, dos empregadores, dos aposentados e do Governo nos órgãos colegiados.*

Além de saber quais são os princípios da seguridade social, é necessário que o candidato entenda sua aplicação.

**Alternativa "a": incorreta.** O princípio da equidade na forma de participação do custeio da seguridade social está intimamente atrelado aos preceitos da igualdade e da capacidade contributiva. Aqueles contribuintes que apresentarem maior capacidade contributiva para o sistema da seguridade social arcarão com uma parcela maior de contribuição.

**Alternativa "b": correta.** O princípio da seletividade propicia ao legislador estudar as carências sociais, priorizando-as em relação às demais, viabilizando a promoção da Seguridade Social factível. Cobrem-se as necessidades mais essenciais e planeja-se, para o futuro, a cobertura das demais, visando alcançar a Seguridade Social ideal. Ao eleger os benefícios e serviços mais fundamentais e necessários à população, o legislador define os requisitos que devem ser preenchidos para a obtenção do benefício e aquele que se enquadrar nos requisitos da lei poderá ter a proteção social.

A seletividade funciona como uma limitadora da universalidade da seguridade social na medida em que ela é aplicada nos casos em que não há disponibilidade de recursos orçamentários para cobrir todos os riscos sociais.

O legislador ordinário escolheu o parâmetro baixa renda para conceder o salário-família. O benefício de salário-família é concedido aos segurados empregado, empregado doméstico e trabalhador avulso, com remuneração mensal não superior a R$ 1.754,18 e possuem filho até 14 anos ou inválido de qualquer idade.

**Alternativa "c": incorreta.** O princípio da irredutibilidade do valor dos benefícios preceitua que não haverá nenhuma redução efetiva dos valores nominais dos benefícios. Segundo o STF, esse princípio preserva os valores nominais dos benefícios da seguridade social.

**Alternativa "d": incorreta.** O princípio da uniformidade e equivalência dos benefícios e serviços às populações urbanas e rurais ordena que as populações urbana e rural devam possuir os mesmos direitos a título de seguridade social. Os segurados e dependentes urbanos e rurais devem ter o mesmo tratamento.

**Alternativa "e": incorreta.** O princípio da gestão democrática e descentralizada da seguridade social deriva dos princípios superiores atinentes à origem democrática do poder e à participação popular. A seguridade social terá caráter democrático e descentralizado na administração, mediante gestão quadripartite, com participação dos trabalhadores, dos empregadores, dos aposentados e do Governo nos órgãos colegiados

**Alternativa correta: "b".**

**02. (FGV – Analista Judiciário/Área Judiciária – Oficial de Justiça Avaliador - TRT 16/2022)** Um dos princípios constitucionais da Seguridade Social é o caráter democrático e descentralizado da gestão administrativa. Neste sentido, tem-se que o CNPS (Conselho Nacional de Previdência Social)

a) é quinquipartite, tendo representantes dos trabalhadores, dos empregadores, dos aposentados, do Ministério Público e do governo nos órgãos colegiados.
b) tem apenas representantes do Governo.
c) é bipartite, tendo a participação dos trabalhadores e do governo nos órgãos colegiados.
d) é quadripartite, tendo a participação dos trabalhadores, dos empregadores, dos aposentados e do Governo nos órgãos colegiados.

e) é tripartite, tendo a participação dos trabalhadores, dos empregadores e dos aposentados nos órgãos colegiados.

**COMENTÁRIOS:**

A seguridade social terá caráter democrático e descentralizado na administração, mediante **gestão quadripartite**, com participação dos trabalhadores, dos empregadores, dos aposentados e do Governo nos órgãos colegiados.

O CNPS é órgão de deliberação colegiada, que tem a competência, entre outras, de estabelecer diretrizes gerais e apreciar as decisões políticas aplicáveis à Previdência.

O Conselho Nacional de Previdência Social (CNPS), vinculado ao Ministério da Previdência Social, demonstra a aplicação concreta do princípio constitucional do caráter democrático e descentralizado na organização da seguridade social, previsto no art. 194, parágrafo único, inciso VII, da Constituição Federal, uma vez que se trata de órgão colegiado com participação de representantes do Governo e da sociedade civil. É composto por 15 membros entre representantes do Governo e da sociedade civil:

- 6 representantes do Governo,
- 3 representantes dos empregadores,
- 3 representantes dos trabalhadores em atividade, e
- 3 representantes dos aposentados e pensionistas.

**Alternativa "a": incorreta.** A gestão do CNPS é quadripartite em obediência ao princípio da gestão democrática e descentralizada na organização da seguridade social. Seus conselheiros são representantes dos empregadores, dos trabalhadores, dos aposentados e do governo.

**Alternativa "b": incorreta.** O CNPS tem 06 (seis) representantes do Governo.

**Alternativa "c": incorreta.** O CNPS tem gestão quadripartite, com a participação dos empregadores, dos trabalhadores, dos aposentados e do governo.

**Alternativa "d": correta.** O CNPS é órgão colegiado com participação de representantes do Governo e da sociedade civil. É composto por 15 membros entre representantes do Governo e da sociedade civil:

- 6 representantes do Governo,
- 3 representantes dos empregadores,
- 3 representantes dos trabalhadores em atividade, e
- 3 representantes dos aposentados e pensionistas.

**Alternativa "e": incorreta.** A gestão do CNPS é quadripartite em obediência ao princípio da gestão democrática e descentralizada na organização da seguridade social. Seus conselheiros são representantes dos empregadores, dos trabalhadores, dos aposentados e do governo.

**Alternativa correta: "d".**

---

**03. (FGV – Consultor Legislativo – Senado Federal/2022)** O Orçamento da Seguridade Social é caracterizado, entre outros aspectos, por

a) conter parcela do orçamento que abrange todas as dotações de ações de saúde, previdência e assistência social, restritas às entidades e órgãos da administração direta e fundos e fundações instituídos e mantidos pelo Poder Público.

b) ser financiado no âmbito federal por receitas da União e das contribuições sociais, incluindo a receita de loterias após o repasse do percentual ao agente operador.

c) respeitar a meta de déficit primário definido na Lei de Diretrizes Orçamentárias, em conjunto com o Orçamento Fiscal.

d) incluir os investimentos (aquisição de bens componentes do ativo imobilizado) das empresas em que a União, direta ou indiretamente, detenha a maioria do capital social com direito a voto.

e) ter como prioridades e metas para o exercício de 2022, a agenda para a primeira infância, o Programa Nacional de Imunização - PNI e os investimentos plurianuais em andamento.

**COMENTÁRIOS**

A questão trata, na verdade, de Direito Financeiro, envolvendo a seguridade social.

Segundo dispõe o §5º do art. 165, da CF

> *A lei orçamentária anual compreenderá:*
>
> *I - o orçamento fiscal referente aos Poderes da União, seus fundos, órgãos e entidades da administração direta e indireta, inclusive fundações instituídas e mantidas pelo Poder Público;*
>
> *II - o orçamento de investimento das empresas em que a União, direta ou indiretamente, detenha a maioria do capital social com direito a voto;*
>
> ***III - o orçamento da seguridade social, abrangendo todas as entidades e órgãos a ela vinculados, da administração direta ou indireta, bem como os fundos e fundações instituídos e mantidos pelo Poder Público.***

**Alternativa "a": incorreta.** O orçamento da seguridade social abrange todas as entidades e órgãos a ela vinculados, da administração direta ou indireta, bem como os fundos e fundações instituídos e mantidos pelo Poder Público (art. 165, §5º, CF).

**Alternativa "b": incorreta.** A seguridade social é financiada, no âmbito federal, por receitas da União das contribuições sociais e receitas de outras fontes. A receita de loterias não integra o orçamento da seguridade social. O que se tem é a contribuição que incide sobre a receita dos concursos de prognósticos (art. 195, caput, III, CF e art. 11, Lei n. 8.212/91).

**Alternativa "c": correta.** Para a análise da assertiva é necessário o conhecimento do teor dos §§ 9º, 11e 13 do art. 165 da Constituição Federal:

> *§ 9º Cabe à lei complementar:*
>
> ...
>
> *III - dispor sobre critérios para a execução equitativa, além de procedimentos que serão adotados quando houver impedimentos legais e técnicos, cumprimento de restos a pagar e limitação das programações de caráter obrigatório, para a realização do disposto nos §§ 11 e 12 do art. 166.*
>
> ...
>
> *§ 11. O disposto no § 10 deste artigo, nos termos da lei de diretrizes orçamentárias:*
>
> *I - subordina-se ao cumprimento de dispositivos constitucionais e legais que estabeleçam metas fiscais ou limites de despesas e não impede o cancelamento necessário à abertura de créditos adicionais;*
>
> *II - não se aplica nos casos de impedimentos de ordem técnica devidamente justificados;*
>
> *III - aplica-se exclusivamente às despesas primárias discricionárias.*
>
> *§ 13. O disposto no inciso III do § 9º e nos §§ 10, 11 e 12 deste artigo aplica-se exclusivamente aos orçamentos fiscal e da seguridade social da União.*

Assim, conjugando o disposto no §11, inciso III e no §13 do art. 165 da Constituição Federal, o orçamento da seguridade social deverá respeitar a meta de déficit primário definido na Lei de Diretrizes Orçamentárias, em conjunto com o Orçamento Fiscal.

**Alternativa "d": incorreta.** Não se trata do orçamento da seguridade social. O caso apresentado trata do orçamento de investimento. Confira o disposto no art. 165, §5º, inciso II, da CF

*A lei orçamentária anual compreenderá:*

...

*II - o orçamento de investimento das empresas em que a União, direta ou indiretamente, detenha a maioria do capital social com direito a voto;*

**Alternativa "e": incorreta.** A seguridade Social abrange as ações de saúde, previdência e assistência social. Não se enquadra na prioridade do orçamento

**Alternativa correta: "c".**

---

**04. (FGV – Consultor Legislativo – Senado Federal/2022)** Um indicador relevante para mensurar a relação entre previdência social e demografia é a razão de dependência. Esse indicador apresenta as seguintes características, à exceção de uma, que está errada. Assinale-a.

a) ser igual à razão entre pessoas economicamente dependentes (com até 14 anos ou com 65 anos ou mais) em relação à população em idade de trabalhar (15 a 64 anos).

b) considerando a projeção populacional do IBGE, a tendência é que a razão de dependência de jovens se reduza ao longo dos anos.

c) a tendência é que a razão de dependência de idosos se eleve ao longo dos anos, mesmo considerando a taxa de fecundidade constante.

d) o envelhecimento populacional se acentuará no país, independentemente do cenário de projeção adotado.

e) a tendência é elevar a representatividade dos homens entre os idosos, vis a vis das mulheres, acarretando impacto negativo no déficit previdenciário.

**COMENTÁRIOS**

O candidato deve prestar bem atenção porque deverá assinalar a alternativa errada. Identificar o que não estaria influenciando na relação entre a previdência social e a demografia.

**Alternativa "a": correta.** É importante a relação entre as pessoas economicamente dependentes e a população em idade de trabalhar. Isso porque o regime geral de previdência social é organizado, sob a ótica financeira, sob o regime de repartição simples. As pessoas que hoje contribuem para a previdência social têm suas contribuições utilizadas para o pagamento dos benefícios ativos.

**Alternativa "b": correta.** O índice de natalidade no Brasil vem caindo e a expectativa de vida do brasileiro vem aumentando. A projeção para os próximos anos é que o Brasil terá mais idosos no conjunto da população.

**Alternativa "c": correta.** Como abordado em relação à alternativa anterior, a expectativa de vida do brasileiro está aumentando e a taxa de fecundidade e natalidade vem caindo.

**Alternativa "d": correta.** O envelhecimento populacional já está aumentando no país. A expectativa de vida vem aumentando nas últimas décadas.

**Alternativa "e": errada.** A expectativa de vida das mulheres é mais alta do que a dos homens, o que acarretará uma maior representatividade de mulheres entre os idosos no Brasil.

**Como é para assinalar a alternativa errada, tem-se: "e".**

## 2. REGIMES DE PREVIDÊNCIA

Constituição Federal
Arts. 40, 201 e 202

---

**05. (FGV – Advogado – Pref. Mun. de Manaus - AM/2022)** Roberta é uma pessoa preocupada com o futuro, e, com essa filosofia, economiza o máximo que pode de seu salário para formar uma reserva financeira que possa garantir sua tranquilidade em termos patrimoniais, especialmente após a aposentadoria. Roberta é empregada numa multinacional e recebe salário elevado, bastante superior ao limite ("teto") da Previdência Social. Diante da situação narrada, assinale a afirmativa correta.

a) Por receber salário superior ao "teto" da previdência, Roberta é obrigada a se filiar a um regime de previdência privada complementar.

b) Há a possibilidade de Roberta aderir ao regime de previdência privada, que tem caráter complementar e é facultativo.

c) O regime de previdência privada não exige colaboração de Roberta, sendo obrigatório porque ela recebe salário superior ao "teto" do INSS.

d) Previdência privada tem caráter principal e, desde a Reforma da Previdência Social, é obrigatório no Brasil para quem tem salário acima do "teto".

e) O regime de previdência complementar é restrito ao âmbito privado e para quem recebe alto salário, não se aplicando aos servidores públicos.

**COMENTÁRIOS**

**Alternativa "a": incorreta.** O regime de previdência complementar tem caráter facultativo. Ninguém é obrigado a aderir a um plano de previdência complementar, mesmo que a remuneração mensal tenha valor acima do limite máximo estabelecido para os benefícios do regime geral de previdência social (RGPS).

**Alternativa "b": correta.** Conforme dispõe o caput do art. 202 da Constituição Federal, o regime de previdência privada, de caráter complementar e organizado de forma autônoma em relação ao regime geral de previdência social, será facultativo, baseado na constituição de reservas que garantam o benefício contratado, e regulado por lei complementar. Assim, Roberta poderá aderir ao regime de previdência privada.

**Alternativa "c": incorreta.** O regime de previdência complementar tem caráter facultativo, ainda que o segurado do RGPS receba remuneração acima do 'teto' da previdência social. Se o indivíduo fizer adesão a regime de previdência privada, terá que contribuir.

**Alternativa "d": incorreta.** O regime de previdência complementar tem caráter facultativo, ainda que o segurado do RGPS receba remuneração acima do 'teto' da previdência social. Esse é o entendimento antes e após a Reforma da Previdência.

**Alternativa "e": incorreta.** O regime de previdência complementar tem caráter facultativo, ainda que o segurado do RGPS receba remuneração acima do 'teto' da previdência social. Não é vedada a adesão do servidor público. Aliás, o §14 do art. 40 da Constituição Federal dispõe que a *União, os Estados, o Distrito Federal e os Municípios instituirão, por lei de iniciativa do respectivo Poder Executivo, regime de previdência complementar para servidores públicos ocupantes de cargo efetivo, observado o limite máximo dos benefícios do Regime Geral de Previdência*

*Social para o valor das aposentadorias e das pensões em regime próprio de previdência social, ressalvado o disposto no § 16*[1].

**Alternativa correta: "b".**

## 3. SEGURADOS DO RGPS – CONCEITO – PERDA E MANUTENÇÃO

Lei n. 8.213/91: arts. 11 ao 15.

Decreto n. 3.048/99: arts. 9º ao 11; 13 e 14; 18 ao 20.

**06. (FGV – Procurador do Estado – AGE-MG/2022)** Os segurados da Previdência Social podem ser obrigatórios ou facultativos. O facultativo é aquele que não tem obrigação de fazer os recolhimentos, mas o faz voluntariamente por entender que a adesão ao RGPS é vantajosa pela proteção social que ela oferece. Das situações abaixo listadas, assinale a que contempla, de acordo com a norma de regência, um(a) segurado(a) facultativo(a).

A) Breno, que presta serviço de natureza urbana em caráter eventual a uma sociedade empresária, sem relação de emprego.
b) Jonilson, ministro de confissão religiosa de uma congregação.
c) Alexandra, que é estagiária nos termos da Lei nº 11.788/08.
d) Carlos, que é trabalhador rural.
e) Fernanda, cooperada de cooperativa de produção mediante remuneração ajustada ao trabalho executado.

**COMENTÁRIOS:**

O enquadramento dos segurados obrigatórios está previsto no art. 11 da Lei n. 8.213/91 e no art. 9º do Decreto 3.048/99. Segurado facultativo é *o maior de dezesseis anos de idade que se filiar ao Regime Geral de Previdência Social, mediante contribuição, na forma do art. 199, desde que não esteja exercendo atividade remunerada que o enquadre como segurado obrigatório da previdência social. (art.11, Decreto n. 3.048/99)*

**Alternativa "a": incorreta.** Breno é segurado obrigatório da Previdência Social, na condição de contribuinte individual. Presta serviço de caráter eventual a empresa, sem relação de emprego.

**Alternativa "b": incorreta.** Ministro de confissão religiosa é segurado obrigatório da Previdência Social, na condição de contribuinte individual.

**Alternativa "c": correta.** Como Alexandra é estagiária, de acordo com o que dispõe a Lei n. 11.788/08, não há caracterização de vínculo empregatício. Ela poderá se filiar como segurada facultativa do regime geral de previdência social (RGPS).

**Alternativa "d": incorreta.** Trabalhador rural é segurado obrigatório da Previdência Social. Pode ser empregado rural, trabalhador avulso rural, contribuinte individual rural ou segurado especial.

**Alternativa "e": incorreta.** Cooperado filiado à cooperativa de produção é segurado obrigatório da Previdência Social, na condição de contribuinte individual.

**Alternativa correta: "c".**

**07. (FGV – Procurador do Estado – AGE-MG/2022)** Maria trabalhou em uma sociedade empresária privada localizada em Ouro Preto/MG por 13 anos ininterruptos, exercendo a função de almoxarife.

Em razão dos efeitos da pandemia, com a respectiva redução das atividades do seu empregador, Maria foi dispensada sem justa causa em 2022, recebendo sua indenização. Considerando os fatos narrados e a norma de regência, assinale a opção que indica o prazo no qual, mesmo sem contribuir após a dispensa, Maria continuará ostentando a condição de segurada e, assim, estará coberta pela Previdência Social.

a) 24 meses.
b) 12 meses.
c) 6 meses.
d) 3 meses.
e) 30 meses.

**COMENTÁRIOS**

O período no qual a pessoa continuará ostentando a condição de segurada e, assim, estará coberta pela Previdência Social, sem estar contribuindo para o RGPS, é chamado de período de graça. Esses períodos estão descritos no art. 15 da Lei n. 8.213/91.

No caso apresentado na questão, Maria trabalhou por 13 anos ininterruptos em uma empresa, o que leva a concluir que ela tem mais de 120 contribuições ininterruptas ao RGPS.

Ao deixar de contribuir para o RGPS após sua demissão, manter-se-ia na condição de segurada por 12 meses. No entanto, como Maria tem mais de 120 contribuições ininterruptas, esse prazo será acrescido de 12 meses. **Maria estará coberta pela Previdência Social por 24 meses.**

Poderia surgir uma dúvida quanto à demissão sem justa causa (desemprego involuntário) que faz com o período de graça tenha, também, um acréscimo de 12 meses, dando direito à Maria de ostentar a qualidade de segurada por 36 meses. Mas, como a questão não menciona se houve o registro do desemprego no órgão competente do Ministério do Trabalho e Emprego, não se pode contar esses últimos 12 meses.

Aplica-se ao caso o disposto no art. 15, II e §1º da Lei n. 8.213/91:

> *Art. 15. Mantém a qualidade de segurado, independentemente de contribuições:*
>
> ...
>
> *II - até 12 (doze) meses após a cessação das contribuições, o segurado que deixar de exercer atividade remunerada abrangida pela Previdência Social ou estiver suspenso ou licenciado sem remuneração;*
>
> ...
>
> *§ 1º O prazo do inciso II será prorrogado para até 24 (vinte e quatro) meses se o segurado já tiver pago mais de 120 (cento e vinte) contribuições mensais sem interrupção que acarrete a perda da qualidade de segurado.*

**Alternativa correta: "a".**

## 4. DEPENDENTES

Lei n. 8.213/91: art: 16

Decreto 3.048/99: arts. 16, 17; 22 e 24.

**08. (FGV – Procurador do Estado – AGE-MG/2022)** Reginaldo é empregado em uma sociedade empresária privada localizada em Ipatinga/MG, vinculado ao RGPS. Reginaldo tem a seguinte situação familiar: possui uma companheira, com quem vive há

1. § 16 - Somente mediante sua prévia e expressa opção, o disposto nos § § 14 e 15 poderá ser aplicado ao servidor que tiver ingressado no serviço público até a data da publicação do ato de instituição do correspondente regime de previdência complementar.

5 anos, e teve, com ela, uma filha de 2 anos de idade. Na residência de Reginaldo moram, ainda, seu irmão mais novo, que tem 18 anos de idade, seus pais e um tio materno. O irmão, o tio e os pais de Reginaldo vivem sob a dependência econômica dele. Assinale a opção que indica, de acordo com a Lei de benefícios da Previdência Social, o dependente classe 3.

a) Os pais.
b) O irmão.
c) A companheira.
d) A filha.
e) O tio.

**COMENTÁRIOS**

De acordo com o disposto no art. 16 da Lei nº 8.213/91, os dependentes do RGPS estão divididos em 03 classes, a saber:

| | |
|---|---|
| **1ª classe – classe preferencial** | O cônjuge, o companheiro, a companheira e o filho, não emancipado, de qualquer condição, menor de 21 anos ou inválido ou que tenha deficiência intelectual ou mental ou deficiência grave; |
| **2ª classe** | os pais; |
| **3ª classe** | Irmão, não emancipado, de qualquer condição, menor de 21 anos ou inválido ou que tenha deficiência intelectual ou mental ou deficiência grave. |

**Alternativa "a": incorreta.** Pais são dependentes de 2ª classe.

**Alternativa "b": correta.** Irmão, não emancipado, de qualquer condição, menor de 21 anos, ou inválido ou que tenha deficiência intelectual ou mental ou deficiência grave, figura na condição de dependente de 3ª classe do segurado do RGPS, desde que comprovada a dependência econômica.

Poderia haver uma dúvida quanto aos dependentes de Reginaldo. Mas, não foi essa a pergunta. São dependentes de Reginaldo, a esposa e a filha menor de 21 anos.

**Alternativa "c": incorreta.** Companheira é dependente da classe 1. Não precisa comprovar dependência econômica do segurado.

**Alternativa "d": incorreta.** Filho é dependente preferencial, de 1ª classe. Para tanto, terá que ser menor de 21 anos, ou inválido, ou ter deficiência intelectual ou mental ou grave.

**Alternativa "e": incorreta.** Tios não figuram na qualidade de dependentes do segurado do RGPS.

**Alternativa correta: "b".**

## 5. ACIDENTE DO TRABALHO

Lei n. 8.213/91: arts. 19 ao 23; 118 e 120.
Decreto n. 3.048/99: arts. 336 ao 346.

**09. (FGV – Analista Judiciário/Área Judiciária – Oficial de Justiça Avaliador - TRT 16/2022)** Pedro estava em seu horário de almoço e alimentava-se no refeitório da empresa. Ao levantar e se dirigir ao balcão para deixar sua bandeja, Pedro escorregou, porque o chão estava molhado, e teve violenta queda, machucando-se e quebrando o prato e a bandeja que conduzia. Diante dos fatos narrados e da Lei previdenciária, assinale a afirmativa correta.

a) O evento não foi acidente do trabalho porque Pedro não estava trabalhando, e sim no horário de refeição.
b) O acidente do trabalho somente ficará caracterizado se Pedro não se recuperar em 15 dias consecutivos.
c) Houve acidente do trabalho e a empresa deverá emitir CAT até o 1° dia útil seguinte ao evento, sob pena de multa.
d) Uma vez que a desatenção foi de Pedro, não se caracteriza acidente do Trabalho e o empregado deverá arcar com o prejuízo material que causou à empresa.
e) Em 24 horas a empresa terá de emitir a CAT e a autoridade policial deverá ser convocada para instaurar inquérito.

**COMENTÁRIOS**

A questão gira em torno de se caracterizar ou não o acidente sofrido pelo segurado como acidente do trabalho.

No caso, recomenda-se atentar para o disposto no §1º, do art. 21 da Lei n. 8.213/91:

> *§ 1º Nos períodos destinados a refeição ou descanso, ou por ocasião da satisfação de outras necessidades fisiológicas, no local do trabalho ou durante este, o empregado é considerado no exercício do trabalho.*

**Alternativa "a": incorreta.** O evento pode ser considerado acidente do trabalho porque, embora Pedro estivesse no período de refeição, no local do trabalho e durante este, ele é considerado no exercício do trabalho.

**Alternativa "b": incorreta.** Para ser caracterizado acidente do trabalho não há necessidade de que o segurado fique incapacitado por mais de 15 dias consecutivos. O evento deverá se enquadrar em uma das hipóteses descritas nos art. 19, 20 ou 21 da Lei n. 8.213/91.

**Alternativa "c": correta.** O acidente sofrido pelo trabalhador ocorreu no período destinado a refeição, no local do trabalho. Como, nesse caso, o empregado é considerado no exercício do trabalho, o acidente é caracterizado como do trabalho. A empresa é obrigada a emitir a CAT (comunicação de acidente do trabalho) até o 1º dia útil seguinte ao evento, sob pena de multa.

**Alternativa "d": incorreta.** O acidente é considerado acidente do trabalho. As explicações já se encontram nos comentários anteriores.

**Alternativa "e": incorreta.** A emissão da CAT deverá ser feita pela empresa até o 1º dia útil seguinte ao acidente do trabalho. Se fosse caso de morte, a comunicação teria que ser feita imediatamente à autoridade competente.

**Alternativa correta: "c".**

**10. (FGV – Advogado – Pref. Mun. de Manaus - AM/2022)** Em março de 2022, dois vigilantes terceirizados atuavam em favor do Município de Manaus na mesma escala de serviço. Após uma discussão envolvendo rivalidade entre os times de futebol desses empregados, eles se desentenderam no posto de serviço e, no calor da emoção, um deles sacou a arma que portava e atirou no colega, ferindo-o no braço. Em razão do evento, a vítima permaneceu afastada por 58 dias para se submeter a uma cirurgia para retirada da bala que ficou alojada no braço e se recuperar. Em parte desse período, o vigilante ferido recebeu auxílio por incapacidade temporária. Diante da situação apresentada e de acordo com a Lei de Regência, assinale a afirmativa correta.

a) A situação, em que pese lamentável, não é acidente do trabalho porque o empregador não teve culpa no evento, não se cogitando de qualquer estabilidade da vítima.
b) Trata-se de um acidente do trabalho típico, mas não ensejará garantia no emprego, porque o afastamento durou menos de 60 dias.

c) A indenização pelo sinistro será paga pelo empregado agressor, devendo a vítima ajuizar ação contra ele, pois agressão entre empregados não caracteriza acidente do trabalho.

d) Por não haver culpa do empregador, este não terá responsabilidade civil, mas como houve recebimento de benefício previdenciário haverá garantia no emprego por 24 meses contados do fato.

e) O evento é considerado acidente do trabalho por equiparação e a vítima terá garantia no emprego por 12 meses, após a cessação do benefício previdenciário.

**COMENTÁRIOS**

O evento é equiparado a acidente do trabalho porque ocorreu no local no horário de trabalho, por ato de agressão de companheiro de trabalho. O caso se amolda ao que preceito o art. 21, inciso II, alínea 'a', da Lei n. 8.213/91.

O afastamento por incapacidade deu-se em decorrência de acidente sofrido pelo empregado no local e no horário do trabalho em consequência de ato de agressão praticado por companheiro de trabalho.

> *Art. 21. Equiparam-se também ao acidente do trabalho, para efeitos desta Lei:*
>
> *(...)*
>
> *II - o acidente sofrido pelo segurado no local e no horário do trabalho, em consequência de:*
>
> *a) ato de agressão, sabotagem ou terrorismo praticado por terceiro ou companheiro de trabalho;*

**Alternativa "a": incorreta.** Não há necessidade de comprovar culpa do empregador. O acidente ocorrido no local e no horário do trabalho por ato de agressão de companheiro de trabalho equipara-se a acidente do trabalho (art. 21, II, 'a', Lei n. 8.213/91).

**Alternativa "b": incorreta.** Não se trata de acidente típico porque o evento não ocorreu em razão do exercício do trabalho (art. 19, Lei n. 8213/91). Conforme já explicado acima, trata-se de acidente por equiparação.

A garantia de manutenção do contrato de trabalho, pelo prazo mínimo de 12 meses, ocorre após a cessação do benefício de auxílio por incapacidade temporária acidentário (antigo auxílio-doença acidentário), nos termos do disposto no art. 118 da Lei n. 8.213/91.

**Alternativa "c": incorreta.** Trata-se de acidente do trabalho por força do disposto no art. 21, II, 'a', da Lei n. 8.213/91.

**Alternativa "d": incorreta.** O empregado tem garantia no emprego por 12 meses contados da data da cessação do auxílio-doença acidentário (auxílio por incapacidade temporária acidentário).

**Alternativa "e": correta.** Como já mencionado, trata-se de acidente do trabalho por equiparação. Como o empregado recebeu auxílio por incapacidade temporária, decorrente de acidente do trabalho, terá o direito à manutenção do contrato de trabalho (garantia de emprego), pelo prazo mínimo de 12 meses, após a cessação do auxílio por incapacidade temporária acidentário.

**Alternativa correta: "e".**

## 6. BENEFÍCIOS E SERVIÇOS PREVIDENCIÁRIOS

Lei n. 8.213/91: arts. 24 ao 93
Decreto n. 3.048/99: 25 ao 120; 133 ao 192.

**11. (FGV – Procurador do Estado – AGE-MG/2022)** Marcos Vinicius, que trabalha em uma sociedade empresária em Araxá/MG e ganha o correspondente a 2 salários-mínimos, sofreu um grave acidente do trabalho em 2019 e ficou afastado por 2 anos da sociedade empresária, recebendo o benefício previdenciário correspondente.

Depois de recuperado, teve o benefício cessado e retornou à sociedade empresária, mas readaptado para outra função, pois ficou com sequela do acidente sofrido, que reduziu sua capacidade para o trabalho que habitualmente exercia. Assinale a opção que indica o benefício previdenciário que Marcos Vinicius poderá receber de imediato, logo após o retorno à sociedade empresária.

a) Aposentadoria por incapacidade permanente.

b) Auxílio por incapacidade temporária.

c) Salário-família.

d) Auxílio-acidente.

e) Auxílio-reclusão.

**COMENTÁRIOS**

O benefício previdenciário a que está sujeito o segurado que teve redução na sua capacidade de trabalhado reduzida em razão de sequelas produzidas por um acidente de qualquer natureza, é o auxílio-acidente. O segurado, no caso, não se encontra incapacitado para o trabalho. Apenas tem uma redução da capacidade laborativa.

**Alternativa "a": incorreta.** Marcos Vinicius não está incapacitado para o trabalho, considerado insuscetível de recuperação. Ele apenas teve sua capacidade laborativa reduzida em razão das sequelas produzidas por um acidente.

**Alternativa "b": incorreta.** O auxílio por incapacidade temporária é devido ao segurado quando ficar incapacitado para o trabalho por mais de 15 dias consecutivos o que não é o caso de Marcos Vinicius. **Alternativa "c": incorreta.** Salário-família é benefício devido a segurado de baixa renda, empregado, empregado doméstico ou trabalhador avulso que tem filho até 14 anos de idade ou inválido de qualquer idade. No caso apresentado, o segurado teve sua capacidade de trabalho reduzida por conta de sequelas produzidas por um acidente.

**Alternativa "d": correta.** Marcos Vinicius é segurado do RGPS, na condição de empregado. Terá direito de receber auxílio-acidente, logo após o seu retorno à empresa. Ele sofreu um acidente que, produziu sequelas, acarretando a redução da sua capacidade laborativa. Ele não está mais incapacitado para o trabalho, tendo apenas redução na capacidade laborativa. (Art. 104, Decreto n. 3.048/99).

**Alternativa "e": incorreta.** Auxílio-reclusão é benefício previdenciário devido ao conjunto de dependentes de segurado de baixa renda que, recolhido à prisão em regime fechado, não recebe remuneração de empresa, auxílio por incapacidade temporária, aposentadorias, salário-maternidade, pensão por morte ou abono de permanência em serviço.

**Alternativa correta "d".**

**12. (FGV – Procurador do Estado – AGE-MG/2022)** Gerson, aposentado pelo RGPS, está casado com Juliana há 30 anos e vive em Sete Lagoas/MG com sua esposa e 2 filhos (João, com 20 anos de idade e Antônio, com 25, sendo este estudante de ensino superior). Infelizmente, Gerson veio a óbito no início de outubro de 2022 em razão de um ataque cardíaco fulminante. Após as primeiras providências e passado o luto, a família pretende requerer pensão por morte. Assinale a opção que indica o percentual devido a título de pensão por morte e quem será o beneficiário.

a) 100% da aposentadoria, dividido em partes iguais entre a viúva e os 2 filhos.

b) 50% da aposentadoria, dividido entre a viúva e o filho de 25 anos de idade.

c) 60% da aposentadoria, com rateio igual entre os filhos do falecido.

d) 100% da aposentadoria, dividido em partes iguais entre a viúva e o filho com 20 anos de idade.

e) 70% da aposentadoria, rateados entre Juliana e o filho com 20 anos de idade.

**COMENTÁRIOS**

São dependentes de Gerson, sua esposa e o filho João de 20 anos de idade. O filho Antônio não se enquadra como dependente previdenciário porque completou 21 anos antes do óbito do seu pai e não se encontra inválido, deficiente intelectual ou mental ou grave. O fato de estar cursando ensino superior não prorroga a condição de dependente do filho maior de 21 anos.

O valor da pensão por morte será equivalente a:

- uma cota de 50% do valor da aposentadoria que o segurado recebia ou daquela a que teria direito se estivesse aposentado por incapacidade permanente na data de seu óbito,
- acrescido de 10% por dependente até o máximo de 100%.

Como são 02 dependentes do segurado Gerson, o valor da pensão por morte corresponderá a 70% da aposentadoria. A pensão é dividida em partes iguais entre os dependentes, no caso, Juliana e o filho com 20 anos de idade.

**Alternativa correta: "e".**

---

**13. (FGV – Consultor Legislativo – Senado Federal/2022)** Em relação às despesas previdenciárias, assinale (V) para a afirmativa verdadeira e (F) para a falsa.

( ) Como reflexo da Reforma da Previdência de 2017 e da restrição de serviços ao cidadão durante a pandemia do coronavírus, a quantidade anual de benefícios concedidos vem decaindo desde 2020.

( ) Tanto em termos de valor como de quantidade de benefícios previdenciários concedidos, a clientela urbana representa a maioria em relação à clientela rural.

( ) Tanto em termos de valor como de quantidade de benefícios previdenciários concedidos, mais de 95% da clientela rural recebeu exatamente o piso nacional em 2021.

As afirmativas são, respectivamente,

a) V, V e V.

b) V, V e F.

*c) F, V e V.

d) F, V e F.

e) F, F e F.

**COMENTÁRIOS**

**Item I: falso.** Pelo contrário, com a pandemia, aumentou-se o número de benefícios, especialmente, pensão por morte e benefícios por incapacidade.

**Item II: verdadeiro.** No Brasil, o número absoluto de trabalhadores urbanos é maior do que o de trabalhadores rurais, concluindo-se que o número de benefícios urbanos é maior do que o número de benefícios rurais. Em relação ao valor dos benefícios, os benefícios rurais têm valor, na sua esmagadora maioria, igual a 01 salário mínimo. Enquanto o valor dos benefícios urbanos pode variar entre o valor mínimo e o máximo estabelecido pela Previdência Social.

**Item III: verdadeiro.** A esmagadora maioria dos benefícios rurais tem valor de 01 salário mínimo.

**Alternativa correta: "c". Itens F, V, V**

---

**14. (FGV – Advogado – Senado Federal/2022)** Beatriz foi aposentada por incapacidade permanente (antiga aposentadoria por invalidez) em virtude de uma doença profissional.

Graças ao avanço da medicina, um novo tratamento foi criado e Beatriz a ele se submeteu, conseguindo recuperar- se totalmente após 4 anos e 8 meses da concessão do benefício. Com isso, Beatriz retornou à função que desempenhava na sociedade empresária ao ser aposentada. Sobre o destino do benefício previdenciário, considerando os fatos narrados e a previsão contida na legislação de regência, assinale a afirmativa correta.

a) Uma vez que já transcorreu o prazo de 4 anos, a aposentadoria será irreversível, independentemente de Beatriz se recuperar.

b) A segurada Beatriz terá direito de receber 50% da aposentadoria por incapacidade permanente até que consiga a aposentadoria programada.

c) Beatriz receberá a aposentadoria integralmente por 6 meses, contados da recuperação, após o que haverá redução de 50% por 6 meses e cessará após a redução de 75% por mais 6 meses.

d) Beatriz terá direito a receber auxílio-acidente após sua recuperação pelo mesmo tempo que durou a sua aposentadoria por incapacidade permanente.

e) O benefício previdenciário pago a Beatriz cessará de imediato, porque a recuperação ocorreu em menos de 5 anos.

**COMENTÁRIOS**

O caso trazido é resolvido nos termos do que dispõe o art. 47 da Lei n. 8.213/91:

> *Art. 47. Verificada a recuperação da capacidade de trabalho do aposentado por invalidez, será observado o seguinte procedimento:*
>
> *I - quando a recuperação ocorrer dentro de 5 (cinco) anos, contados da data do início da aposentadoria por invalidez ou do auxílio-doença que a antecedeu sem interrupção, o benefício cessará:*
>
> *a) de imediato, para o segurado empregado que tiver direito a retornar à função que desempenhava na empresa quando se aposentou, na forma da legislação trabalhista, valendo como documento, para tal fim, o certificado de capacidade fornecido pela Previdência Social; ou*
>
> *b) após tantos meses quantos forem os anos de duração do auxílio-doença ou da aposentadoria por invalidez, para os demais segurados;*
>
> *II - quando a recuperação for parcial, ou ocorrer após o período do inciso I, ou ainda quando o segurado for declarado apto para o exercício de trabalho diverso do qual habitualmente exercia, a aposentadoria será mantida, sem prejuízo da volta à atividade:*
>
> *a) no seu valor integral, durante 6 (seis) meses contados da data em que for verificada a recuperação da capacidade;*
>
> *b) com redução de 50% (cinquenta por cento), no período seguinte de 6 (seis) meses;*

*c) com redução de 75% (setenta e cinco por cento), também por igual período de 6 (seis) meses, ao término do qual cessará definitivamente.*

**Alternativa "a": incorreta.** A aposentadoria por incapacidade permanente não é vitalícia. Ele permanece enquanto o segurado for considerado insuscetível de recuperação.

**Alternativa "b": incorreta.** Não há previsão legal para isso, tampouco previsão para conversão de aposentadoria por incapacidade permanente para aposentadoria programada.

**Alternativa "c": incorreta.** Nesse caso, Beatriz teria que ter se recuperado totalmente após 05 da concessão da aposentadoria por incapacidade ou, se recuperado parcialmente.

**Alternativa "d": incorreta.** O auxílio-acidente é devido ao segurado que teve redução na sua capacidade de trabalhado reduzida em razão de sequelas produzidas por um acidente de qualquer natureza. Beatriz sofreu um acidente do trabalho (doença profissional) e ficou incapacitada. Não houve, redução da capacidade laborativa de Beatriz.

**Alternativa "e": correta.** Como a recuperação total de Beatriz ocorreu em menos de 05 anos da duração da aposentadoria por incapacidade permanente e a segurada era empregada, aplica-se o disposto no art. 47, I, 'a', da Lei n. 8.213/91. Beatriz terá direito de retornar ao emprego e a aposentadoria por incapacidade cessará de imediato.

**Alternativa correta: "e".**

---

**15. (FGV – Consultor Legislativo – Senado Federal/2022)** Em relação à Reforma da Previdência implementada em 2019 (Emenda Constitucional 103, de 2019), assinale (V) para a afirmativa verdade e (F) para a falsa.

( ) A projeção de economia do governo com despesas previdenciárias para os dez anos subsequentes à Reforma supera os R$ 800 bilhões.

( ) No Regime Geral de Previdência Social (RGPS), para trabalhadores da iniciativa privada e de municípios sem sistema previdenciário próprio, a regra geral de aposentadoria passa a exigir, das mulheres, pelo menos 62 anos de idade e 15 anos de contribuição.

( ) A Reforma prevê regras diferentes para algumas categorias profissionais: para os professores, por exemplo, são 25 anos de contribuição e idade mínima de 55 anos, para as mulheres, e de 60 anos para os homens.

As afirmativas são, respectivamente,

a) V, V e V.

b) V, V e F.

c) V, F e F.

d) F, V e V.

e) F, F e V.

**COMENTÁRIOS**

**Item I: verdadeiro.** A Reforma da Previdência de 2019 foi projetada inicialmente para reduzir em R$ 1 trilhão em dez anos os gastos públicos com aposentadorias e benefícios, nas previsões anunciadas, em fevereiro de 2019, pelo Ministro da Economia Paulo Guedes. Mas, a versão aprovada em outubro de 2019, deve gerar uma economia mais modesta, próxima de R$ 800 bilhões para o mesmo período[2].

**Item II: verdadeiro.** Nova regra trazida pela EC n. 103/2019 e disposto no art. 51 do Decreto n. 3.048/99.

**Item III: falso.** A Reforma Previdenciária de 2019 prevê regras diferentes para algumas categorias profissionais: para os professores, que se dedicam exclusivamente nas atividades de magistério da educação infantil, do ensino fundamental e médio, por exemplo, são 25 anos de contribuição e idade mínima de 57 anos, para as mulheres, e de 60 anos para os homens.

**Alternativa correta: "b". Itens V, V e F.**

---

**16. (FGV – Advogado – Pref. Mun. de Manaus - AM/2022)** Floriano é empregado numa indústria privada localizada em Manaus, conseguiu a aposentadoria programada pelo RGPS no ano de 2020, mas continuou trabalhando normalmente na empresa. Em 2022, Floriano foi contaminado pela Covid-19 e necessitou se afastar do serviço por 60 dias haja vista que, em razão de possuir uma comorbidade, sua recuperação foi mais lenta que o esperado. Considerando o caso apresentado, assinale a opção que indica a situação de Floriano no aspecto previdenciário.

a) Floriano receberá aposentadoria e auxílio por incapacidade temporária no período de convalescença da Covid porque eles possuem fatores geradores diferentes.

b) O benefício já aproveitado será transformado em aposentadoria por incapacidade permanente, com direito a acréscimo de 25%, vigorando até a recuperação.

c) A Lei prevê que, já sendo aposentado, o segurado receberá a aposentadoria integralmente e metade do valor do auxílio por incapacidade temporária até se recuperar.

d) Floriano não receberá auxílio por incapacidade temporária porque não poderá acumular este benefício previdenciário com a aposentadoria.

e) Não será possível acumular benefícios, daí porque Floriano receberá, no período de afastamento, a aposentadoria e o auxílio-acidente.

**COMENTÁRIOS**

**Alternativa "a": incorreta.** Auxílio por incapacidade temporária e aposentadorias não se acumulam (art. 167, I, Decreto n. 3.048/99).

**Alternativa "b": incorreta.** A aposentadoria programada não pode ser aproveitada para aposentadoria por incapacidade permanente. Não há permissão legal para tal. E a incapacidade do segurado não foi considerada permanente.

**Alternativa "c": incorreta.** Já sendo aposentado, mesmo que tivesse voltado a exercer atividade remunerada, o segurado não terá direito a benefícios, salvo salário-família e salário-maternidade.

**Alternativa "d": correta.** Auxílio por incapacidade temporária e aposentadorias não se acumulam (art. 167, I, Decreto n. 3.048/99).

**Alternativa "e": incorreta.** No período de afastamento, Floriano receberá apenas sua aposentadoria.

Ainda que tivesse ocorrido o fato gerador de auxílio-acidente, não teria direito de acumular aposentadoria com auxílio-acidente.

De qualquer forma, não houve fato gerador de auxílio-acidente que seria a redução da capacidade laborativa do segurado, produzida por sequelas deixadas por um acidente sofrido.

**Alternativa correta: "d".**

---

**17. (FGV – Advogado – Pref. Mun. de Manaus - AM/2022)** Dênis é empregado numa empresa pública municipal, e após nela labutar por 35 anos ininterruptos como almoxarife e completar 65 anos de idade, requereu a sua aposentadoria voluntária em

---

2. Reforma da Previdência: na versão final aprovada no Senado, quais mudanças podem ajudar a economia? - BBC News Brasil

janeiro de 2022. A aposentadoria, que preencheu todos os requisitos legais, foi concedida em fevereiro de 2022. Diante do caso apresentado e da previsão contida na Constituição da República de 1988, assinale a afirmativa correta.

a) Dênis poderá, se desejar, continuar trabalhando porque a aposentadoria, no caso apresentado, não gera a extinção do contrato de trabalho.

b) O empregado poderá continuar no emprego após a aposentadoria se isso for do interesse público, em decisão da autoridade competente, devidamente motivada.

c) A aposentadoria concedida a Dênis acarretará o rompimento do vínculo que gerou o referido tempo de contribuição.

d) Uma vez que a Lei não prevê que haja o rompimento do vínculo, Dênis poderá continuar no emprego, mas receberá 80% do salário e a integralidade da aposentadoria.

e) Dênis poderá continuar no emprego após a aposentadoria e receberá abono de permanência no serviço

**COMENTÁRIOS**

A questão se resolve pela aplicação do disposto no §14 do art. 37 da Constituição Federal.

> *§ 14. A aposentadoria concedida com a utilização de tempo de contribuição decorrente de cargo, emprego ou função pública, inclusive do Regime Geral de Previdência Social, acarretará o rompimento do vínculo que gerou o referido tempo de contribuição.* (Incluído pela Emenda Constitucional nº 103, de 2019)

Como Dênis é empregado de uma empresa pública, é segurado obrigatório do RGPS.

Ao se aposentar, utilizando o tempo de contribuição decorrente do emprego público, Dênis terá seu vínculo com a empresa pública necessariamente extinto.

Vale dizer, a aposentadoria concedida a Dênis acarretará o rompimento do vínculo que gerou o referido tempo de contribuição.

**Alternativa correta: "c".**

## 7. CONTRIBUIÇÕES PREVIDENCIÁRIAS

Constituição Federal: art. 167 e 195.

Lei n. 8.212/91: arts. 20 a 22.

Decreto n. 3.048/99: 198 a 201.

**18. (FGV – Técnico da Fazenda Estadual – Técnico de Arrecadação de Tributos Estaduais - SEFAZ-AM/2022)** Sobre a contribuição do trabalhador e dos demais segurados da Previdência Social, prevista no Artigo 195, inciso II, da Constituição Federal de 1988, assinale a afirmativa correta.

a) A contribuição previdenciária custeia unicamente a Previdência Social.

b) A contribuição previdenciária custeia apenas a Previdência e a Assistência Social.

c) A contribuição previdenciária é cobrada sobre aposentadorias e pensões.

d) A contribuição previdenciária custeia a Seguridade Social, que engloba Saúde, Previdência Social e Assistência Social.

e) A contribuição previdenciária, ao contrário da que é paga pelos servidores públicos, não tem alíquotas progressivas.

**COMENTÁRIOS**

As contribuições sociais previstas no art. 195, I, "a" e II da Constituição Federal são chamadas de **contribuições previdenciárias**, uma vez que os seus recursos somente podem ser utilizados para fazer face às despesas com o pagamento de benefícios do regime geral de previdência social de que trata o art. 201.

Veja o que diz o inciso XI do art. 167 da CF:

> *São vedados:*
>
> *(...)*
>
> *XI – a utilização dos recursos provenientes das contribuições sociais de que trata o art. 195, I, "a", e II, para realização de despesas distintas do pagamento de benefícios do regime geral de previdência social de que trata o art. 201.*

Assim, as contribuições do empregador, da empresa e da entidade a ela equiparada na forma da lei, incidentes sobre a folha de salários e demais rendimentos do trabalho pagos ou creditados, a qualquer título, à pessoa física que lhe preste serviço, mesmo sem vínculo empregatício, bem como a do trabalhador e dos demais segurados da Previdência Social, são denominadas **contribuições previdenciárias, porque sua arrecadação somente pode ser utilizada para pagar os benefícios do RGPS.**

**Alternativa "a": correta.** Conforme explicação acima.

**Alternativa "b": incorreta.** A contribuição previdenciária custeia apenas a Previdência Social.

**Alternativa "c": incorreta.** Não incide contribuição sobre aposentadorias e pensões concedidas pelo Regime Geral de Previdência Social. Trata-se de imunidade tributária concedida pelo art.195, II, da Constituição Federal.

**Alternativa "d": incorreta.** A contribuição previdenciária custeia apenas a Previdência Social.

**Alternativa "e": incorreta.** A contribuição previdenciária do trabalhador e dos demais segurados da Previdência Social, poderá ter alíquotas progressivas de acordo com o valor do salário de contribuição. (art. 195, II, CF).

**Alternativa correta "a".**

**19. (FGV – Analista Judiciário/Área Judiciária - Oficial de Justiça Avaliador Federal – TRT 13/2022)** José, membro integrante da entidade religiosa XYZ, é ministro de confissão religiosa nessa entidade e dela recebe uma prebenda (auxílio para a subsistência do ministro), no valor de R$ 7.000,00, para seu sustento e de sua família. Diante desse cenário, assinale a afirmativa correta.

a) Não incide Imposto sobre a Renda da Pessoa Física Retido na Fonte sobre tais valores pagos a José, em razão da imunidade tributária religiosa que abarca o Imposto sobre a Renda.

b) José, por ser ministro de confissão religiosa, goza de isenção tributária sobre tais valores recebidos em razão do exercício do ministério religioso.

c) A entidade religiosa XYZ, por previsão legal, não está obrigada a recolher a contribuição patronal, destinada à Seguridade Social, sobre tais valores pagos a José.

d) A alíquota de contribuição previdenciária de José será de quinze por cento sobre o respectivo salário-de-contribuição.

e) José é considerado contribuinte da contribuição previdenciária na condição de segurado facultativo da previdência social.

COMENTÁRIOS

Ministro de confissão religiosa é segurado obrigatório do RGPS, na qualidade de contribuinte individual.

É previsto no art. 22 da Lei n. 8.212/91 que a empresa deverá recolher contribuição a seu cargo no percentual de 20% sobre o total das remunerações pagas ou creditadas a qualquer título, no decorrer do mês, aos segurados contribuintes individuais que lhe prestem serviços.

No entanto, os §§ 13 e 14 do mesmo artigo, entendem que:

> *§ 13. Não se considera como remuneração direta ou indireta, para os efeitos desta Lei, os valores despendidos pelas entidades religiosas e instituições de ensino vocacional com ministro de confissão religiosa, membros de instituto de vida consagrada, de congregação ou de ordem religiosa em face do seu mister religioso ou para sua subsistência desde que fornecidos em condições que independam da natureza e da quantidade do trabalho executado.*
>
> *§ 14. Para efeito de interpretação do § 13 deste artigo:*
>
> *I - os critérios informadores dos valores despendidos pelas entidades religiosas e instituições de ensino vocacional aos ministros de confissão religiosa, membros de vida consagrada, de congregação ou de ordem religiosa não são taxativos e sim exemplificativos;*
>
> *II - os valores despendidos, ainda que pagos de forma e montante diferenciados, em pecúnia ou a título de ajuda de custo de moradia, transporte, formação educacional, vinculados exclusivamente à atividade religiosa não configuram remuneração direta ou indireta.*

Assim, considerando que José recebe o valor de R$ 7.000,00 como auxílio para sua subsistência, não há falar em remuneração direta ou indireta e, por consequência, não está a entidade religiosa obrigada a recolher contribuição previdenciária sobre esses valores.

**Alternativa "a": incorreta.** A imunidade religiosa não abrange o imposto de renda pessoa física.

**Alternativa "b": incorreta.** Não é caso de isenção tributária. É caso de não incidência porque os valores despendidos pela entidade religiosa a título de auxílio para subsistência não são considerados remuneração indireta ou direta.

**Alternativa "c": correta.** A explicação consta no comentário acima. A entidade religiosa XYZ, por obediência ao previsto nos §§13 e 14 do art. 22 da Lei n. 8.212/91, não está obrigada a recolher a contribuição patronal, destinada à Seguridade Social, sobre tais valores pagos a José.

**Alternativa "d": incorreta.** Considerando que a contribuição previdenciária do contribuinte individual incide sobre a remuneração auferida durante o mês pela prestação de serviços a empresa ou equiparada (salário de contribuição) e, sabendo que o auxílio que José recebe não se enquadra no conceito de remuneração direta ou indireta, não há a obrigação do segurado de pagar, também, contribuição previdenciária sobre salário o respectivo salário-de-contribuição.

**Alternativa "e": incorreta.** José não é segurado facultativo da previdência social. É segurado obrigatório, na condição de contribuinte individual.

**Alternativa correta: "c".**

**20. (FGV – Consultor Legislativo – Senado Federal/2022)** Paulo Souto é eletricista e trabalha por conta própria. Tem a preocupação de recolher suas contribuições previdenciárias mensalmente para que possa se aposentar com algo em torno de 4 salários mínimos, sem necessidade de complementações, já que esta é sua remuneração mensal. Nesse caso, Paulo deve

a) recolher como MEI - Microempreendedor individual no percentual de 11% (onze por cento) do salário mínimo.
b) recolher como segurado de baixa renda no percentual de 11% (onze por cento) do salário mínimo.
c) recolher como MEI - Microempreendedor individual no percentual de 5% (cinco por cento) do salário mínimo.
d) recolher como contribuinte individual no percentual de 11% (onze por cento) da sua remuneração mensal.
e) recolher como contribuinte individual no percentual de 20% (vinte por cento) da sua remuneração mensal.

COMENTÁRIOS

O microempreendedor individual (MEI) é segurado contribuinte individual.

A alíquota básica da contribuição do contribuinte individual é de 20%.

**Porém,** a Lei n. 8.212/91 faculta ao MEI o regime de inclusão previdenciária que permite adotar uma alíquota inferior sobre a base de cálculo de 01 salário mínimo. O MEI poderá contribuir com 5% sobre o valor de 01 salário mínimo.

No regime especial de inclusão previdenciária os benefícios terão valor igual ao salário mínimo.

**Alternativa "a": incorreta.** O MEI recolhe contribuição previdenciária aplicando-se o percentual de 5% (cinco por cento) sobre o valor de 01 salário mínimo. Mas, o benefício previdenciário não ultrapassa 01 salário mínimo. Como Paulo Souto quer se aposentar com valor acima do salário mínimo, não teria como contribuir pelo sistema de inclusão previdenciária.

**Alternativa "b": incorreta.** O recolhimento do contribuinte individual de 11% sobre 01 salário mínimo, dá direito a benefícios de 01 salário mínimo.

**Alternativa "c": incorreta.** O MEI recolhe contribuição previdenciária aplicando-se o percentual de 5% (cinco por cento) sobre o valor de 01 salário mínimo. Mas, o benefício previdenciário não ultrapassa 01 salário mínimo. Como Paulo Souto quer se aposentar com valor acima do salário mínimo, não teria como contribuir pelo sistema de inclusão previdenciária.

**Alternativa "d": incorreta.** O contribuinte individual que recolhe por conta própria sobre o valor da sua remuneração mensal, deve aplicar a alíquota de 20% (vinte por cento).

**Alternativa "e": correta.** O contribuinte individual que recolhe por conta própria sobre o valor da sua remuneração mensal, deve aplicar a alíquota de 20% (vinte por cento). Poderá ter benefícios previdenciários calculados sobre a média aritmética simples dos salários de contribuição e, com valores acima de 01 salário mínimo.

**Alternativa correta: "e".**

## 8. SALÁRIO DE CONTRIBUIÇÃO

Lei n. 8.212/91: art. 28.

Decreto n. 3.048/99: 214.

**21. (FGV – Analista Judiciário – Oficial de Justiça Avaliador Federal – TRT 13/2022)** - O chamado salário-de-contribuição constitui a base de cálculo tributária para a contribuição previdenciária devida pelo trabalhador. Diante disso, à luz do Art. 28 da Lei 8.212/1991, assinale a opção que apresenta valores que integram o salário-de-contribuição para fins de incidência desta contribuição de seguridade social.

a) Diárias para viagens.
b) Gratificação natalina.
c) Parcela recebida a título de vale-transporte.
D) Ajuda de custo, em parcela única, recebida exclusivamente em decorrência de mudança de local de trabalho do empregado.
e) Abono do PIS/PASEP.

**COMENTÁRIOS**

**Alternativa "a": incorreta.** O valor das diárias para viagem não integra o salário de contribuição e, portanto, não sofre a incidência de contribuição previdenciária. Não depende do valor das diárias.

**Alternativa "b": correta.** A parcela relativa ao décimo terceiro salário (gratificação natalina) integra o salário de contribuição, exceto para efeito de cálculo do salário de benefício. É o que dispõe o §7º do art. 28 da Lei nº 8.212/91.

**Alternativa "c": incorreta.** Parcela a título de vale-transporte, ainda que paga em pecúnia, não é salário de contribuição. Esse é, inclusive, o entendimento adotado pelo STF.

**Alternativa "d": incorreta.** Ajuda de custo, em parcela única, recebida exclusivamente em decorrência de mudança de local de trabalho do empregado não integra o salário de contribuição. É o que está disposto no art. 28, §9º, VII, do Decreto n. 3.048/99.

**Alternativa "e": incorreta.** Abono do PIS/PASEP não integra o salário de contribuição, nos termos do disposto no art. 28, §9º, XI, do Decreto n. 3.048/99.

**Alternativa correta: "b".**

---

**22. (FGV – Analista Judiciário – Área Judiciária – TRT 13/2022)** O chamado salário-de-contribuição constitui a base de cálculo tributária para a contribuição previdenciária devida pelo trabalhador. Diante disso, à luz do Art. 28 da Lei 8.212/1991, assinale a opção que apresenta valores que integram o salário-de-contribuição para fins de incidência desta contribuição de seguridade social.

a) Diárias para viagens.
b) Gratificação natalina.
c) Parcela recebida a título de vale-transporte.
D) Ajuda de custo, em parcela única, recebida exclusivamente em decorrência de mudança de local de trabalho do empregado.
e) Abono do PIS/PASEP.

**COMENTÁRIOS**

Importante registrar que as parcelas que não integram o salário de contribuição estão descritas no §9º do art. 28 da Lei 8.212/91.

**Alternativa "a": incorreta.** Diárias de viagem não integram o salário de contribuição, independente do seu valor (art. 28, §9º, 'h', Lei 8.212/91).

**Alternativa "b": correta.** A gratificação natalina ou 13º salário integra o salário de contribuição (art. 28, §7º, Lei 8.212/91). Incide contribuição previdenciária do segurado e do empregador sobre a gratificação natalina.

**Alternativa "c": incorreta.** Parcela recebida a título de vale-transporte não é salário de contribuição. Importante registrar que, mesmo se pago em pecúnia (dinheiro), o vale-transporte não sofre incidência de contribuição previdenciária (art. 28, §9º, 'f', Lei 8.212/91).

**Alternativa "d": incorreta.** Ajuda de custo, em parcela única, recebida exclusivamente em decorrência de mudança de local de trabalho do empregado, é parcela indenizatória, não integrando o salário de contribuição para fins de incidência de contribuição previdenciária. (art. 28, §9º, 'g', Lei 8.212/91).

**Alternativa "e": incorreta.** Abono do PIS/PASEP não tem incidência de contribuição previdenciária. Não é salário de contribuição (art. 28, §9º, 'l', Lei 8.212/91).

**Alternativa correta: "b".**

---

**23. (FGV – Advogado – Senado Federal/2022)** Dos benefícios previdenciários listados a seguir, considerando o que dispõe a Lei de Custeio da Seguridade Social, assinale o que é considerado salário de contribuição e, assim, terá retenção de INSS cota-parte do(a) segurado(a).

a) Aposentadoria.
b) Pensão por morte.
c) Auxílio-reclusão.
d) Salário-maternidade.
e) Auxílio-acidente.

**COMENTÁRIOS**

**Alternativas "a" e "b": incorretas.** Não incide contribuição social sobre aposentadoria e pensão pagas pelo regime geral de previdência social (RGPS), conforme disposto no art. 195, II, da Constituição Federal.

**Alternativas "c" e "e": incorretas.** Nos termos do art. 28, §9º, 'a', da Lei n. 8.212/91 *não integram o salário-de-contribuição, os benefícios da previdência social, nos termos e limites legais, salvo o salário-maternidade.* Portanto, auxílio-reclusão e auxílio-acidente não integram o salário de contribuição.

**Alternativa "d": correta.** O salário-maternidade é salário de contribuição no que diz respeito à contribuição do segurado. O STF julgou inconstitucional **apenas** a contribuição social do empregador sobre salário-maternidade (tema 72, repercussão geral).

**Alternativa correta: "d".**

## 9. REGIME PRÓPRIO DE PREVIDÊNCIA SOCIAL

Constituição Federal: art. 40.
Portaria MTP n. 1.467/2022

**24. (FGV – Auditor de Controle Externo – Direito – TCE-TO/2022)** Maria, procuradora-chefe do Município Alfa, foi consultada no corrente mês, pelo prefeito municipal, a respeito dos requisitos de ordem formal a serem observados caso se decidisse pela instituição de um regime próprio de previdência social em âmbito municipal. Maria respondeu, corretamente, que:

a) é vedada a instituição de regime dessa natureza;
b) regime dessa natureza pode ser instituído por lei ordinária municipal, observada a simetria com o regime geral de previdência social;
c) regime dessa natureza só pode ser instituído pela lei orgânica municipal, observados os balizamentos estabelecidos em lei complementar nacional;

d) regime dessa natureza pode ser instituído por lei ordinária municipal, observados os balizamentos estabelecidos em lei complementar nacional;

e) regime dessa natureza só pode ser instituído por lei complementar municipal, observados os balizamentos estabelecidos em lei ordinária nacional.

**COMENTÁRIOS**

A Emenda Constitucional n. 103/2019, responsável pela última reforma previdenciária, incluiu o §22 ao art. 40 da Constituição Federal:

> *§ 22. Vedada a instituição de novos regimes próprios de previdência social, lei complementar federal estabelecerá, para os que já existam, normas gerais de organização, de funcionamento e de responsabilidade em sua gestão, dispondo, entre outros aspectos, sobre: (Incluído pela Emenda Constitucional nº 103, de 2019)*
>
> *I - requisitos para sua extinção e consequente migração para o Regime Geral de Previdência Social; (Incluído pela Emenda Constitucional nº 103, de 2019)*
>
> *II - modelo de arrecadação, de aplicação e de utilização dos recursos; (Incluído pela Emenda Constitucional nº 103, de 2019)*
>
> *III - fiscalização pela União e controle externo e social; (Incluído pela Emenda Constitucional nº 103, de 2019)*
>
> *IV - definição de equilíbrio financeiro e atuarial; (Incluído pela Emenda Constitucional nº 103, de 2019)*
>
> *V - condições para instituição do fundo com finalidade previdenciária de que trata o art. 249 e para vinculação a ele dos recursos provenientes de contribuições e dos bens, direitos e ativos de qualquer natureza; (Incluído pela Emenda Constitucional nº 103, de 2019)*
>
> *VI - mecanismos de equacionamento do deficit atuarial; (Incluído pela Emenda Constitucional nº 103, de 2019)*
>
> *VII - estruturação do órgão ou entidade gestora do regime, observados os princípios relacionados com governança, controle interno e transparência; (Incluído pela Emenda Constitucional nº 103, de 2019)*
>
> *VIII - condições e hipóteses para responsabilização daqueles que desempenhem atribuições relacionadas, direta ou indiretamente, com a gestão do regime; (Incluído pela Emenda Constitucional nº 103, de 2019)*
>
> *IX - condições para adesão a consórcio público (Incluído pela Emenda Constitucional nº 103, de 2019)*
>
> *X - parâmetros para apuração da base de cálculo e definição de alíquota de contribuições ordinárias e extraordinárias.*

Com isso, restou vedada a criação de novos regimes próprios de previdência social. A partir de 13/11/2019, não há mais como se criar regime próprio de previdência social.

**Alternativa "a": correta.** Pelo que dispõe o §22 do art. 40 da Constituição Federal, é vedada a criação de novos regimes próprios de previdência social. Assim, a resposta correta que Maria deve apresentar é de que é vedada a instituição de RPPS pelo Município Alfa.

Caso o Município Alfa tivesse instituído RPPS antes da reforma previdenciária, deveria ter se valido de lei municipal.

**As demais alternativas estão incorretas.**

**Alternativa correta: "a".**

**25. (FGV – Consultor Legislativo – Senado Federal/2022)** Com relação ao Regime Próprio de Previdência Social (RPPS) dos servidores, analise os itens a seguir:

I. Visto que nem todos os municípios brasileiros possuem um regime próprio, seus servidores públicos são enquadrados no Regime de Previdência Complementar (RPC), tal qual os servidores federais, que podem aderir ao FUNPRESP.

II. A implementação do RPPS depende do ente federativo e das condições de cada tipo de previdência, as quais podem variar entre cada Estado ou cidade.

III. A aposentadoria por invalidez não tem idade mínima para ser requerida no RPPS.

Está correto o que se afirma em

a) I, apenas.

b) II, apenas.

c) III, apenas

d) II e III, apenas.

e) I, II e III.

**COMENTÁRIOS**

**Item I: incorreto.** Se o município não tem regime próprio de previdência social (RPPS), seus servidores serão enquadrados como segurados obrigatórios do regime geral de previdência social (RGPS), na condição de empregados.

A adesão ao regime de previdência complementar, ainda que fosse possível, é sempre facultativa.

**Item II: incorreto.** Os regimes públicos de previdência são o RGPS e os RPPS. Para a instituição de RPPS, até a data da publicação da EC n. 103/2019, era necessário que o ente federativo observasse as regras dispostas na Constituição Federal e na Lei n. 9.717/98 que trata das normas gerais sobre RPPS.

Com a reforma da previdência, em 2019, restou vedada a criação de novos regimes próprios de previdência social (art. 40, §22, CF).

**Item III: correto.** A aposentadoria por incapacidade permanente não exige idade mínima do servidor. O servidor será aposentado por incapacidade permanente (invalidez), no cargo em que estiver investido, quando insuscetível de readaptação, hipótese em que será obrigatória a realização de avaliações periódicas para verificação da continuidade das condições que ensejaram a concessão da aposentadoria, na forma de lei do respectivo ente federativo.

**Alternativa correta: "c". Está correto o que se afirma apenas no item III.**

**26. (FGV – Analista Técnico – TCE-TO/2022)** Segundo a Portaria MTP nº 1.467/2022, os documentos e bancos de dados que derem suporte às informações dos regimes previdenciários dos servidores dos entes federativos encaminhados ao órgão supervisor federal deverão permanecer à disposição pelo prazo mínimo de:

a) um ano;

b) dois anos;

c) três anos;

d) cinco anos;

e) dez anos.

**COMENTÁRIOS**

A Portaria do Ministério do Trabalho e Previdência n. 1.467, publicada no DOU em 06 de junho de 2022, disciplina os parâmetros e as diretrizes gerais para organização e funcionamento dos regimes próprios de previdência social dos servidores públicos da União, dos Estados, do Distrito Federal e dos Municípios, em cumprimento à Lei nº 9.717, de 1998, aos arts. 1º e 2º da Lei nº 10.887, de 2004 e à Emenda Constitucional nº 103, de 2019.

Dispõe o art. 241, §9º, da Portaria MTP n. 1.467/22:

> *§ 9º Os documentos e bancos de dados que deram suporte às informações de que trata este artigo deverão permanecer à disposição da SPREV pelo prazo de 10 (dez) anos e arquivados pelo ente federativo e unidade gestora do RPPS, preferencialmente de forma digital.*

**Alternativa "e": correta.** Na verdade, o prazo é de 10 anos e, não, no mínimo de 10 anos.

**Alternativa correta: "e".**

---

**27. (FGV – Analista Técnico – TCE-TO/2022)** Segundo a Portaria MTP n° 1.467/2022, NÃO é permitido para equacionamento do déficit atuarial estabelecido em lei e de responsabilidade do ente federativo o(a):

a) dação em pagamento;

b) segregação de massa;

c) aporte de bens;

d) contribuição suplementar;

e) alocação dos beneficiários a um fundo em repartição e a um fundo em capitalização.

**COMENTÁRIOS**

Equacionamento consiste na decisão do ente federativo quanto às formas, prazos, valores e condições em que se dará o completo reequilíbrio dos planos de custeio e de benefícios do RPPS, observadas as normas legais e regulamentares.

**Alternativa "a": correta.** É vedada a utilização de bens, direitos e demais ativos de qualquer natureza para dação em pagamento de débitos do ente federativo com o RPPS (art. 18, Portaria MTP n. 1.467/22).

**Demais alternativas estão incorretas.** Dispõe o art. 55, caput, da Portaria MTP n. 1.467/2022:

> *Art. 55. No caso de a avaliação atuarial apurar deficit atuarial, deverão ser adotadas medidas para o seu equacionamento, que poderão consistir em:*
>
> *I - plano de amortização com contribuições suplementares, na forma de alíquotas ou aportes mensais com valores preestabelecidos;*
>
> *II - segregação da massa;*
>
> *III - aporte de bens, direitos e ativos, observados os critérios previstos no art. 63; e IV - adequações das regras de concessão, cálculo e reajustamento dos benefícios, na forma do art. 164.*

**Alternativa correta: "a".**

---

**28. (FGV – Técnico da Fazenda Estadual – SEFAZ-AM/2022)** Os servidores públicos aposentados com a EC 41/03, passaram a pagar, como contribuição previdenciária sobre seus proventos de aposentadoria, valores que excedem o teto do Regime Geral da Previdência Social - RGPS. Aqueles que já eram aposentados antes da EC 41/03, estão obrigados a pagar tal contribuição?

a) Sim, pois não havia hipótese de incidência de contribuição previdenciária, que passou a existir com a referida EC 41/03.

b) Não, pois violaria o direito adquirido.

c) Não, pelo caráter alimentar da aposentadoria.

d) Sim, pelo princípio da igualdade com os aposentados da Previdência Social.

e) Só no ano seguinte à EC 41/03, por se tratar de isenção tributária.

**COMENTÁRIOS**

A Emenda Constitucional n. 41/2003 trouxe a autorização para que se instituísse contribuição previdenciária dos aposentados e pensionistas para o regime próprio de previdência dos servidores.

Cada ente federativo passou a deter competência para a instituição da referida contribuição de todos os aposentados e pensionistas. Os servidores aposentados e os pensionistas, independentemente, da data de seu ingresso no serviço público ou da morte do servidor, estão sujeitos à cobrança da contribuição previdenciária para o financiamento do regime próprio de previdência social.

**Alternativa "a": correta.** O regime próprio de previdência social dos servidores titulares de cargos efetivos terá caráter contributivo e solidário, **mediante contribuição do respectivo ente federativo, de servidores ativos, de aposentados e de pensionistas**, observados critérios que preservem o equilíbrio financeiro e atuarial (art. 40, caput, CF).

**Alternativa "b": incorreta.** Não há que se falar em direito adquirido. Mesmo que o servidor tenha ingressado no serviço público antes da publicação da EC n. 41/2003, sendo instituída a contribuição previdenciária para os aposentados e pensionistas, válida é a exação.

**Alternativa "c": incorreta.** O caráter alimentar da aposentadoria não exime o servidor da obrigação de pagar contribuição previdenciária para o regime próprio de previdência social.

**Alternativa "d": incorreta.** Não se trata de princípio da igualdade. Trata-se, na verdade, de obrigação tributária imposta pela Lei.

**Alternativa "e": incorreta.** Antes da EC n. 41/2003 não havia isenção da contribuição previdenciária do servidor aposentado e do pensionista. Antes da EC n. 41/2003 não havia autorização para que o ente federativo instituísse tal contribuição.

**Alternativa correta: "a".**

## 10. CONTAGEM RECÍPROCA DE TEMPO DE CONTRIBUIÇÃO

Constituição Federal: art. 201.

---

**29. (FGV – Advogado – Pref. Mun. de Manaus - AM/2022)** Regina trabalhava como advogada num escritório de advocacia há 1 ano, desde que se formou e foi aprovada no Exame da OAB. Regina tinha a CTPS devidamente assinada pelo empregador, que recolhia mensalmente o FGTS, o INSS e observava os demais encargos trabalhistas. Por ser organizada e disciplinada, Regina continuou estudando com afinco, e em 2022 foi aprovada no concurso público promovido pelo Município de Manaus. Regina tomou posse como servidora estatutária no mesmo ano e iniciou suas atividades. Em relação ao período de recolhimento previdenciário feito por Regina no RGPS, assinale a afirmativa correta.

a) Regina poderá fazer a averbação da totalidade do período perante o RPPS desde que apresente certidão própria.

b) Não será possível o cômputo da contribuição feita ao INSS junto ao RPPS porque o tempo foi inferior a 2 anos.

PREVIDENCIÁRIO

c) A Lei prevê a possibilidade de averbação de metade do tempo de contribuição feita ao RGPS, bastando a apresentação da CTPS assinada.

d) A averbação é possível e será computada em dobro em virtude da mudança de regime jurídico.

e) Pela incompatibilidade de regimes, a averbação não é possível, mas Regina poderá continuar contribuindo para o INSS como segurada facultativa.

COMENTÁRIOS

**Alternativa "a": correta.** É possível computar o tempo de contribuição do RGPS no RPPS. Essa garantia é dada pela Constituição Federal, conforme previsão do art. 201, §9º:

§ 9º Para fins de aposentadoria, será assegurada a contagem recíproca do tempo de contribuição entre o Regime Geral de Previdência Social e os regimes próprios de previdência social, e destes entre si, observada a compensação financeira, de acordo com os critérios estabelecidos em lei. (Redação dada pela Emenda Constitucional nº 103, de 2019)

**Alternativa "b": incorreta.** Na contagem recíproca de tempo de contribuição não há limite mínimo de tempo de contribuição.

**Alternativa "c": incorreta.** Para computar o tempo de contribuição do RGPS é necessário apresentar a certidão de tempo de contribuição (CTC) emitida pelo INSS.

**Alternativa "d": incorreta.** A averbação do tempo de contribuição do RGPS é possível e será computado apenas o tempo contribuído.

**Alternativa "e": incorreta.** Conforme já explicado é possível a averbação do tempo de contribuição do RGPS no RPPS. Regina não poderá se filiar ao RGPS como segurada facultativa porque é participante de regime próprio de previdência social.

**Alternativa correta: "a".**

## 11. PREVIDÊNCIA COMPLEMENTAR

Constituição Federal: art. 201.

Lei Complementar n. 108/2001

Lei Complementar n. 109/2001

**30. (FGV – Consultor Legislativo – Senado Federal/2022)** A Lei n° 108, de 29 de maio de 2001, dispõe sobre a relação entre a União, os Estados, o Distrito Federal e os Municípios, suas autarquias, fundações, sociedades de economia mista e outras entidades públicas e suas respectivas entidades fechadas de previdência complementar. Uma característica dessa relação é que

a) é vedado à União e aos entes subnacionais o aporte de recursos a entidades de previdência privada de caráter complementar.

b) a despesa administrativa da entidade de previdência complementar será custeada pelo patrocinador, participantes e assistidos, atendendo a limites e critérios estabelecidos pelo órgão regulador e fiscalizador.

c) o custeio dos planos de benefícios será responsabilidade unicamente do patrocinador.

d) a estrutura organizacional das entidades de previdência complementar é constituída de conselho deliberativo, conselho administrativo, conselho fiscal e diretoria-executiva.

e) os planos de benefícios das entidades de que trata essa lei atenderão à carência mínima de 12 contribuições mensais a plano de benefícios, para se tornar elegível a um benefício de prestação que seja programada e continuada.

COMENTÁRIOS

**Alternativa "a": incorreta.** A vedação não é absoluta. O que a Constituição Federal veda e, também, a Lei Complementar n. 108/2001, é o aporte simples de recursos a entidade de previdência privada. Mas, permite que haja aporte de recursos na qualidade de patrocinador, exigindo, no entanto, que a contribuição normal não exceda a do segurado.

***Constituição Federal***

***Art.202...***

*§ 3º É vedado o aporte de recursos a entidade de previdência privada pela União, Estados, Distrito Federal e Municípios, suas autarquias, fundações, empresas públicas, sociedades de economia mista e outras entidades públicas, salvo na qualidade de patrocinador, situação na qual, em hipótese alguma, sua contribuição normal poderá exceder a do segurado.*

***Lei Complementar n. 108/2001:***

**Art. 5º** *É vedado à União, aos Estados, ao Distrito Federal e aos Municípios, suas autarquias, fundações, empresas públicas, sociedades de economia mista e outras entidades públicas o aporte de recursos a entidades de previdência privada de caráter complementar, salvo na condição de patrocinador.*

**Alternativa "b": correta.** É o que dispõe o art. 6º da Lei Complementar n. 108/2001.

**Alternativa "c": incorreta.** O custeio dos planos de benefícios será responsabilidade do patrocinador e dos participantes, inclusive assistidos.

**Alternativa "d": incorreta.** A estrutura organizacional das entidades de previdência complementar é constituída de conselho deliberativo, conselho fiscal e diretoria-executiva.

**Alternativa "e": incorreta.** Os planos de benefícios das entidades de que trata a Lei Complementar n. 108/2001 atenderão à carência mínima de 60 contribuições mensais a plano de benefícios, para se tornar elegível a um benefício de prestação que seja programada e continuada (art. 3º, I, LC 108/2001).

**Alternativa correta: "b".**

**31. (FGV – Analista Técnico – TCE-TO/2022)** Quanto aos planos de benefícios nas modalidades de contribuição definida (CD) e benefício definido (BD), é correto afirmar que:

a) o plano CD oferece direito a resgate sob determinadas condições;

b) o plano CD gera maior risco atuarial para o patrocinador, quando comparado ao plano BD;

c) o valor do benefício no plano BD é obtido em função da rentabilidade dos investimentos;

d) o regime de previdência complementar dos servidores públicos oferece plano de benefícios na modalidade BD para as aposentadorias programadas;

e) o regime de previdência complementar dos servidores públicos oferece plano de benefícios na mesma modalidade, CD ou BD, do regime próprio de previdência social.

COMENTÁRIOS

Antes de mais nada, temos que trazer os conceitos de planos de benefícios na modalidade de contribuição definida (CD) e na modalidade de benefício definido (BD).

**Contribuição definida:** é aquela na qual se define o valor da contribuição, ficando o valor do benefício condicionado ao montante da reserva acumulada. O participante contribui por um número determinado de meses, e o valor do benefício é ajustado ao saldo da conta em nome do participante, considerando o resultado líquido de sua aplicação, os valores aportados e os benefícios pagos.

**Benefício definido:** é aquele cujo valor do benefício é previamente estabelecido, quando o participante ingressa no plano de previdência privada, variando a contribuição em função desse valor.

**Alternativa "a": correta.** Um dos institutos dos planos de previdência complementar é o resgate que consiste no direito do participante de sacar os valores aplicados na entidade de previdência complementar, obedecidas as regras contratuais de cada plano.

**Alternativa "b": incorreta.** É justamente o contrário. Se a contribuição é definida, o valor do benefício é ajustado ao saldo da conta em nome do participante.

**Alternativa "c": incorreta.** O valor do benefício é previamente estabelecido, quando o participante ingressa no plano de previdência privada, variando a contribuição em função desse valor.

**Alternativa "d": incorreta.** O regime de previdência complementar dos servidores públicos somente pode oferecer plano de benefícios na modalidade CD (art. 40, §15, CF).

**Alternativa "e": incorreta.** O regime de previdência complementar dos servidores públicos oferece plano de benefícios na modalidade CD.

**Alternativa correta: "a".**

*Adriana Menezes*

## ✦ RESUMOS DOUTRINÁRIOS

### 1. SEGURIDADE SOCIAL – CONCEITO – ORGANIZAÇÃO – PRINCÍPIOS

Constituição Federal

Arts. 165, 167, 194 ao 204

#### 1.1. CONCEITO E ORGANIZAÇÃO

- A Constituição Federal de 1988, pela primeira vez, trouxe o conceito de seguridade social. Conforme dispõe o art. 194, caput da CF, a Seguridade Social compreende um conjunto integrado de ações de iniciativa dos poderes públicos e da sociedade destinadas a assegurar os direitos à saúde, previdência e assistência social.
- Compete privativamente à União legislar sobre seguridade social.
- Lei complementar da União poderá autorizar os Estados e o Distrito Federal a legislar sobre questões de seguridade social.
- Não são todos os direitos sociais que são assegurados pelo sistema de seguridade social. Apenas os direitos à saúde, previdência e assistência social.
- A Saúde é um direito garantido a todos e dever do Estado. Será prestada independentemente de contribuição à seguridade social.
- As ações e serviços públicos de saúde integram uma rede regionalizada e hierarquizada e constituem um sistema único, organizado de acordo com as seguintes diretrizes: descentralização, com direção única em cada esfera de governo; atendimento integral, com prioridade para as atividades preventivas, sem prejuízo dos serviços assistenciais; e participação da comunidade.
- Em relação às ações judiciais para o fornecimento de medicamentos pela rede pública de saúde, o STJ entende que a substituição de um medicamento por outro para tratar a mesma doença não constitui novo pedido, pois os objetos imediatos e mediatos não foram alterados: a requerente busca provimento jurisdicional que condene o Estado a fornecer medicamentos, para tratar as sequelas de moléstia que lhe sucedeu, com vistas à manutenção de sua saúde para garantia de uma vida digna.
- As instituições privadas poderão participar de forma complementar do SUS, segundo diretrizes deste, mediante contrato de direito público ou convênio, tendo preferência as entidades filantrópicas e as sem fins lucrativos.
- É vedada a participação direta ou indireta de empresas ou capitais estrangeiros na assistência à saúde no País, salvo nos casos previstos em lei.
- A Lei nº 13.097/2015 veio autorizar a participação direta ou indireta, inclusive o controle, de empresas ou de capital estrangeiro na assistência à saúde nos casos de:

  I – doações de organismos internacionais vinculados à Organização das Nações Unidas, de entidades de cooperação técnica e de financiamento e empréstimos;

  II – pessoas jurídicas destinadas a instalar, operacionalizar ou explorar:
  a) hospital geral, inclusive filantrópico, hospital especializado, policlínica, clínica geral e clínica especializada; e
  b) ações e pesquisas de planejamento familiar;

  III – serviços de saúde mantidos, sem finalidade lucrativa, por empresas, para atendimento de seus empregados e dependentes, sem qualquer ônus para a seguridade social.
- A Constituição Federal determina que a União, os Estados, o Distrito Federal e os Municípios devam aplicar, anualmente, recursos mínimos em ações e serviços públicos de saúde.
- Os recursos mínimos a serem aplicados anualmente em ações e serviços públicos de saúde pela União serão calculados sobre a receita corrente líquida do respectivo exercício financeiro, não podendo ser inferior a 15% (quinze por cento).
- Os percentuais mínimos sobre a arrecadação tributária que devem ser aplicados pelos Estados, Distrito Federal e Municípios em ações e serviços públicos de saúde são estabelecidos por lei complementar que será reavaliada pelo menos a cada cinco anos. Os percentuais mínimos estão fixados na Lei Complementar nº 141/2012.
- A Assistência Social é um dos subsistemas da Seguridade Social, mas não será prestada a todos, como é o caso da Saúde. A Assistência Social será prestada a quem dela necessitar, independentemente de contribuição à seguridade social.
- **Objetivos da Assistência Social**

  Para o enfrentamento da pobreza, a assistência social realiza-se de forma integrada às políticas setoriais, garantindo mínimos sociais e provimento de condições para atender contingências sociais e promovendo a universalização dos direitos sociais.

  I – a proteção social, que visa à garantia da vida, à redução de danos e à prevenção da incidência de riscos, especialmente:
  a) a proteção à família, à maternidade, à infância, à adolescência e à velhice;
  b) o amparo às crianças e aos adolescentes carentes;
  c) a promoção da integração ao mercado de trabalho;
  d) a habilitação e reabilitação das pessoas com deficiência e a promoção de sua integração à vida comunitária; e
  e) a garantia de 1 (um) salário-mínimo de benefício mensal à pessoa com deficiência e ao idoso que comprovem não possuir meios de prover a própria manutenção ou de tê-la provida por sua família.

  II – a vigilância socioassistencial, que visa a analisar territorialmente a capacidade protetiva das famílias e nela a ocorrência de vulnerabilidades, de ameaças, de vitimizações e danos;

  III – a defesa de direitos, que visa a garantir o pleno acesso aos direitos no conjunto das provisões socioassistenciais.

- **Diretrizes da Assistência Social:**
  I – **descentralização** político-administrativa para os Estados, o Distrito Federal e os Municípios, e comando único das ações em cada esfera de governo;
  II – **participação da população**, por meio de organizações representativas, na formulação das políticas e no controle das ações em todos os níveis;
  III – **primazia da responsabilidade do Estado** na condução da política de assistência social em cada esfera de governo.
- Cabe registrar que a Lei nº 12.435/2011 veio trazer alterações na LOAS, dispondo que a gestão das ações na área de assistência social ficará organizada sob a forma de sistema descentralizado e participativo, denominado Sistema Único de Assistência Social (SUAS).
- As ações ofertadas no âmbito do SUAS têm por objetivo a proteção à família, à maternidade, à infância, à adolescência e à velhice e, como base de organização, o território. O SUAS é integrado pelos entes federativos, pelos respectivos conselhos de assistência social e pelas entidades e organizações de assistência social abrangidas pela LOAS.
- **Proteção social básica**: conjunto de serviços, programas, projetos e benefícios da assistência social que visa a prevenir situações de vulnerabilidade e risco social por meio do desenvolvimento de potencialidades e aquisições e do fortalecimento de vínculos familiares e comunitários;
- **Proteção social especial**: conjunto de serviços, programas e projetos que tem por objetivo contribuir para a reconstrução de vínculos familiares e comunitários, a defesa de direito, o fortalecimento das potencialidades e aquisições e a proteção de famílias e indivíduos para o enfrentamento das situações de violação de direitos.
- As proteções sociais, básica e especial, serão ofertadas precipuamente no Centro de Referência de Assistência Social (Cras) e no Centro de Referência Especializado de Assistência Social (Creas), respectivamente, e pelas entidades sem fins lucrativos de assistência social.
- **Os Cras e os Creas** são unidades públicas estatais instituídas no âmbito do Suas, que possuem interface com as demais políticas públicas e articulam, coordenam e ofertam os serviços, programas, projetos e benefícios da assistência social.
- **O Cras é a unidade pública municipal**, de base territorial, localizada em áreas com maiores índices de vulnerabilidade e risco social, destinada à articulação dos serviços socioassistenciais no seu território de abrangência e à prestação de serviços, programas e projetos socioassistenciais de proteção social básica às famílias.
- **O Creas é a unidade pública de abrangência e gestão municipal, estadual ou regional**, destinada à prestação de serviços a indivíduos e famílias que se encontram em situação de risco pessoal ou social, por violação de direitos ou contingência, que demandam intervenções especializadas da proteção social especial.
- A Constituição Federal assegura à pessoa portadora de deficiência e ao idoso, que comprovem não possuir meios de prover a própria manutenção ou de tê-la provida por sua família, o benefício assistencial no valor de um salário mínimo, desde que atendam os requisitos dispostos na lei. Nesse caso, os requisitos vão estar dispostos em lei ordinária, no caso, a Lei nº 8.742/93.
- O Estado e o Distrito Federal poderão vincular até 0,5% de sua receita tributária líquida a programa de apoio à inclusão e promoção social. No entanto, é vedada a aplicação destes recursos no pagamento de despesas com pessoal e encargos sociais, de serviço da dívida ou de qualquer despesa corrente não vinculada aos investimentos ou ações sociais apoiadas.
- A Previdência Social será organizada sob a forma de regime geral, terá caráter contributivo e de filiação obrigatória, observados os critérios que preservem o equilíbrio financeiro e atuarial.

## 1.2. CONSELHO NACIONAL DE PREVIDÊNCIA SOCIAL (CNPS)

- O Conselho Nacional de Previdência Social (CNPS) demonstra a aplicação do princípio constitucional do caráter democrático e descentralizado na organização da seguridade social, previsto no art. 194, parágrafo único, inciso VII, da Constituição Federal.
- O Conselho Nacional de Previdência (CNPS) é órgão superior de deliberação colegiada cuja competência está delineada no art. 4º da Lei nº 8.213/91. Está vinculado ao Ministério da Previdência Social.
- O CNPS é composto por 15 membros entre representantes do Governo e da sociedade civil. São:

| **COMPOSIÇÃO DO CNPS** | |
|---|---|
| **15 membros entre representantes dos quais:** | |
| **6 do Governo** | 9 da sociedade civil dos quais:<br>• 3 dos aposentados e dos pensionistas;<br>• 3 dos trabalhadores em atividade;<br>• 3 dos empregadores. |

- Os membros do CNPS e seus respectivos suplentes serão nomeados pelo Presidente da República, tendo os representantes titulares da sociedade civil mandato de 2 (dois) anos, podendo ser reconduzidos, de imediato, uma única vez.
- Os representantes dos trabalhadores em atividade, dos aposentados, dos empregadores e seus respectivos suplentes serão indicados pelas centrais sindicais e confederações nacionais.
- O CNPS reunir-se-á, ordinariamente, uma vez por mês, por convocação de seu Presidente, não podendo ser adiada a reunião por mais de 15 (quinze) dias se houver requerimento nesse sentido da maioria dos conselheiros.
- Poderá ser convocada reunião extraordinária por seu Presidente ou a requerimento de um terço de seus membros, conforme dispuser o regimento interno do CNPS.
- As ausências ao trabalho dos representantes dos trabalhadores em atividade, decorrentes das atividades do Conselho, serão abonadas, computando-se como jornada efetivamente trabalhada para todos os fins e efeitos legais.
- Aos membros do CNPS, enquanto representantes dos trabalhadores em atividade, titulares e suplentes, é assegurada a estabilidade no emprego, da nomeação até um ano após o término do mandato de representação, somente podendo ser demitidos por motivo de falta grave, regularmente comprovada através de processo judicial.

## 1.3. CONSELHO NACIONAL DE ASSISTÊNCIA SOCIAL (CNAS)

- O Conselho Nacional de Assistência Social é órgão superior de deliberação colegiada, vinculado à estrutura do órgão da Administração Pública Federal responsável pela coordenação da Política Nacional de Assistência Social.

- O CNAS é composto por 18 membros e respectivos suplentes, cujos nomes são indicados ao órgão da Administração Pública Federal responsável pela coordenação da Política Nacional de Assistência Social. São:

| COMPOSIÇÃO DO CNAS | |
|---|---|
| **18 membros entre representantes dos quais:** | |
| **9 representantes governamentais**, incluindo 1 (um) representante dos Estados e 1 (um) dos Municípios. | **9 da sociedade civil** dentre representantes dos usuários ou de organizações de usuários, das entidades e organizações de assistência social e dos trabalhadores do setor, escolhidos em foro próprio sob fiscalização do Ministério Público Federal. |

- Os membros do CNAS serão nomeados pelo Presidente da República, com mandato de 2 (dois) anos, permitida uma única recondução por igual período.
- O CNAS é presidido por um de seus integrantes, eleito dentre seus membros, para mandato de 01 (um) ano, permitida uma única recondução por igual período.
- A competência do CNAS está delineada no art. 18 da Lei nº 8.742/93.

## 1.4. CONSELHO DE RECURSOS DA PREVIDÊNCIA SOCIAL (CRPS)

- O Conselho de Recursos da Previdência Social (CRPS) é um órgão colegiado integrante da estrutura do Ministério da Previdência Social, atuando como revisor das decisões administrativas do INSS nos processos de interesse dos beneficiários.
- O Conselho de Recursos da Previdência Social é composto por:
  I. Juntas de Recursos com a competência para julgar, em primeira instância, os recursos interpostos contra as decisões prolatadas pelos órgãos regionais do INSS, em matéria de interesse de seus beneficiários;
  II. Câmaras de Julgamento com a competência para julgar, em segunda instância, os recursos interpostos contra as decisões proferidas pelas Juntas de Recursos que infringirem lei, regulamento, enunciado ou ato normativo ministerial;
  III. Conselho Pleno com a competência para uniformizar a jurisprudência previdenciária mediante enunciados, podendo ter outras competências definidas no Regimento Interno do Conselho de Recursos da Previdência Social.
- O Conselho de Recursos da Previdência Social é presidido por representante do Governo, com notório conhecimento da legislação previdenciária, nomeado pelo Ministro do Desenvolvimento Social.
- As Juntas de Recursos e as Câmaras de Julgamento são, também, presididas por representantes do Governo. São compostas por quatro membros nomeados pelo Ministro do Trabalho e Previdência.
- As Juntas de Recursos têm a competência para julgar:

a) os recursos das decisões proferidas pelo INSS nos processos de interesse de seus beneficiários;

b) os recursos das decisões proferidas pelo INSS relacionados à comprovação de atividade rural de segurado especial de que trata o art. art. 38-B da Lei nº 8.213, de 1991, ou às demais informações relacionadas ao CNIS de que trata o art. 29-A da referida Lei;

c) os recursos de decisões relacionadas à compensação financeira de que trata a Lei nº 9.796, de 5 de maio de 1999;

d) as contestações relativas à atribuição do fator acidentário de prevenção - FAP aos estabelecimentos da empresa;

e) os recursos relacionados aos processos sobre irregularidades verificadas em procedimento de supervisão e de fiscalização nos regimes próprios de previdência social e aos processos sobre apuração de responsabilidade por infração às disposições da Lei nº 9.717, de 1998.

- Os representantes do Governo federal são escolhidos entre servidores federais, preferencialmente do Ministério da Previdência Social ou do INSS, ou de outro órgão da administração pública federal, estadual, municipal ou distrital, com graduação em Direito, os quais prestarão serviços exclusivos ao CRPS, sem prejuízo dos direitos e vantagens percebidos no cargo de origem.
- Os representantes das empresas e dos trabalhadores serão escolhidos entre os indicados em listra tríplice pelas entidades de classe ou sindicais das respectivas jurisdições, com graduação em Direito, e serão enquadrados como segurados obrigatórios do RGPS na condição de contribuintes individuais.
- O mandato dos conselheiros do CRPS é de 03 (três) anos, permitida a recondução.

## 1.5. PRINCÍPIOS CONSTITUCIONAIS

- O art. 194, parágrafo único, da Constituição Federal elenca os objetivos a serem perseguidos na organização da Seguridade Social. São entendidos como verdadeiros princípios constitucionais da seguridade social.
- O **princípio da universalidade da cobertura e do atendimento** visa cobrir todas as espécies de infortúnios sociais que possam ocorrer e atender a todos os residentes no Brasil, em termos de benefícios e serviços da Seguridade Social.
- O **princípio da uniformidade e equivalência dos benefícios e serviços às populações urbanas e rurais** ordena que as populações urbana e rural devam possuir os mesmos direitos a título de seguridade social. Os segurados e dependentes urbanos e rurais devem ter o mesmo tratamento.
- O **princípio da seletividade** propicia ao legislador estudar as carências sociais, priorizando-as em relação às demais, viabilizando a promoção da Seguridade Social factível. Cobrem-se as necessidades mais essenciais e planeja-se, para o futuro, a cobertura das demais, visando alcançar a Seguridade Social ideal. **A distributividade** consagra que, após cada pessoa ter contribuído com o que podia, dá-se a cada um de acordo com suas necessidades.
- Como exemplos da aplicação concreta do princípio da seletividade e distributividade na prestação dos benefícios e serviços da seguridade social podem ser citados os benefícios salário-família e auxílio-reclusão.
- O **princípio da irredutibilidade do valor dos benefícios** preceitua que haverá nenhuma redução efetiva dos valores nominais dos benefícios. Não poderá, também, sofrer redução real o benefício da previdência social, nos termos do art. 201, § 4º, CF.
- **Não é possível a vinculação do valor dos benefícios ao número de salários mínimos.**
- **O princípio da equidade na forma de participação do custeio da seguridade social** está intimamente atrelado aos preceitos da igualdade e da capacidade contributiva. Aqueles contribuintes que apresentarem maior capacidade contributiva para o sistema da Seguridade Social arcarão com uma parcela maior de contribuição.

- Com base nesse princípio, vê-se a aplicação de alíquotas ou bases de cálculo diferenciadas para as contribuições sociais das empresas em razão da atividade econômica, do uso intensivo de mão de obra, do porte da empresa e das condições estruturais do mercado de trabalho (art. 195, § 9º, CF).
- O **princípio da diversidade de financiamento** traz que a base de financiamento do sistema de seguridade social não se concentrará em uma só fonte de tributação, atingindo, em contrapartida, o maior número de pessoas capazes de contribuir e a maior constância de entradas. Isso pode ser verificado pelo disposto no art. 195 da Constituição Federal, que elenca a forma de financiamento da seguridade social de forma direta e indireta por toda a sociedade. Determina que se deve identificar, em rubricas contábeis específicas para cada área, as receitas e as despesas vinculadas a ações de saúde, previdência e assistência social, preservado o caráter contributivo da previdência social.
- O **princípio da gestão democrática e descentralizada da seguridade social** deriva dos princípios superiores atinentes à origem democrática do poder e à participação popular. A Seguridade Social terá caráter democrático e descentralizado na administração, mediante gestão quadripartite, com participação dos trabalhadores, dos empregadores, dos aposentados e do Governo nos órgãos colegiados.
- O **princípio da solidariedade contributiva** está previsto no art. 195 da Constituição Federal, que preceitua que a sociedade, de forma direta ou indireta, será responsável pelo financiamento do Sistema de Seguridade Social, visto que o orçamento será composto pelos recursos provenientes dos orçamentos dos próprios entes federativos e por todas as contribuições sociais criadas pela União para custear o sistema. O princípio da solidariedade justifica a compulsoriedade do recolhimento das contribuições sociais de financiamento da seguridade social.
- Nenhum benefício ou serviço da seguridade social poderá ser criado, estendido ou majorado sem a correspondente fonte de custeio total. Esse é o **princípio da preexistência do custeio ou princípio da contrapartida (art. 195, § 5º, CF).**
- **Princípio da proibição da proteção insuficiente:** visa assegurar um patamar mínimo existencial, que resguarde a dignidade da pessoa humana, sem olvidar a magnitude dos interesses coletivos.

  A proibição do excesso quanto da proteção insuficiente deve ser considerada diante de aparentes antinomias de normas constitucionais, afigurando-se como parâmetros do postulado jurídico da proporcionalidade, em seu duplo viés (positivo e negativo), de modo a resguardar a força normativa da Constituição e a máxima efetividade dos direitos fundamentais por ela assegurados.
- **Princípio da dignidade da pessoa humana, mínimo existencial:** a dignidade humana é um valor moral prévio à própria organização social, uma qualidade imanente dos seres humanos que os coloca como destinatários de respeito e merecedores de igual atenção por parte do Estado e de seus semelhantes, de tal forma que não percam a possibilidade de exercer autonomia. A dignidade pressupõe consideração pela vida e pela integridade do ser humano, garantias de presença de condições básicas para uma existência na qual se possa exercer a liberdade e receber respeito como pessoa dotada de razão.

  A previdência é um direito social e fundamental assegurado pela Constituição Federal.

  Ela deve ter uma configuração mínima de garantia da dignidade da pessoa humana de modo a lhe garantir condições mínimas de sobrevivência.

  Os benefícios dos segurados devem ter um valor mínimo que possa garantir à manutenção do segurado em casos de infortúnios sociais. Deve ser garantido ao beneficiário o mínimo existencial.
- **Princípio da proibição do retrocesso social:** para alguns doutrinadores esse princípio é aplicado à Previdência Social que veda a redução da proteção previdenciária a fim de que seja preservado o mínimo existencial dos segurados.

  A vedação ao retrocesso social é mais uma característica geral dos direitos fundamentais, visando impedir o desfazimento de avanços sociais.
- **Princípio da reserva do possível:** os benefícios devem ser concedidos para garantir o mínimo existencial dos segurados e dependentes, atentando-se para as possibilidades orçamentárias.

  Conclui-se que, para além dessa configuração mínima, a proteção previdenciária depende da reserva das disponibilidades orçamentárias do Estado.

## 2. REGIMES DE PREVIDÊNCIA

Constituição Federal: arts. 40, 201 e 202

- Os regimes públicos de previdência são: o regime geral e os regimes próprios.
- O regime geral de previdência social (RGPS) utiliza o modelo de repartição simples.
- O regime de repartição simples flui do princípio da solidariedade, daí ser chamado, inclusive, de regime da solidariedade. As contribuições oriundas dos contribuintes em atividade vão custear as prestações dos beneficiários atuais. Não há acumulação de reservas para serem utilizadas no futuro, uma vez que todas as contribuições recolhidas formarão recursos a serem utilizados para o pagamento dos benefícios daquele ano.
- A Previdência Social atenderá:

  I – cobertura dos eventos de incapacidade temporária e permanente para o trabalho e idade avançada;

  II – proteção à maternidade, especialmente à gestante;

  III – proteção ao trabalhador em situação de desemprego involuntário;

  IV – salário-família e auxílio-reclusão para os dependentes dos segurados de baixa renda;

  V – pensão por morte do segurado, homem ou mulher, ao cônjuge ou companheiro e dependentes.
- Para amparar os servidores públicos ocupantes de cargos efetivos, a União, os Estados, o Distrito Federal e os Municípios poderão criar um regime próprio de previdência social.
- A instituição de Regime Próprio de Previdência Social (RPPS) é feita por lei do respectivo ente federativo (União, Estado, Distrito Federal, Município).
- Vedada a instituição de novos regimes próprios de previdência social, lei complementar federal estabelecerá, para os que já existam, normas gerais de organização, de funcionamento e de responsabilidade em sua gestão.
- Os servidores públicos titulares apenas de cargos em comissão são segurados do RGPS, sempre. Também são filiados obrigatórios do RGPS os agentes que trabalham para a Administração Pública submetidos ao regime da CLT e os temporários (contratados por tempo determinado para atenderem a necessidade temporária de excepcional interesse público, na forma do art. 37, IX, da CF). Não vão ser amparados pelo regime próprio de previdência social dos servidores públicos.

PREVIDENCIÁRIO

- Tem-se, ainda, a possibilidade da Previdência de natureza complementar e facultativa como forma de aumentar a renda do trabalhador. No entanto, segundo dispõe o art. 202 da CF, essa proteção é de natureza complementar e não obriga a pessoa física dela participar.
- O regime de previdência privada, firmado pelo art. 202 da Constituição Federal, tem caráter complementar, é organizado de forma autônoma em relação ao regime geral de previdência social e será facultativo, baseado na constituição de reservas que garantam o benefício contratado, além de regulado por lei complementar.
- No Brasil, os regimes de previdência privada adotam o regime de capitalização, não havendo em se falar de solidariedade.
- No regime de capitalização, a ideia fundamental é a formação de reservas de capital que possam garantir as prestações previdenciárias futuras aos beneficiários. As contribuições previdenciárias são acumuladas em fundos de pensões ou em contas específicas e aplicadas no mercado financeiro e em outros ativos ao longo da vida ativa do segurado. Quando o segurado passa para a inatividade, terá de volta o que contribuiu acrescido dos rendimentos do capital, tudo mediante regras estabelecidas pelas normas que regem o sistema de previdência organizada sob o regime de capitalização.

## 3. REGIME GERAL DE PREVIDÊNCIA SOCIAL – SEGURADOS – CONCEITO – PERDA E MANUTENÇÃO

- Lei n. 8.213/91: arts. 11 ao 15.
- Decreto n. 3.048/99: arts. 9º ao 11; 13 e 14; 18 ao 20.

- Segundo o disposto no art. 201 da Constituição Federal, a Previdência Social será organizada sob a forma de regime geral, terá caráter contributivo e filiação obrigatória.
- O Regime Geral de Previdência Social (RGPS) foi instituído pela Lei nº 8.213/91 e tem como beneficiários (credores das prestações previdenciárias) os segurados e os dependentes.

**RELAÇÃO PREVIDENCIÁRIA:**

- Os segurados do regime geral de previdência social (RGPS) são divididos em segurados obrigatórios e facultativos.
- O segurado obrigatório é a pessoa física que vai exercer, **de forma lícita,** atividade remunerada abrangida pelo RGPS. Sua filiação está ligada ao exercício da atividade remunerada e é obrigatória.
- Os segurados obrigatórios estão qualificados em cinco categorias: empregado, empregado doméstico, trabalhador avulso, contribuinte individual e segurado especial.

| | |
|---|---|
| **Segurados Obrigatórios:** | Empregado<br>Empregado doméstico<br>Trabalhador Avulso<br>Contribuinte Individual<br>Especial |

- Os segurados **empregados** estão elencados nos art. 11, I, da Lei nº 8.213/91.
- Entre outros, são empregados:
  – o menor aprendiz e o aprendiz;
  – o exercente de mandado eletivo municipal, estadual ou federal, desde que não amparado por regime próprio de previdência social;
  – o servidor que ocupa exclusivamente cargo em comissão na União, nos Estados, do Distrito Federal e nos Municípios, incluídas suas autarquias e fundações;
  – o brasileiro civil que trabalha para a União, no exterior, em organismos oficiais brasileiros ou internacionais dos quais o Brasil seja membro efetivo, ainda que lá domiciliado e contratado, salvo se segurado na forma da legislação vigente do país do domicílio;
  – aquele que presta serviço no Brasil a missão diplomática ou a repartição consular de carreira estrangeira e a órgãos a elas subordinados, ou a membros dessas missões e repartições, excluídos o não brasileiro sem residência permanente no Brasil e o brasileiro amparado pela legislação previdenciária do país da respectiva missão diplomática ou repartição consular.
- Características do segurado **empregado doméstico**:

| | |
|---|---|
| **Empregado doméstico:** | • Aquele que presta serviços de forma contínua, subordinada, onerosa e pessoal e de finalidade não lucrativa à pessoa ou à família, no âmbito residencial destas, por mais de 2 (dois) dias por semana. |

- O **trabalhador avulso** presta serviço de natureza eventual a uma ou mais empresas e não precisa ser sindicalizado. Veja as principais características:

| | |
|---|---|
| **Trabalhador avulso:** | • Trabalho de caráter eventual, sem vínculo empregatício.<br>• Presta serviços para empresas urbanas ou rurais. |
| **Trabalhador avulso:** | • A intermediação é feita pelo sindicato (trabalhador avulso não portuário) ou órgão gestor de mão de obra – OGMO – (trabalhador avulso portuário).<br>NÃO precisa ser sindicalizado.<br>• A lista de atividades do trabalhador avulso constantes no Decreto nº 3.048/99 é TAXATIVA.<br>• Conforme dispõe o art. 7º, XXXIV, da CF, são garantidos ao trabalhador avulso os direitos trabalhistas assegurados aos empregados. |

- O **segurado especial** vai exercer, individualmente ou em regime de economia familiar, atividade agropecuária, pesqueira, extrativista vegetal ou de seringueiro, conforme tabela abaixo.
- O segurado especial não precisa ser proprietário do imóvel rural onde exerce suas atividades. Pode ser meeiro, parceiro, arrendatário rural, usufrutuário, comodatário, etc. Não precisa, também, morar no imóvel rural. Ele pode residir em aglomerado urbano próximo ao imóvel rural.
- Veja a tabela abaixo:

<table>
<tr><th colspan="4">ENQUADRAMENTO COMO SEGURADO ESPECIAL</th></tr>
<tr><th>CONDIÇÃO</th><th>ATIVIDADE EXPLORADA</th><th>LIMITAÇÃO DA ÁREA EXPLORADA</th><th>EXTENSÃO DO ENQUADRAMENTO</th></tr>
<tr><td rowspan="2">Produtor que seja: proprietário usufrutuário possuidor, assentado, parceiro, meeiro, outorgados, comodatário ou arrendatário rurais.</td><td>Agropecuária</td><td>Até quatro módulos fiscais, independentemente da região do país.</td><td rowspan="3">Ao cônjuge ou companheiro, bem como filho maior de 16 anos de idade ou a este equiparado, do segurado enquadrado nas situações mencionadas anteriormente que, comprovadamente, tenham participação ativa nas atividades rurais ou pesqueiras artesanais, respectivamente, do grupo familiar.</td></tr>
<tr><td>Seringueiro ou extrativista vegetal, que exerça suas atividades nos termos da Lei nº 9.985, de 18 de julho de 2000, e faça dessas atividades o principal meio de vida.</td><td>Sem limitação de área.</td></tr>
<tr><td>Pescador artesanal ou assemelhado.</td><td>Que faça da pesca profissão habitual ou principal meio de vida. Pode utilizar embarcação de pequeno porte (arqueação bruta igual ou inferior a 20).</td><td>Sem limitação de área.</td></tr>
</table>

- O pescador artesanal é aquela pessoa física que, individualmente ou em regime de economia familiar, faz da pesca sua profissão habitual ou meio principal de vida desde que:
  - não utilize embarcação ou;
  - utilize embarcação de pequeno porte (com arqueação bruta igual ou menor a 20).
- Considera-se assemelhado ao pescador artesanal aquele que realiza atividade de apoio à pesca artesanal, exercendo trabalhos de confecção e de reparos de artes e petrechos de pesca e de reparos em embarcações de pequeno porte ou atuando no processamento do produto da pesca artesanal.
- A partir de 1º de janeiro de 2023, o segurado especial terá sua condição comprovada exclusivamente com as informações constantes no cadastro do CNIS. Esse prazo será prorrogado até que 50% (cinquenta por cento) dos segurados especiais, apurado conforme quantitativo da Pesquisa Nacional por Amostra de Domicílios Contínua (PNAD), esteja inserido no sistema de cadastro dos segurados especiais. O fim da prorrogação será definido em ato do Ministro da Previdência Social.
  - O pescador artesanal é aquela pessoa física que, individualmente ou em regime de economia familiar, faz da pesca sua profissão habitual ou meio principal de vida desde que:
  - não utilize embarcação ou;
  - utilize embarcação de pequeno porte (com arqueação bruta igual ou menor a 20).
  - Assemelha-se ao pescador artesanal aquele que realiza atividade de apoio à pesca artesanal, exercendo trabalhos de confecção e de reparos de artes e petrechos de pesca e de reparos em embarcações de pequeno porte ou atuando no processamento do produto da pesca artesanal.
- O segurado especial poderá contratar empregados ou contribuintes individuais à razão de, no máximo, 120 pessoas por dia no mesmo ano civil, em períodos corridos ou intercalados, ou, ainda, por tempo equivalente em horas de trabalho, à razão de 08 horas por dia e 44 horas por semana, hipóteses em que períodos de afastamento em decorrência de percepção de auxílio por incapacidade temporária não serão computados. Caso o limite legal seja superado, o segurado especial deixará de ser assim considerado e será qualificado como contribuinte individual.
- O segurado especial poderá ter sua inscrição post mortem. Será feita pelos seus dependentes quando forem requerer o benefício de pensão por morte.
- O segurado especial poderá exercer certas atividades sem que, com isso, perca a condição de especial. Veja a tabela abaixo:

| ATIVIDADE PERMITIDA | CONDIÇÕES |
|---|---|
| Sociedade empresária, sociedade simples, como empresário individual ou como titular de empresa individual de responsabilidade limitada, considerada microempresa. | • o objeto da sociedade deve ser agrícola, agroindustrial ou agroturístico;<br>• o segurado deve manter o exercício de sua atividade rural como segurado especial;<br>• a pessoa jurídica deve ser composta apenas de segurados de igual natureza (especiais) e sediar-se no mesmo município ou em município limítrofe àquele em que eles desenvolvam suas atividades. |
| Atividade sujeita à incidência de IPI sobre os produtos das atividades desenvolvidas. | • desde que seja a atividade desenvolvida nos moldes das sociedades descritas na coluna acima. |
| Outorga de imóvel rural | • Por meio de contrato escrito de parceria, meação ou comodato de até 50% de imóvel rural cuja área total não seja superior a 4 módulos fiscais;<br>• desde que outorgante e outorgado continuem a exercer a respectiva atividade, individualmente ou em regime de economia familiar, como segurado especial. |
| Turismo, inclusive hospedagem rústica | • Na propriedade rural;<br>• por não mais de 120 (cento e vinte) dias ao ano. |
| Participação em plano de previdência complementar | • Instituído por entidade classista a que seja associado;<br>• em razão da condição de trabalhador rural ou de produtor rural em regime de economia familiar. |
| Programa assistencial oficial de governo | • Ser beneficiário; ou<br>• fazer parte de grupo familiar em que algum componente seja beneficiário. |
| Beneficiamento ou industrialização artesanal | • Utilizado pelo próprio grupo familiar, na exploração da atividade;<br>• considera-se processo de beneficiamento ou industrialização artesanal aquele realizado diretamente pelo próprio produtor rural, pessoa física, desde que não esteja sujeito à incidência do Imposto Sobre Produtos Industrializados (IPI). |

PREVIDENCIÁRIO

| ATIVIDADE PERMITIDA | CONDIÇÕES |
|---|---|
| Associação | • Em cooperativa agropecuária ou de crédito rural. |

- O segurado especial poderá ter rendimentos, conforme tabela abaixo, que não o desqualificam como especial:

| | |
|---|---|
| **Outras fontes de rendimento permitidas ao segurado especial.** | • benefício de pensão por morte, auxílio-acidente ou auxílio-reclusão, cujo valor não supere o do menor benefício de prestação continuada da Previdência Social;<br>• benefício concedido ao segurado qualificado como segurado especial, independentemente do valor;<br>• exercício de mandato eletivo de dirigente sindical de organização da categoria de trabalhadores rurais;<br>• exercício de mandato de vereador do Município em que desenvolve a atividade rural ou de dirigente de cooperativa rural constituída, exclusivamente, por segurados especiais, observado o disposto no § 13 do art. 12 da Lei no 8.212, de 24 de julho de 1991;<br>• atividade artesanal desenvolvida com matéria-prima produzida pelo respectivo grupo familiar, podendo ser utilizada matéria-prima de outra origem, desde que a renda mensal obtida na atividade não exceda ao menor benefício de prestação continuada da Previdência Social; e<br>• atividade artística, desde que em valor mensal inferior ao menor benefício de prestação continuada da Previdência Social.<br>• Sociedade empresária, sociedade simples, como empresário individual ou como titular de empresa individual de responsabilidade limitada, considerada microempresa:<br>➢ o objeto da sociedade deve ser agrícola, agroindustrial ou agroturístico;<br>➢ o segurado deve manter o exercício de sua atividade rural como segurado especial<br>➢ a pessoa jurídica deve ser composta apenas de segurados de igual natureza (especiais) e estar sediada no mesmo município ou em município limítrofe àquele em que eles, pelo menos um, desenvolva suas atividades.<br>• Atividade sujeita à incidência de IPI sobre os produtos das atividades desenvolvidas, desde que seja a atividade desenvolvida nos moldes das sociedades descritas na coluna acima. |

- **Os contribuintes individuais** estão elencados no art. 11, V, da Lei 8.213/91. Entre outros contribuintes individuais estão:

a) o ministro de confissão religiosa;

b) o síndico de condomínio que recebe remuneração ou mesmo que seja isento da taxa condominial pelo encargo assumido;

c) desde que receba remuneração decorrente de trabalho na empresa:

- o empresário individual e o titular de empresa individual de responsabilidade limitada, urbana ou rural;

- o diretor não empregado e o membro de conselho de administração de sociedade anônima;

- o sócio de sociedade em nome coletivo; e

- o sócio solidário, o sócio gerente, o sócio cotista e o administrador, quanto a este último, quando não for empregado em sociedade limitada, urbana ou rural.

d) o brasileiro civil que trabalha no exterior para organismo oficial internacional do qual o Brasil é membro efetivo, ainda que lá domiciliado e contratado, salvo quando coberto por regime próprio de previdência social;

e) aquele que exerce atividade agropecuária, proprietário ou não, em área superior a 04 módulos fiscais;

f) aquele que exerce atividade agropecuária, proprietário ou não, em área inferior ou igual 04 módulos fiscais, com ajuda de prepostos ou empregados permanentes;

g) aquele que exerce atividade por conta própria;

h) o garimpeiro;

i) o Microempreendedor Individual (MEI);

j) o condutor autônomo de veículo rodoviário e o motorista de transporte remunerado privado individual de passageiros (taxista e motorista de aplicativo).

- O segurado facultativo é a pessoa física que não se enquadra na qualidade de segurado obrigatório do RGPS, tampouco figura como segurado obrigatório de regime próprio de previdência social e que, por vontade própria, filia-se ao RGPS a fim de obter proteção previdenciária do Estado. Sua filiação poderá ocorrer para maiores de 16 anos, com a inscrição e o pagamento da primeira contribuição à previdência social.

| Segurado Facultativo |
|---|
| - A pessoa tem que ter mais de 16 anos; |
| - Não pode ser segurado obrigatório do RGPS ou de qualquer Regime Próprio de Previdência Social (RPPS).<br>- A sua filiação se dá por ato volitivo (de vontade) com sua inscrição e o pagamento da primeira contribuição previdenciária sem atraso. |

- Todo aquele que exercer, concomitantemente, mais de uma atividade remunerada sujeita ao RGPS é obrigatoriamente filiado em relação a cada uma delas.
- O dirigente sindical mantém, durante o exercício do mandato eletivo, o mesmo enquadramento no RGPS de antes da investidura.
- O aposentado pelo RGPS que estiver exercendo ou que voltar a exercer atividade abrangida pelo RGPS é segurado obrigatório em relação a essa atividade, ficando sujeito às contribuições de que trata a Lei 8.212/91, para fins de custeio da seguridade social.
- O Plano de Benefícios do Regime Geral, criado pela Lei 8.213/91, permite que o segurado, mesmo sem estar contribuindo para o RGPS, permaneça na qualidade de segurado por certo período. Esse período em que o segurado permanece vinculado ao RGPS mesmo sem estar contribuindo denomina-se período de graça. Período de graça porque nesse lapso de tempo ele não contribui, mas é considerado segu-

rado do RGPS com direitos relativos às prestações e serviços que a previdência social oferece.

- O período que o segurado permanece vinculado ao RGPS mesmo sem estar contribuindo denomina-se período de graça. O segurado mantém-se vinculado ao Regime Geral de Previdência Social, independentemente de contribuições:

| PERÍODOS DE GRAÇA – MANUTENÇÃO DA QUALIDADE DE SEGURADO | |
|---|---|
| **Sem limite de prazo** | O segurado que estiver em gozo de benefício previdenciário, exceto de auxílio-acidente |
| **até 03 meses:** | Após o licenciamento, o segurado incorporado às Forças Armadas para prestar serviço militar. |
| **até 06 meses:** | Após a cessação das contribuições, no caso do segurado facultativo. |
| **até 12 meses:** | Cessação das contribuições para os segurados obrigatórios[1;2]; |
| | Cessação dos benefícios por incapacidade para todos os tipos de segurados[1]; |
| | Cessação da segregação do segurado acometido de doença de segregação compulsória; |
| | Após o livramento condicional. |

1. Pode ter acréscimo de 12 meses quando tiver mais de 120 contribuições ininterruptas que não acarretem a perda da qualidade de segurado.
2. Pode ter acréscimo de 12 meses quando o empregado estiver desempregado de forma involuntária e comprovar tal situação por meio do Ministério do Trabalho e Emprego. Conferir posicionamento da súmula nº 27 da TNU.

- O STJ entende que se pode comprovar a condição de desemprego involuntário por outras provas admitidas em direito quando ausente o registro da dispensa no Ministério do Trabalho e Emprego.
- A ausência de registro em órgão do Ministério do Trabalho e Emprego não impede a comprovação do desemprego por outros meios admitidos em direito (Súmula 27/TNU).
- STJ pacificou o entendimento de que o registro no Ministério do Trabalho e Emprego não deve ser tido como o único meio de prova da condição de desempregado do segurado, especialmente considerando que, em âmbito judicial, prevalece o livre convencimento motivado do Juiz e não o sistema de tarifação legal de provas.
- O registro perante o Ministério do Trabalho e Emprego poderá ser suprido quando for comprovada tal situação por outras provas constantes dos autos, inclusive a testemunhal.
- A ausência de anotação laboral na CTPS do autor não é suficiente para comprovar a sua situação de desemprego, já que não afasta a possibilidade do exercício de atividade remunerada na informalidade.
- O reconhecimento da perda da qualidade de segurado ocorrerá no dia seguinte ao do término do prazo fixado no Plano de Custeio da Seguridade Social para recolhimento da contribuição referente ao mês imediatamente posterior ao do final dos prazos fixados na tabela acima.
- Na hipótese de perda da qualidade de segurado, para fins da concessão dos benefícios de auxílio por incapacidade temporária, de aposentadoria por incapacidade permanente, de salário-maternidade e de auxílio-reclusão, o segurado deverá contar, a partir da data da nova filiação à Previdência Social, com metade do período de carência exigido para esses benefícios.

| PERDA DA QUALIDADE DE SEGURADO | |
|---|---|
| **No dia 16 do 5º mês** | Após o licenciamento, o segurado incorporado às Forças Armadas para prestar serviço militar. |
| **No dia 16 do 8º mês:** | Após a cessação das contribuições, no caso do segurado facultativo. |
| **No dia 16 do 14º mês** | Cessação das contribuições para os segurados obrigatórios[1;2]; |
| | Cessação dos benefícios por incapacidade para todos os tipos de segurados[1]; |
| | Cessação da segregação do segurado acometido de doença de segregação compulsória; |
| | Após o livramento condicional. |

1. No dia 16 do 26º mês, quando o segurado contar com mais de 120 contribuições ininterruptas ou quando for demitido e o desemprego estiver registrado perante o Ministério do Trabalho e Emprego;
2. No dia 16 do 38º mês, quando o segurado empregado contar com mais de 120 contribuições ininterruptas e seu desemprego estiver registrado perante o Ministério do Trabalho e Emprego.

## 4. REGIME GERAL DE PREVIDÊNCIA SOCIAL - DEPENDENTES

Lei n. 8.213/91: art. 16
Decreto 3.048/99: arts. 16, 17; 22 e 24.

- Os dependentes do RGPS são divididos em três classes dispostas no art. 16 da Lei 8.213/91:

| Dependentes | |
|---|---|
| **1ª Classe:** | Cônjuge, companheiro (a) e filho não emancipado de qualquer condição, menor de 21 anos ou inválido ou que tenha deficiência intelectual ou mental ou deficiência grave. |
| **2ª Classe:** | Os pais. |
| **3ª Classe:** | O irmão, não emancipado, de qualquer condição, menor de 21 (vinte e um) anos ou inválido ou que tenha deficiência intelectual ou mental ou deficiência grave. |

- Não há direito adquirido à condição de dependente de pessoa designada, quando o falecimento do segurado deu-se após o advento da Lei 9.032/95 (Súmula 4/TNU).
- O companheiro ou a companheira do mesmo sexo do segurado inscrito no RGPS integra o rol dos dependentes e, desde que comprovada a união estável, concorre para fins de pensão por morte e de auxílio-reclusão com os dependentes de 1ª classe. A dependência, no caso, é presumida.
- Posição do STF quanto à existência de união estável, concubinato e casamento: *É incompatível com a Constituição Federal o reconhecimento de direitos previdenciários (pensão por morte) à pessoa que manteve, durante longo período e com aparência familiar, união com outra casada, porquanto o concubinato não se equipara, para fins de proteção estatal, às uniões afetivas resultantes do casamento e da união estável* **(Tema 526, STF, repercussão geral)**.

- A preexistência de casamento ou de união estável de um dos conviventes, ressalvada a exceção do artigo 1723, § 1º, do Código Civil, impede o reconhecimento de novo vínculo referente ao mesmo período, inclusive para fins previdenciários, em virtude da consagração do dever de fidelidade e da monogamia pelo ordenamento jurídico constitucional brasileiro **(Tema 529, STF, repercussão geral).**
- Se na separação judicial, no divórcio ou na dissolução da união estável, restou determinado direito à pensão alimentícia, ex-cônjuges, ex-companheiros e ex-companheiras continuam como dependentes do segurado do RGPS, concorrendo para fins de pensão por morte e de auxílio-reclusão com os dependentes de 1ª classe.
- Na separação de fato, ex-cônjuges, ex-companheiros e ex-companheiras somente figuram como dependentes de 1ª classe se comprovarem dependência econômica.
- Os dependentes pertencentes à mesma classe vão concorrer em igualdade de condições, tendo o benefício dividido em partes iguais entre eles.
- A existência de dependente de uma classe superior exclui o direito dos dependentes pertencentes às classes seguintes.
- A dependência econômica dos dependentes de 1ª classe em relação ao segurado é presumida, e a dos demais deve ser comprovada com início de prova material, produzido num período não superior a 24 meses anterior à data do óbito ou da prisão do segurado.
- O enteado e o menor tutelado equiparam-se ao filho mediante declaração do segurado e desde que comprovada a dependência econômica na forma estabelecida no Regulamento.
- A lei previdenciária não prevê o **menor sob guarda** como integrante do rol de dependentes do RGPS.
- No entanto, o STF, ao julgar a ADI 4.878 assegurou o direito do menor sob guarda à pensão por morte. O Tribunal, por maioria, julgou procedente a ação, de modo a conferir interpretação conforme ao § 2º do art. 16 da Lei 8.213/1991, para contemplar, em seu âmbito de proteção, o "menor sob guarda".
- A condição de filho inválido deve ser atestada pela perícia médica federal.
- O filho e o irmão com deficiência deverão passar por avaliação biopsicossocial por meio de equipe multiprofissional e interdisciplinar.
- A pensão por morte, devida ao filho até os 21 anos de idade, não se prorroga pela pendência do curso universitário (Súmula 37/TNU).
- O cônjuge, o companheiro e a companheira terão direito ao benefício de pensão por morte:

  a) **por 04 meses**, caso o segurado não tenha 18 contribuições mensais ou o casamento ou a união estável tiverem sido iniciados há menos de 02 (dois) anos do óbito do segurado.

  **Essa regra não é aplicada em caso de morte por acidente de qualquer natureza, doença profissional ou do trabalho.**

  b) pelo **prazo estabelecido abaixo**, caso o segurado tenha 18 ou mais contribuições mensais e o casamento ou a união estável tiverem sido iniciados há, pelo menos, 2 anos da data do óbito.

  Essa regra também é aplicada nos casos em que a morte decorrer de acidente de qualquer natureza ou causa, mesmo que não tenha o segurado 18 ou mais contribuições e o casamento ou a união estável tenham sido iniciados há menos de 2 anos da data do óbito do segurado.

| Idade x do cônjuge, companheiro ou companheira, em anos (E(x)) | Duração do benefício de pensão por morte (em anos) |
|---|---|
| **menor que 22** | **03** |
| **entre 22 e 27** | **06** |
| **entre 28 e 30** | **10** |
| **entre 31 e 41** | **15** |
| **entre 42 e 44** | **20** |
| **45 anos ou mais** | **vitalícia** |

A idade do cônjuge, companheiro ou companheira na data do óbito do segurado vai determinar por quanto tempo lhes será paga a pensão por morte.

  c) **até a cessação da invalidez,** se forem inválidos, respeitados os períodos mínimos de 04 meses ou da tabela acima.

- Após o transcurso de pelo menos 3 anos e desde que nesse período se verifique o incremento mínimo de um ano inteiro na média nacional única, para ambos os sexos, correspondente à expectativa de sobrevida da população brasileira ao nascer, poderão ser fixadas, em números inteiros, novas idades para a tabela acima, limitado o acréscimo na comparação com as idades anteriores ao referido incremento.
- Na hipótese de o segurado falecido estar, na data de seu falecimento, obrigado por determinação judicial a pagar alimentos temporários a ex-cônjuge, ex-companheiro ou ex-companheira, a pensão por morte será devida pelo prazo remanescente na data do óbito, caso não incida outra hipótese de cancelamento anterior do benefício.
- **Perda da condição de dependente:**

| | | |
|---|---|---|
| **Perda da qualidade de dependente** | **Para o cônjuge, companheiro ou companheira:** | a) Por decurso de prazo:<br>– após 04 meses, se não tiver o segurado 18 contribuições mensais ou se o casamento ou a união estável tiverem sido iniciados há menos de 02 anos da data do óbito/reclusão do segurado;<br>– após 03, 06, 10, 15, 20 anos, conforme tabela já demonstrada acima, se o segurado tiver 18 ou mais contribuições e o casamento ou a união estável tiverem sido iniciados há, pelo menos, 02 anos da data do óbito/reclusão do segurado;<br>OU<br>– mesmo não tendo 18 ou mais contribuições e, no mínimo, 02 anos de casamento ou união estável, se o segurado falecer em razão de acidente de qualquer natureza ou causa ou doença profissional ou do trabalho.<br>b) Pela cessação da invalidez, respeitados os períodos mínimos descritos na letra "a".<br>c) Pela separação judicial ou divórcio sem direito à prestação de alimentos. |

| | | |
|---|---|---|
| **Perda da qualidade de dependente** | **Para o filho, pessoa a ele equiparada ou irmão, de ambos os sexos:** | • Ao completar 21 anos de idade, salvo se for inválido ou com deficiência intelectual ou mental ou com deficiência grave. |
| | **Para o filho, o equiparado e o irmão inválidos:** | • Com a cessação da invalidez |
| | **Para os pais:** | • Quando vierem a falecer. |
| **Perda da qualidade de dependente** | **Para todos os dependentes:** | • Quando vierem a falecer.<br>• Com a perda da qualidade de segurado do qual eles eram dependentes.<br>• quando tiver sido condenado criminalmente por sentença com trânsito em julgado, como autor, coautor ou partícipe de homicídio doloso, ou de tentativa desse crime, cometido contra a pessoa do segurado. |

## 5. ACIDENTE DO TRABALHO

Lei n. 8.213/91: art. 19 ao 23; 118 e 120.
Decreto n. 3.048/99: art. 336 ao 346.

- O **acidente do trabalho TÍPICO** é o que ocorre pelo exercício do trabalho a serviço da empresa ou do empregador doméstico ou pelo exercício do trabalho dos segurados especiais, provocando lesão corporal ou perturbação funcional que cause a morte ou a perda ou redução, permanente ou temporária, da capacidade para o trabalho
- O acidente do trabalho somente contempla os segurados empregados, **inclusive o doméstico,** trabalhador avulso e o segurado especial. Daí, conclui-se que somente empregados, empregados domésticos, trabalhadores avulsos e segurados especiais poderão ter seus benefícios caracterizados como de natureza acidentária.
- A Lei nº 8.213/91 estendeu o conceito de acidente do trabalho, considerando como tal as doenças profissionais e do trabalho. Essas doenças são deflagradas em virtude da atividade laborativa desempenhada pelo indivíduo. São os chamados **acidentes ATÍPICOS**.
- A **doença profissional** é aquela produzida ou desencadeada pelo exercício do trabalho peculiar a determinada atividade e constante da respectiva relação elaborada pela Previdência Social. É chamada de tecnopatia.
- A **doença do trabalho** é aquela adquirida ou desencadeada em função de condições especiais em que o trabalho é realizado e com ele se relacione diretamente, constante da relação elaborada pela Previdência Social. É chamada de mesopatia

| | |
|---|---|
| **Não são consideradas doenças do trabalho:** | a doença degenerativa; |
| | a doença inerente ao grupo etário; |
| | a doença que não produza incapacidade laborativa; |
| | a doença endêmica adquirida por segurado habitante de região em que ela se desenvolva, salvo comprovação de que é resultante de exposição ou contato direto determinado pela natureza do trabalho. |

- Além dos acidentes do trabalho típicos e atípicos, a Lei nº 8.213/91 elenca situações que são equiparadas ao acidente do trabalho. É o que se chama de **acidentes por equiparação**, trazidos pelo art. 21 da Lei.
- A perícia médica do INSS considerará caracterizada a natureza acidentária da incapacidade quando constatar ocorrência de nexo técnico epidemiológico entre o trabalho e o agravo decorrente da relação entre a atividade da empresa ou do empregado doméstico e a entidade mórbida motivadora da incapacidade elencada na Classificação Internacional de Doenças (CID), em conformidade com o que dispuser o regulamento.
- O nexo técnico epidemiológico previdenciário (NTEP) não gera uma presunção absoluta de que a motivação determinante da inaptidão laboral decorre da atividade exercida pela empresa ou pelo empregado doméstico.
- A empresa ou o empregador doméstico poderão requerer a não aplicação do nexo técnico epidemiológico, de cuja decisão caberá recurso com efeito suspensivo, da empresa, do empregador doméstico ou do segurado, ao Conselho de Recursos da Previdência Social (CRPS).
- A empresa é responsável pela adoção e uso de medidas coletivas e individuais de proteção e segurança da saúde do trabalhador. É seu dever prestar informações pormenorizadas sobre os riscos da operação e do produto a manipular.
- Constitui contravenção penal, punível com multa, a empresa deixar de cumprir as normas de segurança e higiene do trabalho.
- A empresa ou o empregador doméstico deverão comunicar à Previdência Social a ocorrência de acidente do trabalho através da Comunicação de Acidente do Trabalho (CAT):
- até o primeiro dia útil seguinte ao da sua ocorrência;
- imediatamente no caso de morte à autoridade competente.
- O dia do acidente, no caso de doença profissional ou do trabalho, será considerado como sendo a data do início da incapacidade laborativa para o exercício da atividade habitual, ou o dia da segregação compulsória, ou o dia em que for realizado o diagnóstico, valendo para este efeito o que ocorrer primeiro.
- Na falta de comunicação por parte da empresa, ou do empregador doméstico poderão formalizar a CAT o próprio acidentado, seus dependentes, a entidade sindical competente, o médico que o assistiu ou qualquer autoridade pública. Nestes casos, não prevalece os prazos previstos para as empresas para a entrega da CAT.
- O segurado que sofreu acidente do trabalho tem garantida, pelo prazo mínimo de doze meses, a manutenção do seu contrato de trabalho na empresa, após a cessação do auxílio por incapacidade temporária (antigo auxílio-doença) acidentário, independentemente de percepção de auxílio-acidente.
- O reconhecimento do acidente do trabalho e, por conseguinte, a concessão de um benefício previdenciário de natureza, também, acidentária gera consequências importantes que merecem ser destacadas:
  - na concessão dos benefícios de auxílio por incapacidade temporária e de aposentadoria por incapacidade

permanente e cuja incapacidade decorreu de acidente do trabalho, não se exigirá do segurado a carência mínima de contribuições para a Previdência Social. O cumprimento da carência, nesse caso, é dispensado;

- o segurado que receber auxílio por incapacidade temporária acidentário terá mantido o seu contrato de trabalho, pelo prazo mínimo de doze meses, após a cessação do referido benefício;
- o empregador do segurado em gozo de auxílio por incapacidade temporária acidentário está obrigado a depositar a importância de título de FGTS na conta do empregado, conforme determina o disposto no art. 15, §15, da Lei nº 8.036/90;
- o evento do acidente do trabalho será considerado na estatística da empresa para fins de majoração da contribuição do SAT/RAT em até 100%, conforme dispõe o art. 10 da Lei nº 10.666/2003;
- as ações judiciais propostas em face do INSS que discutem acerca dos benefícios acidentários (em razão de acidente do trabalho) serão processadas e julgadas pela Justiça Estadual.

- Nos casos de negligência quanto às normas padrão de segurança e higiene do trabalho indicados para a proteção individual e coletiva, a Previdência Social proporá ação regressiva contra os responsáveis.
- O pagamento, pela Previdência Social, das prestações por acidente do trabalho não exclui a responsabilidade civil da empresa ou de outrem.
- Os Juizados Especiais da Fazenda Pública não têm competência para o julgamento de ações decorrentes de acidente de trabalho em que o Instituto Nacional do Seguro Social figure como parte (STJ, Tema 1053, Recursos Repetitivos).
- Compete à Justiça Ordinária Estadual o processo e o julgamento, em ambas as instâncias, das causas de acidente do trabalho, ainda que promovidas contra a União, suas autarquias, empresas públicas ou sociedades de economia mista (STF, súmula 501).
- Nas ações de acidente do trabalho, os honorários periciais, adiantados pelo INSS, constituirão despesa a cargo do Estado, nos casos em que sucumbente a parte autora, beneficiária da isenção de ônus sucumbenciais, prevista no parágrafo único do art. 129 da Lei 8.213/91 (STJ, Tema 1044, Recursos Repetitivos).
- Para fins de fixação do momento em que ocorre a lesão incapacitante em casos de doença profissional ou do trabalho, deve ser observada a definição do art. 23 da Lei 8.213/91, segundo a qual "considera-se como dia do acidente, no caso de doença profissional ou do trabalho, a data do início da incapacidade laborativa para o exercício da atividade habitual, ou o dia da segregação compulsória, ou o dia em que for realizado o diagnóstico, valendo para este efeito o que ocorrer primeiro". (STJ, Tema 555, Recursos Repetitivos).

## 6. REGIME GERAL DE PREVIDÊNCIA SOCIAL - BENEFÍCIOS

Lei n. 8.213/91: arts. 24 ao 93
Decreto n. 3.048/99: 25 ao 120; 133 ao 192.

- O Regime Geral de Previdência Social (RGPS) compreende prestações expressas em benefícios e serviços.
- No atual Plano de Benefícios da Previdência Social – PBPS –, os benefícios previdenciários em espécie são distribuídos em função da titularidade ativa, na respectiva relação jurídica de direito previdenciário, conforme tabela abaixo. Os serviços são prestados para segurados e dependentes, sem distinção.

**QUADRO DOS BENEFÍCIOS E SERVIÇOS**

| Prestações do RGPS | | |
|---|---|---|
| **Benefícios** | | **Serviços** |
| **Para os segurados** | **Para os dependentes** | **Para os segurados e dependentes** |
| • Auxílio por incapacidade temporária<br>• Auxílio-acidente<br>• Aposentadoria por incapacidade permanente<br>• Aposentadoria programada<br>• Aposentadoria programada do professor<br>• Aposentadoria especial<br>• Aposentadoria da pessoa com deficiência (por idade e por tempo de contribuição)<br>• Aposentadoria por idade do trabalhador rural<br>• Salário-família<br>• Salário-maternidade | • Auxílio-reclusão<br>• Pensão por morte | • Reabilitação profissional<br>• Serviço social |

- **Período de carência** é o número mínimo de contribuições mensais indispensáveis para que o beneficiário faça jus ao benefício, consideradas a partir do transcurso do primeiro dia dos meses de suas competências.

| | Benefícios | contribuições mensais |
|---|---|---|
| COM CARÊNCIA – ART. 25 DA LEI Nº 8.213/91 | salário-maternidade para segurados e seguradas facultativos, contribuintes individuais e especiais* | 10** |
| | Auxílio por incapacidade temporária | 12 |
| | aposentadoria por incapacidade permanente | 12 |
| | Auxílio-reclusão | 24 |
| | aposentadoria programada e aposentadoria programada do professor | 180 |
| | aposentadoria por idade do trabalhador rural e do garimpeiro que exerce atividade em regime de economia familiar | 180 |
| | aposentadoria especial | 180 |

*. Para o segurado ou a segurada especial será exigida a carência mínima de 10 meses de exercício efetivo na atividade rural, ainda de que forma descontínua, imediatamente anteriores à data do fato gerador do benefício.

**. Se o parto antecipar o número mínimo de contribuições exigido será diminuído em número igual aos meses de antecipação do parto, comprovada por atestado médico. Assim, se o parto acontecer no 8º mês de gestação, a carência sofrerá a diminuição de 1 mês, sendo exigidas apenas 9 contribuições mensais.

Obs.: No caso de perda da qualidade de segurado, para efeito de carência para a concessão dos benefícios de auxílio por incapacidade temporária, de aposentadoria por incapacidade permanente e de salário-maternidade, o segurado deverá contar, a partir da nova filiação à Previdência Social, com a metade dos períodos de carência previstos acima.

- **Prestações que não requerem prazos de carência:**

| | |
|---|---|
| **Prestações previdenciárias que não exigem CARÊNCIA MÍNIMA de contribuições – Art. 25 e 26 da Lei nº 8.213/91** | • Pensão por morte;<br>• auxílio-reclusão;<br>• auxílio-acidente;<br>• salário-família;<br>• auxílio por incapacidade temporária e aposentadoria por incapacidade permanente nos casos de acidente de qualquer natureza ou causa e de doença profissional ou do trabalho e de doenças e afecções especificadas em lista elaborada pelos Ministérios da Saúde e da Previdência Social, atualizada a cada 3 (três) anos, de acordo com os critérios de estigma, deformação, mutilação, deficiência ou outro fator que lhe confira especificidade e gravidade que mereçam tratamento particularizado;<br>• salário-maternidade para os segurados empregados, empregados domésticos e trabalhadores avulsos;<br>• serviço social e reabilitação profissional. |

- **Salário de Benefício (SB):** É a base de cálculo dos benefícios previdenciários. Consiste no resultado da média aritmética simples dos salários de contribuição e das remunerações adotadas como base para contribuições a regime próprio de previdência social ou como base para contribuições decorrentes das atividades militares de que tratam os art. 42 e art. 142 da Constituição, considerados para a concessão do benefício, atualizados monetariamente, correspondentes a cem por cento do período contributivo desde a competência julho de 1994 ou desde o início da contribuição, se posterior a essa competência.
- O salário de benefício não poderá ter valor inferior ao mínimo estabelecido pela previdência social (01 salário mínimo) e nem superior ao teto fixado por Portaria Interministerial[1].
- **Renda Mensal Inicial (RMI)**

| BENEFÍCIOS | RENDA MENSAL INICIAL |
|---|---|
| Auxílio por incapacidade temporária | 91% do salário de benefício.<br>O valor do auxílio por incapacidade temporária não poderá exceder a média dos últimos 12 salários de contribuição ou, se não houver 12, a média dos salários de contribuição existentes. |
| Auxílio-acidente | 50% do salário de benefício. |
| Aposentadoria por incapacidade permanente | Acidentária = 100% do salário de benefício. |
| | Não acidentária = 60% do salário de benefício, acrescido de 2% para cada ano que exceder:<br>- 20 anos de contribuição, se homem;<br>- 15 anos de contribuição, se mulher. |
| Aposentadoria programada e programada do professor | 60% do salário de benefício, acrescido de 2% para cada ano que exceder:<br>- 20 anos de contribuição, se homem;<br>15 anos de contribuição, se mulher. |
| Aposentadoria especial | - quando exige 20 ou 25 anos de contribuição:<br>60% do salário de benefício, acrescido de 2% para cada ano que exceder<br>➢ 20 anos de contribuição, se homem e<br>➢ 15 anos de contribuição, se mulher. |
| | - quando exige 15 anos de contribuição:<br>60% do salário de benefício, acrescido de 2% para cada ano que exceder<br>➢ 15 anos de contribuição, se homem ou mulher. |

1. R$ 7.507,49 (sete mil quinhentos e sete reais e quarenta e nove centavos) para o ano de 2023, conforme Portaria Interministerial MPS/MF nº 26/2023.

PREVIDENCIÁRIO

| BENEFÍCIOS | RENDA MENSAL INICIAL |
|---|---|
| Aposentadoria por idade do trabalhador rural e do garimpeiro que exerce a atividade em regime de economia familiar | 70% do salário de benefício, mais 1% para cada grupo de 12 contribuições mensais até o máximo de 30%, totalizando, no máximo, 100% do salário de benefício.<br>- Para o segurado especial = 01 salário mínimo. |

- Os reajustamentos dos benefícios visam à garantia da manutenção do seu valor real, permitindo a preservação do poder aquisitivo, considerando os períodos de intenso processo inflacionário verificado no país.
- O valor dos benefícios em manutenção será reajustado, anualmente, na mesma data do reajuste do salário mínimo, pro rata, de acordo com suas respectivas datas de início ou do último reajustamento, com base no Índice Nacional de Preços ao Consumidor (INPC), apurado pela Fundação Instituto Brasileiro de Geografia e Estatística (IBGE).
- Não restou assegurada a vinculação do valor do benefício previdenciário ao número de salários mínimos. Foi dado ao legislador ordinário fixar os índices de reajustamento, somente.
- Não encontra amparo no Texto Constitucional revisão de benefício previdenciário pelo valor nominal do salário mínimo. (STF, Tema 996, repercussão geral).

| AUXÍLIO POR INCAPACIDADE TEMPORÁRIA (ANTIGO AUXÍLIO-DOENÇA) | |
|---|---|
| **Beneficiários** | Todos os segurados. |
| **Requisitos** | 1) Incapacidade para o exercício do trabalho ou atividades habituais por mais de 15 dias consecutivos. Necessidade de perícia médica a cargo da perícia médica federal.<br>* Não será devido auxílio por incapacidade temporária ao segurado que se filiar ao Regime Geral de Previdência Social já portador da doença ou da lesão invocá-la como causa para o benefício, salvo quando a incapacidade sobrevier por motivo de progressão ou agravamento dessa doença ou lesão.<br>2) Estar na qualidade de segurado na data de início da incapacidade.<br>3) Cumprimento da carência mínima de contribuições, quando exigida, até o início da incapacidade.<br>* Não é devido quando o segurado estiver preso em regime fechado. |
| **Carência** | – 12 contribuições mensais, exceto se a incapacidade decorrer de:<br>– acidente de qualquer natureza ou causa ou<br>– doenças ou afecções especificadas em lista elaborada pelos Ministérios da Saúde e da Previdência Social, segundo os critérios de estigma, deformação, mutilação, deficiência ou outro fator que lhe confira especificidade e gravidade que mereçam tratamento particularizado.<br>No caso do segurado especial, a carência é de 12 meses de efetivo exercício efetivo na atividade rural, ainda que de forma descontínua, imediatamente anteriores à data do requerimento do benefício.<br>As condições de isenção do cumprimento de carência são aplicadas, também, ao segurado especial.<br>No caso de perda da qualidade de segurado, para efeito de carência, o segurado deverá contar, a partir da nova filiação à Previdência Social, com a metade do período de carência exigido. |
| **Salário de benefício (SB)** | Média aritmética simples dos salários de contribuição e das remunerações adotadas como base para contribuições a regime próprio de previdência social ou como base para contribuições decorrentes das atividades militares de que tratam os art. 42 e art. 142 da Constituição, considerados para a concessão do benefício, atualizados monetariamente, correspondentes a cem por cento do período contributivo desde a competência julho de 1994 ou desde o início da contribuição, se posterior a essa competência. |
| **Renda mensal inicial (RMI)** | 91% do salário de benefício.<br>O valor do auxílio por incapacidade temporária não poderá ser exceder a média aritmética simples dos últimos doze salários de contribuição, inclusive no caso de remuneração variável, ou, se não alcançado o número de doze, a média aritmética simples dos salários de contribuição existentes. |
| **Data de início do benefício (DIB)** | • **para o empregado:**<br>• a partir do 16º dia do afastamento, se requerido o benefício até 30 dias da data do afastamento;<br>• a partir da data da entrada do requerimento, se entre o afastamento e a data de entrada do requerimento houver mais de 30 dias.<br>• **para os demais segurados, incluídos o empregado com contrato de trabalho intermitente e o empregado doméstico:**<br>• a partir da data do início da incapacidade, se requerido dentro de 30 dias do início da incapacidade;<br>• da data da entrada do requerimento, se requerido após 30 dias do início da incapacidade. |
| **Divisão do auxílio por incapacidade temporária em acidentário ou não acidentário ou previdenciário** | **Acidentário= incapacidade decorre de acidente do trabalho. Após a cessação do auxílio por incapacidade temporária acidentário o segurado mantém pelo prazo mínimo de doze meses o contrato de trabalho, independentemente do recebimento de auxílio-acidente.**<br>**Não acidentário ou Previdenciário = incapacidade decorre de outros eventos exceto acidente do trabalho.** |
| **Suspensão do benefício** | - Quando não comparecer à perícia médica ou à convocação do INSS ou recusar ao tratamento de reabilitação profissional.<br>- Quando o segurado for recolhido à prisão em regime fechado. |

| AUXÍLIO POR INCAPACIDADE TEMPORÁRIA (ANTIGO AUXÍLIO-DOENÇA) | |
|---|---|
| **Cessação do benefício** | • quando cessar a incapacidade;<br>• quando transformar-se em aposentadoria por incapacidade permanente;<br>• quando conceder auxílio-acidente.<br>• quando o segurado falecer.<br>• quando a prisão do segurado, em regime fechado, superar o prazo de 60 dias.<br>• Sempre que possível, o ato de concessão ou de reativação de auxílio por incapacidade temporária, judicial ou administrativo, deverá fixar o prazo estimado para a duração do benefício.<br>• Na ausência de fixação do prazo de cessação do benefício, ele cessará após 120 dias, contado da data de concessão ou de reativação, exceto se o segurado requerer a sua prorrogação junto ao INSS ou estiver em processo de reabilitação profissional. |
| **Não pode acumular com** | Aposentadorias,<br>salário-maternidade,<br>auxílio-acidente quando as causas forem idênticas,<br>BPC – LOAS,<br>auxílio-inclusão;<br>seguro-desemprego |
| **Pontos importantes** | • O segurado que durante o gozo do auxílio por incapacidade temporária vier a exercer atividade que lhe garanta subsistência **poderá** ter o benefício cancelado a partir do retorno à atividade.<br>• Caso o segurado, durante o gozo do auxílio por incapacidade temporária, venha a exercer atividade diversa daquela que gerou o benefício, deverá ser verificada a incapacidade para cada uma das atividades exercidas.<br>• O segurado em gozo de auxílio por incapacidade temporária, insuscetível de recuperação para sua atividade habitual, deverá submeter-se a processo de reabilitação profissional.<br>• O auxílio por incapacidade temporária será mantido até que o segurado seja considerado reabilitado para o desempenho de atividade que lhe garanta a subsistência ou, quando considerado não recuperável, for aposentado por incapacidade permanente. |

| AUXÍLIO-ACIDENTE | |
|---|---|
| **Beneficiários** | Empregado, empregado doméstico, trabalhador avulso e segurado especial. |
| **Natureza jurídica** | CARÁTER INDENIZATÓRIO por redução na capacidade para o trabalho. |
| **Requisitos** | Consolidação das lesões decorrentes de acidente de qualquer natureza, resultando em sequela definitiva que, a exemplo das situações discriminadas no Anexo III do Decreto 3.048/99, implique redução da capacidade para o trabalho que o segurado habitualmente exercia.<br>A perda da audição, em qualquer grau, somente proporcionará a concessão do auxílio-acidente, quando, além do reconhecimento de causalidade entre o trabalho e a doença, resultar, comprovadamente, na redução ou perda da capacidade para o trabalho que habitualmente exercia. |
| **Carência** | Não exige carência mínima. |
| **Salário de benefício** | Média aritmética simples dos salários de contribuição e das remunerações adotadas como base para contribuições a regime próprio de previdência social ou como base para contribuições decorrentes das atividades militares de que tratam os art. 42 e art. 142 da Constituição, considerados para a concessão do benefício, atualizados monetariamente, correspondentes a cem por cento do período contributivo desde a competência julho de 1994 ou desde o início da contribuição, se posterior a essa competência. |
| **Renda mensal Inicial (RMI)** | 50% do salário de benefício.<br>Pode ter valor inferior a 01 salário mínimo.<br>Não é substituto do rendimento do trabalho ou do salário de contribuição. |
| **Data de início do benefício (DIB)** | - Dia seguinte ao da cessação do auxílio por incapacidade temporária.<br>STJ, Tema 862: O termo inicial do auxílio-acidente deve recair no dia seguinte ao da cessação do auxílio-doença que lhe deu origem, conforme determina o art. 86, § 2º, da Lei 8.213/91, observando-se a prescrição quinquenal da Súmula 85/STJ.<br>- Dia do requerimento administrativo se não houver sido precedido de auxílio por incapacidade temporária. |
| **Classificação em auxílio-acidente acidentário e previdenciário** | **Acidentário =** a perda parcial da capacidade laborativa, decorre de acidente do trabalho (típico, atípico ou por equiparação).<br>**Previdenciário ou não acidentário** = a perda parcial da capacidade laborativa, decorre de acidente de qualquer natureza. A causa não é acidente do trabalho. |
| **Suspensão do benefício** | Quando não comparecer à perícia médica federal quando convocado;<br>• quando recusar o tratamento de reabilitação profissional;<br>• quando recusar tratamento dispensado gratuitamente, exceto o cirúrgico e a transfusão de sangue, que são facultativos.<br>Em caso de retornar incapacidade temporária cuja causa seja a mesma que originou o auxílio-acidente. |

| AUXÍLIO-ACIDENTE | |
|---|---|
| **Cessação do benefício** | • com a concessão de qualquer aposentadoria ao segurado;<br>• com a morte do segurado;<br>• com a emissão da certidão de tempo de contribuição para contagem do tempo de contribuição em regime próprio de previdência social. |
| **Não pode acumular com** | • aposentadorias;<br>• auxílio-acidente (pode optar pelo mais vantajoso);<br>• auxílio por incapacidade temporária quando as causas forem idênticas;<br>• BPC – LOAS. |
| | • A percepção de salário, salário-maternidade ou seguro-desemprego não impede o recebimento do auxílio-acidente.<br>• Pode ser concedido ainda que o segurado esteja desempregado, desde que o acidente ocorra em época que o indivíduo esteja na condição de segurado do RGPS.<br>• É inacumulável o benefício de prestação continuada - BPC/LOAS com o auxílio-acidente, na forma do art. 20, §4º, da Lei nº 8.742/1993, sendo facultado ao beneficiário, quando preenchidos os requisitos legais de ambos os benefícios, a opção pelo mais vantajoso (TNU, Tema 253). |

. Exige-se, para concessão do auxílio-acidente, a existência de lesão, decorrente de acidente do trabalho, que implique redução da capacidade para o labor habitualmente exercido. O nível do dano e, em consequência, o grau do maior esforço, não interferem na concessão do benefício, o qual será devido ainda que mínima a lesão (STJ, Tema 416, Recursos repetitivos 416).

. Para a concessão de auxílio-acidente fundamentado na perda de audição (...), é necessário que a sequela seja ocasionada por acidente de trabalho e que acarrete uma diminuição efetiva e permanente da capacidade para a atividade que o segurado habitualmente exercia (STJ, Tema 213, Recursos Repetitivos).

. Será devido o auxílio-acidente quando demonstrado o nexo de causalidade entre a redução de natureza permanente da capacidade laborativa e a atividade profissional desenvolvida, sendo irrelevante a possibilidade de reversibilidade da doença (STJ, Tema 156, Recursos Repetitivos).

. Comprovados o nexo de causalidade e a redução da capacidade laborativa, mesmo em face da disacusia em grau inferior ao estabelecido pela Tabela Fowler, subsiste o direito do obreiro ao benefício de auxílio-acidente (STJ, Tema 22, Recursos Repetitivos).

A acumulação de auxílio-acidente com aposentadoria pressupõe que a lesão incapacitante e a aposentadoria sejam anteriores a 11/11/1997, observado o critério do art. 23 da Lei n. 8.213/1991 para definição do momento da lesão nos casos de doença profissional ou do trabalho (STJ, Súmula 507).

. O segurado especial, cujo acidente ou moléstia é anterior à vigência da Lei n. 12.873/2013, que alterou a redação do inciso I do artigo 39 da Lei n. 8.213/91, não precisa comprovar o recolhimento de contribuição como segurado facultativo para ter direito ao auxílio-acidente. (STJ, Tema 627, Recursos Repetitivos).

. O termo inicial do auxílio-acidente deve recair no dia seguinte ao da cessação do auxílio-doença que lhe deu origem, conforme determina o art. 86, § 2º, da Lei 8.213/91, observando-se a prescrição quinquenal da Súmula 85/STJ. (STJ, Tema 862, Recursos Repetitivos).

| APOSENTADORIA POR INCAPACIDADE PERMANENTE | |
|---|---|
| **Beneficiários** | Todos os segurados |
| **Requisitos** | Incapacidade permanente para o exercício do trabalho e insuscetível de reabilitação para o exercício de atividade que lhe garanta a subsistência;<br>– necessidade de perícia médica a cargo da Perícia Médica Federal.<br>– qualidade de segurado na data de início da incapacidade;<br>– cumprimento da carência mínima de contribuições, quando exigida, até o início da incapacidade. |
| **Carência** | 12 (doze) contribuições mensais, **EXCETO**:<br>– no caso da causa ter sido acidente de qualquer natureza ou causa ou<br>– nos casos de segurado que, após filiar-se ao RGPS, for acometido de alguma das doenças e afecções especificadas em lista elaborada pelos Ministérios da Saúde e do Trabalho e Previdência Social, atualizada a cada 3 (três) anos, de acordo com os critérios de estigma, deformação, mutilação, deficiência ou outro fator que lhe confira especificidade e gravidade que mereçam tratamento particularizado.<br>No caso de perda da qualidade de segurado, para efeito de carência, o segurado deverá contar, a partir da nova filiação à Previdência Social, com metade do período de carência exigido. |
| **Salário de benefício (SB)** | Média aritmética simples dos salários de contribuição e das remunerações adotadas como base para contribuições a regime próprio de previdência social ou como base para contribuições decorrentes das atividades militares de que tratam os art. 42 e art. 142 da Constituição, considerados para a concessão do benefício, atualizados monetariamente, correspondentes a cem por cento do período contributivo desde a competência julho de 1994 ou desde o início da contribuição, se posterior a essa competência. |
| **Renda mensal inicial (RMI)** | Aposentadoria acidentária = 100% do salário de benefício. |
| | Aposentadoria não acidentária= 60% do salário de benefício acrescido de 2% para cada ano que exceder:<br>- 20 anos de contribuição, se homem<br>- 15 anos de contribuição, se mulher. |
| | O valor da aposentadoria por incapacidade permanente do segurado que necessitar da assistência permanente de outra pessoa será acrescido de 25% (auxílio-acompanhante) e poderá ultrapassar o valor máximo estabelecido para os benefícios do RGPS. |

| APOSENTADORIA POR INCAPACIDADE PERMANENTE | |
|---|---|
| **Data de início do benefício (DIB)** | • **Se for concedida pela transformação do auxílio por incapacidade temporária**: a partir do dia seguinte ao da cessação do auxílio por incapacidade temporária;<br>• **Se for concedida de imediato:**<br>– para o empregado, exceto o doméstico e o empregado com contrato intermitente: a partir do 16º dia do afastamento, se requerido o benefício até o 30º dia do afastamento;<br>– para os demais segurados: a partir da data do início da incapacidade, se requerido o benefício até o 30º dia do afastamento;<br>– para todos os segurados: a partir da data do requerimento, quando requerido após o 30º dia do afastamento. |
| **Dividida em acidentária ou previdenciária** | **Acidentária**= incapacidade decorre de acidente do trabalho<br>**Previdenciária ou não acidentária** = incapacidade não decorre de acidente do trabalho. Decorre de outros eventos, exceto o acidente do trabalho. |
| **Suspensão do benefício** | Quando não comparecer à perícia médica ou à convocação do INSS ou recusar ao tratamento de reabilitação profissional.<br>O segurado aposentado por incapacidade permanente poderá ser convocado a qualquer momento para avaliação das condições que ensejaram o afastamento ou a aposentadoria, concedida judicial ou administrativamente[11].<br>O aposentado por incapacidade permanente que não tenha retornado à atividade estará isento do exame médico pericial periódico:<br>I - após completar 55 anos ou mais de idade e quando decorridos 15 anos da data da concessão da aposentadoria por invalidez ou do auxílio por incapacidade temporária que a precedeu; ou<br>II - após completar 60 anos de idade. |
| **Cessação do benefício** | • quando cessa a incapacidade;<br>• quando o segurado falece;<br>• quando o segurado retorna voluntariamente à atividade. |
| **Não pode acumular com** | • auxílio por incapacidade temporária;<br>• auxílio-acidente;<br>• salário-maternidade;<br>• outra aposentadoria do RGPS;<br>• BPC – LOAS;<br>• auxílio-inclusão;<br>• seguro-desemprego. |

- **Recuperação do aposentado por incapacidade permanente**:

| Mensalidade de recuperação | |
|---|---|
| **Situação do aposentado por incapacidade permanente que se recuperar total ou parcialmente** | **Procedimento** |
| I – Se a recuperação for total para o exercício de trabalho que o segurado habitualmente exercia e ocorrer dentro de 5 (cinco) anos, contados da data do início da aposentadoria por incapacidade permanente ou do auxílio por incapacidade temporária que a antecedeu sem interrupção. | a) Para o segurado empregado que tiver direito de retornar à empresa: o benefício será cessado imediatamente.<br>b) Para os demais segurados: o benefício somente será cessado após tantos meses quantos forem os anos de duração do auxílio por incapacidade temporária e da aposentadoria por incapacidade permanente. |
| II – Se a recuperação for parcial em qualquer época, ou for total após cinco anos do afastamento, ou ainda quando o segurado for declarado apto para o exercício de trabalho diverso do qual habitualmente exercia. | Para todos os segurados será paga a aposentadoria por incapacidade permanente:<br>• nos primeiros 6 meses no seu valor integral;<br>• do 7º ao 12º mês pelo valor com redução de 50%;<br>• do 13º ao 18º mês pelo valor com redução de 75%;<br>• após o 18º mês cessará definitivamente. |

- No âmbito do Regime Geral de Previdência Social (RGPS), somente lei pode criar ou ampliar benefícios e vantagens previdenciárias, **não havendo, por ora, previsão de extensão do auxílio da grande invalidez a todas às espécies de aposentadoria** (STF, Tema 1095, repercussão geral).

| APOSENTADORIA PROGRAMADA (IDADE + TEMPO DE CONTRIBUIÇÃO) | | |
|---|---|---|
| **Beneficiários** | Todos os segurados do RGPS. | |
| **Requisitos** | **Homem:** | **65** anos de idade. |
| | | 20 anos de contribuição<br>O tempo mínimo de contribuição poderá ser alterado por lei ordinária. |
| | **Mulher:** | **62** anos de idade. |
| | | 15 anos de contribuição<br>O tempo mínimo de contribuição poderá ser alterado por lei ordinária. |

<table>
<tr><th colspan="2">APOSENTADORIA PROGRAMADA<br>(IDADE + TEMPO DE CONTRIBUIÇÃO)</th></tr>
<tr><td>Carência</td><td>180 contribuições mensais.</td></tr>
<tr><td>Salário de Benefício (SB)</td><td>Média aritmética simples dos salários de contribuição correspondentes a 100% do período contributivo, desde a competência de julho de 1994 ou desde o início das contribuições se posterior a essa competência.<br>* Poderão ser excluídas do cálculo da média dos salários de contribuição e das remunerações adotadas como base para contribuições a regime próprio de previdência social ou como base para contribuições decorrentes das atividades militares de que tratam os art. 42 e art. 142 da Constituição, utilizado para definição do salário de benefício, as contribuições que resultem em redução do valor do benefício.<br>* A exclusão das contribuições não altera o direito à aposentadoria previamente reconhecido, desde que mantida a quantidade de contribuições equivalente ao período de carência e observado o tempo mínimo de contribuição necessário à elegibilidade da aposentadoria requerida.<br>* É vedada a utilização das contribuições excluídas para qualquer finalidade, inclusive para:<br>I - o acréscimo do percentual da renda mensal;<br>II - a averbação em outro regime previdenciário.</td></tr>
<tr><td>Renda mensal inicial (RMI)</td><td>60% do salário de benefício, acrescido de 2% para cada ano que exceder:<br>- 20 anos de contribuição, se homem;<br>- 15 anos de contribuição, se mulher.</td></tr>
<tr><td>Data de início do benefício (DIB)</td><td>• para o empregado, incluído o doméstico:<br>- a partir da data do desligamento do emprego, quando requerida até 90 dias do desligamento;<br>- a partir da data do requerimento, quando requerido após o 90º dia do desligamento do emprego ou quando não se desligar do emprego.<br>• para os demais segurados:<br>- a partir da data do requerimento da aposentadoria.</td></tr>
<tr><td>Cessação do benefício</td><td>Com a morte do segurado.</td></tr>
<tr><td>Não pode acumular com</td><td>• auxílio por incapacidade temporária;<br>• auxílio-acidente;<br>• outra aposentadoria do RGPS;<br>• auxílio-inclusão;<br>• BPC – LOAS;<br>• auxílio-inclusão;<br>• seguro-desemprego.</td></tr>
<tr><td>Pontos importantes</td><td>• Pode o segurado retornar à atividade remunerada sem perder o benefício da aposentadoria e deverá contribuir em relação à nova atividade.<br>• O aposentado que retornar a exercer atividade terá direito ao salário-maternidade em relação à nova atividade.<br>• Os empregados dos consórcios públicos, das empresas públicas, das sociedades de economia mista e das suas subsidiárias serão aposentados compulsoriamente, observado o cumprimento do tempo mínimo de contribuição, ao atingir a idade máxima de 75 anos de idade.<br>• A concessão de aposentadoria requerida a partir de 14 de novembro de 2019 com utilização de tempo de contribuição decorrente de cargo, emprego ou função pública acarretará o rompimento do vínculo que gerou o referido tempo de contribuição.</td></tr>
</table>

<table>
<tr><th colspan="2">APOSENTADORIA PROGRAMADA DO PROFESSOR DE MAGISTÉRIO NA EDUCAÇÃO INFANTIL, NO ENSINO FUNDAMENTAL E MÉDIO<br>(IDADE + TEMPO DE CONTRIBUIÇÃO)</th></tr>
<tr><td>Beneficiários</td><td>Professor que se dedica exclusivamente tempo de efetivo exercício em função de magistério na educação infantil, no ensino fundamental ou no ensino médio.</td></tr>
<tr><td>Requisitos</td><td>- Professor: 60 anos de idade<br>- Professora: 57 anos de idade<br>- 25 anos de contribuição no exercício do magistério na educação infantil, no ensino fundamental ou no ensino médio para ambos os sexos.<br>O tempo mínimo de contribuição poderá ser alterado por lei complementar.</td></tr>
<tr><td>Carência</td><td>180 contribuições mensais.</td></tr>
</table>

| APOSENTADORIA PROGRAMADA DO PROFESSOR DE MAGISTÉRIO NA EDUCAÇÃO INFANTIL, NO ENSINO FUNDAMENTAL E MÉDIO (IDADE + TEMPO DE CONTRIBUIÇÃO) | |
|---|---|
| **Salário de Benefício (SB)** | Média aritmética simples dos salários de contribuição correspondentes a 100% do período contributivo, desde a competência de julho de 1994 ou desde o início das contribuições se posterior a essa competência.<br>* Poderão ser excluídas do cálculo da média dos salários de contribuição e das remunerações adotadas como base para contribuições a regime próprio de previdência social ou como base para contribuições decorrentes das atividades militares de que tratam os art. 42 e art. 142 da Constituição, utilizado para definição do salário de benefício, as contribuições que resultem em redução do valor do benefício.<br>* A exclusão das contribuições não altera o direito à aposentadoria previamente reconhecido, desde que mantida a quantidade de contribuições equivalente ao período de carência e observado o tempo mínimo de contribuição necessário à elegibilidade da aposentadoria requerida.<br>* É vedada a utilização das contribuições excluídas para qualquer finalidade, inclusive para:<br>I - o acréscimo do percentual da renda mensal;<br>II - a averbação em outro regime previdenciário. |
| **Renda mensal inicial (RMI)** | 60% do salário de benefício, acrescido de 2% para cada ano que exceder:<br>- 20 anos de contribuição, se homem;<br>- 15 anos de contribuição, se mulher. |
| **Data de início do benefício (DIB)** | • para o empregado:<br>- a partir da data do desligamento do emprego, quando requerida até 90 dias do desligamento;<br>- a partir da data do requerimento, quando requerido após o 90º dia do desligamento do emprego ou quando não se desligar do emprego. |
| **Cessação do benefício** | Com a morte do segurado. |
| **Não pode acumular com** | • auxílio por incapacidade temporária;<br>• auxílio-acidente;<br>• outra aposentadoria do RGPS;<br>• auxílio-inclusão;<br>• BPC – LOAS;<br>• auxílio-inclusão;<br>• seguro-desemprego. |
| **Pontos importantes** | • Essa regra não é aplicada ao professor que se dedica ao magistério do ensino superior.<br>• Pode o segurado retornar à atividade remunerada sem perder o benefício da aposentadoria e deverá contribuir em relação à nova atividade.<br>• O aposentado que retornar a exercer atividade terá direito ao salário-maternidade em relação à nova atividade.<br>• A concessão de aposentadoria requerida a partir de 14 de novembro de 2019 com utilização de tempo de contribuição decorrente de cargo, emprego ou função pública acarretará o rompimento do vínculo que gerou o referido tempo de contribuição. |

| APOSENTADORIA ESPECIAL | | |
|---|---|---|
| **Beneficiários** | Empregado, trabalhador avulso, cooperado de cooperativa de trabalho, cooperado de cooperativa de produção. | |
| **Requisitos** | **Idade mínima** | **Exposição efetiva a agentes químicos, físicos ou biológicos prejudiciais à saúde, ou a associação desses por** |
| | 55 anos | 15 anos de contribuição |
| | 58 anos | 20 anos de contribuição |
| | 60 anos | 25 anos de contribuição |
| **Carência** | 180 contribuições mensais. | |
| **Salário de benefício (SB)** | Média aritmética simples dos salários de contribuição correspondentes a 100% do período contributivo, desde julho de 1994 ou desde o início das contribuições, se posterior a essa competência. | |

| APOSENTADORIA ESPECIAL | | |
|---|---|---|
| **Renda mensal inicial (RMI)** | Agente que exige 20 ou 25 anos de efetiva exposição: | • 60% da média aritmética dos salários de contribuição do segurado, atualizados monetariamente, correspondentes a 100% (cem por cento) do período contributivo desde a competência julho de 1994 ou desde o início da contribuição, se posterior a essa competência;<br>• com acréscimo de 2% para cada ano de contribuição que exceder o tempo de:<br>➢ 20 (vinte) anos de contribuição, se homem, e<br>➢ 15 (vinte) anos de contribuição, se mulher. |
| | Agente que exige 15 anos de efetiva exposição: | • 60% da média aritmética dos salários de contribuição do segurado, atualizados monetariamente, correspondentes a 100% (cem por cento) do período contributivo desde a competência julho de 1994 ou desde o início da contribuição, se posterior àquela competência;<br>• com acréscimo de 2% para cada ano de contribuição que exceder o tempo de<br>➢ 15 (vinte) anos de contribuição, se homem ou mulher. |
| **Data de início do benefício (DIB)** | Para o empregado | • a partir da data do desligamento do emprego, quando requerido até 90 dias do desligamento;<br>• a partir da data do requerimento, quando requerido após o 90º dia do desligamento do emprego ou quando não se desligar do emprego. |
| | Para os demais segurados (trabalhador avulso e cooperados do trabalho e de produção): | • a partir da data do requerimento da aposentadoria. |
| **Cessação do benefício** | • Com a morte do segurado.<br>• Quando o segurado aposentado retornar ao trabalho que o exponha a agentes prejudiciais à saúde.<br>Não precisa ser a mesma condição especial anteriormente exposta, mas, sim, qualquer condição especial de trabalho na mesma ou outra empresa e sob qualquer forma de prestação de serviço ou categoria de segurado.<br>O segurado será imediatamente notificado da cessação do pagamento de sua aposentadoria, no prazo de 60 dias contados da data da emissão da notificação. | |
| **Não pode acumular com** | • auxílio por incapacidade temporária;<br>• auxílio-acidente;<br>• outra aposentadoria do RGPS;<br>• BPC – LOAS;<br>• auxílio-inclusão;<br>• seguro-desemprego. | |
| **Pontos importantes** | • Caso o segurado retorne a exercer atividade remunerada, sem que seja em condições especiais, não perderá o benefício da aposentadoria especial, devendo contribuir novamente para a Previdência Social em relação à nova atividade remunerada.<br>• A empresa deverá elaborar e manter atualizado o perfil profissiográfico previdenciário (PPP), ou o documento eletrônico que venha a substituí-lo, no qual deverão ser contempladas as atividades desenvolvidas durante o período laboral, garantido ao trabalhador o acesso às informações nele contidas, sob pena de sujeição à multa.<br>• Não é possível converter tempo especial em tempo comum quando cumprido após 13/11/2019. | |

- O direito à aposentadoria especial pressupõe a efetiva exposição do trabalhador a agente nocivo à sua saúde, de modo que, se o EPI for realmente capaz de neutralizar a nocividade não haverá respaldo constitucional à aposentadoria especial. Na hipótese de exposição do trabalhador a ruído acima dos limites legais de tolerância, a declaração do empregador, no âmbito do Perfil Profissiográfico Previdenciário (PPP), no sentido da eficácia do EPI, não descaracteriza o tempo de serviço especial para aposentadoria (STF, Tema 555, Repercussão Geral).
- É vedada a conversão de tempo de serviço especial em comum na função de magistério após a EC 18/81. (STF, Tema 772, Repercussão Geral).
- A lei vigente por ocasião da aposentadoria é a aplicável ao direito à conversão entre tempos de serviço especial e comum, independentemente do regime jurídico à época da prestação do serviço (STJ, Tema 546, Recursos Repetitivos).
- As normas regulamentadoras que estabelecem os casos de agentes e atividades nocivos à saúde do trabalhador são exemplificativas, podendo ser tido como distinto o labor que a técnica médica e a legislação correlata considerarem como prejudiciais ao obreiro, desde que o trabalho seja permanente, não ocasional, nem intermitente, em condições especiais (art. 57, § 3º, da Lei 8.213/1991). (STJ, Tema 534, Recursos Repetitivos)
- O Segurado que exerce atividades em condições especiais, quando em gozo de auxílio-doença, seja acidentário ou previdenciário, faz jus ao cômputo desse mesmo período como tempo de serviço especial (STJ, Tema 998, Recursos Repetitivos).

| **APOSENTADORIA DA PESSOA COM DEFICIÊNCIA** | | | |
|---|---|---|---|
| **Beneficiários** | **Os segurados com deficiência** – impedimento de longo prazo de natureza física, mental, intelectual ou sensorial, o qual com interação com diversas barreiras pode obstruir sua participação plena e efetiva na sociedade em igualdade de condições com as demais pessoas. | | |
| **Tipos de aposentadorias** | Aposentadoria por tempo de contribuição.<br>Aposentadoria por idade. | | |
| **Requisitos aposentadoria por tempo de contribuição** | **Grau de deficiência** | **Tempo de contribuição** | |
| | | **Homem** | Mulher |
| | Leve | 33 anos de contribuição | 28 anos de contribuição |
| | Moderada | 29 anos de contribuição | 24 anos de contribuição |
| | Grave | 25 anos de contribuição | 20 anos de contribuição |
| **Requisitos aposentadoria por idade** | **Homem – 60 anos de idade**<br>**Mulher – 55 anos de idade**<br>Idade mínima exigida para todos os graus de deficiência. | | |
| **Carência** | 180 contribuições mensais. | | |
| **Salário de benefício (SB)** | Média aritmética simples dos salários de contribuição correspondentes a 100% do periodo contributivo, desde julho de 1994 ou desde o início das contribuições, se posterior a essa competência. | | |
| **Renda mensal inicial (RMI)** | • 100% do salário de benefício, **nos casos de aposentadoria por tempo de contribuição.**<br>• 70% do salário de benefício, acrescido de 1% para cada grupo de 12 contribuições, não podendo esse acréscimo ultrapassar o total de 30%, **no caso de aposentadoria por idade**. | | |
| **Data de início do benefício (DIB)** | Para o empregado, incluído o doméstico: | • a partir da data do desligamento do emprego, quando requerido até 90 dias do desligamento.<br>• a partir da data do requerimento, quando requerido após o 90º dia do desligamento do emprego ou quando não se desligar do emprego. | |
| | Para os demais segurados: | a partir da data do requerimento da aposentadoria. | |
| **Cessação do benefício** | Com a morte do segurado. | | |
| **Pontos importantes** | • O segurado será previamente submetido a avaliação biopsicossocial realizada por equipe multiprofissional e interdisciplinar.<br>• A comprovação de tempo de contribuição de segurado com deficiência em período anterior à entrada em vigor da Lei Complementar nº 142/13 não será admitida por meio de prova exclusivamente testemunhal.<br>• O segurado com deficiência poderá escolher a aposentadoria que lhe for mais vantajosa, atendidos os requisitos para tal. | | |

| **SALÁRIO-FAMÍLIA** | |
|---|---|
| **Beneficiários** | Segurados:<br>• empregado, empregado doméstico, trabalhador avulso de baixa renda;<br>• empregado, empregado doméstico e trabalhador avulso em gozo de auxílio por incapacidade temporária ou aposentadoria por incapacidade permanente<br>• trabalhador rural aposentado por idade aos 60 anos, se homem, ou 55 anos, se mulher,<br>• demais aposentados, desde que empregados, empregados domésticos ou trabalhadores avulsos, maiores de 65 anos, homem, e de 60 anos, mulher. |
| **Carência** | Não há carência mínima de contribuições. |
| **Requisitos** | • possuir baixa renda = salário de contribuição igual ou inferior ao fixado por Portaria Interministerial*.<br>• ter filhos menores ou equiparados até 14 anos de idade ou inválidos de qualquer idade. |
| **Data de início do benefício – DIB** | • A partir da apresentação da certidão de nascimento do filho ou da documentação do equiparado a filho e atestado de vacinação obrigatória para filho ou equiparado de até 06 anos e frequência escolar a partir dos 04 anos de idade.<br>• No caso de invalidez de filho ou equiparado maior de 14 anos, deve ser feita perícia médica a cargo da Perícia Médica Federal.<br>• O empregado doméstico somente deverá apresentar a certidão de nascimento do filho ou a documentação do equiparado ao filho. |

| | |
|---|---|
| **Suspensão do benefício** | • Na falta da entrega da renovação da documentação exigida para a concessão do benefício. |
| **Cessação do benefício** | • por morte do filho ou equiparado, a contar do mês seguinte ao do óbito,<br>• quando o filho ou equiparada completar 14 anos de idade, salvo se inválido, a contar do mês seguinte ao da data do aniversário,<br>• pela recuperação da capacidade do filho ou equiparado, a contar do mês seguinte ao da cessação da incapacidade ou<br>• pelo desemprego do segurado. |
| **Outras questões** | • Quando mãe e pai são, ambos, segurados do RGPS e preencherem os requisitos do benefício, será pago salário-família para os dois, pai e mãe.<br>• As cotas do salário-família serão pagas pela empresa ou pelo empregador doméstico, mensalmente, junto com o salário, efetivando-se a compensação quando do recolhimento das contribuições, conforme dispuser o Regulamento.<br>• A empresa ou o empregador doméstico conservarão durante 05 (cinco) anos os comprovantes de pagamento e as cópias das certidões correspondentes para exame pela fiscalização.<br>• Quando o pagamento do salário não for mensal, o salário-família será pago juntamente com o último pagamento relativo ao mês.<br>• O salário-família devido ao trabalhador avulso poderá ser recebido pelo sindicato de classe respectivo, que se incumbirá de elaborar as folhas correspondentes e de distribuí-lo. |
| ***.** O valor da cota do salário-família por filho ou equiparado de qualquer condição, até 14 (quatorze) anos de idade, ou inválido de qualquer idade, a partir de 1º de janeiro de 2023, é de R$ 59,82 (cinquenta e nove reais e oitenta e dois centavos) para o segurado com remuneração mensal não superior a R$ 1.754,18 (um mil setecentos e cinquenta e quatro reais e dezoito centavos). | |

| SALÁRIO-MATERNIDADE | |
|---|---|
| **Beneficiárias** | Todos os segurados e seguradas que preencherem os requisitos legais. |
| **Requisitos** | • Parto, inclusive de natimorto.<br>• Adoção ou guarda judicial para fins de adoção de crianças. Nesse caso, o benefício poderá ser pago ao segurado ou à segurada. Não se pode pagar o benefício para ambos os segurados, no caso de adoção da mesma criança.<br>• Aborto não criminoso.<br>• Falecimento de segurado ou de segurada, cônjuge, ou companheiro que fazia jus ao salário-maternidade (salário-maternidade complementar).<br>• Afastamento da empregada gestante e lactante do trabalho por não poder exercer atividades em condições insalubres (super salário-maternidade). |
| **Carência** | • Empregados, empregados domésticos e trabalhadores avulsos = **não há carência mínima exigida.**<br>• Contribuinte individual, segurado facultativo = 10 contribuições mensais.<br>• Para o caso do segurado especial, a carência é de 10 meses de efetivo exercício na atividade rural, ainda que de forma descontínua, imediatamente anteriores à data do fato gerador do requerimento do benefício.<br>• No caso de perda da qualidade de segurado, para efeito de carência, o segurado deverá contar, a partir da nova filiação à Previdência Social, com a metade do período de carência exigido. Regra válida para os segurados contribuinte individual e facultativo. |
| **Período de recebimento** | • **Parto** = 120 dias, podendo iniciar 28 dias antes do parto.<br>• A**borto não criminoso** = duas semanas.<br>• A**doção ou guarda judicial para fins de adoção** = 120 dias, independentemente da idade da criança.<br>• **Falecimento da segurada ou do segurado no período da licença-maternidade** = período restante entre a data do óbito e o último dia do término do salário-maternidade originário.<br>• **ADI 6327** – prorrogação do salário-maternidade necessidade de prorrogar o benefício no caso de internação do recém-nascido ou da mãe, considerando como termo inicial da licença-maternidade e do respectivo salário-maternidade a alta hospitalar do recém-nascido e/ou de sua mãe, o que ocorrer por último. |
| **Renda mensal inicial – valor** | • Para o empregado = valor da última remuneração, limitado ao teto do ministro do STF.<br>• Para empregado com contrato intermitente = média aritmética simples das remunerações apuradas no período referente aos 12 meses que antecederem o parto, a adoção ou a obtenção da guarda para fins de adoção. Na hipótese de empregos intermitentes concomitantes, a média aritmética será calculada em relação a todos os empregos e será pago somente 01salário-maternidade.<br>• Para o trabalhador avulso = remuneração equivalente a um mês de trabalho, limitado ao teto do ministro do STF;<br>• Para o empregado doméstico = o último salário de contribuição, sujeito ao limite máximo correspondente;<br>• Para o contribuinte individual, facultativo (a) e desempregado(a) = 1/12 da soma dos últimos 12 salários de contribuição apurados em período não superior a quinze meses, limitado o valor ao teto máximo do salário de contribuição. Não poderá ser pago em valor inferior ao salário mínimo,<br>• Para o segurado especial = um salário mínimo.<br>• Para o cônjuge ou companheiro sobrevivente seguem-se as regras acima, considerando os salários de contribuição do segurado sobrevivente*. |

| SALÁRIO-MATERNIDADE | |
|---|---|
| **Data de início do benefício (DIB)** | • No caso de parto = 28 dias antes do parto OU a partir do dia do parto.<br>• Nos casos de aborto não criminoso e adoção = a partir da data do requerimento.<br>• No caso de segurado cônjuge ou companheiro(a) sobrevivente do segurado falecido que fazia jus ao salário-maternidade = data do óbito do(a) segurado(a), desde que requerido até o último dia previsto para o término do salário-maternidade originário. |
| **Não pode acumular com** | • Auxílio por incapacidade temporária;<br>• aposentadoria por incapacidade permanente;<br>• BPC – LOAS;<br>• seguro-desemprego. |
| **Responsável pelo pagamento** | – para as empregadas, no caso de parto= a empresa pagará o benefício e será reembolsada do valor no momento do recolhimento de suas contribuições previdenciárias;<br>– para as empregadas do MEI, no caso de parto = o pagamento é feito diretamente pela Previdência Social;<br>– para todos os segurados em razão dos demais fatos geradores, incluindo as empregadas = o pagamento é feito diretamente pela Previdência Social;<br>– super salário-maternidade = pagamento pela empresa com direito à compensação dos valores com as contribuições previdenciárias a pagar. |
| **Pontos importantes** | • Caso, no parto, ocorra nascimento de natimorto, haverá pagamento de salário-maternidade.<br>• Se houver nascimento de um ou mais filhos, será pago apenas um salário-maternidade.<br>• Se a mãe biológica, segurada do RGPS, tiver recebido salário – maternidade, não há óbice para conceder o benefício ao segurado ou segurada adotante.<br>• O salário-maternidade não pode ser acumulado com benefício por incapacidade (auxílio por incapacidade temporária e aposentadoria por incapacidade permanente).<br>• Para que o cônjuge ou companheiro tenha direito ao salário-maternidade após o falecimento do segurado ou da segurada é necessário que ele seja segurado do RGPS e se afaste do trabalho ou das atividades desempenhadas para cuidar do filho.<br>• A licença-maternidade de 120 dias pode ser prorrogada por mais 60 dias na hipótese de adesão da empresa ao Programa Empresa Cidadã nos termos da Lei nº 11.770/2008. |
| **Cessação do benefício** | • No caso de parto = após 120 dias do início do benefício;<br>• no caso de aborto não criminoso = após duas semanas;<br>• no caso de adoção ou guarda judicial para fins de adoção de criança = após 120 dias do início do benefício;<br>• no caso de salário-maternidade remanescente = após último dia do término previsto para o salário-maternidade originário. |

. **Salário-maternidade complementar ou remanescente:**

| **Salário-maternidade complementar ou remanescente – Arts. 71-B e 71-C da Lei nº 8.213/91** | |
|---|---|
| **Contemplados** | Cônjuge ou companheiro de segurado ou segurada que venha a falecer no período de licença-maternidade. |
| **Requisitos** | Falecimento da segurada ou segurado que fizer jus ao recebimento do salário-maternidade. |
| | Cônjuge ou companheiro deverá ser, também, segurado da previdência social. |
| | Cônjuge ou companheiro deverá se afastar do seu trabalho ou da atividade desempenhada para cuidar do filho. |
| **Requerimento** | Até o último dia do prazo previsto para o término do salário-maternidade originário. |
| **Período de recebimento** | Entre a data do óbito da segurada e o último dia do término do salário-maternidade originário. |
| **Renda mensal do benefício** | As regras são as mesmas previstas para os segurados, mas a remuneração ou o salário de contribuição a ser considerado será o do segurado sobrevivente. |

. **Super salário maternidade:**

| **Supersalário-Maternidade** |
|---|
| 1. A Lei 13.467/2017 (Reforma Trabalhista) criou outra hipótese de salário-maternidade.<br>2. A empregada deverá ser afastada de atividades consideradas insalubres no período de gestação ou lactação.<br>3. No período que a gestante ou a lactante estiver afastada do trabalho por não poder exercer atividade insalubre, e não for encaminhada para trabalhar em atividades salubres na empresa, o empregador pagará à empregada o seu salário-maternidade e compensará os valores quando do recolhimento das suas contribuições previdenciárias.<br>4. Quando não for possível que a gestante ou a lactante, afastada das atividades insalubres, exerça suas atividades em local salubre na empresa, a hipótese será considerada como gravidez de risco e ensejará a **percepção de salário-maternidade**, durante todo o período de afastamento. |

| PENSÃO POR MORTE | |
|---|---|
| **Beneficiários** | • Dependentes.<br>• Dependentes da 1ª classe não precisam comprovar dependência econômica.<br>• Equiparam-se ao filho, o menor sob tutela e o enteado, desde que comprovada dependência econômica em relação ao segurado.<br>• **ADI 4078** - confere interpretação conforme ao § 2º do art. 16 da Lei 8.213/1991, para contemplar, em seu âmbito de proteção, o "menor sob guarda. Terá direito à pensão por morte.<br>• **Tema 526, STF** - *É incompatível com a Constituição Federal o reconhecimento de direitos previdenciários (pensão por morte) à pessoa que manteve, durante longo período e com aparência familiar, união com outra casada, porquanto o concubinato não se equipara, para fins de proteção estatal, às uniões afetivas resultantes do casamento e da união estável.*<br>• **Tema 529, STF:** *A preexistência de casamento ou de união estável de um dos conviventes, ressalvada a exceção do artigo 1.723, § 1º, do Código Civil, impede o reconhecimento de novo vínculo referente ao mesmo período, inclusive para fins previdenciários, em virtude da consagração do dever de fidelidade e da monogamia pelo ordenamento jurídico-constitucional brasileiro.* |
| **Requisitos** | • Óbito do segurado;<br>• morte presumida declarada por decisão judicial. |
| **Carência** | • Não há carência mínima de contribuições exigida para qualquer dependente.<br>• É devida para cônjuge/companheiro(a) ainda que tiver menos de 02 anos de casamento/união estável até a data do óbito. |
| **Renda mensal inicial (RMI)** | **Regra geral:**<br>• uma cota de 50% do valor da aposentadoria que o segurado recebia ou daquela a que teria direito se estivesse aposentado por incapacidade permanente na data de seu óbito,<br>• acrescida de 10% por dependente até o máximo de 100%.<br>**Quando houver algum dependente inválido, com deficiência mental, intelectual ou grave:**<br>• 100% do valor da aposentadoria que o segurado recebia ou daquela a que teria direito se estivesse aposentado por incapacidade permanente na data de seu óbito. |
| **Benefício devido a partir de** | • Data do óbito, quando requerido em até 180 dias deste, para filhos menores de 16 anos<br>• Data do óbito, quando requerido em até 90 dias deste, para os demais dependentes.<br>• Data do requerimento, quando superados os prazos acima mencionados.<br>• Data da decisão judicial: quando se tratar de morte presumida. |
| **Suspensão do benefício** | • Quando o dependente inválido não comparecer à perícia médica ou à convocação do INSS ou não se submeter ao processo de reabilitação profissional quando prescrito pela previdência social.<br>O pensionista inválido que não tenha retornado à atividade estará isento do exame médico pericial periódico após completar 60 anos de idade. |
| **Cessação do benefício** | • **pela morte do pensionista;**<br>• **ao completar 21 anos,** o filho, pessoa a ele equiparada ou irmão, salvo se inválido ou com deficiência intelectual ou mental ou com deficiência grave;<br>• **pela cessação da invalidez** do filho ou do irmão inválido;<br>• **pelo afastamento da deficiência** do filho ou do irmão com deficiência;<br>• **pela adoção do filho que recebia pensão por morte dos pais biológicos, exceto** se for adotado pelo cônjuge ou companheiro(a) do outro(a).<br>• **para o cônjuge, o companheiro ou a companheira**:<br>**a) por decurso de prazo:**<br>- após 04 meses, se **não tiver** o segurado, pelo menos, 18 contribuições mensais ou se o casamento ou a união estável tiverem sido iniciados há menos de 02 anos da data do óbito do segurado, salvo se a morte decorrer de acidente de qualquer natureza ou doença profissional ou do trabalho;<br>- após 03, 06, 10, 15, 20 anos ou de forma vitalícia, conforme tabela já demonstrada, se o segurado **tiver** 18 ou mais contribuições e o casamento ou a união estável tiverem sido iniciados há, pelo menos, 02 anos da data do óbito do segurado ou se a morte decorrer de acidente de qualquer natureza ou doença profissional ou do trabalho.<br>b) **pela cessação da invalidez**, respeitados os períodos mínimos descritos na letra "a". |
| **Não se acumula com** | • outra pensão de cônjuge/companheiro(a), podendo optar pela mais vantajosa;<br>• auxílio-inclusão;<br>• BPC – LOAS. |
| **Outras questões** | • Perde o direito à pensão por morte o condenado criminalmente por sentença transitada em julgado, como autor, coautor ou partícipe de homicídio doloso, ou de tentativa desse crime, cometido contra a pessoa do segurado, ressalvados os absolutamente incapazes e os inimputáveis.<br>• O cônjuge, o companheiro ou a companheira, perderá a pensão por morte se, comprovada, a qualquer tempo, simulação ou fraude no casamento ou na união estável, ou a formalização desses com o fim exclusivo de constituir benefício previdenciário, apuradas em processo judicial no qual será assegurado o direito ao contraditório e à ampla defesa.<br>• O exercício de atividade remunerada, inclusive na condição de microempreendedor individual, não impede a concessão ou manutenção da parte individual da pensão do dependente com deficiência intelectual ou mental ou com deficiência grave.<br>• A pensão não se acumula com pensão deixada por cônjuge ou companheira, dando-se o direito à opção pela mais vantajosa.<br>• O casamento do(a) cônjuge ou do(a) companheiro(a) após a concessão do benefício não faz cessar a pensão por morte.<br>• Segundo entendimento do STJ (súmula 336), a mulher que renunciou aos alimentos na separação judicial ou divórcio, poderá ter direito à pensão por morte, se comprovada a dependência econômica superveniente.<br>• O recebimento de pensão por morte não impede o pagamento de seguro-desemprego quando o dependente tiver direito. |

| AUXÍLIO-RECLUSÃO | |
|---|---|
| **Beneficiários** | • Dependentes.<br>• Dependentes da 1ª classe não precisam comprovar dependência econômica.<br>• Equiparam-se ao filho, o menor sob tutela e o enteado, desde que comprovada dependência econômica em relação ao segurado. |
| **Requisitos** | 1) Recolhimento do segurado à prisão para cumprir pena em regime fechado.<br>2) Não pode o segurado estar recebendo auxílio por incapacidade temporária, salário-maternidade, pensão por morte, aposentadorias, abono de permanência em serviço ou remuneração de empresa.<br>3) Recolhimento do segurado de baixa renda à prisão para cumprir pena em regime fechado.<br>3) Baixa renda= média dos salários de contribuição nos 12 meses anteriores à data da prisão de valor igual ou menor que R$ 1.754,18 a partir de janeiro de 2023 – (Portaria MPS/MF nº 26/2023).<br>– Pode ser concedido quando a prisão for provisória.<br>– O cumprimento de pena em prisão domiciliar não impede o recebimento do benefício de auxílio-reclusão pelo(s) dependente(s) se o regime previsto for o fechado.<br>– Não cabe em caso de cumprimento de pena em regime semiaberto ou aberto e de prisão civil. |
| **Carência** | • **24 contribuições mensais.** |
| **Renda mensal inicial – RMI** | • 01 salário mínimo. |
| **Data de início do benefício – DIB** | • Data do recolhimento à prisão, quando requerido em até 180 dias após esta para os filhos menores de 16 anos.<br>• Data do recolhimento à prisão, quando requerido em até 90 dias após esta para os demais dependentes.<br>• Data do requerimento, quando superados os prazos acima mencionados. |
| **Suspensão do benefício** | • Em caso de fuga.<br>• No caso de o dependente não apresentar o atestado trimestral emitido pela autoridade competente.<br>• No caso de o segurado deixar a prisão por livramento condicional ou para cumprir pena em regime semiaberto ou aberto.<br>• No caso de opção pelo salário-maternidade, com a concordância dos beneficiários do auxílio-reclusão. |
| **Cessação do benefício** | • Quando o dependente perde essa qualidade de beneficiário;<br>• quando o segurado passa a receber aposentadoria;<br>• quando o segurado morre;<br>• na data da soltura;<br>• **pela morte do beneficiário;**<br>• **ao completar 21 anos,** o filho, pessoa a ele equiparada ou irmão, salvo se inválido ou com deficiência intelectual, mental ou grave;<br>• **pela cessação da invalidez** do filho ou do irmão inválido;<br>• **pela adoção do filho que recebia pensão por morte dos pais biológicos, exceto** se for adotado pelo cônjuge ou companheiro(a) do outro(a).<br>• **para o cônjuge, o companheiro ou a companheira**:<br>a) **por decurso de prazo:**<br>- após 04 meses, se **não tiver** o segurado, pelo menos, 18 contribuições mensais ou se o casamento ou a união estável tiverem sido iniciados há menos de 02 anos da data da reclusão do segurado;<br>- após 03, 06, 10, 15, 20 anos, conforme tabela já demonstrada, se o segurado **tiver** 18 ou mais contribuições e o casamento ou a união estável tiverem sido iniciados há, pelo menos, 02 anos da data da reclusão do segurado.<br>b) **pela cessação da invalidez**, respeitados os períodos mínimos descritos na letra "a".<br>- Esses períodos de gozo do auxílio-reclusão serão observados, desde que não haja, ANTES, outra causa de cessação do benefício. |
| **Pontos importantes** | • Equipara-se à condição de recolhido à prisão a situação do maior de 16 e menor de 18 anos que se encontre internado em estabelecimento educacional ou congênere, sob custódia do Juizado da Infância e da Juventude, desde que, obviamente, segurado do RGPS.<br>• O exercício de atividade remunerada, inclusive na condição de microempreendedor individual, não impede a concessão ou manutenção da parte individual da pensão do dependente com deficiência intelectual ou mental ou com deficiência grave. |

. **Acumulação de Benefícios Previdenciários**

| | |
|---|---|
| **Benefícios que não podem ser recebidos conjuntamente** | • auxílio por incapacidade temporária e aposentadoria;<br>• auxílio por incapacidade temporária e auxílio-acidente quando a causa for a mesma para ambos os benefícios;<br>• salário-maternidade e benefícios por incapacidade;<br>• mais de uma aposentadoria no RGPS;<br>• aposentadoria e abono de permanência em serviço;<br>• mais de um auxílio-acidente, podendo optar pelo mais vantajoso;<br>• mais de uma pensão deixada por cônjuge ou companheiro, ressalvado o direito de opção pela mais vantajosa.<br>• salário-maternidade para segurados quando adotantes da mesma criança. Somente um deles poderá receber.<br>• benefícios da seguridade social e BPC-LOAS, exceto assistência médica e pensão especial de natureza indenizatória;<br>• auxílio-acidente e BPC-LOAS;<br>• auxílio-inclusão com benefícios por incapacidade, aposentadoria, pensões, seguro-desemprego e BPC-LOAS. |

- O abono anual é o valor devido ao segurado e ao dependente que, durante o ano, recebeu benefício previdenciário. Todo beneficiário que recebeu, durante o ano, auxílio-doença, auxílio-acidente, aposentadoria, salário-maternidade, pensão por morte ou auxílio-reclusão terá direito de receber o chamado abono anual que será calculado da mesma forma que a gratificação natalina dos trabalhadores. É o valor equivalente "ao 13º salário" pago pelo INSS aos beneficiários do RGPS. Será calculado, da mesma forma que a Gratificação de Natal dos trabalhadores, tendo por base o valor da renda mensal do benefício do mês de dezembro de cada ano. Imperioso chamar a atenção do leitor de que o benefício assistencial pago ao idoso e ao deficiente não gera direito ao recebimento de abono anual.
- Aposentadoria espontânea (por idade ou por tempo de contribuição) não implica, por si só, extinção do contrato de trabalho.
- Os serviços assegurados pelo RGPS são o serviço social e a reabilitação profissional.
- O direito ao benefício previdenciário não decai nem prescreve.
- É de dez anos o prazo de decadência de todo e qualquer direito ou ação do segurado ou beneficiário para a revisão do ato de concessão de benefício, a contar do dia primeiro do mês seguinte ao do recebimento da primeira prestação ou, quando for o caso, do dia em que tomar conhecimento da decisão indeferitória definitiva no âmbito administrativo.
- Prescreve em cinco anos, a contar da data em que deveriam ter sido pagas, toda e qualquer ação para haver prestações vencidas ou quaisquer restituições ou diferenças devidas pela Previdência Social, salvo o direito dos menores, incapazes e ausentes, na forma do Código Civil.

## 7. FINANCIAMENTO DA SEGURIDADE SOCIAL

CF: art. 195.
Lei n. 8.212/91

- As contribuições sociais que vão financiar a Seguridade Social ostentam natureza jurídica tributária.
- Observe o quadro esquematizado a respeito das contribuições da Seguridade Social que tem a União competência para instituir através de lei ordinária ou medida provisória:

| | |
|---|---|
| **Das Contribuições Sociais de Financiamento da Seguridade Social (art. 195, CF)** | Do empregador, da empresa e da entidade a ela equiparada (art. 195, I, CF):<br>1)Sobre a folha de salário e demais rendimentos pagos ou creditados, a qualquer título, à pessoa física que lhe preste serviço, mesmo sem vínculo empregatício (art. 195, I, a, CF).<br>2)Sobre a receita ou faturamento (art. 195, I, b, CF)<br>3)Sobre o lucro (art. 195, I, c, CF) |

| | |
|---|---|
| **Das Contribuições Sociais de Financiamento da Seguridade Social (art. 195, CF)** | Do trabalhador e dos demais segurados do Regime Geral de Previdência Social (art. 195, II, CF) |
| | Sobre a receita de concursos de prognósticos (art. 195, III, CF) |
| | Do importador de bens ou serviços do exterior, ou de quem a lei a ele equiparar (art. 195, IV, CF). |

- A União poderá criar novas contribuições sociais além daquelas que já se encontram previstas no texto constitucional. Trata-se, no caso, da competência residual tributária e, por isso, as novas contribuições sócias são, muitas vezes, chamadas, de contribuições residuais da Seguridade Social.
- Para melhor compreensão, as contribuições residuais da seguridade social devem ser criadas, observando o disposto no art. 195, § 4º da CF:

| **Nova contribuição da Seguridade Social deve observar (art. 195, § 4º, CF)** | | |
|---|---|---|
| Ser criada por lei complementar | Ser não cumulativa | Não ter fato gerador ou base de cálculo das contribuições sociais já discriminadas na CF. |

- Todas as contribuições sociais de financiamento da Seguridade Social devem respeitar o **princípio da noventena ou prazo nonagesimal.** Suas cobranças somente serão legítimas após decorridos noventa dias da data da publicação da lei que as instituiu ou as modificou.
- As contribuições sociais de financiamento da Seguridade Social não precisam respeitar o princípio da anterioridade comum. Assim, não é preciso aguardar o exercício financeiro seguinte para que sejam cobradas quando da sua instituição ou majoração.
- É possível a **diferenciação de alíquota ou base de cálculo** das contribuições das empresas sobre a folha de pagamento e demais rendimentos, sobre a receita e sobre o lucro, em razão da atividade econômica, da utilização intensiva de mão de obra, do porte da empresa ou da condição estrutural do mercado de trabalho (art. 195, § 9º, CF).
- A pessoa jurídica em débito com o sistema da Seguridade Social não poderá contratar com o Poder Público, nem dele receber benefícios ou incentivos fiscais ou creditícios (art. 195, § 3º, CF).
- São isentas de contribuição para a seguridade social as entidades beneficentes de assistência social que atendam às exigências estabelecidas em lei. Trata-se de imunidade tributária por ser regramento constitucional.
- Os proventos de pensão e aposentadorias concedidos pelo RGPS não terão incidência de contribuição social.
- No âmbito federal, o orçamento da seguridade social é composto das seguintes receitas:

| | | |
|---|---|---|
| **Orçamento da Seguridade Social** | **Receitas da União** | Recursos adicionais do orçamento fiscal, fixados na Lei Orçamentária Anual. |
| | **Receitas das contribuições sociais** | – das empresas, incidentes sobre a remuneração paga ou creditada aos segurados a seu serviço;<br>– dos empregadores domésticos; |
| | | – dos segurados e trabalhadores sobre o seu salário de contribuição; |
| | | – das empresas sobre o lucro e sobre a receita ou o faturamento; |
| | | – incidentes sobre a receita de concursos de prognósticos; |
| | | – do importador ou a quem a lei o equiparar. |
| | **Receitas de outras fontes** | As multas, a atualização monetária e os juros moratórios; |
| | | A remuneração recebida por serviços de arrecadação, fiscalização e cobrança prestados a terceiros; |
| | | As receitas provenientes de prestação de outros serviços e de fornecimento ou arrendamento de bens; |
| | | As demais receitas patrimoniais, industriais e financeiras; |
| | | As doações, legados, subvenções e outras receitas eventuais; |
| | | 50% (cinquenta por cento) dos valores obtidos e aplicados na forma do parágrafo único do art. 243 da Constituição Federal; |
| | | 40% (quarenta por cento) do resultado dos leilões dos bens apreendidos pelo Departamento da Receita Federal; |
| | | Outras receitas previstas em legislação específica. |

## 8. SALÁRIO DE CONTRIBUIÇÃO

Lei n. 8.212/91: art. 28

Decreto n. 3.048/99: art. 214.

- Salário de contribuição é a expressão que quantifica a base de cálculo da contribuição previdenciária dos segurados da previdência social, à exceção do segurado especial.
- Veja o conceito de salário de contribuição para cada tipo de segurado do RGPS:

| SEGURADO | SALÁRIO DE CONTRIBUIÇÃO |
|---|---|
| **Empregado e Trabalhador Avulso** | A remuneração auferida em uma ou mais empresas, assim entendida a totalidade dos rendimentos pagos, devidos ou creditados a qualquer título, durante o mês, destinados a retribuir o trabalho, qualquer que seja a sua forma, inclusive as gorjetas, os ganhos habituais sob a forma de utilidades e os adiantamentos decorrentes de reajuste salarial, quer pelos serviços efetivamente prestados, quer pelo tempo à disposição do empregador ou tomador de serviços nos termos da lei ou do contrato ou, ainda, de convenção ou acordo coletivo de trabalho ou sentença normativa. |
| **Empregado Doméstico** | A remuneração registrada na Carteira de Trabalho e Previdência Social, observadas as normas a serem estabelecidas em regulamento para comprovação do vínculo empregatício e do valor da remuneração. |
| **Contribuinte Individual** | A remuneração auferida em uma ou mais empresas ou pelo exercício de sua atividade por conta própria durante o mês, observados os limites mínimo e máximo estabelecidos por Portaria Interministerial dos Ministérios da Previdência Social e da Fazenda*. |

| SEGURADO | SALÁRIO DE CONTRIBUIÇÃO |
|---|---|
| **Segurado Facultativo** | O valor por ele declarado, observados os limites mínimo e máximo estabelecidos por Portaria Interministerial dos Ministérios da Previdência Social e da Fazenda*. |

*** A partir de 1º de janeiro de 2023, o salário de contribuição não poderá ser inferior a R$ 1.302,00 (um mil trezentos e dois reais) nem superiores a R$ 7.507,49 (sete mil quinhentos e sete reais e quarenta e nove centavos). Valor reajustado pela Portaria Interministerial MPS/MF nº 26/2023.**

- O segurado especial contribui sobre o valor da receita bruta proveniente da comercialização da sua produção, e não sobre o salário de contribuição.
- O 13º salário é considerado salário de contribuição e sobre ele, em qualquer hipótese, recairá a contribuição previdenciária. Haverá a incidência da contribuição previdenciária sobre a parcela do 13º salário quando for pago no curso do contrato do trabalho ou, mesmo, sobre o 13º salário proporcional pago no momento do desligamento do emprego.
- O 13º salário não integra o cálculo do salário de benefício.
- **Salário-maternidade é salário de contribuição, para fins somente da contribuição do segurado.**
- **STF julgou inconstitucional a contribuição do empregador sobre o salário-maternidade (Tema 72, Repercussão Geral).**
- Incide contribuição previdenciária sobre os valores pagos a título de salário-paternidade.
- A verba relativa à "quebra de caixa" possui natureza salarial e sobre ela incide contribuição previdenciária[2].
- As diárias de viagem, independente do seu valor, não integram o salário de contribuição.
  - Observe a tabela abaixo acerca das parcelas integrantes e não integrantes do salário de contribuição, de forma exemplificativa:

2. EREsp 1.467.095-PR, Rel. Min. Mauro Campbell Marques, Rel. para acórdão Min. Og Fernandes, por maioria, julgado em 10/5/2017, DJe 6/9/2017 (Informativo STJ nº 610).

| Parcelas pagas, devidas ou creditadas, de acordo com a legislação | SALÁRIO DE CONTRIBUIÇÃO | |
|---|---|---|
| | SIM | NAO |
| Salário | X | |
| Horas extras | X | |
| Comissões e percentagens | X | |
| Gorjetas | X | |
| Gratificações legais | X | |
| Adicional de insalubridade e de periculosidade | X | |
| Adicional noturno | X | |
| Adicional de tempo de serviço | X | |
| Adicional de transferência | X | |
| Adicional de quebra de caixa | X | |
| Férias gozadas | X | |
| Adicional de 1/3 sobre as férias gozadas | X[1] | |
| Férias indenizadas | | X |
| Adicional de 1/3 sobre as férias indenizadas | | X |
| 13º salário | X | |
| 13º salário proporcional | X | |
| 13º salário referente a 1/12 do aviso prévio indenizado | X | |
| Aviso prévio trabalhado | X | |
| Aviso prévio indenizado | | X |
| Gratificações de desempenho pagas habitualmente | X | |
| Diárias para viagens | | X |
| Participação nos lucros ou resultados | | X[2] |
| Distribuição de lucros e dividendos | | X |
| Salário-maternidade | X[3] | |
| Licença-paternidade | X[4] | |
| Aposentadorias e pensões pagas pelo RGPS | | X[5] |
| Benefícios pagos pelo RGPS, exceto salário-maternidade | | X[6] |
| Vale-transporte ainda que pago em dinheiro | | X[7] |
| Auxílio-alimentação, vedado o seu pagamento em dinheiro | | X |
| Auxílio-creche e reembolso babá | | X |
| Previdência privada complementar: valor das contribuições pago pela pessoa jurídica, desde que disponível à totalidade dos empregados e dos dirigentes da empresa. | | X |
| O valor relativo à assistência prestada por serviço médico ou odontológico, próprio da empresa ou por ela conveniado, inclusive o reembolso de despesas com medicamentos, óculos, aparelhos ortopédicos, próteses, órteses, despesas médico-hospitalares e outras similares. | | X |
| Complemento de auxílio-doença, desde que extensivo à totalidade dos empregados da empresa | | X |
| Plano de educação | | X |
| Bolsa de estágios | | X |
| Bolsa de estudos | | X |
| Pró-labore dos sócios | X | |
| Pagamento do FGTS em caso de demissão | | X |
| Ajuda de custo para mudança paga em única parcela | | X |
| Seguro de vida em grupo | | X |
| Abono do PIS | | X |
| Programa de demissão voluntária | | X |

| Parcelas pagas, devidas ou creditadas, de acordo com a legislação | SALÁRIO DE CONTRIBUIÇÃO | |
|---|---|---|
| | SIM | NAO |
| Direitos autorais | | X |
| Valores despendidos com ministros de confissão religiosa | | X |
| Vale-cultura | | X |
| Abonos e prêmios, ainda que pagos habitualmente. | | X[8] |
| Bolsa-atleta | | X |
| Indenização pela supressão de intervalo intrajornada | | X |
| Stock Option | | X |
| Licença-prêmio indenizada | | X |

1. STF julgou o tema 985, fixando a tese de que é legítima a incidência de contribuição social sobre o valor satisfeito a título de terço constitucional de férias.
2. Se a distribuição dos lucros não estiver de acordo com a legislação específica, haverá incidência da contribuição previdenciária. Se o pagamento de PLR for feito em periodicidade inferior a um trimestre civil e mais de duas vezes no mesmo ano, os valores serão considerados parcelas integrantes do salário de contribuição.
3. STF ao julgar, em sede de repercussão geral, o tema 72, considerou inconstitucional a contribuição do empregador sobre o salário-maternidade. Permanece a legitimidade da contribuição do segurado sobre o salário-maternidade.
4. Com o julgamento do REsp1.230.957-RS (Rel. Min. Mauro Campbell Marques, julgado em 26/2/2014. Informativo nº 536), entendeu-se que incide contribuição previdenciária a cargo da empresa sobre os valores pagos a título de licença-paternidade. Tema 740, julgado em sede de recurso repetitivo.
5. Há imunidade tributária (art. 195, II, CF).
6. Receita Federal entende que permanece a legitimidade da contribuição do segurado sobre o salário-maternidade.
7. Segundo entendimento do STF e Súmula nº 60 da AGU, o vale-transporte, mesmo pago em dinheiro, não terá incidência de contribuição previdenciária.
8. Consideram-se prêmios as liberalidades concedidas pelo empregador em forma de bens, serviços ou valor em dinheiro a empregado ou a grupo de empregados, em razão de desempenho superior ao ordinariamente esperado no exercício de suas atividades.

## 9. CONTRIBUIÇÕES PREVIDENCIÁRIAS

Constituição Federal: art. 167 e 195.
Lei n. 8.212/91: arts. 20 a 22.
Decreto n. 3.048/99: 198 a 201.

### 9.1. CONTRIBUIÇÃO DOS SEGURADOS

- A contribuição dos segurados empregado, empregado doméstico e trabalhador avulso é calculada por meio da aplicação da alíquota correspondente, de forma progressiva, sobre o seu salário de contribuição. Confira a tabela com valores atualizados a partir de 01 de janeiro de 2023, pela Portaria Interministerial MPS/MF nº 26/2023:

| Salário de contribuição (R$) | Alíquota para fins de contribuição previdenciária |
|---|---|
| até 1.302,00 | 7,50% |
| de 1,302,01 até 2.571,29 | 9,00% |
| de 2.571,30 até 3.856,94 | 12,00% |
| de 3.856,95 até 7.507,49 | 14,00% |

- Os empregados, os empregados domésticos e trabalhadores avulsos não têm a obrigação de recolher suas contribuições previdenciárias diretamente à União, embora sejam contribuintes. A contribuição será descontada (retida) pelos empregadores ou tomadores de serviços que ficarão com a responsabilidade de repassar aos cofres da União. Gozam de presunção de recolhimento das contribuições previdenciárias.
- É interessante registrar que as pessoas legalmente responsáveis pela retenção e recolhimento das contribuições previdenciárias dos empregados e trabalhadores avulsos, que não realizam o pagamento perante a Secretaria da Receita Federal do Brasil, estarão cometendo crime de apropriação indébita previdenciária, previsto no art. 168-A do Código Penal.
- O segurado que tem mais de um emprego ou que presta serviço para empresa deverá comunicar a todos os empregadores ou tomadores de serviços a remuneração recebida em cada trabalho, de modo que cada empregador possa apurar o salário de contribuição e aplicar corretamente as alíquotas.
- A contribuição do contribuinte individual incide sobre o seu salário de contribuição de acordo com o quadro abaixo:

| CONTRIBUINTE INDIVIDUAL | ALÍQUOTA | RESPONSÁVEL PELO RECOLHIMENTO |
|---|---|---|
| Contribuinte Individual que presta serviços por conta própria | 20%* | Contribuinte Individual |
| Contribuinte Individual que presta serviços a outro contribuinte individual equiparado a empresa ou a produtor rural ou a missão diplomática e repartição consular de carreira estrangeira | 20% | Contribuinte Individual |

| CONTRIBUINTE INDIVIDUAL | ALÍQUOTA | RESPONSÁVEL PELO RECOLHIMENTO |
|---|---|---|
| Contribuinte Individual que presta serviços às empresas em geral (inclusive às optantes pelo SIMPLES NACIONAL) | 11%** | Alíquota de contribuição a ser DESCONTADA (retida) pela EMPRESA |
| Contribuinte Individual que presta serviços à entidade beneficente de assistência social isenta das contribuições sociais | 20% | Alíquota de contribuição a ser DESCONTADA (retida) pela ENTIDADE BENEFICENTE |
| Cooperado de trabalho que presta serviços para pessoas jurídicas ou físicas*** | 20% | Alíquota de contribuição a ser DESCONTADA (retida) pela COOPERATIVA DE TRABALHO |
| Cooperado de produção | 11% | Cooperativa retém a contribuição e repassa à União. |
| Contribuinte individual que opta pelo regime especial de inclusão previdenciária (base de cálculo = 01 salário mínimo) | 11% | Contribuinte Individual |
| MEI – Microempreendedor Individual (base de cálculo = 01 salário mínimo) | 5% | Recolhimento próprio |

* A alíquota do transportador rodoviário autônomo é de 20% sobre uma base reduzida que corresponde a 20% do valor total do frete.
** O contribuinte individual contratado por pessoa jurídica obrigada a proceder à arrecadação e ao recolhimento da contribuição por ele devida, cuja remuneração recebida ou creditada no mês, por serviços prestados a ela, for inferior ao limite mínimo do salário de contribuição, é obrigado a complementar a sua contribuição mensal, diretamente, mediante a aplicação da alíquota de 20% sobre o valor resultante da seguinte diferença: (salário mínimo) – remuneração mensal.

- O contribuinte individual que optar por recolher 11% sobre o limite mínimo mensal do salário de contribuição (01 salário mínimo) fica excluído do direito ao benefício de aposentadoria por tempo de contribuição. É a opção pelo regime simplificado previdenciário.
- A contribuição do segurado facultativo será de 20% sobre seu salário de contribuição. O segurado poderá escolher, a cada mês, o valor do seu salário de contribuição, observando apenas que não poderá ser inferior ao valor do salário mínimo nem superior ao valor máximo[3] fixado em Portaria Interministerial dos Ministérios da Previdência Social e da Fazenda.

| Contribuição do segurado facultativo | Alíquota x base de cálculo |
|---|---|
| Contribuição básica | 20% sobre o salário de contribuição declarado por ele, observados os limites mínimo e máximo estabelecidos em Portaria Interministerial. |
| Segurado facultativo que opta pelo regime especial de inclusão previdenciária | 11% sobre o valor mínimo do salário de contribuição (01 salário mínimo). |
| Segurado facultativo, sem renda própria, que se dedica exclusivamente ao trabalho doméstico no âmbito de sua residência pertencente à família de baixa renda (até 02 salários mínimos) e inscrito no cadastro único do Governo Federal | 5% o valor mínimo do salário de contribuição (01 salário mínimo). |

- O segurado facultativo que optar por recolher 11% ou 5% sobre o limite mínimo mensal do salário de contribuição (01 salário mínimo) fica excluído do direito ao benefício de aposentadoria por tempo de contribuição.
- O produtor, o parceiro, o meeiro e o arrendatário rurais e o pescador artesanal, bem como os respectivos cônjuges, que exerçam suas atividades em regime de economia familiar, sem empregados permanentes, contribuirão para a seguridade social mediante a aplicação de uma alíquota sobre o resultado da comercialização da produção e farão jus aos benefícios nos termos da lei.
- A contribuição do segurado especial será de **1,3%** sobre a receita bruta proveniente da **comercialização da sua produção.**

| Discriminação da contribuição do segurado especial | Alíquota |
|---|---|
| Parcela básica incidente sobre a receita bruta proveniente da comercialização da produção rural | 1,2% |
| SAT/GILRAT incidente sobre a receita bruta proveniente da comercialização da produção rural | 0,1% |

- O segurado especial poderá, facultativamente, recolher nos moldes do contribuinte individual. (20% sobre o salário de contribuição).
- Além da contribuição de 1,3% sobre a receita bruta da venda da produção, o segurado especial pagará um acréscimo de 0,2% para o SENAR (Serviço Nacional de Aprendizagem Rural). Este acréscimo de contribuição não se enquadra como de custeio da seguridade social, não sendo, portanto, objeto do nosso estudo.

## 9.2. CONTRIBUIÇÃO DO EMPREGADOR DOMÉSTICO, DAS EMPRESAS, DAS ENTIDADES EQUIPARADAS ÀS EMPRESAS E DO MICROEMPREENDEDOR INDIVIDUAL (MEI)

- Empregador doméstico é a pessoa ou a família que admite a seu serviço, sem finalidade lucrativa, empregado doméstico.

3. Limite de R$ 7.507,49 (sete mil quinhentos e sete reais e quarenta e nove centavos).

| **Contribuição previdenciária do empregador doméstico** | 8% x salário de contribuição do empregado doméstico. | Contribuição patronal. |
|---|---|---|
| **Contribuição do empregado doméstico** | 0,8% x salário de contribuição empregado doméstico. | Contribuição patronal para financiamento do seguro contra acidentes de trabalho (SAT). |

- Para o Direito Previdenciário, empresa é conceituada como "a firma individual ou sociedade que assume o risco da atividade econômica urbana e rural, **com fins lucrativos ou não**, bem como os órgãos e entidades da administração pública direta, indireta e fundacional."
- Equiparam-se a empresa, o contribuinte individual e a pessoa física na condição de proprietário ou dono de obra de construção civil, em relação a segurado que lhe presta serviço, bem como a cooperativa, a associação ou a entidade de qualquer natureza ou finalidade, a missão diplomática e a repartição consular de carreira estrangeiras.

PREVIDENCIÁRIO

| **CONTRIBUIÇÕES SOCIAIS PREVIDENCIÁRIAS DAS EMPRESAS EM GERAL** | | |
|---|---|---|
| **Contribuição** | Alíquota | **Base de Cálculo** |
| Folha de salários e demais rendimentos | 20%* | Remunerações pagas, devidas ou creditadas, a qualquer título, no decorrer do mês, aos segurados empregados e trabalhadores avulsos. |
| Remunerações pagas a Contribuintes Individuais. | 20%* | Remunerações ou retribuições pagas, devidas ou creditadas no decorrer do mês ao segurado contribuinte individual. |
| SAT/GILRAT – segundo o grau de risco da empresa decorrente dos riscos ambientais do trabalho** | 1% – leve<br>2% – médio<br>3% – grave | Remunerações pagas, devidas ou creditadas a qualquer título, no decorrer do mês, ao segurado empregado e trabalhador avulso. |
| Adicional de SAT/GILRAT – Empresas que possuem segurados expostos a condições de trabalho que ensejam a concessão do benefício aposentadoria especial. | 12% – 15 anos de contribuição<br>9% – 20 anos de contribuição<br>6% – 25 anos de contribuição | Remunerações pagas, devidas ou creditadas, a qualquer título, no decorrer do mês, aos segurados expostos a riscos que ensejem a concessão de aposentadoria especial após quinze, vinte ou vinte e cincos anos de contribuição. |
| *. No caso de instituições financeiras a alíquota da contribuição é de 22,5%. O acréscimo de 2,5% na contribuição previdenciária das instituições financeiras foi considerado constitucional em razão do princípio da equidade na forma de participação do custeio.<br>**. Essa contribuição poderá ter sua alíquota diminuída em até 50% ou aumentada em até 100% dependendo do enquadramento da empresa no FAP (fator acidentário de prevenção). | | |

- Na contratação de serviços de transporte rodoviário de carga ou de passageiro, de serviços prestados com a utilização de trator, máquina de terraplenagem, colheitadeira e assemelhados, a base de cálculo da contribuição da empresa corresponde a 20% (vinte por cento) do valor da nota fiscal, fatura ou recibo, quando esses serviços forem prestados por condutor autônomo de veículo rodoviário, auxiliar de condutor autônomo de veículo rodoviário, bem como por operador de máquinas.

| CONTRIBUIÇÃO DO MICROEMPREENDEDOR INDIVIDUAL (MEI) | | |
|---|---|---|
| Contribuição Previdenciária do MEI com empregado | Resultado da apuração das seguintes parcelas | |
| | 3% x remuneração paga ao empregado | Patronal |
| | 5% sobre o valor de 01 (um) salário-mínimo | Contribuição própria |

- Nas sentenças judiciais ou nos acordos homologados na Justiça do Trabalho, em que não figurarem, discriminadamente, as parcelas legais relativas às contribuições sociais, essas incidirão sobre o valor do acordo homologado.
- O fato gerador das contribuições sociais ocorre na data da prestação do serviço.

O prazo de decadência para a constituição do crédito das contribuições da seguridade social é de 05 anos.

Para que a Secretaria da Receita Federal do Brasil (SRFB) possa vir a constituir os créditos relativos a tais contribuições, deve-se observar **o prazo de 05 anos** contados a partir:

✓ do primeiro dia do exercício seguinte àquele em que o crédito poderia ser constituído;

✓ da data em que se tornar definitiva a decisão que houver anulado, por vício formal, a constituição de crédito anteriormente efetuada.

O prazo prescricional a ser observado para a cobrança das contribuições da seguridade social é de 05 anos contados da data da constituição definitiva do crédito.

## 10. AÇÕES PREVIDENCIÁRIAS

- As ações previdenciárias devem, em regra, ser processadas e julgadas pelos juízes federais.
- Serão processadas e julgadas na justiça estadual, no foro do domicílio dos segurados ou beneficiários, as causas em que

forem parte instituição de previdência social e segurado, sempre que a comarca não seja sede de vara do juízo federal.

- Compete à **justiça estadual** processar e julgar as ações previdenciárias de natureza acidentária (**benefícios decorrentes de acidente do trabalho**). Trata-se de competência absoluta.
- As ações de **mandado de segurança** impetradas por beneficiários do RGPS contra atos de autoridades vinculadas ao INSS serão sempre processadas e julgadas pelos **juízes federais**.
- É cabível **ação declaratória** para o mero reconhecimento de tempo de serviço para fins previdenciários.
- Na hipótese em que a **ação revisional** de benefício previdenciário se fundar em decisão da justiça do trabalho, o termo inicial da decadência decenal será a data da coisa julgada na seara trabalhista, segundo entendimento do STJ.
- O ajuizamento de ação judicial não exige o exaurimento prévio do processo administrativo.
- O prévio requerimento administrativo é condição de procedibilidade da ação judicial, sob pena de carência de interesse de agir e extinção do processo sem julgamento do mérito (RE 631.240).
- A exigência de prévio requerimento não se confunde com o exaurimento das vias administrativas.
- A exigência de prévio requerimento administrativo não deve prevalecer quando o entendimento da Administração for notório e reiteradamente contrário à postulação do segurado.
- Nas hipóteses de pretensão de revisão, restabelecimento ou manutenção de benefício anteriormente concedido – uma vez que o INSS teria o dever legal de conceder a prestação mais vantajosa possível – o pedido poderá ser formulado diretamente em juízo, porque nesses casos a conduta do INSS já configuraria o não acolhimento da pretensão.
- O Ministério Público detém legitimidade para ajuizar ação civil pública pertinente a benefício previdenciário, vez que agirá em defesa de interesses individuais homogêneos, quando presente evidente relevo social, independentemente de os potenciais titulares terem a possibilidade de declinar a fruição do direito afirmado na ação.
- O STJ é favorável à legitimidade do Ministério Público para figurar no polo ativo de Ação Civil Pública destinada à defesa de direitos de natureza previdenciária, tendo em vista, principalmente, a presença do inquestionável interesse social envolvido no assunto.
- O cálculo da verba de honorários advocatícios nas ações previdenciárias incide apenas sobre as prestações vencidas até a prolação da sentença que julgar total ou parcialmente procedente o pedido, excluindo-se, assim, as vincendas.
- As **ações regressivas** ajuizadas pelo INSS contra as empresas que não cumprem as normas padrões de segurança e higiene do trabalho indicadas para a proteção individual e coletiva, a fim de verem ressarcidas as prestações acidentárias pagas pela previdência social em razão de culpa do empregador, devem ser ajuizadas, processadas e julgadas pela Justiça Federal, não comportando qualquer exceção.
- A **Justiça do Trabalho** tem a competência para processar e julgar a execução, de ofício, das contribuições sociais previstas no art. 195, I, a, e II, CF (contribuições das empresas e dos segurados) e seus acréscimos legais, decorrentes das sentenças que proferir.
- A competência da Justiça do Trabalho prevista no art. 114, VIII, da Constituição Federal alcança a execução de ofício das contribuições previdenciárias relativas ao objeto da condenação constante das sentenças que proferir e acordos por ela homologados.
- Nas sentenças judiciais ou nos acordos homologados pelo juízo do trabalho em que não figurarem, discriminadamente, as parcelas legais relativas às contribuições sociais, essas incidirão sobre o valor total apurado em liquidação de sentença ou sobre o valor do acordo homologado.
- Nos casos em que não houver o reconhecimento do vínculo empregatício, permanecerá a competência da Justiça do Trabalho para executar as contribuições sociais devidas.
- Os **créditos constituídos pelo INSS** em razão de benefício previdenciário ou assistencial pago indevidamente ou além do devido serão inscritos em **dívida ativa** pela Procuradoria-Geral Federal, hipótese em que se aplica o disposto na Lei 6.830, de 22 de setembro de 1980, para a execução.
- Os Juizados Especiais da Fazenda Pública não têm competência para o julgamento de ações decorrentes de acidente de trabalho em que o Instituto Nacional do Seguro Social figure como parte (STJ, Tema 1053, Recursos Repetitivos).
- Nas ações de acidente do trabalho, os honorários periciais, adiantados pelo INSS, constituirão despesa a cargo do Estado, nos casos em que sucumbente a parte autora, beneficiária da isenção de ônus sucumbenciais, prevista no parágrafo único do art. 129 da Lei 8.213/91 (STJ, Tema 1044, Recursos Repetitivos).
- O Segurado tem direito de opção pelo benefício mais vantajoso concedido administrativamente, no curso de ação judicial em que se reconheceu benefício menos vantajoso. Em cumprimento de sentença, o segurado possui o direito à manutenção do benefício previdenciário concedido administrativamente no curso da ação judicial e, concomitantemente, à execução das parcelas do benefício reconhecido na via judicial, limitadas à data de implantação daquele conferido na via administrativa. (Tema Repetitivo 1018/STJ).

## 11. BENEFÍCIO DE PRESTAÇÃO CONTINUADA – BPC-LOAS

- O benefício de prestação continuada da Assistência Social não carece de contribuição prévia do beneficiário para sua obtenção, bastando a comprovação da condição de necessitado exigida pela lei.
- **Não é um benefício previdenciário.**
- **Não gera direito à pensão por morte, tampouco abono anual.**
- A legitimidade passiva nas ações em que o indivíduo venha a reivindicar o benefício assistencial é do INSS, segundo entendimento pacificado pelo STJ.

| BENEFÍCIO ASSISTENCIAL DE PRESTAÇÃO CONTINUADA – BPC-LOAS | |
|---|---|
| **Beneficiários** | • Idoso com 65 anos ou mais<br>• Pessoa com deficiência |
| **Requisitos para o idoso** | • ter 65 anos ou mais<br>• apresentar renda per capita familiar inferior ou igual a 1/4 do salário-mínimo, podendo em determinados casos, chegar até ½ salário-mínimo (art. 20-B, LOAS);<br>• Inscrição no Cadastro de Pessoas Físicas (CPF) e no Cadastro Único para Programas Sociais do Governo Federal – CadÚnico. |
| **Requisitos para a pessoa com Deficiência** | • ter impedimento de longo prazo de natureza física, mental, intelectual ou sensorial, o qual, em interação com diversas barreiras, pode obstruir sua participação plena e efetiva na sociedade em igualdade de condições com as demais pessoas;<br>• apresentar renda per capita familiar inferior ou igual a 1/4 do salário-mínimo, podendo em determinados casos, chegar até ½ salário-mínimo (art. 20-B, LOAS);<br>• Inscrição no Cadastro de Pessoas Físicas (CPF) e no Cadastro Único para Programas Sociais do Governo Federal – CadÚnico. |
| **Critérios a serem observados para que a renda per capita familiar mensal seja de até ½ salário-mínimo** | I – o grau da deficiência;<br>II – a dependência de terceiros para o desempenho de atividades básicas da vida diária; e<br>III o comprometimento do orçamento do núcleo familiar exclusivamente com gastos médicos, com tratamentos de saúde, com fraldas, com alimentos especiais e com medicamentos do idoso ou da pessoa com deficiência não disponibilizados gratuitamente pelo SUS, ou com serviços não prestados pelo Suas, desde que comprovadamente necessários à preservação da saúde e da vida. |
| **Não integra o cálculo da renda per capita familiar** | - benefício previdenciário do idoso com 65 anos ou mais de idade de até 01 salário mínimo;<br>- benefício previdenciário da pessoa com deficiência de até 01 salário mínimo;<br>- BPC-LOAS do idoso e da pessoa com deficiência;<br>- remuneração decorrente de contrato de aprendizagem;<br>- bolsa de estágio supervisionado;<br>- benefícios e auxílios assistenciais de natureza eventual e temporária;<br>- valores oriundos de programas sociais de transferência de renda;<br>- pensão especial de natureza indenizatória e benefícios de assistência médica;<br>- rendas de natureza eventual ou sazonal. |
| **Carência** | • Assistência Social independe de contribuição à seguridade social. |
| **Renda mensal** | • Um salário mínimo. |
| **Data de início do benefício – DIB** | • data da entrada do requerimento |
| **Suspensão do benefício** | I - identificação de irregularidade na concessão ou manutenção do benefício;<br>II - não inscrição no CadÚnico após o fim do prazo estabelecido em ato do Ministro de Estado da Cidadania;<br>III - não agendamento da reavaliação da deficiência até a data limite estabelecida em convocação;<br>IV - identificação de inconsistências ou insuficiências cadastrais que afetem a avaliação da elegibilidade do beneficiário para fins de manutenção do benefício, conforme o disposto em ato do Ministro de Estado da Cidadania;<br>V - identificação de outras irregularidades.<br>• Quando a pessoa com deficiência vier a exercer atividade remunerada, inclusive na condição de microempreendedor individual, salvo se for contrato de aprendizagem.<br>• Em caso de contrato de aprendizagem com a PCD, a suspensão do benefício só ocorrerá após decorridos 02 anos. Assim, durante os primeiros 02 anos poderá a PCD receber BPC-LOAS e a remuneração do contrato de aprendizagem. |
| **Cessação do benefício** | I - nas hipóteses de óbito, de morte presumida ou de ausência do beneficiário, na forma da lei;<br>II - quando o beneficiário, o seu representante legal ou o seu procurador não interpuser recurso ao CRPS no prazo de trinta dias, contado da suspensão do benefício; ou<br>III - quando o recurso ao CRPS não for provido. |
| **Revisão do benefício** | • A cada 02 (dois) anos<br>• O beneficiário em gozo de benefício de prestação continuada concedido judicial ou administrativamente poderá ser convocado para avaliação das condições que ensejaram sua concessão ou manutenção, sendo-lhe exigida a presença dos requisitos previstos na LOAS e no regulamento. |
| **Pontos importantes** | • A condição de acolhimento em instituições de longa permanência ou asilos não impede que o idoso ou a pessoa com deficiência recebam o benefício.<br>• O benefício de prestação continuada poderá ser devido a mais de um membro da mesma família enquanto atendidos os requisitos exigidos na LOAS. |

## 12. AUXÍLIO-INCLUSÃO

| | |
|---|---|
| **Beneficiários** | - Idoso;<br>- pessoa com deficiência moderada ou grave. |
| **Requisitos** | I – receba o BPC-LOAS e passe a exercer atividade com remuneração limitada a 2 (dois) salários-mínimos e que enquadre o beneficiário como segurado obrigatório do RGPS ou como filiado a regime próprio de previdência social da União, dos Estados, do Distrito Federal ou dos Municípios;<br>II – tenha inscrição atualizada no CadÚnico no momento do requerimento do auxílio-inclusão;<br>III – tenha inscrição regular no CPF; e<br>IV – atenda aos critérios de manutenção do benefício de prestação continuada, incluídos os critérios relativos à renda familiar mensal per capita exigida para o acesso ao benefício (desconsideradas as remunerações obtidas pelo requerente em decorrência de exercício de atividade laboral, desde que o total recebido no mês seja igual ou inferior a 2 salários-mínimos, e as rendas oriundas dos rendimentos decorrentes de estágio supervisionado e de aprendizagem).<br>**OU**<br>I – que tenha recebido o BPC-LOAS nos 5 (cinco) anos imediatamente anteriores ao exercício da atividade remunerada; e<br>II – que tenha tido o benefício suspenso pelo exercício da atividade remunerada (art. 21-A, LOAS). |
| **Valor** | 50% do valor do BPC-LOAS (1/2 salário mínimo). |
| **Data do início do benefício** | A partir da data do requerimento. |
| **Não se acumula com** | I – BPC-LOAS;<br>II – prestações a título de aposentadoria, de pensões ou de benefícios por incapacidade pagos por qualquer regime de previdência social; ou<br>III – seguro-desemprego. |

## 13.REGIME PRÓPRIO DE PREVIDÊNCIA SOCIAL

Constituição Federal: art. 40.

- O regime próprio de previdência social dos servidores titulares de cargos efetivos tem caráter contributivo e solidário, mediante contribuição do respectivo ente federativo, de servidores ativos, de aposentados e de pensionistas, observados critérios que preservem o equilíbrio financeiro e atuarial.
- A instituição de Regime Próprio de Previdência Social (RPPS) é feita por lei do respectivo ente federativo (União, Estado, Distrito Federal, Município). A União tem competência para a edição de normas gerais por meio de lei complementar federal.
- Após a reforma da previdência social em novembro/2019 restou vedada a criação de novos regimes próprios de previdência social.
- Apenas servidores públicos ocupantes de cargo efetivo podem ser amparados por regime próprio de previdência social. Caso o ente federativo não tenha criado seu regime próprio de previdência social, seus servidores serão amparados pelo RGPS.
- O rol de benefícios dos regimes próprios de previdência social fica limitado às aposentadorias e à pensão por morte.
- Os afastamentos por incapacidade temporária para o trabalho e o salário-maternidade serão pagos diretamente pelo ente federativo e não correrão à conta do regime próprio de previdência social ao qual o servidor se vincula.
- Os servidores titulares apenas de cargos em comissão são segurados do RGPS, sempre. Também são filiados obrigatórios do RGPS os agentes que trabalham para a Administração Pública submetidos ao regime da CLT e os temporários (contratados por tempo determinado para atenderem a necessidade temporária de excepcional interesse público, na forma do art. 37, IX, da CF).
- Os entes federativos não podem adotar mais de um regime previdenciário para seus servidores.

| | |
|---|---|
| **REGIME PRÓPRIO DE PREVIDÊNCIA DOS SERVIDORES PÚBLICOS** | Instituídos por **lei** do respectivo **ente da Federação** para amparar os servidores ocupantes de cargo público efetivo.<br>Caráter contributivo e solidário, mediante contribuição do respectivo ente público, dos servidores ativos e inativos e dos pensionistas, observados critérios que preservem o equilíbrio financeiro e atuarial.<br>O rol de benefícios dos regimes próprios de previdência social **fica limitado às aposentadorias e à pensão por morte.** |

- As regras para cálculo de proventos de aposentadoria serão disciplinadas em lei do respectivo ente federativo.
- O servidor público de um mesmo regime próprio de previdência, não poderá ter mais de uma aposentadoria, salvo se os cargos ocupados forem acumuláveis.
- É inconstitucional remunerar servidor público, mesmo que exerça jornada de trabalho reduzida, em patamar inferior a um salário mínimo (STF, Tema 900, Repercussão Geral).
- O servidor público será aposentado por incapacidade permanente para o trabalho, no cargo em que estiver investido, quando insuscetível de readaptação, hipótese em que será obrigatória a realização de avaliações periódicas para verificação da continuidade das condições que ensejaram a concessão da aposentadoria, na forma de lei do respectivo ente federativo.
- A aposentadoria compulsória dos servidores públicos ocorrerá aos 75 anos de idade, na forma de Lei Complementar nº 152/2015, com proventos proporcionais ao tempo de contribuição, sem exigir tempo mínimo de contribuição.
- O servidor titular de cargo efetivo que tenha completado as exigências para a aposentadoria voluntária e que opte por permanecer em atividade poderá fazer jus a um abono de permanência equivalente, no máximo, ao valor da sua contribuição previdenciária, até completar a idade para aposentadoria compulsória.

- O benefício de **pensão por morte** será concedido nos termos de lei do respectivo ente federativo, a qual tratará de forma diferenciada a hipótese de morte dos servidores policiais, agentes penitenciários e socioeducativos, decorrente de agressão sofrida no exercício ou em razão da função.
- A pensão por morte de servidor público poderá ser paga em valor inferior a 01 (um) salário mínimo quando o dependente tiver outra fonte formal de renda.
- Para o custeio do regime próprio de previdência dos servidores efetivos, os entes instituirão, por meio de lei, contribuições cobradas dos servidores ativos, dos aposentados e dos pensionistas, que poderão ter alíquotas progressivas de acordo com o valor da base de contribuição ou dos proventos de aposentadoria e de pensões.
- Os Estados, o Distrito Federal e os Municípios não poderão estabelecer alíquota inferior à da contribuição dos servidores da União, exceto se demonstrado que o respectivo regime próprio de previdência social não possui déficit atuarial a ser equacionado, hipótese em que a alíquota não poderá ser inferior às alíquotas aplicáveis ao Regime Geral de Previdência Social.
- Quando houver déficit atuarial, a contribuição ordinária dos aposentados e pensionistas poderá incidir sobre o valor dos proventos de aposentadoria e de pensões que supere o valor do salário mínimo.
- A exigência de contribuição previdenciária alcançará os aposentados e pensionistas, cuja base de cálculo será o valor que excede o valor máximo estabelecido para os benefícios do RGPS. O percentual da contribuição (alíquota) será o mesmo para os dois grupos de inativos e pensionistas, sendo esse percentual igual ao estabelecido para os servidores em atividade.

## 14. PREVIDÊNCIA COMPLEMENTAR

Constituição Federal: art. 201.
Lei Complementar n. 108/2001
Lei Complementar n. 109/2001

- O regime de previdência privada complementar é de **natureza facultativa** e organizado de **forma autônoma** em relação ao Regime Geral de Previdência Social.
- A previdência privada objetiva complementar a proteção oferecida pela previdência pública, por meio de organização autônoma e da adoção do regime de financiamento por capitalização, bem como contribuir para o fomento da poupança nacional.
- As entidades de previdência privada são constituídas sob a forma de **fundação privada, sociedade civil (entidades fechadas) ou sociedade anônima (entidades abertas)**.
- A previdência complementar privada é regulada por lei complementar.
- A Lei Complementar nº 109/2001 traz as regras gerais sobre a previdência complementar e a Lei Complementar nº 108/2001 regula as relações jurídicas entre as entidades da Administração Pública e as entidades fechadas de previdência complementar, os chamados fundos de pensão.
- A entidade de previdência complementar aberta é acessível a qualquer pessoa e será constituída sob a forma de sociedade anônima;
- A entidade de previdência complementar fechada é constituída sob a forma de fundação ou sociedade civil, sem finalidade lucrativa.
- A entidade de previdência complementar fechada contempla grupos fechados como empregados de empresas, servidores dos entes federativos, associados ou membros de pessoas jurídicas de caráter profissional, setorial ou classista.
- **Patrocinadores** são as empresas e os entes federativos que instituem plano de previdência complementar fechada para seus empregados ou servidores.
- **Instituidoras** são as associações que instituem plano de previdência complementar fechada para seus membros associados.
- A pessoa física que aderir ao plano de benefício de previdência privada é denominada **participante**.
- O participante ou seu beneficiário em gozo de benefício de prestação continuada é chamado de **assistido**.
- Os planos de benefícios, regido pela Lei Complementar nº 109/2001 deverão prever os seguintes institutos:

✓ benefício proporcional diferido, em razão da cessação do vínculo empregatício com o patrocinador ou associativo com o instituidor antes da aquisição do direito ao benefício pleno, a ser concedido quando cumpridos os requisitos de elegibilidade;

✓ portabilidade do direito acumulado pelo participante para outro plano;

✓ resgate da totalidade das contribuições vertidas ao plano pelo participante, descontadas as parcelas do custeio administrativo, na forma regulamentada; e

✓ faculdade de o participante manter o valor de sua contribuição e a do patrocinador, no caso de perda parcial ou total da remuneração recebida, para assegurar a percepção dos benefícios nos níveis correspondentes àquela remuneração ou em outros definidos em normas regulamentares (**autopatrocínio**).

- É vedado, no caso de portabilidade, que os recursos financeiros transitem pelos participantes, sob qualquer forma e a transferência de recursos entre participantes.
- .Os planos de benefícios regidos pela Lei Complementar nº 108/2001 atenderão às seguintes regras:

✓ carência mínima de sessenta contribuições mensais a plano de benefícios e cessação do vínculo com o patrocinador, para se tornar elegível a um benefício de prestação que seja programada e continuada; e

✓ concessão de benefício pelo regime de previdência ao qual o participante esteja filiado por intermédio de seu patrocinador, quando se tratar de plano na modalidade benefício definido, instituído depois da publicação da Lei Complementar nº 108/2001.

- É **vedado o aporte de recursos à entidade de previdência privada** pela União, Estados, Distrito Federal e Municípios, suas autarquias, fundações, empresas públicas, sociedades de economia mista e outras entidades públicas, **salvo** na condição de patrocinador, situação na qual, em hipótese alguma, sua contribuição normal poderá exceder a do segurado.
- Além das contribuições normais, os planos poderão prever o aporte de recursos pelos participantes, a título de contribuição facultativa, sem contrapartida do patrocinador.
- É vedado ao patrocinador assumir encargos adicionais para o financiamento dos planos de benefícios, além daqueles previstos nos respectivos planos de custeio.
- As entidades de previdência complementar fechada têm como **órgão regulador** o Conselho Nacional de Previdência Complementar (CNPC) e, como **órgão fiscalizador**, a Superintendência Nacional de Previdência Complementar (PREVIC).
- A Câmara de Recursos da Previdência Complementar (CRPC) funciona como instância recursal e de julgamento das decisões relativas às penalidades aplicadas pela Previc.

- Os auditores fiscais da Secretaria da Receita Federal do Brasil têm atribuição de fiscalizar as entidades de previdência complementar fechada.
- Prescreve em cinco anos o direito a prestações não pagas nem reclamadas na época própria, resguardados os direitos dos menores dependentes, dos incapazes ou dos ausentes, na forma do Código Civil.

## 15. CRIMES PREVIDENCIÁRIOS

### 15.1. CRIME DE APROPRIAÇÃO INDÉBITA PREVIDENCIÁRIA

- Crime previsto no art. 168-A do Código Penal:

> "Deixar de repassar à previdência social as contribuições recolhidas dos contribuintes, no prazo e forma legal ou convencional:
> Pena – reclusão, de 2 (dois) a 5 (cinco) anos, e multa.
> § 1º Nas mesmas penas incorre quem deixar de:
> I – recolher, no prazo legal, contribuição ou outra importância destinada à previdência social que tenha sido descontada de pagamento efetuado a segurados, a terceiros ou arrecadada do público;
> II – recolher contribuições devidas à previdência social que tenham integrado despesas contábeis ou custos relativos à venda de produtos ou à prestação de serviços;
> III – pagar benefício devido a segurado, quando as respectivas cotas ou valores já tiverem sido reembolsados à empresa pela previdência social.
> § 2º É extinta a punibilidade se o agente, espontaneamente, declara, confessa e efetua o pagamento das contribuições, importâncias ou valores e presta as informações devidas à previdência social, na forma definida em lei ou regulamento, antes do início da ação fiscal.
> § 3º É facultado ao juiz deixar de aplicar a pena ou aplicar somente a multa se o agente for primário e de bons antecedentes, desde que:
> I – tenha promovido, após o início da ação fiscal e antes de oferecida a denúncia, o pagamento da contribuição social previdenciária, inclusive acessórios; ou
> II – o valor das contribuições devidas, inclusive acessórios, seja igual ou inferior àquele estabelecido pela previdência social, administrativamente, como sendo o mínimo para o ajuizamento de suas execuções fiscais.
> § 4º A faculdade prevista no § 3º deste artigo não se aplica aos casos de parcelamento de contribuições cujo valor, inclusive dos acessórios, seja superior àquele estabelecido, administrativamente, como sendo o mínimo para o ajuizamento de suas execuções fiscais. (Incluído pela Lei nº 13.606, de 2018"

- **Extinção da punibilidade:** exige-se que o agente, espontaneamente, declare, confesse e efetue o pagamento das contribuições, importâncias ou valores e preste as informações devidas à Previdência Social, antes do início da ação fiscal.
- **Perdão judicial**: o juiz poderá aplicar apenas a pena de multa ou não aplicar pena alguma, nos casos em que o agente seja primário e de bons antecedentes, e:
  a) tenha promovido, após o início da ação fiscal e antes de oferecida a denúncia, o pagamento da contribuição social previdenciária, inclusive acessórios. Essa hipótese resta, hoje, sem aplicação, diante do entendimento que o pagamento a qualquer tempo extingue a punibilidade do crime, ou
  b) se o valor das contribuições devidas, inclusive acessórios, seja igual ou inferior àquele estabelecido pela Previdência Social, administrativamente, como sendo o mínimo para o ajuizamento de suas execuções fiscais

### 15.2. CRIME DE SONEGAÇÃO PREVIDENCIÁRIA

- Previsto no art. 337-A do Código Penal:

> "Suprimir ou reduzir contribuição social previdenciária e qualquer acessório, mediante as seguintes condutas:
> I – omitir de folha de pagamento da empresa ou de documento de informações previsto pela legislação previdenciária segurados empregado, empresário, trabalhador avulso ou trabalhador autônomo ou a este equiparado que lhe prestem serviços;
> II – deixar de lançar mensalmente nos títulos próprios da contabilidade da empresa as quantias descontadas dos segurados ou as devidas pelo empregador ou pelo tomador de serviços;
> III – omitir, total ou parcialmente, receitas ou lucros auferidos, remunerações pagas ou creditadas e demais fatos geradores de contribuições sociais previdenciárias:
> Pena – reclusão, de 2 (dois) a 5 (cinco) anos, e multa.
> § 1º É extinta a punibilidade se o agente, espontaneamente, declara e confessa as contribuições, importâncias ou valores e presta as informações devidas à previdência social, na forma definida em lei ou regulamento, antes do início da ação fiscal.
> § 2º É facultado ao juiz deixar de aplicar a pena ou aplicar somente a de multa se o agente for primário e de bons antecedentes, desde que:
> I – (VETADO)
> II – o valor das contribuições devidas, inclusive acessórios, seja igual ou inferior àquele estabelecido pela previdência social, administrativamente, como sendo o mínimo para o ajuizamento de suas execuções fiscais.
> § 3º Se o empregador não é pessoa jurídica e sua folha de pagamento mensal não ultrapassa 5.679,82 (cinco mil seiscentos e setenta e nove reais e oitenta e dois centavos) - Portaria SEPRT/ME nº 477/2021, o juiz poderá reduzir a pena de um terço até a metade ou aplicar apenas a de multa.
> § 4º O valor a que se refere o parágrafo anterior será reajustado nas mesmas datas e nos mesmos índices do reajuste dos benefícios da previdência social."

- **Extinção da punibilidade**: exige-se que o agente, espontaneamente, declare, confesse as contribuições, importâncias ou valores e preste as informações devidas à Previdência Social, antes do início da ação fiscal.
- **Perdão judicial: o** juiz poderá aplicar apenas a pena de multa ou não aplicar pena alguma, no caso em que o agente seja primário e de bons antecedentes e se o valor das contribuições devidas, inclusive acessórios, seja igual ou inferior àquele estabelecido pela Previdência Social, administrativamente, como sendo o mínimo para o ajuizamento de suas execuções fiscais.
- **Causa de diminuição de pena**: o juiz poderá reduzir a pena de um terço até a metade ou aplicar apenas a pena de multa quando o empregador não for pessoa jurídica e sua folha de pagamento mensal não ultrapassar R$ 4.984,35 (quatro mil novecentos e oitenta e quatro reais e trinta e cinco centavos).

### 15.3. ESTELIONATO PREVIDENCIÁRIO

- Previsto no art. 171, § 3º do Código Penal:

> ***Obter**, para si ou para outrem, **vantagem ilícita**, em prejuízo alheio, induzindo ou mantendo alguém em erro, mediante artifício, ardil, ou qualquer outro meio fraudulento:*

> *Pena – reclusão, de 1 (um) a 5 (cinco) anos, e multa. (...)*
> *§ 3º **A pena aumenta-se de um terço, se o crime é cometido em detrimento de entidade de direito público ou de instituto de economia popular, assistência social ou beneficência** (negrito meu).*

## 15.4. FALSIFICAÇÃO DE DOCUMENTAÇÃO PREVIDENCIÁRIA

Previsto nos §§ 3º e 4º do art. 297 do Código Penal:

> ***Falsificar, no todo ou em parte, documento público, ou alterar documento público verdadeiro:***
> ***Pena – reclusão, de 2 (dois) a 6 (seis) anos, e multa.***
> *§ 1º Se o agente é funcionário público, e comete o crime prevalecendo-se do cargo, aumenta-se a pena de sexta parte.*
> *§ 2º Para os efeitos penais, equiparam-se a documento público o emanado de entidade paraestatal, o título ao portador ou transmissível por endosso, as ações de sociedade comercial, os livros mercantis e o testamento particular.*
> ***§ 3º Nas mesmas penas incorre quem insere ou faz inserir:***
> ***I – na folha de pagamento ou em documento de informações que seja destinado a fazer prova perante a previdência social, pessoa que não possua a qualidade de segurado obrigatório;***
> ***II – na Carteira de Trabalho e Previdência Social do empregado ou em documento que deva produzir efeito perante a previdência social, declaração falsa ou diversa da que deveria ter sido escrita;***
> ***III – em documento contábil ou em qualquer outro documento relacionado com as obrigações da empresa perante a previdência social, declaração falsa ou diversa da que deveria ter constado.***
> *§ 4º Nas mesmas penas incorre quem omite, nos documentos mencionados no § 3º, nome do segurado e seus dados pessoais, a remuneração, a vigência do contrato de trabalho ou de prestação de serviços.*

- Destaque o fato de que se o agente falsificar o documento para cometimento de estelionato, só responderá por estelionato, conforme entendimento que se extrai da **Súmula 17 do STJ:**

> "Quando o falso se exaure no estelionato, sem potencialidade lesiva, é por este absorvido."

## 15.5. INSERÇÃO DE DADOS FALSOS EM SISTEMA DE INFORMAÇÕES

- Previsto no art. 313-A do Código Penal, *in verbis:*

> ***Inserir ou facilitar, o funcionário autorizado**, a inserção de dados falsos, alterar ou excluir indevidamente dados corretos nos sistemas informatizados ou bancos de dados da Administração Pública **com o fim de obter vantagem indevida para si ou para outrem ou para causar dano.***

- **Pena** – reclusão, de 2 (dois) a 12 (doze) anos, e multa
- **Dolo específico:** o agente visa obter vantagem indevida para si ou para outrem ou para causar dano.

## 15.6. MODIFICAÇÃO OU ALTERAÇÃO NÃO AUTORIZADA DE SISTEMA DE INFORMAÇÕES

> *Modificar ou alterar, o funcionário, sistema de informações ou programa de informática sem autorização ou solicitação de autoridade competente:*
> *Pena – detenção, de 3 (três) meses a 2 (dois) anos, e multa.*
> *Parágrafo único. As penas são aumentadas de um terço até a metade se da modificação ou alteração resulta dano para a Administração Pública ou para o administrado.*

- **Causa de aumento de pena:** se da modificação ou alteração resultar dano para a Administração Pública ou para o administrado, a pena é aumentada de um terço até a metade.

Esta nova conduta é conhecida por data ***dilling***.

## ✦ SÚMULAS APLICÁVEIS

## 1. DOS SEGURADOS DA PREVIDÊNCIA SOCIAL

- **STF 466** – Não é inconstitucional a inclusão de sócios e administradores de sociedades e titulares de firmas individuais como contribuintes obrigatórios da previdência social.
- **STJ 577** - É possível reconhecer o tempo de serviço rural anterior ao documento mais antigo apresentado, desde que aparado em convincente prova testemunhal colhida sob o contraditório.
- **STJ 272** – O trabalhador rural, na condição de segurado especial, sujeito à contribuição obrigatória sobre a produção rural comercializada, somente faz jus à aposentadoria por tempo de serviço, se recolher contribuições facultativas.
- **STJ 149** – A prova exclusivamente testemunhal não basta à comprovação da atividade rurícola, para efeito da obtenção de benefício previdenciário.
- **TNU 76** – A averbação de tempo de serviço rural não contributivo não permite majorar o coeficiente de cálculo da renda mensal inicial de aposentadoria por idade previsto no art. 50 da Lei nº 8.213/91
- **TNU 46** – O exercício de atividade urbana intercalada não impede a concessão de benefício previdenciário de trabalhador rural, condição que deve ser analisada no caso concreto.
- **TNU 41** – A circunstância de um dos integrantes do núcleo familiar desempenhar atividade urbana não implica, por si só, a descaracterização do trabalhador rural como segurado especial, condição que deve ser analisada no caso concreto.
- **TNU 34** – Para fins de comprovação do tempo de labor rural, o início de prova material deve ser contemporâneo à época dos fatos a provar.
- **TNU 30** – Tratando-se de demanda previdenciária, o fato de o imóvel ser superior ao módulo rural não afasta, por si só, a qualificação de seu proprietário como segurado especial, desde que comprovada, nos autos, a sua exploração em regime de economia familiar.
- **TNU 24** – O tempo de serviço do segurado trabalhador rural anterior ao advento da Lei n° 8.213/91, sem o recolhimento de contribuições previdenciárias, pode ser considerado para a concessão de benefício previdenciário do Regime Geral de Previdência Social (RGPS), exceto para efeito de carência, conforme a regra do art. 55, § 2°, da Lei n° 8.213/91
- **TNU 14** – Para a concessão de aposentadoria rural por idade, não se exige que o início de prova material, corresponda a todo o período equivalente à carência do benefício.
- **TNU 10** – O tempo de serviço rural anterior à vigência da Lei n°. 8.213/91 pode ser utilizado para fins de contagem recíproca, assim entendida aquela que soma tempo de atividade privada, rural ou urbana, ao de serviço público estatutário, desde que sejam recolhidas as respectivas contribuições previdenciárias.
- **TNU 06** – A certidão de casamento ou outro documento idôneo que evidencie a condição de trabalhador rural do cônjuge constitui início razoável de prova material da atividade rurícola
- **TNU 05** – A prestação de serviço rural por menor de 12 a 14 anos, até o advento da Lei 8.213, de 24 de julho de 1991,

devidamente comprovada, pode ser reconhecida para fins previdenciários.

- **TNU 62** – O segurado contribuinte individual pode obter reconhecimento de atividade especial para fins previdenciários, desde que consiga comprovar exposição a agentes nocivos à saúde ou à integridade física.
- **TNU 52** – Para fins de concessão de pensão por morte, é incabível a regularização do recolhimento de contribuições de segurado contribuinte individual posteriormente a seu óbito, exceto quando as contribuições devam ser arrecadadas por empresa tomadora de serviços.

## 2. DOS DEPENDENTES DO REGIME GERAL DE PREVIDÊNCIA SOCIAL

- **STJ 416** – É devida a pensão por morte aos dependentes do segurado que, apesar de ter perdido essa qualidade, preencheu os requisitos legais para a obtenção de aposentadoria até a data do seu óbito.
- **STJ 336** – A mulher que renunciou aos alimentos na separação judicial tem direito à pensão previdenciária por morte do ex-marido, comprovada a necessidade econômica superveniente.
- **TNU 63** – A comprovação de união estável para efeito de concessão de pensão por morte prescinde de início de prova material[4].
- **TNU 37** – A pensão por morte, devida ao filho até os 21 anos de idade, não se prorroga pela pendência do curso universitário.
- **TNU 04** – Não há direito adquirido à condição de dependente de pessoa designada, quando o falecimento do segurado deu-se após o advento da Lei 9.032/95.

## 3. DOS BENEFÍCIOS PREVIDENCIÁRIOS

### 3.1. AUXÍLIO POR INCAPACIDADE TEMPORÁRIA

- **STJ 146** – O segurado, vítima de novo infortúnio, faz jus a um único benefício somado ao salário de contribuição vigente no dia do acidente.
- **STJ 44** – A definição, em ato regulamentar, de grau mínimo de disacusia, não exclui, por si só, a concessão do benefício previdenciário.
- **TNU 78** - Comprovado que o requerente de benefício é portador do vírus HIV, cabe ao julgador verificar as condições pessoais, sociais, econômicas e culturais, de forma a analisar a incapacidade em sentido amplo, em face da elevada estigmatização social da doença.
- **TNU 77** – O julgador não é obrigado a analisar as condições pessoais e sociais quando não reconhecer a incapacidade do requerente para a sua atividade habitual.
- **TNU 73** – O tempo de gozo de auxílio-doença ou de aposentadoria por invalidez não decorrentes de acidente de trabalho só pode ser computado como tempo de contribuição ou para fins de carência quando intercalado entre períodos nos quais houve recolhimento de contribuições para a previdência social.
- **TNU 72** – É possível o recebimento de benefício por incapacidade durante período em que houve exercício de atividade remunerada quando comprovado que o segurado estava incapaz para as atividades habituais na época em que trabalhou.
- **TNU 65** – Os benefícios de auxílio-doença, auxílio-acidente e aposentadoria por invalidez concedidos no período de 28/3/2005 a 20/7/2005 devem ser calculados nos termos da Lei nº 8.213/1991, em sua redação anterior à vigência da Medida Provisória nº 242/2005.
- **TNU 57** – O auxílio-doença e a aposentadoria por invalidez não precedida de auxílio-doença, quando concedidos na vigência da Lei nº 9.876/1999, devem ter o salário de benefício apurado com base na média aritmética simples dos maiores salários de contribuição correspondentes a 80% do período contributivo, independentemente da data de filiação do segurado ou do número de contribuições mensais no período contributivo.
- **TNU 53** – Não há direito a auxílio-doença ou a aposentadoria por invalidez quando a incapacidade para o trabalho é preexistente ao reingresso do segurado no Regime Geral de Previdência Social.

### 3.2. AUXÍLIO-ACIDENTE

- **STJ 507** – A acumulação de auxílio-acidente com aposentadoria pressupõe que a lesão incapacitante e a aposentadoria sejam anteriores a 11/11/97, observado o critério do artigo 23 da lei 8.213/91 para definição do momento da lesão nos casos de doença profissional ou do trabalho.
- **TNU 65** – Os benefícios de auxílio-doença, auxílio-acidente e aposentadoria por invalidez concedidos no período de 28/3/2005 a 20/7/2005 devem ser calculados nos termos da Lei nº 8.213/1991, em sua redação anterior à vigência da Medida Provisória nº 242/2005.

### 3.3. APOSENTADORIA POR INCAPACIDADE PERMANENTE

- **STJ 576** - Ausente requerimento administrativo no INSS, o termo inicial para a implantação da aposentadoria por invalidez concedida judicialmente será a data da citação válida.
- **TNU 78** - Comprovado que o requerente de benefício é portador do vírus HIV, cabe ao julgador verificar as condições pessoais, sociais, econômicas e culturais, de forma a analisar a incapacidade em sentido amplo, em face da elevada estigmatização social da doença.
- **TNU 77** – O julgador não é obrigado a analisar as condições pessoais e sociais quando não reconhecer a incapacidade do requerente para a sua atividade habitual.
- **TNU 73** – O tempo de gozo de auxílio-doença ou de aposentadoria por invalidez não decorrentes de acidente de trabalho só pode ser computado como tempo de contribuição ou para fins de carência quando intercalado entre períodos nos quais houve recolhimento de contribuições para a previdência social.
- **TNU 72** – É possível o recebimento de benefício por incapacidade durante período em que houve exercício de atividade remunerada quando comprovado que o segurado estava incapaz para as atividades habituais na época em que trabalhou.
- **TNU 65** – Os benefícios de auxílio-doença, auxílio-acidente e aposentadoria por invalidez concedidos no período de 28/3/2005 a 20/7/2005 devem ser calculados nos termos da Lei nº 8.213/1991, em sua redação anterior à vigência da Medida Provisória nº 242/2005.
- **TNU 57** – O auxílio-doença e a aposentadoria por invalidez não precedida de auxílio-doença, quando concedidos na vigência da Lei nº 9.876/1999, devem ter o salário de benefício apurado com base na média aritmética simples dos

4. Editada antes da alteração que trouxe a Lei 13.846/2019, exigindo expressamente início de prova material contemporânea dos fatos para comprovação da dependência econômica.

maiores salários de contribuição correspondentes a 80% do período contributivo, independentemente da data de filiação do segurado ou do número de contribuições mensais no período contributivo.

- **TNU 53 –** Não há direito a auxílio-doença ou a aposentadoria por invalidez quando a incapacidade para o trabalho é preexistente ao reingresso do segurado no Regime Geral de Previdência Social.
- **TNU 47 –** Uma vez reconhecida a incapacidade parcial para o trabalho, o juiz deve analisar as condições pessoais e sociais do segurado para a concessão de aposentadoria por invalidez.
- **TNU 36 –** Não há vedação legal à cumulação da pensão por morte de trabalhador rural com o benefício da aposentadoria por invalidez, por apresentarem pressupostos fáticos e fatos geradores distintos.

## 3.4. APOSENTADORIA ESPECIAL

- **TNU 87 –** A eficácia do EPI não obsta o reconhecimento de atividade especial exercida antes de 03/12/1998, data de início da vigência da MP 1.729/98, convertida na Lei n. 9.732/98.
- **TNU 85 –** É possível a conversão de tempo comum em especial de período(s) anterior(es) ao advento da Lei nº 9.032/95, desde que todas as condições legais para a concessão do benefício pleiteado tenham sido atendidas antes da publicação da referida lei, independentemente da data de entrada do requerimento (DER).
- **TNU 82 –** O código 1.3.2 do quadro anexo ao Decreto nº 53.831/64, além dos profissionais da área da saúde, contempla os trabalhadores que exercem atividades de serviços gerais em limpeza e higienização de ambientes hospitalares
- **TNU 75** – A Carteira de Trabalho e Previdência Social (CTPS) em relação à qual não se aponta defeito formal que lhe comprometa a fidedignidade goza de presunção relativa de veracidade, formando prova suficiente de tempo de serviço para fins previdenciários, ainda que a anotação de vínculo de emprego não conste no Cadastro Nacional de Informações Sociais (CNIS).
- **TNU 71** – O mero contato do pedreiro com o cimento não caracteriza condição especial de trabalho para fins previdenciários.
- **TNU 70** – A atividade de tratorista pode ser equiparada à de motorista de caminhão para fins de reconhecimento de atividade especial mediante enquadramento por categoria profissional
- **TNU 68** – O laudo pericial não contemporâneo ao período trabalhado é apto à comprovação da atividade especial do segurado.
- **TNU 62** – O segurado contribuinte individual pode obter reconhecimento de atividade especial para fins previdenciários, desde que consiga comprovar exposição a agentes nocivos à saúde ou à integridade física.
- **TNU 68 –** O laudo pericial não contemporâneo ao período trabalhado é apto à comprovação da atividade especial do segurado.
- **TNU 55** – A conversão do tempo de atividade especial em comum deve ocorrer com aplicação do fator multiplicativo em vigor na data da concessão da aposentadoria.
- **TNU 50** – É possível a conversão do tempo de serviço especial em comum do trabalho prestado em qualquer período.
- **TNU 49** – Para reconhecimento de condição especial de trabalho antes de 29/4/1995, a exposição a agentes nocivos à saúde ou à integridade física não precisa ocorrer de forma permanente.
- **TNU 26** – A atividade de vigilante enquadra-se como especial, equiparando-se à de guarda, elencada no item 2.5.7. do Anexo III do Decreto nº 53.831/64
- **TNU 09** – O uso de Equipamento de Proteção Individual (EPI), ainda que elimine a insalubridade, no caso de exposição a ruído, não descaracteriza o tempo de serviço especial prestado.

## 3.5. SALÁRIO-MATERNIDADE

- **TNU 45 –** O salário-maternidade deve receber correção monetária desde a época do parto, independentemente da data do requerimento administrativo.
- **TST OJ nº 44 da SDI - I - Gestante. Salário-maternidade.** É devido o salário-maternidade, de 120 dias, desde a promulgação da CF/1988, ficando

## 3.6. PENSÃO POR MORTE

- **STF 613** – Os dependentes de trabalhador rural não têm direito a pensão previdenciária, se o óbito ocorreu anteriormente à vigência da Lei Complementar 11/71.
- **STJ 416 –** É devida a pensão por morte aos dependentes do segurado que, apesar de ter perdido essa qualidade, preencheu os requisitos legais para a obtenção de aposentadoria até a data do seu óbito.
- **STJ 340** – A lei aplicável à concessão de pensão previdenciária por morte é aquela vigente na data do óbito do segurado.
- **STJ 336 –** A mulher que renunciou aos alimentos na separação judicial tem direito à pensão previdenciária por morte do ex marido, comprovada a necessidade econômica superveniente.
- **TNU 63** – A comprovação de união estável para efeito de concessão de pensão por morte prescinde de início de prova material.
- **TNU 52** – Para fins de concessão de pensão por morte, é incabível a regularização do recolhimento de contribuições de segurado contribuinte individual posteriormente a seu óbito, exceto quando as contribuições devam ser arrecadadas por empresa tomadora de serviços.
- **TNU 37** – A pensão por morte, devida ao filho até os 21 anos de idade, não se prorroga pela pendência do curso universitário
- **TNU 36** – Não há vedação legal à cumulação da pensão por morte de trabalhador rural com o benefício da aposentadoria por invalidez, por apresentarem pressupostos fáticos e fatos geradores distintos.

## 3.7. OUTRAS SÚMULAS SOBRE BENEFÍCIOS E AÇÕES PREVIDENCIÁRIAS

- **STF 729 –** A decisão na ação direta de constitucionalidade não se aplica à antecipação de tutela em causa de natureza previdenciária.
- **STF 689** – O segurado pode ajuizar ação contra a instituição previdenciária perante o juízo federal do seu domicílio ou nas varas federais da capital do estado-membro.
- **STF 688 –** É legítima a incidência da contribuição previdenciária sobre o 13º salário.
- **STF 687 –** A revisão de que trata o art. 58 do ADCT não se aplica aos benefícios previdenciários concedidos após a promulgação da Constituição de 1988.

PREVIDENCIÁRIO

- **STJ 483**– O INSS não está obrigado a efetuar depósito prévio do preparo por gozar das prerrogativas e privilégios da Fazenda.
- **STJ 456** – É incabível a correção monetária dos salários de contribuição considerados no cálculo do salário de benefício de auxílio-doença, aposentadoria por invalidez, pensão ou auxílio-reclusão concedidos antes da vigência da CF/1988.
- **STJ 242**– Cabe ação declaratória para reconhecimento de tempo de serviço para fins previdenciários.
- **STJ 204** – Os juros de mora nas ações relativas a benefícios previdenciários incidem a partir da citação válida.
- **STJ 178** – O INSS não goza de isenção do pagamento de custas e emolumentos, nas ações acidentárias e de benefícios, propostas na justiça estadual.
- **STJ 175**– Descabe o depósito prévio nas ações rescisórias propostas pelo INSS.
- **STJ 148** – Os débitos relativos a benefício previdenciário, vencidos e cobrados em juízo após a vigência da Lei nº 6.899/1981, devem ser corrigidos monetariamente na forma prevista nesse diploma legal.
- **STJ 111** – Os honorários advocatícios, nas ações previdenciárias, não incidem sobre prestações vincendas (Tema 1105, STJ)
- **STJ 110** – A isenção do pagamento de honorários advocatícios, nas ações acidentárias, é restrita ao segurado.
- **STJ 77** – A Caixa Econômica Federal é parte ilegítima para figurar no polo passivo das ações relativas às contribuições para o fundo PIS/Pasep.
- **STJ 65**– O cancelamento, previsto no art. 29 do Decreto-lei 2.303, de 21.11.86, não alcança os débitos previdenciários.
- **TNU 83** - A partir da entrada em vigor da Lei n. 8.870/94, o décimo terceiro salário não integra o salário de contribuição para fins de cálculo do salário de benefício.
- **TNU 81** - Não incide o prazo decadencial previsto no art. 103, caput, da Lei n. 8.213/91, nos casos de indeferimento e cessação de benefícios, bem como em relação às questões não apreciadas pela Administração no ato da concessão.
- **TNU 74**– O prazo de prescrição fica suspenso pela formulação de requerimento administrativo e volta a correr pelo saldo remanescente após a ciência da decisão administrativa final.

## 4. DO FINANCIAMENTO DA SEGURIDADE SOCIAL

## 4.1. DAS CONTRIBUIÇÕES SOCIAIS

- **STF – Súmula Vinculante nº 53** – A competência da Justiça do Trabalho prevista no art. 114, VIII, da Constituição Federal alcança a execução de ofício das contribuições previdenciárias relativas ao objeto da condenação constante das **sentenças que proferir e acordos por ela homologados.**
- **STF – Súmula Vinculante nº 50** – Norma legal que altera o prazo de recolhimento de obrigação tributária não se sujeita ao princípio da anterioridade.
- **STF 659** - É legítima a cobrança da COFINS, do PIS e do FINSOCIAL sobre as operações relativas a energia elétrica, serviços de telecomunicações, derivados de petróleo, combustíveis e minerais do país.
- **STJ 516** - A contribuição de intervenção no domínio econômico para o Incra (Decreto-Lei n. 1.110/1970), devida por empregadores rurais e urbanos, não foi extinta pelas Leis no. 7.787/1989, 8.212/1991 e 8.213/1991, não podendo ser compensada com a contribuição ao INSS.
- **STJ 508** – A isenção da Cofins concedida pelo artigo 6º, II, da LC 70/91 às sociedades civis de prestação de serviços profissionais foi revogada pelo artigo 56 da lei 9.430/96.
- **STJ 468** - A base de cálculo do PIS, até a edição da MP n. 1.212/1995, era o faturamento ocorrido no sexto mês anterior ao do fato gerador.
- **STJ 423** – A Contribuição para Financiamento da Seguridade Social – COFINS incide sobre as receitas provenientes das operações de locação de bens móveis.
- **TST 454. Competência da justiça do trabalho. Execução de ofício. Contribuição social referente ao seguro de acidente de trabalho (sat). Arts. 114, VIII, e 195, i, "a", da constituição da república.** (conversão da Orientação Jurisprudencial nº 414 da SBDI-1) Compete à Justiça do Trabalho a execução, de ofício, da contribuição referente ao Seguro de Acidente de Trabalho (SAT), que tem natureza de contribuição para a seguridade social (arts. 114, VIII, e 195, I, "A", da CF), pois se destina ao financiamento de benefícios relativos à incapacidade do empregado decorrente de infortúnio no trabalho (arts. 11 e 22 da Lei nº 8.212/1991).

## 4.2. DO SALÁRIO DE CONTRIBUIÇÃO

- **STF 688** – É legítima a incidência da contribuição previdenciária sobre o 13º salário.
- **STF 241** – A contribuição previdenciária incide sobre o abono incorporado ao salário.
- **STJ 458** – A contribuição previdenciária incide sobre a comissão paga ao corretor de seguros.
- **STJ 456** – É incabível a correção monetária dos salários de contribuição considerados no cálculo do salário de benefício de auxílio-doença, aposentadoria por invalidez, pensão ou auxílio-reclusão concedidos antes da vigência da CF/1988.
- **STJ 310** – O Auxílio-creche não integra o salário de contribuição.
- **TNU 83** - A partir da entrada em vigor da Lei n. 8.870/94, o décimo terceiro salário não integra o salário de contribuição para fins de cálculo do salário de benefício.
- **TNU 67**– O auxílio-alimentação recebido em pecúnia por segurado filiado ao Regime Geral da Previdência Social integra o salário de contribuição e sujeita-se à incidência de contribuição previdenciária.

## 4.3. DA CONTRIBUIÇÃO DAS EMPRESAS

- **STJ 425** – A retenção da contribuição para a seguridade social pelo tomador do serviço não se aplica às empresas optantes pelo Simples.
- **STJ 360** – O benefício da denúncia espontânea não se aplica aos tributos lançados por homologação regularmente declarados, mas pagos a destempo.
- **STJ 351** – A alíquota de contribuição para o Seguro de Acidente do Trabalho (SAT) é aferida pelo grau de risco desenvolvido em cada empresa, individualizada pelo seu CNPJ, ou pelo grau de risco da atividade preponderante quando houver apenas um registro.
- **TST - Súmula nº 454** - Competência da Justiça do Trabalho. Execução de ofício. Contribuição social referente ao seguro de acidente de trabalho (SAT). Arts. 114, VIII, e 195, I, "a", da Constituição da República. (conversão da Orientação Jurisprudencial nº 414 da SBDI-1) - Compete à Justiça do Trabalho a execução, de ofício, da contribuição referente ao Seguro de Acidente de Trabalho (SAT), que tem natureza de contribuição para a seguridade social (arts. 114, VIII, e 195, I, "a", da CF), pois se destina ao financiamento de benefícios

relativos à incapacidade do empregado decorrente de infortúnio no trabalho (arts. 11 e 22 da Lei nº 8.212/1991).

### 4.4. DA DECADÊNCIA E PRESCRIÇÃO DAS CONTRIBUIÇÕES DA SEGURIDADE SOCIAL

- **STF – Súmula Vinculante nº 8 –** São inconstitucionais o parágrafo único do artigo 5º do Decreto-Lei nº 1.569/1977 e os artigos 45 e 46 da Lei nº 8.212/1991, que tratam de prescrição e decadência de crédito tributário.

## 5. BENEFÍCIO DE PRESTAÇÃO CONTINUADA DA ASSISTÊNCIA SOCIAL – BPC

- **TNU 80** - Nos pedidos de benefício de prestação continuada (LOAS), tendo em vista o advento da Lei 12.470/11, para adequada valoração dos fatores ambientais, sociais, econômicos e pessoais que impactam na participação da pessoa com deficiência na sociedade, é necessária a realização de avaliação social por assistente social ou outras providências aptas a revelar a efetiva condição vivida no meio social pelo requerente.
- **TNU 79** - Nas ações em que se postula benefício assistencial, é necessária a comprovação das condições socioeconômicas do autor por laudo de assistente social, por auto de constatação lavrado por oficial de justiça ou, sendo inviabilizados os referidos meios, por prova testemunhal.
- **TNU 48** - Para fins de concessão do benefício assistencial de prestação continuada, o conceito de pessoa com deficiência, que não se confunde necessariamente com situação de incapacidade laborativa, exige a configuração de impedimento de longo prazo com duração mínima de 2 (dois) anos, a ser aferido no caso concreto, desde o início do impedimento até a data prevista para a sua cessação.
- **TNU 29** - Para os efeitos do art. 20, § 2º, da Lei n. 8.742, de 1993, incapacidade para a vida independente não é só aquela que impede as atividades mais elementares da pessoa, mas também a impossibilita de prover ao próprio sustento.
- **TNU 22** – Se a prova pericial realizada em juízo dá conta de que a incapacidade já existia na data do requerimento administrativo, esta é o termo inicial do benefício assistencial.

## 6. PREVIDÊNCIA DO SERVIDOR PÚBLICO

- **STF - Súmula Vinculante nº 55 –** O direito ao auxílio-alimentação não se estende aos servidores inativos.
- **STF - Súmula Vinculante nº 44** - Só por lei se pode sujeitar a exame psicotécnico a habilitação de candidato a cargo público.
- **STF - Súmula Vinculante nº 43 -** É inconstitucional toda modalidade de provimento que propicie ao servidor investir-se, sem prévia aprovação em concurso público destinado ao seu provimento, em cargo que não integra a carreira na qual anteriormente investido.
- **STF - Súmula Vinculante nº 42** - É inconstitucional a vinculação do reajuste de vencimentos de servidores estaduais ou municipais a índices federais de correção monetária.
- **STF - Súmula Vinculante nº 39** - Compete privativamente à União legislar sobre vencimentos dos membros das polícias civil e militar e do corpo de bombeiros militar do Distrito Federal.
- **STF - Súmula vinculante nº 37** - Não cabe ao poder judiciário, que não tem função legislativa, aumentar vencimentos de servidores públicos sob o fundamento de isonomia.
- **STF – Súmula Vinculante nº 33 –** Aplicam-se ao servidor público, no que couber, as regras do Regime Geral de Previdência Social sobre aposentadoria especial de que trata o artigo 40, parágrafo 4º, inciso III, da Constituição Federal, até edição de lei complementar específica.
- **TNU 66** – O servidor público ex-celetista que trabalhava sob condições especiais antes de migrar para o regime estatutário tem direito adquirido à conversão do tempo de atividade especial em tempo comum com o devido acréscimo legal, para efeito de contagem recíproca no regime previdenciário próprio dos servidores públicos.

## 7. PREVIDÊNCIA COMPLEMENTAR

- **STJ 590 -** Constitui acréscimo patrimonial a atrair a incidência do imposto de renda, em caso de liquidação de entidade de previdência privada, a quantia que couber a cada participante, por rateio do patrimônio, superior ao valor das respectivas contribuições à entidade em liquidação, devidamente atualizadas e corrigidas.
- **STJ 505** - a competência para processar e julgar as demandas que têm por objeto obrigações decorrentes dos contratos de planos de previdência privada firmados com a fundação rede ferroviária de seguridade social – REFER é da justiça estadual.
- **STJ 427 –** A ação de cobrança de diferenças de valores de complementação de aposentadoria prescreve em cinco anos contados da data do pagamento.
- **STJ 291** – A ação de cobrança de parcelas de complementação de aposentadoria pela previdência privada prescreve em cinco anos.
- **STJ 290 –** Nos planos de previdência privada, não cabe ao beneficiário a devolução da contribuição efetuada pelo patrocinador
- **STJ 289 –** A restituição das parcelas pagas a plano de previdência privada deve ser objeto de correção plena, por índice que recomponha a efetiva desvalorização da moeda.

## 8. CRIMES PREVIDENCIÁRIOS

- **STF – Súmula Vinculante nº 24 –** Não se tipifica crime material contra a ordem tributária, previsto no art. 1º, incisos I a IV, da Lei nº 8.137/90, antes do lançamento definitivo do tributo.
- **STF 711** – A lei penal mais grave aplica-se ao crime continuado ou ao crime permanente, se a sua vigência é anterior à cessação da continuidade ou da permanência.
- **STJ 24 –** Aplica-se ao crime de estelionato, em que figure como vítima entidade autárquica da previdência social, a qualificadora do § 3º, do art. 171 do código penal.
- **STJ 17** – Quando o falso se exaure no estelionato, sem mais potencialidade lesiva, e por este absorvido.

# Direito Eleitoral

*Jaime Barreiros Neto*

## TABELA DE INCIDÊNCIA DE QUESTÕES

| Distribuição das questões organizada por ordem didática de assuntos | | |
|---|---|---|
| **Assunto** | **Número de Questões** | **Peso** |
| 1. DIREITO ELEITORAL: NOÇÕES INTRODUTÓRIAS | 1 | 6,25% |
| 2. JUSTIÇA ELEITORAL E MINISTÉRIO PÚBLICO ELEITORAL | 4 | 25,00% |
| 3. SISTEMAS ELEITORAIS | 1 | 6,25% |
| 4. PARTIDOS POLÍTICOS | 1 | 6,25% |
| 5. DIREITOS POLÍTICOS, CONDIÇÕES DE ELEGIBILIDADE E INELEGIBILIDADES | 3 | 18,75% |
| 6. REGISTRO DE CANDIDATURAS | 1 | 6,25% |
| 7. ORGANIZAÇÃO DAS ELEIÇÕES, REGISTRO DE CANDIDATURAS E DOMICÍLIO ELEITORAL | 2 | 12,50% |
| 8. ABUSO DE PODER, CONDUTAS VEDADAS E CAPTAÇÃO ILÍCITA DE SUFRÁGIO | 1 | 6,25% |
| 9. AÇÕES E RECURSOS ELEITORAIS | 1 | 6,25% |
| 10. CRIMES ELEITORAIS E PROCESSO PENAL ELEITORAL | 1 | 6,25% |
| **Total** | **16** | **100%** |

## ✦ QUESTÕES

## 1. DIREITO ELEITORAL: NOÇÕES INTRODUTÓRIAS

- Constituição Federal de 1988: artigos 1º a 4º
- Código Eleitoral: artigos 1º a 11
- Lei 9.096/95: artigos 1º a 7º
- Lei 9.504/971; artigos 1º a 5º e 105

---

**01. (FGV – Juiz Substituto – MS/ 2008)** Analise as afirmativas a seguir:

I. O princípio da imediaticidade do sufrágio é característica do sistema eleitoral brasileiro.

II. O sufrágio é universal, direito público subjetivo, que cabe a todos os nacionais, sem restrições.

III. No sistema brasileiro inexiste exceção à regra do voto direto.

IV. O requisito de idade mínima, como condição de elegibilidade, deve estar preenchido na data do certame e não na do registro.

V. É cabível a oponibilidade de inelegibilidade de ordem constitucional até no momento da diplomação.

Estão corretas as afirmativas:

a) I, III e V.

b) I, II, IV.

c) I, IV e V.

d) II, III e IV

e) III, IV e V.

**COMENTÁRIOS**

**Afirmativa "I": CORRETA.** No Brasil, de acordo com o artigo 14, *caput*, da Constituição Federal de 1988: "a soberania popular será exercida pelo sufrágio universal e pelo voto direto e secreto, com igual valor para todos". Vigem, assim, no Brasil, o princípio da imediaticidade do sufrágio, segundo o qual o voto deve resultar imediatamente da vontade do eleitor, sem intermediários, bem como o princípio da universalidade sufrágio, o qual impõe, dentro dos parâmetros da razoabilidade, o direito de sufrágio a todos os cidadãos.

**Afirmativa "II": ERRADA.** Os inalistáveis (menores de 16 anos e conscritos), bem como aqueles que estão com os direitos políticos suspensos, não podem exercer o sufrágio.

**Afirmativa "III": ERRADA.** Segundo a CF/1988, no seu artigo 60, § 4º, II, é cláusula pétrea no Brasil o sufrágio direto, secreto, universal e periódico. O sufrágio indireto, no entanto, é possível, excepcionalmente, em caso de vacância concomitante dos cargos de prefeito e vice-prefeito ou governador e vice-governador, ou ainda presidente e vice-Presidente da República, nos últimos dois anos de mandato, casos em que a Constituição determina a realização de eleições indiretas para os cargos vagos, a fim de que sejam completados os mandatos vagos.

**Afirmativa "IV": CORRETA.** Regra prevista no artigo 11, § 2º da Lei nº 9.504/97, o qual dispõe que: "A idade mínima constitucionalmente estabelecida como condição de elegibilidade é verificada tendo por referência a data da posse". É de se destacar que, com a promulgação da Lei 13.165/15, a idade mínima de 18 anos, para o cargo de vereador, passou a ser aferida na data da formulação do pedido de registro de candidatura, a partir das eleições municipais de 2016.

**Afirmativa "V": CORRETA.** As inelegibilidades infraconstitucionais só podem ser arguidas, em regra, até cinco dias após a publicação do pedido de registro de candidatura. As inelegibilidades constitucionais, entretanto, podem ser arguidas até o momento da diplomação, mediante o Recurso contra a Expedição do Diploma (RCD), previsto no artigo 262 do Código Eleitoral.

**Alternativa correta: letra "c". Afirmativas I, IV e V estão corretas.**

## 2. JUSTIÇA ELEITORAL E MINISTÉRIO PÚBLICO ELEITORAL

- Constituição Federal: artigos 118 a 121
- Código Eleitoral: artigos 12 a 41

---

**02. (FGV – Juiz de Direito – TJ – PE/2022)** A Justiça Eleitoral atua para garantir o exercício da democracia, cuidando de estabelecer diretrizes ético-jurídicas para que o processo eleitoral se desenvolva num clima de tolerância democrática.

Com relação às funções desempenhadas pela Justiça Eleitoral, é correto afirmar que:

a) a Justiça Eleitoral não desempenha função consultiva;

b) a função administrativa da Justiça Eleitoral tem por objetivo solucionar o conflito de interesses em matéria eleitoral;

c) a consulta prevista no Art. 23, inciso XII, do Código Eleitoral não se restringe à matéria eleitoral;

d) a vedação de agir de ofício se aplica aos juízes eleitorais tanto no desempenho da função jurisdicional quanto no da função administrativa;

e) no exercício da função normativa, o Tribunal Superior Eleitoral tem competência para emitir Resoluções e outros atos normativos de caráter genérico em matéria eleitoral.

**COMENTÁRIOS**

Afirmativa A. FALSA. A Justiça Eleitoral pode responder consultas abstratas acerca da correta aplicação da legislação, desvinculadas de casos concretos.

Afirmativa B. FALSA. A função jurisdicional, e não a administrativa da Justiça Elçeitoral, tem a finalidade de resolução de conflitos.

Afirmativa C. FALSA. O Objeto da consulta será matéria eleitoral

Afirmativa D. FALSA. Não se aplica a vedação à matéria administrativa.

Afirmativa E. VERDADEIRA. A Justiça Eleitoral expede atos normativos de conteúdo genérico, conforme limites estabelecidos no artigo 105 da Lei 9.504/97.

**03. (FGV – Juiz de Direito – TJ – MG/2022)** Sobre juiz eleitoral e Ministério Público Eleitoral, assinale a resposta correta.

a) O juiz eleitoral é nomeado entre juízes de direito (justiça estadual), em sistema de rodízio (nas zonas eleitorais onde haja mais de um juiz), por um biênio. O promotor de justiça eleitoral é nomeado entre promotores de justiça (Ministério Público estadual), em sistema de rodízio (nas zonas eleitorais onde haja mais de um promotor de justiça), por um biênio.

b) O juiz eleitoral é nomeado entre juízes de direito (justiça estadual), em sistema de rodízio (nas zonas eleitorais onde haja mais de um juiz), por um biênio; nas capitais dos estados e nas cidades onde haja varas da Justiça Federal, as funções de juiz eleitoral serão distribuídas igualitariamente entre juízes estaduais e juízes federais. O promotor de justiça eleitoral é nomeado entre promotores de justiça (Ministério Público estadual), em sistema de rodízio (nas zonas eleitorais onde haja mais de um promotor de justiça), por um biênio; nas capitais dos estados e nas cidades onde haja varas da Justiça Federal, as funções do Ministério Público eleitoral serão distribuídas igualitariamente entre promotores de justiça (Ministério Público estadual) e procuradores da República (Ministério Público federal).

c) O juiz eleitoral é nomeado entre juízes de direito (justiça estadual), em sistema de rodízio (nas zonas eleitorais onde haja mais de um juiz), por um biênio; nas capitais dos estados e nas cidades onde haja mais de 200 mil eleitores, as funções de juiz eleitoral serão distribuídas igualitariamente entre juízes estaduais e juízes federais. O promotor de justiça eleitoral é nomeado entre promotores de justiça (Ministério Público estadual), em sistema de rodízio (nas zonas eleitorais onde haja mais de um promotor de justiça), por um biênio; nas capitais dos estados e nas cidades onde haja mais de 200 mil eleitores, as funções do Ministério Público eleitoral serão distribuídas igualitariamente entre promotores de justiça (Ministério Público estadual) e procuradores da República (Ministério Público federal).

d) O juiz eleitoral é nomeado entre juízes de direito (justiça estadual), em sistema de rodízio (nas zonas eleitorais onde haja mais de um juiz), por um biênio. As funções do Ministério Público Eleitoral, junto às zonas eleitorais, em face do princípio da indivisibilidade do Ministério Público, são distribuídas igualitariamente, em sistema de rodízio, por um biênio, entre promotores de justiça (Ministério Público estadual) e procuradores da República (Ministério Público federal).

**COMENTÁRIOS**

Os juízes eleitorais serão sempre juízes estaduais de direito, que atuarão em biênios nas zonas eleitorais. Da mesma forma, os promotores eleitorais, atuantes junto às zonas eleitorais, serão sempre promotores de justiça dos ministérios públicos estaduais dos estados respectivos. A resposta correta é a da letra A (responde as demais).

**04. (FGV – Analista Judiciário/TRE-PA/2011)** Quanto aos órgãos da Justiça Eleitoral, é correto afirmar que:

a) cabe a jurisdição de cada uma das Zonas Eleitorais a um Juiz de Direito em efetivo exercício e, na falta deste, ao seu substituto legal, que, igualmente, deve ter adquirido a vitaliciedade para exercer as funções de juiz eleitoral.

b) sã o irrecorríveis as decisões do TSE salvo as que declararem a invalidade de lei ou ato contrário à Constituição Federal e as denegatórias de *habeas corpus* ou mandado de segurança, das quais caberá recurso ordinário para o STF, interposto no prazo de 3 (três) dias.

c) candidato a cargo eletivo, seu cônjuge e parente consanguíneo até segundo grau ou afim até o terceiro grau não podem servir como Escrivão Eleitoral.

d) compete, privativamente, aos Tribunais Regionais Eleitorais, na falta de determinação legal ou constitucional, determinar a data das eleições a Governador e Vice-Governador, Deputados Federais e Estaduais, Prefeitos, Vice-Prefeitos e Vereadores.

e) no exercício de suas atribuições, o Corregedor Regional da Justiça Eleitoral somente se locomoverá para as Zonas Eleitorais por determinação do TSE ou do TRE, ou a pedido dos Juízes Eleitorais.

**COMENTÁRIOS**

**A resposta é letra B.** *(A) ERRADO. O erro está tão somente no fato de mencionar que o substituto legal deve ter adquirido vitaliciedade para exercer as funções de juiz eleitoral. O restante reproduz o art. 32 do código eleitoral. (B) CORRETO. Texto expresso do art. 281 do código eleitoral. (C) ERRADO. O erro está tão somente no grau de parentesco mencionado na proposição, eis que a vedação, prevista no art. 33, § 1º, do código eleitoral, abrange apenas parentes até o segundo grau. (D) ERRADO. A questão aborda o art. 30, IV, do código eleitoral, sendo que seu único erro foi ter inserido as eleições para Deputado Federal. Quanto ao restante, a questão está correta. É oportuno lembrar que esse preceito do código eleitoral não tem mais utilidade prática, eis que a Constituição impõe que as eleições sejam realizadas no primeiro domingo de outubro. (E) ERRADO. Conforme o art. 26, § 2º, do código eleitoral, o Corregedor Regional da Justiça Eleitoral se locomoverá para as Zonas Eleitorais por determinação do Tribunal Superior Eleitoral ou do Tribunal Regional Eleitoral, a pedido dos juízes eleitorais, a requerimento de Partido, deferido pelo Tribunal Regional e, ainda, sempre que entender necessário.*

**05. (FGV – Juiz de Direito Substituto-PA/ 2009)** As Juntas Eleitorais são compostas por:

a) um juiz de direito, que será o presidente, 1 delegado de cada coligação e 1 ou 2 cidadãos de notória idoneidade.

b) um juiz de direito, que será o presidente, um representante do Ministério Público, 1 delegado de cada partido ou 4 cidadãos de notória idoneidade.

c) um juiz de direito, que será o presidente, e 2 ou 4 cidadãos de notória idoneidade.

d) um juiz de direito, que será o presidente e 1 delegado de cada coligação ou partido com candidatos à eleição majoritária.

e) um juiz de direito, que será o presidente, um representante do Ministério Público e 2 cidadãos de notória idoneidade.

**COMENTÁRIOS**

**Alternativa correta**: assertiva "C". Na primeira instância da Justiça Eleitoral funcionarão, de acordo com o Código Eleitoral (arts. 36 a 41), as Juntas Eleitorais, compostas por um juiz de direito, que a presidirá, e de dois a quatro cidadãos de notória idoneidade. O juiz de direito que presidirá a junta eleitoral não necessariamente será o juiz eleitoral da zona eleitoral respectiva, embora haja preferência para este. Vale destacar que, em uma mesma zona eleitoral, poderá ser organizada mais de uma Junta Eleitoral, podendo ser organizadas tantas juntas quantas permitir o número de juízes de direito atuantes na área territorial correspondente à zona eleitoral. Às Juntas Eleitorais compete, de acordo com o artigo 40 do Código Eleitoral, apurar as eleições, resolver as impugnações e demais incidentes verificados durante os trabalhos de contagem e apuração, expedir os boletins de apuração, bem como os diplomas aos eleitos para cargos municipais (prefeito, vice-prefeito e vereadores). Nos municípios onde houver mais de uma junta eleitoral, a expedição dos diplomas do prefeito, vice-prefeito e vereadores eleitos será feita pela junta que for presidida pelo juiz eleitoral mais antigo.

## 3. SISTEMAS ELEITORAIS

- Constituição Federal: artigos 28, 29 e 77 a 82
- Código Eleitoral: artigos 105 a 111

**06. (FGV – Juiz de Direito – TJ – MG/2022)** Analise as afirmativas a seguir e assinale (V) para a verdadeira ou (F) para a falsa.

( ) Conforme a Constituição Federal de 1988, serão eleitos pelo sistema majoritário os prefeitos e vices, governadores e vices, senadores e o presidente da República e vice.

( ) Para efeito de apuração das eleições no sistema proporcional, a Lei n° 9.504/1997 (Lei das Eleições) considera votos válidos apenas os votos dados aos candidatos regularmente inscritos e às legendas partidárias.

( ) Para efeito de apuração das eleições no sistema proporcional, o Código Eleitoral dispõe que a determinação do quociente partidário, para cada partido, resulta da divisão do número de votos válidos dados sob a mesma legenda, pelo número de partidos ou coligações concorrentes, desprezada a fração.

( ) O Art. 10, § 3°, da Lei n° 9.504/1997 (Lei das Eleições) estabelece que, no registro das candidaturas para a disputa das eleições pelo sistema proporcional, "cada partido ou coligação preencherá o mínimo de 30% (trinta por cento) e o máximo de 70% (setenta por cento) para candidaturas de cada sexo". O Tribunal Superior Eleitoral decidiu que, na impossibilidade de registro de candidaturas femininas no percentual mínimo de 30%, o partido ou a coligação deve reduzir o número de candidatos do sexo masculino para adequar-se os respectivos percentuais; ressalva, porém as eleições para vereador nos municípios com menos dez mil eleitores, nos quais, conforme dados atualizados do Instituto Brasileiro de Geografia e Estatística-IBGE, a população masculina seja igual ou superior a 70% da população total do município.

As afirmativas são, na ordem apresentada, respectivamente,

a) V - F - V - F.
b) V - V - F - F.
c) F - V - F - V.
d) V - V - V - F.

**COMENTÁRIOS**

1ª e 2º Afirmativas são verdadeiras. A terceira é falsa, pois o quociente partidário é a divisão do toral de votos obtidos pelo partido, somados todos seus candidatos e votos de legenda, pelo quociente eleitoral. A quarta afirmativa também é falsa, pois não há previsão de flexibilização da regra em municípios com população masculina superior a 70%. Assim, a resposta correta é a da letra B.

## 4. PARTIDOS POLÍTICOS

- Constituição Federal: art. 17
- Lei 9.096/95
- Lei 9.504/97: art. 6º

**07. (FGV – Juiz de Direito – TJ – MG/2022)** Para relacionar o Direito Eleitoral com os partidos políticos, assinale a afirmativa correta.

a) A partir da edição da Lei dos Partidos Políticos (Lei n° 9.096/95) e da alteração do Código Civil Brasileiro pela Lei n° 10.825/2003, os partidos políticos são considerados pessoas jurídicas de direito privado; todavia, sendo relevante seu papel no Estado Democrático de Direito, os partidos políticos ocupam posição de destaque no campo do Direito Eleitoral.
b) A partir da edição da Lei dos Partidos Políticos (Lei n° 9.096/95) e da alteração do Código Civil Brasileiro pela Lei n° 10.825/2003, os partidos políticos são considerados pessoas jurídicas de direito público e estão abrangidos de modo integral no campo do Direito Eleitoral.
c) A partir da edição da Lei dos Partidos Políticos (Lei n° 9.096/95) e da alteração do Código Civil Brasileiro pela Lei n° 10.825/2003, os partidos políticos são considerados pessoas jurídicas de direito público; não obstante, sua abrangência ao campo do Direito Eleitoral é parcial.
d) A partir da edição da Lei dos Partidos Políticos (Lei n° 9.096/95) e da alteração do Código Civil Brasileiro pela Lei n° 10.825/2003, os partidos políticos são considerados pessoas jurídicas de direito privado; todavia, sendo relevante seu papel no Estado Democrático de Direito, toda a matéria relativa aos partidos políticos está no âmbito da competência da Justiça Eleitoral.

**COMENTÁRIOS**

Os Partidos políticos são pessoas jurídicas de direito privado, conforme previsão da Lei 9.096/95, art. 1º e artigo 44, V do Código Civil. Matérias relativas aos partidos de naturea interna corporis, não vinculadas ao processo eleitoral, são da competência da Justiça Comum, e não da Justiça Eleitoral. Isto posto, a alternativa correta é a da letra A.

## 5. DIREITOS POLÍTICOS, CONDIÇÕES DE ELEGIBILIDADE E INELEGIBILIDADES

- Constituição Federal: artigos 12 a 15
- Lei Complementar nº. 64/1990

**08. (FGV – Juiz de Direito – TJ – MG/2022)** Conforme a Lei das Eleições (Lei n° 9504/97), a verificação da idade mínima, como condição constitucional de elegibilidade, será com referência

a) à data da diplomação, nas eleições majoritárias, e à data da posse, nas eleições proporcionais.
b) à data da diplomação, nas eleições proporcionais, e à data da posse, nas eleições majoritárias.
c) à data da posse, salvo os eleitos para prefeito e vereador, cuja aferição será na data-limite para o pedido de registro.
d) à data da posse, salvo os eleitos para vereador, cuja aferição será na data-limite para o pedido de registro.

**COMENTÁRIOS**

A condição de elegibilidade idade mínima é verificada sempre na data da posse do candidato eleito, salvo no caso dos candidatos a vereador, que deverão ter 18 anos quando do pedido de registro de candidatura. Resposta correta é a letra D (responde as demais)

**09. (FGV – Juiz de Direito – TJ – MG/2022)** José Fulano foi eleito governador de um Estado brasileiro, para um primeiro mandato. Na mesma eleição e na mesma unidade federativa, Antônio Fulano, irmão de José, foi eleito deputado federal. Nas eleições gerais seguintes, 4 anos após, ainda no exercício do cargo, José Fulano disputará um novo mandato de governador.

Assinale a opção que indica os cargos, no território de jurisdição do irmão governador, para os quais Antônio Fulano estará inelegível.

a) Deputado federal, deputado estadual e senador.
b) Deputado estadual, senador, governador e vice-governador.
c) Deputado estadual, senador, governador e vice-governador, presidente e vice-presidente da República.
d) Deputado estadual, deputado federal, senador, governador e vice-governador.

**COMENTÁRIOS**

Parentes até o 2º grau e cônjuges de titulares de mandatos executivos estarão inelegíveis no âmbito da circunscrição de atuação destes. Assim, parentes até o 2º grau e cônjuges de governadores estão impedidos de disputar eleições municipais no mesmo estado, bem como eleições para deputado estadual, distrital, federal, senador, governador e vice-governador nesse mesmo estado, salvo se já titulares de mandato eletivo e em busca da reeleição para o mesmo cargo. Por isso, Antonio Fulano pode disputar eleição para deputado federal, na situação descrita, mas não pode para deputado estadual, senador, governador e vice-governador. Poderia disputar para presidente ou vice-presidente da república. Resposta correta letra B (responde as demais)

**10. (FGV - Analista Judiciário/TRE-PA/2011)** A respeito das inelegibilidades, analise as afirmativas a seguir:

I. Os analfabetos são inelegíveis para qualquer cargo e, além disso, estão impedidos de votar por determinação legal.
II. É condição de elegibilidade a idade mínima de 35 (trinta e cinco) anos para os candidatos à Presidência da República e de 30 (trinta) anos para aqueles que pleiteiam a chefia do Poder Executivo dos Estados e do Distrito Federal.
III. Aqueles que forem condenados, em decisão transitada em julgado ou proferida por órgão judicial colegiado, desde a condenação até o transcurso do prazo de 8 (oito) anos após o cumprimento da pena, pelos crimes de lavagem de dinheiro e tráfico de drogas, entre outros, são inelegíveis para qualquer cargo.
IV. As arguições de inelegibilidade são conhecidas pelo TSE quando se tratar de candidato a Presidente ou Vice-Presidente da República e Senador, e pelos Tribunais Regionais Eleitorais no caso dos Governadores ou Vice-Governadores dos Estados e do Distrito Federal.

Assinale

a) se apenas as afirmativas I, III e IV estiverem corretas.
b) se apenas as afirmativas I e III estiverem corretas.
c) se apenas as afirmativas I, II e IV estiverem corretas.
d) se apenas as afirmativas II e III estiverem corretas.
e) se apenas as afirmativas II e IV estiverem corretas.

**COMENTÁRIOS**

**A resposta é letra D.**

**I. ERRADO.** *Realmente os analfabetos são inelegíveis para qualquer cargo (art. 14, § 4º/CF), mas eles não estão impedidos de votar, lhe sendo facultado, pela própria Constituição, o alistamento eleitoral e o voto (art. 14, § 1º/CF).*

**II. CORRETO.** *Previsão do art. 14, § 3º/CF.*

**III. CORRETO.** *Previsão expressa do art. 1º, I, "e", 6º e 7º da LC 64/90, inseridos pela lei da ficha limpa.*

**IV. ERRADO.** *Ao TSE compete tão somente conhecer das arguições de inelegibilidades referentes aos candidatos a Presidente e Vice-Presidente da República, que são as únicas candidaturas nacionais. As arguições referentes a candidatos ao Senador, assim com aos demais cargos de âmbito estadual (Governador e Vice, Deputado Estadual e Federal) são de competência do TRE. Enfim, as relativas aos mandatos municipais (Prefeito, Vice-Prefeito e Vereador) são de competência do juiz eleitoral, tudo isso conforme o art. 2º da LC 64/90.*

## 6. REGISTRO DE CANDIDATURAS

▸ Lei 9.504/97: artigos 10 a 16-B

**11. (FGV - Juiz de Direito - TJ - PR/2021)** As mulheres hoje representam mais da metade do eleitorado brasileiro, mas ainda ocupam menos de 10% dos assentos nas casas legislativas.

Na busca da almejada igualdade de representação de gênero, a legislação eleitoral e a Justiça Eleitoral, através da edição de resoluções, instruções e portarias regulamentares e nas respostas às consultas que lhes são formuladas, vêm tentando fomentar a maior participação das mulheres no cenário político nacional. Diante do exposto, é correto afirmar que:

a) a Emenda Constitucional nº 97/2017 estabeleceu o fim das coligações partidárias nas eleições para cargos proporcionais a partir do pleito municipal de 2020. Assim, cada agremiação, no ato do pedido de registro de candidatura, além do Demonstrativo de Regularidade de Atos Partidários (DRAP), deverá apresentar sua lista de candidatos, observados os percentuais da cota de gênero;
b) a candidata, ao receber a verba oriunda da reserva de recursos do Fundo Especial de Financiamento de Campanha (FEFC) destinada ao custeio das candidaturas femininas, pode utilizá-la no interesse exclusivo de sua campanha, em outras campanhas femininas ou exclusivamente para financiar candidaturas masculinas;
c) a utilização de verba oriunda da reserva de recursos do Fundo Especial de Financiamento de Campanha (FEFC) destinada ao custeio das candidaturas femininas para o pagamento de despesas comuns com candidatos do gênero masculino, ou a transferência ao órgão partidário de verbas destinadas ao custeio da sua cota-parte em despesas coletivas, caracteriza emprego ilícito de recursos do FEFC pelo desvirtuamento da finalidade das cotas de gênero;
d) a previsão de reserva de vagas para candidaturas proporcionais aplica-se à composição das comissões executivas e diretórios nacionais, estaduais e municipais dos partidos políticos, de suas comissões provisórias e demais órgãos equivalentes, e sua inobservância acarreta o indeferimento dos pedidos de anotação dos órgãos de direção partidária formulados junto à Justiça Eleitoral;
e) a formalização de renúncia por candidata, após o transcurso do prazo para substituição das candidaturas, previsto no Art. 13, § 3º, da Lei nº 9.504/1997, acarreta penalização ao partido político por burlar a regra de observância aos percentuais de gênero.

**COMENTÁRIOS**

**Alternativa "a".** CERTO. O percentual mínimo de 30% de candidatos e candidatos, por gênero, deve ser observado para a validade do DRAP. Não é permitido, nas eleições proporcionais, que um partido lance menos de 30% de candidatas ou candidatos, de ambos os gêneros, em relação ao total de candidatos inscritos.

**Alternativa "b".** ERRADO. A verba destinada à candidata não pode ser destinada exclusivamente a candidaturas masculinas, como afirmado.

**Alternativa "c".** ERRADO. Neste caso, não há desvio de finalidade das verbas.

**Alternativa "d".** ERRADO. Não há esta obrigatoriedade quanto à composição das comissões executivas e diretórios nacionais, estaduais e municipais dos partidos políticos, de suas comissões provisórias e demais órgãos equivalentes

**Alternativa "e".** Só haverá penalização se ficar comprovada a intenção da burla à cota e se, obviamente, os percentuais não forem respeitados, após a renúncia da candidata.

## 7. ORGANIZAÇÃO DAS ELEIÇÕES, REGISTRO DE CANDIDATURAS E DOMICÍLIO ELEITORAL

- Código Eleitoral: artigos 42 a 81
- Resolução TSE nº. 23.659

**12. (FGV – Juiz Substituto – MS/ 2008)** O domicílio eleitoral:

a) subsume-se ao local em que a pessoa tenha vínculos sociais e empresariais.

b) deve ser analisado de forma restritiva para evitar fraudes.

c) é conceito que se identifica com o de domicílio civil.

d) requer prova, a despeito de declaração escrita do eleitor.

e) no caso de funcionário público é obrigatoriamente o seu domicílio legal ou de lotação.

**COMENTÁRIOS**

**Nota do autor:** De acordo com o parágrafo único do artigo 42 do Código Eleitoral, o domicílio eleitoral é "o lugar de residência ou moradia do requerente e, verificado ter o alistando mais de uma, considerar-se-á domicílio qualquer delas". Segundo jurisprudência consolidada do TSE (Ac. 18.124, de 16.11.00, do TSE, RJTSE, v. 12, t.3), o domicílio eleitoral não se confunde, necessariamente, com o domicílio civil. Assim, o fato de o eleitor residir em determinado município não constitui óbice para que o mesmo se aliste como eleitor de outro, desde que com este outro mantenha vínculos (negócios, propriedades, atividades políticas etc.). É o chamado "domicílio eleitoral afetivo".

**Alternativa correta: Assertiva "A" CORRETA.** É o chamado "domicílio afetivo", explicado na nota acima.

**Assertiva "B" ERRADA.** Como visto, o TSE, em sua jurisprudência, ampliou o conceito de domicílio eleitoral.

**Assertiva "C" ERRADA.** O domicílio eleitoral pode abranger o chamado "domicílio afetivo".

**Assertiva "D" ERRADA.** A lei 6.996/82 dispensou a prova do domicílio pelo alistando, bastando a autodeclaração, sob as penas da lei.

**Assertiva "E" ERRADA.** De acordo com o parágrafo único do artigo 42 do Código Eleitoral, o domicílio eleitoral é "o lugar de residência ou moradia do requerente e, verificado ter o alistando mais de uma, considerar-se-á domicílio qualquer delas".

**13. (FGV – Juiz de Direito Substituto PA/ 2009)** Os mesários serão nomeados de preferência:

a) entre os eleitores da Zona Eleitoral a qual pertença a seção e, dentre estes, os funcionários públicos federais, estaduais ou municipais.

b) entre os eleitores que tenham transferido seu domicílio eleitoral antes da eleição e, dentre eles, os que contem com mais de 25 anos.

c) entre os eleitores com mais de 25 anos e, dentre estes, os que cursam ensino superior.

d) entre os eleitores que tenham sido indicados pelos partidos políticos e, dentre eles, os que tenham o segundo grau completo.

e) entre os eleitores da própria seção e, dentre estes, os diplomados em escola superior, os professores e os serventuários da Justiça.

**COMENTÁRIOS**

**Alternativa correta**: assertiva "E". Regra prevista no artigo 120, § 2º do Código Eleitoral, o qual dispõe que "os Mesários serão nomeados, de preferência entre os eleitores da própria Seção, e, dentre estes, *os diplomados em escola superior, os professores e os serventuários da Justiça*".

## 8. ABUSO DE PODER, CONDUTAS VEDADAS E CAPTAÇÃO ILÍCITA DE SUFRÁGIO

- Lei 9.504/97: artigos 41-A e 73 a 78
- Lei Complementar nº. 64/1990: artigos 3º a 17, 22 e 30-A

**14. (FGV – Juiz de Direito – TJ – AP/2022)** Campanha eleitoral designa o conjunto de atos e procedimentos adotados pelos candidatos e agremiações políticas para conquistar o voto do eleitor a fim de vencer a disputa eleitoral. A captação dos votos, objetivo principal das campanhas eleitorais, deve obedecer a diretrizes ético-jurídicas para que o processo eleitoral se desenvolva num clima de tolerância democrática. Entretanto, no Brasil, é recorrente a captação ilícita de sufrágio, especialmente nas camadas mais carentes da população. Sobre o tema, é correto afirmar que:

a) o oferecimento de bem ou vantagem pessoal ou de qualquer natureza, inclusive emprego ou função pública, pelo candidato, com o fim de obter o voto, constitui captação ilícita de sufrágio;

b) para caracterização de captação ilícita de sufrágio não se admite presunção, por isso, o pedido de voto deve ser explícito e formulado pelo próprio candidato;

c) embora genericamente chamadas de Ações de Investigação Judicial Eleitoral (AIJE), a ação de investigação judicial eleitoral por abuso de poder, a ação de captação ilícita de sufrágio e a ação de conduta vedada seguem ritos distintos;

d) a distribuição de sopas e remédios em centros assistenciais ou comitês de campanha, por seu caráter humanitário, descaracteriza a captação ilícita de sufrágio;

e) o eleitor que solicita ao candidato bem ou vantagem em troca de seu voto pode responder por captação ilícita de sufrágio.

**COMENTÁRIOS**

Afirmativa A. CORRETA. Conforme previsão expressa no art. 41-A da lei 9.504/97.

Afirmativa B. FALSA. O pedido de voto pode ser implícito nesse caso, e não precisa ser formulado pelo candidato, podendo ser por preposto.

Afirmativa C . FALSA. Todas as referidas ações seguem o rito do art. 22 da LC 64/90.

Afirmativa D. FALSA. Tais condutas também caracterizam a captação ilícita de sufrágio.

Afirmativa E. FALSA. O eleitor não responde pelo artigo 41-A da Lei 9504/97, mas pode ser processado por pratica de crime de corrupção eleitoral (art. 299 do Código Eleitoral).

## 9. AÇÕES E RECURSOS ELEITORAIS

- Constituição Federal: art. 14, § 9º
- Lei Complementar nº. 64/1990: artigos 3º a 17, 22 e 30-A
- Código Eleitoral: artigos 257 a 282
- Resolução TSE nº 23,478/2016

**15. (FGV – Juiz de Direito – TJ – PR/2021)** As ações eleitorais têm por objetivo assegurar que o mandato eletivo seja exercido

ELEITORAL

por quem efetivamente esteja legitimado e, por isso, cada fase do processo eletivo conta com mecanismos de atuação judicial.

Sobre o tema, é correto afirmar que:

a) a captação ilícita de sufrágio se caracteriza pelo pedido explícito de voto feito pelo candidato ao doar, oferecer ou prometer a entrega de bem ou vantagem ao eleitor, e sujeita o infrator ao pagamento de multa e cassação do registro ou do diploma;

b) a Ação de Investigação Judicial Eleitoral tem por objetivo apurar uso, desvio ou abuso do poder econômico ou do poder de autoridade ou utilização indevida de veículos ou meios de comunicação social, em benefício de candidato ou partido político, praticados a partir do registro de candidatura;

c) a Ação de Impugnação de Mandato Eletivo pode ser proposta até a diplomação do candidato, tem por fundamentos abuso de poder econômico, corrupção e fraude, e objetiva impedir que o mandato eletivo seja exercido por quem alcançou a representação política com emprego de práticas ilícitas;

d) a Ação de Impugnação de Registro de Candidatura objetiva impedir que o registro seja deferido por ausência de condição de elegibilidade, por incidência de uma ou mais causa de inelegibilidade ou por falta de cumprimento de formalidade legal. A inelegibilidade superveniente ao registro da candidatura pode ser apreciada através de Recurso contra a Expedição de Diploma;

e) a representação com fundamento no Art. 96, § 8°, da Lei n° 9.504/1997, pode ser proposta para questionar o preenchimento dos percentuais de gênero.

COMENTÁRIOS

**Alternativa "a". ERRADA.** Não há necessidade de pedido explícito de voto para a caracterização da captação ilícita de sufrágio, desde que seja implícita a troca do voto pela vantagem ou em virtude da ameaça ao eleitor.

**Alternativa "b". ERRADA.** O fato a ser apurado pode ter ocorrido no período pré-eleitoral.

**Alternativa "c". ERRADA.** A AIME pode ser proposta apenas nos 15 dias após a diplomação.

**Alternativa "d". CERTA.** Regra prevista nos arts. 3º a 17 da LC 64/90 e artigo 262 do Código Eleitoral, referente ao Recurso Contra a Expedição do Diploma.

**Alternativa "e". ERRADA.** O objetivo do artigo 96 da Lei 9.504/97 é, fundamentalmente, o combate ao exercício irregular da propaganda eleitoral.

## 10. CRIMES ELEITORAIS E PROCESSO PENAL ELEITORAL

▸ Código Eleitoral: artigos 289 a 364

**16. (FGV – Juiz de Direito Substituto-PA/ 2009)** Quando a lei determina a agravação ou atenuação da pena de crime eleitoral, sem mencionar o quantum, deve o juiz, guardados os limites da pena cominada ao crime:

a) fixá-lo entre 1/2 e 1/4.

b) fixá-lo em 1/4.

c) fixá-lo em 1/2.

d) fixá-lo entre 1/5 e 1/3.

e) fixá-lo entre 1/5 e 1/10.

COMENTÁRIOS

**Alternativa correta**: assertiva "D". Estabelece o art. 285 do Código Eleitoral que quando a lei determinar a agravação ou atenuação da pena sem mencionar o "quantum", deverá o juiz fixá-lo entre um quinto e um terço, guardados os limites da pena cominada ao crime.

***Jaime Barreiros Neto***

## ✦ RESUMOS DOUTRINÁRIOS

## 1. DIREITO ELEITORAL: NOÇÕES INTRODUTÓRIAS

- Constituição Federal de 1988: artigos 1º a 4º
- Código Eleitoral: artigos 1º a 11
- Lei 9.096/95: artigos 1º a 7º
- Lei 9.504/97: artigos 1º a 5º e 105

- Pode-se compreender o objeto do Direito Eleitoral como sendo a normatização de todo o chamado "processo eleitoral", que se inicia com o alistamento do eleitor e a consequente distribuição do corpo eleitoral e se encerra com a diplomação dos eleitos.
- O Direito eleitoral tem como objetivo a garantia da normalidade e da legitimidade do procedimento eleitoral, viabilizando a democracia. A normalidade significa a plena garantia da consonância do resultado apurado nas urnas com a vontade soberana expressada pelo eleitorado. A legitimidade, por sua vez, significa o reconhecimento de um resultado justo, de acordo com a vontade soberana do eleitor.
- A competência privativa para legislar sobre Direito Eleitoral é da União, segundo o artigo 22 da Constituição Federal de 1988.
- O sufrágio é o poder inerente ao povo de participar da gerência da vida pública; o voto, por sua vez, é instrumento para a materialização deste poder; o escrutínio, por fim, designa a forma como se pratica o voto, o seu procedimento, portanto.
- No Brasil, de acordo com o artigo 14, caput, da Constituição Federal de 1988: "a soberania popular será exercida pelo sufrágio universal e pelo voto direto e secreto, com igual valor para todos". Vigem, assim, no Brasil, o princípio da imediaticidade do sufrágio, segundo o qual o voto deve resultar imediatamente da vontade do eleitor, sem intermediários, bem como o princípio da universalidade sufrágio, o qual impõe, dentro dos parâmetros da razoabilidade, o direito de sufrágio a todos os cidadãos.
- Segundo o artigo 16 da Constituição Federal, "a lei que alterar o processo eleitoral entrará em vigor na data da sua publicação, não se aplicando à eleição que ocorra até um ano da data da sua vigência". Estabeleceu, assim, o legislador constitucional originário, o princípio da anualidade eleitoral, de fundamental importância para a preservação da segurança jurídica. Evita-se, a partir da aplicação do princípio da anualidade, que as normas eleitorais sejam modificadas faltando menos de um ano e um dia para as eleições, prejudicando o equilíbrio da disputa, com a mudança das regras do jogo.
- Conforme previsão dos artigos 23, XII, e 30, VIII, do Código Eleitoral: a Justiça Eleitoral, por meio do Tribunal Superior Eleitoral e dos TREs poderá **responder a consultas em tese** formuladas por autoridades públicas ou partidos políticos (as consultas dirigidas ao TSE somente poderão ser feitas por autoridade pública federal e órgão nacional de partido político), as quais, como requisitos legais, deverão observar a legitimidade do consulente, bem como a desvinculação da consulta a situações concretas. A consulta deverá sempre ser formulada em tese, em abstrato, acerca de tema eleitoral previsto no Código Eleitoral, na legislação esparsa ou mesmo na Constituição Federal (cf. Res. TSE nº. 22.095/05 e Ac. TSE nº. 22.699, de 12.02.08, DJ de 10.03.08). Historicamente, as consultas respondidas pela Justiça Eleitoral não tinham efeito vinculante. As alterações legislativas promovidas pela Lei 13.655/2018 na Lei de Introdução às Normas do Direito Brasileiro, no entanto, modificaram este panorama. De acordo com o novo artigo 30 da referida lei, "As autoridades públicas devem atuar para aumentar a segurança jurídica na aplicação das normas, inclusive por meio de regulamentos, súmulas administrativas e respostas a consultas". O parágrafo único deste mesmo artigo, por sua vez, determina que "Os instrumentos previstos no *caput* deste artigo terão caráter vinculante em relação ao órgão ou entidade a que se destinam, até ulterior revisão". Assim, pode-se entender que as consultas ao TSE passaram a ter efeito vinculante. Neste sentido, o TSE decidiu pelo caráter vinculante das consultas em 29 de maio de 2018, ao responder a Consulta nº 060023494.
- Não se conhece de consulta sobre matéria já apreciada pelo Tribunal Superior Eleitoral.
- o artigo 2º da Emenda Constitucional 107 mitigou o art. 16 da Constituição, estabelecendo que, em face da excepcionalidade da pandemia, tal artigo não seria aplicável à emenda constitucional 107, que alterou o calendário eleitoral das eleições 2020.

## 2. OS SISTEMAS ELEITORAIS

- Constituição Federal: artigos 28, 29 e 77 a 82
- Código Eleitoral: artigos 105 a 111

- Por sistema eleitoral, podemos compreender o conjunto de critérios utilizados para definir os vencedores em um processo eleitoral, as regras, portanto, do jogo eleitoral.
- No sistema majoritário é considerado eleito o candidato que obtenha a maior soma de votos sobre os seus competidores, sendo os votos atribuídos aos demais candidatos desprezados, prevalecendo, assim, o pronunciamento emitido pela maioria.
- No sistema majoritário, pode ser necessária a mera maioria relativa para a aferição do candidato vencedor em uma eleição, como também pode haver exigência de maioria absoluta. Na primeira hipótese, estaremos diante do chamado sistema majoritário simples, adotado no Brasil nas eleições para senadores da república e prefeitos de municípios com até duzentos mil eleitores. Já na segunda hipótese, teremos a aplicação do sistema majoritário absoluto, adotado, no Brasil, nas eleições para presidente da república, governadores e prefeitos de municípios com mais de duzentos mil eleitores.
- O sistema majoritário simples, adotado nas eleições para prefeitos de municípios com até 200 mil eleitores (e não habitantes) e senadores da república exige um único turno de eleições. Vence o candidato mais votado, independentemente da soma dos votos dos seus adversários.

- No atual sistema eleitoral brasileiro, é exigida a maioria absoluta dos votos para se apontar o candidato vencedor, em uma eleição, apenas nos pleitos para os cargos de presidente da república, governador de estado, e prefeito de municípios com mais de duzentos mil eleitores, conforme disposto nos artigos 28; 29, II e 77 da Constituição Federal. Para estes cargos, o vencedor só será declarado no primeiro turno caso tenha a maioria absoluta dos votos válidos, ou seja, mais votos do que todos os seus adversários somados. De se ressaltar que esta maioria absoluta deve ser aferida somente dos votos válidos, não sendo, portanto, levados em conta os votos em branco, os votos nulos e as abstenções. Caso nenhum candidato consiga maioria absoluta, deverá haver segundo turno entre os dois candidatos mais votados.
- Os votos brancos e os votos nulos, de acordo com a atual legislação eleitoral, não têm nenhum valor. Não procede o mito de que votos brancos e nulos vão para o candidato mais votado. Tais votos proferidos no dia da eleição são desconsiderados, são invalidados, não servindo nem mesmo para anular o pleito, segundo jurisprudência pacificada do TSE. Votos brancos e votos nulos, sufragados de forma voluntária pelo eleitor, não anulam a eleição! Hipoteticamente, se um candidato único a prefeito consegue apenas um voto, e todos os demais votos do município são brancos ou nulos, esse candidato será eleito com 100% dos votos válidos.
- Na contramão do sistema eleitoral majoritário, nos deparamos com o sistema eleitoral proporcional, cujo pressuposto é a repartição aritmética das vagas, pretendendo-se, dessa forma, que a representação, em determinado território se distribua em proporção às correntes ideológicas ou de interesse, integrada nos partidos políticos concorrentes.
- O sistema Eleitoral adotado nas eleições para deputados e vereadores no Brasil é o sistema eleitoral proporcional de lista aberta, cabendo, tão somente, aos eleitores a definição dos nomes dos candidatos que ocuparão as vagas conquistadas pelos partidos ou coligações partidárias. Se o sistema fosse de lista fechada, como vem sendo proposto em muitos projetos de lei integrantes da chamada "reforma política", os eleitores brasileiros votariam apenas nas legendas, ou seja, nos números dos partidos. Neste sistema, os partidos decidem previamente, antes das eleições, a ordem em que os candidatos aparecerão na lista. O eleitor vota somente na legenda, não podendo escolher o seu candidato de preferência, não tendo, assim, a oportunidade de definir livremente os nomes daqueles que ocuparão as cadeiras conquistadas pelo partido ou coligação.

## 3. PARTIDOS POLÍTICOS

- Constituição Federal: art. 17
- Lei 9.096/95
- Lei 9.504/97: art. 6º

- No Brasil, de acordo com o estabelecido no artigo 17 da Constituição Federal de 1988, os partidos políticos são considerados protagonistas do diálogo democrático, sendo vedadas candidaturas de pessoas que não estejam filiadas a partidos políticos. Considerados pessoas jurídicas de direito privado, os partidos políticos têm suas atuações genericamente disciplinadas na Carta Magna, na Lei nº 9096/95 (Lei Geral dos Partidos Políticos), além da própria Lei nº 9.504/97 (Lei das Eleições), que, no seu artigo sexto, disciplina a formação das coligações partidárias.
- De acordo com o caput do artigo 17 da Carta Magna, "é livre a criação, fusão, incorporação e extinção de partidos políticos, resguardados a soberania nacional, o regime democrático, o pluripartidarismo e os direitos fundamentais da pessoa humana". Ainda de acordo com o artigo 17, deverão ser observados, no funcionamento dos partidos políticos no país, o caráter nacional; a proibição de recebimento de recursos financeiros de entidade ou governo estrangeiro ou de subordinação a estes; a prestação de contas à Justiça Eleitoral e o funcionamento parlamentar de acordo com a lei.
- Assegura, ainda, a Constituição Federal, autonomia aos partidos políticos para definir sua estrutura e organização interna, liberdade para a adoção dos critérios de escolha e regime de suas coligações eleitorais, bem como direito a recursos do fundo partidário, acesso gratuito ao rádio e à televisão, na forma da lei, e vedação à utilização de organização paramilitar.

– o partido deverá, para obter o seu registro junto ao Tribunal Superior Eleitoral, possuir caráter nacional, em conformidade com o disposto no art. 7º, I, da Lei nº 9096/95, buscando o apoiamento mínimo. Antes disso, no entanto, o partido deverá requerer seu registro no cartório do registro civil de pessoas jurídicas do local de sua sede (novidade estabelecida pela Lei 13.877/2019), quando adquirirá personalidade jurídica.

– Poderá participar das eleições o partido que, até seis meses antes do pleito, tenha registrado seu estatuto no Tribunal Superior Eleitoral, conforme o disposto em lei, e tenha, até a data da convenção, órgão de direção constituído na circunscrição, de acordo com o respectivo estatuto (novidade da reforma eleitoral de 2017).

- Os partidos políticos são pessoas jurídicas de direito privado, com autonomia e regidos por seus respectivos estatutos. A Lei Geral dos Partidos Políticos, no entanto, respeitando a liberdade inerente a cada partido para fixar seu programa, objetivos políticos, estrutura interna, organização e funcionamento, impõe algumas regras de observância obrigatória às agremiações partidárias, que, necessariamente, deverão ser contempladas em seus programas e estatutos. Assim, o estatuto do partido deverá conter, dentre outras, normas sobre seu nome, denominação abreviada, sede na capital federal, filiação e desligamento dos seus membros, direitos e deveres dos seus filiados, modo de organização e administração, fidelidade e disciplina partidárias, condições e formas de escolha de seus candidatos a cargos e funções eletivas, finanças e contabilidade, critérios de distribuição dos recursos do fundo partidário entre os órgãos de nível municipal, estadual e nacional e procedimentos de reforma do programa e do estatuto.
- Fidelidade partidária é o instituto de direito público que relaciona não apenas o mandatário ao seu partido político, mas sim ao próprio eleitor que, ao elegê-lo, escolheu também votar em determinado partido. O infiel, assim, deverá perder o mandato eletivo.
- Indisciplina partidária é o instituto de direito privado, que relaciona os partidos políticos aos seus filiados. Nos termos do estatuto do partido, o filiado indisciplinado deverá ser advertido, suspenso, ou até mesmo expulso do partido, sem que tal fato, no entanto, acarrete a perda de eventual mandato que esteja exercendo. O que está em jogo, tão somente, é a relação do filiado com o partido político, e o respeito a questões interna corporis da agremiação partidária.
- Por meio da Resolução nº 22.610, o TSE disciplinou o procedimento de perda de mandato eletivo por infidelidade partidária. O STF declarou a constitucionalidade da resolução.

- O partido político com estatuto registrado no Tribunal Superior Eleitoral poderá divulgar propaganda partidária gratuita mediante transmissão no rádio e na televisão, por meio exclusivo de inserções, para: I - difundir os programas partidários; II - transmitir mensagens aos filiados sobre a execução do programa partidário, os eventos com este relacionados e as atividades congressuais do partido; III - divulgar a posição do partido em relação a temas políticos e ações da sociedade civil; IV - incentivar a filiação partidária e esclarecer o papel dos partidos na democracia brasileira; V - promover e difundir a participação política das mulheres, dos jovens e dos negros.

- Os partidos políticos que tenham cumprido as condições estabelecidas no § 3º do art. 17 da Constituição Federal terão assegurado o direito de acesso gratuito ao rádio e à televisão, na proporção de sua bancada eleita em cada eleição geral, nos seguintes termos: I - o partido que tenha eleito acima de 20 (vinte) Deputados Federais terá assegurado o direito à utilização do tempo total de 20 (vinte) minutos por semestre para inserções de 30 (trinta) segundos nas redes nacionais, e de igual tempo nas emissoras estaduais; II - o partido que tenha eleito entre 10 (dez) e 20 (vinte) Deputados Federais terá assegurado o direito à utilização do tempo total de 10 (dez) minutos por semestre para inserções de 30 (trinta) segundos nas redes nacionais, e de igual tempo nas emissoras estaduais; III - o partido que tenha eleito até 9 (nove) Deputados Federais terá assegurado o direito à utilização do tempo total de 5 (cinco) minutos por semestre para inserções de 30 (trinta) segundos nas redes nacionais, e de igual tempo nas redes estaduais.

## 4. JUSTIÇA ELEITORAL

- Constituição Federal: artigos 118 a 121
- Código Eleitoral: artigos 12 a 41

- À Justiça Eleitoral compete, dentre outras atribuições, administrar todo o processo de organização das eleições e das consultas populares (plebiscitos e referendos), bem como exercer função jurisdicional no decorrer do mesmo processo, tecnicamente iniciado com o alistamento eleitoral e encerrado com a diplomação dos eleitos (embora também seja da competência da Justiça Eleitoral o julgamento de ações, a exemplo da Ação de Impugnação de Mandato Eletivo, que podem ser propostas após a diplomação).
- Desde o alistamento dos eleitores, passando pela organização dos locais de votação e pela nomeação de mesários e escrutinadores, cabe à Justiça Eleitoral preparar e administrar todo o chamado "processo eleitoral", desempenhando, assim, função executiva.
- No exercício do poder de polícia, o juiz deverá se restringir "às providências necessárias para inibir práticas ilegais", não tendo poder, portanto, para impor, imediatamente, multas aos infratores da lei, as quais só poderão ser aplicadas mediante a observância do devido processo legal, a partir de representação proposta por partido político, coligação ou candidato, na forma do artigo 96 da Lei nº 9.504/97.
- De acordo com previsão constitucional (artigo 118 da CF/88), são órgãos da Justiça Eleitoral o Tribunal Superior Eleitoral (TSE), os tribunais regionais eleitorais (TREs), os juízes eleitorais e as juntas eleitorais.
- Os juízes dos tribunais eleitorais (inclusive os ministros do TSE), salvo motivo justificado, servirão por dois anos, no mínimo, e nunca por mais de dois biênios consecutivos (se não forem consecutivos, podem ser mais de dois), sendo os substitutos escolhidos na mesma ocasião e pelo mesmo processo, em número igual para cada categoria.
- Composição do Tribunal Superior Eleitoral:

| **Quadro sinótico – Composição do TSE (art. 119 da CF/88)** | | |
|---|---|---|
| Três ministros oriundos do Supremo Tribunal Federal; | Dois ministros oriundos do Superior Tribunal de Justiça; | Dois advogados, de notável saber jurídico e reputação ilibada, nomeados pelo presidente da república, a partir de lista de seis nomes elaborada pelo STF. |

- De acordo com a súmula nº 72 do Supremo Tribunal Federal, no julgamento de questão constitucional, vinculada a decisão do Tribunal Superior Eleitoral, não estão impedidos os ministros do STF que ali tenham funcionado no mesmo processo ou no processo originário.
- Integrantes do TSE continuam a exercer suas atividades no STF, STJ e advocacia de forma concomitante ao exercício das suas funções naquela corte. Aos advogados impede-se, tão somente, o exercício da advocacia na Justiça Eleitoral, durante o período dos seus mandatos como magistrados eleitorais.
- De acordo com o artigo 120 da Constituição Federal, haverá um Tribunal Regional Eleitoral na capital de cada estado e no Distrito Federal, composto, também por sete membros, eleitos pelo voto secreto (vale ressaltar, mais uma vez, que Lei Complementar poderá aumentar o número de membros dos TREs, conforme interpretação do artigo 121 da Constituição).
- Composição dos TREs:

| **Quadro sinótico – Composição dos Tribunais Regionais Eleitorais (art. 120 da CF/88)** |
|---|
| Dois juízes dentre desembargadores do Tribunal de Justiça; |
| Dois juízes dentre juízes de direito escolhidos pelo Tribunal de Justiça; |
| Um juiz do Tribunal Regional Federal com sede na capital do estado ou no Distrito Federal, ou, não havendo, de juiz federal, escolhido, em qualquer caso, pelo Tribunal Regional Federal respectivo; |
| Dois advogados, de notável saber jurídico e reputação ilibada, nomeados pelo presidente da república, a partir de lista de seis nomes elaborada pelo Tribunal de Justiça. |

- Enquanto que no TSE o corregedor-geral eleitoral será, necessariamente, ministro oriundo do Superior Tribunal de Justiça (STJ), nos TREs o corregedor-regional eleitoral poderá ser qualquer um dos membros da corte.
- As competências dos tribunais regionais eleitorais, por sua vez, estão previstas nos artigos 29 e 30 do Código Eleitoral. Dentre as principais, podemos indicar o processamento e o julgamento originário dos pedidos de registro e cancelamento de registros dos diretórios estaduais e municipais de partidos políticos; os conflitos de jurisdição entre juízes eleitorais do respectivo estado; a suspeição ou impedimento dos seus membros, servidores, do procurador regional eleitoral, bem como dos juízes e escrivães eleitorais; os crimes eleitorais cometidos pelos juízes eleitorais; bem como habeas corpus e mandado de segurança, em matéria eleitoral, contra ato de autoridades que respondam perante os tribunais de justiça por crimes de responsabilidade. Em grau de recurso, os TREs ainda são competentes para processar e julgar habeas corpus ou mandado de segurança denegados ou concedidos por juízes eleitorais; bem como outros atos e decisões proferidas pelos juízes e juntas eleitorais.
- Em cada zona eleitoral funcionará um juiz eleitoral que, como já observado, não integra uma carreira própria da magistratura eleitoral. Os juízes eleitorais, assim, serão juízes de direito estaduais em efetivo exercício, que acumularão às suas funções próprias as funções de juiz eleitoral.
- Na primeira instância da Justiça Eleitoral também funcionarão, de acordo com o Código Eleitoral (arts. 36 a 41), as Juntas Eleitorais, compostas por um juiz de direito, que a presidirá, e de dois a quatro cidadãos de notória idoneidade. O juiz de direito que presidirá a junta eleitoral não necessariamente será o juiz eleitoral da zona eleitoral respectiva, embora haja preferência para este. Vale destacar que, em uma mesma zona eleitoral, poderá ser organizada mais de uma Junta Eleitoral, podendo ser organizadas tantas juntas quantas permitir o número de juízes de direito atuantes na área territorial correspondente à zona eleitoral.

– Em regra, vige no exercício das atribuições dos órgãos constituintes do Poder Judiciário o princípio da inércia, segundo o qual tal poder só deve atuar quando provocado, exercendo, assim, a jurisdição. Assim, não cabe ao Poder Judiciário, de forma geral, responder a questões abstratas, dissociadas de uma lide, papel este a ser exercido pelos doutrinadores. No âmbito da **Justiça Eleitoral**, no entanto, é possível nos depararmos com **mais uma peculiaridade**, prevista nos artigos 23, XII, e 30, VIII, do Código Eleitoral: a competência do Tribunal Superior Eleitoral e dos TREs para **responder a consultas em tese** formuladas por autoridades públicas ou partidos políticos (as consultas dirigidas ao TSE somente poderão ser feitas por autoridade pública federal e órgão nacional de partido político). Historicamente, as consultas respondidas pela Justiça Eleitoral não tinham efeito vinculante. As alterações legislativas promovidas pela Lei 13.655/2018 na Lei de Introdução às Normas do Direito Brasileiro, no entanto, modificaram este panorama. De acordo com o novo artigo 30 da referida lei, "As autoridades públicas devem atuar para aumentar a segurança jurídica na aplicação das normas, inclusive por meio de regulamentos, súmulas administrativas e respostas a consultas". O parágrafo único deste mesmo artigo, por sua vez, determina que "Os instrumentos previstos no **caput** deste artigo terão caráter vinculante em relação ao órgão ou entidade a que se destinam, até ulterior revisão". Assim, pode-se entender que as consultas ao TSE passaram a ter efeito vinculante. Neste sentido, o TSE decidiu pelo caráter vinculante das consultas em 29 de maio de 2018, ao responder a Consulta nº 060023494.

## 5. MINISTÉRIO PÚBLICO ELEITORAL

- Constituição Federal: artigos 118 a 121
- Código Eleitoral: artigos 12 a 41

- De acordo com o princípio da federalização do Ministério Público Eleitoral, previsto no artigo 37, I c/c art. 72 da LC 75/93, compete ao Ministério Público Federal, a princípio, a atribuição de oficiar junto à Justiça Eleitoral, em todas as fases do processo.
- De acordo com o princípio da delegação, cuja base legal é o artigo 78 da LC 75/93, delega-se aos membros dos Ministérios Públicos dos estados (promotores de justiça) a atribuição de oficiar junto aos juízos eleitorais de primeira instância (juízes eleitorais e juntas eleitorais). É o princípio da delegação, assim, exceção ao princípio da federalização, marcante na organização do Ministério Público Eleitoral.
- Junto aos tribunais regionais eleitorais, por sua vez, oficiam os Procuradores Regionais Eleitorais (um para cada TRE), a quem incumbe exercer as funções do Ministério Público nas causas de competência do Tribunal Regional Eleitoral respectivo, além de dirigir, no estado, as atividades do setor. O Procurador Regional Eleitoral, juntamente com o seu substituto, será designado pelo Procurador-Geral Eleitoral, dentre os Procuradores Regionais da República no Estado e no Distrito Federal, ou, onde não houver, dentre os Procuradores da República vitalícios, para um mandato de dois anos, podendo ser reconduzido uma vez e destituído, antes do término do mandato, por iniciativa do Procurador-Geral Eleitoral, anuindo a maioria absoluta do Conselho Superior do Ministério Público Federal.
- Junto ao Tribunal Superior Eleitoral, finalmente, atua o Procurador-Geral Eleitoral, que será o próprio Procurador-Geral da República (chefe do Ministério Público da União), a quem compete exercer as funções do Ministério Público nas causas de competência do Tribunal Superior Eleitoral.
- As principais atividades desempenhadas pelo Ministério Público Eleitoral são as seguintes:

| Principais atividades desempenhadas pelo MP Eleitoral | |
|---|---|
| **Na fase preparatória do pleito** | opinar em todos os processos de pedidos de registro de candidaturas, inclusive promovendo impugnações; fiscalizar o exercício da propaganda política, zelando pelo cumprimento da lei eleitoral; acompanhar o processo de nomeação de mesários e de membros das juntas eleitorais; ajuizar Ação de Investigação Judicial Eleitoral. |
| **Na fase da eleição (dia do pleito)** | impugnar atuação de mesário, fiscal ou delegado de partido político; fiscalizar a entrega das urnas; opinar, oralmente ou por escrito, em todos os casos surgidos nesse dia, em sua esfera de atribuição. |
| **Na fase de apuração** | fiscalizar a instalação da junta eleitoral; acompanhar a apuração dos votos; zelar pela concessão do direito de ampla fiscalização do processo pelos partidos políticos; impugnar votos ou urnas; atuar como custos legis. |
| **Na fase da diplomação** | fiscalizar a expedição dos diplomas eleitorais; ajuizar Ação de Impugnação de Mandato Eletivo e Recurso Contra a Diplomação. |

– As investiduras em função eleitoral não ocorrerão em prazo inferior a noventa dias da data do pleito eleitoral e não cessarão em prazo inferior a noventa dias após a eleição, devendo ser providenciadas pelo Procurador Regional Eleitoral as prorrogações eventualmente necessárias à observância deste preceito, ficando vedada a fruição de férias ou licença voluntária do promotor eleitoral no período de noventa dias que antecedem o pleito até quinze dias após a diplomação dos eleitos, salvo em situações excepcionais autorizadas pelo Chefe do Ministério Público respectivo, instruídos os pedidos, nessa ordem, com os seguintes requisitos: I – demonstração da necessidade e da ausência de prejuízo ao serviço eleitoral; II – indicação e ciência do Promotor substituto; III – anuência expressa do Procurador Regional Eleitoral.

## 6. CAPACIDADE POLÍTICA E ALISTAMENTO ELEITORAL

- A aquisição da capacidade política para os brasileiros, firmada a partir do alistamento eleitoral, por sua vez, é obrigatória para os maiores de 18 anos e menores de 70 anos de idade, e facultativa para os maiores de 16 e menores de 18 anos, maiores de 70 anos e analfabetos.
- No Brasil, as normas referentes ao direito de nacionalidade estão previstas, fundamentalmente, no artigo 12 da Constituição Federal de 1988, e, subsidiariamente, na lei 13.445/2017. Assim, de acordo com o inciso I do artigo 12 da CF/88, são considerados brasileiros natos (nacionalidade primária), os nascidos no país, ainda que de pais estrangeiros, desde que estes não estejam a serviço do seu país; os nascidos no exterior, de pai ou mãe brasileira, desde que qualquer deles esteja a serviço da República Federativa do Brasil; e os nascidos no exterior, de pai ou mãe brasileira, que sejam registrados em repartição brasileira competente ou venham a residir no Brasil e optem, a qualquer tempo, depois de atingida a maioridade, pela nacionalidade brasileira.
- Aos portugueses com residência permanente no país, se houver reciprocidade em favor de brasileiros, serão atribuí-

dos os direitos inerentes ao brasileiro, salvo os casos previstos nesta Constituição. É a situação do chamado "português equiparado a brasileiro naturalizado", disciplinada pelo Tratado de Amizade, Cooperação e Consulta, assinado entre Brasil e Portugal em 22 de abril do ano 2000 (data em que se comemorou os 500 anos do descobrimento do Brasil pelos portugueses) e promulgado pelo decreto nº 3.927, de 19 de setembro de 2001. A Resolução TSE nº. 23.659/2021 estabelece, em seu artigo 11, § 3º que "A aquisição do gozo de direitos políticos por pessoa brasileira em Portugal não acarreta a suspensão de direitos políticos ou o cancelamento da inscrição eleitoral e não impede o alistamento eleitoral ou as demais operações do Cadastro Eleitoral".

- O alistamento eleitoral, considerado a primeira etapa do processo eleitoral, é o ato pelo qual o indivíduo se habilita, perante a Justiça Eleitoral, como eleitor e sujeito de direitos políticos, conquistando a capacidade eleitoral ativa.
- De grande relevância é a distinção estabelecida entre alistamento eleitoral, transferência eleitoral, revisão eleitoral e segunda via, , conforme a seguinte tabela:

| Distinção entre alistamento eleitoral, transferência, revisão e segunda via | |
|---|---|
| **alistamento** | quando o alistando requerer inscrição e em seu nome não for identificada inscrição em nenhuma zona eleitoral do país ou exterior, ou a única inscrição localizada estiver cancelada por determinação de autoridade judiciária. |
| **transferência** | ocorre sempre que o eleitor desejar alterar seu domicílio eleitoral. Neste caso, é mantido o número do título de eleitor. |
| **revisão** | ocorre quando o eleitor necessitar alterar local de votação no mesmo município, ainda que haja mudança de zona eleitoral, retificar dados pessoais ou regularizar situação de inscrição cancelada por falecimento, duplicidade/pluralidade, deixar de votar em três eleições consecutivas e revisão do eleitorado, desde que comprovada a inexistência de outra inscrição regular ou suspensa para o eleitor. |
| **Segunda via** | ocorre quando o eleitor estiver inscrito e em situação regular na zona por ele procurada e desejar apenas a segunda via do seu título eleitoral, sem nenhuma alteração. |
| **nos casos de revisão e segunda via** | a data de domicílio do eleitor não será alterada. |

- É facultado o alistamento, no ano em que se realizarem eleições, de menores com 15 anos de idade, desde que, na data da eleição, já tenham completado 16 anos. O brasileiro nato que não se alistar até os 19 anos ou o naturalizado que não se alistar até um ano depois de adquirida a nacionalidade brasileira incorrerá em multa imposta pelo juiz eleitoral e cobrada no ato da inscrição. Tal multa, entretanto, não será aplicada caso o não alistado venha a requerer sua inscrição eleitoral até o 151º dia anterior à eleição subsequente à data em que completar 19 anos.
- De acordo com o artigo 15 da Constituição Federal de 1988, "é vedada a cassação de direitos políticos, cuja perda ou suspensão só se dará nos casos de: I – cancelamento da naturalização por sentença transitada em julgado; II – incapacidade civil absoluta; III – condenação criminal transitada em julgado, enquanto durarem seus efeitos; IV – recusa de cumprir obrigação a todos imposta ou prestação alternativa, nos termos do art. 5º, VIII; V – improbidade administrativa, nos termos do art. 37, § 4º".
- Podemos afirmar que a perda dos direitos políticos é definitiva, enquanto que a suspensão é temporária. Diante desta diferenciação, é possível concluir que a única hipótese de perda de direitos políticos prevista no ordenamento jurídico brasileiro ocorre quando o indivíduo perde a sua nacionalidade, seja em ação de cancelamento de naturalização, ou seja, voluntariamente. Deixando de ser brasileiro, o indivíduo fica, evidentemente, impedido de exercer direitos políticos no Brasil, de forma definitiva.
- De acordo com a Súmula nº 09 do TSE, "a suspensão de direitos políticos decorrente de condenação criminal transitada em julgado cessa com o cumprimento ou a extinção da pena, independendo de reabilitação ou de prova de reparação de danos".
  - A partir da publicação do Estatuto da Pessoa com Deficiência, passa a ser direito fundamental dessas pessoas, de forma inquestionável, a participação na vida política do Estado, inclusive no que se refere ao direito de serem votadas. No que se refere ao direito de votar, por sua vez, a nova lei estabelece que é dever do Estado, e, por conseguinte, da Justiça Eleitoral, garantir que os procedimentos, as instalações, os materiais e os equipamentos para votação sejam apropriados, acessíveis a todas as pessoas e de fácil compreensão e uso, sendo vedada a instalação de seções eleitorais exclusivas para a pessoa com deficiência, regra prevista para não estigmatizar estas pessoas, inserindo as de forma completa na sociedade. Esta regra, de certa forma, já vem sendo observada pela Justiça Eleitoral há alguns anos, não se constituindo em verdadeira novidade.
  - Sempre que necessário, e a pedido da pessoa com deficiência, deverá ser permitido que esta pessoa seja auxiliada na votação por pessoa de sua escolha.
  - Para as eleições gerais de 2018, o TSE, por meio da Resolução nº 23.537/2017, criou o E-Título, aplicativo móvel que substituiu, para seus usuários, o título de eleitor. A grande novidade é que o título tradicional não possui foto, o que obriga o eleitor a apresentar um documento oficial com foto para votar. O E-Título, por sua vez, para os eleitores que já realizaram o cadastramento biométrico, possui foto, substituindo, assim, o título tradicional e também a obrigação de apresentação de um outro documento com foto na hora da votação.

## 7. CONVENÇÕES PARTIDÁRIAS E REGISTRO DE CANDIDATURAS

▸ Lei 9.504/97: artigos 10 a 16-B

- De acordo com a Lei nº 9.504/97, alterada pela Lei nº. 13.165/15, entre os dias 20 de julho e 05 de agosto do ano eleitoral, os partidos políticos deverão realizar suas convenções, a fim de firmar eventuais alianças e escolher seus candidatos, os quais, uma vez escolhidos, deverão solicitar o registro de suas candidaturas até o dia 15 de agosto, do mesmo ano.
- Para concorrer às eleições, o candidato, em regra, deverá possuir domicílio eleitoral na respectiva circunscrição e estar filiado a partido político há pelo menos um ano antes das eleições. Neste sentido, vale relembrar as situações especiais vivenciadas por militares, magistrados, membros do Ministério Público, membros dos tribunais de contas e servidores da Justiça Eleitoral.
- Dispõe o artigo 14, § 8º da Constituição Federal que o militar é elegível, atendidas as seguintes condições: I – se contar menos de dez anos de serviço, deverá afastar-se da atividade; II – se contar mais de dez anos de serviço, será agregado

ELEITORAL

pela autoridade superior e, se eleito, passará automaticamente, no ato da diplomação, para a inatividade. A situação de militar agregado é aquela em que o militar da ativa deixa de ocupar a vaga na escala hierárquica do seu quadro, nela permanecendo sem número.

- Os magistrados e membros dos tribunais de contas, de acordo com a legislação em vigor, deverão se afastar definitivamente dos seus cargos nos prazos de desincompatibilização previstos na Lei Complementar nº 64/90, ou seja, seis meses antes do pleito (Res. TSE nº 20.539/99, 20.886/01, 20.993/02, 22.012/05 e 22.095/05). Uma vez promovida a desincompatibilização, magistrados em membros dos tribunais de contas deverão, imediatamente, filiar-se a partidos políticos, a fim de concorrerem a cargos eletivos.
- De acordo com o § 1º do artigo 8º da Lei nº 9.504/97, "aos detentores de mandato de deputado federal, estadual ou distrital, ou de vereador, e aos que tenham exercido esses cargos em qualquer período da legislatura que estiver em curso, é assegurado o registro de candidatura para o mesmo cargo pelo partido a que estejam filiados". É a chamada "candidatura nata". Analisando, entretanto, a ADI 2.530-9, o Supremo Tribunal Federal considerou o referido dispositivo legal inconstitucional, finalizando a questão. Assim, hoje não é mais possível a candidatura nata: todos os filiados de um partido, postulantes a candidaturas, deverão disputar as convenções partidárias, sem privilégios.
- Nas eleições para presidente da república, vice-presidente da república, governadores, vice-governadores, prefeitos e vice-prefeitos, cada partido político, ou coligação, só poderá lançar um candidato para cada cargo.
- Nas eleições para o Senado Federal, por sua vez, cada partido ou coligação poderá lançar um único candidato ou dois candidatos a depender da eleição. Explicando melhor, o mandato de um senador tem duração de 08 anos e cada unidade federativa (estado e Distrito Federal) tem direito a três senadores no Congresso Nacional. De quatro em quatro anos, então, renova-se um terço ou dois terços das cadeiras do Senado. Assim, na eleição em que duas cadeiras de senadores vierem a ser renovadas (por exemplo, nas eleições 2010), cada partido ou coligação poderá indicar até dois candidatos a senador, cada um deles acompanhado de dois candidatos a suplente, do mesmo partido ou coligação. O eleitor, neste caso, vota em dois candidatos a senador. Já na eleição em que apenas um terço das cadeiras do Senado Federal estiver sendo renovado (por exemplo, nas eleições 2006 e 2014), cada partido ou coligação poderá indicar apenas um candidato a senador, acompanhado de dois candidatos a suplente, do mesmo partido ou coligação. O eleitor, neste caso, vota em apenas um candidato a senador, nesta eleição.
- Os candidatos a vice-presidente da república, vice-governador, vice-prefeito e suplente de senador são eleitos em chapa uma e indivisível juntamente com seus companheiros de chapa, candidatos a titulares dos referidos cargos.
- De acordo com previsão normativa estabelecida pela Lei nº. 14.211, de 01 de outubro de 2021, cada partido poderá registrar candidatos para a Câmara dos Deputados, a Câmara Legislativa, as Assembleias Legislativas e as Câmaras Municipais no total de até 100% (cem por cento) do número de lugares a preencher mais 1 (um). Até as eleições de 2020 este percentual era de 150% do total de vagas em disputa.
- Do número de candidatos possíveis de serem lançados em uma disputa eleitoral, nas eleições proporcionais (deputados e vereadores), cada partido ou coligação deverá reservar o mínimo de trinta por cento e o máximo de setenta por cento para candidaturas de cada sexo. É de se ressaltar que, a partir das eleições 2018, por decisão do tribunal superior eleitoral proferida em março de 2018 (consulta nº. 060405458), A reserva de vagas nas eleições não leva mais em conta o sexo do indivíduo biologicamente determinado no seu nascimento, mas sim o gênero autodeclarado. Assim, pessoas transgênero poderão, caso assim desejem, alterar seus cadastros eleitorais indicando o novo gênero e passando a ser contabilizadas, para efeitos de cotas de registro de candidatos, de acordo com o gênero autodeclarado. (Ac.-Tse, de 1º.3.2018, Na cta nº 060405458: a expressão *"cada sexo"* refere-se ao gênero, e não ao sexo biológico. Ac.-Tse, de 1º.3.2018, Na cta nº 060405458: a autodeclaração de gênero deve ser manifestada no alistamento eleitoral ou na atualização dos dados do cadastro eleitoral, respeitado o prazo previsto nesse artigo). Esta decisão ocorreu após o julgamento, pelo stf, da adi 5617, também em março de 2018, a partir do qual foi definido que "o patamar legal mínimo de candidaturas femininas previsto neste dispositivo equipara-se ao mínimo de recursos do fundo partidário alocado a cada partido, para eleições majoritárias e proporcionais"
- Os partidos e coligações, de acordo com o artigo 11 da Lei nº 9.504/97, solicitação à Justiça Eleitoral o registro de seus candidatos até as 19 horas do dia 15 de agosto do ano eleitoral. Em se tratando de eleições municipais (prefeitos, vice-prefeitos e vereadores), o pedido deverá ser dirigido ao juiz eleitoral da zona eleitoral competente. Nas eleições para governador, vice-governador, deputados federais, deputados estaduais, deputados distritais e senadores, o pedido deverá ser formulado ao Tribunal Regional Eleitoral respectivo. Já nas eleições para presidente e vice-presidente da república, o pedido deverá ser formulado ao Tribunal Superior Eleitoral.
- A idade mínima constitucionalmente estabelecida como condição de elegibilidade é verificada tendo por referência a data da posse, conforme disposto no artigo 11, § 2º da Lei nº 9.504/97. A exceção, a partir da publicação da lei nº. 13.165/15, se dá com o cargo de vereador e a idade mínima de 18 anos, que deverá ser aferida quando do pedido de registro de candidatura.

## 8. CONDIÇÕES DE ELEGIBILIDADE E CAUSAS DE INELEGIBILIDADE

- Constituição Federal: artigos 12 a 15
- Lei Complementar nº. 64/1990

- A capacidade eleitoral ativa refere-se ao direito inerente ao cidadão de participar, como eleitor, de eleições e consultas populares, bem como propor Ação Popular, promover a Iniciativa Popular de Lei, e outras prerrogativas provenientes do exercício do poder de sufrágio. A capacidade eleitoral passiva, por sua vez, vincula-se à capacidade que o cidadão tem de ser votado, pleiteando mandatos políticos.
- Seguindo a Teoria Clássica, abraçada pelo Supremo Tribunal Federal, podemos apontar as seguintes condições de elegibilidade, previstas no artigo 14, § 3º da Constituição Federal de 1988: a nacionalidade brasileira; o pleno exercício dos direitos políticos; o alistamento eleitoral; o domicílio eleitoral na circunscrição; a filiação partidária; e a idade mínima de 35 anos para presidente, vice-presidente da república e senador, 30 anos para governador e vice-governador de estado e do Distrito Federal, 21 anos para deputado federal, deputado estadual ou distrital, prefeito, vice-prefeito e juiz de paz; e dezoito anos para vereador.
- De acordo com o previsto no § 7º do artigo 14 da Constituição Federal, "são inelegíveis, no território de jurisdição do titular, o cônjuge e os parentes consanguíneos ou afins, até o segundo grau ou por adoção, do presidente da república, de governador de estado ou território, do Distrito Federal,

de prefeito ou de quem os haja substituído dentro dos seis meses anteriores ao pleito, salvo se já titular de mandato eletivo e candidato à reeleição.". É a chamada inelegibilidade reflexa, espécie de inelegibilidade relativa decorrente de parentesco.

- A inelegibilidade reflexa só atinge o cônjuge e os parentes até o segundo grau, consanguíneos, por afinidade ou adoção, dos titulares de cargos do Poder Executivo, ou de quem os haja substituído dentro dos seis meses anteriores ao pleito, no âmbito do território de jurisdição (circunscrição) dos mesmos. A Súmula Vinculante nº 18 do STF dispõe que a dissolução da sociedade ou vínculo conjugal, no curso do mandato, não afasta a inelegibilidade reflexa.
- De acordo com a Súmula nº 06 do TSE "é inelegível, para o cargo de prefeito, o cônjuge e os parentes indicados no § 7º do art. 14 da Constituição, do titular do mandato, ainda que este haja renunciado ao cargo há mais de seis meses do pleito". Ainda de acordo com o TSE, o cônjuge e os parentes, até o segundo grau, consanguíneos, por afinidade ou por adoção, do chefe do executivo, são elegíveis para o mesmo cargo do titular, quando este for reelegível e tiver se desincompatibilizado seis meses antes do pleito (Acs. 19.442, de 21.08.01 e 3.043, de 27.11.01).
- O falecimento ou a renúncia do prefeito, governador ou presidente da república, seis meses antes da eleição, afasta a inelegibilidade reflexa dos seus parentes e cônjuges.
- A alínea "e" do artigo 1º, I da LC 64/90 prevê a inelegibilidade desde a condenação por órgão colegiado até o prazo de 08 anos, a contar do término do cumprimento de pena, para os condenados, mesmo sem trânsito em julgado, pelos seguintes crimes:

| **Crimes geradores da inelegibilidade prevista no art. 1º, I, "e" da LC 64/90** |
| --- |
| 1) Crimes contra a economia popular, a fé pública, a administração pública e o patrimônio público; |
| 2) Crimes contra o patrimônio privado, o sistema financeiro, o mercado de capitais e os previstos na lei que regula a falência; |
| 3) Crimes contra o meio ambiente e a saúde pública; |
| 4) Crimes eleitorais, para os quais a lei comine pena privativa de liberdade; |
| 5) Crimes de abuso de autoridade, nos casos em que houver condenação à perda do cargo ou à inabilitação para o exercício de função pública; |
| 6) Crimes de lavagem ou ocultação de bens, direitos e valores; |
| 7) Crimes de tráfico de entorpecentes e drogas afins, racismo, tortura, terrorismo e hediondos; |
| 8) Crimes de redução à condição análoga à de escravo; |
| 9) Crimes contra a vida e a dignidade sexual; e |
| 10) Crimes praticados por organização criminosa, quadrilha ou bando. |
| **OBSERVAÇÃO:** a inelegibilidade será aplicada a partir da condenação, em decisão transitada em julgado ou proferida por órgão judicial colegiado, gerando efeitos até 08 anos após o cumprimento da pena. Caso, no entanto, a condenação se dê por outros crimes, não previstos nesta lista, o eleitor terá apenas seus direitos políticos suspensos enquanto durarem os efeitos da condenação, de acordo com o previsto no artigo 15, III da Constituição Federal de 1988. |

- A desincompatibilização pode ser definida como o afastamento de cargo, emprego ou função, pública ou privada, exercido por cidadão brasileiro, de forma provisória ou definitiva, com o intuito de disputar mandato eletivo, de forma a afastar a inelegibilidade. Vale ressaltar, ainda, que a desincompatibilização, em alguns casos, é válida a fim de que seja evitada a inelegibilidade reflexa de parentes.

## 9. ARRECADAÇÃO DE RECURSOS E PRESTAÇÃO DE CONTAS NAS CAMPANHAS ELEITORAIS

- É a lei nº 9.504/97 (Lei das Eleições) que estabelece nos seus artigos 17 a 32 as normas gerais acerca da arrecadação e da aplicação de recursos nas campanhas eleitorais, bem como aquelas relativas à prestação de contas, temas sempre polêmicos.
- A manutenção de um sistema misto, com a anulação da influência das pessoas jurídicas no financiamento das campanhas eleitorais, é a regra vigente atualmente no Brasil, a partir de decisão do Supremo Tribunal Federal no julgamento da ADI 4.650, em 2015. Como consequência da decisão, o tema da arrecadação de recursos, administração financeira das campanhas eleitorais e prestação de contas foi, o que mais destaque ganhou na elaboração das últimas reformas eleitorais, em 2015, 2017 e 2019, especialmente no que se refere ao estabelecimento de novas regras de financiamento e ao estabelecimento de tetos de gastos.
- A arrecadação de recursos para campanha eleitoral de qualquer natureza deverá observar os seguintes pré-requisitos: I - para candidatos: a) requerimento do registro de candidatura; b) inscrição no Cadastro Nacional da Pessoa Jurídica (CNPJ); c) abertura de conta bancária específica destinada a registrar a movimentação financeira de campanha; e d) emissão de recibos eleitorais. II - para partidos: a) o registro ou a anotação conforme o caso, no respectivo órgão da Justiça Eleitoral; b) inscrição no Cadastro Nacional da Pessoa Jurídica (CNPJ); c) abertura de conta bancária específica destinada a registrar a movimentação financeira de campanha; e d) emissão de recibos de doação na forma regulamentada pelo Tribunal Superior Eleitoral nas prestações de contas anuais.
- Os recursos destinados às campanhas eleitorais, respeitados os limites previstos, somente são admitidos quando provenientes de: I - recursos próprios dos candidatos; II - doações financeiras ou estimáveis em dinheiro de pessoas físicas; III - doações de outros partidos políticos e de outros candidatos; IV - comercialização de bens e/ou serviços ou promoção de eventos de arrecadação realizados diretamente pelo candidato ou pelo partido político; V - recursos próprios dos partidos políticos, desde que identificada a sua origem e que sejam provenientes: a) do Fundo Partidário, de que trata o art. 38 da Lei nº 9.096/1995; b) do Fundo Especial de Financiamento de Campanha (FEFC); c) de doações de pessoas físicas efetuadas aos partidos políticos; d) de contribuição dos seus filiados; e) da comercialização de bens, serviços ou promoção de eventos de arrecadação; f) de rendimentos decorrentes da locação de bens próprios dos partidos políticos; VI - rendimentos gerados pela aplicação de suas disponibilidade.

## 10. PROPAGANDA ELEITORAL E PESQUISAS ELEITORAIS

- A divulgação de pesquisa sem prévio registro das informações obrigatórias na Justiça Eleitoral sujeita o responsável a multa, em valor definido em resolução específica do TSE, para cada eleição (o § 3º do artigo 33 da lei das Eleições fala em multa de cinquenta mil a cem mil UFIR, unidade fiscal extinta pela lei nº 10.522/02). A divulgação de pesquisa fraudulenta, por sua vez, constitui crime, gerando, para o responsável, além de pagamento de multa, pena de detenção de seis meses a um ano (podem ser incriminados de acordo com o tipo penal supracitado os representantes legais da empresa ou entidade de pesquisa, bem como do órgão veiculador).
- A partir de 1º de janeiro do ano da eleição, as entidades e as empresas que realizarem pesquisas de opinião pública

relativas às eleições ou aos candidatos, para conhecimento público, são obrigadas, para cada pesquisa, a registrar, no Sistema de Registro de Pesquisas Eleitorais (PesqEle), até 5 (cinco) dias antes da divulgação, as seguintes informações (Lei nº 9.504/1997, art. 33, caput, I a VII e § 1º):

- O registro de pesquisa será obrigatoriamente realizado via internet, por meio do PesqEle, disponível nos sítios eletrônicos dos tribunais eleitorais. Para a utilização do PesqEle, as entidades e as empresas deverão, obrigatoriamente, cadastrar-se pelo próprio sistema, mediante o fornecimento das seguintes informações e documento eletrônico (Art. 5º da Resolução TSE 23.600/19): I nome de pelo menos um (e no máximo três) dos responsáveis legais; II razão social ou denominação; III número de inscrição no CNPJ; IV número do registro da empresa responsável pela pesquisa no Conselho Regional de Estatística, caso o tenha; V telefone móvel que disponha de aplicativo de mensagens instantâneas para recebimento de notificações ou quaisquer outras comunicações da Justiça Eleitoral; VI endereço eletrônico para recebimento de notificações ou quaisquer outras comunicações da Justiça Eleitoral, VII endereço completo para recebimento de notificações ou quaisquer outras comunicações da Justiça Eleitoral; VIII telefone fixo; IX arquivo, no formato PDF, com a íntegra do contrato social, estatuto social ou inscrição como empresário, que comprove o regular registro.

- A propaganda partidária tem como objetivo promover a difusão dos programas partidários; a transmissão de mensagens, por parte das agremiações partidárias, dirigidas aos filiados, bem como a divulgação da posição dos partidos em relação a temas político-comunitários. É a propaganda partidária sempre realizada, de forma gratuita, no rádio e na TV, nos semestres não eleitorais

- A propaganda intrapartidária, por sua vez, é aquela prevista no § 1º do artigo 36 da Lei das Eleições (Lei nº 9.504/97), segundo o qual "ao postulante a candidatura a cargo eletivo é permitida a realização, na quinzena anterior à escolha pelo partido, de propaganda intrapartidária com vista à indicação de seu nome, vedado o uso de rádio, televisão e outdoor".

- A propaganda eleitoral, por sua vez, é a espécie mais importante de propaganda política, dirigida à conquista do voto do eleitor, sendo permitida somente após o dia 15 de agosto do ano eleitoral (ou seja, a partir do dia 16), conforme regra estabelecida pela Lei nº. 13.165/15, que alterou o calendário eleitoral. Estão previstas as normas referentes à propaganda eleitoral nos artigos 36 a 59-A da Lei das Eleições, os quais, inicialmente, tratam da "propaganda eleitoral em geral".

- O artigo 241 do Código Eleitoral determina o princípio da solidariedade entre partidos, candidatos e adeptos pelos excessos eventualmente praticados durante a propaganda eleitoral. A grande novidade trazida pela Lei nº 12.891/13 diz respeito ao acréscimo do parágrafo único ao referido artigo, estabelecendo que a referida solidariedade será restrita aos candidatos e aos respectivos partidos, não alcançando outros partidos, mesmo quando integrantes de uma mesma coligação.

- É vedada a veiculação de qualquer tipo de propaganda eleitoral paga na internet, excetuado o impulsionamento de conteúdos, desde que identificado de forma inequívoca como tal e contratado exclusivamente por partidos, coligações e candidatos e seus representantes (reforma eleitoral de 2017).

- A partir das eleições 2020, o TSE, por meio da Resolução 23.610, em seu artigo 82, estabeleceu que "É permitida, no dia das eleições, a manifestação individual e silenciosa da preferência do eleitor por partido político, coligação ou candidato, revelada exclusivamente pelo uso de bandeiras, broches, dísticos, adesivos e camisetas".

- De acordo com o artigo 8º da Resolução TSE nº. 23.610/19, "para assegurar a unidade e a isonomia no exercício do poder de polícia na internet, este deverá ser exercido: I nas eleições gerais, por um ou mais juízes designado(s) pelo tribunal eleitoral competente para o exame do registro do candidato alcançado pela propaganda; II nas eleições municipais, pelo juiz que exerce a jurisdição eleitoral no município e, naqueles com mais de uma zona eleitoral, pelos juízes eleitorais designados pelos respectivos tribunais regionais eleitorais".

- Conforme a Resolução TSE 23.610/19, relativa à propaganda eleitoral nas eleições 2020, para fins de obrigatoriedade de convite a candidatos para participação em debates eleitorais, considera-se a representação de cada partido político no Congresso Nacional resultante da última eleição geral, com as seguintes adequações: I - eventuais novas totalizações do resultado para a Câmara dos Deputados que ocorrerem até o dia 20 de julho do ano da eleição, bem como eventuais novas eleições para o Senado Federal ocorridas até a mesma data; e II - mudanças de filiação partidária ocorridas até a data da convenção e que, relativamente aos deputados federais, não tenham sido contestadas ou cuja justa causa tenha sido reconhecida pela Justiça Eleitoral, desconsideradas as mudanças de filiação partidária ocorridas com base na Emenda Constitucional nº 97/2017.

## 11. ORGANIZAÇÃO DAS ELEIÇÕES E DIPLOMAÇÃO DOS ELEITOS

- Código Eleitoral: artigos 42 a 81
- Resolução TSE nº. 23.659

- A divisão geográfica da Justiça Eleitoral de primeira instância se dá através da constituição das zonas eleitorais, correspondentes ao espaço territorial sob a jurisdição de um juiz eleitoral, podendo abranger mais de um município ou, em certas ocasiões, área inferior a de um território municipal. Grandes municípios, geralmente, comportam várias zonas eleitorais, enquanto que pequenos municípios costumam ser agrupados sob a égide de uma mesma zona eleitoral.

- As zonas eleitorais, por sua vez, deverão ser divididas em seções eleitorais, correspondentes ao local onde os eleitores comparecem para votar. Em cada seção eleitoral é instalada uma urna, na eleição ou consulta popular. Em cada seção eleitoral, na data do pleito, funcionará uma mesa receptora de votos, composta por uma equipe de mesários nomeada pelo juiz eleitoral da zona eleitoral da qual a seção fizer parte.

- As seções eleitorais funcionarão preferencialmente em edifícios públicos, podendo, entretanto, ser utilizados, em caso de necessidade, edifícios particulares. Os locais de funcionamento das seções eleitorais são conhecidos como "locais de votação".

- Segundo o artigo 120 do Código Eleitoral, cada mesa receptora de votos deverá ser constituída por seis membros: um presidente, um primeiro e um segundo mesário, dois secretários e um suplente, nomeados pelo juiz eleitoral sessenta dias antes da eleição. Nas eleições 2010, no entanto, o TSE, por meio da Resolução nº 23.218, de 02.03.2010, facultou aos TREs a dispensa do segundo secretário e do suplente.

| **Não podem ser nomeados para compor mesas receptoras, de acordo com o art. 120 do Código Eleitoral c/c art. 63, § 2º da Lei nº 9.504/97** |
|---|
| Candidatos, seus cônjuges e parentes, ainda que por afinidade, até o 2º grau |

| **Não podem ser nomeados para compor mesas receptoras, de acordo com o art. 120 do Código Eleitoral c/c art. 63, § 2º da Lei nº 9.504/97** |
|---|
| Membros de diretórios de partidos políticos que exerçam função executiva |
| Autoridades e agentes policiais, bem como funcionários no desempenho de cargos de confiança do poder executivo |
| Servidores da Justiça |
| Eleitores menores de 18 anos de idade quando se tratar de órgão da imprensa escrita. |

- O presidente da mesa exercerá, durante o período de votação, o poder de polícia na sua respectiva seção, podendo, para isso requisitar a presença de força policial, se necessário. É o presidente da mesa, assim, durante os trabalhos, a autoridade superior, devendo zelar pela ordem do pleito, com poderes, inclusive para retirar do recinto quem não guardar a devida compostura ou estiver praticando ato atentatório à liberdade eleitoral.
- Nenhuma autoridade estranha à mesa poderá intervir na mesma, sob pretexto algum, salvo o juiz eleitoral. A força Armanda conservar-se-á a cem metros da seção eleitoral e não poderá aproximar-se do local de votação, ou nela penetrar, sem ordem do presidente da mesa.
- Antes do início da votação, deverá ser emitida a zerésima, documento que comprova a ausência de votos depositados previamente na urna eletrônica. Já ao final da mesma, deverá ser preenchida a ata e emitidos os boletins de urna e de justificativas. Dos boletins de urna (BUs) deverão constar as seguintes informações:

| **Dados constantes dos boletins de urna** |
|---|
| a) Data da eleição; |
| b) identificação da zona eleitoral, município e seção eleitoral; |
| c) data e horário de encerramento da votação; |
| d) código de identificação da urna; |
| e) número de eleitores habilitados a votar; |
| f) número de eleitores votantes no pleito; |
| g) votação conferida para cada candidato e cada legenda; |
| h) quantidade de votos nulos e de votos brancos; |
| i) soma geral dos votos computados. |

- É vedado ao eleitor, no momento da votação, portar aparelho de telefonia celular, máquinas fotográficas e filmadoras, dentro da cabina de votação, a fim de preservar o sigilo do voto, conforme regra estampada no parágrafo único do novo art. 91-A da Lei das Eleições, incluído pela recente reforma eleitoral.
- Estando o eleitor no Brasil, o mesmo poderá justificar sua ausência ao pleito no dia da realização do mesmo ou, se preferir, até 60 dias após, em cartório eleitoral. Para o eleitor que, na data do pleito, se encontrar ausente do país, por sua vez, o prazo para apresentação de justificativa de ausência será de 30 dias, contados do seu retorno ao país. O pedido de justificação será sempre dirigido ao juiz eleitoral da zona da inscrição do eleitor, podendo ser formulado em qualquer zona eleitoral, a qual providenciará sua remessa ao juízo competente.
- Os partidos políticos exercem a fiscalização das eleições, em todas as suas fases, por meio de fiscais e delegados credenciados junto à Justiça Eleitoral. Enquanto o fiscal eleitoral, designado por partidos ou coligações, atua junto às mesas receptoras de votos, no dia da eleição, fiscalizando a votação e mesmo a apuração, apresentando, inclusive, impugnações, os delegados de partido, com atuação mais ampla, representam a agremiação partidária junto à Justiça Eleitoral na defesa dos mais diversos interesses, durante todo o pleito, podendo também atuar no dia da eleição, inclusive apresentando impugnações perante as juntas eleitorais, durante o processo de apuração.
- A diplomação, última fase do processo eleitoral, pode ser entendida, como o ato pelo qual a Justiça Eleitoral, por intermédio de seus órgãos, em solenidade própria, concede aos candidatos eleitos o diploma e o direito de assumirem e exercerem o respectivo mandato eletivo para o qual foram eleitos.
- Os diplomas do presidente e vice-presidente da república eleitos serão expedidos pelo TSE. Já os diplomas dos deputados federais, estaduais, distritais, senadores, respectivos suplentes, governadores de estado e vice-governadores eleitos serão expedidos pelos tribunais regionais eleitorais respectivos. Por fim, os diplomas do prefeito, vice-prefeito e vereadores eleitos, bem como dos suplentes desses, serão expedidos pela Junta Eleitoral competente. O presidente de cada um desses órgãos realizará a diplomação, na esfera da sua respectiva circunscrição eleitoral.
- De acordo com a Constituição Federal de 1988, desde a diplomação, deputados e senadores passam a gozar de prerrogativa de foro, não podendo também ser presos, salvo em flagrante de crime inafiançável. Também desde a diplomação, deputados e senadores não poderão firmar ou manter contrato com pessoa jurídica de direito público, autarquia, empresa pública, sociedade de economia mista ou empresa concessionária de serviço público, salvo quando o contrato obedecer a cláusulas uniformes, bem como aceitar ou exercer cargo, função ou emprego remunerado, inclusive os demissíveis ad nutum, nas entidades citadas. Vale ainda destacar que parlamentar eleito e diplomado para outro cargo poderá continuar a exercer o mandato em curso até a posse novo cargo.

## 12. CONDUTAS VEDADAS EM CAMPANHAS ELEITORAIS E ABUSO DE PODER

- Lei 9.504/97: artigos 41-A e 73 a 78
- Lei Complementar nº. 64/1990: artigos 3º a 17, 22 e 30-A

- O abuso de poder nas eleições (que inicia-se, muitas vezes, antes do período destinado à propaganda eleitoral) verifica-se com a ocorrência de práticas que venham a desestabilizar a normalidade e a legitimidade do processo democrático, de modo a favorecer interesses de determinados candidatos em desfavor de outros, comprometendo a suprema expressão da vontade popular.
- O abuso do poder político é observado quando o detentor do poder, na órbita do Poder Executivo, principalmente, mas também no âmbito do Legislativo, valendo-se de sua condição, age com abuso de autoridade, prejudicando a liberdade do voto. Configura abuso de poder político, por exemplo, a prática de atos de improbidade administrativa com potencial para afetar a normalidade de um pleito e o uso indevido de propaganda institucional durante o período eleitoral de forma a violar o princípio da impessoalidade dos atos da administração pública.
- O abuso do poder econômico, por sua vez, verifica-se quando o candidato utiliza-se de recursos financeiros vedados, ou acima dos limites permitidos pela legislação, de forma a provocar desequilíbrio no pleito.
- O art. 73, em especial, e os seguintes da Lei das Eleições elencam uma série de condutas vedadas aos agentes públicos em campanhas eleitorais, visando a preservar a normalidade e a legitimidade dos processos eleitorais. Re-

ELEITORAL

puta-se agente público, para os fins dos referidos artigos, "quem exerce, ainda que transitoriamente ou sem remuneração, por eleição, nomeação, designação, contratação ou qualquer outra forma de investidura ou vínculo, mandato, cargo, emprego ou função nos órgãos ou entidades da administração pública direta, indireta ou fundacional" (art. 73, § 1º da Lei nº 9.504/97).

- De acordo com o disposto no art. 76 da Lei das Eleições, o ressarcimento das despesas com o uso de transporte oficial pelo presidente da república e sua comitiva em campanha eleitoral será de responsabilidade do partido político ou coligação a que o mesmo esteja vinculado, tendo como base o tipo de transporte usado e a respectiva tarifa de mercado cobrada no trecho correspondente, ressalvado o uso do avião presidencial, cujo ressarcimento corresponderá ao aluguel de uma aeronave de propulsão a jato do tipo táxi aéreo.
- Não existem óbices à nomeação de pessoas para cargos do Poder Judiciário, do Ministério Público, dos tribunais ou conselhos de contas e dos órgãos da Presidência da República durante o período eleitoral.
- É válida a nomeação de servidores públicos aprovados em concursos que tenham sido homologados até três meses antes das eleições, em qualquer esfera do Poder. Da mesma forma, é lícita a nomeação ou exoneração de cargos em comissão e designação ou dispensa de funções de confiança, mesmo no âmbito dos poderes Executivo e Legislativo.
- É vedado aos agentes públicos, nos três meses anteriores ao pleito, com exceção da propaganda de produtos e serviços que tenham concorrência no mercado, autorizar publicidade institucional dos atos, programas, obras, serviços e campanhas dos órgãos públicos federais, estaduais ou municipais, ou das respectivas entidades da administração indireta, salvo em caso de grave e urgente necessidade pública, assim reconhecida pela Justiça Eleitoral.
- De acordo com o inciso VIII do art. 73 da Lei das Eleições, é vedada a realização, na circunscrição do pleito, de revisão geral da remuneração dos servidores públicos que exceda a recomposição da perda de seu poder aquisitivo ao longo do ano da eleição, a partir do início do período de convenções partidárias (10 de junho do ano eleitoral) até a posse dos eleitos. Considera-se revisão geral da remuneração dos servidores o aumento concedido em razão do poder aquisitivo da moeda e que não tem por objetivo corrigir situações de injustiça ou de necessidade de revalorização profissional de carreiras específica (Res. 21.296, de 12.11.02, do TSE, RJTSE v. 14, t. 1).
- De acordo com o art. 75 da Lei das Eleições (caput e parágrafo único), é vedada, nos três meses que antecederem as eleições, a contratação de shows artísticos, pagos com recursos públicos, para animar inaugurações realizadas nos três meses anteriores à eleição. O descumprimento desta norma acarreta a suspensão imediata da conduta, além da cassação do registro ou diploma do candidato beneficiado.
- É proibido a qualquer candidato comparecer, nos 3 (três) meses que precedem o pleito, a inaugurações de obras públicas.
- Constitui captação de sufrágio o candidato doar, oferecer, prometer, ou entregar, ao eleitor, com o fim de obter-lhe o voto, bem ou vantagem pessoal de qualquer natureza, inclusive emprego ou função pública, desde o registro da candidatura até o dia da eleição, inclusive, sob pena de multa de mil a cinquenta mil UFIR, e cassação do registro ou do diploma. A lei eleitoral pune aquele candidato que busca aliciar o eleitor, desde o registro da candidatura até o dia da eleição, oferecendo-lhe vantagem indevida em troca do voto. Neste sentido, a mera insinuação do eleitor, sem a complacência do candidato, de busca de vantagem indevida não caracteriza a captação ilícita de sufrágio. É necessário que o candidato sucumba à insinuação do eleitor ou tome, por si só, a iniciativa de aliciá-lo.

- Em 04 de agosto de 2021 foi promuldada a Lei 14.192, estabelecendo normas para prevenir, reprimir e combater a violência política contra a mulher. Segundo a Lei referida, considera-se violência política contra a mulher toda ação, conduta ou omissão com a finalidade de impedir, obstaculizar ou restringir os direitos políticos da mulher. Constituem igualmente atos de violência política contra a mulher qualquer distinção, exclusão ou restrição no reconhecimento, gozo ou exercício de seus direitos e de suas liberdades políticas fundamentais, em virtude do sexo.

## 13. AÇÕES E RECURSOS ELEITORAIS

- Constituição Federal: art. 14, § 9º
- Lei Complementar nº. 64/1990: artigos 3º a 17, 22 e 30-A
- Código Eleitoral: artigos 257 a 282
- Resolução TSE nº 23,478/2016

- A Ação de Impugnação de Registro de Candidaturas (AIRC) é instrumento hábil a impedir que candidato escolhido em convenção partidária seja registrado, em virtude do não atendimento de algum requisito legal ou constitucional, a exemplo da ausência de uma ou mais condições de elegibilidade, a presença de uma causa de inelegibilidade ou mesmo a não apresentação de algum documento indispensável ao pedido de registro de candidatura previsto no art. 11, § 1º da lei nº 9.504/97 (as chamadas "condições de procedibilidade do registro"). Encontra a AIRC previsão legal nos artigos 3º a 17 da LC 64/90.
- Os legitimados passivos para a AIRC são pré-candidatos que tenham incorrido em uma das causas de inelegibilidade ou que não tenham cumprido as condições de elegibilidade e as condições de procedibilidade do registro.
- O prazo para a interposição da AIRC, decadencial e improrrogável, é de 05 dias, contados da publicação do registro do candidato. Vale destacar, neste sentido, que há preclusão da matéria não impugnada em tempo hábil, em sede de AIRC, salvo se cuidar de matéria constitucional, quando a inelegibilidade poderá ser arguida posteriormente, inclusive em sede de Recurso Contra a Diplomação (RCD).
- A competência para o processamento e julgamento da AIRC é determinada pelo cargo pleiteado pelo pré-candidato com pedido de registro de candidatura impugnado, nos seguintes termos:

| Órgãos da Justiça Eleitoral competentes originariamente para o processamento e julgamento da AIRC | |
|---|---|
| **Juizes eleitorais** | Impugnação de pedido de registro de candidatos a prefeito, vice-prefeito e vereador. |
| **Tribunais regionais eleitorais** | Impugnação de pedido de registro de candidatos a governador e vice-governador de estados e do DF, deputados federais, estaduais e distritais, senadores e suplentes de senadores (não existe candidato a suplente de deputado, como já observado no capítulo II desta obra, referente aos sistemas eleitorais). |
| **Tribunal Superior Eleitoral** | Impugnação de pedido de registro de candidatos a presidente e vice-presidente da república. |

- O procedimento aplicável à AIRC está previstos nos artigos 3º a 17 da Lei Complementar nº 64/90.

- Qualquer partido político, coligação, candidato ou Ministério Público Eleitoral poderá representar à Justiça Eleitoral, diretamente ao Corregedor-Geral ou Regional, relatando fatos e indicando provas, indícios e circunstâncias e pedir abertura de investigação judicial para apurar uso indevido, desvio ou abuso do poder econômico ou do poder de autoridade, ou utilização indevida de veículos ou meios de comunicação social, em benefício de candidato ou de partido político.
- a AIJE tem por finalidade a apuração de abuso de poder político ou econômico cuja gravidade influa na normalidade e legitimidade do exercício do poder de sufrágio popular, bem como para a apuração de condutas em desacordo com as normas da lei nº 9.504/97 relativas à arrecadação e gastos de recursos (art. 30-A) e a doações de pessoas físicas ou jurídicas acima dos limites legais (art. 81).
- Os mesmos legitimados ativos para a AIRC têm legitimidade para a propositura da AIJE. Vale lembrar mais uma vez, neste sentido, que partido político coligado não tem interesse de agir para a propositura de ações eleitorais enquanto perdurar a coligação, salvo quando estiver contestando a própria validade da mesma (Ac. TSE nos 25.015/2005 e 24.982/2005).
- O Tribunal Superior Eleitoral tem firmado entendimento no sentido de que é possível o ajuizamento de AIJE mesmo antes de iniciado o período eleitoral (Ac.-TSE, de 17.4.2008, no RO nº 1.530). Quanto ao termo final para a propositura da AIJE, o TSE, por sua vez, tem entendido reiteradamente que o mesmo se dá com o ato de diplomação dos eleitos, operando a decadência, após este prazo (TSE, REsp's nos 15.263 e 12.531 e Ac. nº 15.099).
- A Ação de Impugnação de Mandato Eletivo (AIME), com previsão no artigo 14, § § 10 e 11 da Constituição, tem por objeto o combate ao abuso de poder econômico, da corrupção e da fraude eleitoral.
- A competência para o processamento e julgamento da AIME é aquela fixada de acordo com a regra do artigo 2º da LC 64/90. Assim, nas eleições municipais, será competente para processar e julgar a AIME os juízes eleitorais. Nas eleições para governador e vice-governador do DF, deputados das mais diversas esferas e senadores, será competente para processar e julgar a AIME os tribunais regionais eleitorais. Já nas eleições presidenciais, a referida competência será do TSE.
- A AIME tramitará em segredo de justiça, mas o seu julgamento deverá ser público (Ac. TSE nº 4.318). Prevalecerá, para a AIME, a gratuidade, salvo comprovada litigância de má-fé.
- O procedimento a ser adotado no processamento e julgamento da AIME, durante muito tempo, foi objeto de grandes divergências doutrinárias e jurisprudenciais entre aqueles que defendiam a aplicação do rito comum ordinário, previsto no Código de Processo Civil, e aqueles que pugnavam pela utilização do rito mais célere preconizado pela LC 64/90. Em 2004, o TSE finalmente pôs fim à polêmica, determinando, através da Resolução nº 21.634, que o rito aplicável à AIME é o previsto na LC 64/90, referente à AIRC.
- Estabelece o artigo 96 da Lei das Eleições o rito processual das reclamações relativas ao descumprimento da referida lei, em especial no que tange ao desrespeito às normas previstas para a propaganda eleitoral.
- De acordo com o caput do artigo 96 referido, salvo disposições específicas em contrário, as reclamações ou representações relativas ao descumprimento da Lei das Eleições podem ser feitas por qualquer partido político, coligação ou candidato.
- Para a caracterização da captação ilícita de sufrágio ensejadora da representação prevista no art. 41-A da Lei das Eleições, não é necessária a potencialidade lesiva. A violação da liberdade de voto de um único eleitor já caracteriza o ilícito, não sendo necessária, portanto, potencialidade capaz de gerar desequilíbrio nas eleições.
- Dispõe o art. 30-A da lei nº 9.504/97 que "qualquer partido político ou coligação poderá representar à Justiça Eleitoral, no prazo de 15 (quinze) dias da diplomação, relatando fatos e indicando provas, e pedir a abertura de investigação judicial para apurar condutas em desacordo com as normas desta Lei, relativas à arrecadação e gastos de recursos".
- O recurso diferencia-se da impugnação, ato de oposição, de contradição, de refutação comum no âmbito do Direito Eleitoral e nas mais diversas fases do processo eleitoral. De forma geral a impugnação, que poderá ser verbal ou escrita, serve como pressuposto para evitar-se a preclusão. A impugnação serve, muitas vezes, como ato preparatório para um recurso (exemplo, impugnação de identidade do eleitor que ainda vai votar, no ato da votação). Recurso contra apuração, neste diapasão, só é admitido se tiver ocorrido prévia impugnação perante a junta apuradora. Do julgamento da impugnação cabe recurso quanto ao seu resultado.

## 14. CRIMES ELEITORAIS E PROCESSO PENAL ELEITORAL

▸ Código Eleitoral: artigos 289 a 364

- O TSE, julgando o processo nº 15.584-Manaus (DJU, 30.06.2000, p. 159) ratificou entendimento pacífico daquela corte no sentido de que "a competência para processar e julgar, originariamente, os feitos relativos a crimes eleitorais praticados por governador de estado é do Superior Tribunal de Justiça". Em 1991, quando do julgamento do conflito de competência nº 6971-DF, o STF já havia decidido, por unanimidade, que os crimes eleitorais devem ser considerados crimes comuns, em contraposição aos crimes de responsabilidade, fazendo com que a competência para o processamento e julgamento de crimes eleitorais praticados por governadores de estado seja atraída para o STJ (STF, Tribunal Pleno, CJ nº 6971 – DF, Rel. Min. Paulo Brossard, j. em 30.10.1991, DJ 21.02.1992, p. 01693).

- Em 29 de abril de 2021, o TSE expediu a Resolução nº. 23.640, revogando a Resolução TSE 23.396/19, disciplinando a apuração dos crimes eleitorais e a instauração do inquérito policial eleitoral.
- Os crimes eleitorais estão previstos no Código Eleitoral (arts. 289 a 354), na LC 64/90 (art. 25), bem como na Lei nº. 6.091/74 (art. 11) e na Lei nº. 9.504/97 (Lei das Eleições), podendo ser divididos, segundo lição de Suzana de Camargo Gomes (Crimes Eleitorais, 3. ed., 2008) em oito grandes grupos, a saber: os crimes eleitorais concernentes à formação do corpo eleitoral; os crimes relativos à formação e funcionamento dos partidos políticos; os crimes em matéria de inelegibilidade; os crimes eleitorais concernentes à propaganda eleitoral; os crimes relativos à votação; os crimes eleitorais pertinentes à garantia do resultado legítimo das eleições; os crimes concernentes à organização e funcionamento dos serviços eleitorais e os crimes contra a fé pública eleitoral.
- É o Código Eleitoral, nos seus artigos 283 a 288, no entanto, que estabelece as disposições preliminares aplicáveis de forma geral aos crimes eleitorais. Assim, prevê o artigo 283 do CE, para efeitos penais, são considerados membros e funcionários da Justiça Eleitoral os magistrados a serviço da Justiça Eleitoral; cidadãos que integrem temporariamente órgãos da Justiça Eleitoral (a exemplo dos membros

das juntas eleitorais) ou que tenham sido nomeados para atuar em mesas receptoras ou apuradoras de votos; e os funcionários públicos requisitados pela Justiça Eleitoral, além, evidentemente, dos servidores do quadro efetivo, juízes e membros dos tribunais eleitorais. Vale destacar ainda, quanto a esta questão, disposição geral do Código Penal, refletida nos §§ 1º e 2º do art. 283 do Código Eleitoral, segundo a qual se equipara a servidores públicos, para efeitos penais, quem, embora transitoriamente ou sem remuneração, exerce cargo, emprego ou função pública, além de quem exerce cargo, emprego ou função em entidade paraestatal ou em sociedade de economia mista.

- O Código Eleitoral brasileiro não prevê sanções penais a título de culpa, resumindo-se a estabelecer tipos penais puníveis na modalidade dolosa. Em muitos casos, não prevê o Código Eleitoral pena mínima para os crimes tipificados. Quando isto ocorre, deve ser considerada a pena mínima de 15 dias para a detenção e 01 ano para a reclusão, de acordo com o artigo 284 do referido estatuto.

# ANOTAÇÕES

# ANOTAÇÕES

## ANOTAÇÕES

## ANOTAÇÕES

# ANOTAÇÕES

## ANOTAÇÕES

# ANOTAÇÕES

## ANOTAÇÕES

# ANOTAÇÕES

EDITORA JusPODIVM
www.editorajuspodivm.com.br
Impressão e acabamento: BMF Gráfica e Editora
JUS2692